Langenscheidt

Premium-Schulwörterbuch Französisch

CD [sede] M (❗ maskulin, unveränderlich) ABR (compact disc) CD *f*; **double, maxi ~** Doppel-, Maxi-CD *f*

Warnzeichen bei Fehlerquellen

fana [fana] *fam* **A** ADJ **elle, il en est ~** *fam* sie, er ist verrückt, wild darauf **B** M/F Fan *m* ...

Buchstaben zur Unterscheidung von Wortarten

motiver [mɔtive] V/T **1** (*justifier*) begründen; motivieren **2** (*être le motif de*) der Grund, Anlass sein (**qc** für etw) **3** **~ qn** j-n motivieren

Arabische Ziffern zur Bedeutungsdifferenzierung

°hip-hop [ipɔp] M (❗ unveränderlich) MUS Hip-Hop *m*

Hinweis auf h aspiré

passer [pase, pa-]

A verbe transitif | B verbe intransitif
C verbe pronominal

— A verbe transitif —

1 *rivière* überqueren; *en bac* übersetzen über (+ *acc*); *frontière* überschreiten; passieren **2** *temps, vacances* verbringen; *vacances a.* verleben; **pour passer le temps** zum Zeitvertreib **3** *examen* machen; ablegen ...

Gliederungsübersicht am Kopf langer Einträge

La Bastille

Die Bastille war zunächst ein befestigtes Stadttor im Osten von Paris, bevor sie zum Gefängnis wurde. Der **Sturm auf die Bastille** (**la prise de la Bastille**) am **14. Juli 1789** wird häufig als symbolischer Auftakt der Französischen Revolution interpretiert. Im Juli 1789 befand sich das Volk von Paris in Unruhe. Durch hohe Brotpreise fühlte es sich in seiner Existenz bedroht. Seit dem 10. Juli wurden Zollhäuser rund um Paris in Brand gesteckt in der Hoffnung, dass die Waren in der Stadt billiger würden, allerdings ohne Erfolg. Am 12. Juli erreichte die Nachricht von der Entlassung des Finanzministers Jacques Necker Paris. Am selben Tag kam es zu gewalttätigen Auseinandersetzungen. Waffenhandlungen wurden geplündert, und am 14. Juli belagerte eine Menschenmenge die Bastille, um an die dort gelagerten Munitionsvorräte zu gelangen. Nachdem der Kommandant auf die Menschenmenge schießen ließ, stürmte die aufgewühlte Menge die Bastille, befreite die wenigen Gefangenen und tötete die Wachmannschaft. Der 14. Juli ist noch heute französischer Nationalfeiertag.

LANDESKUNDE

Info-Fenster mit Zusatzinfos zu Wortschatz, Sprachgebrauch und Landeskunde

Langenscheidt

Premium

Schulwörterbuch Französisch

Französisch – Deutsch
Deutsch – Französisch

Völlige Neuentwicklung

Herausgegeben von der
Langenscheidt-Redaktion

Langenscheidt

Berlin · München · Wien · Zürich · New York

Projektleitung: Herbert Horn
Koordination: Rachele Zoli-Sudbrock
Lexikografische Bearbeitung: Dr. Birgit Klausmann
Muttersprachliche Bearbeitung: Dr. Valérie Kervio-Berthou, Geneviève Lohr, Laure Mitéro
Info-Fenster: Dr. Günter Jehle, Wolfgang Spengler
Bildrecherche: Kathrin Mosandl und Dr. Valérie Kervio-Berthou in Zusammenarbeit mit der Langenscheidt-Redaktion
Französische Kurzgrammatik: Laure Mitéro, Leonie Rams
Projektleitung Vokabeltrainer: Antje Schaaf
Datenverarbeitung: Thomas Zacher
Herstellung: Birgit Kustermann
Neue deutsche Rechtschreibung nach DUDEN-Empfehlungen (Stand 1.8.2006)

Ergänzende Hinweise, für die wir jederzeit dankbar sind, bitte wir zu richten an:
Langenscheidt Verlag, Postfach 40 11 20, 80711 München
redaktion.wb@langenscheidt.de

Typografisches Konzept: KOCHAN & PARTNER GmbH, München
Satz: preXtension GbR, Grafrath
Druck: Parzeller Druck- und Mediendienstleistungen, Fulda
Printed in Germany
ISBN 978-3-468-11471-7

09010

Inhalt

Hinweise für die Benutzer

Das **Langenscheidt Premium-Schulwörterbuch Französisch** basiert auf einem völlig neuen Wörterbuchkonzept mit einem mehrfarbigen Layout, das gezielt für Lernende kreiert wurde. Die übersichtliche Struktur und die ansprechende Darstellung in einer Wörterbuchgestaltung, die von Langenscheidt speziell für die Reihe der Premium-Schulwörterbücher entwickelt wurde, garantieren optimale Lesbarkeit, schnelles Nachschlagen und eine klare Hinführung zur korrekten Übersetzung.

Das auffälligste Merkmal des neuen didaktischen Konzepts besteht in der Verwendung von Fotos. Wörter mit gleicher Aussprache oder gleicher Schreibweise, aber unterschiedlicher Bedeutung sind mit Fotos versehen, damit sich die Wörterbuchbenutzer die Bedeutungsunterschiede leichter einprägen können. Durch diese zusätzliche Visualisierung können sich Lernende an solche Bedeutungsunterschiede besser erinnern als durch bloßes Nachschlagen.

Das Wörterbuch ist vor allem als **Lern- und Nachschlagewerk** für Schülerinnen und Schüler bis zum Abitur gedacht. Mit seinen rund 130 000 Stichwörtern und Wendungen bietet es einen aktuellen und ausgewogenen Wortschatz der Alltagssprache sowie den Wortschatz wichtiger Fachgebiete, den diese Zielgruppe braucht.

Zu den herausragenden Eigenschaften des **Premium-Schulwörterbuchs Französisch** gehören außerdem durch ein Ausrufezeichen klar hervorgehobene didaktische Warnhinweise und Tipps zur Fehlervermeidung bei der Sprachproduktion. So werden z. B. verschiedene grammatikalische Konstruktionen, Abweichungen in der Singular- und Pluralbildung der Substantive sowie typische Fehlerquellen leicht erkannt. Auf diese Weise macht dieses Lernerwörterbuch beim Nachschlagen auch effektives Lernen möglich.

Info-Fenster werden in unterschiedlichen Farben dargestellt. Jede Farbe steht für ein bestimmtes Thema: Landeskunde, Wortfelder, Fehlerquellen, Sprachgebrauch und falsche Freunde. Die Wörterbuchbenutzer erhalten auf diese Weise wichtige und interessante Zusatzinformationen über den Stichworteintrag hinaus.

Ein Lesezeichen mit wichtigen im **Premium-Schulwörterbuch Französisch** verwendeten Abkürzungen und Lautschriftzeichen sowie ein Vokabeltrainer auf CD-ROM mit dem Grundwortschatz für die Schule und interaktiven Übungen sind die besonderen Extras dieses Lern- und Nachschlagewerks erster Klasse.

1 Alphabetische Reihenfolge

Die Stichwörter sind streng alphabetisch geordnet (mit Ausnahme einiger Femininformen, die mit der maskulinen Form zusammengefasst sind, z. B. *acteur, actrice,* dann erst *actif* – oder *Biologe, Biologin,* dann erst *Biologie*). Die deutschen Umlaute **ä**, **ö**, **ü** sind hierbei den Buchstaben **a**, **o**, **u** gleichgestellt (z. B. *Ostern, Österreich,* dann *Ostersonntag*).

An alphabetischer Stelle stehen auch Rechtschreibvarianten (*arrobas, clef, payement, erfolgversprechend, Phantasie* usw.), die wichtigsten unregelmäßigen Formen (*su, yeux, geraten* usw.), mit Bindestrich geschriebene Zusammensetzungen (*après-midi, belle-fille* usw.), Länder- und Eigennamen sowie Abkürzungen.

2 Rechtschreibung

Für die Schreibung der deutschen Wörter dienen als Grundlage die DUDEN-Empfehlungen auf der Basis der neuen deutschen Rechtschreibung, gültig seit dem 1.8.2006.

In diesem Wörterbuch wird der Bindestrich am Zeilenanfang wiederholt, wenn mit Bindestrich geschriebene Wörter getrennt werden:

belle-
-sœur

Berg-
-und-Tal-Bahn

3 Aussprache und Betonung

Die Aussprache der Stichwörter steht in eckigen Klammern [ ] jeweils direkt nach dem blau bzw. rot gedruckten Stichwort. Die Umschrift wird mit den Zeichen der *Association phonétique internationale* wiedergegeben, vgl. S. 14 ff.

parler [paʀle] V/T sprechen
leçon [l(ə)sõ] F Unterrichtsstunde

Zusammengesetzte und abgeleitete Stichwörter erhalten keine Lautschrift, wenn sich die Aussprache leicht aus den Wortelementen herleiten lässt (*petite-fille, démontrer, portemanteau*).

4 Grammatische Hinweise

Das **Genus** der **Substantive** (F, M, N) und weitere grammatische Angaben wie zum Beispiel ADJ, CONJ und PRON stehen – meist in abgekürzter Form – beim Stichwort. Das Genus der Substantive wird auch bei den Übersetzungen angegeben (*f, m, n*):

amour M Liebe *f* ...
Bild N ... image *f* ...
impeccable ADJ tadellos ...

Bei **Verben** bedeutet:

V/T	transitiver Gebrauch (mit direktem Objekt)	**allumer** V/T anzünden ... **treffen** V/T (*begegnen*) rencontrer ...
V/I	intransitiver Gebrauch (ohne direktes Objekt)	**bavarder** V/I schwatzen ... **gehen** V/I **1** (*sich begeben*) aller (**zu j-m** chez qn) ...
V/PR bzw. V/R	reflexiver (rückbezüglicher) Gebrauch des französischen bzw. deutschen Verbs	**baigner** ... V/PR **se ~** baden **kämmen** ... V/R **sich ~** se peigner
V/IMP	unpersönliches Verb	**bruiner** V/IMP nieseln; **il bruine** es nieselt **hageln** V/IMP ... **es hagelt** il grêle ...
V/AUX	Hilfsverb	**avoir** V/AUX haben ... **j'ai dormi** ich habe geschlafen ... **sollen** V/AUX ... devoir; **du sollst arbeiten** tu dois travailler ...
V/T INDIR	Verb mit Präpositionalobjekt	**adhérer** V/T INDIR **~ à qc** an etw (*dat*) haften ...

Hinweise zur Formenbildung der **Adjektive**, **Verben** und **Substantive** stehen in spitzen Klammern ⟨...⟩, z. B.:

⟨-ive⟩	Femininform: **active**	**actif** ADJ ⟨-ive⟩ aktiv ...
⟨~x⟩	Nominativ Plural **bandeaux**	**bandeau** M ⟨~x⟩ Stirnband *n*

Die einzelnen grammatischen Angaben zu französischen Substantiven und Adjektiven sind im Anhang des Wörterbuchs erläutert.

Bei den **unregelmäßigen französischen Verben** stehen die Grundformen, aus denen sich alle weiteren Formen (siehe auch die Konjugationstabellen im Anhang) ergeben, im Hauptteil des Wörterbuchs:

craindre ... ⟨je crains, il craint, nous craignons; je craignais; je craignis; je craindrai; que je craigne; craignant; craint⟩

Außerdem wird auf die Besonderheiten der Verben auf –er hingewiesen:

lever ... ⟨-è-⟩: nous levons, *aber* je lève
jeter ... ⟨-tt-⟩: nous jetons, *aber* je jette
appeler ... ⟨-ll-⟩: nous appelons, *aber* j'appelle
avancer ... ⟨-ç-⟩: j'avance, *aber* nous avançons
manger ... ⟨-ge-⟩: je mange, *aber* nous mangeons
employer ... ⟨-oi-⟩: nous employons, *aber* j'emploie
appuyer ... ⟨-ui-⟩: nous appuyons, *aber* j'appuie
essayer ... ⟨-ai- *od* -ay-⟩: j'essaie *oder* j'essaye

Bilden intransitive Verben ihre zusammengesetzten Zeitformen nicht mit *avoir*, sondern mit *être*, so steht dies im Eintrag:

arriver ... ⟨être⟩ V/I ... ankommen ...	Zusammengesetzte Zeiten mit être, z. B. **Elle est arrivée.**

5 Erläuternde Hinweise und Sachgebiete

Erläuternde Hinweise in kursiver Schrift erleichtern die Wahl der richtigen Übersetzung. Dazu gehören Kollokatoren, also Wörter, die üblicherweise mit dem Stichwort im Satz kombiniert werden:

speichern V/T *Waren* emmagasiner; *Vorräte* entreposer; ... *Informationen* enregistrer; IT *Daten* mémoriser; *Text* sauvegarder

Synonyme stehen stets in runden Klammern, verdeutlichen die jeweilige Bedeutung des Stichworts und führen so zur richtigen Übersetzung:

Lehrer M ... *(Gymnasiallehrer)* professeur *m*; *(Grundschullehrer)* instituteur *m*

Sachgebiete werden meistens abgekürzt in verkleinerten Großbuchstaben angegeben:

Deklination F ASTRON, GRAM, PHYS déclinaison *f*

Wenn es um ASTRONOMIE, GRAMMATIK oder PHYSIK geht, wird Deklination mit déclinaison übersetzt.

6 Präpositionen und Kasusangaben

Die zum Verb gehörenden Präpositionen bzw. die Kasusangaben im Deutschen werden vor allem dann aufgeführt, wenn sich beide Sprachen hierin unterscheiden. Bei deutschen Präpositionen, denen verschiedene Kasus folgen können, ist der jeweils vom Verb verlangte Kasus angegeben:

abstenir ... V/PR **s'~ de qc** sich e-r Sache *(gén)* enthalten

klicken V/I ... cliquer (**auf** [+*akk*] sur)

In der Regel steht das deutsche sich in unpersönlichen Wendungen für ein Pronomen im Akkusativ. Dieser wird nicht angegeben. Nur wenn sich für einen Dativ steht, ist dieser ergänzt:

ausdenken... V/R **sich** *(dat)* **etw ~** *(sich vorstellen)* imaginer qc; *(erfinden)* inventer qc

7 Lexikografische Zeichen

~ Die Tilde ~ (das Wiederholungszeichen) steht für das Stichwort innerhalb des Artikels:

joie [ʒwa] F Freude *f*; **la ~ de vivre** Lebensfreude *f* (= **la joie de vivre**)

sélect [selɛkt] ADJ ⟨~e⟩ vornehm; *fam* piekfein (Femininform: **sélecte**)

≈ Zwei übereinanderliegende Tilden ≈ weisen auf eine ungefähre deutsche Entsprechung hin:

TGV [teʒeve] M ABR (train à grande vitesse) Hochgeschwindigkeitszug *m*; ≈ ICE *m*

– Der Bindestrich steht für Teile von deutschen und französischen Wörtern und Ausspracheangaben:

animal [animal] M ⟨-aux [-o]⟩ Tier *n* (= Pluralform: **animaux**, Aussprache: [animo])

décharger V/T *véhicule* ent-, ausladen (= entladen; ausladen)

1, 2 Hochzahlen unterscheiden Wörter gleicher Schreibung, aber verschiedener Abstammung:

Band[1] N *(Streifen)* ruban *m*
Band[2] M *(Buchband)* volume *m*
Band[3] F MUS orchestre *m*; *(Rockband)* groupe *m*

; Der Strichpunkt kennzeichnet das Ende einer Übersetzung:

spielend ADVL avec aisance; sans peine

, Das Komma bedeutet, dass die Übersetzung noch nicht abgeschlossen, sondern mit anderen Übersetzungen zusammengefasst ist:

empirer V/I schlechter, schlimmer werden
(= schlechter werden; schlimmer werden)

° Das Zeichen für h aspiré (°) weist darauf hin, dass der Artikel le bzw. la nicht zu l' verkürzt wird und dass es in der Aussprache keine Bindung gibt:

°haie [ɛ] F 1 *clôture* Hecke *f* 2 **course** *f* **de ~s** Hürdenlauf *m*; HIPPISME Hürdenrennen *n*; **le 110 m ~s** der 110-m-Hürdenlauf 3 *de personnes* Spalier *n*; **~ d'honneur** Ehrenspalier *n*

(= la haie),
aber ohne das Zeichen für h aspiré: **heure** (= l'heure)

→ Der Pfeil bedeutet siehe:

vu [vy] PP → voir

1 2 Übersetzungen mit stark unterschiedlicher Bedeutung sind durch arabische Zahlen in hellgrauen Kästchen gegliedert:

checken V/T 1 TECH contrôler 2 *umg (kapieren)* *umg* piger

A B Verschiedene Wortarten (z. B. Substantiv, Adjektiv, Adverb) bzw. die transitive oder intransitive Verwendung eines Verbs sind durch Großbuchstaben in dunkelgrauen Kästchen gegliedert:

super [sypɛʀ] A M Super *n*; **prendre du ~** Super tanken B ADJ *fam* super; spitze

≠ Das Ungleichheitszeichen ≠ steht zwischen Wörtern, die oft falsch übersetzt werden.

= Das Gleichheitszeichen = zeigt die jeweils korrekten Entsprechungen:

parole ≠ Parole

la parole = das Wort
die Parole = le mot d'ordre

FALSCHE FREUNDE

8 Zusatzinformationen zum Lernen

Stichwörter und Wendungen, die zum französischen Grundwortschatz gehören, sowie wichtige Wörter mit Verwechslungsgefahr sind rot hervorgehoben:

voile[1] [vwal] M 1 Schleier *m*; **~ de mariée** Brautschleier *m*; REL **prendre le ~** den Schleier nehmen; Nonne werden 2 TEXT Voile *m* 3 *fig* Schleier *m*; **jeter un ~ sur qc** e-n Schleier über etw *(acc)* breiten 4 **~ du palais** Gaumensegel *n*; weicher Gaumen
voile[2] F 1 Segel *n*; **faire ~ sur** segeln nach; *fam fig* **mettre les ~s** *fam* abhauen; *fam* verduften 2 Segeln *n*; Segelsport *m*; **faire de la ~** segeln; Segelsport treiben 3 **vol** *m* **à ~** Segelflug *m*, -fliegen *n*

Durch Fotos werden die unterschiedlichen Bedeutungen eines Wortes visualisiert; die roten Bildunterschriften erläutern zusätzlich die Bedeutungsunterschiede:

See[1] M *(Binnensee)* lac *m*
See[2] F 1 *(Meer)* mer *f*; **in ~ stechen** appareiller; prendre la mer; **an die ~ fahren** aller au bord de la mer *od* à la mer; **an der ~** au bord de la mer; **auf (hoher) ~** en (pleine, °haute) mer 2 *(Seegang)* mer *f*; **schwere** *od* **raue ~** grosse mer

See — le lac

See — la mer

Didaktische Warnhinweise und Tipps zur Fehlervermeidung bei der Sprachproduktion erscheinen in runden Klammern nach einem Ausrufezeichen.

Solche Hinweise warnen vor möglichen Fehlerquellen und machen auf die Besonderheiten der Sprache, Ausnahmen sowie Abweichungen in der Singular- und Pluralbildung aufmerksam:

carrosse (! carrosse) [kaʀɔs] M (! maskulin) Karosse *f*; Staatskutsche *f*
carrosserie (! carrosserie) [kaʀɔsʀi] F Karosserie *f*; Aufbau *m*
CD [sede] M (! maskulin, unveränderlich) ABR (compact disc) CD *f*; **double, maxi ~** Doppel-, Maxi-CD *f*

Die Info-Fenster stellen wichtige sprachliche und kulturelle Besonderheiten vor. Sie befinden sich in beiden Wörterverzeichnissen unmittelbar vor oder nach dem Stichwort, auf das sie sich beziehen. Sie enthalten Hinweise zu 5 Themengebieten (Fehlerquellen, landeskundliche Informationen, Wortfelder, Sprachgebrauch und falsche Freunde) und sind nach diesen Kategorien farblich unterschieden:

Le rap

Rap ist eine Art Sprechgesang, entstanden in den 1970er-Jahren in den Ghettos von New York. Er ist Teil der Hip-Hop-Kultur und steht für rhythm and poetry oder rock against police. In Frankreich ist Rap sehr erfolgreich und seit den 1990er-Jahren Teil einer Protestbewegung, die sich gegen die Verelendung der Vorstädte richtet. Die Rap-Texte sind z. T. sehr provokativ und sozialkritisch: Sie richten sich gegen die Konsumgesellschaft und gegen die Symbole der Macht, gegen Polizei und Justiz. Ihre Sprache ist die Sprache der Jugendlichen aus den Vorstädten. Wichtige Exponenten des Rap in Frankreich sind MC Solaar, Kool Shen, Joey Starr, Rohff, Disiz la Pest, Abd El Malik, Kery James und Monsieur R., bekannte Gruppen sind Ministère Amer, suprême NTM, IAM und Sniper. Die französischen Rapper (**les rappeurs français**) lassen sich inspirieren von Rhythmen aus dem Maghreb und aus Schwarzafrika, halten aber fest an der Tradition des Chansons. Bekanntheit erreichen die Rapper vor allem mithilfe des Radiosenders Skyrock, dem beliebtesten Sender der 13- bis 24-Jährigen, mit mehreren Millionen Zuhörern pro Tag.

LANDESKUNDE

Die Aussprache des Französischen

1 Erklärung der Lautschriftzeichen

Vokale

Zeichen	Aussprache	Beispiele
[i]	geschlossenes i	ici
[e]	geschlossenes e	léger
[ɛ]	offenes e	sec, père, tête, lait, neige
[a]	helles a	patte, noix
[ɑ]	dunkles a	âme, phrase
[o]	geschlossenes o	pot, dôme, taupe, beau
[ɔ]	offenes o	poche, Laure
[ø]	geschlossenes ö	peu, nœud
[œ]	offenes ö	seul, cœur
[ə]	kurzes, dumpfes ö (e caduc, e instable, e muet)	que, dehors, petit
[u]	geschlossenes u	souci
[y]	geschlossenes ü	usure, sûr
[ɛ̃]	nasales ɛ	vin, impair, plainte, bien
[ɑ̃]	nasales a	dans, lampe, entrer, embêter
[ɔ̃]	nasales o	ton, pompe
[œ̃]	nasales œ	lundi, parfum

Halbvokale (Halbkonsonanten)

Zeichen	Aussprache	Beispiele
[j]	j-Laut	bien, abeille
[w]	gleitendes u	Louis, trois
[ɥ]	gleitendes ü	lui, nuage

Konsonanten

Zeichen	Aussprache	Beispiele
[p]	stimmloser p-Laut, ohne Behauchung	pont, apporter
[t]	stimmloser t-Laut, ohne Behauchung	ton, thé, patte
[k]	stimmloser k-Laut, ohne Behauchung	cou, qui, chaos, képi
[b]	(„weicher“) b-Laut	robe, abbé
[d]	(„weicher“) d-Laut	dans
[g]	(„weicher“) g-Laut	gant, gueule
[f]	f-Laut	neuf, photo
[s]	stimmloser s-Laut	son, tasse, ces, ça, section

Zeichen	Aussprache	Beispiele
[ʃ]	(stimmloser) sch-Laut	chou, tache
[v]	w-Laut	vent, rive
[z]	stimmhafter s-Laut	rose, zéro
[ʒ]	stimmhafter sch-Laut	jour, cage, gilet
[l]	l-Laut	long, aller
[ʀ]	stark geriebenes Zäpfchen-R	rue, barre, verve
[m]	m-Laut	mes, femme
[n]	n-Laut	nom, année
[ɲ]	nj-Laut	gagner, vigne
[ŋ]	ng-Laut	camping

2 Betonung

Die Betonung der französischen Wörter wird in diesem Wörterbuch nicht angegeben, da sie vom Zusammenhang abhängt:

Beim isoliert gesprochenen französischen Einzelwort liegt die Betonung immer auf der letzten Silbe:

mai**son** [mɛ'zõ]
panta**lon** [pɑ̃ta'lõ]
a**mour** [a'muʀ]

Im Satzzusammenhang verlagert sich die Betonung in der Regel auf die letzte Silbe des Sprechtaktes:

C'est une maison **neuve** [sɛtynmɛzõ'nœv]
Elle porte un pantalon **noir** [ɛlpɔʀtœ̃pɑ̃talõ'nwaʀ]
Ils vivent un amour **fou** [ilvivœ̃namuʀ'fu]

3 Bindung

Unter Bindung versteht man im Französischen die Aussprache eines gewöhnlich stummen Endkonsonanten eines Wortes, wenn das folgende Wort mit Vokal oder stummem h beginnt. Die gebundenen Wörter müssen dem Sinn nach zusammengehören.

Unerlässliche Bindungen:

Artikel + Substantiv: *les amis* [le**z**ami], *un imbécile* [ɛ̃**n**ɛ̃besil]
Pronomen + Substantiv: *ces arbres* [se**z**aʀbʀ], *son habit* [sõ**n**abi]
Zahlwort + Substantiv: *deux élèves* [dø**z**elɛv], *trois images* [tʀwa**z**imaʒ]
Adjektiv + Substantiv: *un petit homme* [ɛ̃pti**t**ɔm], *les grands enfants* [legʀɑ̃**z**ɑ̃fɑ̃]

Pronomen + Verb: *nous allons* [nuzalõ], *il les a vus* [illezavy], *j'en ai* [ʒãne], *on y va* [õniva]
nach **c'est:** *c'est incroyable* [sɛtɛ̃kʀwajabl]
nach den Präpositionen **chez, dans, en, sans, sous:** *chez eux* [ʃezø], *en hiver* [ãnivɛʀ]
nach den Adverbien **très, tout, plus, moins:** *très utile* [tʀɛzytil], *moins habile* [mwɛ̃zabil]

Unmöglich ist die Bindung nach **et** und vor **h aspiré** (im Wörterbuch mit **°h** bezeichnet).

Abkürzungen und Symbole
Abréviations et symboles

a.	auch	aussi
ABK, *abk*;	Abkürzung	abréviation
ABR, *abr*		
abs	absolut (gebraucht), ohne Objekt	(employé d'une façon) absolu(e)
abus	inkorrekt, fälschlich	abusivement
acc	Akkusativ	accusatif
ADJ, *adj*	Adjektiv, Eigenschaftswort	adjectif (qualificatif)
ADJ INDÉF, *adj indéf*	attributives Indefinitpronomen	adjectif indéfini
ADJ POSS, *adj poss*	attributives Possessivpronomen	adjectif possessif
ADJT, *adjt*	adjektivisch gebraucht	adjectivement
ADMIN	Verwaltung(ssprache)	administration, langage administratif
ADV, *adv*	Adverb, Umstandswort	adverbe
ADVL, *advl*	adverbial gebraucht	adverbialement
ADVT, *advt*	adverbial gebraucht	adverbialement
AGR	Landwirtschaft	agriculture
akk	Akkusativ	accusatif
all Nord	norddeutsch	allemand du Nord
all Sud	süddeutsch	allemand du Sud
ANAT	Anatomie	anatomie
ARCH	Architektur, Baukunst	architecture
ASTROL	Astrologie	astrologie
ASTRON	Astronomie	astronomie
AUTO	Kraftfahrzeug	automobile
autrich	österreichisch	autrichien
AVIAT	Luftfahrt	aviation
BAHN	Eisenbahn	chemin de fer
BAU	Bauwesen	construction
bes	besonders	particulièrement
BIBL, BIBEL	Bibel(sprache)	Bible, langage biblique
BIOL	Biologie	biologie
BOT	Botanik, Pflanzenkunde	botanique
bzw.	beziehungsweise	respectivement
CATH	katholisch(e Kirche)	(Église) catholique

CH	Jagd, Jägersprache	(terme de) chasse
CH DE FER	Eisenbahn	chemin de fer
CHEM, CHIM	Chemie	chimie
coll	Kollektivum, Sammelbegriff	terme collectif
COMM	Handel	commerce
comp	Komparativ	comparatif
CONJ, *conj*	Konjunktion, Bindewort	conjonction
CONSTR	Bauwesen	construction
COUT	Schneiderei, Mode	couture
CUIS	Küche, Gastronomie	cuisine
dat	Dativ	datif
défect	defektiv, unvollständig	défectif
DEM PR	Demonstrativpronomen, hinweisendes Fürwort	pronom démonstratif
DIPL	Diplomatie	diplomatie
ÉCOL	Umwelt(schutz), Ökologie	écologie
ÉCON	Wirtschaft	économie
e-e	eine	un(e)
ÉGL	Kirche	Église
EISENBAHN	Eisenbahn	chemin de fer
ÉLEC, ELEK	Elektrotechnik, Elektronik	électrotechnique, électronique
e-m	einem	à un(e)
e-n	einen	un(e)
enf	Kindersprache	langage des enfants
e-r	einer	d'un(e), à un(e)
e-s	eines	d'un(e)
etc	und so weiter	et cetera
etw	etwas	quelque chose
F, *f*	Femininum, weiblich	féminin
fam	Umgangssprache, familiär	familier
fig	figürlich, bildlich, übertragene Bedeutung	(au sens) figuré
FILM	Film, Kino	cinéma
FIN	Finanzen	finances
FLUG	Luftfahrt	aviation
FOTO	Fotografie	photographie
FPL, *fpl*	Femininum Plural	féminin pluriel
frz	französisch(e, -r, -s)	français
GARTEN	Gartenbau	jardinage
GASTR	Küche, Gastronomie	cuisine

geh	gehobener Stil	style soutenu
gen, gén	Genitiv	génitif
GEOG, GÉOGR	Geografie, Erdkunde	géographie
GEOL, GÉOL	Geologie	géologie
GRAM	Grammatik	grammaire
HIST	Geschichte, historisch	histoire, historique
hum	humorvoll, scherzhaft	par plaisanterie
ind	Indikativ	indicatif
INDEF PR	Indefinitpronomen, unbestimmtes Fürwort	pronom indéfini
inf	Infinitiv	infinitif
INFORM	Informatik, Internet	informatique, Internet
inkorr	fälschlich, inkorrekt	abusivement
INT, *int*	Interjektion, Ausruf	interjection
INT PR	Interrogativpronomen, Fragefürwort	pronom interrogatif
inv	unveränderlich	invariable
IN ZSSGN, *in zssgn*	in Zusammensetzungen	dans des composés
iron	ironisch	ironique
IT	Informatik, Internet	informatique, Internet
JAGD	Jagd, Jägersprache	(terme de) chasse
JARD	Gartenbau	jardinage
j-d	jemand	quelqu'un
j-m	jemand(em)	à quelqu'un
j-n	jemand(en)	quelqu'un
j-s	jemand(e)s	de quelqu'un
JUR	Recht(ssprache)	droit, langage juridique
KATH	katholisch(e Kirche)	(Église) catholique
kinderspr	Kindersprache	langage des enfants
koll	Kollektivum, Sammelbezeichnung	terme collectif
komp	Komparativ	comparatif
KONJ	Konjunktion, Bindewort	conjonction
LING	Linguistik, Sprachwissenschaft	linguistique
liter, litt	literarisch	littéraire
M, *m*	Maskulinum, männlich	masculin
MAL	Malerei	peinture
MAR	Marine, Schifffahrt, Seemannssprache	marine, navigation, langage des marins

MATH	Mathematik	mathématiques
MED, MÉD	Medizin	médecine
METEO, MÉTÉO	Meteorologie	météorologie
M/F(M), *m/f(m)*	Maskulinum und Femininum mit zusätzlicher Maskulinendung in Klammern	(nom) masculin et féminin avec terminaison masculine supplémentaire entre parenthèses
MIL	Militär	terme militaire
MINER, MINÉR	Mineralogie	minéralogie
MODE	Schneiderei, Mode	couture
MPL, *mpl*	Maskulinum Plural	masculin pluriel
MUS	Musik	musique
MYTH	Mythologie	mythologie
N, *n*	Neutrum, sächlich	neutre
neg!	wird oft als beleidigend empfunden	souvent perçu comme outrageant
nordd	norddeutsch	allemand du Nord
NPL, *npl*	Neutrum Plural	neutre pluriel
NUCL, NUKL	Kernkraft, Kernphysik	nucléaire
NUM, *num*	Zahlwort	numéral
obj dir	direktes Objekt	complément d'objet direct
obj indir	präpositionales Objekt	complément d'objet indirect
od	oder	ou
ÖKOL	Umwelt(schutz), Ökologie	écologie
OPT	Optik	optique
österr	österreichisch	autrichien
par ext	im weiteren Sinne	par extension
PEINT	Malerei	peinture
pej, péj	pejorativ, abwertend	péjoratif
PERS PR	Personalpronomen, persönliches Fürwort	pronom personnel
PHARM	Pharmazie	pharmacie
PHIL	Philosophie	philosophie
PHON	Phonetik, Lautlehre	phonétique
PHOT	Fotografie	photographie
PHYS	Physik	physique
PL, *pl*	Plural, Mehrzahl	pluriel
plais	scherzhaft	par plaisanterie
plus fort	im verstärkten Sinne	plus fort
poet, poét	poetisch, dichterisch	poétique
POL	Politik	politique

pop	salopp, derb	populaire, grossier
POSS PR	Possessivpronomen, besitzanzeigendes Fürwort	pronom possessif
PP, *pp*; PPERF, *pperf*	Partizip Perfekt	participe passé
PPR, *ppr*	Partizip Präsens	participe présent
PRÄP, *präp*	Präposition, Verhältniswort	préposition
PR DÉM	Demonstrativpronomen, hinweisendes Fürwort	pronom démonstratif
PRÉP, *prép*	Präposition, Verhältniswort	préposition
PR INDÉF, *pr indéf*	Indefinitpronomen, unbestimmtes Fürwort	pronom indéfini
PR INTERROG	Interrogativpronomen, Fragefürwort	pronom interrogatif
PRON	Pronomen, Fürwort	pronom
PROT	evangelisch(e Kirche)	(Église) protestant(e)
prov	Sprichwort, sprichwörtlich	proverbe, proverbial
PR PERS	Personalpronomen, persönliches Fürwort	pronom personnel
PR POSS	Possessivpronomen, besitzanzeigendes Fürwort	pronom possessif
PR REL, *pr rel*	Relativpronomen, bezügliches Fürwort	pronom relatif
PSYCH	Psychologie	psychologie
qc	etwas	quelque chose
qn	jemand	quelqu'un
®	eingetragene Marke	marque déposée
RAD, RADIO	Rundfunk	radio
REL	Religion	religion
REL PR, *rel pr*	Relativpronomen, bezügliches Fürwort	pronom relatif
RHET, RHÉT	Rhetorik	rhétorique
SCHIFF	Marine, Schifffahrt, Seemannssprache	marine, navigation, langage des marins
schweiz	schweizerisch	suisse
SCULP	Bildhauerei	sculpture
s-e	seine	sa, son, ses
SG, *sg*	Singular, Einzahl	singulier
SKULP	Bildhauerei	sculpture
sl	salopp, derb	populaire, grossier

s-m	seinem	à son, à sa
s-n	seinen	son, sa, à ses
sprichw	Sprichwort, sprichwörtlich	proverbe
s-r	seiner	de sa, de son, de ses, à sa, à son
s-s	seines	de son, de sa
st/s	gehobener Stil	style soutenu
subj	Konjunktiv	subjonctif
SUBST, *subst*	Substantiv, Hauptwort, substantivisch gebraucht	substantif, nom, substantivement
südd	süddeutsch	allemand du Sud
suisse	schweizerisch	suisse
sup	Superlativ	superlatif
TECH	Technik	technique, technologie
TEL, TÉL	Telefon	téléphone
TEX, TEXT	Textilien, Textilindustrie	textiles
THÉ, THEAT	Theater	théâtre
t/t	Fachausdruck, wissenschaftlich	terme technique, scientifique
TV	Fernsehen	télévision
TYPO	Buchdruck, Typografie	typographie, imprimerie
u.	und	et
umg	Umgangssprache, familiär	familier
V/AUX, *v/aux*	Hilfsverb	verbe auxiliaire
V/I, *v/i*	intransitives Verb	verbe intransitif
V/IMP, *v/imp*	unpersönliches Verb	verbe impersonnel
VIT	Weinbau	viticulture
V/PR, *v/pr*	reflexives (französisches) Verb	verbe pronominal
V/R, *v/r*	reflexives (deutsches) Verb	verbe réfléchi
V/T, *v/t*	transitives Verb	verbe transitif
V/T INDIR, *v/t indir*	Verb mit Präpositionalobjekt	verbe transitif indirect
V/UNPERS, *v/unpers*	unpersönliches Verb	verbe impersonnel
WEIN	Weinbau	viticulture
weitS.	im weiteren Sinne	par extension
WIRTSCH	Wirtschaft	économie
ZOOL	Zoologie	zoologie
ZSSGN, *zssgn*	Zusammensetzungen	composés
~	ersetzt das Stichwort	remplace l'entrée
≈	etwa	correspond à
°	Hinweis auf h aspiré	marque le h aspiré

→	siehe	voir
≠	zwischen Wörtern, die oft falsch übersetzt werden	sépare les mots dont le sens diffère
❗	Vorsicht, Fehlerquelle!	attention !

Französisch — Deutsch

A

A, **a**[1] [ɑ, a] M (unveränderlich) A, a *n*; *fig* **de A à Z** von A bis Z; **prouver qc par a + b** etw klar beweisen

a[2] [a] → avoir[1]

à [a] PRÉP (statt **à le** steht **au**, statt **à les** steht **aux**) 1 *lieu* in, auf, an (+ *dat*); *être, arriver* **~ Paris** in Paris; **au Portugal** in Portugal; **aux États-Unis** in den Vereinigten Staaten; **~ Madagascar** auf Madagaskar; **~ la fenêtre** am Fenster; **~ l'hôtel** im Hotel 2 *direction* nach (+ *dat*); in, an, auf (+ *acc*); zu (+ *dat*); *aller, envoyer* **~ Paris** nach Paris; **au Canada** nach Kanada; **~ Chypre** nach Zypern; **aux Pays-Bas** in die Niederlande 3 *temps*: **~ son arrivée** bei s-r Ankunft; **~ six heures** um sechs (Uhr); **au mois de janvier** im (Monat) Januar; **~ lundi!** bis Montag! 4 *destination, but*: **marché** *m* **aux poissons** Fischmarkt *m*; **tasse** *f* **~ café** Kaffeetasse *f*; **machine** *f* **~ écrire** Schreibmaschine *f*; **avoir beaucoup ~ faire** viel zu tun haben 5 *introduisant un complément d'obj indir: souvent traduit par un datif*; **arracher aux flammes** den Flammen entreißen; **donner qc ~ qn** j-m etw geben; **penser ~ qn** an j-n denken; **~ toi!** du bist dran!; 6 *appartenance*: **ce livre est ~ moi** dieses Buch gehört mir; **c'est mon livre ~ moi** das ist mein Buch; **un ami ~ moi** ein Freund von mir 7 *manière*: **~ bicyclette** mit dem (Fahr)Rad; **~ mes frais** auf meine Kosten; *se chauffer* **au mazout** mit Öl; **aux yeux bleus** mit blauen Augen; **~ la française, ~ l'italienne**, *etc* auf französische, italienische *etc* Art; *fam* **~ la Picasso** nach Picassos Art; im Stil Picassos; *fam* à la Picasso 8 *mesures et nombres*: **au kilo** *vendre* kiloweise; *prix* pro Kilo; **~ 20 euros (la) pièce** das Stück zu 20 Euro; **~ cinq** zu fünft; zu fünfen; **~ dix contre un** zehn gegen einen; **~ 100 m d'ici** 100 m von hier; **on voit ~ 50 m** man sieht 50 m weit; **~ 100 degrés** bei 100 Grad; **~ 100 ~ l'heure** mit 100 Stundenkilometern; **4 ~ 5 heures** 4 bis 5 Stunden; **de 4 ~ 6 heures** von 4 bis 6 Uhr

abaissant [abɛsɑ̃] ADJ ⟨-ante [-ɑ̃t]⟩ erniedrigend; entwürdigend **abaissement** [-mɑ̃] M Senkung *f*; Herabsetzung *f*

abaisser [abese] A V/T 1 *prix, niveau* senken; herabsetzen 2 *fig* erniedrigen; demütigen B V/PR **s'~** *fig* sich erniedrigen; sich demütigen; **s'~ à faire qc** sich herabwürdigen, etw zu tun

abandon [abɑ̃dõ] M 1 (*action de quitter*) Verlassen *n*; **~ d'enfant** Kindesaussetzung *f* 2 (*cessation*) Aufgabe *f* (*a.* SPORTS); Verzicht *m* (**de** auf + *acc*); Preisgabe *f* 3 (*délaissement*) Verwahrlosung *f*; **laisser à l'~** verwahrlosen lassen 4 (*nonchalance*) Ungezwungenheit *f*; Gelöstheit *f*

abandonné [abɑ̃dɔne] ADJ ⟨~e⟩ verlassen; (*négligé*) verwahrlost; *animal, voiture* herrenlos

abandonner [abɑ̃dɔne] A V/T 1 verlassen; im Stich lassen; *bébé, animal* aussetzen 2 *métier, projet, combat, espoir* aufgeben (*a. abs*) 3 **~ qn à son triste sort** j-n s-m Schicksal überlassen, preisgeben B V/PR **s'~** 1 sich hingeben, sich überlassen (**à un sentiment** e-m Gefühl) 2 (*s'épancher*) sich aussprechen; sein Herz ausschütten

abasourdi [abazuʀdi] ADJ ⟨~e⟩ 1 *par le bruit* benommen; betäubt 2 (*étonné*) verblüfft; verdutzt

abasourdir [abazuʀdiʀ] V/T 1 benommen machen; betäuben 2 (*étonner*) verblüffen; verdutzen

abâtardir [abɑtaʀdiʀ] V/PR **s'~** degenerieren

abat-jour [abaʒuʀ] M (unveränderlich) Lampenschirm *m*

abats [aba] MPL Innereien *pl*

abattage [abataʒ] M 1 *d'un arbre* Fällen *n* 2 *d'un animal* Schlachten *n*

abattant [abatɑ̃] M (Klapp)Deckel *m*

abattement [abatmɑ̃] M 1 FIN Abschlag *m*; Ermäßigung *f* 2 (*fatigue*) Mattigkeit *f*; Kraftlosigkeit *f*; *moral* Niedergeschlagenheit *f*

abattis [abati] MPL 1 Hühner- *ou* Gänseklein *n* 2 *fam fig* Gliedmaßen *fpl*

abattoir [abatwaʀ] M Schlachthaus *n*, -hof *m*

abattre [abatʀ] ⟨→ battre⟩ A V/T 1 *arbre* fällen; *maison* niederreißen; *avion* abschießen 2 *animal* schlachten; CH erlegen; schießen 3 **~ qn** j-n niederschießen, erschießen, *fam péj* abknallen 4 **~ de la besogne** flink, tüchtig arbeiten 5 *maladie* **~ qn** j-n schwächen, entkräften 6 *échec* **~ qn** j-n niedergeschlagen machen, niederdrücken; **ne pas se laisser ~** sich nicht unterkriegen lassen B V/PR 1 **s'~** *arbre* umstürzen; *avion* abstürzen 2 **s'~ sur** *orage* niedergehen auf (+ *acc*); *sauterelles* herfallen über (+ *acc*); *fig malheur* kommen über (+ *acc*)

abattu [abaty] ADJ ⟨~e⟩ niedergeschlagen, -gedrückt

abbatial [abasjal] ADJ ⟨~e; -aux [-o]⟩ Abtei…; Abts…

abbaye [abei] F Abtei *f*

abbé [abe] M 1 Geistliche(r) *m*; Pfarrer *m* 2 *d'un monastère* Abt *m*

abbesse [abɛs] F Äbtissin *f*

abc [abese] M (unveränderlich) *fig* Abc *n*; Einmaleins *n*

abcès [apsɛ] M Abszess *m*; *fig* **crever l'~** das Übel an der Wurzel packen

abdication [abdikasjõ] F Abdankung *f*

abdiquer [abdike] VI **1** abdanken **2** *fig* aufgeben; kapitulieren
abdomen [abdɔmɛn] M Bauch *m*; Unterleib *m*
abdominal [abdɔminal] **A** ADJ ⟨~e; -aux [-o]⟩ Bauch…; Unterleibs… **B** SUBST **abdominaux** MPL Bauchmuskeln *mpl*; SPORTS **faire des abdominaux** Übungen zur Kräftigung der Bauchmuskeln machen
abécédaire [abesedɛʀ] M Fibel *f*
abeille [abɛj] F Biene *f*
aberrant [abɛʀɑ̃] ADJ ⟨-ante [-ɑ̃t]⟩ abwegig; aberwitzig **aberration** [-asjõ] F Verirrung *f*; Absurdität *f*
abêtir [abetiʀ] VT *et* VI verdummen; verblöden **abêtissant** [-isɑ̃] ADJ ⟨-ante [-ɑ̃t]⟩ stumpfsinnig; geisttötend **abêtissement** [-ismɑ̃] M Verdummung *f*; Verblödung *f*; *état a.* Stumpfsinn *m*
abhorrer [abɔʀe] *litt* VT verabscheuen
abîme [abim] M Abgrund *m* (*a. fig*)
abîmer [abime] **A** VT beschädigen; *fam* ramponieren; *fam* kaputt machen; *cheveux* strapazieren; *santé* angreifen **B** VPR **1** **s'~** beschädigt, schadhaft werden; *denrées* verderben; schlecht werden; *fam* kaputtgehen **2** **s'~ les yeux** sich (*dat*) die Augen verderben
abject [abʒɛkt] ADJ ⟨~e⟩ niederträchtig; gemein; schändlich **abjection** [-sjõ] F Verworfenheit *f*; tiefste Erniedrigung
abjuration [abʒyʀasjõ] F Abschwörung *f* **abjurer** [-e] VT abschwören (+ *dat*)
ablation [ablasjõ] F operative Entfernung
ablette [ablɛt] F Weißfisch *m*
ablution [ablysjõ] F (rituelle) Waschung
abnégation [abnegasjõ] F Selbstverleugnung *f*; Selbstlosigkeit *f*
aboiements [abwamɑ̃] MPL Gebell *n*; Bellen *n*
abois ADJT **aux ~** [ozabwa] in äußerster Bedrängnis; in e-r ausweglosen Lage
abolir [abɔliʀ] VT abschaffen; aufheben **abolition** [-isjõ] F Abschaffung *f*; Aufhebung *f* **abolitionnisme** [-isjɔnism] M HIST *aux U.S.A.* Abolitionismus *m* **abolitionniste** [-isjɔnist] **A** ADJ abolitionistisch **B** M/F Abolitionist(in) *m(f)*
abominable [abɔminabl] ADJ abscheulich; scheußlich; gräulich **abomination** [-asjõ] F Abscheulichkeit *f*; Gräuel *m*
abondamment [abõdamɑ̃] ADV → abondant
abondance [abõdɑ̃s] F Fülle *f*; Überfluss *m* (**de** an + *dat*); **en ~** reichlich; im Überfluss; in Hülle und Fülle
abondant [abõdɑ̃] ADJ ⟨-ante [-ɑ̃t]⟩ reichlich; ausgiebig; üppig; *récolte* reich
abonder [abõde] VI **1** reichlich, im Überfluss vorhanden sein; **~ en** reich sein an (+ *dat*) **2** **~ dans le sens de qn** j-m voll und ganz beipflichten
abonné [abɔne] M *à un journal* Bezieher *m*; Abonnent *m* (*a.* THÉ); *au gaz* Abnehmer *m*; CH DE FER Zeitkarteninhaber *m*; **~s du** *ou* **au téléphone** Fernsprechteilnehmer *mpl*
abonnement [abɔnmɑ̃] M Abonnement *n*; **carte** *f* **d'~** *pour transports en commun* Zeitkarte *f*; *pour musées, piscine* Dauerkarte *f*
abonner [abɔne] **A** VT **~ qn à un journal** für j-n e-e Zeitung abonnieren **B** VPR **s'~ à une revue** e-e Zeitschrift abonnieren
abord [abɔʀ] M **1** **abords** *pl* (unmittelbare, nächste) Umgebung **2** **d'un abord facile** *lieu* leicht zugänglich; *personne* umgänglich **3** **d'abord** zuerst; zunächst; **tout d'abord** zu(aller)erst; **au premier abord** auf den ersten Blick; zunächst
abordable [abɔʀdabl] ADJ (*prix d'une*) *chose* erschwinglich
abordage [abɔʀdaʒ] M MAR **1** *assaut* Entern *n*, -ung *f* **2** *accident* Kollision *f*; (Schiffs)Zusammenstoß *m*
aborder [abɔʀde] **A** VT **1** *navire* entern **2** **~ qn** j-n ansprechen, anreden **3** (*arriver à*) herangehen, -kommen, *véhicule* heranfahren an (+ *acc*) **4** *sujet* anschneiden; zur Sprache bringen; aufgreifen; ansprechen **B** VI MAR anlegen; landen
aborigène [abɔʀiʒɛn] **A** ADJ einheimisch **B** MPL **~s** Ureinwohner *mpl*; Eingeborene(n) *pl*
abortif [abɔʀtif] MÉD, PHARM **A** ADJ ⟨-ive [-iv]⟩ abtreibend; Abtreibungs… **B** M Abtreibungsmittel *n*
abouler [abule] VT *argot* (*donner*) *fam* rausrücken
aboulie [abuli] F MÉD (krankhafte) Willenlosigkeit **aboulique** [-ik] ADJ (krankhaft) willenlos, entschlusslos
aboutir [abutiʀ] **A** VT INDIR **~ à** **1** *chemin, etc* münden in (+ *acc*); enden in (+ *dat*) **2** *fig* (*mener à*) führen zu **B** VI zu e-m Ergebnis führen
aboutissants [abutisɑ̃] MPL → tenant B 2
aboutissement [abutismɑ̃] M Ergebnis *n*; Erfolg *m*
aboyer [abwaje] VI ⟨-oi-⟩ **1** *chien* bellen; **~ après qn** j-n anbellen **2** *fig* belfern; zetern; schreien
abracadabrant [abʀakadabʀɑ̃] ADJ ⟨-ante [-ɑ̃t]⟩ wunderlich; unwahrscheinlich; grotesk **abracadabrantesque** [-ɑ̃tɛsk] ADJ unglaublich; *idée* absurd; überspannt; *reproche* ungeheuerlich
abrasif [abʀazif] ADJ ⟨-ive [-iv]⟩ scheuernd; Schleif…

abrasion [abʀazjõ] F 1 TECH Abschleifen *n*; Abrieb *m* 2 GÉOL Abrasion *f*
abrégé [abʀeʒe] M Kurzfassung *f*; (kurzer) Abriss; **en ~** in Kurzfassung; (ab)gekürzt; kurz gesagt
abrègement *ou* **abrégement** [abʀɛʒmɑ̃] M *d'un texte, d'un mot* Kürzung *f*; *de la vie, d'un délai* Verkürzung *f*
abréger [abʀeʒe] V/T ⟨-è-; -ge-⟩ *texte* kürzen; *mot, itinéraire, souffrances* ab-, verkürzen
abreuver [abʀœve] A V/T 1 *animaux* tränken 2 *fig* **~ qn d'injures** j-n mit Beleidigungen überschütten B V/PR **s'~** *animal* trinken; *fam personne* ausgiebig trinken
abreuvoir [abʀœvwaʀ] M Tränke *f*
abréviatif [abʀevjatif] ADJ ⟨-ive [-iv]⟩ Abkürzungs…
abréviation [abʀevjasjõ] F Abkürzung *f*
abri [abʀi] M 1 Schutzdach *n*; *à l'arrêt d'un bus* Wartehäuschen *n*; *par ext* (*protection*) Schutz *m*; (*habitation*) Obdach *n*; Unterschlupf *m*; **à l'~ de** sicher vor (+ *dat*); geschützt gegen; **à l'~ du vent** windgeschützt; im Windschatten; **être à l'~** in Sicherheit, sicher sein; **se mettre à l'~** sich unterstellen; Schutz suchen; **être sans ~** obdachlos sein 2 MIL Unterstand *m*; *pour les civils* Schutzraum *m*
abribus [abʀibys] M Wartehäuschen *n*
abricot [abʀiko] M 1 Aprikose *f* 2 *adjt* (! unveränderlich) aprikosenfarbig
abricotier [abʀikɔtje] M Aprikosenbaum *m*
abriter [abʀite] A V/T 1 Schutz bieten (**qn** j-m), schützen (**de** gegen; vor + *dat*); **abrité** (wind-, wetter)geschützt 2 *fig* beherbergen B V/PR **s'~** 1 sich schützen; Schutz suchen; sich unterstellen 2 *fig* **s'~ derrière qn** sich hinter j-m verschanzen
abrogation [abʀɔgasjõ] F JUR Aufhebung *f*; Außerkraftsetzung *f*
abroger [abʀɔʒe] V/T ⟨-ge-⟩ aufheben; außer Kraft setzen
abrupt [abʀypt] ADJ ⟨~e⟩ 1 (*raide*) steil; abschüssig; schroff 2 *question* unvermittelt; direkt; schonungslos
abruptement [abʀyptəmɑ̃] ADV plötzlich; abrupt
abruti(e) [abʀyti] M(F) *injure* blöder Kerl; Blödmann *m*; blöde Ziege, Kuh
abrutir [abʀytiʀ] A V/T abstumpfen; (*abêtir*) verdummen B V/PR **s'~** abstumpfen; verblöden; **s'~ de travail** *fam* sich kaputtarbeiten
abrutissant [abʀytisɑ̃] ADJ ⟨-ante [-ɑ̃t]⟩ stumpfsinnig; geisttötend; *vacarme* ohrenbetäubend **abrutissement** [-mɑ̃] M Verdummung *f*; Verblödung *f*
ABS [abeɛs] M ABR (Anti-lock Braking System) ABS *n*
abscisse [apsis] F MATH Abszisse *f*
absence [apsɑ̃s] F 1 Abwesenheit *f*; Fehlen *n*; **~ d'enfants, de ressources** Kinder-, Mittellosigkeit *f* 2 **avoir des ~s** an Gedächtnisschwäche leiden; (*être distrait*) zeitweilig geistesabwesend sein
absent [apsɑ̃] A ADJ ⟨-ente [-ɑ̃t]⟩ 1 abwesend; **être ~** *a.* fehlen (*a. chose*) 2 (*distrait*) geistesabwesend; zerstreut B **~(e)** M(F) Abwesende(r) *m/f(m)*
absentéisme [apsɑ̃teism] M häufiges Fernbleiben; ADMIN Fehlzeiten *fpl*; *fam* Krankfeiern *n*; *à l'école fam* Schulschwänzen *n* **absentéiste** [-ist] M/F j-d, der (häufig) der Arbeit fernbleibt
absenter [apsɑ̃te] V/PR **s'~** weggehen; sich (kurz) entfernen
abside [apsid] F Apsis *f*
absinthe [apsɛ̃t] F 1 BOT Wermut *m* 2 *liqueur* Absinth *m*
absolu [apsɔly] A ADJ ⟨~e⟩ 1 absolut; unbedingt; völlig; **majorité ~e** absolute Mehrheit; **monarchie ~e** absolute Monarchie 2 *personne* **être trop ~** zu kompromisslos urteilen B M 1 **l'~** das Absolute 2 **dans l'~** losgelöst von der Wirklichkeit
absolument [apsɔlymɑ̃] ADV unbedingt; absolut; *avec adj a.* völlig; **~!** unbedingt!; durchaus!
absolution [apsɔlysjõ] F Absolution *f*; Lossprechung *f* **absolutisme** [-tism] M Absolutismus *m* **absolutiste** [-tist] ADJ absolutistisch
absorbant [apsɔʀbɑ̃] ADJ ⟨-ante [-ɑ̃t]⟩ 1 absorbierend; aufsaugend; *pour le bruit* schallschluckend 2 *fig* in Anspruch nehmend
absorber [apsɔʀbe] A V/T 1 (*résorber*) (in sich) aufnehmen; absorbieren; *liquide a.* aufsaugen 2 *aliment* zu sich nehmen; *médicament* einnehmen 3 *fig capitaux* aufzehren; verschlingen; *entreprise fam* schlucken 4 *activité* **~ qn** j-n (stark, ganz) in Anspruch nehmen; **absorbé (dans ses pensées)** in Gedanken versunken B V/PR **s'~ dans qc** sich in etw (*acc*) vertiefen, versenken; in etw (*dat*) aufgehen
absorption [apsɔʀpsjõ] F 1 Aufnahme *f*; Aufsaugung *f*; Absorption *f* 2 *de médicaments* Einnahme *f*
absoudre [apsudʀ] V/T ⟨j'absous, il absout, nous absolvons; j'absolvais; j'absoudrai; que j'absolve; absolvant; absous, absoute⟩ CATH lossprechen; absolvieren
abstenir [apstəniʀ] V/PR ⟨→ venir⟩ 1 **s'~ de qc** sich e-r Sache (*gén*) enthalten; etw unterlassen 2 (*ne pas voter*) **s'~** sich der Stimme enthalten
abstention [apstɑ̃sjõ] F (Stimm)Enthaltung *f*
abstentionnisme [apstɑ̃sjɔnism] M Stimm-

enthaltung *f*; Wahlmüdigkeit *f* **abstentionniste** [-ist] M/F Nichtwähler(in) *m(f)*
abstinence [apstinɑ̃s] F Abstinenz *f*; Enthaltsamkeit *f*; **faire ~** Enthaltsamkeit üben
abstraction [apstʀaksjõ] F **1** Abstraktion *f* **2** **faire ~ de** absehen von
abstraire [apstʀɛʀ] ⟨→ traire⟩ **A** V/T abstrahieren **B** V/PR **s'~** s-e Umwelt vergessen
abstrait [apstʀɛ] ADJ ⟨-aite [-ɛt]⟩ abstrakt; begrifflich; **art ~** abstrakte Kunst
absurde [apsyʀd] ADJ absurd; unsinnig; widersinnig **absurdité** [-ite] F Absurdität *f*
abus [aby] M **1** Missbrauch *m*; **~ d'alcool** übermäßiger Alkoholgenuss; JUR **~ de confiance** Untreue *f*; *fam* **il y a de l'~** das geht zu weit **2** *(injustice)* Missstand *m*
abuser [abyze] **A** V/T täuschen **B** V/T INDIR **~ de** missbrauchen; ausnutzen; *abs* zu weit gehen **C** V/PR **s'~** sich täuschen; (sich) irren
abusif [abyzif] ADJ ⟨-ive [-iv]⟩ **1** missbräuchlich; *emploi d'un mot* fälschlich; **usage ~** übermäßiger Gebrauch; Missbrauch *m* **2** *mère, père* besitzergreifend
abysse [abis] M **1** GÉOG Tiefseegraben *m* **2** *fig* Abgrund *m*
acabit [akabi] M *péj* **de cet ~** dieses Schlages; von der Art, Sorte
acacia [akasja] M Akazie *f*
académicien [akademisjɛ̃] M, **académicienne** [-jɛn] F Akademiemitglied *n*
académie [akademi] F **1** Akademie *f*; gelehrte Gesellschaft; **l'Académie (française)** die Académie française **2** *école* Akademie *f*; (Hoch)-Schule *f* **3** *circonscription* Schulaufsichtsbezirk *m*
académique [akademik] ADJ **1** Akademie… **2** *fig* akademisch; schulmäßig
acajou [akaʒu] M Mahagoni *n*
acariâtre [akaʀjɑtʀ] ADJ mürrisch; griesgrämig
acariens [akaʀjɛ̃] MPL Milben *fpl*
accablant [akablɑ̃] ADJ ⟨-ante [-ɑ̃t]⟩ *chaleur* drückend; *preuves* erdrückend; *nouvelle* niederdrückend **accablement** [-əmɑ̃] M Bedrückung *f*; Niedergeschlagenheit *f*
accabler [akable] V/T **1** **~ qn** *chaleur* j-m zu schaffen machen; *soucis* j-n (be)drücken; *témoignage* j-n schwer belasten; **accablé de travail** (mit Arbeit) überlastet **2** **~ qn de qc** j-n mit etw überhäufen, überschütten
accalmie [akalmi] F kurze, momentane Beruhigung *(a. fig)*
accaparement [akapaʀmɑ̃] M *d'une conversation* An-sich-Reißen *n*; *d'une personne* starke Inanspruchnahme
accaparer [akapaʀe] V/T *place* in Beschlag nehmen; beanspruchen; *conversation* an sich *(acc)* ziehen; *attention* auf sich *(acc)* ziehen, lenken; **~ qn** j-n mit Beschlag belegen; *travail* j-n (völlig) in Anspruch nehmen; j-n (stark) beanspruchen
accéder [aksede] V/T INDIR ⟨-è-⟩ **~ à** **1** *personne* gelangen zu; erreichen **2** *fig* **~ à qc** zu etw gelangen; etw erlangen **3** **~ aux désirs de qn** j-s Wünschen nachkommen
accélérateur [akseleʀatœʀ] M **1** AUTO Gashebel *m*, -pedal *n*; **donner un coup d'~** aufs Gas treten, Gas geben *(a. fig)* **2** PHYS **~ de particules** Teilchenbeschleuniger *m*
accélération [akseleʀasjõ] F Beschleunigung *f (a.* PHYS*)*
accéléré [akseleʀe] M Zeitraffer *m*
accélérer [akseleʀe] ⟨-è-⟩ **A** V/T beschleunigen; *adjt* **formation accélérée** Kurzausbildung *f* **B** V/I AUTO Gas geben **C** V/PR **s'~** schneller werden
accent [aksɑ̃] M **1** PHON Ton *m*; Betonung *f*;

Les accents français

1. l'accent aigu

nur auf dem **e**:	**le café, la télé, retiré** *usw.*

2. l'accent grave

auf dem **e**:	**le mètre, la pièce, la rivière** *usw.*
auf dem **a**:	**à, là, voilà** *usw.*
auf dem **u**:	*zur Unterscheidung von* **ou** (oder) *und* **où** (wo)

3. l'accent circonflexe

auf allen Vokalen:	**le gâteau, la tête, l'île, drôle, brûler** *usw.*

Beim Buchstaben **e** ergeben sich je nach Akzent Unterschiede in der Aussprache:
é ist geschlossen [e], **è** und **ê** sind offen [ɛ].

SPRACHGEBRAUCH

Akzent *m* (*a. signe*) **2** Akzent *m*; Tonfall *m*; **avoir un ~** mit (e-m) Akzent sprechen **3** *fig dans la voix* Unterton *m*; Beiklang *m* **4** *fig* **mettre l'~ sur** Nachdruck, den Ton legen auf (+ *acc*)

accentuation [aksɑ̃tɥasjõ] F **1** Betonung *f*; Akzentuierung *f* **2** *fig* Verstärkung *f*; Verschärfung *f*

accentuer [aksɑ̃tɥe] **A** V/T **1** betonen; akzentuieren **2** *fig* (*souligner*) betonen; unterstreichen; hervorheben; *efforts* verstärken **B** V/PR **s'~** *tendance* sich verstärken; *froid* sich verschärfen

acceptable [aksɛptabl] ADJ annehmbar; akzeptabel; *travail a.* zumutbar **acceptation** [-asjõ] F Annahme *f*; Akzeptierung *f*

accepter [aksɛpte] V/T annehmen; akzeptieren; *personne a.* anerkennen; *proposition a.* eingehen auf (+ *acc*); *thèse* gelten lassen; *échec, la mort* hinnehmen; akzeptieren; **~ de** (+ *inf*) sich bereit erklären, zusagen zu (+ *inf*)

acception [aksɛpsjõ] F Bedeutung *f*; Sinn *m*; **dans toute l'~ du terme** im wahrsten Sinn(e) des Wortes

accès [aksɛ] M **1** Zugang *m* (*a. fig*); *pour véhicules* Zufahrt *f*; *pour personnes a.* Zutritt *m*; *lieu, fig* **d'un ~ facile** leicht zugänglich; **donner ~ à** führen zu; *à un métier* den Zugang eröffnen zu **2** (*crise*) Anfall *m*; *d'émotion a.* Anwandlung *f*; **~ de colère, de fièvre** Wut-, Fieberanfall *m* **3** INFORM Zugriff *m*; **~ à Internet** Internetzugang *m*

accessibilité [aksesibilite] F Zugänglichkeit *f*

accessible [aksesibl] ADJ **1** *lieu* zugänglich (**à** für); erreichbar; **~ aux handicapés** barrierefrei; behindertengerecht **2** *œuvre* zugänglich, verständlich (**à qn** j-m) **3** *personne* empfänglich (**à qc** für etw)

accession [aksesjõ] F Erlangung *f* (**à** *gén*)

accessit [aksesit] M ÉCOLE ehrenvolle Erwähnung; Belobigung *f*

accessoire [akseswaʀ] **A** ADJ nebensächlich; untergeordnet **B** M **1** TECH Zubehörteil *n*; **~s** *pl* Zubehör *n* **2** **~s** *pl* (**de mode**) Accessoires *npl*; modisches Zubehör **3** THÉ, FILM Requisit *n*

accessoirement [akseswaʀmɑ̃] ADV in zweiter Linie; (*en plus*) zusätzlich **accessoiriser** [-ize] V/T COUT mit Accessoires schmücken, versehen **accessoiriste** [-ist] M THÉ Requisiteur *m*

accident [aksidɑ̃] M **1** Unfall *m*; Unglück *n*; **~ d'avion, de train** Flugzeug-, Zugunglück *n*; **~ de la route, de voiture** Verkehrs-, Autounfall *m* **2** **~ (de parcours)** Zwischenfall *m*; Panne *f* **3** **~ de terrain** Unebenheit *f* (des Geländes)

accidenté [aksidɑ̃te] **A** ADJ ⟨~e⟩ **1** *terrain* hügelig; uneben **2** *personne, véhicule* verunglückt **B** **~(e)** M(F) Verunglückte(r) *m/f(m)*; Unfallopfer *n*

accidentel [aksidɑ̃tɛl] ADJ ⟨~le⟩ **1** (*fortuit*) zufällig **2** **mort ~le** Unfalltod *m*

acclamations [aklamasjõ] FPL begeisterte Zurufe *mpl*; Jubel *m* **acclamer** [-e] V/T zujubeln (**qn** j-m)

acclimatation [aklimatasjõ] F Akklimatisierung *f*; Eingewöhnung *f*

acclimater [aklimate] **A** V/T akklimatisieren; heimisch machen **B** V/PR **s'~** sich akklimatisieren; sich eingewöhnen; heimisch werden; *personne a.* sich einleben

accolade [akɔlad] F **1** (zeremonielle) Umarmung **2** TYPO (geschweifte) Klammer

accoler [akɔle] V/T nebeneinandersetzen; **~ qc à qc** etw an etw (*acc*) anfügen

accommodant [akɔmɔdɑ̃] ADJ ⟨-ante [-ɑ̃t]⟩ umgänglich **accommodation** [-asjõ] F Anpassung *f* **accommodement** [-mɑ̃] M Ausgleich *m*; Arrangement *n*

accommoder [akɔmɔde] **A** V/T CUIS zubereiten; *restes* verwerten **B** V/PR **1** **s'~ à** sich anpassen (+ *dat*) **2** **s'~ de** sich abfinden mit; sich schicken in (+ *acc*); vorliebnehmen mit

accompagnateur [akõpaɲatœʀ] M, **accompagnatrice** [-tʀis] F Begleitperson *f*; Begleiter(in) *m(f)* (*a.* MUS); *d'un voyage organisé* Reiseleiter(in) *m(f)*

accompagnement [akõpaɲəmɑ̃] M **1** Begleitung *f* (*a.* MUS) **2** CUIS Beilage *f*

accompagner [akõpaɲe] V/T **1** begleiten (*a.* MUS); **bagages accompagnés** Reisegepäck *n* **2** **~ un mets** zu e-m Gericht serviert werden

accompli [akõpli] ADJ ⟨~e⟩ vollendet; **fait ~** vollendete Tatsache; **mettre qn devant le fait ~** j-n vor vollendete Tatsachen stellen

accomplir [akõpliʀ] **A** V/T *mission* erfüllen; *action* ausführen; *formalités* erledigen; *temps de service* ableisten **B** V/PR **s'~** sich erfüllen; in Erfüllung gehen

accomplissement [akõplismɑ̃] M Erfüllung *f*; Ausführung *f*

accord [akɔʀ] M **1** (*entente*) Übereinstimmung *f*; Einvernehmen *n*; **d'un commun accord** in gegenseitigem Einvernehmen; **en accord avec** in Übereinstimmung mit; **être d'accord** (sich) einig sein, (darin) übereinstimmen (**avec qn** mit j-m); **se mettre d'accord, tomber d'accord** sich einig werden, sich einigen (**sur** über + *acc*) **2** (*approbation*) Einverständnis *n*; **d'accord!**, *fam* **d'acc!** einverstanden!; **être d'accord** (damit) einverstanden sein **3** (*convention*) Vereinbarung *f*; Übereinkunft *f*; Absprache *f*; Abkommen *n*; Einigung *f* **4** MUS Akkord *m* **5** GRAM Kongruenz *f*; Übereinstimmung *f*

accordéon [akɔʀdeõ] M **1** MUS Akkordeon *n*; Ziehharmonika *f* **2** *fig* **en ~** *chaussettes* Falten werfend; **circulation** *f* **en ~** Stop-and-go-Verkehr *m*

accordéoniste [akɔʀdeɔnist] M/F Akkordeon-, Ziehharmonikaspieler(in) *m(f)*

accorder [akɔʀde] A V/T 1 (*donner*) gewähren; bewilligen; *confiance* schenken; **~ à qn que …** j-m zugestehen, dass … 2 (*mettre en accord*) in Übereinstimmung bringen (**avec** mit) (*a.* GRAM); abstimmen (auf + *acc*) 3 *instrument de musique* stimmen B V/PR 1 **s'~** harmonieren; zusammenpassen; sich vertragen 2 GRAM **s'~ avec** sich richten nach 3 **s'~ qc** sich (*dat*) etw gönnen

accordeur [akɔʀdœʀ] M Stimmer *m*

accostage [akɔstaʒ] M MAR Anlegen *n*

accoster [akɔste] A V/T *qn* ansprechen; anreden B V/I MAR anlegen

accotement [akɔtmɑ̃] M Rand-, Seitenstreifen *m*

accouchement [akuʃmɑ̃] M Entbindung *f*; Geburt *f*

accoucher [akuʃe] A V/T entbinden B V/T INDIR **~ de** 1 entbunden werden von; *abs* entbinden 2 *fig et plais* zuwege bringen

accoucheur [akuʃœʀ] M (Arzt und) Geburtshelfer *m*

accouder [akude] V/PR **s'~** sich mit dem *ou* den Ellbogen aufstützen (**à, sur** auf + *acc*) **accoudoir** [-waʀ] M Armlehne *f*, -stütze *f*

accouplement [akupləmɑ̃] M 1 ZOOL Paarung *f*; Begattung *f* 2 TECH Kopp(e)lung *f*

accoupler [akuple] A V/T 1 *animaux* paaren (**et, à** mit) 2 TECH koppeln 3 *fig* zusammenbringen B V/PR **s'~** sich paaren; sich begatten

accourir [akuʀiʀ] V/I ⟨→ courir; *meist* être⟩ herbeieilen; **~ vers qn** auf j-n zueilen

accoutrement [akutʀəmɑ̃] M *péj* Aufzug *m*; Aufmachung *f*; Ausstaffierung *f* **accoutrer** [-e] V/T (*et* V/PR **s'~** sich) ausstaffieren

accoutumance [akutymɑ̃s] F Gewöhnung *f* (**à** an + *acc*)

accoutumé [akutyme] ADJ ⟨~e⟩ gewohnt; **comme à l'~e** wie gewöhnlich; **être ~ à qc** an etw (*acc*) gewöhnt sein; etw gewohnt sein

accoutumer [akutyme] V/T (*et* V/PR **s'~** sich) gewöhnen (**à** an + *acc*)

accréditer [akʀedite] V/T 1 DIPL akkreditieren; beglaubigen 2 *nouvelle* bestätigen

accro [akʀo] *fam* A ADJ (! Maskulin- und Femininform sind gleich) süchtig B M/F 1 Drogensüchtige(r) *m/f(m)* 2 **un ~ du vélo**, *etc* ein richtiger Fahrradfan, *fam* -freak, *etc*

accroc [akʀo] M 1 Riss *m* 2 *fig* Schwierigkeit *f*; Hindernis *n*

accrochage [akʀɔʃaʒ] M AUTO, MIL, *fig* Zusammenstoß *m*

accroche [akʀɔʃ] F Blickfang *m*; werbewirksamer Spruch

accroche-cœur M ⟨accroche-cœurs⟩ Schmachtlocke *f*

accrocher [akʀɔʃe] A V/T 1 *tableau, manteau, etc* aufhängen; *remorque* anhängen; (*attacher*) festmachen (**à** an + *dat*); **rester accroché à qc** an etw (*dat*) hängen bleiben 2 *piéton, véhicule* anfahren; zusammenstoßen mit B V/I 1 *publicité, film* zugkräftig sein; ziehen 2 *fam* **ça accroche (bien) avec lui** mit ihm versteht man sich auf Anhieb 3 *fam* **les maths? j'accroche pas!** *fam* Mathe? Das ist nicht mein Ding! C V/PRON 1 **s'~** (*rester accroché*) hängen bleiben (**à** an + *dat*) 2 **s'~** (*se cramponner*) sich festhalten (**à** an + *dat*); *fig* **s'~ à qn, qc** sich an j-n, etw klammern 3 **s'~** (*s'efforcer*) sich anstrengen; *fam* sich ranhalten 4 *fig* **s'~ avec qn** mit j-m zusammenstoßen; sich mit j-m anlegen 5 *fam* **tu peux te l'~** *fam* das kannst du in den Schornstein schreiben

accrocheur [akʀɔʃœʀ] ADJ ⟨-euse [-øz]⟩ 1 *personne* zäh; ausdauernd 2 *publicité* zugkräftig

accroissement [akʀwasmɑ̃] M Zunahme *f*; Anwachsen *n*; Vermehrung *f*; Vergrößerung *f*; Steigerung *f*

accroître [akʀwatʀ] ⟨j'accrois, il accroît, nous accroissons; j'accroissais; j'accrus; j'accroîtrai; que j'accroisse; accroissant; *Vorgang* avoir, *Zustand* être accru⟩ A V/T vermehren; vergrößern; steigern B V/PR **s'~** zunehmen; wachsen; größer werden

accroupi [akʀupi] ADJ ⟨~e⟩ kauernd; hockend

accroupir [-iʀ] V/PR **s'~** sich niederkauern; in die Hocke gehen

accru [akʀy] PP → accroître

accueil [akœj] M Aufnahme *f*, Empfang *m* (*a. endroit*); *de réfugiés a.* Betreuung *f*

accueillant [akœjɑ̃] ADJ ⟨-ante [-ɑ̃t]⟩ 1 *personne* (gast)freundlich 2 *maison* gastlich; gemütlich

accueillir [akœjiʀ] V/T ⟨→ cueillir⟩ aufnehmen; *avec cérémonie* empfangen

acculer [akyle] V/T 1 in die Enge treiben 2 *fig* **~ qn à qc** j-n zu etw zwingen

acculturation [akyltyʀasjõ] F kultureller Anpassungsprozess

accumulateur [akymylatœʀ] M Akkumulator *m*; *fam* Akku *m* **accumulation** [-sjõ] F 1 Anhäufung *f*; Ansammlung *f* 2 TECH Speicherung *f*

accumuler [akymyle] A V/T an-, aufhäufen; ansammeln B V/PR **s'~** sich ansammeln; *signes, erreurs* sich häufen

accus [aky] *fam* MPL (Auto)Batterie *f*

accusateur [akyzatœʀ], **accusatrice** [-tʀis] A M,F Ankläger(in) *m(f)* B ADJ anklagend

accusatif [akyzatif] M Akkusativ *m*; Wenfall *m*
accusation [akyzasjõ] F 1 JUR Anklage *f* 2 An-, Beschuldigung *f*
accusé [akyze] A 1 **~(e)** *m(f)* Angeklagte(r) *m/f(m)* 2 **~** *m* **de réception** Empfangsbestätigung *f* B ADJ ⟨~e⟩ ausgeprägt; *traits a.* scharf
accuser [akyze] V/T 1 anklagen; **~ qn de qc** j-n e-r Sache *(gén)* beschuldigen, bezichtigen; JUR j-n wegen e-r Sache *(gén)* anklagen 2 *contours, différences* hervortreten lassen; betonen; deutlich machen; *hausse* aufweisen 3 **~ réception** den Empfang bestätigen
acerbe [asɛʀb] ADJ scharf; verletzend
acéré [aseʀe] ADJ ⟨~e⟩ scharf *(a. fig)*
acétate [asetat] M Azetat *n*
acétique [asetik] ADJ CHIM Essig…
acétone [asetɔn] F Azeton *n*
acétylène [asetilɛn] M CHIM Azetylen *n*
achalandé [aʃalɑ̃de] ADJ ⟨~e⟩ *magasin* **bien ~** mit breit gefächertem, reichhaltigem Warenangebot; gut sortiert
acharné [aʃaʀne] ADJ ⟨~e⟩ verbissen; hartnäckig; *combat a.* erbittert
acharnement [aʃaʀnəmɑ̃] M Verbissenheit *f*; Hartnäckigkeit *f*; **~ thérapeutique** künstliche Lebensverlängerung; **avec ~** verbissen; hartnäckig
acharner [aʃaʀne] V/PR 1 **s'~ contre, sur** nicht ablassen von 2 **s'~ à (faire) qc** verbissen, hartnäckig an etw *(dat)* festhalten
achat [aʃa] M Kauf *m*; Einkauf *m*; ÉCON **pouvoir** *m* **d'~** Kaufkraft *f*
acheminement [aʃminmɑ̃] M Beförderung *f*; Weiterleitung *f*
acheminer [aʃmine] A V/T befördern; weiterleiten B V/PR **s'~ vers** s-e Schritte lenken, sich begeben nach; *fig* entgegengehen *(+ dat)*
achetable [aʃtabl] ADJ käuflich
acheter [aʃte] ⟨-è-⟩ A V/T 1 kaufen; *(faire les courses)* einkaufen; *meuble, voiture a.* (sich [*dat*]) anschaffen; *marchandises a.* abnehmen; beziehen; **~ qc à qn** *pour qn* j-m etw kaufen; etw für j-n kaufen; *de qn* j-m etw abkaufen; etw von j-m kaufen 2 *témoin, fonctionnaire* bestechen; kaufen; *complicité, bonheur* erkaufen B V/PR **s'~ qc** sich *(dat)* etw kaufen
acheteur [aʃtœʀ] M, **acheteuse** [-øz] F 1 Käufer(in) *m(f)*; *de marchandises a.* Abnehmer(in) *m(f)* 2 *d'un grand magasin* Einkäufer(in) *m(f)*
achevé [aʃve] ADJ ⟨~e⟩ vollendet
achèvement [aʃɛvmɑ̃] M Vollendung *f*; Fertigstellung *f*; Beendigung *f*
achever [aʃve] ⟨-è-⟩ A V/T 1 vollenden; fertigstellen; beenden; abschließen; *livre* auslesen 2 *(tuer)* den Gnadenstoß geben *(+ dat)*; vollends töten; *fig* **~ qn** *fam* j-m den Rest geben B V/PR **s'~** zu Ende gehen
achoppement [aʃɔpmɑ̃] M **pierre** *f* **d'~** Stolperstein *m*; Hindernis *n*; Klippe *f*
achromatique [akʀɔmatik] ADJ OPT achromatisch
acide [asid] A ADJ 1 sauer 2 *fig* scharf; bissig B M 1 CHIM Säure *f* 2 *fam* LSD *n*
acidité [asidite] F 1 saurer Geschmack; Säure *f* 2 *fig* Schärfe *f* 3 CHIM Säuregrad *m*, -gehalt *m*
acidulé [asidyle] ADJ ⟨~e⟩ säuerlich; *bonbons* sauer
acier [asje] M 1 Stahl *m*; **en ~, d'~** aus Stahl; Stahl…; *fig* **d'~** stählern 2 *adjt* **bleu, gris ~** (! unveränderlich) stahlblau, -grau
aciérie [asjeʀi] F Stahlwerk *n*
acné [akne] F Akne *f* **acnéique** ADJ Akne…; *personne* an Akne leidend
acolyte [akɔlit] M *péj* Komplize *m*; Helfershelfer *m*
acompte [akõt] M Anzahlung *f*
acoquiner [akɔkine] V/PR **s'~ avec qn** sich mit j-m einlassen
à-côté [akote] M ⟨à-côtés⟩ 1 nebensächlicher Punkt 2 *pl* **~s** Nebeneinkünfte *pl*
à-coup [aku] M ⟨à-coups⟩ Ruck *m*; Stoß *m*; **par ~s** ruck-, stoßweise; ungleichmäßig
acouphène [akufɛn] M MÉD Tinnitus *m*
acousticien [akustisjɛ̃] M, **acousticienne** [-jɛn] F (Raum)Akustiker(in) *m(f)*
acoustique [akustik] A ADJ 1 MÉD (Ge)Hör… 2 PHYS akustisch; Schall… B F Akustik *f*
acquéreur [akeʀœʀ] M Erwerber *m*
acquérir [akeʀiʀ] ⟨j'acquiers, il acquiert, nous acquérons, ils acquièrent; j'acquérais; j'acquis; j'acquerrai; que j'acquière, que nous acquérions; acquérant; acquis⟩ V/T 1 erwerben; *livres, meubles a.* (sich [*dat*]) anschaffen 2 *savoir* (sich [*dat*]) erwerben; sich *(dat)* aneignen; *gloire, certitude* erlangen; *expérience* sammeln
acquiers, acquiert [akjɛʀ] → acquérir
acquiescement [akjɛsmɑ̃] M Einwilligung *f*
acquiescer [-e] V/T INDIR zustimmen (**à** *dat*); einwilligen (in *+ acc*)
acquis [aki] A PP → acquérir *et* ADJ ⟨-ise [-iz]⟩ 1 erworben *(a.* BIOL) 2 *(sûr)* gesichert; feststehend 3 *personne* **être ~ à une cause** e-r Sache *(dat)* ganz ergeben sein B M Erfahrung(sschatz) *f(m)*; **les ~** *a.* das Erreichte; *(connaissances acquises)* das Gelernte; **les ~ sociaux** der soziale Besitzstand
acquisition [akizisjõ] F 1 Erwerb *m*; Anschaffung *f*; *de connaissances* Erlangung *f*; Aneignung *f* 2 *(bien acquis)* Anschaffung *f*; Erwerbung *f*
acquit [aki] M 1 **pour ~** Betrag (dankend) erhalten 2 **par ~ de conscience** um sein Gewissen zu beruhigen

acquittement [akitmɑ̃] M 1 JUR Freispruch *m* 2 *d'une obligation* Erfüllung *f*
acquitter [akite] A V/T 1 JUR freisprechen 2 *(payer)* begleichen 3 COMM quittieren B V/PR **s'~ d'une dette, d'une mission** sich e-r Schuld, e-s Auftrags entledigen
âcre [ɑkʀ] ADJ *goût, odeur* herb; scharf *(a. fig)*; *fumée* beißend
âcreté [ɑkʀəte] F Schärfe *f*; Herbheit *f (a. fig)*
acrimonie [akʀimɔni] F Schärfe *f*; Bitterkeit *f*
acrobate [akʀɔbat] M/F Akrobat(in) *m(f)*; Artist(in) *m(f)*
acrobatie [akʀɔbasi] F 1 *art* Akrobatik *f*; **~ aérienne** Kunstflug *m* 2 *tour* Akrobatenstück *n (a. fig)*
acrobatique [akʀɔbatik] ADJ akrobatisch; artistisch
acrylique [akʀilik] ADJ Acryl...
acte [akt] M 1 Handlung *f*; Akt *m*; Tat *f*; PSYCH **~ manqué** Fehlleistung *f*; **~ médical** ärztliche Leistung; **~ terroriste** Terrorakt *m*; **~ d'agression** Aggressionshandlung *f*; aggressiver Akt; **faire ~ d'autorité** ein Machtwort sprechen; durchgreifen; **faire ~ de présence** sich nicht aktiv beteiligen; passiv dasitzen; **passer aux ~s** handeln; zur Tat schreiten 2 JUR Urkunde *f*; **~ de mariage** Heiratsurkunde *f*; Trauschein *m*; *fig* **prendre ~ de qc** sich *(dat)* etw (für später) merken; etw zur Kenntnis nehmen 3 **~s** *pl d'un colloque* Abhandlungen *fpl*; Protokolle *npl* 4 THÉ Akt *m*; Aufzug *m*
acteur [aktœʀ] M, **actrice** [aktʀis] F 1 Schauspieler(in) *m(f)*; **acteur de cinéma** Filmschauspieler *m* 2 *fig* Akteur *m*; Beteiligte(r) *m/f(m)*
actif [aktif] A ADJ ⟨-ive [-iv]⟩ 1 *personne* aktiv; betriebsam; rege; rührig; tatkräftig 2 MIL, CHIM, GRAM aktiv 3 **la population active** die erwerbstätige Bevölkerung; **vie active** Erwerbsleben *n* B M 1 FIN Aktiva *pl*; Vermögenswerte *mpl*; *d'un bilan* Aktivseite *f*; *fig* **avoir à son ~** für sich verbuchen können; *iron délits* auf dem Kerbholz haben 2 GRAM Aktiv *n*; Tätigkeitsform *f*
action [aksjõ] F 1 *(acte)* Handlung *f*; Tat *f*; *(activité)* Handeln *n*; Tun *n*; Vorgehen *n*; Wirken *n*; POL Aktion *f*; **bonne ~** gute Tat; **~ d'éclat** Glanzleistung *f*, -stück *n*; **entrer en ~** in Aktion, Tätigkeit treten; tätig werden; **passer à l'~** zur Tat schreiten; handeln 2 *(effet produit)* (Ein)Wirkung *f*; **sous l'~ de** unter der Einwirkung von *(ou + gén)*; infolge *(+ gén)* 3 THÉ, FILM Handlung *f*; **film** *m* **d'~** Actionfilm *m* 4 COMM Aktie *f* 5 **~ (en justice)** Klage *f*
actionnaire [aksjɔnɛʀ] M Aktionär *m* **actionnariat** [-aʀja] M Aktienbesitz *m*
actionnement [aksjɔnmɑ̃] M Betätigung *f*; Ingangsetzung *f* **actionner** [-e] V/T betätigen; in Gang setzen
activation [aktivasjõ] F CHIM, PHYS Aktivierung *f*
activement [aktivmɑ̃] ADV aktiv; tatkräftig
activer [aktive] A V/T aktivieren; *travaux a.* vorantreiben; *feu* anfachen; *abs fam* **allons, activez un peu!** *fam* los, macht ein bisschen voran, schneller! B V/PR **s'~** sich eifrig betätigen
activisme [aktivism] M POL (gewalttätiger) Aktivismus **activiste** [-ist] M (gewalttätiger) Aktivist
activité [aktivite] F 1 Tätigkeit *f (a. d'un volcan)*; Aktivität *f*; **~s** *pl a.* Treiben *n*; Betätigung *f*; **~ (professionnelle)** Berufs-, Erwerbstätigkeit *f* 2 *(dynamisme)* Aktivität *f*; Betriebsamkeit *f*; Rührigkeit *f* 3 *fonctionnaire* **en ~** im aktiven Dienst
actualisation [aktɥalizasjõ] F Aktualisierung *f* **actualiser** [-e] V/T aktualisieren
actualité [aktɥalite] F 1 *de qc* Aktualität *f*; Zeit-, Gegenwartsnähe *f*; **être d'~** aktuell sein 2 *(événements actuels)* Zeit-, Tagesgeschehen *n* 3 **~s** *pl* (Fernseh)Nachrichten *fpl*
actuel [aktɥɛl] ADJ ⟨~le⟩ 1 *(du moment)* gegenwärtig; derzeitig; augenblicklich 2 *sujet* aktuell; zeit-, gegenwartsnah; zeitgemäß
actuellement [aktɥɛlmɑ̃] ADV im Moment; zurzeit
acuité [akɥite] F Schärfe *f*; **~ visuelle** Sehschärfe *f*
acuponcteur *ou* **acupuncteur** [akypõktœʀ] M Akupunkteur *m*
acuponcture *ou* **acupuncture** [akypõktyʀ] F Akupunktur *f*
acyclique [asiklik] ADJ azyklisch
adage [adaʒ] M Sinnspruch *m*; Lebensweisheit *f*
adagio [adadʒjo] MUS A ADV adagio B M Adagio *n*
adaptabilité [adaptabilite] F Anpassungsfähigkeit *f*, -vermögen *n* **adaptable** ADJ [-abl] anpassungsfähig; TECH passend (**à** für)
adaptateur [adaptatœʀ] M, **adaptatrice** [-tʀis] F 1 THÉ, FILM Bearbeiter(in) *m(f)* 2 *m* TECH Adapter *m*; ÉLEC Netzgerät *n*; *fiche* Zwischenstecker *m*
adaptation [adaptasjõ] F 1 Anpassung *f* (**à** an *+ acc*) 2 *d'un roman, etc* Bearbeitung *f*; FILM *a.* Verfilmung *f*
adapter [adapte] A V/T 1 anpassen (**à** an *+ acc*) 2 *œuvre littéraire* bearbeiten, THÉ, FILM, TV *a.* adaptieren; FILM *a.* verfilmen B V/PR **s'~** 1 sich anpassen (**à** *dat*); sich ein-, umstellen (auf *+ acc*) 2 TECH passen (**à** zu)
additif [aditif] M 1 *au budget* Nachtrag *m*; *à un écrit* Zusatz *m* 2 CHIM Zusatz(stoff) *m*

addition [adisjõ] F 1 MATH Addition(saufgabe) *f* 2 *au restaurant* Rechnung *f*; **l'~, s'il vous plaît!** zahlen, bitte! 3 *(adjonction)* Hinzufügung *f*; Zusatz *m*

additionnel [adisjɔnɛl] ADJ ⟨~le⟩ zusätzlich; nachträglich

additionner [adisjɔne] A V/T 1 MATH addieren; zusammenzählen 2 **~ qc de qc** e-r Sache *(dat)* etw zusetzen, hinzufügen, beimengen B V/PR **s'~** sich summieren

adducteur [adyktœʀ] M ANAT Adduktor *m*

adduction [-sjõ] F Zuleitung *f*; Zufuhr *f*

adepte [adɛpt] M/F Anhänger(in) *m(f)*

adéquat [adekwa(t)] ADJ ⟨-ate [-at]⟩ adäquat; angemessen; passend

adhérence [adeʀɑ̃s] F 1 **~ (au sol)** (Boden)-Haftung *f* 2 MÉD, BOT Verwachsung *f*

adhérent [adeʀɑ̃] A ADJ ⟨-ente [-ɑ̃t]⟩ 1 TECH haftend (**à** an + *dat*) 2 BIOL verwachsen (**à** mit) B **~(e)** M(F) Mitglied *n*

adhérer [adeʀe] V/T INDIR ⟨-è-⟩ 1 **~ à qc** an etw *(dat)* haften 2 **~ à un parti** e-r Partei *(dat)* beitreten 3 **~ à** *une opinion* beipflichten *(+ dat)*; *à un idéal* anhängen *(+ dat)*

adhésif [adezif] A ADJ ⟨-ive [-iv]⟩ klebend; Klebe…; **pansement ~** (Heft)Pflaster *n* B M Klebstoff *m*; Kleber *m*

adhésion [adezjõ] F 1 *à un parti, etc* Beitritt(serklärung) *m(f)* (**à** zu) 2 *à une opinion* Zustimmung *f* (**à** zu)

ad hoc [adɔk] (eigens) zu diesem Zweck; (hierfür) passend

adieu [adjø] A INT leb(e) wohl!; leben Sie wohl!; *litt* ade! B M *souvent* PL **~x** Abschied *m*; **faire ses ~x à qn** von j-m Abschied nehmen; j-m Lebewohl sagen

adipeux [adipø] ADJ ⟨-euse [-øz]⟩ 1 ANAT Fett… 2 *par ext* feist; verfettet

adiposité [adipozite] F (lokaler) Fettansatz; Fettpolster *npl*

adjacent [adʒasɑ̃] ADJ ⟨-ente [-ɑ̃t]⟩ angrenzend

adjectif [adʒɛktif] M **~ (qualificatif)** Adjektiv *n*; Eigenschaftswort *n*; **~ démonstratif** attributives Demonstrativpronomen

adjectival [adʒɛktival] ADJ ⟨~e; -aux [-o]⟩ adjektivisch

adjectivement [adʒɛktivmɑ̃] ADV **employer ~** adjektivisch, als Adjektiv gebrauchen

adjectiver [adʒɛktive] V/T *seulement* PP **(être) adjectivé** adjektivisch, als Adjektiv gebraucht (werden)

adjoindre [adʒwɛ̃dʀ] ⟨→ joindre⟩ A V/T **~ qc à qc** e-r Sache *(dat)* etw beifügen B V/PR **s'~ un collaborateur** sich *(dat)* e-n Mitarbeiter (zur Hilfe) nehmen

adjoint [adʒwɛ̃] A M Stellvertreter *m*; Beigeordnete(r) *m*; **~ (au maire)** zweiter Bürgermeister B ADJ ⟨adjointe [adʒwɛ̃t]⟩ stellvertretend

adjonction [adʒõksjõ] F Hinzufügung *f* (**à** zu)

adjudant [adʒydɑ̃] M Stabsfeldwebel *m* **adjudant-chef** M ⟨adjudants-chefs⟩ MIL Oberstabsfeldwebel *m*

adjudication [adʒydikasjõ] F 1 **~ (administrative)** öffentliche Ausschreibung, Vergabe 2 *(attribution)* Zuschlag(erteilung) *m(f)* (**à** an + *acc*)

adjuger [adʒyʒe] ⟨-ge-⟩ A V/T 1 *aux enchères* den Zuschlag erteilen (**qc** für etw) 2 *récompense* zuerkennen B V/PR **s'~ qc** sich *(dat)* etw nehmen, aneignen

adjuration [adʒyʀasjõ] F inständige(s) Bitte(n)

adjurer [-e] V/T inständig bitten; beschwören

adjuvant [adʒyvɑ̃] M unterstützendes Mittel; unterstützende Therapie

admettre [admɛtʀ] V/T ⟨→ mettre⟩ 1 *personne* aufnehmen (**à, dans** in + *acc*); zulassen (zu) 2 *raisons* gelten lassen; anerkennen; **~ que …** *(+ subj ou ind)* a. zugeben, dass … 3 *comme hypothèse* annehmen 4 *(tolérer)* **ne pas ~ qc** etw nicht dulden, zulassen

administrateur [administʀatœʀ] M, **administratrice** [-tʀis] F Verwalter(in) *m(f)*; Administrator *m*

administratif [administʀatif] ADJ ⟨-ive [-iv]⟩ Verwaltungs…; administrativ

administration [administʀasjõ] F 1 *(gestion)* Verwaltung *f*; **~ de biens** Vermögensverwaltung *f* 2 *service* Verwaltung(sbehörde) *f*; Behörde *f*; **Administration** Verwaltung(sdienst) *f(m)*

administrativement [administʀativmɑ̃] ADV verwaltungsmäßig; auf dem Verwaltungsweg

administré(e) [administʀe] M(F) Bürger(in) *m(f)*

administrer [administʀe] V/T 1 *(gérer)* verwalten 2 *médicament, fam coups* verabreichen; *sacrement* spenden

admirable [admiʀabl] ADJ bewundernswert; wunderbar

admirateur [admiʀatœʀ] M, **admiratrice** [-tʀis] F Bewunderer *m*, Bewund(r)erin *f*; Verehrer(in) *m(f)*

admiratif [admiʀatif] ADJ ⟨-ive [-iv]⟩ voll Bewunderung; *regard* bewundernd

admiration [admiʀasjõ] F Bewunderung *f*; *iron* **être en ~ devant qn** voller Bewunderung für j-n sein

admirer [admiʀe] V/T bewundern

admis [admi] PP → admettre

admissibilité [admisibilite] F Anspruch *m* auf Zulassung zur mündlichen Prüfung; **liste** *f* **d'~** Liste *f* der Kandidaten, die *(die schriftliche Prüfung bestanden haben und)* zur mündlichen Prüfung zugelassen sind

L'administration territoriale de la France

Die Verwaltungsstruktur Frankreichs ist hierarchisch gegliedert. Es gibt:

22	Regionen (**régions**) und 4 Überseeregionen (**régions d'outre-mer**)
96	Departements (**départements**)
329	Arrondissements (**arrondissements**)
3 879	Kantone (**cantons**) und
36 571	Kommunen (**communes**)

Diese Verwaltungstruktur gibt es seit der Französischen Revolution 1789. Nur die Zusammenfassung mehrerer Departements in Regionen (→ **région**) existiert erst seit 1950. Keine der Verwaltungseinheiten hat gesetzgeberische Funktion.
Das **département** wird geleitet durch den **conseil général**, der für 6 Jahre gewählt ist. Die Departements wurden 1790 geschaffen mit dem Ziel, dass jeder Bürger mit einem Tagesritt den Verwaltungsort erreichen konnte. Jedes département hat einen **préfet**.
Es ist unterteilt in mehrere **arrondissements**, denen ein sous-préfet vorsteht, der dem préfet de département zuarbeitet.
Jedes arrondissement ist wiederum in mehrere **cantons** unterteilt, die vor allem dazu dienen, die Personen zu wählen, die die Kantone im conseil général vertreten.

Die kleinste administrative Einheit sind die **communes**, die in der Regel dem Gebiet einer Stadt oder eines Dorfes entsprechen. Die Kommune wird geführt durch einen Stadtrat (**conseil municipal**), der für 6 Jahre gewählt wird und dem ein Bürgermeister (**maire**) vorsteht.

LANDESKUNDE

admissible [admisibl] ADJ **1** *candidat* zur mündlichen Prüfung zugelassen **2** **ne pas être ~** inakzeptabel, nicht hinnehmbar, indiskutabel sein

admission [admisjõ] F **1** Aufnahme *f* (**à** in + *acc*); Zulassung *f* (zu); EXAMEN **liste** *f* **d'~** Liste *f* der Kandidaten, die die Prüfung bestanden haben **2** TECH Eintritt *m*; Einströmen *n*

admonestation [admɔnɛstasjõ] *st/s* F (scharfe) Zurechtweisung; (strenger) Verweis **admonester** [-e] *st/s* V/T (scharf) zurechtweisen

ADN [adeɛn] M ABR (acide désoxyribonucléique) DNS *f* (Desoxyribonukleinsäure); *adjt* **test** *m* **~** DNA-Test *m*

ado [ado] M/F ABR → adolescent

adolescence [adɔlesɑ̃s] F Jugendalter *n*

adolescent [adɔlesɑ̃] M, **adolescente** [-ɑ̃t] F Jugendliche(r) *m/f(m)*; Teenager *m*

adonis [adɔnis] M *iron* Adonis *m*

adonner [adɔne] V/PR **s'~ à qc** sich e-r Sache (*dat*) hingeben, widmen; **adonné à la boisson** dem Trunk ergeben

adoptant [adɔptɑ̃] M, **adoptante** [-ɑ̃t] F Adoptierende(r) *m/f(m)* **adopté(e)** [-e] M(F) Adoptierte(r) *m/f(m)*

adopter [adɔpte] V/T **1** *enfant* adoptieren; *fam* annehmen **2** *attitude* einnehmen; *méthode, point de vue, mœurs* übernehmen; *ton* anschlagen **3** *projet de loi, résolution* annehmen; verabschieden; **faire ~** durchbringen

adoptif [adɔptif] ADJ ⟨-ive [-iv]⟩ Adoptiv...

adoption [adɔpsjõ] F **1** JUR Adoption *f* **2** **d'~** Wahl...; **Parisien** *m* **d'~** Wahlpariser *m* **3** *d'une méthode* Übernahme *f* **4** *d'une loi* Annahme *f*; Verabschiedung *f*

adorable [adɔʀabl] ADJ entzückend; reizend; *fam* goldig; *fam* süß

adorateur [adɔʀatœʀ] M, **adoratrice** [-tʀis] F REL, *fig* Anbeter(in) *m(f)*; *fig a.* glühender Verehrer, glühende Verehrerin

adoration [adɔʀasjõ] F Anbetung *f*; *d'une personne a.* Vergötterung *f*

adoré(e) [adɔʀe] M(F) Angebetete(r) *m/f(m)*

adorer [adɔʀe] V/T anbeten (*a. fig*); *fig a.* vergöttern; abgöttisch lieben; glühend verehren; *fam chose fam* schrecklich gern mögen

adosser [adɔse] **A** V/T **~ à** *ou* **contre qc** (mit der Rückseite) an etw (*acc*) stellen, lehnen **B** V/PR **s'~ au mur** sich mit dem Rücken an die Wand lehnen

adoubement [adubmɑ̃] M Ritterschlag *m* **adouber** [-e] V/T zum Ritter schlagen

adoucir [adusiʀ] **A** V/T **1** mildern; *douleur a.* lindern **2** *peau* weich, geschmeidig machen; *l'eau* enthärten; weich machen **B** V/PR **s'~** milder werden

adoucissant [adusisɑ̃] M Weichspüler *m*

adoucissement [adusismɑ̃] M **1** **~ (de la**

température) Milderung *f* 2 *de l'eau* Enthärtung *f*
adoucisseur [adusisœʀ] M (Wasser)Enthärter *m*; *pour le linge* Weichspüler *m*
adrénaline [adʀenalin] F Adrenalin *n*
adressage [adʀɛsaʒ] M INFORM Adressierung *f*
adresse[1] [adʀɛs] F 1 Anschrift *f*; Adresse *f* (*a.* INFORM); *fig* **se tromper d'~** an die falsche Adresse geraten 2 **à l'~ de qn** für j-n (bestimmt); an die Adresse (+ *gén*); auf j-n gemünzt
adresse[2] F (*habileté*) Geschick(lichkeit) *n(f)*; Gewandtheit *f*
adresser [adʀese] A V/T **adresser à** richten an (+ *acc*); *lettre a.* adressieren an (+ *acc*); *personne* schicken zu; verweisen an (+ *acc*); **adresser la parole à qn** das Wort an j-n richten; j-n ansprechen B V/PR **s'adresser à** sich wenden an (+ *acc*); *livre, film a.* sich richten an (+ *acc*)
adret [adʀɛ] M GÉOG Süd-, Sonnenhang *m*, -seite *f*
Adriatique [adʀijatik] F **l'~** die Adria
adroit [adʀwa] ADJ ⟨adroite [adʀwat]⟩ geschickt; gewandt
adsorption [adsɔʀpsjõ] F PHYS Adsorption *f*
adulateur [adylatœʀ] M, **adulatrice** [-tʀis] F Lobhudler(in) *m(f)* **adulation** [-sjõ] *st/s* F Lobhudelei *f*
aduler [adyle] V/T vergöttern
adulte [adylt] A ADJ erwachsen; *plante, animal* ausgewachsen; **âge** *m* ~ Erwachsenenalter *n* B M/F Erwachsene(r) *m/f(m)*
adultère [adyltɛʀ] A ADJ ehebrecherisch; **homme** *m* (**femme** *f*) ~ Ehebrecher(in) *m(f)* B M Ehebruch *m*
adultérin [adylteʀɛ̃] ADJ ⟨-ine [-in]⟩ außerehelich
advenir [advəniʀ] V/IMP ⟨→ venir; être⟩ geschehen; **advienne que pourra** komme, was (da) wolle
adventiste [advɑ̃tist] M/F REL Adventist(in) *m(f)*
adverbe [advɛʀb] M Adverb *n*; Umstandswort *n* **adverbial** [-jal] ADJ ⟨~e; -aux [-o]⟩ adverbial
adverbialement [advɛʀbjalmɑ̃] ADV **employer ~** adverbial, als Adverb gebrauchen
adversaire [advɛʀsɛʀ] M/F Gegner(in) *m(f)*; Kontrahent(in) *m(f)*; Widersacher(in) *m(f)*
adverse [advɛʀs] ADJ gegnerisch; **partie** *f* ~ Gegenpartei *f*
adversité [advɛʀsite] F Unglück *n*; widriges Geschick
aérateur [aeʀatœʀ] M Lüfter *m* **aération** [-asjõ] F (Be)Lüftung *f*
aéré [aeʀe] ADJ ⟨~e⟩ 1 *pièce* luftig; **centre ~** Ferienzentrum *n* (*das Schülern Freiluftaktivitäten anbietet*) 2 *tissu* locker; luftig; *fig texte* aufgelockert
aérer [aeʀe] ⟨-è-⟩ A V/T 1 *pièce* (durch)lüften; TECH belüften; *lits* auslüften 2 *fig* auflockern B V/PR **s'~** an die frische Luft gehen; *fam* sich auslüften
aérien [aeʀjɛ̃] ADJ ⟨-ienne [-jɛn]⟩ 1 Luft...; **attaque ~ne** Luft-, Fliegerangriff *m*; **ligne ~ne** AVIAT Luftverkehrs-, Fluglinie *f*; ÉLEC Freileitung *f*; **métro ~** Hochbahn *f* 2 *fig* ätherisch; *démarche* leichtfüßig
aérobic [aeʀɔbik] F Aerobic *n*
aérobie [aeʀɔbi] A ADJ BIOL aerob; TECH luftatmend B M BIOL Aerobier *m*
aéro-club [aeʀoklœb] M ⟨aéro-clubs⟩ Luft-, Flugsportverein *m*
aérodrome [aeʀɔdʀom] M Flugplatz *m*
aérodynamique [aeʀɔdinamik] A ADJ stromlinienförmig; Stromlinien...; windschlüpfig B F Aerodynamik *f*
aérofrein [aeʀɔfʀɛ̃] M AVIAT Bremsklappen *fpl*
aérogare [aeʀɔgaʀ] F Abfertigungsgebäude *n(pl)*; Terminal *m ou n*
aéroglisseur [aeʀɔglisœʀ] M Luftkissenfahrzeug *n*
aérogramme [aeʀɔgʀam] M Luftpostleichtbrief *m*
aérolithe [aeʀɔlit] M Meteorstein *m*
aéromodélisme [aeʀɔmɔdelism] M Flug(zeug)modellbau *m*
aéronaute [aeʀɔnot] M Ballonfahrer *m*; *autrefois* Aeronaut *m*
aéronautique [aeʀɔnotik] A ADJ Luftfahrt...; Flugzeug... B F Luftfahrt *f*
aéronaval [aeʀɔnaval] MAR MIL ADJ ⟨~e; -als⟩ **forces ~es** Marineluftstreitkräfte *fpl*
aérophagie [aeʀɔfaʒi] F MÉD Luftschlucken *n*
aéroplane [aeʀɔplan] M AVIAT *autrefois* Aeroplan *m*
aéroport [aeʀɔpɔʀ] M Flughafen *m*
aéroporté [aeʀɔpɔʀte] ADJ ⟨~e⟩ **troupes ~es** Luftlandetruppen *fpl*
aéroportuaire [aeʀɔpɔʀtɥɛʀ] ADJ Flughafen...
aéropostal [aeʀɔpɔstal] ADJ ⟨~e; -aux [-o]⟩ Luftpost...
aérosol [aeʀɔsɔl] M Aerosol *n*; *adjt* **bombe** *f* ~ Spray-, Sprühdose *f*
aérospatial [aeʀɔspasjal] ADJ ⟨~e; -aux [-o]⟩ Luft- und Raumfahrt...
aérotrain [aeʀɔtʀɛ̃] M Luftkissenzug *m*
affabilité [afabilite] F Freundlichkeit *f*; Liebenswürdigkeit *f*; Leutseligkeit *f*
affable [afabl] ADJ freundlich; liebenswürdig; leutselig

affabulation [afabylasjõ] F unwahre, erdichtete Geschichte; Fabel *f*
affadir [afadiʀ] V/T langweilig, fade machen **affadissement** [-ismɑ̃] M Fade-, Langweiligwerden *n*
affaiblir [afebliʀ] A V/T schwächen; *personne a.* entkräften; *sens d'un mot* abschwächen B V/PR **s'~** schwächer werden; *vue* nachlassen; *sens d'un mot, souvenir* verblassen
affaiblissement [afɛblismɑ̃] M Schwächung *f*; *des forces* Nachlassen *n*
affaire [afɛʀ] F 1 Angelegenheit *f*; Sache *f*; **affaire d'État** wichtige Staatsangelegenheit; *fig* Staatsaffäre *f*, -aktion *f*; **avoir affaire à qn** mit j-m zu tun haben; **il aura affaire à moi!** er bekommt, *fam* kriegt es mit mir zu tun!; **c'est (une) affaire de goût** das ist Geschmack(s)sache *f*; **c'est l'affaire d'une seconde** das dauert nur e-n Augenblick; **c'est toute une affaire** das ist so e-e Sache; **être à son affaire** mit Feuereifer dabei sein; in s-m Element sein; *ce morceau de ficelle* **fera l'affaire** … tut es auch; **j'en fais mon affaire** ich werde mich der Sache annehmen 2 *péj* Affäre *f*; *fam* Geschichte *f*; **affaire de mœurs** Sitten-, Sexskandal *m*; **se tirer d'affaire** sich aus der Affäre ziehen 3 JUR Fall *m*; Sache *f* 4 *(marché)* Geschäft *n*; *fam* **une affaire** ein günstiges, vorteilhaftes Geschäft 5 *(entreprise)* Geschäft *n*; Betrieb *m* 6 COMM **affaires** *pl* Geschäft(e) *n(pl)*; **… d'affaires** Geschäfts…; **pour affaires** geschäftlich 7 **affaires** *pl (objets personnels)* Sachen *fpl* 8 **affaire de cœur** Liebschaft *f*
affairé [afeʀe] ADJ ⟨~e⟩ viel beschäftigt; geschäftig
affairement [afɛʀmɑ̃] M Geschäftigkeit *f*; geschäftiges Treiben
affairer [afeʀe] V/PR **s'~** sich zu schaffen machen (**à** an + *dat*)
affairisme [afeʀism] M (üble) Geschäftemacherei **affairiste** [-ist] M/F übler Geschäftemacher, üble Geschäftemacherin
affaissement [afɛsmɑ̃] M Senkung *f*; Einsinken *n*
affaisser [afese] V/PR **s'~** 1 *sol* sich senken; einsinken 2 *personne* zusammensacken, -sinken
affaler [afale] V/PR **s'~ dans un fauteuil** sich in e-n Sessel fallen lassen
affamé [afame] ADJ ⟨~e⟩ 1 hungrig; ausgehungert; hungernd 2 *fig* **~ de gloire** ruhmsüchtig
affamer [afame] V/T MIL aushungern
affect [afɛkt] M PSYCH Affekt *m*
affectation[1] [afɛktasjõ] F 1 *(destination)* Verwendung *f*, (Zweck)Bestimmung *f* (**à** für) 2 ADMIN, MIL dienstliche Verwendung; Versetzung *f*; *par ext* (Dienst)Posten *m*
affectation[2] F *(manque de naturel)* Geziertheit *f*; Affektiertheit *f*
affecté [afɛkte] ADJ ⟨~e⟩ geziert; affektiert; gekünstelt
affecter[1] [afɛkte] V/T 1 *(destiner)* verwenden, bestimmen, bereitstellen (**à** für) 2 **~ à un poste** auf e-n Posten (ver)setzen, beordern; auf e-m Posten einsetzen
affecter[2] V/T 1 *(feindre)* vortäuschen; heucheln; mimen 2 *chose* **~ une forme** e-e Form aufweisen
affecter[3] V/T 1 *(émouvoir)* betrüben; bewegen; schmerzlich berühren; nahegehen (**qn** j-m) 2 *(agir sur)* berühren; einwirken auf (+ *acc*); *organe* in Mitleidenschaft ziehen
affectif [afɛktif] ADJ ⟨-ive [-iv]⟩ affektiv; gefühlsbetont; **vie affective** Gefühlsleben *n*
affection[1] [afɛksjõ] F Zuneigung *f*; Zuwendung *f*; Liebe *f*; **terme** *m* **d'~** Kosewort *n*; **prendre en ~** lieb gewinnen
affection[2] F MÉD Erkrankung *f*; Leiden *n*
affectionner [afɛksjɔne] V/T e-e Vorliebe haben für
affectivité [afɛktivite] F PSYCH Affektivität *f*; Emotionalität *f*
affectueusement [afɛktɥøzmɑ̃] ADV → affectueux; *à la fin d'une lettre* **(bien) ~** herzliche Grüße; herzlichst
affectueux [afɛktɥø] ADJ ⟨-euse [-øz]⟩ liebevoll; zärtlich; *animal* anhänglich
afférent [afeʀɑ̃] ADJ ⟨-ente [-ɑ̃t]⟩ ADMIN, JUR *somme, part d'héritage* **~ à qn** j-m zustehend; auf j-n entfallend; **les devoirs ~s à sa charge** die mit s-m Amt verbundenen Pflichten *fpl*
affermir [afɛʀmiʀ] V/T festigen; stärken **affermissement** [-ismɑ̃] M Festigung *f*; Stärkung *f*
affichage [afiʃaʒ] M 1 Anschlagen *n* von Plakaten 2 INFORM Anzeige *f*; Display *n*
affiche [afiʃ] F Plakat *n*; Anschlag *m*; Aushang *m*; *pièce, film* **rester à l'~** lange gespielt werden, auf dem Spielplan stehen
afficher [afiʃe] A V/T 1 anschlagen; durch Plakat, Anschlag, Aushang bekannt machen 2 *fig* zur Schau tragen 3 INFORM anzeigen B V/PR **s'~ avec qn** sich mit j-m öffentlich sehen lassen
affichette [afiʃɛt] F klein(formatig)es Plakat **afficheur** [-œʀ] M Plakatkleber *m* **affichiste** [-ist] M/F Werbegrafiker(in) *m(f)*; Plakatmaler(in) *m(f)*
affilée [afile] **d'~** hintereinander
affiler [afile] V/T wetzen; schleifen
affiliation [afiljasjõ] F *action* Beitritt *m* (**à** zu); *état* Mitgliedschaft *f* (in + *dat*)
affilié(e) [afilje] M(F) Mitglied *n*

affilier [afilje] VPR **s'~ à un club** e-m Verein beitreten; Mitglied e-s Vereins werden
affinage [afinaʒ] M 1 TECH Raffination *f*; Läuterung *f* (*a. du verre*); ACIÉRIE Frischen *n* 2 *du fromage* Reifung(sprozess) *f(m)*
affinement [afinmɑ̃] M *du goût etc* Verfeinerung *f*; Kultivierung *f*
affiner [afine] A VT 1 TECH raffinieren; reinigen 2 *fromage* reifen (lassen) 3 *fig goût* verfeinern; kultivieren B VPR **s'~** sich verfeinern
affinité [afinite] F (Wesens)Verwandtschaft *f*; Ähnlichkeit *f*; Affinität *f*
affirmatif [afiʀmatif] ADJ ‹-ive [-iv]› 1 *ton, personne* entschieden; bestimmt 2 *réponse*, GRAM bejahend; positiv
affirmation [afiʀmasjõ] F Behauptung *f*; Versicherung *f*
affirmative [afiʀmativ] F **dans l'~** im Fall(e) e-r positiven Antwort; **répondre par l'~** (die Frage) bejahen; mit Ja antworten
affirmativement [afiʀmativmɑ̃] ADV **répondre ~** bejahen; mit Ja antworten
affirmer [afiʀme] A VT 1 (*soutenir*) behaupten; versichern 2 *sa détermination, etc* bekräftigen; unter Beweis stellen B VPR **s'~** *caractère, talent* sich (klar) zeigen; (deutlich) sichtbar werden
affixe [afiks] M LING Affix *n*
affleurement [aflœʀmɑ̃] M GÉOL Ausstrich *m*; Ausbiss *m* **affleurer** [-e] VI zutage treten; zum Vorschein kommen
affliction [afliksjõ] F *st/s* Betrübnis *f*; Bekümmernis *f*
affligé [afliʒe] ADJ ‹~e› betrübt; bekümmert
affligeant [afliʒɑ̃] ADJ ‹-ante [-ɑ̃t]› betrüblich; beklagenswert
affliger [afliʒe] ‹-ge-› A VT 1 *st/s* **être affligé de qc** mit etw geschlagen sein 2 (*attrister*) betrüben; bekümmern B VPR **s'~** betrübt, bekümmert sein (**de** über + *acc*)
affluence [aflyɑ̃s] F (Menschen)Andrang *m*; **heures** *fpl* **d'~** Stoßzeiten *fpl*; Hauptverkehrszeit(en) *f(pl)*; Berufsverkehr *m*
affluent [aflyɑ̃] M Nebenfluss *m*
affluer [aflye] VI 1 *sang* **~ au visage** ins Gesicht steigen 2 *personnes* herbei-, zusammenströmen; *capitaux* **~ dans un pays** in ein Land strömen
afflux [afly] M 1 **~ de sang** (plötzlicher) Blutandrang 2 *de visiteurs* Andrang *m*; *de capitaux* Zustrom *m*; Zufluss *m*
affolant [afɔlɑ̃] ADJ ‹-ante [-ɑ̃t]› beunruhigend; erschreckend
affolé [afɔle] ADJ ‹~e› kopflos; aufgeregt
affolement [afɔlmɑ̃] M Kopflosigkeit *f*; Aufregung *f*; panische Angst
affoler [afɔle] A VT kopflos machen; in Aufregung, Panik versetzen B VPR **s'~** kopflos werden; den Kopf verlieren; sich (*fam* wahnsinnig) aufregen
affranchi(e) [afʀɑ̃ʃi] M(F) 1 HIST Freigelassene(r) *m/f(m)* 2 (*émancipé[e]*) j-d, der sich von der herrschenden Moral, von gesellschaftlichen Zwängen befreit hat
affranchir [afʀɑ̃ʃiʀ] A VT 1 *lettre* frankieren; freimachen 2 *esclave* freilassen; *peuple* befreien 3 *fam* (*mettre au courant*) aufklären; ins Bild setzen B VPR **s'~** sich frei machen (**de** von); sich befreien (von) **affranchissement** [-ismɑ̃] M 1 Frankierung *f*; Freimachung *f* 2 Freilassung *f*; Befreiung *f*
affres [afʀ] *st/s* FPL Qualen *fpl*
affrètement [afʀɛtmɑ̃] M Chartern *n*; Charter *m*
affréter [afʀete] VT ‹-è-› chartern
affreusement [afʀøzmɑ̃] ADV *fam* furchtbar; *fam* schrecklich; *souffrir fam* entsetzlich
affreux [afʀø] ADJ ‹-euse [-øz]› abscheulich; grauenhaft; entsetzlich; fürchterlich; schrecklich; scheußlich
affriolant [afʀijɔlɑ̃] ADJ ‹-ante [-ɑ̃t]› verführerisch **affrioler** [-e] VT anlocken; verführen
affront [afʀõ] M Kränkung *f*; Beleidigung *f*; Affront *m*; Brüskierung *f*; **faire un ~ à qn** j-m e-e Beleidigung, Kränkung zufügen
affrontement [afʀõtmɑ̃] M Konfrontation *f*
affronter [afʀõte] A VT trotzen (+ *dat*); die Stirn bieten (+ *dat*) B VPR **s'~** sich gegenüberstehen; miteinander konfrontiert sein
affubler [afyble] VT (*et* VPR **s'~**) sich) ausstaffieren (**de** mit)
affût [afy] M CH Anstand *m*; Hochsitz *m*; *fig* **être à l'~ de qc** auf etw (*acc*) lauern, aus sein
affûtage [afytaʒ] M Schärfen *n*; Schleifen *n* **affûter** [-e] VT schärfen; schleifen **affûteur** [-œʀ] M Schärfer *m*; Scharfschleifer *m* **affûteuse** [-øz] F Schleifmaschine *f*
afghan [afgɑ̃] A ADJ ‹-ane [-an]› afghanisch B 1 **Afghan(e)** *m(f)* Afghane *m*, Afghanin *f* 2 LING **l'~** *m* das Afghanische; Afghanisch *n*
Afghanistan [afganistɑ̃] **l'~** M Afghanistan *n*
aficionado [afisjɔnado] M Fan *m*
afin [afɛ̃] A PRÉP **~ de** (+ *inf*) um zu (+ *inf*) B CONJ **~ que** (+ *subj*) damit
a fortiori [afɔʀsjɔʀi] ADV umso mehr *ou* eher; erst recht
AFP [aɛfpe] F ABR (Agence France-Presse) *frz Nachrichtenagentur*
africain [afʀikɛ̃] A ADJ ‹-aine [-ɛn]› afrikanisch B **Africain(e)** M(F) Afrikaner(in) *m(f)*
africanisation [afʀikanizasjõ] F Afrikanisierung *f* **africaniser** [-ize] VT afrikanisieren
africanisme [-ism] M Afrikanistik *f* **africa-**

niste [-ist] M/F Afrikanist(in) *m(f)*
afrikaans [afʀikɑ̃s] M LING **l'~** das Afrikaans; Afrikaans *n*
Afrique [afʀik] **l'~** F Afrika *n*
afro [afʀo] ADJ (! unveränderlich) **coiffure** *f* **~** Afrolook *m*
afro-asiatique [afʀoazjatik] ADJ afro-asiatisch
afro-cubain ADJ ‹-aine [-ɛn]› afrokubanisch
after-shave [aftœʀʃɛv] M Aftershave-Lotion *f*; Rasierwasser *n*
AG [ɑʒe] *fam* FABR (assemblée générale) Hauptversammlung *f*
agaçant [agasɑ̃] ADJ ‹-ante [-ɑ̃t]› ärgerlich; enervierend
agacement [agasmɑ̃] M Gereiztheit *f*; (gereizte) Nervosität; Verärgerung *f*
agacer [agase] V/T ‹-ç-› **1** *(énerver)* **~ qn** j-m auf die Nerven gehen; *fam* j-n nerven **2** *(embêter)* reizen; ärgern **3** *(taquiner)* necken; durch kleine Späße (auf)reizen
agaceries [agasʀi] FPL Neckerei *f*
agapes [agap] *plais* FPL Festessen *n*; Schlemmermahl *n*
agate [agat] F **1** MINÉR Achat *m* **2** *bille* bunte Glasmurmel
agave [agav] M Agave *f*
âge [ɑʒ] M **1** Alter *n*; *d'une personne a.* Lebensalter *n*; **le troisième ~** das Alter *(a. coll)*; der Lebensabend; *coll a.* die Senioren *mpl*; **~ de raison** Alter, in dem das Kind schon vernünftig wird; **à l'~ de** im Alter von; *vieux* **avant l'~** vorzeitig; **enfant** *m* **en bas ~** Kleinkind *n*; **entre deux ~s** mittleren Alters; **quel ~ a-t-il?** wie alt ist er?; **avoir le même ~** gleichalt(e)rig, gleich alt sein; **être en ~ de** *(+inf)* alt genug sein, um zu *(+inf)* **2** *(ère)* Zeit(alter) *f(n)*; **~ du bronze** Bronzezeit *f*; MYTH, *fig* **l'~ d'or** das Goldene Zeitalter
âgé [ɑʒe] ADJ ‹~e› **1** *(vieux)* alt; betagt; bejahrt; **les personnes ~es** die älteren, alten Menschen *mpl*; die Senioren *mpl* **2** **~ de trente ans** dreißig Jahre alt
agence [aʒɑ̃s] F **1** Agentur *f*; Büro *n*; Geschäftsstelle *f*; **agence de presse** Nachrichten-, Presseagentur *f*; **agence de publicité** Werbeagentur *f*; **agence de voyages** Reisebüro *n* **2** *d'une banque* Zweigstelle *f*; Filiale *f*
agencement [aʒɑ̃smɑ̃] M Anordnung *f*; Gestaltung *f*; Komposition *f*; (Auf)Bau *m*; *d'un appartement* Raumaufteilung *f*
agencer [aʒɑ̃se] V/T ‹-ç-› anordnen; gestalten; komponieren; gliedern; *appartement* **bien agencé** räumlich gut aufgeteilt
agenda [aʒɛ̃da] M **1** Taschenkalender *m*; *de bureau* Terminkalender *m* **2** POL **~ 2000** Agenda *f* 2000
agenouiller [aʒnuje] V/PR **s'~** niederknien; sich hinknien; **être agenouillé** knien
agent [aʒɑ̃] M **1** ADMIN Bedienstete(r) *m/f(m)* **2** **~ (de police)** Polizeibeamte(r) *m*; (Verkehrs)-Polizist *m*; *fam* Schutzmann *m* **3** ÉCON Agent *m*; *(représentant)* Vertreter *m*; **~ immobilier** Immobilienhändler *m*; Grundstücksmakler *m*; **~ de change** Börsenmakler *m* **4** POL Agent(in) *m(f)*; **~ secret** Geheimagent(in) *m(f)* **5** *(substance)* Agens *n*; Wirkstoff *m*; **~ pathogène** Krankheitserreger *m*
agglomérat [aglɔmeʀa] M MINÉR Agglomerat *n*
agglomération [aglɔmeʀasjõ] F **1** geschlossene Ortschaft; (An)Siedlung *f*; *urbaine* Ballungsraum *m*, -gebiet *n* **2** Zusammenballung *f*
aggloméré [aglɔmeʀe] M **(panneau** *m* **d')** **~** Spanplatte *f*; Hartfaserplatte *f*
agglomérer [aglɔmeʀe] ‹-è-› V/T *(et* V/PR **s'~** sich) zusammenballen
agglutinant [aglytinɑ̃] ADJ ‹-ante [-ɑ̃t]› MÉD verklebend; verklumpend **agglutination** [-asjõ] F MÉD Verkleben *n*; Verklumpen *n*
agglutiner [aglytine] **A** V/T verkleben; MÉD *a.* agglutinieren **B** V/PR **s'~** *personnes* sich (zusammen)drängen, (-)ballen
aggravant [agʀavɑ̃] ADJ ‹-ante [-ɑ̃t]› JUR erschwerend **aggravation** [-asjõ] F Verschlimmerung *f*; Verschlechterung *f*
aggraver [agʀave] **A** V/T verschlimmern; (nur) noch schlimmer machen; *peine* verschärfen; *sort de qn* erschweren **B** V/PR **s'aggraver** sich verschlimmern; sich verschlechtern; *situation a.* sich zuspitzen
agile [aʒil] ADJ flink; behände; gewandt; agil; *fig esprit* wendig; beweglich; rege **agilité** [-ite] F Flinkheit *f*; Behändigkeit *f*; Gewandtheit *f*; Agilität *f*; *fig de l'esprit* Wendigkeit *f*; Beweglichkeit *f*
agio [aʒjo] M (Kredit)Kosten *pl*
agir [aʒiʀ] **A** V/I **1** handeln; **mal ~ envers qn** schlecht an j-m handeln **2** *médicament* wirken **(sur qn** bei j-m); *qn, qc* **~ sur qn, qc** auf j-n, etw einwirken **B** V/PR *et* V/IMP **il s'agit de qn, qc** es handelt sich, es dreht sich um j-n, etw; es geht um j-n, etw; **il s'agit de** *(+ inf)* es heißt *ou* man muss *(+ inf)*
agissant [aʒisɑ̃] ADJ ‹-ante [-ɑ̃t]› aktiv; wirksam
agissements [aʒismɑ̃] MPL *péj* Machenschaften *fpl*; Umtriebe *mpl*
agitateur [aʒitatœʀ] M, **agitatrice** [-tʀis] F Aufwiegler(in) *m(f)*; Agitator(in) *m(f)*
agitation [aʒitasjõ] F **1** heftige Bewegung; *des gens* geschäftiges, emsiges Treiben **2** *(nervosité)* Unruhe *f*; Erregung *f* **3** POL Unruhe *f*; Aufruhrstimmung *f*

agité [aʒite] ADJ ⟨~e⟩ *mer* bewegt; unruhig; stürmisch; *sommeil, malade, enfant, vie* unruhig; *vie a.* bewegt

agiter [aʒite] **A** V/T **1** *mouchoir, drapeau, bras* schwenken; *vent: feuilles* bewegen; **~ avant usage** vor Gebrauch schütteln; *fig* **~ la menace de qc** mit etw drohen **2** *question* erörtern; diskutieren **B** V/PR **s'~** *malade, élèves* unruhig werden *ou* sein

agneau [aɲo] M ⟨~x⟩ **1** Lamm *n* **2** CUIS Lamm(-fleisch) *n*

agnelet [aɲəlɛ] M Lämmchen *n*

Agnès [aɲɛs] F *Vorname*

agnosticisme [agnɔstisism] M PHIL Agnostizismus *m*

agnostique [agnɔstik] **A** ADJ agnostizistisch **B** M Agnostiker *m*

agonie [agɔni] F Agonie *f (a. fig)*; Todeskampf *m*; **être à l'~** im Sterben liegen

agonir [agɔniʀ] V/T ⟨*meist nur inf u. pp*⟩ **~ qn d'injures** j-n mit Beschimpfungen überschütten; *en public* j-n anpöbeln

agonisant [agɔnizɑ̃] ADJ ⟨-ante [-ɑ̃t]⟩ im Sterben liegend

agoniser [agɔnize] V/I **1** im Sterben liegen **2** *fig* in den letzten Zügen liegen

agora [agɔʀa] F *dans la Grèce antique* Agora *f*

agoraphobie [agɔʀafɔbi] F Platzangst *f*

agrafage [agʀafaʒ] M **1** MÉD Klammern *n* **2** *de papiers* Heften *n*

agrafe [agʀaf] F **1** COUT Haken *m* **2** **~ (de bureau)** Heftklammer *f* **3** MÉD (Wund)Klammer *f*

agrafer [agʀafe] V/T **1** *vêtement* zuhaken **2** *papiers* (zusammen)heften **agrafeuse** [-øz] F Heftapparat *m*

agraire [agʀɛʀ] ADJ **réforme** *f* **~** Bodenreform *f*

agrandir [agʀɑ̃diʀ] **A** V/T vergrößern (*a.* PHOT); erweitern **B** V/PR **s'~** **1** sich vergrößern; größer werden; sich ausdehnen **2** *entrepreneur* sein Geschäft vergrößern, erweitern; *fam* sich vergrößern

agrandissement [agʀɑ̃dismɑ̃] M Vergrößerung *f (a.* PHOT); Erweiterung *f* **agrandisseur** [-œʀ] M Vergrößerungsapparat *m*; Vergrößerer *m*

agréable [agʀeabl] ADJ angenehm; *maison, région* nett; hübsch; *visite, nouvelle a.* willkommen; *physique a.* ansprechend; gefällig

agréablement [agʀeabləmɑ̃] ADV **~ surpris** angenehm überrascht

agréer [agʀee] V/T **1** *demande, excuse* günstig aufnehmen; **veuillez ~, Monsieur, mes salutations distinguées** mit freundlichen Grüßen **2** *(admettre)* zulassen; *adjt* **fournisseur agréé** (fester, ständiger) Lieferant

agrèg [agʀɛg] F ABR *fam* → **agrégation**

agrégat [agʀega] M **1** MINÉR Aggregat *n* **2** *fig et st/s* Konglomerat *n*

agrégatif [agʀegatif] M, **agrégative** [-iv] F Student(in), der (die) sich auf die „Agrégation" vorbereitet

agrégation [agʀegasjõ] F *Prüfung im Auswahlverfahren für das Lehramt an Gymnasien u. Universitäten*

▶ L'agrégation

Die **agrégation** ist eine Staatsprüfung für Gymnasiallehrer, aber keine Studienabschlussprüfung, wie es die licence und die maîtrise bisher waren. Es handelt sich um einen **concours**, das heißt, eine jährlich stattfindende Zugangsprüfung, über die eine jeweils begrenzte und je nach Bedarf in den einzelnen Schulfächern wechselnde Zahl beamteter Gymnasiallehrer rekrutiert wird. Die Meldung zur agrégation setzt mindestens eine maîtrise (vier Jahre Studium) im betreffenden Fach voraus. Die Misserfolgsquote liegt bei 80 – 90%, weil die Zahl der Kandidaten die Zahl der jeweils ausgeschriebenen Stellen bei Weitem übersteigt. Das Überstehen des Ausleseverfahrens berechtigt zu einem einjährigen Studiengang an dem Lehrerausbildungszentrum Institut Universitaire de Formation des Maîtres (IUFM). Die Absolventen der agrégation, die **agrégé(e)s**, stellen die Elite der gymnasialen Lehrerschaft dar. Sie unterrichten in der Regel in den höheren Klassen des lycée oder in den anspruchsvollen **classes préparatoires**, die auf den **concours** der **grandes écoles** (→ **école**) vorbereiten.

LANDESKUNDE ◀

agrégé(e) [agʀeʒe] M(F) Gymnasiallehrer(in) *ou* Dozent(in), der (die) die „Agrégation" besitzt

agréger [agʀeʒe] V/T ⟨-è-; -ge-⟩ verfestigen; zusammenbacken (**en** zu)

agrément [agʀemɑ̃] M **1** *surtout pl* **~s** Annehmlichkeiten *fpl*; Reize *mpl*; **jardin** *m* **d'~** Ziergarten *m*; **voyage** *m* **d'~** Vergnügungsreise *f* **2** *(consentement)* Zustimmung *f*; Genehmigung *f*

agrémenter [agʀemɑ̃te] V/T verzieren (**de** mit); ausschmücken (mit)

agrès [agʀɛ] MPL (Turn)Geräte *npl*

agressé [agʀese] M **1** MIL Angegriffene(r) *m*; angegriffenes Land **2** *dans la rue* Überfallene(r) *m* **3** e-r körperlichen *ou* seelischen Belastung, dem Stress Ausgesetzte(r) *m*

agresser [agʀese] V/T **1** überfallen; anfallen **2** *(gêner)* belästigen; MÉD belasten **3** *verbalement* **~ qn** j-n angreifen; **se sentir agressé** sich angegriffen fühlen

agresseur [agʀɛsœʀ] M Angreifer *m* (*a.* MIL); Täter *m*; MIL *a.* Aggressor *m*

agressif (! nur ein **g**) [agʀɛsif] ADJ ⟨-ive [-iv]⟩ aggressiv; angriffslustig; herausfordernd

agression (! nur ein **g**) [agʀɛsjõ] F 1 MIL Angriff *m*; Aggression *f* (*a.* PSYCH); Überfall *m* (*a. contre une personne*) 2 *par des nuisances* Belästigung *f*; MÉD Belastung *f*

agressivité (! nur ein **g**) [agʀɛsivite] F Aggressivität *f* (*a.* PSYCH)

agricole [agʀikɔl] ADJ landwirtschaftlich; Land(wirtschafts)…; Agrar…

agriculteur [agʀikyltœʀ] M, **agricultrice** [agʀikyltʀis] F Landwirt(in) *m(f)*

agriculture [agʀikyltyʀ] F Landwirtschaft *f*

agripper [agʀipe] A V/T packen; ergreifen B V/PR **s'~** sich festklammern (**à** an + *dat*)

agroalimentaire [agʀoalimɑ̃tɛʀ] M Nahrungsmittelsektor *m*

agronome [agʀɔnɔm] M Agronom *m* **agronomie** [-i] F Agrarwissenschaften *fpl*; Agronomie *f* **agronomique** [-ik] ADJ agronomisch; agrarwissenschaftlich

agrumes [agʀym] MPL Zitrusfrüchte *fpl*

aguerrir [ageʀiʀ] V/T (*et* V/PR **s'~** sich) abhärten (**à, contre** gegen)

aguets [agɛ] **être aux ~** auf der Lauer sein, liegen; (*sur ses gardes*) auf der Hut sein

aguichant [agiʃɑ̃] ADJ ⟨-ante [-ɑ̃t]⟩ aufreizend **aguicher** [-e] V/T aufreizen; umgarnen

aguicheuse [agiʃøz] **une petite ~** ein kokettes, *fam* kesses Ding

ah [ɑ] INT *étonné, admiratif* ah!; oh!; *déçu a.* ach!; *iron ou étonné* **~ ~!** aha!

ahuri [ayʀi] A ADJ ⟨~e⟩ (völlig) verblüfft, verdutzt; perplex B M *injure* Hornochse *m*

ahurir [ayʀiʀ] V/T (völlig) verblüffen, verdutzen **ahurissant** [-isɑ̃] ADJ ⟨-ante [-ɑ̃t]⟩ verblüffend; *nouvelle* unglaublich **ahurissement** [-ismɑ̃] M Verblüffung *f*; Sprachlosigkeit *f*

ai [e] → avoir[1]

aï [ai] M ZOOL Ai *n*; Dreifingerfaultier *n*

aide[1] [ɛd] F 1 *action* Hilfe *f*; Unterstützung *f*; **à l'~ de** mithilfe (+ *gén*); mittels (+ *gén*); **appeler qn à son ~** j-n zu Hilfe rufen; **venir en ~ à qn** j-m zu Hilfe kommen 2 (finanzielle, materielle) (Bei)Hilfe; **~ sociale** Sozialhilfe *f*; **~ sociale à l'enfance** Jugendfürsorge *f*; **~ aux pays en voie de développement** Entwicklungshilfe *f*

aide[2] 1 *m/f personne* Hilfe *f*; Hilfskraft *f*; Gehilfe *m*, Gehilfin *f*; Helfer(in) *m(f)*; **~ familiale** Familienhelferin *f*, -pflegerin *f* 2 *m* MIL **~ de camp** Adjutant *m*

aide-comptable [ɛdkõtabl] M/F ⟨aides-comptables⟩ Buchhaltungsgehilfe, -gehilfin *m/f*; Hilfsbuchhalter(in) *m(f)* **aide-cuisinier** M ⟨aides-cuisiniers⟩ Beikoch *m* **aide-maçon** M ⟨aides-maçons⟩ Maurergehilfe *m*; Handlanger *m*

aide-mémoire [ɛdmemwaʀ] M (! unveränderlich) kurzer Abriss

aider [ede] A V/T **~ qn** j-m helfen, j-m beistehen, j-m behilflich sein, j-n unterstützen (**à faire qc** etw zu tun *ou* bei etw); **~ qn à obtenir qc** j-m zu etw verhelfen B V/T INDIR **~ à qc** zu etw beitragen C V/PR **s'~ de qc** etw zu Hilfe nehmen

aide-soignante [ɛdswaɲɑ̃t] F ⟨aides-soignantes⟩ Schwesternhelferin *f*

aïe [aj] INT au!; aua!; autsch!; *fig* **~! ~! (~!)** au weh!

aïeul(e) [ajœl] *st/s* M(F) Großvater, -mutter *m,f*; *all Sud* Ahn *m*; Ahne *m/f*; **aïeuls** *mpl* Großeltern *pl*

aïeux [ajø] MPL *st/s* Ahnen *mpl*

aigle [ɛgl] M Adler *m*

aiglefin [ɛgləfɛ̃] M Schellfisch *m*

aigre [ɛgʀ] ADJ 1 sauer; *vin a.* säuerlich 2 *fig vent* scharf; *voix* schrill; *remarque* scharf; bissig

aigre-doux [ɛgʀədu] ADJ ⟨aigre-douce [-dus]⟩ 1 süßsauer 2 *fig* herb; bittersüß

aigrelet [ɛgʀəlɛ] ADJ ⟨-ette [-ɛt]⟩ 1 leicht säuerlich 2 *fig voix* piepsig

aigrette [ɛgʀɛt] F 1 ZOOL Silberreiher *m* 2 *ornement* Federbusch *m*

aigreur [ɛgʀœʀ] F 1 saurer Geschmack; Säure *f* 2 *fig* Schärfe *f*; Bissigkeit *f* 3 **~s (d'estomac)** saures Aufstoßen

aigri [egʀi] ADJ ⟨~e⟩ verbittert

aigrir [egʀiʀ] A V/T *fig* verbittern B V/I (*et* V/PR) 1 **(s')~** sauer werden; säuern 2 *fig* **il s'est aigri** er ist verbittert, bitter geworden

aigu [egy] ADJ ⟨aiguë [egy]⟩ 1 spitz (*a. angle*); *pointe* scharf 2 *son, cri* schrill; grell; *voix, son a.* hoch 3 **accent ~** [-tegy] Accent aigu *m* 4 *douleur* heftig; stark; stechend; *maladie* akut; *crise* zugespitzt 5 *intelligence* scharf; durchdringend

aigue-marine [ɛgmaʀin] F ⟨aigues-marines⟩ MINÉR Aquamarin *m*

aiguière [ɛgjɛʀ] F Wasserkanne *f*

aiguillage [egɥijaʒ] M CH DE FER 1 Weiche *f* 2 *manœuvre* Weichenstellung *f* (*a. fig*)

aiguille [egɥij] F 1 COUT (Näh)Nadel *f*; MÉD Nadel *f*; **~ à tricoter** Stricknadel *f* 2 *d'une montre* Zeiger *m*; *du compteur de vitesse* Nadel *f* 3 BOT Nadel *f* 4 GÉOL (Fels)Nadel *f* 5 *adjt* **talons** *mpl* **~s** Pfennigabsätze *mpl*

aiguillée [egɥije] F Nähfaden *m*

aiguiller [egɥije] V/T *fig* lenken; führen; leiten

aiguilleur [egɥijœʀ] M 1 CH DE FER Weichensteller *m*, -wärter *m* 2 **~ du ciel** Fluglotse *m*

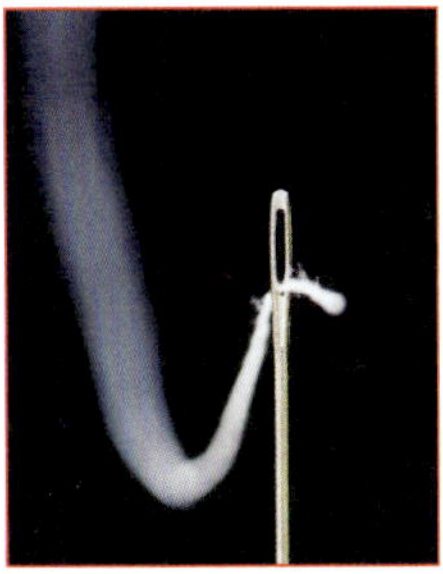

l'aiguille (f) — Nadel

l'aiguille (f) — Zeiger

les talons (mpl) aiguilles — Pfennigabsätze

aiguillon [egɥijɔ̃] M 1 ZOOL, BOT Stachel *m* 2 *fig* Ansporn *m*
aiguillonner [egɥijɔne] V/T anspornen; anstacheln
aiguisage [eg(ɥ)izaʒ] M Schärfen *n*; Wetzen *n*; Schleifen *n*
aiguiser [egize] V/T 1 schärfen; wetzen; schleifen 2 *fig curiosité* steigern; *appétit* anregen
aiguiseur [egizœʀ] M Schleifer *m*
aïkido [aikido] M SPORTS Aikido *n*
ail [aj] M Knoblauch *m*
aile [ɛl] F 1 ZOOL Flügel *m* (*a.* MIL, SPORTS); *des oiseaux a.* Schwinge *f*; *fig* **avoir du plomb dans l'~, battre de l'~** angeschlagen sein; *fig* **donner des ~s à qn** j-n beflügeln; *fig* **prendre qn sous son ~** j-n unter s-e Fittiche nehmen; *fig* **voler de ses propres ~s** auf eigenen Füßen stehen 2 AVIAT (Trag)Flügel *m* 3 AUTO Kotflügel *m* 4 ARCH (Seiten)Flügel *m*; Seitentrakt *m* 5 ANAT **~ du nez** Nasenflügel *m*
ailé [ele] ADJ ⟨~e⟩ ZOOL geflügelt
aileron [ɛlʀɔ̃] M 1 Flügelspitze *f* 2 *de certains poissons* Flosse *f* 3 AVIAT Querruder *n*
ailier [elje] M Außen-, Flügelstürmer *m*
aille [aj] → aller¹
ailleurs [ajœʀ] ADV anderswo; woanders; *fam* sonstwo; *avec un verbe de mouvement* anderswohin; **d'ailleurs** übrigens; im Übrigen; **par ailleurs** andererseits; **nulle part ailleurs** sonst nirgends; *fig* **il est ailleurs** er ist mit s-n Gedanken (ganz) woanders
ailloli [ajɔli] M Knoblauchmayonnaise *f*
aimable [ɛmabl] ADJ liebenswürdig, freundlich (**avec qn** zu j-m)
aimablement [ɛmabləmɑ̃] ADV *recevoir qn* freundlich; liebenswürdig; *informer qn* freundlicher-, liebenswürdigerweise
aimant¹ [ɛmɑ̃] M Magnet *m*
aimant² ADJ ⟨-ante [-ɑ̃t]⟩ liebevoll
aimantation [ɛmɑ̃tasjɔ̃] F Magnetisierung *f*
aimanter [-e] V/T magnetisieren
aimé [eme] ADJ ⟨~e⟩ geliebt (**de, par** von); *acteur* beliebt (**du public** beim Publikum)
aimer [eme] A V/T lieben; mögen; gernhaben; *personne, animal a.* lieb haben; *mets a.* gern essen; **aimer qn** (*être amoureux*) j-n lieben; **aimer faire qc** gern etw tun; **j'aimerais faire qc** ich möchte gern, würde gern etw tun; **aimer que …** (+ *subj*) es gern sehen, gernhaben, dass …; **j'aime autant ça** das ist mir lieber; **aimer mieux qc** etw lieber mögen, haben, etw vorziehen; **aimer mieux faire qc** etw lieber tun B V/PR **s'aimer** sich lieben
aine [ɛn] F ANAT Leiste *f*
aîné [ene] A ADJ ⟨~e⟩ (*le plus âgé*) älteste; (*plus âgé*) ältere B **~(e)** M(F) Älteste(r) *m/f(m)*
aînesse [ɛnɛs] F HIST **droit** *m* **d'~** Erstgeburtsrecht *n*
ainsi [ɛ̃si] ADV 1 so; **c'est ~ que …** so …; **~ soit-il!** amen!; **s'il en est ~** wenn dem so ist; **pour ~ dire** sozusagen; gewissermaßen; **~ que** *comparaison* (so) wie; *énumération* sowie; wie auch 2 **~ (donc)** (so) also; folglich
aïoli [ajɔli] M → ailloli
air¹ [ɛʀ] M Luft *f*; **à l'air** an der (frischen) *ou* an die (frische) Luft; **au grand air** [-t-] an *ou* in der frischen Luft; im Freien; **être dans l'air** *maladie* umgehen; grassieren; *idée* in der Luft liegen; **c'est dans l'air du temps** das liegt (ganz) im Trend; **en l'air** in die Luft; *fig promesses* leer; *projets* unrealistisch; **tête en l'air** gedankenlos; vergesslich; zerstreut; *fam fig* **foutre en l'air** *fam* weg-, fortschmeißen; **en plein air** [ɑ̃plɛnɛʀ] im Freien; unter freiem Himmel; AGR im Freiland; **jeux** *mpl* **de plein air** Spiele *npl* im Freien; **(aller) prendre l'air** (frische) Luft schöpfen, *fam* schnappen; an die (frische) Luft gehen
air² M (*apparence*) Aussehen *n*; (*mine*) Miene *f*; Gesicht(sausdruck) *n(m)*; **~ de famille** Familienähnlichkeit *f*; **d'un ~ embarrassé** mit verlege-

ner Miene; **avoir l'~** (+ *adj*) aussehen (❗ das Adjektiv wird an das Subjekt angepasst: **elle a. l'air fatiguée, énervée, etc = sie sieht müde, genervt etc aus**); wirken; **avoir l'~ de** (+ *inf*) scheinen zu (+ *inf*); so aussehen, als ob …; **ça en a tout l'~** das sieht ganz danach aus; **avoir l'~ de** (+ *subst*) aussehen wie; **n'avoir l'~ de rien** nach nichts aussehen; **avoir un drôle d'~** komisch aussehen; **prendre de grands ~s** vornehm tun; großtun; angeben

air[3] M 1 Melodie *f* 2 (*chanson*) Weise *f*; Lied *n* 3 *d'un opéra* Arie *f*

airbag [ɛʀbag] M Airbag *m*; **~ latéral** Seitenairbag *m*

airbus® [ɛʀbys] M AVIAT Airbus® *m*

aire [ɛʀ] F 1 (*surface*) (Boden)Fläche *f*; **~ (de repos)** Rastplatz *m* 2 MATH Flächeninhalt *m* 3 *des rapaces* Horst *m* 4 *fig* Bereich *m*; Gebiet *n*; **~ d'influence** Einflussbereich *m*

airelle [ɛʀɛl] F Heidel-, Blaubeere *f*; **~ rouge** Preiselbeere *f*

aisance [ɛzɑ̃s] F 1 (*facilité*) Gewandtheit *f*; Leichtigkeit *f* 2 (*richesse*) Wohlstand *m*; Wohlhabenheit *f*

aise[1] [ɛz] F 1 **à votre ~!** wie es (Ihnen) beliebt!; ganz nach (Ihrem) Belieben!; **être à l'~, à son ~** sich wohlfühlen; **être mal à l'~** sich unbehaglich fühlen; sich nicht wohlfühlen; **mettez-vous à l'~** legen Sie doch ab!; **mettre qn à l'~** j-m die Befangenheit nehmen; **en prendre à son ~ avec qc** es sich (*dat*) mit etw leicht machen 2 **~s** *pl* Bequemlichkeit *f*; **prendre ses ~s** es sich (*dat*) (ganz ungeniert) bequem machen; sich breitmachen 3 (*richesse*) **être à son ~** wohlhabend, gut situiert sein 4 *fam* **à l'~** (*facilement*) leicht

aise[2] ADJ *st/s* **être bien ~ de** (+ *inf*) erfreut sein, zu (+ *inf*)

aisé [eze] ADJ ⟨~e⟩ 1 *ton* ungezwungen; *style* flüssig 2 (*riche*) wohlhabend; gut situiert 3 *st/s* (*facile*) einfach; leicht **aisément** [-mɑ̃] ADV leicht; mühelos

aisselle [ɛsɛl] F Achsel(höhle) *f*

Aix-la-Chapelle [ɛkslaʃapɛl] Aachen *n*

ajonc [aʒõ] M Stechginster *m*

ajouré [aʒuʀe] ADJ ⟨~e⟩ durchbrochen

ajournement [aʒuʀnəmɑ̃] M 1 *d'un projet etc* Verschiebung *f*; Vertagung *f* 2 *d'un candidat* Zurückstellung *f*

ajourner [aʒuʀne] V/T 1 verschieben (**à** auf + *acc*; **d'une semaine** um e-e Woche); auf-, hinausschieben; *séance a.* vertagen 2 *candidat* zurückstellen

ajout [aʒu] M Hinzufügung *f*

ajouter [aʒute] A V/T hinzufügen (**à** zu); *en parlant a.* hinzusetzen; *à un nombre* hinzu- *ou* dazuzählen (zu); CUIS *a.* hinzu- *ou* dazugeben, -tun (zu) B V/T INDIR **~ à qc** etw noch vergrößern, (*aggraver*) verschlimmern C V/PR (**venir**) **s'~ à** noch hinzu-, dazukommen zu

ajustage [aʒystaʒ] M TECH An-, Einpassen *n*

ajustement [aʒystəmɑ̃] M 1 TECH An-, Einpassen *n*; (*degré de serrage*) Passung *f*; Sitz *m* 2 *fig* Anpassung *f* (**à** an +*acc*); Abstimmung *f* (mit)

ajuster [aʒyste] A V/T 1 passend machen (**à** für); TECH anpassen (+ *dat*); einpassen (in + *acc*); **ajusté** *vêtement* eng anliegend 2 *fig* anpassen (**à** *dat*); abstimmen (mit) B V/PR **s'~ à** passen zu *ou* in, auf (+ *acc*)

ajusteur [aʒystœʀ] M Schlosser *m*

akkadien [akadjɛ̃] HIST A ADJ ⟨-ienne [-jɛn]⟩ akkadisch B 1 **Akkadiens** *mpl* Akkader *mpl* 2 *m* LING **l'~** das Akkadische; Akkadisch *n*

Alain [alɛ̃] M *Vorname*

alaise [alɛz] F (Gummi)Unterlage *f*

alambic [alɑ̃bik] M Destillierapparat *m*, -kolben *m*; Retorte *f*

alambiqué [alɑ̃bike] ADJ ⟨~e⟩ geschraubt; gewunden

alangui [alɑ̃gi] ADJ ⟨~e⟩ träge; matt **alanguir** [-iʀ] V/T träge, matt machen

alarmant [alaʀmɑ̃] ADJ ⟨-ante [-ɑ̃t]⟩ alarmierend; besorgniserregend

alarme [alaʀm] F (❗ feminin) 1 Alarm *m*; **donner l'~** Alarm schlagen (*a. fig*) 2 *dispositif* Alarmanlage *f*

alarmer [alaʀme] A V/T beunruhigen; alarmieren; ängstigen B V/PR **s'~** sich beunruhigen, ängstigen

alarmiste [alaʀmist] ADJ Angst verbreitend

Alaska [alaska] **l'~** M Alaska *n*

albanais [albanɛ] A ADJ ⟨-aise [-ɛz]⟩ albanisch B 1 **Albanais(e)** *m(f)* Albaner(in) *m(f)* 2 LING **l'~** *m* das Albanische; Albanisch *n*

Albanie [albani] **l'~** F Albanien *n*

albâtre [albɑtʀ] M Alabaster *m*

albatros [albatʀos] M Albatros *m*

Albert [albɛʀ] M *Vorname*

albinisme [albinism] M Albinismus *m*

albinos [albinos] M/F Albino *m*

album [albɔm] M 1 Album *n* (*a. de disques*); **~ de photos** Fotoalbum *n* 2 (*livre illustré*) Buch *n*; Band *m*

albumine [albymin] F Albumin *n*; *fam dans les urines* Eiweiß *n*

alcali [alkali] M 1 CHIM Alkali *n* 2 COMM Salmiakgeist *m*

alcalin [alkalɛ̃] ADJ ⟨-ine [-in]⟩ alkalisch

alcaloïde [alkalɔid] M CHIM Alkaloid *n*

alchimie [alʃimi] F Alchimie *f* **alchimique** [-ik] ADJ alchimistisch **alchimiste** [-ist] M Alchimist *m*

alcool [alkɔl] M 1 Alkohol *m*; **~ à brûler** Brennspiritus *m* 2 *par ext* Schnaps *m*
alcoolémie [alkɔlemi] F Blutalkohol(gehalt, -spiegel) *m*
alcoolique [alkɔlik] A ADJ 1 alkoholisch 2 *personne* alkoholabhängig, -krank B M/F Alkoholiker(in) *m(f)*; Trinker(in) *m(f)*
alcoolisation [alkɔlizasjõ] F 1 Alkoholisieren *n*, -ung *f*; Zusetzen *n* von Alkohol 2 MÉD *de l'organisme* Anreicherung *f* mit Alkohol 3 Umwandlung *f* in Alkohol
alcooliser [alkɔlize] A V/T Alkohol zusetzen (+ *dat*); *boisson* **alcoolisé** alkoholisch; **non alcoolisé** alkoholfrei B V/PR *fam* **s'~** sich betrinken
alcoolisme [alkɔlism] M Alkoholismus *m*; Trunksucht *f*
alcoolo [alkɔlo] ADJ *et* M/F *fam* ABR → alcoolique A 2, B
alco(o)test® [alkɔtɛst] M Alkoholtest(gerät) *m(n)*
alcôve [alkov] F Alkoven *m*; Bettnische *f*
al dente [aldɛnte] ADJ (❗ unveränderlich) *et* ADV CUIS al dente
aléas [alea] MPL Zufälligkeiten *fpl*; (unangenehme) Überraschungen *fpl*
aléatoire [aleatwaʀ] ADJ zufallsbedingt; vom Zufall abhängig
alémanique [alemanik] A ADJ alemannisch B M LING **l'~** das Alemannische; Alemannisch *n*
alentours [alɑ̃tuʀ] MPL 1 Umgebung *f*; Umgegend *f* 2 **aux ~ de** *local* in der Gegend von; *temporel, fig* (so) gegen; (so) um … herum
alerte[1] [alɛʀt] ADJ *personne* munter; flink; mobil; *esprit* rege; aufgeweckt; *style* lebendig; flott
alerte[2] F 1 Alarm *m* (*a.* MIL); *fig* **fausse ~** falscher, blinder Alarm; **~ à la bombe, à l'ozone** Bomben-, Ozonalarm *m*; **en état d'~** in Alarmbereitschaft; alarmbereit; **donner l'~** Alarm geben 2 *fig* (drohende) Gefahr; Alarmsignal *n*
alerter [alɛʀte] V/T alarmieren
alésage [alezaʒ] M Zylinderbohrung *f*, -durchmesser *m*
alèse [alɛz] F → alaise
aléser [aleze] V/T ⟨-è-⟩ TECH auf-, ausbohren
alevin [alvɛ̃] M (Be)Satzfisch *m*
Alexandrie [alɛksɑ̃dʀi] F *en Égypte* Alexandria *n ou* Alexandrien *n*
alexandrin [alɛksɑ̃dʀɛ̃] M *vers* Alexandriner *m*
alezan [alzɑ̃] ADJ ⟨-ane [-an]⟩ fuchsrot
alfa [alfa] M 1 BOT Alfa-, Halfagras *n*; Espartogras *n* 2 Alfapapier *n*
algarade [algaʀad] F Wortwechsel *m*
algèbre [alʒɛbʀ] F Algebra *f*
algébrique [alʒebʀik] ADJ algebraisch
Alger [alʒe] Algier *n*
Algérie [alʒeʀi] **l'~** F Algerien *n*
algérien [alʒeʀjɛ̃] A ADJ ⟨-ienne [-jɛn]⟩ algerisch B 1 **Algérien(ne)** *m(f)* Algerier(in) *m(f)* 2 LING **l'~** *m* der in Algerien gesprochene arabische Dialekt
algérois [alʒeʀwa] ADJ ⟨-oise [-waz]⟩ (*et* SUBST **Algérois** Einwohner) von Algier
algorithme [algɔʀitm] M MATH, INFORM Algorithmus *m* **algorithmique** [-ik] ADJ algorithmisch
algue [alg] F Alge *f*
alias [aljɑs] ADV alias; auch … genannt
alibi [alibi] M Alibi *n* (*a. fig*)
alicament [alikamɑ̃] M gesundes Lebensmittel; *enrichi en certains éléments a.* Lebensmittel *n* mit gesundheitsfördernden Zusatzstoffen
aliénable [aljenabl] ADJ JUR veräußerlich; übertragbar **aliénant** [-ɑ̃] ADJ ⟨-ante [-ɑ̃t]⟩ *travail, situation* (den Menschen s-m Wesen) entfremdend
aliénation [aljenasjõ] F 1 JUR (Eigentums)-Übertragung *f* 2 MÉD Geistesgestörtheit *f* 3 PHIL Entfremdung *f*
aliéné(e) [aljene] M(F) Geisteskranke(r) *m/f(m)*
aliéner [aljene] ⟨-è-⟩ A V/T 1 JUR veräußern; übertragen 2 (*éloigner*) entfremden (**à** *dat*) B V/PR **s'~ qn** sich j-m entfremden; **s'~ les sympathies** sich (*dat*) die Sympathien verscherzen
alignement [aliɲmɑ̃] M 1 (schnurgerade) Ausrichtung, Reihe 2 CONSTR (Bau)Flucht (-linie) *f* 3 *fig* Ausrichtung *f* (**sur** nach); Angleichung *f* (an + *acc*)
aligner [aliɲe] A V/T 1 in gerader Linie aufstellen; ausrichten; *phrases, chiffres* aneinanderreihen 2 *fig* **~ qc sur qc** etw nach etw ausrichten B V/PR **s'~** 1 *personnes* sich in e-r Reihe aufstellen; *objets* aufgereiht sein, stehen 2 *fig* **s'~ sur** sich ausrichten nach; einschwenken auf (+ *acc*) 3 *fam fig* **il peut toujours s'~** *fam* das ist e-e Nummer zu groß für ihn
aliment [alimɑ̃] M 1 Nahrungsmittel *n*; **~s** *pl a.* Nahrung *f*; Lebensmittel *npl* 2 *fig* Nahrung *f*
alimentaire [alimɑ̃tɛʀ] ADJ 1 Nahrungs…; Ernährungs… 2 **pension** *f* **~** Unterhaltsrente *f* 3 *péj travail* (lediglich) dem Broterwerb dienend
alimentation [alimɑ̃tasjõ] F 1 Ernährung *f*; Beköstigung *f*; Verpflegung *f*; (*nourriture*) Nahrung *f*; Kost *f* 2 TECH Versorgung *f* (**en** mit)
alimenter [alimɑ̃te] A V/T 1 (*nourrir*) ernähren 2 (*approvisionner*) versorgen (**en** mit) 3 *fig* **~ les conversations** Gesprächsstoff liefern B V/PR **s'~** sich ernähren; *malade* Nahrung zu sich nehmen
Aline [alin] F *Vorname*
alinéa [alinea] M TYPO Absatz *m*
aliter [alite] A V/T **être alité** bettlägerig sein;

das Bett hüten müssen **B** VPR **s'~** sich ins Bett legen
alizé [alize] M Passat(wind) *m*
Allah [ala] M REL Allah *m*
allaitement [alɛtmɑ̃] M Stillen *n* **allaiter** [-e] VT stillen; ZOOL säugen
allant [alɑ̃] M Schwung *m*; Tatkraft *f*
alléchant [aleʃɑ̃] ADJ ⟨-ante [-ɑ̃t]⟩ verlockend **allécher** [-e] VT ⟨-è-⟩ (an)locken
allée [ale] F **1** Allee *f*; *dans un cinéma, etc* Gang *m* **2** **~s et venues** Laufereien *fpl*
allégation [alegasjõ] F Behauptung *f*
allégé [aleʒe] ADJ ⟨~e⟩ light; leicht; kalorienarm
allégeance [aleʒɑ̃s] F Treuepflicht *f*
allégement [alɛʒmɑ̃] M **1** *d'un fardeau* Gewichtsverringerung *f* **2** *de charges financières* Verminderung *f*; Verringerung *f*; *des programmes scolaires* stoffliche Entlastung
alléger [aleʒe] VT ⟨-è-; -ge-⟩ **1** *fardeau* leichter machen **2** *charge financière* verringern; senken; *programmes scolaires* entlasten
allégorie [alegɔʀi] F Allegorie *f* **allégorique** ADJ [-ik] allegorisch; sinnbildlich
allègre [alɛgʀ] ADJ fröhlich; vergnügt; munter
allégrement [alɛgʀəmɑ̃] ADV munter; frisch-fröhlich (*a. iron*)
allégresse [alegʀɛs] F (laute, ausgelassene) Freude; Jubel *m*
allegretto [alegʀɛ(t)to] ADV MUS allegretto; lebhaft
allégretto [alegʀɛ(t)to] M MUS Allegretto *n*
allegro [alegʀo] ADV MUS allegro
allégro [alegʀo] M MUS Allegro *n*
alléguer [alege] VT ⟨-è-⟩ anführen; vorbringen; ins Feld führen
alléluia [aleluja] **A** INT halleluja *ou* alleluja **B** M Halleluja *ou* Alleluja *n*
Allemagne [almaɲ] **l'~** F Deutschland *n*
allemand [almɑ̃] **A** ADJ ⟨-ande [-ɑ̃d]⟩ deutsch **B** SUBST **1** **Allemand(e)** *m(f)* Deutsche(r) *m/f(m)* **2** *langue* **l'~** *m* das Deutsche; Deutsch *n*
aller¹ [ale] ⟨je vais, tu vas, il va, nous allons, ils vont; j'allais; j'allai; j'irai; que j'aille, que nous allions; va!, *aber*: vas-y! [vazi]; allant; être allé⟩ **A** VI **1** gehen; (*dans un*) *véhicule* fahren; **allez!** los!; vorwärts!; marsch!; **allons! du calme!** nur ruhig Blut!; **allons donc!** *ou* **allez donc!** *ce n'est pas vrai!* ach, geh(en Sie) …; **aller dehors** hinaus-, *fam* rausgehen; **vas-y!, allez-y!** nur zu!; los!; **allons-y!** *ou* **on y va!** auf gehts!; **aller à** *ou* **en vélo** mit dem (Fahr)Rad fahren; **aller à l'étranger, à Paris, en France** ins Ausland, nach Paris, nach Frankreich gehen, fahren, reisen; **aller à pied** zu Fuß gehen; laufen; **aller chez le**, *fam* **au coiffeur** zum Friseur gehen; **aller en** *ou* **par avion** (mit dem Flugzeug) fliegen; **aller en bateau** mit dem Schiff fahren; **aller et venir** hin und her gehen, laufen, fahren; auf und ab gehen; kommen und gehen **2** (*se porter*) gehen; **comment allez-vous?** wie geht es Ihnen?; **comment vas-tu?** wie geht es dir?; *fam* **(comment) ça va?** wie gehts?; **ça va** es geht (mir, uns) ganz gut; *choses* das geht; das ist nicht schlecht; **je vais bien**, *fam* **ça va bien** es geht mir gut **3** (*être seyant*) **aller bien à qn** j-m (gut) stehen; j-n (gut) kleiden **4** (*convenir*) **aller à** *ou* **avec qc** zu etw passen; *vêtement* **aller à qn** j-m (in der Größe) passen **B** V/AUX **1** *avec inf ou ppr*: **aller chercher qn, qc** j-n, etw holen; **aller se coucher** schlafen gehen; **aller croissant** zunehmen; **aller en s'améliorant** sich allmählich bessern **2** *futur proche*: **aller faire qc** gleich, bald, sofort etw tun; **vous allez comprendre** Sie werden gleich verstehen; **c'est ce que j'allais dire** das wollte ich gerade, eben sagen **C** V/IMP **il y va de …** es geht um … **D** VPR **s'en aller** weg-, fortgehen; *tache* weg-, herausgehen; *bouton* bald abgehen
aller² M **1** Hinweg *m*, -fahrt *f*, -reise *f*; AVIAT Hinflug *m*; **à l'aller** auf der Hinfahrt *etc* **2** CH DE FER einfache Fahrkarte; **aller (et) retour** Rückfahrkarte *f*; **deux allers (et) retours pour Lyon** zweimal Lyon hin und zurück **3** *adjt* **match** *m* **aller** Hinspiel *n*
allergène [alɛʀʒɛn] M Allergen *n*
allergénique [alɛʀʒenik] ADJ e-e Allergie hervorrufend
allergie [alɛʀʒi] F Allergie *f* (**à** gegen; *a. fig*) **allergique** [-ik] ADJ allergisch (**à** gegen; *a. fig*)
allergologie [alɛʀgɔlɔʒi] F Allergologie *f* **allergologue** [-lɔg] M/F Allergologe, -login *m,f*
alliage [aljaʒ] M Legierung *f*
alliance [aljɑ̃s] F **1** POL *et par ext* Bündnis *n*; Allianz *f* **2** *parent* **par ~** angeheiratet; **être parents par ~** verschwägert sein **3** *bague* Trau-, Ehering *m*
allié [alje] **A** ADJ ⟨~e⟩ verbündet; alliiert **B** M Verbündete(r) *m*; Alliierte(r) *m*; Bundesgenosse *m*
allier [alje] **A** VT **1** TECH legieren **2** *fig* **~ qc à** *ou* **avec qc** etw mit etw verbinden, vereinen **B** VPR **s'~** POL sich verbünden (**à** mit)
alligator [aligatɔʀ] M Alligator *m*
allitération [aliteʀasjõ] F Stabreim *m*; Alliteration *f*
allo *ou* **allô** [alo] INT TÉL hallo!
allocataire [alɔkatɛʀ] M/F Beihilfe-, Unterstützungsempfänger(in) *m(f)*, *a.* -berechtigte(r) *m/f(m)*
allocation [alɔkasjõ] F Beihilfe *f*; Unterstüt-

zung *f*; Zuschuss *m*; **~s familiales** Kindergeld *n*; **~ (de) logement** Wohngeld *n*

allocution [alɔkysjõ] F Ansprache *f*

allogène [alɔʒɛn] ADJ *population* zugewandert

allongé [alõʒe] ADJ ⟨~e⟩ 1 *forme* länglich 2 (*couché*) liegend; **être ~** liegen

allongement [alõʒmã] M 1 *dans l'espace, dans le temps* Verlängerung *f* 2 PHON, TECH Dehnung *f*; Längung *f*

allonger [alõʒe] ⟨-ge-⟩ A V/T 1 länger machen; verlängern; *fig* **~ le pas** schneller gehen 2 *membre* (aus)strecken; *cou* recken 3 *fam coup* versetzen; verpassen 4 *fam somme d'argent* zahlen; *fam* blechen B V/PR **s'~** 1 länger werden; *fig mine* immer länger werden 2 (*se coucher*) sich hinlegen; **s'~ sur** sich legen auf (+ *acc*)

allopathie [alɔpati] F MÉD Allopathie *f*

allouer [alwe] V/T bewilligen; gewähren

allumage [alymaʒ] M 1 AUTO Zündung *f*; Zündanlage *f* 2 *d'un feu* Anzünden *n*; *d'une lampe, etc* Einschalten *n*

allumé [alyme] ADJ ⟨~e⟩ 1 *lampe, bougie* brennend; **être ~** brennen (*a. lumière*); *fam* an sein (*a. radio, télé, chauffage*) 2 *fam personne fam* geil; *fam* scharf

allume-cigare [alymsigaʀ] M ⟨allume-cigares⟩ AUTO Zigarettenanzünder *m* **allume-gaz** M (! unveränderlich) Gasanzünder *m*

allumer [alyme] A V/T 1 anzünden; *feu a.* entzünden; entfachen; *fam* anmachen; *cigarette a.* anstecken 2 *appareil* ein-, anschalten; *fam* anmachen; *lumière, lampe a. fam* anknipsen; **~ (l'électricité, la lumière)** Licht machen; *fam* das Licht anmachen 3 *fig désir* wecken; erregen; *fam* **~ qn** *fam* j-n anmachen B V/PR **s'~** 1 *bois, papier* anbrennen; sich entzünden 2 *lampe, lumière* angehen; aufleuchten (*a. fig regard*)

allumette [alymɛt] F Zünd-, Streichholz *n*

allumeur [alymœʀ] M 1 AUTO (Zünd)Verteiler *m* 2 TECH Zündvorrichtung *f*

allumeuse [alymøz] F *fam* Anmacherin *f*

allure [alyʀ] F 1 (*vitesse*) Tempo *n*; Geschwindigkeit *f*; **à toute ~** *rouler* mit hohem Tempo; *faire qc* im Eiltempo 2 (*démarche*) Gang *m*; *d'animaux a.* Gangart *f* 3 (*aspect*) Aussehen *n*; Erscheinung *f*; **avoir de l'~** vornehm wirken, aussehen; Stil haben; *fam* viel hermachen

allusif [alyzif] ADJ ⟨-ive [-iv]⟩ e-e Anspielung enthaltend; vielsagend

allusion [alyzjõ] F Anspielung *f* (**à** auf + *acc*); Andeutung *f*; **faire ~ à** anspielen auf (+ *acc*)

alluvial [alyvjal] ADJ ⟨~e; -aux [-o]⟩ GÉOL Alluvial...; angeschwemmt **alluvions** [-õ] FPL GÉOL Anschwemmungen *fpl*

almanach [almana] M Almanach *m*

aloès [alɔɛs] M Aloe *f*

aloi [alwa] **de bon ~** *succès* Achtung gebietend; *gaîté* echt

alors [alɔʀ] A ADV 1 *dans le passé* damals; **d'alors** damalige; **jusqu'alors** bis dahin 2 *consécutif* da; dann; **et alors** und dann 3 *fam* **alors?** was nun?; **alors, ça va?** *fam* na, wie gehts?; **ça alors!** na so was!; **et (puis) alors?** na und? B **alors que** während

alouette [alwɛt] F Lerche *f*

alourdir [aluʀdiʀ] V/T 1 schwer(er) machen; *fig* schwerfällig machen (*a. style*) 2 *charges fiscales* erhöhen

alourdissement [aluʀdismã] M Schwererwerden *n*

aloyau [alwajo] M (Rinder)Lende *f*

alpaga [alpaga] M Alpaka *n*

alpage [alpaʒ] M Alm *f*

alpaguer [alpage] V/T *argot policier* **~ qn** *fam* j-n schnappen

alpe [alp] F Alm *f*

Alpe d'Huez **L'~** [lalpədɥɛz] *frz Wintersportort*

Alpes [alp] **les ~** FPL die Alpen *pl*

Alpes-de-Haute-Provence [alp(ə)dəotpʀɔvɑ̃s] **les ~** FPL *frz Departement*

Alpes-Maritimes [alp(ə)maʀitim] **les ~** FPL *frz Departement*

alpestre [alpɛstʀ] ADJ Alpen...

alpha [alfa] M *lettre grecque* Alpha *n*

alphabet [alfabɛ] M Alphabet *n*; Abc *n*

alphabétique [alfabetik] ADJ alphabetisch **alphabétisation** [-izasjõ] F Alphabetisierung *f*; Beseitigung *f* des Analphabetentums **alphabétiser** [-ize] V/T alphabetisieren; (das) Lesen und Schreiben beibringen (**qn** j-m) **alphabétisme** [-ism] M Buchstabenschrift *f*

alphanumérique [alfanymeʀik] ADJ INFORM alphanumerisch

Alphonse [alfõs] M *Vorname*

alpin [alpɛ̃] ADJ ⟨-ine [-in]⟩ Alpen...; alpin

alpinisme [alpinism] M Bergsteigen *n*; Alpinismus *m* **alpiniste** [-ist] M/F Bergsteiger(in) *m(f)*

Alsace [alzas] **l'~** F das Elsass

Alsace-Lorraine [alzaslɔʀɛn] HIST **l'~** F Elsass-Lothringen *n*

alsacien [alzasjɛ̃] A ADJ ⟨-ienne [-jɛn]⟩ elsässisch; Elsässer B **Alsacien(ne)** M(F) Elsässer(in) *m(f)*

altération [alteʀasjõ] F Verschlechterung *f*; Beeinträchtigung *f*; Veränderung *f*

altercation [altɛʀkasjõ] F (kurze, heftige) Auseinandersetzung

alter ego [altɛʀego] M Alter Ego *n*; zweites, anderes Ich

altérer [alteʀe] ⟨-è-⟩ A V/T 1 verschlechtern;

relations beeinträchtigen; *aliments* verderben; **d'une voix altérée** mit versagender Stimme **2** *(falsifier)* verfälschen; *vérité, texte a.* entstellen **B** V/PR **s'~** schlechter werden; sich verschlechtern; *visage, couleurs* sich verändern
altérité [alteʀite] F PHIL Andersheit *f*
altermondialisation [altɛʀmõdjalizasjõ] F globalisierungskritische Bewegung **altermondialiste** [-ist] **A** ADJ *mouvement* globalisierungskritisch **B** M/F Globalisierungskritiker(in) *m(f)*
alternance [altɛʀnɑ̃s] F (regelmäßiger) Wechsel; POL (demokratischer) Machtwechsel; **en ~** abwechselnd, im Wechsel (**avec** mit)
alternant [altɛʀnɑ̃] ADJ ⟨-ante [-ɑ̃t]⟩ (ab)wechselnd; alternierend **alternateur** [-atœʀ] M ÉLEC Wechselstromgenerator *m*
alternatif [altɛʀnatif] ADJ ⟨-ive [-iv]⟩ **1** regelmäßig wechselnd; alternierend; **courant ~** Wechselstrom *m* **2** *solution, médecine* alternativ
alternative [altɛʀnativ] F **1** Alternative *f* **2** **~s** *pl* regelmäßiger Wechsel **alternativement** [-mɑ̃] ADV abwechselnd; wechselweise
alterné [altɛʀne] ADJ ⟨~e⟩ abwechselnd; Wechsel…; alternierend **alterner** [-e] V/I (ab)wechseln (**avec** mit); alternieren
Altesse [altɛs] F *titre* Hoheit *f*
altier [altje] ADJ ⟨-ière [-jɛʀ]⟩ stolz
altimètre [altimɛtʀ] M Höhenmesser *m* **altimétrie** [-metʀi] F Höhenmessung *f*
altitude [altityd] F Höhe *f* (über dem Meeresspiegel); *voler* **à basse ~** in geringer Höhe; **en ~** in großer Höhe
alto [alto] M Bratsche *f*
altruisme [altʀɥism] M Altruismus *m*; Selbstlosigkeit *f* **altruiste** [-ist] **A** ADJ altruistisch; selbstlos **B** M/F Altruist(in) *m(f)*
alu [aly] M ABR (aluminium) *fam* Alu *n*; *adjt* **papier** *m* **~** Alufolie *f*
aluminium [alyminjɔm] M Aluminium *n*
alunir [alyniʀ] V/I auf dem Mond landen **alunissage** [-isaʒ] M Mondlandung *f*
alvéolaire [alveɔlɛʀ] ADJ ANAT, PHON *t/t* alveolar; Alveolar…; das Zahnfach *bzw.* die Lungenbläschen betreffend; *consonne a.* mit der Zungenspitze am Zahnfleisch gebildet
alvéole [alveɔl] F **1** *d'abeille* Zelle *f* **2** ANAT *t/t* Alveole *f*; **~ dentaire** Zahnfach *n*; **~ pulmonaire** Lungenbläschen *n* **3** *par ext* Wabe *f*; Zelle *f*
alvéolé [alveɔle] ADJ ⟨~e⟩ zellen-, wabenartig
alzheimer [alzajmœʀ] M MÉD Alzheimerkrankheit *f*
amabilité [amabilite] F Liebenswürdigkeit *f*; Freundlichkeit *f*
amadouer [amadwe] V/T besänftigen; für sich gewinnen

amaigri [amegʀi] ADJ ⟨~e⟩ abgemagert
amaigrir [amegʀiʀ] V/T **~ qn** an j-m zehren
amaigrissant [amegʀisɑ̃] ADJ ⟨-ante [-ɑ̃t]⟩ **régime ~** Abmagerungsdiät *f*
amaigrissement [amegʀismɑ̃] M Abmagerung *f*; Gewichtsverlust *m*
amalgame [amalgam] M MÉD, *fig* Amalgam *n*; *fig a.* Gemisch *n* **amalgamer** [-e] V/T *fig* miteinander vermischen, verquicken
amande [amɑ̃d] F **1** Mandel *f*; *fig* **yeux en ~** Mandelaugen *npl* **2** *dans un noyau* Samen(kern) *m* **3** *adjt* **vert ~** (❗ unveränderlich) lind-, zartgrün
amandier [amɑ̃dje] M Mandelbaum *m*
amandine [-in] F *pâtisserie* Mandelteilchen *n*, -schnitte *f*
amanite [amanit] F Knollenblätterpilz *m*; Wulstling *m*
amant [amɑ̃] M Geliebte(r) *m*; Liebhaber *m*; **les ~s** die Liebenden *pl*
amante [amɑ̃t] *litt* F Geliebte *f*
amarrage [amaʀaʒ] M **1** *d'un bateau* Festmachen *n*; Vertäuen *n* **2** *d'un engin spatial* Andocken *n*; Ankoppeln *n*
amarre [amaʀ] F MAR Haltetau *n*; Leine *f*
amarrer [-e] V/T *bateau* festmachen; vertäuen; *engin spatial* andocken; ankoppeln
amaryllis [amaʀilis] F BOT Amaryllis *f*
amas [ama] M **1** Haufen *m* **2** *fig* Anhäufung *f*, Ansammlung *f* (**de** von)
amasser [amase] **A** V/T anhäufen; ansammeln; zusammentragen; horten **B** V/PR **s'~** sich anhäufen; sich ansammeln
amateur [amatœʀ] M **1** Liebhaber(in) *m(f)*; Freund(in) *m(f)*; **~ de musique** Musikliebhaber(in) *m(f)*, -freund(in) *m(f)*; *fig* **avis aux ~s!** aufgepasst, wen's angeht! **2** SPORTS Amateur(in) *m(f)*; THÉ Laienspieler(in) *m(f)*; **photographe** *m* **~** Amateurfotograf *m*; Fotoamateur *m* **3** *péj* Amateur(in) *m(f)*; Dilettant(in) *m(f)*; **en ~** amateurhaft; dilettantisch
amateurisme [amatœʀism] M **1** SPORTS Amateurstatus *m* **2** *péj* Dilettantismus *m*
amazone [amazon] F Reiterin *f*; Amazone *f* (*a.* MYTH); **en ~** im Damensitz
Amazone [amazon] **l'~** F der Amazonas
Amazonie [amazɔni] **l'~** F Amazonien *n*
amazonien [amazɔnjɛ̃] ADJ ⟨-ienne [-jɛn]⟩ Amazonas…
ambages [ɑ̃baʒ] **sans ~** ohne Umschweife; freiheraus
ambassade [ɑ̃basad] F Botschaft *f*
ambassadeur [ɑ̃basadœʀ] M Botschafter *m* (*a. fig*) **ambassadrice** [-dʀis] F Botschafterin *f*
ambiance [ɑ̃bjɑ̃s] F Stimmung *f*; Atmosphäre

f; Ambiente *n*; *dans une entreprise* Betriebsklima *n*; **mettre de l'~** für Stimmung sorgen
ambiant [ɑ̃bjɑ̃] ADJ ⟨-ante [-ɑ̃t]⟩ umgebend; **température ~e** Raumtemperatur *f*
ambidextre [ɑ̃bidɛkstʀ] ADJ beidhändig
ambigu [ɑ̃bigy] ADJ ⟨ambiguë [ɑ̃bigy]⟩ 1 zwei-, doppel-, mehrdeutig 2 *péj* zweideutig; undurchsichtig
ambiguïté [ɑ̃bigɥite] F Zwei-, Doppel-, Mehrdeutigkeit *f*; **sans ~** unzweideutig; unmissverständlich
ambitieux [ɑ̃bisjø] A ADJ ⟨-euse [-øz]⟩ ehrgeizig; *péj* ambitiös; *personne a.* ambitioniert; strebsam B **~, ambitieuse** M,F ehrgeiziger Mensch; *péj* Ehrgeizling *m*
ambition [ɑ̃bisjõ] F 1 Ehrgeiz *m*; **~s** *pl* Ambitionen *fpl* 2 **l'~ de** (+ *inf*) das Bestreben zu (+ *inf*)
ambitionner [ɑ̃bisjɔne] V/T erstreben; **~ de** (+ *inf*) danach streben zu (+ *inf*)
ambivalence [ɑ̃bivalɑ̃s] F Ambivalenz *f*; Doppelwertigkeit *f*; *des sentiments* Zwiespältigkeit *f* **ambivalent** ADJ ⟨-ente [-ɑ̃t]⟩ ambivalent; doppelwertig; zwiespältig
amble [ɑ̃bl] M Passgang *m*
ambre [ɑ̃bʀ] M 1 **~ (jaune)** Bernstein *m* 2 **~ (gris)** Amber *m*; Ambra *f*
ambré [ɑ̃bʀe] ADJ ⟨~e⟩ 1 *parfum* nach Ambra duftend 2 *couleur* bernsteinfarben
Ambroise [ɑ̃bʀwaz] M *Vorname*
ambulance [ɑ̃bylɑ̃s] F Krankenwagen *m* **ambulancier** [-je] M, **ambulancière** [-jɛʀ] F Krankenwagenfahrer(in) *m(f)*
ambulant [ɑ̃bylɑ̃] ADJ ⟨-ante [-ɑ̃t]⟩ umherziehend; COMM ambulant; *fig cadavre* wandelnd; **comédiens ~s** Wanderbühne *f*; *fig* **un dictionnaire ~** ein wandelndes Lexikon; CH DE FER **vente ~e** Verkauf *m* von Speisen und Getränken
ambulatoire [ɑ̃bylatwaʀ] ADJ MÉD ambulant
âme [ɑm] F Seele *f* (*a.* REL, *fig personne*); Gemüt *n*; PSYCH Psyche *f*; **état** *m* **d'~** Gemütsverfassung *f*; *par ext* **états** *mpl* **d'~** (*incertitude*) Bedenken *npl*; Unsicherheit *f*; (*souffrance*) Wehleidigkeit *f*; Selbstmitleid *n*; **avec ~** gefühlvoll; *être artiste* **dans l'~** mit Leib und Seele; **en son ~ et conscience** nach bestem Wissen und Gewissen; **errer comme une ~ en peine** ruhelos, ziellos umherirren; **ne pas rencontrer ~ qui vive** keiner Menschenseele begegnen; **rendre l'~** s-n Geist aufgeben (*a. fig*)
Amédée [amede] M *Vorname*
Amélie [ameli] F *Vorname*
améliorant [ameljɔʀɑ̃] ADJ ⟨-ante [-ɑ̃t]⟩ AGR *plantes* den Boden verbessernd
amélioration [ameljɔʀasjõ] F Verbesserung *f*; *de l'état de santé* Besserung *f*; **~ (du temps)** Wetterbesserung *f*
améliorer [ameljɔʀe] A V/T verbessern B V/PR **s'améliorer** sich bessern; besser werden
amen [amɛn] ADV amen
aménagement [amenaʒmɑ̃] M 1 Einrichtung *f* (**en** als); Ausstattung *f*; Gestaltung *f*; (*transformation*) Umgestaltung *f*; Umbau *m*, Ausbau *m* (**en bureau** als Büro); Umstellung *f*; Anpassung *f* 2 **~ du territoire** Raumordnung *f*; Regionalplanung *f*
aménager [amenaʒe] V/T ⟨-ge-⟩ einrichten; ausstatten; gestalten; *pour le tourisme* erschließen; *parc* anlegen; *pour une autre utilisation* umgestalten; um-, ausbauen (**en** als); *horaires, programmes* umstellen; (den jeweiligen Bedürfnissen) anpassen; *adjt* **horaires aménagés** TRAVAIL (den jeweiligen Bedürfnissen) entsprechende Arbeitszeiten *fpl*; ÉCOLE entsprechend gestaltete Stundenpläne *mpl*
amende [amɑ̃d] F 1 JUR Geldstrafe *f*; Bußgeld *n*; **sous peine d'~** bei (Geld)Strafe 2 **faire ~ honorable** um Verzeihung bitten; Abbitte leisten
amendement [amɑ̃dmɑ̃] M POL Änderungsantrag *m*
amender [amɑ̃de] A V/T 1 POL (ab)ändern 2 AGR *sol* verbessern B V/PR **s'~** sich bessern
amène [amɛn] *st/s* ADJ liebenswürdig
amener [amne] ⟨-è-⟩ A V/T 1 (mit-, her)bringen 2 *à un certain point* bringen; *liquide a.* leiten 3 (*entraîner*) (mit sich) bringen; zur Folge haben 4 **~ qn à faire qc** j-n dazu bringen *ou* j-n veranlassen, etw zu tun B V/PR *fam* **s'~** *fam* aufkreuzen
amenuisement [amənɥizmɑ̃] M Verminderung *f*; Verringerung *f*
amenuiser [amənɥize] V/PR **s'~** sich verringern; sich vermindern
amer [amɛʀ] ADJ ⟨-ère [-ɛʀ]⟩ 1 *goût* bitter 2 *fig* bitter; herb; *personne* verbittert
amèrement [amɛʀmɑ̃] ADV *se plaindre, regretter* bitter; *pleurer* bitterlich
américain [ameʀikɛ̃] A ADJ ⟨-aine [-ɛn]⟩ amerikanisch B **Américain(e)** M(F) Amerikaner(in) *m(f)*
américanisation [ameʀikanizasjõ] F Amerikanisierung *f* **américaniser** [-ize] V/T amerikanisieren **américanisme** [-ism] M LING Amerikanismus *m* **américaniste** [-ist] M/F Amerikanist(in) *m(f)*
amérindien [ameʀɛ̃djɛ̃] *t/t* ADJ ⟨-ienne [-jɛn]⟩ Indianer...; der Indianer
Amérique [ameʀik] **l'~** F Amerika *n*; **l'~ centrale** Mittelamerika *n*; **l'~ du Nord, du Sud** Nord-, Südamerika *n*
Amerloque [amɛʀlɔk] M *fam* (*Américain*) *fam*

Ami *m*; Yankee *m*

amerrir [ameʀiʀ] V/I AVIAT wassern **amerrissage** [-isaʒ] M Wassern *n*, -ung *f*

amertume [amɛʀtym] F **1** bitterer Geschmack **2** *fig* Bitterkeit *f*; Verbitterung *f*

améthyste [ametist] F Amethyst *m*

ameublement [amœbləmɑ̃] M (Zimmer-, Wohnungs)Einrichtung *f*

ameublir [amœbliʀ] V/T *terre* (auf)lockern **ameublissement** [-ismɑ̃] M **1** *de la terre* (Auf)Lockern *n*, -ung *f* **2** JUR *de la fortune immobilière d'un époux* Einbringung *f* in das Gesamtgut

ameuter [amøte] V/T **1** **~ les gens** e-n Menschenauflauf hervorrufen **2** *(soulever)* aufhetzen (**contre** gegen)

ami(e) [ami] **A** M(F) Freund(in) *m(f)*; **petit(e) ami(e)** Freund(in) *m(f)* *(Geliebte[r])* (! auch bei Erwachsenen); **ami(e) d'enfance** Jugendfreund(in) *m(f)*; **chambre** *f* **d'ami(s)** Gast-, Gästezimmer *n*; **se faire des amis** Freunde gewinnen **B** ADJ **1** befreundet; *fig* **être ami de qc** etw lieben, schätzen **2** *(amical)* freundlich

amiable [amjabl] **à l'~** gütlich; auf gütlichem Wege

amiante [amjɑ̃t] M Asbest *m*

amibe [amib] F Amöbe *f* **amibien** [-jɛ̃] ADJ ⟨-ienne [-jɛn]⟩ MÉD Amöben…

amical [amikal] ADJ ⟨~e; -aux [-o]⟩ *ton, relations* freundschaftlich; *air, ton a.* freundlich; **match ~** Freundschaftsspiel *n*

amicale [amikal] F Verein *m* **amicalement** [-mɑ̃] ADV freund(schaft)lich; *à la fin d'une lettre* mit herzlichem Gruß

amidon [amidõ] M CHIM Stärke *f*

amidonnage [amidɔnaʒ] M *du linge* Stärken *n* **amidonner** [-e] V/T *linge* stärken

Amiens [amjɛ̃] *Stadt im Departement Somme*

amincir [amɛ̃siʀ] **A** V/T schlank machen; schlanker erscheinen lassen **B** V/PR **s'~** dünner werden

aminé [amine] ADJ ⟨~e⟩ CHIM Amino…

amiral [amiʀal] M ⟨-aux [-o]⟩ Admiral *m*

amirauté [amiʀote] F MAR Admiralität *f*

amitié [amitje] F **1** Freundschaft *f*; **prendre qn en ~** j-n lieb gewinnen **2** **~s** *pl* (freundliche, herzliche) Grüße *mpl*

ammoniac [amɔnjak] M Ammoniak *n*

ammoniaque [amɔnjak] F Salmiakgeist *m*

amnésie [amnezi] F Gedächtnisschwund *m* **amnésique** [-ik] ADJ *et* M/F an Gedächtnisschwund leidend, Leidende(r) *m/f(m)*

amniocentèse [amnjosɛ̃tɛz] F Fruchtwasseruntersuchung *f*

amniotique [amnjɔtik] ADJ **liquide** *m* **~** Fruchtwasser *n*

amnistie (! amnistie) [amnisti] F Amnestie *f*; **loi** *f* **d'~** Amnestiegesetz *n*

amnistié(e) [amnistje] M(F) Amnestierte(r) *m/f(m)*

amnistier [amnistje] V/T amnestieren; **être amnistié** unter die Amnestie fallen

amocher [amɔʃe] *fam* V/T übel zurichten *(a. qn)*; *fam* ramponieren

amoindrir [amwɛ̃dʀiʀ] **A** V/T verringern; (ver)mindern **B** V/PR **s'~** sich verringern; sich vermindern; *forces* abnehmen; schwinden

amoindrissement [amwɛ̃dʀismɑ̃] M Verringerung *f*; (Ver)Minderung *f*; *des forces* Abnahme *f*

amok [amɔk] M **1** Amok(lauf) *m* **2** Amokläufer *m*

amollir [amɔliʀ] **A** V/T aufweichen **B** V/PR **s'~** **1** aufweichen **2** *énergie* erschlaffen; erlahmen

amollissant [amɔlisɑ̃] ADJ ⟨-ante [-ɑ̃t]⟩ *climat* schlapp, träge machend **amollissement** [-mɑ̃] M Erschlaffung *f*; Nachlassen *n*

amonceler [amõsle] ⟨-ll-⟩ **A** V/T an-, aufhäufen **B** V/PR **s'~** sich aufhäufen; sich stapeln; sich (auf)türmen

amoncellement [amõsɛlmɑ̃] M Haufen *m*; Berg *m*; *(pile)* Stapel *m*

amont [amõ] M **1** **en ~** strom-, flussaufwärts **2** **en ~ de** oberhalb von *(ou + gén)* **3** ÉCON **en ~** erzeugernäher (**de** als)

amoral [amɔʀal] ADJ ⟨~e; -aux [-o]⟩ amoralisch **amoralisme** [-ism] M Amoralismus *m* **amoraliste** [-ist] **A** ADJ amoralistisch **B** M/F Amoralist *m*; amoralischer Mensch **amoralité** [-ite] F Amoralität *f*

amorçage [amɔʀsaʒ] M **1** TECH *et fig* Ingangsetzung *f* **2** *de munitions* Scharfmachen *n* **3** ÉLEC Erregung *f*

amorce [amɔʀs] F **1** PÊCHE Köder *m* **2** *d'explosif* Zündhütchen *n*; Sprengkapsel *f* **3** *(début)* Auftakt *m* (**de** zu); Beginn *m*

amorcer [amɔʀse] ⟨-ç-⟩ **A** V/T **1** PÊCHE ködern **2** *(commencer)* in Gang bringen; in die Wege leiten; anbahnen; beginnen **3** *charge explosive* scharf machen **B** V/PR **s'~** in Gang kommen; sich anbahnen; beginnen

amorphe [amɔʀf] ADJ energie-, willenlos; *fam* schlapp; *fam* lahm

amorti [amɔʀti] M **1** FOOTBALL Stoppen *n* (des Balls) **2** TENNIS *procès* Kurzschlagen *n*; *résultat* Stoppschlag *m*

amortir [amɔʀtiʀ] V/T **1** *choc, bruit* dämpfen **2** *dette* tilgen; amortisieren **3** *matériel* abschreiben; amortisieren

amortissement [amɔʀtismɑ̃] M **1** *d'une dette* Tilgung *f*; Amortisation *f* **2** *d'un investissement* Abschreibung *f*; Amortisation *f* **3** *d'un choc, d'un bruit* Dämpfung *f* **amortisseur** [-œʀ] M Stoßdämpfer *m*

amour [amuʀ] M 1 Liebe *f*; **amour de son métier** Liebe zu s-m Beruf; **amour du prochain** Nächstenliebe *f*; **amour de la vérité** Wahrheitsliebe *f*; *quand qn éternue* **à tes, vos amours!** Gesundheit!; **éprouver de l'amour pour qn** Liebe für j-n empfinden, fühlen; **faire l'amour** sich (*sexuell*) lieben; **filer le parfait amour** im sieb(en)ten Himmel sein; *fig* **vivre d'amour et d'eau fraîche** von Luft und Liebe leben 2 (*personne aimée*) Liebe *f*; **mon amour** (mein) Liebling *m*, Schatz *m*, Herzchen *n* 3 **amours** *fpl* Liebschaften *fpl*; Amouren *pl*; *fig* **revenir, retourner à ses premières amours** zu s-r ersten Liebe zurückkehren; s-r alten Leidenschaft (*dat*) wieder frönen 4 *fam fig* **un amour de …** e-e (ein) allerliebste(r, -s), herzige(r, -s), *fam* goldige(r, -s) … 5 MYTH **l'Amour** Amor *m*

amouracher [amuʀaʃe] V/PR **s'~ de qn** *péj* sich in j-n vernarren, *fam* verknallen

amourette [amuʀɛt] F Liebelei *f*

amoureux [amuʀø] A ADJ ⟨-euse [-øz]⟩ verliebt (**de** in + *acc*); **vie amoureuse** Liebesleben *n*; **être ~ de qn** in j-n verliebt sein; **tomber ~ de qn** sich in j-n verlieben B **~, amoureuse** M, F Liebende(r) *m/f(m)*; Verliebte(r) *m/f(m)*; *d'une femme* Liebhaber *m*

amour-propre M ⟨amours-propres⟩ Selbstachtung *f*, -(wert)gefühl *n*

amovible [amɔvibl] ADJ 1 *fonctionnaire* versetzbar; (*révocable*) absetzbar 2 *doublure* herausnehmbar; ausknöpfbar; *housse* abnehmbar

ampérage [ɑ̃peʀaʒ] M Stromstärke *f*

ampère [ɑ̃pɛʀ] M Ampere *n* **ampère-heure** M ⟨ampères-heures⟩ ÉLEC Amperestunde *f* **ampèremètre** M ÉLEC Amperemeter *n*; Strommesser *m*

amphétamine [ɑ̃fetamin] F Amphetamin *n*; Weckamin *n*

amphi [ɑ̃fi] M ABR *fam* → amphithéâtre

amphibie [ɑ̃fibi] ADJ 1 BIOL amphibisch 2 **véhicule** *m* **~** Amphibienfahrzeug *n*

amphibiens [ɑ̃fibjɛ̃] MPL ZOOL Amphibien *fpl*; Lurche *mpl*

amphithéâtre [ɑ̃fiteatʀ] M 1 Hörsaal *m*; Auditorium *n* 2 *antique* Amphitheater *n*

amphore [ɑ̃fɔʀ] F Amphore *f*

ample [ɑ̃pl] ADJ 1 *vêtement* weit; *mouvement* weit ausholend 2 *sujet* weitläufig; **de plus ~s renseignements** nähere Auskünfte *fpl*

amplement [ɑ̃pləmɑ̃] ADV *suffire* völlig

ampleur [ɑ̃plœʀ] F 1 *d'un vêtement* Weite *f* 2 *fig* Ausmaß *n*; Umfang *m*; **prendre de l'~** sich ausweiten

ampli [ɑ̃pli] *fam* M ou **amplificateur** [ɑ̃plifikatœʀ] M Verstärker *m*

amplification [ɑ̃plifikasjõ] F 1 ÉLEC Verstärkung *f* 2 *d'une crise, de relations commerciales* Ausweitung *f*; Erweiterung *f*; *d'un mouvement de grève a.* Ausbreitung *f*; Anschwellen *n*

amplifier [ɑ̃plifje] A V/T 1 ÉLEC verstärken 2 *fig* ausweiten; erweitern B V/PR **s'~** *crise* sich ausweiten; *son* anschwellen

amplitude [ɑ̃plityd] F PHYS Amplitude *f*

ampoule [ɑ̃pul] F 1 PHARM Ampulle *f* 2 ÉLEC Glühlampe *f*; (Glüh)Birne *f*; **changer une ~** e-e Birne auswechseln 3 *sous la peau* Blase *f*; **se faire des ~s aux pieds** sich (*dat*) Blasen laufen

ampoulé [ɑ̃pule] ADJ ⟨~e⟩ schwülstig

amputation [ɑ̃pytasjõ] F 1 MÉD Amputation *f* 2 *fig* Kürzung *f*

amputé(e) [ɑ̃pyte] M(F) Amputierte(r) *m/f(m)*; **amputé(e) d'un bras** Armamputierte(r) *m/f(m)*; Einarmige(r) *m/f(m)*

amputer [ɑ̃pyte] V/T 1 amputieren; *membre a.* abnehmen; **~ qn d'une jambe** j-m ein Bein amputieren, abnehmen 2 *fig* kürzen (**de** um)

Amsterdam [amstɛʀdam] Amsterdam *n*

amulette [amylɛt] F Amulett *n*

amusant [amyzɑ̃] ADJ ⟨-ante [-ɑ̃t]⟩ lustig; unterhaltend; amüsant; vergnüglich

amuse-bouche [amyzbuʃ] M ⟨amuse-bouche(s)⟩ ou **amuse-gueule** M ⟨amuse-gueule(s)⟩ Appetithäppchen *n*

amusement [amyzmɑ̃] M Vergnügen *n*; Belustigung *f*; Amüsement *n*

amuser [amyze] A V/T 1 belustigen; erheitern; amüsieren; **qc amuse qn** *a.* etw macht j-m Spaß 2 (*détourner l'attention*) **amuser qn** j-n ablenken, hinhalten B V/PR **s'amuser** sich vergnügen, sich belustigen, sich amüsieren (**avec** mit); **s'amuser à faire qc** s-n Spaß daran haben, etw zu tun; **pour s'amuser** (einfach) zum Spaß; **amuse-toi, amusez-vous bien!** viel Vergnügen!

amusette [amyzɛt] F (kleiner, harmloser) Zeitvertreib **amuseur** [-œʀ] M Spaßmacher *m*

amygdale [ami(g)dal] F ANAT Mandel *f*

an [ɑ̃] M Jahr *n*; **au nouvel an, le jour de l'An** zu, an Neujahr; am Neujahrstag; **il y a un an** vor e-m Jahr; **à vingt ans** mit zwanzig (Jahren); *enfant* **de neuf ans** neunjährig; von neun Jahren; **par an** jährlich; im, pro Jahr; **tous les ans** alljährlich; jedes Jahr; alle Jahre; **bon an, mal an** im Durchschnitt; **aller sur ses cinquante ans** auf die fünfzig zugehen; **avoir trente ans** dreißig (Jahre alt) sein

anabolisant [anabɔlizɑ̃] M Anabolikum *n*

anachronique [anakʀɔnik] ADJ anachronistisch; *par ext a.* unzeitgemäß **anachronisme** [-ism] M Anachronismus *m*

anaérobie [anaeʀɔbi] ADJ 1 BIOL anaerob; ohne Sauerstoff lebend; **micro-organismes** *mpl*

~**s** *ou subst* ~**s** *mpl* Anaerobier *mpl* **2** TECH *propulseur* nicht an die Lufthülle gebunden; autogen

anagramme [anagʀam] F Anagramm *n*

anal [anal] ADJ ⟨~e; -aux [-o]⟩ anal; After…

analgésique [analʒezik] M schmerzstillendes Mittel

anallergique [analɛʀʒik] ADJ keine Allergie hervorrufend

analogie [analɔʒi] F Analogie *f*; Ähnlichkeit *f*; Entsprechung *f*; **par ~ avec** in Analogie zu

analogique [analɔʒik] ADJ analog (*a.* INFORM); Analogie…

analogue [analɔg] ADJ analog; ähnlich (**à** wie); entsprechend (+ *dat*)

analphabète [analfabɛt] M/F Analphabet(in) *m(f)*

analphabétisme [analfabetism] M Analphabetentum *n*; Analphabetismus *m*

analyse [analiz] F **1** Analyse *f*; PSYCH Psychoanalyse *f*; GRAM Zerlegung *f*; Zergliederung *f*; **en dernière ~** letztlich; letzten Endes **2** *de l'eau*, MÉD Untersuchung *f* **3** TV Bildzerlegung *f*

analyser [analize] V/T **1** analysieren; GRAM *phrase* zergliedern; zerlegen; PSYCH **se faire ~** sich e-r Psychoanalyse unterziehen **2** *eau, sang, urines, etc* untersuchen

analyste [analist] M/F Analytiker(in) *m(f)*; PSYCH (Psycho)Analytiker(in) *m(f)* **analyste-programmeur** M ⟨analystes-programmeurs⟩ Systemanalytiker *m*

analytique [analitik] ADJ analytisch

ananas [anana(s)] M (❗ maskulin) Ananas *f*

anaphore [anafɔʀ] F RHÉT Anapher *f*

anarchie [anaʀʃi] F Anarchie *f* **anarchique** [-ik] ADJ anarchisch **anarchisant** [-izɑ̃] ADJ ⟨-ante [-ɑ̃t]⟩ zum Anarchismus tendierend **anarchisme** [-ism] M Anarchismus *m*

anarchiste [anaʀʃist] **A** ADJ anarchistisch **B** M/F Anarchist(in) *m(f)*

anathème [anatɛm] M Kirchenbann *m*; Bannfluch *m*

Anatole [anatɔl] M *Vorname*

anatomie [anatɔmi] F Anatomie *f* **anatomique** [-ik] ADJ anatomisch

ancestral [ɑ̃sɛstʀal] ADJ ⟨~e; -aux [-o]⟩ alt(-überliefert)

ancêtre [ɑ̃sɛtʀ] M/F **1** Vorfahr(in) *m(f)*; ~**s** *mpl* Vorfahren *mpl*; *st/s* Ahnen *mpl* **2** *fig* Vorläufer *m*

anche [ɑ̃ʃ] F MUS Rohrblatt *n*; Zunge *f*; **instrument** *m* **à ~** Rohrblattinstrument *n*

anchois [ɑ̃ʃwa] M An(s)chovis *f*; Sardelle *f*

ancien [ɑ̃sjɛ̃] **A** ADJ ⟨-ienne [-jɛn]⟩ **1** (*vieux*) alt; *meuble, bijou a.* antik; **logement ~** Altbauwohnung *f* **2** (*précédent*) ehemalige; frühere; vormalige **3** (*opposé à moderne*) alt; antik; *fam fig* **c'est de l'histoire ~ne** *fam* das war einmal; *fam* das ist Schnee von gestern **B** MPL **les ~s** *d'une tribu* die Ältesten *mpl*; die Alten *mpl*; *d'une école* die Ehemaligen *mpl*; **les Anciens** die Völker *npl* der Antike

ancien (Stellung)

Dieses Adjektiv kann dem Substantiv folgen – oder vorangehen. Von der Stellung vor oder nach dem Substantiv hängt die Bedeutung ab:

1. **ancien** vor dem Substantiv: ‚ehemalig'

Ce bâtiment est une ancienne prison. Aujourd'hui, c'est le commissariat de police.
Dieses Gebäude ist ein ehemaliges Gefängnis. Heute ist es die Polizeistation.

2. **ancien** nach dem Substantiv: ‚alt'

Michèle a beaucoup de livres anciens.
Michèle hat viele alte Bücher.

SPRACHGEBRAUCH

anciennement [ɑ̃sjɛnmɑ̃] ADV früher; ehemals; vormals

ancienneté [ɑ̃sjɛnte] F **1** *d'un monument, etc* (hohes) Alter **2** *dans une fonction* Dienstalter *n*; *par ext* Betriebszugehörigkeit *f*; Berufsjahre *npl*

ancrage [ɑ̃kʀaʒ] M Verankerung *f* (*a. fig*)

ancre [ɑ̃kʀ] F (❗ feminin) Anker *m*; **jeter l'~** vor Anker gehen; ankern; **lever l'~** den Anker lichten; *fam* (*partir*) *fam* sich verziehen

ancrer [ɑ̃kʀe] **A** V/T verankern; *fig* **être ancré dans** verankert sein in (+ *dat*) **B** V/PR *idée* **s'~** sich festsetzen, einnisten

andalou [ɑ̃dalu] **A** ADJ ⟨-ouse [-uz]⟩ andalusisch **B** **Andalou(se)** M(F) Andalusier(in) *m(f)*

Andalousie [ɑ̃daluzi] **l'~** F Andalusien *n*

Andes [ɑ̃d] **les ~** FPL die Anden *pl*

Andorre [ɑ̃dɔʀ] **l'~** F Andorra *n*

andouille [ɑ̃duj] F **1** CUIS Kaldaunen-, Kuttelwurst *f* **2** *fam fig* Dummkopf *m*; *fam* Blödmann *m* **andouillette** [-ɛt] F Kaldaunen-, Kuttelbratwurst *f*

androgène [ɑ̃dʀɔʒɛn] M BIOL Androgen *n*

androgyne [ɑ̃dʀɔʒin] **A** ADJ *t/t* androgyn **B** M Zwitter *m*

Andromaque [ɑ̃dʀɔmak] F MYTH Andromache *f*

Andromède [ɑ̃dʀɔmɛd] F MYTH Andromeda *f*

âne [ɑn] M Esel *m* (*a. fig injure*); *fig* **~ bâté** Riesenkamel *n*; Vollidiot *m*; **bonnet** *m* **d'~** Eselskappe *f* (, die schlechte Schüler zur Strafe tragen mussten)

anéantir [aneɑ̃tiʀ] **A** V/T **1** (*détruire*) vernichten; *espoirs* zunichtemachen **2** **~ qn** j-n nieder-

schmettern, erschüttern **B** VPR **s'~** zunichtewerden **anéantissement** [-ismɑ̃] M **1** Vernichtung *f*; Zunichtewerden *n* **2** *(abattement)* Niedergeschlagenheit *f*
anecdote [anɛkdɔt] F **1** Anekdote *f* **2** *par ext* **l'~** das Nebensächliche **anecdotique** [-ik] ADJ anekdotisch; anekdotenhaft
anémie [anemi] F Blutarmut *f*; Anämie *f*
anémier [anemje] VT **~ qn** bei j-m zu Blutarmut führen
anémique [anemik] ADJ **1** MÉD blutarm; anämisch **2** *fig* kümmerlich; kraftlos
anémone [anemɔn] F Anemone *f*
ânerie [ɑnʀi] F Dummheit *f*; *fam* Eselei *f*
ânesse [ɑnɛs] F Eselin *f*; Eselstute *f*; **lait** *m* **d'~** Eselsmilch *f*
anesthésie [anɛstezi] F Anästhesie *f*; **~ générale** (Voll)Narkose *f*; **~ locale** örtliche Betäubung; Lokalanästhesie *f*; **sous ~** in Narkose
anesthésier [anɛstezje] VT betäuben *(a. fig)*; anästhesieren
anesthésique [anɛstezik] **A** ADJ den Schmerz ausschaltend; anästhetisch **B** M Anästhetikum *n*
anesthésiste [anɛstezist] M/F Narkosearzt, -ärztin *m,f*; Anästhesist(in) *m(f)*
aneth [anɛt] M Dill *m*
anévrisme [anevʀism] M Erweiterung *f* e-r Arterie; *t/t* Aneurysma *n*
anfractuosité [ɑ̃fʀaktɥozite] F Spalte *f*; Riss *m*
ange [ɑ̃ʒ] M Engel *m (a. fig)*; **~ gardien** Schutzengel *m (a. fig)*; *fig* **patience** *f* **d'~** Engelsgeduld *f*; *fam* Lammsgeduld *f*; **être aux ~s** im sieb(en)ten Himmel sein; *silence soudain* **un ~ passe** Schweigen im Walde; ein Engel geht durchs Zimmer
Angèle [ɑ̃ʒɛl] F *Vorname*
angélique [ɑ̃ʒelik] **A** ADJ engelhaft **B** F BOT Engelwurz *f*
Angélique [ɑ̃ʒelik] F *Vorname*
angelot [ɑ̃ʒlo] M Engelchen *n*
angélus [ɑ̃ʒelys] M Angelus(läuten) *m(n)*
Angers [ɑ̃ʒe] *Stadt im Departement Maine-et--Loire*
angevin [ɑ̃ʒvɛ̃] ADJ ⟨-ine [-in]⟩ *(et* SUBST **Angevin** Bewohner) von Angers *ou* von Anjou
angine [ɑ̃ʒin] F Angina *f*; Hals-, Rachen-, Mandelentzündung *f*; **~ de poitrine** Angina pectoris *f*
anglais [ɑ̃glɛ] **A** ADJ ⟨-aise [-ɛz]⟩ **1** englisch **2** **pommes** *fpl* **(de terre) à l'~e** Salzkartoffeln *fpl* **3** *fig* **filer à l'~e** sich auf Französisch empfehlen; französisch Abschied nehmen **B** SUBST **1** **Anglais(e)** *m(f)* Engländer(in) *m(f)* **2** *langue* **l'~** *m* das Englische; Englisch *n* **3** *boucles* **~es** *fpl* *fam* Korkenzieher-, Ringellocken *fpl*
angle [ɑ̃gl] M **1** *(coin)* Ecke *f*; *d'une pièce a.* Winkel *m*; **~ de la rue** Straßenecke *f*; *fig* **arrondir les ~s** ausgleichend wirken **2** MATH Winkel *m*; **objectif** *m* **grand ~** Weitwinkelobjektiv *n* **3** **(vu) sous cet ~** unter diesem Blickwinkel (gesehen)
Angleterre [ɑ̃glətɛʀ] **l'~** F England *n*
anglican [ɑ̃glikɑ̃] ADJ ⟨-ane [-an]⟩ REL anglikanisch; **l'Église ~e** die anglikanische Kirche
anglicanisme [ɑ̃glikanism] M REL Anglikanismus *m*
angliciser [ɑ̃glisize] VT *nom etc* anglisieren; *mode de vie etc* e-n englischen Anstrich geben *(+dat)*
anglicisme [-ism] M LING Anglizismus *m*; englische Spracheigentümlichkeit **angliciste** [-ist] M/F Anglist(in) *m(f)*
anglo-... [ɑ̃glo] ADJ englisch-...; anglo-...
anglomanie [ɑ̃glɔmani] F Anglomanie *f*
anglo-normand [ɑ̃glonɔʀmɑ̃] ADJ ⟨-ande [-ɑ̃d]⟩ HIST anglonormannisch; GÉOG **îles Anglo-Normandes** Kanalinseln *fpl*
anglophile [ɑ̃glɔfil] ADJ englandfreundlich; anglophil **anglophilie** [-fili] F Englandfreundlichkeit *f*; Anglophilie *f* **anglophobe** [-fɔb] ADJ allem Englischen abgeneigt; anglophob **anglophobie** [-fɔbi] F Abneigung *f* gegen alles Englische; Anglophobie *f* **anglophone** [-fɔn] ADJ Englisch sprechend; englischsprachig; anglophon
anglo-saxon **A** ADJ ⟨-onne⟩ angelsächsisch **B** **Anglo-Saxons** MPL Angelsachsen *mpl*
angoissant [ɑ̃gwasɑ̃] ADJ ⟨-ante [-ɑ̃t]⟩ beängstigend
angoisse [ɑ̃gwas] F Angst(gefühl) *f(n)*; Bangigkeit *f*; Beklemmung *f*
angoissé [ɑ̃gwase] ADJ ⟨~e⟩ ängstlich; angsterfüllt; verängstigt; bang(e) **angoisser** [-e] VT *(et* VPR **s'~** sich) ängstigen
Angola [ɑ̃gɔla] **l'~** M Angola *n*
angolais [ɑ̃gɔlɛ] **A** ADJ ⟨-aise [-ɛz]⟩ angolanisch **B** **Angolais(e)** M(F) Angolaner(in) *m(f)*
angora [ɑ̃gɔʀa] ADJ (! Maskulin- und Femininform sind gleich) Angora...; **chat** *m* **~** Angorakatze *f*
angström [ɑ̃gstʀøm] M PHYS Ångström (-einheit) *n(f)*
anguille [ɑ̃gij] F Aal *m*; *fig* **il y a ~ sous roche** da steckt (doch) etwas dahinter
angulaire [ɑ̃gylɛʀ] ADJ **1** **pierre** *f* **~** Eckstein *m* **2** MATH Winkel...
anguleux [ɑ̃gylø] ADJ ⟨-euse [-øz]⟩ eckig; kantig
anicroche [anikʀɔʃ] F (kleine) Schwierigkeit; **sans ~** reibungslos; glatt
animal [animal] **A** M ⟨-aux [-o]⟩ **1** Tier *n* **2** *fig* **cet ~-là** *fam* dieser blöde Kerl **B** ADJ ⟨~e; -aux

[-o]⟩ 1 tierisch; animalisch; Tier… 2 *réaction* instinktiv
animalerie [animalʀi] F Tier-, Zoohandlung *f*
animalité [-ite] F tierisches Wesen; Animalität *f*
animateur [animatœʀ] M, **animatrice** [-tʀis] F *d'un spectacle* Conférencier *m*; Showmaster *m*; *d'une émission* Moderator(in) *m(f)*; *d'un débat* Diskussions-, Gesprächsleiter(in) *m(f)*; *de vacances* Animateur(in) *m(f)*
animation [animasjõ] F 1 *en ville* reges Leben und Treiben; reger Betrieb; *de la discussion, du visage* Lebhaftigkeit *f*; *personne* **mettre de l'~ dans la réunion** Leben in die Versammlung bringen 2 *socioculturelle* Freizeitgestaltung *f*; Animation *f* 3 **film** *m* **d'~** Animationsfilm *m*
animé [anime] ADJ ⟨~e⟩ 1 *ville* belebt; *discussion* lebhaft (*a. visage*); rege; angeregt 2 **dessin(s) animé(s)** Zeichentrickfilm *m* 3 (*vivant*) lebend; belebt
animer [anime] A V/T 1 beleben; mit Leben erfüllen 2 *sentiment* **~ qn** j-n beseelen, erfüllen 3 *spectacle* führen durch; *émission* moderieren; *débat* leiten B V/PR **s'~** sich beleben; *conversation* lebhaft werden
animisme [animism] M Animismus *m*
animosité [animozite] F Feindseligkeit *f*; Animosität *f*
anion [anjõ] M Anion *n*
anis [ani(s)] M Anis *m*
aniser [anize] V/T mit Anis würzen **anisette** [-ɛt] F Anislikör *m*
Anjou [ɑ̃ʒu] **l'~** M Anjou *n*
ankylose [ɑ̃kiloz] F Gelenkversteifung *f*; *t/t* Ankylose *f*
ankyloser [ɑ̃kiloze] V/PR **s'~** (ganz) steif werden; **ankylosé** steif
annales [anal] FPL Annalen *pl*
Anne [an] F *Vorname*
anneau [ano] M ⟨~x⟩ 1 Ring *m*; *d'un arbre* Jahresring *m*; **~ nasal** Nasenring *m* 2 (Finger)Ring *m* 3 SPORTS **~x** *pl* Ringe *mpl*
Annecy [ansi] *Stadt im Departement Haute-Savoie*
année [ane] F Jahr *n*; *d'une personne a.* Lebensjahr *n*; *du vin* Jahrgang *m*; **bonne ~!** ein gutes neues Jahr!; prosit Neujahr!; **~ scolaire** Schuljahr *n*; **~ universitaire** Studienjahr *n*; akademisches Jahr; **les ~s trente** die Dreißigerjahre; **étudiant** *m* **de première ~** Student *m* im ersten und zweiten Semester; **cette ~** dieses Jahr; in diesem Jahr; **chaque ~** jedes Jahr; Jahr für Jahr; **d'~ en ~** von Jahr zu Jahr; **depuis des ~s** seit Jahren
année-lumière F ⟨années-lumière⟩ Lichtjahr *n*
annexe [anɛks] F 1 Nebengebäude *n*; *d'un hôtel* Dependance *f* 2 *d'un dossier* **~s** *pl* Anlagen *fpl*
annexer [anɛkse] V/T 1 POL annektieren 2 *document* beilegen (**à** *dat*)
annexion [anɛksjõ] F Annexion *f*; Annektierung *f*
annexionnisme [anɛksjɔnism] M POL Annexionismus *m*
annihilation [aniilasjõ] F 1 *des efforts* Zunichtemachung *f* 2 PHYS NUCL Annihilation *f* **annihiler** [-e] V/T zunichtemachen
anniversaire [anivɛʀsɛʀ] M 1 Geburtstag *m*; **bon ~!** ich gratuliere dir *ou* Ihnen zum Geburtstag!; herzlichen Glückwunsch, alles Gute zum Geburtstag! 2 (**jour** *m*) **~** Jahres-, Gedenktag *m*; **~ de mariage** Hochzeitstag *m*
annonce [anõs] F 1 Ankündigung *f*; Mitteilung *f*; Bekanntgabe *f*; RAD *a.* Ansage *f* 2 (Zeitungs)Annonce *f*; Anzeige *f*; Inserat *n*; **petite ~** Kleinanzeige *f*; **passer une ~** e-e Annonce *etc* aufgeben; inserieren; annoncieren 3 (*indice*) Anzeichen *n* (**de** für *ou gén*)
annoncer [anõse] ⟨-ç-⟩ A V/T 1 ankünd(ig)en; mitteilen; bekannt geben; PRESSE *a.* melden; RAD *a.* ansagen; *nouvelle* verkünden 2 *un visiteur* melden 3 *symptôme* **~ qc** ein (An)Zeichen für etw sein; auf etw (*acc*) hindeuten B V/PR 1 **s'~ bien** sich gut anlassen 2 *crise* **s'~** sich ankündigen
annonceur [anõsœʀ] M 1 PRESSE Inserent *m* 2 RAD, TV Auftraggeber *m* e-r Werbesendung
annonciateur [anõsjatœʀ] ADJ ⟨-trice [-tʀis]⟩ *st/s* ankündigend (**de qc** etw); **signes ~s de la tempête** Vorzeichen *npl*, Vorboten *mpl* des Sturmes
Annonciation [anõsjasjõ] F **l'~** Mariä Verkündigung *f*
annotation [anɔtasjõ] F (kritische) Anmerkung; *en marge* Randbemerkung *f* **annoter** [-e] V/T mit (kritischen) Anmerkungen versehen

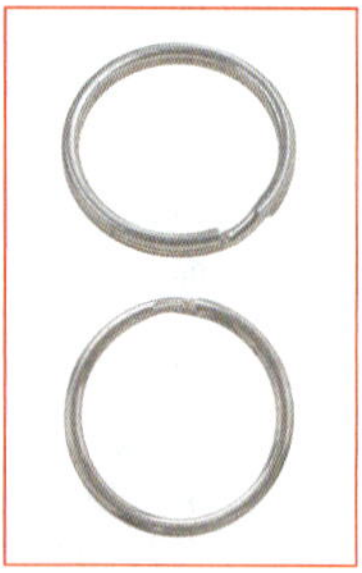

les anneaux (mpl) — Ringe

l'anneau (m) — Ring

annuaire [anɥɛʀ] M **1** Jahrbuch *n* **2** **~ du téléphone** Telefonbuch *n*
annuel [anɥɛl] ADJ ⟨~le⟩ **1** jährlich; Jahres…; **revenu ~** jährliches Einkommen; Jahreseinkommen *n* **2** *plante* einjährig
annuellement [anɥɛlmɑ̃] ADV (all)jährlich
annuité [anɥite] F Jahreszahlung *f*, -rate *f*
annulaire [anylɛʀ] M Ringfinger *m*
annulation [anylasjõ] F Annullierung *f*; Rückgängigmachung *f*; COMM Stornierung *f*
annuler (! nur ein l) [anyle] **A** V/T annullieren; rückgängig machen; aufheben; *rendez-vous* absagen; COMM stornieren; JUR *a.* für nichtig, ungültig erklären **B** V/PR **s'~** sich (gegenseitig) aufheben
anoblir [anɔbliʀ] V/T adeln **anoblissement** [-ismɑ̃] M Adelung *f*; Erhebung *f* in den Adelsstand
anode [anɔd] F ÉLEC Anode *f*
anodin [anɔdɛ̃] ADJ ⟨-ine [-in]⟩ harmlos; ungefährlich; *(insignifiant)* unbedeutend
anomalie [anɔmali] F Abnormität *f*; Anomalie *f* (*a.* BIOL)
ânon [ɑnõ] M kleiner, junger Esel
ânonnement [ɑnɔnmɑ̃] M stockendes Aufsagen *ou* Lesen; *péj* Gestotter *n*; Gestammel *n* **ânonner** [-e] V/T stockend aufsagen *ou* lesen; *abs* stockend sprechen
anonymat [anɔnima] M Anonymität *f*; **conserver, garder l'~** die Anonymität wahren; anonym, ungenannt bleiben
anonyme [anɔnim] ADJ **1** anonym; *auteur a.* unbekannt; *victimes* namenlos; ungenannt **2** *fig* unpersönlich
anorak [anɔʀak] M Anorak *m*
anorexie [anɔʀɛksi] F Magersucht *f*
anorexique [anɔʀɛksik] **A** ADJ *troubles* durch (die) Magersucht verursacht, bedingt; *personne* magersüchtig **B** M/F Magersüchtige(r) *m/f(m)*
anormal [anɔʀmal] ADJ ⟨~e; -aux [-o]⟩ **1** anormal; unnormal; abnorm; ungewöhnlich **2** *personne* nicht (ganz) normal
anormalement [anɔʀmalmɑ̃] ADV *bas* abnorm; *gai* ungewöhnlich
Anouilh [anuj] *frz Dramatiker*
ANPE [ɑɛnpeə] F ABR (Agence nationale pour l'emploi) Arbeitsamt *n*
anse [ɑ̃s] F **1** *d'une tasse, etc* Henkel *m*; *fig* **faire danser l'~ du panier** zu viel (Geld) ausgeben **2** *(petite baie)* kleine seichte Bucht
antagonique [ɑ̃tagɔnik] ADJ → antagoniste A **antagonisme** [-ism] M Antagonismus *m*; Gegensatz *m*; Widerstreit *m* **antagoniste** [-ist] **A** ADJ gegensätzlich; widerstreitend **B** M/F Gegner(in) *m(f)*; Widersacher(in) *m(f)*
antalgique [ɑ̃talʒik] ADJ PHARM schmerzlindernd, -stillend
antan [ɑ̃tɑ̃] *litt* **d'~** aus vergangener Zeit
Antarctide [ɑ̃taʀktid] **l'~** F die Antarktis
antarctique [ɑ̃taʀktik] **A** ADJ antarktisch **B** **l'Antarctique** M die Antarktis
antécédence [ɑ̃tesedɑ̃s] F Antezedenz *f*
antécédent [ɑ̃tesedɑ̃] M **1** **~s** *pl de qn* Vorleben *n*; *d'un événement* Vorgeschichte *f* **2** GRAM Bezugswort *n*
Antéchrist [ɑ̃tekʀist] M Antichrist *m*
antédiluvien [ɑ̃tedilyvjɛ̃] ADJ ⟨-ienne [-jɛn]⟩ *fig* vorsintflutlich
antenne [ɑ̃tɛn] F **1** TECH Antenne *f* **2** **heures** *fpl* **d'~** Sendezeit *f*; *déclarer* **°hors ~** außerhalb der Sendung; **être à** *ou* **sur l'~** auf Sendung sein **3** ZOOL Fühler *m*; *fig* **avoir des ~s** e-e gute Spürnase haben; *fam* e-e Antenne dafür haben **4** *d'une institution* Außenstelle *f*
antépénultième [ɑ̃tepenyltjɛm] F drittletzte Silbe **antéposer** V/T GRAM voranstellen **antéposition** F GRAM Voranstellen *n*, -stehen *n*
antérieur [ɑ̃teʀjœʀ] ADJ ⟨~e⟩ **1** *(de devant)* vordere; Vorder… **2** *dans le temps* frühere; **être ~ à qc** (zeitlich) vor etw *(dat)* liegen
antérieurement [ɑ̃teʀjœʀmɑ̃] ADV vorher; früher
antériorité [ɑ̃teʀjɔʀite] F zeitliches Vorangehen
anthologie [ɑ̃tɔlɔʒi] F Anthologie *f*; Blütenlese *f*
anthracite [ɑ̃tʀasit] M **1** Anthrazit *m* **2** *adjt* (! unveränderlich) anthrazit(farben)
anthrax [ɑ̃tʀaks] M **1** MÉD Karbunkel *m* **2** → charbon 2
anthropologie [ɑ̃tʀɔpɔlɔʒi] F Anthropologie *f* **anthropologique** [-lɔʒik] ADJ anthropologisch **anthropologiste** [-lɔʒist] M/F *ou* **anthropologue** [-lɔg] M/F Anthropologe, -login *m,f* **anthropométrie** [-metʀi] F *de la police* Erkennungsdienst *m* **anthropométri-**

> **ANPE**
>
> **ANPE** steht für Agence nationale pour l'emploi, eine nationale Agentur öffentlichen Rechts zur Arbeitsvermittlung, die 1967 in Frankreich gegründet wurde und dem Ministerium für Wirtschaft, Finanzen und Beschäftigung untersteht. Ihre Aufgabe besteht darin, Arbeitsstellenangebot und Arbeitsstellensuche zu koordinieren, Statistiken über die Arbeitslosen zu führen und Arbeitslose bei ihrer Arbeitssuche zu unterstützen.
>
> LANDESKUNDE

que [-metʀik] ADJ erkennungsdienstlich anthropomorphe [-mɔʀf] ADJ menschlich gestaltet; anthropomorph anthropomorphisme [-mɔʀfism] M Anthropomorphismus *m*; Vermenschlichung *f* anthropophage [-faʒ] M Menschenfresser *m*; Kannibale *m* anthropophagie [-faʒi] F Menschenfresserei *f*; Kannibalismus *m*

anti... [ɑ̃ti] *préfixe* anti...; Anti...; gegen...; Gegen...

antiaérien ADJ ⟨-ienne [-ɛn]⟩ Flugabwehr...; Flak...; **abri ~** Luftschutzraum *m*

antialcoolique ADJ **ligue** *f* **~** Liga *f* zur Bekämpfung des Alkoholismus

antialcoolisme M Antialkoholismus *m*; Kampf *m* gegen den Alkoholismus

antiaméricain ADJ ⟨-aine [-ɛn]⟩ antiamerikanisch; amerikafeindlich antiaméricanisme M Antiamerikanismus *m*; Amerikafeindlichkeit *f*

antianémique ADJ antianämisch

antiatomique ADJ Strahlenschutz...; **abri** *m* **~** Atombunker *m*

Antibes [ɑ̃tib] *Stadt im Departement Alpes-Maritimes*

antibiotique [ɑ̃tibjɔtik] M Antibiotikum *n*; **être sous ~s** mit Antibiotika behandelt werden

antiblocage ADJ **système** *m* **~** Antiblockiersystem *n*

antibrouillard ADJ (**phare** M) **~** M Nebelscheinwerfer *m*

antibruit ADJ (! unveränderlich) Lärmschutz...; Lärmbekämpfungs... antibuée ADJ (! unveränderlich) Antibeschlag... anticalcaire ADJ Entkalkungs... anticancéreux ADJ ⟨-euse⟩ Krebsbekämpfungs... anticapitaliste ADJ antikapitalistisch

anticasseurs ADJ **loi** *f* **~** Gesetz *n* gegen Chaoten, Randalierer

antichambre F Vorzimmer *n*

antichar ADJ (! Maskulin- und Femininform sind gleich) Panzerabwehr... antichoc ADJ (! Maskulin- und Femininform sind gleich) *montre* stoßfest, -sicher

antichrétien A ADJ ⟨-ienne⟩ christenfeindlich; gegen das Christentum (eingestellt) B **~(ne)** M(F) Gegner(in) *m(f)* des Christentums

anticipation [ɑ̃tisipasjõ] F (gedankliche) Vorwegnahme; Vorgriff *m* (**de** auf *+ acc*); **roman** *m* **d'~** utopischer Roman; Zukunftsroman *m*

anticipé [ɑ̃tisipe] ADJ ⟨~e⟩ vorzeitig; vorgezogen (*a. élections*); **retraite ~e** Vorruhestand *m*

anticiper [ɑ̃tisipe] A V/T *paiement* vorzeitig, vor Fälligkeit leisten B V/T INDIR **~ sur qc** etw vorwegnehmen; e-r Sache *(dat)* vorgreifen; **n'anticipons pas** wir wollen nicht vorgreifen

anticlérical ADJ ⟨~e; -aux [-o]⟩ antiklerikal; kirchenfeindlich anticléricalisme [-ism] M Antiklerikalismus *m*

anticoagulant [ɑ̃tikɔagylɑ̃] MÉD A ADJ ⟨-ante [-ɑ̃t]⟩ blutgerinnungshemmend B M Antikoagulans *n*; blutgerinnungshemmendes Mittel

anticolonialisme M Antikolonialismus *m*

anticommunisme M Antikommunismus *m*

anticommuniste A ADJ antikommunistisch; kommunistenfeindlich B M/F Antikommunist(in) *m(f)*

anticonceptionnel [ɑ̃tikõsɛpsjɔnɛl] ADJ ⟨~le⟩ empfängnisverhütend

anticonformisme M Nonkonformismus *m*

anticonformiste A ADJ nonkonformistisch B M/F Nonkonformist(in) *m(f)*

anticonstitutionnel ADJ ⟨~le⟩ verfassungswidrig anticorps M Antikörper *m* anticorrosion ADJ (! unveränderlich) gegen Korrosion anticyclone M Hoch(-druckgebiet) *n* antidate F früheres, älteres Datum antidater V/T (zu)rückdatieren antidémocratique ADJ un-, antidemokratisch antidépresseur [-depʀesœʀ] M Antidepressivum *n* antidérapant [-deʀapɑ̃] ADJ ⟨-ante [-ɑ̃t]⟩ rutschfest; gleitsicher antidétonant M AUTO Antiklopfmittel *n* antidiphtérique [-difteʀik] ADJ gegen Diphtherie

antidopage *ou* antidoping ADJ (! Maskulin- und Femininform sind gleich) **contrôle** *m* **antidopage** *ou* **antidoping** Dopingkontrolle *f*

antidote [ɑ̃tidɔt] M *fig* Gegenmittel *n* antidouleur A ADJ (! unveränderlich) *médicament* schmerzstillend; Schmerz... B M Schmerzmittel *n* antiesclavagiste A ADJ gegen die Sklaverei B M/F Gegner(in) *m(f)* der Sklaverei antifascisme M Antifaschismus *m* antifasciste A ADJ antifaschistisch B M/F Antifaschist(in) *m(f)*

antigang ADJ **brigade** *f* **~** Abteilung *f* zur Bekämpfung von Bandenkriminalität

antigel M Frostschutzmittel *n* antigène M Antigen *n* antigivrage M AVIAT Enteisung *f*; Schutz *m* vor Vereisung antigivrant A ADJ ⟨-ante [-ɑ̃t]⟩ eisbildungshemmend; Enteisungs... B M (*liquide antigivrant*) Enteisungsflüssigkeit *f*; Enteiser *m*

Antigone [ɑ̃tigɔn] F MYTH Antigone *f*

antigouvernemental ADJ ⟨~e; -aux⟩ regierungsfeindlich antigrève ADJ Antistreik... antigrippal ADJ ⟨~e; -aux [-o]⟩ *ou* antigrippe ADJ (! Maskukin- und Femininform sind gleich) gegen Grippe antihéros M Antiheld *m* antihygiénique ADJ unhygienisch

anti-inflammatoire ADJ entzündungshemmend **anti-inflationniste** ADJ zur Inflationsbekämpfung; antiinflationistisch
antillais [ɑ̃tijɛ] ADJ ⟨-aise [-ɛz]⟩ (*et* SUBST **Antillais** Bewohner) der (Kleinen) Antillen
Antilles [ɑ̃tij] **les ~** FPL die Antillen *pl*
antilope [ɑ̃tilɔp] F Antilope *f*
antimilitarisme M Antimilitarismus *m* **antimilitariste** [-ist] **A** ADJ antimilitaristisch **B** M/F Antimilitarist(in) *m(f)*
antimissile ADJ Raketenabwehr…
antimite(s) M Mottenschutzmittel *n*
antimoine [ɑ̃timwan] M Antimon *n*
antimonarchique ADJ antimonarchisch; monarchiefeindlich **antimonarchiste** [-ist] M/F Antimonarchist(in) *m(f)*; Gegner(in) *m(f)* der Monarchie
antimondialisation F Antiglobalisierungsbewegung *f* **antimondialiste** [-ist] **A** ADJ globalisierungskritisch; Antiglobalisierungs… **B** M/F Globalisierungsgegner(in) *m(f)*, -kritiker(in) *m(f)*
antinataliste ADJ auf Geburtenbeschränkung abzielend **antinational** ADJ ⟨~e; -aux⟩ antinational **antinazi** **A** ADJ ⟨~e⟩ antinazistisch **B** M/F Nazigegner(in) *m(f)* **antinévralgique** ADJ schmerzstillend
antinomie [ɑ̃tinɔmi] F Antinomie *f* **antinomique** [-ik] ADJ antinomisch
antinucléaire M/F Kernkraftgegner(in) *m(f)*
antipaludéen [ɑ̃tipalydeɛ̃] **A** ADJ ⟨-enne [-ɛn]⟩ Malaria… **B** M Mittel *n* gegen Malaria; Malariamittel *n*
antiparasite M ÉLEC Störschutz *m* **antiparasiter** [-parazite] V/T ÉLEC (funk)entstören **antiparlementarisme** M Antiparlamentarismus *m*
antipathie [ɑ̃tipati] F Antipathie *f*; Abneigung *f* **antipathique** [-ik] ADJ unsympathisch
antipatriotique ADJ unpatriotisch **antipatriotisme** M unpatriotische Haltung, Einstellung **antipelliculaire** [-pelikylɛr] ADJ zur Schuppenbekämpfung; gegen Kopfschuppen
antipersonnel ADJ (❗ unveränderlich) MIL **mine** *f* **~** Tretmine *f*
antiphrase F STYLISTIQUE Antiphrase *f*
antipodes [ɑ̃tipɔd] MPL **être aux ~ de** GÉOG auf der Erdkugel diametral gegenüberliegen (+ *dat*); *fig* genau das Gegenteil sein von (*ou* + *gén*)
antipolio ADJ (❗ unveränderlich) gegen Polio **antipollution** ADJ (❗ unveränderlich) umweltfreundlich; gegen Umweltverschmutzung **antiprotectionniste** ADJ antiprotektionistisch
antiquaire [ɑ̃tikɛr] M/F Antiquitätenhändler(in) *m(f)*
antique [ɑ̃tik] ADJ **1** *civilisation* antik **2** *coutume* (ur)alt; *iron* antiquiert; altertümlich
antiquité [ɑ̃tikite] F **1** **l'Antiquité** die Antike; *par ext* das Altertum **2** **~s** *pl* Antiquitäten *fpl*
antirabique [ɑ̃tirabik] ADJ gegen Tollwut **antiraciste** ADJ gegen den Rassismus; antirassistisch **antireflet** ADJ (❗ Maskulin- und Femininform sind gleich) *verre* entspiegelt **antireligieux** ADJ ⟨-euse⟩ antireligiös; religionsfeindlich **antiride(s)** ADJ gegen Falten(-bildung) **antirouille** ADJ (❗ unveränderlich) Rostschutz… **antiscientifique** ADJ wissenschaftsfeindlich **antisèche** F *argot scolaire* Spickzettel *m* **antiségrégationniste** **A** ADJ gegen die Rassentrennung (gerichtet) **B** M/F Gegner(in) *m(f)* der Rassentrennung
antisémite **A** ADJ antisemitisch **B** M/F Antisemit(in) *m(f)* **antisémitisme** M Antisemitismus *m*
antiseptique [ɑ̃tisɛptik] M Antiseptikum *n*; keimtötendes Mittel
antisionisme M Ablehnung *f* des Zionismus **antisioniste** [-ist] **A** ADJ gegen den Zionismus (gerichtet) **B** M/F Gegner(in) *m(f)* des Zionismus
antisocial ADJ ⟨~e; -aux⟩ unsozial **antisolaire** ADJ Sonnenschutz…
anti-sous-marin ADJ ⟨-ine [-in]⟩ MIL zur U-Boot-Bekämpfung, U-Boot-Abwehr
antispasmodique MÉD **A** ADJ krampflösend **B** M Spasmolytikum *n*; Antispasmodikum *n*
antisportif ADJ ⟨-ive [-iv]⟩ unsportlich **antitabac** ADJ (❗ unveränderlich) gegen das Rauchen
antiterroriste ADJ Antiterror…; **lutte** *f* **~** Terrorismusbekämpfung *f*
antitétanique [ɑ̃titetanik] ADJ gegen Wundstarrkrampf, Tetanus
antithéâtre M LITTÉRATURE Antitheater *n*
antithèse [ɑ̃titɛz] F **1** PHIL Antithese *f* **2** *fig* Gegenteil *n*; Gegensatz *m*
antithétique [ɑ̃titetik] ADJ antithetisch; gegensätzlich **antitoxine** F MÉD Antitoxin *n*; Gegengift *n* **antitrust** ADJ (❗ Maskulin- und Femininform sind gleich) Antitrust… **antituberculeux** ADJ ⟨-euse [-øz]⟩ MÉD gegen Tuberkulose; zur Tuberkulosebekämpfung **antityphoïdique** [-tifɔidik] ADJ MÉD gegen Typhus, Typhus… **antivariolique** [-varjɔlik] ADJ MÉD Pocken(schutz)… **antiviral** ADJ ⟨~e; -aux [-o]⟩ MÉD gegen Viren, Viruserkrankungen
antivirus M *et* ADJ (❗ unveränderlich) INFORM (**programme** M) **~** Antivirenpro-

gramm *n*; Virenschutzprogramm *n*
antivol M Diebstahlsicherung *f*; AUTO Lenkradschloss *n*; VÉLO Fahrradschloss *n*
Antoine [ɑ̃twan] M **1** *Vorname* **2** *saint* Antonius *m*
Antonin [ɑ̃tɔnɛ̃] M *Vorname*
antonyme [ɑ̃tɔnim] M LING Antonym *n* **antonymie** [-i] F Antonymie *f*
antre [ɑ̃tʀ] M **1** *des fauves* Höhle *f* **2** *fig* Refugium *n*; Schlupfwinkel *m*
anus [anys] M After *m*
Anvers [ɑ̃vɛʀ] Antwerpen *n*
anxiété [ɑ̃ksjete] F Angst *f*; Beklemmung *f*; innere Unruhe
anxieux [ɑ̃ksjø] **A** ADJ ⟨-euse [-øz]⟩ **1** angsterfüllt; ängstlich; bang(e) **2** **être ~ de** (+*inf*) ungeduldig darauf warten, sich danach sehnen zu (+*inf*) **B** SUBST **~, anxieuse** M,F ängstlicher Mensch
anxiolytique [ɑ̃ksjɔlitik] MÉD **A** ADJ angstlösend **B** M Angstlöser *m*
AOC ABR (appellation d'origine contrôlée) *höchste Qualitätsklasse bei Weinen* ≈ Prädikatswein *m*
aorte [aɔʀt] F Aorta *f*; Hauptschlagader *f*
Aoste [aɔst] Aosta *n*; **le val d'~** das Aostatal
août [u(t)] M August *m*; REL **le 15 Août** Mariä Himmelfahrt
aoûtat [auta] M Larve *f* der Erntemilbe
aoûtien [ausjɛ̃] M, **aoûtienne** [-jɛn] F Augusturlauber(in) *m(f)*
Apaches [apaʃ] MPL *Indiens* Apachen *mpl*
apaisant [apɛzɑ̃] ADJ ⟨-ante [-ɑ̃t]⟩ *paroles* beruhigend; beschwichtigend **apaisement** [-mɑ̃] M Beruhigung *f*; Beschwichtigung *f*; Besänftigung *f*; *des souffrances* Linderung *f*
apaiser [apeze] **A** V/T *personne* beruhigen; besänftigen (*a. colère*); beschwichtigen; begütigen; *souffrance* lindern; *désir, douleur* stillen **B** V/PR **s'~** sich beruhigen; *douleur, tempête* nachlassen; sich legen
apanage [apanaʒ] M **être l'~ de qn** j-m vorbehalten sein
aparté [apaʀte] M **1** THÉ beiseite Gesprochene(s) *n* **2** *entretien* vertrauliches, abseits geführtes Gespräch
apartheid [apaʀtɛd] M Apartheid *f*
apathie [apati] F Apathie *f*; Teilnahmslosigkeit *f* **apathique** [-ik] ADJ apathisch; teilnahmslos
apatride [apatʀid] M/F Staatenlose(r) *m/f(m)*
apercevoir [apɛʀsəvwaʀ] ⟨→ recevoir⟩ **A** V/T erblicken; erkennen; *st/s* gewahren **B** V/PR **s'~ de qc** etw (be)merken; *st/s* etw *ou* e-r Sache (*gén*) gewahr werden
aperçu [apɛʀsy] M kurzer Überblick (**de** über + *acc*); (kleiner) Einblick (in + *acc*)
apéritif [apeʀitif] M Aperitif *m*; **prendre l'~** e-n Aperitif nehmen, trinken
apéro [apeʀo] M ABR *fam* → apéritif
apesanteur [apəzɑ̃tœʀ] F Schwerelosigkeit *f*
à-peu-près [apøpʀɛ] M (❗ unveränderlich) Halbheit *f*; Unvollkommene(s) *n*
apeuré [apœʀe] ADJ ⟨~e⟩ verängstigt
aphasie [afazi] F Aphasie *f*; Störungen *fpl* des Sprachvermögens und -verständnisses **aphasique** [-ik] ADJ an Aphasie leidend
aphone [afɔn] ADJ ohne Stimme;; völlig heiser **aphonie** [-ni] F Stimmlosigkeit *f*; *t/t* Aphonie *f*
aphorisme [afɔʀism] M Aphorismus *m*
aphrodisiaque [afʀɔdizjak] **A** ADJ aphrodisisch; den Geschlechtstrieb steigernd **B** M Aphrodisiakum *n*
aphte [aft] M Bläschen *n* im Mund; *t/t* Aphthe *f*
aphteux [aftø] ADJ ⟨-euse [-øz]⟩ **fièvre aphteuse** Maul- und Klauenseuche *f*
à-pic [apik] M (❗ unveränderlich) Steilwand *f*, -hang *m*
apicole [apikɔl] ADJ Imker… **apiculteur** [-kyltœʀ] M Bienenzüchter *m*; Imker *m* **apiculture** F Bienenzucht *f*; Imkerei *f*
apitoiement [apitwamɑ̃] M Mitleid *n*; Erbarmen *n*
apitoyer [apitwaje] ⟨-oi-⟩ **A** V/T **~ qn** das Mitleid j-s erregen **B** V/PR **s'~ sur** Mitleid empfinden, haben mit; bemitleiden
A.P.L. [apeɛl] F ABR (❗ unveränderlich) (aide personnalisée au logement) Wohngeld *n*
aplanir [aplaniʀ] V/T **1** *terrain* planieren; (ein)ebnen **2** *fig difficultés* aus dem Weg räumen; beseitigen
aplanissement [aplanismɑ̃] M **1** Planierung *f*; (Ein)Ebnung *f* **2** *fig* Beseitigung *f*; Behebung *f*
aplati [aplati] ADJ ⟨~e⟩ platt; platt, breit gedrückt
aplatir [aplatiʀ] **A** V/T **1** abflachen; platt drücken; *à coups de marteau* flach, platt schlagen **2** *pli* ausstreichen; *au fer* ausbügeln; *cheveux* glatt streichen; andrücken **B** V/PR **1** **s'~** *fam (tomber)* der Länge nach hinfallen **2** *fig* **s'~ (devant qn)** (vor j-m) kriechen, katzbuckeln
aplatissement [aplatismɑ̃] M **1** Abflachen *n*; Plattdrücken *n* **2** *de la Terre* Abplattung *f*
aplomb [aplõ] M **1** Lot-, Senkrechte *f*; **d'~** lot-, senkrecht; *fig* **ne pas se sentir d'~** sich nicht wohlfühlen; in schlechter Verfassung sein; *repos, vacances* **remettre qn d'~** j-n wieder auf die Beine bringen; j-m das seelische Gleichgewicht wiedergeben; *fig* **remettre qc d'~** e-e Sache wieder ins Lot, in Ordnung bringen **2** *péj* Kühnheit *f*; Dreistigkeit *f*; Frechheit *f*
apnée [apne] F Atemstillstand *m*

l'appareil (m) — Gerät

l'appareil (m) — Apparat

l'appareil (m) — Kamera

apocalypse [apɔkalips] F Apokalypse *f*; *fig* **une vision d'~** ein Bild des Grauens

apocalyptique [apɔkaliptik] ADJ apokalyptisch; *fig a.* grauenvoll; schrecklich

apogée [apɔʒe] M *fig* Höhepunkt *m*; Gipfel *m*; Zenit *m*

apolitique [apɔlitik] ADJ unpolitisch

Apollon [apɔlõ] M 1 MYTH Apollo *m*; *poét a.* Apoll *m* 2 *iron* Apoll *m*; schöner Mann, Jüngling

apologie [apɔlɔʒi] F 1 Apologie *f*; Verteidigung(sschrift) *f* 2 *(éloge)* Verherrlichung *f*; **faire l'~ de qn, de qc** j-n, etw verherrlichen

apologiste [apɔlɔʒist] *st/s* M/F Apologet(in) *m(f)* *(a.* REL*)*; Verfechter(in) *m(f)*

apophyse [apɔfiz] F ANAT Apophyse *f*; Knochenfortsatz *m*

apoplectique [apɔplɛktik] MÉD A ADJ apoplektisch; *personne a.* zu Schlaganfällen neigend B M/F Apoplektiker(in) *m(f)*

apoplexie [apɔplɛksi] F Schlaganfall *m*; Gehirnschlag *m*; *t/t* Apoplexie *f*

a posteriori [apɔsterjɔri] ADV nachträglich; im Nachhinein

apostille [apɔstij] F ADMIN Randbemerkung *f*

apostolat [apɔstɔla] M 1 REL Apostolat *n* 2 *fig* Sendung *f*; Berufung *f* **apostolique** [-ik] ADJ apostolisch *(a. du Saint-Siège)*

apostrophe [apɔstrɔf] F (! feminin) 1 barsche Anrede; barscher Zuruf 2 *signe* Apostroph *m*; Auslassungszeichen *n* **apostropher** [-e] V/T anfahren; anherrschen; anschreien

apothéose [apɔteoz] F Höhepunkt *m*; Krönung *f*; (Schluss)Apotheose *f*

apothicaire [apɔtikɛr] M **compte** *m* **d'~** komplizierte Rechnung

apôtre [apotr] M 1 REL Apostel *m* 2 *fig* Verfechter *m*

app [ap] M *fam* ABR (appétit) **bon ~!** guten Appetit!

apparaître [aparɛtr] ⟨→ connaître; être⟩ A V/I 1 erscheinen; auftauchen; zum Vorschein kommen; *problèmes* auftreten; sichtbar werden; *vérité* zutage treten; ans Licht kommen; *fantôme* **~ à qn** j-m erscheinen; **faire ~** ans Licht, zutage bringen 2 *(sembler)* **~ à qn** j-m vorkommen, erscheinen (**comme** wie) B V/IMP **il apparaît que …** es wird offensichtlich, es zeigt sich, dass …

apparat [apara] M Prunk *m*; Gepränge *n*; **d'~** Prunk…; Gala…

appareil [aparɛj] M 1 TECH Gerät *n*; Apparat *m*; **appareil à sous** Spielautomat *m* 2 ANAT Organe *npl*; Apparat *m* 3 **appareil (téléphonique)** (Telefon)Apparat *m*; **qui est à l'appareil?** wer ist am Apparat? 4 *(avion)* Maschine *f* 5 **appareil (photo)** (Foto)Apparat *m*; Kamera *f*; *fam* Foto *m* 6 MÉD (Zahn)Spange *f*; *(dentier)* Prothese *f*; Gebiss *n* 7 *fig*, POL Apparat *m* 8 *personne* **dans le plus simple appareil** nackt; hüllenlos

appareillage [aparɛjaʒ] M 1 MAR Auslaufen *n*; Ablegemanöver *npl* 2 TECH Apparatur *f*

appareiller[1] [apareje] V/I *bateau* ablegen; auslaufen (**pour** nach); in See stechen

appareiller[2] V/T *(assortir)* passend zusammenstellen, kombinieren; *adjt* **être bien, mal appareillés** gut, schlecht zusammenpassen

apparemment [aparamã] ADV anscheinend; allem Anschein nach

apparence [aparãs] F 1 *(aspect)* Aussehen *n* 2 *(façade)* Anschein *m*; (äußerer) Schein; **en ~** scheinbar; **selon toute ~** allem Anschein nach; **sauver les ~s** den Schein wahren; **les ~s sont trompeuses** der Schein trügt

apparent [aparã] ADJ ⟨-ente [-ãt]⟩ 1 *(visible)* sichtbar; **sans raison ~e** ohne ersichtlichen Grund 2 *(en apparence seulement)* scheinbar; Schein…; **mort ~e** Scheintod *m*

apparenté [aparãte] ADJ ⟨~e⟩ 1 **~ à** verwandt mit *(a. fig)* 2 POL *listes* verbunden

apparenter [aparãte] V/PR *fig* **s'~ à qc** e-r Sache *(dat)* ähneln, verwandt sein

apparier [aparje] V/T 1 *oiseaux* paaren 2 *objets* paarweise zusammenstellen

appariteur [aparitœr] M UNIVERSITÉ Hausmeister *m*

apparition [aparisjõ] F 1 Erscheinen *n*; Auftauchen *n*; *de problèmes* Auftreten *n*; *d'idées* Aufkommen *n*; **faire son ~** erscheinen; auftauchen 2 *(vision)* Erscheinung *f*

appart [apart] M *fam* ABR → appartement

appartement [apaʀtəmɑ̃] M Wohnung *f*
appartenance [apaʀtənɑ̃s] F Zugehörigkeit *f* (**à** zu); *à une organisation* Mitgliedschaft *f* (in + *dat*)
appartenir [apaʀtəniʀ] ‹→ venir› A V/T INDIR 1 **~ à qn** j-m gehören 2 *à un milieu, etc* **~ à** angehören (+ *dat*) B V/IMP **il appartient à qn de** (+ *inf*) es steht j-m zu *ou* es kommt j-m zu *ou* es ist Sache j-s zu (+ *inf*)
apparu [apaʀy] → apparaître
appas [apa] *litt* MPL (weibliche) Reize *mpl*
appât [apa] M 1 PÊCHE, CH Köder *m* 2 *fig* **l'~ du gain** die Verlockung des Geldes
appâter [apate] V/T ködern (*a. fig*)
appauvrir [apovʀiʀ] A V/T arm machen; verarmen lassen; *sol* auslaugen B V/PR **s'~** verarmen; *sol* unfruchtbar werden **appauvrissement** [-ismɑ̃] M Verarmung *f*; *du sol* Auslaugung *f*
appel (! nur ein l) [apɛl] M 1 (*cri*) Ruf(en) *m(n)*; Zuruf *m*; **~ au secours** Hilferuf *m*; **faire ~ à qn, qc** an j-n, etw appellieren; *activité* **faire ~ à certaines compétences** gewisse Fachkenntnisse erfordern 2 (*signe*) **~ de phares** Zeichen *n* mit der Lichthupe; **faire un ~, des ~s de phare** die Lichthupe betätigen; *fig* **~ du pied** Wink *m* mit dem Zaunpfahl 3 **~ (téléphonique)** (Telefon)Anruf *m* 4 *nominal* (namentlicher) Aufruf; Namensaufruf *m*; **faire l'~** die Namen aufrufen, verlesen 5 *au public* Aufruf *m*; Appell *m*; Aufforderung *f*; **~ à la révolte** Aufruf, Aufforderung zur Revolte; **~ d'offres** Ausschreibung *f* 6 MIL Einberufung *f* 7 JUR Berufung *f*; **cour** *f* **d'~** Berufungsgericht *n*; *fig* **sans ~** unwiderruflich; **faire ~** Berufung einlegen 8 SPORTS Absprung *m* 9 **~ d'air** Luftzug *m*; Sog *m*
appelé [aple] M MIL Einberufene(r) *m*
appeler [aple] ‹-ll-› A V/T 1 (*faire venir*) (herbei)rufen; *ascenseur* holen; **appeler qn** *a.* nach j-m rufen; **appeler la police** die Polizei (herbei)rufen 2 (*désigner*) berufen; **appeler qn à un poste** j-n auf e-n Posten berufen 3 (*nommer*) nennen 4 **appeler (sous les drapeaux)** einberufen 5 TÉL **appeler qn** j-n anrufen 6 INFORM aufrufen 7 (*exiger*) *chose* **appeler qc** etw erfordern, *st/s* erheischen B V/T INDIR **en appeler à qc** an etw (*acc*) appellieren C V/PR **s'appeler** heißen
appellation [apɛ(l)lasjõ] F Bezeichnung *f*; Benennung *f*; **~ (d'origine) contrôlée** geprüfte Herkunftsbezeichnung
appendice [apɛ̃dis] M 1 ANAT Wurmfortsatz *m* (des Blinddarms); *fam* Blinddarm *m* 2 *dans un livre* Anhang *m* **appendicite** [-it] F Blinddarmentzündung *f*
appesantir [apəzɑ̃tiʀ] V/PR **s'~ sur un sujet** sich über ein Thema verbreiten, (lang und breit) auslassen

appétence [apetɑ̃s] *litt* F Verlangen *n*, Begierde *f* (**de** nach)
appétissant [apetisɑ̃] ADJ ‹-ante [-ɑ̃t]› appetitlich (*a. fig personne*); *mets a.* lecker; einladend
appétit [apeti] M 1 Appetit *m*; Esslust *f*; **bon ~!** guten Appetit!; **manger de bon ~** mit (gutem) Appetit essen; **cela m'a coupé l'~** das hat mir den Appetit verdorben; jetzt ist mir der Appetit vergangen; **mettre qn en ~** j-m Appetit machen; *prov* **l'~ vient en mangeant** der Appetit kommt beim Essen (*prov*) 2 *fig* Hunger *m*, *péj* Gier *f* (**de** nach) 3 **~s (sexuels)** Begehrlichkeit *f*; fleischliche Begierde
applaudimètre [aplodimɛtʀ] M *plais* Applausmesser *m*
applaudir [aplodiʀ] A V/T *et* V/I **~ (qn, qc)** (j-m, e-r Sache) Beifall klatschen, spenden; (j-m, e-r Sache) applaudieren; klatschen B V/T INDIR *st/s* **~ à qc** etw begrüßen
applaudissements [aplodismɑ̃] MPL Beifall (-klatschen) *m(n)*; Applaus *m*
applicabilité [aplikabilite] F Anwendbarkeit *f* (**à** auf + *acc*); Verwendbarkeit *f* (für) **applicable** [-abl] ADJ anwendbar (**à** auf + *acc*)
applicateur [aplikatœʀ] A ADJ ‹*m*› zum Auftragen; Auftrag...; **pinceau ~** Auftragpinsel *m* B M Applikator *m* (*a.* MÉD)
application [aplikasjõ] F 1 *d'un produit, etc* Auftragen *n*; Aufbringen *n*; *d'une compresse* Auflegen *n* 2 *d'une loi, d'une méthode* Anwendung *f* (**à** auf + *acc*); **les ~s** die Anwendungsmöglichkeiten *fpl*; **mettre en ~** praktisch anwenden; in die Praxis umsetzen 3 (*zèle*) Fleiß *m*; Eifer *m*
applique [aplik] F Wandleuchte *f*
appliqué [aplike] ADJ ‹~e› 1 *sciences* angewandt 2 *personne* fleißig; eifrig; *écriture* sorgfältig
appliquer [aplike] A V/T 1 *produit, peinture, etc* auftragen, aufbringen, *compresse* auflegen (**sur** auf + *acc*); *pansement* anlegen 2 *loi, méthode* anwenden (**à** auf + *acc*) B V/PR 1 *personne* **s'~** fleißig, eifrig sein 2 *loi* **s'~** Anwendung finden; gelten; *remarque* **s'~ à** gelten für; zutreffen auf (+ *acc*)
appoint [apwɛ̃] M 1 **faire l'~** mit abgezähltem Geld bezahlen 2 **d'~** zusätzlich; Zusatz...; Neben...
appointements [apwɛ̃tmɑ̃] MPL Gehalt *n*; *d'un fonctionnaire* (Dienst)Bezüge *mpl*
appontage [apõtaʒ] M AVIAT Landung *f*, Aufsetzen *n* auf dem Flugdeck (*e-s Flugzeugträgers*) **appontement** [-mɑ̃] M MAR Pier *m ou f*; Landungs-, Anlegebrücke *f* **apponter** [-e] V/I AVIAT auf dem Flugdeck (*e-s Flugzeugträgers*) landen, aufsetzen
apport [apɔʀ] M 1 FIN Einlage *f* 2 *fig* (*contribution*) Beitrag *m*

apporter [apɔʀte] VT *objet* (her)bringen; *avec soi* mitbringen; *nouvelle* (über)bringen; *capitaux* einbringen (**dans** in + *acc*); *preuve* (er)bringen; *difficultés, changements* mit sich bringen; *énergie, soin* aufbringen; aufwenden

apposer [apoze] VT anbringen (**sur un mur** an e-r Mauer); *affiche* anschlagen; *signature* **~ au bas de** setzen unter (+ *acc*)

apposition [apozisjõ] F 1 GRAM Apposition *f* 2 *action* Anbringung *f*

appréciable [apʀesjabl] ADJ 1 (*considérable*) erheblich; beachtlich 2 (*précieux*) schätzenswert

appréciation [apʀesjasjõ] F 1 (*évaluation*) (Ab-)Schätzung *f* 2 (*jugement*) Einschätzung *f*; Beurteilung *f*; *positive* Würdigung *f*; **laisser qc à l'~ de qn** etw dem Ermessen j-s überlassen

apprécier [apʀesje] VT 1 (*évaluer*) schätzen; *distance, vitesse a.* abschätzen 2 (*juger*) einschätzen; beurteilen; *valeur a.* ermessen 3 (*goûter*) schätzen; (zu) würdigen (wissen)

appréhender [apʀeɑ̃de] VT 1 (*craindre*) **~ qc** etw fürchten 2 (*arrêter*) festnehmen; dingfest machen

appréhension [apʀeɑ̃sjõ] F Befürchtung *f*; Besorgnis *f*

apprenant [apʀənɑ̃] M Lerner *m*; Lernende(r) *m*

apprendre [apʀɑ̃dʀ] VT ⟨→ prendre⟩ 1 lernen (*a. abs*); *métier, langue a.* erlernen; **apprendre à conduire, à lire** Autofahren, lesen lernen 2 (*enseigner*) **apprendre qc à qn** j-n etw lehren; j-m etw beibringen; *fig* **cela lui apprendra (à vivre)!** das wird ihm e-e Lehre sein! 3 *nouvelle* erfahren, hören (**par qn** durch j-n, von j-m) 4 (*faire savoir*) **apprendre qc à qn** j-m etw mitteilen, melden

apprenti(e) [apʀɑ̃ti] M(F) Lehrling *m*; Auszubildende(r) *m/f(m)* (*abr* Azubi *m/f*); **apprenti boulanger** Bäckerlehrling *m*

apprentissage [apʀɑ̃tisaʒ] M 1 Lehre *f*; **être en ~** in der Lehre sein, stehen 2 *d'une langue* Erlernung *f*

apprêt [apʀɛ] M 1 TECH Appretur *f* (*a. substance*); Zurichtung *f* 2 *fig* **sans ~** ungekünstelt; natürlich

apprêté [apʀete] ADJ ⟨~e⟩ gekünstelt; geziert

apprêter [apʀete] A VT TECH appretieren; zurichten B VPR 1 **s'~ à faire qc** sich anschicken *ou* Anstalten machen, etw zu tun 2 (*se parer*) **s'~** sich zurechtmachen

appris [apʀi] → apprendre

apprivoisable [apʀivwazabl] ADJ zähmbar

apprivoisement [-mɑ̃] M Zähmung *f*

apprivoiser [apʀivwaze] A VT zähmen; **apprivoisé** zahm B VPR **s'~** 1 *animal* zahm werden 2 *personne* umgänglich(er) werden

approbateur [apʀɔbatœʀ] ADJ ⟨-trice [-tʀis]⟩ *ou* **approbatif** ADJ ⟨-ive [-iv]⟩ zustimmend; billigend

approbation [apʀɔbasjõ] F 1 (*accord*) Billigung *f*; Zustimmung *f*; Plazet *n* 2 (*jugement favorable*) Beifall *m*; Anerkennung *f*

approchant [apʀɔʃɑ̃] ADJ ⟨-ante [-ɑ̃t]⟩ annähernd; **qc d'~** etwas Ähnliches

approche [apʀɔʃ] F 1 (*action d'approcher*) (Heran)Nahen *n*; Näherkommen *n*; Annäherung *f*; AVIAT (Lande)Anflug *m* 2 (*façon d'aborder*) Sehweise *f*; Sicht *f*; Ansatz *m*; Approach *m*; Zugang *m* (**de** zu)

approché [apʀɔʃe] ADJ ⟨~e⟩ *résultat* annähernd genau

approcher [apʀɔʃe] A VT 1 *objet* näher rücken; heranrücken, -schieben, -ziehen (**de** an + *acc*) 2 **~ qn** sich j-m nähern; an j-n herankommen; *dans sa vie* mit j-m Kontakt haben B VT INDIR **~ de qc** sich e-r Sache (*dat*) nähern; *fig* e-r Sache (*dat*) nahekommen, ähneln; **~ de la trentaine** auf die dreißig zugehen C VI (et VPRON) 1 **(s')~** nahen; sich nähern; *personne a.* näher kommen, treten; *date a.* näher rücken 2 **s'~ de qn, de qc** sich j-m, e-r Sache nähern; sich j-m nahen

approfondi [apʀɔfõdi] ADJ ⟨~e⟩ gründlich; eingehend; *connaissances a.* profund; fundiert

approfondir [-iʀ] VT 1 vertiefen; tiefer machen 2 *fig savoir, pensée* vertiefen; *domaine* tiefer eindringen in (+ *acc*)

approfondissement [apʀɔfõdismɑ̃] M Vertiefung *f* (*a. fig*)

appropriation [apʀɔpʀijasjõ] F JUR Aneignung *f*; Besitzergreifung *f*

approprié [apʀɔpʀije] ADJ ⟨~e⟩ angemessen; passend; geeignet; entsprechend

approprier [apʀɔpʀije] VPR **s'~ qc** sich (*dat*) etw (unrechtmäßig) aneignen

approuver [apʀuve] VT billigen; gutheißen; **~ qn** j-s Verhalten billigen; (*se déclarer de son opinion*) j-m beipflichten, zustimmen

approvisionnement [apʀɔvizjɔnmɑ̃] M 1 Versorgung *f* (**en** mit); Belieferung *f* (mit) 2 (*provisions*) Vorrat *m*; Bestand *m*

approvisionner [apʀɔvizjɔne] A VT 1 versorgen, eindecken, *marché a.* beliefern, beschicken (**en, de** mit) 2 *compte en banque* auffüllen B VPR **s'~ en qc** sich mit etw versorgen, eindecken

approximatif [apʀɔksimatif] ADJ ⟨-ive [-iv]⟩ ungefähr; annähernd; approximativ **approximation** [-sjõ] F (ungefähre, grobe) Schätzung

approximativement [apʀɔksimativmɑ̃] ADV schätzungsweise; ungefähr

appui [apɥi] M 1 Stütze *f*; Halt *m*; **prendre ~ sur** sich stützen auf (+ *acc*) 2 *d'un balcon* Brüstung *f; d'une fenêtre* Fensterbank *f* **3** *fig (soutien)* Unterstützung *f*; **(avec) preuves à l'~** durch Beweise gestützt

appui-tête [apɥitɛt] M ⟨appuis-tête⟩ *ou* **appuie-tête** M (! unveränderlich) Kopfstütze *f*

appuyé [apɥije] ADJ ⟨~e⟩ *regard* eindringlich

appuyer [apɥije] ⟨-ui-⟩ **A** V/T **1** (ab)stützen; **~ qc contre** etw lehnen gegen; etw (an)lehnen an (+ *acc*); **~ qc sur** etw (auf)stützen, drücken auf (+ *acc*); *fig affirmation* stützen auf (+ *acc*) **2** *fig (soutenir)* unterstützen; *qc a.* befürworten **B** V/I **1** *en écrivant* aufdrücken; **~ sur** drücken auf (+ *acc*) **2** *fig* **~ sur** stark betonen; den Ton legen auf (+ *acc*) **C** V/PR **1** **s'~ contre** sich lehnen gegen; sich anlehnen an (+ *acc*); **s'~ sur** sich stützen auf (+ *acc*; *a. fig*) **2** *fig* **s'~ sur qn** sich auf j-n verlassen **3** *fam* **s'~** *une corvée* auf sich (*acc*) nehmen müssen; *fam* am Hals haben (*a. qn*)

âpre [ɑpʀ] ADJ **1** *goût, fruit, vin* (unangenehm) herb; *goût a.* scharf; *voix* rau; *froid* beißend; schneidend **2** *lutte* heftig; erbittert; *discussion* hitzig **3** **~ au gain** gewinnsüchtig; geldgierig

aprèm(e) [apʀɛm] M OU F ABR *fam* → après-midi

âprement [ɑpʀəmɑ̃] ADV heftig; erbittert; verbissen

après [apʀɛ] **A** PRÉP **1** *dans le temps, dans l'ordre* nach (+ *dat*); **après avoir lu le journal, il …** nachdem er die Zeitung gelesen hatte, …; *fam* **après manger** nach dem Essen; **après cela** danach; dann; **après quoi** wonach; worauf; **après tout** im Grunde (genommen); schließlich **2** *dans l'espace (derrière)* nach (+ *dat*); hinter (+ *dat ou acc*); **traîner après soi** hinter sich (*dat*) herziehen **3** **d'après** nach (+ *dat*); gemäß (+ *dat*); *peindre* **d'après nature** nach der Natur; **d'après lui** s-r Meinung nach **B** ADV **1** *temporel* danach; darauf; später; nachher; hinterher; **sa famille passe après** s-e Familie kommt erst danach; **(et) après?** *que vous a.-t-il dit?* und (dann)? …; *défi* **et (puis) après!** na und?; **la semaine d'après** in der Woche danach **2** *local (derrière)* danach; dahinter **3** *fam (dessus)* daran; *fam* dran **C** CONJ **après que** (+ *ind*, *abus* + *subj*) nachdem

après-demain ADV übermorgen

après-guerre M OU F ⟨après-guerres⟩ Nachkriegszeit *f*; **d'~** Nachkriegs…

après-midi M OU F (! unveränderlich) Nachmittag *m*; **cet ~** heute Nachmittag; **l'~** am Nachmittag; nachmittags

après-rasage ADJ (! unveränderlich) **(lotion** F**) ~** M Rasierwasser *n*

après-ski M ⟨après-ski(s)⟩ Schneestiefel *m*

après-soleil (! unveränderlich) **A** M After-Sun-Produkt *n* **B** ADJ After-Sun-…; **lait** *m* **~** After-Sun-Milch *f*

après-vente ADJ (! unveränderlich) **service** *m* **après-vente** Kundendienst *m*

âpreté [ɑpʀəte] F Herbe *f*; Schärfe *f*; *d'une discussion* Heftigkeit *f*

a priori [apʀijɔʀi] **A** ADV von vornherein; auf den ersten Blick; a priori **B** M (! unveränderlich) unbewiesene Annahme; Hypothese *f*; *(préjugé)* Vorurteil *n*

apriorisme [apʀijɔʀism] M Apriorismus *m*

apr. J.-C. ABR (après Jésus-Christ) n. Chr.

à-propos [apʀɔpo] M Schlagfertigkeit *f*

apte [apt] ADJ **~ à** geeignet für; fähig zu (*a.* JUR); tauglich zu; **être ~ à (faire) qc** *a.* sich für etw eignen; für *ou* zu etw taugen

aptitude [aptityd] F Eignung *f* (**à, pour** für); Fähigkeit *f* (zu) (*a.* JUR); Tauglichkeit *f* (zu); **~s** *pl a.* Begabung *f*

apurement [apyʀmɑ̃] M FIN Rechnungsprüfung *f*, -abschluss *m* **apurer** [-e] V/T *compte* prüfen

aquaculture [akwakyltyʀ] F Aquakultur *f*

aquaplanage [-planaʒ] M *ou* **aquaplaning** [-planiŋ] M AUTO Aquaplaning *n*

aquarelle [akwaʀɛl] F (! feminin) **1** *tableau* Aquarell *n* **2** Aquarellmalerei *f*

aquarelliste [akwaʀelist] M/F Aquarellmaler(in) *m(f)*

aquarium [akwaʀjɔm] M Aquarium *n*

aquatique [akwatik] ADJ Wasser…

aqueduc [akdyk] M Aquädukt *m*

aqueux [akø] ADJ ⟨-euse [-øz]⟩ wäss(e)rig

aquilin [akilɛ̃] ADJ ⟨m⟩ **nez ~** leicht gebogene, schmale Adlernase

aquitain [akitɛ̃] **A** ADJ ⟨-aine [-ɛn]⟩ aquitanisch **B** **Aquitain(e)** M(F) Aquitanier(in) *m(f)*

Aquitaine [akitɛn] **l'~** F Aquitanien *n*

arabe [aʀab] **A** ADJ arabisch **B** **Arabe** M/F Araber(in) *m(f)*

arabesque [aʀabɛsk] F Arabeske *f*

Arabie [aʀabi] **l'~** F Arabien *n*

arabisant [aʀabizɑ̃] M, **arabisante** [-ɑ̃t] F Arabist(in) *m(f)* **arabisation** [-izasjõ] F Arabisierung *f* **arabiser** [-ize] V/T arabisieren **arabisme** [-ism] M arabische Spracheigentümlichkeit; Arabismus *m*

arable [aʀabl] ADJ **terre(s)** *f(pl)* **~(s)** Ackerboden *m*, -land *n*

arabophone [aʀabɔfɔn] ADJ Arabisch sprechend; arabischsprachig

arachide [aʀaʃid] F Erdnuss *f*; **huile** *f* **d'~** Erdnussöl *n*

Aragon [aʀagõ] **l'~** M Aragonien *n*

araignée [aʀeɲe] F Spinne *f*; *fam fig* **avoir une ~ au plafond** *fam* nicht ganz richtig im Kopf, im Oberstübchen sein; → cinglé

Aral [aʀal] **la mer d'~** der Aralsee

araser [aʀɑze] VT 1 CONSTR abgleichen 2 GÉOL abschleifen

arbalète [aʀbalɛt] F Armbrust *f*

arbitrage [aʀbitʀaʒ] M 1 JUR Schiedsgerichtsbarkeit *f*; Schlichtung *f*; *(sentence)* Schiedsspruch *m* 2 SPORTS Schiedsrichteramt *n*; **erreur** *f* **d'~** Fehlentscheidung *f* des Schiedsrichters

arbitraire [aʀbitʀɛʀ] A ADJ willkürlich B M Willkür *f*

arbitrairement [aʀbitʀɛʀmɑ̃] ADV willkürlich

arbitral [aʀbitʀal] ADJ ‹~e; -aux [-o]› Schieds...; schiedsrichterlich; **jugement ~, sentence ~e** Schiedsspruch *m*

arbitre [aʀbitʀ] M 1 Schiedsrichter *m* (*a.* SPORTS); *dans un conflit tarifaire* Schlichter *m*; BOXE Ringrichter *m* 2 **libre ~** freier Wille; Willensfreiheit *f*

arbitrer [aʀbitʀe] VT 1 *litige* durch Schiedsspruch beilegen; *conflit tarifaire* schlichten 2 SPORTS Schiedsrichter sein; schiedsrichtern

arboré [aʀbɔʀe] ADJ ‹~e› mit einzelnen Bäumen oder Gehölzen bestanden

arborer [aʀbɔʀe] VT 1 *drapeau* aufpflanzen; hissen 2 *fig* zur Schau tragen; *sourire, air* aufsetzen

arborescence [aʀbɔʀesɑ̃s] F baumartiges Wachstum; baumartige Form **arborescent** [-ɛsɑ̃] ADJ ‹-ente [-ɑ̃t]› BOT baumartig, -förmig **arboricole** [-ikɔl] ADJ ZOOL auf Bäumen lebend **arboriculteur** [-ikyltœʀ] M Baumzüchter *m*; *au sens strict* Obstgärtner *m* **arboriculture** [-ikyltyʀ] F Baumzucht *f*; *fruitière* Obstbau *m*

arbousier [aʀbuzje] M BOT Erdbeerbaum *m*

arbre [aʀbʀ] M 1 Baum *m*; **~ fruitier** Obstbaum *m*; **~ de Noël** Weihnachts-, Christbaum *m*; *prov* **c'est l'~ qui cache la forêt** das verstellt den Blick fürs Ganze; das ist nur die Spitze des Eisbergs; *prov* **les ~s cachent la forêt** man sieht den Wald vor lauter Bäumen nicht 2 TECH Welle *f*

arbrisseau [aʀbʀiso] M ‹~x› (Groß)Strauch *m*

arbuste [aʀbyst] M Strauch *m*; Busch *m*

arc [aʀk] M Bogen *m*; **~ de cercle** Kreisbogen *m*; **en ~ de cercle** bogen-, halbkreisförmig; **~ de triomphe** Triumphbogen *m*; **tirer à l'~** mit Pfeil und Bogen schießen

arcade [aʀkad] F 1 ARCH Arkade *f*; **~s** *pl a.* Bogengang *m* 2 **~ sourcilière** Augenbrauenbogen *m*

arcane [aʀkan] M 1 ALCHIMIE Geheimmittel *n* 2 *litt d'une science* **~s** *pl* Geheimnisse *npl*

arc-boutant [aʀkbutɑ̃] M ‹arcs-boutants› Strebebogen *m*

arc-bouter [aʀkbute] VPR **s'~ contre qc** sich gegen etw stemmen

arceau [aʀso] M ‹~x› 1 Bogen *m* 2 **~ de sécurité** Überrollbügel *m*

arc-en-ciel [aʀkɑ̃sjɛl] M ‹arcs-en-ciel [aʀkɑ̃sjɛl]› Regenbogen *m*

archaïque [aʀkaik] ADJ archaisch; altertümlich **archaïsant** [-izɑ̃] ADJ ‹-ante [-ɑ̃t]› archaisierend; altertümelnd

archaïsme [aʀkaism] M 1 LING Archaismus *m* 2 *(caractère archaïque)* archaischer, altertümlicher Charakter

archange [aʀkɑ̃ʒ] M Erzengel *m*

arche [aʀʃ] F 1 ARCH (Brücken)Bogen *m* 2 **l'~ de Noé** die Arche Noah

archéologie [aʀkeɔlɔʒi] F Archäologie *f* **archéologique** [-lɔʒik] ADJ archäologisch **archéologue** [-lɔg] M/F Archäologe, -login *m,f*

archer [aʀʃe] M Bogenschütze *m*

archet [aʀʃe] M MUS Bogen *m*

archétype [aʀketip] M Archetyp(us) *m*; Urform *f*; Urbild *n*

archevêché [aʀʃəveʃe] M 1 *territoire* Erzbistum *n* 2 *siège* Sitz *m* des Erzbischofs

archevêque [aʀʃəvɛk] M Erzbischof *m*

archi... [aʀʃi] *fam préfixe* völlig; total **archicomble** [aʀʃikõbl] ADJ *fam* → archiplein **archiconnu** *fam* ADJ ‹~e› längst bekannt

archidiacre [aʀʃidjakʀ] M ÉGL Archidiakon *m* **archiduc** M HIST Erzherzog *m* **archiduchesse** F HIST Erzherzogin *f* **archiépiscopal** ADJ ‹~e; -aux› ÉGL erzbischöflich; des Erzbischofs **archiépiscopat** M erzbischöfliche Würde; Amt *n* des Erzbischofs

archifaux *fam* ADJ ‹-fausse› völlig, total falsch

Archimède [aʀʃimɛd] M Archimedes *m*

archinul [aʀʃinyl] *fam* ADJ ‹~le› *fam* grottenschlecht

archipel [aʀʃipɛl] M Archipel *m*; Inselgruppe *f*

archiplein *fam* ADJ ‹-pleine› brechend, gestopft, *fam* gerammelt voll; *fam* proppenvoll

archiprêtre [aʀʃipʀɛtʀ] M ÉGL Erzpriester *m*; Archipresbyter *m*

architecte [aʀʃitekt] M/F Architekt(in) *m(f)*

architectonique [aʀʃitɛktɔnik] A ADJ architektonisch B F Architektonik *f*

architectural [aʀʃitektyʀal] ADJ ‹~e; -aux [-o]› architektonisch; baulich

architecture [aʀʃitɛktyʀ] F 1 Architektur *f*; Baukunst *f* 2 *fig* Aufbau *m*

archivage [aʀʃivaʒ] M Archivierung *f* **archiver** [-e] VT archivieren

archives [aʀʃiv] FPL (❗ nur feminin Plural) Archiv *n* **archiviste** [-ist] M/F Archivar(in) *m(f)*

arçon [aʀsõ] M SPORTS **cheval** *m* **d'~s** (Seit-)Pferd *n*

arctique [aʀktik] A ADJ arktisch; Nordpolar...

3 M **l'Arctique** die Arktis
Ardèche [aʀdɛʃ] **l'~** F *Fluss u. Departement in Frankreich*
ardemment [aʀdamɑ̃] ADV → ardent
Ardennes [aʀdɛn] **les ~** *fpl* **1** die Ardennen *pl* **2** *frz Departement*
ardent [aʀdɑ̃] ADJ ⟨-ente [-ɑ̃t]⟩ **1** *litt (qui brûle)* brennend; *soleil* glühend (heiß); **chapelle ~e** Raum *m*, in dem ein Toter, von brennenden Kerzen umgeben, aufgebahrt wird: **2** *fig amour* glühend; *désir* sehnlich(st); brennend *(a. soif, curiosité)*; *foi* inbrünstig; *personne* feurig; heißblütig
ardeur [aʀdœʀ] F *d'une passion* Glut *f*; *d'une prière* Inbrunst *f*; *d'une personne* Feuer *n*; (mitreißender) Schwung; Ungestüm *n*; *au travail* Feuereifer *m*
ardoise [aʀdwaz] F **1** MINÉR Schiefer *m* **2** ÉCOLE Schiefertafel *f*; *fig* **avoir une ~ chez qn** bei j-m in der Kreide stehen
ardu [aʀdy] ADJ ⟨~e⟩ schwierig
are [aʀ] M Ar *n ou m*
arène [aʀɛn] F **1** Arena *f (a. fig)* **2** **~s** *pl* Stierkampfarena *f*
aréole [aʀeɔl] F **1** ANAT Warzenhof *m* **2** MÉD roter Hof, Kreis
arête [aʀɛt] F **1** *de poisson* Gräte *f* **2** **~ du nez** Nasenrücken *m* **3** *(angle)* Kante *f* **4** *en montagne* Grat *m*; Kamm *m*
argent [aʀʒɑ̃] M **1** Silber *n*; **d'~, en ~** silbern; Silber…; *couleur a.* silb(e)rig **2** Geld *n*; **~ comptant** bares Geld; Bargeld *n*; *fig* **prendre qc pour ~ comptant** etw für bare Münze nehmen; *fig* **~ sale** Schwarzgeld *n*; **en être pour son ~** sein Geld umsonst ausgegeben haben; sein Geld los sein; *fig* **jeter l'~ par les fenêtres** das Geld zum Fenster hinauswerfen; *prov* **l'~ n'a pas d'odeur** Geld stinkt nicht *(prov)*; *prov* **l'~ ne fait pas le bonheur (mais il y contribue)** Geld macht nicht glücklich(, aber es beruhigt) *(prov)*
argenté [aʀʒɑ̃te] ADJ ⟨~e⟩ **1** *métal* versilbert **2** *couleur* silbern; silberglänzend; *cheveux a.* silberweiß
argenter [aʀʒɑ̃te] V/T **1** *métal* versilbern **2** *fig et poét* e-n Silberglanz verleihen *(+dat)*
argenterie [aʀʒɑ̃tʀi] F (Tafel)Silber *n*; *couverts* Silberbestecke *npl*
Argenteuil [aʀʒɑ̃tœj] *Stadt im Departement Val-d'Oise*
argentier [aʀʒɑ̃tje] M *plais* **grand ~** Finanzminister *m* (a. HIST)
argentin [aʀʒɑ̃tɛ̃] **A** ADJ ⟨-ine [-in]⟩ **1** silberhell; silbern **2** argentinisch **B** **Argentin(e)** M(F) Argentinier(in) *m(f)*
Argentine [aʀʒɑ̃tin] **l'~** F Argentinien *n*
argile [aʀʒil] F Ton *m*; Lehm *m*; **d'~** tönern; Ton…
argileux [aʀʒilø] ADJ ⟨-euse [-øz]⟩ lehmig; Lehm…; tonig
argot [aʀgo] M **1** *du milieu* Argot *n ou m*; Gaunersprache *f*; Rotwelsch *n* **2** Jargon *m*; (Sonder)Sprache *f*
argotique [aʀgɔtik] ADJ Argot…
Argovie [aʀgɔvi] **le canton d'~** der (Kanton) Aargau
arguer [aʀgɥe] ⟨j'arguë *od* j'argue⟩ V/T INDIR *st/s* **~ de qc** etw geltend machen, ins Feld führen
argument [aʀgymɑ̃] M Argument *n*; **tirer ~ de qc** etw als Argument benützen
argumentaire [aʀgymɑ̃tɛʀ] M PUBLICITÉ Sales-Folder *m*; Argumentationshilfe *f* **argumentation** [-asjõ] F Argumentation *f*; Beweisführung *f* **argumenter** [-e] V/I argumentieren

▶ L'argot

Das Argot ist eine besondere Variante des gesprochenen Französisch. Früher war es eine Art Umgangs- und Geheimsprache der Kleinkriminellen. Heute bezeichnet der Begriff **argot** sämtliche Sondersprachen bestimmter Berufs- und Gesellschaftsgruppen. So sprechen z. B. Schüler das **argot scolaire**, Soldaten das **argot militaire**, Sportler das **argot sportif** usw.
Immer mehr Argotausdrücke gehen in die Umgangssprache, **le langage familier**, über. Die Grenzen sind fließend.
Beispiele:

argot	Übersetzung	Standardsprache
les godasses	die Latschen	**les chaussures**
la clope	der Glimmstängel	**la cigarette**
la came	der Stoff (Droge)	**la drogue**
la taule	der Knast	**la prison**
être crevé	kaputt sein	**être épuisé**

SPRACHGEBRAUCH

argus [aʀgys] M Informationsblatt *n*, -dienst *m*; AUTO **l'Argus** die Preisliste für Gebrauchtwagen
argutie(s) [aʀgysi] F(PL) Spitzfindigkeit(en) *f(pl)*
aria [aʀja] F MUS Arie *f*
aride [aʀid] ADJ **1** *sol* trocken (*a. climat*); dürr; ausgedörrt **2** *fig sujet* trocken; nüchtern; ledern **aridité** [-ite] F **1** Trockenheit *f*; Dürre *f* **2** *fig* Trockenheit *f*; Nüchternheit *f*
Ariège [aʀjɛʒ] **l'~** F *Fluss u. Departement in Frankreich*
ariette [aʀjɛt] F MUS Ariette *f*; kleine Arie
Aristide [aʀistid] M *Vorname*
aristo [aʀisto] M/F ABR *fam* → aristocrate **aristocrate** [-ɔkʀat] M/F Aristokrat(in) *m(f)* **aristocratie** [-ɔkʀasi] F Aristokratie *f* (*a. par ext*) **aristocratique** [-ɔkʀatik] ADJ aristokratisch
Aristote [aʀistɔt] M Aristoteles *m* **aristotélicien** [-elisjɛ̃] PHIL **A** ADJ ‹-ienne [-jɛn]› aristotelisch **B** M Aristoteliker *m* **aristotélisme** [-elism] M PHIL Aristotelismus *m*
arithmétique [aʀitmetik] **A** ADJ arithmetisch **B** F Arithmetik *f*; Zahlenrechnung *f*
Arkansas [aʀkɑ̃sas] **l'~** M Arkansas *n*
arlequin [aʀləkɛ̃] M Harlekin *m* **arlequinade** [-inad] F THÉ Harlekinade *f*; Hanswurstiade *f*
Arles [aʀl] *Stadt im Departement Bouches-du--Rhône*
arlésien [aʀlezjɛ̃] ADJ ‹-ienne [-jɛn]› (*et* SUBST **Arlésien** Einwohner) von Arles
armada [aʀmada] F **1** HIST Armada *f* **2** *fam fig* Heer *n*; Pulk *m*
armagnac [aʀmaɲak] M *Weinbrand aus der Gegend von Bordeaux*
armateur [aʀmatœʀ] M Reeder *m*
armature [aʀmatyʀ] F **1** TECH Gerüst *n*; Stütz-, Tragwerk *n*; *de soutien-gorge* Rundbügel *m*; *du béton* Armierung *f*; Bewehrung *f* **2** *fig* Stütze *f*; Gerüst *n*; Halt *m*
arme [aʀm] F **1** Waffe *f* (*a. fig*); MIL *a.* (*fusil*) Gewehr *n*; **arme absolue** Wunderwaffe *f* (*a. fig*); **armes nucléaires** Atom-, Kernwaffen *fpl*; **arme à feu** Feuer-, Schusswaffe *f*; **aux armes!** zu den Waffen!; **à armes égales** mit gleichen Waffen (*a. fig*); **avec armes et bagages** mit Sack und Pack; **déposer, rendre les armes** die Waffen strecken (*a. fig*), niederlegen; *fig* **faire ses premières armes** s-e Laufbahn beginnen; sich (*dat*) s-e ersten Sporen verdienen; *fam fig* **passer l'arme à gauche** *fam* ins Gras beißen; **prendre les armes** zu den Waffen greifen **2** (*division de l'armée*) Waffen-, Truppengattung *f* **3** **armes** *pl* (*armoiries*) Wappen *n*
armé [aʀme] ADJ ‹~e› **1** bewaffnet; **forces ~es** Streitkräfte *fpl*; *attaque* **à main ~e** bewaffnet **2** *fig personne* gewappnet (**contre** gegen); **~ de** ausgerüstet, *personne a.* gewappnet mit **3** **béton ~** Stahl-, Eisenbeton *m*
armée [aʀme] F **1** Armee *f*; Heer *n*; Truppe *f*; Militär *n*; **~ de l'air** Luftwaffe *f*; **~ de métier** Berufsheer *n*, -armee *f*; **~ de terre** Landstreitkräfte *fpl*; Heer *n*; **à, dans l'~** bei, in der Armee; beim Militär; **être dans l'~** Berufssoldat sein **2** **Armée du Salut** Heilsarmee *f* **3** *fig* **une ~ de ...** ein Heer *n*, Scharen *fpl* von ...
armement [aʀməmɑ̃] M **1** *d'un pays* **~s** *pl* (Auf)-Rüstung *f* **2** *des troupes* Bewaffnung *f* **3** *d'une arme à feu* Durchladen *n*; Spannen *n* (*a.* PHOT) **4** *d'un bateau* Ausrüstung *f*
Arménie [aʀmeni] **l'~** F Armenien *n*
arménien [aʀmenjɛ̃] **A** ADJ ‹-ienne [-jɛn]› armenisch **B** **Arménien(ne)** M(F) Armenier(in) *m(f)*
armer [aʀme] **A** V/T **1** bewaffnen; *pays* aufrüsten **2** *arme à feu* durchladen; spannen (*a. appareil photo*) **3** *bateau* ausrüsten **B** V/PR **s'~** **1** sich bewaffnen (**de** mit) **2** *fig* sich wappnen (**contre** gegen; **de** mit); *iron* sich bewaffnen (**de** mit)
armistice [aʀmistis] M Waffenstillstand *m*
armoire [aʀmwaʀ] F Schrank *m*; *surtout* Kleiderschrank *m*; **~ à glace** Spiegelschrank *m*; *fam fig d'un homme* (Kleider)Schrank *m*
armoire-penderie F ‹armoires-penderies› kombinierter Kleider-Wäsche-Schrank
armoiries [aʀmwaʀi] FPL Wappen *n*
armoricain [aʀmɔʀikɛ̃] ADJ ‹-aine [-ɛn]› armorikanisch (*bretonisch*)
armure [aʀmyʀ] F **1** HIST Rüstung *f*; Harnisch *m* **2** TEXT Bindung *f*
armurerie [aʀmyʀʀi] F Waffengeschäft *n* **armurier** [-je] M Waffenhändler *m*
ARN [aɛʀɛn] M ABR (acide ribonucléique) BIOCHIMIE RNS *f* (Ribonukleinsäure)
arnaque [aʀnak] *fam* F Betrug *m*; Schwindel *m* **arnaquer** [-e] V/T *fam* übers Ohr hauen; *fam* bescheißen **arnaqueur** [-œʀ] *fam* M Betrüger *m*; Schwindler *m*
Arnaud [aʀno] M *Vorname*
arnica [aʀnika] F Arnika *f*
arobas [aʀɔbas] M *ou* **arobase** [aʀɔbaz] F INFORM @ *n*; Klammeraffe *m*
aromate [aʀɔmat] M Gewürz *n*
aromatique [aʀɔmatik] ADJ aromatisch; wohlriechend, -schmeckend; **plante** *f* **~** Gewürzpflanze *f*
aromatisant [aʀɔmatizɑ̃] M Aroma *n* **aromatiser** [-e] V/T aromatisieren
arôme *ou* **arome** [aʀom] M Aroma *n* (*a.* CHIM); Duft *m*; Wohlgeruch *m*
arpège [aʀpɛʒ] M Arpeggio *n*
arpent [aʀpɑ̃] M Morgen *m* (*Feldmaß*) **arpen-**

tage [arpɑ̃taʒ] M **1** *d'un terrain* Vermessung *f* **2** *science* Vermessungstechnik *f*, -wesen *n* **arpenter** [-te] V/T **1** *terrain* vermessen **2** *fig pièce* mit großen Schritten auf und ab gehen in (+ *dat*), durchmessen **arpenteur** [-tœʀ] M Vermessungsingenieur *m*; Geometer *m*

arpion [aʀpjõ] M *fam (pied) fam* Flosse *f*

arqué [aʀke] ADJ ⟨~e⟩ gebogen; *sourcils* geschwungen; **jambes ~es** O-Beine *npl*

arquer [aʀke] **A** V/T TECH biegen; krümmen **B** V/I *fam fig* **ne plus pouvoir ~** nicht mehr gehen, laufen, *fam* kriechen können

arr. ABR (arrondissement) Stadtbezirk *m*

arrachage [aʀaʃaʒ] M (Her)Ausreißen *n*; Ausrupfen *n*; *de pommes de terre* Ernten *n*; Ausmachen *n*

arraché [aʀaʃe] M **1** SPORTS Reißen *n* **2** **à l'~** mit großer Anstrengung; unter Aufbietung aller Kräfte

arrachement [aʀaʃmɑ̃] M schmerzliche Trennung; Trennungsschmerz *m*

arrache-pied [aʀaʃpje] **d'~** unermüdlich; unablässig; rastlos; **travailler d'~** *a.* hart, auf Hochtouren, *fam* volle Pulle arbeiten

arracher [aʀaʃe] **A** V/T **1** aus-, heraus-, *fam* rausreißen; *pommes de terre* ernten; *clou* herausziehen; *dent* ziehen; *affiche* ab-, losreißen; **~ qc à qn** j-m etw entreißen, wegreißen **2** *fig* **~ à qn** *sourire, secret* j-m entlocken; *promesse* j-m abringen; *aveu, secret a.* j-m entreißen; *augmentation de salaire* von j-m erzwingen **3** **~ qn à sa famille** j-n aus s-r Familie herausreißen; **~ qn à la misère** j-n dem Elend entreißen **B** V/PR **1** **s'~ à** *ou* **de qc** sich von etw losreißen; sich e-r Sache (*dat*) entziehen **2** *(se disputer)* **s'~ qn, qc** sich um j-n, etw reißen **3** *fam (s'efforcer)* **s'~** *fam* sich mächtig ins Zeug legen **4** *fam fig* **il y a de quoi s'~ les cheveux** *fam* das ist ja haarsträubend!

arracheur [aʀaʃœʀ] M **mentir comme un ~ de dents** lügen, dass sich die Balken biegen; lügen wie gedruckt

arraisonnement [aʀɛzɔnmɑ̃] M *d'un bateau, avion* Durchsuchung *f* **arraisonner** [-e] V/T *bateau* (anhalten und) durchsuchen

arrangeant [aʀɑ̃ʒɑ̃] ADJ ⟨-ante [-ɑ̃t]⟩ entgegenkommend; gefällig

arrangement [aʀɑ̃ʒmɑ̃] M **1** *(disposition)* Anordnung *f*; Einrichtung *f*; *de la coiffure* Ordnen *n* **2** MUS Arrangement *n*; Bearbeitung *f* **3** *(accord)* Vereinbarung *f*; Abmachung *f*; Übereinkunft *f*; Arrangement *n*

arranger [aʀɑ̃ʒe] ⟨-ge-⟩ **A** V/T **1** *(disposer)* (hübsch, geschmackvoll) anordnen, arrangieren, zusammenstellen; *coiffure, vêtements* ordnen; in Ordnung bringen; richten; *appartement* einrichten **2** *(organiser)* arrangieren; organisieren **3** *conflit* beilegen; *affaire* regeln; in Ordnung bringen; einrenken **4** *(réparer)* wieder in Ordnung bringen, instand setzen **5** *(convenir)* **cela m'arrange** das passt mir gut **6** *fam (malmener)* **~ qn** j-n übel, *iron* schön zurichten **B** V/PR **s'~ 1** *affaire* sich regeln; wieder in Ordnung kommen; sich einrenken **2** *(ajuster sa toilette)* sich zurechtmachen **3** *(se mettre d'accord)* **s'~ (avec qn)** sich (mit j-m) arrangieren, einigen **4** *(faire en sorte de)* **s'~ pour** (+ *inf*) es *ou* sich so einrichten, dass ...; zusehen, dass ...; *abs* **arrangez-vous!** seht zu, wie ihr das macht, wie ihr zurechtkommt! **5** *(prendre son parti)* **s'~ de qc** sich mit etw abfinden

arrangeur [aʀɑ̃ʒœʀ] M MUS Arrangeur *m*

Arras [aʀas] *Stadt im Departement Pas-de-Calais*

arrestation [aʀɛstasjõ] F Verhaftung *f*; Festnahme *f*

arrêt [aʀɛ] M **1** (An)Halten *n*; Stoppen *n*; Halt *m*; CH DE FER Aufenthalt *m*; TECH *(action d'arrêter)* Abstellen *n*; Ausschalten *n*; *de la respiration, du cœur* Aussetzen *n*; Stocken *n*; Stillstand *m*; **arrêt de travail** Arbeitsunterbrechung *f*, -einstellung *f*; MÉD Krankschreibung *f*; *d'un magnétoscope* **arrêt sur image** Standbild *n*; **temps** *m* **d'arrêt** (kurze) Pause; *fig* Stockung *f*; Stillstand *m*; **marquer un temps d'arrêt** kurz innehalten; *véhicule* **à l'arrêt** haltend; stehend; **sans arrêt** pausenlos; ununterbrochen; ständig; in einem fort; *fig* **tomber en arrêt devant qc** (staunend) vor etw (*dat*) stehen bleiben **2** *de bus* Haltestelle *f* **3** JUR Urteil(sspruch) *n(m)*

arrêté[1] [aʀete] M **1** ADMIN Erlass *m* **2** **~ de compte** Kontoabschluss *m*

arrêté[2] ADJ ⟨~e⟩ **1** haltend; stehend; **être ~** *véhicule* halten; stehen (*a. montre*); *production, travail* ruhen; stillstehen **2** *idée, intention* **bien ~** fest

arrêter [aʀete] **A** V/T **1** anhalten; stoppen; zum Stehen bringen; *appareil* abstellen; ausschalten; *hémorragie* zum Stillstand bringen; *production, importation* stoppen; einstellen; *évolution* aufhalten; hemmen; *hostilités* einstellen; beenden; *négociations, jeu* ab-, unterbrechen **2** *difficulté* **arrêter qn** j-n auf-, ab-, zurückhalten **3** *(fixer)* festlegen, -setzen **4** *(appréhender)* **arrêter qn** j-n verhaften, festnehmen **5** *fam médecin* **arrêter qn** j-n krankschreiben **6** *compte* abschließen **B** V/I **1** *(ne plus avancer)* (an)halten; stehen bleiben **2** *(cesser)* aufhören (**de** + *inf* zu + *inf*); **arrête!** hör auf!; halt! **C** V/PR **s'arrêter 1** *piéton, voiture* (an)halten; stoppen; stehen bleiben (*a. moteur, montre*); *hémorragie* zum Stillstand, Stehen kommen; *bruit* aufhören; verstummen; *cœur, respiration* aussetzen; stocken; stillstehen; *personne dans son activité* innehalten **2** *en chemin* haltmachen; Rast, Station machen; *train* halten (**à** in) **3** *(ces-*

ser) aufhören (**de** + *inf* zu + *inf*) **4** **s'arrêter à qc** sich mit *ou* bei etw aufhalten; sich mit etw abgeben

arrêt-pipi [aʀɛpipi] M *fam* Pinkelpause *f*

arrhes [aʀ] FPL Anzahlung *f*

arriération [aʀjeʀasjõ] F **1** ~ **(mentale)** (geistiges) Zurückgebliebensein **2** *d'un pays etc* Rückständigkeit *f*

arrière [aʀjɛʀ] **A** ADV **en** ~ rückwärts; zurück; nach hinten; **rester en** ~ zurückbleiben **B** PRÉP **en** ~ **de** hinter (+ *dat ou* + *acc*) **C** ADJ (! unveränderlich) Rück…; Hinter…; **roue** *f* ~ Hinterrad *n*; **siège** *m* ~ Rücksitz *m* **D** M **1** *d'un véhicule* Heck *n*; **à l'**~ hinten; **à l'**~ **du car** hinten im Bus **2** MIL ~**s** *pl* Etappe(ngebiet) *f(n)*; *fig* **assurer ses** ~**s** sich absichern **3** SPORTS Abwehrspieler *m*; Verteidiger *m*

arrière-… *préfixe* (! auch bei Pluralformen unveränderlich, z. B. **arrière-boutiques**) Hinter…; Nach…; → *les articles correspondants*

arriéré [aʀjeʀe] **A** ADJ ⟨~e⟩ **1** *pays, idées* rückständig **2** *enfant* (geistig) zurückgeblieben **B** M Rückstand *m*; ausstehende Zahlung

arrière-ban M ⟨arrière-bans⟩ HIST Heerbann *m*; *fig* **convoquer le ban et l'**~ **de ses amis, de ses parents** alle verfügbaren Freunde, s-e gesamte Sippschaft zusammentrommeln

arrière-boutique F ⟨arrière-boutiques⟩ Hinter-, Nebenraum *m* **arrière-cour** F ⟨arrière-cours⟩ Hinterhof *m* **arrière-cuisine** F ⟨arrière-cuisines⟩ (Abstell-, Wirtschafts-)Raum *m* hinter, neben der Küche

arrière-garde F ⟨arrière-gardes⟩ MIL Nachhut *f*; *fig* **mener un combat d'**~ auf verlorenem Posten kämpfen

arrière-gorge F ⟨arrière-gorges⟩ ANAT Rachen *m* **arrière-goût** M ⟨arrière-goûts⟩ Nachgeschmack *m* (*a. fig*)

arrière-grand-mère F ⟨arrière-grands-mères⟩ Urgroßmutter *f* **arrière-grand-père** M ⟨arrière-grands-pères⟩ Urgroßvater *m* **arrière-grands-parents** MPL Urgroßeltern *pl* **arrière-neveu** M ⟨arrière-neveux⟩ Großneffe *m* **arrière-nièce** F ⟨arrière-nièces⟩ Großnichte *f*

arrière-pays M (! unveränderlich) Hinterland *n* **arrière-pensée** F ⟨arrière-pensées⟩ Hintergedanke *m*

arrière-petite-fille F ⟨arrière-petites-filles⟩ Urenkelin *f* **arrière-petit-fils** M ⟨arrière-petits-fils⟩ Urenkel *m* **arrière-petits-enfants** MPL Urenkel *mpl*

arrière-plan M ⟨arrière-plans⟩ Hintergrund *m* (*a. fig*) **arrière-saison** F ⟨arrière-saisons⟩ Spätherbst *m* **arrière-salle** F ⟨arrière-salles⟩ *d'un restaurant* Neben-, Hinterraum *m*

arrière-train M ⟨arrière-trains⟩ **1** ZOOL Hinterteil *n*, -leib *m* **2** *fam (fesses) fam* Hintergestell *n*; Hintern *m*

arrimage [aʀimaʒ] M **1** *du chargement* MAR Stauen *n*; (Be)Laden *n*; *par ext* Festmachen *n*, -binden *n* **2** *d'un vaisseau spatial* Ankoppeln *n*; Andocken *n* (**avec** mit)

arrimer [aʀime] V/T **1** MAR stauen; festmachen, -zurren **2** *vaisseau spatial* ankoppeln (**avec** an + *acc*)

arrivage [aʀivaʒ] M **1** *de marchandises* Anlieferung *f*; (Waren)Eingang *m* **2** *marchandises* angelieferte, eingetroffene Ware **3** *plais* **un** ~ **de touristes** e-e Ladung (von) Touristen

arrivant [aʀivɑ̃] M, **arrivante** [-ɑ̃t] F Ankommende(r) *m/f(m)*; Ankömmling *m*

arrivé [aʀive] **A** ADJ ⟨~e⟩ *(qui a réussi)* arriviert; erfolgreich **B** SUBST **les premiers, derniers** ~**s** die zuerst, zuletzt Gekommenen

arrivée [aʀive] F **1** Ankunft *f*; Eintreffen *n*; *d'une personne a.* Kommen *n*; *du courrier* Eingang *m*; **à l'**~ bei der Ankunft **2** SPORTS Ziel *n* **3** TECH Zufuhr *f*; Eintritt *m*

arriver [aʀive] ⟨être⟩ V/I **1** ankommen; kommen; eintreffen; *personne a.* anlangen; *courrier* eingehen; *informations* einlaufen; **arriver en courant** angelaufen kommen **2** *(atteindre)* **arriver à** (+ *subst*) gelangen, kommen zu *ou* an (+ *acc*); *à un but* erreichen (+ *acc*); *à un âge, stade* kommen in (+ *acc*); *à une certaine taille* reichen bis zu; gehen bis an (+ *acc*); **arriver au pouvoir** an die Macht kommen; **n'arriver à rien** es zu nichts bringen; zu nichts kommen **3** *(réussir)* **arriver à** (+ *inf*) es schaffen, fertigbekommen, fertigbringen, *fam* fertigkriegen zu (+ *inf*); **arriver à ouvrir qc** etw aufbekommen, *fam* -bringen, *fam* -kriegen; **j'y arrive** ich schaffe es **4** **en arriver à faire qc** so weit *ou* dahin kommen, dass man etw tut *ou* etw zu tun **5** *abs personne* es zu etwas bringen; erfolgreich sein **6** *(se produire)* geschehen; passieren; vorfallen; vorkommen; sich ereignen; sich zutragen; **arriver à qn** j-m passieren, zustoßen; **qu'est-ce qui t'arrive?** was ist denn mit dir los?; *fam* **croire que c'est arrivé** *fälschlich* glauben, dass man es geschafft hat; **quoi qu'il arrive** was auch (immer) geschehen, kommen mag; **il arrive que …** (+ *subj*) es kommt vor, es passiert (schon einmal), dass …

arrivisme [aʀivism] M Strebertum *n* **arriviste** [-ist] M/F Streber(in) *m(f)*

arrobas [aʀɔbas] M *ou* **arrobase** [aʀɔbaz] F INFORM @ *n*; Klammeraffe *m*

arrogance [aʀɔgɑ̃s] F Arroganz *f*; Anmaßung *f* **arrogant** [-ɑ̃] ADJ ⟨-ante [-ɑ̃t]⟩ arrogant;

überheblich; anmaßend; hochnäsig
arroger [aʀɔʒe] V/PR ‹-ge-› **s'~ qc** sich *(dat)* etw anmaßen, herausnehmen
arrondi [aʀõdi] **A** ADJ ‹~e› rundlich *(a. visage)*; (ab)gerundet **B** M Rundung *f*
arrondir [aʀõdiʀ] **A** V/T **1** abrunden; arrondieren; *lèvres* runden **2** *somme* ab- *ou* aufrunden; *fig* **~ ses fins de mois** etwas dazuverdienen **B** V/PR **s'~** rund werden; sich runden
arrondissement [aʀõdismɑ̃] M **1** Unterbezirk *m* e-s Departements; Kreis *m* **2** (Stadt)Bezirk *m*
arrosage [aʀozaʒ] M (Be)Gießen *n*; (Be)Sprengen *n*
arroser [aʀoze] V/T **1** *à l'arrosoir* (be)gießen; *gazon* sprengen; *personne* nass spritzen; *rôti* begießen; **~ d'essence** mit Benzin übergießen **2** *fam fig événement fam* begießen; **ça s'arrose!, il faut ~ ça!** *fam* das muss begossen werden!; **~ le repas d'un bon vin** zur Mahlzeit e-n guten Wein trinken **3** *fleuve: contrée* bewässern; durchfließen **4** *fam fig* **~ qn** j-n bestechen, *fam* schmieren
arroseur [aʀozœʀ] M *appareil* (Rasen)Sprenger *m*; Sprinkler *m* **arrosoir** [-waʀ] M Gießkanne *f*
arsenal [aʀsənal] M ‹-aux [-o]› **1** (Marine)-Werft *f* **2** *d'armes* Waffenarsenal *n*, -lager *n* **3** *fig* Arsenal *n*; Sammlung *f*; Ausrüstung *f*
Arsène [aʀsɛn] M *Vorname*
arsenic [aʀsənik] M Arsen *n*
art [aʀ] M Kunst *f*; **~s appliqués, décoratifs** Kunstgewerbe *n*; **~ nouveau** Jugendstil *m*; **œuvre** *f* **d'~** Kunstwerk *n*; **le septième ~** die Filmkunst; **dans (toutes) les règles de l'~** nach allen Regeln der Kunst; *fig* **avoir l'~ de** *(+ inf)* es meisterlich verstehen zu *(+ inf)*
artefact [aʀtefakt] M Artefakt *n (a.* MÉD*)*
Artémis [aʀtemis] F MYTH Artemis *f*
artère [aʀtɛʀ] F **1** ANAT Arterie *f*; Schlagader *f* **2** **(grande) ~** Verkehrsader *f*; Hauptverkehrsstraße *f*
artériel [aʀteʀjɛl] ADJ ‹~le› arteriell; **tension ~le** Blutdruck *m*
artériosclérose [aʀteʀjɔskleʀoz] F Arterienverkalkung *f*; Arteriosklerose *f* **artérite** [-it] F Arterienentzündung *f*
artésien [aʀtezjɛ̃] **A** ADJ ‹-ienne [-jɛn]› **1** **puits ~** artesischer Brunnen **2** des Artois *(historische Provinz in Nordfrankreich)* **B** **Artésien(ne)** M(F) Bewohner(in) *m(f)* des Artois
arthrite [aʀtʀit] F Gelenkentzündung *f*; Arthritis *f*
arthritique **A** ADJ arthritisch; *personne* an Arthritis leidend **B** M/F an Arthritis Leidende(r) *m/f(m)*; Arthritiker(in) *m(f)*
arthropodes [aʀtʀɔpɔd] MPL ZOOL Gliederfüßer *mpl*
arthrose [aʀtʀoz] F Arthrose *f*
Arthur [aʀtyʀ] M **1** *Vorname* **2** MYTH **le roi ~** König Artus *m*
artichaut [aʀtiʃo] M Artischocke *f*; *fam fig* **avoir un cœur d'~** sein Herz leicht verschenken
article [aʀtikl] M **1** *de presse* Artikel *m*; Aufsatz *m*; **~ de fond** Leitartikel *m* **2** *dans une encyclopédie* Artikel *m*; Stichwort *n* **3** JUR Paragraph *m*; Artikel *m* **4** COMM (Handels)Artikel *m*; **~ de consommation courante** Artikel des täglichen Bedarfs; **~s de sport, de voyage** Sport-, Reiseartikel *mpl*; **faire l'~** s-e Ware anpreisen; *fig* Reklame machen **5** GRAM Artikel *m*; Geschlechtswort *n* **6** **être à l'~ de la mort** im Sterben liegen
articulaire [aʀtikylɛʀ] ADJ Gelenk…
articulation [aʀtikylasjõ] F **1** ANAT, TECH Gelenk *n* **2** PHON Artikulation *f*; (deutliche) Aussprache **3** *fig* Gliederung *f*
articulatoire [aʀtikylatwaʀ] ADJ PHON Artikulations…; Lautbildungs…
articulé [aʀtikyle] ADJ ‹~e› beweglich (verbunden); Gelenk…; **poupée ~e** Gliederpuppe *f*
articuler [aʀtikyle] **A** V/T PHON artikulieren; (deutlich) sprechen **B** V/PR **s'~** **1** ANAT durch Gelenk(e), TECH beweglich verbunden sein **(avec, sur** mit) **2** *fig* **s'~ autour de qc** auf etw *(dat)* aufbauen
artifice [aʀtifis] M **1** Kunstgriff *m*; Trick *m* **2** **feu** *m* **d'~** Feuerwerk *n (a. fig)*
artificiel [aʀtifisjɛl] ADJ ‹~le› **1** künstlich; Kunst…; **jambe ~le** (Bein)Prothese *f* **2** *fig* gekünstelt; künstlich; unnatürlich
artificier [aʀtifisje] M Feuerwerker *m*
artillerie [aʀtijʀi] F Artillerie *f*
artilleur [aʀtijœʀ] M Artillerist *m*
artimon [aʀtimõ] M MAR Besanmast *m*
artisan [aʀtizɑ̃] M **1** Handwerker *m* **2** *fig* Urheber(in) *m(f)*
artisanal [aʀtizanal] ADJ ‹~e; -aux [-o]› handwerklich
artisanat [aʀtizana] M Handwerk *n (coll)*; **~ d'art** Kunsthandwerk *n*
artiste [aʀtist] **A** M/F **1** Künstler(in) *m(f)*; **~ peintre** Kunstmaler(in) *m(f)* **2** THÉ darstellender Künstler, darstellende Künstlerin **B** ADJ künstlerisch veranlagt
artistement [aʀtistəmɑ̃] ADV kunstvoll
artistique [aʀtistik] ADJ künstlerisch; Kunst…; **enseignement** *m* **~** musischer Unterricht
artistiquement [aʀtistikmɑ̃] ADV künstlerisch
Artois [aʀtwa] **l'~** M *historische Provinz in Nordfrankreich*
arum [aʀɔm] M BOT Aronstab *m*
aryen [aʀjɛ̃] ADJ ‹-yenne [-jɛn]› arisch
arythmie [aʀitmi] F MÉD **~ (cardiaque)** unre-

gelmäßige Herztätigkeit; *t/t* Arrhythmie *f*

as[1] [as, ɑs] M 1 Ass *n*; **~ de pique** Pikass *n*; *fam fig* **être ficelé comme l'~ de pique** komisch, unmöglich angezogen sein; *fam fig* **être plein aux ~** *fam* stein-, stinkreich sein; *fam fig* **passer à l'~** *plan fam* ins Wasser fallen; *personne fam* nichts abkriegen 2 *sur un dé* Eins *f* 3 *fam fig (champion) fam* Ass *n*; SPORTS *a.* Kanone *f*

as[2] [a] → avoir[1]

asbeste [asbɛst] M MINÉR Asbest *m*

ascaride [askaʀid] M *ou* **ascaris** [askaʀis] M ZOOL Spulwurm *m*

ascendance [asɑ̃dɑ̃s] F aufsteigende Linie; *coll* Vorfahren *mpl*

ascendant [asɑ̃dɑ̃] A ADJ ⟨-ante [-ɑ̃t]⟩ aufsteigend B M 1 *(influence)* (starker, mächtiger) Einfluss (**sur qn** auf j-n) 2 ASTROL Aszendent *m* 3 **~s** *pl* Vorfahren *mpl*

ascenseur [asɑ̃sœʀ] M Aufzug *m*; Fahrstuhl *m*; Lift *m*; **appeler l'~** den Aufzug holen; **prendre l'~** mit dem Aufzug fahren; *fig* **renvoyer l'~** e-n Gegendienst erweisen; *fam* sich revanchieren

ascension [asɑ̃sjõ] F 1 Besteigung *f*; **faire l'~ d'une montagne** e-n Berg besteigen 2 *d'une fusée* Aufsteigen *n* 3 *fig* Aufstieg *m* 4 REL **l'Ascension** Christi Himmelfahrt *f*; **à l'Ascension** *ou* **le jour de l'Ascension** (an) Himmelfahrt

ascensionnel [asɑ̃sjɔnɛl] ADJ ⟨~le⟩ aufsteigend; Steig…

ascèse [asɛz] F Askese *f*

ascète [asɛt] M Asket *m*

ascétique [asetik] ADJ asketisch **ascétisme** [-ism] M REL Askese *f*; *par ext* asketische Lebensweise

ASCII [aski] M ABR (American Standard Code for Information Interchange) INFORM **code** *m* **~** ASCII-Code *m*

ascorbique [askɔʀbik] ADJ **acide** *m* **~** Askorbinsäure *f*

asepsie [asɛpsi] F Asepsis *f*; Keimfreiheit *f* **aseptique** [-tik] ADJ aseptisch; keimfrei **aseptisation** [-tizasjõ] F Keimfreimachung *f*

aseptisé [asɛptize] ADJ ⟨~e⟩ 1 MÉD keimfrei 2 *fig* steril; kalt; nüchtern

aseptiser [asɛptize] V/T keimfrei machen

asexué [asɛksɥe] ADJ ⟨~e⟩ geschlechtslos; *reproduction* ungeschlechtlich

asiatique [azjatik] A ADJ asiatisch B **Asiatique** M/F Asiat(in) *m(f)*

Asie [azi] **l'~** F Asien *n*

asile [azil] M 1 Asyl *n*; *par ext* Zuflucht(sort) *f(m)*; **droit** *m* **d'~** Asylrecht *n* 2 **~ (d'aliénés)** Irrenanstalt *f*

Asnières [anjɛʀ] *Stadt im Departement Hauts-de-Seine*

asocial [asɔsjal] A ADJ ⟨~e; -aux [-o]⟩ asozial B **asociaux** MPL Asoziale(n) *mpl*

asparagus [asparagys] M *plante ornementale* Asparagus *m*; *chez le fleuriste a.* Schnittgrün *n*

aspartam(e)® [aspaʀtam] M PHARM Aspartam® *n (Süßstoff)*

aspect [aspɛ] M 1 *(apparence)* Aussehen *n*; Anblick *m* 2 *(point de vue)* Aspekt *m*; Blick-, Gesichtspunkt *m*

asperge [aspɛʀʒ] F 1 BOT, CUIS Spargel *m* 2 *fam fig de qn fam* lange Latte

asperger [aspɛʀʒe] V/T *(et* V/PR*)* ⟨-ge-⟩ **(s')~** (sich) besprengen, besprühen, bespritzen (**de** mit)

aspérité [aspeʀite] F Unebenheit *f*

aspersion [aspɛʀsjõ] F 1 Besprühen *n*; Bespritzen *n* 2 ÉGL CATH Besprengung *f* mit Weihwasser

asphaltage [asfaltaʒ] M 1 *action* Asphaltieren *n*; Asphaltierung *f* 2 *revêtement* Asphalt(decke) *m(f)*

asphalte [asfalt] M Asphalt *m* **asphalter** [-e] V/T asphaltieren

asphyxiant [asfiksjɑ̃] ADJ ⟨-ante [-ɑ̃t]⟩ erstickend *(a. fig)* **asphyxie** [-i] F 1 MÉD Ersticken *n* 2 *fig* Dahinsiechen *n*; Absterben *n*

asphyxier [asfiksje] A V/T zum Erstickungstod führen (**qn** bei j-m) B V/PR 1 **s'~** ersticken; **s'~ au gaz** sich *(dat)* mit Gas das Leben nehmen 2 *fig économie* **s'~** dahinsiechen; zugrunde gehen

aspic [aspik] M 1 ZOOL Aspisviper *f* 2 CUIS Aspik *m*; Sülze *f*

aspirant[1] [aspiʀɑ̃] M Offiziersanwärter *m*; MAR Seekadett *m*

aspirant[2] [aspiʀɑ̃] ADJ ⟨-ante [-ɑ̃t]⟩ (an)saugend; Saug…; **pompe ~e** Saugpumpe *f*

aspirateur [aspiʀatœʀ] M Staubsauger *m*; **passer l'~** staubsaugen *ou* Staub saugen **aspirateur-balai** M ⟨aspirateurs-balais⟩ Handstaubsauger *m* **aspirateur-traîneau** M ⟨aspirateurs-traîneaux⟩ Bodenstaubsauger *m*

aspiration [aspiʀasjõ] F 1 *d'air* Einatmen *n* 2 TECH An-, Absaugen *n* 3 *(désir) souvent pl* **~s** Streben *n*, Trachten *n*, Verlangen *n*, Sehnen *n* (**à** nach); Bestrebung *f*

aspiré [aspiʀe] ADJ ⟨~e⟩ PHON behaucht; aspiriert

aspirer [aspiʀe] A V/T 1 *air* einatmen 2 TECH an-, absaugen B V/T INDIR **~ à** streben, trachten, verlangen, sich sehnen nach

aspirine® [aspiʀin] F Aspirin® *n*

assagir [asaʒiʀ] V/PR **s'~** ruhiger, gesetzter, ausgeglichener werden; *enfant* vernünftiger werden

assagissement [asaʒismɑ̃] M 1 Klüger-, Vernünftigerwerden *n* 2 Ruhigerwerden *n*; Gesetztheit *f*; *des passions* Abkühlung *f*

assaillant [asajɑ̃] M Angreifer *m*

assaillir [asajiʀ] V/T ⟨j'assaille, nous assaillons; j'assaillais; j'assaillis; j'assaillirai, *a.* j'assaillerai; que j'assaille; assaillant; assailli⟩ 1 MIL angreifen; anstürmen (**qc** gegen etw) 2 *fig* **~ qn de questions** j-n mit Fragen bestürmen 3 *fig doute* **~ qn** j-n befallen

assainir [aseniʀ] V/T 1 *quartier* sanieren; *air* reinigen 2 *économie* sanieren; gesunden lassen

assainissement [-ismɑ̃] M Sanierung *f* **assainisseur** [-isœʀ] M Luftreiniger *m*

assaisonnement [asɛzɔnmɑ̃] M Würze *f*; Dressing *n*

assaisonner [asɛzɔne] V/T 1 würzen; abschmecken; *salade* anmachen 2 *fig discours* würzen (**de** mit) 3 *fam fig (réprimander) fam* zusammenstauchen

assassin [asasɛ̃] M Mörder(in) *m(f)*

assassinat [asasina] M Mord *m* (**de qn** an j-m); Ermordung *f*

assassiner [asasine] V/T ermorden

assaut [aso] M Sturm(angriff) *m*; Angriff *m* (**de** auf + *acc*); **char** *m* **d'~** Sturmpanzer *m*; *fig* **faire ~ de qc** in etw (*dat*) wetteifern; **prendre d'~** stürmen (*a. fig*)

assèchement [asɛʃmɑ̃] M Trockenlegung *f*; Austrocknung *f*

assécher [aseʃe] ⟨-è-⟩ A V/T *marais* trockenlegen B V/PR **s'~** austrocknen

ASSEDIC *ou* **Assedic** [asedik] FPL (❗ unveränderlich) ABR (associations pour l'emploi dans l'industrie et le commerce) Arbeitslosenversicherung *f*; *fam* **toucher les Assedic** *fam* Arbeitslosengeld kriegen

assemblage [asɑ̃blaʒ] M 1 Zusammenfügen *n*, -bau *m*; TECH Verbindung *f* 2 *fig* Gemisch *n*

assemblée [asɑ̃ble] F Versammlung *f*; Gremium *n*; **l'Assemblée nationale** die (französische) Nationalversammlung

assembler [asɑ̃ble] A V/T zusammenfügen, -setzen, -bauen; *fig idées* verknüpfen; verbinden B V/PR **s'~** sich versammeln; zusammenkommen

assembleur [asɑ̃blœʀ] M INFORM Assembler *m*

assener *ou* **asséner** [asene] V/T ⟨-è-⟩ **assener** *ou* **asséner un coup à qn** j-m e-n kräftigen Schlag versetzen

assentiment [asɑ̃timɑ̃] M Zustimmung *f*; Einwilligung *f*

asseoir [aswaʀ] ⟨j'assieds *ou* j'assois, *a.* j'asseois, il assied *ou* assoit, *a.* asseoit, nous asseyons *ou* assoyons, ils asseyent *ou* assoient, *a.* asseoient; j'asseyais *ou* j'assoyais; j'assis; j'assiérai *ou* j'assoirai, *a.* j'asseoirai; que j'asseye *ou* que j'assoie; asseyant *ou* assoyant; assis⟩ A V/T 1 *enfant, malade* setzen (**sur** auf + *acc*) 2 *fig théorie* **asseoir sur qc** auf etw (*acc*) gründen, stützen B V/PR **s'asseoir** sich setzen (**sur une chaise** auf e-n Stuhl); sich hinsetzen; **faire asseoir qn** j-n Platz nehmen lassen, zum Sitzen auffordern

assermenté [asɛʀmɑ̃te] ADJ ⟨~e⟩ vereidigt; beeidigt

assertion [asɛʀsjõ] F Behauptung *f*

asservir [asɛʀviʀ] V/T ⟨→ servir⟩ unterwerfen

asservissement [-ismɑ̃] M Unterwerfung *f*, -jochung *f*; *plus fort* Versklavung *f*; *état* Knechtschaft *f*; sklavische Abhängigkeit (**à qc** von etw)

assesseur [asɛsœʀ] M JUR Beisitzer *m*

asseyons [asɛjõ], **asseyez** [aseje] → asseoir

assez [ase] ADV 1 (*suffisamment*) genug; genügend; zur Genüge; hinlänglich; **assez de** (+ *subst*) genug, genügend (+ *subst*); **assez d'argent** genug, genügend Geld; Geld genug; *fam* **en avoir assez de qn, qc** j-n, etw satthaben; genug von j-m, etw haben 2 (*plutôt*) ziemlich; **assez avancé pour son âge** ziemlich weit für sein Alter

assidu [asidy] ADJ ⟨~e⟩ 1 (*ponctuel*) pünktlich; gewissenhaft; (*appliqué*) fleißig; eifrig 2 *travail* ausdauernd; beharrlich; stetig 3 (*empressé*) **être ~ auprès de qn** sich ständig, unermüdlich um j-n bemühen

assiduité [asidɥite] F 1 (*ponctualité*) Pünktlichkeit *f*; Gewissenhaftigkeit *f*; (*application*) beharrlicher Fleiß, Eifer; (*présence continuelle*) regelmäßige, ständige Anwesenheit 2 *péj* **poursuivre qn de ses ~s** j-m gegenüber immer aufdringlicher werden

assidûment [asidymɑ̃] ADV → assidu

assied(s) [asje] → asseoir

assiégé [asjeʒe] A ADJ *ville, citadelle* belagert B M Belagerte(r) *m*

assiégeant [asjeʒɑ̃] M Belagerer *m*

assiéger [asjeʒe] V/T ⟨-è-; -ge-⟩ 1 *ville* belagern 2 *guichet* um-, belagern; sich drängen um

assiette [asjɛt] F 1 Teller *m*; *fig* **~ au beurre** Futterkrippe *f* 2 **~ anglaise** kalte (Fleisch)Platte; Platte *f* mit kaltem Braten 3 *fig* **ne pas être dans son ~** sich nicht recht wohlfühlen 4 *de l'impôt, etc* Bemessungsgrundlage *f* 5 *d'un cavalier* Sitz *m*

assiettée [asjete] F Teller *m* (voll)

assignation [asiɲasjõ] F 1 JUR (Vor)Ladung *f* 2 (*attribution*) Zuweisung *f*

assigner [asiɲe] V/T 1 **~ qc à qn** j-m etw zuweisen 2 (*fixer*) (fest)setzen 3 JUR **~ qn** j-n vorladen

assimilable [asimilabl] ADJ 1 **~ à qn, à qc** j-m,

e-r Sache vergleichbar, gleichzustellen(d) **2** BIOL *aliment* assimilierbar; *fig connaissances* erfassbar **3** *personnes* anpassungsfähig
assimilateur [asimilatœʀ] ADJ ⟨-trice [-tʀis]⟩ **1** BIOL assimilatorisch **2** *fig esprit, intelligence* rasch erfassend, begreifend
assimilation [asimilasjõ] F **1** *(rapprochement)* Gleichsetzung *f*, -stellung *f* (**à** mit) **2** SOCIOLOGIE, BIOL Assimilation *f*; Assimilierung *f* **3** *fig de connaissances* Aufnahme *f*; (geistige) Verarbeitung
assimilé [asimile] ADJ ⟨~e⟩ **1** *(catégorie de) personnes* assimiliert; angepasst **2** ADMIN gleichgestellt
assimiler [asimile] **A** V/T **1** *(considérer comme semblable)* gleichsetzen, -stellen (**à** *dat*) **2** *étrangers* assimilieren; verschmelzen (**à** mit) **3** BIOL assimilieren **4** *fig connaissances* aufnehmen; verarbeiten **B** V/PR **s'~** **1** *personnes* sich anpassen, sich angleichen (**à** an + *acc*); aufgehen (in + *dat*); sich assimilieren **2** *aliment* assimiliert werden
assis [asi] PP → **asseoir** *et* ADJ ⟨-ise [-iz]⟩ **1** sitzend; **place assise** Sitzplatz *m*; **être assis** sitzen; **rester assis** sitzen bleiben **2** *fig* **bien assis** *réputation* fest begründet; *autorité* fest verankert
assise [asiz] F **1** CONSTR (Stein)Schicht *f* **2** *fig* Fundament *n*
assises [asiz] FPL **1** (**cour** *f* **d'**)**~** Schwurgericht *n* **2** *(réunion)* Tagung *f*; Kongress *m*
assistanat [asistana] M Amt *n* des Hochschulassistenten
assistance [asistãs] F **1** *(public)* Anwesende(n) *mpl*; Publikum *n* **2** *(secours)* Beistand *m*; Hilfe (-leistung) *f*; Unterstützung *f*; *de l'État* Fürsorge *f*
assistant [asistã] M, **assistante** [-ãt] F Assistent(in) *m(f)*; **assistante sociale** (Sozial)Fürsorgerin *f*; Sozialarbeiterin *f*
assisté [asiste] **A** ADJ ⟨~e⟩ TECH **direction ~e** Lenkhilfe *f*; Servolenkung *f*; **~ par ordinateur** computergestützt, -unterstützt **B** **~(e)** M(F) Sozialhilfeempfänger(in) *m(f)*; **mentalité** *f* **d'~** Versorgungsdenken *n*
assister [asiste] **A** V/T **assister qn** j-m beistehen, helfen **B** V/T INDIR **assister à qc** bei etw zugegen sein, anwesend sein, dabei sein; etw miterleben
associatif [asɔsjatif] ADJ ⟨-ive [-iv]⟩ **1** assoziativ **2** **vie associative** Vereinsleben *n*
association [asɔsjasjõ] F **1** *(groupement)* Verein(igung) *m(f)*; Verband *m*; **~ sportive** Sportverein *m*; **~ de consommateurs** Verbraucherverband *m*, -genossenschaft *f* **2** *action* Verbindung *f*; Verknüpfung *f*; **~ d'idées** Assoziation *f*
associé(e) [asɔsje] M(F) Teilhaber(in) *m(f)*; Geschäftspartner(in) *m(f)*; Kompagnon *m*; Gesellschafter(in) *m(f)*
associer [asɔsje] **A** V/T **1** **~ qn à** j-n beteiligen, teilhaben lassen an (+ *dat*) **2** *personnes, qualités* verein(ig)en, verbinden, *idées a.* verknüpfen, assoziieren (**à** mit) **B** V/PR **1** *personne(s)* **s'~** sich zusammentun, -schließen, sich assoziieren (**à** *ou* **avec** mit) **2** **s'~ à** *la joie de qn* teilen (+ *acc*); Anteil nehmen an (+ *dat*); *au point de vue de qn a.* sich anschließen (+ *dat*) **3** *chose(s)* **s'~ à** gepaart, vereint sein mit
assoiffé [aswafe] ADJ ⟨~e⟩ (sehr) durstig
assolement [asɔlmã] M AGR Fruchtwechsel *m*, -folge *f*
assombrir [asõbʀiʀ] V/T (*et* V/PR **s'~** sich) verdunkeln, verfinstern, verdüstern (*a. fig visage*) **assombrissement** [-ismã] M Verfinsterung *f*; Verdüsterung *f* (*a. fig*); *état* Düsterkeit *f*
assommant [asɔmã] ADJ ⟨-ante [-ãt]⟩ (tod)-langweilig; geisttötend
assommer [asɔme] V/T **1** *animal* erschlagen; totschlagen; *personne* niederschlagen; niederstrecken **2** *fig* *(ennuyer)* tödlich langweilen; *fam* anöden
assommoir [asɔmwaʀ] M *Zola* **L'Assommoir** Der Totschläger
Assomption [asõpsjõ] F **l'~** Mariä Himmelfahrt *f*
assonance [asɔnãs] F Assonanz *f*
assorti [asɔʀti] ADJ ⟨~e⟩ **1** passend (**à** zu) **2** *magasin* **bien ~** mit breit gefächertem, reichhaltigem Warenangebot; gut sortiert **3** **~ de** (versehen) mit
assortiment [asɔʀtimã] M **1** **~ de couleurs** Farbzusammenstellung *f*, -kombination *f* **2** *d'objets* Sortiment *n* (*a.* COMM), reiche Auswahl (**de** an + *dat*); Kollektion *f*
assortir [asɔʀtiʀ] **A** V/T abstimmen (**à** auf + *acc*); *plusieurs objets, couleurs* aufeinander abstimmen; (passend) zusammenstellen **B** V/PR **s'~ à** passen zu; **s'~ bien** gut zueinanderpassen
assoupir [asupiʀ] V/PR **s'~** eindösen, -nicken, -schlummern **assoupissement** [-ismã] M Dösen *n*; Schläfrigkeit *f*
assouplir [asupliʀ] **A** V/T **1** geschmeidig, *corps a.* gelenkig machen; lockern **2** *règlement* lockern; (ab)mildern **B** V/PR **s'~** **1** geschmeidig werden **2** *fig caractère* nachgiebig(er), gefügig(er) werden
assouplissant [asuplisã] M Weichspüler *m*
assouplissement [-mã] M Lockerung *f* (*a. fig*); Geschmeidigmachen *n ou* -werden *n* **assouplisseur** [-œʀ] M Weichspüler *m*
assourdir [asuʀdiʀ] V/T **1** *personne* ganz benommen machen; betäuben **2** *bruit* dämpfen **assourdissant** [-isã] ADJ ⟨-ante [-ãt]⟩ (ohren)-

betäubend **assourdissement** [-ismɑ̃] M 1 *d'une personne* Benommensein *n*; Betäubung *f* 2 *des bruits* Dämpfung *f*; Gedämpftheit *f*

assouvir [asuviʀ] V/T *faim* stillen (*a. fig*); *fig a.* befriedigen **assouvissement** [-ismɑ̃] M *fig* Stillung *f*; Befriedigung *f*

assujetti [asyʒeti] ADJ ⟨~e⟩ **être ~ à qc** e-r Sache (*dat*) unterworfen sein, unterliegen; **~ à l'impôt** steuerpflichtig

assujettir [asyʒetiʀ] A V/T 1 **~ qn, qc à qc** j-n, etw e-r Sache (*dat*) unterwerfen 2 (*fixer*) festmachen; befestigen B V/PR **s'~ à qc** sich e-r Sache (*dat*) unterwerfen, fügen, beugen

assujettissant [asyʒetisɑ̃] ADJ ⟨-ante [-ɑ̃t]⟩ *métier, travail* anstrengend; anspruchsvoll

assujettissement [asyʒetismɑ̃] M *st/s* 1 Unterwerfung *f* (**à** unter +*acc*); Gebundensein *n* (**à un horaire** an e-n Zeitplan); Abhängigkeit *f* (von) 2 (*contrainte*) (lästiger) Zwang

assumer [asyme] A V/T 1 übernehmen; *responsabilité a.* auf sich (*acc*) nehmen; *frais a.* tragen; aufkommen für 2 *sa condition* (innerlich) annehmen, akzeptieren; *son passé* bewältigen B V/PR **s'~** sich (so wie man ist) akzeptieren, annehmen

assurance [asyʀɑ̃s] F 1 (*confiance en soi*) (Selbst-)Sicherheit *f*; **avoir de l'~** ein sicheres Auftreten haben 2 (*garantie*) Versicherung *f*; Zusicherung *f* 3 *contrat* Versicherung *f*; **~s** *pl* Versicherung(sgesellschaft) *f*; **~ auto(mobile)** Kraftfahrzeugversicherung *f*; **~ maladie** Krankenversicherung *f*; **~s sociales** Sozialversicherung *f*; **~ vie** Lebensversicherung *f*; **~ vieillesse** Altersversicherung *f*

assurance-maladie [asyʀɑ̃smaladi] F ⟨assurances-maladie⟩, **assurance-vie** [-vi] F ⟨assurances-vie⟩ → assurance 3

assuré [asyʀe] A ADJ ⟨~e⟩ 1 sicher; *succès a.* gewiss; *retraite* gesichert; *voix* fest; *voix, démarche* **mal ~** unsicher 2 (**être**) **~** versichert (sein) (**contre** gegen) B **~(e)** M(F) Versicherte(r) *m/f(m)*; Versicherungsnehmer *m*

assurément [asyʀemɑ̃] ADV sicher(lich); gewiss

assurer [asyʀe] A V/T 1 **~ (à qn) que …** (j-m) versichern, dass … 2 **~ qn de qc** (*de son amitié, etc*) *st/s* j-n e-r Sache (*gén*) versichern 3 (*garantir*) sichern; garantieren; gewährleisten; sicherstellen; *un service* versehen; **~ une permanence** e-n Bereitschaftsdienst unterhalten 4 *par contrat* **~ qn, qc** j-n, etw versichern (**contre** gegen) 5 *alpiniste* sichern B V/I *fam* (*être à la hauteur*) etwas können; *fam* etwas draufhaben C V/PRON 1 (*vérifier*) **s'~** sich vergewissern (**de qc** e-r Sache [*gén*]; **que** dass; **si** ob); sich davon überzeugen (dass, ob) 2 (*se pourvoir de*) **s'~ qc** sich (*dat*) etw sichern 3 **s'~ contre qc** sich gegen etw versichern

assureur [asyʀœʀ] M Versicherer *m*; Versicherungsträger *m*

Assyrie [asiʀi] **l'~** F HIST Assyrien *n*

assyrien [asiʀjɛ̃] HIST A ADJ ⟨-ienne [-jɛn]⟩ assyrisch B MPL **Assyriens** Assyrer *mpl*

aster [astɛʀ] M Aster *f*

astérisque [asteʀisk] M TYPO Sternchen *n*

astéroïde [asteʀɔid] M Asteroid *m*; kleiner Planet

asthénie [asteni] F MÉD allgemeine Körperschwäche; Kraftlosigkeit *f* **asthénique** [-ik] A ADJ *symptôme* die allgemeine Körperschwäche betreffend; *personne* an allgemeiner Körperschwäche leidend; kraftlos B M/F Astheniker(in) *m(f)*; an allgemeiner Körperschwäche Leidende(r) *m/f(m)*

asthmatique [asmatik] A ADJ asthmatisch B M/F Asthmatiker(in) *m(f)*

asthme [asm] M Asthma *n*; **crise** *f* **d'~** Asthmaanfall *m*; **faire de l'~** Asthma haben

asticot [astiko] M 1 ZOOL Made *f* 2 *fam fig* komischer Kerl, Kauz

asticoter [astikɔte] *fam* V/T ärgern

astigmate [astigmat] ADJ MÉD astigmatisch **astigmatisme** [-ism] M Astigmatismus *m* (*Sehstörung infolge krankhafter Veränderung der Hornhautkrümmung*)

astiquage [astikaʒ] M Blankreiben *n*; Polieren *n* **astiquer** [-e] V/T blank reiben; polieren

astragale [astʀagal] M 1 ANAT Sprungbein *n* 2 ARCH Rundprofil *n*

astrakan [astʀakɑ̃] M Persianer *m* (*a. manteau*)

astral [astʀal] ADJ ⟨~e; -aux [-o]⟩ astral; der Sterne

astre [astʀ] M Gestirn *n*

astreignant [astʀɛɲɑ̃] ADJ ⟨-ante [-ɑ̃t]⟩ *métier, tâche, travail* anstrengend; anspruchsvoll

astreindre [astʀɛ̃dʀ] ⟨→ peindre⟩ V/T (*et* V/PR **s'~** sich) zwingen (**à qc, à faire qc** zu etw, etw zu tun)

astreinte [astʀɛ̃t] F 1 Zwang *m* 2 JUR ≈ Beugestrafe *f*, Verurteilung *f* zu Zwangsgeld

astringent [astʀɛ̃ʒɑ̃] M adstringierendes Mittel; Adstringens *n*

astrologie [astʀɔlɔʒi] F Astrologie *f* **astrologique** [-lɔʒik] ADJ astrologisch **astrologue** [-lɔg] M/F Astrologe, -login *m,f*; Sterndeuter(in) *m(f)*

astronaute [astʀonot] M/F Astronaut(in) *m(f)*; (Welt)Raumfahrer(in) *m(f)* **astronautique** [-ik] F Astronautik *f*; Raumfahrt *f*

astronef [astʀɔnɛf] M (Welt)Raumschiff *n*

astronome [astʀɔnɔm] M/F Astronom(in) *m(f)*

astronomie [-i] F Astronomie *f*; Stern-, Him-

melskunde *f* **astronomique** [-ik] ADJ astronomisch (*a. fig prix, chiffres*)
astrophysicien [astʀɔfizisjɛ̃] M Astrophysiker *m* **astrophysique** F Astrophysik *f*
astuce [astys] F **1** *qualité* Schlauheit *f*; Findigkeit *f* **2** *d'un métier* Trick *m*; Kniff *m*; Finesse *f* **3** (*plaisanterie*) Witz *m*
astucieux [astysjø] ADJ ⟨-euse [-øz]⟩ raffiniert; pfiffig; *personne a.* findig; schlau; einfallsreich
asymétrie (❗ nur ein **m**) [asimetʀi] F Asymmetrie *f*; Ungleichmäßigkeit *f* **asymétrique** (❗ nur ein **m**) [-ik] ADJ asymmetrisch; unsymmetrisch
asynchrone [asɛ̃kʀon] ADJ asynchron
atavique [atavik] ADJ atavistisch **atavisme** [-ism] M Atavismus *m*
atchoum [atʃum] INT hatschi!; hatzi!
atelier [atəlje] M **1** TECH Werkstatt *f* **2** *d'artiste* Atelier *n* **3** ÉCOLE Arbeitsgruppe *f*; (*colloque*) Workshop *m*
atermoiements [atɛʀmwamɑ̃] MPL Hinauszögern *n*; (*faux-fuyants*) Ausflüchte *fpl*
atermoyer [atɛʀmwaje] V/I ⟨-oi-⟩ die Dinge hinausziehen, -zögern
athée [ate] **A** ADJ atheistisch **B** M/F Atheist(in) *m(f)* **athéisme** [-ism] M Atheismus *m*
athénée [atene] M *en Belgique* Gymnasium *n*
Athènes [atɛn] Athen *n*
athénien [atenjɛ̃] **A** ADJ ⟨-ienne [-jɛn]⟩ athenisch **B** **Athénien(ne)** M(F) Athener(in) *m(f)*
Athis-Mons [atismõs] *Stadt im Departement Essonne*
athlète [atlɛt] **1** *m/f* SPORTS Leichtathlet(in) *m(f)*; Wettkämpfer(in) *m(f)* **2** *m fig* Athlet *m*; Kraftmensch *m*
athlétique [atletik] ADJ athletisch
athlétisme [atletism] M Leichtathletik *f*
Atlantide [atlɑ̃tid] **l'~** F MYTH Atlantis *n*
atlantique [atlɑ̃tik] ADJ atlantisch; Atlantik...; **l'**(**océan** *m*) **Atlantique** *m* der Atlantische Ozean; der Atlantik
atlas [atlɑs] M Atlas *m*
Atlas [atlas] **l'~** M GÉOG der Atlas
atmosphère [atmɔsfɛʀ] F Atmosphäre *f* (*a. fig*)
atmosphérique [atmɔsfeʀik] ADJ atmosphärisch; Luft...; **conditions** *fpl* **~s** Wetterlage *f*; **pression** *f* **~** Luftdruck *m*
atoll [atɔl] M Atoll *n*
atome [atom] M Atom *n*; *fig* **avoir des ~s crochus avec qn** j-m innerlich verwandt sein
atomique [atɔmik] ADJ atomar; Atom...
atomisation [atɔmizasjõ] F **1** *d'un liquide* Zerstäubung *f*; Versprühung *f* **2** *fig* Aufsplitterung *f*; Atomisierung *f*
atomisé(e) [atɔmize] M(F) durch e-n Atombombenangriff Strahlengeschädigte(r) *m/f(m)*
atomiser [atɔmize] V/T **1** *liquide* zerstäuben; versprühen **2** (*morceler*) atomisieren **3** (*détruire*) (durch Atomwaffen) vernichten
atomiseur [atɔmizœʀ] M Zerstäuber *m*
atomiste [atɔmist] M/F Atom-, Kernphysiker(in) *m(f)*; Atomforscher(in) *m(f)* **atomistique** [-ik] F Atomwissenschaft *f*
atonal [atɔnal] ADJ ⟨~e; -als⟩ MUS atonal **atonalité** [-ite] F MUS Atonalität *f*
atone [atɔn, atɔn] ADJ **1** MÉD schlaff; spannungslos **2** *regard, voix* ausdruckslos **3** PHON unbetont
atonie [atɔni] F **1** MÉD Schlaffheit *f*; Erschlaffung *f* **2** *fig* Lust-, Teilnahmslosigkeit *f*
atours [atuʀ] MPL *plais* Putz *m*; Staat *m*; **paré de ses plus beaux ~** herausgeputzt; in vollem Staat
atout [atu] M **1** Trumpf(farbe *f*, -karte *f*) *m* **2** *fig* Trumpf *m*; (*avantage*) Vorteil *m*
atoxique [atɔksik] ADJ ungiftig; atoxisch
âtre [ɑtʀ] M Feuerstelle *f*; *par ext* Kamin *m*
atrium [atʀijɔm] M ARCH Atrium *n*; Innenhof *m*
atroce [atʀɔs] ADJ entsetzlich; abscheulich; grauenhaft; scheußlich; grässlich
atrocement [atʀɔsmɑ̃] ADV → atroce
atrocité [atʀɔsite] F **1** *caractère* Abscheulichkeit *f*; Scheußlichkeit *f* **2** *acte, souvent pl* **~s** Gräuel(-taten) *mpl(fpl)* **3** *propos* **~s** *pl* Gräuelmärchen *npl*; Abscheulichkeiten *fpl*
atrophie [atʀɔfi] F MÉD Schwund *m*; Verkümmerung *f* (*a. fig*); *t/t* Atrophie *f*
atrophier [atʀɔfje] V/PR **s'~** verkümmern (*a. fig*); **atrophié** verkümmert
attabler [atable] V/PR **s'~** sich an den Tisch setzen
attachant [ataʃɑ̃] ADJ ⟨-ante [-ɑ̃t]⟩ fesselnd; anziehend
attache [ataʃ] F **1** Befestigung *f*; Halter(ung) *m(f)*; *de vêtement, tableau* Aufhänger *m* **2** **point** *m* **d'~** Standort *m*, -quartier *n*; **port** *m* **d'~** Heimathafen *m* **3** ANAT **~s** *pl* Hand- und Fußgelenke *npl* **4** *fig* **~s** *pl affectives* (innere) Bindung(en) *f(pl)*; (*relations*) Verbindungen *fpl*; Beziehungen *fpl*
attaché[1] [ataʃe] ADJ ⟨~e⟩ **1** *personne* **être ~ à qn, qc** an j-m, etw hängen **2** INFORM **fichier ~** Attachment *n*
attaché[2] M DIPL Attaché *m*; **~ de presse** Presseattaché *m*; *d'une entreprise* Pressereferent *m*, -sprecher *m*
attaché-case [ataʃekɛz] M ⟨attaché-cases⟩ Akten-, Diplomatenkoffer *m*
attachement [ataʃmɑ̃] M Anhänglichkeit *f* (**à** *ou* **pour qn, qc** an j-n, etw); (Zu)Neigung *f* (zu j-m)
attacher [ataʃe] **A** V/T **1** fest- *ou* anbinden,

festmachen, befestigen (**à** an + *dat*); binden (an + *acc*); *plusieurs objets ensemble* zusammenbinden; *tablier, (lacets de) chaussures* zubinden **2** *fig* **~ qn à qn, qc** j-n (innerlich) mit j-m, etw verbinden; j-n an j-n, etw binden **3** **~ de l'importance à qc** e-r Sache (*dat*) Bedeutung beimessen, beilegen **B** V/I CUIS anbacken, anhängen (**à** an + *dat*) **C** V/PRON **1** *en voiture, avion* **s'~** sich an-, festschnallen **2** *fig personne* **s'~ à qn, à qc** j-n, etw lieb gewinnen; Zuneigung zu j-m fassen **3** *souvenirs, avantages* **s'~ à qc** mit etw verbunden, verknüpft sein **4** (*s'appliquer*) **s'~ à** (+ *inf*) bestrebt sein zu (+ *inf*)

attaquable [atakabl] ADJ **1** angreifbar **2** *contrat, testament* anfechtbar **attaquant** [-ɑ̃] M, **attaquante** [-ɑ̃t] F **1** MIL Angreifer *m* **2** SPORTS Angriffsspieler(in) *m(f)*; Stürmer *m*

attaque [atak] F **1** MIL, *fig* Angriff *m* (**contre** gegen, auf + *acc*); *fig a.* Attacke *f*; **~ à main armée** bewaffneter Überfall **2** SPORTS Angriff *m*; Sturm *m* **3** MÉD Anfall *m*; Attacke *f*; **~ cérébrale** Gehirnschlag *m* **4** *fam fig* **être d'~** fit, in Form sein

attaquer [atake] **A** V/T **1** MIL, SPORTS, *fig* angreifen; *fig a.* attackieren; *qn dans la rue* überfallen; **~ qn en justice** j-n gerichtlich belangen; j-n verklagen **2** *rouille, acide* **~ qc** etw angreifen, anfressen; *parasites* **~ qc** etw befallen, heimsuchen **3** *tâche* in Angriff nehmen; anpacken; angehen; *fam plat* herfallen, *fam* sich hermachen über (+ *acc*) **B** V/PR **1** *personne* **s'~ à qn, à qc** j-n, etw angreifen, bekämpfen; gegen etw angehen, ankämpfen **2** **s'~ à** *un problème* anpacken, angehen (+ *acc*)

attardé [ataʀde] ADJ ⟨~e⟩ **1** (*en retard*) verspätet **2** *enfant* zurückgeblieben

attarder [ataʀde] V/PR **s'~** **1** sich verspäten; *quelque part* sich zu lange aufhalten **2** **s'~ à** *ou* **sur un sujet** sich bei *ou* mit e-m Thema aufhalten

atteindre [atɛ̃dʀ] ⟨→ peindre⟩ **A** V/T **1** *lieu, but, niveau* erreichen **2** *avec un projectile* treffen **3** *fig critique* **~ qn** j-n treffen, verletzen; *réputation* **être atteint** erschüttert, angeschlagen sein **4** *maladie* **~ qn** j-n befallen, heimsuchen; *fam fig* **il est bien atteint** *fam* er spinnt; *fam* er hat e-n Vogel **B** V/T INDIR *st/s* **~ à qc** etw erreichen, erlangen

atteinte [atɛ̃t] F **1** **°hors d'~** außer Reichweite; unerreichbar **2** (*préjudice*) Beeinträchtigung *f*, Schädigung *f* (**à** *gén*); **porter ~ à qc** e-r Sache (*dat*) schaden, abträglich sein; etw beeinträchtigen, schädigen **3** *d'un mal* **premières ~s** erste Anzeichen *npl*

attelage [atlaʒ] M Gespann *n*

atteler [atle] ⟨-ll-⟩ **A** V/T *animal* anspannen (**à** an + *acc*) **B** V/PR **s'~ à un travail** sich in e-e Arbeit hineinknien

attelle [atɛl] F MÉD Schiene *f*

attenant [at(ə)nɑ̃] ADJ ⟨-ante [-ɑ̃t]⟩ angrenzend, anstoßend (**à** an + *acc*)

attendant [atɑ̃dɑ̃] **en ~** unterdessen; inzwischen; einstweilen

attendre [atɑ̃dʀ] ⟨→ rendre⟩ **A** V/T erwarten; warten auf (+ *acc*); *occasion* abwarten; **attendre le bus** auf den Bus warten; **attendre un enfant** ein Kind erwarten; **attendre qc de qn** etw von j-m erwarten; **attendre que …** (+ *subj*) warten, bis … **B** V/T INDIR *fam* **attendre après qn, qc** auf j-n, etw warten **C** V/I (ab)warten; **en attendant mieux** in Erwartung e-s Besser(e)n; **se faire attendre** auf sich (*acc*) warten lassen **D** V/PR **s'attendre à qc** auf etw (*acc*) gefasst sein; mit etw rechnen; **s' attendre à ce que …** (+ *subj*) damit rechnen, darauf gefasst sein, dass …

attendrir [atɑ̃dʀiʀ] **A** V/T **1** *personne* rühren; weich stimmen **2** *viande* weich, mürbe klopfen **B** V/PR **s'~** gerührt werden *ou* sein (**sur** von)

attendrissant [atɑ̃dʀisɑ̃] ADJ ⟨-ante [-ɑ̃t]⟩ rührend **attendrissement** [-mɑ̃] M Rührung *f*

attendu [atɑ̃dy] **A** ADJ ⟨~e⟩ erwartet **B** PRÉP angesichts, in Anbetracht (+ *gén*); JUR **~ que** in Anbetracht der Tatsache, dass

attentat [atɑ̃ta] M **1** Attentat *n*, Anschlag *m* (**contre** auf, gegen); **~ au plastic** Sprengstoffattentat *n* **2** JUR **~ à la pudeur** unzüchtige Handlung; Unzucht *f*

attentatoire [atɑ̃tatwaʀ] ADJ ADMIN *mesure, action* **~ à qc** etw beeinträchtigend, verletzend; in etw (*acc*) eingreifend

attente [atɑ̃t] F **1** Warten *n* (**de qn, qc** auf j-n, etw); *durée* Wartezeit *f*; **dans l'~ de qc** in Erwartung e-r Sache (*gén*) **2** (*prévision*) Erwartung *f*; **contre toute ~** wider Erwarten; entgegen allen Erwartungen

attenter [atɑ̃te] V/T INDIR **~ à qc** etw zu beeinträchtigen, anzutasten versuchen; **~ à la vie de qn** j-m nach dem Leben trachten

attentif [atɑ̃tif] ADJ ⟨-ive [-iv]⟩ aufmerksam; **être ~ à** (+*inf*) darauf bedacht sein zu (+ *inf*)

attention [atɑ̃sjõ] F **1** Aufmerksamkeit *f*; **attention!** Achtung!; Vorsicht!; aufgepasst!; *lettre* **à l'attention de** zu Händen von (*abr* z. H. [v.]); **faire attention à qc** auf etw (*acc*) achten, achtgeben, aufpassen; etw beachten; **fais attention!** pass auf!; gib acht! **2** *fig souvent pl* **attentions** Aufmerksamkeiten *fpl*

attentionné [atɑ̃sjɔne] ADJ ⟨~e⟩ (sehr) aufmerksam (**pour qn** gegenüber j-m)

attentisme [atɑ̃tism] M abwartende Haltung

attentiste [-ist] ADJ sich abwartend verhal-

tend
attentivement [atɑ̃tivmɑ̃] ADV aufmerksam
atténuant [atenɥɑ̃] ADJ ⟨-ante [-ɑ̃t]⟩ **circonstances ~es** mildernde Umstände *mpl*
atténuateur [atenɥatœʀ] M TECH Dämpfungsglied *n* **atténuation** [-sjõ] F Milderung *f*; Linderung *f*
atténué [atenɥe] ADJ ⟨~e⟩ *lumière* gedämpft; mild; *symptôme* abgeschwächt; *sens d'un mot* abgeschwächt; verblasst
atténuer [atenɥe] **A** V/T *douleur* lindern; *punition* mildern; *lumière* dämpfen; *expression* abschwächen **B** V/PR **s'~** *douleur* nachlassen
atterrant [ateʀɑ̃] ADJ ⟨-ante [-ɑ̃t]⟩ niederschmetternd; bestürzend **atterrer** [-e] V/T aufs Höchste bestürzen; niederschmettern
atterrir [ateʀiʀ] V/T AVIAT landen (*a. fam fig*)
atterrissage [ateʀisaʒ] M Landung *f*; **~ sans visibilité** Blindlandung *f*
attestation [atɛstasjõ] F Bescheinigung *f*
attesté [atɛste] ADJ ⟨~e⟩ *fait* bewiesen; bezeugt; LING belegt **attester** [-e] V/T bezeugen; bestätigen; *par écrit* bescheinigen
attiédir [atjediʀ] *st/s* V/PR **s'~** **1** lauwarm werden **2** *fig sentiment* erkalten; sich abkühlen
attifer [atife] V/T (*et* V/PR **s'~** *péj* sich) herausputzen, *fam* (sich) ausstaffieren (**de** mit)
attiger [atiʒe] *fam* V/I ⟨-ge-⟩ übertreiben; *fam* dick auftragen
Attila [atila] M HIST Attila *m*; Etzel *m*
attique [atik] M ARCH Attika *f* (*halbgeschossartiger Aufsatz über dem Hauptgesims e-s Bauwerks*)
attirail [atiʀaj] M Ausrüstung *f*; *fam* Kram *m*
attirance [atiʀɑ̃s] F Anziehungskraft *f*; **éprouver une certaine ~ pour** sich hingezogen fühlen zu
attirant [atiʀɑ̃] ADJ ⟨-ante [-ɑ̃t]⟩ anziehend
attirer [atiʀe] **A** V/T **1** anziehen (*a.* PHYS); an-, herbeilocken; **~ qn dans un piège** j-n in e-e Falle locken **2** **~ qc à** *ou* **sur qn** j-m etw verschaffen, (ein)bringen **3** **~ l'attention de qn sur qc** die Aufmerksamkeit j-s auf etw (*acc*) lenken **B** V/PR **s'~ qc** sich (*dat*) etw zuziehen, einhandeln; *compliments* ernten
attiser [atize] V/T *feu, fig* schüren; anfachen
attitré [atitʀe] ADJ ⟨~e⟩ fest; ständig
attitude [atityd] F **1** (Körper)Haltung *f* **2** (*disposition*) Haltung *f*; Einstellung *f*; (*comportement*) Verhalten *n*; *péj* Attitüde *f*
attouchements [atuʃmɑ̃] MPL Berührungen *fpl*; Streicheln *n*
attractif [atʀaktif] ADJ ⟨-ive [-iv]⟩ attraktiv; verlockend
attraction [atʀaksjõ] F **1** PHYS Anziehung(skraft) *f* **2** *fig* Anziehungskraft *f* **3** *pour le public* Attraktion *f*; *pl* **~s** *au cirque* Attraktionen *fpl*; *d'une boîte de nuit* Varietédarbietungen *fpl*; Einlagen *fpl*
attrait [atʀɛ] M Reiz *m*; (Ver)Lockung *f*; *st/s d'une femme* **~s** *pl* Reize *mpl*
attrape [atʀap] F (**farces** *fpl* **et**) **~s** Scherzartikel *mpl*
attrape-nigaud M ⟨attrape-nigauds⟩ Bauernfängerei *f*; plumper Trick
attraper [atʀape] **A** V/T **1** fangen; *fam* erwischen; *balle a.* auffangen; *chien* **~ qc** etw schnappen **2** *train, bus* erreichen; *fam* erwischen; *fam* kriegen **3** *fam maladie* bekommen; *fam* sich (*dat*) holen; *fam* kriegen; **~ froid** sich erkälten **4** (*tromper*) (he)reinlegen; zum Narren halten **5** *fam* (*réprimander*) *fam* abkanzeln **B** V/PR **s'~** *fam maladie* ansteckend sein
attrayant [atʀɛjɑ̃] ADJ ⟨-ante [-ɑ̃t]⟩ verlockend; reizvoll; attraktiv
attribuable [atʀibɥabl] ADJ **être ~ à qc** e-r Sache (*dat*) zuzuschreiben sein
attribuer [atʀibɥe] **A** V/T **1** *dans une répartition* zuteilen; zuweisen; vergeben; *crédit* gewähren; *prix* zuerkennen; verleihen **2** (*imputer*) **~ qc à qn, à qc** j-m, e-r Sache etw zuschreiben; etw auf etw (*acc*) zurückführen; *qualités, défauts* j-m etw unterstellen; etw in j-n hineinlegen **B** V/PR **s'~ qc** sich (*dat*) etw zuschreiben; etw für sich in Anspruch nehmen
attribut [atʀiby] M **1** Attribut *n*; charakteristisches Merkmal **2** GRAM Prädikatsnomen *n*; prädikative Ergänzung; *adjt* **adjectif** *m* **~** prädikatives Adjektiv
attributif [atʀibytif] ADJ ⟨-ive [-iv]⟩ **1** JUR (ein Recht) zuerkennend, übertragend **2** GRAM **verbe ~** Verb, das ein Prädikatsnomen erfordert **3** LOGIQUE prädikativ
attribution [atʀibysjõ] F **1** Zuteilung *f*; Zuweisung *f*; Vergabe *f*; *de crédits* Gewährung *f*; *d'un prix* Zuerkennung *f*; Verleihung *f* **2** **~s** *pl* Aufgabenbereich *m*
attristant [atʀistɑ̃] ADJ ⟨-ante [-ɑ̃t]⟩ betrüblich
attrister [-e] **A** V/T traurig stimmen; betrüben **B** V/PR **s'~** traurig werden
attroupement [atʀupmɑ̃] M Menschenauflauf *m*, -ansammlung *f*
attrouper [atʀupe] V/PR **s'~** zusammenströmen; sich ansammeln
atypique [atipik] ADJ atypisch; untypisch
au [o] → à
aubade [obad] F Morgenständchen *n*
aubaine [obɛn] F (**bonne**) **~** Glücksfall *m*; unverhofftes Glück
aube [ob] F **1** Morgengrauen *n*, -dämmerung *f*; **à l'~** im Morgengrauen; bei Tagesanbruch **2** *de communiants* langes weißes Gewand
Aube [ob] **l'~** F *Fluss u. Departement in Frankreich*

Aubenas [obna] *Stadt im Departement Ardèche*
aubépine [obepin] F Weißdorn *m*
auberge [obɛʀʒ] F **1** (Land)Gasthof *m*; Landgasthaus *n*; *autrefois* Herberge *f*; *fig* **auberge espagnole** primitive Unterkunft; *fam fig* **on n'est pas sorti de l'auberge** *fam* wir sind noch nicht über den Berg **2** **auberge de jeunesse** Jugendherberge *f*
aubergine [obɛʀʒin] F Aubergine *f*
aubergiste [obɛʀʒist] M/F (Gast)Wirt(in) *m(f)*
Aubervilliers [obɛʀvilje] *Stadt im Departement Seine-Saint-Denis*
aubette [obɛt] F Wartehäuschen *n*
auburn [obœʀn] ADJ (! unveränderlich) *cheveux* kastanienbraun
Auch [oʃ] *Stadt im Departement Gers*
aucun [okɛ̃, okœ̃] M, **aucune** [okyn] F **A** ADJ INDÉF ⟨*mit* ne *beim Verb*⟩ (gar, überhaupt) kein(e); keinerlei (*inv*); **en aucun cas** auf keinen Fall; keinesfalls; **sans aucun effort** ohne jede, jegliche Anstrengung **B** PR INDÉF **1** ⟨*mit* ne *beim Verb*⟩ keiner, *f* keine, *n* kein(e)s **2** *litt* **d'aucuns** einige; manche
aucunement [okynmɑ̃] ADV ⟨*mit* ne *beim Verb*⟩ keineswegs; durchaus nicht; mitnichten
audace [odas] F **1** Kühnheit *f*; Wagemut *m* **2** *péj* Keckheit *f*; Kühnheit *f*; *plus fort* Dreistigkeit *f*
audacieux [odasjø] ADJ ⟨-euse [-øz]⟩ kühn; *personne a.* wagemutig
Aude [od] **l'~** M *Fluss u. Departement in Frankreich*
au-dedans [od(ə)dɑ̃] ADV (dr)innen; im Inner(e)n (*a. fig*); *prép* **~ de** innerhalb, im Inner(e)n (+ *gén*)
au-dehors [odəɔʀ] ADV (dr)außen; *prép* **~ de** außerhalb (+ *gén*)
au-delà [od(ə)la] **A** ADV darüber hinaus **B** PRÉP **~ de** jenseits (+ *gén*); *fig* über (+ *acc*) hinaus **C** M REL Jenseits *n*
au-dessous [od(ə)su] **A** ADV darunter; unterhalb **B** PRÉP **~ de** unterhalb (+ *gén*); unter (+ *dat ou acc*); **c'est ~ de moi** das ist unter meiner Würde; *fig* **être ~ de tout** gar nichts taugen
au-dessus [od(ə)sy] ADV darüber; oberhalb; weiter oben; *prép* **~ de** oberhalb (+ *gén*); über (+ *dat ou acc*)
au-devant [od(ə)vɑ̃] PRÉP **aller ~ de qn** j-m entgegengehen
audibilité [odibilite] F Hörbarkeit *f*; Vernehmbarkeit *f* **audible** [-ibl] ADJ hörbar; vernehmbar
audience [odjɑ̃s] F **1** (*entrevue*) Audienz *f* **2** JUR (Gerichts)Verhandlung *f*; Termin *m* **3** (Rundfunk)Hörer *mpl*; (Fernseh)Zuschauer *mpl*; (*taux d'écoute*) Einschaltquote *f*
audimat [odimat] M (System *n* zur Ermittlung der) Einschaltquote *f*
audio [odjo] ADJ (! unveränderlich) Audio...; Hör... **audiomètre** M MÉD Audiometer *n* (*elektroakustisches Gerät zur Bestimmung der Hörleistung*) **audiophone** [-fɔn] M MÉD Audiphon *n*; Hörgerät *n* **audioprothésiste** [-pʀɔtezist] M/F Hörgeräteakustiker(in) *m(f)* **audiovisuel** **A** ADJ ⟨~le⟩ audiovisuell **B** M **1** *domaine* audiovisueller Bereich **2** *médias* audiovisuelle Medien *npl*; Hörfunk *m* und Fernsehen *n* **3** ÉCOLE audiovisuelle Arbeitsmittel *npl*
audit [odit] M Wirtschaftsprüfung *f*
auditeur [oditœʀ] M, **auditrice** [oditʀis] F Zuhörer(in) *m(f)*; RAD Hörer(in) *m(f)*; UNIVERSITÉ **auditeur libre** Gasthörer *m*
auditif [oditif] ADJ ⟨-ive [-iv]⟩ Hör...; Gehör...; **appareil ~** Hörgerät *n*
audition [odisjõ] F **1** (*ouïe*) Hören *n* **2** JUR **~ des témoins** Zeugenvernehmung *f* **3** *de cassettes* Ab-, Anhören *n* **4** (*essai*) THÉ Vorsprechen *n*; MUS Vorsingen *n*; Vorspielen *n*
auditionner [odisjɔne] V/T anhören
auditoire [oditwaʀ] M Zuhörer *mpl*
auditorium [oditɔʀjɔm] M Sendesaal *m*
auge [oʒ] F Trog *m*
augmentation [ɔgmɑ̃tasjõ, og-] F **1** Vermehrung *f*; Vergrößerung *f*; Steigerung *f*; Zunahme *f*; *des prix* Anstieg *m*; Erhöhung *f* **2** *abs* Lohn-, Gehaltserhöhung *f*
augmenter [ɔgmɑ̃te, og-] **A** V/T **1** vermehren; vergrößern; *prix, impôts, etc* erhöhen; heraufsetzen; *capital a.* aufstocken; *salaire* erhöhen; aufbessern; *vente, valeur, vitesse* erhöhen; steigern **2** *salarié* **être augmenté** e-e Lohn-, Gehaltserhöhung bekommen **B** V/I zunehmen; größer werden; sich vergrößern; sich vermehren; *prix* steigen, anziehen, heraufgehen (**de** um); *marchandise* aufschlagen; teurer werden; *jours* länger werden; zunehmen
augure [ogyʀ] M **être de bon, de mauvais ~** ein gutes, böses Vorzeichen, Omen sein; Glück, Unglück bedeuten
augurer [ogyʀe] V/T **n'~ rien de bon** nichts Gutes verheißen
auguste [ogyst] *st/s* ADJ erhaben; hehr; *assemblée* erlaucht
Auguste [ogyst] M **1** *prénom* August *m* **2** *empereur romain* Augustus *m* **3** *au cirque* **auguste** dummer August
Augustin [ogystɛ̃] M *saint* Augustinus *m*
aujourd'hui [oʒuʀdɥi] ADV **1** heute; am heutigen Tag; **d'~** heutig; von heute **2** (*à notre époque*) heute; heutzutage
Aulnay [o(l)nɛ] *frz Ortsname*
aulne [on] M Erle *f*
Aulne [on] **l'~** *Fluss in der Bretagne*

aumône [omon] F Almosen *n*; milde Gabe
aumônerie [omonʀi] F ÉGL Militär-, Gefängnis-, Krankenseelsorge *f*
aumônier [omonje] M Anstaltsgeistliche(r) *m*; **~ militaire** Militärgeistliche(r) *m*, -pfarrer *m*
aune [on] M → aulne
auparavant [opaʀavɑ̃] ADV vorher; zuvor
auprès [opʀɛ] PRÉP **~ de** 1 bei (+ *dat*) 2 (*en comparaison de*) im Vergleich zu (+ *dat*)
auquel [okɛl] → lequel
aurai [ɔʀɛ], **auras** [ɔʀa], *etc* → avoir[1]
Auray [ɔʀɛ] *Stadt im Departement Morbihan*
auréole [ɔʀeɔl] F 1 Heiligenschein *m*, Nimbus *m* (*a. fig*); Gloriole *f* 2 *autour d'une tache* Rand *m*
auréoler [-e] V/T *fig* mit e-m Nimbus umgeben
auriculaire [ɔʀikylɛʀ] M kleiner Finger
aurifère [ɔʀifɛʀ] ADJ goldhaltig
Aurillac [ɔʀijak] *Stadt im Departement Cantal*
aurochs [ɔʀɔk] M Auerochse *m*; Ur *m*
aurore [ɔʀɔʀ] F 1 Morgenröte *f*; Morgenrot *n* 2 **~ boréale, polaire** Nord-, Polarlicht *n*
auscultation [oskyltasjõ, ɔs-] F MÉD Abhorchen *n*; Abhören *n* **ausculter** [-e] V/T MÉD abhorchen; abhören
auspices [ospis] MPL **sous de meilleurs ~** unter besseren Auspizien, Umständen
aussi [osi] A ADV 1 (*également*) auch; **lui aussi** er auch 2 **aussi** (+ *adj ou adv*) **que** (eben)so ... wie; **aussi vite que possible** so schnell wie möglich; **aussi** (+ *adj*) **que** (+ *subj*) so *ou* wie ... auch (immer); **aussi riche qu'il soit** *ou* **soit-il** so reich er auch sein mag; **(tout) aussi bien** ebenso gut; genauso gut; **aussi bien que** wie auch; sowie; sowohl ... als auch B CONJ daher, deshalb auch; **..., aussi coûtent-ils cher** ..., darum sind sie auch teuer
aussitôt [osito] A ADV sofort; (so)gleich; alsbald; **~ dit, ~ fait** gesagt, getan B CONJ **~ que** sobald; sowie
austère [ostɛʀ] ADJ 1 *personne* (sitten)streng; *mœurs* streng; *vie* einfach; karg 2 *style* nüchtern; schmucklos
austérité [osteʀite] F 1 (Sitten)Strenge *f*; *de la vie* strenge Einfachheit 2 *d'un style* Nüchternheit *f*; Schmucklosigkeit *f*; Strenge *f* 3 **(politique** *f* **d')~** Sparpolitik *f*
Austerlitz [ostɛʀlits, ɔs-] HIST Austerlitz *n*
austral [ostʀal] ADJ ⟨~e; -als⟩ südlich; Süd...
Australie [ostʀali] **l'~** F Australien *n*
australien [ostʀaljɛ̃] A ADJ ⟨-ienne [-jɛn]⟩ australisch B **Australien(ne)** M(F) Australier(in) *m(f)*
australopithèque [ostʀalɔpitɛk] M PALÉONTOLOGIE Australopithekus *m*
austro-... [ostʀo] ADJ österreichisch-... **austro-hongrois** ADJ ⟨~e⟩ österreichisch-ungarisch
autant [otɑ̃] A ADV (eben)so viel; *avec verbe a.* (eben)so sehr; **~ de** (+ *subst*) **que** (eben)so viel ... wie; (eben)so viele ... wie; **~ de garçons que de filles** ebenso, genauso viele Jungen wie Mädchen; **il travaille ~ qu'il peut** er arbeitet, so viel er kann; **~ parler à un sourd** ebenso gut könnte man zu e-m Tauben sprechen; **en faire ~** dasselbe tun; es ebenso, genauso machen; **~ de personnes, ~ d'avis différents** so viele Personen, so viele verschiedene Meinungen; **~ il l'adore, ~ elle le déteste** sosehr er sie anbetet, sosehr verabscheut sie ihn; **d'~** in gleichem Maße; gleichermaßen; **pour ~** deswegen B CONJ **(pour) ~ que je sache** soviel ich weiß; meines Wissens; **d'~ que** zumal; **d'~ plus (que)** umso mehr (als); umso (+ *comp*) (als)
autarcie [otaʀsi] F Autarkie *f* **autarcique** [-ik] ADJ autark(isch)
autel [otɛl] M Altar *m*
auteur [otœʀ] M 1 Urheber(in) *m(f)*; *d'un accident* Verursacher(in) *m(f)*; **~ d'un attentat** Attentäter(in) *m(f)*; **~ (du crime)** Täter(in) *m(f)* 2 (*écrivain*) Autor(in) *m(f)*; Verfasser(in) *m(f)*
authenticité [otɑ̃tisite] F 1 Echtheit *f*; Authentizität *f* 2 *fig* (*sincérité*) Aufrichtigkeit *f*
authentification [otɑ̃tifikasjõ] F Beglaubigung *f* **authentifier** [-fje] V/T beglaubigen
authentique [otɑ̃tik] ADJ 1 echt; *information* verbürgt (*a. fait*); authentisch 2 *par ext sentiments* aufrichtig; echt
autisme [otism] M Autismus *m* **autiste** [-ist] M/F Autist(in) *m(f)*
auto [oto] F (! feminin) ABR (automobile) 1 Auto *n* 2 **~ tamponneuse** Autoskooter *m*
auto... [oto] *préfixe* 1 (*soi-même*) Selbst...; selbst...; Auto...; auto... 2 (*voiture*) Auto...
autoaccusation F Selbstanklage *f* **autoallumage** M AUTO Selbstzündung *f*
autobiographie F Autobiographie *f* **autobiographique** [-ik] ADJ autobiographisch
autobronzant [otobʀõzɑ̃] A ADJ ⟨-ante [-ɑ̃t]⟩ Selbstbräunungs... B M Selbstbräuner *m*
autobus M Autobus *m*; Omnibus *m*
autocar M Reisebus *m*
autocensure F PRESSE, FILM Selbstkontrolle *f* **autochenille** F Gleisketten-, Raupenfahrzeug *n*
autochtone [ɔtɔktɔn] M/F Einheimische(r) *m|f(m)*
autocollant A ADJ ⟨-ante⟩ selbstklebend B M Aufkleber *m*
autoconsommation F ÉCON Selbst-, Eigenverbrauch *m* **autocontrôle** M Selbstkontrolle *f*; TECH automatische Kontrolle **au-**

tocopiant [-kɔpjɑ̃] ADJ ⟨-ante [-ɑ̃t]⟩ *papier* selbstdurchschreibend; Durchschreibe...
autocouchettes ADJ **train** *m* ~ Autoreisezug *m*
autocrate [otokʀat] M Autokrat *m* **autocratie** [-si] F Autokratie *f* **autocratique** [-tik] ADJ autokratisch
autocritique F Selbstkritik *f*
autocuiseur [otokɥizœʀ] M Schnellkochtopf *m* **autodafé** [-dafe] M HIST Autodafé *n* (*a. fig*); Ketzergericht *n*, -verbrennung *f*; *fig* öffentliche Verbrennung **autodéfense** F Selbstverteidigung *f* **autodestructeur** ADJ ⟨-trice [-tʀis]⟩ selbstzerstörerisch **autodestruction** F Selbstzerstörung *f* **autodétermination** F Selbstbestimmung *f*
autodidacte [otodidakt] M/F Autodidakt(in) *m(f)*
autodiscipline F Selbstdisziplin *f*
autodrome [otodʀom] M Auto-, Motodrom *n*; Rundkurs *m*
auto-école F ⟨auto-écoles⟩ Fahrschule *f*
auto-épuration F Selbstreinigung *f* **autoérotisme** M Autoerotik *f*, -erotismus *m* **autofécondation** F BIOL Selbstbefruchtung *f*
autofinancement M Eigen-, Selbstfinanzierung *f* **autofinancer** [-e] V/PR ⟨-ç-⟩ **s'**~ sich selbst finanzieren
autofocus [otofɔkys] M Autofokus *m*
autogène ADJ TECH, MÉD autogen
autogéré [otoʒeʀe] ADJ ⟨~e⟩ selbst verwaltet **autogérer** V/T (*et* V/PR) ⟨-è-⟩ (**s'**~ sich) selbst verwalten **autogestion** F Selbstverwaltung *f* **autogestionnaire** ADJ Selbstverwaltungs...
autographe [otogʀaf] M **1** *signature* Autogramm *n* **2** *texte* Autograph *n*
autogreffe F MÉD Autoplastik *f*, -transplantation *f* **autoguidage** [-gidaʒ] M AVIAT, MIL Selbstlenkung *f*, -steuerung *f* **autoguidé** [-gide] ADJ ⟨~e⟩ AVIAT, MIL selbstgelenkt, -gesteuert
auto-immun [otoi(m)mœ̃] ADJ ⟨-une [-yn]⟩ **maladie ~e** Autoimmunkrankheit *f*
auto-immunité F natürliche, angeborene Immunität **auto-infection** F Selbstansteckung *f*; Autoinfektion *f* **auto-intoxication** F Selbstvergiftung *f*
autojustification F Selbstrechtfertigung *f*
automate [ɔtɔmat] M Automat *m* (*a. fig*) **automaticité** [-atisite] F automatisches Arbeiten; automatischer Ablauf **automation** [-asjõ] F Automation *f*
automatique [ɔtɔmatik] ADJ **1** TECH automatisch; selbsttätig; **boîte** *f* ~ Automatik(-getriebe) *f(n)* **2** *fig geste* automatisch; unwillkürlich; mechanisch
automatiquement [ɔtɔmatikmɑ̃] ADV **1** TECH automatisch **2** *fig* (*forcément*) unweigerlich; zwangsläufig
automatisation [ɔtɔmatizasjõ] F Automatisierung *f* **automatiser** [-e] V/T automatisieren
automatisme [ɔtɔmatism] M Automatismus *m*
automédication [otomedikasjõ] F Selbstmedikation *f*
automitrailleuse F MIL (Rad)Panzer(-fahrzeug) *m(n)*
automnal [otɔnal] ADJ ⟨~e; -aux [-o]⟩ herbstlich; Herbst...
automne [otɔn] M Herbst *m*; **en ~** im Herbst
automobile **A** ADJ Auto(mobil)...; Kraftfahrzeug...; Kfz-...; **industrie** *f* ~ Auto(mobil)-, Kraftfahrzeugindustrie *f* **B** F (! feminin) Automobil *n*; ADMIN Kraftfahrzeug *n*
Automobile-Club M ~ **de France** Automobilklub *m* von Frankreich
automobilisme [otomɔbilism] M **1** *domaine* Kraftfahr(zeug)wesen *n* **2** *sport* Automobilsport *m*
automobiliste [otomɔbilist] M/F Autofahrer(in) *m(f)*
automoteur ADJ ⟨-trice [-tʀis]⟩ mit Motorantrieb; motorgetrieben **automotrice** [-tʀis] F Triebwagen *m*
automutilation F Selbstverstümmelung *f*
autonettoyant ADJ ⟨-ante [-ɑ̃t]⟩ *four* selbstreinigend; mit vollautomatischer Selbstreinigung
autonome [otonom, ɔtɔnɔm] ADJ autonom; selbstständig (*a. personne*); eigenständig
autonomie [otonɔmi] F **1** Autonomie *f*; Selbstständigkeit *f* (*a. d'une personne*); Eigenständigkeit *f*; ~ **(administrative)** Selbstverwaltung *f* **2** *d'un véhicule* Reichweite *f*; Aktionsradius *m*
autonomisme [otonɔmism] M POL Autonomiebestrebungen *fpl* **autonomiste** [-ist] M POL Autonomist *m*
autopalpation [otopalpasjõ] F MÉD Selbstabtastung *f* **autopompe** F **1** *des pompiers* Löschfahrzeug *n* **2** *de la police* Wasserwerfer *m* **autoportrait** M Selbstporträt *n*, -bildnis *n*
autopropulsé [otopʀɔpylse] ADJ ⟨~e⟩ *engin* mit eigenem Antrieb; mit Eigenantrieb **autopropulsion** [-jõ] F TECH Eigenantrieb *m*
autopsie [otɔpsi] F Autopsie *f*; Sektion *f*; JUR Obduktion *f* **autopsier** [-je] V/T sezieren; obduzieren
autopunition F PSYCH Selbstbestrafung *f* **autoradio** M Autoradio *n* **autorail** M

(Diesel)Triebwagen *m* **autorégulation** F Selbstregulation *f*; selbsttätige, automatische Regelung

autorisation [ɔtɔʀizasjõ] F Erlaubnis *f*; Genehmigung *f*; Befugnis *f*; Ermächtigung *f*

autorisé [ɔtɔʀize] ADJ ⟨~e⟩ 1 *(qui fait autorité)* maßgebend; maßgeblich 2 *(permis)* erlaubt; *personne* befugt; berechtigt; ermächtigt; autorisiert

autoriser [ɔtɔʀize] A V/T 1 **~ qc** etw erlauben, gestatten, genehmigen; **~ qn à faire qc** j-m erlauben, gestatten, etw zu tun; j-n ermächtigen, autorisieren, etw zu tun 2 *situation* **~ qc** zu etw berechtigen B V/PR **s'~ de qc** sich auf etw *(acc)* berufen

autoritaire [ɔtɔʀitɛʀ] ADJ autoritär; herrisch

autoritarisme [ɔtɔʀitaʀism] M Autoritätsanspruch *m*

autorité [ɔtɔʀite] F 1 *(pouvoir)* (Befehls-, Amts)-Gewalt *f*; Macht(befugnis) *f*; **~ parentale** elterliche Gewalt; **(faire) acte** *m* **d'~** (ein) Machtwort *n* (sprechen); **d'~** eigenmächtig; ungefragt; einfach von sich aus; **être sous l'~ de qn** j-m unterstehen 2 *(influence)* Autorität *f*; Ansehen *n*; **faire ~** maßgebend sein; *personne a.* als Autorität gelten 3 *(expert)* Autorität *f*; Kapazität *f* 4 ADMIN **~s** *pl* Behörden *fpl*

autoroute F 1 Autobahn *f* 2 **~ de l'information** Datenautobahn *f*

autoroutier ADJ ⟨-ière [-jɛʀ]⟩ Autobahn…

autosatisfaction F Selbstzufriedenheit *f*

autos-couchettes ADJ **train** *m* **~** Autoreisezug *m*

auto-stop M Autostopp *m*; Trampen *n*; **faire de l'~** per Anhalter fahren, reisen; trampen

auto-stoppeur M ⟨auto-stoppeurs⟩, **auto-stoppeuse** F Anhalter(in) *m(f)*; Tramper(in) *m(f)*

autosuggestion F Autosuggestion *f*

autour [otuʀ] A ADV d(a)rum herum; **tout ~** rings(her)um; rund(her)um B PRÉP **~ de** um (… herum) *(a. = environ)*

autovaccin M MÉD Eigenimpfstoff *m*

autre [otʀ] A ADJ INDÉF andere(r, -s); sonstige(r, -s); weitere(r, -s); *non traduit* **nous autres** wir; *attribut* **tout autre** ganz anders (**que** als); **autre chose** etwas and(e)res; **l'autre jour** neulich; kürzlich; vor kurzem B PR INDÉF **un(e) autre** ein and(e)rer, e-e and(e)re, ein and(e)res; **d'autres** and(e)re; *fam* **à d'autres!** das kannst du ander(e)n weismachen!; **l'autre** der, die, das and(e)re; *fam* der da *ou* die da; **les autres** die ander(e)n; *fam* **comme dit l'autre** wie man (so schön) sagt; wie es heißt; **et autres** und andere *(abr* u. a.); **entre autres** unter anderem *(abr* u. a.); **aucun autre, personne d'autre** ⟨+ ne⟩ kein and(e)rer; sonst niemand; **quelqu'un d'autre** jemand ander(e)s *ou* anderer; sonst jemand; **rien d'autre** nichts and(e)res; sonst *ou* weiter nichts; **il n'en fait jamais d'autres** so macht er es immer; **j'en ai vu bien d'autres** ich habe schon Schlimmeres erlebt, gesehen; → un

autrefois [otʀəfwa] ADV früher; einst

autrement [otʀəmɑ̃] ADV 1 *(différemment)* anders (**que** als) 2 *(sinon)* sonst; andernfalls 3 (+ *adj*) viel (+ *comp*); **~ dangereux** viel gefährlicher

Autriche [otʀiʃ] **l'~** F Österreich *n*

autrichien [otʀiʃjɛ̃] A ADJ ⟨-ienne [-jɛn]⟩ österreichisch B **Autrichien(ne)** M(F) Österreicher(in) *m(f)*

autruche [otʀyʃ] F ZOOL Strauß *m*; *fig* **politique** *f* **de l'~** Vogel-Strauß-Politik *f*

autrui [otʀɥi] PR INDÉF die ander(e)n; **le bien d'~** fremdes Gut

auvent [ovɑ̃] M Vordach *n*

auvergnat [ovɛʀɲa] A ADJ ⟨-ate [-at]⟩ der Auvergne B **Auvergnat(e)** M(F) Bewohner(in) *m(f)* der Auvergne

Auvergne [ovɛʀɲ] **l'~** F die Auvergne

aux [o] → à

Auxerre [osɛʀ] *Stadt im Departement Yonne*

auxiliaire [oksiljɛʀ] A ADJ Hilfs…; **personnel** *m* **~** Aushilfspersonal *n*, -kräfte *fpl*; **(verbe) ~** *m* Hilfsverb *n* B M/F Hilfskraft *f*

Auxonne [osɔn] *Stadt im Departement Côte-d'Or*

auxquel(le)s [okɛl] → lequel

av. ABR (avenue) Straße; Allee

avachi [avaʃi] ADJ ⟨~e⟩ 1 *chaussures* ausgetreten; *vêtement* ausgebeult 2 *personne* energielos; *fam* schlapp

avachir [avaʃiʀ] V/PR **s'~** 1 *chaussures* weich und weit werden; *a. vêtement* die Form, Fasson verlieren 2 *personne* energielos werden; sich gehen lassen

avachissement [avaʃismɑ̃] M Energie-, Willenlosigkeit *f*; *fam* Schlappheit *f*

aval¹ [aval] **en ~** strom-, flussabwärts; **en ~ de** unterhalb von *(ou + gén)*

aval² M ⟨avals⟩ 1 FIN Aval *m ou n*; Wechselbürgschaft *f* 2 *fig* Unterstützung *f*

avalanche [avalɑ̃ʃ] F Lawine *f (a. fig)*

avaler [avale] V/T 1 (hinunter)schlucken; verschlucken; *fam le manger* hinunterschlingen 2 *fig mots* verschlucken 3 *fig (supporter, croire) fam* schlucken

avaleur [avalœʀ] M **~ de sabres** Schwertschlucker *m*

avaliser [avalize] V/T 1 FIN avalieren 2 *fig* unterstützen

avance [avɑ̃s] F 1 MIL Vormarsch *m* 2 Vorsprung *m* (*a. fig*); **prendre de l'avance** e-n Vorsprung gewinnen (**sur** vor + *dat*) **3** zeitlicher Vorsprung; **avoir une heure d' avance** eine Stunde früher da sein; **être en avance** zu früh dran sein; *fig* **être en avance sur son temps** s-r Zeit voraus sein; *enfant* **être très en avance pour son âge** sehr weit für sein Alter sein **4** **à l'avance, d'avance** vorher; im Voraus **5** *somme d'argent* Vorschuss *m* **6** **avances** *pl* Avancen *fpl*; Annäherungsversuche *mpl*

avancé [avɑ̃se] ADJ ⟨~e⟩ **1** *saison, journée* vorgeschritten; *travail, maladie, végétation* fortgeschritten; **à une heure ~e** zu vorgerückter Stunde; **d'un âge ~** in vorgerücktem, fortgeschrittenem Alter **2** *idées* fortschrittlich **3** *viande* leicht verdorben; angegangen; *fruits* überreif

avancée [avɑ̃se] F Vorsprung *m*; vorspringender Teil

avancement [avɑ̃smɑ̃] M **1** Aufstieg *m*; Beförderung *f*; **avoir de l'~** aufrücken; befördert werden **2** *de travaux* Fortgang *m*, -schreiten *n*

avancer [avɑ̃se] ⟨-ç-⟩ **A** V/T **1** vorrücken, -schieben; *main* ausstrecken (**vers** nach); *cou, main* vorstrecken; *pied* vorsetzen; *voiture* vorfahren **2** *travail* vorantreiben; *personne* voran-, weiterbringen **3** *argent* vorstrecken; vorschießen; auslegen **4** *montre* vorstellen; *rendez-vous* vorverlegen **5** *fait* behaupten; *thèse* vorbringen **B** V/I **1** vorankommen; vorwärtskommen; von der Stelle, vom Fleck kommen; MIL vorrücken, -dringen, -stoßen; *personne a.* vorwärts gehen, *véhicule* fahren **2** *toit, etc* vorspringen; *dents* vorstehen **3** *personne dans son travail* voran-, weiterkommen; vorwärts kommen; *travail vorangehen*; fortschreiten **4** *dans une carrière* aufsteigen, -rücken; avancieren **5** *nuit, saison* vorrücken **6** *montre* vorgehen **C** V/PR **1** **s'~ vers qn, qc** auf j-n, etw zugehen **2** *fig personne* **s'~ trop** sich zu weit vorwagen

avanies [avani] FPL Kränkungen *fpl*; Affront *m*

avant [avɑ̃] **A** PRÉP vor (+ *dat ou acc*); **avant déjeuner** vor dem Mittagessen; **avant cela** davor; vorher; **avant tout** vor allem; vor allen Dingen; **avant de** (+ *inf*) *ou conj* **avant que … (ne)** (+ *subj*) ehe; bevor **B** ADV **1** *temporel* vorher; zuvor; davor; *dans l'ordre* davor; **le jour d'avant** am Tag vorher, zuvor, davor **2** **en avant** nach vorn; vorwärts; **en avant!** vorwärts!; *fig* **mettre qc en avant** etw vorbringen, anführen; *fig* **se mettre en avant** sich in den Vordergrund drängen, schieben; **en avant de** vor (+ *dat ou acc*) **C** ADJ (**!** unveränderlich) Vorder…; **roue** *f*, **siège** *m* **avant** Vorderrad *n*, -sitz *m* **D** M **1** *d'un véhicule* Vorderteil *n ou m*; **à l'avant** vorn; *fig* **aller de l'avant** entschlossen handeln **2** SPORTS Stürmer *m*

avant-… [avɑ̃] *préfixe* Vor…; vor…; → *les articles correspondants*

avantage [avɑ̃taʒ] M **1** Vorteil *m*; Vorzug *m*; (*privilège*) Vergünstigung *f*; *d'une entreprise* **~s sociaux** Sozialleistungen *fpl*; **à l'~ de qn** zum Vorteil, zugunsten j-s; vorteilhaft für j-n; **j'ai ~ à** (+*inf*) es ist von Vorteil, es ist besser für mich zu (+*inf*) **2** (*supériorité*) Überlegenheit *f*; **prendre l'~ sur qn** die Oberhand über j-n gewinnen **3** SPORTS Vorteil *m*

avantager [avɑ̃taʒe] V/T ⟨-ge-⟩ **1** bevorzugen; begünstigen; **être avantagé par rapport à qn** j-m gegenüber im Vorteil sein **2** *vêtement* **~ qn** vorteilhaft für j-n sein; j-m gut stehen

avantageusement [avɑ̃taʒøzmɑ̃] ADV vorteilhaft; günstig

avantageux [avɑ̃taʒø] ADJ ⟨-euse [-øz]⟩ **1** vorteilhaft; günstig; **à un prix ~** preisgünstig, -wert **2** (*prétentieux*) selbstgefällig

avant-bras M (**!** unveränderlich) Unterarm *m* **avant-centre** M ⟨avants-centres⟩ Mittelstürmer *m*

avant-coureur ADJ ⟨*nur m*⟩ **signe ~** An-, Vorzeichen *n*; Vorbote *m*

avant-dernier ADJ ⟨-ière [-jɛʀ]⟩ vorletzte

avant-garde F ⟨avant-gardes⟩ **1** MIL Vorhut *f* **2** *fig* Avantgarde *f*; Vorkämpfer *mpl*; **d'~** avantgardistisch

avant-gardisme [avɑ̃gaʀdism] M Avantgardismus *m*

avant-gardiste [avɑ̃gaʀdist] **A** ADJ avantgardistisch **B** M/F Avantgardist(in) *m(f)*

avant-goût M *fig* Vorgeschmack *m* (**de** auf + *acc*)

avant-guerre M OU F ⟨avant-guerres⟩ Vorkriegszeit *f*; **d'~** Vorkriegs…

avant-hier [avɑ̃tjɛʀ] ADV vorgestern

avant-midi M (**!** unveränderlich) *en Belgique et au Canada* Vormittag *m*; Morgen *m*

avant-poste M MIL Vorposten *m*

avant-première F Vorpremiere *f*

avant-projet M Vorentwurf *m*; SCULP *a.* Rohentwurf *m* **avant-propos** M (**!** unveränderlich) Vorwort *n*

avant-scène F Vorbühne *f*; Proszenium *n*; *loge* Proszeniumsloge *f*

avant-train M **1** *d'une voiture à cheval* vorderes Fahrgestell **2** *de quadrupèdes* Vorderteil *n*; *de grands animaux a.* Vorhand *f*

avant-veille F **l'~ de** zwei Tage vor (+ *dat*)

avare [avaʀ] **A** ADJ geizig; *fig* **être ~ de qc** mit etw geizen **B** M/F Geizhals *m*

avarice [avaʀis] F Geiz *m*

avarie [avaʀi] F MAR Havarie *f*; *par ext* (Transport)Schaden *m*

avarié [avaʀje] ADJ ⟨~e⟩ **1** MAR havariert; beschädigt 2 *aliment* verdorben

avarier [avaʀje] V/PR **s'~** *aliment* verderben

avatar [avataʀ] M 1 *(mésaventure)* Unglück *n*; Widerwärtigkeit *f* 2 *(transformation)* Wandlung *f*

Ave [ave] M (! unveränderlich) ÉGL CATH **~ (Maria)** Ave(-Maria) *n*

avec [avɛk] A PRÉP mit *(+ dat)*; *dans un magasin* **et ~ ça?** (bekommen Sie) sonst noch etwas?; darf es sonst noch etwas sein?; **avoir qn ~ soi** j-n bei sich haben; **~ le temps qu'il fait** bei dem Wetter; **manger des légumes ~ la viande** Gemüse zum Fleisch essen B ADV damit; *fam* **faire ~** das Beste daraus machen

avenant [avnɑ̃] A ADJ ⟨-ante [-ɑ̃t]⟩ liebenswürdig; freundlich; *manières a.* ansprechend B ADV **à l'~** (dem)entsprechend

avènement [avɛnmɑ̃] M 1 Thronbesteigung *f*; Regierungsantritt *m* 2 *fig* Beginn *m*; Aufkommen *n*

avenir [avniʀ] M Zukunft *f*; **d'~** Zukunfts…; *personne* vielversprechend; *métier* aussichtsreich; **à l'~** in Zukunft; künftig

Avent [avɑ̃] M Advent(szeit) *m(f)*; **dimanche** *m* **de l'~** Adventssonntag *m*

aventure [avɑ̃tyʀ] F 1 Abenteuer *n*; **roman** *m* **d'~s** Abenteuerroman *m*; **avoir l'esprit d'~** abenteuerlustig sein 2 *en amour* (Liebes)Affäre *f*; (Liebes)Abenteuer *n* 3 **à l'~** aufs Geratewohl; auf gut Glück; *st/s* **d'~** zufällig; von ungefähr 4 **dire la bonne ~ à qn** j-m wahrsagen

aventurer [avɑ̃tyʀe] V/PR **s'~** sich wagen (**dans** in *+ acc*); **s'~ trop loin** sich zu weit vorwagen

aventureux [avɑ̃tyʀø] ADJ ⟨-euse [-øz]⟩ 1 *personne* abenteuerlustig 2 *vie* abenteuerlich; abenteuerreich 3 *projet* riskant; abenteuerlich

aventurier [avɑ̃tyʀje] M, **aventurière** [-jɛʀ] F Abenteurer *m*, Abenteu(r)erin *f* **aventurisme** [-ism] M politisches Abenteurertum; Abenteu(r)erpolitik *f* **aventuriste** [-ist] ADJ POL abenteuerlich

avenu [avny] ADJ **nul et non ~** ⟨nulle et non ~e⟩ null und nichtig

avenue [avny] F Avenue *f*; Prachtstraße *f*; breite (Auffahrts)Allee

avéré [aveʀe] ADJ ⟨~e⟩ erwiesen

avérer [aveʀe] V/PR ⟨-è-⟩ **s'~ juste**, *etc* sich als richtig *etc* erweisen

averse [avɛʀs] F (Regen)Schauer *m*

aversion [avɛʀsjõ] F Abneigung *f*, Aversion *f* (**pour** gegen)

averti [avɛʀti] ADJ ⟨~e⟩ *(expérimenté)* erfahren, versiert (**de** in *+ dat*); *(compétent)* sachkundig

avertir [avɛʀtiʀ] V/T 1 *(informer)* **~ qn de qc** j-n von etw verständigen, in Kenntnis setzen 2 *(mettre en garde)* warnen (**de** vor *+ dat*)

avertissement [avɛʀtismɑ̃] M 1 *(mise en garde)* Warnung *f*; *(avis)* Wink *m*; Hinweis *m* 2 *mesure disciplinaire* Verwarnung *f*; Verweis *m* 3 *(préface)* (kurzes) Vorwort

avertisseur [avɛʀtisœʀ] M 1 Warnanlage *f*; **~ d'incendie** Feuermelder *m* 2 AUTO Hupe *f*

aveu [avø] M ⟨~x⟩ 1 (Ein)Geständnis *n*; JUR **~x** *pl* Geständnis *n*; **passer aux ~x** ein Geständnis ablegen; gestehen 2 **de l'~ de** nach dem Zeugnis, nach Aussagen *(+ gén)*

aveuglant [avøglɑ̃] ADJ ⟨-ante [-ɑ̃t]⟩ blendend; grell

aveugle [avœgl] A ADJ blind *(a. fig)*; **devenir ~** erblinden; blind werden B M/F 1 Blinde(r) *m/f(m)* 2 *fig* **en ~** unüberlegt

aveuglement [avœgləmɑ̃] M *fig* Verblendung *f*; Blindheit *f*

aveuglément [avœglemɑ̃] blind(lings); unüberlegt

aveugler [avœgle] A V/T 1 *(priver de la vue, éblouir)* blenden 2 *fig passion* **~ qn** j-n blind machen, mit Blindheit schlagen, verblenden B V/PR **s'~ sur qc** für etw blind sein

aveuglette [avœglɛt] **à l'~** (wie ein Blinder) tastend; *fig* blind(lings); aufs Geratewohl

Aveyron [avɛʀõ] **l'~** M *Fluss u. Departement in Frankreich*

aviaire [avjɛʀ] ADJ Vogel…; der Vögel; **grippe** *f* **~** Vogelgrippe *f*

aviateur [avjatœʀ] M, **aviatrice** [-tʀis] F Flieger(in) *m(f)*

aviation [avjasjõ] F 1 Luftfahrt *f*; Fliegerei *f*; Flugwesen *n* 2 MIL Luftwaffe *f*

avicole [avikɔl] ADJ Geflügelzucht…; Vogelzucht…; **ferme** *f* **~** Geflügelfarm *f*

aviculteur [avikyltœʀ] M, **avicultrice** [-tʀis] F Geflügel-, Vogelzüchter(in) *m(f)* **aviculture** [-tyʀ] F *de volailles* Geflügelzucht *f*; *d'oiseaux* Vogelzucht *f*

avide [avid] ADJ 1 *regard* gierig; *personne* **~ de** begierig auf *(+ acc)*; **être ~ de** *(+ inf)* begierig sein zu *(+ inf)* 2 *(gourmand)* essgierig; *péj* gefräßig 3 *(cupide)* hab-, geld-, raffgierig

avidement [avidmɑ̃] ADV begierig; *manger* gierig **avidité** [-ite] F Gier *f*; Begierde *f*

Avignon [aviɲõ] *Stadt im Departement Vaucluse*

avilir [aviliʀ] A V/T erniedrigen; entwürdigen B V/PR **s'~** sich erniedrigen, entwürdigen **avilissant** [-isɑ̃] ADJ ⟨-ante [-ɑ̃t]⟩ erniedrigend; entwürdigend **avilissement** [-ismɑ̃] M Erniedrigung *f*; Entwürdigung *f*

aviné [avine] ADJ ⟨~e⟩ *(ivre)* betrunken; *haleine* nach Wein riechend

aviner [avine] V/T *fût* mit Wein anfeuchten, tränken

Dans l'avion – im Flugzeug

l'appareil *m*	die Maschine
le charter	das Charterflugzeug
l'avion *m* **supersonique**	das Überschallflugzeug
le commandant de bord	der Flugkapitän
le pilote	der Pilot
l'hôtesse *f* **de l'air**	die Stewardess
le steward	der Steward
le passager	der Passagier
la passagère	die Passagierin
décoller	abheben
voler	fliegen
survoler une montagne	einen Berg überfliegen
atterrir	landen

WORTFELDER

avion [avjõ] M Flugzeug *n*; Maschine *f*; *fam* Flieger *m*; **avion commercial** Verkehrsflugzeug *n*, -maschine *f*; **avion de ligne** Linienmaschine *f*; *courrier* **par avion** mit Luftpost; **prendre l'avion** (mit dem Flugzeug) fliegen

avion-espion M avions-espions Spionageflugzeug *n*

avionique [avjɔnik] F TECH Bordelektronik *f*

avionneur [avjɔnœʀ] M Flugzeugproduzent *m*, -bauer *m*

aviron [aviʀõ] M 1 *(rame)* Ruder *n* 2 *sport* Rudern *n*; Rudersport *m*

avis [avi] M 1 *(opinion)* Ansicht *f*; Meinung *f*; *d'expert* Urteil *n*; Stellungnahme *f*; **à mon ~** meiner Meinung, Ansicht nach; meines Erachtens; **de l'~ de** nach Ansicht, Meinung *(+ gén)*; **je suis de votre ~** ich bin Ihrer Meinung, Ansicht; **être d'~ que …** *(+ subj)* der Meinung, der Ansicht sein, dass … 2 *(information)* Mitteilung *f*; Benachrichtigung *f*; **~ (au public)** Bekanntmachung *f*; **~ d'imposition** Steuerbescheid *m*; **~ de recherche** Suchanzeige *f*; RAD, TV Suchmeldung *f*

avisé [avize] ADJ ⟨~e⟩ klug; besonnen

aviser [avize] A V/T **~ qn de qc** j-n von etw benachrichtigen; j-m etw mitteilen B V/PR 1 *(remarquer)* **s'~** bemerken (**de qc** etw; **que** dass); gewahr werden *(+ acc ou gén)* 2 *(avoir l'audace de)* **s'~ de** *(+ inf)* auf den Gedanken kommen, sich unterstehen zu *(+ inf)*

aviver [avive] V/T 1 *couleurs* auffrischen 2 *fig* → raviver 2

av. J.-C. ABR (avant Jésus-Christ) v. Chr.

avocat¹ [avɔka] M, **avocate** [avɔkat] F 1 JUR (Rechts)Anwalt *m*, (Rechts)Anwältin *f*; **~ général** Staatsanwalt *m* 2 *fig* Anwalt *m*; Sachwalter(in) *m(f)*; Fürsprecher(in) *m(f)*; *d'une cause a.* Verfechter(in) *m(f)*; **~ du diable** Advocatus *m* Diaboli

avocat² M *fruit* Avocado *f*

avocatier [avɔkatje] M Avocadobaum *m*

avoine [avwan] F Hafer *m*

avoir¹ [avwaʀ] ⟨j'ai, tu as, il a, nous avons, vous avez, ils ont; j'avais; j'eus; j'aurai; que j'aie, qu'il ait, que nous ayons; aie!, ayons!, ayez!; ayant; avoir eu⟩ A V/AUX haben; sein *(verbes de mouvement, de changement d'état, verbe être)*; **j'ai dormi** ich habe geschlafen; **j'ai couru** ich bin gerannt; **il a vieilli** er ist gealtert; **j'ai été** ich bin gewesen B V/T 1 haben; *qn comme invité* (da)haben; **j'ai froid** mir ist kalt; ich friere; **~ les cheveux blancs** weißes Haar haben; **j'ai les mains qui tremblent** mir zittern die Hände; *fam* **en ~ après qn** etwas gegen j-n haben; **en ~ pour son argent** etwas für sein Geld haben; **nous en avons pour deux heures** wir brauchen zwei Stunden dafür; **qu'est-ce qu'il a?** was hat er?; was ist mit ihm los?; **~ tout d'un gangster** ganz wie ein Gangster wirken, aussehen 2 *(obtenir)* bekommen; *fam* kriegen; **il a eu son bac** er hat das Abitur bestanden; **j'ai eu mon train de justesse** ich habe meinen Zug gerade noch bekommen, gekriegt, erwischt; **faire ~ qc à qn** j-m etw besorgen, verschaffen 3 *fam (tromper)* **~ qn** *fam* j-n

l'aviron (m) — Ruder

l'aviron (m) — Rudern

reinlegen; **se faire, se laisser ~** *fam* reinfallen (**par qn** auf j-n); sich reinlegen lassen (von j-m); j-m aufsitzen **4** *(porter) vêtement* anhaben; *chapeau* aufhaben **5** *âge, mesure* sein; **quel âge avez-vous?** wie alt sind Sie?; **~ cinq mètres de haut** fünf Meter hoch sein **6** **~ à faire qc** etw zu tun haben; etw tun müssen; **j'ai à te parler** ich muss mit dir reden; **n'~ qu'à faire qc** nur etw zu tun brauchen **C** V/IMP **il y a** [ilja, *fam* ja] **1** es gibt; (es) ist *ou* sind; **il y a des gens qui …, il y en a qui …** es gibt Leute, es gibt welche, die …; **combien y a-t-il d'ici à Paris?** wie weit ist es von hier nach Paris?; **il n'y en a plus** es gibt nichts, keine mehr; es ist nichts, es sind keine mehr da; **qu'est-ce qu'il y a?** was ist los?; was gibt's?; **il n'y a que lui pour** (+inf) nur er kann (+inf); **il n'y a qu'à** (+ inf) man braucht nur zu (+ inf) **2** *temporel:* vor; *il est parti* **il y a deux ans** vor zwei Jahren; **il y a deux ans que …** es ist zwei Jahre her, dass …

avoir² M FIN Guthaben *n*; **~ fiscal** Steuergutschrift *f*

avoisinant [avwazinɑ̃] ADJ ⟨-ante [-ɑ̃t]⟩ benachbart; angrenzend **avoisiner** [-e] V/T grenzen an (+ acc) (a. fig)

avortement [avɔʀtəmɑ̃] M Abtreibung *f*

avorter [avɔʀte] V/I **1** **se faire ~** abtreiben (lassen) **2** *fig* scheitern; fehlschlagen

avorteur [avɔʀtœʀ] M, **avorteuse** [-øz] F *péj* Engelmacher(in) *m(f)*

avorton [avɔʀtõ] M *péj* Kümmerling *m*

avouable [avwabl] ADJ *but, motif etc* ehrenwert

avoué [avwe] M (Rechts)Anwalt *m*

avouer [avwe] **A** V/T **1** JUR gestehen; *abs a.* geständig sein **2** *(admettre)* (ein)gestehen; zugeben; *amour* gestehen **B** V/PR **s'~ coupable** sich schuldig bekennen; **s'~ vaincu** sich geschlagen geben

avril [avʀil] M April *m*

axe [aks] M (❗ maskulin) **1** Achse *f* (a. MATH, POL) **2** *(auto)route* **(grand) ~** Hauptverkehrsweg *m* **3** *fig* Zielrichtung *f*; Ausrichtung *f*

axer [akse] V/T **~ sur** ausrichten auf (+ acc)

axial [aksjal] ADJ ⟨~e; -aux [-o]⟩ Axial…; Achsen…

axiome [aksjom] M Axiom *n*

ayant [ɛjɑ̃] **A** PPR → avoir¹ **B** M **~ droit** ⟨ayants droit⟩ Anspruchsberechtigte(r) *m*

Aymé [eme, ɛme] **Marcel ~** *frz Schriftsteller*

azalée [azale] F Azalee *f*

Azerbaïdjan [azɛʀbaidʒɑ̃] **l'~** M Aserbaidschan *n*

azimut [azimyt] M **1** ASTRON Azimut *n ou m* **2** **tous ~s** allseitig; rundum; umfassend

azote [azɔt] M Stickstoff *m*

azoté [azɔte] ADJ ⟨~e⟩ CHIM stickstoffhaltig; Stickstoff… **azoter** [-e] V/T CHIM Stickstoff einführen in (+acc)

AZT® [azɛdte] M ABR (azidothymidine) MÉD AZT® *n* (Azidothymidin)

aztèque [astɛk] ADJ **A** ADJ aztekisch **B** MPL **Aztèques** Azteken *mpl*

azur [azyʀ] M Himmelsblau *n*; *poét* Azur *m*; **ciel** *m* **d'~** azurblauer, tiefblauer Himmel

azuré [azyʀe] *st/s* ADJ ⟨~e⟩ azurblau; tiefblau **azuréen** [azyʀeɛ̃] ADJ ⟨-enne [-ɛn]⟩ der Côte d'Azur; der Riviera

azyme [azim] ADJ **pain** *m* **~** ungesäuertes Brot; *des juifs* Matze(n) *f(m)*

B

B, b [be] M (❗ unveränderlich) **1** B, b *n* **2** *fig* **b a ba** [beaba] Anfangsgründe *mpl*; Abc *n*

B.A. [bea] F ABR (❗ unveränderlich) (bonne action) gute Tat

baba¹ [baba] *fam* ADJ (❗ unveränderlich) verblüfft; *fam* baff; *fam* platt

baba² [baba] M **1** CUIS **~ au rhum** *Hefenapfkuchen, der mit Sirup und Rum übergossen wird* **2** *fam* **l'avoir dans le ~** *fam* reinfallen

baba³ M/F *ou* **baba cool** [babakul] M/F ⟨babas cool⟩ *fam* Alternativler(in) *m(f)*

b.a.-ba [beaba] M Anfangsgründe *mpl*; Abc *n*; **enseigner à qn le ~ (de qc)** j-m die Anfangsgründe, das Abc (+gén) beibringen

Babel [babɛl] BIBL Babel *n*

babeurre [babœʀ] M Buttermilch *f*

babil [babil] M → babillage

babillage [babijaʒ] M Geplapper *n* **babiller** [-e] V/I plappern

babine [babin] F **1** ZOOL Lefze *f* **2** *fam fig* **s'en lécher les ~s** mit Genuss essen; *à l'avance* sich *(dat)* die Lippen lecken

babiole [babjɔl] F Kleinigkeit *f*

bâbord [babɔʀ] M Backbord *n*; **à ~** backbord(s)

babouche [babuʃ] F Babusche *f*; *fam a.* Schlappen *m*

babouin [babwɛ̃] M Pavian *m*

baby-boom [babibum, be-] M ⟨baby-booms⟩ Baby-Boom *m*

baby doll [babidɔl, be-] M (❗ unveränderlich) Babydoll *n*

baby-foot [babifut] M (❗ unveränderlich) (Tisch)Fußballspiel *n*; *fam* Kicker *m*

Babylone [babilɔn] HIST Babylon *n*

babylonien [babilɔnjɛ̃] **A** ADJ ⟨-ienne [-jɛn]⟩

B

babylonisch **B** LING **le ~** das Babylonische; Babylonisch *n*
baby-sitter [babisitœʀ, be-] M/F ⟨baby-sitters⟩ Babysitter *m* **baby-sitting** [babisitiŋ, be-] M Babysitten *n*
bac¹ [bak] M **1** *bateau* Fähre *f* **2** Schale *f*; Kasten *m*; Wanne *f*; Trog *m*; **~ à sable** Sandkasten *m*
bac² MABR *fam* (baccalauréat) ≈ *fam* Abi *n*; **passer le ~** ≈ das Abi machen; **~ littéraire** (*abr* **bac L**) ≈ literarisch-sprachliches Abitur; **~ professionnel** (*abr* **bac pro**) ≈ Berufsabitur *n*; **~ scientifique** (*abr* **bac S**) ≈ mathematisch-naturwissenschaftliches Abitur; **~ sciences économiques et sociales** (*abr* **bac ES**) ≈ Wirtschaftsabitur *n*; **~ technique** ≈ Fachabitur *n*
baccalauréat [bakalɔʀea] M ≈ Abitur *n*; *suisse, autrich* ≈ Matura *f*
baccara [bakaʀa] M *jeu* Bakkarat *n*
baccarat [bakaʀa] M Kristallglas *n* aus Baccarat
Bach [bak] **Jean-Sébastien ~** Johann Sebastian Bach
bâche [bɑʃ] F (Wagen)Plane *f*
bachelier [baʃəlje] M, **bachelière** [-jɛʀ] F Abiturient(in) *m(f)*
bâcher [bɑʃe] V/T mit e-r Plane ab-, zudecken
bachot [baʃo] M *fam* Abi *n*
bachotage [baʃɔtaʒ] M Büffelei *f* **bachoter** [-e] V/I *fam* büffeln; *fam* pauken **bachoteur** [-œʀ] M, **bachoteuse** [-øz] F *fam* Schüler(in), Student(in), der (die) büffelt, paukt
bacille [basil] M Bazillus *m*
background [bakgʀaund] M Hintergrund *m*; Background *m*
backslash [bakslaʃ] M TYPO Backslash *m*
bâclage [bɑklaʒ] M *fam* (Hin)Pfuschen *n*; (Hin)-Schludern *n* **bâcler** [-e] V/T *fam* hinpfuschen, -schludern; *abs* pfuschen; schludern
bacon [bekɔn] M Frühstücksspeck *m*; Bacon *m*
bactéricide [bakteʀisid] ADJ bakterizid; keimtötend
bactérie [bakteʀi] F Bakterie *f*
bactérien [bakteʀjɛ̃] ADJ ⟨-ienne [-jɛn]⟩ bakteriell; Bakterien…
bactériologie [bakteʀjɔlɔʒi] F Bakteriologie *f* **bactériologique** [-ik] ADJ bakteriologisch **bactériologiste** [-ist] M/F Bakteriologe, -login *m,f*
bactériostatique [bakteʀjostatik] ADJ MÉD bakteriostatisch; die Vermehrung von Bakterien hemmend
badaboum [badabum] INT *fam* bums!
badaud [bado] M Schaulustige(r) *m*; *péj* Gaffer *m*
Bade [bad] **le (pays de) ~** Baden *n*
Bade-Wurtemberg [badvyʀtɛ̃bɛʀ] **le ~** Baden-Württemberg *n*
badge [badʒ] M Plakette *f*; Abzeichen *n*
badigeon [badiʒõ] M Tünche *f*
badigeonnage [badiʒɔnaʒ] M **1** (Über)Tünchen *n*; Weiße(l)n *n* **2** MÉD (Be)Pinseln *n*
badigeonner [badiʒɔne] V/T **1** (über)tünchen; weißen; *all Sud* weißeln **2** *péj* anmalen, vollschmieren (**de** mit)
badin [badɛ̃] ADJ ⟨-ine [-in]⟩ scherzhaft; launig
badinage [badinaʒ] M Scherzen *n*; Spaßen *n*
badine [badin] F Gerte *f*; Stöckchen *n*
badiner [badine] V/I scherzen; spaßen; **ne pas ~** nicht mit sich spaßen lassen
badinerie [badinʀi] *st/s* F → badinage
badminton [badmintɔn] M Federball(spiel) *m(n)*; Badminton *n*
badois [badwa] **A** ADJ ⟨-oise [-waz]⟩ badisch **B** **Badois(e)** M(F) Badener(in) *m(f)*
baffe [baf] F *fam* → gifle
baffle [bafl] M **1** *écran* Schallwand *f* **2** *boîte* Lautsprecherbox *f*
bafouer [bafwe] V/T verspotten; verhöhnen; zum Gespött machen
bafouillage [bafujaʒ] M Gestammel *n*; Gestotter *n*
bafouille [bafuj] F *fam* Schrieb *m*; *fam* Wisch *m*
bafouiller [bafuje] V/T *et* V/I stammeln; stottern **bafouilleur** [-œʀ] M, **bafouilleuse** [-øz] F *fam* Faselhans *m*, -liese *f*
bâfrer [bɑfʀe] V/I *fam* fressen **bâfreur** [-œʀ] M *fam* Fresssack *m*; Vielfraß *m*
bagage [bagaʒ] M **1** Gepäckstück *n*; **bagages** *pl* Gepäck *n*; **bagages à main** Handgepäck *n*; **plier bagage** s-e Sachen, s-e Koffer packen (*fig*) **2** *fig* Rüstzeug *n*
bagagiste [bagaʒist] M Kofferträger *m*; Hoteldiener *m*
bagarre [bagaʀ] F **1** Schlägerei *f*; Prügelei *f*; Rauferei *f* **2** *fam fig* harter Kampf; *fam* Gerangel *n*
bagarrer [bagaʀe] **A** *fam* V/I kämpfen; streiten **B** V/PR **se ~** (sich) raufen, sich prügeln **bagarreur** [-œʀ] M Raufbold *m*
bagatelle [bagatɛl] F **1** Kleinigkeit *f* (*a. somme*); Lappalie *f*; Bagatelle *f* **2** *fam* **être porté sur la ~** *fam* scharf auf Frauen sein
Bagdad [bagdad] Bagdad *n*
bagnard [baɲaʀ] M (Bagno)Sträfling *m*
bagne [baɲ] M **1** HIST Bagno *n* **2** *fig* Hölle *f*
bagnole [baɲɔl] *fam* F Auto *n*; *fam* Karre *f*; *fam* Schlitten *m*
bagou(t) [bagu] *fam* M *fam* Mundwerk *n*; **avoir du bagou(t)** ein tüchtiges Mundwerk haben
bague [bag] F **1** (Finger)Ring *m*; **~ de fiançailles** Verlobungsring *m* **2** TECH Ring *m*
baguenauder [bagnode] V/I *fam* (*et* V/PR **se**) ~

la baguette (magique) — (Zauber)Stab

les baguettes (fpl) — Baguettes

umherschlendern; *fam* bummeln; e-n Bummel machen

baguer [bage] VT *oiseaux* beringen

baguette [bagɛt] F 1 Stab *m*; Stock *m*; Gerte *f*; Rute *f*; *pour manger* (Ess)Stäbchen *n*; **~ de sourcier** Wünschelrute *f*; **~ (de chef d'orchestre)** Taktstock *m*; **~s de tambour** (Trommel)Schlegel *mpl*; **~ magique** Zauberstab *m*; *fig* **mener qn à la ~** j-n herumkommandieren, gängeln 2 (! feminin) *pain* Baguette *f* ou *n* 3 (*moulure*) (Profil-, Zier)Leiste *f*

bah [ba] INT pah!; ach was!

Bahamas [baamas] **les (îles) ~** FPL die Bahamas *pl*; die Bahamainseln *fpl*

Bahia [baja] GÉOG Bahia *n*

Bahreïn [baʀɛjn] **le ~** Bahrain *n*

bahut [bay] M 1 (rustikales) Büfett 2 *fam* (*lycée*) *fam* Penne *f*

bai [bɛ] ADJ ⟨~e⟩ *cheval* (rot)braun

baie [bɛ] F 1 (Meeres)Bucht *f*; Bai *f* 2 (Mauer-, Wand)Öffnung *f*; **~ vitrée** großes (Glas)Fenster 3 BOT Beere *f*

baignade [bɛɲad] F 1 Baden *n* 2 Badestelle *f*, -platz *m*

baigner [beɲe] A VT 1 baden 2 *mer: île* umspülen; *côte* bespülen; *fig* **baigné de larmes** tränenüberströmt B VI CUIS **baigner dans qc** in etw (*dat*) schwimmen; *fam fig* **ça baigne (dans l'huile)** *fam* es ist alles in Butter C VPR **se baigner** (sich) baden

baigneur [bɛɲœʀ], **baigneuse** [-øz] 1 *m,f* Badende(r) *m/f(m)* 2 *m* (Zelluloid)Babypuppe *f*

baignoire [bɛɲwaʀ] F 1 (Bade)Wanne *f* 2 THÉ Parterreloge *f*

Baïkonour [baikɔnuʀ] GÉOG Baikonur *n*

bail [baj] M ⟨baux [bo]⟩ 1 JUR Pacht(vertrag) *f(m)*; Miete *f*; Mietvertrag *m* 2 *fam fig* **ça fait un ~** *fam* es ist e-e Ewigkeit her

bâillement [bɑjmɑ̃] M Gähnen *n*

bâiller [bɑje] VI 1 gähnen (**d'ennui** vor Langeweile) 2 *porte* nicht fest schließen; *col* nicht richtig anliegen; abstehen

bailleur [bajœʀ] M **~ de fonds** Geld-, Kapitalgeber *m*

bâillon [bɑjõ] M Knebel *m*

bâillonnement [bɑjɔnmɑ̃] M Knebelung *f*; *fig a.* Mundtotmachen *n* **bâillonner** [-e] VT knebeln; *fig a.* mundtot machen

bain [bɛ̃] M 1 Bad *n* (*a.* CHIM, TECH); Baden *n*; **~ à remous** Whirlpool *m*; **~ de bouche** Mundspülung *f*; **~ de boue(s)** Moor-, Schlammbad *n*; *fig* **~ de foule** Bad in der Menge; **~ de pied** Fußbad *n*; *fig* **être dans le ~** (*au courant*) Bescheid wissen; im Bilde sein; (*compromis*) in die Sache verwickelt sein 2 **~s** *pl* Bad(eanstalt) *n(f)*; **petit ~** Nichtschwimmerbecken *n* 3 **~ de soleil** Sonnenbad *n*; (**robe** *f*) **~ de soleil** Strandkleid *n*

bain-marie [bɛ̃maʀi] M ⟨bains-marie⟩ CUIS Wasserbad *n*

baïonnette [bajɔnɛt] F 1 MIL Bajonett *n*; Seitengewehr *n* 2 *adjt* TECH (**à**) **~** Bajonett…

baise [bɛz] F *pop* Bumsen *n*; *vulgaire* Ficken *n*; *vulgaire* Vögeln *n*

baisemain [bɛzmɛ̃] M Handkuss *m*

baiser[1] [beze] VT 1 (*embrasser*) küssen 2 *fam* **se faire ~** *fam* sich reinlegen lassen; *pop* beschis-

la baie — Bucht

la baie — Beere

B

sen werden **3** *pop* bumsen, *vulgaire* vögeln (**qn** mit j-m); *vulgaire* ficken

baiser² M Kuss *m*; *formule épistolaire* **bons ~s** es grüßt und küsst Dich Dein(e)

baiseur [bɛzœʀ] M, **baiseuse** [-øz] F *vulgaire* Ficker(in) *m(f)*

baisodrome [bɛzodʀom] M *pop* Bude *f*, Absteige *f* zum Bumsen

baisse [bɛs] F (Ab)Sinken *n*; Fallen *n*; Zurückgehen *n*; Rückgang *m*; *des prix a.* Nachgeben *n*; **être en ~** fallen; *marchandise* im Preis sinken, zurückgehen; billiger werden

baisser [bese] **A** V/T **1** *vitre, store* herunterlassen, -kurbeln; *yeux* niederschlagen; *tête* senken; neigen **2** *prix* senken; herab-, heruntersetzen **3** *voix* senken; dämpfen; *radio* leiser stellen; *chauffage* drosseln; niedriger stellen; *gaz, lumière* kleiner stellen **B** V/I (ab)sinken; fallen; zurückgehen; *soleil* sinken; *influence* schwinden; TECH *pression, tension* abfallen; *forces, vue* nachlassen; abnehmen; *personne* abbauen; hinfällig werden; *malade* schwächer werden; *prix a.* nachgeben; heruntergehen; **faire baisser les prix** die Preise drücken **C** V/PR **se baisser** sich bücken, niederbeugen

baissier [besje] M BOURSE Baissier *m*; Baissespekulant *m*

bajoue [baʒu] F **1** **~s** *pl* Hängebacken *fpl* **2** *d'un animal* Backe *f*

bakchich [bakʃiʃ] M Bakschisch *n*

Bakou [baku] GÉOG Baku *n*

bal [bal] M Ball *m*; Tanzvergnügen *n*, -veranstaltung *f*; **aller au ~** tanzen gehen

balade [balad] *fam* F Spaziergang *m*; *fam* Bummel *m*; *en voiture* Spazierfahrt *f*; *(excursion)* Ausflug *m*

balader [balade] *fam* **A** V/T spazieren führen **B** V/PR **se ~** spazieren gehen; *fam* (herum)bummeln; *en voiture* spazieren fahren; *fam* in der Gegend rumfahren

baladeur [baladœʀ] M Walkman® *m*; **~ MP3** MP3-Player *m*

baladeuse [baladøz] F Handlampe *f*

baladin [baladɛ̃] M Gaukler *m*

balafre [balafʀ] F Schmarre *f*; Schmiss *m* **balafrer** [-e] V/T e-e Hiebwunde, Schmarre beibringen (**qn** j-m)

balai [balɛ] M **1** (Kehr)Besen *m*; *fig* **coup** *m* **de ~** (brutale) Entlassungen *fpl*; *fam* Rausschmiss *m*; **donner un coup de ~** mal schnell (zusammen)kehren; *fig* mit eisernem Besen kehren; *pop* **être con comme un ~** *pop* saublöd, saudoof sein **2** **~ d'essuie-glace** (Scheiben)Wischerblatt *n* **3** *fam (dernier train, bus) fam* Lumpensammler *m*; *adjt* **voiture** *f* **~** Schlussfahrzeug *n* **4** *fam* **avoir trente ~s** dreißig sein

le balcon — Balkon

le balcon — Rang

balai-brosse M ⟨balais-brosses⟩ Scheuerbürste *f*; Schrubber *m*

balaise [balɛz] → **balèze**

balance [balɑ̃s] F **1** Waage *f*; *fig* **mettre dans la ~** in die Waagschale werfen; *fig* **faire pencher la ~ en faveur de** den Ausschlag geben für **2** *fig (équilibre)* Gleichgewicht *n* **3** **~ commerciale, des paiements** Handels-, Zahlungsbilanz *f* **4** ASTROL **la Balance** die Waage

balancé [balɑ̃se] ADJ ⟨~e⟩ *fam* **bien ~** *fam* gut gebaut

balancelle [balɑ̃sɛl] F Hollywoodschaukel *f*

balancement [balɑ̃smɑ̃] M (Hinundher)-Schwingen *n*; Schaukeln *n*

balancer [balɑ̃se] ⟨-ç-⟩ **A** V/T **1** (hin- und her)-schwingen; schaukeln; *jambes* baumeln lassen; **~ les bras** mit den Armen schlenkern **2** *fam qc fam* (weg-, fort)schmeißen; *qn fam* rausschmeißen; feuern **3** *argot (dénoncer) fam* verpfeifen **B** V/I *st/s fig* schwanken (**entre** zwischen + *dat*) **C** V/PRON **se ~** **1** (hin- und her)schwingen; pendeln; baumeln; *bateau* schaukeln; sich wiegen; *personne* (sich) schaukeln; wippen; **se ~ sur sa chaise** mit dem Stuhl schaukeln; *fam* kippeln **2** *fam* **je m'en balance** *fam* das ist mir wurscht, *fam* schnuppe

balancier [balɑ̃sje] M **1** *d'une horloge* Pendel *n*; Perpendikel *m ou n* **2** *d'un funambule* Balancierstange *f*

balançoire [balɑ̃swaʀ] F Schaukel *f*; *(bascule)* Wippe *f*

balane [balan] F ZOOL Seepocke *f*

balayage [balɛjaʒ] M **1** Kehren *n*; Fegen *n* **2** ÉLEC Abtastung *f* **3** COIFFURE Strähnchen *npl*

balayer [baleje] V/T ⟨-ay- *od* -ai-⟩ **1** kehren; fegen; *pièce* auskehren; ausfegen; *saletés* weg-, zusammenkehren, -fegen **2** *par ext nuages, fig soucis* verjagen; vertreiben; *résistance* hinwegfegen; *objections* vom Tisch fegen **3** *projecteur: ciel* absuchen; streichen über (+ *acc*); ÉLEC abtasten

balayette [balɛjɛt] F **1** Handfeger *m* **2** Klo-

(sett)bürste *f* **balayeur** [-jœʀ] M Straßenkehrer *m*, -feger *m* **balayeuse** [-øz] F Kehrmaschine *f* **balayures** [-yʀ] FPL Kehricht *m*
balbutiement [balbysimɑ̃] M 1 Stammeln *n*; Gestammel *n* 2 *fig* **~s** *pl* allererste, schüchterne Anfänge *mpl*, Versuche *mpl*
balbutier [balbysje] V/T *et* V/I stammeln; stottern; *bébé fam* brabbeln
balcon [balkõ] M 1 Balkon *m* 2 THÉ Balkon *m*; Rang *m*
balconnet [balkɔnɛ] M Balconnet-BH *m*
baldaquin [baldakɛ̃] M Baldachin *m*; **lit** *m* **à ~** Himmelbett *n*
Bâle [bɑl] Basel *n*
Baléares [baleaʀ] **les ~** FPL die Balearen *pl*
baleine [balɛn] F 1 Wal *m*; *fam* Walfisch *m* 2 *de soutien-gorge* Stäbchen *n*; **~ de parapluie** Schirmstrebe *f*
baleiné [balene] ADJ ⟨~e⟩ *corset* mit Fischbein(-stäbchen), Stahlfedern verstärkt; *soutien-gorge* mit Armatur **baleineau** [-o] M ⟨~x⟩ ZOOL junger Wal **baleinier** [-je] M Walfangschiff *n* **baleinière** [-jɛʀ] F MAR Walfangboot *n*
balèze [balɛz] *fam* ADJ stämmig; vierschrötig
balisage [balizaʒ] M Ausbakung *f*; Befeuerung *f*; Markierung *f*; Leiteinrichtung *f*
balise [baliz] F 1 MAR, AVIAT Bake *f*; Leucht- *ou* Funkfeuer *n*; MAR *a.* Seezeichen *n* 2 *d'une route* Leitpfosten *m*; *d'un sentier* Markierung *f*; Wegzeichen *n* 3 INFORM Tag [tɛk] *n*
baliser [balize] A V/T 1 MAR, AVIAT ausbaken; befeuern 2 *route* durch Leitpfosten abgrenzen; *sentier* markieren B *fam* V/I *fam* es mit der Angst kriegen

la balle — Ball

les balles (fpl) — Kugeln

la ballerine — Balletttänzerin

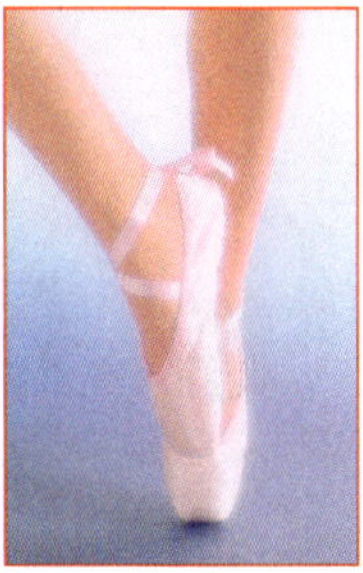
la ballerine — Ballerinaschuh

balistique [balistik] A ADJ ballistisch B F Ballistik *f*
balivernes [balivɛʀn] FPL leeres Geschwätz; ungereimtes Zeug
balkanique [balkanik] ADJ Balkan…; balkanisch
Balkans [balkɑ̃] **les ~** MPL der Balkan
ballade [balad] F Ballade *f*
ballant [balɑ̃] ADJ ⟨-ante [-ɑ̃t]⟩ *jambes* baumelnd; *bras* schlenkernd; herabhängend
ballast [balast] M CH DE FER Schotter *m*
balle [bal] F (! feminin) 1 Ball *m*; *fig* **enfant** *m* **de la ~** Artistenkind *n*; *fig* **renvoyer la ~ à qn** j-m die Antwort nicht schuldig bleiben; *fig* **se renvoyer la ~** *dans une discussion* sich die Bälle zuwerfen; (*rejeter toute responsabilité*) sich gegenseitig die Verantwortung zuschieben; *fig* **saisir la ~ au bond** die Gelegenheit beim Schopf ergreifen 2 Kugel *f*; Geschoss *n*; **~ dans la tête** Kopfschuss *m* 3 COMM Ballen *m* 4 *fam fig* **mille ~s** tausend Franc
ballerine [balʀin] F 1 Balletttänzerin *f*; Ballerina *f* 2 Ballerinaschuh *m*
ballet (! nur ein **t**) [balɛ] M Ballett *n*
ballon [balõ] M 1 (großer) Ball; **~ de football** Fußball *m* 2 *jouet* Luftballon *m* 3 AVIAT Ballon *m*; **~ d'essai** Versuchsballon *m* (*a. fig*) 4 *adjt* **manche** *f* **~** Puffärmel *m*; **verre** *m* **~** Kognakschwenker *m*; bauchiges Rotweinglas 5 MÉD **~ d'oxygène** Atembeutel *m* 6 *alcootest* **souffler dans le ~** in die Tüte, ins Röhrchen blasen
ballonné [balɔne] ADJ ⟨~e⟩ aufgebläht; aufgetrieben **ballonnement** [-mɑ̃] M Blähung *f* **ballonner** [-e] V/T *aliments* Blähungen hervorrufen, zu Blähungen führen (**qn** bei j-m); *abs* blähen
ballon-sonde M ⟨ballons-sondes⟩ Registrierballon *m*
ballot [balo] M 1 Packen *m*; Bündel *n* 2 *fam* Esel *m*; Trottel *m*; *all Sud* Depp *m*

B

le ballon (de football) — (Fuß)Ball

le ballon — Luftballon

ballottage [balɔtaʒ] M Stichwahl *f*
ballottement [balɔtmɑ̃] M *d'un véhicule* Rütteln *n; d'un objet* Hin- -und-her-Rutschen *n*, -Rollen *n*
ballotter [balɔte] A V/T **être ballotté** 1 hin und her geworfen, durchgeschüttelt, durchgerüttelt werden 2 *fig* hin und her gerissen werden (**entre** zwischen + *dat*) B V/I hin und her rutschen, rollen; *poitrine* wippen; hüpfen; *fam* schwabbeln
ballottine [balɔtin] F CUIS kleine Galantine (*mit Aspik überzogene Pastete aus Fisch od Fleisch*)
ball-trap [baltʀap] M ⟨ball-traps⟩ (Wurfmaschine *f* beim) Trapschießen *n*
balluchon [balyʃõ] *fam* M (Kleider)Bündel *n; fig* **faire son ~** sein Bündel schnüren
balnéaire [balneɛʀ] ADJ **station** *f* **~** Seebad *n*
balnéothérapie [balneoteʀapi] F MÉD Heilbehandlung *f* durch Bäder; *t/t* Balneotherapie *f*
bâlois [bɑlwa] A ADJ ⟨-oise [-waz]⟩ Bas(e)ler B **Bâlois(e)** M(F) Bas(e)ler(in) *m(f)*
balourd [baluʀ] ADJ ⟨-ourde [-uʀd]⟩ plump; unbeholfen; tölpelhaft
balourdise [baluʀdiz] F Plumpheit *f*; Tölpelhaftigkeit *f*; Unbeholfenheit *f*
balsa [balza] M Balsa(holz) *n*
balsamique [balzamik] ADJ balsamisch; PHARM *a.* Balsam enthaltend
balte [balt] A ADJ baltisch; **les pays** *mpl* **~s** das Baltikum B **Balte** M/F Balte *m*, Baltin *f*
Baltique [baltik] ADJ **la mer ~** die Ostsee
baluchon → balluchon
balustrade [balystʀad] F Balustrade *f*; Brüstung *f*; Geländer *n*
Balzac [balzak] *frz Dichter*
balzacien [balzasjɛ̃] ADJ ⟨-ienne [-jɛn]⟩ in der Art Balzacs; Balzac…
bambin [bɑ̃bɛ̃] M kleiner Junge; *fam* Knirps *m*
bambocher [bɑ̃bɔʃe] V/I *fam* herumsumpfen
bambou [bɑ̃bu] M 1 Bambus *m* 2 *fam fig* **c'est le coup de ~** *fam* das ist der reinste Nepp
bamboula [bɑ̃bula] F **faire la ~** e-n Kneipenbummel machen
ban [bɑ̃] M 1 **~s** *pl* **(du mariage)** Aufgebot *n*; **faire publier les ~s** das Aufgebot bestellen 2 **mettre qn au ~ de la société** j-n ächten, in Acht und Bann tun; **être en rupture de ~** mit allen Konventionen gebrochen haben 3 rhythmischer Applaus
banal [banal] ADJ ⟨~e; -als⟩ banal; alltäglich
banalisation [banalizasjõ] F Banalisierung *f*; Alltäglichwerden *n*
banaliser [banalize] V/T banalisieren; banal, alltäglich machen; **voiture (de police) banalisée** Zivilstreifenwagen *m*
banalité [banalite] F Banalität *f*; Alltäglichkeit *f*
banana split [bananasplit] M (❗ unveränderlich) CUIS Bananensplit *n*
banane [banan] F 1 Banane *f* 2 *fam coiffure* Einschlagfrisur *f* 3 **(sac** *m***) ~** Gürteltasche *f*
bananeraie [bananʀɛ] F Bananenplantage *f*
bananier [bananje] M 1 BOT Banane(nstaude) *f* 2 MAR Bananenfrachter *m*, -dampfer *m*
banc [bɑ̃] M (❗ maskulin) 1 (Sitz)Bank *f*; **~ des accusés** Anklagebank *f* 2 **~ de sable** Sandbank *f* 3 *de poissons* Schwarm *m*; *d'huîtres* Bank *f* 4 TECH, *fig* **~ d'essai** Prüfstand *m*
bancable [bɑ̃kabl] ADJ *effet de commerce* bank-, rediskontfähig
bancaire [bɑ̃kɛʀ] ADJ Bank…
bancal [bɑ̃kal] ADJ ⟨~e; -als⟩ 1 *personne* humpelnd; hinkend (*a. fig*) 2 *meuble* wack(e)lig
banco [bɑ̃ko] M BACCARA **faire ~** die Bank halten
bandage [bɑ̃daʒ] M (❗ maskulin) MÉD Verband *m*; *pour maintenir* Bandage *f*
bandagiste [bɑ̃daʒist] M Bandagist *m*
bande [bɑ̃d] F 1 (*groupe*) Schar *f*; Trupp *m*; Schwarm *m*; Rudel *n*; Gruppe *f*; *péj* Bande *f* (*a. de malfaiteurs*); *péj* Rotte *f*; Bande *f*; **faire bande à part** sich absondern; eigene Wege gehen 2 Band *n*; Streifen *m*; FILM Filmstreifen *m*; **bande magnétique** Magnetband *n*; AUTOROUTE **bande d'arrêt d'urgence** Standspur *f*; **bande de terre** Landstreifen *m*; Streifen Land; **sur bande** auf Band (gespeichert) 3 **bande dessinée** Comic(strip) *m*; Cartoon *m ou n* 4 MÉD Binde *f* 5 BILLARD Bande *f*; *fig* **par la bande** indirekt; auf Umwegen 6 MAR **donner de la bande** Schlagseite haben; krängen
bandé [bɑ̃de] ADJ ⟨~e⟩ verbunden
bande-annonce [bɑ̃danõs] F ⟨bandes-annonces⟩ FILM Trailer *m*; (Werbe)Vorspann *m*
bandeau [bɑ̃do] M ⟨~x⟩ 1 Stirn-, Haarband *n*; Augenbinde *f* 2 gescheiteltes, eng am Kopf

B

▶ La bande dessinée – der Comic

l'album *m*	(Comic-)Band
le dessinateur	Zeichner
le scénariste	Drehbuchautor
le scénario	Story
l'illustration *f*	Illustration
illustrer	bebildern
la planche	Bildtafel
la vignette, la case	Einzelbild
la bulle	Sprechblase
le dessin humoristique	Karikatur
les plans *m/pl*	Darstellungsperspektiven
la plongée	Perspektive von oben
la contre-plongée	Perspektive von unten
la taille des personnages	Größe der Personen
le découpage	Auswahl der Bilder
le montage	Zusammenstellung der Bilder
le plan général	Totale

WORTFELDER ◀

anliegendes Haar

bandelette [bɑ̃dlɛt] F kleiner, schmaler (Stoff)Streifen; *d'une momie* Binde *f*

bander [bɑ̃de] **A** V/T **1** verbinden; *membre a.* bandagieren; *yeux* zu-, verbinden **2** *arc* spannen **B** V/I *pop homme pop* e-n Steifen, Ständer haben, kriegen

banderille [bɑ̃dʀij] F CORRIDA Banderilla *f*

banderole [bɑ̃dʀɔl] F Spruchband *n*; Transparent *n*

bandit [bɑ̃di] M Gangster *m*; Räuber *m*; Bandit *m*; *fig* Halsabschneider *m*

banditisme [bɑ̃ditism] M Gangstertum *n*; Banditenunwesen *n*

bandonéon [bɑ̃dɔneõ] M MUS Bandoneon *ou* Bandonion *n*

bandoulière [bɑ̃duljɛʀ] F **sac** *m* **en ~** Umhängetasche *f*; **porter qc en ~** etw umgehängt, über die Schulter gehängt tragen

bang [bɑ̃g] M (Überschall)Knall *m*

Bangkok [bɑ̃kɔk, baŋ-] Bangkok *n*

Bangladesh [bɑ̃gladɛʃ] **le ~** Banglades(c)h *n*

banjo [bɑ̃dʒo] M MUS Banjo *n*

banlieue [bɑ̃ljø] F Vororte *mpl*; Stadtrandgebiet *n*; **grande ~** Einzugsgebiet *n*; **proche ~** Nahbereich *m*; **train** *m* **de ~** Nahverkehrs-, Vorortzug *m*; **habiter en ~** in e-m Vorort wohnen

banlieusard [bɑ̃ljøzaʀ] M, **banlieusarde** [-aʀd] F Vorortbewohner(in) *m(f)*

banni [bani] **A** ADJ ⟨~e⟩ verbannt; des Landes verwiesen **B** **~(e)** M(F) Verbannte(r) *m/f(m)*; des Landes Verwiesene(r) *m/f(m)*

bannière [banjɛʀ] F Banner *n*; ÉGL Kirchenfahne *f*

bannir [baniʀ] V/T verbannen (*a. fig* **de** aus)

bannissement [-ismɑ̃] M Verbannung *f*

banquable [bɑ̃kabl] → bancable

banque [bɑ̃k] F **1** Bank *f* (*a.* JEUX); Geldinstitut *n* **2** **~ de données** Datenbank *f*; **~ d'organes** Organbank *f*

banquer [bɑ̃ke] V/I *fam* blechen

banqueroute [bɑ̃kʀut] F Bankrott *m*

banquet [bɑ̃kɛ] M Bankett *n*; Festessen *n*, -mahl *n*

banquette [bɑ̃kɛt] F (Sitz)Bank *f*

banquier [bɑ̃kje] M **1** Bankier *m*; *fam* Banker *m* **2** JEUX Bankhalter *m*

banquise [bɑ̃kiz] F Packeis *n*

banyuls [banjyls] M *Aperitifwein aus dem Roussillon*

Banyuls [banjyls] *Ort im Departement Pyrénées--Orientales*

baobab [baɔbab] M Affenbrotbaum *m*

baptême [batɛm] M REL Taufe *f* (*a. d'un navire*); *fig* **~ de l'air** Lufttaufe *f*; erster Flug; MAR **~ de la ligne** Äquatortaufe *f*

baptiser [batize] V/T **1** REL taufen **2** *fig* nennen; *fam* taufen **3** *fam fig vin fam* taufen

baptismal [batismal] ADJ ⟨~e; -aux [-o]⟩ Tauf…

baptisme [batism] M REL Baptismus *m* **baptiste** [-ist] REL **A** ADJ baptistisch **B** M/F Baptist(in) *m(f)*

baptistère [batistɛʀ] M ÉGL Taufkapelle *f*; Baptisterium *n*

baquet [bakɛ] M **1** Bottich *m* **2** AUTO Schalensitz *m*

bar [baʀ] M (❗ maskulin) **1** Bar *f*; Stehkneipe *f*; (*comptoir*) Bar *f*; Theke *f*; Schanktisch *m*; *meuble* Hausbar *f*; **au ~** an der Bar, Theke **2** *poisson* See-, Wolfsbarsch *m*

baragouinage [baʀagwinaʒ] *fam* M Kauderwelschen *n*; Radebrechen *n*

baragouiner [baʀagwine] *fam* **A** V/T radebrechen **B** V/I Kauderwelsch reden

B

le bar — Bar

le bar — Wolfsbarsch

baraka [baʀaka] F *fam* **avoir la ~** Glück, *fam* Schwein, *fam* Dusel haben

baraque [baʀak] F **1** Baracke *f*; (*cabane*) Bude *f* **2** *fam péj* (Bruch)Bude *f*; *fam fig* **il m'a cassé la ~** *fam* er hat mir alles über den Haufen geworfen

baraqué [baʀake] ADJ ⟨~e⟩ *fam* **(bien) ~** groß und kräftig; athletisch

baraquement [baʀakmɑ̃] M Barackenlager *n*; Baracken *fpl*

baratin [baʀatɛ̃] *fam* M schöne Worte *npl*; *fam* Schmus *m*

baratiner [baʀatine] *fam* **A** V/T beschwatzen; *fam* einseifen **B** V/I schöne Worte, *fam* (viel) Schmus machen **baratineur** [-œʀ] *fam* M, **baratineuse** [-øz] *fam* F Schwätzer(in) *m(f)*

baratte [baʀat] F *autrefois* Butterfass *n*

barbacane [baʀbakan] F **1** FORTIFICATIONS Barbakane *f* **2** CONSTR Entwässerungsschlitz *m*

Barbade [baʀbad] **la ~** Barbados *n*

barbadien [baʀbadjɛ̃] **A** ADJ ⟨-ienne [-jɛn]⟩ barbadisch; aus Barbados **B** **Barbadien(ne)** M(F) Barbadier(in) *m(f)*; Einwohner(in) *m(f)* von Barbados

barbant [baʀbɑ̃] *fam* ADJ ⟨-ante [-ɑ̃t]⟩ *fam* sterbens-, stinklangweilig

barbaque [baʀbak] *fam* F Fleisch *n*

barbare [baʀbaʀ] **A** ADJ barbarisch **B** M/F Barbar(in) *m(f)*; Unmensch *m*

barbarie [baʀbaʀi] F Barbarei *f* **barbarisme** [-ism] M GRAM Barbarismus *m*

barbe [baʀb] F **1** Bart *m*; **à la ~ de qn** vor den Augen j-s; *fig* **rire dans sa ~** heimlich, versteckt lachen; sich (*dat*) ins Fäustchen lachen **2** *fam* **la ~!** jetzt langt's mir aber!; *fam* **quelle ~!** *fam* so was Blödes! **3** **~ à papa** Zuckerwatte *f* **4** *d'un épi* Granne *f*

barbeau [baʀbo] M ⟨~x⟩ ZOOL Barbe *f*

Barbe-Bleue [baʀbəblø] M Blaubart *m*

barbecue [baʀbəkju, -ky] M **1** Holzkohlengrill *m*; Barbecue *n* **2** Grillparty *f*

barbelé [baʀbəle] M Stacheldraht *m*

barber [baʀbe] *fam* **A** V/T *fam* anöden **B** V/PR **se ~** sich langweilen; *fam* sich mopsen

Barberousse [baʀbəʀus] M HIST Barbarossa *m*

Barbès [baʀbɛs] *frz Revolutionär*

barbiche [baʀbiʃ] F kurzer, spitzer Kinnbart **barbichette** [-ɛt] *fam* F spitzes Kinnbärtchen

barbier [baʀbje] M HIST Barbier *m*; Bader *m*

barbiturique [baʀbityʀik] M Barbiturat *n*

barbon [baʀbɔ̃] M *plais* **un (vieux) ~** *fam* ein alter Knabe, *péj* Knacker

barbotage [baʀbɔtaʒ] M **1** *dans l'eau* Plan(t)schen *n* **2** CHIM *d'un gaz* Hindurchströmen *n* (durch e-e Flüssigkeit)

barboter [baʀbɔte] **A** V/T *fam* klauen; *fam* stibitzen **B** V/I planschen

barboteuse [baʀbɔtøz] F Spielhöschen *n*, -anzug *m*

barbouillage [baʀbujaʒ] M *péj* Geschmiere *n*; Gekritzel *n*; Kleckserei *f*

barbouiller [baʀbuje] V/T **1** (*salir*) beschmieren, vollschmieren (**de** mit) **2** *péj* (*peindre*) anpinseln; *toile* vollklecksen **3** *papier* bekritzeln; vollkritzeln **4** *fam fig* **avoir l'estomac barbouillé** e-n verdorbenen, *fam* verkorksten Magen haben

barbouilleur [baʀbujœʀ] M *péj* Kleckser *m*

barbouze [baʀbuz] *fam* F **1** Bart *m* **2** ⟨*a. m*⟩ Geheimagent *m*, -polizist *m*

barbu [baʀby] ADJ ⟨~e⟩ bärtig

barbue [baʀby] F Glattbutt *m*

barcasse [baʀkas] F MAR Barkasse *f*

Barcelone [baʀsəlɔn] Barcelona *n*

barda [baʀda] M *fam* Kram *m*; *fam* Krempel *m*

barde¹ [baʀd] M (*poète celte*) Barde *m*

barde² F **~ (de lard)** Speckscheibe *f*

bardeau [baʀdo] M ⟨~x⟩ Schindel *f*

barder [baʀde] **A** V/T **1** **bardé de décorations** mit Orden behangen **2** CUIS mit Speck(-scheiben) umwickeln **B** V/IMP *fam* **ça va ~** *fam* dann kracht es, knallt es

bardot [baʀdo] M ZOOL Maulesel *m*

barème [baʀɛm] M Tabelle *f*; ÉCOLE Benotungsschema *n*

Barents [baʀɛnts] **la mer de ~** die Barentssee

barge [baʀʒ] F MAR Schute *f*

baril [baʀil] M **1** Fass *n*; Fässchen *n*; **~ de lessive** Waschmitteltonne *f* **2** *de pétrole* Barrel *n*

le barrage — Sperre

le barrage — Staudamm

barillet [baʀijɛ, -ʀilɛ] M 1 *d'un revolver* Trommel *f* 2 *d'une serrure* Schließzylinder *m*

bariolage [baʀjɔlaʒ] M buntes Farbengemisch; Buntheit *f*; Buntscheckigkeit *f* **bariolé** [-le] ADJ ⟨~e⟩ bunt(scheckig) **barioler** [-le] V/T bunt bemalen

barjo [baʀʒo] ADJ (! Maskulin- und Femininform sind gleich) *fam* → cinglé

barmaid [baʀmɛd] F Bardame *f*, -frau *f*

barman [baʀman] M ⟨~s *od* -men [-mɛn]⟩ Barkeeper *m*, -mann *m*, -mixer *m*

Barnabé [baʀnabe] M BIBL Barnabas *m*

barnache [baʀnaʃ] F → bernache

baromètre [baʀɔmɛtʀ] M Barometer *n* (*a. fig*); *fig a.* Gradmesser *m* **barométrique** [-metʀik] ADJ Barometer…; Luftdruck…

baron¹ [baʀõ] M Baron *m* (*a. fig*); Freiherr *m*

baron² [baʀõ] M CUIS **~ d'agneau** Lammrücken *m* mit beiden Keulen

baronne [baʀɔn] F Baronin *f*; Freifrau *f*

baroque [baʀɔk] A ADJ 1 *style* Barock… 2 (*bizarre*) wunderlich; verschroben B M Barock *n ou m*; Barockstil *m*

baroud [baʀud] M **~ d'honneur** Scheingefecht *n*; symbolischer Kampf

baroudeur [baʀudœʀ] M *fam* **un (vieux) ~** *fam* ein (alter) Haudegen

barouf [baʀuf] M *fam* Krach *m*; *fam* Radau *m*

barque [baʀk] F Boot *n*; Kahn *m*; **il mène bien sa ~** er macht s-e Sache gut

barquette [baʀkɛt] F 1 Obsttörtchen *n* 2 *emballage* Schale *f*

barracuda [baʀakyda] M ZOOL Barrakuda *m*; Pfeilhecht *m*

barrage [baʀaʒ] M 1 Sperrung *f*; Sperre *f*; **~ de police** Polizeisperre *f*; *fig* **faire ~ à** e-n Riegel vorschieben (+ *dat*) 2 TECH Staudamm *m*, -mauer *f*; Talsperre *f*

barre [baʀ] F 1 Stange *f*; Stab *m*; SPORTS Latte *f*; **~ fixe** Reck *n*; **~s parallèles** Barren *m*; **~ de chocolat** Riegel *m* Schokolade; **~ de fer** Eisenstange *f*; *fam fig* **avoir un coup de ~** *fam* total fertig sein; *fam fig* **c'est le coup de ~** *fam* das ist der reinste Nepp; *fig* **baisser la ~** das Niveau, die Grenze herabsetzen 2 (*lingot*) **en ~** Barren… 3 (*trait*) Strich *m*; **~ de fraction** Bruchstrich *m* 4 MAR Ruderpinne *f*; POL **coup** *m* **de ~ à gauche** Linksschwenk *m*; *fig* **avoir ~ sur qn** ein Druckmittel gegen j-n haben; **être à la ~** am Ruder sein (*a. fig*) 5 JUR **~ des témoins** Zeugenstand *m* 6 **avoir une ~ à l'estomac** Magendrücken haben 7 ARCH lang gestrecktes Hochhaus; *fam* langer Kasten 8 INFORM **~ d'outils** Symbolleiste *f*

barré [baʀe] ADJ ⟨~e⟩ 1 *route* gesperrt 2 **chèque ~** Verrechnungsscheck *m*; gekreuzter Scheck (*in Frankreich üblich*)

barreau [baʀo] M ⟨~x⟩ 1 (Gitter)Stab *m*; *d'une chaise, échelle* Sprosse *f* 2 JUR Anwaltsstand *m*, -beruf *m*; Anwaltschaft *f*

barrer [baʀe] A V/T 1 *route* sperren; *passage* versperren 2 (*rayer*) (aus)streichen; **chèque barré** Verrechnungsscheck *m* B V/PR *fam fig* **se ~** *fam* abhauen

barrette [baʀɛt] F 1 Haarspange *f* 2 *broche* Anstecknadel *f* 3 CATH Birett *n*

barreur [baʀœʀ] M Steuermann *m*

les barquettes (fpl) — Obsttörtchen

les barquettes (fpl) — Schalen

B

barricade [baʀikad] F Barrikade *f*
barricader [baʀikade] V/T (*et* V/PR **se ~** sich) verbarrikadieren
barrière [baʀjɛʀ] F Barriere *f* (*a. fig*); Absperrung *f*; Sperre *f*; Schranke *f* (*a.* CH DE FER, *fig*); *à la frontière* Schlagbaum *m*; **~ linguistique** Sprachbarriere *f*; *fig* **être de l'autre côté de la ~** auf der anderen Seite, im gegnerischen Lager stehen
barrique [baʀik] F Fass *n* (*200-250 l*)
barrir [baʀiʀ] V/I *éléphant* trompeten **barrissement** M *d'un éléphant* Trompeten *n*
Barthélemy [baʀtelemi, -tɛlmi] M *Vorname*
barycentre [baʀisɑ̃tʀ] M Schwerpunkt *m*; *t/t* Baryzentrum *n*
baryton [baʀitõ] M MUS Bariton *m*
bas[1] [bɑ] A ADJ ⟨basse [bɑs]⟩ 1 niedrig; untere (*a.* GÉOG); *côte* flach; *nuages* tief hängend; *soleil* tief stehend; **front bas** niedrige, flache Stirn; **ville basse** Unterstadt *f*; *pièce* **bas de plafond** niedrig; mit niedriger Decke 2 *salaire, nombre, etc* niedrig; *température a.* tief; *dans une hiérarchie a.* niedere; **les basses besognes** die niedrigen Arbeiten; *fig* die schmutzigen Geschäfte 3 Spät...; **bas latin** Spät-, Mittellatein *n* 4 *voix* leise; MUS tief B ADV 1 tief; niedrig; *dans un texte* **plus bas** weiter unten; *malade* **il est bien bas** es steht schlecht mit ihm; *animal* **mettre bas** (Junge) werfen; *fig* **il est tombé bien bas** er ist tief gesunken; **voler bas** tief fliegen 2 *parler, chanter* leise; MUS tief 3 **à bas ...!** nieder mit ...!; **en bas** unten; (*vers le bas*) nach unten; abwärts; hinunter; hinab; *passer* **par en bas** unten entlang; untenherum; **en bas de** unten an (+ *dat ou acc*); am Fuß (+ *gén*) C M unterer Teil; Fuß *m*; **au bas de** unten an (+ *dat ou acc*); am Fuß (+ *gén*); **par le bas** von unten (her, herauf)
bas[2] M (Damen)Strumpf *m*; *fig* **~ de laine** Sparstrumpf *m*; *par ext* Ersparnisse *fpl*
basal [bazal] ADJ ⟨~e; -aux [-o]⟩ basal
basalte [bazalt] M MINÉR Basalt *m* **basaltique** [-ik] ADJ MINÉR Basalt...
basané [bazane] ADJ ⟨~e⟩ 1 sonnenverbrannt 2 *péj* dunkelhäutig
bas-bleu [bablø] M ⟨bas-bleus⟩ *péj* Blaustrumpf *m*
bas-côté [bakote] M ⟨bas-côtés⟩ 1 Seiten-, Randstreifen *m*; Straßenrand *m* 2 ARCH Seitenschiff *n*
basculant [baskylɑ̃] ADJ ⟨-ante [-ɑ̃t]⟩ kipp-, klappbar; Kipp...; Klapp...
bascule [baskyl] F 1 *balance* Brückenwaage *f* 2 (*balançoire*) Wippe *f* 3 **cheval** *m*, **fauteuil** *m* **à ~** Schaukelpferd *n*, -stuhl *m* 4 ÉLEC Kippschaltung *f*
basculement [baskylmɑ̃] M (Um-, Aus)Kippen *n*
basculer [baskyle] A V/T (**faire**) **~** kippen B V/I 1 (um)kippen 2 *fig*, POL **~ dans** einschwenken auf (+ *acc*)
basculeur [baskylœʀ] M 1 TECH Kipper *m*; Kippvorrichtung *f* 2 ÉLEC Kipp-, Flipflopschaltung *f*
base [bɑz] F 1 Basis *f* (*a.* ANAT); *d'une statue a.* Sockel *m*; MATH Grundfläche *f*, -linie *f*, -zahl *f*; INFORM **~ de données** Database *f*; POL **militant** *m* **de ~** aktives einfaches Mitglied 2 MIL (Militär)Basis *f*; Stützpunkt *m*; **~ aérienne** Luftwaffenbasis *f*; Fliegerhorst *m*; **~ navale** Flottenbasis *f*; Flotten-, Marinestützpunkt *m* 3 *fig* Basis *f* (*a. d'un parti*); Grundlage *f*; Fundament *n*; **de ~** Grund...; grundlegend; **salaire** *m* **de ~** Grundgehalt *n*; *produit* **à ~ de ...** auf ...basis; **sur la ~ de** auf der Basis, Grundlage von (*ou* + *gén*); **avoir des ~s solides** ein solides Grundwissen haben; **être à la ~ de qc** e-r Sache (*dat*) zugrunde liegen 4 CHIM Base *f*; Lauge *f*
base-ball [bezbol] M Baseball *m*
Bas-Empire [bazɑ̃piʀ] M HIST **le ~** das spätrömische Reich; das Römische Reich der Spätantike
baser [bɑze] A V/T 1 **~ sur** gründen, stützen (+ *acc*); **être basé sur** basieren, fußen auf (+ *dat*) 2 MIL **être basé** stationiert sein (**à** in + *dat*) B V/PR **se ~ sur qc** sich auf etw (*acc*) stützen
bas-fond [bafõ] M ⟨bas-fonds⟩ 1 *de la mer, d'un fleuve* Untiefe *f*; seichte Stelle 2 *fig* **bas-fonds** *pl d'une ville* Elends-, Verbrecherviertel *npl*; *de la société* Abschaum *m*
basic [bazik] M INFORM BASIC *n*
basicité [bɑzisite] F CHIM Basizität *f*
Basile [bazil] M *Vorname*
basilic [bazilik] M Basilikum *n*
basilique [bazilik] F Basilika *f*
basique [bɑzik] ADJ CHIM basisch; alkalisch
basket [baskɛt] 1 *m abr* → **basket-ball** 2 *fpl* **~s** Turn-, Sportschuhe *mpl*; *fam fig* **lâche-moi les ~s!** lass mich in Ruhe!
basket-ball [baskɛtbol] M Basketball *m*
basketteur [baskɛtœʀ] M, **basketteuse** [-øz] F Basketballspieler(in) *m(f)*
basoche [bazɔʃ] F HIST Juristen *mpl*
basquaise [baskɛz] ADJ F CUIS (**à la**) **~** mit rohem Schinken, Paprika und Tomaten
basque[1] [bask] A ADJ baskisch; Basken...; **le Pays ~** das Baskenland; **pelote** *f* **~** Pelota *f* B SUBST 1 **Basque** *m/f* Baske *m*, Baskin *f* 2 LING **le ~** Baskisch *n*
basque[2] F *fig* **être toujours pendu aux ~s de qn** dauernd an den Rockschößen j-s hängen
bas-relief [baʀəljɛf] M ⟨bas-reliefs⟩ Flach-, Basrelief *n*

le basket — Basketball

les baskets (mpl) — Sportschuhe

Bas-Rhin [baʀɛ̃] **la** ~ das Unterelsass
basse [bas] F (❗ feminin) **1** Bass *m*; (**voix** *f* **de**) ~ Bass(stimme) *m(f)* **2** → contrebasse
Basse-Autriche [basotʀiʃ] **la** ~ Niederösterreich *n*
basse-cour F ⟨basses-cours⟩ Hühnerhof *m*
bassement [basmɑ̃] ADV auf gemeine Weise
Basse-Normandie [basnɔʀmɑ̃di] **la** ~ *frz Region*
Basse-Saxe [bassaks] **la** ~ Niedersachsen *n*
bassesse [basɛs] F niedrige Gesinnung; Gemeinheit *f*
basset [basɛ] M Basset *m*; Dackel *m*
Basse-Terre [bastɛʀ] *Stadt auf Guadeloupe*
bassin [basɛ̃] M **1** Becken *n* (*a.* GÉOG, ANAT); Schüssel *f*; ~ (**hygiénique**) Bettschüssel *f*, -pfanne *f* **2** (*pièce d'eau*) (Wasser)Becken *n*; Bassin *n*; MAR Hafenbecken *n*
bassine [basin] F Wanne *f*; große Schüssel
bassiner [basine] V/T *fam* ~ **qn** *fam* j-m auf die Nerven gehen, auf den Wecker fallen
bassiste [basist] M (Kontra)Bassist *m*
basson [basõ] M Fagott *n*
Bastia [bastja] *Stadt auf Korsika*
bastide [bastid] F *en Provence* Land-, Bauernhaus *n*
Bastille [bastij] F HIST *à Paris* Bastille *f*
bastingage [bastɛ̃gaʒ] M Reling *f*
bastion [bastjõ] M Bastion *f* (*a. fig*); Bastei *f*
bastonnade [bastɔnad] F Stockschläge *mpl*
bas-ventre [bavɑ̃tʀ] M ⟨bas-ventres⟩ Unterleib *m*
bât [ba] M Packsattel *m*; *fig* **c'est là que le ~ blesse** da drückt der Schuh; das ist ein wunder Punkt
bataclan [bataklɑ̃] *fam* M (Sieben)Sachen *fpl*; Zeug *n*; *fam* Kram *m*; *fam* Krempel *m*; **et tout le ~** und was sonst noch so dazugehört
bataille [bataj] F **1** Schlacht *f* (*a. fig*); ~ **navale** Seeschlacht *f*; *jeu* Schiffchen versenken; *fam* ~ **rangée** regelrechte (Straßen)Schlacht; *fig* **arriver après la ~** (an)kommen, wenn alles fertig ist; zu spät kommen; *fig* **avoir les cheveux en ~** zerzaustes Haar haben **2** *einfaches Kartenspiel*
batailler [bataje] V/I kämpfen; sich einsetzen; sich abmühen
batailleur [batajœʀ] **A** ADJ ⟨-euse [-øz]⟩ streitbar, -lustig, -süchtig **B** M Kämpfer(natur) *m(f)*
bataillon [batajõ] M Bataillon *n*
bâtard [bataʀ] **A** ADJ ⟨-arde [-aʀd]⟩ Misch...; (**chien**) ~ *m* nicht reinrassiger Hund; *péj* Promenadenmischung *f*; *fig* **solution ~e** Kompromisslösung *f* **B** M **1** *péj* Bastard *m* **2** *pain* kurzes Stangenbrot
batave [batav] ADJ *plais* holländisch
batavia [batavja] F Batavia(salat) *m*
bâté [bate] ADJ *fig* **âne ~** *fam* alter Esel
bateau [bato] M ⟨~x⟩ **1** Schiff *n*; *non ponté* Boot *n*; ~ **à moteur** Motorschiff *n*, -boot *n*; ~ **à voiles** Segelschiff *n*, -boot *n*; ~ **de pêche** Fischdampfer *m*; Fischerboot *n*; *fig* **mener qn en ~** j-m e-n Bären aufbinden; j-n auf den Arm nehmen **2** (abgesenkte Grundstücks)Ein-, Ausfahrt **3** *adjt fam thème* abgedroschen; alltäglich
bateau-citerne M ⟨bateaux-citernes⟩ Tanker *m*; Tankschiff *n* **bateau-mouche** M ⟨bateaux-mouches⟩ Rundfahrtschiff *n* (auf der

La Bastille

Die Bastille war zunächst ein befestigtes Stadttor im Osten von Paris, bevor sie zum Gefängnis wurde. Der **Sturm auf die Bastille** (**la prise de la Bastille**) am **14. Juli 1789** wird häufig als symbolischer Auftakt der Französischen Revolution interpretiert. Im Juli 1789 befand sich das Volk von Paris in Unruhe. Durch hohe Brotpreise fühlte es sich in seiner Existenz bedroht. Seit dem 10. Juli wurden Zollhäuser rund um Paris in Brand gesteckt in der Hoffnung, dass die Waren in der Stadt billiger würden, allerdings ohne Erfolg. Am 12. Juli erreichte die Nachricht von der Entlassung des Finanzministers Jacques Necker Paris. Am selben Tag kam es zu gewalttätigen Auseinandersetzungen. Waffenhandlungen wurden geplündert, und am 14. Juli belagerte eine Menschenmenge die Bastille, um an die dort gelagerten Munitionsvorräte zu gelangen. Nachdem der Kommandant auf die Menschenmenge schießen ließ, stürmte die aufgewühlte Menge die Bastille, befreite die wenigen Gefangenen und tötete die Wachmannschaft. Der 14. Juli ist noch heute französischer Nationalfeiertag.

LANDESKUNDE

B

Seine) **bateau-pilote** M ⟨bateaux-pilotes⟩ Lotsenboot *n* **bateau-pompe** M ⟨bateaux-pompes⟩ Feuerlöschboot *n*

bateleur [batlœʀ] M Gaukler *m*

batelier [batəlje] M Schiffer *m*

batellerie [batɛlʀi] F Binnen-, Flussschifffahrt *f*

bâti [bati] A ADJ ⟨~e⟩ 1 *terrain* bebaut 2 **bien ~** *personne* gut gebaut; gut gewachsen B M 1 TECH Gestell *n*; Rahmen *m* 2 COUT Heftstiche *mpl*, -fäden *mpl*

batifolage [batifɔlaʒ] M Herumtollen *n* **batifoler** [-e] V/I herumtollen

batik [batik] M Batik *m ou f*

bâtiment [batimɑ̃] M 1 Gebäude *n*; Bau(werk) *m(n)* 2 *secteur* Bau *m*; Baufach *n*, -branche *f*, -wesen *n*; Hochbau *m* 3 MAR (großes) Schiff

bâtir [batiʀ] V/T 1 bauen; erbauen; *terrain* bebauen 2 *fig théorie* konstruieren; aufstellen; *fortune, réputation* (be)gründen (**sur** auf + *acc*) 3 COUT (zusammen)heften

bâtisse [batis] F Bau(werk) *m(n)*; Gebäude *n*; *péj fam* Kasten *m*

bâtisseur [batisœʀ] M 1 Erbauer *m* 2 *fig* (Be-)Gründer *m*

batiste [batist] F TEXT Batist *m*

bâton [batõ] M 1 Stock *m*; Stab *m*; Stecken *m*; Knüppel *m*; Prügel *m*; **~ de maréchal** Marschallstab *m*; *fig* Krönung *f* der Karriere; **~ de ski** Skistock *m*; *fig* **~ de vieillesse** Stütze *f* des Alters; *fig* **mener une vie de ~ de chaise** ein Lotterleben führen; *fig* **mettre à qn des ~s dans les roues** j-m Knüppel zwischen die Beine werfen; **parler à ~s rompus** vom Hundertsten ins Tausendste kommen 2 **~ de craie** Stück *n* Kreide; **~ de rouge à lèvres** Lippenstift *m* 3 senkrechter Strich

bâtonnet [batɔnɛ] M 1 Stäbchen *n* 2 CUIS **~ de poisson** Fischstäbchen *n*

bâtonnier [batɔnje] M JUR Präsident *m* (der Anwaltskammer)

batraciens [batʀasjɛ̃] MPL Amphibien *fpl*; Lurche *mpl*

battage [bataʒ] M 1 *du blé* Dreschen *n*; Drusch *m* 2 *fig fam* (Reklame)Rummel *m*

battant [batɑ̃] A ADJ ⟨-ante [-ɑ̃t]⟩ schlagend; klopfend; *pluie* **~e** prasselnder Regen B SUBST 1 *m* (Glocken)Klöppel *m*, (-)Schwengel *m* 2 *m* (Tür- *ou* Fenster)Flügel *m* 3 **~(e)** *m(f)* Kämpfer(in) *m(f)*; Kämpfernatur *f*

batte [bat] F SPORTS Schlagholz *n*

battement [batmɑ̃] M 1 Schlagen *n*; *du cœur a.* Klopfen *n*; Pochen *n*; *de la pluie* Prasseln *n*; **~ d'ailes** Flügelschlag(en) *m(n)*; **~ des cils, des paupières** Lidschlag *m*; (Augen)Zwinkern *n*; Blinzeln *n*; **avoir des ~s de cœur** Herzklopfen haben 2 (verfügbare Zwischen)Zeit; Pause *f*

batterie [batʀi] F 1 ÉLEC Batterie *f*; *fig* **recharger ses ~s** (wieder) neue Kräfte sammeln 2 MIL Batterie *f*; *fig* **dévoiler ses ~s** s-e Taktik zu erkennen geben 3 MUS Schlagzeug *n* 4 (*ensemble*) **~ de cuisine** Batterie *f* von Töpfen und Pfannen; AGR **~ d'élevage** Legebatterie *f*; *fig* **~ de tests** Testreihe *f*

batteur [batœʀ] M 1 CUIS Handmixer *m*, -rührgerät *n* 2 MUS Schlagzeuger *m* **batteuse** [-øz] F AGR Dreschmaschine *f*

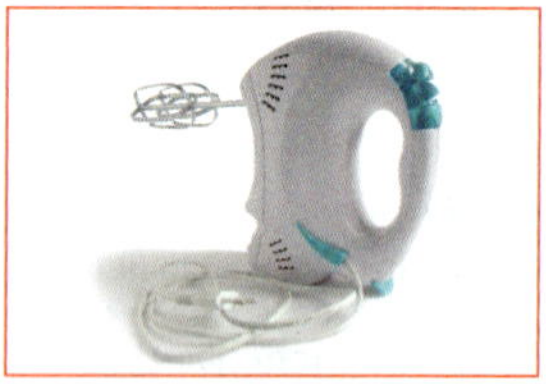

le batteur — Handmixer

le batteur — Schlagzeuger

battoirs [batwaʀ] MPL *fam (mains larges) fam* Pranken *fpl*; *fam* Tatzen *fpl*

battre [batʀ] ⟨je bats, il bat, nous battons; je battais; je battis; je battrai; que je batte; battant; battu⟩ A V/T 1 (*donner des coups*) schlagen; (ver)prügeln 2 *adversaire* schlagen; besiegen; *record* brechen 3 *tapis* klopfen; *tambour, mesure* schlagen; *œufs, crème* schlagen; *cartes* mischen; *fer* schmieden; *blé* dreschen; **battre monnaie** Münzen, Geld prägen 4 *région* (kreuz und quer) durchstreifen; *fam* abgrasen B V/I schlagen; *cœur a.* pochen; klopfen; *pluie* **battre contre les vitres** gegen die Scheiben schlagen, prasseln, klatschen; **battre des cils, des paupières** zwinkern; blinzeln; **battre des mains** (in die Hände) klatschen C V/PRON **se battre** 1 MIL, *fig* kämpfen (**contre, pour qn, qc** gegen, für j-n, etw); sich schlagen 2 (*se bagarrer*) sich schlagen, sich balgen, sich prügeln, (sich) raufen (**avec qn** mit j-m); *fig* **se battre avec qc** sich mit etw herumschlagen, abmühen

battu [baty] PP → battre *et* ADJ ⟨~e⟩ **1** **avoir les yeux ~s** (tiefe) Schatten unter den Augen haben **2** TENNIS **terre ~e** Hartplatz *m*; *fig* **sentiers ~s** ausgetretene Pfade *mpl*
battue [baty] F Treibjagd *f*
Batz [ba] **l'île** *f* **de ~** *bretonische Insel*
baudet [bodɛ] *fam* M Esel *m*; **chargé comme un ~** beladen wie ein Packesel
baudrier [bodʀije] M *portant le sabre* Säbelgürtel *m*; *portant l'épée* Degengürtel *m*; ALPINISME Klettergürtel *m*
baudroie [bodʀwa] F ZOOL Seeteufel *m*
baudruche [bodʀyʃ] F **ballon** *m* **de ~** Luftballon *m*
bauge [boʒ] F Suhle *f*
baume [bom] M Balsam *m* (*a. fig*)
bauxite [boksit] F Bauxit *m*
bavard [bavaʀ] **A** ADJ ⟨-arde [-aʀd]⟩ gesprächig; redselig; *péj* geschwätzig; (*indiscret*) schwatzhaft **B** **~(e)** M(F) Schwätzer(in) *m(f)*; *fam* Klatschbase *f*
bavardage [bavaʀdaʒ] M **1** *action* Schwatzen *n* **2** *propos* Geschwätz *n*; *fam péj* Gewäsch *n*; *indiscret* Klatsch *m*; Gerede *n*
bavarder [bavaʀde] V/I schwatzen (*a. péj*); plaudern; *fam* klatschen
bavarois [bavaʀwa] **A** ADJ ⟨-oise [-waz]⟩ bay(e)risch **B** **1** **Bavarois(e)** *m(f)* Bayer *m*, Bay(e)rin *f* **2** LING **le ~** das Bairische; Bairisch *n*
bave [bav] F **1** Speichel *m*; *fam* Sabber *m*; Geifer *m* **2** *de la limace* Schleim *m*
baver [bave] V/I **1** speicheln; geifern; *bébé fam* sabbern **2** *encre, peinture* verlaufen **3** *fam fig* **~ d'admiration** vor Bewunderung vergehen **4** *fam fig* **en ~** es schwer haben; **en faire ~ à qn** j-m das Leben schwer machen
bavette [bavɛt] F **1** Latz *m* **2** *fam* **tailler une ~** *fam* ein Schwätzchen, e-n Schwatz halten **3** BOUCHERIE Bauchlappen *m*
baveux [bavø] ADJ ⟨-euse [-øz]⟩ **1** voll Speichel; *fam* sabbernd **2** *omelette* leicht durchgebacken
Bavière [bavjɛʀ] **la ~** Bayern *n*
bavoir [bavwaʀ] M (Sabber)Lätzchen *n*
bavure [bavyʀ] F **1** verkleckste Stelle; (Schmutz)Fleck *m*; *fig* **sans ~(s)** makellos; tadellos; einwandfrei **2** *fig* Missgriff *m*; Panne *f*; *de la police* Übergriff *m*
bayer [baje] V/I ⟨-ay- *od* -ai-⟩ **~ aux corneilles** Maulaffen feilhalten
Bayonne [bajɔn] *Stadt im Departement Pyrénées-Atlantiques*
bazar [bazaʀ] M **1** *en Orient* Basar *m* **2** *magasin* Kramladen *m* **3** *fam* → fouillis, bataclan
bazarder [bazaʀde] V/T *fam* wegschmeißen
bazooka [bazuka] M MIL Bazooka *f*

BCBG [besebeʒe] ADJ (❗ unveränderlich) ABR (bon chic bon genre) schick; elegant; smart
BCE [beseə] F ABR (Banque centrale européenne) EZB *f* (Europäische Zentralbank)
BCG [beseʒe] M ABR (bacille Calmette-Guérin) MÉD BCG-Schutzimpfung *f* (*gegen Tuberkulose*)
bd ABR → boulevard
BD [bede] F (❗ unveränderlich) *fam* ABR (bande dessinée) Comic(s) *m(pl)*
bê [bɛ] INT *mouton* mäh!; bäh!
beach volley [bitʃvɔlɛ] M Beachvolleyball *m*
béant [beɑ̃] ADJ ⟨-ante [-ɑ̃t]⟩ klaffend; *gouffre* gähnend
Béarn [beaʀn] **le ~** *historische Provinz in Südwestfrankreich*
béarnais [beaʀnɛ] ADJ ⟨-aise [-ɛz]⟩ des Béarn; CUIS **sauce ~e** Sauce béarnaise *f*
béat [bea] ADJ ⟨-ate [-at]⟩ einfältig, dümmlich (und glücklich); selig
béatification [beatifikasjõ] F Seligsprechung *f* **béatifier** [-fje] V/T seligsprechen
béatitude [beatityd] F **1** REL Seligkeit *f* **2** *st/s* Glückseligkeit *f*
beatnik [bitnik] M Gammler *m*
Béatrice [beatʀis] F *Vorname*
beau [bo] **A** ADJ ⟨*m vor Vokal u. stummem h* bel [bɛl]; *f* belle [bɛl]; *mpl* beaux [bo]⟩ **1** schön; **un ~ geste** e-e schöne, edle Geste; **les ~x quartiers** die vornehmen Viertel *npl*; **un ~ soleil** (e-e) strahlende Sonne; **~ temps** schönes, gutes Wetter; **un ~ jour** e-s schönen Tages; **se faire ~** sich schön machen; sich fein machen **2** *iron* schön; heiter; reizend; nett; **j'en apprends de belles** ich höre ja schöne, reizende Dinge, Geschichten; **en dire de belles** dummes Zeug reden **3** *somme* ziemlich groß; *fam* schön; *fam* hübsch; *morceau* groß; *fam* ordentlich; *gifle, rhume fam* gehörig; *fam* tüchtig; **un bel âge** ein schönes, hohes Alter; **au ~ milieu de** mitten in, auf (+ *dat*) **B** ADV **avoir ~ faire qc** etw noch so sehr tun können, mögen; **vous avez ~ dire** Sie können *ou* mögen sagen, was Sie wollen; **il fait ~** es ist schön(es Wetter); *menace* **il ferait ~ voir que …** das wäre ja noch schöner, wenn …; **bel et bien** tatsächlich; wirklich; in der Tat; **de plus belle** noch mehr, heftiger, stärker, schlimmer **C** SUBST **1** **le ~** das Schöne **2** **un vieux ~** ein alter Beau, Schönling; *chien* **faire le ~** Männchen machen; *fam* schönmachen **3** *iron* **c'est du ~!** das ist ja heiter, reizend! **4** **être au ~ fixe** *baromètre* auf Schön stehen; *temps* beständig sein; *fig relations* bestens, ungetrübt sein **5** *plais* **sa belle** s-e Liebste; **ma belle!** meine Liebe, Beste, Gute! **6** **belle** *f* JEU entscheidende Partie; SPORTS Entscheidungsspiel *n* **7** *argot* **(se) faire la belle**

B

fam ausrücken; *fam* ausbüxen

Beauce [bos] **la ~** *Landschaft im Südwesten von Paris*

beaucoup [boku] ADV viel; sehr; (*de nombreuses personnes*) viele; **beaucoup de** (+ *subst*) viel(e) (+ *subst*); **lire beaucoup** viel lesen; **il a beaucoup changé** er hat sich sehr verändert; **beaucoup mieux** viel, weit besser; **de beaucoup** bei weitem; weitaus; mit Abstand; **beaucoup d'accidents** viele Unfälle; **beaucoup de chance** viel Glück; **avoir beaucoup de choses à faire** viel zu tun haben; **il y est pour beaucoup** er ist daran maßgeblich beteiligt; **beaucoup le pensent** viele denken so

beauf [bof] M ABR *fam* **1** → beau-frère **2** *péj* Spießer *m*

beau-fils M ⟨beaux-fils⟩ **1** (*fils du conjoint*) Stiefsohn *m* **2** (*gendre*) Schwiegersohn *m*

beau-frère M ⟨beaux-frères⟩ Schwager *m*

Beaujolais [boʒɔlɛ] **1** **le ~** *Weingegend nördlich von Lyon* **2** **beaujolais** *m vin* Beaujolais *m*

Beaune [bon] *Stadt im Departement Côte-d'Or*

beau-papa [bopapa] M ⟨beaux-papas⟩ *appellatif* Schwiegerpapa *m*

beau-père M ⟨beaux-pères⟩ **1** (*père du conjoint*) Schwiegervater *m* **2** (*époux de la mère*) Stiefvater *m*

beauté [bote] F Schönheit *f*; **une ~** (*belle femme*) e-e Schönheit; **produits** *mpl* **de ~** Kosmetika *npl*; **soins** *mpl* **de ~** Schönheitspflege *f*; Kosmetik *f*; *terminer* **en ~** mit Glanz; glänzend; **être en ~** besonders schön aussehen; *fam* **se refaire une ~** das Make-up erneuern

beaux-arts [bozaʀ] MPL **les ~** die schönen Künste *fpl*; die bildende Kunst

beaux-parents [bopaʀɑ̃] MPL Schwiegereltern *pl*

bébé [bebe] M Baby *n*; Säugling *m*; *fig* **jeter le ~ avec l'eau du bain** das Kind mit dem Bad ausschütten **bébé-éprouvette** M ⟨bébés-éprouvette⟩ Retortenbaby *n*

bébête [bebɛt] *fam* ADJ kindisch; albern

be-bop [bibɔp] M MUS Bebop *m*

bec [bɛk] M **1** Schnabel *m*; **coup** *m* **de ~** Schnabelhieb *m*; *fig* Seitenhieb *m*; *fig* **rester le ~ dans l'eau** nicht wissen, woran man ist **2** *fam fig* (*bouche*) *fam* Schnabel *m*; **un ~ fin** ein Feinschmecker *m*; **prise** *f* **de ~** (heftiger) Wortwechsel; Auseinandersetzung *f*; **claquer du ~** *fam* Kohldampf schieben; **clouer le ~ à qn** *fam* j-m den Mund stopfen **3** *d'une cafetière, etc* Schnabel *m*; Ausgießer *m*; Tülle *f*; *d'une plume* Spitze *f*; MUS Mundstück *n*; *fam fig* **tomber sur un ~** e-e harte Nuss zu knacken haben

bécane [bekan] *fam* F **1** (*vélo*) *fam* Stahlross *n*; *fam* Drahtesel *m* **2** (*moto*) *fam* Maschine *f* **3** (*PC*) *fam* Kiste *f*

le bec — Schnabel

le bec — Ausgießer

bécarre [bekaʀ] M MUS Auflösungszeichen *n*

bécasse [bekas] F **1** ZOOL (Wald)Schnepfe *f* **2** *fam fig* dumme Gans, Pute

bécassine [bekasin] F **1** ZOOL Bekassine *f*; Sumpfschnepfe *f* **2** *fam fig* → bécasse

bec-de-cane [bɛkdəkan] M ⟨becs-de-cane⟩ **1** *serrure* schlüsselloses Fallenschloss **2** *poignée* Türklinke *f*; Drehknauf *m*

bec-de-lièvre [bɛkdəljɛvʀ] M ⟨becs-de-lièvre⟩ Hasenscharte *f*

bêchage [bɛʃaʒ] M JARD Umgraben *n*

béchamel [beʃamɛl] F Béchamelsoße *f*

bêche [bɛʃ] F Spaten *m*

bêcher [beʃe] **A** V/T umgraben **B** *fam* V/I eingebildet, hochnäsig sein

bêcheur [bɛʃœʀ] M *fam* eingebildeter Schnösel **bêcheuse** [-øz] F *fam* eingebildete Pute

bécot [beko] M Küsschen *n*

bécoter [bekɔte] *fam* V/T (*et* V/PR **se ~** sich) abküssen, *fam* abknutschen

becquée [beke] F **donner la ~** füttern (**à** *acc*)

becquerel [bɛkʀɛl] M PHYS Becquerel *n*

becqueter [bɛkte] *fam* V/T ⟨-tt-⟩ *personne fam* futtern

becter [bɛkte] *fam* V/T essen; *fam* futtern

bedaine [bədɛn] F *fam* Wanst *m*

bedeau [bədo] M ⟨~x⟩ Küster *m*; Kirchendiener *m*

bedon [bədõ] M *fam* → bedaine

bedonnant [bədɔnɑ̃] *fam* ADJ ⟨-ante [-ɑ̃t]⟩ dick-, *fam* schmerbäuchig

bédouin [bedwɛ̃], **bédouine** [-in] **A** M,F Beduine *m*, Beduinenfrau *f* **B** ADJ Beduinen…

bée [be] ADJ F **rester bouche ~** mit offenem Mund dastehen; *fam* Mund und Augen aufreißen

beefsteak [biftɛk] M → bifteck

béer [bee] VI *litt* **~ d'admiration** vor Bewunderung den Mund weit aufreißen

beffroi [befʀwa] M Uhr-, Rathausturm *m*

bégaiement [begɛmɑ̃] M Stottern *n*

bégayer [begeje] VT *et* VI ‹-ay- *od* -ai-› stottern

bégonia [begɔnja] M Begonie *f*

bègue [bɛg] **A** ADJ **être ~** stottern **B** M/F Stotterer *m*, Stotterin *f*

bégueule [begœl] ADJ prüde

béguin [begɛ̃] M *fam* **1** **avoir le ~ pour qn** in j-n vernarrt, *fam* verknallt sein **2** *personne fam* Schwarm *m*

béhaviorisme [beavjɔʀism] M Behaviorismus *m* **béhavioriste** [-ist] **A** ADJ behavioristisch **B** M/F Behaviorist(in) *m(f)*

beige [bɛʒ] ADJ beige; sandfarben

beigne [bɛɲ] F *fam* → gifle

beignet [bɛɲɛ] M Krapfen *m*; Berliner *m*

bel [bɛl] → beau

bêlement [bɛlmɑ̃] M *des moutons* Blöken *n*; *des chèvres* Meckern *n* **bêler** [-e] VI *mouton* blöken; *chèvre* meckern

belette [bəlɛt] F Wiesel *n*

Belfort [bɛlfɔʀ, be-] *Hauptstadt des Departement Territoire de Belfort*

belge [bɛlʒ] **A** ADJ belgisch **B** **Belge** M/F Belgier(in) *m(f)*

belgicisme [bɛlʒisism] M LING belgische Spracheigentümlichkeit; Belgizismus *m*

Belgique [bɛlʒik] **la ~** Belgien *n*

Belgrade [bɛlgʀad] Belgrad *n*

bélier [belje] M **1** ZOOL Widder *m*; Schafbock *m* **2** ASTROL **Bélier** Widder *m* **3** HIST Sturmbock *m*

belladone [bɛladɔn] F BOT Tollkirsche *f*; Belladonna *f*

bellâtre [bɛlatʀ] M Beau *m*; Schönling *m*

belle [bɛl] → beau

belle-de-jour [bɛldəʒuʀ] F ‹belles-de-jour› BOT Winde *f* **belle-de-nuit** F ‹belles-de--nuit› BOT Wunderblume *f*

belle-doche [bɛldɔʃ] *péj* F ‹*pl* belles-doches› Schwiegermutter *f* **belle-famille** F ‹belles--familles› Familie *f* des Ehepartners; angeheiratete Familie

belle-fille F ‹belles-filles› **1** *(bru)* Schwiegertochter *f* **2** *(fille du conjoint)* Stieftochter *f*

belle-maman F ‹belles-mamans› *appellatif* Schwiegermama *f*

belle-mère F ‹belles-mères› **1** *(mère du conjoint)* Schwiegermutter *f* **2** *(épouse du père)* Stiefmutter *f*

belles-lettres [bɛllɛtʀ] FPL *autrefois* schöne Literatur; Belletristik *f*

belle-sœur F ‹belles-sœurs› Schwägerin *f*

bellicisme [bɛlisism] M kriegerische Gesinnung; Kriegshetze *f*

belliciste [bɛlisist] **A** ADJ den Krieg befürwortend; kriegshetzerisch **B** M/F Befürworter(in) *m(f)* des Krieges; Kriegshetzer(in) *m(f)*

belligérance [bɛliʒeʀɑ̃s] F Status *m* e-r Krieg führenden Macht **belligérant** [bɛliʒeʀɑ̃] ADJ ‹-ante [-ɑ̃t]› Krieg führend

belliqueux [belikø] ADJ ‹-euse [-øz]› **1** kriegerisch **2** streit-, kampflustig

belon [bəlõ] F *flache, runde Austernart*

belote [bəlɔt] F *frz Kartenspiel*

Béloutchistan [belutʃistɑ̃] GÉOG **le ~** Belutschistan *n*

belvédère [bɛlvedɛʀ] M Aussichtspunkt *m*, -terrasse *f*, -turm *m*

bémol [bemɔl] M MUS B *n*; *adjt* **do ~** ces(*-Moll*) *ou* Ces(*-Dur*); *fig* **mettre un ~ à** e-n Dämpfer aufsetzen *(+dat)*

ben [bɛ̃] ADV, INT *fam* **(eh) ~** → bien[1] A 5

bénédicité [benedisite] M Tischgebet *n*

bénédictin [benediktɛ̃] M Benediktiner *m*

bénédiction [benediksjõ] F Segen *m (a. fig)*; *action* Segnung *f*; **~ nuptiale** kirchliche Trauung

bénef [benɛf] M ABR *fam* → bénéfice; **c'est tout ~** das bringt Vorteile

bénéfice [benefis] M **1** COMM Gewinn *m*; Ertrag *m*; Profit *m* **2** *(avantage)* Vorteil *m*; Nutzen *m*; **au ~ de** zugunsten *(+ gén)*; **laisser à qn le ~ du doute** im Zweifelsfall zu j-s Gunsten entscheiden

le bélier — Widder

le Bélier — Widder

B

bénéficiaire [benefisjɛʀ] A ADJ gewinnbringend; Gewinn… B M/F Begünstigte(r) *m/f(m)*; *d'une prestation* Empfänger(in) *m(f)*; Bezieher(in) *m(f)*
bénéficier [benefisje] V/T INDIR **~ de qc** in den Genuss e-r Sache *(gén)* kommen; *d'une prestation* etw beziehen; **faire ~ qn de qc** j-m etw zugutekommen lassen
bénéfique [benefik] ADJ wohltuend; *effet* günstig
Benelux [benelyks] **le ~** die Beneluxstaaten *mpl*
benêt [bənɛ] M **(grand) ~** Tölpel *m*
bénévolat [benevɔla] M Freiwilligendienst *m*
bénévole [benevɔl] A ADJ ehrenamtlich; freiwillig; unbezahlt B M ehrenamtlicher Helfer
bengalais [bɛ̃galɛ] ADJ *et* SUBST ⟨-aise [-ɛz]⟩ → bengali
Bengale [bɛ̃gal] **le ~** Bengalen *n*
bengali [bɛ̃gali] A ADJ bengalisch B 1 **Bengali(e)** *m(f)* Bengale *m*, Bengalin *f* 2 LING **le ~** das Bengali; Bengali *n* 3 *m* ZOOL Prachtfink *m*
Beng(h)azi [bɛ̃gazi] GÉOG Bengasi *n*
bénigne → bénin
bénignité [beniɲite] F *d'une maladie* Gutartigkeit *f*; Harmlosigkeit *f*
bénin [benɛ̃] ADJ ⟨bénigne [beniɲ]⟩ gutartig *(a.* MÉD*)*; harmlos
Bénin [benɛ̃] **le ~** Benin *n*
béninois [beninwa] A ADJ ⟨-oise [-waz]⟩ beninisch B **Béninois(e)** M(F) Beniner(in) *m(f)*
béni-oui-oui [beniwiwi] MPL *fam* Jasager *mpl*
bénir [beniʀ] V/T 1 REL segnen 2 *par ext* dankbar sein (**qn** j-m); heilfroh sein (**qc** über etw *[acc]*)
bénit [beni] ADJ ⟨-ite [-it]⟩ geweiht; **eau ~e** Weihwasser *n*
bénitier [benitje] M Weihwasserbecken *n*, -kessel *m*; *fam fig* **grenouille** *f* **de ~** *fam* Betschwester *f*
benjamin [bɛ̃ʒamɛ̃] M, **benjamine** [-in] F Jüngste(r) *m/f(m)*; Benjamin *m*; *d'une famille a.* Nesthäkchen *n*
Benjamin [bɛ̃ʒamɛ̃] M *Vorname*
benne [bɛn] F (Wagen)Kasten *m*; **~ à ordures** Müllauto *n*
Benoît [bənwa] M Benedikt *m*
benzène [bɛ̃zɛn] M CHIM Benzol *n*
benzine [bɛ̃zin] F (❗ feminin) Waschbenzin *n*
Béotie [beɔsi] GÉOG **la ~** Böotien *n*
béotien [beɔsjɛ̃] M, **béotienne** [-jɛn] F Banause *m*
BEP [beəpe, bɛp] M (❗ unveränderlich) ABR (brevet d'études professionnelles) Berufsschulabschluss *m*
BEPC [beəpese] M (❗ unveränderlich) ABR (brevet d'études du premier cycle) ≈ mittlere Reife

la béquille — Krücke

la béquille — Ständer

béquille [bekij] F 1 Krücke *f*; **marcher avec des ~s** an Krücken gehen 2 *d'une moto, etc* Ständer *m*; Stütze *f* 3 *de serrure* (Tür)Klinke *f*
Bérangère [beʀɑ̃ʒɛʀ] F *Vorname*
berbère [bɛʀbɛʀ] A ADJ Berber… B 1 **Berbère** *m/f* Berber(in) *m(f)* 2 LING **le ~** die Berbersprache
bercail [bɛʀkaj] M *plais* Schoß *m* der Familie; häuslicher Herd
berceau [bɛʀso] M ⟨~x⟩ Wiege *f (a. fig)*
bercement [bɛʀsəmɑ̃] M Wiegen *n*; Schaukeln *n*
bercer [bɛʀse] ⟨-ç-⟩ A V/T 1 *bébé* wiegen; schaukeln 2 *fig* **~ qn de vaines promesses** j-n mit leeren Versprechungen hinhalten B V/PR *fig* **se ~ de qc** sich in etw *(dat)* wiegen
berceur [bɛʀsœʀ] ADJ ⟨-euse [-øz]⟩ *rythme* wiegend; *bruit monotone* einlullend **berceuse** [-øz] F Wiegenlied *n*
Bérénice [beʀenis] F HIST Berenike *f*; Berenice *f*
béret [beʀɛ] M Tellermütze *f*; **~ basque** Baskenmütze *f*
bergamote [bɛʀgamɔt] F *agrume* Bergamotte *f*
berge [bɛʀʒ] F 1 (Ufer)Böschung *f* 2 *fam* **avoir trente ~s** dreißig Jahre alt sein
berger [bɛʀʒe] M 1 Schäfer *m*; (Schaf)Hirt(e) *m*; **l'étoile** *f* **du ~** der Morgen- *ou* Abendstern *(Venus)* 2 **~ (allemand)** (Deutscher) Schäferhund
Bergerac [bɛʀʒəʀak] *Stadt im Departement Dordogne*
bergère [bɛʀʒɛʀ] F 1 Schäferin *f*; (Schaf)Hirtin *f* 2 (gepolsterter) Lehnsessel
bergerie [bɛʀʒəʀi] F Schafstall *m*; Schäferei *f*

bergeronnette [bɛʀʒəʀɔnɛt] F Bachstelze *f*
Béring [beʀiŋ] **le détroit de ~** die Beringstraße; **la mer de ~** das Beringmeer
berk [bɛʀk] INT *fam* igitt(igitt)!; pfui!
Berlin [bɛʀlɛ̃] Berlin *n*
berline [bɛʀlin] F (viertürige) Limousine
berlingot [bɛʀlɛ̃go] M **1** (tetraedrischer) Fruchtbonbon **2** (Milch-, Saft)Tüte *f*
berlinois [bɛʀlinwa] ⟨-oise [-waz]⟩ **A** ADJ Berliner; berlinerisch **B** **Berlinois(e)** M(F) Berliner(in) *m(f)*
Berlioz [bɛʀljoz] *frz Komponist*
berlue [bɛʀly] F **avoir la ~** blind sein *(fig)*; sich täuschen, irren
bermuda(s) [bɛʀmyda] M(PL) Bermudashorts *pl*; Bermudas *pl*
Bermudes [bɛʀmyd] **les ~** FPL die Bermudainseln *fpl*
bernache [bɛʀnaʃ] F **1** *oiseau* Wildgans *f* **2** *crustacé* Entenmuschel *f*
bernacle [bɛʀnakl] F → **bernache**
Bernadette [bɛʀnadɛt] F *Vorname*
Bernard [bɛʀnaʀ] M *Vorname*
bernard-l'(h)ermite [bɛʀnaʀlɛʀmit] M (! unveränderlich) Einsiedlerkrebs *m*
berne [bɛʀn] F **en ~** auf halbmast
Berne [bɛʀn] Bern *n*
berner [bɛʀne] V/T zum Narren, zum Besten haben, halten; narren
bernicle [bɛʀnikl] *ou* **bernique** [bɛʀnik] F Napfschnecke *f*
Bernin [bɛʀnɛ̃] **le ~** Bernini *m*
berrichon [bɛʀiʃõ] ADJ ⟨-onne [-ɔn]⟩ *(et* SUBST **Berrichon** Bewohner) des Berry
Berry [bɛʀi] **le ~** *Landschaft in Mittelfrankreich*
Berthe [bɛʀt] F *Vorname*
Bertrand [bɛʀtʀɑ̃] M *Vorname*
berzingue [bɛʀzɛ̃g] **à tout ~** schleunigst; *fam* wie ein geölter Blitz
besace [bəzas] F Bettelsack *m*
Besançon [bəzɑ̃sõ] *Stadt im Departement Doubs*
bésef [bezɛf] → **bézef**
besogne [bəzɔɲ] F Arbeit *f*; *fig* **aller vite en ~** gleich aufs Ganze gehen
besogner [b(ə)zɔɲe] V/I schwer, hart arbeiten
besogneux [-ø] ADJ ⟨-euse [-øz]⟩ fleißig arbeitend
besoin [bəzwɛ̃] M **1** Bedürfnis *n*, Verlangen *n*, Drang *m* (**de** nach); Erfordernis *n*; **~ d'activité** Tätigkeitsdrang *m*; **~ de repos** Ruhebedürfnis *n*; **au ~, si ~ est** nötigenfalls; falls erforderlich; bei Bedarf; **pour les ~s de la cause** extra hierfür; *mentir* notgedrungen; **avoir ~ de** brauchen; benötigen; nötig haben; **subvenir aux ~s de** für den Unterhalt (+ *gén*) aufkommen **2** **~s** *pl* Bedarf *m* (**en** an + *dat*); **~s en matières premières** Rohstoffbedarf *m* **3** *fam* **faire ses ~s** s-e Notdurft, *fam* sein Geschäft verrichten **4** Not *f*; Armut *f*; Bedürftigkeit *f*; **être dans le ~** Not, Mangel leiden; in Armut leben
bestiaire [bɛstjɛʀ] M *recueil* Tierbuch *n*; Bestiarium *n*
bestial [bɛstjal] ADJ ⟨~e; -aux [-o]⟩ tierisch; viehisch; bestialisch; roh **bestialité** [-ite] F Bestialität *f*; Rohheit *f*
bestiaux [bɛstjo] MPL Vieh *n*
bestiole [bɛstjɔl] F Tierchen *n*; kleines (harmloses) Tier; Insekt *n*
best-seller [bɛstsɛlœʀ] M ⟨best-sellers⟩ Bestseller *m*
bêta [bɛta] *fam* **A** ADJ ⟨bêtasse [bɛtas]⟩ dumm; *fam* doof **B** M **gros ~** *fam* Dummerchen *n*
bêtabloquant [bɛtablɔkɑ̃] M MÉD Betablocker *m*
bétail [betaj] M Vieh *n*; **gros, petit ~** Groß-, Kleinvieh *n*
bétaillère [betajɛʀ] F Viehtransporter *m*
bête[1] [bɛt] F **1** Tier *n*; **~ à bon Dieu** Marienkäfer *m*; *fig* **chercher la petite ~** an allem, immer etwas auszusetzen haben; *fam* an allem herummäkeln **2** *fig* **grosse, grande ~!** *fam* (du) Dummerchen!; *péj* **sale ~** gemeiner Kerl; Miststück *n*; *fam* **~ à concours** Examenstyp *m*; **c'est sa ~ noire** er *ou* sie *ou* das ist ihm ein Gräuel; **faire la ~** sich dumm stellen
bête[2] ADJ dumm; *fam* blöd(e); *fam* doof; *fam* dämlich; *par ext* **un accident ~** ein ganz dummer, blöder Unfall; *fam* **~ à manger du foin, comme ses pieds** *fam* dumm wie Bohnenstroh; strohdumm
bétel [betɛl] M **1** BOT Betelpfeffer *m* **2** *stimulant* Betel *m*
bêtement [bɛtmɑ̃] ADV **1** dumm; *fam* blöd(e) **2** **tout ~** ganz einfach, simpel
Bethléem [bɛtleɛm] Bethlehem *n*
bêtifiant [betifjɑ̃] ADJ ⟨-ante [-ɑ̃t]⟩ zur Verdummung der Leute beitragend; dumm; albern **bêtifier** [-fje] V/I kindisch plappern
bêtise [betiz] F **1** Dummheit *f*; Torheit *f*; **~s** *pl*

le berger — Schäfer
le berger — Schäferhund

B

a. dummes Zeug; Unsinn *m*; *fam* Quatsch *m* **2** (*motif futile*) Kleinigkeit *f*; Lappalie *f*

bêtisier [betizje] M Stilblütensammlung *f*

béton [betõ] M Beton *m*; **de** *ou* **en ~** Beton…; *fig* **(en) ~** hieb- und stichfest

bétonnage [betɔnaʒ] M **1** CONSTR Betonieren *n* **2** *par ext d'une côte etc* Zubetonieren *n*

bétonner [betɔne] **A** V/T betonieren; *péj région* zubetonieren **B** V/I FOOTBALL mauern

bétonneuse [betɔnøz] F *ou* **bétonnière** [-jɛʀ] F Betonmischmaschine *f*

bette [bɛt] F Mangold *m*

betterave [bɛtʀav] F Rübe *f*; **~ rouge** Rote Rübe, Bete

beuglante [bøglɑ̃t] *fam* F laut gesungenes Lied

beuglement [bøgləmɑ̃] M **1** *des bovins* Muhen *n*; Brüllen *n* **2** *fam péj fam* Gejohle *n*; Gebrüll *n*; *fam* Gegröle *n*

beugler [bøgle] V/I **1** *bovins* muhen; brüllen **2** *fam péj* johlen; brüllen; *fam* grölen; plärren (*a. radio*)

beur [bœʀ] *fam* M/F (in Frankreich geborene[r]) Nordafrikaner(in) *m(f)*

Les beurs

Der Begriff **beur** ist aus dem Wort **arabe** entstanden und bezeichnet die in Frankreich geborenen und aufgewachsenen Kinder nordafrikanischer Einwanderer (besonders aus Algerien, Tunesien und Marokko). Da sie auf französischem Boden geboren sind, haben sie die französische Staatsangehörigkeit.
Die **beurs** haben durch ihre Verbundenheit mit zwei Kulturen ein eigenes Selbstverständnis entwickelt und haben großen Einfluss auf die französische (Jugend)Kultur. Ein Beispiel hierfür ist die Musikrichtung **le raï**.

LANDESKUNDE

beurette [bœʀɛt] F *fam* → beur

beurk [bœʀk] INT *fam* igitt(igitt)!; pfui!

beurre [bœʀ] M **1** Butter *f*; **au ~ noir** in stark gebräunter Butter; *fam fig* **œil** *m* **au ~ noir** blaues Auge; *fig* **faire son ~** sein Schäfchen ins Trockene bringen; *fam* sich gesundstoßen; *fam fig* **compter pour du ~** überhaupt nicht zählen; *fig* **mettre du ~ dans les épinards** s-e Finanzen aufbessern **2** **petit ~** Butterkeks *m*

beurré [bœʀe] *fam* ADJ ⟨~e⟩ *fam* besoffen; *fam* blau

beurrer [bœʀe] V/T mit Butter (be)streichen; **tartine beurrée** Butterbrot *n*

beurrier [bœʀje] M Butterdose *f*

beuverie [bœvʀi] F Trink-, Zech-, *fam* Saufgelage *n*; *fam* Sauferei *f*

bévue [bevy] F (dummer, peinlicher) Fehler, *fam* Schnitzer

Beyrouth [bɛʀut] Beirut *n*

bézef [bezɛf] ADV *fam* **c'est pas ~** das ist nicht gerade viel

Béziers [bezje] *Stadt im Departement Hérault*

B.H.V. [beaʃve] M ABR (Bazar de l'Hôtel de ville) *Name e-r Kaufhausgruppe*

biais [bjɛ] M **1** **de** *ou* **en ~** schräg **2** *fig* Umweg *m*; (Aus)Weg *m*; *péj* Winkelzug *m*; **de ~** auf Umwegen; indirekt; **par le ~ de** auf dem Umweg über (+ *acc*)

biaiser [bjeze] V/I ausweichen; sich winden; Winkelzüge machen

Biarritz [bjaʀits] *Stadt im Departement Pyrénées-Atlantiques*

biathlon [biatlõ] M Biathlon *n*

bibelot [biblo] M Nippfigur *f*, -sache *f*

Bibendum [bibɛ̃dɔm] M das Michelin-Reifenmännchen

biberon [bibʀõ] M Fläschchen *n*

biberonner [bibʀɔne] V/I *fam* gern einen über den Durst trinken

bibi [bibi] *fam* PR PERS ich; *fam* unsereiner

bibine [bibin] F *fam* Gesöff *n*

Bible [bibl] F Bibel *f* (*fig* **bible**); *fig Le Capital de Marx*, **c'est sa bible** … ist s-e Bibel, ist für ihn die Bibel

bibliobus [biblijobys] M Fahrbücherei *f*

bibliographe [biblijɔgʀaf] M/F Bibliograph(in) *m(f)* **bibliographie** [-i] F Bibliographie *f*; *liste a.* Literatur-, Bücherverzeichnis *n* **bibliographique** [-ik] ADJ bibliographisch

bibliophile [biblijɔfil] M/F Bücherliebhaber(in) *m(f)* **bibliophilie** [-i] F Bibliophilie *f*

bibliothécaire [biblijɔtekɛʀ] M/F Bibliothekar(in) *m(f)*

bibliothèque [biblijɔtɛk] F **1** Bibliothek *f*; *publique a.* Bücherei *f* **2** *meuble* Bücherschrank *m*

biblique [biblik] ADJ biblisch; Bibel…

bic® [bik] M Kugelschreiber *m*; *fam* Kuli *m*

bicarbonate [bikaʀbɔnat] M **~ de soude** (doppeltkohlensaures) Natron

bicentenaire [bisɑ̃tnɛʀ] M zweihundertster Jahrestag; Zweihunderjahrfeier *f*

bicéphale [bisefal] ADJ zwei-, doppelköpfig

biceps [bisɛps] M Bizeps *m*

biche [biʃ] F **1** ZOOL Hirschkuh *f*; *fig* **yeux** *mpl* **de ~** Rehaugen *npl* **2** **ma ~** mein Herzchen *n*, Schätzchen *n*

bicher [biʃe] V/I *fam* **1** sich freuen; *fam* strahlen **2** **ça biche?** geht's gut?; *fam* alles o.k.?

bichette [biʃɛt] F **ma ~** → biche

bichon [biʃõ] M *chien* Malteser *m*

bichonner [biʃɔne] V/T **1** (*pomponner*) heraus-

putzen **2** (*soigner*) hätscheln
bicolore [bikɔlɔʀ] ADJ zweifarbig **biconcave** ADJ OPT bikonkav **biconvexe** ADJ OPT bikonvex
bicoque [bikɔk] F *péj* Bruchbude *f*
bicorne [bikɔʀn] M Zweispitz *m*
bicross [bikʀɔs] M BMX-Rad *n*
bicyclette [bisiklɛt] F (Fahr)Rad *n*; **aller à**, *fam* **en ~** (mit dem) Rad fahren; *fam* radeln
bidasse [bidas] *fam* M Rekrut *m*
bide [bid] *fam* M **1** (dicker) Bauch; *fam* Wanst *m* **2** THÉ **faire un ~** *fam* ein Flop *m* sein; durchfallen
bidet [bidɛ] M **1** Bidet *n* **2** *plais* (*cheval*) Pferd (-chen) *n*
bidoche [bidɔʃ] *fam* F Fleisch *n*
bidon [bidõ] M **1** Kanister *m* **2** *fam* → **bide 3** *fam* Bluff *m*; Schwindel *m*; *adjt* (! unveränderlich) vorgetäuscht; Schein…
bidonnant [bidɔnã] *fam* ADJ ⟨-ante [-ãt]⟩ spaßig; lustig; ulkig **bidonner** [-e] V/PR *fam* **se ~** *fam* sich tot-, schieflachen
bidonville [bidõvil] M Slum *m*; Bidonville *n*
bidouillage [bidujaʒ] *fam* M Bastelei *f*; *fam* Fummelei *f* **bidouiller** [-je] V/T *fam* herumbasteln, -fummeln an (+ *dat*)
bidule [bidyl] M *fam* Dings(da, -bums) *n*
bief [bjɛf] M *d'un cours d'eau* Abschnitt *m*; *d'un canal* Staustrecke *f*; *d'un moulin* Mühlbach *m*
bielle [bjɛl] F TECH Pleuel(stange) *m(f)*; **couler une ~** *fam* e-n Kolbenfresser haben
biélorusse [bjelɔʀys] **A** ADJ weißrussisch **B** M/F **Biélorusse** Weißrusse, -russin *m,f*
Biélorussie [bjelɔʀysi] **la ~** Weißrussland *n*
bien¹ [bjɛ̃] **A** ADV **1** gut (*a. note*); *st/s* wohl; **assez bien** ziemlich gut; *note* befriedigend; **très bien** sehr gut (*a. note*) **2** (*juste*) gut; richtig; recht; **bien conseiller qn** j-n gut, richtig beraten **3** *intensité* sehr; viel; ganz; recht; reichlich; **bien content** recht, *plus fort* sehr zufrieden; **bien jeune** reichlich, noch recht jung; **bien mieux** viel, weit besser; **bien des** *ou* **du** *ou* **de la** (+ *subst*) (sehr) viele *ou* viel **4** *emphatique* wohl; doch; schon; wirklich; *résignation* halt; **bien à vous** mit herzlichen Grüßen Ihr(e); **j'irais bien avec vous** ich würde (ja) gern mit Ihnen gehen; **c'est bien lui** das ist er wirklich, tatsächlich; **je pense bien** ich denke schon, wohl **5** *int* **eh bien**, *fam* **eh ben** nun!; na!; also! **B** ADJ (! unveränderlich) **1** gut; **bien!** gut!; *iron* **nous voilà bien!** da sitzen wir schön in der Tinte, im Schlamassel!; **être, se sentir bien** sich wohlfühlen; **être bien avec qn** (sich) gut mit j-m stehen; *prov* **tout est bien qui finit bien** *prov* Ende gut, alles gut **2** (*beau*) **être bien** gut aussehen **3** *fam* (*distingué*) fein; vornehm; besser; (*comme il faut*) ordentlich; anständig; **des gens bien** feine, bessere Leute *pl*; ordentliche, anständige Leute *pl* **C** CONJ **bien que** (+ *subj*) obwohl; obgleich; **si bien que** sodass
bien² M **1** Wohl *n*; Beste(s) *n*; Gute(s) *n*; **~ public** öffentliches Wohl; (All)Gemeinwohl *n*; **dire du ~ de qn, qc** Gutes über j-n, etw sagen; j-m, e-r Sache Gutes nachsagen; **c'est pour son ~** das geschieht zu s-m Besten; **faire du ~ à qn** *repos, etc* j-m guttun, wohltun; *personne* j-m Gutes tun, erweisen; *iron* **grand ~ vous fasse!** wohl bekomm's!; **mener à ~** zum Erfolg führen **2** **le ~** das Gute; **en tout ~ tout honneur** in allen Ehren; **faire le ~** Gutes tun **3** *matériel* Gut *n*; Hab und Gut *n*; Habe *f*; Besitz *m*; **~s de consommation** Konsum-, Verbrauchsgüter *npl*
bien-aimé [bjɛ̃neme] **A** ADJ ⟨~e⟩ innig geliebt **B** **~(e)** M(F) Geliebte(r) *m/f(m)*
bien-être [bjɛ̃nɛtʀ] M **1** Wohlbehagen *n*, -gefühl *n* **2** TOURISME Wellness *f*; **centre** *m* **de ~** Wellnesscenter *n*; **espace** *m* **~** Wellnessbereich *m*; **week-end** *m* **~** Wellnesswochenende *n* **3** *matériel* Wohlstand *m*
bienfaisance [bjɛ̃fəzɑ̃s] F Wohltätigkeit *f*
bienfaisant [-ɑ̃] ADJ ⟨-ante [-ɑ̃t]⟩ wohltuend; erquickend
bienfait [bjɛ̃fɛ] M **1** Wohltat *f*; *fig* **~s** *pl* Segnungen *fpl* **2** *d'un traitement* wohltuende Wirkung
bienfaiteur [bjɛ̃fɛtœʀ] M, **bienfaitrice** [-tʀis] F Wohltäter(in) *m(f)* (*a. fig*)
bien-fondé [bjɛ̃fõde] M Rechtmäßigkeit *f*; Berechtigung *f*; Stichhaltigkeit *f*

la bibliothèque — Bibliothek

la bibliothèque — Bücherschrank

bienheureux [bjɛ̃nøʀø] ADJ ⟨-euse [-øz]⟩ 1 glücklich 2 BIBL, CATH selig
biennal [bjenal] A ADJ ⟨~e; -aux [-o]⟩ 1 *(pour deux ans)* zweijährig 2 *(tous les deux ans)* zweijährlich; alle zwei Jahre stattfindend B F **~e** Biennale *f*
bien-pensant [bjɛ̃pɑ̃sɑ̃] ADJ ⟨-ante [-ɑ̃t]⟩ *péj* konformistisch
bienséance [bjɛ̃seɑ̃s] F Anstand *m*; Schicklichkeit *f* **bienséant** [-ɑ̃] ADJ ⟨-ante [-ɑ̃t]⟩ schicklich; wohlanständig
bientôt [bjɛ̃to] ADV bald; **à ~!** auf baldiges Wiedersehen!; *fam* bis, auf bald!
bienveillance [bjɛ̃vɛjɑ̃s] F Wohlwollen *n* **bienveillant** [-ɑ̃] ADJ ⟨-ante [-ɑ̃t]⟩ wohlwollend
bienvenu [bjɛ̃vny] A ADJ ⟨~e⟩ willkommen B **être le ~, la ~e** willkommen sein
bienvenue [bjɛ̃vny] F Willkommen *n*; **souhaiter la ~ à qn** j-n willkommen heißen
bière¹ [bjɛʀ] F Bier *n*; **~ blonde, brune** helles, dunkles Bier
bière² F Sarg *m*; **mettre en ~** einsargen

la bière — Bier

la bière — Sarg

biffer [bife] V/T (aus-, durch)streichen
bifocal [bifɔkal] ADJ ⟨~e; -aux [-o]⟩ OPT bifokal
bifteck [biftɛk] M (Beef)Steak *n*; *fam fig* **défendre son ~** s-e Interessen verteidigen
bifurcation [bifyʀkasjõ] F Gabelung *f*; Abzweigung *f*
bifurquer [bifyʀke] V/I 1 *route* sich gabeln, verzweigen 2 *véhicule* abbiegen (**vers, sur** nach) 3 *dans une carrière* überwechseln (**vers** zu); *fam* umsatteln (auf + *acc*)
bigame [bigam] ADJ bigamistisch; in Bigamie lebend **bigamie** [-i] F Bigamie *f*; Doppelehe *f*
bigarré [bigaʀe] ADJ ⟨~e⟩ 1 bunt (gemustert) 2 *fig foule* bunt gemischt
bigarreau [bigaʀo] M ⟨~x⟩ *Kirschsorte*
big bang [bigbɑ̃g] M Urknall *m*
bigler [bigle] A V/T *fam (regarder) fam* angucken B V/I *fam (loucher)* schielen
bigleux [biglø] ADJ ⟨-euse [-øz]⟩ *fam* **être ~** *(voir mal)* kurzsichtig sein; *(loucher)* schielen
bigophone [bigɔfɔn] *fam* M Telefon *n*; *fam* Quasselstrippe *f*
bigorneau [bigɔʀno] M ⟨~x⟩ Strandschnecke *f*
bigot [bigo] M, **bigote** [-ɔt] F Frömmler(in) *m(f)*; Betbruder *m*, -schwester *f*
bigoterie [bigɔtʀi] F Bigotterie *f*; Frömmelei *f*
bigoudi [bigudi] M Lockenwickler *m*
bigrement [bigʀəmɑ̃] ADV *fam* verdammt; verflixt
bihebdomadaire [biɛbdɔmadɛʀ] ADJ *revue* zweimal wöchentlich erscheinend
bijou [biʒu] M ⟨~x⟩ Schmuckstück *n*; Juwel *n*, Kleinod *n (a. fig)*; *pl* **~x** *a.* Schmuck(sachen) *m(fpl)*
bijouterie [biʒutʀi] F 1 Schmuck(waren)-geschäft *n*; Juweliergeschäft *n* 2 Schmuck(-waren) *m(fpl)*
bijoutier [biʒutje] M Juwelier *m*
bikini® [bikini] M Bikini *m*
bilame [bilam] F TECH Bimetallstreifen *m*
bilan [bilɑ̃] M 1 Bilanz *f (a. fig)*; *fig* **faire le ~ de qc** (die) Bilanz, das Fazit aus etw ziehen 2 **~ de santé** Check-up *m ou n*; Generaluntersuchung *f*
bilatéral [bilateʀal] ADJ ⟨~e; -aux [-o]⟩ zweiseitig; bilateral; **stationnement ~** beidseitiges Parken
bilboquet [bilbɔkɛ] M *Geschicklichkeitsspiel, bei dem e-e durchbohrte Kugel mit e-m spitzen Stock aufgefangen werden muss*
bile [bil] F 1 Galle(nflüssigkeit) *f* 2 *fig* **se faire de la ~** sich *(dat)* Sorgen machen
biler [bile] V/PR *fam* **ne pas se ~** unbesorgt sein; sich *(dat)* keine Sorgen machen
bileux [bilø] ADJ ⟨-euse [-øz]⟩ *fam* **ne pas être ~** → biler
biliaire [biljɛʀ] ADJ Gallen…
bilieux [biljø] ADJ ⟨-euse [-øz]⟩ 1 MÉD gallehaltig; *teint* gelb(lich) 2 *st/s personne, tempérament* gallig
bilingue [bilɛ̃g] ADJ zweisprachig
bilinguisme [bilɛ̃gɥism] M Zweisprachigkeit *f*
billard [bijaʀ] M 1 Billard(spiel) *n*; **~ électrique** Flipper *m* 2 Billard(tisch) *n(m)*; *fam fig* **passer sur le ~** *fam* unter das Messer kommen
bille [bij] F 1 *(boule)* Kugel *f*; *au billard* Ball *m*; *jeu*

le billet (d'avion) — (Flug)Ticket

les billets (mpl) (de banque) — (Geld)Scheine

d'enfants Murmel *f*; Klicker *m*; **stylo** *m* **(à) ~** Kugelschreiber *m*; *fig* **reprendre ses ~s** nicht mehr mitmachen; abspringen; *fam* aussteigen **2** *fam fig* → bouille

billet [bijɛ] M **1** *d'entrée* Eintrittskarte *f*; *pour voyager* Fahrkarte *f*, -schein *m*; **billet d'avion** Flugticket *n*, -schein *m*; **billet de cinéma** Kinokarte *f* **2** **billet (de banque)** (Geld)Schein *m*; Banknote *f*; *pl* **billets** *a.* Papiergeld *n*; **faux billet** falsche Banknote; *fam* Blüte *f*; **billet de cent euros** Hundert-Euro-Schein *m* **3** COMM Wechsel *m* **4** *st/s* kurze Mitteilung; **billet doux** Liebesbriefchen *n* **5** *de loterie* Los *n*; **billet gagnant** Gewinnlos *n*; Treffer *m*

billetterie [bijɛtʀi] F Geldautomat *m*

billion [biljõ] M (! maskulin) Billion *f*

billot [bijo] M Hack-, Hauklotz *m*

bimbeloterie [bɛ̃blɔtʀi] F Herstellung *f* von, Handel *m* mit Nippsachen

bimensuel [bimɑ̃sɥɛl] ADJ ⟨~le⟩ *revue* monatlich zweimal erscheinend

bimestriel [bimɛstʀijɛl] ADJ ⟨~le⟩ *revue* alle zwei Monate erscheinend

bimétallisme [bimetalism] M FIN Doppelwährung *f*; Bimetallismus *m*

bimillénaire [bimi(l)lenɛʀ] **A** ADJ zweitausendjährig **B** M Zweitausendjahrfeier *f*

bimoteur [bimɔtœʀ] ADJ AVIAT zweimotorig

binaire [binɛʀ] ADJ *t/t* binär

biner [bine] V/T JARD hacken

binette [binɛt] F **1** JARD Hacke *f* **2** *fam* Gesicht *n*; *péj* Visage *f*

bineuse [binøz] F AGR Hackmaschine *f*

bing [biŋ] INT peng!

biniou [binju] M Dudelsack *m*

binoclard [binɔklaʀ] *fam* **A** ADJ ⟨-arde [-aʀd]⟩ brilletragend **B** **~(e)** M(F) *fam* Brillenschlange *f*

binocle [binɔkl] M **1** *(pince-nez)* Kneifer *m*; Zwicker *m* **2** *pl* **~s** *plais (lunettes)* Brille *f*

binoculaire [binɔkylɛʀ] ADJ OPT beidäugig; binokular *(a. instrument)*

binôme [binom] M MATH Binom *n*

bio [bjo] *fam* ADJ (! unveränderlich) Bio...; **produits** *mpl* **~** Bioerzeugnisse *npl*; *advt* **manger ~** Biokost essen

biocarburant M Biotreibstoff *m*

biochimie F Biochemie *f* **biochimique** ADJ biochemisch **biochimiste** M/F Biochemiker(in) *m(f)*

biodégradable [bjodegʀadabl] ADJ biologisch abbaubar **biodiversité** F Artenvielfalt *f*, -reichtum *m* **bioéthique** F Bioethik *f*

biographe [bjɔgʀaf] M/F Biograph(in) *m(f)* **biographie** [-i] F Biographie *f*; Lebensgeschichte *f* **biographique** [-ik] ADJ biographisch

bio-industrie F Biotechnologiebranche *f*; Biotech-Industrie *f*

biologie [bjɔlɔʒi] F Biologie *f* **biologique** [-ik] ADJ biologisch **biologiste** [-ist] M/F Biologe, -login *m,f*

biomasse F Biomasse *f* **biomédical** ADJ ⟨~e; -aux [-o]⟩ biomedizinisch **biométrie** [-metʀi] F Biometrie *f*; Biometrik *f* **biométrique** ADJ biometrisch

bionique [bjɔnik] **A** ADJ bionisch **B** F Bionik *f*

biophysique F Biophysik *f*

biopsie [bjɔpsi] F MÉD Biopsie *f*

biorythme [bjoʀitm] M Biorhythmus *m* **biosphère** F Biosphäre *f* **biotechnologie** F Biotechnologie *f*; Biotechnik *f*

biotope [bjɔtɔp] M Biotop *m ou n*

bioxyde [biɔksid] M CHIM Dioxid *n*

bipartisme [bipaʀtism] M POL Zweiparteiensystem *n* **bipartite** [-it] ADJ POL Zweier...; Zweiparteien...

bip-bip [bipbip] M (! unveränderlich) **1** Piepton *m* **2** *appareil fam* Piepser *m*

bipède [bipɛd] M Zweifüßer *m*

biplace [biplas] ADJ AVIAT, AUTO zweisitzig

biplan [biplɑ̃] M AVIAT Doppeldecker *m*

bipolaire [bipɔlɛʀ] ADJ PHYS, MATH zweipolig; *t/t* bipolar **bipolarisation** [-pɔlaʀizasjõ] F POL Polarisierung *f* **bipolarité** [-pɔlaʀite] F PHYS Zweipoligkeit *f*; *t/t* Bipolarität *f*

bique [bik] *fam* F **1** ZOOL Ziege *f*; Geiß *f* **2** *fig et péj* **grande ~** *fam* Hopfenstange *f*; **vieille ~** alte Ziege, *fam* Zicke

biquet [bikɛ] *fam* M, **biquette** [-ɛt] *fam* F Zicklein *n*

B

biréacteur [biʀeaktœʀ] M AVIAT zweistrahlige Maschine
birman [biʀmɑ̃] **A** ADJ ⟨-ane [-an]⟩ birmanisch **B** **1** **Birman(e)** *m(f)* Birmane *m*, Birmanin *f* **2** LING **le ~** das Birmanische; Birmanisch *n*
Birmanie [biʀmani] **la ~** Birma *n*
bis¹ [bi] ADJ ⟨bise [biz]⟩ graubraun; **pain ~** Grau-, Mischbrot *n*
bis² [bis] **A** ADV *avec un numéro* a; **habiter au 12 ~** Nummer 12 a wohnen; **itinéraire** *m* **~** Ausweichstrecke *f*, -route *f* **B** M Wiederholung *f*; MUS *a.* Dakapo *n*
bisaïeul(e) [bizajœl] *st/s* M(F) Urgroßvater *m*, -mutter *f*; **bisaïeuls** *mpl* Urgroßeltern *pl*
bisannuel [bizanɥɛl] ADJ ⟨~le⟩ zweijährlich; *plante* zweijährig
bisbille [bizbij] F *fam* **être en ~ avec qn** mit j-m schmollen, im Streit liegen
biscornu [biskɔʀny] *fam* ADJ ⟨~e⟩ bizarr; wunderlich; verschroben
biscoteau [biskɔto] *fam* M ⟨~x⟩ *ou* **biscoto** *fam* M → biceps
biscotte [biskɔt] F Zwieback *m*
biscuit [biskɥi] M **1** *(gâteau sec)* Keks *m*; **~ de chien** Hundekuchen *m* **2** **~ de Savoie** Biskuit *n ou m*; **~ à la cuiller** Löffelbiskuit *n ou m*
biscuiterie [biskɥitʀi] F **1** *fabrication* Keksherstellung *f* **2** *usine* Keksfabrik *f*
bise¹ [biz] F kalter Nord(ost)wind
bise² *fam* F Kuss *m*, Küsschen *n* (auf die Wange); **grosse ~** dicker Kuss; *fam* Schmatz *m*; *formule épistolaire* **grosses ~s** tausend Küsse

Faire la bise

Begrüßungen unter Verwandten, Freunden oder Bekannten fallen in Frankreich meist sehr herzlich aus. Man gibt sich ein, zwei oder mehr Küsschen auf die Wange.
Das nennt man **faire la bise**. Unter jungen Leuten gehören die Küsschen zur üblichen Begrüßung, auch wenn man sich gerade erst kennenlernt. Unter Männern sind **bises** nicht üblich. Sie geben sich in der Regel nur die Hand.

LANDESKUNDE

biseau [bizo] M ⟨~x⟩ **en ~** mit abgeschrägter Kante
biseauter [bizote] V/T abschrägen; abkanten
bisexualité [bisɛksɥalite] F **1** BIOL Doppel-, Zweigeschlechtigkeit *f* **2** PSYCH Bisexualität *f*
bisexué [bisɛksɥe] ADJ ⟨~e⟩ BIOL doppel-, zweigeschlechtig **bisexuel** [-ɛl] ADJ ⟨~le⟩ bisexuell
bismuth [bismyt] M CHIM Wismut *n*
bison [bizõ] M **1** Bison *m*; **~ d'Europe** Wisent *m* **2** **Bison futé** *Name e-s Verkehrsleitservice*
bisou [bizu] M *fam* → bise²
bisque [bisk] F **~ de homard** Hummersuppe *f*
bisquer [biske] V/I *fam* **faire ~ qn** j-n ärgern, *fam* auf die Palme bringen
bissectrice [bisɛktʀis] F Winkelhalbierende *f*
bisser [bise] V/T **1** *public: artiste* zu e-r Wiederholung, zu e-m Dakapo bewegen **2** *artiste: chanson* wiederholen; noch einmal singen
bissextile [bisɛkstil] ADJ **année ~** Schaltjahr *n*
bistouri [bistuʀi] M Skalpell *n*
bistre [bistʀ] ADJ (❗ unveränderlich) *ou* **bistré** [bistʀe] ADJ ⟨~e⟩ (dunkel)braun
bistro(t) [bistʀo] M *fam* Kneipe *f*
bistrotier [bistʀɔtje] *fam* M Kneipenwirt *m*
bit [bit] M INFORM Bit *n*
bite [bit] M → bitte 2
bitte [bit] F **1** MAR Poller *m* **2** *pop (pénis) pop* Pimmel *m*; *pop* Schwanz *m*; *pop* Riemen *m*
bitture [bityʀ] F *fam* **prendre une ~** *fam* sich volllaufen lassen
bitturer [bityʀe] V/PR *fam* **se ~** *fam* sich besaufen; sich volllaufen lassen
bitume [bitym] M Bitumen *n*; Asphalt *m* **bitumer** [-e] V/T bituminieren
biture [bityʀ] F → bitture
bivouac [bivwak] M Biwak *n*
bivouaquer [bivwake] V/I biwakieren
bizarre [bizaʀ] ADJ seltsam; sonderbar; wunderlich; *fam* komisch; bizarr
bizarrerie [bizaʀʀi] F Seltsamkeit *f*; Absonderlichkeit *f* **bizarroïde** [-ɔid] ADJ *fam* → bizarre
bizness [biznɛs] M → business
bizut(h) [bizy(t)] M *fam dans certaines grandes écoles* Student *m* im ersten Studienjahr
bizutage [bizytaʒ] *fam* M *Mutproben für Neulinge e-r Grande École* **bizuter** [-e] V/T *élève dans une grande école* e-r Mutprobe *(dat)* unterziehen
blablabla [blablabla] M *fam* Blabla *n*
black [blak] *fam* **A** M/F Schwarze(r) *m/f(m)* **B** ADJ **1** schwarz; **~ blanc beur** (❗ unveränderlich) multikulturell; *fam* multikulti **2** **travailler au ~** schwarzarbeiten
blackbouler [blakbule] V/T *fam* **se faire ~** e-e Niederlage erleiden; *à un examen* durchfallen
black-out [blakawt] M **1** MIL Verdunk(e)lung *f* **2** *fig* **faire le ~ sur qc** etw totschweigen
blafard [blafaʀ] ADJ ⟨-arde [-aʀd]⟩ fahl; bleich
blague [blag] F **1** Scherz *m*; Spaß *m*; Witz *m*; **sans ~!** im Ernst? **2** *(farce)* Streich *m*; Ulk *m* **3** *(erreur) fam* Schnitzer *m* **4** **~ (à tabac)** Tabaksbeutel *m*
blaguer [blage] *fam* V/I Spaß, Witze machen
blagueur [-œʀ] M, **blagueuse** [-øz] F Spaßmacher(in) *m(f)*, -vogel *m*; Witzbold *m*
blaireau [blɛʀo] M ⟨~x⟩ **1** ZOOL Dachs *m* **2**

les blaireaux (mpl) — Dachse

le blaireau — Rasierpinsel

Rasierpinsel *m*

blairer [blɛʀe] VT *fam* **ne pas pouvoir ~ qn** *fam* j-n nicht riechen können

Blaise [blɛz] M *Vorname*

blâmable [blamabl] ADJ tadelnswert

blâme [blam] M **1** (*réprobation*) Tadel *m*; Rüge *f*; Zurechtweisung *f* **2** *sanction disciplinaire* Verweis *m*; Verwarnung *f*; **infliger un ~ à qn** j-m e-n Verweis, e-e Verwarnung erteilen

blâmer [blame] VT tadeln; rügen; zurechtweisen

blanc [blɑ̃] **A** ADJ ⟨blanche [blɑ̃ʃ]⟩ **1** weiß; *peau a.* hell; *raisin* grün; **arme blanche** blanke Waffe **2** *fig* **examen ~** Probeexamen *n*; **mariage ~** nicht vollzogene Ehe; Scheinehe *f*; **nuit blanche** schlaflose Nacht; **voix blanche** tonlose Stimme **3** *page* unbeschrieben; unbedruckt; leer; frei; **bulletin ~** leerer Stimmzettel; *à une épreuve écrite* **remettre une copie blanche** ein leeres Blatt abgeben **4** (*propre*) sauber; rein; *fig a.* unbefleckt; unschuldig **B** SUBST **1** *m* Weiß *n*; **chauffer à ~** bis zur Weißglut erhitzen; **tirer à ~** mit Übungsmunition, Platzpatronen schießen; *habillé* **en ~** in Weiß; weiß **2 Blanc, Blanche** *m,f* Weiße(r) *m/f(m)* **3** *m* **~ (d'œuf)** Eiweiß *n* **4** *m de volaille* Brust *f*; weißes Fleisch **5** *m linge* Weißwaren *fpl*; Weißzeug *n*; *au lavage* Kochwäsche *f* **6** *m vin* Weißwein *m*; *fam* Weiße(r) *m* **7** *m dans un texte* unbeschriebene, unbedruckte, freie, leere, weiße Stelle; **chèque** *m* **en ~** Blankoscheck *m* **8** MUS **blanche** *f* halbe Note

blanc-bec [blɑ̃bɛk] M ⟨blancs-becs⟩ Grünschnabel *m*; grüner Junge

blanchâtre [blɑ̃ʃatʀ] ADJ weißlich

blanche [blɑ̃ʃ] ADJ *et* SUBST F → blanc

Blanche-Neige F Schneewittchen *n*

blancheur [blɑ̃ʃœʀ] F Weiße *f*; Weiß *n*

blanchiment [blɑ̃ʃimɑ̃] M **1** *d'un mur* Weiße(l)n *n* **2** CUIS Abbrühen *n*; Blanchieren *n* **3** *fig* Geldwäsche *f*

blanchir [blɑ̃ʃiʀ] **A** VT **1** weiß machen; *mur, plafond* weiße(l)n; weiß tünchen **2** CUIS abbrühen; blanchieren **3** *fig* (*disculper*) **~ qn** j-n reinwaschen **4** *argent de la drogue* waschen **B** VI *cheveux* weiß werden

blanchissage [blɑ̃ʃisaʒ] M Waschen *n* (in der Wäscherei)

blanchissant [blɑ̃ʃisɑ̃] ADJ ⟨-ante [-ɑ̃t]⟩ **produit ~** Bleichmittel *n*

blanchissement [blɑ̃ʃismɑ̃] M *des cheveux* Weißwerden *n*

blanchisserie [blɑ̃ʃisʀi] F Wäscherei *f*; Waschanstalt *f* **blanchisseur** [-œʀ] M, **blanchisseuse** [-øz] F Wäscher(in) *m(f)*; Wäschereibesitzer(in) *m(f)*

Blanc-Mesnil [blɑ̃menil] *Stadt im Departement Seine-Saint-Denis*

blanc-seing [blɑ̃sɛ̃] M ⟨blancs-seings⟩ Blankounterschrift *f*

Blandine [blɑ̃din] F *Vorname*

blanquette [blɑ̃kɛt] F **~ de veau** *Kalbfleisch in weißer Soße*

blasé [blaze] ADJ ⟨~e⟩ blasiert

blaser [blaze] V/PR **se ~** blasiert werden; abstumpfen (**de qc** gegen etw)

blason [blazõ] M Wappen *n*; *fig* **redorer son ~** e-e reiche Heirat machen

blasphémateur [blasfematœʀ] M, **blasphématrice** [-tʀis] F Gotteslästerer, -lästerin *m,f* **blasphématoire** [-twaʀ] ADJ gotteslästerlich; blasphemisch

blasphème [blasfɛm] M Gotteslästerung *f*; Blasphemie *f*

blasphémer [blasfeme] VI ⟨-è-⟩ gotteslästerliche Reden führen

blatte [blat] F (Küchen)Schabe *f*

blazer [blezœʀ, bla-] M Blazer *m*

blé [ble] M **1** AGR Weizen *m* **2** *fam* (*argent*) → fric

bled [blɛd] M *fam péj* Kaff *n*; Nest *n*

blême [blɛm] ADJ bleich; (leichen)blass

blêmir [blemiʀ] VI erbleichen

blennorragie [blenɔʀaʒi] F Tripper *m*; Gonorrhö(e) *f*

blessant [blɛsɑ̃] ADJ ⟨-ante [-ɑ̃t]⟩ *paroles, allusions etc* verletzend; beleidigend

blessé [blese] **A** ADJ ⟨~e⟩ verletzt; *soldat* verwundet **B** **~(e)** M(F) Verletzte(r) *m/f(m)*; *soldat* Verwundete(r) *m*

blesser [blese] **A** VT **1** verletzen; *à la guerre* ver-

B

wunden; *chaussures: qn, pied* (wund) scheuern; aufscheuern; *fig* **~ l'oreille, les yeux** den Ohren, Augen wehtun; das Ohr, das Auge beleidigen **2** *(offenser)* verletzen; kränken; beleidigen **B** V/PR **se ~** sich verletzen

blessure [blesyʀ] F **1** Verletzung *f*; *de guerre* Verwundung *f*; *(plaie)* Wunde *f* **2** *(offense)* Kränkung *f*; Beleidigung *f*

blet [blɛ] ADJ ⟨blette [blɛt]⟩ überreif

blette [blɛt] F → bette

bleu [blø] **A** ADJ ⟨~e⟩ **1** blau **2** *fig* **peur ~e** schreckliche Angst; *fam* Heidenangst *f* **3** *bifteck* englisch **B** M **1** *couleur* Blau *n* **2** *sur la peau* blauer Fleck **3** **~ (de travail)** blauer Arbeitsanzug, Overall **4** **truite** *f* **au ~** Forelle *f* blau **5** *fam (débutant)* Neuling *m*; Anfänger *m*; MIL Rekrut *m* **6** *fromage* Blauschimmelkäse *m* **7** FOOTBALL **les Bleus** die französische Nationalmannschaft

le bleu — (blauer) Overall

le bleu — Blauschimmelkäse

bleuâtre [bløɑtʀ] ADJ bläulich

bleuet [bløɛ] M Kornblume *f*

bleuir [bløiʀ] **A** V/T blau anlaufen lassen **B** V/I blau werden, anlaufen; sich blau färben

bleuissement [bløismɑ̃] M **1** Blauwerden *n*, -färbung *f* **2** *du bois* Blaufärbung *f*; Bläue *f*

bleuté [bløte] ADJ ⟨~e⟩ bläulich

blindage [blɛ̃daʒ] M Panzerung *f*

blindé [blɛ̃de] **A** ADJ ⟨~e⟩ **1** gepanzert; Panzer... **2** *fam fig* gefeit, immun (**contre** gegen) **B** M MIL Panzer *m*

blinder [blɛ̃de] V/T panzern

blini [blini] M CUIS kleiner Buchweizenpfannkuchen

blister [blistɛʀ] M Blister(verpackung) *m(f)*; durchsichtige Kunststoffverpackung

blizzard [blizaʀ] M Blizzard *m*

bloc [blɔk] M **1** Block *m (a.* TECH *et fig* POL*)*; **~ de marbre** Marmorblock *m*; **~ (de papier à lettres)** Briefblock *m*; *serrer, visser* **à ~** fest; ganz; *fig* **en ~** en bloc; in Bausch und Bogen; im Ganzen; als Ganzes; pauschal; *fig* **faire ~** e-n Block bilden **2** MÉD **~ opératoire** Operationstrakt *m* **3** *fam (prison) fam* Knast *m*

blocage [blɔkaʒ] M **1** Blockierung *f*; TECH *a.* Feststellen *n*; *du ballon* Stoppen *n*; Abblocken *n* **2** *d'un compte* Sperrung *f*; Sperre *f*; **~ des prix** Preisstopp *m* **3** PSYCH innerer Widerstand

bloc-cuisine [blɔkkɥizin] M ⟨blocs-cuisines⟩ Küchenblock *m*

blockhaus [blɔkos] M MIL Bunker *m*

bloc-notes [blɔknɔt] M ⟨blocs-notes⟩ Notiz-, Schreibblock *m*

blocus [blɔkys] M Blockade *f*

blog(ue) [blɔg] M ABR (weblog) INFORM Blog *n ou m*; Weblog *n ou m*

bloguer [blɔge] V/I INFORM bloggen

blogueur [blɔgœʀ] M, **blogueuse** [-øz] F INFORM Blogger(in) *m(f)*

blond [blõ] **A** ADJ ⟨blonde [blõd]⟩ **1** blond **2** *bière, tabac* hell; *cigarette* aus hellem Tabak **B** SUBST **1** **~(e)** *m(f)* Blonde(r) *m/f(m)*; Blondine *f*; **une fausse ~e** *fam* e-e Wasserstoffblondine **2** *m couleur* Blond *n* **3** **~e** *f bière* Helle(s) *n* **4** **~e** *f* Zigarette *f* aus hellem Tabak

blondasse [blõdas] ADJ *péj* matt-, strohblond

blondeur [-œʀ] F Blondheit *f*

blondin [blõdɛ̃] M, **blondine** [-in] F blonder junger Mann, blondes junges Mädchen; *d'un jeune enfant* Blondschopf *m*

blondinet [blõdinɛ] M, **blondinette** [-ɛt] F Blondschopf *m*

blondir [blõdiʀ] V/I **1** heller werden **2** CUIS **faire ~** anbräunen

bloquer [blɔke] **A** V/T **1** blockieren; *route a.* versperren; TECH *a.* feststellen; *vis, frein* fest anziehen; FOOTBALL *ballon* (ab)stoppen; abblocken; **rester bloqué** stecken bleiben; festsitzen **2** *fig projet* blockieren; *compte bancaire* sperren; *prix* einfrieren **3** *(grouper)* zusammenlegen **4** PSYCH **il est bloqué** bei ihm ist ein innerer Widerstand da **B** V/PR **se ~** blockieren *(a. freins)*; klemmen

blottir [blɔtiʀ] V/PR **se ~** sich (zusammen)kauern; sich ducken; **se ~ contre qn** sich an j-n kuscheln, schmiegen

blouse [bluz] F **1** (Arbeits)Kittel *m*; Kittelschürze *f* **2** (Damen)Bluse *f*

blouser [bluze] **A** V/T *fam* reinlegen **B** V/I COUT blusig fallen

blouson [bluzõ] M **1** Blouson *n ou m* **2** *fig* **~ noir** Halbstarke(r) *m*

blue-jean [bludʒin] M ⟨blue-jeans⟩ Blue Jeans *pl*

blues [bluz] M **1** *jazz* Blues *m* **2** *fam* **avoir le ~** deprimiert, *fam* down sein

bluff [blœf] M Bluff *m*; Täuschung(smanöver) *f(n)* **bluffer** [-e] *fam* V/T *et* V/I bluffen; täuschen

bluffeur [-œʀ] M, **bluffeuse** [-øz] F Bluffer(in) *m(f)*
BNP Paribas [beɛnpepaʀiba] F ABR (Banque nationale de Paris Paribas) *frz Großbank*
boa [bɔa] M Boa *f (a. tour de cou)*
bob [bɔb] M ABR → bobsleigh
bobard [bɔbaʀ] *fam* M (Lügen)Märchen *n*
bobeur [bɔbœʀ] M SPORTS Bobfahrer *m*
bobinage [bɔbinaʒ] M 1 TEXT Auf-, Umspulen *n* 2 ÉLEC Wicklung *f*
bobine [bɔbin] F 1 Rolle *f*; Spule *f* 2 *fam (figure)* Gesicht *n*; *péj* Visage *f*
bobiner [bɔbine] V/T *fil, pellicule* (auf-, um)spulen
bobo [bobo] M *enf* Wehweh *n*; *fam iron* Wehwehchen *n*
bobonne [bɔbɔn] F *fam péj* Alte *f*; Olle *f*
bobsleigh [bɔbslɛg] M 1 Bob *m* 2 Bobsport *m*, -fahren *n*
bocage [bɔkaʒ] M Knicklandschaft *f*
bocal [bɔkal] M ⟨-aux [-o]⟩ Glas(behälter) *n(m)*; *à conserves* Einmach-, Weckglas *n*
Boche [bɔʃ] *fam péj* M/F Deutsche(r) *m/f(m)*; *injure* Scheißdeutsche(r) *m/f(m)*
bock [bɔk] M **un ~** ein kleines Bier; *fam* ein Kleines
body [bɔdi] M ⟨*a.* bodies⟩ Body *m*
bodybuilding [bɔdibildiŋ] M Bodybuilding *n*
Boers [buʀ] MPL Buren *mpl*
bœuf [bœf] M ⟨~s [bø]⟩ 1 Ochse *m* 2 *viande* Rind-, Ochsenfleisch *n* 3 *fam adjt* (! unveränderlich) *fam* Bomben…; gewaltig; **succès** *m* **~** Bombenerfolg *m*
bof [bɔf] INT pah!; bah!; ach was!; was soll's!; (alles) egal!; null Bock! **bof-génération** F *fam* Null-Bock-Generation *f*
bogue[1] [bɔg] F *d'une châtaigne* (stachelige) Fruchtschale
bogue[2] [bɔg] M INFORM (Programmier)Fehler *m*
bohème [bɔɛm] 1 *m/f* Bohemien *m*; *adjt* **être ~** ein Bohemeleben führen 2 *f milieu* Boheme *f*
Bohême [bɔɛm] **la ~** Böhmen *n*
bohémien [bɔemjɛ̃] M, **bohémienne** [-jɛn] F Zigeuner(in) *m(f)*
boire [bwaʀ] ⟨je bois, il boit, nous buvons, ils boivent; je buvais; je bus; je boirai; que je boive, que nous buvions; buvant; bu⟩ A V/T 1 trinken; *gros animal a.* saufen; *fig* **~ les paroles de qn** wie gebannt an j-s Mund, Lippen hängen; *fam fig* **il y a à ~ et à manger** hier sind Gutes und Schlechtes eng miteinander verquickt; **donner à ~** à zu trinken geben *(+ dat)*; *au bétail* tränken *(+ acc)* 2 *abs avec excès* trinken; *fam* saufen 3 *buvard, sol: liquide* aufsaugen B M Trinken *n*

le bois — Holz

le bois — Wald

bois [bwa] M 1 Holz *n*; **de** *ou* **en ~** hölzern; Holz…; aus Holz; *fig* **je vais lui faire voir de quel ~ je me chauffe!** *fam* der soll mich (noch) kennenlernen!; *fig* **je touche du ~!** (unberufen) toi, toi, toi! 2 *(forêt)* Wald *m* 3 **~ de lit** hölzerne Bettstelle 4 *d'un cerf* **~** *pl* Geweih *n* 5 MUS **~** *pl* Holz(blasinstrumente) *n(pl)*
boisé [bwaze] ADJ ⟨~e⟩ bewaldet **boisement** [-mɑ̃] M Aufforstung *f*; Bewaldung *f*
boiser [-e] V/T aufforsten; bewalden
boiseries [bwazʀi] FPL (Holz)Täfelung *f*
boisson [bwasõ] F Getränk *n*
boîte [bwat] F 1 Schachtel *f*; *en carton a.* Karton *m*; *en plastique a.* Box *f*; **boîte postale** *(abr* **BP)** Postfach *n*; **boîte à gants** Handschuhfach *n*; **boîte aux lettres** Briefkasten *m*; **boîte à outils, à ouvrage** Werkzeug-, Nähkasten *m*; **boîte d'allumettes** Schachtel *f* Streichhölzer; Streichholzschachtel *f*; *fam fig* **mettre qn en boîte** *fam* j-n aufziehen, auf den Arm, auf die Schippe nehmen 2 *en métal* Dose *f*; Büchse *f*; **boîte à musique** Spieldose *f*, -uhr *f*; **boîte de conserve** Konservenbüchse *f*, -dose *f*; **en boîte** Büchsen…; Dosen… 3 AVIAT **boîte noire** Black Box *f* 4 INFORM **boîte aux lettres (électronique)** Mailbox *f*; **boîte à outils** Toolbox *f*; **boîte de dialogue** Dialogfeld *n* 5 AUTO **boîte de vitesses** (Wechsel)Getriebe *n* 6 TÉL **boîte vocale** Mailbox *f* 7 *fam* Disko *f*; **boîte (de nuit)** Nachtlokal *n*; Bar *f*; **aller en boîte** in die Disko gehen 8 **boîte crânienne** Gehirnschädel *m*; Hirnschale *f* 9 *fam (lieu de travail) fam* Laden *m*; *(école) fam* Penne *f*
boitement [bwatmɑ̃] M Hinken *n*; Humpeln *n*

la boîte — Box

la boîte — Disko

boiter [-e] VI hinken (*a. fig raisonnement*); humpeln
boiteux [bwatø] ADJ ⟨-euse [-øz]⟩ 1 *personne* hinkend; humpelnd 2 *table, chaise* wack(e)lig 3 *fig raisonnement* hinkend; schief; *vers* holp(e)rig; *compromis fam* faul; *paix fam* wack(e)lig
boîtier [bwatje] M Gehäuse *n*
boitillant [bwatijɑ̃] ADJ ⟨-ante [-ɑ̃t]⟩ leicht hinkend **boitiller** [-e] VI leicht hinken
boit-sans-soif [bwasɑ̃swaf] M/F (! unveränderlich) → soûlard, soûlarde
bol [bɔl] M 1 (Trink)Schale *f*; *fig* **prendre un ~ d'air** *fam* frische Luft tanken; sich auslüften 2 *fam fig* **avoir du ~** Glück, *fam* Schwein haben
bolchevik [bɔlʃevik, bɔlʃə-] M/F → bolcheviste
B **bolchevisme** [-ism] M POL Bolschewismus *m* **bolcheviste** [-ist] POL A ADJ bolschewistisch B M/F Bolschewik(in) *m(f)*; Bolschewist(in) *m(f)*
bolée [bɔle] F **une ~ de cidre** e-e Schale (voll) Apfelwein
boléro [bɔleʀo] M 1 MUS Bolero *m* 2 Bolero(-jäckchen) *m(n)*
bolet [bɔlɛ] M Röhrenpilz *m*; Röhrling *m*
bolide [bɔlid] M Rennwagen *m*; **arriver comme un ~** *fam* angesaust kommen
Bolivie [bɔlivi] **la ~** Bolivien *n*
bolivien [bɔlivjɛ̃] A ADJ ⟨-ienne [-jɛn]⟩ bolivianisch B **Bolivien(ne)** M(F) Bolivianer(in) *m(f)*
Bologne [bɔlɔɲ] Bologna *n*
Bolzano [bɔlzano] Bozen *n*
bombance [bõbɑ̃s] F **faire ~** schlemmen
bombarde [bõbaʀd] F 1 MUS Pommer *m*; Bombarde *f* 2 HIST MIL Bombarde *f*
bombardement [bõbaʀdəmɑ̃] M Bombardement *n*; Bombardierung *f* (*a. fig* **de** mit); AVIAT *a.* Bombenangriff *m*; *d'obus* Beschuss *m*
bombarder [bõbaʀde] VT 1 MIL bombardieren; *d'obus* beschießen; **ville bombardée** *a.* zerbombte Stadt 2 *de tomates, fig de questions* bombardieren, *de tomates, etc a.* bewerfen (**de** mit) 3 *fam fig* **~ qn à un poste** *fam* j-n in e-e Stellung katapultieren
bombardier [bõbaʀdje] M Bomber *m*; Bombenflugzeug *n*
Bombay [bõbɛ] Bombay *n*
bombe [bõb] F 1 Bombe *f*; **attentat** *m* **à la ~** Bombenanschlag *m*; **éclater comme une ~, faire l'effet d'une ~** wie e-e Bombe einschlagen 2 CUIS **~ glacée** Eisbombe *f* 3 Spray(dose) *m ou n(f)* 4 *fam* **faire la ~** tüchtig, ordentlich, *fam* feste feiern 5 *casquette* Reitkappe *f*
bombé [bõbe] ADJ ⟨~e⟩ gewölbt; *verre* bauchig
bombement [bõbmɑ̃] M *d'une route* Wölbung *f*
bomber [bõbe] A VT 1 wölben; **~ le torse** (stolz) die Brust wölben, herausstrecken 2 *slogan etc* sprühen, sprayen (**sur** auf + *acc*) B VI *fam* (*rouler vite*) *fam* sausen; rasen
bombonne [bõbɔn] F → bonbonne
bombyx [bõbiks] M ZOOL Seidenspinner *m*
bon[1] [bõ, *adj vor Vokal u. stummem h* bɔn] A ADJ ⟨bonne [bɔn]⟩ 1 gut; **un bon médecin** ein guter Arzt; **bonnes vacances!** schöne Ferien!; **c'est bon** das ist, schmeckt gut; **bon à** gut, geeignet zu; **à quoi bon?** wozu?; was nützt das (schon)?; **il n'est bon à rien** er taugt zu nichts, ist zu nichts nütze; **bon en mathématiques** gut in Mathematik; *fam si tu te gares ici,* **on est bon pour la contravention** *fam* dann kriegen wir garantiert einen Strafzettel; *il a. besoin d'un coup de main,* **on est bon!** *fam* jetzt müssen wir ran!; **bon pour la santé** gesund; gut für die Gesundheit; **bon pour le service** wehrdiensttauglich 2 (*qui montre de la bonté*) gut(mütig, -herzig); gütig; lieb; *péj ou iron* (zu) gut(mütig); naiv; **le bon Dieu** der liebe Gott; *fam* **avoir qn à la bonne** j-n gernhaben, mögen; j-n gut leiden können; **être bon** gut(herzig), ein guter Mensch sein 3 *quantité* gut; reichlich; **une bonne cuillerée de sucre** ein gehäufter Löffel Zucker; **une bonne heure** e-e gute, reichliche Stunde; gut (und gern) e-e Stunde; **un bon moment** e-e ganze, geraume Weile; **arriver bon dernier** weit hinter den anderen eintreffen 4 *intensité* **un bon rhume** *fam* ein tüchtiger, anständiger Schnupfen 5 (*correct*) richtig; recht; **la bonne clé** der richtige Schlüssel 6 **une bonne histoire** e-e lustige, amüsante Geschichte; *fam* **tu en as de bonnes!** *fam* du bist vielleicht gut, drollig!; du hast Einfälle!; **elle**

est bien bonne! das ist wirklich gut!; *fam* das ist ja köstlich! **7** *int* **(c'est) bon!** *accord* (es ist) gut!; *conclusion* (na) gut!; na schön!; **bon, bon!** schon gut!; **ah bon!** ach so!; **ah bon?** ach was?; ach ja? **B** ADV **il fait bon** es ist angenehm warm; **il fait bon vivre ici** hier lässt sich's gut leben; **sentir bon** gut riechen; **pour de bon** ernstlich; wirklich **C** SUBST **1** **le bon** das Gute; **avoir du bon** sein Gutes haben **2** **les bons** *mpl* die Guten *mpl* **3** **bon** *m* **à rien** Taugenichts *m*; Nichtsnutz *m*

bon² [bõ] M Gutschein *m*; Bon *m*; **~ de commande** Bestellschein *m*

Bonaparte [bɔnapaʀt] Bonaparte

bonapartisme [bɔnapaʀtism] M POL Bonapartismus *m*

bonapartiste [bɔnapaʀtist] **A** ADJ bonapartistisch **B** M/F Bonapartist(in) *m(f)*

bonasse [bɔnas] ADJ (zu) gutmütig

bonbon [bõbõ] M Bonbon *m ou n*

bonbonne [bõbɔn] F (große) Korbflasche; Glasballon *m*

bonbonnière [bõbɔnjɛʀ] F **1** Bonbon-, Konfektdose *f*; Bonbonniere *f* **2** *fig appartement* Schmuckkästchen *n*

bond [bõ] M Sprung *m*; Satz *m*; *fig* **~ en avant** Sprung nach vorn; **d'un ~** mit e-m Satz, Sprung; **se lever d'un ~** aufspringen; **par ~s** sprungweise; in Sprüngen; *fig prix, etc* **faire un ~** sprunghaft ansteigen; *fig* **faire faux ~ à qn** j-n versetzen, im Stich lassen

bonde [bõd] F **1** Abfluss(loch *n*, -öffnung *f*) *m*; *d'un tonneau* Spundloch *n* **2** *(bouchon)* Stöpsel *m*; Zapfen *m*; Spund *m*

bondé [bõde] ADJ ⟨~e⟩ überfüllt; gepfropft voll; *fam* proppenvoll

bondieuseries [bõdjøzʀi] FPL Devotionalien *pl*; *péj* religiöser Kitsch

bondir [bõdiʀ] V/I springen; hüpfen; *fig* **~ de joie** vor Freude bis an die Decke springen; **~ sur sa proie** sich auf s-e Beute stürzen

bondissant [bõdisã] ADJ ⟨-ante [-ãt]⟩ springend **bondissement** [-ismã] M Springen *n*

bonheur [bɔnœʀ] M Glück *n*; **quel ~ de** *(+inf)!* welch ein Glück, wie schön zu *(+inf)!*; **au petit ~ (la chance)** auf gut Glück; aufs Geratewohl; **par ~** zum Glück; glücklicherweise; **faire le ~ de qn** j-n glücklich machen

bonhomie [bɔnɔmi] F Gutmütigkeit *f*; Biederkeit *f*

bonhomme [bɔnɔm] M ⟨bonshommes [bõzɔm]⟩ **1** *fam* **un ~** ein Mann *m*; *fam* ein Mannsbild *n*; **petit ~** kleiner Junge; *fam* kleiner Mann; *fig* **aller son petit ~ de chemin** ruhig, unbeirrt s-n Weg gehen **2** Männchen *n*; **~ de neige** Schneemann *m* **3** *adjt* ⟨~s⟩ *air* gutmütig; bieder

boniche [bɔniʃ] F → bonniche

bonification [bɔnifikasjõ] F **1** COMM Bonifikation *f* **2** SPORTS Bonus *m*; Punktvorteil *m*

bonifier [bɔnifje] **A** V/T verbessern **B** V/PR **se ~** *vin* besser werden; *fig caractère* sich bessern

boniment [bɔnimã] M **1** *fam* (Lügen)Märchen *n* **2** *camelot* **faire du ~** s-e Ware wortreich, *fam* mit viel Tamtam anpreisen

bonimenteur [bɔnimãtœʀ] M **1** *(baratineur)* Marktschreier *m* **2** *(menteur)* j-d, der Märchen auftischt

bonjour [bõʒuʀ] M **~!** guten Tag!; guten Morgen!; *all Sud* grüß Gott!; *fam* **donner le ~ à qn (de la part de qn)** j-m e-n Gruß (von j-m) ausrichten, bestellen; **simple comme ~** ganz, höchst einfach; kinderleicht

bonne [bɔn] F Hausgehilfin *f*; Dienstmädchen *n*; **~ d'enfants** Kindermädchen *n*

Bonne-Espérance [bɔnɛspeʀãs] **le cap de ~** das Kap der Guten Hoffnung

bonnement [bɔnmã] ADV **tout ~** ganz einfach

bonnet [bɔnɛ] M **1** Mütze *f*; Kappe *f*; Haube *f*; *fam fig* **gros ~** *fam* hohes Tier; Bonze *m*; **~ de bain** Badekappe *f*, -mütze *f*; **~ de nuit** Schlaf-, Nachtmütze *f*; *fig* Griesgram *m*; *fam* Sauertopf *m*; *fig* **avoir la tête près du ~** ein Hitzkopf sein; rasch aufbrausen; *fig* **c'est ~ blanc et blanc ~** *fam* das ist Jacke wie Hose, gehupft wie gesprungen; *femme* **jeter son ~ par-dessus les moulins** sich über die Moral, guten Sitten hinwegsetzen **2** *de soutien-gorge* Körbchen *n*; Schale *f*; Cup *m*

bonneterie [bɔnɛtʀi] F Wirk- und Strickwaren *fpl*; Trikotagen *fpl*

bonnetier [bɔntje] M, **bonnetière** [-jɛʀ] F Wirk- und Strickwarenfabrikant(in) *m(f)*, *commerçant(e)* -händler(in) *m(f)*

bonniche [bɔniʃ] *péj* F Dienstmädchen *n*; *fam* Minna *f*

bonsaï [bõ(d)zaj] M Bonsai *m*

bonsoir [bõswaʀ] M **~!** guten Abend!

bonté [bõte] F **1** Güte *f* **2** **~s** *pl* erwiesene Freundlichkeit(en) *f(pl)*

bonus [bɔnys] M Bonus *m*; Schadenfreiheitsrabatt *m*

bonze [bõz] M REL, *fig* Bonze *m*

boogie-woogie [bugiwugi] M MUS Boogie-Woogie *m*

bookmaker [bukmɛkœʀ] M Buchmacher *m*

boom [bum] M ÉCON Boom *m*; *fig* **~ touristique** Touristen-, Reiseboom *m*

boomerang [bumʀãg] M Bumerang *m (a. fig)*; *fig* **faire ~** sich als Bumerang erweisen

booster [buste] *fam* V/T ankurbeln; in Schwung bringen

B

borborygmes [bɔʀbɔʀigm] MPL Magenknurren *n*

bord [bɔʀ] M **1** Rand *m; d'un chapeau* Krempe *f; (arête)* Kante *f; (rive)* Ufer *n;* **bord de la route** Straßenrand *m;* **bord du trottoir** Bordsteinkante *f;* **au bord de** am Rand(e) *(+ gén) (a. fig);* **au bord de la mer** am Meer; an der See; *fig* **au bord des larmes** den Tränen nahe; *fig* **être un peu** *(+ adj)* **sur les bords** (so) ein bisschen, leicht *(+ adj)* sein **2** MAR, AVIAT Bord *m;* **à bord (de)** an Bord *(+ gén);* **monter à bord** an Bord gehen; *fig* **être du même bord** Gesinnungsgenossen sein; im gleichen Lager stehen

bordeaux [bɔʀdo] M **1** Bordeaux(wein) *m* **2** *adjt* (❗ unveränderlich) bordeaux-, weinrot

Bordeaux [bɔʀdo] *Stadt im Departement Gironde*

bordée [bɔʀde] F MAR MIL Breitseite *f; fig* **~ d'injures** Schimpfkanonade *f*

bordel [bɔʀdɛl] M **1** *pop (maison de prostitution)* Bordell *n; pop* Puff *m ou n* **2** *fam fig* heilloses Durcheinander; Chaos *n; pop* Saustall *m* **3** *int pop* **~!** *fam* verdammter Mist!; *pop* Scheiße!

bordelais [bɔʀdəlɛ] **A** ADJ ⟨-aise [-ɛz]⟩ von Bordeaux **B** **Bordelais(e)** M(F) Einwohner(in) *m(f)* von Bordeaux

bordélique [bɔʀdelik] *fam* ADJ *fam* schlampig

border [bɔʀde] V/T **1** (ein)säumen; einfassen *(a.* COUT; **de** mit) **2** **~ un lit** das Überschlaglaken und die Decke (unter die Matratze) einschlagen; **~ qn** j-n zudecken

bordereau [bɔʀdəʀo] M ⟨~x⟩ Aufstellung *f;* Verzeichnis *n*

bordure [bɔʀdyʀ] F **1** Einfassung *f;* Umrandung *f;* Rand *m;* **en ~ de** am Rand *(+ gén)* **2** COUT Bordüre *f;* Borte *f*

boréal [bɔʀeal] ADJ ⟨~e; -aux [-o]⟩ nördlich; Nord…

borgne [bɔʀɲ] ADJ **1** einäugig **2** *fig (mal famé)* verrufen; anrüchig

borne [bɔʀn] F **1** Grenzstein *m; par ext* Markierungsstein *m;* Steinpfosten *m;* **~ kilométrique** Kilometerstein *m* **2** **~ d'appel** (Not)Rufsäule *f;* **~ d'incendie** Überflurhydrant *m* **3** *fig* **~s** *pl* Grenzen *fpl;* **sans ~s** grenzenlos; **dépasser les ~s** zu weit gehen; alle Grenzen überschreiten **4** *fam* Kilometer *m* **5** ÉLEC (Anschluss)-Klemme *f*

borné [bɔʀne] ADJ ⟨~e⟩ engstirnig; borniert; *fam* kleinkariert

Bornéo [bɔʀneo] Borneo *n*

borner [bɔʀne] **A** V/T begrenzen *(a. fig)* **B** V/PR **se ~ à qc** sich auf etw *(acc)* beschränken

bortsch [bɔʀtʃ] M CUIS Borschtsch *m*

bosniaque [bɔsnjak] **A** ADJ bosnisch **B** **Bosniaque** M/F Bosnier(in) *m(f)*

Bosnie(-Herzégovine) [bɔsni(ɛʀzegɔvin)] **la Bosnie(-Herzégovine)** Bosnien(-Herzegowina) *n*

Bosphore [bɔsfɔʀ] **le ~** der Bosporus

bosquet [bɔskɛ] M Wäldchen *n;* Baumgruppe *f*

boss [bɔs] M *fam* Boss *m*

bossa-nova [bɔsanɔva] F *danse* Bossa Nova *m*

bosse [bɔs] F **1** *due à un choc* Beule *f* **2** *d'un bossu* Buckel *m; fam* Höcker *m; fam fig* **rouler sa ~** weit herumkommen **3** *de terrain* Buckel *m* **4** *d'un chameau,* ANAT Höcker *m; fam fig* **avoir la ~ de qc** begabt für etw sein

bosser [bɔse] *fam* **A** V/T *examen* büffeln für **B** V/I *fam* werke(l)n; *plus fort fam* schuften

bosseur [bɔsœʀ] M, **bosseuse** [-øz] F *fam* Arbeitstier *n*

bossu [bɔsy] **A** ADJ ⟨~e⟩ buck(e)lig; *par ext* **être ~** e-n krummen Rücken machen **B** **~(e)** M(F) Bucklige(r) *m/f(m); fam* **rire comme un ~** *fam* sich schieflachen; *fam* sich *(dat)* e-n Ast lachen

bot [bo] ADJ **pied ~** Klumpfuß *m*

botanique [bɔtanik] **A** ADJ botanisch **B** F Botanik *f;* Pflanzenkunde *f* **botaniste** [-ist] M/F Botaniker(in) *m(f)*

botte [bɔt] F **1** *de radis, etc* Bund *n* **2** *chaussure* Stiefel *m; fig* **sous la ~ de** unter der Gewaltherrschaft *(+ gén)* **3** ESCRIME Stoß *m; fig* **~ secrète** Geheimwaffe *f*

botter [bɔte] V/T **1** *fam* **~ le derrière à qn** *fam* j-m e-n Tritt in den Hintern geben **2** *fam* **ça me botte** das sagt mir zu, gefällt mir

bottier [bɔtje] M Schuhmacher (der Schuhe nach Maß anfertigt)

la botte (de radis) — Bund (Radieschen)

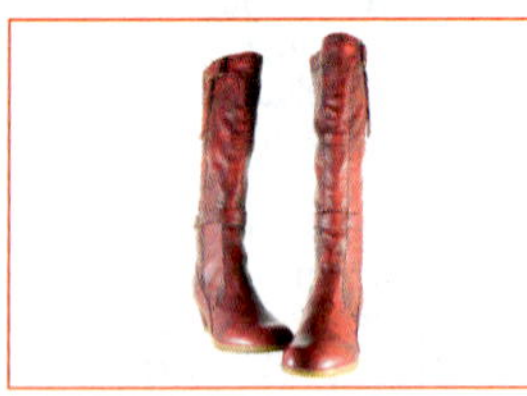

les bottes (fpl) — Stiefel

bottillon [bɔtijõ] M Halbstiefel *m*; Stiefelette *f*
bottin [bɔtɛ̃] M Telefonbuch *n*
bottine [bɔtin] F Damenhalbstiefel *m*; Stiefelette *f*
bouc [buk] M 1 Ziegenbock *m*; REL *et fig* **~ émissaire** Sündenbock *m* 2 *fig* Spitzbart *m*
boucan [bukɑ̃] *fam* M Krach *m*; Lärm *m*; *fam* Radau *m*; *fam* Spektakel *m*
boucaner [bukane] V/T *viande, poisson* räuchern
bouchage [buʃaʒ] M *d'un trou* Zu-, Verstopfen *n*; *dans le sol* Zuschütten *n*; *d'une fente* Abdichten *n*; *d'un récipient* (Ver)Schließen *n*; *d'une bouteille* Zu-, Verkorken *n*
bouche [buʃ] F 1 Mund *m*; *fig* **~ inutile** unnützer Esser; **la ~ en cœur** mit unschuldsvoller Miene; **de ~ à oreille** von Mund zu Mund; *subst* **le ~ à oreille** die Mundpropaganda; *fig* **en avoir plein la ~** immer wieder darauf zu sprechen kommen; **avoir toujours qc à la ~** ständig von etw reden; *un mot* ständig im Mund führen; *fig* **faire la fine ~** sehr wählerisch sein; **garder qc pour la bonne ~** etw (*das Beste*) bis zuletzt aufheben 2 *de certains animaux* Maul *n* 3 (*ouverture*) Öffnung *f*; **~ d'aération** Luftschacht *m*; **~ d'égout** Gully *m ou n*; **~ d'incendie** Hydrant *m*; **~ de métro** U-Bahn-Eingang *m*
bouché [buʃe] ADJ ⟨~e⟩ 1 *bouteille* verkorkt; zugekorkt 2 *route, tuyau, nez* verstopft 3 *temps* trüb(e); *ciel* grau; verhangen 4 *fam fig* (*bête*) beschränkt; *fam* vernagelt
bouche-à-bouche [buʃabuʃ] M (! unveränderlich) Mund-zu-Mund-Beatmung *f*; Atemspende *f*
bouchée [buʃe] F 1 Bissen *m*; *fig* **pour une ~ de pain** *fam* für ein Butterbrot; *fam* für e-n Apfel und ein Ei; *fig* **ne faire qu'une ~ de qn** leicht mit j-m fertig werden; *fig* **mettre les ~s doubles** doppelt so schnell arbeiten 2 **~ à la reine** Königinpastete *f* 3 (*chocolat*) Praline *f*
boucher¹ [buʃe] A V/T 1 *ouverture* zu-, verstopfen; *bouteille* zu-, verkorken; *fig* **~ un trou** ein Loch stopfen 2 *passage, route* versperren; blockieren; **~ la vue à qn** j-m die Sicht versperren, nehmen B V/PR 1 **se ~ le nez** sich (*dat*) die Nase zuhalten; *fig* **se ~ les oreilles** nicht(s) hören wollen 2 *lavabo* **se ~** verstopfen
boucher² [buʃe] M 1 Fleischer *m*; Metzger *m*; Schlachter *m*; *autrich* Fleischhauer *m* 2 *fig* Bluthund *m*; (*chirurgien maladroit*) Metzger *m*
bouchère [buʃɛʀ] F Fleischersfrau *f*
boucherie [buʃʀi] F 1 Fleischerei *f*; Metzgerei *f*; Schlachterei *f* 2 *fig* Gemetzel *n*; Blutbad *n*
boucherie-charcuterie F ⟨boucheries-charcuteries⟩ Fleisch- und Wurstwarengeschäft *n*
Bouches-du-Rhône [buʃdyʀon] *frz Departement*
bouche-trou [buʃtʀu] M ⟨bouche-trous⟩ Lückenbüßer *m*; *chose a.* Füller *m*
bouchon [buʃõ] M 1 Verschluss(kappe) *m(f)*; *d'une bouteille* Korken *m*; Pfropfen *m*; Stopfen *m*; Stöpsel *m*; *fig* **pousser le ~ un peu loin** etwas zu weit gehen 2 *de circulation* (Verkehrs-)Stau *m* 3 PÊCHE Schwimmer *m*; Floß *n*

le bouchon — Korken

le bouchon — Verkehrsstau

bouchonner [buʃɔne] V/I *fam* **ça bouchonne** es bilden sich Staus
bouchot [buʃo] M Muschelzaun *m*; **moules** *fpl* **de ~** Zuchtmiesmuscheln *fpl*
bouclage [buklaʒ] M 1 MIL, POLICE Abriegelung *f*; Umstellung *f* 2 PRESSE Redaktionsschluss *m*
boucle [bukl] F 1 *de ceinture* Schnalle *f*; Schließe *f* 2 **~ d'oreille** Ohrring *m* 3 *de cheveux* (Ringel-)Locke *f* 4 (*courbe quasi fermée*) Schleife *f* (*a.* INFORM)
bouclé [bukle] ADJ ⟨~e⟩ lockig; gelockt
boucler [bukle] A V/T 1 *ceinture* zuschnallen; **~ sa valise** s-e, die Koffer packen 2 *fam porte, etc* zumachen; schließen; *fam personne* einsperren; *police: quartier* abriegeln; *fam fig* **boucle-la!** *fam* halt die Klappe! 3 *circuit* (durch)laufen, (-)fahren; *fig travail* abschließen; *fig* **~ la boucle** die Sache zu Ende führen; den Kreis schließen; *fig* **~ son budget** *fam* über die Runden kommen 4 *cheveux* zu Locken drehen B V/I *cheveux* sich locken; sich ringeln C V/PR *fam* **se ~ dans sa chambre** sich in sein *ou* in s-m Zimmer einschließen
bouclette [buklɛt] F Löckchen *n*
bouclier [buklije] M Schild *m*; *fig a.* Schutzschild *m*
Bouddha [buda] M Buddha *m*
bouddhique [budik] ADJ buddhistisch
bouddhisme [-ism] M Buddhismus *m*

B

bouddhiste [-ist] M/F Buddhist(in) *m(f)*
bouder [bude] **A** V/T **~ qn** mit j-m schmollen; **~ qc** etw meiden; e-r Sache *(dat)* aus dem Weg gehen **B** V/I schmollen
bouderie [budʀi] F Schmollen *n*
boudeur [budœʀ] ADJ ‹-euse [-øz]› schmollend
boudin [budɛ̃] M **1** Blutwurst *f*; **~ blanc** Weißwurst *f* **2** *fig (bourrelet)* Wulst *m*; Rolle *f* **3** *fig* **~s** *pl fam* Wurstfinger *mpl* **4** *fam péj d'une fille fam* Pummel *m*
boudiné [budine] ADJ ‹~e› **1** **être ~** (in ein Kleidungsstück) eingezwängt sein **2** **doigts ~s** *fam* Wurstfinger *mpl*
boudiner [budine] V/T *vêtement trop serré* **ça (me) boudine** das zwängt mich so ein, dass sich richtige Wülste bilden; *fam* das sitzt so eng wie e-e Wurstpelle
boudoir [budwaʀ] M **1** Boudoir *n* **2** Löffelbiskuit *n ou m*
boue [bu] F Schlamm *m (a.* GÉOL*)*; Schmutz *m*; Morast *m*; *fam* Dreck *m*; *fig* **traîner dans la ~** in den Schmutz, Dreck ziehen
bouée [bwe] F Boje *f*; **~ de sauvetage** Rettungsring *m*; *fig* (letzte) Rettung
boueux [buø, bwø] **A** ADJ ‹-euse [-øz]› schmutzig; schlammig; morastig **B** M *fam* Müllmann *m*
bouffant [bufɑ̃] ADJ ‹-ante [-ɑ̃t]› bauschig; *cheveux* füllig
bouffarde [bufaʀd] *fam* F (Tabaks)Pfeife *f*
bouffe [buf] *fam* F Essen *n*; *péj pop* Fressen *n*; **se faire une (petite) ~** zu e-m zwanglosen kleinen Essen zusammenkommen; **ne penser qu'à la ~** immer nur ans Essen denken
bouffée [bufe] F **1** *en inspirant* Zug *m*; *en expirant* Hauch *m* **2** *d'air* Lufthauch *m*, -zug *m*; Schwall *m*; *d'odeurs* Dunstwolke *f*; Schwaden *m*; MÉD **~ de chaleur** Hitzewallung *f*; fliegende Hitze **3** *fig* **une ~ d'orgueil** e-e Anwandlung von Stolz
bouffer¹ [bufe] V/I sich bauschen
bouffer² *fam* **A** V/T essen *(a. abs)*; *péj pop* fressen *(a. fam fig)*; **n'avoir rien à ~** nichts zu essen, *fam* beißen haben **B** V/PR **se ~ le nez** *fam* sich in den Haaren liegen
bouffetance [buftɑ̃s] F *fam* → bouffe
bouffi [bufi] ADJ ‹~e› (auf)gedunsen; aufgeschwemmt; *yeux* verschwollen; verquollen; *fig* **~ d'orgueil** aufgeblasen
bouffir [bufiʀ] **A** V/T *visage* aufgedunsen machen; aufschwemmen **B** V/I *visage* aufgedunsen, aufgeschwemmt werden
bouffon [bufõ] M Possenreißer *m*; Spaßmacher *m*; **~ (du roi)** Hofnarr *m*
bouffonnerie [bufɔnʀi] F **1** Possenhaftigkeit *f* **2** **~s** *pl* derbe Späße *mpl*; Possen *mpl*
bouge [buʒ] M *péj* Spelunke *f*
bougeoir [buʒwaʀ] M (Kerzen)Leuchter *m* mit Griff
bougeotte [buʒɔt] F *fam* **avoir la ~** *fam* kein Sitzfleisch haben; *enfant a.* ein Zappelphilipp sein; *voyager* sehr reiselustig sein
bouger [buʒe] ‹-ge-› **A** V/T bewegen; *objet* (ver)rücken; *adjt photo* **bougé** verwackelt **B** V/I **1** sich bewegen; sich rühren; sich regen; *dent, manche* wackeln **2** *fam* **ne pas ~** nichts unternehmen; *fam* sich nicht rühren, regen; *prix* stabil bleiben **3** POL in Bewegung geraten; aktiv werden; **ça bouge** es gärt **C** V/PR *fam* **se ~** sich bewegen; sich rühren; sich regen
bougie [buʒi] F **1** Kerze *f* **2** AUTO Zündkerze *f*
bougnoul(e) [buɲul] *fam péj* M Araber *m*
bougon [bugõ] ADJ ‹-onne [-ɔn]› mürrisch; *fam* brummig
bougonner [bugɔne] V/I murren; brummen
bougre [bugʀ] *fam* M **1** *fam* Kerl *m*; **un pauvre ~** ein armer Kerl, Teufel **2** *péj* **~ d'idiot** du Idiot
bougrement [bugʀəmɑ̃] ADV *fam* verdammt; verflixt; verteufelt
bougresse [bugʀɛs] F *fam péj* Weib(sbild) *n*
boui-boui [bwibwi] M ‹bouis-bouis› *fam* mieses Lokal; *fam* miese Kneipe
bouillabaisse [bujabɛs] F *provenzalisches Fischgericht*
bouillant [bujɑ̃] ADJ ‹-ante [-ɑ̃t]› kochend (heiß)
bouillasse [bujas] *fam* F *fam* Dreck *m*; *fam* Pampe *f*
bouille [buj] *fam* F Gesicht *n*; **avoir une bonne ~** sympathisch, nett aussehen
bouilleur [bujœʀ] M Branntweinbrenner *m*; **~ de cru** privater Eigenbrenner
bouilli [buji] **A** ADJ ‹~e› gekocht; *eau, lait a.* abgekocht **B** M gekochtes (Rind)Fleisch
bouillie [buji] F Brei *m*; **en ~** zu Brei, Mus zerkocht; *fam fig* zerquetscht
bouillir [bujiʀ] ‹je bous, il bout, nous bouillons; je bouillais; je bouillis; je bouillirai; que je bouille; bouillant; bouilli› **A** *fam* V/T (ab)kochen **B** V/I kochen *(a. fig)*; *liquide a.* sieden; *fig* **~ de colère** vor Zorn kochen; *fig* **~ d'impatience** vor Ungeduld vergehen; **faire ~** (ab)kochen; *eau, lait a.* abkochen; *tétine, etc* auskochen
bouilloire [bujwaʀ] F Wasser-, Teekessel *m*
bouillon [bujõ] M (! maskulin) **1** Brühe *f*; **~ gras** Fleischbrühe *f*; Bouillon *f*; *fam iron* **~ d'onze heures** Gifttrank *m*; *fam fig* **boire un ~** Wasser schlucken; *fig* viel Geld einbüßen **2** **~ de culture** BIOL Nährlösung *f*; *fig* Nährboden *m* **3** **~s** *pl* (Dampf)Blasen *fpl*; **bouillir à gros ~s** sprudeln; brodeln
bouillonnant [bujɔnɑ̃] ADJ ‹-ante [-ɑ̃t]› *eau*

sprudelnd; brodelnd
bouillonnement [bujɔnmɑ̃] M *d'un liquide, fig d'idées* Sprudeln *n*
bouillonner [bujɔne] V/I 1 sprudeln; brodeln; (auf)wallen 2 *fig* brodeln
bouillotte [bujɔt] F Wärm-, Bettflasche *f*
boulanger [bulɑ̃ʒe] M Bäcker *m*
boulangère [bulɑ̃ʒɛʀ] F Bäckerin *f*
boulangerie [bulɑ̃ʒʀi] F Bäckerei *f*; Bäckerladen *m* **boulangerie-pâtisserie** F ⟨boulangeries-pâtisseries⟩ Bäckerei *f* und Konditorei *f*; Brot- und Feinbäckerei *f*
boule [bul] F 1 Kugel *f*; **~ puante** Stinkbombe *f*; **~s Quies®** [bulkjɛs] Ohropax® *n*; **~ de neige** Schneeball *m*; *fig* **faire ~ de neige** lawinenartig anwachsen, um sich greifen; **en ~** kugelförmig; *fam fig* **se mettre en ~** *fam* in die Luft gehen; *fig* **avoir une ~ dans la gorge** e-n Kloß im Hals haben 2 **jeu** *m* **de ~s** Boule(spiel) *n ou f(n)*; **jouer aux ~s** Boule *ou* Boccia spielen 3 *fam fig* (*tête*) Kopf *m*; **perdre la ~** *fam* durchdrehen; *fam fig* **avoir les ~s** *fam* genervt sein; *fam* ausrasten
bouleau [bulo] M ⟨~x⟩ Birke *f*
boule-de-neige [buldənɛʒ] F ⟨boules-de--neige⟩ BOT Schneeball *m*
bouledogue [buldɔg] M Bulldogge *f*
bouler [bule] V/I *fam* **envoyer ~** → promener A 3
boulet [bulɛ] M 1 Kanonenkugel *f*; *fig* **tirer sur qn à ~s rouges** j-n heftig angreifen 2 HIST *des bagnards* Eisenkugel *f*; *fig* **traîner un ~** e-n Klotz am Bein haben
boulette [bulɛt] F 1 Kügelchen *n* 2 **~ (de viande)** Fleischklößchen *n*; Frikadelle *f* 3 *fam fig* **faire une ~** *fam* e-n Schnitzer machen; *fam* e-n Bock schießen
boulevard [bulvaʀ] M 1 breite (Ring)Straße; Boulevard *m* 2 **théâtre** *m* **de ~** Boulevardtheater *n*
bouleversant [bulvɛʀsɑ̃] ADJ ⟨-ante [-ɑ̃t]⟩ erschütternd
bouleversement [bulvɛʀsəmɑ̃] M 1 Umwälzung *f*; tiefgreifende Veränderung *f* 2 *d'une personne* Erschütterung *f*
bouleverser [bulvɛʀse] V/T 1 völlig durcheinanderbringen; *par ext* grundlegend, tiefgreifend verändern 2 **~ qn** j-n erschüttern
boulimie [bulimi] F Heißhunger *m* (*a. fig* **de** auf + *acc*); MÉD Bulimie *f* **boulimique** ADJ [-ik] heißhungrig
bouliste [bulist] M Boulespieler *m*
boulodrome [bulɔdʀom] M Bouleplatz *m*
Boulogne-Billancourt [bulɔɲbijɑ̃kuʀ] *Stadt im Departement Hauts-de-Seine*
boulon [bulõ] M Schraube(nbolzen) *f(m)* (mit Mutter)
boulonner [bulɔne] A V/T ver-, zusammenschrauben B *fam* V/I arbeiten
boulot [bulo] M *fam* 1 Arbeit *f*; *fam* Job *m*; **petit ~** Gelegenheitsjob *m*; **vivre de petits ~s** *fam* herumjobben; **chercher du ~** Arbeit, *fam* e-n Job suchen 2 *adjt* (❗ unveränderlich) **être ~ ~** nichts als s-e Arbeit kennen
boulotte [bulɔt] ADJ F *fam* pummelig
boulotter [bulɔte] *fam* V/T essen; *fam* futtern
boum [bum] A INT bum!; peng!; *chute a.* bums!; plumps! B SUBST 1 *m* Bums *m*; Plumps *m* 2 *fig* **être en plein ~** alle Hände voll zu tun haben 3 *fam f* Party *f*; *fam* Fete *f*
boumer [bume] V/I *fam* **ça boume?** alles in Ordnung?; *fam* alles o.k.?
bounioul [buɲul] M *fam péj* → bicot
bouquet [bukɛ] M 1 (Blumen)Strauß *m*; *st/s* Bukett *n* 2 CUIS **~ garni** Petersilie, Thymian und Lorbeerblätter 3 *d'un vin* Bukett *n*; Blume *f* 4 *fam* **c'est le ~!** *fam* das ist doch der Gipfel, die Höhe! 5 ZOOL rosa Garnele *f*
bouquetin [buktɛ̃] M Steinbock *m*
bouquin [bukɛ̃] *fam* M Buch *n*; *fam* Schmöker *m*
bouquiner [bukine] V/I *fam* schmökern **bouquiniste** [-ist] M/F Bouquinist(in) *m(f)* (*Straßenbuchhändler am Seineufer*)
bourbe [buʀb] F Morast *m*; Schlamm *m*
bourbeux [buʀbø] ADJ ⟨-euse [-øz]⟩ morastig; schlammig
bourbier [buʀbje] M 1 Schlammloch *n* 2 *fig* üble Lage; *fam* Klemme *f*
bourbon [buʀbõ] M Bourbon(whisky) *m*
Bourbons [buʀbõ] MPL HIST Bourbonen *mpl*
bourde [buʀd] F (grober) Fehler, *fam* Schnitzer; (große) Dummheit
bourdon [buʀdõ] M 1 ZOOL Hummel *f*; **faux ~** Drohne *f* 2 *fam* **avoir le ~** deprimiert, *fam* down sein 3 große Glocke
bourdonnant [buʀdɔnɑ̃] ADJ ⟨-ante [-ɑ̃t]⟩ *insecte* summend
bourdonnement [buʀdɔnmɑ̃] M 1 *d'insectes* Summen *n*; Gesumm *n* 2 *d'un moteur* Brummen *n* 3 *de voix* (dumpfes) Stimmengewirr 4 **~ d'oreilles** Ohrensausen *n*
bourdonner [buʀdɔne] V/I 1 summen; brummen 2 **avoir les oreilles qui bourdonnent** Ohrensausen haben
bourg [buʀ] M *ou* **bourgade** [buʀgad] F Marktflecken *m*
bourge [buʀʒ] M/F ABR *fam* (bourgeois) *péj* Besitzbürger *m*
Bourg-en-Bresse [buʀkɑ̃bʀɛs] *Stadt im Departement Ain*
bourgeois [buʀʒwa] A ADJ ⟨-oise [-waz]⟩ 1 bürgerlich 2 *péj* spieß-, kleinbürgerlich; spießig B SUBST 1 **~(e)** *m(f)* Bürger(in) *m(f)*; **grands,**

B

petits ~ Groß-, Kleinbürger *mpl* **2** *m péj* Spieß-, Kleinbürger *m*; Spießer *m*; Bourgeois *m*

bourgeoisie [buʀʒwazi] F Bürgertum *n*; Bourgeoisie *f*

bourgeon [buʀʒõ] M Knospe *f*; Auge *n*

bourgeonnement [buʀʒɔnmɑ̃] M Knospentreiben *n*; Ausschlagen *n*

bourgeonner [buʀʒɔne] V/I **1** Knospen treiben; knospen; ausschlagen **2** *visage* Pickel bekommen

Bourges [buʀʒ] *Stadt im Departement Cher*

bourgmestre [buʀgmɛstʀ] M *en Belgique, Hollande, Allemagne, Suisse* Bürgermeister *m*

Bourgogne [buʀgɔɲ] **1** **la ~** Burgund *n* **2** **bourgogne** *m* Burgunder(wein) *m*

bourguignon [buʀgiɲõ] **A** ADJ ‹-onne [-ɔn]› burgundisch **B** **Bourguignon(ne)** M(F) Burgunder(in) *m(f)*

bourlinguer [buʀlɛ̃ge] V/I ein unstetes, abenteuerliches Leben führen **bourlingueur** [-œʀ] M Abenteurernatur *f*

bourrache [buʀaʃ] F BOT Borretsch *m*

bourrade [buʀad] F Klaps *m*; (leichter) Puff; Rippenstoß *m*

bourrage [buʀaʒ] M **1** **~ de crâne** POL propagandistische, ideologische Bearbeitung; *scolaire fam* Einpaukerei *f* **2** TECH *sur imprimante etc* Papierstau *m*

bourrasque [buʀask] F jäher, heftiger Windstoß; (Wind)Bö(e) *f*

bourratif [buʀatif] ADJ ‹-ive [-iv]› sehr sättigend; **être ~** *a.* stopfen

bourre [buʀ] F **1** TEXT Faserabfälle *mpl* **2** *fam* **être à la ~** spät dran sein

bourré [buʀe] ADJ ‹~e› **1** gestopft voll; **~ de** vollgestopft mit; voller (+ *subst*); **~ de complexes** voller Komplexe **2** *fam* (*ivre*) *fam* voll; *fam* blau

bourreau [buʀo] M ‹~x› **1** Henker *m*; Scharfrichter *m* **2** *fig* Peiniger *m*; *plais* **~ des cœurs** Herzensbrecher *m*; **~ d'enfants** Rabenmutter *f ou* -vater *m*; **~ de travail** Arbeitstier *n*

bourrelet [buʀlɛ] M **1** Wulst *m ou f*; **~ (de graisse)** Fettpolster *n*; Speckfalte *f* **2** Dichtungsband *n*, -streifen *m*

bourrer [buʀe] **A** V/T **1** vollstopfen, vollpfropfen (**de** mit); *fig* **~ qn de coups** j-n tüchtig verprügeln **2** *pipe* stopfen; *coussin* füllen; *fig* **~ le crâne de qn** POL j-n propagandistisch bearbeiten; *à l'école* j-n mit reinem Faktenwissen vollstopfen **B** V/I *aliment* stopfen **C** V/PR **se ~** sich vollstopfen (**de** mit)

bourriche [buʀiʃ] F (länglicher) Korb (ohne Henkel)

bourrichon [buʀiʃõ] M *fam* **se monter le ~** sich (*dat*) etwas vormachen

bourricot [buʀiko] M (kleiner) Esel

bourrique [buʀik] F Esel *m* (*a. fam fig*); **faire tourner qn en ~** *fam* j-n wahnsinnig machen

bourru [buʀy] ADJ ‹~e› **1** bärbeißig; unwirsch **2** **vin ~** Federweiße(r) *m*

bourse [buʀs] F **1** Geldbeutel *m*; (Geld)Börse *f*; *fig* **sans ~ délier** ohne e-n Pfennig auszugeben **2** **~ (d'études)** Stipendium *n* **3** ANAT **~s** *pl* Hodensack *m*

Bourse [buʀs] F **1** Börse *f* **2** **~ du travail** Gewerkschaftshaus *n*

boursicotage [buʀsikɔtaʒ] M kleine Börsengeschäfte *npl* **boursicoter** [-e] V/I kleine Börsengeschäfte machen

boursier [buʀsje] **A** ADJ ‹-ière [-jɛʀ]› Börsen… **B** **~, boursière** M,F Stipendiat(in) *m(f)*

boursouflé [buʀsufle] ADJ ‹~e› **1** (an-, auf)geschwollen **2** *fig style* schwülstig; geschwollen *n* **boursoufler** [-e] V/T anschwellen lassen **boursouflure** [-yʀ] F Schwellung *f*; (*cloque*) Blase *f*

bousculade [buskylad] F **1** Gedränge *n*; *fam* Drängelei *f* **2** Eile *f*; Hast *f*

bousculer [buskyle] **A** V/T **1** (*pousser*) (an)stoßen; *fam* schubsen; *plus fort* zur Seite stoßen; (*renverser*) umstoßen **2** (*presser*) hetzen; drängen; antreiben; **être très bousculé** viel zu tun haben; *fam* viel um die Ohren haben; **3** *fig traditions, etc* ins Wanken bringen; erschüttern **B** V/PR **1** **se ~** sich drängen, stoßen, *fam* schubsen, *fam* drängeln **2** *fig idées* **se ~ dans la tête de qn** j-m im Kopf herumschwirren

bouse [buz] F **~ (de vache)** Kuhfladen *m* **bouseux** [-ø] M *fam péj* Mistbauer *m*

bousillage [buzijaʒ] *fam* M **1** (*action de casser*) *fam* Kaputtmachen *n* **2** (*travail mal fait*) Stümperei *f*; *fam* Schluder-, Pfuscharbeit *f*

bousiller [buzije] *fam* V/T **1** *travail fam* hinschludern, -pfuschen **2** *mécanisme fam* kaputt machen **3** (*tuer*) *fam* abmurksen

bousilleur [buzijœʀ] *fam* M, **bousilleuse** [-øz] *fam* F Stümper(in) *m(f)*; *fam* Pfuscher(in) *m(f)*

boussole [busɔl] F (Magnet)Kompass *m*; *fam fig* **perdre la ~** den Kopf verlieren

boustifaille [bustifaj] *fam* F Essen *n*; *fam* Fressalien *pl*; *péj pop* Fressen *n*

bout[1] [bu] M **1** (*extrémité*) Ende *n*; Spitze *f*; *d'une cigarette* Mundstück *n*; **bout du doigt, de la langue, du nez** Finger-, Zungen-, Nasenspitze *f*; *fig* **connaître, savoir qc sur le bout des doigts** etw in- und auswendig kennen; etw aus dem Effeff können; **avoir un mot sur le bout de la langue** ein Wort auf der Zunge haben; *fig* **mener qn par le bout du nez** j-n gängeln; j-n nach s-r Pfeife tanzen lassen; **bout à bout** [butabu] aneinander; zusammen; **à bout de bras**

mit ausgestreckten Armen; **à tout bout de champ** alle Augenblicke; *fam* alle nase(n)lang; **au bout de** am Ende (+ *gén*); **de bout en bout, d'un bout à l'autre** von Anfang bis Ende; von A bis Z; *fig* **aller jusqu'au bout** nicht auf halbem Wege stehen bleiben; **être à bout** (*fatigué*) am Ende (s-r Kräfte), *fam* vollkommen fertig sein; (*exaspéré*) wütend, erbost sein; **être à bout de qc** mit etw am Ende sein; *fig* **joindre les deux bouts** mit s-m Geld gerade so aus-, hinkommen; *fam* über die Runden kommen; **pousser qn à bout** j-n aufbringen, *fam* auf die Palme bringen; **venir à bout de** fertig werden mit **2** (*terme*) Ende *n*; **au bout de** nach (+ *dat*); nach Ablauf von (*ou* + *gén*) **3** (*morceau*) Stück *n*; *fam* Ende *n*; FILM **bout d'essai** Probeaufnahme *f*; **un petit bout de femme** ein kleines Persönchen; **un bout de papier** ein Stück Papier; ein Zettel *m*; **bout de rôle** kleine Rolle; Nebenrolle *f*; **depuis un bon bout de temps** seit geraumer Zeit; seit e-r ganzen Weile; *fam* **en connaître un bout** etwas davon verstehen; **ça fait un bout jusque là** es ist ein ganz schönes Stück, *fam* ein ganzes Ende bis dorthin; *fam* **manger un bout** e-e Kleinigkeit, *fam* e-n Happen essen; *fam fig* **mettre les bouts** *fam* abhauen

bout[2] → bouillir

boutade [butad] F (geistvoller) Scherz; Scherzwort *n*

boute-en-train [butɑ̃tʀɛ̃] M (❗ unveränderlich) *fam* Stimmungskanone *f*

bouteille [butɛj] F Flasche *f*; *vin* **une bonne ~** ein edler Tropfen; **~ à la mer** Flaschenpost *f*; **~ de bière, de vin** Bier-, Weinflasche *f*; Flasche Bier, Wein; *adjt* **vert ~** (❗ unveränderlich) flaschengrün; **mettre en ~s** in Flaschen (ab)füllen; *fam fig* **prendre de la ~** älter werden; altern

bouter [bute] V/T *Jeanne d'Arc* **ils** (*les Anglais*) **seront boutés °hors de France** sie werden aus Frankreich vertrieben, hinausgeworfen werden

boutique [butik] F **1** Laden *m*; **~ de mode** Boutique *f* (❗ in Frankreich werden nicht nur Modegeschäfte als **boutique** bezeichnet; es gibt z. B. auch **la boutique du boulanger, la boutique de l'épicier** etc); **fermer ~** sein Geschäft aufgeben **2** *fam péj* (Saft)Laden *m*

boutiquier [butikje] M, **boutiquière** [-jɛʀ] F Ladeninhaber(in) *m(f)*; *péj* Krämer *m*

boutoir [butwaʀ] M *du sanglier* Rüssel *m*; Schnauze *f*

bouton [butõ] M **1** BOT Knospe *f* **2** *sur la peau* Pickel *m*; **~ de fièvre** Fieberbläschen *n* **3** COUT Knopf *m* **4** TECH (Bedienungs)Knopf *m*; **~ de porte** Türknauf *m*, -knopf *m*; **~ de sonnette** Klingelknopf *m* **5** INFORM **~ de souris** Maustaste *f*; **~ gauche, droit de la souris** linke, rechte Maustaste

bouton-d'or [butõdɔʀ] M ⟨boutons-d'or⟩ Butterblume *f*; Hahnenfuß *m*

boutonnage [butɔnaʒ] M (Zu)Knöpfen *n*

boutonner [-e] **A** V/T zuknöpfen **B** V/PR **se ~** **1** s-e Jacke, s-n Mantel *etc* zuknöpfen **2** *vêtement* (zu)geknöpft werden

boutonneux [butɔnø] ADJ ⟨-euse [-øz]⟩ pick(e)lig

boutonnière [butɔnjɛʀ] F Knopfloch *n*

bouton-pression M ⟨boutons-pression⟩ Druckknopf *m*

bouture [butyʀ] F Steckling *m*; Steckreis *n*

bouvier [buvje] M Rinderhirt *m*

bouvreuil [buvʀœj] M ZOOL Dompfaff *m*; Gimpel *m*

bovidés [bɔvide] MPL Horntiere *npl*

bovin [bɔvɛ̃] **A** ADJ ⟨-ine [-in]⟩ **1** Rinder… **2** *fam fig regard* stumpf; ausdruckslos **B** MPL **~s** Rinder *npl*

bowling [boliŋ, bu-] M **1** *jeu* Bowling *n* **2** *lieu* Bowlingbahn *f*

box [bɔks] M ⟨~es [bɔks]⟩ **1** *d'écurie* Box *f*; *d'un garage* Abstellplatz *m*; *d'une salle* abgeteilter Raum; **~ des accusés** Anklagebank *f* **2** *cuir* Boxkalf *n*

boxe [bɔks] F (❗ feminin) Boxen *n*; Boxsport *m*; **combat** *m*, **match** *m* **de ~** Boxkampf *m*; **faire de la ~** boxen

boxer[1] [bɔkse] **A** V/T *fam* **~ qn** j-n boxen **B** V/I boxen

boxer[2] [bɔksɛʀ] M *chien* Boxer *m*

boxeur [bɔksœʀ] M SPORTS Boxer *m*

box-office [bɔksɔfis] M ⟨box-offices⟩ Hitliste *f*, -parade *f*

boxon [bɔksõ] *pop* M *pop* Puff *m ou n*

boy [bɔj] M (farbiger) Diener; Boy *m*

boyau [bwajo] M ⟨~x⟩ **1** Darm *m*; **~x** *pl* Gedärme *npl* **2** *passage fam* Schlauch *m* **3** *pour vélo de course* Schlauchreifen *m*

boycott [bɔjkɔt] M *ou* **boycottage** [-aʒ] M Boykott *m*; Boykottierung *f* **boycotter** [-e] V/T boykottieren **boycotteur** [-œʀ] M, **boycotteuse** [-øz] F Boykotteur(in) *m(f)*

BP ABR (boîte postale) Postfach

Bq ABR (becquerel[s]) PHYS NUCL Bq (Becquerel)

bracelet [bʀaslɛ] M **1** Armband *n*, -reif *m*, -spange *f* **2** **~ (de force)** Gelenkstütze *f*, -schutz *m* **bracelet-montre** M ⟨bracelets-montres⟩ Armbanduhr *f*

braconnage [bʀakɔnaʒ] M Wilddieberei *f*; Wilderei *f*; Wildern *n* **braconner** [-e] V/I wil-

B

dern **braconnier** [-je] M Wilddieb *m*; Wilderer *m*

brader [bʀade] V/T zu Schleuderpreisen verkaufen; verschleudern; *fam* verramschen; *fam* verscherbeln

braderie [bʀadʀi] F Straßensonderverkauf *m* zu Schleuderpreisen

braguette [bʀagɛt] F Hosenschlitz *m*

braillard [bʀajaʀ] *fam* **A** ADJ ⟨-arde [-aʀd]⟩ schreiend; brüllend **B** **~(e)** M(F) Schreier(in) *m(f)*; *fam* Schreihals *m*

braille [bʀaj] M Blinden-, Brailleschrift *f*

braillement [bʀajmɑ̃] *fam* M Geschrei *n*; *plus fort* Gebrüll *n*; *d'un enfant a. fam* Geplärr(e) *n*; *d'un ivrogne fam* Gegröle *n*

brailler [bʀaje] *fam* **A** V/T *fam* grölen; plärren **B** V/I schreien; *plus fort* brüllen; *enfant a.* plärren

braiment [bʀɛmɑ̃] M *de l'âne* lahen *n*; Schreien *n*

brainstorming [bʀɛnstɔʀmiŋ] M Brainstorming *n*

braire [bʀɛʀ] V/I ⟨il brait, ils braient; il brayait; il braira; brayant; brait⟩ **1** *âne* iahen; schreien **2** *fam fig* → brailler

braise [bʀɛz] F (Holz-, Kohlen)Glut *f*; *fig* **yeux** *mpl* **de ~** glühende, feurige Augen *npl*

braiser [bʀeze] V/T schmoren

brame [bʀam] M *du cerf* Röhren *n* **bramer** [-e] V/I *cerf* röhren

brancard [bʀɑ̃kaʀ] M **1** (Kranken)Trage *f*; Tragbahre *f* **2** Deichselstange *f*; *fig* **ruer dans les ~s** sich sträuben

brancardier [bʀɑ̃kaʀdje] M Krankenträger *m*

branchage [bʀɑ̃ʃaʒ] M Astwerk *n*

branche [bʀɑ̃ʃ] F **1** Ast *m*; *plus mince* Zweig *m*; **céleri** *m* **en ~** Stangen-, Stauden-, Bleichsellerie *m ou f* **2** *(secteur)* Zweig *m*; ÉCON *a.* Branche *f*; *(discipline)* Sparte *f*; Fach *n* **3** *d'un compas* Schenkel *m*; *de lunettes* Bügel *m* **4** *d'une famille* Ast *m*; Zweig *m*; Linie *f* **5** *fam* **vieille ~!** *fam* altes Haus!

branché [bʀɑ̃ʃe] *fam* ADJ ⟨~e⟩ **être ~** *fam* in sein; *fam* auf Zack sein; **elle est ~e moto** *fam* sie ist ein Motorradfreak

branchement [bʀɑ̃ʃmɑ̃] M **1** TECH Anschluss *m* (**sur** an + *acc*); Anschlussleitung *f* **2** INFORM Verzweigung *f*

brancher [bʀɑ̃ʃe] **A** V/T **1** TECH anschließen (**sur** an + *acc*); *(allumer)* anschalten; anstellen **2** *fig* **~ sur** lenken auf (+ *acc*) **3** *fam* **~ qn** j-n ansprechen, *fam* antörnen **B** V/PR **se ~ sur Internet** sich ins Internet einwählen

branchies [bʀɑ̃ʃi] FPL Kiemen *fpl*

brandade [bʀɑ̃dad] F CUIS *Stockfischmus mit Knoblauch, Öl u. Sahne*

Brandebourg [bʀɑ̃dbuʀ] **le ~** Brandenburg *n*

brandebourgeois [bʀɑ̃dbuʀʒwa] **A** ADJ ⟨-oise [-waz]⟩ brandenburgisch **B** **Brandebourgeois(e)** M(F) Brandenburger(in) *m(f)*

brandir [bʀɑ̃diʀ] V/T (drohend) schwingen; *drapeau, pancarte* schwenken

brandons [bʀɑ̃dõ] MPL brennende Trümmer *pl*, Teile *npl*

brandy [bʀɑ̃di] M Brandy *m*

branlant [bʀɑ̃lɑ̃] ADJ ⟨-ante [-ɑ̃t]⟩ **1** wack(e)lig; wackelnd **2** *fig* wankend

branle [bʀɑ̃l] M **(se) mettre en ~** (sich) in Bewegung setzen

branle-bas M (**!** unveränderlich) **~ (de combat)** MAR Klarmachen *n* zum Gefecht; *fig* Durcheinander *n*; Aufregung *f*; *fam* Rummel *m*

branlement [bʀɑ̃lmɑ̃] M **~ de tête** Kopfwackeln *n*

branler [bʀɑ̃le] **A** V/T *fam (faire)* tun; *fam* treiben **B** V/I **1** wackeln **2** *pop (a. v/pr* **se**) **~** *(se masturber) pop* wichsen; *pop* sich *(dat)* einen runterholen

braquage [bʀakaʒ] M **1** AUTO Einschlagen *n*; **rayon** *m* **de ~** Wendekreis *m* **2** *fam* (bewaffneter) Raubüberfall; *a.* Banküberfall *m*

braque¹ [bʀak] M ZOOL, CH Bracke *m ou f*

braque² *fam* ADJ verschroben; *fam* spinnig

braquer [bʀake] **A** V/T **1** *arme, caméra* **~ sur** richten auf (+ *acc*) **2** *fam banque* überfallen; ausrauben **3** *fig* **~ qn** j-n aufbringen (**contre** gegen) **B** V/I *roues* einschlagen *(abs)*; *voiture* **~ mal** e-n zu großen Wendekreis haben **C** V/PR **se ~ contre** sich widersetzen (+ *dat*)

braquet [bʀakɛ] M *d'une bicyclette* Übersetzung(sverhältnis) *f(n)*; Gang *m*

braqueur [bʀakœʀ] *fam* M (Bank)Räuber *m*

bras [bʀa, bʀɑ] M **1** Arm *m*; ANAT Oberarm *m*; *fig* **le ~ droit de qn** die rechte Hand j-s; *fig* **~ de fer** Kraftprobe *f*; **~ d'honneur** *obszöne Geste der Verachtung (erhobener Unterarm)*; **~ dessus, ~ dessous** Arm in Arm; ein-, untergehakt; untergefasst; *accueillir* **à ~ ouverts** mit offenen Armen; **à tour de ~** *frapper* mit aller Kraft; *fig dépenser* mit vollen Händen; **en ~ de chemise** in Hemdsärmeln; *fig* **avoir le ~ long** e-n langen Arm haben; *fig* **avoir qn, qc sur les ~** *fam* j-n, etw auf dem Hals, etw am Hals haben; *fig* **baisser les ~** sich (von vornherein) geschlagen geben; *fig* **couper ~ et jambes à qn** j-n völlig lähmen; *fam* j-n fertigmachen; *fig* **lever les ~ au ciel** die Hände über dem Kopf zusammenschlagen; **prendre, serrer qn dans ses ~** j-n in die Arme schließen; *fig* **les ~ m'en tombent** da bin ich sprachlos, perplex, *fam* platt **2** *fig* Arbeitskraft *f* **3** *d'un fleuve* Arm *m*; **~ de mer** Meeresarm *m* **4** *d'un fauteuil* Armlehne *f*; **~ de lecture** Tonarm *m*; PHYS **~ de levier** Hebelarm *m*

braser [bʀaze] V/T TECH hartlöten

brasero [bʀazeʀo] M Kohlenbecken *n*

brasier [bʀazje] M **1** Feuersglut *f*; Flammenmeer *n* **2** *fig* Inferno *n*

bras-le-corps [bʀalkɔʀ] **saisir qn à ~** j-n fest um den Leib fassen

brassage [bʀasaʒ] M **1** (Bier)Brauen *n* **2** *fig* Verschmelzung *f*

brassard [bʀasaʀ] M Armbinde *f*; Armschleife *f*; **~ de deuil** Trauerflor *m*

brasse [bʀas] F Brustschwimmen *n*

brassée [bʀase] F **une ~ de fleurs, de bois** ein Armvoll *m* Blumen, Holz

Brassens [bʀasɛ̃s] *frz Liedermacher*

brasser [bʀase] V/T **1** *bière* brauen **2** (*mélanger*) (um-, durch)rühren; *air* umwälzen **3** *fig* **~ des millions** mit Millionen umgehen

brasserie [bʀasʀi] F **1** (Bier)Brauerei *f* **2** Bräu *n*; Bierhalle *f*; Großgaststätte *f*

brasseur[1] [bʀasœʀ] M **1** (Bier)Brauer *m* **2** *fig* **~ d'affaires** Geschäftemacher *m*

brasseur[2] [bʀasœʀ] M, **brasseuse** [-øz] F Brustschwimmer(in) *m(f)*

brassière [bʀasjɛʀ] **1** (Baby)Jäckchen *n* **2** *adjt* **maillot** *m* **~** zweiteiliger Badeanzug

Bratislava [bʀatislava] Pressburg *n*

bravache [bʀavaʃ] M Maulheld *m*; Großmaul *n*; *adjt* **air** *m* **~** großsprecherisches, großmäuliges Auftreten

bravade [bʀavad] F Herausforderung *f*; **par ~** aus Trotz

brave [bʀav] ADJ **1** ⟨*nach dem subst*⟩ (*courageux*) tapfer; mutig; beherzt **2** (*honnête et bon*) brav; rechtschaffen; bieder; nett; **mon ~!** guter, lieber Mann!

▶ brave und seine Stellung

Unterscheide:

un brave homme	ein rechtschaffener Mann

aber:

un homme brave	ein tapferer Mann

Je nach Bedeutung muss **brave** also vor oder hinter das Substantiv gestellt werden!

SPRACHGEBRAUCH

bravement [bʀavmɑ̃] ADV tapfer; mutig

braver [bʀave] V/T **~ qn, qc** j-m, e-r Sache trotzen; j-m die Stirn bieten; sich über etw (*acc*) hinwegsetzen

bravo [bʀavo] **A** INT bravo! **B** M Bravo(ruf) *n(m)*; Beifall(sruf) *m*

bravoure [bʀavuʀ] F **1** Tapferkeit *f*; Mut *m* **2** **morceau** *m* **de ~** Bravour-, Glanzstück *n*

break [bʀɛk] M Kombi(wagen) *m*

brebis [bʀəbi] F **1** (Mutter)Schaf *n* **2** *fig*, BIBL Schaf *n*

brèche [bʀɛʃ] F **1** MIL Bresche *f*; *fig* **battre en ~** heftig attackieren; *fig* **être toujours sur la ~** immer im Einsatz sein **2** Loch *n*; Lücke *f*; Öffnung *f* **3** *à une lame* Scharte *f*

bréchet [bʀeʃɛ] M Brustbeinkamm *m*

bredouillant [bʀədujɑ̃] ADJ ⟨-ante [-ɑ̃t]⟩ stammelnd; *fam* nuschelnd; *fam* brabbelnd

bredouille [bʀəduj] ADJ **rentrer ~** mit leeren Händen zurückkehren

bredouiller [bʀəduje] V/T *et* V/I hastig und undeutlich sprechen; *fam* nuscheln; *fam* brabbeln; *excuses* stammeln

bref [bʀɛf] **A** ADJ ⟨**brève** [bʀɛv]⟩ kurz; **soyez ~!** fassen Sie sich kurz! **B** ADV kurz (und gut); kurzum

brelan [bʀəlɑ̃] M JEUX Dreier(pasch) *m*

breloque [bʀəlɔk] F Armbandanhänger *m*

brème [bʀɛm] F ZOOL Brachse(n) *f(m)*

Brême [bʀɛm] Bremen *n*

Brésil [bʀezil] **le ~** Brasilien *n*

brésilien [bʀeziljɛ̃] **A** ADJ ⟨-ienne [-jɛn]⟩ brasilianisch **B** **1** **Brésilien(ne)** *m(f)* Brasilianer(in) *m(f)* **2** LING **le ~** das brasilianische Portugiesisch; Brasilianisch *n*

Bresle [bʀɛl] **la ~** *Fluss in Nordfrankreich*

Bresse [bʀɛs] **la ~** *Landschaft in Ostfrankreich*

Brest [bʀɛst] *Stadt im Departement Finistère*

Bretagne [bʀətaɲ] **la ~** die Bretagne

bretelle [bʀətɛl] F **1** **~s** *pl* Hosenträger *m(pl)*; *de lingerie féminine* Träger *mpl*; *fam fig* **remonter les ~s à qn** *fam* j-m eins auf den Deckel geben; *fam* j-n zusammenstauchen; *fam fig* **se faire remonter les ~s** *fam* eins auf den Deckel bekommen, kriegen; *fam* zusammengestaucht werden **2** Trag(e)- *ou* Schultergurt *m*; *d'un sac* Tragriemen *m* **3** AUTOROUTE Verbindungsstraße *f*; Spange *f*; **~ (d'accès)** Zubringer *m*

breton [bʀətɔ̃] **A** ADJ ⟨-onne [-ɔn]⟩ bretonisch **B** **1** **Breton(ne)** *m(f)* Bretone *m*, Bretonin *f* **2** LING **le ~** das Bretonische; Bretonisch *n*

bretonnant [bʀətɔnɑ̃] ADJ ⟨-ante [-ɑ̃t]⟩ **les Bretons ~s** die Bretonen, die die bretonische Sprache und die alten Traditionen pflegen und bewahren

bretzel [bʀɛdzɛl] M (Salz)Brezel *f*

breuvage [bʀœvaʒ] M Trank *m*

brève [bʀɛv] → bref

brevet [bʀəvɛ] M **1** Abschluss(zeugnis) *m(n)*; Diplom *n*; **~ (des collèges)** mittlere Reife **2** **~ (d'invention)** Patent *n*

brevetable [bʀəvtabl] ADJ *invention, procédé* patentfähig; patentierbar

breveté [bʀəvte] ADJ ⟨~e⟩ **1** patentiert **2** staatlich geprüft; diplomiert

B

breveter [bʀəvte] VT ‹-tt-› **(faire) ~** patentieren (lassen)
bréviaire [bʀevjɛʀ] M Brevier *n*
bribes [bʀib] FPL Brocken *mpl*; Bruchstücke *npl*; Fetzen *mpl*
bric-à-brac [bʀikabʀak] M (❗ unveränderlich) Trödel *m*; alter Kram; (altes) Gerümpel
bric et de broc [bʀikedbʀɔk] **de ~** von überall her (zusammengestoppelt)
bricolage [bʀikɔlaʒ] M 1 Basteln *n*; Bastelarbeit *f* 2 *péj* Bastelei *f*; Flickarbeit *f*
bricole [bʀikɔl] F Kleinigkeit *f*; Nebensächlichkeit *f*
bricoler [bʀikɔle] A VT zusammenbasteln; *péj* zurechtfummeln B VI 1 basteln; (herum)werkeln 2 *par ext* mal dies, mal das machen
bricoleur [bʀikɔlœʀ] M, **bricoleuse** [-øz] F Bastler(in) *m(f)*; Heimwerker(in) *m(f)*
bride [bʀid] F 1 Zaum(zeug) *m(n)*; *(rênes)* Zügel *mpl*; *fig* **à ~ abattue** in größter Eile 2 *d'un bouton* Schlinge *f*; *d'une ceinture* Schlaufe *f*
bridé [bʀide] ADJ ‹~e› **yeux ~s** Schlitzaugen *npl*
brider [bʀide] VT 1 *cheval* (auf)zäumen 2 *fig* zügeln; im Zaum halten 3 CUIS *volaille* mit e-m Faden umwickeln
bridge [bʀidʒ] M 1 *jeu de cartes* Bridge *n* 2 *prothèse dentaire* Brücke *f*
Brie [bʀi] 1 **la ~** *Landschaft im Südosten von Paris* 2 **brie** *m* Brie(käse) *m*
briefing [bʀifiŋ] M 1 MIL Einsatzbesprechung *f* 2 *par ext* Informations-, Lagebesprechung *f*
brièvement [bʀijɛvmɑ̃] ADV kurz; in *ou* mit kurzen, knappen Worten
brièveté [bʀijɛvte] F Kürze *f*
brigade [bʀigad] F 1 MIL Brigade *f* 2 POLICE Abteilung *f* 3 *d'ouvriers* Gruppe *f*; Trupp *m*; Kolonne *f*
brigadier [bʀigadje] M 1 MIL Gefreite(r) *m* 2 Brigadeführer *m*
brigadier-chef [bʀigadjeʃɛf] M ‹brigadiers-chefs› MIL Hauptgefreite(r) *m*
brigand [bʀigɑ̃] M 1 (Straßen)Räuber *m*; *fig* **histoire** *f* **de ~s** Räuberpistole *f*, -geschichte *f* 2 *fig* Halsabschneider *m*; Schurke *m*; *plais* Schlingel *m*
brigandage [bʀigɑ̃daʒ] M Bandenraub *m*; schwerer Raub
Brigitte [bʀiʒit] F *Vorname*
briguer [bʀige] VT an-, erstreben; trachten nach
brillamment [bʀijamɑ̃] ADV *fig* glänzend; brillant; glanzvoll
brillance [bʀijɑ̃s] F PHYS Leuchtdichte *f*
brillant [bʀijɑ̃] A ADJ ‹-ante [-ɑ̃t]› glänzend (*a. fig*); schimmernd; *fig a.* brillant B M 1 Glanz *m*; Schimmer *m* 2 *fig* Brillanz *f* 3 *diamant* Brillant *m*
briller [bʀije] VI 1 glänzen; schimmern; *soleil* scheinen; *yeux* glänzen, strahlen, leuchten (**de joie** vor Freude); **faire ~** (auf Hochglanz) polieren; *fam* wienern; *prov* **tout ce qui brille n'est pas (d')or** es ist nicht alles Gold, was glänzt *(prov)* 2 *fig* glänzen (*a. iron*); brillieren
brimade [bʀimad] F Schikane *f*
brimbaler [bʀɛ̃bale] → bringuebaler
brimer [bʀime] VT schikanieren; drangsalieren
brin [bʀɛ̃] M 1 Halm *m*; Stängel *m*; *fig* **un beau ~ de fille** ein hübsches Mädchen; **~ de paille** Strohhalm *m* 2 Fädchen *n*; **~ de laine** Wollfädchen *n* 3 *fig* **un ~ de** (+ *subst*) ein bisschen, ein (klein) wenig (+ *subst*); **faire un ~ de toilette** sich schnell (noch) ein bisschen frisch machen
brindezingue [bʀɛ̃dzɛ̃g] ADJ *fam* → cinglé
brindille [bʀɛ̃dij] F Zweiglein *n*; **~s** *pl a.* Reisig *n*
bringue [bʀɛ̃g] F 1 *fam* **une grande ~** *fam* e-e Hopfenstange, lange Latte 2 *fam* **faire la ~** *fam* einen draufmachen; e-e Sause machen
bringuebaler [bʀɛ̃gbale] *ou* **brinquebaler** [bʀɛ̃kbale] VI (hin und her) gerüttelt, geschüttelt werden
brio [bʀijo] M **avec ~** mit Bravour
brioche [bʀijɔʃ] F 1 *ein Hefekuchen* 2 *fam fig* **avoir, prendre de la ~** *fam* ein Bäuchlein kriegen
brioché [bʀijɔʃe] ADJ ‹~e› **pain ~** leicht gesüßtes Hefebrot in Kastenform
brique [bʀik] F 1 Ziegel(stein) *m*; Backstein *m*; *adjt* (❗ unveränderlich) ziegelrot 2 Milchtüte *f* 3 *fam fig* e-e Million alte Franc
briquer [bʀike] VT polieren; blank reiben, putzen; *fam* wienern
briquet [bʀikɛ] M Feuerzeug *n*
briqueterie [bʀikɛtʀi] F Ziegelei *f*; Ziegelbrennerei *f*
briquette [bʀikɛt] F Brikett *n*
bris [bʀi] M Bruch *m*; **~ de glace** Glasbruch *m*, -schaden *m*
brisant [bʀizɑ̃] M Klippe *f*; (Felsen)Riff *n*
brise [bʀiz] F Brise *f*; leichter, sanfter Wind
brisé [bʀize] ADJ ‹~e› 1 gebrochen; **pâte ~e** Mürbeteig *m*; *fig* **cœur ~** gebrochenes Herz 2 *fig* **~ de fatigue** wie zerschlagen; wie gerädert
brisées [bʀize] FPL *st/s* **marcher sur les ~ de qn** j-m ins Gehege kommen
brise-fer *fam* M (❗ unveränderlich) → brise-tout **brise-glace(s)** M (❗ unveränderlich) Eisbrecher *m* **brise-jet** M (❗ unveränderlich) Wasserstrahlregler *m* **brise-lames** M (❗ unveränderlich) Wellenbrecher *m*

briser [bʀize] **A** V/T **1** st/s zerbrechen; *fig chaînes* sprengen **2** *fig résistance, grève, cœur* brechen; *carrière* ruinieren; **~ qn** j-m das Rückgrat brechen **B** V/PR **se ~** **1** *vagues* sich brechen **2** *fig espoirs* zunichtewerden

brise-tout [bʀiztu] M (**!** unveränderlich) *fam* j-d, der alles kaputt macht, was er in die Hände bekommt

briseur [bʀizœʀ] M **~ de grève** Streikbrecher *m*

Brisgau [bʀizgo] **le ~** der Breisgau

bristol [bʀistɔl] M **1** Bristolkarton *m* **2** Visitenkarte *f*

brisure [bʀizyʀ] F → cassure

britannique [bʀitanik] **A** ADJ britisch; **les îles** *fpl* **Britanniques** die Britischen Inseln *fpl* **B** **Britannique** M/F Brite *m*, Britin *f*

broc [bʀo] M (Wasser)Kanne *f*, (-)Krug *m*

brocante [bʀɔkɑ̃t] F (Handel *m* mit) Trödelwaren *fpl* **brocanter** [-e] V/I mit Trödel(waren) handeln **brocanteur** [-œʀ] M Trödler *m*; Altwarenhändler *m*

brocards [bʀɔkaʀ] *litt* MPL beißender Spott; Sticheleien *fpl*

brocart [bʀɔkaʀ] M TEXT Brokat *m*

brochage [bʀɔʃaʒ] M **1** *d'un livre* Broschieren *n*; Broschur *f* **2** TEXT Broschieren *n*

broche [bʀɔʃ] F **1** *bijou* Brosche *f*; Anstecknadel *f* **2** CUIS Bratspieß *m*; **à la ~** am Spieß (gebraten); **poulet** *m* **à la ~** *a.* Hähnchen *n* vom Grill **3** TECH Dorn *m*; Stift *m*; Spindel *f*; MÉD Draht *m*

broché [bʀɔʃe] ADJ ⟨~e⟩ broschiert **brocher** [-e] V/T *livre*, TEXT broschieren

brochet [bʀɔʃɛ] M Hecht *m*

brochette [bʀɔʃɛt] F **1** CUIS kleiner Bratspieß; *plat* Schaschlik *n ou m* **2** *plais: de jeunes filles, etc* (wie aufgereiht nebeneinandersitzende) Gruppe

brochure [bʀɔʃyʀ] F Broschüre *f*

brocoli [bʀɔkɔli] M Brokkoli *pl ou m*; Spargelkohl *m*

brodequin [bʀɔdkɛ̃] M Schnürstiefel *m*

broder [bʀɔde] **A** V/T sticken; *tissu* besticken **B** V/I *fig* etliches hinzudichten; fabulieren

broderie [bʀɔdʀi] F Stickerei *f*

brodeuse [bʀɔdøz] F **1** *personne* Stickerin *f* **2** *machine* Stickmaschine *f*

bromure [bʀɔmyʀ] M Bromid *n*

broncher [bʀɔ̃ʃe] V/I **ne pas ~** *fam* (sich) nicht mucksen; **sans ~** ohne zu murren; ohne Widerrede

bronches [bʀɔ̃ʃ] FPL Bronchien *fpl*

bronchite [bʀɔ̃ʃit] F Bronchitis *f* **bronchitique** [-ik] ADJ Bronchitis…; *personne* an Bronchitis erkrankt, leidend

bronzage [bʀɔ̃zaʒ] M **1** Bräunen *n*; Braunwerden *n* **2** *résultat* Bräune *f*

bronze [bʀɔ̃z] M (**!** maskulin) Bronze *f* (*a. objet d'art*); **de** *ou* **en ~** bronzen; Bronze…

bronzé [bʀɔ̃ze] ADJ ⟨~e⟩ braun (gebrannt); (sonnen)gebräunt

bronzer [bʀɔ̃ze] V/I braun werden; bräunen; **se faire ~** sich braun brennen lassen; sich bräunen

brossage [bʀɔsaʒ] M (Ab-, Aus)Bürsten *n*

brosse [bʀɔs] F **1** Bürste *f*; **brosse à dents** Zahnbürste *f*; **brosse à chaussures, à cheveux, à habits, à ongles** Schuh-, Haar-, Kleider-, Nagelbürste *f*; *fam fig* **passer la brosse à reluire** auf plumpe Weise schmeicheln **2** (**cheveux** *mpl* **en**) **brosse** Bürsten(haar)schnitt *m*

brosser [bʀɔse] **A** V/T **1** (ab)bürsten; *vêtement a.* ausbürsten; *cheveux* bürsten; *dents* putzen **2** *fig* **~ un tableau de la situation** e-n knappen Überblick über die Lage geben **B** V/PR **se ~** sich abbürsten; **se ~ les dents** sich (*dat*) die Zähne putzen; *fam fig* **tu peux te ~!** da kannst du lange warten!

brou [bʀu] M **~ de noix** dunkelbraune Beize (aus grünen Walnussschalen)

brouette [bʀuɛt] F Schubkarre(n) *f(m)*

brouettée [bʀuete] F **une ~ de sable** e-e Schubkarre (voll) Sand

brouetter [bʀuete] V/T *sable* karren

brouhaha [bʀuaa] M wirrer Lärm; Stimmengewirr *n*

brouillage [bʀujaʒ] M RAD Stören *n*; Störung *f*

brouillard [bʀujaʀ] M Nebel *m*; **il y a du ~** es ist neb(e)lig; es herrscht Nebel; *fig* **être dans le ~** nicht klarsehen

brouille [bʀuj] F Streit *m*; Zerwürfnis *n*

brouillé [bʀuje] ADJ ⟨~e⟩ **1** **œufs ~s** Rührei(er) *n(pl)* **2** *ciel* verhangen; grau **3** *teint* unrein **4** **être ~** (**avec qn** mit j-m) entzweit, zerstritten, *fam* verkracht sein; *fam* **être ~ avec qc** *fam* mit etw auf Kriegsfuß stehen

brouiller [bʀuje] **A** V/T **1** in Unordnung bringen; **~ les idées de qn** j-n verwirren, durcheinanderbringen; **~ les pistes** die Spuren verwischen **2** *émission* stören **B** V/PR **1** **ma vue se brouille** mir schwimmt es vor den Augen **2** **se ~** *temps* sich eintrüben **3** **se ~** sich überwerfen, *fam* sich verkrachen (**avec qn** mit j-m)

brouilleur [bʀujœʀ] M RAD Störsender *m*

brouillon[1] [bʀujɔ̃] ADJ ⟨-onne [-ɔn]⟩ unordentlich; chaotisch

brouillon[2] M Konzept *n*; (erster) Entwurf; Rohfassung *f*; **papier** *m* (**de**) **~** Konzeptpapier *n*

broum [bʀum] INT brumm, brumm!

B

broussaille [bʀusaj] F 1 ~s pl Gestrüpp n; Dickicht n 2 fig en ~ struppig; sourcils buschig
broussailleux [bʀusajø] ADJ ⟨-euse [-øz]⟩ 1 mit Gestrüpp bewachsen 2 → broussaille
brousse [bʀus] F GÉOG Busch m
brouter [bʀute] A VT abweiden; abfressen; abs weiden; grasen B VI TECH rattern
broutilles [bʀutij] FPL Lappalien fpl; Kleinigkeiten fpl
browning [bʀɔniŋ] M Browning m (Pistole mit Selbstladevorrichtung)
broyage [bʀwajaʒ] M Zerkleinern n; Zermahlen n; du chanvre Brechen n; de couleurs Anreiben n; de substances molles Zerdrücken n; Zerquetschen n
broyer [bʀwaje] VT ⟨-oi-⟩ 1 zerkleinern; zermahlen; zerquetschen (a. doigts) 2 fig ~ du noir trüben, schwarzen Gedanken nachhängen; fam Trübsal blasen
broyeur [bʀwajœʀ] M Zerkleinerer m
brr [bʀʀ] INT froid brr!; peur hu(ch)!
bru [bʀy] F Schwiegertochter f
bruant [bʀyɑ̃] M ZOOL Ammer f
brucellose [bʀyseloz] F MÉD Brucellose f (Infektionskrankheit)
Bruges [bʀyʒ] Brügge n
brugnon [bʀyɲõ] M Nektarine f
bruine [bʀɥin] F Niesel-, Sprühregen m
bruiner [bʀɥine] V/IMP nieseln
bruineux [bʀɥinø] ADJ ⟨-euse [-øz]⟩ temps ~ Nieselwetter n
bruire [bʀɥiʀ] st/s VI ⟨défect: il bruit, ils bruissent; il bruissait, ils bruissaient; bruissant⟩ sanft, leise rauschen; säuseln; papier, soie rascheln
bruissement [bʀɥismɑ̃] st/s M leises Rauschen; Säuseln n; Rascheln n
bruit [bʀɥi] M 1 Geräusch n; plus fort Lärm m; des vagues Rauschen n; de chaînes Geklirr n; Gerassel n; ~ de fond Geräusch, Lärm im Hintergrund; sans ~ geräusch-, lautlos; leise; faire du ~ ein Geräusch, Lärm, fam Krach machen; fig Aufsehen erregen; Staub aufwirbeln 2 (rumeur) Gerücht n
bruitage [bʀɥitaʒ] M Geräuschkulisse f; Geräuscheffekte mpl **bruiteur** [-œʀ] M Geräuschtechniker m
brûlage [bʀylaʒ] M des herbes sèches Ab-, Verbrennen n; des cheveux Absengen n
brûlant [bʀylɑ̃] ADJ ⟨-ante [-ɑ̃t]⟩ 1 glühend heiß 2 fig sujet ~ heißes Eisen; heikles Thema; d'une actualité ~e von brennender Aktualität 3 fig regard glühend; désir a. brennend
brûlé [bʀyle] A ADJ ⟨~e⟩ 1 verbrannt; maison, forêt ab-, niedergebrannt; CUIS angebrannt; linge angesengt; versengt 2 fig tête ~e Hitzkopf m 3 fig (démasqué) entlarvt; fam aufgeflogen; homme politique diskreditiert B M 1 (grand) ~ Verletzte(r) m mit (schweren) Verbrennungen 2 odeur f de ~ Brandgeruch m; sentir le ~ brenzlig, plat angebrannt riechen; fam fig affaire fam brenzlig, fam mulmig werden
brûle-parfum [bʀylpaʀfœ̃, -ɛ̃] M (! unveränderlich) Räuchergefäß n, -pfanne f
brûle-pourpoint [bʀylpuʀpwɛ̃] à ~ geradeheraus; ohne Umschweife
brûler [bʀyle] A VT 1 verbrennen; linge en repassant an-, versengen; soleil: plantes a. versengen; plaie brûler qn brennen (abs) 2 brûler un feu rouge bei Rot durchfahren B VI 1 (ver)brennen; feu a. lodern; maison, forêt a. ab-, niederbrennen 2 plat anbrennen; laisser brûler anbrennen lassen 3 soleil brennen 4 fig brûler d'impatience vor Ungeduld brennen, vergehen; brûler de faire qc darauf brennen, etw zu tun 5 à certains jeux tu brûles! (ganz) heiß! C V/PR se brûler sich verbrennen; (s'ébouillanter) sich verbrühen
brûleur [bʀylœʀ] M Brenner m
brûlot [bʀylo] M MAR HIST Brandschiff n
brûlure [bʀylyʀ] F 1 Verbrennung f; Brandwunde f 2 ~s d'estomac Sodbrennen n 3 dans un tissu, etc Brandfleck m
brumaire [bʀymɛʀ] M HIST Brumaire m (2. Monat des frz Revolutionskalenders)
brume [bʀym] F Dunst m; Nebel m
brumeux [bʀymø] ADJ ⟨-euse [-øz]⟩ 1 dunstig; diesig 2 fig unklar; nebulös
brumisateur [bʀymizatœʀ] M Zerstäuber m
brun [bʀɛ̃, bʀœ̃] A ADJ ⟨brune [bʀyn]⟩ braun; personne braun-, dunkelhaarig; brünett; bière, tabac dunkel B SUBST 1 ~(e) m(f) Dunkel-, Braunhaarige(r) m/f(m); femme a. Brünette f 2 m Braun n 3 ~e f bière Dunkle(s) n 4 ~e Zigarette f aus dunklem Tabak
brunâtre [bʀynatʀ] ADJ bräunlich
brunch [bʀœnʃ] M ⟨brunches⟩ Brunch m
brunette [bʀynɛt] F Brünette f
bruni [bʀyni] A ADJ ⟨~e⟩ 1 peau (sonnen)gebräunt; braun (gebrannt) 2 métal glänzend; poliert B M d'un métal poli Glanz m; Politur f
brunir [bʀyniʀ] VT et VI bräunen
Bruno [bʀyno] M Vorname
brushing [bʀœʃiŋ] M Föhnfrisur f; se faire faire un ~ sich (dat) die Haare waschen und föhnen lassen
brusque [bʀysk] ADJ 1 (rude) barsch; schroff; unwirsch; grob 2 (soudain) plötzlich; jäh; abrupt
brusquement [bʀyskəmɑ̃] ADV plötzlich; unvermittelt
brusquer [bʀyske] VT 1 qn (barsch, grob) anfahren; anherrschen 2 décision, etc beschleuni-

gen; überstürzen; übereilen; übers Knie brechen

brusquerie [bʀyskəʀi] F Barschheit *f*; Schroffheit *f*; Grobheit *f*

brut [bʀyt] **A** ADJ ⟨~e⟩ **1** roh; unbearbeitet; **pétrole ~** Rohöl *n* **2** **(champagne) ~** *m* sehr trockener, herber Champagner **3** COMM Brutto…; **salaire ~** Bruttogehalt *n*, -lohn *m* **B** ADVT brutto

brutal [bʀytal] ADJ ⟨~e; -aux [-o]⟩ **1** brutal; roh; grob; rücksichtslos; gewalttätig; schonungslos **2** *(soudain)* plötzlich; unerwartet

brutaliser [bʀytalize] V/T grob, roh, brutal behandeln **brutalité** [-ite] F Brutalität *f*; Rohheit *f*; Grobheit *f*; Rücksichtslosigkeit *f*; Gewalttätigkeit *f*

brute [bʀyt] F **1** Rohling *m*; *plus fort* Bestie *f* **2** **~ épaisse** Banause *m*; *fam* Hohlkopf *m*

Bruxelles [bʀy(k)sɛl] Brüssel *n*

bruxellois [bʀy(k)sɛlwa] **A** ADJ ⟨ -oise [-waz]⟩ von, aus Brüssel; Brüsseler **B** **Bruxellois(e)** M(F) Brüsseler(in) *m(f)*

bruyamment [bʀɥijamɑ̃, bʀyjamɑ̃] ADV → bruyant

bruyant [bʀɥijɑ̃, bʀyjɑ̃] ADJ ⟨-ante [-ɑ̃t]⟩ laut; geräuschvoll; lärmend

bruyère [bʀɥijɛʀ, bʀyjɛʀ] F Heidekraut *n*; Heide *f*; Erika *f*

BTS [beteɛs] M ABR (brevet de technicien supérieur) Fachhochschulabschluss *m*

bu [by] PP → boire

buanderie [bɥɑ̃dʀi] F Waschküche *f*

Bucarest [bykaʀɛst] Bukarest *n*

buccal [bykal] ADJ ⟨~e; -aux [-o]⟩ Mund…; **par voie ~e** oral

bûche [byʃ] F **1** (Holz)Scheit *n* **2** **~ de Noël** Weihnachtskuchen *m* **3** *fam* **ramasser une ~** hinfallen

bûcher[1] [byʃe] M Scheiterhaufen *m*; Holzstoß *m*

bûcher[2] V/T *fam* pauken, büffeln *(a. abs)*

bûcheron [byʃʀõ] M Holzfäller *m* **bûcheronne** [-ɔn] F Frau *f* des Holzfällers

bûchette [byʃɛt] F kleines Holzscheit

bûcheur [byʃœʀ] M, **bûcheuse** [-øz] F *fam* Büffler(in) *m(f)*

bucolique [bykɔlik] **A** ADJ bukolisch **B** F Hirten-, Schäfergedicht *n*, -idylle *f*

Budapest [bydapɛst] Budapest *n*

budget [bydʒɛ] M Haushalt([s]plan) *m*; Budget *n* *(a. par ext: somme)*; Etat *m*

budgétaire [bydʒetɛʀ] ADJ Haushalt(s)…; Budget…

budgétisation [bydʒetizasjõ] F Aufnahme *f* in den Haushalt(s)plan; Veranschlagung *f* im Etat **budgétiser** [-e] V/T in den Haushalt(s)plan aufnehmen; im Etat veranschlagen

buée [bɥe] F feuchter Beschlag; Kondenswasser *n*; **se couvrir de ~** (sich) beschlagen; anlaufen

Buenos Aires [bwenozɛʀ] Buenos Aires *n*

buffet [byfɛ] M **1** Büfett *n*; Anrichte *f*; Geschirrschrank *m*; *fam fig* **danser devant le ~** *fam* Kohldampf schieben **2** kaltes Büfett **3** **~ (de gare)** Bahnhofsgaststätte *f*, -restaurant *n*

le buffet — Geschirrschrank

le buffet — Büfett

buffle [byfl] M Büffel *m*

bug [bœg] M → bogue[2]

bugle [bygl] M MUS Flügelhorn *n*

building [bildiŋ] M Hochhaus *n*

buis [bɥi] M Buchs(baum) *m*

buisson [bɥisõ] M Busch *m*; Gebüsch *n*

buissonneux [bɥisɔnø] ADJ ⟨-euse [-øz]⟩ **1** *terrain* mit Gebüsch, Buschwerk bewachsen **2** *arbre* buschartig

buissonnière [bɥisɔnjɛʀ] ADJ **faire l'école ~** die Schule schwänzen

bulbe [bylb] M **1** (Blumen)Zwiebel *f* **2** ARCH Zwiebel(dach) *f(n)*

bulbeux [bylbø] ADJ ⟨-euse [-øz]⟩ BOT Zwiebel…

bulgare [bylgaʀ] **A** ADJ bulgarisch **B** **Bulgare** M/F Bulgare *m*, Bulgarin *f*

Bulgarie [bylgaʀi] **la ~** Bulgarien *n*

bulldozer [byldɔzɛʀ, -zœʀ] M Planierraupe *f*; Bulldozer *m*

bulle [byl] F **1** (Luft)Blase *f*; **~ de savon** Seifenblase *f* **2** *de bande dessinée* Sprechblase *f* **3** *du pape* Bulle *f*

bulletin [byltɛ̃] M **1** ADMIN Bulletin *n*; Bericht

B

m (a. PRESSE); **~ météorologique** Wetterbericht *m*; **~ de santé** ärztliches Bulletin **2** ÉCOLE Zeugnis *n* **3** *(reçu)* Schein *m* **4** **~ (de vote)** Stimmzettel *m*

bulletin-réponse [byltɛ̃ʀepɔ̃s] M ⟨bulletins-réponses⟩ COMM Kupon *m*, Gutschein *m* (zum Einsenden); *pour un concours* Teilnahmeabschnitt *m*

bull-terrier [bultɛʀje, byl-] M ⟨bull-terriers⟩ Bullterrier *m*

bungalow [bɛ̃galo, bœ̃-] M Bungalow *m*

buraliste [byʀalist] M/F **1** Inhaber(in) *m(f)* e-s Tabakwarengeschäfts; *autrich* (Tabak)Trafikant(in) *m(f)* **2** *à la poste* Schalterbeamte(r) *m*, -beamtin *f*

bureau [byʀo] M ⟨~x⟩ **1** *meuble* Schreibtisch *m* **2** *lieu de travail* Büro(raum) *n(m)*; ADMIN Amts-, Dienst-, Geschäftszimmer *n*; *d'une personne a.* Arbeitszimmer *n* **3** *(service ouvert au public)* Dienst-, Geschäftsstelle *f*; Büro *n*; Amt *n*; **bureau de change** Wechselstube *f*; **bureau de location** Theaterkasse *f*; Vorverkaufsstelle *f*; **bureau de poste** Post® *f*; Postamt *n*; **bureau de tabac** Tabakladen *m*, -warengeschäft *n*; *autrich* (Tabak)Trafik *f*; **bureau de vote** Wahllokal *n* **4** *d'une entreprise* Abteilung *f*; Büro *n*; *d'un ministère* Referat *n*; **Deuxième Bureau** militärischer Geheimdienst **5** *d'un parti, d'un syndicat* Vorstand *m*

bureaucrate [byʀokʀat] M/F *péj* Bürokrat(in) *m(f)*; Federfuchser *m* **bureaucratie** [-si] F Bürokratie *f* (a. *péj*)

bureaucratique [byʀokʀatik] ADJ bürokratisch (a. *péj*) **bureaucratisation** [-izasjõ] F *péj* (Ver)Bürokratisierung *f* **bureaucratiser** [-ize] V/T *péj* (ver)bürokratisieren **bureaucratisme** [-ism] M *péj* Bürokratismus *m*; *fam* Amtsschimmel *m*

bureautique [byʀotik] F Bürokommunikation *f*

burette [byʀɛt] F Kännchen *n*; CATH Messkännchen *n*

burgrave [byʀgʀav] M HIST Burggraf *m*

burin [byʀɛ̃] M **1** *pour gravure* (Grab)Stichel *m*; Graviernadel *f* **2** TECH Meißel *m*

buriné [byʀine] ADJ ⟨~e⟩ *visage* von tiefen Falten durchzogen; zerfurcht

buriner V/T **1** *gravure* mit dem (Grab)Stichel bearbeiten, ritzen **2** TECH meißeln

Burkina Faso [byʀkinafazo] **le ~** Burkina Faso *n*

burlesque [byʀlɛsk] ADJ burlesk; possenhaft

burlingue [byʀlɛ̃g] *fam* M Büro *n*

burnous [byʀnu(s)] M Burnus *m*

burundais [buʀundɛ] **A** ADJ ⟨-aise [-ɛz]⟩ burundisch; aus Burundi **B** **Burundais(e)** M(F) Burundier(in) *m(f)*

Burundi [buʀundi] **le ~** Burundi *n*

bus[1] [bys] M Bus *m*; **prendre le ~** den Bus nehmen; mit dem Bus fahren

bus[2] [by] → boire

busard [byzaʀ] M ZOOL Weihe *f*

buse [byz] F **1** ZOOL Bussard *m* **2** *fig fam* dumme Gans, Ziege **3** TECH Düse *f*

business [biznɛs] M Business *n*; Geschäft *n*

businessman [biznɛsman] M ⟨~s *ou* -men [-mɛn]⟩ Geschäftsmann *m*

busqué [byske] ADJ ⟨~e⟩ **nez ~** Haken-, Habichtsnase *f*

buste [byst] M **1** *(torse)* Oberkörper *m* **2** *(seins)* Büste *f* **3** SCULP Büste *f*

bustier [bystje] M Bustier *n*

but[1] [by(t)] M **1** *(objectif)* Ziel *n*; *(fin)* Zweck *m*; **dans un ~ scientifique** für e-n wissenschaftlichen Zweck; **dans le ~ de** (+ *inf*) in der Absicht, mit dem Ziel zu (+ *inf*); *fig* **de ~ en blanc** unvermittelt; mir nichts, dir nichts; **sans ~** ziellos; **se fixer un ~** sich *(dat)* ein Ziel setzen; **poursuivre un ~** ein Ziel, e-e Absicht verfolgen **2** FOOTBALL, *etc* Tor *n*; RUGBY Mal *n*; *(but marqué)* a. Treffer *m*; **~ en or** Golden Goal *n*; **gagner par trois ~s à deux** (mit) drei zu zwei (Toren) gewinnen

but[2] [by] → boire

butane [bytan] M Butan(gas) *n*

buté [byte] ADJ ⟨~e⟩ bockig; halsstarrig; eigensinnig; verstockt

buter [byte] **A** V/T *qn* bockig, halsstarrig machen **B** V/I **~ contre** (an)stoßen an (+ *acc*); stoßen gegen; *fig* **~ sur une difficulté** auf e-e Schwierigkeit stoßen; *fig* **~ sur un mot** über ein Wort stolpern **C** V/PR **se ~** *(s'entêter)* bockig, halsstarrig werden

buteur [bytœʀ] M FOOTBALL Torjäger *m*

butin [bytɛ̃] M **1** *de guerre* Beute *f*; *d'un vol* Diebesbeute *f*, -gut *n* **2** *d'une recherche* Ausbeute *f*

butiner [bytine] V/I *abeilles* Honig sammeln, eintragen

butoir [bytwaʀ] M **1** *d'une porte* Türpuffer *m* **2** CH DE FER Prellbock *m* **3** *adjt* **date** *f* **~** (End)Termin *m*

butor [bytɔʀ] M **1** ZOOL Rohrdommel *f* **2** *fig* Flegel *m*; Rüpel *m*

butte [byt] F (Erd)Hügel *m*; Anhöhe *f*; *fig* **être en ~ à qc** e-r Sache *(dat)* ausgesetzt sein; die Zielscheibe (+ *gén*) sein

butter [byte] V/T *fam* abmurksen

butyrique [bytiʀik] ADJ CHIM **acide** *m* **~** Buttersäure *f*

buvable [byvabl] ADJ trinkbar

buvais, buvai(en)t [byvɛ] → boire

buvard [byvaʀ] M **1** **(papier** *m*) **~** Lösch-, Fließpapier *n* **2** *feuille* Löschblatt *n*

buvette [byvɛt] F Ausschank *m*; Erfrischungsstand *m*, -raum *m*
buveur [byvœʀ] M, **buveuse** [-øz] F **1** *(alcoolique)* Trinker(in) *m(f)* **2** **buveur de bière, de vin** Bier-, Weintrinker *m*
buvez [byve], **buvons** [byvõ] → boire
Byzance [bizɑ̃s] HIST Byzanz *n*
byzantin [bizɑ̃tɛ̃] **A** ADJ ⟨-ine [-in]⟩ **1** byzantinisch **2** *fig* spitzfindig **B** MPL **Byzantins** Byzantiner *mpl*

C

C, c [se] M (! unveränderlich) C, c *n*
c' [s] → ce
ça [sa] *fam* PR DÉM das (da); dies(es); **comme ça** so; *après subst* so ein(e); *par ext fam* toll; *fam* klasse; **c'est comme ça** das ist nun mal so; **comme ci, comme ça** *fam* so lala; *fam* soso; **pour ça** deshalb; dafür; **sans ça** sonst; ander(e)nfalls; **ça alors!** na so was!; nanu!; **ah, ça non!** ganz bestimmt nicht!; **pas de ça!** kommt nicht infrage!; nichts da!; **qui ça?** wer denn?; **(comment) ça va?** wie geht's?; **ça y est!** es ist so weit!; jetzt haben wir's; so, das wäre geschafft!; **ça y est?** bist du so weit?; wird's bald?; **c'est ça!** (ja,) so ist's!; (das ist) richtig!; ja!; das stimmt; das ist gut so!
çà [sa] ADV **~ et là** hier und dort *ou* da; da und dort; bald hierhin, bald dorthin
cabale [kabal] F Intrige *f*; Ränke *mpl*; *litt* Kabale *f*
cabalistique [kabalistik] ADJ unverständlich; geheimnisvoll
caban [kabɑ̃] M Cabanjacke *f*
cabane [kaban] F Hütte *f*; Schuppen *m*; **~ à lapins** Kaninchenstall *m*; **mettre qn en ~** *fam* j-n einbuchten, -lochen
cabanon [kabanõ] M Wochenendhaus *n*
cabaret [kabaʀɛ] M Nachtlokal *n*; Bar *f*
cabas [kaba] M Einkaufstasche *f*
cabestan [kabɛstɑ̃] M Winde *f*; Spill *n*
cabillaud [kabijo] M Kabeljau *m*
cabine [kabin] F Kabine *f*; **cabine spatiale** Raumkabine *f*, -kapsel *f*; **cabine téléphonique** Telefon-, Fernsprechzelle *f*; **cabine de bain** Bade-, Umkleidekabine *f*; **cabine d'essayage** Anprobe-, Umkleidekabine *f*; **cabine de pilotage** Cockpit *n*
cabinet [kabinɛ] M **1** **~ de toilette** (kleiner) Waschraum **2** **~s** *pl* Toilette *f*; WC *n*; *fam* Klo *n* **3** *d'un médecin, avocat* Praxis *f* **4** *d'un ministre* Stab *m*; **chef** *m* **de ~** persönlicher Referent
câblage [kablaʒ] M **1** TECH Verseilung *f*; Kabelherstellung *f* **2** ÉLEC Verkabelung *f*; Kabelverbindung(en) *f(pl)* **3** TÉLÉCOMMUNICATIONS Kabeln *n*; Drahten *n* **4** TV Verkabelung *f*
câble [kabl] M **1** Seil *n*; Kabel *n*; MAR *a.* Tau *n* **2** ÉLEC Kabel *n*; Leitung *f* **3** *(télégramme)* Kabel *n* **4** TV **il est abonné au ~** er hat Kabelanschluss
câblé [kable] ADJ ⟨~e⟩ **1** *fil* gezwirnt **2** TV *quartier etc* verkabelt
câbler [kable] V/T **1** *dépêche* kabeln; drahten **2** TV verkabeln
cabochard [kabɔʃaʀ] *fam* ADJ ⟨-arde [-aʀd]⟩ dickköpfig
caboche [kabɔʃ] F *fam (tête)* Kopf *m*; *fam* Schädel *m*
cabossé [kabɔse] ADJ ⟨~e⟩ verbeult; eingebeult **cabosser** [-e] V/T *voiture, valise, chapeau* verbeulen; *fam* ramponieren
cabot [kabo] M **1** *fam péj (chien) péj* Köter *m*; *all Nord* Töle *f* **2** MIL *fam (caporal)* Gefreite(r) *m*
cabotage [kabɔtaʒ] M Küstenschifffahrt *f* **caboteur** [-œʀ] M Küstenschiff *n*
cabotin [kabɔtɛ̃] M, **cabotine** [-in] F *péj* Schauspieler(in) *m(f)*; Komödiant(in) *m(f)*
cabotinage [kabɔtinaʒ] M *péj* Schauspielerei *f*; Komödiantentum *n*
caboulot [kabulo] M *fam péj* Kaschemme *f*
cabrer [kabʀe] V/PR **se ~** **1** *cheval* sich (auf)bäumen; steigen **2** *personne* sich sträuben; sich aufbäumen
cabri [kabʀi] M Zicklein *n*
cabriole [kabʀijɔl] F Luft-, Bocksprung *m*
cabriolet [kabʀijɔlɛ] M Kabriolett *n*
CAC [kak] ABR (cotation assistée en continu) fortlaufende Computernotierung; **indice** *m* **~ 40** ≈ DAX® *m*
caca [kaka] M **1** *enf* Aa *n*; **faire ~** Aa machen **2** **~ d'oie** *adjt* (! unveränderlich) gelbgrün
cacahouète [kakawɛt] *ou* **cacahuète** [-ɥɛt] F Erdnuss *f*
cacao [kakao] M Kakao *m* **cacaoté** [-te] ADJ ⟨~e⟩ Kakao enthaltend
cacatoès [kakatɔɛs] M Kakadu *m*
cachalot [kaʃalo] M Pottwal *m*
cache¹ [kaʃ] M PHOT Maske *f*
cache² F *(cachette)* Versteck *n*
caché [kaʃe] ADJ ⟨~e⟩ verborgen
cache-cache M **jouer à ~** Verstecken spielen
cache-cœur M (! unveränderlich) Wickelbluse *f* **cache-col** M (! unveränderlich) Schal *m*
Cachemire [kaʃmiʀ] **1** **le ~** Kaschmir *n* **2** **cachemire** *m* TEXT Kaschmir *m*

C

cache-misère M (! unveränderlich) Mantel *m*, der zum Verdecken schlechter Kleidung getragen wird **cache-nez** M (! unveränderlich) (Woll)Schal *m* **cache-pot** M (! unveränderlich) Übertopf *m*

cacher [kaʃe] **A** V/T **1** verstecken; verbergen **2** *par ext* verdecken; *vue* versperren **3** *fig* **cacher qc à qn** j-m etw verheimlichen, verschweigen; etw vor j-m verbergen, geheim halten; **cacher son jeu** mit verdeckten Karten spielen; sich (*dat*) nicht in die Karten gucken lassen **B** V/PR **se cacher** **1** sich verstecken, sich verbergen (**derrière, sous** hinter, unter + *dat*) **2** *fig* **se cacher de qn pour faire qc** etw hinter dem Rücken j-s, heimlich tun

cache-radiateur M (! unveränderlich) Heizkörperverkleidung *f*

cachère [kaʃɛʀ] ADJ REL koscher

cache-sexe M (! unveränderlich) Minislip *m*

cachet [kaʃɛ] M **1** (*sceau*) Siegel *n*; Petschaft *n* **2** ~ **de la poste** Poststempel *m* **3** HIST **lettre** *f* **de** ~ königlicher Geheimbefehl **4** *d'acteurs* Gage *f* **5** *fig* Gepräge *n*; Eigenart *f*; Charakter *m*; Stempel *m* **6** PHARM Tablette *f*

cacheter [kaʃte] V/T ⟨-tt-⟩ *lettre* zukleben; verschließen

cachette [kaʃɛt] F Versteck *n*; Schlupfwinkel *m*; **en** ~ heimlich

cachot [kaʃo] M **1** Kerker *m*; Verlies *n* **2** *en prison* Einzelhaft *f*

cachotterie [kaʃɔtʀi] F Geheimniskrämerei *f*; Heimlichtuerei *f*; **faire des** ~**s** heimlichtun

cachottier [kaʃɔtje] M, **cachottière** [-jɛʀ] F Heimlichtuer(in) *m(f)*; Geheimniskrämer(in) *m(f)*

cachou [kaʃu] M Hustenpastille *f* (mit Katechugeschmack)

cacique [kasik] M *fam* Primus *m*, Beste(r) *m* bei der Aufnahmeprüfung in die „École normale supérieure"

cacophonie [kakɔfɔni] F Kakophonie *f* **cacophonique** [-ik] ADJ kakophonisch

cactus [kaktys] M **1** BOT Kaktus *m* **2** *fam* (*difficulté*) *fam* Haken *m*

c.-à.-d. ABR (c'est-à-dire) d. h.

cadastre [kadastʀ] M Kataster *m ou n*; Flurbuch *n*

cadavérique [kadaveʀik] ADJ Leichen...; Kadaver...

cadavre [kadavʀ] M **1** *humain* Leiche *f*; Leichnam *m*; *d'un animal* Kadaver *m* **2** *fam* (völlig) geleerte Flasche

caddie® [kadi] M Einkaufswagen *m*; AVIAT, CH DE FER Kofferkuli *m*

cadeau [kado] M ⟨~x⟩ Geschenk *n*; *fig* ~ **empoisonné** Unheil bringendes Geschenk; ~ **d'anniversaire** Geburtstagsgeschenk *n*; **faire un** ~ **à qn** j-m ein Geschenk machen; j-m etwas schenken; j-n beschenken; **faire** ~ **de qc à qn** j-m etw zum Geschenk machen; j-m etw schenken

cadenas [kadna] M Vorhängeschloss *n*

cadenasser [kadnase] V/T mit e-m Vorhängeschloss verschließen, sichern

cadence [kadɑ̃s] F **1** Rhythmus *m*; Takt *m* **2** *par ext* (*vitesse*) Tempo *n*

cadencé [kadɑ̃se] ADJ ⟨~e⟩ **marcher au pas** ~ im Gleichschritt marschieren

cadencer [kadɑ̃se] V/T ⟨-ç-⟩ *ses phrases etc* rhythmisch gliedern, gestalten

cadet [kadɛ] M, **cadette** [-ɛt] F **1** jüngerer *ou* jüngster Sohn; jüngere *ou* jüngste Tochter; Jüngste(r) *m/f(m)*; *adjt* **frère cadet** jüngerer *ou* jüngster Bruder; *fig* **c'est le cadet de mes soucis** das ist meine geringste Sorge **2** SPORTS Jugendspieler(in) *m(f)*

Cadix [kadiks] Cádiz *n*

cadrage [kadʀaʒ] M Bildeinstellung *f*

cadran [kadʀɑ̃] M **1** *d'une horloge, etc* Zifferblatt *n*; *d'un instrument de mesure* Skala *f*; TÉL Nummern-, Wählscheibe *f*; *fig* **faire le tour du** ~ zwölf Stunden hintereinander schlafen **2** ~ **solaire** Sonnenuhr *f*

cadre [kadʀ] M **1** Rahmen *m* (*a. d'un vélo*) **2** *fig* Rahmen *m*; Umgebung *f*; **dans le** ~ **de** im Rahmen (+ *gén*); innerhalb (+ *gén*) **3** *dans une entreprise* Angestellte(r) *m* (mit Weisungsbefugnis); ~ **moyen** mittlere Führungskraft; ~ **supérieur** leitender Angestellter; Führungskraft *f*

▶ Les cadres

Bei den **cadres** handelt es sich um mittlere Führungskräfte (**cadres moyens**) und leitende Angestellte (**cadres supérieurs**) im öffentlichen Dienst und in Privatunternehmen mit entsprechenden verantwortungsvollen Funktionen. Die **cadres supérieurs** gehören in der Regel der wissenschaftlich-technischen Intelligenz an und kommen meist von den **grandes écoles**, den Eliteschulen Frankreichs.

LANDESKUNDE ◀

cadrer [kadʀe] V/I ~ **avec** übereinstimmen mit; passen zu; entsprechen (+ *dat*)

cadreur [kadʀœʀ] M Kameramann *m*

caduc [kadyk] ADJ ⟨caduque [kadyk]⟩ **1** veraltet; überholt **2** **arbre** *m* **à feuilles caduques** sommergrüner Laubbaum

caducée [kadyse] M Äskulapstab *m*

Caen [kɑ̃] *Stadt im Departement Calvados*

cafard [kafaʀ], **cafarde** [-aʀd] **1** *m,f* ÉCOLE *péj*

Petzer *m*; Petze *f* **2** *fam* **avoir le cafard** trübsinnig, trübselig, deprimiert, *fam* down sein **3** *m* ZOOL (Küchen)Schabe *f*

cafarder [kafaʀde] VI **1** *péj* petzen **2** (*avoir le cafard*) deprimiert, *fam* down sein

cafardeux [kafaʀdø] ADJ ⟨-euse [-øz]⟩ trübsinnig; trübselig (*a. temps*)

café [kafe] M **1** Kaffee *m*; **~ crème, au lait** Milchkaffee *m*; *adjt* (! unveränderlich) hellbraun; **inviter qn à prendre le ~** j-n zum Kaffee einladen; *fam fig* **c'est un peu fort de ~** *fam* das ist doch allerhand, ein starkes Stück **2** *lieu public* Lokal *n*; (Schank)Wirtschaft *f*; Bar *f*; Kneipe *f*; *plus élégant* Café *n*; *autrich* Kaffeehaus *n*

le café — Kaffee

le café — Lokal

caféier [kafeje] M Kaffeestrauch *m*

caféine [kafein] F (! feminin) Koffein *n*

café-restaurant M ⟨cafés-restaurants⟩ Gaststätte *f*; Restaurant *n*

cafèt [kafɛt] F ABR *fam* → cafétéria

café-tabac M ⟨cafés-tabacs⟩ Lokal *n* mit Tabakladen

cafeter [kafte] *fam* VI *péj* petzen

cafétéria [kafeteʀja] F Cafeteria *f*

café-théâtre M ⟨cafés-théâtres⟩ Kleinkunstbühne *f*

cafetier [kaftje] M (Schank)Wirt *m*

cafetière [kaftjɛʀ] F Kaffeekanne *f*; **~ électrique** Kaffeemaschine *f*

cafouillage [kafujaʒ] *fam* M Durcheinander *n*; Wirrwarr *m*

cafouiller [kafuje] *fam* VI *personne* ein Durcheinander anrichten; *fam* murksen; *dans une entreprise* **ça cafouille** alles geht durcheinander

cafouilleur [kafujœʀ] *ou* **cafouilleux** [-ø] *fam* ADJ ⟨-euse [-øz]⟩ wirr; chaotisch **cafouillis** [-i] *fam* M → cafouillage

cafter → cafeter

cage [kaʒ] F **1** Käfig *m*; *à oiseaux a.* Bauer *n*; **~ à lapin** Kaninchenstall *m*; *fig* enge, kleine Wohnung **2** TECH **~ d'ascenseur** Aufzugsschacht *m*; **~ d'escalier** Treppenhaus *n*; PHYS **~ de Faraday** faradayscher Käfig **3** ANAT **~ thoracique** Brustkorb *m*

cageot [kaʒo] M Lattenkiste *f*; Steige *f*

cagibi [kaʒibi] *fam* M Abstell-, Rumpelkammer *f*; Verschlag *m*; *fam* Kabuff *n*

cagneux [kaɲø] ADJ ⟨-euse [-øz]⟩ **jambes cagneuses** X-Beine *npl*

cagnotte [kaɲɔt] F Spielkasse *f*; Gemeinschaftskasse *f*

cagoule [kagul] F **1** Kapuze *f* mit Augenschlitzen; *de gangsters* Strumpfmaske *f* **2** *bonnet* Kapuzenmütze *f*

cagoulé [kagule] ADJ ⟨~e⟩ vermummt

cahier [kaje] M **1** (Schreib)Heft *n*; **~ de brouillon** Schmier-, Konzeptheft *n*; Kladde *f*; **~ de textes** Aufgabenheft *n*; **~ de textes de classe** ≈ Klassenbuch *n* **2** **~ des charges** Lastenheft *n*; Leistungsverzeichnis *n*; Vergabebedingungen *fpl*

cahin-caha [kaɛ̃kaa] *fam* ADV mühsam; recht und schlecht

Cahors [kaɔʀ] *Stadt im Departement Lot*

cahot [kao] M Stoß *m*; Ruck *m*; **~s** *pl* Rütteln *n*; Rumpeln *n*

cahotant [kaɔtɑ̃] ADJ ⟨-ante [-ɑ̃t]⟩ *véhicule* rüttelnd; *chemin* holp(e)rig

cahoter [kaɔte] VI rumpeln; holpern

cahoteux [kaɔtø] ADJ ⟨-euse [-øz]⟩ holprig

cahute [kayt] F Hütte *f*

caïd [kaid] M *fam* **1** *péj* Bandenführer *m*, -chef *m*; Gangsterboss *m* **2** *fam* Bonze *m*; *fam* Boss *m*

caillasse [kajas] *fam* F Schotter *m*; Kies *m*

caille [kaj] F Wachtel *f*

caillé [kaje] ADJ **lait ~** geronnene Milch; Dick-, Sauermilch *f*

caillebotis [kajbɔti] M Lattenrost *m*

cailler [kaje] VI **1** gerinnen **2** *fam fig* **ça caille** *fam* ganz schön kalt!

caillot [kajo] M **~ (de sang)** Blutgerinnsel *n*

caillou [kaju] M ⟨~x⟩ **1** Kiesel(stein) *m*; Stein(-chen) *m(n)*; **~x** *pl* Schotter *m*; Kies *m* **2** *fam fig* **n'avoir plus un poil sur le ~** völlig kahl(-köpfig) sein

caillouteux [kajutø] ADJ ⟨-euse [-øz]⟩ steinig

caïman [kaimɑ̃] M Kaiman *m*

Caïn [kaɛ̃] M BIBL Kain *m*

Caire [kɛʀ] **Le ~** Kairo *n*

caisse [kɛs] F **1** Kiste *f*; Kasten *m*; *pour arbustes,*

C

la caisse — Kiste

la caisse — Kasse

etc Kübel *m*; **~ à outils** Werkzeugkasten *m*, -kiste *f* 2 **grosse ~** große Trommel; *fig* **battre la grosse ~** die Werbetrommel rühren 3 COMM Kasse *f*; *autrich* Kassa *f*; **ticket** *m* **de ~** Kassenbon *m*, -zettel *m*; **faire la, sa ~** *fam* Kassensturz machen; *fig* **vous pouvez passer à la ~** Sie sind (fristlos) entlassen 4 *institution* Kasse *f*; **~ d'épargne** Sparkasse *f* 5 *fam* **partir de la ~** (*être tuberculeux*) *fam* die Motten haben 6 *fam* (*voiture*) *fam* Kiste *f*; *fam fig* **à fond la ~** *fam* mit Karacho; *fam* mit e-m Affenzahn

caissette [kɛsɛt] F *emballage* Schale *f*

caissier [kɛsje] M, **caissière** [-jɛʀ] F Kassierer(in) *m(f)*; *all Sud, autrich* Kassier(in) *m(f)*

caisson [kɛsõ] M 1 **~ (à air comprimé)** Caisson *m*; Senkkasten *m* 2 ARCH Kassette *f*; **plafond** *m* **à ~s** Kassettendecke *f* 3 *fam* **se faire sauter le ~** sich (*dat*) e-e Kugel durch den Kopf schießen, jagen

cajoler [kaʒɔle] V/T liebkosen; umschmeicheln; *enfant* hätscheln; herzen **cajoleries** [-ʀi] FPL Liebkosungen *fpl*; Schmeicheleien *fpl* **cajoleur** [-œʀ] ADJ ⟨-euse [-øz]⟩ *voix* (ein)schmeichelnd; schmeichlerisch; *enfant* anschmiegsam

cajou [kaʒu] M **noix** *f* **de ~** Cashewnuss *f*

cake [kɛk] M englischer Sandkuchen

cal [kal] M Schwiele *f*

calabrais [kalabʀɛ] A ADJ ⟨-aise [-ɛz]⟩ kalabrisch B 1 **Calabrais(e)** *m(f)* Kalabrier(in) *m(f)* 2 LING **le ~** das Kalabrische; Kalabrisch *n*

Calabre [kalabʀ] **la ~** Kalabrien *n*

calage [kalaʒ] M 1 TECH Verkeilen *n*; Festklemmen *n* 2 *d'un moteur* Abwürgen *n*

Calais [kalɛ] *Stadt im Departement Pas-de-Calais*

calamar [kalamaʀ] M Kalmar *m* (*ein Tintenfisch*)

calaminé [kalamine] ADJ ⟨~e⟩ verrußt

calamité [kalamite] F Unglück *n*; Unheil *n*; Katastrophe *f*

calandre [kalɑ̃dʀ] F Kühlergrill *m*

calanque [kalɑ̃k] F (kleine) Felsbucht

calcaire [kalkɛʀ] A ADJ Kalk…; kalkig; kalkhaltig (*a. eau*) B M 1 *roche* Kalk(stein) *m* 2 (*tartre*) Kesselstein *m*; Kalkansatz *m*

calcification [kalsifikasjõ] F Verkalkung *f*

calcifié [-fje] ADJ ⟨~e⟩ verkalkt

calcination [kalsinasjõ] F Glühen *n*; *du calcaire* Brennen *n* **calciné** [-ne] ADJ ⟨~e⟩ verbrannt; verkohlt

calciner [kalsine] V/T 1 TECH, CHIM glühen; *calcaire* brennen 2 (*brûler*) verbrennen

calcium [kalsjɔm] M Kalzium *n*

calcul[1] [kalkyl] M 1 Rechnen *n*; Rechnung *f*; Berechnung *f*; COMM Kalkulation *f*; **~ mental** Kopfrechnen *n*; **être bon en ~** im Rechnen gut sein; gut rechnen können; **faire des ~s** rechnen; Berechnungen anstellen 2 *fig* (*estimation*) Berechnung *f*; Erwartung *f*; Kalkül *n ou m*; **faire un mauvais ~** sich verrechnen; sich verkalkulieren 3 *péj* **agir par ~** aus Berechnung handeln

calcul[2] M MÉD Stein *m*; **~ biliaire, rénal** Gallen-, Nierenstein *m*

calculable [kalkylabl] ADJ berechenbar

calculateur [kalkylatœʀ] A ADJ ⟨-trice [-tʀis]⟩ *péj* berechnend B M *ordinateur* Rechner *m*

calculatrice [kalkylatʀis] F Rechenmaschine *f*; **~ de poche** Taschenrechner *m*

calculer [kalkyle] V/T 1 rechnen; be-, aus-, errechnen; COMM (aus)kalkulieren; *abs* rechnen; **machine** *f* **à ~** (Tisch)Rechenmaschine *f* 2 *fig* (*estimer*) berechnen; abwägen; (ein)kalkulieren; *ses chances* ausrechnen; **~ que …** schätzen, rechnen, dass …; *adjt* **risque calculé** kalkuliertes Risiko

calculette [kalkylɛt] F Taschenrechner *m*

Calcutta [kalkyta] Kalkutta *n*

Caldoche [kaldɔʃ] *fam* M/F Neukaledonienfranzose *m*, -französin *f*

cale [kal] F 1 MAR Schiffs-, Laderaum *m*; **~ sèche** Trockendock *n* 2 (*coin*) (Unterleg)Keil *m*

calé [kale] *fam* ADJ ⟨~e⟩ beschlagen, bewandert (**en** in + *dat*); **c'est trop ~ pour moi** *fam* das ist mir zu hoch

calebasse [kalbas] F 1 BOT Flaschenkürbis *m* 2 *récipient* Kalebasse *f*

calèche [kalɛʃ] F Kalesche *f*; Kutsche *f*

caleçon [kalsõ] M 1 Unterhose *f*; **~ de bain** Badehose *f* 2 *vêtement de femme* Leggin(g)s *pl*

Calédonie [kaledɔni] **la ~** Kaledonien *n*

calédonien [kaledɔnjɛ̃] ADJ ⟨-ienne [-jɛn]⟩ kaledonisch
calembour [kalɑ̃buʀ] M Wortspiel *n; péj* Kalauer *m*
calembredaines [kalɑ̃bʀədɛn] *litt* FPL Albernheiten *fpl;* ungereimtes Zeug
calendes [kalɑ̃d] FPL **renvoyer qc aux ~ grecques** etw auf den Sankt-Nimmerleins-Tag verschieben
calendrier [kalɑ̃dʀije] M **1** Kalender *m* **2** *(emploi du temps)* Terminkalender *m*
cale-pied M ⟨cale-pieds⟩ Pedalhaken *m*
calepin [kalpɛ̃] M Notizbuch *n*
caler [kale] **A** V/T **1** *moteur* abwürgen **2** *table, chaise* e-n Keil legen unter (+ *acc*) **B** V/I **1** *personne* den Motor abwürgen; *moteur* absterben **2** *fig fam en mangeant* nicht mehr können; *fam mets* satt machen **C** V/PR **se ~** es sich *(dat)* bequem machen
calfeutrage [kalføtʀaʒ] M Abdichten *n*
calfeutrer [kalføtʀe] **A** V/T abdichten **B** V/PR **se ~ (chez soi)** sich in s-r Wohnung verkriechen
calibrage [kalibʀaʒ] M **1** TECH Kalibrieren *n* **2** *des fruits, œufs* Sortieren *n* der Größe nach
calibre [kalibʀ] M **1** TECH, MIL Kaliber *n* **2** *des œufs, fruits* Größe *f* **3** *fam péj* Schlag *m;* Kaliber *n*
calibrer [kalibʀe] V/T *œufs, fruits* der Größe nach sortieren
calice [kalis] M **1** ÉGL (Abendmahls)Kelch *m* **2** BOT (Blüten)Kelch *m*

le calice — Kelch

le calice — (Blüten)Kelch

calicot [kaliko] M **1** TEXT Kaliko *m* **2** *(banderole)* Spruchband *n*
calife [kalif] M Kalif *m*
Californie [kalifɔʀni] **la ~** Kalifornien *n*
californien [kalifɔʀnjɛ̃] **A** ADJ ⟨-ienne [-jɛn]⟩ kalifornisch **B** **Californien(ne)** M(F) Kalifornier(in) *m(f)*
califourchon [kalifuʀʃõ] **à ~** rittlings
câlin [kalɛ̃] **A** ADJ ⟨-ine [-in]⟩ zärtlich; zärtlichkeitsbedürftig; anschmiegsam; **enfant ~** Schmeichel-, *fam* Schmusekatze *f* **B** M **faire (un) ~** *fam* schmusen **(à qn** mit j-m)
câliner [kɑline] V/T zärtlich sein zu; *fam* schmusen mit **câlineries** [-ri] FPL Zärtlichkeiten *fpl; fam* Schmusen *n*
calisson [kalisõ] M Mandelkonfekt *n*
calleux [kalø] ADJ ⟨-euse [-øz]⟩ schwielig
call-girl [kolgœʀl] F Callgirl *n*
calligraphie [kaligʀafi] F Kalligraphie *f;* Schönschreibkunst *f* **calligraphier** [-je] V/T in Schönschrift schreiben; malen
callosité [kalozite] F Schwiele *f;* Hornhaut *f*
calmant [kalmɑ̃] M Beruhigungs- und Schmerzmittel *n*
calmar [kalmaʀ] M → calamar
calme [kalm] **A** ADJ ruhig *(a. mer);* still; *personne a.* gelassen; **rester ~** ruhig, gelassen bleiben **B** M **1** Ruhe *f;* Stille *f;* MAR Windstille *f;* **~ plat** völlige Windstille; Flaute *f (a. fig); fig* **le ~ avant la tempête** die Ruhe vor dem Sturm **2** *d'une personne* Ruhe *f;* Gelassenheit *f;* Gemütsruhe *f;* **perdre son ~** s-e Gelassenheit, die Beherrschung verlieren
calmement [kalməmɑ̃] ADV ruhig; still; gelassen
calmer [kalme] **A** V/T **1** *personne* beruhigen; besänftigen; beschwichtigen **2** *douleur* mildern; lindern; stillen; *toux* lindern; *soif, faim* stillen; *impatience* beschwichtigen **B** V/PR **se ~** **1** *personne* sich beruhigen **2** *tempête* sich legen; abflauen; *fièvre, douleur* nachlassen; *passion* sich abkühlen; *discussion* ruhiger werden
calomniateur [kalɔmnjatœʀ] M, **calomniatrice** [-tʀis] F Verleumder(in) *m(f)*
calomnie [kalɔmni] F Verleumdung *f*
calomnier [kalɔmnje] V/T verleumden
calomnieux [kalɔmnjø] ADJ ⟨-euse [-øz]⟩ verleumderisch
calorie [kalɔʀi] F Kalorie *f*
calorifique [kalɔʀifik] ADJ Wärme…; Heiz…; Wärme erzeugend **calorifuge** [-fyʒ] ADJ wärmeisolierend, -dämmend
calorique [kalɔʀik] ADJ Kalorien…
calot [kalo] M **1** MIL Schiffchen *n;* Käppi *n* **2** *(grosse bille)* große Murmel
calotin [kalɔtɛ̃] *fam péj* M Klerikale(r) *m; fam péj* Pfaffenknecht *m;* Schwarze(r) *m*
calotte [kalɔt] F **1** *bonnet* (Scheitel)Käppchen *n;* ÉGL Kalotte *f* **2** *péj* **la ~** *péj* die Pfaffen *mpl* **3** **~ glaciaire** Eiskappe *f* **4** *fam* leichte Ohrfeige
calotter [kalɔte] V/T *fam (gifler)* ohrfeigen
calque [kalk] M Pause *f (Zeichnung)*
calquer [kalke] V/T nachahmen; kopieren
calumet [kalymɛ] M **fumer le ~ de la paix** die

Friedenspfeife rauchen

calva [kalva] M *fam ou* **calvados** [kalvados] M Calvados *m* (*Apfelbranntwein*)

Calvados [kalvados] **le ~** *frz Departement*

calvaire [kalvɛʀ] M **1** Kreuzigung *f* Christi; Kreuzigungsgruppe *f* **2** *fig* Leidensweg *m*; Martyrium *n*

calvinisme [kalvinism] M Kalvinismus *m*

calviniste [kalvinist] **A** ADJ kalvinistisch **B** M/F Kalvinist(in) *m(f)*

calvitie [kalvisi] F Glatze *f*; Kahlköpfigkeit *f*; *fam* Platte *f*

camarade (! camarade) [kamaʀad] M/F **1** Kamerad(in) *m(f)*; *fam* Kumpan *m*; **~ d'école** Schulkamerad(in) *m(f)*, -freund(in) *m(f)*; Mitschüler(in) *m(f)* **2** POL Genosse *m*, Genossin *f*

camaraderie (! camaraderie) [camaʀadʀi] F Kameradschaft *f*

camard [kamaʀ] **A** ADJ ⟨-arde [-aʀd]⟩ **nez ~** Sattelnase *f* **B** *fig* **la Camarde** der Tod; der Knochenmann

camarguais [kamaʀgɛ] **A** ADJ ⟨-aise [-ɛz]⟩ (aus) der Camargue **B** **Camarguais(e)** M(F) Bewohner(in) *m(f)* der Camargue

Camargue [kamaʀg] **la ~** die Camargue (*Landschaft im Rhonedelta*)

Cambodge [kɑ̃bɔdʒ] **le ~** Kambodscha *n*

cambodgien [kɑ̃bɔdʒjɛ̃] **A** ADJ ⟨-ienne [-jɛn]⟩ kambodschanisch **B** **Cambodgien(ne)** M(F) Kambodschaner(in) *m(f)*

cambouis [kɑ̃bwi] M (gebrauchtes) Schmieröl, -fett

cambré [kɑ̃bʀe] ADJ ⟨~e⟩ *pied* gewölbt; **reins ~s** etwas hohles Kreuz

cambrer [kɑ̃bʀe] V/PR **se ~** den Körper straffen

cambriolage [kɑ̃bʀijɔlaʒ] M Einbruch *m*

cambrioler [kɑ̃bʀijɔle] V/T einbrechen (**qc** in etw [*acc*]); **j'ai été cambriolé** bei mir ist eingebrochen worden

cambrioleur [kɑ̃bʀijɔlœʀ] M, **cambrioleuse** [kɑ̃bʀijɔløz] F Einbrecher(in) *m(f)*

cambrousse [kɑ̃bʀus] F *fam péj* **en pleine ~** *fam* in e-r gottverlassenen Gegend

cambrure [kɑ̃bʀyʀ] F Wölbung *f*

cambuse [kɑ̃byz] F **1** *péj* elende Behausung *f*; *fam* Loch *n* **2** MAR Bottlerei *f*

came [kam] F **1** TECH **arbre** *m* **à ~s** Nockenwelle *f* **2** *argot* (*cocaïne*) *fam* Koks *m*; (*drogue*) *fam* Stoff *m*

camé [kame] M *argot* Fixer *m*

camée [kame] M Kamee *f*

caméléon [kameleɔ̃] M Chamäleon *n*

camélia [kamelja] M Kamelie *f*

camelot [kamlo] M Straßenhändler *m*, -verkäufer *m*

camelote [kamlɔt] F *fam* Schund *m*; *fam* Ramsch *m*

camembert [kamɑ̃bɛʀ] M Camembert *m*

camer [kame] V/PR **se ~** *argot* fixen

caméra [kameʀa] F (Film)Kamera *f*; **~ de télévision** Fernsehkamera *f*

cameraman [kameʀaman] M ⟨cameramen [-men]⟩ Kameramann *m*

Cameroun [kamʀun] **le ~** Kamerun *n*

camerounais [kamʀunɛ] **A** ADJ ⟨-aise [-ɛz]⟩ kamerunisch **B** **Camerounais(e)** M(F) Kameruner(in) *m(f)*

caméscope [kameskɔp] M Camcorder *m*

Camille [kamij] M/F *Vorname*

camion [kamjɔ̃] M **1** Last(kraft)wagen *m*; Lastauto *n*; Laster *m*; Lkw *ou* LKW *m*; **~ à benne basculante** Kipper *m*; **~ à trois essieux** Dreiachser *m*; **~ à plate-forme** Pritschenwagen *m*; **~ à remorque** Lkw mit Anhänger; Lastzug *m*; **~ de déménagement** Möbelwagen *m*; **~ de trois tonnes** Dreitonner *m* **2** *des peintres* Farbeimer *m* **3** (*petite épingle*) kleine Stecknadel

camion-citerne M ⟨camions-citernes⟩ Tank(last)wagen *m*

camionnage [kamjɔnaʒ] M **1** Lkw-Transport *m*; Straßentransport *m* **2** *prix* Transportkosten *pl*; Rollgeld *n* **camionnette** [-ɛt] F Lieferwagen *m*; kleiner Lastwagen **camionneur** [-œʀ] M Lkw-Fahrer *m*; Lastwagenfahrer *m*

camisole [kamizɔl] F **~ de force** Zwangsjacke *f*

camomille (! camomille) [kamɔmij] F **1** BOT Kamille *f* **2** *tisane* Kamillentee *m*

camouflage [kamuflaʒ] M Tarnung *f*

camoufler [kamufle] V/T **1** MIL tarnen **2** *fig* tar-

la camomille — Kamille

la camomille — Kamillentee

nen; verschleiern

camouflet [kamuflɛ] *litt* M Kränkung *f*

camp [kɑ̃] M Lager *n* (*a. fig*, POL); **~ de concentration** Konzentrationslager *n* (*abr* KZ); **~ de réfugiés** Flüchtlingslager *n*; **~ de vacances** Ferienlager *n*; POL, *fig* **changer de ~** ins andere Lager überwechseln; *fam* **fiche(r)**, *pop* **foutre le ~** *personne fam* abhauen; *fam* sich aus dem Staub machen; *fam* verduften; *pop* sich verpissen; *bouton* abgehen; *fam fig* **tout fout le ~** nichts ist mehr, wie es war

campagnard [kɑ̃paɲaʀ] **A** ADJ ⟨-arde [-aʀd]⟩ ländlich; Land...; *péj* bäu(e)risch **B** **~(e)** M(F) Landbewohner(in) *m(f)*; *péj* Bauer *m*, Bäuerin *f*

campagne [kɑ̃paɲ] F **1** Land *n* (*im Gegensatz zur Stadt*); **à la ~** auf dem *ou* das Land **2** MIL Feldzug *m* **3** *fig* Feldzug *m*; Kampagne *f*; **~ électorale** Wahlkampf *m*; **~ publicitaire** Werbekampagne *f*; Werbe-, Reklamefeldzug *m*; **faire ~ pour qc** für etw Propaganda machen; sich für etw einsetzen

campagnol [kɑ̃paɲɔl] M Schermaus *f*; Wasserratte *f*

campanile [kɑ̃panil] M Kampanile *m*

campanule [kɑ̃panyl] F Glockenblume *f*

campé [kɑ̃pe] ADJ ⟨~e⟩ *dans un roman* **personnage bien ~** lebendig dargestellte Figur

campement [kɑ̃pmɑ̃] M Lager *n*; Lagerplatz *m*

camper [kɑ̃pe] **A** V/T lebendig darstellen **B** V/I **1** campen; *sous la tente a.* zelten **2** MIL kampieren (*a. fig chez qn*); lagern **C** V/PR **se ~** sich aufstellen, *fam* sich aufpflanzen (**devant** vor + *dat*)

campeur [kɑ̃pœʀ] M, **campeuse** [-øz] F Camper(in) *m(f)*

camphre [kɑ̃fʀ] M Kampfer *m*

camping [kɑ̃piŋ] M **1** Camping *n*; Campen *n*; *sous la tente* Zelten *n*; **faire du ~** campen; zelten **2** (**terrain** *m* **de**) **~** Campingplatz *m*

camping-car M ⟨camping-cars⟩ Wohnmobil *n*; Campingbus *m* **camping-gaz** M (! unveränderlich) Campinggaskocher *m*

campus [kɑ̃pys] M Universitätsgelände *n*; Campus *m*

camus [kamy] ADJ ⟨-use [-yz]⟩ **nez ~** platte Nase; Stumpf-, Sattelnase *f*

canada [kanada] F *pomme: e-e Renettensorte*

Canada [kanada] **le ~** Kanada *n*

canadien [kanadjɛ̃] **A** ADJ ⟨-ienne [-jɛn]⟩ kanadisch **B** **1** **Canadien(ne)** *m(f)* Kanadier(in) *m(f)* **2** **~ne** *f* Lammfelljacke *f*

canadienne [kanadjɛn] F **1** *veste* Lammfelljacke *f* **2** *canoë* Kanadier *m* **3** *tente* Firstzelt *n*

canaille [kanaj] **A** F Schurke *m*; Halunke *m*; Lump *m*; Kanaille *f* **B** ADJ pöbelhaft; ordinär

canaillerie [kanajʀi] F Gemeinheit *f*; Schurkerei *f*; *action a.* Schurkenstreich *m*

canal [kanal] M ⟨-aux [-o]⟩ Kanal *m* (*a. TV*); **le ~ de Suez** der Sueskanal; *fig* **par le ~ de** über (+ *acc*)

canalisation [kanalizasjõ] F *de gaz, etc* Leitung(snetz) *f(n)*; *d'eaux usées* Kanalisation *f*

canaliser [kanalize] V/T kanalisieren (*a. fig*)

canapé [kanape] M **1** Couch *f*; Sofa *n*; Kanapee *n* **2** CUIS (Weißbrot)Häppchen *n*; Kanapee *n*; **sur ~s** auf Weißbrotscheiben serviert

le canapé — Couch

les canapés (mpl) — Häppchen

canapé-lit M ⟨canapés-lits⟩ Schlaf-, Bettcouch *f*

Canaques [kanak] MPL Kanaken *mpl*

canard [kanaʀ] M **1** ZOOL Ente *f*; **~ (mâle)** Erpel *m*; Enterich *m*; **~ de Barbarie** Moschusente *f* **2** *fam* (*journal*) *fam* Zeitung *f*; Blatt *n* **3** in Schnaps getauchtes Stück Zucker

canarder [kanaʀde] V/T *fam* **~ qn** (aus gedeckter Stellung) auf j-n feuern

canari [kanaʀi] M Kanarienvogel *m*

Canaries [kanaʀi] **les (îles** *fpl*) **~** *fpl* die Kanarischen Inseln *fpl*

canasson [kanasõ] *fam* M *fam* Gaul *m*

cancan [kɑ̃kɑ̃] M **1** **~s** *pl* Klatsch *m*; *fam* Tratsch *m*; **raconter des ~s sur qn** über j-n Gerüchte, Klatsch verbreiten **2** **french ~** Cancan *m*

cancaner [kɑ̃kane] V/I klatschen; *fam* tratschen

cancanier [-je] ADJ ⟨-ière [-jɛʀ]⟩ klatschsüchtig, -haft

cancer [kɑ̃sɛʀ] M **1** MÉD Krebs *m*; **~ du sein** Brustkrebs *m* **2** ASTROL **Cancer** Krebs *m*

cancéreux [kɑ̃seʀø] **A** ADJ ⟨-euse [-øz]⟩ **1** Krebs...; **tumeur cancéreuse** Krebsgeschwulst *f*; *t/t* Karzinom *n* **2** *personne* krebskrank **B** **~, cancéreuse** M,F Krebskranke(r) *m/f(m)*

C

cancérigène [kɑ̃seʀiʒɛn] *ou* **cancérogène** [kɑ̃seʀɔʒɛn] ADJ krebserregend, -erzeugend

cancérologie [kɑ̃seʀɔlɔʒi] F Krebsforschung *f* **cancérologue** [-lɔg] M/F Krebsforscher(in) *m(f)*

cancre [kɑ̃kʀ] *fam* M schlechter *ou* fauler Schüler; *fam* Faulpelz *m*

cancrelat [kɑ̃kʀəla] M (Küchen)Schabe *f*; Kakerlake *f*

candélabre [kɑ̃delabʀ] M Kandelaber *m*; großer Armleuchter

candeur [kɑ̃dœʀ] F Arglosigkeit *f*; Treuherzigkeit *f*; Naivität *f*

candi [kɑ̃di] ADJ **sucre** *m* **~** Kandis(zucker) *m*

candidat [kɑ̃dida] M, **candidate** [kɑ̃didat] F Kandidat(in) *m(f)* (*a.* POL); Bewerber(in) *m(f)*; **être, se porter candidat, candidate** kandidieren

candidature [kɑ̃didatyʀ] F Kandidatur *f* (*a.* POL); Bewerbung *f*; **poser sa ~** sich bewerben (**à un poste** um e-e Stellung); kandidieren (**à une élection** bei e-r Wahl)

candide [kɑ̃did] ADJ arglos; treuherzig; naiv; unschuldig; ohne Falsch

cane [kan] F (weibliche) Ente

caner [kane] V/I **1** *fam* (*reculer*) *fam* kneifen, sich drücken (**devant** vor *+dat*) **2** *pop* (*mourir*) *pop* krepieren; *fam* abkratzen

caneton [kantõ] M Entchen *n*; CUIS Jungente *f*

canette [kanɛt] F **1** *boîte en métal* (Getränke)Dose *f* **2** *bouteille* Bierflasche *f* **3** *d'une machine à coudre* Spule *f*

canevas [kanva] M Kanevas(stickerei) *m(f)*

caniche [kaniʃ] M Pudel *m*

caniculaire [kanikylɛʀ] ADJ **chaleur** *f* **~** Gluthitze *f*

canicule [kanikyl] F **1** *époque* Hundstage *mpl* **2** *chaleur* Gluthitze *f*

canif [kanif] M Taschenmesser *n*

canin [kanɛ̃] ADJ ⟨-ine [-in]⟩ Hunde…

canine [kanin] F Eck-, Augenzahn *m*

caniveau [kanivo] M ⟨~x⟩ Rinnstein *m*; Gosse *f*

cannabis [kanabis] M Cannabis *m*

canne [kan] F **1** **~ à sucre** Zuckerrohr *n* **2** (Spazier)Stock *m*; **~ blanche** Blindenstock *m*; **marcher avec une ~** am Stock gehen **3** **~ à pêche** Angelrute *f*

canné [kane] ADJ ⟨~e⟩ aus Rohrgeflecht

cannelé [kanle] ADJ ⟨~e⟩ kanneliert

cannelle [kanɛl] F Zimt *m*

cannelloni(s) [kanɛlɔni] MPL CUIS Cannelloni *pl*

cannelure [kanlyʀ] F Rille *f*; Hohlkehle *f*; *d'une colonne* Kannelüre *f*

canner [kane] V/T mit (e-m) Rohrgeflecht versehen

Cannes [kan] *Stadt im Departement Alpes-Maritimes*

cannette [kanɛt] F → canette

cannibale [kanibal] M Kannibale *m*; Menschenfresser *m* **cannibalisme** [-ism] M Kannibalismus *m*

canoë [kanɔe] M Kanu *n*

canoéiste [kanɔeist] M/F Kanute *m*

canon[1] [kanõ] M **1** MIL Geschütz *n*; Kanone *f*; **~ à eau** Wasserwerfer *m*; **~ à neige** Schneekanone *f* **2** *de fusil, etc* Lauf *m* **3** *fam* (*verre de vin*) Glas *n* Wein

canon[2] M **1** ÉGL, *fig* Kanon *m*; *adjt* **droit** *m* **~** kanonisches Recht; (katholisches) Kirchenrecht **2** MUS Kanon *m*

canonique [kanɔnik] ADJ *fam* **être d'un âge ~** in e-m ehrwürdigen, respektablen Alter sein

canonisation [kanɔnizasjõ] F Heiligsprechung *f*; Kanonisation *f* **canoniser** [-e] V/T heiligsprechen; kanonisieren

canonnade [kanɔnad] F Kanonade *f*; Geschützfeuer *n* **canonner** [-e] V/T beschießen; mit Geschützfeuer belegen **canonnier** [-je] M Kanonier *m* **canonnière** [-jɛʀ] F Kanonenboot *n*

canot [kano] M Boot *n*; Kahn *m*; **~ de sauvetage** Rettungsboot *n*

canotage [kanɔtaʒ] M Kahnfahren *n* **canoter** [-e] V/I Kahn fahren; rudern **canoteur** [-œʀ] M Kahnfahrer *m*

canotier [kanɔtje] M *fam* Kreissäge *f* (*Hut*)

Cantal [kɑ̃tal] **1** **le ~** *Bergmassiv in der Auvergne u. Departement* **2** **cantal** *m ein Hartkäse aus der Auvergne*

cantatrice [kɑ̃tatʀis] F (Opern)Sängerin *f*

cantine [kɑ̃tin] F **1** Kantine *f*; **manger à la ~** in der Kantine essen **2** (Leicht)Metallkiste *f*, -truhe *f*

cantique [kɑ̃tik] M geistliches Lied; Kirchenlied *n*; PROT Choral *m*

canton [kɑ̃tõ] M Kanton *m*

cantonade [kɑ̃tɔnad] F **crier qc à la ~** etw in den Raum rufen

cantonal [kɑ̃tɔnal] ADJ ⟨~e; -aux [-o]⟩ kantonal; Kantons…; *en France* **élections ~es** Departementswahlen *fpl*

cantonnement [kɑ̃tɔnmɑ̃] M MIL Quartier *n*

cantonner [kɑ̃tɔne] **A** V/T unterbringen; MIL *a.* einquartieren **B** V/PR **se ~** *fig* sich beschränken (**dans** auf + *acc*)

cantonnier [kɑ̃tɔnje] M Straßenwärter *m*

canular [kanylaʀ] *fam* M Streich *m*; Ulk *m*; **monter un ~** j-n an der Nase herumführen; j-m e-n

Bären aufbinden
canularesque [kanylaʀɛsk] *fam* ADJ **histoire** *f* **~** (Lügen)Märchen *n*; Ammenmärchen *n*
canule [kanyl] F Kanüle *f*
canyon [kanjõ] M Cañon *m*
canyoning [kanjɔniŋ] M Canyoning *n*
CAO [seao] F ABR (conception assistée par ordinateur) CAD *n*
caoutchouc [kautʃu] M **1** Kautschuk *m*; **~ (vulcanisé)** Gummi *m ou n* **2** Gummiband *n ou* -ring *m* **3** Gummimantel *m*; **~s** *pl* Gummi(über)schuhe *mpl*
caoutchouteux [kautʃutø] ADJ ⟨-euse [-øz]⟩ gummiartig
cap [kap] M **1** Kap *n*; *fig* **passer le ~** es überstehen; über den Berg sein; *fig* **avoir (dé)passé le ~ de la quarantaine** über die vierzig sein; die vierzig überschritten haben **2** MAR Kurs *m*; **mettre le ~ sur** Kurs nehmen auf **3 de pied en ~** von Kopf bis Fuß; vom Scheitel bis zur Sohle
Cap [kap] **Le ~** Kapstadt *n*
CAP [seape] M (! unveränderlich) ABR (certificat d'aptitude professionnelle) Facharbeiter-, Gesellenbrief *m ou* -prüfung *f*
cap' [kap] ABR (capable) *fam* **t'es pas ~!** *fam* wetten, dass du's nicht schaffst!
capable [kapabl] ADJ **1 ~ de** (+ *inf*) fähig, in der Lage, imstande zu (+ *inf*); **~ de qc** zu etw fähig **2** (*compétent*) fähig; tüchtig
capacité [kapasite] F **1** (*aptitude*) Fähigkeit *f*; Tüchtigkeit *f*; Befähigung *f*; **~s** *pl* Fähigkeiten *fpl* **2** (*contenance*) Fassungsvermögen *n*; Kapazität *f*; (*volume*) Rauminhalt *m*; **~ d'accueil** Aufnahmefähigkeit *f*, -kapazität *f*; Unterbringungsmöglichkeit *f* **3** (*potentiel*) Kapazität *f*; Leistung(-sfähigkeit) *f*
cape [kap] F Umhang *m*; Cape *n*; **roman** *m* **de ~ et d'épée** Mantel-und-Degen-Roman *m*; *fig* **rire sous ~** heimlich, versteckt lachen; sich (*dat*) ins Fäustchen lachen
capeline [kaplin] F breitkrempiger (Damen)-Hut
CAPES [kapɛs] M ABR (certificat d'aptitude professionnelle à l'enseignement secondaire) ≈ zweites Staatsexamen (für das höhere Lehramt)
capésien [kapesjɛ̃] M, **capésienne** [-jɛn] F Inhaber(in) *m(f)* des CAPES
Capétiens [kapesjɛ̃] MPL Kapetinger *mpl*
capharnaüm [kafaʀnaɔm] *fam* M Rumpelkammer *f*, Trödelladen *m* (*fig*)
capillaire [kapilɛʀ] **A** ADJ Haar...; **vaisseaux** *mpl* **~s** Kapillar-, Haargefäße *npl*; Kapillaren *fpl* **B** M BOT Frauenhaarfarn *m*
capillarité [kapilaʀite] F **1** (*finesse*) Feinheit *f* **2** PHYS Kapillarität *f*; Kapillarwirkung *f*
capilotade [kapilɔtad] *fam* **j'ai le dos en ~** *fam* ich bin wie gerädert; *fam* ich bin ganz kreuzlahm
capitaine [kapitɛn] M **1** MIL Hauptmann *m*; **~ des pompiers** Brandmeister *m* **2** MAR (Schiffs)-Kapitän *m* **3** SPORTS (Mannschafts)Kapitän *m*
capitainerie [kapitɛnʀi] F MAR Hafenamt *n*
capital[1] [kapital] ADJ ⟨~e; -aux [-o]⟩ **1** Haupt...; hauptsächlich; wesentlich; entscheidend; kapital; grundlegend; CATH **les sept péchés capitaux** die sieben Hauptsünden *fpl* **2 peine ~e** Todesstrafe *f*
capital[2] M ⟨-aux [-o]⟩ Kapital *n*; (*fortune*) Vermögen *n*; **capitaux** *pl* Gelder *npl*; (Geld)Mittel *npl*; Kapital(ien) *n(pl)*; **~ d'investissement** Anlagekapital *n*
capitale [kapital] F **1** Hauptstadt *f*; **~ commerciale** Handelszentrum *n*; *Lyon*, **~ de la soie** Zentrum der Seidenindustrie **2** TYPO Großbuchstabe *m*
capitalisable [kapitalizabl] ADJ kapitalisierbar
capitalisation [-izasjõ] F Kapitalisierung *f*; Kapitalbildung *f*
capitaliser [kapitalize] **A** V/T *rente, etc* kapitalisieren; *intérêts* zum Kapital schlagen **B** V/I Kapital bilden **capitalisme** [-ism] M Kapitalismus *m* **capitaliste** [-ist] **A** ADJ kapitalistisch **B** M/F Kapitalist(in) *m(f)*
capital-risque M ⟨*nur sg*⟩ ÉCON Risikokapital *n*
capiteux [kapitø] ADJ ⟨-euse [-øz]⟩ *vin, parfum* in den Kopf steigend; schwer
Capitole [kapitɔl] *à Rome et Washington* **le ~** das Kapitol
capiton [kapitõ] M **1** Polsterkaro *n*, -karree *n* **2** MÉD Fettpölsterchen *n*; Fettablagerung *f*
capitonnage [kapitɔnaʒ] M **1** *action* Polstern *n* (und Absteppen *n*) **2** (*rembourrage*) Polsterung *f*
capitonner [kapitɔne] V/T polstern (und absteppen)
capitulation [kapitylasjõ] F Kapitulation *f*

Le CAPES

Das **CAPES** ist eine Staatsprüfung, die angehenden Lehrern das Unterrichten an Sekundarschulen (collège und lycée) ermöglicht. Sie werden verbeamtet und haben eine Lehrverpflichtung von 18 Wochenstunden. Nach der CAPES-Prüfung absolvieren die Kandidaten eine einjährige Referendarzeit an dem Lehrerausbildungszentrum IUFM (Institut Universitaire de Formation des Maîtres).

LANDESKUNDE

capituler [-e] VI kapitulieren (*a. fig*)
caporal [kapɔʀal] M ⟨-aux [-o]⟩ Gefreite(r) *m*
caporal-chef [kapɔʀalʃɛf] M ⟨caporaux-chefs⟩ Ober- *ou* Hauptgefreite(r) *m*
capot [kapo] M Motorhaube *f*
capote [kapɔt] F 1 AUTO, *d'un landau* Verdeck *n* 2 Soldatenmantel *m* 3 *fam* **~ anglaise** *fam* Pariser *m*
capoter [capɔte] VI 1 sich überschlagen 2 *fig fam* schiefgehen
cappuccino [kaputʃino] M Cappuccino *m*
câpre [kɑpʀ] F Kaper *f*
caprice [kapʀis] M Laune *f*; **~s** *pl* Launen *fpl* (*a. fig du temps, etc*); Launenhaftigkeit *f*; *enfant* **faire un ~** eigensinnig sein; *fam* ein kleiner Eigensinn sein
capricieux [kapʀisjø] ADJ ⟨-euse [-øz]⟩ launenhaft; launisch; kapriziös; *enfant* eigensinnig; **humeur capricieuse** Launenhaftigkeit *f*
Capricorne [kapʀikɔʀn] M ASTROL Steinbock *m*
capsule [kapsyl] F 1 *de bouteilles* Kron(en)korken *m*; *par ext* Verschluss *m* 2 ANAT, BOT, TECH Kapsel *f*; **~ spatiale** Raumkapsel *f*
capsuler [kapsyle] VT *bouteilles* verkapseln
captage [kaptaʒ] M 1 *d'une source* Fassen *n* 2 RAD *de signaux etc* Auffangen *n*
captateur [kaptatœʀ] M Erbschleicher *m* **captation** [-sjõ] F Erbschleicherei *f*
capter [kapte] VT 1 *attention* fesseln 2 *source* fassen 3 *émetteur* hereinbekommen; *signal* auffangen
capteur [kaptœʀ] M **~ solaire** Sonnenkollektor *m*
captieux [kapsjø] ADJ ⟨-euse [-øz]⟩ verfänglich
captif [kaptif] A ADJ ⟨-ive [-iv]⟩ gefangen B **~, captive** M,F Gefangene(r) *m/f(m)*
captivant [kaptivɑ̃] ADJ ⟨-ante [-ɑ̃t]⟩ fesselnd; spannend; packend; *personne* faszinierend **captiver** [-e] VT in Bann schlagen; fesseln; faszinieren
captivité [kaptivite] F Gefangenschaft *f*
capture [kaptyʀ] F 1 Fangen *n*; *de personnes* Festnahme *f*; MAR Aufbringung *f*; HIST Kaperung *f* 2 (*butin*) Fang *m*; Beute *f*
capturer [kaptyʀe] VT *animal* fangen; *personne* fassen; festnehmen; MIL gefangen nehmen; *bateau* aufbringen; HIST kapern
capuche [kapyʃ] F Kapuze *f*
capuchon [kapyʃõ] M 1 Kapuze *f* 2 *d'un stylo* Kappe *f*
capucin [kapysɛ̃] M Kapuziner(mönch) *m* **capucine** [-in] F Kapuzinerkresse *f*
cap-verdien [kapvɛʀdjɛ̃] A ADJ ⟨-ienne [-jɛn]⟩ kapverdisch B SUBST **Cap-Verdien(ne)** M(F) Kapverdier(in) *m(f)*
Cap-Vert [kapvɛʀ] **le ~** Kap Verde *n*
caquet [kakɛ] M **rabattre le ~ à qn** j-m den Mund stopfen
caqueter [kakte] VI ⟨-tt-⟩ 1 *poule* gackern 2 *fig fam* klatschen; *fam* tratschen
car¹ [kaʀ] CONJ denn
car² M Reise(omni)bus *m*; (Überland)Bus *m*; **~ de ramassage scolaire** Schulbus *m*
carabin [kaʀabɛ̃] *fam* M Medizinstudent *m*
carabine [kaʀabin] F Karabiner *m*; Stutzen *m*; Gewehr *n*; **~ à air comprimé** Luftgewehr *n*
carabiné [kaʀabine] *fam* ADJ ⟨~e⟩ heftig (*a. grippe*); *amende fam* saftig; **rhume ~** *fam* Mordsschnupfen *m*
carabinier [kaʀabinje] M *en Italie* Karabiniere *m*; *en Espagne* Zollbeamte(r) *m*
caraco [kaʀako] M kurze, weite Bluse
caracoler [kaʀakɔle] VI *cheval* tänzeln; *fig* **~ en tête** unangefochten an der Spitze liegen
caractère [kaʀaktɛʀ] M 1 *d'une personne* Charakter *m*; Wesen(sart) *n(f)*; (**force** *f* **de**) **~** Charakter(-stärke) *m(f)*; Willensstärke *f*, -kraft *f*; **avoir mauvais ~** e-n schwierigen Charakter haben; **être jeune de ~** im Wesen jung geblieben sein 2 (*particularité*) Merkmal *n*; Eigenschaft *f*; Wesenszug *m*; Kennzeichen *n*; Eigenart *f*; Gepräge *n*; Charakter *m*; **le ~ difficile des négociations** die Schwierigkeit der Verhandlungen 3 Schriftzeichen *n*; Letter *f*; Buchstabe *m*; **~s d'imprimerie** Druckschrift *f*; **en gros ~s** mit großen Buchstaben; groß gedruckt
caractériel [kaʀakteʀjɛl] A ADJ ⟨~le⟩ **troubles ~s** Verhaltensstörungen *fpl* B **~(le)** M(F) verhaltensgestörtes, schwer erziehbares Kind
caractérisation [kaʀakteʀizasjõ] F Charakterisierung *f*; Charakteristik *f* **caractérisé** [-ze] ADJ ⟨~e⟩ eindeutig; ausgeprägt **caractériser** [-ze] VT charakterisieren; kennzeichnen
caractéristique [kaʀakteʀistik] A ADJ charakteristisch, kennzeichnend, bezeichnend (**de** für) B F 1 Kennzeichen *n*; Merkmal *n*; Charakteristikum *n* 2 TECH **~s** *pl* technische Daten *pl*
carafe (❗ nur ein **f**) [kaʀaf] F 1 Karaffe *f*; **vin** *m* **en ~** offener Wein; Schoppenwein *m* 2 *fam* **rester en ~** stecken bleiben
caraïbe [kaʀaib] A ADJ karibisch B SUBST **la mer des Caraïbes** die Karibik; das Karibische Meer
carambolage [kaʀɑ̃bɔlaʒ] M (❗ maskulin) Zusammenstoß *m*; (Massen)Karambolage *f* **caramboler** [-e] VI BILLARD karambolieren
caramel (❗ nur ein **l**) [kaʀamɛl] M 1 Karamell *m* 2 Karamellbonbon *m ou n* 3 *adjt* (❗ unveränderlich) karamell(farben)
caraméliser [kaʀamelize] VT karamellisieren; **sucre caramélisé** Karamellzucker *m*

carapace [kaʀapas] F ZOOL Panzer *m* (*a. fig*)
carapater [kaʀapate] V/PR *fam* **se ~** *fam* abhauen; *fam* verduften
carat [kaʀa] M Karat *n*; **or** *m* **à dix-huit ~s** achtzehnkarätiges Gold
caravane [kaʀavan] F (! feminin) 1 Karawane *f* (*a. par ext*) 2 Wohnwagen *m*, -anhänger *m*; Caravan *m*
caravanier [kaʀavanje] A M 1 (*conducteur d'une caravane*) Führer *m* (der Lasttiere) e-r Karawane 2 (*voyageur en caravane*) Wohnwagentourist *m* B ADJ ⟨-ière [-jɛʀ]⟩ Wohnwagen(reisen)…; Caravan…
caravaning [kaʀavaniŋ] M Wohnwagentourismus *m*; Caravaning *n*
caravelle [kaʀavɛl] F MAR Karavelle *f*
carbonate [kaʀbɔnat] M CHIM Karbonat *n*
carbone [kaʀbɔn] M 1 CHIM Kohlenstoff *m* 2 *adjt* **papier** *m* **~** Kohlepapier *n*
carbonique [kaʀbɔnik] ADJ **gaz** *m* **~** Kohlendioxyd *n*; *dans une boisson* Kohlensäure *f*; **neige** *f* **~** Kohlensäureschnee *m*
carbonisation [kaʀbɔnizasjõ] F Verkohlung *f*
carbonisé [kaʀbɔnize] ADJ ⟨~e⟩ verkohlt; **il est mort ~** er verbrannte
carboniser [kaʀbɔnize] V/T verkohlen
carburant [kaʀbyʀɑ̃] M Kraft-, Treibstoff *m* **carburateur** [-atœʀ] M Vergaser *m* **carburation** [-asjõ] F Gemischbildung *f*
carbure [kaʀbyʀ] M Kohlenstoffverbindung *f*; **~ (de calcium)** (Kalzium)Karbid *n*
carburer [kaʀbyʀe] V/I 1 *fam* (*marcher*) funktionieren; laufen (*a. fig*) 2 *fam* (*boire*) **~ au café, au rouge** *etc* nur Kaffee, Rotwein *etc* trinken
carcan [kaʀkɑ̃] M 1 HIST Halseisen *n* 2 *fig* Zwang(sjacke) *m(f)*
carcasse [kaʀkas] F 1 *d'animaux* Gerippe *n*; CUIS Karkasse *f* 2 *fam* **ma vieille ~** meine alten Knochen 3 TECH Gerippe *n*; Skelett *n*; Gestell *n*; *d'un pneu* Karkasse *f*
carcéral [kaʀseʀal] ADJ ⟨~e; -aux [-o]⟩ Gefängnis…
cardage [kaʀdaʒ] M TEXT Krempeln *n*; Karden *n*
cardan [kaʀdɑ̃] M (**joint** *m* **de**) **~** Kardangelenk *n*
carde [kaʀd] F 1 TEXT Karde *f*; Krempel *f* 2 *légumes* (essbarer) Blattstiel
carder [kaʀde] V/T TEXT krempeln; karden
cardiaque [kaʀdjak] A ADJ 1 ANAT, MÉD Herz… 2 *personne* herzkrank, -leidend B M/F Herzkranke(r) *m/f(m)*
cardigan [kaʀdigɑ̃] M Strickjacke *f*
cardinal[1] [kaʀdinal] ADJ ⟨~e; -aux [-o]⟩ **nombre ~** Grund-, Kardinalzahl *f*; **les (quatre) points cardinaux** die (vier) Himmelsrichtungen *fpl*
cardinal[2] M ⟨-aux [-o]⟩ CATH Kardinal *m*
cardinal-évêque M ⟨cardinaux-évêques⟩ CATH Kardinalbischof *m*
cardiogramme [kaʀdjɔgʀam] M MÉD Kardiogramm *n* **cardiographe** [-gʀaf] M MÉD Kardiograph *m* **cardiologie** [-lɔʒi] F MÉD Kardiologie *f* **cardiologue** [-lɔg] M/F MÉD Herzspezialist(in) *m(f)*; Kardiologe, -login *m,f* **cardio-pulmonaire** ADJ MÉD kardiopulmonal **cardio-vasculaire** ADJ MÉD kardiovaskulär; Herz und Gefäße betreffend
carême [kaʀɛm] M REL Fastenzeit *f*; *fig* **arriver comme mars, marée en ~** unweigerlich so kommen müssen
carence [kaʀɑ̃s] F 1 **~ en vitamines** Vitaminmangel *m* 2 POL Versagen *n*; Nichtstun *n*
carène [kaʀɛn] F Unterwasserschiff *n*
caréné [kaʀene] ADJ ⟨~e⟩ stromlinienförmig
caréner [kaʀene] V/T ⟨-è-⟩ 1 MAR **~ un navire** das Unterwasserschiff (e-s Schiffes) überholen 2 AUTO *etc* Stromlinienform geben (+*dat*)
caressant [kaʀɛsɑ̃] ADJ ⟨-ante [-ɑ̃t]⟩ zärtlich
caresse [kaʀɛs] F Zärtlichkeit *f*; Streicheln *n*; *st/s* Liebkosung *f*; **faire des ~s à** streicheln (+ *acc*)
caresser [kaʀese] V/T 1 *personne* streicheln (*a. animal*); zärtlich sein zu; *st/s* liebkosen; *objet* zärtlich streichen über (+ *acc*); **~ qn du regard** j-n zärtlich anblicken 2 *fig vent* **~ qn** j-n (sanft) streicheln 3 *fig rêve* hegen; *idée* nachhängen (+ *dat*)
car-ferry [kaʀfeʀi] M ⟨car-ferries⟩ Autofähre *f*
cargaison [kaʀgɛzõ] F Ladung *f*; Fracht *f*
cargo [kaʀgo] M Frachter *m*; Frachtschiff *n*
cariatide [kaʀjatid] F ARCH Karyatide *f* (*weibliche Figur als Säule*)
caribou [kaʀibu] M ZOOL Karibu *n*
caricatural [kaʀikatyʀal] ADJ ⟨~e; -aux [-o]⟩ karikaturistisch; karikaturenhaft
caricature [kaʀikatyʀ] F Karikatur *f* **caricaturer** [-e] V/T karikieren; als Karikatur darstellen **caricaturiste** [-ist] M Karikaturist *m*; Cartoonist *m*
carie [kaʀi] F **~ (dentaire)** Karies *f*; Zahnfäule *f*
carié [kaʀje] ADJ ⟨~e⟩ *dent* hohl; *t/t* kariös
carier [kaʀje] MÉD A V/T *dent* mit Karies anstecken B V/PR **se ~** *dent* hohl werden; faulen
carillon [kaʀijõ] M 1 *d'un beffroi* Glockenspiel *n*; *d'une église* Geläut *n* 2 *d'une pendule* Schlagwerk *n*; (**horloge** *f* **à**) **~** Schlaguhr *f*
carillonner [kaʀijɔne] A V/T *fig nouvelle* ausposaunen B V/I *cloches* läuten
carillonneur [kaʀijɔnœʀ] M Glöckner *m*
Carinthie [kaʀɛ̃ti] **la ~** Kärnten *n*

C

cariste [kaʀist] M Gabelstaplerfahrer *m*
caritatif [kaʀitatif] ADJ ⟨-ive [-iv]⟩ karitativ
carlin [kaʀlɛ̃] M Mops *m*
carlingue [kaʀlɛ̃g] F AVIAT Kabine *f*
carmagnole [kaʀmaɲɔl] F HIST *danse* Carmagnole *f*
carme [kaʀm] M Karmelit(er) *m*
carmélite [kaʀmelit] F Karmelit(er)in *f*
Carmen [kaʀmɛn] F *Vorname*
carmin [kaʀmɛ̃] ADJ (! unveränderlich) karmin-, karmesinrot
carnage [kaʀnaʒ] M Gemetzel *n*; Blutbad *n*
carnassier [kaʀnasje] A ADJ ⟨-ière [-jɛʀ]⟩ fleischfressend B MPL **~s** Landraubtiere *npl*
carnassière [kaʀnasjɛʀ] F Jagdtasche *f*
carnation [kaʀnasjõ] F Teint *m*; Gesichtsfarbe *f*
carnaval (! carnaval) [kaʀnaval] M Karneval *m*; *all Sud* Fasching *m*
carnavalesque [kaʀnavalɛsk] ADJ Karnevals…; karnevalistisch
carne [kaʀn] F *fam péj* zähes Fleisch
carné [kaʀne] ADJ ⟨~e⟩ Fleisch…
carnet [kaʀnɛ] M Notizbuch *n*; Heftchen *n*; **~ d'adresses** Adress(en)büchlein *n*; **~ de chèques** Scheckheft *n*; **~ de commandes** Auftrags-, Bestellbuch *n*; **~ (de métro)** Fahrkartenblock *m* (für die U-Bahn); **~ (de notes)** Zeugnis(-heft) *n*; **~ de timbres** Briefmarkenheftchen *n*
carnivore [kaʀnivɔʀ] A ADJ fleischfressend B MPL **~s** fleischfressende Tiere *npl*; Fleischfresser *mpl*; *t/t* Karnivoren *pl*
Caroline [kaʀɔlin] 1 *f Vorname* 2 USA **la ~ du Nord, du Sud** Nord-, Südkarolina *n*
carolingien [kaʀɔlɛ̃ʒjɛ̃] A ADJ ⟨-ienne [-jɛn]⟩ karolingisch; Karolinger… B MPL **Carolingiens** Karolinger *mpl*
carotène [kaʀɔtɛn] M Karotin *n*
carotide [kaʀɔtid] F Halsschlagader *f*
carotte [kaʀɔt] F 1 Möhre *f*; Karotte *f*; Mohrrübe *f*; Gelbe Rübe; *fig* **la ~ et le bâton** Zuckerbrot *n* und Peitsche *f* 2 *adjt* **poil de ~** (! unveränderlich) fuchsrot
carotter [kaʀɔte] V/T *fam* **~ qc à qn** *fam* j-m etw stibitzen; *fam* bei j-m etw abstauben

caroubier [kaʀubje] M Johannisbrotbaum *m*
carpe¹ [kaʀp] F ZOOL Karpfen *m*; SPORTS **saut** *m* **de ~** Hechtsprung *m*; **muet comme une ~** stumm wie ein Fisch
carpe² M ANAT Handwurzel *f*
Carpentras [kaʀpɑ̃tʀa] *Stadt im Departement Vaucluse*
carpette [kaʀpɛt] F Brücke *f*; Bettvorleger *m*
carpien [kaʀpjɛ̃] ADJ ⟨-ienne [-jɛn]⟩ **os ~s** Handwurzelknochen *mpl*
carquois [kaʀkwa] M Köcher *m*
carre [kaʀ] F (Ski)Kante *f*
carré [kaʀe] A ADJ ⟨~e⟩ 1 quadratisch; Quadrat… (*a.* MATH); *fam* viereckig; TECH Vierkant…; **mètre ~** Quadratmeter *m ou n*; **racine ~e** Quadratwurzel *f* 2 *visage* eckig; *épaules* breit; *personne* **aux épaules ~es** breitschult(e)rig 3 **être ~ en affaires** offen handeln B M 1 Quadrat *n* (*a.* MATH); Geviert *n*; *fam* Viereck *n*; MATH *a.* Quadratzahl *f*; **5 au ~** 5 im Quadrat 2 **~ de soie** Seidentuch *n* 3 JARD (Gemüse)Beet *n* 4 *de chocolat* Stückchen *n* 5 CUIS *de porc* Rippenstück *n*; *autrich* Karree *n*; **~ de l'Est** *ein Weichkäse aus Lothringen*
carreau [kaʀo] M ⟨~x⟩ 1 (*vitre*) (Fenster)Scheibe *f* 2 (*dalle*) Fliese *f*; (Stein)Platte *f*; **~ de faïence** Kachel *f* 3 *sol* Fliesen-, Plattenboden *m*; **~ de mine** Gruben-, Zechengelände *n*; *fig* **rester sur le ~** tot *ou* verwundet liegen bleiben; *par ext* auf der Strecke bleiben 4 *dessin* Karo *n*; **à ~x** kariert; gewürfelt 5 *aux cartes* Karo *n*; Schellen *n*; *fig* **se tenir à ~** vorsichtig, gewarnt sein
carrée [kaʀe] F *argot* (*chambre*) *fam* Bude *f*
carrefour [kaʀfuʀ] M 1 (Straßen)Kreuzung *f*; *fig* **être à un ~** am Kreuz-, Scheideweg stehen 2 *fig* Treffpunkt *m*; Schnittstelle *f*; (*réunion*) Treffen *n*; Begegnung *f*
carrelage [kaʀlaʒ] M Fliesenboden *m*
carrelé [kaʀle] ADJ ⟨~e⟩ gefliest; gekachelt
carreler [-e] V/T ⟨-ll-⟩ *pièce* (aus)fliesen; mit Fliesen, Platten auslegen
carrelet [kaʀlɛ] M 1 ZOOL Scholle *f*; Goldbutt *m* 2 viereckiges Senknetz
carreleur [kaʀlœʀ] M Fliesenleger *m*
carrément [kaʀemɑ̃] ADV *dire* geradeheraus;

le carreau — Fensterscheibe

les carreaux (mpl) — Fliesen

à carreaux — kariert

fam klipp und klar; *refuser* rundweg; *fam* glatt
carrer [kaʀe] V/PR **se ~** es sich (*dat*) bequem machen (**dans** in + *dat*)
carrière [kaʀjɛʀ] F 1 TECH Steinbruch *m*; **~ de marbre** Marmorbruch *m* 2 (*profession*) Beruf *m*; Laufbahn *f*; Karriere *f*; beruflicher Werdegang; **militaire** *m* **de ~** Berufssoldat *m*; **faire ~** Karriere machen 3 **donner ~ à qc** e-r Sache (*dat*) freien Lauf lassen
carriérisme [kaʀjeʀism] M *péj* Karrierismus *m*; Karrieremacherei *f* **carriériste** [-ist] M/F *péj* Karrieremacher *m*, Karrierefrau *f*; Karrierist(in) *m(f)*
carriole [kaʀjɔl] F (kleiner) Karren
carrossable [kaʀɔsabl] ADJ befahrbar; **chemin** *m* **~** Fahrweg *m*
carrosse (! carrosse) [kaʀɔs] M (! maskulin) Karosse *f*; Staatskutsche *f*
carrosserie (! carrosserie) [kaʀɔsʀi] F Karosserie *f*; Aufbau *m*
carrossier (! carrossier) [kaʀɔsje] M 1 *réparateur* Karosserieschlosser *m*; *all Sud* Autospengler *m* 2 *constructeur* Karosseriebauer *m* 3 *dessinateur* Karosseriekonstrukteur *m*; Karossier *m*
carrousel [kaʀuzɛl] M 1 HIST Reiterspiele *npl* 2 *fig de voitures, etc* Gewimmel *n* 3 *à l'aéroport* Verteilerband *n*
carrure [kaʀyʀ] F 1 Schulterbreite *f*; Schultern *fpl* 2 *fig* Format *n*
cartable [kaʀtabl] M Schulmappe *f*, -tasche *f*; *à bretelles* Schulranzen *m*
carte [kaʀt] F 1 *donnant certains droits* Karte *f*; Ausweis *m*; **Carte bleue** Visakarte *f*; **carte grise** Kraftfahrzeugschein *m*; *fam* Zulassung *f*; **carte orange** Netz-, Zeitkarte *f*; **carte sénior** Seniorenpass *m*; AUTO **carte verte** grüne Versicherungskarte; SÉCURITÉ SOCIALE **carte Vitale** Krankenversichertenkarte *f*; **carte à puce** Chipkarte *f*; **carte de crédit** Kreditkarte *f*; AVIAT **carte d'embarquement** Bordkarte *f*; **carte d'étudiant** Studentenausweis *m*; **carte d'identité** Personalausweis *m*; **carte de séjour** Aufenthaltserlaubnis *f* 2 **carte (à jouer)** (Spiel)Karte *f*; **battre les cartes** die Karten mischen; *fig* **brouiller les cartes** die Angelegenheit verschleiern; *fig* **jouer sa dernière carte** s-n letzten Trumpf ausspielen; *fig* **jouer cartes sur table** mit offenen Karten spielen 3 **carte (de géographie)** (Land)Karte *f*; **carte routière** Straßen-, Autokarte *f*; **carte d'Allemagne** Deutschlandkarte *f* 4 *au restaurant* (Speise)Karte *f*; **manger à la carte** à la carte essen 5 **carte postale** (Ansichts)Postkarte *f*; Ansichtskarte *f*; **carte de visite** Visitenkarte *f*; *fig* **avoir carte blanche** freie Hand haben
cartel [kaʀtɛl] M Kartell *n*
carte-lettre [kaʀtəlɛtʀ] F ⟨cartes-lettres⟩ Kartenbrief *m*
cartellisation [kaʀtelizasjõ] F ÉCON Kartellbildung *f*
carter [kaʀtɛʀ] M TECH Gehäuse *n*; Kasten *m*; *de vélo* Kettenschutz(blech) *m(n)*
carte-réponse [kaʀt(ə)ʀepõs] F ⟨cartes-réponses⟩ Antwortkarte *f*
cartésianisme [kaʀtezjanism] M PHIL Kartesianismus *m*
cartésien [kaʀtezjɛ̃] ADJ ⟨-ienne [-jɛn]⟩ PHIL kartesianisch; *esprit* logisch, methodisch und rational
Carthage [kaʀtaʒ] HIST Karthago *n*
Carthagène [kaʀtaʒɛn] GÉOG Cartagena *n*
carthaginois [kaʀtaʒinwa] HIST A ADJ ⟨-oise [-waz]⟩ karthagisch B **Carthaginois(e)** M(F) Karthager(in) *m(f)*
cartilage [kaʀtilaʒ] M Knorpel *m*
cartilagineux [kaʀtilaʒinø] ADJ ⟨-euse [-øz]⟩ knorp(e)lig; Knorpel…
cartographe [kaʀtɔgʀaf] M Kartograph *m* **cartographie** [-i] F Kartographie *f* **cartographique** [-ik] ADJ kartographisch; Karten…
cartomancie [kaʀtɔmɑ̃si] F Kartenlegen *n*; Kartenlesekunst *f* **cartomancienne** F [-jɛn] Kartenlegerin *f*
carton [kaʀtõ] M 1 *matière* Karton *m*; Pappe *f*; Papp(en)deckel *m* 2 *boîte* (Papp)Schachtel *f*; Karton *m* 3 **~ à dessin** Zeichenmappe *f* 4 **faire un ~** (in der Schießbude) schießen; *fig* Erfolg haben 5 FOOTBALL **~ jaune, rouge** Gelbe, Rote Karte
cartonnage [kaʀtɔnaʒ] M 1 *fabrication* Herstellung *f* von Kartonagen; *emballage* Kartonage *f* 2 *d'un livre* Kartonage *f*; Kartonierung *f*
cartonné [kaʀtɔne] ADJ ⟨~e⟩ kartoniert
cartonner [kaʀtɔne] V/IMP *fam* **ça a cartonné** *fam* da hat's geknallt
carton-pâte M ⟨cartons-pâtes⟩ Papp-, Papiermaché *n*
cartouche[1] [kaʀtuʃ] F 1 MIL, CH Patrone *f*; **~ à blanc** Platzpatrone *f* 2 PHOT, *d'un stylo* Patrone *f*; PHOT *a.* Kassette *f* 3 *de cigarettes* Stange *f*
cartouche[2] M *ornement* Kartusche *f*
cartoucherie [kaʀtuʃʀi] F Patronenfabrik *f* **cartouchière** [-jɛʀ] F Patronentasche *f*
carvi [kaʀvi] M BOT (Echter) Kümmel
cas [kɑ] M 1 Fall *m* (*a.* JUR); **cas de conscience** Gewissensfrage *f*; **cas de figure** Möglichkeit *f*; Hypothese *f*; **au cas où, dans le cas où** (+ *conditionnel*) falls; wenn; im Fall(e), dass; **dans bien des cas** in vielen Fällen; **dans ce cas(-là)** in dem, diesem Fall; **en aucun cas** auf keinen Fall; keinesfalls; **en tout cas** auf jeden Fall; je-

C

denfalls; auf alle Fälle; **en cas de** im Fall(e) (+ *gén*); **en cas de besoin** im Not-, Bedarfsfall; not-, nötigenfalls; **en cas de pluie** bei Regen; falls es regnet; **c'est (bien) le cas de le dire** das kann man wohl sagen **2** *d'une personne* Fall *m* (*a.* MÉD); **cas social** Sozial-, Härtefall *m* **3** **faire grand cas de qn, qc** auf j-n große Stücke halten; auf etw großen Wert legen; **faire peu de cas de qn, qc** wenig Aufhebens von j-m, etw machen **4** GRAM Fall *m*; Kasus *m*

casanier [kazanje] ADJ ⟨-ière [-jɛʀ]⟩ häuslich; **être ~** *péj* ein Stubenhocker sein

casaque [kazak] F Jockeijacke *f*; *fig* **tourner ~** umschwenken; s-e Meinung radikal ändern

casbah [kazba] F *en Afrique du Nord* Kasba(h) *f*

cascade [kaskad] F **1** (kleinerer) Wasserfall; Kaskade *f* **2** *fig* Schwall *m*; Flut *f*; **~ de rires** Lachsalve *f*

cascadeur [kaskadœʀ] M FILM Stuntman *m*; CIRQUE Kaskadeur *m*

case [kaz] F **1** *d'un damier* Feld *n*; *de formulaires, mots croisés* Feld *n*; *fam* Kästchen *n*; *au jeu et fig* **retour à la ~ départ!** noch einmal von vorn anfangen! **2** *d'armoires, etc* Fach *n*; *fam fig* **il a une ~ de vide** *fam* bei ihm ist e-e Schraube locker; er hat nicht alle Tassen im Schrank **3** (Eingeborenen)Hütte *f*

caséine [kazein] F Kasein *n*

casemate [kazmat] F Kasematte *f*; Bunker *m*

caser [kɑze] **A** V/T **1** *chose* unterbringen; verstauen **2** *fam personne* unterbringen; *femme fam* unter die Haube, an den Mann bringen **B** V/PR *fam* **réussir à se ~** *fam* sich (*dat*) e-n Mann angeln

caserne [kazɛʀn] F **1** MIL Kaserne *f* **2** *fam péj immeuble* Mietskaserne *f*

cash [kaʃ] ADV *fam* **payer ~** bar (be)zahlen

casher [kaʃɛʀ] ADJ ⟨-ère⟩ koscher

casier [kɑzje] M **1** (*case*) (Ablage)Fach *n* **2** (*étagère*) Regal *n*; Ständer *m* **3** **~ judiciaire** Strafregister *n*; **avoir un ~ judiciaire chargé, vierge** (bereits) vorbestraft, nicht vorbestraft sein **4** PÊCHE Langustenreuse *f*

casino [kazino] M (Spiel)Kasino *n*; Spielbank *f*

casoar [kazɔaʀ] M rotweißer Federbusch am Tschako der „Saint-Cyriens"

Caspienne [kaspjɛn] **la (mer) ~** das Kaspische Meer

casque [kask] M **1** Helm *m* (*a.* MIL); *d'ouvrier* Schutzhelm *m*; *de motard* Sturzhelm *m*; *fig* **les ~s bleus** die Blauhelme *mpl* (*UNO-Soldaten*) **2** (*sèche-cheveux*) Trockenhaube *f* **3** ÉLEC Kopfhörer *m*

casqué [kaske] ADJ ⟨~e⟩ behelmt; mit Helm

casquer [kaske] V/I *fam* blechen

casquette [kaskɛt] F (Schirm)Mütze *f*; *fig* **porter plusieurs ~s** mehrere Funktionen innehaben

cassable [kasabl, kɑ-] ADJ zerbrechlich

cassant [kasɑ̃] ADJ ⟨-ante [-ɑ̃t]⟩ **1** *matériau* spröde; brüchig **2** *personne, paroles* schroff **3** *fam* **ce n'est pas ~** *fam* dabei reißt man sich (*dat*) kein Bein aus

cassation [kasasjõ] F JUR Kassation *f*; Aufhebung *f*

casse[1] [kɑs] F **1** **il y a de la ~** es gibt Scherben; **payer la ~** für den Schaden aufkommen **2** *fam* **il va y avoir de la ~** *fam* es wird krachen **3** *de voitures, machines* Schrott *m*; **mettre à la ~** verschrotten (lassen)

casse[2] *argot* M Einbruch *m*

cassé [kase] ADJ ⟨~e⟩ **1** zerbrochen; entzwei; *fam* kaputt; *jambe, etc* gebrochen **2** **pois ~s** getrocknete Erbsen *fpl*; Trockenerbsen *fpl* **3** **blanc ~** gebrochenes Weiß **4** *voix* heiser; rau

casse-cou (! unveränderlich) **A** ADJ draufgängerisch; tollkühn; waghalsig **B** M Draufgänger *m*; **crier ~ à qn** j-n warnen

casse-couilles (! unveränderlich) *fam* **A** ADJ lästig; *fam* nervig; *personne a.* aufdringlich **B** M/F *personne fam* Nervensäge *f*

casse-croûte M (! unveränderlich) Imbiss *m*; *all Sud* Vesper *n*; Brotzeit *f*; *autrich* Jause *f*; *all Nord* Stulle(n) *f(pl)*; (zweites) Frühstück **casse-croûter** *fam* V/I *all Sud* vespern; Brotzeit machen; *autrich* jaus(n)en; *all Nord* s-e Stulle(n) essen; zweites Frühstück machen

casse-gueule M (! unveränderlich) *fam endroit* gefährliche Stelle; *entreprise* riskantes Unternehmen

le casque — Helm

les casques (mpl) — Kopfhörer

cassement [kasmɑ̃, kɑs-] M **~ de tête** Kopfzerbrechen *n*
casse-noisette(s) M ⟨casse-noisettes⟩ *ou* **casse-noix** M (❗ unveränderlich) Nussknacker *m*
casse-pieds (❗ unveränderlich) *fam* **A** ADJ lästig; nervtötend **B** M/F *fam* Nervensäge *f*
casse-pipe *fam* M (❗ unveränderlich) Krieg *m*
casser [kase, kɑ-] **A** V/T **1** zerbrechen; zerschlagen; entzweischlagen; *fam* kaputt machen (*a. appareil*); *vitre a.* einwerfen; einschlagen; *branche* (ab)knicken; CUIS *œufs* aufschlagen; *dent* ausschlagen; *noix* (auf)knacken; *pointe, poignée* abbrechen; *bois* hacken; *fam fig* **~ la croûte** *all Sud* vespern; Brotzeit machen; *all Nord* s-e Stulle(n) essen; *fam fig* **~ les pieds à qn** j-m auf die Nerven gehen, auf den Wecker fallen; *fam* j-n nerven; *fam fig* **ça ne casse rien** das taugt nicht viel; *fam fig* **elle ne casse rien** e-e Schönheit ist sie ja nicht gerade; *fam* **à tout ~** *fam* ganz toll; (*tout au plus*) höchstens; maximal **2** *fig prix* radikal senken; brechen; **~ le moral à qn** j-s Moral untergraben, aufweichen **3** JUR *jugement* aufheben; kassieren **4** *officier* degradieren **B** V/I *verre, etc* (zer)brechen; (zer)springen; *fam* kaputtgehen; *fil* (zer-, ab)reißen **C** V/PRON **1** **se ~** *verre, etc* → B; *dent, branche* abbrechen **2** *personne* **se ~ le bras**, *etc* sich (*dat*) den Arm *etc* brechen; *pop fig* **se ~ le cul** *fam* schuften; *fam* sich abrackern; *fam fig* **il ne s'est pas cassé** *fam* er hat sich (*dat*) (dabei) kein Bein ausgerissen **3** *fam fig* **je me casse** *fam* ich hau ab
casserole [kasʀɔl] F Stieltopf *m*; Kasserolle *f*; *fam* **chanter comme une ~** falsch und unmelodisch singen; *fam fig* **passer à la ~** *fam* dran glauben müssen
casse-tête M (❗ unveränderlich) **être un ~ pour qn** j-m viel Kopfzerbrechen machen
cassette [kasɛt] F **1** ÉLEC Kassette *f* **2** (Geld-, Schmuck)Kassette *f*, (-)Schatulle *f*
casseur [kasœʀ] M gewalttätiger Demonstrant; Chaot *m*; Randalierer *m*
cassis[1] [kasis] M **1** BOT Schwarze Johannisbeere **2** Likör *m* aus Schwarzen Johannisbeeren
cassis[2] M *sur la route* Querrinne *f*
cassolette [kasɔlɛt] F **1** Räucherpfanne *f* **2** CUIS kleine Pfanne
cassonade [kasɔnad] F Rohrzucker *m*
cassoulet [kasulɛ] M *Eintopf aus Fleisch, Wurst u. weißen Bohnen*
cassure [kasyʀ] F **1** Bruch(stelle) *m(f)* **2** *fig* Bruch *m*; Einschnitt *m*
castagnette [kastaɲɛt] F Kastagnette *f*
caste [kast] F Kaste *f* (*a. péj*)
castel [kastɛl] M Schlösschen *n*
casting [kastiŋ] M FILM, THÉ Casting *n*
castor [kastɔʀ] M Biber *m*
castrat [kastʀa] M Kastrat *m* **castration** [-asjõ] F Kastration *f*; Kastrierung *f* **castrer** [-e] V/T kastrieren
castriste [kastʀist] M/F Anhänger(in) *m(f)* Fidel Castros
casuel [kazɥɛl] *litt* ADJ ⟨~le⟩ zufällig
casuiste [kazɥist] M REL *et fig* Kasuist *m*
casus belli [kazysbɛ(l)li] M (❗ unveränderlich) Casus Belli *m*
cataclysme [kataklism] M Naturkatastrophe *f*
catacombes [katakõb] FPL Katakomben *fpl*
catadioptre [katadjɔptʀ] M Rückstrahler *m*; *fam* Katzenauge *n*
catalan [katalɑ̃] **A** ADJ ⟨-ane [-an]⟩ katalanisch **B** **1** **Catalan(e)** *m(f)* Katalane *m*, Katalanin *f* **2** LING **le ~** das Katalanische; Katalanisch *n*
Catalogne [katalɔɲ] **la ~** Katalonien *n*
catalogue [katalɔg] M Katalog *m*
cataloguer [katalɔge] V/T **1** katalogisieren **2** *péj* **il est, on l'a catalogué** man weiß, was man von ihm zu halten hat
catalyse [kataliz] F Katalyse *f*
catalysé [katalize] ADJ ⟨~e⟩ *voiture* mit Katalysator; *fam* Kat…
catalyser [katalize] V/T **1** CHIM katalysieren **2** *fig forces, etc* wecken; wachrufen **catalyseur** [-œʀ] M Katalysator *m* (*a. fig*)
catalytique [katalitik] ADJ AUTO **pot** *m* **catalytique** Katalysator *m*; *fam* Kat *m*
catamaran [katamaʀɑ̃] M Katamaran *m*; Doppelrumpfboot *n*
cataphote [katafɔt] M → catadioptre
cataplasme [kataplasm] M Kataplasma *n*; Breiumschlag *m*
catapultage [katapyltaʒ] M Katapultstart *m*; Katapultieren *n*
catapulte [katapylt] F Katapult *n ou m* **catapulter** [-e] V/T katapultieren (*a. fig*); schleudern
cataracte [kataʀakt] F **1** Katarakt *m*; Wasserfall *m* **2** MÉD grauer Star
catarrhe [kataʀ] M MÉD Katarrh *m*
catastrophe [katastʀɔf] F **1** Katastrophe *f*; (schweres) Unglück; **courir à la ~** e-r Katastrophe entgegengehen **2** **en ~** überstürzt; in größter Eile; **atterrir en ~** notlanden
catastrophé [katastʀɔfe] *fam* ADJ ⟨~e⟩ niedergeschmettert; *fam* am Boden zerstört **catastropher** [-e] *fam* V/T *échec, nouvelle* niederschmettern; *fam* fertigmachen **catastrophique** [-ik] ADJ katastrophal, verheerend (*a. fam péj*) **catastrophisme** [-ism] M Schwarzmalerei *f*
catch [katʃ] M Catchen *n*; Catch-as-catch-can *n*

C

catcher [-e] VI catchen **catcheur** [-œʀ] M, **catcheuse** [-øz] F Catcher(in) *m(f)*
caté [kate] M *fam* ABR → catéchisme
catéchiser [kateʃize] VT katechisieren
catéchisme [kateʃism] M Religionsunterricht *m*; **aller au ~** in den Religionsunterricht gehen
catéchiste [kateʃist] ADJ **dame** *f* **~** Katechetin *f*
catégorie [kategɔʀi] F Kategorie *f*; Klasse *f*; Gruppe *f*; Sparte *f*; *de viande, etc* Qualität *f*
catégorique [kategɔʀik] ADJ kategorisch; entschieden; sehr bestimmt; **être ~ sur qc** etw kategorisch behaupten
catégoriquement [kategɔʀikmɑ̃] ADV kategorisch; entschieden
catégoriser [kategɔʀize] VT kategorisieren; nach Kategorien (ein)ordnen
caténaire [katenɛʀ] F Fahrdraht *m*; Oberleitung *f*
cathares [kataʀ] MPL REL Katharer *mpl*
cathédrale [katedʀal] F Kathedrale *f*; Dom *m*; Münster *n*
Catherine [katʀin] F *Vorname*
catherinette [katʀinɛt] F *Mädchen, das mit 25 Jahren noch nicht verheiratet ist*
cathéter [katetɛʀ] M MÉD Katheter *m*
cathode [katɔd] F ÉLEC Kathode *f* **cathodique** [-ik] ADJ ÉLEC kathodisch; Kathoden...; Kathodenstrahl...
catholicisme [katɔlisism] M Katholizismus *m*
catholique [katɔlik] **A** ADJ **1** katholisch **2** *fam fig* **pas très ~** *fam* nicht ganz koscher, astrein **B** M/F Katholik(in) *m(f)*
catimini [katimini] ADV **en ~** heimlich
catin [katɛ̃] F *péj* Hure *f*; *litt* Metze *f*
catogan [katɔgɑ̃] M im Nacken zusammengebundenes Haar
cauchemar [koʃmaʀ] M Albtraum *m* (*a. fig*); Albdruck *m* **cauchemarder** [-de] VI Albträume haben **cauchemardesque** [-dɛsk] ADJ grausig; Schreckens...
caudal [kodal] ADJ ⟨~e; -aux [-o]⟩ Schwanz...
causal [kozal] ADJ ⟨~e; -aux [-o]⟩ ursächlich; kausal
causalité [kozalite] F Ursächlichkeit *f*; Kausalität *f*
causant [kozɑ̃] *fam* ADJ ⟨-ante [-ɑ̃t]⟩ gesprächig
cause [koz] F **1** (*origine, motif*) Ursache *f*; Grund *m*; Anlass *m*; **à cause de** wegen (+ *gén*, *fam* + *dat*); **à cause de moi** meinetwegen; **pour cause de maladie** wegen Krankheit; krankheitshalber; **et pour cause!** und das *ou* und zwar aus gutem Grund! **2** (*intérêt*) Sache *f*; Angelegenheit *f*; **pour la bonne cause** für die gute *ou* gerechte Sache; *fam* (*pour épouser*) er hat ernste Absichten; **faire cause commune** gemeinsame Sache machen **3** JUR (Rechts)Sache *f*; (Rechts)Fall *m*; *par ext* **en tout état de cause** auf jeden Fall; in jedem Fall; in jeder Lage; **ne pas être en cause** außer Frage, nicht zur Debatte stehen; **mettre qn en cause** j-n (mit) hineinziehen; **remettre qc en cause** etw infrage stellen; **mettre qn °hors de cause** j-n von jedem Verdacht freisprechen
causer[1] [koze] VT (*provoquer*) verursachen; *dommages a.* anrichten; *chagrin, joie, soucis a.* machen; bereiten (*a. surprise*); *désordre a.* stiften
causer[2] VT INDIR *et* VI **1** (*s'entretenir*) **~ (avec qn de qc, qn)** sich unterhalten, plaudern (mit j-m über etw, j-n) **2** *fam* (*parler*) sprechen, reden (**à qn** mit j-m)
causerie [kozʀi] F Plauderei *f*
causette [kozɛt] F *fam* **faire la ~, un brin de ~** *fam* ein Schwätzchen *n*, e-n Schwatz, e-n Plausch halten
causeur [kozœʀ] **A** M Plauderer *m*; Unterhalter *m* **B** ADJ ⟨-euse [-øz]⟩ gesprächig
causeuse [kozøz] F kleines Sofa
causse [kos] M (dürres) Kalkplateau
causticité [kostisite] F **1** CHIM ätzende Wirkung **2** *fig d'une personne* Scharfzüngigkeit *f*; Bissigkeit *f*; *d'une satire, critique* Bissigkeit *f*; Schärfe *f*
caustique [kostik] ADJ **1** ätzend; CHIM kaustisch **2** *fig* scharf; bissig; *ironie* beißend; *personne* scharfzüngig
cauteleux [kotlø] ADJ ⟨-euse [-øz]⟩ verschlagen; abgefeimt
cautère [kotɛʀ] M **c'est un ~ sur une jambe de bois** das hilft absolut nichts
cautérisation [koteʀizasjɔ̃] F MÉD Kauterisation *f*; Ausbrennen *n* **cautériser** [-e] VT MÉD kauterisieren; ausbrennen
caution [kosjɔ̃] F Kaution *f*; Bürgschaftssumme *f*; *mettre en liberté* **sous ~** gegen Kaution; **sujet à ~** nicht verbürgt; unzuverlässig
cautionnement [kosjɔnmɑ̃] M **1** JUR *contrat* Bürgschaft(svertrag) *f(m)*; *somme d'argent* Kaution *f*; Sicherheitsleistung *f* **2** *fig* (*appui*) Unterstützung *f*
cautionner [kosjɔne] VT *politique, etc* unterstützen; stehen hinter (+ *dat*)
Caux [ko] **le pays de ~** *Landschaft in der Normandie*
Cavaillon [kavajɔ̃] **1** *Stadt im Departement Vaucluse* **2** **cavaillon** *m* Netzmelone *f*
cavalcade [kavalkad] F **1** Kavalkade *f*; Reiter(auf)zug *m* **2** *fig* Horde *f*; (lärmende) Schar
cavalcader [kavalkade] VI rennen; *fam* traben
cavale [kaval] F *argot* **être en ~** ausgebrochen, flüchtig sein
cavaler [kavale] *fam* VI rennen; **~ après qn** j-m nachlaufen (*a. fig*); *fam fig* hinter j-m her sein

cavalerie [kavalʀi] F 1 HIST Kavallerie *f*; Reiterei *f* 2 Panzertruppe *f*

cavaleur [kavalœʀ] *fam* M *fam* Schürzenjäger *m*

cavaleuse [kavaløz] F *fam* **c'est une ~** *fam* sie ist scharf auf Männer

cavalier [kavalje], **cavalière** [-jɛʀ] A SUBST 1 *m,f* Reiter(in) *m(f)* 2 *m,f à table* Tischherr *m*, -dame *f*; *au bal* Tanzpartner(in) *m(f)*; Tänzer(in) *m(f)*; Herr *m*; Dame *f*; *par ext* Begleiter(in) *m(f)*; Kavalier *m*; *fig* **faire cavalier seul** e-n Alleingang unternehmen, machen; auf eigene Faust handeln 3 *m* ÉCHECS Springer *m* B ADJ 1 ungehörig; ungezogen 2 **allée cavalière** Reitweg *m*

cave[1] [kav] F 1 Keller *m*; **~ (à vin)** Weinkeller *m* 2 *cabaret* Kellerlokal *n*, -bar *f*

cave[2] *argot* M j-d, der nicht den Ganovenkreisen angehört

cave[3] ADJ *yeux* tief liegend; **veine** *f* **~** Hohlvene *f*

caveau [kavo] M ⟨~x⟩ Gruft *f*; Grabgewölbe *n*; **~ de famille** Familiengruft *f*

caverne [kavɛʀn] F 1 Höhle *f* 2 MÉD Kaverne *f*

caverneux [kavɛʀnø] ADJ ⟨-euse [-øz]⟩ 1 **voix caverneuse** Grabesstimme *f* 2 ANAT **corps ~** Schwellkörper *m*

caviar [kavjaʀ] M Kaviar *m*; **~ rouge** Lachskaviar *m*

caviarder [kavjaʀde] V/T *texte* unleserlich machen; zensieren

caviste [kavist] M Kellermeister *m*

cavité [kavite] F Hohlraum *m*; ANAT Höhle *f*

Cayenne [kajɛn] *Hauptstadt von Französisch-Guayana*

CB [sibi] F ABR (citizen band) CB-Funk *m*

CCP [sesepe] M (! unveränderlich) ABR (compte chèque postal) Postgirokonto *n*

CD [sede] M (! maskulin, unveränderlich) ABR (compact disc) CD *f*; **double, maxi ~** Doppel-, Maxi-CD *f*

CDD [sedede] M ABR (contrat à durée déterminée) befristeter Arbeitsvertrag; Zeitvertrag *m*; **être en ~** e-n befristeten Arbeitsvertrag, e-e befristete Stelle haben

CDI[1] [sedei] M ABR (centre de documentation et d'information) *Bibliothek und Dokumentationszentrum e-r französischen Schule*

CDI[2] M ABR (contrat à durée indéterminée) unbefristeter Arbeitsvertrag; **être en ~** fest angestellt sein

CD-ROM [sedeʀɔm] M (! maskulin, unveränderlich) CD-ROM *f*; **sur ~** auf CD-ROM

ce [s(ə)] A ADJ *démonstratif* M ⟨*vor Vokal u. stummem h* **cet** [sɛt], *f* **cette** [sɛt], *pl* **ces** [se]⟩ dieser, diese, dieses; *pl* diese; **cet homme** dieser Mann; **~ livre-là** das Buch da; **cette année** dieses Jahr; in diesem Jahr; **~ matin, soir** heute Morgen, Abend; *fam* **il a un de ces rhumes** *fam* er hat e-n Mordsschnupfen B PR DÉM *neutre* das; es; **~ que** *tu fais* (das,) was …; **~ qui** *me gêne* (das,) was …; **c'est** es ist; das ist; → être[1]; **et ~** und das; und zwar; **et pour ~ (faire)** zu diesem Zweck; dafür; **sur ~** und damit; und nun; darauf(hin); **~ faisant** dabei; als er *etc* das tat

CE$_1$ [seəɛ̃] M ABR, **CE**$_2$ [seədø] M ABR → cours

céans [seɑ̃] ADV **maître** *m* **de ~** Hausherr *m*

ceci [səsi] PR DÉM dies(es); das (hier)

Cécile [sesil] F *Vorname*

cécité [sesite] F Blindheit *f*

céder [sede] ⟨-è-⟩ A V/T 1 **~ qc à qn** j-m *ou* an j-n etw abtreten; j-m etw überlassen; etw an j-n abgeben; **~ le pas à qn** j-m den Vortritt lassen; AUTO **~ le passage à qn** j-m die Vorfahrt lassen 2 *(vendre)* veräußern; *créance, etc* abtreten (**à qn** an j-n); *commerce* abgeben B V/T INDIR *et* V/I 1 nachgeben, weichen (**à** *dat*) 2 **ne le ~ en rien à qn, qc** j-m, e-r Sache in nichts nachstehen 3 *branche, digue, etc* nachgeben; *corde* reißen

cédérom [sedeʀɔm] M (! maskulin) CD-ROM *f*

Cedex *ou* **CEDEX** [sedɛks] M ABR (courrier d'entreprise à distribution exceptionnelle) *Postadresscode für Großkunden*

cédille [sedij] F Cedille *f*

La cédille

La cédille ist das Häkchen unter dem **c** bei **ç** (**c cédille**), das bewirkt, dass der Buchstabe **c** vor **a**, **o** und **u** nicht wie [k], sondern wie [s] ausgesprochen wird, zum Beispiel:

le glaçon [glasõ] der Eiswürfel
aber
le faucon [fokõ] der Falke

SPRACHGEBRAUCH

cèdre [sɛdʀ] M Zeder *f*

CEE [seəə] F ABR (Communauté économique européenne) EWG *f*; EG *f*

cégétiste [seʒetist] M/F Mitglied *n* der CGT

CEI [seəi] ABR (Communauté des États indépendants) **la ~** die GUS

ceindre [sɛ̃dʀ] ⟨→ peindre⟩ *litt* V/T **~ une écharpe** e-e Schärpe umlegen; *adjt* **ceint de …** umgeben von …

ceinture [sɛ̃tyʀ] F 1 Gürtel *m*; Gurt *m*; JUDO **ceinture noire** Schwarzgurtträger *m*; **ceinture de cuir** Ledergürtel *m*; **ceinture de sécurité** Sicherheitsgurt *m*; **attacher sa ceinture** sich anschnallen; den Gurt anlegen; *fam fig* **faire ceinture** leer ausgehen; *fam* in die Röhre, in den Mond gucken; *fam fig* **se serrer la ceinture**

C

fam den Gürtel enger schnallen **2** Gürtellinie *f*; Taille *f*; *de jupe, de pantalon* Bund *m*; **jusqu'à la ceinture** bis zur Taille

ceinturer [sɛ̃tyʀe] VT *adversaire* umklammern

ceinturon [sɛ̃tyʀõ] M Koppel *n*

cela [s(ə)la] PR DÉM das; dies(es); **de ~** davon; darüber; **il y a cinq ans de ~** es, das ist fünf Jahre her

célébrant [selebʀɑ̃] M ÉGL CATH Zelebrant *m*

célébration [selebʀasjõ] F Feier *f*

célèbre [selɛbʀ] ADJ berühmt

célébrer [selebʀe] VT ⟨-è-⟩ *fête, événement* feiern; festlich begehen; *messe* zelebrieren; *prêtre, maire* **~ le mariage** die Trauung vornehmen, vollziehen

célébrité [selebʀite] F Berühmtheit *f* (*a. personne*)

celer [səle] *litt* VT ⟨-è-⟩ verheimlichen

céleri [sɛlʀi] M Sellerie *m ou f* **céleri-rave** M ⟨céleris-raves⟩ Knollensellerie *m ou f*

célérité [seleʀite] F Schnelligkeit *f*; Flinkheit *f*

céleste [selɛst] ADJ **1** Himmels... **2** REL, *fig* himmlisch

Célestin [selɛstɛ̃] M *Vorname*

Célestine [selɛstin] F *Vorname*

célibat [seliba] M Ehelosigkeit *f*; **~ (des prêtres)** Zölibat *m ou n*

célibataire [selibatɛʀ] **A** ADJ ledig; unverheiratet; **mère** *f* **~** ledige Mutter **B** M/F Junggeselle, -gesellin *m,f*; Ledige(r) *m/f(m)*; Unverheiratete(r) *m/f(m)*

Céline [selin] F *Vorname*

celle → celui

cellier [selje] M Vorratsraum *m* (für Wein *etc*)

cellophane® [selɔfan] F Cellophan® *n*

cellulaire [selylɛʀ] ADJ **1** BIOL Zell...; Zellen... **2** *en prison* **régime** *m* **~** Einzelhaft *f*; **fourgon** *m* **~** Zellenwagen *m*

cellular [selylaʀ] M **chemise** *f* **en ~** Netzhemd *n*

cellule [selyl] F Zelle *f* (*a.* BIOL, TECH, *fig*); *fig* **~ familiale** Familie *f* als Keimzelle der Gesellschaft; BIOL **~ souche** Stammzelle *f*

cellulite [selylit] F Zellulitis *f*

celluloïd [selylɔid] M Zelluloid *n*

cellulose [selyloz] F Zellulose *f*; Zellstoff *m*

cellulosique [-ik] ADJ Zellulose...

celte [sɛlt] **A** ADJ keltisch **B** **1** **Celtes** *mpl* Kelten *mpl* **2** LING **le ~** das Keltische; Keltisch *n*

celtique [sɛltik] ADJ keltisch

celui [səlɥi] PR DÉM M ⟨*f* celle [sɛl]; *mpl* ceux [sø], *fpl* celles [sɛl]⟩ der(-), die(-), das(jenige), *pl* die (-jenigen); **~ de mon frère** der *ou* den meines Bruders; **~ qui** der(jenige), der; wer

celui-ci [səlɥisi] PR DÉM M ⟨*f* celle-ci; *mpl* ceux-ci, *fpl* celles-ci⟩ dieser, diese, dieses, *pl* diese (hier); der, die, das, *pl* die (hier)

celui-là [səlɥila] PR DÉM M ⟨*f* celle-là; *mpl* ceux--là, *fpl* celles-là⟩ dieser, diese, dieses, *pl* diese (da); der, die, das, *pl* die (da, dort); *opposé à «celui--ci»* jener, jene, jenes, *pl* jene

cénacle [senakl] M Kreis *m*; Gruppe *f*

cendre [sɑ̃dʀ] F Asche *f*; **réduire, mettre en ~s** in Schutt und Asche legen; einäschern; niederbrennen; **renaître de ses ~s** aus der Asche erstehen; wiedererstehen

cendré [sɑ̃dʀe] ADJ ⟨~e⟩ aschfarben; **blond ~** (! unveränderlich) aschblond

cendrée [sɑ̃dʀe] F Aschenbahn *f*

cendrier [sɑ̃dʀije] M Asch(en)becher *m*; *fam* Ascher *m*

Cendrillon [sɑ̃dʀijõ] F Aschenbrödel *n*, -puttel *n*

Cène [sɛn] F REL Abendmahl *n*

censé [sɑ̃se] ADJ ⟨~e⟩ **il est ~ être malade** er soll krank sein; **je ne suis pas ~ le savoir** man kann von mir nicht verlangen *ou* erwarten, dass ich es weiß

censément [sɑ̃semɑ̃] ADV anscheinend; (*pratiquement*) so gut wie

censeur [sɑ̃sœʀ] M **1** LYCÉE *autrefois* Assistent *m* des Direktors **2** FILM, PRESSE Zensor *m*; *fig* strenger Kritiker, Richter

censure [sɑ̃syʀ] F Zensur(behörde) *f* **censurer** [-e] VT *livre, film* verbieten; *scène, passage* streichen

cent¹ [sɑ̃] **A** NUM (ein)hundert; **deux cent(s)** ⟨*bei folgender Zahl sowie als Ordnungszahl ohne s*⟩ zweihundert **B** M **1** *chiffre* Hundert *f* **2** *quantité* Hundert *n*; **un cent de** hundert **3** **pour cent** Prozent *n*; **cinq pour cent (5 %)** fünf Prozent (5 %); fünf vom Hundert (*abr* v. H.); *adjt* **(à) cent pour cent** hundertprozentig

cent² M **~ (d'euro)** Cent *m*

centaine [sɑ̃tɛn] F **1** **une ~ (de)** etwa, ungefähr, rund, zirka, an die hundert; **par ~s** zu Hunderten **2** *dans les nombres* Hunderter *m*

centaure [sɑ̃tɔʀ] M Zentaur *ou* Kentaur *m*

centaurée [sɑ̃tɔʀe] F Flockenblume *f*

centenaire [sɑ̃tnɛʀ] **A** ADJ hundertjährig **B** SUBST **1** *m/f* Hundertjährige(r) *m/f(m)* **2** *m* hundertster Jahrestag; hundertjähriges Jubiläum; Hundertjahrfeier *f*

centésimal [sɑ̃tezimal] ADJ ⟨~e; -aux [-o]⟩ zentesimal; hundertteilig

centième [sɑ̃tjɛm] **A** NUM hundertste **B** SUBST **1** **le, la ~** der, die, das hundertste **2** *m* MATH Hundertstel *n*

centigrade [sɑ̃tigʀad] ADJ **degré** *m* **~** Grad *m* Celsius

centigramme [sɑ̃tigʀam] M Zentigramm *n* (*abr* cg) **centilitre** [litʀ] M (ABR **cl**) Zentiliter

m ou n (abr **cl**)
centime [sɑ̃tim] M en Suisse Rappen m; HIST en France, en Belgique Centime m; **~ (d'euro)** Cent m
centimètre [sɑ̃timɛtʀ] M 1 Zentimeter m ou n 2 **~ (de couturière)** Zentimetermaß n
centrafricain [sɑ̃tʀafʀikɛ̃] ADJ ⟨-aine [-ɛn]⟩ **la République ~e** die Zentralafrikanische Republik
central [sɑ̃tʀal] A ADJ ⟨~e; -aux [-o]⟩ zentral; Zentral…; Mittel…; zentral gelegen; **l'Europe centrale** Mitteleuropa n B SUBST 1 m ⟨-aux [-o]⟩ **central (téléphonique)** (Telefon)Zentrale f, (-)Vermittlung f 2 f **centrale (électrique)** Kraftwerk n; Elektrizitätswerk n; E-Werk n; **centrale nucléaire** Kernkraftwerk n 3 f **centrale syndicale** Gewerkschaftsbund m 4 f **centrale** prison Zentralgefängnis n
centralisateur [sɑ̃tʀalizatœʀ] ADJ ⟨-trice [-tʀis]⟩ zentralisierend; zentralistisch **centralisation** [-izasjõ] F Zentralisierung f **centraliser** [-ize] V/T zentralisieren; zusammenfassen **centralisme** [-ism] M Zentralismus m **centraliste** [-ist] A ADJ zentralistisch B M/F Anhänger(in) m(f) des Zentralismus
centre [sɑ̃tʀ] M 1 Mittelpunkt m (a. MATH); Zentrum n; Mitte f; **le centre de la France** ou **le Centre** Mittelfrankreich n; **centre (de la) ville** Stadtzentrum n, -mitte f; **au centre** in der Mitte (**de** gén); **en plein centre de** mitten in (+ dat) 2 lieu Zentrum n; Hauptort m; **centre industriel, touristique** Industrie-, Fremdenverkehrszentrum n; **grands centres urbains** Großstädte fpl; **centre des affaires** Geschäftsviertel n 3 service Zentrum n; Zentrale f; Stelle f; Anstalt f; Institut n; **centre commercial** Einkaufszentrum n; **centre hospitalier** Krankenhaus n; **centre d'accueil** Betreuungsstelle f; **centre d'appels** Callcenter n; **centre de chèques postaux** Postgiroamt n; **centre de formation professionnelle** Berufsbildungszentrum n; **centre de loisirs** Freizeitzentrum n 4 POL Mitte f; **centre gauche** gemäßigte Linke; linke Mitte 5 fig **centre d'intérêt** Mittel-, Brennpunkt m des Interesses; (zentrales) Thema 6 SPORTS (**avant** m) **centre** Mittelstürmer m
centrer [sɑ̃tʀe] A V/T 1 PHOT in den Bildmittelpunkt legen 2 TECH zentrieren 3 fig **être centré sur** gerichtet sein auf (+ acc) B V/I SPORTS (zur Mitte) flanken
centrifuge [sɑ̃tʀifyʒ] ADJ zentrifugal **centrifugeuse** [-øz] F Zentrifuge f
centriste [sɑ̃tʀist] ADJ POL der Mitte
centuple [sɑ̃typl] M **le ~** das Hundertfache
centupler [sɑ̃typle] A V/T verhundertfachen B V/I sich verhundertfachen; auf das Hundertfache steigen
centurion [sɑ̃tyʀjõ] M HIST Zenturio m
cep [sɛp] M Wein-, Rebstock m
cépage [sepaʒ] M Rebsorte f
cèpe [sɛp] M Steinpilz m
cependant [s(ə)pɑ̃dɑ̃] CONJ jedoch; doch; indessen; dennoch
céramique [seʀamik] F Keramik f **céramiste** [-ist] M/F Keramiker(in) m(f)
cerbère [sɛʀbɛʀ] M MYTH **Cerbère** et fig Zerberus m
cerceau [sɛʀso] M ⟨~x⟩ Reif(en) m
cercle [sɛʀkl] M 1 Kreis m (a. MATH, GÉOG) 2 (groupe) Kreis m; Zirkel m; de dames Kränzchen n; **~ d'amis** Freundeskreis m 3 **~ vicieux** Teufelskreis m; Circulus vitiosus m
cerclé [sɛʀkle] ADJ ⟨~e⟩ lunettes **~ d'or** mit Goldrand
cercueil [sɛʀkœj] M Sarg m
Cerdagne [sɛʀdaɲ] **la ~** Landschaft in den Pyrenäen
céréale [seʀeal] F 1 Getreideart f; **~s** pl Getreide n 2 au petit-déjeuner **~s** pl Getreideflocken fpl
céréalier [seʀealje] A ADJ ⟨-ière [-jɛʀ]⟩ Getreide…; **culture céréalière** Getreideanbau m B M Getreideproduzent m
cérébral [seʀebʀal] ADJ ⟨~e; -aux [-o]⟩ 1 (Ge)Hirn… 2 fig geistig; subst **un ~** ein Verstandesmensch m
cérémonial [seʀemɔnjal] M ⟨-als⟩ Zeremoniell n
cérémonie [seʀemɔni] F 1 Zeremonie f; Feier(-lichkeit) f; (mariage) **~ civile, religieuse** standesamtliche, kirchliche Trauung 2 **sans ~** zwanglos; ungezwungen; **faire des ~s** Umstände machen
cérémonieux [seʀemɔnjø] ADJ ⟨-euse [-øz]⟩ zeremoniell; förmlich
cerf [sɛʀ] M Hirsch m
cerfeuil [sɛʀfœj] M Kerbel m
cerf-volant [sɛʀvɔlɑ̃] M ⟨cerfs-volants⟩ 1 (Papier)Drachen m 2 ZOOL Hirschkäfer m
cerisaie [s(ə)ʀizɛ] F Kirschgarten m
cerise [s(ə)ʀiz] F 1 Kirsche f; **~s anglaises** Sauerkirschen fpl 2 adjt **(rouge) ~** (! unveränderlich) kirschrot
cerisier [s(ə)ʀizje] M Kirschbaum m
cerne [sɛʀn] M → cerné
cerné [sɛʀne] ADJ ⟨~e⟩ **avoir les yeux ~s** ou **avoir des cernes autour des yeux** Schatten unter den Augen, (dunkle) Ringe um die Augen haben
cerneau [sɛʀno] M ⟨~x⟩ halbreifer Nusskern
cerner [sɛʀne] V/T 1 umzingeln; einkreisen; abriegeln 2 fig problème klar erfassen; ausleuchten 3 dessin konturieren

C

le cerf-volant — Drachen

le cerf-volant — Hirschkäfer

certain [sɛʀtɛ̃] **A** ADJ ‹-aine [-ɛn]› ‹*nach dem subst*› sicher; **c'est ~** das ist sicher, gewiss; das steht fest; *personne* **être ~ de qc** e-r Sache (*gén*) sicher sein; **être ~ de** (+ *inf*) *ou* **que ...** sicher sein zu (+ *inf*) *ou* dass ... **B** ADJ INDÉF ‹*vor dem subst*› gewisse(r, -s); bestimmte(r, -s); **d'un ~ âge** [-sɛʀtɛnaʒ] nicht mehr ganz jung **C** PR INDÉF **~s** PL gewisse Leute; einige, manche (Leute)

certainement [sɛʀtɛnmɑ̃] ADV sicher(lich); gewiss; bestimmt

certes [sɛʀt] *st/s* ADV gewiss

certificat [sɛʀtifika] M Zeugnis *n*; Bescheinigung *f*; Schein *m*; Nachweis *m*; Zertifikat *n*; **~ médical** ärztliches Attest; **~ d'études (primaires)** Volksschulabschluss(zeugnis) *m(n)*; **~ de scolarité** Bescheinigung *f* über den regelmäßigen Schulbesuch

certifié(e) [sɛʀtifje] M(F) *ou* ADJ **professeur certifié** Gymnasiallehrer(in) *m(f)* mit CAPES

certifier [sɛʀtifje] V/T **1** **~ à qn que ...** j-m bestätigen, versichern, dass ... **2** **copie certifiée conforme** beglaubigte Abschrift

certitude [sɛʀtityd] F Gewissheit *f*

cérumen [seʀymɛn] M Ohrenschmalz *n*

Cervantès [sɛʀvɑ̃tɛs] M Cervantes *m*

cerveau [sɛʀvo] M ‹~x› **1** (Ge)Hirn *n*; Großhirn *n* **2** *fig* (bedeutender) Kopf; **fuite** *f* **des ~x** Brain-Drain *m* **3** **~ électronique** Elektronengehirn *n*

cervelas [sɛʀvəla] M Fleischwurst *f*

cervelet [sɛʀvəlɛ] M Kleinhirn *n*

cervelle [sɛʀvɛl] F **1** Hirnsubstanz *f*, -masse *f*; **se brûler** *ou* **se faire sauter la ~** sich (*dat*) e-e Kugel durch den Kopf schießen, jagen **2** CUIS Hirn *n*; Bregen *m* **3** *fig* Hirn *n*; Verstand *m*; **avoir une ~ d'oiseau** *fam* ein Spatzenhirn haben; keine Grütze im Kopf haben

cervical [sɛʀvikal] ADJ ‹~e; -aux [-o]› Hals...; Nacken...; **vertèbre ~e** Halswirbel *m*

cervidés [sɛʀvide] MPL Hirsche *mpl*

Cervin [sɛʀvɛ̃] **le mont ~** das Matterhorn

ces → ce

C.E.S. [seəɛs] M ABR → collège

Césaire [sezɛʀ] M *Vorname*

César [sezaʀ] M HIST Cäsar *m*

césarienne [sezaʀjɛn] F Kaiserschnitt *m*

cessant [sɛsɑ̃] ADJ ‹-ante [-ɑ̃t]› ADMIN **toute(s) affaire(s) ~e(s)** vordringlich; unverzüglich

cessation [sɛsasjõ] F Einstellung *f*; **~ de commerce** Geschäftsaufgabe *f*; JUR **~ de paiements** Zahlungseinstellung *f*

cesse [sɛs] F **1** **sans ~** unaufhörlich; ständig; dauernd **2** **n'avoir de ~ que ...** (+ *subj*) keine Ruhe geben, bis ...

cesser [sese] **A** V/T einstellen; aufhören mit; **~ de** (+ *inf*) aufhören zu (+ *inf*) **B** V/I aufhören; **faire ~ qc** e-r Sache (*dat*) ein Ende machen

cessez-le-feu [seselfø] M (**!** unveränderlich) Waffenruhe *f*; Feuereinstellung *f*

cession [sesjõ] F JUR Übertragung *f*; Abtretung *f*; (*vente*) Veräußerung *f*

c'est [sɛ, se] → être[1]

c'est-à-dire [setadiʀ] CONJ das heißt; nämlich

césure [sezyʀ] F *d'un vers* Zäsur *f*

cet → ce

cétacé [setase] M Wal *m*

cétone [setɔn] F CHIM Keton *n*

cette → ce

ceux → celui

Cévennes [sevɛn] **les ~** FPL die Cevennen *pl*

cévenol [sev(ə)nɔl] ADJ ‹~e› (*et* SUBST **Cévenol** Bewohner) der Cevennen

Ceylan [sɛlɑ̃] HIST Ceylon *n*

ceylanais [sɛlanɛ] **A** ADJ ‹-aise [-ɛz]› ceylonesisch **B** **Ceylanais(e)** M(F) Ceylonese, -nesin *m,f*

cf. ABR (confer) vgl.

CFA [seɛfa] ABR (Communauté financière africaine) **franc** *m* **~** CFA-Franc *m*

CFDT [seɛfdete] F ABR (Confédération française [et] démocratique du travail) *sozialistisch orientierte Gewerkschaft*

CGC [seʒese] F ABR (Confédération générale des cadres) *Angestelltengewerkschaft*

CGT [seʒete] F ABR (Confédération générale du travail) *kommunistisch orientierte Gewerkschaft*

ch ABR (cheval-vapeur) PS (Pferdestärke)

chablis [ʃabli] M *ein Weißwein aus Burgund*

chabrol [ʃabʀɔl] M *ou* **chabrot** [ʃabʀo] M Wein *m* mit Fleischbrühe

chacal [ʃakal] M ⟨-als⟩ Schakal *m*

chacun [ʃakɛ̃, -kœ̃] PR INDÉF ⟨chacune [ʃakyn]⟩ jede(r, -s) (einzelne); **~ de nous** *ou* **d'entre nous** jeder von uns; *st/s* **tout un ~** jedermann; ein jeder; **il leur consacre dix minutes ~** er widmet jedem zehn Minuten

chafouin [ʃafwɛ̃] ADJ ⟨-ine [-in]⟩ durchtrieben; verschlagen

chagrin [ʃagʀɛ̃] A ADJ ⟨-ine [-in]⟩ *st/s* (*triste*) bekümmert; *litt* (*morose*) grämlich B M Kummer *m*; Gram *m*; Betrübnis *f*; Leid *n*; **~ d'amour** Liebeskummer *m*; **avoir du ~** Kummer haben

chagriner [ʃagʀine] V/T bekümmern; betrüben; bedrücken

chah [ʃa] M HIST **le ~ (d'Iran)** der Schah (von Persien)

chahut [ʃay] M Krach *m*; *fam* Radau *m*; *fam* Rabatz *m*

chahuter [ʃayte] A V/T **~ un professeur** den Unterricht e-s Lehrers dauernd stören B V/I Krach, *fam* Radau, *fam* Rabatz machen

chahuteur [ʃaytœʀ] A ADJ ⟨-euse [-øz]⟩ undiszipliniert; aufsässig B M Krachmacher *m*

chai [ʃɛ] M Weinlager *n*

chaîne [ʃɛn] F 1 Kette *f* (*a. bijou*); AUTO **chaînes** *pl* Schneeketten *fpl*; **chaîne (de bicyclette)** Fahrradkette *f* 2 **chaîne de montage** Fließ-, Montageband *n*; **travailler à la chaîne** am Fließband arbeiten 3 *fig* Kette *f*; Reihe *f*; **chaîne (de montagnes)** Gebirgskette *f*, -zug *m*; (Ketten)Gebirge *n*; **chaîne du froid** Kühlkette *f*; **chaîne de magasins** Ladenkette *f*; **faire la chaîne** e-e Kette bilden 4 *fig et litt* **chaînes** Fesseln *fpl*; Bande *npl*; Ketten *fpl* 5 RAD, TV Sender (-netz) *m(n)*; Programm *n*; **sur la première chaîne** im ersten Programm 6 **chaîne (°hi-fi, stéréo)** Stereoanlage *f*; Hi-Fi-Anlage *f* 7 TEXT Kette *f*

chaînette [ʃɛnɛt] F Kettchen *n*; **point** *m* **de ~** Kettenstich *m*

chaînon [ʃɛnõ] M (Ketten)Glied *n*

la chaîne — Kette

la chaîne — Gebirge

chair [ʃɛʀ] F Fleisch *n* (*a. d'un fruit*, REL); *fig* **~ à canon** Kanonenfutter *n*; **~ à saucisse** Hackepeter *m*; *fig* **~ de poule** Gänsehaut *f*; *adjt* **(couleur) ~** (! unveränderlich) fleischfarben; *fig* **en ~ et en os** leibhaftig; in eigener Person; **être bien en ~** rundlich, wohlgenährt sein

chaire [ʃɛʀ] F 1 ÉGL Kanzel *f* 2 UNIVERSITÉ Lehrstuhl *m*; Professur *f*

chaise [ʃɛz] F Stuhl *m*; **~ longue** Liegestuhl *m*; **~ percée** Nachtstuhl *m*; **~ roulante** Rollstuhl *m*; **~ à porteurs** Sänfte *f*; Tragsessel *m*; *fig* **être assis entre deux ~s** zwischen zwei Stühlen sitzen

chaland [ʃalɑ̃] M (Last-, Fracht)Kahn *m*

châle [ʃal] M Dreiecks-, Umschlag(e)tuch *n*

chalet [ʃalɛ] M (Schweizer) Chalet *n*; Landhaus *n* im Schweizer Stil

chaleur [ʃalœʀ] F 1 Wärme *f* (*a.* PHYS); *plus fort* Hitze *f*; **les grandes ~s** die heißen Tage *mpl*; **dégager, donner de la ~** Wärme, Hitze abgeben, ausstrahlen 2 *fig* (*cordialité*) Wärme *f*; Herzlichkeit *f*; (*ardeur*) Feuer *n*; Eifer *m* 3 **en ~** *animal* brünstig; hitzig; *fam* heiß; CH brunftig; *chienne* läufig; *chat* rollig

chaleureusement [ʃaløʀøzmɑ̃] ADV herzlich; warm

chaleureux [ʃaløʀø] ADJ ⟨-euse [-øz]⟩ *fig* warm; herzlich

châlit [ʃali] M Bettstelle *f*, -gestell *n*

challenge [ʃalɑ̃ʒ] M 1 SPORTS Titel-, Pokalkampf *m* 2 *fig* Herausforderung *f*

challenger [ʃalɑ̃ʒœʀ] M *ou* **challengeur** [-œʀ] M SPORTS, *fig* Herausforderer *m*

chaloupe [ʃalup] F Boot *n*; Schaluppe *f*

chaloupé [ʃalupe] ADJ ⟨~e⟩ wiegend; schaukelnd

chalumeau [ʃalymo] M ⟨~x⟩ 1 TECH Schweiß-, Schneidbrenner *m* 2 MUS Schalmei *f*

chalut [ʃaly] M (Grund)Schleppnetz *n*

chalutier [ʃalytje] M Trawler *m*

chamade [ʃamad] F *cœur* **battre la ~** zum Zerspringen klopfen

chamailler [ʃamaje] V/PR *fam* **se ~** streiten; sich zanken

chamailleries [ʃamajʀi] *fam* FPL Zank *m*; Zankerei *f*; Streiterei *f*

chamailleur [ʃamajœʀ], **chamailleuse** [-øz] *fam* A M,F *fam* Streithammel *m*, -hansel *m* B ADJ streitsüchtig

chamarré [ʃamaʀe] ADJ ⟨~e⟩ bunt verziert (**de** mit) **chamarrures** [-yʀ] FPL Verzierungen *fpl*; *péj* Flitterkram *m*

chambard [ʃɑ̃baʀ] *fam* M Krach *m*

chambardement [ʃɑ̃baʀdəmɑ̃] *fam* M Umwälzung *f*; Umsturz *m* **chambarder** [-e]

fam VT in Unordnung bringen; *fig* umstürzen; über den Haufen werfen
chambellan [ʃɑ̃bɛlɑ̃] M Kammerherr *m*
chambouler [ʃɑ̃bule] *fam* VT → chambarder
chambranle [ʃɑ̃bʀɑ̃l] M Zarge *f*; Tür- *ou* Fensterstock *m*
chambre [ʃɑ̃bʀ] F 1 Zimmer *n* (*in dem man schläft*); **chambre double** Doppelzimmer *n*; **chambre simple** Einzelzimmer *n*; **chambre à coucher** Schlafzimmer *n* (*a. meubles*); **chambre à deux lits** Zweibettzimmer *n*; **chambre d'ami(s)** Gäste-, Gastzimmer *n*; **chambre d'enfants** Kinderzimmer *n*; **chambre d'étudiant** Studentenzimmer *n*; **chambre (d'hôtel)** Hotel-, Fremdenzimmer *n*; **faire chambre à part** getrennt schlafen; *malade* **garder la chambre** das Zimmer hüten (müssen) 2 (*pièce*) Raum *m*; Kammer *f*; **chambre forte** Tresor(raum) *m*; Stahlkammer *f*; **chambre froide** Kühlraum *m*, -kammer *f*; **chambre à gaz** Gaskammer *f* 3 JUR, POL Kammer *f*; **Chambre des députés** Abgeordnetenhaus *n*, -kammer *f*; **chambre de commerce** Handelskammer *f* 4 TECH Kammer *f*; PHOT **chambre noire** Dunkelkammer *f*; *d'un pneu* **chambre à air** Schlauch *m* 5 **musique** *f* **de chambre** Kammermusik *f*
chambrée [ʃɑ̃bʀe] F MIL Stube(ngemeinschaft) *f*
chambrer [ʃɑ̃bʀe] VT 1 *vin* temperieren; auf Zimmertemperatur anwärmen 2 *fam* (*se moquer de*) *fam* aufziehen; *fam* auf den Arm nehmen
chambrette [ʃɑ̃bʀɛt] F Kämmerchen *n*
chambrière [ʃɑ̃bʀijɛʀ] F Peitsche *f*
chameau [ʃamo] M ⟨~x⟩ 1 Kamel *n*; *à deux bosses* Trampeltier *n* 2 *fam fig* Schuft *m*; gemeiner Kerl; *femme fam* Biest *n*
chamelier [ʃamәlje] M Kameltreiber *m* **chamelle** [-ɛl] F Kamelstute *f*
chamois [ʃamwa] M 1 Gämse *f* 2 **peau** *f* **de ~** Fenster-, Autoleder *n*
chamoisage [ʃamwazaʒ] M Sämischgerbung *f*
Chamonix [ʃamɔni] *Stadt im Departement Haute-Savoie*
champ [ʃɑ̃] M 1 Feld *n*; Acker *m*; **~ de blé** Getreidefeld *n*; **~ de pommes de terre** Kartoffelacker *m*; **à travers ~s** querfeldein; **en plein ~** auf freiem, offenem Feld 2 (*terrain*) Feld *n*; Gelände *n*; Platz *m*; **~ de bataille** Schlachtfeld *n* (*a. fig*); **~ de courses** Rennplatz *m*, -bahn *f*; **~ de mines, de pétrole** Minen-, Ölfeld *n*; **~ de tir** Schießstand *m*, -platz *m*; **tomber au ~ d'honneur** auf dem Feld(e) der Ehre fallen 3 PHYS, OPT Feld *n*; FILM Bild(feld) *n*; **~ visuel** Blick-, Gesichtsfeld *n* 4 *fig* Feld *n*; Bereich *m*; Gebiet *n*; **~ d'action** Wirkungsbereich *m*, -feld *n*, -kreis *m*; **laisser le ~ libre à qn, à qc** j-m freie Hand lassen; e-r Sache (*dat*) Tor und Tür öffnen; **prendre du ~** Abstand gewinnen
Champagne [ʃɑ̃paɲ] **la ~** die Champagne
champagne (! Endung) M Champagner *m*
Champagne-Ardenne [ʃɑ̃paɲaʀdɛn] **la ~** *frz Region*
champenois [ʃɑ̃pәnwa] ADJ ⟨-oise [-waz]⟩ (*et* SUBST **Champenois** Bewohner) der Champagne
champêtre [ʃɑ̃pɛtʀ] ADJ ländlich; **garde** *m* **~** Feldhüter *m*
champignon [ʃɑ̃piɲõ] M 1 BOT, CUIS, MÉD Pilz *m*; **~ de Paris** Champignon *m*; **cueillir, ramasser des ~s** Pilze suchen, sammeln; **pousser comme un ~** sehr schnell wachsen; aufschießen 2 *fam* Gaspedal *n*; **appuyer sur le ~** *fam* auf die Tube drücken
champignonnière [ʃɑ̃piɲɔnjɛʀ] F Champignonkultur *f*
champion [ʃɑ̃pjõ] M, **championne** [ʃɑ̃pjɔn] F 1 SPORTS Meister(in) *m(f)*; Champion *m*; **champion, championne olympique** Olympiasieger(in) *m(f)*; **champion, championne du monde** Weltmeister(in) *m(f)*; *adjt* **équipe championne** Meistermannschaft *f* 2 (Vor)-Kämpfer(in) *m(f)* (**d'une cause** für e-e Sache); Verfechter(in) *m(f)* (e-r Sache) 3 *fam fig* Meister(in) *m(f)*; **pour ça, il est champion** darin ist er Meister; *fam* darin ist er groß (*a. iron*)
championnat [ʃɑ̃pjɔna] M Meisterschaft *f*
Champs-Élysées [ʃɑ̃zelize] MPL *Prachtstraße in Paris*
chance [ʃɑ̃s] F 1 Glück *n*; Chance *f*; **bonne ~!** viel Glück!; **coup** *m* **de ~** Glücksfall *m*; **par ~** glücklicherweise; durch e-n glücklichen Zufall; **pas de ~!** *fam* so ein Pech!; Pech gehabt!; **porter ~** Glück bringen 2 **~s** *pl* Chancen *fpl*; Aussichten *fpl*; **~s de succès** Erfolgsaussichten *fpl*, -chancen *fpl*; **il n'a qu'une ~ sur cent de le retrouver** die Chancen stehen eins zu hundert dagegen, dass er ihn wiederfindet
chancelant [ʃɑ̃slɑ̃] ADJ ⟨-ante [-ɑ̃t]⟩ (sch)wankend (*a. fig*)
chanceler [ʃɑ̃sle] VI ⟨-ll-⟩ 1 (sch)wanken; taumeln 2 *fig* ins Wanken geraten
chancelier [ʃɑ̃sәlje] M Kanzler *m*
chancelière[1] [ʃɑ̃sәljɛʀ] F Kanzlerin *f*
chancelière[2] F Fußsack *m*
chancellerie [ʃɑ̃sɛlʀi] F Kanzlei *f*; *en Allemagne* Kanzleramt *n*; *en France* Justizministerium *n*
chanceux [ʃɑ̃sø] ADJ ⟨-euse [-øz]⟩ **être ~** Glück haben; ein Glückskind sein
chancre [ʃɑ̃kʀ] M MÉD Schanker *m*
chandail [ʃɑ̃daj] M Pullover *m*
Chandeleur [ʃɑ̃dlœʀ] **la ~** (Mariä) Lichtmess *f*
chandelier [ʃɑ̃dәlje] (Kerzen)Leuchter *m*

chandelle [ʃɑ̃dɛl] F **1** (Talg)Kerze *f*; *fig* **brûler la ~ par les deux bouts** mit s-r Gesundheit Raubbau treiben; das Geld mit vollen Händen ausgeben; *fig* **devoir une fière ~ à qn** j-m e-e ganze Menge zu verdanken haben; **dîner aux ~s** bei Kerzenschein essen; *fig* **en voir trente-six ~s** Sterne sehen; **le jeu n'en vaut pas la ~** das, es lohnt sich nicht; das ist der *ou* die Mühe nicht wert **2** FOOTBALL, GYMNASTIQUE Kerze *f*; AVIAT **monter en ~** im Steilflug hochsteigen

chanfrein [ʃɑ̃fʀɛ̃] M **1** TECH Fase *f* **2** *du cheval* Gesicht *n*

change [ʃɑ̃ʒ] M **1** Tausch *m*; **gagner, perdre au ~** e-n guten, schlechten Tausch machen **2** FIN (Geld)Wechsel *m*; **bureau** *m* **de ~** Wechselstube *f* **3** **donner le ~ à qn** j-n hinters Licht führen **4** *pour bébés* **~ (complet)** Wegwerfwindel *f*

changeant [ʃɑ̃ʒɑ̃] ADJ ⟨-ante [-ɑ̃t]⟩ **1** *temps* wechselhaft; veränderlich; unbeständig; *a. personne* launisch **2** *couleur* changierend; schillernd

changement [ʃɑ̃ʒmɑ̃] M **1** (Ver)Änderung *f*; Wechsel *m*; Wandel *m*; Umstellung *f*; **~ d'adresse** Änderung der Anschrift; **~ d'air** Luftveränderung *f*; **~ de décor** THÉ Szenenwechsel *m*; *fig* Orts-, *fam* Tapetenwechsel *m*; plötzliche Änderung der Lage; **~ de direction** (Fahrt)-Richtungsänderung *f*; **~ de programme** Programmänderung *f*; **~ de propriétaire** Besitz(er)wechsel *m*; **~ de temps** Wetteränderung *f*; **~ de vitesse** *mécanisme* Gangschaltung *f*; *manœuvre* Schalten *n*; **aimer le ~** die Abwechslung lieben; **faire des ~s** Veränderungen vornehmen (**à, dans** an + *dat*); **il y a eu du ~** es hat sich manches, einiges geändert **2** CH DE FER Umsteigen *n* **3** ADMIN Versetzung *f*

changer [ʃɑ̃ʒe] ⟨-ge-⟩ **A** V/T **1** (*modifier*) (ver)ändern; (*remplacer*) (aus)wechseln; (*échanger*) (um-, ein-, aus)tauschen; **changer qn** j-n verändern; **changer les draps** die Bettwäsche wechseln; das Bett *ou* die Betten frisch beziehen; **changer une roue** ein Rad auswechseln; **changer qc à qc** etw an etw (*dat*) ändern; **changer des euros en dollars** Euros gegen, für Dollars (ein)wechseln, (ein)tauschen; **changer qc de place** etw an e-n anderen Platz stellen; etw umräumen, umstellen; **changer qn de poste** j-n versetzen **2** (*transformer*) verwandeln, umwandeln (**en** in + *acc*) **3** *bébé* trockenlegen; frisch wickeln **4** **ça me** (*ou* **nous**, *etc*) **change** das ist etwas anderes (**de** als) **B** V/T INDIR **changer de** wechseln, ändern (+ *acc*); **changer d'avis** s-e Ansicht, Meinung ändern; **faire changer qn d'avis** j-n umstimmen; **changer de bus, de train** umsteigen; **changer de chemise** ein frisches Hemd anziehen; **changer de couleur** sich verfärben; **changer de médecin** den Arzt wechseln; **changer de métier** den Beruf wechseln; *fam* umsatteln; **changer de professeur** e-n neuen Lehrer bekommen; **changer de voiture** sich (*dat*) e-n anderen, neuen Wagen anschaffen, *fam* zulegen **C** V/I **1** ⟨*Zustand* **être**⟩ sich ändern; anders werden; *personne* **il n'a pas changé** er hat sich überhaupt nicht verändert; **le temps va changer** das Wetter ändert sich **2** **changer avec qn** mit j-m tauschen **3** CH DE FER *etc* umsteigen **D** V/PRON **1** **se changer** sich umziehen, umkleiden **2** **se changer en** sich verwandeln in (+ *acc*); werden zu

changeur [ʃɑ̃ʒœʀ] M Geldwechsler *m*

Chang-hai [ʃɑ̃gaj] Schanghai *n*

chanoine [ʃanwan] M Domherr *m*

chanson [ʃɑ̃sõ] F (**!** feminin) Lied *n*; Schlager *m*; Chanson *n*; **~ d'amour** Liebeslied *n*; *fam fig* **c'est toujours la même ~** es ist immer die alte Leier

chansonnette [ʃɑ̃sɔnɛt] F Liedchen *n*

chansonnier [ʃɑ̃sɔnje] M Kabarettist *m*

chant [ʃɑ̃] M **1** *action* Singen *n*; Gesang *m* **2** (*air*) Lied *n*; Gesang *m* **3** *des oiseaux* Singen *n*; Gesang *m*; *du coq* Krähen *n*; **au ~ du coq** beim ersten

▶ changer

Bei **changer** muss man auf verschiedene Konstruktionen achten:

changer	Il **a** beaucoup **changé**.	Er hat sich sehr verändert.
changer qn	La mort de sa mère **l'a** beaucoup **changé**.	Der Tod seiner Mutter hat ihn sehr verändert.
changer de	Il a **changé d'avis.**	Er hat seine Meinung geändert.
	Il a **changé de pantalon.**	Er hat eine andere Hose angezogen.
se changer	Elle **s'est changée.**	Sie hat sich umgezogen.

FEHLERQUELLEN ◀

Hahnenschrei

chantage [ʃɑ̃taʒ] M Erpressung *f*

chantant [ʃɑ̃tɑ̃] ADJ ⟨-ante [-ɑ̃t]⟩ melodisch; singend

chanter [ʃɑ̃te] **A** V/T **1** singen **2** *fig (célébrer)* besingen; preisen **3** *fam péj* **qu'est-ce que tu me chantes là?** was erzählst du da für e-n Unsinn? **B** V/I **1** singen; **~ faux, juste** falsch, richtig singen **2** *oiseaux* singen; *rossignol* schlagen; *coq* krähen; *cigales* zirpen **3** *fam fig* **si ça vous chante** wenn Sie (dazu) Lust haben **4** **faire ~ qn** j-n erpressen

chanterelle [ʃɑ̃tʀɛl] F **1** BOT Pfifferling *m* **2** MUS höchste Saite

chanteur [ʃɑ̃tœʀ] M, **chanteuse** [ʃɑ̃tøz] F **1** Sänger(in) *m(f)*; **chanteur, chanteuse de charme** Schlager-, *péj* Schnulzensänger(in) *m(f)* **2** *adjt* **oiseaux chanteurs** Singvögel *mpl* **3** *adjt* **maître chanteur** Erpresser *m*; MUS HIST Meistersinger *m*

chantier [ʃɑ̃tje] M **1** Baustelle *f*; **~ naval** (Schiffs)Werft *f*; *panneau* **~ interdit au public!** Betreten der Baustelle verboten!; *fig* **mettre qc en ~** etw in Angriff nehmen **2** *fam fig* **quel ~!** was für ein Chaos!

Chantilly [ʃɑ̃tiji] **1** *Stadt im Departement Oise* **2** → crème A 1

chantonner [ʃɑ̃tɔne] V/T *et* V/I trällern; vor sich *(acc)* hin singen

chantourner [ʃɑ̃tuʀne] V/T aussägen; dekupieren

chantre [ʃɑ̃tʀ] M **1** REL Vorsänger *m* **2** *fig* Sänger *m*; Dichter *m*

chanvre [ʃɑ̃vʀ] M Hanf *m*

chaos [kao] M Chaos *n*

chaotique [kaɔtik] ADJ chaotisch; wirr

chapardage [ʃapaʀdaʒ] M *fam* Klauen *n*; *fam* Stibitzen *n* **chaparder** [-e] V/T *fam* klauen; *fam* stibitzen **chapardeur** [-œʀ] *fam* ADJ ⟨-euse [-øz]⟩ diebisch

chape [ʃap] F TECH Deckel *m*; Kappe *f*; *(couche)* Schicht *f*; **comme une ~ de plomb** (schwer) wie Blei

chapeau [ʃapo] M ⟨~x⟩ **1** Hut *m*; **~ de paille** Strohhut *m*; *fig* **~ (bas)!** Hut ab!; alle Achtung!; *fam fig* **faire porter le ~ à qn** j-m die Schuld in die Schuhe schieben; *fam fig* **travailler du ~** *fam* spinnen **2** *des champignons* Hut *m* **3** **~ de roue** Radkappe *f*; *fig* **sur les ~x de roue(s)** *fam* mit zig Sachen; **démarrer sur les ~x de roue(s)** e-n Blitzstart hinlegen **4** MUS **~ chinois** Schellenbaum *m*

chapeauté [ʃapote] ADJ ⟨~e⟩ mit Hut **chapeauter** [-e] *fam fig* V/T kontrollieren

chapelain [ʃaplɛ̃] M (Haus)Kaplan *m*

chapelet [ʃaplɛ] M **1** CATH Rosenkranz *m* **2** *fig* Reihe *f*; Kette *f*

chapelier [ʃapəlje] M, **chapelière** [-jɛʀ] F Hutmacher(in) *m(f)*

chapelle [ʃapɛl] F **1** Kapelle *f* **2** *fig et péj* Clan *m*; Clique *f*

chapelure [ʃaplyʀ] F Paniermehl *n*

chaperon [ʃapʀõ] M **1** Anstandsdame *f* **2** **le Petit Chaperon rouge** Rotkäppchen *n*

chaperonner [ʃapʀɔne] V/T *jeune fille* als Anstandsdame begleiten

chapiteau [ʃapito] M ⟨~x⟩ **1** ARCH Kapitell *n* **2** Zirkuszelt *n*

chapitre [ʃapitʀ] M Kapitel *n (a. fig,* ÉGL*)*; *fig* **sur ce ~** diesbezüglich; zu diesem Punkt

chapitrer [ʃapitʀe] V/T **~ qn** j-m die Leviten lesen

Chaplin [ʃaplɛ̃] **Charlie ~** Charlie Chaplin

chapon [ʃapõ] M Kapaun *m*

chaque [ʃak] ADJ INDÉF jede(r, -s)

char [ʃaʀ] M **1** MIL **~ (d'assaut)** Panzer *m* **2** *(voiture)* Wagen *m*; ANTIQUITÉ **course** *f* **de ~s** Wagenrennen *n*

charabia [ʃaʀabja] M *fam* Kauderwelsch *n*

charade [ʃaʀad] F Scharade *f*

charbon [ʃaʀbõ] M **1** Kohle *f*; **~ de bois** Holzkohle *f*; *fig* **être sur des ~s ardents** (wie) auf glühenden Kohlen sitzen **2** *des animaux, de l'homme* Milzbrand *m* **3** BOT (Getreide)Brand *m*

charbonnage [ʃaʀbɔnaʒ] M Kohlenbergwerk *n*; Zeche *f*

charbonnier [ʃaʀbɔnje] **A** ADJ ⟨-ière [-jɛʀ]⟩ **1** Kohlen... **2** **mésange charbonnière** Kohlmeise *f* **B** M **1** Kohlenhändler *m* **2** *autrefois* Köhler *m*

charcuter [ʃaʀkyte] F *fam* **~ qn** *fam* an j-m herumschnippeln, -schnipseln; **se ~ le doigt** im Finger *(nach e-m Splitter)* herumstochern

charcuterie [ʃaʀkytʀi] F **1** Fleisch- und Wurstwaren *fpl (aus Schweinefleisch)*; Wurst *f* **2** Fleischerei *f*; Metzgerei *f*

charcutier [ʃaʀkytje] M Fleischer *m*; (Schweine)Metzger *m*

chardon [ʃaʀdõ] M Distel *f*

chardonneret [ʃaʀdɔnʀɛ] M Distelfink *m*; Stieglitz *m*

charentais [ʃaʀɑ̃tɛ] **A** ADJ ⟨-aise [-ɛz]⟩ der Charente **B** **1** **Charentais(e)** *m(f)* Bewohner(in) *m(f)* der Charente **2** **~e** *f* Pantoffel *m*

Charente [ʃaʀɑ̃t] **la ~** *Fluss u. Departement in Frankreich* **Charente-Maritime** **la ~** *frz Departement*

charge [ʃaʀʒ] F **1** Last *f*; *d'un véhicule* Ladung *f*; Fracht *f* **2** ÉLEC, *d'une arme* Ladung *f*; **~ d'explosifs** Sprengladung *f* **3** *fig* Last *f*; Belastung *f (a.* JUR*)*; *st/s* Bürde *f*; *d'un loyer* **~s** *pl* Nebenkosten *pl*; **~s fiscales** Steuerlast *f*; steuerliche Belastung(en) *f(pl)*; **~s sociales** Soziallasten *fpl*; *d'une entreprise* Lohnnebenkosten *pl*; **enfant** *m* **à ~** unterhaltsberechtigtes Kind; **avoir qn à ~** für den Unterhalt j-s aufkommen müssen; für j-n sorgen müssen; **être à la ~ de qn** *personne* von j-m unterhalten werden; *fam* j-m auf der Tasche liegen; *frais* zu Lasten j-s gehen; **de lourdes ~s pèsent sur lui** er ist dringend der Tat verdächtig **4** *(responsabilité)* Aufgabe *f*; Auftrag *m*; **avoir ~ d'âme** für andere, für j-n verantwortlich sein; **prendre qn, qc en ~** sich j-s, e-r Sache annehmen; etw übernehmen **5** *(fonction publique)* Amt *n* **6** *(attaque)* Angriff *m*; Attacke *f*; *fig* **revenir à la ~** nicht lockerlassen

chargé [ʃaʀʒe] **A** ADJ ⟨~e⟩ **1** beladen, bepackt, belastet (**de** mit); *estomac* überladen; *langue* belegt; *fig emploi du temps* ausgefüllt; voll; **lettre ~e** Wertbrief *m* **2** *arme* geladen **3** *(responsable)* **~ de** beauftragt mit; zuständig für; **être ~ de famille** für e-e Familie zu sorgen haben **B** **~** *m* **d'affaires** Geschäftsträger *m*; **~(e)** *m(f)* **de cours** Lehrbeauftragte(r) *m/f(m)*

chargement [ʃaʀʒəmɑ̃] M **1** Beladen *n*; TECH Laden *n*; *de marchandises* Ein-, Verladen *n* **2** *(cargaison)* Ladung *f*; Fracht *f*

charger [ʃaʀʒe] ⟨-ge-⟩ **A** V/T **1** beladen, bepacken (**de** mit); *marchandises* (ver-, ein)laden; *fam taxi: client* mitnehmen **2** *fig* belasten, beschweren (**de** mit); **charger qn** j-n belasten (*a.* JUR) **3** *(confier)* **charger qn de** (+ *inf*) j-n damit beauftragen *ou* betrauen zu (+ *inf*) **4** *arme, batterie, ordinateur* laden; *appareil photo* den, e-n Film einlegen in (+ *acc*) **5** *(attaquer)* angreifen (*a. abs*) **B** V/PR **se charger de qc** etw übernehmen, in die Hand nehmen; **se charger de qn** sich j-s annehmen

chargeur [ʃaʀʒœʀ] M *d'un fusil* Magazin *n*

chariot [ʃaʀjo] M Wagen *m*; Karren *m*; *de supermarché* Einkaufswagen *m*; AVIAT, CH DE FER Kofferkuli *m*; TECH Schlitten *m*

charismatique [kaʀismatik] ADJ charismatisch **charisme** [-m] M Charisma *n*

charitable [ʃaʀitabl] ADJ mildtätig; barmherzig **charitablement** [-mɑ̃] ADV aus Barmherzigkeit (*a. iron*)

charité [ʃaʀite] F Mildtätigkeit *f*; Barmherzigkeit *f*; REL Nächstenliebe *f*; **faire la ~** (ein) Almosen geben

charivari [ʃaʀivaʀi] M Krach *m*; *fam* Radau *m*; *fam* Spektakel *m*

charlatan [ʃaʀlatɑ̃] M *péj* Scharlatan *m*; Quacksalber *m*; Kurpfuscher *m*

Charlemagne [ʃaʀləmaɲ] M Karl der Große

Charles [ʃaʀl] M Karl *m*

charleston [ʃaʀlɛstɔn] M *danse* Charleston *m*

Charlot [ʃaʀlo] M Charlie Chaplin *m*

charlotte [ʃaʀlɔt] F **1** *Süßspeise aus Löffelbiskuits* **2** (Frauen)Haube *f*

Charlotte [ʃaʀlɔt] F *Vorname*

charmant [ʃaʀmɑ̃] ADJ ⟨-ante [-ɑ̃t]⟩ reizend (*a. iron*); bezaubernd; charmant; **prince ~** Märchenprinz *m* (*a. fig*)

charme[1] [ʃaʀm] M **1** Zauber *m*; Bann *m*; Charme *m*; Reiz *m*; **être sous le ~ de qn** im Bann j-s stehen; **faire du ~ à qn** *fam* versuchen, j-n zu bezirzen; **il se porte comme un ~** es geht ihm blendend **2** **les ~s** die (weiblichen) Reize *mpl*

charme[2] M Weiß-, Hage-, Hainbuche *f*

charmer [ʃaʀme] V/T bezaubern; faszinieren; entzücken; *plus fort* verzaubern; in s-n Bann schlagen; **être charmé** entzückt sein (**de** + *inf* zu + *inf*)

charmeur [ʃaʀmœʀ] M **1** **~ de serpent** Schlangenbeschwörer *m* **2** *(séducteur)* Charmeur *m*

charmille [ʃaʀmij] F Laubengang *m*

charnel [ʃaʀnɛl] ADJ ⟨~le⟩ fleischlich; **amour ~** körperliche Liebe

charnier [ʃaʀnje] M Massengrab *n*

charnière [ʃaʀnjɛʀ] F **1** Scharnier *n* **2** *fig* Nahtstelle *f*; Übergang *m*

charnu [ʃaʀny] ADJ ⟨~e⟩ fleischig

charognard [ʃaʀɔɲaʀ] M Aasgeier *m*

charogne [ʃaʀɔɲ] F **1** Aas *n* **2** *injure* Miststück *n*; Rabenaas *n*

charolais [ʃaʀɔlɛ] M *weiße Rinderrasse aus Burgund*

charpente [ʃaʀpɑ̃t] F **1** CONSTR (Trag)Gerüst *n*; **~ (du toit)** Dachstuhl *m*; Gebälk *n* **2** **~ (osseuse)** Knochengerüst *n*

charpenté [ʃaʀpɑ̃te] ADJ ⟨~e⟩ **être bien ~** kräftig, stattlich gebaut sein

charpentier [ʃaʀpɑ̃tje] M Zimmermann *m*

charpie [ʃaʀpi] F **en ~** in Fetzen; *viande* ganz zerkocht; *livre* zerfleddert

charretier [ʃaʀtje] M Fuhrmann *m*

charrette [ʃaʀɛt] F Karren *m*; Wagen *m*; **~ à bras** Handkarren *m*

charrier [ʃaʀje] **A** V/T **1** *fleuve: glaces* führen **2** *fam* **~ qn** *fam* j-n auf den Arm nehmen **B** *fam* V/I *fam* es zu bunt treiben

charrue [ʃaʀy] F Pflug *m*; *fig* **mettre la ~ avant les bœufs** das Pferd beim Schwanz aufzäumen

charte [ʃaʀt] F JUR, POL Charta *f*; HIST Urkunde *f*

charter [ʃaʀtɛʀ] M **1** Chartermaschine *f*, -flugzeug *n* **2** *adjt* Charter…

Chartres [ʃaʀtʀ] *Stadt im Departement Eure-et--Loir*

chartreuse [ʃaʀtʀøz] F **1** CATH Kartause *f*; Kartäuserkloster *n* **2** *liqueur* Chartreuse *m*

C

chartreux [ʃaʀtʀø] M CATH Kartäuser(mönch) *m*

chas [ʃa] M (Nadel)Öhr *n*

chasse [ʃas] F 1 Jagd *f*; Jagdzeit *f*, -revier *n*; **~ sous-marine** Unterwasserjagd *f*; **~ aux canards** Entenjagd *f*; **~ à courre** Hetz-, Parforcejagd *f*; **aller, partir à la ~** auf die Jagd gehen 2 *fig* Jagd *f*; **~ à l'homme** Verfolgungsjagd *f*; **~ aux sorcières** Hexenjagd *f*; **faire la ~ à qn, prendre qn, qc en ~** auf j-n, etw Jagd machen 3 **avion** *m* **de ~** Jäger *m*; Jagdflugzeug *n* 4 **~ (d'eau)** Wasserspülung *f*

châsse [ʃɑs] F 1 Reliquienschrein *m* 2 *argot* **~s** *pl* Augen *npl*

chassé-croisé [ʃasekʀwaze] M ⟨chassés-croisés⟩ Hin und Her *n*

chasselas [ʃasla] M Gutedel *m* (*süße weiße Tafeltraube*)

chasse-neige M (! unveränderlich) TECH, SKI Schneepflug *m*

chasser [ʃase] A V/T 1 jagen; *papillons* fangen; **~ le lièvre** auf die Hasenjagd gehen 2 (*faire partir*) verjagen; weg-, fort-, davonjagen; vertreiben; (*congédier*) *fam* hinauswerfen; *mauvaise odeur, etc* vertreiben; *soucis, pensées a.* verscheuchen B V/I *roues* (weg)rutschen; *ancre* nicht fassen

chasseur [ʃasœʀ] M 1 CH Jäger *m*; *fig* **~ d'autographes** Autogrammjäger *m*; **~ de têtes** Kopfjäger *m*; ÉCON Headhunter *m* 2 MIL **~s alpins** Gebirgsjäger *mpl* 3 AVIAT Jagdflugzeug *n*; Jäger *m* 4 *d'hôtel* Page *m*; Boy *m* 5 *adjt* (! unveränderlich) CUIS nach Jägerart

le chasseur — Jäger

le chasseur — Jagdflugzeug

chassie [ʃasi] F Augenbutter *f*

chassieux [ʃasjø] ADJ ⟨-euse [-øz]⟩ **avoir les yeux ~** Schmutz in den Augenwinkeln haben

châssis [ʃɑsi, ʃa-] M 1 (*cadre*) Rahmen *m* 2 AUTO Fahrgestell *n*; Chassis *n*; Rahmen *m*; *fam fig* **elle a un beau ~** *fam* sie ist gut gebaut 3 *de fenêtre* (Fenster)Flügel *m* 4 JARD Frühbeetfenster *n*

chaste [ʃast] ADJ keusch; züchtig; **~s oreilles** *fpl* zarte Ohren *npl*

chasteté [ʃastəte] F Keuschheit *f*

chasuble [ʃazybl] F 1 CATH Messgewand *n* 2 *adjt* **robe** *f* **~** Chasuble *n*

chat[1] [ʃa] M Katze *f*; *mâle* Kater *m*; *fig* **appeler un ~ un ~** das Kind beim Namen nennen; *fig* **il n'y a pas un ~** kein Mensch ist zu sehen; *fig* **avoir un ~ dans la gorge** e-n Frosch im Hals haben; *fig* **avoir d'autres ~s à fouetter** andere Sorgen haben; *enfants* **jouer à ~** Fangen spielen; *prov* **quand le ~ n'est pas là, les souris dansent** wenn die Katze aus dem Haus ist, tanzen die Mäuse (auf dem Tisch) (*prov*)

chat[2] [tʃat] M INFORM Chat *m*

châtaigne [ʃatɛɲ] F 1 BOT (Edel-, Ess)Kastanie *f* 2 *fam* Faustschlag *m*

châtaignier [ʃateɲe] M (Edel)Kastanie *f*; Kastanienbaum *m*

châtain [ʃatɛ̃] ADJ (! Maskulin- und Femininform sind gleich) *cheveux* braun; *personne* **être ~** braunes Haar haben

château [ʃɑto] M ⟨~x⟩ 1 Schloss *n*; **~ fort** Burg *f*; **~ de cartes** Kartenhaus *n*; *fig* **bâtir des ~x en Espagne** Luftschlösser bauen 2 **~ d'eau** Wasserturm *m*

chateaubriand *ou* **châteaubriant** [ʃatobʀijɑ̃] M *dickes Filetsteak vom Grill*

Chateaubriand [ʃatobʀijɑ̃] *frz Schriftsteller*

châtelain [ʃatlɛ̃, ʃɑ-] M, **châtelaine** [-ɛn] F 1 Schlossherr(in) *m(f)* 2 MOYEN ÂGE Burgherr, -frau *m,f*; Burggraf, -gräfin *m,f*

chat-huant [ʃayɑ̃] M ⟨chats-huants⟩ Waldkauz *m*

châtier [ʃatje] V/T *st/s* 1 (be)strafen 2 *adjt style* **châtié** gepflegt

chatière [ʃatjɛʀ] F 1 Durchschlupf *m* für Katzen 2 Lüftungsöffnung *f*

châtiment [ʃatimɑ̃] M **~ corporel** (körperliche) Züchtigung; Prügelstrafe *f*; **subir, recevoir un ~** bestraft, gezüchtigt werden

chatoiement [ʃatwamɑ̃] M Schillern *n*

chaton [ʃatõ] M 1 ZOOL, BOT Kätzchen *n* 2 ORFÈVRERIE Fassung *f*

chatouillement [ʃatujmɑ̃] M Kitzel(n) *m(n)*

chatouiller [ʃatuje] V/T 1 kitzeln 2 *fig le palais* kitzeln; *la vanité de qn* schmeicheln (+ *dat*)

chatouilles [ʃatuj] FPL *fam* **faire des ~ à qn** j-n kitzeln

chatouilleux [ʃatujø] ADJ ⟨-euse [-øz]⟩ kitz(e)lig (*a. fig*)

chatoyant [ʃatwajɑ̃] ADJ ⟨-ante [-ɑ̃t]⟩ schillernd **chatoyer** [-e] V/I ⟨-oi-⟩ schillern

châtré [ʃɑtʀe] ADJ ⟨~e⟩ kastriert; verschnitten **châtrer** [-e] V/T kastrieren; verschneiden

chatte [ʃat] F 1 ZOOL (weibliche) Katze 2 *adjt*

fig **elle est ~** sie ist anschmiegsam wie ein Kätzchen **3** *pop (sexe de la femme) pop* Muschi *f*
chatter [tʃate] VI INFORM chatten
chatteries [ʃatʀi] FPL **1** **faire des ~ à qn** zu j-m zärtlich sein **2** Leckereien *fpl*
chatterton [ʃatɛʀtɔn] M Isolierband *n*
chaud [ʃo] **A** ADJ ⟨chaude [ʃod]⟩ **1** warm (*a. vêtement*); *plus fort* heiß; **vin ~** Glühwein *m*; **manger ~** etwas Warmes essen; **servir ~** heiß servieren **2** *fig félicitations, couleur, voix* warm; *discussion, tempérament* hitzig; *partisan* glühend; *bataille*, POL *journées* heiß; **nouvelle toute ~e** brühwarme Neuigkeit; **point ~** *(question controversée)* brennende Frage; brennendes Problem; *(sujet délicat)* heißes Eisen; **quartier ~** gefährliches Viertel; **il n'est pas très ~ (pour ce projet)** er kann sich dafür nicht recht erwärmen; *opérer* **à ~** bei akuter Entzündung; **reportage** *m* **à ~** Live-Reportage *f* **B** M Wärme *f*; *plus fort* Hitze *f*; **au ~** im Warmen; *plat* **garder, tenir au ~** warm stellen; **j'ai ~** mir ist warm, *plus fort* heiß; *fig* **j'ai eu ~** *fam* mir wurde ziemlich mulmig; **il fait ~** es ist warm, *plus fort* heiß; *fig* **ça ne me fait ni ~ ni froid** das ist mir gleichgültig, egal; **prendre un ~ et froid** sich verkühlen(, wenn man schwitzt)
chaudement [ʃodmɑ̃] ADV warm; *fig a.* wärmstens
chaud-froid M ⟨chauds-froids⟩ *Geflügel-, Wildsülze*
chaudière [ʃodjɛʀ] F (Heiz)Kessel *m*
chaudron [ʃodʀɔ̃] M (Koch)Kessel *m*
chaudronnerie [ʃodʀɔnʀi] F **1** *usine* Blech- *ou* Kupferschmiede *f* **2** *objets* Blech- *ou* Kupferwaren *fpl*
chaudronnier [ʃodʀɔnje] M Kessel- *ou* Kupferschmied *m*
chauffage [ʃofaʒ] M Heizung *f*; **~ central** Zentralheizung *f*; **~ solaire** Solarheizung *f*; **~ au gaz, au mazout** Gas-, Ölheizung *f*; **appareil** *m* **de ~** Heizgerät *n*; **bois** *m* **de ~** Brennholz *n*; **arrêter, mettre le ~** die Heizung aus-, anstellen
chauffagiste [ʃofaʒist] M Heizungsmonteur *m*
chauffant [ʃofɑ̃] ADJ ⟨-ante [-ɑ̃t]⟩ Heiz…; beheizbar
chauffard [ʃofaʀ] M Verkehrsrowdy *m*
chauffe-biberon [ʃofbibʀɔ̃] M ⟨chauffe-biberons⟩ (Baby)Flaschenwärmer *m* **chauffe-eau** M (! unveränderlich) Heiß-, Warmwasserbereiter *m* **chauffe-plats** M (! unveränderlich) Warmhalteplatte *f*
chauffer [ʃofe] **A** VT erwärmen; *plus fort* erhitzen; *appartement* heizen **B** VI **1** warm, *plus fort* heiß werden; sich erwärmen; **faire ~** warm, heiß machen; erhitzen; *le manger* (auf)wärmen; *moteur* warm laufen lassen; **mettre de l'eau à ~** Wasser aufsetzen **2** *moteur, essieu* (sich) heiß laufen **3** *poêle, combustible* heizen; *soleil* brennen **4** *fam fig* **ça va ~** *fam* es ist dicke Luft **C** V/PR **se ~** **1** sich wärmen (**au soleil** an der Sonne) **2** heizen (**au bois** mit Holz)
chaufferette [ʃofʀɛt] F Fußwärmer *m*
chaufferie [ʃofʀi] F Heizraum *m*; Heizungskeller *m*
chauffeur [ʃofœʀ] M Fahrer(in) *m(f)*; Chauffeur *m*; **~ de taxi** Taxifahrer(in) *m(f)*, -chauffeur *m*
chauffeur-livreur [ʃofœʀlivʀœʀ] M ⟨chauffeurs-livreurs⟩ Verkaufsfahrer *m*; Ausfahrer *m*
chauffeuse [ʃoføz] F tiefer Sessel
chauler [ʃole] VT kalken
chaume [ʃom] M **1** Stoppel *f*; *champ* Stoppelfeld *n* **2** **toit** *m* **de ~** Strohdach *n*
chaumière [ʃomjɛʀ] F **1** (strohgedeckte) Hütte **2** kleines Landhaus
chaussant [ʃosɑ̃] ADJ ⟨-ante [-ɑ̃t]⟩ *chaussures* **être ~es** gut sitzen; angenehm zu tragen sein
chaussée [ʃose] F Fahrbahn *f*
chausse-pied [ʃospje] M ⟨chausse-pieds⟩ Schuhanzieher *m*, -löffel *m*
chausser [ʃose] **A** VT **1** *chaussures* anziehen; *par ext skis* anschnallen; *fam lunettes* aufsetzen; **~ qn** j-m die Schuhe anziehen; **~ du 37** Schuhgröße 37 haben **2** *chaussures* **~ (qn) bien** gut sitzen **3** *véhicule* bereifen **B** V/PR **1** **se ~** (sich) die Schuhe anziehen **2** **se ~ chez X** s-e Schuhe bei X kaufen
chausse-trape [ʃostʀap] F ⟨chausse-trapes⟩ **1** Fallgrube *f* **2** *fig* Falle *f*
chaussette [ʃosɛt] F Kniestrumpf *m*; Socke *f*
chausson [ʃosɔ̃] M **1** Hausschuh *m*; *de bébés* Babyschuh *m*; **~ (de danse)** Ballettschuh *m* **2** **~ aux pommes** Apfeltasche *f*
chaussure [ʃosyʀ] F **1** Schuh *m*; **~s** *pl a.* Schuhwerk *n*; **~ basse** Halbschuh *m*; **~s de marche** Straßenschuhe *mpl*; **~s de ski** Skistiefel *mpl*; **enlever ses, mettre des, ses ~s** die, s-e Schuhe, sich *(dat)* die Schuhe aus-, anziehen; *fig* **trouver ~ à son pied** das Passende finden **2** Schuhbranche *f*
chaut [ʃo] **peu me ~** das schert mich wenig
chauve [ʃov] ADJ kahl; kahlköpfig
chauve-souris [ʃovsuʀi] F ⟨chauves-souris⟩ Fledermaus *f*
chauvin [ʃovɛ̃] **A** ADJ ⟨-ine [-in]⟩ chauvinistisch **B** **~(e)** M(F) Chauvinist(in) *m(f)*
chauvinisme [ʃovinism] M Chauvinismus *m*
chaux [ʃo] F Kalk *m*; *fig* **être bâti à ~ et à sable** e-e robuste Natur haben
chavirement [ʃaviʀmɑ̃] M Kentern *n*
chavirer [ʃaviʀe] **A** VT *fig* ADJT **j'en suis tout**

chaviré das hat mich zutiefst berührt, aufgewühlt **B** VI kentern; **faire ~** zum Kentern bringen

chéchia [ʃeʃja] F (*Art*) Fes *ou* Fez *m*

check-list [ʃɛklist] F ⟨check-lists⟩ AVIAT Checklist(e) *f*

check-up [(t)ʃɛkœp] M (! unveränderlich) Generaluntersuchung *f*; Check-up *m ou n*

chef [ʃɛf] M, *fam a.* F **1** Chef(in) *m(f)*; (An)Führer(in) *m(f)*; Leiter(in) *m(f)*; Vorsteher(in) *m(f)*; Oberhaupt *n*; *d'indigènes* Häuptling *m*; **chef comptable** Haupt-, Oberbuchhalter *m*; **chef (cuisinier)** Chefkoch *m*; Küchenchef *m*; **chef de bande** Bandenchef *m*, -führer *m*; **chef de chantier** Bauführer *m*, -leiter *m*; **chef d'entreprise** Unternehmer *m*; **chef d'État, de l'État** Staatsoberhaupt *n*, -chef *m*; **chef de famille** Familienoberhaupt *n*; ADMIN Haushaltungsvorstand *m*; **chef de file** (An)Führer *m*; führender Kopf; **chef d'orchestre** Dirigent *m*; Kapellmeister *m*; **chef de produit** Produktmanager *m*; **chef de service** Abteilungsleiter *m*; **médecin-chef** Chefarzt *m*; **rédacteur** *m* **en chef** Chefredakteur *m* **2** **au premier chef** in erster Linie; **de son propre chef** auf eigene Faust; von sich aus; eigenmächtig **3** JUR **chef d'accusation** (Haupt)Anklagepunkt *m*

chef-d'œuvre [ʃɛdœvʀ] M ⟨chefs-d'œuvre⟩ Meisterwerk *n*

chef-lieu M ⟨chefs-lieux⟩ Hauptort *m*

cheftaine [ʃɛftɛn] F *de scouts* Führerin *f*

cheik(h) [ʃɛk] M Scheich *m*

chelem [ʃlɛm] M SPORT **faire le grand ~** e-e Siegesserie für sich verbuchen können

chemin [ʃ(ə)mɛ̃] M **1** Weg *m* (**de** nach, zu) (*a. fig*); **~ creux** Hohlweg *m*; CATH **~ de croix** Kreuzweg *m*; **~ du retour** Heim-, Rückweg *m*; FORTIFICATIONS **~ de ronde** Wehrgang *m*; **~ de terre** Feldweg *m*; **en ~** unterwegs; **être en ~** unterwegs sein; *fig* **aller son (petit bonhomme de) ~** unbeirrt s-n Weg gehen; sich nicht beirren lassen; *fig* **ne pas y aller par quatre ~s** nicht lange fackeln; nicht viel Federlesens, Umstände machen; **~ faisant** unterwegs; während der Fahrt; **faire du ~** (gut) vorwärtskommen; vorankommen (*a. fig*); *fig* **faire son ~** s-n Weg machen; *idée* sich allmählich durchsetzen; **passer son ~** weitergehen; *fig* **reprendre le ~ de l'école** wieder die Schulbank drücken; *prov* **tous les ~s mènent à Rome** alle Wege führen nach Rom (*prov*) **2** **~ de table** Tischläufer *m*

chemin de fer [ʃ(ə)mɛ̃dfɛʀ] M (Eisen)Bahn *f*; **voyager en ~** mit der Bahn reisen

chemineau [ʃ(ə)mino] M ⟨~x⟩ Landstreicher *m*; *fam* Tippelbruder *m*

cheminée [ʃ(ə)mine] F **1** (offener) Kamin; *conduit* Schornstein *m*; Esse *f*; Rauchfang *m*; **~ d'usine** Fabrikschornstein *m*; (Fabrik)Schlot *m* **2** ESCALADE Kamin *m* **3** *de volcan* Schlot *m*

cheminement [ʃ(ə)minmɑ̃] M Wandern *n*; *des eaux* langsames Rinnen

cheminer [ʃ(ə)mine] VI **1** s-s Weges ziehen **2** *fig idée* sich allmählich durchsetzen

cheminot [ʃ(ə)mino] M Eisenbahner *m*

chemise [ʃ(ə)miz] F **1** Hemd *n*; *d'homme a.* Oberhemd *n*; *dessous féminin* Unterhemd *n*; **~ de nuit** Nachthemd *n*; *fig* **changer d'avis comme de ~** s-e Meinung wie sein Hemd wechseln; **il donnerait sa ~** er würde sein letztes Hemd hergeben; *fam* **je m'en moque comme de ma première ~** *fam* das ist mir piepe, schnurzegal **2** *pour documents* Aktendeckel *m*

chemiserie [ʃ(ə)mizʀi] F Herrenwäschegeschäft *n* **chemisette** [-ɛt] F kurzärm(e)liges Sporthemd

chemisier [ʃ(ə)mizje] M Hemdbluse *f*; *adjt* **robe** *f* **~** Hemdblusenkleid *n*

chenal [ʃənal] M ⟨-aux [-o]⟩ Fahrrinne *f*

chenapan [ʃ(ə)napɑ̃] M *plais* Strolch *m*; Schlingel *m*

chêne [ʃɛn] M Eiche *f*; **de, en ~** eichen; Eichen…

chéneau [ʃeno] M ⟨~x⟩ Dachrinne *f*

chêne-liège M ⟨chênes-lièges⟩ Korkeiche *f*

chenet [ʃənɛ] M Feuerbock *m*

chenil [ʃənil] M Hundezwinger *m*

chenille [ʃ(ə)nij] F **1** ZOOL Raupe *f* **2** **véhicule** *m* **à ~s** Raupen-, Gleiskettenfahrzeug *n*

chenillé [ʃ(ə)nije] ADJ ⟨~e⟩ *véhicule* Gleisketten…; Raupen…

chenu [ʃəny] *litt* ADJ ⟨~e⟩ weißhaarig

cheptel [ʃɛptɛl] M Vieh(bestand) *n(m)*; **~ bovin** Rinderbestand *m*

chèque [ʃɛk] M Scheck *m* (**de mille euros** über tausend Euro); **~ postal** Postscheck *m*; **~ au porteur** Inhaber-, Überbringerscheck *m*; **~ de voyage** Reisescheck *m*; *fam* **~ en bois** ungedeckter Scheck; **faire un ~** e-n Scheck ausstellen; **payer par ~** mit, durch, per Scheck (be)zahlen

chèque-cadeau M ⟨chèques-cadeau⟩ Geschenkgutschein *m* **chèque-restaurant** M ⟨chèques-restaurant⟩ Essen(s)marke *f*

chéquier [ʃekje] M Scheckheft *n*, -buch *n*

cher [ʃɛʀ] **A** ADJ ⟨chère⟩ **1** lieb; *st/s* teuer; *st/s* wert; **(mes) ~s auditeurs** liebe *ou* verehrte Zuhörer; **mon vœu le plus ~** mein innigster Wunsch **2** (*coûteux*) teuer; kostspielig; (*précieux*) kostbar; **vie chère** hohe Lebenshaltungskosten *pl* **B** ADV teuer; **moins ~** billiger; *fam* **je l'ai eu pour pas ~** *fam* ich hab es billig gekriegt; **payer ~** teuer bezahlen (*a. fig erreur, etc*); *fig* **il me le payera ~!** das wird er mir büßen!; **vendre ~** teuer verkaufen (*a. fig sa vie*)

Cher [ʃɛʀ] **le ~** *Fluss u. Departement in Frankreich*

Cherbourg [ʃɛʀbuʀ] *Stadt im Departement Manche*

chercher [ʃɛʀʃe] **A** VT **1** suchen (*a. abs*); **~ qn, qc** j-n, etw suchen; nach j-m, etw suchen; **~ ses mots** nach Worten suchen; **~ du secours** Hilfe holen; **~ qn du regard, des yeux** sich nach j-m umsehen; nach j-m Ausschau halten **2** **aller ~ qn, qc** j-n, etw holen; **venir ~ qn, qc** j-n, etw abholen; etw holen **3** *danger* suchen; herausfordern; **~ l'accident** es auf e-n Unfall ankommen lassen, *plus fort* anlegen; **il l'a cherché!** er hat es herausgefordert! **4** *fam* **~ qn** mit j-m Streit, Händel suchen, anfangen wollen **B** VT INDIR **1** **~ à** (+ *inf*) (ver)suchen zu (+ *inf*); **~ à plaire** *a.* gefallen wollen **2** *fam* **~ après qn** j-n, nach j-m suchen **3** *fam* **ça va ~ dans les mille euros** das kostet etwa, an die tausend Euro

chercheur [ʃɛʀʃœʀ] M **1** Forscher *m* **2** **~ d'or** Goldsucher *m*, -gräber *m*

chercheuse [ʃɛʀʃøz] F **1** Forscherin *f* **2** *adjt d'une fusée* **tête ~** Suchkopf *m*

chère [ʃɛʀ] F **aimer la bonne ~** gerne gut essen; **faire bonne ~** gut essen

chèrement [ʃɛʀmɑ̃] ADV *victoire, succès* **payer ~** teuer bezahlen, erkaufen

chéri [ʃeʀi] **A** ADJ ⟨~e⟩ geliebt; lieb **B** **~(e)** M(F) Liebling *m*; Schatz *m*

chérir [ʃeʀiʀ] VT (zärtlich) lieben; **~ le souvenir de qn** j-s in Liebe gedenken

chérot [ʃeʀo] *fam* ADJ ⟨*nur m*⟩ *fam* ganz schön teuer

cherté [ʃɛʀte] F **~ de la vie** hohe Lebenshaltungskosten *pl*

chérubin [ʃeʀybɛ̃] M *d'un enfant* Engelchen *n*

chétif [ʃetif] ADJ ⟨-ive [-iv]⟩ *enfant* schwächlich; schmächtig; *plante* kümmerlich

cheval [ʃ(ə)val] M ⟨-aux [-o]⟩ **1** Pferd *n*; *fam* Gaul *m*; *st/s* Ross *n*; **~ blanc** Schimmel *m*; **~ noir** Rappe *m*; *fig* **~ de bataille** Lieblingsthema *n*; Steckenpferd *n*; **~ de course** Rennpferd *n*; *fig* **fièvre de ~** starkes, hohes Fieber; *fig* **remède** *m* **de ~** *fam* Rosskur *f*; **à ~** zu Pferd(e); beritten; **à ~!** aufsitzen!; **à ~ sur** rittlings sitzend auf (+ *dat*); *fig* in beide (+ *subst*) hineinreichend; *fig* **être à ~ sur les principes** ein Prinzipienreiter sein; **aller à ~** reiten; *fig* **monter sur ses grands chevaux** aufbrausen; *fam* hochgehen; **ça ne se trouve pas sous le pas, sous le sabot d'un ~** das (*das Geld*) kann man nicht so einfach aus dem Ärmel schütteln; das liegt nicht auf der Straße **2** (*équitation*) Reiten *n*; Reitsport *m*; **faire du ~** reiten; (den) Reitsport betreiben **3** (**jeu** *m* **de**) **petits chevaux** *pl* Mensch-ärgere-dich-nicht *n* **4** *fam fig* **un grand ~** e-e große derbknochige Frau; *fig* (**vieux**) **~ de retour** *fam* alter Bekannter der Polizei; *fam* **c'est pas un mauvais ~** er *ou* sie ist kein schlechter Kerl **5** PHYS (*abr* **ch**) Pferdestärke *f* (*abr* PS *n*); HIST AUTO **~ (fiscal)** (*abr* **CV**) französisches Steuer-PS *n*; *par ext* **une dix chevaux** ≈ ein Wagen *m* mit 80 PS

chevaleresque [ʃ(ə)valʀɛsk] ADJ ritterlich

chevalerie [ʃ(ə)valʀi] F Rittertum *n*

chevalet [ʃ(ə)valɛ] M **1** Bock *m*; Gestell *n*; *de peintre* Staffelei *f* **2** *de violon* Steg *m*

chevalier [ʃ(ə)valje] M Ritter *m*; *iron* **~ servant** ständiger Begleiter

chevalière [ʃ(ə)valjɛʀ] F Siegelring *m*

chevalin [ʃ(ə)valɛ̃] ADJ ⟨-ine [-in]⟩ Pferde…

cheval-vapeur M ⟨chevaux-vapeur⟩ TECH Pferdestärke *f*

chevauchée [ʃ(ə)voʃe] F (Spazier)Ritt *m*

chevauchement [ʃ(ə)voʃmɑ̃] M Überlappung *f*; *de tuiles* Sichüberdecken *n*; *fig* Überschneidung *f*

chevaucher [ʃ(ə)voʃe] **A** VT reiten auf (+ *dat*) **B** VI (*et* VPR **se**) **~** übereinanderstehen (*a. dents*); übereinanderliegen; sich überlappen; *fig* sich überschneiden

chevêche [ʃəvɛʃ] F Steinkauz *m*

chevelu [ʃəvly] ADJ ⟨~e⟩ **1** **cuir ~** Kopfhaut *f* **2** *personne* langhaarig; mit dichtem Schopf

chevelure [ʃəvlyʀ] F **1** Haar *n* (*coll*) **2** *d'une comète* Schweif *m*

chevet [ʃ(ə)vɛ] M **1** **lampe** *f* **de ~** Nachttischlampe *f*; **livre** *m* **de ~** Lieblingsbuch *n*; **au ~ de qn** am (Kranken)Bett j-s **2** ARCH (Chor)Apsis *f*

cheveu [ʃ(ə)vø] M ⟨~x⟩ **1** (Kopf)Haar *n*; **~x** *pl* Haar(e) *npl*; *fig* **à un ~ près** um ein Haar; um Haaresbreite; *fig* **avoir un ~ sur la langue** mit der Zunge anstoßen; lispeln; *fig* **avoir mal aux ~x** *fam* e-n Kater, den *ou* e-n Katzenjammer haben; *fig* **couper les ~x en quatre** Haarspalterei treiben; ein Haarspalter sein; *fig* **faire dresser les ~x sur la tête à qn** j-m die Haare zu Berge stehen lassen; *fig* **se faire des ~x** sich (*dat*) große Sorgen machen; **il perd ses ~x** ihm gehen die Haare aus; *fig* **c'est tiré par les ~x** das ist an den Haaren herbeigezogen; *fig* **ça vient, arrive comme un ~ sur la soupe** das passt wie die Faust aufs Auge **2** **~x** *pl* **d'ange** feine Fadennudeln *fpl*; *décoration de Noël* Engelshaar *n* **3** BOT **~ de Vénus** Frauenhaar *n*

cheville [ʃ(ə)vij] F **1** ANAT (Fuß)Knöchel *m*; *par ext* Fessel *f*; *fig* **il ne lui arrive pas à la ~** er kann

C

ihm das Wasser nicht reichen; *fam fig* **tu as les ~s qui enflent** *fam* gib nicht so an!; bläh dich nicht so auf! **2** TECH Dübel *m*; *fig* **~ ouvrière** treibende Kraft; *fam fig* **être en ~ avec qn** mit j-m gut stehen **3** *de violon* Wirbel *m*

chevillé [ʃ(ə)vije] ADJ ⟨~e⟩ **avoir l'âme ~e au corps** ein zähes Leben haben

cheviller [ʃ(ə)vije] V/T verdübeln

chèvre [ʃɛvʀ] F **1** Ziege *f*; Geiß *f*; *fig* **ménager la ~ et le chou** es mit keinem verderben wollen **2** (**fromage** *m* **de**) **~** *m* Ziegenkäse *f*

chevreau [ʃəvʀo] M ⟨~x⟩ **1** Zicklein *n* **2** *cuir* Ziegenleder *n*

chèvrefeuille M Geißblatt *n*; Jelängerjelieber *n*

chevreuil [ʃəvʀœj] M Reh *n*

chevrier [ʃəvʀije] M, **chevrière** [-ijɛʀ] F Ziegenhirt(in) *m(f)*

chevron [ʃəvʀõ] M **1** CONSTR Dachsparren *m* **2** TEXT Fischgrätenmuster *n* **3** MIL Winkel *m*

chevronné [ʃəvʀɔne] ADJ ⟨~e⟩ erfahren; routiniert

chevrotant [ʃəvʀɔtã] ADJ ⟨-ante [-ãt]⟩ *voix* zitt(e)rig; zitternd **chevrotement** [-mã] M *de la voix* Zittern *n* **chevroter** [-e] V/I *voix* zitt(e)rig sein; zittern; *personne* mit zitt(e)riger Stimme singen, reden

chevrotin [ʃəvʀɔtɛ̃] M **1** ZOOL Rehkitz *n* **2** *ein Ziegenkäse*

chevrotine [ʃəvʀɔtin] F CH Posten *m*

chewing-gum [ʃwiŋgɔm] M ⟨chewing-gums⟩ Kaugummi *m ou n*

chez [ʃe] PRÉP bei (+ *dat*); zu (+ *dat*); **~ Voltaire** bei Voltaire; **~ moi** bei mir (zu Hause) *ou* zu mir (nach Hause); **derrière ~ moi** hinter meiner Wohnung, meinem Haus; **par ~ nous** bei uns; in unserer Gegend; **acheter qc ~ le boulanger** etw beim Bäcker kaufen; **aller ~ le coiffeur** zum Friseur gehen; **être ~ soi** zu Hause, daheim sein; **rentrer ~ soi** nach Hause gehen *ou* kommen; **je viens de ~ lui** ich komme von ihm, aus s-r Wohnung

chez-moi M, **chez-nous** M, **chez-soi** M, **chez-toi** M, **chez-vous** M (❗ alle unveränderlich) Zuhause *n*; Heim *n*; **je suis content de retrouver mon chez-moi** ich freue mich, wieder nach Hause zu kommen

chiadé [ʃjade] *fam* ADJ ⟨~e⟩ **1** (*difficile*) *fam* verzwickt **2** (*très travaillé*) ausgefeilt; sorgfältig ausgearbeitet

chialer [ʃjale] V/I *fam* heulen; *fam* flennen

chialeur [ʃjalœʀ] M, **chialeuse** [-øz] F *fam* Heulpeter *m*, -suse *f*

chiant [ʃjã] *pop* ADJ ⟨-ante [-ãt]⟩ *pop* beschissen; *pop* saublöd

chianti [kjãti] M Chianti(wein) *m*

chiasse [ʃjas] F *pop* **avoir la ~** *pop* Dünnschiss haben

chic [ʃik] **A** ADJ (❗ unveränderlich, im Plural ist auch **chics** möglich) **1** (*élégant*) schick; chic; **les gens ~(s)** die feinen Leute **2** *fam* **~ (alors)!** *fam* toll!; *fam* klasse!; **c'est ~ de ta part** das ist großartig, *fam* toll von dir **B** M **1** Schick *m*; (modischer) Pfiff; **bon ~ bon genre** → BCBG **2** *iron* **avoir le ~ pour faire qc** ein besonderes Geschick, Talent (dafür) haben, etw zutun

chicane [ʃikan] F **1** kleinliche Streiterei; Schikane *f*; **chercher ~ à qn** mit j-m Streit, Händel suchen **2** **~s** *pl* Zickzackdurchlass *m*; SPORTS Schikane *f*

chicaner [ʃikane] **A** V/T **~ qn** an j-m herumnörgeln; mit j-m Streit suchen; **~ sur les chiffres** es mit den Zahlen pedantisch genau nehmen; allzu kleinlich mit den Zahlen sein **B** V/PR **se ~** (sich) streiten

chicanerie [ʃikanʀi] F kleinliche Streiterei

chicaneur [-œʀ] ADJ ⟨-euse [-øz]⟩ streitsüchtig; nörglerisch

chiche [ʃiʃ] ADJ **1** kärglich; kümmerlich; **être ~ de compliments** mit Komplimenten sparsam sein, *fam* knausern **2** **pois** *m* **~** Kichererbse *f* **3** *fam* **~!** *fam* wetten dass!

chichement [ʃiʃmã] ADV *vivre* kümmerlich; kärglich

chichi [ʃiʃi] M Getue *n*; Gehabe *n*; **faire des ~s** sich zieren; Umstände machen

chichiteux [ʃiʃitø] *fam* ADJ ⟨-euse [-øz]⟩ geziert; formell

chicon [ʃikõ] M Chicorée *f ou m*

chicorée [ʃikɔʀe] F **1** **~ (frisée)** Endivie *f* **2** *boisson* Zichorienkaffee *m*

chicot [ʃiko] M Zahnstummel *m*

chicotin [ʃikɔtɛ̃] M **amer comme ~** galle(n)-bitter

chiée [ʃje] *pop* **une ~ de …** *fam* ein Haufen …

chien [ʃjɛ̃] M **1** Hund *m*; **~ d'aveugle, de chasse, de garde** Blinden-, Jagd-, Wachhund *m*; **coup** *m* **de ~** plötzlicher Sturm; *fam* **temps** *m* **de ~** *fam* Hunde-, Sauwetter *n*; *fam* **vie** *f* **de ~** *fam* Hundeleben *n*; *fam* **être d'une humeur de ~** *fam* e-e Stinklaune haben; *fam* **j'ai eu un mal de ~** *fam* es war irrsinnig schwer; **entre ~ et loup** in der Abenddämmerung; *fam* **j'ai été malade comme un ~** *fam* mir war hundeelend; *fam* **je lui garde un ~ de ma chienne** das soll er mir büßen; **recevoir qn comme un ~ dans un jeu de quilles** j-n sehr ungnädig, unfreundlich empfangen; **se regarder en ~s de faïence** sich feindselig anblicken **2** *fig* **avoir du ~** das gewisse Etwas haben **3** *du fusil* Hahn *m*; *être couché* **en ~ de fusil** mit angezogenen Beinen

chien-assis [ʃjɛ̃asi] M ⟨chiens-assis⟩ Dachgaube *f*
chiendent [ʃjɛ̃dɑ̃] M Quecke *f*
chienlit [ʃjɑ̃li] *fam* F Chaos *n*
chien-loup M ⟨chiens-loups⟩ Wolfshund *m*
chienne [ʃjɛn] F Hündin *f*
chier [ʃje] V/I *pop* 1 *pop* scheißen; *pop* kacken 2 *pop* **tu me fais ~** *fam* du tötest mir den letzten Nerv; *pop* **ça me fait ~** *fam* das stinkt mir; *pop* das kotzt mich an; *pop* **se faire ~** *fam* sich mopsen; **se faire ~ à faire qc** *fam* sich mit, bei etw abrackern
chiffe [ʃif] F *fig fam* Waschlappen *m*; Schlappschwanz *m*
chiffon [ʃifõ] M 1 *(étoffe usée)* Lumpen *m*; *pour nettoyer* Putzlappen *m*; **~ (à poussière)** Staubtuch *n*, -lappen *m* 2 *fig* **~ de papier** Fetzen *m* Papier; *fam* Wisch *m* 3 *fam* **parler ~s** über Mode reden
chiffonnade [ʃifɔnad] F CUIS Gericht *n* aus Kopfsalat und Sauerampfer
chiffonné [ʃifɔne] ADJ ⟨~e⟩ *vêtement* zerknittert; zerdrückt; *fam* zerknautscht; *papier* zerknüllt; *fig figure* eingefallen
chiffonner [ʃifɔne] A V/T *fig* **ça me chiffonne** das geht mir gegen den Strich B V/PR **se ~** *étoffe* (stark) knittern
chiffonnier [ʃifɔnje] M, **chiffonnière** [-jɛʀ] F Lumpensammler(in) *m(f)*
chiffrable [ʃifʀabl] ADJ bezifferbar
chiffrage [ʃifʀaʒ] M 1 *(évaluation)* Bezifferung *f* 2 *d'un message* Chiffrierung *f*; Verschlüsselung *f*
chiffre [ʃifʀ] M 1 Ziffer *f*; Zahlzeichen *n*; **~ arabe** arabische Ziffer, Zahl 2 *(montant)* Zahl *f*; Gesamtzahl *f*, -ziffer *f*; **~ d'affaires** Umsatz *m*; **en ~s ronds** in runden Zahlen 3 (Geheim)Kode *m*; Geheimschrift *f*
chiffrement [ʃifʀəmɑ̃] M Chiffrieren *n*
chiffrer [ʃifʀe] A V/T 1 beziffern, taxieren (**à** auf + *acc*) 2 *message* chiffrieren; verschlüsseln B V/I **ça finit par ~** das summiert sich C V/PR **se ~ par millions** sich auf Millionen beziffern, belaufen
chiffreur [ʃifʀœʀ] M Chiffreur *m*
chignole [ʃiɲɔl] F Handbohrmaschine *f*
chignon [ʃiɲõ] M (Haar)Knoten *m*; **cheveux ramassés en ~** zu e-m Knoten zusammengefasste Haare *npl*; *fam* **se crêper le ~** sich an den Haaren reißen; *fig* sich *(dat)* in den Haaren liegen; *fam* sich *(dat)* in die Wolle kriegen
chiite [ʃiit] A ADJ schiitisch B MPL **~s** Schiiten *mpl*
Chili [ʃili] **le ~** Chile *n*
chilien [ʃiljɛ̃] A ADJ ⟨-ienne [-jɛn]⟩ chilenisch B **Chilien(ne)** M(F) Chilene *m*, Chilenin *f*
chimère [ʃimɛʀ] F Schimäre *f*; Hirngespinst *n*; Trugbild *n*
chimérique [ʃimeʀik] ADJ *espoir* trügerisch; *projet* utopisch
chimie [ʃimi] F Chemie *f*
chimiothérapie [ʃimjɔteʀapi] F Chemotherapie *f*
chimique [ʃimik] ADJ chemisch; **produits** *mpl* **~s** Chemikalien *fpl*
chimiste [ʃimist] M/F Chemiker(in) *m(f)*; **ingénieur** *m* **~** Verfahrenstechniker *m*
chimpanzé [ʃɛ̃pɑ̃ze] M Schimpanse *m*
chinchilla [ʃɛ̃ʃila] M 1 ZOOL Chinchilla *f ou n* 2 *fourrure* Chinchilla(pelz) *n(m)*
Chine [ʃin] **la ~** China *n*
chiné [ʃine] ADJ ⟨~e⟩ TEXT chiniert
chiner [ʃine] A V/T *qn* aufziehen; foppen B V/I die Trödelläden, Flohmärkte abklappern
chineur [ʃinœʀ] M 1 Liebhaber *m* von Trödelwaren 2 *(taquin)* Schelm *m*
chinois [ʃinwa] A ADJ ⟨-oise [-waz]⟩ chinesisch B SUBST 1 **Chinois(e)** *m(f)* Chinese *m*, Chinesin *f* 2 LING **le ~** das Chinesische; Chinesisch *n*; *fam fig* **c'est du ~ (pour moi)** das sind böhmische Dörfer für mich
chinoiseries [ʃinwazʀi] FPL Schikanen *fpl*
chiot [ʃjo] M Welpe *m*; junger Hund
chiottes [ʃjɔt] FPL *pop* Scheißhaus *n*
chiper [ʃipe] *fam* V/T *fam* stibitzen; *fam* klauen
chipie [ʃipi] F *péj* Biest *n*; **quelle vieille ~!** *fam* dieser alte Drachen!
chipolata [ʃipɔlata] F *Schweinswürstchen*
chipotage [ʃipɔtaʒ] M kleinliche Streiterei; Nörgelei *f*
chipoter [ʃipɔte] V/I 1 **~ sur qc** an etw *(dat)* herumnörgeln 2 mit langen Zähnen essen
chips [ʃips] FPL (Kartoffel)Chips *mpl*
chique [ʃik] F 1 Kautabak *m*; Priem *m*; *fam fig* **couper la ~ à qn** j-m die Sprache, Rede verschlagen 2 *fam fig* dicke Backe
chiqué [ʃike] M *fam* **c'est du ~** *fam* das ist nur Mache
chiquenaude [ʃiknod] F Schnipser *m*; Schneller *m*; **faire tomber qc d'une ~** etw wegschnipsen *ou* -schnippen
chiquer [ʃike] V/I Tabak kauen; priemen; **tabac** *m* **à ~** Kautabak *m*
chiromancie [kiʀɔmɑ̃si] F Handlesekunst *f*
chiromancienne [-jɛn] F Handleserin *f*
chiropracteur [kiʀɔpʀaktœʀ] M MÉD Chiropraktiker *m* **chiropractie** [-pʀakti] *ou* **chiropraxie** [-pʀaksi] F MÉD Chiropraktik *f*
chirurgical [ʃiʀyʀʒikal] ADJ ⟨~e; -aux [-o]⟩ chirurgisch; **intervention ~e** chirurgischer Eingriff
chirurgie [ʃiʀyʀʒi] F Chirurgie *f*
chirurgien [ʃiʀyʀʒjɛ̃] M 1 Chirurg *m* 2 **~ den-**

C

tiste Zahnarzt *m*

chiure [ʃjyʀ] F Fliegendreck *m*

chlore [klɔʀ] M Chlor *n*

chloré [klɔʀe] ADJ chlorhaltig; Chlor… **chlorer** [-e] V/T *eau* chloren; chlorieren

chlorhydrique [klɔʀidʀik] ADJ **acide** *m* **~** Salzsäure *f*

chloroforme [klɔʀɔfɔʀm] M Chloroform *n* **chloroformer** [-e] V/T chloroformieren; (mit Chloroform) betäuben

chlorophylle [klɔʀɔfil] F Chlorophyll *n*; Blattgrün *n*

chlorure [klɔʀyʀ] M Chlorid *n*

choc [ʃɔk] M **1** (*coup*) Stoß *m*; Schlag *m*; Erschütterung *f*; (*impact*) An-, Aufprall *m*; (*collision*) Zusammenstoß *m*, -prall *m*; *fig* **c'est le ~ en retour de qc** etw erweist sich als Bumerang **2** (*émotion brutale*) Schock *m* (*a.* MÉD); **~ opératoire** Operationsschock *m*; **être encore sous le ~** noch unter Schock stehen; **ça m'a fait, donné un ~** das hat mir e-n Schlag versetzt; das war ein Schock für mich **3** MIL, POLICE Zusammenstoß *m*; **troupes** *fpl* **de ~** Eingreiftruppen *fpl*; **résister au ~** dem Angriff standhalten **4** *adjt* **argument** *m* **~** verblüffend treffendes Argument; **prix** *m* **~** sensationeller Preis

chochotte [ʃɔʃɔt] F *fam iron* **~!** die feine Dame!

chocolat [ʃɔkɔla] **A** M (❗ maskulin) **1** Schokolade *f*; **~ noir** dunkle Schokolade; Zartbitterschokolade *f*; **~ à croquer** bittere Schokolade; **~ à cuire, au lait, aux noisettes** Block-, Milch-, Nussschokolade *f* **2** **un ~** e-e Praline; **une boîte de ~s** e-e Schachtel Pralinen **3** *boisson* Kakao *m*; Schokolade *f* **B** ADJ (❗ unveränderlich) **1** schokolade(n)braun **2** *fam* **être ~** *fam* in die Röhre, in den Mond gucken

le chocolat — Schokolade

les chocolats (mpl) — Pralinen

chocolaté [ʃɔkɔlate] ADJ ⟨~e⟩ Schokolade(n)…; mit Schokolade

chocolaterie [ʃɔkɔlatʀi] F Schokolade(n)fabrik *f*

chocolatier [ʃɔkɔlatje] ADJ ⟨-ière [-jɛʀ]⟩ Schokolade(n)…

chocottes [ʃɔkɔt] FPL *fam* **avoir les ~** Angst, *fam* Bammel haben

chœur [kœʀ] M **1** Chor *m*; **en ~** im Chor **2** ARCH Chor *m*

choir [ʃwaʀ] V/I ⟨*défect*: je chois, il choit; je chus; chu⟩ *litt* (*tomber*) fallen; *fam fig* **laisser ~ qn** j-n fallen lassen

choisi [ʃwazi] ADJ ⟨~e⟩ ausgesucht; (aus)erlesen; *langage* gewählt; **morceaux ~s** ausgewählte Lesestücke *npl*

choisir [ʃwaziʀ] V/T **1** (*sélectionner*) (aus)wählen; (sich [*dat*]) aussuchen **2** *abs* (*décider*) wählen; e-e Wahl treffen; sich entscheiden (**de** + *inf* zu + *inf*)

choix [ʃwa] M **1** Wahl *f*; Auswahl *f*; (*décision*) Entscheidung *f*; **~ d'un métier** Berufswahl *f*; **au ~** nach Wahl; **je n'ai pas le ~** ich habe keine (andere) Wahl; **il a arrêté son ~ sur** s-e Wahl fiel auf (+ *acc*); **faire son ~** s-e Wahl treffen; **faire un bon, mauvais ~** e-e gute, schlechte Wahl treffen; gut, schlecht wählen **2** (*assortiment*) Auswahl *f* (**de** von, an + *dat*) **3** **de (premier) ~** erster Wahl, Güte; erstklassig; erlesen

choléra [kɔleʀa] M Cholera *f* **cholérique** [-ik] ADJ Cholera…

cholestérol (❗ Endung) [kɔlɛsteʀɔl] M Cholesterin *n*

chômage [ʃomaʒ] M Arbeitslosigkeit *f*; **~ partiel** Kurzarbeit *f*; **allocation** *f* **de ~** Arbeitslosenunterstützung *f*, -geld *n*; **être au ~** arbeitslos sein; **s'inscrire au ~** sich arbeitslos melden

chômé [ʃome] ADJ ⟨~e⟩ **jour ~** arbeitsfreier Tag

chômedu [ʃomdy] *argot* M Arbeitslosigkeit *f*; **être au ~** *fam* auf der Straße stehen

chômer [ʃome] V/I nicht arbeiten; *fig* **on ne chôme pas** *fam* wir haben ganz schön viel zu tun

chômeur [ʃomœʀ] M, **chômeuse** [ʃomøz] F Arbeitslose(r) *m/f(m)*; **chômeur partiel, chômeuse partielle** Kurzarbeiter(in) *m(f)*; **chômeur de longue durée** Langzeitarbeitslose(r) *m*

chope [ʃɔp] F Bierkrug *m*; (Bier)Seidel *n*

choper [ʃɔpe] *fam* V/T *rhume fam* kriegen; *fam* sich (*dat*) holen

chopine [ʃɔpin] *fam* F Flasche *f* Wein

choquant [ʃɔkɑ̃] ADJ ⟨-ante [-ɑ̃t]⟩ schockierend; anstößig; empörend
choquer [ʃɔke] V/T **1** *(offusquer)* **~ qn** j-n schockieren; bei j-m Anstoß erregen; **~ la vue** das Auge beleidigen; **être choqué** schockiert, entsetzt sein (**par, de** über *+ acc*) **2** *(traumatiser)* **être choqué** geschockt sein (**par** durch)
choral [kɔʀal] M ⟨-als⟩ Choral *m*
chorale [kɔʀal] F Chor *m*; Gesangverein *m*
chorégraphe (❗ chorégraphe) [kɔʀegʀaf] M/F Choreograph(in) *m(f)* **chorégraphie** (❗ chorégraphie) [-i] F Choreographie *f* **chorégraphique** (❗ chorégraphique) [-ik] ADJ choreographisch; Tanz…
choriste [kɔʀist] M/F Chorsänger(in) *m(f)*, -mitglied *n*
chorus [kɔʀys] M **faire ~** im Chor einfallen
chose [ʃoz] F **1** Ding *n*; Sache *f*; **autre chose** etwas and(e)res; **la même chose** dasselbe; das Gleiche; **(vous lui direz) bien des choses de ma part** richten Sie ihm *ou* ihr viele Grüße von mir aus; **avant toute chose** vor allen Dingen; **de deux choses l'une** eins von beiden; **je vais vous dire une chose** ich werde Ihnen etwas sagen; **voilà où en sont les choses** so steht die Sache; so liegen die Dinge; **c'est chose faite** die Sache ist erledigt; **bien faire les choses** großzügig sein; *fam* sich nicht lumpen lassen; **parler de choses et d'autres** von diesem und jenem sprechen **2** *pr indéf* **quelque chose** etwas; *fam* was; **quelque chose de beau** etw Schönes; **c'est quelque chose!** das ist allerhand!; **vous prendrez bien (un petit) quelque chose?** ich darf Ihnen doch etwas, e-e Kleinigkeit anbieten? **3** *fam* **être porté sur la chose** *fam* scharf auf Frauen sein **4** *m fam (truc) fam* Dings(da, -bums) *n* **5** *adjt* **se sentir tout chose** sich unbehaglich fühlen
chou [ʃu] M ⟨~x⟩ **1** Kohl *m*; *all Sud a.* Kraut *n*; **un ~** ein Kohlkopf *m*; **~ rouge** Rotkohl *m*; **~ de Bruxelles** Rosenkohl *m*; **~ de Milan** Wirsing(-kohl) *m*; **bête comme ~** kinderleicht; *fam fig* **il a fait ~ blanc** *fam* das ist in die Hose gegangen; *fam fig* **faire ses ~x gras** *fam* e-n guten Schnitt machen (**de qc** bei etw); *bébés* **naître dans les ~x** vom Storch gebracht werden; *fam fig* **il lui est rentré dans le ~** er hat ihn angegriffen **2** *fig* **mon (petit) ~**, *f a.* **ma choute** [ʃut] (mein) Liebling *m*, Schätzchen *n*; **un (petit) bout de ~** ein Käsehoch *m*; *adjt* **ce qu'il est ~!** ist der süß, niedlich! **3** **~ à la crème** Windbeutel *m*; **pâte** *f* **à ~** Brandteig *m*
choucas [ʃuka] M Dohle *f*
chouchen [ʃuʃɛn] M *bretonischer Honigwein*
chouchou [ʃuʃu] *fam* M ⟨~s⟩, **chouchoute** [ʃuʃut] *fam* F Liebling *m*
chouchouter [ʃuʃute] *fam* V/T (ver)hätscheln
choucroute [ʃukʀut] F Sauerkraut *n*
chouette[1] [ʃwɛt] F ZOOL Eule *f*
chouette[2] ADJ *fam* toll; *fam* klasse
chou-fleur M ⟨choux-fleurs⟩ Blumenkohl *m*
chouïa [ʃuja] *fam* **un ~** ein wenig, bisschen
chou-navet M ⟨choux-navets⟩ Kohl-, Steckrübe *f* **chou-rave** M ⟨choux-raves⟩ Kohlrabi *m*
chouraver [ʃuʀave] *argot* V/T *fam* klauen
choute [ʃut] → chou 2
chow-chow [ʃoʃo] M ⟨chows-chows⟩ ZOOL Chow-Chow *m*
choyer [ʃwaje] V/T ⟨-oi-⟩ umhegen
chrême [kʀɛm] M ÉGL **(saint) ~** Chrisam *n ou m*; Salböl *n*
chrétien [kʀetjɛ̃] **A** ADJ ⟨-ienne [-jɛn]⟩ christlich **B** **~(ne)** M(F) Christ(in) *m(f)*
chrétien-démocrate [kʀetjɛ̃demɔkʀat] ADJ POL christlich-demokratisch
chrétiennement [kʀetjɛnmɑ̃] ADV christlich; im christlichen Glauben
chrétienté [kʀetjɛ̃te] F Christenheit *f*
Christ [kʀist] M **1** **le ~** Christus *m* **2** **christ** Christus(figur *f*, -bild *n*) *m*
christianisation [kʀistjanizasjõ] F Christianisierung *f* **christianiser** [-ize] V/T christianisieren **christianisme** [-ism] M Christentum *n*
chromatique [kʀɔmatik] ADJ **1** MUS, OPT chromatisch **2** BIOL **réduction** *f* **~** Chromosomenreduktion *f*
chrome [kʀom] M **1** Chrom *n* **2** **~s** *pl* Chromteile *mpl*
chromé [kʀome] ADJ ⟨~e⟩ verchromt; Chrom… **chromer** [-e] V/T verchromen
chromo [kʀomo] M **1** Farbdruck *m* **2** *péj* billige, kitschige Reproduktion
chromosome [kʀomozom] M Chromosom *n* **chromosomique** [-ik] ADJ Chromosomen…
chronicité [kʀɔnisite] F chronischer Verlauf, Charakter
chronique [kʀɔnik] **A** ADJ chronisch **B** F **1** Chronik *f* (*a.* HIST) **2** MÉDIA Bericht *m*; Rundschau *f*; Magazin *n*
chroniqueur [kʀɔnikœʀ] M **1** HIST Chronist *m* **2** **~ sportif** Sportredakteur *m*
chrono [kʀono] M ABR *fam* (chronomètre) **faire du 130 ~** *fam* 130 gestoppte Stundenkilometer fahren
chronologie [kʀɔnɔlɔʒi] F Chronologie *f*; chronologische, zeitliche Abfolge
chronologique [kʀɔnɔlɔʒik] ADJ **ordre** *m* **~** chronologische Reihenfolge
chronométrage [kʀɔnɔmetʀaʒ] M Zeitnah-

me *f*; Zeitmessung *f* **chronomètre** M Stoppuhr *f* **chronométrer** V/T ‹-è-› stoppen; mit der Stoppuhr messen **chronométreur** M Zeitnehmer *m* **chronométrie** [-metʀi] F Chronometrie *f*; Zeitmessung *f* **chronométrique** ADJ chronometrisch

chrysalide [kʀizalid] F ZOOL Puppe *f*; *fig* **sortir de sa ~** sich entfalten

chrysanthème [kʀizɑ̃tɛm] M Chrysantheme *f*

ch'timi [ʃtimi] *fam* M Nordfranzose *m*

CHU [seaʃy] M (! unveränderlich) ABR (centre hospitalier universitaire) Universitätsklinikum *n*

chuchotement [ʃyʃɔtmɑ̃] M Geflüster *n*; Getuschel *n*

chuchoter [ʃyʃɔte] V/T *et* V/I flüstern; tuscheln; wispern; **~ qc à qn** j-m etw zuflüstern

chuchoteries [ʃyʃɔtʀi] FPL Getuschel *n*; Tuscheleien *fpl*

chuintante [ʃɥɛ̃tɑ̃t] F Zischlaut *m*; Sch-Laut *m*

chuintement [ʃɥɛ̃tmɑ̃] M **1** *vice de prononciation* Aussprache *f* sch statt s **2** *de la vapeur* Zischen *n*

chuinter [ʃɥɛ̃te] V/I *vapeur* zischen

chut [ʃyt] INT pst!; st!; still!

chute [ʃyt] F **1** *d'une personne* Fall *m* (*a. morale*); Sturz *m*; **faire une ~** stürzen, fallen (**de bicyclette** vom Fahrrad) **2** *de choses* Fall *m* (*a.* PHYS); *fig des cours, des prix, de température* Sturz *m*; **~ des cheveux** Haarausfall *m*; **~ d'eau** Wasserfall *m*; **~s de neige** Schneefälle *mpl*; **les ~s du Niagara** die Niagarafälle *mpl*; **~ de pierres** Steinschlag *m*; ÉLEC **~ de tension** Spannungsabfall *m*; **point** *m* **de ~** *d'un projectile* Einschlagstelle *f*; *fig* Bleibe *f*; Standort *m*; **en ~ libre** PHYS in freiem Fall; *fig* ÉCON auf Talfahrt **3** POL *d'un régime* Sturz *m*; MIL *d'une ville* Fall *m*; **la ~ du mur de Berlin** der Fall der Berliner Mauer **4** **~ de cuir** Lederrest *m*, -abfall *m* **5** **avoir une belle ~ de reins** ein wohlgeformtes Gesäß haben **6** *d'un texte* Schlusspointe *f*

chuter [ʃyte] *fam* V/I **1** fallen; stürzen **2** *fig* scheitern

Chypre [ʃipʀ] Zypern *n*

chypriote [ʃipʀijɔt] **A** ADJ zyprisch; zypriotisch **B** M/F **Chypriote** Zyprer(in) *m(f)*; Zypriot(in) *m(f)*

ci [si] **A** ADV hier; **ce banc-~** diese Bank (hier); **ces jours-~** dieser Tage; in diesen Tagen **B** PR DÉM *fam* **comme ~ comme ça** *fam* so lala

ci-après [siapʀɛ] ADV weiter unten; nachstehend (angeführt)

cibiste [sibist] M/F CB-Funker(in) *m(f)*

cible [sibl] F **1** Zielscheibe *f* (*a. fig*); Schießscheibe *f*; Ziel *n* **2** *adjt* **langue** *f* **~** Zielsprache *f* **3** PUBLICITÉ Zielgruppe *f*

ciboire [sibwaʀ] M CATH Ziborium *n*; Speisekelch *m*

ciboulette [sibulɛt] F Schnittlauch *m*

ciboulot [sibulo] M *fam* Schädel *m*; *fam* Dez *m*

cicatrice [sikatʀis] F Narbe *f* (*a. fig*)

cicatrisant [sikatʀizɑ̃] ADJ ‹-ante [-ɑ̃t]› *remède* die Narbenbildung fördernd; Wundheilungs... **cicatrisation** [-asjõ] F Vernarbung *f*; Narbenbildung *f*

cicatriser [sikatʀize] **A** V/T *blessure, a. fig* vernarben lassen **B** V/I (*et* V/PR **se**) **~** vernarben (*a. fig*); zuheilen

ci-contre ADV nebenstehend

ci-dessous ADV nachstehend; weiter unten

ci-dessus ADV weiter oben

cidre [sidʀ] M Apfelwein *m*; Most *m*

cidrerie [sidʀəʀi] F Apfelweinkellerei *f*

Cie ABR (compagnie) Co.

ciel [sjɛl] M ‹cieux [sjø], PEINT ~s› Himmel *m* (*a.* REL, ASTRON, PEINT); **~ de lit** ‹~s› Betthimmel *m*; *adjt* **(bleu) ~** (! unveränderlich) himmelblau; **à ~ ouvert** MINES im Tagebau; *égout* offen; **dans le ~** am Himmel; **sous d'autres cieux** unter e-m anderen Himmelsstrich; **aller au ~** in den Himmel kommen; *fig* **remuer ~ et terre** Himmel und Hölle, alle Hebel in Bewegung setzen; *fig* **tomber du ~** im richtigen Moment, zur rechten Zeit, *fam* wie gerufen kommen

cierge [sjɛʀʒ] M (lange Wachs)Kerze

cieux [sjø] MPL → ciel

cigale [sigal] F Zikade *f*

cigare [sigaʀ] M (! maskulin) Zigarre *f*

cigarette [sigaʀɛt] F **1** Zigarette *f* **2** **~ (russe)** Hohlwaffel *f*

cigarillo [sigaʀijo] M Zigarillo *m ou n*

ci-gît [siʒi] hier ruht

cigogne [sigɔɲ] F Storch *m*; **nid** *m* **de ~** Storchennest *n*

ciguë [sigy] F Schierling *m*; **boire la ~** den Schierlingsbecher trinken

ci-inclus *ou* **ci-joint** ADJ *et* ADV an-, beiliegend; in der *ou* als Anlage; anbei

cil [sil] M (Augen)Wimper *f*

cilice [silis] M Büßerhemd *n*, -gewand *n*

ciller [sije] V/I zwinkern; blinzeln; *fig* **ne pas ~** *fam* nicht mucksen

cimaise [simɛz] F **1** ARCH Karnies *n* **2** **avoir les honneurs de la ~** an bevorzugter Stelle ausgestellt sein

cime [sim] F *d'un arbre* Wipfel *m*; Krone *f*; *d'une montagne* Gipfel *m*; Spitze *f*

ciment [simɑ̃] M Zement *m*

cimentation [simɑ̃tasjõ] F Zementierung *f*

cimenter [simɑ̃te] V/T **1** zementieren **2** *fig amitié* festigen

cimenterie [simɑ̃tʀi] F *usine* Zementwerk *n* **cimentier** [-je] M Zementarbeiter *m*

cimeterre [simtɛʀ] M Krummsäbel *m*
cimetière [simtjɛʀ] M Friedhof *m*; Kirchhof *m*; *par ext* ~ **de voitures** Autofriedhof *m*
cimier [simje] M Helmzier *f*
ciné [sine] M ABR *fam* (cinéma) Kino *n*
cinéaste [sineast] M/F Cineast(in) *m(f)*; Filmschaffende(r) *m/f(m)*; Filmemacher(in) *m(f)*
ciné-club M ⟨ciné-clubs⟩ Filmklub *m*
cinéma [sinema] M **1** Film(kunst) *m(f)*; Filmen *n*; Kino *n*; *par ext* Filmbranche *f*; **faire du** ~ Filmschauspieler(in) sein; filmen **2** (**salle** *f* **de**) ~ Kino *n*; Filmtheater *n*; **aller au** ~ ins Kino gehen **3** *fam fig* **c'est du** ~ das ist doch nur Theater
cinémascope® [sinemaskɔp] M Cinemascope® *n*; **film** *m* **en** ~ Cinemascopefilm® *m*
cinémathèque [sinematɛk] F Filmarchiv *n*; Filmothek *f*
cinématographie [sinematɔgʀafi] F Kinematographie *f* **cinématographique** [-ik] ADJ kinematographisch; Film...
cinéphile [sinefil] M/F Filmkenner(in) *m(f)*; Filmfan *m*
cinéraire [sineʀɛʀ] ADJ **urne** *f* ~ Aschen-, Graburne *f*
cinétique [sinetik] ADJ kinetisch
cingalais [sɛ̃galɛ] ADJ ⟨-aise [-ɛz]⟩ singhalesisch
cinglant [sɛ̃glɑ̃] ADJ ⟨-ante [-ɑ̃t]⟩ *vent, fig paroles* schneidend; *pluie* peitschend
cinglé [sɛ̃gle] *fam* ADJ ⟨~e⟩ *fam* bekloppt; *fam* behämmert; *fam* bescheuert; *fam* übergeschnappt; *fam* plemplem; *fam* meschugge; **être** ~ *a. fam* spinnen; *fam* e-n Vogel haben; *fam* nicht alle Tassen im Schrank haben; *subst* **un** ~ *a.* ein Spinner *m*
cingler¹ [sɛ̃gle] V/I ~ **vers** segeln nach
cingler² V/T peitschen (*a. fig pluie, vent*)
cinoche [sinɔʃ] M *fam* Kintopp *m ou n*
cinq [sɛ̃k, *vor Konsonant a.* sɛ̃] **A** NUM fünf; **le** ~ **mai** der fünfte *ou* am fünften Mai; *fam* **en** ~ **sec** im Handumdrehen; im Nu; *fig* **il était moins** ~ es hätte nicht mehr viel gefehlt **B** M (! unveränderlich) Fünf *f*; Fünfer *m*; **le** ~ (**du mois**) der Fünfte *ou* am Fünften (des Monats)
cinquantaine [sɛ̃kɑ̃tɛn] F **1** **une** ~ (**de**) etwa, ungefähr, rund fünfzig **2** *âge* Fünfzig *f*; Fünfziger(jahre) *npl*
cinquante [sɛ̃kɑ̃t] **A** NUM fünfzig **B** M (! unveränderlich) Fünfzig *f*

▶ Le cinéma – der Film

le producteur	Produzent
le réalisateur	Regisseur
le scénario	Drehbuch
le / la scénariste	Drehbuchautor(in)
tourner un film	einen Film drehen
la caméra	Kamera
l'acteur *m* / **l'actrice** *f*	Schauspieler(in)
le cascadeur	Stuntman
le son	Ton
tourner en studio	im Studio drehen
tourner en extérieur	draußen drehen
le tournage	Dreharbeiten
le montage	Filmmontage
le mixage	Tonmischung
les effets spéciaux	Spezialeffekte
le truquage	Trickaufnahme
le travelling	Kamerafahrt
la plongée	Perspektive von oben
la contre-plongée	Perspektive von unten
le plan général	Totale
le plan moyen	Halbtotale (*man sieht die Personen von Kopf bis Fuß*)
le plan américain	halbnahe Einstellung (*man sieht die Person bis zur Hüfte*)
le gros plan	Großaufnahme
le ralenti	Zeitlupe
le retour en arrière / le flash-back	Rückblende
le générique	Vorspann
en version originale (VO)	in Originalfassung
sous-titré	mit Untertiteln
le dessin animé	Zeichentrickfilm
le documentaire	Dokumentarfilm
le film policier	Kriminalfilm
le film d'aventures	Abenteuerfilm
le western	Wildwestfilm
le film de science-fiction	Science-Fiction-Film

cinquantenaire [sɛ̃kɑ̃tnɛʀ] M fünfzigster Jahrestag; fünfzigjähriges Jubiläum

cinquantième [sɛ̃kɑ̃tjɛm] A NUM fünfzigste B SUBST 1 **le, la ~** der, die, das Fünfzigste 2 *m* MATH Fünfzigstel *n*

cinquième [sɛ̃kjɛm] A NUM fünfte B SUBST 1 **le, la ~** der, die, das Fünfte 2 *m* MATH Fünftel *n* 3 *m étage* **au ~** im fünften Stock 4 *f* zweite Klasse im Gymnasium; Quinta *f*

cinquièmement [sɛ̃kjɛmmɑ̃] ADV fünftens

cintre [sɛ̃tʀ] M 1 Kleiderbügel *m* 2 ARCH (**arc** *m* **en**) **plein ~** Rundbogen *m* 3 THÉ Schnürboden *m*

cintré [sɛ̃tʀe] ADJ ⟨~e⟩ *veste* (an)tailliert

cintrer [sɛ̃tʀe] V/T 1 TECH biegen 2 *veste* (an)taillieren

CIO [seio] M ABR (Comité international olympique) IOK *n*

Ciotat La ~ [lasjɔta] *Stadt im Departement Bouches-du-Rhône*

ci-présent [sipʀezɑ̃] JUR **le ~, la ~e ...** der, die hier anwesende ...

cirage [siʀaʒ] M 1 Schuhcreme *f*; *fam* Schuhwichse *f* 2 *fam fig* **être dans le ~** *fam* im Tran sein

circoncire [siʀkɔ̃siʀ] V/T ⟨→ suffire; *aber pp* circoncis⟩ REL beschneiden **circoncis** [-si] ADJ ⟨-ise [-iz]⟩ REL beschnitten **circoncision** [-sizjɔ̃] F REL Beschneidung *f*

circonférence [siʀkɔ̃feʀɑ̃s] F Kreis(linie) *m(f)*; (Kreis)Umfang *m*

circonflexe [siʀkɔ̃flɛks] ADJ **accent** *m* **~** Accent circonflexe *m*

circonlocutions [siʀkɔ̃lɔkysjɔ̃] FPL Umschreibungen *fpl*

circonscription [siʀkɔ̃skʀipsjɔ̃] F Bezirk *m*; **~ (électorale)** Wahlkreis *m*

circonscrire [siʀkɔ̃skʀiʀ] V/T ⟨→ écrire⟩ 1 MATH, *fig sujet* umschreiben 2 *incendie, épidémie* eindämmen

circonspect [siʀkɔ̃spɛ(kt)] ADJ ⟨-ecte [-ɛkt]⟩ vorsichtig; umsichtig

circonspection [siʀkɔ̃spɛksjɔ̃] F Vorsicht *f*; Umsicht *f*

circonstance [siʀkɔ̃stɑ̃s] F Umstand *m*; **circonstances** *pl* Umstände *mpl*; Lage *f*; Situation *f*; Verhältnisse *npl*; **de circonstance** den Umständen, dem Anlass entsprechend, angemessen; **être de circonstance** (sehr) angebracht sein; **dans les circonstances actuelles** unter den gegenwärtigen Umständen; **étant donné les circonstances** unter diesen Umständen; **pour la circonstance** bei, zu dieser Gelegenheit; aus, zu diesem Anlass

circonstancié [siʀkɔ̃stɑ̃sje] ADJ ⟨~e⟩ ausführlich; (sehr) detailliert **circonstanciel** [-jɛl] ADJ ⟨~le⟩ → complément

circonvenir [siʀkɔ̃vniʀ] V/T ⟨→ venir; *aber* avoir⟩ zu s-n Gunsten beeinflussen

circonvolutions [siʀkɔ̃vɔlysjɔ̃] FPL **~ cérébrales** Gehirnwindungen *fpl*

circuit [siʀkɥi] M 1 **~ (touristique)** Rundreise *f*, -fahrt *f* 2 SPORTS Rundstrecke *f*, -kurs *m*; Ring *m* 3 **~ (électrique)** Stromkreis *m*; **~ intégré** integrierter Schaltkreis; **en ~** eingeschaltet; **mettre °hors ~** ausschalten (*a. fig*) 4 ÉCON Wirtschaftskreislauf *m*; **~ de distribution** Verteilernetz *n*

circulaire [siʀkylɛʀ] A ADJ Kreis...; **coup** *m* **d'œil ~** Blick *m* in die Runde B F Rundschreiben *n*; Umlauf *m*

circulation [siʀkylasjɔ̃] F 1 Verkehr *m*; **~ automobile** Auto-, Kraftverkehr *m*; **route** *f*, **voie** *f* **à grande ~** Hauptverkehrsstraße *f*; *fam fig* **avoir disparu de la ~** von der Bildfläche verschwunden sein 2 **~ (sanguine, du sang)** (Blut)Kreislauf *m*, (-)Zirkulation *f*; **~ d'air** Luftzirkulation *f* 3 *d'argent, etc* Umlauf *m*; Verkehr *m*; **(libre) ~ des marchandises** (freier) Warenverkehr; *de personnes* **libre ~** Freizügigkeit *f*; **mettre en ~** in Umlauf setzen, bringen; in Verkehr bringen

circulatoire [siʀkylatwaʀ] ADJ **appareil** *m* **~** Kreislaufsystem *n*; **troubles** *mpl* **~s** Kreislaufstörungen *fpl*

circuler [siʀkyle] V/I 1 *véhicules* verkehren; fahren; **circulez!** weitergehen!; **~ bien** (im Verkehr) gut vorankommen, vorwärtskommen 2 *eau, gaz, sang* fließen (*a. courant*); strömen; zirkulieren (*a. air*) 3 *argent* im *ou* in Umlauf sein; *a. lettre* zirkulieren; umlaufen 4 *nouvelle, bruit* kursieren; umgehen; zirkulieren

cire [siʀ] F 1 Wachs *n*; *pour parquet* (Bohner)Wachs *n*; **~ d'abeille** Bienenwachs *n* 2 **~ à cacheter** Siegellack *m*

ciré [siʀe] A ADJ ⟨~e⟩ **toile ~e** Wachstuch *n* B M Seglerjacke *f*; MAR Ölzeug *n*

cirer [siʀe] V/T *parquet* (wachsen und) bohnern; *meuble* polieren; *chaussures* wichsen; eincremen; blank putzen

cireur [siʀœʀ] M **~ de chaussures** Schuh-, Stiefelputzer *m*

cireuse [siʀøz] F Bohnermaschine *f*

cirque [siʀk] M 1 Zirkus *m* 2 *fam fig* **quel ~!** so ein (*fam* Affen)Theater, Zirkus! 3 GÉOL Felsenkessel *m*; Kar *n*

cirrhose [siʀoz] F Zirrhose *f*

cirrus [siʀys] M Zirruswolke *f*

cisaille(s) [sizaj] FPL (große) Schere; Blechschere *f*

cisaillement [sizajmɑ̃] M 1 (Zer-, Durch-) Schneiden *n* 2 *usure* Abscherung *f*

cisailler [sizaje] VT durchschneiden
ciseau [sizo] M ⟨~x⟩ 1 **ciseaux** *pl* Schere *f*; **une paire de ciseaux** e-e Schere; **ciseaux à ongles** Nagelschere *f* 2 TECH Meißel *m* 3 **sauter en ciseaux** e-n Scherensprung machen
ciseler [sizle] VT ⟨-è-⟩ ziselieren **ciseleur** [-œʀ] M Ziseleur *m*; Ziselierer *m* **ciselure** [-yʀ] F Ziselierung *f*
Cisjordanie [sisʒɔʀdani] **la ~** das Westjordanland; die Westbank
cistercien [sistɛʀsjɛ̃] A ADJ ⟨-ienne [-jɛn]⟩ Zisterzienser… B M Zisterzienser *m*
citadelle [sitadɛl] F 1 Zitadelle *f* 2 *fig* Bollwerk *n*; Bastion *f*; Hochburg *f*
citadin [sitadɛ̃] A ADJ ⟨-ine [-in]⟩ städtisch B **~(e)** M(F) Städter(in) *m(f)*
citation [sitasjõ] F 1 Zitat *n* 2 JUR (Vor)Ladung *f* 3 MIL ehrenvolle Erwähnung
cité [site] F 1 (*ville*) Stadt *f* 2 (*vieille ville*) **Cité** City *f*; Innenstadt *f* 3 (*immeubles*) (Wohn)Siedlung *f*; **~ universitaire** Studentenwohnheim *n*; *plus grand* Studentenstadt *f* 4 *fig* **avoir droit de ~** allgemein anerkannt sein
cité-dortoir F ⟨cités-dortoirs⟩ Schlafstadt *f*
citer [site] VT 1 zitieren; anführen; nennen 2 JUR (vor)laden; vor Gericht zitieren 3 MIL lobend erwähnen
citerne (! citerne) [sitɛʀn] F 1 *d'eau de pluie* Zisterne *f* 2 (*cuve*) Tank *m*
cithare [sitaʀ] F Zither *f*
citoyen [sitwajɛ̃] M 1 (Staats)Bürger *m*; **~ d'honneur** Ehrenbürger *m* 2 *fam fig* **un drôle de ~** ein komischer Kauz
citoyenne [sitwajɛn] F (Staats)Bürgerin *f* **citoyenneté** [-te] F Staatsbürgerschaft *f*
Citroën [sitʀɔɛn] **une ~** ein Citroën *m*
citron [sitʀõ] M (! maskulin) 1 Zitrone *f*; *adjt* **(jaune) ~** (! unveränderlich) zitronengelb; *fig* **presser qn comme un ~** j-n wie e-e Zitrone auspressen 2 *fam* (*tête*) *fam* Birne *f*; *fam* Dez *m*
citronnade [sitʀɔnad] F Zitronenwasser *n*, -getränk *n*
citronné [sitʀɔne] ADJ ⟨~e⟩ 1 CUIS mit Zitronensaft 2 *odeur* nach Zitrone duftend
citronnelle [sitʀɔnɛl] F Zitronenkraut *n* **citronnier** [-je] M Zitronenbaum *m*
citrouille [sitʀuj] F Gartenkürbis *m*
civet [sivɛ] M **~ de lapin** Kaninchenpfeffer *m*
civette [sivɛt] F Zibetkatze *f*
civière [sivjɛʀ] F (Trag)Bahre *f*; Trage *f*
civil [sivil] A ADJ ⟨~e⟩ 1 JUR Zivil…; zivilrechtlich; bürgerlich; **année ~e** Kalenderjahr *n*; **mariage ~** standesamtliche Trauung; Ziviltrauung *f*, -ehe *f*; **se constituer partie ~e** als Nebenkläger auftreten 2 (*des citoyens*) Bürger…; **guerre ~e** Bürgerkrieg *m* 3 (*non militaire*) zivil; Zivil… 4 *litt* (*poli*) korrekt; höflich B M Zivilist *m*; **en ~** in Zivil(kleidung); **dans le ~** im Zivilleben
civilement [sivilmã] ADV 1 nicht kirchlich 2 JUR zivilrechtlich
civilisation [sivilizasjõ] F Zivilisation *f*; Kultur *f*
civilisé [sivilize] ADJ ⟨~e⟩ zivilisiert; gesittet **civiliser** [-e] VT zivilisieren
civilité [sivilite] F *litt* Korrektheit *f*; Höflichkeit *f*
civique [sivik] ADJ (staats)bürgerlich; **courage** *m* **~** Zivilcourage *f*; **droits** *mpl* **~s** bürgerliche Ehrenrechte *npl*
civisme [sivism] M Bürgersinn *m*; staatsbürgerliche Gesinnung
clac [klak] INT klack(s)!; klapp!
clafoutis [klafuti] M Kirschpudding *m*
claie [klɛ] F (Gitter)Rost *m*
clair [klɛʀ] A ADJ ⟨~e⟩ 1 *pièce, couleur, teint, cheveux* hell; *eau, temps, ciel* klar; *voix, son* hell; klar; **bleu ~** (! unveränderlich) hellblau 2 *fig* klar; eindeutig; (leicht) verständlich; **~ comme le jour** sonnenklar 3 (*peu épais*) (zu) dünn B ADV **il fait (déjà) ~** es ist (schon) hell; **voir ~** gut, genug sehen; *fig* **y voir ~ (dans qc)** klarsehen; etw durchschauen C M 1 **~ de lune** Mondschein *m* 2 **mettre sabre au ~** blankziehen; **tirer qc au ~** etw (auf)klären, klarstellen; Klarheit in etw (*acc*) bringen; **en ~**, *il ne veut pas fam* im Klartext; **s'habiller en ~** helle Kleidung tragen 3 PEINT **~s** *pl* Lichter *npl* 4 **le plus ~ de** der größte Teil von (*ou + gén*)
claire [klɛʀ] F **fines** *fpl* **de ~** *ou* PL **~s** Austern *fpl* aus der Charente
clairement [klɛʀmã] ADV klar; deutlich
clairette [klɛʀɛt] F leichter (weißer) Schaumwein
claire-voie F ⟨claires-voies⟩ Latten-, Staketenzaun *m*; **volet** *m* **à ~** Fensterladen *m* mit Lamellen
clairière [klɛʀjɛʀ] F (Wald)Lichtung *f*
clair-obscur M ⟨clairs-obscurs⟩ 1 PEINT Helldunkel *n*; Clair-obscur *n* 2 (*pénombre*) Halbdunkel *n*; Dämmerlicht *n*
clairon [klɛʀõ] M 1 Clairon *n*; Signalhorn *n* 2 *musicien* Claironbläser *m*
claironnant [klɛʀɔnã] ADJ ⟨-ante [-ãt]⟩ *voix* schmetternd; durchdringend **claironner** [-e] VT ausposaunen
clairsemé [klɛʀsəme] ADJ ⟨~e⟩ dünn gesät; *cheveux* schütter; licht; spärlich
clairvoyance [klɛʀvwajãs] F Scharfblick *m*; Klarsicht *f* **clairvoyant** [-ã] ADJ ⟨-ante [-ãt]⟩ klar-, weitblickend; scharfsinnig, -sichtig
clamecer [klamse] VI ⟨-ç-⟩ → clamser
clamer [klame] VT hinausschreien; **~ son in-**

nocence lauthals s-e Unschuld beteuern
clameur [klamœʀ] F Geschrei *n*
clamser [klamse] VI *argot (mourir) pop* krepieren; *pop* abkratzen
clan [klɑ̃] M Clique *f*; Clan *m*
clandestin [klɑ̃dɛstɛ̃] A ADJ ⟨-ine [-in]⟩ heimlich; geheim; **passager ~** blinder Passagier B M illegaler Einwanderer
clandestinement [klɑ̃dɛstinmɑ̃] ADV heimlich; im Geheimen
clandestinité [klɑ̃dɛstinite] F **vivre dans la ~** im Untergrund leben
clapet [klapɛ] M 1 TECH Ventil *n*; Klappe *f* 2 *fam fig* Mundwerk *n*; *fam* Klappe *f*
clapier [klapje] M Kaninchenstall *m*
clapotement [klapɔtmɑ̃] M Plätschern *n* **clapoter** [-e] VI plätschern
clapotis [klapɔti] M Plätschern *n*
clappement [klapmɑ̃] M Schnalzen *n (mit der Zunge)*; Schnalzer *m* **clapper** [-e] VI mit der Zunge schnalzen
claquage [klakaʒ] M **~ (d'un muscle)** Muskelzerrung *f*
claquant [klakɑ̃] *fam* ADJ ⟨-ante [-ɑ̃t]⟩ sehr ermüdend
claque [klak] F 1 Ohrfeige *f*; **tête** *f* **à ~s** Ohrfeigen-, Backpfeifengesicht *n* 2 THÉ Claque *f* 3 *fam* **j'en ai ma ~** mir reicht's
claqué [klake] *fam* ADJ ⟨~e⟩ *fam* total erledigt; *fam* kaputt
claquement [klakmɑ̃] M Knallen *n*; Zuschlagen *n*; **~ de dents** Zähneklappern *n*
claquemurer [klakmyʀe] V/PR **se ~** sich verkriechen
claquer [klake] A VT 1 *porte* zuschlagen; *fam* zuknallen 2 *fam argent* durchbringen; *fam* auf den Kopf hauen 3 *fam travail* **~ qn** *fam* j-n schlauchen B VI 1 *drapeau* knattern (**au vent** im Wind); *porte* zuschlagen; *volet* schlagen; *fouet, coup de feu* knallen; **~ des dents** mit den Zähnen klappern; **faire ~ ses doigts, sa langue** mit den Fingern, mit der Zunge schnalzen 2 *fam (mourir) fam* ins Gras beißen; **l'affaire lui a claqué dans la main** *fam* die Sache ist danebengegangen C V/PR 1 *fam* **se ~ (pour qc)** *fam* schuften (für etw) 2 **se ~ un muscle** sich *(dat)* e-n Muskel zerren
claquette [klakɛt] F 1 FILM Klappe *f* 2 **~s** *pl* Stepp(tanz) *m*; **danseur** *m* **à ~s** Stepptänzer *m*
clarification [klaʀifikasjõ] F *d'une situation* Klärung *f*; Aufhellung *f*
clarifier [klaʀifje] VT klären
clarinette [klaʀinɛt] F Klarinette *f* **clarinettiste** [-ist] M/F Klarinettist(in) *m(f)*
clarté [klaʀte] F 1 Helle *f*; Helligkeit *f*; Licht(-schein) *n(m)*; **~ du jour** Tageslicht *n* 2 *de l'eau, fig de la langue, etc* Klarheit *f*
classe [klɑs] F 1 *sociale*, CH DE FER, AVIAT, BIOL, *etc* Klasse *f*; **~s moyennes** Mittelstand *m*; **~ ouvrière** Arbeiterklasse *f*; **~ d'âge** Altersgruppe *f*, -klasse *f* 2 ÉCOLE Klasse *f*; *(cours)* Schule *f*; Unterricht *m*; **rentrée** *f* **des ~s** Schulbeginn *m*, -anfang *m*; (**salle** *f* **de**) **~** Klasse(nzimmer) *f(n)*; **~ verte** Schullandheim *n*; **~ de neige** Skilager *n*; **en ~** in der Schule; im Unterricht; **aller en ~** in die, zur Schule gehen; **avoir ~** Schule haben; **faire la ~** unterrichten; Schule halten; Unterricht erteilen 3 *fig* Klasse *f*; Rang *m*; Format *n*; **avoir de la ~** erstklassig sein; Format haben; große Klasse sein; *femme a.* apart sein 4 *fam* **c'est ~, ça fait ~** das ist todschick; *fam* **c'est de la ~!** *fam* nicht übel! 5 (**soldat** *m* **de**) **deuxième ~** *m* Grenadier *m* 6 MIL *(année)* Jahrgang *m*; **~ 1998** Jahrgang 1998
classement [klasmɑ̃] M 1 An-, Einordnung *f*; Klassifizierung *f* 2 ÉCOLE Bewertung *f*; SPORTS Wertung *f*; Tabelle *f*
classer [klase] A VT 1 *(ranger)* (an-, ein)ordnen; sortieren; einstufen; *a.* BOT, ZOOL einteilen; klassifizieren; **être classé monument historique** unter Denkmalschutz stehen 2 *documents* ablegen; *dossier* schließen; *fig affaire* ad acta, zu den Akten legen; **affaire classée** abgeschlossene Sache 3 *fam péj* **~ qn** j-n taxieren, durchschauen B V/PR **se ~ parmi les ...** zu den ... gehören, zählen
classeur [klasœʀ] M *en carton* Ordner *m*; *meuble* Aktenschrank *m*
classicisme [klasisism] M Klassik *f*; Klassizismus *m*
classification [klasifikasjõ] F Klassifizierung *f* **classifier** [-fje] VT (in Klassen) einteilen; klassifizieren
classique [klasik] A ADJ 1 *littérature, musique, Antiquité* klassisch; *architecture, peinture, style* klassizistisch; **auteur** *m* **~** Klassiker *m*; klassischer Autor; **lycée** *m* **~** humanistisches Gymnasium 2 *fig (courant)* klassisch; herkömmlich; konventionell; typisch; *fam* **c'est (le coup) ~** das ist immer so (in solchen Fällen) 3 *fig (qui fait autorité)* klassisch; mustergültig B M Klassiker *m*
claudication [klodikasjõ] F Hinken *n*
clause [kloz] F Klausel *f*; Bestimmung *f*
claustré [klostʀe] PP ⟨~e⟩ **rester ~ (chez soi)** sich zu Hause verkriechen
claustrophobe [klostʀofɔb] ADJ an Klaustrophobie, *fam* Platzangst leidend **claustrophobie** [-i] F Klaustrophobie *f*; *fam* Platzangst *f*
clavecin [klavsɛ̃] M Cembalo *n*
clavette [klavɛt] F (Einlege-, Treib)Keil *m*
clavicule [klavikyl] F Schlüsselbein *n*

clavier [klavje] M MUS Klaviatur *f*; *d'un ordinateur, etc* Tastatur *f*; Tastenfeld *n*
claviste [klavist] M/F Texterfasser(in) *m(f)*; TYPO Taster(in) *m(f)*
clayette [klɛjɛt] F Traggitter *n*, -rost *m*
clé [kle] F **1** Schlüssel *m*; **~ de contact** Zündschlüssel *m*; **~ de voiture** Autoschlüssel *m*; **fermer à ~** ab-, zuschließen, -sperren; verschließen; *maison* **~s en main** schlüsselfertig; **sous ~** unter Verschluss; eingesperrt; **mettre sous ~** weg-, einschließen; **laisser la ~ sur la porte** den Schlüssel stecken lassen; *fig* **prendre la ~ des champs** das Weite suchen **2** TECH (Schrauben)Schlüssel *m*; **~ Allen** [alɛn] Inbusschlüssel *m*; **~ anglaise** Engländer *m*; Franzose *m* **3** *fig* Schlüssel *m* (**de qc** zu etw); **la ~ de l'énigme** des Rätsels Lösung *f*; **roman** *m* **à ~(s)** Schlüsselroman *m* **4** *adjt* Schlüssel...; entscheidend; wesentlich; **personnage** *m* **~** Schlüsselfigur *f*; **position** *f* **~** Schlüsselstellung *f* (*a.* MIL) **5** MUS (Noten)Schlüssel *m*; *fig récompense* **à la ~** in Aussicht **6** **~ de voûte** ARCH Schlussstein *m*; *fig* Grundlage *f*

la clé — Schlüssel

la clé — Notenschlüssel

clébard [klebaʀ] M *ou* **clebs** [klɛps] M *fam* Köter *m*
clef [kle] F → **clé**
clématite [klematit] F Klematis *f*
clémence [klemɑ̃s] F Milde *f* **clément** [-ɑ̃] ADJ ⟨-ente [-ɑ̃t]⟩ mild(e)
clémentine [klemɑ̃tin] F Klementine *f* **clémentinier** [-je] M Klementinenbaum *m*
Cléopâtre [kleɔpatʀ] F HIST Kleopatra *f*
cleptomane, **cleptomanie** → kleptomane, kleptomanie
clerc [klɛʀ] M **~ de notaire** Notariatsgehilfe *m*; *fig* **pas besoin d'être grand ~** man braucht kein großes Kirchenlicht zu sein (**pour** + *inf* um zu + *inf*)
clergé [klɛʀʒe] M Klerus *m*; Geistlichkeit *f*
clérical [kleʀikal] ADJ ⟨~e; -aux [-o]⟩ **1** ÉGL geistlich; klerikal **2** POL *et péj* klerikal; klerikalistisch
cléricalisme [kleʀikalism] M POL *et péj* Klerikalismus *m*
Clermont-Ferrand [klɛʀmõfɛʀɑ̃] *Stadt im Departement Puy-de-Dôme*
clic [klik] **A** INT klick! **B** M **1** Klicken *n* **2** INFORM **~ (de la souris)** Mausklick *m*; **double ~** Doppelklick *m*
clic-clac M (**!** unveränderlich) Bettcouch *f*; Schlafcouch *f*
cliché [kliʃe] M **1** PHOT Negativ *n* **2** *fig* Klischee *n*; Gemeinplatz *m*
client [klijɑ̃] M, **cliente** [klijɑ̃t] F COMM Kunde *m*, Kundin *f*; *d'un taxi a.* Fahrgast *m*; *d'un hôtel, café* Gast *m*; MÉD Patient(in) *m(f)*; JUR Klient(in) *m(f)*; Mandant(in) *m(f)*; ÉCON *d'un pays* Abnehmer *m*; *prix* **à la tête du client** je nachdem wie der Kunde eingeschätzt wird
clientèle [klijɑ̃tɛl] F COMM Kunden(kreis) *mpl(m)*; Kundschaft *f*; *d'un hôtel, café* Gäste *mpl*; MÉD Patienten *mpl*; JUR Klientel *f*; *fig* **~ électorale** Wähler *mpl*; Anhänger *mpl*; **~ d'habitués** Stammkundschaft *f ou* -gäste *mpl*; **~ de passage** Laufkundschaft *f*
clignement [kliɲmɑ̃] M **~ d'yeux** Blinzeln *n*
cligner [kliɲe] V/T INDIR **~ des yeux** blinzeln; die Augen zusammenkneifen; **~ de l'œil à qn** j-m zublinzeln, zuzwinkern
clignotant [kliɲɔtɑ̃] M **1** AUTO Blinker *m* **2** *fig* Warnsignal *n*
clignotement [kliɲɔtmɑ̃] M **1** *de lumières* Blinken *n* **2** *d'yeux* Blinzeln *n*
clignoter [kliɲɔte] V/I blinken; **feu clignotant** Blinklicht *n*
clim [klim] *fam* F → climatisation
climat (**!** **climat**) [klima] M Klima *n* (*a. fig*)
climatique [klimatik] ADJ klimatisch; Klima...; **station** *f* **~** Luftkurort *m*
climatisation [klimatizasjõ] F **1** Klimatisierung *f* **2** *dispositif* Klimaanlage *f*
climatiser [klimatize] V/T klimatisieren; *adjt* **climatisé** klimatisiert
climatiseur [klimatizœʀ] M Klimaanlage *f*
climatologie [klimatɔlɔʒi] F Klimatologie *f*; Klimakunde *f* **climatologique** [-ik] ADJ klimatologisch; Klima...
clin [klɛ̃] M **~(s) d'œil, ~s d'yeux** Blinzeln *n*; Zwinkern *n*; **en un ~ d'œil** im Nu; im Handum-

drehen; **faire un ~ d'œil à qn** j-m zublinzeln, zuzwinkern

clinicien [klinisjɛ̃] M praktizierender Arzt

C

clinique [klinik] A ADJ klinisch B F (Privat)Klinik *f*

clinquant [klɛ̃kɑ̃] A ADJ ⟨-ante [-ɑ̃t]⟩ kitschig B M Flitter(kram) *m*; Talmi *n*

clip [klip] M Klipp *ou* Clip *m*

clipper [klipœʀ] M MAR HIST Klipper *m*; Schnellsegler *m*

clique [klik] F 1 *péj* Clique *f*; Klüngel *m* 2 Musikzug *m*

cliquer [klike] V/I INFORM klicken; **~ sur qc** etw anklicken

cliques [klik] FPL *fam* **prendre ses ~ et ses claques** *fam* mit Sack und Pack abziehen

cliquet [klikɛ] M TECH Sperrklinke *f*

cliqueter [klikte] V/I ⟨-tt-⟩ klirren; klappern **cliquetis** [-ti] M Klirren *n*; Klappern *n*

clitoris [klitɔʀis] M Kitzler *m*; Klitoris *f*

clivage [klivaʒ] M Spaltung *f* (*a. fig*)

cloaque [klɔak] M (❗ maskulin) Kloake *f*

clochard [klɔʃaʀ] M, **clocharde** [-aʀd] F Stadtstreicher(in) *m(f)*; *fam* Penner *m* **clochardisation** [-aʀdizasjõ] F Verelendung *f*; Verwahrlosung *f*

cloche [klɔʃ] F 1 Glocke *f*; *fam fig* **sonner les ~s à qn** *fam* j-n herunterputzen; *fam* j-m den Marsch blasen 2 **~ à fromage** Käseglocke *f* 3 *fam fig* **se taper la ~** schlemmen; *fam* sich (*dat*) den Bauch vollschlagen 4 *fam fig* **quelle ~!**, *adjt* **ce qu'il est ~!** *fam* ist der dämlich, dusselig! 5 *fam* **la ~** *fam* die Penner *mpl*

cloche-pied: **à ~** auf e-m Bein (**sauter** hüpfen)

clocher¹ [klɔʃe] M Kirchturm *m*; Glockenturm *m*; *fig* **esprit** *m* **de ~** Lokalpatriotismus *m*; Engstirnigkeit *f*

clocher² V/I **il y a qc qui cloche** da stimmt etwas nicht

clocheton [klɔʃtõ] M Türmchen *n*

clochette [klɔʃɛt] F Glöckchen *n*; Schelle *f*

clodo(t) [klɔdo] *fam* M → **clochard**

cloison [klwazõ] F 1 (Zwischen)Wand *f*; Trennwand *f* 2 BOT, ANAT Scheidewand *f*

cloisonnage [klwazɔnaʒ] M 1 Einziehen *n* von Wänden 2 Zwischen-, Trennwände *fpl*

cloisonné [klwazɔne] M ⟨~e⟩ *fig* (gegeneinander) abgeschirmt; abgekapselt **cloisonnement** [-mɑ̃] M *fig* Abkapselung *f* **cloisonner** [-e] V/T durch Trennwände (ab)teilen

cloître [klwatʀ] M Kreuzgang *m*

cloîtrer [klwatʀe] V/PR **se ~** sich ganz zurückziehen

clonage [klonaʒ] M Klonen *n*

clone [klon] M Klon *m*

cloner [klone] V/T klonen

clope [klɔp] *fam* 1 *m* (*mégot*) *fam* Kippe *f* 2 *f* (*cigarette*) *fam* Glimmstängel *m*

cloper [klɔpe] *fam* V/I rauchen; *fam* paffen

clopin-clopant [klɔpɛ̃klɔpɑ̃] *fam* ADV **aller, marcher ~** humpeln

clopinettes [klɔpinɛt] FPL *fam* **des ~** gar nichts

cloporte [klɔpɔʀt] M (Keller)Assel *f*

cloque [klɔk] F Blase *f*

cloqué [klɔke] ADJ ⟨~e⟩ **tissu ~** Cloqué *m*; Blasenkrepp *m*

clore [klɔʀ] V/T ⟨*défect:* je clos, tu clos, il clôt, ils closent; je clorai; que je close; clos⟩ *séance* schließen; *débat* abschließen

clos [klo] A PP → **clore** *et* ADJ ⟨close [kloz]⟩ geschlossen; **l'incident est ~** der Zwischenfall ist erledigt B M 1 eingefriedetes Grundstück 2 Weinberg *m*

clôture [klotyʀ] F 1 Zaun *m*; Einfriedung *f* 2 ADMIN, COMM (Ab)Schluss *m*; Schließung *f*

clôturer [klotyʀe] V/T 1 *terrain* einfrieden; einzäunen 2 *débat, etc* abschließen; *séance* schließen

clou [klu] M 1 Nagel *m*; **maigre comme un ~** spindel-, klapperdürr; *fig* **river son ~ à qn** j-m den Mund stopfen; *fig* **ça ne vaut pas un ~** das ist keinen Pfifferling wert 2 *fam* **~s** *pl* (*passage clouté*) Fußgängerüberweg *m* 3 *fig* (*attraction*) Höhepunkt *m*; Clou *m* 4 MÉD Furunkel *m* 5 *fam* **un vieux ~** *véhicule fam* ein alter Klapperkasten 6 *fam* (*mont-de-piété*) **mettre qc au ~** etw versetzen 7 *fam* **des ~s!** nichts da!; *fam* von wegen!; *fam* denkste!

clouer [klue] V/T 1 (zusammen-, an-, fest)nageln 2 *fig maladie* **~ qn au lit** j-n ans Bett fesseln; **rester cloué (sur place)** wie angewurzelt stehen bleiben

clouté [klute] ADJ ⟨~e⟩ mit Nägeln beschlagen; **passage ~** Fußgängerüberweg *m*

clovisse [klɔvis] F Venusmuschel *f*

clown [klun] M Clown *m*

clowneries [klunʀi] FPL Possen *mpl*; Faxen *fpl*

clownesque [klunɛsk] ADJ clownesk; Clowns…

club [klœb] M 1 Klub *ou* Club *m*; Verein *m*; **~ de vacances** Ferienklub *m* 2 (**fauteuil** *m*) **~** Klubsessel *m* 3 *de golf* Golfschläger *m*

Clusaz **La ~** [laklyza] *Wintersportort im Departement Haute-Savoie*

cluse [klyz] F Schlucht *f*

cm ABR (centimètre) cm

cm² ABR (centimètre[s] carré[s]) cm² (Quadratzentimeter)

cm³ ABR (centimètre[s] cube[s]) cm³ (Kubikzentimeter)

CM₁ [seɛmɛ̃] M ABR, **CM₂** [seɛmdø] M ABR →

cours
CNED [knɛd] M ABR (Centre national d'enseignement à distance) staatliches französisches Fernlehrinstitut
CNES [knɛs] M ABR (Centre national d'études spatiales) Französisches Raumfahrtforschungszentrum
CNPF [seɛnpeɛf] M ABR (Conseil national du patronat français) HIST *frz Arbeitgeberverband*
CNRS [seɛnɛʀɛs] M ABR (Centre national de la recherche scientifique) ≈ Max-Planck-Gesellschaft *f*
c/o ABR (care of; aux bons soins de) bei
co... [ko] *préfixe* Ko...; Mit...; ko...; mit...
coaccusé(e) M(F) Mitangeklagte(r) *m/f(m)*
coach [kotʃ] M zweitüriger Wagen; *fam* Zweitürer *m*
coacquéreur M Miterwerber *m*
coagulable [kɔagylabl] ADJ gerinnungsfähig; koagulierbar **coagulant** [-ɑ̃] M Koagulans *n*; (blut)gerinnungsförderndes Mittel; CHIM *a.* Flockungsmittel *n* **coagulation** [-asjõ] F Gerinnung *f*; Koagulation *f*
coaguler [kɔagyle] **A** V/T gerinnen lassen **B** V/I (*et* V/PR **se**) ~ gerinnen; koagulieren
coalisé [kɔalize] ADJ ⟨~e⟩ verbündet; Koalitions...
coaliser [kɔalize] V/PR **se ~** sich verbünden; koalieren
coalition [kɔalisjõ] F Koalition *f*; Bündnis *n*
coassement [kɔasmɑ̃] M *de la grenouille* Quaken *n* **coasser** [-e] V/I quaken
coassocié(e) M(F) (Mit)Teilhaber(in) *m(f)*; Partner(in) *m(f)*
coauteur M Mitverfasser *m*; Koautor *m*
coaxial [kɔaksjal] ADJ ⟨~e; -aux [-o]⟩ TECH koaxial
cobalt [kɔbalt] M Kobalt *n*
cobaye [kɔbaj] M Meerschweinchen *n*; *fig* **servir de ~** als Versuchskaninchen dienen
Coblence [kɔblɑ̃s] Koblenz *n*
cobra [kɔbʀa] M Kobra *f*
coca[1] [kɔka] F BOT Koka(strauch) *f(m)*
coca[2] [kɔka] M ABR (coca-cola) Coke *n*; *fam* Cola *f ou n*
coca-cola® [kɔkakɔla] M (! unveränderlich) Coca-Cola® *n ou f*
cocagne [kɔkaɲ] F **1** **pays** *m* **de ~** Schlaraffenland *n* **2** **mât** *m* **de ~** Klettermast *m*
cocaïne (! Endung) [kɔkain] F (! feminin) Kokain *n*
cocaïnomane [kɔkainɔman] M/F Kokainsüchtige(r) *m/f(m)*; *fam* Kokser(in) *m(f)* **cocaïnomanie** [-i] F Kokainsucht *f*
cocarde [kɔkaʀd] F Kokarde *f*
cocardier [kɔkaʀdje] ADJ ⟨-ière [-jɛʀ]⟩ chauvinistisch
cocasse [kɔkas] ADJ spaßig; lustig; ulkig **cocasserie** [-ʀi] F Komik *f*; Komische(s) *n*
coccinelle [kɔksinɛl] F **1** ZOOL Marienkäfer *m* **2** *fam* AUTO Käfer *m*

la coccinelle — Marienkäfer

la coccinelle — Käfer

coccyx [kɔksis] M Steißbein *n*
coche [kɔʃ] M Kutsche *f*; *fam fig* **rater le ~** die Gelegenheit verpassen
cocher[1] [kɔʃe] M Kutscher *m*
cocher[2] V/T abhaken; markieren
cochère [kɔʃɛʀ] ADJ F **porte ~** Toreinfahrt *f*; Torweg *m*
cochon [kɔʃõ] **A** M **1** ZOOL Schwein *n*; CUIS Schweinefleisch *n*; **~ d'Inde** Meerschweinchen *n*; **~ de lait** Spanferkel *n*; *fig* **temps** *m* **de ~** *fam* Sauwetter *n*; **ils sont copains comme ~s** *fam* sie sind dicke Freunde; *enfant* **faire le ~ pendu** den Kniehang machen; **manger comme un ~** *fam* wie ein Schwein essen **2** *fam fig personne (a. au moral) fam* Schwein *n*; *pop* Sau *f*; *enfant fam* Ferkel *n*; *fam* Dreckspatz *m*; **tour** *m* **de ~** übler Streich; **avoir une tête de ~** ein Dickkopf, *fam* -schädel sein **B** ADJ ⟨-onne [-ɔn]⟩ *fam* **1** *personne fam* schmudd(e)lig **2** *histoire* schweinisch; zotig; *pop* säuisch
cochonnaille [kɔʃɔnaj] *fam* F CUIS Schweinerne(s) *n*
cochonne [kɔʃɔn] F *fam* Schlampe *f*; *enfant fam* Ferkel *n*
cochonner [kɔʃɔne] V/T *fam* **1** *travail* hinschludern, -schlampen **2** (*salir*) *fam* verdrecken; *pop* versauen
cochonnerie [kɔʃɔnʀi] F *fam* **1** (*saleté*) Schmutz

m; fam Dreck *m* **2** *(chose sans valeur)* Schund *m; fam* Mist *m; fam* Dreck *m; nourriture fam* (Schlangen)-Fraß *m* **3** **raconter des ~s** Schweinereien *fpl*, Zoten *fpl* erzählen; *fam* schweinigeln

cochonnet [kɔʃɔnɛ] M Zielkugel *f (beim Boulespiel)*

cocker [kɔkɛʀ] M Cockerspaniel *m*

cockpit [kɔkpit] M Cockpit *n*

cocktail [kɔktɛl] M **1** Cocktail *m* **2** Cocktail (-party) *m(f)* **3** **~ Molotov** Molotowcocktail *m* **4** *fig* Mischung *f*; Gemisch *n*

coco¹ [koko] M **noix** *f* **de ~** Kokosnuss *f*

coco² M **1** *enf (œuf)* Ei *n* **2** **mon ~** mein Schatz *m* **3** *péj* **un drôle de ~** *fam* ein sauberes Früchtchen

coco³ F *fam (cocaïne) fam* Koks *m*

cocon [kɔkõ] M Kokon *m*

cocooning [kɔkuniŋ] M häusliche Gemütlichkeit

cocorico [kɔkɔʀiko] M Kikeriki *n*

cocoter [kɔkɔte] V/I *fam* miefen

cocotier [kɔkɔtje] M Kokospalme *f*

cocotte¹ [kɔkɔt] F **1** *enf (poule)* Henne *f*; *enf* Putput *n*; **~ en papier** aus Papier gefalteter Vogel **2** **ma ~** (mein) Schätzchen *n* **3** *péj* Halbweltdame *f*; Kokotte *f*

cocotte² F Schmortopf *m*; **~ minute** Schnellkochtopf *m*

cocu [kɔky] *fam* M betrogener, *fam* gehörnter Ehemann; *litt* Hahnrei *m*; *fig* **avoir une veine de ~** *fam* Dusel haben; **faire qn ~** *fam* j-m Hörner aufsetzen

cocufier [kɔkyfje] V/T *fam* **~ qn** j-n betrügen; *fam* j-m Hörner aufsetzen

codage [kɔdaʒ] M Kodierung *f*

code [kɔd] M **1** **Code civil** Bürgerliches Gesetzbuch *(abr* BGB); **code pénal** Strafgesetzbuch *n*; **code de la route** Straßenverkehrsordnung *f* **2** *fam (code de la route)* Verkehrsregeln *fpl*; *examen* theoretische Fahrprüfung; **codes** *pl* Abblendlicht *n*; **se mettre en code(s)** abblenden **3** *fig* Kodex *m* **4** *(système de symboles)* Kode *ou* Code *m* **5** **code confidentiel, secret** Geheimnummer *f*; **code postal** Postleitzahl *f*; **code de la banque** Bankleitzahl *f*

code-barres M ⟨codes-barres⟩ Strichkode *m*

coder [kɔde] V/T kodieren *ou* codieren; *par ext* verschlüsseln

codétenteur M, **codétentrice** F JUR Mitbesitzer(in) *m(f)*; Mitinhaber(in) *m(f)*

codétenu(e) M(F) Mitgefangene(r) *m/f(m)*

codex [kɔdɛks] M (französisches) Arzneibuch

codification [kɔdifikasjõ] F Kodifizierung *f*

codifier [-fje] V/T kodifizieren

codirecteur M, **codirectrice** F *d'un journal* Mitherausgeber(in) *m(f)*

coédition F Koedition *f*

coefficient [kɔefisjã] M Koeffizient *m*; *d'une matière d'examen* Notengewicht *n*

coéquipier M, **coéquipière** F Mannschaftskamerad(in) *m(f)*

coercitif [kɔɛʀsitif] *st/s* ADJ ⟨-ive [-iv]⟩ Zwangs...; **mesures coercitives** Zwangsmaßnahmen *fpl*

coercition [kɔɛʀsisjõ] *st/s* F Zwang *m*

cœur [kœʀ] M **1** ANAT Herz *n*; **opération** *f* **à cœur ouvert** Operation *f* am offenen Herzen; **avoir le cœur qui bat** Herzklopfen haben **2** *fig* Herz *n*; **coup** *m* **de cœur** Liebe *f* auf den ersten Blick; **avoir un coup de cœur pour qn, qc** sein Herz an j-n, etw verlieren; **femme** *f* **de cœur** Frau *f* mit Herz; **de bon cœur, de grand cœur** *donner, accepter* von Herzen gern; herzlich gern; *rire* herzlich; **de tout son cœur** von ganzem Herzen; **par cœur** auswendig; **sans cœur** herzlos; **avoir bon cœur, du cœur** ein gutes Herz haben; **il a le cœur gros** ihm ist schwer ums Herz; **je n'ai pas eu le cœur de** (+ *inf*) ich habe es nicht übers Herz gebracht zu (+ *inf*); **je veux en avoir le cœur net** ich möchte Gewissheit haben, ganz sicher sein; **avoir le cœur sur la main** sehr großzügig sein; **si le cœur vous en dit** wenn Sie Lust (dazu) haben; **donner à qn du cœur à l'ouvrage** j-m Auftrieb geben; **faire mal au cœur à qn** j-m (in der Seele) wehtun; **faire le joli cœur** den Charmeur spielen; **parler à cœur ouvert** offen, freimütig sprechen; **prendre qc à cœur** sich *(dat)* etw zu Herzen nehmen; **cela lui tient à cœur** das liegt

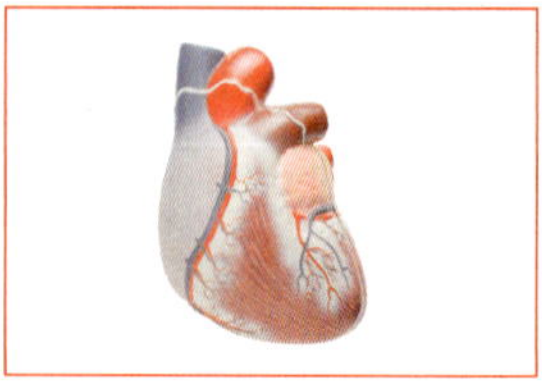

le cœur — Herz

le cœur — Herz

ihm *ou* ihr am Herzen **3** *(estomac)* **j'ai mal au cœur** mir ist *ou* wird schlecht, übel; **ça me donne mal au cœur** *ou* **ça me soulève le cœur** da dreht sich mir der Magen um **4** *fig (centre)* Mittelpunkt *m*; Mitte *f*; Kern *m*; **au cœur de** mitten in (+ *dat ou acc*) **5** *aux cartes* Herz *n*; **as** *m* **de cœur** Herzass *n* **6** *de salade* Herz *n*; *d'un fruit* Innere(s) *n*; **cœur de palmier** Palm(en)herz *n*

cœur-poumon M ⟨cœurs-poumons⟩ **~ artificiel** Herz-Lungen-Maschine *f*

coexistence F Nebeneinanderbestehen *n*; **~ pacifique** friedliche Koexistenz

coexister V/I gleichzeitig, nebeneinander existieren, bestehen

coffrage [kɔfʀaʒ] M (Ver)Schalung *f*

coffre [kɔfʀ] M **1** Truhe *f*; **~ à jouets** Spiel(zeug)kiste *f* **2** AUTO Kofferraum *m* **3** → coffre-fort **4** *fam fig* **avoir du ~** e-e kräftige Stimme haben

coffre-fort [kɔfʀəfɔʀ] M ⟨coffres-forts⟩ Safe *m*; Panzer-, Geldschrank *m*; Tresor *m*

coffrer [kɔfʀe] V/T **1** *fam* **se faire ~** *fam* eingelocht werden **2** CONSTR (ver-, ein)schalen

coffret [kɔfʀɛ] M Kästchen *n*; Schatulle *f*; Kassette *f* (*a. pour disques, livres*)

cogérance F JUR Mitgeschäftsführung *f*; *au sens strict* Mitpacht *f* **cogérer** [-e] V/T ⟨-è-⟩ mitverwalten; mitbestimmen in (+*dat*)

cogestion F Mitbestimmung *f*

cogitations [kɔʒitasjõ] FPL Gedanken *mpl*; Überlegungen *fpl* **cogiter** [-e] V/I (nach)denken; überlegen

cognac [kɔɲak] M Kognak *m*

cognassier [kɔɲasje] M Quittenbaum *m*

cogne [kɔɲ] M *fam péj* Bulle *m*

cognée [kɔɲe] F (Holzfäller)Axt *f*

cognement [kɔɲmã] M Klopfen *n* (*a. d'un moteur*); *d'un moteur Diesel* Nageln *n*

cogner [kɔɲe] **A** V/T **1** *(heurter)* **~ qc** an etw (*acc*) anstoßen; **~ qn** j-n anstoßen, *fam* anrempeln **2** *fam (battre)* verprügeln; *fam* verhauen **B** V/I klopfen (*a. moteur*); pochen; schlagen; *moteur Diesel* nageln **C** V/PR **se ~ à, contre qc** gegen etw stoßen

cognition [kɔgnisjõ] F Erkenntnis *f*

cohabitation F **1** Zusammenleben *n*, -wohnen *n* **2** POL Zusammenarbeit *f* zwischen dem Staatspräsidenten und der e-r anderen politischen Richtung zugehörigen Regierung

cohabiter V/I zusammenleben, zusammen wohnen (**avec** mit)

cohérence [kɔeʀãs] F *de vues, d'un système* Zusammenhang *m*; Kohärenz *f*; *d'un groupe* Zusammenhalt *m* **cohérent** [kɔeʀã] ADJ ⟨-ente [-ãt]⟩ zusammenhängend

cohéritier M, **cohéritière** F Miterbe *m*, -erbin *f*

La cohabitation

Dabei handelt es sich um ein besonderes Machtverhältnis in der französischen Regierung. Man spricht von **cohabitation**, wenn der in direkter Wahl vom Volk gewählte Staatspräsident (président de la République) aus einem anderen politischen Lager stammt als die Partei, die die Parlamentswahlen gewonnen hat, daraufhin die Regierung bildet und den Premierminister (Premier ministre) stellt. Staatspräsident und Premierminister müssen sich dann bemühen, eine effiziente Regierungsarbeit zustande zu bringen, ohne sich ständig gegenseitig zu blockieren. Zur ersten cohabitation kam es 1986, als François Mitterrand (Parti socialiste) Jacques Chirac (damals RPR) als Folge des Sieges der Bürgerlichen bei den Parlamentswahlen zum Premier ministre ernannte. Diese erste cohabitation dauerte von 1986 bis 1988. Zwischen 1993 und 1995 sowie 1997 und 2002 gab es weitere cohabitations.

LANDESKUNDE

cohésion [kɔezjõ] F **1** PHYS Kohäsion *f* **2** *fig* Zusammenhalt *m*

cohorte [kɔɔʀt] *fam* F Trupp *m*; Gruppe *f*

cohue [kɔy] F Gedränge *n*; Gewühl *n*; *(foule)* Menschenmenge *f*

coi [kwa] ADJ ⟨coite [kwat]⟩ **se tenir ~** still sein; **il en resta ~** es verschlug ihm die Sprache

coiffant [kwafã] ADJ ⟨-ante [-ãt]⟩ **1** Haar...; **gel ~** Haargel *n* **2** *coupe de cheveux* kleidsam

coiffe [kwaf] F (Trachten)Haube *f*

coiffé [kwafe] ADJ ⟨~e⟩ **1** **bien, mal ~** gut, unordentlich frisiert **2** **être ~ d'une casquette** e-e Mütze auf dem Kopf haben, aufhaben

coiffer [kwafe] **A** V/T **1** *(peigner)* frisieren **2** *fig (contrôler)* übergeordnet sein (+ *dat*); kontrollieren **3** SPORTS **coiffer au poteau** um e-e Nasenlänge schlagen (*a. fig*) **B** V/PR **se coiffer** sich frisieren

coiffeur [kwafœʀ] M Friseur *m*; **~ pour dames** Damenfriseur *m*

coiffeuse [kwaføz] F **1** Friseurin *f* **2** Frisierkommode *f*, -tisch *m*

coiffure [kwafyʀ] F **1** Frisur *f*; Haartracht *f* **2** *(couvre-chef)* Kopfbedeckung *f*

coin [kwɛ̃] M **1** Ecke *f*; Eck *n*; *(angle)* Winkel *m*; **~ cuisine** Kochnische *f*; CH DE FER **~ fenêtre** Fensterplatz *m*; **~ de l'œil** Augenwinkel *m*; *fig* **sourire** *m* **en ~** hämisches Lächeln; **au ~ du feu** am Kamin; **aux quatre ~s du monde** überall auf der Welt; **au ~ de la rue** an der Straßenecke; *fam fig* **ça t'en bouche un ~**

C

fam da staunste, biste platt; **jouer aux quatre ~s** „Bäumchen, wechsle dich" spielen **2** *(endroit)* Fleckchen *n* (Erde); **un ~ de terre** ein Stück *n* Land; **vous êtes du ~?** sind Sie von hier, aus der Gegend? **3** *fam fig* **le petit ~** *fam* das (stille) Örtchen; **aller au petit ~** *fam* mal (verschwinden) müssen **4** TECH Keil *m*

coincement [kwɛ̃smɑ̃] M TECH Verklemmtsein *n*

coincer [kwɛ̃se] ⟨-ç-⟩ **A** V/T **1** einklemmen; TECH ver-, festkeilen; *adjt* **être coincé** TECH klemmen; *dans la foule, etc* eingekeilt sein **2** *fam fig (coller)* **~ qn** j-n in die Enge treiben **3** *fam fig voleur fam* schnappen **B** V/PR **1** *mécanisme* **se ~** sich verklemmen **2** **se ~ le doigt** sich *(dat)* den Finger einklemmen

coïncidence [kɔɛ̃sidɑ̃s] F Zusammentreffen *n*; Fügung *f*; Zufall *m* **coïncident** [-ɑ̃] ADJ ⟨-ente [-ɑ̃t]⟩ MATH kongruent; deckungsgleich

coïncider [kɔɛ̃side] V/I **1** *dates* (zeitlich) zusammentreffen, fallen (**avec** mit) **2** *témoignages* (miteinander) übereinstimmen; sich decken **3** MATH deckungsgleich, kongruent sein

coin-coin [kwɛ̃kwɛ̃] INT quak, quak!

co-inculpé(e) M(F) Mitbeschuldigte(r) *m/f(m)*

coing [kwɛ̃] M Quitte *f*

coït [kɔit] M Beischlaf *m*; Koitus *m*

coke¹ [kɔk] M Koks *m*

coke² F *fam (cocaïne) fam* Koks *m*; *fam* Schnee *m*

cokerie [kɔkʀi] F Kokerei *f*

col [kɔl] M **1** Kragen *m*; **~ droit** Stehkragen *m*; **faux ~** abknöpfbarer Kragen; *fig d'un verre de bière* Schaum *m*; *fam* **pull** *m* **à ~ roulé** Rollkragenpulli *m* **2** *fig* **~s blancs** Angestellte(n) *mpl*; *fam* **~s bleus** *fam* blaue Jungs *mpl* **3** *d'un récipient*, ANAT Hals *m*; **~ du fémur, de l'utérus** Oberschenkel-, Gebärmutterhals *m* **4** GÉOG (Gebirgs)Pass *m*

colback [kɔlbak] M *fam* **attraper qn par le ~** *fam* j-n am Schlafittchen packen

colchique [kɔlʃik] M Herbstzeitlose *f*

coléoptère [kɔleɔptɛʀ] M Käfer *m*

colère [kɔlɛʀ] F **1** Zorn *m*; *plus fort* Wut *f*; **être dans une ~ noire** vor Wut kochen; *fam* fuchsteufelswild sein; **être en ~ (contre qn)** zornig, böse, wütend sein (auf, über j-n); **mettre qn en ~** j-n zornig, böse, wütend machen **2** *accès* Wutanfall *m*, -ausbruch *m*; *fam* **piquer une ~** e-n Wutanfall, *fam* e-n Koller kriegen

coléreux [kɔleʀø] ADJ ⟨-euse [-øz]⟩ *ou* **colérique** [-ik] ADJ jähzornig; aufbrausend; cholerisch

colibacille [kɔlibasil] M Kolibakterie *f*

colibri [kɔlibʀi] M Kolibri *m*

colifichet [kɔlifiʃɛ] M (billiger) Schmuckgegenstand

colimaçon [kɔlimasõ] M **escalier** *m* **en ~** Wendeltreppe *f*

colin [kɔlɛ̃] M Seehecht *m*

colin-maillard [kɔlɛ̃majaʀ] M **jouer à ~** Blindekuh spielen

colique [kɔlik] F **1** **~ hépatique, néphrétique** Gallen-, Nierenkolik *f* **2** **avoir la ~** Durchfall haben; *fam fig (avoir peur) pop* Schiss haben; *fam fig* **donner la ~ à qn** *fam* j-n nerven

colis [kɔli] M Paket *n*

Colisée [kɔlize] *à Rome* **le ~** das Kolosseum

collabo [kɔlabo] M ABR *fam* → collaborateur 2

collaborateur [kɔlabɔʀatœʀ] M, **collaboratrice** [-tʀis] F **1** Mitarbeiter(in) *m(f)* **2** *m* POL Kollaborateur *m*

collaboration [kɔlabɔʀasjõ] F **1** Mitarbeit *f*; Mitwirkung *f*; Zusammenarbeit *f* **2** POL Kollaboration *f*

La collaboration

Am 10. Juli 1940, nach der totalen Niederlage gegen die deutsche Wehrmacht, trat die französische Nationalversammlung im nicht besetzten Teil Frankreichs in **Vichy** zusammen und erteilte Maréchal **Philippe Pétain** besondere Vollmachten. Die Bezeichnung République française wurde durch État français ersetzt. Pétain etablierte ein autoritäres Regime, das weniger faschistisch als traditionalistisch und antirepublikanisch war. Die Devise Liberté, Égalité, Fraternité wurde ersetzt durch Travail, Famille, Patrie. Eine Révolution nationale sollte die Zeit angeblich dekadenter, parlamentarischer Demokratie beenden zugunsten einer nationalen Erneuerung. Vichy suchte die Zusammenarbeit (**collaboration**) mit Deutschland, zunächst zurückhaltend, dann aber immer engagierter. Mit zunehmender Kollaboration mit den Nationalsozialisten, brutalen Morden an Widerstandskämpfern und der Verfolgung Andersdenkender nahm die Popularität des Regimes schnell ab. Es erließ harte Maßnahmen zur Ausgrenzung und Verfolgung von Ausländern, Freimaurern und vor allem Juden. 1942 wurde der Judenstern in Vichy-Frankreich eingeführt und später ein großer Teil der jüdischen Bevölkerung interniert, nach Deutschland deportiert und dort ermordet. Hunderttausende Franzosen wurden zur Zwangsarbeit in Deutschland gezwungen. Nach der Befreiung Frankreichs durch die Alliierten wurden die Kollaborateure (**collaborateurs**, in der Umgangssprache **collabos**) hart bestraft.

LANDESKUNDE

collaborer [kɔlabɔʀe] **A** V/T INDIR ~ **à qc** an etw (*dat*) mitarbeiten, mitwirken **B** V/I POL mit dem Feind zusammenarbeiten; kollaborieren
collage [kɔlaʒ] M **1** BEAUX-ARTS Collage *f* **2** *fam* wilde Ehe
collagène [kɔlaʒɛn] M BIOL Kollagen *n*
collant [kɔlɑ̃] **A** ADJ ⟨-ante [-ɑ̃t]⟩ **1** **papier ~** Klebepapier *n* **2** *doigts* klebrig **3** *robe, jeans* eng anliegend; hauteng **4** *fam fig* **ce qu'il est ~!** was für e-e Klette! **B** SUBST **1** *m* Strumpfhose *f* **2** ÉCOLE *fam* **~e** *f* schriftliche Aufforderung zu e-r Prüfung
collapsus [kɔlapsys] M MÉD Kollaps *m*
collatéral [kɔlateʀal] ADJ ⟨~e; -aux [-o]⟩ Seiten…; Neben…
collation [kɔlasjõ] F Imbiss *m*
collationner [kɔlasjɔne] **A** V/T *des textes* kollationieren **B** *plais* V/I e-n Imbiss zu sich nehmen
colle [kɔl] F **1** Klebstoff *m*; Leim *m*; Kleber *m*; **~ forte** Alleskleber *m*; **~ à bois** Holzleim *m*; **~ d'amidon** Kleister *m*; *fam plais* **faites chauffer la ~!** *fam* da hat's gescheppert! **2** *fam* ÉCOLE knifflige Frage; *punition* Nachsitzen *n*
collecte [kɔlɛkt] F (Geld-, Spenden)Sammlung *f* **collecter** [-e] V/T sammeln
collecteur [kɔlɛktœʀ] (**égout**) **~** M Haupt(sammel)kanal *m*
collectif [kɔlɛktif] **A** ADJ ⟨-ive [-iv]⟩ kollektiv; Kollektiv…; Gemeinschafts…; gemeinsam; Sammel…; **licenciement ~** Massenentlassung *f*; (**nom**) **~** *m* Kollektivum *n*; Sammelbegriff *m*, -name *m* **B** M **~ budgétaire** Nachtragshaushalt *m*
collection [kɔlɛksjõ] F **1** Sammlung *f*; **~ de timbres** Briefmarkensammlung *f*; **faire ~ de** sammeln **2** *d'un éditeur* (Buch)Reihe *f* **3** COMM (Muster)Kollektion *f*
collectionner [kɔlɛksjɔne] V/T **1** sammeln **2** *iron* **~ qc** e-e ganze Sammlung von etw haben
collectionneur [kɔlɛksjɔnœʀ] M, **collectionneuse** [-øz] F Sammler(in) *m(f)*
collectivement [kɔlɛktivmɑ̃] ADV kollektiv; gemeinschaftlich; gemeinsam **collectivisation** [-izasjõ] F Kollektivierung *f* **collectivisme** [-ism] M Kollektivismus *m*
collectivité [kɔlɛktivite] F **1** Gemeinschaft *f*; Kollektiv *n* **2** ADMIN **~ locale** Gebietskörperschaft *f*
collège [kɔlɛʒ] M **1** **~ (d'enseignement secondaire)** Gesamtschule *f* (*vierklassige Ganztagsschule der Sekundarstufe I*) **2** **~ électoral** Wähler *mpl*
collégial [kɔleʒjal] ADJ ⟨~e; -aux [-o]⟩ **1** ÉGL CATH Stifts… **2** (*en commun*) kollegial; durch ein Kollegium erfolgend
collégiale [kɔleʒjal] F Stiftskirche *f* **collégialité** [-ite] F **1** kollegiale Leitung **2** ÉGL CATH Kollegialität *f*
collégien [kɔleʒjɛ̃] M, **collégienne** [-jɛn] F Schüler(in) *m(f)* e-s „collège"; Gymnasiast(in) *m(f)*
collègue [kɔlɛg] M/F Kollege *m*, Kollegin *f*
coller [kɔle] **A** V/T **1** (an-, auf-, ver-, zusammen)kleben; *enveloppe* zukleben; **~ qc sur qc** etw auf etw (*acc*) kleben **2** *fig visage, oreille* drücken, pressen (**contre, à** an + *acc*) **3** *fam fig* **~ qc à qn** *fam* j-m etw verpassen; **~ une gifle à qn** *fam* j-m eine kleben; **~ qc dans un coin** *fam* etw in e-e Ecke schmeißen **4** *fam fig* **être toujours collés ensemble** *fam* immer zusammenstecken **5** *fam* ÉCOLE e-e knifflige Frage stellen (**qn** j-m); *à un examen* **être collé, se faire ~** *fam* durchfliegen, -rasseln, -segeln; *punir* **être collé** nachsitzen müssen **B** V/T INDIR *et* V/I **1** (*adhérer*) kleben (**à** an + *dat*) (*a. fig*) **2** *fam fig* **ça colle** *fam* es klappt **C** V/PRON *fig* **se ~ contre, à** sich (an)schmiegen, pressen, drücken an (+ *acc*)
collerette [kɔlʀɛt] F Halskrause *f*
collet [kɔlɛ] M **1** *adjt fig* **~ monté** steif; förmlich; **saisir qn au ~** j-n am Kragen packen **2** CH Schlinge *f* **3** ANAT Zahnhals *m*
colleter [kɔlte] V/PR ⟨-tt-⟩ **se ~** sich prügeln
colleur [kɔlœʀ] M **~ d'affiches** Plakat(an)kleber *m*
collier [kɔlje] M **1** Halsband *n*, -kette *f*; Kollier *n*; **~ de perles** Perlenkette *f*, -schnur *f* **2** *d'animaux* Halsband *n*; *d'un cheval* Kum(me)t *n*; *fig* **donner un coup de ~** sich ins Zeug legen **3** **~ (de barbe)** Fräse *f* **4** TECH Schelle *f* **5** BOUCHERIE Hals *m*
collimateur [kɔlimatœʀ] M OPT Kollimator *m*; *fig* **avoir qn dans le ~** *fam* j-n auf dem Kieker haben
colline [kɔlin] F Hügel *m*
collision [kɔlizjõ] F Zusammenstoß *m*, -prall *m*; Kollision *f* (*a. fig*); **~ en chaîne** Massenkarambolage *f*; **entrer en ~** zusammenstoßen (**avec** mit)
collocation [kɔlɔkasjõ] F **1** JUR Rangzuweisung *f* **2** LING Kollokation *f*
colloque [kɔlɔk] M Kolloquium *n*
collusion [kɔlyzjõ] F abgekartetes Spiel
collutoire [kɔlytwaʀ] M Mund- und Rachenantiseptikum *n*
collyre [kɔliʀ] M Augentropfen *mpl*
colmatage [kɔlmataʒ] M Abdichten *n* **colmater** [-e] V/T abdichten
colo [kɔlo] F ABR *fam* → **colonie**
colocataire M/F Mitbewohner(in) *m(f)* e-s Mietshauses
Cologne [kɔlɔɲ] Köln *n*

C

Colomb [kɔlõ] HIST **Christophe ~** Christoph Kolumbus

colombage [kɔlõbaʒ] M Fachwerk *n*; **maison** *f* **à ~s** Fachwerkhaus *n*

colombe [kɔlõb] F Taube *f*; *fig* **~ de la paix** Friedenstaube *f*

Colombie [kɔlõbi] **la ~** Kolumbien *n*

colombien [kɔlõbjɛ̃] **A** ADJ ⟨-ienne [-jɛn]⟩ kolumbianisch **B** **Colombien(ne)** M(F) Kolumbianer(in) *m(f)*

colombier [kɔlõbje] M Taubenschlag *m*

colombin [kɔlõbɛ̃] *fam* M Kothaufen *m*; *fam* Kaktus *m*

colombophile [kɔlõbɔfil] M/F Brieftaubenzüchter(in) *m(f)*

colon [kɔlõ] M HIST (An)Siedler *m*; Kolonist *m*

côlon [kolõ] M Grimmdarm *m*

colonel [kɔlɔnɛl] M Oberst *m*

colonial [kɔlɔnjal] ADJ ⟨~e; -aux [-o]⟩ kolonial; Kolonial…; **casque ~** Tropenhelm *m*

colonialisme [kɔlɔnjalism] M *péj* Kolonialismus *m* **colonialiste** [-ist] *péj* **A** ADJ kolonialistisch **B** M Kolonialist *m*

colonie [kɔlɔni] F **1** HIST Kolonie *f* (*a. par ext*); Niederlassung *f*; Siedlung *f* **2** **colonie (de vacances)** Ferienkolonie *f*, -lager *n* **3** BIOL Kolonie *f*; **colonie d'abeilles** Bienenvolk *n*

colonisateur [kɔlɔnizatœʀ] **A** ADJ ⟨-trice [-tʀis]⟩ kolonisatorisch; kolonisierend **B** M Kolonisator *m*

colonisation [kɔlɔnizasjõ] F Kolonisation *f*; Besied(e)lung *f* **coloniser** [-e] VT kolonisieren; besiedeln

colonnade [kɔlɔnad] F Kolonnade *f*; Säulenreihe *f*

colonne [kɔlɔn] F **1** ARCH Säule *f* (*a. fig*); **colonne Morris** [mɔʀis] Litfaß-, Anschlagsäule *f*; **colonne de fumée** Rauchsäule *f* **2** TECH **colonne montante** Steigleitung *f*, -rohr *n* **3** **colonne vertébrale** Wirbelsäule *f*; Rückgrat *n* **4** *d'un journal* Spalte *f*; Kolumne *f*; *de chiffres* Kolonne *f*; *par ext* **dans les ~s du journal X** in der Zeitung X **5** (*file*) Kolonne *f* (*a.* MIL); POL **cinquième colonne** fünfte Kolonne; **colonne de secours** Rettungsmannschaft *f*

colophane [kɔlɔfan] F Kolophonium *n*

coloquinte [kɔlɔkɛ̃t] F BOT Koloquinte *f*

colorant [kɔlɔʀɑ̃] M Farbstoff *m*

coloration [kɔlɔʀasjõ] F Färbung *f*; Farbe *f*; *par ext* **se faire faire une ~** sich (*dat*) die Haare färben lassen

coloré [kɔlɔʀe] ADJ ⟨~e⟩ farbig (*a. fig description*); *teint* rot; blühend

colorer [kɔlɔʀe] VT färben; **~ en bleu** blau färben

coloriage [kɔlɔʀjaʒ] M Malen *n* (mit Buntstift); *d'images* Ausmalen *n*

colorier [kɔlɔʀje] VT *dessin* ausmalen; *abs* malen; **album** *m* **à ~** Malbuch *n*

coloris [kɔlɔʀi] M Farbe *f*; Färbung *f*

coloriste [kɔlɔʀist] M Kolorist *m*

colossal [kɔlɔsal] ADJ ⟨~e; -aux [-o]⟩ riesenhaft; Riesen…; gewaltig; kolossal **colossalement** [-mɑ̃] ADV gewaltig; ungeheuer

colosse [kɔlɔs] M Koloss *m* (*a. fig*)

colostrum [kɔlɔstʀɔm] M Kolostrum *n*; Vormilch *f*

colportage [kɔlpɔʀtaʒ] M COMM Hausieren *n*; Hausierhandel *m*

colporter [kɔlpɔʀte] VT **1** COMM hausieren (gehen) mit **2** *nouvelle* kolportieren; überall herumerzählen

colporteur [kɔlpɔʀtœʀ] M, **colporteuse** [-øz] F Hausierer(in) *m(f)*

colt [kɔlt] M Colt *m*

coltiner [kɔltine] V/PR *fam* **se ~ un travail** *fam* sich (*dat*) e-e Arbeit aufhalsen; **il faut se le ~** er ist schwer zu ertragen

columbarium [kɔlõbaʀjɔm] M Urnenhalle *f*; Kolumbarium *n*

colvert [kɔlvɛʀ] M Stockente *f*

colza [kɔlza] M Raps *m*

coma [kɔma] M tiefe Bewusstlosigkeit; *t/t* Koma *n*; **~ dépassé** Gehirntod *m*; **être dans le ~** im Koma liegen

comateux [kɔmatø] M Patient *m* im Koma

combat [kõba] M Kampf *m* (*a. fig et* SPORTS); MIL *a.* Gefecht *n*; **~ aérien** Luftkampf *m*; **~ de boxe** Boxkampf *m*; **~ de coqs** Hahnenkampf *m*; **avion** *m* **de ~** Kampfflugzeug *n*; **°hors de ~** außer Gefecht; kampfunfähig

combatif [kõbatif] ADJ ⟨-ive [-iv]⟩ kämpferisch

combativité [kõbativite] F Kampfgeist *m*

combattant [kõbatɑ̃] M **1** MIL **~s** *pl* kämpfende Truppe(n) *f(pl)*; **ancien ~** (ehemaliger) Kriegsteilnehmer, Frontkämpfer **2** *fam* **séparer les ~s** die Streitenden, *fam* Kampfhähne trennen

combattre [kõbatʀ] ⟨→ battre⟩ **A** VT bekämpfen; kämpfen gegen **B** VI kämpfen

combe [kõb] F Erosionstal *n*

combien [kõbjɛ̃] **A** ADV **1** wie viel; **combien de fois** wie oft; wievielmal; wie viele Male; **combien de jours** *restez-vous?* wie viel Tage …?; **combien de temps** wie lang(e); wie viel Zeit; **combien coûte …?** wie viel, was kostet …?; *fam* **c'est combien?** *ou* **ça fait combien?** wie viel macht das? **2** (*à quel point*) wie sehr; *avec adj* wie **B** SUBST **1** *fam* **le combien sommes-nous?** den Wievielten haben wir heute? **2** *fam* **tu es le, la combien?** der, die wievielte bist du?; *bus fam* **il passe tous les combien?**

wie oft, in welchen Abständen fährt er?

combientième [kõbjɛ̃tjɛm] *fam* PR INDÉF **le, la ~** der, die, das wievielte

combinaison [kõbinɛzõ] F 1 Kombination *f*; Zusammenstellung *f*; CHIM Verbindung *f* 2 *fig* (*combine*) Mittel *n*; Kniff *m*; Trick *m* 3 Overall *m*; Kombination *f*; **~ de bébé** Strampler *m*; **~ de ski** Skianzug *m* 4 *sous-vêtement* Unterkleid *n*, -rock *m*

combinard [kõbinaʀ] *fam péj* ADJ ‹-arde [-aʀd]› durchtrieben; *fam* gerissen

combinatoire [kõbinatwaʀ] ADJ kombinatorisch

combine [kõbin] *fam* F Trick *m*; Kniff *m*; *fam* Dreh *m*; *fam* Masche *f*; **être dans la ~** Bescheid wissen

combiné [kõbine] M 1 TÉL Hörer *m* 2 SKI Kombination *f*

combiner [kõbine] V/T 1 kombinieren; zusammenstellen 2 *fig* organisieren; arrangieren

comble[1] [kõbl] M 1 Gipfel *m*; Höhepunkt *m*; **pour ~ de malheur** zu allem Unglück; **c'est le, un ~!** das ist doch die Höhe, der Gipfel!; **être au ~ de la joie** überglücklich, selig sein 2 CONSTR Dach(stuhl) *n(m)*; **~s** *pl* Dachgeschoss *n*

comble[2] ADJ *salle* (gedrängt) voll; *bus* überfüllt; voll besetzt

comblement [kõbləmã] M Zuschütten *n*; Auffüllen *n*

combler [kõble] V/T 1 *fossé, etc* zuschütten; auffüllen 2 *fig lacune* ausfüllen; schließen; *déficit* ausgleichen; *retard* aufholen 3 *vœux* erfüllen; **~ qn** j-n überglücklich machen; **~ qn de qc** j-n mit etw überschütten, überhäufen; **~ qn de joie** j-n mit Freude erfüllen

combustibilité [kõbystibilite] F Brennbarkeit *f* **combustible** [-ibl] A ADJ brennbar B M Brennstoff *m* **combustion** [-jõ] F Verbrennung *f*

Côme [kom] Como; **le lac de ~** der Comer See

comédie [kɔmedi] F 1 Komödie *f*; Lustspiel *n*; **~ musicale** Musical *n*; **~ de boulevard** Boulevardstück *n* 2 *fig* (*fam* Affen)Theater *n*; Schauspielerei *f*; **c'est de la ~** das ist nur Theater, *fam* Mache

Comédie-Française F Comédie Française *f* (*Nationaltheater in Paris*)

comédien [kɔmedjɛ̃] M, **comédienne** [-jɛn] F 1 Schauspieler(in) *m(f)* 2 *fig* Komödiant(in) *m(f)*

comédon [kɔmedõ] M Mitesser *m*

comestible [kɔmɛstibl] A ADJ essbar; genießbar; **champignon** *m* **~** Speisepilz *m* B MPL **~s** Esswaren *fpl*; Nahrungs-, Lebensmittel *npl*

comète [kɔmɛt] F (! feminin) Komet *m*; *fig* **tirer des plans sur la ~** Luftschlösser bauen

comique [kɔmik] A ADJ 1 THÉ, FILM komisch; Komödien...; **auteur** *m* **~** Komödien-, Lustspieldichter *m*; **pièce** *f* **~** Komödie *f* 2 (*amusant*) komisch; spaßig; lustig B M 1 (! maskulin) *d'une scène, etc* Komik *f* 2 *acteur* Komiker *m*; Darsteller *m* komischer Rollen

comité [kɔmite] M Ausschuss *m*; Komitee *n*; Gremium *n*; **~ directeur** Vorstand *m*; **~ d'entreprise** Betriebsrat *m*; **~ des fêtes** Festkomitee *n*; *fig* **en petit ~** in engstem, kleinem Kreis

commandant [kɔmãdã] M 1 MIL *grade* Major *m*; (*chef*) Kommandeur *m*; MAR, AVIAT Kommandant *m*; **~ en chef** (Ober)Befehlshaber *m* 2 MAR Kapitän *m*; AVIAT **~ de bord** Flugkapitän *m*

commande [kɔmãd] F 1 COMM Bestellung *f*; Auftrag(serteilung) *m(f)*; *fig sourire* **de ~** zur Schau getragen; gespielt; **sur ~** auf Bestellung; *fig* auf Befehl, Kommando; **passer une ~ à qn** bei j-m e-e Bestellung aufgeben 2 TECH Steuerung *f*; **~ à distance** Fernsteuerung *f*; **être aux ~s**, *fig* **tenir les ~s** steuern, lenken (**de qc** etw)

commandement [kɔmãdmã] M 1 MIL Kommando *n* (*a. ordre*); Befehl(sgewalt) *m(f)* 2 REL Gebot *n*

commander [kɔmãde] A V/T 1 COMM, *qc au café, taxi* bestellen 2 MIL *troupes* kommandieren; befehligen; *par ext* **~ qn** j-n kommandieren; j-m befehlen; *fam* j-n herumkommandieren 3 MIL *attaque, retraite* befehlen; *par ext mesures* anordnen 4 (*dominer*) (durch s-e Lage) beherrschen 5 (*exiger*) erfordern; verlangen 6 TECH betätigen; steuern B V/T INDIR 1 **~ à qn de** (+ *inf*) j-m befehlen zu (+ *inf*) 2 *fig* **~ à ses passions** s-e Leidenschaften beherrschen C V/I befehlen; das Kommando führen D V/PR *sentiment* **ne pas se ~** sich nicht erzwingen lassen

commandeur [kɔmãdœʀ] M *de la Légion d'honneur* Kommandeur *m*; Komtur *m*

commanditaire [kɔmãditɛʀ] M Kommanditist *m*; *par ext* Geldgeber *m*

commandite [kɔmãdit] F Kommanditgesellschaft *f* **commanditer** [-e] V/T finanzieren

commando [kɔmãdo] M Kommando *n*

comme [kɔm] A CONJ 1 *comparaison* wie; **tout comme** genau(so) wie; so gut wie; **comme son frère** (ebenso) wie sein Bruder; *fam* **comme tout** äußerst; höchst; **comme autrefois** wie früher; **comme si** als ob; *fam* als wenn; **comme vous voulez** wie Sie wollen 2 (*en tant que*) als; **travailler comme secrétaire** als Sekretärin arbeiten; **comme livres, il n'a que …** an Büchern hat er nur … 3 *temporel* als 4 *causal* da B ADV wie; **comme c'est laid!** wie hässlich das ist!

commedia dell'arte [kɔmedjadɛlaʀte] F

THÉ Commedia dell'Arte *f*

commémoratif [kɔmemɔʀatif] ADJ ⟨-ive [-iv]⟩ Gedenk...; Gedächtnis...

commémoration [kɔmemɔʀasjõ] F **1** Gedenken *n*; *st/s* Gedächtnis *n*; **en ~ de** zum Gedenken an (+ *acc*) **2** *cérémonie* Gedächtnis-, Gedenkfeier *f*

commémorer [kɔmemɔʀe] V/T gedenken (+ *gén*); feierlich begehen

commençant [kɔmɑ̃sɑ̃] M, **commençante** [-ɑ̃t] F Anfänger(in) *m(f)*

commencement [kɔmɑ̃smɑ̃] M Anfang *m*; Beginn *m*; **~ du monde** Entstehung *f* der Welt; **au ~** am Anfang; zu, bei Beginn; anfangs; anfänglich

commencer [kɔmɑ̃se] ⟨-ç-⟩ **A** V/T **1** *personne* **~ qc** (mit) etw beginnen, anfangen; **~ qc par qc** etw mit etw beginnen, anfangen **2** *chose* **~ qc** am Anfang e-r Sache (*gén*) stehen; etw einleiten **B** V/T INDIR **~ à** *ou litt* **de** (+ *inf*) anfangen, beginnen zu (+ *inf*); **~ à manger** zu essen, mit dem Essen anfangen, beginnen; **il commence à pleuvoir** es fängt an, beginnt zu regnen; **~ par faire qc** zuerst, anfangs etw tun; **~ par qc** mit etw beginnen, anfangen **C** V/I ⟨*Zustand* être⟩ anfangen; beginnen; *personne a.* den Anfang machen

commensurable [kɔmɑ̃syʀabl] ADJ MATH kommensurabel

comment [kɔmɑ̃] **A** ADV wie; **~?** wie (bitte)?; **mais comment donc!** aber selbstverständlich, natürlich!; **et comment!** und wie!; **comment allez-vous?** wie geht es Ihnen?; **comment faire?** wie soll man *ou* soll ich *ou* sollen wir das machen? **B** SUBST **le comment** das Wie

commentaire [kɔmɑ̃tɛʀ] M **1** Kommentar *m*; *fig* **pas de ~!** kein Wort mehr!; keine Widerrede!; **sans ~!** Kommentar überflüssig!; *par ext* **faire des ~s sur** abfällige Bemerkungen machen über (+ *acc*) **2** ÉCOLE **~ (composé, de texte)** Textinterpretation *f*, -analyse *f*

commentateur [kɔmɑ̃tatœʀ] M, **commentatrice** [-tʀis] F Kommentator *m*, Kommentatorin *f*

commenter [kɔmɑ̃te] V/T kommentieren

commérages [kɔmeʀaʒ] MPL Klatsch *m*; Gerede *n*; *fam* Tratsch *m*

commerçant [kɔmɛʀsɑ̃] **A** ADJ ⟨-ante [-ɑ̃t]⟩ **rue commerçante** Geschäftsstraße *f*; **il est très commerçant** er ist ein sehr guter Geschäftsmann **B** **commerçant(e)** M(F) Kaufmann *m*, Kauffrau *f*; *par ext* Geschäftsmann *m*, -frau *f*; **les petits commerçants** die (kleinen) Einzelhändler *mpl*

commerce [kɔmɛʀs] M **1** Handel *m*; **école *f* de ~** Handelsschule *f*; **faire du ~** Handel treiben; **faire le ~ de qc** mit etw handeln **2** (*magasin*) Geschäft *n*; Laden *m*; **tenir un ~** ein Geschäft haben, führen **3** *litt* **il est d'un ~ agréable** der Umgang mit ihm ist angenehm

commercer [kɔmɛʀse] V/I ⟨-ç-⟩ Handel treiben (**avec qn** mit j-m)

commercial [kɔmɛʀsjal] ADJ ⟨~e; -aux [-o]⟩ **1** Handels...; kaufmännisch; kommerziell; Geschäfts...; **français ~** Kaufmannsfranzösisch *n* **2** *péj* nur dem Kommerz dienend; *par ext* reißerisch

commerciale [kɔmɛʀsjal] F Kombi *m*

commercialisation [kɔmɛʀsjalizasjõ] F Vertrieb *m*; Vermarktung *f*; Kommerzialisierung *f* (*a. péj du sport etc*) **commercialiser** [-e] V/T in den Handel bringen; vermarkten; kommerzialisieren (*a. fig et péj*)

commère [kɔmɛʀ] F Klatschbase *f*

commettre [kɔmɛtʀ] ⟨→ mettre⟩ begehen; *crime a.* verüben

comminatoire [kɔminatwaʀ] ADJ drohend; Droh...

commis [kɔmi] M **1** Gehilfe *m* **2** **~ voyageur** Handlungsreisende(r) *m* **3** **les grands ~ de l'État** die hohen Staatsbeamten *mpl*

commisération [kɔmizeʀasjõ] F Mitleid *n*

commissaire [kɔmisɛʀ] M **1** **~ (de police)** Polizei-, Kriminalrat *m* **2** ADMIN, POL Kommissar *m*; **~ européen** EU-Kommissar *m*; **~ aux comptes** Wirtschaftsprüfer *m* **3** SPORTS Kampfrichter *m* **commissaire-priseur** [-pʀizœʀ] M ⟨commissaires-priseurs⟩ Auktionator *m*; Versteigerer *m*

commissariat [kɔmisaʀja] M **1** **~ (de police)** Polizeirevier *n*, -dienststelle *f* **2** ADMIN, POL Kommissariat *n* (**à** für)

commission [kɔmisjõ] F **1** (*message*) Auftrag *m*; (*course*) Besorgung *f*; **~s** *pl* (tägliche) Einkäufe *mpl*, Besorgungen *fpl*; **faire les ~s** einkaufen (gehen); **faire une ~ pour qn** für j-n etw besorgen; für j-n e-n Auftrag erledigen; **transmettre une ~ à qn** j-m e-n Auftrag, e-e Nachricht übermitteln; j-m etw bestellen **2** *groupe* Kommission *f*; Ausschuss *m* **3** COMM Provision *f*; Vermittlungsgebühr *f* **4** *enf* **faire sa grosse, sa petite ~** *enf* ein großes, kleines Geschäft verrichten

commissionnaire [kɔmisjɔnɛʀ] M **1** COMM Kommissionär *m* **2** (*coursier*) Bote *m*

commissure [kɔmisyʀ] F **~ des lèvres** Mundwinkel *m*

commode¹ [kɔmɔd] ADJ **1** bequem; praktisch; leicht **2** *personne* **n'être pas ~** schwierig sein

commode² F Kommode *f*

commodément [kɔmɔdemɑ̃] ADV bequem

commodité [kɔmɔdite] F **1** Bequemlichkeit *f*

2 **~s** *pl* Komfort *m*; Annehmlichkeiten *fpl*
commotion [kɔmɔsjõ] F **~ cérébrale** Gehirnerschütterung *f*
commotionner [kɔmɔsjɔne] V/T in e-n Schockzustand versetzen
commuable [kɔmɥabl] ADJ *peine* umwandelbar **commuer** [-e] V/T *peine* umwandeln (**en** in + *acc*)
commun [kɔmɛ̃, -mœ̃] **A** ADJ ⟨-une [-yn]⟩ **1** gemeinsam; gemeinschaftlich; Gemeinschafts…; **fosse ~e** Massen-, Sammelgrab *n*; **vie ~e** *a.* Zusammenleben *n*; **en ~** gemeinsam; zusammen **2** (*banal*) gewöhnlich (*a. péj*); alltäglich; üblich; weitverbreitet; **peu ~** außergewöhnlich; nicht alltäglich **3** ZOOL, BOT gemein **B** M **1** **le ~ des mortels** die große Masse (der Menschen); der gewöhnliche Sterbliche **2** **°hors du ~** außergewöhnlich **3** **~s** *pl* Wirtschaftsgebäude *npl*
communal [kɔmynal] ADJ ⟨~e; -aux [-o]⟩ Gemeinde…; kommunal; **école ~e** (fünfklassige) Volksschule
communautaire [kɔmynotɛʀ] ADJ **1** Gemeinschafts… **2** POL der EU; EU-…
communautarisme [kɔmynotaʀism] M SOCIOLOGIE Kommunitarismus *m*
communauté [kɔmynote] F **1** Gemeinschaft *f* (*a.* POL, REL); ADMIN Gemeinwesen *n*; *de personnes vivant en commun* Wohngemeinschaft *f* **2** JUR Gütergemeinschaft *f* **3** *de goûts, etc* Gemeinsamkeit *f*
commune [kɔmyn] F Gemeinde *f*; Kommune *f*
communément [kɔmynemã] ADV gemeinhin; (für) gewöhnlich
communiant [kɔmynjã] M, **communiante** [-ãt] F CATH **premier (première) ~(e)** Erstkommunikant(in) *m(f)*
communicable [kɔmynikabl] ADJ mitteilbar **communicant** [-ã] ADJ ⟨-ante [-ãt]⟩ miteinander in Verbindung stehend
communicatif [kɔmynikatif] ADJ ⟨-ive [-iv]⟩ **1** *personne* mitteilsam; kontaktfreudig **2** *rire* ansteckend
communication [kɔmynikasjõ] F **1** (*contact*) Kommunikation *f* (*a. t/t*); Verbindung *f*; Verständigung *f*; Kontakt *m*; **être en ~ avec qn** mit j-m in Verbindung stehen **2** (*message*) Mitteilung *f*; *action a.* Übermittlung *f*; **demander ~ d'un dossier** Einsicht in e-e Akte verlangen **3** (*liaison*) Verbindung *f*; **~s** *pl* Verkehrsverbindungen *fpl*; **porte** *f* **de ~** Verbindungstür *f* **4** TÉL Verbindung *f*; (*conversation*) Gespräch *n*
communier [kɔmynje] V/I **1** CATH kommunizieren; zur Kommunion gehen; PROT das Abendmahl nehmen **2** *st/s* sich eins fühlen
communion [kɔmynjõ] F **1** CATH Kommunion *f*; PROT Abendmahl *n*; **première ~** Erstkommunion *f* **2** REL (*union*) Gemeinschaft *f* **3** *st/s* (*accord*) Einssein *n*
communiqué [kɔmynike] M Mitteilung *f*; Meldung *f*; POL Kommuniqué *n*
communiquer [kɔmynike] **A** V/T **1** *renseignements* mitteilen; *nouvelle a.* bekannt geben; durchgeben; *dossier* übermitteln **2** *maladie, enthousiasme*, PHYS *mouvement* übertragen (**à** auf + *acc*); **~ qc à qn** j-n mit etw anstecken (*a. fig*) **B** V/I **1** in Verbindung stehen *ou* treten (**entre eux** miteinander; **avec qn** mit j-m); sich verständigen (**par signes** mit Zeichen) **2** *pièces* miteinander in Verbindung stehen **C** V/PR *feu* **se ~** sich ausbreiten (**à** auf + *acc*)
communisme [kɔmynism] M Kommunismus *m*
communiste [kɔmynist] **A** ADJ kommunistisch **B** M/F Kommunist(in) *m(f)*
commutateur [kɔmytatœʀ] M ÉLEC Schalter *m* **commutatif** [-if] ADJ ⟨-ive [-iv]⟩ MATH kommutativ
commutation [kɔmytasjõ] F **1** JUR **~ de peine** Strafumwandlung *f* **2** TÉL Schaltung *f*
commuter [kɔmyte] V/T MATH, LING kommutieren; vertauschen
Comores [kɔmɔʀ] **les ~** FPL die Komoren *pl*
comorien [kɔmɔʀjɛ̃] **A** ADJ ⟨-ienne [-jɛn]⟩ komorisch **B** **Comorien(ne)** M(F) Komorer(in) *m(f)*
compact [kõpakt] **A** ADJ ⟨~e⟩ **1** (*dense*) dicht; fest; kompakt **2** (*peu encombrant*) Kompakt…; raumsparend **B** M *disque* CD *f*
compactage [kõpaktaʒ] M **1** TRAVAUX PUBLICS Verdichtung *f* (des Bodens) **2** INFORM Komprimieren *n*; Komprimierung *f*
compacter [-e] V/T INFORM komprimieren
compagne [kõpaɲ] F Gefährtin *f*; *d'un homme* Lebensgefährtin *f*; **~ de classe** Schulkameradin *f*
compagnie [kõpaɲi] F **1** Gesellschaft *f*; **de compagnie (avec)** gemeinsam, zusammen (mit); **en compagnie de** in Begleitung, Gesellschaft von (*ou + gén*); **tenir compagnie à qn** j-m Gesellschaft leisten **2** COMM Gesellschaft *f*; *fam* **… et compagnie** *fam* … und Co.; **compagnie aérienne** Fluggesellschaft *f*; **compagnie d'assurances** Versicherungsgesellschaft *f* **3** **compagnie de théâtre** Theaterensemble *n* **4** MIL Kompanie *f*
compagnon [kõpaɲõ] M **1** Gefährte *m*; Kamerad *m* (*a. animal*); *d'une femme* Lebensgefährte *m*; **~ d'infortune** Leidensgenosse *m*; **~ de voyage** Reisegefährte *m* **2** *artisan* Geselle *m*
compagnonnage [kõpaɲɔnaʒ] M HIST Gesellenbruderschaft *f*
comparable [kõpaʀabl] ADJ vergleichbar (**à**

C

mit *ou + dat*)

comparaison [kõpaʀɛzõ] F Vergleich *m*; Gegenüberstellung *f*; **en ~ de** im Vergleich zu; verglichen mit; **par ~** vergleichsweise; **faire la ~** e-n Vergleich ziehen, anstellen

comparaître [kõpaʀɛtʀ] V/I ⟨→ connaître⟩ JUR erscheinen (**en justice** vor Gericht)

comparateur [kõpaʀatœʀ] M TECH Komparator *m* **comparatif** [-if] **A** ADJ ⟨-ive [-iv]⟩ vergleichend **B** M GRAM Komparativ *m* **comparatiste** [-ist] M Komparatist *m*; vergleichender Literatur- *ou* Sprachwissenschaftler

comparativement [kõpaʀativmã] ADV vergleichsweise; **~ à** im Vergleich zu

comparé [kõpaʀe] ADJ ⟨~e⟩ *science* vergleichend

comparer [kõpaʀe] V/T (miteinander) vergleichen; **~ à, avec** vergleichen mit

comparse [kõpaʀs] M/F Randfigur *f*; *fam* kleiner Fisch

compartiment [kõpaʀtimã] M **1** *d'un tiroir, meuble* Fach *n*; *d'un damier* Feld *n* **2** CH DE FER Abteil *n*

compartimentage [kõpaʀtimãtaʒ] M *fig* Abschottung *f*; Abkapselung *f*

compartimenté [kõpaʀtimãte] ADJ ⟨~e⟩ *société* streng aufgegliedert

compartimenter [kõpaʀtimãte] V/T **1** in Fächer, Felder einteilen **2** *fig* (streng) aufgliedern; (gegeneinander) abschotten

comparution [kõpaʀysjõ] F JUR Erscheinen *n* (vor Gericht)

compas [kõpa] M **1** Zirkel *m*; **boîte** *f* **à ~** Reißzeug *n*; *fig* **avoir le ~ dans l'œil** ein ausgezeichnetes Augenmaß haben **2** MAR, AVIAT Kompass *m*

compassé [kõpase] ADJ ⟨~e⟩ steif

compassion [kõpasjõ] F tiefes Mitgefühl, Mitleid (**pour** mit)

compatibilité [kõpatibilite] F Vereinbarkeit *f*; Kompatibilität *f* (*a.* INFORM); Verträglichkeit *f* **compatible** [-bl] ADJ (miteinander) vereinbar; kompatibel (*a.* INFORM)

compatir [kõpatiʀ] V/T INDIR **~ à** Anteil nehmen an (+ *dat*); mitfühlen mit

compatissant [kõpatisã] ADJ ⟨-ante [-ãt]⟩ teilnahmsvoll; mitfühlend

compatriote [kõpatʀijɔt] M/F Landsmann *m*, Landsmännin *f*

compensateur [kõpãsatœʀ] ADJ ⟨-trice [-tʀis]⟩ ausgleichend; Ausgleichs...

compensation [kõpãsasjõ] F Ausgleich *m*; Kompensation *f*; Ersatz *m*; **en ~** zum Ausgleich; als Ersatz; dafür

compensatoire [kõpãsatwaʀ] ADJ kompensatorisch; Ausgleichs...

compensé [kõpãse] ADJ ⟨~e⟩ **semelle ~e** Keilabsatz *m*

compenser [kõpãse] V/T ausgleichen; kompensieren; wettmachen; aufwiegen; **pour ~** zum Ausgleich; dafür

compère [kõpɛʀ] M **1** *litt* Gevatter *m* **2** *péj* Helfershelfer *m*; Kumpan *m* **compère-loriot** M ⟨compères-loriots⟩ MÉD Gerstenkorn *n*

compétence [kõpetãs] F **1** (*connaissances*) **~(s)** Fach-, Sachkenntnis(se) *f(pl)*; Sachverstand *m*; Kompetenz *f* **2** (*ressort*) Zuständigkeit *f*, Kompetenz *f* (*a.* JUR)

compétent [kõpetã] ADJ ⟨-ente [-ãt]⟩ **1** (*capable*) sachverständig; kompetent; fach-, sachkundig **2** JUR zuständig; kompetent

compétitif [kõpetitif] ADJ ⟨-ive [-iv]⟩ konkurrenz-, wettbewerbsfähig

compétition [kõpetisjõ] F Wettbewerb *m*; ÉCON *a.* Konkurrenzkampf *m*; **~ (sportive)** Wettkampf *m*; **esprit** *m* **de ~** Wetteifer *m*; Kampfgeist *m*; SPORTS **faire de la ~** an Wettkämpfen teilnehmen

compétitivité [kõpetitivite] F Wettbewerbsfähigkeit *f*

Compiègne [kõpjɛɲ] *Stadt im Departement Oise*

compilateur [kõpilatœʀ] M INFORM Compiler *m* **compilation** [-asjõ] F **1** Kompilation *f*; Zusammenstellung *f* **2** MUS Sampler *m*; Best-of-Album *n* **compiler** [-e] V/T kompilieren (*a. péj*); zusammentragen, -stellen

complainte [kõplɛ̃t] F Klagelied *n*

complaire [kõplɛʀ] V/PR ⟨→ plaire⟩ **se ~ dans qc** sich (*dat*) in etw (*dat*) gefallen

complaisamment [cõplɛzamã] ADV → complaisant

complaisance [kõplɛzãs] F **1** (*amabilité*) Entgegenkommen *n*; Gefälligkeit *f* **2** *péj* (*indulgence*) Willfährigkeit *f*; allzu große Nachsicht, Gefälligkeit; **certificat** *m* **de ~** Gefälligkeitsattest *n* **3** *péj* (*satisfaction*) Selbstgefälligkeit *f*; **avec ~** selbstgefällig

complaisant [kõplɛzã] ADJ ⟨-ante [-ãt]⟩ **1** entgegenkommend; gefällig **2** *péj* **mari ~** *iron* verständnisvoller Ehemann **3** *péj* (*satisfait*) selbstgefällig

complément [kõplemã] M **1** **~ d'information** ergänzende, zusätzliche Information; **~ (d'une somme)** fehlende Summe; Restsumme *f* **2** GRAM *d'objet* Ergänzung *f*; *déterminatif* nähere Bestimmung; Attribut *n*; **~ circonstanciel, de circonstance** Umstands-, Adverbialbestimmung *f*; Adverbial(e) *n*

complémentaire [kõplemãtɛʀ] ADJ ergänzend; zusätzlich; Zusatz...; **couleurs** *fpl* **~s** Komplementärfarben *fpl*; (**retraite** *f*) **~** *f* zusätzliche Altersrente; Zusatzrente *f*

complémentarité [kõplemɑ̃taʀite] F *t/t* Komplementarität *f*

complet [kõplɛ] A ADJ ⟨-ète [-ɛt]⟩ 1 *(entier)* vollständig; vollkommen; komplett; völlig; gesamt; **aliment ~** Vollwertkost *f*; **pain ~** Vollkornbrot *n*; **au (grand) ~** vollzählig (versammelt) 2 *(plein)* (voll) besetzt; *hôtel a.* (voll) belegt; *théâtre* ausverkauft B M (Herren)Anzug *m*

complètement [kõplɛtmɑ̃] ADV völlig; vollständig; total

compléter [kõplete] ⟨-è-⟩ V/T ergänzen; vervollständigen

complétif [kõpletif] ADJ ⟨-ive [-iv]⟩ GRAM *proposition* Ergänzungs…; Objekt…

complexe [kõplɛks] A ADJ vielschichtig; komplex; kompliziert B M Komplex *m (a. industriel)*; **~ d'infériorité** Minderwertigkeitskomplex *m*; **sans ~s** ganz ungeniert; ohne Hemmungen; **il fait des ~s** er hat Komplexe

complexé [kõplɛkse] *fam* ADJ ⟨~e⟩ mit Komplexen behaftet; gehemmt; verklemmt

complexer [kõplɛkse] V/T *fam* **ça le complexe** *fam* da(von) kriegt er Komplexe

complexité [kõplɛksite] F Vielschichtigkeit *f*; Komplexität *f*

complication [kõplikasjõ] F 1 *(complexité)* Kompliziertheit *f* 2 *(difficulté)* Komplikation *f* (*a.* MÉD); Verwicklung *f*; Schwierigkeit *f*

complice [kõplis] A ADJ mitschuldig; *sourire* verständnisinnig B M/F Komplize *ou* Komplice *m*, Komplizin *f*; Helfershelfer(in) *m(f)*; JUR *a.* Mittäter(in) *m(f)*

complicité [kõplisite] F Komplizenschaft *f*; (geheimes) Einverständnis; JUR *a.* Mittäterschaft *f*; Beihilfe *f* (**de** zu)

compliment [kõplimɑ̃] M 1 Kompliment *n*; **(tous) mes ~s!** mein Kompliment!; alle Achtung!; **avec les ~s de …** mit den besten Empfehlungen (+ *gén*) 2 Glückwunschansprache *f*

complimenter [kõplimɑ̃te] V/T **~ qn** j-m ein Kompliment, Komplimente machen

compliqué [kõplike] ADJ ⟨~e⟩ kompliziert; verwickelt; schwierig; **(esprit) ~** *m fam* Umstandskrämer *m*

compliquer [kõplike] V/T (*et* V/PR **se ~** sich) komplizieren

complot [kõplo] M Komplott *n*; Verschwörung *f*; *par ext* **mettre qn dans le ~** j-n einweihen

comploter [kõplɔte] A V/T 1 **~ de faire qc** etw planen 2 *fam* **~ qc** *fam* etw aushecken B V/I ein Komplott schmieden; sich verschwören

comploteur [kõplɔtœʀ] M Verschwörer *m*

componction [kõpõksjõ] F **air** *m* **de ~** übertrieben würdevolle Miene

comportement [kõpɔʀtəmɑ̃] M Verhalten *n*

comporter [kõpɔʀte] A V/T 1 *(contenir)* enthalten; beinhalten; *(se composer de)* bestehen aus 2 *(impliquer)* mit sich bringen; zur Folge haben B V/PR **se comporter** sich verhalten (*a.* TECH); sich benehmen; sich betragen; *péj* sich aufführen

composant [kõpozɑ̃] M Bestandteil *m*; Komponente *f*; ÉLEC Bauteil *n* **composante** [-ɑ̃t] F Komponente *f*

composé [kõpoze] A ADJ ⟨~e⟩ zusammengesetzt B M 1 **~ (chimique)** (chemische) Verbindung 2 GRAM Kompositum *n*; Zusammensetzung *f*

composées [kõpoze] FPL BOT Korbblütler *mpl*

composer [kõpoze] A V/T 1 *(assembler)* zusammensetzen, -stellen, herstellen (**de** aus); TÉL *numéro* wählen 2 *(constituer)* bilden; ausmachen 3 *poème* verfassen; MUS komponieren 4 TYPO setzen B 1 *v/i (s'arranger)* sich gütlich einigen, Kompromisse schließen (**avec** mit) 2 ÉCOLE e-e Klassenarbeit, Schulaufgabe machen, schreiben (**en latin** in Latein) C V/PRON 1 **se composer de** sich zusammensetzen, zusammengesetzt sein, bestehen aus 2 **se composer un visage de circonstance** e-e dem Anlass entsprechende Miene aufsetzen

composite [kõpozit] ADJ 1 ARCH Komposit…; TECH Verbund… 2 (bunt) zusammengewürfelt

compositeur [kõpozitœʀ] M, **compositrice** [kõpozitʀis] F MUS Komponist(in) *m(f)*

composition [kõpozisjõ] F 1 Zusammensetzung *f*, -stellung *f*; *d'un tableau* Komposition *f*; SPORTS **~ d'une équipe** Mannschaftsaufstellung *f* 2 ÉCOLE Klassenarbeit *f* (**en latin** in Latein) 3 MUS Komposition *f* 4 *personne* **être de bonne ~** umgänglich sein 5 TYPO Setzen *n*; Satz *m*

compost [kõpɔst] M Kompost *m* **compostage** [-aʒ] M Düngen *n* mit Kompost

composter [kõpɔste] V/T *billet* entwerten

composteur [-œʀ] M Entwerter *m*

compote [kõpɔt] F (! feminin) 1 Mus *n*; *au sirop* Kompott *n* 2 *fam fig* **en ~** (wie) zerschlagen; wund

compotier [kõpɔtje] M Obstschale *f*

compréhensible [kõpʀeɑ̃sibl] ADJ verständlich; begreiflich; nachvollziehbar **compréhensif** [-if] ADJ ⟨-ive [-iv]⟩ verständnisvoll

compréhension [kõpʀeɑ̃sjõ] F 1 Verständnis *n* (*a. pour qn*) 2 *faculté* Begriffsvermögen *n*; Auffassungsgabe *f*

comprendre [kõpʀɑ̃dʀ] ⟨→ prendre⟩ A V/T 1 *(saisir)* verstehen; begreifen; **tu y comprends qc?** *(tu t'y connais?)* verstehst du (et)was davon?; *(tu saisis?)* verstehst, begreifst du das?; **faire ~**

qc à qn j-m etw begreiflich machen, verständlich machen, zu verstehen geben; **se faire ~** sich verständlich machen 2 *(comporter)* umfassen 3 *(inclure)* mitrechnen; mitzählen B V/PRON **se ~** sich, einander verstehen

compresse [kõpʀɛs] F Kompresse *f*; Umschlag *m*

compresser [kõpʀese] V/T 1 zusammendrücken, -pressen 2 INFORM komprimieren

compresseur [kõpʀesœʀ] M Kompressor *m*

compressibilité [kõpʀɛsibilite] F 1 PHYS Verdichtbarkeit *f*; Kompressibilität *f* 2 *des dépenses* Reduzierbarkeit *f* **compressible** [-ibl] ADJ 1 PHYS verdichtbar; kompressibel 2 *dépenses* reduzierbar

compression [kõpʀɛsjõ] F 1 TECH Kompression *f*; Verdichtung *f* 2 *des dépenses* Senkung *f*; Reduzierung *f*; *du personnel* Abbau *m*

comprimable [kõpʀimabl] ADJ → compressible

comprimé [kõpʀime] M Tablette *f*

comprimer [kõpʀime] V/T 1 TECH komprimieren; verdichten; **air comprimé** Press-, Druckluft *f* 2 *(serrer)* zusammendrücken, -pressen 3 *dépenses* reduzieren; vermindern; senken

compris [kõpʀi] PP → comprendre *et* ADJ ⟨-ise [-iz]⟩ 1 **(y) ~** (mit) (e)inbegriffen; inklusive *(abr* inkl.*)*; einschließlich; **service non ~** zuzüglich Bedienung; **tout ~** alles inklusive 2 **~ entre …** zwischen *(+ dat)* (liegend)

compromettant [kõpʀɔmɛtɑ̃] ADJ ⟨-ante [-ɑ̃t]⟩ kompromittierend

compromettre [kõpʀɔmɛtʀ] ⟨→ mettre⟩ A V/T 1 *qc* gefährden; aufs Spiel setzen; beeinträchtigen 2 *qn* kompromittieren; bloßstellen B V/PR **s'être compromis dans qc** in etw (acc) verwickelt sein

compromis [kõpʀɔmi] M Kompromiss *m*

compromissions [kõpʀɔmisjõ] FPL *(péj* faule) Kompromisse *mpl*

comptabilisation [kõtabilizasjõ] F Verbuchung *f*; (buchmäßige) Erfassung **comptabiliser** [-e] V/T 1 COMM (ver)buchen 2 *par ext* zusammenrechnen

comptabilité [kõtabilite] F Buchführung *f*, -haltung *f*; **livres** *mpl* **de ~** Geschäftsbücher *npl*; **tenir la ~** die Bücher führen

comptable [kõtabl] M/F Buchhalter(in) *m(f)*

comptage [kõtaʒ] M Zählung *f*

comptant [kõtɑ̃] ADJ *et* ADV **(au) ~** (in, gegen) bar; Bar…; **800 euros ~** (! unveränderlich) 800 Euro in bar; **paiement** *m* **au ~** Barzahlung *f*

compte [kõt] M 1 Zählen *n*; Berechnung *f*; **compte rond** runde Zahl, Summe; *fig* **à ce compte-là** wenn es, das so ist; **être à son compte** selbstständig sein; **se mettre à son compte** sich selbstständig machen; *fig* **pour mon compte** ich meinerseits; was mich betrifft; **pour le compte de** auf, für Rechnung von *(ou + gén)*; im Auftrag von *(ou + gén)*; *dire qc* **sur le compte de qn** über j-n; **en fin de compte** schließlich; letztlich; letzten Endes; im Endeffekt; **tout compte fait** genau genommen; alles in allem; *fam* **avoir son compte** sein(en) Teil, *fam* sein Fett abkriegen; *(être ivre) fam* blau, besoffen sein; **donner son compte à qn** j-n auszahlen; *fam* **son compte est bon** *fam* jetzt geht's ihm an den Kragen; *fig* **être loin du compte** sich stark verrechnet haben; **faire le compte de** (ab-, zusammen)zählen; **faire ses comptes** Buch führen; abrechnen; **laisser pour compte** *fig personne* links liegen lassen; sich nicht mehr kümmern um; *fig* **régler son compte à qn** mit j-m abrechnen; **tenir compte de qc** etw berücksichtigen, in Betracht ziehen; e-r Sache *(dat)* Rechnung tragen; **compte tenu de** unter Berücksichtigung von *(ou + gén)*; **s'en tirer à bon compte** gut dabei wegkommen; **y trouver son compte** auf s-e Kosten, Rechnung kommen 2 *en banque*, COMM Konto *n*; **compte chèque postal** Postgirokonto *n*; **compte courant** laufendes Konto; Girokonto *n*; **compte en banque** Bankkonto *n* 3 **compte(s)** *(explications)* Rechenschaft *f*; **compte rendu** Bericht *m*; *d'une séance* Protokoll *n*; *d'un livre* Rezension *f*; ÉCOLE Nacherzählung *f*; **demander des comptes à qn** von j-m Rechenschaft fordern; **je n'ai pas de comptes à vous rendre** ich bin Ihnen keine Rechenschaft schuldig; **rendre compte de qc** über etw *(acc)* Bericht erstatten; **se rendre compte de qc** sich *(dat)* über etw *(acc)* klar werden; etw bemerken, feststellen; **tu te rends compte!** stell dir das mal vor!

compte-gouttes M (! unveränderlich) Tropfenzähler *m*; *fig* **au ~** tröpfchen-, scheibchen-, *fam* kleckerweise

compter [kõte] A V/T 1 *(dénombrer)* zählen; abzählen; *(inclure)* mit-, dazuzählen, -rechnen; *suffrages* auszählen; **~ qc, qn parmi les meilleurs** etw, j-n zu den Besten zählen, rechnen; **sans ~** *(+ subst)* ohne; nicht mitgerechnet; **sans ~ que** abgesehen davon, dass; außerdem 2 *(prévoir)* rechnen (mit); **~ que …** damit rechnen, dass … 3 *(avoir l'intention)* **~** *(+ inf)* beabsichtigen, vorhaben zu *(+ inf)* 4 **~ qc à qn** *(facturer)* j-m etw berechnen, in Rechnung stellen; *(verser)* j-m etw auszahlen 5 *(avoir) années, habitants* haben; *st/s* zählen B V/I 1 *(calculer)* zählen; rechnen; **sans ~** großzügig; *dépenser* mit vollen Händen; **à ~ de** von … ab, an; ab 2 *(avoir de l'importance)* zählen; wichtig sein; gelten **C** VT INDIR **~ avec qc, qn** mit etw, j-m rechnen; **~ sur qc, qn** auf etw, j-n zählen; mit etw, j-m rechnen; sich auf etw, j-n verlassen; **j'y compte** ich rechne (fest) damit; ich verlasse mich darauf

compte rendu M ⟨comptes rendus⟩ → compte

compte-tours M (! unveränderlich) Drehzahlmesser *m*; Tourenzähler *m*

compteur [kõtœʀ] M Zähler *m*; **~ électrique** Stromzähler *m*; **~ Geiger** [ʒɛʒɛʀ] Geigerzähler *m*; **~ à eau, à gaz** Wasser-, Gaszähler *m*, -messer *m*, -uhr *f*; **~ de taxi** Fahrpreisanzeiger *m*; **~ (de vitesse)** Tachometer *m ou n*; *fam* Tacho *m*

comptine [kõtin] F Abzählvers *m*, -reim *m*

comptoir [kõtwaʀ] M **1** *d'un bar* Theke *f*; Schanktisch *m*; Tresen *m* **2** *d'un magasin* Ladentisch *m*; (Laden)Theke *f* **3** HIST (Handels)Kontor *n*; Handelsniederlassung *f*

compulser [kõpylse] VT durchsehen **compulsif** [-if] ADJ ⟨-ive [-iv]⟩ Zwangs…; zwangshaft **compulsion** [-jõ] F Zwang(shandlung) *m(f)*

comte [kõt] M Graf *m*

comté [kõte] M **1** Grafschaft *f* **2** *Art Schweizer Käse*

comtesse [kõtɛs] F Gräfin *f*

con [kõ] *pop* **A** ADJ (! Femininform unveränderlich oder **conne**) *pop* saublöd; *pop* saudoof **B** SUBST **1** **~, conne** *m,f fam* Blödmann *m*; *d'une femme fam* blöde Kuh; *injure pop* Arschloch *n*; **à la ~** *pop* saublöd; *pop* saudoof; **faire le ~** (*faire l'idiot*) *fam* sich blöd, doof (an)stellen; (*faire des bêtises*) *fam* Blödsinn, Dummheiten machen; (*faire qc de stupide*) *fam* e-e blöde, doofe Arbeit machen müssen **2** *m pop* Fotze *f* (*Vulva*)

conard [kɔnaʀ] *pop* M, **conasse** [kɔnas] *pop* F → con B 1

concassage [kõkasaʒ] M *de pierres* Brechen *n*; *de céréales* Schroten *n*

concassé [kõkase] M Schotter *m* **concasser** [-e] VT zerstoßen; zerkleinern **concasseur** [-œʀ] M *de pierres* Brecher *m*

concave [kõkav] ADJ konkav; **miroir** *m* **~** Hohlspiegel *m*

concavité [kõkavite] F **1** OPT Konkavität *f* **2** (*creux*) Vertiefung *f*; Einbuchtung *f*

concéder [kõsede] VT ⟨-è-⟩ **1** *droit* gewähren; einräumen; zugestehen **2** **~ que …** zugeben, einräumen, dass … **3** SPORTS *but* hinnehmen müssen

concentration [kõsɑ̃tʀasjõ] F Konzentration *f* (*a. d'esprit*); Konzentrierung *f*; **camp** *m* **de ~** Konzentrationslager *n*

concentrationnaire [kõsɑ̃tʀasjɔnɛʀ] ADJ e-s Konzentrationslagers; KZ-…

concentré [kõsɑ̃tʀe] **A** ADJ ⟨~e⟩ konzentriert (*a. fig personne*); **lait** *m* **~** Kondens-, Dosenmilch *f* **B** M Konzentrat *n*; **~ de tomates** Tomatenmark *n*

concentrer [kõsɑ̃tʀe] **A** VT konzentrieren; *troupes a.* zusammenziehen **B** V/PR **se ~** sich konzentrieren (**sur** auf + *acc*)

concentrique [kõsɑ̃tʀik] ADJ konzentrisch

concept [kõsɛpt] M Begriff *m*

conception [kõsɛpsjõ] F **1** (*idée*) Anschauung *f*; Auffassung *f*; Vorstellung *f*; Begriff *m* **2** (*création*) Konzeption *f*; Entwurf *m*; Gestaltung *f* **3** BIOL Empfängnis *f*

conceptualiser [kõsɛptɥalize] VT in Begriffe fassen

conceptuel [kõsɛptɥɛl] ADJ ⟨~le⟩ begrifflich; Begriffs…

concernant [kõsɛʀnɑ̃] PRÉP hinsichtlich, bezüglich (+ *gén*); ADMIN betreffs (+ *gén*)

concerné [kõsɛʀne] ADJ ⟨~e⟩ betroffen; **être ~** betroffen sein (**par** von)

concerner [kõsɛʀne] VT **~ qc, qn** etw, j-n betreffen, angehen; **en ce qui concerne …** was (+ *acc*) betrifft, anbelangt, angeht

concert [kõsɛʀ] M **1** MUS Konzert *n*; *fig* **~ d'avertisseurs** Hupkonzert *n* **2** *agir* **de ~** im Einvernehmen

concertation [kõsɛʀtasjõ] F Absprache *f*; Verständigung *f*

concerter [kõsɛʀte] V/PR **se ~** sich (miteinander) verständigen; sich absprechen, abstimmen, bereden

concertiste [kõsɛʀtist] M/F Instrumentalist(in) *m(f)*, der (die) Konzerte gibt

concerto [kõsɛʀto] M Konzert *n*

concessif [kõsesif] ADJ ⟨-ive [-iv]⟩ GRAM konzessiv; einräumend

concession [kõsɛsjõ] F **1** (*compromis*) Zugeständnis *n*; Konzession *f* **2** ADMIN Konzession *f* **3** *funéraire* Familiengrab *n*; **~ à perpétuité** Erbbegräbnis *n*

concessionnaire [kõsɛsjɔnɛʀ] M COMM Vertragshändler *m*

concevable [kõsvabl] ADJ vorstellbar; denkbar; begreiflich

concevoir [kõs(ə)vwaʀ] ⟨→ recevoir⟩ VT **1** (*comprendre*) begreifen; verstehen; (*s'imaginer*) sich (*dat*) vorstellen **2** *projet, ouvrage* entwerfen; konzipieren; ersinnen **3** *st/s sentiment* empfinden **4** BIOL empfangen

concierge [kõsjɛʀʒ] **1** *m/f* Hausmeister(in) *m(f)*; Pförtner(in) *m(f)* **2** *f fig* Klatschbase *f*

concile [kõsil] M Konzil *n*

conciliable [kõsiljabl] ADJ miteinander vereinbar

conciliabules [kõsiljabyl] MPL Getuschel *n*

C

conciliant [kõsiljã] ADJ ‹-ante [-ãt]› entgegenkommend; verbindlich; konziliant; *paroles* versöhnlich

conciliateur [kõsiljatœʀ] M, **conciliatrice** [-tʀis] F Schlichter(in) *m(f)*

conciliation [kõsiljasjõ] F **1** Ausgleich *m*; Schlichtung *f* **2** JUR gütliche Einigung; **tentative** *f* **de ~** Sühneversuch *m*

conciliatoire [kõsiljatwaʀ] ADJ Vergleichs...; vermittelnd; POL **procédure** *f* **~** Vergleichsverfahren *n*

concilier [kõsilje] **A** V/T in Einklang, Übereinstimmung bringen **B** V/PR **se ~ la bienveillance de qn** das Wohlwollen j-s gewinnen, erringen

concis [kõsi] ADJ ‹-ise [-iz]› prägnant; bündig; kurz gefasst; knapp; gedrängt

concision [kõsizjõ] F Prägnanz *f*; Knappheit *f*; Kürze *f*

concitoyen [kõsitwajɛ̃] M, **concitoyenne** [-jɛn] F Mitbürger(in) *m(f)*

conclave [kõklav] M ÉGL CATH Konklave *n*

concluant [kõklyã] ADJ ‹-ante [-ãt]› schlüssig; stichhaltig; beweiskräftig

conclure [kõklyʀ] ‹je conclus, il conclut, nous concluons; je concluais; je conclus; je conclurai; que je conclue; concluant; conclu› **A** V/T **1** *affaire* abschließen; tätigen; *traité* schließen **2** (*clore*) beenden; abschließen **3** (*déduire*) **j'en conclus que ...** ich schließe, folgere daraus, dass ... **B** V/T INDIR **~ à qc** auf etw (*acc*) schließen

conclusion [kõklyzjõ] F **1** *d'un traité, d'une affaire* Abschluss *m* **2** (*fin*) (Ab)Schluss *m*; Ende *n* **3** (*déduction*) Schluss(folgerung) *m(f)*; **~, ...** Fazit, ...; mit e-m Wort, ...; **tirer des ~s** Schlüsse, Folgerungen ziehen (**de** aus)

concocter [kõkɔkte] *plais* V/T *surprise, etc fam* aushecken; CUIS zusammenbrauen, -mixen

concombre [kõkõbʀ] M Gurke *f*

concomitance [kõkɔmitãs] F Konkomitanz *f*

concomitant [kõkɔmitã] ADJ ‹-ante [-ãt]› Begleit...

concordance [kõkɔʀdãs] F **1** Übereinstimmung *f* **2** GRAM **~ des temps** Zeitenfolge *f*

concordant [kõkɔʀdã] ADJ ‹-ante [-ãt]› übereinstimmend

concordat [kõkɔʀda] M Konkordat *n*

concorde [kõkɔʀd] F Eintracht *f*

concorder [kõkɔʀde] V/I übereinstimmen (**avec** mit); *caractères* zusammenpassen; **faire ~** in Einklang bringen

concourant [kõkuʀã] ADJ ‹-ante [-ãt]› MATH *droites* konvergent; konvergierend

concourir [kõkuʀiʀ] ‹→ courir› **A** V/T INDIR **1 ~ à qc** beitragen zu etw **2** MATH zusammenlaufen **B** V/I an e-m, am Wettbewerb teilnehmen; SPORTS **~ pour un titre** um e-n Titel kämpfen

concours [kõkuʀ] M **1** (*compétition*) Wettbewerb *m*; ÉCOLE, EMPLOI (Prüfung *f* im) Auswahlverfahren *n*; **~ hippique** Reit- und Fahrturnier *n*; **~ publicitaire** Preisausschreiben *n*; **~ de beauté** Schönheitswettbewerb *m*; **~ d'entrée** Aufnahmeprüfung *f* (im Auswahlverfahren) **2** (*aide*) Unterstützung *f*; Hilfe *f*; (*collaboration*) Mitwirkung *f* **3 ~ de circonstances** Zusammentreffen *n* mehrerer Umstände

concret [kõkʀɛ] ADJ ‹concrète [kõkʀɛt]› konkret; gegenständlich; anschaulich

concrètement [kõkʀɛtmã] ADV (ganz) konkret

concrétisation [kõkʀetizasjõ] F Konkretisierung *f*; Veranschaulichung *f*

concrétiser [kõkʀetize] V/T konkretisieren; veranschaulichen; vergegenständlichen; verdeutlichen

conçu [kõsy] PP → concevoir *et* ADJ ‹~e› **1** TECH konzipiert, an-, ausgelegt (**pour** für) **2** (*rédigé*) **ainsi ~** mit folgendem Wortlaut

concubin [kõkybɛ̃] M, **concubine** [-in] F Lebensgefährte *m*, -gefährtin *f*

concubinage [kõkybinaʒ] M Konkubinat *n*; wilde Ehe; ADMIN nicht eheliche Lebensgemeinschaft

concupiscence [kõkypisãs] F (sinnliche, fleischliche) Begierde; Fleischeslust *f* **concupiscent** [-ã] ADJ ‹-ente [-ãt]› begehrlich; lüstern

concurremment [kõkyʀamã] ADV (*ensemble*) gemeinsam; (*simultanément*) gleichzeitig

concurrence [kõkyʀãs] F **1** Konkurrenz *f* (*a. coll*); Wettbewerb *m*; Konkurrenzkampf *m*; **libre ~** freier Wettbewerb; **faire ~ à qn** j-m Konkurrenz machen **2 jusqu'à ~ de** *mille euros* bis zu ...

concurrencer [kõkyʀãse] V/T ‹-ç-› konkurrieren mit

concurrent [kõkyʀã] M, **concurrente** [-ãt] F Konkurrent(in) *m(f)*; Mitbewerber(in) *m(f)*; SPORTS Wettkampfteilnehmer(in) *m(f)*

concurrentiel [kõkyʀãsjɛl] ADJ ‹~le› konkurrierend; *prix* konkurrenzfähig

condamnable [kõdanabl] ADJ verwerflich; zu verurteilen(d)

condamnation [kõdanasjõ] F Verurteilung *f*; (*peine*) Strafe *f*

condamné(e) [kõdane] M(F) Verurteilte(r) *m/f(m)*; **~ à mort** zum Tode Verurteilte(r) *m*

condamner [kõdane] V/T **1** JUR verurteilen (**à** zu; **pour** wegen); aburteilen **2** (*forcer*) **être condamné à** verurteilt, verdammt sein zu **3** (*blâmer*) verurteilen; verwerfen; *plus fort* verdammen **4** *malade* aufgeben **5** *porte* zumauern;

(mit Brettern) vernageln

condensateur [kõdɑ̃satœʀ] M Kondensator *m*

condensation [kõdɑ̃sasjõ] F Kondensation *f*; **eau** *f* **de ~** Kondenswasser *n*

condensé [kõdɑ̃se] ADJ ⟨~e⟩ 1 **lait ~** Kondens-, Dosenmilch *f* 2 **texte ~** Kurzfassung *f*; Zusammenfassung *f*

condenser [kõdɑ̃se] A V/T 1 PHYS kondensieren 2 *fig texte* zusammenfassen; komprimieren B V/PR *vapeur* **se ~** kondensieren; sich niederschlagen

condenseur [kõdɑ̃sœʀ] M 1 OPT Kondensor *m* 2 TECH Kondensator *m*

condescendance [kõdesɑ̃dɑ̃s] F Herablassung *f* **condescendant** [-ɑ̃] ADJ ⟨-ante [-ɑ̃t]⟩ herablassend; gönnerhaft

condescendre [kõdesɑ̃dʀ] V/T INDIR ⟨→ rendre⟩ **~ à** (+ *inf*) sich (dazu) herablassen zu (+ *inf*)

condiment [kõdimɑ̃] M Gewürz *n*; Würzstoff *m*

condisciple [kõdisipl] M/F Mitschüler(in) *m(f)*; Kommilitone, -nin *m,f*

condition [kõdisjõ] F 1 Bedingung *f*; Voraussetzung *f*; **~s** *pl* (*circonstances*) Verhältnisse *npl*; Umstände *mpl*; (*situation*) Lage *f*; **~s atmosphériques** Witterung *f*; **la ~ féminine** die Lage der Frau; **~s de paiement** Zahlungsbedingungen *fpl*, -konditionen *fpl*; **à (la) ~ que** (+ *subj ou futur*), **à ~ de** (+ *inf*) unter der Voraussetzung, Bedingung, dass …; vorausgesetzt(, dass) …; (nur) wenn …; **dans ces ~s** unter diesen Umständen, Bedingungen; **sans ~** bedingungslos 2 (*forme*) Verfassung *f*; *d'un sportif* Kondition *f*; **être en bonne ~** in Form, in guter Kondition, fit sein; *fig* **mettre en ~** formen; *péj* bearbeiten; präparieren 3 (*rang social*) Stellung *f*; Stand *m*; Rang *m*; **de ~ modeste** (von) bescheidener Herkunft

conditionné [kõdisjɔne] ADJ ⟨~e⟩ 1 **(à) air ~** (mit) Klimaanlage *f* 2 **réflexe ~** bedingter Reflex

conditionnel [kõdisjɔnɛl] ADJ ⟨~le⟩ 1 bedingt (*a.* JUR) 2 GRAM **(mode) ~** *m* Konditional *m*

conditionnement [kõdisjɔnmɑ̃] M 1 COMM Verpackung *f* und Aufmachung *f* 2 **~ (de l'air)** Klimatisierung *f*

conditionner [kõdisjɔne] V/T 1 COMM (abpacken und) aufmachen 2 (*être la condition de*) bedingen 3 (*influencer*) formen; *péj* bearbeiten; präparieren

condoléances [kõdɔleɑ̃s] FPL Beileid *n*; **mes sincères ~** (mein) herzliches *ou* aufrichtiges Beileid

condor [kõdɔʀ] M Kondor *m*

conducteur [kõdyktœʀ] A ADJ ⟨-trice [-tʀis]⟩ 1 PHYS leitend 2 *fig* **fil conducteur** roter Faden B SUBST 1 **conducteur, conductrice** *m,f* Fahrer(in) *m(f)*; **conducteur d'engin** Kran- *ou* Baggerführer *m* 2 *m* PHYS Leiter *m*

conductibilité [kɔdyktibilite] F PHYS Leitfähigkeit *f* **conductible** [-ibl] PHYS ADJ leitfähig

conduction [kõdyksjõ] F PHYS, PHYSIOLOGIE Leiten *n*; Leitung *f*

conductivité [kõdyktivite] F PHYS spezifische Leitfähigkeit

conduire [kõdɥiʀ] ⟨je conduis, il conduit, nous conduisons; je conduisais; je conduisis; je conduirai; que je conduise; conduisant; conduit⟩ A V/T 1 führen; *personne a.* bringen; geleiten; *cortège, délégation* anführen; *entreprise* führen; leiten 2 *chose* **~ à** führen zu (*a. fig*); *route* (hin)führen nach, zu 3 *voiture* fahren (*a. qn en voiture*); *machine* steuern; **savoir ~** (Auto) fahren können; **permis** *m* **de ~** Führerschein *m* 4 *électricité, chaleur, eau* leiten B V/PR **se ~** sich benehmen; sich verhalten; sich betragen; *péj* sich aufführen

conduit [kõdɥi] M 1 TECH (Zu)Leitung *f*; (*tuyau*) Rohr *n* 2 ANAT Gang *m*

conduite [kõdɥit] F 1 (*comportement*) Benehmen *n*; Verhalten *n*; Betragen *n* (*a.* ÉCOLE); JUR Führung *f* 2 AUTO Fahren *n*; Lenken *n*; **~ en état d'ivresse** Trunkenheit *f* am Steuer; **leçons** *fpl* **de ~** Fahrstunden *fpl* 3 (*direction*) Leitung *f*; Führung *f*; (*accompagnement*) Begleitung *f* 4 TECH (Zu)Leitung *f*; **~ d'eau, de gaz** Wasser-, Gasleitung *f*

cône [kon] M Kegel *m* (*a.* MATH)

confection [kõfɛksjõ] F Anfertigung *f*; *d'un plat* Zubereitung *f*

confectionner [kõfɛksjɔne] V/T 1 anfertigen; *plat* zubereiten 2 *vêtements* konfektionieren

confectionneur [kõfɛksjɔnœʀ] M Hersteller *m* von Konfektion(skleidung); Konfektionär *m*

confédéral [kõfedeʀal] ADJ ⟨~e; -aux [-o]⟩ der, e-r Konföderation

confédération [kõfedeʀasjõ] F Staatenbund *m*; Konföderation *f*; **Confédération helvétique** Schweizerische Eidgenossenschaft

confédéré [kõfedeʀe] ADJ ⟨~e⟩ verbündet **confédérer** [-e] V/T ⟨-è-⟩ zusammenschließen; verbünden

conférence [kõfeʀɑ̃s] F 1 (*réunion*) Konferenz *f*; Besprechung *f*; **~ de presse** Pressekonferenz *f* 2 (*exposé*) Vortrag *m*; Referat *n*

conférencier [kõfeʀɑ̃sje] M, **conférencière** [-jɛʀ] F Redner(in) *m(f)*; Vortragende(r) *m|f(m)*; Referent(in) *m(f)*

conférer [kõfeʀe] ⟨-è-⟩ A V/T verleihen B V/I konferieren

C

confesse [kõfɛs] F **aller à ~** zur Beichte gehen

confesser [kõfese] **A** V/T **1** *ses péchés* beichten **2** **~ qn** j-m die Beichte abnehmen; *fam fig* j-n aushorchen **3** *(avouer)* (ein)gestehen; zugeben **B** V/PR **se ~** beichten

confesseur [kõfesœʀ] M Beichtvater *m*

confession [kõfesjõ] F **1** Beichte *f*; Sündenbekenntnis *n* **2** *(foi)* Konfession *f*; Bekenntnis *n* **3** *(aveu)* Bekenntnis *n*; (Ein)Geständnis *n*

confessionnal [kõfesjɔnal] M ⟨-aux [-o]⟩ Beichtstuhl *m*

confessionnel [kõfesjɔnɛl] ADJ ⟨~le⟩ Konfessions…; konfessionell

confetti(s) [kõfeti] MPL Konfetti *n*

confiance [kõfjɑ̃s] F Vertrauen *n* (**en, dans** zu; in *ou* auf + *acc*); Zutrauen *n* (zu); *d'un enfant, animal* Zutraulichkeit *f*; **~ en soi** Selbstvertrauen *n*; **personne** *f* **de ~** Vertrauensperson *f*; **de ~, en toute ~** vertrauensvoll; **faire ~ à qn, qc** j-m, e-r Sache vertrauen; **mettre qn en ~** j-s Vertrauen gewinnen

confiant [kõfjɑ̃] ADJ ⟨-ante [-ɑ̃t]⟩ vertrauensvoll; *enfant, animal* zutraulich; **trop ~** (zu) vertrauensselig

confidence [kõfidɑ̃s] F **1** vertrauliche Mitteilung *f*; **faire des ~s à qn** sich j-m anvertrauen **2** *(secret)* **en ~** im Vertrauen; vertraulich; **être dans la ~** (ins Geheimnis) eingeweiht sein

confident [kõfidɑ̃] M, **confidente** [-ɑ̃t] F Vertraute(r) *m/f(m)* (*a.* THÉ)

confidentialité [kõfidɑ̃sjalite] F Vertraulichkeit *f*

confidentiel [kõfidɑ̃sjɛl] ADJ ⟨~le⟩ vertraulich

confier [kõfje] **A** V/T **~ qc, qn à qn** j-m etw, j-n anvertrauen **B** V/PR **se ~ à qn** sich j-m anvertrauen

configuration [kõfigyʀasjõ] F Form *f*; Gestalt *f*; *t/t* Konfiguration *f* **configurer** [-e] V/T INFORM *logiciel, hardware* konfigurieren

confiné [kõfine] ADJ ⟨~e⟩ *air* verbraucht; *atmosphère* stickig; dumpf

confinement [kõfinmɑ̃] M **1** *st/s* Abgeschlossenheit *f* von der Welt; Abkapselung *f* **2** NUCL Abschirmung *f*

confiner [kõfine] **A** V/T **~ qn** j-n einsperren **B** V/T INDIR **~ à** grenzen an (+ *acc*) (*a. fig*) **C** V/PR **se ~ chez soi** sich abkapseln

confins [kõfɛ̃] MPL **aux ~ de** an der Grenze zu; am Rande (+ *gén*)

confirmand [kõfiʀmɑ̃] M, **confirmande** [-ɑ̃d] F CATH Firmling *m*; PROT Konfirmand(in) *m(f)*

confirmation [kõfiʀmasjõ] F **1** Bestätigung *f* **2** CATH Firmung *f*; PROT Konfirmation *f*; Einsegnung *f*

confirmé [kõfiʀme] ADJ ⟨~e⟩ *médecin, traducteur* erfahren

confirmer [kõfiʀme] **A** V/T **1** *réservation, nouvelle, etc* bestätigen **2** **~ qn dans son opinion** j-n in s-r Meinung bestärken **3** CATH firmen; PROT konfirmieren; einsegnen **B** V/PR **se ~** sich bestätigen

confiscation [kõfiskasjõ] F JUR, ADMIN Beschlagnahmung *f*; Konfiszierung *f*

confiserie [kõfizʀi] F **1** Süßigkeit *f*; **~s** *pl a.* Süßwaren *fpl* **2** *magasin* Süßwarengeschäft *n*

confiseur [kõfizœʀ] M, **confiseuse** [-øz] F Süßwarenhändler(in) *m(f)*

confisquer [kõfiske] V/T beschlagnahmen; konfiszieren (*a. à l'école*)

confit [kõfi] **A** ADJ ⟨-ite [-it]⟩ **1** *fruits* kandiert **2** **~ en dévotion** bigott **B** M **~ d'oie** im eigenen Fett konservierte Gänsestücke *npl*

confiture [kõfityʀ] F Marmelade *f*; Konfitüre *f*

confiturier [kõfityʀje] M Konfitüre-, Marmeladenglas *n*, -dose *f*

conflagration [kõflagʀasjõ] *st/s* F Umwälzung *f*

conflictuel [kõfliktyɛl] ADJ ⟨~le⟩ Konflikt…

conflit (❗ Endung) [kõfli] M Konflikt *m*; Auseinandersetzung *f*; Streit(igkeit) *m(f)*; **~ social** Tarifkonflikt *m*

confluent [kõflyɑ̃] M Zusammenfluss *m* **confluer** [-e] V/I *rivières* zusammenfließen

confondant [kõfõdɑ̃] ADJ ⟨-ante [-ɑ̃t]⟩ verblüffend; erstaunlich

confondre [kõfõdʀ] ⟨→ rendre⟩ **A** V/T **1** *(mélanger)* verwechseln (**avec, et** mit) **2** *(déconcerter)* verwirren; *(étonner)* verblüffen **3** *litt (démasquer)* entlarven; überführen **B** V/PR **1** **se ~** *(se mélanger)* sich vermischen; verschmelzen **2** **se ~ en excuses, remerciements** sich vielmals entschuldigen; sich überschwänglich bedanken

conformation [kõfɔʀmasjõ] F Form *f*; (Auf)-Bau *m*

conforme [kõfɔʀm] ADJ **~ à** gemäß (+ *dat*); entsprechend (+ *dat*); **~ au règlement** vorschriftsmäßig; **pour copie ~** für die Richtigkeit der Abschrift

conformément [kõfɔʀmemɑ̃] ADV **~ à** gemäß, entsprechend (+ *dat*)

conformer [kõfɔʀme] V/PR **se ~ à qc** sich nach etw richten; sich an etw *(acc)* halten

conformisme [kõfɔʀmism] M Konformismus *m*; allzu bereitwillige Anpassung **conformiste** [-ist] ADJ konformistisch; bereit, sich anzupassen

conformité [kõfɔʀmite] F Übereinstimmung *f*; **en ~ avec** in Übereinstimmung mit

confort (❗ confort) [kõfɔʀ] M Bequemlichkeit *f*; Komfort *m*; Behaglichkeit *f*; *adjt* **tout ~** mit allem Komfort ausgestattet

confortable (❗ confortable) [kõfɔʀtabl] ADJ **1** *maison, voiture, etc* bequem; komfortabel; *situation* behaglich **2** *revenus* reichlich; ansehnlich; *majorité fam* komfortabel; *fam* satt
confortablement [kõfɔʀtabləmã] ADV **1** *être assis, installé* bequem; behaglich **2** *vivre* sehr gut; im Wohlstand; *gagner* reichlich
conforter [kõfɔʀte] V/T stärken; **~ qn dans qc** j-n in etw *(dat)* bestärken
confraternel [kõfʀatɛʀnɛl] ADJ ⟨~le⟩ kollegial; unter Kollegen
confrère [kõfʀɛʀ] M Kollege *m*
confrérie [kõfʀeʀi] F REL Bruderschaft *f*
confrontation [kõfʀõtasjõ] F Gegenüberstellung *f*; Konfrontation *f*
confronter [kõfʀõte] V/T einander gegenüberstellen; miteinander konfrontieren; **être confronté à qc** mit etw konfrontiert sein
confucianisme [kõfysjanism] M PHIL Konfuzianismus *m*
Confucius [kõfysjys] M Konfuzius *m*
confus [kõfy] ADJ ⟨-use [-yz]⟩ **1** *forme, bruit* undeutlich **2** *fig idées, etc* unklar; konfus; verworren; wirr **3** *(embarrassé)* verlegen; betreten; verwirrt; **je suis ~** es ist mir peinlich
confusément [kõfyzemã] ADV undeutlich; vage
confusion [kõfyzjõ] F **1** *(désordre)* Verwirrung *f*; Durcheinander *n*; Konfusion *f* **2** *(embarras)* Verlegenheit *f*; Betretenheit *f*; Verwirrung *f* **3** *(erreur)* Verwechslung *f*
congé [kõʒe] M **1** Urlaub *m*; **~s payés** bezahlter Urlaub; **~ de maternité** Mutterschaftsurlaub *m*; **avoir ~** freihaben; **avoir un jour de ~** e-n freien Tag haben; e-n Tag freihaben; **être en ~** in, im, auf Urlaub sein **2** Kündigung *f*; *patron* **donner son ~ à qn** j-n entlassen; j-m, *fam* j-n kündigen **3** **prendre ~** sich verabschieden
congédiement [kõʒedimã] M Entlassung *f*; Kündigung *f* **congédier** [-dje] V/T entlassen
congelable [kõʒlabl] ADJ gefrierbar
congélateur [kõʒelatœʀ] M Gefriertruhe *f*, -schrank *m*; (Tief)Kühltruhe *f*
congélation [kõʒelasjõ] F Gefrieren *n*; Erstarren *n*; *de denrées alimentaires* Einfrieren *n*; Tiefkühlen *n*
congeler [kõʒle] V/T ⟨-è-⟩ einfrieren; tiefkühlen; **viande congelée** Gefrierfleisch *n*
congénère [kõʒenɛʀ] M/F Artgenosse, -genossin *m,f*; *fig* **lui et ses ~s** er und seinesgleichen
congénital [kõʒenital] ADJ ⟨~e; -aux [-o]⟩ angeboren
congère [kõʒɛʀ] F Schneeverwehung *f*
congestion [kõʒɛstjõ] F Blutandrang *m*; **~ cérébrale** Schlaganfall *m*

congestionné [kõʒɛstjɔne] ADJ ⟨~e⟩ **1** *visage* hoch-, blaurot **2** *route* verstopft; überlastet
congestionner [kõʒɛstjɔne] V/T **1** Blutandrang verursachen in *(+dat)*; *toux, rire: visage* hochrot, blaurot färben **2** *route* verstopfen; überlasten
conglomérat [kõglɔmeʀa] M Konglomerat *n*
Congo [kõgo] **le ~** der Kongo
congolais [kõgɔlɛ] **A** ADJ ⟨-aise [-ɛz]⟩ kongolesisch **B** SUBST **1** **Congolais(e)** *m(f)* Kongolese *m*, -sin *f* **2** *m gâteau* Kokosmakrone *f*
congratulations [kõgʀatylasjõ] *plais* FPL Gratulation(en) *f(pl)*
congratuler [kõgʀatyle] *plais* V/T gratulieren (**qn** j-m)
congre [kõgʀ] M Meeraal *m*
congrégation [kõgʀegasjõ] F Kongregation *f*
congrès [kõgʀɛ] M Kongress *m*; Tagung *f*
congressiste [kõgʀesist] M/F Kongress-, Tagungsteilnehmer(in) *m(f)*
congru [kõgʀy] ADJ ⟨~e⟩ **en être réduit à la portion ~e** am Rande des Existenzminimums leben
congruent [kõgʀyã] ADJ ⟨-ente [-ãt]⟩ kongruent
conifère [kɔnifɛʀ] M Nadelbaum *m*; Konifere *f*; **~s** *pl a.* Nadelhölzer *npl*
conique [kɔnik] ADJ kegelförmig
conjectural [kõʒɛktyʀal] ADJ ⟨~e; -aux [-o]⟩ auf Vermutungen beruhend; spekulativ
conjecture [kõʒɛktyʀ] F Vermutung *f*; Mutmaßung *f* **conjecturer** [-e] V/T mutmaßen
conjoint [kõʒwɛ̃] M, **conjointe** [-ʒwɛ̃t] F Ehegatte, -gattin *m,f*; **conjoints** *pl* Ehegatten *mpl*, -leute *pl*
conjointement [kõʒwɛ̃tmã] ADV gemeinsam; gemeinschaftlich
conjonctif [kõʒõktif] ADJ ⟨-ive [-iv]⟩ **tissu ~** Bindegewebe *n*
conjonction [kõʒõksjõ] F Bindewort *n*; Konjunktion *f* (*a.* ASTRON)
conjonctive [kõʒõktiv] F Bindehaut *f* **conjonctivite** [-it] F Bindehautentzündung *f*
conjoncture [kõʒõktyʀ] F **1** *(situation)* Lage *f*; Umstände *mpl* **2** ÉCON Konjunktur *f*; Wirtschaftslage *f* **conjoncturel** [-ɛl] ADJ ⟨~le⟩ konjunkturell; konjunkturbedingt
conjoncturiste [kõʒõktyʀist] M Konjunkturexperte *m*, -forscher *m*
conjugable [kõʒygabl] ADJ konjugierbar
conjugaison [kõʒygɛzõ] F Konjugation *f*; Beugung *f* (des Verbs)
conjugal [kõʒygal] ADJ ⟨~e; -aux [-o]⟩ Ehe…; ehelich; Gatten…
conjugué [kõʒyge] ADJ ⟨~e⟩ **1** *forces* verein(ig)t; gemeinsam **2** zugeordnet; MATH konjugiert **3**

BOT *feuille* paarig gefiedert
conjuguer [kõʒyge] VT 1 **~ ses efforts** gemeinsame Anstrengungen unternehmen 2 GRAM konjugieren; beugen
conjuration [kõʒyʀasjõ] F Verschwörung *f*
conjuré [kõʒyʀe] M Verschwörer *m*
conjurer [kõʒyʀe] VT 1 *(implorer)* **~ qn de** (+ *inf*) j-n beschwören zu (+ *inf*); **je vous en conjure!** ich flehe Sie an! 2 *danger* abwenden; bannen 3 *mauvais esprits* bannen; beschwören
connaissable [kɔnɛsabl] ADJ erkennbar; zu erkennen(d)
connaissance [kɔnɛsɑ̃s] F 1 *(savoir)* Kenntnis *f*; **~s d'anglais** Englischkenntnisse *fpl*; **à ma ~** meines Wissens; **en ~ de cause** in Kenntnis der Sache, Sachlage; **avoir ~ de qc** Kenntnis von etw haben; **prendre ~ de** Kenntnis nehmen von 2 PHIL Erkenntnis *f*; Erkennen *n* 3 *(conscience)* **sans ~** bewusst-, besinnungslos; ohnmächtig; **avoir toute sa ~** bei vollem Bewusstsein sein; **perdre ~** das Bewusstsein verlieren; bewusstlos, ohnmächtig werden; **reprendre ~** wieder zu sich kommen; das Bewusstsein wiedererlangen 4 *personne* Bekannte(r) *m/f(m)* 5 *(action de connaître)* Bekanntschaft *f*; **visage** *m* **de ~** bekanntes Gesicht; **faire ~ avec qn, qc** *ou* **faire la ~ de qn, qc** j-n, etw kennenlernen; mit j-m, etw bekannt werden; die Bekanntschaft j-s machen; **lier ~ avec qn** mit j-m Bekanntschaft schließen
connaisseur [kɔnɛsœʀ] A ADJ ⟨*selten* -euse [-øz]⟩ Kenner... B M Kenner *m*; **en ~** als Kenner; mit Sachkenntnis; **être ~ en vins** (ein) Weinkenner sein
connaître [kɔnɛtʀ] ⟨je connais, il connaît, nous connaissons; je connaissais; je connus; je connaîtrai; que je connaisse; connaissant; connu⟩ A VT 1 kennen; *personne a.* bekannt sein mit; **~ l'anglais** Englisch können; **on lui connaît deux faiblesses** man kennt zwei Schwächen an ihm; **je n'y connais rien** ich verstehe nichts davon; *fam* **ça me connaît!** da(rin) kenne ich mich aus!; **faire ~ qc** etw mitteilen; **faire ~ qn** j-n bekannt machen; **se faire ~** bekannt werden (**par, pour** durch) 2 *(faire la connaissance de)* kennenlernen (**qn, qc** j-n, etw); *réussite* haben; *sort a.* erleben; erfahren B VPR **se ~** 1 *réciproquement* sich, einander kennen *ou* kennenlernen 2 *soi-même* sich (selbst) kennen; **il ne se connaît plus** er ist außer sich, kennt sich nicht mehr vor Wut 3 **s'y ~** sich auskennen (**en** mit, in + *dat*); etwas davon verstehen
connard [kɔnaʀ] *pop* M, **connasse** [kɔnas] *pop* F → con B 1
connecter [kɔnɛkte] A VT ÉLEC anschließen (à an + *acc*); verbinden (mit) B VPR INFORM **se ~** (sich) einloggen
connecteur [-œʀ] M TECH, ÉLEC Schalter *m*; Schaltgerät *n*; CH DE FER Verbindungsstück *n*
connerie [kɔnʀi] *pop* F *péj* Idiotie *f*; *fam* Quatsch *m*; *fam* Mist *m*; *fam* Stuss *m*
connexe [kɔnɛks] ADJ zusammenhängend
connexion [kɔnɛksjõ] F Verbindung *f*
connivence [kɔnivɑ̃s] F heimliches Einverständnis; **être de ~ avec qn** mit j-m unter einer Decke stecken
connotation [kɔnɔtasjõ] F LING Konnotation *f*
connu [kɔny] PP → connaître *et* ADJ ⟨~e⟩ bekannt (**de, par qn** j-m)
conque [kõk] F ZOOL Tritonshorn *n*
conquérant [kõkeʀɑ̃] A ADJ ⟨-ante [-ɑ̃t]⟩ *air* siegessicher B M Eroberer *m*
conquérir [kõkeʀiʀ] ⟨→ acquérir⟩ VT erobern; *liberté, droit* erringen; *fig* **~ qn** j-n für sich einnehmen
conquête [kõkɛt] F 1 Eroberung *f*; *fig* **faire la ~ de qn** j-n erobern, für sich einnehmen 2 *technique, etc* Errungenschaft *f*
conquis [kõki] PP ⟨-ise [-iz]⟩ → conquérir; *fig* **se conduire comme en pays ~** sich benehmen, sich aufführen, als ob man der Herr sei, als ob einem alles gehöre
conquistador [kõkistadɔʀ] M ⟨~es⟩ HIST Konquistador *m*
consacré [kõsakʀe] ADJ ⟨~e⟩ 1 REL geweiht 2 *expression* üblich (geworden)
consacrer [kõsakʀe] VT 1 widmen (**à qc, à qn** e-r Sache, j-m) 2 REL weihen
consanguin [kõsɑ̃gɛ̃] ADJ ⟨-ine [-in]⟩ blutsverwandt
consanguinité [kõsɑ̃ginite, -gɥi-] F Blutsverwandtschaft *f*
consciemment [kõsjamɑ̃] ADV bewusst
conscience [kõsjɑ̃s] F 1 *morale* Gewissen *n*; **~ professionnelle** berufliches Pflichtbewusstsein; **en ~** ganz ehrlich; **avoir bonne ~** ein gutes, reines Gewissen haben; **il n'a pas la ~ tranquille** er hat kein ganz reines, sauberes Gewissen; **avoir qc sur la ~** etw auf dem Gewissen haben; **mettre beaucoup de ~ à faire qc** etw äußerst gewissenhaft tun, machen 2 *psychologique* Bewusstsein *n*; **prise** *f* **de ~** Bewusstwerden *n*, -ung *f*; **avoir ~ de qc** sich *(dat)* e-r Sache *(gén)* bewusst sein; **perdre ~** bewusstlos, ohnmächtig werden; **prendre ~ de qc** sich *(dat)* e-r Sache *(gén)* bewusst werden
consciencieux [kõsjɑ̃sjø] ADJ ⟨-euse [-øz]⟩ gewissenhaft
conscient [kõsjɑ̃] ADJ ⟨-ente [-ɑ̃t]⟩ bewusst; *(pas évanoui)* bei Bewusstsein; **être ~ de qc** sich

(*dat*) e-r Sache (*gén*) bewusst sein
conscription [kõskʀipsjõ] F HIST MIL Aushebung *f*; Konskription *f*
conscrit [kõskʀi] M Wehrpflichtige(r) *m*; Rekrut *m*; **les ~s de la classe 1990** die 1990 Einberufenen *mpl*
consécration [kõsekʀasjõ] F 1 REL Weihe *f* 2 CATH Wandlung *f* 3 (*sanction*) (glänzende) Bestätigung; Sanktionierung *f*
consécutif [kõsekytif] ADJ ⟨-ive [-iv]⟩ 1 aufeinanderfolgend; **pendant trois jours ~s** drei Tage hintereinander 2 **~ à** als Folge von (*ou* + *gén*)
consécutivement [kõsekytivmã] ADV nach-, hintereinander; **~ à** infolge (+*gén*)
conseil [kõsɛj] M 1 (*recommandation*) Rat(schlag) *m*; **demander (un) conseil à qn** j-n um Rat fragen 2 *personne* Berater *m*; **conseil juridique** Rechtsberater *m*; Justitiar *m* 3 *assemblée* Rat *m*; *réunion* Ratssitzung *f*, -versammlung *f*; **conseil général** Departementsvertretung *f*; **conseil municipal** Gemeinde-, Stadtrat *m*; *d'une SA* **conseil d'administration** Vorstand *m*; **conseil de classe** Lehrerkonferenz *f*; **Conseil de l'Europe** Europarat *m*; **conseil de famille** Familienrat *m*; **conseil de guerre** Kriegsgericht *n*; **conseil des ministres** Ministerrat *m*; MIL **conseil de révision** Musterungsausschuss *m*; **Conseil de sécurité** (Welt)Sicherheitsrat *m*; *d'une SA* **conseil de surveillance** Aufsichtsrat *m*
conseiller[1] [kõseje] V/T **~ qn** j-n beraten; **~ qc à qn** j-m etw anraten; j-m zu etw raten; **~ à qn de** (+ *inf*) j-m raten zu (+ *inf*); **être mal conseillé** schlecht beraten sein; **prix conseillé** empfohlener Preis; Richtpreis *m*
conseiller[2] M Berater *m*; Ratgeber *m*; *membre d'un conseil* Rat *m*; **~ municipal** Gemeinde-, Stadtrat(smitglied) *m(n)*; Stadtverordnete(r) *m*
conseillère [kõsɛjɛʀ] F Beraterin *f*; Ratgeberin *f*
consensuel [kõsãsɥɛl] ADJ ⟨~le⟩ durch beidseitige Willenserklärung rechtsgültig; **contrat ~** Konsensualvertrag *m*, -kontrakt *m*
consensus [kõsɛ̃sys] M Konsens *m*
consentant [kõsãtã] ADJ ⟨-ante [-ãt]⟩ (bereit)willig; einverstanden
consentement [kõsãtmã] M Einwilligung *f*; Zustimmung *f*
consentir [kõsãtiʀ] ⟨→ sentir⟩ A V/T gewähren; einräumen B V/T INDIR **~ à qc** in etw (*acc*) einwilligen; e-r Sache (*dat*) zustimmen
conséquence [kõsekãs] F 1 (*suite*) Konsequenz *f*; Folge *f*; **en ~** (dem)entsprechend; **sans ~** ohne (jede) Bedeutung; (völlig) unwichtig; bedeutungslos; **avoir pour ~** zur Folge haben; **cela ne tire pas à ~** das hat weiter keine Folgen, (weiter) nichts auf sich 2 (*déduction*) Folgerung *f*; Konsequenz *f*
conséquent [kõsekã] ADJ ⟨-ente [-ãt]⟩ 1 (*logique*) konsequent 2 (*important*) bedeutend; wichtig 3 **par ~** folglich; infolgedessen
conservateur (! Endung) [kõsɛʀvatœʀ] A ADJ ⟨-trice [-tʀis]⟩ konservativ (*a.* POL) B SUBST 1 *d'un musée* **~, conservatrice** *m,f* Konservator(in) *m(f)* 2 POL **~, conservatrice** *m,f* Konservative(r) *m|f(m)*; **les ~s** die Konservativen *mpl* 3 *m pour aliments* Konservierungsmittel *n*
conservation [kõsɛʀvasjõ] F 1 Erhaltung *f*; Bewahrung *f* 2 *des aliments* Haltbarmachung *f*; Konservierung *f*; *adjt* **lait** *m* **longue ~** H-Milch *f*
conservatisme [kõsɛʀvatism] M Konservativismus *m*
conservatoire [kõsɛʀvatwaʀ] ADJ JUR Sicherungs…
Conservatoire [kõsɛʀvatwaʀ] M 1 Musikhochschule *f*; Konservatorium *n* 2 Schauspielschule *f*
conserve [kõsɛʀv] F 1 Konserve *f*; **en ~** aus der Dose; Dosen…; Büchsen…; *fig* **musique** *f* **en ~** *fam* Musik *f* aus der Konserve 2 **de ~** gemeinsam; zusammen
conservé [kõsɛʀve] ADJ ⟨~e⟩ *personne* **bien ~** gut erhalten
conserver [kõsɛʀve] V/T 1 (*garder*) (auf)bewahren; behalten; aufheben; *habitude* beibehalten; bewahren; **bien conservé** gut erhalten (*a. personne*) 2 *aliments* haltbar machen; konservieren
conserverie [kõsɛʀvəʀi] F 1 *usine* Konservenfabrik *f* 2 *industrie* Konservenindustrie *f*
considérable [kõsideʀabl] ADJ beträchtlich; beachtlich; erheblich
considérablement [kõsideʀabləmã] ADV beträchtlich; erheblich
considération [kõsideʀasjõ] F 1 (*réflexion*) Überlegung *f*; Erwägung *f*; (*attention*) Beachtung *f*; Rücksicht *f*; **en ~ de** in Anbetracht (+ *gén*); mit Rücksicht auf (+ *acc*); **je ne peux entrer dans ces ~s** ich kann darauf keine Rücksicht nehmen; **prendre qc en ~** etw in Erwägung, Betracht ziehen; etw berücksichtigen 2 (*estime*) Achtung *f*; Ansehen *n*; Wertschätzung *f*
considérer [kõsideʀe] V/T ⟨-è-⟩ 1 (*examiner*) bedenken; erwägen; berücksichtigen; **tout bien considéré** alles in allem; wenn man es recht bedenkt 2 **je considère que …** ich finde, ich bin der Meinung, (dass) … 3 **~ comme** ansehen, betrachten als; halten für 4 (*regarder attentivement*) betrachten; eingehend mustern 5 **être bien considéré** geschätzt, geachtet sein *ou* werden (**de** von)
consignation [kõsiɲasjõ] F JUR Hinterlegung

f

consigne [kõsiɲ] F **1** *(instruction)* (An)Weisung f; Verhaltensmaßregel f; Vorschrift(en) f(pl) **2** *pour bagages* Gepäckaufbewahrung f; **~ automatique** Schließfächer npl **3** *d'un emballage* Pfand(betrag) n(m) **4** ÉCOLE Nachsitzen n

consigner [kõsiɲe] V/T **1** *(mettre par écrit)* schriftlich festhalten **2** *emballage* mit Pfand belegen; **bouteille consignée** Pfandflasche f; Mehrwegflasche f **3** *élève* nachsitzen lassen; *soldat* Ausgehverbot anordnen für **4** *bagages* zur (Gepäck)Aufbewahrung geben

consistance [kõsistɑ̃s] F Konsistenz f; Festigkeit f; *fig* **sans ~** *rumeur* haltlos; unverbürgt; *personnage* farblos; ohne Substanz

consistant [kõsistɑ̃] ADJ ⟨-ante [-ɑ̃t]⟩ *plat* nahrhaft

consister [kõsiste] V/T INDIR **~ en, dans** bestehen aus, in (+ *dat*); **~ à** (+ *inf*) darin bestehen zu (+ *inf*)

consœur [kõsœʀ] F Kollegin f

consolable [kõsɔlabl] ADJ zu trösten(d) **consolant** [-ɑ̃] ADJ ⟨-ante [-ɑ̃t]⟩, **consolateur** [-atœʀ] ADJ ⟨-trice [-tʀis]⟩ tröstlich; Trost bringend; trostreich

consolation [kõsɔlasjõ] F Trost m

console [kõsɔl] F **1** *table* Konsoltisch m **2** ARCH Konsole f **3** INFORM (Daten)Endgerät n **4** TECH Bedienungspult n

consoler [kõsɔle] **A** V/T trösten **B** V/PR **se ~** sich trösten; **se ~ de qc** über etw *(acc)* hinwegkommen; etw verschmerzen

consolidation [kõsɔlidasjõ] F **1** CONSTR Verstärkung f **2** *fig* Festigung f; Stärkung f; Konsolidierung f *(a.* FIN*)*

consolidé [kõsɔlide] ADJ ⟨~e⟩ **1** FIN *dette d'État* fundiert **2** MÉD *fracture* zusammengeheilt **consolider** [-e] V/T **1** *mur* verstärken **2** *fig* festigen; stärken; konsolidieren *(a. dette)*

consommable [kõsɔmabl] ADJ genießbar

consommateur [kõsɔmatœʀ] M, **consommatrice** [kõsɔmatʀis] F Verbraucher(in) m(f); Konsument(in) m(f); *dans un café* Gast m

consommation [kõsɔmasjõ] F **1** ÉCON Verbrauch m; Konsum m; **faire une grande ~ de ...** viel ... (ver)brauchen **2** *d'une voiture* Benzinverbrauch m **(aux 100 km** auf 100 km) **3** *dans un café* Getränk n

consommé [kõsɔme] **A** ADJ ⟨~e⟩ vollendet; perfekt **B** M Kraftbrühe f

consommer [kõsɔme] V/T **1** verbrauchen *(a. essence)*; konsumieren; *aliments a.* verzehren **2** JUR *mariage* vollziehen; *crime* vollenden

consomption [kõsõpsjõ] F MÉD Auszehrung f

consonance [kõsɔnɑ̃s] F Klang m

consonantique [kõsɔnɑ̃tik] ADJ konsonantisch; Konsonanten...

consonne [kõsɔn] F Konsonant m; Mitlaut m

consort [kõsɔʀ] **A** ADJ **prince** m **~** Prinzgemahl m **B** MPL **... et ~s** ... und Konsorten *mpl*

consortium [kõsɔʀsjɔm] M Konsortium n

conspirateur [kõspiʀatœʀ] M, **conspiratrice** [-tʀis] F Verschwörer(in) m(f)

conspiration [kõspiʀasjõ] F **1** Verschwörung f; Konspiration f **2** *fig* Verschwörung f; **~ du silence** Mauer f des Schweigens

conspirer [kõspiʀe] V/I konspirieren, sich verschwören (**contre** gegen)

conspuer [kõspɥe] V/T niederschreien; ausbuhen

constamment [kõstamɑ̃] ADV (be)ständig; (an)dauernd

constance [kõstɑ̃s] F Beständigkeit f; Beharrlichkeit f; Stetigkeit f; Ausdauer f

Constance [kõstɑ̃s] **le lac de ~** der Bodensee

constant [kõstɑ̃] ADJ ⟨-ante [-ɑ̃t]⟩ **1** *(continuel)* (be)ständig; (an)dauernd; konstant; stet(ig) **2** *st/s (persévérant)* beständig; beharrlich

Constantinople [kõstɑ̃tinɔpl] HIST Konstantinopel n

constat [kõsta] M **1** JUR Protokoll n; AUTO **~ amiable** einvernehmliches Unfallprotokoll **2** *fig* Feststellung f; **~ d'échec** negative Bilanz

constatation [kõstatasjõ] F Feststellung f

constater [kõstate] V/T feststellen; konstatieren

constellation [kõstɛlasjõ] F Sternbild n

constellé [kõstɛle] ADJ ⟨~e⟩ übersät (**de** mit)

consternant [kõstɛʀnɑ̃] ADJ ⟨-ante [-ɑ̃t]⟩ bestürzend **consternation** [-asjõ] F Bestürzung f; Betroffenheit f; Fassungslosigkeit f

consterner [kõstɛʀne] V/T betroffen machen; **consterné** bestürzt, betroffen, konsterniert, fassungslos (**par** über + *acc*)

constipation [kõstipasjõ] F MÉD Verstopfung f

constipé [kõstipe] ADJ ⟨~e⟩ **1** MÉD verstopft **2** *fam* verklemmt **constiper** [-e] V/T MÉD zu Verstopfung führen (**qn** bei j-m)

constituant [kõstitɥɑ̃] ADJ ⟨-ante [-ɑ̃t]⟩ **1** **(élément) ~** m Bestandteil m **2** **assemblée ~e** verfassunggebende, konstituierende Versammlung

constitué [kõstitɥe] ADJ ⟨~e⟩ **être bien ~** von kräftiger Konstitution sein

constituer [kõstitɥe] **A** V/T **1** *(être)* bilden; ausmachen; darstellen **2** *(créer)* bilden; konstituieren; *dossier, collection* anlegen **B** V/PR **se ~ prisonnier** sich (der Polizei) stellen

constitutif [kõstitytif] ADJ ⟨-ive [-iv]⟩ wesentlich; konstitutiv

constitution [kõstitysjõ] F 1 POL Verfassung *f* 2 *(création)* Bildung *f*; Gründung *f*; Konstituierung *f*; *d'un dossier* Anlegen *n* 3 *d'un individu* (physische) Konstitution 4 *(structure)* Aufbau *m*; Struktur *f*; Zusammensetzung *f*

constitutionnaliser [kõstitysjɔnalize] V/T Verfassungscharakter geben (+dat); in die Verfassung aufnehmen **constitutionnalité** [-ite] F Verfassungsmäßigkeit *f*

constitutionnel [kõstitysjɔnɛl] ADJ ⟨~le⟩ 1 POL Verfassungs...; verfassungsmäßig; konstitutionell 2 *faiblesse* konstitutionell

constructeur [kõstʀyktœʀ] M 1 TECH Konstrukteur *m*; *(bâtisseur)* Erbauer *m*; **~ d'avions** Flugzeugkonstrukteur *m*, -bauer *m* 2 *fig* (Be)-Gründer *m*

constructible [kõstʀyktibl] ADJ *terrain* baureif **constructif** [-if] ADJ ⟨-ive [-iv]⟩ konstruktiv

construction [kõstʀyksjõ] F 1 Bau *m* *(a. résultat)*; TECH *a.* Konstruktion *f*; *action a.* Erbauung *f*; Errichtung *f*; **~ de logements** Wohnungsbau *m*; **en ~** im Bau (befindlich) 2 GRAM, GÉOMÉTRIE, *fig* Konstruktion *f*

construire [kõstʀɥiʀ] V/T ⟨→ conduire⟩ 1 bauen; TECH *a.* konstruieren; *édifice a.* erbauen; errichten; **il fait ~** er baut (sich [dat] ein Haus) 2 *phrase* bilden; konstruieren *(a. triangle, etc)*

consul [kõsyl] M Konsul *m* **consulaire** [-ɛʀ] ADJ konsularisch

consulat [kõsyla] M Konsulat *n*

consultable [kõsyltabl] ADJ *ouvrage de référence* **être ~** eingesehen werden können

consultant [kõsyltã] M Berater *m*

consultatif [kõsyltatif] ADJ ⟨-ive [-iv]⟩ beratend; konsultativ

consultation [kõsyltasjõ] F 1 *pour donner un avis* Beratung *f*; Konsultation *f* 2 *pour demander un avis* Befragung *f*; Konsultation *f*; *d'un expert a.* Anhörung *f*; *d'un ouvrage* Nachschlagen *n* (**de** in + *dat*) 3 MÉD Sprechstunde *f*; **heures** *fpl* **de ~** Sprechstunde(n) *f(pl)*; **donner des ~s** Sprechstunde (ab)halten, haben

consulter [kõsylte] A V/T 1 *personne* befragen; um Rat fragen; *médecin, avocat, expert* konsultieren; zurate ziehen; *expert a.* anhören; hinzuziehen 2 *ouvrage, manuel* nachschlagen, nachsehen in (+ *dat*); *horoscope* befragen B V/I *médecin* Sprechstunde haben

consumer [kõsyme] A V/T 1 *feu: édifice* vernichten; *st/s* verzehren 2 *st/s chagrin* **~ qn** *st/s* j-n verzehren B V/PR *cigarette* **se ~** herunterbrennen

contact [kõtakt] M 1 *de deux choses* Kontakt *m*; Berührung *f*; ÉLEC **mauvais ~** Wackelkontakt *m*; AUTO **clé** *f* **de ~** Zündschlüssel *m*; **au ~ de** durch die, bei der Berührung mit; AUTO **mettre le ~** die Zündung einschalten 2 *entre personnes* Kontakt *m*; Fühlung(nahme) *f*; Verbindung *f*; **au ~ de qn** durch den Kontakt, die Verbindung mit j-m; **se mettre en ~ avec qn** sich mit j-m in Verbindung setzen; **prendre ~ avec qn** mit j-m Kontakt, Verbindung aufnehmen 3 **lentilles** *fpl*, **verres** *mpl* **de ~** Kontaktlinsen *fpl*; Haftschalen *fpl*

contacter [kõtakte] V/T **~ qn** sich mit j-m in Verbindung setzen; j-n kontaktieren

contagieux [kõtaʒjø] ADJ ⟨-euse [-øz]⟩ ansteckend *(a. fig rire)*; *personne* **être ~** e-e ansteckende Krankheit haben

contagion [kõtaʒjõ] F Ansteckung *f*

container [kõtɛnɛʀ] M → conteneur

contamination [kõtaminasjõ] F Verseuchung *f*; Kontamination *f*

contaminer [kõtamine] V/T *(infecter)* anstecken *(a. fig)*; *(polluer)* verseuchen

conte [kõt] M Erzählung *f*; **~ (de fées)** Märchen *n*

contemplatif [kõtãplatif] ADJ ⟨-ive [-iv]⟩ beschaulich; kontemplativ

contemplation [kõtãplasjõ] F 1 Betrachtung *f*; **rester en ~ devant qc** etw voller Bewunderung betrachten 2 REL Kontemplation *f*

contempler [kõtãple] V/T (aufmerksam, bewundernd) betrachten, anschauen

contemporain [kõtãpɔʀɛ̃] A ADJ ⟨-aine [-ɛn]⟩ zeitgenössisch B M Zeitgenosse *m*

contenance [kõtnãs] F 1 *d'un récipient* Fassungsvermögen *n* 2 *d'une personne* Haltung *f*; **faire bonne ~** Haltung bewahren; **perdre ~** die Fassung verlieren

contenant [kõtnã] M Behältnis *n*

conteneur [kõtnœʀ] M Container *m*

contenir [kõtniʀ] ⟨→ venir⟩ A V/T 1 *(renfermer)* enthalten; *(avoir une capacité de)* fassen 2 *(retenir)* *foule* zurückhalten; *émotions* im Zaum halten; beherrschen B V/PR **se ~** sich beherrschen

content [kõtã] A ADJ ⟨-ente [-ãt]⟩ *(satisfait)* zufrieden (**de** mit); *(heureux)* erfreut, froh (über + *acc*); **être ~ de** (+ *inf*) sich freuen zu (+ *inf*); **~ de soi** selbstzufrieden B M **avoir son ~ de qc** genug, reichlich von etw bekommen

contentement [kõtãtmã] M Zufriedenheit *f*

contenter [kõtãte] A V/T *personne* zufriedenstellen; *envie, curiosité* befriedigen B V/PR **se ~ de qc** sich mit etw zufriedengeben, begnügen; mit etw vorliebnehmen

contentieux [kõtãsjø] M 1 *(litiges)* Streitsachen *fpl* 2 *service* Rechtsabteilung *f*

contenu [kõtny] M Inhalt *m*

conter [kõte] V/T erzählen; *iron* **en ~ de belles** *iron* schöne, reizende Geschichten, Dinge erzählen

contestable [kõtɛstabl] ADJ bestreitbar; strittig; anfechtbar

contestataire [kõtɛstatɛʀ] **A** ADJ protestierend; rebellierend **B** M/F Protestler(in) *m(f)*

contestation [kõtɛstasjõ] F **1** Bestreitung *f*; JUR Anfechtung *f*; *(discussion)* Disput *m* **2** POL Protest(bewegung) *m(f)*

conteste [kõtɛst] **sans ~** unbestritten; unbestreitbar

contesté [kõtɛste] ADJ ⟨~e⟩ umstritten; strittig

contester [kõtɛste] **A** V/T be-, abstreiten; in Abrede stellen; anfechten *(a.* JUR) **B** V/I POL (öffentlich) protestieren

conteur [kõtœʀ] M, **conteuse** [-øz] F Erzähler(in) *m(f)*; Märchendichter(in) *m(f)*

contexte [kõtɛkst] M Kontext *m*, Zusammenhang *m (a. par ext)*

contextuel [kõtɛkstɥɛl] ADJ ⟨~le⟩ kontextuell

contigu [kõtigy] ADJ ⟨-guë [-gy]⟩ aneinandergrenzend, -stoßend

contiguïté [kõtigɥite] F Aneinandergrenzen *n*, -stoßen *n*

continence [kõtinɑ̃s] F (sexuelle) Enthaltsamkeit

continent [kõtinɑ̃] M Kontinent *m*; Erdteil *m*; *par rapport à une île* Festland *n*

continental [kõtinɑ̃tal] ADJ ⟨~e; -aux [-o]⟩ Kontinental...; kontinental

contingence [kõtɛ̃ʒɑ̃s] F **les basses ~s matérielles** die banalen, materiellen Dinge des Alltags

contingent [kõtɛ̃ʒɑ̃] M **1** MIL (Jahrgang *m* der) Wehrdienstpflichtige(n) *mpl* **2** Kontingent *n*; Quote *f*; Anteil *m*

contingenter [kõtɛ̃ʒɑ̃te] V/T kontingentieren

continu [kõtiny] ADJ ⟨~e⟩ kontinuierlich; stetig; fortdauernd, -laufend; Dauer...; **courant ~** Gleichstrom *m*

continuation [kõtinɥasjõ] F Fortsetzung *f*; Weiterführung *f*; Fortdauer *f*, -gang *m*; *fam* **bonne ~!** weiterhin alles Gute!

continuel [kõtinɥɛl] ADJ ⟨~le⟩ (be)ständig; (an)dauernd; fortwährend

continuellement [kotinɥɛlmɑ̃] ADV ständig; (an)dauernd; fortwährend

continuer [kõtinɥe] **A** V/T fortsetzen; weiterführen; **~ ses études** *a.* weiterstudieren; **~ à** *ou* **de** (+ *inf*) weiter... (+ *inf*); weiterhin (+ *inf*) **B** V/I **1** *personne* weitermachen; fortfahren *(a. à parler)*; *à marcher* weitergehen **2** *spectacle, etc* andauern; weitergehen *(a. route)*

continuité [kõtinɥite] F Kontinuität *f*; Stetigkeit *f*; Fortbestand *m*

contondant [kõtõdɑ̃] ADJ ⟨-ante [-ɑ̃t]⟩ **arme ~e** stumpfer Gegenstand

contorsion [kõtɔʀsjõ] F Verrenkung *f (a. fig)*

contorsionner [kõtɔʀsjɔne] V/PR **se ~** die Glieder verrenken **contorsionniste** [-ist] M Schlangenmensch *m*; Kontorsionist *m*

contour [kõtuʀ] M (❗ maskulin) Umriss *m*; Kontur *f*

contourné [kõtuʀne] ADJ ⟨~e⟩ **1** verkrümmt; verdreht **2** *raisonnement, style* gewunden; geschraubt **contournement** M Umgehen *n*; Umgehung *f*

contourner [kõtuʀne] V/T **1** herumgehen um; *(en) voiture* herumfahren um; umfahren; *route* **~ qc** um etw herumführen **2** *fig difficulté, loi* umgehen

contraceptif [kõtʀasɛptif] M Verhütungsmittel *n* **contraception** [-sjõ] F Empfängnisverhütung *f*

contracté [kõtʀakte] ADJ ⟨~e⟩ verkrampft

contracter [kõtʀakte] **A** V/T **1** *alliance, mariage* schließen; eingehen; *assurance* abschließen; *dettes* machen **2** *habitude* annehmen; **~ une maladie** sich *(dat)* e-e Krankheit zuziehen **3** *muscles* zusammenziehen **B** V/PR **se ~** sich zusammenziehen

contraction [kõtʀaksjõ] F Zusammenziehung *f*; *t/t* Kontraktion *f*; *du visage* Verkrampfung *f*

contractuel [kõtʀaktɥɛl] **A** ADJ ⟨~le⟩ vertraglich **B** **~(le)** M(F) Hilfspolizist(in) *m(f)*; Politesse *f*

contracture [kõtʀaktyʀ] F **1** MÉD krankhafte Anspannung (der Muskeln); (bleibende) Kontraktur **2** ARCH *d'une tige de colonne* Verjüngung *f*

contradicteur [kõtʀadiktœʀ] M j-d, der widerspricht; Opponent *m*

contradiction [kõtʀadiksjõ] F Widerspruch *m*; **esprit** *m* **de ~** Widerspruchsgeist *m*

contradictoire [kõtʀadiktwaʀ] ADJ **1** widersprüchlich **2** *débat* mit Diskussion

contraignant [kõtʀɛɲɑ̃] ADJ ⟨-ante [-ɑ̃t]⟩ lästig

contraindre [kõtʀɛ̃dʀ] ⟨→ craindre⟩ V/T zwingen, nötigen (**à** + *inf* zu + *inf*)

contraint [kõtʀɛ̃] ADJ ⟨-ainte [-ɛ̃t]⟩ gezwungen; unnatürlich

contrainte [kõtʀɛ̃t] F Zwang *m*; *parler* **sans ~** ungezwungen; *agir* **sous la ~** unter Zwang, Druck

contraire [kõtʀɛʀ] **A** ADJ gegensätzlich; konträr; entgegengesetzt; gegenteilig; Gegen...; **vent** *m* **contraire** Gegenwind *m*; **contraire à** gegen; **contraire au règlement** vorschriftswidrig; **être contraire à qc** im Gegensatz zu etw stehen **B** M **1** *(contraire logique)* Gegenteil *n*; **au contraire** im Gegenteil **2** *(opposé)* **au contraire de** im Gegensatz zu

contrairement [kõtʀɛʀmɑ̃] PRÉP **~ à** im Gegensatz zu; entgegen (+ *dat*)

contralto [kõtʀalto] M MUS Alt *m*

contrariant [kõtʀaʀjɑ̃] ADJ ⟨-ante [-ɑ̃t]⟩ 1 (*ennuyeux*) ärgerlich; unangenehm 2 **il n'est pas ~** er macht nie Schwierigkeiten
contrarié [kõtʀaʀje] ADJ ⟨~e⟩ 1 *amour* ver-, behindert; *projets* durchkreuzt 2 *air, personne* verstimmt; verärgert
contrarier [kõtʀaʀje] V/T 1 (*gêner*) behindern; entgegenwirken (+ *dat*); *projets* durchkreuzen 2 (*mécontenter*) (ver)ärgern; verstimmen
contrariété(s) [kõtʀaʀjete] F(PL) Ärger *m*
contraste [kõtʀast] M Kontrast *m* (*a.* OPT); Gegensatz *m*
contrasté [kõtʀaste] ADJ ⟨~e⟩ kontrastreich; starke Kontraste aufweisend
contraster [kõtʀaste] V/I kontrastieren (**avec** mit); im Kontrast, Gegensatz stehen (zu)
contrastif [kõtʀastif] ADJ ⟨-ive [-iv]⟩ kontrastiv
contrat [kõtʀa] M Vertrag *m*; Kontrakt *m*; **~ de mariage, de travail** Ehe-, Arbeitsvertrag *m*; **par ~** vertraglich; durch Vertrag; **être sous ~** unter Vertrag stehen; *fig* **remplir son ~** sein Versprechen halten
contravention [kõtʀavɑ̃sjõ] F gebührenpflichtige Verwarnung; Strafmandat *n*
contre [kõtʀ] A PRÉP 1 *opposition* gegen (+ *acc*); entgegen (+ *dat*); *st/s* wider (+ *acc*) 2 *échange* für (+ *acc*); gegen (+ *acc*) 3 *contact* an (+ *acc*); **pousser la table ~ le mur** den Tisch an die Wand rücken B ADV dagegen; **être ~** dagegen sein; **par ~** dagegen; hingegen; wiederum C M 1 **le pour et le ~** das Für und Wider 2 *aux cartes* Kontra *n* 3 SPORTS Konter *m*
contre-... [*vor Konsonant* kõtʀə..., *vor Vokal* kõtʀ...] *préfixe* (❗ auch bei Pluralformen unveränderlich, z. B. **contre-accusations**) Gegen...; gegen...
contre-accusation F Gegenbeschuldigung *f* **contre-allée** F Seitenallee *f* **contre-amiral** M Flottillenadmiral *m* **contre-attaque** F Gegenangriff *m* **contre-attaquer** V/T e-n Gegenangriff führen (**qn** gegen j-n)
contrebalancer ⟨-ç-⟩ A V/T aufwiegen; ausgleichen B V/PR *fam* **je m'en contrebalance** *fam* ich pfeif drauf
contrebande F Schmuggel *m*; (**marchandise** *f* **de**) **~** Schmuggelware *f*; **faire de la ~** schmuggeln
contrebandier [kõtʀəbɑ̃dje] M, **contrebandière** [-jɛʀ] F Schmuggler(in) *m(f)*
contrebas ADV **en ~** tiefer; weiter unten; *prép* **en ~ de** unterhalb (+ *gén*)
contrebasse F (❗ feminin) Bassgeige *f*; (Kontra)Bass *m* **contrebassiste** [-ist] M/F Kontrabassist(in) *m(f)*
contrebraquer V/T gegensteuern, -lenken
contrecarrer V/T hintertreiben; durchkreuzen; entgegenwirken (+ *dat*)
contrechamp M FILM Gegeneinstellung *f*
contrecœur ADV **à ~** widerwillig; mit Widerwillen
contrecoup M Rück-, Nachwirkung *f*; **par ~** als indirekte Folge
contre-courant M ADV **à ~** gegen die Strömung; *fig* gegen den Strom
contre-culture F Subkultur *f*
contredanse F *fam* (*contravention*) *fam* Strafzettel *m*; *fam* Knöllchen *n*
contredire ⟨→ dire; *aber* vous contredisez⟩ A V/T **~ qn, qc** j-m, e-r Sache widersprechen B V/PR **se ~** sich (*dat*) widersprechen
contredit ADV **sans ~** zweifelsohne; unbestritten
contrée [kõtʀe] F Gegend *f*
contre-espionnage M Gegenspionage *f*; Spionageabwehr *f* **contre-expertise** F Gegengutachten *n*
contrefaçon F Nachahmung *f*; Fälschung *f*
contrefaire ⟨→ faire⟩ V/T 1 *sa voix, son écriture* verstellen 2 *frauduleusement* nachmachen; fälschen
contrefait ADJ ⟨-aite⟩ missgestaltet
contreficher V/PR *fam* **je m'en contrefiche** *fam* ich pfeif drauf
contre-filet M → faux-filet
contrefort M 1 CONSTR Widerlager *n*; Strebepfeiler *m* 2 GÉOG **~s** *pl* Vorberge *mpl*; Ausläufer *m(pl)*
contre-indication F Gegenanzeige *f*; Kontraindikation *f*
contre-indiqué ADJ ⟨~e⟩ **être ~** MÉD kontraindiziert sein; *fig* nicht zu empfehlen sein
contre-jour M Gegenlicht *n*; (**photo prise à**) **~** Gegenlichtaufnahme *f*; **à ~** gegen das Licht; im Gegenlicht
contremaître M Vorarbeiter *m*; *en usine a.* Werkmeister *m*; CONSTR Polier *m* **contremaîtresse** F Vorarbeiterin *f*
contre-manifestation F Gegendemonstration *f* **contre-manifester** V/I e-e Gegendemonstration veranstalten
contremarque F 1 COMM nachträglich angebrachtes Markenzeichen; *sur de l'or etc* zweiter Stempel 2 THÉ Kontrollmarke *f*, -karte *f* (, die zum Wiedereintritt während der Vorstellung berechtigt)
contre-offensive F Gegenoffensive *f* **contre-ordre** → contrordre
contrepartie F Ausgleich *m* (**de** für); Gegenleistung *f*; **en ~** dafür; zum Ausgleich; als Gegenleistung
contre-performance F (unerwartet)

schlechte Leistung
contrepèterie [kõtʀəpɛtʀi] F Silbenvertauschung *f*; Schüttelreim *m*
contre-pied M **prendre le ~ de qc** das genaue Gegenteil von etw tun *ou* sagen
contreplaqué M Sperrholz *n*
contre-plongée F Aufnahme *f* von unten, aus der Froschperspektive
contrepoids M Gegengewicht *n* (*a. fig*) **contrepoint** M MUS, *fig* Kontrapunkt *m* **contrepoison** M Gegengift *n*
contre-propagande F Gegenpropaganda *f* **contre-proposition** F Gegenvorschlag *m*
contrer [kõtʀe] **A** V/T kontern; **~ qn, qc** j-m, e-r Sache entgegentreten; j-n, etw kontern **B** V/I *aux cartes* Kontra geben
Contre-Réforme F HIST REL Gegenreformation *f*
contre-révolution F Gegen-, Konterrevolution *f* **contre-révolutionnaire** **A** ADJ gegen-, konterrevolutionär **B** M Konterrevolutionär *m*
contresens [kõtʀəsɑ̃s] M Fehldeutung *f*; Sinnwidrigkeit *f*; **à ~** *interpréter* sinnwidrig; *rouler* in der entgegengesetzten, falschen, verkehrten (Fahrt)Richtung
contresigner V/T gegenzeichnen
contretemps M (unerwartet auftretendes) Hindernis; widriger Umstand; **à ~** im ungünstigsten Moment
contre-terrorisme M Gegenterror *m* **contre-valeur** F Gegenwert *m*
contrevenant [kõtʀəvnɑ̃] M, **contrevenante** [-ɑ̃t] F Zuwiderhandelnde(r) *m/f(m)*
contrevenir [kõtʀəvniʀ] V/T INDIR ⟨→ venir; *aber* avoir⟩ **~ à qc** e-r Sache (*dat*) zuwiderhandeln
contrevent M Fensterladen *m*
contre-vérité *ou* **contrevérité** F Unwahrheit *f*; unwahre Behauptung
contribuable [kõtʀibɥabl] M Steuerzahler *m*, -pflichtige(r) *m*
contribuer [kõtʀibɥe] V/T INDIR **~ à qc** zu etw beitragen; s-n Beitrag zu etw leisten
contributif [kõtʀibytif] ADJ ⟨-ive [-iv]⟩ Steuer…
contribution [kõtʀibysjõ] F **1** (*part*) Beitrag *m* (**à** zu); Anteil *m* (an + *dat*); **mettre qn à ~** j-s Dienste in Anspruch nehmen **2** (*impôt*) Steuer *f*; Abgabe *f*
contrit [kõtʀi] ADJ ⟨-ite [-it]⟩ zerknirscht; reumütig
contrition [kõtʀisjõ] F Reue *f*; Zerknirschung *f*
contrôlable [kõtʀolabl] ADJ kontrollierbar; überprüfbar
contrôle [kõtʀol] M (❗ maskulin) **1** (*vérification*) Kontrolle *f*; Überprüfung *f*; AUTO **~ technique** Hauptuntersuchung *f*; *fam* TÜV *m*; **~ des billets** Fahrscheinkontrolle *f*; **~ des changes** Devisenbewirtschaftung *f*; **~ d'identité** Ausweiskontrolle *f* **2** (*maîtrise*) Kontrolle *f*; Beherrschung *f*; **~ des naissances** Geburtenkontrolle *f*; **perdre le ~ de son véhicule** die Herrschaft, Kontrolle, Gewalt über sein Fahrzeug verlieren **3** ÉCOLE Klassenarbeit *f*; **~ continu** studienbegleitende Leistungskontrollen *fpl*
contrôler [kõtʀole] V/T **1** (*vérifier*) kontrollieren; überprüfen **2** (*dominer*) kontrollieren (*a.* ÉCON, MIL); beherrschen
contrôle-radar M (❗ unveränderlich) Radarkontrolle *f*
contrôleur [kõtʀolœʀ] M Kontrolleur *m*; CH DE FER Schaffner *m*; **~ aérien** Flugleiter *m*, -lotse *m*
contrôleuse [kõtʀoløz] F Kontrolleurin *f*
contrordre [kõtʀɔʀdʀ] M Gegenbefehl *m*; Widerruf *m*
controverse [kõtʀɔvɛʀs] F Kontroverse *f*; Meinungsstreit *m*
controversé [kõtʀɔvɛʀse] ADJ ⟨~e⟩ umstritten; strittig; kontrovers
contumace [kõtymas] JUR **par ~** in Abwesenheit
contusion [kõtyzjõ] F Prellung *f*; Quetschung *f*
contusionner [kõtyzjɔne] V/T quetschen
convaincant [kõvɛ̃kɑ̃] ADJ ⟨-ante [-ɑ̃t]⟩ überzeugend
convaincre [kõvɛ̃kʀ] V/T ⟨→ vaincre⟩ **1** überzeugen (**qn de qc** j-n von etw) **2** **~ qn de mensonge** j-n der Lüge (*gén*) überführen
convaincu [kõvɛ̃ky] ADJ ⟨~e⟩ überzeugt
convalescence [kõvalesɑ̃s] F Genesung *f*; Rekonvaleszenz *f*; **être en ~** sich auf dem Weg(e) der Genesung befinden
convalescent [kõvalesɑ̃] M, **convalescente** [-ɑ̃t] F Genesende(r) *m/f(m)*; Rekonvaleszent *m*
convection [kõvɛksjõ] F PHYS Konvektion *f*
convenable [kõvnabl] ADJ **1** (*approprié*) passend; angemessen **2** (*assez bon*) (recht) ordentlich; *fam* anständig **3** (*décent*) schicklich; anständig
convenablement [kõvnabləmɑ̃] ADV ordentlich; angemessen
convenance [kõvnɑ̃s] F **1** **~s** *pl* Anstandsregeln *fpl*; Konventionen *fpl* **2** **qc à ma ~** etwas, was meinen Vorstellungen entspricht; **pour ~s personnelles** aus persönlichen Gründen
convenir [kõvniʀ] ⟨→ venir⟩ **A** V/T INDIR **1** ⟨avoir⟩ **~ à qc** passen zu etw; e-r Sache

(*dat*) angemessen sein; **~ à qn** j-m passen, zusagen **2** ⟨avoir, *st/s* être⟩ **~ de qc** (*s'accorder*) etw vereinbaren, verabreden, ab-, ausmachen **3** **~ de qc** (*avouer*) etw zugeben, einräumen **B** V/IMP **il convient de** (+ *inf*) es empfiehlt sich zu (+ *inf*)

convention [kõvɑ̃sjõ] F **1** (*accord*) Abkommen *n*; Vereinbarung *f*; Abmachung *f*; Konvention *f*; **~ collective** Tarifvertrag *m* **2** **~s** *pl* Konventionen *fpl*

conventionné [kovɑ̃sjɔne] ADJ ⟨~e⟩ **médecin ~** Kassenarzt *m*

conventionnel [kõvɑ̃sjɔnɛl] ADJ ⟨~le⟩ konventionell

conventionnellement [kõvɑ̃sjɔnɛlmɑ̃] ADV **1** konventionell **2** durch Vereinbarung

conventuel [kõvɑ̃tɥɛl] ADJ ⟨~le⟩ Kloster…

convenu [kõvny] ADJ ⟨~e⟩ vereinbart

convergence [kõvɛʀʒɑ̃s] F Konvergenz *f* (*a. fig*) **convergent** [-ɑ̃] ADJ ⟨-ente [-ɑ̃t]⟩ konvergierend; konvergent

converger [kõvɛʀʒe] V/I ⟨-ge-⟩ **1** (in e-m Punkt) zusammenlaufen; konvergieren (*a.* PHYS, MATH); *regards* **~ sur** sich richten auf (+ *acc*) **2** *fig* demselben Ziel zustreben; übereinstimmen

conversation [kõvɛʀsasjõ] F Unterhaltung *f*; Gespräch *n*; Konversation *f*; **~ téléphonique** Telefongespräch *n*; Telefonat *n*; **il n'a pas de ~** mit ihm kann man sich über nichts unterhalten; **détourner la ~** vom Thema ablenken

converser [kõvɛʀse] V/I sich unterhalten

conversion [kõvɛʀsjõ] F **1** REL Bekehrung *f*, Konversion *f*, Übertritt *m* (**à** zu) **2** FIN Umwandlung *f* (*a.* MATH), Konversion *f*, MATH *a.* Umrechnung *f* (**en** in + *acc*)

converti [kõvɛʀti] REL **A** ADJ ⟨~e⟩ bekehrt **B** **~(e)** M(F) Konvertit(in) *m(f)*

convertibilité [kõvɛʀtibilite] F *d'une monnaie* Konvertierbarkeit *f*; Konvertibilität *f*; *d'un emprunt, d'une dette* Umwandelbarkeit *f*

convertible [kõvɛʀtibl] ADJ *monnaie* konvertierbar; konvertibel

convertir [kõvɛʀtiʀ] **A** V/T **1** **~ qn** j-n bekehren (**à** zu) **2** FIN umwandeln (*a.* MATH), konvertieren, MATH *a.* umrechnen (**en** in + *acc*) **B** V/PR **se ~** REL sich bekehren (**à** zu); konvertieren, übertreten (zu)

convertisseur [kõvɛʀtisœʀ] M **1** MÉTALLURGIE Konverter *m* **2** TECH Wandler *m*; ÉLEC Umformer *m*

convexe [kõvɛks] ADJ konvex

convexité [kõvɛksite] F **1** OPT Konvexität *f* **2** (*courbure*) Gewölbtsein *n*; Wölbung *f*

conviction [kõviksjõ] F **1** Überzeugung *f*; **~s** *pl* Überzeugungen *fpl*; Ansichten *fpl* **2** **pièce** *f* **à ~** Beweisstück *n*; Corpus delicti *n*

convier [kõvje] V/T **~ qn à qc** j-n zu etw einladen

convive [kõviv] M/F Gast *m*

convivial [kõvivjal] ADJ ⟨~e; -aux [-o]⟩ **1** gastlich; einladend; gemütlich **2** INFORM benutzerfreundlich

convivialité [kõvivjalite] F **1** Gastlichkeit *f*; gesellige Gemütlichkeit **2** INFORM Benutzerfreundlichkeit *f*

convocation [kõvɔkasjõ] F **1** *d'une assemblée* Einberufung *f* **2** JUR Vorladung *f*; **~ à l'examen** Aufforderung *f*, sich zur Prüfung einzufinden

convoi [kõvwa] M **1** *de véhicules* Kolonne *f*; Konvoi *m*; MAR Geleitzug *m*; **~ exceptionnel** Schwertransport *m* **2** **~ (funèbre)** Leichen-, Trauerzug *m* **3** CH DE FER Zug *m*

convoiter [kõvwate] V/T (heftig) begehren **convoitise** [-iz] F Begehrlichkeit *f*

convoler [kõvɔle] V/I *plais* **~ en justes noces** *plais* in den Hafen der Ehe einlaufen

convoquer [kõvɔke] V/T **1** *assemblée* einberufen **2** JUR (vor)laden; *élève, employé* kommen lassen; zu sich zitieren

convoyer [kõvwaje] V/T ⟨-oi-⟩ (zum Schutz) begleiten; eskortieren

convoyeur [kõvwajœʀ] M **1** **~ de fonds** Begleiter *m* e-s Geldtransports **2** MAR Geleitschiff *n* **3** TECH Förderer *m*

convoyeuse [kõvwajøz] F **~ de l'air** Flugbegleiterin *f*

convulsé [kõvylse] ADJ ⟨~e⟩ verkrampft; verzerrt **convulser** [-e] V/T verkrampfen; (krampfhaft) verzerren **convulsif** [-if] ADJ ⟨-ive [-iv]⟩ krampfhaft, -artig **convulsion** [-jõ] F Krampf *m*; Zuckung *f* **convulsionner** [-jɔne] V/T in Krämpfe, Zuckungen verfallen lassen

convulsivement [kõvylsivmɑ̃] ADV krampfhaft; konvulsiv(isch); **rire ~** e-n Lachkrampf haben

cooccupant M JUR Mitbewohner *m*

cookie [kuki] M CUIS, INFORM Cookie *m*

cool [kul] ADJ (! unveränderlich) *fam* cool

coolie [kuli] M Kuli *m*

coopérant [kɔɔpeʀɑ̃] M Entwicklungshelfer *m*

coopérateur M, **coopératrice** F **1** (*collaborateur*) Mitarbeiter(in) *m(f)* **2** *d'une coopérative* Genossenschaftsmitglied *n*; Genossenschaft(l)er(in) *m(f)*

coopératif ADJ ⟨-ive [-iv]⟩ kooperativ; zur Zusammenarbeit bereit

coopération F **1** Mitarbeit *f*, -wirkung *f*; Zusammenarbeit *f*, Kooperation *f* (*a.* POL) **2** *au Tiers-Monde* Entwicklungshilfe *f*

coopératisme [kɔɔpeʀatism] M genossenschaftliches System

coopérative [kɔɔpeʀativ] F Genossenschaft *f*

coopérer ⟨-è-⟩ **A** VT INDIR **~ à qc** an etw (*dat*) mitarbeiten, -wirken **B** VI zusammenarbeiten; kooperieren

cooptation [kɔɔptasjõ] F Hinzuwahl *f* **coopter** [-e] VT hinzuwählen

coordinateur M Koordinator *m*

coordination F **1** Koordinierung *f*; Koordination *f* **2** **conjonction** *f* **de ~** nebenordnende Konjunktion

coordonnateur → coordinateur

coordonné ADJ ⟨~e⟩ **1** koordiniert; aufeinander abgestimmt **2** GRAM *phrase* neben-, beigeordnet; *adjt* **proposition ~e** nebengeordneter Satz

coordonnée F **1** MATH Koordinate *f* **2** *fam* **~s** *pl* Adresse *f*, Telefonnummer *f etc*; **donnez-moi, laissez-moi vos ~s** wie kann ich Sie erreichen?

coordonner VT koordinieren; aufeinander abstimmen

coordonnés MPL *habillement* Coordinates *pl*

copain [kɔpɛ̃] *fam* M Freund *m*; *fam* Kumpel *m*; **petit ~** *a. péj* Kumpan *m*

copain-copain ADJT (❗ unveränderlich) *fam* **ils ne sont pas ~** *fam* sie sind nicht gerade dicke Freunde

copeau [kɔpo] M ⟨~x⟩ Span *m*

Copenhague [kɔpɛnag] Kopenhagen *n*

Copernic [kɔpɛʀnik] M Kopernikus *m*

copiage [kɔpjaʒ] M *dans un examen* Abschreiben *n*; *fam* Spicken *n*

copie [kɔpi] F **1** *d'un écrit* Kopie *f*; Abschrift *f* **2** *d'une œuvre d'art* Kopie *f*; Nachbildung *f* **3** (*imitation*) Nachahmung *f*; *péj* Abklatsch *m* **4** ÉCOLE *devoir* (Klassen)Arbeit *f*; *feuille* Blatt *n* (Papier)

copier [kɔpje] VT **1** abschreiben (**dans un livre** aus e-m Buch; **sur son voisin** von s-m Nachbarn) **2** (*imiter, reproduire*) nachahmen; nachmachen; kopieren **3** *fam fig* **vous me la copierez!** *fam* das ist doch allerhand, die Höhe, ein starkes Stück!

copieur [kɔpjœʀ] M, **copieuse** [-øz] F Abschreiber(in) *m(f)*; *fam* Spicker(in) *m(f)*

copieusement [kɔpjøzmɑ̃] ADV reichlich; ausgiebig

copieux [kɔpjø] ADJ ⟨-euse [-øz]⟩ reichlich; ausgiebig; üppig

copilote M Kopilot *m*

copinage [kɔpinaʒ] M *péj* Kumpanei *f*; Klüngelei *f*; Cliquenwirtschaft *f*

copine [kɔpin] *fam* F Freundin *f*

copiner [kɔpine] VI *fam* Kumpel sein; **~ avec qn** j-s Kumpel sein

copinerie [kɔpinʀi] F *fam* Kumpanei *f* (*a. coll*); *coll* Kumpel *mpl*; *péj* → copinage

copiste [kɔpist] M Kopist *m*

coprésidence F Mitvorsitz *m*

coproducteur M Koproduzent *m* **coproduction** [-sjõ] F Koproduktion *f*; Gemeinschaftsproduktion *f*

copropriétaire M Miteigentümer *m*

copropriété F Miteigentum *n*; **logement** *m* **en ~** Eigentumswohnung *f*

copte [kɔpt] **A** ADJ koptisch **B** **Copte** M/F Kopte *m*, Koptin *f*

copulation [kɔpylasjõ] F Kopulation *f*; Begattung *f* **copuler** [-e] VI sich begatten; kopulieren

copyright [kɔpiʀajt] M Copyright *n*

coq [kɔk] M **1** Hahn *m*; **~ de bruyère** Auerhahn *m*; **rouge comme un ~** puterrot; **être comme un ~ en pâte** sehr verwöhnt werden **2** *adjt* BOXE **poids** *m* **~** Bantamgewicht *n*

coq-à-l'âne M (❗ unveränderlich) **faire des ~** von e-m Thema zum anderen springen

coquard [kɔkaʀ] *fam* M blaues Auge; *fam* Veilchen *n*

coque [kɔk] F **1** *de noix, etc* Schale *f*; **œuf** *m* **à la ~** weiches, weich gekochtes Ei **2** *d'un navire* Rumpf *m* **3** ZOOL Herzmuschel *f*

coquelet [kɔklɛ] M CUIS Hähnchen *n*

coquelicot [kɔkliko] M Klatschmohn *m*

coqueluche [kɔklyʃ] F **1** MÉD Keuchhusten *m* **2** *fig* **être la ~ de qn** der Liebling, *fam* der Schwarm j-s sein

coquet [kɔkɛ] ADJ ⟨-ette [-ɛt]⟩ **1** (*soigné*) adrett; schmuck; hübsch (anzusehen); fesch **2** (*cherchant à plaire*) kokett; *péj* gefallsüchtig **3** *fam* **~te somme** hübsches Sümmchen

coquetier [kɔktje] M Eierbecher *m*

coquetterie [kɔkɛtʀi] F **1** (*désir de plaire, affectation*) Koketterie *f* **2** (*élégance*) Eleganz *f*; Geschmack *m* **3** *fam* **~ dans l'œil** *fam* Silberblick *m*

coquillage [kɔkijaʒ] M Muschel *f*

coquille [kɔkij] F **1** *des mollusques* Schale *f*; Muschel *f*; *d'escargot* (Schnecken)Haus *n*; **~ Saint-Jacques** Jakobsmuschel *f*; **sortir de sa ~** (ein wenig) aus sich herausgehen **2** *d'œufs, de noix* Schale *f*; *fig bateau* **~ de noix** Nussschale *f* **3** **~ de poisson** kleine Portion Fisch (*in Muschelschälchen*) **4** TYPO Satzfehler *m*

coquillettes [kɔkijɛt] FPL Hörnchen *npl* (*Teigware*)

coquin [kɔkɛ̃] **A** ADJ ⟨-ine [-in]⟩ **1** *enfant, regard* schelmisch; neckisch **2** *histoire* pikant **B** SUBST (**petit[e]**) **~(e)** (kleiner) Schelm; Schlingel *m*

coquinerie [kɔkinʀi] F **1** (*malice*) Schelmerei *f*; Spitzbüberei *f* **2** (*ruse*) Durchtriebenheit *f*; *fam* Gerissenheit *f*

cor [kɔʀ] M **1** MUS Horn *n*; **~ de chasse** Jagdhorn *n; fig réclamer* **à ~ et à cri** ungestüm; lauthals 2 **~ (au pied)** Hühnerauge *n* 3 **un cerf (de) dix ~s** ein Zehnender *m*

corail [kɔʀaj] M ‹-aux [-o]› 1 Koralle *f* 2 *adjt* **(couleur) ~** (! unveränderlich) korallenrot

corallien [kɔʀaljɛ̃] ADJ ‹-ienne [-jɛn]› Korallen…

Coran [kɔʀɑ̃] M Koran *m*

coranique [kɔʀanik] ADJ des Korans; Koran…

corbeau [kɔʀbo] M ‹~x› Rabe *m*

corbeille [kɔʀbɛj] F 1 Korb *m;* **~ à papier** Papierkorb *m; fig* **~ de mariage** Hochzeitsgeschenke *npl* 2 INFORM Papierkorb *m* 3 THÉ Balkon- *ou* Rangloge *f* 4 BOURSE Maklerschranken *fpl;* Ring *m*

Corbières [kɔʀbjɛʀ] 1 *fpl Weingegend nordöstlich der Pyrenäen* 2 *m* **corbières** *Rotwein aus den Corbières*

corbillard [kɔʀbijaʀ] M Leichenwagen *m*

cordage [kɔʀdaʒ] M 1 MAR Tau *n* 2 *d'une raquette* Bespannung *f*

corde [kɔʀd] F 1 Leine *f;* Strick *m (a. pour pendre qn); épaisse* Seil *n; (ficelle)* Schnur *f;* **~ à linge** Wäscheleine *f; fig* **il pleut des ~s** es regnet Bindfäden 2 SPORTS Seil *n;* **~ lisse** Kletterseil *n;* **~ raide** Drahtseil *n;* **~ à sauter** Springseil *n; fig* **prendre un virage à la ~** e-e Kurve so eng wie möglich nehmen 3 *d'un arc* Sehne *f (a.* MATH*); fig* **avoir plusieurs ~s à son arc** mehrere, verschiedene Talente, Qualifikationen haben; **tirer trop sur la ~** den Bogen überspannen 4 MUS, *d'une raquette* Saite *f;* **~s** *pl* Streichinstrumente *npl; fig* **faire vibrer, toucher la ~ sensible (de qn)** an die Gefühle j-s appellieren 5 **usé jusqu'à la ~** abgewetzt; abgenutzt *(a. fig)* 6 **~s vocales** Stimmbänder *npl*

cordeau [kɔʀdo] M ‹~x› Schnur *f; fig* **tracé au ~** ganz regelmäßig

cordée [kɔʀde] F Seilschaft *f*

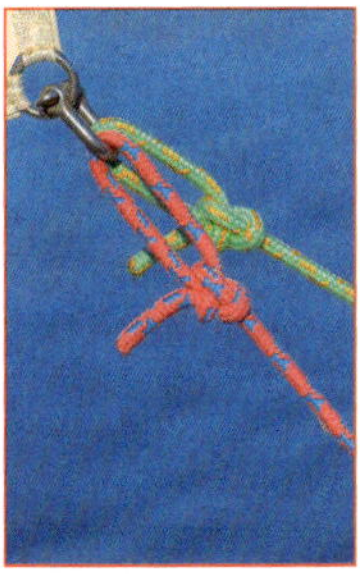

les cordes (fpl) — Leinen

les cordes (fpl) — Saiten

cordelette [kɔʀdəlɛt] F dünne Schnur

corder [kɔʀde] V/T *raquette* bespannen

corderie [kɔʀdəʀi] F Seilerei *f*

cordial [kɔʀdjal] ‹~e; -aux [-o]› ADJ herzlich

cordialement [kɔʀdjalmɑ̃] ADV herzlich; **~ vôtre** mit herzlichen Grüßen (Ihr)

cordialité [kɔʀdjalite] F Herzlichkeit *f;* **avec ~** herzlich

cordier [kɔʀdje] M Seiler *m*

cordillère [kɔʀdijɛʀ] F Kettengebirge *n;* Gebirgskette *f*

cordon [kɔʀdɔ̃] M 1 Schnur *f; fig* **tenir les ~s de la bourse** allein über das (gemeinsame) Geld verfügen 2 *d'une décoration* Ordensband *n* 3 **~ ombilical** Nabelschnur *f* 4 *de police* (Posten)Kette *f;* Kordon *m;* Sperrgürtel *m;* **~ sanitaire** Cordon sanitaire *m* 5 **~ littoral** Küstenstreifen *m*

cordon-bleu M ‹cordons-bleus› gute, ausgezeichnete Köchin

cordonnerie [kɔʀdɔnʀi] F Schuster-, Schuhmacherwerkstatt *f*

cordonnier [kɔʀdɔnje] M Schuster *m;* Schuhmacher *m*

Cordoue [kɔʀdu] Córdoba *n*

Corée [kɔʀe] **la ~** Korea *n;* **la ~ du Nord, du Sud** Nord-, Südkorea *n*

coréen [kɔʀeɛ̃] A ADJ ‹-enne [-ɛn]› koreanisch B 1 **Coréen(ne)** *m(f)* Koreaner(in) *m(f)* 2 LING **le ~** das Koreanische; Koreanisch *n*

coreligionnaire [kɔʀəliʒjɔnɛʀ] M Glaubensbruder *m,* -genosse *m*

coresponsabilité F Mitverantwortung *f*

coresponsable [-abl] ADJ mitverantwortlich

Corfou [kɔʀfu] Korfu *n*

coriace [kɔʀjas] ADJ 1 *viande* zäh 2 *fig* **être ~ en affaires** *fam* ein knallharter Geschäftsmann sein

coriandre [kɔʀjɑ̃dʀ] F Koriander *m*

coricide [kɔʀisid] M Hühneraugenmittel *n*

cormoran [kɔʀmɔʀɑ̃] M Kormoran *m*

cornac [kɔʀnak] M Elefantenführer *m;* Kornak *m*

corne [kɔʀn] F 1 *des chèvres, etc* Horn *n; des escargots* Fühler *m;* **~ d'abondance** Füllhorn *n; fig mari* **porter des ~s** betrogen werden 2 *substance* Horn *n; de l'épiderme* Hornhaut *f* 3 *d'une page* Eselsohr *n* 4 **~ de brume** Nebelhorn *n*

corné [kɔʀne] ADJ ‹~e› hornartig; Horn…

cornée [kɔʀne] F Hornhaut *f* (des Auges)

cornéen [kɔʀneɛ̃] ADJ ‹-enne [-ɛn]› Hornhaut…

corneille [kɔʀnɛj] F Krähe *f*

cornélien [kɔʀneljɛ̃] ADJ ‹-ienne [-jɛn]› 1 Corneilles 2 *fig* von tragischer Größe

C

cornemuse [kɔʀnəmyz] F Dudelsack *m*
corner¹ [kɔʀne] **A** V/T *page* umknicken **B** V/I *fam* **~ aux oreilles de qn** j-m in die Ohren schreien
corner² [kɔʀnɛʀ] M FOOTBALL Eckball *m*; Ecke *f*; *coup a.* Eckstoß *m*
cornet [kɔʀnɛ] M **1** spitze Tüte; Tütchen *n*; **~ de frites** Tüte *f* Pommes **2** MUS **~ à pistons** Kornett *n* **3** **~ à dés** Würfel-, Knobelbecher *m*
cornette [kɔʀnɛt] F *de religieuses* Flügelhaube *f*
corniaud [kɔʀnjo] M **1** *chien* Promenadenmischung *f* **2** *fam* Doofkopp *m*; *fam* Depp *m*
corniche [kɔʀniʃ] F **1** (**route** *f* **en**) **~** kurvenreiche Küstenstraße (an e-r Steilküste) **2** ARCH Kranzgesims *n*
cornichon [kɔʀniʃõ] M **1** CUIS Essig-, Gewürzgürkchen *n* **2** *fam* Dummerjan *m*
Cornouaille [kɔʀnwaj] **1** **la ~** *Landschaft in der Bretagne* **2** **les ~s** *fpl en Angleterre* Cornwall *n*
cornu [kɔʀny] ADJ ⟨~e⟩ gehörnt
cornue [kɔʀny] F Retorte *f*
corollaire [kɔʀɔlɛʀ] M unmittelbare Folge
corolle [kɔʀɔl] F (Blumen)Krone *f*
coron [kɔʀõ] M Bergarbeitersiedlung *f*
coronaire [kɔʀɔnɛʀ] ADJ (Herz) Kranz…; Koronar…
corporatif [kɔʀpɔʀatif] ADJ ⟨-ive [-iv]⟩ **1** *mouvement, système* berufsständisch **2** HIST Zunft…
corporation [kɔʀpɔʀasjõ] F **1** Berufsstand *m* **2** HIST Gilde *f*; Zunft *f*
corporatisme [kɔʀpɔʀatism] M *doctrine* Korporativismus *m*
corporel [kɔʀpɔʀɛl] ADJ ⟨~le⟩ körperlich
corps [kɔʀ] M **1** Körper *m*; Leib *m* (*a.* REL); **~ et âme** mit Leib und Seele; **~ à ~** Mann gegen Mann; *m* Handgemenge *n*; MIL Nahkampf *m*; **à son ~ défendant** widerwillig; ungern; **à ~ perdu** ungestüm; blindlings **2** (*cadavre*) Leiche *f*; Leichnam *m* **3** (*groupe*) Körperschaft *f*; Gremium *n*; Korps *n* (*a.* MIL, DIPL); **~ électoral** Wähler(-schaft) *mpl(f)*; **~ médical** Ärzteschaft *f*; **esprit** *m* **de ~** Korpsgeist *m* **4** (*partie principale*) Haupt(bestand)teil *m*; *d'un bâtiment* Haupt-, Mittelbau *m*, -trakt *m*; *navire* **perdu ~ et biens** mit Mann und Maus untergegangen **5** (*objet, substance*) Körper *m*; **~ céleste** Himmelskörper *m*; **~ composé** (chemische) Verbindung; **~ étranger** Fremdkörper *m*; **~ gras** Fett *n*; **~ simple** (chemisches) Element; Grundstoff *m*; **~ du délit** Corpus delicti *n*; Beweisstück *n*; *vin* **avoir du ~** vollmundig sein; **faire ~ (avec)** e-e Einheit bilden (mit); *fig* **prendre ~** Gestalt annehmen, gewinnen
corps-à-corps [kɔʀakɔʀ] M (**!** unveränderlich) **1** (*mêlée*) Handgemenge *n* **2** MIL Einzel-, Nahkampf *m* **3** BOXE Clinch *m*
corpulence [kɔʀpylɑ̃s] F Beleibtheit *f*; Korpulenz *f* **corpulent** [-ɑ̃] ADJ ⟨-ente [-ɑ̃t]⟩ beleibt; korpulent
corpus [kɔʀpys] M *de textes*, LING Korpus *ou* Corpus *n*
corral [kɔʀal] M ⟨-als⟩ Pferch *m* (für Großvieh); Korral *m*
correct [kɔʀɛkt] ADJ ⟨~e⟩ **1** richtig; fehlerfrei; korrekt **2** *personne, tenue* korrekt; **politiquement ~** politisch korrekt **3** *prix, salaire* angemessen; *hôtel* annehmbar
correctement [kɔʀɛktəmɑ̃] ADV **1** (*sans fautes*) richtig; korrekt **2** **gagner ~ sa vie** genug verdienen, um menschenwürdig leben zu können
correcteur [kɔʀɛktœʀ], **correctrice** [-tʀis] **1** *m,f* Korrektor(in) *m(f)* **2** *m* INFORM Rechtschreib(korrektur)programm *n*
correctif [kɔʀɛktif] **A** ADJ ⟨-ive [-iv]⟩ **gymnastique corrective** Ausgleichsgymnastik *f* **B** M *mesure* Korrektiv *n*
correction [kɔʀɛksjõ] F **1** Verbesserung *f*; Korrektur *f*; ÉCOLE **~s** *pl* Korrigieren *n* (und Zensieren *n*); **~ des épreuves** Korrekturlesen *n*; Fahnenkorrektur *f* **2** (*châtiment corporel*) Tracht *f* Prügel; Schläge *mpl* **3** *qualité* Korrektheit *f*
correctionnel [kɔʀɛksjɔnɛl] ADJ ⟨~le⟩ **peine ~le** Strafe *f* für ein Vergehen
correctionnelle [kɔʀɛksjɔnɛl] F Strafkammer *f*
corrélatif [kɔʀelatif] ADJ ⟨-ive [-iv]⟩ korrelativ; (sich) wechselseitig (bedingend)
corrélation [kɔʀelasjõ] F Wechselbeziehung *f*; Korrelation *f*
correspondance [kɔʀɛspõdɑ̃s] F **1** Briefwechsel *m*; Schriftverkehr *m*; Korrespondenz *f*; **enseignement** *m* **par ~** Fernunterricht *m* **2** TRANSPORTS Anschluss *m* (**pour** nach); **prendre la, une ~** umsteigen **3** (*analogie*) Übereinstimmung *f*; Entsprechung *f* **4** ÉCOLE **carnet** *m* **de ~** *Heft mit Eintragungen der Lehrer, das von den Eltern unterschrieben werden muss*
correspondancier [kɔʀɛspõdɑ̃sje] M, **correspondancière** [-jɛʀ] F Korrespondent(in) *m(f)*
correspondant [kɔʀɛspõdɑ̃] **A** ADJ ⟨-ante [-ɑ̃t]⟩ entsprechend **B** SUBST **1** **~(e)** *m(f)* Briefpartner(in) *m(f)*; ÉCOLE Brieffreund(in) *m(f)* **2** **~(e)** *m(f)* PRESSE Korrespondent(in) *m(f)*; Berichterstatter(in) *m(f)* **3** *m* TÉL Gesprächspartner *m*
correspondre [kɔʀɛspõdʀ] V/T ⟨→ rendre⟩ **1** korrespondieren, in Briefwechsel stehen (**avec** mit) **2** **correspondre à** entsprechen (+ *dat*); übereinstimmen mit
Corrèze [kɔʀɛz] **la ~** *Fluss u. Departement in Frankreich*

corrida [kɔʀida] F 1 Stierkampf *m* 2 *fig fam* Zirkus *m*; *fam* Theater *n*

corridor [kɔʀidɔʀ] M (enger, schmaler) Flur, Korridor, Gang

corrigé [kɔʀiʒe] M Musterlösung *f*

corriger [kɔʀiʒe] ⟨-ge-⟩ A V/T 1 verbessern; korrigieren (*a. texte*); berichtigen 2 (*battre*) schlagen; verhauen B V/PR **se ~** sich bessern; **se ~ de qc** sich (*dat*) etw abgewöhnen

corrigible [kɔʀiʒibl] ADJ verbesserungsfähig; korrigierbar

corroborant [kɔʀɔbɔʀɑ̃] ADJ ⟨-ante [-ɑ̃t]⟩ bekräftigend; bestätigend **corroborer** [-e] V/T bekräftigen; bestätigen; erhärten

corroder [kɔʀɔde] V/T ätzen; angreifen; zerfressen

corrompre [kɔʀɔ̃pʀ] ⟨→ rompre⟩ V/T 1 *jeunesse, mœurs* verderben 2 *témoin, etc* bestechen

corrompu [kɔʀɔ̃py] ADJ ⟨~e⟩ korrupt

corrosif [kɔʀozif] ADJ ⟨-ive [-iv]⟩ ätzend (*a. fig*); korrosiv **corrosion** [-jõ] F Korrosion *f*

corruptible [kɔʀyptibl] ADJ 1 *fonctionnaire* bestechlich 2 *substance* zersetzbar; verderblich

corruption [kɔʀypsjõ] F 1 Korruptheit *f*; **~ des mœurs** Sittenverderbnis *f* 2 *de témoins, etc* Bestechung *f*; Korruption *f*

corsage [kɔʀsaʒ] M Bluse *f*

corsaire [kɔʀsɛʀ] M 1 HIST Freibeuter *m*; Korsar *m* 2 (**pantalon** *m*) **~** Caprihose *f*

Corse [kɔʀs] **la ~** Korsika *n*

corse A ADJ korsisch B **Corse** M/F Korse *m*, Korsin *f*

corsé [kɔʀse] ADJ ⟨~e⟩ 1 *vin* vollmundig; körperreich; *plat* scharf gewürzt; *café* stark 2 *fig* saftig; gepfeffert

Corse-du-Sud **la ~** *frz Departement auf Korsika*

corser [kɔʀse] V/PR **se ~** kompliziert, spannend werden

corset [kɔʀsɛ] M Korsett *n*; Mieder *n*

corso [kɔʀso] M **~ fleuri** Blumenkorso *m*

cortège [kɔʀtɛʒ] M Zug *m*; *d'un haut personnage* Gefolge *n*; **~ de manifestants** Demonstrationszug *m*

cortex [kɔʀtɛks] M ANAT **~ (cérébral)** (Groß)-Hirnrinde *f*; *t/t* Kortex *m*

cortisone [kɔʀtizɔn] F Kortison *n*

corvéable [kɔʀveabl] ADJ 1 HIST zum Frondienst verpflichtet 2 *fig* → taillable

corvée [kɔʀve] F 1 lästige Arbeit, Aufgabe; Last *f*; MIL (bestimmter Sonder)Dienst; **~s ménagères** (lästige) Haushaltsarbeiten *fpl* 2 HIST Fron(dienst) *f(m)*

coryphée [kɔʀife] *litt* M Führer *m*

coryza [kɔʀiza] M Schnupfen *m*

cosaque [kɔzak] M Kosak *m*

cosignataire M Mitunterzeichner *m*

cosinus [kɔsinys] M MATH Kosinus *m*

cosmétique [kɔsmetik] A ADJ kosmetisch B MPL **~s** Kosmetika *npl*

cosmétologie [kɔsmetɔlɔʒi] F Kosmetologie *f*

cosmique [kɔsmik] ADJ kosmisch

cosmologie [kɔsmɔlɔʒi] F Kosmologie *f* **cosmologique** [-ik] ADJ kosmologisch

cosmonaute [kɔsmonot] M/F Kosmonaut(in) *m(f)*; Raumfahrer(in) *m(f)*

cosmopolite [kɔsmɔpɔlit] ADJ kosmopolitisch; **ville** *f* **~** Weltstadt *f*

cosmopolitisme [kɔsmɔpɔlitism] M Kosmopolitismus *m*; Weltbürgertum *n*

cosmos [kɔsmos] M Kosmos *m*; Weltraum *m*

cossard [kɔsaʀ] *fam* ADJ ⟨-arde [-aʀd]⟩ (*fam* stink)faul

cosse [kɔs] F 1 *de petits pois, etc* Schote *f*; Hülse *f* 2 ÉLEC Kabelschuh *m*

cossu [kɔsy] ADJ ⟨~e⟩ *personne* wohlhabend; *fam* betucht; *maison* stattlich

costal [kɔstal] ADJ ⟨~e; -aux [-o]⟩ Rippen…

costard [kɔstaʀ] *fam* M (Herren)Anzug *m*

Costa Rica [kɔstaʀika] **le ~** Costa Rica *n*

costaud [kɔsto] *fam* ADJ (! Maskulin- und Femininform sind gleich) 1 robust; kräftig 2 *objet* robust; solide

costume [kɔstym] M 1 *pour homme* (Herren)Anzug *m* 2 THÉ, *déguisement* Kostüm *n*; **~ régional** (Volks)Tracht *f*

costumé [kɔstyme] ADJ ⟨~e⟩ kostümiert; **bal ~** Kostümball *m*

costumer [kɔstyme] V/T (*et* V/PR **se**) **~** (sich) kostümieren (**en** als + *acc*)

costumier [kɔstymje] M, **costumière** [-jɛʀ] F 1 Kostümverleiher(in) *m(f)* 2 THÉ Kostümbildner(in) *m(f)*

cosy [kɔzi] M Anbauliege *f*

cotangente [kɔtɑ̃ʒɑ̃t] F Kotangens *m*

cotation [kɔtasjõ] F (Kurs)Notierung *f*

cote [kɔt] F 1 BOURSE Kursnotierung *f* 2 GÉOG Höhenangabe *f*; **~ d'alerte** Hochwassermarke *f*; *fig* kritischer Punkt 3 (*appréciation*) Bewertung *f*; **~ de popularité** Beliebtheitsgrad *m*; **avoir la ~** hoch im Kurs stehen

côte [kot] F 1 *de la mer* Küste *f*; **la Côte (d'Azur)** die Côte d'Azur; die (französische) Riviera; **sur la ~** an der *ou* die Küste 2 (*montée*) Steigung *f*; Hang *m* 3 ANAT Rippe *f*; **~ à ~** nebeneinander; Seite an Seite 4 BOUCHERIE *de porc, etc* Kotelett *n*; *de bœuf* Rippenstück *n*

coté [kɔte] ADJ ⟨~e⟩ 1 geschätzt; begehrt 2 **~ en Bourse** an der Börse notiert

côté [kote] A M Seite *f*; **10 cm de côté** 10 cm Seitenlänge; **à côté** (*tout près*) nebenan; Ne-

la côte — Küste

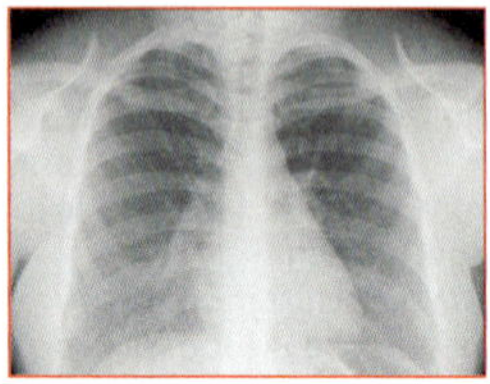

les côtes (fpl) - Rippen

la côte — Kotelett

ben…; (*à côté du but*) daneben; **pièce** *f* **à côté** Nebenzimmer *n;* Zimmer *n* nebenan; **verser à ~** danebengießen; **à côté de** (*près de*) neben (*+ dat ou + acc*); *fig* (*en comparaison de*) neben (*+ dat*); gegenüber (*+ dat*); **aux côtés de qn** an der Seite j-s, j-m zur Seite (*a. fig*); **de côté** (*à l'écart*) auf der *ou* die Seite; zur Seite; beiseite (*a. fig*); **mettre de côté** beiseitelegen (*a. argent*); **de l'autre côté** *venir* von der ander(e)n Seite; *être* auf der ander(e)n Seite; *aller* auf die andere Seite; **d'un côté …, de l'autre côté …** einerseits …, andererseits …; **de ce côté(-ci)** von *ou* auf *ou* nach dieser Seite; *fig* **de ce côté-là** diesbezüglich; in dieser Hinsicht; **du côté maternel** mütterlicherseits; **de mon côté** meinerseits; **du côté de** (*aux environs de*) in der Nähe von (*ou + gén*); bei (*+ dat*); (*dans la direction de*) in Richtung auf (*+ acc*) **B** *fam* PRÉP was (*+ acc*) angeht; in puncto …

coteau [kɔto] M ‹~x› Anhöhe *f;* (sanfter) Hügel; Hang *m*

Côte-d'Ivoire [kotdivwaʀ] **la ~** die Elfenbeinküste

Côte-d'Or [kotdɔʀ] **la ~** *frz Departement*

côtelé [kotle] ADJ **velours ~** Cord(samt) *m;* Rippensamt *m*

côtelette (! côtelette) [kotlɛt, kɔt-] F (! feminin) Kotelett *n*

Cotentin [kɔtɑ̃tɛ̃] **le ~** *Halbinsel der Normandie*

coter [kɔte] V/T **1** BOURSE notieren **2** *par ext* bewerten

coterie [kɔtʀi] F *péj* Klüngel *m;* Clique *f*

Côtes-d'Armor [kotdaʀmɔʀ] **les ~** FPL *frz Departement*

côtes-du-Rhône [kotdyʀon] M (! unveränderlich) *Rotwein aus dem südlichen Rhonetal*

côtier [kotje] ADJ ‹-ière [-jɛʀ]› Küsten…

cotillon [kɔtijɔ̃] M **1 ~s** *pl*, **accessoires** *mpl* **de ~** Partyartikel *mpl* (aus Papier) **2** *litt* **courir le ~** hinter jedem Rock herlaufen; ein Schürzenjäger sein

cotisant [kɔtizɑ̃] ADJ ‹-ante [-ɑ̃t]› *membre* zahlend

cotisation [kɔtizasjɔ̃] F (Mitglieds)Beitrag *m* (**à** an *+ acc*)

cotiser [kɔtize] **A** V/I (s-n) Beitrag zahlen (**à** an *+ acc*) **B** V/PR **se ~** zusammenlegen (**pour** für)

coton [kɔtɔ̃] M **1** Baumwolle *f; fig* **filer un mauvais ~** übel, schlimm dran sein **2** *fil* Baumwollgarn *n;* **~ à repriser** Stopfgarn *n* **3 ~ (hydrophile)** (Verband[s])Watte *f;* (**morceau** *m* **de**) **~** Wattebausch *m; enfant* **élever dans du ~** in Watte packen **4** *adjt fam* **c'est ~!** *fam* das ist kniff(e)lig, verzwickt!

cotonnade [kɔtɔnad] F Baumwollzeug *n*

cotonneux [kɔtɔnø] ADJ ‹-euse [-øz]› **1** *brume* wie Watte **2** *feuille* flaumig **3** *fruit* mehlig **4** *bruit* gedämpft

cotonnier [kɔtɔnje] ADJ ‹-ière [-jɛʀ]› Baumwoll…

coton-tige M ‹cotons-tiges› Wattestäbchen *n*

côtoyer [kotwaje] V/T ‹-oi-› **1 ~ qn** mit j-m zusammenkommen **2** *fig* **~ qc** mit etw in (enger) Berührung stehen **3** *route: rivière* sich entlangziehen an (*+ dat*)

cottage [kɔtɛdʒ] M Cottage *n;* kleines Landhaus

cotte [kɔt] F HIST **~ de mailles** Kettenhemd *n*

cotutelle F Mitvormundschaft *f*

cou [ku] M Hals *m;* **~ de taureau** Stiernacken *m;* **autour du ~** um den Hals (geschlungen); **être endetté jusqu'au ~** bis zum Hals in Schulden stecken; **se jeter au ~ de qn** j-m

le coton — Baumwolle

les cotons (mpl) — Wattebäusche

um den Hals fallen
couac [kwak] M falscher Ton
couardise [kwaʀdiz] st/s F Feigheit *f*
couchage [kuʃaʒ] M **sac** *m* **de ~** Schlafsack *m*
couchant [kuʃɑ̃] ADJ **soleil ~** untergehende Sonne
couche [kuʃ] F 1 Schicht *f*; **~ de neige** Schneedecke *f*; **~ de peinture** Farbschicht *f*; *fam fig* **il en tient une ~** *fam* der ist ganz schön blöd, vernagelt 2 *fig* **~s sociales** Gesellschaftsschichten *fpl*; soziale Schichten *fpl* 3 *pour bébés* Windel *f* 4 **fausse ~** Fehlgeburt *f*; **femme** *f* **en ~s** Wöchnerin *f*
couché [kuʃe] ADJ ⟨~e⟩ 1 liegend; **être couché** liegen; *au lit* im Bett sein 2 *écriture* schräg
couche-culotte F ⟨couches-culottes⟩ Höschenwindel *f*
coucher[1] [kuʃe] A VT 1 **coucher qn** j-n (hin)legen (**sur** auf + *acc*); *enfant* ins Bett legen; zu Bett bringen; **coucher qn (chez soi)** j-n (für die Nacht) (bei sich) unterbringen 2 *objet* (hin)legen; *pluie: blés* umlegen 3 **coucher qc par écrit** etw schriftlich niederlegen; **coucher qn sur son testament** j-n in s-m Testament bedenken B VI 1 (*dormir*) schlafen; **coucher à l'hôtel** im Hotel übernachten; *fig* **nom** *m* **à coucher dehors** unaussprechbarer Name 2 *fam* **coucher avec qn** (*avoir des rapports sexuels*) mit j-m schlafen C VPR **se coucher** 1 *pour dormir* sich schlafen legen; schlafen gehen; ins, zu Bett gehen 2 (*s'étendre*) sich hinlegen; **se coucher sur qc** sich tief beugen über etw (*acc*) 3 *soleil* untergehen
coucher[2] M **(au) coucher du soleil** (bei) Sonnenuntergang *m*
coucheries [kuʃʀi] FPL *péj* Bettgeschichten *fpl*
couche-tard M (! unveränderlich) Nachtarbeiter *m ou* -schwärmer *m* **couche-tôt** M (! unveränderlich) j-d, der mit den Hühnern ins Bett geht
couchette [kuʃɛt] F 1 CH DE FER Platz *m* im Liegewagen 2 MAR Kabinenbett *n*; Koje *f*
coucheur [kuʃœʀ] M **c'est un mauvais ~** mit ihm ist nicht gut Kirschen essen
couci-couça [kusikusa] ADV *fam* so lala
coucou [kuku] A M 1 ZOOL Kuckuck *m* 2 *pendule* Kuckucksuhr *f* 3 BOT Schlüsselblume *f* 4 *fam* (*vieil avion*) **(vieux) ~** *fam* alte Kiste B INT kuckuck!
coude [kud] M 1 Ell(en)bogen *m*; **~ à ~** dicht nebeneinander; Schulter an Schulter (*a. fig*); **jouer des ~s** die Ellbogen gebrauchen (*a. fig*); *fam fig* **lever le ~** *fam* (gern) einen heben; *fig* **se serrer les ~s** zusammenhalten 2 *d'une rivière* Krümmung *f*; Biegung *f*; Knie *n*; *d'une route* Knick *m*
coudée [kude] F **avoir les ~s franches** Handlungsfreiheit haben
cou-de-pied [kudpje] M ⟨cous-de-pied⟩ Spann *m*; (Fuß)Rist *m*
coudoyer [kudwaje] ⟨-oi⟩ VT **~ qn** mit j-m in Berührung, Kontakt kommen
coudre [kudʀ] VT ⟨je couds, il coud, nous cousons; je cousais; je cousis; je coudrai; que je couse; cousant; cousu⟩ nähen (*a.* MÉD); *bouton* annähen (**à** an + *acc*)
coudrier [kudʀije] M **baguette** *f* **de ~** Wünschelrute *f*
couenne [kwan] F (Speck)Schwarte *f*
couette [kwɛt] F 1 (*édredon*) Federbett *n* 2 *cheveux fam* Schwänzchen *n*
couffin [kufɛ̃] M strohgeflochtene Tragetasche
couic [kwik] INT quiek!
couilles [kuj] *pop* FPL Hoden *mpl*; *pop* Eier *npl*; **casser les ~s à qn** *pop* j-m auf den Sack gehen; **se faire des ~s en or** *fam* viel, einen Haufen Kohle machen
couillon [kujõ] M *fam* Blödmann *m*
couillonner [kujɔne] VT *fam* **~ qn** *fam* j-n reinlegen
couinement [kwinmɑ̃] *fam* M *d'un animal* Quieken *n* **couiner** [-e] *fam* VI *animal* quieken; *frein* quietschen
coulant [kulɑ̃] ADJ ⟨-ante [-ɑ̃t]⟩ 1 **nœud ~** Schlinge *f* 2 *fam personne* entgegenkommend
coulée [kule] F **~ de boue** Schlammlawine *f*; Mure *f*; **~ de lave** Lavastrom *m*
couler [kule] A VT 1 TECH gießen 2 *navire* versenken 3 *fig personne* erledigen; *fam* fertigmachen 4 **~ des jours heureux** glückliche Tage

le coucou — Kuckuck

le coucou — Kuckucksuhr

C

verbringen **B** VI **1** *liquides* fließen; rinnen; *plus fort* strömen; (her)auslaufen; *beurre* zerlaufen; *fromage* laufen; **faire ~ le sang** Blut vergießen **2** *robinet, bougie* tropfen; *stylo* klecksen; **mon nez coule** mir läuft die Nase; meine Nase läuft **3** *navire* untergehen; (ver)sinken **C** VPR *fam* **se la ~ douce** sich (*dat*) ein angenehmes Leben machen

couleur [kulœʀ] F **1** Farbe *f*; **en ~s** Farb…; Bunt…; **°haut en ~(s)** farbenfroh, -freudig; bunt; *fig personnage* urwüchsig; *fam fig* **en faire voir à qn de toutes les ~s** j-m das Leben schwer machen; *fig* **passer par toutes les ~s** abwechselnd rot und blass werden **2** *substance* Farbe *f*; Farbstoff *m* **3** *fig* Farbe *f*; Färbung *f*; Farbigkeit *f*; **~ locale** Lokalkolorit *n*; **sans ~** farblos; **sous ~ de** (+ *inf*) unter dem Vorwand zu (+ *inf*) **4** *pl* **~s (nationales)** Landes-, Nationalfarben *fpl*; *par ext (drapeau)* Flagge *f* **5** **un homme, une femme de ~** ein Farbiger, e-e Farbige **6** *fig, surtout* POL Richtung *f*; Schattierung *f*; Färbung *f*; Couleur *f* **7** *linge* Buntwäsche *f*

▶ Les couleurs

blanc, blanche	weiß
bleu, bleue	blau
brun, brune	braun
gris, grise	grau
jaune	gelb
marron	braun
mauve	lila
noir, noire	schwarz
orange	orangefarben
rose	rosa
rouge	rot
turquoise	türkis
vert, verte	grün
violet, violette	violett
bleu clair	hellblau
bleu foncé	dunkelblau

Achtung: Verbindungen von Farben mit **clair** und **foncé** bleiben in der weiblichen Form und im Plural unverändert:

une voiture vert foncé	ein dunkelgrünes Auto
des yeux bleu clair	hellblaue Augen

Wendungen:

rire jaune	gezwungen lachen
être gris	beschwipst sein
être noir	besoffen sein
passer une nuit blanche	die ganze Nacht kein Auge zutun

WORTFELDER ◀

couleuvre [kulœvʀ] F Natter *f*; *fig* **avaler des ~s** allerhand hinnehmen, *fam* schlucken; (*être crédule*) sehr leichtgläubig sein

coulis [kuli] M **~ de fraises** passierte Erdbeeren *fpl*; **~ de tomates** Tomatenpüree *n*, -mark *n*

coulissant [kulisɑ̃] ADJ ‹-ante [-ɑ̃t]› Schiebe…

coulisse [kulis] F **1** THÉ **~s** *pl* Seiten- und Hinterbühne(n) *f(pl)*; *fig* **se tenir dans la ~** nach außen hin nicht in Erscheinung treten **2** (*glissière*) Führung(sschiene) *f*; **à** Schiebe…; *fig* **regard** *m* **en ~** verstohlener Blick

coulisser [kulise] VI in Schienen gleiten

couloir [kulwaʀ] M Gang *m*; Korridor *m*; Flur *m*; SPORTS Bahn *f*; **~s** *pl a.* Wandelgänge *mpl*; **~ aérien** Luftkorridor *m*; Flugschneise *f*; **~ d'autobus** Busspur *f*

coulommiers [kulɔmje] M *ein Weichkäse*

coulpe [kulp] F **battre sa ~** sich (*dat*) an die Brust schlagen

coulure [kulyʀ] F **1** AGR Blütenfall *m* **2** *en peinture, glaçure* heruntergelaufener Tropfen; *fam* Nase *f*

coup [ku] M **1** Schlag *m* (*a. fig*); Hieb *m*; (*choc*) Stoß *m*; *de couteau* Stich *m*; *d'une arme à feu* Schuss *m*; *fig* (*action*) Tat *f*; Coup *m*; *fam* Stückchen *n*; **coup bas** BOXE Tiefschlag *m*; *fig* Schlag *m* unter die Gürtellinie; *fig* **coup monté** abgekartete Sache; *fam fig* **sale coup** gemeiner, hinterhältiger Schlag, Streich; JUR **coups et blessures** *fpl* Körperverletzung *f*; **coups de bâton** Stockschläge *mpl*; *fam* **coup de boule** Kopfstoß *m*; MÉD **coup de chaleur** Hitzschlag *m*; **coup de couteau** Messerstich *m*; **coup du lapin** Schleudertrauma *n*; **coup de marteau** Hammerschlag *m*; **coup de pied** (Fuß)Tritt *m*; **coup de pistolet** Pistolenschuss *m*; **coup de téléphone** (Telefon)Anruf *m*; **donner un coup de téléphone à qn** j-n anrufen; **à coup(s) de** mit(hilfe von *ou* + *gén*); **à coup sûr** mit Sicherheit; ganz bestimmt, gewiss; **à tous les coups** jedes Mal; **tout à coup** plötzlich; auf einmal; **après coup** hinterher; nachher; im Nachhinein; *fam* **du coup** aus diesem Grund; **du même coup** bei dieser Gelegenheit; **du premier coup** auf Anhieb; (gleich) beim ersten Mal; **d'un (seul) coup** auf einmal; mit einem Schlag; **tout d'un coup** plötzlich; auf einmal; **sous le coup de** unter der (Ein)Wirkung, unter dem Eindruck von (*ou* + *gén*); **tomber sous le coup de la loi** unter das Gesetz fallen; strafbar

le coup — Schlag

le coup — Schluck

sein; **coup sur coup** Schlag auf Schlag; **être tué sur le coup** auf der Stelle, sofort tot sein; **sur le coup de dix heures** etwa um, gegen zehn Uhr; *fig* **accuser le coup** Wirkung zeigen; *fam* **j'ai (pris) le coup** *fam* jetzt hab ich's heraus *(wie man es macht)*; *fig* **compter les coups** nur Zuschauer sein; **donner un coup de chiffon (à qc)** (etw) flüchtig abstauben; *fig* **être aux cent coups** Todesängste ausstehen; furchtbar aufgeregt sein; **être dans le coup** *(au courant)* Bescheid wissen; *(participer)* in die Sache (mit) verwickelt sein; *fig* **faire coup double** zwei Fliegen mit einer Klappe schlagen; *fam* **faire les quatre cents coups** übermütige, tolle Streiche verüben; *fam* **en mettre un coup** *fam* sich ins Zeug legen; **en prendre un coup** einiges dabei abbekommen, *fam* abkriegen; *fig* ziemlich hart getroffen werden; **il a raté, manqué son coup** die Sache ist schiefgegangen; *horloge* **sonner six coups** sechsmal schlagen; **tenir le coup** aus-, durch-, standhalten; *chose* (sich) halten; *fam* **valoir le coup** sich lohnen **2** *(quantité bue)* Schluck *m*; *vider son verre* **d'un seul coup** auf einen Zug; *fam* **boire un coup** *fam* einen trinken, heben **3** ÉCHECS (Spiel)Zug *m*

coupable [kupabl] **A** ADJ schuldig (**de** *gén*); *comportement* schuldhaft **B** M/F Schuldige(r) *m/f(m)*

coupage [kupaʒ] M *du vin* Verschnitt *m*

coupant [kupɑ̃] ADJ ⟨-ante [-ɑ̃t]⟩ scharf; *fig ton a.* schneidend

coup-de-poing [kudpwɛ̃] M ⟨coups-de--poing⟩ **~ (américain)** Schlagring *m*

coupe [kup] F **1** Schale *f*; **~ à champagne** Sektschale *f* **2** SPORTS Pokal(wettbewerb) *m*; **Coupe du monde de football** Fußballweltmeisterschaft *f*; SKI Weltcup *m* **3** *(action de couper)* Schneiden *n*; Schnitt *m* *(a. résultat)*; **~ (de cheveux)** (Haar)Schnitt *m*; *fig* **~s sombres** einschneidende Kürzungen *fpl* **4** *(section)* Schnitt *m* **5** **être sous la ~ de qn** unter j-s Fuchtel sein

coupé [kupe] M AUTO Coupé *n*

coupe-cigares M (❗ unveränderlich) Zigarrenabschneider *m* **coupe-circuit** M (❗ unveränderlich) ÉLEC Sicherung *f* **coupe-coupe** M (❗ unveränderlich) Buschmesser *n*

coupe-faim M (❗ unveränderlich) Appetitzügler *m*

coupe-feu ADJ (❗ unveränderlich) **mur** *m* **~** Brandmauer *f*

coupe-file M (❗ unveränderlich) Passierschein *m*; Sonderausweis *m* **coupe-gorge** M (❗ unveränderlich) gefährliche Gegend; *(bar louche)* Räuberhöhle *f*

coupelle [kupɛl] F TECH Kupelle *ou* Kapelle *f*

coupe-ongles M (❗ unveränderlich) Nagelzange *f* **coupe-papier** M (❗ unveränderlich) Brieföffner *m*

couper [kupe] **A** V/T **1** schneiden *(a. cheveux)*; *en*

▶ Verbindungen aus coup und de

Im Französischen gibt es viele Verbindungen aus **coup** + **de** + Substantiv. Hier einige wichtige Beispiele:

le coup d'État	der Staatsstreich
le coup de feu	der Schuss
le coup de fil	der Telefonanruf
le coup de foudre	Liebe auf den ersten Blick
le coup d'œil	der Blick
le coup de soleil	der Sonnenbrand
donner un coup de main à quelqu'un	jemandem helfen, jemandem zur Hand gehen

SPRACHGEBRAUCH

C

deux zer-, durchschneiden; (*découper*) zerschneiden; (*enlever*) abschneiden; *plante, haie* beschneiden; *herbe* (ab)mähen; *arbres* fällen; COUT *tissu* zuschneiden; *fig vent* **~ le visage** ins Gesicht schneiden; **se faire ~ les cheveux** sich (*dat*) die Haare schneiden lassen; *brouillard* **à ~ au couteau** undurchdringlich; dick; **~ avec les dents** ab-, durchbeißen; **~ en morceaux** in Stücke schneiden; **fleurs coupées** Schnittblumen *fpl* 2 (*interrompre*) *route* unterbrechen; *neige: village* abschneiden; *gaz, eau, électricité, téléphone* sperren; abstellen; *électricité a.* ausschalten; *médicament: fièvre* senken; *électricité* **être coupé** *a.* ausfallen; TÉL **nous avons été coupés** wir sind unterbrochen worden; **être coupé du monde** von der Außenwelt abgeschnitten sein; **~ le vent** den Wind abhalten 3 *passage d'un texte* (heraus)streichen; *scène d'un film* herausschneiden 4 (*châtrer*) kastrieren; verschneiden 5 TENNIS *balle* anschneiden 6 *liquide* mit Wasser verdünnen, mischen 7 (*croiser*) *ligne, virage* schneiden B V/T INDIR *fam* **tu n'y couperas pas** *fam* da kommst du nicht drum herum C V/I 1 *couteau, etc* schneiden 2 (*séparer les cartes*) abheben; (*prendre avec un atout*) stechen 3 **~ à travers champs** querfeldein gehen D V/PRON **se ~** 1 sich schneiden (**le** *ou* **au doigt** in den Finger) 2 *tissu* brüchig werden 3 *fig* (*se trahir*) sich verplappern

couperet [kupʀɛ] M 1 Hackbeil *n*; Wiegemesser *n* 2 *de la guillotine* Fallbeil *n*

couperose [kupʀoz] F erweiterte Äderchen *npl*; *t/t* Couperose *f*

couperosé [kupʀoze] ADJ ⟨~e⟩ mit erweiterten Äderchen

coupeur [kupœʀ] M **~ de cheveux en quatre** Haarspalter *m*

coupeuse [kupøz] F 1 *ouvrière* Zuschneiderin *f* 2 *machine* Schneidemaschine *f*

coupe-vent M (❗ unveränderlich) Windjacke *f*

couplage [kuplaʒ] M TECH, ÉLEC Kopp(e)lung *f*; ÉLEC *a.* Schaltung *f*

couple [kupl] M Paar *n*; (*mari et femme*) Ehepaar *n*; **~ d'amoureux** Liebespaar *n*, -pärchen *n*

couplé [kuple] M Zwillingswette *f*

coupler [kuple] V/T koppeln

couplet [kuplɛ] M Strophe *f*

coupole [kupɔl] F Kuppel *f*

coupon [kupõ] M 1 *d'étoffe* Stoffrest *m* 2 FIN Coupon *m*; Zinsschein *m* 3 *d'un ticket* Abschnitt *m* **coupon-réponse** M ⟨coupons-réponse⟩ Antwortschein *m*

coupure [kupyʀ] F 1 *blessure* Schnitt(wunde) *m(f)* 2 *fig* Einschnitt *m* 3 **~ de courant** Stromsperre *f ou* -ausfall *m*; **il y aura une ~ d'eau** das Wasser wird abgestellt 4 *dans un film, texte* Kürzung *f* 5 **~ de journal** Zeitungsausschnitt *m* 6 (*billet de banque*) (Geld)Schein *m*

cour [kuʀ] F 1 *d'un bâtiment* Hof *m*; **~ (de récréation)** Schul-, Pausenhof *m* 2 *d'un souverain* (Königs-, Fürsten)Hof *m*; *par ext* Hofstaat *m*; *fig* **~ d'admirateurs** Schwarm *m*, Kreis *m* von Verehrern; **faire la ~ à qn** j-m den Hof machen 3 **~ (de justice)** Gericht(shof) *n(m)*; **Cour des comptes** Rechnungshof *m*

courage [kuʀaʒ] M (❗ maskulin) 1 (*bravoure*) Mut *m*; Tapferkeit *f*; Courage *f*; **avoir le ~ de ses opinions** zu s-r Meinung stehen; Zivilcourage haben; **prendre son ~ à deux mains** sich (*dat*) ein Herz fassen 2 (*énergie*) Mut *m*; Entschlossenheit *f*; Beherztheit *f*; Einsatz *m*; Eifer *m*; **bon ~!** mach's gut!; **ne pas avoir le ~ de faire qc** sich nicht dazu aufraffen *ou* entschließen können, etw zu tun

courageux [kuʀaʒø] ADJ ⟨-euse [-øz]⟩ 1 (*brave*) mutig; tapfer 2 (*énergique*) beherzt; entschlossen; *au travail* einsatzfreudig; eifrig

couramment [kuʀamɑ̃] ADV 1 *parler une langue* fließend 2 (*habituellement*) üblicherweise; häufig

courant [kuʀɑ̃] A ADJ ⟨-ante [-ɑ̃t]⟩ 1 (*habituel*) üblich; gebräuchlich; *dépenses, affaires* laufend; COMM *article* gängig; **c'est courant** das kommt häufig vor 2 **eau courante** fließendes Wasser 3 COMM **l'année courante** das laufende *ou* im laufenden Jahr B M 1 ÉLEC Strom *m*; *fig* **le courant (ne) passe (pas)** sie finden (keinen) Kontakt zueinander; der Funke ist (nicht) übergesprungen 2 *d'un fluide* Strömung *f*; **courant d'air** Zug(luft) *m(f)*; Luftzug *m*; **il y a un courant d'air ici** hier zieht es; **faire un courant d'air** Durchzug machen 3 **dans le courant de la semaine** im Laufe der Woche 4 *fig d'idées, de tendances* Strömung *f*; Richtung *f* 5 **être au courant** auf dem Laufenden sein, im Bilde sein, Bescheid wissen (**de** über + *acc*); **mettre au courant** informieren (**de** über + *acc*); in Kenntnis setzen (von); **(se) tenir au courant** (sich) auf dem Laufenden halten

courante [kuʀɑ̃t] *fam* F Durchfall *m*

courbatu [kuʀbaty] ADJ ⟨~e⟩ wie zerschlagen; wie gerädert

courbature [kuʀbatyʀ] F Gliederschmerzen *mpl*; Muskelkater *m*

courbaturé [kuʀbatyʀe] ADJ ⟨~e⟩ **être ~** Muskelkater haben

courbaturer [kuʀbatyʀe] V/T Muskelkater verursachen (+*dat*)

courbe [kuʀb] A ADJ gebogen; gekrümmt; krumm B F Kurve *f* (*a.* MATH); Krümmung *f*; Biegung *f*; Bogen *m*; Wölbung *f*; **~s de niveau** Höhenlinien *fpl*

courbé [kuʀbe] ADJ ⟨~e⟩ *vieillard* vom Alter gebeugt

courber [kuʀbe] **A** V/T **1** biegen; krümmen **2** *tête, front* beugen **B** V/PR **se ~** sich biegen; sich krümmen

courbette [kuʀbɛt] F Verneigung *f*; Bückling *m*; *fig* **faire des ~s à, devant qn** vor j-m katzbuckeln

courbure [kuʀbyʀ] F Krümmung *f*; Biegung *f*; Wölbung *f*

coureur [kuʀœʀ] M **1** Läufer *m*; **~ (cycliste)** (Rad)Rennfahrer *m* **2** *péj* **~ (de jupons)** Schürzenjäger *m*

coureuse [kuʀøz] F **1** Läuferin *f* **2** *péj* **(petite) ~** Flittchen *n*

courge [kuʀʒ] F Kürbis *m*

courgette [kuʀʒɛt] F Zucchini *f*

courir [kuʀiʀ] ⟨je cours, il court, nous courons; je courais; je courus; je courrai; que je coure; courant; couru⟩ **A** V/T **1** **~ le danger, le risque de** (+ *inf*) Gefahr laufen zu (+ *inf*); **~ un danger** sich e-r Gefahr (*dat*) aussetzen **2** **~ les magasins** dauernd in die Geschäfte rennen; *fam* die Geschäfte abklappern **3** **~ les filles** den Mädchen nachlaufen **4** **~ le cent mètres** die 100 Meter laufen **B** V/I **1** laufen; rennen; eilen; **~ après qc, qn** hinter etw, j-m herlaufen; *fig* hinter e-r Sache, j-m hersein; *malfaiteur* **il court toujours** er läuft noch frei herum; **j'y cours** ich gehe sofort hin; *fam* ich fliege; **~ chercher le médecin** schnell den Arzt holen; **faire ~ qn** j-n herumhetzen; *fam fig* **tu peux toujours ~** da kannst du lange warten **2** *bruits, nouvelle* sich verbreiten; *bruits a.* umlaufen; in Umlauf sein; kursieren; **le bruit court que …** es geht das Gerücht, dass …; **faire ~** in Umlauf setzen; verbreiten; ausstreuen **3** SPORTS an e-m Rennen, Lauf teilnehmen **4** *eau, ruisseau* fließen **5** *délai, intérêts* laufen (**à partir de …** von … an); **par les temps qui courent** heutzutage

couronne [kuʀɔn] F **1** *d'un roi, d'une dent, monnaie* Krone *f* **2** *de fleurs* Kranz *m* **3** (**brioche** *f* **en**) **~** Kranzkuchen *m*

couronné [kuʀɔne] ADJ ⟨~e⟩ **1** **tête ~e** gekröntes Haupt **2** *ouvrage, auteur* preisgekrönt **3** *fig* **~ de succès** von Erfolg gekrönt **4** *genou* aufgeschürft

couronnement [kuʀɔnmɑ̃] M Krönung *f* (*a. fig*)

couronner [kuʀɔne] V/T **1** *souverain et fig* krönen **2** *ouvrage, auteur* mit e-m Preis auszeichnen

courre [kuʀ] **chasse** *f* **à ~** Hetzjagd *f*; Parforcejagd *f*

courriel [kuʀjɛl] M INFORM E-Mail *f*

courrier [kuʀje] M **1** (*lettres*) Post *f*; Korrespondenz *f*; **~ électronique** elektronische Post; E-Mail *f*; **faire son ~** s-e Korrespondenz erledigen; **porter le ~** die Post bringen, austragen **2** *dans un journal* **~ du cœur** Ratgeberecke *f*; Kummerecke *f*; **~ des lecteurs** Leserbriefe *mpl*

courroie [kuʀwa] F Riemen *m*; Gurt *m*; AUTO Keilriemen *m*

courroucé [kuʀuse] ADJ ⟨~e⟩ zornig; erzürnt

courroux [kuʀu] *st/s* M Zorn *m*

cours [kuʀ] M **1** (*suite de leçons*) Kurs *m*; Lehrgang *m*; (*leçon*) Unterrichtsstunde *f*; UNIVERSITÉ Vorlesung *f*; **~ préparatoire** (*abr* **CP**) erste Grundschulklasse; **~ élémentaire** (*abr* $\mathbf{CE_1}$, $\mathbf{CE_2}$) 2. und 3. Grundschulklasse *f*; **~ moyen** (*abr* $\mathbf{CM_1}$, $\mathbf{CM_2}$) 4. und 5. Grundschulklasse *f*; **~ privé** Privatschule *f*; **~ d'histoire** Geschichtsstunde *f*; **~ du soir** Abendschule *f*, -kurs *m*; **faire un ~** e-e Stunde geben, halten; e-n Kurs abhalten **2** *manuel* Lehrbuch *n* **3** *d'un fleuve* Lauf *m*; **~ rapide** starke Strömung; **~ d'eau** Wasserlauf *m*; *fig* **donner libre ~ à** freien Lauf lassen (+ *dat*) **4** *des événements* Gang *m*; Lauf *m*; **au ~ de** im Laufe (+ *gén*); während (+ *gén*); **l'année en ~** das laufende Jahr; **en ~ de construction** im Bau (befindlich); **en ~ de route** unterwegs; **être en ~** im Gange sein; laufen; **suivre son ~** s-n (gewohnten) Gang gehen **5** FIN Kurs *m*; **~ du change** Wechselkurs *m*; **avoir ~** gültig sein; *fig* üblich sein

course [kuʀs] F **1** (*action de courir*) Lauf *m*; Laufen *n* **2** SPORTS *à pied* Lauf *m*; *de véhicules* Rennen *n*; **course automobile, cycliste** Auto-, Radrennen *n*; *fig* **course aux armements** Wettrüsten *n*; Rüstungswettlauf *m*; **courses (de chevaux)** Pferderennen *n(pl)*; **course de taureaux** Stierkampf *m*; *fig* **être dans la course** mit der Zeit Schritt halten (können); *enfants* **faire la course** e-n Wettlauf machen **3** **course en montagne** Bergtour *f* **4** **course en taxi** Taxifahrt *f* **5** **courses** *pl* Besorgungen *fpl*; Einkäufe *mpl*; **faire des courses** Besorgungen machen, erledigen; Einkäufe machen

course-poursuite F ⟨courses-poursuites⟩ Verfolgungsjagd *f*

coursier [kuʀsje] M, **coursière** [-jɛʀ] F Bote *m*, Botin *f*

coursive [kuʀsiv] F MAR Gang *m*

court[1] [kuʀ] **A** ADJ ⟨courte [kuʀt]⟩ kurz; **à ~ terme** kurzfristig; **avoir la vue ~e** kurzsichtig sein (*a. fig*) **B** ADV kurz; (*brusquement*) plötzlich; schnell; **tout ~** (ganz) einfach; *cheveux* **coupés ~** kurz geschnitten; *fig* **couper ~ à qc** e-r Sache (*dat*) rasch ein Ende machen; *fig* **prendre qn de ~** j-n überrumpeln; *fig* **tourner ~** fehlschlagen; scheitern; **être à ~ d'argent**, *etc* kein Geld *etc* mehr haben

court[2] [kuʀ] M **~ (de tennis)** Tennisplatz *m*; **~ central** Centre-Court *m*

C

courtage [kuʀtaʒ] M **1** *activité* Maklertätigkeit *f*; *(vente par courtiers)* Vertrieb *m* durch Vertreter, Agenten, Makler **2** *commission* Maklergebühr *f*, -provision *f*; BOURSE Courtage *f*; COMM Provision *f*
court-bouillon M ⟨courts-bouillons⟩ Sud *m*
court-circuit M ⟨courts-circuits⟩ Kurzschluss *m*
court-circuiter [kuʀsiʀkɥite] V/T **~ qn, qc** j-n, etw um-, übergehen
courtepointe F Steppdecke *f* (als Tagesdecke)
courtier [kuʀtje] M Vertreter *m*; Agent *m*; Börsenmakler *m*
courtisan [kuʀtizɑ̃] M Höfling *m*
courtisane [kuʀtizan] F Kurtisane *f*
courtiser [kuʀtize] V/T **~ une femme** e-r Frau *(dat)* den Hof machen
courtois [kuʀtwa] ADJ ⟨-oise [-waz]⟩ **1** *personne* höflich **2** *poésie* höfisch; **amour ~** Minne *f*
courtoisie [kuʀtwazi] F Höflichkeit *f*
couru [kuʀy] ADJ ⟨~e⟩ **1** *spectacle* **être ~** großen Zulauf haben **2** *fam* **c'est ~** das steht fest
couscous [kuskus] M CUIS Couscous *ou* Kuskus *m*
couscoussier [kuskusje] M CUIS Kuskustopf *m*
cousin [kuzɛ̃] M **1** Cousin *m*; Vetter *m* **2** ZOOL Stechmücke *f*
cousine [kuzin] F Cousine *ou* Kusine *f*
coussin [kusɛ̃] M **1** Kissen *n*; *d'un fauteuil* Polster *n* **2** **~ d'air** Luftkissen *n*
coussinet [kusinɛ] M **1** TECH Lager(buchse) *n(f)* **2** *du chat* Sohlenballen *m*
cousu [kuzy] PP → coudre *et* ADJ ⟨~e⟩ genäht; **~ main** handgenäht; *fam fig* **du ~ main** *fam* große Klasse
coût [ku] M Kosten *pl*; **~ de la vie** Lebenshaltungskosten *pl*
coûtant [kutɑ̃] ADJ **(au) prix ~** (zum) Selbstkostenpreis *m*
couteau [kuto] M ⟨~x⟩ **1** Messer *n*; **~ à cran d'arrêt** Springmesser *n*; **~ de cuisine, de poche** Küchen-, Taschenmesser *n*; *fig* **être à ~x tirés** einander spinnefeind sein **2** ZOOL Messermuschel *f*
couteau-scie M ⟨couteaux-scies⟩ Messer *n* mit Wellenschliff
coutelas [kutla] M Fleischermesser *n*
coutelier [kutəlje] M Schneidwaren-, Messerfabrikant *m*
coutellerie [kutɛlʀi] F Schneidwaren(industrie *f*, -geschäft *n*) *fpl*
coûter [kute] **A** V/T *efforts, vie* kosten (**à qn** j-n) **B** V/I kosten; **~ cher** teuer sein; viel (Geld) kosten; *fig* **~ cher à qn** j-n teuer zu stehen kommen; **combien ça coûte?** wie viel *ou* was kostet das?; *fam* **~ les yeux de la tête**, *pop* **la peau des fesses**, *pop* **la peau du cul** *fam* e-e Stange Geld, ein Heidengeld, *pop* ein Schweinegeld kosten; *fig* **coûte que coûte** koste es, was es wolle; *fig* **il m'en coûte de** (+ *inf*) es fällt mir schwer zu (+ *inf*)
coûteux [kutø] ADJ ⟨-euse [-øz]⟩ teuer; kostspielig
coutil [kuti] M Drell *m*; Drillich *m*
coutume [kutym] F Brauch *m*; Sitte *f*; **comme de ~** wie üblich; wie gewohnt; **avoir ~ de** (+ *inf*) die Gewohnheit haben zu (+ *inf*); pflegen zu (+ *inf*); **la ~ veut que ...** (+ *subj*) es ist Sitte, dass ...
coutumier [kutymje] ADJ ⟨-ière [-jɛʀ]⟩ **1** **il est ~ du fait** er ist dafür bekannt **2** **droit ~** Gewohnheitsrecht *n*
couture [kutyʀ] F **1** *action* Nähen *n*; Schneidern *n*; Näherei *f* **2** *profession* Modebranche *f*; **°haute ~** Haute Couture *f*; **maison** *f* **de ~** Modesalon *m* **3** *(points)* Naht *f* (*a. cicatrice*); *fig* **battre qn à plate(s) ~(s)** j-n haushoch schlagen
couturé [kutyʀe] ADJ ⟨~e⟩ *visage* von Narben zerfurcht
couturier [kutyʀje] M Modeschöpfer *m*
couturière [kutyʀjɛʀ] F Schneiderin *f*; Näherin *f*
couvée [kuve] F Brut *f*
couvent [kuvɑ̃] M **1** Kloster *n* **2** *pensionnat* Klosterschule *f*
couver [kuve] **A** V/T **1** *œufs* aus-, bebrüten **2** *fig enfant* verhätscheln; verzärteln; **~ des yeux** zärtlich *ou* begehrlich anblicken **3** *fig maladie* ausbrüten **B** V/I **1** *oiseau* brüten **2** *feu* schwelen
couvercle [kuvɛʀkl] M Deckel *m*
couvert [kuvɛʀ] **A** PP → couvrir *et* ADJ ⟨-erte [-ɛʀt]⟩ **1** zugedeckt; bedeckt (*a. ciel*); *marché* überdacht; *temps* trüb(e); **~ de** bedeckt mit; voll(er) (+ *subst*); **~ de sang** blutverschmiert; *personne* **être (bien) ~** warm angezogen sein **2** *fig dire* **à mots ~s** durch die Blume; andeutungsweise **B** M **1** *à table* Gedeck *n*; **mettre le ~** den Tisch decken **2** *(cuiller et fourchette)* Besteck *n* **3** **sous (le) ~ de** unter dem Deckmantel von (*ou* + *gén*)
couverte [kuvɛʀt] F TECH Glasur *f*
couverture [kuvɛʀtyʀ] F **1** Decke *f*; Bettdecke *f*; **~ chauffante** Heizdecke *f*; *fig* **tirer la ~ à soi** auf s-n Vorteil bedacht sein; alles für sich beanspruchen **2** *d'un livre* Einband *m*; Deckel *m*; *d'un magazine* Cover *n*; Umschlag *m* **3** CONSTR Bedachung *f*; Dach *n* **4** MIL, FIN Deckung *f*; **~ sociale** soziale Absicherung; soziales Netz
couveuse [kuvøz] F MÉD Brutkasten *m*
couvrant [kuvʀɑ̃] ADJ ⟨-ante [-ɑ̃t]⟩ deckend;

Deck...
couvrante [kuvʀɑ̃t] F fam (couverture) (Bett)Decke f
couvre-chef [kuvʀəʃɛf] plais M ⟨couvre-chefs⟩ Kopfbedeckung f **couvre-feu** M ⟨couvre-feux⟩ Ausgangssperre f **couvre-lit** M ⟨couvre-lits⟩, **couvre-pied(s)** M ⟨couvre-pieds⟩ Tagesdecke f
couvreur [kuvʀœʀ] M Dachdecker m
couvrir [kuvʀiʀ] ⟨je couvre, il couvre, nous couvrons; je couvrais; je couvris; je couvrirai; que je couvre; couvrant; couvert⟩ A V/T 1 zu-, bedecken (**de** mit); *personne a.* warm anziehen; *toit* decken 2 *fig* überschütten, überhäufen (**de** mit); **~ de baisers** mit Küssen bedecken 3 MIL sichern; decken; *fig* **~ qn** j-n decken; j-m Rückendeckung geben 4 *distance* zurücklegen; *période* umfassen; *secteur* versorgen 5 *son, voix* übertönen 6 *frais* decken; *assurance: risques* (ab)decken; absichern 7 *journaliste: événement* (ausführlich) berichten über (+ *acc*) B V/PR **se ~** 1 *personne* sich warm anziehen 2 *ciel* sich bewölken; sich beziehen
cover-girl [kɔvœʀgœʀl] F ⟨cover-girls⟩ Covergirl n
covoiturage [kovwatyʀaʒ] M Fahrgemeinschaft f
cow-boy [kobɔj] M ⟨cow-boys⟩ Cowboy m
coyote [kɔjɔt] M Kojote m; Präriewolf m
CP [sepe] M ABR → cours
C.P.E. [sepeə] M/F (❗ unveränderlich) ABR (conseiller [conseillère] principal[e] d'éducation) ÉCOLE Beauftragte(r) m/f(m) für Disziplin, Verwaltung und Beratung
C.Q.F.D. [sekyɛfde] ABR (ce qu'il fallait démontrer) was zu beweisen war
crabe (❗ nur ein **b**) [kʀab] M (❗ maskulin) Krebs m; Krabbe f
crac [kʀak] INT krach!; knack(s)!
crachat [kʀaʃa] M Auswurf m; Spucke f
craché [kʀaʃe] ADJ ⟨~e⟩ **c'est son père tout ~** er ist s-m Vater wie aus dem Gesicht geschnitten
crachement [kʀaʃmɑ̃] M 1 Ausspucken n 2 *par ext* **~ de flammes** Flammenspeien n 3 *d'un haut-parleur* Knattern n; Geknatter n
cracher [kʀaʃe] A V/T 1 *bonbon, etc* ausspucken; *du sang* spucken 2 *volcan: lave* auswerfen; *feu, flammes* speien 3 *fam fig* **~ (de l'argent)** *fam* Geld ausspucken 4 *fig injures* ausstoßen B V/I 1 (aus)spucken 2 *fam fig* **ne pas ~ sur qc** kein Verächter von etw sein
crachin [kʀaʃɛ̃] M Sprüh-, Nieselregen m
crachiner [kʀaʃine] V/IMP nieseln
crachoir [kʀaʃwaʀ] M Spucknapf m
crachotement [kʀaʃɔtmɑ̃] M 1 *action* häufiges Ausspucken 2 *bruit* Knattern; Geknatter n
crachoter [kʀaʃɔte] V/I 1 häufig (aus)spucken 2 *haut-parleur* knattern
crack [kʀak] M 1 *fam (as) fam* Kanone f; *fam* Ass n 2 *drogue* Crack n
cracra [kʀakʀa] *fam* ADJ (❗ Maskulin- und Femininform sind gleich) *ou* **cradingue** [kʀadɛ̃g] *fam* ADJ *ou* **crado** [kʀado] *fam* ADJ (❗ Maskulin- und Femininform sind gleich) schmutzig; schmuddelig
craie [kʀɛ] F Kreide f
craindre [kʀɛ̃dʀ] V/T ⟨je crains, il craint, nous craignons; je craignais; je craignis; je craindrai; que je craigne; craignant; craint⟩ 1 **~ qn, qc** j-n, etw fürchten; sich vor j-m, etw fürchten; *abs* **~ pour qn** um j-n, um das Leben j-s fürchten, bangen; **se faire ~** sich (*dat*) Respekt verschaffen (**de qn** bei j-m); **~ que ... (ne)** (+ *subj*) (be)fürchten, dass ... 2 *plantes* **~ la gelée** Frost nicht vertragen 3 *fam* **ça ne craint rien** da besteht keine Gefahr 4 *abs fam* **ça craint** *fam* das ist mies
crainte [kʀɛ̃t] F Furcht f; Befürchtung f; Angst f; Scheu f; **dans la ~ de** *ou* **de ~ de** aus Angst, Furcht zu (+ *inf*) *ou* vor (+ *dat*)
craintif [kʀɛ̃tif] ADJ ⟨-ive [-iv]⟩ furchtsam; ängstlich
cramer [kʀame] *fam* V/I *plat* anbrennen; *maison* abbrennen
cramoisi [kʀamwazi] ADJ ⟨~e⟩ leuchtend rot; hochrot; *teint fam* knallrot
crampe [kʀɑ̃p] F Krampf m; **~ d'estomac** Magenkrampf m
crampon [kʀɑ̃pɔ̃] M 1 TECH Klammer f; *de chaussures* Stollen m; Spike m 2 *fam fig* **quel ~!** *fam* so e-e Klette!
cramponner [kʀɑ̃pɔne] V/PR **se ~ à** sich klammern an (+ *acc*) (*a. fig*)
cran [kʀɑ̃] M 1 (*entaille*) Einschnitt m; Kerbe f; Stufe f (*a. fig*); *d'une ceinture* Loch n; TECH Raste f; *planche d'étagère etc* **baisser, °hausser d'un ~** um ein Loch, e-e Stufe niedriger, höher einlegen 2 *fam (courage)* Kühnheit f; *fam* Schneid m 3 *fam fig* **il est à ~** *fam* er ist auf hundertachtzig 4 *coiffure* **~s** *pl* Wellen *fpl*
crâne [kʀɑn] M Schädel m
crâner [kʀɑne] V/I *fam* angeben
crâneur [kʀɑnœʀ] M, **crâneuse** [-øz] F *fam* Angeber(in) m(f)
crânien [kʀɑnjɛ̃] ADJ ⟨-ienne [-jɛn]⟩ Schädel...
crapahuter [kʀapayte] *fam* V/I in schwierigem Gelände marschieren
crapaud [kʀapo] M Kröte f
crapule [kʀapyl] F *péj* Lump m **crapulerie** [-ʀi] F *péj* Lumperei f (*a. Eigenschaft*); krumme Geschäfte *npl*

C

crapuleux [kʀapylø] ADJ ⟨-euse [-øz]⟩ **crime ~** Raubmord *m*
craquage [kʀakaʒ] M CHIM Kracken *n*
craquant [kʀakɑ̃] ADJ ⟨-ante [-ɑ̃t]⟩ *fam* süß; allerliebst
craque [kʀak] *fam* F Lüge(nmärchen) *f(n)*
craquelé [kʀakle] ADJ ⟨~e⟩ mit feinen Rissen; rissig
craqueler [kʀakle] ⟨-ll-⟩ V/T rissig machen
craquelure [kʀaklyʀ] F feiner Riss; Haarriss *m*; *dans la porcelaine* Craquelé *n*; PEINT Krakelüre *f*
craquement [kʀakmɑ̃] M Knacken *n*; Knarren *n*; Krachen *n*
craquer [kʀake] **A** V/T *allumette* anzünden **B** V/I **1** knacken; *parquet* knarren; *biscotte* krachen; **faire ~ ses doigts** mit den Fingern knacken **2** *couture* platzen; *fig* **plein à ~** zum Bersten, Brechen voll; brechend voll **3** *fam (céder à la tentation) fam* schwach werden; **~ pour qn, qc** *fam* auf j-n, etw stehen; **il a craqué** *ou* **ses nerfs ont craqué** er hat die Nerven verloren
craquètement [kʀakɛtmɑ̃] M **1** *bruit sec* Knistern *n* **2** *de la cigogne* Klappern *n*
craqueter [kʀakte] V/I ⟨-tt-⟩ **1** *bruit sec* knistern **2** *cigogne* klappern
craquettement → craquètement
crash [kʀaʃ] M *atterrissage* Bauchlandung *f*; *(écrasement au sol)* Absturz *m*
crasse¹ [kʀas] F **1** Schmutz *m*; *fam* Dreck *m* **2** *fam fig* **faire une ~ à qn** zu j-m gemein sein
crasse² ADJ *ignorance* krass
crasseux [kʀasø] ADJ ⟨-euse [-øz]⟩ verdreckt; dreckig
cratère [kʀatɛʀ] M Krater *m*
cravache [kʀavaʃ] F Reitpeitsche *f*
cravacher [kʀavaʃe] **A** V/T mit der Peitsche antreiben **B** V/I *fam* sich ranhalten
cravate [kʀavat] F Krawatte *f*; *fam* Schlips *m*
cravater [kʀavate] V/T *(saisir par le cou)* in den Würgegriff nehmen
crawl [kʀol] M Kraul *n*; Kraulen *n*; Kraulschwimmen *n* **crawler** [-e] V/I SPORTS kraulen
crayon [kʀɛjõ] M (Blei-, Farb-, Zeichen)Stift *m*; **~ feutre** Filzstift *m*; Faserschreiber *m*; **~ noir** Bleistift *m*; **~ optique** Lichtstift *m*; **~ rouge** Rotstift *m*; **~ à sourcils** Augenbrauenstift *m*; **~ de couleur** Farb-, Buntstift *m*; **dessin** *m* **au ~** Bleistiftzeichnung *f*
crayon-feutre M ⟨crayons-feutres⟩ Filzstift *m*; Faserschreiber *m*
crayonnage [kʀɛjɔnaʒ] M (Bleistift)Gekritzel *n*
crayonner [-e] V/T kritzeln
créance [kʀeɑ̃s] F JUR Forderung *f*
créancier [kʀeɑ̃sje] M, **créancière** [-jɛʀ] F Gläubiger(in) *m(f)*
créateur [kʀeatœʀ], **créatrice** [-tʀis] **A** M,F Schöpfer(in) *m(f)*; Begründer(in) *m(f)* **B** ADJ schöpferisch; kreativ
créatif [kʀeatif] ADJ ⟨-ive [-iv]⟩ kreativ
création [kʀeasjõ] F **1** REL **la Création** die Schöpfung; **la ~ du monde** die Erschaffung der Welt **2** *(fondation)* Schaffung *f*; (Be)Gründung *f*; Errichtung *f* **3** ART *activité* Schaffen *n*; *œuvre* Schöpfung *f* **4** THÉ *d'un rôle* Kreieren *n*; *d'une pièce* Erstinszenierung *f* **5** *des grands couturiers* Kreation *f*
créativité [kʀeativite] F Kreativität *f*
créature [kʀeatyʀ] F Geschöpf *n*; Kreatur *f*
crécelle [kʀesɛl] F Schnarre *f*; Knarre *f*; *fig* **voix** *f* **de ~** schrille Stimme
crèche [kʀɛʃ] F **1** BIBL Krippe *f* **2** *pour enfants* Kinderkrippe *f*
crécher [kʀeʃe] V/I ⟨-è-⟩ *fam (loger) fam* hausen
crédence [kʀedɑ̃s] F Kredenz *f* (*a.* ÉGL CATH); Anrichte *f*
crédibilité [kʀedibilite] F Glaubwürdigkeit *f*
crédible [-ibl] ADJ glaubwürdig
crédit [kʀedi] M **1** Kredit *m*; **à ~** Kredit…; auf Kredit, Borg, *fam* Pump; **faire ~ à qn** j-m Kredit geben, gewähren **2** *(prestige)* Ansehen *n*; Kredit *m* **3** **donner du ~ à qc** e-r Sache *(dat)* Glauben schenken **4** **~s** *pl* (Geld)Mittel *npl* **5** COMPTABILITÉ Haben *n*
crédit-bail M Leasing *n*
crédité [kʀedite] M Kreditnehmer *m*
créditer [kʀedite] V/T **~ un compte d'une somme** e-m Konto e-n Betrag gutschreiben
créditeur [kʀeditœʀ] ADJ ⟨-trice [-tʀis]⟩ **compte ~** Aktivkonto *n*
credo [kʀedo] ÉGL, *fig* Credo *n*; Glaubensbekenntnis *n*
crédule [kʀedyl] ADJ leichtgläubig **crédulité** [-ite] F Leichtgläubigkeit *f*
créer [kʀee] V/T **1** REL (er)schaffen **2** *œuvre artistique* schaffen; *produit, mode, rôle* kreieren; *spectacle* zum ersten Mal inszenieren **3** *(fonder)* (be)gründen; errichten; ins Leben rufen; *emplois, besoins* schaffen **4** **~ des ennuis à qn** j-m Ärger bereiten
crémaillère [kʀemajɛʀ] F **1** **pendre la ~** s-n Einzug in die neue Wohnung feiern **2** **chemin de fer** *m* **à ~** Zahnradbahn *f*
crémant [kʀemɑ̃] M leicht moussierender Wein
crémation [kʀemasjõ] F (Leichen)Verbrennung *f*; Einäscherung *f*
crématoire [kʀematwaʀ] ADJ **four** *m* **~** Verbrennungsofen *m*
crématorium [kʀematɔʀjɔm] M Krematorium *n*
crème [kʀɛm] **A** F **1** *du lait* Sahne *f*; *all Sud* Rahm *m*; **~ Chantilly** [ʃɑ̃tiji] *ou* **~ fouettée** Schlagsah-

la crème — Sahne

la crème — Creme

ne *f*; *autrich* Schlagobers *n*; (**café** *m*) **~** *m* Milchkaffee *m* 2 *entremets* Creme *f*; **~ renversée** gestürzter Pudding 3 *produit de toilette* (Haut)Creme *f* 4 *liqueur* **~ de banane** Bananenlikör *m* 5 *fam* **c'est la ~ des hommes** er ist der gutmütigste Mensch B ADJ (❗ unveränderlich) cremefarben

crémerie [kʀɛmʀi] F Milchgeschäft *n*; *fam fig* **changer de ~** das Lokal wechseln

crémeux [kʀemø] ADJ ⟨-euse [-øz]⟩ sahnig

crémier [kʀemje] M, **crémière** [-jɛʀ] F Milchhändler(in) *m(f)*

crémone [kʀemɔn] F Treibriegelverschluss *m*

créneau [kʀeno] M ⟨~x⟩ 1 FORTIFICATIONS Zinne *f*; *fig* **monter au ~** auf die Barrikaden gehen 2 AUTO Parklücke *f*; **faire un ~** einparken 3 **~ (horaire)** freie Zeit 4 ÉCON Marktlücke *f*

créole [kʀeɔl] A ADJ kreolisch B 1 *m/f* Kreole *m*, Kreolin *f* 2 LING **le ~** Kreol(isch) *n*

crêpage [kʀɛpaʒ] M 1 *des cheveux* Toupieren *n* 2 TEXT Kreppen *n*

crêpe[1] (❗ nur ein **p**) [kʀɛp] M 1 TEXT Krepp *m* 2 *en signe de deuil* Trauerflor *m* 3 **semelles** *fpl* **(de) ~** Kreppsohlen *fpl*

crêpe[2] F CUIS (dünner) Pfann-, Eierkuchen

crêper [kʀɛpe] A V/T *cheveux* toupieren B V/PR *fam* **se ~ le chignon** sich in die Haare geraten, kriegen

crêperie [kʀɛpʀi] F Lokal *n*, Café *n*, in dem „crêpes" serviert werden

crépi [kʀepi] M (rauer) (Ver)Putz

crêpier [kʀɛpje] M, **crêpière** [-jɛʀ] F Crêpeverkäufer(in) *m(f)*

crépine [kʀepin] F 1 TECH Saugkorb *m*; Sieb *n* 2 BOUCHERIE Netz *n*

crépir [kʀepiʀ] V/T verputzen **crépissage** [-isaʒ] M (Rau)Verputzen *n*

crépitation [kʀepitasjõ] F Knistern *n*; Prasseln *n* **crépitement** [-mã] M *d'un feu de bois* Knistern *n*; Prasseln *n*; *d'une mitrailleuse* Knattern *n*; Rattern *n* **crépiter** [-e] V/I *feu* knistern; prasseln; *applaudissements* aufbranden; aufbrausen; *mitrailleuse* knattern

crépon [kʀepõ] ADJ **papier** *m* **~** Krepppapier *n*

crépu [kʀepy] ADJ ⟨~e⟩ **cheveux ~s** Kraushaar *n*

crépusculaire [kʀepyskylɛʀ] ADJ **lumière** *f* **~** Dämmerlicht *n*

crépuscule [kʀepyskyl] M (Abend)Dämmerung *f*

crescendo [kʀeʃɛndo] MUS A ADV crescendo; *fig* **aller ~** anschwellen; zunehmen B M Crescendo *n*

cresson [kʀesõ, kʀə-] M Kresse *f*

Crésus [kʀezys] M HIST Krösus *m*; *fig* **il est riche comme ~** er ist ein Krösus

crétacé [kʀetase] M Kreide(zeitalter) *f(n)*

crête [kʀɛt] F *du coq, d'une montagne, d'une vague* Kamm *m*; *d'un toit* First *m*; *d'un mur* Krone *f*

Crète [kʀɛt] **la ~** Kreta *n*

crétin [kʀetɛ̃] M, **crétine** [-in] F 1 *péj* Dummkopf *m*; Idiot *m* 2 *m* MÉD Kretin *m*

crétinerie [kʀetinʀi] F Dummheit *f*; Blödsinn *m* **crétiniser** [-ize] V/T verdummen **crétinisme** [-ism] M 1 MÉD Kretinismus *m* 2 (*bêtise*) Dummheit *f*; Blödsinn *m*

crétois [kʀetwa] A ADJ ⟨-oise [-waz]⟩ kretisch B 1 **Crétois(e)** *m(f)* Kreter(in) *m(f)* 2 LING **le ~** das Kretische; Kretisch *n*

Creuse [kʀøz] **la ~** *Fluss u. Departement in Frankreich*

creusement [kʀøzmã] M Graben *n*; Aushöhlen *n*

creuser [kʀøze] A V/T 1 graben; *tunnel a.* bohren; *fosse, tranchée* ausheben; (*rendre creux*) aushöhlen 2 *fig* **~ l'estomac** hungrig machen; *visage* **creusé de rides** verrunzelt; zerfurcht 3 *fig sujet, question* vertiefen B V/I 1 *dans la terre* graben 2 *fam fig* hungrig machen C V/PR **se ~** 1 *joues* hohl werden; *fig* **un fossé se creuse entre eux** ein Graben tut sich zwischen ihnen auf 2 *fig* **se ~ la cervelle** sich (*dat*) den Kopf zerbrechen

creuset [kʀøzɛ] M Schmelztiegel *m* (*a. fig*)

Creutzfeldt-Jakob [kʀøtsfɛltʒakɔb] **maladie** *f* **de ~** Creutzfeldt-Jakob-Krankheit *f*

creux [kʀø] A ADJ ⟨creuse [kʀøz]⟩ 1 hohl (*a. dent, joues*); **assiette creuse** tiefer Teller 2 *fig* **heures creuses** verkehrsschwache Zeiten *fpl*;

C

Zeiten, in denen wenig Betrieb ist **3** *son* hohl **4** *fig phrases, discours* leer; hohl **B** M **1** Vertiefung *f*; Mulde *f*; **~ de l'estomac** Magen-, Herzgrube *f*; *fig* **j'ai un ~ (à l'estomac)** ich habe e-n leeren Magen; **~ de la main** hohle Hand; **~ d'une vague** Wellental *n*; *fig* **être dans le ~ de la vague** an e-m Tiefpunkt angelangt sein **2** COMM Flaute *f*

crevaison [kʀəvɛzõ] F Reifenpanne *f*; *fam* Platte(r) *m*

crevant [kʀəvɑ̃] ADJ ‹-ante [-ɑ̃t]› *fam* **1** *(épuisant)* anstrengend; strapaziös **2** *(drôle) fam* zum Totlachen

crevasse [kʀəvas] F **1** *d'un mur, du sol* Riss *m* **2** *de la peau* **~s** *pl* Schrunden *fpl*; Risse *mpl* **3** Gletscherspalte *f*

crevassé [kʀəvase] ADJ ‹~e› rissig; *peau a.* aufgesprungen **crevasser** [-e] V/T *froid: mains* aufspringen lassen; rissig machen

crève [kʀɛv] F *fam* **attraper la ~** *fam* sich *(dat)* den Tod holen

crevé [kʀəve] ADJ ‹~e› **1** *(éclaté)* ge-, zerplatzt **2** *plante, animal* eingegangen; *animal a.* verendet **3** *fam (épuisé) fam* vollkommen fertig; kaputt

crève-cœur M (! unveränderlich) Jammer *m*

crève-la-faim M (! unveränderlich) *fam* Hungerleider *m*

crever [kʀəve] ‹-è-› **A** V/T **1** *(faire éclater)* zum Platzen bringen; *pneu avec un couteau* zerstechen; aufschlitzen; *œil* ausschlagen; *fig* **~ le cœur à qn** j-m das Herz zerreißen, brechen; *fig* **ça crève les yeux** *fam* das sieht doch ein Blinder **2** *fam (épuiser)* **~ qn** *fam* j-n kaputtmachen **B** V/I **1** *(éclater)* (auf-, zer)platzen; bersten; *abcès* aufgehen; *nuage* sich entladen; *pneu* platzen; *par ext* **j'ai crevé** *fam* ich habe e-n Platten (gehabt); *fig* **~ de jalousie** vor Neid platzen; **c'est à ~ de rire** *fam* es ist zum Totlachen, Schießen **2** *fam animal, plante* eingehen; *fam* kaputtgehen; *pop personne pop* krepieren; *pop* verrecken; *fam fig* **~ de faim** *fam* vor Hunger vergehen; *fam* **chaleur** *f* **à ~** *fam* Bullen-, Bruthitze *f* **C** V/PR **1** *fam* **se ~ (au travail)** *fam* sich zu Tode arbeiten, schuften **2** **se ~ les yeux** sich *(dat)* die Augen verderben

crevette [kʀəvɛt] F Garnele *f*; *fam* Krabbe *f*; **~ grise** Sandgarnele *f*; **~ rose** rosa Garnele *f*

cri [kʀi] M Schrei *m*; Ruf *m*; **~s** *pl a.* Geschrei *n*; Schreien *n*; *fig* **le dernier ~** der letzte Schrei; der Dernier Cri; **~ d'alarme** Warnruf *m*; **~s de joie** Freudengeschrei *n*; Jubel *m*; *fig* **c'est le ~ du cœur** das ist nicht gespielt

criailleries [kʀijɑjʀi] FPL Gezeter *n*; Gekeife *n*

criant [kʀijɑ̃] ADJ ‹-ante [-ɑ̃t]› *injustice* schreiend

criard [kʀijaʀ] ADJ ‹-arde [-aʀd]› **1** *voix, enfant* kreischend **2** *couleur* grell; schreiend

criblage [kʀiblaʒ] M (Aus)Sieben *n*

crible [kʀibl] M Sieb *n*; *fig* **passer au ~** unter die Lupe nehmen

criblé [kʀible] ADJ ‹~e› **~ de balles** mit Kugeln durchsiebt; **~ de taches** voller Flecken; *fig* **être ~ de dettes** völlig verschuldet sein; *fam* tief in Schulden stecken

cribler [kʀible] V/T **1** *(percer)* durchbohren; durchlöchern **2** TECH (durch-, aus)sieben

cric [kʀik] M Wagenheber *m*

cricket [kʀikɛt] M Kricket *n*

cri-cri *fam* M (! unveränderlich) Grille *f*

criée [kʀije] F **(vente** *f* **à la) ~** öffentliche Versteigerung

crier [kʀije] **A** V/T schreien; rufen; **~ à qn de** (+ *inf*) j-m zurufen zu (+ *inf*); **~ vengeance** nach Rache schreien **B** V/I **1** schreien; rufen; **~ au scandale** es e-n Skandal nennen; **~ au secours** um Hilfe rufen, schreien; *fam* **~ après qn** j-n anschreien **2** *(grincer)* quietschen

crieur [kʀijœʀ] M **~ de journaux** Zeitungsverkäufer *m*

CRIF [kʀif] M ABR (Conseil représentatif des institutions juives de France) ≈ Zentralrat *m* der Juden

crime [kʀim] M Verbrechen *n*; **~ contre l'humanité** Verbrechen gegen die Menschlichkeit; **~ de guerre** Kriegsverbrechen *n*; **arme** *f* **du ~** Tatwaffe *f*

Crimée [kʀime] **la ~** die Krim

criminaliser [kʀiminalize] V/T als Verbrechen einstufen; zur Strafsache machen

criminaliste [kʀiminalist] M Kriminalist *m*

criminalistique [-ik] F Kriminalistik *f*

criminalité [kʀiminalite] F Kriminalität *f*

criminel [kʀiminɛl] **A** ADJ ‹~le› kriminell; verbrecherisch; JUR Kriminal...; Straf...; **acte ~** Verbrechen *n*; Straftat *f*; **incendie ~** Brandstiftung *f* **B** M Verbrecher *m*; **grand ~** Schwerverbrecher *m*

criminellement [kʀiminɛlmɑ̃] ADV **1** *agir* verbrecherisch; kriminell **2** JUR *poursuivre* strafrechtlich

criminologie [kʀiminɔlɔʒi] F Kriminologie *f*; Kriminalwissenschaft *f* **criminologiste** [-lɔʒist] M/F *ou* **criminologue** [-lɔg] M/F Kriminologe, -login *m,f*

crin [kʀɛ̃] M Rosshaar *n*; *fig* **à tout ~** mit Leib und Seele

crinière [kʀinjɛʀ] F Mähne *f* (*a. fig*)

crique [kʀik] F kleine Bucht

criquet [kʀikɛ] M Feldheuschrecke *f*; **~ pèlerin** Wanderheuschrecke *f*

crise [kʀiz] F **1** MÉD Anfall *m*; **~ cardiaque** Herzanfall *m*; *mortelle* Herzschlag *m*; **~ de foie**

(akute) Leberbeschwerden *fpl*; **~ de larmes** Weinkrampf *m*; **~ de nerfs** Nervenzusammenbruch *m*; *fam* **piquer une ~** *fam* e-n Tobsuchtsanfall kriegen **2** POL, ÉCON Krise *f*; **~ du logement** Wohnungsnot *f*
crispant [kʀispɑ̃] ADJ ⟨-ante [-ɑ̃t]⟩ unerträglich; auf die Nerven gehend
crispation [kʀispasjõ] F **1** *du visage* Verkrampfung *f* **2** *(irritation)* Gereiztheit *f*; Erregung *f*
crispé [kʀispe] ADJ ⟨~e⟩ verkrampft *(a. personne, sourire)*; *par la douleur* verzerrt
crisper [kʀispe] V/T **1** verkrampfen; verzerren **2** *fam fig* **~ qn** *fam* j-n nerven; *fam* j-n auf die Palme bringen
crissement [kʀismɑ̃] M Knirschen *n*; *de pneus* Quietschen *n* **crisser** [-e] V/I *gravier* knirschen; *pneus* quietschen
cristal [kʀistal] M ⟨-aux [-o]⟩ **1** *verre* Kristall(-glas) *n* **2** CHIM, MINÉR Kristall *m*; **~ de roche** Bergkristall *m* **3** ÉLEC **cristaux** *pl* **liquides** Flüssigkristalle *mpl*
cristallerie [kʀistalʀi] F **1** *fabrication* Kristall(glas)herstellung *f* **2** *usine* Kristallglasfabrik *f* **3** *objets* Kristallglas *n*
cristallin [kʀistalɛ̃] **A** ADJ ⟨-ine [-in]⟩ *eaux, son* kristallklar **B** M *de l'œil* Linse *f*
cristallisation [kʀistalizasjõ] F **1** CHIM *action* Kristallbildung *f*; Kristallisation *f*; *résultat* **~s** *pl* Kristallformen *fpl*, -bildungen *fpl* **2** *fig et st/s* Konkretisierung *f*; Fixierung *f*
cristalliser [kʀistalize] V/I (*et* V/PR **se**) **~ 1** CHIM (aus)kristallisieren; **sucre cristallisé** (grober) Kristallzucker **2** *fig et st/s* sich konkretisieren
cristallographie [kʀistalɔgʀafi] F Kristallographie *f*
critère [kʀitɛʀ] M Kriterium *n*
critérium [kʀiteʀjɔm] M SPORTS Kriterium *n*
critiquable [kʀitikabl] ADJ tadelnswert; zu kritisieren(d)
critique [kʀitik] **A** ADJ kritisch; **esprit** *m* **~** kritischer Geist *(a. personne)* **B** SUBST **1** *f* Kritik *f (a. coll et = désapprobation)*; *d'un livre* Besprechung *f*; Rezension *f*; **faire la ~ d'un livre** ein Buch besprechen, rezensieren; **formuler des ~s** Kritik üben **2** *m* Kritiker(in) *m(f)*; **~ de cinéma** Filmkritiker(in) *m(f)*
critiquer [kʀitike] V/T kritisieren
croassement [kʀɔasmɑ̃] M *du corbeau* Krächzen *n* **croasser** [-e] V/I krächzen
croate [kʀɔat] **A** ADJ kroatisch **B** **Croate** M/F Kroate *m*, Kroatin *f*
Croatie [kʀɔasi] **la ~** Kroatien *n*
croc [kʀo] M **1** Fangzahn *m*; *fam* **avoir les ~s** *fam* e-n Mordshunger haben; *chien* **montrer les ~s** die Zähne fletschen **2** *instrument* Haken(-stange) *m(f)*
croc-en-jambe [kʀɔkɑ̃ʒɑ̃b] M ⟨crocs-en-jambe [kʀɔkɑ̃ʒɑ̃b]⟩ → croche-patte
croche [kʀɔʃ] F Achtelnote *f*; **double ~** Sechzehntelnote *f*
croche-patte [kʀɔʃpat] *fam* M ⟨croche-pattes⟩ *ou* **croche-pied** M ⟨croche-pieds⟩ **faire un croche-patte** *ou* **un croche-pied à qn** j-m ein Bein stellen *(a. fig)*
crochet [kʀɔʃɛ] M **1** *pour suspendre* Haken *m* **2** *aiguille* Häkelnadel *f*; **faire du ~** häkeln **3** BOXE Haken *m* **4** *(détour)* **faire un ~** e-n Abstecher machen (**par Reims** nach Reims) **5** *fam fig* **vivre aux ~s de qn** *fam* j-m auf der Tasche liegen **6** TYPO **~s** *pl* eckige Klammern *fpl*

le crochet — Haken

le crochet — Häkelnadel

crochetage [kʀɔʃtaʒ] M Öffnen *n* mit e-m Dietrich **crocheter** [-e] V/T ⟨-è-⟩ mit e-m Dietrich öffnen
crochu [kʀɔʃy] ADJ ⟨~e⟩ krumm; gebogen; hakenförmig
croco [kʀɔko] M **sac** *m* **en ~** Krokotasche *f*
crocodile [kʀɔkɔdil] M Krokodil *n*
crocus [kʀɔkys] M Krokus *m*
croire [kʀwaʀ] ⟨je crois, il croit, nous croyons; je croyais; je crus; je croirai; que je croie; croyant; cru⟩ **A** V/T **~ qc** etw glauben; **~ qn** j-m glauben; **je vous crois** ich glaube (es) Ihnen; **je vous crois capable de** *(+ inf)* ich halte Sie für fähig zu *(+ inf)*; **~ que …** glauben, dass …; **je crois que non, que oui** ich glaube nein, ja; **on croirait que …, c'est à ~ que …** man könnte meinen, (dass) …; **à l'en ~** nach dem, was er sagt; wenn man ihm glauben kann, soll; **ne pas en ~ ses oreil-**

les, ses yeux s-n Ohren, s-n Augen nicht trauen; **faire ~ qc à qn** j-m etw weismachen **B** VT INDIR **~ à qc, à qn** an etw, an j-n glauben; **~ en qn** an j-n glauben; **~ en Dieu** an Gott glauben **C** VI glauben; REL *a.* gläubig sein **D** VPR **se ~** *(être prétentieux)* eingebildet sein; sehr von sich selbst überzeugt sein; **il se croit intelligent** er hält sich für intelligent; er glaubt, er sei intelligent

croisade [kʀwazad] F Kreuzzug *m (a. fig)*

croisé [kʀwaze] **A** ADJ ⟨~e⟩ gekreuzt; *jambes* übereinandergeschlagen; *veste* zweireihig; **mots ~s** Kreuzworträtsel *n(pl)*; *fig* **rester les bras ~s** die Hände in den Schoß legen; *fig* **sous le feu ~ des critiques** im Kreuzfeuer der Kritik **B** M HIST Kreuzritter *m*, -fahrer *m*

croisée [kʀwaze] F **1** *fig* **être à la ~ des chemins** am Scheideweg stehen **2** Fenster(kreuz) *n* **3** ARCH **~ d'ogives** Kreuzrippe *f*; **~ du transept** Vierung *f*

croisement [kʀwazmɑ̃] M **1** *(carrefour)* Kreuzung *f* **2** BIOL Kreuzen *n*, -ung *f*

croiser [kʀwaze] **A** VT **1** *bras* verschränken; kreuzen; *jambes* übereinanderschlagen **2** **~ qn** j-m begegnen **3** *route: voie ferrée, etc* kreuzen; sich kreuzen mit **4** BIOL kreuzen **5** **~ le fer** die Klinge(n) kreuzen **B** VI **1** *vêtement* übereinandergehen **2** MAR kreuzen **C** VPR **1** **se ~** *routes, lettres* sich, einander kreuzen; *personnes, regards, véhicules* sich, einander begegnen **2** **se ~ les bras** die Arme verschränken, kreuzen; *fig* die Hände in den Schoß legen

croiseur [kʀwazœʀ] M Kreuzer *m*

croisière [kʀwazjɛʀ] F Kreuzfahrt *f*; **en ~** kreuzend

croisillon [kʀwazijɔ̃] M (Fenster)Sprosse *f*

croissance [kʀwasɑ̃s] F Wachstum *n*

croissant [kʀwasɑ̃] **A** ADJ ⟨-ante [-ɑ̃t]⟩ wachsend; steigend; zunehmend **B** M **1** CUIS Hörnchen *n*; Croissant *n* **2** **~ (de lune)** Mondsichel *f* **3** ISLAM Halbmond *m*

croître [kʀwatʀ] VI ⟨je croîs, il croît, nous croissons; je croissais; je crûs; je croîtrai; que je croisse; croissant; crû, crue⟩ **1** BIOL wachsen **2** *(augmenter)* (an)wachsen; zunehmen

croix [kʀwa] F Kreuz *n*; **~ de guerre** Kriegsverdienstkreuz *n*; **en ~** kreuzweise; über Kreuz; gekreuzt; **les bras** *mpl* **en ~** mit ausgebreiteten Armen; **cocher, marquer d'une ~** ankreuzen; *fig* **c'est la ~ et la bannière** *fam* das ist (immer) ein furchtbares Theater; *fig* **tu peux faire une ~ dessus** das kannst du abschreiben, vergessen

Croix-Rouge: **la ~** das Rote Kreuz

Cro-Magnon [kʀomaɲɔ̃] *vorgeschichtliche Fundstätte im Departement Dordogne*

Cronos [kʀɔnos, -ɔs] M MYTH Kronos *m*

croquant [kʀɔkɑ̃] ADJ ⟨-ante [-ɑ̃t]⟩ *biscuit* knusp(e)rig; *pomme* knackig

croque au sel [kʀɔkosɛl] **à la ~** nur mit Salz (gewürzt)

croquembouche [kʀɔkɑ̃buʃ] M *aus mehreren Etagen bestehende Torte*

croque-mitaine [kʀɔkmitɛn] M ⟨croque-mitaines⟩ schwarzer Mann *(Kinderschreck)*

croque-monsieur [kʀɔkmøsjø] M (! unveränderlich) getoastetes Schinken-Käse-Sandwich

croque-mort [kʀɔkmɔʀ] *fam* M ⟨croque-morts⟩ Sargträger *m*

croquer [kʀɔke] **A** VT **1** *bonbon* zerbeißen; *biscuits, noisettes* knabbern; **~ (dans) une pomme** herzhaft in e-n Apfel beißen; *fam fig* **à ~** *fam* zum Anbeißen **2** *fig argent* verprassen; durchbringen **3** *(esquisser)* skizzieren **B** VI knacken; krachen

croquet [kʀɔkɛ] M Krocket *n*

croquette [kʀɔkɛt] F Krokette *f*

croquis [kʀɔki] M Skizze *f*

cross [kʀɔs] M Geländelauf *m*; **vélo** *m* **~** BMX-Rad *n*

crosse [kʀɔs] F **1** *d'un fusil* Gewehrkolben *m*; **à coups de ~** mit Kolbenhieben **2** ÉGL Bischofs-, Krummstab *m* **3** **~ (de hockey)** (Hockey)Schläger *m* **4** *fam* **chercher des ~s à qn** mit j-m Streit suchen

crotale [kʀɔtal] M Klapperschlange *f*

crotte [kʀɔt] **A** F **1** *excrément* Kot(kugel) *m(f)*; *fam* **~ de nez** *fam* (Nasen)Popel *m* **2** **~ de,**

le croissant — Croissant

le croissant (de lune) — Mondsichel

en chocolat Praline *f* B INT *fam* verflixt!
crotté [kʀɔte] ADJ ⟨~e⟩ *fam* dreckig
crotter [kʀɔte] V/PR **se ~** sich schmutzig, *fam* dreckig machen
crottin [kʀɔtɛ̃] M 1 *de cheval* Pferdeäpfel *mpl*, -mist *m* 2 kleiner runder Ziegenkäse
croulant [kʀulɑ̃] A ADJ ⟨-ante [-ɑ̃t]⟩ *murs* baufällig; altersschwach; *plus fort* verfallen B MPL *fam* **les ~s** die Alten *mpl*; *fam* die Gruftis *mpl*
crouler [kʀule] V/I zusammenbrechen (**sous** unter + *dat*); *maison* einstürzen
croupe [kʀup] F 1 *du cheval* Kruppe *f*; Kreuz *n*; **prendre qn en ~** j-n hinten aufsitzen lassen 2 *d'une colline* Kuppe *f*
croupetons [kʀuptõ] **à ~** (auf den Fersen) hockend, kauernd
croupi [kʀupi] ADJ ⟨~e⟩ *eau* faul(ig); brackig
croupier [kʀupje] M Croupier *m*
croupion [kʀupjõ] M Bürzel *m*
croupir [kʀupiʀ] V/I 1 *eau* stehen und faulig werden 2 *personne* dahinvegetieren
croupissant [kʀupisɑ̃] ADJ ⟨-ante [-ɑ̃t]⟩ *eau* faulig
CROUS [kʀus] M ABR (centre régional des œuvres universitaires et scolaires) ≈ Studentenwerk *n*
croustade [kʀustad] F (Blätterteig)Pastete *f*
croustillant [kʀustijɑ̃] ADJ ⟨-ante [-ɑ̃t]⟩ 1 knusp(e)rig 2 *fig histoires* pikant
croustiller [kʀustije] V/I *pain, galette etc* knusp(e)rig sein
croûte [kʀut] F 1 *du pain, d'un gratin* Kruste *f*; *du pain a., du fromage* Rinde *f*; *fam fig* **gagner sa ~** *fam* s-e Brötchen verdienen 2 *sur une plaie* Schorf *m*; Kruste *f*; *all Nord* Borke *f* 3 **~ terrestre** Erdkruste *f*, -rinde *f* 4 *fam fig (mauvais tableau) fam* Schinken *m*
croûter [kʀute] V/I *fam* futtern
croûton [kʀutõ] M 1 *de pain* Anfangs- *ou* Endstück *n*; *all Nord* Kanten *m*; *autrich* Scherzel *n* 2 gerösteter Brotwürfel; Croûton *m*
croyable [kʀwajabl] ADJ **à peine ~** kaum glaublich; kaum zu glauben
croyance [kʀwajɑ̃s] F Glaube(n) *m* (**à** an + *acc*); **~s religieuses** Glaubensüberzeugungen *fpl*
croyant [kʀwajɑ̃] A ADJ ⟨-ante [-ɑ̃t]⟩ gläubig; religiös B M Gläubige(r) *m*
CRS [seɛʀɛs] ABR (compagnies républicaines de sécurité) M Bereitschaftspolizist *m*; **les ~** *mpl* die Bereitschaftspolizei
cru¹ [kʀy] ADJ ⟨~e⟩ 1 *aliment* roh; ungekocht; TECH Roh… 2 *lumière* grell 3 *propos* brutal; roh; *vérité* schonungslos; ungeschminkt 4 **monter à ~** ohne Sattel reiten
cru² M 1 Wein(bau)gebiet *n*; *par ext* **grand ~** berühmter Wein 2 *fig* **de son ~** *fam* auf s-m Mist gewachsen
cru³ PP → croire
crû [kʀy] PP → croître
cruauté [kʀyote] F Grausamkeit *f*
cruche [kʀyʃ] F 1 Krug *m* 2 *fam péj* dumme Gans
cruchon [kʀyʃõ] M kleiner Krug; Krüglein *n*
crucial [kʀysjal] ADJ ⟨~e; -aux [-o]⟩ entscheidend; ausschlaggebend
crucifères [kʀysifɛʀ] FPL BOT Kreuzblütler *mpl*
crucifié [kʀysifje] ADJ ⟨~e⟩ gekreuzigt
crucifier [kʀysifje] V/T kreuzigen
crucifix [kʀysifi] M Kruzifix *n*
crucifixion [kʀysifiksjõ] F Kreuzigung *f*
cruciforme [kʀysifɔʀm] ADJ **vis** *f* **~** Kreuzschlitzschraube *f*
cruciverbiste [kʀysivɛʀbist] M/F Kreuzworträtselfreund(in) *m(f)*
crudité [kʀydite] F 1 **~s** *pl* Rohkost *f*; **assiette** *f* **de ~s** Salatplatte *f* 2 *des couleurs, de la lumière* Grellheit *f* 3 *de propos, d'une description* Brutalität *f*; Schonungslosigkeit *f*
crue [kʀy] F Hochwasser *n*; *rivière* **en ~** Hochwasser führend
cruel [kʀyɛl] ADJ ⟨~le⟩ grausam; *épreuve, perte* schmerzlich; hart
cruellement [kʀyɛlmɑ̃] ADV 1 *traiter qn* grausam; hart 2 *souffrir, faire défaut* sehr
crûment [kʀymɑ̃] ADV *dire* schonungslos; unverblümt
crustacés [kʀystase] MPL Krusten-, Krebstiere *npl*; Krebse *mpl*
crypte [kʀipt] F Krypta *f*
crypter [kʀipte] V/T kodieren; verschlüsseln; **chaîne cryptée** Pay-TV *n*
cryptogamique [kʀiptɔgamik] ADJ **maladies** *fpl* **~s** Pilzkrankheiten *fpl*
cryptogramme [kʀiptɔgʀam] M Geheimtext *m*
CSG [seɛsʒe] F ABR (contribution sociale généralisée) *Sozialsteuer zum Ausgleich des Defizits der Sécurité sociale*
Cuba [kyba] Kuba *n*; **à ~** auf Kuba
cubage [kybaʒ] M 1 *volume* Raum-, Kubikinhalt *m* 2 *évaluation* Rauminhaltsberechnung *f*
cubain [kybɛ̃] A ADJ ⟨-aine [-ɛn]⟩ kubanisch B **Cubain(e)** M(F) Kubaner(in) *m(f)*
cube [kyb] M 1 Würfel *m*; **jeu** *m* **de ~s** Bauklötzchen *npl*, -klötze *mpl* 2 *adjt* Kubik…; **centimètre** *m* **~** Kubikzentimeter *m ou n*; **mètre** *m* **~** Kubikmeter *m ou n* 3 MATH Kubikzahl *f*; **élever au ~** in die dritte Potenz erheben 4 CUIS Suppenwürfel *m*
cubique [kybik] ADJ 1 würfelförmig 2 MATH **racine** *f* **~** Kubikwurzel *f*; dritte Wurzel
cubisme [kybism] M Kubismus *m* **cubiste**

[-ist] A ADJ kubistisch B M/F Kubist(in) *m(f)*
cubitus [kybitys] M ANAT Elle *f*
cucul [kyky] ADJ (! unveränderlich) *fam* doof
cucurbitacées [kykyʀbitase] FPL Kürbisgewächse *npl*
cueillette [kœjɛt] F *action* Pflücken *n*; *résultat* Ernte *f*
cueilleur [kœjœʀ] M, **cueilleuse** [-øz] F Pflücker(in) *m(f)*
cueillir [kœjiʀ] V/T ⟨je cueille, il cueille, nous cueillons; je cueillais; je cueillis; je cueillerai; que je cueille; cueillant; cueilli⟩ 1 pflücken; *fruits a.* ernten 2 *fam* **~ qn** *fam* j-n schnappen
cui-cui [kɥikɥi] INT piep, piep!
cuiller [kɥijɛʀ] F 1 Löffel *m*; **~ à café** *ou* **petite ~** Kaffee-, Teelöffel *m*; **~ à soupe** Esslöffel *m* 2 PÊCHE Spinner *m*
cuillère → cuiller
cuillerée [kɥij(e)ʀe] F Löffelvoll *m*
cuir [kɥiʀ] M 1 Leder *n* 2 **~ chevelu** Kopfhaut *f* 3 *fam (liaison fautive)* falsche Bindung
cuirasse [kɥiʀas] F 1 HIST Harnisch *m*; Kürass *m*; *fig* **défaut** *m* **de la ~** Schwachstelle *f* 2 MAR, ZOOL, *fig* Panzer *m*
cuirassé [kɥiʀase] M Panzerkreuzer *m*
cuirassier [kɥiʀasje] M MIL HIST Kürassier *m*
cuire [kɥiʀ] ⟨je cuis, il cuit, nous cuisons; je cuisais; je cuisis; je cuirai; que je cuise; cuisant; cuit⟩ A V/T 1 *légumes, viande à l'eau* kochen; *pain, gâteau* backen; *viande à la poêle ou au four* braten; *à feu doux* garen 2 TECH brennen B V/I 1 kochen; *pain* backen; *viande* braten; **faire ~ qc** etw kochen (lassen), backen, braten 2 *peau, coup de soleil* brennen 3 *fam fig* **on cuit ici** *fam* hier ist e-e Bullenhitze C V/IMP *fig* **il lui en cuira** das wird er bereuen
cuisant [kɥizɑ̃] ADJ ⟨-ante [-ɑ̃t]⟩ *déception* bitter; *échec* schmählich
cuisine [kɥizin] F 1 *pièce* Küche *f* 2 *(art culinaire)* Küche *f*; *(plats préparés)* Kost *f* 3 *(préparation des aliments)* Kochen *n*; **faire la ~** kochen; das Essen (zu)bereiten 4 *fig et péj* üble Praktiken *fpl*, Machenschaften *fpl*
cuisiné [kɥizine] ADJ ⟨~e⟩ **plat ~** Fertiggericht *n*
cuisiner [kɥizine] A V/T 1 kochen; (zu)bereiten 2 *fam fig* **~ qn** *fam* j-n ausquetschen, bearbeiten B V/I kochen (können)
cuisinette [kɥizinɛt] F Kochnische *f*
cuisinier [kɥizinje] M Koch *m*
cuisinière [kɥizinjɛʀ] F 1 Köchin *f* 2 (Küchen)Herd *m*; **~ électrique** Elektroherd *m*
cuissage [kɥisaʒ] M HIST **droit** *m* **de ~** Jus primae noctis *n*
cuissard [kɥisaʀ] M Radlerhose *f* **cuissarde** [-aʀd] F Anglerstiefel *m*
cuisse [kɥis] F 1 ANAT (Ober)Schenkel *m* 2 CUIS **~s de grenouille** Froschschenkel *mpl*; **~ de poulet** Hühnerkeule *f*, -schlegel *m*
cuisseau [kɥiso] M ⟨~x⟩ Kalbskeule *f*
cuisson [kɥisõ] F 1 CUIS Kochen *n*; Backen *n*; Braten *n*; Garen *n* 2 TECH Brennen *n*
cuissot [kɥiso] M Keule *f*; Schlegel *m*
cuistot [kɥisto] *fam* M Koch *m*
cuistre [kɥistʀ] *litt* M Schulmeister *m (fig)*
cuit [kɥi] PP → cuire *et* ADJ ⟨cuite [kɥit]⟩ 1 CUIS gekocht; gebacken; gebraten; **(assez) ~** gar; *bifteck* **bien ~** gut durchgebraten 2 *fam fig* **il est ~** jetzt ist er erledigt; *fig* **c'est du tout ~** das kann gar nicht schiefgehen
cuite [kɥit] *fam* F Rausch *m*; **prendre une (bonne) ~** *fam* sich volllaufen lassen
cuiter [kɥite] V/PR *fam* **se ~** *fam* sich volllaufen lassen; *pop* sich besaufen
cuivre [kɥivʀ] M 1 Kupfer *n*; **~ jaune** Messing *n*; **~ rouge** reines Kupfer 2 **~s** *pl* Kupfergeschirr *n* 3 MUS **~s** *pl* Blech(blas)instrumente *npl*
cuivré [kɥivʀe] ADJ ⟨~e⟩ kupferfarben; rötlich(braun)
cuivrer [kɥivʀe] V/T verkupfern
cul [ky] M 1 *pop* Arsch *m*; *adjt fam* **papier** *m* **~** *fam* Klopapier *n*; *pop* **en avoir plein le ~** *fam* die Nase, *pop* die Schnauze voll haben; *fam* **être comme ~ et chemise** unzertrennlich sein; *pop* **en être sur le ~** *fam* platt, baff sein; *pop* **tomber sur le ~** *fam* aus den Latschen kippen 2 *adjt pop* **ce qu'il est ~!** *fam* ist der blöd! 3 *d'une bouteille, casserole* Boden *m*; *fig* **faire ~ sec** ex trinken
culasse [kylas] F *d'un moteur* Zylinderkopf *m*
culbute [kylbyt] F **faire une ~ dans l'escalier** die Treppe (kopfüber) hinunterstürzen, -kollern; *fam fig* **faire la ~** *faillite* Pleite machen; *profit fam* e-n Reibach von 100 Prozent machen
culbuter [kylbyte] A V/T umwerfen B V/I umkippen
culbuteur [kylbytœʀ] M 1 AUTO Kipphebel *m* 2 TECH Kippvorrichtung *f*
cul-de-jatte [kydʒat] M ⟨culs-de-jatte⟩ Krüppel *m* ohne Beine
cul-de-poule [kydpul] **bouche** *f* **en ~** verkniffener Mund
cul-de-sac [kydsak] M ⟨culs-de-sac⟩ Sackgasse *f (a. fig)*
culinaire [kylinɛʀ] ADJ Koch…; **art** *m* **~** Kochkunst *f*
culminant [kylminɑ̃] ADJ **point ~** höchster Punkt; *fig* Höhepunkt *m*
culmination [kylminasjõ] F Kulmination *f*
culminer [kylmine] V/I *montagne* s-n höchsten Punkt haben (**à 3000 mètres** bei 3000 Metern);

fig s-n Höhepunkt erreichen; kulminieren
culot [kylo] M 1 *fam (effronterie)* Frechheit *f*; Unverfrorenheit *f*; Dreistigkeit *f*; Unverschämtheit *f*; **y aller au ~** *fam* e-e gehörige Portion Frechheit an den Tag legen; **avoir un sacré ~** *fam* ganz schön frech, unverschämt sein 2 *d'une ampoule* Sockel *m*
culotte [kylɔt] F 1 (kurze) Hose; *sous-vêtement féminin* Schlüpfer *m*; *fam fig femme* **porter la ~** *fam* die Hosen anhaben 2 BOUCHERIE Hüfte *f*
culotté [kylɔte] *fam* ADJ ⟨~e⟩ frech; unverfroren; dreist; unverschämt
culpabilisation [kylpabilizasjõ] F Erwecken *n* von Schuldgefühlen **culpabiliser** [-e] V/T Schuldgefühle erwecken (**qn** bei j-m)
culpabilité [kylpabilite] F Schuld *f*; **sentiment** *m* **de ~** Schuldgefühl *n*
culte [kylt] M 1 REL, *fig* Kult *m*; *fig* **~ de la personnalité** Personenkult *m* 2 *(religion)* Religion *f* *ou* Konfession *f* 3 PROT Gottesdienst *m* 4 *adjt* Kult...; **film-~** *m* Kultfilm *m*
cul-terreux [kytɛʀø] M ⟨culs-terreux⟩ *fam péj* Mist-, Dreckbauer *m*
cultivable [kyltivabl] ADJ AGR bebaubar; anbaufähig
cultivateur [kyltivatœʀ] M, **cultivatrice** [-tʀis] F Landwirt(in) *m(f)*
cultivé [kyltive] ADJ ⟨~e⟩ 1 *(instruit)* gebildet 2 **plante ~e** Kulturpflanze *f*; **surface ~e** Anbaufläche *f*
cultiver [kyltive] A V/T 1 *terre, champ* bebauen; bestellen; *céréales, légumes* anbauen; kultivieren; *fleurs* züchten 2 *fig dons, relations* pflegen; kultivieren B V/PR **se ~** sich bilden
cultuel [kyltɥɛl] ADJ ⟨~le⟩ ADMIN Kult...
culture [kyltyʀ] F 1 AGR *d'une terre* Bebauung *f*; Bestellung *f*; *de légumes, de fruits* Anbau *m*; **~s** *pl* bebautes, bestelltes Land; Kulturland *n* 2 BIOL Kultur *f* 3 *d'une personne* Bildung *f*; Kultur *f*; **~ générale** Allgemeinbildung *f* 4 *(civilisation)* Kultur *f*; **~ occidentale** abendländische Kultur 5 **~ physique** Leibesübungen *fpl*
culturel [kyltyʀɛl] ADJ ⟨~le⟩ 1 kulturell; Kultur... 2 Bildungs...
culturisme [kyltyʀism] M Bodybuilding *n* **culturiste** [-ist] A ADJ Bodybuilding... B M/F Bodybuilder(in) *m(f)*
cumin [kymɛ̃] M Kreuzkümmel *m*
cumul [kymyl] M Häufung *f*; **~ de fonctions** Ämterhäufung *f*
cumulard [kymylaʀ] *péj* M Doppelverdiener *m*
cumulatif [kymylatif] ADJ ⟨-ive [-iv]⟩ kumulativ
cumuler [kymyle] V/T *traitements* gleichzeitig beziehen; *fonctions* auf sich *(dat)* vereinigen
cumulo-nimbus [kymylonɛ̃bys] M (❗ unveränderlich) Gewitterwolke *f*
cumulus [kymylys] M Haufenwolke *f*; Kumulus *m*
cunéiforme [kyneifɔʀm] ADJ **écriture** *f* **~** Keilschrift *f*
cupide [kypid] ADJ habgierig **cupidité** [-ite] F Hab-, Geldgier *f*
Cupidon [kypidõ] M Cupido *m*
curabilité [kyʀabilite] F Heilbarkeit *f* **curable** [-abl] ADJ heilbar
Curaçao [kyʀaso] 1 *île* Curaçao *n* 2 *m* **curaçao** *liqueur* Curaçao *m*
curare [kyʀaʀ] M Kurare *n*
curatelle [kyʀatɛl] F JUR Pflegschaft *f*
curateur [kyʀatœʀ] M, **curatrice** [-tʀis] F JUR Pfleger(in) *m(f)*
curatif [kyʀatif] ADJ ⟨-ive [-iv]⟩ Heil...
cure[1] [kyʀ] F 1 MÉD Kur *f*; **~ de raisin** Traubenkur *f*; **~ de repos** Erholungskur *f* 2 **n'avoir ~ de qc** sich *(acc)* um etw nicht kümmern
cure[2] F CATH Pfarrstelle *f*
curé [kyʀe] M CATH Pfarrer *m*
cure-dent M ⟨cure-dents⟩ Zahnstocher *m*
curée [kyʀe] F Jagd *f (nach Posten, Ehren)*
cure-ongle(s) M ⟨cure-ongles⟩ Nagelreiniger *m* **cure-oreille** M ⟨cure-oreilles⟩ Ohrenreiniger *m*
curer [kyʀe] A V/T reinigen; säubern B V/PR **se ~ les ongles** sich *(dat)* die Nägel reinigen, sauber machen
curetage [kyʀtaʒ] M MÉD Ausschabung *f* **cureter** [-e] V/T ⟨-tt-⟩ MÉD ausschaben
cureton [kyʀtõ] M *péj* Pfaffe *m*
curie [kyʀi] F CATH Kurie *f*
curieusement [kyʀjøzmɑ̃] ADV seltsam(-), merkwürdig(erweise)
curieux [kyʀjø] A ADJ ⟨-euse [-øz]⟩ 1 *(indiscret)* neugierig 2 *(intéressé)* wissbegierig; interessiert; **être ~ de savoir qc** auf etw *(acc)* neugierig, gespannt sein 3 *(bizarre)* seltsam; eigenartig; merkwürdig; sonderbar; kurios B SUBST **les ~** MPL die Neugierigen *mpl*, Schaulustigen *mpl*
curiosité [kyʀjozite] F 1 *(indiscrétion)* Neugier(de) *f* 2 **~ (d'esprit)** Wissbegier *f*; Wissensdrang *m* 3 *d'une ville* **~s** *pl* Sehenswürdigkeiten *fpl* 4 *(objet rare)* Kuriosität *f*
curiste [kyʀist] M/F Kurgast *m*
curling [kœʀliŋ] M Eis(stock)schießen *n*
curriculum [kyʀikylɔm] *ou* **curriculum vitae** [kyʀikylɔmvite] M Lebenslauf *m*
curry [kyʀi] M Curry *n ou m*
curseur [kyʀsœʀ] M 1 INFORM Cursor *m* 2 TECH Läufer *m*
cursif [kyʀsif] ADJ ⟨-ive [-iv]⟩ 1 TYPO **écriture cursive** Schreibschrift *f* 2 *fig style, lecture* flüchtig; kursorisch
cursive [kyʀsiv] F TYPO Schreibschrift *f*

cursus [kyʀsys] M Studiengang *m*
cutané [kytane] ADJ ⟨~e⟩ Haut...
cuti [kyti] F ABR → cuti-réaction; *fam fig* **virer sa ~** völlig umschwenken
cuti-réaction F ⟨cuti-réactions⟩ **~ (à la tuberculine)** Tuberkulinprobe *f*
cuve [kyv] F Bottich *m*; Bütte *f*; **~ à mazout** (Heiz)Öltank *m*
cuvée [kyve] F Jahrgang *m* (*a. fig*)
cuvelage [kyvlaʒ] M MINES **1** *action* (Schacht)-Ausbau *m* **2** *tubes* Tübbings *mpl*
cuver [kyve] V/T *fam fig* **~ son vin** s-n Rausch ausschlafen
cuvette [kyvɛt] F **1** (Wasch)Schüssel *f*; *de W.-C.* Klosettbecken *n*, -schüssel *f* **2** GÉOG Kessel *m*
CV[1] [seve] M ABR (curriculum vitae) Lebenslauf *m*
CV[2] ABR → cheval 5
cyanose [sjanoz] F MÉD Blausucht *f*; Zyanose *f*
cyanure [sjanyʀ] M **~ (de potassium)** Zyankali *n*
cybercafé [sibɛʀkafe] M Internetcafé *n* **cybercriminalité** F Internetkriminalität *f* **cyberespace** M Cyberspace *m* **cybermarchand** M Internethändler *m* **cybermonde** M → cyberespace **cybernaute** [-not] M/F Internet-Surfer(in) *m(f)*
cybernéticien [sibɛʀnetisjɛ̃] M, **cybernéticienne** [-jɛn] F Kybernetiker(in) *m(f)*
cybernétique [sibɛʀnetik] F Kybernetik *f*
cybersexe [sibɛʀsɛks] M Cybersex *m*
cyclable [siklabl] ADJ **piste** *f* **~** Rad(fahr)weg *m*
Cyclades [siklad] **les ~** FPL die Kykladen *pl*
cyclamen [siklamɛn] M Alpenveilchen *n*
cycle [sikl] M **1** Zyklus *m*; *dans la nature* Kreislauf *m* **2** ÉTUDES **premier ~** 1.-4. Gymnasialklasse *f*; *à l'université* Grundstudium *n*; **second ~** 5.-7. Gymnasialklasse *f* (*Abschluss „baccalauréat"*); *à l'université* Hauptstudium *n*; **troisième ~** Aufbau- und Promotionsstudium *n*
cycles [sikl] MPL Fahrräder *npl* (und Mofas *npl*); ADMIN Zweiräder *npl*
cyclique [siklik] ADJ *crise, phénomène* zyklisch
cyclisme [siklism] M Radsport *m*
cycliste [siklist] **A** ADJ (Fahr)Rad...; **coureur** *m* **~** Radrennfahrer *m* **B** SUBST **1** *m/f* Radfahrer(in) *m(f)*; *fam* Radler(in) *m(f)* **2** *m* Radlerhose *f*
cyclo-cross [siklokʀɔs] M (❗ unveränderlich) Querfeldeinrennen *n* **cyclomoteur** M Mofa *n* **cyclomotoriste** [-mɔtɔʀist] M/F Mofafahrer(in) *m(f)*
cyclone [siklon] M **1** Wirbelsturm *m* **2** *fig personne* Wirbelwind *m*
cyclonique [siklɔnik] ADJ mit Wirbelsturm (einhergehend)
cyclope [siklɔp] M MYTH Zyklop *ou* Kyklop *m*
cyclo-pousse [siklopus] M ⟨cyclo-pousses⟩ Fahrradrikscha *f* **cyclotourisme** M Radwandern *n* **cyclotouriste** M/F Radwanderer *m*, -wand(r)erin *f*; Fahrradtourist(in) *m(f)*
cygne [siɲ] M Schwan *m*
cylindre [silɛ̃dʀ] M TECH, MATH Zylinder *m*; (*rouleau*) Walze *f*; AUTO **une six ~s** ein Sechszylinder *m*
cylindrée [silɛ̃dʀe] F Hubraum *m* **cylindrer** [-e] V/T walzen **cylindrique** [-ik] ADJ zylindrisch
cymbale [sɛ̃bal] F MUS Becken *n*
cynique [sinik] ADJ zynisch **cynisme** [-ism] M Zynismus *m*
cyprès [sipʀɛ] M Zypresse *f*
cyrillique [siʀilik] ADJ kyrillisch
cystite [sistit] F Blasenentzündung *f*
cytise [sitiz] M BOT Goldregen *m*

D

D, d [de] M (❗ unveränderlich) D, d *n*; *fam* **système** *m* **D** Kniffe *mpl*; *fam* Drehs *mpl*
d' [d] → de
d'abord [dabɔʀ] → abord
d'acc(ord) [dak(ɔʀ)] → accord 2
dactylo [daktilo] F **1** *personne* Schreibkraft *f* **2** *action* Maschine(n)schreiben *n*
dactylographie [daktilɔgʀafi] F Maschine(n)-schreiben *n* **dactylographier** [-je] V/T mit, auf der Maschine schreiben; (ab)tippen **dactylographique** [-ik] ADJ Schreibmaschinen...; maschinenschriftlich
dada [dada] M **1** *enf* Hottepferd *n* **2** *fam fig* Lieblingsthema *n*; Steckenpferd *n*
dadais [dadɛ] M **(grand) ~** Tollpatsch *m*
dadaïsme [dadaism] M ART Dadaismus *m*
dadaïste [dadaist] ART **A** ADJ dadaistisch **B** M/F Dadaist(in) *m(f)*
dahlia [dalja] M Dahlie *f*
daigner [deɲe] V/T **~** (+ *inf*) die Güte haben, *iron* geruhen zu (+ *inf*)
d'ailleurs [dajœʀ] → ailleurs
daim [dɛ̃] M **1** ZOOL Damhirsch *m* **2** *cuir* Wildleder *n*
dais [dɛ] M Baldachin *m*
dalaï-lama [dalailama] M Dalai-Lama *m*
dallage [dalaʒ] M Plattenbelag *m*
dalle [dal] F **1** Steinplatte *f*; Fliese *f* **2** *pop* **se rincer la ~** *fam* einen heben, kippen **3** *fam* **que ~** nichts

daller [dale] VT mit (Stein)Platten belegen, abdecken
daltonien [daltɔnjɛ̃] **A** ADJ ⟨-ienne [-jɛn]⟩ farbenblind **B** M Farbenblinde(r) *m* **daltonisme** [-ism] M Farbenblindheit *f*
dam [dam, dɑ̃] **au grand ~ de** zum großen Missfallen, Unwillen (+ *gén*)
damas [dama] M Damast *m*
Damas [damas] Damaskus *n*
damassé [damase] ADJ ⟨~e⟩ Damast… **damasser** [-e] VT **1** TEXT damastartig weben **2** *acier* damaszieren
dame [dam] F **1** Dame *f*; Frau *f*; **~ de compagnie** Gesellschafterin *f*; SPORTS **100 mètres ~s** 100 Meter Damen **2** JEUX Dame *f*; **~ de cœur, de pique** Herz-, Pikdame *f*; **jeu** *m* **de ~s** Damespiel *n*; **jouer aux ~s** Dame spielen
damer [dame] VT **1** *pion* zur Dame machen; *fig* **~ le pion à qn** j-n ausstechen **2** TECH (fest)stampfen
damier [damje] M **1** Damebrett *n* **2** Schachbrett-, Würfelmuster *n*
damnation [danasjõ] F Verdammung *f*; *état* Verdammnis *f*
damné [dane] M REL **les ~s** die Verdammten *pl*; *fig* **souffrir comme un ~** Höllenqualen leiden
damner [dane] VT verdammen
dan [dan] M JUDO Meistergrad *m*; Dan *m*
dancing [dɑ̃siŋ] M Tanzlokal *n*, -diele *f*
dandinement [dɑ̃dinmɑ̃] M Schwanken *n*; Schaukeln *n*; *en marchant* Watscheln *n* **dandiner** [-e] V/PR **se ~** hin und her schwanken, schaukeln; *en marchant* watscheln
dandy [dɑ̃di] M Dandy *m*
dandysme [dɑ̃dism] M Dandytum *n*
Danemark [danmaʀk] **le ~** Dänemark *n*
danger [dɑ̃ʒe] M Gefahr *f*; **~ de mort** Lebens-, Todesgefahr *f*; **sans ~** ungefährlich; gefahrlos; **courir un ~** sich in Gefahr begeben; sich e-r Gefahr (*dat*) aussetzen; **courir le ~ de** (+*inf*) Gefahr laufen zu (+*inf*); **être en ~** in Gefahr sein, schweben; gefährdet sein; **sa vie est en ~** er schwebt in Lebensgefahr; **être °hors de ~** außer Gefahr sein; **mettre en ~** in Gefahr bringen; gefährden
dangereux [dɑ̃ʒʀø] ADJ ⟨-euse [-øz]⟩ gefährlich; **zone dangereuse** Gefahrenzone *f*
danois [danwa] **A** ADJ ⟨-oise [-waz]⟩ dänisch **B** **1** **Danois(e)** *m(f)* Däne *m*, Dänin *f* **2** LING **le ~** das Dänische; Dänisch *n*
dans [dɑ̃] PRÉP **1** *lieu* in (+ *dat*); **~ Paris** in(nerhalb von) Paris; **~ la Drôme, le Var,** *etc* im Departement Drôme, Var *etc*; **~ la foule** in der Menge; **~ la rue** auf der Straße; *par ext* **~ Sartre** bei Sartre; **il est ~ sa chambre** er ist in, auf s-m Zimmer; **boire ~ une tasse** aus e-r Tasse trinken; **~ tout ce qu'il fait** bei allem, was er tut; **il est ~ le commerce** er ist im Handel tätig **2** *direction* in (+ *acc*); in … hinein; **entrer ~ la maison** ins Haus (hinein)gehen **3** *temps* in (+ *dat*); **~ une semaine** in e-r Woche **4** (*au cours de*) innerhalb von (*ou* + *gén*); binnen (+ *dat*); **~ les 24 heures** innerhalb von, binnen 24 Stunden; **~ l'année** im Laufe des Jahres **5** *manière* **~ un accident** bei e-m Unfall; **~ ces circonstances** unter diesen Umständen **6** **~ les …** etwa; ungefähr; um die …
dansant [dɑ̃sɑ̃] ADJ ⟨-ante [-ɑ̃t]⟩ **1** Tanz…; **soirée ~e** Tanzabend *m* **2** tanzend (*a. fig reflets*)
danse [dɑ̃s] F (! feminin) Tanz *m*; **~ classique** klassisches Ballett; **~ de salon** Gesellschaftstanz *m*; **~ du ventre** Bauchtanz *m*; *fig et péj* **mener la ~** der Anführer, Rädelsführer sein
danser [dɑ̃se] VT *et* VI tanzen; **faire ~ qn** mit j-m tanzen; **voulez-vous ~ avec moi?** *ou* **vous dansez?** darf ich bitten?
danseur [dɑ̃sœʀ] M, **danseuse** [-øz] F Tänzer(in) *m(f)*; **danseurs** *pl a.* Tanzende(n) *pl*; CYCLISME **en danseuse** in den Pedalen stehend
Danube [danyb] **le ~** die Donau
d'après [dapʀɛ] PRÉP → après A 3
dard [daʀ] M Stachel *m*
Dardanelles [daʀdanɛl] **les ~** FPL die Dardanellen *pl*
darder [daʀde] VT *soleil* **~ ses rayons** brennen; sengen
dare-dare [daʀdaʀ] *fam* ADV *fam* dalli, dalli!; in aller Eile; schnurstracks
darne [daʀn] F Fischsteak *n*; (Fisch)Scheibe *f*
dartres [daʀtʀ] FPL (Haut)Flechten *fpl*
Darwin [daʀwin] M Darwin *m*
darwinisme [daʀwinism] M Darwinismus *m*
datable [databl] ADJ datierbar **datage** [-aʒ] M Datierung *f*
datation [datasjõ] F **1** *d'un document* Datierung *f*; Datumsangabe *f* **2** GÉOL *etc* Datierung *f*; Altersbestimmung *f*
date [dat] F (! feminin) **1** Datum *n*; **~ de naissance** Geburtsdatum *n* **2** Zeitpunkt *m*; Termin *m*; ADMIN *a.* Stichtag *m*; **~ limite de conservation** Mindesthaltbarkeitsdatum *n*; **à cette ~** zu diesem Zeitpunkt; **à la ~ convenue** zum vereinbarten Zeitpunkt, Termin; COMM termingerecht; **à ~ fixe** zu e-m festen Termin; **à quelle ~?** an welchem Tag?; zu welchem Zeitpunkt?; **à une ~ ultérieure** zu e-m späteren Zeitpunkt, Termin; **de fraîche ~** neueren Datums; **de longue ~** seit Langem; seit langer Zeit; *adj* langjährig; *fig* **être le premier, dernier en ~** der Erste, Letzte sein; zuerst, zuletzt kommen;

fig **faire ~** e-n bedeutenden Einschnitt darstellen; Epoche machen

dater [date] **A** VT datieren (*a. œuvre*) **B** VI **1** **~ de** stammen, datieren aus; **à ~ de** ab …; von … an, ab **2** (*être démodé*) veraltet sein

D

datif [datif] M Dativ *m*; Wemfall *m*

datte [dat] F Dattel *f* **dattier** [-je] M Dattelpalme *f*

daube [dob] F Schmoren *n*; *par ext* Schmorbraten *m*

dauphin [dofɛ̃] M **1** ZOOL Delfin *m* **2** HIST **Dauphin** Dauphin *m* (*frz Thronfolger*) **3** *fig* Kronprinz *m*

Dauphiné [dofine] **le ~** die Dauphiné (*historische Provinz in Südostfrankreich*)

dauphinois [dofinwa] **A** ADJ ⟨-oise [-waz]⟩ (aus) der Dauphiné **B** **Dauphinois(e)** M(F) Bewohner(in) *m(f)* der Dauphiné

daurade [dɔrad] F ZOOL Dorade *f*; Goldbrassen *m*

d'autant [dotɑ̃] → autant A

davantage [davɑ̃taʒ] ADV **1** (noch) mehr; **~ que** mehr als; **~ de** (+ *subst*) mehr (+ *subst*) **2** *temporel* (noch) länger

DCA [desea] F ABR (défense contre avions) Flak *f*

de [d(ə)]

(❗ vor Vokal und stummem h wird **de** zu **d'**; statt **de le** steht **du**, statt **de les** steht **des**)

A préposition B article partitif

— A préposition —

1 *lieu: origine, point de départ* von; aus; von … her; von … aus; *particule de noblesse* von; **venir de l'étranger, de la gare** aus dem Ausland, vom Bahnhof kommen; **de la porte à la fenêtre** von der Tür zum Fenster; **de ville en ville** von Stadt zu Stadt **2** *direction*: **le train de Paris** der Zug von *ou* nach Paris **3** *temps*: **de jour** bei, am Tag(e); tagsüber; *ne rien faire* **de (toute) la journée** den ganzen Tag; **de lundi à jeudi** von Montag bis Donnerstag **4** *appartenance*: von; *souvent traduit par un génitif* **le livre de Pierre** Peters Buch; das Buch von Peter; **le prix du pain** der Brotpreis **5** *cause*: **de colère, honte** vor Zorn, Scham; **trembler de froid** vor Kälte zittern; **se plaindre de qn, qc** sich über j-n, etw *ou* wegen j-m, etw beklagen **6** *matière*: aus; von; **plaque** *f* **de marbre** Marmorplatte *f*; Platte *f* aus Marmor **7** *contenu: non traduit*; **trois verres de vin** drei Glas Wein; **collection** *f* **de timbres** Briefmarkensammlung *f* **8** *moyen, outil*: mit; **coup** *m* **de matraque** Schlag *m* mit dem Gummiknüppel; **se nourrir de riz** sich von Reis ernähren **9** *sujet, thème*: über (+ *acc*); von; **parler de qn, qc** von j-m, etw, über j-n, etw sprechen **10** *manière*: **de force** mit Gewalt; **d'un pas ferme** mit festem Schritt; festen Schrittes; **de plus en plus grand** immer größer; **livres** *mpl* **d'enfants** Kinderbücher *npl*; **père** *m* **de cinq enfants** Vater *m* von fünf Kindern; *fam* **le ciel est d'un bleu!** *fam* der Himmel ist unwahrscheinlich blau! **11** *fonction syntaxique*: **le mois de mai** der Monat Mai; **la ville de Paris** die Stadt Paris; **une drôle de voiture** ein komisches Auto; **âgé de dix ans** zehn Jahre alt; **la hauteur est de trois mètres** die Höhe beträgt drei Meter; **cesser de parler** aufhören zu sprechen; **et tout le monde de rire** und alle fingen an zu lachen; **en voici une de terminée** hier ist e-e fertig; **qc de beau** etwas Schönes; **qn de résolu** jemand Entschlossenes; **si j'étais (que) de vous** ich an Ihrer Stelle; wenn ich Sie wäre

— B article partitif —

souvent non traduit **1** **de l'eau, des épinards, du pain, de la salade** Wasser *n*, Spinat *m*, Brot *n*, Salat *m*; *fam* **du solide** etwas Solides; **écouter du Mozart** Mozart hören; **du bon travail** gute Arbeit; **de** *ou fam* **des belles fleurs** schöne Blumen *fpl*; **travailler pour de l'argent** für Geld arbeiten **2** *seulement* **de: beaucoup d'argent** viel Geld; **un litre de lait** ein Liter Milch; **il n'a jamais eu de succès** er hat nie Erfolg gehabt

dé¹ [de] M **1** (Spiel)Würfel *m*; *fig* **les ~s sont jetés** die Würfel sind gefallen; **jouer aux ~s** würfeln **2** CUIS **couper en ~s** in Würfel schneiden

dé² M **~ (à coudre)** Fingerhut *m*

dé… [de] *préfixe* ⟨*vor Vokal* **dés…**, *vor s meist* **des…**⟩ *souvent* ent…; Ent…

DEA [deəa] M (❗ unveränderlich) ABR (diplôme d'études approfondies) *Forschungsdiplom im Anschluss an die „maîtrise"*

dealer [dilœʀ] M Dealer *m*

déambuler [deɑ̃byle] VI umhergehen, -schlendern

débâcle [debakl] F **1** MIL wilde Flucht; Auflösung *f* **2** *fig* Zusammenbruch *m*; Debakel *n*

déballage [debalaʒ] M **1** Auspacken *n* **2** *fam fig* rückhaltloses Geständnis

déballé [debale] *fam* ADJ ⟨~e⟩ entmutigt; niedergeschlagen

déballer [debale] VT auspacken (*a. fam fig*)

débandade [debɑ̃dad] F Auseinanderlaufen *n*; wilde Flucht; **ce fut la ~ générale** alles lief auseinander, davon; MIL alles war in Auflösung begriffen

débander [debɑ̃de] **A** VT **1** die Binde, den Verband abnehmen (**une plaie** von e-r Wunde); ~ **les yeux à qn** j-m die Binde von den Augen abnehmen **2** *arc* lockern **B** VI *fam pénis* schlaff werden

débaptiser VT umbenennen; umtaufen

débarbouillage M (rasche) Gesichtswäsche

débarbouiller **A** VT ~ **qn** j-m das Gesicht sauber machen **B** VPR **se ~** sich (*dat*) (rasch) das Gesicht waschen

débarcadère [debaʀkadɛʀ] M Landungsbrücke *f*, -steg *m*; Anlegestelle *f*; Pier *m ou f*

débarder VT MAR ausladen; löschen

débardeur [debaʀdœʀ] M Pullunder *m*; *porté à même la peau* Achselshirt *n*; Top *n*; *pour hommes a.* Muscle-Shirt *n*

débarquement [debaʀkəmɑ̃] M **1** Anlandgehen *n*; Aussteigen *n* **2** Ausladen *n*; MAR Löschen *n* **3** MIL Landung *f*; HIST **le ~** die Invasion (1944)

débarquer [debaʀke] **A** VT **1** *marchandises* ausladen; MAR löschen; *passagers* an Land setzen **2** *fam fig* ~ **qn** *fam* j-n ausbooten **B** VI **1** an Land gehen; von Bord gehen (*a.* AVIAT) **2** *fam fig* ~ **chez qn** *fam* bei j-m hereingeschneit kommen, aufkreuzen **3** *fam fig* **je débarque** ich habe überhaupt keine Ahnung

débarras [debaʀa] M **1** *fam* **bon ~!** *fam* e-e wahre Erlösung! **2** *lieu* Abstellraum *m*; Rumpelkammer *f*

débarrasser [debaʀase] **A** VT befreien (**de** von); *place* frei machen; räumen; *pièce* ausräumen; *table* abräumen; **débarrasser qn de qc** j-n von etw befreien; j-m etw abnehmen; **être débarrassé de qn, qc** j-n, etw los sein, vom Halse haben **B** VPR **se débarrasser de qc, de qn** sich e-r Sache, j-s entledigen; sich (*dat*) etw, j-n vom Halse schaffen; etw, j-n loswerden

débat [deba] M Debatte *f*; Erörterung *f*; Aussprache *f*; Diskussion *f*; POL **~s** *pl* Debatte *f*; ~ **télévisé** Fernsehdebatte *f*

débattre ⟨→ battre⟩ **A** VT debattieren, diskutieren über (+ *acc*); erörtern; *prix* aushandeln; *prix* **à ~** nach Vereinbarung **B** VPR **se ~** **1** um sich schlagen; sich wehren **2** *fig* sich herumschlagen (**contre** mit)

débauchage [deboʃaʒ] M (*licenciement*) Entlassung *f*; Abbau *m*

débauche [deboʃ] F **1** Ausschweifung *f*; JUR Unzucht *f* **2** *fig* **une ~ de** e-e verschwenderische Fülle von

débauché(e) [deboʃe] M(F) Wüstling *m*; liederliches Frauenzimmer

débaucher [deboʃe] VT **1** (*détourner de son travail*) von der Arbeit abbringen; *chercheur, sportif* abwerben **2** (*licencier*) entlassen **3** *fam* (*distraire*) verführen; verleiten

débecter ou **débecqueter** [debɛkte] VT *pop* (*dégoûter*) *pop* ankotzen; **ça me débecte** ou **débecquète** das widert, *pop* kotzt mich an

débile [debil] **A** ADJ *fam* blöd; *fam* doof; *fam* schwachsinnig **B** M/F **1** ~ **mental(e)** Schwachsinnige(r) *m/f(m)* **2** *fam* Idiot(in) *m(f)*

débilitant [debilitɑ̃] ADJ ⟨-ante [-ɑ̃t]⟩ demoralisierend; deprimierend

débilité [debilite] F Schwachsinn *m*; ~ **mentale** Schwachsinn *m*; ~ **sénile** Altersschwäche *f*

débiner *fam* **A** VT schlechtmachen **B** VPR **se ~** *fam* abhauen

débit [debi] M **1** *de marchandises* Absatz *m*; Vertrieb *m*; Umsatz *m* **2** ~ **de boissons** (Getränke)Ausschank *m*; ~ **de tabac** Tabakladen *m*; *autrich* (Tabak)Trafik *f* **3** (*manière de parler*) Sprechweise *f*; *rapide* Redefluss *m* **4** *d'un robinet, etc* Durchflussmenge *f* **5** COMM Soll *n*

débitant [debitɑ̃] M *de boissons* Schankwirt *m*; *de tabac* Tabakwarenhändler *m*; *autrich* (Tabak)-Trafikant *m*

débiter [debite] VT **1** *marchandises* absetzen; vertreiben; umsetzen; *boissons* ausschenken **2** *péj sottises* von sich geben; *fam* verzapfen; *par cœur* her(unter)leiern **3** *bois* zuschneiden; *animal* zerlegen **4** COMM ~ **un compte d'une somme** ein Konto mit e-m Betrag belasten

débiteur [debitœʀ] M, **débitrice** [-tʀis] F Schuldner(in) *m(f)*

déblaiement [deblɛmɑ̃] M Freimachen *n*; Aufräumen *n*

déblais [deblɛ] MPL Aushub *m*; Abraum *m*

déblatérer [deblateʀe] VT INDIR ⟨-è-⟩ ~ **contre** herziehen über (+ *acc*)

déblayage [deblɛjaʒ] M → **déblaiement**

déblayer [debleje] VT ⟨-ay- *od* -ai-⟩ **1** *rue, entrée* frei machen; aufräumen; *décombres* wegschaffen; weg-, abräumen **2** *terrain* abtragen; *terre* ausheben **3** *fig* ~ **le terrain** den Weg ebnen; die Bahn frei machen

déblocage M **1** TECH Lösen *n*; Entriegeln *n* **2** ÉCON Freigabe *f*; ~ **des prix, des salaires** *a.* Aufhebung *f* des Preis-, Lohnstopps

débloquer **A** VT **1** *freins* lösen; *serrure* wieder gängig machen **2** *prix, etc* freigeben; ~ **les salaires** den Lohnstopp aufheben **B** *fam* VI *fam* Quatsch reden

débobiner [debɔbine] VT abwickeln; abspulen

déboires [debwaʀ] MPL (bittere) Enttäuschungen *fpl*; Verdruss *m*

déboisement [debwazmɑ̃] M Abholzen *n*, -ung *f* (des Waldes); Entwaldung *f* **déboiser** [-e] VT abholzen; entwalden

déboîtement [debwatmɑ̃] M **1** MÉD Aus-,

Verrenkung *f* **2** AUTO Ausscheren *n*

déboîter [debwate] **A** VT MÉD aus-, verrenken; auskugeln **B** VI AUTO ausscheren

débonnaire [debɔnɛʀ] ADJ gutmütig

débordant [debɔʀdɑ̃] ADJ ⟨-ante [-ɑ̃t]⟩ *joie* überströmend; überschwänglich; *activité* rastlos; *imagination* blühend

débordé [debɔʀde] ADJ ⟨~e⟩ **être ~** überlastet sein; **être ~ de demandes, de visites** mit Anträgen überhäuft, von Besuchern überlaufen sein

débordement [debɔʀdəmɑ̃] M **1** *d'un fleuve* Übertreten *n*; *d'un récipient* Überlaufen *n* **2** *fig* **~ de joie** Überschwang *m* der Freude **3** **~s** *pl* Exzesse *mpl*; Ausschweifungen *fpl*

déborder VI **1** *fleuve* über die Ufer treten; *liquide, récipient* überlaufen; *fam* überschwappen; *fig* **faire ~ le vase** das Fass zum Überlaufen bringen **2** *fig* **~ d'enthousiasme** vor *ou* von Begeisterung überströmen; **~ de vie** vor *ou* von Lebenslust, Temperament übersprudeln, überschäumen

débotter **A** VT **~ qn** j-m die Stiefel ausziehen **B** V/PR **se ~** (sich [*dat*]) die Stiefel ausziehen

débouchage [debuʃaʒ] M **1** *d'une bouteille* Aufmachen *n*; Entkorken *n* **2** → **débouchement**

débouché M **1** *d'une rue* Einmündung *f*; *d'une vallée* Ausgang *m* **2** ÉCON Absatzmarkt *m* **3** *pl* **~s** Berufsaussichten *fpl*

débouchement [debuʃmɑ̃] M *d'un évier* Beseitigung *f* der Verstopfung; Freimachen *n*

déboucher **A** VT **1** *bouteille* aufmachen; öffnen; entkorken **2** *évier* frei machen **B** VI **1** **~ de** (heraus)kommen aus **2** *chemin* **~ dans** (ein)münden in (+ *acc*) **3** *fig* **~ sur** einmünden in (+ *acc*); führen zu

déboulé [debule] M SPORTS Stürmen *n*; voller Lauf

débouler [debule] VI (*a.* VT) **~ (l'escalier** die Treppe) *fam* hinunterkullern, -purzeln

déboulonnage [debulɔnaʒ] M Los-, Abschrauben *n*

déboulonner VT **1** abschrauben **2** *fam fig* **~ qn** *fam* j-n absägen

débourser [debuʀse] VT ausgeben

déboussoler [debusɔle] *fam* VT **~ qn** j-n aus der Fassung bringen; **déboussolé** rat-, hilflos

debout [d(ə)bu] ADV *et* ADJ (**!** unveränderlich) **1** stehend; aufrecht (stehend); **place** *f* **debout** Stehplatz *m*; **être debout** stehen; **manger debout** im Stehen essen; **mettre qc debout** etw (auf)stellen; **rester debout** stehen bleiben; **ne plus tenir debout** sich nicht mehr auf den Beinen halten können **2** auf; aufgestanden; **être debout** auf sein; auf den Beinen sein; **rester debout** aufbleiben **3** *fig histoire* **à dormir debout** ganz unwahrscheinlich; *argument* **tenir debout** Hand und Fuß haben

déboutement [debutmɑ̃] M Abweisung *f* (e-r Klage)

débouter VT **~ qn de sa demande** j-s Klage abweisen

déboutonner **A** VT aufknöpfen **B** V/PR **se ~** s-e Jacke *etc* aufknöpfen

débraillé [debʀaje] ADJ ⟨~e⟩ *personne* nachlässig, schlampig, (allzu) salopp gekleidet; *allure* salopp; lässig

débrailler [debʀaje] V/PR *fam* **se ~** *fam* halb nackt herumlaufen

débranchement M Ab-, Ausschalten *n*

débrancher VT den Stecker (+ *gén*) herausziehen; *circuit* ab-, ausschalten; **~ une batterie** eine Batterie abklemmen

débrayage [debʀɛjaʒ] M **1** AUTO Auskuppeln *n*; **double ~** Schalten *n* mit Zwischengas **2** *fig* Arbeitsniederlegung *f*; Ausstand *m*

débrayer [debʀeje] VI ⟨-ay- *od* -ai-⟩ **1** AUTO auskuppeln; (auf) die Kupplung treten **2** *fig* die Arbeit niederlegen; in den Ausstand treten

débridé [debʀide] ADJ ⟨~e⟩ zügellos; ungezügelt; hemmungslos **débridement** [-mɑ̃] M Entfesselung *f*; Zügellosigkeit *f*

débrider [debʀide] VT **1** *cheval* abzäumen **2** CUIS die Fäden entfernen von

débris [debʀi] MPL **1** *de verre, etc* Scherben *fpl*; *d'une statue, etc* Trümmer *pl* **2** *fig* Überreste *mpl*; Trümmer *pl* **3** *fam péj* **un vieux ~** *fam* ein alter Knacker

débrouillard [debʀujaʀ] ADJ ⟨-arde [-aʀd]⟩ pfiffig; findig; *fam* gewieft

débrouillardise [debʀujaʀdiz] F Improvisationskunst *f*; *fam* Gewieftheit *f*

débrouiller **A** VT **1** entwirren (*a. fig*) **2** *fam* **débrouiller qn** j-m die Grundbegriffe beibringen **B** V/PR **se débrouiller** sich (*dat*) zu helfen wissen; zurechtkommen; zurande kommen; *fam* sich durchwursteln; **débrouillez-vous!** schauen Sie, wie Sie zurechtkommen!; **qu'il se débrouille!** soll er sehen, wie er zurechtkommt *ou* wo er bleibt!

débroussailler [debʀusaje] VT **1** das Gestrüpp entfernen (**qc** von, aus) **2** *fig* Licht bringen in (+ *acc*)

débureaucratiser [debyʀokʀatize] VT entbürokratisieren

débusquer [debyske] VT **1** aufscheuchen; aufstöbern **2** *fig* **~ qn** *de sa position* j-n vertreiben, verdrängen

début [deby] M **1** Anfang *m*; Beginn *m*; **au ~** anfangs; am Anfang, zu Beginn (**de** *gén*); **du ~ à la fin** von Anfang bis Ende; **~ mai** Anfang Mai; **en ~ de semaine** (am) Anfang der Woche

2 *pl* **~s** Debüt *n*; **faire ses ~s** sein Debüt geben **3** *fig pl* **~s** Anfänge *mpl*; erste Schritte *mpl*
débutant [debytɑ̃] **A** ADJ ⟨-ante [-ɑ̃t]⟩ angehend **B** SUBST **1** **~(e)** *m(f)* Anfänger(in) *m(f)* **2** **~e** *f* Debütantin *f*
débuter VT et VI **1** anfangen; beginnen; **~ dans la vie** ins Leben treten **2** *artiste* debütieren
déca [deka] M ABR *fam* → **décaféiné**
deçà [dəsa] **en ~ de** diesseits (+ *gén*)
décacheter VT ⟨-tt-⟩ *lettre* öffnen; aufreißen
décade [dekad] F Dekade *f*
décadence F Dekadenz *f*; Kulturverfall *m*; Niedergang *m*
décadent [dekadɑ̃] ADJ ⟨-ente [-ɑ̃t]⟩ dekadent
décaféiné [dekafeine] ADJ ⟨~e⟩ koffeinfrei; entkoffeiniert; *subst* **du ~** koffeinfreier Kaffee
décaféiner [dekafeine] VT entkoffeinieren
décalage [dekalaʒ] M **1** Verschiebung *f*; **~ horaire** Zeitunterschied *m* **2** *fig* Diskrepanz *f*; Missverhältnis *n*
décalcification [dekalsifikasjõ] F Kalziumverlust *m*; Kalkmangel *m*
décalcomanie [dekalkɔmani] F Abziehbild *n*
décalé ADJ ⟨~e⟩ abgehoben; *fam* abgedreht
décaler VT verschieben; *dans le temps a.* verlegen; **~ le repas d'une heure** das Essen um e-e Stunde verschieben, verlegen
décalquage [dekalkaʒ] M (Ab-, Durch)Pausen *n*
décalquer VT ab-, durchpausen
décamètre [dekamɛtʀ] M Dekameter *n ou m*
décamper VI *fam* sich aus dem Staub machen; *fam* abhauen
décan [dekɑ̃] M ASTROL Dekade *f*
décaniller [dekanije] VI *fam* abhauen
décantage [dekɑ̃taʒ] M *ou* **décantation** [dekɑ̃tasjõ] F Klären *n* (durch Absetzenlassen); Dekantieren *n*
décanter [dekɑ̃te] **A** VT **1** *liquide* klären **2** *fig idées* sich abklären lassen **B** VPR **se ~** **1** sich klären; **laisser ~** absetzen lassen **2** *fig* sich klären
décapage [dekapaʒ] M **1** *métal* Beizen *n*; Dekapieren *n* **2** *peinture* Abbeizen *n*
décapant [dekapɑ̃] **A** M Abbeizmittel *n* **B** ADJ ⟨-ante [-ɑ̃t]⟩ *fig* ätzend
décaper [dekape] VT abbeizen; *par ext* blank scheuern
décapitation [dekapitasjõ] F Enthauptung *f*
décapiter [-e] VT **1** *personne* enthaupten; köpfen (*a. arbre*) **2** *fig* führerlos machen
décapotable [dekapɔtabl] ADJ (**voiture** F) **~** F Kabriolett *n* **décapoter** [-e] VT das Verdeck zurückklappen (**une voiture** e-s Wagens)
décapsuler [dekapsyle] VT *bouteille* öffnen; aufmachen **décapsuleur** [-œʀ] M Flaschenöffner *m*
décarcasser [dekaʀkase] VPR *fam* **se ~** *fam* sich abrackern
décathlon [dekatlõ] M Zehnkampf *m*
décathlonien [dekatlɔnjɛ̃] M Zehnkämpfer *m*
décati [dekati] ADJ ⟨~e⟩ abgelebt; verblüht; gealtert
décavé [dekave] ADJ ⟨~e⟩ *fam* **1** ruiniert; *fam* pleite **2** *physiquement* mitgenommen
décéder VI ⟨-è-; être⟩ (ver)sterben; **décédé** verstorben
décelable [deslabl] ADJ nachweisbar; feststellbar; erkennbar
décèlement [desɛlmɑ̃] M Nachweis *m*; Feststellung *f*
déceler [desle] VT ⟨-è-⟩ **1** (*découvrir*) nachweisen; feststellen; **~ un complot** ein Komplott aufdecken **2** (*indiquer*) **~ qc** etw erkennen lassen; auf etw (*acc*) schließen lassen
décélération [deseleʀasjõ] F **1** TECH Geschwindigkeitsabnahme *f* **2** *fig* Verlangsamung *f*
décembre [desɑ̃bʀ] M Dezember *m*
décemment [desamɑ̃] ADV → **décent**; **vivre ~** sein Auskommen haben
décence [desɑ̃s] F **1** (*bienséance*) Anstand *m*; Schicklichkeit *f* **2** (*tact*) Zurückhaltung *f*; Diskretion *f*; **avoir la ~ de se taire** so taktvoll sein und schweigen
décennal [desenal] ADJ ⟨~e; -aux [-o]⟩ **1** *durée* zehnjährig **2** *répétition* zehnjährlich
décennie [deseni] F Jahrzehnt *n*
décent [desɑ̃] ADJ ⟨-ente [-ɑ̃t]⟩ **1** *tenue, propos, etc* anständig; schicklich; geziemend **2** *conditions, salaire, etc* annehmbar; akzeptabel
décentralisateur **A** ADJ ⟨-trice [-tʀis]⟩ dezentralisierend; Dezentralisations… **B** M Anhänger *m* der Dezentralisation **décentralisation** [-asjõ] F Dezentralisation *f*; Dezentralisierung *f* **décentraliser** [-e] VT dezentralisieren; *entreprise* in die Provinz verlegen
décentrer VT OPT, PHOT dezentrieren; exzentrisch verstellen
déception [desɛpsjõ] F Enttäuschung *f*
décernement [desɛʀnəmɑ̃] M Zuerkennung *f*; Verleihung *f*
décerner VT **1** zuerkennen; *prix a.* verleihen **2** JUR **~ un mandat d'arrêt** Haftbefehl erlassen
décès [desɛ] M Ableben *n*; Tod *m*; Todes-, Sterbefall *m*
décevant [des(ə)vɑ̃] ADJ ⟨-ante [-ɑ̃t]⟩ enttäuschend
décevoir [des(ə)vwaʀ] VT ⟨→ **recevoir**⟩ enttäuschen
déchaîné [deʃene] ADJ ⟨~e⟩ entfesselt; *mer, passions a.* aufgewühlt; *personne* außer Rand und Band

D

déchaînement [deʃɛnmɑ̃] M Entfesselung *f*; Ausbruch *m*; *des éléments* Aufruhr *m*
déchaîner [deʃene] A V/T *éléments, passions* entfesseln; *hilarité* hervorrufen; *colère* auslösen; entfachen B V/PR **se ~** 1 *tempête* losbrechen; toben; wüten; *passions* ausbrechen 2 *personne* toben, *fam* losziehen (**contre** gegen)
déchanter V/I zurückstecken
décharge F 1 ÉLEC Entladung *f*; **recevoir une ~** e-n elektrischen Schlag bekommen; sich elektrisieren 2 **~ publique** Müllkippe *f*; Deponie *f* 3 JUR, COMM Entlastung *f*; **à sa ~** zu s-r Entlastung (*a. fig*)
déchargement M Entladung *f*; Ausladen *n*
décharger ⟨-ge-⟩ A V/T 1 *véhicule, marchandise* ent-, ausladen; *personne* s-e Last abnehmen (+ *dat*) 2 *arme à feu* entladen; (*tirer*) abfeuern (**sur** auf + *acc*) 3 *batterie* entladen 4 *fig* **~ qn (d'un travail)** j-n (in s-r Arbeit) entlasten; j-m Arbeit abnehmen 5 *fig sa conscience* entlasten; erleichtern; *sa colère* **~ sur qn** an j-m auslassen 6 JUR entlasten B V/PRON 1 **se ~ d'un travail sur qn** e-e Arbeit an j-n abgeben 2 *batterie* **se ~** sich entladen
décharné [deʃaʀne] ADJ ⟨~e⟩ abgemagert
déchaussé [deʃose] ADJ ⟨~e⟩ 1 ohne Schuhe 2 *dent* mit bloß liegendem Zahnhals; freigelegt; *mur* mit bloß liegendem Fundament
déchausser A V/T **~ qn** j-m die Schuhe ausziehen B V/PR **se ~** 1 (sich [*dat*]) die Schuhe ausziehen 2 *dent* locker, lose werden
dèche [dɛʃ] F *fam* (Geld)Klemme *f*
déchéance [deʃeɑ̃s] F 1 Verfall *m*; Niedergang *m*; Zerrüttung *f* 2 JUR Verwirkung *f*; Aberkennung *f*
déchet [deʃɛ] M 1 *pl* **déchets** Abfälle *mpl*; Abfall *m*; **déchets radioactifs, nucléaires** Atommüll *m*; **déchets toxiques** Giftmüll *m* 2 *fig* **un déchet de l'humanité** ein heruntergekommenes Subjekt
déchetterie [deʃɛtʀi] F Müllsammelstelle *f*
déchiffrable ADJ entzifferbar **déchiffrage** [-aʒ] M MUS Vom-Blatt-Spielen *n ou* Vom-Blatt--Singen *n*
déchiffrement [deʃifʀəmɑ̃] M Entzifferung *f*; Entschlüsselung *f*; Dechiffrierung *f*
déchiffrer V/T 1 *écriture, texte* entziffern; *message secret* entschlüsseln; dechiffrieren 2 MUS vom Blatt spielen *ou* singen 3 *fig* durchschauen; erraten; enträtseln
déchiquetage [deʃiktaʒ] M Zerreißen *n*; Zerfetzen *n*
déchiqueter [deʃikte] V/T ⟨-tt-⟩ in Stücke, Fetzen reißen; zerfetzen; *adjt* **déchiqueté** *feuille, relief* gezackt; *côte* zerklüftet
déchirant [deʃiʀɑ̃] ADJ ⟨-ante [-ɑ̃t]⟩ herzzerreißend; **un cri ~** ein markerschütternder Schrei
déchiré [deʃiʀe] ADJ ⟨~e⟩ 1 zerrissen; *muscle* gerissen 2 *fig* (innerlich) zerrissen; entzweit
déchirement [deʃiʀmɑ̃] M 1 tiefer (seelischer) Schmerz 2 *pl* **~s** (innere) Zerrissenheit; Zwietracht *f*
déchirer [deʃiʀe] A V/T 1 zerreißen; **~ en morceaux** in Stücke reißen 2 *fig* **~ (le cœur de) qn** j-m das Herz zerreißen 3 *peuple* entzweien; spalten B V/PR 1 **se ~** zerreißen; *corde, sachet, muscle* reißen; *au bord* einreißen 2 **se ~ un muscle** sich (*dat*) e-n Muskelriss zuziehen
déchirure [deʃiʀyʀ] F Riss *m*; **~ musculaire** Muskelriss *m*
déchoir V/I ⟨*défect:* je déchois, il déchoit, nous déchoyons; je déchus; déchu; avoir *u.* être⟩ *socialement* (ab)sinken; *physiquement* verfallen
déchristianisation [dekʀistjanizasjõ] F Entchristlichung *f* **déchristianiser** [-e] V/T entchristlichen; dem Christentum entfremden
déchu [deʃy] PP → déchoir *et* ADJ ⟨~e⟩ abgesunken; heruntergekommen; *souverain* gestürzt; abgesetzt; **ange ~** gefallener Engel
de-ci [dəsi] ADV **~ de-là** hier und da
décibel [desibɛl] M Dezibel *n*
décidé [deside] ADJ ⟨~e⟩ 1 *personne, attitude* entschlossen; *attitude a.* entschieden; (sehr) bestimmt; **être ~ à faire qc** entschlossen sein, etw zu tun 2 *chose* entschieden; beschlossen
décidément [desidemɑ̃] ADV (also) wirklich; wahrhaftig
décider [deside] A V/T 1 **décider qc** etw beschließen; **décider de** (+ *inf*) beschließen zu (+ *inf*) 2 **décider qn à qc** j-n zu etw bestimmen, veranlassen, bewegen B V/T INDIR **décider de qc** über etw (*acc*) entscheiden; etw bestimmen C V/I entscheiden; bestimmen D V/PRON **se décider** 1 sich entschließen (**à qc** zu etw; **à faire qc** etw zu tun) 2 (*choisir*) sich entscheiden (**pour** für) 3 *issue, avenir* sich entscheiden
décideur [desidœʀ] M Entscheidungsträger *m*
décigramme [desigʀam] M Dezigramm *n*
décilitre M Deziliter *m ou n*
décimal [desimal] ADJ ⟨~e; -aux [-o]⟩ Dezimal...; Zehner...
décimale [desimal] F Dezimale *f*; Dezimalstelle *f*
décimation [desimasjõ] F Dezimierung *f*
décimer [desime] V/T dezimieren
décimètre [desimɛtʀ] M 1 Dezimeter *m ou n* 2 **double ~** Lineal *n* von 20 cm Länge
décisif [desizif] ADJ ⟨-ive [-iv]⟩ entscheidend; ausschlaggebend; maßgeblich
décision [desizjõ] F 1 Entscheidung *f*; *d'un comité a.* Beschluss(fassung) *m(f)*; (*résolution*) Ent-

schluss *m*; ADMIN *a.* Entscheid *m*; Bescheid *m*; **prendre une ~** e-e Entscheidung treffen; e-n Beschluss *ou* Entschluss fassen **2** *qualité* Entschiedenheit *f*; Bestimmtheit *f*

décisionnel [desizjɔnɛl] ADJ ⟨~le⟩ Entscheidungs…

déclamation [deklamasjõ] F Deklamation *f* **déclamatoire** [-twaʀ] ADJ deklamatorisch; pathetisch

déclamer [deklame] V/T deklamieren

déclarable [deklaʀabl] ADJ *à la douane* zu verzollen(d); **revenu** *m* **~** anzugebendes Einkommen

déclaratif [deklaʀatif] ADJ ⟨-ive [-iv]⟩ **1** JUR feststellend; deklaratorisch **2** GRAM **verbe ~** Verb *n* des Sagens und Denkens

déclaration [deklaʀasjõ] F **1** Erklärung *f*; Aussage *f*; Deklaration *f*; **la Déclaration des droits de l'homme** die Erklärung der Menschenrechte; **faire une ~** e-e Erklärung abgeben **2** **~ (d'amour)** Liebeserklärung *f* **3** ADMIN Anmeldung *f*; Anzeige *f*; Erklärung *f*; Deklaration *f*; **~ d'impôts** Steuererklärung *f*

déclaré [deklaʀe] ADJ ⟨~e⟩ *ennemi, etc* erklärt

déclarer [deklaʀe] **A** V/T **1** (*faire savoir*) erklären; äußern; bekannt geben **2** ADMIN (an)melden; angeben; anzeigen; COMM *a.* deklarieren; *à la douane* verzollen **B** V/PR **se ~** **1** sich äußern, Stellung nehmen (**sur un point** zu e-m Punkt) **2** *amoureux* sich erklären **3** *incendie, maladie* ausbrechen

déclassé [deklɑse] **A** ADJ ⟨~e⟩ deklassiert; abgesunken; zurückgesetzt **B** M Deklassierte(r) *m*

déclassement M **1** Deklassierung *f*; Zurücksetzung *f* **2** *de personnel, d'hôtel* niedrigere Einstufung; Zurückstufung *f*

déclasser V/T **1** deklassieren; sozial zurücksetzen **2** *personnel, hôtel* niedriger einstufen; zurückstufen; SPORTS zurückversetzen

déclenchement [deklɑ̃ʃmɑ̃] M **1** TECH Auslösen *n*, -ung *f* **2** *d'une crise* Auslösung *f*

déclencher [deklɑ̃ʃe] **A** V/T auslösen (*a.* TECH) **B** V/PR **se ~** ausgelöst werden; *crise, guerre* ausbrechen **déclencheur** [-œʀ] M PHOT Auslöser *m*

déclic [deklik] M **1** TECH Auslösevorrichtung *f*, -knopf *m* **2** *bruit* Klicken *n*; *fig* **il y a eu un ~** *fam* da machte es klick

déclin [deklɛ̃] M **1** Niedergang *m*; Schwinden *n*; Verfall *m* **2** *st/s* **~ du jour** Abenddämmerung *f*

déclinable [deklinabl] ADJ GRAM deklinierbar; beugbar **déclinaison** [-ɛzõ] F GRAM, PHYS Deklination *f* **déclinant** [-ɑ̃] ADJ ⟨-ante [-ɑ̃t]⟩ *gloire, forces* schwindend; nachlassend

décliner [dekline] **A** V/T **1** (*refuser*) ablehnen **2** *identité* angeben **3** GRAM deklinieren **B** V/I verfallen; *forces a.* nachlassen; schwinden; *st/s jour* sich neigen

déclivité [deklivite] F Gefälle *n*

décloisonnement M Abbau *m* von Trennendem **décloisonner** [-e] V/T das Trennende zwischen (*+dat*) abbauen

déclouer V/T *planche* los-, abmachen, *caisse* aufmachen (durch Ausziehen der Nägel)

décocher V/T **1** *flèche* abschießen; abschnellen **2** *fig remarque* fallen lassen; *regard* zuwerfen (**à qn** j-m)

décoction [dekɔksjõ] F Absud *m*; PHARM Dekokt *n*

décodage [dekɔdaʒ] M Dekodieren *n*, -ung *f* **décoder** [-e] V/T dekodieren **décodeur** [-œʀ] M Decoder *m*

décoffrer V/T ausschalen

décoiffer V/T **1** **~ qn** die Frisur, Haare j-s in Unordnung bringen **2** *fam fig* **ça décoiffe** *fam* das ist 'ne Wucht

décoincer V/T ⟨-ç-⟩ **1** lockern **2** *fam fig* **~ qn** j-n lockerer, ungezwungener werden lassen

décolérer [dekɔleʀe] V/I ⟨-è-⟩ **ne pas ~** immer noch wütend sein

décollage M **1** AVIAT Start *m*; Abheben *n* **2** ÉCON Aufschwung *m*

décollé [dekɔle] ADJ ⟨~e⟩ *oreilles* abstehend

décollement [dekɔlmɑ̃] M Ablösung *f*

décoller **A** V/T ablösen; abmachen **B** V/I **1** *avion* starten; abheben **2** *fam* **ne pas ~** nicht von der Stelle weichen **3** ÉCON e-n Aufschwung nehmen **4** *fam* (*maigrir*) *fam* vom Fleisch fallen **C** V/PR **se ~** *affiche, etc* sich ablösen; abgehen; *enveloppe* aufgehen; *meuble, livre fam* aus dem Leim gehen

décolleté [dekɔlte] **A** ADJ ⟨~e⟩ *robe* (tief) ausgeschnitten; *femme* dekolletiert **B** M Dekolleté *n*; (tiefer) Ausschnitt

décolleter ⟨-tt-⟩ V/T **1** COUT dekolletieren; *robe a.* tief ausschneiden **2** TECH abstechen

décolonisation [dekɔlɔnizasjõ] F Entkolonialisierung *f* **décoloniser** [-e] V/T entkolonialisieren

décolorant **A** ADJ ⟨-ante [-ɑ̃t]⟩ bleichend; Bleich… **B** M Bleichmittel *n*

décoloration F Bleichen *n*; TECH *a.* Entfärben *n*; **se faire faire une ~** sich (*dat*) das Haar bleichen lassen

décoloré ADJ ⟨~e⟩ *cheveux* gebleicht; *tissu* ausgeblichen; verschossen

décolorer **A** V/T bleichen **B** V/PR **1** **se ~ (les cheveux)** sich (*dat*) das Haar bleichen **2** **se ~** *tissu* (aus-, ver)bleichen; verschießen

décombres [dekõbʀ] MPL Trümmer *pl*; Schutt

m

décommander **A** VT *marchandises* abbestellen; *invitation* absagen; *invités* ausladen **B** VPR **se ~** absagen

décompactage [dekõpaktaʒ] M INFORM Dekomprimierung *f* **décompacter** [-e] VT INFORM dekomprimieren

D

décomplexé ADJ ⟨~e⟩ frei von Komplexen **décomplexer** [-e] VT von s-n Komplexen befreien

décomposable [dekõpozabl] ADJ zerlegbar

décomposer **A** VT **1** (in s-e Bestandteile) zerlegen **2** *personne* **décomposé** bleich und mitgenommen aussehend **B** VPR **se ~** sich zersetzen; verwesen

décomposition F **1** Zerlegung *f* (**en** in + *acc*) **2** Zersetzung *f*; Verwesung *f*

décompresser [dekõpʀese] VI *fam* den Stress loswerden; relaxen **décompression** [-jõ] F Druckabfall *m*, -verminderung *f*

décomprimer VT INFORM dekomprimieren

décompte M **1** (*déduction*) Abzug *m* **2** *d'un total* Abrechnung *f*; Aufschlüsselung *f* **décompter** [-e] VT abziehen; abrechnen

déconcentration F ADMIN Dekonzentration *f*

déconcentrer VT **1** ADMIN dekonzentrieren **2** **~ qn** j-s Konzentration stören

déconcertant [dekõsɛʀtɑ̃] ADJ ⟨-ante [-ɑ̃t]⟩ verwirrend; beunruhigend

déconcerté [dekõsɛʀte] ADJ ⟨~e⟩ verwirrt; verunsichert **déconcerter** [-e] VT verunsichern; irritieren

déconfit ADJ ⟨-ite [-it]⟩ betreten; enttäuscht

déconfiture F *fam* Pleite *f*

décongélation [dekõʒelasjõ] F (Wieder)Auftauen *n*

décongeler VT ⟨-è-⟩ (wieder) auftauen

décongestionner [dekõʒɛstjɔne] VT *route, etc* entlasten

déconnecter **A** VT ÉLEC trennen (*a. fig*); unterbrechen; abklemmen **B** VPR INFORM **se ~** (sich) ausloggen

déconner [dekɔne] VI *fam* Mist reden *ou* machen; *appareil fam* spinnen

déconnexion F TECH Trennung *f*; Unterbrechung *f*; ÉLEC *a.* Abschaltung *f*

déconseiller VT **~ qc à qn** j-m von etw abraten

déconsidération *st/s* F Verruf *m*; Misskredit *m* **déconsidérer** [-e] VT ⟨-è-⟩ in Verruf, Misskredit bringen

décontamination F Dekontamination *f*; Entseuchung *f*; Entgiftung *f* **décontaminer** [-e] VT dekontaminieren; entseuchen; entgiften

décontenancer [dekõtnɑ̃se] VT ⟨-ç-⟩ aus der, außer Fassung bringen

décontracté ADJ ⟨~e⟩ entspannt; locker; *par ext* unbekümmert; lässig; *fête, tenue* zwanglos **décontracter** [-e] VPR **se ~** sich entspannen **décontraction** [-sjõ] F Unbekümmertheit *f*; Zwanglosigkeit *f*; Lässigkeit *f*

déconvenue [dekõvny] F Enttäuschung *f*

décor [dekɔʀ] M **1** Ausstattung *f*; Zierrat *m*; Dekor *m ou n* **2** *pl* **~s** THÉ Bühnenbild *n*; Kulisse(n) *f(pl)*; FILM Bauten *mpl* **3** *fig* Umgebung *f*; Rahmen *m*; *fam* **rentrer dans le(s) ~(s)** von der Fahrbahn abkommen

décorateur [dekɔʀatœʀ] M, **décoratrice** [-tʀis] F **1** Dekorateur(in) *m(f)*; Raumausstatter(in) *m(f)* **2** THÉ Bühnenbildner(in) *m(f)*

décoratif [dekɔʀatif] ADJ ⟨-ive [-iv]⟩ **1** **arts décoratifs** Kunstgewerbe *n* **2** dekorativ; *personne* etwas darstellend

décoration [dekɔʀasjõ] F **1** Ausschmückung *f*; Verzierung *f*; Dekoration *f*; Ausstattung *f* **2** (*insigne*) Auszeichnung *f*; Orden *m*

décoré [dekɔʀe] **A** ADJ ⟨~e⟩ *personne* (mit e-m Orden) ausgezeichnet, dekoriert **B** **~(e)** M(F) Ordensträger(in) *m(f)*

décorer [dekɔʀe] VT **1** (aus)schmücken, verzieren, *vitrine* dekorieren, *appartement* ausstatten (**de qc** mit etw); *objet* **~ qc** etw zieren, schmücken **2** **~ qn** j-n auszeichnen, dekorieren (**d'une médaille** mit e-r Medaille)

décorner [dekɔʀne] **il fait un vent à ~ les bœufs** es stürmt fürchterlich

décorticage [dekɔʀtikaʒ] M *du riz* Schälen *n*; Enthülsen *n*

décortiquer [dekɔʀtike] VT **1** schälen; enthülsen **2** *fig* **~ un texte** einen Text zerpflücken

décorum [dekɔʀɔm] M Etikette *f*

découcher VI nicht zu Hause schlafen, übernachten

découdre ⟨→ coudre⟩ **A** VT COUT auftrennen; **~ un bouton** einen Knopf abtrennen **B** VI *fig* **en ~** sich schlagen; kämpfen **C** VPR **se ~** aufgehen; aufplatzen

découler VI **~ de** herrühren von; sich ergeben aus

découpage M **1** **~s** *pl* Ausschneidebilder *npl* **faire des ~s** Bilder ausschneiden **2** **~ électoral** Wahlkreiseinteilung *f*

découpe F COUT Passe *f*; Einsatz *m*

découpé [dekupe] ADJ ⟨~e⟩ ausgeschnitten; BOT *feuille* gesägt; gezähnt; *côte* zerklüftet

découper **A** VT **1** zerschneiden; *rôti* aufschneiden; *volaille* tranchieren; zerlegen **2** ausschneiden (**dans** aus); **~ à la scie** aussägen; **~ une photo dans le journal** ein Bild aus der Zeitung ausschneiden **B** VPR **se ~ sur** sich ab-

heben von, gegen
découpures FPL gezackter Rand
décourageant [dekuʀaʒɑ̃] ADJ ⟨-ante [-ɑ̃t]⟩ entmutigend; deprimierend **découragement** [-mɑ̃] M Mutlosigkeit *f*
décourager [dekuʀaʒe] ⟨-ge-⟩ A V/T **~ qn** j-n entmutigen; j-m den Mut, die Lust nehmen (**de faire qc** etw zu tun); *(dissuader)* j-n abschrecken; **découragé** entmutigt; mutlos B V/PR **se ~** den Mut verlieren; mutlos werden
décousu ADJ ⟨~e⟩ 1 aufgetrennt; aufgeplatzt 2 *fig* unzusammenhängend; zusammenhang(s)los
découvert A ADJ ⟨-erte [-ɛʀt]⟩ unbedeckt; bloß; *terrain* frei; offen; *véhicule* offen B ADV **à ~** 1 MIL ohne Deckung 2 *fig* offen; unverhohlen 3 FIN ungedeckt; ohne Deckung; *compte* überzogen C M FIN ungedeckter Betrag; *d'un compte* Überziehung *f*
découverte [dekuvɛʀt] F Entdeckung *f*
découvreur [dekuvʀœʀ] M, **découvreuse** [-øz] F Entdecker(in) *m(f)*
découvrir ⟨→ couvrir⟩ A V/T 1 *panier, enfant* aufdecken; *épaules* entblößen 2 *(trouver)* entdecken; herausfinden; *complot* aufdecken 3 *(révéler)* offenbaren; enthüllen B V/PR **se ~** 1 den Hut abnehmen, ziehen 2 *en dormant* sich aufdecken
décrassage [dekʀasaʒ] M *ou* **décrassement** [-mɑ̃] M Reinigung *f*; Säuberung *f*
décrasser [dekʀase] V/T A V/T säubern B V/PR *fig* **se ~** bessere Manieren annehmen
décrêper V/T *cheveux* entkräuseln
décrépir [dekʀepiʀ] A V/T (den) Putz entfernen, abschlagen, abkratzen (**qc** von etw) B V/PR **le mur s'est décrépi** von der Mauer ist der Putz abgefallen
décrépit [dekʀepi] ADJ ⟨-ite [-it]⟩ altersschwach; hinfällig
décrépitude [dekʀepityd] F Verfall *m*
decrescendo [dekʀeʃɛndo] MUS A ADV decrescendo B M Decrescendo *n*
décret [dekʀɛ] M Verordnung *f*; Erlass *m*; Dekret *n*
décréter [dekʀete] V/T ⟨-è-⟩ 1 anordnen; verfügen; dekretieren 2 *(décider)* bestimmen
décret-loi M ⟨décrets-lois⟩ Verordnung *f* mit Gesetzeskraft
décrier *litt* V/T in Verruf bringen; verunglimpfen
décrire [dekʀiʀ] V/T ⟨→ écrire⟩ beschreiben (*a. par ext: courbe*); schildern
décrispation [dekʀispasjõ] F *fig* Entkrampfung *f* **décrisper** [-e] V/T *fig* entkrampfen
décrochage [dekʀɔʃaʒ] M 1 *de rideaux* Abnehmen *n*; TECH Los-, Aushaken *n*; *d'un wagon* Abhängen *n*; Abkuppeln *n* 2 MIL Absetzbewegung *f* **décrochement** [-mɑ̃] M *d'un mur* zurückversetzter Teil
décrocher [dekʀɔʃe] A V/T 1 *rideaux* abnehmen; TECH loshaken; *remorque* abhängen; TÉL (den Hörer) abnehmen, abheben 2 *fam fig prix fam* sich *(dat)* holen; *place fam* ergattern B V/I *fam fig* aufhören; aufgeben; *fam* aufstecken
décroiser V/T *jambes* nebeneinanderstellen; *bras* aus der Verschränkung lösen; wieder fallen lassen
décroissance F Abnahme *f*; Rückgang *m*; Nachlassen *n* **décroissant** [-ɑ̃] ADJ ⟨-ante [-ɑ̃t]⟩ abnehmend; rückläufig **décroissement** [-mɑ̃] M Abnehmen *n (a. der Tage, des Mondes)*
décroître V/I ⟨→ accroître⟩ abnehmen; zurückgehen
décrottage [dekʀɔtaʒ] M Säubern *n*; Abkratzen *n* **décrotter** [-e] V/T den Schmutz abkratzen (**qc** von etw)
décrue F Rückgang *m* (des Hochwassers)
décrypter V/T entziffern; entschlüsseln
déçu [desy] PP → **décevoir** *et* ADJ ⟨~e⟩ enttäuscht (**de** von)
déculotter [dekylɔte] V/T (*et* V/PR **se ~** sich *[dat]*) die Hose ausziehen (**qn** j-m)
déculpabiliser V/T **~ qn** j-m das Schuldgefühl nehmen
décuple [dekypl] A ADJ zehnfach B SUBST **le ~** das Zehnfache; **le ~ de la somme** die zehnfache Summe
décuplement [dekypləmɑ̃] M Verzehnfachung *f*
décupler [dekyple] V/I sich verzehnfachen
dédaignable [dedɛɲabl] ADJ **ne pas être ~** nicht zu verachten sein
dédaigner V/T verachten; gering schätzen; *aide, offre* verschmähen
dédaigneusement [dedɛɲøzmɑ̃] ADV geringschätzig; verächtlich; **traiter ~ qn** j-n von oben herab behandeln
dédaigneux [dedɛɲø] ADJ ⟨-euse [-øz]⟩ verächtlich; geringschätzig
dédain [dedɛ̃] M Verachtung *f*; Geringschätzung *f*
dédale [dedal] M Labyrinth *n*; Irrgarten *m*; Gewirr *n*; **un ~ de ruelles** ein Gewirr von Gässchen
dedans [d(ə)dɑ̃] A ADV darin; *fam* drin; *dans un lieu* drinnen; *avec mouvement* hinein *ou* herein; *fam* rein; **de ~** von drinnen; von innen; **en ~** nach innen; *fam fig* **foutre qn ~** *fam* j-n reinlegen B M Innere(s) *n*
dédicace [dedikas] F Widmung *f* **dédicacer** [-e] V/T ⟨-ç-⟩ mit e-r Widmung versehen

dédier [dedje] VT **~ à qn** j-m widmen
dédire VPR ⟨→ dire, *aber* vous dédisez⟩ **se ~** sein Wort, das Gesagte zurücknehmen; *invité* absagen
dédommagement [dedɔmaʒmɑ̃] M Entschädigung *f* **dédommager** [-e] VT ⟨-ge-⟩ entschädigen (**qn de qc** j-n für etw)
dédouanement [dedwanmɑ̃] M Verzollung *f*; zollamtliche Abfertigung
dédouaner [dedwane] VT 1 verzollen 2 *fig* **~ qn** j-n rein-, weißwaschen
dédoublage M *de l'alcool* Verdünnen *n* (mit Wasser)
dédoublement M 1 Zweiteilung *f*; Halbierung *f*; **~ d'une classe** Teilung *f* e-r Klasse 2 PSYCH *de la personnalité* Spaltung *f*
dédoubler VT halbieren; teilen; **~ une classe** e-e Klasse teilen
dédramatiser VT entdramatisieren; *fam* herunterspielen
déductible [dedyktibl] ADJ abzugsfähig; absetzbar **déductif** [-if] ADJ ⟨-ive [-iv]⟩ deduktiv; ableitend
déduction [dedyksjõ] F 1 Abzug *m*; Absetzung *f* 2 Schluss *m*; (Schluss)Folgerung *f*
déduire [dedɥiʀ] VT ⟨→ conduire⟩ 1 COMM abziehen (**de** von); *des impôts* absetzen 2 (*conclure*) schließen, folgern (**de** aus)
déesse [deɛs] F Göttin *f*
défaillance [defajɑ̃s] F 1 Schwäche(anfall) *f(m)* 2 TECH, *fig* Versagen *n*; Ausfall *m*; TECH *a.* Defekt *m*
défaillant [defajɑ̃] ADJ ⟨-ante [-ɑ̃t]⟩ schwach; *personne a.* geschwächt; *mémoire a.* lückenhaft
défaillir VI ⟨→ assaillir⟩ 1 e-n Schwächeanfall erleiden 2 *fig* versagen; nachlassen
défaire ⟨→ faire⟩ A VT ab-, wegmachen; *valise* auspacken; *nœud* lösen; aufbinden; *paquet* aufmachen; aufschnüren; *chaussures* ausziehen; *couture* auftrennen; *lit* abziehen; *coiffure* in Unordnung bringen B VPR **se ~** 1 *natte, couture, etc* aufgehen; sich auflösen; *coiffure* in Unordnung geraten 2 **se ~ de** sich entledigen (+ *gén*); loswerden (+ *acc*); *habitude* ablegen; (*vendre*) abstoßen
défait ADJ ⟨défaite [defɛt]⟩ 1 aufgegangen; aufgelöst; *lit* nicht gemacht; ungemacht 2 **avoir la mine ~e** mitgenommen aussehen
défaite [defɛt] F Niederlage *f*
défaitisme [defetism] M Defätismus *m*; *fam* Miesmacherei *f* **défaitiste** [-ist] A ADJ defätistisch B M/F Defätist(in) *m(f)*
défalcation [defalkasjõ] F COMM Abzug *m*
défalquer [defalke] VT abziehen
défaut [defo] M 1 (*absence*) Mangel *m* (**de** an + *dat*); Fehlen *n*; **à ~ de** in Ermangelung von (*ou* + *gén*); mangels (+ *gén*); **faire ~** fehlen 2 (*imperfection*) Fehler *m*; Mangel *m* 3 (*vice*) Fehler *m*; Laster *n*; **prendre qn en ~** j-n bei e-m Fehler ertappen
défaveur F Ungunst *f*; Ungnade *f*
défavorable ADJ ungünstig; *personne* **être ~ à qc, qn** e-r Sache, j-m ablehnend gegenüberstehen
défavoriser VT benachteiligen; **il vient d'un milieu défavorisé** er kommt aus e-m sozial schwachen Milieu
défécation [defekasjõ] F Darmentleerung *f*; Stuhlgang *m*
défectif [defɛktif] ADJ ⟨-ive [-iv]⟩ **verbe ~** defektives, unvollständiges Verb; Defektivum *n*
défection [defɛksjõ] F 1 POL Abfall *m*; Abtrünnigwerden *n* 2 (*absence*) Fernbleiben *n*; Nichterscheinen *n*
défectueux [defɛktɥø] ADJ ⟨-euse [-øz]⟩ fehler-, mangelhaft **défectuosité** [-ozite] F Fehler-, Mangelhaftigkeit *f*
défendable [defɑ̃dabl] ADJ 1 vertretbar; *thèse* haltbar 2 MIL zu halten(d)
défendeur [defɑ̃dœʀ] M, **défenderesse** [defɑ̃dʀɛs] F JUR Beklagte(r) *m/f(m)*
défendre ⟨→ rendre⟩ A VT 1 verteidigen (**contre** gegen); *cause* verfechten; eintreten für 2 verbieten, untersagen (**qc à qn** j-m etw; **à qn de faire qc** j-m, etw zu tun) B VPR **se ~** 1 sich verteidigen, wehren (**contre** gegen) 2 *fam* sich tapfer schlagen; ganz gut zurechtkommen 3 **se ~ de critiquer**, *etc* sich der Kritik *etc* enthalten 4 **ça se défend** das lässt sich vertreten
défenestration [defənɛstʀasjõ] F Fenstersturz *m* **défenestrer** [-e] VT aus dem Fenster stürzen
défense [defɑ̃s] F 1 Verteidigung *f* (*a.* JUR); SPORTS, MIL *a.* Abwehr *f*; *de l'organisme* Abwehrkräfte *fpl*; JUR **en état de légitime ~** in Notwehr; **être sans ~** schutzlos sein; **prendre la ~ de qn** j-n verteidigen; für j-n eintreten 2 (*interdiction*) Verbot *n*; **~ d'entrer** Eintritt verboten! 3 ZOOL Stoßzahn *m*
défenseur [defɑ̃sœʀ] M 1 Verteidiger(in) *m(f)* (*a.* JUR); *d'une thèse* Verfechter(in) *m(f)* 2 SPORTS Abwehrspieler *m*
défensif [defɑ̃sif] ADJ ⟨-ive [-iv]⟩ Verteidigungs…; defensiv
défensive [defɑ̃siv] F Defensive *f*; Verteidigungs-, Abwehrstellung *f*; **être sur la ~** in der Defensive, in Verteidigungsstellung sein
déféquer [defeke] VI ⟨-è-⟩ Stuhlgang haben
déférence [defeʀɑ̃s] F Achtung *f*; Ehrerbietung *f*
déférent [defeʀɑ̃] ADJ ⟨-ente [-ɑ̃t]⟩ ehrerbietig; respektvoll; **se montrer ~ envers qn, à l'é-**

gard de qn sich j-m gegenüber respektvoll verhalten

déférer [defeʀe] VT ⟨-è-⟩ **~ à la justice** vor Gericht bringen

déferlant [defɛʀlɑ̃] ADJ ⟨-ante [-ɑ̃t]⟩ **vague ~e** Brandungswelle *f*; sich brechende Welle

déferlement [defɛʀləmɑ̃] M **1** Brandung *f* **2** *fig* **~ d'enthousiasme** aufbrandende Begeisterung

déferler [defɛʀle] VI **1** *vagues* sich brechen; *mer* branden **2** *fig foule* strömen; *enthousiasme* aufbranden

défi [defi] M **1** Herausforderung *f*; **lancer un ~ à qn** j-n herausfordern; **relever le ~** die Herausforderung annehmen **2** **mettre qn au ~ de faire qc** → défier

défiance [defjɑ̃s] F Argwohn *m*; Misstrauen *n* **défiant** [-ɑ̃] ADJ ⟨-ante [-ɑ̃t]⟩ argwöhnisch; misstrauisch

déficeler [defisle] VT ⟨-ll-⟩ aufschnüren

déficience [defisjɑ̃s] F Schwäche *f*

déficient [defisjɑ̃] ADJ ⟨-ente [-ɑ̃t]⟩ schwach (*a. fig*)

déficit [defisit] M Defizit *n*; Fehlbetrag *m*

déficitaire [defisitɛʀ] ADJ mit Verlust abschließend; defizitär

défier [defje] **A** VT **1** **~ qn** j-n herausfordern (**à qc** zu etw) **2** *fig* **~ le danger** der Gefahr (*dat*) trotzen; *prix* **~ toute concurrence** konkurrenzlos niedrig sein **3** **~ qn de faire qc** wetten, dass j-d etw nicht tun kann *ou* wird **B** VPR *st/s* **se ~ de qn, qc** j-m, e-r Sache misstrauen

défiguration F Entstellung *f*; *d'un texte* verzerrte, entstellte Wiedergabe **défigurer** [-e] VT entstellen (*a. fig*); verunstalten; *fig a.* verzerren

défilé [defile] M **1** Aufmarsch *m*; Parade *f*; Vorbeimarsch *m*; *de voitures* endlose Reihe; **~ de mode** Mode(n)schau *f* **2** GÉOG Engpass *m*

défiler **A** VI defilieren (*abs*); vorbeimarschieren, -ziehen (**devant** an + *dat*); *clients* sich die Klinke in die Hand geben **B** VPR **se ~** *fam* sich drücken; *fam* kneifen

défini ADJ ⟨~e⟩ bestimmt; genau abgegrenzt; GRAM **article ~** bestimmter Artikel

définir VT definieren; bestimmen; festlegen **définissable** [-isabl] ADJ definier-, bestimmbar

définitif [definitif] ADJ ⟨-ive [-iv]⟩ **1** endgültig; definitiv **2** **en définitive** schließlich; letzten Endes

définition F **1** Begriffsbestimmung *f*; Definition *f*; **par ~** definitionsgemäß; wie das Wort schon sagt **2** *par ext* Bestimmung *f*; Festlegung *f* **3** **télévision** *f* **°haute ~** hochauflösendes Fernsehen

définitivement [definitivmɑ̃] ADV endgültig; definitiv

déflagration [deflagʀasjõ] F Explosion *f*

déflation [deflasjõ] F Deflation *f*

déflationniste [deflasjɔnist] ADJ deflationär; deflationistisch

déflecteur [deflɛktœʀ] M AUTO Ausstellfenster *n*

défleurir VI die Blüten verlieren; ver-, abblühen

défloration [deflɔʀasjõ] F Defloration *f*; Entjungferung *f* **déflorer** [-e] VT **1** entjungfern; deflorieren **2** *fig* den Reiz (der Neuheit), die Originalität nehmen (*+dat*)

défolier [defɔlje] VT entlauben

défonce [defõs] F *argot* Turn *m*

défoncer ⟨-ç-⟩ **A** VT *mur* eindrücken, -schlagen; *rue* **défoncé** voller Schlaglöcher **B** VPR **se ~** **1** *fam dans un travail* das Letzte hergeben **2** *argot* sich antörnen

déformable [defɔʀmabl] ADJ deformierbar; leicht verformbar

déformant [defɔʀmɑ̃] ADJ ⟨-ante [-ɑ̃t]⟩ *glace* Zerr…; Vexier…

déformation F **1** Verformung *f*; Deformation *f* (*a.* MÉD) **2** *fig* Verzerrung *f*; Entstellung *f*; Verbildung *f*

déformer **A** VT **1** verformen; deformieren; *chaussures* austreten; *image* verzerren **2** *fig* verzerren; entstellen; *goût* verbilden **B** VPR **se ~** sich verformen

défoulement [defulmɑ̃] M Abreaktion *f* **défouler** [-e] VPR **se ~** **1** sich abreagieren **2** *par ext* sich austoben

défraîchi [defʀeʃi] ADJ ⟨~e⟩ nicht mehr neu; getragen

défraîchir VPR **se ~** nicht mehr neu aussehen; *couleur* verblassen

défrayer VT ⟨-ay- *od* -ai-⟩ **1** die Kosten übernehmen (**qn** für j-n) **2** *fig* **~ la chronique** von sich reden machen

défrichage [defʀiʃaʒ] M *ou* **défrichement** [-mɑ̃] M **1** Urbarmachung *f*; Rodung *f* **2** *fig* Beseitigung *f* der Anfangsschwierigkeiten

défricher [defʀiʃe] VT **1** *terre* urbar machen; roden **2** *fig* die Vorarbeit leisten (**un domaine** auf e-m Gebiet)

défriper VT *vêtement* glätten; glatt streichen

défriser VT **1** *cheveux* entkrausen **2** *fam fig* **ça te défrise?** ärgert dich das?

défroisser VT glatt streichen

défroqué [defʀɔke] M ehemaliger Mönch *ou* Priester

défunt [defɛ̃, -fœ̃] M, **défunte** [defɛ̃t, -fœ̃t] F Verstorbene(r) *m/f(m)*

dégagé [degaʒe] ADJ ⟨~e⟩ **1** *nuque, front, vue* frei;

ciel klar; wolkenlos **2** *allure* ungezwungen; leger
dégagement [degaʒmɑ̃] M **1** Befreiung *f*; *de blessés* Bergung *f* **2** *d'une rue, etc* Freimachen *n*; Räumung *f*; **voie** *f* **de ~** Umgehungs-, Entlastungsstraße *f* **3** ARCH Gang *m*; Flur *m* **4** *d'énergie* Freisetzung *f*

D

dégager ⟨-ge-⟩ **A** V/T **1** *blessés* befreien; bergen; *objets a.* hervor-, herausziehen, -holen **2** *passage* frei machen; räumen; *nuque* frei lassen **3** *énergie* entwickeln; abgeben; freisetzen; *odeur* verströmen **4** *fig idée* herausstellen, -arbeiten **5** **~ qn de qc** j-n von etw befreien, entbinden; **~ qn de toute responsabilité** j-n aus der Verantwortung entlassen **B** V/I FOOTBALL klären **C** V/PRON **se ~** **1** *personne* sich befreien (**de** aus) **2** *rue* frei, leer werden; *nez* wieder frei werden; **le ciel se dégage** es klart auf **3** *énergie* frei werden; *odeur* ausströmen; *fumée* aufsteigen **4** *fig résultat* hervortreten (**de** aus); zutage treten; *d'une contrainte* sich lösen (**de** aus); sich freimachen (von)
dégaine *fam* F (lächerliche) Haltung; (komischer) Gang
dégainer V/I blankziehen; s-n Revolver ziehen
déganter [degɑ̃te] V/PR **se ~** s-e Handschuhe ausziehen
dégarnir **A** V/T aus-, abräumen; *réfrigérateur, compte* plündern; **front dégarni** Stirnglatze *f* **B** V/PR **se ~** *tête, arbre* kahl werden; *rangs* sich lichten
dégât [dega] M Schaden *m*; **~s matériels** Sachschaden *m*; **causer de grands ~s** großen Schaden anrichten (*a. fig*); große Schäden verursachen; *fig* **limiter les ~s** möglichst wenig Schaden anrichten; das Schlimmste verhüten
dégazage [degazaʒ] M **1** TECH Gasentzug *m*; Entgasen *n* **2** MAR *d'un pétrolier* Reinigung *f* von Ölrückständen **dégazer** [-e] V/I *pétrolier* Ölrückstände ins Meer ablassen
dégel M (Auf)Tauen *n*; Tauwetter *n* (*a. fig*)
dégelée [deʒle] F *fam* Keile *f*; Dresche *f*
dégeler [deʒle] ⟨-è-⟩ **A** V/T **1** auftauen **2** *fig qn* aus s-r Reserve herauslocken; *situation* entspannen **3** *crédits* freigeben **B** V/IMP **il dégèle** es taut **C** V/PR **se ~** *fig personne* auftauen
dégénéré [deʒeneʀe] ADJ ⟨~e⟩ degeneriert
dégénérer V/I ⟨-è-⟩ **1** degenerieren; entarten **2** *fig* ausarten (**en** in + *acc*)
dégénérescence [deʒeneʀesɑ̃s] F Degeneration *f*; Entartung *f*
dégingandé [deʒɛ̃gɑ̃de, deʒɛ̃-] ADJ ⟨~e⟩ *fam* schlaksig
dégivrage [deʒivʀaʒ] M Abtauen *n*; Enteisung *f* (*a.* AVIAT); Entfrostung *f*
dégivrant [deʒivʀɑ̃] ADJ ⟨-ante [-ɑ̃t]⟩ **glace arrière ~e** (be)heizbare Heckscheibe
dégivrer [deʒivʀe] V/T abtauen; enteisen; entfrosten **dégivreur** [-œʀ] M TECH Defroster(anlage) *m(f)*
déglacer V/T ⟨-ç-⟩ CUIS **~ la poêle, la sauteuse** den Bratensatz ablöschen (**avec, à** mit)
déglinguer [deglɛ̃ge] *fam* **A** V/T *fam* kaputt machen; *adjt* **déglingué** klapp(e)rig **B** V/PR **se ~** *fam* kaputtgehen
déglutir [deglytiʀ] V/T schlucken **déglutition** [-isjõ] F Schlucken *n*; Schluckakt *m*
dégobiller [degɔbije] V/T *et* V/I *pop* kotzen
dégoiser [degwaze] *fam péj* **A** V/T *sottises fam* verzapfen **B** V/I schwatzen; *fam* quatschen
dégommer V/T *fam personne* hinauswerfen; *fam* feuern
dégonflage *fam fig* M feiger Rückzieher
dégonflé [degõfle] **A** ADJ ⟨~e⟩ nicht aufgepumpt **B** M *fam* Hasenfuß *m*
dégonflement [degõfləmɑ̃] M Verlieren *n*, Ablassen *n* der *ou* von Luft
dégonfler **A** V/T (die) Luft herauslassen (**qc** aus etw) **B** V/PR **se ~** **1** *pneu* (die) Luft verlieren **2** *fam fig fam* Bammel, *pop* Schiss bekommen
dégorgement [degɔʀʒəmɑ̃] M **1** *des égouts* Entleerung *f* **2** CUIS (Aus)Wässern *n*; *des escargots* Ausschwemmen *n*
dégorger [degɔʀʒe] ⟨-ge-⟩ **A** V/T frei machen; reinigen **B** V/I CUIS **faire ~** Wasser ziehen lassen; entwässern
dégot(t)er [degɔte] V/T *fam* auftreiben; *fam* ergattern
dégoulinade [degulinad] F (länglicher) Tropfen **dégouliner** [-e] V/I (herab)tropfen, (-)rieseln
dégoupiller V/T *grenade* entsichern
dégourdi [deguʀdi] ADJ ⟨~e⟩ aufgeweckt; gewandt; gewitzt; wendig
dégourdir [deguʀdiʀ] **A** V/T **1** *membres* bewegen; lockern **2** *fig* **~ qn** j-n gewandter, aufgeweckter machen **B** V/PR **se ~ les jambes** sich (*dat*) die Beine vertreten
dégoût M Ekel *m*, Abscheu *m* (**pour** vor + *dat*); Widerwille *m* (gegen)
dégoûtant [degutɑ̃] ADJ ⟨-ante [-ɑ̃t]⟩ **1** ekelerregend; ekelhaft; ek(e)lig; widerlich **2** *personne, acte* abscheulich; widerlich; *fam* (**type**) **~** *m* widerlicher Kerl; *fam* Ekel *n*
dégoûté [degute] ADJ ⟨~e⟩ **1** angeekelt; angewidert **2** **n'être pas ~** nicht gerade wählerisch, *fig* zimperlich sein **3** **~ de qn, de qc** j-s, e-r Sache überdrüssig
dégoûter **A** V/T **1** **~ qn** j-n anekeln, anwidern **2** **~ qn de qc** j-m etw verleiden **B** V/PR **se ~ de qc, de qn** e-r Sache, j-s überdrüssig werden; etw, j-n leid werden
dégoutter V/I (herab)tropfen

dégradant [degʀadɑ̃] ADJ ⟨-ante [-ɑ̃t]⟩ erniedrigend; entwürdigend
dégradation [degʀadasjõ] F **1** Degradierung *f*; Rangverlust *m* **2** *(dégât)* Beschädigung *f*; **~s** *pl* Schäden *mpl* **3** *fig* Verschlechterung *f*
dégradé M Abstufung *f*
dégrader [degʀade] **A** V/T **1** MIL, JUR degradieren **2** *moralement* erniedrigen; moralisch sinken lassen **3** *(abîmer)* beschädigen **B** V/PR **se ~** **1** *situation, santé* sich verschlechtern **2** *maison* verfallen; verwittern
dégrafer [degʀafe] V/T aufhaken
dégraissage M *d'une entreprise* Verschlankung *f* **dégraissant** [-ɑ̃] M Entfettungsmittel *n*; Fettlöser *m*
dégraisser V/T **1** CUIS das Fett abschöpfen (**qc** von etw); degraissieren **2** *fig entreprise* verschlanken; *fam* abspecken
degré [dəgʀe] M **1** Grad *m* *(a. température,* GÉOG, MATH*)*; *(échelon)* Stufe *f*; **le plus °haut ~** *de l'échelle sociale* die höchste Stufe, Sprosse; **~ de parenté** Verwandtschaftsgrad *m*; **brûlure** *f* **du second ~** Verbrennung *f* zweiten Grades; **par ~(s)** stufen-, schrittweise; **au plus °haut ~** im höchsten Maß, Grad **2** (Volum)Prozent *n*; **~ d'alcool** Alkoholgehalt *m* **3** **enseignement** *m* **du premier, second ~** Grundschulwesen *n*, höheres Schulwesen **4** *prendre qc* **au premier ~** wortwörtlich; *humour* **au second ~** nicht wörtlich zu nehmen(d); übersteigert
dégressif [degʀesif] ADJ ⟨-ive [-iv]⟩ degressiv; abnehmend
dégrèvement [degʀɛvmɑ̃] M Steuerermäßigung *f*
dégriffé ADJ ⟨~e⟩ ohne Markenzeichen
dégringolade [degʀɛ̃gɔlad] *fam* F **1** Sturz *m* **2** *fig* Kurssturz *m*; *fam* Talfahrt *f*
dégringoler [degʀɛ̃gɔle] *fam* **A** V/T *escalier fam* runterstürzen, -sausen **B** V/I ⟨être *od* avoir⟩ **1** *fam* runterpurzeln **2** *fig actions* stark fallen; *fam* purzeln
dégriser V/T **1** nüchtern machen **2** *fig* ernüchtern
dégrossir V/T **1** TECH grob bearbeiten **2** *fig travail* aufbereiten **3** **~ qn** j-m Schliff *ou* die Anfangsgründe beibringen; **mal dégrossi** ungehobelt; grob
dégrouiller V/PR **se ~** *fam* sich tummeln; *fam* sich ranhalten
déguenillé [deg(ə)nije] ADJ ⟨~e⟩ zerlumpt
déguerpir [degɛʀpiʀ] V/I sich davonmachen; *fam* abhauen; **faire ~ qn** j-n vertreiben, verjagen; *fam* j-m Beine machen
dégueu [degø] ADJ (❗ unveränderlich) *fam* ABR → dégueulasse
dégueulasse [degœlas] *pop* ADJ ekelhaft; *pop* zum Kotzen; **pas ~** *fam* nicht übel
dégueuler V/T *et* V/I *pop* kotzen
dégueulis [degœli] M *pop* Kotze *f*
déguisé [degize] ADJ ⟨~e⟩ **1** verkleidet **2** *(caché)* verstellt; versteckt
déguisement [degizmɑ̃] M Verkleidung *f*
déguiser [degize] **A** V/T **1** verkleiden (**en** als) **2** *voix* verstellen **B** V/PR **se ~** sich verkleiden (**en** als)
dégurgiter [degyʀʒite] V/T unverdaut wieder von sich geben *(a. fig)*
dégustateur [degystatœʀ] M Weinprüfer *m*, -verkoster *m*
dégustation [degystasjõ] F **~ de vins** Weinprobe *f*
déguster [degyste] V/T **1** kosten; probieren; *(savourer)* genießen **2** *fam fig* abkriegen
déhanchement [deɑ̃ʃmɑ̃] M Wiegen *n* in den Hüften; Schwingen *n* der Hüften
déhancher [deɑ̃ʃe] V/PR **se ~** sich in den Hüften wiegen
dehors [dəɔʀ] **A** ADV draußen; *avec déplacement* hinaus *ou* heraus; *fam* raus; **dehors!** raus!; **de dehors** von draußen; **en dehors** nach außen **B** PRÉP **en dehors de** außerhalb (+ *gén*); außer (+ *dat*) **C** M Äußere(s) *n*; **sous des dehors gentils** hinter e-m freundlichen Äußeren
déhoussable [deusabl] ADJ *canapé* mit abnehmbarem Schonbezug
déification [deifikasjõ] F Erhebung *f* zum Gott **déifier** [-fje] V/T zum Gott erheben, machen
déisme [deism] M Deismus *m* **déiste** [deist] **A** M Deist *m* **B** ADJ deistisch
déjà [deʒa] ADV **1** schon; bereits **2** **comment s'appelle-t-il ~?** wie heißt er doch gleich?
déjanté [deʒɑ̃te] *fam* ADJ ⟨~e⟩ *fam* durchgeknallt; *fam* ausgeflippt **déjanter** [-e] **A** V/T *pneu* von der Felge ziehen **B** V/I *fam fig personne fam* spinnen; *fam* verrücktspielen
déjections [deʒɛksjõ] FPL Exkremente *npl*
déjeuner [deʒœne] **A** V/I **1** *à midi* zu Mittag essen **2** *le matin* frühstücken **B** M **1** Mittagessen *n*; **~ d'affaires** Geschäfts-, POL Arbeitsessen *n* **2** **petit ~** Frühstück *n* **3** Frühstücksgedeck *n*
déjouer V/T vereiteln; durchkreuzen
déjuger V/PR ⟨-ge-⟩ **se ~** s-e Meinung, s-n Entschluss ändern
delà [dəla] **en ~** [ɑ̃dla] darüber hinaus
délabré [delabʀe] ADJ ⟨~e⟩ **1** *maison* verfallen; baufällig **2** *fig* zerrüttet
délabrement [delabʀəmɑ̃] M **1** Baufälligkeit *f* **2** *fig* Zerrüttung *f*
délabrer [delabʀe] **A** V/T *santé* ruinieren; zerstören **B** V/PR **se ~** **1** *maison* verfallen; verkommen **2** *fig santé* sich verschlechtern; *affaires* immer schlechter gehen

D

D

délacer VT ⟨-ç-⟩ aufschnüren, -binden

délai [delɛ] M **1** Frist *f*; Zeit(raum) *f(m)*; **dans un ~ de** innerhalb (von); binnen; **dans les ~s** fristgemäß; termingerecht; **dans les plus brefs ~s** in kürzester Frist, Zeit; **fixer un ~ à qn** j-m e-e Frist setzen; **passé ce ~ …** nach Ablauf dieser Frist, Zeit … **2** *(prolongation)* Aufschub *m*; **sans ~** unverzüglich

délaissé [delese] ADJ ⟨~e⟩ *conjoint* verlassen; *enfant* vernachlässigt

délaissement [delɛsmɑ̃] M Verlassenheit *f*

délaisser VT **1** *qn* verlassen; im Stich lassen; *fam* sitzen lassen; *(négliger)* vernachlässigen **2** *études* aufgeben

délassant [delasɑ̃] ADJ ⟨-ante [-ɑ̃t]⟩ erholsam; entspannend **délassement** [-mɑ̃] M Erholung *f*; Entspannung *f*

délasser **A** VT entspannen; erquicken **B** V/PR **se ~** sich erholen, entspannen

délateur [delatœʀ] M, **délatrice** [-tʀis] F Denunziant(in) *m(f)* **délation** [-sjõ] F Denunziation *f*; *par ext* Denunziantentum *n*

délavé [delave] ADJ ⟨~e⟩ verwaschen; *jeans* vorgewaschen **délaver** [-e] VT **1** *couleurs* (durch Wasser) aus-, verwischen **2** *sol, chemin* aufweichen

délayage [delɛjaʒ] M *fig* **faire du ~** sich in weitschweifigen, langatmigen Ausführungen ergehen

délayé [deleje] M → **délayage** **délayer** [-e] VT ⟨-ay- *od* -ai-⟩ anrühren

delco® [dɛlko] M AUTO Batteriezündanlage *f*

délectable [delɛktabl] ADJ köstlich **délectation** [-asjõ] F Genuss *m*

délecter [delɛkte] V/PR **se ~ à** *ou* **de qc** sich an etw *(dat)* erfreuen, ergötzen; etw genießen

délégation F **1** *groupe* Delegation *f*; Abordnung *f*; Vertretung *f* **2** Übertragung *f*, Delegierung *f* (**de pouvoirs à qn** von Macht-, Amtsbefugnissen auf j-n) **3** *(mandat)* Auftrag *m*; Vollmacht *f*; **par ~** im Auftrag

délégué(e) [delege] M(F) Delegierte(r) *m/f(m)*; Vertreter(in) *m(f)*; Beauftragte(r) *m/f(m)*; **délégué(e) de classe** Klassensprecher(in) *m(f)*; **délégué(e) du personnel** Betriebsrat *m*, -rätin *f*

déléguer VT ⟨-è-⟩ **1** *personne* entsenden; abordnen; delegieren **2** *pouvoirs* übertragen; delegieren *(a. tâche)*

délestage [delɛstaʒ] M **itinéraire** *m* **de ~** Entlastungsstrecke *f*

délester VT **1** entlasten **2** *fig (voler)* **~ qn de qc** j-n um etw erleichtern

délétère [deletɛʀ] ADJ **1** *émanations* (lebens)gefährlich; schädlich **2** *fig et st/s* **influence** *f* **~** schädlicher Einfluss

délibérant [delibeʀɑ̃] ADJ ⟨-ante [-ɑ̃t]⟩ beschlussfassend

délibération F **1** *(débat)* Beratung *f* **2** *(réflexion)* Überlegung *f*

délibéré [delibeʀe] ADJ ⟨~e⟩ **1** *(décidé)* entschlossen **2** **de propos ~** absichtlich; bewusst

délibérément [delibeʀemɑ̃] ADV wohlüberlegt; bewusst; absichtlich

délibérer VI ⟨-è-⟩ beraten, beratschlagen (**sur qc** etw *ou* über etw *[acc]*)

délicat [delika] ADJ ⟨-ate [-at]⟩ **1** *(fin)* fein; *peau, santé* zart **2** *fig question, situation* heikel; delikat **3** *personne* feinfühlig; zart fühlend; rücksichts-, taktvoll **4** *personne (difficile)* wählerisch; anspruchsvoll

délicatement [delikatmɑ̃] ADV **1** *travaillé* fein **2** *agir* behutsam; vorsichtig; *par ext* taktvoll

délicatesse [delikatɛs] F **1** Feinheit *f*; Zartheit *f* **2** Fein-, Zartgefühl *n*; Rücksichtnahme *f*; Takt(-gefühl) *m(n)*; **manque** *m* **de ~** Taktlosigkeit *f*

délice [delis] **1** *fpl* **~s** Wonnen *fpl* **2** *m* Wonne *f*; Genuss *m*

délicieux [delisjø] ADJ ⟨-euse [-øz]⟩ **1** *mets* köstlich; lecker; wohlschmeckend; *parfum* lieblich **2** *sensation* sehr angenehm; *femme, robe* entzückend; reizend

délictueux [deliktɥø] ADJ ⟨-euse [-øz]⟩ strafbar

délié [delje] ADJ ⟨~e⟩ **1** **avoir la langue ~e** ein flinkes Mundwerk haben **2** *esprit* scharf; klar

délier VT **1** auf-, losbinden; lösen **2** *fig* **~ qn de qc** j-n von etw entbinden

délimitation F Abgrenzung *f* **délimiter** VT abgrenzen *(a. fig)*

délinquance [delɛ̃kɑ̃s] F Kriminalität *f*; Straffälligkeit *f*; **~ juvénile** Jugendkriminalität *f*; **petite ~** Kleinkriminalität *f*

délinquant [delɛ̃kɑ̃] M, **délinquante** [-ɑ̃t] F Straftäter(in) *m(f)*; Delinquent(in) *m(f)*

déliquescence [delikesɑ̃s] F völliger Verfall; Dekadenz *f*

déliquescent [delikesɑ̃] ADJ ⟨-ente [-ɑ̃t]⟩ **1** CHIM zerfließbar; stark hygroskopisch **2** *fig mœurs* dekadent; *vieillard* hinfällig

délirant [deliʀɑ̃] ADJ ⟨-ante [-ɑ̃t]⟩ **1** *joie, imagination* überschwänglich **2** *fam* wahnsinnig

délire [deliʀ] M **1** MÉD Delirium *n*; (Fieber)Wahn *m* **2** *fig* Toben *n*; Raserei *f*; **foule** *f* **en ~** tobende, rasende Menge **3** *fam* **c'est du ~!** das ist Wahnsinn!

délirer [deliʀe] VI **1** MÉD im Delirium sein **2** *fig* **~ de joie** vor Freude außer Rand und Band sein **3** *fam* **il délire** *fam* er spinnt

délit [deli] M Delikt *n*; Vergehen *n*; Straftat *f*; **~ de fuite** Fahrer-, Unfallflucht *f*; **commettre un ~** ein Delikt begehen

délivrance [delivʀɑ̃s] F **1** *fig* Befreiung *f*; Erleichterung *f*; Erlösung *f* **2** MÉD Entbindung *f* **3** ADMIN Ausstellung *f*; Ausfertigung *f*

délivrer VT **1** *prisonnier* befreien **2** *fig* **~ qn de qc** j-n von etw befreien, erlösen **3** *passeport* ausstellen; *billets* ausgeben; *brevet* erteilen

délocalisation F *d'une entreprise etc* Ver-, Auslagerung *f*; Verlegung *f* **délocaliser** [-e] VT *industrie* ver-, auslagern; verlegen

déloger VT ⟨-ge-⟩ ausquartieren; (*chasser*) verjagen, -treiben

déloyal ADJ ⟨~e; -aux [-o]⟩ unfair; unaufrichtig; unehrenhaft; unredlich; **concurrence ~e** unlauterer Wettbewerb

déloyauté F Unkorrektheit *f*; Unehrenhaftigkeit *f*; Unaufrichtigkeit *f*; Treulosigkeit *f*; **faire acte, preuve de ~** sich unfair, unkorrekt, unehrenhaft verhalten

delta [dɛlta] M Delta *n*

deltaplane [dɛltaplan] M **1** (Flug)Drachen *m*; *fam* Drachenflieger *m* **2** *sport* Drachenfliegen *n*

deltoïde [dɛltɔid] ADJ (**muscle** *m*) **~** *m* Deltamuskel *m*

déluge [delyʒ] M **1** BIBL **Déluge** Sintflut *f*; *fig* **remonter au ~** uralt sein **2** sintflutartige Regenfälle *mpl* **3** *fig de larmes* Strom *m*; *de paroles* Flut *f*

déluré [delyʀe] ADJ ⟨~e⟩ **1** munter; pfiffig **2** *péj* ungeniert; kess

démago [demago] *fam* ABR **A** M Demagoge *m* **B** ADJ demagogisch; **être ~** hetzen; (*flatter*) den Leuten nach dem Mund reden

démagogie [demagɔʒi] F Demagogie *f*; Volksverhetzung *f*; **faire de la ~** Hetze betreiben; hetzen; (*flatter*) den Leuten nach dem Mund reden

démagogique [demagɔʒik] ADJ demagogisch

démagogue [demagɔg] **A** M Demagoge *m*; Volksverführer *m* **B** ADJ demagogisch

demain [d(ə)mɛ̃] ADV morgen (*a. fig*); **à ~!** bis morgen!; **la journée de ~** der morgige Tag

démancher [demɑ̃ʃe] VT **1** *outil* den Stiel, den Griff abmachen (**qc** von etw) **2** *fam bras etc* ver-, ausrenken; auskugeln

demande [d(ə)mɑ̃d] F **1** Bitte *f*; Ersuchen *n*; Anfrage *f*; ADMIN Antrag *m*; Gesuch *n*; Eingabe *f*; **~ d'emploi** Stellengesuch *n*; **à, sur la ~ de qn** auf die Bitte j-s (hin); **à la ~ générale** auf allgemeinen Wunsch; **sur ~** auf Anfrage; auf Wunsch; **faire une ~** e-n Antrag stellen (**à** bei) **2** **~ en mariage** Heiratsantrag *m* **3** ÉCON Nachfrage *f* (**de qc** nach etw) **4** JUR Klage *f*; **~ en divorce** Scheidungsklage *f*

demandé [d(ə)mɑ̃de] ADJ ⟨~e⟩ gefragt; begehrt

demander [d(ə)mɑ̃de] **A** VT **1** (*solliciter*) bitten (**qc à qn** j-n um etw); erbitten (etw von j-m); ersuchen (j-n um etw); ADMIN beantragen; **~ la parole** ums Wort bitten; sich zu Wort melden; **~ à qn de faire qc** j-n (darum) bitten, etw zu tun; **~ que …** (+ *subj*) (darum) bitten, dass … **2** (*exiger*) verlangen, fordern (**qc à qn** etw von j-m); abverlangen (j-m etw); (*désirer*) wünschen, begehren (etw von j-m); **il ne demande que ça** darauf wartet er nur; das will er ja gerade; **~ trop à qn** *a.* j-m zu viel zumuten; j-n überfordern; **~ à** (+ *inf*) verlangen, wünschen zu (+ *inf*) **3** *chose* **~ qc** etw verlangen, erfordern, benötigen, brauchen; *situation* **~ réflexion** Bedenkzeit erfordern; **~ beaucoup de soins** viel Pflege brauchen, benötigen; *résultat* **~ à être vérifié** geprüft werden müssen **4** **~ qn** j-n *ou* nach j-m verlangen; **on vous demande** Sie werden verlangt; man wünscht Sie zu sprechen **5** *par question* fragen (**qc à qn** j-n nach etw); **~ son chemin (à qn)** (j-n) nach dem Weg fragen **6** JUR **~ le divorce** die Scheidung einreichen **7** **~ qn en mariage** um die Hand j-s anhalten **B** VT INDIR *fam* **~ après qn** nach j-m fragen **C** VPR **se ~** sich fragen

demandeur[1] [d(ə)mɑ̃dœʀ] M, **demanderesse** [d(ə)mɑ̃dʀɛs] F JUR Kläger(in) *m(f)*

▶ demander

demander qn	On demande M. Leroux au téléphone.	Man verlangt M. Leroux am Telefon.
demander qc	Le SDF demande de l'argent.	Der Obdachlose bittet um Geld.
demander qc à qn	Le SDF demande de l'argent **aux** gens.	Der Obdachlose bittet die Leute um Geld.
demander de faire qc	Le SDF demande de lui donner de l'argent.	Der Obdachlose bittet darum, ihm Geld zu geben.
demander à qn de faire qc	Le SDF demande aux gens de lui donner un peu d'argent.	Der Obdachlose bittet die Leute, ihm etwas Geld zu geben.

FEHLERQUELLEN ◀

demandeur[2] M, **demandeuse** [-øz] F **demandeur, demandeuse d'asile** Asylbewerber(in) *m(f)*; Asylant(in) *m(f)*; **demandeur, demandeuse d'emploi** Arbeit(s)-, Stellung(s)suchende(r) *m/f(m)*

démangeaison [demɑ̃ʒɛzõ] F Jucken *n*; Juckreiz *m*

démanger [demɑ̃ʒe] V/T *et* V/I ⟨-ge-⟩ 1 jucken (**qn** *ou* **à qn** j-n) 2 *fig* **cela le démange de** (+ *inf*) *fam* es kribbelt ihm in den Fingern zu (+ *inf*)

démantèlement [demɑ̃tɛlmɑ̃] M 1 Schleifen *n*; Niederreißen *n* 2 Zerschlagung *f*

démanteler [demɑ̃t(ə)le] V/T ⟨-è-⟩ 1 *forteresse* schleifen 2 *fig* zerschlagen

démantibuler [demɑ̃tibyle] V/T *fam* kaputt machen, schlagen

démaquillage M Abschminken *n*

démaquillant [demakijɑ̃] ADJ ⟨-ante [-ɑ̃t]⟩ (**produit, lait**) **~** M Reinigungscreme *f*, -milch *f*

démaquiller V/T (*et* V/PR **se ~** sich) abschminken

démarcage M → démarquage

démarcation [demarkasjõ] F Grenzziehung *f*; Abgrenzung *f* (*a. fig*); **ligne** *f* **de ~** Demarkationslinie *f*

démarchage [demarʃaʒ] M Kundenwerbung *f*; Akquisition *f*

démarche F 1 (*allure*) Gang *m* 2 *fig* Vorstoß *m*; **~s** *pl* Schritte *mpl*; **faire des ~s** Schritte unternehmen 3 *de la pensée* Aufbau *m*; Weg *m*

démarcheur M, **démarcheuse** [-øz] F Kundenwerber(in) *m(f)*; Akquisiteur *m*; *fam* Drücker *m*

démarquage M 1 Nachahmung *f*; Kopieren *n*; *résultat* Plagiat *n*; Kopie *f* 2 SPORTS Freilaufen *n*, -spielen *n*

démarque F COMM Entfernung *f* des Markenzeichens, der Markierung (**d'un article** von e-m Artikel)

démarquer A V/T 1 COMM das Markenzeichen entfernen (**qc** von etw); *par ext* im Preis herabsetzen 2 kopieren; plagiieren 3 SPORTS *joueur* freispielen B V/PR **se ~** 1 SPORTS sich freilaufen; sich freispielen 2 *fig* sich profilieren

démarrage [demaraʒ] M 1 Anfahren *n*; Start *m* 2 *fig* Start *m*; Anlaufen *n*; Beginn *m*

démarrer A *fam* V/T beginnen; starten B V/I 1 anfahren; starten; *moteur* anspringen; **faire ~** *moteur* anlassen; anwerfen; starten (*a. véhicule*) 2 *fig* anlaufen; in Gang kommen; beginnen

démarreur [demarœr] M Anlasser *m*; Starter *m*

démasquer A V/T entlarven; demaskieren; *espion a.* enttarnen B V/PR **se ~** s-e Maske fallen lassen

démâtage [demataʒ] M Entmasten *n*; Verlust *m* der Masten **démâter** [-e] A V/T entmasten B V/I entmastet werden; die Masten verlieren

d'emblée [dɑ̃ble] → emblée

démêlage [demɛlaʒ] M Entwirren *n*

démêlé [demele] M Streit *m*; Auseinandersetzung *f*; **avoir des ~s avec** Streit haben, in Streit liegen mit; *avec la police, la justice* zu tun haben mit

démêler V/T 1 *cheveux* auskämmen, -bürsten 2 *fig* entwirren; Licht bringen in (+ *acc*); (*distinguer*) auseinanderhalten; **~ le vrai du faux** das Wahre vom Falschen unterscheiden

démembrement [demɑ̃brəmɑ̃] M (Auf)Teilung *f*; Zerstückelung *f* **démembrer** [-e] V/T (auf)teilen; zerstückeln

déménagement M Umzug *m*; Auszug *m*

déménager ⟨-ge-⟩ A V/T umräumen B V/I um-, ausziehen **déménageur** [-œr] M 1 Möbelpacker *m* 2 Möbelspediteur *m*

démence [demɑ̃s] F Irrsinn *m*

démener [demne] V/PR ⟨-è-⟩ **se ~** 1 (herum)toben 2 *fig* sich plagen; sich abmühen

dément [demɑ̃] ADJ ⟨-ente [-ɑ̃t]⟩ irrsinnig; irre (*a. fam fig*)

démenti [demɑ̃ti] M Dementi *n*

démentiel [demɑ̃sjɛl] ADJ ⟨~le⟩ unsinnig; verrückt

démentir ⟨→ partir⟩ A V/T 1 **~ qn** j-m (offiziell) widersprechen 2 *nouvelle* dementieren 3 *chose* **~ qc** etw Lügen strafen B V/PR **ne pas se ~** nicht nachlassen, abflauen

démerdard [demɛrdar] *pop* M *et* ADJ → débrouillard

démerder V/PR *pop* **se ~** → débrouiller B

démériter V/I **~ aux yeux de qn** sich in den Augen j-s schuldig machen

démesure F Maßlosigkeit *f*

démesuré ADJ ⟨~e⟩ 1 immens; riesig 2 *fig orgueil, etc* maßlos **démesurément** ADV maßlos; übermäßig; unendlich

démettre ⟨→ mettre⟩ A V/T **~ qn de ses fonctions** j-n s-s Amtes entheben; j-n absetzen B V/PR 1 **se ~ le bras** sich (*dat*) den Arm ver-, ausrenken, auskugeln 2 **se ~ (de ses fonctions)** sein Amt niederlegen

demeurant [dəmœrɑ̃] *st/s* **au ~** im Übrigen; ansonsten

demeure [dəmœr] F 1 Wohnsitz *m*; *fig* **dernière ~** letzte Ruhestätte 2 **à ~** auf Dauer 3 **mettre qn en ~ de** (+ *inf*) j-n auffordern, mahnen zu (+ *inf*)

demeuré [dəmœre] ADJ ⟨~e⟩ (geistig) zurückgeblieben; *péj* schwachköpfig

demeurer [dəmœre] V/I 1 (*habiter*) wohnen 2

⟨être⟩ *(rester)* bleiben
demi [d(ə)mi] A ADJ **un jour et ~** anderthalb *ou* eineinhalb Tage *mpl*; **trois heures et ~e** dreieinhalb Stunden *fpl*; **à trois heures et ~e** um halb vier B ADV **à ~** halb; zur Hälfte C SUBST 1 **~(e)** *m(f)* Halbe(r, -s) *f(m, n)* 2 *m* MATH Halbe(s) *n* 3 *bière* **un ~** ein (kleines) Glas Bier 4 *m* SPORT Mittelfeldspieler *m* 5 *heure* **à la ~e** um halb
demi-... [d(ə)mi] *préfixe* (! auch bei Pluralformen unveränderlich, z. B. **demi-places**) halb...; Halb...
demi-botte F Halbstiefel *m* **demi-bouteille** F halbe *ou* kleine Flasche
demi-cercle M Halbkreis *m*; **en ~** im Halbkreis
demi-deuil M Halbtrauer *f* **demi-dieu** M Halbgott *m* **demi-douzaine** F halbes Dutzend
demi-écrémé [d(ə)miekʀeme] ADJ ⟨~e⟩ **lait ~** Halbmilch *f*; Trockenmilch *f* mit geringerem Fettgehalt *(für Säuglinge)*
demi-finale F SPORTS Halb-, Semifinale *n* **demi-finaliste** M/F SPORTS Teilnehmer(in) *m(f)* am Halb-, Semifinale
demi-fond M SPORTS Mittelstrecke *f*; **coureur** *f* **de ~** Mittelstreckenläufer *m m*
demi-frère M Halb-, Stiefbruder *m*
demi-heure F halbe Stunde **demi-jour** M Dämmer-, Zwielicht *n*; Halbdunkel *n* **demi-journée** F halber Tag
démilitarisation [demilitaʀizasjõ] F Entmilitarisierung *f* **démilitariser** [-e] V/T entmilitarisieren
demi-litre M halber Liter **demi-longueur** F SPORTS halbe Länge
demi-lune F 1 FORTIFICATIONS Außenwerk *n* 2 ARCH halbkreisförmiger, halbrunder Platz 3 *adjt* (! unveränderlich) *meuble* halbkreisförmig; halbrund
demi-mal M **il n'y a que ~** es ist (nur) halb so schlimm
demi-mesure F halbe Sache; Halbheit *f*
demi-mot: **à ~** ohne viel Worte; mithilfe von Andeutungen
déminage [deminaʒ] M Minenräumung *f*; Entminung *f* **déminer** [-e] V/T entminen; von Minen säubern; *abs* Minen räumen
déminéralisation [demineʀalizasjõ] F Demineralisation *f*
déminéraliser [demineʀalize] V/PR **se ~** (die) Mineralien verlieren
démineur M MIL Minenräumer *m*
demi-pause F MUS halbe Pause
demi-pension F 1 Halbpension *f* 2 Ganztagsschule *f* (mit gemeinsamem Mittagessen) **demi-pensionnaire** M/F Ganztagsschüler(in) *m(f)*
demi-pointure F *chaussures* Zwischengröße *f* **demi-portion** F *fam fig* halbe Portion **demi-queue** M Stutzflügel *m*
démis [demi] PP → **démettre** *et* ADJ ⟨-ise [-iz]⟩ verrenkt
demi-saison F Übergangszeit *f* **demi-sec** ADJ ⟨-sèche [-sɛʃ]⟩ *champagne* halbtrocken **demi-sel** ADJ (! unveränderlich) leicht gesalzen **demi-siècle** M halbes Jahrhundert **demi-sœur** F Halb-, Stiefschwester *f* **demi-sommeil** M Halbschlaf *m* **demi-soupir** M MUS Achtelpause *f*
démission F 1 Rücktritt *m*; POL *a.* Demission *f*; *d'un salarié* Kündigung *f*; **lettre** *f* **de ~** Rücktrittsgesuch *n*; **donner sa ~** den Rücktritt einreichen, erklären; *salarié* kündigen 2 *fig* Verzicht *m*; Aufgabe *f*; *des parents etc* Versagen *n*
démissionnaire [demisjɔnɛʀ] ADJ 1 zurückgetreten 2 *parents* die aufgeben, versagen
démissionner [demisjɔne] V/I 1 zurücktreten; *salarié* kündigen 2 *fig* aufgeben
demi-tarif: **(à) ~** zum halben Preis
demi-teinte F PEINT Halbton *m* *(a. fig)*
demi-tour M Kehrtwendung *f*; **faire demi-tour** kehrtmachen; umkehren
démobilisation F 1 MIL Demobilisierung *f* 2 *fig* Demotivation *f*
démobiliser V/T 1 MIL demobilisieren 2 *fig* demotivieren; *adjt* **démobilisé** demotiviert; ohne Einsatzfreude
démocrate [demɔkʀat] A M/F Demokrat(in) *m(f)* B ADJ demokratisch; *aux États-Unis* **parti ~** Demokratische Partei
démocrate-chrétien ADJ ⟨-ienne [-jɛn]⟩ christlich-demokratisch
démocratie [demɔkʀasi] F Demokratie *f* **démocratique** [-tik] ADJ demokratisch **démocratiquement** [-tikmã] ADV demokratisch
démocratisation [demɔkʀatizasjõ] F Demokratisierung *f*
démocratiser [demɔkʀatize] A V/T demokratisieren B V/PR **se ~** 1 POL demokratisch werden 2 allen Bevölkerungsschichten zugänglich werden
démodé [demɔde] ADJ ⟨~e⟩ altmodisch; unmodern; überholt
démoder [demɔde] V/PR **se ~** unmodern werden; aus der Mode kommen
démographe [demɔgʀaf] M/F Demograph(in) *m(f)*
démographie [demɔgʀafi] F Demographie *f*; **~ galopante** sprunghafte Bevölkerungszunahme
démographique [demɔgʀafik] ADJ demographisch; Bevölkerungs...

demoiselle [d(ə)mwazɛl] F 1 Fräulein *n* 2 *iron* junge Dame 3 **~ d'honneur** Brautjungfer *f*
démolir [demɔliʀ] V/T 1 *construction* abreißen; abbrechen 2 *(casser)* demolieren; kaputt machen 3 *fig* zerstören; zunichtemachen 4 *fam (frapper)* **~ qn** *fam* j-n zusammenschlagen 5 *fig* **~ qn** j-n diffamieren, in Verruf bringen; *par la critique* j-n verreißen
démolissage [demɔlisaʒ] M *d'un auteur, d'une œuvre* Verriss *m*; vernichtende Kritik (**de** an *+dat*)
démolisseur [demɔlisœʀ] M 1 Abbrucharbeiter *m* 2 *fig* Zerstörer *m*
démolition [demɔlisjõ] F 1 Abriss *m*; Abbruch *m* 2 *fig* Zerstörung *f*
démon [demõ] REL, *fig* Dämon *m*; Teufel *m*; *enfant* **petit ~** Wildfang *m*; *fig* **~ de midi** Midlife-Crisis *f*
démoniaque [demɔnjak] ADJ dämonisch; teuflisch
démonstrateur [demõstʀatœʀ] M, **démonstratrice** [-tʀis] F Demonstrator *m*; Vorführdame *f*; Propagandist(in) *m(f)*
démonstratif [demõstʀatif] ADJ ⟨-ive [-iv]⟩ 1 *personne* mitteilsam; überschwänglich 2 **(pronom) ~** *m* Demonstrativpronomen *n*; hinweisendes Fürwort
démonstration [demõstʀasjõ] F 1 *(raisonnement)* Beweisführung *f* 2 *d'un appareil, etc* Vorführung *f*; Demonstration *f* 3 *de sentiments* Bekundung *f*; Äußerung *f*; **~ de force** Demonstration *f* der Stärke *(a.* MIL)
démontable [demõtabl] ADJ zerlegbar
démontage M Zerlegung *f*; Demontage *f*; Abbau *m*; *d'un pneu* Abmontieren *n*
démonté [demõte] ADJ ⟨~e⟩ *mer* aufgewühlt
démonte-pneu [demõtpnø] M ⟨démonte-pneus⟩ Montierhebel *m*
démonter A V/T 1 zerlegen; auseinandernehmen; demontieren; *tente* abbrechen; *échafaudage* abbauen 2 *roue* abmontieren; *pièce* ausbauen 3 *fig* **~ qn** j-n aus der Fassung bringen B V/PR **se ~** sich aus der Fassung bringen lassen
démontrable [demõtʀabl] ADJ beweisbar
démontrer V/T beweisen; *par ext a.* demonstrieren; hinweisen auf (+ *acc*)
démoralisant [demɔʀalizɑ̃] ADJ ⟨-ante [-ɑ̃t]⟩ entmutigend; deprimierend; demoralisierend
démoralisateur [-atœʀ] ADJ ⟨-trice [-tʀis]⟩ demoralisierend; zersetzend **démoralisation** [-asjõ] F *action* Demoralisierung *f*; Entmutigung *f*; *état* Mutlosigkeit *f*; Deprimiertheit *f*
démoraliser [-e] A V/T demoralisieren; entmutigen B V/PR **se ~** den Mut, die Zuversicht verlieren
démordre V/T INDIR ⟨→ rendre⟩ **ne pas ~ d'une opinion** von e-r Meinung nicht abgehen; auf e-r Meinung beharren; **il n'en démord pas** er lässt sich nicht davon abbringen; er beharrt darauf; er lässt nicht locker
démotiver V/T demotivieren
démoulage M Herausnehmen *n* aus der Form **démouler** [-e] V/T aus der Form nehmen
démoustiquer [demustike] V/T von Mücken befreien; die Mücken vernichten (**un lieu** an e-m Ort)
démultiplicateur M Untersetzungsgetriebe *n* **démultiplication** [-asjõ] F TECH Übersetzung *f*
démultiplier V/T TECH übersetzen
démunir A V/T **~ qn de qc** j-m etw wegnehmen; j-n um etw bringen; **être démuni** ohne Geld, mittellos, *fig* hilflos dastehen B V/PR **se ~ de qc** etw weggeben
démystification F Aufklärung *f*; Desillusionierung *f* **démystifier** [-fje] V/T 1 *personne* aufklären; desillusionieren 2 *chose* das Geheimnisvolle nehmen (*+dat*)
démythification [demitifikasjõ] F Entmythisierung *f* **démythifier** [-fje] V/T entmythisieren; *par ext* realistisch, kritisch betrachten
dénatalité F Geburtenrückgang *m*
dénationalisation F Reprivatisierung *f*; Rückführung *f* in Privathand **dénationaliser** [-e] V/T reprivatisieren
dénaturalisation F Ausbürgerung *f* **dénaturaliser** [-e] V/T ausbürgern
dénaturant [denatyʀɑ̃] M Denaturierungsmittel *n* **dénaturation** [-asjõ] F Denaturierung *f*
dénaturé [denatyʀe] ADJ ⟨~e⟩ entartet; **mère ~e, père ~** *a.* Rabenmutter *f*, -vater *m*
dénaturer [denatyʀe] V/T 1 entstellen; verfälschen 2 TECH denaturieren
dénazification [denazifikasjõ] F Entnazifizierung *f* **dénazifier** [-fje] V/T entnazifizieren
dénégation F Abstreiten *n*; Leugnen *n*
déneigement [denɛʒmɑ̃] M Schneeräumung *f*
déni [deni] M **~ de justice** Rechtsverweigerung *f*
déniaiser [denjeze] V/T die Unschuld nehmen (**qn** j-m)
dénicher 1 aus dem Nest nehmen 2 *(trouver)* aufstöbern; auftreiben; *fam* ergattern
dénicheur [deniʃœʀ] M, **dénicheuse** [-øz] F j-d, der Nester ausnimmt
dénicotinisation [denikɔtinizasjõ] F Nikotinentzug *m*
dénicotiniser [denikɔtinize] V/T das Nikotin entziehen (*+dat*); *adjt* **dénicotinisé** nikotinarm *ou* -frei

denier [dənje] M 1 HIST Denar *m*; Heller *m* 2 **~s publics** öffentliche Gelder *npl*
dénier V/T **~ qc à qn** j-m etw verweigern, absprechen
dénigrement [denigʀəmɑ̃] M Herabsetzung *f*; Verunglimpfung *f* **dénigrer** [-e] V/T anschwärzen; herabsetzen; schlechtmachen
dénivelée [denivle] F Höhenunterschied *m*
déniveler [-e] V/T ⟨-ll-⟩ *sol, rue* uneben machen; senken
dénivellation [denivɛlasjõ] F *ou* **dénivellement** [-mɑ̃] M Höhenunterschied *m*
dénombrable [denõbʀabl] ADJ zählbar
dénombrement [denõbʀəmɑ̃] M Zählung *f*
dénombrer [denõbʀe] V/T zählen
dénominateur [denɔminatœʀ] M Nenner *m*; **~ commun** gemeinsamer Nenner (*a. fig*); **réduire au même ~** auf den gleichen Nenner bringen; gleichnamig machen
dénominatif [denɔminatif] ADJ ⟨-ive [-iv]⟩ **mot** M, **verbe** M Denominativ(um) *n*
dénomination F Bezeichnung *f*; Benennung *f*
dénommer V/T (be)nennen; bezeichnen; **le dénommé X** der besagte X
dénoncer [denõse] V/T ⟨-ç-⟩ 1 anzeigen (**à la police** bei der Polizei); *bassement* denunzieren 2 *fig abus, etc* anprangern 3 *accord* (auf)kündigen
dénonciateur [denõsjatœʀ] M, **dénonciatrice** [-tʀis] F *péj* Denunziant(in) *m(f)*
dénonciation [denõsjasjõ] F 1 Anzeige *f*; *péj* Denunziation *f* 2 *fig* Anprangerung *f*
dénoter V/T schließen lassen, hindeuten auf (+ *acc*)
dénouement [denumɑ̃] M Ausgang *m* (*a.* THÉ); Lösung *f*
dénouer A V/T 1 aufbinden; aufknoten 2 *fig* entwirren; *crise* lösen B V/PR **se ~** aufgehen; sich lösen (*a.* THÉ, *difficultés*)
dénoyauter V/T entsteinen; entkernen
denrée [dɑ̃ʀe] F 1 (Ess)Ware *f*; **~s** *pl* Lebensmittel *npl*; **~s alimentaires** Nahrungsmittel *npl* 2 *fig* **une ~ rare** e-e Seltenheit, Rarität
dense [dɑ̃s] ADJ 1 dicht; *foule* dicht gedrängt 2 *fig style* gedrängt
densité [dɑ̃site] F Dichte *f* (*a.* PHYS)
dent [dɑ̃] F (! feminin) 1 Zahn *m*; **~ de lait, de sagesse** Milch-, Weisheitszahn *m*; **à belles ~s** *mordre* kräftig; *fig* **déchirer qn à belles ~s** kein gutes Haar an j-m lassen; *parler* **entre les ~s** undeutlich; vor sich hin; *fam fig* **avoir la ~** *fam* e-n Mordshunger haben; *fig* **avoir les ~s longues** geldgierig *ou* ehrgeizig sein; *fig* **avoir une ~ contre qn** *fam* e-n Pik auf j-n haben; *fig* **être sur les ~s** in äußerster Anspannung sein; *bébé* **faire, percer ses ~s** s-e Zähne bekommen; zahnen; **n'avoir rien à se mettre sous la ~** nichts zu beißen haben 2 *d'une fourchette* Zinke *f*; *d'un peigne, d'un timbre* Zahn *m*; *d'une scie a.* Zacke *f*; **en ~s de scie** gezackt; *fig* in e-m ständigen Auf und Ab

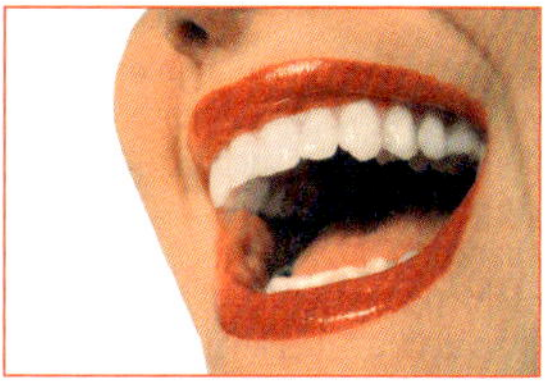

les dents (fpl) — Zähne

les dents (fpl) — Zinken

dentaire [dɑ̃tɛʀ] ADJ 1 Zahn... 2 zahnärztlich
dental [dɑ̃tal] ADJ ⟨~e; -aux [-o]⟩ **consonne** *f* **~e** Dentallaut *m*
dentale [dɑ̃tal] F Dentallaut *m*
denté [dɑ̃te] ADJ ⟨~e⟩ TECH gezahnt; **roue ~e** Zahnrad *n*
dentelé [dɑ̃tle] ADJ ⟨~e⟩ gezahnt; gezähnt; gezackt **denteler** [-e] V/T ⟨-ll-⟩ mit Zähnen *ou* Zacken versehen; auszacken
dentelle [dɑ̃tɛl] F Spitze *f*
dentellière [dɑ̃təljɛʀ] F (Spitzen)Klöpplerin *f*
dentelure [dɑ̃tlyʀ] F Auszackung *f*, -zahnung *f*
dentier [dɑ̃tje] M (künstliches) Gebiss; (Zahn)-Prothese *f*
dentifrice [dɑ̃tifʀis] M Zahncreme *f*, -pasta *f*
dentiste [dɑ̃tist] M/F Zahnarzt, -ärztin *m,f*
dentition [dɑ̃tisjõ] F (natürliches) Gebiss
dénucléarisé [denyklearize] ADJ ⟨~e⟩ kern-, atomwaffenfrei **dénucléariser** [-e] V/T zur kern-, atomwaffenfreien Zone erklären, machen
dénudé [denyde] ADJ ⟨~e⟩ nackt; entblößt; *paysage, crâne* kahl; *câble* blank **dénuder** [-e] V/T entblößen; *câble* bloß legen; freilegen
dénué [denɥe] ADJ ⟨~e⟩ **~ de qc** ohne etw; ...los; **~ d'intérêt** uninteressant; ohne Interesse; **~ de sens** sinnlos
dénuement [denymɑ̃] M Mittellosigkeit *f*;

D

Not *f*
dénutrition F Mangelernährung *f*
déodorant M Deodorant *n*
déontologie [deõtɔlɔʒi] F Berufsethos *n*
dépannage [depanaʒ] M 1 Pannenhilfe *f*; Reparatur *f*; AUTO **service** *m* **de ~** Pannen-, Abschleppdienst *m* 2 *fam fig* Hilfe(leistung) *f*
dépanner [depane] V/T 1 die Panne beheben (**la voiture** am Auto); reparieren; *voiture a.* abschleppen 2 *fam fig* **~ qn** j-m aus der Verlegenheit helfen; j-m aus-, weiterhelfen
dépanneur [depanœʀ] M Kundendienst(-techniker) *m* **dépanneuse** [-øz] F Abschleppwagen *m*
dépaqueter [depakte] V/T ‹-tt-› auspacken
dépareillé [depaʀeje] ADJ ‹~e› *collection* nicht komplett; *gant* einzeln; *tasses* nicht zusammengehörend **dépareiller** [-e] V/T *collection* unvollständig machen
déparer V/T verschandeln
départ [depaʀ] M 1 Abreise *f*; Aufbruch *m*; *d'un train, bus* Abfahrt *f*; *d'un avion* Abflug *m*; **être sur le ~** im Begriff sein abzureisen 2 SPORTS Start *m*; **donner le ~** das Startzeichen geben (*a. fig*) (**à** für); **prendre le ~** starten 3 (*début*) Anfang *m*; Beginn *m*; **au ~** am Anfang; zu Beginn; **prendre un nouveau ~** neu anfangen 4 *d'un fonctionnaire* Abgang *m* 5 **prix** *m* **~ usine** Preis *m* ab Werk
départager V/T ‹-ge-› die Entscheidung herbeiführen zwischen (+ *dat*)
département [depaʀtəmɑ̃] M 1 *territoire* Departement *n* 2 ADMIN Abteilung *f*
départemental [depaʀtəmɑ̃tal] ADJ ‹~e; -aux [-o]› Departements…; (**route**) **~e** *f* Landstraße *f*
départir V/PR ‹→ partir› **se ~ de qc** etw aufgeben
dépassé ADJ ‹~e› überholt; veraltet
dépassement [depasmɑ̃] M 1 Überholen *n*; Überholvorgang *m* 2 FIN Überschreitung *f*; Überziehung *f*
dépasser A V/T 1 (*doubler*) überholen (*a. abs*) 2 *en dimensions* überragen; hinausragen über (+ *acc*) 3 *temps, quantité, etc* überschreiten; übersteigen; *espoirs* übertreffen 4 *fig* **cela le dépasse** (*c'est trop difficile*) da ist er überfordert; (*il ne comprend pas*) das will ihm nicht in den Kopf; er kann es nicht fassen; **il est dépassé (par les événements)** die Dinge wachsen ihm über den Kopf B V/I hinausragen (**de** über + *acc*); herausragen, -stehen (aus); *vêtement* hervorschauen C V/PR **se ~ (soi-même)** über sich (*acc*) selbst hinauswachsen; sich selbst übertreffen
dépassionner V/T entschärfen; versachlichen
dépatouiller [depatuje] V/PR *fam* **se ~** *fam* sich (*dat*) selbst aus der Patsche helfen
dépaysement [depeizmɑ̃] M 1 Fremdsein *n*; Verloren-, Verlassenheit *f* 2 *positif* Orts-, *fam* Tapetenwechsel *m*
dépayser [depeize] V/T ein Gefühl der Fremdheit geben (**qn** j-m); **se sentir dépaysé** sich (*dat*) fremd, verlassen vorkommen
dépeçage [depəsaʒ] M Zerreißen *n*; Zerlegen *n*; Auseinandernehmen *n* **dépeçer** [-e] V/T ‹-è-, -ç-› *proie* in Stücke reißen; *bœuf* zerlegen
dépêche [depɛʃ] F Depesche *f*
dépêcher A V/T **dépêcher qn auprès de qn** j-n schnell zu j-m schicken B V/PR **se dépêcher** sich beeilen (**de faire qc** etw zu tun, mit etw)
dépeigner V/T → décoiffer 1
dépeindre V/T ‹→ peindre› beschreiben; schildern
dépenaillé [dep(ə)naje] ADJ ‹~e› zerlumpt
dépendance [depɑ̃dɑ̃s] F 1 Abhängigkeit *f* (*a. d'une drogue*) 2 MÉD Pflegebedürftigkeit *f* 3 *pl* **~s** Nebengebäude *npl*
dépendant ADJ ‹-ante [-ɑ̃t]› 1 abhängig (**de** von) 2 **~ (d'une drogue)** drogenabhängig 3 MÉD pflegebedürftig; **personne ~e** *a.* Pflegefall *m*
dépendre ‹→ rendre› A V/T abhängen; abnehmen B V/T INDIR 1 **~ de qc, de qn** von etw, von j-m abhängen; *personne* **~ de qn** *a.* von j-m abhängig sein; auf j-n angewiesen sein; *abs* **ça dépend** das kommt d(a)rauf an; je nachdem 2 (*faire partie*) **~ de qc** zu etw gehören
dépens [depɑ̃] MPL **aux ~ de** auf Kosten von (*ou* + *gén*) (*a. fig*); **à mes ~** auf meine Kosten
dépense [depɑ̃s] F 1 Ausgabe *f*; Auslage *f* 2 *fig* Aufwand *m*; **~ physique** physische Anstrengung, Belastung; **~ d'énergie** Energieverbrauch *m*
dépenser A V/T 1 *argent* ausgeben 2 *fig temps* aufwenden; *énergie* verbrauchen B V/PR **se ~** sich (physisch) verausgaben
dépensier [depɑ̃sje] ADJ ‹-ière [-jɛʀ]› verschwenderisch; ausgabenfreudig
déperdition F Verlust *m*; **~ de chaleur** Wärmeverlust *m*
dépérir V/I dahinsiechen; verkümmern; allmählich zugrunde gehen
dépérissement [depeʀismɑ̃] M 1 *d'un malade* Dahinsiechen *n*; *d'une plante* Verkümmern *n*; Eingehen *n* 2 *fig* Niedergang *m*; Verfall *m*
dépêtrer [depetʀe] A V/T befreien, herausholen (**de** aus) B V/PR **se ~** loskommen, sich frei machen (**de qn, qc** von j-m, etw)
dépeuplement M Entvölkerung *f* **dépeupler** [-e] V/T (*et* V/PR **se ~** sich) entvölkern
déphasage [defazaʒ] M 1 PHYS Phasenver-

schiebung *f* **2** *fig* mangelnde Anpassung; Orientierungslosigkeit *f*
déphasé [defaze] ADJ ⟨~e⟩ **1** PHYS phasenverschoben **2** *fig* nicht angepasst; orientierungslos; **être ~** sich nicht mehr zurechtfinden
dépiauter [depjote] *fam* V/T ab-, enthäuten
dépilation [depilasjõ] F **1** MÉD Haarschwund *m*; Haarausfall *m* **2** → épilation **dépilatoire** [-twaʀ] M Enthaarungsmittel *n*
dépistage [depistaʒ] M MÉD Erkennung *f*; Nachweis *m*; **~ précoce** Früherkennung *f*; Vorsorge *f*
dépister [depiste] V/T *maladie* nachweisen; feststellen; erkennen; *fraude, criminel* auf die Spur kommen (+ *dat*); aufspüren
dépit [depi] M **1** Verdruss *m*; Verstimmung *f*; Missmut *m*; **par ~** aus Trotz **2** **en ~ de** trotz (+ *gén*); **en ~ du bon sens** völlig planlos
dépité [depite] ADJ ⟨~e⟩ verstimmt; missmutig **dépiter** [-e] V/T verstimmen; verärgern
déplacé ADJ ⟨~e⟩ **1** unpassend; unangebracht; fehl am Platz; deplatziert **2** **personne ~e** Vertriebene(r) *m/f(m)*
déplacement M **1** Umstellung *f*; Verschiebung *f*; Bewegung *f* **2** Reise *f*; Fahrt *f*; **être en ~** auswärts *ou* im Außendienst arbeiten
déplacer ⟨-ç-⟩ **A** V/T umstellen; verrücken; verschieben; *fonctionnaire* versetzen; *fig problème* verlagern **B** V/PR **se ~** **1** (*bouger*) sich (fort)bewegen **2** (*voyager*) (ver)reisen **3** (*se déranger*) eigens kommen
déplaire ⟨→ plaire⟩ **A** V/T INDIR **~ à qn** j-m missfallen, nicht zusagen **B** V/PR **se ~** sich nicht wohlfühlen
déplaisant ADJ ⟨-ante [-ɑ̃t]⟩ unangenehm; *personne a.* unsympathisch; *remarque* unfreundlich
déplaisir M Missfallen *n*
déplanter V/T um-, verpflanzen; um-, versetzen
déplâtrer V/T den Gipsverband, *fam* den Gips abnehmen (**un membre** von e-m Glied; **qn** j-m)
dépliage [deplijaʒ] M Auseinander-, Entfalten *n*
dépliant M Faltprospekt *m*, -blatt *n*
déplier V/T auseinanderfalten; entfalten
déplisser V/T die Falten entfernen aus
déploiement [deplwamɑ̃] M **1** Entfaltung *f*; Aufbietung *f*; Zurschaustellung *f*; Demonstration *f* **2** MIL Aufmarsch *m*
déplorable [deplɔʀabl] ADJ **1** beklagens-, bedauernswert; bedauerlich **2** (*mauvais*) miserabel; erbärmlich **déplorer** [-e] V/T *perte, victime* beklagen; *incident, absence* bedauern
déployer ⟨-oi-⟩ **A** V/T **1** auseinanderfalten; entfalten; ausbreiten (*a. ailes*) **2** *fig zèle, courage* entfalten; aufbieten; *puissance, luxe* zur Schau stellen **B** V/PR **se ~** **1** sich entfalten **2** MIL aufmarschieren
déplumé [deplyme] ADJ ⟨~e⟩ *fam personne* (fast) kahl (*a. crâne*); kahl-, glatzköpfig
déplumer V/PR *fam* **se ~** kahl werden; *fam* e-e Platte bekommen
dépoli ADJ ⟨~e⟩ **verre ~** Mattglas *n*
dépolir V/T mattieren; matt schleifen
dépolitisation F Entpolitisierung *f* **dépolitiser** [-e] V/T entpolitisieren
dépolluer V/T sanieren; reinigen
dépollution F Beseitigung *f* der Umweltverschmutzung; Entgiftung *f*
dépopulation F Entvölkerung *f*; Bevölkerungsrückgang *m*
déportation [depɔʀtasjõ] F Deportation *f*; Verschleppung *f* (in ein Konzentrationslager)
déporté(e) M(F) Deportierte(r) *m/f(m)*
déportement [depɔʀtəmɑ̃] M Zur-Seite-gedrückt-Werden *n*; Ausscheren *n*
déporter **A** V/T **1** *véhicule* abdrängen; zur Seite drücken **2** deportieren; (in ein Konzentrationslager) verschleppen **B** V/PR **se ~** von der Fahrtrichtung abkommen; ausscheren
déposant [depozɑ̃] M COMM Deponent *m*; Hinterleger *m*; *d'argent* Einzahler *m*
déposé ADJ ⟨~e⟩ *marque, nom* eingetragen; *modèle* Gebrauchs…
déposer **A** V/T **1** *objet* ab-, nieder-, hinstellen, -legen; *couronne* niederlegen; *passager* absetzen; *alluvions* ablagern **2** *en lieu sûr* deponieren; hinterlegen; in Verwahrung geben; *argent* einzahlen; *bagages* abgeben **3** *brevet* anmelden; **marque déposée** Marke *f*; **~ son bilan** Konkurs anmelden, beantragen **4** *souverain* absetzen **B** V/I *au tribunal* aussagen **C** V/PR **se ~** *poussière, boue* sich ablagern; *lie* sich absetzen
dépositaire [depozitɛʀ] M **1** Verwahrer *m*; FIN Depositar *m* **2** *d'un secret* Mitwisser *m* **3** COMM Auslieferer *m*
déposition F JUR (Zeugen)Aussage *f*
déposséder V/T ⟨-è-⟩ **~ qn de qc** j-m etw entziehen
dépossession F Enteignung *f*; Entzug *m*
dépôt [depo] M **1** *d'une couronne* Niederlegung *f*; *d'une somme* Hinterlegung *f*; **~ de bilan** Konkurs *m*; **~ des ordures** Müll-, Schuttabladen *n* **2** FIN (Spar)Einlage *f* **3** *lieu* Depot *n*; Lager *n*; *pour transports publics* Betriebshof *m*; Depot *n*; **~ de pain** Brotverkauf(sstelle) *m(f)* **4** (*prison*) Arrestlokal *n* **5** *dans un liquide* Bodensatz *m*; Rückstand *m*; GÉOL Ablagerung *f*
dépoter [depɔte] V/T umtopfen
dépotoir [depɔtwaʀ] M Schuttabladeplatz *m*; Müllkippe *f* (*a. fig*)

D

dépouille [depuj] F **1** abgezogenes Fell; Balg *m* **2** *st/s* ~ **(mortelle)** sterbliche Hülle; sterbliche Überreste *pl*

dépouillé [depuje] ADJ ⟨~e⟩ *style* streng; schmucklos; nüchtern

dépouillement [depujmɑ̃] M **1** ~ **du scrutin** Auszählung *f* der Stimmen **2** Strenge *f*; Schmucklosigkeit *f*

dépouiller [depuje] V/T **1** ~ **qn de qc** j-m etw wegnehmen; j-n e-r Sache *(gén)* berauben; ~ **qn** j-n be-, ausrauben **2** (genau) durchsehen; prüfen; *questionnaire* auswerten; ~ **le scrutin** die Stimmen auszählen

dépourvu **A** ADJ ⟨~e⟩ ~ **de qc** ohne etw; … los **B** **prendre qn au** ~ j-n (völlig) überraschen; j-n unvorbereitet treffen

dépoussiérage [depusjeʀaʒ] M Entstaubung *f*; TECH *a.* Staubentfernung *f*, -abscheidung *f*

dépoussiérer [depusjeʀe] V/T ⟨-è-⟩ **1** ab-, entstauben **2** *fig* frischen Wind bringen in (+ *acc*)

dépravation [depʀavasjõ] F Verdorbenheit *f*

dépravé [depʀave] ADJ ⟨~e⟩ **1** verdorben; lasterhaft **2** *goût* abwegig **dépraver** [-e] V/T verderben

dépréciatif [depʀesjatif] ADJ ⟨-ive [-iv]⟩ LING pejorativ; abwertend **dépréciation** [-sjõ] F Wertminderung *f*, -verlust *m*

déprécier [depʀesje] **A** V/T **1** den Wert mindern (+ *gén*) **2** *fig* gering schätzen; herabsetzen **B** V/PR **1** **se** ~ an Wert verlieren **2** **se** ~ **soi-même** sich selbst herabsetzen, -würdigen

déprédation [depʀedasjõ] F **1** ~**s** *pl* (*dégâts*) Schaden *m* **2** *de fonds publics* Veruntreuung *f* **3** ÉCOL Raubbau *m*

dépressif [depʀesif] ADJ ⟨-ive [-iv]⟩ depressiv

dépression F **1** GÉOG Senke *f* **2** MÉTÉO Tief *n* **3** ~ **nerveuse** nervöse Erschöpfung; Depressionen *fpl* **4** ÉCON Depression *f*; Flaute *f*; Konjunkturtief *n*

dépressionnaire [depʀesjɔnɛʀ] ADJ MÉTÉO Tiefdruck…

dépressurisation F Druckabfall *m*

déprimant [depʀimɑ̃] ADJ ⟨-ante [-ɑ̃t]⟩ deprimierend; bedrückend

déprime *fam* F depressive Stimmung; **être en pleine** ~ *fam* ganz down sein

déprimer **A** V/T deprimieren; bedrückt machen; *adjt* **déprimé** deprimiert; niedergeschlagen **B** *fam* V/I in e-r depressiven Stimmung sein; *fam* down sein

dépuceler [depysle] *fam* V/T ⟨-ll-⟩ entjungfern

depuis [d(ə)pɥi] **A** PRÉP **1** *temps* seit (+ *dat*); **depuis toujours** schon immer; von jeher **2** *lieu* von … ab; von … aus; **depuis Paris** von Paris ab; **depuis ma fenêtre** von meinem Fenster aus **3** **depuis … jusqu'à …** von … bis (zu) … **B** ADV seitdem; seither **C** CONJ **depuis que** seit(-dem)

dépuratif [depyʀatif] M Entschlackungsmittel *n*

députation [depytasjõ] F **1** Abordnung *f* **2** POL Abgeordnetenmandat *n*

député [depyte] M Abgeordnete(r) *m/f(m)*; **une femme** ~ e-e Abgeordnete

député-maire M ⟨députés-maires⟩ Abgeordnete(r) und Bürgermeister *m*

der [dɛʀ] *fam* (*dernier*) **le, la** ~ **des** ~**s** der, die, das Allerletzte

déraciné [deʀasine] **A** ADJ ⟨~e⟩ *personne* entwurzelt **B** SUBST ~**(e)** M(F) Entwurzelte(r) *m/f(m)*

déracinement [deʀasinmɑ̃] M Entwurzelung *f* (*a. fig*)

déraciner [deʀasine] V/T **1** *arbre, fig personne* entwurzeln **2** *fig préjugés* ausrotten

déraillement [deʀɑjmɑ̃] M Entgleisung *f* **dérailler** [-e] V/I **1** CH DE FER entgleisen **2** *fam fig* dummes Zeug faseln; *mécanisme fam* spinnen; verrücktspielen

dérailleur [deʀɑjœʀ] M Ketten-, Gangschaltung *f*; ~ **à trois vitesses** Dreigangschaltung *f*

déraison *st/s* F Unvernunft *f*; Unverstand *m*

déraisonnable ADJ unvernünftig **déraisonner** [-e] V/I Unsinn reden

dérangement M **1** Unordnung *f* **2** Störung *f* (*a.* TÉL); TÉL **en** ~ gestört

déranger ⟨-ge-⟩ **A** V/T **1** *objets* in Unordnung bringen; durcheinanderbringen **2** *fam fig* **être dérangé** nicht ganz richtig im Kopf sein **3** ~ **qn** j-n stören; j-m Umstände machen **B** V/PR **se** ~ s-n Platz verlassen; sich persönlich bemühen

dérapage [deʀapaʒ] M **1** *d'un véhicule* Schleudern *n* **2** *fig* Außer-Kontrolle-Geraten *n*; *de langage* Entgleisung *f*; *fam* Ausrutscher *m*

déraper [deʀape] V/I **1** schleudern; rutschen; ins Schleudern kommen **2** *fig* außer Kontrolle geraten; abgleiten

dératé M **courir comme un** ~ laufen wie ein Wiesel

dératisation [deʀatizasjõ] F Rattenbekämpfung *f* **dératiser** [-e] V/T die Ratten vernichten (**un immeuble** in e-m Gebäude)

derby [dɛʀbi] M Derby *n*

déréglé ADJ ⟨~e⟩ **1** gestört; nicht in Ordnung; *machine* unregelmäßig laufend **2** *vie* unstet; unregelmäßig

dérèglement M unregelmäßiges Funktionieren; unregelmäßiger Lauf

déréglementation F Deregulierung *f*

dérégler ⟨-è-⟩ **A** V/T in Unordnung bringen; stören **B** V/PR **se** ~ *machine, pendule* unregelmäßig laufen

dérider A VT **~ qn** j-n aufheitern B VPR **se ~** heiter werden
dérision [derizjõ] F Spott *m*; *plus fort* Hohn *m*; **tourner qc en ~** etw verspotten, lächerlich machen
dérisoire [derizwaʀ] ADJ lächerlich; **à un prix ~** spottbillig
dérivatif [derivatif] M Ablenkung *f* (**à** von) **dérivation** [-sjõ] F Ableitung *f* (*a.* LING)
dérive F 1 MAR, AVIAT Abdrift *f*; **aller à la ~** treiben; driften; *fig personne* sich treiben lassen; *entreprise* führungslos dahintreiben 2 *d'un bateau* Schwert *n*
dérivé [derive] M 1 LING Ableitung *f* 2 CHIM Derivat *n*
dériver A VT *cours d'eau*, MATH ableiten B VT INDIR **~ de** zurückgehen auf (+ *acc*) C VI MAR, AVIAT, *fig* abdriften
dériveur [derivœʀ] M Schwertboot *n*
dermato [dɛʀmato] *fam* ABR → dermatologie, dermatologue
dermatologie [dɛʀmatɔlɔʒi] F Dermatologie *f* **dermatologue** [-lɔg] M/F Hautarzt, -ärztin *m,f*
dermatose [dɛʀmatoz] F Dermatose *f*; Hautkrankheit *f*
derme [dɛʀm] M Lederhaut *f* **dermique** [-ik] ADJ (Leder)Haut…
dernier [dɛʀnje] A ADJ ⟨-ière [-jɛʀ]⟩ 1 letzte; **~ étage** oberste Etage; **en ~ (lieu)** an letzter Stelle; zuletzt 2 (*extrême*) äußerste; höchste; letzte 3 (*le plus proche*) letzte; neueste; jüngste; vorige; **l'an ~, l'année dernière** das letzte Jahr; *adv* letztes Jahr; im letzten Jahr; **information** *f* **de dernière minute** letzte, allerneueste Meldung; *elliptiquement* **connaissez-vous la dernière?** wissen Sie schon das Neueste? B SUBST 1 **le ~, la dernière** der, die, das Letzte; **petit ~** Nesthäkchen *n*; **le ~ des imbéciles** der größte Dummkopf; **être le ~ de sa classe** Klassenletzter sein 2 **ce ~, cette dernière** Letzterer, Letztere
dernièrement [dɛʀnjɛʀmɑ̃] ADV kürzlich; vor Kurzem; letzthin
dernier-né M ⟨derniers-nés⟩, **dernière-née** F ⟨dernières-nées⟩ 1 Letztgeborene(r, -s) *f(m, n)* 2 *fig* **dernier-né des avions** neuestes Flugzeugmodell
dérobade [deʀɔbad] F Ausweichmanöver *n*
dérobé [deʀɔbe] ADJ ⟨~e⟩ **porte ~e** Geheimtür *f*; **regarder qn à la ~e** j-n verstohlen ansehen
dérober [deʀɔbe] A VT 1 *st/s* entwenden (**qc à qn** j-m etw) 2 *fig* (weg)nehmen; entziehen B VPR 1 **se ~ à qc** sich e-r Sache (*dat*) entziehen; *abs* **se ~** ausweichen 2 *sol* **se ~ sous** nachgeben unter (+ *dat*)
dérogation [deʀɔgasjõ] F 1 JUR Abweichung *f* (**à** von) 2 *par ext* Sondergenehmigung *f* **dérogatoire** [-twaʀ] ADJ Abweichungs…; abweichend
déroger [deʀɔʒe] VT INDIR ⟨-ge-⟩ abweichen (**à** von)
dérouillée [deʀuje] F *fam* Dresche *f*
dérouiller A VT entrosten B VI *fam* verdroschen, versohlt werden C VPR **se ~ les jambes** sich (*dat*) die Beine vertreten
déroulement M Verlauf *m*; Ablauf *m*
dérouler A VT abrollen; *tapis, rouleau a.* auf-, entrollen; *fil, pelote a.* abwickeln B VPR **se ~** *événements* verlaufen; *drame* sich abspielen; **se ~ devant qn** vor j-m ablaufen, abrollen
dérouleur [deʀulœʀ] M **~ de bande** Magnetbandgerät *n*
déroutant [deʀutɑ̃] ADJ ⟨-ante [-ɑ̃t]⟩ verwirrend
déroute F 1 wilde Flucht; **mettre en ~** in die Flucht schlagen 2 *fig* (völliger) Zusammenbruch
dérouté [deʀute] ADJ ⟨~e⟩ verwirrt; verunsichert
déroutement [deʀutmɑ̃] M MAR, AVIAT Kursänderung *f*
dérouter [deʀute] VT 1 **~ qn** j-n verwirren, verunsichern 2 *avion* umleiten
derrick [deʀik] M Bohrturm *m*
derrière [dɛʀjɛʀ] A PRÉP 1 hinter (+ *dat question «wo?»*; + *acc question «wohin?»*); **de ~** hinter (+ *dat*) hervor 2 *fig* hinter (+ *dat*); **il faut toujours être ~ lui** man muss immer hinter ihm her sein B ADV hinten; **regarder ~** nach hinten schauen; **par ~** → par-derrière C M 1 ANAT Hinterteil *n*; *fam* Hintern *m* 2 **de ~** Hinter…; hintere; **patte** *f* **de ~** Hinterpfote *f*
des [de] A ARTICLE DÉFINI der (*gén pl*); **la mère ~ enfants** die Mutter der Kinder B ARTICLE INDÉFINI *et* ARTICLE PARTITIF: *non traduit*: **~ amis** Freunde *mpl*; **~ mois entiers** monatelang
dès [dɛ] A PRÉP schon von … an; schon seit; schon, gleich in *ou* an (+ *dat*); **dès mon retour** gleich bei meiner Rückkehr; **dès maintenant** schon, gleich jetzt; schon von jetzt an B CONJ **dès que** sobald; sowie
dés… [dez…] *préfixe* → dé…
désabonnement M Abbestellung *f*, Auflösung *f* des Abonnements
désabonner A VT **~ qn** j-s Abonnement abbestellen, lösen B VPR **se ~** sein Abonnement abbestellen, lösen
désabusé [dezabyze] ADJ ⟨~e⟩ desillusioniert; enttäuscht; ernüchtert
désabuser VT **~ qn** j-n ernüchtern; j-m die Augen öffnen

D

désacclimater A V/T 1 *plante, animal* aus dem gewohnten Klimabereich nehmen 2 *fig* **~ qn** j-n aus s-r gewohnten Umgebung reißen B V/PR **se ~** s-e gewohnte Umgebung verlieren *ou* verlassen

désaccord M Uneinigkeit *f*; Unstimmigkeit *f*; **être en ~ avec qn** mit j-m uneinig, uneins sein (**sur** in + *dat ou* über + *acc*)

désaccordé ADJ ⟨~e⟩ MUS verstimmt **désaccorder** [-e] V/T MUS verstimmen

désaccoutumer V/PR **se ~ de** (+*inf*) sich (*dat*) etw abgewöhnen

désacralisation [desakʀalizasjõ] F Verlust *m* des sakralen Charakters **désacraliser** [-e] V/T den sakralen Charakter, *par ext* s-n Nimbus nehmen (**qc** e-r Sache [*dat*])

désactivation [dezaktivasjõ] F NUCL Abklingen(lassen) *n*

désadapté [dezadapte] ADJ ⟨~e⟩ nicht (mehr) angepasst; unangepasst **désadapter** [-e] V/PR **se ~** s-e Anpassung verlieren

désaffectation F 1 *d'un bâtiment* Nicht-mehr-Benutzen *n*; CH DE FER, MINES Stilllegung *f* 2 (*autre utilisation*) Zweckentfremdung *f*

désaffecté ADJ ⟨~e⟩ 1 *bâtiment* nicht mehr benutzt; leer stehend; CH DE FER, MINES stillgelegt 2 (*utilisé autrement*) zweckentfremdet

désaffecter V/T nicht mehr (für den vorgesehenen Zweck) benutzen; stilllegen

désaffection F Abkehr *f* (**pour qc** von etw); Desinteresse *n* (an + *dat*)

désagréable ADJ unangenehm; **être ~ avec qn** unfreundlich zu j-m sein

désagrégation F Zerfall *m* (*a. fig*)

désagréger [dezagʀeʒe] ⟨-è-, -ge-⟩ A V/T zersetzen B V/PR **se ~** sich zersetzen; zerfallen (*a. fig*)

désagrément M Unannehmlichkeit *f*

désaimanter V/T entmagnetisieren

désaltérant [dezalteʀɑ̃] ADJ ⟨-ante [-ɑ̃t]⟩ durststillend **désaltérer** [-e] ⟨-è-⟩ A V/I den Durst stillen, löschen B V/PR **se ~** s-n Durst löschen

désamorçage [dezamɔʀsaʒ] M Entschärfung *f* (*a. fig*)

désamorcer V/T ⟨-ç-⟩ *bombe* entschärfen (*a. fig conflit*)

désamour M Abkehr *f* (**pour** von)

désappointé [dezapwɛ̃te] ADJ ⟨~e⟩ enttäuscht **désappointement** [-mɑ̃] M Enttäuschung *f* **désappointer** [-e] V/T enttäuschen

désapprendre V/T ⟨→ prendre⟩ verlernen

désapprobateur ADJ ⟨-trice [-tʀis]⟩ missbilligend **désapprobation** [-sjõ] F Missbilligung *f*

désapprouver V/T **~ qc** etw missbilligen; etw nicht billigen; **~ qn** j-n tadeln; j-s Verhalten missbilligen

désarçonner [dezaʀsɔne] V/T 1 *cavalier* abwerfen 2 *fig* aus dem Konzept, aus der Fassung bringen

désargenté [dezaʀʒɑ̃te] ADJ ⟨~e⟩ ohne Geld; mittellos

désarmant [dezaʀmɑ̃] ADJ ⟨-ante [-ɑ̃t]⟩ *fig* entwaffnend

désarmement M Abrüstung *f*

désarmer A V/T 1 entwaffnen (*a. fig*); *pays* abrüsten 2 *arme à feu* entladen *ou* sichern B V/I 1 POL, MIL abrüsten 2 *fig* **ne pas ~** nicht nachlassen

désarroi [dezaʀwa] M Verwirrung *f*; Bestürzung *f*; **être en plein, grand ~** in großer Verwirrung, Bestürzung sein; völlig verwirrt, bestürzt sein

désarticuler A V/T ausrenken B V/PR **se ~** sich nach allen Seiten verrenken

désassembler V/T auseinandernehmen

désassorti ADJ ⟨~e⟩ *service de table* nicht mehr vollständig, komplett

désastre M Katastrophe *f*; Desaster *n*; Unheil *n*

désastreux [dezastʀø] ADJ ⟨-euse [-øz]⟩ katastrophal; verheerend

désavantage M Nachteil *m* **désavantager** [-e] V/T ⟨-ge-⟩ benachteiligen **désavantageux** [-ø] ADJ ⟨-euse [-øz]⟩ nachteilig; unvorteilhaft

désaveu M ⟨~x⟩ 1 Widerruf *m*; Nichtanerkennung *f* 2 *fig* Missbilligung *f*

désavouer V/T 1 *déclaration* widerrufen 2 *acte, œuvre* nicht als das Seinige anerkennen 3 *fig conduite* missbilligen; *personne* desavouieren

désaxé [dezakse] → déséquilibré(e)

Descartes [dekaʀt] *frz Philosoph*

desceller [desele] A V/T 1 TECH herausreißen, -nehmen, -lösen 2 *document* das Siegel entfernen (**qc** von etw) B V/PR **se ~** *gonds etc* herausbrechen

descendance [desɑ̃dɑ̃s] F Nachkommenschaft *f*

descendant [desɑ̃dɑ̃] A ADJ ⟨-ante [-ɑ̃t]⟩ absteigend (*a. gamme*); fallend B **~(e)** M(F) Nachkomme *m*; Abkömmling *m*

descendeur [desɑ̃dœʀ] M, **descendeuse** [-øz] F SKI Abfahrtsläufer(in) *m(f)*

descendre [desɑ̃dʀ] ⟨→ rendre⟩ A V/T 1 *montagne, rue, escalier* hinunter- *ou* herunter-, *fam* runtergehen, -steigen, -kommen, (*en*) *voiture* -fahren 2 *objet* hinunter- *ou* herunter-, *fam* runterbringen, -tragen, -schaffen; *de l'armoire* herunter-, *fam* runternehmen, -holen 3 *avion, oiseau* abschießen; *fam* herunterholen; *fam personne fam* ab-, niederknallen **B** VI ⟨être⟩ **1** herunter- *ou* hinunter-, *fam* runtergehen, -steigen, -kommen, *(dans un) véhicule* -fahren; *d'un sommet a.* absteigen (von); *d'un véhicule* aussteigen (aus); *dans un hôtel* absteigen (in + *dat*); *fig* **~ dans la rue** auf die Straße gehen; öffentlich demonstrieren; **~ de cheval** vom Pferd steigen; absitzen **2** *(tenir son origine)* **~ de** abstammen von **3** *terrain* abfallen; *route* bergab, abwärtsgehen,-führen; *avion* tiefer gehen; *niveau, fig prix* fallen **4** *(atteindre)* **~ (jusqu')à** (hinunter)reichen bis zu **5** *fam nourriture* verdaulich, bekömmlich sein; *fam* runterrutschen

descente [desɑ̃t] F **1** Abstieg *m*; *dans un véhicule* Abwärtsfahrt *f*; *d'un avion* Sinken *n*; *d'un organe* Senkung *f*; **~ sur les lieux** Lokaltermin *m*; **~ de police** (Polizei)Razzia *f*; *fam* **faire une ~** *fam* (lärmend) ziehen, einfallen (**dans** in + *acc*) **2** **à la ~** beim Aussteigen *(aus dem Zug, etc)* **3** **Descente de croix** Kreuzabnahme *f* **4** *(pente)* Gefällstrecke *f*; Abfahrt *f* **5** SKI Abfahrt(slauf) *f(m)* **6** **~ de lit** Bettvorleger *m*

la descente — Abstieg

la descente — Abfahrt

descriptif [dɛskʀiptif] **A** ADJ ⟨-ive [-iv]⟩ beschreibend; deskriptiv **B** M Baubeschreibung *f*

description [dɛskʀipsjõ] F Beschreibung *f*; Schilderung *f*; Darstellung *f*

désembourber VT *voiture* aus dem Schlamm, Dreck ziehen

désembouteiller [dezɑ̃buteje] VT (vom Verkehr) entlasten; Verkehrsstauungen beseitigen (**l'autoroute** auf der Autobahn; **le centre** im Zentrum)

désembuer VT *vitre* frei machen

désemparé [dezɑ̃paʀe] ADJ ⟨~e⟩ hilf-, ratlos

désemparer ADV **sans ~** unablässig

désemplir VI **ne pas ~** ständig voll sein

désenchanté ADJ ⟨~e⟩ desillusioniert; ernüchtert **désenchantement** [-mɑ̃] M Desillusionierung *f*; Ernüchterung *f* **désenchanter** [-e] *litt* VT desillusionieren; ernüchtern

désenclaver VT an den Verkehr anschließen

désencombrer VT frei machen (**de** von); entlasten

désencrasser VT (vom Schmutz) säubern, reinigen

désendettement M Entschuldung *f*

désendetter VPR **se ~** s-e Schulden bezahlen, abtragen

désenfler VI ⟨*Vorgang* avoir, *Ergebnis* être⟩ MÉD abschwellen

désengagement M POL, MIL Disengagement *n*; Auseinanderrücken *n* **désengager** [-e] VPR ⟨-ge-⟩ **se ~** sich von e-r Verpflichtung frei machen; sich aus e-r Verpflichtung lösen

désengorger VT ⟨-ge-⟩ *conduite* wieder frei machen

désenneiger [dezɑ̃neʒe] VT ⟨-ge-⟩ von Schnee räumen, befreien

désensabler VT *canal etc* von Sand säubern; *bateau* aus dem Sand befreien, herausholen

désensibilisant [desɑ̃sibilizɑ̃] M PHARM Desensibilisierungsmittel *n* **désensibilisateur** [-atœʀ] M PHOT Desensibilisator *m* **désensibilisation** [-asjõ] F MÉD, PHOT Desensibilisierung *f* **désensibiliser** [-e] VT MÉD, PHOT desensibilisieren

désensorceler VT ⟨-ll-⟩ aus der Verzauberung befreien; entzaubern

désentortiller VT auswickeln

désentraver VT von den Fesseln befreien *(a. fig)*

désenvenimer VT *situation* entschärfen; *atmosphère* entgiften

désépaissir VT *cheveux* ausdünnen; effilieren

déséquilibre M **1** seelische Störungen *fpl* **2** *des forces, etc* Unausgewogenheit *f*; Ungleichgewicht seelische Störungen *fpl* **3** PHYS ungleichmäßige Gewichtsverteilung; **en ~** wack(e)lig

déséquilibré(e) M(F) seelisch Gestörte(r) *m/f(m)*; Psychopath(in) *m(f)* **déséquilibrer** [-e] VT aus dem Gleichgewicht bringen *(a. fig)*

désert [dezɛʀ] **A** ADJ ⟨-erte [-ɛʀt]⟩ **1** *île* unbewohnt; einsam; *région* öde **2** *rue* menschenleer; wie ausgestorben **B** M **1** Wüste *f* **2** *par ext* Einöde *f*; *fig* **prêcher dans le ~** tauben Ohren predigen

déserter [dezɛʀte] **A** VT **1** *lieu* (für immer) verlassen **2** *un parti* abtrünnig werden (+ *dat*) **B** VI

MIL desertieren; fahnenflüchtig werden **déserteur** [-œʀ] M Deserteur *m*; Fahnenflüchtige(r) *m*
désertification [dezɛʀtifikasjõ] F 1 Versteppung *f* 2 *par ext* Verödung *f*
désertion [dezɛʀsjõ] F 1 MIL Desertion *f*; Fahnenflucht *f* 2 *d'un parti* Abtrünnigwerden *n*
désertique [dezɛʀtik] ADJ 1 Wüsten... 2 wüstenartig; öde
désespérance *litt* F Hoffnungslosigkeit *f* **désespérant** [-ɑ̃] ADJ ‹-ante [-ɑ̃t]› entmutigend; zum Verzweifeln
désespéré [dezɛspeʀe] ADJ ‹~e› verzweifelt (*a. effort*); *situation a.* hoffnungs-, ausweglos
désespérément [dezɛspeʀemɑ̃] ADV 1 hoffnungs-, trostlos 2 *s'efforcer* verzweifelt
désespérer ‹-è-› A V/T **~ qn** j-n zur Verzweiflung bringen B V/T INDIR **~ de** (+ *inf*) die Hoffnung aufgeben, verlieren zu (+ *inf*); **~ de la vie** am Leben verzweifeln C V/I (*et* V/PR **se**) ~ verzweifeln
désespoir M Verzweiflung *f*; Hoffnungslosigkeit *f*; **en ~ de cause** als letzten Ausweg; **avec l'énergie du ~** mit dem Mut der Verzweiflung; **faire le ~ de qn** j-n zur Verzweiflung bringen; **être au ~** untröstlich sein (**de** *+inf* dass ...)
déshabillage [dezabijaʒ] M Entkleiden *n*; Ausziehen *n*
déshabillé [dezabije] M Negligé *n*
déshabiller [dezabije] V/T (*et* V/PR **se ~** sich) ausziehen, entkleiden
déshabituer A V/T **~ qn de qc** j-m etw abgewöhnen B V/PR **se ~ de** (+ *inf*) sich (*dat*) etw abgewöhnen
désherbage M Unkrautvernichtung *f*, -bekämpfung *f* **désherbant** [-ɑ̃] M Unkrautvernichtungsmittel *n* **désherber** [-e] V/T *et* V/I (Unkraut) jäten
déshérité(e) [dezeʀite] M(F) *fig* Benachteiligte(r) *m/f(m)*; Bedürftige(r) *m/f(m)* **déshériter** [-e] V/T enterben
déshonneur M Unehre *f*; Schande *f*
déshonorant [dezɔnɔʀɑ̃] ADJ ‹-ante [-ɑ̃t]› unehrenhaft; entehrend; schimpflich **déshonorer** [-e] A V/T entehren B V/PR **se ~** sich mit Schande bedecken; s-e Ehre verlieren
déshumaniser V/T entmensch(lich)en
déshydratation [dezidʀatasjõ] F 1 CHIM, TECH Entwässerung *f*; Dehydratation *f* 2 MÉD Wasserverlust *m*
déshydraté [dezidʀate] ADJ ‹~e› 1 ausgetrocknet 2 *fam* **être complètement ~** *fam* e-n Mordsdurst haben
déshydrater V/T CHIM, TECH Wasser entziehen (*+dat*); dehydratisieren
desiderata [dezideʀata] MPL Wünsche *mpl*; *par ext* Anliegen *npl*
design [dizajn] M Design *n*
désignation [deziɲasjõ] F 1 Bezeichnung *f* 2 *d'un successeur* Designierung *f*
designer [dizajnœʀ] M Designer *m*
désigner [deziɲe] V/T 1 (*dénommer*) bezeichnen 2 (*montrer*) zeigen, (hin)weisen auf (+ *acc*) 3 *successeur* designieren; bestimmen
désillusion F Desillusion *f*; Enttäuschung *f*
désillusionner V/T desillusionieren; enttäuschen
désincarné ADJ ‹~e› 1 *âme st/s* dem Körper entflohen 2 *a. iron* wirklichkeitsfremd
désincrustant [dezɛ̃kʀystɑ̃] M 1 TECH Kesselsteinlösemittel *n* 2 COSMÉTIQUE Tiefenreinigungsmittel *n* **désincrustation** [-asjõ] F 1 TECH Lösen *n* des Kesselsteins 2 *de la peau* Tiefenreinigung *f* **désincruster** [-e] V/T 1 TECH den Kesselstein lösen (**qc** von etw) 2 *peau* porentief reinigen
désinence [dezinɑ̃s] F GRAM Endung *f*
désinfectant [dezɛ̃fɛktɑ̃] M Desinfektionsmittel *n* **désinfecter** [-e] V/T desinfizieren
désinfection F Desinfektion *f*
désinflation F Rückgang *m* der Inflation
désinformation F Desinformation *f*
désinstaller V/T INFORM deinstallieren
désintégration F Auflösung *f*; Zerfall *m* (*a.* NUCL); Desintegration *f*
désintégrer ‹-è-› A V/T NUCL zertrümmern; spalten B V/PR **se ~** sich auflösen; zerfallen (*a.* NUCL)
désintéressé ADJ ‹~e› uneigennützig; selbstlos **désintéressement** [-mɑ̃] M Uneigennützigkeit *f*; Selbstlosigkeit *f*
désintéresser V/PR **se ~ de** das Interesse verlieren an (+ *dat*)
désintérêt M Desinteresse *n*
désintoxication F Entgiftung *f*; Entwöhnung *f*; **cure** *f* **de ~** Entziehungskur *f*
désintoxiquer V/T entgiften (*a. fig*); *drogués* entwöhnen
désinvolte [dezɛ̃vɔlt] ADJ ungezwungen; *péj* lässig; (zu) frei; ungeniert
désinvolture [dezɛ̃vɔltyʀ] F Lässigkeit *f*; Ungeniertheit *f*
désir [deziʀ] M 1 Wunsch *m* (**de qc** nach etw *ou* **de** + *inf* zu + *inf*); *plus fort* Verlangen *n*, Sehnsucht *f* (**de qc** nach etw); **prendre ses ~s pour des réalités** s-e Wunschvorstellungen für Tatsachen halten; sich (*dat*) etw vormachen; **il prend ses ~s pour des réalités** *a.* bei ihm ist der Wunsch der Vater des Gedankens 2 *sexuel* (sinnliche) Begierde, Lust
désirable [deziʀabl] ADJ 1 wünschenswert 2 *personne* begehrenswert
désiré [deziʀe] ADJ ‹~e› erwünscht

désirer [dezire] VT 1 (sich [dat]) wünschen; **~** (+ inf) wünschen zu (+ inf); gern(e) mögen (+ inf); **vous désirez?, que désirez-vous?** was wünschen Sie?; was darf es sein?; **se faire ~** auf sich (acc) warten lassen; **laisser à ~** zu wünschen übrig lassen 2 *personne* begehren

désireux [dezirø] ADJ ⟨-euse [-øz]⟩ **~ de** (+ inf) bestrebt zu (+ inf)

désistement [dezistəmɑ̃] M Rücktritt *m*; Verzicht *m*

désister [deziste] VPR **se ~ en faveur de qn** zugunsten von j-m (von der Kandidatur) zurücktreten

Desnos [dɛsnɔs] **Robert ~** *frz Dichter*

désobéir VT INDIR **~ à qn, à un ordre** j-m, e-m Befehl nicht gehorchen; *enfant a.* j-m nicht folgen; *abs a.* ungehorsam sein

désobéissance F Ungehorsam *m* **désobéissant** [-ɑ̃] ADJ ⟨-ante [-ɑ̃t]⟩ ungehorsam; unfolgsam

désobligeance *st/s* F Ungefälligkeit *f* **désobligeant** [-ʒɑ̃] ADJ ⟨-ante [-ɑ̃t]⟩ *personne* ungefällig; *remarque* unfreundlich **désobliger** [-ʒe] VT ⟨-ge-⟩ kränken; vor den Kopf stoßen

désodorisant [dezɔdɔrizɑ̃] M Deodorant *n* **désodoriser** [-e] VT desodorieren; den unangenehmen Geruch beseitigen (**une pièce** in e-m Raum)

désœuvré [dezœvre] ADJ ⟨~e⟩ untätig; *st/s* müßig

désœuvrement [dezœvrəmɑ̃] M Untätigkeit *f*; *st/s* Müßiggang *m*; **faire qc par ~** etw tun, um die Zeit totzuschlagen

désolant [dezɔlɑ̃] ADJ ⟨-ante [-ɑ̃t]⟩ trostlos **désolation** [-asjõ] F tiefe Betrübnis

désolé [dezɔle] ADJ ⟨~e⟩ 1 tief betrübt; untröstlich; **(je suis) ~** (es) tut mir leid 2 *région* öde; trostlos

désoler [dezɔle] A VT tief betrüben; traurig stimmen B VPR **se ~** traurig, betrübt sein

désolidariser VPR **se ~ de** sich distanzieren von

désopilant [dezɔpilɑ̃] ADJ ⟨-ante [-ɑ̃t]⟩ urkomisch

désordonné ADJ ⟨~e⟩ 1 *personne* unordentlich; *fam* schlampig 2 *vie* unordentlich; zügellos

désordre M 1 Unordnung *f*; Durcheinander *n*; **en ~** in Unordnung; ungeordnet; *lieu* unaufgeräumt 2 *(trouble)* Unruhe *f*; Verwirrung *f*; **~s** *pl* Aufruhr *m*; Unruhen *fpl*

désorganisation F Desorganisation *f*; Auflösung *f*

désorganiser A VT desorganisieren; in Unordnung bringen; auflösen B VPR **se ~** in Unordnung geraten; sich auflösen

désorienté ADJ ⟨~e⟩ verwirrt; verunsichert

désorienter [-e] VT verwirren; verunsichern

désormais [dezɔrmɛ] ADV von nun *ou* jetzt an

désosser [dezɔse] VT von den Knochen lösen; entbeinen

désoxydant M Desoxidationsmittel *n* **désoxyder** [-e] VT desoxidieren

despote [dɛspɔt] M Despot *m* (*a. fig*); Alleinherrscher *m*; *péj* Gewaltherrscher *m* **despotique** [-ik] ADJ despotisch

despotisme [dɛspɔtism] M 1 POL Despotismus *m*; Alleinherrschaft *f*; *péj* Despotie *f* 2 *fig* Tyrannei *f*

desquamation [dɛskwamasjõ] F Abschuppung *f*; Abschilferung *f* **desquamer** [-e] VI (*et* VPR **se**) **~** sich (ab)schuppen; abschilfern

desquels, desquelles [dekɛl] → lequel

DESS [deəɛsɛs] M ABR (diplôme d'études supérieures spécialisées) *praxisorientiertes Diplom im Anschluss an die „maîtrise"*

dessaisir [desezir] VPR **se ~ de qc** etw abgeben, abtreten

dessaler [desale] A VT entsalzen; *hareng* wässern B VPR **se ~** *fig* s-e Naivität *ou* Schüchternheit ablegen; **dessalé** recht keck; *plus fort* abgebrüht

desséchant [deseʃɑ̃] ADJ ⟨-ante [-ɑ̃t]⟩ 1 *vent* trocken; der alles verdorren lässt 2 *fig études* trocken; abstumpfend

dessèchement [desɛʃmɑ̃] M Austrocknen *n*; Vertrocknen *n*; Trockenheit *f*

dessécher [deseʃe] ⟨-è-⟩ A VT 1 austrocknen 2 *fig* abstumpfen B VPR **se ~** 1 austrocknen; *végétation* vertrocknen; verdorren 2 *fig* abstumpfen; verhärten 3 *vieillard* zusammenfallen; verschrumpeln

dessein [desɛ̃] *st/s* M Absicht *f*; **à ~** absichtlich

desseller [desele] VT *cheval* absatteln

desserrer [desere] A VT 1 lockern; *frein* lösen 2 *fig* **ne pas ~ les dents** den Mund nicht auftun *ou* aufmachen; kein Wort sagen B VPR **se ~** sich lockern

dessert [desɛr] M Dessert *n*; Nachtisch *m*, -speise *f*

desserte [desɛrt] F 1 Abstell-, Beistell-, Serviertisch *m* 2 Verkehrsverbindung *f* (**de** zu, nach)

desservir [desɛrvir] VT ⟨→ servir⟩ 1 *bus, train* (regelmäßig) fahren zu, halten in (+ dat); *port* (regelmäßig) anlaufen, *aéroport* anfliegen 2 **~ (la table)** (den Tisch) abdecken, abräumen 3 *(nuire)* **~ qn** j-m schaden

dessiller [desije] VT **~ les yeux à qn** j-m die Augen öffnen

dessin [desɛ̃] M 1 Zeichnung *f*; **dessin(s) animé(s)** Zeichentrickfilm *m*; **dessin humoristique** Karikatur *f* 2 *action* Zeichnen *n*; **dessin in-**

le dessin — Zeichnung

le dessin — Muster

dustriel technisches Zeichnen; **dessin publicitaire** Werbegrafik *f* 3 *d'un tissu* Muster *n* 4 *(lignes)* Zeichnung *f*; Züge *mpl*

dessinateur [desinatœʀ] M Zeichner *m*; **~ humoristique** Karikaturist *m*; Cartoonist *m*; **~ industriel** technischer Zeichner

dessinatrice [desinatʀis] F Zeichnerin *f*

dessiner [desine] A V/T 1 zeichnen 2 *contours* hervortreten lassen B V/PR **se ~** sich abzeichnen (**à l'horizon** am Horizont) *(a. fig)*

dessouder [desude] V/T auseinanderschweißen

dessoûler [desule] A V/T **~ qn** j-n nüchtern machen B V/I nüchtern werden; ausnüchtern

dessous [d(ə)su] A ADV darunter *ou fam* (unten)drunter; **en ~** darunter *ou fam* drunter; unten; *fam* **par en ~** von unten her B PRÉP **de ~** unter (+ *dat*) hervor; **en ~ de** → au-dessous B C M 1 *d'objets* Unterseite *f* 2 (**étage** *m* **du**) **~** untere Etage; unteres Stockwerk 3 *fig* **avoir le ~** unterlegen sein; *fig* **être au trente-sixième ~** völlig deprimiert, ganz verzweifelt sein 4 **~** *pl* Dessous *npl*; (Damen)Unterwäsche *f* 5 *fig* **~** *pl d'une affaire* Hintergründe *mpl*

dessous-de-bouteille M (! unveränderlich) Flaschenuntersatz *m*, -untersetzer *m* **dessous-de-plat** M (! unveränderlich) Untersetzer *m* **dessous-de-table** M (! unveränderlich) Schmier-, Draufgeld *n* **dessous-de-verre** M (! unveränderlich) Gläseruntersatz *m*, -untersetzer *m*

dessus [d(ə)sy] A ADV darauf; *fam* (oben)drauf; **en ~** oben; *fam* obendrauf B PRÉP **de ~** von … hoch C M 1 *d'objets* Oberseite *f* 2 (**étage** *m* **du**) **~** obere Etage; oberes Stockwerk 3 *fig* **le ~ du panier** die oberen zehntausend; die Creme der Gesellschaft 4 **avoir le ~** überlegen sein; die Oberhand gewinnen; **(re)prendre le ~** *fam* sich (wieder) auf-, hochrappeln

dessus-de-lit [d(ə)sydli] M (! unveränderlich) Tagesdecke *f*

déstabilisation F Destabilisierung *f* **déstabiliser** [-e] V/T destabilisieren

déstalinisation [destalinizasjõ] F Entstalinisierung *f* **déstaliniser** [-e] V/T entstalinisieren

destin [dɛstɛ̃] M Schicksal *n*

destinataire [dɛstinatɛʀ] M Empfänger *m*; Adressat *m*

destination [dɛstinasjõ] F 1 Bestimmung *f*; Verwendungszweck *m* 2 *lieu* Bestimmungsort *m*; Ziel *n*; **à ~ de** nach

destinée [dɛstine] F Schicksal *n*; Los *n*

destiner [dɛstine] A V/T 1 **~ qn à qc** j-n zu etw bestimmen, ausersehen 2 **~ qc à qn** etw für j-n bestimmen; **être destiné à qn, à qc** für j-n, für etw bestimmt sein; j-m zugedacht sein B V/PR **se ~ à l'enseignement** den Lehrberuf wählen

destituer [dɛstitɥe] V/T absetzen; **~ qn de ses fonctions** j-n s-s Amtes entheben

destitution [dɛstitysjõ] F Absetzung *f*; Amtsenthebung *f*

destroyer [dɛstʀwaje] M MAR Zerstörer *m*

destructeur [dɛstʀyktœʀ] ADJ ⟨-trice [-tʀis]⟩ zerstörerisch; *fig a.* destruktiv **destructible** [-ibl] ADJ zerstörbar **destructif** [-if] ADJ ⟨-ive [-iv]⟩ Zerstörungs…

destruction [dɛstʀyksjõ] F 1 Zerstörung *f* 2 *de parasites* Vernichtung *f*; Vertilgung *f*

déstructurer V/T die Struktur auflösen *(+gén)*

désuet [dezɥɛ, des-] ADJ ⟨-ète [-ɛt]⟩ altmodisch; antiquiert

désuétude [dezɥetyd, des-] F **tomber en ~** außer Gebrauch kommen; unüblich werden

désuni [dezyni] ADJ ⟨~e⟩ 1 entzweit; zerstritten 2 *sportif* aus dem Tritt, Rhythmus gekommen

désunion F Zwietracht *f*

désunir V/T entzweien

détachable [detaʃabl] ADJ abreißbar **détachage** [-aʒ] M (chemische) Fleck(en)entfernung (**de qc** aus etw) **détachant** [-ɑ̃] M Fleck(en)entferner *m*

détaché [detaʃe] ADJ ⟨~e⟩ 1 **pièce ~e** Einzelteil *n*; Ersatzteil *n* 2 *air* unbeteiligt; uninteressiert

détachement [detaʃmɑ̃] M 1 erloschenes Interesse 2 MIL (Sonder)Trupp *m*, (-)Abteilung *f*, (-)Kommando *n*

détacher[1] A V/T 1 lösen; los-, abmachen; abtrennen; *chien* losbinden; *feuille* abreißen (**de** von); *remorque* abhängen 2 *mots, syllabes* getrennt aussprechen; *lettres* getrennt schreiben 3 **~ qn** j-n abstellen, abordnen, MIL abkommandieren; *fonctionnaire* vorübergehend versetzen **B** VPR **1** **se ~** sich lösen; abgehen; *chien* sich losreißen **2** *fig* **se ~ de qc** sich nicht mehr für etw interessieren; *fig* **se ~ de qn** sich (gefühlsmäßig) von j-m lösen **3** **se ~ sur qc** sich abheben gegen etw

détacher² VT die Flecken entfernen (**qc** aus etw)

détail [detaj] M **1** (**commerce** *m* **de**) ~ Einzel-, Kleinhandel *m*; **vendre au ~** in kleinen Mengen, einzeln verkaufen **2** Einzelheit *f*; Detail *n*; **en ~** im Einzelnen; ausführlich; *fam* **ne pas faire de** *ou* **le ~** sich nicht mit Einzelheiten aufhalten **3** (*vétille*) Kleinigkeit *f*

détaillant [detajɑ̃] M, **détaillante** [-ɑ̃t] F Einzel-, Kleinhändler(in) *m(f)*

détaillé [detaje] ADJ ⟨~e⟩ detailliert; ausführlich; ins Einzelne gehend

détailler [detaje] VT **1** in kleineren Mengen *ou* einzeln, stückweise verkaufen **2** *st/s* **~ qc** etw im Einzelnen ausführen; etw detaillieren

détaler VI *fam* abhauen

détartrage [detaʀtʀaʒ] M Entkalkung *f* **détartrant** [-ɑ̃] M *produit* Entkalker *m*

détartrer [detaʀtʀe] VT **1** entkalken **2** **~ les dents** den Zahnstein entfernen

détaxation F *ou* **détaxe** F **1** *réduction* Steuer-, Gebührenermäßigung *f*, -nachlass *m* **2** *suppression* Steuer-, Gebührenbefreiung *f*, -erlass *m*

détaxé [detakse] ADJ ⟨~e⟩ steuerermäßigt *ou* -frei; gebühren- *ou* zollfrei

détaxer VT **~ qc** die Steuer, mit der etw belegt ist, senken *ou supprimer* aufheben

détecter [detɛkte] VT feststellen; auffinden; aufspüren (*a. fig*) **détecteur** [-œʀ] M Detektor *m*; Anzeigegerät *n*

détection [detɛksjõ] F Feststellung *f*; Auffindung *f*; Aufspürung *f* (*a. fig*)

détective [detɛktiv] M **~ (privé)** (Privat)Detektiv *m*

déteindre VI ⟨→ peindre⟩ **1** ausbleichen; verschießen **2** **~ sur** abfärben auf (+ *acc*) (*a. fig*)

dételer [detle] VT ⟨-ll-⟩ ausspannen

détendre ⟨→ rendre⟩ **A** VT **1** *arc* lockern **2** *fig* entspannen **B** VPR **se détendre** **1** sich lockern; erschlaffen **2** *fig personne, situation* sich entspannen

détendu ADJ ⟨~e⟩ entspannt

détenir VT ⟨→ venir⟩ **1** besitzen; innehaben; *record* halten; *secret* bewahren **2** **~ qn** j-n gefangen halten, in Haft halten

détente F **1** *d'une arme à feu* Abzug *m*; *fam fig* **être dur à la ~** *fam* nichts herausrücken wollen **2** *d'un ressort* Lockerung *f*; Erschlaffung *f* **3** *fig* Entspannung *f*; **politique** *f* **de ~** Entspannungspolitik *f* **4** SPORTS Wurf- *ou* Sprungvermögen *n*

détenteur [detɑ̃tœʀ] M, **détentrice** [-tʀis] F Besitzer(in) *m(f)*; Inhaber(in) *m(f)*; **détenteur, détentrice d'un record** Rekordhalter(in) *m(f)*

détention [detɑ̃sjõ] F **1** Besitz *m*; **~ d'armes** Waffenbesitz *m* **2** Haft *f*; **~ provisoire** Untersuchungshaft *f*

détenu(e) [detny] M(F) Häftling *m*

détergent [detɛʀʒɑ̃] M Waschmittel *n*

détérioration [deteʀjɔʀasjõ] F **1** Beschädigung *f* **2** *fig* Verschlechterung *f*

détériorer [deteʀjɔʀe] **A** VT **1** beschädigen **2** *fig* verschlechtern **B** VPR **se ~** **1** schadhaft werden; verkommen **2** *fig* sich verschlechtern; sich verschlimmern

déterminable [detɛʀminabl] ADJ bestimmbar; festlegbar **déterminant** [-ɑ̃] ADJ ⟨-ante [-ɑ̃t]⟩ bestimmend; ausschlaggebend

déterminatif [detɛʀminatif] ADJ ⟨-ive [-iv]⟩ **adjectif ~** attributives Pronomen (und Zahlwort); **complément ~** nähere Bestimmung; Attribut *n*

détermination [detɛʀminasjõ] F **1** Bestimmung *f*; Festlegung *f* **2** (*résolution*) Entschluss *m*; (*fermeté*) Entschlossenheit *f*

déterminé ADJ ⟨~e⟩ **1** (*défini*) bestimmt **2** (*résolu*) entschlossen

déterminer **A** VT **1** bestimmen; festlegen; *cause* feststellen; ermitteln **2** **~ qn à** (+ *inf*) j-n bestimmen, veranlassen zu (+ *inf*) **3** *réaction* bewirken; hervorrufen **B** VPR **se ~ à** (+ *inf*) sich entschließen zu (+ *inf*)

déterminisme [detɛʀminism] M Determinismus *m* **déterministe** [-isz] **A** ADJ deterministisch **B** M/F Determinist(in) *m(f)*

déterré [deteʀe] M **avoir une mine de ~** leichen-, totenblass aussehen, sein

déterrer VT ausgraben (*a. fig*)

détestable [detɛstabl] ADJ abscheulich; scheußlich

détester [detɛste] VT **1** verabscheuen; hassen; nicht ausstehen können **2** **ne pas ~** ganz gern(e) mögen; **ne pas ~ boire, danser**, *etc* ganz gern(e) einmal etwas trinken, einmal tanzen *etc*

détonant [detɔnɑ̃] ADJ ⟨-ante [-ɑ̃t]⟩ explosiv

détonateur [detɔnatœʀ] M **1** Zünder *m* **2** *fig* Auslöser *m* **détonation** [-sjõ] F Detonation *f*; Knall *m*

détoner [detɔne] VI detonieren

détonner VI **1** MUS falsch singen *ou* spielen **2** *fig* nicht passen

détordre VT ⟨→ rendre⟩ aufdrehen; *corde* aufdröseln

détour M **1** Umweg *m* (*a. fig*); *fig a.* Winkelzug *m*; **faire un ~** e-n Umweg machen; *fig* **sans ~** ohne Umschweife; freiheraus **2** (*tournant*) Biegung *f*; Krümmung *f*

détourné ADJ ⟨~e⟩ indirekt

détournement [deturnəmɑ̃] M 1 **~ d'avion** Flugzeugentführung *f* 2 **~ de fonds** Unterschlagung *f*; Veruntreuung *f* 3 **~ de mineur** Verführung *f* Minderjähriger

détourner A V/T 1 *avion* entführen 2 *tête, regard* ab-, wegwenden 3 *fig* **~ qn de qc** j-n von etw abbringen 4 *fig attention* ablenken; *soupçons* zerstreuen; **~ sur qn** auf j-n lenken; **~ la conversation** vom Thema ablenken 5 *fonds* unterschlagen; veruntreuen B V/PR **se ~** sich abwenden

détracteur M, **détractrice** [-tris] F *péj* Kritiker(in) *m(f)*

détraqué(e) [detrake] *fam* M(F) Geistesgestörte(r) *m/f(m)*

détraquement [detrakmɑ̃] M Störung *f*; *fam* Kaputtgehen *n*

détraquer A V/T *fam* kaputt machen B V/PR **se ~** 1 *fam* kaputtgehen 2 *fam temps* schlecht werden 3 *fam* **se ~ l'estomac** sich *(dat)* den Magen verderben, *fam* verkorksen

détrempé ADJ ⟨~e⟩ aufgeweicht

détremper V/T 1 *couleurs, mortier* anrühren 2 *pluie: sol* aufweichen

détresse F 1 Not *f*; Bedrängnis *f*; **être dans la ~** in Not, im Elend sein 2 **en ~** *bateau* in Seenot; *avion* in e-r Notsituation

détriment [detrimɑ̃] M **au ~ de** zum Schaden, Nachteil von *(ou + gén)*

détritus [detritys] MPL Abfälle *mpl*

détroit [detrwa] M Meerenge *f*; Straße *f*

détromper A V/T **~ qn** j-n über s-n Irrtum aufklären B V/PR **détrompez-vous!** glauben Sie es nicht!

détrôner V/T entthronen *(a. fig)*

détrousser V/T *plais* ausplündern

détruire [detrɥir] V/T ⟨→ conduire⟩ 1 zerstören 2 *parasites* vernichten; vertilgen 3 *fig espoirs, etc* zerstören; zunichtemachen

dette [dɛt] F COMM Schuld *f*; **~ publique** Staatsschuld(en) *f(pl)*; *fig* **avoir une ~ envers qn** in j-s Schuld stehen

DEUG [døg] M (! unveränderlich) ABR (diplôme d'études universitaires générales) Abschlussprüfung *f*, -diplom *n* des „premier cycle" *(nach 2 Studienjahren)*

deuil [dœj] M 1 Trauer *f*; *fam fig* **faire son ~ de qc** *fam* etw abschreiben, in den Kamin schreiben 2 Trauerkleidung *f*; **être en ~** in Trauer sein 3 *(décès)* Trauerfall *m*

deus ex machina [deysɛksmakina] M THÉ *et fig* Deus ex Machina *m*

deux [dø] A NUM zwei; **les deux** beide; die beiden; **tous (les) deux** alle beide, zwei; **Élisabeth II** Elisabeth II. (die Zweite); **le deux mai** der zweite *ou* am zweiten Mai; **à deux** zu zweit; zu zweien; **couper en deux** in zwei Teile schneiden; **partager en deux** halbieren; **deux par** *ou* **à deux** je zwei und zwei; immer zwei; paarweise; *fam fig* **en moins de deux** *fam* in Null Komma nichts; *ses projets et ce qu'il réalise,* **ça fait deux** *fam* … sind zwei Paar Stiefel; *prov* **jamais deux sans trois** aller guten Dinge sind drei *(prov)*; ein Unglück kommt selten allein *(prov)* B M Zwei *f*; Zweier *m*; **le deux (du mois)** der Zweite *ou* am Zweiten (des Monats); TV *fam* **sur la deux** im Zweiten *(Programm)*

deuxième [døzjɛm] A NUM zweite B SUBST 1 **le, la ~** der, die, das Zweite 2 *m étage* **au ~** im zweiten Stock

deuxièmement [døzjɛmmɑ̃] ADV zweitens

deux-pièces M (! unveränderlich) 1 zweiteiliger Badeanzug; Bikini *m* 2 Jackenkleid *n*; Deux-pièces *n*; *fam* Zweiteiler *m* 3 Zweizimmerwohnung *f* **deux-points** MPL Doppelpunkt *m*

deux-roues M (! unveränderlich) Zweirad *n*

Deux-Sèvres [døsɛvr] **les ~** FPL *frz Departement*

deux-temps M (! unveränderlich) Zweitakter *m*; Zweitaktmotor *m*

deuzio [døzjo] *fam* ADV zweitens

dévaler [devale] V/T *escalier* hinuntereilen, -stürzen; *pente* hinuntersausen

dévaliser [devalize] V/T 1 ausplündern, -rauben 2 *fig magasin* leer kaufen

dévalorisation F Entwertung *f*; Wertverlust *m*, -minderung *f*

dévaloriser A V/T 1 entwerten 2 *fig* herabsetzen B V/PR **se ~** s-n Wert verlieren; wertlos werden

dévaluation [devalɥasjõ] F Abwertung *f* **dévaluer** [-e] V/T abwerten

devancer [d(ə)vɑ̃se] V/T ⟨-ç-⟩ 1 kommen vor *(+ dat)*; vorangehen *(+ dat)*; **~ une question** e-r Frage zuvorkommen 2 *fig rival* übertreffen; voraus sein *(+ dat)* 3 MIL **~ l'appel** den (Grund)Wehrdienst vorzeitig ableisten

devancier [dəvɑ̃sje] M, **devancière** [-jɛr] F Vorgänger(in) *m(f)*

devant [d(ə)vɑ̃] A PRÉP vor *(+ dat question «wo?»; + acc question «wohin?»)*; **aller droit ~ soi** geradeaus gehen; *fig* s-n Weg unbeirrt gehen B ADV vorn(e); *avec des verbes de mouvement* voraus…; voran…; **regarder ~** nach vorn(e) schauen C M Vorderfront *f*, -seite *f*; vorderer Teil; **patte** *f* **de ~** Vorderpfote *f*; **loger sur le ~** nach vorn(e) (hinaus) wohnen; *fig* **prendre les ~s** j-m zuvorkommen

devanture [d(ə)vɑ̃tyr] F Schaufenster *n*; Auslage *f*

dévastateur [devastatœʀ] ADJ ⟨-trice [-tʀis]⟩ **1** *tempête* verheerend **2** *fig passion* zerstörerisch; unheilvoll **dévastation** [-asjõ] F Verwüstung *f*; Verheerung *f* **dévaster** [-e] V/T verwüsten; verheeren

déveine F *fam* Pech *n*

développé [devlɔpe] M HALTÉROPHILIE Drücken *n*

développement [devlɔpmɑ̃] M **1** Entwicklung *f*; ÉCON *a.* Aufwärtsentwicklung *f*; *des sciences a.* Weiterentwicklung *f*; *des relations a.* Ausbau *m* **2** *d'un thème* Ausführung *f* **3** **~s** *pl d'une affaire* Folgen *fpl* **4** PHOT Entwickeln *n* **5** *d'un vélo* Übersetzung *f*

développer [devlɔpe] **A** V/T entwickeln (*a.* PHOT); entfalten; *relations a.* ausbauen; *idées a.* näher ausführen **B** V/PR **se développer** sich entwickeln; *talent a.* sich entfalten; ÉCON sich aufwärtsentwickeln

devenir [dəv(ə)niʀ] V/I ⟨→ venir; être⟩ werden; **qu'allons-nous ~?** was wird aus uns werden?; *fam* **que devenez-vous?** was machen, *fam* treiben Sie denn so?

dévergondage [devɛʀgõdaʒ] M Zügellosigkeit *f*; Schamlosigkeit *f*; Ausschweifungen *fpl*

dévergondé [devɛʀgõde] ADJ ⟨~e⟩ zügellos; ausschweifend; schamlos

dévergonder [devɛʀgõde] V/PR **se ~** ein ausschweifendes, zu freies Leben führen

déverrouillage [devɛʀujaʒ] M Ent-, Aufriegeln *n* **déverrouiller** [-e] V/T ent-, aufriegeln

déversement M Abfließen *n*; Ableiten *n*; Entleeren *n*

déverser **A** V/T entleeren; ausschütten; *bombes* abwerfen; *fig voyageurs fam* ausspucken **B** V/PR **se ~** sich ergießen; abfließen

dévêtir ⟨→ vêtir⟩ V/T (*et* V/PR **se ~** sich) aus-, entkleiden

déviance [devjɑ̃s] F SOCIOLOGIE normabweichendes Verhalten; Devianz *f* **déviant** [-ɑ̃] ADJ ⟨-ante [-ɑ̃t]⟩ von der Norm abweichend; deviant

déviation [devjasjõ] F **1** Umleitung *f* **2** PHYS Ablenkung *f* **3** **~ de la colonne vertébrale** Rückgratverkrümmung *f* **4** *fig*, POL Abweichung *f*

déviationniste [devjasjɔnist] M/F Abweichler(in) *m(f)*

dévider V/T abspulen; abwickeln

dévidoir [devidwaʀ] M **1** TEXT Haspel *f* **2** *pour tuyau d'arrosage* Schlauchrolle *f*

dévier [devje] **A** V/T *circulation* umleiten **B** V/I abweichen (**de** von) (*a. fig*)

devin [dəvɛ̃] M, **devineresse** [dəvinʀɛs] F Hellseher(in) *m(f)*

devinable [d(ə)vinabl] ADJ erratbar; vorhersehbar

deviner [d(ə)vine] V/T *énigme* raten; *intentions, secret* erraten; *avenir* ahnen; **devine!** rate mal!

devinette [d(ə)vinɛt] F Rätsel *n*; **~s** *pl* Ratespiel *n*; **poser une ~** ein Rätsel aufgeben

devis [d(ə)vi] M Kostenvoranschlag *m*; **établir un ~** e-n Kostenvoranschlag machen, aufstellen

dévisager [devizaʒe] V/T ⟨-ge-⟩ anstarren

devise [d(ə)viz] F **1** Devise *f*; Wahlspruch *m*; Motto *n* **2** FIN **~s** *pl* Devisen *fpl*

deviser [dəvize] *st/s* V/I plaudern

dévissage M Ab-, Aufschrauben *n*

dévisser **A** V/T (*défaire*) abschrauben; (*ouvrir*) aufschrauben **B** V/I *alpiniste* abstürzen

dévitaliser [devitalize] V/T den Nerv entfernen (**une dent** e-s Zahnes)

dévoilement [devwalmɑ̃] M **1** Enthüllung *f* **2** *fig* Enthüllung *f*; Offenbarung *f*

dévoiler **A** V/T **1** *statue* enthüllen **2** *fig* enthüllen; offenbaren; *secret a.* lüften **B** V/PR **se ~** *fig* sich enthüllen; offenbar werden

devoir[1] [d(ə)vwaʀ] ⟨je dois, il doit, nous devons, ils doivent; je devais; je dus; je devrai; que je doive; devant; dû, due⟩ **A** V/T **1** *argent, fig explication, respect* **~ à qn** j-m schulden, schuldig sein; → dû **2** *situation, surnom, vie, etc* **~ à qn** j-m (zu) verdanken (haben) **B** V/AUX *avec inf* **1** *nécessité* müssen; *obligation* müssen; sollen; haben zu; **ne pas ~** nicht dürfen, sollen; **cela devait arriver!** das musste so kommen! **2** *probabilité* müssen; wohl werden; **il a dû avoir une panne** er muss, wird wohl e-e Panne gehabt haben **3** *futur dans le passé* sollen; **il devait mourir deux jours plus tard** zwei Tage später sollte er sterben **C** V/PR **comme il se doit** wie es sich gehört, gebührt; **se ~ de faire qc** es sich (*dat*) schuldig sein, etw zu tun

devoir[2] M **1** Pflicht *f*; **~ de mémoire** Pflicht *f* zur Erinnerung; historische Verpflichtung; **par ~** aus Pflichtgefühl; **faire son ~** s-e Pflicht tun **2** ÉCOLE Aufgabe *f*; **~s** *pl* Hausaufgaben *fpl*; **~ sur table** Klassenarbeit *f*

dévolu [devɔly] M **jeter son ~ sur** sein Auge werfen auf (+ *acc*)

dévorant [devɔʀɑ̃] ADJ ⟨-ante [-ɑ̃t]⟩ *feu* verheerend; *passion* verzehrend; *curiosité* unersättlich

dévorer [devɔʀe] V/T **1** fressen; verschlingen (*a. fig livre*); *fig* **~ des yeux** mit den Augen verschlingen **2** *fig passion, remords* **~ qn** j-n verzehren

dévot [devo] M, **dévote** [devɔt] F Fromme(r) *m/f(m)*; *péj* Frömmler(in) *m(f)*

dévotion [devosjõ] F **1** Frömmigkeit *f*; **fausse ~** Frömmelei *f* **2** *fig* glühende Verehrung

dévoué [devwe] ADJ ⟨~e⟩ ergeben (**à qn** j-m)
dévouement [devumɑ̃] M Ergebenheit *f*; *plus fort* Hingabe *f*; Aufopferung *f*; Opferbereitschaft *f*
dévouer V/PR **se ~** 1 sich aufopfern 2 *fam plais* sich opfern (**pour faire qc** und etw tun) 3 **se ~ à une cause** sich e-r Sache (*dat*) ganz hingeben
dévoyé [devwaje] ADJ ⟨~e⟩ auf die schiefe Bahn geraten
dextérité [dɛksteʀite] F Fingerfertigkeit *f*; Geschicklichkeit *f*
dextrose [dɛkstʀoz] M Dextrose *f*; Traubenzucker *m*
dézipper [dezipe] V/T INFORM entzippen; entpacken
diabète [djabɛt] M (! maskulin) Zuckerkrankheit *f*; Diabetes *m*
diabétique [djabetik] A ADJ zuckerkrank B M/F Diabetiker(in) *m(f)*; Zuckerkranke(r) *m/f(m)*
diable [djɑbl] A M 1 Teufel *m*; *fam fig* **boucan** *m* **du ~** *fam* Höllenlärm *m*; **à la ~** flüchtig; oberflächlich; **au ~ …!** zum Teufel mit …!; *se démener* **comme un (beau) ~** wie wild, toll; **c'est bien le ~ si …** es müsste mit dem Teufel zugehen, wenn …; *fig* **tirer le ~ par la queue** kaum sein Auskommen haben; *plus fort* am Hungertuch nagen 2 *int* **~!** Teufel auch!; **où ~ …?** wo zum Teufel …? 3 *fig* **pauvre ~** *fam* armer Teufel, Schlucker 4 *chariot* Sack-, Stechkarre *f* B ADJ *enfant* wild
diablement [djɑbləmɑ̃] ADV *fam* verteufelt; verdammt; verflucht
diablerie [djɑbləʀi] F Streich *m*; Schelmenstück *n*
diablesse [djɑblɛs] F 1 MYTH Teufelin *f* 2 *fig* Teufelsweib *n*
diablotin [djablɔtɛ̃] M kleiner Teufel (*a. fig enfant*)
diabolique [djabɔlik] ADJ teuflisch; diabolisch
diabolo [djabɔlo] M 1 *jouet* Diabolo *n* 2 **~ menthe** Limonade *f* mit Pfefferminzsirup
diachronique [djakʀɔnik] ADJ LING diachron (-isch)
diacre [djakʀ] M Diakon *m*
diadème [djadɛm] M Diadem *n*
diagnostic [djagnɔstik] M Diagnose *f*
diagnostiquer [djagnɔstike] V/T diagnostizieren (*a. fig*)
diagonal [djagɔnal] ADJ ⟨~e; -aux [-o]⟩ diagonal
diagonale [djagɔnal] F Diagonale *f*; **en ~** diagonal; schräg
diagramme [djagʀam] M Diagramm *n*
dialectal [djalɛktal] ADJ ⟨~e; -aux [-o]⟩ Dialekt…; dialektal; mundartlich
dialecte [djalɛkt] M Dialekt *m*; Mundart *f*
dialecticien [djalɛktisjɛ̃] M, **dialecticienne** [-jɛn] F Dialektiker(in) *m(f)*
dialectique [djalɛktik] A ADJ dialektisch B F Dialektik *f*
dialectologie [djalɛktɔlɔʒi] F Dialektologie *f*; Mundartenforschung *f*
dialogue [djalɔg] M Dialog *m* (*a.* THÉ, FILM, INFORM); Zwiegespräch *n*; *fig* **c'est un ~ de sourds** sie reden aneinander vorbei
dialoguer [djalɔge] V/I **~ avec qn** mit j-m e-n Dialog, ein Gespräch führen
dialoguiste [djalɔgist] M FILM Dialogautor *m*
dialyse [djaliz] F Dialyse *f*; Blutwäsche *f*
diamant [djamɑ̃] M Diamant *m*
diamantaire [djamɑ̃tɛʀ] M 1 *ouvrier* Diamantschleifer *m* 2 *négociant* Diamantenhändler *m*
diamétralement [djametʀalmɑ̃] ADV *fig* **~ opposé** diametral entgegengesetzt
diamètre [djamɛtʀ] M Durchmesser *m*
diapason [djapazõ] M Stimmgabel *f*; Diapason *m*; *fig* **être au ~ de qn** auf j-n eingestellt sein
diaphane [djafan] ADJ durchscheinend
diaphragme [djafʀagm] M 1 ANAT Zwerchfell *n* 2 PHOT Blende *f* 3 MÉD Diaphragma *n*
diapo [djapo] F ABR *fam* Dia *n*
diaporama [djapɔʀama] M Tonbildschau *f*
diapositive [djapozitiv] F Diapositiv *n*
diarrhée [djaʀe] F MÉD Durchfall *m*
diaspora [djaspɔʀa] F Diaspora *f*
diatonique [djatɔnik] ADJ MUS diatonisch
diatribe [djatʀib] F heftige, beißende Kritik (**contre qn** an j-m)
dico [diko] M *fam* → dictionnaire
dictaphone [diktafɔn] M Diktiergerät *n*
dictateur [diktatœʀ] M Diktator *m*
dictatorial [diktatɔʀjal] ADJ ⟨~e; -aux [-o]⟩ diktatorisch (*a. fig*)
dictature [diktatyʀ] F Diktatur *f* (*a. fig*)
dictée [dikte] F (! feminin) Diktat *n* (*a.* ÉCOLE)
dicter [-e] V/T diktieren (*a. fig*)
diction [diksjõ] F Vortrags-, Sprechweise *f*; Diktion *f*
dictionnaire [diksjɔnɛʀ] M Wörterbuch *n*; Lexikon *n*; **~ bilingue** zweisprachiges Wörterbuch
dicton [diktõ] M sprichwörtliche Redensart; volkstümlicher Spruch
didacticiel [didaktisjɛl] M Lernsoftware *f* **didactique** [-ik] ADJ didaktisch
dièse [djɛz] M MUS Kreuz *n*; *adjt* **do ~** cis(*-Moll*) *ou* Cis(*-Dur*)
diesel [djezɛl] M Dieselmotor *m*, *par ext* -fahrzeug *n*; *fam* Diesel *m*; *adjt* **moteur** *m* **Diesel** Dieselmotor *m*
diète[1] [djɛt] F Nulldiät *f*; (*régime*) Diät *f*; Schonkost *f*

dière[2] F 1 HIST Reichstag *m* 2 *aujourd'hui en Allemagne* Landtag *m*
diététicien [djetetisjɛ̃] M, **diététicienne** [-jɛn] F Diätassistent(in) *m(f)*
diététique [djetetik] F Diätetik *f*; Ernährungslehre *f*; **magasin** *m* **de ~** Reformhaus *n*
Dieu [djø] M 1 REL Gott *m*; *fam* **le bon Dieu** der liebe Gott; **mon Dieu!** mein Gott!; ach Gott!; **Dieu sait pourquoi, quand**, *etc* Gott weiß warum, wann *etc*; **si Dieu le veut** so Gott will 2 **dieu** ⟨dieux⟩ MYTH Gott *m*; **jurer ses grands dieux** Stein und Bein schwören
diffamant [difamɑ̃] ADJ ⟨-ante [-ɑ̃t]⟩ diffamierend; ehrenrührig; verleumderisch
diffamateur [difamatœʀ] M, **diffamatrice** [-tʀis] F Verleumder(in) *m(f)* **diffamation** [-sjõ] F Diffamierung *f*; Verleumdung *f*; JUR üble Nachrede **diffamatoire** [-twaʀ] ADJ diffamatorisch; verleumderisch
diffamer [difame] V/T diffamieren; verleumden
différé [difeʀe] M **émission** *f* **en ~** Aufzeichnung *f*; **diffuser en ~** als Aufzeichnung, in e-r Aufzeichnung senden
différemment [difeʀamɑ̃] ADV anders
différence [difeʀɑ̃s] F Unterschied *m*; Differenz *f* (*a.* MATH); **~ d'âge** Altersunterschied *m*, -abstand *m*; **à la ~ de** im Unterschied zu
différenciation [difeʀɑ̃sjasjõ] F 1 (*distinction*) Differenzierung *f*; Unterscheidung *f* 2 (*fait de se différencier*) Differenzierung *f*; Auseinanderentwicklung *f*
différencier [difeʀɑ̃sje] A V/T differenzieren (*a.* MATH); unterscheiden B V/PR **se ~** sich differenzieren
différend [difeʀɑ̃] M Meinungsverschiedenheit *f*; Differenz *f*
différent [difeʀɑ̃] ADJ ⟨-ente [-ɑ̃t]⟩ 1 verschieden (**de** von); unterschiedlich; anders (als) 2 ⟨*nur pl u. vorangestellt*⟩ **~s** verschiedene; mehrere
différentiation [difeʀɑ̃sjasjõ] F MATH Differenzieren *n*; Differentiation *f*
différentiel [difeʀɑ̃sjɛl] A ADJ ⟨~le⟩ **calcul ~** Differentialrechnung *f* B M AUTO Ausgleichsgetriebe *n*; Differential *n*
différer [difeʀe] ⟨-è-⟩ A V/T auf-, ver-, hinausschieben B V/I abweichen (**de** von); sich unterscheiden (von); *abs opinions a.* differieren; auseinandergehen
difficile [difisil] ADJ 1 schwierig; schwer; mühsam; *caractère a.* diffizil; *enfant a.* schwer erziehbar 2 *personne* heikel; wählerisch; **faire le, la ~** wählerisch sein
difficilement [difisilmɑ̃] ADV schwer; mit Mühe
difficulté [difikylte] F Schwierigkeit *f*; **sans ~** ohne Schwierigkeit; mühelos; **être en ~** in Schwierigkeiten sein, stecken
difforme [difɔʀm] ADJ difform; missgestaltet; (*gros*) unförmig **difformité** [-ite] F Difformität *f*; Unförmigkeit *f*; (*malformation*) Missbildung *f*
diffraction [difʀaksjõ] F PHYS Beugung *f*
diffus [dify] ADJ ⟨-use [-yz]⟩ diffus; *fig a.* verschwommen
diffuser [difyze] V/T 1 OPT (zer)streuen 2 RAD, TV ausstrahlen; senden; übertragen 3 *fig* verbreiten
diffuseur [difyzœʀ] M 1 AUTO Lufttrichter *m* 2 TECH Diffusor *m* 3 *d'une lampe* Blendschutz *m*; Abdeckung *f*
diffusion [difyzjõ] F 1 Ausstrahlung *f*; Übertragung *f* 2 *fig* Verbreitung *f*
digérer [diʒeʀe] V/T ⟨-è-⟩ verdauen (*a. fig, fam*)
digest [diʒɛst, daj(d)ʒɛst] M *revue, résumé* Digest *m ou n*
digeste [diʒɛst] ADJ leicht verdaulich
digestif [diʒɛstif] A ADJ ⟨-ive [-iv]⟩ 1 Verdauungs... 2 verdauungsfördernd B M Digestif *m*; Verdauungstrank *m*

▶ Les digestifs français

Nach einem guten Essen greift der Franzose gern zu einem **digestif**, einem alkoholischen Getränk, das die Verdauung anregen soll. Bekannte **digestifs** sind unter anderem **le calvados**, ein normannischer Apfelschnaps (43%), der in Eichenfässern gelagert wird, und **le cognac**, ein Branntwein, der aus Weißweinen hergestellt wird, die nur aus einem genau festgelegten Anbaugebiet um die Stadt Cognac stammen dürfen. Guter Cognac hat einen mehrjährigen Reifungsprozess in Fässern aus Limousin-Eiche hinter sich.
Aus dem Elsass stammende **digestifs** sind **la framboise** (Himbeergeist), **le kirsch** (Kirschwasser) sowie **la quetsche** (Zwetschgenwasser).

LANDESKUNDE

digestion [diʒɛstjõ] F Verdauung *f*
digicode® [diʒikɔd] M elektronisches Türschloss
digital [diʒital] ADJ ⟨~e; -aux [-o]⟩ 1 Finger... 2 INFORM Digital...
digitale [diʒital] F BOT Fingerhut *m*
digitalisation [diʒitalizasjõ] F Digitalisierung *f* **digitaliser** [-e] V/T digitalisieren
digne [diɲ] ADJ würdig (**de qc** e-r Sache [*gén*]); *air a.* würdevoll; **~ de confiance** vertrauenswürdig; **~ d'intérêt** Interesse verdienend
dignement [diɲmɑ̃] ADV würdig; würdevoll (*a.*

iron)
dignitaire [diɲitɛʀ] M Würdenträger *m*
dignité [diɲite] F Würde *f*
digression [digʀesjõ] F Abschweifung *f*; Exkurs *m*
D
digue [dig] F Deich *m*; Damm *m* (*a. fig*)
diktat [diktat] M POL Diktat *n*
dilapidateur [dilapidatœʀ] M, **dilapidatrice** F [-tʀis] Verschwender(in) *m(f)*; Vergeuder(in) *m(f)*
dilapidation [dilapidasjõ] F Verschwendung *f*; Vergeudung *f* **dilapider** [-e] V/T verschwenden; vergeuden
dilatable [dilatabl] ADJ PHYS (aus)dehnbar
dilatation [dilatasjõ] F 1 PHYS Ausdehnung *f* 2 MÉD Erweiterung *f*
dilater [dilate] V/T (et V/PR **se**) **~** 1 PHYS (sich) ausdehnen 2 MÉD (sich) erweitern
dilemme [dilɛm] M Dilemma *n*
dilettante [dilɛtɑ̃t] M/F Dilettant(in) *m(f)*; **en ~** dilettantisch
dilettantisme [dilɛtɑ̃tism] M Dilettantismus *m*; Dilettantentum *n*
diligence [diliʒɑ̃s] F 1 HIST Postkutsche *f* 2 *st/s* (*zèle*) Eifer *m*; Beflissenheit *f*
diluant [dilɥɑ̃] M Verdünnungsmittel *n*
diluer [dilɥe] V/T verdünnen; (*dissoudre*) auflösen
dilution [dilysjõ] F 1 Verdünnung *f* 2 Auflösen *n*; *résultat* Lösung *f*
diluvien [dilyvjɛ̃] ADJ ⟨-ienne [-jɛn]⟩ *pluies* sintflutartig
dimanche [dimɑ̃ʃ] M Sonntag *m*; *fam fig* **chauffeur** *m* **du ~** Sonntagsfahrer *m*
dimension [dimɑ̃sjõ] F 1 Abmessung *f*; Dimension *f*; Maß *n*; **~s** *pl a.* Größe *f*; Ausdehnung *f*; **à trois ~s** dreidimensional 2 *fig* Ausmaß *n*; Dimension *f*; Bedeutung *f*
diminué [diminɥe] ADJ ⟨~e⟩ *personne* geschwächt
diminuer [diminɥe] A V/T 1 vermindern; verringern; herabsetzen 2 *fig* verringern; *mérites a.* schmälern; *forces* schwächen 3 **~ qn** (*dénigrer*) j-n herabsetzen, schlechtmachen B V/I 1 sich vermindern; sich verringern; *prix a.* heruntergehen; sinken; fallen; *marchandise* billiger werden; *production* zurückgehen; *chaleur, pluies* nachlassen; schwächer werden; *jours* abnehmen; kürzer werden 2 *fig forces, enthousiasme* nachlassen; abnehmen; schwächer werden
diminutif [diminytif] M Diminutiv(um) *n*; Verkleinerungswort *n*; *d'un nom* Koseform *f*
diminution [diminysjõ] F Verminderung *f*; Verringerung *f*; Herabsetzung *f*; Rückgang *m*; Abnahme *f*; Nachlassen *n*
dinar [dinaʀ] M *monnaie* Dinar *m*
dînatoire [dinatwaʀ] ADJ **goûter** *m* **~** vorgezogene Abendmahlzeit
dinde [dɛ̃d] F 1 ZOOL Truthenne *f*; Pute *f*; CUIS *a.* Truthahn *m*; Puter *m* 2 *fig fam* dumme Pute, Gans
dindon [dɛ̃dõ] M Truthahn *m*; Puter *m*; *fig* **être le ~ de la farce** der Dumme sein
dindonneau [dɛ̃dɔno] M ⟨~x⟩ junger Truthahn, Puter; CUIS Babypute *f*
dîner [dine] A V/I zu Abend essen; *st/s* dinieren B M Abendessen *n*, -mahlzeit *f*, -brot *n*; *st/s* Diner *n*
dînette [dinɛt] F Puppengeschirr *n*
ding [diŋ] INT *sonnette* kling(e)ling!; **~, dong!** [diŋdõg] *carillon* bim, bam!
dingo [dɛ̃go] A M ZOOL Dingo *m* B *fam* ADJ *et* SUBST (! Maskulin- und Femininform sind gleich) → dingue
dingue [dɛ̃g] *fam* A ADJ 1 wahnsinnig; → cinglé 2 *fam* toll; *fam* wahnsinnig B M/F Wahnsinnige(r) *m/f(m)*; **~ de la télé** *fam* Fernsehnarr *m*
dinosaure [dinɔzɔʀ] M Dinosaurier *m* (*a. fig*)
diocésain [djɔsezɛ̃] A ADJ ⟨-aine [-ɛn]⟩ Diözesan... B M Diözesan *m*
diocèse [djɔsɛz] M Diözese *f*
diode [djɔd] F Diode *f*
dioxine [djɔksin] F Dioxin *n*
diphtérie [difteʀi] F Diphtherie *f*
diphtongue (! diph**to**ngue) [diftõg] F (! feminin) Diphthong *m*; Doppellaut *m*
diplomate [diplɔmat] A M Diplomat *m* (*a. fig*) B ADJ *fig* diplomatisch
diplomatie [diplɔmasi] F Diplomatie *f* (*a. fig*)
diplomatique [diplɔmatik] ADJ 1 diplomatisch (*a. fig*); **corps** *m* **~** diplomatisches Korps 2 *fig* **maladie** *f* **~** vorgeschobene, politische Krankheit
diplôme [diplom] M Diplom *n*; Zeugnis *n*
diplômé [diplome] ADJ ⟨~e⟩ diplomiert; Diplom...; staatlich geprüft
diplômer [diplome] V/T das Diplom verleihen (**qn** j-m); diplomieren
dire[1] [diʀ] ⟨je dis, il dit, nous disons, vous dites, ils disent; je disais; je dis; je dirai; que je dise; disant; dit⟩ A V/T 1 sagen; *poème* aufsagen; *acteur: texte* sprechen; vortragen; **dire la messe** die Messe lesen; **dire que ...** wenn man bedenkt, dass ...; **dire à qn de faire qc** j-m sagen, dass er etw tun soll; **à ce qu'il dit** nach dem, was er sagt; s-n Worten nach; **qui l'eût dit?** wer hätte das gedacht?; **qu'est-ce que tu en dis?** was sagst du dazu?; **c'est beaucoup dire** das wäre zu viel gesagt; **comment dirais-je?** wie soll ich sagen, mich ausdrücken?; *fam* **dis donc!** *fam* sag (doch) mal!; he du!; *fam* **eh ben, dis donc!** na so was!; **c'est**

tout dire das (be)sagt alles; **pour tout dire** kurz (und gut); **cela va sans dire** (das) versteht sich (von selbst); das ist selbstverständlich; **est-ce à dire que …?** heißt, bedeutet das, dass …?; **si j'ose (le) dire** wenn ich so sagen darf; **on dit que …** man sagt, es heißt, es wird behauptet, dass …; **comme on dit** wie man so sagt; wie es heißt; **on dirait** man möchte meinen; **on dirait un gangster** man könnte ihn für e-n Gangster halten; **dis, dites** sag, sagen Sie; nicht wahr? **2** *visage, nom, etc* **dire qc à qn** j-m etw sagen; j-m bekannt vorkommen **3** *(faire envie)* **dire à qn** j-m zusagen, gefallen; **est-ce que cela vous dit?** haben Sie dazu Lust?; würde Ihnen das gefallen? **4** *chose* **vouloir dire** bedeuten; heißen; **ça ne veut rien dire** das will gar nichts heißen, (be)sagen; das bedeutet gar nichts **B** V/PR **1** **se dire** (zu) sich sagen; **dis-toi bien que …** denk daran, dass … **2** **cela ne se dit plus** das sagt man nicht mehr; **comment ça se dit en français?** wie heißt das, wie sagt man dazu auf Französisch?

dire² M **d'après les ~s de** *ou* **au ~ de** nach Aussage *(+ gén)*; nach den Worten *(+ gén)*

direct [diʀɛkt] **A** ADJ ⟨~e⟩ direkt; *chemin a.* gerade; *contact, cause a.* unmittelbar; **train direct** Eilzug *m* **B** M **1** BOXE Gerade *f* **2** *émission* **en direct** Live-Sendung *f*

directement [diʀɛktəmɑ̃] ADV direkt

directeur [diʀɛktœʀ] **A** M **1** Direktor *m*; Leiter *m*; **~ sportif** Sportfunktionär *m*; **~ de la publication** Herausgeber *m* **2** **~ (d'école)** Rektor *m*; Schulleiter *m* **B** ADJ ⟨-trice [-tʀis]⟩ **1** leitend; **comité ~** Vorstand *m*; Direktorium *n* **2** *fig idée* Leit…

directif [diʀɛktif] ADJ ⟨-ive [-iv]⟩ autoritär

direction [diʀɛksjõ] F **1** *action* Führung *f*; Leitung *f*; **sous la ~ de** unter der Leitung von **2** *comité* Direktion *f*; Geschäfts-, Betriebsleitung *f* **3** *d'un ministère* **~ (générale)** Abteilung *f* **4** TECH Lenkung *f*; Steuerung *f* **5** *(sens)* Richtung *f*; *panneau* **toutes ~s** Fernverkehr *m*; Gesamt(durchgangs)verkehr *m*; **en ~ de la gare** in Richtung Bahnhof

directionnel [diʀɛksjɔnɛl] ADJ ⟨~le⟩ **antenne ~le** Richtantenne *f*

directives [diʀɛktiv] FPL Direktiven *fpl*; Richtlinien *fpl*; Weisungen *fpl*

directoire [diʀɛktwaʀ] M *d'une SA* Vorstand *m*

directrice [diʀɛktʀis] F Direktorin *f*; Leiterin *f*; *d'une école primaire* Rektorin *f*; Schulleiterin *f*

dirham [diʀam] M *monnaie* Dirham *m*

dirigé [diʀiʒe] ADJ ⟨~e⟩ **économie ~e** (staatlich) gelenkte Wirtschaft; Planwirtschaft *f*

dire und seine Alternativen

Um einen selbst verfassten Text stilistisch zu verbessern, ist es ratsam, statt der ständigen Wiederholung von **dire** präzisere Verben zu benutzen. Hier eine Übersicht:

raconter qc	etwas erzählen (*was man gesehen oder erfahren hat*)	**avouer qc**	etwas eingestehen (*was man schlecht gemacht hat*)
ajouter qc	etwas hinzufügen	**révéler qc**	etwas verdeutlichen, aufdecken (*was dem anderen unbekannt war*)
avertir qn	j-n warnen	**avancer qc**	etwas vorbringen, vortragen
annoncer qc	etwas ankündigen	**assurer que…**	versichern, dass …
prétendre qc	etwas vorgeben	**confier qc à qn**	j-m etwas anvertrauen
exposer qc	etwas darstellen (*was man erklären will*)	**rapporter qc**	etwas mitteilen (*was man gehört oder erfahren hat*)
exprimer qc	etwas ausdrücken (*was man fühlt oder denkt*)	**soutenir le point de vue que…**	die Ansicht vertreten, dass …
déclarer qc	etwas (öffentlich) erklären	**répéter qc**	etwas wiederholen

WORTFELDER

D

dirigeable [diʀiʒabl] M Luftschiff *n*; Zeppelin *m*
dirigeant [diʀiʒɑ̃] A ADJ ⟨-ante [-ɑ̃t]⟩ führend; herrschend B ~(e) M(F) Führer(in) *m(f)*; **~s** *pl de l'industrie* Führungskräfte *fpl*; *d'un parti* Führung *f*; Führungsspitze *f*; POL Machthaber *mpl*
diriger [diʀiʒe] ⟨-ge-⟩ A V/T 1 *(mener)* leiten; *orchestre a.* dirigieren; *journal* herausgeben; *pays* lenken; regieren 2 *(guider)* dirigieren, schicken (**sur, vers** nach) 3 *(orienter)* richten (**vers, sur** auf + *acc*; **contre** gegen) B V/PR **se ~ vers qc** auf etw *(acc)* zugehen, zusteuern; *fig* **se ~ vers les sciences** sich den Naturwissenschaften zuwenden
dirigisme [diʀiʒism] M Dirigismus *m* **dirigiste** [-ist] ADJ dirigistisch
dirlo [diʀlo] *langage d'écolier* M/F Direktor *m*, Direktorin *f*; *fam* Direx *m*
discal [diskal] ADJ ⟨~e; -aux [-o]⟩ Bandscheiben…
discernable [disɛʀnabl] ADJ wahrnehmbar; erkennbar; unterscheidbar
discernement [disɛʀnəmɑ̃] M Urteilsvermögen *n*; Einsicht *f*
discerner [disɛʀne] V/T erkennen *(a. fig vérité)*; unterscheiden
disciple [disipl] M Schüler *m*; Jünger *m (a.* REL)
disciplinable [disiplinabl] ADJ **être ~** an Disziplin zu gewöhnen sein
disciplinaire [disiplinɛʀ] ADJ disziplinarisch; Disziplinar…
discipline [disiplin] F 1 *(obéissance)* Disziplin *f*; Zucht *f* 2 *(matière)* Lehr-, Unterrichtsfach *n*; Disziplin *f* 3 SPORTS Disziplin *f*; Sportart *f*
discipliné [discipline] ADJ ⟨~e⟩ diszipliniert
discipliner [disipline] V/T 1 an Disziplin gewöhnen; Disziplin beibringen (**qn** j-m) 2 *sentiments, instincts* im Zaum halten; disziplinieren 3 *cheveux* bändigen
disc-jockey [diskʒɔkɛ] M ⟨disc-jockeys⟩ Discjockey *m*
disco [disko] M Diskosound *m*; *adjt* **musique** *f* **~** Diskomusik *f*
discontinu [diskɔ̃tiny] ADJ ⟨~e⟩ 1 *ligne* unterbrochen; gestrichelt 2 *fig* diskontinuierlich
discontinuer [diskɔ̃tinɥe] **sans ~** ohne Unterlass; unablässig
discontinuité [diskɔ̃tinɥite] F *d'un travail* fehlende, mangelnde Kontinuität; zeitweilige Unterbrechung
disconvenir [diskɔ̃vniʀ] V/T INDIR ⟨→ venir⟩ **ne pas ~ de qc** etw nicht in Abrede stellen, nicht leugnen
discordance [diskɔʀdɑ̃s] F 1 *d'opinions* Nichtübereinstimmung *f*; Nichtzusammenpassen *n (a. des couleurs)* 2 MUS Diskordanz *f*; Missklang *m*
discordant [diskɔʀdɑ̃] ADJ ⟨-ante [-ɑ̃t]⟩ 1 nicht zusammenpassend 2 MUS disharmonisch 3 *voix, cris* misstönend
discorde [diskɔʀd] F Zwietracht *f*
discothèque [diskɔtɛk] F 1 Disko(thek) *f* 2 Schallplattensammlung *f*
discount [diskawnt] M Discountgeschäft *n*
discourir [diskuʀiʀ] V/I ⟨→ courir⟩ lang und breit reden; schwadronieren
discours [diskuʀ] M 1 Rede *f*; **faire, prononcer un ~** e-e Rede halten 2 *péj* Geschwätz *n*; Gerede *n* 3 GRAM **~ direct, indirect** direkte *ou* wörtliche, indirekte *ou* abhängige Rede
discourtois [diskuʀtwa] *st/s* ADJ ⟨-oise [-waz]⟩ unhöflich
discrédit [diskʀedi] M Misskredit *m*
discréditer [diskʀedite] A V/T in Misskredit, Verruf bringen; diskreditieren B V/PR **se ~** in Verruf geraten
discret [diskʀɛ] ADJ ⟨-ète [-ɛt]⟩ 1 taktvoll; diskret; unaufdringlich; *couleur, vêtement a.* dezent 2 diskret; verschwiegen
discrètement [diskʀɛtmɑ̃] ADV diskret; unauffällig; unaufdringlich
discrétion [diskʀesjɔ̃] F 1 Takt *m*; Diskretion *f*; Unaufdringlichkeit *f*; Dezenz *f* 2 Diskretion *f*; Verschwiegenheit *f* 3 **à ~** nach Belieben
discrétionnaire [diskʀesjɔnɛʀ] ADJ JUR **pouvoir** *m* **~** (freies) Ermessen; Ermessensfreiheit *f*
discriminant [diskʀiminɑ̃] M MATH Diskriminante *f* **discriminateur** [-atœʀ] M ÉLEC, RAD Diskriminator *m*
discrimination [diskʀiminasjɔ̃] F 1 Unterscheidung *f* 2 *sociale* Diskriminierung *f*; Ungleichbehandlung *f*; **~ raciale** Rassendiskriminierung *f*
discriminatoire [diskʀiminatwaʀ] ADJ diskriminierend **discriminer** [-e] V/T diskriminieren
disculper [diskylpe] A V/T **~ qn** j-n entlasten B V/PR **se ~** s-e Unschuld beweisen; sich (von Schuld) reinwaschen
discursif [diskyʀsif] ADJ ⟨-ive [-iv]⟩ diskursiv
discussion [diskysjɔ̃] F 1 Diskussion *f*, Aussprache *f* (**de** über + *acc*); Erörterung *f*, Besprechung *f (+ gén)*; POL *a.* Debatte *f* (über + *acc*) 2 **pas de ~!** keine Widerrede! 3 *(dispute)* Auseinandersetzung *f*; Wortwechsel *m*
discutable [diskytabl] ADJ anfechtbar; fragwürdig
discutailler [diskytaje] V/I *fam péj* palavern
discuté [diskyte] ADJ ⟨~e⟩ **très ~** viel diskutiert; umstritten
discuter [diskyte] A V/T 1 diskutieren; erörtern; besprechen; **~ politique** über Politik diskutieren 2 *(contester)* infrage stellen; anzweifeln

B VI **1** diskutieren, sprechen, reden, debattieren (**de, sur** über + *acc*; **avec qn** mit j-m) **2** *(protester)* widersprechen

disert [dizɛʀ] *litt* ADJ ⟨-erte [-ɛʀt]⟩ redegewandt

disette [dizɛt] F Hunger(snot) *m(f)*

diseur [dizœʀ] M, **diseuse** [-øz] F **excellent diseur** Vortragskünstler *m*; **diseuse de bonne aventure** Wahrsagerin *f*

disgrâce [dizgʀɑs, dis-] F Ungnade *f*

disgracieux [dizgʀasjø, dis-] ADJ ⟨-euse [-øz]⟩ ohne Anmut; ungraziös; unschön

disjoindre [disʒwɛ̃dʀ] VT ⟨→ joindre⟩ (voneinander) trennen

disjoint [disʒwɛ̃] ADJ ⟨-jointe [-ʒwɛ̃t]⟩ aus den Fugen gegangen; *dalles* mit weiten Fugen

disjoncter [disʒɔ̃kte] VI *fam* spinnen; *fam* ausrasten **disjoncteur** [-tœʀ] M ÉLEC Sicherungsautomat *m* **disjonction** [-sjɔ̃] F Trennung *f*

dislocation [dislɔkasjɔ̃] F **1** Auseinanderbrechen *n*, -fallen *n* (*a. fig*) **2** MÉD Verrenkung *f* **3** *d'un cortège* Auflösung *f*

disloquer [dislɔke] **A** VT **1** *membre* aus-, verrenken **2** *fig cortège* auflösen; *empire* zerschlagen **B** VPR **se ~** **1** auseinanderbrechen, -fallen (*a. fig empire*) **2** *clown* sich verrenken **3** *cortège* sich auflösen

disparaître [dispaʀɛtʀ] VI ⟨→ connaître⟩ **1** verschwinden; *objets a.* abhandenkommen; *tache a.* weggehen; *douleurs, soucis* vergehen; *espèce* aussterben; **faire ~** *document* verschwinden lassen; *tache, douleur, fig personne* beseitigen **2** *(mourir)* dahingehen; sterben

disparate [dispaʀat] ADJ uneinheitlich; ungleich; disparat **disparité** [-ite] F Ungleichheit *f*, Diskrepanz *f*, Disparität *f* (**entre** zwischen + *dat*)

disparition [dispaʀisjɔ̃] F **1** Verschwinden *n*; *d'une espèce* Aussterben *n* **2** *(mort)* Hinscheiden *n*

disparu [dispaʀy] **A** PP → disparaître *et* ADJ ⟨~e⟩ *personne* vermisst; verschollen; **~ en mer** auf See verschollen **B** **~(e)** M(F) **1** Vermisste(r) *m/f(m)* **2** *(mort[e])* Verstorbene(r) *m/f(m)*

dispatcher [dispatʃœʀ] M Dispatcher *m*

dispatching [dispatʃiŋ] M Überwachungszentrale *f*

dispendieux [dispɑ̃djø] ADJ ⟨-euse [-øz]⟩ kostspielig; aufwendig

dispensaire [dispɑ̃sɛʀ] M Ambulanz *f*; Poliklinik *f*; Gesundheitsamt *n*

dispensateur [dispɑ̃satœʀ] M, **dispensatrice** [-tʀis] F *litt* Spender(in) *m(f)*

dispense [dispɑ̃s] F Dispens *f ou m*; Befreiung *f* (**de** von); Ausnahmebewilligung *f*; **une ~ d'EPS** e-e Befreiung vom Sportunterricht

dispenser [dispɑ̃se] **A** VT **1** **~ qn de qc** j-n von etw befreien, dispensieren; j-m etw erlassen **2** *bienfaits* erweisen; zuteilwerden lassen; *lumière* spenden **B** VPR **se ~ d'une obligation** sich e-r Verpflichtung (*dat*) entziehen; **je m'en dispenserais bien** ich würde gern darauf verzichten

dispersé [dispɛʀse] ADJ ⟨~e⟩ *habitat, famille* weitverstreut

disperser [dispɛʀse] **A** VT **1** zerstreuen; *collection* zersplittern; aufteilen **2** *fig attention, forces* verzetteln **B** VPR **se ~** **1** *foule* sich zerstreuen **2** *personne* sich verzetteln

dispersion [dispɛʀsjɔ̃] F **1** Zerstreuen *n*, -ung *f* **2** *fig* Verzettelung *f* **3** PHYS Streuung *f*; Dispersion *f* (*a.* CHIM)

disponibilité [dispɔnibilite] F **1** Verfügbarkeit *f*; Disponibilität *f*; *morale* innere Bereitschaft **2** **~s** *pl* verfügbare Mittel *npl* **3** *fonctionnaire* **être en ~** beurlaubt sein

disponible [dispɔnibl] ADJ verfügbar; *personne a.* abkömmlich; *moralement* bereit; offen; *place a.* frei; FIN *a.* disponibel; *marchandise a.* greifbar; vorrätig

dispos [dispo] ADJ ⟨*nur m*⟩ **frais et ~** frisch und munter; ausgeruht

disposé [dispoze] ADJ ⟨~e⟩ **bien, mal ~** gut, schlecht aufgelegt; **bien ~ envers qn** j-m wohlgesinnt, gewogen; **être ~ à faire qc** bereit *ou* gewillt sein, etw zu tun

disposer [dispoze] **A** VT anordnen; arrangieren; aufstellen **B** VT INDIR **~ de qc, qn** über etw, j-n verfügen **C** VPR **se ~ à faire qc** sich anschicken, etw zu tun

dispositif [dispozitif] M **1** TECH Vorrichtung *f*; Anlage *f* **2** **~ policier** Polizeiaufgebot *n*

disposition [dispozisjɔ̃] F **1** *d'objets* Anordnung *f* **2** Verfügung *f*; **avoir qc à sa ~** etw zu s-r Verfügung haben; **être à la ~ de qn** j-m zur Verfügung stehen **3** JUR Bestimmung *f*; Vorschrift *f* **4** **prendre des ~s** Vorbereitungen, *face à un danger* Vorkehrungen treffen **5** **~s** *pl* (*dons*) Anlagen *fpl*, Begabung *f* (**pour** für)

disproportion [dispʀɔpɔʀsjɔ̃] F Missverhältnis *n*

disproportionné [dispʀɔpɔʀsjɔne] ADJ ⟨~e⟩ **1** **~ à qc** in keinem Verhältnis zu etw stehend **2** unproportioniert; übergroß

dispute [dispyt] F Streit *m*; Auseinandersetzung *f*

disputer [dispyte] **A** VT **1** **disputer qc à qn** j-m etw streitig machen **2** *match* austragen; **disputer un titre** um e-n Titel kämpfen **3** *fam enfant* ausschimpfen **B** VPR **se disputer** (sich, miteinander) streiten; sich zanken; **se disputer avec qn** (sich) mit j-m streiten

disquaire [diskɛʀ] M/F Schallplattenhändler(in)

D

m(f)

disqualification [diskalifikasjõ] F Disqualifizierung *f*; Disqualifikation *f*

disqualifier [diskalifje] A VT SPORTS disqualifizieren B VPR **se ~** *fig* sich disqualifizieren

D

disque [disk] M 1 Schallplatte *f*; Platte *f* (*a.* INFORM); **disque compact** CD *f*; **disque dur** Festplatte *f*; *fam fig* **changer de disque** *fam* e-e andere Platte auflegen 2 Scheibe *f* (*a.* TECH); **disque intervertébral** Bandscheibe *f*; **disque de stationnement** Parkscheibe *f* 3 SPORTS Diskus *m*; Wurfscheibe *f*

le disque compact — CD

le disque — Diskus

disque-jockey M → disc-jockey

disquette [diskɛt] F Diskette *f*

dissection [disɛksjõ] F Sezieren *n*

dissemblable [disɑ̃blabl] ADJ unähnlich; ungleich **dissemblance** [-ɑ̃s] F Unähnlichkeit *f*; Ungleichheit *f*; Verschiedenartigkeit *f*

dissémination [diseminasjõ] F Ausstreuung *f*; Verbreitung *f*

disséminer [disemine] A VT 1 ausstreuen; verbreiten 2 *personnes* zerstreuen; *adjt* **être disséminé** verstreut sein 3 *armes atomiques* verbreiten; weitergeben B VPR **se ~** sich aus-, verbreiten

dissensions [disɑ̃sjõ] FPL Streitigkeiten *fpl*; Zwistigkeiten *fpl*

disséquer [diseke] VT ⟨-è-⟩ MÉD, *fig* sezieren

dissert [disɛʀt] F *langage d'écolier* → dissertation

dissertation [disɛʀtasjõ] F LYCÉE Erörterung *f*; (Besinnungs)Aufsatz *m*; UNIVERSITÉ Seminar-, Hausarbeit *f*

disserter [disɛʀte] VT INDIR **~ sur, de qc** etw abhandeln, (ausführlich) behandeln

dissidence [disidɑ̃s] F 1 *d'un parti* Spaltung *f* 2 *coll* Dissidenten *mpl*

dissident [disidɑ̃] M, **dissidente** [-ɑ̃t] F Dissident(in) *m(f)*; Andersdenkende(r) *m/f(m)*

dissimulateur [disimylatœʀ] M, **dissimulatrice** [-tʀis] F Heuchler(in) *m(f)*

dissimulation [disimylasjõ] F 1 Verstellung(-skunst) *f*; Heuchelei *f* 2 *de qc* Verheimlichung *f*

dissimulé [disimyle] ADJ ⟨~e⟩ *personne* heuchlerisch; falsch

dissimuler [disimyle] A VT verheimlichen; verhehlen; verbergen; *revenus* verschleiern; *abs* sich verstellen B VPR **se ~** sich verbergen

dissipation [disipasjõ] F 1 Verschwendung *f* 2 Unaufmerksamkeit *f*; Undiszipliniertheit *f*

dissipé [disipe] ADJ ⟨~e⟩ *élèves* unaufmerksam; undiszipliniert

dissiper [disipe] A VT 1 *nuages* vertreiben 2 *fig soucis, doutes* zerstreuen; *malentendu* beseitigen; ausräumen 3 *fortune* verschwenden; vergeuden 4 *élèves* ablenken; von der Arbeit abhalten B VPR **se ~** 1 *brume* sich auflösen 2 *fig soucis* verfliegen 3 *élèves* unaufmerksam werden

dissociable [disɔsjabl] ADJ voneinander trennbar

dissociation [disɔsjasjõ] F 1 CHIM, PSYCH Dissoziation *f* 2 *fig* Trennung *f*

dissocier [disɔsje] VT 1 voneinander trennen 2 CHIM dissoziieren

dissolu [disɔly] ADJ ⟨~e⟩ ausschweifend; lasterhaft; liederlich

dissolubilité [disɔlybilite] F POL Auflösbarkeit *f* **dissoluble** [-l] ADJ POL *parlement* auflösbar

dissolution [disɔlysjõ] F 1 Auflösung *f* (*a.* JUR, *fig*) 2 *liquide* Lösung *f*; *colle* Gummilösung *f*

dissolvant [disɔlvɑ̃] M 1 CHIM Lösungsmittel *n* 2 Nagellackentferner *m*

dissonance [disɔnɑ̃s] F MUS, *fig* Dissonanz *f*

dissoudre [disudʀ] ⟨→ absoudre⟩ VT (*et* VPR **se ~** sich) auflösen (*a.* JUR, *fig*)

dissous [disu] PP ⟨dissoute [disut]⟩ → dissoudre

dissuader [disɥade] VT **~ qn de faire qc** j-n davon abbringen, etw zu tun

dissuasif [disɥazif] ADJ ⟨-ive [-iv]⟩ abschreckend; Abschreckungs...

dissuasion [disɥazjõ] F Abschreckung *f*

dissyllabe [disi(l)lab] A ADJ zweisilbig B M zweisilbiges Wort **dissyllabique** [-ik] ADJ zweisilbig

dissymétrie [disimetʀi] F fehlende Symmetrie; Mangel *m* an Symmetrie **dissymétri-**

que [-ik] ADJ unsymmetrisch
distance [distɑ̃s] F 1 Entfernung *f*; Abstand *m* (*a. fig*); Distanz *f* (*a.* SPORTS, *fig*); **à ~** aus der Ferne; Fern…; **commande** *f* **à ~** Fernsteuerung *f*; *fig* **garder ses ~s** Distanz, den nötigen Abstand wahren; *fig* **prendre ses ~s** sich (von j-m, etw) distanzieren; **tenir qn à ~** j-n auf Distanz halten (*a. fig*) 2 *dans le temps* **à ~** aus der Distanz; **à quelques années de ~** im Abstand von einigen Jahren
distancer [distɑ̃se] V/T ⟨-ç-⟩ distanzieren; hinter sich (*dat*) lassen
distanciation [distɑ̃sjasjõ] F THÉ Verfremdung *f*
distant [distɑ̃] ADJ ⟨-ante [-ɑ̃t]⟩ 1 entfernt (**de 2 km** 2 km) 2 *fig* distanziert
distendre [distɑ̃dʀ] ⟨→ rendre⟩ A V/T überdehnen B V/PR **se ~** 1 sich (über)dehnen; *peau* schlaff werden 2 *fig liens* sich lockern
distension [distɑ̃sjõ] F (Über)Dehnung *f*; *d'un muscle a.* Zerrung *f*
distillateur [distilatœʀ] M (! distillateur) Destillateur *m*; Branntweinbrenner *m* **distillation** [-sjõ] F (! distillation) Destillation *f*; *du vin a.* Brennen *n*
distiller (! distiller) [distile] V/T 1 destillieren; **eau distillée** destilliertes Wasser 2 BIOL ausscheiden; *fig ennui* verbreiten
distillerie (! distillerie) [distilʀi] F (Branntwein)Brennerei *f*
distinct [distɛ̃] ADJ ⟨-incte [-ɛ̃kt]⟩ 1 (*clair*) deutlich 2 (*différent*) unterschiedlich; verschieden (**de** von)
distinctement [distɛ̃ktəmɑ̃] ADV deutlich
distinctif [distɛ̃ktif] ADJ ⟨-ive [-iv]⟩ Unterscheidungs…; **signe ~** Kennzeichen *n*
distinction [distɛksjõ] F 1 *action* Unterscheidung *f*; (*différence*) Unterschied *m*; **sans ~** unterschiedslos 2 (*honneur*) Auszeichnung *f* 3 (*élégance*) Vornehmheit *f*
distingué [distɛ̃ge] ADJ ⟨~e⟩ vornehm
distinguer [distɛ̃ge] A V/T 1 (*percevoir*) unterscheiden; erkennen 2 (*différencier*) unterscheiden (**de** von; **entre** zwischen + *dat*); auseinanderhalten B V/PR 1 **se ~** (*être différent*) sich unterscheiden (**de** von) 2 **se ~** (*s'illustrer*) sich auszeichnen (**par** durch)
distinguo [distɛ̃go] M (feine) Unterscheidung; **faire le ~ entre …** (fein) unterscheiden zwischen (+*dat*)
distorsion [distɔʀsjõ] F Verzerrung *f*
distraction [distʀaksjõ] F 1 (*inattention*) Zerstreutheit *f* 2 (*diversion*) Zerstreuung *f*; Ablenkung *f*; Abwechslung *f* 3 (*passetemps*) Unterhaltung *f*; Freizeitbeschäftigung *f*
distraire [distʀɛʀ] ⟨→ traire⟩ A V/T 1 **~ qn** j-n ablenken (**de son travail** von s-r Arbeit) 2 *public* unterhalten B V/PR **se ~** sich ablenken; sich zerstreuen
distrait [distʀɛ] ADJ ⟨-aite [-ɛt]⟩ zerstreut; geistesabwesend
distrayant [distʀɛjɑ̃] ADJ ⟨-ante [-ɑ̃t]⟩ unterhaltsam
distribué [distʀibɥe] ADJ ⟨~e⟩ *appartement* **bien ~** gut aufgeteilt, geschnitten
distribuer [distʀibɥe] V/T 1 (*répartir*) ver-, austeilen, ausgeben (**à qn** an j-n) 2 *courrier* zustellen; austragen 3 *gaz, eau* verteilen; weiterleiten; liefern 4 *rôles* verteilen; *film, pièce* besetzen 5 COMM vertreiben
distributeur [distʀibytœʀ] M 1 **~ de films** Filmverleiher *m* 2 COMM Vertreiber *m* 3 **~ (automatique)** Automat *m*; **~ de billets** Geldautomat *m* 4 AUTO (Zünd)Verteiler *m*
distributif [distʀibytif] ADJ ⟨-ive [-iv]⟩ LING, MATH distributiv; Distributiv…
distribution [distʀibysjõ] F 1 Ver-, Austeilung *f*; Ausgabe *f* 2 *du courrier* Zustellung *f* 3 **~ de l'électricité, du gaz** Strom-, Gasversorgung *f* 4 THÉ, FILM Rollenverteilung *f*; Besetzung *f* 5 COMM Vertrieb *m*; **la grande ~** die Verbrauchermärkte *mpl*; der Verbrauchermarkt-Sektor
district [distʀikt] M Distrikt *m*; (Verwaltungs)-Bezirk *m*
dit [di] PP → dire[1] *et* ADJ ⟨dite [dit]⟩ 1 (*fixé*) genannt; festgesetzt 2 (*surnommé*) genannt; mit Beinamen 3 **autrement ~** anders gesagt, ausgedrückt; **cela, ceci ~** abgesehen davon; trotzdem; **soit ~ en passant** beiläufig, nebenbei gesagt
diurétique [djyʀetik] ADJ harntreibend
diurne [djyʀn] ADJ Tag(es)…
diva [diva] F gefeierte Sängerin; Diva *f*
divagations [divagasjõ] FPL wirres Gerede; Fantastereien *fpl*
divaguer [divage] V/I irrereden; ungereimtes Zeug reden
divan [divɑ̃] M Liege(sofa) *f(n)*
divergence [divɛʀʒɑ̃s] F 1 Divergenz *f* (*a.* MATH, OPT) 2 *fig* Meinungsverschiedenheit *f*; Divergenz *f* **divergent** [-ɑ̃] ADJ ⟨-ente [-ɑ̃t]⟩ divergierend; divergent; *fig a.* abweichend
diverger [divɛʀʒe] V/I ⟨-ge-⟩ 1 *lignes, rues* auseinanderlaufen 2 *fig* divergieren; voneinander abweichen; auseinandergehen
divers [divɛʀ] ADJ ⟨-erse [ɛʀs]⟩ 1 (*varié*) verschieden(artig); **fait divers** Lokalnachricht *f*; **faits divers** *a.* Vermischte(s) *n* 2 (*plusieurs*) verschiedene; diverse
diversement [divɛʀsəmɑ̃] ADV verschieden; unterschiedlich

diversification [divɛʀsifikasjõ] F ÉCON Diversifikation *f* **diversifié** [-fje] ADJ ⟨~e⟩ vielfältig, -seitig **diversifier** [-fje] V/T vielseitig(er), abwechslungsreicher gestalten; ÉCON diversifizieren

D

diversion [divɛʀsjõ] F Ablenkung *f*; **faire ~ à qc** von etw ablenken; **(juste) pour faire ~** zur Ablenkung, Abwechslung

diversité [divɛʀsite] F Verschiedenheit *f*; Verschiedenartigkeit *f*; Vielfalt *f*

divertir [divɛʀtiʀ] **A** V/T unterhalten; belustigen **B** V/PR **se ~** sich unterhalten, vergnügen

divertissant [divɛʀtisɑ̃] ADJ ⟨-ante [-ɑ̃t]⟩ unterhaltsam; vergnüglich

divertissement [divɛʀtismɑ̃] M Unterhaltung *f*; Vergnügen *n*

dividende [dividɑ̃d] M FIN Dividende *f*

divin [divɛ̃] ADJ ⟨-ine [-in]⟩ **1** göttlich; Gottes… **2** *fig* göttlich; himmlisch

divinateur [divinatœʀ] ADJ ⟨-trice [-tʀis]⟩ (hell)seherisch **divination** [-sjõ] F Wahrsagen *n*; Weissagen *n*; *par ext* Hellsehen *n* **divinatoire** [-twaʀ] ADJ Wahrsage…; Weissage…

divinement [divinmɑ̃] ADV **~ bien** göttlich; himmlisch

divinisation [divinizasjõ] F Erhebung *f* zum Gott **diviniser** [-e] V/T zum Gott erheben; als Gott verehren

divinité [divinite] F **1** *(nature divine)* Göttlichkeit *f* **2** *(dieu)* Gottheit *f*

diviser [divize] **A** V/T **1** (ein)teilen (**en** in + *acc*); gliedern (in + *acc*) **2** MATH dividieren; teilen **3** *fig* entzweien; **divisé** uneinig; gespalten **B** V/PR **se ~** sich teilen (**en** in + *acc*)

diviseur [divizœʀ] M MATH Divisor *m*; Teiler *m*; **plus grand commun ~** größter gemeinsamer Teiler

divisibilité [divizibilite] F Teilbarkeit *f* **divisible** [-ibl] ADJ teilbar

division [divizjõ] F **1** (Ein)Teilung *f*; Gliederung *f* **2** MATH Dividieren *n*; Teilen *n* **3** *d'un thermomètre* Einteilung *f* **4** MIL, SPORTS Division *f* **5** *fig* Uneinigkeit *f*; Zwietracht *f*

divorce [divɔʀs] M **1** (Ehe)Scheidung *f* **2** *fig* Kluft *f*

divorcé [divɔʀse] **A** ADJ ⟨~e⟩ geschieden **B** **~(e)** M(F) Geschiedene(r) *m/f(m)*

divorcer [divɔʀse] V/I ⟨-ç-⟩ sich scheiden lassen (**d'avec qn** von j-m)

divulgateur [divylgatœʀ] M, **divulgatrice** [-tʀis] F *d'un secret* Verbreiter(in) *m(f)*

divulgation [divylgasjõ] F Verbreitung *f*; Bekanntmachung *f* **divulguer** [-ge] V/T verbreiten; unter die Leute bringen

dix [dis *vor Konsonant* di, *vor Vokal* diz] **A** NUM zehn; **Charles X** Karl X. (der Zehnte); **le ~ mars** der zehnte *ou* am zehnten März; *fam fig* **ça vaut ~** *fam* das ist (ja) zum Kugeln, Schießen, Totlachen **B** M **1** Zehn *f*; Zehner *m*; **le ~ (du mois)** der Zehnte *ou* am Zehnten (des Monats) **2** *note à l'école primaire* Eins *f*; **il a eu (un) ~** er hat e-e Eins bekommen **3** *note au lycée* Vier *f*; **il a eu ~ (sur vingt)** er hat e-e Vier bekommen

dix-huit [dizɥit] NUM achtzehn

dix-huitième [dizɥitjɛm] NUM achtzehnte

dixième [dizjɛm] **A** NUM zehnte **B** SUBST **1** **le, la ~** der, die, das Zehnte **2** *m* MATH Zehntel *n*

dixièmement [dizjɛmmɑ̃] ADV zehntens

dix-neuf [diznœf] NUM neunzehn

dix-neuvième [diznœvjɛm] NUM neunzehnte

dix-sept [di(s)sɛt] NUM siebzehn

dix-septième [di(s)sɛtjɛm] NUM siebzehnte

dizaine [dizɛn] F **1** **une ~ (de)** etwa, ungefähr zehn; **des ~s de …** Dutzende von … **2** *dans les nombres* Zehner *m*

DJ [didʒi, didʒɛ] M ABR (disque-jockey) DJ *m*

djellaba [dʒɛlaba] F Dschellaba *f*

Djibouti [dʒibuti] Dschibuti *n*

djiboutien [dʒibusjɛ̃] **A** ADJ ⟨-ienne [-jɛn]⟩ dschibutisch **B** **Djiboutien(ne)** M(F) Dschibutier(in) *m(f)*

djihad [dʒi(j)ad] M Dschihad *m*; heiliger Krieg (der Moslems)

do [do] M (! unveränderlich) MUS c *ou* C *n*

doberman [dɔbɛʀman] M ZOOL Dobermann *m*

docile [dɔsil] ADJ folgsam; fügsam; gefügig **docilement** [-mɑ̃] ADV willig **docilité** [-ite] F Folgsam-, Fügsam-, Gefügigkeit *f*

dock [dɔk] M **1** Hafenbecken *n*; Dock *n* **2** **~s** *pl* Lagerhäuser *npl*

docker [dɔkɛʀ] M Hafenarbeiter *m*; **~s** *pl a.* Schauerleute *pl*

docte [dɔkt] ADJ *péj* hochgelehrt; schulmeisterlich

docteur [dɔktœʀ] M **1** *(médecin)* Doktor *m*; Arzt *m ou* Ärztin *f* **2** **~ en droit, ès lettres** Doktor der Rechte, der Philosophie

doctoral [dɔktɔʀal] ADJ ⟨~e; -aux [-o]⟩ *péj* professoral

doctorat [dɔktɔʀa] M Doktorwürde *f*, -grad *m*, *par ext* -prüfung *f*; Habilitation *f*

doctoresse [dɔktɔʀɛs] *fam* F Ärztin *f*

doctrinaire [dɔktʀinɛʀ] M Doktrinär *m (a. péj)* **doctrinal** [-al] ADJ ⟨~e; -aux [-o]⟩ die Doktrin, Lehre betreffend

doctrine [dɔktʀin] F Doktrin *f*; Lehre *f*

document [dɔkymɑ̃] M Dokument *n*; Schriftstück *n*; Beweisstück *n*; **~s** *pl a.* Unterlagen *fpl*

documentaire [dɔkymɑ̃tɛʀ] **A** ADJ dokumentarisch **B** M Dokumentar-, Kulturfilm *m*

documentaliste [dɔkymɑ̃talist] M/F Doku-

mentar(in) *m(f)*; (Schul)Bibliothekar(in) *m(f)* **documentation** [-asjõ] F Dokumentation *f*; Unterlagen *fpl*; Informationsmaterial *n*
documenté [dɔkymɑ̃te] ADJ ⟨~e⟩ **1** *personne* **bien ~** gut informiert **2** *rapport* **bien ~** gut dokumentiert *ou* dokumentarisch belegt
documenter [dɔkymɑ̃te] V/PR **se ~** sich *(dat)* Unterlagen beschaffen; sich informieren
dodeliner [dɔdline] V/I **~ de la tête** den Kopf hin und her wiegen, bewegen
dodo [dodo] M *enf* **1** **faire ~** schlafen; *enf* heia machen **2** *(lit) enf* Heia(bettchen) *f(n)*
dodu [dɔdy] ADJ ⟨~e⟩ fleischig; *bébé, bras* rundlich; *fam* pummelig
dogmatique [dɔgmatik] ADJ dogmatisch **dogmatiser** [-ize] V/I sich in e-m dogmatischen Ton äußern (**sur** über *+acc*) **dogmatisme** [-ism] M Dogmatismus *m*
dogme [dɔgm] M REL, *fig* Dogma *n*; Glaubenssatz *m*
dogue [dɔg] M (! maskulin) Dogge *f*
doigt [dwa] M **1** Finger *m*; **petit doigt** kleiner Finger; *fig* **ne pas lever le petit doigt** *fam* keinen Finger krumm machen; **doigt de pied** Zehe *f*; Zeh *m*; **être comme les deux doigts de la main** ein Herz und e-e Seele sein; *fam fig* **gagner les doigts dans le nez** spielend, mühelos siegen; *élève* **lever le doigt** den Finger heben; sich melden; *fig* **mettre le doigt sur qc** den Kern e-r Sache *(gén)* treffen; *fam fig* **se mettre le doigt dans l'œil** *fam* sich *(dat)* in den Finger schneiden; *fam* schiefgewickelt sein; *fig* **obéir au doigt et à l'œil** aufs Wort gehorchen **2** *mesure* **un doigt de** ein Fingerhut voll; ein ganz klein wenig; **à deux doigts, à un doigt de qc** ganz nahe an etw *(dat)*
doigté [dwate] M **1** Fingerspitzengefühl *n* **2** MUS Fingersatz *m*
dois, doit [dwa] → **devoir**[1]
doléances [dɔleɑ̃s] FPL Beschwerden *fpl*; Klagen *fpl*
dollar [dɔlaʀ] M Dollar *m*
Dolomites [dɔlɔmit] **les ~** FPL die Dolomiten *pl*
DOM [dɔm] MPL ABR (départements d'outre-mer) überseeische Departements *pl*
domaine [dɔmɛn] M (! maskulin) **1** (Land)Gut *n*; **~s** *pl a.* Ländereien *fpl* **2** **Domaine (de l'État)** Staatsbesitz *m* **3** *fig* Bereich *m*; Gebiet *n*; Domäne *f*; Sparte *f*; **dans ce ~** auf diesem Gebiet; **être du ~ de qn** in j-s Bereich, Kompetenz *(acc)* fallen
domanial [dɔmanjal] ADJ ⟨~e; -aux [-o]⟩ staatseigen; **forêt ~e** Staatsforst *m*
dôme [dom] M Kuppel *f*
domestication [dɔmɛstikasjõ] F **1** Zähmung *f* **2** *fig* Bändigung *f*

> **Les DOM**
>
> **Les DOM** sind die Überseedepartements Frankreichs.
>
> Es gibt vier **DOM** (**Départements d'outre-mer**):
>
> | | |
> |---|---|
> | Martinique | *Karibik* |
> | Guadeloupe | *Karibik* |
> | Réunion | *Indischer Ozean* |
> | Französisch-Guayana | *Südamerika* |
>
> LANDESKUNDE

domesticité [dɔmɛstisite] *litt* F Gesinde *n*; Dienerschaft *f*
domestique [dɔmɛstik] **A** ADJ Haus...; häuslich; **animal** *m* **domestique** Haustier *n* **B** M/F Dienstbote *m*; Diener(in) *m(f)*
domestiquer [dɔmɛstike] V/T **1** *animal* zähmen **2** *fig* bändigen
domicile [dɔmisil] M Wohnsitz *m*; Wohnung *f*; Domizil *n*; **~ conjugal** eheliche Wohnung; **à ~** *livrer* ins Haus; *travailler* zu Hause; **travail** *m* **à ~** Heimarbeit *f*; **sans ~ fixe** ohne festen Wohnsitz; **élire ~** s-n Wohnsitz nehmen; sich niederlassen
domicilié [dɔmisilje] ADJ ⟨~e⟩ **~ à** wohnhaft, mit Wohnsitz in
dominance [dɔminɑ̃s] F Dominanz *f* **dominant** [dɔminɑ̃] ADJ ⟨-ante [-ɑ̃t]⟩ **1** vor-, beherrschend; dominierend; *opinion* herrschend **2** BIOL dominant **dominante** [-ɑ̃t] F dominierendes Merkmal; Dominante *f (a.* MUS)
dominateur [dɔminatœʀ] ADJ ⟨-trice [-tʀis]⟩ herrisch; herrschsüchtig
domination [dɔminasjõ] F Herrschaft *f* (**sur** über *+ acc*)
dominatrice [dɔminatʀis] F **1** *st/s* Beherrscherin *f* **2** *prostituée* Domina *f*
dominer [dɔmine] **A** V/T beherrschen *(a. fig)*; *passions a.* zügeln; im Zaum halten; *situation a.* dominieren; *concurrents a.* überlegen sein (**qn** j-m); *monument: ville a.* überragen **B** V/I vorherrschen; überwiegen; dominieren *(a.* SPORTS) **C** V/PR **se ~** sich beherrschen; sich in der Gewalt haben
dominicain [dɔminikɛ̃] M, **dominicaine** [-ɛn] F Dominikaner(in) *m(f)*
dominical [dɔminikal] ADJ ⟨~e; -aux [-o]⟩ sonntäglich; Sonntags...
domino [dɔmino] M **1** Dominostein *m*; **~s** *pl* Domino(spiel) *n* **2** Domino(kostüm) *m(n)*
dommage [dɔmaʒ] M **1** Schaden *m*; **dommage corporel, matériel** Personen-, Sachscha-

den *m*; **dommages et intérêts** Schaden(s)ersatz *m* **2** **(c'est) dommage** (das ist) schade; **quel dommage!** wie schade!

dommageable [dɔmaʒabl] ADJ **~ à qn, à qc** schädlich, nachteilig für j-n, für etw

D

dommages-intérêts [dɔmaʒɛ̃terɛ] MPL Schaden(s)ersatz *m*

dompter [dõ(p)te] V/T **1** *animaux* bändigen **2** *fig rebelles* bezwingen; *passions* bezähmen **dompteur** [-œʀ] M, **dompteuse** [-øz] F Dompteur *m*, Dompteuse *f*

DOM-TOM [dɔmtɔm] MPL ABR (départements et territoires d'outre-mer) HIST überseeische Departements und Gebiete *pl*

don [dõ] M **1** Schenkung *f* (*a.* JUR); *par charité* Spende *f*; *fig* **~ de soi** Selbstaufopferung *f*; Selbstlosigkeit *f*; **faire ~ de qc à qn** j-m etw schenken *ou* spenden **2** (*talent*) Gabe *f* (*a. iron*); Begabung *f* (**pour** für); **avoir le ~ de** (+*inf*) *chose* geeignet, dazu angetan sein zu (+*inf*); *personne iron* die Gabe haben zu (+*inf*)

donateur [dɔnatœʀ] M, **donatrice** [-tʀis] F Spender(in) *m(f)*; Stifter(in) *m(f)* **donation** [-sjõ] F JUR Schenkung *f*

donc [dõk] CONJ **1** *conséquence* also; folglich; demnach; demzufolge **2** *dans des interrogatives* denn; **qui ~?** wer denn? **3** *avec impératif* doch; *fam* **dites ~** *fam* sagen Sie (doch) mal! **4** **et moi ~!** und ich erst!

dondon [dõdõ] F *fam* **grosse ~** *fam* Dampfwalze *f*; *fam* Tonne *f*

döner [dønɛʀ] M Döner(kebab) *m*

donjon [dõʒõ] M Bergfried *m*

don Juan [dõʒɥã] M Casanova *m*; Frauenheld *m*; Don Juan *m*

donnant [dɔnã] **~ ~** nichts ohne Gegenleistung; do ut des (*prov*)

donne [dɔn] F **1** CARTES Geben *n* **2** *fig* Gesamtlage *f*; Ausgangssituation *f*

donné [dɔne] ADJ ⟨~e⟩ **1** gegeben (*a.* MATH); (*déterminé*) bestimmt **2** **c'est ~** das ist geschenkt, spottbillig **3** **étant ~ que** da (ja); in Anbetracht der Tatsache, dass

donnée [dɔne] F **1** **données** *pl* INFORM Daten *npl*; *par ext* Ausgangsmaterial *n*; Gegebenheiten *fpl*; **banque** *f* **de données** Datenbank *f* **2** MATH gegebene, bekannte Größe

donner [dɔne] **A** V/T **1** geben; *mot d'ordre* ausgeben; *manteau au vestiaire* abgeben; *son nom* angeben; *de l'appétit, de l'espoir* machen; **donner qc à qn** j-m etw geben; *arbre* **donner (des fruits)** Früchte tragen; *radio* **donner des nouvelles** Nachrichten bringen; **je me demande ce que ça va donner** ich frage mich, was daraus werden soll; *les recherches* **n'ont rien donné** haben nichts gebracht *ou* ergeben; **donner à penser à qn** j-m zu denken geben; **donner qc à réparer** etw zur Reparatur bringen **2** **donner trente ans à qn** j-n auf dreißig Jahre schätzen **3** *fam* **donner du directeur à qn** j-n (mit) Herr Direktor titulieren; j-n mit Herr Direktor anreden **4** *fam complice* verraten; *fam* verpfeifen **B** V/I **1** (*cogner*) schlagen; stoßen; *par ext soleil* brennen **2** *personne* **donner dans qc** in etw (*acc*) geraten; *fig* e-r Sache (*dat*) verfallen **3** *fenêtre, pièce* **donner sur la cour** auf den Hof gehen; zum Hof (hin) *ou* auf der Hofseite liegen **C** V/PR **1** **se donner à qc** sich e-r Sache (*dat*) hingeben, widmen; *femme* **se donner à qn** sich j-m hingeben **2** *sens passif*: **se donner** *film, pièce* gegeben werden; *film a.* laufen

donneur [dɔnœʀ] M, **donneuse** [-øz] F **1** Geber(in) *m(f)* **2** MÉD Spender(in) *m(f)*; **donneur de sang** Blutspender *m*

dont [dõ] PR REL **1** *complément d'un subst*: dessen; deren; **un chanteur ~ les disques** *connaissent un grand succès* ein Sänger, dessen Platten … **2** *complément d'un verbe*: von dem; von der; von denen; wovon; **l'accident ~ on parle** der Unfall, von dem *ou* über den man spricht; **la manière ~ il est habillé** die Art, wie er gekleidet ist **3** *six enfants*, **~ cinq filles** davon *ou* darunter fünf Mädchen

donzelle [dõzɛl] F *fam* launisches Ding

dopage [dɔpaʒ] M Dopen *n*; Doping *n* **dopant** [-ã] M Aufputschmittel *n*

dope [dɔp] F *fam* Stoff *m*; *fam* Dope *n*

doper [dɔpe] V/T (*et* V/PR **se ~** sich) dopen

doping [dɔpiŋ] M → dopage

dorade F → daurade

Dordogne [dɔʀdɔɲ] **la ~** *Fluss u. Departement in Frankreich*

doré [dɔʀe] ADJ ⟨~e⟩ **1** vergoldet; Gold… **2** *couleur* goldfarben; golden; goldbraun (*a.* CUIS) **3** *fig* **jeunesse ~e** *reiche, genusssüchtige Jugend*

dorénavant [dɔʀenavã] ADV von nun an

dorer [dɔʀe] **A** V/T **1** vergolden **2** CUIS mit Eigelb bestreichen **B** V/I CUIS goldbraun werden **C** V/PR **se ~ au soleil** sich von der Sonne bräunen lassen

d'ores et déjà [dɔʀzedeʒa] ADV schon jetzt; jetzt schon

dorloter [dɔʀlɔte] V/T verhätscheln; verzärteln

dormant [dɔʀmã] ADJ ⟨-ante [-ãt]⟩ **eau ~e** stehendes Wasser, Gewässer

dormeur [dɔʀmœʀ] M, **dormeuse** [-øz] F Schlafende(r) *m/f(m)*; Schläfer(in) *m(f)*

dormir [dɔʀmiʀ] V/I ⟨je dors, il dort, nous dormons; je dormais; je dormis; je dormirai; que je dorme; dormant; dormi⟩ **1** schlafen (*a. fig*) **2** *affaire* ruhen; **capitaux qui dorment** totes Kapital

dorsal [dɔʀsal] ADJ ⟨~e; -aux [-o]⟩ Rücken…
dortoir [dɔʀtwaʀ] M 1 Schlafsaal *m* 2 *adjt* **ville** *f* **~** Schlafstadt *f*
dorure [dɔʀyʀ] F 1 Vergoldung *f* 2 **~s** *pl* Goldverzierung(en) *f(pl)*
doryphore [dɔʀifɔʀ] M Kartoffelkäfer *m*
dos [do] M 1 Rücken *m*; *transporter* **à ~ de chameau** auf Kamelen; **vu de ~** von hinten gesehen; *fig chose* **avoir bon ~** ein bequemer Vorwand sein; *fam fig* **en avoir plein le ~** *fam* die Nase voll haben; *fig* **être toujours sur le ~ de qn** j-m ständig auf die Finger sehen; **faire le gros ~** *chat* e-n Buckel machen; *fig* sich ducken; *fig* **mettre qc sur le ~ de qn** j-m etw in die Schuhe schieben; *fig* **se mettre qn à ~** sich (*dat*) j-n zum Feind machen; **tourner le ~ à qn, à qc** j-m, e-r Sache den Rücken zuwenden, *fig* kehren 2 *d'objets* Rücken *m*; *d'une feuille* Rückseite *f*; *d'une chaise* Rückenlehne *f*; **~ de la main** Handrücken *m*; *fam fig* **ne pas y aller avec le ~ de la cuiller** nicht gerade zimperlich sein 3 **~ d'âne** Bodenwelle *f*; Querrinne *f*
dosage [dozaʒ] M Dosierung *f*
dose [doz] F Dosis *f*; *par ext* Menge *f*; **forcer la ~** zu viel nehmen; *fig* zu viel des Guten tun; *fam* **il a sa ~** *fam* er hat einen sitzen, einen in der Krone
doser [doze] V/T dosieren (*a. fig*)
doseur [dozœʀ] M Dosier-, Abmessvorrichtung *f*
dossard [dosaʀ] M SPORTS Start-, Rückennummer *f*
dossier [dosje] M 1 *d'un siège* Rückenlehne *f* 2 (*documents*) Akten *fpl*; Akte *f*; Vorgang *m*; Unterlagen *fpl*
dot [dɔt] F Mitgift *f*
dotation [dɔtasjõ] F 1 (*revenus*) Dotierung *f* 2 Ausstattung *f* (**en** mit)
doter [dɔte] V/T 1 e-e Mitgift geben (**qn** j-m) 2 (*équiper*) ausstatten (**de** mit)
douairière [dwɛʀjɛʀ] F *péj fam* reiche alte Schachtel
douane [dwan] F Zoll *m*
douanier [dwanje] A M Zollbeamte(r) *m*; *fam* Zöllner *m* B ADJ ⟨-ière [-jɛʀ]⟩ Zoll…
doublage [dublaʒ] M FILM Synchronisierung *f*
double [dubl] A ADJ doppelt; Doppel…; zweifach B ADV doppelt; **voir ~** doppelt sehen (*a. fig*) C M 1 **le ~** das Doppelte; doppelt, zweimal so viel 2 Dublette *f*; Doppelstück *n*; **avoir qc en ~** etw doppelt haben 3 *d'un document* Doppel *n*; Zweitausfertigung *f* 4 TENNIS Doppel *n* 5 *fig personne* Geistes-, Seelenverwandte(r) *m/f(m)*
doublé [duble] A ADJ ⟨~e⟩ 1 COUT gefüttert 2 FILM synchronisiert 3 *fig* **~ de** und zugleich, gleichzeitig B M SPORTS, *fig* Doppelerfolg *m*, -sieg *m*
double-clic M ⟨double-clics⟩ INFORM Doppelklick *m* **double-cliquer** V/I INFORM doppelklicken (**sur** auf *+acc*) **double-commande** F ⟨doubles-commandes⟩ AUTO doppelte Bremse und Kupplung; AVIAT Doppelsteuerung *f* **double-croche** F ⟨doubles-croches⟩ Sechzehntelnote *f*
doublement [dubləmɑ̃] A ADV doppelt; zweifach B M Verdopp(e)lung *f*
doubler [duble] A V/T 1 verdoppeln 2 *vêtement* (ab)füttern 3 *acteur* doubeln 4 *film* synchronisieren 5 (*dépasser*) überholen (*a. abs*); SPORTS überrunden 6 *fam* **~ qn** j-n hintergehen B V/I sich verdoppeln C V/PR **se ~ de qc** von etw begleitet sein
doublet [dublɛ] M 1 ORFÈVRERIE falscher (Edel)Stein; Dublette *f* 2 LING Dublette *f*
doublure [dublyʀ] F 1 COUT Futter *n* 2 THÉ, FILM Double *n*
Doubs [du] **le ~** *Fluss u. Departement in Frankreich*
douce → doux
douce-amère F Bittersüßer Nachtschatten
douceâtre [dusɑtʀ] ADJ süßlich-fad(e)
doucement [dusmɑ̃] ADV 1 sanft; sachte; *poser* behutsam; *parler, marcher* leise 2 (*lentement*) langsam 3 (*médiocrement*) mittelmäßig; leidlich 4 *int* **~!** immer sachte! 5 *fam* **ça me fait ~ marrer** da muss ich im Stillen, heimlich lachen
doucereux [dusʀø] ADJ ⟨-euse [-øz]⟩ *fig* zuckersüß; süßlich
doucettement [dusɛtmɑ̃] *fam* ADV in aller Ruhe; gemächlich; ganz langsam
douceur [dusœʀ] F 1 Süße *f*; **~s** *pl* Leckereien *fpl*; Schleckereien *fpl* 2 *de la musique* Sanftheit *f*; *du climat* Milde *f*; *de la peau* Zartheit *f*; Weichheit *f* 3 *fig* Annehmlichkeit *f*; **la ~ de vivre** ein angenehmes und friedliches Leben 4 **~ (de caractère)** Sanftmut *f*, -heit *f*; Milde *f* 5 *atterrir, démarrer* **en ~** weich; sanft; *séparation, réformes, etc* **se faire en ~** sich allmählich, behutsam vollziehen
douche [duʃ] F 1 Dusche *f*; **prendre une ~** (sich) duschen 2 *fig* **~ écossaise** Wechselbad *n*
doucher [duʃe] A V/T 1 (ab)duschen 2 *fig* **se faire ~** e-e (Regen)Dusche abkriegen B V/PR **se ~** (sich) duschen
doudou[1] [dudu] *fam* F Frau *f* von den Antillen; kaffeebraune Schönheit
doudou[2] [dudu] *fam* M Schmusetuch *n*; Kuscheltier *n*; Knuddelkissen *n*
doudoune [dudun] *fam* F Daunenjacke *f*
doué [dwe] ADJ ⟨~e⟩ 1 begabt (**pour qc** für

etw); ~ **pour les langues** sprachbegabt; *fam* **il est vraiment pas ~!** wie kann man sich bloß so ungeschickt anstellen! **2** ~ **de** ausgestattet mit; ~ **de raison** vernunftbegabt

douer [dwe] VT ~ **qn de qc** j-n mit etw versehen, ausstatten; j-m etw mitgeben

D

douille [duj] F **1** *d'une ampoule* Fassung *f* **2** (Patronen)Hülse *f*

douillet [dujɛ] ADJ ⟨-ette [-ɛt]⟩ **1** mollig (weich); *fam* kuschelig **2** *(confortable)* behaglich; gemütlich **3** *personne* überempfindlich; zimperlich

douillettement [dujɛtmɑ̃] ADV *enfant* **élever ~** verweichlichen

douleur [dulœʀ] F **1** Schmerz *m*; **de ~** vor Schmerz(en) **2** **~s** *pl* (Geburts)Wehen *fpl* **3** *morale* Schmerz *m*; Leid *n*

douloureusement [duluʀøzmɑ̃] ADV schmerzlich

douloureux [duluʀø] **A** ADJ ⟨-euse [-øz]⟩ **1** schmerzhaft; *partie du corps* schmerzend **2** *fig perte, souvenir* schmerzlich; *regard* schmerzvoll **B** *fam* **la douloureuse** die Rechnung

doute [dut] M Zweifel *m*; Bedenken *n*; **sans doute** sicher(lich); wohl; **sans aucun doute** zweifellos; ohne (jeden) Zweifel; **il n'y a pas de doute** es besteht kein Zweifel (daran); **mettre qc en doute** etw in Zweifel ziehen

douter [dute] **A** V/I *et* V/T INDIR **douter de qc** an etw *(dat)* zweifeln; etw be-, anzweifeln; **douter de qn** an j-m zweifeln; j-m misstrauen; **douter que ...** *(+ subj)* bezweifeln, dass ... **B** V/PR **se douter de qc** etw ahnen, vermuten; sich *(dat)* etw denken können

douteux [dutø] ADJ ⟨-euse [-øz]⟩ **1** zweifelhaft; ungewiss; fraglich **2** *péj réputation, goût* zweifelhaft; dubios; fragwürdig; *vêtements, vaisselle* nicht ganz sauber

douve [duv] F FORTIFICATIONS Wassergraben *m*

Douvres [duvʀ] Dover *n*

doux [du] **A** ADJ ⟨douce [dus]⟩ **1** *fruit, vin* süß; **eau douce** Süßwasser *n* **2** *musique, pente, par ext énergie* sanft; *lumière, climat, savon* mild; *peau* weich *(a. lit)*; zart; **drogue douce** weiche Droge **3** *fig émotion, souvenir* angenehm; freudig **4** *personne, regard* sanft(mütig) **5** **faire les yeux ~ à qn** j-m schöne, verliebte Augen machen **B** ADV **en douce** heimlich; unauffällig

doux-amer [duzamɛʀ] ADJ ⟨douce-amère [dusamɛʀ]⟩ *fig et st/s* bittersüß

douzaine [duzɛn] F **1** Dutzend *n*; **à la ~** dutzendweise; im Dutzend **2** **une ~ (de)** etwa, ungefähr zwölf

douze [duz] **A** NUM zwölf; **le ~ mai** der zwölfte *ou* am zwölften Mai; **Pie XII** Pius XII. (der Zwölfte) **B** M (**!** unveränderlich) Zwölf *f*; Zwölfer *m*; **le ~ (du mois)** der Zwölfte *ou* am Zwölften (des Monats)

douzième [duzjɛm] **A** NUM zwölfte **B** SUBST **1** **le, la ~** der, die, das Zwölfte **2** *m* MATH Zwölftel *n*

douzièmement [duzjɛmmɑ̃] ADV zwölftens

doyen [dwajɛ̃] M, **doyenne** [dwajɛn] F **1** *m* Dekan *m*; ÉGL *a.* Dechant *m* **2** Älteste(r) *m/f(m)*; DIPL Doyen *m*; **doyen, doyenne d'âge** Alterspräsident(in) *m(f)*

draconien [dʀakɔnjɛ̃] ADJ ⟨-ienne [-jɛn]⟩ drakonisch

dragée [dʀaʒe] F (**!** feminin) **1** (Zucker)Dragée *n*; Wiener Mandel *f*; *fig* **tenir la ~ °haute à qn** j-n teuer bezahlen lassen; *par ext* j-n s-e Macht spüren lassen **2** Dragée *n*; (Arznei)Pille *f*

dragéifié [dʀaʒeifje] ADJ ⟨~e⟩ dragiert; mit e-r Zuckerschicht überzogen

dragon [dʀagõ] M **1** MYTH Drache(n) *m* **2** *fam fig (femme autoritaire) fam* Feldwebel *m* **3** HIST MIL Dragoner *m*

dragonne [dʀagɔn] F (Halte)Schlaufe *f*

drague [dʀag] F **1** TECH (Schwimm)Bagger *m* **2** *fam* Anmache *f*

draguer [dʀage] V/T **1** ausbaggern **2** *fam* anmachen; *fam* aufreißen; *fam* anbaggern

dragueur [dʀagœʀ] M, **dragueuse** [-øz] F **1** *fam* Anmacher(in) *m(f)* **2** **dragueur de mines** Minensuch-, Minenräumboot *n*

drain [dʀɛ̃] M **1** AGR Drän(röhre) *m(f)*; Entwässerungsröhre *f* **2** MÉD Drain *m*

drainage [dʀɛnaʒ] M AGR, MÉD Drainage *ou* Dränage *f*

drainer [dʀene] V/T **1** AGR, MÉD drainieren *ou* dränieren **2** *fig capitaux, main-d'œuvre* an sich *(acc)* ziehen; zusammenziehen

dramatique [dʀamatik] **A** ADJ dramatisch *(a. fig)*; Bühnen...; Theater...; **art** *m* **~** Schauspielkunst *f* **B** F TV Fernsehspiel *n*

dramatisation [dʀamatizasjõ] F *fig* Dramatisierung *f* **dramatiser** [-e] V/T *fig* dramatisieren

dramaturge [dʀamatyʀʒ] M Bühnenautor *m*; Theaterdichter *m* **dramaturgie** [-ʒi] F Dramaturgie *f*

drame [dʀam] M Drama *n (a. fig)*; Schauspiel *n*; *fig* **faire (tout) un ~ de qc** etw dramatisieren; aus etw ein Drama machen

drap [dʀa] M **1** TEXT Tuch *n* **2** **~ (de lit)** Betttuch *n*; (Bett)Laken *n*; **~ de bain** Badetuch *n*; *fig* **être dans de beaux ~s** (schön) in der Klemme, *fam* Patsche sitzen

drapé [dʀape] M Faltenwurf *m*

drapeau [dʀapo] M ⟨~x⟩ Fahne *f*; Flagge *f*; ~

tricolore Trikolore *f*; *fig* **être sous les ~x** Soldat sein

draper [dʀape] **A** VT drapieren **B** VPR **1** **se ~** sich (ein)hüllen (**dans** in + *acc*) **2** *fig* **se ~ dans sa dignité** sich in beleidigtes Schweigen hüllen

draperie [dʀapʀi] F **1** PEINT, SCULP Faltenwurf *m*; Draperie *f* **2** *tenture* Stoffdekoration *f*, -draperie *f* **3** *fabrication* Tuchfabrikation *f*; *commerce* Tuchhandel *m*

drap-housse [dʀaus] M ⟨draps-housses⟩ Spannbetttuch *n*

drapier [dʀapje] M *fabricant* Tuchfabrikant *m*, -macher *m*; *marchand* Tuchhändler *m*

drastique [dʀastik] ADJ *mesures* drastisch

dreadlocks [dʀɛdlɔks] FPL Rastalocken *fpl*

Dresde [dʀɛzd] Dresden *n*

dressage [dʀɛsaʒ] M Dressur *f* (*a. fig*); *péj* Drill *m*

dresser [dʀese] **A** VT **1** *échelle, mât* aufstellen; *monument* errichten; *tente* aufschlagen; *tête* aufrichten; *fig* **~ l'oreille** die Ohren spitzen; *fig* **faire ~ les cheveux sur la tête à qn** j-m die Haare zu Berge stehen lassen **2** *plan, bilan, liste* aufstellen; *liste a.* anlegen; anfertigen; *procès-verbal, inventaire* aufnehmen; *contrat* aufsetzen; *facture* ausfertigen **3** **~ qn contre qn** j-n gegen j-n aufbringen, aufhetzen **4** *animaux* dressieren; abrichten **5** *fig et péj* drillen; dressieren **6** CUIS anrichten; dressieren **B** VPR **se ~** **1** sich aufrichten; **se ~ sur la pointe des pieds** sich auf die Zehenspitzen stellen **2** *montagne, tour* emporragen; sich erheben **3** *fig obstacle* **se ~ sur la route de qn** sich j-m entgegenstellen, in den Weg stellen; sich vor j-m aufbauen **4** *fig* **se ~ contre** sich auflehnen gegen

dresseur [dʀɛsœʀ] M, **dresseuse** [-øz] F Dresseur *m*, Dresseuse *f*

Dreyfus [dʀɛfys] M *officier français* Dreyfus *m*

DRH [deɛʀaʃ] F ABR (direction des ressources humaines) Personalabteilung *f*

dribble [dʀibl] M Dribbling *n*

dribbler [dʀible] **A** VT *adversaire* umspielen **B** VI dribbeln

drille [dʀij] M **joyeux ~** lustiger, fideler Kerl, Geselle; *fam* fideles Haus

dring [dʀiŋ] INT drr!

drogue [dʀɔg] F **1** Droge(n) *f(pl)*; Rauschgift *n*; **~ douce, dure** weiche, harte Droge **2** *fig* Droge *f*; Suchtmittel *n* **3** *péj* Arznei *f*; *fam* Mittelchen *n*

drogué(e) [dʀɔge] M(F) Drogen-, Rauschgiftsüchtige(r) *m/f(m)*

droguer [dʀɔge] **A** VT unter Drogen setzen; **~ qn** j-m Drogen, Rauschgift geben **B** VPR **se ~** **1** Drogen, Rauschgift nehmen **2** (zu) viele Arzneien nehmen

droguerie [dʀɔgʀi] F Drogerie *f* **droguiste** [-ist] M/F Drogist(in) *m(f)*

droit[1] [dʀwa] M **1** ⟨ohne pl⟩ Recht *n*; **droit civil** bürgerliches Recht; Zivilrecht *n*; **droit pénal** Strafrecht *n*; **droit du plus fort** Recht des Stärkeren; Faustrecht *n*; **s'adresser à qui de droit** sich an die zuständige Stelle, Person wenden **2** *science* Rechtswissenschaft *f*; Jura *npl*; Rechte *npl*; *autrich* Jus *n* **3** Recht *n*; Berechtigung *f*; Befugnis *f*; Anrecht *n*; Anspruch *m*; **droits de l'homme** Menschenrechte *npl*; **droit de vote** Wahlrecht *n*; **avoir le droit, être en droit de** (+ *inf*) das Recht haben, berechtigt sein zu (+ *inf*); **avoir droit à qc** ein (An)Recht, e-n Anspruch auf etw (*acc*) haben; **être dans son droit** im Recht sein **4** (*taxe*) Gebühr *f*; Abgabe *f*; UNIVERSITÉ **droit d'inscription** Einschreibegebühr *f*

droit[2] [dʀwa] **A** ADJ ⟨droite [dʀwat]⟩ **1** (*à droite*) rechte **2** (*rectiligne*) gerade; *écriture a.* steil; *veston* einreihig; **angle ~** rechter Winkel; **en ligne ~e** in gerader Linie; in Luftlinie **3** *fig personne* aufrecht; gerade; rechtschaffen; redlich **B** ADV gerade; **tout ~** *ou* **~ devant soi** geradeaus; *fig* **aller ~ au but** geradewegs aufs Ziel losgehen; **se tenir ~** sich gerade halten **C** M BOXE Rechte *f*

droite [dʀwat] F **1** Rechte *f*; rechte Seite; **à ~** rechts *ou* nach rechts; **à ~ de** rechts von; **à** *ou* **sur la ~ de qn** rechts von j-m; zur Rechten j-s; **tenir sa ~** sich rechts halten; rechts fahren **2** POL **la ~** die Rechte; **de ~** Rechts…; rechts stehend; **il est de ~** er ist rechts **3** MATH Gerade *f*

droitier [dʀwatje] M, **droitière** [-jɛʀ] F Rechtshänder(in) *m(f)*

droiture [dʀwatyʀ] F Geradheit *f*; Aufrichtigkeit *f*; Rechtschaffenheit *f*

drôle [dʀol] ADJ **1** (*amusant*) lustig; spaßig; ulkig; drollig **2** ⟨*a.* **~ de**⟩ (*bizarre*) komisch; seltsam; sonderbar; merkwürdig; **une ~ d'idée** e-e komische Idee; **cela me fait ~** dabei habe ich ein komisches Gefühl; **je me sens tout ~** mir ist so komisch (zumute) **3** *fam* **~ de** (*énorme*) ungeheuer; enorm; *fam* unheimlich

drôlement [dʀolmɑ̃] ADV **1** komisch; seltsam; sonderbar **2** *fam* (*très*) enorm; ungeheuer; *fam* unheimlich

drôlerie [dʀolʀi] F Komik *f*; Lustigkeit *f*

dromadaire [dʀɔmadɛʀ] M Dromedar *n*

Drôme [dʀom] **la ~** *Fluss u. Departement in Frankreich*

dru [dʀy] **A** ADJ ⟨~e⟩ dicht **B** ADV *pluie* **tomber ~** prasseln

drugstore [dʀœgstɔʀ] M Drugstore *m*

druide [dʀɥid] M Druide *m*

DST [deɛste] F ABR (Direction de la surveillance

du territoire) Geheimdienst *m*
du [dy] → de
dû [dy] **A** PP → devoir¹ *et* ADJ ⟨due⟩ **1** *somme* geschuldet **2** **en bonne et due forme** formgerecht; vorschriftsmäßig **3** **être ~ à qc** auf etw *(acc)* zurückzuführen sein **4** *honneurs* **être ~ à qn** j-m gebühren, zukommen **B** SUBST **mon ~** das mir Zukommende, Gebührende
dualité [dɥalite, dya-] F Dualität *f*; Zweiheit *f*
dubitatif [dybitatif] ADJ ⟨-ive [-iv]⟩ Zweifel ausdrückend; zweifelnd
duc [dyk] M **1** Herzog *m* **2** ZOOL **grand ~** Uhu *m*
duché [dyʃe] M Herzogtum *n*
duchesse [dyʃɛs] F **1** Herzogin *f* **2** (**poire** *f*) **~** Butterbirne *f*
duel [dɥɛl] M **1** Duell *n*; Zweikampf *m*; **se battre en ~** sich duellieren **2** *fig* **~ oratoire** Rededuell *n*
duettiste [dɥetist] M/F **1** *qui chante* Duettsänger(in) *m(f)* **2** *qui joue* Duospieler(in) *m(f)*
dulcinée [dylsine] F *plais* Dulzinea *f*; Angebetete *f*
dûment [dymɑ̃] ADV **1** gebührend **2** JUR ordnungsgemäß
dumping [dœmpiŋ] M Dumping *n*
dune [dyn] F Düne *f*
Dunkerque [dɛ̃kɛʀk, dœ̃-] Dünkirchen *n*
duo [dyo] M *vocal* Duett *n*; *instrumental* Duo *n* *(a. fig et plais)*; *chanter* **en ~** im Duett
duodénum [dɥɔdenɔm] M Zwölffingerdarm *m*
dupe [dyp] **A** F (**!** immer feminin, auch für Männer) **être la ~ de qn** von j-m betrogen, geprellt, übers Ohr gehauen werden **B** ADJ **être ~ de qc** auf etw *(acc)* hereinfallen
duper [dype] V/T betrügen; prellen **duperie** [-ʀi] F Schwindel *m*; Betrug *m*
duplex [dyplɛks] M **1** TECH Duplexbetrieb *m*; RAD, TV Konferenzschaltung *f* **2** Maiso(n)nettewohnung *f*
duplicata [dyplikata] M (**!** unveränderlich) Duplikat *n*; Zweitschrift *f*, -ausfertigung *f* **duplicateur** [-tœʀ] M Vervielfältigungsapparat *m*
duplicité [dyplisite] F Doppelzüngigkeit *f*; Falschheit *f*
duquel [dykɛl] → lequel
dur [dyʀ] **A** ADJ **1** *(ferme)* hart; *viande* zäh; *œuf* hart (gekocht) **2** *combats* hart; *fam* **coup ~** harter, schwerer (Schicksals)Schlag; **drogue ~e** harte Droge **3** *(difficile)* schwer; schwierig **4** *(sévère)* hart; streng; *personne a.* hartherzig **B** ADV *frapper* fest; kräftig; *travailler* hart; **croire à qc ~ comme fer** (an) etw *(acc)* felsenfest glauben **C** SUBST **1** *fam* **un ~ (à cuire)** *fam* ein hartgesottener Bursche; **jouer les ~s** sich hart, abgebrüht geben **2** *m* **construction** *f* **en ~** Massivbau *m* **3** **élevé à la ~e** streng, spartanisch erzogen **4** **coucher sur la ~e** auf der bloßen Erde schlafen
durabilité [dyʀabilite] F Dauerhaftigkeit *f*; Beständigkeit *f*; Nachhaltigkeit *f*
durable [dyʀabl] ADJ dauerhaft; nachhaltig; **développement** *m* **~** nachhaltige Entwicklung
durant [dyʀɑ̃] PRÉP während *(+ gén, fam a. + dat)*; **~ l'été** *a.* den Sommer über; **une heure ~** e-e (ganze) Stunde lang
duratif [dyʀatif] ADJ ⟨-ive [-iv]⟩ durativ; die Dauer ausdrückend
durcir [dyʀsiʀ] **A** V/T **1** hart machen **2** *fig* verhärten **B** V/I hart werden; erhärten **C** V/PRON **se ~** **1** hart werden **2** *fig* sich verhärten
durcissement [dyʀsismɑ̃] M **1** Hartwerden *n* **2** *fig* Verhärtung *f*
durcisseur [dyʀsisœʀ] M TECH Härter *m*; Härtungsmittel *n*
durée [dyʀe] F Dauer *f*; Zeit(dauer) *f*; **~ du travail** Arbeitszeit *f*; **de courte ~** von kurzer Dauer; **pour une ~ illimitée** auf unbegrenzte Zeit
durement [dyʀmɑ̃] ADV **1** *touché, éprouvé* hart; schwer **2** *parler, répondre* hart; in hartem Ton
durer [dyʀe] V/I **1** dauern; an-, fortdauern; *beau temps* anhalten; *mode, œuvre* sich halten; **pourvu que cela dure!** hoffentlich bleibt es so!; **faire ~ qc** etw hinausziehen, in die Länge ziehen **2** *objet, matériau* halten
dureté [dyʀte] F Härte *f* *(a. fig)*
durillon [dyʀijõ] M Schwiele *f*
durit® [dyʀit] F Kühlwasserschlauch *m*
DUT [deyte] M (**!** unveränderlich) ABR (diplôme universitaire de technologie) Abschlussdiplom *n* e-r Fachhochschule
duvet [dyvɛ] M **1** *plumes* Daunen *fpl*; Flaumfedern *fpl* **2** *sac de couchage* (Daunen)Schlafsack *m* **3** *(poils doux)* Flaum *m*
duveter [dyvte] V/PR ⟨-tt-⟩ **se ~** Flaumhaare, e-n Flaum bekommen
duveteux ADJ ⟨-euse [-øz]⟩ flaumig; mit Flaum bedeckt; *tissu* flauschig
DVD [devede] M ABR (digital versatile disc) DVD *f*
dynamique [dinamik] **A** ADJ dynamisch; *personne a.* tatkräftig **B** F PHYS, *fig* Dynamik *f*
dynamiser [dinamize] V/T dynamisieren **dynamisme** [-ism] M Dynamik *f*
dynamitage [dinamitaʒ] M Sprengung *f* mit Dynamit
dynamite [dinamit] F (**!** feminin) Dynamit *n*
dynamiter [-e] V/T (mit Dynamit) sprengen
dynamo [dinamo] F (**!** feminin) ÉLEC Dynamo *m*; AUTO Lichtmaschine *f*
dynamomètre M Dynamometer *n*; Kraft-

messer *m*
dynastie [dinasti] F Dynastie *f* (*a. fig*)
dysenterie [disɑ̃tʀi] F MÉD Ruhr *f*
dysfonctionnement [disfɔ̃ksjɔnmɑ̃] M Funktionsstörung *f*
dyslexie [dislɛksi] F Legasthenie *f* **dyslexique** [-ik] A ADJ legasthenisch B M/F Legastheniker(in) *m(f)*
dyspepsie [dispɛpsi] F Verdauungsstörung *f*

E

E, e [ə] M (! unveränderlich) E, e *n*
E. ABR (est) O (Ost[en])
EAO [əao] MABR (enseignement assisté par ordinateur) computerunterstützter Unterricht
eau [o] F (! feminin) ‹~x› 1 Wasser *n*; **~x** *pl* GÉOG Gewässer *npl*; (*sources thermales*) Heilquellen *fpl*; **~ froide** kaltes Wasser; Kaltwasser *n*; **~x thermales** warme Quellen *fpl*; Thermalquellen *fpl*; **~ de Cologne** Kölnisch Wasser; **~ de cuisson** Kochwasser *n*; **~ de mer** Meerwasser *n*; **~ de pluie** Regenwasser *n*; **~ de toilette** Eau de Toilette *n*; **~ de vaisselle** Abwasch-, Spülwasser *n*; *fig, péj* dünne Brühe; CUIS **à l'~** (in Wasser) gekocht; **au bord de l'~** am Ufer; am Wasser; **entre deux ~x** in e-r gewissen Wassertiefe; *fig* **nager entre deux ~x** es mit keinem verderben wollen; geschickt lavieren; *fig* **amener de l'~ au moulin de qn** Wasser auf die Mühle j-s sein; **être en ~** in Schweiß gebadet sein; **se jeter à l'~** ins (*fig* kalte) Wasser springen; *fig* **mettre de l'~ dans son vin** zurückstecken; **cela me met l'~ à la bouche** das Wasser läuft mir im Munde zusammen; *fig* **d'ici là il passera, coulera beaucoup d'~ sous les ponts** bis dahin wird noch viel Wasser den Rhein (*ou* die Donau *etc*) hinunterfließen; **passer à l'~** CUIS abschrecken; *vaisselle* (kurz) abspülen; *fig* **pêcher en ~ trouble** im Trüben fischen; **prendre l'~** nicht wasserdicht sein 2 **Eaux et Forêts** *fpl* Forstwesen *n*
eau-de-vie [odvi] F ‹eaux-de-vie› Schnaps *m*; Branntwein *m*
eau-forte [ofɔʀt] F ‹eaux-fortes› Radierung *f*
ébahi [ebai] ADJ ‹~e› verdutzt; verblüfft; **tout ~** ganz verdutzt; bass erstaunt; sprachlos
ébahir [ebaiʀ] V/T verblüffen
ébahissement [ebaismɑ̃] M Verblüffung *f*
ébarber [ebaʀbe] V/T TECH ab-, entgraten; MÉTALLURGIE (guss)putzen; *plumes* reißen; schleißen; *papier* beschneiden
ébats [eba] *st/s et plais* MPL Herumtollen *n*; (muntere) Spiele *npl*; **~ amoureux** Liebesspiele *npl*
ébattre [ebatʀ] V/PR ‹→ battre› *st/s* **s'~** herumtollen
ébauche [eboʃ] F 1 (erster) Entwurf; Skizze *f* 2 *fig* Andeutung *f*
ébaucher [eboʃe] V/T 1 entwerfen; skizzieren 2 *fig sourire* andeuten
ébène [ebɛn] F Ebenholz *n*
ébéniste [ebenist] M (Kunst)Tischler *m*; Möbeltischler *m*
ébénisterie [ebenistəʀi] F (Kunst-, Möbel-)Tischlerei *f*
éberlué [ebɛʀlɥe] ADJ ‹~e› verdutzt
éblouir [ebluiʀ] V/T 1 (*aveugler*) blenden 2 *fig* beeindrucken; *plus fort* hinreißen
éblouissant [ebluisɑ̃] ADJ ‹-ante [-ɑ̃t]› blendend (*a. fig*); *teint* strahlend
éblouissement [ebluismɑ̃] M 1 Blendung *f*; **j'ai des ~s** es wird mir schwarz, es flimmert mir vor den Augen 2 *fig* **un ~** etwas Wunderbares
e-book [ibuk] M ‹e-books› E-Book *n*
éborgner [ebɔʀɲe] V/T **~ qn** j-m ein Auge ausstechen, ausschlagen
éboueur [ebwœʀ] M Arbeiter *m* bei der Müllabfuhr; Müllwerker *m*
ébouillanter [ebujɑ̃te] A V/T abbrühen B V/PR **s'~** sich verbrühen
éboulement [ebulmɑ̃] M Erdrutsch *m*; *d'une falaise* Einsturz *m*
ébouler [ebule] V/PR **s'~** einstürzen; *talus* abrutschen
éboulis [ebuli] M Geröll *n*; Schutt *m*
ébouriffant [ebuʀifɑ̃] *fam* ADJ ‹-ante [-ɑ̃t]› unglaublich; *péj* haarsträubend
ébouriffé [ebuʀife] ADJ ‹~e› zerzaust; *fam* strubbelig
ébouriffer [ebuʀife] V/T 1 **~ les cheveux de qn** j-m das Haar, die Haare zerzausen, *fam* verstrubbeln 2 *fam fig* verblüffen; verdutzen
ébranlement [ebʀɑ̃lmɑ̃] M 1 Erschütterung *f* 2 *fig de la confiance, du pouvoir* Erschütterung *f*; *de la santé* Zerrüttung *f* 3 *psychique* Erschütterung *f*; Schock *m*
ébranler [ebʀɑ̃le] A V/T 1 *vitres, sol* erschüttern; erzittern lassen 2 *fig confiance, pouvoir* erschüttern; ins Wanken bringen; *qn* unsicher machen; *santé* zerrütten; *adjt* **ébranlé** *nerfs, santé a.* angeschlagen B V/PR **s'~** sich in Bewegung setzen
ébréché [ebʀeʃe] ADJ ‹~e› *lame* schartig; *tasse* angeschlagen; *dent* ab-, ausgebrochen **ébrécher** [-e] V/T ‹-è-› schartig machen; anschlagen

ébriété [ebʀijete] F Trunkenheit *f*; **en état d'~** in betrunkenem Zustand
ébrouer [ebʀue] V/PR **s'~** sich schütteln
ébruitement [ebʀɥitmɑ̃] M Ruchbarwerden *n*; Verbreitung *f*
ébruiter [ebʀɥite] **A** V/T verbreiten; ausplaudern **B** V/PR **s'~** sich herumsprechen; bekannt werden
ébullition [ebylisjõ] F **1** (Auf)Kochen *n*; Sieden *n* **2** *fig* **en ~** in Aufruhr
écaille [ekaj] F **1** ZOOL, BOT Schuppe *f* **2** *de peinture* Plättchen *n* **3** *de tortues* Schildpatt *n*; **lunettes** *fpl* **d'~** Hornbrille *f*
écailler[1] [ekaje] **A** V/T **1** *poisson* abschuppen **2** *huîtres* aufbrechen; öffnen **B** V/PR **s'~** abblättern
écailler[2] [ekaje] M, **écaillère** [-ɛʀ] F Austernhändler(in) *m(f)*
écaler [ekale] V/T schälen
écarlate [ekaʀlat] ADJ scharlachrot; *visage* hochrot
écarquiller [ekaʀkije] V/T **~ les yeux** die Augen aufreißen, aufsperren
écart [ekaʀ] M **1** *(distance)* Abstand *m*; *(différence)* Unterschied *m*; Abweichung *f*; Spanne *f* **2** *fig (irrégularité)* Abweichung *f*; Verfehlung *f*; **~ de langage** sprachliche Entgleisung; **~ de régime** Diätfehler *m* **3** *(brusque mouvement)* **faire un ~** auf die Seite, zur Seite springen **4** **grand ~** Spagat *m ou n*; **faire le grand ~** (e-n) Spagat machen **5** **à l'~** beiseite; abseits (**de** *gén*); *fig* **tenir qn à l'~** j-n fernhalten (**de** von); **vivre à l'~** zurückgezogen leben
écarté [ekaʀte] ADJ ⟨~e⟩ **1** *yeux* auseinanderstehend **2** *lieu* abgelegen
écartèlement [ekaʀtɛlmɑ̃] M **1** HIST Vierteilen *n* **2** *fig* Zerrissensein *n*, Hin-und-her-Gerissen-Sein *n* (**entre** zwischen *+dat*)
écarteler [ekaʀtəle] V/T ⟨-è-⟩ **1** HIST vierteilen **2** *fig* **être écartelé** hin- und hergerissen sein (**entre** zwischen + *dat*)
écartement [ekaʀtəmɑ̃] M Abstand *m*; Entfernung *f*; CH DE FER Spurweite *f*
écarter [ekaʀte] **A** V/T **1** *bras* ausbreiten; *doigts, jambes* spreizen; SPORTS *jambes* grätschen **2** *(éloigner)* wegrücken, -schieben; zur Seite rücken, schieben **3** *fig idée* verwerfen; fallen lassen; *problème* ausklammern; *danger* abwenden **4** *qn du bon chemin* entfernen (**de** von); abbringen (von; *a. fig*) **B** V/PR **s'~** sich entfernen (**de** von) (*a. fig*); zur Seite rücken; *foule* sich teilen; zurückweichen; *fig* **s'~ du droit chemin** vom rechten Weg abkommen; auf Abwege geraten; **s'~ du sujet** vom Thema abkommen, abschweifen; nicht bei der Sache bleiben
ecchymose [ekimoz] F blauer Fleck; blutunterlaufene Stelle
ecclésiastique [eklezjastik] **A** ADJ kirchlich; geistlich **B** M Geistliche(r) *m*
écervelé [esɛʀvəle] **A** ADJ ⟨~e⟩ gedankenlos; kopflos **B** **~(e)** M(F) gedankenloser, kopfloser Mensch; **une jeune ~e** ein leichtsinniges Mädchen
échafaud [eʃafo] M Schafott *n*
échafaudage [eʃafodaʒ] M **1** CONSTR (Bau)-Gerüst *n* **2** *fig* (Gedanken)Gebäude *n* **échafauder** [-e] V/T *plan* entwerfen; *théorie* aufstellen
échalas [eʃala] M **1** *(pieu)* Pfahl *m* **2** *fam fig* **grand ~** *fam* lange Latte; *fam* Bohnenstange *f*
échalote [eʃalɔt] F Schalotte *f*
échancré [eʃɑ̃kʀe] ADJ ⟨~e⟩ **1** COUT ausgeschnitten **2** *côte* zerklüftet
échancrer [eʃɑ̃kʀe] V/T COUT ausschneiden; TECH schweifen
échancrure [eʃɑ̃kʀyʀ] F Ausschnitt *m*
échange [eʃɑ̃ʒ] M **1** Austausch *m*; Tausch *m*; **~s (commerciaux)** Warenaustausch *m*, -verkehr *m*; **~ scolaire** Schüleraustausch *m*; **~ de vues** Meinungsaustausch *m* **2** COMM Umtausch *m* **3** **en ~** als Gegenleistung; als Ersatz; dafür; **en ~ de** (als Ersatz) für
échangeable [eʃɑ̃ʒabl] ADJ austauschbar; **article** *m* **non ~** vom Umtausch ausgeschlossene Ware
échanger [eʃɑ̃ʒe] V/T ⟨-ge-⟩ **1** tauschen (**qc contre qc** etw gegen etw); *idées, prisonniers* austauschen; *regards, lettres* wechseln; **~ un sourire** einander, sich zulächeln **2** *marchandises* umtauschen
échangeur [eʃɑ̃ʒœʀ] M kreuzungsfreier Verkehrsknoten; Verkehrskreuz *n*; *d'autoroutes* Autobahnkreuz *n*
échangisme [eʃɑ̃ʒism] M Partnertausch *m* **échangiste** [-ist] M Tauschpartner *m*; Tauschende(r) *m*
échantillon [eʃɑ̃tijõ] M **1** COMM (Waren)Probe *f*; (Waren)Muster *n*; Probestück *n* **2** *fig* Kostprobe *f* **3** STATISTIQUE Stichprobe *f*; repräsentative Auswahl; Sample *n*
échantillonnage [eʃɑ̃tijɔnaʒ] M **1** COMM Musterkollektion *f*; *fig* Auswahl *f* **2** STATISTIQUE Stichprobenerhebung *f*; Repräsentativbefragung *f*
échantillonner [eʃɑ̃tijɔne] V/T **1** COMM Proben zusammenstellen, e-e Probe anfertigen (**qc** von etw) **2** STATISTIQUE auswählen; e-e Auswahl treffen (von) **3** TECH Proben *ou* e-e Probe entnehmen (*+dat*)
échappatoire [eʃapatwaʀ] F Ausflucht *f*; Ausrede *f*; *par ext* Ausweg *m*
échappe [eʃap] **touche** *f* **~** Escape-Taste *f*
échappé [eʃape] ADJ ⟨~e⟩ *animal* entlaufen; *oi-*

seau entflogen
échappée [eʃape] F 1 CYCLISME Ausreißversuch *m* 2 *(perspective)* (schmaler) Durchblick (**sur** auf + *acc*)
échappement [eʃapmɑ̃] M Auspuff *m*
échapper [eʃape] A V/T **l'~ belle** noch einmal *ou* mit dem Schrecken davonkommen B V/I 1 *personne* **~ à qn** j-m entkommen, entwischen; **~ à qc** e-r Sache *(dat)* entgehen, entrinnen 2 *parole* entfahren, entschlüpfen, herausrutschen (**à qn** j-m); **laisser ~** *cri, soupir* ausstoßen 3 *nom* entfallen (sein) (**à qn** j-m) 4 *faute, détail* entgehen (**à qn** j-m) 5 *à une influence, aux regards, à une obligation etc* sich entziehen (**à** *dat*); **vous n'y échapperez pas!** Sie werden nicht darum herumkommen!; **~ à la règle** von der Regel abweichen; e-e Ausnahme bilden 6 *objet* **~ des mains à qn** j-m aus den Händen gleiten; j-m entgleiten C V/PR **s'~** 1 *(s'évader)* entkommen; entlaufen *(a. animal)*; entfliehen; entspringen; entwischen; *oiseau* entfliegen 2 *gaz, fumée* entweichen (**de** aus); ausströmen
écharde [eʃaʀd] F Splitter *m; all Sud* Spreißel *m*
écharpe [eʃaʀp] F 1 *(cache-nez)* Schal *m;* Halstuch *n* 2 *insigne* Schärpe *f* 3 MÉD Schlinge *f;* (Arm)Binde *f; bras* **porter en ~** in der Schlinge tragen 4 *véhicule* **prendre en ~** (seitlich) rammen
écharper [eʃaʀpe] V/T 1 in Stücke reißen 2 *fam fig* **se faire ~** *fam* fertiggemacht werden
échasse [eʃas] F Stelze *f*
échassier [eʃasje] M Stelzvogel *m*
échauder [eʃode] V/T 1 CUIS brühen; überbrühen 2 *fig* **être échaudé** sich *(dat)* die Finger verbrennen
échauffement [eʃofmɑ̃] M 1 Erwärmung *f; plus fort* Erhitzung *f;* TECH Heißlaufen *n* 2 SPORTS Aufwärmen *n*
échauffer [eʃofe] A V/T erwärmen; *plus fort* erhitzen B V/PR **s'~** 1 SPORTS sich aufwärmen; sich warm laufen 2 *fig personne* sich ereifern; *esprits* sich erhitzen, erregen
échauffourée [eʃofuʀe] F Zusammenstoß *m;* Krawall *m*
échéance [eʃeɑ̃s] F 1 COMM, JUR Fälligkeit *f;* Fälligkeitsdatum *n,* -termin *m* 2 *paiement* fällige Zahlung 3 **à brève, longue ~** auf kurze, lange Sicht; kurz-, langfristig
échéancier [eʃeɑ̃sje] M Terminplan *m*
échéant [eʃeɑ̃] **le cas ~** gegebenenfalls
échec [eʃɛk] M 1 Misserfolg *m;* Scheitern *n;* Fehlschlag *m; à un examen* Durchfallen *n;* **faire ~ à** vereiteln; zum Scheitern bringen 2 **~s** *pl* Schach *n;* **jeu** *m* **d'~s** Schachspiel *n; adjt* **~ et mat** schachmatt; *fig* **tenir qn en ~** j-n in Schach halten
échelle [eʃɛl] F 1 Leiter *f;* **la grande ~** die Feuerwehrleiter; **faire la courte ~ à qn** j-m hinaufhelfen 2 *(graduation)* Skala *f (a. fig);* **~ des salaires** Lohnskala *f,* -tabelle *f* 3 *(hiérarchie)* Rangordnung *f;* Stufenleiter *f;* **~ sociale** gesellschaftliche Rangordnung 4 *(rapport)* Maßstab *m;* **à l'~ de 1/10000 (un dix-millième)** im Maßstab 1:10000 (eins zu zehntausend); *fig* **à l'~ nationale** auf nationaler Ebene; *fig* **être à l'~ de** entsprechen (+ *dat*); angemessen sein (+ *dat*); *fig* **sur une grande, vaste ~** in großem Maßstab, Stil, Umfang
échelon [eʃlõ] M 1 *d'une échelle* Sprosse *f* 2 *fig* Stufe *f* 3 ADMIN Rang(stufe) *m(f);* Dienstgrad *m;* **gravir les ~s (de la hiérarchie)** die Karriereleiter hinaufsteigen, -klettern
échelonnement [eʃlɔnmɑ̃] M Staffelung *f;* Verteilung *f*
échelonner [eʃlɔne] A V/T staffeln; verteilen (**sur un an** auf, über ein Jahr) B V/PR **s'~** sich erstrecken (**sur** auf, über + *acc*)
écheveau [eʃvo] M ⟨~x⟩ 1 *de laine, etc* Strang *m* 2 *fig* Wirrwarr *m*
échevelé [eʃəvle] ADJ ⟨~e⟩ 1 mit zerzaustem, fliegendem Haar 2 *fig* wild; hemmungslos
échevin [eʃ(ə)vɛ̃] M *en Belgique* Beigeordnete(r) *m* des Bürgermeisters
échine [eʃin] F 1 Rückgrat *n;* Wirbelsäule *f; fig* **plier l'~** sich unterordnen; katzbuckeln 2 **~ de porc** Schweinekamm *m*
échiner [eʃine] V/PR **s'~** sich abplagen, *fam* abrackern (**à** + *inf* um zu + *inf*)
échiquier [eʃikje] M 1 Schachbrett *n* 2 *fig* Schauplatz *m;* Kräftespiel *n*
écho [eko] M Echo *n,* Widerhall *m (a. fig); rubrique de journal* **~s** *pl* Spalte *f,* Seite *f* mit Gesellschaftsnachrichten, -klatsch; **se faire l'~ de qc** etw weitererzählen; **éveiller, trouver un vif ~** ein lebhaftes Echo, großen Anklang finden; **avez-vous eu quelques ~s de cette affaire?** haben Sie (etwas) davon gehört?; ist Ihnen etwas zu Ohren gekommen?
échographie [ekogʀafi] F Ultraschalluntersuchung *f;* Sonographie *f*
échoir [eʃwaʀ] ⟨*défect:* il échoit, ils échoient; il échut; il échoira; échéant; échu; être *od* avoir⟩ A V/T INDIR **~ à qn** j-m zufallen; *st/s* j-m anheimfallen B V/I *dette* fällig werden *ou* sein; *date* verfallen; ablaufen
échoppe [eʃɔp] F kleiner (Kram)Laden
échouer [eʃwe] V/I 1 *personne, projet* scheitern; *projet a.* fehlschlagen; misslingen; **~ à un examen** in, bei e-r Prüfung durchfallen; durch e-e Prüfung fallen; **faire ~ qc** etw vereiteln, zum Scheitern bringen 2 *bateau* ⟨*a. v/pr* **s'~**⟩ stranden; auf Grund laufen; auflaufen 3 *fig (arriver)*

landen
échu [eʃy] PP → échoir
éclabousser [eklabuse] V/T 1 bespritzen; vollspritzen 2 *fig* **~ qn** den Ruf j-s schädigen
éclaboussure [eklabusyʀ] F 1 Spritzer *m* 2 *fig* Fleck *m* auf der weißen Weste
éclair [eklɛʀ] M 1 Blitz *m*; **il y a** *ou* **il fait un ~, des ~s** es blitzt; *fig* **en un ~** blitzartig 2 *fig* Aufblitzen *n*; Aufleuchten *n*; **~ de génie** Geistesblitz *m* 3 *adjt* (! unveränderlich) Blitz…; **guerre** *f* **~** Blitzkrieg *m*; **visite** *f* **~** Blitzbesuch *m*; *fam* Stippvisite *f* 4 *gâteau* Eclair *n*; Liebesknochen *m*

l'éclair (m) — Blitz

les éclairs (mpl) — Eclairs

éclairage [eklɛʀaʒ] M Beleuchtung *f*; **sous cet ~** in diesem Licht
éclairagiste [eklɛʀaʒist] M Beleuchtungstechniker *m*
éclairant [eklɛʀɑ̃] ADJ ‹-ante [-ɑ̃t]› leuchtend; Leucht…
éclaircie [eklɛʀsi] F 1 MÉTÉO (Zwischen)Aufheiterung *f* 2 *fig* Lichtblick *m*; Silberstreif(en) *m* am Horizont
éclaircir [eklɛʀsiʀ] A V/T 1 *couleur* aufhellen 2 *fig* (auf)klären; klarstellen; Licht, Klarheit bringen in (+ *acc*) B V/PR **s'~** *ciel* sich aufhellen, aufheitern; *temps* aufklaren; *couleur* sich aufhellen; heller werden; *cheveux, rangs* sich lichten; **s'~ la voix** sich räuspern
éclaircissement [eklɛʀsismɑ̃] M Klarstellung *f*; (Auf)Klärung *f*; Aufschluss *m*
éclairé [eklɛʀe] ADJ ‹~e› 1 be-, erleuchtet 2 *fig* aufgeklärt; aufgeschlossen; ohne Vorurteile
éclairement [eklɛʀmɑ̃] M Beleuchtung *f*; Beleuchtungsstärke *f*
éclairer [eklɛʀe] A V/T 1 **~ qc** etw beleuchten, erleuchten, erhellen; *abs lampe* **~ mal** ein schlechtes Licht geben 2 **~ qn** j-m leuchten 3 *fig* **~ qn** j-n aufklären, j-m Aufschluss geben (**sur** über + *acc*); **~ qc** etw aufklären, klarlegen, erhellen B V/PR **s'~** 1 *pièce* hell werden; *fenêtre* sich erhellen; *fig visage* aufleuchten; sich erhellen 2 *fig* (*devenir intelligible*) klar, verständlich werden
éclaireur [eklɛʀœʀ] M 1 MIL Aufklärer *m*; Kundschafter *m*; *fig* **envoyer qn en ~** (zur Erkundung) j-n vor(aus)schicken 2 (*scout*) Pfadfinder *m*
éclaireuse [eklɛʀøz] F Pfadfinderin *f*
éclat [ekla] M 1 (*fragment*) Splitter *m*; **~ d'obus** Granatsplitter *m* 2 **~ de rire** lautes Auflachen; schallendes Gelächter; **des ~s de voix** heftige, erregte Stimmen *fpl*; **rire aux ~s** schallend lachen 3 (*scandale*) Skandal *m*; Eklat *m* 4 (*luminosité*) Glanz *m* (*a. fig*); *des couleurs* Leuchtkraft *f*; Pracht *f*; *fig* **coup** *m* **d'~** Glanzleistung *f*, -stück *n*; **sans ~** glanzlos, matt (*a. fig*)
éclatant [eklatɑ̃] ADJ ‹-ante [-ɑ̃t]› 1 *rire, voix* schallend; *bruit* durchdringend 2 (*brillant*) strahlend; *couleur* leuchtend 3 *fig succès, victoire* glänzend
éclatement [eklatmɑ̃] M 1 Platzen *n*; Bersten *n* 2 *fig* Aufspaltung *f*; Aufteilung *f*
éclater [eklate] A V/I 1 *pneu* platzen; *bombe* krepieren; *vitres* bersten; zersplittern; zerspringen 2 *fig parti* sich aufspalten; *institution* aufgeteilt, aufgegliedert werden 3 *coups de feu* knallen; krachen; *orage* losbrechen; sich entladen; *applaudissements* aufbranden; **~ de rire** in Gelächter ausbrechen; laut auflachen 4 *maladie, guerre* ausbrechen 5 (*se manifester*) sich zeigen; zum Ausdruck kommen B V/PR *fam* **s'~** sich austoben; *pop* die Sau rauslassen
éclectique [eklɛktik] ADJ 1 PHIL eklektisch 2 *par ext personne, goûts* vielseitig
éclectisme [eklɛktism] M 1 PHIL Eklektizismus *m* 2 *par ext* Vielseitigkeit *f*
éclipse [eklips] F 1 **~ de Lune, de Soleil** Mond-, Sonnenfinsternis *f* 2 *fig* (zeitweiliges) Verschwinden
éclipser [eklipse] A V/T **~ qn** j-n in den Schatten stellen B V/PR *fam* **s'~** verschwinden; *fam* sich verdrücken
éclopé [eklɔpe] ADJ ‹~e› schlecht zu Fuß; gehbehindert; fußkrank
éclore [eklɔʀ] V/I ‹*défect*: **il éclôt** *od* **éclot, ils éclosent; éclos; être** *od* **avoir**› 1 *poussin* ausschlüpfen; aus dem Ei schlüpfen 2 *fleurs* aufblühen 3 *fig* sich entfalten
éclosion [eklozjõ] F 1 ZOOL Ausschlüpfen *n* 2 BOT Aufblühen *n* 3 *fig* Entfaltung *f*
écluse [eklyz] F Schleuse *f*
écluser [eklyze] V/T 1 (durch)schleusen 2 *pop* (*boire*) *pop* saufen
éclusier [eklyzje] M, **éclusière** [-jɛʀ] F Schleusenwärter(in) *m(f)*
éco [eko] ADJ ABR (**économique**) *fam* **sciences**

fpl ~ Wirtschaftswissenschaften *fpl*

écœurant [ekœʀɑ̃] ADJ ⟨-ante [-ɑ̃t]⟩ **1** widerlich (*a. fig*); ekelhaft; (*trop sucré*) widerlich süß **2** (*décourageant*) entmutigend

écœurement [ekœʀmɑ̃] M Ekel *m*; Widerwille(n) *m* (*a. fig*)

écœurer [ekœʀe] V/T **1** anekeln; anwidern (*a. fig*) **2** *fig* (*démoraliser*) entmutigen

école [ekɔl] F **1** Schule *f* (*a. coll*); *locaux a.* Schulhaus *n*; **grande ~** Elitehochschule *f*; **aller à l'~** in die, zur Schule gehen **2** ÉQUITATION **°haute ~** Hohe Schule **3** *fig* Schule *f*; **être à bonne ~** in e-r guten Schule sein (*a. iron*); **faire ~** Schule machen

Les grandes écoles

Grandes écoles ist eine nicht offizielle Sammelbezeichnung für die von den Universitäten unabhängigen öffentlichen und privaten Hochschulen. Es handelt sich um technische, landwirtschaftliche, militärtechnische, geisteswissenschaftliche, Verwaltungs- und Wirtschaftshochschulen. Der Zugang erfolgt über ein sehr anspruchsvolles Selektionsverfahren. Die meisten Studenten werden über eine Aufnahmeprüfung (**le concours**), eine geringere Anzahl aufgrund von Diplomen ausgewählt. Der Prüfung geht eine zweijährige Vorbereitung in den sogenannten **classes préparatoires** voraus, zu denen nur die besten Abiturienten zugelassen werden. Die Elitehochschulen bieten eine breit angelegte Ausbildung für angehende Führungskräfte in Wirtschaft, Industrie und Verwaltung (z. B. École polytechnique, École nationale d'administration (ENA), HEC usw.). Das System der grandes écoles begünstigt die Erhaltung einer überkommenen Sozialstruktur und eine gesellschaftliche Kastenbildung.

LANDESKUNDE

écolier [ekɔlje] M, **écolière** [ekɔljɛʀ] F Schüler(in) *m(f)*; *fig* **prendre le chemin des écoliers** Umwege machen

écolo [ekɔlo] *fam* ABR (écologiste) **A** M/F Grüne(r) *m/f(m)*; Umweltschützer(in) *m(f)* **B** ADJ der Grünen; Umwelt(schutz)…

écologie [ekɔlɔʒi] F Ökologie *f*; *par ext* Umweltschutz *m*

écologique [ekɔlɔʒik] ADJ ökologisch; Umwelt…; *par ext* Umweltschutz…; **catastrophe** *f* **~** Umweltkatastrophe *f*

écologisme [ekɔlɔʒism] M Umweltbewegung *f*

écologiste [ekɔlɔʒist] M/F Ökologe, -login *m,f*; *par ext* Umweltschützer(in) *m(f)*

e-commerce [ikɔmɛʀs] M E-Commerce *m*

écomusée M Freilichtmuseum *n*; Heimatmuseum *n*

éconduire [ekɔ̃dɥiʀ] V/T ⟨→ conduire⟩ abweisen; hinauskomplimentieren; *soupirant* e-n Korb geben (**qn** j-m)

économat [ekɔnɔma] M **1** (Wirtschafts)Verwaltung *f* **2** MIL heereseigene Verkaufsstelle

économe [ekɔnɔm] **A** ADJ sparsam; haushälterisch **B** M/F Wirtschaftsdirektor(in) *m(f)*; Verwalter(in) *m(f)*

économie [ekɔnɔmi] F **1** Wirtschaft *f*; *science* Wirtschaftswissenschaft *f*; **économie politique** Volkswirtschaft(slehre) *f*; Nationalökonomie *f*; **économie de marché** (freie) Marktwirtschaft **2** (*contraire: gaspillage*) Sparsamkeit *f* **3** *d'argent* **économies** *pl* Ersparnisse *fpl*; Ersparte(s) *n* **4** *de place, d'énergie, etc* Einsparung *f*; Ersparnis *f*; **faire l'économie de qc** sich (*dat*) etw (er)sparen; etw vermeiden; *fig* **faire des économies de bouts de chandelle** an lächerlichen Kleinigkeiten sparen

économique [ekɔnɔmik] ADJ **1** ÉCON Wirtschafts…; wirtschaftlich; ökonomisch; **sciences** *fpl* **~s** (*fam* **éco**) Wirtschaftswissenschaften *fpl* **2** *chauffage, voiture, etc* wirtschaftlich; sparsam (im Verbrauch); **classe** *f* **~** Economyklasse *f*

économiquement [ekɔnɔmikmɑ̃] ADV **1** wirtschaftlich; ökonomisch; **les ~ faibles** *mpl* die sozial Schwachen *pl* **2** (*en dépensant peu*) sparsam; billig

économiser [ekɔnɔmize] V/T **1** *argent* (er)sparen; *énergie, etc* sparen; *matériel, personnel* einsparen; **~ sur qc** an etw (*dat*) sparen **2** *fig* (*ménager*) sparsam umgehen, haushalten mit

économiseur [ekɔnɔmizœʀ] M INFORM **~ d'écran** Bildschirmschoner *m*

économiste [ekɔnɔmist] M/F Wirtschaftswissenschaftler(in) *m(f)*, -experte *m*, -expertin *f*

écoper [ekɔpe] V/T **1** *bateau* leer schöpfen **2** *fam* **~ (de)** *punition fam* aufgebrummt kriegen

écorce [ekɔʀs] F **1** BOT Rinde *f* **2** *d'orange* Schale *f* **3** **~ terrestre** Erdrinde *f*, -kruste *f*

écorcer [ekɔʀse] V/T ⟨-ç-⟩ **1** *arbre* entrinden **2** *orange, riz* schälen

écorché [ekɔʀʃe] M **1** **~ vif** überempfindlicher Mensch; Mimose *f*; **sensibilité** *f* **d'~ vif** mimosenhafte Empfindlichkeit **2** PEINT, SCULP Muskelmann *m*

écorcher [ekɔʀʃe] **A** V/T **1** (*dépiauter*) die Haut abziehen (+ *dat*); enthäuten **2** *blesser* aufschürfen; *fig* **~ les oreilles** in den Ohren wehtun **3** *mot* entstellen; falsch aussprechen **B** V/PR **s'~** sich aufschürfen, aufscheuern

écorchure [ekɔʀʃyʀ] F Schürfwunde *f*;

Schramme *f*
écorner [ekɔʀne] VT die Ecken, Kanten abstoßen (**qc** an etw [*dat*])
écossais [ekɔsɛ] **A** ADJ ⟨-aise [-ɛz]⟩ schottisch; *fig* **douche ~e** Wechselbad *n*; **jupe ~e** Schottenrock *m*; **(tissu) ~** *m* Schotten(stoff) *m* **B** **Écossais(e)** M(F) Schotte *m*, Schottin *f*
Écosse [ekɔs] **l'~** F Schottland *n*
écosser [ekɔse] VT aus-, enthülsen
écosystème [ekɔsistɛm] M Ökosystem *n*
écot [eko] M Anteil *m* (*an der Zeche*)
écotaxe [ekɔtaks] F Ökosteuer *f*
écoulement [ekulmɑ̃] M **1** Abfluss *m*; Abfließen *n*; *fig des véhicules* Fluss *m* **2** COMM Absatz *m*; Vertrieb *m*
écouler [ekule] **A** VT *marchandises* absetzen; vertreiben; verkaufen **B** VPR **s'~** **1** *liquide* abfließen; ab-, auslaufen **2** *foule* sich verlaufen; strömen (**de** aus); *temps* vergehen; verrinnen; **l'année écoulée** das abgelaufene Jahr; **deux jours se sont écoulés** *depuis cet incident* … sind zwei Tage vergangen **3** *marchandises* Absatz finden; gehen
écourter [ekuʀte] VT abkürzen
écoute [ekut] F RAD Hören *n*; TÉL Abhören *n*; **heure** *f* **de grande ~** Hauptsendezeit *f*; **table** *f* **d'~** Abhörgerät *n*; **être à l'~ de qn** j-m zuhören
écouter [ekute] **A** VT **1** *qc* anhören; hören (*a. abs*); *aux portes, etc* horchen (*abs ou* auf + *acc*); **~ qn** j-m zuhören; j-m lauschen; **~ un concert à la radio** sich (*dat*) ein Konzert im Radio anhören; **~ la radio** Radio hören **2** *avec bienveillance* **~ qn** j-n anhören; j-m Gehör schenken **3** (*suivre*) **~ qn, qc** auf j-n, etw hören; **n'~ que son courage** nicht an die Gefahr denken; **ne vouloir ~ personne** sich (*dat*) nichts sagen lassen **B** VPR **1** **s'~ parler** sich (selbst) gern reden hören **2** **si je m'écoutais,** *je n'irais pas* wenn es nach mir ginge *ou* wenn ich meiner ersten Eingebung folgen würde … **3** **s'~ (trop)** zu sehr auf s-e Gesundheit achten
écouteur [ekutœʀ] M TECH Hörer *m*
écoutille [ekutij] F MAR Luke *f*
écrabouillage [ekʀabujaʒ] *fam* M Zerquetschen *n* **écrabouiller** [-e] *fam* VT zerquetschen
écran [ekʀɑ̃] M **1** *de protection* Abschirmung *f*; (Sicht)Blende *f*; (Schutz)Wand *f*; *par ext* **~ total** Sonnencreme *f* mit höchstem Schutzfaktor **2** FILM Leinwand *f*; **vedette** *f* **de l'~** Filmstar *m*; **porter à l'~** verfilmen **3** TV, INFORM Bildschirm *m*; **le petit ~** das Fernsehen; **~ plat** Flachbildschirm *m*
écrasant [ekʀazɑ̃] ADJ ⟨-ante [-ɑ̃t]⟩ **1** *poids* enorm; gewaltig **2** *fig majorité* erdrückend; überwältigend; *défaite* vernichtend; *chaleur* drückend; **succès ~** überwältigender, durchschlagender Erfolg
écrasement [ekʀazmɑ̃] M **1** Zerdrücken *n*; Zermalmen *n*; Zerquetschen *n* **2** *fig d'une révolte* Niederschlagung *f*, -werfung *f*; *d'une armée* Vernichtung *f*; Zerschlagung *f*
écraser [ekʀaze] **A** VT **1** zerdrücken; zerquetschen; zermalmen; *cigarette* ausdrücken; *accélérateur* ganz durchtreten; *ver* zertreten; *personne* überfahren; **se faire ~ par une voiture** von e-m Auto überfahren werden; *fam* **rubrique** *f* **des chiens écrasés** vermischte (Lokal)Nachrichten *fpl*; **nez écrasé** platt gedrückte Nase **2** *fig révolte* niederschlagen, -werfen; MIL vernichten; zerschlagen; SPORTS vernichtend schlagen **3** *fig* **~ qn** *soucis* j-n drücken; *travail* j-n (fast) erdrücken; *responsabilité* schwer auf j-m lasten **4** *pop* **en ~** *fam* wie ein Sack schlafen **B** VPR **s'~** **1** *fruits* zer-, aufplatzen; *avion* **s'~ (au sol)** abstürzen; am Boden zerschellen; *voiture* **s'~ contre un mur** gegen e-e Mauer prallen **2** *pop* (*s'effacer*) *pop* die Schnauze halten; *pop* **écrase!** *pop* (halt die)Schnauze!
écraseur [ekʀazœʀ] M *fam* Verkehrsrowdy *m*
écrémage [ekʀemaʒ] M Entrahmen *n*
écrémer [ekʀeme] VT ⟨-è-⟩ **1** *lait* entrahmen; **lait écrémé** Magermilch *f* **2** *fig* (sich [*dat*]) das Beste nehmen (**qc** von etw)
écrevisse [ekʀəvis] F (Fluss)Krebs *m*; *fig* **rouge comme une ~** krebsrot
écrier [ekʀije] VPR **s'~** ausrufen
écrin [ekʀɛ̃] M Schmuckkästchen *n*; Schatulle *f*
écrire [ekʀiʀ] ⟨j'écris, il écrit, nous écrivons; j'écrivais; j'écrivis; j'écrirai; que j'écrive; écrivant; écrit⟩ **A** VT schreiben; (*noter*) aufschreiben; **~ qc à qn** j-m etw schreiben; an j-n etw schreiben **B** VPR **s'~** **1** *mot* geschrieben werden **2** *personnes* sich schreiben
écrit [ekʀi] **A** PP → écrire *et* ADJ ⟨-ite [-it]⟩ **1** schriftlich; geschrieben; *feuille* beschrieben; **autorisation ~e** schriftliche Genehmigung; **langue ~e** Schriftsprache *f*; **~ à la machine, à la main** maschine(n)-, handgeschrieben **2** **être ~** *dans un texte* stehen; BIBL geschrieben stehen; *fig* **c'était ~** es musste so kommen **B** M **1** *ouvrage* Schrift *f* **2** *examen* schriftliche Prüfung; Schriftliche(s) *n*; **échouer à l'~** im Schriftlichen durchfallen **3** **par ~** schriftlich; **mettre par ~** niederschreiben
écriteau [ekʀito] M ⟨~x⟩ (Hinweis)Schild *n*
écritoire [ekʀitwaʀ] F *autrefois* Schreibzeug *n*, -garnitur *f*
écriture [ekʀityʀ] F **1** Schrift *f*; *action, à l'école* Schreiben *n* **2** *de qn* (Hand)Schrift *f* **3** COMM **~s** *pl* Geschäftsbücher *npl* **4** **l'Écriture (sainte)**

ou **les (Saintes) Écritures** die (Heilige) Schrift
écrivailleur [ekʀivajœʀ] M *péj* Schreiberling *m*
écrivain [ekʀivɛ̃] M, *parfois* **écrivaine** [-ɛn] F 1 Schriftsteller(in) *m(f)*; Dichter(in) *m(f)*; **un grand écrivain** ein großer Schriftsteller, Dichter 2 **écrivain public** öffentlicher Schreiber
écrou [ekʀu] M 1 TECH (Schrauben)Mutter *f* 2 JUR Inhaftierung *f*
écrouer [ekʀue] V/T inhaftieren
écroulement [ekʀulmɑ̃] M 1 Einsturz *m* 2 *fig* Zusammenbruch *m*
écrouler [ekʀule] V/PR **s'~** 1 einstürzen 2 *fig* zusammenbrechen (*a. personne*) 3 *fam fig* (*s'affaler*) sich fallen lassen (**dans** in + *acc*) 4 *fam fig de rire* **être écroulé** *fam* sich krumm und bucklig lachen; sich kugeln vor Lachen
écru [ekʀy] ADJ ⟨~e⟩ ungebleicht; naturfarben
ecstasy [ɛkstazi] F Ecstasy *f*
écu [eky] M 1 HIST MIL Schild *m* 2 HÉRALDIQUE (Wappen)Schild *m ou n* 3 HIST *monnaie* Taler *m* 4 FIN Ecu *m*
écueil [ekœj] M Riff *n*; Klippe *f* (*a. fig*); *fig* **éviter un ~** e-e Klippe umschiffen
écuelle [ekɥɛl] F Napf *m*
éculé [ekyle] ADJ ⟨~e⟩ 1 *chaussures* abgelaufen; schief getreten 2 *fig* abgedroschen
écume [ekym] F Schaum *m*; *sur les vagues a.* Gischt *m ou f*
écuménique [ekymenik] ADJ ökumenisch
écumer [ekyme] A V/T 1 den Schaum abschöpfen (**qc** von etw) 2 *fig* ausrauben; plündern B V/I 1 schäumen 2 *fig* **~ (de rage)** vor Wut schäumen
écumeux [ekymø] ADJ ⟨-euse [-øz]⟩ schaumbedeckt; schäumend
écumoire [ekymwaʀ] F Schaumlöffel *m*
écureuil [ekyʀœj] M Eichhörnchen *n*
écurie [ekyʀi] F 1 (Pferde)Stall *m* 2 SPORTS Rennstall *m* 3 *fig* (*lieu sale*) Schweinestall *m*
écusson [ekysõ] M Schild *n*; Abzeichen *n*; *autrich* Wapperl *n*
écuyer [ekɥije] M, **écuyère** [-ɛʀ] F Kunstreiter(in) *m(f)*
eczéma [ɛgzema] M Ekzem *n*
eczémateux [ɛgzematø] ADJ ⟨-euse [-øz]⟩ ekzematös; ekzemartig
edelweiss [edɛlvɛs] M Edelweiß *n*
éden [edɛn] M *fig* Paradies *n*
édenté [edɑ̃te] ADJ ⟨~e⟩ zahnlos; *peigne* mit abgebrochenen Zähnen
EDF [ədeɛf] F ABR (Électricité de France) *staatliche frz Elektrizitätsgesellschaft*
édicter [edikte] V/T verordnen
édifiant [edifjɑ̃] ADJ ⟨-ante [-ɑ̃t]⟩ erbaulich
édification [edifikasjõ] F 1 (*construction*) Errichtung *f* (*a. fig*); Erbauung *f*; Bau *m* 2 *des fidèles* Erbauung *f*; (*instruction*) Belehrung *f*
édifice [edifis] M Gebäude *n* (*a. fig*); Bauwerk *n*; Bau *m*
édifier [edifje] V/T 1 (*construire*) erbauen; errichten; erstellen 2 *fig empire, etc* errichten; schaffen; *théorie* aufstellen 3 *fidèles* erbauen 4 *iron* (*instruire*) belehren; aufklären
édit (! Endung) [edi] M HIST Edikt *n*
éditer [edite] V/T herausgeben; verlegen; herausbringen (*a. disque*)
éditeur [editœʀ], **éditrice** [-tʀis] 1 *m,f* Verleger(in) *m(f)*; Herausgeber(in) *m(f)*; Verlag *m* 2 *m* INFORM Editor *m*
édition [edisjõ] F 1 *œuvre* Ausgabe *f*; Edition *f*; *action* Herausgabe *f* (*a. de disques*); *d'un journal* **~ spéciale** Extrablatt *n*; Sonderausgabe *f*; **maison** *f* **d'~** Verlag *m*; **les ~s X** der Verlag X; **travailler dans l'~** im Verlagswesen tätig sein 2 (*tirage*) Auflage *f*; **nouvelle ~** Neuauflage *f* (*a. fig*)
éditorial [editɔʀjal] M ⟨-aux [-o]⟩ Leitartikel *m*
éditorialiste [-ist] M Leitartikler *m*
édredon [edʀədõ] M Daunendecke *f*; Federbett *n*; Plumeau *n*
éducable [edykabl] ADJ erziehungsfähig; erziehbar
éducateur [edykatœʀ], **éducatrice** [-tʀis] A M,F Erzieher(in) *m(f)* B ADJ erzieherisch
éducatif [edykatif] ADJ ⟨-ive [-iv]⟩ erzieherisch; pädagogisch (wertvoll); Lern…
éducation [edykasjõ] F 1 Erziehung *f*; Bildung *f*; **éducation physique** Sportunterricht *m*; Turnen *n*; Leibeserziehung *f*; **éducation sexuelle** Sexualerziehung *f*, -kunde *f*; **ministère** *m* **de l'Éducation nationale** Erziehungs-, Kultusministerium *n*; **avoir de l'éducation** gut erzogen sein; **ne pas avoir d'éducation** kein (gutes) Benehmen, keine Bildung haben; schlecht erzogen sein 2 *d'une faculté* Schulung *f*; Ausbildung *f*
édulcorant [edylkɔʀɑ̃] M Süßstoff *m* **édulcorer** [-e] V/T mildern; abschwächen
éduquer [edyke] V/T erziehen; bilden
effaçable [efasabl] ADJ (aus)löschbar
effacé [efase] ADJ ⟨~e⟩ *personne* unauffällig; unscheinbar
effacement [efasmɑ̃] M 1 *d'un enregistrement* Löschung *f* 2 *d'une personne* (bescheidene) Zurückhaltung
effacer [efase] ⟨-ç-⟩ A V/T 1 *chose écrite* (aus)löschen; aus-, wegwischen; *tableau* abwischen; (*gommer*) aus-, wegradieren; *traces* verwischen; *enregistrement* löschen 2 *fig souvenir* (aus)löschen 3 *épaules* zurücknehmen B V/PR **s'~** 1 (*disparaître*) verblassen (*a. fig souvenir*) 2 *personne* zur Seite treten; *fig* zurückstehen (**devant qn**

hinter j-m); sich (bescheiden) zurückhalten
effaceur [efasœʀ] M Tintenkiller *m*
effarant [efaʀɑ̃] ADJ ⟨-ante [-ɑ̃t]⟩ erschreckend; bestürzend; *prix* horrend
effaré [efaʀe] ADJ ⟨~e⟩ fassungslos; bestürzt **effarement** [-mɑ̃] M Bestürzung *f*; Betroffenheit *f* **effarer** [-e] V/T bestürzen
effarouchement [efaʀuʃmɑ̃] M Verschüchterung *f*
effaroucher [efaʀuʃe] V/T 1 *animal* verscheuchen 2 *fig* ein-, verschüchtern; erschrecken
effectif [efɛktif] A ADJ ⟨-ive [-iv]⟩ wirklich; tatsächlich (vorhanden); effektiv B M *ou* **~s** PL Personalbestand *m*; *d'une classe* Stärke *f*; MIL Truppenstärke *f*
effectivement [efɛktivmɑ̃] ADV tatsächlich; in der Tat
effectuer [efɛktɥe] A V/T aus-, durchführen; vornehmen; *paiements* leisten; *achats* tätigen B V/PR **s'~** erfolgen; sich vollziehen; vor sich gehen
efféminé [efemine] ADJ ⟨~e⟩ *péj* weibisch; unmännlich; weichlich
effervescence [efɛʀvesɑ̃s] F 1 CHIM Aufbrausen *n*, -wallen *n* 2 *fig* **en ~** in Aufruhr, Wallung
effervescent [efɛʀvesɑ̃] ADJ ⟨-ente [-ɑ̃t]⟩ Brause...; **comprimé ~** Brausetablette *f*
effet (! Endung) [efɛ] M 1 Wirkung *f*; Effekt *m*; **~ de serre** Treibhauseffekt *m*; **à cet ~** zu diesem Zweck; **en ~** (*car*) nämlich; (*effectivement*) in der Tat; allerdings; **sans ~** wirkungslos; **sous l'~ de** unter der Wirkung von (*ou + gén*); **avoir pour ~** zur Folge haben; **faire l'~ de** den Eindruck (*+ gén*) machen; wirken wie; *médicament* **faire son ~** s-e Wirkung tun; wirken; **faire (un) bon, mauvais ~** e-n guten, schlechten Eindruck machen (**sur** auf *+ acc*); **faire de l'~** wirken (**à qn** auf j-n); beeindrucken (j-n); JUR **prendre ~** in Kraft treten; wirksam werden 2 COMM Wertpapier *n*; Wechsel *m*
effeuillage [efœjaʒ] M 1 AGR Abblatten *n*; Entlauben *n* 2 *fig* Striptease *m ou n*
effeuiller [efœje] V/T entblättern; *fleur* die Blütenblätter auszupfen (*+ gén*)
effeuilleuse [efœjøz] F *fam* Stripperin *f*
efficace [efikas] ADJ wirksam; effektiv; effizient; *aide* tatkräftig; *personne* (leistungs)fähig; tüchtig **efficacement** [-mɑ̃] ADV wirksam; wirkungsvoll; *aider* tatkräftig; *intervenir* erfolgreich **efficacité** [-ite] F Wirksamkeit *f*; Effektivität *f*; (*rendement*) Effizienz *f*; *d'une personne* (Leistungs)Fähigkeit *f*; Tüchtigkeit *f*
efficience [efisjɑ̃s] F Effizienz *f* **efficient** [-ɑ̃] ADJ ⟨-ente [-ɑ̃t]⟩ effizient
effigie [efiʒi] F Bild(nis) *n*; *sur une monnaie* Kopfbild(nis) *n*; *pièce* **à l'~ de** mit dem Bildnis (*+gén*)
effilé [efile] ADJ ⟨~e⟩ schmal; dünn; spitz (zulaufend)
effiler [efile] A V/T *bord d'un tissu* Fäden auszupfen, ausziehen (**qc** aus etw); *cheveux* effilieren; gleichmäßig ausdünnen B V/PR **s'~** 1 *tissu* (aus)fransen; *fil de laine* sich auflösen; sich spalten 2 *objet* spitz zulaufen; sich verjüngen
effilocher [efilɔʃe] V/PR **s'~** ausfasern; ausfransen
efflanqué [eflɑ̃ke] ADJ ⟨~e⟩ dürr; mager; ausgemergelt
effleurage [eflœʀaʒ] M MÉD Streichmassage *f* **effleurement** [-mɑ̃] M Streifen *n*; leichte Berührung
effleurer [eflœʀe] V/T 1 streifen (*a. fig problème*); flüchtig berühren 2 *idée* **~ qn** j-m in den Sinn kommen
effluent [eflyɑ̃] M **~ urbain** städtische Abwässer *npl*
effluves [eflyv] MPL Duft *m*; Düfte *mpl*
effondrement [efɔ̃dʀəmɑ̃] M 1 (*écroulement*) Einsturz *m* 2 *fig* Zusammenbruch *m*; **~ des prix** Preissturz *m*, -einbruch *m* 3 GÉOL (Ein)Bruch *m*
effondrer [efɔ̃dʀe] V/PR **s'~** 1 einstürzen; *pont, tribune a.* zusammenbrechen; *maison a.* einfallen 2 *fig empire, prix* zusammenbrechen; (rasch) zerfallen; *espoirs* sich zerschlagen 3 *fig personne* zusammenbrechen; **effondré** gebrochen; völlig niedergeschlagen
efforcer [efɔʀse] V/PR ⟨-ç-⟩ **s'~** sich bemühen, sich anstrengen (**de** *+ inf* zu *+ inf*)
effort [efɔʀ] M 1 Anstrengung *f*; Bemühung *f*; Mühe *f*; Anspannung *f*; **sans ~** mühelos; **être un partisan du moindre ~** sich (*dat*) kein Bein ausreißen; den Weg des geringsten Widerstandes gehen; **faire un ~** sich anstrengen; es versuchen; *fam financier* große Summen (aus)geben; **faire un ~ sur soi-même** sich zusammennehmen, *fam* -reißen 2 TECH Beanspruchung *f*
effraction [efʀaksjɔ̃] F Einbruch *m*; **vol** *m* **avec ~** Einbruch(s)diebstahl *m*
effraie [efʀɛ] F Schleiereule *f*
effranger [efʀɑ̃ʒe] V/T ⟨-ge-⟩ ausfransen
effrayant [efʀɛjɑ̃] ADJ ⟨-ante [-ɑ̃t]⟩ schrecklich (*a. fam chaleur, etc*); erschreckend
effrayer [efʀeje] ⟨-ay- *od* -ai-⟩ A V/T erschrecken B V/PR **s'~** (sich) erschrecken
effréné [efʀene] ADJ ⟨~e⟩ zügellos; hemmungslos; wild; unbändig
effritement [efʀitmɑ̃] M 1 *des roches* Verwitterung *f*; Ab-, Zerbröckeln *n* 2 *fig* Zerfall *m*; Auflösung *f*; *des cours de la Bourse* Abbröckeln *n*
effriter [efʀite] V/PR **s'~** 1 zerbröckeln; *roche a.*

verwittern **2** *fig* zerfallen; sich auflösen; *cours* abbröckeln

effroi [efʀwa] *st/s* M Entsetzen *n*

effronté [efʀõte] ADJ ⟨~e⟩ frech; unverschämt; unverfroren; dreist

effronterie [efʀõtʀi] F Frechheit *f*; Dreistigkeit *f*; Unverschämtheit *f*

effroyable [efʀwajabl] ADJ entsetzlich; fürchterlich; grauenhaft

effroyablement [efʀwajabləmɑ̃] ADV → effroyable

effusion [efyzjõ] F **1** **~ de sang** Blutvergießen *n* **2** (Gefühls)Überschwang *m*; **avec ~** überschwänglich

égailler [egaje] V/PR **s'~** sich zerstreuen

égal [egal] **A** ADJ ⟨~e; -aux [-o]⟩ **1** gleich; **à parts ~es** zu gleichen Teilen; **être ~ à qc** e-r Sache *(dat)* gleich sein; **tous les citoyens sont égaux devant la loi** alle Bürger sind vor dem Gesetz gleich; **être égaux en droits** gleichberechtigt sein **2** *(constant)* gleichmäßig; *humeur* gleichbleibend; **il est toujours ~ à lui-même** er bleibt sich *(dat)* immer gleich **3** *terrain* flach; eben **4** *(indifférent)* gleich(gültig); egal; **cela m'est ~** das ist mir gleich(gültig), egal, einerlei **5** GÉOMÉTRIE deckungsgleich; kongruent **B** SUBST ⟨*mpl* -aux [-o]⟩ **être l'~ de qn** j-m gleich, ebenbürtig sein; **à l'~ de** (❗ unveränderlich) ebenso (sehr) wie; **il n'a pas son ~ pour** (+ *inf*) keiner kann so (gut) (+ *inf*) wie er; **traiter qn d'~ à ~** (❗ unveränderlich) j-n wie seinesgleichen behandeln; **sans ~** ohnegleichen; **être sans ~** nicht seinesgleichen haben

égalable [egalabl] ADJ **difficilement ~** dem *ou* der schwer gleichzukommen ist

également [egalmɑ̃] ADV **1** *(d'une manière égale)* gleichermaßen; in gleicher Weise **2** *(aussi)* ebenfalls; gleichfalls

égaler [egale] V/T **1** **~ qc, qn** e-r Sache, j-m gleichkommen **2** MATH **3 plus 3 égale(nt) 6** 3 und *ou* plus 3 ist 6 **3** *record* einstellen; egalisieren

égalisateur [egalizatœʀ] ADJ ⟨-trice [-tʀis]⟩ ausgleichend; Ausgleichs... **égalisation** [-sjõ] F Ausgleich *m* (*a.* SPORTS); Angleichung *f*

égaliser [egalize] **A** V/T ausgleichen; (einander) angleichen; *sol* (ein)ebnen; *cheveux* gleich lang schneiden **B** V/I SPORTS ausgleichen; den Ausgleich erzielen; egalisieren

égalitaire [egalitɛʀ] ADJ egalitär

égalitarisme [egalitaʀism] M Egalitarismus *m*

égalité [egalite] F **1** Gleichheit *f*; **~ des chances** Chancengleichheit *f*; **~ des droits** Gleichberechtigung *f*; SPORTS **être à ~** gleichstehen; punktgleich stehen; **être sur un pied d'~ avec qn** j-m gleich, ebenbürtig sein **2** *(constance)* Gleichmäßigkeit *f*; **~ d'humeur** Ausgeglichenheit *f* **3** TENNIS Einstand *m* **4** GÉOMÉTRIE Deckungsgleichheit *f*; Kongruenz *f*

égard [egaʀ] M **1** **~s** *pl* Rücksicht(nahme) *f*; Aufmerksamkeit *f* **2** **à cet ~** in dieser Hinsicht, Beziehung; diesbezüglich; **à tous ~s** in jeder Hinsicht, Beziehung; **à l'~ de** gegenüber (**qn** j-m); zu (**qn** j-m); **eu ~ à** im Hinblick auf (+ *acc*); mit Rücksicht auf (+ *acc*); in Anbetracht (+ *gén*); **par ~ pour** mit Rücksicht auf (+ *acc*)

égaré [egaʀe] ADJ ⟨~e⟩ **1** *(perdu)* verirrt **2** *(fou)* verwirrt; verstört; irr(e)

égarement [egaʀmɑ̃] M **1** *litt* **~s** *pl* Verirrungen *fpl* **2** *(folie)* geistige Verwirrung, Umnachtung

égarer [egaʀe] **A** V/T **1** *objets* verlegen; *personne* irreführen (*a. fig*) **2** *esprit* verwirren; trüben **B** V/PR **s'~** **1** *personnes* sich verirren; sich verlaufen (*a. animal*); *en voiture* sich verfahren; *objets* abhandenkommen **2** *orateur* vom Thema abkommen

égayer [egeje] V/T ⟨-ay- *od* -ai-⟩ **1** *public* erheitern **2** *lieu* freundlich gestalten; beleben; *récit* auflockern

Égée [eʒe] **la mer ~** das Ägäische Meer; die Ägäis

égérie [eʒeʀi] F Muse *f (fig)*

égide [eʒid] F **sous l'~ de** unter der Ägide, Schirmherrschaft von (*ou* + *gén*)

églantier [eglɑ̃tje] M wilder Rosenstrauch **églantine** [-in] F Heckenrose *f*

églefin [egləfɛ̃] M Schellfisch *m*

église [egliz] F **1** *édifice* Kirche *f*; **se marier à l'~** sich kirchlich trauen lassen **2** *institution* **Église** Kirche *f*; **l'Église catholique, l'Église protestante** die katholische, die protestantische *ou en Allemagne plutôt* evangelische Kirche

ego [ego] M (❗ unveränderlich) Ego *n*; Ich *n*

égocentrique [egɔsɑ̃tʀik] ADJ egozentrisch; ichbezogen **égocentrisme** [-ism] M Egozentrik *f*; Ichbezogenheit *f*

égoïsme [egɔism] M Egoismus *m*; Selbstsucht *f*

égoïste [egɔist] **A** ADJ egoistisch; selbstsüchtig **B** M/F Egoist(in) *m(f)*

égorger [egɔʀʒe] V/T ⟨-ge-⟩ **~ qn** j-m die Kehle durchschneiden

égosiller [egozije] V/PR **s'~** sich heiser schreien

égout [egu] M (Abwasser)Kanal *m*; **~s** *pl* Kanalisation *f*

égoutier [egutje] M Kanalreiniger *m*, -räumer *m*

égoutter [egute] **A** V/T abtropfen lassen **B** V/PR **s'~** abtropfen **égouttoir** [-waʀ] M Abtropfgestell *n*

égratigner [egʀatiɲe] **A** VT **1** *peau* zer-, aufkratzen; aufritzen; *meuble* zerkratzen **2** *fig (critiquer)* aufs Korn nehmen **B** V/PR **s'~** sich auf-, zerkratzen
égratignure [egʀatiɲyʀ] F Kratzwunde *f*; Kratzer *m*; Schramme *f*
égrener [egʀəne] ⟨-è-⟩ **A** VT **1** *épi* entkörnen; *raisins, groseilles* abbeeren **2** *fig* **~ son chapelet** den Rosenkranz herbeten **B** V/PR **s'~** **1** *blé* ausfallen **2** *fig notes* hintereinander ertönen
égrillard [egʀijaʀ] ADJ ⟨-arde [-aʀd]⟩ frech; gewagt; schlüpfrig
Égypte [eʒipt] **l'~** F Ägypten *n*
égyptien [eʒipsjɛ̃] **A** ADJ ⟨-ienne [-jɛn]⟩ ägyptisch **B** **1** **Égyptien(ne)** *m(f)* Ägypter(in) *m(f)* **2** LING **l'~** *m* das Ägyptische; Ägyptisch *n*
égyptologie [eʒiptɔlɔʒi] F Ägyptologie *f* **égyptologue** [-lɔg] M/F Ägyptologe *m*, -login *f*
eh [e] INT *appel* he!; heda!; hallo!; *étonnement* ach!; ah!; **eh bien!** nun!; na!
éhonté [eõte] ADJ ⟨~e⟩ schamlos; unverschämt

La tour Eiffel

Der Eiffelturm, auf Französisch **la tour Eiffel** [ɛfɛl], ist das Wahrzeichen von Paris. Er wurde nach einem Entwurf des Ingenieurs **Gustave Eiffel** für die Weltausstellung 1889 in Paris errichtet. Die drei Plattformen des 320 m hohen Turms sind täglich für die Besucher geöffnet.
Lohnenswert ist übrigens auch der Besuch des 210 m hohen **tour Montparnasse**. In dem am Bahnhof **Montparnasse** gelegenen Büro- und Geschäftshaus gibt es eine Aussichtsplattform und ein Panoramarestaurant, von denen man ebenfalls einen schönen Blick über Paris hat.

LANDESKUNDE

éjaculation [eʒakylasjõ] F Ejakulation *f*; Samenerguss *m* **éjaculer** [-e] VI ejakulieren
éjectable [eʒɛktabl] ADJ **siège** *m* **~** Schleudersitz *m*
éjecter [eʒɛkte] VT **1** auswerfen; ausstoßen; **être éjecté (de la voiture)** (aus dem Auto) herausgeschleudert werden **2** *fam fig* **~ qn** j-n hinauswerfen, *fam* rausschmeißen
éjection [eʒɛksjõ] F TECH Ausstoß(en) *m(n)*; Auswerfen *n*; *d'un pilote* Herausschleudern *n*
élaboration [elabɔʀasjõ] F **1** Ausarbeitung *f* **2** BIOL Bildung *f*
élaborer [elabɔʀe] VT **1** *projet, etc* ausarbeiten; erarbeiten; erstellen **2** BIOL *bile, etc* bilden
élagage [elagaʒ] M **1** *d'arbres* Auslichten *n*, -schneiden *n* **2** *fig* Kürzung *f*; Streichung *f*
élaguer [elage] VT **1** *arbre* ausschneiden; auslichten **2** *fig texte* kürzen
élan¹ [elɑ̃] M **1** Schwung *m*; SPORTS Anlauf *m*; **prendre son ~** (e-n) Anlauf nehmen *ou* Schwung holen **2** *fig* Schwung *m*; Elan *m*; **~ de générosité** Anwandlung *f* von Großzügigkeit
élan² M ZOOL Elch *m*
élancé [elɑ̃se] ADJ ⟨~e⟩ schlank; hoch aufgeschossen
élancement [elɑ̃smɑ̃] M stechender Schmerz
élancer [elɑ̃se] ⟨-ç-⟩ **A** VI MÉD heftig stechen **B** V/PR **s'~** sich stürzen (**sur** auf + *acc*); los-, hervorstürzen
élargir [elaʀʒiʀ] **A** VT **1** *rue* verbreitern; *ouverture* erweitern **2** *fig* erweitern; *débat* ausweiten **B** V/PR **s'~** *fleuve, rue* sich verbreitern; *vêtements* sich ausweiten; weiter werden
élargissement [elaʀʒismɑ̃] M Verbreiterung *f*; Erweiterung *f (a. fig)*
élasticité [elastisite] F Elastizität *f (a. fig)*
élastique [elastik] **A** ADJ elastisch; dehnbar; *fig a.* flexibel; *démarche a.* federnd; geschmeidig **B** M **1** *ruban* Gummi *n*; Gummiband *n*; *dans un vêtement* Gummizug *m* **2** *tissu* Elastik *n*
élastomères [elastɔmɛʀ] MPL CHIM Elastomere *npl*; Elaste *mpl*
Elbe [ɛlb] **1** *fleuve* **l'~** *f* die Elbe **2** **l'île** *f* **d'~** Elba *n*
eldorado [ɛldɔʀado] M Eldorado *n*
électeur [elɛktœʀ] M, **électrice** [elɛktʀis] F **1** Wähler(in) *m(f)* **2** HIST **Électeur** Kurfürst *m*
élection [elɛksjõ] F **1** POL Wahl *f*; **~s municipales** Kommunalwahlen *fpl* **2** **d'~** auserwählt (*a.* REL); s-r Wahl
électoral [elɛktɔʀal] ADJ ⟨~e; -aux [-o]⟩ Wahl...; **campagne ~e** Wahlkampf *m*; **liste ~e** Wählerliste *f*; **manœuvres ~es** Wahlmanöver *npl*
électoralisme [elɛktɔʀalism] M Wahltaktik *f*, -propaganda *f* **électoraliste** [-ist] ADJ wahltaktisch
électorat [elɛktɔʀa] M Wählerschaft *f*; Wähler *mpl*; **~ de gauche** Linkswähler *mpl*
électricien [elɛktʀisjɛ̃] M Elektriker *m*; Elektroinstallateur *m*; *adjt* **ingénieur ~** Elektroingenieur *m*
électricité [elɛktʀisite] F Elektrizität *f*; elektrischer Strom; **couper l'~** den Strom abschalten; **faire installer, poser l'~** elektrische Leitungen legen lassen; *fam fig* **il y a de l'~ dans l'air** *fam* hier ist dicke Luft
électrification [elɛktʀifikasjõ] F Elektrifizierung *f* **électrifier** [-fje] VT elektrifizieren
électrique [elɛktʀik] ADJ **1** elektrisch; **appareil**

m ~ Elektrogerät *n* **2** *fig atmosphère* geladen
électriquement [elɛktʀikmɑ̃] ADV elektrisch
électrisation [elɛktʀizasjõ] F Elektrisierung *f*; Ladung *f* **électriser** [-e] V/T elektrisieren (*a. fig*)
électrocardiogramme [elɛktʀokaʀdjɔgʀam] M Elektrokardiogramm *n* (*abr* EKG)
électrochoc [elɛktʀoʃɔk] M Elektroschock *m*
électrocuté [elɛktʀɔkyte] M Starkstromverletzte(r) *m*; j-d, der e-n (tödlichen) elektrischen Schlag bekommen hat **électrocuter** [-e] **A** V/T durch elektrischen Strom töten **B** V/PR **s'~** e-n (tödlichen) elektrischen Schlag bekommen
électrocution [elɛktʀɔkysjõ] F tödlicher elektrischer Schlag
électrode [elɛktʀɔd] F Elektrode *f*
électro-encéphalogramme [elɛktʀoɑ̃sefalɔgʀam] M Elektroenzephalogramm *n*
électrogène [elɛktʀɔʒɛn] ADJ Strom erzeugend; **groupe** *m* ~ Stromaggregat *n*
électrolyse [elɛktʀɔliz] F Elektrolyse *f* **électrolyte** [-lit] M Elektrolyt *m* **électromagnétique** ADJ elektromagnetisch **électromagnétisme** M Elektromagnetismus *m*
électromécanicien [elɛktʀɔmekanisjɛ̃] M Elektromechaniker *m* **électromécanique** [-ik] **A** F Elektromechanik *f* **B** ADJ elektromechanisch
électroménager [elɛktʀomenaʒe] ADJ **appareils** *mpl* **~s** elektrische Haushaltsgeräte *npl*
électromoteur [elɛktʀɔmɔtœʀ] ADJ ⟨-trice [-tʀis]⟩ elektromotorisch
électron [elɛktʀõ] M Elektron *n*
électronicien [elɛktʀɔnisjɛ̃] M, **électronicienne** [-jɛn] F Elektroniker(in) *m(f)*
électronique [elɛktʀɔnik] **A** ADJ elektronisch; Elektronen...; **adresse** *f* ~ E-Mail-Adresse *f*; **commerce** *m* ~ Electronic Commerce *m* **B** F Elektronik *f*
électrophone [elɛktʀɔfɔn] M Plattenspieler *m*
électrostatique [elɛktʀostatik] **A** ADJ elektrostatisch **B** F Elektrostatik *f*
électrotechnicien [elɛktʀotɛknisjɛ̃] M Elektrotechniker *m* **électrotechnique** [-ik] **A** ADJ elektrotechnisch **B** F Elektrotechnik *f*
élégamment [elegamɑ̃] ADV elegant
élégance [elegɑ̃s] F **1** Eleganz *f* **2** *par ext* Takt *m*
élégant [elegɑ̃] ADJ ⟨-ante [-ɑ̃t]⟩ **1** elegant **2** *par ext* **un procédé peu ~** ein nicht sehr korrektes Verfahren
élégie [eleʒi] F Elegie *f*
élément [elemɑ̃] M **1** Element *n* (*a.* CHIM); Teil *m ou n*; Bestandteil *m*; Einzelteil *n*; (*détail*) Einzelheit *f*; *d'un meuble* Anbauteil *m ou n* **2** **~s** *pl* (*rudiments*) Elemente *npl*; Grundzüge *mpl*; Anfangsgründe *mpl* **3** **~s** *pl* (*individus*) Elemente *npl* (*souvent péj*); Kräfte *fpl* **4** **~s** *pl* (*forces naturelles*) Elemente *npl*; Naturgewalten *fpl* **5** (*milieu*) (Lebens)-Element *n*; **être dans son ~** in s-m Element sein
élémentaire [elemɑ̃tɛʀ] ADJ elementar; grundlegend; Elementar...; Grund...; Anfangs...; **précaution** *f* ~ einfach(st)e Vorsichtsmaßnahme
éléphant [elefɑ̃] M Elefant *m*; *fig* **avoir une mémoire d'~** ein phänomenales Gedächtnis haben
éléphanteau [elefɑ̃to] M ⟨~x⟩ junger Elefant
éléphantesque [-ɛsk] ADJ ungeheuer; riesig; mächtig
élevage [elvaʒ] M (Auf)Zucht *f*; Züchtung *f*; *abs* Viehzucht *f*; **~ industriel** Massentierhaltung *f*; **~ en batterie** Batteriehaltung *f*
élévateur [elevatœʀ] ADJ ⟨-trice [-tʀis]⟩ Hebe...; **chariot ~** Gabelstapler *m*
élévation [elevasjõ] F **1** *mouvement* (An)Heben *n* **2** *fig de l'âme, à un rang* Erhebung *f* (**à** in + *acc*) **3** *de la température, etc* Erhöhung *f*; Anstieg *m* **4** *de terrain* (Boden)Erhebung *f*; Anhöhe *f* **5** (*noblesse*) Erhabenheit *f*
élève [elɛv] M/F Schüler(in) *m(f)*
élevé [elve] ADJ ⟨~e⟩ **1** (*haut*) hoch **2** (*noble*) erhaben; edel **3** **bien ~** wohlerzogen; gut erzogen; **mal ~** schlecht erzogen; ungezogen
élever [elve] ⟨-è-⟩ **A** V/T **1** *mur, monument* errichten **2** *température, niveau* erhöhen; anheben; heraufsetzen **3** *protestation, objection* erheben; **~ la voix** die Stimme heben; *fig* die Stimme erheben (**contre** gegen) **4** *enfant, animal* groß-, aufziehen; *animaux* züchten; (*éduquer*) erziehen **B** V/PR **s'~** **1** *avion* (auf)steigen; *température* (an)steigen; *édifice, etc* sich erheben; aufragen **2** *voix, dispute* sich erheben **3** *facture* **s'~ à** betragen; sich belaufen auf (+ *acc*) **4** *personne à un rang supérieur* hochkommen; vorwärtskommen; **s'~ au-dessus de qc** sich über etw (*acc*) erheben; über etw (*acc*) hinauswachsen; **s'~ contre** protestieren, sich wenden gegen
éleveur [elvœʀ] M, **éleveuse** [-øz] F Züchter(in) *m(f)*
elfe [ɛlf] M Elf(e) *m(f)*
élider [elide] V/T *voyelle* ausstoßen; elidieren; *adjt* **article élidé** bestimmter Artikel mit elidiertem e *bzw.* a
éligibilité [eliʒibilite] F Wählbarkeit *f*; passives Wahlrecht **éligible** [-l] ADJ wählbar
élimé [elime] ADJ ⟨~e⟩ durchgescheuert; abgewetzt
élimination [eliminasjõ] F **1** Ausschaltung *f*; Beseitigung *f*; Eliminierung *f*; *dans un concours*

E

Ausscheiden *n*; Ausschluss *m*; **~ des déchets** (Abfall)Entsorgung *f*; **procéder par ~** nach dem Ausschlussprinzip vorgehen **2** BIOL Ausscheidung *f*

éliminatoire [eliminatwaʀ] **A** ADJ *note* den Ausschluss bedingend; SPORTS Ausscheidungs... **B** **~s** FPL Ausscheidungs(wett)kämpfe *mpl*

E

éliminer [elimine] V/T **1** ausschalten (*a. concurrent*); ausschließen (*a. candidat*); eliminieren (*a.* MATH); *obstacle* beseitigen; *déchets* entsorgen; **être éliminé** ausscheiden (müssen) **2** BIOL ausscheiden

élire [eliʀ] V/T ⟨→ lire⟩ wählen; **~ qn président** j-n zum Präsidenten wählen

élision [elizjõ] F *d'une voyelle* Elision *f*

élite [elit] F Elite *f*; **tireur** *m* **d'~** Scharfschütze *m*

élitisme [elitism] M elitäres System; **faire de l'~** e-e elitäre Politik betreiben

élitiste [elitist] ADJ elitär

élixir [eliksiʀ] M Elixier *n*

elle [ɛl] PR PERS ⟨*pl* elles⟩ **1** sie (*sg et pl*); **~(s) arrive(nt)** sie kommt (sie kommen); **~ et sa sœur** sie und ihre Schwester **2** *avec prép* sie (*acc sg et pl*); ihr (*dat sg*); ihnen (*dat pl*); *réfléchi* sich; **pour ~(s)** für sie; **avec ~(s)** mit ihr (mit ihnen); **~ ne pense qu'à ~** sie denkt nur an sich (*acc*) **3** *fam* (*histoire, fait*) **~ est bien bonne!** das ist ja gut!

elle-même [ɛlmɛm] PR PERS ⟨*pl* elles-mêmes⟩ **1** *emphatique* (sie) selbst **2** *réfléchi* sich selbst

elles [ɛl] PR PERS → elle

ellipse [elips] F Ellipse *f*

elliptique [eliptik] ADJ elliptisch; *phrase a.* unvollständig

élocution [elɔkysjõ] F Sprech-, Redeweise *f*; **défaut d'~** Sprachfehler *m*

éloge [elɔʒ] M **1** Lob *n*; **faire l'~ de qc, qn** etw, j-n (sehr) loben **2** *discours* Lobrede *f*

élogieux [elɔʒjø] ADJ ⟨-euse [-øz]⟩ lobend; anerkennend; **en termes ~** mit lobenden Worten

éloigné [elwaɲe] ADJ ⟨~e⟩ **1** fern; (weit) entfernt (**de** von); *époque* weit zurückliegend **2** *parent* entfernt; weitläufig

éloignement [elwaɲmã] M Entfernung *f* (*a. action*); *dans le temps* Distanz *f*

éloigner [elwaɲe] **A** V/T **1** entfernen (**de** von); *objet a.* wegrücken, (weiter) wegstellen (**de** von); *danger, échéance* hinausschieben **2** *fig personne* entfremden (**de** *dat*); entfernen, abbringen (von) **B** V/PR **s'~** **1** sich entfernen (**de** von) **2** *fig* **s'~ de qn** sich j-m entfremden

élongation [elõgasjõ] F Zerrung *f*; Überdehnung *f*

éloquemment [elɔkamã] ADV → éloquent

éloquence [elɔkãs] F Beredsamkeit *f*; Redegabe *f*; Beredtheit *f* (*a. fig*); Eloquenz *f*

éloquent [elɔkã] ADJ ⟨-ente [-ãt]⟩ **1** beredt; rede-, wortgewandt; eloquent **2** *fig regard, silence* beredt; vielsagend; *chiffre* **être ~** für sich sprechen

élu [ely] **A** PP → élire *et* ADJ ⟨~e⟩ **1** POL gewählt **2** REL auserwählt **B** SUBST **1** POL **les ~s** *mpl* die gewählten Vertreter *mpl* **2** *fig* **~(e)** *m(f)* Auserwählte(r) *m/f(m)*

élucidation [elysidasjõ] F Aufklärung *f*; Erhellung *f* **élucider** [-e] V/T aufklären; Licht bringen in (*+ acc*)

élucubrations [elykybʀasjõ] FPL *péj* Hirngespinste *npl*

éluder [elyde] V/T (geschickt) ausweichen (*+ dat*)

Élysée [elize] M **l'~** POL das Elysee

élyséen [elizeɛ̃] ADJ ⟨-enne [-ɛn]⟩ **1** MYTH elysäisch; elysisch **2** POL des Elysees; des Elyseepalastes

émacié [emasje] ADJ ⟨~e⟩ abgezehrt

e-mail [imɛl] M ⟨e-mails⟩ INFORM E-Mail *f*; *adjt* **adresse** *f* **~** E-Mail-Adresse *f*; **par, via ~** per E-Mail; **envoyer un ~ à qn** j-m e-e E-Mail schicken; j-m mailen

émail [emaj] M ⟨émaux [emo]⟩ **1** Email *n*; **en ~** Email... **2** *bijou* Emailschmuck *m* **3** ANAT Zahnschmelz *m*

émaillage [emajaʒ] M **1** *action* Emaillieren *n*; CÉRAMIQUE Glasieren *n* **2** *résultat* Emaillierung *f*; CÉRAMIQUE Glasur *f*

émaillé [emaje] ADJ ⟨~e⟩ **1** TECH emailliert **2** *fig* **~ de** (aus)geschmückt, *iron* gespickt mit

émailler [emaje] V/T emaillieren; *céramique, porcelaine* glasieren

émanation [emanasjõ] F **1** (*odeur*) Ausdünstung *f*; *de gaz* Ausströmen *n* **2** *fig* Auswirkung *f*; Ausdruck *m*

émancipateur [emãsipatœʀ] ADJ ⟨-trice [-tʀis]⟩ emanzipatorisch; Emanzipations...

émancipation [emãsipasjõ] F **1** Emanzipation *f*; Befreiung *f*; Gleichberechtigung *f*; **~ des femmes** Emanzipation, Gleichberechtigung der Frauen **2** JUR Mündigsprechung *f*

émanciper [emãsipe] **A** V/T **1** emanzipieren; befreien; (rechtlich) gleichstellen **2** JUR für mündig erklären **B** V/PR **s'~** sich emanzipieren; unabhängig, selbstständig werden

émaner [emane] V/I **1** *gaz, etc* ausströmen (**de** aus) **2** *fig* ausgehen (**de** von)

émargement [emaʀʒəmã] M Abzeichnung *f*; Unterschreiben *n*

émarger [emaʀʒe] V/T ⟨-ge-⟩ (auf dem Rand) abzeichnen

émasculation [emaskylasjõ] F Entmannung *f*

émasculer [-e] VT entmannen
emballage [ɑ̃balaʒ] M Verpackung *f*
emballé [ɑ̃bale] ADJ ⟨~e⟩ 1 *cheval* scheu, wild geworden; scheuend 2 *fam spectateur* **être ~** hingerissen sein; *fam* (ganz) hin, weg sein
emballement [ɑ̃balmɑ̃] M 1 *(enthousiasme)* (vorschnelle) Begeisterung (**pour** für) 2 *d'un moteur* Aufheulen *n*; Durchgehen *n*
emballer [ɑ̃bale] A VT 1 *objets* ein-, verpacken 2 *moteur* aufheulen lassen; hochjagen 3 *fam (enthousiasmer)* mitreißen; begeistern; **ça m'emballe pas** *fam* das reißt mich nicht vom Hocker 4 *fam* **~ une fille** *fam* ein Mädchen herumkriegen B VPR **s'~** 1 *cheval* scheuen; durchgehen 2 *moteur* aufheulen; durchgehen 3 *fam (s'enthousiasmer)* sich rasch begeistern; gleich Feuer und Flamme sein; *(s'emporter) fam* hochgehen
embarcadère [ɑ̃baʀkadɛʀ] M Landungsbrücke *f*, -steg *m*; Pier *m ou f*; Anlegestelle *f*
embarcation [ɑ̃baʀkasjõ] F (kleines) Boot; Wasserfahrzeug *n*
embardée [ɑ̃baʀde] F **faire une ~** plötzlich ausscheren; *fam* e-n Schlenker machen
embargo [ɑ̃baʀgo] M Embargo *n*; **lever l'~** das Embargo aufheben; **mettre l'~ sur** ein Embargo verhängen über (+ *acc*)
embarquement [ɑ̃baʀkəmɑ̃] M Anbordgehen *n*; Einsteigen *n*; MAR *a.* Einschiffung *f*; Verschiffung *f*; **~ clandestin** unerlaubte, heimliche Einschiffung
embarquer [ɑ̃baʀke] A VT 1 an Bord nehmen; MAR *a.* einschiffen; *marchandises a.* verschiffen; *dans tous véhicules* ver-, einladen 2 *fam (voler) fam* mitgehen lassen 3 *fam police* **~ qn** j-n festnehmen, *fam* einlochen 4 *fam qn dans une affaire* verwickeln, hineinziehen (in + *acc*) B VI *et* VPR 1 *passagers* **(s')~** an Bord gehen 2 *fam fig* **s'~ dans** sich einlassen in *ou* auf (+ *acc*)
embarras [ɑ̃baʀa] M 1 *(situation difficile)* unangenehme, schwierige Lage; **être dans l'~** in e-r unangenehmen *ou* schwierigen Lage sein; in e-r Notlage, in e-r Zwickmühle sein; **mettre qn dans l'~** j-n in e-e unangenehme *ou* schwierige Lage, *st/s* in Bedrängnis bringen; **tirer qn d'~** j-m aus der Verlegenheit, aus e-r Notlage, *fam* aus der Klemme helfen; *fig:* **l'~ du choix** die Qual der Wahl; **n'avoir que l'~ du choix** nur zu wählen brauchen 2 *(confusion)* Verlegenheit *f*; Verwirrung *f* 3 **~ gastrique** Magenbeschwerden *fpl*
embarrassant [ɑ̃baʀasɑ̃] ADJ ⟨-ante [-ɑ̃t]⟩ unangenehm; peinlich; unbequem; lästig
embarrassé [ɑ̃baʀase] ADJ ⟨~e⟩ verlegen; verwirrt; betreten; befangen
embarrasser [ɑ̃baʀase] A VT 1 *(gêner)* behindern; hinderlich, lästig sein (**qn** j-m) 2 *(déconcerter)* in Verlegenheit bringen 3 *(mettre dans une situation gênante)* **~ qn** j-n in e-e unangenehme Situation bringen; j-m Ungelegenheiten machen B VPR **s'~** 1 *(s'encombrer)* sich belasten (**de** mit) 2 *fig (se soucier de)* **il ne s'embarrasse pas pour si peu** das stört *ou* kümmert ihn nicht, wenig; **ne pas s'~ de scrupules** sich (*dat*) keine Skrupel machen
embauche [ɑ̃boʃ] F Ein-, Anstellung *f*
embaucher [ɑ̃boʃe] VT 1 ein-, anstellen 2 *fam fig* anstellen; einspannen
embaumement [ɑ̃bommɑ̃] M Einbalsamierung *f*
embaumer [ɑ̃bome] A VT 1 *cadavre* einbalsamieren 2 *lieu* mit s-m Duft erfüllen B VI duften (*a. iron*)
embellie [ɑ̃beli] F (Zwischen)Aufheiterung *f*
embellir [ɑ̃beliʀ] A VT schöner machen; verschönern B VI schöner werden
embellissement [ɑ̃belismɑ̃] M Verschönerung *f*; *de la réalité* Ausschmückung *f*; Beschönigung *f*
emberlificoter [ɑ̃bɛʀlifikɔte] *fam* A VT beschwatzen; einwickeln B VPR **s'~** *fam* sich verheddern (*a. fig*)
embêtant [ɑ̃bɛtɑ̃] *fam* ADJ ⟨-ante [-ɑ̃t]⟩ 1 *(contrariant)* ärgerlich; *fam* blöd 2 *(ennuyeux) film, etc* langweilig; fad; *personne* lästig
embêtement [ɑ̃bɛtmɑ̃] *fam* M Ärger *m*; **~s** *pl fam* Scherereien *fpl*
embêter [ɑ̃bete] *fam* A VT 1 *(lasser)* **~ qn** j-n langweilen; j-m lästig fallen *ou* werden; *fam* j-n anöden 2 *(contrarier)* **~ qn** j-m Ärger, *fam* Scherereien machen; j-m zu schaffen machen; j-n wurmen; **être embêté** in Verlegenheit, *fam* in der Klemme sein 3 *(irriter)* **~ qn** j-n ärgern B VPR **s'~** 1 sich langweilen; *fam* sich mopsen 2 **il ne s'embête pas** er kann sich (*dat*) alles leisten 3 **ne pas s'~ à faire qc** sich (*dat*) nicht die Mühe machen, etw zu tun; *fam* nicht so dumm *ou* blöd sein und etw tun
emblée [ɑ̃ble] ADV **d'~** auf Anhieb
emblématique [ɑ̃blematik] ADJ emblematisch; sinnbildlich
emblème [ɑ̃blɛm] M Emblem *n*; Sinnbild *n*; Wahrzeichen *n*
embobiner [ɑ̃bɔbine] VT *fam* beschwatzen; *fam* einwickeln
emboîtage [ɑ̃bwataʒ] M *d'un livre* Schuber *m*; Kassette *f*
emboîtement [ɑ̃bwatmɑ̃] M Ineinandergreifen *n*; TECH (Holz-, Metall)Verbindung *f*; Verbund *m*
emboîter [ɑ̃bwate] A VT 1 ineinanderstecken; zusammenstecken; **~ qc dans qc** etw in etw (*acc*) stecken 2 **~ le pas à qn** j-m auf

dem Fuße folgen; *fig* dem Beispiel j-s folgen **B** V/PR **s'~** ineinanderpassen, -greifen

embolie [ɑ̃bɔli] F Embolie *f*

embonpoint [ɑ̃bõpwɛ̃] M Korpulenz *f*; Körperfülle *f*; Beleibtheit *f*; **prendre de l'~** korpulent, dick, füllig werden

embouché [ɑ̃buʃe] ADJ ⟨~e⟩ *fam* **être mal ~** grob, ausfällig werden

embouchure [ɑ̃buʃyʀ] F **1** *d'un fleuve* Mündung *f* **2** MUS Mundstück *n*

l'embouchure (f) — Mündung

l'embouchure (f) — Mundstück

embourber [ɑ̃buʀbe] V/PR **s'~** **1** im Schlamm, Morast stecken bleiben **2** *fig* sich verwickeln, verstricken (**dans** in + *acc*)

embourgeoisement [ɑ̃buʀʒwazmɑ̃] M Verbürgerlichung *f*

embourgeoiser [ɑ̃buʀʒwaze] V/PR **s'~** verbürgerlichen; *péj* spießig werden

embout [ɑ̃bu] M Spitze *f*; Zwinge *f*; *d'une seringue* Aufsatz *m*

embouteillage [ɑ̃butɛjaʒ] M (Verkehrs)Stau *m*; Verstopfung *f*; **être pris dans un ~** im Stau stecken

embouteillé [ɑ̃buteje] ADJ ⟨~e⟩ *rue* verstopft; TÉL überlastet; *profession* überfüllt; überlaufen

embouteiller [ɑ̃buteje] V/T *voie de communication* verstopfen

embouti [ɑ̃buti] M TECH **1** Tiefziehteil *n ou m* **2** *d'une pompe, d'une presse* Manschette *f*; Dichtungsring *m* (aus Leder)

emboutir [ɑ̃butiʀ] **A** V/T **1** *voiture* eindrücken; zerbeulen; demolieren **2** TECH tiefziehen; kümpeln **B** V/PR **s'~ contre un camion** auf e-n Lastwagen auffahren

emboutissage [ɑ̃butisaʒ] M **1** Eindrücken *n*; Zerbeulen *n* **2** TECH Tiefziehen *n*; Kümpeln *n*

embranchement [ɑ̃bʀɑ̃ʃmɑ̃] M Abzweigung *f*; Gabelung *f*

embrasement [ɑ̃bʀazmɑ̃] M *st/s* **1** (*incendie*) *st/s* Feuersbrunst *f* **2** *fig* Glut *f*; Feuer *n*

embraser [ɑ̃bʀaze] *st/s* V/T *ciel* in (rote) Glut tauchen; *paysage* versengen

embrassades [ɑ̃bʀasad] FPL (heftige, stürmische) Begrüßungsküsse *mpl*

embrasse [ɑ̃bʀas] F Raffhalter *m*

embrassé [ɑ̃bʀase] ADJ ⟨~e⟩ *rimes* umschließend; umarmend

embrassement [ɑ̃bʀasmɑ̃] *litt* M Umarmung *f*

embrasser [ɑ̃bʀase] **A** V/T **1** küssen; umarmen (und küssen) **2** *fig* **~ une carrière** e-n Beruf ergreifen; e-e Laufbahn einschlagen **3** (*englober*) umfassen; umschließen **4** **~ du regard** überschauen, -blicken **B** V/PR **s'~** sich küssen

embrasure [ɑ̃bʀazyʀ] F Fenster- *ou* Türöffnung *f*; Laibung *f*

embrayage [ɑ̃bʀɛjaʒ] M **1** *mécanisme* Kupplung *f* **2** *action* Einkuppeln *n*

embrayer [ɑ̃bʀeje] V/I ⟨-ay- *od* -ai-⟩ **1** AUTO (ein)kuppeln; die Kupplung kommen lassen **2** *fig* anfangen, beginnen (**sur** mit)

embrigadement [ɑ̃bʀigadmɑ̃] M Einreihung *f*, Eingliederung *f* (**dans** in +*acc*); Unterstellung *f* (unter +*acc*)

embrigader [ɑ̃bʀigade] V/T einreihen; eingliedern

embringuer [ɑ̃bʀɛ̃ge] *fam* **A** V/T hineinziehen (**dans** in + *acc*) **B** V/PR **s'~ dans qc** in etw (*acc*) hineingeraten, *fam* hineinschlittern

embrocher [ɑ̃bʀɔʃe] V/T **1** an den (Brat)Spieß stecken **2** *fam* aufspießen

embrouillamini [ɑ̃bʀujamini] *fam* M Durcheinander *n*; Wirrwarr *m*

embrouille [ɑ̃bʀuj] F *fam* verworrene Geschichte

embrouillé [ɑ̃bʀuje] ADJ ⟨~e⟩ wirr; konfus; verworren

embrouiller [ɑ̃bʀuje] **A** V/T **1** verwirren, durcheinanderbringen (*a. fig qn*) **2** *fig situation, question* komplizieren **B** V/PR **s'~** sich verheddern (**dans** in + *dat*)

embroussaillé [ɑ̃bʀusaje] ADJ ⟨~e⟩ voller Gestrüpp; *cheveux* struppig

embrumer [ɑ̃bʀyme] V/T **1** in Nebel, Dunst hüllen **2** *fig alcool: cerveau* be-, vernebeln

embruns [ɑ̃bʀɛ̃, ɑ̃bʀœ̃] MPL Gischt *m ou f*; Sprühwasser *n*

embryologie [ɑ̃bʀijɔlɔʒi] F Embryologie *f*

embryologiste [-lɔʒist] M Embryologe *m*

embryon (! Endung) [ɑ̃bʀijõ] M **1** BIOL Embryo *m* **2** *fig* Ansatz *m*; Keim *m*

embryonnaire [ɑ̃bʀijɔnɛʀ] ADJ **1** BIOL embryonal **2** *fig* **au stade ~** im Ansatz vorhanden
embûches [ɑ̃byʃ] FPL Fallstricke *mpl*; Fallen *fpl*; Tücken *fpl*
embué [ɑ̃bɥe] ADJ ⟨~e⟩ *vitres* beschlagen; angelaufen; *yeux* **~s de larmes** tränenfeucht
embuer [ɑ̃bɥe] V/PR **s'~** (sich) beschlagen; anlaufen
embuscade [ɑ̃byskad] F Hinterhalt *m*
embusqué [ɑ̃byske] M MIL *et péj* Etappenhase *m*; Drückeberger *m*
embusquer [ɑ̃byske] V/PR **s'~** **1** sich in den Hinterhalt legen; **tireur embusqué** Heckenschütze *m* **2** *fig* sich drücken
éméché [emeʃe] ADJ ⟨~e⟩ *fam* beschwipst; angeheitert; *fam* angesäuselt
émeraude [emʀod] **A** F Smaragd *m* **B** ADJ **(vert) ~** (**!** unveränderlich) smaragdgrün
émergence [emɛʀʒɑ̃s] F Auftauchen *n*; Zutagetreten *n*
émergent [emɛʀʒɑ̃] ADJ ⟨-ente [-ɑ̃t]⟩ **pays ~** Schwellenland *n*
émerger [emɛʀʒe] V/I ⟨-ge-⟩ **1** auftauchen; *fig a.* zum Vorschein kommen; sich herausheben **2** *fam du sommeil* zu sich kommen
émeri [emʀi] M **papier** *m* **(d')~** Schmirgelpapier *n*
émérite [emeʀit] ADJ bedeutend; hervorragend; *(expérimenté)* erfahren
émerveillement [emɛʀvɛjmɑ̃] M Bewunderung *f*; Entzücken *n*
émerveiller [emɛʀveje] **A** V/T **~ qn** die Bewunderung j-s erregen; **émerveillé** voll(er) Bewunderung; entzückt **B** V/PR **s'~** in Entzücken geraten (**de** über + *acc*)
émetteur [emɛtœʀ] **A** M **1** RAD, TV Sender *m* **2** FIN Emittent *m* **B** ADJ ⟨-trice [-tʀis]⟩ Sende…
émettre [emɛtʀ] V/T ⟨→ mettre⟩ **1** RAD, TV senden **2** FIN ausgeben; emittieren **3** PHYS *rayons* aussenden; *lumière* ausstrahlen; *sons* von sich geben **4** *fig opinion* äußern
émeu [emø] M Emu *m*
émeute [emøt] F Aufruhr *m*; Krawall *m*; **~s** *pl* Unruhen *fpl*; **déclencher, provoquer une ~** e-n Aufruhr auslösen; *personne a.* Aufruhr stiften
émeutier [emøtje] M Aufrührer *m*
émiettement [emjɛtmɑ̃] M **1** *d'un gâteau, du pain* Zerbröckeln *n*; Zerkrümeln *n* **2** *fig* Zerstückelung *f*; Zersplitterung *f*
émietter [emjete] **A** V/T **1** *pain* zerbröckeln; zerkrümeln **2** *fig* zersplittern **B** V/PR **s'~** **1** zerbröckeln **2** *fig* abbröckeln
émigrant [emigʀɑ̃] M Auswanderer *m*
émigration [emigʀasjõ] F Auswanderung *f*; POL Emigration *f*; **pays** *m* **à forte ~** Land *n* mit e-r hohen Auswanderungsquote
émigré [emigʀe] M POL Emigrant *m*
émigrer [emigʀe] V/I **1** auswandern; POL emigrieren **2** *oiseaux* wegziehen
émincer [emɛ̃se] V/T ⟨-ç-⟩ in dünne Scheiben schneiden
éminemment [eminamɑ̃] ADV höchst
éminence [eminɑ̃s] F **1** *du terrain* Erhebung *f* **2** CATH **Éminence** Eminenz *f*; *fig* **~ grise** graue Eminenz
éminent [eminɑ̃] ADJ ⟨-ente [-ɑ̃t]⟩ bedeutend; hervorragend
émir [emiʀ] M Emir *m*
émirat [emiʀa] M Emirat *n*; **les Émirats arabes unis** die Vereinigten Arabischen Emirate *npl*
émissaire [emisɛʀ] **A** M Abgesandte(r) *m*; Emissär *m* **B** ADJ **bouc** *m* **~** Sündenbock *m*
émission [emisjõ] F **1** RAD, TV Sendung *f* **2** FIN Ausgabe *f*; Emission *f* **3** PHYS Emission *f*; Aussendung *f*; Ausstrahlung *f*
emmagasinage [ɑ̃magazinaʒ] M **1** (Ein)Lagern *n*; Speichern *n*; Lagerung *f* **2** Lagergebühr *f*, -kosten *pl* **emmagasiner** [-e] V/T **1** (ein)lagern; speichern (*a. chaleur*) **2** *fig connaissances* ansammeln
emmailloter [ɑ̃majɔte] V/T *bébé* wickeln; *doigt blessé* umwickeln; verbinden
emmancher [ɑ̃mɑ̃ʃe] V/PR *fam affaire* **s'~ bien, mal** sich gut, schlecht anlassen
emmanchure [ɑ̃mɑ̃ʃyʀ] F Ärmel-, Armausschnitt *m*
Emmaüs [emays] BIBL Emmaus *n*
emmêlement [ɑ̃mɛlmɑ̃] M **1** *action* Verwirren

Le mouvement Emmaüs – die Emmaus-Bewegung

Emmaus (**Emmaüs**) war nicht nur ein biblischer Ort bei Jerusalem, es ist auch der Name einer karitativen Organisation, die Abbé Pierre 1949 ins Leben rief, um Kriegsopfern zu helfen. Im Winter 1954 wandte sich Abbé Pierre in einem dramatischen Radio-Appell an die Zuhörer mit der Bitte, etwas für die Obdachlosen zu tun, die in dieser Nacht unter den extremen Minustemperaturen litten. Dieser Aufruf hatte einen überwältigenden Erfolg. Es war der Beginn der Emmaus-Bewegung (**le mouvement Emmaüs**). Seitdem sind viele Emmaus-Gemeinschaften (**les communautés Emmaüs**) entstanden, die vor allem die Armut bekämpfen wollen. Sie nehmen Obdachlose und Gestrandete auf, um ihnen Arbeit und eine neue Heimat zu geben. Die Gemeinschaften finanzieren sich über den Verkauf von Möbeln (aus Wohnungsauflösungen), Kleidung, Büchern usw.

LANDESKUNDE

n; Verwickeln *n* **2** *résultat* Wirrwarr *m*; Gewirr *n*

emmêler [ãmele] **A** V/T verwirren; durcheinanderbringen (*a. fig*); *fam* verwursteln; *adjt* **cheveux emmêlés** wirres Haar **B** V/PR **1** **s'~** *fils, cheveux* sich verwirren **2** *fam fig en parlant* **s'~ les pieds, les pédales, les pinceaux** ins Schwimmen, Stocken geraten; *fam* sich verheddern

E

emménagement [ãmenaʒmã] M Einzug *m* (*in e-e Wohnung*) **emménager** V/I ‹-ge-› einziehen

emmener [ãmne] V/T ‹-è-› mitnehmen; **~ qn au cinéma** mit j-m ins Kino gehen; **~ qn chez soi** j-n mit nach Hause nehmen; **~ qn en voiture** j-n im Auto mitnehmen

emmenthal [emɛ̃tal] M Emmentaler (Käse) *m*

emmerdant [ãmɛʀdã] *pop* ADJ ‹-ante [-ãt]› *pop* beschissen; *pop* saublöd; *personne* lästig; unausstehlich

emmerde [ãmɛʀd] F *pop* → emmerdement

emmerdement [ãmɛʀdəmã] *pop* M *fam* Mordsärger *m*; **~s** *pl fam* Scherereien *fpl*

emmerder [ãmɛʀde] *pop* **A** V/T **1** **~ qn** *fam* j-m zum Hals heraushängen; *pop* j-m stinken; *pop* j-n ankotzen; *personne fam* j-m auf den Wecker fallen, auf den Geist gehen **2** **je l'emmerde!** *pop* der kann mich am Arsch lecken! **3** **être emmerdé** *fam* in der Patsche, in der Tinte, *pop* in der Scheiße sitzen **B** V/PR **s'~** sich zu Tode langweilen; *fam* sich mopsen

emmerdeur [ãmɛʀdœʀ] *pop* M, **emmerdeuse** [-øz] *pop* F *fam* Nervensäge *f*

emmitoufler [ãmitufle] V/T (*et* V/PR **s'~** sich) einmummen

emmurer [ãmyʀe] V/T einmauern; *par ext* einschließen

émoi [emwa] *st/s* M Aufregung *f*; **être en ~** in (heller) Aufregung sein

émollient [emɔljã] M PHARM linderndes Mittel

émoluments [emɔlymã] MPL (Dienst)Bezüge *pl*; Vergütung *f*

émotif [emɔtif] ADJ ‹-ive [-iv]› **1** *réaction, etc* Gefühls…; affektiv **2** *personne* überempfindlich; empfindsam

émotion [emosjõ] F **1** (*sentiment*) Rührung *f*; (Gemüts)Bewegung *f*; Emotion *f*; **ne pouvoir cacher son ~** s-e Rührung nicht verbergen können; **ne ressentir aucune ~** keinerlei Rührung verspüren; nichts empfinden **2** (*affolement*) Aufregung *f*; Erregung *f*; **~s fortes** *fam* Nervenkitzel *m*; **causer une vive ~** e-e heftige Erschütterung auslösen; e-n Schock versetzen; *fam* **tu m'as donné des ~s** ich hab Ängste ausgestanden

émotionnel [emosjɔnɛl] ADJ ‹~le› Gefühls…; emotional; gefühlsmäßig

émotionner [emosjɔne] *fam* V/T (be)rühren; bewegen

émotivité [emɔtivite] F Überempfindlichkeit *f*; Empfindsamkeit *f*

émoulu [emuly] ADJ **être frais ~** ‹*f* fraîche ~e› **de** gerade, frisch kommen von

émousser [emuse] **A** V/T abstumpfen (*a. fig*); stumpf machen; **émoussé** stumpf **B** V/PR **s'~** **1** *lame, etc* stumpf werden **2** *fig* abstumpfen; nachlassen

émoustillant [emustijã] ADJ ‹-ante [-ãt]› *propos* anregend; pikant; *présence d'une femme* erregend

émoustiller [emustije] V/T anregen; in angeregte Stimmung versetzen

émouvant [emuvã] ADJ ‹-ante [-ãt]› ergreifend; bewegend; rührend

émouvoir [emuvwaʀ] ‹→ mouvoir; *aber pp* ému› **A** V/T rühren; ergreifen; bewegen **B** V/PR **s'~** sich erregen (**de** über + *acc*); gerührt sein *ou* werden; **sans s'~** ruhig; gelassen; ohne ein Zeichen der Rührung

empailler [ãpaje] V/T *animaux* ausstopfen

empaler [ãpale] **A** V/T **1** (*embrocher*) aufspießen **2** HIST pfählen **B** V/PR **s'~** aufgespießt werden

empaquetage [ãpaktaʒ] M Ein-, Verpacken *n* **empaqueter** [-e] V/T ‹-tt-› ein-, verpacken

emparer [ãpaʀe] V/PR **1** *par la force* **s'~ de qc, de qn** etw, j-n in s-e Gewalt bringen; *st/s* sich e-r Sache, j-s bemächtigen; *illégalement* **s'~ de qc** sich (*dat*) etw aneignen; etw an sich (*acc*) bringen **2** *concrètement* **s'~ de qc** etw an sich (*acc*) reißen; *fig journal* **s'~ d'une affaire** e-e Affäre aufgreifen **3** *sentiment, sommeil* **s'~ de qn** j-n überkommen, übermannen

empâté [ãpate] ADJ ‹~e› dicklich; aufgedunsen

empâtement [ãpatmã] M Dicker-, Schlaffwerden *n*

empâter [ãpate] V/PR **s'~** dicker werden; *visage* dick, teigig, schlaff werden

empattement [ãpatmã] M Radstand *m*; Achsabstand *m*

empêché [ãpeʃe] ADJ ‹~e› (am Erscheinen) verhindert

empêchement [ãpɛʃmã] M Hindernis *n*; Hinderungsgrund *m*; ADMIN **en cas d'~** im Verhinderungsfall; **il a eu un ~** er war verhindert

empêcher [ãpeʃe] **A** V/T **~ qc** etw verhindern; **~ qn de faire qc** j-n (daran) hindern, etw zu tun; j-n an etw (*dat*) hindern; j-n von etw abhalten; **~ que …** (*st/s* **ne**) (+ *subj*) verhindern, dass…; **(il) n'empêche que …** trotzdem; immerhin **B** V/PR **je ne peux pas m'~ de** (+ *inf*) ich kann nicht anders, ich muss (einfach) (+ *inf*); ich kann nicht umhin zu (+ *inf*)

empêcheur [ɑ̃pɛʃœʀ] M **~ de danser** *ou* **tourner en rond** Spielverderber *m*

empereur [ɑ̃pʀœʀ] M Kaiser *m*

empeser [ɑ̃pəze] VT ⟨-è-⟩ *linge* stärken

empester [ɑ̃pɛste] VT 1 *(empuantir)* verpesten 2 *(puer)* stinken (**qc** nach etw)

empêtrer [ɑ̃petʀe] V/PR **s'~** sich verwickeln (**dans** in + *acc*) (*a. fig*); sich verfangen (in + *dat*); *fig a.* sich verstricken (in + *acc*)

emphase [ɑ̃faz] F Emphase *f*

emphatique [ɑ̃fatik] ADJ emphatisch; *péj* hochtrabend; schwülstig

emphysème [ɑ̃fizɛm] M MÉD Emphysem *n*

empiècement [ɑ̃pjɛsmɑ̃] M COUT Einsatz *m*; Passe *f*

empierrement [ɑ̃pjɛʀmɑ̃] M 1 *action* Beschottern *n* 2 *couche* Steinschüttung *f*; Packlage *f* **empierrer** [-e] VT *chemin, route* beschottern

empiétement *ou* **empiètement** [ɑ̃pjɛtmɑ̃] M 1 Vordringen *n* (**sur** in +*acc*) 2 *fig et* JUR (widerrechtlicher) Eingriff (**sur** in +*acc*); Übergriff *m* (auf +*acc*)

empiéter [ɑ̃pjete] VT INDIR ⟨-è-⟩ **~ sur** 1 vordringen in (+ *acc*); übergreifen auf (+ *acc*) 2 *(usurper)* (widerrechtlich) eingreifen in (+ *acc*); antasten (+ *acc*)

empiffrer [ɑ̃pifʀe] V/PR *fam* **s'~** *fam* sich vollstopfen, *fam* sich (*dat*) den Bauch vollschlagen (**de** mit)

empilable [ɑ̃pilabl] ADJ stapelbar **empilage** [-aʒ] M (Auf)Stapeln *n*; Stapelung *f* **empilement** [-mɑ̃] M 1 *action* (Auf)Stapeln *n* 2 *(pile)* Stapel *m*

empiler [ɑ̃pile] A VT (auf)stapeln B V/PR **s'~** sich stapeln, anhäufen, türmen

empire [ɑ̃piʀ] M 1 Kaiserreich *n*; *par ext* Weltreich *n*; Imperium *n*; Reich *n*; *fig* **~ industriel** Industrieimperium *n*; *fig* **pas pour un ~** nicht um alles in der Welt 2 HIST **l'Empire** das Erste Kaiserreich; *adjt* Empire...; im Empirestil 3 *(influence)* Einfluss *m*; Macht *f*; **sous l'~ de** unter dem Einfluss von (*ou* + *gén*)

empirer [ɑ̃piʀe] VI sich verschlimmern; sich verschlechtern; schlechter, schlimmer werden

empirique [ɑ̃piʀik] ADJ empirisch

empirisme [ɑ̃piʀism] M 1 PHIL Empirismus *m* 2 *par ext* Empirie *f*

empiriste [ɑ̃piʀist] PHIL A M Empirist *m* B ADJ empiristisch

emplacement [ɑ̃plasmɑ̃] M Stelle *f*; Platz *m*; Standort *m*; AUTO Stellplatz *m*

emplâtre [ɑ̃platʀ] M *fig* → cautère

emplette [ɑ̃plɛt] F Einkauf *m*; Kauf *m*; **faire des ~s** Einkäufe, Besorgungen *fpl* machen; einkaufen

emplir [ɑ̃pliʀ] *st/s* VT (er)füllen

emploi [ɑ̃plwa] M 1 *(utilisation)* Gebrauch *m*; Anwendung *f*; Verwendung *f*; Benutzung *f*; **emploi du temps** Zeitplan *m*; Terminkalender *m*; ÉCOLE Stundenplan *m*; **faire un bon (mauvais) emploi de son argent, de ses connaissances, de son temps** sein Geld gut (schlecht) anlegen; von s-n Kenntnissen sinnvollen (schlechten) Gebrauch machen; s-e Zeit gut (schlecht) nützen; **faire double emploi** überflüssig, überzählig, doppelt sein 2 *(travail)* Beschäftigung *f* (*a.* ÉCON); Anstellung *f*; Stelle *f*; Arbeitsplatz *m*; **plein emploi** Vollbeschäftigung *f*; **emploi à mi-temps, à temps partiel, à plein temps** Halbtags-, Teilzeit-, Vollzeitbeschäftigung *f*; **demande** *f* **d'emploi** Stellengesuch *n*; **marché** *m* **de l'emploi** Arbeits-, Stellenmarkt *m*; **politique** *f* **de l'emploi** Beschäftigungspolitik *f*; **sécurité** *f* **de l'emploi** Sicherheit *f* des Arbeitsplatzes; **avoir, occuper un emploi** e-e Stelle (inne)haben; Arbeit haben; **chercher un emploi** Arbeit, e-e Stelle suchen; **être sans emploi** arbeitslos sein; keine Arbeit, Anstellung haben 3 THÉ Rollenfach *n*

employé(e) [ɑ̃plwaje] M(F) Angestellte(r) *m/f(m)*; **employé(e) de banque** Bankangestellte(r) *m/f(m)*; **employé(e) de bureau** Büroangestellte(r) *m/f(m)*; Bürokraft *f*; **employée de maison** Hausangestellte *f*

employer [ɑ̃plwaje] ⟨-oi-⟩ A VT 1 *(utiliser)* gebrauchen; anwenden (*a. violence*); verwenden (*a. argent*); benutzen 2 *salariés* beschäftigen B V/PR 1 *mot, etc* **s'~** gebraucht werden 2 **s'~ à (faire) qc** sich für etw einsetzen; sich um etw bemühen

employeur [ɑ̃plwajœʀ] M, **employeuse** [ɑ̃plwajøz] F Arbeitgeber(in) *m(f)*

empocher [ɑ̃pɔʃe] VT *fam* einstecken

empoignade [ɑ̃pwaɲad] *fam* F heftige Auseinandersetzung

empoigne [ɑ̃pwaɲ] F *fam* **foire d'~** *fam* wüstes Gerangel, Gezerre

empoigner [ɑ̃pwaɲe] A VT packen; ergreifen B V/PR **s'~** aneinandergeraten

empoisonnant [ɑ̃pwazɔnɑ̃] ADJ ⟨-ante [-ɑ̃t]⟩ *fam* → embêtant

empoisonnement [ɑ̃pwazɔnmɑ̃] M 1 Vergiftung *f*; *meurtre* Giftmord *m* 2 *fam fig* **~s** *pl* Ärger *m*; *fam* Scherereien *fpl*

empoisonner [ɑ̃pwazɔne] A VT 1 *(intoxiquer)* vergiften (*a. fig*) 2 *(empuantir)* verpesten 3 *fam* → embêter B V/PR **s'~** sich vergiften; Gift nehmen

empoisonneur [ɑ̃pwazɔnœʀ] M, **empoisonneuse** [-øz] F 1 Giftmischer(in) *m(f)*; Giftmörder(in) *m(f)* 2 *fig fam* Nervensäge *f*

emporté [ɑ̃pɔʀte] ADJ ⟨~e⟩ aufbrausend; jäh-

zornig
emportement [ɑ̃pɔʀtəmɑ̃] M Zornesausbruch *m*
emporte-pièce [ɑ̃pɔʀtəpjɛs] M (! unveränderlich) 1 TECH (Loch)Stanze *f* 2 *fig* **à l'~** *expression* pointiert; zugespitzt; scharf; *jugement* treffsicher
emporter [ɑ̃pɔʀte] A V/T 1 *objet* mitnehmen; **donner qc à ~ à qn** j-m etw mitgeben 2 *blessés* wegtragen, -bringen 3 **~ qn** *maladie* j-n dahin-, hinwegraffen; *courant* j-n fort-, mitreißen; **~ qc** *inondations* etw weg-, fortschwemmen; *vent* etw weg-, fortwehen 4 **l'~** den Sieg davontragen, die Oberhand gewinnen, siegen (**sur** über + *acc*); **~ l'affaire** das Geschäft machen B V/PR **s'~** (zornig) aufbrausen; in Zorn geraten
empoté [ɑ̃pɔte] *fam* ADJ ⟨~e⟩ unbeholfen
empourprer [ɑ̃puʀpʀe] V/PR **s'~** *ciel* sich purpurrot färben; *visage* rot anlaufen
empreint [ɑ̃pʀɛ̃] ADJ ⟨-einte [-ɛ̃t]⟩ **~ de** geprägt von
empreinte [ɑ̃pʀɛ̃t] F 1 Abdruck *m*; **~ digitale** Fingerabdruck *m*; *par ext* **~ génétique** genetischer Fingerabdruck 2 *fig* Gepräge *n*; Stempel *m*; Prägung *f*; **marquer de son ~** prägen
empressé [ɑ̃pʀese] ADJ ⟨~e⟩ eifrig; (dienst)beflissen
empressement [ɑ̃pʀɛsmɑ̃] M 1 *auprès de qn* Dienstbeflissenheit *f*, -eifer *m* 2 (*zèle*) Eifer *m*
empresser [ɑ̃pʀese] V/PR 1 **s'~ auprès de qn** sich eifrig um j-n bemühen 2 **s'~ de faire qc** sich beeilen, etw zu tun
emprise [ɑ̃pʀiz] F Einfluss *m*; **sous l'~ de** unter dem Einfluss von (*ou* + *gén*); im Bann (+ *gén*)
emprisonnement [ɑ̃pʀizɔnmɑ̃] M Gefängnisstrafe *f*; Haft(strafe) *f*; *action* Inhaftierung *f*
emprisonner [ɑ̃pʀizɔne] V/T ins Gefängnis schicken, *fam* stecken; gefangen setzen; *fam* einsperren; *fig* **être emprisonné dans** gefangen sein in (+ *dat*)
emprunt [ɑ̃pʀɛ̃, ɑ̃pʀœ̃] M 1 FIN Anleihe *f*; *action* Kreditaufnahme *f*; **contracter, faire un ~** ein Darlehen, e-n Kredit aufnehmen 2 *fig* Anleihe *f* (**à qn** bei j-m); LING Entlehnung *f*, Lehnwort *n* (**à** aus)
emprunté [ɑ̃pʀɛ̃te, -pʀœ̃-] ADJ ⟨~e⟩ *personne* linkisch; verlegen; gehemmt
emprunter [ɑ̃pʀɛ̃te, -pʀœ̃-] V/T 1 **~ qc à qn** sich (*dat*) etw von j-m (aus)leihen, borgen, entleihen; **~ de l'argent** sich (*dat*) Geld leihen; Geld aufnehmen 2 *fig* übernehmen (**qc à qn** etw von j-m); *mot* entlehnen (**à l'anglais** aus dem Englischen) 3 *chemin* benutzen
emprunteur [ɑ̃pʀɛ̃tœʀ, -pʀœ̃-] M Entleiher *m*; Kredit-, Darlehensnehmer *m*
empuantir [ɑ̃pɥɑ̃tiʀ] V/T verpesten
ému [emy] PP → émouvoir *et* ADJ ⟨~e⟩ bewegt; gerührt; ergriffen
émulation [emylasjõ] F Wetteifer *m*; Wettstreit *m*; Nacheiferung *f*
émule [emyl] M/F Nacheiferer *m*
émulsifiant [emylsifjɑ̃] M Emulgator *m*
émulsion [emylsjõ] F Emulsion *f*
émulsionner [emylsjɔne] V/T emulgieren
en [ɑ̃, *vor Vokal u. stummem h* ɑ̃n] A PRÉP 1 *lieu* in (+ *dat*); *être, arriver, etc* **~ Allemagne, ~ Normandie**, *etc* in Deutschland, in der Normandie *etc*; **~ Iran** im Iran; **~ Corse** auf Korsika; **~ montagne** im Gebirge 2 *direction* nach (+ *dat*); in (+ *acc*); *aller, envoyer, etc* **~ Allemagne, France, Normandie, Sicile**, *etc* nach Deutschland, nach Frankreich, in die Normandie, nach Sizilien *etc* 3 *temps* in (+ *dat*); **~ 1945** (im Jahre) 1945; **~ l'an mille** im Jahr(e) tausend; **~ janvier**, *etc* im Januar *etc*; **~ deux heures** in zwei Stunden; innerhalb von zwei Stunden; **~ une journée** an e-m Tag; innerhalb e-s Tages 4 *domaine* in (+ *dat ou acc*); **~ allemand, français**, *etc* im Deutschen, Französischen *etc*; auf Deutsch, Französisch *etc*; **~ mathématiques, politique**, *etc* in der Mathematik, Politik *etc*; **docteur** *m* **~ médecine** Doktor *m* der Medizin 5 *manière* **~ trois volumes** in drei Bänden; dreibändig; **promenade** *f* **~ vélo** Radtour *f*; *le même article* **~ rouge**, *etc* in Rot *etc*; **teindre qc ~ rouge** etw rot färben; **agir ~ ami** als Freund handeln; **aller ~ voiture** mit dem Auto fahren; **être ~ blanc, noir** weiß, schwarz gekleidet sein; **cela fait ~ euros ...** das macht in Euro ... 6 *matériau* aus; **~ fer**, *etc* aus Eisen *etc*; **montre** *f* **~ or** goldene Uhr 7 *gérondif* **parler ~ mangeant** beim Essen, während des Essens sprechen; **~ passant par là**, *vous éviterez le bouchon* wenn Sie so *ou* diese Strecke fahren...; **répondre ~ souriant** lächelnd antworten B ADV *et pron* ⟨*vertritt Konstruktionen mit „de"*⟩ 1 *local* von dort; daher; *vous allez à Paris?* **j'~ reviens** ich komme von dort 2 *complément* davon; darüber; daran *etc*; **tout le monde ~ parle** alle sprechen davon, *de qn* von ihm, ihr, ihnen; *il a. réussi* **et il ~ est fier** und er ist stolz darauf; **qu'~ dites-vous?** was sagen Sie dazu? 3 *génitif partitif* davon; welche(n, -s); *j'ai des bonbons*, **est-ce que tu ~ veux?** willst du welche *ou* davon?; **je n'~ ai plus** ich habe keine(n, -s) mehr; *prenez des gâteaux*, **il y ~ a encore** es sind noch (welche) da; *avez-vous des frères?* **j'~ ai deux** ja, zwei; **les journaux ~ sont pleins** die Zeitungen sind voll davon
ENA [ena] FABR (École nationale d'administration) *Elitehochschule zur Ausbildung für hohe Staatsämter*
énarque [enaʀk] M/F Absolvent(in) *m(f)* der

ENA

encablure [ãkablyʀ] F MAR Kabellänge *f* (*etwa 200 m*)

encadré [ãkadʀe] M umrandeter Text; Kasten *m*

encadrement [ãkadʀəmã] M 1 *d'un tableau* Einrahmung *f* (*a. résultat*) 2 *d'une porte* Einfassung *f*; Rahmen *m* 3 *de personnes* Betreuung *f*; *personnel* Betreuungspersonal *n*; Betreuer *mpl*

encadrer [ãkadʀe] V/T 1 *tableau* (ein)rahmen; *texte* umranden; *fam* einkasteln 2 *fig* ein-, umrahmen; einfassen 3 *personnes* betreuen 4 *fam fig* → encaisser

encadreur [ãkadʀœʀ] M 1 *artisan* Bildereinrahmer *m* 2 *entreprise* Bilderrahmengeschäft *n*; Fachgeschäft *n* für Einrahmungen

encaissable [ãkɛsabl] ADJ *somme* einziehbar; einzuziehen(d); *chèque* einlösbar

encaisse [ãkɛs] F Kassenbestand *m*

encaissé [ãkese] ADJ ⟨~e⟩ *vallée* tief eingeschnitten

encaissement [ãkɛsmã] M (Ein)Kassieren *n*; Inkasso *n*; *d'un chèque* Einlösung *f*

encaisser [ãkese] V/T 1 FIN (ein)kassieren; einziehen; vereinahmen; *chèque* einlösen 2 *fam fig coups, etc* einstecken (müssen); *fam* kassieren; **savoir ~** *fam* hart im Nehmen sein 3 *fam fig* **ne pas pouvoir ~ qn** j-n nicht ausstehen können

encaisseur [ãkɛsœʀ] M Inkassobeauftragte(r) *m*; Kassenbote *m*

encanailler [ãkanaje] V/PR **s'~** sich mit dem Pöbel gemein machen

encart [ãkaʀ] M Beilage *f*; **~ publicitaire** Werbebeilage *f*

en-cas *ou* **encas** [ãka] M (! unveränderlich) kleiner Imbiss

encastrable [ãkastʀabl] M Einbauelement *n*, -möbel *n*

encastrement [ãkastʀəmã] M Einbau *m*; Einlassen *n*

encastrer [ãkastʀe] A V/T einbauen, einlassen (**dans** in + *acc*) B V/PR **s'~** 1 sich einfügen; eingelassen sein 2 *fig voiture* **s'~ sous un camion** sich unter e-n Lastwagen schieben

encaustique [ãkɔstik] F Bohnerwachs *n*; (Möbel)Politur *f* **encaustiquer** [-e] V/T *parquet* bohnern; *meuble* polieren

enceinte[1] [ãsɛ̃t] ADJ F schwanger; **femme ~** Schwangere *f*; **être ~ de quatre mois** im fünften Monat (schwanger) sein

enceinte[2] F 1 FORTIFICATIONS Ring-, Umfassungsmauer *f*; *d'une ville* Stadtmauer *f* 2 (*espace clos*) abgeschlossener Bereich 3 **~ (acoustique)** (Lautsprecher)Box *f*; Lautsprechergruppe *f*

encens [ãsã] M Weihrauch *m*; **bâtons** *mpl* **d'~** Räucherstäbchen *npl*

encensement [ãsãsmã] M REL Beräucherung *f*; Inzensation *f* **encenser** [-e] V/T 1 REL (mit Weihrauch) beräuchern 2 *fig* beweihräuchern **encensoir** [-waʀ] M (Weih)Rauchfass *n*

encéphale [ãsefal] M Gehirn *n*

encerclement [ãsɛʀkləmã] M Einkreisung *f*; Umzingelung *f*; MIL *a.* Einschließung *f*; Einkesselung *f*

encercler [ãsɛʀkle] V/T einkreisen; umzingeln; MIL *a.* einschließen; einkesseln

enchaîné [ãʃene] M FILM Überblendung *f*

enchaînement [ãʃɛnmã] M 1 *d'idées* Verbindung *f*; Verknüpfung *f*; *de circonstances* Verkettung *f* 2 *dans un spectacle* Überleitung *f*

enchaîner [ãʃene] A V/T 1 *prisonnier* in Ketten legen; anketten (*a. chien*) 2 *idées* verbinden; verknüpfen B V/I *dans la conversation* (rasch) fortfahren (**sur qc** mit etw); FILM überblenden C V/PR **s'~** *épisodes* ineinandergreifen; aufeinanderfolgen

enchanté [ãʃãte] ADJ ⟨~e⟩ 1 (*magique*) Zauber… 2 *fig* **être ~** begeistert, entzückt sein (**de** von) 3 **~!** sehr erfreut!; (sehr) angenehm!

enchantement [ãʃãtmã] M Zauber *m*, Verzauberung *f* (*a. fig*); *fig a.* Entzücken *n*; Wonne (*a. chose*); **comme par ~** wie von Zauberhand

enchanter [ãʃãte] V/T verzaubern; *fig a.* bezaubern; entzücken; begeistern

enchanteur [ãʃãtœʀ], **enchanteresse** [ãʃãtʀɛs] A M,F Zauberer *m*, Zauberin *f* B ADJ zauberhaft; bezaubernd

enchère [ãʃɛʀ] F (Mehr)Gebot *n*; **vente** *f* **aux ~s** Versteigerung *f*; Auktion *f*; **vendre aux ~s** versteigern

enchevêtrement [ãʃ(ə)vɛtʀəmã] M Gewirr *n*; (wirres) Durcheinander

enchevêtrer [ãʃ(ə)vetʀe] A V/T *fils, fig* verwirren; verwickeln; durcheinanderbringen B V/PR **s'~** sich verwirren; sich verwickeln; sich verheddern

enclave [ãklav] F Enklave *f*

enclavé [ãklave] ADJ ⟨~e⟩ umschlossen (**dans** von)

enclaver [ãklave] V/T 1 *territoire* einschließen; umschließen 2 (*encastrer*) einpassen, -fügen

enclenchement [ãklãʃmã] M TECH Einrücken *n*; Einrasten *n*; Einschalten *n*

enclencher [ãklãʃe] A V/T 1 TECH einrücken; *vitesse* einschalten 2 *fig* in Gang bringen B V/PR **s'~** einrasten

enclin [ãklɛ̃] ADJ ⟨-ine [-in]⟩ **~ à qc** zu etw neigend; **être ~ à** (+ *inf*) geneigt sein, dazu neigen zu (+ *inf*)

E

encIos [ɑ̃klo] M 1 *terrain* eingezäuntes, eingefriedetes Stück Land 2 *(clôture)* Einfriedung *f*; Umzäunung *f*
enclume [ɑ̃klym] F Amboss *m*
encoche [ɑ̃kɔʃ] F Kerbe *f*; Einschnitt *m*
encoder [ɑ̃kɔde] V/T (en)kodieren
encoignure [ɑ̃kɔɲyʀ, ɑ̃kwaɲyʀ] F Ecke *f*; Winkel *m*
encollage [ɑ̃kɔlaʒ] M Leimen *n*, Leimung *f* **encoller** [-e] V/T *papier peint* einkleistern
encolure [ɑ̃kɔlyʀ] F 1 *du cheval* Hals *m*; TURF Halslänge *f* 2 COUT *(tour de cou)* Hals-, Kragenweite *f*; *d'un vêtement* (Hals)Ausschnitt *m*
encombrant [ɑ̃kõbʀɑ̃] A ADJ ⟨-ante [-ɑ̃t]⟩ 1 sperrig; unhandlich; platzraubend 2 *fig* störend; lästig B MPL **~s** Sperrmüll *m*
encombre [ɑ̃kõbʀ] **sans ~** ohne Zwischenfälle; glatt
encombrement [ɑ̃kõbʀəmɑ̃] M 1 *de véhicules* Verkehrsstau *m*, -stockung *f* 2 *fig* Überfüllung *f*; TÉL Überlastung *f* 3 *(dimensions)* Abmessungen *fpl*
encombrer [ɑ̃kõbʀe] A V/T 1 *rue, couloir, etc* versperren; *rue a.* verstopfen; *table* überhäufen (**de** mit) 2 *fig* **encombré** *profession* überlaufen; überfüllt; TÉL überlastet B V/PR **s'~** sich belasten (**de** mit) *(a. fig)*
encontre [ɑ̃kõtʀ] **aller à l'~ de qc** im Gegensatz zu etw stehen; e-r Sache *(dat)* zuwiderlaufen
encorbellement [ɑ̃kɔʀbɛlmɑ̃] M Auskragung *f*; Erker *m*
encorder [ɑ̃kɔʀde] V/PR **s'~** sich anseilen
encore [ɑ̃kɔʀ] A ADV 1 *temporel* noch; immer noch; **pas ~** noch nicht 2 *(de nouveau)* (schon) wieder; nochmals 3 *(en plus)* noch (mehr); **~ plus grand** noch größer 4 *restrictif* **si ~** wenn wenigstens; **et ~!** höchstens!; und vielleicht (noch) nicht mal das!; **~ faut-il** allerdings muss man B CONJ *litt* **~ que** *(+ subj)* obschon; obgleich
encorner [ɑ̃kɔʀne] V/T auf die Hörner nehmen; mit den Hörnern verletzen
encornet [ɑ̃kɔʀnɛ] M Gemeiner Kalmar
encourageant [ɑ̃kuʀaʒɑ̃] ADJ ⟨-ante [-ɑ̃t]⟩ ermutigend
encouragement [ɑ̃kuʀaʒmɑ̃] M 1 Ermutigung *f*; Er-, Aufmunterung *f* 2 *de projets* Förderung *f* 3 ÉCOLE **~s** *pl* Belobigung *f*; Lob *n*
encourager [ɑ̃kuʀaʒe] V/T ⟨-ge-⟩ 1 **~ qn** j-n ermutigen; j-m Mut machen; SPORTS j-n anfeuern; **~ qn à (faire) qc** j-n zu etw ermutigen, ermuntern 2 *talent, projet* fördern
encourir [ɑ̃kuʀiʀ] V/T ⟨→ courir⟩ **~ qc** mit etw rechnen müssen
encrage [ɑ̃kʀaʒ] M TYPO Einfärben *n*
encrassement [ɑ̃kʀasmɑ̃] M Verschmutzung *f*; *par la suie* Verrußen *n*
encrasser [ɑ̃kʀase] A V/T verschmutzen B V/PR **s'~** verschmutzen; AUTO *bougie* verrußen
encre [ɑ̃kʀ] F 1 Tinte *f* 2 **~ de Chine** Tusche *f*
encrer [ɑ̃kʀe] V/T einfärben; Druckerschwärze auftragen auf *(+acc)*
encreur [ɑ̃kʀœʀ] ADJ ⟨m⟩ **tampon ~** Stempelkissen *n*
encrier [ɑ̃kʀije] M Tintenfass *n*
encroûté [ɑ̃kʀute] ADJ ⟨~e⟩ krustig; verkrustet
encroûtement [ɑ̃kʀutmɑ̃] M 1 Verkrustung *f* 2 *fig* Verknöcherung *f*; Festgefahrensein *n* (**dans** in *+dat*)
encroûter [ɑ̃kʀute] V/PR **s'~** 1 sich mit e-r Kruste überziehen 2 *fig* verkrusten; verknöchern; festgefahren sein (**dans** in *+ dat*)
enculé [ɑ̃kyle] M *injure pop* Arschloch *n*
enculer [ɑ̃kyle] *injure* V/T *pop* **se faire ~** *fam* reingelegt werden; *pop* **va te faire ~!** *pop* verpiss dich!
enculeur [ɑ̃kylœʀ] M *pop* **~ de mouches** *pop* Korinthenkacker *m*
encyclique [ɑ̃siklik] F Enzyklika *f*
encyclopédie [ɑ̃siklɔpedi] F Enzyklopädie *f*; Konversationslexikon *n*; *pour un domaine* Reallexikon *n*; Sachwörterbuch *n* **encyclopédique** [-ik] ADJ enzyklopädisch
encyclopédiste [ɑ̃siklɔpedist] M Verfasser *m* e-r, Mitarbeiter *m* an e-r Enzyklopädie
endémie [ɑ̃demi] F Endemie *f* **endémique** [-ik] ADJ 1 MÉD endemisch 2 *fig* ständig; dauernd
endetté [ɑ̃dete] ADJ ⟨~e⟩ verschuldet (**de dix mille euros** mit zehntausend Euro)
endettement [ɑ̃dɛtmɑ̃] M Verschuldung *f*
endetter [ɑ̃dete] V/PR **s'~** sich verschulden
endeuiller [ɑ̃dœje] V/T in Trauer versetzen
endiablé [ɑ̃djable] ADJ ⟨~e⟩ wild
endiguer [ɑ̃dige] V/T 1 *fleuve* eindeichen 2 *fig* eindämmen
endimanché [ɑ̃dimɑ̃ʃe] ADJ ⟨~e⟩ festlich, sonntäglich gekleidet; im Sonntagsstaat
endimancher [ɑ̃dimɑ̃ʃe] V/PR **s'~** s-e Sonntagskleider anziehen; sich festlich kleiden
endive [ɑ̃div] F Chicorée *f ou m*
endocrine [ɑ̃dɔkʀin] ADJ PHYSIOLOGIE endokrin; innersekretorisch **endocrinien** [-jɛ̃] ADJ ⟨-ienne [-jɛn]⟩ endokrin; der innersekretorischen Drüsen
endoctrinement [ɑ̃dɔktʀinmɑ̃] M *péj* Indoktrinierung *f* **endoctriner** [-e] V/T *péj* indoktrinieren
endolori [ɑ̃dɔlɔʀi] ADJ ⟨~e⟩ schmerzend
endommagement [ɑ̃dɔmaʒmɑ̃] M Beschädigung *f* **endommager** [-e] V/T ⟨-ge-⟩ *objet*

beschädigen; *récoltes* schaden (+ *dat*)
endormant [ɑ̃dɔʀmɑ̃] ADJ ⟨-ante [-ɑ̃t]⟩ *paroles, bruits* einschläfernd; *par ext discours, orateur* zum Einschlafen (langweilig)
endormi [ɑ̃dɔʀmi] **A** ADJ ⟨~e⟩ **1** (*qui dort*) schlafend; **encore tout ~** noch ganz schläfrig, verschlafen **2** *fig* verschlafen; träge **B** **~(e)** M(F) *fig fam* Schlafmütze *f*
endormir [ɑ̃dɔʀmiʀ] ⟨→ dormir⟩ **A** V/T **1** *enfant* zum Schlafen bringen; *chaleur, fig musique, etc* **~ qn** j-n einschläfern; j-n schläfrig machen; auf j-n einschläfernd wirken **2** (*anesthésier*) betäuben **B** V/PR **s'~** **1** einschlafen (*a. fig*) **2** *st/s* (*mourir*) *st/s* entschlafen
endormissement [ɑ̃dɔʀmismɑ̃] M Einschlafen *n*
endoscope [ɑ̃dɔskɔp] M Endoskop *n* **endoscopie** [-i] F Endoskopie *f*
endossable [ɑ̃dosabl] ADJ FIN indossierbar; übertragbar; girierbar
endossement [ɑ̃dosmɑ̃] M FIN Giro *n*; Indosso *n*
endosser [ɑ̃dose] V/T **1** *vêtement* an-, überziehen **2** *fig responsabilité* auf sich (*acc*) nehmen; *conséquences* geradestehen für; **faire ~ qc à qn** j-n für etw geradestehen lassen; j-m etw aufbürden **3** FIN indossieren; girieren
endroit [ɑ̃dʀwa] M **1** Stelle *f* (*a. d'un livre, du corps*); Ort *m*; Platz *m*; **par endroits** stellenweise **2** *d'un tissu* rechte Seite; Oberseite *f*; **à l'endroit** auf der rechten Seite; rechts
enduire [ɑ̃dɥiʀ] ⟨→ conduire⟩ **A** V/T bestreichen (**de** mit) **B** V/PR **s'~ de qc** sich mit etw einreiben
enduit [ɑ̃dɥi] M **1** *sur un mur* (Ver)Putz *m* **2** (*revêtement*) Belag *m*; Überzug *m*
endurance [ɑ̃dyʀɑ̃s] F Ausdauer *f* **endurant** [-ɑ̃] ADJ ⟨-ante [-ɑ̃t]⟩ ausdauernd; zäh
endurci [ɑ̃dyʀsi] ADJ ⟨~e⟩ *célibataire* eingefleischt; *criminel* hartgesotten
endurcir [ɑ̃dyʀsiʀ] **A** V/T **1** *physiquement* abhärten **2** *fig qn* hart machen; *cœur* verhärten **B** V/PR **s'~** **1** sich abhärten (**au froid** gegen Kälte) **2** *fig* hart *ou* gleichgültig werden; abstumpfen
endurcissement [ɑ̃dyʀsismɑ̃] M **1** *à la douleur* Abhärtung *f* **2** *fig au malheur* Abstumpfung *f* **3** *fig du cœur* Verhärtung *f*; Verstocktheit *f*
endurer [ɑ̃dyʀe] V/T ertragen; aushalten; *souffrances a.* erdulden
énergétique [enɛʀʒetik] ADJ Energie…; PHYS *a.* energetisch; **aliment** *m* **~** Energiespender *m*; **politique** *f* **~** Energiepolitik *f*
énergie [enɛʀʒi] F **1** Energie *f*; **~ atomique, nucléaire** Atom-, Kernenergie *f*, -kraft *f* **2** *d'une personne* Energie *f*; Tatkraft *f*
énergique [enɛʀʒik] ADJ energisch; *personne a.* tatkräftig; *protestation a.* nachdrücklich; *poignée de main a.* kraftvoll
énergisant [enɛʀʒizɑ̃] ADJ ⟨-ante [-ɑ̃t]⟩ belebend; *boisson* erfrischend
énergumène [enɛʀgymɛn] M/F verrückter Kerl; überspannte Person
énervant [enɛʀvɑ̃] ADJ ⟨-ante [-ɑ̃t]⟩ nervenaufreibend; entnervend; zermürbend
énervé [enɛʀve] ADJ ⟨~e⟩ aufgeregt; nervös
énervement [enɛʀvəmɑ̃] M Nervosität *f*; Erregtheit *f*; Aufregung *f*
énerver [enɛʀve] **A** V/T **énerver qn** j-n nervös machen; j-m auf die Nerven gehen; *fam* j-n nerven **B** V/PR **s'énerver** sich auf-, erregen; nervös werden
enfance [ɑ̃fɑ̃s] F **1** Kindheit *f*; Kinderzeit *f*; Kindesalter *n*; **petite ~** frühe Kindheit; **protection** *f* **de l'~** Kinder-, Jugendschutz *m*; **dans mon ~** in, während meiner Kindheit; **dès l'~** von Kind an *ou* auf; von Kindheit an; von klein auf; **avoir eu une ~ heureuse** e-e glückliche Kindheit gehabt haben; **retomber en ~** (wieder) kindisch werden **2** *fig* Anfänge *mpl*; *fam* **c'est l'~ de l'art** das ist kinderleicht
enfant [ɑ̃fɑ̃] **A** M Kind *n*; **~ adoptif** Adoptivkind *n*; **~ de chœur** Ministrant *m*; Chorknabe *m*; *fig* Unschuldslamm *n*; **couple** *m* **sans ~s** kinderloses Ehepaar; **attendre un ~** ein Kind erwarten; *fig* **faire l'~** sich wie ein Kind aufführen **B** F (kleines) Mädchen **C** ADJ **1** **bon ~** (**!** unveränderlich) gutmütig; *ambiance* gemütlich **2** **étant ~** *ou* **tout ~** als Kind
enfantement [ɑ̃fɑ̃tmɑ̃] M **1** *litt* (*accouchement*) *litt* Niederkunft *f* **2** *fig et st/s* Geburt *f*; Entstehung *f*
enfanter [ɑ̃fɑ̃te] *litt* V/T **1** *litt* niederkommen (mit) **2** *fig* hervorbringen
enfantillage [ɑ̃fɑ̃tijaʒ] M Kinderei *f*
enfantin [ɑ̃fɑ̃tɛ̃] ADJ ⟨-ine [-in]⟩ **1** kindlich; Kinder… **2** (*facile*) kinderleicht **3** *péj* (*puéril*) kindisch
enfant-soldat M ⟨enfants-soldats⟩ Kindersoldat *m*
enfariné [ɑ̃faʀine] ADJ ⟨~e⟩ *fam fig* **arriver le bec ~**, *pop* **la gueule ~e** (naiv) siegessicher auftreten
enfer [ɑ̃fɛʀ] M **1** REL Hölle *f*; **aller en ~** in die Hölle kommen **2** *fig* **d'~** Höllen…; höllisch; *fam* super; toll; **bruit** *m* **d'~** Höllenlärm *m*; *fam* **c'est d'~** *fam* das ist voll geil; *fam* **elle a un look d'~** sie sieht toll aus **3** MYTH **~s** *pl* Unterwelt *f*
enfermer [ɑ̃fɛʀme] **A** V/T einschließen, *personne, animal a.* einsperren (**dans** in + *acc ou dat*); *chose a.* wegschließen **B** V/PR **s'~** **1** sich einschließen **2** *fig* **s'~ dans une attitude** sich auf e-e Haltung zurückziehen
enferrer [ɑ̃fere] V/PR *fig* **s'~ dans qc** sich in etw

(acc) verwickeln

enfiévrer [ɑ̃fjevʀe] VT ‹-è-› *fig* erregen; erhitzen; fiebern lassen

enfilade [ɑ̃filad] F lange Reihe; *de maisons, de salles* Flucht *f*

enfiler [ɑ̃file] **A** VT **1** *perles* aufreihen; **~ une aiguille** e-e Nadel, den Faden einfädeln **2** *vêtement* (sich *[dat]*) überziehen, überstreifen; hineinschlüpfen in *(+ acc)* **B** VPR **s'~** **1** *fam nourriture fam* sich *(dat)* reinziehen **2** **s'~ dans une rue** rasch in e-e Straße einbiegen

enfin [ɑ̃fɛ̃] ADV **1** *(à la fin)* endlich; schließlich; zuletzt; **viens ~!** komm endlich! **2** *conclusion* kurzum **3** *résignation* nun ja **4** *restriction* das heißt

enflammé [ɑ̃flame] ADJ ‹~e› **1** *(en flammes)* brenned **2** MÉD entzündet **3** *fig* flammend

enflammer [ɑ̃flame] **A** VT **1** *(allumer)* in Brand setzen; anstecken **2** *fig visage* röten **3** *fig* entflammen; *personne a.* mitreißen; begeistern **B** VPR **s'~** **1** *(prendre feu)* sich entzünden; in Brand geraten; Feuer fangen **2** MÉD sich entzünden **3** *fig* entflammen (**pour** für)

enflé [ɑ̃fle] ADJ ‹~e› (an)geschwollen

enfler [ɑ̃fle] **A** VI anschwellen **B** VPR **s'~** *fig voix* anschwellen

enflure [ɑ̃flyʀ] F **1** Schwellung *f* **2** *fig fam* Trottel *m*

enfoiré(e) [ɑ̃fwaʀe] M(F) *injure pop* Arschloch *n*

enfoncé [ɑ̃fõse] ADJ ‹~e› *yeux* tief liegend

enfoncement [ɑ̃fõsmɑ̃] M **1** *d'un clou* Einschlagen *n*; *d'un pieu* Einrammen *n* **2** *d'une porte* Eindrücken *n*; Einstoßen *n*; MIL Durch-, Einbruch *m* **3** *(creux)* Vertiefung *f*

enfoncer [ɑ̃fõse] ‹-ç-› **A** VT **1** *clou* einschlagen; *punaise, bouchon* hineindrücken; *pieu* einrammen; **~ son chapeau sur les yeux** (sich *[dat]*) den Hut (tief) ins Gesicht drücken; ziehen; *fam fig* **~ qc dans le crâne de qn** j-m etw einhämmern, *fam* einbläuen, *fam* eintrichtern **2** *porte, etc* eindrücken; *fam fig* **~ qn** *(battre)* j-n schlagen; *(surpasser)* j-n ausstechen **B** VI einsinken **C** VPRON **1** **s'~ une épine (dans la peau)** sich *(dat)* e-n Dorn einziehen **2** *bateau* **s'~** (ver)sinken; **s'~ dans la neige** im Schnee ein-, versinken **3** *(pénétrer)* **s'~** (tief) vor-, eindringen (**dans** in *+ acc*)

enfouir [ɑ̃fwiʀ] VT vergraben *(a. fig)*; eingraben

enfouissement [ɑ̃fwismɑ̃] M Ver-, Eingraben *n*

enfourcher [ɑ̃fuʀʃe] VT *vélo, cheval* besteigen; steigen auf *(+ acc)*

enfournement [ɑ̃fuʀnmɑ̃] M *de pain* Einschießen *n* **enfourner** [-e] VT **1** *pain* in den Ofen schieben **2** *fam fig (avaler) fam* verspachteln; *fam* verputzen

enfreindre [ɑ̃fʀɛ̃dʀ] VT ‹→ peindre› zuwiderhandeln *(+ dat)*; übertreten

enfuir [ɑ̃fɥiʀ] VPR ‹→ fuir› **s'~** **1** fliehen; flüchten; *(se sauver)* davonlaufen **2** *fig, st/s* dahinschwinden *(a. temps)*

enfumé [ɑ̃fyme] ADJ ‹~e› *pièce* verräuchert; *fam* verqualmt; voll(er) Rauch, Qualm

enfumer [ɑ̃fyme] VT *pièce* verräuchern; *fam* verqualmen; **~ qn** j-n einräuchern

engagé [ɑ̃gaʒe] **A** ADJ ‹~e› engagiert **B** M MIL Freiwillige(r) *m*; Zeitsoldat *m*

engageant [ɑ̃gaʒɑ̃] ADJ ‹-ante [-ɑ̃t]› *sourire* gewinnend; *offre* verlockend

engagement [ɑ̃gaʒmɑ̃] M **1** *(obligation)* Verpflichtung *f* (**envers qn** gegenüber j-m); bindende Zusage; **sans ~** unverbindlich; **prendre un ~** e-e Verpflichtung eingehen, übernehmen **2** *(embauche)* Ein-, Anstellung *f*; THÉ Engagement *n*; MIL freiwillige Verpflichtung **3** *d'un écrivain, etc* Engagement *n*

engager [ɑ̃gaʒe] ‹-ge-› **A** VT **1** *(mettre en gage)* verpfänden *(a. fig sa parole)*; *fig* **~ l'avenir** die Weichen für die Zukunft stellen **2** *(obliger)* **~ qn (à qc)** j-n (zu etw) verpflichten; *par ext (exhorter)* **~ qn à qc** j-n zu etw anhalten, veranlassen **3** *(embaucher)* an-, einstellen; THÉ engagieren; verpflichten **4** *(introduire)* einführen, einlegen, *clé* hineinstecken (**dans** in *+ acc*); *véhicule* hineinfahren, -steuern, -manövrieren **5** *argent* hineinstecken (**dans** in *+ acc*); *capitaux* einsetzen **6** *(commencer) négociations* einleiten; aufnehmen; eintreten in *(+ acc) (a. discussion)*; *conversation* anknüpfen; beginnen; *combat* eröffnen **B** VPR **1** **s'~ à (faire) qc** sich zu etw verpflichten; sich verpflichten, etw zu tun **2** *écrivain, etc* **s'~** sich engagieren **3** **s'~** MIL sich freiwillig verpflichten; *par ext* e-e Stelle annehmen (**comme chauffeur** als Chauffeur) **4** *vehicule* **s'~ dans qc** in etw *(acc)* einbiegen, hineinfahren **5** *fig (se lancer)* **s'~ dans qc** sich auf etw *(acc)* einlassen **6** *(commencer)* beginnen; anfangen

engeance [ɑ̃ʒɑ̃s] F *péj* Gesindel *n*; Gelichter *n*; Brut *f*

engelure [ɑ̃ʒlyʀ] F Frostbeule *f*

engendrer [ɑ̃ʒɑ̃dʀe] VT **1** *enfant* zeugen **2** *(causer)* erzeugen; hervorbringen; nach sich ziehen

engin [ɑ̃ʒɛ̃] M **1** Gerät *n*; Maschine *f*; **~ spatial** Raumfahrzeug *n* **2** MIL Rakete *f* **3** *fam péj* Ding *n*; *fam* Apparat *m*

engineering [ɛnʒiniʀiŋ] M → ingénierie

englober [ɑ̃glɔbe] VT umfassen; einschließen, einbeziehen (**dans** in *+ acc*)

engloutir [ɑ̃glutiʀ] VT verschlingen *(a. fig navire, somme)*; hinunterschlingen **engloutissement** [-ismɑ̃] M **1** Verschlingen *n* **2** Verschwinden *n*; *d'un navire, d'une ville* Untergehen n; Versinken n

engluage [ɑ̃glyaʒ] M Bestreichen n mit Leim, Baumwachs

engluer [ɑ̃glye] **A** V/T klebrig machen **B** V/PR *fig* **s'~ dans qc** sich in etw (*dat*) festfahren

engoncé [ɑ̃gõse] ADJ ⟨~e⟩ **~ dans** *un vêtement* eingezwängt in (+ *acc*); steckend in (+ *dat*)

engoncer [ɑ̃gõse] V/T ⟨-ç-⟩ *manteau* unförmig, plump machen

engorgement [ɑ̃gɔʀʒəmɑ̃] M **1** *d'un conduit* Verstopfung f **2** MÉD Stauung f **3** *du marché* Überschwemmung f

engorger [ɑ̃gɔʀʒe] V/T ⟨-ge-⟩ verstopfen; MÉD *a.* verschleimen

engouement [ɑ̃gumɑ̃] M Schwärmerei f (**pour** für)

engouer [ɑ̃gwe] V/PR **s'~ de** schwärmen, sich begeistern für

engouffrer [ɑ̃gufʀe] **A** V/T *fam nourriture* verschlingen; *fam* verdrücken **B** V/PR **s'~** **1** *vent* sich verfangen (**dans** in + *dat*); fegen (durch) **2** *foule* strömen, sich ergießen, sich hineindrängen (**dans** in + *acc*); *individus* verschwinden (in + *dat*)

engourdi [ɑ̃guʀdi] ADJ ⟨~e⟩ *membres* gefühllos; taub; eingeschlafen; *de froid* klamm; starr; steif

engourdir [ɑ̃guʀdiʀ] **A** V/T **1** *membres* gefühllos, taub machen; *par le froid* klamm, steif, starr werden lassen **2** *fig* träge, schlaff, benommen machen **B** V/PR **s'~** taub, gefühllos werden; einschlafen

engourdissement [ɑ̃guʀdismɑ̃] M **1** *des membres* Gefühllosigkeit f; Erstarrung f **2** *fig* Betäubung f; Benommenheit f

engrais [ɑ̃gʀɛ] M Dünger m; **~ chimique** Kunstdünger m

engraissage [ɑ̃gʀɛsaʒ] M *ou* **engraissement** [-mɑ̃] M Mast f; Mästen n

engraisser [ɑ̃gʀese] **A** V/T **1** *animaux* mästen **2** *terres* düngen **B** V/I dick, fett werden; Fett ansetzen **C** V/PR *fig* **s'~** sich bereichern

engranger [ɑ̃gʀɑ̃ʒe] V/T ⟨-ge-⟩ *récolte* einfahren (*a. fig*); einbringen

engrenage [ɑ̃gʀənaʒ] M **1** TECH (Zahnrad)Getriebe n **2** *fig* Räderwerk n; Maschinerie f; **l'~ de la violence** die Spirale der Gewalt

engrosser [ɑ̃gʀose] *pop* V/T *fam* ein Kind andrehen (**qn** j-m)

engueulade [ɑ̃gœlad] *fam* F **1** *fam* Anschnauzer m; *fam* Anpfiff m; *pop* Anschiss m **2** (*dispute*) *fam* Krach m

engueuler [ɑ̃gœle] *fam* **A** V/T *fam* anschnauzen; *fam* zusammenstauchen; *fam* anpfeifen; **~ qn comme du poisson pourri** *pop* j-n zusammenscheißen, zur Sau machen; **se faire ~** *fam* eins auf den Deckel kriegen **B** V/PR **s'~** sich anschreien, anbrüllen, *fam* anschnauzen

enguirlander [ɑ̃giʀlɑ̃de] V/T *fam* → **engueuler**

enhardir [ɑ̃aʀdiʀ] **A** V/T kühn, mutig machen **B** V/PR **s'~** kühn(er), mutig(er) werden (**jusqu'à faire qc** und etw tun)

énième [enjɛm] ADJ → **nième**

énigmatique [enigmatik] ADJ rätselhaft; geheimnisvoll

énigme [enigm] F Rätsel n (*a. fig*)

enivrant [ɑ̃nivʀɑ̃] ADJ ⟨-ante [-ɑ̃t]⟩ *alcool, parfum* berauschend; zu Kopf steigend; *parfum a.* betäubend; *beauté* hinreißend; betörend

enivrement [ɑ̃nivʀəmɑ̃] M *fig* Rausch m; Trunkenheit f; Taumel m

enivrer [ɑ̃nivʀe] V/T (*et* V/PR **s'~** sich) berauschen (*a. fig*)

enjambée [ɑ̃ʒɑ̃be] F (großer, langer) Schritt

enjambement [ɑ̃ʒɑ̃bmɑ̃] M Enjambement n; Zeilensprung m

enjamber [ɑ̃ʒɑ̃be] V/T hinweggehen, -steigen, -schreiten über (+ *acc*); *fossé* überspringen; *pont: rivière* überspannen

enjeu [ɑ̃ʒø] M ⟨~x⟩ **1** *au jeu* Einsatz m **2** *fig* (Streit)Gegenstand m; Sache f (, um die es geht); Thema n

enjôlement [ɑ̃ʒolmɑ̃] M Schöntun n; Schmeicheln n **enjôler** [-e] V/T betören; umschmeicheln **enjôleur** [-œʀ], **enjôleuse** [-øz] **A** M,F Schönredner(in) m(f) **B** ADJ verführerisch; betörend

enjolivement [ɑ̃ʒɔlivmɑ̃] M **1** Verzierung f **2** *fig* Ausschmückung f; Schnörkel m **enjoliver** [-e] V/T **1** verzieren **2** *fig récit* ausschmücken **enjoliveur** [-øʀ] M Radkappe f **enjolivure** [-yʀ] F (kleine) Verzierung; *sur un meuble, une écriture* Schnörkel m

enjoué [ɑ̃ʒwe] ADJ ⟨~e⟩ heiter; fröhlich; unbeschwert

enjouement [ɑ̃ʒumɑ̃] M Heiterkeit f; Unbeschwertheit f

enlacement [ɑ̃lasmɑ̃] M **1** *de rubans* Geflecht n **2** (*étreinte*) Umarmung f; Umschlingung f

enlacer [ɑ̃lase] ⟨-ç-⟩ **A** V/T **1** *qc* umranken; umwinden; umschlingen **2** *qn* umarmen; umschlingen **B** V/PR **s'~** *amoureux* sich umarmen, umschlingen; sich umschlungen halten

enlaidir [ɑ̃lediʀ] **A** V/T verunstalten; verschandeln **B** V/I hässlich, unansehnlich werden

enlaidissement [ɑ̃ledismɑ̃] M Entstellung f; Verunstaltung f; Verschandelung f

enlevé [ɑ̃lve] ADJ ⟨~e⟩ schwungvoll ausgeführt

enlèvement [ɑ̃lɛvmɑ̃] M **1** Abtransport m; Abholung f; **~ des ordures (ménagères)** Müllabfuhr f **2** JUR Entführung f

enlever [ɑ̃lve] ⟨-è-⟩ **A** V/T **1** (*emporter*) abholen;

abtransportieren; wegschaffen, -bringen 2 *(ôter)* wegnehmen; *panneau, etc* abmachen; *fam* wegmachen; *tache* entfernen; beseitigen; *fam* herausmachen; *saleté* wegputzen, -kehren, -wischen; *vêtement* ausziehen; ablegen; *chapeau* abnehmen; *amygdales* herausnehmen, *fam* -machen; *clou* herausziehen 3 *(kidnapper)* entführen 4 *(s'emparer de)* MIL (ein)nehmen; SPORTS *première place*, POL *siège* erringen 5 *(priver de) courage, illusions* nehmen, rauben (**à qn** j-m) B V/PR **s'~** *tache* heraus-, weggehen; *peinture* abgehen

enlisement [ɑ̃lizmɑ̃] M 1 *dans le sable* Einsinken *n*; Steckenbleiben *n* 2 *fig* Stocken *n*; Erlahmen *n*

enliser [ɑ̃lize] V/PR **s'~** 1 einsinken; *voiture a.* stecken bleiben 2 *fig enquête, etc* stecken bleiben; erlahmen, versanden

enluminure [ɑ̃lyminyʀ] F Buchmalerei *f*; Miniaturmalerei *f*; *œuvre a.* Miniatur *f*

enneigé [ɑ̃neʒe] ADJ ⟨~e⟩ schneebedeckt; verschneit

enneigement [ɑ̃nɛʒmɑ̃] M Schneehöhe *f*; Schneeverhältnisse *npl*; **bulletin** *m* **d'~** Schneebericht *m*

ennemi(e) [ɛnmi] A M(F) Feind(in) *m(f)*; **ennemi public numéro un** Staatsfeind *m* Nummer eins; **attaquer, battre, vaincre l'ennemi** den Feind angreifen, schlagen, besiegen; **c'est son pire ennemi** das ist sein ärgster, schlimmster Feind, sein Hauptfeind; **se faire des ennemis** sich *(dat)* Feinde machen, schaffen; **passer à l'ennemi** (zum Feind) überlaufen B ADJ feindlich; **frères ennemis** feindliche Brüder *mpl*

ennième [ɛnjɛm] ADJ → nième

ennoblir [ɑ̃nɔbliʀ] V/T *fig* adeln

ennui [ɑ̃nɥi] M 1 *surtout pl* **~s** Ärger *m*; Unannehmlichkeiten *fpl*; Schwierigkeiten *fpl*; Ungelegenheiten *fpl*; Verdruss *m*; **attirer, causer, faire des ~s à qn** j-m Ärger *etc* machen, bereiten; **l'~, c'est que ...** das Ärgerliche (an der Sache) ist, dass ... 2 *(lassitude)* Langeweile *f*

ennuyant [ɑ̃nɥijɑ̃] ADJ ⟨-ante [-ɑ̃t]⟩ → ennuyeux

ennuyé [ɑ̃nɥije] ADJ ⟨~e⟩ 1 *(contrarié)* ärgerlich; verärgert 2 *(dans l'embarras)* **je suis ~** es ist mir unangenehm, peinlich 3 *(soucieux)* besorgt; beunruhigt

ennuyer [ɑ̃nɥije] ⟨-ui-⟩ A V/T 1 *(contrarier)* **ennuyer qn** j-n stören, belästigen, ärgern, verdrießen; j-m lästig sein, werden, fallen 2 *(lasser)* **ennuyer qn** j-n langweilen 3 *(préoccuper)* **ennuyer qn** j-n beunruhigen; j-m Sorgen, Kummer machen B V/PR 1 **s'ennuyer** sich langweilen 2 **s'ennuyer de qn** j-n vermissen; sich nach j-m sehnen

ennuyeux [ɑ̃nɥijø] ADJ ⟨-euse [-øz]⟩ 1 *(désagréable)* ärgerlich; lästig; peinlich; unangenehm; unerquicklich; leidig 2 *(inintéressant)* langweilig

énoncé [enɔ̃se] M Darlegung *f*; LING Aussage *f*; JUR Wortlaut *m*; MATH Aufgabenstellung *f*

énoncer [-e] V/T ⟨-ç-⟩ aussprechen; formulieren; darlegen **énonciation** [-jasjɔ̃] F Darlegung *f*; Formulierung *f*; Aussage *f*

enorgueillir [ɑ̃nɔʀgœjiʀ] A V/T stolz, *péj* überheblich machen B V/PR **s'~ de** stolz sein auf (+ *acc*); *péj* sich *(dat)* etwas einbilden auf (+ *acc*)

énorme [enɔʀm] ADJ enorm; ungeheuer (groß *ou* dick); gewaltig; mächtig; riesig; *crime* ungeheuerlich

énormément [enɔʀmemɑ̃] ADV 1 enorm; ungeheuer 2 **~ de** (+ *subst*) ungeheuer viel(e)

énormité [enɔʀmite] F 1 ungeheure Größe 2 *parole ou action* Ungeheuerlichkeit *f*

enquérir [ɑ̃keʀiʀ] V/PR ⟨→ acquérir⟩ *st/s* **s'~ de** sich erkundigen nach

enquête [ɑ̃kɛt] F 1 Untersuchung *f*; Enquete *f*; Erhebung *f*; *(sondage)* Umfrage *f*; Befragung *f*; **faire sa petite ~** sich umhören 2 JUR Ermittlungen *fpl*; Untersuchung *f*

enquêter [ɑ̃kete] V/I ermitteln, e-e Untersuchung *ou* Umfrage durchführen (**sur qc** in e-r, über e-e Sache)

enquêteur [ɑ̃kɛtœʀ] M 1 JUR Untersuchungsbeamte(r) *m* 2 ÉCON Interviewer *m*

enquêteuse [ɑ̃kɛtøz] V/I JUR Untersuchungsbeamtin *f* **enquêtrice** [-tʀis] V/I ÉCON Interviewerin *f*

enquiquinant [ɑ̃kikinɑ̃] *fam* ADJ ⟨-ante [-ɑ̃t]⟩ → embêtant **enquiquinement** [-mɑ̃] *fam* → embêtement **enquiquiner** [-e] *fam* V/T → embêter, emmerder

enquiquineur [ɑ̃kikinœʀ] *fam* M, **enquiquineuse** [-øz] *fam* F *fam* Nervensäge *f*

enraciné [ɑ̃ʀasine] ADJ ⟨~e⟩ *personne* verwurzelt (**dans** mit); *préjugés* eingewurzelt

enracinement [ɑ̃ʀasinmɑ̃] M 1 BOT Einwurzeln *n*; Anwachsen *n* 2 *fig* Verwurzelung *f*; *état a.* Verwurzelt-, Verwachsensein *n*

enraciner [ɑ̃ʀasine] V/PR **s'~** 1 *plante* einwurzeln; anwachsen 2 *fig personne* Wurzeln schlagen; *habitude, etc* sich festsetzen

enragé [ɑ̃ʀaʒe] ADJ ⟨~e⟩ 1 *chien* tollwütig 2 *fig* leidenschaftlich; besessen; fanatisch; *subst* **un(e) ~(e) de musique** ein leidenschaftlicher Musikfan

enrager [ɑ̃ʀaʒe] V/I ⟨-ge-⟩ **j'enrage de** (+ *inf*) es macht mich rasend, dass ich ...; **faire ~ qn** j-n ärgern, reizen

enraiement [ɑ̃ʀɛmɑ̃] M → enrayement

enrayage [ɑ̃ʀɛjaʒ] M *d'une arme à feu* Ladehemmung *f* **enrayement** [-mɑ̃] M *d'une épidémie, d'une crise* Eindämmung *f*

enrayer [ɑ̃reje] ⟨-ay- *od* -ai-⟩ A V/T eindämmen; aufhalten B V/PR **s'~** *arme* Ladehemmung haben

enrégimenter [ɑ̃reʒimɑ̃te] V/T eingliedern, einreihen (**dans** in + *acc*)

enregistrable [ɑ̃ʀ(ə)ʒistʀabl] ADJ *faits* registrierbar; *concert* einspielbar

enregistrement [ɑ̃ʀəʒistʀəmɑ̃] M 1 *de son, d'images* Aufnahme *f* (*a. résultat*); Aufzeichnung *f* 2 JUR Eintragung *f*; Registrierung *f* 3 *de données, d'observations* Verzeichnung *f*; Registrierung *f* 4 **~ des bagages** Gepäckabfertigung *f*, -aufgabe *f*; AVIAT **se présenter à l'~** einchecken

enregistrer [ɑ̃ʀəʒistʀe] V/T 1 *son, images* aufnehmen; aufzeichnen; *disque a.* einspielen 2 *données, observations* ver-, aufzeichnen; registrieren; festhalten; vermerken; *qc dans sa mémoire* sich (*dat*) merken; sich (*dat*) einprägen; registrieren; **~ une commande** eine Bestellung aufnehmen 3 (*inscrire*) (in ein Register) eintragen; registrieren 4 *bagages* abfertigen; AVIAT einchecken; **faire enregistrer** aufgeben 5 *personne* **se faire ~** einchecken

enregistreur [ɑ̃ʀəʒistʀœʀ] A ADJ ⟨-euse [-øz]⟩ Registrier...; **caisse enregistreuse** Registrierkasse *f* B M **~ DVD** DVD-Rekorder *m*

enrhumé [ɑ̃ʀyme] ADJ ⟨~e⟩ erkältet; verschnupft **enrhumer** [-e] V/PR **s'~** sich erkälten; e-n Schnupfen bekommen

enrichir [ɑ̃ʀiʃiʀ] A V/T 1 **~ qn** j-n reich machen 2 *collection, langue, etc* bereichern (**de qc** um etw) 3 *minerai, terre* anreichern B V/PR **s'~** reich werden; *péj* sich bereichern

enrichissant [ɑ̃ʀiʃisɑ̃] ADJ ⟨-ante [-ɑ̃t]⟩ gewinnbringend; nutzbringend

enrichissement [ɑ̃ʀiʃismɑ̃] M 1 Reichwerden *n*; *péj* Bereicherung *f* 2 *d'une collection, etc* Bereicherung *f*

enrobage [ɑ̃ʀɔbaʒ] M *ou* **enrobement** [-mɑ̃] M Umhüllung *f*; CUIS, PHARM Überziehen *n*; *de cigares* Umrollen *n* mit dem Deckblatt

enrober [ɑ̃ʀɔbe] V/T 1 umhüllen; überziehen; **enrobé de chocolat** mit Schokoladenüberzug 2 *fig* einkleiden (**de** in + *acc*); verbrämen (mit)

enrôlement [ɑ̃ʀolmɑ̃] M 1 HIST MIL Anwerbung *f*; MAR Anheuerung *f*; Anmusterung *f* 2 *fig* Ein-, Beitritt *m*

enrôler [ɑ̃ʀole] A V/T anwerben (**dans** für) B V/PR **s'~** eintreten (**dans** in + *acc*)

enroué [ɑ̃ʀwe] ADJ ⟨~e⟩ heiser

enrouement [ɑ̃ʀumɑ̃] M Heiserkeit *f*

enrouer [ɑ̃ʀwe] V/PR **s'~** heiser werden

enroulement [ɑ̃ʀulmɑ̃] M 1 *action* Herumwickeln *n*; *de rubans* Aufrollen *n*; Aufwickeln *n* 2 ÉLEC Wicklung *f*

enrouler [ɑ̃ʀule] A V/T ein-, auf-, zusammenrollen; aufwickeln; **~ qc autour de qc** etw um etw (herum)wickeln, schlingen B V/PR **s'~** sich auf-, zusammenrollen; **s'~ dans qc** sich in etw (*acc*) (ein)wickeln

enrouleur [ɑ̃ʀulœʀ] M AUTO **ceinture** *f* **à ~** Automatikgurt *m*

enrubanner [ɑ̃ʀybane] V/T mit e-m Band, mit Bändern, mit e-r Schleife schmücken, verzieren

ensablement [ɑ̃sabləmɑ̃] M *d'un port* Versandung *f*; *par le vent* Sandverwehung *f*

ensabler [ɑ̃sable] V/PR **s'~** 1 *port, etc* versanden 2 *véhicule* im Sand einsinken, stecken bleiben

ensacher [ɑ̃saʃe] V/T *ciment, grains* in Säcke (ab)füllen, (ab)packen; *bonbons* in Tüten (ab)füllen, (ab)packen

ensanglanté [ɑ̃sɑ̃glɑ̃te] ADJ ⟨~e⟩ blutverschmiert; blutig

ensanglanter [ɑ̃sɑ̃glɑ̃te] V/T mit Blut verschmieren, beflecken, besudeln (*a. fig*)

enseignant [ɑ̃sɛɲɑ̃] A ADJ ⟨-ante [-ɑ̃t]⟩ **corps ~** Lehrerschaft *f*; Lehrer *mpl* B **~(e)** M(F) Lehrkraft *f*; Lehrer(in) *m(f)*

enseigne [ɑ̃sɛɲ] F 1 Laden-, Firmenschild *n*; **~ publicitaire** Reklameschild *n*; *fig* **être logé(s) à la même ~** im gleichen Boot sitzen 2 *litt* **à telle ~ que** sodass sogar

enseignement [ɑ̃sɛɲmɑ̃] M 1 Unterricht *m*; *institution* Schul-, Unterrichtswesen *n*; **~ général** der Allgemeinbildung dienender Unterricht; **~ libre** *ou* **privé** Privatschulwesen *n*; **~ primaire** Grundschulwesen *n*; **~ public** staatliches Schulwesen; **~ secondaire** höheres Schulwesen; **~ supérieur** Hochschulwesen *n*; Hochschulen *fpl*; **~ technique, professionnel** Fachschul-, Berufsschulunterricht *m ou* -wesen *n*; **~ par correspondance** Fernunterricht *m* 2 *métier* Lehr(er)beruf *m*; Lehrfach *n*; **être dans l'~** im Schuldienst sein 3 (*leçon*) Lehre *f*; **tirer des ~s de qc** aus etw die Lehre ziehen

enseigner [ɑ̃seɲe] V/T unterrichten (*abs ou* **qc** etw); **~ qc à qn** j-n in etw (*dat*) unterrichten; *fam* j-m etw beibringen; *par ext* j-n etw lehren; **~ l'histoire** *à l'école* Geschichte unterrichten; *à l'université* Geschichte lehren; Vorlesungen in Geschichte halten

ensemble [ɑ̃sɑ̃bl] A ADV 1 zusammen; miteinander; beisammen; (*en commun*) gemeinsam; **aller ensemble** zusammenpassen 2 (*simultanément*) zugleich; gleichzeitig B M 1 (*totalité*) Gesamtheit *f*; Ganze(s) *n*; **l'ensemble des professeurs** das Lehrerkollegium; die Lehrerschaft; **d'ensemble** Gesamt...; **dans l'ensemble** insgesamt; im (Großen und) Ganzen; alles in allem; **dans son ensemble** in s-r Gesamtheit 2 *(harmonie)* Zusammenspiel *n*, -wirken *n*, -klang *m* 3 MUS Ensemble *n* 4 *d'édifices* Komplex *m*; Gruppe *f*; **grand ensemble** Großsiedlung *f*; Trabantenstadt *f* 5 *de meubles* Garnitur *f*; Gruppe *f* 6 COUT Ensemble *n*; Komplet *n* 7 MATH Menge *f*; **théorie** *f* **des ensembles** Mengenlehre *f*

E

ensemblier [ɑ̃sɑ̃blije] M Innenarchitekt *m*

ensemencement [ɑ̃smɑ̃smɑ̃] M 1 *d'un champ* Einsaat *f* 2 *d'une rivière* Besetzen *n* mit Fischbrut **ensemencer** [-e] V/T ⟨-ç-⟩ 1 *champ* einsäen 2 *rivière* mit Fischbrut besetzen

enserrer [ɑ̃seʀe] V/T (eng) umschließen

ensevelir [ɑ̃səv(ə)liʀ] V/T 1 *litt (enterrer)* begraben; bestatten 2 *fig (recouvrir)* unter sich *(dat)* begraben; verschütten; **être enseveli (sous les décombres)** (unter den Trümmern) verschüttet, begraben werden *ou* sein 3 *fig secret* verbergen; begraben

ensevelissement [ɑ̃səv(ə)lismɑ̃] M 1 *litt (enterrement)* Begräbnis *n*; Bestattung *f*; *litt* Grablegung *f*; *dans un linceul* Einhüllen *n* in ein Leichentuch 2 *d'une ville* Begraben-, Verschüttetwerden *n*

ensoleillé [ɑ̃sɔleje] ADJ ⟨~e⟩ sonnig

ensoleillement [ɑ̃sɔlɛjmɑ̃] M Sonneneinstrahlung *f*; Sonnenschein *m*

ensoleiller [ɑ̃sɔleje] V/T *fig vie, journée* erhellen; Glanz bringen in (+*acc*); verschönern

ensommeillé [ɑ̃sɔmeje] ADJ ⟨~e⟩ schläfrig; schlaftrunken

ensorcelant [ɑ̃sɔʀsəlɑ̃] ADJ ⟨-ante [-ɑ̃t]⟩ bezaubernd; betörend

ensorceler [ɑ̃sɔʀsəle] V/T ⟨-ll-⟩ 1 verzaubern; verwünschen; verhexen 2 *fig* bezaubern; betören **ensorceleur** [-œʀ] M, **ensorceleuse** [-øz] F Verführer(in) *m(f)*; Hexe *f*

ensorcellement [ɑ̃sɔʀsɛlmɑ̃] M Verzauberung *f*

ensuite [ɑ̃sɥit] ADV dann; danach; darauf; nachher; hinterher

ensuivre [ɑ̃sɥivʀ] V/PR ⟨→ suivre; *défect: nur inf u. 3. Person sg u. pl*⟩ **s'~** *(découler)* sich daraus ergeben; *(suivre)* darauf folgen; **et tout ce qui s'ensuit** und alles, was damit zusammenhängt

entacher [ɑ̃taʃe] V/T *st/s honneur, réputation* beflecken; beschmutzen

entaille [ɑ̃taj] F 1 Einschnitt *m*; Kerbe *f* 2 *blessure* (tiefe) e

entailler [ɑ̃taje] A V/T TECH einschneiden B V/PR **s'~ le doigt** sich *(dat)* tief in den Finger schneiden

entame [ɑ̃tam] F Anschnitt *m*

entamer [ɑ̃tame] V/T 1 *réserves* anbrechen; *pain, rôti* anschneiden; *capital* angreifen 2 CHIM angreifen; anfressen 3 *fig optimisme, etc* erschüttern 4 *(commencer)* beginnen, anfangen (**qc** etw *ou* mit etw); *discussion* einleiten; eröffnen; *conversation* anknüpfen

entartrage [ɑ̃taʀtʀaʒ] M Ansatz *m*, Ablagerung *f* von Kesselstein

entartrer [ɑ̃taʀtʀe] A V/T Kesselstein ablagern in, auf (+ *dat*) B V/PR **s'~** Kesselstein ansetzen

entassement [ɑ̃tasmɑ̃] M 1 Auf-, Anhäufung *f*; *résultat a.* Haufen *m* 2 *de personnes* Zusammenpferchen *n*; *état* Zusammengepferchtsein *n*

entasser [ɑ̃tase] A V/T 1 *objets* auf-, anhäufen *(a. fig)*; (auf)stapeln 2 *personnes* zusammenpferchen (**dans** in + *dat*) B V/PR **s'~** 1 *objets* sich stapeln, türmen, (an)häufen, ansammeln 2 *personnes* sich (dicht zusammen)drängen

entendement [ɑ̃tɑ̃dmɑ̃] M Verständnis *n*; **dépasser l'~** die Fassungskraft übersteigen

entendeur [ɑ̃tɑ̃dœʀ] M **à bon ~ salut!** Sie wissen jetzt Bescheid!

entendre [ɑ̃tɑ̃dʀ] ⟨→ rendre⟩ A V/T 1 hören *(a. abs)*; *st/s* vernehmen; **j'ai mal entendu** ich habe mich verhört; **ne pas entendre qc** *a.* etw überhören; **à l'entendre** wenn man ihn hört; s-n Reden nach; **j'ai entendu dire que** … ich habe gehört, dass …; **entendre qn dire qc** j-n etw sagen hören; hören, wie j-d etw sagt; **entendre parler de qn, de qc** von j-m, von etw (reden) hören; **se faire entendre** zu hören sein; *personne* sich *(dat)* Gehör verschaffen 2 *(écouter) concert, etc* (sich [*dat*]) anhören; *témoin* hören; vernehmen; *prières* erhören 3 *(comprendre)* verstehen; **laisser entendre qc (à qn)** (j-m) etw zu verstehen geben; **entendre par** verstehen unter (+ *dat*); meinen mit 4 *st/s (vouloir)* beabsichtigen; wollen B V/PR 1 **s'entendre (bien, mal) avec qn** sich mit j-m (gut, schlecht) verstehen; **entendons-nous bien!** damit wir uns recht verstehen!; **s'entendre avec qn, sur qc** *(se mettre d'accord)* sich mit j-m, über etw *(acc)* verständigen; **s'y entendre** *(s'y connaître)* sich auf etw *(acc)* verstehen 2 *bruit, etc* zu hören sein

entendu [ɑ̃tɑ̃dy] ADJ ⟨~e⟩ 1 *(convenu)* abgemacht; **(c'est) ~!** einverstanden!; abgemacht!; geht in Ordnung!; **bien ~** natürlich; selbstverständlich; das versteht sich 2 *air, sourire* des Einverständnisses

entente [ɑ̃tɑ̃t] F 1 *(accord) processus* Verständigung *f*; *résultat* Übereinkommen *n*; Abmachung *f*; Absprache *f* (*a.* ÉCON); POL Entente *f*; Bündnis *n* 2 *(concorde)* Einvernehmen *n*; Eintracht *f*

entérinement [ɑ̃teʀinmɑ̃] M JUR *d'une expertise, etc* Bestätigung *f* (durch das Gericht) **entériner** [-e] V/T billigen; gutheißen

enterrement [ɑ̃tɛʀmɑ̃] M Beerdigung *f*; Bestattung *f*; *cérémonie a.* Begräbnis *n*; **tête** *f* **d'~**

Leichenbittermiene *f*; Trauermiene *f*

enterrer [ɑ̃teʀe] **A** VT **1** *mort* beerdigen; begraben; bestatten; zu Grabe tragen **2** *cadavre, trésor* vergraben; *par ext* **être enterré sous les décombres** unter den Trümmern begraben werden *ou* (begraben) liegen **3** *fig affaire, projets* begraben **B** VPR **s'~** *fig* sich vergraben (**en province** in der Provinz)

entêtant [ɑ̃tɛtɑ̃] ADJ ⟨-ante [-ɑ̃t]⟩ betäubend; zu Kopfe steigend

en-tête [ɑ̃tɛt] M ⟨en-têtes⟩ Briefkopf *m*

entêté [ɑ̃tete] ADJ ⟨~e⟩ eigensinnig; starrköpfig, -sinnig; *fam* stur; dickköpfig

entêtement [ɑ̃tɛtmɑ̃] M Eigensinn *m*; Starrsinn *m*; *fam* Sturheit *f*; Dickköpfigkeit *f*

entêter [ɑ̃tete] VPR **s'~** eigensinnig werden; **s'~ dans qc** eigensinnig auf etw (*dat*) beharren; **s'~ à faire qc** sich darauf versteifen, etw zu tun

enthousiasmant [ɑ̃tuzjasmɑ̃] ADJ ⟨-ante [-ɑ̃t]⟩ begeisternd; hinreißend **enthousiasme** [-m] M Begeisterung *f*; Enthusiasmus *m*

enthousiasmer [ɑ̃tuzjasme] **A** VT begeistern; in Begeisterung versetzen **B** VPR **s'~** sich begeistern (**pour** für)

enthousiaste [ɑ̃tuzjast] ADJ begeistert; enthusiastisch

entichement [ɑ̃tiʃmɑ̃] M Schwärmerei *f*; Vorliebe *f*

enticher [ɑ̃tiʃe] VPR **s'~ de** schwärmen für; sich vernarren in (+ *acc*)

entier [ɑ̃tje] **A** ADJ ⟨-ière [-jɛʀ]⟩ **1** ganz; **une année entière** ein ganzes, volles Jahr; **lait ~** Vollmilch *f*; **tout ~** (! unveränderlich) ganz; **en ~** ganz; vollständig **2** (*absolu*) völlig; uneingeschränkt; *confiance a.* unbedingt **3** (*intact*) ganz; unversehrt; *mystère* **rester ~** ungelöst bleiben **4** *caractère* gerade; unbeugsam; direkt **B** M MATH Ganze(s) *n*

entièrement [ɑ̃tjɛʀmɑ̃] ADV ganz; völlig; voll und ganz; gänzlich

entité [ɑ̃tite] F Gebilde *n*

entomologie [ɑ̃tɔmɔlɔʒi] F Insektenkunde *f*; *t/t* Entomologie *f*

entonner [ɑ̃tɔne] VT anstimmen; intonieren

entonnoir [ɑ̃tɔnwaʀ] M Trichter *m*

entorse [ɑ̃tɔʀs] F Verstauchung *f*; **se faire une ~ au pied** sich (*dat*) den Fuß verstauchen; *fig* **faire une ~ à** verstoßen gegen

entortiller [ɑ̃tɔʀtije] **A** VT **1** (ein)wickeln (**dans** in + *acc*) **2** *fig* **~ qn** j-n beschwatzen, *fam* einwickeln **B** VPR **s'~** sich wickeln (**autour de** um)

entourage [ɑ̃tuʀaʒ] M Umgebung *f*; Umfeld *n*

entouré [ɑ̃tuʀe] ADJ ⟨~e⟩ **1** **~ de** umgeben von **2** *personne* (**très**) **~** sehr umschwärmt; viel bewundert; **être mal ~** schlechte Ratgeber, Mitarbeiter haben

entourer [ɑ̃tuʀe] **A** VT **1** umgeben (**de** mit); **~ de, en rouge** rot umranden **2** *personnes* **~ qn** j-n umgeben; (ständig) um j-n herum sein; *par ext* (*s'occuper de qn*) j-m Zuwendung entgegenbringen; j-m zur Seite stehen **B** VPR **s'~ de** sich umgeben mit

entourloupette [ɑ̃tuʀlupɛt] *fam* F (übler) Streich

entournure [ɑ̃tuʀnyʀ] F Ärmelausschnitt *m*; *fig* **être gêné aux ~s** sich unbehaglich fühlen; *financièrement fam* knapp bei Kasse sein

entracte [ɑ̃tʀakt] M Pause *f*

entraide [ɑ̃tʀɛd] F (gegenseitige) Hilfe

entraider [ɑ̃tʀede] VPR **s'~** einander, sich gegenseitig helfen

entrailles [ɑ̃tʀaj] FPL **1** (*viscères*) Eingeweide *pl* **2** *fig* Innere(s) *n*; *litt* Schoß *m*

entrain [ɑ̃tʀɛ̃] M Schwung *m*; Temperament *n*

entraînant [ɑ̃tʀɛnɑ̃] ADJ ⟨-ante [-ɑ̃t]⟩ beschwingt; mitreißend; schwungvoll

entraînement [ɑ̃tʀɛnmɑ̃] M **1** Training *n* (*a.* SPORTS); Schulung *f*; Übung *f* **2** TECH Antrieb *m*

entraîner [ɑ̃tʀene] **A** VT **1** **entraîner qc** etw (mit sich) fortreißen; etw mitreißen; TECH etw antreiben **2** **entraîner qn** j-n mitnehmen, *dans sa chute* mitreißen; *fig musique* j-n mitreißen; *fig passion* j-n hinreißen; *fig* **entraîner qn dans qc** j-n in etw (*acc*) (mit) hineinziehen; **entraîner qn à faire qc** j-n dazu bringen, veranlassen, etw zu tun **3** (*avoir pour conséquence*) nach sich ziehen; zur Folge haben; mit sich bringen **4** (*exercer*) trainieren (*a.* SPORTS); schulen **B** VPR **s'entraîner** trainieren (*a.* SPORTS); sich üben (**à [faire] qc** in etw [*dat*])

entraîneur [ɑ̃tʀɛnœʀ] M Trainer(in) *m(f)* **entraîneuse** [-øz] F Animierdame *f*, -mädchen *n*

entrant [ɑ̃tʀɑ̃] ADJ ⟨-ante [-ɑ̃t]⟩ neu eintretend, hinzukommend

entrapercevoir [ɑ̃tʀapɛʀsəvwaʀ] VT ⟨→ recevoir⟩ flüchtig sehen, erblicken

entrave [ɑ̃tʀav] F **1** (Fuß)Fessel *f* **2** *fig* Fessel *f*; Hemmnis *n*; Hindernis *n*; **~ à la liberté de la presse** Beeinträchtigung *f* der Pressefreiheit

entraver [ɑ̃tʀave] VT **1** (am Fuß) fesseln **2** *fig* behindern; beeinträchtigen; hemmen **3** *argot* (*comprendre*) *fam* kapieren

entre [ɑ̃tʀ] PRÉP **1** *lieu, temps* zwischen (+ *dat*; *question «wohin?»* + *acc*) **2** (*parmi*) unter (+ *dat*); **~ autres** unter anderem; **(soit dit) ~ nous** unter uns (gesagt); **~ amis** unter Freunden; **qui d'~ vous?** wer von euch?

entrebâillement [ɑ̃tʀəbajmɑ̃] M (Tür)Spalt

m **entrebâiller** [-e] VT e-n Spalt (weit) öffnen; anlehnen
entrechat [ɑ̃tʀəʃa] M DANSE Entrechat *m*
entrechoquer [ɑ̃tʀəʃɔke] VT *et* V/PR **s'~** aneinanderstoßen
entrecôte [ɑ̃tʀəkot] F Rippenstück *n;* Entrecote *n*
E
entrecoupé [ɑ̃tʀəkupe] ADJ ⟨~e⟩ **~ de** unterbrochen von
entrecouper [ɑ̃tʀəkupe] VT unterbrechen (**qc de qc** etw durch etw)
entrecroisement [ɑ̃tʀəkʀwazmɑ̃] M *de poutres, etc* Kreuzung *f* **entrecroiser** [-e] A VT ineinanderflechten B V/PR **s'~** sich überkreuzen
entre-déchirer [ɑ̃tʀədeʃiʀe] V/PR *litt et fig* **s'~** einander bekriegen, *plus fort* zerfleischen
entre-deux [ɑ̃tʀədø] M (! unveränderlich) 1 COUT (Spitzen)Einsatz *m* 2 BASKET Sprungball *m;* FOOTBALL Schiedsrichterball *m*
entre-deux-guerres [ɑ̃tʀədøgɛʀ] M (! unveränderlich) Zeit *f* zwischen den zwei Weltkriegen
entrée [ɑ̃tʀe] F 1 *action* Eintritt *m;* Eintreten *n;* Hereinkommen *n; en scène* Auftritt *m; dans un pays* Einreise *f; de véhicules* Einfahrt *f; par ext* **~ en fonction(s)** Amtsantritt *m;* **~ en matière** Einleitung *f; fig* **avoir ses ~s chez qn** bei j-m ein und aus gehen 2 *endroit* Eingang *m; d'un bus* Einstieg *m; pour véhicules* Einfahrt *f;* **~ des artistes** Bühneneingang *m;* **~ d'air** Lufteintritt *m,* -zuführung *f* 3 *dans un parti, etc* Eintritt *m;* Aufnahme *f;* **~ au lycée** Eintritt *m,* Aufnahme *f* ins Gymnasium 4 *(prix d'entrée)* Eintritt *m;* Eintrittsgeld *n; (billet)* Eintrittskarte *f* 5 *(vestibule)* Diele *f;* Vorraum *m;* Flur *m* 6 CUIS erster Gang; Vorspeise *f* 7 INFORM Eingabe *f;* Input *m ou n* 8 *d'un dictionnaire* Stichwort *n* 9 **d'~ de jeu** gleich zu Beginn; von vornherein
entrefaite [ɑ̃tʀəfɛt] **sur ces ~s** in diesem Augenblick, Moment
entrefilet [ɑ̃tʀəfilɛ] M kurze Notiz, Meldung
entregent [ɑ̃tʀəʒɑ̃] M **avoir de l'~** sehr gewandt, kontaktfreudig sein
entrejambe [ɑ̃tʀəʒɑ̃b] M COUT Schritt *m*
entrelacement [ɑ̃tʀəlasmɑ̃] M Ineinanderflechten *n,* -schlingen *n; résultat* Verflochtensein *n*
entrelacer [ɑ̃tʀəlase] ⟨-ç-⟩ A VT ineinanderschlingen; (miteinander) verflechten; *adjt* **entrelacé** ineinander verschlungen; (ineinander) verflochten B V/PR **s'~** sich verflechten; ineinander verschlungen, verflochten sein
entrelacs [ɑ̃tʀəla] M Flechtdekoration *f;* Flechtwerk *n*
entrelarder [ɑ̃tʀəlaʀde] VT CUIS spicken
entremêler [ɑ̃tʀəmele] VT (ver)mischen; vermengen
entremets [ɑ̃tʀəmɛ] M Süßspeise *f;* Nachtisch *m*
entremetteur [ɑ̃tʀəmɛtœʀ] M 1 *(intermédiaire)* Mittelsmann *m* 2 *péj (proxénète)* Kuppler *m*
entremetteuse [ɑ̃tʀəmɛtøz] F *péj* Kupplerin *f*
entremettre [ɑ̃tʀəmɛtʀ] V/PR ⟨→ mettre⟩ *st/s* **s'~** vermitteln
entremise [ɑ̃tʀəmiz] F Vermittlung *f*
entrepont [ɑ̃tʀəpɔ̃] M Zwischendeck *n*
entreposer [ɑ̃tʀəpoze] VT (ein)lagern
entrepôt [ɑ̃tʀəpo] M Lager *n;* Lagerhaus *n,* -halle *f;* Warenlager *n*
entreprenant [ɑ̃tʀəpʀənɑ̃] ADJ ⟨-ante [-ɑ̃t]⟩ 1 unternehmungslustig; einsatzfreudig; rührig 2 *auprès des femmes* draufgängerisch; *péj* aufdringlich
entreprendre [ɑ̃tʀəpʀɑ̃dʀ] VT ⟨→ prendre⟩ 1 unternehmen; in Angriff nehmen; **~ de faire qc** versuchen *ou* es unternehmen, etw zu tun 2 **~ qn** j-n zu überreden (ver)suchen
entrepreneur [ɑ̃tʀəpʀənœʀ] M, **entrepreneuse** [-øz] F (Bau)Unternehmer(in) *m(f)*
entreprise [ɑ̃tʀəpʀiz] F 1 *(projet)* Unternehmen *n,* -ung *f;* Vorhaben *n* 2 ÉCON Unternehmen *n;* Betrieb *m;* Firma *f; par ext* **la libre ~** das freie Unternehmertum; **petites et moyennes ~s** Klein- und Mittelbetriebe *mpl*
entrer [ɑ̃tʀe] A VT INFORM eingeben B VI ⟨être⟩ 1 *personne* eintreten; herein-, *fam* reinkommen; hinein-, *fam* reingehen; betreten (**dans qc** etw); *dans un pays* einreisen; *(qn en) voiture* hinein- *ou* hereinfahren; *lumière* hereinkommen, -fallen; **entrez!** kommen Sie herein!; treten Sie ein!; *quand on frappe* herein!; **~ dans** *a.* gehen, kommen in (+ *acc*); **~ en scène** auftreten; **faire ~ qn** j-n eintreten lassen, hereinholen; **faites ~** ich lasse bitten 2 *objets* hineingehen, (hinein)passen (**dans** in + *acc*); **faire ~ qc dans qc** etw in etw *(acc)* hineinstecken, -drücken 3 *dans une entreprise, un club, etc* eintreten; **~ à l'école** in die, zur Schule kommen 4 *par ext (changer d'état)* (ein)treten, kommen (**dans, en** in + *acc*); **~ dans l'histoire** in die Geschichte eingehen; **~ en communication avec qn** mit j-m in Verbindung treten; **~ en guerre** in den Krieg eintreten 5 *(faire partie de)* e-n Bestandteil bilden (**dans** von *ou* + *gén*); **~ dans la fabrication de qc** zur Herstellung e-r Sache verwendet werden; **~ en ligne de compte** in Betracht kommen
entresol [ɑ̃tʀəsɔl] M Zwischengeschoss *n*
entre-temps [ɑ̃tʀətɑ̃] ADV inzwischen; in der Zwischenzeit; unterdessen
entretenir [ɑ̃tʀətniʀ] ⟨→ venir⟩ A VT 1 *relations, correspondance, etc* unterhalten; aufrechter-

halten; *relations, légende a.* pflegen **2** *maison, vêtements, etc* instand, in Ordnung halten; *édifice a.* erhalten; unterhalten; *machine a.* warten; *voiture a.* pflegen; **bien entretenu** gut erhalten; gepflegt **3** *famille* unterhalten; für den Unterhalt aufkommen (+ *gén*); *péj femme* aushalten **4** *st/s* **~ qn de qc** mit j-m über etw (*acc*) reden **B** V/PR **s'~ avec qn de qc** sich mit j-m über etw (*acc*) unterhalten; mit j-m etw besprechen

entretenu [ɑ̃tʀətny] ADJ ⟨~e⟩ **1** **bien (mal) ~** *parc, maison, voiture* (nicht) gepflegt; in gutem (schlechtem) Zustand; *voiture, édifice a.* (nicht) gut erhalten **2** *péj femme, homme* ausgehalten

entretien [ɑ̃tʀətjɛ̃] M **1** *en bon état* Unterhaltung *f*; Unterhalt *m*; Instandhaltung *f*; Pflege *f*; TECH Wartung *f* **2** *d'une famille* (Lebens)Unterhalt *m* **3** (*conversation*) Unterredung *f*; Besprechung *f*; Gespräch *n*; **~ d'embauche** Vorstellungsgespräch *n*

entretuer [ɑ̃tʀətɥe] V/PR **s'~** einander, sich gegenseitig umbringen

entrevoir [ɑ̃tʀəvwaʀ] V/T ⟨→ voir⟩ **1** flüchtig *ou* undeutlich sehen **2** (*pressentir*) ahnen; vorhersehen

entrevue [ɑ̃tʀəvy] F Unterredung *f*

entrouvrir [ɑ̃tʀuvʀiʀ] V/T ⟨→ couvrir⟩ halb, ein wenig, e-n Spalt (weit) öffnen, aufmachen

entubage [ɑ̃tybaʒ] M *pop* Beschiss *m* **entuber** [-e] V/T *pop* bescheißen

énumération [enymeʀasjõ] F Aufzählung *f*

énumérer [-e] V/T ⟨-è-⟩ aufzählen

énurésie [enyʀezi] F Bettnässen *n*

envahir [ɑ̃vaiʀ] V/T **1** *territoire* einfallen in (+ *acc*); überfallen **2** *par ext* überfluten; *herbes: jardin* überwuchern; *produit: marché* überschwemmen; *foule* **~ la salle** in den Saal strömen **3** *sentiment* **~ qn** j-n überkommen

envahissant [ɑ̃vaisɑ̃] ADJ ⟨-ante [-ɑ̃t]⟩ **1** *voisin* aufdringlich **2** *mauvaises herbes* überhandnehmend

envahissement [ɑ̃vaismɑ̃] M **1** Überfall *m* (**d'un pays** auf ein Land); Einmarsch *n* (in ein Land) **2** *fig* Überhandnehmen *n*; *par les mauvaises herbes* Überwucherung *f*; *par l'eau, par la pub* Überflutung *f*; *du marché* Überschwemmung *f*

envahisseur [ɑ̃vaisœʀ] M Aggressor *m*; Eindringling *m*

envasement [ɑ̃vazmɑ̃] M *d'un port* Verschlammung *f*

envaser [ɑ̃vaze] V/PR **s'~** **1** *canal* verschlammen **2** *bateau* im Schlamm versinken, stecken bleiben

enveloppant [ɑ̃vlɔpɑ̃] ADJ ⟨-ante [-ɑ̃t]⟩ **1** einhüllend, umhüllend (*a.* MATH); umfassend **2** *fig manières* einschmeichelnd; *a. personne* bestrickend; verführerisch

enveloppe [ɑ̃vlɔp] F **1** (Brief)Umschlag *m*; **mettre dans une ~, sous ~** in e-n Umschlag stecken **2** (*revêtement*) Hülle *f* (*a. fig*); Umhüllung *f* **3** **~ budgétaire** Haushaltssumme *f*

enveloppé [ɑ̃vlɔpe] ADJ ⟨~e⟩ *fam* **bien ~** vollschlank; dicklich

enveloppement [ɑ̃vlɔpmɑ̃] M **1** Einwickeln *n*, -hüllen *n*, -schlagen *n*; Verpacken *n*, -ung *f* **2** MÉD Umschlag *m*; Wickel *m* **3** MIL Umfassung *f*; Einkreisung *f*

envelopper [ɑ̃vlɔpe] **A** V/T **1** einwickeln, einhüllen, einschlagen (**dans** in + *acc*); *emballage* **~ qc** etw umhüllen **2** *fig pensées* einkleiden; verpacken; *brouillard* **~ qc** etw ein-, verhüllen **B** V/PR **s'~ dans** sich hüllen, sich wickeln in (+ *acc*)

envenimement [ɑ̃vnimmɑ̃] M MÉD **1** *d'une blessure* Reizung *f*; Entzündung *f* **2** *par un animal venimeux* Vergiftung *f* **envenimer** [-e] **A** V/T **1** *blessure* infizieren **2** *fig* verschärfen **B** V/PR **s'~** **1** *blessure* sich entzünden **2** *fig* sich verschärfen

envergure [ɑ̃vɛʀgyʀ] F **1** ZOOL, AVIAT Spannweite *f* **2** *fig* (*valeur*) Format *n*; **d'~** von Format; **avoir de l'~, manquer d'~** Format, kein Format haben **3** *fig* (*ampleur*) Ausmaß *n*; Umfang *m*; **de grande ~** großen Umfangs; groß angelegt; *œuvre* **sans ~** mittelmäßig

enverrai, *etc* [ɑ̃vɛʀɛ] → envoyer

envers[1] [ɑ̃vɛʀ] PRÉP **1** gegenüber (+ *dat*); gegen (+ *acc*); **aimable ~ qn** freundlich zu j-m **2** **~ et contre tous** *ou* **tout** allen Widerständen, Schwierigkeiten zum Trotz

envers[2] M **1** Rückseite *f*; *d'un tissu a.* linke Seite; **à l'envers** umgekehrt; verkehrt (herum); TEXT links **2** *fig* **l'envers du décor** die Kehrseite; die Schattenseite

envi [ɑ̃vi] ADV *litt* **à l'~** um die Wette

enviable [ɑ̃vjabl] ADJ beneidenswert

envie [ɑ̃vi] F **1** (*jalousie*) Neid *m*; Missgunst *f* **2** (*désir*) Lust *f* (**de** auf + *acc*; zu); Verlangen *n* (nach); **avoir ~ de (faire) qc** Lust haben auf etw (*acc*), zu etw, etw zu tun; etw gerne (tun, haben) wollen; **il a ~ de pleurer** er möchte am liebsten weinen; *chose* **faire ~ à qn** j-n reizen **3** (*besoin organique*) (natürliches) Bedürfnis; Drang *m*; *fam* **avoir ~ de faire pipi** *fam* mal müssen; **j'ai ~ de vomir** mir wird schlecht **4** *autour de l'ongle* Niednagel *m* **5** *sur la peau* Muttermal *n*

envier [ɑ̃vje] V/T **~ qn** j-n beneiden; auf j-n neidisch sein; **~ qc à qn** j-n um etw beneiden; j-m etw neiden, missgönnen; **n'avoir rien à ~ à qn** j-m in nichts nachstehen

envieux [ɑ̃vjø] **A** ADJ ⟨-euse [-øz]⟩ neidisch (**de** auf + *acc*); missgünstig **B** M Neider *m*; **faire des ~** beneidet werden

environ [ɑ̃viʀõ] ADV ungefähr; etwa; rund; zirka

environnant [ɑ̃viʀɔnɑ̃] ADJ ⟨-ante [-ɑ̃t]⟩ umliegend

environnement [ɑ̃viʀɔnmɑ̃] M 1 ÉCOL Umwelt *f*; **protection** *f* **de l'~** Umweltschutz *m* 2 *(entourage)* Umfeld *n*

environner [ɑ̃viʀɔne] V/T umgeben

environs [ɑ̃viʀõ] MPL 1 Umgebung *f*; Umland *n*; **dans les ~** in der Umgebung; in dieser Gegend 2 **aux ~ de** *époque* um; gegen; *lieu* in der Nähe, Umgebung von; bei; *par ext* ungefähr; um (die)

envisageable [ɑ̃vizaʒabl] ADJ in Betracht zu ziehen(d); denkbar

envisager [ɑ̃vizaʒe] V/T ⟨-ge-⟩ ins Auge fassen; in Betracht ziehen; **~ de faire qc** beabsichtigen, vorhaben, daran denken, etw zu tun

envoi [ɑ̃vwa] M 1 *action* Versendung *f*; Verschickung *f*; Zusendung *f*; Übersendung *f*; COMM Versand *m*; *de troupes* Entsendung *f* 2 *(paquet)* Sendung *f* 3 SPORTS, *fig* **coup** *m* **d'~** Anstoß *m*; **donner le coup d'~** den Anstoß ausführen, *fig* geben (**à** zu)

envol [ɑ̃vɔl] M Wegfliegen *n*

envolée [ɑ̃vɔle] F Aufschwung *m (a. des prix)*; Gedankenflug *m*

envoler [ɑ̃vɔle] V/PR **s'~** 1 *oiseau* auf-, wegfliegen; *avion* abfliegen; aufsteigen; *fig feuilles* davonfliegen 2 *fam objets* verschwinden; *fam* Beine kriegen

envoûtant [ɑ̃vutɑ̃] ADJ ⟨-ante [-ɑ̃t]⟩ bezaubernd; verführerisch

envoûtement [ɑ̃vutmɑ̃] M 1 Verhexung *f* 2 *fig* Zauber *m*; Bann *m*

envoûter [ɑ̃vute] V/T 1 verhexen 2 *fig* be-, verzaubern; in s-n Bann schlagen

envoyé [ɑ̃vwaje] M 1 **~ spécial** Sonderberichterstatter *m* 2 *(délégué)* Abgesandte(r) *m*

envoyer [ɑ̃vwaje] ⟨-oi-; *Futur u. Conditionnel* j'enverrai(s)⟩ A V/T 1 *personne* schicken; ausschicken; *délégué, troupes* entsenden; **~ (qn) chercher qn, qc** (j-n) nach j-m, etw schicken; (j-n) j-n, etw holen lassen 2 *choses* (ab-, weg-, ver-, ein)schicken, (-)senden; **~ qc à qn** j-m etw (zu)schicken, zusenden, übersenden; **~ des invitations** Einladungen verschicken 3 *coup* versetzen; *fam* verpassen; *balle* werfen; *avec le pied* treten; schießen B V/PR **s'~** *fam travail* auf sich *(acc)* nehmen (müssen); *fam* sich *(dat)* aufhalsen; *fam nourriture* sich *(dat)* gönnen; *fam* sich *(dat)* genehmigen; *fam* sich *(dat)* reinziehen; *pop fille fam* vernaschen

envoyeur [ɑ̃vwajœʀ] M Absender *m*

enzyme [ɑ̃zim] M OU F Enzym *n*

éolien [eɔljɛ̃] A ADJ ⟨-ienne [-jɛn]⟩ Wind…; **énergie ~ne** Windkraft *f* B F **~ne** Windrad *n*; Windkraftanlage *f*

éosine [eɔzin] F CHIM Eosin *n*

épagneul [epaɲœl] M Spaniel *m*

épais [epɛ] ADJ ⟨épaisse [epɛs]⟩ 1 *mur, couche, etc* dick; *lèvres a.* wulstig; **~ de 2 cm** 2 cm dick, stark 2 *brouillard, fumée, cheveux, forêt* dicht; *obscurité* undurchdringlich 3 *liquides* dick(flüssig); zäh; *soupe, sauce* dick; sämig 4 *fig plaisanterie* plump; grob

épaisseur [epɛsœʀ] F 1 Dicke *f*; Stärke *f* 2 *du brouillard, etc* Dichte *f*

épaissir [epesiʀ] A V/T *sauce, etc* eindicken B V/I *sauce, etc* dick(er), dickflüssig werden; einkochen; *sauce a.* sämig werden C V/PR **s'~** dick(er) werden; sich verdicken; *brouillard* dichter, stärker werden; sich verdichten; *obscurité, mystère* (immer) undurchdringlicher werden

épaississant [epesisɑ̃] M Verdickungsstoff *m*

épaississement [-mɑ̃] M *du brouillard* Dichter-, Dicker-, Stärkerwerden *n*; *de la peau* Verdickung *f*; *de la peinture* Eindickung *f*

épanchement [epɑ̃ʃmɑ̃] M MÉD, *fig* Erguss *m*

épancher [epɑ̃ʃe] V/PR 1 MÉD **s'~** sich ergießen 2 **s'~ (auprès de qn)** (j-m) sein Herz ausschütten; sich (bei j-m) aussprechen

épandage [epɑ̃daʒ] M **champs** *mpl* **d'~** Rieselfelder *npl*

épanoui [epanwi] ADJ ⟨~e⟩ 1 *fleur* aufgeblüht 2 *visage* (freude)strahlend; vergnügt 3 *formes* (voll) entwickelt

épanouir [epanwiʀ] V/PR **s'~** 1 *fleur, fig* sich entfalten; aufblühen; *st/s* erblühen; *fleur a.* aufgehen 2 *visage* aufleuchten

épanouissement [epanwismɑ̃] M 1 *de fleurs* Aufblühen *n*; Aufgehen *n* 2 *fig* (volle) Entfaltung, Entwicklung; *st/s* Aufblühen *n*

épargnant [epaʀɲɑ̃] M Sparer *m*; **les petits ~s** die Kleinsparer *mpl*

épargne [epaʀɲ] F 1 *action* Sparen *n*; Spartätigkeit *f* 2 *somme(s)* Spargelder *npl*; Ersparnisse *fpl*

épargne-logement F Bausparen *n*

épargner [epaʀɲe] A V/T 1 *argent, par ext forces, etc* sparen 2 **~ qc à qn** j-m etw ersparen; j-n mit etw verschonen 3 *(ménager)* verschonen; **être épargné** verschont bleiben B V/PR *fig* **s'~ qc** sich *(dat)* etw ersparen

éparpillement [epaʀpijmɑ̃] M 1 *état* Verstreutsein *n*; Herumliegen *n*; *action* Verstreuen *n*; Herumstreuen *n* 2 *fig des efforts* Verzettelung *f*; Zersplitterung *f*

éparpiller [epaʀpije] A V/T 1 verstreuen; umherstreuen; **être éparpillé** herumliegen; verstreut sein, liegen 2 *fig* verzetteln; zersplittern B V/PR **s'~** *fig personne* sich verzetteln

épars [epaʀ] *st/s* ADJ ⟨éparse [epaʀs]⟩ verstreut; *cheveux* aufgelöst; **pluies ~es** strichweise Re-

gen *m*
épatant [epatɑ̃] ADJ ⟨-ante [-ɑ̃t]⟩ *fam* toll; *fam* klasse; *fam* fantastisch
épate [epat] F *fam* **faire de l'~** *fam* Eindruck schinden (wollen)
épaté [epate] ADJ ⟨~e⟩ **1** *nez* platt (gedrückt); stumpf **2** *fam (étonné)* verblüfft; *fam* platt **épatement** [-mɑ̃] M **1** *du nez* Plattheit *f* **2** *fam (étonnement)* Verblüffung *f*; Erstaunen *n* **épater** [-e] *fam* V/T verblüffen; imponieren (**qn** j-m)
épaule [epol] F Schulter *f (a.* CUIS*)*; *chez l'homme a.* Achsel *f*; *fig* **avoir la tête sur les ~s** vernünftige Ansichten haben; vernünftig, ausgeglichen sein
épaulé [epole] M HALTÉROPHILIE Umsetzen *n*
épauler [epole] V/T **1** *fusil* anlegen *(a. abs)* **2** *fig* unterstützen
épaulette [epolɛt] F **1** MIL Schulterstück *n* **2** COUT Schulterpolster *n*
épave [epav] F Wrack *n (a. fig de qn)*
épeautre [epotʀ] M BOT Dinkel *m*
épée [epe] F Schwert *n*; Degen *m*; *fig* **un coup d'~ dans l'eau** ein Schlag ins Wasser
épeler [eple] V/T ⟨-ll-⟩ buchstabieren
épellation [epɛ(l)lasjõ] F Buchstabieren *n*
épépiner [epepine] V/T entkernen
éperdu [epɛʀdy] ADJ ⟨~e⟩ **1** außer sich (**de** vor); **~ de bonheur** überglücklich **2** *amour* leidenschaftlich; heftig **3** **fuite ~e** überstürzte Flucht
éperdument [epɛʀdymɑ̃] ADV **~ amoureux** (un)sterblich verliebt; **je m'en moque ~** das ist mir völlig gleichgültig
éperlan [epɛʀlɑ̃] M ZOOL Stint *m*
éperon [epʀõ] M **1** Sporn *m* **2** GÉOL Vorsprung *m*
éperonner [epʀɔne] V/T **1** **~ son cheval** s-m Pferd die Sporen geben **2** *fig* anspornen
épervier [epɛʀvje] M ZOOL Sperber *m*
éphémère [efemɛʀ] **A** ADJ vergänglich; vorübergehend; kurzlebig; ephemer **B** M Eintagsfliege *f*
éphéméride [efemeʀid] F Abreißkalender *m*
épi [epi] M **1** Ähre *f*; *de maïs* Kolben *m* **2** *de cheveux* (Haar)Wirbel *m* **3** **stationnement** *m* **en ~** Schrägparken *n*
épice [epis] F Gewürz *n*; **pain** *m* **d'~(s)** Honig-, Pfeffer-, Lebkuchen *m*
épicé [epise] ADJ ⟨~e⟩ gewürzt; würzig; pikant; scharf
épicéa [episea] M Fichte *f*
épicentre [episɑ̃tʀ] M Epizentrum *n*
épicer [epise] V/T ⟨-ç-⟩ würzen *(a. fig)*
épicerie [episʀi] F **1** Lebensmittelgeschäft *n*; **petite ~ du coin** Tante-Emma-Laden *m* **2** *produits* Lebensmittel *npl*; **~ fine** Feinkost *f*; Delikatessen *fpl*
épicier [episje] M, **épicière** [episjɛʀ] F Lebensmittelhändler(in) *m(f)*; Krämer *m*
Épicure [epikyʀ] M Epikur *m*
épicurien [epikyʀjɛ̃] PHIL *et fig* **A** ADJ ⟨-ienne [-jɛn]⟩ epikureisch **B** M Epikureer *m* **épicurisme** [-ism] M PHIL *et fig* Epikureismus *m*
épidémie [epidemi] F MÉD, *fig* Epidemie *f*; Seuche *f*; *fig de suicides* Serie *f*; Welle *f*
épidémiologie [epidemjɔlɔʒi] F Epidemiologie *f*; Seuchenlehre *f*
épidémique [epidemik] ADJ epidemisch; seuchenartig
épiderme [epidɛʀm] M Epidermis *f*; Oberhaut *f*
épidermique [epidɛʀmik] ADJ **1** ANAT der Epidermis; Oberhaut… **2** *fig (superficiel)* oberflächlich
épier [epje] V/T (heimlich) beobachten; belauern
épieu [epjø] M ⟨~x⟩ Spieß *m*
épigramme [epigʀam] F Epigramm *n*
épigraphe [epigʀaf] F **1** *(inscription)* Inschrift *f* **2** *(exergue)* Motto *n*
épilateur [epilatœʀ] M Epiliergerät *n*; Epilierer *m* **épilation** [-sjõ] F Enthaarung *f* **épilatoire** [-twaʀ] ADJ Enthaarungs…; Haarentfernungs…
épilepsie [epilɛpsi] F Epilepsie *f*
épileptique [epilɛptik] **A** ADJ epileptisch **B** M/F Epileptiker(in) *m(f)*
épiler [epile] **A** V/T enthaaren; *sourcils* auszupfen **B** V/PR **s'~ les jambes** sich *(dat)* die Beinhaare entfernen
épilogue [epilɔg] M **1** Epilog *m* **2** *fig* Ende *n*; Ausgang *m*
épiloguer [epilɔge] V/T INDIR **~ sur qc** (hinterher) lange über etw *(acc)* diskutieren
épinards [epinaʀ] MPL Spinat *m*
épine [epin] F **1** Dorn *m*; Stachel *m*; *fig* **enlever, ôter, tirer à qn une ~ du pied** j-m aus e-r schwierigen Lage, Notlage helfen; *fam* j-m aus der Klemme, Patsche helfen **2** **~ dorsale** Rückgrat *n*
épineux [epinø] ADJ ⟨-euse [-øz]⟩ **1** BOT dornig; stach(e)lig **2** *fig problème* heikel; kniff(e)lig
épinglage [epɛ̃glaʒ] M **1** Befestigen *n* mit Nadeln; Feststecken *n* **2** COUT Abstecken *n*
épingle [epɛ̃gl] F (Steck)Nadel *f*; **~ à cheveux** Haarnadel *f*; **virage** *m* **en ~ à cheveux** Haarnadelkurve *f*; **~ de nourrice, de sûreté** Sicherheitsnadel *f*; **attacher, fixer qc avec des ~s** etw feststecken, mit Nadeln befestigen; *fig* **monter en ~** groß herausstellen; *fig* **tirer son ~ du jeu** sich geschickt aus der Affäre ziehen; rechtzeitig abspringen; *fig* **tiré à quatre**

~**s** wie aus dem Ei gepellt
épingler [epɛ̃gle] V/T **1** an-, feststecken; *ourlet* abstecken **2** *fam fig* ~ **qn** *fam* j-n schnappen; **se faire** ~ sich erwischen lassen; *fam* geschnappt werden
épinière [epinjɛʀ] ADJ F **moelle** ~ Rückenmark *n*
Épiphanie [epifani] F (Fest *n* der) Erscheinung *f* des Herrn; Epiphanias *n*
épique [epik] ADJ **1** episch **2** *fig* abenteuerlich
épiscopal [episkɔpal] ADJ ⟨~e; -aux [-o]⟩ bischöflich; Bischofs…
épiscopat [episkɔpa] M Episkopat *m ou n* (*a. coll*); Bischofswürde *f*, -amt *n*
épisode [epizɔd] M (❗ maskulin) Episode *f*; (*événement*) *a.* Begebenheit *f* **épisodique** [-ik] ADJ episodisch; (*secondaire*) nebensächlich
épistémologie [epistemɔlɔʒi] F PHIL Epistemologie *f*; Erkenntnislehre *f*
épistolaire [epistɔlɛʀ] ADJ Brief…; brieflich
épitaphe [epitaf] F Grabinschrift *f*
épithète [epitɛt] F **1** Beiwort *n*; Bezeichnung *f* **2** *adjt* **adjectif** *m* ~ attributives Adjektiv
épître [epitʀ] F (Apostel)Brief *m*; Epistel *f* (*a. à la messe*)
éploré [eplɔʀe] ADJ ⟨~e⟩ *visage* verweint; *personne* in Tränen aufgelöst; *par ext* (*affligé*) untröstlich
épluchage [eplyʃaʒ] M **1** *de pommes de terre* Schälen *n*; *de salades, de légumes* Putzen *n*; Verlesen *n* **2** *fig* strenge Kontrolle; genaue Prüfung, Durchsicht
épluche-légumes [eplyʃlegym] M (❗ unveränderlich) Schälmesser *n*; Gemüseschäler *m*
éplucher [eplyʃe] V/T **1** *pommes de terre, fruits* schälen; *légumes* putzen **2** *fig* (*examiner*) unter die Lupe nehmen; Punkt für Punkt durchgehen
éplucheur [eplyʃœʀ] M **1** *couteau* Schälmesser *n* **2** *machine* Schälmaschine *f*
épluchures [eplyʃyʀ] FPL Schalen *fpl*; Gemüseabfälle *mpl*
EPO [øpeo] F ABR (érythropoïétine) *hormone* Erythropoetin *n*; *dopant* Erythropoietin® *n*; Epo *n*
éponge [epɔ̃ʒ] F **1** Schwamm *m* (*a.* ZOOL); ~ **métallique** Topfkratzer *m*; *fig* **jeter l'~** das Handtuch werfen; *fig* **passer l'~ sur qc** nicht mehr von etw reden; **passons l'~!** Schwamm drüber! **2** *adjt* **serviette** *f* ~ Frottee-, Frottier(hand)tuch *n*; **tissu** *m* ~ Frottee *n ou m*
éponger [epɔ̃ʒe] V/T ⟨-ge-⟩ **1** *table, visage* abwischen; *liquide* aufwischen **2** *fig* aufsaugen; *dette* tilgen
épopée [epɔpe] F **1** Epos *n* **2** *fig* heroische Zeit; *iron* Serie *f* von Abenteuern
époque [epɔk] F **1** (*période*) Epoche *f*; Zeit(alter) *f(n)*; **époque classique** Klassik *f*; **d'époque** Original…; echt; **costume** *m* **d'époque** Kostüm *n* der Zeit; Originalkostüm *n*; **à l'époque de** zur Zeit (+ *gén*); **à notre époque** in der heutigen Zeit; heutzutage; **faire époque** Epoche machen **2** (*moment*) Zeit *f*; Zeitpunkt *m*; **à cette époque (de l'année)** zu dieser, um diese (Jahres)Zeit; **à l'époque** damals
épouiller [epuje] V/T entlausen
époumoner [epumɔne] V/PR **s'~** sich (*dat*) die Lunge aus dem Hals schreien
épouse [epuz] F → **époux**
épouser [epuze] V/T **1** ~ **qn** j-n heiraten **2** *fig* (*adopter*) sich (*dat*) zu eigen machen **3** (*se modeler sur*) sich anpassen, anschmiegen (**qc** *dat*)
époussetage [epustaʒ] M Abstauben *n*; Staubwischen *n* **épousseter** [-e] V/T ⟨-tt-⟩ abstauben
époustouflant [epustuflɑ̃] *fam* ADJ ⟨-ante [-ɑ̃t]⟩ verblüffend; höchst überraschend, erstaunlich
époustoufler [epustufle] *fam* V/T verblüffen; *fam* umwerfen; **époustouflé** *fam* platt; *fam* baff
épouvantable [epuvɑ̃tabl] ADJ entsetzlich; schrecklich; grauenhaft, -voll; grausig; *temps* scheußlich
épouvantablement [epuvɑ̃tabləmɑ̃] ADV sehr; *fam* furchtbar
épouvantail [epuvɑ̃taj] M **1** Vogelscheuche *f* (*a. fig de qn*) **2** *fig chose* Schreckgespenst *n*; Popanz *m*
épouvante [epuvɑ̃t] F Entsetzen *n*; Grau(s)en *n*; **film** *m* **d'~** Horrorfilm *m*
épouvanter [epuvɑ̃te] V/T in Schrecken, Angst versetzen; **épouvanté** entsetzt
époux [epu] M, **épouse** [epuz] F (Ehe)Mann *m*, (Ehe)Frau *f*; *st/s* Gatte *m*, Gattin *f*; Gemahl(in) *m(f)*; **époux** *pl* Eheleute *pl*; ADMIN Ehegatten *pl*; **prendre pour époux (pour épouse)** zum Mann (zur Frau) nehmen
éprendre [epʀɑ̃dʀ] V/PR ⟨→ prendre⟩ *st/s* **s'~** sich verlieben (**de qn** in j-n)
épreuve [epʀœv] F **1** (*test*) Probe *f*, Test *m*, Prüfung *f* (*a.* TECH); ~ **de force** Kraft-, Machtprobe *f*; JUR **mise** *f* **à l'~** Bewährung *f*; **à toute ~** unbedingt (zuverlässig); bewährt; erprobt; *santé* eisern; **à l'~ de** widerstandsfähig gegen; **mettre à l'~** auf die Probe stellen **2** (*malheur*) (Schicksals)Prüfung *f*; Heimsuchung *f*; **passer par de dures, rudes ~s** schwere Prüfungen durchmachen; durch e-e harte Schule gehen **3** *d'un examen* Prüfung(sarbeit) *f*; **~s écrites, orales** schriftliche, mündliche Prüfungen **4** SPORTS Wettkampf *m* **5** PHOT Abzug *m* **6** TYPO (Korrektur)Fahne *f*
épris [epʀi] PP → **éprendre** *et* ADJ ⟨-ise [-iz]⟩ **1**

~ **de qn** in j-n verliebt **2** ~ **de qc** von etw begeistert

éprouvant [epʀuvɑ̃] ADJ ⟨-ante [-ɑ̃t]⟩ hart; beschwerlich

éprouvé [epʀuve] ADJ ⟨~e⟩ **1** *(sûr)* bewährt; erprobt **2** *(qui a souffert)* leidgeprüft

éprouver [epʀuve] V/T **1** *(tester)* prüfen; testen; erproben; ausprobieren **2** *(faire souffrir)* (sehr) mitnehmen; schwer treffen **3** *(ressentir)* empfinden; verspüren

éprouvette [epʀuvɛt] F **1** Reagenzglas *n* **2** *adjt* **bébé** *m* ~ Retortenbaby *n*

EPS [əpeɛs] F ABR (éducation physique et sportive) Sportunterricht *m*

épuisant [epɥizɑ̃] ADJ ⟨-ante [-ɑ̃t]⟩ kräftezehrend; anstrengend; strapaziös

épuisé [epɥize] ADJ ⟨~e⟩ **1** *personne* (völlig) erschöpft; entkräftet; abgespannt **2** *réserves* verbraucht; erschöpft; *stock* ausverkauft; *livre* vergriffen

épuisement [epɥizmɑ̃] M **1** *des réserves* Erschöpfung *f*; **jusqu'à l'~ des stocks** solange der Vorrat reicht **2** *d'une personne* (völlige) Erschöpfung; Entkräftung *f*

épuiser [epɥize] **A** V/T **1** *réserves, moyens* aufbrauchen; erschöpfen; *sujet* erschöpfend behandeln; *stock* restlos verkaufen; *sol* auslaugen **2** *personne* erschöpfen; entkräften; mitnehmen; *forces* aufzehren; verbrauchen **B** V/PR **s'~** **1** *réserves* zu Ende, zur Neige gehen; ausgehen **2** *personne* kraftlos werden; *forces* nachlassen; schwinden; **s'~ à faire qc** sich mit etw abmühen, abrackern

épuisette [epɥizɛt] F Kescher *m*; Fangnetz *n*

épurateur [epyʀatœʀ] M TECH Reiniger *m*; Reinigungsapparat *m*

épuration [epyʀasjõ] F **1** TECH Reinigung *f*; *des eaux a.* Klärung *f*; **station** *f* **d'~** Kläranlage *f* **2** POL Säuberung *f*

épure [epyʀ] F Aufriss *m*

épurer [epyʀe] V/T **1** TECH reinigen; *eaux a.* klären **2** *fig* reinigen; läutern; veredeln **3** POL säubern

équarrir [ekaʀiʀ] V/T **1** *bois* vierkantig zuschneiden **2** *animal mort* beseitigen

équarrissage [ekaʀisaʒ] M **1** *d'une poutre* Abvieren *n* **2** *de cadavres d'animaux* Tierkörperbeseitigung *f*; Abdecken *n* **équarrisseur** [-œʀ] M Abdecker *m*

équateur [ekwatœʀ] M **1** GÉOG Äquator *m* **2** *État* **l'Équateur** Ecuador *n*

équation [ekwasjõ] F Gleichung *f*; **poser, résoudre une ~** e-e Gleichung aufstellen, (auf)lösen

équatorial [ekwatɔʀjal] ADJ ⟨~e; -aux [-o]⟩ äquatorial; Äquatorial…

équatorien [ekwatɔʀjɛ̃] **A** ADJ ⟨-ienne [-jɛn]⟩ ecuadorianisch **B** **Équatorien(ne)** M(F) Ecuadorianer(in) *m(f)*

équerre [ekɛʀ] F Winkel(maß) *m(n)*; **d'~, en ~** im rechten Winkel; rechtwinklig

équestre [ekɛstʀ] ADJ **1** **statue** *f* ~ Reiterstandbild *n* **2** Reit…; **randonnée** *f* ~ Ausritt *m*

équeuter [ekøte] V/T entstielen

équidés [ekide, -kɥi-] MPL ZOOL Pferde *npl*; Einhufer *mpl*

équidistant [ekɥidistɑ̃] ADJ ⟨-ante [-ɑ̃t]⟩ abstandsgleich; gleich weit entfernt

équilatéral [ekɥilateʀal] ADJ ⟨~e; -aux [-o]⟩ gleichseitig

équilibrage [ekilibʀaʒ] M **1** Ausbalancieren *n*; Ausgleichen *n* **2** TECH Auswuchten *n*

équilibre [ekilibʀ] M **1** Gleichgewicht *n (a. fig,* ÉCON, POL*)*; Balance *f*; **sens** *m* **de l'~** Gleichgewichtssinn *m*; **en ~** im Gleichgewicht; **être en ~ instable** PHYS im labilen Gleichgewicht sein; *objets* wack(e)lig, nicht gut stehen; **tenir qc en ~** etw balancieren; **garder l'~** die Balance, das Gleichgewicht halten; **perdre l'~** die Balance, das Gleichgewicht verlieren **2** *fig d'une personne* (seelisches) Gleichgewicht; Ausgeglichenheit *f*; *d'une œuvre d'art* Ausgewogenheit *f*; **rompre, troubler l'~** das Gleichgewicht stören; aus dem Gleichgewicht bringen (**de qc, de qn** etw, j-n)

équilibré [ekilibʀe] ADJ ⟨~e⟩ ausgeglichen

équilibrer [ekilibʀe] **A** V/T **1** ausbalancieren; ins Gleichgewicht bringen **2** *roue* auswuchten **3** *budget* ausgleichen **B** V/PR **s'~** sich ausgleichen; sich *(dat)* die Waage halten

équilibriste [ekilibʀist] M/F Balancierkünstler(in) *m(f)*

équinoxe [ekinɔks] M Tagundnachtgleiche *f*

équipage [ekipaʒ] M Besatzung *f*; Crew *f*; *d'un bateau a.* Mannschaft *f*

équipe [ekip] F Mannschaft *f (surtout* SPORTS*)*; Team *n*; *d'ouvriers* Kolonne *f*; *en usine a.* Schicht *f*; *de gymnastes* Riege *f*; **faire ~ avec qn** mit j-m ein Team bilden; **travailler en ~** im Team arbeiten

équipée [ekipe] F **1** *plais (sortie)* Ausflug *m* **2** *irréfléchie* Abenteuer *n*

équipement [ekipmɑ̃] M Ausrüstung *f*; Ausrüstungsgegenstände *mpl*; Ausstattung *f*; **~s collectifs** Gemeinschaftseinrichtungen *fpl*

équiper [ekipe] **A** V/T ausrüsten (**de** mit); ausstatten (mit); *par ext (pourvoir)* versehen (mit); **cuisine tout équipée** komplett eingerichtete Küche **B** V/PR **s'~** sich ausrüsten, ausstatten (**de** mit)

équipier [ekipje] M, **équipière** [-jɛʀ] F SPORTS Mannschaftsmitglied *n*

équitable [ekitabl] ADJ gerecht; **commerce** *m*

~ fairer Handel; **tourisme** *m* ~ Ökotourismus *m*

équitation [ekitasjõ] F Reiten *n*; Reitsport *m*; Reitkunst *f*

équité [ekite] F Gerechtigkeit *f*; *d'un jugement, etc* Angemessenheit *f*; Billigkeit *f*

équivalence [ekivalɑ̃s] F **1** Gleichwertigkeit *f*; (Wert)Gleichheit *f* **2** UNIVERSITÉ Anerkennung *f* (e-s Diploms); **accorder une ~** ein Diplom (als gleichwertig) anerkennen

équivalent [ekivalɑ̃] **A** ADJ ⟨-ente [-ɑ̃t]⟩ gleichwertig (**à** mit); entsprechend (+ *dat*); gleich; *tournure* gleichbedeutend **B** M Äquivalent *n*; Entsprechung *f* (*a.* LING); Entsprechende(s) *n*; Gegenwert *m*; **c'est sans ~** das ist ohnegleichen; es gibt nichts Gleichwertiges

équivaloir [ekivalwaʀ] ⟨→ valoir⟩ **A** V/T INDIR **~ à** entsprechen, gleichkommen (+ *dat*) **B** V/PR **s'~** gleich (gut *ou* schlecht) sein

équivoque [ekivɔk] **A** ADJ zweideutig (*a. par ext*); mehrdeutig; missverständlich; *péj* zweifelhaft **B** F Zweideutigkeit *f*; **sans ~** eindeutig; unzweideutig

érable [eʀabl] M Ahorn *m*

éradication [eʀadikasjõ] F Ausrottung *f*

érafler [eʀafle] **A** V/T zerkratzen; (auf)ritzen; (zer)schrammen; (auf)schürfen; *balle* **~ qn** j-n streifen **B** V/PR **s'~** sich zerkratzen, (auf)ritzen

éraflure [eʀaflyʀ] F Kratzer *m*; Schramme *f*

ère [ɛʀ] F Ära *f*; Zeitalter *n*; Zeitrechnung *f*; GÉOL Erdzeitalter *n*

érectile [eʀɛktil] ADJ schwellfähig; MÉD erektil; erigibel

érection [eʀɛksjõ] F **1** CONSTR Errichtung *f* **2** *du pénis* Erektion *f*; **en ~** erigiert

éreintage [eʀɛ̃taʒ] M → éreintement 2

éreintant [-ɑ̃] ADJ ⟨-ante [-ɑ̃t]⟩ aufreibend; kräftezehrend

éreinté [eʀɛ̃te] ADJ ⟨~e⟩ todmüde; (ganz) abgespannt, zerschlagen

éreintement [eʀɛ̃tmɑ̃] M **1** (*fatigue*) völlige Erschöpfung; Übermüdung *f* **2** (*critique*) scharfe, harte Kritik; *fam* Verriss *m*

éreinter [eʀɛ̃te] V/T **1** (*fatiguer*) überanstrengen; erschöpfen **2** (*critiquer*) verreißen; *fam* heruntermachen

érémiste [eʀemist] M/F ≈ Sozialhilfeempfänger *m(f)*

érésipèle [eʀezipɛl] → érysipèle

ergonome [ɛʀgɔnɔm] M/F Ergonom(in) *m(f)* **ergonomie** [-i] F Ergonomie *f*; Ergonomik *f* **ergonomique** [-ik] ADJ ergonomisch

ergot [ɛʀgo] M **1** *du coq* Sporn *m*; *du chien* Afterkralle *f*, -klaue *f*; *fig* **se dresser sur ses ~s** aggressiv werden; die Krallen zeigen **2** AGR Mutterkorn *n*

ergoter [ɛʀgɔte] V/I nörgeln; kritteln; mäkeln

ergothérapeute [ɛʀgɔteʀapøt] M/F Beschäftigungs-, Ergotherapeut(in) *m(f)* **ergothérapie** F Ergotherapie *f*; Beschäftigungs-, Arbeitstherapie *f*

ériger [eʀiʒe] ⟨-ge-⟩ **A** V/T **1** errichten; erstellen; *statue a.* aufstellen **2** **~ en** erheben, machen zu **B** V/PR **s'~ en** sich aufwerfen zu; sich aufspielen als

ermitage [ɛʀmitaʒ] M Einsiedelei *f*

ermite [ɛʀmit] M Einsiedler *m*; Eremit *m*; *fig* **vivre en ~** ein Einsiedlerdasein führen

éroder [eʀɔde] V/T GÉOL erodieren; *par l'eau a.* auswaschen; *par le vent a.* abtragen

érogène [eʀɔʒɛn] ADJ erogen

érosif [eʀozif] ADJ ⟨-ive [-iv]⟩ GÉOL erosiv; Erosions…

érosion [eʀozjõ] F **1** GÉOL Erosion *f* **2** *fig* schleichender Zerfall

érotique [eʀɔtik] ADJ erotisch **érotisation** [-izasjõ] F Erotisierung *f* **érotiser** [-ize] V/T erotisieren **érotisme** [-ism] M Erotik *f*

errance [ɛʀɑ̃s] *litt* F Umherirren *n*

errant [ɛʀɑ̃] ADJ ⟨-ante [-ɑ̃t]⟩ umherziehend; *chien* streunend

errata [ɛʀata] M (! unveränderlich) TYPO Errata *npl*; Druckfehler(verzeichnis) *mpl(n)*

erratum [ɛʀatɔm] M TYPO Druckfehler *m*; Erratum *n*

errements [ɛʀmɑ̃] *litt* MPL Irrtümer *mpl*; Irrwege *mpl*

errer [ɛʀe] V/I **1** umherirren, -wandern, -ziehen; *animaux* streunen **2** *fig regard* (umher)schweifen

erreur [ɛʀœʀ, e-] F (! feminin) Irrtum *m*; Fehler *m*; Versehen *n*; **~ judiciaire** Justizirrtum *m*; INFORM **~ système** Systemfehler *m*; **~ d'appréciation** Fehleinschätzung *f*; **~ de calcul** Rechenfehler *m*; **~ de jeunesse** Jugendsünde *f*; **~ de jugement** Fehlurteil *n*; **~ de tactique** taktischer Fehler; **par ~** irrtümlich(erweise); versehentlich; aus Versehen; **sauf ~** wenn ich (mich) nicht irre; COMM Irrtum vorbehalten; **commettre, faire une ~** e-n Fehler, Irrtum begehen; e-n Fehler machen; **vous faites ~** Sie irren sich; **laisser dans l'~** im Irrtum, im falschen Glauben lassen; *prov* **l'~ est humaine** Irren ist menschlich (*prov*)

erroné [eʀɔne, ɛ-] ADJ ⟨~e⟩ fehlerhaft; falsch; irrtümlich; irrig; **conclusion ~e** Trug-, Fehlschluss *m*

ersatz [ɛʀzats] M Ersatz *m*

éructation [eʀyktasjõ] F Aufstoßen *n* **éructer** [-e] **A** V/T *injures* hervorstoßen **B** V/I aufstoßen

érudit [eʀydi] **A** ADJ ⟨-ite [-it]⟩ gelehrt **B** ~(e)

M(F) Gelehrte(r) *m/f(m)*
érudition [eʀydisjõ] F Gelehrsamkeit *f*
éruptif [eʀyptif] ADJ ⟨-ive [-iv]⟩ 1 MÉD mit e-m Ausschlag verbunden, einhergehend 2 GÉOL eruptiv
éruption [eʀypsjõ] F 1 MÉD Ausschlag *m* 2 *d'un volcan* Ausbruch *m*; Eruption *f*; *de lave* Austritt *m* 3 *fig* **~ de colère** Zornesausbruch *m*
érysipèle [eʀizipɛl] M (Wund)Rose *f*; *t/t* Erysipel *n*
érythème [eʀitɛm] M MÉD Erythem *n*
es [ɛ] → être¹
ès [ɛs] PRÉP → docteur
ESB [əɛsbe] F ABR (encéphalopathie spongiforme bovine) BSE *f*
esbroufe [ɛzbʀuf] F *fam* Wichtigtuerei *f*; **à l'~** durch Bluff, Blendung; **faire de l'~** *fam* sich wichtigtun; *fam* angeben
escabeau [ɛskabo] M ⟨~x⟩ Tritthocker *m*; (kleine) Bockleiter
escadre [ɛskadʀ] F Geschwader *n*
escadrille [ɛskadʀij] F AVIAT Staffel *f*
escadron [ɛskadʀõ] M MIL Schwadron *f*; AVIAT Staffel *f*
escalade [ɛskalad] F 1 *d'un mur* Übersteigen *n*; *d'une montagne* Besteigung *f*; Erklettern *n*; SPORTS Klettern *n* 2 *fig* Eskalation *f*; Eskalierung *f*; Zuspitzung *f*; **~ de la violence** Eskalation der Gewalt
escalader [ɛskalade] V/T *mur, etc* übersteigen; klettern über (+ *acc*); *rocher* erklettern; *montagne* besteigen
escalator® [ɛskalatɔʀ] M Rolltreppe *f*
escale [ɛskal] F 1 Zwischenlandung *f*; **faire ~ à Londres** in London zwischenlanden 2 *lieu* Zwischenstation *f*
escalier [ɛskalje] M Treppe *f*; **~ roulant, mécanique** Rolltreppe *f*; **dans l'~** *ou* **les ~s** auf der Treppe; *fig* **avoir l'esprit de l'~** nicht schlagfertig sein
escalope [ɛskalɔp] F (Kalbs)Schnitzel *n*
escamotable [ɛskamɔtabl] ADJ einziehbar; **lit** *m* **~** Schrankbett *n*
escamotage [ɛskamɔtaʒ] M 1 *d'un objet* Verschwindenlassen *n*; Wegzaubern *n* 2 AVIAT *du train d'atterrissage* Einfahren *n*; Einziehen *n* 3 *fig d'une question, d'un problème* Umgehen *n*; (geschicktes) Ausweichen
escamoter [ɛskamɔte] V/T 1 verschwinden lassen 2 *fig difficulté* umgehen; *mot, note* überspringen; auslassen
escampette [ɛskɑ̃pɛt] *fam* **prendre la poudre d'~** davonlaufen; das Hasenpanier ergreifen
escapade [ɛskapad] F 1 (*écart de conduite*) Eskapade *f*; *d'homme marié* Seitensprung *m* 2 (*sortie*) Ausflug *m*
escarbille [ɛskaʀbij] F Flugasche *f*
escargot [ɛskaʀgo] M Schnecke *f* (*mit Haus*); **~ de Bourgogne** Weinbergschnecke *f*
escarmouche [ɛskaʀmuʃ] F 1 MIL Scharmützel *n* 2 *fig* (Wort)Geplänkel *n*; Wortgefecht *n*
escarpé [ɛskaʀpe] ADJ ⟨~e⟩ steil (ansteigend, abfallend); *chemin* abschüssig
escarpement [ɛskaʀpəmɑ̃] M Steilhang *m*; steile Böschung
escarpin [ɛskaʀpɛ̃] M Pumps *m*
escarre [ɛskaʀ] F wund gelegene Stelle; **avoir des ~s** sich aufliegen; sich wund liegen
Escaut [ɛsko] **l'~** M die Schelde
escient [ɛsjɑ̃] **à bon ~** ganz bewusst; aus gutem Grund
esclaffer [ɛsklafe] V/PR **s'~** laut auflachen; in schallendes Gelächter ausbrechen
esclandre [ɛsklɑ̃dʀ] M Szene *f*; Skandal *m*
esclavage [ɛsklavaʒ] M Sklaverei *f* (*a. fig*)
esclavagisme [ɛsklavaʒism] M Sklaverei *f*; Sklavenhaltergesellschaft *f* **esclavagiste** [-ist] M Verteidiger *m*, Anhänger *m* der (Neger)-Sklaverei
esclave [ɛsklav] A M/F Sklave *m*, Sklavin *f* (*a. fig*) B ADJ *fig* **être ~ de qc** Sklave e-r Sache (*gén*) sein
escogriffe [ɛskɔgʀif] M *fam* **un grand ~** *fam* ein langer Lulatsch
escompte [ɛskõt] M 1 FIN Diskont *m* 2 COMM Skonto *m ou n* **escompter** [-e] V/T 1 erwarten; erhoffen; rechnen mit 2 FIN diskontieren
escorte [ɛskɔʀt] F Eskorte *f*; Geleit *n* **escorter** [-e] V/T eskortieren; geleiten; das Geleit geben (+ *dat*) **escorteur** [-œʀ] M MAR MIL Begleit-, Geleitschiff *n*
escouade [ɛskwad] F Trupp *m*
escrime [ɛskʀim] F Fechten *n*; Fechtkunst *f*, -sport *m*
escrimer [ɛskʀime] V/PR **s'~ à faire qc** sich abmühen, sich abplagen mit etw
escrimeur [ɛskʀimœʀ] M, **escrimeuse** [-øz] F Fechter(in) *m(f)*; Fechtsportler(in) *m(f)*
escroc [ɛskʀo] M Betrüger *m*; Gauner *m*; Schwindler *m*; Hochstapler *m*
escroquer [ɛskʀɔke] V/T **~ qc à qn** j-n um etw betrügen, bringen, prellen; **~ qn** j-n betrügen
escroquerie [ɛskʀɔkʀi] F Betrug *m*; Schwindel *m*; Hochstapelei *f*
escudo [ɛskydo] M HIST *monnaie* Escudo *ou* Eskudo *m*
ésotérique [ezɔteʀik] ADJ esoterisch **ésotérisme** [-ism] M Esoterik *f*
espace [ɛspas] M 1 Raum *m*; **~ aérien** Luftraum *m*; **~ vert** Grünfläche *f* 2 *extraterrestre* Weltraum *m* 3 (*distance*) Zwischenraum *m*; Abstand *m* 4 **en l'~ d'une heure**, *etc* innerhalb, binnen e-r Stunde *etc*

E

E

espacement [ɛspasmɑ̃] M Abstand *m*
espacer [ɛspase] ⟨-ç-⟩ **A** V/T Abstand lassen zwischen (+ *dat*); auseinanderrücken **B** V/PR **s'~** immer seltener werden
espadon [ɛspadõ] M Schwertfisch *m*
espadrille [ɛspadʀij] F Leinenschuh *m*
Espagne [ɛspaɲ] **l'~** F Spanien *n*
espagnol [ɛspaɲɔl] **A** ADJ spanisch **B** SUBST **1** **Espagnol(e)** *m(f)* Spanier(in) *m(f)* **2** *m* LING **l'~** das Spanische; Spanisch *n*
espagnolette [ɛspaɲɔlɛt] F Drehriegel *m*
espalier [ɛspalje] M **1** AGR Spalier *n* **2** SPORTS **~s** *pl* Sprossenwand *f*
espèce [ɛspɛs] F **1** *(genre)* Art *f*; **une ~ de …** (so) e-e Art (von) … **2** *injure* **~ d'imbécile!** (du) Dummkopf! **3** BIOL Art *f*; Spezies *f*; **~ humaine** Menschengeschlecht *n* **4** **cas** *m* **d'~** Sonderfall *m*; **en l'~** im vorliegenden, in diesem Fall(e) **5** COMM **en ~s** (in) bar; **paiement** *m* **en ~s** Barzahlung *f*
espérance [ɛspeʀɑ̃s] F **1** Hoffnung *f*; Erwartung *f* **2** **~ de vie** Lebenserwartung *f*
espérantiste [ɛspeʀɑ̃tist] **A** ADJ Esperanto… **B** M/F Esperantist(in) *m(f)*
espéranto [ɛspeʀɑ̃to] M Esperanto *n*
espérer [ɛspeʀe] V/T *et* V/I ⟨-è-⟩ **~ qc** auf etw *(acc)* hoffen; (sich [*dat*]) etw erhoffen; etw erwarten; **~ qn** j-n erwarten; mit j-m rechnen; *st/s* **~ en qn, qc** auf j-n, etw hoffen, vertrauen; **espérons-le!** hoffentlich!; hoffen wir es!; **j'espère** *ou* **je l'espère** hoffentlich!; **j'espère bien** das will ich hoffen!; **j'espère que …** ich hoffe, dass …; hoffentlich …; **~** (+ *inf*) hoffen zu (+ *inf*)
espiègle [ɛspjɛgl] ADJ schalkhaft; schelmisch
espièglerie [ɛspjɛgləʀi] F Schelmenstreich *m*
espion [ɛspjõ] M, **espionne** [ɛspjɔn] F **1** Spion(in) *m(f)* **2** *adjt* Spionage…
espionnage [ɛspjɔnaʒ] M (**!** maskulin) Spionage *f*; **~ industriel** Werk-, Wirtschaftsspionage *f*
espionner [ɛspjɔne] V/T **~ qn** j-n ausspionieren, bespitzeln; j-m nachspionieren
esplanade [ɛsplanad] F Esplanade *f*
espoir [ɛspwaʀ] M **1** Hoffnung *f*; Zuversicht *f*; **~ de guérison** Hoffnung auf Genesung; **dans l'~ de** (+ *inf*) in der Hoffnung zu (+ *inf*); **sans ~** hoffnungs-, aussichtslos; **abandonner tout ~ de** (+*inf*) jede, alle Hoffnung aufgeben, dass … *ou* zu (+*inf*); **j'ai bon ~** ich bin zuversichtlich; ich hoffe schon; **garder un ~** noch Hoffnung haben; immer noch hoffen; **susciter des ~s** Hoffnungen (er)wecken, machen; *prov* **l'~ fait vivre** der Mensch lebt von der Hoffnung **2** *personne* Hoffnung *f*; Hoffnungsträger *m*
esprit [ɛspʀi] M **1** Geist *m*; *d'une personne a.* Verstand *m*; **~ d'à-propos** Schlagfertigkeit *f*; **~ de compétition** Kampfgeist *m*; Wetteifer *m*; **~ d'équipe** Teamgeist *m*; **~ de famille** Familiensinn *m*; **homme** *m* **d'~** Mann *m* von Geist; **plein d'~** geistreich, -voll; witzig; **dans mon ~** meiner Ansicht nach; in meinen Augen; **avoir de l'~** geistreich, -voll sein; Geist haben; **ne plus avoir tous ses ~s** nicht mehr ganz richtig im Kopf sein; **ne pas avoir l'~ à …** nicht aufgelegt sein zu …; keinen Kopf haben für …; **avoir mauvais ~** es am guten Willen fehlen lassen; **faire de l'~** geistreich tun; **reprendre ses ~s** *(se ressaisir)* sich wieder fassen; *(reprendre connaissance)* wieder zu sich kommen; **venir à l'~** in den Sinn kommen; einfallen **2** *personne* Geist *m*; Mensch *m*; Kopf *m*; **~s** *pl* Gemüter *npl*; *plais* **les grands ~s se rencontrent** *fam* zwei Dumme, ein Gedanke **3** REL, MYTH Geist *m*; **l'Esprit saint** der Heilige Geist
esquif [ɛskif] M *litt* **frêle ~** leichtes Boot
esquimau [ɛskimo] **A** ADJ ⟨-aude [-od]; *mpl* -aux [-o]⟩ Eskimo…; eskimoisch **B** SUBST **1** **Esquimau(de)** *m(f)* Eskimo(frau) *m(f)* **2** *m* Eis *n* am Stiel mit Schokoladenüberzug
esquintant [ɛskɛ̃tɑ̃] ADJ ⟨-ante [-ɑ̃t]⟩ *fam travail* sehr anstrengend; aufreibend; kräftezehrend
esquinter [ɛskɛ̃te] *fam* **A** V/T **1** *(abîmer) fam* kaputt machen; *personne fam* übel zurichten; *adjt* **esquinté** *fam a.* ziemlich mitgenommen **2** *(critiquer) fam* verreißen **B** V/PR **1** **s'~ (au travail)** *fam* sich abrackern, abschinden **2** **s'~ la vue** sich *(dat)* die Augen verderben
esquisse [ɛskis] F **1** Skizze *f*; Entwurf *m* **2** *fig de sourire* Andeutung *f*
esquisser [ɛskise] **A** V/T **1** skizzieren; entwerfen **2** *geste, sourire* andeuten **B** V/PR **s'~** sich abzeichnen, andeuten
esquive [ɛskiv] F SPORTS Ausweichbewegung *f*; Ausweichen *n*
esquiver [ɛskive] **A** V/T **~ qc** e-r Sache *(dat)* (geschickt) ausweichen, aus dem Wege gehen **B** V/PR **s'~** sich davonstehlen
essai [esɛ] M **1** Versuch *m* (*a.* SPORTS); Probe *f*; Test *m*; AUTO Probe-, Testfahrt *f*; **~ nucléaire** Atomtest *m*; Kernwaffenversuch *m*; *fig* **coup** *m* **d'~** (erster) Versuch; Anfang *m*; **période** *f* **d'~** Probezeit *f*; **pilote** *m* **d'~** Testpilot *m*; **à l'~, à titre d'~** auf, zur Probe; probe-, versuchsweise **2** *texte* Essay *m ou n*
essaim [esɛ̃] M Schwarm *m* (*a. fig*); **~ d'abeilles** Bienenschwarm *m*
essaimage [esɛmaʒ] M *d'abeilles* Schwärmen *n*; *période* Schwarmzeit *f* **essaimer** [-e] V/I **1** *abeilles* schwärmen **2** *fig famille* sich zerstreuen; *entreprise* Niederlassungen gründen
essayage [esɛjaʒ] M Anprobe *f*
essayer [eseje] ⟨-ay- *od* -ai-⟩ **A** V/T **1** *(tester)* aus-

probieren; TECH erprobe; testen; *voiture a.* Probe fahren; *vêtements* anprobieren **2** *(tenter) abs* es versuchen; **essayer qc** es mit etw versuchen, probieren; **il a tout essayé** er hat alles versucht; **essayer de faire qc** versuchen, etw zu tun **B** V/PR **s'essayer à (faire) qc** sich in, an etw *(dat)* versuchen

essayeur [esɛjœʀ] M **1** *de voitures* Testfahrer *m* **2** HIST Münzwardein *m*

essayeuse F COUT Absteckerin *f* **essayiste** [-ist] M Essayist *m*

essence [esɑ̃s] F **1** Benzin *n*; **~ sans plomb** bleifreies Benzin; **prendre de l'~** tanken **2** CHIM Essenz *f*; ätherisches Öl; CUIS Extrakt *m* **3** PHIL Wesen *n*; Essenz *f*; **par ~** s-m Wesen nach **4** BOT (Baum)Art *f*

essentiel [esɑ̃sjɛl] **A** ADJ ⟨~le⟩ **1** wesentlich; wichtigste **2** **huiles ~les** ätherische Öle *npl* **B** M Wesentliche(s) *n*; Hauptsache *f*

essentiellement [esɑ̃sjɛlmɑ̃] ADV **1** *(principalement)* im Wesentlichen **2** *(par essence)* s-m Wesen nach

esseulé [esœle] ADJ ⟨~e⟩ vereinsamt

essieu [esjø] M ⟨~x⟩ Achse *f*

essor [esɔʀ] M Aufschwung *m*; Auftrieb *m*; **en plein ~** in vollem Aufschwung; aufstrebend

essorage [esɔʀaʒ] M *du linge* Schleudern *n*; *à la main* Auswringen *n* **essorer** [-e] V/T *linge* schleudern; *à la main* auswringen **essoreuse** [-øz] F (Wäsche-, Trocken)Schleuder *f*

essoufflement [esufləmɑ̃] M **1** Atemlosigkeit *f*; Kurzatmigkeit *f* **2** *fig* Nachlassen *n*; Erlahmen *n*

essouffler [esufle] **A** V/T außer Atem kommen lassen; **essoufflé** außer Atem; atemlos **B** V/PR **s'~** **1** außer Atem kommen, geraten **2** *fig* **qn s'essouffle** j-m geht der Atem *ou* die Luft aus

essuie-glace [esɥiglas] M ⟨essuie-glaces⟩ Scheibenwischer *m* **essuie-mains** M (! unveränderlich) Handtuch *n*

essuyer [esɥije] ⟨-ui-⟩ **A** V/T **1** *vaisselle, mains* abtrocknen; *meuble, sueur* abwischen; *tache, sol* aufwischen; *lunettes* putzen **2** *fig (subir)* hinnehmen müssen; erleiden; abbekommen **B** V/PR **s'~** sich abtrocknen; **s'~ le front** sich *(dat)* die Stirn abwischen

est[1] [ɛst] **A** M **1** Ost(en) *m*; **à l'~** im Osten, östlich (**de** von *ou + gén*) **2** **l'Est** der Osten *(a.* POL); *de la France* Ostfrankreich *n*; **l'Allemagne** *f* **de l'Est** Ostdeutschland *n*; HIST die DDR; **l'Europe de l'Est** Osteuropa *n*; HIST **les pays** *mpl* **de l'Est** die Ostblockstaaten *mpl* **B** ADJ (! unveränderlich) Ost...; östlich

est[2] [ɛ] → être[1]

establishment [ɛstabliʃmɛnt] M Establishment *n*

estafette [ɛstafɛt] F MIL Melder *m*

estafilade [ɛstafilad] F Schmarre *f*; Schmiss *m*

est-allemand ADJ ⟨-ande [-ɑ̃d]⟩ POL HIST DDR...; ostdeutsch

estampe [ɛstɑ̃p] F Graphik *f*; (Kupfer)Stich *m*; *de bois* Holzschnitt *m*

estamper [ɛstɑ̃pe] V/T **1** TECH prägen; stanzen **2** *fam* **~ qn** *fam* j-n reinlegen

estampille [ɛstɑ̃pij] F Güte-, Echtheitszeichen *n* **estampiller** [-e] V/T mit einem Güte-, Echtheitszeichen versehen

est-ce que [ɛskə] ADV **~ tu viens?** kommst du?

esthète [ɛstɛt] M Ästhet *m*

esthéticien [ɛstetisjɛ̃] M Ästhetiker *m* **esthéticienne** [-jɛn] F Kosmetikerin *f*

esthétique [ɛstetik] **A** ADJ **1** ästhetisch **2** **chirurgie** *f* **~** kosmetische Chirurgie; Schönheitschirurgie *f* **B** F Ästhetik *f*

esthétisme [ɛstetism] M Ästhetizismus *m*

estimable [ɛstimabl] ADJ schätzenswert; achtbar

estimatif [ɛstimatif] ADJ ⟨-ive [-iv]⟩ auf Schätzung beruhend

estimation [ɛstimasjõ] F Schätzung *f*; Bewertung *f*; Taxierung *f*; *aux elections* **~s** *pl* Hochrechnungen *fpl*

estime [ɛstim] F (Hoch)Achtung *f*; Ansehen *n*; Wertschätzung *f*; **~ de soi** Selbstachtung *f*; **cela l'a fait baisser dans mon ~** das hat ihn in meiner Achtung sinken lassen; **remonter dans l'~ de qn** in j-s Achtung *(dat)* steigen; **tenir qn en grande ~** Hochachtung, große Achtung vor j-m haben

estimer [ɛstime] **A** V/T **1** *(évaluer)* schätzen (**à** auf *+ acc*); bewerten; taxieren; *frais* veranschlagen; *(calculer approximativement)* überschlagen; *fig œuvre, personne* einschätzen **2** *(apprécier)* (hoch) achten; schätzen **3** **~ que ...** der Ansicht sein, dass ...; meinen, *fam* schätzen, dass ... **B** V/PR **s'~ heureux que ...** *(+ subj)* sich glücklich schätzen, dass ...; von Glück sagen können, dass ...

estivage [ɛstivaʒ] M AGR Sömmerung *f*

estival [ɛstival] ADJ ⟨~e; -aux [-o]⟩ sommerlich; Sommer...

estivant [ɛstivɑ̃] M, **estivante** [-ɑ̃t] F Sommergast *m*; Sommerfrischler(in) *m(f)*

estocade [ɛstɔkad] F Todesstoß *m*

estomac [ɛstɔma] M Magen *m*; *fam fig* **avoir de l'~** dreist, unverfroren sein; *fam* **avoir l'~ dans les talons** *fam* e-n Bären-, Mordshunger haben; **rester sur l'~** schwer im Magen liegen *(a. fig)*

estomaquer [ɛstɔmake] *fam* V/T verblüffen; *fam* umhauen; **être estomaqué** *fam* platt, baff

sein
estompe [ɛstɔ̃p] F PEINT Wischer *m*
estomper [ɛstɔ̃pe] **A** V/T *contours* verwischen; *(atténuer)* mildern **B** V/PR **s'~** verschwimmen; schwinden
Estonie [ɛstɔni] **l'~** F Estland *n*
estonien [ɛstɔnjɛ̃] **A** ADJ ⟨-ienne [-jɛn]⟩ estnisch **B** SUBST **1** **Estonien(ne)** *m(f)* Este *m*, Estin *f m(f)* **2** *m* LING **l'~** das Estnische; Estnisch *n*
estourbi [ɛsturbi] *fam* ADJ ⟨~e⟩ ganz benommen
estrade [ɛstrad] F Podium *n*; Podest *n*
estragon [ɛstragɔ̃] M Estragon *m*
estropié [ɛstrɔpje] **A** ADJ ⟨~e⟩ verstümmelt (*a. fig*); verkrüppelt; versehrt **B** M Versehrte(r) *m*; Krüppel *m*
estropier [ɛstrɔpje] **A** V/T **1** zum Krüppel machen **2** *fig* verstümmeln **B** V/PR **s'~** zum Krüppel werden
estuaire [ɛstɥɛr] M Trichtermündung *f*
estudiantin [ɛstydjɑ̃tɛ̃] ADJ ⟨-ine [-in]⟩ studentisch; Studenten…
esturgeon [ɛstyrʒɔ̃] M Stör *m*
et [e] CONJ **1** und **2** *litt* **~ … ~ …** sowohl … als auch …
ETA [ətea] F ABR (Euskadi ta Askatasuna) POL ETA *f*
étable [etabl] F Stall *m*
établi [etabli] M Werkbank *f*
établir [etablir] **A** V/T **1** *(installer)* ein-, errichten; *(fonder)* (be)gründen **2** *relations, contact* herstellen; *liste, devis, record* aufstellen; *règles, frontières* festlegen; *prix* festsetzen; *facture, certificat* ausstellen; **établi** *usage, ordre* bestehend; herrschend **3** *(démontrer)* feststellen; ermitteln; nachweisen **B** V/PR **s'~** sich niederlassen
établissement [etablismɑ̃] M **1** *(installations)* Anstalt *f*; TECH (Werks-, Betriebs)Anlage *f*; *(entreprise)* Niederlassung *f*; Werk *n*; Betrieb *m*; **~ hospitalier** Krankenanstalt *f*; **~ scolaire** Lehr-, Bildungsanstalt *f*; **chef** *m* **d'~** (Schul)Direktor *m* **2** *(action de s'établir)* Niederlassung *f* **3** *(création) d'un régime* Errichtung *f*; *de relations* Herstellung *f*; *d'un devis* Aufstellung *f*; *d'un règlement* Festlegung *f* **4** *de faits* Feststellung *f*; Ermittlung *f*
étage [etaʒ] M (! maskulin) **1** Stock(werk) *m(n)*; Etage *f*; Geschoss *n*; *immeuble* **à, de quatre ~s** vierstöckig; viergeschossig **2** *de fusée* Stufe *f* **3** *fig* **de bas ~** niedrigstehend; minderwertig
étager [etaʒe] V/PR ⟨-ge-⟩ **s'~** stufenförmig ansteigen
étagère [etaʒɛr] F **1** *meuble* Regal *n* **2** *planche* Regalbrett *n*; *au mur* Wandbord *n*, -brett *n*; *à livres* Bücherbord *n*
étain [etɛ̃] M Zinn *n*
étais, était [etɛ] → être¹

l'étagère (f) — Regal

l'étagère (f) — Regalbrett

étal [etal] M ⟨-als⟩ **1** *de marché* Stand *m* **2** *de boucher* Hack-, Fleischbank *f*
étalage [etalaʒ] M **1** *(devanture)* Auslage *f*; Schaufenster *n* **2** *fig* Zurschaustellung *f*; **faire ~ de qc** etw zur Schau stellen
étalagiste [etalaʒist] M/F Schaufensterdekorateur(in) *m(f)*
étale [etal] ADJ **la mer est ~** das Wasser steigt *ou* fällt nicht mehr
étalement [etalmɑ̃] M Verteilung *f*; zeitliche Staffelung
étaler [etale] **A** V/T **1** *marchandises* ausstellen; auslegen; *journal* ausbreiten; *colle* verteilen; verstreichen; *beurre* streichen (**sur** auf + *acc*) **2** *dans le temps* verteilen; (zeitlich) staffeln **3** *fig luxe, savoir* zur Schau stellen **B** V/PR **1** *titre de journal* **s'~ sur** sich erstrecken über (+ *acc*) **2** *fam* **s'~** *(prendre de la place) fam* sich breitmachen **3** *fam* **s'~** *(tomber)* der Länge nach hinfallen; *fam* hinschlagen
étalon [etalɔ̃] M **1** *cheval* Hengst *m* **2** *mesure* Eichmaß *n*
étalonnage [etalɔnaʒ] M *ou* **étalonnement** M Eichen *n*, -ung *f* **étalonner** [-e] V/T *(instrument de) mesure* eichen
étalon-or M FIN Goldstandard *m*
étamine [etamin] F **1** BOT Staubgefäß *n*, -beutel *m*, -blatt *n* **2** *filtre* Siebtuch *n*
étanche [etɑ̃ʃ] ADJ (wasser-, luft)dicht; undurchlässig (*a. fig*); *montre* wasserdicht
étanchéité [etɑ̃ʃeite] F Undurchlässigkeit *f*
étancher [etɑ̃ʃe] V/T **1** TECH abdichten **2** *st/s soif* löschen; stillen
étang [etɑ̃] M Teich *m*; Weiher *m*

étant [etɑ̃] PPR → être[1]

étape (❗ nur ein **p**) [etap] F **1** *distance* Etappe *f* (*a.* SPORTS) **2** *lieu* (Zwischen)Station *f*; **faire ~ à** (Zwischen)Station machen in **3** *fig* Abschnitt *m*; Stufe *f*; Etappe *f*; Schritt *m*; **par ~s** schritt-, stufenweise; in Etappen; **brûler les ~s** einige Stufen, Etappen überspringen

état [eta] M **1** Zustand *m* (*a.* PHYS); **état civil** Familien-, Personenstand *m*; **(bureau** *m* **de l')état civil** Standesamt *n*; **état général** Allgemeinzustand *m*, -befinden *n*; **état second** Bewusstseinstrübung *f*; **être dans un état second** wie benommen sein; **état d'alerte** Alarmzustand *m*, -bereitschaft *f*; **états d'âme** Gefühlsregungen *fpl*; seelische Verfassung; Befindlichkeiten *fpl*; **état de choses** Sachlage *f*; Stand *m* der Dinge; **état d'esprit** Geistesverfassung *f*; **état de fait** Sachverhalt *m*; Tatbestand *m*; **état de grâce** REL Stand *m* der Gnade; POL Schonfrist *f*; **état de santé** Gesundheitszustand *m*; Befinden *n*; **état de siège** Belagerungszustand *m*; **état d'urgence** Notstand *m*; Ausnahmezustand *m*; **à l'état liquide** in flüssigem Zustand; **dans un état de …** in e-m Zustand (+ *gén*); **être dans tous ses états** in heller Aufregung sein; **en bon, mauvais état** in gutem, schlechtem Zustand; **en tout état de cause** auf jeden Fall; in jedem Fall; **en état de marche** betriebsfähig, -bereit; *véhicule a.* fahrbereit; **être en état de faire qc** imstande *ou* in der Lage sein, etw zu tun; **remettre qc en état** etw instand setzen; **être °hors d'état de faire qc** außerstande sein, etw zu tun; **mettre qn hors d'état de nuire** j-n unschädlich machen **2** **État** Staat *m*; **État de droit** Rechtsstaat *m*; **coup** *m* **d'État** Staatsstreich *m* **3** *(description)* Aufstellung *f*; **état de frais** Kosten-, Spesenaufstellung *f*; **état des lieux** Ortsbefund *m*; Zustandsfeststellung *f*; **faire état de qc** etw anführen **4** HIST Stand *m*; **le tiers état** der dritte Stand; *par ext* **de son état** von Beruf; s-s Zeichens

étatique [etatik] ADJ staatlich; Staats… **étatisation** [-izasjõ] F Verstaatlichung *f* **étatiser** [-ize] V/T verstaatlichen **étatisme** [-ism] M Etatismus *m*; Staatssozialismus *m*

état-major [etamaʒɔʀ] M ⟨états-majors⟩ **1** MIL (General)Stab *m* **2** *fig* Führungsspitze *f*; Führungsstab *m*

États-Unis [etazyni] **les ~** MPL die Vereinigten Staaten *mpl*

étau [eto] M ⟨~x⟩ Schraubstock *m*; **l'~ se resserre autour de qn** die Schlinge zieht sich um j-n zusammen

étayer [eteje] V/T ⟨-ay- *od* -ai-⟩ **1** CONSTR abstützen **2** *fig* stützen; untermauern

etc. [ɛtseteʀa] ABR (et cetera) usw. (und so weiter); etc.

et cætera *ou* **et cetera** [ɛtseteʀa] (ABR **etc.**) und so weiter (*abr* usw.); et cetera (*abr* etc.)

été[1] [ete] M Sommer *m*; **en ~** im Sommer

été[2] PP → être[1]

éteindre [etɛ̃dʀ] ⟨→ peindre⟩ **A** V/T **1** *feu, incendie* löschen; *feu a., bougie* auslöschen; *fam* ausmachen **2** *appareil* aus-, abschalten; *fam* ausmachen; *télévision, chauffage a.* abstellen; aus-, abdrehen; *lumière, lampe a. fam* ausknipsen; *abs* das Licht ausmachen **B** V/PR **s'~** **1** *feu, lumière, chauffage* ausgehen **2** *fig sentiment* erlöschen; *bruit* verstummen **3** *(mourir)* entschlafen; *race, famille* aussterben

éteint [etɛ̃] PP → éteindre *et* ADJ ⟨éteinte [etɛ̃t]⟩ *feu, bougie* erloschen (*a. volcan, fig regard, voix*); ausgegangen; *appareil* ausgeschaltet; abgestellt; **être ~** *a.* aus sein

étendard [etɑ̃daʀ] M Standarte *f*; Fahne *f*; *fig* **brandir l'~ de la révolte** das Zeichen zum Aufstand geben

étendre [etɑ̃dʀ] ⟨→ rendre⟩ **A** V/T **1** *bras, jambes* (aus)strecken; *ailes* ausbreiten; *linge* aufhängen; *pâte* ausrollen **2** *vin* verdünnen; strecken **3** **~ qn sur un lit** j-n auf ein Bett legen; *fam* **~ qn** j-n zu Boden strecken; *fam fig à un examen* **se faire ~** durchfallen; *fam* durchrasseln **4** *influence* ausdehnen (**à** auf + *acc*) **B** V/PR **s'~** **1** *brouillard, épidémie* sich ausbreiten **2** *plaine, empire* sich ausdehnen, sich erstrecken (**jusqu'à** bis [zu]) **3** *personne* sich ausstrecken (**sur** auf + *dat*); sich hinlegen **4** **s'~ sur un sujet** sich über ein Thema auslassen, verbreiten

étendu [etɑ̃dy] ADJ ⟨~e⟩ **1** *forêt, vue* ausgedehnt **2** *connaissances* umfassend; umfangreich

étendue [etɑ̃dy] F **1** *(surface)* Ausdehnung *f*; Weite *f* **2** *(importance)* Ausmaß *n*; Umfang *m*

éternel [etɛʀnɛl] **A** ADJ ⟨~le⟩ ewig (*a. fam fig*); **c'est un ~ mécontent** er ist ständig, *fam* ewig unzufrieden **B** M **l'Éternel** der Ewige

éterniser [etɛʀnize] V/PR **s'~** **1** sich endlos hinziehen **2** *fam personne fam* ewig bleiben

éternité [etɛʀnite] F Ewigkeit *f* (*a. fam fig*); **de toute ~** seit eh und je

éternuement [etɛʀnymɑ̃] M Niesen *n*

éternuer [etɛʀnɥe] V/I niesen

êtes [ɛt] → être[1]

étêter [etete] V/T köpfen; kappen

éthane [etan] M CHIM Äthan *n*

éthanol [etanɔl] M CHIM Äthanol *n*

éther [etɛʀ] M Äther *m*

éthéré [eteʀe] *litt* ADJ ⟨~e⟩ ätherisch; vergeistigt

Éthiopie [etjɔpi] **l'~** F Äthiopien *n*

éthiopien [etjɔpjɛ̃] **A** ADJ ⟨-ienne [-jɛn]⟩ äthio-

pisch B **Éthiopien(ne)** M(F) Äthiopier(in) *m(f)*
éthique [etik] A ADJ ethisch B F Ethik *f*; **~ professionnelle** Berufsethos *n*
ethnie [ɛtni] F Ethnie *f*; Sprach-, Kulturgemeinschaft *f* **ethnique** [-ik] ADJ ethnisch
ethnographe [ɛtnɔgʀaf] M/F Ethnograph(in) *m(f)* **ethnographie** F Ethnographie *f* **ethnographique** ADJ ethnographisch **ethnologie** [-lɔʒi] F Ethnologie *f*; Völkerkunde *f* **ethnologue** [-lɔg] M/F Ethnologe, -login *m, f*; Völkerkundler(in) *m(f)*
éthologie [etɔlɔʒi] F Verhaltensforschung *f*; Ethologie *f*
éthylène [etilɛn] M Äthylen *n*
éthylique [etilik] A ADJ 1 **alcool** *m* **~** Äthylalkohol *m* 2 MÉD alkoholisch B M/F Alkoholkranke(r) *m/f(m)*; Alkoholiker(in) *m(f)*
éthylisme [etilism] M Alkoholismus *m*
étincelant [etɛ̃slɑ̃] ADJ ⟨-ante [-ɑ̃t]⟩ funkelnd; glitzernd; schimmernd; *poét* gleißend **étinceler** [-le] V/I ⟨-ll-⟩ funkeln; glitzern; schimmern
étincelle [etɛ̃sɛl] F Funke(n) *m* (*a. fig*); **faire des ~s** *fam fig personne* brillieren; glänzen; *fam* **ça va faire des ~s** *fam* es gibt Zunder, Krach
étincellement [etɛ̃sɛlmɑ̃] M Funkeln *n*; Glitzern *n*; Schimmern *n*
étiolement [etjɔlmɑ̃] M 1 *d'une plante* Vergeilung *f* 2 *fig* Verkümmerung *f*
étioler [etjɔle] V/PR **s'~** 1 *plante* vergeilen 2 *fig* verkümmern
étiquetage [etiktaʒ] M Etikettieren *n*; *de marchandises* Auszeichnen *n*
étiqueter [etikte] V/T ⟨-tt-⟩ 1 etikettieren; *marchandises* auszeichnen 2 *fig* abstempeln (**comme** als, zum *ou* zur)
étiquette [etikɛt] F 1 (! feminin) (*marque*) Etikett *n*; (Preis)Schild *n* 2 *fig* Kennzeichen *n*; POL **sans ~** parteilos 3 (*protocole*) Etikette *f*
étirage [etiʀaʒ] M TECH Strecken *n*; Ziehen *n* **étirement** [-mɑ̃] M Dehnen *n*; Strecken *n*
étirer [etiʀe] A V/T TECH strecken; ziehen B V/PR **s'~** 1 *tissu* sich dehnen 2 *personne, animal* sich strecken; sich recken
Etna [ɛtna] **l'~** M der Ätna
étoffe [etɔf] F 1 (*tissu*) Stoff *m* 2 *fig* **avoir l'~ d'un chef**, *etc* das Zeug zum Chef *etc* haben
étoffé [etɔfe] ADJ ⟨~e⟩ gedankenreich; gehaltvoll
étoffer [etɔfe] A V/T ausgestalten; ausbauen; vertiefen B V/PR **s'~** kräftiger werden
étoile [etwal] F 1 ASTRON, *signe* Stern *m*; **à la belle ~** im Freien; unter freiem Himmel; **un (hôtel) trois ~s** ein Dreisternehotel *n* 2 ZOOL **~ de mer** Seestern *m* 3 THÉ, FILM Star *m*; *adjt* **danseur** *m* **~** erster (Solo)Tänzer; **danseuse** *f* **~** Primaballerina *f*

l'étoile (f) — Stern

l'étoile (f) — Star

étoilé [etwale] ADJ ⟨~e⟩ 1 *ciel* mit Sternen übersät; *nuit* sternklar 2 **bannière ~e** Sternenbanner *n* 3 (*en étoile*) sternförmig
étoiler [etwale] A V/T *astres* **~ le ciel** am Himmel stehen B V/PR **s'~** 1 *ciel* sich mit Sternen bedecken 2 *verre* sternförmig springen
étole [etɔl] F Stola *f*
étonnamment [etɔnamɑ̃] ADV erstaunlich
étonnant [etɔnɑ̃] ADJ ⟨-ante [-ɑ̃t]⟩ erstaunlich; erstaunenswert; verwunderlich
étonné [etɔne] ADJ ⟨~e⟩ erstaunt, verwundert (**de** über + *acc*); **être ~** *a.* sich wundern; staunen
étonnement [etɔnmɑ̃] M (Er)Staunen *n*; Verwunderung *f*
étonner [etɔne] A V/T erstaunen; (ver)wundern; **ça m'étonnerait** das würde mich wundern B V/PR **s'étonner** (er)staunen, sich wundern (**de** über + *acc*; **que ...** + *subj* dass...)
étouffant [etufɑ̃] ADJ ⟨-ante [-ɑ̃t]⟩ *air* stickig; zum Ersticken; *chaleur* erstickend; *fig atmosphère* bedrückend
étouffé [etufe] ADJ ⟨~e⟩ 1 **mourir ~** ersticken 2 *fig bruits* gedämpft; *cris, rires* unterdrückt; erstickt
étouffe-chrétien [etufkʀetjɛ̃] *fam* M ⟨étouffe-chrétiens⟩ Speise, die stopft
étouffée [etufe] **cuire à l'~** schmoren; dämpfen; dünsten
étouffement [etufmɑ̃] M 1 Ersticken *n*; Atemnot *f*; *crise* Erstickungsanfall *m* 2 *fig* Erstickung *f*; Unterdrückung *f*; *d'un scandale* Vertuschung *f*
étouffer [etufe] A V/T 1 **~ qn** j-n ersticken; (*gêner la respiration*) j-m den Atem nehmen; **ce n'est pas la politesse qui l'étouffe** er ist nicht gerade höflich 2 *incendie, fig révolte* ersticken; *bruits* dämpfen; *cri, sentiments* unterdrücken; *scandale* vertuschen B V/I ersticken (*a. fig*); keine Luft bekommen C V/PR **s'~** ersticken
étourderie [etuʀdəʀi] F Gedankenlosigkeit *f* (*a. acte*); Unüberlegtheit *f*; (*légèreté*) Leichtsinn

m; (oubli) Vergesslichkeit f; fam Schnitzer m
étourdi [etuʀdi] ADJ ⟨~e⟩ gedankenlos; unüberlegt; (léger) leichtsinnig; (qui oublie) vergesslich **étourdiment** ADV → étourdi
étourdir [etuʀdiʀ] A V/T betäuben; benommen machen B V/PR **s'~** fig sich betäuben
étourdissant [etuʀdisɑ̃] ADJ ⟨-ante [-ɑ̃t]⟩ 1 bruit ohrenbetäubend 2 fig überwältigend **étourdissement** [-mɑ̃] M Schwindelgefühl n, -anfall m; fig Taumel m
étourneau [etuʀno] M ⟨~x⟩ ZOOL Star m
étrange [etʀɑ̃ʒ] ADJ seltsam; sonderbar; merkwürdig; befremdend
étranger [etʀɑ̃ʒe] A ADJ ⟨-ère [-ɛʀ]⟩ 1 (d'une autre nation) ausländisch; fremdländisch; Auslands…; Fremd…; **affaires étrangères** auswärtige Angelegenheiten fpl; **langues étrangères** Fremdsprachen fpl; **politique étrangère** Außenpolitik f; **travailleur étranger** Gastarbeiter m; ausländischer Arbeitnehmer 2 (d'un autre groupe) fremd; außenstehend; (d'une autre ville) ortsfremd; auswärtig; visage fremd; personne **être étranger à qc** (insensible à) e-r Sache (dat) fremd gegenüberstehen; (ne pas participer à) mit etw nichts zu tun haben; chose **être étranger à qn** j-m fremd sein B SUBST 1 **étranger, étrangère** m,f d'une autre nation Ausländer(in) m(f); d'un autre groupe social Fremde(r) m/f(m) 2 **l'étranger** m das Ausland; **à l'étranger** im ou ins Ausland; Auslands…
étrangeté [etʀɑ̃ʒte] F Seltsamkeit f; Sonderbarkeit f; Merkwürdigkeit f
étranglé [etʀɑ̃gle] ADJ ⟨~e⟩ voix erstickt
étranglement [etʀɑ̃gləmɑ̃] M 1 (strangulation) Erwürgen n 2 endroit Verengung f
étrangler [etʀɑ̃gle] A V/T erwürgen; erdrosseln; strangulieren; sans tuer würgen; die Luft abschnüren (**qn** j-m); émotion **~ qn** j-m die Kehle zuschnüren B V/PR **s'~** 1 (s'étouffer) keine Luft mehr bekommen; ersticken 2 voix versagen
étrangleur [etʀɑ̃glœʀ] M Würger m
étrave [etʀav] F MAR Vordersteven m

être[1] [ɛtʀ]
⟨je suis, tu es, il est, nous sommes, vous êtes, ils sont; j'étais; je fus; je serai; que je sois, qu'il soit, que nous soyons; sois!, soyons!, soyez!; étant; avoir été⟩

A verbe auxiliaire
B verbe intransitif
C verbe impersonnel

— A verbe auxiliaire —

1 de quelques v/i sein; de tous les v/pr haben; **elle est arrivée** sie ist (an)gekommen; **elle s'est blessée** sie hat sich verletzt; **ils se sont serré la main** sie haben sich die Hand gegeben 2 de la forme passive werden; **être aimé** geliebt werden; **il a été critiqué** er ist kritisiert worden

— B verbe intransitif —

1 sein; **être bête** dumm sein; **être français** ou **Français** (ein) Franzose sein; **il n'est pas français** ou **Français** er ist kein Franzose; **si j'étais (de) vous** wenn ich Sie wäre; **où en êtes-vous (dans votre travail)?** wie weit sind Sie (mit Ihrer Arbeit)?; **je n'en suis pas encore là** so weit bin ich noch nicht; **ne plus savoir où l'on en est** nicht mehr wissen, woran man ist; **en être pour sa peine** sich umsonst bemüht haben; **je n'y suis pour personne** ich bin für niemand(en) zu sprechen; fig **j'y suis** jetzt hab ich's; **vous n'y êtes pas du tout** Sie liegen völlig falsch; **je n'y suis pour rien** ich kann nichts dafür; **être toujours à crier** andauernd, fortwährend schreien; **être à louer, à vendre** zu vermieten, zu verkaufen sein; **être après qn** hinter j-m her sein; fam **il est dans les assurances** er ist, arbeitet bei e-r Versicherung; **il est de Paris** er ist aus ou von Paris; **le prix est de 300 euros** der Preis beträgt 300 Euro; **être d'une curiosité maladive** von e-r krankhaften Neugier sein; krankhaft neugierig sein; **être en maillot de bain** im Badeanzug sein; **vous n'êtes pas sans savoir que …** Sie wissen sehr wohl, dass …; **être sur le bureau** auf dem Schreibtisch lampe stehen, journal liegen; clé **être sur la porte** stecken (abs) 2 au passé composé (aller) gehen; **il a été à Paris** er ist nach Paris gegangen, gefahren; **j'ai été le voir** ich habe ihn besucht 3 (se sentir) sich fühlen; sich befinden; **on est mal dans cette voiture** man sitzt nicht bequem in diesem Wagen; **il est mieux aujourd'hui** es geht ihm heute besser 4 indiquant la date haben; **quel jour sommes-nous aujourd'hui?** was für e-n Tag ou den Wievielten haben wir heute?; **nous sommes lundi** wir haben Montag; **nous sommes le deux mars** wir haben den zweiten März; heute ist der zweite März 5 **être à** (appartenir) gehören (+ dat); **ce livre est à moi** dieses Buch gehört mir; **je suis à vous tout de suite** ich stehe Ihnen sofort zu Diensten

— C verbe impersonnel —

1 **il est** st/s (il y a) es gibt; st/s **il est des gens qui …** es gibt Leute, die …; **il est difficile de** (+ inf) es ist schwierig zu (+ inf); **il est dix heures** es ist zehn (Uhr) 2 **c'est** das ist; es ist; **c'est exagéré** das ist übertrieben; **c'est difficile à dire** es ou das ist schwer zu sagen; **c'est mon ami** das ou er ist mein Freund; **ce sont**, fam

c'est mes livres das sind meine Bücher; **c'est moi** ich bin es; das bin ich; **c'est trois euros** das kostet drei Euro; **... n'est-ce pas?** nicht wahr?; oder?; *il n'est pas venu*, **c'est qu'il est malade** ... dann ist er krank; ... weil er krank ist; **ce n'est pas que ...** (+ *subj*) nicht etwa, dass ...; **qui est-ce?**, *fam* **qui c'est?** wer ist das?; **c'était à qui parlerait le plus fort** jeder wollte am lautesten reden; **c'est à vous** Sie sind dran; **c'est à vous de décider** es ist an Ihnen zu entscheiden; **c'est bien de lui** das sieht ihm ähnlich; **je sais ce que c'est** ich weiß, was das bedeutet, heißt; **c'est mon frère qui l'a fait** mein Bruder hat es getan; **c'est à Paris que je voudrais habiter** in Paris möchte ich wohnen; **est-ce que tu viens?** kommst du?

être[2] M 1 Wesen *n*; **~ humain** Mensch *m*; **~ vivant** Lebewesen *n* 2 PHIL Sein *n*

étreindre [etʀɛ̃dʀ] V/T ⟨→ peindre⟩ 1 in die Arme schließen; fest an sich *(acc)* drücken; umarmen; *adversaire* umklammern 2 *sentiment* **~ qn** j-n bedrücken, beklemmen

étreinte [etʀɛ̃t] F 1 Umarmung *f*; *par ext* **~ amoureuse** Liebesakt *m* 2 *fig* Umklammerung *f*

étrenner [etʀene] V/T zum ersten Mal benutzen; *vêtements* zum ersten Mal tragen; *fam* einweihen

étrennes [etʀɛn] FPL 1 Neujahrsgeschenk(e) *n(pl)* 2 *gratification* Weihnachtsgeld *n*

étrier [etʀije] M Steigbügel *m*; *fig* **avoir le pied à l'~** auf dem besten Weg (zum Erfolg) sein; e-e gute Ausgangsbasis haben; *fig* **mettre le pied à l'~ à qn** j-m in den Sattel helfen

étriller [etʀije] V/T 1 *cheval* striegeln 2 *fig (malmener)* hart anfassen; *fam* striegeln; *(critiquer) fam* verreißen

étriper [etʀipe] A V/T *animal* ausweiden; ausnehmen B V/PR *fam* **s'~** sich, einander massakrieren

étriqué [etʀike] ADJ ⟨~e⟩ 1 *vêtements* zu eng; zu knapp 2 *fig esprit* engstirnig

étroit [etʀwa] ADJ ⟨étroite [etʀwat]⟩ 1 eng; *ruban, épaules, fenêtre* schmal; *vêtements* eng; knapp; **à l'~** beengt; *fig* **au sens ~** im engeren Sinn 2 *péj* engstirnig; kleinlich; *fam* kleinkariert 3 *rapports* eng

étroitement [etʀwatmɑ̃] ADV *liés* eng; *surveiller* scharf; streng

étroitesse [etʀwatɛs] F 1 Enge *f*; Schmalheit *f* 2 *fig* **~ (d'esprit)** Engstirnigkeit *f*; geistige Enge; *fam* Kleinkariertheit *f*

étron [etʀõ] M Kothaufen *m*

étrusque [etʀysk] A ADJ etruskisch B SUBST 1 **Étrusques** *mpl* Etrusker *mpl* 2 LING **l'~** *m* das Etruskische; Etruskisch *n*

Ets ABR *(établissements)* Fa.

étude [etyd] F 1 *(apprentissage)* Lernen *n*; Studieren *n*; *d'une langue* Erlernung *f*; *d'un rôle* Einstudierung *f*; *d'un texte, d'une science* Studium *n* 2 **études** *pl* Studium *n*; **études de médecine** Medizinstudium *n*; **faire des études de médecine** Medizin studieren; **faire ses études** studieren 3 *(examen)* Untersuchung *f*; Erforschung *f*; Prüfung *f*; Studium *n*; **étude du marché** Marktanalyse *f*; **voyage** *m* **d'études** Studienreise *f*; **être à l'étude** *projet* geprüft werden; in Vorbereitung sein; *dossier* in Bearbeitung sein 4 *ouvrage* Studie *f* 5 MUS Etüde *f*; Übungsstück *n* 6 ÉCOLE *salle* Arbeitsraum *m*; *temps* Zeit *f* für Schularbeiten, Hausaufgaben 7 *de notaire* Kanzlei *f*; Notariat *n*

étudiant [etydjɑ̃], **étudiante** [-ɑ̃t] A M,F Student(in) *m(f)*; Studierende(r) *m/f(m)*; **étudiant, étudiante en médecine** Medizinstudent(in) *m(f)* B ADJ studentisch; Studenten...; **jeunesse étudiante** studentische Jugend

étudié [etydje] ADJ ⟨~e⟩ 1 *(calculé)* wohlüberlegt; durchdacht; *prix* scharf, knapp kalkuliert 2 *(affecté)* einstudiert; gekünstelt

étudier [etydje] A V/T 1 *à l'université* studieren; *leçon* lernen; *rôle* einstudieren 2 *(examiner)* studieren; erforschen; untersuchen; prüfen; **~ un problème** *a.* sich (gründlich, eingehend) mit e-m Problem befassen, beschäftigen B V/PR **s'~** sich selbst beobachten

étui [etɥi] M Etui *n*; Futteral *n*; Hülle *f*; **~ à lunettes** Brillenetui *n*

étuve [etyv] F 1 Schwitzbad *n*; *fig* **quelle ~!** hier ist e-e Bruthitze! 2 TECH Trockenapparat *m*

étuvée [etyve] **cuire à l'~** dämpfen; dünsten; schmoren

étuver [etyve] V/T 1 TECH (durch Wärmeeinwirkung) trocknen 2 CUIS dämpfen; dünsten; schmoren

étymologie [etimɔlɔʒi] F Etymologie *f* **étymologique** [-ik] ADJ etymologisch **étymologiste** [-ist] M/F Etymologe, -login *m,f*

eu [y] PP → avoir[1]

eucalyptus [økaliptys] M Eukalyptus *m*

eucharistie [økaʀisti] F Eucharistie *f* **eucharistique** [-ik] ADJ eucharistisch

euclidien [øklidjɛ̃] ADJ ⟨-ienne [-jɛn]⟩ **géométrie (non) ~ne** (nicht) euklidische Geometrie

eugénique [øʒenik] A F Eugenik *f*; Erbgesundheitslehre *f* B ADJ eugenisch **eugénisme** [-ism] M → eugénique A **eugéniste** [-ist] M Eugeniker *m*

euh [ø] INT 1 *en cherchant ses mots* äh ... 2 *embarras, doute* hm!

eunuque [ønyk] M Eunuch *m*
euphémique [øfemik] ADJ euphemistisch; beschönigend **euphémisme** [-ism] M Euphemismus *m*
euphorbe [øfɔʀb] F BOT Wolfsmilch *f*
euphorie [øfɔʀi] F Euphorie *f*; Hochstimmung *f* **euphorique** [-ik] ADJ euphorisch **euphorisant** [-izɑ̃] ADJ ⟨-ante [-ɑ̃t]⟩ euphorisierend **euphoriser** [-ize] V/T in e-n euphorischen Zustand versetzen
EUR ABR (euro) EUR (Euro)
eurafricain [øʀafʀikɛ̃] ADJ ⟨-aine [-ɛn]⟩ eurafrikanisch
eurasiatique [øʀazjatik] ADJ eurasisch
Eurasie [øʀazi] **l'~** F Eurasien *n*
eurasien [øʀazjɛ̃] **A** ADJ ⟨-ienne [-jɛn]⟩ eurasisch **B** **Eurasien(ne)** M(F) Eurasier(in) *m(f)*
Euratom [øʀatɔm] F Euratom *f*
Eure [œʀ] **l'~** F *Fluss u. Departement in Frankreich*
Eure-et-Loir [œʀelwaʀ] **l'~** M *frz Departement*
eurêka [øʀeka] INT ich habs!; *litt* heureka!
eurent [yʀ] → avoir[1]
euro [øʀo] M Euro *m*; *adjt* **zone** *f* **~** Euroland *n*
euro... [øʀɔ] *préfixe* Euro...; euro...
eurocrate [øʀɔkʀat] M Eurokrat *m*
eurodéputé M Europaabgeordnete(r) *m/f(m)*
eurodollars MPL Eurodollars *mpl*
euromissile M eurostrategische Mittelstreckenrakete
Europe [øʀɔp] **l'~** F Europa *n*
européaniser [øʀɔpeanize] **A** V/T europäisieren **B** V/PR **s'~** sich europäisieren; europäisch werden
européanisme [øʀɔpeanizm] M Europäertum *n*; europäischer Charakter; europäisches Denken
européen [øʀɔpeɛ̃] **A** ADJ ⟨-enne [-ɛn]⟩ europäisch; Europa ...; **Commission ~ne** Europäische Kommission; **Parlement ~** Europäisches Parlament **B** **Européen(ne)** M(F) Europäer(in) *m(f)*
Europol [øʀɔpɔl] F Europol *f*
euroscepticisme [øʀosɛptisism] M Euroskepsis *f*
eurosceptique [øʀosɛptik] **A** ADJ euroskeptisch **B** M/F Euroskeptiker(in) *m(f)*
eurotunnel M Eurotunnel *m*
Eurovision F Eurovision *f*
eus [y] → avoir[1]
eut, eût [y] → avoir[1]
euthanasie [øtanazi] F Euthanasie *f*; Sterbehilfe *f* **euthanasier** [-je] V/T *personne* Sterbehilfe leisten (+ *dat*); *animal* einschläfern
eux [ø] PR PERS **1** sie (*nom et acc pl*) **2** *avec prép* sie (*acc*); ihnen (*dat*); *réfléchi* sich
eux-mêmes [ømɛm] PR PERS **1** *emphatique* (sie) selbst **2** *réfléchi* sich selbst
évacuation [evakɥasjõ] F **1** MÉD Ausscheidung *f*; Entleerung *f* **2** TECH Ableitung *f* **3** MIL, *d'une salle* Räumung *f*; *de la population* Evakuierung *f*; *de blessés* Abtransport *m*
évacué [evakɥe] M Evakuierte(r) *m*
évacuer [evakɥe] V/T **1** MÉD ausscheiden **2** *eaux usées, etc* ableiten **3** MIL, *salle* räumen; *population* evakuieren; *blessés* abtransportieren; **~ par avion** ausfliegen
évadé [evade] **A** ADJ ⟨~e⟩ entflohen; flüchtig **B** M Ausbrecher *m*
évader [evade] V/PR **s'~** **1** ausbrechen, (ent)fliehen (**d'une prison** aus e-m Gefängnis) **2** *fig* entfliehen (**de** *dat*)
évaluable [evalɥabl] ADJ abschätzbar
évaluation [evalɥasjõ] F Schätzung *f*; Bewertung *f*; Taxierung *f*; Veranschlagung *f*
évaluer [evalɥe] V/T schätzen (**à** auf + *acc*); *objet a.* bewerten; taxieren; *distance* (ab)schätzen; *risque* abschätzen; *prix* überschlagen; veranschlagen
évanescent [evanesɑ̃] ADJ ⟨-ente [-ɑ̃t]⟩ verschwimmend; undefinierbar
évangélique [evɑ̃ʒelik] ADJ evangelisch **évangélisateur** [-izatœʀ] **A** ADJ ⟨-trice [-tʀis]⟩ evangelisierend **B** M Verkünder *m* des Evangeliums **évangélisation** [-izasjõ] F Evangelisation *f*; Missionierung *f* **évangéliser** [-ize] V/T evangelisieren; missionieren **évangéliste** [-ist] M Evangelist *m*
Évangile [evɑ̃ʒil] M Evangelium *n* (*a. fig* **évangile**); *fig* **ce n'est pas parole d'évangile** das ist kein Evangelium
évanoui [evanwi] ADJ ⟨~e⟩ **1** *personne* ohnmächtig; bewusstlos **2** *rêve, bonheur* vergangen; entschwunden
évanouir [evanwiʀ] V/PR **s'~** **1** *personne* ohnmächtig werden **2** (*disparaître*) (ver)schwinden; vergehen; *espoir* zerrinnen
évanouissement [evanwismɑ̃] M **1** (*syncope*) Ohnmacht *f* **2** (*disparition*) Schwinden *n*; Zerrinnen *n*
évaporation [evapɔʀasjõ] F Verdunstung *f*; Verdampfung *f*
évaporé [evapɔʀe] ADJ ⟨~e⟩ *personne* leichtfertig; leichtsinnig; flatterhaft
évaporer [evapɔʀe] V/PR **s'~** **1** verdunsten; verdampfen **2** *fam fig* sich verflüchtigen
évasé [evaze, -vɑ-] ADJ ⟨~e⟩ sich erweiternd; *jupe* ausgestellt
évasement [evazmɑ̃, -vɑ-] M Erweiterung *f*; (Auf)Weitung *f*
évaser [evaze, -vɑ-] **A** V/T erweitern **B** V/PR **s'~** sich weiten; sich erweitern; weiter werden

évasif [evazif] ADJ ⟨-ive [-iv]⟩ *réponse* ausweichend; *geste* vage

évasion [evazjõ] F **1** *d'un prisonnier* Ausbruch *m*; Flucht *f* **2** *fig* Flucht *f* (*a.* FIN); (*distraction*) Ablenkung *f*

évêché [eveʃe] M **1** *territoire* Bistum *n* **2** *ville* Bischofssitz *m*

E

éveil [evɛj] M *fig* Erwachen *n*; ÉCOLE PRIMAIRE (**activités** *fpl* **d'**)**~** Anregung *f* der geistigen Entwicklung durch Beschäftigung mit konkreten Dingen; **en ~** wach(sam); aufmerksam; **donner l'~ à qn** j-n warnen, aufmerksam machen

éveillé [eveje] ADJ ⟨~e⟩ **1** wach; **rêve ~** Wachtraum *m*; Tagtraum *m* **2** *fig* aufgeweckt; (hell)wach; lebhaft

éveiller [eveje] **A** V/T *fig* wachrufen; wecken; *soupçons, sympathie* erwecken **B** V/PR **s'~** erwachen (*a. fig*); *sentiments a.* sich regen; geweckt werden

événement *ou* **évènement** [evɛnmã] M Ereignis *n*; Vorkommnis *n*; *st/s* Begebenheit *f*; POL **~s** *pl* (politische) Unruhen *fpl*

événementiel [evɛnmãsjɛl] ADJ ⟨~le⟩ lediglich die Ereignisse schildernd

éventail [evãtaj] M **1** Fächer *m*; **en ~** fächerförmig; *fam fig* **doigts** *mpl* **de pied en ~** *fam* alle viere von sich gestreckt **2** *fig* Palette *f*; Spektrum *n*; **~ des salaires** Lohnspanne *f*, -skala *f*

éventaire [evãtɛʀ] M Auslage *f*; *d'un marchand ambulant* Bauchladen *m*

éventé [evãte] ADJ ⟨~e⟩ **1** *boisson* schal; abgestanden; *parfum* verduftet **2** *secret* offen **3** (*venteux*) windig

éventer [evãte] **A** V/T **1** **~ qn** j-m Kühlung zufächeln **2** *complot, secret* aufdecken; enthüllen **B** V/PR **s'~** **1** *personne* sich (*dat*) Kühlung zufächeln **2** *boisson* schal werden; *parfum* verduften

éventration [evãtʀasjõ] F Bauchwandbruch *m*

éventrer [evãtʀe] V/T **1** den Bauch aufschlitzen (+ *dat*) **2** *objets* (gewaltsam) aufreißen, aufschlitzen, aufbrechen

éventreur [evãtʀœʀ] M (Bauch)Aufschlitzer *m*; **Jack l'Éventreur** Jack the Ripper

éventualité [evãtɥalite] F Eventualität *f*; Möglichkeit *f*; Eventualfall *m*; **dans l'~ de** im Fall(e) (+ *gén*)

éventuel [evãtɥɛl] ADJ ⟨~le⟩ eventuell; etwaig; möglich

éventuellement [evãtɥɛlmã] ADV eventuell; möglicherweise

évêque [evɛk] M Bischof *m*

Everest [ɛvʀɛst] **l'~** *m ou* **le mont ~** der Mount Everest

évertuer [evɛʀtɥe] V/PR **s'~** sich bemühen, sich anstrengen (**à faire qc** etw zu tun)

éviction [eviksjõ] F Verdrängung *f*; Ausschaltung *f*

évidé [evide] ADJ ⟨~e⟩ hohl; ausgehöhlt; vertieft

évidemment [evidamã] ADV selbstverständlich; natürlich

évidence [evidãs] F **1** Offensichtlichkeit *f*; Offenkundigkeit *f*; **de toute ~** (ganz) offensichtlich; **se rendre à l'~** die Tatsachen anerkennen; sich den Tatsachen beugen; **refuser de se rendre, se refuser à l'~** sich den Tatsachen, der Wahrheit verschließen; die Sache nicht wahrhaben wollen **2** (*chose évidente*) offensichtliche Tatsache; Selbstverständlichkeit *f* **3** **mettre en ~** gut sichtbar hinlegen; *fig* klar, deutlich hervorheben, herausstellen

évident [evidã] ADJ ⟨-ente [-ãt]⟩ offensichtlich; offenkundig; augenscheinlich; offenbar; evident; einleuchtend; **ce n'est pas ~** das ist gar nicht so einfach, leicht

évider [evide] V/T aushöhlen

évier [evje] M Spüle *f*; Spülbecken *n*

évincer [evɛ̃se] V/T ⟨-ç-⟩ verdrängen; ausschalten

évitable [evitabl] ADJ vermeidbar

éviter [evite] V/T **1** vermeiden; *mets, lieu* meiden; *obstacle* ausweichen (+ *dat*); **~ qn** j-n meiden; j-m aus dem Weg gehen; **~ de faire qc** es vermeiden, etw zu tun **2** **~ qc à qn** j-m etw ersparen

évocateur [evɔkatœʀ] ADJ ⟨-trice [-tʀis]⟩ Erinnerungen wachrufend; bedeutungsvoll; vielsagend

évocation [evɔkasjõ] F Erinnerung *f* (**de** an + *acc*); *d'un souvenir* Wachrufen *n*

évolué [evɔlɥe] ADJ ⟨~e⟩ *pays* hoch entwickelt; *idées* fortschrittlich

évoluer [evɔlɥe] V/I **1** (*se mouvoir*) Bewegungen ausführen; sich bewegen **2** (*changer*) sich (weiter-, fort)entwickeln; sich wandeln; *maladie* fortschreiten

évolutif [evɔlytif] ADJ ⟨-ive [-iv]⟩ **1** *poste* ausbau-, entwicklungsfähig **2** *maladie* fortschreitend

évolution [evɔlysjõ] F **1** **~s** *pl* Bewegungen *fpl*; Vorführungen *fpl* **2** (*progression*) (Weiter-, Fort)Entwicklung *f*; *d'une maladie* Fortschreiten *n*; Verlauf *m* **3** BIOL Evolution *f*

évolutionnisme [evɔlysjɔnism] M BIOL Evolutionstheorie *f*; PHIL Evolutionismus *m*

évolutionniste [evɔlysjɔnist] **A** ADJ evolutionistisch **B** M Evolutionist *m*

évoquer [evɔke] V/T **1** in Erinnerung, ins Gedächtnis rufen; erinnern an (+ *acc*); *souvenirs* wachrufen; heraufbeschwören **2** *par ext* e-e Vorstellung geben von; *problème* erwähnen;

streifen
ex [ɛks] M/F *fam* Verflossene(r) *m/f(m)*
ex-... [ɛks] *préfixe* Ex...; ehemalige
exacerbation [ɛgzasɛʀbasjõ] F Verschlimmerung *f*; Steigerung *f*
exacerber [ɛgzasɛʀbe] V/T *douleur* verschlimmern; *désir, colère* steigern; **exacerbé** übersteigert
exact [ɛgza(kt)] ADJ ⟨exacte [ɛgzakt]⟩ **1** genau; exakt; richtig; **heure ~e** genaue Uhrzeit; **c'est ~** das ist richtig; das stimmt **2** *personne* pünktlich
exactement [ɛgzaktəmã] ADV genau
exaction [ɛgzaksjõ] F **1** FIN übermäßige Forderung **2** *pl* **~s** *(abus de pouvoir)* Machtmissbrauch *m*
exactitude [ɛgzaktityd] F **1** Genauigkeit *f*; Exaktheit *f*; Richtigkeit *f* **2** *(ponctualité)* Pünktlichkeit *f*
ex æquo [ɛgzeko] ADV gleich(rangig, -wertig); *candidat* **être premier ~ avec qn** zusammen mit j-m Examensbester sein
exagération [ɛgzaʒeʀasjõ] F Übertreibung *f*
exagéré [ɛgzaʒeʀe] ADJ ⟨~e⟩ übertrieben; überzogen; übersteigert; überspitzt
exagérément [ɛgzaʒeʀemã] ADV übertrieben; übermäßig; unangemessen
exagérer [ɛgzaʒeʀe] ⟨-è-⟩ **A** V/T *et* V/I übertreiben **B** V/PR **s'~ qc** etw überschätzen
exaltant [ɛgzaltã] ADJ ⟨-ante [-ãt]⟩ begeisternd; mitreißend
exaltation [ɛgzaltasjõ] F Überschwänglichkeit *f*; Überschwang *m*; Überspanntheit *f*; Exaltiertheit *f*
exalté [ɛgzalte] **A** ADJ ⟨~e⟩ überschwänglich; überspannt; exaltiert **B** **~(e)** M(F) Schwärmer(in) *m(f)*; Fantast(in) *m(f)*
exalter [ɛgzalte] **A** V/T **1** *(passionner)* begeistern; mitreißen **2** *st/s (glorifier)* preisen; rühmen **B** V/PR **s'~** ins Schwärmen geraten
exam [ɛgzam] M ABR → examen 1
examen [ɛgzamɛ̃] M **1** *(épreuves)* Prüfung *f*; Examen *n*; **~ d'entrée** Aufnahmeprüfung *f*; **~ de passage** Versetzungsprüfung *f*; **passer, subir un ~** e-e Prüfung, ein Examen machen, ablegen **2** *(contrôle)* (Über)Prüfung *f* **3** **~ (médical)** (ärztliche) Untersuchung **4** **~ de conscience** Gewissenserforschung *f* **5** JUR **mise** *f* **en ~** Eröffnung *f* e-s Ermittlungsverfahrens (**de qn** gegen j-n)
examinateur [ɛgzaminatœʀ] M, **examinatrice** [-tʀis] F Prüfer(in) *m(f)*; Examinator *m*
examiner [ɛgzamine] V/T **1** *(contrôler)* (über)prüfen; untersuchen (*a.* MÉD); *dossier a.* durchsehen **2** *(observer)* mustern; genau, prüfend betrachten

exaspérant [ɛgzaspeʀã] ADJ ⟨-ante [-ãt]⟩ auf die Nerven gehend **exaspération** [-asjõ] F Gereiztheit *f*; Erbitterung *f*
exaspérer [ɛgzaspeʀe] V/T ⟨-è-⟩ aufs Äußerste reizen; aufbringen; rasend machen; erbittern
exaucement [ɛgzosmã] M Erhörung *f* **exaucer** [-e] V/T ⟨-ç-⟩ erhören
excavateur [ɛkskavatœʀ] M *ou* **excavatrice** [-tʀis] F Bagger *m*
excédant [ɛksedã] ADJ ⟨-ante [-ãt]⟩ lästig; ärgerlich; unerträglich
excédent [ɛksedã] M Überschuss *m*; **~ de bagages** Übergepäck *n*; **~ de naissances** Geburtenüberschuss *m*; **en ~** überschüssig; überzählig
excédentaire [ɛksedãtɛʀ] ADJ überschüssig
excéder [ɛksede] V/T ⟨-è-⟩ **1** *(dépasser)* übersteigen; hinausgehen über (+ *acc*) **2** *(agacer)* **~ qn** j-m lästig fallen; j-n ärgern, reizen; **je suis excédé par qc** etw geht mir auf die Nerven; **je suis excédé!** ich halte es nicht mehr aus!
excellence [ɛksɛlãs] F **1** Vortrefflichkeit *f* **2** *titre* **Excellence** Exzellenz *f* **3** **par ~** schlechthin; par excellence
excellent [ɛksɛlã] ADJ ⟨-ente [-ãt]⟩ hervorragend; (ganz) ausgezeichnet; vortrefflich; vorzüglich; exzellent
exceller [ɛksele] V/I **~ dans, en qc** sich hervortun, hervorragend sein in etw (*dat*); **~ à faire qc** etw hervorragend tun
excentricité [ɛksãtʀisite] F exzentrisches Wesen
excentrique [ɛksãtʀik] **A** ADJ **1** exzentrisch; überspannt; *tenue* ausgefallen **2** *quartier* abgelegen **B** M/F Exzentriker(in) *m(f)*
excepté [ɛksɛpte] PRÉP ⟨bei Nachstellung veränderlich⟩ ausgenommen (+ *cas régi par le verbe précédent*); bis auf (+ *acc*); abgesehen von (+ *dat*); außer (+ *dat*)
excepter [ɛksɛpte] V/T ausnehmen
exception [ɛksɛpsjõ] F Ausnahme *f*; **~ à la règle** Ausnahme von der Regel; **d'~** Ausnahme...; Sonder...; außergewöhnlich; **à l'~ de** *ou* **~ faite de** mit Ausnahme von (*ou* + *gén*); bis auf (+ *acc*); abgesehen von (+ *dat*); außer (+ *dat*); **sans ~** ohne Ausnahme; ausnahmslos
exceptionnel [ɛksɛpsjɔnɛl] ADJ ⟨~le⟩ außergewöhnlich; Ausnahme...
exceptionnellement [ɛksɛpsjɔnɛlmã] ADV **1** *(par exception)* ausnahmsweise **2** *(extraordinairement)* außergewöhnlich
excès [ɛksɛ] M Übermaß *n*; *acte* Exzess *m*; **excès de vitesse** Geschwindigkeitsüberschreitung *f*; **excès de zèle** Übereifer *m*; **à l'excès** im Übermaß; bis zum Exzess; **faire des excès** übertreiben; **tomber dans l'excès inverse** ins andere

Extrem fallen

excessif [ɛksesif] ADJ ⟨-ive [-iv]⟩ übermäßig; *personne* maßlos; (*exagéré*) übertrieben; *prix, vitesse* überhöht

excessivement [ɛksesivmã] ADV **1** (*trop*) übermäßig, unmäßig **2** (*extrêmement*) äußerst; außerordentlich

E

excipient [ɛksipjã] M PHARM Grundmasse *f*

exciser [ɛksize] V/T MÉD (her)ausschneiden

excision [ɛksizjõ] F **1** MÉD Ausschneiden *n* **2** *rite* Beschneidung *f* der Mädchen

excitabilité [ɛksitabilite] F Erregbarkeit *f*; Reizbarkeit *f* **excitable** [-abl] ADJ reizbar, erregbar; empfindlich

excitant [ɛksitã] **A** ADJ ⟨-ante [-ãt]⟩ erregend, aufreizend (*a. sexuellement*); *lecture* aufregend; *boisson* anregend **B** M Anregungsmittel *n*; Stimulans *n*

excitation [ɛksitasjõ] F Erregung *f* (*a.* PHYS, BIOL); (*énervement*) *a.* Aufregung *f*

excité [ɛksite] **A** ADJ ⟨~e⟩ erregt; aufgeregt **B** **~(e)** M(F) Hitzkopf *m*; Heißsporn *m*

exciter [ɛksite] **A** V/T **1** *personne* erregen, aufreizen (*a. sexuellement*); (*irriter*) reizen; **~ qn à qc** j-n zu etw aufstacheln **2** *appétit, imagination* anregen; *nerf* reizen; erregen **B** V/PR **s'~** erregt werden; (*s'irriter*) sich erregen; sich aufregen

exclamatif [ɛksklamatif] ADJ ⟨-ive [-iv]⟩ Ausrufe…; Ausrufungs… **exclamation** [-sjõ] F Ausruf *m*

exclamer [ɛksklame] V/PR **s'~** ausrufen

exclu [ɛkskly] PP → **exclure** *et* ADJ ⟨~e⟩ ausgeschlossen

exclure [ɛksklyʀ] V/T ⟨→ conclure⟩ ausschließen (**de** aus)

exclusif [ɛksklyzif] ADJ ⟨-ive [-iv]⟩ ausschließlich; Exklusiv…; **représentant ~** Alleinvertreter *m*; **il est trop ~** *dans ses goûts* er ist zu einseitig; *en amitié* er beansprucht ungeteilte Zuneigung

exclusion [ɛksklyzjõ] F Ausschluss *m* (**de** aus); (soziale) Ausgrenzung; **à l'~ de** außer (+ *dat*)

exclusive [ɛksklyziv] F Ausschluss *m*; Ausschließungsmaßnahme *f*

exclusivement [ɛksklyzivmã] ADV ausschließlich

exclusivité [ɛksklyzivite] F Alleinvertrieb *m*; Alleinveröffentlichungsrecht *n*, -aufführungsrecht *n*; Exklusivrecht *n*; **cinéma** *m* **d'~** Erstaufführungskino *n*; **en ~** ausschließlich; exklusiv

excommunication [ɛkskɔmynikasjõ] F Exkommunikation *f*; Exkommunizierung *f* **excommunier** [-je] V/T exkommunizieren

excréments [ɛkskʀemã] MPL Exkremente *npl*; Kot *m*

excrétion [ɛkskʀesjõ] F BIOL Ausscheidung *f*

excroissance [ɛkskʀwasãs] F MÉD Auswuchs *m*; Wucherung *f*

excursion [ɛkskyʀsjõ] F Ausflug *m*

excursionniste [ɛkskyʀsjɔnist] M/F Ausflügler(in) *m(f)*

excusable [ɛkskyzabl] ADJ entschuldbar; *a. personne* zu entschuldigen

excuse [ɛkskyz] F Entschuldigung *f*; (*prétexte*) Ausrede *f*; **mauvaise ~** faule Ausrede; ÉCOLE **mot** *m* **d'~** Entschuldigung *f*; Entschuldigungsbrief *m*; **avoir toujours une bonne ~** nie um e-e Ausrede verlegen sein; **faire ses** *ou* **des ~s à qn, présenter ses ~s à qn** sich bei j-m entschuldigen

excuser [ɛkskyze] **A** V/T entschuldigen; **excuse-moi!** entschuldige (bitte)!; Entschuldigung!; Verzeihung!; **excusez-moi!** entschuldigen Sie (bitte)!; Entschuldigung!; Verzeihung! **B** V/PR **s'excuser** sich entschuldigen (**de qc auprès de qn** bei j-m für *ou* wegen etw)

exécrable [egzekʀabl] ADJ scheußlich; abscheulich **exécrer** [-e] V/T ⟨-è-⟩ verabscheuen

exécutable [egzekytabl] ADJ **1** aus-, durchführbar **2** MUS spielbar

exécutant [egzekytã] M **1** ausführendes Organ (*Person*) **2** MUS Mitwirkende(r) *m*; Ausführende(r) *m*

exécuter [egzekyte] **A** V/T **1** (*réaliser*) ausführen; durchführen **2** JUR vollstrecken **3** MUS vortragen; spielen; aufführen **4** **~ qn** j-n hinrichten, exekutieren **B** V/PR **s'~** der Aufforderung nachkommen; sich fügen

exécuteur [egzekytœʀ] M **~ testamentaire** Testamentsvollstrecker *m*

exécutif [egzekytif] ADJ ⟨-ive [-iv]⟩ Exekutiv…; **(pouvoir) ~** *m* Exekutive *f*; vollziehende Gewalt

exécution [egzekysjõ] F **1** Ausführung *f*; Durchführung *f*; **mettre à ~** aus-, durchführen; *menace* wahr machen **2** JUR Vollstreckung *f* **3** MUS Vortrag *m*; Spiel *n*; Aufführung *f* **4** **~ (capitale)** Hinrichtung *f*; Exekution *f*

exécutoire [egzekytwaʀ] ADJ vollstreckbar; rechtskräftig; Vollstreckungs…

exégèse [egzeʒɛz] F Exegese *f*; (Text)Auslegung *f*; **faire l'~ de qc** etw auslegen

exemplaire [egzãplɛʀ] **A** ADJ mustergültig; vorbildlich; beispielhaft; *châtiment* exemplarisch **B** M Exemplar *n*; Stück *n*; **en double ~** in zweifacher Ausfertigung

exemplarité [egzãplaʀite] F Vorbildlichkeit *f*; Beispielhaftigkeit *f*; *d'un châtiment* exemplarischer Charakter

exemple [egzãpl] M Beispiel *n*; *avertissement* Exempel *n*; **à l'exemple de** nach dem Beispiel,

Vorbild von *(ou + gén)*; **par exemple** zum Beispiel *(abr* z. B.*)*; beispielsweise; *int fam* (na) so was!; **donner l'exemple** mit gutem Beispiel vorangehen; **faire un exemple** ein Exempel statuieren; **prendre exemple sur qn** sich *(dat)* an j-m ein Beispiel nehmen

exempt [ɛgzɑ̃] ADJ ⟨exempte [ɛgzɑ̃t]⟩ frei, *personne a.* befreit (**de** von)

exempter [ɛgzɑ̃te] V/T befreien, *personne a.* freistellen, dispensieren (**de** von)

exemption [ɛgzɑ̃psjõ] F Befreiung *f* (**de** von)

exercé [ɛgzɛʀse] ADJ ⟨~e⟩ geübt

exercer [ɛgzɛʀse] ⟨-ç-⟩ **A** V/T **1** *métier, pouvoir, influence* ausüben **2** *mémoire* üben; schulen **B** V/I *médecin* praktizieren; *avocat* als Anwalt tätig sein **C** V/PR **s'~** üben; SPORTS *a.* trainieren; **s'~ à faire qc** sich in etw *(dat)* üben

exercice [ɛgzɛʀsis] M **1** *d'un métier, du pouvoir* Ausübung *f*; **le président en ~** der amtierende Präsident; **dans l'~ de ses fonctions** in Ausübung s-s Amtes **2** SPORTS, ÉCOLE Übung *f* **3** **~ (physique)** (körperliche) Bewegung; **faire de l'~** sich *(dat)* Bewegung verschaffen **4** COMM Geschäfts-, Wirtschaftsjahr *n*

exergue [ɛgzɛʀg] M Motto *n*; **mettre en ~** als Motto voranstellen

exfoliant [ɛksfɔljɑ̃] ADJ ⟨-ante [-ɑ̃t]⟩ **crème ~e** Peelingcreme *f*

exfoliation [ɛksfɔljasjõ] F Abblättern *n*; MÉD Exfoliation *f*

exhalaison [ɛgzalɛzõ] F Ausdünstung *f*

exhaler [ɛgzale] **A** V/T ver-, ausströmen; *odeur désagréable a.* ausdünsten **B** V/PR **s'~** ausströmen (**de** aus)

exhausser [ɛgzose] V/T *mur* höher machen; erhöhen; *maison* aufstocken

exhausteur [ɛgzostœʀ] M **~ (de saveur, de goût)** Geschmacksverstärker *m*

exhaustif [ɛgzostif] ADJ ⟨-ive [-iv]⟩ erschöpfend

exhiber [ɛgzibe] **A** V/T **1** vorzeigen; *animaux au cirque* vorführen **2** *péj* zur Schau stellen **B** V/PR **s'~** *péj* sich zur Schau stellen

exhibition [ɛgzibisjõ] F **1** Vorzeigen *n*; *au cirque* Vorführung *f* **2** *péj* Zurschaustellung *f*

exhibitionnisme [ɛgzibisjɔnism] M **1** PSYCH Exhibitionismus *m* **2** *fig* Zurschaustellung *f* s-r Intimsphäre

exhibitionniste [ɛgzibisjɔnist] **1** *m/f* Exhibitionist(in) *m(f)* **2** *adjt par ext* **être un peu ~** sich gern nackt zeigen; *femme a.* freigiebig mit ihren Reizen sein; *fig* gern sein Privatleben zur Schau stellen

exhortation [ɛgzɔʀtasjõ] *st/s* F Ermahnung *f*
exhorter [-e] *st/s* V/T ermahnen (**à qc** zu etw)

exhumation [ɛgzymasjõ] F Exhumierung *f*; Ausgrabung *f*

exhumer [ɛgzyme] V/T **1** *cadavre* exhumieren **2** *par ext* ausgraben *(a. fig)*

exigeant [ɛgziʒɑ̃] ADJ ⟨-ante [-ɑ̃t]⟩ anspruchsvoll

exigence [ɛgziʒɑ̃s] F **1** **~s** *pl de qn* Forderungen *fpl*; Ansprüche *mpl*; *de la situation, etc* Erfordernisse *npl*; Anforderungen *fpl* **2** *caractère* anspruchsvolles Wesen

exiger [ɛgziʒe] V/T ⟨-ge-⟩ **1** fordern, verlangen (**qc de qn** etw von j-m) **2** *chose* **~ qc** etw erfordern, erforderlich machen; *adjt* **diplômes exigés** erforderliche Diplome *npl*

exigibilité [ɛgziʒibilite] F Fälligkeit *f* **exigible** [-ibl] ADJ fällig

exigu [ɛgzigy] ADJ ⟨-guë [-gy]⟩ sehr klein; winzig; eng

exiguïté [ɛgzigɥite] F Kleinheit *f*; Enge *f*

exil [ɛgzil] M Exil *n* *(a. lieu)*; **vivre en ~** im Exil leben

exilé [ɛgzile] **A** ADJ ⟨~e⟩ im Exil lebend; Exil... **B** **~(e)** M(F) Emigrant(in) *m(f)*

exiler [ɛgzile] **A** V/T ins Exil schicken; verbannen **B** V/PR **s'~** ins Exil gehen; emigrieren

existant [ɛgzistɑ̃] ADJ ⟨-ante [-ɑ̃t]⟩ bestehend; vorhanden; existierend

existence [ɛgzistɑ̃s] F **1** *(réalité)* Vorhandensein *n*; Bestehen *n*; Existenz *f* **2** *(vie)* Dasein *n*; Leben *n*; Existenz *f*

existentialisme [ɛgzistɑ̃sjalism] M Existenzialismus *m*

existentialiste [ɛgzistɑ̃sjalist] **A** ADJ existenzialistisch **B** M/F Existenzialist(in) *m(f)*

existentiel [ɛgzistɑ̃sjɛl] ADJ ⟨~le⟩ existenziell

exister [ɛgziste] **A** V/I existieren *(a. vivre)*; vorhanden sein; bestehen; da sein **B** V/IMP **il existe** es gibt

exode [ɛgzɔd] M Auszug *m*; Massenauswanderung *f*; POL Massenflucht *f*; Fluchtwelle *f*; **~ rural** Landflucht *f*; **l'~ des vacanciers** der Beginn der Urlaubsreisewelle

exonération [ɛgzɔneʀasjõ] F Befreiung *f*; Erlass *m*; **~ fiscale, d'impôts** Befreiung von der Steuer

exonérer [ɛgzɔneʀe] V/T ⟨-è-⟩ von Steuern, Gebühren befreien; **~ qn de qc** j-n von etw befreien

exorbitant [ɛgzɔʀbitɑ̃] ADJ ⟨-ante [-ɑ̃t]⟩ *prix* horrend; *exigences* maßlos

exorbité [ɛgzɔʀbite] ADJ ⟨~e⟩ **yeux ~s** weit aufgerissene, *d'effroi* starre Augen *npl*

exorciser [ɛgzɔʀsize] V/T den Teufel austreiben (**qn** aus j-m) **exorciseur** [-izœʀ] M Exorzist *m*
exorcisme [-ism] M Exorzismus *m*; Teufelsaustreibung *f* **exorciste** [-ist] M Exorzist *m*

exotique [ɛgzɔtik] ADJ exotisch; fremdländisch

exotisme [-ism] M Exotik *f*

exp. ABR (expéditeur) Abs. (Absender)

expansé [ɛkspɑ̃se] ADJ ⟨~e⟩ TECH geschäumt

expansif [ɛkspɑ̃sif] ADJ ⟨-ive [-iv]⟩ mitteilsam

expansion [ɛkspɑ̃sjõ] F 1 Ausdehnung *f*; Expansion *f* (*a.* POL, ÉCON) 2 **besoin** *m* **d'~** Mitteilungsbedürfnis *n*

expansionnisme [ɛkspɑ̃sjɔnism] M Expansionspolitik *f* **expansionniste** [-ist] ADJ expansionistisch

expansivité [ɛkspɑ̃sivite] F Mitteilsamkeit *f*; Mitteilungsbedürfnis *n*

expatriation [ɛkspatʀijasjõ] F Emigration *f*; Auswanderung *f*

expatrier [ɛkspatʀije] A V/T *capitaux* im Ausland anlegen B V/PR **s'~** sein Land verlassen; auswandern

expectative [ɛkspɛktativ] F **rester dans l'~** sich abwartend verhalten

expectorant [ɛkspɛktɔʀɑ̃] ADJ ⟨-ante [-ɑ̃t]⟩ schleimlösend **expectoration** [-asjõ] F 1 Ausspucken *n*, -husten *n* (von Schleim) 2 (*crachat*) Auswurf *m* **expectorer** [-e] V/T ausspucken, -husten; *abs* Schleim ausspucken, -husten

expédient [ɛkspedjɑ̃] M Ausweg *m*; Notlösung *f*; Notbehelf *m*; **vivre d'~s** sich (so) durchlavieren, durchmogeln

expédier [ɛkspedje] V/T 1 *travail, affaire* (rasch, zügig) erledigen; *péj* hinschludern; *repas* hinunterschlingen 2 *personne* rasch abfertigen 3 (*envoyer*) versenden; verschicken; *lettre* ab-, wegschicken; absenden; aufgeben

expéditeur [ɛkspeditœʀ], **expéditrice** [ɛkspeditʀis] A M,F Absender(in) *m(f)* B ADJ Versand…

expéditif [ɛkspeditif] ADJ ⟨-ive [-iv]⟩ flink; zügig, flott arbeitend; *méthode* rasch zum Ziel führend

expédition [ɛkspedisjõ] F 1 *voyage*, MIL Expedition *f* (*a. iron*) 2 (*envoi*) Versand *m*; *d'une lettre* Absendung *f*

expéditionnaire [ɛkspedisjɔnɛʀ] A ADJ **corps** *m* **~** Expeditionskorps *n* B M/F COMM Expedient(in) *m(f)*

expérience [ɛkspeʀjɑ̃s] F 1 Erfahrung *f*; **~ amoureuse** (Liebes)Erlebnis *n*; **~ professionnelle** Berufserfahrung *f*; **à titre d'~** versuchsweise; **faire l'~ de qc** Erfahrungen mit etw machen 2 (*essai*) Experiment *n*; Versuch *m*; **faire des ~s** Experimente machen (**sur** an + *dat*); experimentieren (mit)

expérimental [ɛkspeʀimɑ̃tal] ADJ ⟨~e; -aux [-o]⟩ experimentell; Versuchs… **expérimentalement** [-almɑ̃] ADV experimentell; im Experiment

expérimentateur [ɛkspeʀimɑ̃tatœʀ] M, **expérimentatrice** [-tʀis] F Experimentator *m*, Experimentatorin *f*

expérimentation [ɛkspeʀimɑ̃tasjõ] F Experimentieren *n*

expérimenté [ɛkspeʀimɑ̃te] ADJ ⟨~e⟩ erfahren; routiniert **expérimenter** [-e] V/T erproben, ausprobieren (**sur** an + *dat*)

expert [ɛkspɛʀ] A ADJ ⟨-erte [-ɛʀt]⟩ 1 sachverständig; sach-, fachkundig; **être ~ en la matière** Fachmann auf dem Gebiet sein 2 INFORM **système ~** Expertensystem *n* B M Sachverständige(r) *m*; Gutachter *m*; *par ext* (*connaisseur*) Fachmann *m*; Experte *m*

expert-comptable M ⟨experts-comptables⟩ Wirtschafts-, Buch-, Rechnungsprüfer *m*

expertise [ɛkspɛʀtiz] F Gutachten *n*; Expertise *f* **expertiser** [-e] V/T begutachten

expiation [ɛkspjasjõ] F Sühne *f*

expier [ɛkspje] V/T sühnen; (ab)büßen

expirant [ɛkspiʀɑ̃] ADJ ⟨-ante [-ɑ̃t]⟩ 1 *personne* sterbend 2 *fig* (ab)sterbend

expiration [ɛkspiʀasjõ] F 1 BIOL Ausatmung *f* 2 *d'un délai* Ablauf *m*; **date** *f* **d'~** Ablauf-, Verfallsdatum *n*; **arriver à ~** ablaufen

expirer [ɛkspiʀe] A V/T ausatmen (*a. abs*) B V/I 1 *st/s* (*mourir*) *st/s* verscheiden 2 ⟨*Ergebnis* être⟩ *délai, garantie* ablaufen; erlöschen; *passeport, etc* ungültig werden; verfallen

explétif [ɛkspletif] GRAM A ADJ ⟨-ive [-iv]⟩ **le « ne » ~** das funktionslose, fakultative „ne" B M Füll-, Flickwort *n*

explicable [ɛksplikabl] ADJ erklärlich; erklärbar

explicatif [ɛksplikatif] ADJ ⟨-ive [-iv]⟩ erklärend; erläuternd

explication [ɛksplikasjõ] F 1 Erklärung *f*; Erläuterung *f*; **~ de texte** Textinterpretation *f*; **demander des ~s à qn** j-n zur Rede stellen (**sur qc** wegen etw) 2 (*discussion*) Auseinandersetzung *f*

explicite [ɛksplisit] ADJ eindeutig; unmissverständlich; unzweideutig; *volonté* ausdrücklich **explicitement** [-mɑ̃] ADV eindeutig; unzweideutig; ausdrücklich **expliciter** [-e] V/T eindeutig formulieren, ausdrücken

expliquer [ɛksplike] A V/T erklären, erläutern (**qc à qn** j-m etw); *texte* interpretieren B V/PR 1 **s'~** sich äußern (**sur** über + *acc*); **je m'explique:** … lassen Sie mich das näher erklären: … 2 **s'~** (*discuter*) sich auseinandersetzen, sich aussprechen (**avec qn** mit j-m); *fam* (*se battre*) sich prügeln 3 **s'~ qc** (*comprendre*) sich (*dat*) etw erklären (können) 4 (*devenir clair*) sich erklären lassen; zu erklären sein

exploit [ɛksplwa] M Glanzleistung *f*; Großtat *f*;

iron Heldentat *f*
exploitable [ɛksplwatabl] ADJ verwertbar; *gisement* abbauwürdig, -fähig; erschließbar; *sol, forêt* nutzbar
exploitant [ɛksplwatɑ̃] M 1 **~ (agricole)** Landwirt *m* 2 FILM Kinobesitzer *m*
exploitation [ɛksplwatasjõ] F 1 Nutzung *f*; Erschließung *f*; Verwertung *f*; *du sol* Bewirtschaftung *f*; *d'une ligne de bus, etc* Betrieb *m*; INFORM **système** *m* **d'~** Betriebssystem *n* 2 *(entreprise)* Betrieb *m* 3 *péj de travailleurs* Ausbeutung *f*
exploiter [ɛksplwate] V/T 1 *(faire valoir)* nutzen; *gisement, mine* erschließen; ausbeuten; *terre* bewirtschaften; *brevet* verwerten; *entreprise, ligne de bus, etc* betreiben; *ligne aérienne a.* befliegen 2 *situation, avantage* (aus)nutzen; sich *(dat)* zunutze machen 3 *péj travailleurs* ausbeuten
exploiteur [ɛksplwatœʀ] M, **exploiteuse** [-øz] F *péj* Ausbeuter(in) *m(f)*
explorateur [ɛksplɔʀatœʀ] M Forschungsreisende(r) *m*; Erforscher *m*
exploration [ɛksplɔʀasjõ] F 1 *d'une région et par ext* Erforschung *f* 2 MÉD Untersuchung *f*
explorer [ɛksplɔʀe] V/T 1 *continent, problème, subconscient* erforschen; *par ext terrain* absuchen 2 MÉD untersuchen
exploser (! exploser) [ɛksploze] V/I 1 explodieren *(a. fig prix, etc)* 2 *fig colère* ausbrechen 3 *fig prix, ville etc* explosionsartig, rapide anwachsen; explodieren
explosible [ɛksplozibl] ADJ explosiv; leicht explodierend
explosif [ɛksplozif] A ADJ ⟨-ive [-iv]⟩ 1 explosiv; Spreng… 2 *fig situation* spannungsgeladen; brisant B M Sprengstoff *m*
explosion [ɛksplozjõ] F 1 Explosion *f (a. fig des prix, etc)*; *bruit a.* Knall *m* 2 *fig* Ausbruch *m*; **~ de joie** Freudenausbruch *m*
expo [ɛkspo] F *fam* Ausstellung *f*
exponentiel [ɛkspɔnɑ̃sjɛl] ADJ ⟨~le⟩ MATH Exponential…; exponentiell *(a. fig)*
exportable [ɛkspɔʀtabl] ADJ ausführbar; exportierbar
exportateur [ɛkspɔʀtatœʀ] A ADJ ⟨-trice [-tʀis]⟩ Ausfuhr…; Export… B M Exporteur *m*
exportation [ɛkspɔʀtasjõ] F Ausfuhr *f*; Export *m*
exporter [ɛkspɔʀte] V/T ausführen; exportieren
exposant [ɛkspozɑ̃] M 1 COMM Aussteller *m* 2 MATH Exponent *m*; Hochzahl *f*
exposé [ɛkspoze] M Darstellung *f*; Bericht *m*; Exposé *n*; Referat *n*
exposer [ɛkspoze] A V/T 1 *marchandises, objets d'art* ausstellen 2 *morts* aufbahren 3 *(soumettre)* aussetzen (**à** *dat*) 4 **~ qn, qc (à un danger)** j-n, etw e-r Gefahr aussetzen; j-n, etw exponieren 5 *édifice* **être exposé au sud** nach Süden liegen; **bien exposé** in sonniger Lage 6 PHOT belichten 7 *faits, idées* darlegen; darstellen; vortragen B V/PR **s'~** sich aussetzen (**à** *dat*); *abs* sich exponieren
exposition [ɛkspozisjõ] F 1 Ausstellung *f*; **~ de peinture** Gemäldeausstellung *f* 2 **~ au soleil** Sonnenbestrahlung *f* 3 *d'un édifice* Lage *f* 4 PHOT Belichtung *f* 5 *de faits, d'idées* Darlegung *f*; Darstellung *f* 6 MUS, THÉ Exposition *f*
exposition-vente F ⟨expositions-ventes⟩ Verkaufsausstellung *f*
exprès¹ [ɛkspʀɛ] ADV 1 *(à dessein)* absichtlich; bewusst; *fam* extra; **comme par un fait ~** ausgerechnet 2 *(spécialement)* extra; eigens
exprès² [ɛkspʀɛs] ADJ 1 ⟨expresse⟩ *défense* ausdrücklich 2 (! unveränderlich) *inscription* durch Eilboten; **colis** *m* **~** Schnellpaket *n*; **lettre** *f* **~** Eilbrief *m*
express [ɛkspʀɛs] A ADJ (! unveränderlich) Schnell…; (**train** *m*) **~** *m* Schnellzug *m*; D-Zug *m*; **voie** *f* **~** Schnellstraße *f* B M *café* Espresso *m*
expressément [ɛkspʀesemɑ̃] ADV ausdrücklich
expressif [ɛkspʀesif] ADJ ⟨-ive [-iv]⟩ ausdrucksvoll; expressiv
expression [ɛkspʀɛsjõ] F Ausdruck *m (a.* LING, MATH); **~ toute faite** feste (Rede)Wendung; stehende Redensart; **liberté** *f* **d'~** Meinungsfreiheit *f*; **d'~ française** französischsprachig; **réduire à sa plus simple ~** auf ein Minimum reduzieren
expressionnisme [ɛkspʀɛsjɔnism] M Expressionismus *m* **expressionniste** [-ist] A ADJ expressionistisch B M Expressionist *m*
expressivité [ɛkspʀesivite] F Ausdruckskraft *f*
exprimable [ɛkspʀimabl] ADJ ausdrückbar
exprimer [ɛkspʀime] A V/T ausdrücken; zum Ausdruck bringen; *opinion a.* äußern B V/PR **s'exprimer** sich ausdrücken; sich artikulieren
expropriation [ɛskpʀɔpʀijasjõ] F Enteignung *f* **exproprier** V/T enteignen
expulsé [ɛkspylse] M Ausgewiesene(r) *m*; Vertriebene(r) *m*
expulser [ɛkspylse] V/T 1 vertreiben, ausweisen, verweisen (**de** aus); *étranger* abschieben 2 MÉD ausstoßen
expulsion [ɛkspylsjõ] F 1 Ausweisung *f*; Vertreibung *f*; *d'un locataire* Zwangsräumung *f*; *d'étrangers* Abschiebung *f* 2 MÉD Ausstoßung *f*
expurger [ɛkspyʀʒe] V/T ⟨-ge-⟩ von anstößigen Stellen säubern
exquis [ɛkski] ADJ ⟨-ise [-iz]⟩ 1 erlesen; ausgesucht *(a. politesse)*; vorzüglich; exquisit; *mets a.* köstlich 2 *personne* charmant
exsangue [ɛgzɑ̃g, ɛksɑ̃g] ADJ blutleer; ausge-

E

blutet
extase [ɛkstɑz, -tɑz] F Ekstase *f*; Verzückung *f*; **être en ~ devant qn, qc** von j-m, etw ganz hingerissen sein
extasier [ɛkstazje] V/PR **s'~** in Entzücken ausbrechen (**devant, sur** über + *acc*)
extatique [ɛkstatik] ADJ ekstatisch; verzückt
extenseur [ɛkstɑ̃sœʀ] M 1 ANAT Streckmuskel *m* 2 SPORTS Expander *m*
extensibilité [ɛkstɑ̃sibilite] F Dehnbarkeit *f* **extensible** [-ibl] ADJ dehnbar
extensif [ɛkstɑ̃sif] ADJ ⟨-ive [-iv]⟩ AGR extensiv
extension [ɛkstɑ̃sjõ] F 1 *des membres* Strecken *n* 2 *(augmentation)* Ausdehnung *f*; Ausweitung *f*; *d'un incendie* Ausbreitung *f* 3 LING Bedeutungserweiterung *f*; **par ~** im weiteren Sinne
exténuant [ɛkstenɥɑ̃] ADJ ⟨-ante [-ɑ̃t]⟩ sehr anstrengend; aufreibend **exténuation** [-asjõ] F Ermattung *f*; Entkräftung *f*
exténuer [ɛkstenɥe] A V/T sehr anstrengen; entkräften B V/PR **s'~ à faire qc** etw bis zur Erschöpfung tun
extérieur [ɛksteʀjœʀ] A ADJ ⟨~e⟩ äußere; Außen...; *(apparent)* äußerlich; **monde extérieur** Außenwelt *f*; **politique extérieure** Außenpolitik *f* B M 1 Äußere(s) *n*; Außenseite *f*; **à l'extérieur de** außerhalb (+ *gén*); **à l'extérieur** (dr)außen; SPORTS auswärts 2 FILM **extérieurs** *pl* Außenaufnahmen *fpl*
extérieurement [ɛksteʀjœʀmɑ̃] ADV äußerlich; nach außen hin
extériorisation [ɛksteʀjɔʀizasjõ] F Äußerung *f*; Ausdruck *m* **extérioriser** [-ize] A V/T äußern B V/PR **s'~** *sentiment* sich äußern; *personne* aus sich herausgehen
exterminateur [ɛkstɛʀminatœʀ] ADJ ⟨-trice [-tʀis]⟩ Ausrottungs...; Vernichtungs...
extermination [ɛkstɛʀminasjõ] F Ausrottung *f*; Vernichtung *f*; **camp** *m* **d'~** Vernichtungslager *n*
exterminer [ɛkstɛʀmine] V/T ausrotten; vernichten; *vermine a.* vertilgen
externat [ɛkstɛʀna] M ÉCOLE Externat *n*
externe [ɛkstɛʀn] A ADJ äußere; äußerlich; Außen...; **à usage ~** zur äußerlichen Anwendung B M/F 1 *élève* Externe(r) *m/f(m)* 2 **~ (des hôpitaux)** Medizinstudent(in) *m(f)* in den klinischen Semestern
exterritorialité [ɛkstɛʀitɔʀjalite] F DIPL Exterritorialität *f*
extincteur [ɛkstɛ̃ktœʀ] M Feuerlöscher *m*
extinction [ɛkstɛ̃ksjõ] F 1 *d'un incendie* Löschen *n*; *par ext* **~ des feux** Zapfenstreich *m* 2 *d'une race* Aussterben *n*; Erlöschen *n* (*a. d'un droit*); **en voie d'~** im Aussterben begriffen; aussterbend 3 **~ de voix** völlige Heiserkeit

extirpation [ɛkstiʀpasjõ] F 1 *de mauvaises herbes* Ausreißen *n* 2 MÉD völlige Entfernung; *t/t* Exstirpation *f* 3 *fig et st/s* Ausrottung *f*; Beseitigung *f*
extirper [ɛkstiʀpe] A V/T 1 *plante* (mit der Wurzel) ausreißen 2 *st/s préjugé* ausrotten 3 *renseignement* **~ à qn** j-m entlocken B V/PR *fam* **s'~ de qc** sich aus etw befreien, *fam* quälen
extorquer [ɛkstɔʀke] V/T erpressen, erzwingen (**à qn** von j-m); abnötigen (j-m)
extorsion [ɛkstɔʀsjõ] F **~ de fonds** Erpressung *f* von Geld
extra [ɛkstʀa] A M (! unveränderlich) 1 **un ~** etwas Außergewöhnliches, Besonderes 2 *serveur* Aushilfskellner *m*; *serveur etc* **faire des ~** anderswo aushelfen B *fam* ADJ (! unveränderlich) ausgezeichnet; *fam* super
extra... [ɛkstʀa] *préfixe* außer...; extra...
extrabudgétaire ADJ außeretatmäßig **extracommunautaire** ADJ außerhalb der EG, der EU **extraconjugal** ADJ ⟨~e; -aux [-o]⟩ außerehelich
extraction [ɛkstʀaksjõ] F 1 TECH Förderung *f*; Gewinnung *f* (*a.* CHIM); MINES *a.* Abbau *m* 2 MÉD (operative) Entfernung; *d'une dent* Ziehen *n* 3 *litt (origine)* Abkunft *f*
extrader [ɛkstʀade] V/T ausliefern
extradition [ɛktʀadisjõ] F Auslieferung *f*
extrafin ADJ ⟨-fine [-fin]⟩ extrafein
extrafort M Kantenband *n*
extraire [ɛkstʀɛʀ] ⟨→ traire⟩ A V/T 1 TECH fördern; gewinnen (*a.* CHIM); *minerai a.* abbauen 2 MÉD (operativ) entfernen; *dent* ziehen 3 *passages* entnehmen (**d'un livre** e-m Buch); exzerpieren 4 MATH *racine* ziehen B V/PR *fam* **s'~ de sa voiture** sich aus s-m Wagen zwängen, *fam* quälen
extrait [ɛkstʀɛ] M 1 CHIM Extrakt *m* 2 *d'un livre, etc* Auszug *m* 3 JUR Auszug *m*; **~ (d'acte) de naissance** Geburtsurkunde *f*
extralucide ADJ **voyante** *f* **~** Hellseherin *f*; Wahrsagerin *f*
extraordinaire ADJ außergewöhnlich; ungewöhnlich; außerordentlich (*a. séance, mesure*)
extrapolation [ɛkstʀapɔlasjõ] F 1 (voreilige) Schlussfolgerung, Verallgemeinerung 2 MATH Extrapolation *f*
extrapoler [ɛkstʀapɔle] V/I 1 MATH extrapolieren 2 *fig* s-e Schlüsse ziehen; auf anderes schließen
extrascolaire ADJ außerschulisch
extraterrestre A ADJ außerirdisch B M/F Außerirdische(r) *m/f(m)*
extra-utérine [ɛkstʀayteʀin] ADJ F **grossesse ~** Bauchhöhlenschwangerschaft *f*
extravagance [ɛkstʀavagɑ̃s] F Extravaganz *f*;

Überspanntheit *f*
extravagant [ɛkstʀavagɑ̃] ADJ ⟨-ante [-ɑ̃t]⟩ **1** extravagant; überspannt; *idée a.* verstiegen; *tenue a.* ausgefallen **2** *exigences* übertrieben
extraversion [ɛkstʀavɛʀsjõ] F Extrovertiertheit *f*
extraverti [ɛkstʀavɛʀti] ADJ ⟨~e⟩ extrovertiert; extravertiert
extrême [ɛkstʀɛm] **A** ADJ äußerste; extrem (*a. climat*); **cas** *m* **~** Extremfall *m*; **l'~ droite, gauche** die äußerste, extreme Rechte, Linke **B** M **1** Extrem *n*; **passer d'un ~ à l'autre** von e-m Extrem ins andere fallen **2** **à l'~** bis zum Äußersten
extrêmement [ɛkstʀɛmmɑ̃] ADV äußerst; extrem
extrême-onction F CATH Krankensalbung *f*; Letzte Ölung
Extrême-Orient **l'~** M der Ferne Osten; Fernost *n*
extrême-oriental ADJ ⟨~e; -aux⟩ fernöstlich
extrémisme [ɛkstʀemism] M Radikalismus *m*; Extremismus *m* **extrémiste** [-ist] **A** ADJ radikal; extrem; extremistisch **B** M/F Radikale(r) *m/f(m)*; Extremist(in) *m(f)*
extrémité [ɛkstʀemite] F **1** (*bout*) äußerstes Ende **2** **~s** *pl* Gliedmaßen *fpl*; Extremitäten *fpl* **3** *fig* **en arriver aux pires ~s** zum Äußersten schreiten; *malade* **il est à la dernière ~** es geht mit ihm zu Ende; *fam* er liegt in den letzten Zügen
extroverti [ɛkstʀɔvɛʀti] ADJ ⟨~e⟩ extrovertiert; extravertiert
exubérance [ɛgzybeʀɑ̃s] F **1** *de la végétation, des formes* Üppigkeit *f*; Fülle *f* **2** *d'une personne* Überschwänglichkeit *f*; (Gefühls)Überschwang *m*
exubérant [ɛgzybeʀɑ̃] ADJ ⟨-ante [-ɑ̃t]⟩ **1** *végétation* üppig **2** *personnes, joie* überschwänglich
exultation [ɛgzyltasjõ] F Frohlocken *n* **exulter** [-e] V/I frohlocken
exutoire [ɛgzytwaʀ] M Ventil *n* (*fig*)
ex-voto [ɛksvɔto] M (**!** unveränderlich) Votivbild *n*
eye-liner [ajlajnœʀ] M Eyeliner *m*

F

F¹, f [ɛf] M (**!** unveränderlich) F, f *n*
F² ABR (franc) HIST F
fa [fa] M (**!** unveränderlich) MUS f *ou* F *n*
fable [fabl] F Fabel *f* (*a. fig*)
fabricant [fabʀikɑ̃] M, **fabricante** [-ɑ̃t] F Hersteller(in) *m(f)*; Produzent(in) *m(f)*
fabrication [fabʀikasjõ] F Herstellung *f*; Fertigung *f*; Fabrikation *f*; *fam* **c'est un plat de ma ~** *fam* dieses Gericht ist mein eigenes Fabrikat
fabrique [fabʀik] F Fabrik *f*
fabriquer [fabʀike] V/T **1** herstellen; fertigen; produzieren; *péj* fabrizieren **2** *fam* (*faire*) tun; machen; *fam* treiben
fabulation [fabylasjõ] F Fabulieren *n* **fabuler** [-e] V/I fabulieren; Geschichten erfinden
fabuleux [fabylø] ADJ ⟨-euse [-øz]⟩ **1** sagenhaft; fantastisch; unwahrscheinlich **2** **animal ~** Fabeltier *n*
fac [fak] F ABR *fam* (faculté) *fam* Uni *f*; **à la** *ou* **en ~** an der Uni
façade [fasad] F **1** ARCH Fassade *f*; Vorderseite *f*; (Vorder)Front *f* **2** *fig* Fassade *f*; (äußerer) Anschein
face [fas] F **1** Gesicht *n*; *st/s* Angesicht *n*; *fig* **perdre, sauver la face** das Gesicht verlieren, wahren **2** **face à** zu (+ *dat*) hin; **face au public** zum Publikum hin, gewandt; **face à face** Auge in Auge; von Angesicht zu Angesicht; **à la face du monde** vor aller Welt; **de face** von vorn; **en face de** gegenüber (+ *dat*); vor (+ *acc ou dat*); **d'en face** gegenüberliegend; *dire, regarder* **en face** ins Gesicht; **faire face à** *édifice* gegenüberliegen (+ *dat*); *fig difficultés* fertig werden mit; *dépense* bestreiten **3** *d'une monnaie* Vorder-, Bildseite *f* **4** *d'un polyèdre* Fläche *f* **5** *de la lune, d'un disque* Seite *f*
face-à-face [fasafas] M (**!** unveränderlich) Fernsehduell *n*
facétie [fasesi] F Spaß *m*; Scherz *m*
facétieux [fasesjø] ADJ ⟨-euse [-øz]⟩ immer zu Späßen aufgelegt
facette [fasɛt] F Facette *f*
fâché [fɑʃe] ADJ ⟨~e⟩ **1** (*irrité*) verärgert; ärgerlich; verstimmt; **être ~ contre**, *fam* **après qn** auf j-n böse sein **2** (*brouillé*) **être ~ avec qn** mit j-m zerstritten, böse sein
fâcher [fɑʃe] **A** V/T ärgern; verstimmen; (*mettre en colère*) zornig, wütend machen **B** V/PR **1** **se fâcher** böse, wütend, zornig werden; sich ärgern **2** **se fâcher avec qn** sich mit j-m zerstrei-

ten, *fam* verzanken, *fam* verkrachen

fâcherie [faʃʀi] F Streit *m*; Zerwürfnis *n*

fâcheusement [faʃøzmɑ̃] ADV → fâcheux

fâcheux [faʃø] ADJ ⟨-euse [-øz]⟩ misslich; fatal; unangenehm; peinlich

facho [faʃo] *fam* ABR → fasciste

facial [fasjal] ADJ ⟨~e; -aux [-o]⟩ Gesichts…

faciès [fasjɛs] M Gesicht *n*; *péj* Visage *f*

facile [fasil] ADJ leicht; *plaisanterie, critique* billig; *femme* leicht herumzukriegen(d); *enfant* leicht erziehbar; *caractère* verträglich; *personne* **~ à vivre** umgänglich; verträglich; **c'est ~ à dire** das ist leicht gesagt

F

facilement [fasilmɑ̃] ADV **1** leicht; mühelos **2** *(au moins)* gut und gern

facilité [fasilite] F **1** Leichtigkeit *f*; Mühelosigkeit *f*; *élève* **avoir des ~s** leicht lernen **2** **~s** *pl* **(de paiement)** Zahlungserleichterungen *fpl*

faciliter [fasilite] V/T erleichtern

façon [fasõ] F **1** Art *f*; Art und Weise *f*; Weise *f*; **façon d'être** Art, sich zu geben; **façon de procéder** Verfahrensweise *f*; **façon de voir (les choses)** Ansicht *f* (über die Dinge); **à ma, sa façon** auf meine, seine Weise, Art; **à la façon de** nach Art von *(ou + gén)*; **de toute façon** auf alle Fälle; auf jeden Fall; jedenfalls; sowieso; **d'une façon ou d'une autre** auf die e-e oder andere Art; irgendwie; **d'une façon générale** allgemein; im Allgemeinen; **de façon (à ce) que …** *(+ subj)* so …, dass …; **s'y prendre de telle façon que …** es so anstellen, dass …; **en aucune façon** in keiner Weise; keineswegs; durchaus nicht **2** **façons** *pl* Benehmen *n*; Manieren *fpl*; Gebaren *n*; Gehaben *n*; **sans façon** ungezwungen; *accepter* ohne weiteres; **non merci, sans façon!** nein danke, wirklich nicht!; **faire des façons** sich zieren; Umstände machen **3** COUT Fasson *f*; Ausführung *f*; Verarbeitung *f*

façonnage [fasɔnaʒ] M Formgebung *f*; Gestaltung *f*; TECH *a.* Bearbeitung *f*; Fassonieren *n*

façonner [fasɔne] V/T **1** TECH formen; modeln; fassonieren **2** *fig* formen; prägen

fac-similé [faksimile] M ⟨fac-similés⟩ Faksimile *n*

facteur [faktœʀ] M **1** *(préposé)* Briefträger *m*; Postbote *m* **2** *(élément)* Faktor *m* (*a.* MATH); **le ~ temps** der Zeitfaktor **3** **~ d'orgues** Orgelbauer *m*

factice [faktis] ADJ **1** nachgemacht; künstlich; **objet** *m* **~** Attrappe *f* **2** *fig* unecht; künstlich

factieux [faksjø] **A** ADJ ⟨-euse [-øz]⟩ umstürzlerisch **B** M Umstürzler *m*

faction [faksjõ] F **1** POL aufrührerische, umstürzlerische Partei, Fraktion **2** **être en** *ou* **de ~** MIL Wache stehen; *fig* sich postiert haben

factoriel [faktɔʀjɛl] ADJ ⟨~le⟩ Faktoren…

factorielle [faktɔʀjɛl] F MATH Fakultät *f*

factrice [faktʀis] F Briefträgerin *f*

factuel [faktɥɛl] ADJ ⟨~le⟩ Tatsachen…; auf Fakten beruhend

facturation [faktyʀasjõ] F COMM **1** Ausstellung *f* e-r Rechnung, von Rechnungen (**de** über *+acc*); Fakturierung *f* **2** *service* Rechnungsabteilung *f*

facture [faktyʀ] F **1** COMM Rechnung *f*; **établir, faire une ~** e-e Rechnung ausstellen, ausschreiben **2** *d'un instrument* Bau *m*

facturer [faktyʀe] V/T e-e Rechnung ausstellen für, über *(+ acc)*; fakturieren; *(compter)* berechnen; in Rechnung stellen

facultatif [fakyltatif] ADJ ⟨-ive [-iv]⟩ fakultativ; nicht obligatorisch; *matière scolaire* wahlfrei; Wahl…; *présence, devoir* jedem freigestellt; freiwillig; **arrêt ~** Bedarfshaltestelle *f*

faculté [fakylte] F **1** *(aptitude)* Fähigkeit *f*; Vermögen *n*; **ne plus jouir de toutes ses ~s** nicht mehr im Vollbesitz s-r geistigen Kräfte sein **2** UNIVERSITÉ Fakultät *f*; *par ext* **la ~** die Universität; **~ de médecine** medizinische Fakultät **3** *st/s (possibilité)* (Wahl)Freiheit *f*

fada [fada] ADJ (❗ Maskulin- und Femininform sind gleich) *fam* verrückt; → cinglé

fadaises [fadɛz] FPL Albernheiten *fpl*

fadasse [fadas] ADJ *fam péj* → fade

fade [fad] ADJ **1** fad(e); geschmacklos; ohne Geschmack **2** *fig* fad(e); abgeschmackt; schal; *couleur* stumpf

fadeur [fadœʀ] F Fadheit *f* (*a. fig*)

fagot [fago] M Reisigbündel *n*; *fig vin* **de derrière les ~s** von der besten Sorte

fagoté [fagɔte] ADJ ⟨~e⟩ *fam* **mal ~** schlecht, geschmacklos angezogen

fagoter [fagɔte] V/PR **se ~** sich schlecht, geschmacklos anziehen

Fahrenheit [faʀɛnajt, -ʀən-] ADJT Fahrenheit *n*; **32 degrés ~** 32 Grad Fahrenheit

faiblard [fɛblaʀ] *fam* ADJ ⟨-arde [-aʀd]⟩ (ziemlich) schwach (*a. fig*)

faible [fɛbl] **A** ADJ **1** schwach (*a. élève, lumière, vent*); *personne fig (sans énergie)* charakterschwach; *(indulgent)* zu nachsichtig; *bruit, voix a.* leise; *pluie* leicht; *raisonnement* auf schwachen Füßen stehend **2** *hauteur, poids, coût* gering; niedrig; *monnaie* weich **B** M **1** Schwache(r) *m*; *péj* Schwächling *m*; **les économiquement ~s** die sozial Schwachen; **un ~ d'esprit** ein geistig Beschränkter **2** *(penchant)* Schwäche *f*, Faible *n* (**pour** für)

faiblement [fɛbləmɑ̃] ADV *épicé* leicht; schwach; *battre, éclairer, protester* schwach; *critiquer*

vorsichtig
faiblesse [fɛblɛs] F **1** Schwäche *f*; Schwachheit *f*; **~ de caractère** Charakterschwäche *f* **2** *(défaillance)* Schwäche(anfall) *f(m)* **3** *(point faible)* Schwäche *f*; schwache Seite
faiblir [febliʀ] VI schwächer werden; nachlassen
faïence [fajɑ̃s] F Steingut *n*; *décorée* Fayence *f*
faïencerie [fajɑ̃sʀi] F Steingutfabrik *f*; Fayencemanufaktur *f* **faïencier** [-je] M, **faïencière** [-jɛʀ] F Steingutfabrikant(in) *m(f)*, -händler(in) *m(f)*
faignant [fɛɲɑ̃] *fam* → fainéant
faille[1] [faj] F **1** GÉOL Spalte *f*; Verwerfung *f* **2** *fig* Schwachstelle *f*; **sans ~** *raisonnement* hieb- und stichfest; *amitié* unverbrüchlich
faille[2] → falloir
faillible [fajibl] ADJ fehlbar
faillir [fajiʀ] VI ‹*défect*: j'ai failli; *passé simple* je faillis› **1** **j'ai failli tomber** ich wäre beinahe, fast gefallen **2** *st/s* **~ à son devoir** s-e Pflicht verletzen
faillite [fajit] F **1** Konkurs *m*; Bankrott *m*; **faire ~** Konkurs, Bankrott machen; *fam* pleitegehen **2** *fig* Scheitern *n*; Misserfolg *m*
faim [fɛ̃] F **1** Hunger *m*; **avoir ~** Hunger haben; hungrig sein; **laisser qn sur sa ~** j-s Hunger ungestillt lassen; *fig* j-n unbefriedigt lassen; **manger à sa ~** sich satt essen; **ne pas manger à sa ~** Hunger leiden; hungern; **mourir de ~** verhungern; *fam fig* am Verhungern sein; **rester sur sa ~** nicht satt werden; *fig* nicht auf s-e Kosten kommen **2** *fig, st/s* Hunger *m* (**de** nach)
fainéant [feneɑ̃] **A** ADJ ‹-ante [-ɑ̃t]› faul; *plus fort fam* stinkfaul **B** **~(e)** M(F) Faulenzer(in) *m(f)*; *fam* Faulpelz *m*
fainéanter [feneɑ̃te] VI nichts tun; faulenzen; *fam* auf der faulen Haut liegen
fainéantise [feneɑ̃tiz] F Faulenzerei *f*; Faulheit *f*

faire [fɛʀ]
‹je fais, il fait, nous faisons [f(ə)zõ], vous faites, ils font; je faisais [f(ə)zɛ]; je fis; je ferai; que je fasse, que nous fassions; faisant [f(ə)zɑ̃]; fait›

A verbe transitif et intransitif
B verbe auxiliaire
C verbe impersonnel
D verbe pronominal

— A verbe transitif et intransitif —
1 machen; tun; **~ ses chaussures** s-e Schuhe putzen; **~ un gâteau** e-n Kuchen backen; *chat* **~ ses griffes** die Krallen wetzen; **~ du jardinage** im Garten arbeiten; gärtnern; **~ dix kilomètres à pied** zehn Kilometer zu Fuß zurücklegen, *fam* machen; *oiseau* **~ son nid** nisten; sein Nest bauen; **~ qn président** j-n zum Präsidenten machen; **~ qc de qn, de qc** etw aus j-m, aus etw machen; **~ jeune** jung aussehen, wirken; **~ bien** gut aussehen, wirken; sich gut ausnehmen, machen; **il a bien fait** er hat richtig gehandelt, recht getan; **il ferait bien de** (+ *inf*) er täte gut daran zu (+ *inf*); *fam* **ça commence à bien ~** *fam* jetzt reicht's dann aber; **faites comme chez vous!** tun Sie, als ob Sie zu Hause wären!; machen Sie es sich bequem!; *st/s* **c'en est fait de lui, de qc** es ist um ihn, um etw geschehen; **ne ~ que ~ qc** nur, bloß etw tun; **il ne fait que commencer** er fängt gerade erst an; **cela y fait beaucoup** das macht viel aus; **fais ce que tu veux!** mach *ou* tu, was du willst!; **ce faisant** dabei; **que ~?** was tun?; **qu'est-ce que vous faites dans la vie?** welchen Beruf haben Sie?; was arbeiten Sie?; **~ qc pour qn** für j-n etw tun; *fam* **pour quoi ~?** wozu?; **il ne fait rien** er tut, arbeitet nichts; **je ne lui ai rien fait** ich habe ihm nichts getan; **cela ne fait rien** das macht nichts; **cela ne lui fait rien** das macht ihm nichts aus; *fam* **rien à ~!** nichts zu machen!; **j'ai à ~** ich habe zu tun; **avoir à ~ à** zu tun, zu schaffen haben mit; *st/s* **n'avoir que ~ de qc** *st/s* e-r Sache (*gén*) nicht bedürfen; *fam* **il faut le ~!** das ist gar nicht so einfach!; das soll erst (ein)mal einer nachmachen!; **je ne peux pas ~ autrement** ich kann nicht anders; **on ne peut rien y ~** da kann man nichts machen, tun; **~ que …** bewirken, zur Folge haben, dass …; **~ dans sa culotte** in die Hose machen **2** **~ du sport** Sport treiben; **~ de la natation**; schwimmen; **~ de la marche** wandern; **~ du tennis** Tennis spielen **3** *(étudier) matière* studieren; lernen; *école* besuchen; absolvieren; **~ de l'anglais** *à la fac* Englisch studieren; *à l'école* Englisch lernen; *seul* Englisch lernen, *fam* machen; **~ son droit, sa médecine** Jura, Medizin studieren **4** *(visiter) région* bereisen; *fam* abgrasen; *monument* besichtigen; *fam* machen; *magasins fam* abklappern **5** *fam maladie* haben; leiden an (+ *dat*); *fam* durchmachen **6** *fam magasin: article* führen; haben; verkaufen **7** *fam (cultiver) blé, etc* anbauen **8** *(devenir)* abgeben; werden; **il fera un bon professeur** er wird ein guter Lehrer werden, e-n guten Lehrer abgeben **9** *(faire semblant)* **~ le malade** sich krank stellen; den Kranken markieren, spielen **10** *fam (vendre)* **je vous le fais (à) dix euros** ich geb's, lasse es Ihnen für zehn Euro **11** *en incise* **fit-il** erwiderte er; sagte er **12** GRAM bilden; **«cheval» fait**

«chevaux» au pluriel „cheval" bildet den Plural „chevaux" **13** MATH, MESURES: **quatre et trois font sept** vier und drei ist, sind, macht sieben; **il fait un mètre quatre-vingt** er ist eins achtzig groß; *pointure* **je fais du quarante** ich habe (Größe) vierzig; **~ du cent (à l'heure)** mit hundert (Stundenkilometern) fahren; **ça fait mille euros** das macht tausend Euro; **ça fait quinze jours que …** seit vierzehn Tagen …; es sind vierzehn Tage her, dass …

— **B** verbe auxiliaire —

avec inf lassen (+ *inf*); veranlassen zu (+ *inf*); **~ lire les élèves** die Schüler lesen lassen; **~ lire un texte aux élèves** die Schüler e-n Text lesen lassen; **~ manger** *enfant, malade* füttern; **~ rire qn** j-n zum Lachen bringen; **~ traverser la rue à qn** j-n über die Straße bringen

— **C** verbe impersonnel —

sein; **il fait beau, mauvais** es ist schön(es Wetter), schlechtes Wetter; **il fait froid** es ist kalt; **il va ~ froid** es wird kalt; **il fait trente degrés à l'ombre** es sind, wir haben dreißig Grad im Schatten

— **D** verbe pronominal —

se ~ **1** *sens passif* gemacht werden; *(s'effectuer)* erfolgen; *(être courant)* üblich sein; *mariage, paix* zustande kommen; *silence* eintreten; *fromage* reifen; *chaussures* sich dehnen, weiten; **il pourrait bien se ~ que …** (+ *subj*) es könnte sehr wohl sein, geschehen, passieren, dass …; **comment se fait-il que …** (+ *subj*) wie kommt es, dass …; **ça ne se fait pas!** das *ou* so was tut man nicht! **2** *sens actif* sich *(dat)* … machen; sich *(dat)* … lassen; **se ~ des ennemis** sich *(dat)* Feinde machen, schaffen; **se ~ une situation** sich *(dat)* e-e Position schaffen; **se ~ beau** *ou* **belle** sich *(acc)* schön machen; **se ~ couper les cheveux** sich *(dat)* die Haare schneiden lassen; **se ~ ~ un costume** sich *(dat)* e-n Anzug machen lassen **3** werden; **se ~ moine** Mönch werden; **il se fait tard** es wird spät; **se ~ vieux** alt werden; altern; **se ~ renverser par une voiture** von e-m Auto umgefahren werden **4** **se ~ à** sich gewöhnen an (+ *acc*); *fam* **il faut se le ~** es ist nicht so einfach, mit ihm auszukommen **5** *fam* **ne pas s'en ~** sich *(dat)* (deswegen) keine Sorgen machen; sich *(dat)* nichts daraus machen; *(ne pas se gêner)* keine Hemmungen haben; **(ne) t'en fais pas!** mach dir nichts draus!; *(ne t'inquiète pas!)* nur keine Sorge!; **ne vous en faites pas!** machen Sie sich nichts draus!; *(ne vous inquiétez pas!)* nur keine Sorge!

faire-part [fɛʀpaʀ] M (! unveränderlich) (Familien)Anzeige *f*; **~ de mariage, de naissance** Heirats-, Geburtsanzeige *f*

faire-valoir [fɛʀvalwaʀ] M (! unveränderlich) AGR Bewirtschaftung *f*

fair-play [fɛʀplɛ] **A** M Fairness *f* **B** ADJ (! unveränderlich) fair

fais [fɛ] → faire

faisabilité [fəzabilite] F Durchführbarkeit *f*

faisable [-abl] ADJ machbar

faisan [fəzɑ̃] M Fasan *m*

faisandé [fəzɑ̃de] ADJ ⟨~e⟩ **viande ~e** Fleisch *n* mit Hautgout, mit e-m Stich

faisane [fəzan] (**poule** F) **~** F Fasanenhenne *f*

faisceau [fɛso] M ⟨~x⟩ Bündel *n* (*a. fig*); **~ lumineux** Lichtkegel *m*; Strahlenbündel *n*

faiseur [fəzœʀ] M, **faiseuse** [-øz] F **faiseur, faiseuse de …** …macher(in) *m(f)*

faisons [f(ə)zõ] → faire

fait[1] [fɛ] PP → faire *et* ADJ ⟨**faite** [fɛt]⟩ **1** *travail* gemacht; getan; erledigt; *objet* beschaffen; gebildet (**de qc** aus etw); *yeux* geschminkt; *ongles* lackiert; *expression* **toute ~e** fest; stehend; **c'est bien ~** das geschieht dir, ihm *etc* recht; **être ~ pour** wie geschaffen sein für; sich eignen für; *fam* **c'est ~ pour** dazu ist es ja da **2** *fromage* reif; weich; *fam* durch **3** *personne* **bien ~** gut gewachsen; *fam* gut gebaut **4** *fam* **être ~** *fam* dran, *plus fort* geliefert sein

fait[2] [fɛ(t)] M **1** *(réalité)* Tatsache *f*; Faktum *n*; **faits** *pl* Sachverhalt *m*; JUR Tatbestand *m* **2** *(acte)* Tat *f*; Handlung *f*; °**hauts faits** große, denkwürdi-

faire faire

faire faire hat hier die Bedeutung „lassen" im Sinne von „veranlassen":

faire + *Infinitiv* + **qn**	Il **a fait travailler son frère.**	Er hat seinen Bruder arbeiten lassen (er hat es veranlasst).
faire + *Infinitiv* + **qc** + **à qn**	Il **a fait chanter une chanson aux élèves.**	Er hat die Schüler ein Lied singen lassen.
	Il **leur a fait chanter** une chanson.	Er hat sie ein Lied singen lassen.
	Il la **leur** a fait chanter.	Er hat sie es singen lassen.

ge Taten; **fait d'armes** Heldentat *f*; **le fait de parler** das Sprechen; **prendre qn sur le fait** j-n auf frischer Tat, in flagranti ertappen **3** *(événement)* Ereignis *n*; Vorfall *m* **4** *(cause)* Sache *f*; **dire son fait à qn** j-m gründlich die Meinung sagen; **être sûr de son fait** s-r Sache *(gén)* sicher sein; **prendre fait et cause pour qn** für j-n Partei ergreifen; sich für j-n einsetzen; **en venir au fait** zur Sache kommen **5** **au fait** [ofɛt] übrigens; eigentlich; **de fait** [dəfɛt] faktisch; tatsächlich; **de ce fait** aus diesem Grund; **en fait** [ɑ̃fɛt] in Wirklichkeit; tatsächlich; **en fait de** was (+ *acc*) angeht

faîte [fɛt] M **1** *d'une maison* (Dach)First *m* **2** *d'une montagne* Gipfel *m*; Kamm *m*; *d'un arbre* Wipfel *m*; Krone *f* **3** *fig* Gipfel *m*; Höhepunkt *m*

faites [fɛt] → **faire**

fait-tout (! unveränderlich) *ou* **faitout** [fɛtu] M (schwerer) Kochtopf

fakir [fakiʀ] M Fakir *m*

falaise [falɛz] F Steilküste *f*; Klippe *f*

falbalas [falbala] MPL *péj* Firlefanz *m*

fallacieux [falasjø] ADJ ⟨-euse [-øz]⟩ trügerisch

falloir [falwaʀ] V/IMP ⟨il faut; il fallait; il fallut; il a fallu; il faudra; qu'il faille; qu'il fallût⟩ **1** **il faut** (+ *inf*) man muss (+ *inf*); **il ne faut pas** (+ *inf*) man darf, soll nicht (+ *inf*); **il me faut, il lui faut**, *etc* (+ *inf*) ich muss, er *ou* sie muss *etc* (+ *inf*); *fam* **faut voir!** das muss man gesehen haben!; **il faut que je …** (+ *subj*) ich muss (+ *inf*); **il le faut** es muss sein; **il ne fallait pas!** das wäre doch nicht nötig gewesen!; **comme il faut** wie es sich gehört; *gens* anständig; ordentlich **2** *(avoir besoin de)* **il me faut qc, qn** ich brauche etw, j-n **3** **il s'en faut de peu que …** (+ *subj*) es fehlt nicht viel und …; **il s'en faut de beaucoup** bei weitem nicht; **tant s'en faut!** weit gefehlt!

falot [falo] ADJ ⟨-ote [-ɔt]⟩ unscheinbar; farblos

falsificateur [falsifikatœʀ] M, **falsificatrice** [-tʀis] F Fälscher(in) *m(f)*; Verfälscher(in) *m(f)* **falsification** [-sjõ] F Fälschung *f*

falsifier [falsifje] V/T fälschen; *(dénaturer)* verfälschen

falzar [falzaʀ] M *fam (pantalon) fam* Buxe *f*; *fam* Büx *f*

famé [fame] ADJ ⟨~e⟩ **mal ~** verrufen

famélique [famelik] ADJ ausgehungert

fameux [famø] ADJ ⟨-euse [-øz]⟩ **1** *(renommé)* berühmt (**par, pour** für) **2** *(très grand)* gewaltig; *fam* ganz schön **3** *(excellent)* hervorragend; *fam* **pas ~** nicht besonders

familial [familjal] ADJ ⟨~e; -aux [-o]⟩ Familien…; familiär; COMM **boîte ~e, paquet ~** Familienpackung *f*

familiariser [familjaʀize] **A** V/T **~ qn avec qc** j-n mit etw vertraut machen **B** V/PR **se ~ avec qc** sich mit etw vertraut machen; mit etw vertraut werden

familiarité [familjaʀite] F **1** *(intimité)* Vertrautheit *f*, Vertrautsein *n* (*a. fig*) **2** *du comportement* Vertraulichkeit *f*; Ungezwungenheit *f* **3** *péj* **~s** *pl* Vertraulichkeiten *fpl*; Zudringlichkeit *f*

familier [familje] **A** ADJ ⟨-ière [-jɛʀ]⟩ **1** *(habituel)* vertraut **2** *péj comportement* (allzu) vertraulich, familiär; zudringlich **3** *conversation* familiär; ungezwungen **4** *expression* umgangssprachlich; familiär; **langage ~** Umgangssprache *f* **B** M häufiger Gast; Freund *m* (des Hauses); Vertraute(r) *m*

familièrement [familjɛʀmɑ̃] ADV zwanglos; ungezwungen; familiär

famille [famij] F Familie *f* (*a.* BIOL, *fig*); **de bonne ~** aus gutem Hause; **en ~** im (engsten) Familienkreis; **c'est dans la, c'est de ~** das liegt in der Familie; *fam* **promener sa petite ~** e-n Familienspaziergang machen

famine [famin] F Hungersnot *f*; Hunger *m*

fan [fan] M/F Fan *m*

fana [fana] *fam* **A** ADJ **elle, il en est ~** *fam* sie, er ist verrückt, wild darauf **B** M/F Fan *m*; Freak *m*; **~ de foot** Fußballfan *m*

fanal [fanal] M ⟨-aux [-o]⟩ (Signal)Laterne *f*

fanatique [fanatik] **A** ADJ fanatisch **B** M/F **1** *(passionné)* begeisterter Anhänger, begeisterte Anhängerin; Fan *m* **2** POL, REL Fanatiker(in) *m(f)*

fanatiser [fanatize] V/T fanatisieren; aufhetzen

fanatisme [-ism] M Fanatismus *m*

fane [fan] F *souvent* PL **~s** *de carottes* Kraut *n*; *de radis* Blätter *npl*

fané [fane] ADJ ⟨~e⟩ welk (*a. visage*); verwelkt; verblüht

faner [fane] V/PR **se ~** **1** *fleurs* (ver)welken; verblühen **2** *couleur* verblassen

fanes [fan] FPL Kraut *n*; Blätter *npl*

fanfare [fɑ̃faʀ] F **1** *orchestre* Blaskapelle *f* **2** *musique* Fanfare *f*; **accueillir qn en ~** j-n mit e-m Tusch begrüßen; *fam fig* **réveiller qn en ~** j-n unsanft aus dem Schlaf reißen

fanfaron [fɑ̃faʀõ] ADJ ⟨-onne [-ɔn]⟩ großsprecherisch; prahlerisch; *fam* angeberisch

fanfaronnade [fɑ̃faʀɔnad] F Prahlerei *f*; *fam* Angeberei *f* **fanfaronner** [-e] V/I prahlen; sich wichtig machen; *fam* angeben

fanfreluches [fɑ̃fʀəlyʃ] FPL Flitterkram *m*; *fam* Firlefanz *m*

fange [fɑ̃ʒ] F Schlamm *m*; Schmutz *m* (*a. fig*)

fanion [fanjõ] M Wimpel *m*; Flagge *f*; Stander *m*

fantaisie [fɑ̃tezi] F **1** *(caprice)* Laune *f*; (launischer, plötzlicher) Einfall; **s'offrir, se**

F

payer une (petite) ~ sich *(dat)* etwas Besonderes, *fam* Extras gönnen **2** *(goût)* Gutdünken *n;* Belieben *n* **3** *(imagination)* Fantasie *f;* Einfallsreichtum *m;* **vie** *f* **qui manque de ~** Leben *n* ohne Abwechslung; gleichförmiges Dasein **4** *adjt* **bijoux** *mpl* **~** Modeschmuck *m*

fantaisiste [fɑ̃tezist] **A** ADJ **1** *hypothèse, etc* der Fantasie entstammend; nicht ernst zu nehmend **2** *personne* unkonventionell **B** M **1** unkonventioneller Mensch **2** *artiste* Unterhaltungskünstler *m*

fantasmagorie [fɑ̃tasmagɔʀi] F Phantasmagorie *f;* Trugbild *n* **fantasmagorique** [-ik] ADJ bizarr; geisterhaft

fantasmatique [fɑ̃tasmatik] ADJ PSYCH phantasmatisch; auf e-m Trugbild beruhend

fantasme [fɑ̃tasm] M Fantasie *f;* Wunsch-, Trugbild *n;* PSYCH Phantasma *n* **fantasmer** [-e] V/I fantasieren

fantasque [fɑ̃task] ADJ launenhaft; eigenwillig

fantassin [fɑ̃tasɛ̃] M Infanterist *m*

fantastique [fɑ̃tastik] ADJ **1** fantastisch; unwirklich; Fantasie…; **cinéma** *m* **~** Fantasyfilm *m* **2** *(étonnant)* fantastisch; großartig; unglaublich

fantoche [fɑ̃tɔʃ] M *fig* Marionette *f; adjt* **gouvernement** *m* **~** Marionettenregierung *f*

fantomatique [fɑ̃tɔmatik] ADJ geisterhaft; gespenstisch

fantôme [fɑ̃tom] M **1** *(spectre)* Gespenst *n;* Geist *m* **2** *(chimère)* Trugbild *n;* Phantom *n* **3** *adjt* Geister…; Phantom … *(a.* MÉD*)*

faon [fɑ̃] M *du chevreuil* (Reh)Kitz *n; du cerf* Hirschkalb *n*

far [faʀ] M **~ breton** *Milch-Eier-Auflauf (mit Backpflaumen)*

faramineux [faʀaminø] ADJ ⟨-euse [-øz]⟩ *fam* enorm; *fam* fantastisch; horrend

farandole [faʀɑ̃dɔl] F *provenzalischer Tanz*

farce[1] [faʀs] F **1** THÉ Farce *f;* Posse *f;* Schwank *m* **2** *(tour)* Streich *m;* **faire une ~ à qn** j-m e-n Streich spielen **3** **~s et attrapes** *fpl* Scherzartikel *mpl*

farce[2] F CUIS Füllung *f*

farceur [faʀsœʀ] M, **farceuse** [-øz] F Spaßvogel *m;* Witzbold *m*

farci [faʀsi] ADJ ⟨~e⟩ **1** CUIS gefüllt **2** *fig* voll(er) (**de** *gén*); vollgestopft (mit)

farcir [faʀsiʀ] **A** V/T **1** CUIS füllen; farcieren; **tomates farcies** gefüllte Tomaten *fpl* **2** *fig* vollstopfen (**de** mit) **B** V/PR *fam* **se ~** *repas fam* sich *(dat)* reinziehen; *travail fam* sich *(dat)* aufhalsen; *personne* ertragen

fard [faʀ] M **1** Schminke *f;* **~ à paupière** Lidschatten *m* **2** *fam* **piquer un ~** rot anlaufen; *fam* knallrot werden

fardeau [faʀdo] M ⟨~x⟩ Last *f; fig a.* Bürde *f*

farder [faʀde] V/PR **se ~** sich schminken

farfelu [faʀfəly] ADJ ⟨~e⟩ *fam* spinnig; *fam* verdreht

farfouiller [faʀfuje] *fam* V/I herumstöbern, -wühlen, -kramen (**dans** in + *dat*)

farine [faʀin] F Mehl *n;* **~(s) animale(s)** *f(pl)* Tiermehl *n*

farineux [faʀinø] **A** ADJ ⟨-euse [-øz]⟩ **1** mehlig **2** *féculent* stärkehaltig **B** M stärkehaltiges Gemüse

farniente [faʀnjɛnte, -njɑ̃t] M Dolcefarniente *n;* (süßes) Nichtstun

farouche [faʀuʃ] ADJ **1** *enfant, animal* scheu; *adulte* menschenscheu **2** *haine* heftig; wild *(a. regard); résistance, adversaire* erbittert

farouchement [faʀuʃmɑ̃] ADV sehr heftig, entschieden

fart [faʀt] M Skiwachs *n* **farter** [-e] V/T *skis* wachsen

fascicule [fasikyl] M Lieferung *f;* Heft *n;* Faszikel *m*

fascinant [fasinɑ̃] ADJ ⟨-ante [-ɑ̃t]⟩ faszinierend **fascination** [-asjõ] F Faszination *f;* Reiz *m;* Anziehungskraft *f*

fasciner [fasine] V/T faszinieren; fesseln; bezaubern

fascisant [faʃizɑ̃] ADJ ⟨-ante [-ɑ̃t]⟩ faschistoid

fascisme [-ism] M Faschismus *m*

fasciste [faʃist] **A** ADJ faschistisch **B** M/F Faschist(in) *m(f)*

fasse [fas] → **faire**

faste[1] [fast] M Prunk *m;* Prachtentfaltung *f;* Gepränge *n*

faste[2] ADJ **jour** *m* **~** Glückstag *m*

fast-food [fastfud] M ⟨fast-foods⟩ Fast-Food-Restaurant *n;* Schnellimbiss *m*

fastidieux [fastidjø] ADJ ⟨-euse [-øz]⟩ langweilig; stumpfsinnig; eintönig

fastoche [fastɔʃ] *fam* ADJ ganz einfach; *fam* kinderleicht

fastueux [fastɥø] ADJ ⟨-euse [-øz]⟩ prunkvoll

fat [fa(t)] *litt* ADJ M blasiert; dünkelhaft

fatal [fatal] ADJ ⟨~e; -als⟩ **1** *(funeste)* verhängnisvoll; unheilvoll; fatal **2** *(mortel)* tödlich **3** *(inévitable)* unabwendbar; zwangsläufig; unausweichlich

fatalement [fatalmɑ̃] ADV unweigerlich; zwangsläufig

fatalisme [fatalism] M Fatalismus *m;* Schicksalsglaube *m* **fataliste** [-ist] **A** ADJ fatalistisch **B** M/F Fatalist(in) *m(f)*

fatalité [fatalite] F **1** *de la mort, etc* Unabwendbarkeit *f;* Zwangsläufigkeit *f* **2** *(destin)* Schicksal *n;* Verhängnis *n*

fatidique [fatidik] ADJ schicksalhaft

fatigant [fatigɑ̃] ADJ ⟨-ante [-ɑ̃t]⟩ **1** ermüdend; anstrengend; strapaziös; beschwerlich **2** *personne* lästig; störend

fatigue [fatig] F **1** Müdigkeit *f*; Ermüdung *f* (*a.* TECH); (*épuisement*) Abgespanntheit *f*; Erschöpfung *f*; *intellectuelle* Überarbeitung *f*; **tomber de ~** vor Müdigkeit umfallen **2** **~s** *pl* Strapazen *fpl*

fatigué [fatige] ADJ ⟨~e⟩ müde; (*épuisé*) erschöpft; abgespannt

fatiguer [fatige] **A** V/T **1** ermüden; strapazieren; anstrengen (*a. yeux, cœur*); (*épuiser*) erschöpfen; *fam salade* umrühren **2** (*importuner*) **~ qn** j-n ermüden; j-m lästig fallen **B** V/I *moteur* Mühe haben **C** V/PRON **1** **se ~** (*s'épuiser*) ermüden; müde werden **2** **se ~ à** (+ *inf*) sich abmühen, sich anstrengen zu (+ *inf*) **3** **se ~ de qc** e-r Sache (*gén*) müde, überdrüssig werden

fatras [fatʀa] M *péj* Wust *m* (**de** von)

fatuité [fatɥite] F Blasiertheit *f*; Dünkel *m*

fatwa [fatwa] F Fatwa *f ou n*

faubourg [fobuʀ] M Vorstadt *f*

faubourien [fobuʀjɛ̃] ADJ ⟨-ienne [-jɛn]⟩ vorstädtisch

fauchage [foʃaʒ] M Mähen *n*; Mahd *f*

fauche [foʃ] F *fam* Klauen *n*

fauché [foʃe] ADJ ⟨~e⟩ *fam* **être ~** *fam* blank, abgebrannt, pleite sein

faucher [foʃe] V/T **1** (ab)mähen **2** *fig voiture: piéton* umfahren; *mort: personne* hinwegraffen **3** *fam* (*voler*) *fam* klauen

faucheuse [foʃøz] F Mähmaschine *f*

faucheux [foʃø] M ZOOL Weberknecht *m*; Kanker *m*

faucille [fosij] F Sichel *f*

faucon [fokõ] M Falke *m*

fauconnerie [fokɔnʀi] F Falknerei *f*

faudra [fodʀa], **faudrait** [fodʀɛ] → falloir

faufil [fofil] M COUT Heftfaden *m*

faufiler [fofile] **A** V/T COUT heften **B** V/PR **se ~** sich (hin)durchschlängeln; sich (hin)einschleichen

faune[1] [fon] M MYTH Faun *m*

faune[2] F **1** ZOOL Fauna *f*; Tierwelt *f* **2** *péj* Typen *mpl*; Volk *n*

faussaire [fosɛʀ] M Fälscher *m*

faussement [fosmɑ̃] ADV **1** *accuser* fälschlich(-erweise); zu Unrecht **2** **d'un air ~ modeste** mit gespielter Bescheidenheit

fausser [fose] V/T **1** verfälschen **2** *clé, lame* verbiegen **3** **~ compagnie à qn** j-n plötzlich verlassen

fausset [fosɛ] M MUS Falsett *n*; *péj* **voix** *f* **de ~** Fistelstimme *f*

fausseté [foste] F Falschheit *f*

faut [fo] → falloir

faute [fot] F **1** (*erreur*) Fehler *m*; FOOTBALL Foul *n*; **~ de calcul** Rechenfehler *m*; **~ d'étourderie, d'inattention** Leichtsinns-, Flüchtigkeitsfehler *m*; **~ d'orthographe** Rechtschreibfehler *m* **2** (*mauvaise action*) Fehler *m*; Verfehlung *f*; **commettre une ~** sich (*dat*) etwas zuschulden kommen lassen; e-n Fehler begehen; **prendre qn en ~** j-n ertappen **3** (*responsabilité*) Schuld *f*; Verschulden *n*; **c'est (de) sa ~** das ist s-e Schuld, sein Fehler; er ist schuld daran; **être en ~** im Unrecht sein **4** **~ de** mangels (+ *gén*); aus Mangel an (+ *dat*); **~ de mieux** in Ermangelung e-s Besseren; **~ de preuves** aus Mangel an Beweisen; **~ de quoi** andernfalls; sonst; **sans ~** ganz bestimmt

fauter [fote] *fam* V/I e-n Fehltritt begehen

fauteuil [fotœj] M Sessel *m*; Lehnstuhl *m*; **~ roulant** Rollstuhl *m*; *dans une compétition fam* **arriver dans un ~** mühelos, spielend gewinnen

fauteur [fotœʀ] M **~ de guerre** Kriegstreiber *m*; **~ de troubles** Unruhestifter *m*

fautif [fotif] ADJ ⟨-ive [-iv]⟩ schuld(ig)

fauve [fov] **A** ADJ fahlgelb, -rot **B** M **1** ZOOL Raubtier *n*; große Raubkatze **2** PEINT **les Fauves** die Fauves *mpl*; die Fauvisten *mpl*

fauvette [fovɛt] F Grasmücke *f*

fauvisme [fovism] M PEINT Fauvismus *m*

faux[1] [fo] F Sense *f*

faux[2] [fo] **A** ADJ ⟨fausse [fos]⟩ falsch; *personne a.* unaufrichtig; *bijoux a.* unecht; *piano* verstimmt; LING **~ amis** Faux amis *mpl*; **fausse clé** Nachschlüssel *m*; SPORTS **~ départ** Fehlstart *m*; **fausse facture** gefälschte Rechnung; **fausse monnaie** Falschgeld *n*; **~ nez** Pappnase *f*; **~ problème** Scheinproblem *n*; **~ serment** Meineid *m*; **faire un ~ mouvement** e-e ungeschickte Bewegung machen **B** ADV falsch; nicht richtig; **chanter ~** falsch singen; **jouer ~** falschspielen **C** M **1** Falsche(s) *n* **2** JUR, *d'une œuvre d'art* Fälschung *f*

faux-filet [fofilɛ] M (Rinder)Lende *f*

faux-fuyant [fofɥijɑ̃] M Ausflucht *f*; Ausrede *f*

faux-monnayeur [fomɔnɛjœʀ] M Falschmünzer *m*

favela [favela] F (*bidonville*) Favela *f*

faveur [favœʀ] F **1** (*avantage*) Vergünstigung *f*; Gunst *f*; **tarif** *m* **de ~** Vorzugstarif *m*; **traitement** *m* **de ~** Bevorzugung *f*; bevorzugte Behandlung; **accorder, faire une ~ à qn** j-m e-e Vergünstigung gewähren, e-n Gefallen tun; **à la ~ de l'obscurité** im Schutz(e) der Dunkelheit; **en ~ de** zugunsten von (*ou* + *gén*); für (+ *acc*) **2** (*considération*) Gunst *f*; Wohlwollen *n*; Gewogenheit *f*; **être en ~ auprès de qn** bei j-m in Gunst stehen

favorable [favɔʀabl] ADJ **1** *personne* **être ~ à**

F

qn, à qc j-m, e-r Sache wohlwollend gegenüberstehen; j-m wohlgesinnt, freundlich gesinnt sein **2** *(propice)* günstig

favori [favɔʀi] **A** ADJ ⟨favorite [favɔʀit]⟩ **1** *(préféré)* Lieblings...; bevorzugt; **plat ~** Leibgericht *n* **2** SPORTS favorisiert; **partir ~** als Favorit ins Rennen gehen **B** SUBST **1** **~(te)** *m(f) du public* Liebling *m*; *d'un souverain* Günstling *m*; *femme* Favoritin *f* **2** **~(te)** *m(f)* SPORTS Favorit(in) *m(f)* **3** **~s** *mpl* Backenbart *m* **4** INFORM Favorit *m*

favoriser [favɔʀize] V/T begünstigen

favorite → favori

favoritisme [favɔʀitism] M Günstlingswirtschaft *f*

fax [faks] M **1** *message* Fax *n* **2** *appareil* Faxgerät *n*

faxer [fakse] V/T faxen

fayot [fajo] M *fam* **1** CUIS weiße Bohne **2** *péj personne* Kriecher *m*

fayotage [fajɔtaʒ] *fam* M Kriecherei *f* **fayoter** [-e] *fam* V/I sich lieb Kind machen; *fam* sich einschleimen

fébrile [febʀil] ADJ **1** MÉD fieb(e)rig **2** *fig* fieberhaft; hektisch **fébrilité** [-ite] F *fig* Hektik *f*

fécal [fekal] ADJ ⟨~e; -aux [-o]⟩ fäkal; **matières ~es** Fäkalien *pl*; Kot *m*

fécond [fekõ] ADJ ⟨féconde [fekõd]⟩ fruchtbar *(a. sol)*; *fig* **~ en** reich an *(+ dat)*

fécondabilité [fekõdabilite] F Empfängniswahrscheinlichkeit *f*

fécondation [fekõdasjõ] F Befruchtung *f*; **~ in vitro** In-vitro-Befruchtung *f*, -Fertilisation *f*

féconder [fekõde] V/T **1** BIOL befruchten **2** *par ext* fruchtbar machen; *l'esprit* befruchten

fécondité [fekõdite] F Fruchtbarkeit *f*

fécule [fekyl] F Stärke *f*; Stärkemehl *n*

féculent [fekylã] M stärkehaltiges Nahrungsmittel

fédéral [fedeʀal] ADJ ⟨~e; -aux [-o]⟩ Bundes...; bundesstaatlich; *en Suisse a.* eidgenössisch; **chancelier ~** Bundeskanzler *m*; **république ~e** Bundesrepublik *f*

fédéraliser [fedeʀalize] V/T föderalisieren; in e-n Bundesstaat umwandeln **fédéralisme** [-ism] M Föderalismus *m* **fédéraliste** [-ist] **A** ADJ föderalistisch **B** M Föderalist *m*

fédératif [fedeʀatif] ADJ ⟨-ive [-iv]⟩ föderativ

fédération [fedeʀasjõ] F **1** POL Föderation *f*; Bund *m* **2** *d'associations* (Zentral-, Spitzen)Verband *m*; Bund *m*; **Fédération française de football** *frz Fußballbund*

fédéré [fedeʀe] **A** ADJ ⟨~e⟩ föderiert; vereinigt; verbündet **B** M HIST Soldat *m* der Pariser Kommune; Kommunarde *m*

fédérer [fedeʀe] ⟨-è-⟩ **A** V/T in e-r Föderation zusammenschließen, vereinigen **B** V/PR **se ~** sich föderieren, verbünden; sich zu e-r Föderation zusammenschließen

fée [fe] F **1** MYTH Fee *f* **2** *fig* **la ~ du logis** der gute Geist des Hauses

feed-back [fidbak] M (❗ unveränderlich) Feedback *n*; Rückmeldung *f*

féerie [feeʀi] F **1** THÉ Märchenspiel *n* **2** *fig* märchen-, zauberhaftes Schauspiel

féerique [feeʀik] ADJ zauber-, märchenhaft; wunderbar

feignant [fɛɲã] *fam* → fainéant

feindre [fɛ̃dʀ] V/T ⟨→ peindre⟩ vortäuschen; heucheln; **~ de** *(+ inf)* so tun, als ob man ...

feint [fɛ̃] PP → feindre *et* ADJ ⟨feinte [fɛ̃t]⟩ vorgetäuscht; fingiert

feinte [fɛ̃t] F SPORTS, *fig* Finte *f*; *fig a.* Täuschungsmanöver *n* **feinter** [-e] V/T (durch e-e Finte) täuschen; *fam* reinlegen

fêlé [fele] ADJ ⟨~e⟩ **1** *porcelaine, etc* gesprungen **2** *voix* brüchig **3** *fam fig* **être ~** *fam* e-e Macke haben; → cinglé

fêler [fele] **A** V/T **~ une tasse** e-n Sprung in e-e Tasse machen **B** V/PR **se ~** springen; e-n Sprung, e-n Riss bekommen

félicitations [felisitasjõ] FPL Glückwunsch *m*, -wünsche *mpl*; Gratulation *f*; *(éloge)* Anerkennung *f*; Lob *n*; UNIVERSITÉ **avec les ~ spéciales du jury** mit Auszeichnung; **(mes) ~!** (ich) gratuliere!; **toutes mes ~** herzlichen Glückwunsch

félicité [felisite] *st/s* F Glückseligkeit *f*

féliciter [felisite] **A** V/T **~ qn** j-n beglückwünschen, j-m gratulieren (**pour, de** zu) **B** V/PR **se ~ de qc** froh, glücklich sein über etw *(acc)*

félin [felɛ̃] **A** ADJ ⟨-ine [-in]⟩ **1** ZOOL Katzen... **2** *fig* katzenartig, -haft *f* **B** **~s** MPL ZOOL Katzen *fpl*

fellation [fɛ(l)lasjõ] F Fellatio *f*

félon [felõ] *litt* M Verräter *m*

fêlure [fɛlyʀ] F Sprung *m*; Riss *m*

femelle [fəmɛl] **A** F **1** ZOOL Weibchen *n*; weibliches Tier **2** *péj* Weibsbild *n* **B** ADJ **1** ZOOL, BOT weiblich **2** ÉLEC **fiche** *f* **~** Gerätestecker *m*

féminin [feminɛ̃] **A** ADJ ⟨-ine [-in]⟩ **1** weiblich; Frauen...; **équipe ~e** Frauen-, Damenmannschaft *f* **2** GRAM weiblich; feminin **B** M **1** GRAM Femininum *n* **2** **l'éternel ~** das Ewigweibliche

féminisation [feminizasjõ] F **1** BIOL Verweiblichung *f* **2** *d'une profession* Zunahme *f* des Frauenanteils

féminiser [feminize] V/PR **se ~** **1** BIOL verweiblichen **2** *profession* e-n immer höheren Frauenanteil aufweisen

féminisme [feminism] M Feminismus *m* **féministe** [-ist] **A** ADJ feministisch **B** M/F Feminist(in) *m(f)*; Frauenrechtler(in) *m(f)*

féminité [feminite] F Weiblichkeit *f*; Fraulichkeit *f*

femme [fam] F **1** Frau *f*; *poét, péj fam* Weib *n*; *fam* **une bonne femme** e-e Frau; **jeune femme** junge Frau; **femme ingénieur** Ingenieurin *f*; **femme au foyer** Hausfrau *f*; **femme d'affaires** Geschäftsfrau *f*; **femme de chambre** Zimmermädchen *n*; **femme d'intérieur** gute Hausfrau; häusliche Frau; **femme de ménage** Putzfrau *f*; Raumpflegerin *f*; **femme de tête** zielstrebige, zielbewusste Frau **2** (*épouse*) (Ehe)Frau *f*; **prendre pour ~** zur Frau nehmen

femme-enfant F ⟨femmes-enfants⟩ Kindfrau *f*

femmelette [famlɛt] F *homme* Schwächling *m*; *fam* Waschlappen *m*

fémoral [femɔʀal] ADJ ⟨~e; -aux [-o]⟩ Oberschenkel…

fémur [femyʀ] M Oberschenkelknochen *m*

fenaison [fənɛzõ] F Heuernte *f*

fendillement [fãdijmã] M **1** *action* Rissigwerden *n*; *de la peau a.* Aufspringen *n* **2** *résultat* feiner Riss, Sprung

fendiller [fãdije] **A** V/T rissig machen; *adjt* **fendillé** rissig **B** V/PR **se ~** Risse bekommen; rissig werden

fendre [fãdʀ] ⟨→ rendre⟩ **A** V/T **1** spalten; *bois a.* hacken **2** *fig* **~ l'âme, le cœur** das Herz zerreißen **3** *fig* zerteilen; **~ la foule** sich (*dat*) e-n Weg durch die Menge bahnen **B** V/PR **se ~** **1** *rocher* sich spalten; *mur, sol* Risse bekommen; rissig werden **2** *fam* **se ~ de qc** *fam* etw herausrücken **3** *fam* **se ~ la gueule, la pipe, la pêche** *fam* sich totlachen; *fam* sich schieflachen; *fam* sich (*dat*) e-n Ast lachen

fendu [fãdy] ADJ ⟨~e⟩ *pot* rissig; *jupe* geschlitzt

fenêtre [f(ə)nɛtʀ] F (**!** feminin) Fenster *n* (*a.* INFORM)

fennec [fenɛk] M Wüstenfuchs *m*

fenouil [fənuj] M Fenchel *m*

fente [fãt] F Spalte *f*; Spalt *m*; *dans le bois a.* Riss *m*; *d'un vêtement, d'un volet* Schlitz *m*

féodal [feɔdal] ADJ ⟨~e; -aux [-o]⟩ Feudal…; Lehns…; feudalistisch **féodalisme** [-ism] M Feudalcharakter *m*, -struktur *f* **féodalité** [-ite] F Feudalsystem *n*; Feudalismus *m*; Lehnswesen *n*

fer [fɛʀ] M **1** *métal* Eisen *n*; **en, de fer** Eisen…; eisern; aus Eisen; *fig* **de fer** *volonté, santé* eisern; *prov* **il faut battre le ~ pendant qu'il est chaud** man muss das Eisen schmieden, solange es heiß ist (*prov*) **2** **fer à cheval** Hufeisen *n*; **en fer à cheval** hufeisenförmig; **fer à repasser** Bügeleisen *n*; **fer à souder** Lötkolben *m*; *fig* **fer de lance** Speerspitze *f*; **donner un coup de fer** (*fam* über)bügeln (**à qc** etw); **tomber les quatre fers en l'air** auf den Rücken fallen

ferai [f(ə)ʀɛ], **fera(s)** [f(ə)ʀa] → faire

fer-blanc [fɛʀblã] M ⟨fers-blancs⟩ (Weiß)-Blech *n*; **boîte** *f* **en ~** Blechdose *f*

férié [feʀje] ADJ ⟨~e⟩ **jour ~** Feiertag *m*

férir [feʀiʀ] V/T **sans coup ~** mühelos; ohne auf Widerstand zu stoßen

ferme[1] [fɛʀm] **A** ADJ fest; *poitrine a.* straff; *ton* entschieden; bestimmt; *personne* standhaft; unbeirrbar; streng (**avec qn** zu j-m); *cours a.* gleichbleibend; **prison** *f* **~** Gefängnis *n* ohne Bewährung; **terre** *f* **~** Festland *n* **B** ADV **discuter ~** heftig diskutieren; **s'ennuyer ~** *fam* sich gewaltig langweilen

ferme[2] F **1** (Bauern)Hof *m*; *maison* Bauernhaus *n*; **~ d'élevage** Farm *f* **2** JUR Pacht *f*

fermé [fɛʀme] ADJ ⟨~e⟩ geschlossen; zu (*attribut seulement*); *fig société* geschlossen; exklusiv; *fig visage* verschlossen; *col de montagne* gesperrt; **les yeux ~s** mit geschlossenen Augen; *fig* unbesehen

fermement [fɛʀməmã] ADV fest

ferment [fɛʀmã] M **1** CHIM Ferment *n*; Gärungserreger *m* **2** *fig* Keim *m*

fermentation [fɛʀmãtasjõ] F Gärung *f* (*a. fig*)

fermenter [fɛʀmãte] V/I gären; *boisson* **(non) fermenté** (un)vergoren

fermer [fɛʀme] **A** V/T schließen; *fam* zumachen; *livre a.* zuklappen; zuschlagen; *rideaux a.* zuziehen; *robinet a.* zudrehen; *appareil électrique* ausschalten; ausmachen; abschalten; abstellen; *radio, télé a.* aus-, abdrehen; *lumière* ausknipsen; *pop* **ferme-la!** *ou* **la ferme!** *fam* halt die Klappe, Schnauze!; **~ la marche** am Schluss marschieren; *fig* **~ les yeux sur qc** die Augen vor etw (*dat*) verschließen; *par tolérance* bei etw ein Auge zudrücken; **~ à la circulation** für den Verkehr sperren **B** V/I *magasin, etc* schließen; geschlossen haben; *fam* zuhaben; *fam* zu sein; *fam* zumachen; *porte, boîte* **~ (bien, mal)** (gut, nicht richtig) schließen, sich schließen lassen **C** V/PR **se ~** *porte, etc* sich schließen; zugehen; *yeux* zufallen; *personne* **se ~ à qc** sich e-r Sache (*dat*) verschließen

fermeté [fɛʀməte] F Festigkeit *f*; *d'une personne a.* Bestimmtheit *f*

fermette [fɛʀmɛt] F (kleines) Bauern-, Landhaus (*als Zweitwohnung*)

fermeture [fɛʀmətyʀ] F **1** *dispositif* Verschluss *m*; **fermeture éclair®** Reißverschluss *m* **2** *action* Schließen *n*; *d'un commerce* Schließung *f*; *de la chasse, de la pêche* Ende *n*; **fermeture annuelle** Betriebs-, Werksferien *pl*; **fermeture des magasins** Ladenschluss(zeit) *m(f)*

fermier [fɛʀmje], **fermière** [-jɛʀ] **A** M,F Landwirt *m*; Bauer *m*, Bäuerin *f* **B** ADJ vom Bauern;

F

Land…

fermoir [fɛʀmwaʀ] M Verschluss *m*; Schließe *f*

féroce [feʀɔs] ADJ *animal* wild; reißend; *homme* grausam; erbarmungslos; *regard* grimmig; *appétit* unbändig **férocité** [-ite] F Wildheit *f*; Grausamkeit *f*

ferraille [fɛʀaj] F 1 Schrott *m*; Alteisen *n*; **tas** *m* **de ~** Schrotthaufen *m* (*a. fig voiture*); **bon à mettre à la ~** schrottreif; **faire un bruit de ~** *fam* scheppern; klappern; *chaînes* rasseln 2 *fam* (*menue monnaie*) Kleingeld *n*; Münzen *fpl*

ferrailleur [fɛʀajœʀ] M Schrott-, Alteisenhändler *m*

ferré [fɛʀe] ADJ ⟨~e⟩ 1 (mit Eisen) beschlagen; **voie ~e** (Bahn)Gleis *n*; Bahnlinie *f*; Schienenstrang *m* 2 *fig* **être ~** (sehr) beschlagen sein (**en** in + *dat*)

ferrer [fɛʀe] V/T 1 *cheval* beschlagen 2 *poisson* festhaken; anreißen

ferreux [fɛʀø] ADJ ⟨-euse [-øz]⟩ eisenhaltig

ferronnerie [fɛʀɔnʀi] F 1 **~ (d'art)** *métier* Kunstschlosserei *f*; Kunstschmiedehandwerk *n*; *objets* Kunstschmiedearbeiten *fpl* 2 CONSTR Eisen-, Metallbauteile *npl*

ferronnier [fɛʀɔnje] M **~ (d'art)** Kunstschlosser *m*, -schmied *m*

ferroviaire [fɛʀɔvjɛʀ] ADJ (Eisen)Bahn…; Schienen…

ferrugineux [fɛʀyʒinø] ADJ ⟨-euse [-øz]⟩ eisenhaltig

ferrure [fɛʀyʀ] F (Eisen-, Metall)Beschlag *m*

ferry [fɛʀi] M ⟨~s *od* ferries⟩, **ferry-boat** [fɛʀibot] M ⟨ferry-boats⟩ Fährschiff *n*; Fähre *f*

fertile [fɛʀtil] ADJ fruchtbar (*a. fig*); *terre a.* ertragreich; *fig* **~ en** reich an (+ *dat*)

fertilisable [fɛʀtilizabl] ADJ fruchtbar zu machen(d) **fertilisant** [-ɑ̃] A ADJ ⟨-ante [-ɑ̃t]⟩ fruchtbar machend B M Düngemittel *n* **fertilisation** [-asjõ] F *du sol* Fruchtbarmachung *f*; Düngung *f* **fertiliser** [-e] V/T düngen

fertilité [fɛʀtilite] F Fruchtbarkeit *f*

féru [feʀy] ADJ ⟨~e⟩ **être ~ de** besessen sein von; sich begeistern für

férule [feʀyl] F **être sous la ~ de qn** unter der Zuchtrute, *fam* Fuchtel j-s stehen

fervent [fɛʀvɑ̃] ADJ ⟨-ente [-ɑ̃t]⟩ *croyant* eifrig; *prière* inbrünstig; *partisan, amour* leidenschaftlich; glühend

ferveur [fɛʀvœʀ] F Inbrunst *f*; Eifer *m*; Glut *f*

fesse [fɛs] F Hinter-, Gesäß-, *pop* Arschbacke *f*; **~s** *pl* Gesäß *n*; *fam* Hintern *m*; *fam* **histoire** *f* **de ~s** Bettgeschichte *f*

fessée [fese] F Schläge *mpl* auf den Hintern; **donner une ~ à qn** *fam* j-m den Hintern vollhauen, versohlen

fesser [fese] V/T **~ qn** *fam* j-m den Hintern versohlen; *fam* j-m die Hosen stramm ziehen

fessier [fesje] A M *fam* Hintern *m* B ADJ ⟨-ière [-jɛʀ]⟩ ANAT Gesäß…

festin [fɛstɛ̃] M Festessen *n*, -mahl *n*

festival [fɛstival] M Festspiele *npl*; Festival *n*

festivalier [fɛstivalje] A ADJ ⟨-ière [-jɛʀ]⟩ Festspiel… B M Festspielteilnehmer *m*

festivités [fɛstivite] FPL Festlichkeiten *fpl*; Feiern *fpl*; *plais* Festivitäten *fpl*

fest-noz [fɛstnoz] M (! unveränderlich) *Fest mit traditionellen bretonischen Tänzen*

feston [fɛstõ] M ARCH, COUT Feston *n*

festonner [fɛstɔne] V/T COUT festonieren

festoyer [fɛstwaje] V/I ⟨-oi-⟩ festlich, gut essen, speisen; schlemmen

feta [feta] F CUIS Feta *m*

fêtard [fɛtaʀ] *fam* M j-d, der gern feiert

fête [fɛt] F 1 Fest *n*; Fest-, Feiertag *m*; **~ nationale** Nationalfeiertag *m*; **~ de famille** Familienfest *n*, -feier *f*; **~ des mères** Muttertag *m*; **~ du travail** Tag *m* der Arbeit; *fig* **en ~** fröhlich; in festlicher Stimmung; *fig* **ne pas être à la ~** sich nicht wohlfühlen in s-r Haut; **être de la ~** dabei sein; mit von der Partie sein; *fête* beim Fest dabei sein; mitfeiern; **faire la ~** *fam* tüchtig, ordentlich feiern; *fig* **se faire une ~ de qc** sich sehr auf etw (*acc*) freuen; *fig* **faire ~ à qn** j-n freudig empfangen, begrüßen 2 *d'une personne* Namenstag *m*; *fam fig* **je vais lui faire sa ~!** *fam* der kann was erleben!; *fam* dem werd ich's zeigen!

Fête-Dieu [fɛtdjø] F ⟨Fêtes-Dieu⟩ Fronleichnam(sfest) *m*(*n*)

fêter [fete] V/T feiern

le feu — Feuer

le feu — Ampel

fétiche [fetiʃ] M Fetisch *m* **fétichisme** [-ism] M Fetischismus *m*
fétichiste [fetiʃist] **A** ADJ fetischistisch **B** M Fetischist *m*
fétide [fetid] ADJ übel riechend; stinkend
fétu [fety] M **~ (de paille)** Strohhalm *m*
feu¹ [fø] M ⟨~x⟩ **1** Feuer *n* (*a. fig*); (*incendie*) Brand *m*; **feu d'artifice** Feuerwerk *n* (*a. fig*); **feu de camp** Lagerfeuer *n*; *fig* **feu de paille** Strohfeuer *n*; **feu du rasoir** Brennen *n* nach der Rasur; **mise** *f* **à feu** Zündung *f*; **au feu!** Feuer!; es brennt!; CUIS **à feu doux** auf kleiner, schwacher Flamme; bei schwacher Hitze; *fig* **dans le feu de l'action** im Eifer, in der Hitze des Gefechts; *plat* **aller au feu** feuerfest sein; *fumeur* **avez-vous du feu?** haben Sie Feuer?; *fig* **il n'y a pas le feu** kein Grund zur Eile; warum so eilig?; *fam fig* **avoir le feu au derrière**, *pop* **au cul** *fam* es brandeilig haben; *fig d'un artiste, etc* **avoir le feu sacré** von s-r Arbeit, s-m Beruf besessen sein; mit Leib und Seele bei s-r Arbeit sein; *fig* **avoir les joues en feu** glühende, brennend rote Wangen haben; **être en feu** in Flammen stehen; brennen; *fig* **être tout feu tout flamme pour qc** für etw Feuer und Flamme sein; **faire du feu** Feuer machen; *fig* **faire feu de tout bois** alle Mittel einsetzen; *fig* **jouer avec le feu** mit dem Feuer spielen; **mettre le feu à qc** etw in Brand stecken; **mettre à feu et à sang** mit Feuer und Schwert verwüsten; *fig* **mettre le feu aux poudres** den Funken ins Pulverfass werfen; der Funke im Pulverfass sein; **prendre feu** Feuer fangen; in Brand geraten; *fam fig* **il n'y voit que du feu** *fam* das merkt der gar nicht **2** (*lumière*) Licht *n*; CIRCULATION **feu(x)** Ampel *f*; **feu(x) arrière** Rück-, Schlusslicht(er) *n(pl)*, -leuchte(n) *f(pl)*; **feu rouge, orange, vert** rote, gelbe, grüne Ampel; *fig* **donner le feu vert** grünes Licht geben; **feux de croisement** Abblendlicht *n*; **feux de détresse** Warnblinkanlage *f*, -licht *n*; **feux de position** AUTO Standlicht *n*; MAR, AVIAT Positionslichter *npl*; THÉ **feux de la rampe** Rampenlicht *n*; **feu de recul** Rückfahrscheinwerfer *m*; **feux de route** Fernlicht *n*; **feux de stationnement** Parkleuchte *f*; **sous les feux des projecteurs** im Scheinwerferlicht (*a. fig*) **3** MIL Feuer *n*; **coup** *m* **de feu** Schuss *m*; **faire feu** feuern; *fig* **ne pas faire long feu** nicht lange dauern; *personne* nicht lange bleiben
feu² *litt* ADJ (❗ unveränderlich) **~ sa mère** s-e verstorbene, selige Mutter
feuillage [fœjaʒ] M Laub(werk) *n*
feuillaison [fœjɛzõ] F *des arbres* Belaubung *f*; Grünwerden *n*
feuille [fœj] F **1** BOT Blatt *n*; **~s** *pl a.* Laub *n*; **~s mortes** welkes, trockenes Laub; welke, trockene Blätter; **~ de vigne** Rebenblatt *n*; ART, *fig* Feigenblatt *n*; *fig* **trembler comme une ~** zittern wie Espenlaub **2** *papier* Blatt *n* (Papier); **~ de papier à lettres** Briefbogen *m*; **~ d'impôt** Steuerformular *n*; **~ de paie** Lohnstreifen *m*; *fam fig* **~ de chou** *fam* Käseblatt *n* **3** (*plaque mince*) (Metall)Folie *f*; *en bois* Platte *f* **4** *fam* **être dur de la ~** schwerhörig sein
feuillée [fœje] F *poét* Laubdach *n*
feuille-morte [fœjmɔʀt] ADJ (❗ unveränderlich) gelbbraun; rotbraun
feuillet [fœjɛ] M Blatt *n*
feuilleté [fœjte] **A** ADJ ⟨~e⟩ blätt(e)rig; **pâte ~e** Blätterteig *m* **B** M Blätterteiggebäck *n*
feuilleter [fœjte] V/T ⟨-tt-⟩ durchblättern; blättern in (+ *dat*)
feuilleton [fœjtõ] M Fortsetzungsroman *m*; TV, RAD Serie *f*
feuillu [fœjy] **A** ADJ ⟨~e⟩ dicht belaubt **B** **~s** MPL Laubbäume *mpl*
feulement [følmã] M *du tigre* Brüllen *n*; *du chat* Fauchen *n* **feuler** [-e] V/I *tigre* brüllen; *chat* fauchen
feutrage [føtʀaʒ] M *des vêtements* (Ver)Filzen *n*; Filzigwerden *n*
feutre [føtʀ] M **1** TEXT Filz *m* **2** *crayon* Filzstift *m*; Filz-, Faserschreiber *m*
feutré [føtʀe] ADJ ⟨~e⟩ *bruit* gedämpft; *atmosphère* intim; **à pas ~s** auf leisen Sohlen
feutrer [føtʀe] V/I (*et* V/PR **se ~**) (ver)filzen; filzig werden
feutrine [føtʀin] F Wollfilz *m*
fève [fɛv] F **1** BOT, CUIS dicke Bohne; Saubohne *f*; **~ de cacao** Kakaobohne *f* **2** *im Dreikönigskuchen versteckte kleine Figur*
février [fevʀije] M Februar *m*
fi [fi] **faire ~ de** verschmähen
fiabilité [fjabilite] F Zuverlässigkeit *f*
fiable [fjabl] ADJ zuverlässig

les feuilles (fpl) — Blätter

les feuilles (fpl) — Blätter

F

fiacre [fjakʀ] M (Pferde)Droschke *f*; *autrich* Fiaker *m*´
fiançailles [f(i)jɑ̃saij] FPL Verlobung *f*
fiancé [f(i)jɑ̃se] **A** ADJ verlobt **B** **~(e)** M(F) Verlobte(r) *m/f(m)*; Bräutigam *m*, Braut *f*
fiancer [f(i)jɑ̃se] V/PR ‹-ç-› **se ~** sich verloben (**avec qn** mit j-m)
fiasco [fjasko] M Fiasko *n*; *fam* Reinfall *m*
fiasque [fjask] F dickbauchige Korbflasche mit langem Hals
fibranne [fibʀan] F Zellwolle *f*
fibre [fibʀ] F **1** BIOL, TEXT, TECH Faser *f* **2** *fig* Ader *f*; **avoir la ~ maternelle** e-e gute Mutter abgeben
fibreux [fibʀø] ADJ ‹-euse [-øz]› fas(e)rig; Faser…
fibrillation [fibʀijasjõ] F Herzflimmern *n*
fibrille [fibʀij] F ANAT, BOT Fibrille *f*; BOT *a.* Fäserchen *n*
fibrome [fibʀom] M Fibrom *n*
ficelage [fislaʒ] M (Ver-, Zu)Schnüren *n*; Verschnürung *f* (*a. résultat*)
ficelé [fisle] ADJ ‹~e› *paquet* verschnürt
ficeler [fisle] V/T ‹-ll-› **1** verschnüren **2** *fam fig* **mal ficelé** komisch angezogen
ficelle [fisɛl] F **1** Bindfaden *m*; Schnur *f*; *fig* **tirer les ~s** der Drahtzieher sein **2** *pain* dünnes, langes Weißbrot **3** **~s** *pl d'un métier* Kniffe *mpl*; Tricks *mpl*
fiche¹ [fiʃ] F **1** ÉLEC Stecker *m* **2** (*feuille*) Zettel *m*; Blatt *n*; Bogen *m*; *d'un fichier* (Kartei)Karte *f*
fiche² → ficher¹
ficher¹ [fiʃe] ‹*inf a.* fiche; *pp* fichu› *fam* **A** V/T **1** (*faire*) machen; tun **2** (*donner*) geben; *un coup* versetzen; **je t'en ficherai, moi …** das würde dir so passen … **3** (*jeter*) *fam* schmeißen **B** V/PR **se ~ de qc, qn** *fam* auf etw, j-n pfeifen; → foutre
ficher² V/T **1** (*enfoncer*) einrammen; einschlagen **2** (*mettre en fiche*) karteimäßig erfassen
fichier [fiʃje] M **1** (*fiches*) Kartei *f* **2** *boîte* Karteikasten *m* **3** INFORM Datei *f*
fichu¹ [fiʃy] M Schultertuch *n*
fichu² *fam* PP → ficher¹ *et* ADJ ‹~e› **1** (*détruit*) *fam* kaputt; *fam* futsch; *fam* hin; *fam* im Eimer; *personne fam* erledigt; am Ende **2** (*détestable*) scheußlich; *fam* verflixt **3** **bien ~** *femme* gut gebaut; *mécanisme* gut, geschickt gemacht; *personne* **être mal ~** sich elend fühlen; *fam* nicht gut beieinander sein **4** (*capable de*) **il est ~ de (le faire)** *fam* er ist imstand(e) und (tut's)
fictif [fiktif] ADJ ‹-ive [-iv]› **1** (*imaginaire*) (frei) erfunden; erdacht; fiktiv **2** (*faux*) fingiert (*a.* ÉCON); Schein…
fiction [fiksjõ] F Fiktion *f*; Dichtung *f*; Erfindung *f*; **la réalité dépasse la ~** die Wirklichkeit geht über alle Vorstellung hinaus
fidèle [fidɛl] **A** ADJ **1** treu; *serviteur a.* (treu) ergeben; *chien a.* anhänglich; **être ~ à qn** j-m treu sein; **être, rester ~ à qc** e-r Sache (*dat*) treu bleiben; an etw (*dat*) festhalten **2** *récit* genau; getreu; *reproduction* originalgetreu; *mémoire* zuverlässig **B** M/F **1** REL Gläubige(r) *m/f(m)* **2** (*adepte*) Getreue(r) *m/f(m)*
fidèlement [fidɛlmɑ̃] ADV (ge)treu; genau; zuverlässig
fidéliser [fidelize] V/T gewinnen; an sich (*acc*) binden
fidélité [fidelite] F **1** Treue *f* (**à, envers qn** zu j-m) **2** *d'une traduction, etc* Genauigkeit *f*; originalgetreue Wiedergabe; **°haute ~** High Fidelity *f* (*abr* Hi-Fi)
fiduciaire [fidysjɛʀ] ADJ JUR, ÉCON treuhänderisch; Treuhand…
fief [fjɛf] M **1** HIST Lehen *n* **2** *fig* Domäne *f*; POL Hochburg *f*
fieffé [fjefe] ADJ ‹~e› ausgemacht; Erz…
fiel [fjɛl] M **1** *d'animaux* Galle *f* **2** *fig* Bosheit *f*; Bitterkeit *f*
fielleux [fjɛlø] ADJ ‹-euse [-øz]› gallig
fiente [fjɑ̃t] F Kot *m*; (Vogel)Mist *m*, (-)Dreck *m*
fier¹ [fje] V/PR **se ~ à qn, qc** sich auf j-n, etw verlassen; j-m, e-r Sache vertrauen
fier² [fjɛʀ] ADJ ‹fière [fjɛʀ]› **1** stolz; **être ~ de qn, qc** stolz auf j-n, etw sein; *péj* sich (*dat*) etwas einbilden auf j-n, etw; *fam* **ne pas être ~** *fam* ganz schön Angst haben; **il n'y a pas de quoi être ~** darauf brauchst du dir *ou* brauchen Sie sich (*dat*) gar nichts einzubilden; das ist kein Grund, stolz zu sein **2** *fam* gewaltig; **il a un ~ culot** *fam* der ist ganz schön frech, dreist, unverfroren
fiérot [fjeʀo] ADJ ‹-ote [-ɔt]› kindisch stolz; eingebildet
fierté [fjɛʀte] F Stolz *m*
fiesta [fjɛsta] *fam* F Fest *n*; *fam* Fete *f*
fièvre [fjɛvʀ] F **1** MÉD Fieber *n*; **~ jaune** Gelbfieber *n*; **avoir de la ~** Fieber haben; fiebern **2** *fig* Fieber *n*; Erregung *f*; Hektik *f*
fiévreusement [fjevʀøzmɑ̃] ADV fieberhaft; mit Feuereifer
fiévreux [fjevʀø] ADJ ‹-euse [-øz]› **1** MÉD fieb(e)rig; *personne a.* fieberkrank **2** *fig* fieberhaft
FIFA [fifa] F ABR (Fédération internationale de football association) FIFA *f* (Internationaler Fußballverband)
fifille [fifij] F *fam affectueux ou iron* Töchterchen *n*; *fam* Kleine *f*; Schätzchen *n*
fifty-fifty [fiftififti] ADV *fam* halbe-halbe; *fam* fifty-fifty
figé [fiʒe] ADJ ‹~e› **1** *huile, sauce* fest; steif **2** *fig* starr; erstarrt; *locution* fest(stehend)

figer [fiʒe] ⟨-ge-⟩ **A** VT erstarren lassen (a. fig) **B** VPR **se ~** erstarren (a. fig); huile, sauce a. fest, steif, dick werden
fignolage [fiɲɔlaʒ] M Ausfeilen n; letzter Schliff **fignoler** [-e] VT ausfeilen; den letzten Schliff geben (+ dat)
figue [fig] F Feige f
figuier [figje] M Feigenbaum m
figurant [figyʀɑ̃] M, **figurante** [-ɑ̃t] F Statist(in) m(f); Komparse m, Komparsin f; fig a. Randfigur f
figuratif [figyʀatif] ADJ ⟨-ive [-iv]⟩ **1** art, peintre gegenständlich **2** représentation bildlich; bildhaft
figuration [figyʀasjõ] F **1** THÉ, FILM coll Statisterie f; Komparserie f; **faire de la ~** Statisten-, Nebenrollen spielen **2** (représentation) bildliche Darstellung
figure [figyʀ] F **1** (visage) Gesicht n; fam **casser la ~ à qn** j-n verprügeln, fam verhauen; fam **se casser la ~** hinfallen; fig **faire bonne ~** e-e gute Figur machen; fig **faire piètre ~** e-e klägliche Figur machen; SPORTS schlecht abschneiden; fig **faire ~ de** gelten, angesehen werden als **2** ART, MATH, etc Figur f; PATINAGE **~s imposées** Pflicht f; **~s libres** Kür f **3** (bedeutende, große) Persönlichkeit, Gestalt

figure ≠ Figur

la figure	= das Gesicht
Sie hat eine gute Figur.	= Elle est **bien faite.**

FALSCHE FREUNDE

figuré [figyʀe] ADJ ⟨~e⟩ bildlich; übertragen; figürlich; **au (sens) ~** im übertragenen Sinn(e)
figurer [figyʀe] **A** VT (bildlich, figürlich) darstellen **B** VI sur une liste, etc stehen; (aufgeführt) sein; vorkommen; figurieren **C** VPR **se ~ qc** sich (dat) etw vorstellen; **se ~ que …** sich (dat) einbilden, dass …
figurine [figyʀin] F Figürchen n; kleine Figur, Statue; Figurine f
fil [fil] M **1** TEXT Faden m (a. fig); Garn n; des haricots Faser f; d'un collier Schnur f; **fil à coudre** Nähfaden m, -garn n; **fil à plomb** Lot n; Senkblei n; fig **fil de la conversation** Gesprächsfaden m; **fils de la Vierge** Altweibersommer m; **en fil d'Écosse, pur fil** reinleinen; prétexte **cousu de fil blanc** leicht zu durchschauen(d); fadenscheinig; fig **de fil en aiguille** im Lauf(e) des Gesprächs; nach und nach; fig **perdre le fil** den Faden verlieren; fig **ne tenir qu'à un fil** an e-m (seidenen) Faden hängen **2** métallique Draht m; d'une lampe, de téléphone Schnur f; Kabel n; **fil électrique** elektrische Leitung; **fil de fer** (Eisen)Draht m **3** fam **coup m de fil** Anruf m; Telefongespräch n; **passer un coup de fil à qn** j-n anrufen; **avoir qn au bout du fil** fam j-n an der Strippe haben **4** d'une lame Schneide f **5** **au fil de l'eau** mit dem Strom; **au fil des jours** im Laufe der Zeit; mit der Zeit
filament [filamɑ̃] M **1** Faser f; Faden m (a. de salive) **2** ÉLEC Glühfaden m, -draht m
filamenteux [filamɑ̃tø] ADJ ⟨-euse [-øz]⟩ fas(e)rig; faserförmig
filandreux [filɑ̃dʀø] ADJ ⟨-euse [-øz]⟩ **1** fas(e)rig; voller Fasern **2** fig weitschweifig
filant [filɑ̃] ADJ ⟨-ante [-ɑ̃t]⟩ **étoile ~e** Sternschnuppe f
filasse [filas] ADJ **blond ~** (! unveränderlich) flachsblond
filature [filatyʀ] F **1** TEXT Spinnerei f **2** par la police Beschattung f; **prendre qn en ~** j-n beschatten
file [fil] F Reihe f; de gens, de voitures a. Schlange f; de voitures a. Kolonne f; d'une route (Fahr)Spur f; **~ d'attente** Warteschlange f; **chef** m **de ~** Leiter m; (An)Führer m; **à la ~** hintereinander; in einer Reihe; **en ~ indienne** im Gänsemarsch; stationner **en double ~** in der zweiten Reihe; **prendre la ~** sich (hinten) anstellen
filer [file] **A** VT **1** coton, laine, etc (ver)spinnen; fig **~ un mauvais coton** schlecht, schlimm dran sein **2** bateau **~ 30 nœuds** (mit) 30 Knoten fahren **3** **~ qn** j-n beschatten **4** fam (donner) geben **B** VI **1** maille laufen; bas e-e Laufmasche bekommen **2** (aller vite) (dahin)sausen; flitzen; fam (s'en aller) fam sich verziehen; fam abzischen; temps verrinnen; verfliegen; argent zerrinnen; **~ à l'anglaise** fam sich auf Französisch verabschieden ou empfehlen **3** **~ doux** sich fügen; fam klein beigeben; kuschen
filet [filɛ] M **1** Netz n; **~ à bagages** Gepäcknetz n; **~ (à provisions)** Einkaufsnetz n; fig **coup** m **de ~** Fang m; Fischzug m; **travailler sans ~**

le filet — Netz

le filet (de poisson) — (Fisch)Filet

F

acrobate ohne Netz arbeiten; *fig* ein großes Risiko eingehen; große Gefahren auf sich *(acc)* nehmen **2** CUIS Filet *n (a. de poisson)*; Lende(nstück) *f(n)* **3** *de liquide* feiner, dünner Strahl; *fig* **~ de voix** schwache, dünne Stimme

filetage [filtaʒ] M TECH Gewinde *n*

filial [filjal] ADJ ⟨~e; -aux [-o]⟩ kindlich; Kindes…; der Kinder

filiale [filjal] F Tochtergesellschaft *f*, -firma *f*

filiation [filjasjõ] F **1** JUR Abstammung *f* **2** *fig* Zusammenhang *m*; Aufeinanderfolge *f*

filière [filjɛʀ] F **1** *d'une carrière* Stufenleiter *f*; ÉCOLE Zug *m*; Zweig *m*; UNIVERSITÉ Studiengang *m* **2** *fig* Linie *f*; Kette *f*; Reihe *f*; *de la drogue* Connection *f*; **remonter la ~** den Weg, die Linie zurückverfolgen

filiforme [filifɔʀm] ADJ fadenförmig; *personne* spindeldürr

filigrane [filigʀan] M **1** Filigran(arbeit) *n(f)* **2** *sur le papier* Wasserzeichen *n*; *fig* **apparaître en ~** durchkommen; zu spüren sein

fille [fij] F **1** *(opposé à fils)* Tochter *f* **2** *(opposé à garçon)* Mädchen *n*; **jeune fille** junges Mädchen; **petite fille** kleines Mädchen; **vieille fille** alte Jungfer **3** **fille de joie** Freudenmädchen *n* **4** **fille de cuisine** Küchenhilfe *f*

fillette [fijɛt] F kleines Mädchen

filleul(e) [fijœl] M(F) Patenkind *n*

film [film] M **1** FILM, TV (Spiel)Film *m*; **film policier** Kriminalfilm *m*; *fam* Krimi *m*; **~ de guerre** Kriegsfilm *m* **2** PHOT Film(streifen) *m* **3** *(couche mince)* Film *m*; **film d'huile** Ölfilm *m* **4** **film plastique** Frischhaltefolie *f*

filmage [filmaʒ] M Filmen *n*

film-culte M ⟨films-culte⟩ Kultfilm *m*

filmer [filme] V/T filmen **filmique** [-ik] ADJ filmisch; Film…

filmographie [filmɔgʀafi] F *d'un metteur en scène, d'un genre* systematisches Filmverzeichnis

filmologie [-lɔʒi] F Filmwissenschaft *f*

filon [filõ] M **1** MINES Ader *f*; Gang *m* **2** *fam fig* einträglicher *ou* bequemer Job

filou [filu] M Gauner *m*

filouter [filute] V/T **~ qc** *fam* etw stibitzen; **~ qn** *fam* j-n beklauen

fils [fis] M Sohn *m*; *fig* **~ spirituel** geistiger Erbe; *péj* **~ à papa** verwöhnter Sohn reicher Eltern; **~ de famille** Sohn aus reichem, gutem Hause

filtrage [filtʀaʒ] M **1** Filtern *n*, -ung *f* **2** *fig* genaue Kontrolle; *d'informations* Siebung *f*

filtrant [filtʀɑ̃] ADJ ⟨-ante [-ɑ̃t]⟩ Filter…

filtration [filtʀasjõ] F → filtrage 1

filtre [filtʀ] M Filter *m*; **~ à air** Luftfilter *m*; *adjt* **bout** *m* **~** Filtermundstück *n*

filtrer [filtʀe] **A** V/T **1** filtern; *liquides a.* filtrieren **2** *fig* genau, streng kontrollieren; *informations* sieben **B** V/I **1** *café* durchlaufen; *eau* durchsickern; *lumière* durchdringen **2** *fig informations* durchsickern

fin¹ [fɛ̃] F **1** Ende *n (a. de la vie)*; Schluss *m*; Ausgang *m*; **~ du monde** Weltuntergang *m*, -ende *n*; **~ de semaine** Wochenende *n*; **~ de série** auslaufende Serie; Auslaufmodell *n*; **~ de siècle** Jahrhundertwende *f*; *adjt* dekadent; **~ mai** Ende Mai; **à la ~** am Ende, Schluss (**de** *gén*); **à la ~ de l'année** *ou* **en ~ d'année** am Jahresende; **en ~ d'après-midi** am Spätnachmittag; **sans ~** endlos *(a.* TECH*)*; ohne Ende; **c'est la ~ de tout**, *fam* **des °haricots** jetzt ist alles aus; *fam* **avoir des ~s de mois difficiles** *fam* am Monatsende knapp bei Kasse sein; **mener à bonne ~** (glücklich) zu Ende führen; zustande bringen; **mettre ~ à qc** e-r Sache *(dat)* ein Ende machen, bereiten, setzen; **prendre ~** zu Ende gehen; enden; **tirer, toucher à sa ~** s-m Ende zugehen; *provisions a.* ausgehen **2** *(but)* Ziel *n*; (End)-Zweck *m*; **~ en soi** Selbstzweck *m*; **à cette ~** zu diesem Zweck; hierzu; **à toutes ~s utiles** für alle Fälle; **parvenir à ses ~s** sein Ziel erreichen; **qui veut la ~ veut les moyens** wer den Zweck will, darf vor den Mitteln nicht zurückschrecken

fin² [fɛ̃] **A** ADJ ⟨fine [fin]⟩ fein; *mains, taille* schmal; schlank; *papier, couche* dünn; *remarque* geistreich; witzig; *personne* schlau; *fam* helle; **~ gourmet** Feinschmecker *m*; **lingerie ~e** Feinwäsche *f*; **perle ~e** echte Perle; **pierre ~e** Halbedelstein *m*; **pluie ~e** feiner Regen; Sprühregen *m*; **au ~ fond de** weit hinten in *(+ dat)*; tief im Innern *(+ gén)*; *iron* **tu as l'air ~** *avec ce chapeau* du siehst wirklich intelligent aus … **B** ADV **1** **être ~ prêt** ganz fertig sein **2** **moudre ~** fein mahlen **C** M **1** **le ~ du ~** das Feinste vom Feinen; das Allerfeinste **2** **jouer au plus ~ avec qn** schlauer sein wollen als j-d

final [final] ADJ ⟨~e; -als⟩ **1** End…; Schluss…; letzte; **point ~** Schlusspunkt *m* **2** GRAM final

final(e) [final] M MUS Finale *n*

finale [final] F (❗ feminin) **1** SPORTS Finale *n*; Endspiel *n*; **arriver en ~** ins Finale kommen, einziehen; **remporter la ~** das Finale gewinnen **2** GRAM Endsilbe *f*; Auslaut *m*

finalement [finalmɑ̃] ADV schließlich; am Ende; letzten Endes

finaliser [finalize] V/T zum Abschluss bringen; den letzten Schliff geben *(+ dat)*

finalisme [finalism] M PHIL Finalismus *m* **finaliste** [-ist] M/F SPORTS Finalist(in) *m(f)*; Endspielteilnehmer(in) *m(f)* **finalité** [-ite] F PHIL Finalität *f*; Zweckbestimmtheit *f*

finance [finɑ̃s] F **1** *pl* **~s** Finanzen *fpl (a. fam)*; ADMIN Finanzwesen *n* **2** *coll* Finanzwelt *f*; **°hau-**

te ~ Hochfinanz *f* **3** **moyennant** ~ mit, mittels (Bar)Geld
financement [finɑ̃smɑ̃] M Finanzierung *f* **financer** [-e] V/T ‹-ç-› finanzieren
financier [finɑ̃sje] **A** ADJ ‹-ière [-jɛʀ]› **1** finanziell; Finanz…; Geld…; **difficultés financières** finanzielle Schwierigkeiten *fpl*; Geldschwierigkeiten *fpl*; **soucis ~s** Geldsorgen *fpl* **2** **sauce financière** Madeirasoße *f* mit Trüffelfond **B** M Finanzier *m*; Finanzmann *m*
financièrement [finɑ̃sjɛʀmɑ̃] ADV finanziell (gesehen)
finasser [finase] V/I Winkelzüge machen; mit Tricks arbeiten **finasseries** [-ʀi] FPL Winkelzüge *mpl*; Tricks *mpl*
finaud [fino] ADJ ‹-aude [-od]› (bauern)schlau; pfiffig
fine [fin] F fein(st)er Weinbrand
finement [finmɑ̃] ADV fein; bis in alle Einzelheiten; sehr sorgfältig
finesse [finɛs] F **1** Feinheit *f* (*a. fig*); **~ d'esprit** Scharfsinn *m* **2** *pl* **~s** Feinheiten *fpl*; Finessen *fpl*; Raffinessen *fpl*
fini [fini] **A** ADJ ‹~e› **1** *travail* fertig; abgeschlossen; beendet; **produit ~** Fertigprodukt *n*, -erzeugnis *n*; **c'est ~ entre nous** zwischen uns ist es aus **2** *objet* **bien ~** gut, sorgfältig gearbeitet, gefertigt **3** *fig* **c'est un homme ~** er ist erledigt, am Ende **4** *péj menteur, etc* ausgemacht; Erz… **5** PHIL, MATH endlich **B** M sorgfältige Verarbeitung, Ausführung
finir [finiʀ] **A** V/T **1** beend(ig)en; abschließen; fertigstellen, machen; zu Ende führen, bringen; *vêtements* auftragen; *assiette* leer essen; *verre* austrinken; **avoir fini (de faire) qc** mit etw fertig sein; **~ de faire qc** aufhören, etw zu tun **2** (*parachever*) den letzten Schliff geben (+ *dat*) **B** V/I **1** *personne* aufhören; Schluss machen; **avoir fini** fertig sein; **en ~ avec qn, qc** mit j-m, e-r Sache Schluss machen; etw aus der Welt schaffen **2** *chose* enden (*a. personne*); zu Ende gehen *ou* sein; aufhören; *fam* aus sein; **~ bien, mal** gut, schlimm enden, ausgehen; *personne* **il finira mal** es wird ein böses, schlimmes Ende mit ihm nehmen; **n'en pas, plus ~** kein Ende haben; endlos sein **3** **~ par faire qc** am Ende, schließlich, zuletzt (doch) etw tun
finish [finiʃ] M Finish *n*; Endspurt *m*
finissage [finisaʒ] M Fertig-, Endbearbeitung *f*; Fertigstellung *f* **finissant** [-ɑ̃] ADJ ‹-ante [-ɑ̃t]› *saison, époque* zu Ende gehend; endend; *époque a.* ausgehend
finisseur [finisœʀ] M, **finisseuse** [-øz] F **1** SPORTS Sportler(in) *m(f)* mit gutem Finish, Endspurt **2** INDUSTRIE Fertigbearbeiter(in) *m(f)*
Finistère [finistɛʀ] **le ~** *frz Departement*
finition [finisjõ] F **1** *action* Endbearbeitung *f*; Fertigstellung *f*; **~s** *pl* letzte Arbeiten *fpl*; letzter Schliff **2** *résultat* Verarbeitung *f*; Ausführung *f*
finlandais [fɛ̃lɑ̃dɛ] **A** ADJ ‹-aise [-ɛz]› finnisch **B** **Finlandais(e)** M(F) Finne *m*, Finnin *f*
Finlande [fɛ̃lɑ̃d] **la ~** Finnland *n*
finnois [finwa] **le ~** (das) Finnisch(e)
fiole [fjɔl] F Phiole *f*
fiord → fjord
fioritures [fjɔʀityʀ] FPL Schnörkel *mpl*
firent [fiʀ] → faire
firmament [fiʀmamɑ̃] M *litt* Firmament *n*
firme [fiʀm] F Firma *f*
fis [fi] → faire
FIS [fis] M ABR (Front islamique du salut) Islamische Heilsfront
fisc [fisk] M Fiskus *m*; Steuerbehörde *f*
fiscal [fiskal] ADJ ‹~e; -aux [-o]› Steuer…; steuerlich **fiscalisation** [-izasjõ] F Besteuerung *f* **fiscaliser** [-ize] V/T besteuern **fiscalité** [-ite] F Steuersystem *n*, -wesen *n*
fissa [fisa] ADV *fam* **faire ~** *fam* schnell, fix machen
fission [fisjõ] F Kernspaltung *f*
fissuration [fisyʀasjõ] F Rissigwerden *n*
fissure [fisyʀ] F Riss *m*
fissurer [fisyʀe] **A** V/T Risse verursachen in (+ *dat*); **fissuré** rissig **B** V/PR **se ~** rissig werden; Risse bekommen
fiston [fistõ] M *fam* Filius *m*
fistule [fistyl] F MÉD Fistel *f*
fit, fît [fi] → faire
FIV [fif, ɛfive] F ABR (fécondation in vitro) In-vitro-Fertilisation *f*; IVF *f*
fixage [fiksaʒ] M PHOT Fixieren *n*; Fixage *f*
fixateur [fiksatœʀ] M **1** PHOT Fixiermittel *n* **2** COIFFURE Haarfestiger *m*
fixatif [fiksatif] M Fixativ *n*
fixation [fiksasjõ] F **1** *d'un objet* Befestigen *n*; Festmachen *n* **2** *dispositif* Befestigung *f*; Halterung *f*; *de ski* Bindung *f* **3** *d'un délai, des prix* Festsetzung *f*; Festlegung *f* **4** PSYCH Fixierung *f*; **faire une ~ sur** fixiert sein auf (+ *acc*)
fixe [fiks] **A** ADJ *date, revenu* fest; COMM fix; *regard* starr; unverwandt; *péj* stier; *objet* unbeweglich; TECH ortsfest; **étoile** *f* **~** Fixstern *m*; **à prix ~** zum Festpreis; **à heure ~** immer zur gleichen Zeit; **sans domicile ~** ohne festen Wohnsitz **B** M Fixum *n*; festes Gehalt
fixé [fikse] ADJ ‹~e› **être ~ sur** Bescheid wissen über (+ *acc*)
fixement [fiksəmɑ̃] ADV *regarder* starr; unverwandt
fixer [fikse] **A** V/T **1** *objet* befestigen; festmachen **2** *délai, prix, etc* festsetzen; festlegen; fixieren; *date a.* anberaumen; *délai a.* setzen **3** *par écrit, dans*

la mémoire festhalten; fixieren **4** **~ (son regard sur) qn, qc** j-n, etw fixieren, anstarren; den Blick auf j-n, etw heften; **~ son attention sur qn, qc** s-e Aufmerksamkeit auf j-n, etw richten **5** PHOT, PEINT fixieren **B** V/PR **1** **se ~** *(s'établir)* sich niederlassen; sich festsetzen **2** **se ~ sur** *regard* sich heften auf *(+ acc)*; *choix* fallen auf *(+ acc)* **3** **se ~ une ligne de conduite** sich *(dat)* e-e Verhaltensweise zurechtlegen

F

fixité [fiksite] F *(invariabilité)* Unveränderlichkeit *f*; Unbeweglichkeit *f*; *d'un regard* Starre *f*; Starrheit *f*

fjord [fjɔʀ(d)] M Fjord *m*

flac [flak] INT patsch!; klatsch!

flacon [flakõ] M Fläschchen *n*; Flakon *n ou m*

flagada [flagada] ADJ (❗ Maskulin- und Femininform sind gleich) *fam* → flapi

flagellation [flaʒɛ(l)lasjõ] F Geißelung *f* **flageller** [-e] V/T geißeln

flageolant [flaʒɔlɑ̃] ADJ ‹-ante [-ɑ̃t]› (vor Schwäche) zitternd, schlotternd

flageoler [flaʒɔle] V/I *jambes* zittern; schlottern; **~ sur ses jambes** wack(e)lig auf den Beinen sein

flageolet [flaʒɔlɛ] M kleine weißgrüne Bohne

flagorner [flagɔʀne] V/T *litt* liebedienern (**qn** vor j-m)

flagrant [flagʀɑ̃] ADJ ‹-ante [-ɑ̃t]› **1** **(prendre qn) en ~ délit** (j-n) in flagranti, auf frischer Tat (ertappen) **2** *(évident)* flagrant; offenkundig

flair [flɛʀ] M **1** *du chien, etc* Witterung *f*; Geruchssinn *m* **2** *fig* Gespür *n*; Spürsinn *m*; **avoir du ~** *fam* den richtigen Riecher haben

flairer [fleʀe] V/T **1** *animal: nourriture, etc* schnuppern an *(+ dat)*; *gibier* wittern **2** *fig* wittern

flamand [flamɑ̃] **A** ADJ ‹-ande [-ɑ̃d]› flämisch (*a.* ART); flandrisch **B** SUBST **1** **Flamand(e)** *m(f)* Flame *m*, Flamin *ou* Flämin *f* **2** LING **le ~** das Flämische; Flämisch *n*

flamant [flamɑ̃] M **~ (rose)** Flamingo *m*

flambage [flɑ̃baʒ] M *de la volaille* (Ab)Sengen *n*; *d'aiguilles* Ausglühen *n*

flambant [flɑ̃bɑ̃] ADV **~ neuf** (❗ unveränderlich, die Femininform lautet entweder **flambant neuf** oder **flambant neuve**) *fam* brandneu; *fam* (funkel)nagelneu

flambé [flɑ̃be] ADJ ‹~e› **1** CUIS flambiert **2** *fam fig fam* erledigt; *fam* pleite

flambeau [flɑ̃bo] M ‹~x› Fackel *f* (*a. fig*); *fig* **passer le ~** die Fackel weiterreichen

flambée [flɑ̃be] F **1** (kurz auf)loderndes Feuer; **faire une ~** ein Feuer anzünden **2** *fig* Aufflammen *n*; Auflodern *n*; **~ des prix** starker Preisauftrieb

flamber [flɑ̃be] **A** V/T **1** CUIS flambieren **2** *volaille* (ab)sengen **B** V/I **1** *feu* (hell auf)lodern; *bois sec, maison* lichterloh brennen; in Flammen aufgehen **2** *fig prix* in die Höhe schnellen **3** *fam au jeu* sein ganzes Geld verspielen

flambeur [flɑ̃bœʀ] *fam* M Spieler, der hohe Einsätze wagt

flamboiement [flɑ̃bwamɑ̃] M *des flammes* Flammenschein *m*; heller Schein; *du soleil* heller Glanz

flamboyant [flɑ̃bwajɑ̃] ADJ ‹-ante [-ɑ̃t]› **1** *(brillant)* flammend; funkelnd **2** *fig regard* **~ (de colère)** funkelnd, lodernd (vor Zorn) **3** ARCH spätgotisch; im Flamboyantstil

flamboyer [flɑ̃bwaje] V/I ‹-oi-› **1** *feu* lodern **2** *fig* funkeln

flamenco [flamɛnko] M Flamenco *m*

flamme [flam, flɑm] F **1** Flamme *f*; **être en ~s** in Flammen stehen **2** *fig* Feuer *n*; Glut *f*; *litt* **déclarer sa ~** e-e Liebeserklärung machen

flammèche [flamɛʃ] F brennendes, glühendes Teilchen; Funke(n) *m*

flan [flɑ̃] M Pudding *m*

flanc [flɑ̃] M Seite *f*; Flanke *f* (*a.* MIL); ANAT *a.* Weiche *f*; *fig* **être sur le ~** erschöpft, *fam* erschlagen sein; *fig* **prêter le ~** e-e Angriffsfläche bieten (**à** *dat*); *fam fig* **tirer au ~** *fam* sich drücken; faulenzen

flancher [flɑ̃ʃe] *fam* V/I schwach werden; nachlassen; aufgeben; *cœur fam* streiken; nicht mehr mitmachen

Flandre [flɑ̃dʀ] **la ~** *ou* **les ~s** FPL Flandern *n*

flanelle (❗ Endung) [flanɛl] F (❗ feminin) Flanell *m*

flâner [flɑne] V/I (umher)schlendern; flanieren; *fam* bummeln **flânerie** [-ʀi] F Umherschlendern *n*; *(promenade) fam* Bummel *m* **flâneur** [-œʀ] M, **flâneuse** [-øz] F Spaziergänger(in) *m(f)*

flanquer[1] [flɑ̃ke] V/T flankieren; **flanqué de** flankiert von

flanquer[2] *fam* **A** V/T **1** *(jeter)* werfen; *fam* schmeißen; **~ qn à la porte, dehors** *fam* j-n vor die Tür setzen, rauswerfen, rausschmeißen, feuern **2** *gifle* versetzen; *fam* verpassen; *peur* einjagen; **~ une volée**, *fam* **une raclée à qn** j-n verprügeln, verhauen, *fam* verdreschen **B** V/PR **se ~ par terre** hinschlagen, -fallen

flapi [flapi] ADJ ‹~e› *fam* erledigt; todmüde; kaputt

flaque [flak] F (Wasser)Pfütze *f*

flash [flaʃ] M ‹~es› **1** PHOT Blitz(licht) *m(n)*; *dispositif* Blitzgerät *n* **2** RAD Kurznachrichten *fpl*; kurze (wichtige) Meldung; **flash** *m* **publicitaire** Werbespot *m*

flash-back [flaʃbak] M (❗ unveränderlich) Rückblende *f*

flasher [flaʃe] VI fam 1 **~ sur qn, qc** fam auf j-n, etw abfahren 2 **~ qn, une voiture** fam j-n, ein Auto blitzen
flasque [flask] ADJ schlaff
flatter [flate] A VT 1 **~ qn** j-m schmeicheln (a. par ext de qc) 2 animal streicheln; tätscheln B V/PR **se ~ de** (+ inf) sich (dat) (etwas darauf) einbilden zu (+ inf)
flatterie [flatʀi] F Schmeichelei f
flatteur [flatœʀ], **flatteuse** [-øz] A M,F Schmeichler(in) m(f) B ADJ 1 personne, propos schmeichlerisch 2 (élogieux) schmeichelhaft
flatulence [flatylɑ̃s] F Blähung f
fléau [fleo] M ⟨~x⟩ 1 (calamité) Geißel f; Heimsuchung f; Plage f 2 d'une balance Waagebalken m 3 AGR Dreschflegel m
fléchage [fleʃaʒ] M d'un parcours Markierung f mit Pfeilen; Pfeilmarkierung f
flèche [flɛʃ] F 1 Pfeil m; fig **démarrage** m **en ~** Blitzstart m; **comme une ~** wie ein Pfeil; pfeilschnell; **monter en ~** in die Höhe schnellen; jäh ansteigen 2 d'un clocher (Turm)Spitze f 3 d'une grue Ausleger m
flécher [fleʃe] VT ⟨-è-⟩ mit Pfeilen markieren
fléchette [fleʃɛt] F Wurfpfeil m; **jouer aux ~s** Darts spielen
fléchir [fleʃiʀ] A VT genoux, etc beugen B VI 1 poutre sich (durch)biegen; jambes weich werden; nachgeben 2 fig nachlassen; wankend werden; **faire ~ qn** j-n erweichen 3 cours nachgeben
fléchissement [fleʃismɑ̃] M 1 Beugen n; Biegen n 2 fig Nachlassen n; des cours Nachgeben n
fléchisseur [fleʃisœʀ] ADJ ⟨-euse [-øz]⟩ muscle Beuge…
flegmatique [flɛgmatik] ADJ gelassen; gleichmütig; péj phlegmatisch
flegme [flɛgm] M Gelassenheit f; Gleichmut m; péj Phlegma n
flemmard [flemaʀ] fam A ADJ ⟨-arde [-aʀd]⟩ faul B **~(e)** M(F) fam Faulpelz m
flemmarder [flemaʀde] fam VI faulenzen
flemme [flɛm] fam F Faulheit f; **avoir la ~ de faire qc** zu faul sein, (um) etw zu tun
flétan [fletɑ̃] M Heilbutt m
flétri [fletʀi] ADJ ⟨~e⟩ 1 plante welk; verwelkt; fleur a. verblüht 2 fig peau, visage welk; schlaff; beauté verblüht
flétrir [fletʀiʀ] A VT 1 plante (ver)welken lassen 2 litt (déshonorer) in den Schmutz ziehen B V/PR **se ~** (ver)welken; verblühen (a. beauté); welk werden (a. visage)
flétrissure [fletʀisyʀ] F 1 d'une plante Welken n 2 litt Schmach f
fleur¹ [flœʀ] F 1 Blume f; (partie en fleur) Blüte f; **~s de jardin** Gartenblumen fpl; **~s d'oranger** Orangenblüten fpl; adjt fig **~ bleue** (❗ unveränderlich) sentimental; romantisch; tissu **à ~s** mit Blumenmuster; geblümt; fam fig **comme une ~** (spielend) leicht; als ob nichts dabei wäre; **en ~(s)** blühend; **être en ~(s)** blühen; in Blüte stehen; fam fig **faire une ~ à qn** j-m sehr entgegenkommen 2 fig **la (fine) ~** die Blüte; die Besten mpl; **à la ~ de l'âge** in der Blüte s-r Jahre
fleur² PRÉP **à ~ d'eau** rocher dicht unter der Wasseroberfläche; fig **sensibilité** f **à ~ de peau** Überempfindlichkeit f
fleurer [flœʀe] VT duften (**qc** nach etw)
fleuret [flœʀɛ] M Florett n
fleurette [flœʀɛt] F **conter ~ à qn** j-m den Hof machen
fleuri [flœʀi] ADJ ⟨~e⟩ 1 blühend; jardin a. voll(er) Blumen; balcon blumengeschmückt 2 tissu geblümt 3 fig teint blühend; style blumig; bilderreich
fleurir [flœʀiʀ] A VT (mit Blumen) schmücken B VI 1 plantes blühen 2 ⟨imparfait meist **florissait**⟩ fig e-e Blütezeit erleben
fleuriste [flœʀist] M/F 1 marchand Blumenhändler(in) m(f) 2 métier Blumenbinder(in) m(f); Florist(in) m(f)
fleuron [flœʀɔ̃] M **le plus beau ~** das Prunkstück
fleuve [flœv] M 1 (großer) Fluss; Strom m (a. fig) 2 adjt endlos lang
flexibiliser [flɛksibilize] VT flexibel gestalten; flexibilisieren
flexibilité [flɛksibilite] F 1 d'une branche Biegsamkeit f; TECH a. Biegbarkeit f 2 fig Flexibilität f; Anpassungsfähigkeit f
flexible [flɛksibl] ADJ 1 biegsam 2 fig flexibel; anpassungsfähig
flexion [flɛkjɔ̃] F 1 TECH (Durch)Biegung f 2 du bras, du genou Beugen n; exercice Beuge f 3 LING Flexion f; Beugung f
flexionnel [flɛksjɔnɛl] ADJ ⟨~le⟩ LING Flexions…
flibustier [flibystje] M HIST Freibeuter m (a. fig)
flic [flik] fam M Polizist m; **~s** pl a. fam Polente f; fig **vingt-deux, voilà les ~s!** Achtung, Gefahr im Anzug!
flicaille [flikaj] F fam péj Bullen mpl; Polypen mpl
flingue [flɛ̃g] M fam Knarre f; fam Schießprügel m
flinguer [flɛ̃ge] fam A VT fam abknallen; fam umlegen B V/PR **se ~** sich erschießen
flipper¹ [flipe] fam VI 1 (être déprimé) fam down sein 2 (paniquer) fam ausflippen; fam durchdrehen
flipper² [flipœʀ] M Flipper m
fliquer [flike] fam VT (polizeilich) überwachen
flirt [flœʀt] M 1 Flirt m (a. fig) 2 personne Schwarm m **flirter** [-e] VI flirten (a. fig)

F

FLN [ɛfɛlɛn] M ABR (Front de libération nationale) Nationale Befreiungsfront
floc [flɔk] INT plumps!
flocon [flɔkõ] M Flocke *f*; **~s d'avoine** Haferflocken *fpl*; **~ de neige** Schneeflocke *f*
floconneux [flɔkɔnø] ADJ ⟨-euse [-øz]⟩ flockig
flonflons [flõflõ] MPL Klänge *mpl*; Geschmetter *n*
flop [flɔp] M Flop *m*
flopée [flɔpe] *fam* F Menge *f*; *fam* Haufen *m*
floraison [flɔʀɛzõ] F 1 Blüte *f* 2 *fig* Aufblühen *n*
floral [flɔʀal] ADJ ⟨~e; -aux [-o]⟩ Blumen…
floralies [flɔʀali] FPL Blumenschau *f*
flore [flɔʀ] F Flora *f* (*a.* MÉD)
Floride [flɔʀid] **la ~** Florida *n*
florilège [flɔʀilɛʒ] M Blütenlese *f*
florin [flɔʀɛ̃] M HIST Gulden *m*
florissait [flɔʀisɛ] → fleurir
florissant [flɔʀisɑ̃] ADJ ⟨-ante [-ɑ̃t]⟩ blühend; florierend
flot [flo] M 1 *pl* **~s** Fluten *fpl* 2 (*courant*) Flut *f*, Strom *m* (*a. fig*); **à ~s** in Strömen 3 MAR **à ~** flott; **remettre à ~** (wieder) flottmachen (*a. fig*)
flottage [flɔtaʒ] M Flößen *n*; Flößerei *f*
flottaison [flɔtɛzõ] F MAR **ligne** *f* **de ~** Wasserlinie *f*
flottant [flɔtɑ̃] ADJ ⟨-ante [-ɑ̃t]⟩ 1 schwimmend; Treib…; **glaces ~es** Treibeis *n* 2 *fig* flatternd; wehend 3 *capitaux* fluktuierend; *monnaie* floatend
flotte [flɔt] F 1 MAR, AVIAT Flotte *f* 2 *fam* (*eau*) Wasser *n*
flottement [flɔtmɑ̃] M 1 (*indécision*) Unschlüssigkeit *f*; Zögern *n* 2 *d'une monnaie* Floaten *n*; Floating *n*
flotter [flɔte] A V/I 1 schwimmen, treiben (**sur l'eau** auf dem Wasser) 2 *drapeau, vêtement* flattern; wehen; *cheveux a.* fliegen; *brume* wallen; wogen; *parfum dans la pièce* schweben 3 *roues* flattern; schlagen 4 *monnaie* floaten B V/IMP *fam* **il flotte** *fam* es gießt, schüttet
flotteur [flɔtœʀ] M TECH Schwimmer *m*
flottille [flɔtij] F Flottille *f*
flou [flu] A ADJ ⟨~e⟩ 1 *photo* unscharf; *dessin* weich; *coiffure* weich fließend 2 *fig pensée* unklar; verschwommen B M Unschärfe *f*; Verschwommenheit *f*
flouer [flue] *fam* V/T begaunern; *fam* reinlegen
flouse [fluz] M *fam* → fric
fluctuant [flyktɥɑ̃] ADJ ⟨-ante [-ɑ̃t]⟩ schwankend; *prix a.* fluktuierend
fluctuation [flyktɥasjõ] F Schwankung *f*; Fluktuation *f* **fluctuer** [-e] V/I fluktuieren; schwanken
fluet [flyɛ] ADJ ⟨-ette [-ɛt]⟩ schmächtig; zart; *jambes, voix* dünn
fluide [flyid, flɥid] A ADJ 1 *huile, sang* (dünn)flüssig 2 *fig circulation, style* flüssig B M 1 PHYS flüssiger oder gasförmiger Körper 2 (*rayonnement*) Fluidum *n*
fluidification [flɥidifikasjõ] F Verflüssigen *n*, -ung *f*; *par ext de la circulation* Flüssig(er)machen *n*
fluidifier [-fje] V/T verflüssigen; *par ext trafic routier* flüssig(er) machen
fluidité [flɥidite] F 1 *du sang, etc* Dünnflüssigkeit *f* 2 *fig du style* Flüssigkeit *f*; **~ de la circulation** Verkehrsfluss *m*
fluor [flyɔʀ] M Fluor *n*
fluorescence [flyɔʀɛsɑ̃s] F Fluoreszenz *f*
fluorescent [flyɔʀɛsɑ̃] ADJ ⟨-ente [-ɑ̃t]⟩ fluoreszierend; **tube ~** Leucht(stoff)röhre *f*
flûte [flyt] F 1 Flöte *f*; **~ à bec** Blockflöte *f* 2 **~ à champagne** (hohes) Sektglas 3 *pain* langes dünnes Stangenweißbrot 4 *int* verflixt!

la flûte — Flöte

les flûtes (fpl) — lange dünne Stangenweißbrote

flûté [flyte] ADJ ⟨~e⟩ *voix* hoch
flûteau [flyto] M ⟨~x⟩ *ou* **flûtiau** [flytjo] M ⟨~x⟩ einfache (Hirten)Flöte
flûtiste [flytist] M/F Flötist(in) *m(f)*; Flötenspieler(in) *m(f)*
fluvial [flyvjal] ADJ ⟨~e; -aux [-o]⟩ Fluss…; **port ~** Binnenhafen *m*
flux [fly] M 1 MÉD Ausfluss *m*; **~ menstruel** Menstruationsblutung *f* 2 MAR Flut *f*; **le ~ et le reflux** Ebbe *f* und Flut; *fig* das Auf und Ab 3 PHYS, *fig* Fluss *m*
FM [ɛfɛm] F ABR (modulation de fréquence) UKW *n*

FMI [ɛfɛmi] M ABR (Fonds monétaire international) IWF *m*
FN [ɛfɛn] M ABR (Front national) *rechtsextreme frz Partei*
FO [ɛfo] F ABR (Force ouvrière) *sozialdemokratisch orientierte frz Gewerkschaft*
foc [fɔk] M Fock(segel) *f(n)*
focal [fɔkal] ADJ ⟨~e; -aux [-o]⟩ PHYS fokal; **distance ~e** Brennweite *f*
focaliser [fɔkalize] V/T 1 PHYS fokussieren 2 *fig* konzentrieren (**sur** auf + *acc*)
foehn [føn] M MÉTÉO Föhn *m*
fœtal [fetal] ADJ ⟨~e; -aux [-o]⟩ fetal *ou* fötal
fœtus [fetys] M Fetus *ou* Fötus *m*
fofolle [fɔfɔl] ADJ → foufou
foi [fwa] F 1 Glaube(n) *m*; Vertrauen *n*; **bonne ~** guter Glaube (*a.* JUR); Aufrichtigkeit *f*; **être de bonne ~** gutgläubig, aufrichtig sein; **abuser de la bonne ~ de qn** j-s Gutgläubigkeit ausnützen; **mauvaise ~** Böswilligkeit *f*; Unaufrichtigkeit *f*; **de mauvaise ~** böswillig; unaufrichtig; *int* **ma ~ oui** aber ja; (aber) gewiss; **digne de ~** glaubwürdig; **sur la ~ de** im Vertrauen auf (+ *acc*); **ajouter ~ à qc** e-r Sache (*dat*) Glauben schenken; **avoir ~ en qn** zu j-m Vertrauen haben; **faire ~** beweiskräftig, maßgebend sein 2 REL Glaube(n) *m*; **avoir la ~** gläubig sein; **n'avoir ni ~ ni loi** weder Glauben noch Moral besitzen
foie [fwa] M Leber *f*; **~ gras** Gänseleber(-pastete) *f*; *pop fig* **avoir les ~s** *pop* Schiss haben

Le foie gras

Die Gänseleberpastete wird heute in aller Welt geschätzt. Sie gehört in Frankreich zu jedem Festessen. Weihnachten und Silvester sind ohne Gänseleberpastete kaum denkbar. Trotzdem stößt die Herstellung im Ausland, aber auch zunehmend in Frankreich auf Ablehnung. Das zum Erzeugen fetter Gänseleber übliche Mastverfahren, das man Stopfen oder „Nudeln" (**le gavage**) nennt, wird von Tierschützern stark kritisiert.

LANDESKUNDE

foin [fwɛ̃] M 1 AGR Heu *n*; **rhume** *m* **des ~s** Heuschnupfen *m* 2 *fam* **faire du ~** *fam* Krach machen; (*se fâcher*) Krach schlagen
foire [fwaʀ] F 1 (*exposition*) Messe *f* 2 (*marché*) (Jahr)Markt *m* 3 (*fête foraine*) Volksfest *n*; Kirmes *f* 4 *fam fig* **c'est la ~ ici** *fam* das ist ein Rummel hier; **faire la ~** *fam* einen draufmachen; *fam* sumpfen
foirer [fwaʀe] V/I *fam* schiefgehen
foireux [fwaʀø] ADJ ⟨-euse [-øz]⟩ *fam projet* faul
fois [fwa] F Mal *n*; **une fois** einmal; **une autre fois** ein anderes Mal; ein andermal; **une bonne fois** *ou* **une fois pour toutes** ein für alle Mal; **une fois sur deux** jedes zweite Mal; **en une fois** auf einmal; **encore une fois** noch einmal; nochmals; *fam* noch mal; **il était une fois …** es war einmal …; **cette fois(-ci)** dieses Mal; diesmal; **pour la dernière fois** zum letzten Mal; **bien des fois** (sehr) oft; viele Male; **trois fois quatre (font) douze** drei mal vier ist zwölf; **deux fois plus grand, petit** doppelt, halb so groß; **dix fois plus** zehnmal so viel; das Zehnfache; *fig* **c'est trois fois rien** das ist nicht der Rede wert; **à la fois** zugleich; gleichzeitig; auf einmal; *fam* **des fois** (*parfois*) manchmal; (*par hasard*) zufällig; vielleicht; **(à) chaque fois, toutes les fois que …** jedes Mal, immer wenn …; sooft …; **une fois que …** wenn (erst) einmal, *fam* mal …
foison [fwazõ] **à ~** in Hülle und Fülle
foisonnant [fwazɔnɑ̃] ADJ ⟨-ante [-ɑ̃t]⟩ **~ de** reich an (+*dat*); …reich
foisonnement [fwazɔnmɑ̃] M (Über)Fülle *f*
foisonner [fwazɔne] V/I 1 wimmeln; *plantes* wuchern 2 **~ de, en** überquellen von; **~ d'idées** voller Einfälle stecken
fol [fɔl] ADJ → fou
folâtre [fɔlɑtʀ] ADJ ausgelassen; fröhlich **folâtrer** [-e] V/I herumtollen
foldingue [fɔldɛ̃g] *fam* A M/F Verrückte(r) *m/f(m)*; *fam* Spinner(in) *m(f)* B ADJ verrückt; *fam* durchgeknallt
folichon [fɔliʃõ] ADJ ⟨-onne [-ɔn]⟩ **pas (très) ~** gar nicht lustig
folie [fɔli] F Wahnsinn *m*; Irrsinn *m*; Verrücktheit *f*; **~ furieuse** Tobsucht *f*; **~ des grandeurs** Größenwahn *m*; **coup** *m* **de ~** Anfall *m* von Wahnsinn; *aimer* **à la ~** wahnsinnig; **c'est de la ~** das ist doch Wahnsinn; *fam* **c'est de la ~ douce** *fam* das ist so e-e Spinnerei; *par ext* **faire une ~** sich in Unkosten stürzen
folio [fɔljo] M (nummeriertes) Blatt
folk [fɔlk] M Folk *m*
folklo [fɔlklo] ADJ ABR *fam* → folklorique 2
folklore [fɔlklɔʀ] M (❗ maskulin) 1 Folklore *f*; *science* Volkskunde *f* 2 *fam péj* Theater *n*; (reine) Schau
folklorique [fɔlklɔʀik] ADJ 1 Volks…; folkloristisch; volkskundlich; **costume** *m* **~** Tracht *f*; **danse** *f* **~** Volkstanz *m* 2 *fam péj* (ein bisschen) komisch, *fam* spinnig
folkloriste [fɔlklɔʀist] M Volkskundler *m*; Folklorist *m*
folle [fɔl] ADJ → fou
follement [fɔlmɑ̃] ADV *fam* wahn-, irrsinnig; **être ~ amoureux** *fam* wahnsinnig, bis über

beide Ohren verliebt sein

follet [fɔlɛ] ADJ **feu** *m* **~** Irrlicht *n*

follicule [fɔlikyl] M 1 BOT Samenhülle *f* 2 ANAT Follikel *m*

fomenter [fɔmɑ̃te] V/T schüren *(fig)*

foncé [fõse] ADJ ⟨~e⟩ dunkel; **rouge ~** (❗ unveränderlich) dunkelrot

foncer [fõse] ⟨-ç-⟩ A V/T 1 CUIS mit Teig auslegen 2 *couleur* dunkler machen; *cheveux* dunkler färben B V/I 1 *bois* nachdunkeln; *cheveux* dunkler werden 2 **~ sur qn** sich auf j-n stürzen; auf j-n losgehen 3 *(en) voiture fam* rasen; ein hohes Tempo vorlegen

F

fonceur [fõsœʀ] *fam* M Draufgänger *m* **fonceuse** [-øz] F *pour les papiers peints, etc* Grundiermaschine *f*

foncier [fõsje] ADJ ⟨-ière [-jɛʀ]⟩ 1 Grund…; Boden…; **impôt ~** Grundsteuer *f* 2 *(inné)* grundlegend; wesensmäßig

foncièrement [fõsjɛʀmɑ̃] ADV von Grund auf

fonction [fõksjõ] F 1 *(activité)* Funktion *f*; Amt *n*; *(poste)* (Dienst)Stellung *f*; **~ publique** öffentlicher Dienst *(a. coll)*; **appartement** *m* **de ~** Dienstwohnung *f*; **entrer en ~(s)** sein Amt antreten; **être en ~** im Amt sein; amtieren; **faire ~ de** fungieren als; *choses a.* dienen als 2 BIOL, TECH, MATH Funktion *f* 3 **en ~ de** in Abhängigkeit von *(+ dat)*; entsprechend *(+ dat)*; je nach *(+ dat)*; **être ~ de qc** von etw abhängen

fonctionnaire [fõksjɔnɛʀ] M/F Beamte(r) *m*, Beamtin *f*

fonctionnalisme [fõksjɔnalism] M Funktionalismus *m*

fonctionnariser [fõksjɔnaʀize] V/T verbeamten; den Beamten gleichstellen **fonctionnarisme** [-ism] M *péj* Bürokratie *f*

fonctionnel [fõksjɔnɛl] ADJ ⟨~le⟩ zweckmäßig; funktionell *(a.* MÉD)

fonctionnement [fõksjɔnmɑ̃] M Funktionieren *n*

fonctionner [fõksjɔne] V/I funktionieren; arbeiten *(a. organe)*; **faire ~** in Gang setzen; bedienen

fond [fõ] M 1 *d'un récipient* Boden *m*; *d'un lac, etc* Grund *m*; *d'une vallée* Sohle *f*; *d'une pièce* Hintergrund *m*; hinterster Teil; **~ d'artichaut** Artischockenboden *m*; **~ de tarte** Tortenboden *m*; **chambre** *f* **du ~** hinteres Zimmer; **au ~** (ganz) hinten *ou* unten; *dans une voiture a.* im Fond; **au ~ du couloir** am Ende des Ganges; (ganz) hinten im Gang; **au ~ du sac** (ganz) unten in der Tasche; **au ~ des bois, de l'eau** tief im Wald, im Wasser; **de ~ en comble** von oben bis unten; *fig* von Grund auf *ou* aus; *fig personne* **toucher le ~** am Tiefpunkt angelangt sein 2 *dans une bouteille* Bodensatz *m*; Rest *m* 3 *en peinture* Untergrund *m*; *d'un tissu* Grund *m*; Fond *m*; *d'un tableau* Hintergrund *m*; **~ sonore** Geräuschkulisse *f*; akustischer Hintergrund; **~ de robe** Unterkleid *n*; **~ de teint** Make-up *n* 4 *fig* Grund(lage) *m(f)*; Kern *m*; Wesen *n*; *d'un texte* Inhalt *m*; Gehalt *m*; **le ~ de sa pensée** was er eigentlich denkt; **le ~ du problème** der Kern des Problems; **article** *m* **de ~** Leitartikel *m*; **à ~** gründlich; von Grund auf; eingehend; **respirer à ~** tief durchatmen; **à ~ de train** im Eiltempo; blitzschnell; **au ~, dans le ~** im Grunde (genommen); eigentlich; **aller au ~ des choses** den Dingen auf den Grund gehen; **avoir un bon ~** e-n guten Kern haben 5 (**course** *f* **de**) **~** Langstreckenlauf *m*; SKI Langlauf *m*

fondamental [fõdamɑ̃tal] ADJ ⟨~e; -aux [-o]⟩ grundlegend; fundamental; Grund…; **recherche ~e** Grundlagenforschung *f*

fondamentalement [fõdamɑ̃talmɑ̃] ADV grundlegend; von Grund auf; ganz und gar

fondamentaliste [fõdamɑ̃talist] A ADJ fundamentalistisch B M/F Fundamentalist(in) *m(f)*

fondant [fõdɑ̃] ADJ ⟨-ante [-ɑ̃t]⟩ 1 *glace* schmelzend 2 im Mund(e) zergehend; **bonbon ~** Fondant *m ou n*

fondateur [fõdatœʀ] M, **fondatrice** [-tʀis] F Gründer(in) *m(f)*; *d'une œuvre de bienfaisance, d'un prix* Stifter(in) *m(f)*

fondation [fõdasjõ] F 1 CONSTR **~s** *pl* Fundament(e) *n(pl)*; Grundmauern *fpl* 2 *(création)* Gründung *f* 3 *de bienfaisance* Stiftung *f*

fondé [fõde] A ADJ ⟨~e⟩ begründet; fundiert B **~(e)** *m(f)* **de pouvoir(s)** (Handlungs)Bevollmächtigte(r) *m/f(m)*; Prokurist(in) *m(f)*

fondement [fõdmɑ̃] M Grundlage *f*; **dénué de ~, sans ~** haltlos; unbegründet

fonder [fõde] A V/T 1 *(créer)* gründen 2 *prix, œuvre de bienfaisance* stiften 3 *fig* **~ qc sur qc** etw auf etw *(acc)* gründen; **être fondé sur qc** auf etw *(dat)* basieren, fußen B V/PR **se ~ sur qc** sich auf etw *(acc)* stützen

fonderie [fõdʀi] F Gießerei *f* **fondeur** [-œʀ] M 1 TECH Gießer *m* 2 SKI Langläufer *m*

fondre [fõdʀ] ⟨→ rendre⟩ A V/T 1 *métal, etc* schmelzen 2 *statue* gießen 3 *fig (mélanger)* verschmelzen B V/I 1 *glace, neige* schmelzen *(a. métal)*; (weg)tauen; *sucre, graisse* zergehen; **~ dans la bouche** auf der Zunge zergehen; *fig* **~ en larmes** in Tränen ausbrechen, *plus fort* zerfließen; **faire ~** zum Schmelzen bringen; *glace a.* auftauen; CUIS zergehen lassen; *beurre* zerlassen 2 *fig argent* zusammenschmelzen; *personne* abnehmen; abmagern 3 **~ sur** sich stürzen auf *(+ acc)*; *malheur* hereinbrechen über *(+ acc)* C V/PR **se ~** verschwinden, untertauchen (**dans** in *+ dat*)

fondrière [fõdʀijɛʀ] F Schlammloch *n*

fonds [fõ] M 1 *pl* Geld(er) *n(pl)*; Kapital *n*; *sg* Fonds *m*; **~ publics** Staatsgelder *npl*; öffentliche Mittel *npl*; **~ de roulement** Betriebskapital *n*; **à ~ perdu** auf Verlustkonto; *fam* **être en ~** *fam* (gut) bei Kasse sein 2 **~ de commerce** (Handels)Geschäft *n* 3 *fig* Schatz *m*; Bestand *m*; Fundus *m*

fondu [fõdy] A ADJ ⟨~e⟩ geschmolzen; CUIS *beurre* zerlassen; **neige ~e** Schneeregen *m* B M 1 FILM **~ enchaîné** Überblendung *f* 2 PEINT Farbabstufung *f*

fondue [fõdy] F (❗ feminin) (Käse)Fondue *f ou n*; **~ bourguignonne** Fleischfondue *f ou n*

fongicide [fõʒisid] M Fungizid *n*; pilztötendes Mittel

font [fõ] → faire

fontaine [fõtɛn] F (Spring)Brunnen *m*

fontanelle [fõtanɛl] F ANAT Fontanelle *f*

fonte [fõt] F 1 Schmelzen *n*; **~ des neiges** Schneeschmelze *f* 2 TECH Gießen *n*; Guss *m* 3 *fer* Guss-, Roheisen *n*; **en ~** gusseisern

fonts [fõ] MPL **~ baptismaux** Taufbecken *n*, -stein *m*

foot [fut] M *fam* → football

football [futbol] M Fußball *m*; **~ américain** Football *m*

footballeur [futbolœʀ] M, **footballeuse** [-øz] F Fußballspieler(in) *m(f)*; *fam* Fußballer(in) *m(f)*

footing [futiŋ] M Jogging *n*; **faire du ~** joggen

for [fɔʀ] M **en, dans mon, son,** *etc* **~ intérieur** im Innersten

forage [fɔʀaʒ] M Bohren *n*, -ung *f*

forain [fɔʀɛ̃] A ADJ ⟨-aine [-ɛn]⟩ Jahrmarkts...; **fête ~e** Volksfest *n*; Jahrmarkt *m*; Kirmes *f* B M Schausteller *m*

forçat [fɔʀsa] M Sträfling *m*

force [fɔʀs] F 1 Kraft *f* (*a.* PHYS); Stärke *f*; **tour** *m* **de force** Kunststück *n*; Glanzleistung *f*; **travail** *m* **de force** Schwerarbeit *f*; **à bout de force** mit s-r Kraft am Ende; **dans la force de l'âge** in den besten Jahren; **de toutes mes, ses,** *etc* **forces** mit aller Kraft; **à force de** mit, durch viel(es) (+ *subst*); **à force de patience** mit viel Geduld; *fig* **être une force de la nature** e-e Bärennatur haben; **exiger qc avec force** etw mit Nachdruck fordern 2 (*contrainte*) Zwang *m*; Gewalt *f*; (**cas** *m* **de**) **force majeure** höhere Gewalt; **force de l'habitude** Macht *f* der Gewohnheit; **par la force des choses** unter dem Zwang der Verhältnisse; **à toute force** unbedingt; mit aller Gewalt; **de force, par (la) force** mit Gewalt; gewaltsam; zwangsweise 3 *pl* **forces** MIL Streitkräfte *fpl*; **forces de l'ordre** Polizei *f*; Ordnungskräfte *fpl*; *fig* **en force** zahlreich; in großer Zahl

forcé [fɔʀse] ADJ ⟨~e⟩ 1 (*imposé*) Zwangs...; **atterrissage ~** Notlandung *f* 2 *sourire* gezwungen; forciert 3 (*inévitable*) zwangsläufig; unvermeidlich

forcement [fɔʀsəmɑ̃] M *d'une serrure* Aufbrechen *n*; *d'un passage* Erzwingung *f*

forcément [fɔʀsemɑ̃] ADV zwangsläufig; notwendigerweise; **pas ~** nicht unbedingt

forcené [fɔʀsəne] A ADJ ⟨~e⟩ fanatisch; verbissen B M Rasende(r) *m*; Besessene(r) *m*

forceps [fɔʀsɛps] M (Geburts)Zange *f*

forcer [fɔʀse] ⟨-ç-⟩ A V/T 1 *serrure, porte* aufbrechen; gewaltsam, mit Gewalt öffnen; *barrage de police* durchbrechen; **sans forcer** mühelos 2 *personne* zwingen; nötigen; **forcer qn à (faire) qc** j-n zu etw zwingen; j-n zwingen, etw zu tun; **forcer la main à qn** j-n dazu zwingen 3 *admiration* abnötigen B V/I sich überanstrengen; sich verausgaben C V/PR **se forcer** sich zwingen (**à faire qc** etw zu tun)

forcing [fɔʀsiŋ] M SPORTS Forcierung *f* des Tempos; *fam fig* **faire le** *ou* **du ~** alles daransetzen

forcir [fɔʀsiʀ] V/I zunehmen

forer [fɔʀe] V/T *trou, puits* bohren; *objet* ausbohren

forestier [fɔʀɛstje] A ADJ ⟨-ière [-jɛʀ]⟩ Wald...; Forst... B M Förster *m*

foret [fɔʀɛ] M Bohrer *m*

forêt [fɔʀɛ] F (❗ feminin) Wald *m* (*a. fig*); Forst *m*

Forêt-Noire [fɔʀɛnwaʀ] **la ~** (❗ feminin) der Schwarzwald

foreuse [fɔʀøz] F Bohrmaschine *f*, -gerät *n*

forfait [fɔʀfɛ] M 1 COMM Pauschalpreis *m*; Pauschale *f* 2 **déclarer ~** SPORTS s-e Meldung zurückziehen; *fig* aufgeben 3 *litt* (*crime*) Verbrechen *n*; Untat *f*

forfaitaire [fɔʀfɛtɛʀ] ADJ Pauschal...

forfanterie [fɔʀfɑ̃tʀi] F Prahlerei *f*

forge [fɔʀʒ] F Schmiede *f*

forgé [fɔʀʒe] ADJ ⟨~e⟩ *métal* geschmiedet; **fer ~** Schmiedeeisen *n*

forger [fɔʀʒe] V/T ⟨-ge-⟩ 1 schmieden 2 *fig expression* prägen

forgeron [fɔʀʒəʀõ] M Schmied *m*

forint [fɔʀint] M *monnaie* Forint *m*

formage [fɔʀmaʒ] M TECH Formen *n*; Formgebung *f*

formalisation [fɔʀmalizasjõ] F Formalisieren *n*, -ung *f* **formaliser** [-e] A V/T formalisieren B V/PR **se ~** Anstoß nehmen, sich stoßen (an + *dat*)

formalisme [fɔʀmalism] M Formalismus *m* (*a. péj*) **formaliste** [-ist] ADJ formalistisch; *person-*

ne förmlich; formell

formalité [fɔʀmalite] F Formalität *f*; Formvorschrift *f*; Förmlichkeit *f*; **une simple ~** e-e reine Formsache

format [fɔʀma] M Format *n*

formatage [fɔʀmataʒ] M INFORM Formatierung *f*

formater [fɔʀmate] V/T INFORM formatieren

formateur [fɔʀmatœʀ] ADJ ⟨-trice [-tʀis]⟩ formend; bildend; gestaltend

F

formation [fɔʀmasjõ] F **1** (*développement*) Bildung *f*; Entstehung *f*; BIOL Entwicklungsjahre *npl* **2** (*instruction*) Ausbildung *f*; **~ accélérée** Kurzausbildung *f*; **~ permanente** *ou* **continue** Fortbildung *f*; ständige Weiterbildung; **~ professionnelle** Berufs(aus)bildung *f*; **~ professionnelle des adultes** (*abr* **F.P.A.**) berufsbezogene Aus- und Weiterbildung für Erwachsene **3** POL Gruppierung *f* **4** MIL, GÉOL Formation *f*

forme [fɔʀm] F Form *f* (*a.* GRAM, JUR, SPORTS, *etc*); Gestalt *f*; **formes** *pl d'une femme* (Körper)Formen *fpl*; **dans les formes** in aller Form; förmlich; **de pure forme** rein formal; **en forme de** in Form von (*ou* + *gén*); ...förmig; **en bonne (et due) forme** formgerecht; vorschriftsmäßig; **pour la forme** der Form halber; pro forma; **sous forme de** in Form von; in ... form; **sous toutes ses formes** in all(en) s-n Erscheinungsformen; SPORTS, *fig* **être en (pleine) forme** in (Hoch)Form sein; (top)fit sein; **prendre forme** (feste) Gestalt annehmen

formé [fɔʀme] ADJ ⟨~e⟩ *jeune fille* (körperlich voll) entwickelt

formel [fɔʀmɛl] ADJ ⟨~le⟩ **1** *interdiction, etc* ausdrücklich; *ordre a.* strikt; *refus* entschieden; *preuve* eindeutig; *personne* **être ~** sehr bestimmt sein **2** (*de pure forme*) formell; förmlich **3** (*relatif à la forme*) formal

formellement [fɔʀmɛlmã] ADV **1** aus-, nachdrücklich **2** (*en considérant la forme*) formal; formell

former [fɔʀme] **A** V/T **1** bilden; formen; gestalten; *équipe a.* aufstellen **2** (*constituer*) bilden; darstellen **3** *apprenti, personnel, goût* ausbilden; *esprit, caractère* bilden; formen **B** V/PR **se ~** sich bilden

formica® [fɔʀmika] M Resopal® *n*

formidable [fɔʀmidabl] ADJ **1** (*énorme*) gewaltig; ungeheuer **2** (*épatant*) großartig; *fam* toll; *fam* klasse

formique [fɔʀmik] ADJ **acide** *m* **~** Ameisensäure *f*

formol [fɔʀmɔl] M Formalin® *n*

formulable [fɔʀmylabl] ADJ formulierbar

formulaire [fɔʀmylɛʀ] M Formular *n*; Formblatt *n*; Vordruck *m*

formulation [fɔʀmylasjõ] F Formulierung *f*

formule [fɔʀmyl] F **1** Formel *f* (*a.* MATH, CHIM, *etc*); **~ magique** Zauberformel *f*, -spruch *m*; **~ toute faite** (Brief-, Höflichkeits)Floskel *f*; Klischee *n*; **~ de politesse** Höflichkeitsfloskel *f* **2** *par ext* Methode *f*; Möglichkeit *f*; Art *f*;; **trouver une (bonne) ~** e-e (gute) Lösung *etc* finden **3** COMM Angebot *n*; **une nouvelle ~ de vacances** ein neues (Pauschal)Angebot für den Urlaub, für die Ferien **4** SPORTS **~ 1** Formel *f* 1

formuler [fɔʀmyle] V/T formulieren; in Worte fassen; *vœux, craintes* aussprechen; äußern; *objection* vorbringen

forniquer [fɔʀnike] V/I REL, *plais* Unzucht treiben; huren

forsythia [fɔʀsisja] M (❗ maskulin) Forsythie *f*

fort [fɔʀ] **A** ADJ ⟨forte [fɔʀt]⟩ **1** stark; *personne a.* kräftig; *vent, coup a.* heftig; *voix* kräftig; laut; *fièvre a.* hoch; *fromage* scharf; *monnaie* stark; hart; **~e tête** Rebell *m*; eigenwilliger Mensch; **au sens ~ du mot** in des Wortes voller Bedeutung; **ça a été plus ~ que moi** das war stärker als ich; ich konnte nicht anders; **se faire ~** ⟨*inv*⟩ **de** (+ *inf*) sich anheischig machen zu (+ *inf*) **2** (*corpulent*) stark; korpulent; *femme* vollschlank; *poitrine* voll **3** (*doué*) gut (**en** in + *dat*); **être ~ en maths** in Mathe gut sein; **il a trouvé plus ~ que lui** er hat s-n Meister gefunden **4** *somme d'argent* hoch **5** *fig fam* **c'est un peu ~!** das geht zu weit!; das ist ein starkes Stück!; *iron* **le plus ~, c'est que ...** das (Aller)Schönste ist, dass ... **B** ADV **1** stark; kräftig; heftig; fest; *fam fig* **y aller ~** zu weit gehen; **parler ~** laut sprechen **2** (*très*) sehr; **il aura ~ à faire pour** (+ *inf*) es wird schwer für ihn sein zu (+ *inf*) **C** M **1** Starke(r) *m*; **un ~ en anglais** ein Ass *n* in Englisch; *iron* **un ~ en thème** ein Musterschüler *m* **2** *d'une personne* Stärke *f*; starke Seite **3** **au plus ~ de** mitten in (+ *dat*); auf dem Höhepunkt (+ *gén*) **4** MIL Fort *n*

fortement [fɔʀtəmã] ADV stark; sehr

forteresse [fɔʀtəʀɛs] F Festung *f*

fortiche [fɔʀtiʃ] ADJ *fam* fähig; tüchtig; sehr gut (**en** in +*dat*)

fortifiant [fɔʀtifjã] M Stärkungsmittel *n*

fortifications [fɔʀtifikasjõ] FPL Befestigungsanlagen *fpl*

fortifier [fɔʀtifje] **A** V/T **1** kräftigen; stärken (*a. fig*) **2** MIL befestigen; *adjt* **ville fortifiée** befestigte Stadt **B** V/PR **se ~** sich kräftigen, stärken; kräftiger, stärker werden

fortuit [fɔʀtɥi] ADJ ⟨-uite [-ɥit]⟩ (*par hasard*) zufällig; (*imprévu*) unvorhergesehen

fortuitement [fɔʀtɥitmã] ADV zufällig(erweise); durch Zufall

fortune [fɔʀtyn] F 1 *(richesses)* Vermögen *n*; **faire ~** ein Vermögen erwerben; zu Geld kommen 2 *(destinée)* Schicksal *n*; *(chance)* Glück *n*; **faire contre mauvaise ~ bon cœur** gute Miene zum bösen Spiel machen; **manger à la ~ du pot** essen, ohne besondere Umstände zu machen 3 **de ~** behelfsmäßig; Behelfs…; Not…; **solution** *f* **de ~** Notlösung *f*

fortuné [fɔʀtyne] ADJ ⟨~e⟩ vermögend; wohlhabend

forum [fɔʀɔm] M 1 HIST Forum *n* 2 Symposium *n*; Forum *n*; INFORM **~ de discussion** Diskussionsforum *n*; Newsgroup *f*

fosse [fos] F 1 Grube *f*; **~ aux lions** BIBL Löwengrube *f*; *au zoo* Löwenzwinger *m*; **~ d'orchestre** Orchestergraben *m* 2 **~ commune** Massen-, Sammelgrab *n* 3 GÉOL Tiefseegraben *m* 4 **~s nasales** Nasenhöhle *f*

fossé [fɔse] M 1 Graben *m*; Straßengraben *m* 2 *fig* Kluft *f*

fossette [fosɛt] F Grübchen *n*

fossile [fosil] A ADJ fossil B M 1 GÉOL Fossil *n*; Versteinerung *f* 2 *fig, péj* Fossil *n*; *fam* alter Knacker

fossilisation [fɔsilizasjõ] F Fossilienbildung *f*

fossiliser [-e] V/PR **se ~** zu Fossilien werden; versteinern

fossoyeur [foswajœʀ] M Totengräber *m*

fou [fu] A ADJ ⟨*m vor Vokal u. stummem h* **fol** [fɔl]; *f* **folle** [fɔl]⟩ 1 wahnsinnig; *fam* verrückt; *regard* irr(e); *idée a.* närrisch; *espoir, tentative* sinnlos; töricht; *vitesse* rasend; **tireur ~** Amokschütze *m*; **devenir ~** *fam* verrückt werden; *fam* **il n'est pas ~** der weiß schon, was er tut; *d'une femme fam* **pas folle, la guêpe** die ist raffiniert, *fam* gerissen; **être tout ~** außer Rand und Band sein; **être ~ de joie** außer sich sein vor Freude; *fam* sich wahnsinnig freuen 2 **être ~ de qn** in j-n vernarrt, *fam* nach j-m verrückt sein; **être ~ de qc** auf etw *(acc)* ganz versessen, *fam* verrückt sein 3 *fam (énorme) fam* wahnsinnig; *fam* irrsinnig; *fam* irr(e); *prix* horrend; **argent ~** *fam* Heidengeld *n*; **succès ~** *fam* toller Erfolg; *fam* Bombenerfolg *m*; **il y avait un monde ~** *fam* es waren irrsinnig viel Leute da 4 *herbes* wild (wachsend); *mèche de cheveux* lose; widerspenstig B SUBST 1 **~, folle** *m,f* Irre(r) *m/f(m)*; Wahnsinnige(r) *m/f(m)*; *fam* Verrückte(r) *m/f(m)*; **pauvre ~** *fam* armer Irrer; **~ du volant** *fam* Raser *m*; **maison** *f* **de ~s** Irrenhaus *n (a. fig)*; *fam* **vie** *f* **de ~** gehetztes Leben; **faire le ~** herumtollen, -toben 2 *m* HIST (Hof)Narr *m* 3 *m* ÉCHECS Läufer *m* 4 *fam* **une folle** *(un homosexuel) fam* e-e Tunte

foudre [fudʀ] F 1 Blitz(schlag) *m*; **la ~ est tombée** der Blitz hat eingeschlagen (**sur** in + *acc*) 2 *fig* **coup** *m* **de ~** Liebe *f* auf den ersten Blick; *par ext* **avoir le coup de ~ pour qc** sofort begeistert von etw sein; gleich Feuer und Flamme für etw sein 3 *fig* **~s** *pl* Zorn *m*; Missbilligung *f*

foudroyant [fudʀwajɑ̃] ADJ ⟨-ante [-ɑ̃t]⟩ 1 *succès* durchschlagend 2 *maladie* blitzartig verlaufend

foudroyer [fudʀwaje] V/T ⟨-oi-⟩ 1 *personne* **être foudroyé** vom Blitz erschlagen werden 2 *fig maladie* **~ qn** j-n dahinraffen; **~ qn du regard** j-m vernichtende Blicke zuwerfen

fouet [fwɛ] M 1 Peitsche *f*; **coup** *m* **de ~** Peitschenhieb *m*; *fig remède* **donner un coup de ~ (à)** anregen 2 **de plein ~** *heurter* mit voller Wucht 3 CUIS Schneebesen *m*

le fouet — Peitsche

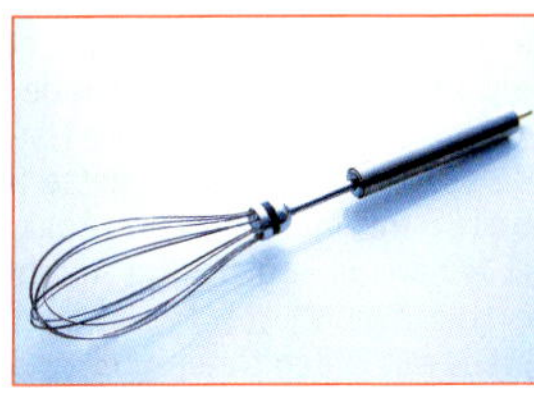

le fouet — Schneebesen

Fouettard [fwɛtaʀ] ADJ **père ~** Knecht *m* Ruprecht; *autrich a.* Krampus *m*; *(croque-mitaine)* schwarzer Mann

fouetter [fwete] V/T 1 (aus)peitschen 2 CUIS schlagen; *adjt* **crème fouettée** Schlagsahne *f*, *all Sud* -rahm *m*, *autrich* -obers *n* 3 *pluie* **~ qc** gegen etw peitschen, schlagen

foufou [fufu] ADJ ⟨fofolle [fɔfɔl]⟩ ein bisschen verrückt; *fam* spinnig

fougère [fuʒɛʀ] F Farn *m*

fougue [fug] F Feuer *n (fig)*; (mitreißender) Schwung; Ungestüm *n*; **plein de ~** voll(er) Schwung, Feuer; mitreißend

fougueux [fugø] ADJ ⟨-euse [-øz]⟩ feurig *(a. animal)*; schwungvoll; ungestüm

fouille [fuj] F 1 ARCHÉOLOGIE **~s** *pl* (Aus)Grabungen *fpl* 2 *de gens, de bagages* Durchsuchung *f*; *fam* Filzen *n* 3 *fam (poche)* Tasche *f*; **s'en mettre plein les ~s** *fam* in die eigene Ta-

F

sche wirtschaften

fouillé [fuje] ADJ ⟨~e⟩ sorgfältig ausgearbeitet; detailliert

fouiller [fuje] **A** V/T durchsuchen; *gens, bagages fam a.* filzen **B** V/I *(fam* herum)stöbern, (-)wühlen, (-)kramen (**dans** in + *dat*); *animal* (im Boden) wühlen

fouillis [fuji] *fam* M Durcheinander *n*; Wirrwarr *m*; *fam* Wust *m*

F

fouine [fwin] F Steinmarder *m*

fouiner [fwine] V/I *fam* herumschnüffeln; **ils ont fouiné dans ses affaires** sie haben in s-n Sachen herumgeschnüffelt

fouineur [fwinœʀ] *fam*, **fouineuse** [-øz] *fam* **A** M,F *fam* Schnüffler(in) *m(f)* **B** ADJ neugierig; zudringlich

fouir [fwiʀ] V/T *animal* wühlen, scharren (**le sol** im Boden)

foulage [fulaʒ] M **1** *du raisin* Zerquetschen *n*; Maischen *n* **2** TEXT Walken *n*

foulant [fulɑ̃] ADJ ⟨-ante [-ɑ̃t]⟩ **1** TECH **pompe ~e** Druckpumpe *f* **2** *fam travail* **pas très ~** nicht sehr anstrengend

foulard [fulaʀ] M (Seiden)Kopftuch *n*; (Seiden-)Schal *m*

foule [ful] F **1** *de gens* (Menschen)Menge *f*; **il y avait ~** es waren e-e Menge Leute da; *fam* **il n'y a pas ~** es sind nicht gerade viel Leute da **2** **la ~** die Masse; der große Haufen **3** **une ~ de** e-e Menge, Vielzahl, Masse (+ *subst*)

foulée [fule] F **1** Schritt *m*; SPORTS *a.* Laufstil *m* **2** *fig* **dans la ~** gleich im Anschluss (daran)

fouler [fule] **A** V/T **1** *litt sol* betreten; *fig* **~ aux pieds** mit Füßen treten **2** *raisins* zerquetschen; maischen **3** *drap, cuir* walken **B** V/PR **1** **se ~ la cheville** sich (*dat*) den Knöchel verstauchen **2** *fam fig* **ne pas se ~** *fam* sich (*dat*) kein Bein ausreißen

foultitude [fultityd] F *fam* **une ~ de** e-e Menge, *fam* ein Haufen *m* (*+gén sans article*)

foulure [fulyʀ] F Verstauchung *f*

four [fuʀ] M **1** (Back)Ofen *m*; *d'une cuisinière a.* Back-, Bratröhre *f*; **four à micro-ondes** Mikrowellenherd *m*; **cuit au ~** gebraten **2** TECH Ofen *m* **3** **petits fours** *pl* *kleines süßes od salziges Kleingebäck* **4** THÉ Fiasko *n*; *fam* Reinfall *m*; **faire un four** ein Fiasko erleben; *fam* durchfallen

fourbe [fuʀb] *litt* ADJ schurkisch; arglistig

fourberie [-əʀi] *litt* F Schurkenstreich *m*

fourbi [fuʀbi] M **1** *fam (affaires) fam* Krempel *m*; *fam* Zeug *n* **2** *fam (fouillis) fam* Wust *m*

fourbir [fuʀbiʀ] V/T blank putzen

fourbu [fuʀby] ADJ ⟨~e⟩ todmüde

fourche [fuʀʃ] F AGR, TECH Gabel *f*; *d'une route* Gabelung *f*

fourcher [fuʀʃe] V/I **1** *cheveux* sich spalten **2** **sa langue a fourché** er hat sich versprochen

fourchette [fuʀʃɛt] F **1** (Ess)Gabel *f* **2** *(écart)* Spanne *f*

fourchu [fuʀʃy] ADJ ⟨~e⟩ *arbre* sich gabelnd; *langue, cheveu* gespalten; **pied ~** *du diable* Pferdefuß *m*

fourgon [fuʀgõ] M **1** AUTO Kastenwagen *m*; **~ mortuaire** Leichenwagen *m* **2** CH DE FER Gepäckwagen *m*

fourgonner [fuʀgɔne] V/I *fam* (herum)wühlen, (-)stöbern (**dans** in + *dat*)

fourgonnette [fuʀgɔnɛt] F Lieferwagen *m*

fourguer [fuʀge] V/T *fam* **~ qc à qn** *fam* j-m etw andrehen

fourme [fuʀm] F *halbfester Schnittkäse aus der Auvergne*

fourmi [fuʀmi] F Ameise *f*; *fig* **j'ai des ~s dans les jambes** meine Beine sind (mir) eingeschlafen

fourmilier [fuʀmilje] M Ameisenbär *m* **fourmilière** [-jɛʀ] F Ameisenhaufen *m* (*a. fig*)

fourmillement [fuʀmijmɑ̃] M **1** Gewimmel *n* **2** *dans les membres* (Ameisen)Kribbeln *n*

fourmiller [fuʀmije] V/I wimmeln; **~ de qc** wimmeln, voll sein von etw; **les fautes fourmillent dans ce texte** in dem Text wimmelt es von Fehlern

fournaise [fuʀnɛz] F **1** starkes, loderndes Feuer; Glut *f* **2** *fig endroit* Backofen *m*; Brutkasten *m*

fourneau [fuʀno] M ⟨~x⟩ **1** **°haut ~** Hochofen *m* **2** *de cuisine* Herd *m*

fournée [fuʀne] F **1** *de pain* Schub *m* **2** *fig de gens* Schub *m*; *de touristes a. fam* Ladung *f*; *fam* Fuhre *f*

fourni [fuʀni] ADJ ⟨~e⟩ **1** **bien ~** reichhaltig; mit großer Auswahl **2** *chevelure* dicht; üppig

fournil [fuʀni] M Backstube *f*

fournir [fuʀniʀ] **A** V/T **1** **~ qn** j-n beliefern (**en qc** mit etw) **2** *marchandises* liefern (**à qn** j-m); *moyens financiers, etc* beschaffen; zur Verfügung stellen; *certificat* beibringen; *preuve* liefern; erbringen; *alibi* nachweisen **3** *par ext travail* leisten; **~ un effort** e-e Anstrengung machen **B** V/PR **se ~ chez qn** bei j-m kaufen

fournisseur [fuʀnisœʀ] M **1** Lieferant *m*; Lieferfirma *f* **2** *(marchand)* Kaufmann *m*; Händler *m* **3** INFORM **~ d'accès** Provider *m*

fourniture [fuʀnityʀ] F **1** Lieferung *f* **2** **~s** *pl* Bedarf *m*; **~s scolaires** Schulbedarf *m*

fourrage [fuʀaʒ] M (Vieh)Futter *n*

fourrager¹ [fuʀaʒe] V/I ⟨-ge-⟩ *fam* (herum)wühlen (**dans** in + *dat*)

fourrager² [fuʀaʒe] ADJ ⟨-ère [-ɛʀ]⟩ Futter…

fourragère [fuʀaʒɛʀ] F MIL Fangschnur *f*

fourré¹ [fuʀe] M Gestrüpp *n*; Dickicht *n*

fourré² ADJ ⟨~e⟩ **1** CUIS gefüllt (**à qc** mit etw)

2 *vêtement* pelzgefüttert 3 *fig* **coup** ~ Tücke *f*; Gemeinheit *f*
fourreau [fuʀo] M ⟨~x⟩ 1 *d'un parapluie* Hülle *f*; *d'une épée* Scheide *f* 2 *robe* Etuikleid *n*
fourrer [fuʀe] A V/T 1 *fam* (*faire entrer*) (hinein)stecken, (-)stopfen (**dans** in + *acc*) 2 *fam* (*placer sans soin*) hinlegen, -stellen, *fam* -tun 3 *vêtement* mit Pelz füttern 4 *bonbons* füllen B V/PR *fam* **se** ~ (*se cacher*) sich verkriechen; *fam* **se** ~ **dans qc** in etw (*acc*) hineingeraten; *fam fig* **se** ~ **qc dans la tête** sich (*dat*) etw in den Kopf setzen
fourre-tout [fuʀtu] *fam* M (! unveränderlich) weite Handtasche
fourreur [fuʀœʀ] M Kürschner *m*
fourrière [fuʀjɛʀ] F 1 *pour voitures* Kfz-Verwahrstelle *f*; **mettre en** ~ kostenpflichtig abschleppen 2 *pour animaux* Tierasyl *n*, -heim *n*
fourrure [fuʀyʀ] F Pelz *m*
fourvoiement [fuʀvwamɑ̃] *litt* M Verirrung *f*
fourvoyer [fuʀvwaje] V/PR ⟨-oi-⟩ **se** ~ 1 sich verirren (**dans** in + *acc*) 2 *fig* (sich) irren
foutaise [futɛz] F *fam* Quatsch *m*
foutoir [futwaʀ] M *pop* Saustall *m*
foutre [futʀ] ⟨je fous, il fout, nous foutons; je foutais; *kein Passé simple*; je foutrai; que je foute; foutant; foutu⟩ *pop* A V/T 1 (*faire*) machen; tun; **je n'en ai rien à** ~ *fam* das kümmert, schert mich e-n Dreck; **ça la fout mal** das macht e-n schlechten Eindruck; das ist peinlich 2 (*donner*) geben; *un coup fam* verpassen 3 (*jeter*) *fam* schmeißen; ~ **qn à la porte** *fam* j-n vor die Tür setzen; j-n rauswerfen, rausschmeißen; **va te faire** ~! *fam* hau (bloß) ab!; *pop* verpiss dich! B V/PR 1 **se** ~ **de qc, de qn** (*ne pas se soucier de*) *fam* auf etw, j-n pfeifen, *pop* scheißen; **je m'en fous** *fam* das ist mir wurscht, schnuppe, *pop* scheißegal 2 **se** ~ **de qn** (*tourner en dérision*) j-n veralbern, *pop* verarschen 3 **se** ~ **dans une sale affaire** in e-e üble Sache hineingeraten
foutrement [futʀəmɑ̃] ADV *fam* verdammt; *fam* total; extrem
foutu [futy] *pop* PP → foutre *et* ADJ ⟨~e⟩ → fichu[2]
fox-terrier [fɔkstɛʀje] M ⟨fox-terriers⟩ Foxterrier *m*
foyer [fwaje] M 1 (*âtre*) Feuerstelle *f*; TECH Feuerung *f*; *par ext* (*feu*) (Kamin)Feuer *n* 2 (*domicile familial*) Hausstand *m*; Heim *n*; häuslicher Herd; **femme** *f* **au** ~ Hausfrau *f*; **fonder un** ~ e-e Familie, e-n Hausstand gründen 3 Heim *n*; ~ **d'étudiants** Studentenheim *n* 4 THÉ Foyer *n*; Wandelhalle *f* 5 OPT Brennpunkt *m*; *lunettes* **à double** ~ mit Bifokalgläsern 6 *d'incendie*, MÉD, *fig* Herd *m*

frac [fʀak] M Frack *m*
fracas [fʀaka] M Krach *m*; Getöse *n*; **avec** ~ mit Getöse; mit lautem Krach
fracassant [fʀakasɑ̃] ADJ ⟨-ante [-ɑ̃t]⟩ 1 *bruit* krachend 2 *fig* aufsehenerregend
fracasser [fʀakase] A V/T zerschmettern; zertrümmern B V/PR **se** ~ zerschellen (**contre** an + *dat*)
fraction [fʀaksjõ] F 1 MATH Bruch *m* 2 (*partie*) (Bruch)Teil *m*; **en une** ~ **de seconde** im Bruchteil e-r Sekunde 3 *dans un parti* Gruppierung *f*
fractionnaire [fʀaksjɔnɛʀ] ADJ **nombre** *m* ~ Bruchzahl *f*
fractionnel [fʀaksjɔnɛl] ADJ ⟨~le⟩ POL zersetzend
fractionnement [fʀaksjɔnmɑ̃] M 1 (Auf)Teilung *f*; Zerlegung *f*; *d'un parti* (Auf)Spaltung *f*; Zersplitterung *f* 2 CHIM Fraktionierung *f*
fractionner [fʀaksjɔne] A V/T aufteilen; aufspalten B V/PR **se** ~ sich (auf)spalten; sich aufsplittern
fractionniste [fʀaksjɔnist] POL A ADJ spalterisch B M Spalter *m*
fracture [fʀaktyʀ] F (Knochen)Bruch *m*; *t/t* Fraktur *f*
fracturer [fʀaktyʀe] A V/T *porte, serrure* aufbrechen B V/PR **se** ~ **le bras**, *etc* sich (*dat*) den Arm *etc* brechen
fragile [fʀaʒil] ADJ 1 *verre, etc* zerbrechlich 2 *personne* (sehr) zart; empfindlich; anfällig; *constitution* schwach 3 *fig* unbeständig; unsicher; *bonheur a.* zerbrechlich
fragiliser [fʀaʒilize] V/T schwächen
fragilité [fʀaʒilite] F 1 *du verre, etc* Zerbrechlichkeit *f* 2 *de l'organisme* Empfindlichkeit *f*; Anfälligkeit *f*; *d'une personne a.* Zartheit *f*; *st/s* Zerbrechlichkeit *f* 3 *fig* Unbeständigkeit *f*; Unsicherheit *f*
fragment [fʀagmɑ̃] M 1 (*d'une œuvre*) Fragment *n*; Bruchstück *n* 2 *d'os, etc* Splitter *m* 3 *d'un texte* Auszug *m*
fragmentaire [fʀagmɑ̃tɛʀ] ADJ fragmentarisch; bruchstückhaft
fragmentation [fʀagmɑ̃tasjõ] F Zersplitterung *f*; Zerstück(e)lung *f* **fragmenter** [-e] V/T aufteilen
fragrance [fʀagʀɑ̃s] *litt* F Wohlgeruch *m*; Duft *m*
fraîche [fʀɛʃ] ADJ → frais[1]
fraîchement [fʀɛʃmɑ̃] ADV 1 (*récemment*) frisch 2 *accueillir* kühl
fraîcheur [fʀɛʃœʀ] F 1 Frische *f*; Kühle *f* 2 *fig d'un accueil* Kühle *f* 3 *d'aliments, du teint, de la jeunesse* Frische *f*
fraîchir [fʀɛʃiʀ] V/I 1 *vent* auffrischen 2 *temps* frischer, kühler werden

F

frais[1] [fʀɛ] **A** ADJ ⟨fraîche [fʀɛʃ]⟩ **1** *air, vent, nuit* frisch; kühl (*a. lieu*) **2** *fig accueil* kühl; frostig **3** *aliment, traces, teint* frisch; **légumes ~** Frischgemüse *n*; **peinture fraîche!** frisch gestrichen! **4** *fam* **nous voilà ~!** *fam* da haben wir den Schlamassel! **B** ADV **il fait ~** es ist frisch, kühl; **servir ~** kühl servieren **C** SUBST **1** *m* Kühle *f*; Frische *f*; **mettre qc au ~** etw kalt stellen; **prendre le ~** frische Luft schnappen **2** **à la fraîche** in der Morgenkühle

frais[2] MPL Kosten *pl*; Unkosten *pl*; Spesen *pl*; (Kosten)Aufwand *m*; **faux ~** Nebenkosten *pl*; zusätzliche Kosten; **~ généraux** allgemeine Unkosten; Gemeinkosten *pl*; **~ professionnels** Werbungskosten *pl*; **~ de déplacement** Reisespesen *pl*; **~ d'entretien** Instandhaltungskosten *pl*; **aux ~ de qn** auf Kosten j-s; **à grands ~** mit hohem Kostenaufwand; *fig* **en être pour ses ~** sich umsonst bemüht haben; **faire des ~** viel Geld ausgeben; **faire les ~ de qc** für etw aufkommen müssen, die Kosten tragen müssen; *fig* **faire les ~ de la conversation** das Gesprächsthema bilden; (*parler seul*) die Unterhaltung allein bestreiten; **se mettre en ~** sich in Unkosten stürzen; *fig* sich (*dat*) Mühe geben

fraise [fʀɛz] F **1** Erdbeere *f*; **~s des bois** Walderdbeeren *fpl*; *fam fig* **sucrer les ~s** *fam* den Tatterich haben **2** TECH Fräse *f*; *de dentiste* Bohrer *m* **3** COUT Halskrause *f*

fraiser [fʀeze] V/T (aus)fräsen

fraiseur [fʀɛzœʀ] M *ouvrier* Fräser *m* **fraiseuse** [-øz] F *machine* Fräsmaschine *f*

fraisier [fʀezje] M Erdbeerpflanze *f*

framboise [fʀɑ̃bwaz] F Himbeere *f*

framboisier [fʀɑ̃bwazje] M Himbeerstrauch *m*; Himbeere *f*

franc[1] [fʀɑ̃] M *monnaie en Suisse* Franken *m*; HIST *en France, en Belgique* Franc *m*

franc[2] [fʀɑ̃] ADJ ⟨franche [fʀɑ̃ʃ]⟩ **1** (*sincère*) freimütig; offen; aufrichtig; **jouer ~ jeu** mit offenen Karten spielen; *par ext* **franche hostilité** offene Feindseligkeit **2** (*libre*) frei; **coup ~** Freistoß *m*; **zone franche** Freizone *f*

franc[3] [fʀɑ̃] HIST **A** ADJ ⟨franque [fʀɑ̃k]⟩ fränkisch **B** **Francs** MPL Franken *mpl*

français [fʀɑ̃sɛ] **A** ADJ ⟨-aise [-ɛz]⟩ französisch; **la République ~e** die Französische Republik; **acheter ~** (nur) französische Produkte kaufen; **être ~** Franzose, französischer Staatsbürger, -angehöriger sein; **cela n'est pas ~** das sagt man im Französischen nicht; das ist kein Französisch **B** SUBST **1** **Français(e)** *m(f)* Franzose *m*, Französin *f* **2** *langue* **le ~** das Französische; Französisch *n*; **en ~** auf Französisch; im Französischen; **apprendre le ~** Französisch lernen; **parler couramment (le) ~** fließend Französisch sprechen; **on parle ~** hier wird Französisch gesprochen

France [fʀɑ̃s] **la ~** Frankreich *n*; **la ~ d'en bas** Frankreichs Unterschicht *f*; **la ~ d'en haut** Frankreichs Oberschicht *f*

France 2 [fʀɑ̃sdø] Zweites Programm (des französischen Fernsehens)

France 3 [fʀɑ̃stʀwa] Drittes Programm (des französischen Fernsehens) (*mit Regionalsendungen*)

Francfort [fʀɑ̃kfɔʀ] Frankfurt *n*

francfortois [fʀɑ̃kfɔʀtwa] **A** ADJ ⟨-oise [-waz]⟩ Frankfurter **B** SUBST **Francfortois(e)** M(F) Frankfurter(in) *m(f)*

Francfort-sur-le-Main [fʀɑ̃kfɔʀsyʀləmɛ̃] Frankfurt *n* am Main

Francfort-sur-l'Oder [fʀɑ̃kfɔʀsyʀlɔdɛʀ] Frankfurt *n* an der Oder

Franche-Comté [fʀɑ̃ʃkõte] **la ~** **1** *frz Region* **2** HIST die Freigrafschaft Burgund

franchement [fʀɑ̃ʃmɑ̃] ADV **1** (*sincèrement*) offen; freimütig; geradeheraus; *abs* offen gesagt, gestanden; **~, tu exagères!** offen gesagt, *fam* (ganz) ehrlich, du übertreibst! **2** (*nettement*) (ganz) eindeutig **3** (*courageusement*) beherzt; entschlossen

franchir [fʀɑ̃ʃiʀ] V/T *frontière* überschreiten; *obstacle* überwinden (*a. fig*); *pont, mers* überqueren; *distance* zurücklegen; *ligne d'arrivée* passieren; *fig* **~ le pas** sich zu e-m Entschluss durchringen

franchisage [fʀɑ̃ʃizaʒ] M COMM Franchise *ou* Franchising *n*

franchise [fʀɑ̃ʃiz] F **1** (*sincérité*) Offenheit *f*; Freimut *m*; Freimütigkeit *f*; **en toute ~** ganz offen, ehrlich **2** FIN (Gebühren)Freiheit *f*; *dans une assurance* Selbstbeteiligung *f*

franchissable [fʀɑ̃ʃisabl] ADJ überschreitbar; *col de montagne* befahrbar **franchissement** [-mɑ̃] M *d'un obstacle* Übersteigen *n*, -springen *n*; Überwindung *f*; *d'une frontière* Überschreitung *f*; *d'un fleuve* Überquerung *f*

francilien [fʀɑ̃siljɛ̃] ADJ ⟨-ienne [-jɛn]⟩ der Ile-de-France

francisation [fʀɑ̃sizasjõ] F Französierung *f*

franciscain [fʀɑ̃siskɛ̃] **A** ADJ ⟨-aine [-ɛn]⟩ franziskanisch; Franziskaner… **B** **~(e)** M(F) Franziskaner(in) *m(f)*

franciser [fʀɑ̃size] V/T franzö(si)sieren

franc-maçon [fʀɑ̃masõ] **A** M ⟨francs-maçons⟩ Freimaurer *m* **B** ADJ ⟨franc-maçonne [fʀɑ̃masɔn]⟩ freimaurerisch; Freimaurer…

franc-maçonnerie [fʀɑ̃masɔnʀi] F Freimaurerei *f*

franco [fʀɑ̃ko] ADV **~ (de port)** (porto-, fracht-)frei

franco-... [fʀɑ̃ko] ADJ französisch-...; **franco-allemand** deutsch-französisch

franco-français ADJ ⟨-aise⟩ innerfranzösisch; der Franzosen unter sich

François [fʀɑ̃swa] M Franz *m*

francophile [fʀɑ̃kɔfil] **A** ADJ frankreich-, franzosenfreundlich; frankophil **B** M/F Freund *m* Frankreichs; Frankophile(r) *m/f(m)*

francophilie [fʀɑ̃kɔfili] F Frankophilie *f*

francophobe [fʀɑ̃kɔfɔb] ADJ frankreich-, franzosenfeindlich; frankophob **francophobie** [-i] F Frankophobie *f*

francophone [fʀɑ̃kɔfɔn] ADJ Französisch sprechend; französischsprachig; frankophon **francophonie** [-i] F französische Sprachgemeinschaft; Frankophonie *f*

franc-parler [fʀɑ̃paʀle] M **avoir son ~** kein Blatt vor den Mund nehmen

franc-tireur [fʀɑ̃tiʀœʀ] M ⟨francs-tireurs⟩ **1** MIL Freischärler *m* **2** *fig* Einzelkämpfer *m*

frange [fʀɑ̃ʒ] F **1** *bordure* Franse *f* **2** *cheveux* Pony (-frisur) *m(f)* **3** *fig (minorité)* Randgruppe *f*

frangin [fʀɑ̃ʒɛ̃] *fam* M Bruder *m*; *plais* Bruderherz *n* **frangine** [-in] *fam* F Schwester *f*; *plais* Schwesterherz *n*

frangipane [fʀɑ̃ʒipan] F Mandelcreme *f*

franglais [fʀɑ̃glɛ] M mit Anglizismen durchsetztes Französisch

franquette [fʀɑ̃kɛt] *fam* **à la bonne ~** ohne besondere Umstände; ganz zwanglos

franquisme [fʀɑ̃kism] M Franco-Regime *n* **franquiste** [-ist] M/F Franco-Anhänger(in) *m(f)*

frappant [fʀapɑ̃] ADJ ⟨-ante [-ɑ̃t]⟩ auffallend;

La francophonie

La francophonie ist die Bezeichnung für die französische Sprachgemeinschaft. Sie umfasst alle Länder, in denen Französisch als Muttersprache, Amtssprache oder Verkehrssprache gesprochen wird.Vertreter der frankophonen Länder kommen regelmäßig zu „Gipfeltreffen" zusammen, um sich für den Erhalt des Französischen als Weltsprache einzusetzen.
Zurzeit gibt es auf der Welt etwa 100 Millionen französische Muttersprachler, etwa 200 Millionen Menschen benutzen Französisch im täglichen Leben.

Französisch ist *Landessprache* in:

Frankreich	– mit seinen Überseegebieten Guadeloupe, Martinique, Französisch-Guayana, Réunion, Französisch-Polynesien (Tahiti) und Neukaledonien
Belgien	– Wallonien und Brüssel
Schweiz	– in den Kantonen Genf, Waadt, Neuenburg, Jura; neben Deutsch auch in Freiburg, Bern, Wallis
Kanada	– Quebec
Monaco	
Haiti	

Französisch ist *Amtssprache* neben anderen Sprachen in:

Benin	Kamerun	Mauretanien
Burkina Faso	Komoren	Niger
Burundi	Kongo, Republik	Ruanda
Dschibuti	Kongo, Dem. Republik	Senegal
Elfenbeinküste	Luxemburg	Togo
Gabun	Madagaskar	Tschad
Guinea	Mali	Zentralafrikanische Republik

Französisch ist neben anderen Sprachen *Verkehrssprache* in:

Algerien	Libanon	Seychellen
Kambodscha	Marokko	Tunesien
Laos	Mauritius	

LANDESKUNDE

verblüffend; frappierend

frappe [fʀap] F **1** Maschine(n)schreiben *n*; *manière* Anschlag *m*; **faute** *f* **de ~** Tippfehler *m* **2** *de la monnaie* Prägung *f* **3** **force** *f* **de ~** französische Atomstreitmacht **4** *fam* **une petite ~** *fam* ein sauberes Früchtchen

frappement [fʀapmɑ̃] M Schlagen *n*; Klopfen *n*

frapper [fʀape] **A** VT **1** schlagen; **~ qn au visage** j-n ins Gesicht schlagen, treffen; *fig* **~ un grand coup** zum entscheidenden Schlag ausholen **2** *fig malheur* **~ qn** j-n treffen, heimsuchen **3** *loi, mesure* **~ qn** j-n (be)treffen **4** *(étonner)* **~ qn** j-n verblüffen, frappieren, erstaunen; j-m auffallen; **ce qui frappe en entrant, c'est …** wenn man hereinkommt, beim Eintreten fällt auf … **5** *boisson* **frappé** (eis)gekühlt **6** *monnaie* prägen **B** VI **~ (à la porte)** (an die Tür) klopfen; anklopfen; **entrez sans ~** (bitte) nicht anklopfen; **~ dans ses mains** in die Hände klatschen **C** V/PR *fam fig* **se ~** sich *(dat)* Sorgen machen

frappeur [fʀapœʀ] ADJ M **esprit ~** Klopf-, Poltergeist *m*

frasque [fʀask] F Eskapade *f*; Streich *m*; Torheit *f*

fraternel [fʀatɛʀnɛl] ADJ ⟨~le⟩ brüderlich, Bruder… *(a. fig)*; *(entre frères et sœurs)* geschwisterlich; Geschwister…

fraternisation [fʀatɛʀnizasjõ] F Verbrüderung *f*; *avec l'ennemi* Fraternisierung *f* **fraterniser** [-e] VI sich verbrüdern (**avec** mit); fraternisieren (mit)

fraternité [fʀatɛʀnite] F Brüderlichkeit *f*

fratricide [fʀatʀisid] **A** ADJ brudermörderisch; **guerre** *f* **~** Bruderkrieg *m* **B** M/F Bruder- *ou* Schwestermörder(in) *m(f)*

fraude [fʀod] F Betrug *m*; **~ électorale** Wahlbetrug *m*; **~ fiscale** Steuerhinterziehung *f*; **passer qc en ~** etw schmuggeln

frauder [fʀode] VT *et* VI betrügen; **~ le fisc** Steuern hinterziehen; **~ à l'examen** bei der Prüfung täuschen, unerlaubte Hilfsmittel benutzen

fraudeur [fʀodœʀ] M Betrüger *m*

frauduleux [fʀodylø] ADJ ⟨-euse [-øz]⟩ betrügerisch

frayer [fʀeje] ⟨-ay- *ou* -ai-⟩ **A** VT *chemin, fig voie* bahnen **B** VI **~ avec qn** mit j-m verkehren **C** V/PR **se ~ un chemin, un passage** sich *(dat)* e-n Weg bahnen

frayeur [fʀɛjœʀ] F Schrecken *m*; Angst *f*

fredaine [fʀədɛn] F Eskapade *f*; Streich *m*

fredonnement [fʀədɔnmɑ̃] M Summen *n*; Trällern *n* **fredonner** [-e] VT summen; trällern

free-lance [fʀilɑ̃s] ADJ frei(beruflich)

freezer [fʀizœʀ] M Gefrierfach *n*

frégate [fʀegat] F **1** MAR Fregatte *f* **2** ZOOL Fregattvogel *m*

frein [fʀɛ̃] M **1** TECH Bremse *f*; **~ à main** Handbremse *f*; **donner un coup de ~** kurz (ab)bremsen; *fig* drosseln (**à qc** etw) **2** *fig* Hemmschuh *m*; Zügel *m*; **mettre un ~ à qc** e-r Sache *(dat)* Zügel anlegen; **ronger son ~** s-n Ärger verbeißen

freinage [fʀɛnaʒ] M Bremsung *f*

freiner [fʀene] **A** VT *fig* bremsen; hemmen; drosseln **B** VI (ab)bremsen

frelater [fʀəlate] VT verfälschen; *vin a.* panschen; *adjt* **frelaté** *fig vie, plaisirs* unnatürlich

frêle [fʀɛl] ADJ **1** *(délicat)* zart; zierlich **2** *(faible)* schwach *(a. voix)*

frelon [fʀəlõ] M Hornisse *f*

freluquet [fʀəlykɛ] M *péj* Laffe *m*

frémir [fʀemiʀ] VI **1** *feuillage* zittern; rauschen; säuseln; *eau chaude* summen **2** *personne* (er)zittern; (er)beben

frémissant [fʀemisɑ̃] ADJ ⟨-ante [-ɑ̃t]⟩ zitternd, bebend (**de colère** *etc* vor Zorn *etc*); vibrierend

frémissement [fʀemismɑ̃] M Zittern *n*

french cancan [fʀɛnʃkɑ̃kɑ̃] M *danse* Cancan *m*

frêne [fʀɛn] M Esche *f*

frénésie [fʀenezi] F Raserei *f*; **avec ~** wie wahnsinnig

frénétique [fʀenetik] ADJ frenetisch; rasend **frénétiquement** [-mɑ̃] ADV *applaudir* begeistert; *aimer* leidenschaftlich

fréquemment [fʀekamɑ̃] ADV häufig; oft

fréquence [fʀekɑ̃s] F **1** Häufigkeit *f* **2** PHYS Frequenz *f*

fréquent [fʀekɑ̃] ADJ ⟨-ente [-ɑ̃t]⟩ häufig

fréquentable [fʀekɑ̃tabl] ADJ *personne* **peu ~** mit der man nicht verkehren sollte

fréquentatif [fʀekɑ̃tatif] M LING Frequentativ(um) *n*

fréquentation [fʀekɑ̃tasjõ] F *des musées, etc* häufiger Besuch; *des gens* Umgang *m* (**de** mit); **avoir de mauvaises ~s** schlechten Umgang haben

fréquenté [fʀekɑ̃te] ADJ ⟨~e⟩ *route* stark befahren; *lieu* viel besucht; **mal ~** wo zweifelhafte Leute verkehren

fréquenter [fʀekɑ̃te] **A** VT **1** *lieu* häufig, regelmäßig besuchen **2** **~ qn** mit j-m verkehren; mit j-m Umgang haben, pflegen; *pour raisons sentimentales* mit j-m gehen **B** V/PRON **se ~** miteinander verkehren; oft zusammenkommen

frère [fʀɛʀ] M **1** Bruder *m*; **~(s) et sœur(s)** *f(pl)* Geschwister *pl* **2** *fig* Bruder *m (a.* REL*)*; *adjt* Bruder…; **faux ~** falscher Freund; **partis** *mpl* **~s** Schwesterparteien *fpl*

frérot [fʀeʀo] *fam* M kleiner Bruder; Brüderchen *n*; *fam* Bruderherz *n*
fresque [fʀɛsk] F (! feminin) 1 PEINT Fresko *n*; **~s** *pl* Fresken *pl* 2 *fig* Monumentalgemälde *n*
fret [fʀɛ] M Fracht *f*; **~ aérien** Luftfracht *f*
frétillant [fʀetijɑ̃] ADJ ⟨-ante [-ɑ̃t]⟩ *poisson* zappelnd; zuckend; *personne* lebhaft; quirlig
frétiller [fʀetije] V/I *poisson* zappeln; zucken; *personne* zappeln (**d'impatience** vor Ungeduld); *chien* **~ de la queue** mit dem Schwanz wedeln
fretin [fʀətɛ̃] M *fig* **menu ~** kleine Fische *mpl*
freudien [fʀødjɛ̃] ADJ ⟨-ienne [-jɛn]⟩ PSYCH Freuds; freudianisch
freudisme [fʀødism] M Lehre *f* Freuds und s-r Schüler
friabilité [fʀijabilite] F Bröck(e)ligkeit *f* **friable** [-abl] ADJ bröck(e)lig
friand [fʀijɑ̃] A ADJ ⟨-ande [-ɑ̃d]⟩ **être ~ de qc** etw für sein Leben gern essen; *fig* auf etw (*acc*) aus sein B M kleine Blätterteigpastete
friandises [fʀijɑ̃diz] FPL Leckereien *fpl*
Fribourg [fʀibuʀ] Freiburg *n*
Fribourg-en-Brisgau [fʀibuʀɑ̃bʀisgo] Freiburg *n* im Breisgau
fric [fʀik] M *fam* (*argent*) *fam* Kohle *f*; *fam* Zaster *m*; *fam* Knete *f*; *fam* Kies *m*; *fam* Moneten *pl*; *fam* Piepen *pl*; *fam* Moos *n*; **faire du ~** *fam* Kohle machen

Le fric

Genauso wie es im Deutschen viele Ausdrücke für „Geld" gibt (Knete, Kohle, Moneten etc.), existiert auch im Französischen eine Reihe von umgangssprachlichen Begriffen für **argent** (Geld):

le fric	**le blé**
le pognon	**le flouze**
le pèze	**la galette**

SPRACHGEBRAUCH

fricassée [fʀikase] F Frikassee *n*
fricative [fʀikativ] F Frikativ-, Reibelaut *m*
friche [fʀiʃ] F AGR Brachland *n*; **en ~** brachliegend (*a. fig*)
fricotage [fʀikɔtaʒ] *fam* M dunkles, faules Geschäft; Schiebergeschäft *n*
fricoter [fʀikɔte] *fam* A V/T *fam* aushecken B V/I dunkle Geschäfte machen
fricoteur [fʀikɔtœʀ] M *fam* Schieber *m*
friction [fʀiksjõ] F 1 (*massage*) Einreibung *f*; Frottieren *n* 2 TECH Reibung *f* 3 *fig* Reibung *f*; Reiberei *f*
frictionner [fʀiksjɔne] V/T ein-, abreiben; frottieren
frigidaire® [fʀiʒidɛʀ] M Kühlschrank *m*
frigide [fʀiʒid] ADJ frigid(e) **frigidité** [-ite] F Frigidität *f*
frigo [fʀigo] *fam* M Kühlschrank *m*
frigorifié [fʀigɔʀifje] *fam* ADJ ⟨~e⟩ (ganz) durch(ge)froren
frigorifique [fʀigɔʀifik] ADJ Kühl…; **camion** *m* **~** Kühlwagen *m*
frileux [fʀilø] ADJ ⟨-euse [-øz]⟩ 1 kälteempfindlich; **être ~** leicht frieren, frösteln 2 *fig* ängstlich; zaghaft
frimas [fʀima] *poét* MPL (Rau)Reif *m*
frime [fʀim] F *fam* Theater *n*; *fam* Mache *f*; **pour la ~** (nur) zum Schein
frimer [fʀime] V/I *fam* angeben **frimeur** [-œʀ] M, **frimeuse** [-øz] F *fam* Angeber(in) *m(f)*
frimousse [fʀimus] *fam* F Gesicht(chen) *n*
fringale [fʀɛ̃gal] *fam* F Heißhunger *m* (*a. fig*) (**de** auf + *acc*); **j'ai une de ces ~s!** *fam* hab ich e-n Kohldampf!
fringant [fʀɛ̃gɑ̃] ADJ ⟨-ante [-ɑ̃t]⟩ 1 *cheval* feurig 2 *personne* flott
fringuer [fʀɛ̃ge] V/PR *fam* **se ~** sich anziehen
fringues [fʀɛ̃g] FPL *fam* Klamotten *fpl*
friper [fʀipe] V/T zerknittern
friperie [fʀipʀi] F 1 (*vieux habits*) Altkleider *npl* 2 *commerce* Altkleiderhandel *m*; *boutique* Secondhandshop *m*
fripes [fʀip] *fam* FPL Altkleider *npl*; Secondhandkleidung *f*
fripon [fʀipõ] *fam* A ADJ ⟨-onne [-ɔn]⟩ schelmisch; spitzbübisch B **~(ne)** M(F) Schelm *m*
fripouille [fʀipuj] *fam* F Lump *m*; Halunke *m*
friqué [fʀike] *fam* ADJ ⟨~e⟩ reich; *fam* betucht; **être ~** *fam* gut betucht sein
frire [fʀiʀ] ⟨*défect*: je fris, il frit; je frirai; frit⟩ V/T et V/I (**faire**) **~** (in schwimmendem Fett) backen, braten; frittieren
frisbee® [fʀizbi] M Frisbee® *n*
frise [fʀiz] F Fries *m*
Frise [fʀiz] **la ~** Friesland *n*
frisé [fʀize] ADJ ⟨~e⟩ 1 *cheveux* lockig; gelockt; gewellt; *personne* mit Lockenhaar; **tête ~e** Lockenkopf *m* 2 **chou ~** Wirsing *m*
Frise-Orientale **la ~** Ostfriesland *n*
friser [fʀize] A V/T 1 *cheveux* in Locken legen; wellen 2 **~ le ridicule**, *etc* ans Lächerliche *etc* grenzen; **~ la soixantaine** knapp, an die sechzig (Jahre alt) sein B V/I *cheveux* sich wellen, kräuseln; lockig sein; *personne* Lockenhaar haben
frisette [fʀizɛt] F Löckchen *n*
frison [fʀizõ] A ADJ ⟨-onne [-ɔn]⟩ friesisch B **Frison(ne)** M(F) Friese *m*, Friesin *f*
frisottant [fʀizɔtɑ̃] ADJ ⟨-ante [-ɑ̃t]⟩ ou **frisotté** [fʀizɔte] ADJ ⟨~e⟩ *cheveux* sich kräuselnd,

(k)ringelnd
frisotter [frizɔte] VI sich kräuseln, (k)ringeln
frisquet [friskɛ] *fam* ADJ ⟨-ette [-ɛt]⟩ frisch; kühl
frisson [frisõ] M Schauder *m; st/s* Schauer *m; de froid a.* Frösteln *n;* MÉD **~s** *pl* Schüttelfrost *m;* **donner le ~ à qn** j-n schaudern, erschauern lassen
frissonnant [frisɔnɑ̃] ADJ ⟨-ante [-ɑ̃t]⟩ schaudernd; (er)zitternd; *de froid a.* fröstelnd **frissonnement** [-mɑ̃] M Schaudern *n; de peur a.* Gruseln *n; des feuilles* Rascheln *n;* Rauschen *n*
frissonner [frisɔne] VI 1 erschauern; schaudern; *de froid a.* frösteln; *d'effroi* sich gruseln 2 *eau* sich kräuseln
frisure [frizyr] F *des cheveux* Kräuselung *f*
frit [fri] PP → frire *et* ADJ ⟨frite [frit]⟩ frittiert; **pommes de terre ~es** Pommes frites *pl*
frite [frit] F *fam* Fritte *f;* **frites** *pl* Pommes frites *pl; fam* Pommes *pl; fam fig* **avoir la frite** in Form sein
friterie [fritri] F Pommes-frites-Stand *m; fam* Frittenbude *f* **friteuse** [-øz] F Fritteuse *f*
friture [frityr] F 1 *graisse* (heißes) Ausbackfett; Frittüre *f* 2 *poissons* kleine frittierte Fische *mpl* 3 RAD, TÉL Störgeräusch *n;* Knattern *n*
fritz [frits] M *fam péj* Deutsche(r) *m*
frivole [frivɔl] ADJ 1 *personne* leichtfertig; oberflächlich; frivol 2 *lecture, etc* nichtssagend
frivolité [frivɔlite] F 1 Leichtfertigkeit *f;* Oberflächlichkeit *f* 2 **~s** *pl* Accessoires *npl;* modisches Beiwerk
froc [frɔk] M 1 REL (Mönchs)Kutte *f* 2 *fam (pantalon) fam* Büx *f; fam* Buxe *f*
froid [frwa] A ADJ ⟨froide [frwad]⟩ 1 *temps, eau, lieu, etc* kalt; **boire froid** kalt trinken 2 *personne* (gefühls)kalt; kühl; *(insensible)* kaltherzig; *(indifférent)* ungerührt; *accueil* kühl; frostig; *colère* kalt; verhalten; **cela me laisse froid** das lässt mich kalt; TECH **à froid** kalt; **démarrage** *m* **à froid** Kaltstart *m* B M Kälte *f;* **attraper, prendre froid** sich erkälten; **avoir froid** frieren; **j'ai froid** *a.* es friert mich; mich friert; mir ist kalt; *fig* **n'avoir pas froid aux yeux** Courage haben; *fig* **battre froid à qn** j-m die kalte Schulter zeigen; j-n links liegen lassen; *fam fig* **être en froid avec qn** auf gespanntem Fuß *ou* nicht gut mit j-m stehen; **il fait froid** es ist kalt; *fam* **il fait un froid de canard** *fam* es ist hunde-, *pop* saukalt; *fig* **jeter un froid** wie e-e kalte Dusche, ernüchternd, peinlich wirken
froidement [frwadmɑ̃] ADV *accueillir* kühl; *tuer qn* kaltblütig **froideur** [-œr] F (Gefühls)Kälte *f;* Kühle *f* **froidure** [-yr] *litt* F (Winter)Kälte *f*
froissement [frwasmɑ̃] M Rascheln *n;* Knistern *n*
froisser [frwase] A VT 1 *tissu* zerknittern; *papier* zerknüllen; **tôle froissée** Blechschaden *m* 2 *(vexer)* kränken; verletzen B VPR 1 *tissu, vêtement* **se ~** knittern 2 **se ~ un muscle** sich *(dat)* e-e Muskelquetschung zuziehen 3 *personne* **se ~** gekränkt, beleidigt sein
frôlement [frolmɑ̃] M Rascheln *n*
frôler [frole] VT 1 *(effleurer)* streifen 2 *(raser)* dicht vorbeigehen *ou* -fahren an *(+ dat)* 3 *fig accident, etc* knapp entgehen *(+ dat);* **~ la catastrophe, la mort** knapp, mit knapper Not e-r Katastrophe, dem Tod entgehen
fromage [frɔmaʒ] M 1 Käse *m;* **~ blanc** Quark *m;* **~ fondu, frais** Schmelz-, Frischkäse *m;* **~ à pâte molle** Weichkäse *m* 2 **~ de tête** Schweinskopfsülze *f* 3 *fam fig* **en faire (tout) un ~** die Sache mächtig aufbauschen
fromager [frɔmaʒe] A ADJ ⟨-ère [-ɛr]⟩ Käse… B M BOT Kapokbaum *m*
fromagerie [frɔmaʒri] F Käserei *f*
froment [frɔmɑ̃] M Weizen *m*
fronce [frõs] F Kräuselfalte *f*
froncement [frõsmɑ̃] M **~ des sourcils** Stirnrunzeln *n*
froncer [frõse] VT ⟨-ç-⟩ 1 **~ les sourcils** die Stirn runzeln 2 COUT kräuseln; fälteln
fronde [frõd] F 1 Schleuder *f* 2 HIST **la Fronde** *Aufstand gegen Mazarin*
frondeur [frõdœr] A M scharfer Kritiker der Autorität B ADJ ⟨-euse [-øz]⟩ aufrührerisch; aufsässig
front [frõ] M 1 ANAT Stirn *f; st/s* **avoir le ~ de faire qc** die Stirn haben *ou* sich erdreisten, etw zu tun; *fig* **faire ~ à** die Stirn bieten *(+ dat)* 2 MIL, POL, MÉTÉO Front *f;* **Front national** *rechtsextreme frz Partei;* **au ~** an der Front 3 **~ de mer** Häuserfront *f* entlang dem Meer 4 **de ~** *se heurter* frontal; *fig* (ganz) direkt; ohne Umschweife; *avancer* nebeneinander; **mener de ~** gleichzeitig ausüben, betreiben
frontal [frõtal] ADJ ⟨~e; -aux [-o]⟩ 1 ANAT Stirn… 2 **collision ~e** Frontalzusammenstoß *m*
frontalier [frõtalje] A ADJ ⟨-ière [-jɛr]⟩ Grenz… B M 1 *habitant* Grenzbewohner *m* 2 *travailleur* Grenzgänger *m*
frontière [frõtjɛr] F 1 Grenze *f (a. fig);* **à la ~** an der Grenze; **franchir, passer la ~** über die Grenze gehen; die Grenze überschreiten, passieren 2 *adjt* (! unveränderlich) Grenz…
frontispice [frõtispis] M 1 Titelblatt *n* 2 Frontispiz *n;* Titelbild *n*
fronton [frõtõ] M Giebeldreieck *n,* -feld *n*
frottage [frɔtaʒ] M Reiben *n;* Scheuern *n; du parquet* Bohnern *n;* Wienern *n*
frottement [frɔtmɑ̃] M 1 Reibung *f (a.* TECH); Abreiben *n* 2 *fig* **~s** *pl* Reibereien *fpl*

frotter [fʀɔte] A VT 1 (ab)reiben; *son corps a.* frottieren; *allumette* anzünden 2 *sol* scheuern; schrubben; *parquet* bohnern; wienern; *cuivres, vitres* blank reiben B VI reiben; scheuern C V/PRON 1 **se ~** sich abreiben, frottieren; **se ~ les mains** sich (*dat*) die Hände reiben 2 *fig* **se ~ à qn** sich an j-m reiben; sich mit j-m anlegen 3 **se ~ à qc** *fam* in etw (*acc*) hineinriechen; *prov* **qui s'y frotte s'y pique** wer nicht hören will, muss fühlen (*prov*)

frottis [fʀɔti] M 1 PEINT dünner Farbauftrag 2 MÉD Abstrich *m*

frou-frou *ou* **froufrou** [fʀufʀu] M Rascheln *n*; Rauschen *n*; Knistern *n*

froufroutant [fʀufʀutɑ̃] ADJ ⟨-ante [-ɑ̃t]⟩ raschelnd; knisternd **froufrouter** [-e] VI rascheln; rauschen; knistern

froussard [fʀusaʀ] *fam* A ADJ ⟨-arde [-aʀd]⟩ ängstlich B **~(e)** M(F) *fam* Angsthase *m*

frousse [fʀus] F (*fam* Heiden)Angst *f*; *fam* Bammel *m*; *pop* Schiss *m*

fructification [fʀyktifikasjõ] F 1 Fruchtbildung *f*, -ansatz *m* 2 Fruchtstand *m*

fructifier [fʀyktifje] VI 1 *arbre* Früchte tragen (*a. fig*); *terre* ertragreich sein 2 FIN Zinsen bringen, tragen; **faire ~** Zins, gewinnbringend anlegen

fructose [fʀyktoz] M Fruchtzucker *m*

fructueux [fʀyktɥø] ADJ ⟨-euse [-øz]⟩ fruchtbar; erfolgreich

frugal [fʀygal] ADJ ⟨~e; -aux [-o]⟩ 1 *repas* frugal; einfach; karg 2 *personne* genügsam

frugalité [fʀygalite] F 1 *d'un repas* Einfachheit *f*; Kargheit *f*; Frugalität *f* 2 *d'une personne* Genügsamkeit *f*; Anspruchslosigkeit *f*

fruit [fʀɥi] M 1 Frucht *f* (*a. fig*); *pl* **fruits** *a.* Obst *n*; **fruits secs** Dörr-, Trockenobst *n* 2 **fruits de mer** Meeresfrüchte *fpl* 3 *fig* Frucht *f*; Folge *f*; Ergebnis *n*; **porter ses fruits** Früchte tragen; Folgen haben

fruité [fʀɥite] ADJ ⟨~e⟩ fruchtig; **goût ~** Fruchtgeschmack *m*

fruiterie [fʀɥitʀi] F Obstgeschäft *n*

fruitier [fʀɥitje] ADJ ⟨-ière [-jɛʀ]⟩ Obst…; Frucht…

frusques [fʀysk] FPL *fam* Klamotten *fpl*

fruste [fʀyst] ADJ ungeschliffen; ungehobelt; grob; plump

frustrant [fʀystʀɑ̃] ADJ ⟨-ante [-ɑ̃t]⟩ frustrierend

frustration [fʀystʀasjõ] F Frustration *f*; *fam* Frust *m*

frustrer [fʀystʀe] VT 1 frustrieren; enttäuschen; **frustré** frustriert 2 **~ qn de qc** j-n um etw bringen

fuchsia [fyʃja] M Fuchsie *f*

fuel [fjul] M Heizöl *n*

fugace [fygas] *litt* ADJ flüchtig **fugacité** [-ite] *litt* F Flüchtigkeit *f*; kurze Dauer

fugitif [fyʒitif] A ADJ ⟨-ive [-iv]⟩ 1 *personne* flüchtig 2 (*fugace*) flüchtig; (von) kurz(er Dauer) B **~, fugitive** M,F Flüchtige(r) *m|f(m)*

fugue [fyg] F 1 MUS Fuge *f* 2 *d'enfant* Ausreißen *n*; **faire une ~** ausreißen; weglaufen

fugué [fyge] ADJ ⟨~e⟩ MUS in der Art e-r Fuge; fugiert

fuguer [fyge] VI *fam* ausreißen **fugueur** [-œʀ] M, **fugueuse** [-øz] F Ausreißer(in) *m(f)*

fuir [fɥiʀ] ⟨je fuis, il fuit, nous fuyons; je fuyais; je fuis; je fuirai; que je fuie; fuyant; fui⟩ A VT **~ qn, qc** j-m, e-r Sache aus dem Weg(e) gehen; j-n, etw meiden; **~ les responsabilités** die Verantwortung scheuen B VI 1 fliehen, flüchten (**devant** vor + *dat*); **faire ~ qn** j-n vertreiben 2 *liquide* (durch e-e undichte Stelle) rinnen, auslaufen, *gaz* ausströmen (**de** aus) 3 *récipient* leck sein; lecken; undicht sein; rinnen; *robinet* tropfen

fuite [fɥit] F 1 Flucht *f*; *fig* **~ en avant** Flucht nach vorn; JUR **délit** *m* **de ~** Fahrer-, Unfallflucht *f*; **être en ~** auf der Flucht *ou* flüchtig sein; **mettre en ~** in die Flucht schlagen; **prendre la ~** die Flucht ergreifen 2 *fig* **~ des capitaux** Kapitalflucht *f* 3 *de liquide* Auslaufen *n*; *de gaz* Ausströmen *n* 4 (*fissure*) undichte Stelle; Leck *n* 5 *fig* Indiskretion *f*

fulgurant [fylgyʀɑ̃] ADJ ⟨-ante [-ɑ̃t]⟩ 1 *idée* erleuchtend 2 *douleur* stechend 3 (*rapide*) blitzschnell; *vitesse, progrès fam* rasant

fulguration [fylgyʀasjõ] F 1 Wetterleuchten *n* 2 *fig et litt* Blitzen *n*; Funkeln *n*; Gleißen *n*

fulminant [fylminɑ̃] ADJ ⟨-ante [-ɑ̃t]⟩ 1 *personne* wütend; tobend; *regard* wütend; drohend; *lettre* wütend 2 CHIM Knall…

fulminer [fylmine] VI toben; wettern (**contre** gegen)

fumage [fymaʒ] M 1 *d'aliments* Räuchern *n* 2 AGR Düngen *n* mit Mist

fumant [fymɑ̃] ADJ ⟨-ante [-ɑ̃t]⟩ 1 rauchend 2 *fam* **réussir un coup ~** e-n tollen Coup landen

fumasse [fymas] *fam* ADJ wütend; *fam* wild

fumé [fyme] ADJ ⟨~e⟩ 1 *aliment* geräuchert; Räucher… 2 **verres ~s** dunkle Brille(ngläser) *f(npl)*

fume-cigarette [fymsigaʀɛt] M (❗ unveränderlich) Zigarettenspitze *f*

fumée [fyme] F Rauch *m*; **~ épaisse** Qualm *m*; dichter Rauch; *fig* **partir en ~** in Rauch aufgehen; sich in Rauch auflösen; *prov* **il n'y a pas de ~ sans feu** wo Rauch ist, ist auch Feuer (*prov*); kein Rauch ohne Feuer (*prov*)

fumer [fyme] A VT 1 *cigarette, etc* rauchen (*a.*

abs); **défense de ~** Rauchen verboten!; **arrêter de ~** das Rauchen aufgeben **2** *aliment* räuchern **3** AGR (mit Mist) düngen **B** VI **1** *cheminée, etc* rauchen; *plus fort* qualmen **2** *soupe* dampfen **3** *fam personne* kochen vor Wut

fûmes [fym] → être[1]

fumet [fymɛ] M **1** CUIS Bratenduft *m* **2** (*odeur*) Duft *m*; Geruch *m*

fumeur [fymœʀ] M, **fumeuse** [fymøz] F Raucher(in) *m(f)*

F

fumeux [fymø] ADJ ⟨-euse [-øz]⟩ verschwommen; verworren

fumier [fymje] M **1** AGR (Stall)Mist *m* **2** *injure pop* Mistvieh *n*, -kerl *m*

fumigation [fymigasjõ] F MÉD, AGR Räuchern *n*; *d'un lieu* Ausräucherung *f*

fumigène [fymiʒɛn] ADJ Rauch entwickelnd; Rauch…

fumiste [fymist] M/F *fam* **c'est un ~** *fam* er reißt sich (*dat*) kein Bein aus

fumisterie [fymistəʀi] *fam* F Bluff *m*; Schwindel *m*

fumoir [fymwaʀ] M **1** *pour aliments* Räucherkammer *f* **2** Rauchsalon *m*

funambule [fynɑ̃byl] M/F Seiltänzer(in) *m(f)*

funambulesque [fynɑ̃bylɛsk] ADJ *projets* verstiegen; ausgefallen

funèbre [fynɛbʀ] ADJ **1** (*funéraire*) Bestattungs…; Leichen…; Toten…; **pompes** *fpl* **~s** Bestattungs-, Beerdigungsinstitut *n* **2** *fig* düster; *voix* unheimlich

funérailles [fyneʀaj] FPL Bestattung *f*; Beisetzung *f*; Begräbnis *n*

funéraire [fyneʀɛʀ] ADJ **1** (*d'une tombe*) Grab… **2** (*d'enterrement*) Bestattungs…; Begräbnis…

funérarium [fyneʀaʀjɔm] M Leichenhalle *f*

funeste [fynɛst] ADJ verhängnisvoll

funiculaire [fynikylɛʀ] M (Stand)Seilbahn *f*

fur [fyʀ] **au ~ et à mesure** entsprechend; nach und nach; **au ~ et à mesure que** in dem Maße, wie

furax [fyʀaks] *fam* ADJ (! unveränderlich) wütend; *fam* wild

furent [fyʀ] → être[1]

furet [fyʀɛ] M ZOOL Frettchen *n*

fureter [fyʀte] VI ⟨-è-⟩ herumschnüffeln

fureteur [fyʀtœʀ], **fureteuse** [-øz] M,F Schnüffler(in) *m(f)*

fureur [fyʀœʀ] F **1** Wut *f*; Raserei *f* **2** *fig* Leidenschaft *f*; **faire ~** großen Erfolg haben; Furore machen

furibard [fyʀibaʀ] *fam* ADJ ⟨-arde [-aʀd]⟩ → furibond

furibond [fyʀibõ] ADJ ⟨-bonde [-bõd]⟩ wütend; grimmig; *fam* fuchsteufelswild

furie [fyʀi] F **1** MYTH, *fig* Furie *f* **2** (*fureur*) Wut *f*; Raserei *f*; **en ~** wütend; wild geworden

furieux [fyʀjø] ADJ ⟨-euse [-øz]⟩ **1** wütend (**contre** auf + *acc*); zornig; aufgebracht **2** *fig* wütend; heftig

furoncle [fyʀõkl] M Furunkel *m*

furtif [fyʀtif] ADJ ⟨-ive [-iv]⟩ **1** *regard, geste* verstohlen; heimlich; unauffällig **2** **avion ~** Tarnkappenflugzeug *n*

furtivement [fyʀtivmɑ̃] ADV heimlich; *regarder* verstohlen

fus [fy] → être[1]

fusain [fyzɛ̃] M **1** (Zeichen)Kohle *f* **2** *dessin* Kohlezeichnung *f*

fusant [fyzɑ̃] M MIL Brennzündergranate *f*

fuseau [fyzo] M ⟨~x⟩ **1** *pour filer* Spindel *f* **2** (**pantalon** *m*) **~** Keilhose *f*; Steghose *f* **3** **~ horaire** Zeitzone *f*

fusée [fyze] F Rakete *f*

fuselage [fyzlaʒ] M AVIAT Rumpf *m*

fuselé [fyzle] ADJ ⟨~e⟩ spindelförmig; *doigts, jambes* schlank

fuser [fyze] VI **1** CHIM unter Zischen abbrennen **2** *fig rires, cris* erschallen; aufsteigen

fusible [fyzibl] M (Schmelz)Sicherung *f*

fusil [fyzi] M Gewehr *n*; **~ à air comprimé** Luftgewehr *n*; **~ de chasse** Jagdgewehr *n*; *à plomb* (Jagd)Flinte *f*; **coup** *m* **de ~** Gewehr-, Büchsenschuss *m*; *fam fig dans un restaurant fam* gesalzene Rechnung; Nepp *m*; *fig* **changer son ~ d'épaule** umschwenken

fusilier [fyzi(l)je] M **~ marin** Marineinfanterist *m*

fusillade [fyzijad] F Schießerei *f*; Schusswechsel *m*

fusiller [fyzije] VT **1** erschießen **2** *fig* **~ qn du regard** j-m vernichtende Blicke zuwerfen

fusion [fyzjõ] F **1** PHYS Schmelzen *n* **2** **~ nucléaire** Kernfusion *f*, -verschmelzung *f* **3** ÉCON Fusion *f*; Zusammenschluss *m* **4** *fig* Verschmelzung *f*

fusionner [fyzjɔne] **A** VT zusammenlegen **B** VI fusionieren; sich zusammenschließen

fusse [fys] → être[1]

fustiger [fystiʒe] VT ⟨-ge-⟩ geißeln (*fig*)

fut, fût[1] [fy] → être[1]

fût[2] [fy] M **1** *d'un arbre* Stamm *m* **2** *d'une colonne, d'un fusil* Schaft *m* **3** (*tonneau*) Fass *n*

futaie [fytɛ] F Hochwald *m*

futé [fyte] **A** ADJ ⟨~e⟩ pfiffig; schlau; verschmitzt **B** SUBST; **un petit ~** ein pfiffiges Kerlchen

fûtes [fyt] → être[1]

futile [fytil] ADJ **1** belanglos; bedeutungslos; unwichtig; *prétexte* nichtig **2** *personne* oberflächlich

futilité [fytilite] F **1** Bedeutungslosigkeit *f*;

Nichtigkeit *f*; Oberflächlichkeit *f* 2 *pl* **~s** Belanglosigkeiten *fpl*; belangloses Zeug

futur [fytyʀ] A ADJ (zu)künftig; kommende; **~e mère** werdende Mutter B SUBST 1 **~(e)** *m(f) fam (fiancé[e]) fam* Zukünftige(r) *m/f(m)* 2 *m (avenir)* Zukunft *f* 3 *m* GRAM Futur *n*; Zukunft *f*; **~ antérieur** zweites Futur; **~ proche** nahe (mit dem Verb „aller" gebildete) Zukunft; **~ simple** (erstes) Futur

futurisme [fytyʀism] M Futurismus *m* **futuriste** [-ist] ADJ futuristisch

futurologie [fytyʀɔlɔʒi] F Futurologie *f*; Zukunftsforschung *f* **futurologue** [-lɔg] M Futurologe *m*; Zukunftsforscher *m*

fuyant [fɥijɑ̃] ADJ ⟨-ante [-ɑ̃t]⟩ *menton, front* fliehend; *regard* ausweichend

fuyard [fɥijaʀ] M Fliehende(r) *m*; Flüchtige(r) *m*

fuyons [fɥijõ] → fuir

G

G, g [ʒe] M (! unveränderlich) G, g *n*

g ABR (gramme) g

gabardine [gabaʀdin] F 1 Gabardine *m ou f* 2 Garbardinemantel *m*

gabarit [gabaʀi] M 1 Abmessungen *fpl*; Größe *f*; *d'une personne* stattlicher Wuchs 2 *fig* Art *f*; Schlag *m*

gabegie [gabʒi] F Misswirtschaft *f*

gabelle [gabɛl] F HIST Salzsteuer *f*

Gabon [gabõ] **le ~** Gabun *n*

gabonais [gabɔnɛ] A ADJ ⟨-aise [-ɛz]⟩ gabunisch B SUBST **Gabonais(e)** M(F) Gabuner(in) *m(f)*

gâcher [gɑʃe] VT 1 *plâtre* anrühren 2 *fig* verderben; *travail, vie* verpfuschen

gâchette [gɑʃɛt] F Abzug *m*; **appuyer sur la ~** abdrücken

gâchis [gɑʃi] M 1 *(gaspillage)* Verschwendung *f* 2 *(désordre) fam* Schlamassel *m*

gadget [gadʒɛt] M (technische) Spielerei

gadin [gadɛ̃] M *fam* **prendre, ramasser un ~** hinfallen; hinschlagen

gadoue [gadu] F Schlamm *m*; *fam* Dreck *m*

gaélique [gaelik] A ADJ gälisch B SUBST LING **le ~** das Gälische; Gälisch *n*

gaffe [gaf] F 1 *fam (maladresse)* Fehler *m*; Missgriff *m*; *fam* Schnitzer *m*; *fam* Patzer *m*; **faire, commettre une ~** e-n Fehler, Schnitzer, e-e Dummheit machen; *fam* e-n Bock schießen 2 *fam* **faire ~** aufpassen 3 MAR Bootshaken *m*

gaffer [gafe] *fam* VT sich blamieren

gaffeur [gafœʀ] M, **gaffeuse** [-øz] F *fam* Dussel *m*; *adjt* ungeschickt; *fam* dusselig

gag [gag] M Gag *m*

gaga [gaga] ADJ (! Maskulin- und Femininform sind gleich) *fam* vertrottelt; *fam* verkalkt

gage [gaʒ] M 1 Pfand *n (a.* JEUX*)*; **mettre en ~** verpfänden; **prêter sur ~** gegen Pfand leihen 2 *fig* Unterpfand *n*; Beweis *m*; Zeichen *n* 3 **~s** *pl (salaire)* Lohn *m*; **tueur** *m* **à ~s** Killer *m*; gedungener Mörder

gager [gaʒe] VT ⟨-ge-⟩ **~ que …** wetten, dass …

gageure [gaʒyʀ, *abus* gaʒœʀ] F unmögliches Unterfangen; gewagte Sache

gagnant [gaɲɑ̃] A ADJ ⟨-ante [-ɑ̃t]⟩ Gewinn…; *dans une compétition* siegreich B **~(e)** M(F) Gewinner(in) *m(f)*; *(vainqueur)* Sieger(in) *m(f)*

gagne-pain [gaɲpɛ̃] M (! unveränderlich) Broterwerb *m*

gagne-petit [gaɲpəti] M (! unveränderlich) Kleinverdiener *m*

gagner [gaɲe] A VT 1 *en travaillant* verdienen; **bien gagné** wohlverdient 2 *jeu, guerre, procès* gewinnen; *fam* **c'est toujours ça de gagné** das ist immerhin etwas; besser als nichts 3 *temps, place, l'amitié de qn* gewinnen; **~ qn à une cause** j-n für e-e Sache gewinnen 4 *lieu* erreichen; gelangen zu 5 *faim, sommeil* **~ qn** j-n überkommen; *incendie* **~ qc** etw erfassen B VI 1 gewinnen; **~ par 2-0 (deux à zero)** (mit) 2:0 (zwei zu null) gewinnen 2 *(s'améliorer)* **~ à être connu** bei näherem Kennenlernen gewinnen; **~ en précision**, *etc* an Präzision *etc* gewinnen 3 *(se progager)* sich ausbreiten

gai [ge] ADJ ⟨~e⟩ 1 fröhlich; heiter; lustig; vergnügt; fidel; *couleur* freundlich 2 *(un peu ivre)* angeheitert

gaiement [gemɑ̃] ADV fröhlich; lustig

gaieté [gete] F 1 Fröhlichkeit *f*; Heiterkeit *f*; Lustigkeit *f*; **ne pas … de ~ de cœur** nur ungern; schweren Herzens 2 *iron pl* **les ~s de …** die heiteren Seiten *(+gén)*

gaillard [gajaʀ] A ADJ ⟨-arde [-aʀd]⟩ 1 *(alerte)* (gesund und) munter 2 *(grivois)* etwas frei; locker B M 1 (kräftiger) Kerl, Bursche 2 MAR Back *f*

gaillardement [gajaʀdəmɑ̃] ADV → gaillard A 1

gaîment → gaiement

gain [gɛ̃] M 1 *(profit)* Gewinn *m*; *par ext* **~ de temps, de place** Zeit-, Raumgewinn *m* 2 **avoir, obtenir ~ de cause** recht bekommen 3 *(salaire)* **~s** *pl* Verdienst *m*; (Arbeits)Einkommen *n*

gaine [gɛn] F 1 *sous-vêtement* Mieder *n* 2 *d'une épée, etc* Scheide *f* 3 TECH (Schutz)Hülle *f*; Man-

tel *m*
gainer [gene] VT umhüllen
gaîté → gaieté
gala [gala] M (! maskulin) Fest-, Galaveranstaltung *f*; **~ de bienfaisance** Wohltätigkeitsfest *n*
galactique [galaktik] ADJ galaktisch; des Milchstraßensystems
galamment [galamɑ̃] ADV → galant
galant [galɑ̃] A ADJ ‹-ante [-ɑ̃t]› 1 galant; zuvorkommend (gegenüber Damen); **homme ~** *a.* Kavalier *m* 2 *(amoureux)* galant; Liebes… B M *plais* Galan *m*; Verehrer *m*
galanterie [galɑ̃tʀi] F Galanterie *f*
galantine [galɑ̃tin] F *Fleisch- od Geflügelsülze*
galaxie [galaksi] F ASTRON 1 Galaxie *f* 2 **la Galaxie** die Milchstraße
galbe [galb] M anmutig geschwungene Form
galbé [galbe] ADJ ‹~e› (anmutig) geschwungen, gerundet; *jambes* **bien ~** wohlgeformt
gale [gal] F 1 MÉD Krätze *f*; *fam fig* **bois dans mon verre, je n'ai pas la ~!** trink aus meinem Glas, ich hab doch keine ansteckende Krankheit! 2 MÉD VÉTÉRINAIRE Räude *f* 3 *fig de qn fam* Giftkröte *f*
galère [galɛʀ] F 1 MAR HIST Galeere *f* 2 *fam fig* Plagerei *f*; Kreuz *n*
galérer [galeʀe] VI ‹-è-› *fam* sich abrackern, abschinden; es schwer haben
galerie [galʀi] F 1 ARCH Galerie *f* 2 (Kunst)Galerie *f*; **~ de peinture** Gemäldegalerie *f* 3 **~ marchande** Einkaufspassage *f* 4 **~s** *pl* THÉ Rang *m*; *fig* **pour épater la ~** aus Effekthascherei 5 *(tunnel)* (unterirdischer) Gang; Stollen *m* 6 AUTO Dachgepäckträger *m*
galérien [galeʀjɛ̃] M HIST *prisonnier* Galeerensträfling *m*; *esclave* Galeerensklave *m*
galeriste [galʀist] M/F Galerist(in) *m(f)*
galet [galɛ] M 1 *(caillou)* Kiesel(stein) *m* 2 TECH (Lauf)Rolle *f*
galette [galɛt] F 1 *crêpe* (Buchweizen)Pfannkuchen *m*; **~s bretonnes** bretonische Butterplätzchen *npl*; **~ des Rois** Dreikönigskuchen *m* 2 *fam (argent) fam* Kies *m*; → fric
galeux [galø] ADJ ‹-euse [-øz]› 1 *animal* räudig; *fig* **brebis galeuse** schwarzes Schaf 2 MÉD krätzig
galimatias [galimatja] M verworrenes Gerede
galion [galjõ] M MAR HIST Galeone *ou* Galione *f*
galipette [galipɛt] *fam* F Purzelbaum *m*; **faire des ~s** Purzelbäume machen, schlagen
Galles [gal] **le pays de ~** Wales *n*
gallicisme [galisism] M französische Spracheigentümlichkeit; Gallizismus *m*
gallinacés [galinase] MPL Hühnervögel *mpl*
gallois [galwa] A ADJ ‹-oise [-waz]› walisisch; von, aus Wales B **Gallois(e)** M(F) Waliser(in) *m(f)*
gallon [galõ] M *mesure de capacité* Gallone *f*
gallo-romain [galoʀɔmɛ̃] HIST A ADJ ‹-aine [-ɛn]› galloromanisch B MPL **Gallo-Romains** Galloromanen *mpl*
gallo-roman [galoʀɔmɑ̃] M **le ~** das Galloromanische; Galloromanisch *n*
galoche [galɔʃ] F (Holz)Pantine *f*; *fig* **menton** *m* **en ~** vorspringendes Kinn
galon [galõ] M Borte *f*; Tresse *f (a.* MIL*)*; Litze *f*; *fig* **prendre du ~** befördert werden; avancieren
galonné [galɔne] ADJ ‹~e› betresst
galop (! nur ein **p**) [galo] M Galopp *m*; **~ d'essai** Aufgalopp *m*; *fig* Probelauf *m*; **au ~** im Galopp *(a. fig)*
galopade (! nur ein **p**) [galɔpad] F 1 Galopp *m*; Galoppieren *n* 2 *fig* Getrappel *n*
galopant (! nur ein **p**) [galɔpɑ̃] ADJ ‹-ante [-ɑ̃t]› *fig* galoppierend **galoper** (! nur ein **p**) [-e] VI 1 galoppieren 2 *fig* (herum)rennen
galopin [galɔpɛ̃] M Schlingel *m*; Lausbub *m*; *fam* Bengel *m*
galvanisation [galvanizasjõ] F 1 TECH Verzinkung *f* 2 MÉD Galvanisation *f*
galvaniser [galvanize] VT 1 TECH verzinken; *adjt* **galvanisé** verzinkt 2 *fig* begeistern; mitreißen
galvauder [galvode] VT *réputation* kompromittieren; *talent* vergeuden
gamay [gamɛ] M *e-e Rebsorte*
gambade [gɑ̃bad] F Luftsprung *m* **gambader** [-e] VI hüpfen; Luftsprünge machen
gambas [gɑ̃bas] FPL *Riesengarnelen*
gambe [gɑ̃b] F → viole
gamberge [gɑ̃bɛʀʒ] *fam* F Grübeln *n*; Grübelei *f* **gamberger** [-e] *fam* VI ‹-ge-› nachdenken; grübeln
gambette [gɑ̃bɛt] F *fam (jambe)* Bein *n*
Gambie [gɑ̃bi] **la ~** Gambia *n*
gambien [gɑ̃bjɛ̃] A ADJ ‹-ienne [-jɛn]› gambisch B SUBST **Gambien(ne)** M(F) Gambier(in) *m(f)*
gambiller [gɑ̃bije] VI *fam* schwofen
Gameboy® [gɛmbɔj] M OU F Gameboy® *m*
gamelle [gamɛl] F 1 Koch-, Essgeschirr *n* 2 *fam* **ramasser une ~** *fam* auf die Nase fallen *(a. fig)*
gamète [gamɛt] M BIOL Keim-, Geschlechtszelle *f*
gamin [gamɛ̃], **gamine** [-in] A M,F 1 *garçon* kleiner Junge, Bub; *fam* Bengel *m*; *fille* kleines Mädchen; *fam* Göre *f* 2 *fam (fils, fille) fam* Kleine(r) *m/f(m)* B ADJ jungenhaft; lausbubenhaft
gaminerie [gaminʀi] F Kinderei *f*

gamma [ga(m)ma] M *lettre* Gamma *n*
gamme [gam] F ❶ MUS Tonleiter *f* ❷ *fig (série)* Skala *f*; COMM Palette *f*; *adjt* **bas de ~** der unteren Preisklasse; minderwertig; **°haut de ~** der gehobenen Preisklasse; Qualitäts…
gammée [game] ADJ F **croix ~** Hakenkreuz *n*
Gand [gɑ̃] Gent *n*
gang [gɑ̃g] M Bande *f*; Gang *f*
Gange [gɑ̃ʒ] **le ~** der Ganges
ganglion [gɑ̃glijõ] M Lymphknoten *m*
gangrène [gɑ̃gʀɛn] F ❶ MÉD Brand *m* ❷ *fig* Krebsschaden *m*
gangrener [gɑ̃gʀəne] V/PR ‹-è-› MÉD **se ~** brandig werden; *adjt* **gangrené** brandig (geworden)
gangster [gɑ̃gstɛʀ] M ❶ Gangster *m* ❷ *fig* Lump *m*; Betrüger *m*
gangstérisme [gɑ̃gsteʀism] M Gangstertum *n*, -unwesen *n*
gangue [gɑ̃g] F MINES Gangart *f*
ganse [gɑ̃s] F Kordel *f*; Besatzband *n* **ganser** [-e] V/T mit Schnur, Band besetzen; paspeln
gant [gɑ̃] M ❶ Handschuh *m*; **gant de boxe** Boxhandschuh *m*; **une paire de ~s** ein Paar *n* Handschuhe; **aller à qn comme un gant** *vêtement* (j-m) sitzen wie angegossen; *par ext* j-m auf den Leib geschneidert sein; **mettre des ~s** Handschuhe an-, überziehen; *fam fig* **prendre des gants avec qn** j-n mit Samt-, Glacéhandschuhen anfassen; *fam fig* **ne pas prendre de ~s pour dire à qn ce qu'on pense** j-m unverblümt s-e Meinung sagen; *fig* **relever le gant** den Fehdehandschuh aufnehmen ❷ **gant (de toilette)** Waschlappen *m*

les gants (mpl) — Handschuhe

les gants (mpl) — Waschlappen

le garage — Garage

le garage — Werkstatt

ganté [gɑ̃te] ADJ ‹~e› *personne* mit Handschuhen; *main* behandschuht
garage [gaʀaʒ] M (❗ maskulin) ❶ *abri* Garage *f*; *inscription* **sortie de ~!** Ausfahrt frei halten!; **mettre, rentrer sa voiture au ~** s-n Wagen in die Garage bringen, fahren ❷ *atelier* (Auto-, Kfz-)Werkstatt *f*
garagiste [gaʀaʒist] M (selbstständiger) Kfz--Mechaniker
garance [gaʀɑ̃s] ADJ (❗ unveränderlich) krapprot
garant [gaʀɑ̃] M, **garante** [-ɑ̃t] F JUR Bürge *m*, Bürgin *f*; POL Garantiemacht *f*; *par ext* Garant *m*; *fig* **se porter garant, garante de qc** sich für etw verbürgen
garanti [gaʀɑ̃ti] M Bürgschaftsnehmer *m*
garantie [gaʀɑ̃ti] F ❶ COMM Garantie *f*; Gewährleistung *f*; *réparation, etc* **être couvert(e) par la ~** unter die Garantie fallen; *fam* auf Garantie gehen; **ma montre est encore sous ~** auf meiner Uhr ist noch Garantie ❷ *par ext* Garantie *f*; Gewähr *f*; **sans ~** ohne Gewähr; **demander des ~s** Garantien, Sicherheiten verlangen; **offrir, présenter toutes les ~s** jede Gewähr bieten; **prendre des ~s** sich absichern
garantir [gaʀɑ̃tiʀ] V/T ❶ *dette* bürgen für; *droits* garantieren; COMM Garantie geben auf (+ *acc*); **être garanti un an** ein Jahr Garantie haben ❷ *(certifier)* garantieren; versichern; **~ le succès** für den Erfolg garantieren ❸ *(protéger)* schützen (**de** vor + *dat*)
garce [gaʀs] F *fam péj* Weibsbild *n*; *fam* Biest *n*
garçon [gaʀsõ] M ❶ *enfant* Junge *m*; *all Sud* Bub *m*; *st/s* Knabe *m* ❷ *(jeune homme)* junger Mann;

Bursche *m*; *fam* Kerl *m*; ~ **d'honneur** Brautführer *m*; **être beau** ~ ein schmucker Bursche sein **3** **mauvais** ~ Ganove *m*; *fam* schwerer Junge **4** **vieux** ~ (älterer) Junggeselle **5** ~ **coiffeur** Friseurgehilfe *m*; ~ **de courses** Laufbursche *m*; Bote *m* **6** ~ **(de café)** Kellner *m*; Ober *m*

garçonne [garsɔn] F **coiffure** *f* **à la** ~ Bubikopf *m*

garçonnet [garsɔnɛ] M (kleiner) Junge

garçonnière [garsɔnjɛr] F Junggesellenwohnung *f*

Gard [gar] **le** ~ *Fluss u. Departement in Frankreich*

G

garde[1] [gard] F **1** *(surveillance)* Bewachung *f*; ~ **à vue** Polizeigewahrsam *m*; **droit** *m* **de** ~ Sorgerecht *n*; **avoir la** ~ **d'un enfant** das Sorgerecht für ein Kind haben **2** *(attention)* **mettre qn en** ~ j-n warnen (**contre** vor + *dat*); **prendre** ~ achtgeben, aufpassen, achten (**à** auf + *acc*); **être sur ses ~s** auf der Hut sein; sich vorsehen **3** *service* Wachdienst *m*; Wache *f*; MÉD Bereitschafts-, Notdienst *m*; **pharmacie** *f* **de** ~ dienstbereite Apotheke; MIL **tour** *m* **de** ~ (turnusmäßiger) Wachdienst; **être de** ~ MIL Wachdienst haben; auf Wache sein; MÉD Bereitschaftsdienst haben; MIL **monter la** ~ Wache halten, *fam* schieben **4** *(soldats en faction)* Wache *f*; Wachmannschaft *f* **5** *corps de troupe* Garde *f*; ~ **républicaine** Republikanische Garde; *fig* **la vieille** ~ die alte Garde **6** **page** *f* **de** ~ Vorsatzblatt *n*

garde[2] M **1** Wächter *m*; ~ **champêtre** Feldhüter *m*; ~ **forestier** (Revier)Förster *m*; ~ **du corps** Leibwächter *m*; ~ **des Sceaux** (französischer) Justizminister **2** MIL Gardist *m*; ~ **mobile** Bereitschaftspolizist *m*

gardé [garde] ADJ ⟨~e⟩ bewacht; **chasse ~e** Jagdrevier *n*; *fig* Reservat *n*

garde-à-vous [gardavu] **A** INT ~! stillgestanden! **B** M **se mettre au** ~ strammstehen

garde-barrière [gard(ə)barjɛr] M/F ⟨gardes-barrière(s)⟩ Schranken-, Bahnwärter(in) *m(f)*

garde-boue [gardəbu] M (! unveränderlich) Schutzblech *n* **garde-chasse** M ⟨gardes-chasse(s)⟩ Jagdaufseher *m*; Wildhüter *m*

garde-chiourme [gardəʃjurm] M ⟨gardes-chiourme⟩ *péj* brutaler Aufseher; Antreiber *m* **garde-côte** M ⟨garde-côte(s)⟩ Küstenwachboot *n* **garde-fou** M ⟨garde-fous⟩ (Schutz)Geländer *n* **garde-malade** M/F ⟨gardes-malades⟩ Krankenwärter(in) *m(f)* **garde-manger** M (! unveränderlich) Fliegenschrank *m* **garde-meuble** M ⟨garde-meuble(s)⟩ Möbellager *n*

gardénia [gardenja] M Gardenie *f*

garden-party [gardɛnparti] F ⟨garden-parties⟩ Gartenfest *n*

garde-pêche M (! unveränderlich) Fischereikreuzer *m*, -schutzboot *n*

garder [garde] **A** V/T **1** *(surveiller)* bewachen; *vaches, etc* hüten; ~ **un enfant** ein Kind hüten; auf ein Kind aufpassen **2** *provisions, documents, etc* aufbewahren; aufheben; *place* frei halten (**à qn** für j-n); ~ **le meilleur pour la fin** das Beste bis zuletzt aufsparen **3** *objet trouvé, etc* behalten; *vêtement* anbehalten; *fam* anlassen; *chapeau* aufbehalten; *fam* auflassen; *habitude* beibehalten; *invité à dîner* dabehalten; *secret* ~ **pour soi** für sich behalten **4** *dans tel ou tel état* halten; bewahren; *fortune* erhalten; bewahren; *jeunesse, humour* bewahren; ~ **la tête froide** e-n kühlen Kopf bewahren **B** V/PR **1** **se** ~ **de qc** sich vor etw *(dat)* hüten, in Acht nehmen; **se** ~ **de faire qc** sich hüten, etw zu tun **2** *aliments* **se** ~ sich halten; haltbar sein

garderie [gardəri] F Kinderhort *m*

garde-robe [gardərɔb] F ⟨garde-robes⟩ Garderobe *f*

gardien [gardjɛ̃] M, **gardienne** [gardjɛn] F **1** Aufseher(in) *m(f)*; Wärter(in) *m(f)*; Wächter *m*; *d'un immeuble* Hausmeister(in) *m(f)*; **gardien de but** Torhüter *m*, -wart *m*; **gardienne d'enfants** Tagesmutter *f*; **gardien de la paix** Polizeibeamte(r) *m* **2** *fig (défenseur)* Hüter(in) *m(f)* **3** *adjt* **ange gardien** Schutzengel *m (a. fig)*

gardiennage [gardjɛnaʒ] M Aufseher-, Wärteramt *n*, -dienst *m*; *d'un immeuble* Hausmeisterei *f*; **société** *f* **de** ~ Wach- und Schließgesellschaft *f*

gardon [gardõ] M *poisson* Rotauge *n*; Plötze *f*; **être frais comme un** ~ wie das blühende Leben aussehen

gare[1] [gar] F **1** Bahnhof *m*; **chef** *m* **de** ~ Bahnhofs-, Stationsvorsteher *m*; **à la** ~ am *ou* auf dem Bahnhof; **aller à la** ~ zum Bahnhof gehen *ou* fahren; **entrer en** ~ einfahren **2** ~ **routière** Busbahnhof *m*

gare[2] INT **1** ~ **à toi!** nimm dich in Acht!; na warte! **2** **sans crier** ~ unvermutet; unerwartet

garenne [garɛn] F **lapin** *m* **de** ~ Wildkaninchen *n*

garer [gare] **A** V/T parken; abstellen; *adjt voiture* **être garé** geparkt sein; **je suis mal garé** mein Wagen ist schlecht geparkt **B** V/PR **1** **se garer** parken **2** **se garer** *(éviter)* ausweichen

gargantuesque [gargɑ̃tɥɛsk] ADJ e-s Gargantua würdig; *appétit* riesig

gargariser [gargarize] V/PR **1** **se** ~ gurgeln **2** *fam fig* **se** ~ **de** sich berauschen an (+ *dat*)

gargarisme [gargarism] M **1** *remède* Gurgelwasser *n*, -mittel *n* **2** *action* Gurgeln *n*

gargote [gargɔt] F *péj* mieses Esslokal

gargouille [garguj] F Wasserspeier *m*

gargouillement [gaʀgujmɑ̃] M 1 *d'eau* Plätschern *n*; Gurgeln *n* 2 *de l'estomac* **~s** *pl* Knurren *n*
gargouiller [gaʀguje] V/I 1 *eau* plätschern; gurgeln; gluckern 2 *estomac* knurren
gargouillis [gaʀguji] M → gargouillement
garnement [gaʀnəmɑ̃] M Lausbub *m*
garni [gaʀni] M möblierte Unterkunft
garnir [gaʀniʀ] V/T 1 *(munir)* ausstatten, versehen (**de** mit); **bien garni** *portefeuille* prall gefüllt; *table* reich gedeckt 2 *(décorer)* verzieren (**de** mit) 3 CUIS garnieren (**de** mit); **garni** mit Beilagen
garnison [gaʀnizõ] F Garnison *f*
garniture [gaʀnityʀ] F 1 Ausstattung *f*; Zubehör *n*; **~ de frein** Bremsbelag *m* 2 *(décoration)* Verzierung *f* 3 CUIS Beilage *f*
Garonne [gaʀɔn] **la ~** *Fluss in Südwestfrankreich*
garrigue [gaʀig] F *immergrüne Strauchheide im Mittelmeerraum*
garrot [gaʀo] M 1 MÉD Arterienabbinder *m* 2 *supplice* Ga(r)rotte *f*; Würgschraube *f* 3 *du cheval, etc* Widerrist *m*
garrotter [gaʀɔte] V/T fesseln
gars [ga] *fam* M Bursche *m*; *fam* Kerl *m*
Gascogne [gaskɔɲ] **la ~** die Gaskogne; **le golfe de ~** die Biskaya
gascon [gaskõ] A ADJ ⟨-onne [-ɔn]⟩ gaskognisch; (aus) der Gaskogne B SUBST **Gascon(ne)** M(F) Gaskogner(in) *m(f)*
gasoil [gazwal] M → gazole
gaspillage [gaspijaʒ] M Verschwendung *f* **gaspiller** [-e] V/T verschwenden; vergeuden
gaspilleur [gaspijœʀ], **gaspilleuse** [-øz] A M,F Verschwender(in) *m(f)* B ADJ verschwenderisch
gastéropodes [gasteʀɔpɔd] MPL Schnecken *fpl*; *t/t* Gastropoden *mpl*
gastrique [gastʀik] ADJ Magen…
gastrite [gastʀit] F Magenschleimhautentzündung *f*; *t/t* Gastritis *f*
gastro-entérite [gastʀoɑ̃teʀit] F ⟨gastro-entérites⟩ Brechdurchfall *m*; Magen-Darm-Entzündung *f*
gastro-entérologie [gastʀoɑ̃teʀɔlɔʒi] F Gastroenterologie *f* **gastro-entérologue** M Facharzt *m* für Magen- und Darmleiden; *t/t* Gastroenterologe *m*
gastro-intestinal [gastʀoɛ̃tɛstinal] ADJ ⟨~e; -aux [-o]⟩ Magen-Darm-…
gastronome [gastʀɔnɔm] M Feinschmecker *m* **gastronomie** [-i] F Kochkunst *f*; Gastronomie *f*; Esskultur *f* **gastronomique** [-ik] ADJ Feinschmecker…; gastronomisch; kulinarisch
gastroscopie [gastʀɔskɔpi] F Magenspiegelung *f*; *t/t* Gastroskopie *f*
gâté [gɑte] ADJ ⟨~e⟩ 1 *fruit* verdorben; *dent* faul 2 *enfant* verwöhnt; verzogen
gâteau [gɑto] M ⟨~x⟩ 1 Kuchen *m*; *a.* (Creme)-Torte *f*; **petits ~x** Kleingebäck *n*; **~x secs** Teegebäck *n*; Plätzchen *npl*; Kekse *mpl*; **~ de riz** Reisauflauf *m*; *fam fig* **c'est du ~** das ist kinderleicht; *fig* **vouloir sa part du ~** sein Stück vom Kuchen haben wollen 2 **~ de cire** Bienenwabe *f* 3 *adjt fam* **grand-père** *m* **~** *fam* Opa, der gern Kinder verwöhnt
gâter [gɑte] A V/T 1 *personne* verwöhnen; *enfant a.* verziehen 2 *chose* verderben; **ce qui ne gâte rien** was nichts schaden kann B V/PR **se ~** sich verschlechtern
gâterie [gɑtʀi] F 1 *(petit cadeau)* Kleinigkeit *f* 2 *(friandise)* Leckerei *f*
gâteux [gɑtø] *fam* A ADJ ⟨-euse [-øz]⟩ *fam* verkalkt; *fam* trottelig; kindisch (geworden); **devenir ~** abbauen; *fam* verkalken B M **un vieux ~** ein kindischer Alter; *fam a.* ein alter Knacker
gâtisme [gɑtism] M Altersabbau *m*; *fam* Verkalkung *f*
gauche [goʃ] A ADJ 1 *(à gauche)* linke; *fig* **il s'est levé du pied ~** er ist mit dem linken Fuß zuerst aufgestanden; *fig* **mettre de l'argent à ~** etwas auf die hohe Kante legen; *fam fig* **passer l'arme à ~** *pop* ins Gras beißen; *pop* abkratzen; **tourner à ~** (nach) links abbiegen 2 *(maladroit)* linkisch; unbeholfen B SUBST 1 *f* Linke *f*; linke Seite; **à ~** links *ou* nach links; **à ~ de** links von; **à** *ou* **sur la ~ de qn** links von j-m; zur Linken j-s 2 POL **la ~** die Linke; **l'extrême ~** die äußerste Linke; **de ~** Links…; links stehend; **être à, de ~** links stehen 3 *m* BOXE Linke *f*
gauchement [goʃmɑ̃] ADV linkisch
gaucher [goʃe], **gauchère** [-ɛʀ] A M,F Linkshänder(in) *m(f)* B ADJ linkshändig
gaucherie [goʃʀi] F linkische Art; Unbeholfenheit *f*
gauchir [goʃiʀ] V/I sich verziehen
gauchisant [goʃizɑ̃] ADJ ⟨-ante [-ɑ̃t]⟩ POL nach links tendierend **gauchiser** [-ize] V/PR **se ~** POL sich nach links orientieren **gauchisme** [-ism] M Linksextremismus *m*, -radikalismus *m* **gauchiste** [-ist] A ADJ linksradikal B M/F Linksextreme(r) *m/f(m)*, -radikale(r) *m/f(m)*
gaucho [goʃo] M Gaucho *m*
gaudriole [godʀijɔl] F Sinnengenuss *m*
gaufre [gofʀ] F Waffel *f*
gaufrer [gofʀe] V/T gaufrieren; mit Prägedruck versehen
gaufrette [gofʀɛt] F Waffel *f*
gaufrier [gofʀije] M Waffeleisen *n*
Gaule [gol] **la ~** Gallien *n*
gaule [gol] F 1 *(perche)* (lange) Stange 2 *(canne*

à pêche) Angelrute *f*
gauler [gole] VT **1** *noix* herunterschlagen **2** *argot* **se faire ~** *fam* geschnappt werden
Gaulle de ~ [dəgol] *frz Staatsmann*
gaullien [goljɛ̃] ADJ ⟨-ienne [-jɛn]⟩ de Gaulles; de-gaullesche(r, -s) **gaullisme** [-ism] M Gaullismus *m* **gaulliste** [-ist] **A** ADJ gaullistisch **B** M/F Gaullist(in) *m(f)*
gaulois [golwa] **A** ADJ ⟨-oise [-waz]⟩ **1** HIST gallisch; *symbole national de la France* **le coq ~** der gallische Hahn **2** *plaisanterie* derb; schlüpfrig; *fam* deftig **B** SUBST **1** **Gaulois(e)** *m(f)* Gallier(in) *m(f)* **2** **~e** *f frz Zigarettenmarke*

G

Le coq gaulois

Der gallische Hahn (**le coq gaulois**) ist eines der Nationalsymbole Frankreichs. Seit der Renaissance ist er eng verbunden mit der Idee der französischen Nation. Vor allem während der Französischen Revolution und der Juli-Monarchie erlangte er besondere Popularität und verdrängte andere für die Monarchie typische Symboltiere wie Löwe und Adler. Ob in Karikaturen oder als **Footix**, dem Maskottchen der Fußballweltmeisterschaft 1998 – der gallische Hahn steht symbolhaft für Frankreich.

LANDESKUNDE

gauloiserie [golwazʀi] F derber, *fam* deftiger Witz; Zote *f*
gausser [gose] V/PR *litt* **se ~ de qn** j-n auslachen; sich über j-n lustig machen
gavage [gavaʒ] M Nudeln *n*; Stopfen *n*
gave [gav] M Gieß-, Sturzbach *m (in den Pyrenäen)*
gaver [gave] **A** VT **1** *oies, canards* nudeln; stopfen **2** *fig* **~ qn** j-n vollstopfen, überfüttern (**de** mit) **B** V/PR **se ~** sich vollstopfen (**de** mit) *(a. fig)*
gavroche [gavʀɔʃ] **A** M (witzig-frecher, aufgeweckter) Pariser Straßenjunge **B** ADJ witzig-frech; aufgeweckt
gay [gɛ] **A** ADJ (**!** unveränderlich) Schwulen... **B** M Schwule(r) *m*
gaz [gaz] M **1** Gas *n*; **~ naturel** Erdgas *n*; **~** *pl* **d'échappement** Auspuffgase *npl*; Abgase *npl*; *fam* **(à) pleins ~** mit Vollgas; AVIAT **couper, mettre les ~** das Gas wegnehmen, Gas geben **2** *pl* MÉD Blähungen *fpl*
gaze [gaz] F **1** TEXT Gaze *f* **2** MÉD (Verband)-Mull *m*
gazé [gaze] M *de la guerre de 14-18* Giftgasopfer *n*
gazelle [gazɛl] F Gazelle *f*
gazer [gaze] **A** VT vergasen **B** VT *fam* **ça gaze** *fam* es klappt; *fam* das haut hin
gazette [gazɛt] F Zeitung *f*
gazeux [gazø] ADJ ⟨-euse [-øz]⟩ **1** CHIM gasförmig **2** *boisson* mit Kohlensäure versetzt; kohlensäurehaltig; **eau gazeuse** *a.* Sprudel *m*
gazinière [gazinjɛʀ] F Gasherd *m*
gazoduc [gazɔdyk] M Ferngasleitung *f*
gazole [gazɔl] M Diesel(kraftstoff) *m*
gazomètre [gazɔmɛtʀ] M Gaskessel *m*
gazon [gazõ] M Rasen *m*
gazonner [gazɔne] VT Rasen anlegen auf *(+dat)*; mit Rasen bepflanzen
gazouillement [gazujmã] M **1** *d'oiseaux* Gezwitscher *n* **2** *de bébé* Geplapper *n*
gazouiller [gazuje] VI **1** *oiseau* zwitschern **2** *bébé* plappern; lallen
gazouillis [gazuji] M → gazouillement
GDF [ʒedeɛf] M ABR (Gaz de France) *staatliche frz Gasgesellschaft*
geai [ʒɛ] M Eichelhäher *m*
géant [ʒeã], **géante** [ʒeãt] **A** M,F **1** Riese *m*, Riesin *f*; *homme a.* Hüne *m* **2** *fig* Gigant *m* **B** ADJ riesig; Riesen...; gigantisch; COMM **paquet géant** Großpackung *f*
gégène [ʒeʒɛn] F Folter *f* (durch Elektroschocks)
geignard [ʒɛɲaʀ] *fam* ADJ ⟨-arde [-aʀd]⟩ jammernd; wehleidig; weinerlich
geindre [ʒɛ̃dʀ] VI ⟨→ peindre⟩ **1** *(gémir)* stöhnen; *faiblement* wimmern **2** *péj* (dauernd) jammern, lamentieren
geisha [gɛʃa] F Geisha *f*
gel [ʒɛl] M **1** MÉTÉO Frost *m* **2** *fig*, FIN Einfrieren *n* **3** *substance* Gel *n*; **~ douche** Duschgel *n*
gélatine [ʒelatin] F Gelatine *f*; Gallert *n*
gélatineux [ʒelatinø] ADJ ⟨-euse [-øz]⟩ gallertartig; CUIS geleeartig; *fam* schwabbelig
gelé [ʒ(ə)le] ADJ ⟨~e⟩ **1** *eau* gefroren; *lac* zugefroren **2** *personne* **être ~** (schrecklich) frieren; **être complètement ~** ganz durchgefroren sein; **avoir les mains ~es** eiskalte Hände haben
gelée [ʒ(ə)le] F **1** *(gel)* Frost *m*; **~ blanche** Reif *m* **2** *de viande* Sülze *f*; **en ~** in Gelee; in Aspik **3** *de fruits* Gelee *n* **4** **~ royale** Gelee royale *n*
geler [ʒ(ə)le] ⟨-è-⟩ **A** VT **1** *eau, sol* gefrieren lassen; zum Gefrieren bringen **2** *fig crédits, etc* einfrieren **B** VI **1** *eau* gefrieren; *lac, rivière* zufrieren; *canalisation* einfrieren; *membres, fleurs* erfrieren **2** *personne* frieren **C** V/IMP **il gèle** es friert; es herrscht Frost; **il gèle à pierre fendre** es friert Stein und Bein **D** V/PR **se ~** → 4
gélifier [ʒelifje] VT gelatinieren; zum Gelatinieren bringen
gélinotte [ʒelinɔt] F Haselhuhn *n*
gélule [ʒelyl] F Gelatinekapsel *f*
gelure [ʒ(ə)lyʀ] F Erfrierung *f*
Gémeaux [ʒemo] MPL ASTROL Zwillinge *mpl*;

être ~ ein Zwilling sein

gémellaire [ʒemɛ(l)lɛʀ] ADJ MÉD Zwillings…

gémellité [ʒemɛ(l)lite] F MÉD Vorkommen *n*, Auftreten *n* von Zwillingen

gémination [ʒeminasjõ] F Verdopp(e)lung *f*; BIOL Paarigkeit *f*; LING Silbenverdoppelung *f*; *de consonnes* Gemination *f*; Konsonantenverdoppelung *f*

géminé [ʒemine] ADJ ⟨~e⟩ Zwillings…; Doppel…; BIOL paarig; PHON geminiert; **consonne ~e** *a.* Geminate *f*

gémir [ʒemiʀ] V/I **1** stöhnen (**de douleur** vor Schmerzen); *sous un fardeau a.* ächzen **2** *par ext vent* heulen; *porte* ächzen; knarren **3** *fig (se plaindre)* seufzen; klagen

gémissant [ʒemisɑ̃] ADJ ⟨-ante [-ɑ̃t]⟩ *voix* klagend; jammernd

gémissement [ʒemismɑ̃] M **1** Stöhnen *n*; Klagelaut *m* **2** *du vent* Heulen *n*; *d'une porte* Ächzen *n*; Knarren *n*

gemme [ʒɛm] F **1** MINÉR Edelstein *m* **2** *adjt* **sel** *m* **~** Steinsalz *n*

gênant [ʒɛnɑ̃] ADJ ⟨-ante [-ɑ̃t]⟩ *objet* hinderlich; *bruit* störend; *situation* peinlich; *personne* lästig; unbequem

gencive [ʒɑ̃siv] F Zahnfleisch *n*; *fam fig* **(en) prendre un coup dans les ~s** *fam* Kritik, e-e Niederlage einstecken müssen

gendarme [ʒɑ̃daʀm] M **1** (Sicherheits)Polizist *m*; **jouer au(x) ~(s) et au(x) voleur(s)** Räuber und Gendarm spielen **2** *fam* **~ couché** Fahrbahnschwelle *f*

gendarmer [ʒɑ̃daʀme] V/PR **se ~** e-n energischen Ton anschlagen

gendarmerie [ʒɑ̃daʀməʀi] F (Sicherheits)Polizei *f*; **~ nationale** *amtliche Bezeichnung der frz Sicherheitspolizei*

La gendarmerie nationale

Die **gendarmerie nationale** nimmt neben der allgemeinen Polizei, der **police nationale**, polizeiliche Aufgaben wahr. Sie wird vor allem auf Flughäfen und in ländlichen Gegenden eingesetzt.

In Friedenszeiten ist sie dem Innenministerium zugeordnet. Offiziell jedoch gehört sie zu den französischen Streitkräften und ist dem Verteidigungsminister unterstellt.

LANDESKUNDE

gendre [ʒɑ̃dʀ] M Schwiegersohn *m*

gêne [ʒɛn] F **1** *physique* Enge *f*; Beklemmung *f* **2** *(désagrément)* (lästiger) Zwang; Last *f* **3** *financière* Geldverlegenheit *f* **4** *psychique* Verlegenheit *f*; Befangenheit *f*; **sans ~** frech; dreist; unverfroren

gène [ʒɛn] M Gen *n*

gêné [ʒene] ADJ ⟨~e⟩ **1** *(embarrassé)* verlegen; betreten; befangen; *personne a.* gehemmt; peinlich berührt **2** *financièrement* in Geldverlegenheit

généalogie [ʒenealɔʒi] F **1** *(filiation)* Abstammung *f*; Geschlechterfolge *f* **2** *science* Genealogie *f*; Ahnenforschung *f*

généalogique [ʒenealɔʒik] ADJ **arbre** *m* **~** Stammbaum *m*; Ahnentafel *f*

généalogiste [ʒenealɔʒist] M Genealoge *m*

gêner [ʒene] **A** V/T **1** *(entraver)* behindern; *vêtement* **~ qn** j-m unbequem sein **2** *(déranger)* **~ qn** j-m lästig fallen, werden; j-n stören, genieren **3** *(embarrasser)* in Verlegenheit bringen; verlegen machen; peinlich berühren **B** V/PR **se ~** sich *(dat)* Zwang antun, auferlegen; sich genieren (**avec qn** vor j-m); **ne pas se ~** *a.* keine Hemmungen haben, kennen; **ne vous gênez pas!** tun Sie sich *(dat)* keinen Zwang an! *(a. iron)*

général [ʒeneʀal] **A** ADJ ⟨~e; -aux [-o]⟩ allgemein; generell; Allgemein…; General…; Gesamt…; *d'un chapitre, etc* **idée générale** Grundidee *f*; **médecine générale** Allgemeinmedizin *f*; **d'intérêt général** von allgemeinem Interesse;; **en général** im Allgemeinen; meist(ens); **conclure du particulier au général** vom Besonderen auf das Allgemeine schließen **B** SUBST **1** *m* ⟨-aux [-o]⟩ MIL General *m*; HIST Feldherr *m* **2** **générale** *f* THÉ Generalprobe *f (a. fig)*

généralement [ʒeneʀalmɑ̃] ADV **1** *(d'une manière générale)* allgemein **2** *(en général)* im Allgemeinen; meist(ens)

généralisable [ʒeneʀalizabl] ADJ allgemein (anwendbar)

généralisateur [ʒeneʀalizatœʀ] ADJ ⟨-trice [-tʀis]⟩ **esprit ~** j-d, der gern verallgemeinert *ou* der zu Verallgemeinerungen neigt

généralisation [ʒeneʀalizasjõ] F **1** allgemeine Verbreitung; *d'un conflit* Ausweitung *f* **2** *en raisonnant* Verallgemeinerung *f*

généraliser [ʒeneʀalize] **A** V/T **1** *mesure, méthode* allgemein anwenden, verbreiten, einführen **2** *cas* verallgemeinern *(a. abs)* **B** V/PR **se ~** sich allgemein verbreiten; sich ausbreiten; *conflit* sich ausweiten; **cancer généralisé** Krebs, der Metastasen gebildet hat

généralissime [ʒeneʀalisim] M MIL Oberbefehlshaber *m*; Generalissimus *m*

généraliste [ʒeneʀalist] M praktischer Arzt; Allgemeinmediziner *m*

généralité [ʒeneʀalite] F **1** allgemeiner Charakter **2** **~s** *pl* Allgemeinheiten *fpl*

générateur [ʒeneʀatœʀ] **A** ADJ ⟨-trice [-tʀis]⟩

1 BIOL Zeugungs... 2 *par ext* **~ de ...** bewirkend B M ÉLEC Generator *m*
génération [ʒeneʀasjõ] F 1 Generation *f* (*a.* TECH); *espace de temps a.* Menschenalter *n*; **la jeune, nouvelle ~** die junge Generation; *immigrés* **de la deuxième ~** der zweiten Generation 2 BIOL Zeugung *f*; Fortpflanzung *f* 3 *par ext* TECH Generation *f*; **ordinateur** *m* **de la troisième ~** Computer *m* der dritten Generation
génératrice [ʒeneʀatʀis] F (Gleichstrom)Generator *m*
générer [ʒeneʀe] V/T ‹-è-› bewirken; auslösen
G
généreux [ʒeneʀø] ADJ ‹-euse [-øz]› 1 (*contraire: avare*) großzügig; freigebig; generös 2 (*magnanime*) edel(mütig); *vainqueur* großmütig 3 *poitrine* üppig; *sol* ertragreich; *vin* feurig
générique [ʒeneʀik] A ADJ Gattungs...; **terme** *m* **~** Gattungs-, Oberbegriff *m* B M FILM, TV Vorspann *m*; *à la fin* Nachspann *m*
générosité [ʒeneʀozite] F 1 (*libéralité*) Großzügigkeit *f*; Freigebigkeit *f* 2 (*noblesse*) Edelmut *m*; Großmut *f*
Gênes [ʒɛn] Genua *n*
genèse [ʒənɛz] F 1 Entstehung *f*; Genese *f* 2 BIBL **la Genèse** die Schöpfungsgeschichte; die Genesis
genêt [ʒ(ə)nɛ] M Ginster *m*
généticien [ʒenetisjɛ̃] M, **généticienne** [-jɛn] F Genetiker(in) *m(f)*
génétique [ʒenetik] A ADJ genetisch; Gen...; **test** *m* **génétique** Gentest *m* B F Genetik *f*; Vererbungslehre *f*
génétiquement [ʒenetikmɑ̃] ADV gentechnisch; **~ modifié** gentechnisch verändert
gêneur [ʒɛnœʀ] M, **gêneuse** [-øz] F lästige Person; Störenfried *m*
Genève [ʒ(ə)nɛv] Genf *n*
genevois [ʒənvwa] A ADJ ‹-oise [-waz]› Genfer B SUBST **Genevois(e)** M(F) Genfer(in) *m(f)*
genévrier [ʒənevʀije] M Wacholder(strauch) *m*
génial [ʒenjal] ADJ ‹~e; -aux [-o]› 1 genial 2 *fam* klasse; *fam* spitze
génie [ʒeni] M 1 (*esprit*) Geist *m* 2 (*talent*) Genie *n* (*a. personne*); Genialität *f*; **de ~** genial 3 MIL Pioniertruppe *f*; Pioniere *mpl* 4 **~ civil** Bau(ingenieur)wesen *n*; **~ génétique** Gentechnologie *f*
genièvre [ʒənjɛvʀ] M Wacholder *m*
génique [ʒenik] ADJ Gen...
génisse [ʒenis] F Färse *f*; Kalbe *f*
génital [ʒenital] ADJ ‹~e; -aux [-o]› Geschlechts...; genital; **organes génitaux** Genitalien *pl*
géniteur [ʒenitœʀ] M 1 *plais* (*père*) Erzeuger *m* 2 ZOOL männliches Zuchttier
génitif [ʒenitif] M Genitiv *m*; Wesfall *m*
génocide [ʒenɔsid] M Völkermord *m*; Genozid *m ou n*
génois [ʒenwa] A ADJ ‹-oise [-waz]› genuesisch; aus Genua B SUBST **Génois(e)** M(F) Genuese(r) *m*, Genuesin *f*
génoise [ʒenwaz] F Tortenbiskuit *n*
génome [ʒenom] M BIOL Genom *n* **génomique** [-ik] F Genomforschung *f*; Genomik *f*
génothérapie [ʒenoteʀapi] F Gentherapie *f*
génotype [ʒenotip] M Genotyp(us) *m*; **banque** *f* **de ~s** Genbank *f*
genou [ʒ(ə)nu] M ‹~x› Knie *n*; **à ~x** kniend; auf (den) Knien; **être à ~x** knien; *fig* anhimmeln (**devant qn** j-n); **se mettre à ~x** niederknien; sich hinknien; *fig* **être sur les ~x** todmüde, wie zerschlagen sein; **prendre sur ses ~x** auf den Schoß nehmen
genouillère [ʒ(ə)nujɛʀ] F SPORTS Knieschützer *m*; MÉD Kniebandage *f*
genre [ʒɑ̃ʀ] M 1 Art *f* (*a. d'une personne*); **~ de vie** Lebensweise *f*; **dans le ~** in dieser, der Art; **en tout ~** *ou* **en tous ~s** aller Art; allerlei; **avoir mauvais ~** e-e vulgäre Art haben; **se donner un ~, faire du ~** auffallen wollen; **ce n'est pas mon ~** das ist nicht mein Fall, *personne a.* mein Typ 2 GRAM Genus *n*; Geschlecht *n*; *accord* **en ~ et en nombre** in Geschlecht und Zahl 3 LITTÉRATURE, *etc* Gattung *f* (*a.* BIOL); Genre *n*; **le ~ humain** das Menschengeschlecht 4 PEINT **tableau** *m* **de ~** Genrebild *n*
gens [ʒɑ̃] MPL (! ein vorangehendes Adjektiv steht im Feminin Plural) Leute *pl*; Menschen *mpl*; **jeunes ~** junge Leute; (*jeunes hommes*) junge Männer *mpl*; **les petites ~** die kleinen Leute; der kleine Mann; **~ de couleur** Farbige(n) *pl*; **~ de lettres** Literaten *mpl*; **~ de maison** Hauspersonal *n*
gent [ʒɑ̃] F *litt* **la ~ trotte-menu** das Mäusevolk
gentiane [ʒɑ̃sjan] F Enzian *m*
gentil [ʒɑ̃ti] ADJ ‹gentille [ʒɑ̃tij]› 1 nett; *personne a.* freundlich; liebenswürdig; **être ~ avec qn** nett zu j-m sein 2 *enfant* lieb; artig; brav 3 *somme d'argent* nett; hübsch 4 *péj* **c'est bien ~ tout ça, mais ...** das ist alles schön und gut, aber ...
gentilhomme [ʒɑ̃tijɔm] M ‹gentilshommes [ʒɑ̃tizɔm]› Edelmann *m* **gentilhommière** [-jɛʀ] F vornehmes, feudales Landhaus
gentillesse [ʒɑ̃tijɛs] F Freundlichkeit *f*; Nettigkeit *f*
gentillet [ʒɑ̃tijɛ] ADJ ‹-ette [-ɛt]› ganz nett, hübsch
gentiment [ʒɑ̃timɑ̃] ADV → gentil
gentleman [dʒɛntləman, *fam* ʒɑ̃-] M ‹gentlemen [dʒɛntləmɛn]› Gentleman *m*

génuflexion [ʒenyflɛksjõ] F REL Kniebeuge *f*
géographe [ʒeɔgʀaf] M/F Geograph(in) *m(f)*
géographie [ʒeɔgʀafi] F Geographie *f*; *matière scolaire a.* Erdkunde *f* **géographique** [-ik] ADJ geographisch
geôle [ʒol] F *litt* Kerker *m*
geôlier [ʒolje] M *litt* Kerkermeister *m*
géologie [ʒeɔlɔʒi] F Geologie *f* **géologique** [-ik] ADJ geologisch; erdgeschichtlich
géologue [ʒeɔlɔg] M/F Geologe, -login *m,f*
géomètre [ʒeɔmɛtʀ] M Geometer *m*; Vermessungsingenieur *m*
géométrie [ʒeɔmetʀi] F Geometrie *f*; **à ~ variable** *avion* Schwenkflügel...; *fig* den jeweiligen Gegebenheiten angepasst
géométrique [ʒeɔmetʀik] ADJ geometrisch
géophysicien [ʒeɔfizisjɛ̃] M Geophysiker *m*
géophysique A ADJ geophysikalisch B F Geophysik *f*
géopolitique [ʒeopɔlitik] A ADJ geopolitisch B F Geopolitik *f*
Géorgie [ʒeɔʀʒi] **la ~** 1 Georgien *n* 2 *U.S.A.* Georgia *n*
géorgien [ʒeɔʀʒjɛ̃] A ADJ ⟨-ienne [-jɛn]⟩ georgisch B SUBST 1 **Géorgien(ne)** *m(f)* Georgier(in) *m(f)* 2 LING **le ~** das Georgische; Georgisch *n*
géostationnaire [ʒeɔstasjɔnɛʀ] ADJ *satellite* geostationär; Synchron... **géothermique** ADJ geothermisch
gérance [ʒeʀɑ̃s] F Geschäftsführung *f*
géranium [ʒeʀanjɔm] M Geranie *f*
gérant [ʒeʀɑ̃] M, **gérante** [-ɑ̃t] F Geschäftsführer(in) *m(f)*; *d'immeubles* Verwalter(in) *m(f)*
gerbe [ʒɛʀb] F 1 AGR Garbe *f* 2 **~ (de fleurs)** (Blumen)Strauß *m*; Bukett *n* 3 *d'étincelles* Funkenregen *m*
gerber [ʒɛʀbe] A V/T TECH stapeln B V/I *pop* kotzen
gerboise [ʒɛʀbwaz] F Wüstenspringmaus *f*
gercé [ʒɛʀse] ADJ ⟨~e⟩ *peau, lèvres* aufgesprungen; *peau a.* rissig; schrundig
gercer [ʒɛʀse] ⟨-ç-⟩ A V/T rissig werden lassen B V/I (*et* V/PR **se ~**) aufspringen; rissig werden
gerçure [ʒɛʀsyʀ] F (Haut)Riss *m*; Schrunde *f*
gérer [ʒeʀe] V/T ⟨-è-⟩ 1 *affaires, entreprise* führen; *biens* verwalten 2 *fig problème, crise* bewältigen; *fam* managen
gériatrie [ʒeʀjatʀi] F Geriatrie *f*; Altersheilkunde *f* **gériatrique** [-ik] ADJ geriatrisch
germain [ʒɛʀmɛ̃] ADJ ⟨-aine [-ɛn]⟩ **cousin ~, cousine ~e** Vetter *m*, Cousine *f* (ersten Grades)
Germains [ʒɛʀmɛ̃] MPL Germanen *mpl*
germanique [ʒɛʀmanik] ADJ 1 HIST, LING germanisch; **langues** *fpl* **~s** germanische Sprachen *fpl* 2 *(allemand)* deutsch; HIST **le Saint Empire romain ~** das Heilige Römische Reich Deutscher Nation
germanisant [ʒɛʀmanizɑ̃] A ADJ ⟨-ante [-ɑ̃t]⟩ mit e-r Vorliebe für deutsche Kultur B SUBST **~(e)** M(F) Liebhaber(in) *m(f)* der deutschen Kultur
germanisation [ʒɛʀmanizasjõ] F Germanisierung *f*; Eindeutschung *f* **germaniser** [-ize] V/T germanisieren; eindeutschen (*a. mots, noms*)
germanisme [-ism] M deutsche Spracheigentümlichkeit; Germanismus *m* **germaniste** [-ist] M/F Germanist(in) *m(f)*
germano-... [ʒɛʀmano] ADJ deutsch-...
germanophile [ʒɛʀmanɔfil] ADJ deutschfreundlich **germanophilie** [-fili] F Deutschfreundlichkeit *f* **germanophobe** [-fɔb] ADJ deutschfeindlich **germanophobie** [-fɔbi] F Deutschfeindlichkeit *f*; *plus fort* Deutschenhass *m* **germanophone** [-fɔn] ADJ deutschsprachig; Deutsch sprechend
germe [ʒɛʀm] M Keim *m* (*a. fig*)
germer [ʒɛʀme] V/I keimen (*a. fig*)
germinal [ʒɛʀminal] A ADJ ⟨~e; -aux [-o]⟩ BIOL Keim... B M HIST Germinal *m* (*7. Monat des frz Revolutionskalenders*)
germination F BIOL Keimen *n*, -ung *f*
gérondif [ʒeʀõdif] M Gerundium *n*
gérontologie [ʒeʀõtɔlɔʒi] F Gerontologie *f*; Altersforschung *f* **gérontologue** [-lɔg] M Gerontologe *m*
Gers [ʒɛʀ(s)] **le ~** *Fluss u. Departement in Frankreich*
gésier [ʒezje] M (Kau)Magen *m*
gésir [ʒeziʀ] *st/s* V/I ⟨*défect:* il gît, ils gisent; il gisait; gisant⟩ (da)liegen
gestaltisme [gəʃtaltism] M PHIL, PSYCH Gestalttheorie *f*, -psychologie *f*
gestation [ʒɛstasjõ] F 1 ZOOL Trächtigkeit *f* 2 *fig* Entstehung *f*; **en ~** im Entstehen (begriffen)
geste[1] [ʒɛst] M (! maskulin) 1 (Hand)Bewegung *f*; Geste *f*; Gebärde *f*; **faire des grands ~s** lebhaft gestikulieren 2 *par ext* Geste *f*; *fig* **faire un ~** s-m Herzen e-n Stoß geben
geste[2] F 1 **les faits et ~s de qn** das Tun und Treiben j-s 2 **chanson** *f* **de ~** Heldenlied *n*, -epos *n*
gesticulation [ʒɛstikylasjõ] F Gestikulation *f*; Gestikulieren *n* **gesticuler** [-e] V/I gestikulieren
gestion [ʒɛstjõ] F Geschäftsführung *f*; *de biens* Verwaltung *f*; **~ (d'entreprise)** Betriebswirtschaft(slehre) *f*
gestionnaire [ʒɛstjɔnɛʀ] A ADJ Geschäftsführungs...; Verwaltungs... B M Geschäftsführer *m*; Verwalter *m*; Betriebswirt *m*; **c'est un bon ~** er *bzw.* sie ist ein guter Manager
gestuel [ʒɛstɥɛl] A ADJ ⟨~le⟩ Gesten...; Gebär-

den…; **langage ~** Gebärdensprache *f* **B** F **~le** Gestik *f*

geyser [ʒezɛʀ] M Geysir *m*

Ghana [gana] **le ~** Ghana *n*

ghanéen [ganeɛ̃] **A** ADJ ‹-enne [-ɛn]› ghanaisch **B** SUBST **Ghanéen(ne)** M(F) Ghanaer(in) *m(f)*

ghetto [geto] M G(h)etto *n*

ghettoïsation [getoizasjõ] F G(h)ettoisierung *f*

G.I.A. [ʒeia] M ABR (Groupe islamique armé) Bewaffnete islamische Gruppe

gibbon [ʒibõ] M Gibbon *m*

G

gibbosité [ʒibozite] F Höcker *m*

gibecière [ʒibsjɛʀ] F **1** CH Jagdtasche *f* **2** *par ext* Umhängetasche *f*

gibelotte [ʒiblɔt] F **~ de lapin** Kaninchenfrikassee *n* in Weißwein

gibet [ʒibɛ] M Galgen *m*

gibier [ʒibje] M **1** Wild *n*; CUIS *a.* Wildbret *n*; **gros ~** Hoch-, Schalenwild *n* **2** *fig* **~ de potence** Galgenvogel *m*

giboulée [ʒibule] F (Regen-, Graupel)Schauer *m*

giboyeux [ʒibwajø] ADJ ‹-euse [-øz]› wildreich

Gibraltar [ʒibʀaltaʀ] Gibraltar *n*

giclée [ʒikle] F Spritzer *m*

giclement [ʒikləmã] M Spritzen *n*

gicler [ʒikle] V/I spritzen

gicleur [ʒiklœʀ] M AUTO Vergaserdüse *f*

gifle [ʒifl] F Ohrfeige *f* (*a. fig*); Backpfeife *f*; **donner**, *fam* **flanquer une ~ à qn** j-m e-e Ohrfeige geben, *fam* verpassen; *fam* j-m eine runterhauen, kleben, schmieren, knallen

gifler [ʒifle] V/T ohrfeigen

gigahertz [ʒigaɛʀts] M Gigahertz *n*

gigantesque [ʒigãtɛsk] ADJ riesig; riesenhaft; gigantisch; Riesen…

gigantisme [ʒigãtism] M **1** MÉD Riesenwuchs *m* **2** *fig* übermäßiges Wachstum; *état* Riesenhaftigkeit *f*

gigaoctet [ʒigaɔktɛ] M Gigabyte *n*

G.I.G.N. [ʒeiʒeɛn] M ABR (Groupe d'intervention de la Gendarmerie nationale) ≈ GSG *f* 9

gigogne [ʒigɔɲ] ADJ **poupée** *f* **~** russische Puppen *fpl*; **table** *f* **~** Satztisch(e) *m(pl)*

gigolo [ʒigɔlo] M Gigolo *m*

gigot [ʒigo] M Hammelkeule *f*; **~ d'agneau** Lammkeule *f*

gigoter [ʒigɔte] *fam* V/I zappeln; *bébé* strampeln

gigue [ʒig] F **1** MUS Gigue *f* **2** *fam* **une grande ~** *fam* e-e Hopfenstange

gilet [ʒilɛ] M Weste *f*; *tricoté* Strickjacke *f*; **~ de sauvetage** Schwimmweste *f*

gin [dʒin] M Gin *m*

gingembre [ʒɛ̃ʒãbʀ] M Ingwer *m*

gingival [ʒɛ̃ʒival] ADJ ‹~e; -aux [-o]› Zahnfleisch… **gingivite** [-it] F Zahnfleischentzündung *f*

ginseng [ʒinsɛŋ] M Ginseng *m*

girafe (❗ nur ein f) [ʒiʀaf] F Giraffe *f*; *fam fig* **peigner la ~** e-e sinnlose Arbeit machen

girandole [ʒiʀãdɔl] F Lichtgirlande *f*

giratoire [ʒiʀatwaʀ] ADJ Kreis…; Dreh…; **sens** *m* **~** Kreisverkehr *m*

girofle [ʒiʀɔfl] M **clou** *m* **de ~** (Gewürz)Nelke *f*

giroflée [ʒiʀɔfle] F BOT Goldlack *m*

girolle [ʒiʀɔl] F Pfifferling *m*

giron [ʒiʀõ] M Schoß *m* (*a. fig*)

girond [ʒiʀõ] ADJ ‹-ronde [-ʀõd]› *fam* (*bien fait*) *fam* gut gebaut; (*bien en chair*) mollig

Gironde [ʒiʀõd] **la ~** *Mündungstrichter der Garonne u. Departement in Frankreich*

girondin [ʒiʀõdɛ̃] **A** ADJ ‹-ine [-in]› **1** (aus, von) der Gironde **2** HIST girondistisch **B** MPL **Girondins** HIST Girondisten *mpl*

girouette [ʒiʀwɛt] F Wetterfahne *f* (*a. fig*); *fig* **c'est une vraie ~** *a.* er wechselt die Meinung wie das Hemd

gisant [ʒizã] **A** PPR → gésir **B** M liegende (Grab)Figur

gisement [ʒizmã] M Lagerstätte *f*; Vorkommen *n*

gît [ʒi] → gésir

gitan [ʒitã], **gitane** [-an] **1** *m,f* Zigeuner(in) *m(f)*; *adjt* Zigeuner… **2** *f frz Zigarettenmarke*

gîte¹ [ʒit] M **1** Unterkunft *f*; Quartier *n*; **~ rural** Ferienquartier *n* auf dem Land **2** *du gibier* Lager *n* **3** BOUCHERIE Hinterhesse *f*; **~ à la noix** Oberschale *f*

gîte² F MAR Schlagseite *f*; **donner de la ~** Schlagseite haben; krängen

gîter [ʒite] V/I MAR Schlagseite haben

givrage [ʒivʀaʒ] M AVIAT Vereisung *f*

givrant [ʒivʀã] ADJ ‹-ante [-ãt]› **brouillard ~** gefrierender Nebel

givre [ʒivʀ] M (Rau)Reif *m*

givré [ʒivʀe] ADJ ‹~e› **1** *arbres* mit Raureif bedeckt **2** *vitre* zugefroren; vereist (*a.* AVIAT) **3** **orange ~e** Orangensorbet(t) *m ou n* **4** *fam* (*fou*) *fam* bescheuert; → cinglé

givrer [ʒivʀe] **A** V/T **1** mit Raureif überziehen, bedecken **2** *fig* mit e-m (Zucker)Überzug versehen, garnieren **B** V/I (*et* V/PR **se**) **~** vereisen; *vitre a.* zufrieren

glabre [glabʀ] ADJ glatt rasiert; bartlos

glaçage [glasaʒ] M CUIS Glasieren *n*; *résultat* Glasur *f*; Zuckerguss *m*

glace [glas] F **1** (*eau congelée*) Eis *n*; *fig* **rester de ~** eiskalt bleiben; *fig* **rompre la ~** das Eis, den Bann brechen **2** (*crème glacée*) (Speise)Eis *n*; *autrich* Gefrorene(s) *n*; **~ à l'italienne** Softeis *n*; **~ à la vanille** Vanilleeis *n* **3** (*miroir*) Spiegel *m* **4** *ver-*

la glace — Eis

la glace — (Speise)Eis

la glace — Spiegel

re (Glas)Scheibe *f*; AUTO *a.* (Wagen)Fenster *n* 5 *adjt* **sucre** *m* **~** Puderzucker *m*

glacé [glase] ADJ ⟨~e⟩ 1 (*gelé*) vereist 2 CUIS Eis...; **chocolat ~** Eis *n* am Stiel mit Schokoladenüberzug; **crème ~e** Eiscreme *f* 3 *eau, pièce* eiskalt; eisig (*a. fig*); *boisson a.* eisgekühlt; *personne* durch(ge)froren; steif, starr vor Kälte 4 **papier ~** Glanzpapier *n* 5 **marrons ~s** kandierte Kastanien *fpl*

glacer [glase] V/T ⟨-ç-⟩ 1 *fig* **~ qn** j-n erstarren lassen 2 TECH mit Hochglanz versehen 3 CUIS glasieren

glaciaire [glasjɛʀ] ADJ Eis...; Gletscher...; **période** *f* **~** Eiszeit *f*

glacial [glasjal] ADJ ⟨~e; -als, *selten* -aux [-o]⟩ 1 *vent, etc* eisig; eiskalt; **océan ~** Eismeer *n* 2 *fig* eisig; *accueil a.* frostig; *personne* eiskalt

glaciation [glasjasjõ] F GÉOL Vereisung *f*; Vergletscherung *f*

glacier [glasje] M 1 GÉOG Gletscher *m* 2 *pâtissier* Eiskonditor *m*; *marchand* Eisverkäufer *m*; *fam* Eismann *m*

glacière [glasjɛʀ] F Eisschrank *m*; *portable a.* Kühltasche *f*

glaciologie [glasjɔlɔʒi] F Gletscherkunde *f*; *t/t* Glaziologie *f*

glaçon [glasõ] M 1 *pour une boisson* Eiswürfel *m*; *dans une rivière* Eisscholle *f*; *sur une gouttière* Eiszapfen *m* 2 *fam fig personne* Eisberg *m*

gladiateur [gladjatœʀ] M Gladiator *m*

glaïeul [glajœl] M Gladiole *f*

glaire [glɛʀ] F (zäher) Schleim

glaireux [glɛʀø] ADJ ⟨-euse [-øz]⟩ schleimig

glaise [glɛz] F (**terre** F) **~** Lehm *m*; Ton *m*

glaiseux [glɛzø] ADJ ⟨-euse [-øz]⟩ lehmig

glaive [glɛv] *litt* M Schwert *n*

gland [glã] M 1 BOT, ANAT Eichel *f* 2 *décoratif* Quaste *f* 3 *fam* Trottel *m*

glande [glãd] F Drüse *f*

glander [glãde] *ou* **glandouiller** [glãduje] V/I *fam* s-e Zeit vertrödeln

glaner [glane] V/T 1 *abs* Ähren lesen 2 *fig* (auf)sammeln; zusammentragen

glaneur [glanœʀ] M, **glaneuse** [-øz] F Ährenleser(in) *m(f)*

glapir [glapiʀ] V/I 1 *chien* kläffen; *renard* bellen 2 *fig* kreischen

glapissant [glapisã] ADJ ⟨-ante [-ãt]⟩ **voix ~e** kreischende Stimme

glapissement [glapismã] M 1 *d'un chien* Kläffen *n*; Gekläff *n* 2 *fig d'une personne* **~s** *pl* Kreischen *n*; Gekreisch *n*

glas [gla] M Totengeläut(e) *n*; Totenglocke *f*; **sonner le ~** die Totenglocke läuten; *fig* das Ende ankündigen

glasnost [glasnɔst] F HIST Glasnost *f*

glaucome [glokom] M MÉD grüner Star

glauque [glok] ADJ 1 *mer* blau-, graugrün; *yeux* meergrün 2 *fig* trüb(e); trostlos

glaviot [glavjo] *pop* M Auswurf *m*; Spucke *f*

glèbe [glɛb] F *litt* Scholle *f*

glissade [glisad] F Gleiten *n*; **faire des ~s** gleiten; schlittern

glissant [glisã] ADJ ⟨-ante [-ãt]⟩ rutschig; glatt; *fam* glitschig; **chaussée ~e!** Schleudergefahr!

glisse [glis] F *des skis* Gleitfähigkeit *f*; *d'un skieur* Gleiten *n*; Gleitgeschwindigkeit *f*

glissement [glismã] M 1 Gleiten *n*; Rutschen *n*; *bruit* Gleitgeräusch *n* 2 **~ de terrain** Erd-, Bergrutsch *m* 3 *fig* Verschiebung *f*; POL **~ à droite** Rechtsruck *m*; LING **~ de sens** Bedeutungsverschiebung *f*

glisser [glise] A V/T schieben (**dans** in + *acc*); **~ qc à qn** j-m etw zustecken; *fig* **~ qc à l'oreille de qn** j-m etw zuflüstern B V/I 1 gleiten (*a.* TECH); rutschen; schlittern; *fam* glitschen; *personne* (*déraper*) ausrutschen; ausgleiten; **le verre lui a glissé des mains** das Glas ist ihm aus der Hand gerutscht 2 *fig* **~ sur un sujet** rasch über ein Thema hinweggehen 3 *reproches* **~ sur qn** an, von j-m abgleiten C V/PR **se ~** 1 (sich) schleichen, schlüpfen (**dans** in + *acc*) 2 *fig erreur*

sich einschleichen (**dans** in + *acc*)
glissière [glisjɛʀ] F Gleitschiene *f*; **~ de sécurité** Leitplanke *f*
global [glɔbal] ADJ ⟨~e; -aux [-o]⟩ gesamt; Gesamt...; global; Global...
globalement [glɔbalmɑ̃] ADV im Ganzen (genommen)
globalité [glɔbalite] F Gesamtheit *f*; Totalität *f*
globe [glɔb] M 1 **~ (terrestre)** Erdkugel *f*, -ball *m* 2 (*mappemonde*) Globus *m* 3 *d'une lampe* Glaskugel *f*, -glocke *f*; *lampe* Kugelleuchte *f* 4 **~ oculaire, de l'œil** Augapfel *m*

G

globe-trotter [glɔbtʀɔtœʀ, -tɛʀ] M ⟨globe-trotters⟩ Weltenbummler *m*; Globetrotter *m*
globulaire [glɔbylɛʀ] ADJ MÉD **numération** *f* **~** (Aus)Zählung *f* der Blutkörperchen
globule [glɔbyl] M Blutkörperchen *n*
globuleux [glɔbylø] ADJ ⟨-euse [-øz]⟩ *yeux* hervortretend; vorquellend
gloire [glwaʀ] F 1 Ruhm *m*; **à la ~ de** zum Ruhme von (*ou* + *gén*); **avoir son heure de ~** s-e Glanzzeit erleben; **faire qc pour la ~** etwa aus Idealismus tun 2 (*personne célèbre*) Berühmtheit *f* 3 (*splendeur*) Glorie *f*; Herrlichkeit *f*
glorieux [glɔʀjø] ADJ ⟨-euse [-øz]⟩ ruhmreich; glorreich
glorificateur [glɔʀifikatœʀ] *litt* A ADJ ⟨-trice [-tʀis]⟩ verherrlichend B M Verherrlicher *m*
glorification [glɔʀifikasjõ] F Verherrlichung *f*; Glorifizierung *f*
glorifier [glɔʀifje] A V/T verherrlichen; glorifizieren B V/PR **se ~ de qc** sich e-r Sache (*gén*) rühmen
gloriole [glɔʀjɔl] F *péj* (kleinliche) Eitelkeit, Selbstgefälligkeit
glose [gloz] F Glosse *f* **gloser** [-e] V/T glossieren
glossaire [glɔsɛʀ] M Glossar *n*; Wörterverzeichnis *n*
glotte [glɔt] F Stimmritze *f*; PHON **coup** *m* **de ~** Knacklaut *m*
glouglou [gluglu] *fam* M Gluckern *n*
glouglouter [gluglute] V/I gluckern
gloussement [glusmɑ̃] M 1 *d'une poule* Glucken *n* 2 *fig* Glucksen *n*; glucksendes Lachen
glousser [gluse] V/I 1 *poule* glucken 2 *fig* glucksen; glucksend lachen
glouton [glutõ] A ADJ ⟨-onne [-ɔn]⟩ gefräßig; gierig B M Vielfraß *m*
gloutonnement [glutɔnmɑ̃] ADV *manger* gierig
gloutonnerie [glutɔnʀi] F Gefräßigkeit *f*; (Ess)Gier *f*
glu [gly] F Vogelleim *m*
gluant [glyɑ̃] ADJ ⟨-ante [-ɑ̃t]⟩ klebrig
glucides [glysid] MPL Kohle(n)hydrate *npl*
glucose [glykoz] M Traubenzucker *m*; Glukose *f*
glutamate [glytamat] M Glutamat *n*
gluten [glytɛn] M Kleber *m*; Gluten *n*
glycémie [glisemi] F Blutzucker *m*
glycérine [gliseʀin] F Glyzerin *n*
glycine [glisin] F Glyzinie *f*
gnangnan [ɲɑ̃ɲɑ̃] ADJ (! unveränderlich) *fam* schlafmützig; *fam* lahm; *fam* tranig
gnaule *ou* **gniole** [ɲol] F → gnôle
gnocchi [ɲɔki] MPL CUIS Gnocchi *pl* (*Klößchen aus Kartoffelteig*)
gnognote [ɲɔɲɔt] F *fam* wertloses Zeug
gnôle [ɲol] *fam* F Schnaps *m*
gnome [gnom] M Gnom *m*
gnon [ɲõ] *fam* M Schlag *m*; Hieb *m*; **recevoir un ~** *fam* eins verpasst kriegen
gnou [gnu] M Gnu *n*
go [go] ADV **tout de ~** ohne weiteres; schlankweg; rundweg; *fam* glatt
GO ABR (grandes ondes) LW (Langwelle[n])
gobelet [gɔblɛ] M Becher *m*
gobelin [gɔblɛ̃] M echter Gobelin
gobe-mouches [gɔbmuʃ] M (! unveränderlich) ZOOL Fliegenschnäpper *m*
gober [gɔbe] V/T 1 *œuf* ausschlürfen; *huître* schlürfen; *insecte* schnappen; *fig* **~ les mouches** untätig herumsitzen, -stehen 2 *fam* (*croire*) (naiv) glauben; *fam* schlucken
goberger [gɔbɛʀʒe] V/PR ⟨-ge-⟩ **se ~** fröhlich schmausen
Gobi [gɔbi] **le désert de ~** die Wüste Gobi
godailler [gɔdaje] *fam* V/I Falten werfen
godasse [gɔdas] F *fam* Latschen *m*
goder [gɔde] V/I (sich) bauschen; Falten werfen
godet [gɔdɛ] M 1 *récipient* kleiner Napf; Näpfchen *n* 2 TECH (Förder)Becher *m*; Eimer *m* 3 *jupe f* **à ~s** Glockenrock *m* 4 *fam* (*verre*) Glas *n*
godiche [gɔdiʃ] *fam* ADJ tollpatschig; unbeholfen
godille [gɔdij] F 1 MAR Wrigg-, Wrickriemen *m* 2 SKI Wedeln *n*
godiller [gɔdije] V/I 1 MAR wriggen; wricken 2 SKI wedeln
godillots [gɔdijo] MPL *fam* Quadratlatschen *mpl*
goéland [gɔelɑ̃] M (große) Möwe
goélette [gɔelɛt] F MAR Schoner *m*
goémon [gɔemõ] M (See)Tang *m*
gogo[1] [gogo] ADV *fam* **à ~** so viel man will; *fam* jede Menge
gogo[2] M *fam* Einfaltspinsel *m*
goguenard [gɔgnaʀ] ADJ ⟨-arde [-aʀd]⟩ spöttisch; ironisch **goguenardise** [-diz] F *propos* Spott *m*; *d'une personne* spöttische, ironische Art
goguette [gɔgɛt] *fam* **en ~** angeheitert; in Stimmung

goinfre [gwɛ̃fʀ] **A** M Vielfraß *m; fam* Fresssack *m* **B** ADJ gefräßig; *fam* verfressen

goinfrer [gwɛ̃fʀe] V/PR **se ~** *fam* sich vollfressen; sich *(dat)* den Bauch vollschlagen

goinfrerie [gwɛ̃fʀəʀi] F Gefräßigkeit *f; fam* Verfressenheit *f*

goitre [gwatʀ] M MÉD Kropf *m*

golden [gɔldɛn] F (❗ unveränderlich) *pomme* Golden Delicious *m*

golf [gɔlf] M Golf *n;* **~ miniature** Mini-, Kleingolf *n*

golfe [gɔlf] M Golf *m;* Meerbusen *m*

golfeur [gɔlfœʀ] M, **golfeuse** [-øz] F Golfspieler(in) *m(f);* Golfer(in) *m(f)*

gominé [gɔmine] ADJ ⟨~e⟩ pomadisiert

gommage [gɔmaʒ] M **1** Radieren *n* **2** *de la peau* Peeling *n*

gomme [gɔm] F **1** Radiergummi *m;* Gummi *m* **2** BOT Gummiharz *n* **3** *fam* **à la ~** wertlos; unseriös

gommé [gɔme] ADJ ⟨~e⟩ *papier* gummiert

gommer [gɔme] V/T **1** weg-, ausradieren; *abs* radieren **2** *fig* beseitigen; (aus)tilgen

gommeux [gɔmø] **A** ADJ ⟨-euse [-øz]⟩ *substance* gummi(harz)artig; *arbre* Gummi(harz) liefernd **B** M *litt* Stutzer *m*

gonade [gɔnad] F Geschlechts-, Keimdrüse *f; t/t* Gonade *f*

gond [gõ] M (Tür-, Fenster)Angel *f; fig* **sortir de ses ~s** vor Wut außer sich geraten

gondolage [gõdɔlaʒ] M *du papier* Sichwellen *n; du bois* Sichwerfen *n; résultat* Wellung *f;* Verwerfung *f*

gondolant [gõdɔlɑ̃] ADJ ⟨-ante [-ɑ̃t]⟩ *fam* zum Totlachen, Schießen

gondole [gõdɔl] F **1** *barque* Gondel *f* **2** COMM Warenstand *m*

gondolement [gõdɔlmɑ̃] M → gondolage

gondoler [gõdɔle] V/I *et* V/PR **1** **(se) ~** *papier* sich wellen; *bois* sich werfen; sich verziehen **2** *fam* **se ~** *fam* sich biegen vor Lachen; *fam* sich schieflachen

gondolier [gõdɔlje] M Gondoliere *m*

gonflable [gõflabl] ADJ aufblasbar **gonflage** [-aʒ] M Aufpumpen *n* **gonflant** [-ɑ̃] ADJ ⟨-ante [-ɑ̃t]⟩ *pop* → chiant

gonflé [gõfle] ADJ ⟨~e⟩ → gonfler

gonflement [gõfləmɑ̃] M Anschwellen *n;* Aufblähung *f (a.* ÉCON)

gonfler [gõfle] **A** V/T **1** *pneu* aufpumpen; *ballon, joues* aufblasen; *vent: voiles* (auf)blähen; **être gonflé à bloc** *pneu* hart aufgepumpt sein; *fam fig personne* energiegeladen, zu allem entschlossen sein **2** *par ext* anschwellen, (auf)quellen lassen; **yeux gonflés de larmes** (vom Weinen) verquollene Augen *npl;* **avoir l'estomac gonflé** ein Völlegefühl im Magen haben; *fam* **il nous (les) gonfle** *fam* er geht uns auf den Wecker **3** *fig (exagérer)* aufbauschen **4** *fig sentiments* **~ (le cœur de) qn** j-n erfüllen; **gonflé d'orgueil** aufgeblasen **5** *fam fig* **gonflé** *(effronté)* dreist; frech **B** V/I *bois humide, etc* (auf)quellen; *fleuve, partie du corps* anschwellen **C** V/PR **se ~** schwellen; *voile a.* sich (auf)blähen

gonfleur [gõflœʀ] M Blasebalg *m*

gong [gõg] M Gong *m*

gonzesse [gõzɛs] F *fam* Weib *n; fam* Tussi *f*

goret [gɔʀɛ] M Ferkel *n (a. fig)*

goretex® [gɔʀtɛks] M Goretex® *n*

gorge [gɔʀʒ] F **1** Kehle *f;* Hals *m;* Gurgel *f;* **mal *m* de ~** Halsschmerzen *mpl,* -weh *n;* **à ~ déployée** aus vollem Hals; aus voller Kehle; lauthals; **avoir la ~ sèche** e-e trockene Kehle haben; **faire des ~s chaudes de qc** über etw *(acc)* schadenfroh lachen *ou* reden; **prendre qn à la ~** sich j-m auf die Brust legen; **l'angoisse le saisit à la ~** (die) Angst schnürte ihm die Kehle zu **2** *litt (poitrine de femme)* Busen *m;* Brust *f* **3** GÉOG **~s** *pl* Schlucht *f*

gorgée [gɔʀʒe] F Schluck *m; boire* **à petites ~s** schlückchenweise

gorger [gɔʀʒe] V/T ⟨-ge-⟩ *(gaver)* überfüttern; *(imprégner)* (durch)tränken

gorgonzola [gɔʀgõzɔla] M Gorgonzola *m*

gorille [gɔʀij] M **1** ZOOL Gorilla *m* **2** *fam fig* Leibwächter *m; fam* Gorilla *m*

gosier [gozje] M Schlund *m;* Rachen *m;* Kehle *f;* Hals *m*

gospel [gɔspɛl] M Gospel *m ou n;* Gospelsong *m*

gosse [gɔs] *fam* M/F Kind *n; fam* Kleine(s) *n; fam* Gör *n; m a.* (kleiner) Junge; *fam* Kleine(r) *m; f a.* (kleines) Mädchen; *fam* Kleine *f; adjt* **être beau ~** gut aussehen

gothique [gɔtik] ADJ **1** gotisch; (**art** *m,* **style** *m*) **~** *m* Gotik *f* **2** **écriture** *f* **~** Fraktur *f*

gouache [gwaʃ] F **1** Guaschfarbe *f;* Deckfarbe *f* **2** *tableau* Gouache *f*

gouaille [gwaj] F Spottlust *f* **gouailleur** [-œʀ] ADJ ⟨-euse [-øz]⟩ spöttisch

gouape [gwap] *fam* F Lump *m;* Halunke *m*

gouda [guda] M Gouda *m*

goudron [gudʀõ] M Teer *m*

goudronnage [gudʀɔnaʒ] M Teeren *n* **goudronner** [-e] V/T teeren **goudronneuse** [-øz] F Teer(spritz)maschine *f* **goudronneux** [-ø] ADJ ⟨-euse [-øz]⟩ teerig

gouffre [gufʀ] M **1** Abgrund *m; fig* **au bord du ~** am Rand des Abgrunds **2** *fig* Fass *n* ohne Boden

gougère [guʒɛʀ] F *Käsegebäck aus Brandteig*

gouine [gwin] F *pop (lesbienne) fam* Lesbe *f*

goujat [guʒa] M *péj* Rüpel *m;* Flegel *m*

goujaterie [guʒatʀi] F Rüpel-, Flegelhaftigkeit *f*
goujon [guʒõ] M ZOOL Gründling *m*
goulache *ou* **goulasch** [gulaʃ] F *ou* M Gulasch *n ou m*
goulag [gulag] M Straflager *n*
goulée [gule] *fam* F großer Schluck; Mundvoll *m*
goulet [gulɛ] M 1 MAR enge Hafenzufahrt 2 *en montagne* Engpass *m* 3 *fig* **~ d'étranglement** → goulot
gouleyant [gulejã] ADJ ‹-ante [-ãt]› süffig

G

goulot [gulo] M 1 (Flaschen)Hals *m*; **boire au ~** aus der Flasche trinken 2 *fig* **~ d'étranglement** Engstelle *f*; Engpass *m* (*a.* ÉCON); Flaschenhals *m*; Nadelöhr *n*
goulu [guly] ADJ ‹~e› gierig
goulûment [gulymã] ADV gierig
goupille [gupij] F TECH Stift *m*
goupiller [gupije] A VT *fam* deichseln B V/PR *fam* **ça s'est bien (mal) goupillé** *fam* das hat (nicht) geklappt
goupillon [gupijõ] M 1 ÉGL Weih(wasser)wedel *m* 2 *brosse* Flaschenbürste *f*
gourance [guʀãs] *fam* F Irrtum *m*
gourbi [guʀbi] M armselige Behausung; *fam* Loch *n*
gourd [guʀ] ADJ ‹gourde [guʀd]› steif vor Kälte; klamm
gourde [guʀd] A F 1 *bouteille* Feldflasche *f* 2 *fig fam* Dussel *m* B ADJ *fam* dusselig
gourdin [guʀdɛ̃] M Knüppel *m*
gourer [guʀe] V/PR *fam* **se ~** sich irren; *fam* sich vertun; *fam* schiefgewickelt sein
gourmand [guʀmã] A ADJ ‹-ande [-ãd]› 1 esslustig; *de sucreries* naschhaft; **~ de qc** gierig nach etw; **être ~** gern essen; ein Schlemmer sein; *de sucreries* gern naschen, schlecken 2 *fig* geldgierig B **~(e)** M(F) Schlemmer *m*; *de sucreries fam* Naschkatze *f*; *fam* Leckermaul *n*
gourmander [guʀmãde] *litt* VT streng rügen, zurechtweisen
gourmandise [guʀmãdiz] F 1 Esslust *f*; Naschhaftigkeit *f* 2 **~s** *pl* Leckerbissen *mpl*; Leckereien *fpl*
gourmet [guʀmɛ] M Feinschmecker *m*; Gourmet *m*
gourmette [guʀmɛt] F Gliederarmband *n* (mit Namensplakette)
gourou [guʀu] M Guru *m* (*a. fig*)
gousse [gus] F 1 BOT Schote *f* 2 **~ d'ail** Knoblauchzehe *f*
gousset [gusɛ] M Westen-, Uhrtasche *f*
goût [gu] M 1 *sens* Geschmack(ssinn) *m* 2 (*saveur*) Geschmack *m*; **avoir bon ~** gut schmecken; schmackhaft sein 3 *fig* Geschmack *m*; **bon ~** guter Geschmack; **de bon ~** geschmackvoll; **de mauvais ~** geschmacklos; unpassend; *bibelot* kitschig; **à mon ~** für meinen Geschmack; **au ~ du jour** nach heutigem Geschmack; im Zeitgeschmack; **avec, sans ~** geschmackvoll, -los 4 (*envie*) Lust *f* (**de, pour** zu); (*plaisir*) Gefallen *n*, Spaß *m*, Freude *f* (an + *dat*); (*penchant*) Sinn *m*, Vorliebe *f* (für); **~ du risque** Risikofreudigkeit *f*, -bereitschaft *f*; **prendre ~ à qc** Gefallen, Geschmack an etw (*dat*) finden 5 **~s** *pl* (*préférences*) Neigungen *fpl*; **avoir des ~s simples** das einfache Leben lieben
goûter [gute] A VT 1 (*déguster*) versuchen; kosten; probieren 2 *fig* genießen; auskosten B VT INDIR **~ de qc** etw ausprobieren; *fam* in etw (*acc*) hineinriechen C VI *enfants* (am Nachmittag) e-n Imbiss einnehmen, ein Butterbrot essen D M (Nachmittags)Imbiss *m*; Butterbrot *n*
goutte¹ [gut] A F 1 Tropfen *m*; **~ à ~** tropfenweise; **couler ~ à ~** tropfen; tröpfeln; **verser ~ à ~** träufeln; *fig* **c'est la ~ d'eau qui fait déborder le vase** das bringt das Fass zum Überlaufen; **se ressembler comme deux ~s d'eau** sich gleichen wie ein Ei dem anderen 2 PHARM **~s** *pl* Tropfen *mpl* 3 *par ext* **une ~ de café**, *etc* ein Schluck *m*, ein Schlückchen *n* Kaffee *etc* 4 *fam fig* **boire la ~** e-n Schnaps trinken B ADV *litt ou plais* **ne … ~** überhaupt nichts
goutte² F MÉD Gicht *f*
goutte-à-goutte M (! unveränderlich) MÉD Tropf *m*
gouttelette [gutlɛt] F Tröpfchen *n*
goutter [gute] VI tropfen
gouttière [gutjɛʀ] F 1 *d'un toit* Dachrinne *f* 2 MÉD Schiene *f*
gouvernail [guvɛʀnaj] M Ruder *n* (*a. fig*); AVIAT **~ de direction, de profondeur** Seiten-, Höhenruder *n*
gouvernante [guvɛʀnãt] F 1 *d'enfants* Gouvernante *f* 2 *d'un célibataire* Haushälterin *f*
gouvernants [guvɛʀnã] MPL POL **les ~** die Regierenden *mpl*
gouverne [guvɛʀn] F 1 AVIAT **~s** *pl* Steuerflächen *fpl* 2 **pour votre ~** zu Ihrer Orientierung
gouvernement [guvɛʀnəmã] M 1 Regierung *f* 2 (*régime*) Regierungsform *f*
gouvernemental [guvɛʀnəmãtal] ADJ ‹~e; -aux [-o]› 1 Regierungs… 2 *presse* regierungsfreundlich
gouverner [guvɛʀne] VT regieren
gouverneur [guvɛʀnœʀ] M Gouverneur *m*; HIST *a.* Statthalter *m*
goyave [gɔjav] F Guajave *f*
GPL [ʒepeɛl] M ABR (gaz de pétrole liquéfié) Flüssig-, Autogas *n*
GR® [ʒeɛʀ] M ABR (chemin de grande randon-

née) *französischer Fernwanderweg*
grabat [gʀaba] M ärmliches Bett
grabataire [gʀabatɛʀ] ADJ bettlägerig
grabuge [gʀabyʒ] M *fam* Krach *m*; *fam* Knatsch *m*
grâce [gʀɑs] A F 1 *(faveur)* Gnade *f*; Gunst *f*; *st/s* Huld *f*; **de grâce!** ich bitte Sie!; **de bonne grâce** bereitwillig; **de mauvaise grâce** widerwillig; **être dans les bonnes grâces de qn** bei j-m in Gunst stehen; **trouver grâce aux yeux de qn** vor den Augen j-s Gnade finden 2 JUR Begnadigung *f*; Gnade *f*; *par ext* **coup** *m* **de grâce** Gnadenstoß *m* *(a. fig)*; *avec une arme à feu* Gnadenschuss *m*; *fig* **faire grâce à qn de qc** j-m etw erlassen, ersparen; j-n mit etw verschonen 3 REL Gnade *f* 4 *(charme)* Anmut *f*; Grazie *f*; *st/s* Liebreiz *m* 5 **les trois Grâces** die drei Grazien *fpl* 6 REL **action** *f* **de grâce(s)** Danksagung *f*; **grâce à Dieu!** Gott sei Dank! B PRÉP **grâce à** dank *(+ dat ou gén)*; durch *(+ acc)*
gracier [gʀasje] V/T begnadigen
gracieusement [gʀasjøzmɑ̃] ADV 1 *(gratuitement)* gratis; kostenlos 2 *(avec grâce)* anmutig; graziös
gracieusetés [gʀasjøzte] FPL *iron* Liebenswürdigkeiten *fpl*
gracieux [gʀasjø] ADJ ⟨-euse [-øz]⟩ 1 *(charmant)* anmutig; graziös 2 *(aimable)* liebenswürdig 3 **à titre ~** unentgeltlich; gratis; kostenlos
gracile [gʀasil] ADJ zierlich; zart; grazil **gracilité** [-ite] F Zierlichkeit *f*; Zartheit *f*; Grazilität *f*
gradation [gʀadasjõ] F Abstufung *f*
grade [gʀad] M Dienstgrad *m*; MIL *a.* Rang *m*; **monter en ~** aufrücken; befördert werden; *fam fig* **en prendre pour son ~** *fam* gehörig eins auf den Deckel kriegen
gradé [gʀade] M unterer Dienstgrad
gradin [gʀadɛ̃] M 1 *d'un amphithéâtre, d'un stade* **~s** *pl* (ansteigende) Sitzreihen *fpl*; (Zuschauer-)Ränge *mpl* 2 *d'un terrain* Stufe *f*; Absatz *m*; MINES Strosse *f*
graduation [gʀadɥasjõ] F Maßeinteilung *f*; *d'un thermomètre* Gradeinteilung *f*
gradué [gʀadɥe] ADJ ⟨~e⟩ 1 *instrument de mesure* mit (e-r) Skala, Gradeinteilung (versehen) 2 *exercices* (im Schwierigkeitsgrad) abgestuft
graduel [gʀadɥɛl] ADJ ⟨~le⟩ allmählich; graduell; stufen-, schrittweise
graduer [gʀadɥe] V/T 1 *difficultés, etc* abstufen; allmählich steigern 2 *instrument de mesure* mit e-r Maß-, Gradeinteilung versehen
graffiter [gʀafite] V/T mit Graffiti besprühen
graffiteur [-œʀ] M, **graffiteuse** [-øz] F Sprayer(in) *m(f)*
graffiti(s) [gʀafiti] MPL Kritzeleien *fpl*; Graffiti *pl*
graille [gʀɑj] F *fam* → bouffe
graillon [gʀɑjõ] M **odeur** *f* **de ~** Geruch *m* nach angebranntem Fett
graillonner [gʀɑjɔne] V/I 1 nach angebranntem Fett riechen 2 *pop (cracher)* Schleim aushusten, -spucken
grain [gʀɛ̃] M 1 *des céréales* Korn *n*; **~ de blé** Weizenkorn *n* 2 *de raisin, de groseille* Beere *f*; *de café* Bohne *f*; **~ de poivre** Pfefferkorn *n*; *café, poivre* **en ~s** ungemahlen 3 *d'un chapelet* Perle *f* 4 *de sable, de sel, etc* Korn *n*; Körnchen *n*; *fam fig* **mettre son ~ de sel** *fam* s-n Senf dazugeben 5 **~ de beauté** Leberfleck *m* 6 *d'un papier*, PHOT Korn *n*; *d'un cuir* Narbe *f* 7 *fam fig* **avoir un ~** *fam* e-n Sparren (zu viel), e-n Stich haben 8 *(averse)* (Regen)Schauer *m*; *fig* **veiller au ~** auf der Hut sein

les grains (mpl) de blé — Weizenkörner

les grains (mpl) de café — Kaffeebohnen

graine [gʀɛn] F 1 BOT Samenkorn *n*; Samen *m*; **~s de tournesol** Sonnenblumenkerne *mpl*; **monter en ~** (in Samen) schießen; *fig* **en prendre de la ~** sich *(dat)* daran ein Beispiel nehmen 2 *fig* **mauvaise ~** *péj* sauberes Früchtchen; *plais* Schlingel *m*
grainetier [gʀɛntje] M Samen- und Futtermittelhändler *m*
graissage [gʀɛsaʒ] M (Ab)Schmieren *n*
graisse [gʀɛs] F 1 ANAT, CHIM, CUIS Fett *n* 2 TECH Schmierfett *n*; Schmiere *f*
graisser [gʀese] V/T 1 einfetten; TECH schmieren; AUTO abschmieren 2 *salir* fettig machen
graisseux [gʀɛsø] ADJ ⟨-euse [-øz]⟩ 1 *(gras)* fettig; mit Fettflecken 2 BIOL Fett…
graminées [gʀamine] FPL Gräser *npl*
grammaire [gʀamɛʀ] F Grammatik *f*; Sprachlehre *f*
grammairien [gʀa(m)mɛʀjɛ̃] M, **grammairienne** [-jɛn] F Grammatiker(in) *m(f)*
grammatical [gʀamatikal] ADJ ⟨~e; -aux [-o]⟩ grammatikalisch; grammatisch
gramme [gʀam] M 1 Gramm *n*; **1 ~ 6 d'alcoolémie** 1,6 Promille Blutalkohol 2 *fig* **pas un ~**

de bon sens kein Funken *m*, kein Quäntchen *n* gesunder Menschenverstand

grand [gʀɑ̃, *in der Bindung* gʀɑ̃t] A ADJ ⟨grande [gʀɑ̃d]⟩ groß; **~ âge** [-t-] hohes Alter; **~ blessé** Schwerverletzte(r) *m*; **~ choix** große, reiche Auswahl; ÉCOLE **les ~es classes** die oberen Klassen *fpl*; **~ cri** lauter Schrei; **~ format** Großformat *n*; **~ froid** große, starke Kälte; **~ fumeur** starker Raucher; **deux ~es heures** volle, geschlagene zwei Stunden *fpl*; **~es jambes** lange Beine *npl*; **le ~ monde** die große, vornehme Welt; **le ~ public** das breite Publikum B ADV **en ~** im Großen; in großem Stil, Umfang; **voir ~** in großem Stil handeln; *péj* große, hochfliegende Pläne haben; **~** ⟨*veränderlich*⟩ **ouvert** [-t-] weit offen, geöffnet C SUBST 1 *d'enfants* **le ~, la ~e** der, die Große; *fam* **mon ~!** lieber Junge!; *fam* **ma ~e!** liebes Kind! 2 (*adulte*) **les ~s** die Großen, Erwachsenen *pl*; **(les) petits et (les) ~s** Groß und Klein 3 (*puissant*) **les ~s de ce monde** die Großen *pl* dieser Welt

G

grand-angle [gʀɑ̃tɑ̃gl] M ⟨grands-angles [gʀɑ̃zɑ̃gl]⟩ Weitwinkelobjektiv *n*

grand-chose (! grand-chose) A PR INDÉF **pas ~** nicht viel B SUBST *fam* **un, une pas ~** ein Nichtsnutz *m*

grand-duc M ⟨grands-ducs⟩ 1 Großherzog *m* 2 ZOOL Uhu *m*

grand-duché M ⟨grands-duchés⟩ Großherzogtum *n*

Grande-Bretagne [gʀɑ̃dbʀətaɲ] **la ~** Großbritannien *n*

grande-duchesse [gʀɑ̃ddyʃɛs] F ⟨grandes-duchesses⟩ Großherzogin *f*

grandement [gʀɑ̃dmɑ̃] ADV 1 (*beaucoup*) in hohem Maße 2 (*largement*) reichlich

grandeur [gʀɑ̃dœʀ] F Größe *f* (*a.* PHYS, MATH); **~ d'âme** Seelengröße *f*

grand-faim: **avoir ~** großen Hunger haben; sehr hungrig sein

grandiloquence [gʀɑ̃dilɔkɑ̃s] F hochtrabende Ausdrucksweise; Bombast *m* **grandiloquent** [-ɑ̃] ADJ ⟨-ente [-ɑ̃t]⟩ hochtrabend; bombastisch

grandiose [gʀɑ̃djoz] ADJ großartig; grandios; überwältigend

grandir [gʀɑ̃diʀ] A V/T 1 größer machen; größer erscheinen lassen 2 *fig* Größe verleihen (+ *dat*); erhöhen B V/I 1 (*pousser*) wachsen, größer werden (**de** um); *fig* **~ en sagesse** an Weisheit zunehmen 2 (*s'intensifier*) zunehmen; (immer) größer, stärker werden

grandissant [gʀɑ̃disɑ̃] ADJ ⟨-ante [-ɑ̃t]⟩ wachsend; zunehmend

grandissime [gʀɑ̃disim] *plais* ADJ sehr groß; gewaltig

grand-maman F ⟨grand(s)-mamans⟩ Großmama *f*; *fam* Oma *f*

grand-mère (! grand-mère) F ⟨grand(s)-mères⟩ 1 Großmutter *f* 2 *fam* (*vieille femme*) *fam* Oma *f*

grand-messe F ⟨grand(s)-messes⟩ Hochamt *n*

grand-oncle [gʀɑ̃tõkl] M ⟨grands-oncles [gʀɑ̃zõkl]⟩ Großonkel *m*

grand-papa M ⟨grands-papas⟩ Großpapa *m*; *fam* Opa *m*

grand-peine ADV **à ~** mit Müh und Not; mit großer Mühe

grand-père M ⟨grands-pères⟩ 1 Großvater *m* 2 *fam* (*vieillard*) *fam* Opa *m*

grand-peur: **avoir ~ que ... ne** (+*subj*) sehr fürchten, dass ...

grand-route F ⟨grand(s)-routes⟩ Landstraße *f*

grand-rue F ⟨grand(s)-rues⟩ Hauptstraße *f*

grand-soif: **avoir ~** großen Durst haben; sehr durstig sein

grands-parents [gʀɑ̃paʀɑ̃] MPL Großeltern *pl*

grand-tante F ⟨grand(s)-tantes⟩ Großtante *f*

grand-voile F ⟨grand(s)-voiles⟩ Großsegel *n*

grange [gʀɑ̃ʒ] F Scheune *f*

granit(e) [gʀanit] M Granit *m*

granité [gʀanite] ADJ ⟨~e⟩ körnig; gekörnt; *tissu* kreppartig **graniteux** [-ø] ADJ ⟨-euse [-øz]⟩ granithaltig **granitique** ADJ Granit...

granny [gʀani] F, **granny smith** [gʀanismis] F (! unveränderlich) *pomme* Granny Smith *m*

granule [gʀanyl] M 1 Körnchen *n* 2 PHARM Granulum *n*

granulé [gʀanyle] A ADJ ⟨~e⟩ körnig; gekörnt B MPL **~s** PHARM Granulat *n*

granuler [gʀanyle] V/T körnen; granulieren

granuleux [-ø] ADJ ⟨-euse [-øz]⟩ körnig; gekörnt

graphème [gʀafɛm] M LING Graphem *n*

grapheur [gʀafœʀ] M INFORM Grafikprogramm *n*

graphie [gʀafi] F Schreibung *f*; Schreibweise *f*; Graphie *f*

graphique [gʀafik] A ADJ grafisch; **arts** *mpl* **~s** grafische Künste *fpl*; *secteur* grafisches Gewerbe B M (! maskulin) Grafik *f*; Schaubild *n*; Diagramm *n*

graphisme [gʀafism] M Schriftzüge *mpl*; Schriftbild *n*; *d'un dessinateur* Führung *f* des Zeichenstiftes

graphiste [gʀafist] M/F Grafiker(in) *m(f)*

graphite [gʀafit] M Graphit *m*

graphité [gʀafite] ADJ ⟨~e⟩ **lubrifiant ~** Graphitschmieröl *n*

graphologie [gʀafɔlɔʒi] F Graphologie *f* **graphologique** ADJ graphologisch **graphologue** [-lɔg] M/F Graphologe, -login *m,f*

grappa [gʀapa] F Grappa *m*

grappe [gʀap] F Traube *f* (*a. fig*); **~ de raisin** Weintraube *f*

grappillage [gʀapijaʒ] M 1 VENDANGES Nachlese *f* 2 *fig* kleine, unlautere Gewinne *mpl*, Vorteile *mpl*

grappiller [gʀapije] V/T 1 hier und da (ab)pflücken 2 *fig avantages* herausschlagen; *informations* auflesen

grappin [gʀapɛ̃] M MAR Draggen *m*; *fam fig* **mettre le ~ sur qn** j-n mit Beschlag belegen

gras [gʀɑ] A ADJ ⟨grasse [gʀɑs]⟩ 1 fett; *aliment a.* fetthaltig; *personne, animal a.* feist 2 (*enduit de graisse*) fettig 3 *fig terre* fett; schwer; *crayon* weich; *toux* mit Auswurf; *rire* laut; ordinär; **en caractères ~** fett gedruckt B **le ~** das Fett(e)

gras-double M ⟨gras-doubles⟩ Kaldaunen *fpl*; Kutteln *fpl*

grassement [gʀasmɑ̃] ADV reichlich

grasseyer [gʀaseje] V/I das Zäpfchen-R sprechen

grassouillet [gʀasujɛ] ADJ ⟨-ette [-ɛt]⟩ dicklich; rundlich; *femme a.* mollig

gratifiant [gʀatifjɑ̃] ADJ ⟨-ante [-ɑ̃t]⟩ (innerlich) befriedigend

gratification [gʀatifikasjõ] F 1 *somme* Gratifikation *f*; Sonderzuwendung *f* 2 PSYCH Befriedigung *f*

gratifier [gʀatifje] V/T 1 **~ qn de qc** j-m etw zukommen lassen; j-n mit etw bedenken (*a. iron*) 2 PSYCH **~ qn** j-n befriedigen, erfüllen

gratin [gʀatɛ̃] M 1 **au ~** überbacken; gratiniert; **~ dauphinois** überbackener Kartoffelauflauf 2 *fam fig* **le ~** die oberen Zehntausend

gratiné [gʀatine] ADJ ⟨~e⟩ 1 überbacken; gratiniert 2 *fam* toll; *fam* enorm

gratinée [gʀatine] F mit Käse überbackene Zwiebelsuppe *f*

gratiner [gʀatine] V/T **faire ~** überbacken; gratinieren

gratis [gʀatis] *fam* ADV umsonst; gratis; kostenlos; *adjt* Gratis…; Frei…

gratitude [gʀatityd] F Dankbarkeit *f*

grattage [gʀataʒ] M (Ab-, Aus)Kratzen *n*; (Ab)Schaben *n*; LOTERIE Rubbeln *n*

gratte-ciel [gʀatsjɛl] M ⟨gratte-ciel(s)⟩ Wolkenkratzer *m* **gratte-cul** M ⟨gratte-cul(s)⟩ Hagebutte *f* **gratte-dos** M (! unveränderlich) Rückenkratzer *m*

grattement [gʀatmɑ̃] M Kratzen *n*, Scharren *n* (*a. bruit*)

gratte-papier M ⟨gratte-papier(s)⟩ *péj* Federfuchser *m*

gratter [gʀate] A V/T 1 *surface* abkratzen; (ab)schaben; *casserole* auskratzen; *cicatrice* aufkratzen; *sol, neige* aufscharren 2 (*enlever*) ab-, wegkratzen; abschaben; *inscription* auskratzen; *abs* LOTERIE rubbeln 3 (*démanger*) kratzen; jucken 4 *fam à son profit* herausschlagen, -schinden B V/I 1 kratzen; scharren 2 *fam* **~ de la guitare** *fam* auf der Gitarre klimpern 3 *fam* (*travailler*) *fam* werke(l)n; *plus fort* schuften C V/PR 1 **se ~** sich kratzen 2 *pop fig* **tu peux toujours te ~!** *fam* das kommt nicht in die Tüte!; *fam* denkste!

grattoir [gʀatwaʀ] M Schaber *m*; Kratzer *m*

grattouiller [gʀatuje] V/T *fam* → **gratter** A 3, B 2

gratuit [gʀatɥi] ADJ ⟨-uite [-ɥit]⟩ 1 (*non payant*) kostenlos; unentgeltlich; Frei…; Gratis…; *prêt* zinslos; **billet ~** Freikarte *f* 2 (*sans fondement*) unbegründet; grundlos; unmotiviert; willkürlich

gratuité [gʀatɥite] F 1 Unentgeltlichkeit *f*; *des transports* Nulltarif *m*; **~ de l'enseignement** Schulgeldfreiheit *f* 2 *d'une accusation, etc* Unbegründetheit *f*; Grundlosigkeit *f*

gratuitement [gʀatɥitmɑ̃] ADV 1 (*sans payer*) kostenlos; gratis; umsonst 2 (*sans motif*) ohne Grund, Motiv; grundlos; (*arbitrairement*) willkürlich

gravats [gʀava] MPL Bauschutt *m*

grave [gʀav] ADJ 1 *air, ton* ernst; *attitude* gemessen; würdevoll 2 *problème, décision, etc* ernst; schwerwiegend; gravierend; *situation, erreur a.* schlimm; *maladie* schwer; **blessé** *m* **~** Schwerverletzte(r) *m*; **ce n'est pas ~** das ist nicht schlimm 3 *voix* tief (*a. son*); dunkel 4 **accent** *m* **~** Accent grave *m*

graveleux [gʀavlø] ADJ ⟨-euse [-øz]⟩ zotig; anstößig; schlüpfrig

gravement [gʀavmɑ̃] ADV 1 (*dignement*) ernst; würdevoll 2 **~ malade** schwer krank; ernstlich erkrankt

graver [gʀave] V/T 1 einschneiden, einritzen, *pour reproduire* (ein)gravieren (**sur** in + *acc*) 2 *fig souvenir* **est gravé dans ma mémoire** hat sich mir eingeprägt

graveur [gʀavœʀ] M, **graveuse** [-øz] F 1 Graveur(in) *m(f)* 2 *m* TECH **~ de CD** CD-Brenner *m*

gravier [gʀavje] M Kies *m*

gravillon [gʀavijõ] M Splitt *m*

gravir [gʀaviʀ] V/T erklimmen (*a. fig*)

gravissime [gʀavisim] ADJ *maladie* sehr schwer; *faute, erreur* äußerst gravierend

gravitation [gʀavitasjõ] F Gravitation *f*; Massenanziehung *f*

gravitationnel [gʀavitasjɔnɛl] ADJ ⟨~le⟩ PHYS Gravitations…; **champ ~** Gravitations-,

Schwerefeld *n*
gravité [gʀavite] F 1 *(sérieux)* (feierlicher) Ernst 2 *de la situation* Ernst *m*; *d'une maladie* Schwere *f*; **sans ~** harmlos 3 *d'un son* Tiefe *f* 4 PHYS, *fig* **centre** *m* **de ~** Schwerpunkt *m*; **force** *f* **de ~** Schwerkraft *f*
graviter [gʀavite] V/T INDIR 1 ASTRON kreisen, sich drehen (**autour de** um) 2 *fig* **~ autour de qn** ständig um j-n sein
gravure [gʀavyʀ] F 1 *technique* Gravierung *f*; *art* Gravierkunst *f*; Grafik *f* 2 *ouvrage* Grafik *f*; (Kupfer)Stich *m*; *sur bois* Holzschnitt *m*; *par ext* (Kunst)Druck *m*; Kunstblatt *n*

G

gré [gʀe] M 1 **à mon ~** *(à mon goût)* nach meinem Geschmack; *(à volonté)* nach Belieben; nach (meinem) Gutdünken; *(à mon avis)* meines Erachtens; **au ~ des événements** je nach den Ereignissen; **contre le ~ de qn** gegen den Willen j-s; **de bon ~** bereitwillig; gern; **de son plein ~** freiwillig; aus freien Stücken; **de ~ ou de force** gutwillig oder gezwungen; so oder so; **bon ~ mal ~** wohl oder übel 2 *st/s* **savoir ~ à qn de qc** j-m für etw dankbar sein
grec [gʀɛk] A ADJ ⟨grecque [gʀɛk]⟩ griechisch; **i ~** Ypsilon *n* B **Grec, Grecque** M,F Grieche *m*, Griechin *f*
Grèce [gʀɛs] **la ~** Griechenland *n*
gréco-latin [gʀekolatɛ̃] ADJ ⟨-ine [-in]⟩ griechisch-lateinisch **gréco-romain** ADJ ⟨-aine [-ɛn]⟩ griechisch-römisch *(a. lutte)*
grecque [gʀɛk] F *ornement* Mäander(band) *m(n)*
gredin [gʀədɛ̃] M *fam* **petit ~** Schlingel *m*
gréement [gʀemɑ̃] M MAR Takelage *f*
greffe¹ [gʀɛf] F 1 MÉD Transplantation *f*; Verpflanzung *f*; **~ du cœur** Herztransplantation *f* 2 BOT Pfropfen *n*; *(greffon)* Edel-, Pfropfreis *n*
greffe² M Geschäftsstelle *f* des Gerichts
greffer [gʀefe] A V/T 1 *arbre* pfropfen; veredeln 2 MÉD verpflanzen; transplantieren B V/PR *fig* **se ~ sur qc** zu etw hinzukommen
greffier [gʀefje] M Urkundsbeamte(r) *m*
greffon [gʀɛfõ] M 1 BOT Edel-, Pfropfreis *n* 2 MÉD Transplantat *n*
grégaire [gʀegɛʀ] ADJ Herden…; **instinct** *m* **~** Herdentrieb *m*
grégarisme [gʀegaʀism] M Herdentrieb *m*, -leben *n*
grège [gʀɛʒ] ADJ 1 **soie** *f* **~** Roh-, Grègeseide *f* 2 *couleur* rohseidenfarben; hellbeige
grégorien [gʀegɔʀjɛ̃] ADJ ⟨-ienne [-jɛn]⟩ gregorianisch
grêle¹ [gʀɛl] F Hagel *m* *(a. fig)*
grêle² ADJ dünn *(a. voix)*; schmal; **intestin** *m* **~** Dünndarm *m*
grêlé [gʀele] ADJ ⟨~e⟩ pockennarbig
grêler [gʀele] V/IMP hageln
grêlon [gʀɛlõ] M Hagelkorn *n*
grelot [gʀəlo] M Schelle *f*; Glöckchen *n*
grelottant [gʀəlɔtɑ̃] ADJ ⟨-ante [-ɑ̃t]⟩ zitternd; schlotternd **grelottement** M Zittern *n*; Schlottern *n*
grelotter [gʀəlɔte] V/I (vor Kälte) zittern, schlottern; **~ de fièvre** vom Fieber geschüttelt werden
greluche [gʀəlyʃ] F *fam* (dumme) Zicke
grenade [gʀənad] F 1 BOT Granatapfel *m* 2 MIL (Hand)Granate *f*
Grenade [gʀənad] 1 *en Espagne* Granada *n* 2 *aux Petites Antilles* Grenada *n*
grenadier [gʀənadje] M 1 BOT Granatapfelbaum *m* 2 HIST MIL Grenadier *m*
grenadin [gʀənadɛ̃] M gespicktes Kalbsfilet
grenadine [gʀənadin] F Granatapfelsirup *m*
grenaille [gʀənaj] F Schrot *m ou n*
grenat [gʀəna] M 1 MINÉR Granat *m* 2 *adjt* (❗ unveränderlich) granatrot
grenier [gʀənje] M 1 Speicher *m*; Dachboden *m* 2 *fig* Kornkammer *f*
Grenoble [gʀənɔbl] *Stadt im Departement Isère*
grenoblois [gʀənɔblwa] ADJ ⟨-oise [-waz]⟩ *(et* SUBST **Grenoblois** Einwohner) von Grenoble
grenouillage [gʀənujaʒ] M POL unsaubere Machenschaften *fpl*
grenouille [gʀənuj] F Frosch *m*
grenouillère [gʀənujɛʀ] F Strampelanzug *m*
grès [gʀɛ] M 1 *roche* Sandstein *m* 2 *céramique* Steinzeug *n*
gréseux [gʀezø] ADJ ⟨-euse [-øz]⟩ Sandstein…
grésil [gʀezil] M Graupeln *fpl*
grésillement [gʀezijmɑ̃] M CUIS Brutzeln *n*; TÉL, RAD Knistern *n*; Rauschen *n*
grésiller [gʀezije] V/I *friture* brutzeln; TÉL, RAD knistern
grève [gʀɛv] F 1 Streik *m*; Ausstand *m*; **~ générale** Generalstreik *m*; **~ de la faim** Hungerstreik *m*; **~ du zèle** Dienst *m* nach Vorschrift; Bummelstreik *m*; **~ sur le tas** Sitzstreik *m*; **être en ~, faire ~** streiken; **se mettre en ~** in (den) Streik treten 2 *plage* (Sand-, Kies)Strand *m*
grever [gʀəve] V/T ⟨-è-⟩ belasten (**de** mit)
gréviste [gʀevist] M/F Streikende(r) *m/f(m)*
gribouillage [gʀibujaʒ] M *péj écriture* Gekritzel *n*; Kritzelei *f*; *fam* Gekrakel *n*; *fam* Gesudel *n*; *fam* Geschmier *n*
gribouille [gʀibuj] M *péj* Tölpel *m*; *fam* Einfaltspinsel *m*; Schlaumeier *m (iron)*
gribouiller [gʀibuje] A V/T hinkritzeln; *fam* hinschmieren B V/I kritzeln; *fam* sudeln
gribouilleur [gʀibujœʀ] M, **gribouilleuse** [-øz] F *fam* Sudler(in) *m(f)*; Schmierer(in) *m(f)*; Schmierfink *m*
gribouillis [gʀibuji] M → gribouillage

grief [gʀijɛf] M (Grund *m*, Anlass *m* zur) Klage *f*, Beschwerde *f*; **avoir des ~s contre qn** Anlass, Grund zur Klage (j-m gegenüber) haben; Beschwerden gegen j-n vorzubringen haben; **exposer, formuler ses ~s** s-e Beschwerden vorbringen; **faire ~ de qc à qn** j-m etw zum Vorwurf machen
grièvement [gʀijɛvmɑ̃] ADV **~ blessé** schwer verletzt
griffe [gʀif] F 1 ZOOL Kralle *f*; *fig* **tomber dans les ~s de qn** j-m in die Klauen geraten 2 ADMIN Namensstempel *m*; COMM Namenszug *m*; Markenzeichen *n* 3 *fig* Stempel *m*; Handschrift *f*
griffé [gʀife] ADJ ⟨~e⟩ Marken...
griffer [gʀife] VT (zer)kratzen
griffon [gʀifõ] M 1 *chien* Griffon *m* 2 MYTH Greif *m*
griffonnage [gʀifɔnaʒ] M Gekritzel *n*; Kritzelei *f* **griffonner** [-e] VT (hin)kritzeln; *à la hâte* hinwerfen
griffu [gʀify] ADJ ⟨~e⟩ mit Krallen
griffure [gʀifyʀ] F Kratzer *m*
grignotage [gʀiɲɔtaʒ] M 1 → grignotement 2 *fig d'un héritage* allmähliche Aufzehrung; *de droits* schrittweiser Abbau; Aushöhlung *f*
grignotement [gʀiɲɔtmɑ̃] M Knabbern *n*
grignoter [gʀiɲɔte] VT 1 knabbern (*a. abs*); (*entamer*) anknabbern; **~ qc** *a.* an etw (*dat*) (herum)knabbern 2 *fig héritage* allmählich aufzehren; *droits* stückchenweise abbauen
grigou [gʀigu] M *fam* Geizkragen *m*; *fam* Knauser *m*
grigri [gʀigʀi] M Amulett *n*; Talisman *m*
gri-gri [gʀigʀi] M ⟨gris-gris⟩ → grigri
gril (! nur ein l) [gʀil] M Bratrost *m*; Grill *m*; *fam fig* **être sur le ~** wie auf glühenden Kohlen sitzen
grillade [gʀijad] F Grillgericht *n*
grillage [gʀijaʒ] M (Draht)Gitter *n*; *clôture* Drahtzaun *m* **grillager** [-e] VT ⟨-ge-⟩ vergittern
grille [gʀij] F 1 Gitter *n* (*a. barrière*) 2 *d'un poêle* (Feuer)Rost *m* 3 (*tableau*) Übersicht *f*; Tabelle *f*; **~ de mots croisés** Kreuzworträtsel *n*; RAD, TV **~ des programmes** Programmübersicht *f*; **~ des salaires** Lohn- und Gehaltstabelle *f*
grille-pain M (! unveränderlich) Toaster *m*
griller [gʀije] A VT 1 *viande* (auf dem Rost) braten; grillen; *pain, marrons, café* rösten; *pain a.* toasten; **amandes grillées** gebrannte Mandeln *fpl*; **pain grillé** Toast *m* 2 *fam cigarette* rauchen; *fam* qualmen; **en ~ une** *fam* eine qualmen 3 **~ un feu rouge** ein Rotlicht überfahren; bei Rot durchfahren 4 *fam fig* **~ qn** SPORTS j-n überholen, überrunden; *par ext* j-n ausstechen; *fam* **être grillé** *fam* erledigt, unten durch sein B VI 1 *viande* (auf dem Rost) braten 2 ÉLEC durchbrennen 3 *fam personne* vor Hitze vergehen; *fam* braten 4 *fig* **~ (d'envie) de** (+ *inf*) darauf brennen zu (+ *inf*)
grillon [gʀijõ] M Grille *f*; Heimchen *n*
grimaçant [gʀimasɑ̃] ADJ ⟨-ante [-ɑ̃t]⟩ (fratzenhaft) verzerrt
grimace [gʀimas] F Grimasse *f*; Fratze *f*; **faire des ~s** Grimassen schneiden, ziehen; **faire la ~** ein Gesicht ziehen, machen
grimacer [gʀimase] VI ⟨-ç-⟩ *das* Gesicht verziehen, verzerren
grimer [gʀime] VT (*et* VPR **se ~** sich) schminken
grimoire [gʀimwaʀ] M 1 (*livre de magie*) Zauberbuch *n* 2 *fig* unverständliches, obskures Werk
grimpant [gʀɛ̃pɑ̃] ADJ ⟨-ante [-ɑ̃t]⟩ **plante ~e** Kletterpflanze *f*
grimpée [gʀɛ̃pe] F beschwerlicher Aufstieg; Kletterei *f*
grimper [gʀɛ̃pe] VI 1 (hinauf)klettern (**sur, à** auf + *acc*); *plante* sich emporranken (**à** an + *dat*) 2 *par ext chemin* steil ansteigen; *fig prix* in die Höhe klettern
grimpette [gʀɛ̃pɛt] *fam* F kurzer, steiler Weg; Steig *m*
grimpeur [gʀɛ̃pœʀ] M, **grimpeuse** [-øz] F Kletterer *m* (*a. cycliste*); Kletterin *f*
grinçant [gʀɛ̃sɑ̃] ADJ ⟨-ante [-ɑ̃t]⟩ 1 knarrend; quietschend 2 *fig ton, ironie* bissig; *humour* gallig
grincement [gʀɛ̃smɑ̃] M 1 Knarren *n*; Quietschen *n* 2 *fig* **~ de dents** Zähneknirschen *n*
grincer [gʀɛ̃se] VI ⟨-ç-⟩ 1 knarren; quietschen 2 **~ des dents** mit den Zähnen knirschen
grincheux [gʀɛ̃ʃø] ADJ ⟨-euse [-øz]⟩ mürrisch; griesgrämig; *enfant fam* quengelig
gringalet [gʀɛ̃galɛ] M *péj* schmächtiges Männchen, Kerlchen
griotte [gʀijɔt] F Sauerkirsche *f*
grippage [gʀipaʒ] M TECH Festfressen *n*
grippal [gʀipal] ADJ ⟨~e; -aux [-o]⟩ Grippe...; grippal
grippe [gʀip] F 1 MÉD Grippe *f* 2 **prendre en ~** e-e Abneigung fassen gegen
grippé [gʀipe] ADJ ⟨~e⟩ grippekrank
gripper [gʀipe] VPR **se ~** TECH sich festfressen
grippe-sou [gʀipsu] M ⟨grippe-sou(s)⟩ Pfennigfuchser *m*
gris [gʀi] A ADJ ⟨grise [gʀiz]⟩ 1 grau; **cheveux ~** graue Haare *npl* 2 *temps* trüb; *ciel* grau 3 *fig* öde; grau; trübselig 4 *fig* (*éméché*) angeheitert; *fam* beschwipst B M 1 Grau *n* 2 *fam tabac* gewöhnlicher Tabak
grisaille [gʀizaj] F Eintönigkeit *f*; Öde *f*
grisant [gʀizɑ̃] ADJ ⟨-ante [-ɑ̃t]⟩ *musique, succès* berauschend; *parfum* betäubend

grisâtre [gʀizɑtʀ] ADJ etwas grau; gräulich; *ciel, jour* grau; trüb
grisé [gʀize] M Azureelinien *fpl*; Schraffierung *f*
griser [gʀize] **A** V/T **~ qn** *alcool, fig* j-m die Sinne benebeln; j-m zu Kopf steigen; *succès* j-n berauschen; **il est grisé par son succès** *st/s* sein Erfolg hat ihn trunken gemacht **B** V/PR *fig* **se ~ de** sich berauschen an (+ *dat*)
griserie [gʀizʀi] F Rausch *m* (*fig*); Taumel *m*
gris-gris → gri-gri
grison [gʀizõ] **A** ADJ ‹-onne [-ɔn]› graubündnerisch **B** **Grison(ne)** M(F) Graubündner(in) *m(f)*
grisonnant [gʀizɔnɑ̃] ADJ ‹-ante [-ɑ̃t]› leicht ergraut **grisonner** [-e] V/I ergrauen; grau werden; *personne a.* graues Haar bekommen
Grisons [gʀizõ] **les ~** MPL Graubünden *n*
grisou [gʀizu] M Grubengas *n*; **coup** *m* **de ~** Schlagwetterexplosion *f*
grive [gʀiv] F ZOOL Drossel *f*
griveton [gʀivtõ] *fam* M einfacher Soldat
grivois [gʀivwa] ADJ ‹-oise [-waz]› schlüpfrig; locker; frei
grivoiserie [gʀivwazʀi] F Schlüpfrigkeit *f* (*a. propos*)
grizzli *ou* **grizzly** [gʀizli] M Grislibär *m*
Groenland [gʀɔɛnlɑ̃d] **le ~** Grönland *n*
groenlandais [gʀɔɛnlɑ̃dɛ] **A** ADJ ‹-aise [-ɛz]› grönländisch **B** SUBST **Groenlandais(e)** M(F) Grönländer(in) *m(f)*
grog [gʀɔg] M Grog *m*
groggy [gʀɔgi] ADJ (❗ Maskulin- und Feminform sind gleich) groggy (*a. fam fig*)
grognard [gʀɔɲaʀ] M alter Haudegen der napoleonischen Garde
grogne [gʀɔɲ] F Murren *n*; Unzufriedenheit *f*
grognement [gʀɔɲmɑ̃] M **1** *d'une personne* Murren *n* **2** *d'un cochon* Grunzen *n*; *d'un ours* Brummen *n*
grogner [gʀɔɲe] V/I **1** *personne* murren (**contre** gegen); knurren; brummen; *fam* maulen **2** *cochon* grunzen; *ours* brummen; *chien* knurren
grognon [gʀɔɲõ] ADJ (❗ Maskulin- und Feminform sind gleich) mürrisch; *fam* brummig; *enfant fam* quengelig
groin [gʀwɛ̃] M Rüssel *m*
grol(l)e [gʀɔl] F *fam* Latschen *m*
grommeler [gʀɔmle] V/T *et* V/I ‹-ll-› **~ (entre ses dents)** (vor sich [*acc*] hin, in s-n Bart) brummen, brummeln
grommellement [gʀɔmɛlmɑ̃] M Gebrumm(e) *n*; Gemurmel *n*
grondement [gʀõdmɑ̃] M **1** *du tonnerre* Grollen *n*; Rollen *n*; *du canon* Donner *m*; *d'un moteur* Brummen *n*; Dröhnen *n*; *d'un torrent* Tosen *n* **2** *d'un chien* Knurren *n*
gronder [gʀõde] **A** V/T schelten; schimpfen (**qn** mit j-m) **B** V/I **1** *tonnerre* grollen; rollen; *canon* donnern; *moteur* brummen; dröhnen; *torrent* tosen **2** *chien, fauve* knurren; *ours* brummen **3** *fig révolte* drohen
gronderie [gʀõdʀi] F Schelte *f*; *fam* Schimpfe *f*
grondeur [-œʀ] ADJ ‹-euse [-øz]› *ton, voix* scheltend; tadelnd
grondin [gʀõdɛ̃] M *poisson* Knurrhahn *m*
groom [gʀum] M Hotelboy *m*; Page *m*
gros [gʀo] **A** ADJ ‹grosse [gʀos]› **1** (*volumineux*) groß; dick; mächtig; massig; **~ chien** großer Hund; **~ intestin** Dickdarm *m*; **~ os** *pl* starke, kräftige Knochen *mpl*; **~ comme le poing** faustgroß **2** (*corpulent*) dick; beleibt; stark **3** (*important*) groß; *mangeur* stark; *orage, rhume* stark; heftig; *dégâts, soucis, erreur a.* schwer; *somme* hoch; *affaire* gut; lukrativ; **~ industriel** Großindustrielle(r) *m*; **~ soupir** schwerer, tiefer Seufzer; *fam fig* **~se tête** *fam* gelehrtes Haus; **~se voix** laute, dröhnende Stimme **4** (*grossier*) grob; **~ mensonge** grobe Lüge; **~ mot** unanständiges, hässliches Wort; **~ rire** lautes, schallendes Lachen; *fam* **~ rouge** gewöhnlicher Rotwein; **~ sel** grobes Salz; Grobsalz *n* **5** MAR **~se mer** schwere, raue, grobe See; **~ temps** stürmisches Wetter **B** ADV **1** groß; **écrire ~** groß schreiben; e-e große Schrift haben **2** (*beaucoup*) viel; **je donnerais ~ pour savoir ...** ich würde viel darum geben, wenn ich wüsste ...; **jouer ~** hoch, mit hohem Einsatz spielen; **risquer ~** viel riskieren, aufs Spiel setzen; **il en a ~ sur le cœur**, *fam* **sur la patate** ihm ist schwer ums Herz **3** **en ~** *écrit* groß; (*grosso modo*) in großen, groben Zügen; COMM im Großen; in großen Mengen; en gros **C** SUBST **1** **~(se)** *m(f)* (*personne grosse*) Dicke(r) *m|f(m)* **2** *fam* **les ~** *mpl* (*les riches*) die Reichen *pl* **3** *m* COMM Großhandel *m*; **commerce** *m* **de** *ou* **en ~** Großhandel *m* **4** **le ~ de ...** der größte Teil, das Gros (+ *gén*); **le plus ~ est fait** das Gröbste ist geschafft
gros-bec M ‹gros-becs› ZOOL Kernbeißer *m*
groschen [gʀɔʃɛn] M HIST *monnaie* Groschen *m*
groseille [gʀozɛj] F Johannisbeere *f*; **~ à maquereau** Stachelbeere *f*
groseillier [gʀozeje] M Johannisbeerstrauch *m*
gros-grain M ‹gros-grains› Seidenripsband *n*
gros-porteur M ‹gros-porteurs› Großraumflugzeug *n*
grossesse [gʀosɛs] F Schwangerschaft *f*; **interruption** *f* **de ~** Schwangerschaftsunterbrechung *f*
grosseur [gʀosœʀ] F **1** Größe *f*; Dicke *f* **2** MÉD Geschwulst *f*
grossier [gʀosje] ADJ ‹-ière [-jɛʀ]› **1** *tissu, traits*

grob; derb; *travail, ruse* plump; *erreur* grob; krass; schwer **2** *(mal élevé)* grob; ungehobelt; flegel-, rüpelhaft; **~ personnage** Grobian *m*; Flegel *m*; Rüpel *m* **3** *(vulgaire)* derb; vulgär; unflätig; wüst

grossièrement [gRosjɛRmɑ̃] ADV **1** *(en gros)* grob; in groben Zügen, Umrissen **2** *(lourdement)* schwer; stark; *fam* gewaltig **3** *(de façon impolie)* grob; flegel-, rüpelhaft

grossièreté [gRosjɛRte] F Grobheit *f*; Derbheit *f*

grossir [gRosiR] **A** V/T **1** *vêtements* **~ qn** j-n dick(er) machen, erscheinen lassen **2** *(augmenter)* vergrößern *(a. OPT)*; *fig (exagérer)* übertreiben; aufbauschen **B** V/I **1** *personne* dick(er) werden; zunehmen (**d'un kilo** [ɶ̃] ein Kilo) **2** *(augmenter)* größer werden; sich vergrößern; zunehmen; *rivière* anschwellen

grossissant [gRosisɑ̃] ADJ ⟨-ante [-ɑ̃t]⟩ Vergrößerungs… **grossissement** [-mɑ̃] M **1** Vergrößerung *f (a. OPT)* **2** *fig* Aufbauschung *f*

grossiste [gRosist] M/F Grossist(in) *m(f)*; Großhändler(in) *m(f)*

grosso modo [gRosomodo] ADV in großen, groben Zügen, Umrissen; ungefähr

grotesque [gRɔtɛsk] **A** ADJ grotesk **B** **le ~** das Groteske

grotte [gRɔt] F Höhle *f*; *artificielle* Grotte *f*

grouillant [gRujɑ̃] ADJ ⟨-ante [-ɑ̃t]⟩ wimmelnd (**de** von) **grouillement** [-mɑ̃] M Wimmeln *n*

grouiller [gRuje] **A** V/I wimmeln (**de** von) **B** V/PR *fam* **se ~** sich beeilen

groupage [gRupaʒ] M COMM (Zusammenstellung *f* zu e-r) Sammelladung *f*

groupe [gRup] M (❗ maskulin) **1** Gruppe *f*; **~ de pression** Interessenverband *m*; **~ de travail** Arbeitsgruppe *f*, -kreis *m*, -gemeinschaft *f*; **cabinet** *m* **de ~** Gemeinschaftspraxis *f*; **en ~** in der, als Gruppe; *adjt* Gruppen… **2** **~ parlementaire** (Parlaments)Fraktion *f* **3** MUS Band *f*; **~ de rock** Rockband *f* **4** **~ scolaire** Schulzentrum *n* **5** TECH Aggregat *n* **6** **~ sanguin** Blutgruppe *f*

groupé [gRupe] ADJ ⟨~e⟩ Sammel…

groupement [gRupmɑ̃] M Gruppierung *f*; Zusammenschluss *m*; Verband *m*

grouper [gRupe] **A** V/T zusammenfassen, -schließen; *objets, faits* zusammenstellen **B** V/PR **se ~** sich zusammenschließen; **se ~ autour de qn** sich um j-n scharen, gruppieren

groupuscule [gRupyskyl] M Splittergruppe *f*

gruau [gRyo] M ⟨~x⟩ Grütze *f*

grue [gRy] F **1** ZOOL Kranich *m*; *fig* **faire le pied de ~** *fam* sich *(dat)* die Beine in den Bauch stehen **2** *fam (prostituée) fam* Nutte *f* **3** TECH Kran *m*

gruger [gRyʒe] V/T ⟨-ge-⟩ **~ qn** j-n ausnehmen

grumeau [gRymo] M ⟨~x⟩ Klumpen *m*; Klümpchen *n*

grumeleux [gRymlø] ADJ ⟨-euse [-øz]⟩ **1** *sauce, etc* klumpig **2** *peau* uneben

grutier [gRytje] M Kranführer *m*

gruyère [gRyjɛR] M Schweizer Käse *m*; Emmentaler *m*

Guadeloupe [gwadlup] **la ~** Guadeloupe *n*

guadeloupéen [gwadlupeɛ̃] ADJ ⟨-enne [-ɛn]⟩ aus, von Guadeloupe

Guatemala [gwatemala] **le ~** Guatemala *n*

guatémalien [gwatemaljɛ̃] ⟨-ienne [-jɛn]⟩ *ou* **guatémaltèque** [gwatemaltɛk] **A** ADJ guatemaltekisch **B** **Guatémalien(ne)** *m(f) ou* **Guatémaltèque** M/F Guatemalteke, -tekin *m,f*

gué [ge] M Furt *f*; **passer à ~** durch e-e Furt fahren *ou* waten

guéguerre [gegɛR] *fam* F Kleinkrieg *m*

guenilles [gənij] FPL Lumpen *mpl*

guenon [gənõ] F Affenweibchen *n*

guépard [gepaR] M Gepard *m*

guêpe [gɛp] F Wespe *f*; *fig* **taille** *f* **de ~** Wespentaille *f*; *fam fig* **pas folle, la ~!** der *ou* die ist aber raffiniert, *fam* gerissen!

guêpier [gepje] M Wespennest *n*; *fig* **se fourrer dans un ~** sich in die Nesseln setzen

guêpière [gepjɛR] F die Taille einengendes Mieder

guère [gɛR] ADV (❗ immer mit **ne** vor dem Verb) **ne … ~** kaum; nicht sehr; nicht viel; **ne … plus ~** kaum noch; **ne … ~ que** fast nur; höchstens

guéri [geRi] ADJ ⟨~e⟩ **1** *personne* wieder gesund; geheilt; *st/s* genesen; *maladie* ausgeheilt; *blessure* verheilt; zugeheilt **2** *fig d'un préjugé* kuriert; ge-

le groupe — Gruppe

le groupe — Band

G

heilt

guéridon [geʀidõ] M kleiner runder Tisch

guérilla [geʀija] F Guerilla(krieg) *f(m)*

guérillero [geʀijeʀo] M Guerillakämpfer *m*; Guerillero *m*

guérir [geʀiʀ] **A** V/T **1** *malade* heilen; gesund machen; *maladie* (aus)heilen **2** *fig* **~ qn de qc** j-n von etw kurieren, heilen **B** V/I **1** *malade* (wieder) gesund werden, gesunden; *st/s* genesen **2** *blessure* (ver-, zu)heilen; *grippe* ausheilen; weggehen **C** V/PR **1** **se ~** **2** *fig* **se ~ de qc** etw ablegen; von etw loskommen

G

guérison [geʀizõ] F Genesung *f*; Gesundung *f*; Heilung *f* (*a. fig*)

guérissable [geʀisabl] ADJ heilbar **guérisseur** [-œʀ] M Heilpraktiker *m*

guérite [geʀit] F **1** MIL Schilderhaus *n* **2** (*baraque*) Bretterbude *f*

guerre [gɛʀ] F Krieg *m* (*a. fig*); **~ froide** Kalter Krieg; **la Grande Guerre** der Erste Weltkrieg; **la Première, Seconde Guerre mondiale** der Erste, Zweite Weltkrieg; **~ psychologique** psychologische Kriegführung; *fig* **à la ~ comme à la ~** das geht nun einmal nicht anders; *fig* **de bonne ~** nicht unfair; *fig* **de ~ lasse** um des lieben Friedens willen; nach langem Sträuben; **déclarer la ~** den Krieg erklären (**à un pays** e-m Land); *fig* den Kampf ansagen (**à qn, qc** j-m, e-r Sache); **être en ~** sich im Krieg befinden; im Krieg stehen; **faire la ~** Krieg führen (**à** mit, gegen); *fig* e-n ständigen Kampf führen (**à qn** gegen j-n); **se faire la ~** sich bekriegen (*a. fig*); *fig* **faire la ~ à qc** etw bekämpfen, bekriegen; gegen etw zu Felde ziehen

guerrier [gɛʀje] **A** M Krieger *m* **B** ADJ ⟨-ière [-jɛʀ]⟩ kriegerisch

guerroyer [gɛʀwaje] *litt* V/I ⟨-oi-⟩ Krieg führen; e-e Fehde austragen

guet [gɛ] M **faire le ~** auf der Lauer liegen; *complice fam* Schmiere stehen

guet-apens [gɛtapã] M ⟨guets-apens [gɛtapã]⟩ Hinterhalt *m* (*a. fig*); **tomber dans un ~** in e-n Hinterhalt geraten

guêtre [gɛtʀ] F Gamasche *f*; *fam fig* **traîner ses ~s** *fam* sich herumtreiben

guetter [gete] V/T **1** (*épier*) lauern (*abs ou* **qn** auf j-n); auflauern (**qn** j-m) **2** *occasion, facteur* abwarten; abpassen **3** *fig maladie, etc* **~ qn** j-n bedrohen; *fam* auf j-n lauern

guetteur [gɛtœʀ] M Beobachtungsposten *m*

gueulante [gœlɑ̃t] *fam* F Geschrei *n*; Gebrüll *n*; **pousser une ~** losbrüllen; aufschreien

gueulard [gœlaʀ] *fam* **A** ADJ ⟨-arde [-aʀd]⟩ (*braillard*) laut; schreiend **B** **~(e)** M(F) Schreier(in) *m(f)*; *fam* Schreihals *m*

gueule [gœl] F **1** *des animaux* Maul *n*; *fig* **se jeter dans la ~ du loup** sich leichtsinnig in Gefahr bringen **2** *fam* (*bouche*) *fam* Maul *n*; *fam* Klappe *f*; *fam* Schnauze *f*; *pop* Fresse *f*; *par ext personne* **grande ~** *fam* Großmaul *n*; **coup** *m* **de ~** Protestgeschrei *n*; **avoir la ~ de bois** *fam* e-n Kater haben; *pop* **crever la ~ ouverte** *pop* verrecken, ohne dass sich j-d darum kümmert; *pop* **(ferme) ta ~!** *pop* halt's Maul!; *pop* (halt die) Schnauze!; **s'en mettre plein la ~** *pop* sich vollfressen **3** *fam* (*figure*) Gesicht *n*; *fam* Visage *f*; *pop* Fresse *f*; **avoir une bonne ~** sympathisch aussehen, wirken; *par ext de qc* **avoir de la ~** *fam* nicht übel, nach etw aussehen; *pop* **se casser la ~** hinfallen; *fig fam* auf die Nase fallen; *pop* **casser la ~ à qn** *pop* j-m die Fresse polieren; **faire la ~** *fam* eingeschnappt sein

gueule-de-loup F ⟨gueules-de-loup⟩ Löwenmaul *n*, -mäulchen *n*

gueulement [gœlmɑ̃] *fam* M Gebrüll *n*; Geschrei *n*

gueuler [gœle] *fam* **A** V/T brüllen **B** V/I **1** (*hurler*) (*fam* herum)brüllen; *fam* krakeelen **2** (*protester*) schimpfen; *fam* wettern; **~ contre qc** auf etw (*acc*) schimpfen; gegen etw losziehen, *fam* wettern **3** *fig radio, télé* mit voller Lautstärke laufen

gueuleton [gœltõ] *fam* M Festschmaus *m*; **un bon petit ~** ein leckeres Mahl

gueuletonner [gœltɔne] *fam* V/I e-n Festschmaus halten; schmausen

gueux [gø] *litt* M Bettler *m*

gueuze [gøz] F *leicht säuerliches belgisches Bier ohne Hefezusatz*

gui [gi] M Mistel *f*

guibol(l)e [gibɔl] *fam* F Bein *n*; *fam* Haxe *f*

guiches [giʃ] FPL Stirn-, Schmachtlocken *fpl*

guichet [giʃɛ] M Schalter *m*; **~ automatique** Geldautomat *m*; **on joue à ~s fermés** die Vorstellungen sind für lange Zeit ausverkauft

guichetier [giʃtje] M, **guichetière** [-jɛʀ] F Schalterbeamte(r) *m*, -beamtin *f*

guidage [gidaʒ] M TECH Führung *f*; AVIAT Steuerung *f*; Lenkung *f*

guide [gid] **1** *m/f* (Fremden)Führer(in) *m(f)*; **~ de montagne** Bergführer *m* **2** *m livre* (Reise)-Führer *m*; *par ext* Ratgeber *m*; Wegweiser *m* **3** *m fig personne* Lehrmeister *m*; Ratgeber *m* **4** *f* SCOUTISME Pfadfinderin *f*

guider [gide] **A** V/T **1** *touristes, aveugle* führen; *étoiles, etc* **~ qn** j-m den Weg weisen; *adjt* **visite guidée** Führung *f* **2** *fig* (*orienter*) leiten **3** TECH führen; *par radio* lenken **B** V/PR **se ~ sur** sich richten nach

guides [gid] FPL Zügel *mpl*

guidon [gidõ] M Lenker *m*; Lenkstange *f*

guigne [giɲ] F **1** *cerise* kleine saftige Süßkirsche; *fam fig* **se soucier de qn, de qc comme d'une ~** *fam* sich e-n Dreck um j-n, etw kümmern 2 *fam* Pech(strähne) *n(f)*

guigner [giɲe] VT schielen nach (*a. fig*)

guignol [giɲɔl] M 1 **Guignol** Kasper *m* 2 Kasper(le)theater *n* 3 *fig* Kasper *m*; Hanswurst *m*

guignolet [giɲɔlɛ] M Kirschlikör *m*

guilde [gild] F Gilde *f*

guili-guili [giligili] INT killekille!

Guillaume [gijom] M Wilhelm *m*

guilledou [gijdu] *fam litt* **courir le ~** auf die Pirsch gehen (*fig*)

guillemets [gijmɛ] MPL Anführungszeichen *npl*, -striche *mpl*; *fam* Gänsefüßchen *npl*; **entre ~** in Anführungszeichen

guillemot [gijmo] M *oiseau* Lumme *f*

guilleret [gijʀɛ] ADJ ⟨-ette [-ɛt]⟩ fröhlich; munter; *fam* aufgekratzt

guillocher [gijɔʃe] VT guillochieren; mit verschlungenen Linienzeichnungen verzieren

guillotine [gijɔtin] F 1 Guillotine *f*; Fallbeil *n* 2 **fenêtre** *f* **à ~** Fall-, Hebefenster *n*

guillotiner [gijɔtine] VT guillotinieren

guimauve [gimov] F 1 BOT Eibisch *m* 2 *pâte* weiche Bonbonmasse; Marshmallow *n* 3 *fig* (sentimentaler) Kitsch

guimbarde [gɛ̃baʀd] F 1 *fam* alte Karre; *fam* Klapperkasten *m* 2 MUS Maultrommel *f*

guincher [gɛ̃ʃe] VI *fam* schwofen

guindé [gɛ̃de] ADJ ⟨~e⟩ steif; unnatürlich; *style* gestelzt; geschraubt

guinder [-gɛ̃de] VT MAR, TECH hieven; hochziehen, -winden

Guinée [gine] **la ~** Guinea *n*

Guinée-Bissau [ginebiso] **la ~** Guinea-Bissau *n*

Guinée-Équatoriale **la ~** Äquatorialguinea *n*

guinéen [gineɛ̃] A ADJ ⟨-enne [-ɛn]⟩ guineisch B SUBST **Guinéen(ne)** M(F) Guineer(in) *m(f)*

guingois [gɛ̃gwa] *fam* **de ~** schief

guinguette [gɛ̃gɛt] F volkstümliches (Tanz)-Lokal im Grünen

guirlande [giʀlɑ̃d] F Girlande *f*; **~ électrique** Lichterkette *f*; **~ lumineuse** Lichtgirlande *f*

guise [giz] F 1 **à ma** (**ta**, *etc*) **~** nach meiner (deiner *etc*) Fasson; wie es mir (dir *etc*) passt 2 **en ~ de** (*comme*) als; (*au lieu de*) (an)statt (+ *gén*)

guitare [gitaʀ] F Gitarre *f*

guitariste [gitaʀist] M/F Gitarrist(in) *m(f)*; Gitarrenspieler(in) *m(f)*

guitoune [gitun] F *fam* (*tente*) Zelt *n*; (*cabane*) Hütte *f*

Gulf Stream [gœlfstʀim] M Golfstrom *m*

guppy [gypi] M ZOOL Guppy *m*

gus [gys] *fam* M Kerl *m*; *fam* Heini *m*

gustatif [gystatif] ADJ ⟨-ive [-iv]⟩ Geschmacks…

guttural [gytyʀal] ADJ ⟨~e; -aux [-o]⟩ kehlig; guttural; **consonne ~e** *ou subst* **~e** *f* Guttural *m*; Gaumenlaut *m*

guyanais [gɥijanɛ] A ADJ ⟨-aise [-ɛz]⟩ guayanisch B SUBST **Guyanais(e)** M(F) Guayaner(in) *m(f)*

Guyane [gɥijan] **la ~ française** Französisch-Guayana *n*

gym [ʒim] F ABR *fam* → gymnastique

gymkhana [ʒimkana] M Geschicklichkeitswettbewerb *m*

gymnase [ʒimnɑz] M Turnhalle *f*

gymnaste [ʒimnast] M/F Turner(in) *m(f)*

gymnastique [ʒimnastik] F 1 Turnen *n*; *surtout médicale* Gymnastik *f*; **~ artistique** Kunstturnen *n*; **cours** *m* **de ~** Gymnastikkurs *m*; ÉCOLE Turnstunde *f*; **pas** *m* **de ~** Laufschritt *m*; **professeur** *m* **de ~** Turnlehrer(in) *m(f)*; **faire de la ~** Gymnastik machen, treiben 2 *fig* **~ de l'esprit** Geistestraining *n*

gynéco [ʒineko] M/F ABR → gynécologue

gynécologie [ʒinekɔlɔʒi] F Frauenheilkunde *f*; Gynäkologie *f* **gynécologique** ADJ gynäkologisch **gynécologue** [-lɔg] M/F Frauenarzt, -ärztin *m,f*; Gynäkologe, -login *m,f*

gypse [ʒips] M Gips *m*

gyrophare [ʒiʀɔfaʀ] M Blaulicht *n*

gyroscope [ʒiʀɔskɔp] M PHYS, TECH Kreisel *m*
gyroscopique [-ik] ADJ Kreisel…

H

H, h [aʃ] M (! unveränderlich) 1 H, h *n*; **h aspiré, muet** aspiriertes, stummes H 2 *fig* **l'heure H** die Stunde X

h ABR (heure) h; Std.

ha ABR (hectare) ha

hab [ab] F *fam* ABR (habitude) **comme d'~** wie immer, üblich

habile [abil] ADJ geschickt; gewandt

habileté [abilte] F Geschick(lichkeit) *n(f)*; Gewandtheit *f*

habilitation [abilitasjõ] F JUR Ermächtigung *f*; Verleihung *f* der Fähigkeit; Erteilung *f* der Befugnis

habilité [abilite] ADJ ⟨~e⟩ befugt

habiliter [abilite] VT **~ qn** j-n ermächtigen, j-m die Befugnis erteilen (**à faire qc** etw zu tun)

habillage [abijaʒ] M 1 Anziehen *n*; Ankleiden

n **2** TECH *d'une montre* Zusammenfügen *n*, -montieren *n*; *de bouteilles* Verkleidung *f*

habillé [abije] ADJ ⟨~e⟩ **1** *personne* angezogen; **être bien, mal ~** gut, schlecht angezogen, gekleidet sein; **~ de noir** schwarz gekleidet **2** *vêtements* festlich; **cela fait ~** das wirkt festlich, feierlich

habillement [abijmɑ̃] M Kleidung *f*

habiller [abije] **A** V/T **1** *personne* anziehen; *st/s* ankleiden; *militaires, etc* einkleiden **2** *vêtement* **habiller qn bien** j-n gut kleiden; j-m gut stehen **3** *(recouvrir)* verkleiden, beziehen (**de** mit) **B** V/PR **s'habiller** sich anziehen; *d'une certaine façon* sich kleiden; *avec élégance* sich festlich kleiden; **s'habiller chez qn** bei j-m s-e Kleidung kaufen; **s'habiller court** kurze Kleider *ou* Röcke tragen; kurz tragen; **s'habiller de neuf** sich neu einkleiden

H

habilleur [abijœʀ] M, **habilleuse** [-øz] F THÉ Garderobier *m*, Garderobiere *f*

habit [abi] M **1** **~s** *pl (vêtements)* Kleidung *f*; Kleider *npl* **2** *propre à une fonction* Kleid *n*; Gewand *n*; *prov* **l'~ ne fait pas le moine** der Schein trügt **3** *(costume de cérémonie)* Frack *m*

habitabilité [abitabilite] F **1** Bewohnbarkeit *f* **2** *d'un véhicule* Geräumigkeit *f*

habitable [abitabl] ADJ bewohnbar; **surface** *f* **~** Wohnfläche *f*

habitacle [abitakl] M **1** AVIAT Pilotenkanzel *f*; *d'un engin spatial* Kommandokapsel *f* **2** AUTO Fahrgastzelle *f*

habitant [abitɑ̃] M, **habitante** [abitɑ̃t] F Einwohner(in) *m(f)*; *d'un immeuble* Bewohner(in) *m(f)*; **habitant(e) d'une grande, petite ville** Groß-, Kleinstädter(in) *m(f)*; **loger chez l'habitant** ein Privatquartier *n* haben

habitat [abita] M **1** GÉOG Siedlungsweise *f* **2** *(conditions de logement)* Wohnverhältnisse *npl*

habitation [abitasjõ] F Wohnung *f*

habité [abite] ADJ ⟨~e⟩ **1** bewohnt **2** *engin spatial* bemannt

habiter [abite] **A** V/T **1** bewohnen; wohnen in (+ *dat*) **2** *fig sentiment* **~ qn** j-n beherrschen; *st/s* in j-m wohnen **B** V/I wohnen; **~ au 5 de la rue X** X-Straße 5 wohnen; **aller ~ en province** in die Provinz ziehen

habitude [abityd] F Gewohnheit *f*; *(coutume)* Gepflogenheit *f*; **mauvaise habitude** schlechte Angewohnheit; Unart *f*; **d'habitude** gewöhnlich; **comme d'habitude** wie gewöhnlich, üblich; **avoir l'habitude de faire qc** gewöhnlich etw tun; etw zu tun pflegen; **j'en ai l'habitude** ich bin es gewohnt; **avoir l'habitude de qc, de qn** *a.* sich mit etw, mit j-m auskennen; **c'est une question d'habitude** das ist Gewohnheitssache; **perdre l'habitude de** (+ *inf*) es sich *(dat)* abgewöhnen zu (+ *inf*); **prendre l'habitude de** (+ *inf*) (es) sich *(dat)* angewöhnen zu (+ *inf*)

habitué(e) [abitɥe] M(F) Stammgast *m*; COMM Stammkunde *m*, -kundin *f*

habituel [abitɥɛl] ADJ ⟨~le⟩ üblich; gewöhnlich; gewohnt

habituellement [abitɥɛlmɑ̃] ADV normalerweise; (für) gewöhnlich

habituer [abitɥe] **A** V/T **habituer qn à** (+ *inf*) j-n daran gewöhnen zu (+ *inf*); j-m angewöhnen zu (+ *inf*); **être habitué à qc** an etw *(acc)* gewöhnt sein; etw gewohnt sein **B** V/PR **s'habituer à qc, à qn** sich an etw, an j-n gewöhnen

°**hâbleur** [ablœʀ], °**hâbleuse** [-øz] **A** M,F Aufschneider(in) *m(f)* **B** ADJ prahlerisch

°**hache** [aʃ] F Axt *f*; Beil *n*; *fig* **enterrer la ~ de guerre** das Kriegsbeil begraben

°**haché** [aʃe] ADJ ⟨~e⟩ **1** **steak ~** Hacksteak *n*; **viande ~e** Hackfleisch *n*; Gehackte(s) *n* **2** *fig* abgehackt

°**hache-légumes** [aʃlegym] M (! unveränderlich) Gemüseschneider *m*, -zerkleinerer *m*

°**hacher** [aʃe] V/T hacken; zerkleinern; *avec un appareil* durchdrehen

°**hachette** [aʃɛt] F (kleines) Beil; kleine Axt

°**hachis** [aʃi] M Gehackte(s) *n (aus Fleisch, Zwiebeln etc)*; **~ Parmentier** *Hackbraten, der mit Kartoffelbrei umgeben u. im Ofen überbacken wird*

°**hachisch** [aʃiʃ] M Haschisch *n*

°**hachoir** [aʃwaʀ] M *appareil* Fleischwolf *m*; *couteau* Hackbeil *n*, -messer *n*

°**hachurer** [aʃyʀe] V/T schraffieren

°**hachures** [aʃyʀ] FPL Schraffierung *f*; Schraffur *f*

°**haddock** [adɔk] M geräucherter Schellfisch

°**hagard** [agaʀ] ADJ ⟨-arde [-aʀd]⟩ verstört; verängstigt

°**haie** [ɛ] F **1** *clôture* Hecke *f* **2** **course** *f* **de ~s** Hürdenlauf *m*; HIPPISME Hürdenrennen *n*; **le 110 m ~s** der 110-m-Hürdenlauf **3** *de personnes* Spalier *n*; **~ d'honneur** Ehrenspalier *n*

°**haillons** [ajõ] MPL Lumpen *mpl*; **en ~** zerlumpt; in Lumpen

°**Hainaut** [ɛno] **le ~** der Hennegau

°**haine** [ɛn] F Hass *m* (**pour, de** gegen, auf + *acc*); **nourrir une ~ contre qn, vouer une ~ à qn** Hass gegen j-n hegen

°**haineux** [ɛnø] ADJ ⟨-euse [-øz]⟩ hasserfüllt; gehässig

°**haïr** [aiʀ] ⟨je hais [ɛ], il hait [ɛ], nous haïssons, ils haïssent; je haïssais; je haïs; je haïrai; que je haïsse; haïssant; haï⟩ V/T hassen

°**haïssable** [aisabl] ADJ hassenswert

Haïti [aiti] Haiti *n*

°**haïtien** [aisjɛ̃] **A** ADJ ⟨-ienne [-jɛn]⟩ haitia-

nisch **B** **°Haïtien(ne)** M(F) Haitianer(in) *m(f)*
°halage [alaʒ] M **chemin** *m* **de ~** Treidel-, Leinpfad *m*
°hâle [ɑl] M (Sonnen-, Wetter)Bräune *f*
°hâlé [ɑle] ADJ ⟨~e⟩ gebräunt
haleine [alɛn] F Atem *m*; **mauvaise ~** Mundgeruch *m*; *fig travail* **de longue ~** langwierig; **°hors d'~** außer Atem; **reprendre ~** (sich) verschnaufen; *fig* Atem holen; *fig* **tenir qn en ~** j-n in Atem halten
°haler [ale] V/T *bateau* treideln
°hâler [ɑle] V/T bräunen
°haletant [altɑ̃] ADJ ⟨-ante [-ɑ̃t]⟩ *personne* keuchend; schnaufend; nach Luft ringend; *chien* japsend; *cheval* schnaubend; *par ext souffle* keuchend
°halètement [alɛtmɑ̃] M Keuchen *n*
°haleter [alte] V/I ⟨-è-⟩ keuchen; nach Luft ringen; *fam* japsen
°hall [ol] M (Eingangs)Halle *f*; **~ d'exposition, de gare, d'hôtel** Ausstellungs-, Bahnhofs-, Hotelhalle *f*
hallali [alali] M Halali *n*
°halle [al] F Markthalle *f*
halloween [alɔwin] F Halloween *n*
hallucinant [alysinɑ̃] ADJ ⟨-ante [-ɑ̃t]⟩ *spectacle* grauenerregend; *fam (étonnant)* verblüffend
hallucination [alysinasjõ] F Halluzination *f*; Sinnestäuschung *f*; *par ext* **avoir des ~s** Halluzinationen, Wahnvorstellungen haben
hallucinatoire [a(l)lysinatwaʀ] ADJ halluzinatorisch
halluciné [alysine] ADJ ⟨~e⟩ verwirrt; irr(e)
halluciner [alysine] V/I Halluzinationen haben; halluzinieren
hallucinogène [alysinɔʒɛn] **A** ADJ Halluzinationen hervorrufend **B** M Halluzinogen *n*
°halo [alo] M **1** ASTRON Hof *m* **2** PHOT Lichthof *m* **3** *effet lumineux* (verschwommener) Lichtkreis (**de** um)
halogène [alɔʒɛn] ADJ **lampe ~** Halogenlampe *f*
°halte [alt] **A** F Halt *m*; Rast *f*; **faire (une) ~** haltmachen **B** INT MIL halt!; *fig* **~ à ...!** Schluss mit ...!; **~-là!** MIL halt!; stehen bleiben!; *fig* halt!; genug!
°halte-garderie F ⟨haltes-garderies⟩ Kinderbetreuungsstelle *f*
haltère [altɛʀ] M Hantel *f*; **les poids et ~s** das Gewichtheben
haltérophile [alteʀɔfil] M Gewichtheber *m*
haltérophilie [-i] F Gewichtheben *n*
°hamac [amak] M Hängematte *f*
hamamélis [amamelis] M BOT Hamamelis *f*; Zaubernuss *f*
°Hambourg [ɑ̃buʀ] Hamburg *n*
°hambourgeois [ɑ̃buʀʒwa] **A** ADJ ⟨-oise [-waz]⟩ Hamburger; hamburgisch **B** SUBST **Hambourgeois(e)** M(F) Hamburger(in) *m(f)*
°hamburger [ɑ̃buʀgœʀ] M CUIS Hamburger *m*
°hameau [amo] M ⟨~x⟩ Weiler *m*
hameçon [amsõ] M Angelhaken *m*; *fig* **mordre à l'~** sich ködern lassen; *fam* anbeißen
°hammam [amam] M Hammam *m*; türkisches Dampfbad
°hampe [ɑ̃p] F Schaft *m* (*a.* BOT); *d'un drapeau a.* Stange *f*
°hamster [amstɛʀ] M Hamster *m*
°hanche [ɑ̃ʃ] F Hüfte *f*; **tour** *m* **de ~s** Hüftumfang *m*, -weite *f*; **rouler des** *ou* **les ~s** sich in den Hüften wiegen
°handball [ɑ̃dbal] M Handball *m* **°handballeur** [-œʀ] M, **°handballeuse** [-øz] F Handballspieler(in) *m(f)*; *fam* Handballer(in) *m(f)*
°handicap [ɑ̃dikap] M **1** *(désavantage)* Handikap *n* **2** MÉD Behinderung *f*
°handicapé [ɑ̃dikape] **A** ADJ ⟨~e⟩ behindert **B** **~(e)** M(F) Behinderte(r) *m/f(m)*; **~ mental** geistig Behinderte(r); **~ moteur** spastisch Gelähmte(r) *m*; Spastiker *m*; **~ physique** Körperbehinderte(r) *m*
°handicaper [ɑ̃dikape] V/T handikapen; benachteiligen
°handisport [ɑ̃dispɔʀ] ADJ (! Maskulin- und Femininform sind gleich) Behinderten...; **Jeux** *mpl* **olympiques ~s** Behindertenolympiade *f*; Paralympics *pl*
°hangar [ɑ̃gaʀ] M Schuppen *m*; AVIAT Hangar *m*
°hanneton [antõ] M Maikäfer *m*
°Hanovre [anɔvʀ] Hannover *n*
°hanséatique [ɑ̃seatik] ADJ hanseatisch
°hanté [ɑ̃te] ADJ ⟨~e⟩ Spuk...; Geister...; **château ~** Spukschloss *n*
°hanter [ɑ̃te] V/T **1** *fantôme* **~ une maison** in e-m Haus spuken **2** *fig* **~ qn** j-m keine Ruhe lassen; j-n umtreiben
°hantise [ɑ̃tiz] F quälende Angst, Grauen *n* (**de** vor + *dat*)
°happening [ap(ə)niŋ] M Happening *n*
°happer [ape] V/T **1** *proie* schnappen; erhaschen **2** *véhicule* **~ qn** j-n erfassen
°happy end [apiɛnd] M OU F Happy End *n*
°hara-kiri [aʀakiʀi] M Harakiri *n*; **(se) faire ~** Harakiri machen (*a. fig*)
°haranguer [aʀɑ̃ge] V/T e-e Rede, Ansprache halten (**la foule** an die Menge)
°haras [aʀɑ] M Gestüt *n*
°harassant [aʀasɑ̃] ADJ ⟨-ante [-ɑ̃t]⟩ ermüdend; aufreibend; strapaziös
°harassé [aʀase] ADJ ⟨~e⟩ (völlig) übermüdet;

erschöpft
°**harasser** [arase] VT übermüden; erschöpfen
°**harcèlement** [arsɛlmɑ̃] M ~ **moral** Mobbing *n*; ~ **sexuel** sexuelle Belästigung; **tir** *m* **de** ~ Störfeuer *n*
°**harceler** [arsəle] VT ⟨-è-⟩ bedrängen; ~ **qn de questions** j-n mit Fragen bedrängen; j-m mit Fragen zusetzen
°**harde** [ard] F **1** *de bêtes sauvages* Rudel *n* **2** CH Koppel *f* Hunde **3** ~**s** *pl (vêtements)* abgetragene Kleider *npl*
°**hardi** [ardi] ADJ ⟨~e⟩ kühn
°**hardiesse** [ardjɛs] F Kühnheit *f*
°**hardiment** [ardimɑ̃] ADV → °hardi
°**hardware** [ardwɛr] M Hardware *f*
°**harem** [arɛm] M Harem *m*
°**hareng** [arɑ̃] M Hering *m*; *fam fig* **être serrés comme des** ~**s** wie die Heringe (zusammengepresst) sitzen *ou* stehen
°**hargne** [arɲ] F Bissigkeit *f*; *plus fort* Gehässigkeit *f* °**hargneux** [-ø] ADJ ⟨-euse [-øz]⟩ bissig; zänkisch; *plus fort* gehässig
°**haricot** [ariko] M Bohne *f*; **haricots blancs, verts** weiße, grüne Bohnen *fpl*
°**haridelle** [aridɛl] F Klepper *m*; Schindmähre *f*
°**harki** [arki] M *ehemaliger algerischer Hilfssoldat der frz Armee*
harmonica [armɔnika] M (! maskulin) Mundharmonika *f*
harmonie [armɔni] F **1** Harmonie *f*; *des sons a.* Wohlklang *m*; *fig a.* Einklang *m*; Übereinstimmung *f*; **en** ~ **avec** im Einklang mit **2** *orchestre* Blaskapelle *f*
harmonieux [armɔnjø] ADJ ⟨-euse [-øz]⟩ harmonisch
harmonique [armɔnik] M OU F Oberton *m*
harmonisation [armɔnizasjõ] F Harmonisierung *f*; Angleichung *f*
harmoniser [armɔnize] **A** VT in Einklang bringen; aufeinander abstimmen; harmonisieren (*a.* MUS) **B** VPR **s'**~ harmonieren, übereinstimmen (**avec** mit)
harmonium [armɔnjɔm] M Harmonium *n*
°**harnachement** [arnaʃmɑ̃] M **1** (Pferde)Geschirr *n* **2** *fig* Ausstaffierung *f*
°**harnacher** [arnaʃe] VT **1** *cheval* anschirren **2** *fig* ausstaffieren
°**harnais** [arnɛ] M **1** *d'un cheval* Geschirr *n* **2** *d'un parachutiste, etc* Gurte *mpl*
°**harpe** [arp] F Harfe *f*
°**harpie** [arpi] F Xanthippe *f (fig)*
°**harpiste** [arpist] M/F Harfenist(in) *m(f)*; Harfenspieler(in) *m(f)*
°**harpon** [arpõ] M Harpune *f*
°**harponnage** [arpɔnaʒ] M Harpunieren *n*
°**harponner** [arpɔne] VT **1** harpunieren **2** *fam fig* schnappen
°**harponneur** [arpɔnœr] M Harpunier(er) *m*
°**hasard** [azar] M Zufall *m*; **jeu** *m* **de hasard** Glücksspiel *n*; **au hasard** aufs Geratewohl; auf gut Glück; **à tout hasard** für alle Fälle; **par hasard** zufällig; durch Zufall; **comme par** ~ wie zufällig; so, als ob es unbeabsichtigt sei
°**hasarder** [azarde] **A** VT wagen; riskieren **B** VPR **se** ~ sich wagen, sich trauen (**dans la rue** auf die Straße)
°**hasardeux** [azardø] ADJ ⟨-euse [-øz]⟩ gewagt; riskant; unsicher
°**hasch** [aʃ] M *fam (haschisch) fam* Hasch *n*
°**haschisch** [aʃiʃ] M Haschisch *n*
°**hase** [ɑz, az] F Häsin *f*
°**hâte** [ɑt] F Eile *f*; Hast *f*; **à la** ~ (zu) hastig, eilig; überstürzt; **en** ~ (sehr) schnell; eilends; **avoir** ~ **de** (+ *inf*) *ou* **que …** (+ *subj*) es kaum erwarten können, zu (+ *inf*) *ou* dass …
°**hâter** [ɑte] **A** VT beschleunigen **B** VPR **se** ~ sich beeilen
°**hâtif** [ɑtif] ADJ ⟨-ive [-iv]⟩ **1** zu hastig; übereilt; *conclusion* vorschnell **2** AGR Früh…
°**hauban** [obɑ̃] M MAR Want *f*; TECH Verspannungskabel *n*
°**hausse** [os] F Steigen *n*; Anstieg *m*; Erhöhung *f*; *des prix a.* Auftrieb *m*; **être en** ~ (an)steigen; *prix a.* anziehen
°**haussement** [osmɑ̃] M ~ **d'épaules** Achselzucken *n*
°**hausser** [ose] VT **1** *le ton* heben **2** ~ **les épaules** mit den Achseln *ou* Schultern, die Achseln *ou* Schultern zucken
°**haut** [o] **A** ADJ ⟨haute [ot]⟩ **1** hohe *(épithète)*; hoch *(attribut)*; Hoch…; **plus haut** höher; **mur haut de deux mètres** zwei Meter hohe Mauer; **être haut de deux mètres** zwei Meter hoch sein; **haut fonctionnaire** hoher Beamter; **la haute société** die feine, vornehme Gesellschaft; **au plus haut point** im höchsten Grade, Maße; **de haute précision** von hoher Präzision; **avoir une haute idée de soi-même** e-e hohe Meinung von sich haben; selbstbewusst sein (*a. péj*); ein gesundes Selbstbewusstsein besitzen **2** GÉOG Ober…; obere; **la haute Égypte** Oberägypten *n* **3** **la plus haute antiquité** uralte Zeiten *fpl*; die graue Vorzeit **4** *voix* laut; MUS hohe; hoch **B** ADV **1** hoch; **haut les cœurs!** Kopf hoch!; **personnage haut placé** hochgestellte Persönlichkeit; **voir plus haut** siehe oben; **voler haut** hoch fliegen **2** **remonter plus haut (dans le temps)** weiter ausholen **3** *parler, penser* **(tout) haut** laut **4** **de haut** von oben (*a. fig*); **le prendre de haut** von oben he-

rab tun; **de haut en bas** von oben bis unten; **en haut** oben; (*vers le haut*) nach oben; aufwärts; hinauf; **d'en haut** von oben (*a. fig*); **par en haut** oben entlang, herum; **en haut de qc** oben auf etw (*dat ou acc*) **C** M **1** oberer Teil; **le tiroir du haut** die oberste Schublade; **les voisins du haut** die Nachbarn von oben; **du haut de qc** von etw herab **2** **avoir dix mètres de haut** zehn Meter hoch sein **3** *fig* **les hauts et les bas** die Höhen *fpl* und Tiefen *fpl*; das Auf und Ab
°**hautain** [otɛ̃] ADJ ⟨-aine [-ɛn]⟩ hochmütig
°**hautbois** [obwɑ] M Oboe *f*
°**hautboïste** [obɔist] M/F Oboist(in) *m(f)*
°**haut-commissaire** M ⟨hauts-commissaires⟩ Hochkommissar *m* °**haut-commissariat** M ⟨hauts-commissariats⟩ Hochkommissariat *n* °**haut-de-forme** M ⟨hauts-de-forme⟩ Zylinder(hut) *m*
°**haute** [ot] F *fam* **la ~** die Hautevolee; *fam* die oberen Zehntausend
°**Haute-Autriche** **la ~** Oberösterreich *n*
°**Haute-Corse** **la ~** *frz Departement auf Korsika*
°**Haute-Égypte** **la ~** Oberägypten *n*
°**haute-fidélité** F → fidélité
°**Haute-Garonne** **la ~** *frz Departement*
°**Haute-Loire** **la ~** *frz Departement*
°**Haute-Marne** **la ~** *frz Departement*
°**hautement** [otmɑ̃] ADV hoch
°**Haute-Normandie** **la ~** *frz Region*
°**Hautes-Alpes** [otzalp] **les ~** FPL *frz Departement*
°**Haute-Saône** **la ~** *frz Departement*
°**Haute-Savoie** **la ~** *frz Departement*
°**Hautes-Pyrénées** **les ~** FPL *frz Departement*
°**hauteur** [otœʀ] F **1** Höhe *f* (*a.* ASTRON, *d'un son*); SPORTS **saut** *m* **en ~** Hochsprung *m* **2** *péj* Hochmut *m*; Arroganz *f* **3** GÉOG (An)Höhe *f* **4** **à la ~ de** auf gleicher Höhe mit; *fig* **être à la ~ de qc** e-r Sache (*dat*) gewachsen sein
°**Haute-Vienne** **la ~** *frz Departement*
°**haut-fond** M ⟨hauts-fonds⟩ Untiefe *f*; seichte Stelle
°**haut-le-cœur** [olkœʀ] M (**!** unveränderlich) Übelkeit *f*; Brechreiz *m*; **j'ai un ~** mir wird übel
°**haut-le-corps** [olkɔʀ] M (**!** unveränderlich) **avoir un ~** hochschrecken; hochfahren
°**Haut-Palatinat** **le ~** die Oberpfalz
°**haut-parleur** M ⟨haut-parleurs⟩ Lautsprecher *m*
°**Haut-Rhin** **le ~** das Oberelsass
°**Hauts-de-Seine** [odsɛn] **les ~** MPL *frz Departement*
°**havanais** [avanɛ] **A** ADJ ⟨-aise [-ɛz]⟩ von Havanna **B** SUBST **Havanais(e)** M(F) Einwohner(in) *m(f)* von Havanna
°**havane** [avan] **A** M Havanna(zigarre) *f* **B** ADJ (**!** unveränderlich) havannabraun
°**Havane** **La ~** [laavan] Havanna *n*
°**hâve** [av] ADJ (*pâle*) fahl; bleich; (*émacié*) eingefallen
°**havre** [ɑvʀ] M st/s Zufluchtsort *m*; **~ de paix** Insel *f* des Friedens
°**Havre** **Le ~** [ləɑvʀ] *Stadt im Departement Seine-Maritime*
Hawaï [awaj] Hawaii *n*
hawaïen [awajɛ̃] **A** ADJ ⟨~ne⟩ hawaiisch; Hawaii… **B** SUBST **Hawaïen(ne)** M(F) Hawaiianer(in) *m(f)*
°**Haye** [ɛ] **La ~** Den Haag *n*
°**hayon** [ajõ] M AUTO Heckklappe *f*
°**hé** [(h)e] INT he!
hebdo [ɛbdo] M ABR *fam* → hebdomadaire
hebdomadaire [ɛbdɔmadɛʀ] **A** ADJ wöchentlich; Wochen… **B** M Wochenblatt *n*, -zeitschrift *f*
hébergement [ebɛʀʒəmɑ̃] M **1** *action* Unterbringung *f*; Beherbergung *f* **2** (*logement*) Unterkunft *f*
héberger [ebɛʀʒe] V/T ⟨-ge-⟩ beherbergen; (bei sich) unterbringen, *réfugiés* aufnehmen
hébété [ebete] ADJ ⟨~e⟩ *regard* stumpf(sinnig); *personne* benommen, wie betäubt (**de qc** von etw)
hébétement [ebɛtmɑ̃] M **1** *du regard* Stumpfheit *f* **2** *d'une personne* Benommenheit *f*; *a.* Stumpfsinn *m*
hébétude [ebetyd] F *litt* Stumpfsinn *m*
hébraïque [ebʀaik] ADJ hebräisch
hébreu [ebʀø] **A** ADJ ⟨*nur m*, ~x⟩ hebräisch **B** M **1** *pl* **Hébreux** Hebräer *mpl* **2** **l'~** das Hebräische; Hebräisch *n*
°**H.E.C.** [aʃəse] ABR ([École des] Hautes études commerciales) (*führende*) *frz Wirtschaftshochschule*
hécatombe [ekatõb] F **1** (*massacre*) Blutbad *n*; Hekatombe *f* **2** *fig* **quelle ~!** viele blieben auf der Strecke
hectare [ɛktaʀ] M Hektar *n ou m*
hecto [ɛkto] M ABR → hectolitre
hectogramme M Hektogramm *n* **hectolitre** M Hektoliter *n ou m* **hectomètre** M Hektometer *n ou m*
hédonisme [edɔnism] M Hedonismus *m*
hégémonie [eʒemɔni] F Hegemonie *f*; Vorherrschaft *f*; Vormachtstellung *f*
hégire [eʒiʀ] F ISLAM Hedschra *f*
°**hein** [ɛ̃] INT *fam* **~?** **1** (*comment?*) *fam* hm?; was? **2** (*n'est-ce pas?*) oder?; nicht?; *fam* hm? **3** *surprise* na(nu)!; was!
°**hélas** [elɑs] INT ach!; leider!

H

°héler [ele] VT ⟨-è-⟩ herbeirufen
hélice [elis] F AVIAT Propeller *m*; MAR (Schiffs)Schraube *f*
hélico [eliko] M ABR *fam* → hélicoptère
hélicoïdal [elikɔidal] ADJ ⟨~e; -aux [-o]⟩ schraubenförmig; Schrauben…
hélicoptère [elikɔptɛʀ] M Hubschrauber *m*
héliomarin [eljomaʀɛ̃] ADJ ⟨-ine [-in]⟩ MÉD **cure ~e** auf Sonnenbestrahlung und Seeluft basierende Heilkur
héliport [elipɔʀ] M Hubschrauberlandeplatz *m*
héliporté [elipɔʀte] ADJ ⟨~e⟩ mit Hubschrauber(n) befördert; Hubschrauber…
hélium [eljɔm] M Helium *n*
hellénique [ɛ(l)lenik] ADJ hellenisch; griechisch **hellénisme** [-ism] M Hellenismus *m* **helléniste** [-ist] M/F Gräzist(in) *m(f)* **hellénistique** ADJ hellenistisch
helvétique [ɛlvetik] ADJ schweizerisch; helvetisch; **Confédération** *f* **~** Schweizerische Eidgenossenschaft
helvétisme [ɛlvetism] M Helvetismus *m*; schweizerische Spracheigentümlichkeit
hématie [emasi] F rotes Blutkörperchen
hématologie [ematɔlɔʒi] F Hämatologie *f*; Lehre *f* vom Blut
hématome [ematom] M Bluterguss *m*
hémicycle [emisikl] M 1 Halbrund *n* 2 *par ext* **l'~** die französische Nationalversammlung
hémiplégie [emipleʒi] F halbseitige Lähmung **hémiplégique** [-ik] M/F halbseitig Gelähmte(r) *m/f(m)*
hémisphère [emisfɛʀ] M 1 Halbkugel *f*; Hemisphäre *f*; *de la Terre* **~ nord** *ou* **boréal, sud** *ou* **austral** nördliche, südliche Halbkugel *ou* Hemisphäre; Nord-, Südhalbkugel *f* 2 **~ cérébral** Großhirnhälfte *f*
hémisphérique [emisfeʀik] ADJ halbkugelförmig; in Form e-r Halbkugel
hémoglobine [emɔglɔbin] F Hämoglobin *n*; Blutfarbstoff *m*
hémophile [emɔfil] M Bluter *m* **hémophilie** [-i] F Bluterkrankheit *f*
hémorragie [emɔʀaʒi] F 1 MÉD Blutung *f*; **~ cérébrale** Hirnblutung *f*; **~ interne** innere Blutung 2 *fig* Aderlass *m*
hémorroïdes [emɔʀɔid] FPL Hämorr(ho)iden *fpl*
hémostase [emɔstaz] F Blutstillung *f* **hémostatique** ADJ blutstillend
°henné [ene] M Henna *f ou n*
°hennir [eniʀ] VI wiehern **°hennissement** [-ismɑ̃] M Wiehern *n*; Gewieher *n*
Henri [ɑ̃ʀi] M Heinrich *m*
°hep [(h)ɛp] INT he!; hallo!
hépatique [epatik] ADJ Leber…
hépatite [epatit] F Hepatitis *f*
heptathlon [ɛptatlõ] M Siebenkampf *m*
héraldique [eʀaldik] F Heraldik *f*; Wappenkunde *f*
Hérault [eʀo] **l'~** *Fluss u. Departement in Frankreich*
°héraut [eʀo] M HIST Herold *m*
herbacé [ɛʀbase] ADJ ⟨~e⟩ **plante ~e** Kraut *n*; krautige Pflanze
herbage [ɛʀbaʒ] M Weide *f*
herbager [ɛʀbaʒe] VT ⟨-ge-⟩ *bétail* auf die Weide treiben
herbe [ɛʀb] F 1 *coll* Gras *n*; **mauvaise herbe** Unkraut *n*; **brin** *m* **d'herbe** Grashalm *m*; **en herbe** *blé* noch grün; *fig* zukünftig; *fig* **couper l'herbe sous le pied de qn** j-m den Rang ablaufen; j-m den Wind aus den Segeln nehmen 2 BOT Kraut *n*; **fines herbes** Küchenkräuter *npl*; **herbes médicinales** Heilkräuter *npl* 3 *argot drogue* Grass *n*; Heu *n*

l'herbe (f) — Gras

les herbes (fpl) — Kräuter

herbeux [ɛʀbø] ADJ ⟨-euse [-øz]⟩ grasbewachsen
herbicide [ɛʀbisid] M Unkrautvertilgungsmittel *n*; Herbizid *n*
herbier [ɛʀbje] M Herbarium *n*
herbivore [ɛʀbivɔʀ] A ADJ pflanzenfressend B M Pflanzenfresser *m*
herboriser [ɛʀbɔʀize] VI botanisieren; Kräuter sammeln
herboriste [ɛʀbɔʀist] M/F (Heil)Kräuterhändler(in) *m(f)* **herboristerie** [-əʀi] F (Heil)Kräuterhandlung *f*

Hercule [ɛʀkyl] M 1 MYTH Herkules *m*; Herakles *m* 2 *fig* **hercule** wahrer Herkules; **bâti, taillé en ~** wie (ein) Herkules gebaut
herculéen [ɛʀkyleɛ̃] ADJ ⟨-enne [-ɛn]⟩ herkulisch; **force ~ne** Bärenkraft *f*
°**hère** [ɛʀ] M **pauvre ~** armer Teufel
héréditaire [eʀeditɛʀ] ADJ Erb…; erblich; BIOL *a.* erbbedingt; JUR *a.* vererbbar; *fig* **ennemi** *m* **~** Erbfeind *m*
hérédité [eʀedite] F 1 BIOL Vererbung *f* 2 *par ext* Erbgut *n*, -anlagen *fpl*; **avoir une ~ chargée** erblich belastet sein
hérésie [eʀezi] F REL, *fig* Häresie *f*; Ketzerei *f*; Irrlehre *f*
hérétique [eʀetik] REL, *fig* A ADJ ketzerisch B M/F Ketzer(in) *m(f)*; Häretiker(in) *m(f)*
°**hérissé** [eʀise] ADJ ⟨~e⟩ 1 *plumes, poils, cheveux* gesträubt 2 **~ de** bedeckt, gespickt mit; **~ de difficultés** voller Schwierigkeiten
°**hérissement** [eʀismɑ̃] M *des plumes* Sträuben *n*
°**hérisser** [eʀise] A V/T 1 *plumes, poils* sträuben 2 *fig* **~ qn** j-n zornig machen, erzürnen B V/PR **se ~** sich sträuben
°**hérisson** [eʀisõ] M Igel *m*
héritage [eʀitaʒ] M Erbe *n* (*a. fig*); Erbschaft *f*; **oncle** *m*, **tante** *f* **à ~** Erbonkel *m*, -tante *f*; **faire un ~** e-e Erbschaft machen; **laisser qc en ~** etw vererben; *fig* etw hinterlassen
hériter [eʀite] V/T *et* V/I erben (*a. fig*); **~ (de) qc** etw erben (**de qn** von j-m); **~ de qn** j-n beerben
héritier [eʀitje] M, **héritière** [-jɛʀ] F Erbe *m*, Erbin *f* (*a. fig*)
hermaphrodite [ɛʀmafʀɔdit] M Zwitter *m*
herméneutique [ɛʀmenøtik] A ADJ hermeneutisch B F Hermeneutik *f*
hermétique [ɛʀmetik] ADJ 1 hermetisch (verschlossen); luft- und wasserdicht 2 *fig* schwer verständlich; undurchschaubar; hermetisch
hermétiquement ADV **~ fermé** hermetisch verschlossen
hermine [ɛʀmin] F 1 ZOOL Hermelin *n* 2 *fourrure* Hermelin *m*
°**hernie** [ɛʀni] F (Eingeweide)Bruch *m*; **~ discale** Bandscheibenvorfall *m*
héroïne[1] [eʀɔin] F Heldin *f* (*a. d'une histoire*)
héroïne[2] F (! feminin) *drogue* Heroin *n*
héroïnomane [eʀɔinɔman] M/F Heroinsüchtige(r) *m/f(m)*
héroïque [eʀɔik] ADJ heldenhaft; heldenmütig; heroisch; *par ext* **âge** *m* **~** Pionierzeit *f*
héroïquement [eʀɔikmɑ̃] ADV heldenhaft; heroisch
héroïsme [eʀɔism] M Heldenmut *m*; Heldentum *n*; Heroismus *m*; **acte** *m* **d'~** Heldentat *f*
°**héron** [eʀõ] M Reiher *m*
°**héros** [eʀo] M Held *m* (*a. d'une histoire*); Heros *m*; Heroe *m*
herpès [ɛʀpɛs] M MÉD Herpes *m*
°**herse** [ɛʀs] F 1 AGR Egge *f* 2 FORTIFICATIONS Fallgatter *n* °**herser** [-e] V/T eggen
hertz [ɛʀts] M PHYS Hertz *n*
hertzien [ɛʀtsjɛ̃] ADJ ⟨-ienne [-jɛn]⟩ **ondes ~nes** hertzsche Wellen *fpl*
Herzégovine [ɛʀzegɔvin] **l'~** F die Herzegowina
hésitant [ezitɑ̃] ADJ ⟨-ante [-ɑ̃t]⟩ zögernd; *personne a.* unschlüssig
hésitation [ezitasjõ] F Zögern *n*; **après bien des ~s** nach langem Zögern, Zaudern; nach langem Hin und Her
hésiter [ezite] V/I zögern, zaudern (**à faire qc** etw zu tun); *en parlant* stocken; **~ sur qc** sich (*dat*) über etw (*acc*) unschlüssig sein; **~ entre … ** schwanken zwischen (+ *dat*)
°**Hesse** [ɛs] **la ~** Hessen *n*
hétéroclite [eteʀɔklit] ADJ verschiedenartig; bunt zusammengewürfelt
hétérogène [eteʀɔʒɛn] ADJ heterogen; uneinheitlich; ungleichartig
hétérogénéité [eteʀɔʒeneite] F Heterogenität *f*; Uneinheitlichkeit *f*; Ungleichartigkeit *f*
hétérosexualité [eteʀɔsɛksɥalite] F Heterosexualität *f* **hétérosexuel** ADJ [eteʀosɛksɥɛl] ⟨~le⟩ heterosexuell
°**hêtre** [ɛtʀ] M Buche *f*
heur [œʀ] M *iron* **ne pas avoir l'~ de plaire à qn** nicht das Glück haben, j-m zu gefallen
heure [œʀ] F 1 (*60 minutes*) Stunde *f*; **vingt-quatre ~s sur vingt-quatre** rund um die Uhr; **rouler à cent à l'heure** (mit) hundert (Stundenkilometern) fahren; **gagner cent euros l'heure**, *fam* **de l'heure** hundert Euro die Stunde, pro Stunde verdienen 2 *division du temps* (Uhr)Zeit *f*; *après un chiffre* Uhr; **heure locale** Ortszeit *f*; **heure d'arrivée, de départ** Ankunfts-, Abfahrtszeit *f*; **heure d'été** Sommerzeit *f*; **deux heures dix** zwei Uhr zehn; zehn (Minuten) nach zwei; **deux heures et** *ou* **un quart** Viertel nach zwei; **dix heures et demie** halb elf; **une heure moins le quart** Viertel vor eins; **trois heures moins cinq** fünf (Minuten) vor drei; **à quelle heure?** um wie viel Uhr?; um welche Zeit?; **vous avez l'heure?** haben Sie die genaue Uhrzeit?; **demander l'heure** fragen, wie viel Uhr *ou* wie spät es ist; **quelle heure est-il?** wie spät ist es?; wie viel Uhr ist es?; **il est °huit heures** es ist acht (Uhr); **être à l'heure** *personne* pünktlich sein; *montre* richtig, genau gehen 3 (*moment*) Zeit(punkt) *f(m)*; Stunde *f*; *par ext* (*époque*) Zeitalter *n*; **à l'heure qu'il est** *ou* **à l'heure actuelle** zu diesem Zeitpunkt; gegenwärtig; zur

H

Zeit; **à la bonne heure!** so lass ich mir's gefallen!; recht so!; **à toute heure** jederzeit; zu jeder Tageszeit; **tout à l'heure** *(il y a un moment)* (so)eben; gerade; vorhin; *(dans un moment)* gleich; sofort; **à tout à l'heure!** bis gleich, nachher!; **de bonne heure** früh (am Tage); *par ext* frühzeitig; **nouvelle** *f* **de (la) dernière heure** allerneueste Meldung; *partisan, etc* **de la première heure** der ersten Stunde; **sur l'heure** auf der Stelle; sogleich; sofort; **c'est son ~** das ist s-e *ou* ihre Zeit, Stunde; das ist die Zeit, zu der er *ou* sie gewöhnlich kommt; **c'est l'heure de** (+ *inf*) es ist Zeit zu (+ *inf*)

H

heureusement [øʀøzmɑ̃] ADV 1 *(par bonheur)* glücklicherweise; zum Glück 2 *(avec succès)* glücklich; gut

heureux [øʀø] A ADJ ⟨-euse [-øz]⟩ 1 *(content)* glücklich; **bonne et heureuse année!** glückliches neues Jahr!; **~ événement** *(naissance)* freudiges Ereignis; **être ~ de** (+ *inf*) *ou* **que …** (+ *subj*) sich freuen, glücklich sein zu (+ *inf*) *ou* dass … 2 *(chanceux)* glücklich; **être ~ au jeu** beim Spiel Glück haben; *prov* **~ au jeu, malheureux en amour** Glück im Spiel, Pech in der Liebe *(prov)*; **encore ~ que …** (+ *subj*) ein Glück, dass … 3 *formule, etc* gut; treffend; glücklich B SUBST **faire un ~** j-n *ou* ihn glücklich machen

°**heurt** [œʀ] M Reiberei *f*; Zusammenstoß *m*

°**heurté** [œʀte] ADJ ⟨~e⟩ *couleurs* stark kontrastierend; *plus fort* nicht zusammenpassend; sich beißend; *style* (zu) kontrastreich; *discours* abgehackt; nicht fließend

°**heurter** [œʀte] A V/T 1 **~ qc** an etw *(acc) ou* gegen etw stoßen; *véhicule a.* auf etw *(acc)* aufprallen 2 *fig personne* verletzen; vor den Kopf stoßen 3 **~ qn** j-n (versehentlich) anstoßen; *en voiture* j-n anfahren B V/PR 1 **se ~ à, contre** stoßen an (+ *acc*), gegen; *fig* **se ~ à des difficultés**, *etc* auf Schwierigkeiten *(acc) etc* stoßen 2 **se ~** *véhicules* zusammenstoßen *(a. fig personnes)*; aufeinanderprallen

°**heurtoir** [œʀtwaʀ] M Türklopfer *m*

hévéa [evea] M Kautschukbaum *m*

hexagonal [ɛgzagɔnal] ADJ ⟨~e; -aux [-o]⟩ 1 sechseckig 2 *fig* französisch

hexagone [ɛgzagon, -gɔn] M 1 Sechseck *n* 2 **l'Hexagone** Frankreich *n*

L'Hexagone

Frankreich wird auch **l'Hexagone** genannt, weil es auf der Landkarte einem Sechseck ähnlich sieht.

SPRACHGEBRAUCH

hexamètre [ɛgzamɛtʀ] M Hexameter *m*

°**Hezbollah** [ɛzbɔla] M Hisbollah *f*

hiatus [jatys] M 1 PHON Hiatus *m* 2 *fig* Unterbrechung *f*; Kluft *f*

hibernal [ibɛʀnal] ADJ ⟨~e; -aux [-o]⟩ **sommeil ~** Winterschlaf *m*

hibernation [ibɛʀnasjõ] F Winterschlaf *m* **hiberner** [-e] V/I Winterschlaf halten

hibiscus [ibiskys] M Hibiskus *m*

°**hibou** [ibu] M ⟨~x⟩ Eule *f*

°**hic** [ik] M *fam* **voilà le ~** *fam* da liegt, sitzt der Haken; da liegt der Hase im Pfeffer

°**hideur** [idœʀ] *litt* F Abscheulichkeit *f*; Scheußlichkeit *f* °**hideux** [-ø] ADJ ⟨-euse [-øz]⟩ abscheulich; scheußlich

hier [ijɛʀ, jɛʀ] ADV gestern; **la journée d'~** der gestrige Tag; **cela ne date pas d'~** das ist nicht neu; das gibt es schon lange; *fam fig* **ne pas être né d'~** *fam* nicht von gestern sein

°**hiérarchie** [jeʀaʀʃi] F Hierarchie *f*; Rangordnung *f*, -folge *f*

°**hiérarchique** [jeʀaʀʃik] ADJ hierarchisch; ADMIN Dienst…; **supérieur** *m* **~** Dienstvorgesetzte(r) *m*; **voie** *f* **~** Dienst-, Instanzenweg *m*

°**hiérarchisation** [jeʀaʀʃizasjõ] F hierarchische Gliederung; (rangmäßige) Einstufung

°**hiérarchiser** [-e] V/T *société* hierarchisch gliedern; *valeurs* in e-e Rangordnung bringen; nach dem Rang einstufen

hiéroglyphe [jeʀɔglif] M Hieroglyphe *f*

°**hi-fi** [ifi] F → **fidélité**

°**hi-han** [iɑ̃] INT *âne* iah!

hilarant [ilaʀɑ̃] ADJ ⟨-ante [-ɑ̃t]⟩ belustigend; erheiternd; zum Lachen

hilare [ilaʀ] ADJ vergnügt; heiter; fröhlich **hilarité** [-ite] F Heiterkeit *f*

Himalaya [imalaja] **l'~** M der Himalaja

°**hindi** [indi] M LING Hindi *n*

hindou [ɛ̃du] A ADJ ⟨~e⟩ Hindu…; hinduistisch B **Hindou(e)** M(F) Hindu *m*, Hindufrau *f*

hindouisme [-ism] M Hinduismus *m* **hindouiste** [-ist] ADJ hinduistisch

°**hip-hop** [ipɔp] M (! unveränderlich) MUS Hip-Hop *m*

°**hippie** [ipi] A M/F Hippie *m*; Blumenkind *n* B ADJ Hippie…

hippique [ipik] ADJ Pferde(sport)…; Reit… **hippisme** [-ism] M Pferdesport *m*

hippocampe [ipɔkɑ̃p] M Seepferdchen *n*

Hippocrate [ipɔkʀat] M Hippokrates *m*

hippodrome [ipodʀom] M Pferderennbahn *f*; Hippodrom *m ou n*

hippopotame [ipɔpɔtam] M Nilpferd *n*; Flusspferd *n*

hirondelle [iʀõdɛl] F Schwalbe *f*

°**Hiroshima** [iʀɔʃima] Hiroschima *n*

hirsute [irsyt] ADJ struppig
hispanique [ispanik] **A** ADJ spanisch **B** SUBST **Hispanique** M *U.S.A.* spanischsprachiger Einwanderer
hispanisant [ispanizã] M, **hispanisante** [-ɑ̃t] F Hispanist(in) *m(f)*
hispanisme [ispanism] M Hispanismus *m*; spanische Spracheigentümlichkeit **hispaniste** [-ist] M/F Hispanist(in) *m(f)*
hispano-... [ispano] ADJ spanisch-...
hispano-américain **A** ADJ ⟨-ienne [-jɛn]⟩ **1** spanisch-amerikanisch **2** hispanoamerikanisch **B** SUBST **1** **Hispano-Américain(e)** *m(f)* Hispanoamerikaner(in) *m(f)* **2** *m* LING amerikanisches Spanisch
hispano-arabe *ou* **hispano-moresque** ADJ ART spanisch-maurisch
hispanophone [ispanɔfɔn] ADJ spanischsprachig; Spanisch sprechend
°**hisse** [is] INT **oh ~!** hau ruck!
°**hisser** [ise] **A** V/T hochziehen; *charge* hieven; *drapeau, voile* hissen **B** V/PR **se ~** sich hoch-, emporziehen
histamine [istamin] F Histamin *n*
histocompatibilité [istokõpatibilite] F BIOL Gewebsverträglichkeit *f*
histoire [istwar] F **1** *science* Geschichte *f*; **~ moderne** Neuere Geschichte; **~ de l'art** Kunstgeschichte *f* **2** *(récit)* Geschichte *f*; Erzählung *f*; *(anecdote comique)* Witz *m*; **ce sont des ~s** das sind Märchen **3** *(affaire)* Geschichte *f*; Sache *f*; Angelegenheit *f*; **~s** *pl (ennuis)* Unannehmlichkeiten *fpl*; Scherereien *fpl*; **~ de fous** ganz verrückte Geschichte, Sache; **sans ~** problemlos; *vie* unauffällig **c'est une autre ~** das steht auf e-m anderen Blatt; das ist e-e ganz andere Geschichte; **c'est toute une ~** das ist e-e lange Geschichte *ou* e-e Riesenaffäre; **faire des ~s à qn** j-m Unannehmlichkeiten, Scherereien machen **4** *fam* **~ de** *(+ inf)* um zu *(+ inf)*; **~ de rire** zum Spaß
histologie [istɔlɔʒi] F BIOL Histologie *f*; Gewebelehre *f*
historicité [istɔrisite] F historische Wahrheit, Zuverlässigkeit
historien [istɔrjɛ̃] M, **historienne** [-jɛn] F Historiker(in) *m(f)*; Geschichtsforscher(in) *m(f)*, -wissenschaftler(in) *m(f)*
historiographe [istɔrjɔgraf] M (offizieller) Historiograph, Geschichtsschreiber **historiographie** [-i] F (offizielle) Historiographie, Geschichtsschreibung
historique [istɔrik] **A** ADJ historisch; geschichtlich; Geschichts... **B** M geschichtlicher, chronologischer Überblick; **faire l'~ de qc** e-n geschichtlichen Überblick über etw *(acc)* geben; etw in s-m geschichtlichen Zusammenhang darstellen
hitlérien [itlerjɛ̃] ADJ ⟨-ienne [-jɛn]⟩ Hitler...; Nazi... **hitlérisme** [-ism] M Nazismus *m*
°**hit-parade** [itparad] M Hitparade *f*
°**HIV** [aʃive] M ABR (human immunodeficiency virus) HIV *n*
hiver [ivɛr] M Winter *m*; **sports** *mpl* **d'~** Wintersport *m*; **en ~** im Winter
hivernage [ivɛrnaʒ] M Überwintern *n*, -ung *f*
hivernal ADJ ⟨~e; -aux [-o]⟩ winterlich; Winter... **hivernant** [-ɑ̃] M, **hivernante** [-ɑ̃t] F (Winter)Feriengast *m* **hiverner** [-e] V/I überwintern
hl ABR (hectolitre[s]) hl (Hektoliter)
HLM [aʃɛlɛm] M *ou* F (! unveränderlich) ABR (habitation à loyer modéré) Sozialwohnung *f*
°**hobby** [ɔbi] M ⟨hobbies⟩ Hobby *n*
°**hobereau** [ɔbro] M ⟨~x⟩ (Land)Junker *m*; *péj* Krautjunker *m*
°**hochement** [ɔʃmɑ̃] M **~ de tête** Kopfschütteln *n*, -wiegen *n*; *a.* zögerndes Kopfnicken
°**hocher** [ɔʃe] V/T **~ la tête** den Kopf schütteln, wiegen; *approbation* zögernd mit dem Kopf nicken
°**hochet** [ɔʃɛ] M Rassel *f*; Klapper *f*
°**hockey** [ɔkɛ] M **~ (sur gazon)** (Feld)Hockey *n*; **~ sur glace** Eishockey *n*
°**hockeyeur** [ɔkɛjœr] M, °**hockeyeuse** [-øz] F Hockeyspieler(in) *m(f)*
°**holà** [ɔla] M **mettre le ~ à qc** e-r Sache *(dat)* Einhalt gebieten, e-n Riegel vorschieben
°**holding** [ɔldiŋ] M Holding(gesellschaft) *f*
°**hold-up** [ɔldœp] M (! unveränderlich) Raubüberfall *m*
°**hollandais** [ɔlɑ̃dɛ] **A** ADJ ⟨-aise [-ɛz]⟩ holländisch; CUIS **sauce ~e** Sauce hollandaise *f* **B** SUBST **1** **Hollandais(e)** *m(f)* Holländer(in) *m(f)* **2** LING **le ~** das Holländische; Holländisch *n*
°**Hollande** [ɔlɑ̃d] **la ~** Holland *n*
°**hollywoodien** [ɔliwudjɛ̃] ADJ ⟨-ienne [-jɛn]⟩ an (den Luxus von) Hollywood erinnernd; Hollywood...
holocauste [ɔlokost] M Holocaust *m*
hologramme [ɔlɔgram] M Hologramm *n*
°**homard** [ɔmar] M Hummer *m*
°**home** [om] M **~ d'enfants** Kinderheim *n*
homélie [ɔmeli] *litt* F (langweilige) Moralpredigt
homéopathe [ɔmeɔpat] M/F (**médecin** M) ~ Homöopath(in) *m(f)*
homéopathie [ɔmeɔpati] F Homöopathie *f* **homéopathique** [-ik] ADJ homöopathisch
Homère [ɔmɛr] M Homer *m*
homérique [ɔmerik] ADJ homerisch

H

°home-trainer [omtʀɛnœʀ] M ⟨home-trainers⟩ Home-, Heimtrainer *m*

homicide [ɔmisid] **A** M Tötung *f*; **~ involontaire, volontaire** fahrlässige, vorsätzliche Tötung **B** ADJ mörderisch; todbringend

hominiens [ɔminjɛ̃] MPL Hominiden *mpl*; Menschenartige(n) *mpl*

hommage [ɔmaʒ] M **1** Huldigung *f* (*a.* HIST); (Ver)Ehrung *f*; **mes ~s, Madame** guten Tag, gnädige Frau!; **rendre ~ à qn** j-m Ehre erweisen; j-n ehren; **rendre ~ à qc** etw würdigen; e-r Sache (*dat*) Anerkennung zollen **2** *d'auteur, d'éditeur* Widmungsexemplar *n*

hommasse [ɔmas] ADJ *péj* **femme** *f* **~** Mannweib *n*

H

homme [ɔm] M **1** (*être humain*) Mensch *m*; **homme des cavernes** Höhlenmensch *m* **2** (*individu mâle*) Mann *m*; **grand homme** großer, berühmter Mann; **jeune homme** junger Mann; **homme politique** Politiker *m*; **homme à femmes** Frauen-, *fam* Weiberheld *m*; **homme d'action** Mann der Tat; **homme d'affaires** Geschäftsmann *m*; **homme de couleur** Farbige(r) *m*; **homme d'État** Staatsmann *m*; **homme de goût** Mann mit Geschmack; **homme de loi** Jurist *m*; *péj* **homme de main** Handlanger *m*; Helfershelfer *m*; *fig* **homme de paille** Strohmann *m*; **l'homme de la rue** der Mann auf der Straße; der kleine Mann; **d'homme** Männer...; **chemise** *f* **d'homme** Herrenhemd *n*; **métier** *m* **d'homme** Männerberuf *m*; **comme un seul homme** wie e i n Mann; **d'homme à homme** von Mann zu Mann; **être homme à** (+ *inf*) imstande, fähig sein zu (+ *inf*); **je suis votre homme** ich bin bereit, das (für Sie) zu machen; ich mache das **3** *fam* **son ~** der Mann, *fam* Kerl, mit dem sie zusammenlebt

homme-grenouille M ⟨hommes-grenouilles⟩ Froschmann *m* **homme-orchestre** M ⟨hommes-orchestres⟩ **1** MUS Einmannorchester *n* **2** *fig* Allroundman *m* **homme-sandwich** M ⟨hommes-sandwich(e)s⟩ Sandwichman(n) *m*; Plakatträger *m*

homo [omo] MABR *fam* (homosexuel) *fam* Homo *m*

homogène [ɔmɔʒɛn] ADJ homogen; gleichartig; einheitlich

homogénéisation [ɔmɔʒeneizasjõ] F Homogenisierung *f* **homogénéiser** [-e] V/T homogenisieren

homogénéité [ɔmɔʒeneite] F Homogenität *f*; Gleichartigkeit *f*; Einheitlichkeit *f*

homographe [ɔmɔgʀaf] M LING Homograph *n*

homologation [ɔmɔlɔgasjõ] F **1** *d'un record* offizielle Anerkennung **2** *des prix* (staatliche) Genehmigung

homologue [ɔmɔlɔg] **A** ADJ entsprechend; *t/t* homolog **B** M (Amts)Kollege *m*

homologuer [ɔmɔlɔge] V/T **1** SPORTS offiziell anerkennen **2** JUR (staatlich) genehmigen

homonyme [ɔmɔnim] M **1** LING Homonym *n* **2** *personne* Namensvetter *m*

homonymie [ɔmɔnimi] F LING Homonymie *f*

homoparental [ɔmɔpaʀɑ̃tal] ADJ ⟨~e; -aux [-o]⟩ **famille ~e** Familie *f* mit gleichgeschlechtlichen Eltern

homoparentalité [ɔmɔpaʀɑ̃talite] F gleichgeschlechtliche Elternschaft

homophobe [ɔmɔfɔb] ADJ *propos* homosexuellenfeindlich; *t/t* homophob; **agression** *f* **~** Übergriff *m* auf eine(n) Homosexuelle(n) *ou* auf Homosexuelle

homophobie [ɔmɔfɔbi] F *aversion* Abneigung *f* gegen Homosexuelle; *comportement* homosexuellenfeindliches Verhalten; *t/t* Homophobie *f*

homophone [ɔmɔfɔn] M LING Homophon *n*

homosexualité [ɔmɔsɛksɥalite] F Homosexualität *f*

homosexuel [ɔmɔsɛksɥɛl] **A** ADJ ⟨~le⟩ homosexuell; gleichgeschlechtlich **B** **~(le)** M(F) Homosexuelle(r) *m/f(m)*

°Honduras [õdyʀas] **le ~** Honduras *n*

°hondurien [õdyʀjɛ̃] **A** ADJ ⟨-ienne [-jɛn]⟩ honduranisch **B** SUBST **Hondurien(ne)** M(F) Honduraner(in) *m(f)*

°Hong-Kong [õŋkõg] Hongkong *n*

°hongre [õgʀ] ADJ **cheval** *m* **~** Wallach *m*

°Hongrie [õgʀi] **la ~** Ungarn *n*

°hongrois [õgʀwa] **A** ADJ ⟨-oise [-waz]⟩ ungarisch **B** SUBST **1** **°Hongrois(e)** *m(f)* Ungar(in) *m(f)* **2** LING **le ~** das Ungarische; Ungarisch *n*

honnête [ɔnɛt] ADJ **1** (*intègre*) ehrlich; anständig; **les ~s gens** *mpl* die anständigen, rechtschaffenen Leute *pl* **2** (*satisfaisant*) recht, ganz gut; anständig; *prix* angemessen

honnêtement [ɔnɛtmɑ̃] ADV **1** (*sans voler*) auf ehrliche, anständige (Art und) Weise **2** (*loyalement*) anständigerweise **3** (*franchement*) (ganz) ehrlich **4** (*passablement*) ganz gut, anständig; nicht schlecht

honnêteté [ɔnɛtte] F Ehrlichkeit *f*; Anständigkeit *f*; Redlichkeit *f*

honneur [ɔnœʀ] M Ehre *f*; **place** *f* **d'~** Ehrenplatz *m*; **~s** Ehren *fpl*; Ehrenerweisung(en) *f(pl)*; **à son ~** zu s-r Ehre(nrettung); *jurer* **sur l'~, sur son ~** bei s-r Ehre; **en l'~ de qn** zu Ehren j-s; *iron* **en quel ~?** zu wessen Ehren?; warum denn nur?; aus welchem besonderen Anlass?; **avoir l'~ de faire part de qc** die Ehre haben, sich beehren, etw bekannt zu geben; **faire à qn l'~ de** (+ *inf*) j-m die Ehre erweisen, antun zu (+ *inf*); **faire ~ à qn** j-m Ehre machen; *fam* **faire ~ à un plat** e-m Gericht tüchtig zusprechen; **faire les ~s de la maison (à qn)** j-n willkommen heißen (und durch das Haus führen); **mettre son point d'~ à faire qc** s-e Ehre dareinsetzen, etw zu tun

°honnir [ɔniʀ] V/T *litt* der Schande preisgeben; *surtout pp* **honni de** *ou* **par qn** verabscheut von j-m

honorabilité [ɔnɔʀabilite] F Achtbarkeit *f*; Ehrenhaftigkeit *f*; Ehrbarkeit *f*

honorable [ɔnɔʀabl] ADJ **1** achtbar; ehrenwert (*a. iron*); *métier* ehrbar; *conduite* ehrenhaft **2** *moyen* ganz gut; ordentlich **3** *appréciation* **mention** *f* **~** lobende Erwähnung; Belobigung *f*

honorablement [ɔnɔʀabləmɑ̃] ADV → honorable

honoraire [ɔnɔʀɛʀ] **A** ADJ Ehren…; **membre** *m* **~** Ehrenmitglied *n*; **professeur** *m* **~** emeritierter Professor **B** MPL **~s** Honorar *n*

honoré [ɔnɔʀe] ADJ ⟨~e⟩ **1** **mon ~ collègue** mein verehrter Herr Kollege **2** **je suis très ~** ich fühle mich sehr geehrt (**par qc** durch etw)

honorer [ɔnɔʀe] **A** V/T **1** *personne* ehren **2** *lettre de change* honorieren; *promesse* einlösen **B** V/PR **s'~ de qc** sich durch etw geehrt fühlen

honorifique [ɔnɔʀifik] ADJ Ehren…; **à titre ~** ehrenamtlich

°honte [ɔ̃t] F **1** (*déshonneur*) Schande *f*; *st/s* Schmach *f*; **être la ~ de la famille** der Schandfleck der Familie sein; **faire ~ à qn** j-m Schande machen, bereiten; *moins fort* j-n blamieren **2** (*sentiment d'humiliation*) Scham(gefühl) *f(n)*; **sans ~** ohne sich zu schämen; **avoir ~** sich schämen (**de qn, qc** für j-n, etw; **d'avoir fait qc** etw getan zu haben); **faire ~ à qn** (*faire des reproches*) j-m ins Gewissen reden

°honteusement [ɔ̃tøzmɑ̃] ADV **1** (*de manière déshonorante*) mit (Schimpf und) Schande **2** (*de manière révoltante*) schändlich; auf schändliche Weise

°honteux [ɔ̃tø] ADJ ⟨-euse [-øz]⟩ **1** (*déshonorant*) schändlich; beschämend; *capitulation* schmachvoll **2** (*qui a honte*) verschämt; schamhaft; **être ~ de qc** sich für etw schämen

°hop [(h)ɔp] INT hopp!; *enf* hopsa!; **allez, ~!** los, los!; auf geht's!; **~ là!** husch!; schwupp!

hôpital [ɔpital] M ⟨-aux [-o]⟩ Krankenhaus *n*; Klinik *f*; Hospital *n*; *autrich, suisse* Spital *n*; **~ militaire** Lazarett *n*

°hoquet [ɔkɛ] M Schluckauf *m*; **avoir le ~** den Schluckauf haben

°hoqueter [ɔkte] V/I ⟨-tt-⟩ **1** (*sangloter*) schluchzen **2** *fig moteur* stottern

horaire [ɔʀɛʀ] **A** ADJ Stunden… **B** M **1** *des trains, etc* Fahrplan *m*; AVIAT Flugplan *m* **2** (*emploi du temps*) Zeitplan *m*; **~ mobile, variable, à la carte** gleitende Arbeitszeit; Gleitzeit *f*

°horde [ɔʀd] F Horde *f*; Bande *f*

°horions [ɔʀjɔ̃] MPL heftige Schläge *mpl*

horizon [ɔʀizɔ̃] M Horizont *m*; *fig a.* Gesichtskreis *m*; Perspektive *f*; **à l'~** am Horizont; **tour** *m* **d'~** Überblick *m*; Bestandsaufnahme *f*; **ouvrir des ~s nouveaux** neue Horizonte, Perspektiven eröffnen; *interlocuteurs* **venir d'~s divers** aus verschiedenen Bereichen kommen

horizontal [ɔʀizɔ̃tal] **A** ADJ ⟨~e; -aux [-o]⟩ waag(e)recht; horizontal **B** F **~e** Waag(e)rechte *f*; Horizontale *f*

horizontalement [ɔʀizɔ̃talmɑ̃] ADV waag(e)recht; horizontal **horizontalité** [-ite] F waagerechte Lage

horloge [ɔʀlɔʒ] F Uhr *f*; Turmuhr *f*; Normaluhr *f*; **~ parlante** Zeitansage *f*

horloger [ɔʀlɔʒe] **A** ADJ ⟨-ère [-ɛʀ]⟩ Uhren… **B** **~, horlogère** M,F Uhrmacher(in) *m(f)*

horlogerie [ɔʀlɔʒʀi] F Uhrmacherei *f*; Uhrenindustrie *f*

°hormis [ɔʀmi] *st/s* PRÉP außer (+ *dat*)

hormonal [ɔʀmɔnal] ADJ ⟨~e; -aux [-o]⟩ hormonal; Hormon…

hormone [ɔʀmɔn] F (! feminin) Hormon *n*

°Horn [ɔʀn] **le cap ~** Kap Hoorn *n*

horodateur [ɔʀɔdatœʀ] M TECH Datum- und Uhrzeitstempler *m*; AUTO Parkscheinautomat *m*

horoscope [ɔʀɔskɔp] M Horoskop *n*

horreur [ɔʀœʀ] F **1** Entsetzen *n*; Grauen *n*; Abscheu *m*; Horror *m*; Schrecken *m*; **avoir ~ de** *ou* **avoir en ~** verabscheuen; e-n Horror haben vor (+ *dat*); **faire ~** Entsetzen *etc* hervorrufen (**à qn** bei j-m) **2** *d'un crime* Abscheulichkeit *f*; Grauenhaftigkeit *f*; **film** *m* **d'~** Horrorfilm *m*; **vision** *f* **d'~** Schreckensvision *f* **3** *fig* (*chose laide*) Scheußlichkeit *f*; **quelle ~!** wie entsetzlich, scheußlich!; **~s** *pl* Scheußlichkeiten *fpl*; (*propos malveillants*) Horrorgeschichten *fpl*

horrible [ɔʀibl] ADJ **1** (*effroyable*) grauenhaft, -voll; entsetzlich; abscheulich **2** (*très laid*) scheußlich **3** (*extrême*) entsetzlich; fürchterlich

horriblement [ɔʀibləmɑ̃] ADV → horrible

horrifiant [ɔʀifjɑ̃] ADJ ⟨-ante [-ɑ̃t]⟩ grauen-, schreckenerregend **horrifié** [-fje] ADJ ⟨~e⟩ entsetzt (**de, par** über +*acc*)

horripilant [ɔʀipilɑ̃] ADJ ⟨-ante [-ɑ̃t]⟩ nervtötend; unausstehlich **horripiler** [-e] V/T nerven; *fam* den Nerv töten (**qn** j-m)

°hors [ɔʀ] PRÉP **1** *dans des expressions* außer (+ *dat*) **2** **°hors de** außerhalb (+ *gén*); aus (+ *dat*) heraus; außer (+ *dat*) (*a. fig*); **°hors de danger** außer Gefahr; **c'est °hors (du) sujet** das gehört nicht zum Thema; **être °hors de soi** außer sich sein

H

°**hors-bord** M (! unveränderlich) Boot *n* mit Außenbordmotor *m; fam* Außenborder *m*
°**hors-d'œuvre** [ɔʀdœvʀ] M (! unveränderlich) Vorspeise *f*
°**hors-jeu** M (! unveränderlich) SPORTS Abseits *n*
°**hors-la-loi** M (! unveränderlich) Gesetzlose(r) *m;* Verfemte(r) *m*
hortensia [ɔʀtɑ̃sja] M Hortensie *f*
horticole [ɔʀtikɔl] ADJ Gartenbau…
horticulteur [ɔʀtikyltœʀ] M, **horticultrice** [-tʀis] F Gärtner(in) *m(f)*
horticulture [ɔʀtikyltyʀ] F Gartenbau *m*
hospice [ɔspis] M 1 *(asile)* (Alten)Pflegeheim *n* 2 REL Hospiz *n*
hospitalier [ɔspitalje] ADJ ⟨-ière [-jɛʀ]⟩ 1 *(accueillant)* gastfreundlich 2 *(relatif aux hôpitaux)* Krankenhaus…; **centre ~ universitaire** Klinikum *n;* Universitätskliniken *fpl*
hospitalisation [ɔspitalizasjõ] F 1 *admission* Einweisung *f,* Aufnahme *f* in ein Krankenhaus 2 *séjour* Krankenhausaufenthalt *m;* stationäre Behandlung; **frais** *mpl* **d'~** Krankenhauskosten *pl*
hospitaliser [ɔspitalize] V/T in ein Krankenhaus einweisen, einliefern; **hospitalisé** in stationärer Behandlung
hospitalité [ɔspitalite] F Gastfreundschaft *f;* **donner l'~ à qn** j-m Gastfreundschaft gewähren
hostellerie [ɔstɛlʀi] F (gutes) Hotel *ou* Restaurant (mit erstklassiger Küche)
hostie [ɔsti] F Hostie *f*
hostile [ɔstil] ADJ feindlich; feindselig; **être ~ à** ablehnend, feindlich gegenüberstehen (+ *dat*)
hostilité [ɔstilite] F 1 Feindseligkeit *f;* Feindschaft *f* 2 MIL **~s** *pl* Feindseligkeiten *fpl*
hosto [ɔsto] M ABR *fam* → **hôpital**
°**hot-dog** [ɔtdɔg] M Hotdog *n ou m*
hôte [ot] M 1 *qui reçoit* Gastgeber *m* 2 *(invité)* Gast *m (a. femme)* 3 **table** *f* **d'~** Tisch *m* für Pensions-, Stammgäste
hôtel [otɛl] M 1 Hotel *n;* Gasthof *m;* Gasthaus *n;* **chambre** *f* **d'~** Hotelzimmer *n;* **maître** *m* **d'~** Oberkellner *m* 2 **hôtel (particulier)** herrschaftliches Stadthaus; Palais *n* 3 **hôtel de ville** Rathaus *n*
hôtelier [otəlje] A ADJ ⟨-ière [-jɛʀ]⟩ Hotel…; **école hôtelière** Hotelfachschule *f* B **~, hôtelière** M,F Hotelbesitzer(in) *m(f);* Hotelier *m*
hôtellerie [otɛlʀi] F 1 Hotel(- und Gaststätten)gewerbe *n* 2 *(hôtel-restaurant)* (vornehmer) Gasthof
hôtel-restaurant M ⟨hôtels-restaurants⟩ Hotel *n* mit Restaurant
hôtesse [otɛs] F 1 *qui reçoit chez elle* Gastgeberin *f* 2 **hôtesse (d'accueil)** Hostess *f;* **hôtesse (de l'air)** Stewardess *f*
°**hotte** [ɔt] F 1 Tragkorb *m;* Kiepe *f;* VIT *a.* Butte *f* 2 **~ (filtrante)** Dunstabzugshaube *f*
°**hou** [(h)u] INT *pour faire peur* hu!; *pour faire honte* pfui!
°**houblon** [ublõ] M Hopfen *m*
°**houblonnière** [ublɔnjɛʀ] F Hopfengarten *m,* -feld *n*
°**houe** [u] F Hacke *f*
°**houille** [uj] F Steinkohle *f; fig* **~ blanche** Wasserkraft *f;* weiße Kohle
°**houiller** [uje] ADJ ⟨-ère [-ɛʀ]⟩ Steinkohlen…; **bassin ~** Steinkohlenrevier *n*
°**houillère** [ujɛʀ] F (Stein)Kohlenbergwerk *n,* -zeche *f*
°**houle** [ul] F Seegang *m;* Dünung *f*
°**houlette** [ulɛt] F **sous la ~ de qn** unter der Führung j-s
°**houleux** [ulø] ADJ ⟨-euse [-øz]⟩ 1 *mer* bewegt; unruhig 2 *fig réunion* sehr lebhaft; erregt
°**houligan** [uligan] M Hooligan *m* °**houliganisme** [-ism] M Rowdytum *n*
°**houppe** [up] F 1 *(touffe)* Quaste *f* 2 *de cheveux* Haarbüschel *n;* Tolle *f*
°**houppette** [upɛt] F Puderquaste *f*
°**hourra** [uʀa] A INT hurra! B MPL **~s** Hurrarufe *mpl*
°**houspiller** [uspije] V/T ausschimpfen; **se faire ~** ausgeschimpft werden
°**housse** [us] F (Schutz)Hülle *f;* Schonbezug *m*
°**houx** [u] M Stechpalme *f;* Ilex *f ou m*
°**HS** [aʃɛs] ABR (hors service) ADJT *fam* **être ~** *appareil, personne* kaputt sein
H.T. ABR (hors taxe) → **taxe**
HTML [aʃteɛmɛl] M ABR (hypertext markup language) INFORM HTML *f*
°**hublot** [yblo] M 1 MAR Bullauge *n* 2 AVIAT Fenster *n* 3 *d'une machine à laver, etc* Sichtfenster *n*
°**huche** [yʃ] F Brotkasten *m*
°**hue** [y] INT hü!
°**huées** [ɥe] FPL Buhrufe *mpl*
°**huer** [ɥe] V/T *orateur, etc* ausbuhen; *abs* buh rufen; buhen
Hugo [ygo] **Victor ~** *frz Dichter*
°**huguenot** [ygno] A ADJ ⟨-ote [-ɔt]⟩ hugenottisch B **~(e)** M(F) Hugenotte *m,* Hugenottin *f*
huilage [ɥilaʒ] M TECH Ölen *n*
huile [ɥil] F 1 Öl *n; alimentaire* Speiseöl *n;* **~ de foie de morue** Lebertran *m;* **~ d'olive** Olivenöl *n; fig* **mer** *f* **d'~** spiegelglatte See; *fig* **jeter de l'~ sur le feu** Öl ins Feuer gießen; *fam fig* **mettre de l'~ de coude** Energie, Kraft aufwenden 2 **(peinture** *f* **à l')~** *art* Ölmalerei *f; tableau* Ölgemälde *n;* Ölbild *n* 3 *fam fig (personnalité) fam* ho-

hes, großes Tier

huilé [ɥile] ADJ ⟨~e⟩ **1** ölgetränkt; **papier ~** Ölpapier *n* **2** CUIS **salade trop ~e** Salat, der mit zu viel Öl angemacht ist **3** *fig* **bien ~** reibungslos funktionierend

huiler [ɥile] V/T (ein)ölen

huilerie [ɥilʀi] F **1** *usine* Ölmühle *f* **2** *commerce* Ölhandel *m*

huileux [ɥilø] ADJ ⟨-euse [-øz]⟩ ölig; *peau, cheveux* fettig

huilier [ɥilje] M Essig-und-Öl-Ständer *m*; Menage *f*

°huis clos [ɥiklo] M **à ~** unter Ausschluss der Öffentlichkeit

huisserie [ɥisʀi] F Tür- *ou* Fenstereinfassung *f*, -rahmen *m*, -zarge *f*

huissier [ɥisje] M **1 ~ (de justice)** Gerichtsvollzieher *m* **2** ADMIN Amtsdiener *m*

°huit [ɥit *vor Konsonant* ɥi] **A** NUM acht; **le ~ avril** der achte *ou* am achten April; **Henri VIII** Heinrich VIII. (der Achte); **dans ~ jours** in acht Tagen; **mardi en ~** Dienstag in acht Tagen **B** M (! unveränderlich) **1** *chiffre* Acht *f*; Achter *m*; **le ~ (du mois)** der Achte *ou* am Achten (des Monats) **2 grand ~** Achterbahn *f* **3** ÉCON **faire les trois ~** in drei Schichten (zu acht Stunden) arbeiten

°huitaine [ɥitɛn] F **1 une ~ (de)** etwa, ungefähr acht **2 sous ~** binnen acht Tagen

°huitante [ɥitɑ̃t] NUM *en Suisse* achtzig

°huitième [ɥitjɛm] **A** NUM achte **B** SUBST **1 le, la ~** der, die, das Achte **2** *m* MATH Achtel *n* **3** *m étage* **au ~** im achten Stock **4** *m* SPORTS **~ de finale** Achtelfinale *n*

°huitièmement [ɥitjɛmmɑ̃] ADV achtens

huître [ɥitʀ] F Auster *f*

huîtrière [ɥitʀijɛʀ] F Austernpark *m*

°hulotte [ylɔt] F Waldkauz *m*

°hululement [ylylmɑ̃] M *des oiseaux de nuit* Schrei *m* **°hululer** [-e] V/I *hibou* schreien

°hum [(h)œm] INT hm!

humain [ymɛ̃] **A** ADJ ⟨-aine [-ɛn]⟩ **1** *(de l'homme)* menschlich; Menschen…; **la condition ~e** die Stellung und das Schicksal des Menschen; **corps ~** menschlicher Körper; **sciences ~es** Humanwissenschaften *fpl* **2** *(bon)* menschlich; human **B** M **1** *st/s* **les ~s** *pl* die Menschen *mpl* **2 l'~** das Menschliche

humainement [ymɛnmɑ̃] ADV **1 ~ possible** menschenmöglich **2** *traiter* menschlich

humanisation [ymanizasjõ] F Humanisierung *f*; menschenwürdige Gestaltung

humaniser [ymanize] **A** V/T menschenwürdiger gestalten; humanisieren **B** V/PR **s'~** menschlicher werden

humanisme [ymanism] M Humanismus *m*

humaniste [-ist] **A** ADJ humanistisch **B** M/F Humanist(in) *m(f)*

humanitaire [ymanitɛʀ] ADJ humanitär

humanitarisme [ymanitaʀism] M *péj* Humanitätsduselei *f*

humanité [ymanite] F **1** *(genre humain)* Menschheit *f* **2** *(bonté)* Menschlichkeit *f*; Humanität *f*; **avec ~** menschlich; human

humble [ɛ̃bl, œ̃-] ADJ **1** *(modeste)* demütig; bescheiden *(a. chose)* **2** *st/s (de condition modeste)* einfach **humblement** [-ɑ̃] ADV demütig

humecter [ymɛkte] **A** V/T an-, befeuchten; *linge a.* einsprengen **B** V/PR **s'~** *yeux* feucht werden; **s'~ les lèvres** sich *(dat)* die Lippen befeuchten

°humer [yme] V/T *odeur* einatmen; *plat* riechen

humérus [ymeʀys] M Oberarmknochen *m*

humeur [ymœʀ] F **1** Stimmung *f*; Laune *f*; **être de bonne, mauvaise ~** gut, schlecht gelaunt sein; gute, schlechte Laune haben; **être, se sentir d'~ à** (+ *inf*) in der Stimmung, Laune sein zu (+ *inf*); zu etw aufgelegt sein **2** *(irritation)* schlechte Laune; Gereiztheit *f*; **dans un mouvement d'~** in e-r Anwandlung von schlechter Laune **3** *(tempérament)* Gemütsart *f*

humide [ymid] ADJ feucht *(a. yeux)*; *plus fort* nass

humidificateur [ymidifikatœʀ] M Luftbefeuchter *m* **humidification** [-fikasjõ] F Be-, Anfeuchtung *f* **humidifier** [-fje] V/T befeuchten

humidité [ymidite] F Feuchtigkeit *f*; *plus fort* Nässe *f*

humiliant [ymiljɑ̃] ADJ ⟨-ante [-ɑ̃t]⟩ demütigend

humiliation [ymiljasjõ] F Demütigung *f*; **infliger une ~ à qn** j-m e-e Demütigung zufügen

humilier [ymilje] **A** V/T demütigen; *adjt* **humilié** gedemütigt **B** V/PR **s'~ devant qn** sich vor j-m demütigen

humilité [ymilite] F Demut *f*; Bescheidenheit *f*

humoriste [ymɔʀist] M/F Humorist(in) *m(f)* **humoristique** [-ik] ADJ humoristisch

humour [ymuʀ] M Humor *m*; **avoir (le sens) de l'~** (Sinn für) Humor haben

humus [ymys] M Humus *m*

°Huns [ɛ̃, œ̃] MPL HIST Hunnen *mpl*

°huppe [yp] F **1** *(touffe de plumes)* Haube *f*; Schopf *m* **2** *oiseau* Wiedehopf *m*

°huppé [ype] ADJ ⟨~e⟩ **1** ZOOL Hauben… **2** *fam fig (fam* stink)vornehm, (-)reich

°hure [yʀ] F CH (abgetrennter) Kopf

°hurlant [yʀlɑ̃] ADJ ⟨-ante [-ɑ̃t]⟩ *foule* brüllend; schreiend; *meute de loups* heulend

°hurlement [yʀləmɑ̃] M **1** Schrei *m*; **~s** *pl* Gebrüll *n* **2** *du loup* Heulen *n*

°hurler [yʀle] V/T *et* V/I **1** brüllen; schreien **2** *animal, sirène, vent* heulen; *fig* **~ avec les loups** mit

den Wölfen heulen
hurluberlu [yʀlybɛʀly] M komischer Kauz; *fam* Spinner *m*
°huron [yʀõ] A ADJ ⟨-onne [-ɔn]⟩ huronisch B MPL **°Hurons** Huronen *mpl*
°hussard [ysaʀ] M HIST MIL Husar *m*
°hussarde [ysaʀd] **à la ~** brutal
°hutte [yt] F Hütte *f*
hyacinthe [jasɛ̃t] F MINÉR Hyazinth *m*
hybridation [ibʀidasjõ] F BIOL Bastardierung *f*; Hybridisierung *f*
hybride [ibʀid] ADJ 1 BIOL hybrid; Bastard... 2 AUTO Hybrid...; mit Hybridantrieb 3 *fig* Zwitter...; Misch...; hybrid

H

hydratant [idʀatɑ̃] ADJ ⟨-ante [-ɑ̃t]⟩ Feuchtigkeits...; Feuchtigkeit spendend
hydratation [idʀatasjõ] F CHIM Hydra(ta)tion *f*
hydrater [idʀate] A V/T 1 CHIM mit Wasser verbinden; *adjt* **hydraté** wasserhaltig 2 *produits de beauté* **~ la peau** der Haut (*dat*) Feuchtigkeit zuführen B V/PR **s'~** CHIM Wasser aufnehmen
hydraulique [idʀolik] A ADJ 1 **énergie** *f* **~** Wasserkraft *f* 2 TECH hydraulisch B F Hydraulik *f*
hydravion [idʀavjõ] M Wasserflugzeug *n*
hydre [idʀ] F MYTH *et fig* Hydra *f*
hydrocarbure [idʀokaʀbyʀ] M Kohlenwasserstoff *m*
hydrocéphale [idʀɔsefal] ADJ mit e-m Wasserkopf
hydrocuté [idʀɔkyte] ADJ ⟨~e⟩ (durch plötzlichen Kontakt mit kaltem Wasser) ertrunken
hydrocution [idʀɔkysjõ] F Bewusstloswerden *n* in kaltem Wasser
hydrodynamique [idʀɔdinamik] A ADJ hydrodynamisch B F Hydrodynamik *f*
hydro-électrique [idʀoelɛktʀik] ADJ hydroelektrisch; **centrale** *f* **~** Wasserkraftwerk *n*
hydrogène [idʀɔʒɛn] M Wasserstoff *m* **hydrogéné** [-ʒene] ADJ ⟨~e⟩ Wasserstoff...; wasserstoffhaltig **hydrogéner** [-ʒene] V/T ⟨-è-⟩ hydrieren
hydroglisseur [idʀoglisœʀ] M Gleitboot *n*
hydrographie [idʀɔgʀafi] F Hydrographie *f*; Gewässerkunde *f*
hydrologie [idʀɔlɔʒi] F Hydrologie *f*
hydrolyse [idʀɔliz] F Hydrolyse *f*
hydromel [idʀɔmɛl] M Met *m*
hydrophile [idʀɔfil] ADJ Wasser anziehend; hydrophil; **coton** *m* **~** Verband(s)watte *f*
hydrostatique [idʀɔstatik] A ADJ hydrostatisch B F Hydrostatik *f*
hydrothérapie [idʀɔteʀapi] F Hydrotherapie *f*; Wasserheilverfahren *n*, -heilkunde *f*
hydroxyde [idʀɔksid] M Hydroxid *n*
hyène [jɛn] F Hyäne *f*
hygiaphone® [iʒjafɔn] M *à un guichet* (hygienisch gestaltete) Sprechöffnung
hygiène [iʒjɛn] F Hygiene *f*; **~ de la bouche** Mundpflege *f*; **manquer d'~** *personne* es an Hygiene fehlen lassen; *lieu* unhygienisch, nicht sauber sein
hygiénique [iʒjenik] ADJ hygienisch; **papier** *m* **~** Toiletten-, *fam* Klopapier *n*
hygromètre [igʀɔmɛtʀ] M Hygrometer *n*; Luftfeuchtigkeitsmesser *m*
hygrométrique ADJ **état** *m* **~ (de l'air)** (Luft)-Feuchtigkeitsgehalt *m*
hymen [imɛn] M 1 ANAT Jungfernhäutchen *n* 2 *poét* (*mariage*) Ehe *f*
hymne [imn] M (! maskulin) Hymne *f* (**à** an + *acc*); Hymnus *m*; **~ national** Nationalhymne *f*
hyper... [ipɛʀ] *préfixe* Hyper...; hyper...; Über...; über...
hyperactif ADJ ⟨-ive [-iv]⟩ hyperaktiv **hyperactivité** F Hyperaktivität *f*
hyperbole [ipɛʀbɔl] F Hyperbel *f*
hypercorrect ADJ ⟨~e⟩ hyperkorrekt **hypercritique** ADJ hyperkritisch; überkritisch **hyperémotivité** F übermäßige Empfindsamkeit **hyperglycémie** F vermehrter Blutzuckergehalt; *t/t* Hyperglykämie *f* **hyperlien** M INFORM Hyperlink *m* **hypermarché** M Verbrauchermarkt *m*; großer Supermarkt
hypermétrope [ipɛʀmetʀɔp] ADJ weitsichtig **hypermétropie** [-i] F Weit-, Übersichtigkeit *f*
hypernerveux [ipɛʀnɛʀvø] ADJ ⟨-euse [-øz]⟩ übernervös; *subst* **c'est un ~** er ist übernervös
hypersensibilité F Überempfindlichkeit *f* **hypersensible** ADJ überempfindlich
hypertendu ADJ ⟨~e⟩ an zu hohem Blutdruck leidend **hypertension** F Bluthochdruck *m*; *t/t* Hypertonie *f*
hypertexte M INFORM Hypertext *m*
hypertrophie [ipɛʀtʀɔfi] F 1 MÉD übermäßige Vergrößerung; übermäßiges Wachstum 2 *fig du moi* Übersteigerung *f*; *d'un système* übermäßiges Wachstum
hypertrophié [ipɛʀtʀɔfje] ADJ ⟨~e⟩ 1 MÉD übermäßig vergrößert; *t/t* hypertroph(isch) 2 *fig* übersteigert; übermäßig entwickelt
hypertrophier V/PR **s'~** 1 MÉD sich (übermäßig) vergrößern; übermäßig wachsen 2 *fig* sich übermäßig entwickeln; übermäßig anwachsen
hypertrophique [ipɛʀtʀɔfik] ADJ MÉD hypertroph(isch)
hypnose [ipnoz] F Hypnose *f*
hypnotique [ipnɔtik] A ADJ hypnotisch B M PHARM Hypnotikum *n*; Schlafmittel *n*
hypnotiser [ipnɔtize] A V/T hypnotisieren (*a.*

fig); *fig* **être hypnotisé par qc** durch, von etw (wie) hypnotisiert, wie gebannt sein **B** V/PR **s'~ sur qc** von etw besessen sein

hypnotiseur [ipnɔtizœʀ] M Hypnotiseur *m*

hypnotisme [-ism] M **1** *procédés* hypnotische Praktiken *fpl* **2** *science* Hypnotismus *m*

hypoallerg(én)ique [ipoalɛʀʒ(en)ik] ADJ antiallergisch

hypocalorique [ipɔkalɔʀik] ADJ kalorienarm

hypocentre M Hypozentrum *n*; Erdbebenherd *m*

hypocondriaque [ipɔkõdʀijak] **A** ADJ hypochondrisch **B** M Hypochonder *m*

hypocondrie [ipɔkõdʀi] F Hypochondrie *f*

hypocrisie [ipɔkʀisi] F Heuchelei *f*; Verstellung *f*; Scheinheiligkeit *f*; *sa conduite est* **pure ~** … reine, pure Heuchelei

hypocrite [ipɔkʀit] **A** ADJ heuchlerisch; scheinheilig **B** M/F Heuchler(in) *m(f)*; **faire l'~** heucheln; sich verstellen; scheinheilig tun

hypodermique [ipɔdɛʀmik] ADJ subkutan

hypoglycémie [ipɔglisemi] F verminderter Blutzuckergehalt; *fam* Unterzuckerung *f*

hypokhâgne [ipɔkaɲ] *fam* F Klasse *f* vor der „khâgne" (→ khâgne)

hypophyse [ipɔfiz] F Hypophyse *f*; Hirnanhangsdrüse *f*

hypo-taupe [ipotop] *fam* F Klasse *f* vor der „taupe" (→ taupe 3)

hypotendu [ipɔtɑ̃dy] **A** ADJ ⟨~e⟩ an zu niedrigem Blutdruck leidend **B** SUBST **~(e)** M(F) an zu niedrigem Blutdruck Leidende(r) *m/f(m)* **hypotenseur** ADJ (*et* SUBST M) blutdrucksenkend(es Mittel) **hypotension** F zu niedriger Blutdruck; *t/t* Hypotonie *f*

hypoténuse [ipɔtenyz] F Hypotenuse *f*

hypothécable [ipɔtekabl] ADJ hypothekarisch belastbar

hypothécaire [ipɔtekɛʀ] ADJ hypothekarisch; Hypotheken…

hypothèque [ipɔtɛk] F Hypothek *f* (*a. fig*)

hypothéquer [ipɔteke] V/T ⟨-è-⟩ *grever* mit e-r Hypothek belasten (*a. fig*); *garantir* hypothekarisch sichern

hypothermie [ipɔtɛʀmi] F Unterkühlung *f*

hypothèse [ipɔtɛz] F Hypothese *f*; Annahme *f*; **faire, formuler une ~** e-e Hypothese aufstellen; **faire des ~s sur qc** Vermutungen über etw (*acc*) anstellen; **dans l'~ où** … im Fall(e), dass …

hypothétique [ipɔtetik] ADJ **1** (*supposé*) hypothetisch **2** (*douteux*) fraglich; unsicher

hystérie [isteʀi] F Hysterie *f*; **~ collective** Massenhysterie *f*

hystérique [isteʀik] **A** ADJ hysterisch **B** M/F Hysteriker(in) *m(f)*

I

I, i [i] M (❗ unveränderlich) I, i *n*; **i grec** Ypsilon *n*; *fig* **mettre les points sur les i** es klipp und klar sagen; *personne* **droit comme un I** kerzengerade; gerade wie e-e Eins

ibérique [ibeʀik] ADJ iberisch; **péninsule** *f* **~** Pyrenäenhalbinsel *f*; Iberische Halbinsel

ibis [ibis] M Ibis *m*

Icare [ikaʀ] M MYTH Ikaros *ou* Ikarus *m*

iceberg [ajsbɛʀg, isbɛʀg] M Eisberg *m*

ici [isi] ADV **1** hier; **viens ~!** komm (hier)her!; **d'~** von hier (aus); *adjt* hiesige; **par ~** (*dans cette direction*) hier entlang *ou* hier hinauf *ou* hier hinunter; (*dans les environs*) hier (in der Gegend) **2** *temporel* **d'~** von jetzt an; **d'~ (à) demain** bis morgen; **d'~ là** bis dahin; **d'~ peu** binnen Kurzem; in Kürze

ici-bas [isiba] ADV hier unten; auf dieser Erde; **d'~** irdisch; diesseitig

icône [ikon] F **1** PEINT Ikone *f* **2** INFORM Symbol *n*

iconoclaste [ikɔnɔklast] **A** M Bilderstürmer *m*; Ikonoklast *m* **B** ADJ bilderstürmerisch; ikonoklastisch

iconographe [ikɔnɔgʀaf] M Ikonograph *m*

iconographie [-gʀafi] F **1** *science* Ikonographie *f* **2** *d'un livre* Bebilderung *f*; Illustrationen *fpl* **iconographique** [-gʀafik] ADJ ikonographisch

idéal [ideal] **A** ADJ ⟨~e; -aux [-o] *od* -als⟩ ideal (*a. fam*) **B** M ⟨idéaux [ideo] *od* idéals⟩ **1** Ideal *n*; **~ de beauté** Schönheitsideal *n* **2** **l'~** das Ideale (*a. fam*); **dans l'~** im Idealfall; **l'~ serait que vous m'aidiez** das Beste wäre, wenn ihr mir helfen würdet

idéalisation [idealizasjõ] F Idealisierung *f*

idéaliser [-ize] V/T idealisieren **idéalisme** [-ism] M Idealismus *m* **idéaliste** [-ist] **A** ADJ idealistisch **B** M/F Idealist(in) *m(f)*

idée [ide] F Idee *f*; Gedanke *m*; Vorstellung *f*; (*pensée originale*) Einfall *m*; (*notion*) Begriff *m*; **~s** *pl* (*opinion*) Auffassung *f*; Meinung *f*; **~ fixe** fixe Idee; Zwangsvorstellung *f*; **~ reçue** überkommene Vorstellung; **~ de derrière la tête** Hintergedanke *m*; **l'~ de son départ** der Gedanke an seine *bzw.* ihre Abreise; **à mon ~** für meine Begriffe; nach meinen (eigenen) Vorstellungen; **avoir de l'~** einfallsreich, erfinderisch sein; **je n'en ai aucune ~** ich habe keine Ahnung (davon); **avoir dans l'~ que** … sich (*dat*) vorstellen *ou* denken können, dass …; vermuten, dass ...; **on n'a pas ~!** das ist unvorstellbar!; **avoir des ~s de gauche** links eingestellt sein; **changer d'~** s-e Meinung, Absicht ändern; sich anders besinnen; **faire changer qn d'~** j-n umstimmen; **pour se changer les ~s** um auf andere Gedanken zu kommen; **donner à qn l'~ de faire qc** j-n auf die Idee, auf den Gedanken bringen, etw zu tun; **donner des ~s à qn** j-n auf dumme Gedanken bringen; **se faire une ~ de qc** sich *(dat)* e-e Vorstellung, e-n Begriff von etw machen; **elle se fait des ~s** das bildet sie sich *(dat)* nur ein

idem [idɛm] ADV idem; der-, dasselbe; *fam (de même)* ebenso

identifiable [idɑ̃tifjabl] ADJ identifizierbar **identification** [-fikasjõ] F Identifizierung *f*

identifier [idɑ̃tifje] **A** V/T **1** *(reconnaître)* identifizieren **2** *(assimiler)* identifizieren, gleichsetzen (**avec, à** mit) **B** V/PR **s'~ avec** *ou* **à qn, qc** sich mit j-m, etw identifizieren

identique [idɑ̃tik] ADJ identisch (**à** mit); (völlig) gleich; übereinstimmend

identité [idɑ̃tite] F **1** (völlige) Gleichheit, Übereinstimmung; Identität *f (a.* PSYCH) **2** *d'une personne* Identität *f*; **carte** *f* **d'~** Personalausweis *m*; **photo** *f* **d'~** Pass-, Lichtbild *n*; **vérification** *f* **d'~** Überprüfung *f* der Personalien **3** **~ bancaire** Bankverbindung *f*

idéologie [ideɔlɔʒi] F Ideologie *f* **idéologique** [-ik] ADJ ideologisch

idéologue [ideɔlɔg] M **1** Ideologe *m* **2** *péj* wirklichkeitsfremder Theoretiker

idiomatique [idjɔmatik] ADJ idiomatisch; **expression** *f* **~** idiomatische Redewendung

idiome [idjom] M Idiom *n*

idiot [idjo] **A** ADJ ⟨idiote [idjɔt]⟩ dumm; töricht; *fam* blöd(sinnig); *fam* idiotisch **B** **~(e)** M(F) Dummkopf *m*; Idiot(in) *m(f) (a.* MÉD); *fam* Depp *m*; **~ du village** Dorftrottel *m*

idiotie [idjɔsi] F Dummheit *f*; Torheit *f*; *fam* Blödheit *f*; *fam* Blödsinn *m*; Idiotie *f (a.* MÉD)

idiotisme [idjɔtism] M LING Spracheigenheit *f*; Idiom *n*

idoine [idwan] ADJ geeignet

idolâtre [idɔlatʀ] ADJ götzendienerisch **idolâtrer** [-e] V/T abgöttisch lieben

idolâtrie [idɔlatʀi] F **1** Götzendienst *m* **2** *fig* abgöttische Verehrung, Liebe

idole [idɔl] F (❗ feminin) **1** REL Götze(nbild) *m(n)*; Idol *n* **2** *fig* Abgott *m*; Idol *n*; Kultfigur *f*

idylle [idil] F **1** *amour* Romanze *f* **2** *poème* Idylle *f* **idyllique** [-ik] ADJ idyllisch

Iéna [jena] Jena *n*

I.E.P. [iəpe] M ABR (Institut d'études politiques) Hochschule *f* für Politikwissenschaft

if [if] M Eibe *f*; Taxus *m*

IFOP [ifɔp] M ABR (Institut français d'opinion publique) *frz Meinungsforschungsinstitut*

igloo *ou* **iglou** [iglu] M Iglu *m ou n*

igname [iɲam] F Jamswurzel *f*

ignare [iɲaʀ] *péj* **A** ADJ völlig unwissend, ungebildet **B** M/F Ignorant(in) *m(f)*

ignifuge [iɲifyʒ, igni-] M Feuerschutzmittel *n* **ignifuger** [-e] V/T ⟨-ge-⟩ feuerfest, feuersicher machen

ignoble [iɲɔbl] ADJ **1** *(abject)* gemein; niederträchtig **2** *(sordide)* widerlich; abscheulich

ignominie [iɲɔmini] F **1** *(déshonneur)* Schande *f*; Schmach *f* **2** *caractère, action* Schändlichkeit *f*

ignominieux [iɲɔminjø] ADJ ⟨-euse [-øz]⟩ schändlich; schmachvoll

ignorance [iɲɔʀɑ̃s] F Unkenntnis *f*; Unwissenheit *f*; *péj* Ignoranz *f*; **être dans l'~ de qc** in Unkenntnis über etw *(acc)* sein

ignorant [iɲɔʀɑ̃] **A** ADJ ⟨-ante [-ɑ̃t]⟩ **1** **être ~ de qc** etw nicht kennen; über etw *(acc)* nicht Bescheid wissen **2** *(inculte)* unwissend **B** **~(e)** M(F) Unwissende(r) *m/f(m)*; Unkundige(r) *m/f(m)*; *péj* Ignorant *m*

ignoré [iɲɔʀe] ADJ ⟨~e⟩ unbeachtet (**de qn** von j-m); *(méconnu)* verkannt

ignorer [iɲɔʀe] **A** V/T **1** *(ne pas savoir)* nicht wissen; *qc a.* nicht kennen; **ne pas ~ que ...** sehr wohl wissen, dass ... **2** *(ne pas tenir compte de)* **~ qn, qc** j-n, etw ignorieren, nicht beachten **B** V/PR **s'~** **1** **c'est un poète qui s'ignore** er ist ein Dichter, ohne es zu wissen **2** *réciproque* **s'~** sich *ou* einander nicht kennen

iguane [igwan] M Leguan *m*

ikebana [ikebana] M Ikebana *n*

il [il, *fam vor Konsonant* i] PR PERS **1** *m* er; **~ vient** er kommt **2** *impersonnel* es; **~ fait froid** es ist kalt

île [il] F **1** Insel *f*; **l'~ de Beauté** die Insel der Schönheit *(Korsika)*; **l'~ de Ré** die Insel Ré **2** **des ~s** von den Antillen **3** **~ flottante** Eierschnee *m* auf Vanillesoße

Île-de-France [ildəfʀɑ̃s] **l'~** F *frz Region (Paris u. Umgebung)*

îlien [iljɛ̃] M, **îlienne** [-jɛn] F Inselbewohner(in) *m(f)*

Ille-et-Vilaine [ilevilɛn] **l'~** F *frz Departement*

illégal [ilegal] ADJ ⟨~e; -aux [-o]⟩ gesetz-, rechtswidrig; illegal; ungesetzlich; widerrechtlich **illégalité** [-ite] F Gesetz-, Rechtswidrigkeit *f*; Illegalität *f*

illégitime [ileʒitim] ADJ **1** unrechtmäßig; illegitim; *enfant* unehelich **2** *(injustifié)* ungerechtfertigt

illégitimité [ileʒitimite] F Unrechtmäßigkeit *f*; Illegitimität *f*; *d'un enfant* Unehelichkeit *f*

illettré [iletʀe] **A** ADJ ⟨~e⟩ des Lesens und Schreibens unkundig **B** **~(e)** M(F) Analphabet(in) *m(f)*

illettrisme [i(l)letʀism] M Analphabetismus *m*

illicite [ilisit] ADJ unerlaubt; unzulässig; unstatthaft

illico [iliko] ADV *fam* **~ (presto)** auf der Stelle; sofort

illimité [ilimite] ADJ ⟨~e⟩ unbegrenzt

illisibilité [i(l)lizibilite] F **1** *d'une écriture* Unleserlichkeit *f* **2** *fig d'un roman, etc* Unlesbarkeit *f* **illisible** [-ibl] ADJ **1** *écriture* unleserlich **2** *ouvrage* unlesbar

illogique [ilɔʒik] ADJ unlogisch **illogisme** [-ism] M Mangel *m* an Logik

illumination [ilyminasjõ] F **1** *(éclairage)* (Fest-)Beleuchtung *f*; Illumination *f* **2** *(inspiration)* Erleuchtung *f*

illuminé [ilymine] M *péj* wirklichkeitsfremder Schwärmer; Illusionist *m*

illuminer [ilymine] **A** V/T **1** (festlich) beleuchten; illuminieren; *avec des projecteurs* anstrahlen **2** *par ext* erhellen **B** V/PR **s'~** erstrahlen (**de joie** vor Freude)

illusion [ilyzjõ] F **1** *des sens* (Sinnes)Täuschung *f*; THÉ Illusion *f*; **~ d'optique** optische Täuschung **2** *(croyance erronée)* Illusion *f*; **faire ~** den Leuten etwas vorgaukeln; **se faire des ~s** sich *(dat)* Illusionen machen

illusionner [ilyzjɔne] V/PR **s'~** sich Illusionen hingeben (**sur** über *+ acc*)

illusionnisme [ilyzjɔnism] M Zauberkunst *f* **illusionniste** [-ist] M Zauberkünstler *m*; Illusionist *m*

illusoire [ilyzwaʀ] ADJ illusorisch

illustrateur [ilystʀatœʀ] M, **illustratrice** [-tʀis] F Illustrator(in) *m(f)*

illustratif [ilystʀatif] ADJ ⟨-ive [-iv]⟩ illustrativ; veranschaulichend

illustration [ilystʀasjõ] F **1** *action* Illustrierung *f*; Bebilderung *f* **2** *résultat* Illustration *f*; Abbildung *f* **3** *fig* Illustration *f*; Veranschaulichung *f*

illustre [ilystʀ] ADJ illuster; berühmt

illustré [ilystʀe] **A** ADJ ⟨~e⟩ illustriert **B** M Illustrierte *f*

illustrer [ilystʀe] **A** V/T **1** illustrieren; bebildern **2** *fig (éclairer)* illustrieren; veranschaulichen **B** V/PR **s'~** sich auszeichnen

illustrissime [ilystʀisim] ADJ *iron* erlauchteste

îlot [ilo] M **1** kleine Insel; *fig* **~ de calme** Insel *f* der Ruhe **2** *de maisons* Häuserblock *m*

îlotier [ilɔtje] M Kontakt(bereichs)beamte(r) *m*

ils [il] PR PERS MPL sie

image [imaʒ] F **1** Bild *n* (*a.* OPT, RHÉT); *fig* **~ d'Épinal** naives Klischee; **livre** *m* **d'~s** Bilderbuch *n*; *enfant* **sage comme une ~** sehr artig, brav; **être l'~ fidèle de qc** das getreue Abbild von etw sein; **être à l'~ de qn** j-s Charakter widerspiegeln **2 ~ (de marque)** Image *n*

imagé [imaʒe] ADJ ⟨~e⟩ bilderreich; bildhaft

imagerie [imaʒʀi] F Bilder *npl*

imaginable [imaʒinabl] ADJ vorstellbar; **par tous les moyens possibles et ~s** mit allen erdenklichen, mit allen nur denkbaren Mitteln

imaginaire [imaʒinɛʀ] ADJ imaginär; erdacht; **malade** *m* **~** eingebildeter Kranker

imaginatif [imaʒinatif] ADJ ⟨-ive [-iv]⟩ fantasievoll, -begabt; einfallsreich

imagination [imaʒinasjõ] F Fantasie *f*; Einbildung(skraft) *f*; Vorstellungsvermögen *n*; *(faculté d'inventer)* Erfindungsgabe *f*; Einfallsreichtum *m*

imaginer [imaʒine] **A** V/T **1** *(supposer)* **imaginer qc** sich *(dat)* etw vorstellen, denken (können) **2** *(inventer)* **imaginer qc** sich *(dat)* etw einfallen lassen, ausdenken **B** V/PR **s'imaginer** **1** *(se figurer)* sich *(dat)* vorstellen **2** *(croire à tort)* sich *(dat)* einbilden

imam [imam] M Imam *m*

imbattable [ɛ̃batabl] ADJ unschlagbar; *prix* nicht zu unterbieten(d)

imbécile [ɛ̃besil] **A** ADJ dumm **B** M/F Dummkopf *m*

imbécillité [ɛ̃besilite] F Dummheit *f*

imberbe [ɛ̃bɛʀb] ADJ (noch) bartlos

imbiber [ɛ̃bibe] **A** V/T **1** (durch)tränken (**de** mit) **2** *fam fig* **complètement imbibé** *fam* stockbesoffen **B** V/PR **s'~** sich vollsaugen (**de** mit)

imbrication [ɛ̃bʀikasjõ] F **1** CONSTR sich überschneidende *ou* schuppenförmige Anordnung **2** *fig* Überschneidung *f*; Verschachtelung *f*

imbriqué [ɛ̃bʀike] ADJ ⟨~e⟩ ineinander verschachtelt, verzahnt; sich überschneidend

imbriquer [ɛ̃bʀike] V/PR *problèmes* **s'~** sich überschneiden; ineinander übergreifen

imbroglio [ɛ̃bʀɔglijo] M Wirrwarr *m*

imbu [ɛ̃by] ADJ ⟨~e⟩ **~ de qc** von etw durchdrungen; **~ de soi-même** von sich eingenommen

imbuvable [ɛ̃byvabl] ADJ ungenießbar (*a. fam fig personne*); nicht trinkbar

imitable [imitabl] ADJ nachahmbar **imitateur** [-tœʀ] M, **imitatrice** [-tʀis] F Nachahmer(in) *m(f)*; *artiste* Imitator(in) *m(f)* **imitatif** [-tif] ADJ ⟨-ive [-iv]⟩ nachahmend **imitation** [-sjõ] F Nachahmung *f*, Imitation *f* (*a. objet*)

imité [imite] ADJ ⟨~e⟩ nachgeahmt; imitiert

imiter [imite] V/T **1** nachahmen; nachmachen; imitieren; *(suivre l'exemple)* nacheifern, nachstreben (**qn** j-m) **2** *matière* **~ qc** genauso aussehen wie etw

immaculé [imakyle] ADJ ⟨~e⟩ **1** REL **Immaculée Conception** Unbefleckte Empfängnis **2** *fig*

makellos rein; *linge* strahlend weiß
immanent [imanɑ̃] ADJ ⟨-ente [-ɑ̃t]⟩ immanent; innewohnend (**à** *dat*)
immangeable [ɛ̃mɑ̃ʒabl] ADJ ungenießbar
immanquable [ɛ̃mɑ̃kabl] ADJ unausbleiblich
immatériel [imateʀjɛl] ADJ ⟨~le⟩ 1 PHIL immateriell 2 *fig* ätherisch; vergeistigt
immatriculation [imatʀikylasjõ] F Eintragung *f*; Einschreibung *f*; AUTO Zulassung *f*; **plaque** *f* **d'~** Nummernschild *n*
immatriculer [imatʀikyle] V/T eintragen; einschreiben; AUTO zulassen
immature [imatyʀ] ADJ unreif **immaturité** [-ite] F Unreife *f*
immédiat [imedja] A ADJ ⟨-ate [-at]⟩ *successeur, voisinage* unmittelbar; *départ, livraison* sofortig; unverzüglich B M **dans l'~** im, für den Augenblick; zunächst
immédiatement [imedjatmɑ̃] ADV unmittelbar; unverzüglich; sofort
immédiateté [i(m)medjatte] F PHIL Unmittelbarkeit *f*
immémorial [imemɔʀjal] ADJ ⟨~e; -aux [-o]⟩ uralt; **de temps ~** seit undenklichen Zeiten
immense [imɑ̃s] ADJ unermesslich (groß); unendlich groß; immens
immensément [imɑ̃semɑ̃] ADV **~ riche** unermesslich reich; steinreich
immensité [imɑ̃site] F Unermesslichkeit *f*; (*vaste étendue*) unendliche Weite
immergé [i(m)mɛʀʒe] ADJ ⟨~e⟩ im, unter Wasser befindlich; *terre* im Meer versunken; überflutet
immerger [imɛʀʒe] ⟨-ge-⟩ A V/T versenken (**dans** in + *dat*); eintauchen B V/PR **s'~** untertauchen
immérité [imeʀite] ADJ ⟨~e⟩ unverdient
immersion [imɛʀsjõ] F Versenken *n*; Unter-, Eintauchen *n*
immettable [ɛ̃mɛtabl] ADJ *vêtement* nicht (mehr) tragbar
immeuble [imœbl] M Gebäude *n*
immigrant [imigʀɑ̃] M, **immigrante** [-ɑ̃t] F Einwanderer *m*, Einwand(r)erin *f*; Immigrant(in) *m(f)*
immigration [imigʀasjõ] F Einwanderung *f*; Immigration *f*
immigré [imigʀe] A ADJ ⟨~e⟩ eingewandert; **travailleur immigré** Gastarbeiter *m*; ausländischer Arbeitnehmer B **immigré(e)** M(F) Einwanderer *m*, Einwand(r)erin *f*
immigrer [imigʀe] V/I einwandern
imminence [iminɑ̃s] F unmittelbares, nahes Bevorstehen **imminent** [-ɑ̃] ADJ ⟨-ente [-ɑ̃t]⟩ unmittelbar, nahe bevorstehend; *danger* drohend

immiscer [imise] V/PR ⟨-ç-⟩ **s'~ dans qc** sich in etw (*acc*) einmischen
immobile [imɔbil] ADJ unbeweglich (*a. fig*); bewegungslos; regungslos; immobil; *visage, mer* unbewegt
immobilier [imɔbilje] A ADJ ⟨-ière [-jɛʀ]⟩ 1 Grundstücks...; Immobilien...; **agence immobilière** Maklerbüro *n* 2 JUR unbeweglich; **biens ~s** unbewegliche Sachen *fpl*; Immobilien *fpl*; Liegenschaften *fpl* B M Immobilienhandel *m*
immobilisation [imɔbilizasjõ] F 1 *de la circulation* Blockierung *f* 2 MÉD *d'un membre* Ruhigstellung *f* 3 FIN *de capitaux* (feste) Anlage; Festlegung *f*
immobiliser [imɔbilize] A V/T 1 *circulation, etc* blockieren; zum Stehen bringen 2 MÉD *membre* ruhig stellen 3 *capitaux* fest anlegen; festlegen B V/PR **s'~** stehen bleiben
immobilisme [imɔbilism] M Immobilismus *m*; Fortschrittsfeindlichkeit *f* **immobiliste** [-ist] ADJ geistig unbeweglich; fortschrittsfeindlich **immobilité** [-ite] F Unbeweglichkeit *f* (*a. fig*); Bewegungslosigkeit *f*
immodéré [imɔdeʀe] ADJ ⟨~e⟩ unmäßig **immodérément** [-mɑ̃] ADV unmäßig
immolation [imɔlasjõ] F REL *et fig litt* Opferung *f* **immoler** [-e] V/T opfern
immonde [imõd] ADJ 1 (*sale*) schmutzig; dreckig 2 (*ignoble*) schändlich
immondices [imõdis] FPL Unrat *m*
immoral [imɔʀal] ADJ ⟨~e; -aux [-o]⟩ unmoralisch; unsittlich; sittenwidrig **immoralisme** [-ism] M Immoralismus *m* **immoraliste** [-ist] A ADJ immoralistisch B M Immoralist *m* **immoralité** [-ite] F Immoralität *f*; Unsittlichkeit *f*
immortaliser [imɔʀtalize] A V/T unsterblich machen B V/PR **s'~** unsterblich werden **immortalité** [-ite] F Unsterblichkeit *f*
immortel [imɔʀtɛl] ADJ ⟨~le⟩ 1 unsterblich 2 *fig* unvergänglich
immortelle [imɔʀtɛl] F Immortelle *f*; Strohblume *f*
immotivé [imɔtive] ADJ ⟨~e⟩ unmotiviert
immuabilité [imɥabilite] F → **immutabilité**
immuable [-abl] ADJ unveränderlich; unwandelbar
immunisant [imynizɑ̃] ADJ ⟨-ante [-ɑ̃t]⟩ immunisierend; Immun... **immunisation** [-asjõ] F Immunisierung *f*
immuniser [imynize] V/T immunisieren (**contre** gegen); **être immunisé** immun sein (*a. fig*)
immunitaire [imynitɛʀ] ADJ Immun...
immunité [imynite] F MÉD, JUR, DIPL Immunität *f*; DIPL **levée** *f* **de l'~** Aufhebung *f* der Im-

Les immigrés – die Einwanderer

l'étranger *m* / **l'étrangère** *f*	Ausländer(in)
l'immigré(e) *m(f)*	Einwanderer / Einwanderin
l'immigration *f*	Einwanderung
immigrer	einwandern
émigrer	auswandern
le réfugié / la réfugiée	Flüchtling
se réfugier	flüchten
clandestin	illegal
l'afflux *m*	Andrang
l'asile *m* **politique**	politisches Asyl
le demandeur / la demandeuse d'asile	Asylbewerber(in)
le droit d'asile	Asylrecht
le permis de séjour	Aufenthaltsgenehmigung
le permis de travail	Arbeitserlaubnis
le Maghrébin / la Maghrébine	Maghrebiner(in)
le / la beur	*in Frankreich geborenes Kind nordafrikanischer Einwanderer*
la tolérance	Toleranz
l'intolérance *f*	Intoleranz
la discrimination	Diskriminierung
le racisme	Rassismus
la xénophobie	Ausländerfeindlichkeit
le préjugé	Vorurteil
le rejet	Ablehnung
rejeter	ablehnen, ausschließen
exclure qn	j-n ausschließen
l'expulsion *f*	Abschiebung, Ausweisung
expulser qn	j-n ausweisen
la naturalisation	Einbürgerung
se faire naturaliser	sich einbürgern lassen
s'opposer à	sich widersetzen
se révolter contre	sich auflehnen gegen
les us et coutumes	Sitten und Gebräuche
les particularités *f/pl*	Eigenarten
préserver	bewahren

WORTFELDER

munität

immunologie [imynɔlɔʒi] F Immunologie *f*; Immunitätsforschung *f*

impact [ɛ̃pakt] M **1** *d'un projectile* **(point** *m* **d')~** Einschlag(stelle) *m(f)* **2** *fig* (nachhaltige) Wirkung (**sur** auf + *acc*); *d'une publicité* Zugkraft *f*; **avoir de l'~, un ~** sehr wirkungsvoll sein; e-e starke Wirkung haben

impair [ɛ̃pɛʀ] **A** ADJ ⟨~e⟩ *nombre* ungerade **B** M Fehler *m*; Ungeschicklichkeit *f*; Dummheit *f*; **commettre un ~** e-e Ungeschicklichkeit begehen; e-n Fehler machen

impalpable [ɛ̃palpabl] ADJ nicht greifbar (*a. fig*)

imparable [ɛ̃paʀabl] ADJ *coup* unabwendbar; *tir* unhaltbar

impardonnable [ɛ̃paʀdɔnabl] ADJ unverzeihlich; **vous êtes ~** es ist unverzeihlich von Ihnen

imparfait [ɛ̃paʀfɛ] **A** ADJ ⟨-faite [-fɛt]⟩ unvollkommen; mangelhaft **B** M GRAM Imperfekt *n*

impartial [ɛ̃paʀsjal] ADJ ⟨~e; -aux [-o]⟩ unparteiisch **impartialité** [-ite] F Unparteilichkeit *f*

impartir [ɛ̃paʀtiʀ] V/T *délai* bewilligen

impasse [ɛ̃pas] F **1** Sackgasse *f* (*a. fig*); **être dans une ~** in e-r Sackgasse stecken; *négociations a.* an e-m toten Punkt angelangt sein **2** *pour un examen* **faire l'~ sur qc** darauf spekulieren, dass etw nicht drankommt

impassibilité [ɛ̃pasibilite] F *d'une personne* Unbewegtheit *f*; Gefasstheit *f*; *du visage* Unbewegtheit *f*; Undurchdringlichkeit *f* **impassible** [-ibl] ADJ unbewegt; gleichmütig; gefasst

impatiemment [ɛ̃pasjamɑ̃] ADV ungeduldig

impatience [ɛ̃pasjɑ̃s] F Ungeduld *f*; **brûler d'~** vor Ungeduld vergehen

impatient [ɛ̃pasjɑ̃] ADJ ⟨-ente [-ɑ̃t]⟩ ungeduldig; **être ~ de** (+ *inf*) begierig darauf sein, darauf brennen zu (+ *inf*)

impatienter [ɛ̃pasjɑ̃te] **A** V/T **~ qn** j-n ungeduldig machen; (*énerver*) j-m auf die Nerven gehen **B** V/PR **s'~** ungeduldig werden; die Geduld verlieren

impayable [ɛ̃pɛjabl] ADJ *fam* köstlich; *fam* unbezahlbar; *fam* gottvoll
impayé [ɛ̃peje] ADJ ⟨~e⟩ unbezahlt
impec [ɛ̃pɛk] ADJ ABR *fam* → impeccable
impeccable [ɛ̃pekabl] ADJ tadellos; einwandfrei
impédance [ɛ̃pedɑ̃s] F ÉLEC Impedanz *f*; Scheinwiderstand *m*
impénétrable [ɛ̃penetʀabl] ADJ *forêt, visage* undurchdringlich; *intentions* unergründlich; *personne* undurchschaubar
impénitent [ɛ̃penitɑ̃] ADJ ⟨-ente [-ɑ̃t]⟩ unverbesserlich
impensable [ɛ̃pɑ̃sabl] ADJ undenkbar
imper [ɛ̃pɛʀ] M ABR *fam* → imperméable
impératif [ɛ̃peʀatif] A ADJ ⟨-ive [-iv]⟩ 1 (*obligatoire*) zwingend; bindend; imperativ 2 (*autoritaire*) Befehls…; gebieterisch B M 1 GRAM Imperativ *m*; Befehlsform *f* 2 ~s *pl* (unabdingbare) Erfordernisse *npl*
impératrice [ɛ̃peʀatʀis] F Kaiserin *f*
imperceptible [ɛ̃pɛʀsɛptibl] ADJ nicht *ou* kaum wahrnehmbar; unmerklich
imperfection [ɛ̃pɛʀfɛksjõ] F Unvollkommenheit *f*; Mangel *m*
impérial [ɛ̃peʀjal] A ADJ ⟨~e; -aux [-o]⟩ 1 kaiserlich; Kaiser… 2 *fig* majestätisch B F ~e *d'un bus* Oberdeck *n*
impérialisme [ɛ̃peʀjalism] M Imperialismus *m* **impérialiste** [-ist] A ADJ imperialistisch B M/F Imperialist(in) *m(f)*
impérieux [ɛ̃peʀjø] ADJ ⟨-euse [-øz]⟩ 1 *ton* gebieterisch 2 *besoin* (vor)dringlich; *nécessité* zwingend
impérissable [ɛ̃peʀisabl] ADJ unvergänglich
imperméabilisation [ɛ̃pɛʀmeabilizasjõ] F Imprägnierung *f* **imperméabiliser** [-ize] V/T imprägnieren **imperméabilité** [-ite] F Wasserundurchlässigkeit *f*
imperméable [ɛ̃pɛʀmeabl] A ADJ 1 (wasser)undurchlässig 2 *fig* ~ **à qc** unempfänglich für etw B M Regen-, Wettermantel *m*
impersonnalité [ɛ̃pɛʀsɔnalite] F Unpersönlichkeit *f*
impersonnel [ɛ̃pɛʀsɔnɛl] ADJ ⟨~le⟩ unpersönlich; **verbes ~s** unpersönliche Verben *npl*
impertinence [ɛ̃pɛʀtinɑ̃s] F Frechheit *f*; Unverschämtheit *f* **impertinent** [-ɑ̃] ADJ ⟨-ente [-ɑ̃t]⟩ ADJ frech; unverschämt; ungehörig; impertinent
imperturbabilité [ɛ̃pɛʀtyʀbabilite] F Unerschütterlichkeit *f* **imperturbable** [-abl] ADJ unerschütterlich
impétigo [ɛ̃petigo] M Eiterflechte *f*
impétueux [ɛ̃petɥø] ADJ ⟨-euse [-øz]⟩ ungestüm; heftig; stürmisch; *fig torrent* reißend
impétuosité [ɛ̃petɥozite] *st/s* F Ungestüm *n*; Heftigkeit *f*
impie [ɛ̃pi] *litt* ADJ gottlos
impitoyable [ɛ̃pitwajabl] ADJ mitleid(s)los; unerbittlich; schonungslos; erbarmungslos
implacable [ɛ̃plakabl] ADJ 1 *ennemi* unversöhnlich 2 *logique* unerbittlich; *mal* unaufhaltsam
implant [ɛ̃plɑ̃] M MÉD Implantat *n*
implantation [ɛ̃plɑ̃tasjõ] F 1 *d'une entreprise, d'un groupe ethnique* Ansied(e)lung *f*; *de traditions* Einbürgerung *f* 2 MÉD Implantation *f*
implanter [ɛ̃plɑ̃te] A V/T 1 *entreprise* ansiedeln; *mode* einführen; *adjt* **implanté** *traditions, doctrine* verwurzelt 2 MÉD implantieren B V/PR **s'~** sich niederlassen; sich ansiedeln; *traditions* sich einbürgern
implication [ɛ̃plikasjõ] F 1 JUR Verwicklung *f* (**dans** in + *acc*) 2 (*conséquence*) Auswirkung *f*; Folge *f*
implicite [ɛ̃plisit] ADJ nicht ausdrücklich gesagt; implizit; stillschweigend **implicitement** [-mɑ̃] ADV implizit(e); *accepter* stillschweigend
impliquer [ɛ̃plike] V/T 1 ~ **qn dans qc** j-n in etw (*acc*) verwickeln 2 (*comporter*) mit einschließen; implizieren; (*supposer*) voraussetzen
implorant [ɛ̃plɔʀɑ̃] ADJ ⟨-ante [-ɑ̃t]⟩ flehend; flehentlich **imploration** [-asjõ] *litt* F Flehen *n*
implorer [ɛ̃plɔʀe] V/T 1 ~ **qn** j-n anflehen 2 ~ **qc** um etw flehen
imploser [ɛ̃ploze] V/I implodieren **implosion** [-jõ] Implosion *f*
impoli [ɛ̃pɔli] ADJ ⟨~e⟩ unhöflich
impolitesse [ɛ̃pɔlitɛs] F Unhöflichkeit *f*
impondérable [ɛ̃põdeʀabl] A ADJ unwägbar B ~s MPL Unwägbarkeiten *fpl*; Imponderabilien *pl*
impopulaire [ɛ̃pɔpylɛʀ] ADJ unpopulär; *chef, collègue* unbeliebt
impopularité [ɛ̃pɔpylaʀite] F Unpopularität *f*; Unbeliebtheit *f*
importable [ɛ̃pɔʀtabl] ADJ 1 *vêtement* nicht (mehr) tragbar 2 ÉCON einführ-, importierbar
importance [ɛ̃pɔʀtɑ̃s] F 1 Bedeutung *f*; Wichtigkeit *f*; **d'~** *adjt* wichtig; von Bedeutung; *advt* (*très fort*) tüchtig; kräftig; **sans ~** bedeutungslos; belanglos; unwichtig; **accorder, attacher, donner de l'~ à qc** e-r Sache (*dat*) Bedeutung, Gewicht beimessen; Gewicht auf etw (*acc*) legen; **avoir de l'~** von Bedeutung, Wichtigkeit sein; **(cela n'a) aucune ~** das hat keinerlei Bedeutung; das ist völlig unwichtig; **se donner de l'~** sich wichtigmachen, -tun 2 *d'une somme* Größe *f*; Höhe *f*
important [ɛ̃pɔʀtɑ̃] A ADJ ⟨-ante [-ɑ̃t]⟩ 1 wich-

tig; bedeutend; *péj* **se donner des airs ~s** sich wichtigmachen, -tun; sich aufspielen **2** *somme, retard, dégâts* groß; beträchtlich; *somme a.* hoch **B** **faire l'~(e)** M(F) sich aufspielen; sich wichtigtun, -machen

importateur [ɛ̃pɔʀtatœʀ] **A** ADJ ‹-trice [-tʀis]› Einfuhr…; Import…; **pays ~ de pétrole** Öleinfuhrland *n*; Öl importierendes Land **B** M Importeur *m*

importation [ɛ̃pɔʀtasjõ] F **1** Einfuhr *f*; Import *m* **2** **~s** *pl* (*marchandises importées*) Importe *mpl*; Einfuhr-, Importwaren *fpl*

importer¹ [ɛ̃pɔʀte] V/T COMM einführen; importieren

importer² V/I *et* V/IMP wichtig, von Bedeutung, von Belang sein; **cela (m')importe peu** das bedeutet (mir) wenig; das ist (für mich) nicht wichtig; **la seule chose qui importe (, c'est …)** das Einzige, was zählt *ou* worauf es ankommt(, ist …); **qu'importe!** was bedeutet das schon!; was solls!; **peu importe!** das ist nicht so wichtig; das hat wenig zu bedeuten; **n'importe qui, quoi, où, quand** irgendjemand, irgendetwas, irgendwo(hin), irgendwann; egal *ou* ganz gleich wer, was, wo(hin), wann; *travailler* **n'importe comment** ohne Methode; oberflächlich; **n'importe où** *a.* überall; **n'importe qui** *a.* jeder (x-Beliebige); **à n'importe quel prix** zu jedem Preis

import-export [ɛ̃pɔʀɛkspɔʀ] M Import-Export *m*

importun [ɛ̃pɔʀtɛ̃, -tœ̃] **A** ADJ ‹-une [-yn]› lästig; aufdringlich **B** M lästiger, aufdringlicher Mensch

importuner [ɛ̃pɔʀtyne] V/T **~ qn** j-n belästigen, behelligen; j-m lästig fallen; **être importuné par le bruit** vom Lärm belästigt werden

importunité [ɛ̃pɔʀtynite] F Zu-, Aufdringlichkeit *f*; Lästigkeit *f*; *d'une visite* Ungelegenheit *f*

imposable [ɛ̃pozabl] ADJ steuerpflichtig

imposant [ɛ̃pozɑ̃] ADJ ‹-ante [-ɑ̃t]› imposant; imponierend; beeindruckend

imposé [ɛ̃poze] ADJ ‹~e› **1** vorgeschrieben; PATINAGE **figures ~es** Pflicht(figuren) *f(pl)*; COMM **prix ~** gebundener, festgesetzter Preis; **prix ~s** *a.* Preisbindung *f* **2** *revenu* besteuert

imposer [ɛ̃poze] **A** V/T **1** **~ à qn** *conditions, règle* j-m vorschreiben; *devoirs, punition* j-m auferlegen; *volonté, régime, chef* j-m aufzwingen; (bei j-m) durchsetzen; **~ le respect** Respekt, Achtung einflößen **2** FIN besteuern; veranlagen **3** REL **~ les mains** die Hände auflegen **B** V/I **en ~ à qn** j-m imponieren **C** V/PRON **1** **s'~ qc** sich (*dat*) etw auferlegen **2** *mesure, etc* **s'~** (zwingend) geboten sein **3** *personne, produit* **s'~** sich durchsetzen **4** **s'~** (*imposer sa présence*) sich aufdrängen

imposition [ɛ̃pozisjõ] F **1** FIN Besteuerung *f*; Veranlagung *f* **2** REL **~ des mains** Handauflegung *f*

impossibilité [ɛ̃pɔsibilite] F **1** Unmöglichkeit *f*; **être dans l'~ de** (+ *inf*) außerstande sein zu (+ *inf*) **2** (*chose impossible*) unmögliche Sache

impossible [ɛ̃pɔsibl] **A** ADJ unmöglich (*a. fam*); **rendre la vie ~ à qn** j-m das Leben unerträglich, *fam* unmöglich machen **B** M Unmögliche(s) *n*; **faire l'~** alles Menschenmögliche tun

imposteur [ɛ̃pɔstœʀ] M Hochstapler *m*; Schwindler *m* **imposture** [-yʀ] F Hochstapelei *f*; Schwindel *m*

impôt [ɛ̃po] M Steuer *f*; **~s locaux** Gemeinde- und Departementsteuern *fpl*; *autrefois* **~ sur les grandes fortunes** Vermögenssteuer *f*; **~ sur le revenu** Einkommen(s)steuer *f*; **déclaration** *f* **d'~s** Steuererklärung *f*

impotence [ɛ̃pɔtɑ̃s] F Bewegungsunfähigkeit *f* **impotent** [-ɑ̃] ADJ ‹-ente [-ɑ̃t]› *personne* gebrechlich

impraticable [ɛ̃pʀatikabl] ADJ **1** *chemin* nicht begehbar; *route* unbefahrbar; unpassierbar **2** *idée* undurchführbar

imprécation [ɛ̃pʀekasjõ] *litt* F Verwünschung *f*; Fluch *m*

imprécis [ɛ̃pʀesi] ADJ ‹-ise [-iz]› ungenau; unpräzis(e); undeutlich

imprécision [ɛ̃pʀesizjõ] F Ungenauigkeit *f*

imprégnation [ɛ̃pʀeɲasjõ] F **1** TECH (Durch-)Tränken *n*; Imprägnierung *f* **2** *fig* Beeinflussung *f* (**par qc** durch etw)

imprégner [ɛ̃pʀeɲe] ‹-è-› **A** V/T **1** TECH (durch)tränken (**de** mit); *bois* imprägnieren; *par ext odeur* sich festsetzen in (+ *dat*) **2** *fig* **~ qn** j-n durchdringen, erfüllen **B** V/PR **s'~ de qc** sich mit etw vollsaugen; etw in sich (*dat*) aufnehmen (*a. fig*); **s'~ d'une langue** sich (*dat*) e-e Sprache aneignen

imprenable [ɛ̃pʀənabl] ADJ **1** *forteresse* uneinnehmbar **2** *vue* unverbaubar

imprésario *ou* **impresario** [ɛ̃pʀezaʀjo] M Impresario *m*

imprescriptible [ɛ̃pʀeskʀiptibl] ADJ JUR unverjährbar; *par ext droits* immer geltend; unantastbar

impression [ɛ̃pʀɛsjõ] F **1** Eindruck *m*; **avoir l'~ de** (+ *inf*) *ou* **que …** den Eindruck, das Gefühl haben, zu (+ *inf*) *ou* dass …; **faire (une) bonne, mauvaise ~** e-n guten, schlechten Eindruck machen (**à qn** auf j-n) **2** TECH Druck *m*; Drucken *n*; **faute** *f* **d'~** Druckfehler *m*

impressionnable [ɛ̃pʀɛsjɔnabl] ADJ empfindlich; sensibel **impressionnant** [-ɑ̃] ADJ ‹-ante [-ɑ̃t]› eindrucksvoll; beeindruckend

impressionner [ɛ̃pʀesjɔne] VT ~ **qn** j-n beeindrucken; **se laisser ~ par qc** sich von etw beeindrucken lassen
impressionnisme [ɛ̃pʀesjɔnism] M Impressionismus *m* **impressionniste** [-ist] **A** ADJ impressionistisch **B** M Impressionist *m*
imprévisible [ɛ̃pʀevizibl] ADJ unvorhersehbar
imprévoyance [ɛ̃pʀevwajɑ̃s] F Sorglosigkeit *f*; Kurzsichtigkeit *f* **imprévoyant** [-ɑ̃] ADJ ⟨-ante [-ɑ̃t]⟩ sorglos; gedankenlos; kurzsichtig
imprévu [ɛ̃pʀevy] **A** ADJ ⟨~e⟩ unvorhergesehen **B** M Unvorhergesehene(s) *n*; **sauf ~** wenn nichts dazwischenkommt; **en cas d'~** falls etwas dazwischenkommt
imprimable [ɛ̃pʀimabl] ADJ druckreif; druckfähig
imprimante [ɛ̃pʀimɑ̃t] F Drucker *m*; **~ à jet d'encre, à laser** Tintenstrahl-, Laserdrucker *m*
imprimé [ɛ̃pʀime] **A** ADJ *texte* gedruckt; *tissu, papier* bedruckt; *formulaire* vorgedruckt **B** M **1** POSTE Drucksache *f*; *depuis 1993* Infopost *f* **2** *livre, brochure, etc* Druckwerk *n* **3** *(formulaire)* Vordruck *m* **4** TEXT bedruckter Stoff; Druck *m*
imprimer [ɛ̃pʀime] **A** VT **1** *texte* drucken; *extraits d'un livre* abdrucken **2** *tissu, papier* bedrucken; *motif* aufdrucken **3** *cachet* **~ sur qc** auf etw *(acc)* drücken **4** *mouvement* **~ à qc** e-r Sache *(dat)* verleihen **B** V/PR **s'~ dans la mémoire** sich *(dat)* einprägen
imprimerie [ɛ̃pʀimʀi] F **1** *entreprise* (Buch)Druckerei *f* **2** *technique* Buchdruck(erkunst) *m(f)*
imprimeur [ɛ̃pʀimœʀ] M (Buch)Drucker *m*
improbabilité [ɛ̃pʀɔbabilite] F Unwahrscheinlichkeit *f*
improbable [ɛ̃pʀɔbabl] ADJ unwahrscheinlich; **il est ~ que …** *(+subj)* es ist unwahrscheinlich, dass …
improductif [ɛ̃pʀɔdyktif] ADJ ⟨-ive [-iv]⟩ unproduktiv **improductivité** [-ivite] F Unproduktivität *f*; Unergiebigkeit *f*
impromptu [ɛ̃pʀɔ̃pty] **A** ADJ ⟨~e⟩ aus dem Stegreif; *visite* überraschend **B** M MUS Impromptu *n*
imprononçable [ɛ̃pʀɔnɔ̃sabl] ADJ unaussprechbar
impropre [ɛ̃pʀɔpʀ] ADJ **1** *mot* unpassend **2** **~ à qc** ungeeignet für etw; **~ à la consommation** nicht zum Verzehr geeignet
improprement [ɛ̃pʀɔpʀəmɑ̃] ADV fälschlicherweise
impropriété [ɛ̃pʀɔpʀijete] F **1** *d'un mot* falscher Gebrauch **2** *(expression impropre)* falsch gebrauchtes, gewähltes Wort
improvisateur [ɛ̃pʀɔvizatœʀ] M, **improvisatrice** [-tʀis] F Improvisator(in) *m(f)* **improvisation** [-sjɔ̃] F Improvisation *f (a.* MUS)
improviser [ɛ̃pʀɔvize] **A** VT improvisieren; *discours a.* aus dem Stegreif halten **B** VI MUS improvisieren **C** V/PR **s'~ arbitre,** *etc* als Schiedsrichter *etc* einspringen, aushelfen
improviste [ɛ̃pʀɔvist] **à l'~** unerwartet; unvermutet; unverhofft
imprudemment [ɛ̃pʀydamɑ̃] ADV → **imprudent**
imprudence [ɛ̃pʀydɑ̃s] F **1** Unvorsichtigkeit *f (a. action)*; **commettre, faire une ~** e-e Unvorsichtigkeit begehen **2** JUR Fahrlässigkeit *f*
imprudent [ɛ̃pʀydɑ̃] ADJ ⟨-ente [-ɑ̃t]⟩ unvorsichtig; *conducteur a.* leichtsinnig
impubère [ɛ̃pybɛʀ] ADJ noch nicht geschlechtsreif; JUR noch nicht ehemündig
impubliable [ɛ̃pyblijabl] ADJ nicht druckreif, -fähig
impudence [ɛ̃pydɑ̃s] F Unverschämtheit *f* **impudent** [-ɑ̃] ADJ ⟨-ente [-ɑ̃t]⟩ unverschämt
impudeur [ɛ̃pydœʀ] F Schamlosigkeit *f* **impudicité** [-isite] F Unkeuschheit *f*; Unzüchtigkeit *f* **impudique** [-ik] ADJ unkeusch; unzüchtig
impuissance [ɛ̃pɥisɑ̃s] F **1** *(faiblesse)* Unvermögen *n*; Ohnmacht *f* **2** *sexuelle* Impotenz *f*
impuissant [ɛ̃pɥisɑ̃] ADJ ⟨-ante [-ɑ̃t]⟩ **1** machtlos; ohnmächtig *(a. rage)*; **être ~ devant qc** bei etw machtlos sein; **être ~ à** *(+ inf)* nicht imstande sein zu *(+ inf)* **2** *sexuellement* impotent
impulsif [ɛ̃pylsif] ADJ ⟨-ive [-iv]⟩ impulsiv
impulsion [ɛ̃pylsjɔ̃] F Impuls *m (a.* PHYS, PSYCH); Antrieb *m*; Anstoß *m*; Auftrieb *m*
impulsivité [ɛ̃pylsivite] F Impulsivität *f*
impunément [ɛ̃pynemɑ̃] ADV ungestraft
impuni [ɛ̃pyni] ADJ ⟨~e⟩ unbestraft; straflos, -frei
impunité [ɛ̃pynite] F Straffreiheit *f*, -losigkeit *f*; **en toute ~** völlig ungestraft
impur [ɛ̃pyʀ] ADJ ⟨~e⟩ unsauber; unrein *(a.* REL)
impureté [ɛ̃pyʀte] F **1** Unsauberkeit *f*; Unreinheit *f* **2** **~s** *pl* Verunreinigungen *fpl*
imputable [ɛ̃pytabl] ADJ **être ~ à qc** auf etw *(acc)* zurückzuführen sein
imputation [ɛ̃pytasjɔ̃] F **1** Beschuldigung *f*, Bezichtigung *f* (**de vol** des Diebstahls) **2** FIN Anrechnung *f* (**à, sur** auf *+acc*); Verrechnung *f*
imputer [ɛ̃pyte] VT **1** **~ qc à qn** j-m etw anlasten **2** **~ qc à qc** etw auf etw *(acc)* zurückführen **3** FIN **~ à, sur qc** auf etw *(acc)* anrechnen
imputrescible [ɛ̃pytʀesibl] ADJ unverweslich; nicht verfaulend
in [in] ADJ (❗ unveränderlich) *fam* in; **être ~** in sein
in… [ɛ̃], *vor Vokal u. stummem h* [in] *préfixe indiquant la négation* un…; in…; Un…; In…; *→les articles suivants*

inabordable [inabɔʀdabl] ADJ unerschwinglich
inaccentué [inaksɑ̃tɥe] ADJ ⟨~e⟩ unbetont
inacceptable [inakseptabl] ADJ unannehmbar; inakzeptabel; unzumutbar
inaccessibilité [inaksesibilite] F **1** *d'un lieu, d'un but, etc* Unerreichbarkeit *f* **2** *d'une personne* Unnahbarkeit *f*
inaccessible [inaksesibl] ADJ **1** *lieu* unerreichbar (**à qn** für j-n) (*a. fig but*); unzugänglich (*a. fig texte*) **2** *personne* unnahbar; unzugänglich; **~ à la pitié** für Mitleid unempfänglich
inaccompli [inakɔ̃pli] ADJ ⟨~e⟩ **1** *clause* nicht erfüllt **2** *litt projet, tâche, etc* nicht ausgeführt; nicht zu Ende geführt; *souhait* nicht erfüllt
inaccoutumé [inakutyme] ADJ ⟨~e⟩ ungewohnt
inachevé [inaʃve] ADJ ⟨~e⟩ unvollendet
inachèvement [inaʃɛvmɑ̃] M Unfertigkeit *f*
inactif [inaktif] ADJ ⟨-ive [-iv]⟩ **1** untätig; tatenlos; inaktiv; **rester ~** untätig bleiben **2** ÉCON nicht erwerbs-, berufstätig
inaction [inaksjɔ̃] F Untätigkeit *f*; Nichtstun *n*
inactivité [inaktivite] F Untätigkeit *f*; Tatenlosigkeit *f*; Inaktivität *f*
inactuel [inaktɥɛl] ADJ ⟨~le⟩ unzeitgemäß; nicht zeitnah
inadaptation [inadaptasjɔ̃] F PSYCH mangelnde Anpassung(sfähigkeit); *d'enfants* Verhaltensgestörtheit *f*
inadapté [inadapte] ADJ ⟨~e⟩ *enfant* verhaltensgestört
inadéquat [inadekwa] ADJ ⟨-ate [-at]⟩ unangemessen; inadäquat
inadmissible [inadmisibl] ADJ unzulässig; inakzeptabel; indiskutabel
inadvertance [inadvɛʀtɑ̃s] **par ~** aus Versehen; versehentlich
inaliénable [inaljenabl] ADJ JUR unveräußerlich
inaltérable [inalteʀabl] ADJ unveränderlich; *fig a.* unwandelbar
inamical [inamikal] ADJ ⟨~e; -aux [-o]⟩ unfreundlich
inamovible [inamɔvibl] ADJ JUR unabsetzbar; nicht versetzbar
inanimé [inanime] ADJ ⟨~e⟩ *personne* leblos; *matière* unbelebt
inanition [inanisjɔ̃] F Entkräftung *f*; **tomber d'~** vor Hunger sterben
inaperçu [inapɛʀsy] ADJ ⟨~e⟩ **passer ~** unbemerkt bleiben; nicht auffallen
inappétence [inapetɑ̃s] F **1** MÉD Appetitlosigkeit *f* **2** PSYCH **~ sexuelle** sexuelle Lustlosigkeit
inapplicable [inaplikabl] ADJ unanwendbar; *mesures* undurchführbar
inappliqué [inaplike] ADJ ⟨~e⟩ **1** *élève* unaufmerksam; faul **2** *loi* nicht angewandt
inappréciable [inapʀesjabl] ADJ unschätzbar
inapprivoisable [inapʀivwazabl] ADJ *animal* unzähmbar
inapte [inapt] ADJ untauglich, ungeeignet (**à** für); MIL wehruntauglich
inaptitude [inaptityd] F Untauglichkeit *f*
inarticulé [inaʀtikyle] ADJ ⟨~e⟩ unartikuliert
inassimilable [inasimilabl] ADJ *individus dans un groupe* nicht assimilierbar
inassouvi [inasuvi] *st/s* ADJ ⟨~e⟩ ungestillt
inattaquable [inatakabl] ADJ unangreifbar; *théorie a.* unanfechtbar
inattendu [inatɑ̃dy] ADJ ⟨~e⟩ unerwartet; unvermutet; unverhofft; überraschend
inattentif [inatɑ̃tif] ADJ ⟨-ive [-iv]⟩ unaufmerksam; unachtsam; achtlos
inattention [inatɑ̃sjɔ̃] F Unaufmerksamkeit *f*; **faute** *f* **d'~** Flüchtigkeitsfehler *m*
inaudible [inodibl] ADJ **1** unhörbar **2** *à peine* kaum hörbar, vernehmbar
inaugural [inogyʀal] ADJ ⟨~e; -aux [-o]⟩ Eröffnungs…; Einweihungs… **inauguration** [-asjɔ̃] F Einweihung *f*; (feierliche) Eröffnung
inaugurer [inogyʀe] V/T **1** *monument, édifice* einweihen (*a. plais*); (feierlich) eröffnen **2** *fig* einleiten; *méthode* einführen
inauthenticité [inotɑ̃tisite] F Unechtheit *f* **inauthentique** [-ik] ADJ *document* unecht; *fait* unverbürgt
inavouable [inavwabl] ADJ den, die, das man nicht eingestehen kann
inavoué [inavwe] ADJ ⟨~e⟩ uneingestanden
inca [ɛ̃ka] **A** ADJ (! unveränderlich) Inka… **B** MPL **Incas** Inka(s) *mpl*
incalculable [ɛ̃kalkylabl] ADJ unberechenbar; unkalkulierbar
incandescence [ɛ̃kɑ̃desɑ̃s] F Glühen *n*; Weißglut *f* **incandescent** [-ɑ̃] ADJ ⟨-ente [-ɑ̃t]⟩ glühend
incantation [ɛ̃kɑ̃tasjɔ̃] F Beschwörung *f*; *paroles a.* Zauberformel *f* **incantatoire** [-twaʀ] ADJ Zauber…; Beschwörungs…
incapable [ɛ̃kapabl] **A** ADJ unfähig; **~ de** (+ *inf*) unfähig, nicht in der Lage, nicht imstande zu (+ *inf*) **B** M/F Unfähige(r) *m/f(m)*; Nichtskönner(in) *m(f)*; **c'est un ~** er ist (völlig) unfähig
incapacité [ɛ̃kapasite] F **1** Unfähigkeit *f*; **être dans l'~ de** (+ *inf*) nicht in der Lage sein zu (+ *inf*) **2** **~ (de travail)** Arbeitsunfähigkeit *f*
incarcération [ɛ̃kaʀseʀasjɔ̃] F Inhaftierung *f* **incarcérer** [-e] V/T ⟨-è-⟩ inhaftieren; gefangen setzen
incarnation [ɛ̃kaʀnasjɔ̃] F **1** REL Inkarnation

f; Menschwerdung *f* **2** *fig* Verkörperung *f*
incarné [ɛ̃kaʀne] ADJ ⟨~e⟩ *ongle* eingewachsen
incarner [ɛ̃kaʀne] **A** V/T verkörpern (*a.* THÉ) **B** V/PR **s'~** **1** REL Mensch werden **2** *espoirs, etc* sich verkörpern (**en qn** in j-m)
incartade [ɛ̃kaʀtad] F Dummheit *f*; Streich *m*; Torheit *f*; **à la moindre ~**, *il était puni* bei dem geringsten Verstoß (gegen die Ordnung, Disziplin)
incassable [ɛ̃kasabl] ADJ unzerbrechlich; *fil* unzerreißbar
incendiaire [ɛ̃sɑ̃djɛʀ] **A** ADJ **1** Brand… **2** *fig propos* Hetz…; aufrührerisch; *œillade* aufreizend **B** M/F Brandstifter(in) *m(f)*
incendie [ɛ̃sɑ̃di] M (! maskulin) Brand *m*; (Groß)Feuer *n*; **~ volontaire** Brandstiftung *f*; **~ de forêt** Waldbrand *m*; **bouche** *f* **d'~** Hydrant *m*
incendié [ɛ̃sɑ̃dje] ADJ ⟨~e⟩ **1** *maison, forêt* abgebrannt **2** *personne* brandgeschädigt
incendier [ɛ̃sɑ̃dje] V/T **1** in Brand stecken **2** *fam* **~ qn** *fam* j-n rüffeln, abkanzeln
incertain [ɛ̃sɛʀtɛ̃] ADJ ⟨-aine [-ɛn]⟩ **1** unsicher; ungewiss; *temps* unbeständig; *contours* unbestimmt **2** *personne* unschlüssig; unsicher
incertitude [ɛ̃sɛʀtityd] F **1** Ungewissheit *f*; Unsicherheit *f* **2** **~s** *pl* Unsicherheiten *fpl*; Unsicherheitsfaktoren *mpl*
incessamment [ɛ̃sesamɑ̃] ADV gleich; unverzüglich **incessant** [-ɑ̃] ADJ ⟨-ante [-ɑ̃t]⟩ unaufhörlich; unablässig; ständig
incessible [ɛ̃sesibl] ADJ JUR nicht übertragbar; nicht abtretbar
inceste [ɛ̃sɛst] M Blutschande *f*; Inzest *m*
incestueux [ɛ̃sɛstɥø] ADJ ⟨-euse [-øz]⟩ blutschänderisch; inzestuös
inchangé [ɛ̃ʃɑ̃ʒe] ADJ ⟨~e⟩ unverändert
incidemment [ɛ̃sidamɑ̃] ADV beiläufig
incidence [ɛ̃sidɑ̃s] F Auswirkung *f* (**sur** auf + *acc*)
incident [ɛ̃sidɑ̃] M Zwischenfall *m*; NUCL Störfall *m*; **~ technique** Betriebsstörung *f*; **~ de parcours** Panne *f*; Missgeschick *n*; **l'~ est clos** der Zwischenfall ist erledigt; der Streit ist beigelegt
incinérateur [ɛ̃sineʀatœʀ] M Müllverbrennungsofen *m*
incinération [ɛ̃sineʀasjõ] F **1** Einäscherung *f* (*surtout des morts*) **2** Verbrennung *f* (zu Asche); **usine** *f* **d'~ des ordures ménagères** Müllverbrennungsanlage *f*
incinérer [ɛ̃sineʀe] V/T ⟨-è-⟩ einäschern; verbrennen
incise [ɛ̃siz] F eingeschobener Satz
inciser [ɛ̃size] V/T einschneiden; *abcès* aufschneiden
incisif [ɛ̃sizif] ADJ ⟨-ive [-iv]⟩ *ton* schneidend; bissig; *ironie, critique* beißend
incision [ɛ̃sizjõ] F (Ein)Schnitt *m*
incisive [ɛ̃siziv] F Schneidezahn *m*
incitation [ɛ̃sitasjõ] F Anreiz *m*, Anregung *f* (**à qc** zu etw)
inciter [ɛ̃site] V/T anreizen, anregen, veranlassen (**à** + *inf* zu + *inf*; **à qc** zu etw); **~ à la révolte** aufwiegeln
incivil [ɛ̃sivil] *litt* ADJ ⟨~e⟩ unhöflich; ungesittet **incivilité** [-ite] F unsoziales Verhalten, Handeln
inclinaison [ɛ̃klinɛzõ] F Neigung *f*; **angle** *m* **d'~** Neigungswinkel *m*
inclination [ɛ̃klinasjõ] F **1** *du corps* Verneigung *f*; Verbeugung *f*; *de tête* Nicken *n* **2** (*penchant*) Neigung *f* (**pour** für)
incliné [ɛ̃kline] ADJ ⟨~e⟩ geneigt; schräg; abfallend; PHYS **plan ~** schiefe Ebene; **tête légèrement ~e** leicht geneigter Kopf
incliner [ɛ̃kline] **A** V/T neigen; schräg halten, stellen **B** V/I **~ à** (+ *inf*) dazu neigen zu (+ *inf*) **C** V/PR **s'~** **1** (*se courber*) sich verneigen, sich verbeugen (**devant** vor + *dat*) **2** (*se soumettre*) sich beugen, sich fügen (**devant** *dat*)
inclure [ɛ̃klyʀ] V/T ⟨→ conclure; *pp* inclus⟩ **1** (*insérer*) beifügen, beilegen (**dans une lettre** e-m Brief); *clause* einbeziehen (**dans** in + *acc*) **2** (*impliquer*) einschließen
inclus [ɛ̃kly] PP → inclure *et* ADJ ⟨-use [-yz]⟩ einschließlich
inclusion [ɛ̃klyzjõ] F Einbeziehung *f*; Einschließung *f*
inclusivement [ɛ̃klyzivmɑ̃] ADV einschließlich
incoercible [ɛ̃kɔɛʀsibl] ADJ *rire, toux* nicht zu unterdrücken(d)
incognito [ɛ̃kɔɲito] **A** ADV inkognito **B** M **garder l'~** das Inkognito wahren
incohérence [ɛ̃kɔeʀɑ̃s] F **1** Zusammenhang(s)losigkeit *f*; mangelnder Zusammenhang **2** **~s** *pl idées, propos* unzusammenhängende Gedanken *mpl ou* Worte *npl*
incohérent [ɛ̃kɔeʀɑ̃] ADJ ⟨-ente [-ɑ̃t]⟩ unzusammenhängend; zusammenhang(s)los
incollable [ɛ̃kɔlabl] *fam* ADJ unschlagbar
incolore [ɛ̃kɔlɔʀ] ADJ farblos (*a. fig style*)
incomber [ɛ̃kõbe] V/T INDIR **~ à qn** j-m obliegen, zukommen
incombustible [ɛ̃kõbystibl] ADJ nicht brennbar
incommensurabilité [ɛ̃kɔmɑ̃syʀabilite] F MATH Inkommensurabilität *f*
incommensurable [ɛ̃kɔmɑ̃syʀabl] **A** ADJ **1** MATH inkommensurabel **2** *fig* (*démesuré*) maßlos **B** M **l'~** das Unermessliche

incommodant [ɛ̃kɔmɔdɑ̃] ADJ ⟨-ante [-ɑ̃t]⟩ lästig; störend

incommode [ɛ̃kɔmɔd] ADJ (*peu pratique*) unpraktisch; unzweckmäßig; *outil a.* unhandlich; (*inconfortable*) unbequem

incommoder [ɛ̃kɔmɔde] V/T belästigen; stören

incommodité [ɛ̃kɔmɔdite] F Unzweckmäßigkeit *f*; Unbequemlichkeit *f*

incommunicable [ɛ̃kɔmynikabl] ADJ 1 *émotion* nicht mitteilbar 2 *deux univers* unvereinbar

incomparable [ɛ̃kõparabl] ADJ unvergleichlich; unübertrefflich

incompatibilité [ɛ̃kõpatibilite] F 1 Unvereinbarkeit *f*; **~ de caractère, d'humeur** Unvereinbarkeit der Charaktere 2 JUR, MÉD, INFORM Inkompatibilität *f*

incompatible [ɛ̃kõpatibl] ADJ unvereinbar (**avec** mit); inkompatibel (*a.* MÉD, INFORM)

incompétence [ɛ̃kõpetɑ̃s] F 1 Inkompetenz *f*; Unkenntnis *f* 2 JUR Inkompetenz *f*; Unzuständigkeit *f* **incompétent** [-ɑ̃] ADJ ⟨-ente [-ɑ̃t]⟩ inkompetent (**en musique** in der Musik); JUR *a.* unzuständig

incomplet [ɛ̃kõplɛ] ADJ ⟨-ète [-ɛt]⟩ unvollständig

incompréhensible [ɛ̃kõpreɑ̃sibl] ADJ unverständlich **incompréhensif** [-if] ADJ ⟨-ive [-iv]⟩ kein Verständnis zeigend; ohne Einfühlungsvermögen **incompréhension** [-jõ] F Unverständnis *n*

incompressible [ɛ̃kõpresibl] ADJ 1 PHYS inkompressibel; nicht zusammendrückbar 2 FIN *dépense* nicht einschränkbar; nicht reduzierbar

incompris [ɛ̃kõpri] ADJ ⟨-ise [-iz]⟩ unverstanden (*a. iron*)

inconcevable [ɛ̃kõs(ə)vabl] ADJ unbegreiflich; unfassbar; unvorstellbar

inconciliable [ɛ̃kõsiljabl] ADJ unvereinbar (**avec** mit)

inconditionnel [ɛ̃kõdisjɔnɛl] A ADJ ⟨~le⟩ bedingungslos; uneingeschränkt B M bedingungsloser Anhänger

inconduite [ɛ̃kõdɥit] F schlechter Lebenswandel

inconfort [ɛ̃kõfɔr] M Unbequemlichkeit *f*

inconfortable [ɛ̃kõfɔrtabl] ADJ unbequem

incongru [ɛ̃kõgry] ADJ ⟨~e⟩ unpassend; unschicklich

inconnaissable [ɛ̃kɔnɛsabl] ADJ nicht erkennbar (**à qn** für j-n); unergründbar

inconnu [ɛ̃kɔny] A ADJ ⟨~e⟩ unbekannt (**à, de qn** j-m); ADMIN *enfant* **né de père ~** Vater unbekannt B SUBST 1 **~(e)** *m(f)* Unbekannte(r) *m/f(m)* 2 **l'~** *m* (*ce qui est inconnu*) das Unbekannte 3 MATH **~e** *f* Unbekannte *f* (*a. fig*)

inconsciemment [ɛ̃kõsjamɑ̃] ADV unbewusst

inconscience [ɛ̃kõsjɑ̃s] F 1 Unüberlegtheit *f*; Leichtfertigkeit *f* 2 MÉD Bewusstlosigkeit *f*

inconscient [ɛ̃kõsjɑ̃] A ADJ ⟨-ente [-ɑ̃t]⟩ 1 (*irréfléchi*) unüberlegt; leichtfertig 2 *réaction* unbewusst; *personne* **être ~ du danger** sich (*dat*) der Gefahr (*gén*) nicht bewusst sein 3 MÉD bewusstlos B SUBST 1 **~(e)** *m(f)* Leichtfertige(r) *m/f(m)*; *plus fort* Leichtsinnige(r) *m/f(m)* 2 PSYCH **l'~** *m* das Unbewusste

inconséquence [ɛ̃kõsekɑ̃s] F Inkonsequenz *f* **inconséquent** [-ɑ̃] ADJ ⟨-ente [-ɑ̃t]⟩ inkonsequent

inconsidéré [ɛ̃kõsidere] ADJ ⟨~e⟩ unüberlegt; unbesonnen; unbedacht

inconsistance [ɛ̃kõsistɑ̃s] F *d'une argumentation, d'une théorie* Unhaltbarkeit *f*; mangelnde Stichhaltigkeit; *d'un thème, d'un personnage* Substanzlosigkeit *f*

inconsistant [ɛ̃kõsistɑ̃] ADJ ⟨-ante [-ɑ̃t]⟩ 1 *théorie* haltlos; *programme* substanzlos 2 *personne* unbeständig; haltlos

inconsolable [ɛ̃kõsɔlabl] ADJ untröstlich

inconstance [ɛ̃kõstɑ̃s] F Unbeständigkeit *f*; Unstetigkeit *f*; Wankelmut *m*; *en amour* Treulosigkeit *f*; Untreue *f* **inconstant** [-ɑ̃] ADJ ⟨-ante [-ɑ̃t]⟩ unbeständig; unstet; wankelmütig

inconstitutionnel [ɛ̃kõstitysjɔnɛl] ADJ ⟨~le⟩ verfassungswidrig

incontestable [ɛ̃kõtɛstabl] ADJ unbestreitbar **incontestablement** [-əmɑ̃] ADV ganz offensichtlich, sicher; mit Sicherheit

incontesté [ɛ̃kõtɛste] ADJ ⟨~e⟩ unbestritten; (allgemein) anerkannt

incontinence [ɛ̃kõtinɑ̃s] F MÉD Inkontinenz *f* **incontinent** [-ɑ̃] ADJ ⟨-ente [-ɑ̃t]⟩ an Inkontinenz leidend

incontournable [ɛ̃kõturnabl] ADJ unumgänglich

incontrôlable [ɛ̃kõtrolabl] ADJ unkontrollierbar

incontrôlé [ɛ̃kõtrole] ADJ ⟨~e⟩ unkontrolliert; sich der Kontrolle entziehend

inconvenance [ɛ̃kõvnɑ̃s] F Unschicklichkeit *f*; Ungebührlichkeit *f* **inconvenant** [-ɑ̃] ADJ ⟨-ante [-ɑ̃t]⟩ unschicklich; ungebührlich

inconvénient [ɛ̃kõvenjɑ̃] M Nachteil *m*; **je n'y vois pas d'~** ich habe nichts dagegen

inconvertible [ɛ̃kõvɛrtibl] ADJ *monnaie* nicht konvertierbar; inkonvertibel

incoordination [ɛ̃kɔɔrdinasjõ] F MÉD **~ motrice** Koordinationsstörungen *fpl*

incorporation [ɛ̃kɔrpɔrasjõ] F MIL Einberufung *f*

incorporer [ɛ̃kɔrpɔre] V/T 1 *substance* **~ dans**

ou **à qc** e-r Sache *(dat)* beimengen **2** *par ext* **~ dans qc** e-r Sache *(dat)* einverleiben; in etw *(acc)* einfügen; TECH **incorporé** eingebaut; integriert **3** MIL einberufen (**dans** zu)

incorrect [ɛ̃kɔʀɛkt] ADJ ⟨~e⟩ **1** un-, inkorrekt; unrichtig **2** *personne* nicht korrekt (**avec qn** j-m gegenüber)

incorrection [ɛ̃kɔʀɛksjõ] F Un-, Inkorrektheit *f (a. = impolitesse)*; Unrichtigkeit *f*

incorrigible [ɛ̃kɔʀiʒibl] ADJ unverbesserlich

incorruptible [ɛ̃kɔʀyptibl] ADJ unbestechlich

incrédibilité [ɛ̃kʀedibilite] F Unglaubhaftigkeit *f*; Unglaubwürdigkeit *f*

incrédule [ɛ̃kʀedyl] ADJ ungläubig; skeptisch **incrédulité** [-ite] F Unglaube(n) *m*; Ungläubigkeit *f*

incrément [ɛ̃kʀemɑ̃] M INFORM Inkrement *n*

increvable [ɛ̃kʀəvabl] ADJ **1** *fam personne* unverwüstlich; *fam* nicht totzukriegen(d) **2** *pneu* pannensicher

incriminer [ɛ̃kʀimine] V/T beschuldigen

incrochetable [ɛ̃kʀɔʃtabl] ADJ *serrure* einbruch(s)sicher; mit e-m Dietrich nicht zu öffnen(d)

incroyable [ɛ̃kʀwajabl] ADJ unglaublich; **~, mais vrai!** unglaublich, aber wahr!; *d'une personne* **il est vraiment ~!** er ist einfach unmöglich!

incroyance [ɛ̃kʀwajɑ̃s] F Unglaube(n) *m*

incroyant [ɛ̃kʀwajɑ̃] **A** ADJ ⟨-ante [-ɑ̃t]⟩ ungläubig **B** **~(e)** M(F) Ungläubige(r) *m/f(m)*

incrustation [ɛ̃kʀystasjõ] F Einlegearbeit *f*; Intarsien *fpl*

incruster [ɛ̃kʀyste] **A** ADJT **incrusté de nacre** mit Perlmuttintarsien (verziert) **B** V/PR **s'~** **1** sich festsetzen (**dans** in + *dat*) **2** *visiteur* sich einnisten (**chez qn** bei j-m)

incubateur [ɛ̃kybatœʀ] M Brutkasten *m*; Inkubator *m*

incubation [ɛ̃kybasjõ] F **1** ZOOL Brüten *n* **2** MÉD Inkubation(szeit) *f* **3** *fig* latentes Vorstadium

incuber [ɛ̃kybe] V/T bebrüten

inculpation [ɛ̃kylpasjõ] F Be-, Anschuldigung *f*

inculpé(e) [ɛ̃kylpe] M(F) Beschuldigte(r) *m/f(m)*; Angeschuldigte(r) *m/f(m)* **inculper** [-e] V/T be-, anschuldigen (**d'un crime** e-s Verbrechens)

inculquer [ɛ̃kylke] V/T **~ qc à qn** j-m etw beibringen, einschärfen

inculte [ɛ̃kylt] ADJ **1** AGR unbebaut **2** *personne* ungebildet

inculture [ɛ̃kyltyʀ] F Mangel *m* an Bildung; Unbildung *f*

incurable [ɛ̃kyʀabl] ADJ **1** *maladie* unheilbar; *malade* unheilbar krank **2** *fig* unverbesserlich

incurie [ɛ̃kyʀi] F Fahrlässigkeit *f*; Nachlässigkeit *f*

incursion [ɛ̃kyʀsjõ] F **1** MIL Einfall *m* **2** *fig* Abstecher *m* (**dans** in + *acc*)

incurvé [ɛ̃kyʀve] ADJ ⟨~e⟩ gekrümmt; gebogen

incurver [ɛ̃kyʀve] V/PR **s'~** sich krümmen, biegen

indatable [ɛ̃databl] ADJ undatierbar

Inde [ɛ̃d] **l'~** F Indien *n*

indécence [ɛ̃desɑ̃s] F Anstößigkeit *f*

indécent [ɛ̃desɑ̃] ADJ ⟨-ente [-ɑ̃t]⟩ **1** *tenue, propos* unschicklich; anstößig **2** *luxe* unverschämt

indéchiffrable [ɛ̃deʃifʀabl] ADJ nicht entzifferbar

indéchirable [ɛ̃deʃiʀabl] ADJ unzerreißbar

indécis [ɛ̃desi] ADJ ⟨-ise [-iz]⟩ **1** *personne* unentschlossen; unschlüssig **2** *problème, victoire* unentschieden **3** *(vague)* unbestimmt

indécision [ɛ̃desizjõ] F Unschlüssigkeit *f*

indéclinable [ɛ̃deklinabl] ADJ undeklinierbar

indécomposable [ɛ̃dekõpozabl] ADJ unzerlegbar

indécrottable [ɛ̃dekʀɔtabl] *fam* ADJ unverbesserlich

indéfectible [ɛ̃defɛktibl] *litt* ADJ unvergänglich; unwandelbar

indéfendable [ɛ̃defɑ̃dabl] ADJ unhaltbar; *fig thèse a.* unvertretbar

indéfini [ɛ̃defini] ADJ ⟨~e⟩ **1** GRAM unbestimmt; indefinit **2** *(vague)* unbestimmt; *quantité* unbegrenzt **indéfiniment** [-mɑ̃] ADV auf unbestimmte Zeit; unbegrenzt

indéfinissable [ɛ̃definisabl] ADJ undefinierbar; *charme* unerklärlich

indéformable [ɛ̃defɔʀmabl] ADJ formbeständig

indélébile [ɛ̃delebil] ADJ *tache* nicht zu entfernen(d); *fig* unauslöschlich

indélicat [ɛ̃delika] ADJ ⟨-ate [-at]⟩ **1** *(sans tact)* rücksichts-, taktlos **2** *(malhonnête)* unredlich

indélicatesse [ɛ̃delikatɛs] F **1** *(manque de tact)* Rücksichts-, Taktlosigkeit *f* **2** *(procédé malhonnête)* Unredlichkeit *f*; unredliches Gebaren

indemne [ɛ̃dɛmn] ADJ unverletzt; unversehrt

indemnisable [ɛ̃dɛmnizabl] ADJ *personne* entschädigungsberechtigt; *dommage* entschädigungsfähig **indemnisation** [-asjõ] F Entschädigung *f* **indemniser** [-e] V/T entschädigen (**qn de qc** j-n für etw)

indemnité [ɛ̃dɛmnite] F Entschädigung *f*; Schaden(s)ersatz *m*; Vergütung *f*; **~ journalière** Krankengeld *n*; **~ kilométrique** Kilometergeld *n*; **~ parlementaire** Diäten *pl*; **~ de licenciement** Abfindung *f*

indémontable [ɛ̃demɔ̃tabl] ADJ unzerlegbar

indémontrable [ɛ̃demɔ̃tʀabl] ADJ unbeweisbar

indéniable [ɛ̃denjabl] ADJ unleugbar

indépendamment [ɛ̃depɑ̃damɑ̃] PRÉP **~ de** 1 *(sans égard à)* unabhängig von *(+ dat)*; ungeachtet *(+ gén)* 2 *(en plus de)* zusätzlich zu *(+ dat)*

indépendance [ɛ̃depɑ̃dɑ̃s] F Unabhängigkeit *f (a.* POL); Selbstständigkeit *f*

indépendant [ɛ̃depɑ̃dɑ̃] ADJ ‹-ante [-ɑ̃t]› 1 unabhängig (**de** von); selbstständig *(a. travailleur)* 2 *chambre* mit separatem Eingang

indépendantiste [ɛ̃depɑ̃dɑ̃tist] A ADJ **mouvement ~** Unabhängigkeitsbewegung *f* B M/F Mitglied *n* der Unabhängigkeitsbewegung; Freiheitskämpfer(in) *m(f)*

indéracinable [ɛ̃deʀasinabl] ADJ unausrottbar

indéréglable [ɛ̃deʀeglabl] ADJ TECH nie versagend

indescriptible [ɛ̃dɛskʀiptibl] ADJ unbeschreiblich

indésirable [ɛ̃deziʀabl] ADJ unerwünscht

indésiré [ɛ̃deziʀe] ADJ ‹~e› unerwünscht

indestructibilité [ɛ̃dɛstʀyktibilite] F Unzerstörbarkeit *f* **indestructible** [-ibl] ADJ unzerstörbar

indéterminable [ɛ̃detɛʀminabl] ADJ unbestimmbar

indétermination [ɛ̃detɛʀminasjɔ̃] F 1 *(indécision)* Unentschlossenheit *f*; Unschlüssigkeit *f* 2 *(imprécision)* Unbestimmtheit *f*

indéterminé [ɛ̃detɛʀmine] ADJ ‹~e› unbestimmt

index [ɛ̃dɛks] M 1 ANAT Zeigefinger *m* 2 *(liste)* Register *n*; Namen(s)-, Stichwortverzeichnis *n* 3 *fig* **mettre à l'~** auf den Index setzen

indexation [ɛ̃dɛksasjɔ̃] F ÉCON Indexierung *f*; Indexbindung *f*

indexer [ɛ̃dɛkse] V/T ÉCON binden *(sur* an *+ acc)*; **indexé** indexgebunden

l'index (m) — Zeigefinger

l'index (m) — Stichwortverzeichnis

indic [ɛ̃dik] M ABR *fam* (indicateur) Spitzel *m*

indicateur [ɛ̃dikatœʀ] A ADJ ‹-trice [-tʀis]› Hinweis…; **panneau ~** Hinweisschild *n*, -tafel *f* B M 1 **~ (des chemins de fer)** Kursbuch *n* 2 *(mouchard)* (Polizei)Spitzel *m* 3 TECH Anzeiger *m*; **~ d'altitude** Höhenmesser *m* 4 CHIM, ÉCON Indikator *m*

indicatif [ɛ̃dikatif] A ADJ ‹-ive [-iv]› **prix ~** Richtpreis *m*; **à titre ~** zur Information, Orientierung; als Hinweis B M 1 GRAM Indikativ *m* 2 *d'une émission* Kennmelodie *f*; Indikativ *n* 3 TÉL Vorwahl *f*

indication [ɛ̃dikasjɔ̃] F Angabe *f*; Hinweis *m*; **~s scéniques** Regieanweisungen *fpl*

indice [ɛ̃dis] M 1 *(signe)* Anzeichen *n*; Indiz *n (a.* JUR); Hinweis *m* 2 *(taux)* Index(ziffer) *m(f)*; **~ du coût de la vie** Lebenshaltungsindex *m*; **~ d'écoute** Einschaltquote *f*; **~ d'octane** Oktanzahl *f*; **~ de protection** Lichtschutzfaktor *m*

indicible [ɛ̃disibl] ADJ unsagbar

indien [ɛ̃djɛ̃] A ADJ ‹-ienne [-jɛn]› 1 *(d'Inde)* indisch 2 *(d'Amérique)* indianisch; **à la, en file ~ne** im Gänsemarsch B **Indien(ne)** M(F) 1 *de l'Inde* Inder(in) *m(f)* 2 *d'Amérique du Nord* Indianer(in) *m(f)*; *d'Amérique latine* Indio(frau) *m(f)*

indifféremment [ɛ̃difeʀamɑ̃] ADV unterschiedslos; in gleicher Weise

indifférence [ɛ̃difeʀɑ̃s] F Gleichgültigkeit *f*; Indifferenz *f*; Desinteresse *n*; **~ pour, à qc** Gleichgültigkeit gegenüber etw

indifférencié [ɛ̃difeʀɑ̃sje] ADJ ‹~e› undifferenziert

indifférent [ɛ̃difeʀɑ̃] ADJ ‹-ente [-ɑ̃t]› 1 *(peu intéressé)* gleichgültig (**à qc** gegenüber e-r Sache *[dat]*); teilnahmslos; desinteressiert 2 *(sans importance)* gleichgültig; unwichtig; **âge, salaire ~** Alter, Gehalt spielt keine Rolle; **il ne m'est pas ~** er ist mir nicht gleichgültig

indifférer [ɛ̃difeʀe] V/T ‹-è-› **cela m'indiffère** das ist mir gleich(gültig), *fam* egal

indigence [ɛ̃diʒɑ̃s] F Bedürftigkeit *f*

indigène [ɛ̃diʒɛn] A ADJ 1 *(autochtone)* Eingeborenen… 2 *(local)* einheimisch B M/F Eingeborene(r) *m/f(m)*

indigent [ɛ̃diʒɑ̃] ADJ ‹-ente [-ɑ̃t]› 1 bedürftig; Not leidend; arm 2 *fig* dürftig

indigeste [ɛ̃diʒɛst] ADJ schwer verdaulich; unverdaulich *(a. fig)*

indigestion [ɛ̃diʒɛstjɔ̃] F Magenverstimmung *f*; verdorbener Magen; *fig* **avoir une ~ de qc** von etw genug haben

indignation [ɛ̃diɲasjɔ̃] F Entrüstung *f*; Empörung *f*; Unwille(n) *m*

indigne [ɛ̃diɲ] ADJ 1 **~ de qn, de qc** j-s, e-r Sache unwürdig, nicht wert 2 *(odieux)* unwürdig; nichtswürdig; **parents** *mpl* **~s** Rabeneltern *pl*

indigné [ɛ̃diɲe] ADJ ⟨~e⟩ entrüstet; empört; indigniert

indigner [ɛ̃diɲe] **A** V/T empören **B** V/PR **s'~** sich entrüsten, sich empören (**contre qn, de qc** über j-n, etw)

indignité [ɛ̃diɲite] F Unwürdigkeit *f*; Erbärmlichkeit *f*

indigo [ɛ̃digo] M **1** Indigo *m ou n* **2** *adjt* (! unveränderlich) **bleu** *m* **~** Indigoblau *n*

indiqué [ɛ̃dike] ADJ ⟨~e⟩ **1** *(conseillé)* angebracht; angezeigt; ratsam; MÉD indiziert **2** *lieu, heure* angegeben; **être ~ sur** *(être écrit)* stehen auf (+ *dat*)

indiquer [ɛ̃dike] V/T **1** *(montrer)* zeigen, (hin)weisen, deuten auf (+ *acc*); *chemin* zeigen; weisen; *direction, température* anzeigen; angeben; *boussole* **~ le nord** nach Norden weisen, zeigen **2** *(faire connaître)* **~ qc (à qn)** (j-n) auf etw *(acc)* hinweisen; (j-m) etw angeben, nennen; **pouvez-vous m'~ la gare?** können Sie mir sagen, wie ich zum Bahnhof komme? **3** *(dénoter)* **~ qc** auf etw *(acc)* hinweisen, hindeuten

indirect [ɛ̃diʀɛkt] ADJ ⟨~e⟩ indirekt; *cause, effet a.* mittelbar; **style ~** indirekte Rede; **style ~ libre** erlebte Rede

indirectement [ɛdiʀɛktəmɑ̃] ADV indirekt; mittelbar

indiscernable [ɛ̃disɛʀnabl] ADJ nicht zu unterscheiden(d)

indiscipline [ɛ̃disiplin] F Disziplinlosigkeit *f*

indiscipliné [ɛ̃disipline] ADJ ⟨~e⟩ undiszipliniert; disziplinlos

indiscret [ɛ̃diskʀɛ] ADJ ⟨-ète [-ɛt]⟩ indiskret; *personne a.* taktlos; aufdringlich

indiscrétion [ɛ̃diskʀesjõ] F Indiskretion *f* (*a. parole*); *(manque de tact)* Taktlosigkeit *f*; **sans ~** ... ohne indiskret sein zu wollen ...

indiscutable [ɛ̃diskytabl] ADJ unbestreitbar

indispensable [ɛ̃dispɑ̃sabl] **A** ADJ unerlässlich; unentbehrlich (*a. personne*); unbedingt erforderlich **B** **l'~** M das Allernotwendigste

indisponibilité [ɛ̃dispɔnibilite] F Nichtverfügbarkeit *f* **indisponible** [-ibl] ADJ nicht verfügbar; *personne a.* unabkömmlich

indisposé [ɛ̃dispoze] ADJ ⟨~e⟩ unpässlich; unwohl

indisposer [ɛ̃dispoze] V/T **1** *(rendre malade)* **~ qn** das Wohlbefinden j-s beeinträchtigen **2** *(fâcher)* verstimmen; verärgern

indisposition [ɛ̃dispozisjõ] F Unpässlichkeit *f*; Unwohlsein *n*

indissociable [ɛ̃disɔsjabl] ADJ untrennbar (miteinander verbunden)

indissoluble [ɛ̃disɔlybl] ADJ unauflöslich

indistinct [ɛ̃distɛ̃] ADJ ⟨-incte [-ɛ̃kt]⟩ undeutlich

indistinctement [ɛ̃distɛ̃ktəmɑ̃] ADV **1** *voir, parler* undeutlich **2** *(indifféremment)* ohne Unterschied

individu [ɛ̃dividy] M Individuum *n* (*a. péj*); Einzelwesen *n*; Einzelperson *f*; **l'~** *a.* der Einzelne

individualisation [ɛ̃dividɥalizasjõ] F Individualisation *f*; Individualisierung *f* **individualiser** V/T [-ize] V/T individualisieren; individuell gestalten **individualisme** [-ism] M Individualismus *m* **individualiste** [-ist] **A** ADJ individualistisch **B** M/F Individualist(in) *m(f)* **individualité** [-ite] F Individualität *f*; Eigenart *f*

individuel [ɛ̃dividɥɛl] ADJ ⟨~le⟩ individuell; persönlich; Einzel...; **chambre ~le** Einzelzimmer *n*; **maison ~le** Einfamilienhaus *n*

indivisible [ɛ̃divizibl] ADJ unteilbar

indivision [ɛ̃divizjõ] F JUR Miteigentum *n*; Gesamthandsgemeinschaft *f*

indo-... [ɛ̃do] ADJ indisch-...

Indochine HIST **l'~** F Indochina *n*

indochinois **A** ADJ ⟨-oise [-waz]⟩ indochinesisch; Indochina... **B** SUBST **Indochinois(e)** M(F) Indochinese *m*, Indochinesin *f*

indocile [ɛ̃dɔsil] *st/s* ADJ widerspenstig; ungehorsam **indocilité** [-ite] *st/s* F Widerspenstigkeit *f*; Ungehorsam *m*

indo-européen **A** ADJ ⟨-enne [-ɛn]⟩ indogermanisch, -europäisch **B** SUBST **l'~** M das Indogermanische; Indogermanisch *n*

indolence [ɛ̃dɔlɑ̃s] F Trägheit *f* **indolent** [-ɑ̃] ADJ ⟨-ente [-ɑ̃t]⟩ träg(e); indolent

indolore [ɛ̃dɔlɔʀ] ADJ schmerzlos

indomptable [ɛ̃dõtabl] ADJ un(be)zähmbar; *caractère* unbeugsam

indompté [ɛ̃dõte] ADJ ⟨~e⟩ **1** *animal* ungezähmt; ungebändigt **2** *fig et st/s volonté* ungebeugt

Indonésie [ɛ̃dɔnezi] **l'~** F Indonesien *n*

indonésien [ɛ̃dɔnezjɛ̃] **A** ADJ ⟨-ienne [-jɛn]⟩ indonesisch **B** **1** **Indonésien(ne)** *m(f)* Indonesier(in) *m(f)* **2** LING **l'~** *m* das Indonesische; Indonesisch *n*

Indre [ɛ̃dʀ] **l'~** F *Fluss u. Departement in Frankreich* **Indre-et-Loire** **l'~** F *frz Departement*

indu [ɛ̃dy] ADJ ⟨~e⟩ **à une heure ~e** zu unpassender Stunde

indubitable [ɛ̃dybitabl] ADJ unzweifelhaft

inducteur [ɛ̃dyktœʀ] ÉLEC **A** ADJ ⟨-trice [-tʀis]⟩ induzierend; Induktions... **B** M Feldmagnet *m*

inductif [ɛ̃dyktif] ADJ ⟨-ive [-iv]⟩ ÉLEC, PHIL induktiv

induction [ɛ̃dyksjõ] F ÉLEC, PHIL Induktion *f*

induire [ɛ̃dɥiʀ] V/T ⟨→ conduire⟩ **1** **~ en erreur** irreführen **2** ÉLEC induzieren

induit [ɛ̃dɥi] ADJ ‹-ite [-it]› ÉLEC induziert; Induktions…
indulgence [ɛ̃dylʒɑ̃s] F 1 Nachsicht *f*; **avec, sans ~** nachsichtig, unnachsichtig; **avoir, montrer de l'~ pour qn, qc** Nachsicht mit j-m, etw haben 2 CATH Ablass *m*
indulgent [ɛ̃dylʒɑ̃] ADJ ‹-ente [-ɑ̃t]› nachsichtig
indûment [ɛ̃dymɑ̃] ADV unberechtigt; unbegründet; ungerechtfertigt
induration [ɛ̃dyʀasjõ] F MÉD Verhärtung *f*
industrialisation [ɛ̃dystʀijalizasjõ] F Industrialisierung *f*
industrialiser [ɛ̃dystʀijalize] A V/T industrialisieren B V/PR **s'~** industrialisiert werden
industrialisme [ɛ̃dystʀijalizm] M Industrialismus *m*
industrie [ɛ̃dystʀi] F 1 Industrie *f*; **~ textile** Textilindustrie *f*; **~ du bâtiment** Bauindustrie *f*, -gewerbe *n* 2 (*secteur d'activité*) Industrie(zweig) *f(m)*; Gewerbe *n*
industriel [ɛ̃dystʀijɛl] A ADJ ‹~le› Industrie…; industriell; gewerblich; **région ~le** Industriegebiet *n*; *fam fig* **en quantité ~le** in sehr großer Menge; massenweise, -haft B M Industrielle(r) *m*
industrieux [ɛ̃dystʀijø] *st/s* ADJ ‹-euse [-øz]› geschickt; gewandt
inébranlable [inebʀɑ̃labl] ADJ unerschütterlich
inédit [inedi] A ADJ ‹-ite [-it]› 1 (noch) unveröffentlicht 2 *fig* ganz neu; noch nicht da gewesen B M (noch) unveröffentlichtes Werk
ineffable [inefabl] ADJ *st/s joie* unaussprechlich; unsagbar
ineffaçable [inefasabl] ADJ unauslöschlich; unzerstörbar
inefficace [inefikas] ADJ unwirksam; wirkungslos; *personne* leistungsschwach **inefficacité** [-ite] F Unwirksamkeit *f*; Wirkungslosigkeit *f*; *d'une personne* Leistungsschwäche *f*
inégal [inegal] ADJ ‹~e; -aux [-o]› 1 ungleich; **être de force ~e** ungleich stark sein 2 (*irrégulier*) ungleichmäßig; *pouls* unregelmäßig; **être d'humeur ~e** nicht immer gleich aufgelegt sein; unausgeglichen sein 3 *sol* uneben
inégalable [inegalabl] ADJ unerreichbar; unvergleichlich
inégalé [inegale] ADJ ‹~e› unerreicht
inégalement [inegalmɑ̃] ADV ungleich
inégalité [inegalite] F 1 Ungleichheit *f* 2 (*irrégularité*) Ungleichmäßigkeit *f*; *du pouls* Unregelmäßigkeit *f*; **~s d'humeur** Stimmungsschwankungen *fpl* 3 *du sol* Unebenheit *f*
inélégant [inelegɑ̃] ADJ ‹-ante [-ɑ̃t]› 1 nicht elegant; unelegant 2 (*indélicat*) taktlos
inéligibilité [inelizibilite] F Nichtwählbarkeit *f* **inéligible** [-ibl] ADJ nicht wählbar
inéluctable [inelyktabl] ADJ unvermeidlich; unausweichlich
inemployé [inɑ̃plwaje] ADJ ‹~e› un(aus)genutzt
inénarrable [inenaʀabl] ADJ unbeschreiblich komisch
inepte [inɛpt] ADJ albern; dumm
ineptie [inɛpsi] F Albernheit *f*; Dummheit *f*; **~s** *pl a.* Unsinn *m*
inépuisable [inepɥizabl] ADJ unerschöpflich
inéquation [inekwasjõ] F MATH Ungleichung *f*
inerte [inɛʀt] ADJ 1 leblos; reg(ungs)los; PHYS träge 2 *fig* passiv; untätig
inertie [inɛʀsi] F 1 PHYS Trägheit *f*; **force** *f* **d'~** Beharrungsvermögen *n*; *fig* passiver Widerstand 2 *fig* Passivität *f*; Untätigkeit *f*
inespéré [inɛspeʀe] ADJ ‹~e› unverhofft
inesthétique [inɛstetik] ADJ unästhetisch
inestimable [inɛstimabl] ADJ unschätzbar (*a. fig*)
inévitable [inevitabl] ADJ unvermeidlich (*a. iron*); *subst m* **accepter l'~** sich ins Unvermeidliche schicken
inexact [inɛgza(kt)] ADJ ‹-acte [-akt]› 1 ungenau 2 (*en retard*) unpünktlich
inexactitude [inɛgzaktityd] F 1 Ungenauigkeit *f* 2 (*retard*) Unpünktlichkeit *f*
inexcusable [inɛkskyzabl] ADJ unentschuldbar; unverzeihlich; **vous êtes ~** es ist unverzeihlich von Ihnen
inexistant [inɛgzistɑ̃] ADJ ‹-ante [-ɑ̃t]› 1 (*absent*) nicht vorhanden; inexistent 2 (*sans efficacité*) wertlos; bedeutungslos
inexistence [inɛgzistɑ̃s] F Nichtvorhandensein *n*
inexorable [inɛgzɔʀabl] ADJ unerbittlich
inexpérience [inɛkspeʀjɑ̃s] F Unerfahrenheit *f*
inexpérimenté [inɛkspeʀimɑ̃te] ADJ ‹~e› unerfahren; ungeübt
inexplicable [inɛksplikabl] ADJ unerklärlich
inexpliqué [inɛksplike] ADJ ‹~e› ungeklärt
inexploitable [inɛksplwatabl] ADJ *invention* nicht verwertbar; *gisement* nicht abbauwürdig
inexploité [inɛksplwate] ADJ ‹~e› nicht verwertet; *gisement* nicht abgebaut
inexploré [inɛksplɔʀe] ADJ ‹~e› unerforscht
inexpressif [inɛkspʀɛsif] ADJ ‹-ive [-iv]› ausdruckslos
inexprimable [inɛkspʀimabl] ADJ unaussprechlich; unbeschreiblich
inexprimé [inɛkspʀime] ADJ ‹~e› unausgesprochen

inexpugnable [inɛkspygnabl] ADJ uneinnehmbar
inextensible [inɛkstɑ̃sibl] ADJ nicht (aus)dehnbar
in extenso [inɛkstɛ̃so] in voller Länge; in vollem Wortlaut; in extenso
inextinguible [inɛkstɛ̃gibl] *litt* ADJ unstillbar
in extremis [inɛkstʀemis] ADV in letzter Minute
inextricable [inɛkstʀikabl] ADJ unentwirrbar; *affaire* verzwickt
infaillibilité [ɛ̃fajibilite] F Unfehlbarkeit *f*
infaillible [ɛ̃fajibl] ADJ unfehlbar
infailliblement [ɛ̃fajibləmɑ̃] ADV unweigerlich
infaisable [ɛ̃fəzabl] ADJ nicht machbar
infalsifiable [ɛ̃falsifjabl] ADJ fälschungssicher
infamant [ɛ̃famɑ̃] ADJ ⟨-ante [-ɑ̃t]⟩ ehrenrührig; entehrend
infâme [ɛ̃fɑm] ADJ **1** infam; niederträchtig; schändlich **2** *(répugnant)* abscheulich
infamie [ɛ̃fami] F Infamie *f*; Schändlichkeit *f*; *action a.* Schandtat *f*
infant [ɛ̃fɑ̃] M, **infante** [-ɑ̃t] F HIST *Espagne, Portugal* Infant(in) *m(f)*
infanterie [ɛ̃fɑ̃tʀi] F Infanterie *f*
infanticide [ɛ̃fɑ̃tisid] **1** *m/f* Kindesmörder(in) *m(f)* **2** *m acte* Kindesmord *m*
infantile [ɛ̃fɑ̃til] ADJ **1** MÉD Kinder…; **maladie** *f* **~** Kinderkrankheit *f*; **mortalité** *f* **~** Säuglings-, Kindersterblichkeit *f* **2** *péj* kindisch; infantil
infantilisme [ɛ̃fɑ̃tilism] M **1** PSYCH Infantilismus *m* **2** *péj* kindische Art; kindisches Benehmen
infarctus [ɛ̃faʀktys] M Infarkt *m*; **~ du myocarde** Herzinfarkt *m*
infatigable [ɛ̃fatigabl] ADJ unermüdlich
infatué [ɛ̃fatɥe] ADJ ⟨~e⟩ selbstgefällig
infécond [ɛ̃fekõ] ADJ ⟨-onde [-õd]⟩ unfruchtbar
infécondité [ɛ̃fekõdite] F Unfruchtbarkeit *f*
infect [ɛ̃fɛkt] ADJ ⟨~e⟩ scheußlich; abscheulich; widerlich *(a. personne)*
infecter [ɛ̃fɛkte] V/T *(et* V/PR **s'~** sich) infizieren
infectieux [ɛ̃fɛksjø] ADJ ⟨-euse [-øz]⟩ Infektions…; ansteckend
infection [ɛ̃fɛksjõ] F **1** MÉD Infektion *f*; Ansteckung *f* **2** *(puanteur)* **c'est une ~** es stinkt scheußlich
inféodé [ɛ̃feɔde] ADJ ⟨~e⟩ **~ à** abhängig von
inféoder [ɛ̃feɔde] V/T HIST belehnen
inférence [ɛ̃feʀɑ̃s] F (Schluss)Folgerung *f* **inférer** [-e] V/T ⟨-è-⟩ folgern, schließen (**de** aus)
inférieur [ɛ̃feʀjœʀ] **A** ADJ ⟨~e⟩ **1** *dans l'espace* untere; Unter… **2** *dans une hiérarchie* niedere; **classes ~es de la société** niedere, untere Gesellschaftsklassen *fpl*; **~ à qc** niedriger als etw; **être ~ à** stehen, liegen unter *(+ dat)* **3** *en quantité ou en qualité* unterlegen (**à qn, à qc** j-m, e-r Sache); **qualité ~e** mindere Qualität **B** **~(e)** M(F) Untergebene(r) *m/f(m)*
infériorité [ɛ̃feʀjɔʀite] F Unterlegenheit *f*; Minderwertigkeit *f* (*a.* PSYCH); **complexe** *m* **d'~** Minderwertigkeitskomplex *m*
infernal [ɛ̃fɛʀnal] ADJ ⟨~e; -aux [-o]⟩ **1** *(de l'enfer)* Höllen…; höllisch **2** *fam (insupportable)* unausstehlich; *fam* infernalisch; **bruit ~** Höllenlärm *m*
infertile [ɛ̃fɛʀtil] ADJ unfruchtbar *(a. fig)*; *thème* unergiebig **infertilité** [-ite] F Unfruchtbarkeit *f (a. fig)*
infester [ɛ̃fɛste] V/T heimsuchen; befallen
infidèle [ɛ̃fidɛl] **A** ADJ **1** *ami* treulos; *en amour* untreu **2** *récit* ungenau; *mémoire* unzuverlässig **B** MPL **les ~s** REL die Ungläubigen *mpl*
infidélité [ɛ̃fidelite] F Untreue *f*; **faire des ~s à qn** j-m untreu sein *ou* werden
infiltration [ɛ̃filtʀasjõ] F Eindringen *n*; Einsickern *n*; Infiltration *f (a.* MÉD, POL)
infiltrer [ɛ̃filtʀe] V/PR **1** **s'~** eindringen (**dans** in *+ acc*); *liquide a.* einsickern (in *+ acc*) **2** *fig* **s'~ dans qc** in etw *(acc)* eindringen; POL etw infiltrieren, unterwandern
infime [ɛ̃fim] ADJ winzig (klein)
infini [ɛ̃fini] **A** ADJ ⟨~e⟩ unendlich *(a.* MATH, *fig patience, etc)*; endlos **B** M **l'~** das Unendliche *(a.* PHIL); MATH **de zéro à l'~** von null bis unendlich
infiniment [ɛ̃finimɑ̃] ADV unendlich
infinité [ɛ̃finite] F **une ~ de** e-e Unmenge, e-e Unzahl von *(ou + gén)*
infinitif [ɛ̃finitif] GRAM **A** ADJ ⟨-ive [-iv]⟩ **proposition infinitive** Infinitivsatz *m* **B** M Infinitiv *m*; **verbe** *m* **à l'~** Verb *n* im Infinitiv
infirmation [ɛ̃fiʀmasjõ] F JUR Aufhebung *f*; Entkräftung *f*
infirme [ɛ̃fiʀm] **A** ADJ verkrüppelt; (körper)behindert **B** M/F Körperbehinderte(r) *m/f(m)*
infirmer [ɛ̃fiʀme] V/T **1** *preuve, etc* entkräften **2** JUR *jugement* aufheben
infirmerie [ɛ̃fiʀməʀi] F Krankenabteilung *f*, -zimmer *n*, -saal *m*
infirmier [ɛ̃fiʀmje] M Krankenpfleger *m*; MIL Sanitäter *m*
infirmière [ɛ̃fiʀmjɛʀ] F Krankenschwester *f*
infirmité [-ite] F Behinderung *f*; Gebrechen *n*
inflammable [ɛ̃flamabl] ADJ entzündbar; feuergefährlich; leicht brennbar
inflammation [ɛ̃flamasjõ] F MÉD Entzündung *f* **inflammatoire** [-twaʀ] ADJ MÉD entzündlich; Entzündungs…

inflation [ɛ̃flasjõ] F Inflation *f* (*a. fig*)
inflationniste [ɛ̃flasjɔnist] ADJ inflationär; Inflations…
infléchir [ɛ̃fleʃiʀ] **A** V/T e-e andere Richtung geben (+ *dat*) **B** V/PR **s'~ 1** e-e Biegung machen **2** *fig* e-e andere Richtung nehmen
infléchissement [ɛ̃fleʃismɑ̃] M (kaum merkliche) Änderung
inflexibilité [ɛ̃flɛksibilite] F Unbeugsamkeit *f*; Unnachgiebigkeit *f*
inflexible [ɛ̃flɛksibl] ADJ unbeugsam (*a. volonté*); unnachgiebig; unerbittlich
inflexion [ɛ̃flɛksjõ] F **1** Biegung *f*; *du corps* Beugung *f* **2** *de la voix* Tonfall *m* **3** LING Umlaut *m*
infliger [ɛ̃fliʒe] V/T ⟨-ge-⟩ **~ à qn** *punition* j-m auferlegen; gegen j-n verhängen; *pertes, défaite* j-m zufügen, beibringen; *humiliation* j-m zufügen
influençable [ɛ̃flyɑ̃sabl] ADJ (leicht) beeinflussbar
influence [ɛ̃flyɑ̃s] F Einfluss *m* (**sur** auf + *acc*); **bonne, mauvaise ~ de qn** j-s guter, schlechter Einfluss; **sous l'~ de qn, de qc** unter j-s Einfluss (*dat*), unter dem Einfluss von etw; **exercer une ~ sur** e-n Einfluss ausüben auf (+*acc*); **subir l'~ de qn** unter j-s Einfluss (*dat*) stehen
influencer [ɛ̃flyɑ̃se] V/T ⟨-ç-⟩ beeinflussen; **~ qn, qc** j-n, etw beeinflussen; **~ qn dans sa décision** j-n bei s-r Entscheidung beeinflussen
influent [ɛ̃flyɑ̃] ADJ ⟨-ente [-ɑ̃t]⟩ einflussreich
influer [ɛ̃flye] V/I **~ sur** Einfluss haben auf (+ *acc*); beeinflussen
influx [ɛ̃fly] M **~ nerveux** Nervenleitung *f*
info [ɛ̃fo] F ABR *fam* → information
informateur [ɛ̃fɔʀmatœʀ] M, **informatrice** [-tʀis] F Informant(in) *m(f)*
informaticien [ɛ̃fɔʀmatisjɛ̃] M, **informaticienne** [-jɛn] F Informatiker(in) *m(f)*; EDV--Fachmann *m*, -frau *f*
information [ɛ̃fɔʀmasjõ] F **1** *action* Information *f*; Unterrichtung *f*; Informierung *f*; **à titre d'~** zur Information, Kenntnisnahme; **pour votre ~** zu Ihrer Information **2** (*renseignement*) Information *f*; Auskunft *f*; Mitteilung *f*; (*nouvelle*) Nachricht *f*; PRESSE *a.* Meldung *f*; **~s télévisées** Fernsehnachrichten *fpl*; **écouter, regarder les ~s** die Nachrichten hören, ansehen **3** INFORM Information *f*; **traitement** *m* **de l'~** Datenverarbeitung *f* **4** JUR Ermittlungen *fpl*; **ouvrir une ~** ein Ermittlungsverfahren einleiten
informatique [ɛ̃fɔʀmatik] **A** ADJ EDV-…; Computer… **B** F *science* Informatik *f*; *techniques* EDV *f*; elektronische Datenverarbeitung
informatisation [ɛ̃fɔʀmatizasjõ] F Umstellung *f* auf EDV; Computerisierung *f*
informatiser [ɛ̃fɔʀmatize] **A** V/T auf EDV umstellen; computerisieren; mit Computern ausstatten; *adjt* **informatisé** Computer… **B** V/PR **s'~** *entreprise, etc* auf EDV umstellen
informe [ɛ̃fɔʀm] ADJ formlos; unförmig; ungestaltet
informé [ɛ̃fɔʀme] ADJ ⟨~e⟩ informiert, unterrichtet (**sur qn, de** *ou* **sur qc** über j-n, etw)
informel [ɛ̃fɔʀmɛl] ADJ ⟨~le⟩ informell; formlos
informer [ɛ̃fɔʀme] **A** V/T **~ qn de qc** j-n über etw (*acc*) unterrichten, informieren; j-n von etw in Kenntnis setzen, benachrichtigen; **milieux bien informés** gut unterrichtete Kreise *mpl* **B** V/PR **s'~** sich informieren
infortune [ɛ̃fɔʀtyn] *st/s* F Unglück *n*
infortuné [ɛ̃fɔʀtyne] *st/s* ADJ ⟨~e⟩ unglücklich; leidgeprüft
infraction [ɛ̃fʀaksjõ] F Zuwiderhandlung *f*; Verstoß *m* (**à** gegen); Übertretung *f* (**à** *gén*)
infranchissable [ɛ̃fʀɑ̃ʃisabl] ADJ unüberwindlich
infrarouge [ɛ̃fʀaʀuʒ] **A** ADJ infrarot **B** M Infrarot *n*
infrastructure [ɛ̃fʀastʀyktyʀ] F Infrastruktur *f*
infréquentable [ɛ̃fʀekɑ̃tabl] ADJ **personne** *f* **~** Person, mit der man nicht verkehren kann
infroissable [ɛ̃fʀwasabl] ADJ knitterfrei
infructueux [ɛ̃fʀyktɥø] ADJ ⟨-euse [-øz]⟩ fruchtlos; erfolglos; ergebnislos
infuse [ɛ̃fyz] ADJ **avoir la science ~** *fam* die Weisheit mit Löffeln gefressen haben
infuser [ɛ̃fyze] V/T **laisser, faire ~** aufgießen; ziehen lassen
infusette [ɛ̃fyzɛt] F Aufgussbeutel *m*
infusion [ɛ̃fyzjõ] F (Kräuter)Tee *m*; Aufguss *m*
ingénier [ɛ̃ʒenje] V/PR **s'~ à** (+ *inf*) sich (*dat*) alle Mühe geben zu (+ *inf*)
ingénierie [ɛ̃ʒeniʀi] F Engineering *n*
ingénieur [ɛ̃ʒenjœʀ] M/F Ingenieur(in) *m(f)*; **femme** *f* **~** Ingenieurin *f*
ingénieur-conseil M ⟨ingénieurs-conseils⟩ **1** (selbstständiger) beratender Ingenieur **2** JUR Patentanwalt *m*
ingénieux [ɛ̃ʒenjø] ADJ ⟨-euse [-øz]⟩ *personne* findig; einfallsreich; erfinderisch; *invention, etc* sinnreich; geschickt
ingéniosité [ɛ̃ʒenjozite] F Findigkeit *f*; Einfallsreichtum *m*
ingénu [ɛ̃ʒeny] **A** ADJ ⟨~e⟩ treuherzig; naiv; unbefangen **B** F **~e** THÉ Naive *f*
ingénuité [ɛ̃ʒenɥite] F Treuherzigkeit *f*
ingérable [ɛ̃ʒeʀabl] ADJ *situation* nicht *ou* kaum zu bewältigen(d)
ingérence [ɛ̃ʒeʀɑ̃s] F Einmischung *f*
ingérer [ɛ̃ʒeʀe] ⟨-è-⟩ **A** V/T *médicament* einneh-

men **B** V/PR **s'~** sich einmischen (**dans** in + *acc*)
ingestion [ɛ̃ʒɛstjõ] F Nahrungsaufnahme *f*
ingouvernable [ɛ̃guvɛʀnabl] ADJ unregierbar
ingrat [ɛ̃gʀa] ADJ ⟨-ate [-at]⟩ **1** *personne* undankbar (**envers qn** j-m gegenüber) **2** *tâche* undankbar **3** *visage* ungefällig; **âge ~** Pubertätsalter *n*; Flegeljahre *npl*
ingratitude [ɛ̃gʀatityd] F Undank(barkeit) *m(f)*
ingrédient [ɛ̃gʀedjɑ̃] M Zutat *f*; Ingredienz *f*
inguérissable [ɛ̃geʀisabl] ADJ unheilbar (*a. fig*)
ingurgiter [ɛ̃gyʀʒite] V/T **1** gierig verschlingen; *boisson* hinunterstürzen **2** *fig connaissances fam* pauken
inhabitable [inabitabl] ADJ unbewohnbar
inhabité [inabite] ADJ ⟨~e⟩ unbewohnt
inhabituel [inabitɥɛl] ADJ ⟨~le⟩ ungewohnt; ungewöhnlich
inhalateur [inalatœʀ] M Inhalationsapparat *m* **inhalation** [-sjõ] F Inhalation *f*
inhaler [inale] V/T einatmen; inhalieren
inhérent [ineʀɑ̃] ADJ ⟨-ente [-ɑ̃t]⟩ innewohnend (**à qc** e-r Sache [*dat*])
inhibé [inibe] ADJ ⟨~e⟩ gehemmt **inhiber** [-e] V/T hemmen
inhibiteur [inibitœʀ] **A** ADJ ⟨-trice [-tʀis]⟩ hemmend **B** M CHIM Hemmstoff *m*; *t/t* Inhibitor *m*
inhibition [inibisjõ] F Hemmung *f*; PSYCH *a.* Gehemmtheit *f*
inhospitalier [inɔspitalje] ADJ ⟨-ière [-jɛʀ]⟩ ungastlich; *région a.* unwirtlich
inhumain [inymɛ̃] ADJ ⟨-aine [-ɛn]⟩ unmenschlich; inhuman; menschenunwürdig
inhumanité [inymanite] F Unmenschlichkeit *f*; Inhumanität *f*
inhumation [inymasjõ] F Bestattung *f* **inhumer** [-e] V/T bestatten; beisetzen
inimaginable [inimaʒinabl] ADJ unvorstellbar
inimitable [inimitabl] ADJ unnachahmlich
inimitié [inimitje] *st/s* F Feindschaft *f*
ininflammable [inɛ̃flamabl] ADJ nicht entzündbar, brennbar
inintelligence [inɛ̃teliʒɑ̃s] F Intelligenzmangel *m*; Unverständnis *n* (**d'un problème** für ein Problem) **inintelligent** [-ɑ̃] ADJ ⟨-ente [-ɑ̃t]⟩ nicht intelligent
inintelligibilité [inɛ̃teliʒibilite] F Unverständlichkeit *f* **inintelligible** [-ibl] ADJ unverständlich
inintéressant [inɛ̃teʀɛsɑ̃] ADJ ⟨-ante [-ɑ̃t]⟩ uninteressant
ininterrompu [inɛ̃tɛʀõpy] ADJ ⟨~e⟩ ununterbrochen
inique [inik] *st/s* ADJ ungerecht **iniquité** [-ite] *st/s* F Ungerechtigkeit *f*
initial [inisjal] ADJ ⟨~e; -aux [-o]⟩ Anfangs...; anfänglich; Initial...; **(lettre) ~e** *f* Anfangsbuchstabe *m*; Initiale *f*
initiateur [inisjatœʀ] M, **initiatrice** [-tʀis] F Initiator(in) *m(f)*; Urheber(in) *m(f)*
initiation [inisjasjõ] F **1** *à un culte* Einweihung *f*, Initiation *f* (**à** in + *acc*) **2** (*instruction*) Einführung *f* (**à** in + *acc*)
initiatique [inisjatik] ADJ Initiations...
initiative [inisjativ] F Initiative *f*; **esprit** *m* **d'~** Unternehmungsgeist *m*; Initiative *f*; **à l'~ de qn** auf die Initiative j-s hin; **de sa propre ~** aus eigener Initiative; aus eigenem Antrieb, Entschluss; von sich aus; **prendre l'~** die Initiative ergreifen (**de qc** zu etw)
initié(e) [inisje] M(F) Eingeweihte(r) *m/f(m)*; Insider *m*
initier [inisje] **A** V/T einweihen, einführen (**à** in + *acc*) **B** V/PR **s'~ à qc** sich mit etw vertraut machen
injectable [ɛ̃ʒɛktabl] ADJ injizierbar
injecté [ɛ̃ʒɛkte] ADJ ⟨~e⟩ *yeux* **~s de sang** blutunterlaufen
injecter [ɛ̃ʒɛkte] V/T **1** MÉD injizieren, (ein)spritzen (**dans** in + *acc*) **2** TECH einspritzen
injecteur [ɛ̃ʒɛktœʀ] **A** ADJ ⟨-trice [-tʀis]⟩ Injektions... **B** M **1** MÉD Injektionsinstrument *n* **2** AUTO Einspritzdüse *f*
injection [ɛ̃ʒɛksjõ] F **1** MÉD Injektion *f* **2** **moteur** *m* **à ~** Einspritzmotor *m*
injonction [ɛ̃ʒõksjõ] F (ausdrücklicher) Befehl
injouable [ɛ̃ʒwabl] ADJ **1** MUS, THÉ unspielbar **2** *terrain de sports* unbespielbar
injure [ɛ̃ʒyʀ] F Beleidigung *f* (*a.* JUR); (*gros mot*) Schimpfwort *n*; **dire des ~s à qn** j-n beschimpfen, verunglimpfen, beleidigen
injurier [ɛ̃ʒyʀje] V/T beleidigen; beschimpfen; verunglimpfen **injurieux** [-jø] ADJ ⟨-euse [-øz]⟩ beleidigend
injuste [ɛ̃ʒyst] ADJ ungerecht
injustice [ɛ̃ʒystis] F Ungerechtigkeit *f*; *acte a.* Unrecht *n*; **réparer une ~** ein Unrecht wieder gutmachen
injustifiable [ɛ̃ʒystifjabl] ADJ nicht zu rechtfertigen(d)
injustifié [ɛ̃ʒystifje] ADJ ⟨~e⟩ ungerechtfertigt; unberechtigt
inlassable [ɛ̃lasabl] ADJ unermüdlich
inné [ine] ADJ ⟨~e⟩ angeboren
innervation [inɛʀvasjõ] F Versorgung *f* mit Nerven
innocemment [inɔsamɑ̃] ADV → **innocent** A
innocence [inɔsɑ̃s] F Unschuld *f*
innocent [inɔsɑ̃] **A** ADJ ⟨-ente [-ɑ̃t]⟩ **1** unschuldig (**de qc** an etw [*dat*]); schuldlos **2** (*candide*) unschuldig; arglos; unverdorben; **air**

~ Unschuldsmiene *f* **3** (*naïf*) naiv; einfältig; leichtgläubig **4** *jeux, etc* harmlos; unschuldig **B** **~(e)** M(F) **1** JUR Unschuldige(r) *m/f(m)* **2** *fig* Unschuldslamm *n*
innocenter [inɔsɑ̃te] V/T für unschuldig erklären
innocuité [inɔkɥite] F Unschädlichkeit *f*
innombrable [inõbʀabl] ADJ zahllos; unzählig; *foule* unübersehbar
innommable [inɔmabl] ADJ *péj* unbeschreiblich; scheußlich; ekelhaft
innovateur [inɔvatœʀ] ADJ ‹-trice [-tʀis]› neue Wege beschreitend
innovation [inɔvasjõ] F Innovation *f* (*a.* TECH); Neuerung *f* **innover** [-e] V/I Neuerungen einführen; TECH innovieren
inoccupation [inɔkypasjõ] F *d'une personne* Untätigkeit *f*; Unbeschäftigtsein *n*
inoccupé [inɔkype] ADJ ‹~e› **1** *personne* untätig; unbeschäftigt **2** *maison* unbewohnt; leer stehend; *poste* unbesetzt
inoculation [inɔkylasjõ] F MÉD Inokulation *f*; (Ein)Impfung *f*
inoculer [inɔkyle] V/T MÉD inokulieren; einimpfen (*a. fig*)
inodore [inɔdɔʀ] ADJ geruchlos
inoffensif [inɔfɑ̃sif] ADJ ‹-ive [-iv]› harmlos; ungefährlich
inofficiel [inɔfisjɛl] ADJ ‹~le› inoffiziell
inondation [inõdasjõ] F Überschwemmung *f* (*a. fig*); Hochwasser *n*; Überflutung *f* (*a. fig* **de qc** mit etw)
inondé [inõde] PP *et* ADJ ‹~e› **1** *région* überschwemmt, -flutet **2** *par ext visage* **~ de larmes** tränenüberströmt **3** *fig* **~ de soleil** *paysage* sonnenüberflutet; *pièce* sonnendurchflutet; *personne* **être ~ de lettres** mit Briefen überhäuft, -schwemmt werden
inonder [inõde] V/T überschwemmen, überfluten (*a. fig* **de qc** mit etw); unter Wasser setzen
inopérable [inɔpeʀabl] ADJ nicht operierbar; inoperabel
inopérant [inɔpeʀɑ̃] ADJ ‹-ante [-ɑ̃t]› unwirksam; wirkungslos
inopiné [inɔpine] ADJ ‹~e› unerwartet; unvermutet **inopinément** ADV → inopiné
inopportun [inɔpɔʀtɛ̃, -tœ̃] ADJ ‹-une [-yn]› unpassend; unangebracht; unzweckmäßig; ungelegen
inopportunité [inɔpɔʀtynite] *litt* F Unangebrachtheit *f*; Unzweckmäßigkeit *f*
inorganisé [inɔʀganize] ADJ ‹~e› **1** unorganisiert **2** *travailleurs* nicht gewerkschaftlich organisiert
inoubliable [inublijabl] ADJ unvergesslich
inouï [inwi] ADJ ‹~e› unerhört; unwahrscheinlich
inox [inɔks] M Edelstahl *m*
inoxydable [inɔksidabl] ADJ nicht oxidierend; rostfrei
in petto [inpeto] ADV bei sich; im Stillen
inqualifiable [ɛ̃kalifjabl] ADJ unerhört; skandalös
inquiet [ɛ̃kjɛ] ADJ ‹-ète [-ɛt]› unruhig; beunruhigt; besorgt; **être ~ de qc** besorgt sein über, um etw (*acc*)
inquiétant [ɛ̃kjetɑ̃] ADJ ‹-ante [-ɑ̃t]› **1** (*alarmant*) beunruhigend; besorgniserregend **2** (*peu rassurant*) unheimlich
inquiéter [ɛ̃kjete] ‹-è-› **A** V/T **1** (*alarmer*) beunruhigen; besorgt machen **2** (*importuner*) behelligen **B** V/PR **s'inquiéter** sich sorgen, sich (*dat*) Sorgen *ou* Gedanken machen (**pour qn** um j-n; **de qc** um etw); sich beunruhigen (wegen etw)
inquiétude [ɛ̃kjetyd] F Unruhe *f*; Sorge *f*; Besorgnis *f*
inquisiteur [ɛ̃kizitœʀ] ADJ ‹-trice [-tʀis]› *regard* inquisitorisch
Inquisition [ɛ̃kizisjõ] F HIST Inquisition *f*
insaisissable [ɛ̃sezisabl] ADJ **1** JUR unpfändbar **2** *fugitif* nicht zu fassen(d) **3** *nuance* kaum wahrnehmbar
insalubre [ɛ̃salybʀ] ADJ ungesund; gesundheitsschädlich; **quartier** *m* **~** Elendsviertel *n*
insalubrité [ɛ̃salybʀite] F Gesundheitsschädlichkeit *f*
insanité [ɛ̃sanite] F **1** Unsinnigkeit *f* **2** **~s** *pl* Unsinn *m*; unsinniges Zeug
insatiabilité [ɛ̃sasjabilite] F Unersättlichkeit *f*
insatiable [-abl] ADJ unersättlich
insatisfaction [ɛ̃satisfaksjõ] F Unbefriedigtheit *f*; Unzufriedenheit *f* **insatisfait** [-fɛ] ADJ ‹-faite [-fɛt]› *désir* unbefriedigt; *personne* unzufrieden
inscription [ɛ̃skʀipsjõ] F **1** *gravée* Inschrift *f*; *imprimée* Aufschrift *f*; Beschriftung *f* **2** *action* Eintragung *f*, Einschreibung *f* (**sur une liste** in e-e Liste); (An)Meldung *f*; *à l'université* Immatrikulation *f*; **droits** *mpl* **d'~** Einschreibungs-, Anmeldegebühren *fpl*
inscrire [ɛ̃skʀiʀ] ‹→ écrire› **A** V/T eintragen, einschreiben (**sur une liste** in e-e Liste); **(faire) inscrire** anmelden (**à une école** in e-r Schule) **B** V/PR **s'inscrire** **1** sich eintragen; sich einschreiben; sich (an)melden (**à un concours** zu e-m Wettbewerb); **s'inscrire à une faculté** sich (an e-r Hochschule) immatrikulieren; **s'inscrire à un parti** e-r Partei beitreten **2** *chose* **s'inscrire dans (le cadre de) qc** Teil e-r Sache (*gén*) sein **3** **s'inscrire en faux contre qc** etw dementieren, bestreiten
inscrit [ɛ̃skʀi] **A** PP → inscrire *et* ADJ ‹-ite [-it]›

député **non ~** fraktionslos **B** **~s** MPL POL Wahlberechtigte(n) *mpl*

insecte [ɛ̃sɛkt] M Insekt *n*

insecticide [ɛ̃sɛktisid] **A** ADJ Insekten vertilgend **B** M Insektenbekämpfungsmittel *n*; Insektengift *n*; Insektizid *n*

insectivore [ɛ̃sɛktivɔʀ] **A** ADJ insektenfressend **B** MPL **~s** Insektenfresser *mpl*

insécuriser [ɛ̃sekyʀize] V/T verunsichern **insécurité** [-ite] F Unsicherheit *f*

INSEE [inse] M ABR (Institut national de la statistique et des études économiques) Nationales Institut für Statistik und Wirtschaftsplanung

insémination [ɛ̃seminasjõ] F **~ (artificielle)** künstliche Besamung **inséminer** [-e] V/T künstlich besamen

insensé [ɛ̃sɑ̃se] ADJ ⟨~e⟩ unsinnig

insensibilisation [ɛ̃sɑ̃sibilizasjõ] F MÉD Betäubung *f* **insensibiliser** [-e] V/T MÉD betäuben

insensibilité [ɛ̃sɑ̃sibilite] F Unempfindlichkeit *f*; Gefühllosigkeit *f* (*a. fig*)

insensible [ɛ̃sɑ̃sibl] ADJ **1** unempfindlich; gefühllos; **~ au froid** kälteunempfindlich **2** *moralement* gefühllos, gleichgültig (**à** gegenüber) **3** (*imperceptible*) unmerklich

insensiblement [ɛ̃sɑ̃sibləmɑ̃] ADV unmerklich

inséparable [ɛ̃sepaʀabl] ADJ *amis* unzertrennlich

insérer [ɛ̃seʀe] ⟨-è-⟩ **A** V/T einfügen, einschieben, aufnehmen (**dans** in + *acc*) **B** V/PR **s'~ dans qc** sich einfügen, *personnes a.* sich eingliedern in etw (*acc*)

insertion [ɛ̃sɛʀsjõ] F Einfügung *f*, *de personnes a.* Eingliederung *f* (**dans** in + *acc*)

insidieux [ɛ̃sidjø] ADJ ⟨-euse [-øz]⟩ *question* verfänglich; *maladie* heimtückisch

insigne [ɛ̃siɲ] **A** M Abzeichen *n* **B** ADJ bemerkenswert; ganz besondere

insignifiance [ɛ̃siɲifjɑ̃s] F Bedeutungslosigkeit *f*; Belanglosigkeit *f* **insignifiant** [-ɑ̃] ADJ ⟨-ante [-ɑ̃t]⟩ bedeutungslos; belanglos; unbedeutend (*a. personne*); unerheblich

insinuant [ɛ̃sinɥɑ̃] ADJ ⟨-ante [-ɑ̃t]⟩ schmeichlerisch; einschmeichelnd **insinuation** [-asjõ] F Andeutung *f*; Einflüsterung *f*

insinuer [ɛ̃sinɥe] **A** V/T (geschickt) zu verstehen geben; einflüstern **B** V/PR **s'~** sich einschmeicheln

insipide [ɛ̃sipid] ADJ fad(e) (*a. fig*); geschmacklos; *fig a.* schal; langweilig **insipidité** [-ite] F Geschmacklosigkeit *f*; Fadheit *f* (*a. fig*); *fig a.* Langweiligkeit *f*

insistance [ɛ̃sistɑ̃s] F Beharrlichkeit *f*; Eindringlichkeit *f*; Nachdruck *m*; **avec ~** beharrlich *etc*

insistant [ɛ̃sistɑ̃] ADJ ⟨-ante [-ɑ̃t]⟩ beharrlich; eindringlich; nachdrücklich

insister [ɛ̃siste] V/I **1** **~ sur qc** Nachdruck, den Akzent auf etw (*acc*) legen **2** **~ auprès de qn** in j-n dringen; **~ pour** (+ *inf*) darauf dringen, bestehen, beharren zu (+ *inf*) **3** *abs* darauf bestehen; beharren; es weiter versuchen

insolation [ɛ̃sɔlasjõ] F **1** MÉD Sonnenstich *m*; **attraper une ~** e-n Sonnenstich bekommen **2** MÉTÉO Sonneneinstrahlung *f*

insolemment [ɛ̃sɔlamɑ̃] ADV → **insolent**

insolence [ɛ̃sɔlɑ̃s] F Frechheit *f*; Unverschämtheit *f* **insolent** [-ɑ̃] ADJ ⟨-ente [-ɑ̃t]⟩ frech; unverschämt (*a. fig chance*)

insolite [ɛ̃sɔlit] ADJ ungewöhnlich

insoluble [ɛ̃sɔlybl] ADJ **1** CHIM unlöslich **2** *problème* unlösbar

insolvabilité [ɛ̃sɔlvabilite] F Zahlungsunfähigkeit *f*; Insolvenz *f* **insolvable** ADJ [-abl] ADJ zahlungsunfähig; insolvent

insomniaque [ɛ̃sɔmnjak] ADJ an Schlaflosigkeit leidend

insomnie [ɛ̃sɔmni] F Schlaflosigkeit *f*; **avoir des ~s** an Schlaflosigkeit leiden

insondable [ɛ̃sõdabl] ADJ unergründlich (*a. fig mystère*); (*immense*) unermesslich

insonore [ɛ̃sɔnɔʀ] ADJ schalldicht, -dämmend **insonorisation** [-izasjõ] F Schalldämmung *f* **insonoriser** [-ize] V/T schalldicht machen

insouciance [ɛ̃susjɑ̃s] F Sorglosigkeit *f*; Unbekümmertheit *f*

insouciant [ɛ̃susjɑ̃] ADJ ⟨-ante [-ɑ̃t]⟩ sorglos; unbekümmert; **il est ~ du danger** er achtet nicht auf die Gefahr

insoumis [ɛ̃sumi] ADJ ⟨-ise [-iz]⟩ **1** aufsässig **2** *soldat* unerlaubt abwesend

insoumission [ɛ̃sumisjõ] F **1** Aufsässigkeit *f*; Widerspenstigkeit *f*; Widerstand *m* (**à** gegen) **2** MIL Nichtbefolgung *f* des Einberufungsbefehls

insoupçonnable [ɛ̃supsɔnabl] ADJ über jeden Verdacht erhaben

insoupçonné [ɛ̃supsɔne] ADJ ⟨~e⟩ ungeahnt; unvermutet

insoutenable [ɛ̃sutnabl] ADJ **1** *argument* unhaltbar **2** (*insupportable*) unerträglich

inspecter [ɛ̃spɛkte] V/T inspizieren; in Augenschein nehmen

inspecteur [ɛ̃spɛktœʀ] M, **inspectrice** [-tʀis] F **1** Inspektor(in) *m(f)*; Kontrolleur(in) *m(f)* **2** *fonctionnaire* Regierungsrat *m*, -rätin *f*; *dans l'enseignement* Schulrat *m*, -rätin *f*; **inspecteur de police** Polizeikommissar *m* **3** *fig* **inspecteur des travaux finis** j-d, der erst kommt, wenn die Arbeit von anderen getan ist

inspection [ɛ̃spɛksjõ] F 1 *action* Inspektion *f*; Kontrolle *f* 2 ADMIN Aufsichtsbehörde *f*; **Inspection du travail** Gewerbeaufsichtsamt *n*
inspectorat [ɛ̃spɛktɔʀa] M *charge* Stelle *f*, Amt *n ou durée* Amtszeit *f* e-s „inspecteur"
inspirateur [ɛ̃spiʀatœʀ] M, **inspiratrice** [-tʀis] F Inspirator(in) *m(f)*; Initiator(in) *m(f)*; *péj* Anstifter(in) *m(f)*
inspiration [ɛ̃spiʀasjõ] F 1 BIOL Einatmung *f* 2 Inspiration *f* (*a.* REL); Anregung *f*; (*idée*) Eingebung *f*; Einfall *m*; *œuvre* **d'~ cubiste** vom Kubismus inspiriert
inspiré [ɛ̃spiʀe] ADJ ⟨~e⟩ 1 *œuvre, poète* voller Inspiration; *poète* inspiriert; erleuchtet (*a.* REL); *péj* **prendre des airs ~s** so tun, als ob einem e-e Erleuchtung käme 2 **il a été bien, mal ~ de** (+*inf*) es war ein guter, schlechter Einfall von ihm zu (+*inf*) 3 *œuvre, mode* **~ de qn, qc** von j-m, etw inspiriert
inspirer [ɛ̃spiʀe] A V/T 1 *air* einatmen (*a. abs*) 2 *artiste* inspirieren; **~ qc à qn** j-n zu etw inspirieren, anregen; *par ext fam* **cela ne m'inspire pas** das sagt mir nichts 3 *sentiment* **~ à qn** in j-m erwecken, erregen; **~ confiance à qn** j-m Vertrauen einflößen B V/PR **s'~ de qn, de qc** sich von j-m, von etw inspirieren lassen
instabilité [ɛ̃stabilite] F Unbeständigkeit *f*
instable [ɛ̃stabl] A ADJ unbeständig; *caractère a., équilibre* labil; *situation* instabil; unsicher B M/F labiler Mensch, Charakter
installateur [ɛ̃stalatœʀ] M Installateur *m*
installation [ɛ̃stalasjõ] F 1 TECH *action* Installierung *f*; Installation *f* 2 (*équipement*) Anlage *f*; Einrichtung *f*; Installation *f* 3 *d'un appartement* Einrichtung *f*; Ausstattung *f*; (*emménagement*) Einzug *m* 4 *d'un fonctionnaire* Amtseinsetzung *f*; Bestallung *f*
installer [ɛ̃stale] A V/T 1 *gaz, chauffage, etc* installieren; *appareil a.* einbauen 2 *cuisine, etc* einrichten; ausstatten; *meubles* aufstellen 3 **installer qn** j-n unterbringen 4 *fonctionnaire* (in sein Amt) einsetzen B V/PR **s'installer** 1 (*s'établir, s'asseoir*) sich niederlassen; **s'installer confortablement** es sich (*dat*) bequem machen; **s'installer à la campagne** aufs Land ziehen; **s'installer dans un fauteuil** es sich (*dat*) in e-m Sessel bequem machen 2 *fig sentiments* sich festsetzen, einnisten (**dans** in + *dat*)
instamment [ɛ̃stamɑ̃] ADV inständig
instance [ɛ̃stɑ̃s] F 1 **sur les ~s de qn** auf Drängen j-s 2 JUR *et par ext* Instanz *f*; **être en ~** JUR anhängig sein; *par ext* noch unerledigt sein; vorliegen; **être en ~ de divorce** in Scheidung leben, liegen
instant [ɛ̃stɑ̃] M Augenblick *m*; Moment *m*; **à l'~** gerade; (so)eben; im Augenblick; **à chaque ~, à tout ~** alle Augenblicke; ständig; (an)dauernd; **dans un ~** im Augenblick, Moment; sofort; **en un ~** im Nu; **pour l'~** für den Augenblick; vorerst
instantané [ɛ̃stɑ̃tane] A ADJ ⟨~e⟩ augenblicklich; sofortig; unverzüglich; *café, etc* Instant… B M PHOT Momentaufnahme *f*; Schnappschuss *m*
instantanément [ɛ̃stɑ̃tanemɑ̃] ADV augenblicklich; sofort; unverzüglich
instar [ɛ̃staʀ] *litt* PRÉP **à l'~ de** nach Art (+ *gén*); nach dem Muster (+ *gén*)
instauration [ɛ̃stɔʀasjõ] F Begründung *f*; Errichtung *f*; Einführung *f* **instaurer** [-e] V/T begründen; errichten; einführen
instigateur [ɛ̃stigatœʀ] M, **instigatrice** [-tʀis] F Anstifter(in) *m(f)*; Anführer(in) *m(f)*
instigation [ɛ̃stigasjõ] F **à l'~ de qn** auf Betreiben, Anraten j-s (hin)
instinct [ɛ̃stɛ̃] M 1 Instinkt *m*; Trieb *m* 2 *par ext* Instinkt *m*, Gespür *n*, Gefühl *n* (**de** für); **d'~** instinktiv
instinctif [ɛ̃stɛ̃ktif] ADJ ⟨-ive [-iv]⟩ instinktiv; unwillkürlich; **c'est ~** das geschieht instinktiv
instinctivement [ɛ̃stɛ̃ktivmɑ̃] ADV instinktiv; unwillkürlich
instit [ɛ̃stit] M/F ABR *fam* (**instituteur, -trice**) (Grund-, Volksschul)Lehrer(in) *m(f)*
instituer [ɛ̃stitɥe] A V/T (neu) einführen B V/PR 1 **s'~** *relations, etc* sich herausbilden 2 **s'~ le défenseur de qc** sich zum Verteidiger e-r Sache (*gén*) machen
institut [ɛ̃stity] M 1 Institut *n*; Forschungsstätte *f*; **Institut (de France)** *frz Akademie der Wissenschaften* 2 **~ de beauté** Schönheits-, Kosmetiksalon *m*
instituteur [ɛ̃stitytœʀ] M, **institutrice** [ɛ̃stitytʀis] F (Grundschul)Lehrer(in) *m(f)*
institution [ɛ̃stitysjõ] F 1 Institution *f*; Einrichtung *f* 2 **~ religieuse** kirchliche (private) Lehranstalt
institutionnalisation [ɛ̃stitysjɔnalizasjõ] F Institutionalisierung *f*
institutionnaliser [ɛ̃stitysjɔnalize] A V/T institutionalisieren B V/PR **s'~** sich institutionalisieren; zu e-r festen Einrichtung werden
institutionnel [ɛ̃stitysjɔnɛl] ADJ ⟨~le⟩ institutionell
instructeur [ɛ̃stʀyktœʀ] M MIL Ausbilder *m*
instructif [ɛ̃stʀyktif] ADJ ⟨-ive [-iv]⟩ instruktiv; lehr-, aufschlussreich
instruction [ɛ̃stʀyksjõ] F 1 (*enseignement*) Unterricht *m*; Ausbildung *f*; Unterweisung *f*; Belehrung *f*; **~ civique** Gemeinschaftskunde *f*; **~ publique** staatliches Unterrichtswesen 2 (*connaissances*) Wissen *n*; Kenntnisse *fpl*; Schulbil-

dung *f*; **avoir de l'~** gebildet sein **3** *(directive)* (An)Weisung *f*; Instruktion *f* **4** *(mode d'emploi)* **~s** *pl* (Betriebs)Anleitung *f*; Gebrauchsanweisung *f* **5** INFORM Befehl *m* **6** JUR Voruntersuchung *f*

instruire [ɛ̃stʀɥiʀ] ⟨→ conduire⟩ **A** V/T **1** unterweisen; unterrichten; ausbilden (*a.* MIL); belehren **2** **~ un procès** die strafrechtliche Voruntersuchung durchführen **B** V/PR **s'~** sich bilden

instruit [ɛ̃stʀɥi] ADJ ⟨-ite [-it]⟩ gebildet

instrument [ɛ̃stʀymɑ̃] M **1** Instrument *n*; **~ de mesure** Messinstrument *n*, -gerät *n* **2** **~ (de musique)** (Musik)Instrument *n*; **~ à cordes, à percussion, à vent** Saiten-, Schlag-, Blasinstrument *n*; **jouer d'un ~** ein Instrument spielen **3** *fig* Instrument *n*; Mittel *n*; *personne* Werkzeug *n*

instrumental [ɛ̃stʀymɑ̃tal] ADJ ⟨~e; -aux [-o]⟩ Instrumental…

instrumentation [ɛ̃stʀymɑ̃tasjõ] F Instrumentation *f*; Instrumentierung *f*

instrumenter [ɛ̃stʀymɑ̃te] **A** V/T TECH mit automatischen Kontrollgeräten ausstatten **B** V/I JUR e-e Urkunde, ein Dokument ausstellen, ausfertigen

instrumentiste [ɛ̃stʀymɑ̃tist] M/F Instrumentalist(in) *m(f)*

insu [ɛ̃sy] PRÉP **à l'~ de qn** ohne Wissen j-s; **à mon ~** ohne mein Wissen

insubmersible [ɛ̃sybmɛʀsibl] ADJ unsinkbar

insubordination [ɛ̃sybɔʀdinasjõ] F Gehorsams-, Befehlsverweigerung *f*

insubordonné [ɛ̃sybɔʀdɔne] ADJ ⟨~e⟩ widersetzlich

insuccès [ɛ̃syksɛ] M Misserfolg *m*

insuffisamment [ɛ̃syfizamɑ̃] ADV nicht genügend, genug

insuffisance [ɛ̃syfizɑ̃s] F **1** Unzulänglichkeit *f*; Mangel *m* **2** **~ cardiaque** Herzschwäche *f*, -insuffizienz *f*

insuffisant [ɛ̃syfizɑ̃] ADJ ⟨-ante [-ɑ̃t]⟩ ungenügend; unzureichend; unzulänglich

insuffler [ɛ̃syfle] V/T **1** MÉD einblasen **2** *fig vie* einhauchen

insulaire [ɛ̃sylɛʀ] **A** ADJ Insel…; insular **B** M/F Inselbewohner(in) *m(f)*; Insulaner(in) *m(f)*

insularité [ɛ̃sylaʀite] F Insellage *f*; Inselcharakter *m*

insuline [ɛ̃sylin] F Insulin *n*

insultant [ɛ̃syltɑ̃] ADJ ⟨-ante [-ɑ̃t]⟩ beleidigend

insulte [ɛ̃sylt] F Beleidigung *f* (*a. fig* **à** *gén*); Beschimpfung *f*

insulter [ɛ̃sylte] V/T **A** V/T beleidigen; beschimpfen; **se faire, se laisser ~** sich beleidigen, beschimpfen lassen (**par qn** von j-m) **B** V/PR **s'~** sich gegenseitig beleidigen, beschimpfen

insupportable [ɛ̃sypɔʀtabl] ADJ unerträglich; *personne a.* unausstehlich

insurgé [ɛ̃syʀʒe] **A** ADJ ⟨~e⟩ aufständisch **B** M Aufständische(r) *m*

insurger [ɛ̃syʀʒe] V/PR ⟨-ge-⟩ **s'~** sich auflehnen, sich erheben (**contre** gegen)

insurmontable [ɛ̃syʀmõtabl] ADJ unüberwindlich

insurpassable [ɛ̃syʀpasabl] ADJ unübertrefflich

insurrection [ɛ̃syʀɛksjõ] F Aufstand *m*; **~ populaire** Volksaufstand *m*

insurrectionnel [ɛ̃syʀɛksjɔnɛl] ADJ ⟨~le⟩ Aufstands…

intact [ɛ̃takt] ADJ ⟨~e⟩ unbeschädigt; unversehrt; ganz; heil; intakt

intangibilité [ɛ̃tɑ̃ʒibilite] F Unantastbarkeit *f*

intangible [-ibl] ADJ unantastbar

intarissable [ɛ̃taʀisabl] ADJ **1** *source, fig imagination* nie versiegend **2** *personne* unerschöpflich

intégral [ɛ̃tegʀal] **A** ADJ ⟨~e; -aux [-o]⟩ vollständig; *texte a.* ungekürzt; *bronzage* nahtlos; **casque ~** Integralhelm *m* **B** F **~e** **1** MATH Integral *n* **2** MUS Gesamtausgabe *f*, -aufnahme *f*

intégralement [ɛ̃tegʀalmɑ̃] ADV vollständig; ganz

intégralité [ɛ̃tegʀalite] F Vollständigkeit *f*; **dans son ~** in s-r Gesamtheit

intégrant [ɛ̃tegʀɑ̃] ADJ ⟨-ante [-ɑ̃t]⟩ **faire partie ~e de** ein integrierender Bestandteil sein (+ *gén*)

intégration [ɛ̃tegʀasjõ] F Integration *f*; Integrierung *f*; POL, ÉCON *a.* Zusammenschluss *m*; *dans un ensemble a.* Eingliederung *f*; **~ sociale** soziale Integration

intégrationniste [ɛ̃tegʀasjɔnist] M/F Verfechter(in) *m(f)* rassischer Gleichberechtigung; Integrationist(in) *m(f)*

intègre [ɛ̃tɛgʀ] ADJ integer; rechtschaffen; unbescholten

intégrer [ɛ̃tegʀe] ⟨-è-⟩ **A** V/T **1** integrieren, einfügen, eingliedern, einbeziehen (**dans, à** in + *acc*) **2** ⟨*a.* *v/i* **~ à**⟩ *école* eintreten in (+ *acc*) **B** V/PR **s'~** sich integrieren, sich einfügen (**dans, à** in + *acc*); *adjt* **être intégré** integriert sein

intégrisme [ɛ̃tegʀism] M REL Fundamentalismus *m* **intégriste** [-ist] **A** ADJ fundamentalistisch **B** M/F Fundamentalist(in) *m(f)*

intégrité [ɛ̃tegʀite] F **1** *d'un territoire* Unversehrtheit *f*; Integrität *f* **2** *(probité)* Integrität *f*; Rechtschaffenheit *f*; Unbescholtenheit *f*

intellect [ɛ̃telɛkt] M Intellekt *m*

intellectualisation [ɛ̃telɛktɥalizasjõ] F Intellektualisierung *f*; intellektuelle, geistige Umformung, Verarbeitung **intellectualiser** [-ize] VT intellektuell, geistig umformen, verarbeiten **intellectualisme** [-ism] M Intellektualismus *m* **intellectualiste** [-ist] ADJ intellektualistisch **intellectualité** [-ite] F Geistigkeit *f*; Verstandesmäßigkeit *f*

intellectuel [ɛ̃telɛktɥɛl] **A** ADJ ⟨~le⟩ **1** geistig; Geistes…; intellektuell; verstandesmäßig; **facultés ~les** geistige Fähigkeiten *fpl*, Kräfte *fpl*; **quotient ~** Intelligenzquotient *m* **2** *personne* intellektuell; geistig orientiert **B** **~(le)** M(F) Intellektuelle(r) *m/f(m)*

intelligemment [ɛ̃teliʒamɑ̃] ADV → intelligent

intelligence [ɛ̃teliʒɑ̃s] F **1** Intelligenz *f*; Klugheit *f*; Einsicht *f*; **~ artificielle** künstliche Intelligenz; **avec ~** intelligent; klug **2** *(compréhension)* Verständnis *n* (**de qc** für etw) **3** *(entente)* Einvernehmen *n*; *(complicité)* (geheimes) Einverständnis; **vivre en bonne ~ avec qn** mit j-m in gutem Einvernehmen leben

intelligent [ɛ̃teliʒɑ̃] ADJ ⟨-ente [-ɑ̃t]⟩ intelligent; klug; gescheit; verständig

intelligentsia [ɛ̃teliʒɛntsja] F Intelligenz *f*; Intellektuelle(n) *m(pl)*

intelligibilité [ɛ̃teliʒibilite] F Verständlichkeit *f*

intelligible [ɛ̃teliʒibl] ADJ verständlich; **à °haute et ~ voix** laut und deutlich

intello [ɛ̃telo] M/F ABR *fam* (intellectuel[le]) Intelligenzler(in) *m(f)*

intempérance [ɛ̃tɑ̃perɑ̃s] *st/s* F Unmäßigkeit *f* **intempérant** [-ɑ̃] *st/s* ADJ ⟨-ante [-ɑ̃t]⟩ unmäßig; maßlos

intempéries [ɛ̃tɑ̃peri] FPL schlechtes Wetter

intempestif [ɛ̃tɑ̃pɛstif] ADJ ⟨-ive [-iv]⟩ unangebracht

intemporalité [ɛ̃tɑ̃pɔralite] *litt* F Zeitlosigkeit *f* **intemporel** [-ɛl] *litt* ADJ ⟨~le⟩ zeitlos

intenable [ɛ̃t(ə)nabl] ADJ unerträglich; *fam* nicht zum Aushalten

intendance [ɛ̃tɑ̃dɑ̃s] F (Wirtschafts)Verwaltung *f*; ÉCOLE Verwaltung(sbüro) *f(n)*

intendant [ɛ̃tɑ̃dɑ̃] M, **intendante** [-ɑ̃t] F Verwaltungsdirektor(in) *m(f)*

intense [ɛ̃tɑ̃s] ADJ stark; intensiv; *circulation a.* dicht; lebhaft

intensément [ɛ̃tɑ̃semɑ̃] ADV intensiv

intensif [ɛ̃tɑ̃sif] ADJ ⟨-ive [-iv]⟩ intensiv (*a.* AGR)

intensification [ɛ̃tɑ̃sifikasjõ] F Intensivierung *f* **intensifier** [-fje] **A** VT intensivieren; verstärken **B** V/PR **s'~** stärker, intensiver werden

intensité [ɛ̃tɑ̃site] F Intensität *f*; Stärke *f* (*a.* PHYS)

intenter [ɛ̃tɑ̃te] VT **~ un procès à qn** e-n Prozess gegen j-n anstrengen

intention [ɛ̃tɑ̃sjõ] F Absicht *f*; Vorsatz *m*; Intention *f*; **~ délibérée** feste Absicht; fester Vorsatz; **~s de vote** voraussichtliche (Zahl der) Wählerstimmen *fpl*; **à l'~ de qn** (speziell) für j-n; *fête* j-m zu Ehren; **avoir l'~ de** (+ *inf*) die Absicht haben, beabsichtigen, vorhaben zu (+ *inf*); **avoir de bonnes ~s envers, à l'égard de qn** es gut mit j-m meinen; **avoir de mauvaises ~s** böse Absichten haben; Böses im Schilde führen; **c'est l'~ qui compte** der gute Wille zählt; **il n'est pas dans mes ~s de** (+*inf*) es liegt nicht in meiner Absicht zu (+*inf*)

intentionné [ɛ̃tɑ̃sjɔne] ADJ ⟨~e⟩ **bien ~** wohlmeinend; wohlgesinnt

intentionnel [ɛ̃tɑ̃sjɔnɛl] ADJ ⟨~le⟩ absichtlich; beabsichtigt; vorsätzlich

inter [ɛ̃tɛʀ] M Halbstürmer *m*; **~ droit, gauche** Halbrechte(r) *m*, -linke(r) *m*

interactif [ɛ̃tɛʀaktif] ADJ ⟨-ive [-iv]⟩ interaktiv; INFORM Dialog… **interaction** F Wechselwirkung *f* **interactivité** F INFORM Interaktivität *f*

interallemand [ɛ̃tɛʀalmɑ̃] ADJ ⟨-ande [-ɑ̃d]⟩ HIST inner-, gesamtdeutsch; deutsch-deutsch **interallié** ADJ ⟨~e⟩ interalliiert

intercalaire [ɛ̃tɛʀkalɛʀ] **A** ADJ eingeschoben, -gelegt **B** M eingelegtes Blatt; Trennblatt *n* **intercaler** [-e] VT einschieben, -legen, -fügen, -schalten

intercéder [ɛ̃tɛʀsede] VI ⟨-è-⟩ sich einsetzen, sich verwenden (**pour qn** für j-n)

intercellulaire [ɛ̃tɛʀselylɛʀ] ADJ BIOL interzellular

intercepter [ɛ̃tɛʀsɛpte] VT **1** *message, avion, ballon* abfangen; *lettre a.* unterschlagen; TÉL abhören **2** *lumière, etc* ab-, zurückhalten

intercepteur [ɛ̃tɛʀsɛptœʀ] M AVIAT MIL Abfangjäger *m*

interception [ɛ̃tɛʀsɛpsjõ] F **1** Abfangen *n* (*a.* MIL); *d'une lettre* Unterschlagen *n*; TÉL Abhören *n* **2** *de lumière, de chaleur* Ab-, Zurückhalten *n*

intercesseur [ɛ̃tɛʀsesœʀ] M REL, *litt* Fürsprecher *m* **intercession** [-jõ] F REL, *litt* Fürsprache *f*

interchangeable [ɛ̃tɛʀʃɑ̃ʒabl] ADJ (untereinander) austauschbar

interclasse [ɛ̃tɛʀklas] M ÉCOLE kurze Pause

intercommunal [ɛ̃tɛʀkɔmynal] ADJ ⟨~e; -aux [-o]⟩ mehrere Kommunen, Gemeinden betreffend

interconnexion [ɛ̃tɛʀkɔnɛksjõ] F TECH, ADMIN Verbund *m*

intercontinental [ɛ̃tɛʀkõtinɑ̃tal] ADJ ⟨~e; -aux [-o]⟩ interkontinental; Interkontinental…

intercostal ADJ ⟨~e; -aux [-o]⟩ zwischen den

Rippen (liegend) **interdépartemental** ADJ ⟨~e; -aux [-o]⟩ mehrere Departements betreffend
interdépendance [ɛ̃tɛʀdepɑ̃dɑ̃s] F gegenseitige Abhängigkeit; Verflechtung *f* **interdépendant** [-ɑ̃] ADJ ⟨-ante [-ɑ̃t]⟩ voneinander abhängend
interdiction [ɛ̃tɛʀdiksjõ] F 1 Verbot *n*; **~ de stationner** Parkverbot *n*; JUR **~ de séjour** Aufenthaltsverbot *n* 2 *d'un fonctionnaire* Amtsenthebung *f*; Berufsverbot *n*
interdire [ɛ̃tɛʀdiʀ] ⟨→ dire; *aber* vous interdisez⟩ A V/T 1 *(défendre)* verbieten; untersagen; **~ à qn de faire qc** j-m verbieten, untersagen, etw zu tun 2 *fonctionnaire* s-s Amtes entheben B V/PR **s'~ qc** sich *(dat)* etw versagen
interdisciplinaire [ɛ̃tɛʀdisiplinɛʀ] ADJ interdisziplinär; fächerübergreifend
interdit [ɛ̃tɛʀdi] A ADJ ⟨-ite [-it]⟩ 1 *(défendu)* verboten; **~ aux moins de 18 ans** für Jugendliche unter 18 Jahren verboten; **~ au public** Zutritt verboten; JUR **~ de séjour** mit e-m Aufenthaltsverbot belegt 2 *(très étonné)* bestürzt; verblüfft; wie vor den Kopf geschlagen B M 1 CATH Interdikt *n*; *fig* **jeter l'~ sur** ausschließen; ächten 2 *(tabou)* Verbot *n*; Tabu *n*; **braver les ~s** sich über Verbote, Tabus hinwegsetzen
interentreprises [ɛ̃tɛʀɑ̃tʀəpʀiz] ADJ (! unveränderlich) überbetrieblich
intéressant [ɛ̃teʀɛsɑ̃] A ADJ ⟨-ante [-ɑ̃t]⟩ 1 *(qui retient l'attention)* interessant; reizvoll; beachtenswert; aufschlussreich 2 *(avantageux)* vorteilhaft; interessant B *péj* **faire l'~(e)** M(F) sich interessant machen; *fam* sich aufspielen
intéressé [ɛ̃teʀese] A ADJ ⟨~e⟩ 1 *(concerné)* betreffend; beteiligt; betroffen 2 *(recherchant son intérêt)* eigennützig 3 **être ~ à, par une question**, *etc* an e-r Frage, *etc* interessiert sein B **~(e)** M(F) Betreffende(r) *m/f(m)*; Beteiligte(r) *m/f(m)*; Betroffene(r) *m/f(m)*
intéressement [ɛ̃teʀɛsmɑ̃] M Gewinnbeteiligung *f*
intéresser [ɛ̃teʀese] A V/T 1 *(retenir l'attention)* **intéresser qn** j-n interessieren 2 *(concerner)* **intéresser qc, qn** etw, j-n betreffen 3 ÉCON **intéresser qn** j-n beteiligen (**aux bénéfices** am Gewinn) B V/PR **s'intéresser à qn, qc** sich für j-n, etw interessieren; an j-m, etw interessiert sein
intérêt [ɛ̃teʀɛ] M 1 *(attention)* Interesse *n*; (geistige) Anteilnahme; Beachtung *f*; **avec ~** mit Interesse; interessiert 2 *(importance)* Interesse *n*; Reiz *m*; Bedeutung *f*; **sans ~, dénué d'~** uninteressant; **avoir, présenter de l'~** von Interesse sein (**pour qn** für j-n) 3 *(avantage)* Interesse *n*; Vorteil *m*; Nutzen *m*; **~s** *pl a.* Belange *mpl*; **dans l'~ de qn** im Interesse j-s; **il a (tout) ~ à faire qc** es ist, liegt (ganz) in s-m Interesse, dass er etw tut; **agir par ~** aus Eigennutz handeln 4 FIN **~(s)** Zins(en) *m(pl)*
interface [ɛ̃tɛʀfas] F INFORM Interface *n*; Schnittstelle *f (a. fig)*
interférence [ɛ̃tɛʀfeʀɑ̃s] F PHYS, *fig* Interferenz *f*; Überlagerung *f*
interférer [ɛ̃tɛʀfeʀe] V/I ⟨-è-⟩ 1 PHYS interferieren; sich überlagern *(a. fig)* 2 *(intervenir)* eingreifen (**dans** in *+acc*)
intergalactique [ɛ̃tɛʀgalaktik] ADJ intergalaktisch **interglaciaire** ADJ zwischeneiszeitlich; *t/t* interglazial **intergouvernemental** ADJ ⟨~e; -aux [-o]⟩ zwischen den Regierungen
intérieur [ɛ̃teʀjœʀ] A ADJ ⟨~e⟩ innere; Innen...; innerlich; **marché intérieur** (ein)heimischer Markt; Binnenmarkt *m*; **mer intérieure** Binnenmeer *n*; **politique intérieure** Innenpolitik *f*; **vie intérieure** Innenleben *n*; **vol intérieur** Inlandflug *m* B M 1 Innere(s) *n*; *d'un État* Inland *n*; **l'intérieur du pays** das Landesinnere, Binnenland; **ministère** *m* **de l'Intérieur** Innenministerium *n*; **à l'intérieur de** innerhalb, im Innern *(+ gén)*; **à l'intérieur** (dr)innen; im Inner(e)n 2 *(chez-soi)* (Da)Heim *n*; Zuhause *n* 3 FILM, PHOT **les intérieurs** die Innenaufnahmen *fpl*
intérieurement [ɛ̃teʀjœʀmɑ̃] ADV innerlich; im Inner(e)n
intérim [ɛ̃teʀim] M 1 *période* Übergangszeit *f*; **par ~** in Vertretung; Interims...; **assurer l'~** die Vertretung übernehmen 2 *(travail temporaire)* Zeitarbeit *f*; **agence** *f* **d'~** Zeitarbeitsfirma *f*
intérimaire [ɛ̃teʀimɛʀ] A ADJ zeitweilig; vorübergehend; interimistisch; **travail** *m* **~** Zeitarbeit *f* B M/F 1 *remplaçant* Vertreter(in) *m(f)* 2 *travailleur* Zeitarbeiter(in) *m(f)*
intérioriser [ɛ̃teʀjɔʀize] V/T *émotion* nicht äußern; nicht nach außen hin zeigen; *conflit* in s-m Innern austragen
interjectif [ɛ̃tɛʀʒɛktif] ADJ ⟨-ive [-iv]⟩ LING interjektionell
interjection [ɛ̃tɛʀʒɛksjõ] F Interjektion *f*; Ausrufewort *n*
interligne [ɛ̃tɛʀliɲ] M Zwischenraum *m* (zwischen den Zeilen); TYPO Durchschuss *m*
interlocuteur [ɛ̃tɛʀlɔkytœʀ] M, **interlocutrice** [-tʀis] F Gesprächspartner(in) *m(f)*; POL Verhandlungspartner(in) *m(f)*
interlope [ɛ̃tɛʀlɔp] ADJ anrüchig
interloqué [ɛ̃tɛʀlɔke] ADJ ⟨~e⟩ verdutzt; verblüfft; sprachlos **interloquer** [-e] V/T aus der Fassung bringen; verwirren; verblüffen
interlude [ɛ̃tɛʀlyd] M 1 MUS Interludium *n* 2 TV Pausenfüller *m*

intermède [ɛ̃tɛʀmɛd] M THÉ, *fig* Zwischenspiel *n*; Intermezzo *n*
intermédiaire [ɛ̃tɛʀmedjɛʀ] A ADJ dazwischenliegend; Zwischen... B SUBST 1 *m/f* Mittelsmann *m*, -person *f*; Vermittler(in) *m(f)* 2 *m/f* COMM Zwischenhändler(in) *m(f)* 3 *m* **par l'~ de qn** über j-n
interminable [ɛ̃tɛʀminabl] ADJ endlos
interministériel [ɛ̃tɛʀministɛʀjɛl] ADJ ⟨~le⟩ interministeriell
intermittence [ɛ̃tɛʀmitɑ̃s] F zeitweiliges Aussetzen; **par ~** in Abständen, Intervallen
intermittent [ɛ̃tɛʀmitɑ̃] A ADJ ⟨-ente [-ɑ̃t]⟩ zeitweilig aussetzend; intermittierend (*a.* MÉD) B SUBST **~(e)** *m(f)* **du spectacle** *nicht fest angestellte(r) Beschäftigte(r) in den Bereichen Theater, Kino, Fernsehen etc.*
internat [ɛ̃tɛʀna] M 1 *école* Internat *n* 2 MÉD Tätigkeit *f* als Assistenzarzt
international [ɛ̃tɛʀnasjɔnal] A ADJ ⟨~e; -aux [-o]⟩ international; zwischenstaatlich; **match ~** Länderspiel *n* B SUBST 1 **~(e)** *m(f)* ⟨*mpl* -aux [-o]⟩ SPORTS Nationalspieler(in) *m(f)* 2 **Internationale** *f* POL Internationale *f*
internationalisation [ɛ̃tɛʀnasjɔnalizasjõ] F *d'un conflit* internationale Ausweitung
internationaliser [ɛ̃tɛʀnasjɔnalize] V/T 1 *port etc* internationalisieren 2 *conflit* international ausweiten
internationalisme [ɛ̃tɛʀnasjɔnalism] M Internationalismus *m*
internaute [ɛ̃tɛʀnot] M/F Internet-Surfer(in) *m(f)*
interne [ɛ̃tɛʀn] A ADJ innere; innerlich; Innen...; intern; **oreille** *f* **~** Innenohr *n*; **à usage ~** zur innerlichen Anwendung B M/F 1 Internatsschüler(in) *m(f)* 2 **~ (des hôpitaux)** Assistenzarzt, -ärztin *m/f*
interné(e) [ɛ̃tɛʀne] M(F) 1 POL Internierte(r) *m/f(m)* 2 MÉD (in e-e geschlossene Anstalt) Eingewiesene(r) *m/f(m)*
internement [ɛ̃tɛʀnəmɑ̃] M 1 POL Internierung *f* 2 MÉD Einweisung *f* (in e-e geschlossene Anstalt) **interner** [-e] V/T 1 POL internieren 2 MÉD (in e-e geschlossene Anstalt) einweisen
Internet [ɛ̃tɛʀnɛt] M Internet *n*; *adjt* **adresse** *f*, **connexion** *f* **~** Internetadresse *f*, -anschluss *m*; **via ~** über das Internet; per Internet; **aller sur ~** ins Internet gehen; **naviguer sur ~** im Internet surfen
interpellation [ɛ̃tɛʀpelasjõ] F 1 POL parlamentarische Anfrage; Interpellation *f* 2 *par la police* (Festnahme *f* zur) Überprüfung *f* der Personalien
interpeller [ɛ̃tɛʀpəle] V/T 1 *(apostropher)* (laut) anreden, ansprechen 2 *police* **~ qn** die Personalien j-s überprüfen 3 *chose* **~ qn** j-n beschäftigen
interpénétration [ɛ̃tɛʀpenetʀasjõ] F gegenseitige Durchdringung; Verflechtung *f* **interpénétrer** [-e] V/PR ⟨-è-⟩ **s'~** sich gegenseitig durchdringen, verflechten
interphone® [ɛ̃tɛʀfɔn] M Sprechanlage *f*
interplanétaire [ɛ̃tɛʀplanetɛʀ] ADJ interplanetar(isch)
interpolation [ɛ̃tɛʀpɔlasjõ] F MATH, *d'un texte* Interpolation *f* **interpoler** [-e] V/T MATH, *texte* interpolieren
interposé [ɛ̃tɛʀpoze] ADJ ⟨~e⟩ **par ... ~** durch Vermittlung, mithilfe (+*gén*)
interposer [ɛ̃tɛʀpoze] A V/T dazwischensetzen B V/PR **s'~** dazwischentreten; eingreifen **interposition** [-isjõ] F 1 Dazwischensetzen *n* 2 Dazwischentreten *n*; Eingreifen *n*
interprétable [ɛ̃tɛʀpʀetabl] ADJ interpretier-, auslegbar
interprétariat [ɛ̃tɛʀpʀetaʀja] M Dolmetscherwesen *n*, -beruf *m*
interprétation [ɛ̃tɛʀpʀetasjõ] F 1 *(explication)* Interpretation *f*; Auslegung *f*; Deutung *f* 2 THÉ, MUS Interpretation *f*; (künstlerische) Wiedergabe, THÉ *a.* Darstellung
interprète [ɛ̃tɛʀpʀɛt] M/F 1 Dolmetscher(in) *m(f)*; **servir d'~, faire l'~** dolmetschen 2 THÉ, MUS Interpret(in) *m(f)*; THÉ *a.* Darsteller(in) *m(f)* 3 *fig* *(porte-parole)* Dolmetsch *m*; Fürsprecher(in) *m(f)*; *de qc* Sprachrohr *n*; **se faire l'~ de qc** sich zum Sprachrohr e-r Sache machen
interpréter [ɛ̃tɛʀpʀete] V/T ⟨-è-⟩ 1 interpretieren; auslegen; deuten (*a. rêve*) 2 THÉ, MUS (künstlerisch) wiedergeben; interpretieren; *rôle a.* darstellen
interprofessionnel [ɛ̃tɛʀpʀɔfɛsjɔnɛl] ADJ ⟨~le⟩ mehrere Berufsgruppen umfassend; **salaire minimum ~ de croissance** (*abr* **SMIC**) (dynamischer) Mindestlohn (für alle Berufssparten)
interracial [ɛ̃tɛʀʀasjal] ADJ ⟨~e; -aux [-o]⟩ zwischen den Rassen
interro [ɛ̃tɛʀo] F *fam* schriftlicher Test
interrogateur [ɛ̃tɛʀɔgatœʀ] ADJ ⟨-trice [-tʀis]⟩ fragend
interrogatif [ɛ̃tɛʀɔgatif] ADJ ⟨-ive [-iv]⟩ 1 *regard, etc* fragend 2 GRAM Frage...; Interrogativ...; **(proposition) interrogative** *f* Frage-, Interrogativsatz *m*
interrogation [ɛ̃tɛʀɔgasjõ] F 1 GRAM Frage(-form) *f* 2 *action* Befragung *f*; *(question)* Frage *f*; ÉCOLE **~ écrite** schriftlicher Test
interrogatoire [ɛ̃tɛʀɔgatwaʀ] M Vernehmung *f*; Verhör *n* (*a. fig*); **faire subir un ~ à qn** j-n vernehmen, verhören

interroger [ɛ̃teʀɔʒe] ⟨-ge-⟩ **A** V/T **1** be-, ausfragen (**sur** über + *acc*); JUR vernehmen; verhören; *élève* abfragen; (*examiner*) prüfen; **on peut nous ~ là-dessus à l'examen?** kommt das in der Prüfung dran? **2** *fig conscience* befragen; prüfen **3** INFORM abfragen **B** V/PR **s'~** sich (*dat*) Fragen stellen; sich fragen
interrompre [ɛ̃teʀõpʀ] ⟨→ rompre⟩ **A** V/T unterbrechen (*a. qn qui parle*); *définitivement* abbrechen **B** V/PR **s'~** innehalten (**dans son travail** in s-r Arbeit)
interrupteur [ɛ̃teʀyptœʀ] M ÉLEC Schalter *m*
interruption [ɛ̃teʀypsjõ] F Unterbrechung *f*; *de grossesse* Abbruch *m*; **sans ~** ohne Unterbrechung; ununterbrochen; **ouvert sans ~** durchgehend geöffnet
intersection [ɛ̃teʀsɛksjõ] F **1** MATH Schnittpunkt *m*, -linie *f*, -fläche *f* **2** *de routes* Kreuzung(spunkt) *f(m)*
interstellaire [ɛ̃teʀstɛ(l)lɛʀ] ADJ interstellar
interstice [ɛ̃teʀstis] M (kleiner) Zwischenraum; Spalt *m*
intersyndical [ɛ̃teʀsɛ̃dikal] ADJ ⟨~e; -aux [-o]⟩ mehrere Gewerkschaften betreffend, umfassend **intertitre** M FILM eingeblendeter Zwischentext **intertropical** ADJ ⟨~e; -aux [-o]⟩ zwischen den Wendekreisen befindlich
interurbain [ɛ̃teʀyʀbɛ̃] ADJ ⟨-aine [-ɛn]⟩ **communication ~e** Ferngespräch *n*
intervalle [ɛ̃teʀval] M **1** Zeitspanne *f*; Intervall *n* (*a.* MUS); **à dix minutes d'~** im Abstand von zehn Minuten; **dans l'~** in der Zwischenzeit; **par ~s** hin und wieder; von Zeit zu Zeit **2** (*distance*) Zwischenraum *m*, Abstand *m* (**entre** zwischen + *dat*)
intervenant [ɛ̃teʀvənɑ̃] M, **intervenante** [-ɑ̃t] F Diskussionsteilnehmer(in) *m(f)*
intervenir [ɛ̃teʀvəniʀ] V/I ⟨→ venir⟩ **1** einschreiten; eingreifen (**dans qc** in etw [*acc*]); intervenieren (**auprès de qn** bei j-m) **2** *événement* eintreten; dazwischenkommen; *facteur* e-e Rolle spielen; *accord* zustande kommen
intervention [ɛ̃teʀvɑ̃sjõ] F **1** Einschreiten *n*; Eingreifen *n*; Intervention *f* (*a.* MIL) **2** (*prise de parole*) Stellungnahme *f*; Diskussionsbeitrag *m* **3** MÉD Eingriff *m*
interventionnisme [ɛ̃teʀvɑ̃sjɔnism] M ÉCON Interventionismus *m*; POL Interventionspolitik *f* **interventionniste** [-ist] M/F ÉCON Interventionist(in) *m(f)*; POL Befürworter(in) *m(f)* e-r Intervention
interversion [ɛ̃teʀvɛʀsjõ] F Umstellung *f*; Vertauschung *f*
intervertir [ɛ̃teʀvɛʀtiʀ] V/T vertauschen
interview [ɛ̃teʀvju] F (**!** feminin) Interview *n*; **accorder, donner une ~** ein Interview gewähren, geben
interviewer[1] [ɛ̃teʀvjuve] V/T interviewen
interviewer[2] *ou* **intervieweur** [ɛ̃teʀvjuvœʀ] M, **intervieweuse** [-øz] F Interviewer(in) *m(f)*
intestin [ɛ̃tɛstɛ̃] M Darm *m*; **~s** *pl* Gedärm(e) *n(pl)*
intestinal [ɛ̃tɛstinal] ADJ ⟨~e; -aux [-o]⟩ Darm…
intestine [ɛ̃tɛstin] ADJ ⟨*nur f*⟩ *st/s* **querelles ~s** innere, interne Streitigkeiten *fpl*
intifada [intifada] F POL Intifada *f*
intime [ɛ̃tim] **A** ADJ **1** intim; *liaison a.* innig; *personnes a.* eng befreundet; *atmosphère a.* gemütlich; *conviction* innerste; **être ~ avec qn** mit j-m eng befreundet sein **2** (*privé*) ganz persönlich; privat; *cérémonie* im engsten (Familien)-Kreis; **journal** *m* **~** Tagebuch *n* **3** (*sexuel*) intim **B** M/F enge(r) Vertraute(r) *m/f(m)*
intimement [ɛ̃tim(ə)mɑ̃] ADV **1** **~ liés** eng befreundet **2** **~ convaincu** im Innersten überzeugt
intimer [ɛ̃time] V/T **~ l'ordre à qn de** (+ *inf*) j-m den Befehl erteilen zu (+ *inf*)
intimidant [ɛ̃timidɑ̃] ADJ ⟨-ante [-ɑ̃t]⟩ Furcht einflößend **intimidation** [-asjõ] F Einschüchterung *f* **intimider** [-e] V/T einschüchtern
intimiste [ɛ̃timist] M Maler *m* von Interieurs
intimité [ɛ̃timite] F **1** (*familiarité*) Intimität *f* **2** (*vie privée*) Intimsphäre *f*; **dans la plus stricte ~** im engsten (Familien)Kreis
intitulé [ɛ̃tityle] M Überschrift *f*; Titel *m*
intituler [ɛ̃tityle] **A** V/T betiteln **B** V/PR **s'~ …** den Titel … tragen
intolérable [ɛ̃tɔleʀabl] ADJ **1** (*insupportable*) unerträglich **2** (*inadmissible*) inakzeptabel **intolérance** [-ɑ̃s] F Intoleranz *f* (*a.* MÉD) **intolérant** [-ɑ̃] ADJ ⟨-ante [-ɑ̃t]⟩ intolerant; unduldsam
intonation [ɛ̃tɔnasjõ] F Tonfall *m*; Intonation *f* (*a.* MUS, PHON)
intouchable [ɛ̃tuʃabl] **A** ADJ unantastbar **B** M/F Unberührbare(r) *m/f(m)*
intox(e) [ɛ̃tɔks] F *fam* ABR → intoxication 2
intoxication [ɛ̃tɔksikasjõ] F **1** Vergiftung *f*; **~ alimentaire** Nahrungsmittelvergiftung *f* **2** *fig* Beeinflussung *f*; Indoktrinierung *f*
intoxiqué(e) [ɛ̃tɔksike] M(F) Süchtige(r) *m/f(m)*
intoxiquer [ɛ̃tɔksike] **A** V/T **1** vergiften **2** *fig* beeinflussen; indoktrinieren **B** V/PR **s'~** sich vergiften
intracellulaire [ɛ̃tʀaselylɛʀ] ADJ BIOL intrazellular, -zellulär **intracommunautaire** ADJ im Rahmen, innerhalb der EG, der EU; innergemeinschaftlich **intradermique** [-dɛʀmik]

ADJ MÉD intrakutan
intraduisible [ɛ̃tʀadɥizibl] ADJ 1 unübersetzbar 2 *fig* nicht wiederzugeben(d)
intraitable [ɛ̃tʀɛtabl] ADJ unnachgiebig, kompromisslos (**sur** in Bezug auf + *acc*)
intra-muros [ɛ̃tʀamyʀos] ADV innerhalb der Stadt(mauern)
intramusculaire [ɛ̃tʀamyskylɛʀ] ADJ intramuskulär
Intranet [ɛ̃tʀanɛt] M INFORM Intranet *n*
intransigeance [ɛ̃tʀɑ̃ziʒɑ̃s] F Unnachgiebigkeit *f*; Kompromisslosigkeit *f* **intransigeant** [-ɑ̃] ADJ ⟨-ante [-ɑ̃t]⟩ unnachgiebig; kompromisslos
intransitif [ɛ̃tʀɑ̃zitif] ADJ ⟨-ive [-iv]⟩ intransitiv; nichtzielend
intransmissible [ɛ̃tʀɑ̃smisibl] ADJ nicht übertragbar; BIOL *a.* nicht vererblich
intransportable [ɛ̃tʀɑ̃spɔʀtabl] ADJ nicht transportabel; nicht transportierbar; *malade* nicht transportfähig
intra-utérin [ɛ̃tʀayteʀɛ̃] ADJ ⟨-ine [-in]⟩ innerhalb der Gebärmutter liegend *ou* erfolgend; *t/t* intrauterin **intraveineux** [-vɛnø] ADJ ⟨-euse [-øz]⟩ intravenös
intrépide [ɛ̃tʀepid] ADJ unerschrocken; furchtlos **intrépidité** [-ite] F Unerschrockenheit *f*; Furchtlosigkeit *f*
intrigant [ɛ̃tʀigɑ̃] A ADJ ⟨-ante [-ɑ̃t]⟩ intrigant B **~(e)** M(F) Intrigant(in) *m(f)*
intrigue [ɛ̃tʀig] F 1 Intrige *f*; Ränkespiel *n* 2 THÉ Intrige *f*; Plot *m*
intriguer [ɛ̃tʀige] A V/T neugierig machen; beschäftigen B V/I intrigieren
intrinsèque [ɛ̃tʀɛ̃sɛk] ADJ eigentlich
introduction [ɛ̃tʀɔdyksjõ] F 1 Einführung *f*; **lettre** *f* **d'~** Empfehlungsschreiben *n* 2 (*préface*) Einleitung *f*
introduire [ɛ̃tʀɔdɥiʀ] ⟨→ conduire⟩ A V/T 1 *personne* hinein- *ou* hereinführen (**auprès de qn** zu j-m); *dans un club, milieu* einführen 2 *objet* einführen; hineinstecken, -schieben; *pièce* einwerfen 3 *mode, produit* einführen B V/PR **s'~** eindringen, sich (*dat*) Zutritt verschaffen (**dans** in + *acc*)
intronisation [ɛ̃tʀɔnizasjõ] F Inthronisierung *f*; Thronerhebung *f* **introniser** [-e] V/T inthronisieren; feierlich einsetzen
introspectif [ɛ̃tʀɔspɛktif] ADJ ⟨-ive [-iv]⟩ introspektiv **introspection** [-sjõ] F Selbstbeobachtung *f*; Introspektion *f*
introuvable [ɛ̃tʀuvabl] ADJ unauffindbar; COMM nicht aufzutreiben(d)
introversion [ɛ̃tʀɔvɛʀsjõ] F Introvertiertheit *f*
introverti [ɛ̃tʀɔvɛʀti] ADJ ⟨~e⟩ introvertiert
intrus [ɛ̃tʀy] M, **intruse** [-yz] F Eindringling *m*; ungebetener Gast
intrusion [ɛ̃tʀyzjõ] F Eindringen *n* (**dans** in + *acc*); **faire ~** eindringen
intuitif [ɛ̃tɥitif] ADJ ⟨-ive [-iv]⟩ intuitiv
intuition [ɛ̃tɥisjõ] F Intuition *f*; (*pressentiment*) (Vor)Ahnung *f*; **avoir de l'~** Intuition besitzen; e-e feine, gute Nase haben
inusable [inyzabl] ADJ unverwüstlich
inusité [inyzite] ADJ ⟨~e⟩ ungebräuchlich
inutile [inytil] ADJ unnütz; nutzlos; unnötig; überflüssig; *efforts a.* vergeblich; *mesure a.* sinn-, zwecklos; **~ de** (+ *inf*) *a.* es hat keinen Zweck zu (+ *inf*)
inutilement [inytilmɑ̃] ADV umsonst
inutilisable [inytilizabl] ADJ unbrauchbar
inutilisé [inytilize] ADJ ⟨~e⟩ ungenutzt
inutilité [inytilite] F Nutzlosigkeit *f*
invaincu [ɛ̃vɛ̃ky] ADJ ⟨~e⟩ unbesiegt
invalidation [ɛ̃validasjõ] F Ungültigkeitserklärung *f*; Annullierung *f*
invalide [ɛ̃valid] A ADJ invalid(e); erwerbsunfähig B M/F Invalide *m/f*; **~ de guerre** Kriegsinvalide *m*
invalider [ɛ̃valide] V/T für ungültig erklären
invalidité [-ite] F Invalidität *f*; Erwerbsunfähigkeit *f*
invariabilité [ɛ̃vaʀjabilite] F Unveränderlichkeit *f* **invariable** [-abl] ADJ unveränderlich
invasion [ɛ̃vazjõ] F 1 Invasion *f*; HIST **les grandes ~s** die Völkerwanderung 2 *fig* Invasion *f*; massenhaftes Auftreten; **~ de rats** *a.* Rattenplage *f*
invective [ɛ̃vɛktiv] F Beschimpfung *f* **invectiver** [-e] V/T beschimpfen
invendable [ɛ̃vɑ̃dabl] ADJ unverkäuflich
invendu [ɛ̃vɑ̃dy] A ADJ ⟨~e⟩ unverkauft B MPL **~s** unverkaufte Artikel *mpl*; Restposten *mpl*
inventaire [ɛ̃vɑ̃tɛʀ] M *opération* Bestandsaufnahme *f*; COMM Inventur *f*; *liste* Inventar *n*; Verzeichnis *n*; Aufstellung *f*; **dresser, faire un ~** e-e Bestandsaufnahme machen; das Inventar aufnehmen; **faire l'~ de qc** e-e Bestandsaufnahme von etw machen
inventer [ɛ̃vɑ̃te] A V/T erfinden B V/PR **ça ne s'invente pas** das ist nicht erfunden
inventeur [ɛ̃vɑ̃tœʀ] M, **inventrice** [-tʀis] F Erfinder(in) *m(f)*
inventif [ɛ̃vɑ̃tif] ADJ ⟨-ive [-iv]⟩ erfinderisch; findig
invention [ɛ̃vɑ̃sjõ] F 1 Erfindung *f* 2 *don* Erfindungsgabe *f*
inventivité [ɛ̃vɑ̃tivite] F Findigkeit *f*; Erfindungsgeist *m*, -gabe *f*
inventorier [ɛ̃vɑ̃tɔʀje] V/T inventarisieren
invérifiable [ɛ̃veʀifjabl] ADJ nicht nachprüfbar

inverse [ɛ̃vɛʀs] **A** ADJ umgekehrt; entgegengesetzt **B** M **1** Gegenteil *n* **2** **à l'~** hingegen; dagegen; **à l'~ de** im Gegensatz zu

inversement [ɛ̃vɛʀsəmɑ̃] ADV umgekehrt; **~ proportionnel** umgekehrt proportional (**à** zu)

inverser [ɛ̃vɛʀse] V/T umkehren (*a.* ÉLEC); *rôles* vertauschen

inversion [ɛ̃vɛʀsjõ] F **1** Umkehr(ung) *f* **2** GRAM Inversion *f*

invertébrés [ɛ̃vɛʀtebʀe] MPL Wirbellose(n) *pl*

investigateur [ɛ̃vɛstigatœʀ] M, **investigatrice** [-tʀis] F Forscher(in) *m(f)*

investigation [ɛ̃vɛstigasjõ] F Nachforschung *f*; Untersuchung *f*

investir [ɛ̃vɛstiʀ] **A** V/T **1** ÉCON investieren (**dans** in + *acc*) (*a. fig*); anlegen (in + *dat*) **2** **~ qn (d'une charge)** j-n (in ein Amt) einsetzen; **~ qn de pouvoirs** j-n mit Vollmachten ausstatten **3** MIL einschließen **B** V/PR **s'~** sich voll einsetzen (**dans qc, qn** für etw, j-n)

investissement [ɛ̃vɛstismɑ̃] M Investition *f*; (Kapital)Anlage *f* **investisseur** [-œʀ] M Investor *m*; Anleger *m*

investiture [ɛ̃vɛstityʀ] F POL *d'un candidat* Aufstellung *f*

invétéré [ɛ̃veteʀe] ADJ ⟨~e⟩ unverbesserlich; **alcoolique ~** Gewohnheitstrinker *m*

invincibilité [ɛ̃vɛ̃sibilite] F Unbesiegbarkeit *f*; Unschlagbarkeit *f* **invincible** [-ibl] ADJ **1** unbesiegbar **2** *fig* unüberwindlich

inviolabilité [ɛ̃vjɔlabilite] F Unverletzlichkeit *f*; Unantastbarkeit *f* **inviolable** [-abl] ADJ unverletzlich; unantastbar

inviolé [ɛ̃vjɔle] ADJ ⟨~e⟩ unverletzt; *serment* ungebrochen; *sommet* unbezwungen

invisibilité [ɛ̃vizibilite] F Unsichtbarkeit *f* **invisible** [-ibl] ADJ unsichtbar (*a. fig*)

invitation [ɛ̃vitasjõ] F **1** Einladung *f* (**à** zu) **2** (*incitation*) Aufforderung *f*

invite [ɛ̃vit] F Wink *m*

invité(e) [ɛ̃vite] M(F) Gast *m*

inviter [ɛ̃vite] V/T **1** (*convier*) einladen; **~ qn au cinéma, à dîner** j-n ins Kino, zum Abendessen einladen; **~ qn à danser** j-n zum Tanz auffordern **2** (*inciter*) **~ qn à** (+ *inf*) j-n auffordern zu (+ *inf*)

in vitro [invitʀo] **fécondation** *f* **~** In-vitro-Fertilisation *f*

invivable [ɛ̃vivabl] ADJ unerträglich; *fam personne a.* unausstehlich

invocation [ɛ̃vɔkasjõ] F REL Anrufung *f*

involontaire [ɛ̃vɔlõtɛʀ] ADJ unabsichtlich; ungewollt; unfreiwillig; unbewusst

invoquer [ɛ̃vɔke] V/T **1** REL anrufen **2** (*avoir recours à*) sich berufen auf (+ *acc*); *argument a.* anführen; *excuse* benutzen

invraisemblable [ɛ̃vʀɛsɑ̃blabl] ADJ **1** *histoire, etc* unwahrscheinlich **2** *tenue, etc* unmöglich **invraisemblance** [-ɑ̃s] F Unwahrscheinlichkeit *f*

invulnérabilité [ɛ̃vylneʀabilite] F Unverwundbarkeit *f*; Unverletzlichkeit *f* (*a. fig*) **invulnérable** [-abl] ADJ unverwundbar

iode [jɔd] M Jod *n*; **phare** *m* **à ~** Halogenscheinwerfer *m*

iodé [jɔde] ADJ ⟨~e⟩ jodhaltig

ion [jõ] M Ion *n*

Ionesco [jɔnɛsko] **Eugène ~** *frz Dramatiker*

ionique [jɔnik] ADJ ARCH ionisch

iota [jɔta] M *lettre* Jota *n*; *fig* **sans changer un ~** ohne auch nur ein Jota zu ändern

I.P.R. [ipeɛʀ] M ABR (inspecteur pédagogique régional) (für ein Fach zuständiger) Oberschulrat

ipso facto [ipsofakto] JUR ipso facto; durch die Tat selbst; *par ext* automatisch

irai [iʀɛ], **ira(s)** [iʀa], *etc* → aller[1]

Irak [iʀak] → Iraq

irakien [iʀakjɛ̃] → iraq(u)ien

Iran [iʀɑ̃] **l'~** M der Iran; Iran *n*

iranien [iʀanjɛ̃] **A** ADJ ⟨-ienne [-jɛn]⟩ iranisch **B** **1** **Iranien(ne)** *m(f)* Iraner(in) *m(f)* **2** LING **l'~** *m* das Iranische; Iranisch *n*

Iraq [iʀak] **l'~** M der Irak; Irak *n*

iraq(u)ien [iʀakjɛ̃] **A** ADJ ⟨-ienne [-jɛn]⟩ irakisch **B** **1** **Iraq(u)ien(ne)** *m(f)* Iraker(in) *m(f)* **2** LING **l'~** *m* das Irakische; Irakisch *n*

irascible [iʀasibl] ADJ jähzornig

iridié [iʀidje] ADJ ⟨~e⟩ TECH **platine ~** Platin-Iridium-Legierung *f*

iris [iʀis] M (❗ maskulin) **1** BOT Schwertlilie *f*; Iris *f* **2** ANAT Iris *f*; Regenbogenhaut *f*

irisé [iʀize] ADJ ⟨~e⟩ irisierend; regenbogenfarbig (schillernd)

irlandais [iʀlɑ̃dɛ] **A** ADJ ⟨-aise [-ɛz]⟩ irisch; irländisch **B** **1** **Irlandais(e)** *m(f)* Ire *m*, Irin *f* **2** LING **l'~** *m* das Irische; Irisch *n*

Irlande [iʀlɑ̃d] **l'~** F Irland *n*; **l'~ du Nord** Nordirland *n*

ironie [iʀɔni] F Ironie *f*; **~ du sort** Ironie des Schicksals

ironique [iʀɔnik] ADJ ironisch **ironiser** [-ize] V/I ironisch werden **ironiste** [-ist] M Ironiker *m*

iroquois [iʀɔkwa] **A** ADJ ⟨-oise [-waz]⟩ irokesisch; Irokesen… **B** **Iroquois(e)** M(F) Irokese *m*, Irokesin *f*

irradiation [iʀadjasjõ] F Bestrahlung *f*

irradier [iʀadje] **A** V/T MÉD, NUCL bestrahlen; *accidentellement* verstrahlen **B** V/I *douleur* ausstrahlen (**dans** in + *acc*)

irraisonné [iʀɛzɔne] ADJ ⟨~e⟩ sinnlos; unsin-

l'iris (m) — Iris

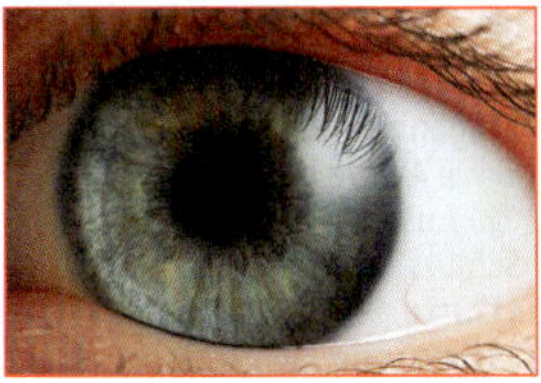

l'iris (m) — Iris

nig

irrationalisme [iʀasjɔnalism] M Irrationalismus *m* **irrationalité** [-ite] F Irrationalität *f*

irrationnel [iʀasjɔnɛl] ADJ ⟨~le⟩ irrational (*a.* MATH); vernunftwidrig

irréalisable [iʀealizabl] ADJ nicht realisierbar

irréalisme [iʀealism] M mangelnder Realismus; mangelnde Wirklichkeitsnähe **irréaliste** [-ist] ADJ unrealistisch; wirklichkeitsfremd **irréalité** [-ite] F Irrealität *f*; Unwirklichkeit *f*

irrecevabilité [i(ʀ)ʀəsəvabilite] F **1** JUR Unzulässigkeit *f* **2** *fig* Unannehmbarkeit *f* **irrecevable** [-abl] ADJ **1** JUR unzulässig **2** *fig* unannehmbar

irréconciliable [iʀekõsiljabl] ADJ unversöhnlich

irrécouvrable [iʀekuvʀabl] ADJ *créance* nicht ein-, beitreibbar

irrécupérable [iʀekypeʀabl] ADJ **1** *déchets* nicht mehr verwertbar **2** *personne* nicht resozialisierbar

irrécusable [iʀekyzabl] ADJ **1** JUR nicht ablehnbar **2** *preuve* unanfechtbar

irréductibilité [iʀedyktibilite] F Nichtzurückführbarkeit *f*; Nichtreduzierbarkeit *f* **irréductible** [-ibl] ADJ **1** *personne* unbeugsam; nicht kleinzukriegen(d) **2** MATH *fraction* nicht kürzbar

irréel [iʀeɛl] ADJ ⟨~le⟩ irreal; unwirklich

irréfléchi [iʀefleʃi] ADJ ⟨~e⟩ unüberlegt; *a. personne* unbesonnen

irréflexion [iʀeflɛksjõ] F Unüberlegtheit *f*; Unbesonnenheit *f*; Gedankenlosigkeit *f*

irréfutabilité [iʀefytabilite] *st/s* F Unwiderlegbarkeit *f* **irréfutable** [-abl] ADJ unwiderlegbar

irrégularité [iʀegylaʀite] F **1** Unregelmäßigkeit *f*; **~s** *pl* Unregelmäßigkeiten *fpl*, Regel-, Ordnungswidrigkeiten *fpl* (**dans une élection** bei e-r Wahl) **2** *d'une personne dans son travail* Ungleichmäßigkeit *f* (in der Leistung); ungleichmäßige Leistung

irrégulier [iʀegylje] ADJ ⟨-ière [-jɛʀ]⟩ **1** unregelmäßig (*a.* GRAM) **2** (*illégal*) regel-, ordnungswidrig; irregulär **3** *personne* mit Leistungsschwankungen

irrégulièrement [iʀegyljɛʀmɑ̃] ADV unregelmäßig

irréligieux [iʀeliʒjø] ADJ ⟨-euse [-øz]⟩ nicht religiös; religionslos; irreligiös **irréligion** [-jõ] F Irreligiosität *f*; Unglaube *m*

irrémédiable [iʀemedjabl] ADJ *mal* nicht behebbar; unheilbar; *perte* unersetzlich

irremplaçable [iʀɑ̃plasabl] ADJ unersetzlich

irréparable [iʀepaʀabl] ADJ **1** *objet* nicht mehr zu reparieren(d) **2** *faute* nicht wieder gutzumachen(d); irreparabel

irrépréhensible [iʀepʀeɑ̃sibl] *st/s* ADJ untad(e)lig

irrépressible [iʀepʀesibl] ADJ nicht zu unterdrücken(d)

irréprochable [iʀepʀɔʃabl] ADJ untadelig; tadellos; einwandfrei

irrésistible [iʀezistibl] ADJ **1** unwiderstehlich **2** (*très amusant*) hinreißend komisch

irrésolu [iʀezɔly] ADJ ⟨~e⟩ unentschlossen; unschlüssig **irrésolution** [-sjõ] F Unentschlossenheit *f*

irrespect [iʀɛspɛ] M Respektlosigkeit *f*; Unehrerbietigkeit *f*

irrespectueux [iʀɛspɛktɥø] ADJ ⟨-euse [-øz]⟩ respektlos

irrespirable [iʀɛspiʀabl] ADJ **1** *air* nicht atembar; irrespirabel **2** *fig atmosphère* unerträglich

irresponsabilité [iʀɛspõsabilite] F **1** *morale* Verantwortungslosigkeit *f* **2** JUR Schuldunfähigkeit *f*

irresponsable [iʀɛspõsabl] ADJ **1** verantwortungslos **2** JUR schuldunfähig

irrétrécissable [iʀetʀesisabl] ADJ *tissu* nicht einlaufend, eingehend

irrévérence [iʀeveʀɑ̃s] *st/s* F Unehrerbietigkeit *f*; Respektlosigkeit *f* **irrévérencieux** [-jø] ADJ ⟨-euse [-øz]⟩ unehrerbietig; respektlos

irréversibilité [iʀevɛʀsibilite] F **1** Unumkehrbarkeit *f*; Irreversibilität *f* **2** *d'un mécanisme* Selbsthemmung *f* **irréversible** [-ibl] ADJ unumkehrbar; nicht rückgängig zu machen(d)

irrévocabilité [iʀevɔkabilite] F Unwiderruflichkeit *f* **irrévocable** [-abl] ADJ unwiderruflich

irrigable [iʀigabl] ADJ (leicht) zu bewässern(d) **irrigation** [-asjõ] F 1 AGR Bewässerung *f* 2 MÉD Durchblutung *f*

irriguer [iʀige] V/T 1 AGR bewässern 2 MÉD durchbluten

irritabilité [iʀitabilite] F Reizbarkeit *f*; Erregbarkeit *f* **irritable** [-abl] ADJ reizbar **irritant** [-ɑ̃] ADJ ‹-ante [-ɑ̃t]› enervierend; ärgerlich

irritation [iʀitasjõ] F 1 *(colère)* Gereiztheit *f*; Verärgerung *f* 2 MÉD Reizung *f*; leichte Entzündung

irrité [iʀite] ADJ ‹~e› 1 *geste, regard, personne* gereizt; erregt; ungehalten; verärgert 2 MÉD gereizt; leicht entzündet

irriter [iʀite] A V/T 1 **~ qn** j-n reizen, verärgern, ungehalten machen 2 MÉD reizen B V/PR **s'~ contre qn, de qc** sich über j-n, etw aufregen

irruption [iʀypsjõ] F Eindringen *n*; MIL *a.* Einfall *m*; *fig* **faire ~** *fam* hineinplatzen (**dans** in + *acc*)

Isère [izɛʀ] **l'~** F *Fluss u. Departement in Frankreich*

islam [islam] M Islam *m* **islamique** [-ik] ADJ islamisch **islamisation** [-izasjõ] F Islamisierung *f* **islamiser** [-ize] V/T islamisieren **islamisme** [-ism] M Islamismus *m* **islamiste** [-ist] A ADJ islamistisch B M Islamist *m*

islandais [islɑ̃dɛ] A ADJ ‹-aise [-ɛz]› isländisch B 1 **Islandais(e)** *m(f)* Isländer(in) *m(f)* 2 LING **l'~** *m* das Isländische; Isländisch *n*

Islande [islɑ̃d] **l'~** F Island *n*

ISO [izo] ADJ ABR (International Standardization Organization) **norme** *f* **~** ISO-Norm *f*

isocèle [izɔsɛl] ADJ gleichschenklig

isolable [izɔlabl] ADJ isolierbar

isolant [izɔlɑ̃] A ADJ ‹-ante [-ɑ̃t]› Isolier... B M Isoliermaterial *n*; Dämmstoff *m* **isolateur** [-atœʀ] M Isolator *m* **isolation** [-asjõ] F Isolierung *f*; Isolation *f*; Dämmung *f*

isolationnisme [izɔlasjɔnism] M Isolationismus *m*

isolé [izɔle] ADJ ‹~e› 1 *endroit* abgelegen; entlegen; einsam 2 *arbre, bâtiment* frei stehend, alleinstehend 3 *(individuel)* einzeln; Einzel...; vereinzelt; **cas ~** Einzelfall *m* 4 *personne* isoliert (**de** von); allein; einsam; vereinsamt

isolement [izɔlmɑ̃] M 1 Isolation *f*; *d'une personne a.* Alleinsein *n* 2 *d'un malade, d'un détenu* Isolierung *f*; Absonderung *f*

isolément [izɔlemɑ̃] ADV einzeln; isoliert; **chacun pris ~** jeder für sich genommen

isoler [izɔle] A V/T 1 isolieren (*a.* TECH, ÉLEC, *malade*) 2 *fait* isoliert, für sich betrachten B V/PR **s'~** sich isolieren, sich absondern (**de qn** von j-m); sich abkapseln

isoloir [izɔlwaʀ] M Wahlzelle *f*, -kabine *f*

isotherme [izɔtɛʀm] ADJ 1 **sac** *m* **~** Kühltasche *f* 2 MÉTÉO (**ligne** *f*) **~** *f* Isotherme *f*

isotope [izɔtɔp] M Isotop *n*

Israël [isʀaɛl] ‹*ohne Artikel*› Israel *n*

israélien [isʀaeljɛ̃] A ADJ ‹-ienne [-jɛn]› israelisch B **Israélien(ne)** M(F) Israeli *m/f*

israélite [isʀaelit] A ADJ israelitisch B M/F Israelit(in) *m(f)*

israélo-arabe [isʀaeloaʀab] ADJ israelisch--arabisch

issu [isy] ADJ ‹~e› **~ de** abstammend von; hervorgegangen aus (*a. fig*)

issue [isy] F 1 Ausgang *m*; **~ de secours** Notausgang *m*; **voie** *f* **sans ~** Sackgasse *f* 2 *fig (solution)* Ausweg *m* (**à aus**); **sans ~** ausweglos 3 *fig (fin)* Ausgang *m*; Ende *n*; **à l'~ de** am Ende, am Schluss (+ *gén*)

isthme [ism] M Landenge *f*; Isthmus *m*

italianiser [italjanize] V/T italianisieren; italienisieren **italianisme** [-ism] M Italianismus *m*; italienische Spracheigentümlichkeit

Italie [itali] **l'~** F Italien *n*

italien [italjɛ̃] A ADJ ‹-ienne [-jɛn]› italienisch B 1 **Italien(ne)** *m(f)* Italiener(in) *m(f)* 2 LING **l'~** *m* das Italienische; Italienisch *n*

italique [italik] M Kursivschrift *f*; **en ~** kursiv

item [itɛm] A ADV COMM ebenso; desgleichen B M Item *n*; Punkt *m*

itératif [iteʀatif] ADJ ‹-ive [-iv]› GRAM iterativ

itinéraire [itineʀɛʀ] M Route *f*; Strecke *f*

itinérant [itineʀɑ̃] ADJ ‹-ante [-ɑ̃t]› Wander...

itou [itu] ADV *plais* **et moi ~** ich auch

IUFM [iyɛfɛm] M (! unveränderlich) ABR (institut universitaire de formation des maîtres) *Ausbildungsstätte für Grundschul- u. Gymnasiallehrer*

IUT [iyte] M (! unveränderlich) ABR (institut universitaire de technologie) Fachhochschule *f*

IVG [iveʒe] F (! unveränderlich) ABR (interruption volontaire de grossesse) Schwangerschaftsabbruch *m*

ivoire [ivwaʀ] M 1 Elfenbein *n* 2 ANAT Zahnbein *n*

ivoirien [ivwaʀjɛ̃] A ADJ ‹-ienne [-jɛn]› (von) der Elfenbeinküste B **Ivoirien(ne)** M(F) Ivorer(in) *m(f)*

ivre [ivʀ] ADJ 1 betrunken; **~ mort** sinnlos betrunken 2 *fig* **~ de** erfüllt von; *st/s* trunken von *ou* vor (+ *dat*)

ivresse [ivʀɛs] F 1 Trunkenheit *f*; Rausch *m*; **conduite** *f* **en état d'~** Trunkenheit *f* am Steuer 2 *fig* Taumel *m*; Rausch *m*

ivrogne [ivʀɔɲ] M/F *pop* Säufer(in) *m(f)*; Trunkenbold *m*

ivrognerie [ivʀɔɲʀi] F Trunksucht *f*

J

J, j [ʒi] M (! unveränderlich) J, j *n*; **le jour J** der Tag X

j' [ʒ] → je

jabot [ʒabo] M 1 ZOOL Kropf *m* 2 COUT Jabot *n*

jacasser [ʒakase] V/I 1 *pie* schreien 2 *fig* schwatzen; *fam* plappern; *fam* schnattern

jacasserie [ʒakasʀi] *fam* F Schwatzen *n*; *fam* Plappern *n*; *fam* Schnattern *n*

jachère [ʒaʃɛʀ] F Brache *f*; **en ~** brachliegend

jacinthe [ʒasɛ̃t] F Hyazinthe *f*

jackpot [(d)ʒakpɔt] M Jackpot *m*; **toucher le ~** den Jackpot gewinnen, *fam* knacken

jacobin [ʒakɔbɛ̃] M HIST Jakobiner *m*

jacobinisme [ʒakɔbinism] M Jakobinertum *n*

jacquard [ʒakaʀ] M TEXT Jacquardwebstuhl *m*; Jacquardmaschine *f*

jacquerie [ʒakʀi] F HIST Bauernaufstand *m*

Jacques [ʒak] M 1 *prénom* Jakob *m* 2 *fam* **faire le ~** den Hanswurst spielen

jactance [ʒaktɑ̃s] F 1 *litt (vanité)* Prahlerei *f* 2 *fam (bavardage) fam* Gequassel *n*

jacter [ʒakte] V/I *fam* quasseln

jacuzzi® [ʒakyzi] M Whirlpool® *m*

jade [ʒad] M Jade *m ou f*

jadis [ʒadis] ADV einst(mals); früher

jaguar [ʒagwaʀ] M Jaguar *m*

jaillir [ʒajiʀ] V/I 1 *liquide* herausspritzen (**de** aus); hervorquellen, -sprudeln; *flammes* hochschlagen; *étincelles* sprühen 2 *fig idées* hervorbrechen; aufblitzen

jaillissant [ʒajisɑ̃] ADJ ⟨-ante [-ɑ̃t]⟩ sprudelnd

jaillissement [ʒajismɑ̃] M 1 *d'un liquide* (Auf)-Spritzen *n*; Hochschießen *n*; Sprudeln *n*; *d'une flamme* Hochschlagen *n*; *d'étincelles* Sprühen *n*; ÉLEC Überspringen *n*; *de la lumière* Aufblitzen *n* 2 *fig de la vérité* Hervorbrechen *n*; Aufblitzen *n*

jais [ʒɛ] M Gagat *m*; Pechkohle *f*; *fig* **de ~** tiefschwarz; pechschwarz

jaja [ʒaʒa] M *argot (vin)* Wein *m*

jalon [ʒalõ] M Fluchtstab *m*; Absteckpfahl *m*; *fig* **poser des ~s** den Weg bereiten (**de qc** für etw)

jalonnement [ʒalɔnmɑ̃] M *du terrain* Abstecken *n*; Markieren *n*

jalonner [ʒalɔne] V/T 1 *terrain* abstecken; markieren 2 *(border)* säumen; *fig* **jalonné de** reich an (+ *dat*); voller (+ *gén*)

jalousement [ʒaluzmɑ̃] ADV → jaloux; **garder ~ un secret** ein Geheimnis ängstlich hüten

jalouser [ʒaluze] A V/T eifersüchtig sein auf (+ *acc*); beneiden B V/PR **se ~** aufeinander eifersüchtig, neidisch sein

jalousie [ʒaluzi] F 1 *(envie)* Neid *m*; Missgunst *f* 2 *en amour* Eifersucht *f* 3 TECH Jalousie *f*

jaloux [ʒalu] ADJ ⟨**jalouse** [ʒaluz]⟩ 1 *(envieux)* neidisch (**de qn, qc** auf j-n, etw); missgünstig; *subst* **faire des ~** Neid erregen; Neider schaffen 2 *en amour* eifersüchtig (**de qn** auf j-n) 3 *(très attaché à)* **~ de qc** ängstlich auf etw *(acc)* bedacht

jamaïquain [ʒamaikɛ̃] A ADJ jamaikanisch B SUBST **Jamaïquain(e)** M(F) Jamaikaner(in) *m(f)*

Jamaïque [ʒamaik] **la ~** Jamaika *n*

jamais [ʒamɛ] ADV 1 (! immer mit **ne** vor dem Verb) nie(mals); **je ne l'oublierai ~** ich werde es nie vergessen; **ne ... plus ~** *ou* **ne ... ~ plus** nie mehr; nie wieder; **ne ... ~ que** immer nur; schließlich nur; **~ de la vie!** nie und nimmer!; nie im Leben!; **il n'en fait ~ d'autres** er macht immer solche Dummheiten; **on ne sait ~** man kann nie wissen 2 *sens positif* je(mals); **pire que ~** schlimmer denn je; **si ~ je te revois** wenn ich dich je wiedersehen sollte; **à (tout) ~** für immer; **sans ~ ...** ohne je(mals) ...

jambage [ʒɑ̃baʒ] M *de lettres* Abstrich *m*

jambe [ʒɑ̃b] F Bein *n*; *s'enfuir* **à toutes ~s** Hals über Kopf; *fig* **par-dessous** *ou* **par-dessus la ~** nachlässig; flüchtig; oberflächlich; *fig* **avoir les ~s en coton** weiche Knie haben; *fam fig* **cela me fait une belle ~!** was nützt mir das!; *fam* dafür kann ich mir nichts kaufen!; *fig* **prendre ses ~s à son cou** *fam* die Beine in die Hand nehmen; *fig* **tenir la ~ à qn** j-n durch sein Gerede aufhalten; **traîner la ~** ein Bein nachziehen; lahmen; *fig* sich nur noch mit Mühe weiterschleppen; kaum noch gehen können

jambière [ʒɑ̃bjɛʀ] F 1 SPORTS (Schien)Beinschutz *m*, -schützer *m* 2 *en laine* Legwarmer *m*

jambon [ʒɑ̃bõ] M Schinken *m* (*a. fam fig cuisse*); **~ de Bayonne** roher, leicht gesalzener Schinken

jambonneau [ʒɑ̃bɔno] M ⟨~x⟩ Eisbein *n*; Schweinshaxe *f*

jansénisme [ʒɑ̃senism] M REL Jansenismus *m*; *par ext* große Sittenstrenge

janséniste [ʒɑ̃senist] A ADJ REL jansenistisch; *par ext* (sitten)streng B M/F Jansenist(in) *m(f)*

jante [ʒɑ̃t] F Felge *f*

janvier [ʒɑ̃vje] M Januar *m*; **en ~, au mois de ~** im (Monat) Januar

Japon [ʒapõ] **le ~** Japan *n*

japonais [ʒapɔnɛ] A ADJ ⟨-aise [-ɛz]⟩ japanisch B 1 **Japonais(e)** *m(f)* Japaner(in) *m(f)* 2 LING **le ~** das Japanische; Japanisch *n*

japonaiserie [ʒapɔnɛzʀi] F japanischer

Kunstgegenstand; *bibelot* japanische Nippsache
japonisant [ʒapɔnizɑ̃] M, **japonisante** [-ɑ̃t] F Japanologe *m*, Japanologin *f*
jappement [ʒapmɑ̃] M Kläffen *n* **japper** [-e] V/I kläffen
jaquette [ʒakɛt] F 1 *pour hommes* Cut(away) *m*; *pour femmes* taillierte (Kostüm)Jacke 2 *d'un livre* Schutzumschlag *m* 3 *d'une dent* Jacketkrone *f*
jardin [ʒaʀdɛ̃] M 1 Garten *m*; ~ **ouvrier** Schreber-, Kleingarten *m*; ~ **public** öffentliche Anlage; **aménager, faire un** ~ e-n Garten anlegen; **faire son** ~ s-n Garten bestellen; im Garten arbeiten 2 ~ **d'enfants** Kindergarten *m*
jardinage [ʒaʀdinaʒ] M Gartenarbeit *f*; Gartenbau *m* **jardiner** [-e] V/I im Garten arbeiten; gärtnern
jardinerie [ʒaʀdinʀi] F Gartencenter *n*
jardinet [ʒaʀdinɛ] M Gärtchen *n*
jardinier [ʒaʀdinje] M Gärtner *m*
jardinière [ʒaʀdinjɛʀ] F 1 Gärtnerin *f* 2 *(bac à fleurs)* Blumenkasten *m* 3 CUIS gemischtes Gemüse

la jardinière — Gärtnerin

la jardinière — Blumenkasten

jargon [ʒaʀgɔ̃] M 1 Jargon *m*; Fach-, Berufssprache *f* 2 *péj* Kauderwelsch *n*
jarre [ʒaʀ] F großer Tonkrug
jarret [ʒaʀɛ] M 1 ANAT Kniekehle *f* 2 CUIS Hachse *f*; *all Sud* Haxe *f*
jarretelle [ʒaʀtɛl] F Strumpfhalter *m*; Straps *m*
jarretière [ʒaʀtjɛʀ] F Strumpfband *n*
jars [ʒaʀ] M Gänserich *m*; *all Nord* Ganter *m*
jaser [ʒaze] V/I schwatzen; *fam* klatschen
jasmin [ʒasmɛ̃] M (Echter) Jasmin
jaspe [ʒasp] M Jaspis *m*
jatte [ʒat] F Schale *f*; Napf *m*
jauge [ʒoʒ] F Messstab *m*; ~ **d'essence** Benzinuhr *f*
jaugeage [ʒoʒaʒ] M 1 *de récipients* (Aus)Messen *n* 2 MAR Tonnagebestimmung *f*
jauger [ʒoʒe] ‹-ge-› A V/T 1 *(mesurer)* (ver)messen 2 *fig (évaluer)* ab-, einschätzen B V/I MAR ~ **10 000 tonneaux** 10 000 Tonnen haben
jaunâtre [ʒonɑtʀ] ADJ gelblich
jaune [ʒon] A ADJ gelb B ADV *fig* **rire** ~ gezwungen lachen C M 1 *couleur* Gelb *n* 2 ~ **d'œuf** Eigelb *n*; (Ei)Dotter *m ou n* 3 *péj* Streikbrecher *m*
jaunir [ʒoniʀ] A V/T gelb färben B V/I gelb werden; *papier a.* vergilben
jaunissant [ʒonisɑ̃] ADJ ‹-ante [-ɑ̃t]› *feuillages* (sich) gelb färbend; *papier* vergilbend
jaunisse [ʒonis] F Gelbsucht *f*; *fam fig* **en faire une** ~ *fam* sich schwarzärgern
jaunissement [ʒonismɑ̃] M Gelbfärbung *f*; Vergilben *n*
java [ʒava] F 1 *für den „bal musette" typischer Tanz* 2 *fam fig* **faire la** ~ *fam* einen draufmachen
Java [ʒava] Java *n*
javanais [ʒavanɛ] A ADJ ‹-aise [-ɛz]› javanisch B 1 **Javanais(e)** *m(f)* Javaner(in) *m(f)* 2 LING **le** ~ das Javanische; Javanisch *n*
Javel [ʒavɛl] **eau** *f* **de** ~ *chlorhaltiges Desinfektionsmittel*
javellisant [ʒavelizɑ̃] ADJ ‹-ante [-ɑ̃t]› *produit récurant* mit großer Bleichkraft **javellisation** [-asjɔ̃] F Keimfreimachen *n* mit Eau de Javel; Chloren *n*
javellisé [ʒavelize] ADJ ‹~e› gechlort
javelliser [ʒavelize] V/T mit Eau de Javel keimfrei machen; chloren
javelot [ʒavlo] M 1 Speer *m* 2 *discipline* Speerwerfen *n*
jazz [dʒaz] M Jazz *m*
jazzman [dʒazman] M ‹ ~s *ou* jazzmen [dʒazmɛn]› Jazzmusiker *m*; Jazzer *m*
J.-C. ABR (Jésus-Christ) Chr. (Christus)
je [ʒ(ə)] PR PERS (! vor Vokal und stummem h steht **j'**) ich; ~ **parle** ich spreche; **j'entends** ich höre
Jean [ʒɑ̃] M Hans *m*; Johannes *m*
jean [dʒin] M 1 *pantalon* ~ *ou pl* **~s** [dʒins] Jeans *pl* 2 *tissu* Jeansstoff *m*
Jeanne d'Arc [ʒandaʀk] F die heilige Johanna; **coiffure** *f* **à la** ~ Pagenfrisur *f*, -kopf *m*
jeep® [dʒip] F (! feminin) Jeep® *m*
Jéhovah [ʒeɔva] M BIBL Jehova *m*
je-m'en-fichisme [ʒmɑ̃fiʃism] *fam* M Gleichgültigkeit *f*; *fam* Wurschtigkeit *f*
je-m'en-fichiste [ʒmɑ̃fiʃist] *fam* A ADJ gleichgültig; *fam* wurschtig B M/F Person *f*, der alles gleichgültig, *fam* wurscht ist
je-m'en-foutisme [ʒmɑ̃futism] *fam* M Gleichgültigkeit *f*; *fam* Wurschtigkeit *f*
je-m'en-foutiste [ʒmɑ̃futist] *fam* A ADJ gleichgültig; *fam* wurschtig B M/F Person *f*, der alles gleichgültig, *fam* wurscht ist

je-ne-sais-quoi [ʒənsekwa] M (❗ unveränderlich) **un ~** ein gewisses Etwas
jérémiades [ʒeʀemjad] FPL *fam* Gejammer *n*
jerricane *ou* **jerrycan** [(d)ʒeʀikan] M (Benzin)Kanister *m*
Jersey [ʒɛʀzɛ] Jersey *n*
Jérusalem [ʒeʀyzalɛm] Jerusalem *n*
jésuite [ʒezɥit] **A** M Jesuit *m* **B** ADJ **1** Jesuiten... **2** *péj* jesuitisch; verschlagen
jésuitisme [ʒezɥitism] M *péj fig* Heuchelei *f*; Falschheit *f*
Jésus-Christ [ʒezykʀi] M Jesus Christus; **avant, après ~** vor, nach Christus; vor, nach Christi Geburt
jet¹ [ʒɛ] M **1** (*action de jeter*) Wurf *m*; Werfen *n* **2** *d'un fluide* Strahl *m*; **~ d'eau** Wasserstrahl *m*; *vertical* Fontäne *f* **3** *fig* **premier ~** erster Entwurf; **d'un (seul) ~** in einem Zug
jet² [dʒɛt] M AVIAT Jet *m*; Düsenflugzeug *n*

les jets (mpl) — Strahlen

le jet — Jet

jetable [ʒətabl] ADJ Wegwerf...; Einmal...
jetée [ʒ(ə)te] F (Hafen)Mole *f*
jeter [ʒ(ə)te] ‹-tt-› **A** V/T **1** (*lancer*) werfen; *fam* schmeißen; *filet, ligne de pêche* auswerfen; *liquide* schütten (**dans** in + *acc*); **~ l'ancre** den Anker auswerfen; vor Anker gehen; ankern; **~ par la fenêtre** zum Fenster hinauswerfen; **~ des pierres à qn** j-n mit Steinen bewerfen; *fig* **~ un regard à qn** j-m e-n Blick zuwerfen; *fig* **~ un coup d'œil sur qc** e-n Blick auf etw (*acc*) werfen; **~ qc à la tête de qn** j-m etw an den Kopf werfen (*a. fig*) **2** *pour s'en débarrasser* wegwerfen; fortwerfen; *fam* wegschmeißen; **(bon) à ~** zum Wegwerfen; **~ à la poubelle** in den Mülleimer werfen; *personne fam* **se faire ~** *fam* rausgeschmissen werden **3** (*émettre*) *lumière, ombre* werfen (**sur** auf + *acc*); *cris* ausstoßen; *étincelles* sprühen; *fam* **en ~** Eindruck machen; *fam* viel hermachen **4** (*poser*) *fig* **~ les bases de qc** den Grund zu etw legen; **~ un pont** e-e Brücke schlagen (**sur** über + *acc*) **B** V/PR **1** **se ~** sich stürzen (**dans le vide** in die Tiefe); **se ~ de côté** zur Seite springen; **se ~ aux pieds de qn** sich j-m zu Füßen werfen; **se ~ sur qn, qc** sich auf j-n, etw stürzen; über j-n, etw herfallen **2** *fleuve* **se ~ dans** münden, fließen in (+ *acc*)
jeteur [ʒ(ə)tœʀ] M **~ de sort** mit dem bösen Blick behafteter Mensch
jeton [ʒ(ə)tõ] M **1** Marke *f*; Münze *f*; *au jeu* Spielmarke *f*; Jeton *m* (*a.* TÉL); **~s de présence** Sitzungs-, Tagegeld *n* **2** *fam fig* **un faux ~** [foʃtõ] *fam* ein falscher Fuffziger **3** *fam* (*coup*) Schlag *m*; *fam* Macke *f* (*a. fig*) **4** *fam* **avoir les ~s** *fam* Manschetten, *pop* Schiss haben
jet set *ou* **jet-set** [dʒɛtsɛt] M *ou* F ‹jet-sets› Jetset *m*
jeu [ʒø] M ‹~x› **1** Spiel *n* (*a. objet, fig*); **~ télévisé** Fernsehquiz *n*; **~ de cartes** Kartenspiel *n*; **~ de construction** Baukasten *m*; **~ d'enfant** Kinderspiel *n* (*a. fig*); **~ des sept familles** Quartett *n*; **~ de mots** Wortspiel *n*; **~ de piste** Schnitzeljagd *f*; **~ de société** Gesellschaftsspiel *n*; **au ~** beim Spiel; SPORTS **°hors ~** abseits; *fig* **avoir beau ~** leichtes Spiel haben; *fig* **entrer dans le ~** mitmachen; darauf eingehen; **entrer en ~** *facteur* ins Spiel kommen; *personne* in Funktion treten; *fig* **c'est le ~** das ist nun einmal so (üblich); **ce n'est pas de ~** das ist gegen die Spielregel; *fig* **être en ~** auf dem Spiel stehen; *fig* **faire le ~ de qn** j-m (unbeabsichtigt) in die Hände arbeiten; *fig* **les ~x sont faits** die Würfel sind gefallen; **jouer le ~** sich an die Spielregeln halten; *fig* **jouer le ~ de qn** mit j-m gemeinsame Sache machen; *fig* **jouer (un) double ~** ein doppeltes Spiel spielen, treiben; *fig* **mener le ~** Herr der Lage sein; **mettre en ~** (*miser*) setzen; *fig* (*se servir de*) aufbieten; einsetzen; (*risquer*) aufs Spiel setzen; *fig* **se piquer, se prendre au ~** Gefallen, Geschmack an der Sache finden; **être pris à son propre ~** sich in der eigenen Schlinge fangen **2** *adjt fam* **vieux ~** altmodisch; unmodern **3** TECH (*série*) Satz *m*; **~ de clés** Satz Schlüssel **4** TECH Spiel *n*; **avoir du ~** Spiel haben
jeudi [ʒødi] M Donnerstag *m*; **~ saint** Gründonnerstag *m*; **un ~** an e-m Donnerstag; **le ~** donnerstags; am Donnerstag; **tous les ~s** jeden Donnerstag; **~ prochain** (am) nächsten, kommenden Donnerstag; **~ soir** (am) Donnerstag-

J

abend; **le ~ soir** donnerstagabends; donnerstags abends

jeun [ʒɛ̃, ʒœ̃] **à ~** nüchtern; auf nüchternen Magen

jeune [ʒœn] **A** ADJ **1** jung; **jeune fille** *f* (junges) Mädchen; **jeune homme** *m* junger Mann; **jeune travailleur** *m* junger Arbeitnehmer; **tout jeune** blutjung; ganz jung; **dès son plus jeune âge** von frühester Jugend an **2** *(juvénile)* jugendlich; **être jeune de caractère** ein jugendliches Wesen haben; **ils font jeune(s)** sie sehen jung, jugendlich aus **3** *(nouveau)* **jeunes mariés** Jungverheiratete(n) *pl*; junges, neuvermähltes Paar **B** M/F Jugendliche(r) *m/f(m)*; **les jeunes** die jungen Leute; die Jugendlichen; die Jugend; die Jungen; der Nachwuchs

jeûne [ʒøn] M Fasten *n (a.* REL)

jeûner [ʒøne] V/I fasten

jeunesse [ʒœnɛs] F **1** *période* Jugend(zeit) *f*; Jugendjahre *npl*; **première ~** frühe(ste) Jugend; *prov* **il faut que ~ se passe** (die) Jugend muss sich austoben **2** *(les jeunes)* Jugend *f* **3** *qualité* Jugendlichkeit *f*; **~ d'esprit** geistige Frische **4** *plais* **une ~** ein junges Ding

jeunet [ʒœnɛ] *fam* ADJ ⟨-ette [-ɛt]⟩ sehr jung; reichlich jung

jeunot [ʒœno] M *fam* **un petit ~** *fam* ein junger Spund; *fam* ein Bürschchen *n*

jihad [dʒiad] M → djihad

jingle [dʒingœl] M Jingle *m*

JO [ʒio] ABR **1** *m (Journal officiel)* Amts-, Gesetzblatt *n*; ≈ BGBl. (Bundesgesetzblatt) **2** *mpl (jeux Olympiques)* Olympische Spiele *npl*

joaillerie [ʒɔajʀi] F **1** *art* Juwelierkunst *f* **2** *magasin* Juweliergeschäft *n*

joaillier [ʒɔaje] M, **joaillière** [-jɛʀ] F Juwelier(in) *m(f)*

job [dʒɔb] M *fam* Job *m*

jockey [ʒɔkɛ] M Jockei *ou* Jockey *m*

Joconde [ʒɔkõd] **la ~** die Mona Lisa

jodler [ʒɔdle] V/I jodeln

joggeur [dʒɔgœʀ] M, **joggeuse** [-øz] F Jogger(in) *m(f)*

jogging [dʒɔgiŋ] M **1** *sport* Jogging *n*; **faire du ~** joggen **2** *vêtement* Jogginganzug *m*

joie [ʒwa] F Freude *f*; **~ de vivre** Lebensfreude *f*, -lust *f*; *iron* **les ~s de la voiture** die Freuden des Autofahrens; **à cœur ~** nach Herzenslust; **faire, laisser éclater sa ~** in Jubel ausbrechen; **s'en donner à cœur ~** mit Leib und Seele dabei sein; **faire la ~ de qn** die ganze Freude j-s sein; **se faire une ~ de faire qc** sich *(dat)* ein Vergnügen daraus machen, etw zu tun; **mettre en ~** erheitern; fröhlich stimmen; **pleurer de ~** vor Freude weinen; Freudentränen vergießen; **sauter de ~** Freudensprünge machen

joignable [ʒwaɲabl] ADJ *personne* erreichbar

joindre [ʒwɛ̃dʀ] ⟨je joins [ʒwɛ̃], il joint, nous joignons [ʒwaɲõ]; je joignais; je joignis; je joindrai; que je joigne; joignant; joint⟩ **A** V/T **1** *(mettre ensemble)* aneinanderfügen; zusammenfügen; miteinander verbinden; **~ les mains** die Hände falten **2** *(ajouter)* **~ à** hinzufügen (+ *dat*); dazutun zu; *à une lettre* beilegen (+ *dat*); **~ qc à une lettre** *a.* etw in e-m Brief mitschicken **3** **~ qn** j-n erreichen; **~ qn par téléphone** j-n telefonisch, per Telefon erreichen **B** V/I *planches, etc* **~ bien (mal)** (un)genau anliegen **C** V/PR **se ~ à qn** sich j-m anschließen; **se ~ à qc** sich e-r Sache *(dat)* anschließen; bei etw mitmachen

joint [ʒwɛ̃] **A** ADJ ⟨jointe [ʒwɛ̃t]⟩ **1** zusammengefügt; verbunden, vereinigt (**à** mit); *document* beigelegt (**à** *dat*); **pièces ~es** Anlagen *fpl*; *sauter* **à pieds ~s** mit geschlossenen Füßen; aus dem Stand **2** INFORM **fichier ~, pièce ~e** Attachment **B** M **1** TECH *(articulation)* Gelenk *n*; *fig* **chercher le ~** e-n Weg, ein Mittel suchen **2** TECH *de robinet, etc* Dichtung *f*; **~ de culasse** Zylinderkopfdichtung *f* **3** CONSTR Fuge *f* **4** *fam de haschisch* Joint *m*

jointif [ʒwɛ̃tif] ADJ ⟨-ive [-iv]⟩ aneinandergesetzt; fugendicht

jointure [ʒwɛ̃tyʀ] F **1** ANAT Gelenk *n* **2** TECH Verbindungsstelle *f*; Fuge *f*

jojo [ʒoʒo] *fam* **A** ADJ (**!** unveränderlich) **pas très ~** nicht sehr schön, nett **B** M **un affreux ~** ein Ekel *n*

joker [ʒɔkɛʀ] M Joker *m*

joli [ʒɔli] ADJ ⟨~e⟩ **1** hübsch; nett; **~ comme un cœur** bildhübsch **2** *somme, etc fam* (ganz) hübsch, beachtlich; **c'est bien ~, mais …** das ist alles ganz schön und gut, aber … **3** *iron* sauber; nett; reizend; *subst* **c'est du ~!** *fam* das ist e-e schöne Bescherung!

joliment [ʒɔlimɑ̃] ADV **1** hübsch **2** *fam* ganz schön

jonc [ʒõ] M Binse *f*

jonchée [ʒõʃe] F **~ de fleurs** gestreute Blumen *fpl*; *par ext* **~ de papiers** *etc* auf dem Boden herumliegende Papiere *npl etc*

joncher [ʒõʃe] V/T **1** bestreuen (**de** mit) **2** *objets* verstreut liegen (**le sol** auf dem Boden); **jonché de** übersät mit

jonction [ʒõksjõ] F Verbindung *f*; Vereinigung *f*; Anschluss(stelle) *m(f)*

jongler [ʒõgle] V/I jonglieren (**avec** mit; *a. fig*)

jongleur [-œʀ] M, **jongleuse** [-øz] F Jongleur(in) *m(f)*

jonque [ʒõk] F Dschunke *f*

jonquille [ʒõkij] F Gelbe Narzisse; Osterglocke *f*

Jordanie [ʒɔʀdani] **la ~** Jordanien *n*

jordanien [ʒɔʀdanjɛ̃] **A** ADJ ‹-ienne [-jɛn]› jordanisch **B** **Jordanien(ne)** M(F) Jordanier(in) *m(f)*

jouable [ʒwabl] ADJ **1** spielbar **2** *(possible)* möglich

joue [ʒu] F Backe *f*; *st/s* Wange *f*; **mettre, tenir qn en ~** auf j-n anlegen, zielen

jouer [ʒwe] **A** V/T **1** spielen *(a.* MUS, THÉ*)*; *carte, couleur* ausspielen; *somme* setzen (**sur** auf + *acc*); *fig réputation* aufs Spiel setzen; *pièce, film a.* aufführen; geben; MUS **~ qc à qn** j-m etw vorspielen **2** *fig étonnement, etc* mimen; heucheln; **~ les innocents**, *etc* den Unschuldigen *etc* spielen, markieren **B** V/I *et* V/T INDIR **1** spielen; **à qui de ~?** wer ist dran, an der Reihe?; *fig* **bien joué!** gut so!; gut gemacht!; **~ aux cartes, aux échecs**, *etc* Karten, Schach *etc* spielen; **~ au football, au tennis**, *etc* Fußball, Tennis *etc* spielen; **~ aux courses** (bei Pferderennen) wetten; **~ de la flûte, du piano**, *etc* Flöte, Klavier *etc* spielen; **~ sur les mots** Wortspielereien machen **2** *(utiliser)* **~ de qc** etw einsetzen, ausnutzen; **~ de son charme** s-n Charme einsetzen, aufbieten **3** *(entrer en jeu)* e-e Rolle spielen; zum Tragen kommen; sich auswirken; **faire ~ ses relations** s-e Beziehungen spielen lassen **C** V/PR **1** **se ~** THÉ, MUS gespielt werden; *fig drame* sich abspielen; *avenir* sich entscheiden **2** **se ~ de qn** j-n zum Narren halten; **se ~ des difficultés** die Schwierigkeiten spielend meistern

jouet [ʒwɛ] M **1** Spielzeug *n*; **~s** *pl* Spielzeug *n* *(coll)*; Spielsachen *fpl* **2** *fig* **être le ~ de** der Spielball, das Opfer (+ *gén*) sein

joueur [ʒwœʀ], **joueuse** [ʒwøz] **A** M,F Spieler(in) *m(f)*; **il est beau, mauvais joueur** er ist ein guter, schlechter Verlierer *(a. fig)* **B** ADJ *enfant, chat* verspielt

joufflu [ʒufly] ADJ ‹~e› pausbäckig

joug [ʒu] M Joch *n (a. fig)*

jouir [ʒwiʀ] **A** V/T INDIR **~ de qc** **1** *(posséder)* etw genießen, besitzen, haben; sich e-r Sache *(gén)* erfreuen **2** *(tirer plaisir de)* etw genießen, auskosten **3** JUR die Nutzung von etw haben **B** V/I e-n Orgasmus haben; *fam* kommen; *fam* fertig werden

jouissance [ʒwisɑ̃s] F **1** *(plaisir)* Genuss *m* **2** JUR Nutzung *f*; Nutzungsrecht *n*; Nießbrauch *m*

jouisseur [ʒwisœʀ] M, **jouisseuse** [-øz] F Genießer(in) *m(f)*; Genussmensch *m*

jouissif [ʒwisif] ADJ ‹-ive [-iv]› großartig; hervorragend

joujou [ʒuʒu] M ‹~x› *enf* **1** Spielzeug *n (a. fig)* **2** **faire ~** spielen

joule [ʒul] M PHYS Joule *n*

jour [ʒuʀ] M **1** Tag *m*; **~ de l'An** Neujahrstag *m*; **~ de fête** Festtag *m*; **~ de semaine, de travail** Wochen-, Arbeitstag *m*; **beau comme le ~** bildschön; **(pendant) le ~** tagsüber; am Tag(e); während des Tages; **l'autre ~** neulich; unlängst; vor Kurzem; **un ~** e-s Tages; einmal; **un ~ ou l'autre** früher oder später; über kurz oder lang; **un ~ sur deux, tous les deux ~s** alle zwei Tage; jeden zweiten Tag; **ces ~s-ci** in diesen Tagen; dieser Tage; **un de ces ~s** demnächst; bald einmal; **tous les ~s** *ou* **chaque ~** täglich; jeden Tag; alle Tage; **à ~** auf dem Laufenden; **mettre à ~** aufs Laufende, auf den neuesten Stand bringen; aufarbeiten; **~ après ~** Tag für Tag; tagaus, tagein; tagtäglich; **de ~** bei Tag(e); tagsüber; **de ~ en ~** von Tag zu Tag; mit jedem Tag; **de nos ~s** heutzutage; **du ~ au lendemain** von heute auf morgen; **du ~ où …** seit dem Tag, da *ou* an dem …; **par ~** täglich; pro, am Tag; **~ pour ~** auf den Tag (genau); **quel ~ sommes-nous?** welchen Tag *ou* den Wievielten haben wir heute?; welcher Tag *ou* der Wievielte ist heute?; **être comme le ~ et la nuit** grundverschieden sein; **vivre au ~ le ~** von der Hand in den Mund leben **2** (Tages)Licht *n*; **faux ~** schlechtes Licht; ungünstige Beleuchtung; **au ~** bei Tageslicht; *fig* **au grand ~** in aller Öffentlichkeit; **au petit ~** bei Tagesanbruch; im Morgengrauen; *fig* **sous un ~ favorable** in günstigem Licht; *fig* **se montrer sous son vrai ~** sein wahres Gesicht zeigen; **il fait ~** es ist Tag, hell; *fig* **se faire ~** *vérité* ans Licht, an den Tag kommen; *idée* zum Durchbruch kommen; *fig* **voir le ~** *personne* das Licht der Welt erblicken; *idée, mode* aufkommen **3** *(vie)* **~s** *pl* Leben *n*; Tage *mpl*; **donner le ~ à un enfant** e-m Kind das Leben schenken; **finir ses ~s à la campagne** s-n Lebensabend auf dem Land verbringen **4** COUT Hohlsaum *m*

journal [ʒuʀnal] M ‹-aux [-o]› **1** *publication* (Tages)Zeitung *f*; Blatt *n*; *(périodique)* Zeitschrift *f* **2** **~ télévisé** (Fernseh)Nachrichten *fpl* **3** **~ (inti-**

jour – oder etwa doch journée?

Elle prend le métro tous les jours.
Sie fährt jeden Tag mit der U-Bahn.

Wird der Tag als Zeiteinheit von 24 Stunden betrachtet, so verwendet man **le jour**.
Betont man bei einem Tag hingegen dessen Verlauf, so nimmt man **la journée**:

Vous avez passé une belle journée à Dijon ?
Haben Sie einen schönen Tag in Dijon verbracht?

SPRACHGEBRAUCH

les journaux (mpl) — Zeitungen

le journal — Tagebuch

me) Tagebuch *n*; **~ de voyage** Reisetagebuch *n*

journalier [ʒuʀnalje] **A** ADJ ⟨-ière [-jɛʀ]⟩ täglich **B** M Tagelöhner *m*

journalisme [ʒuʀnalism] M Journalismus *m*; Publizistik *f*

journaliste [ʒuʀnalist] M/F Journalist(in) *m(f)* **journalistique** [-ik] ADJ journalistisch

journée [ʒuʀne] F **1** (*jour*) Tag *m*; **bonne ~!** schönen Tag!; **toute la ~** den ganzen Tag (lang, über); **des ~s entières** tagelang; **à la ~** tageweise; pro Tag; nach Tagen; **au cours de la ~** im Laufe des Tages; **en fin de ~** am Abend **2** **~ (de travail)** Arbeitstag *m*; **~ continue** durchgehende Arbeitszeit; **faire la ~ continue** durcharbeiten; *iron* **aujourd'hui j'ai gagné ma ~** heute war ein schwarzer Tag für mich

journellement [ʒuʀnɛlmɑ̃] ADV täglich; alle Tage; tagaus, tagein

joute [ʒut] F **1** **~ sur l'eau** Fischerstechen *n* **2** *fig* **~ oratoire** Rededuell *n*

jouvence [ʒuvɑ̃s] F **fontaine** *f* **de ~**, *fig a.* **bain** *m* **de ~** Jungbrunnen *m*

jouvenceau [ʒuvɑ̃so] M ⟨~x⟩ *plais* Jüngling *m*

jouxter [ʒukste] V/T ADMIN **~ qc** *terrain* neben etw (*dat*) liegen

jovial [ʒɔvjal] ADJ ⟨~e; -aux [-o] *od* -als⟩ fröhlich; heiter **jovialité** [-ite] F Fröhlichkeit *f*; Heiterkeit *f*

joyau [ʒwajo] M ⟨~x⟩ Juwel *n* (*a. fig*); *fig a.* Kleinod *n*

joyeux [ʒwajø] ADJ ⟨-euse [-øz]⟩ fröhlich; lustig; vergnügt; heiter

joystick [dʒɔjstik] M Joystick *m*

JT [ʒite] M ABR (journal télévisé) Fernsehnachrichten *fpl*

jubé [ʒybe] M ARCH Lettner *m*

jubilation [ʒybilasjõ] F Jubel *m*; unbändige Freude

jubilé [ʒybile] M fünfzigjähriges (Dienst)Jubiläum

jubiler [ʒybile] V/I (innerlich) frohlocken; sich unbändig freuen

juché [ʒyʃe] ADJ ⟨~e⟩ hoch oben (liegend, sitzend, stehend)

jucher [ʒyʃe] **A** V/T (hoch) hinaufstellen, -legen, -setzen **B** V/PR **se ~ sur qc** sich (hoch oben) auf etw (*acc*) setzen

judaïque [ʒydaik] ADJ jüdisch

judaïsme [ʒydaism] M Judentum *n*

judas [ʒyda] M *d'une porte* Spion *m*

judéo-... [ʒydeo] ADJ jüdisch-... **judéo-allemand** ADJ ⟨-ande [-ɑ̃d]⟩ jiddisch **judéo-chrétien** M Judenchrist *m* **judéo-christianisme** M Judenchristentum *n*

judiciaire [ʒydisjɛʀ] ADJ gerichtlich; richterlich; Gerichts...; Justiz...; **police** *f* **~** Kriminalpolizei *f*

judiciairement [ʒydisjɛʀmɑ̃] ADV gerichtlich

judicieusement [ʒydisjøzmɑ̃] ADV → judicieux

judicieux [ʒydisjø] ADJ ⟨-euse [-øz]⟩ klug; gescheit; vernünftig

judo [ʒydo] M Judo *n*

judoka [ʒydɔka] M/F Judoka *m*

juge [ʒyʒ] M/F JUR Richter(in) *m(f)* (*a. fig*); **~ d'instruction** Untersuchungsrichter *m*; SPORTS **~ de touche** Linienrichter *m*; **~ pour enfants** Jugendrichter *m*; *fig* **il est bon, mauvais ~ en la matière** er kann die Sache gut, schlecht beurteilen

jugé [ʒyʒe] M **au ~** ungefähr; nach Gefühl

juge-arbitre M ⟨juges-arbitres⟩ SPORTS Schiedsrichter *m*

jugement [ʒyʒmɑ̃] M **1** Urteil *n* (*a. fig*); REL **le Jugement dernier** das Jüngste Gericht; **~ de valeur** Werturteil *n*; **prononcer, rendre un ~** ein Urteil verkünden, fällen **2** *faculté* Urteilsvermögen *n*; **manquer de ~** kein Urteil haben; unkritisch sein

jugeote [ʒyʒɔt] F *fam* Grips *m*; *fam* Köpfchen *n*

juger [ʒyʒe] ⟨-ge-⟩ **A** V/T **1** JUR aburteilen; das Urteil sprechen über (+ *acc*); **être jugé** vor Gericht kommen **2** *fig* urteilen (*abs ou* **qn, qc** über j-n, etw); beurteilen **3** (*considérer*) *avec adj* für ... halten, erachten; als ... ansehen; **~ nécessaire de faire qc** es für notwendig halten *ou* erachten, etw zu tun **B** V/T INDIR **~ de** urteilen über (+

acc); beurteilen, ermessen *(+ acc)*; *la joie, surprise de qn* sich *(dat)* vorstellen, denken (können); **à en ~ par sa réaction …** nach s-r Reaktion zu urteilen … C V/PR **se ~ (soi-même)** sich (selbst) beurteilen; **se ~ perdu** sich verloren glauben D M → jugé

jugulaire [ʒygylɛʀ] A ADJ ANAT **veines** *fpl* **~s** Drosselvenen *fpl* B F Sturm-, Kinnriemen *m*

juguler [ʒygyle] V/T eindämmen; Einhalt gebieten *(+ dat)*

juif [ʒɥif] A ADJ ⟨juive [ʒɥiv]⟩ jüdisch; Juden… B **~, juive** M,F Jude *m*, Jüdin *f*

juillet [ʒɥijɛ] M Juli *m*; **le quatorze Juillet** der vierzehnte Juli *(frz Nationalfeiertag)*

juin [ʒɥɛ̃] M Juni *m*

jujube [ʒyʒyb] M Jujube *f*; Brustbeere *f*

juke-box [(d)ʒukbɔks] M (! unveränderlich) Musikbox *f*, -automat *m*; Jukebox *f*

julienne [ʒyljɛn] F **~ de légumes** klein geschnittenes Gemüse

Juliette [ʒyljɛt] F *Vorname*; **Roméo et ~** Romeo und Julia

jumeau [ʒymo] A ADJ ⟨-elle [-ɛl]; ~x⟩ Zwillings…; Doppel…; **frère ~, sœur jumelle** Zwillingsbruder *m*, -schwester *f*; **lits ~x** Doppelbett *n* B **~** M ⟨~x⟩, **jumelle** F Zwilling *m*; Zwillingsbruder *m*, -schwester *f*; **~x, jumelles** Zwillinge *mpl*; Zwillingspaar *n*; **vrais, faux ~x** eineiige, zweieiige Zwillinge *mpl*

jumelage [ʒymlaʒ] M Städtepartnerschaft *f*

jumelé [ʒymle] ADJ ⟨~e⟩ Zwillings…; Doppel…; **pari ~** Sieg- und Platzwette *f*; **villes ~es** Partnerstädte *fpl*

jumeler [ʒymle] V/T ⟨-ll-⟩ durch e-e Städtepartnerschaft verbinden

jumelles [ʒymɛl] FPL 1 Fernglas *n*; Feldstecher *m*; **~ de théâtre** Opernglas *n*; *fam* Operngucker *m* 2 → jumeau

jument [ʒymɑ̃] F Stute *f*

jumping [dʒœmpiŋ] M Jagdspringen *n*

les jumelles (fpl) — Fernglas

les jumelles (fpl) — Zwillinge

jungle [ʒɛ̃gl, ʒœ̃-] F (! feminin) Dschungel *m*

junior [ʒynjɔʀ] A ADJ (! Maskulin- und Feminform sind gleich) SPORTS Junioren…; *par ext* **mode** *f* **~** Mode *f* für Junioren B M/F Junior(in) *m(f)*

junkie [dʒœŋki] M/F Junkie *m*

junte [ʒɛ̃t, ʒœ̃t] F Junta *f*; **~ militaire** Militärjunta *f*

jupe [ʒyp] F Rock *m* **jupe-culotte** F ⟨jupes-culottes⟩ Hosenrock *m*

jupette [ʒypɛt] F Röckchen *n*

Jupiter [ʒypitɛʀ] ASTRON, MYTH Jupiter *m*

jupon [ʒypõ] M Unterrock *m*

Jura [ʒyʀa] **le ~** GÉOG der Jura

jurançon [ʒyʀɑ̃sõ] M *ein frz Weißwein*

jurassien [ʒyʀasjɛ̃] GÉOG ADJ ⟨-ienne [-jɛn]⟩ Jura…; des Jura

jurassique [ʒyʀasik] M GÉOL Jura *m*

juré [ʒyʀe] A ADJ ⟨~e⟩ **ennemi ~** geschworener, erklärter Feind B M JUR Geschworene(r) *m*; Schöffe *m*

jurer [ʒyʀe] A V/T schwören *(a. abs)*; *par ext (assurer)* versichern; **~ de faire qc** schwören, geloben, etw zu tun; **~ fidélité à qn** j-m Treue schwören, geloben; *fig* **on ne jure plus que par lui** man schwört auf ihn; **je vous jure** das kann ich Ihnen sagen, versichern B V/I 1 *(dire des jurons)* fluchen; **~ comme un charretier** fluchen wie ein Droschkenkutscher 2 *(aller mal avec)* nicht zueinanderpassen; *couleurs a.* sich beißen; **~ avec qc** nicht zu etw passen; sich nicht mit etw vertragen C V/PR **se ~ de faire qc** sich *(dat)* schwören, etw zu tun

juridiction [ʒyʀidiksjõ] F Gerichtsbarkeit *f*; Rechtsprechung *f*; Jurisdiktion *f*; *(tribunal)* Gericht *n*

juridictionnel [ʒyʀidiksjɔnɛl] ADJ ⟨~le⟩ richterlich; Gerichts…

juridique [ʒyʀidik] ADJ juristisch; rechtlich; Rechts…; **études** *fpl* **~s** Jurastudium *n*; juristisches Studium

juridiquement [ʒyʀidikmɑ̃] ADV 1 rechtlich; juristisch 2 gerichtlich; vor Gericht

jurisprudence [ʒyʀispʀydɑ̃s] F Rechtsprechung *f*; Spruchpraxis *f*; **faire ~** zum Präzedenzfall werden

juriste [ʒyʀist] M/F Jurist(in) *m(f)*

juron [ʒyʀõ] M Fluch *m*

jury [ʒyʀi] M (! maskulin) 1 JUR Geschworene(n) *mpl* 2 *d'un prix*, SPORTS Jury *f* 3 *d'examen* Prüfungskommission *f*

jus [ʒy] M 1 Saft *m*; **jus de fruit** Obst-, Fruchtsaft *m*; **jus de rôti** Bratensaft *m*; *fam fig* **ça vaut le jus** das lohnt sich 2 *fam (café)* Kaffee *m*; *péj* **jus de chaussette** *fam* Brühe *f* 3 *fam (courant électrique)* *fam* Saft *m*

jusqu'au-boutisme [ʒyskobutism] M Durchhalten *n* bis zum Ende, um jeden Preis; POL *a.* Durchhaltepolitik *f* **jusqu'au-boutiste** [-ist] M Durchhaltepolitiker *m*; *par ext* Unentwegte(r) *m*
jusque [ʒysk(ə)] **A** PRÉP + PRÉP (! vor Vokal und stummem h steht **jusqu'**) **1** *lieu* bis; **jusqu'à Paris** bis nach Paris; **jusqu'au bord** bis an den *ou* zum Rand; **accompagner qn ~ chez lui** j-n bis nach Hause begleiten **2** *temps* bis; **jusqu'à demain** bis morgen; **jusqu'à quand?** bis wann?; wie lange noch?; **jusqu'après Noël** bis nach Weihnachten **3** *fig* **jusqu'au dernier** bis auf den letzten Mann **B** PRÉP+ADV bis; **jusqu'ici** *lieu* bis hier(her); *temps* bis jetzt; bisher; **~-là** bis dahin; *fam fig* **j'en ai ~-là** *fam* mir steht's bis hierhin; **~ tard dans la nuit** bis spät in die Nacht (hinein) **C** ADV sogar; selbst **D** CONJ **jusqu'à ce que …** (+ *subj*) bis
justaucorps [ʒystokɔʀ] M Gymnastikanzug *m*
juste [ʒyst] **A** ADJ **1** (*équitable*) gerecht; *revendications* berechtigt **2** (*correct*) richtig; (*exact*) genau; *mot* passend; treffend; **être ~** *addition, réponse* stimmen; *montre* richtig, genau gehen **3** (*serré*) knapp **B** ADV **1** (*exactement*) genau; richtig; **à six heures ~** genau um, Punkt sechs Uhr; (*précisément*) gerade; **~ à côté** gleich nebenan; **chanter ~** richtig singen; **il vient ~ d'arriver** er ist gerade, eben angekommen; **au ~** eigentlich; genau; **comme de ~** wie nicht anders zu erwarten **2** (*de justesse*) **(tout) ~** gerade noch; (ganz) knapp; (*seulement*) nur; **au plus ~** ganz knapp **C** M Gerechte(r) *m*
justement [ʒystəmɑ̃] ADV **1** (*précisément*) gerade; eben **2** (*avec justesse*) richtig **3** (*à bon droit*) zu, mit Recht
justesse [ʒystɛs] F **1** *d'une montre, etc* Genauigkeit *f*; *d'une remarque, etc* Richtigkeit *f* **2** **de ~** gerade noch; mit knapper Not
justice [ʒystis] F **1** (*équité*) Gerechtigkeit *f*; **demander, obtenir ~** Gerechtigkeit, sein Recht fordern, bekommen; **ce n'est que ~** das ist nur recht und billig; **rendre ~ à qn** j-m Gerechtigkeit widerfahren lassen **2** (*juridiction*) Justiz *f*; Rechtswesen *n*; **assigner, citer en ~** vor Gericht laden; vorladen; **passer en ~** vor Gericht kommen; **se faire ~ (soi-même)** (*se tuer*) sich selbst richten; (*se venger*) sich (*dat*) selbst Recht verschaffen; **rendre la ~** Recht sprechen
justiciable [ʒystisjabl] ADJ e-r Gerichtsbarkeit, der Zuständigkeit e-s Gerichts unterliegend, unterworfen
justicier [ʒystisje] M, **justicière** [-jɛʀ] F Rächer(in) *m(f)*; *iron* Weltverbesserer *m*, -verbesserin *f*
justifiable [ʒystifjabl] ADJ vertretbar; zu rechtfertigen(d)
justificateur [ʒystifikatœʀ] ADJ ‹-trice [-tʀis]› rechtfertigend; Rechtfertigungs…
justificatif [ʒystifikatif] **A** ADJ ‹-ive [-iv]› Beweis…; Beleg…; **pièce justificative** Beweisstück *n*; Beweis *m*; COMM Beleg *m* **B** M Beleg *m*
justification [ʒystifikasjõ] F **1** Rechtfertigung *f* **2** (*preuve*) Nachweis *m*
justifier [ʒystifje] **A** V/T rechtfertigen; *conduite, critiques a.* begründen; *affirmation* beweisen; **justifié** berechtigt; begründet **B** V/PR **se ~** **1** *personne* sich rechtfertigen **2** *craintes* sich als begründet, gerechtfertigt erweisen **C** V/T INDIR **~ de qc** für etw den Beweis liefern, den Nachweis erbringen; etw beweisen, nachweisen, belegen
jute [ʒyt] M (! maskulin) Jute *f*
juteux [ʒytø] ADJ ‹-euse [-øz]› **1** *fruit* saftig **2** *fam fig affaire* einträglich
juvénile [ʒyvenil] ADJ jugendlich
juxtaposable [ʒykstapozabl] ADJ *pour des meubles modulables* **éléments** *mpl* **~s** Anbauelemente *npl*
juxtaposé [ʒykstapoze] ADJ ‹~e› nebeneinandergestellt; LING **propositions ~es** unverbundene Satzreihe
juxtaposer [ʒykstapoze] V/T **A** V/T nebeneinanderstellen **B** V/PR **se ~** nebeneinanderstehen
juxtaposition F Nebeneinanderstellen *n*; LING Juxtaposition *f*

K

K, k [ka] M (! unveränderlich) K, k *n*
K7 [kasɛt] F ABR Kassette *f*
Kaboul [kabul] Kabul *n*
kabyle [kabil] **A** ADJ kabylisch **B** **Kabyle** M/F Kabyle *m*, Kabylin *f*
Kabylie [kabili] **la ~** die Kabylei
kafkaïen [kafkajɛ̃] ADJ ‹-ïenne [-jɛn]› kafkaesk
kakatoès → cacatoès
kaki[1] [kaki] ADJ (! unveränderlich) kakifarben
kaki[2] M *fruit* Kaki *f*
kalachnikov [kalaʃnikɔf] F MIL Kalaschnikow *f*
kaléidoscope [kaleidɔskɔp] M Kaleidoskop *n* (*a. fig*)
kamikaze [kamikaz] M **1** MIL Kamikazeflieger *m* **2** *fig adjt* selbstmörderisch
kangourou [kɑ̃guʀu] M Känguru *n*
kantien [kɑ̃tjɛ̃] ADJ ‹-ienne [-jɛn]› kantsche(r,

-s); von Kant **kantisme** M Lehre *f*, Philosophie *f* Kants
kaolin [kaɔlɛ̃] M Kaolin *n*; Porzellanerde *f*
kapok [kapɔk] M Kapok *m*
Karachi [kaʀaʃi] Karatschi *n*
karaoké [kaʀaɔke] M 1 *action* Karaoke *n* 2 *appareil* Karaokeanlage *f*
karaté [kaʀate] M Karate *n*
karst [kaʀst] M Karst(landschaft) *m(f)* **karstique** [-ik] ADJ Karst…
kart [kaʀt] M Gokart *m*
karting [kaʀtiŋ] M Gokartsport *m*; Karting *n*
kascher → casher
Katmandou [katmɑ̃du] Katmandu *n*
kayak [kajak] M Kajak *m*; **faire du ~** Kajak fahren
kayakiste [kajakist] M/F Kajakfahrer(in) *m(f)*
Kazakhstan [kazakstɑ̃] **le ~** Kasachstan *n*
kebab [kebab] M Kebab *m*
kéfir [kefiʀ] M Kefir *m*
Kenya [kenja] **le ~** Kenia *n*
kényan [kenjɑ̃] A ADJ ⟨-ane [-an]⟩ kenianisch B **Kényan(e)** M(F) Kenianer(in) *m(f)*
képi [kepi] M Schirmmütze *f*
kératine [keʀatin] F Keratin *n*
kermesse [kɛʀmɛs] F 1 *(fête de charité)* Wohltätigkeitsfest *n* 2 *(fête foraine)* Kirmes *f*
kérosène [keʀozɛn] M Kerosin *n*
ketchup [kɛtʃœp] M Ketschup *m ou n*
keuf [kœf] *fam* M *(policier) fam* Bulle *m*
keum [kœm] M *fam* Typ *m*; Kerl *m*
kg ABR (kilogramme) kg
khâgne [kaɲ] F *fam Klasse, in der man sich nach dem Baccalauréat zur Aufnahmeprüfung für die „École normale supérieure (lettres)" vorbereitet*
khâgneux [kaɲø] *fam* M, **khâgneuse** [-øz] *fam* F *Student(in), der (die) die „khâgne" besucht*
Khartoum [kaʀtum] Khartum *n*
khmer [kmɛʀ] A ADJ ⟨-ère⟩ der Khmer; Khmer… B MPL **Khmers** Khmer *mpl*; **les Khmers rouges** die Roten Khmer
khôl [kol] M Kajal *n*
kibboutz [kibuts] M Kibbuz *m*
kidnapper [kidnape] V/T kidnappen; entführen **kidnappeur** [-œʀ] M, **kidnappeuse** [-øz] F Kidnapper *m*; Entführer(in) *m(f)* **kidnapping** [-iŋ] M Kidnapping *n*; Entführung *f*
kif(f)er [kife] *fam* A V/I sich amüsieren; Spaß haben; **qn, qc fait ~ qn** *fam* j-d, etw törnt *ou* macht j-n an B V/T **~ qn, qc** j-n, etw mögen; *fam* auf j-n, etw stehen, abfahren
kif-kif [kifkif] ADJ (❗ unveränderlich) *fam* **c'est ~** *fam* das ist Jacke wie Hose
kiki [kiki] M *fam* **serrer le ~ à qn** j-m die Gurgel, Kehle zudrücken; **c'est parti, mon ~** *fam* und los geht's; und schon läuft die Sache

Kilimandjaro [kilimɑ̃dʒaʀo] **le ~** der Kilimandscharo
kilo [kilo] M Kilo *n*
kilocalorie [kilokalɔʀi] F Kilokalorie *f*
kilogramme [kilɔgʀam] M Kilogramm *n* **kilohertz** M Kilohertz *n* **kilojoule** M Kilojoule *n*
kilométrage [kilɔmetʀaʒ] M Kilometerzahl *f*; *d'un compteur* Kilometerstand *m*
kilomètre [kilɔmɛtʀ] M Kilometer *m*; **~ carré** Quadratkilometer *m*; **faire des ~s** viele Kilometer laufen *ou* fahren
kilomètres-heure MPL Stundenkilometer *mpl*
kilométrique [kilɔmetʀik] ADJ Kilometer…
kilo-octet [kilɔɔktɛ] M ⟨kilo-octets⟩ INFORM Kilobyte *n*
kilowatt [kilɔwat] M Kilowatt *n* **kilowattheure** F Kilowattstunde *f*
kilt [kilt] M Kilt *m*; Schottenrock *m*
kimono [kimɔno] M Kimono *m*
kiné [kine] *fam* ABR → kinésithérapeute, kinésithérapie
kinésithérapeute [kineziteʀapøt] M/F (ABR *fam* **kiné**) Krankengymnast(in) *m(f)* **kinésithérapie** [-i] F (ABR *fam* **kiné**) Heil-, Krankengymnastik *f*
kiosque [kjɔsk] M 1 Kiosk *m*; **~ à journaux** Zeitungskiosk *m*, -stand *m* 2 (Garten)Pavillon *m*
Kirghizistan [kiʀgizistɑ̃] **le ~** Kirgisien *n*
kirsch [kiʀʃ] M Kirsch *m*; Kirschwasser *n*
kit [kit] M Bausatz *m*; **en ~** zum Zusammenbauen
kitchenette [kitʃənɛt] F kleine Küche; Kochnische *f*
kitsch [kitʃ] A ADJ (❗ unveränderlich) kitschig B M Kitsch *m*
kiwi [kiwi] M (❗ maskulin) 1 *fruit* Kiwi *f* 2 *oiseau* Kiwi *m*
klaxon® [klaksɔn] M Hupe *f*; **donner un coup de ~** (kurz) hupen
klaxonner [klaksɔne] V/I hupen
klebs → clébard
kleptomane [klɛptɔman] M/F Kleptomane, -manin *m,f* **kleptomanie** [-i] F Kleptomanie *f*
km ABR (kilomètre) km
km² ABR (kilomètre[s] carré[s]) km² (Quadratkilometer)
km³ ABR (kilomètre[s] cube[s]) km³ (Kubikkilometer)
km/h ABR (kilomètres-heure) km/h; km/st
knock-out [(k)nɔkawt, -kut] A ADJ knock-out B M (❗ unveränderlich) Knock-out *m*
K.-O. [kao] ABR (knock-out) A ADJ (❗ unveränderlich) **être ~** k. o. sein *(a. fig)*; **mettre ~** k. o.

le kiwi — Kiwi

le kiwi — Kiwi

schlagen **B** M K. o. *m*
koala [kɔala] M Koala *m*
kolkhoz(e) [kɔlkoz] M Kolchose *f*; Kolchos *m*
kolkhozien [-jɛ̃] M, **kolkhozienne** [-jɛn] F Kolchosbauer *m*, -bäuerin *f*
kopeck [kɔpɛk] M Kopeke *f*; *fig* **il n'a plus un ~** er hat keinen Pfennig, *fam* keinen roten Heller mehr
Kosovar(e) [kɔsɔvaʀ] M(F) Kosovare *m*, Kosovarin *f*
Kosovo [kɔsɔvo] **le ~** der *ou* das Kosovo
kouglof [kuglɔf] M Napfkuchen *m*; *all Sud* Gugelhupf *m*
kouing-amann [kuiɲaman] M (! unveränderlich) *bretonischer Kuchen aus Brotteig, Butter und Karamellzucker*
Koweït [kɔwɛjt] **le ~** Kuwait *n*
koweïtien [kɔwɛjtjɛ̃] **A** ADJ ‹-ienne [-jɛn]› kuwaitisch **B** SUBST **Koweïtien(ne)** M(F) Kuwaiter(in) *m(f)*
krach [kʀak] M Börsenkrach *m*
kraft [kʀaft] ADJT **papier** *m* **~** Packpapier *n*
Kremlin [kʀɛmlɛ̃] **le ~** der Kreml
kung-fu [kuŋfu] M (! unveränderlich) Kung-Fu *n*
kurde [kyʀd] **A** ADJ kurdisch **B** **Kurde** M/F Kurde *m*, Kurdin *f*
Kurdistan [kyʀdistɑ̃] **le ~** Kurdistan *n*
kW ABR (kilowatt) kW
kWh ABR (kilowattheure) kWh
kyrielle [kiʀjɛl] F lange Reihe (**de** von)
kyste [kist] M Zyste *f*

L

L, l [ɛl] M (! unveränderlich) L, l *n*
l ABR (litre) l
l' [l] → le
la[1] [la] *article et* PR PERS → le
la[2] M (! unveränderlich) MUS a *ou* A *n*; **donner le ~** das A angeben
là [la] **A** ADV da; dort; *avec mouvement* dahin; dorthin; **ces gens-là** diese Leute da; *st/s* jene Leute; **être là** da sein; *fam fig* **être un peu là** ziemlich gewichtig, auffällig sein; **les faits sont là** das sind nun einmal Tatsachen; **de là** von da, dort; von dorther; *causalité* daher; **à quelque temps de là** einige Zeit danach; **mais de là à prétendre que …** aber deswegen gleich behaupten zu wollen, dass …; **par là** *passer* da, dort entlang; *entrer* da, dort hinein; *habiter* dort in der Gegend; **entendre par là** darunter verstehen **B** INT **°hé là!** he!; **oh là là!** oje!
là-bas ADV da drüben; dort; *avec mouvement* dorthin; dahin
label [labɛl] M **~ (de qualité)** Gütezeichen *n*; **~ d'origine** Hersteller-, Ursprungszeichen *n*; **~ vert** Umweltzeichen *n*
labeur [labœʀ] *st/s* M (mühsame) Arbeit
labial [labjal] ADJ ‹~e; -aux [-o]› Lippen…
labiodental [labjɔdɑ̃tal] ADJ ‹~e; -aux [-o]› labiodental; Labiodental…
labo [labo] M ABR *fam* (laboratoire) Labor *n*
laborantin [labɔʀɑ̃tɛ̃] M, **laborantine** [-in] F Laborant(in) *m(f)*
laboratoire [labɔʀatwaʀ] M Labor(atorium) *n*; **~ de langues** Sprachlabor *n*
laborieux [labɔʀjø] ADJ ‹-euse [-øz]› **1** *recherches, etc* mühsam; mühselig; langwierig; **c'est ~!** das geht nicht gerade schnell!; das dauert aber lange! **2** *personne* fleißig; arbeitsam; *vie* arbeitsreich; **les classes laborieuses** die arbeitenden Klassen *fpl*
labour [labuʀ] M **1** Pflügen *n*; Ackern *n* **2** **~s** *pl* gepflügtes Land
labourage [labuʀaʒ] M (Um)Pflügen *n*
labourer [labuʀe] V/T **1** *terre* (um)pflügen; *abs* pflügen; ackern **2** *fig terrain* aufwühlen; *(griffer)* zerkratzen
laboureur [labuʀœʀ] M Pflüger *m*; *litt* Landmann *m*
labrador [labʀadɔʀ] M Labrador(hund) *m*
labyrinthe [labiʀɛ̃t] M Labyrinth *n*; *jardin a.* Irrgarten *m*; *fig a.* Gewirr *n*
lac [lak] M See *m*

laçage [lasaʒ] M Schnüren *n*
lacer [lase] V/T ‹-ç-› (zu)schnüren; zubinden
lacération [laseʀasjõ] F Zer-, Abreißen *n* **lacérer** [-e] V/T ‹-è-› zerreißen; zerfetzen
lacet [lasɛ] M **1** *de chaussure* Schnürsenkel *m* **2** *d'une route* **~s** *pl* Serpentinen *fpl*; Kehren *fpl* **3** CH Schlinge *f*
lâchage [lɑʃaʒ] M **1** Loslassen *n* **2** *fam fig de qn* Fallenlassen *n*
lâche [lɑʃ] **A** ADJ **1** *nœud, etc* locker **2** *(sans courage)* feige **3** *(méprisable)* gemein **B** M/F Feigling *m*
lâcher [lɑʃe] **A** V/T **1** *objet, main, chiens* loslassen; *animal a.* (frei) laufen lassen; *pigeons* auflassen; *ballon* aufsteigen lassen; *bombe, lest* abwerfen; *fam fig* **ne pas vouloir les ~** *fam* auf s-m Geld sitzen **2** *(laisser partir)* **~ qn** j-n (nach Hause) gehen lassen; **ne pas ~ qn** nicht von j-s Seite weichen; *créanciers* j-m auf den Fersen sein; j-n bedrängen; *par ext migraine etc* nicht weichen, weggehen **3** *fig remarque* fallen lassen; von sich geben; *juron* ausstoßen **4** *fam (abandonner)* fallen lassen; im Stich lassen; *petite amie* sitzen lassen **B** V/I *corde* reißen; *freins* versagen **C** M *de pigeons* Auflassen *n*; *de ballons* (Auf)Steigenlassen *n*
lâcheté [lɑʃte] F **1** *(manque de courage)* Feigheit *f* **2** *(bassesse)* Gemeinheit *f*
lâcheur [lɑʃœʀ] M, **lâcheuse** [-øz] F *fam* treulose Tomate
lacis [lasi] M Netz *n*; Geflecht *n*
laconique [lakɔnik] ADJ **1** *réponse, etc* lakonisch; kurz und bündig **2** *personne* wortkarg; einsilbig
laconisme [lakɔnism] M Knappheit *f*; Bündigkeit *f*
lacrymal [lakʀimal] ADJ ‹~e; -aux [-o]› Tränen...
lacrymogène [lakʀimɔʒɛn] ADJ **gaz** *m* **~** Tränengas *n*
lactation [laktasjõ] F Milchabsonderung *f*; *t/t* Laktation *f*
lacté [lakte] ADJ ‹~e› Milch...; **Voie ~e** Milchstraße *f*
lactifère [laktifɛʀ] ADJ Milch...; milchhaltig
lactique [laktik] ADJ **acide** *m* **~** Milchsäure *f*
lactose [laktoz] M Milchzucker *m*; *t/t* Laktose *f*
lacune [lakyn] F Lücke *f*; **avoir, présenter des ~s** lückenhaft sein; Lücken aufweisen; **combler une ~** e-e Lücke ausfüllen, schließen
lacustre [lakystʀ] ADJ *plantes* in Seen vorkommend; **cité** *f* **~** Pfahlbauten *mpl*
lad [lad] M Stallbursche *m*
là-dedans [lad(ə)dɑ̃] ADV darin; *fam* da drin(-nen); *avec mouvement* dahinein; *fig* **il y a du vrai ~** da ist etwas Wahres dran
là-dessous [lad(ə)su] ADV darunter; *fam* da drunter
là-dessus [lad(ə)sy] ADV darauf; *fam* da drauf
ladite [ladit] ADJ → **ledit**
lagon [lagõ] M Lagune *f*
lagune [lagyn] F Lagune *f*
là-haut [lao] ADV da oben, dort oben *(a. fig: au ciel)*; (da) droben; *avec mouvement* dahinauf
laïc [laik] M ÉGL Laie *m*
laïcisation [laisizasjõ] F Befreiung *f* von religiöser, kirchlicher Bindung **laïciser** [-ize] V/T *enseignement* entkonfessionalisieren; bekenntnisneutral gestalten **laïcisme** [-ism] M Laizismus *m* **laïcité** [-ite] F religiöse Neutralität des Staates; Trennung *f* von Kirche und Staat

La laïcité

Unter **laïcité** versteht man in Frankreich die institutionelle Trennung von Kirche und Staat (**séparation de l'Église et de l'État**). Dieser Grundsatz geht zurück auf ein **Gesetz von 1905**. Kruzifixe und andere religiöse Symbole wurden aus allen öffentlichen Gebäuden wie Schulen und Gerichten entfernt. 2 500 kirchliche Schulen wurden geschlossen. Der Laizismus ist in Frankreich zu einem Verfassungsprinzip geworden, zu einem politischen Ideal, das die Grundsätze der Neutralität des Staates gegenüber Religionen, deren Gleichbehandlung sowie die **Glaubensfreiheit** (**la liberté du culte**) zum Ziel hat. Religion ist ausschließlich Privatangelegenheit. Es gibt keinen Religionsunterricht in den staatlichen Schulen. Der Staat schützt seine Bürger gegen religiöse Praktiken, die der öffentlichen Ordnung oder den Rechten des Einzelnen zuwiderlaufen. In den öffentlichen Schulen Frankreichs ist es verboten, Lehrer oder Schüler nach ihrer Religionszugehörigkeit zu fragen. Es gibt keine staatliche Finanzierung der Kirche oder anderer Religionsgemeinschaften. Alle sakralen Gebäude, insbesondere die Kirchen, gehören dem französischen Staat und werden von ihm unterhalten. Vor dem Hintergrund des Laizismus ist es auch zu verstehen, dass heute in öffentlichen Institutionen alle religiösen Symbole verboten sind. In den letzten Jahren konnten private kirchliche Schulen einen deutlichen Zulauf feststellen.

LANDESKUNDE

laid [lɛ] ADJ ‹laide [lɛd]› hässlich
laideron [lɛdʀõ] M hässliches Mädchen
laideur [lɛdœʀ] F Hässlichkeit *f*
laie [lɛ] F Wildsau *f*; Bache *f*
lainage [lɛnaʒ] M **1** *tissu* Wollstoff *m* **2** *gilet* Woll-, Strickjacke *f*

laine [lɛn] F **1** Wolle *f*; **pure ~ vierge** reine Schurwolle; **~ de verre** Glaswolle *f*; **de** *ou* **en ~** wollen; aus Wolle; Woll...; *fig* **se laisser manger la ~ sur le dos** sich *(dat)* alles gefallen lassen **2** *fam* **une petite ~** *fam* etwas Wollenes

laineux [lɛnø] ADJ ⟨-euse [-øz]⟩ wollig; wollartig

laïque [laik] **A** ADJ **1** ÉGL Laien...; weltlich **2** *école, État* laizistisch; bekenntnisneutral; **enseignement** *m* **~** bekenntnisfreies (staatliches) Unterrichtswesen **B** M/F ÉGL Laie *m*

laisse [lɛs] F Leine *f*; **tenir en ~** an der Leine halten; *fig* am Gängelband führen

laissé-pour-compte *ou* **laissé pour compte** [lesepuʀkõt] **1** *m* COMM nicht angenommene Ware **2** *fig* **laissé(e)s-pour-compte** *mpl (fpl)* Zukurzgekommene(n) *pl*; Stiefkinder *npl*

laisser [lese] **A** V/T **1** lassen; *(ne pas emmener) a.* zurücklassen; *(ne pas manger, etc) a.* übrig lassen; *fautes dans un texte* stehen lassen; **~ la lumière allumée** das Licht anlassen, brennen lassen; **~ la porte ouverte** die Tür offen lassen; **y ~ sa vie** sein Leben lassen; **laisse ça!** lass das (bleiben, sein)!; *fam* **laisse tomber!** *fam* vergiss es! **2** *(quitter)* verlassen; *logement* aufgeben; *fam* **je vous laisse** ich muss jetzt gehen **3** *traces, goût, adresse, personnes à sa mort* hinterlassen *(a. héritage)*; zurücklassen **4** *(confier, céder)* **~ qc à qn** j-m etw überlassen **5** *(ne pas enlever)* **~ qc à qn** j-m etw lassen; *il est courageux*, **il faut lui ~ cela** das muss man ihm lassen **B** V/AUX lassen; **~ tout aller** alles (so) laufen lassen; **~ entrer** herein-, hineinlassen; **~ faire le temps** die Zeit wirken lassen; die Zeit ihre Wirkung tun lassen; **~ faire qn** j-n gewähren, machen lassen; **il laisse faire** er lässt alles geschehen; **~ partir** gehen lassen; fortlassen **C** V/PR **se ~ aller** sich gehen lassen; **se ~ aller à faire qc** sich dazu hinreißen lassen, etw zu tun; **se ~ faire** sich *(dat)* alles gefallen lassen; *fam* **laissez-vous faire!** lassen Sie sich verführen!

laisser-aller M *péj* Sichgehenlassen *n*; Nachlässigkeit *f*; *dans le travail fam* Schlendrian *m* **laisser-faire** M Gewährenlassen *n*; Laisser-faire *n*

laissez-passer [lesepase] M (❗ unveränderlich) Passierschein *m*

lait [lɛ] M Milch *f*; **~ de vache** Kuhmilch *f*; **~ en poudre** Milchpulver *n*

laitages [lɛtaʒ] MPL Milchprodukte *npl*

laiterie [lɛtʀi] F Molkerei *f*

laiteux [lɛtø] ADJ ⟨-euse [-øz]⟩ milchig

laitier [lɛtje] **A** ADJ ⟨-ière [-jɛʀ]⟩ Milch...; Molkerei...; **vache laitière** Milchkuh *f* **B ~, laitière** M,F Milchmann, -frau *m,f*

laiton [lɛtõ] M Messing *n*

laitue [lety] F Kopfsalat *m*; grüner Salat

laïus [lajys] *fam* M (lange, weitschweifige) Rede, Ansprache; **faire un ~** *fam* e-e Rede schwingen

lama [lama] M **1** ZOOL Lama *n* **2** REL Lama *m*

lambda [lɑ̃bda] M **1** *lettre de l'alphabet grec* Lambda *n* **2** ANAT kleine Fontanelle **3** PHYS **point** *m* **~** Lambdapunkt *m*

lambeau [lɑ̃bo] M ⟨~x⟩ Fetzen *m*; **mettre en ~x** zerfetzen; in Fetzen reißen

lambin [lɑ̃bɛ̃] ADJ ⟨-ine [-in]⟩ *fam* bummelig; *fam* trödelig

lambiner [lɑ̃bine] V/I *fam* trödeln

lambris [lɑ̃bʀi] M Wandverkleidung *f*; *en bois a.* Täfelung *f*

lambrisser [lɑ̃bʀise] V/T verkleiden (**de marbre** mit Marmor); *avec des boiseries a.* täfeln

lame [lam] F **1** *de couteau, d'épée* Klinge *f*; **~ de rasoir** Rasierklinge *f*; **~ de scie** Sägeblatt *n* **2** *(bande mince)* Plättchen *n*; dünne Platte; *d'une jalousie* Lamelle *f*; **~ de parquet** Parkettstab *m*; Riemen *m* **3** *(vague forte)* Woge *f*; **~ de fond** Grundsee *f*

lamé [lame] **A** ADJ ⟨~e⟩ mit Metallfäden, mit Lamé durchwirkt **B** M Lamé *m*

lamelle [lamɛl] F dünnes Plättchen, Scheibchen; Lamelle *f*

lamentable [lamɑ̃tabl] ADJ jämmerlich; kläglich **lamentations** [-asjõ] FPL Jammern *n*; Klagen *n*; *fam* Gejammer *n*; *fam* Lamento *n*

lamenter [lamɑ̃te] V/PR **se ~** jammern; klagen; *fam* lamentieren (**sur** über *+ acc*)

lamier [lamje] M Taubnessel *f*

laminage [laminaʒ] M Walzen *n*

laminé [lamine] ADJ ⟨~e⟩ gewalzt; Walz...

laminer [lamine] V/T **1** TECH walzen **2** *fig* niederwalzen

laminoir [laminwaʀ] M Walzwerk *n*

lampadaire [lɑ̃padɛʀ] M **1** Laternenpfahl *m*; Lichtmast *m*; *(réverbère)* Straßenlaterne *f* **2** *d'appartement* Stehlampe *f*

lampe [lɑ̃p] F Lampe *f*; Leuchte *f*; **~ à bronzer** Höhensonne *f*; **~ à halogène** Halogenlampe *f*; **~ à incandescence** Glühlampe *f*; **~ à pétrole** Petroleumlampe *f*; **~ de bureau** Schreibtischlampe *f*; **~ de poche** Taschenlampe *f*; *fam fig* **s'en mettre plein la ~** *fam* sich *(dat)* den Bauch vollschlagen

lampée [lɑ̃pe] F *fam* tüchtiger Schluck

lampion [lɑ̃pjõ] M Lampion *m*

lampiste [lɑ̃pist] M kleiner Angestellter; *par ext* kleiner Mann

lamproie [lɑ̃pʀwa] F ZOOL Neunauge *n*

lance [lɑ̃s] F **1** *arme* Lanze *f* **2** **~ d'arrosage** Spritzdüse *f*; **~ d'incendie** Strahlrohr *n*

lancé [lɑ̃se] ADJ ⟨~e⟩ **1** *artiste* arriviert; bekannt

2 *(sur sa lancée)* in Schwung, in Fahrt *(a. fig)*; **départ ~** fliegender Start

lancée [lɑ̃se] F Schwung *m*; **continuer sur sa ~** *coureur* weiterlaufen; *véhicule* weiterrollen; *fig* weitermachen, solange man noch in Schwung ist

lance-flammes M (! unveränderlich) Flammenwerfer *m* **lance-fusées** M (! unveränderlich) Raketenwerfer *m* **lance-grenades** M (! unveränderlich) Granatwerfer *m*

lancement [lɑ̃smɑ̃] M 1 Werfen *n*; Schleudern *n*; *d'une fusée* Abschuss *m*; *d'un satellite* Start *m* 2 *d'un navire* Stapellauf *m* 3 *fig* Lancierung *f*; Einführung *f*

lance-missiles M (! unveränderlich) Raketenabschussrampe *f*

lance-pierres M (! unveränderlich) Steinschleuder *f*; *fam fig* **avec un ~** *manger* hastig; *payer* schlecht

lancer¹ [lɑ̃se] ‹-ç-› A VT 1 werfen; schleudern; *fam* schmeißen; *fusée, flèche* abschießen; *satellite* starten; **~ qc à qn** j-m etw zuwerfen; **~ des pierres à qn** j-n mit Steinen bewerfen 2 *cri* ausstoßen; *insultes* entgegenschleudern (**à qn** j-m); *regard* zuwerfen (**à qn** j-m) 3 *artiste* lancieren; *affaire* in Gang bringen; lancieren; einfädeln; *produit* einführen; auf den Markt bringen; *emprunt* auflegen; aus-, begeben; *campagne publicitaire* starten; *mode* aufbringen; *mandat d'arrêt* erlassen; *appel* ergehen lassen; richten (**à qn** an j-n); *ultimatum* stellen; *invitation* ergehen lassen; ausschicken 4 *moteur* anlassen; anwerfen 5 *navire* vom Stapel (laufen) lassen 6 *chiens* **~ sur** hetzen auf (+ *acc*) B V/PR *fig* **se ~ dans l'aventure, dans des dépenses** sich ins Abenteuer, in Ausgaben stürzen; **se ~ dans des explications** sich in Erklärungen ergehen; *fam* **tant pis, je me lance!** egal, ich wag's!

lancer² M 1 SPORTS Werfen *n*; Wurf *m*; **~ du disque** Diskuswerfen *n*; **~ du poids** Kugelstoßen *n* 2 (**pêche** *f* **au**) **~** Spinn-, Fußangeln *n*

lance-roquettes M (! unveränderlich) Raketenwerfer *m*

lanceur [lɑ̃sœʀ] M, **lanceuse** [-øz] F 1 SPORTS Werfer(in) *m(f)*; **lanceur, lanceuse de javelot** Speerwerfer(in) *m(f)*; **lanceur, lanceuse de poids** Kugelstoßer(in) *m(f)* 2 *m fusée* Trägerrakete *f*

lancier [lɑ̃sje] M Lanzenreiter *m*

lancinant [lɑ̃sinɑ̃] ADJ ‹-ante [-ɑ̃t]› 1 *douleur* stechend 2 *fig* quälend

lanciner [lɑ̃sine] A VT *fig* quälen B VI e-n stechenden Schmerz verursachen; MÉD lanzinieren

landau [lɑ̃do] M Kinderwagen *m*

lande [lɑ̃d] F Heide *f*; Heideland *n*

langage [lɑ̃gaʒ] M Sprache *f*; Rede-, Ausdrucksweise *f*; **~ technique** Fachsprache *f*; INFORM **~ machine** Maschinensprache *f*; **~ des sourds-muets** Taubstummensprache *f*

langagier [lɑ̃gaʒje] ADJ ‹-ière [-jɛʀ]› sprachlich

lange [lɑ̃ʒ] M Wickeltuch *n*; Windel *f*

langer [lɑ̃ʒe] VT ‹-ge-› *bébé* wickeln

langoureux [lɑ̃guʀø] ADJ ‹-euse [-øz]› *regard* schmachtend; *musique* schmalzig; *pose* verführerisch

langouste [lɑ̃gust] F Languste *f* **langoustier** [-je] M Fischerboot *n* für den Langustenfang **langoustine** [-in] F Kaisergranat *m*

langue [lɑ̃g] F 1 ANAT Zunge *f*; *fig* **mauvaise langue, langue de vipère** böse Zunge; Lästermaul *n*, -zunge *f*; CUIS **langue de bœuf** Rinder-, Ochsenzunge *f*; *fig* **langue de terre** Landzunge *f*; *fig* **avoir la langue bien pendue** ein flottes Mundwerk haben; *fig* **ne pas avoir sa langue dans sa poche** nicht auf den Mund gefallen sein; *fig* **donner sa langue au chat** keine Lösung wissen; **se mordre la langue**

▶ Le langage des jeunes – Jugendsprache

Auch in Frankreich haben die Jugendlichen eine Jugendsprache entwickelt, die für ältere Franzosen nur schwer zu verstehen ist: Sie besteht vor allem aus Abkürzungen, Fremdwörtern und Argot-Ausdrücken. Besonders beliebt sind **Abkürzungen** (z. B. in SMS-Nachrichten) und **le verlan**, eine Form des Argot, bei dem die Silben eines Wortes vertauscht werden (→ **verlan**). Als Ausländer sollte man mit dem Gebrauch der Jugendsprache vorsichtig sein, da sie anbiedernd wirkt. Allerdings ist es wichtig, sich mit ihren Strukturen vertraut zu machen. Hier einige häufig gebrauchte Abkürzungen:

à plus = à plus tard (bis später)
bon app' = bon appétit (guten Appetit)
la clim = la climatisation (Klimaanlage)
le resto U = le restaurant universitaire (Mensa)

LANDESKUNDE

sich *(dat)* auf die Zunge beißen *(a. fig)*; **tenir sa langue** s-e Zunge im Zaum halten; den Mund halten; **tirer la langue** die Zunge herausstrecken (**à qn** j-m); *fig (s'appliquer)* sich anstrengen; sich abmühen 2 LING Sprache *f*; **langue maternelle** Muttersprache *f*; **langue de bois** klischeehafte, stereotype Sprache

La langue d'oc

La langue d'oc [lɑ̃gdɔk] ist der Oberbegriff für die französischen Dialekte, die südlich der Loire gesprochen werden.
La langue d'oïl [lɑ̃gdɔjl] sind die Dialekte, die früher nördlich der Loire gesprochen wurden.

LANDESKUNDE

langue-de-chat [lɑ̃gdəʃa] F ⟨langues-de--chat⟩ *Gebäck in der Form wie „Katzenzungen"*
Languedoc [lɑ̃gdɔk] **le ~** das *ou* die Languedoc
languedocien [lɑ̃gdɔsjɛ̃] A ADJ ⟨-ienne [-jɛn]⟩ des Languedoc B SUBST 1 **Languedocien(ne)** *m(f)* Bewohner(in) *m(f)* des Languedoc 2 *m* Dialekte *mpl* des Languedoc
Languedoc-Roussillon **le ~** *frz Region*
languette [lɑ̃gɛt] F Zunge *f*; Lasche *f*
langueur [lɑ̃gœʀ] *litt* F Schmachten *n*; Sehnsucht *f*
languir [lɑ̃giʀ] A V/I 1 *litt* **~ d'amour pour qn** nach j-m schmachten; **faire ~ qn** j-n warten, *fam* zappeln lassen 2 *conversation* stocken; erlahmen B V/PR **se ~ de qn** sich nach j-m sehnen
languissant [lɑ̃gisɑ̃] ADJ ⟨-ante [-ɑ̃t]⟩ stockend; schleppend
lanière [lanjɛʀ] F Riemen *m*; Streifen *m*
lanoline [lanɔlin] F Lanolin *n*
lanterne (! lanterne) [lɑ̃tɛʀn] F Laterne *f*; *fig* **~ rouge** Schlusslicht *n*; *fig* **éclairer la ~ de qn** j-n aufklären
lanterner [lɑ̃tɛʀne] V/I **faire ~ qn** j-n warten lassen
Laos [laɔs] **le ~** Laos *n*
laotien [laɔsjɛ̃] A ADJ ⟨-ienne [-jɛn]⟩ laotisch B **Laotien(ne)** M(F) Laote *m*, Laotin *f*
lapalissade [lapalisad] F Binsenwahrheit *f*, -weisheit *f*
lapement [lapmɑ̃] M *d'un chien, chat* Schlecken *n*; *fam* Schlabbern *n* **laper** [-e] V/T schlecken; *fam* schlabbern
lapereau [lapʀo] M ⟨~x⟩ junges Kaninchen
lapidaire [lapidɛʀ] A ADJ lapidar B M Edelsteinschleifer *m*
lapidation [lapidasjõ] F Steinigung *f*
lapider [lapide] V/T 1 *tuer* steinigen 2 *par ext* mit Steinen bewerfen
lapin [lapɛ̃] M 1 ZOOL, CUIS Kaninchen *n*; Karnickel *n* 2 *fam fig* **chaud ~** *fam* geiler Bock; **mon (petit) ~** *fam* mein Häschen; **poser un ~ à qn** *fam* j-n versetzen
lapine [lapin] F weibliches Kaninchen
lapon [lapõ] A ADJ ⟨lapone [lapɔn]⟩ lappländisch; lappisch B **Lapon(e)** M(F) Lappländer(in) *m(f)*; Lappe *m*, Lappin *f*
Laponie [lapɔni] **la ~** Lappland *n*
Lapons [lapõ] MPL Lappen *mpl*
laps [laps] M **~ de temps** (gewisse) Zeit; Zeitraum *m*
lapsus [lapsys] M Versprecher *m*; **faire un ~** sich versprechen
laquage [lakaʒ] M Lackieren *n*, -ung *f*
laquais [lakɛ] M Lakai *m (a. fig)*
laque [lak] F 1 PEINT (echter) Lack 2 *pour les cheveux* Haarspray *n ou m*
laqué [lake] ADJ ⟨~e⟩ 1 lackiert; Lack... 2 CUIS **canard ~** Pekingente *f*
laquelle → lequel
laquer [lake] V/T lackieren; lacken
larbin [laʀbɛ̃] *péj* M Diener *m*
larcin [laʀsɛ̃] M kleiner Diebstahl
lard [laʀ] M Speck *m*; *fam fig* **gros ~** Dickwanst *m*; **~ de poitrine** Bauchspeck *m*; *fam* **faire du ~** *fam* Speck ansetzen; *fam* fett werden
larder [laʀde] V/T 1 CUIS spicken 2 *fig (percer)* durchbohren
lardon [laʀdõ] M 1 CUIS Speckstückchen *n* 2 *fam (enfant) fam* Gör(e) *n(f)*
largage [laʀgaʒ] M *de bombes* Abwurf *m*; Abwerfen *n*; *de parachutistes* Absetzen *n*
large [laʀʒ] A ADJ 1 breit; *vêtements* weit; **~ de dix mètres** zehn Meter breit 2 *fig (important)* groß; *responsabilités, concessions* weitgehend 3 **avoir les idées ~s** großzügig, liberal, vorurteilsfrei denken 4 *(généreux)* freigebig; großzügig B ADV *calculer* großzügig; *fam fig* **ne pas en mener ~** ängstlich, besorgt, kleinlaut sein C M 1 Breite *f*; **avoir dix mètres de ~** zehn Meter breit sein 2 **être au ~** viel Platz, Bewegungsfreiheit haben 3 *(haute mer)* hohe, offene See; offenes Meer; **au ~** auf hoher See; **au ~ de Cherbourg** vor (der Küste von) Cherbourg; *fam fig* **prendre le ~** das Weite suchen
largement [laʀʒəmɑ̃] ADV 1 weit; **~ répandu** weitverbreitet 2 *(amplement)* reichlich
largesse [laʀʒɛs] F 1 Freigebigkeit *f*; Großzügigkeit *f* 2 **~s** *pl* großzügige Geschenke *npl*
largeur [laʀʒœʀ] F 1 Breite *f*; *fam fig* **tu te trompes dans les grandes ~s** da täuschst du dich gründlich; *fam* da bist du schiefgewickelt 2 *fig* **~ d'esprit** Großzügigkeit *f* im Denken; liberale Gesinnung
larguer [laʀge] V/T 1 *bombes* abwerfen; *parachu-*

tistes absetzen 2 *fam* **~ qn** *fam* j-n abhängen; j-m den Laufpass geben; *fam fig* **être largué** *fam* nicht mehr mitkommen 3 MAR *amarres* losmachen; loswerfen

larme [laʀm] F 1 Träne *f*; *fig* **~s de crocodile** Krokodilstränen *fpl*; **avoir les ~s aux yeux** Tränen in den Augen haben; **être (tout) en ~s** in Tränen aufgelöst sein; **pleurer à chaudes ~s** heiße Tränen vergießen; **rire aux ~s** Tränen lachen 2 *fig* **une ~ de cognac**, *etc* ein paar Tropfen, ein ganz klein wenig Kognak *etc*

larmoiement [laʀmwamɑ̃] M 1 *des yeux* Tränen *n* 2 *(pleurnicherie)* Jammern *n*; *fam* Flennen *n*

larmoyant [laʀmwajɑ̃] ADJ ⟨-ante [-ɑ̃t]⟩ 1 *yeux* tränend 2 *voix* weinerlich; *histoire* rührselig **larmoyer** [-e] V/I ⟨-oi-⟩ weinerlich tun; jammern

larron [laʀõ] M BIBL Schächer *m*; *fig* **un troisième ~** der lachende Dritte; *fig* **s'entendre comme ~s en foire** zusammenhalten wie Pech und Schwefel

larvaire [laʀvɛʀ] ADJ **état** *m* **~** Larvenstadium *n*

larve [laʀv] F 1 ZOOL Larve *f* 2 *fig, péj* Jammergestalt *f*

larvé [laʀve] ADJ ⟨~e⟩ latent; verkappt; versteckt

laryngal [laʀɛ̃gal] ADJ ⟨~e; -aux [-o]⟩ Kehl...; Kehlkopf... **laryngale** [-gal] F Kehl(kopf)laut *m* **laryngite** [-ʒit] F Kehlkopfentzündung *f* **laryngoscopie** [-gɔskɔpi] F Kehlkopfspiegelung *f*

larynx [laʀɛ̃ks] M Kehlkopf *m*

las [lɑ] ADJ ⟨lasse [lɑs]⟩ *st/s* 1 müde; abgespannt 2 *fig* **être ~ de qc** e-r Sache *(gén)* müde, überdrüssig sein; etw leid sein

lasagnes [lazaɲ] FPL Lasagne *pl*

lascar [laskaʀ] M *fam* schlauer Bursche

lascif [lasif] ADJ ⟨-ive [-iv]⟩ lasziv; sinnlich

laser [lazɛʀ] M Laser *m*; *adjt* Laser...

lassant [lasɑ̃] ADJ ⟨-ante [-ɑ̃t]⟩ ermüdend; langweilig

lasser [lase] A V/T ermüden; langweilen; strapazieren B V/PR **se ~ de qc** e-r Sache *(gén)* müde, überdrüssig werden; etw leid werden

lassitude [lasityd] F 1 *(fatigue)* Müdigkeit *f* 2 *(ennui)* Überdruss *m*

lasso [laso] M Lasso *n*

lastex® [lastɛks] M Lastex® *n*

latence [latɑ̃s] F MÉD, PSYCH Latenz *f*

latent [latɑ̃] ADJ ⟨-ente [-ɑ̃t]⟩ latent *(a.* MÉD*)*; verborgen; versteckt

latéral [lateʀal] ADJ ⟨~e; -aux [-o]⟩ seitlich; Seiten...; **rue ~e** Seitenstraße *f*

latex [latɛks] M Latex *m*

latin [latɛ̃] A ADJ ⟨-ine [-in]⟩ 1 lateinisch; **l'Amérique ~e** Lateinamerika *n*; **Quartier ~** Quartier latin *n (Pariser Studentenviertel)* 2 *langues, peuples* romanisch B SUBST 1 **le ~** das Latein(ische); Latein(isch) *n*; *fig* **y perdre son ~** mit s-m Latein, mit s-r Weisheit am Ende sein 2 **Latins** *mpl* Romanen *mpl*

latiniser [latinize] V/T latinisieren **latinisme** [-ism] M Latinismus *m* **latiniste** [-ist] M/F Latinist(in) *m(f)* **latinité** [-ite] F lateinische Welt, Zivilisation

latino-américain [latinoameʀikɛ̃] ADJ ⟨-aine [-ɛn]⟩ lateinamerikanisch

latitude [latityd] F 1 (geographische) Breite; **sous nos ~s** in unseren Breiten 2 *fig* freie Hand; **avoir toute ~ pour faire qc** völlig freie Hand haben, etw zu tun

latrines [latʀin] FPL Latrine *f*

latte [lat] F Latte *f*

latté [late] M Tischlerplatte *f*

laudatif [lodatif] ADJ ⟨-ive [-iv]⟩ lobend; Lob...

lauréat [lɔʀea] M, **lauréate** [-at] F Preisträger(in) *m(f)*

laurier [lɔʀje] M 1 BOT Lorbeer(baum) *m* 2 *fig* **~s** *pl* Lorbeeren *mpl*; **se reposer sur ses ~s** sich auf s-n Lorbeeren ausruhen

laurier-rose M ⟨lauriers-roses⟩ Oleander *m*

lavable [lavabl] ADJ waschbar; *peinture* abwaschbar; **~ en machine** maschinenwaschbar

lavabo [lavabo] M 1 Waschbecken *n* 2 **~s** *pl* Toilette *f*; Klosett *n*

lavage [lavaʒ] M 1 (Ab-, Aus)Waschen *n*; Wäsche *f*; *fig* **~ de cerveau** Gehirnwäsche *f* 2 MÉD **~ d'estomac** Magenspülung *f*

lavallière [lavaljɛʀ] F Künstlerschleife *f*

lavande (! lavande) [lavɑ̃d] F (! feminin) Lavendel *m*

lavandière [lavɑ̃djɛʀ] *poét* F Waschfrau *f*; Wäscherin *f*

lavasse [lavas] F *fam péj* dünne Brühe

lavatory [lavatɔʀi] M ⟨lavatories⟩ Bedürfnisanstalt *f*

lave [lav] F Lava *f*

lavé [lave] ADJ ⟨~e⟩ *couleur* verwaschen

lave-glace M ⟨lave-glaces⟩ Scheibenwaschanlage *f* **lave-linge** M (! unveränderlich) Waschmaschine *f*

lavement [lavmɑ̃] M Klistier *n*; Einlauf *m*

laver [lave] A V/T 1 waschen; *vitres* putzen; *sol* (feucht) (auf)wischen; *tache, plaie* auswaschen; *peinture* abwaschen; **laver la vaisselle** (das Geschirr) spülen; abwaschen; den Abwasch machen 2 *fig d'une accusation* reinwaschen (**de** von) B V/PR **se laver** sich waschen; **se laver les dents** sich *(dat)* die Zähne putzen; *fig* **je m'en lave les mains** ich wasche meine Hände in Unschuld

laverie [lavʀi] F **~ (automatique)** Waschsalon *m*

lavette [lavɛt] F 1 Spültuch *n*, -lappen *m*; Ab-

L

waschlappen *m* **2** *fam fig (homme mou)* Waschlappen *m*

laveur [lavœʀ] M Wäscher *m*; **~ de carreaux** Fensterputzer *m*

lave-vaisselle M (! unveränderlich) Geschirrspülmaschine *f*; *fam* Geschirrspüler *m*; *adjt vaisselle* spülmaschinenfest

lavis [lavi] M PEINT **1** Tuschen *n*; Lavieren *n* **2** *dessin* Tuschzeichnung *f*

lavoir [lavwaʀ] M (öffentlicher) Waschplatz; Waschhaus *n*

laxatif [laksatif] **A** ADJ ⟨-ive [-iv]⟩ Abführ… **B** M Abführmittel *n*

laxisme [laksism] M Laxheit *f*; zu große Toleranz **laxiste** [-ist] ADJ lax; zu nachsichtig; prinzipienlos

layette [lɛjɛt] F Babywäsche *f*, -ausstattung *f*

lazzis [la(d)zi] *st/s* MPL Spott *m*

le [l(ə)] M, **la** [la] F (! vor Vokal und stummem h werden **le** und **la** zu **l'**), PL **les** [le] **A** ARTICLE DÉFINI: M der *(acc* den), *f* die, *n* das; *pl* die; **approchez, les enfants!** kommt mal her, (ihr) Kinder!; *adv* **le 20 juillet** am 20. Juli; *adv* **le mardi** dienstags; **les Durand** Durands; **avoir les cheveux gris** graue Haare haben **B** PR PERS **1** *m* ihn, *f* sie, *n* es; *pl* sie; **je les ai vu(e)s hier** ich habe sie gestern gesehen **2** *neutre* **le** es; **je le sais** ich weiß es

L

lé [le] M COUT Bahn *f*

leader [lidœʀ] M **1** POL Führer *m* **2** SPORTS Spitzenreiter *m*

leadership [lidœʀʃip] M Führerschaft *f*; Führung *f*

leasing [liziŋ] M Leasing *n*

léchage [leʃaʒ] M *d'un dessin* übertrieben sorgfältige Ausarbeitung, -führung; *d'un texte* übertriebenes Feilen

lèche [lɛʃ] F *fam* **faire de la ~ (à qn)** (vor j-m) kriechen, liebedienern

léché [leʃe] ADJ ⟨~e⟩ sorgfältig ausgeführt; ausgefeilt

lèche-bottes *fam* M (! unveränderlich) Speichellecker *m*; Kriecher *m* **lèche-cul** M (! unveränderlich) *pop* Arschkriecher *m*

lèchefrite [lɛʃfʀit] F Auffangschale *f*; Abtropfpfanne *f*

lécher [leʃe] ⟨-è-⟩ **A** V/T **1** lecken; *plat* auslecken; *assiette* ablecken; *fig flammes* (empor)züngeln (**qc** an etw [*dat*]) **2** *fam fig* **~ les bottes**, *pop* **le cul à qn** vor j-m kriechen, liebedienern; *fam* j-m in den Hintern, *pop* Arsch kriechen **B** V/PR *animal* **se ~** sich lecken; **se ~ les doigts** (sich [*dat*]) die Finger ablecken

lécheur [leʃœʀ] M *péj* Speichellecker *m*; Kriecher *m*

lèche-vitrines M (! unveränderlich) **faire du ~** e-n Schaufensterbummel machen

lécithine [lesitin] F Lezithin *n*

leçon [l(ə)sõ] F **1** *(cours)* (Unterrichts-, Lehr-)Stunde *f*; *d'un manuel scolaire* Lektion *f*; **~s** *pl* Unterricht *m*; *fig* **faire la ~ à qn** j-m die Leviten lesen **2** *à apprendre* Lektion *f*; (mündliche) Aufgabe **3** *fig* Lehre *f*; **tirer la ~ de qc** aus etw e-e Lehre ziehen

lecteur [lɛktœʀ] M, **lectrice** [lɛktʀis] F **1** *(qui lit)* Leser(in) *m(f)* **2** *à l'université* Lektor(in) *m(f)* **3** *m appareil* Abspielgerät *n*; INFORM Laufwerk *n*; **lecteur de cassettes** Kassettenrekorder *m*; **lecteur de CD** CD-Player *m*; **lecteur de disquettes** Diskettenlaufwerk *n*; **lecteur de DVD** DVD-Player *m*

lecture [lɛktyʀ] F **1** *(action de lire)* Lesen *n*; Lektüre *f*; **livre** *m* **de ~** Lesebuch *n* **2** *à haute voix* Vorlesen *n*; **faire la ~ à qn** j-m vorlesen **3** *(texte)* Lektüre *f*; Lesestoff *m* **4** *d'un projet de loi* Lesung *f* **5** *(interprétation)* Lesart *f* **6** ÉLEC, INFORM Abtasten *n*; *d'un disque* Abspielen *n*

ledit [lədi] ADJ ⟨*f* **ladite** [ladit]; *mpl* **lesdits** [ledi], *fpl* **lesdites** [ledit]⟩ JUR besagte(r, -s); der, die, das genannte

légal [legal] ADJ ⟨~e; -aux [-o]⟩ gesetzlich; legal; **âge ~** (gesetzlich) vorgeschriebenes Alter; **médecine ~e** Gerichtsmedizin *f*

légalement [legalmã] ADV gesetzlich; legal; auf legalem Wege **légalisation** [-izasjõ] F Legalisierung *f*; *d'un document, d'une signature* amtliche Beglaubigung **légaliser** [-ize] V/T legalisieren; *signature* amtlich beglaubigen **légalité** [-ite] F Legalität *f*

légataire [legatɛʀ] M/F Vermächtnisnehmer(in) *m(f)*; **~ universel** Allein-, Universalerbe *m*

légation [legasjõ] F Gesandtschaft *f*

légendaire [leʒɑ̃dɛʀ] ADJ **1** *(fabuleux)* sagenhaft; Sagen…; Legenden… **2** *(célèbre)* legendär; **sa distraction devenue ~** s-e sprichwörtlich gewordene Zerstreutheit

légende [leʒɑ̃d] F **1** *(conte)* Legende *f*; Sage *f*; **~ du Graal, de Faust** Grals-, Faustsage *f*; **entrer dans la ~** zur Legende, legendär werden **2** *d'une illustration* Bildunterschrift *f*; *d'une carte* Zeichenerklärung *f*; Legende *f*

légender [leʒɑ̃de] V/T *carte, plan* mit e-r Legende versehen

léger [leʒe] ADJ ⟨-ère [-ɛʀ]⟩ **1** leicht; *thé, café a.* dünn; schwach; *repas a.* leicht verdaulich; *bruit a.* leise; *couche* dünn; **blessé ~** Leichtverletzte(r) *m*; **le cœur ~** leichten Herzens; unbeschwert; **d'un pas ~** leichtfüßig **2** *comportement* leichtfertig; leichtsinnig; *mœurs* locker; lose; *propos* schlüpfrig; frivol; **musique légère** leichte Musik; Unterhaltungsmusik *f*; **à la légère** *s'engager* leichtsinnig(erweise); **prendre qc à la légère**

etw auf die leichte Schulter nehmen

légèrement [leʒɛʀmɑ̃] ADV **1** leicht **2** (*un peu*) leicht; ein wenig; *fam iron* **elle est ~ prétentieuse** sie ist ziemlich eingebildet **3** **agir ~** leichtfertig handeln

légèreté [leʒɛʀte] F **1** *d'un objet* Leichtheit *f*; geringes Gewicht **2** (*agilité*) Leichtigkeit *f* **3** (*manque de sérieux*) Leichtfertigkeit *f*; Leichtsinn *m*

légiférer [leʒifeʀe] VI ⟨-è-⟩ Gesetze erlassen

légion [leʒjõ] F **1** MIL Legion *f*; **Légion (étrangère)** Fremdenlegion *f* **2** *fig* **une ~ de ...** ein Heer von ...; **être ~** sehr zahlreich sein **3** **Légion d'honneur** Ehrenlegion *f*

légionellose [leʒjɔneloz] F Legionärskrankheit *f*

légionnaire (! légionnaire) [leʒjɔnɛʀ] M (Fremden)Legionär *m*

législateur [leʒislatœʀ] M Gesetzgeber *m*

législatif [leʒislatif] ADJ ⟨-ive [-iv]⟩ gesetzgebend; **(pouvoir) ~** *m* Legislative *f*; gesetzgebende Gewalt; **(élections) législatives** *fpl* Parlamentswahlen *fpl*

législation [leʒislasjõ] F Gesetzgebung *f*; Rechtsvorschriften *fpl* **législature** [-tyʀ] F Legislaturperiode *f*

légiste [leʒist] ADJ **médecin** *m* **~** Gerichtsmediziner *m*

légitimation [leʒitimasjõ] F **1** JUR *d'un enfant naturel* Ehelichkeitserklärung *f*; Legitimation *f* **2** *st/s* (*justification*) Rechtfertigung *f*

légitime [leʒitim] ADJ **1** rechtmäßig; legitim; *enfant* ehelich **2** (*justifié*) berechtigt; legitim **3** JUR **~ défense** *f* Notwehr *f*

légitimer [leʒitime] VT **1** JUR *enfant* für ehelich erklären **2** (*justifier*) rechtfertigen

légitimité [leʒitimite] F **1** Rechtmäßigkeit *f*; Legitimität *f* **2** *d'une revendication* Berechtigung *f*

legs [lɛg] M Vermächtnis *n* (*a. fig*); **faire un ~** ein Vermächtnis aussetzen

léguer [lege] VT ⟨-è-⟩ **1** JUR vermachen **2** *fig* vererben; hinterlassen

légume [legym] **1** *m* Gemüse(art) *n(f)*; **~s** *mpl* Gemüse *n*; **~s secs** Hülsenfrüchte *fpl* **2** *fam fig* **une grosse ~** *fam* ein hohes Tier

légumineuse [legyminøz] F Hülsenfrucht *f*

leitmotiv [lajtmɔtif, lɛt-] M **1** MUS Leitmotiv *n* **2** *fig* Standardformel *f*; Dauerthema *n*

Léman [lemɑ̃] **le lac ~** der Genfer See

lémuriens [lemyʀjɛ̃] MPL Halbaffen *mpl*

lendemain [lɑ̃dmɛ̃] M **1** **le ~** der nächste Tag; *adv* am nächsten, folgenden Tag; am Tag darauf, danach; **le ~ de son arrivée** am Tage nach s-r Ankunft; **remettre qc au ~** etw auf den nächsten, folgenden Tag verschieben **2** (*avenir*) Morgen *n*; Zukunft *f*; **sans ~** ohne Dauer

lénifiant [lenifjɑ̃] ADJ ⟨-ante [-ɑ̃t]⟩ **1** MÉD lindernd **2** *fig* besänftigend **lénifier** [-fje] VT **1** MÉD lindern **2** *fig* besänftigen

léninisme [leninism] M Leninismus *m* **léniniste** [-ist] **A** ADJ leninistisch **B** M/F Leninist(in) *m(f)*

Lens [lɑ̃s] *Stadt im Departement Pas-de-Calais*

lent [lɑ̃] ADJ ⟨lente [lɑ̃t]⟩ langsam; *voix* schleppend; **véhicule ~** langsam fahrendes Fahrzeug; **il est ~ à faire qc** er braucht lange, um etw zu tun

lente [lɑ̃t] F Nisse *f*

lentement [lɑ̃tmɑ̃] ADV langsam

lenteur [lɑ̃tœʀ] F Langsamkeit *f*; **~s** *pl* Um-

Les élections législatives – die Parlamentswahlen

se présenter	kandidieren
des élections anticipées	vorgezogene Wahlen
le vote	Stimme
exercer son droit de vote	sein Stimmrecht wahrnehmen
le suffrage universel	das allgemeine Wahlrecht
le suffrage direct	direkte Wahl
le scrutin secret	geheime Wahl
au premier / deuxième tour	im ersten / zweiten Wahlgang
le suffrage majoritaire	Mehrheitswahl
le suffrage proportionnel	Verhältniswahl
la participation	die Teilnahme
voter pour qn	für j-n stimmen
s'abstenir	sich enthalten
l'abstention *f*	Enthaltung
la circonscription	Wahlkreis
le bureau de vote	Wahlbüro
le bulletin de vote	Stimmzettel
le bulletin blanc	leerer Stimmzettel
obtenir la majorité	die Mehrheit erringen
procéder à un scrutin de ballottage	in die Stichwahl gehen

WORTFELDER

ständlichkeit *f*; **~ d'esprit** geistige Trägheit

lentille [lɑ̃tij] F BOT, CUIS, OPT Linse *f*

léonin [leɔnɛ̃] ADJ ⟨-ine [-in]⟩ Löwen…

léopard [leɔpaʀ] M Leopard *m*

LEP [lɛp] M (! unveränderlich) ABR (lycée d'enseignement professionnel) Fachoberschule *f*

lépidoptères [lepidɔptɛʀ] MPL Schmetterlinge *mpl*

lèpre [lɛpʀ] F 1 MÉD Lepra *f*; Aussatz *m* 2 *fig* Krebsschaden *m*

lépreux [lepʀø] A ADJ ⟨-euse [-øz]⟩ 1 MÉD leprakrank; aussätzig 2 *fig mur* fleckig; verwittert B **~, lépreuse** M,F Leprakranke(r) *m/f(m)*; Aussätzige(r) *m/f(m)*

lequel [l(ə)kɛl] ⟨*f* laquelle [lakɛl]; *mpl* lesquels [lekɛl], *fpl* lesquelles⟩ A PR REL der, die, das *pl* die; *st/s* welche(r, -s), *pl* welche; **le milieu dans lequel il vit** das Milieu, in dem er lebt; *un outil* **à l'aide duquel …** mit dessen Hilfe; *adjt* **auquel cas** in welchem Fall B PR INTERROG welche(r, -s)?, *pl* welche?; **lequel de vos enfants?** welches Ihrer Kinder?; *un beau château* – **duquel parlez-vous?** von welchem sprechen Sie?

les [le] → le

lesbien [lɛsbjɛ̃] ADJ ⟨-ienne [-jɛn]⟩ lesbisch

lesbienne [lɛzbjɛn] F Lesbierin *f*; *fam* Lesbe *f*

lèse-majesté [lɛzmaʒɛste] F **crime** *m* **de ~** Majestätsbeleidigung *f* (*a. fig*)

léser [leze] V/T ⟨-è-⟩ 1 benachteiligen; beeinträchtigen; *les droits de qn* verletzen 2 MÉD verletzen; schädigen

lésiner [lezine] V/T INDIR **~ sur qc** an etw (*dat*) sparen; mit etw geizen, knausern

lésion [lezjõ] F MÉD Verletzung *f*; Schädigung *f*

lesquel(le)s [lekɛl] → lequel

lessivable [lesivabl] ADJ waschecht, -fest **lessivage** [-aʒ] M 1 *d'un plancher* Wischen *n*; Scheuern *n*; *de murs* Abwaschen *n*; Abseifen *n* 2 GÉOL Auswaschung *f*; Auslaugung *f*

lessive [lesiv] F 1 *produit* Waschmittel *n*, -pulver *n* 2 (*lavage*) Waschen *n*; Wäsche *f*; **faire la ~** (Wäsche) waschen; große Wäsche haben 3 (*linge*) (gewaschene) Wäsche

lessivé [lesive] ADJ ⟨~e⟩ *fam* kaputt; *fam* völlig erschlagen; ausgelaugt **lessiver** [-e] V/T *mur* abwaschen; abseifen **lessiveuse** [-øz] F Waschkessel *m*

lest [lɛst] M Ballast *m*; **lâcher du ~** Ballast abwerfen; *fig* Konzessionen machen

leste [lɛst] ADJ 1 (*agile*) flink; behänd(e); gewandt; *fig* **avoir la main ~** e-e lockere Hand haben 2 *propos* frivol; pikant; schlüpfrig

lestement [lɛstəmɑ̃] ADV behänd(e); gewandt

lester [lɛste] V/T 1 MAR mit Ballast beladen 2 *filet de pêche* beschweren

les lessives (fpl) — Waschmittel

la lessive — Wäsche

létal [letal] ADJ ⟨~e; -aux [-o]⟩ tödlich; *t/t* letal; **dose ~e** tödliche Dosis

léthargie [letaʀʒi] F 1 MÉD Lethargie *f*; Erstarrung *f*; Scheintod *m* 2 *fig* Teilnahmslosigkeit *f*; Lethargie *f* **léthargique** [-ik] ADJ lethargisch

letton [lɛtõ] A ADJ ⟨-one [-ɔn]⟩ lettisch B 1 **Letton(ne)** *m(f)* Lette *m*, Lettin *f* 2 LING **le ~** das Lettische; Lettisch *n*

Lettonie [lɛtɔni] **la ~** Lettland *n*

lettre [lɛtʀ] F 1 (*caractère*) Buchstabe *m*; TYPO Letter *f*; **à la ~, au pied de la ~** (wort)wörtlich; im wörtlichen, buchstäblichen Sinn; *fig* **avant la ~** ehe es diesen Begriff überhaupt gab; **en toutes ~s** *mot* ausgeschrieben; *chiffre* in Worten; *fig* deutlich; unmissverständlich 2 (*missive*) Brief *m*; COMM, ADMIN Schreiben *n*; **~ d'amour, d'affaires** Liebes-, Geschäftsbrief *m*; FIN **~ de change** Wechsel *m*; DIPL **~s de créance** Beglaubigungsschreiben *n*; **~ de licenciement** Kündigungsschreiben *n*; **par ~(s)** brieflich; *fam* **passer comme une ~ à la poste** glatt durchgehen 3 **~s** *pl* schöne Literatur; Belletristik *f*; **homme** *m*, **femme** *f* **de ~s** Literat(in) *m(f)*; Schriftsteller(in) *m(f)*; **avoir des ~s** gebildet sein 4 **~s** *pl* (*opposé à «sciences»*) Geisteswissenschaften *fpl*; **~s classiques** Französisch *n* in Verbindung mit klassischer Philologie; **~s modernes** Neuphilologie *f*; **faculté** *f* **des ~s et sciences humaines** philosophische Fakultät

lettré [letʀe] ADJ ⟨~e⟩ gebildet

lettrine [letʀin] F 1 *d'un dictionnaire* lebender Kolumnentitel 2 *au début d'un chapitre* Initiale *f*; Zierbuchstabe *m*

leucémie [løsemi] F Leukämie *f*

leucémique [løsemik] A ADJ leukämisch B M/F an Leukämie Erkrankte(r) *m/f(m)*

leucocytes [løkɔsit] MPL weiße Blutkörperchen *npl*; Leukozyten *mpl*

leur [lœʀ] A PR PERS (! unveränderlich) ihnen

B ADJ POSS (❗ Maskulin- und Femininform sind im Singular gleich, die Pluralform lautet für beide **leurs**) ihr(e), *pl* ihre **C** PR POSS **le leur, la leur** der, die, das ihrige; ihre(r, -s); *pl* **les leurs** die ihren; ihre **D** SUBST **1** **le leur** das Ihre; **ils y ont mis du leur** sie haben das Ihre *ou* ihren Teil dazu beigetragen **2** **les leurs** *mpl* (*parents, amis*) die Ihren

leurre [lœʀ] M Köder *m*; Lockmittel *n*; Augenwischerei *f*

leurrer [lœʀe] **A** V/T ködern **B** V/PR **se ~** sich (*dat*) etwas vormachen

levage [l(ə)vaʒ] M TECH Heben *n*

levain [l(ə)vɛ̃] M Sauerteig *m*

levant [l(ə)vɑ̃] **A** ADJ **soleil ~** aufgehende Sonne **B** **le Levant** HIST die Levante; das Morgenland

levé [l(ə)ve] ADJ ⟨~e⟩ **1** *bras, tête, etc* erhoben **2** (*sorti du lit*) auf(gestanden) **3** **pâte ~e** Hefeteig *m*

levée [l(ə)ve] F **1** *d'une interdiction, etc* Aufhebung *f*; **~ d'écrou** Haftentlassung *f* **2** *du courrier* Leerung *f* **3** *aux cartes* Stich *m* **4** **~ de terre** Erdwall *m* **5** **~ du corps** Aussegnung *f* **6** *fig* **~ de boucliers** heftiger, einstimmiger Protest

lève-glace [lɛvglas] M ⟨lève-glaces⟩ Fensterheber *m*

lever¹ [l(ə)ve] ⟨-è-⟩ **A** V/T **1** *main, jambe, etc* (hoch)heben; THÉ *rideau* auf-, hochziehen; *voile* lüften; *ancre* lichten; **lever les enfants** die Kinder aus dem Bett holen und anziehen; **lever son verre à la santé de qn** sein Glas auf die Gesundheit j-s erheben **2** *interdiction, etc* aufheben; *séance a.* schließen; beenden **3** *impôt* erheben **4** *gibier* aufscheuchen **B** V/I *pâte* gehen; *semis* aufgehen **C** V/PRON **se lever** **1** *personne* aufstehen (*a. du lit*); sich erheben; **se lever de table** vom Tisch, Essen aufstehen **2** *astre* aufgehen; *jour* anbrechen **3** *vent* aufkommen **4** *temps* sich aufklären; sich aufhellen; *brouillard* sich auflösen **5** *mains*, THÉ *rideau* sich heben; hochgehen; *rideau a.* aufgehen

la lettre — Buchstabe

la lettre — Brief

lever² M **1** **lever du jour** Tagesanbruch *m*; **lever du soleil** Sonnenaufgang *m* **2** *du lit* Aufstehen *n* **3** THÉ **lever du rideau** Auf-, Hochgehen *n* des Vorhangs

lève-tard [lɛvtaʀ] M (❗ unveränderlich) Langschläfer *m* **lève-tôt** M (❗ unveränderlich) Frühaufsteher *m*

levier [l(ə)vje] M Hebel *m*; *fig* **être aux ~s de commande** das Steuer in der Hand haben

levraut [ləvʀo] M junger Hase

lèvre [lɛvʀ] F **1** Lippe *f*; *fig* **du bout des ~s** widerstrebend; **avoir le sourire aux ~s** ein Lächeln auf den Lippen haben **2** *de la vulve* **~s** *pl* Schamlippen *fpl* **3** MÉD **~s** *pl* Wundränder *mpl*

levrette [ləvʀɛt] F Windhündin *f*

lévrier [levʀije] M Windhund *m*

levure [l(ə)vyʀ] F Hefe *f*; **~ chimique** Backpulver *n*; **~ de bière** Bierhefe *f*

lexème [lɛksɛm] M Lexem *n*

lexical [lɛksikal] ADJ ⟨~e; -aux [-o]⟩ lexikalisch **lexicalisation** [-izasjõ] F lexikographische Erfassung **lexicaliser** [-ize] V/T lexikalisieren; lexikographisch erfassen

lexicographe [lɛksikɔgʀaf] M/F Lexikograph(in) *m(f)* **lexicographie** [-i] F Lexikographie *f* **lexicographique** [-ik] ADJ lexikographisch

lexicologie [lɛksikɔlɔʒi] F Lexikologie *f* **lexicologique** ADJ lexikologisch **lexicologue** [-lɔg] M/F Lexikologe, -login *m,f*

lexie [lɛksi] F lexikologische Einheit

lexique [lɛksik] M **1** *dictionnaire* (kleines) Wörterbuch; Glossar *n* **2** (*vocabulaire*) Wortschatz *m*; Vokabular *n*

lézard¹ [lezaʀ] M Eidechse *f*; *fam fig* **faire le ~** sich sonnen; *fam* sich in der Sonne aalen

lézard² [lezaʀ] M *fam* **(il n')y a pas de ~** kein Problem!

lézarde [lezaʀd] F Riss *m*; Ritze *f*

lézardé [lezaʀde] ADJ ⟨~e⟩ *mur* rissig

lézarder [lezaʀde] **A** V/I *fam* sich in der Sonne aalen **B** V/PR **se ~** Risse bekommen

liaison [ljɛzõ] F **1** Verbindung *f*; (*rapport*) Zusammenhang *m*; **~ routière, téléphonique** Straßen-, Telefonverbindung *f*; **établir, faire la ~ entre deux événements** zwei Ereignisse miteinander in Verbindung, Zusammenhang bringen; **être en ~ avec qn** mit j-m in Verbindung stehen **2** ~ **(amoureuse)** (Liebes)Verhältnis *n*; Liebschaft *f* **3** GRAM Bindung *f*; Liaison *f*; **faire la ~** binden

liane [ljan] F Liane *f*

liant [ljɑ̃] **A** ADJ ‹-ante [-ɑ̃t]› kontaktfreudig **B** M TECH Bindemittel *n*

lias [ljas] M GÉOL Lias *m ou f*

liasse [ljas] F Bündel *n*; Pack(en) *m*

Liban [libɑ̃] **le ~** der Libanon

libanais [libanɛ] **A** ADJ ‹-aise [-ɛz]› libanesisch **B** **Libanais(e)** M(F) Libanese *m*, -esin *f*

libellé [libele] M Wortlaut *m*; Text *m* **libeller** [-e] V/T *document* aufsetzen; abfassen; *chèque* ausstellen

libellule [libelyl] F Libelle *f*

libérable [liberabl] ADJ **militaire** *m* **~** *(nach Ableistung s-s Wehrdienstes)* zu entlassender Soldat

libéral [liberal] ADJ ‹~e; -aux [-o]› **1** POL liberal; *subst* **les libéraux** *mpl* die Liberalen *mpl*; **économie ~e** freie (Markt)Wirtschaft **2** *(tolérant)* liberal; tolerant; großzügig **3** *médecin, etc* freiberuflich; **professions ~es** freie Berufe *mpl*

libéralement [liberalmɑ̃] ADV großzügig

libéralisation [liberalizasjõ] F Liberalisierung *f* **libéraliser** [-e] V/T liberalisieren

libéralisme [liberalism] M **1** POL, ÉCON Liberalismus *m* **2** *attitude* Liberalität *f*; Toleranz *f*

libéralité [liberalite] *st/s* F Freigebigkeit *f*; Großzügigkeit *f*

libérateur [liberatœr], **libératrice** [-tris] **A** M,F Befreier(in) *m(f)* **B** ADJ POL Befreiungs…; *fig rire* befreiend

libération [liberasjõ] F **1** POL *d'un pays, etc* Befreiung *f*; *des femmes a.* Emanzipation *f*; **la Libération** die Befreiung (Frankreichs im 2. Weltkrieg) **2** *d'un détenu* Freilassung *f*; *de soldats* Entlassung *f* **3** *d'une obligation* Entlastung *f*, Befreiung *f* (**de** von) **4** ÉCON Freigabe *f* **5** PHYS, CHIM Freisetzung *f*

libératoire [liberatwar] ADJ FIN **prélèvement** *m* **~** Abgeltungssteuer *f*

libéré [libere] ADJ ‹~e› *pays* befreit; *femme a.* emanzipiert; *détenu* freigelassen; entlassen

libérer [libere] ‹-è-› **A** V/T **1** POL *pays, etc* befreien **2** *détenu* freilassen; auf freien Fuß setzen; *soldats* entlassen; **les élèves seront libérés à midi** die Schüler haben um zwölf Uhr Schulschluss **3** *d'une obligation* entlasten, befreien (**de** von) **4** *prix, etc* freigeben **5** *passage* frei machen **6** *énergie, gaz* freisetzen **7** *fig sa conscience* entlasten **B** V/PR **se ~** *de son travail* sich freimachen

Liberia [liberja] **le ~** Liberia *n*

libérien [liberjɛ̃] **A** ADJ ‹-ienne [-jɛn]› liberianisch **B** SUBST **Libérien(ne)** M(F) Liberianer(in) *m(f)*

libéro [libero] M Libero *m*

libertaire [libertɛr] ADJ anarchistisch

liberté [liberte] F Freiheit *f*; **~ individuelle** Freiheit *f* des Einzelnen; **~ d'action, de mouvement** Handlungs-, Bewegungsfreiheit *f*; **~ d'expression** Meinungsfreiheit *f*; Recht *n* auf freie Meinungsäußerung; **~ de penser** Gedankenfreiheit *f*; **~ de presse** Pressefreiheit *f*; **en toute ~** völlig frei, ungehindert; **mettre qn en ~** j-n freilassen, auf freien Fuß setzen; **prendre des ~s avec qn** sich *(dat)* j-m gegenüber Freiheiten herausnehmen; **prendre des ~s avec un texte** mit e-m Text sehr frei umgehen

libertin [libertɛ̃] **A** ADJ ‹-ine [-in]› sittenlos; *personne a.* ausschweifend **B** M ausschweifend lebender Mensch

libertinage [libertinaʒ] M Ausschweifung *f*; Liederlichkeit *f*; Zügellosigkeit *f*

libidineux [libidinø] ADJ ‹-euse [-øz]› lüstern; wollüstig

libido [libido] F Libido *f*

libraire [librɛr] M/F Buchhändler(in) *m(f)*

librairie [librɛri] F Buchhandlung *f*; **~ d'occasion** Antiquariat *n*; **en ~** im Buchhandel

librairie-papeterie F ‹librairies-papeteries› Buch- und Schreibwarenhandlung *f*

libre [libr] ADJ frei; **école** *f* **~** Privatschule *f*; (private) Konfessionsschule; TECH **roue** *f* **~** Freilauf *m*; **temps** *m* **~** Freizeit *f*; freie Zeit; **~ à vous de** *(+ inf)* es steht Ihnen frei zu *(+ inf)*; **~ comme l'air** frei wie der Vogel in der Luft; **être très ~ avec qn** ungezwungen mit j-m verkehren; **tu es ~?** hast du Zeit?; *médicament* **en vente ~** frei verkäuflich; rezeptfrei

libre-échange [librɛʃɑ̃ʒ] M Freihandel *m* **libre-échangisme** [-ism] M Freihandel *m*; Freihandelspolitik *f* **libre-échangiste** [-ist] ‹libre-échangistes› **A** ADJ Freihandels… **B** M Anhänger *m* des Freihandels, e-r Freihandelspolitik

librement [librəmɑ̃] ADV **1** *circuler, traduire* frei **2** *parler* offen **3** **~ consenti** freiwillig

libre-penseur [librəpɑ̃sœr] M ‹libres-penseurs› Freidenker *m*; Freigeist *m*

libre-service [librəsɛrvis] M ‹libres-services› **1** *système* Selbstbedienung *f* **2** *magasin* Selbstbedienungsladen *m*

librettiste [librɛtist] M (Opern)Textdichter *m*; Librettist *m*

Libye [libi] **la ~** Libyen *n*

libyen [libjɛ̃] **A** ADJ ‹-yenne [-jɛn]› libysch **B** **Libyen(ne)** M(F) Libyer(in) *m(f)*

lice [lis] F HIST Turnierplatz *m*; *fig* **entrer en ~** auf den Plan treten

licence [lisɑ̃s] F **1** Licence *f (akademischer Grad nach dreijährigem Studium)*; **~ en droit, ès sciences** Licence in Rechts-, Naturwissenschaften

2 COMM, JUR Lizenz *f* (*a.* SPORTS); Konzession *f*; Erlaubnis *f* 3 ~ **poétique** dichterische Freiheit 4 *litt* (*liberté excessive*) Zügellosigkeit *f*; Ausschweifung *f*

licencié(e) [lisɑ̃sje] M(F) 1 Hochschulabsolvent(in), der (die) die Licence besitzt 2 SPORTS Lizenzinhaber(in) *m(f)*

licenciement [lisɑ̃simɑ̃] M Entlassung *f*

licencier [lisɑ̃sje] V/T entlassen

licencieux [lisɑ̃sjø] *litt* ADJ ⟨-euse [-øz]⟩ unanständig; anstößig; allzu frei

lichen [likɛn] M BOT Flechte *f*

lichette [liʃɛt] *fam* F Stückchen *n*; Scheibchen *n*

licite [lisit] ADJ erlaubt; zulässig; statthaft

licorne [likɔʀn] F Einhorn *n*

licou [liku] M Halfter *m ou n*

lie [li] F 1 ~ **de vin** Weinhefe *f*; *adjt* (! unveränderlich) weinrot; *fig* **boire le calice jusqu'à la** ~ den Kelch bis zur Neige leeren 2 *litt, fig* Abschaum *m*

Liechtenstein [liʃtɛnstajn] **le** ~ Liechtenstein *n*

liège [ljɛʒ] M Kork *m*

Liège [ljɛʒ] Lüttich *n*

liégeois [ljeʒwa] ADJ ⟨-oise [-waz]⟩ von Lüttich; Lütticher; **café** ~ Eiskaffee *m*

lien [ljɛ̃] M 1 *pour attacher* Band *n* 2 *fig* Band *n*; Bindung *f*; **~s de parenté** verwandtschaftliche Bande; **servir de ~ entre deux personnes** das Bindeglied zwischen zwei Menschen sein 3 (*rapport*) Verbindung *f*; Zusammenhang *m* 4 INFORM Link *m*; **créer un ~ vers qc** auf etw (*acc*) verlinken

lier [lje] A V/T 1 binden (**à** an + *acc*); *plusieurs choses* zusammenbinden; *fig promesse, etc* ~ **qn** j-n binden; *fig* **j'ai les mains liées** mir sind die Hände gebunden; **être fou à** ~ *fam* total verrückt sein 2 *sauce* binden; andicken; sämig machen 3 *fig* (miteinander) verbinden; **ils sont très liés** sie sind eng befreundet, liiert; *chose* **être lié à qc** mit etw verknüpft sein; in Zusammenhang mit etw stehen B V/PR **se ~ d'amitié avec qn** mit j-m Freundschaft schließen; sich mit j-m anfreunden

lierre [ljɛʀ] M Efeu *m*

liesse [ljɛs] F **en** ~ jubelnd

lieu [ljø] M ⟨~x⟩ 1 Ort *m*; Stelle *f*; *st/s* Stätte *f*; *fig* **lieu commun** Gemeinplatz *m*; **°haut lieu** berühmte Stätte; Hochburg *f*; *fig* **en haut lieu** höheren Orts; an höherer Stelle; **les Lieux saints** die heiligen Stätten; **lieu de naissance** Geburtsort *m*; **lieu de travail** Arbeitsort *m*; Arbeitsstätte *f*; **au lieu de** anstelle, an Stelle (+ *gén*); (an)statt (+ *gén*, *fam* + *dat*); **au lieu de cela** stattdessen; **en premier lieu** an erster Stelle; zuerst; **avoir lieu** stattfinden; *accident* sich ereignen; **avoir lieu de faire qc** Grund, Anlass haben, etw zu tun; **donner lieu à qc** Anlass, Veranlassung zu etw geben; **mettre en lieu sûr** an e-n sicheren Ort bringen; **tenir lieu de qc** etw ersetzen; die Stelle von etw einnehmen 2 **lieux** *pl* Örtlichkeit *f*; *d'un appartement* Räumlichkeiten *fpl*; JUR Ort *m* des Geschehens; **sur les lieux du crime** am Tatort

lieu-dit M ⟨lieux-dits⟩ *ou* **lieudit** M ⟨lieudits⟩ Ort, der e-n Flurnamen trägt

lieue [ljø] F Meile *f*; Wegstunde *f*; *fig* **être à mille ~s de** (+ *inf*) meilenweit davon entfernt sein zu (+ *inf*)

lieutenant [ljøtnɑ̃] M Oberleutnant *m* **lieutenant-colonel** M ⟨lieutenants-colonels⟩ Oberstleutnant *m*

lièvre [ljɛvʀ] M Hase *m*; *fig* **courir deux ~s à la fois** zwei Ziele auf einmal verfolgen; *fig* **(sou)lever un** ~ e-e heikle Frage aufwerfen

lifter [lifte] V/T **se faire** ~ sich liften lassen

lifting [liftiŋ] M Lifting *n*

ligament [ligamɑ̃] M ANAT Band *n*

ligature [ligatyʀ] F MÉD Ligatur *f* **ligaturer** [-e] V/T unterbinden

ligne [liɲ] F 1 Linie *f*; Strich *m*; ~ **d'arrivée** Ziellinie *f*; Ziel *n*; **~s de la main** Handlinien *fpl*; *fig* **dans les grandes ~s** in großen Zügen, Umrissen; *fig* **sur toute la** ~ auf der ganzen Linie 2 ÉLEC, TÉL Leitung *f*; TÉL **être en** ~ am Telefon, am Apparat sein 3 INFORM **en** ~ online; Online...; **°hors** ~ offline; **achat** *m* **en** ~ Onlinekauf *m*; **banque** *f* **en** ~ Onlinebanking *n* 4 TRANSPORTS Linie *f*; Strecke *f*; CH DE FER **grandes ~s** Fernstrecken *fpl*; ~ **de métro** U-Bahn-

la ligne — Linie

les lignes (fpl) — Zeilen

la ligne — Angelschnur

Linie *f*; **vol** *m* **de ~** Linienflug *m* 5 *d'un texte*, TV Zeile *f*; **aller à la ~** e-e neue Zeile anfangen; *fig* **lire entre les ~s** zwischen den Zeilen lesen 6 (*suite alignée*) Reihe *f*; Linie *f* (*a. par ext* MIL, GÉNÉALOGIE); *fig* °**hors ~** hervorragend; außergewöhnlich 7 PÊCHE Angelschnur *f*, -leine *f*; *par ext* Angel *f* 8 *fig* (*règle*) Linie *f*; **~ directrice** Leitlinie *f*; **~ de conduite** Verhaltensmaßregeln *fpl*; Richtschnur *f*; **~ du parti** Parteilinie *f* 9 (*silhouette*) **avoir la ~** e-e schlanke Figur haben; **garder la** *ou* **sa ~** s-e schlanke Linie bewahren

lignée [liɲe] F Nachkommenschaft *f*; Geschlecht *n*; *fig* **dans la ~ de qn** in der Nachfolge j-s

ligner [liɲe] V/T linieren; liniieren

ligneux [liɲø] ADJ ⟨-euse [-øz]⟩ holzig

lignifier [liɲifje] V/PR **se ~** verholzen

lignite [liɲit] M Braunkohle *f*

ligoter [ligɔte] V/T fesseln

ligue [lig] F Liga *f*; Bund *m*; **Ligue des droits de l'homme** Liga für Menschenrechte

liguer [lige] V/PR **se ~** sich verbünden (**contre qn** gegen j-n)

lilas [lila] A M Flieder *m* B ADJ (❗ unveränderlich) lila

Lille [lil] *Stadt im Departement Nord*

lilliputien [lilipysjɛ̃] M, **lilliputienne** [-jɛn] F Liliputaner(in) *m(f)*

lillois [lilwa] ADJ ⟨-oise [-waz]⟩ (*et* SUBST **Lillois** Einwohner) von Lille

limace [limas] F (Nackt)Schnecke *f*

limaçon [limasõ] M 1 ZOOL Schnecke *f* (mit Haus) 2 ANAT Schnecke *f*

limage [limaʒ] M TECH Feilen *n*

limaille [limaj] F Feilspäne *mpl*, -staub *m*

limande [limɑ̃d] F Kliesche *f*

limbes [lɛ̃b] MPL CATH Vorhölle *f*; *fig* **être encore dans les ~** noch im Werden sein

lime [lim] F Feile *f*; **~ à ongles** Nagelfeile *f*

limer [lime] V/T feilen; *enlever* abfeilen; *barreau* durchfeilen

limette [limɛt] F Limette *f*

limier [limje] M 1 CH Stöberhund *m* 2 *fig* **fin ~** gute Spürnase (*Person*)

limitatif [limitatif] ADJ ⟨-ive [-iv]⟩ einschränkend

limitation [limitasjõ] F Beschränkung *f*; Einschränkung *f*; Begrenzung *f*; **~ de vitesse** Geschwindigkeitsbeschränkung *f*

limite [limit] F 1 Grenze *f*; Limit *n*; **~ d'âge** Altersgrenze *f*; **à la ~** äußerstenfalls; **sans ~s** unbegrenzt; **il y a des ~s (à tout)** alles hat s-e Grenzen 2 *adjt* **âge** *m* **~** Höchstalter *n*; **cas** *m* **~** Grenzfall *m*; **date** *f* **~** letzter, äußerster Termin; **vitesse** *f* **~** zulässige Höchstgeschwindigkeit; *fam* **c'était ~** das war auf der Grenze

limité [limite] ADJ ⟨~e⟩ begrenzt, beschränkt (**à** auf +*acc*); eingeschränkt; *tirage* limitiert; **~ dans le temps** zeitlich begrenzt; befristet; *fam fig* **il est assez ~** er ist ziemlich beschränkt

limiter [limite] A V/T begrenzen, beschränken (**à** auf + *acc*); limitieren B V/PR **se ~** sich einschränken; sich beschränken (**à** auf + *acc*)

limiteur [limitœʀ] M TECH Begrenzer *m*; **~ de vitesse** Geschwindigkeitsbegrenzer *m*

limitrophe [limitʀɔf] ADJ angrenzend (**de** an + *acc*); Grenz…

limogeage [limɔʒaʒ] M *fam* Kaltstellung *f*; Abhalfterung *f* **limoger** [-e] V/T ⟨-ge-⟩ *haut fonctionnaire, officier fam* kaltstellen; *fam* absägen

Limoges [limɔʒ] *Stadt im Departement Haute-Vienne*

limon [limõ] M Schlamm *m*; Schlick *m*

limonade [limɔnad] F Limonade *f*; *fam* Limo *f*

limonadier [limɔnadje] M 1 Limonadenhersteller *m* 2 ADMIN (*cafetier*) Schankwirt *m*

limoneux [limɔnø] ADJ ⟨-euse [-øz]⟩ schlammig; schlickig; **eaux limoneuses** *d'un fleuve* schlammhaltiges Wasser

Limousin [limuzɛ̃] **le ~** das Limousin (*Region in Mittelfrankreich*)

limousin [limuzɛ̃] A ADJ ⟨-ine [-in]⟩ aus dem Limousin B SUBST **Limousin(e)** M(F) Bewohner(in) *m(f)* des Limousin

limousine [limuzin] F (große) Limousine

limpide [lɛ̃pid] ADJ klar (*a. fig*) **limpidité** [-ite] F Klarheit *f*

lin [lɛ̃] M 1 BOT Flachs *m* 2 TEXT Leinen *n*

linceul [lɛ̃sœl] M Leichentuch *n*

linéaire [lineɛʀ] ADJ 1 linear 2 *fig récit* eindimensional

linge [lɛ̃ʒ] M 1 Wäsche *f*; **~ (de corps)** Leib-, Unterwäsche *f*; **~ de table** Tischwäsche *f*; *fig* **laver son ~ sale en famille** s-e schmutzige Wäsche nicht in der Öffentlichkeit waschen 2 (*chiffon*) (sauberes) Tuch; *fig* **blanc comme un ~** leichenblass; kreidebleich

lingère [lɛ̃ʒɛʀ] F *dans un hôtel* Wäschebeschließerin *f*

lingerie [lɛ̃ʒʀi] F 1 *linge de corps* Damen(unter)wäsche *f* 2 *local* Wäschekammer *f*, -zimmer *n*

lingette [lɛ̃ʒɛt] F Feuchtreinigungstuch *n*

lingot [lɛ̃go] M Barren *m*; **~ d'or** Goldbarren *m*

lingual [lɛ̃gwal] ADJ ⟨~e; -aux [-o]⟩ ANAT, PHON Zungen…

linguiste [lɛ̃gɥist] M/F Sprachwissenschaftler(in) *m(f)*; Linguist(in) *m(f)*

linguistique [lɛ̃gɥistik] A ADJ 1 sprachwissenschaftlich; linguistisch 2 (*relatif à la langue*) Sprach(en)…; **bain** *m* **~** *längerer Auslandsaufenthalt, bei dem man seine Fremdsprachenkennt-*

nisse vertieft; **séjour** *m* ~ Sprachaufenthalt *m* **B** F Sprachwissenschaft *f*, -forschung *f*; Linguistik *f*; ~ **appliquée** angewandte Sprachwissenschaft

lino [lino] ABR → linoléum

linoléum [linɔleɔm] M Linoleum *n*

linotte [linɔt] F **1** ZOOL Hänfling *m* **2** *fam fig* **tête** *f* **de** ~ *fam* Schussel *m*

linteau [lɛ̃to] M ⟨~x⟩ (Tür-, Fenster)Sturz *m*

lion [ljõ] M Löwe *m* (ASTROL **Lion**); *fam fig* **il a bouffé du** ~ er hat e-e ungewöhnliche Energie; *fam* er hat Power

lionceau [ljõso] M ⟨~x⟩ junger Löwe

lionne [ljɔn] F Löwin *f*

lipides [lipid] MPL Fette *npl*

liposuccion [liposy(k)sjõ] F Fettabsaugung *f*

lippe [lip] **faire la** ~ schmollen

lippu [lipy] ADJ ⟨~e⟩ *lèvre* wulstig

liquéfaction [likefaksjõ] F Verflüssigung *f*

liquéfier [likefje] **A** V/T verflüssigen **B** V/PR **se** ~ **1** sich verflüssigen **2** *fig fam* schlappmachen; *fam* allen Mumm verlieren

liquette [likɛt] *fam* F Hemd *n*

liqueur [likœʀ] F (❗ feminin) Likör *m*

liquidateur [likidatœʀ] M JUR ~ **judiciaire** gerichtlich bestellter Liquidator

liquidation [likidasjõ] F **1** JUR Liquidation *f*; Auflösung *f* **2** COMM ~ **(du stock)** Räumungsverkauf *m*; Ausverkauf *m* **3** *fam d'une personne* Liquidierung *f*; Beseitigung *f*

liquide [likid] **A** ADJ **1** flüssig; *sauce* **trop** ~ zu dünn **2** FIN flüssig; liquid; **argent** *m* ~ Bargeld *n* **B** M **1** Flüssigkeit *f* **2** FIN Bargeld *n*; flüssige Mittel *npl*; **payer en** ~ bar (be)zahlen

liquider [likide] V/T **1** JUR liquidieren; auflösen; abwickeln **2** COMM ausverkaufen; (billig) abstoßen **3** *fam affaire, travail* erledigen; zum Abschluss bringen; *fam restes d'un repas* aufessen; *fam* wegputzen **4** *fam adversaire* liquidieren; beseitigen; aus dem Weg räumen

liquidité [likidite] F FIN Liquidität *f*; ~**s** *pl* flüssige, liquide Mittel *npl*

liquoreux [likɔʀø] ADJ ⟨-euse [-øz]⟩ **vin** ~ Likörwein *m*; Süßwein *m*

lire¹ [liʀ] ⟨je lis, il lit, nous lisons; je lisais; je lus; je lirai; que je lise; lisant; lu⟩ V/T lesen; *jugement* verlesen; *discours* ablesen; INFORM (ein)lesen; ~ **qc à qn** j-m etw vorlesen; ~ **qc sur le visage de qn** j-m etw am Gesicht ablesen

lire² F HIST *monnaie* Lira *f*

lis¹ [lis] M Lilie *f*

lis² [li] → lire¹

Lisbonne [lizbɔn] Lissabon *n*

liseré [lizʀe] *ou* **liséré** [lizeʀe] M Paspel *f*; Borte *f*

liseron [lizʀõ] M BOT Winde *f*

liseur [lizœʀ] M, **liseuse¹** [-øz] F **c'est un grand liseur, une grande liseuse** er, sie liest viel und gern; *fam* er, sie ist e-e Leseratte

liseuse² [lizøz] F **1** (*couvre-livre*) Buchhülle *f* **2** *vêtement* Bettjäckchen *n*

lisibilité [lizibilite] F Lesbarkeit *f*; Leserlichkeit *f*

lisible [lizibl] ADJ lesbar; leserlich **lisiblement** [-mɑ̃] ADV → lisible

lisière [lizjɛʀ] F **1** TEXT Webkante *f* **2** ~ **du bois** Waldrand *m*

lissage [lisaʒ] M TECH Glätten *n*

lisse [lis] ADJ glatt

lissé [lise] **A** ADJ ⟨~e⟩ **1** geglättet; *cheveux* glatt **2** CUIS *amandes* glasiert; kandiert **B** M CUIS starke Zuckerlösung, die Fäden zieht

lisser [lise] V/T glatt streichen; glätten

listage [listaʒ] M → listing

liste [list] F Liste *f*; Verzeichnis *n*; ~ **noire** schwarze Liste; TÉL ~ **rouge** Liste der Teilnehmer mit Geheimnummer; ~ **d'attente** Warteliste *f*; ~ **de mariage** Geschenkliste *f* (e-s Brautpaars)

lister [liste] V/T INFORM ausdrucken

listériose [listeʀjoz] F MÉD Listeriose *f*

listing [listiŋ] M (Computer)Ausdruck *m*

lit¹ [li] M **1** Bett *n*; *cadre* Bettgestell *n*; ~ **de camp** Feldbett *n*; Campingliege *f*; ~ **d'enfant** Kinderbett *n*; ~ **de mort** Sterbebett *n*; **aller, se mettre au** ~ ins *ou* zu Bett gehen; **faire le** ~ das Bett machen; **garder le** ~ das Bett hüten **2** *par ext* Lager *n* **3** **enfant** *m* **du premier** ~ Kind *n* aus erster Ehe **4** *d'un cours d'eau* Bett *n*; **sortir de son** ~ über die Ufer treten **5** (*couche*) Lage *f*; Schicht *f*

lit² → lire¹

litanie [litani] F Litanei *f* (*a. fig*)

litchi [litʃi] M (❗ maskulin) Litschi *f*

literie [litʀi] F Bettzeug *n*

lithium [litjɔm] M Lithium *n*

litho [lito] F ABR → lithographie

lithographe [litɔgʀaf] M Lithograph *m* **lithographie** [-i] F Lithographie *f* **lithographier** [-je] V/T lithographieren **lithographique** [-ik] ADJ lithographisch

litière [litjɛʀ] F **1** *pour animaux* Streu *f* **2** *autrefois* Sänfte *f*

litige [litiʒ] M Streit *m*; JUR *a.* Streitfall *m*; Rechtsstreit *m*; **en** ~ Streit...; strittig; umstritten

litigieux [litiʒjø] ADJ ⟨-euse [-øz]⟩ strittig; umstritten

litote [litɔt] F RHÉT Litotes *f*

litre [litʀ] M Liter *m ou n*

litron [litʀõ] *fam* M Liter *m* Wein

littéraire [literɛʀ] **A** ADJ literarisch; Literatur…; *talent a.* schriftstellerisch; *par ext études* geisteswissenschaftlich; **langue** *f* **~** Literatur-, Schriftsprache *f*; **personnage** *m* **~** Gestalt *f* aus der Literatur **B** M/F **1** Geisteswissenschaftler(in) *m(f)* **2** literarisch, *par ext* geisteswissenschaftlich interessierter *ou* gebildeter Mensch

littéral [literal] ADJ ⟨~e; -aux [-o]⟩ wörtlich; buchstäblich **littéralement** [-mɑ̃] ADV buchstäblich; im wahrsten Sinn des Wortes

littérature (! littérature) [literatyʀ] F Literatur *f*; Schrifttum *n*

littoral [litɔʀal] **A** ADJ ⟨~e; -aux [-o]⟩ Küsten… **B** M Küstenstreifen *m*; Küste *f*

Lituanie [litɥani] **la ~** Litauen *n*

lituanien [litɥanjɛ̃] **A** ADJ ⟨-ienne [-jɛn]⟩ litauisch **B** **Lituanien(ne)** M(F) Litauer(in) *m(f)*

liturgie [lityʀʒi] F Liturgie *f* **liturgique** [-ik] ADJ liturgisch

livarot [livaʀo] M *Weißschimmelkäse aus der Normandie*

livide [livid] ADJ fahl; bleich **lividité** [-ite] F Fahlheit *f*; aschgraue Farbe

living [liviŋ] M Wohnzimmer *n*

livrable [livʀabl] ADJ lieferbar

livraison [livʀɛzõ] F Lieferung *f*; **~ à domicile** Lieferung ins Haus; **délai** *m* **de ~** Lieferfrist *f*

livre[1] [livʀ] M Buch *n*; **~ d'art** Kunstband *m*; **~ de classe** Schulbuch *n*; **~ de cuisine** Kochbuch *n*; **~ d'or** Goldenes Buch; **~ de poche** Taschenbuch *n*; *fig* **à ~ ouvert** mühelos; **parler comme un ~** sich gewählt ausdrücken

livre[2] F Pfund *n* (*a. monnaie*)

livre-cassette [livʀəkasɛt] M ⟨livres-cassettes⟩ Hörbuch *n*

le livre — Buch

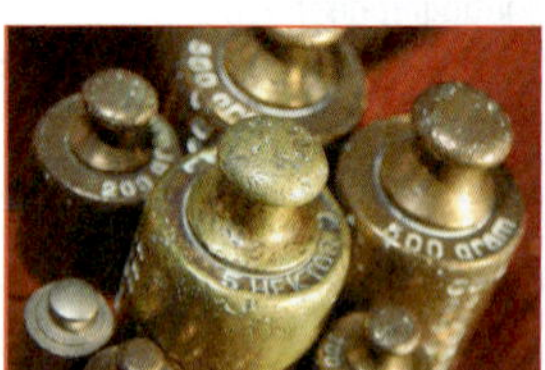

la livre — Pfund

livrée [livʀe] F Livree *f*; **en ~** livriert

livrer [livʀe] **A** V/T **1** *marchandises* liefern; **~ qc à qn** j-m etw liefern; **~ qn** j-n beliefern **2** *coupable* ausliefern (**à qn** j-m *ou* an j-n); *complice, secret* preisgeben (**à qn** j-m); verraten (an j-n); *pays* **~ à l'anarchie** der Anarchie preisgeben; **il est livré à lui-même** er ist sich (*dat*) selbst überlassen **3** **~ (une) bataille** e-e Schlacht schlagen, liefern **B** V/PR **1** **se ~** sich stellen (**à la police** der Polizei [*dat*]) **2** **se ~ à qc** sich e-r Sache (*dat*) hingeben, widmen; **se ~ à une enquête** Nachforschungen anstellen **3** **se ~** (*se confier*) von sich reden; mitteilsam sein

livresque [livʀɛsk] ADJ *péj* Buch…; Bücher…

livret [livʀɛ] M **1** kleines Buch; Heft *n*; **~ scolaire** Zeugnisheft *n*; **~ de caisse d'épargne** Sparbuch *n*; **~ de famille** Familienstammbuch *n* **2** *d'un opéra* Libretto *n*; Textbuch *n*

livreur [livʀœʀ] M (Aus)Fahrer *m*

Ljubljana [ljubljana] Ljubljana *n*; Laibach *n*

lob [lɔb] M SPORTS Lob *m*; Hochschlag *m*

lobby [lɔbi] M ⟨lobbies⟩ Lobby *f*

lobe [lɔb] M ANAT, BOT Lappen *m*; **~ de l'oreille** Ohrläppchen *n*

lober [lɔbe] V/I SPORTS lobben

local [lɔkal] **A** ADJ ⟨~e; -aux [-o]⟩ örtlich; lokal; Lokal…; Orts…; **couleur ~e** Lokalkolorit *n*; **faire très couleur ~e** typisch bretonisch *etc* sein **B** M ⟨-aux [-o]⟩ Raum *m*; *pl* **locaux** *a.* Räumlichkeiten *fpl*

localement [lɔkalmɑ̃] ADV örtlich

localisable [lɔkalizabl] ADJ lokalisierbar **localisation** [-asjõ] F Lokalisierung *f*; *d'un avion, navire* Orts-, Lagebestimmung *f* **localiser** [-e] V/T lokalisieren; *incendie, épidémie* eingrenzen

localité [lɔkalite] F Ort *m*; Ortschaft *f*

locataire [lɔkatɛʀ] M/F Mieter(in) *m(f)*

locatif [lɔkatif] ADJ ⟨-ive [-iv]⟩ Miet…; **charges locatives** Mietnebenkosten *pl*

location [lɔkasjõ] F **1** *par le locataire* Mieten *n*; *par le propriétaire* Vermietung *f*; *de barques, vélos, etc* Verleih *m*; **~ de voitures** Autovermietung *f*; **mettre en ~** vermieten **2** THÉ Vorverkauf *m*; CH DE FER, AVIAT (Platz)Reservierung *f* **3** *pour les vacances* (gemietete) Ferienwohnung

location-vente F ⟨locations-ventes⟩ Mietkauf *m*

lock-out [lɔkawt] M (! unveränderlich) Aussperrung *f*

locomotion [lɔkɔmɔsjõ] F Fortbewegung *f*; **moyens** *mpl* **de ~** Fortbewegungs-, Transportmittel *npl*

locomotive [lɔkɔmɔtiv] F **1** Lokomotive *f*; Lok *f* **2** *fig personne* Motor *m*; treibende Kraft; Zugpferd *n*

locuteur [lɔkytœʀ] M LING Sprecher *m*
locution [lɔkysjõ] F (Rede)Wendung *f*
loden [lɔdɛn] M **1** *tissu* Loden *m* **2** *manteau* Lodenmantel *m*
lœss [løs] M Löss(-) *ou* Löß(boden) *m*
loft [lɔft] M *logement* Loft *m*
logarithme [lɔgaʀitm] M Logarithmus *m* **logarithmique** [-ik] ADJ logarithmisch
loge [lɔʒ] F **1 ~ du concierge** Pförtner-, Hausmeisterwohnung *f* **2** THÉ Loge *f*; *fig* **être aux premières ~s** es, etw aus nächster Nähe miterleben, sehen **3** THÉ *d'un acteur* Garderobe *f* **4** *des francs-maçons* Loge *f*
logement [lɔʒmã] M Wohnung *f*; Wohnraum *m*; *pour les vacances, etc* Quartier *n*; Unterkunft *f*; **~ social** Sozialwohnung *f*
loger [lɔʒe] ‹-ge-› **A** V/T **1** beherbergen; unterbringen; **être logé et nourri** freie Kost und Logis haben; **être bien, mal logé** gut, schlecht untergebracht sein; e-e gute, schlechte Wohnung haben **2** *par ext objets* unterbringen **B** V/I wohnen **C** V/PRON **1 trouver à se ~** e-e Wohnung, Unterkunft finden **2** *balle* **se ~** stecken bleiben (**dans le bras** im Arm)
logeur [lɔʒœʀ] M, **logeuse** [-øz] F (Zimmer)-Vermieter(in) *m(f)*
loggia [lɔdʒja] F Loggia *f*
logiciel [lɔʒisjɛl] M Software *f*
logicien [lɔʒisjɛ̃] M, **logicienne** [-jɛn] F Logiker(in) *m(f)*
logique [lɔʒik] **A** F Logik *f* **B** ADJ logisch; GRAM **analyse** *f* **~** Satzanalyse *f*; **rester ~ avec soi-même** konsequent bleiben
logiquement [lɔʒikmã] ADV logisch; *en début de phrase ou en incise* logischerweise
logis [lɔʒi] M *litt* Behausung *f*; **maître** *m* **du ~** Hausherr *m*; *fig* **la folle du ~** die Fantasie
logisticien [lɔʒistisjɛ̃] M, **logisticienne** [-jɛn] F Logistiker(in) *m(f)*
logistique [lɔʒistik] **A** ADJ logistisch; Versorgungs... **B** F Logistik *f*
logo [logo] M Logo *n*
loi [lwa] F Gesetz *n*; **~ du plus fort** Recht *n* des Stärkeren; Faustrecht *n*; **faire la ~** befehlen; Vorschriften machen; **tomber sous le coup de la ~ ...** unter das Gesetz ... fallen; *abs* strafbar sein
loi-cadre F ‹lois-cadres› Rahmen-, Mantelgesetz *n*
loin [lwɛ̃] ADV weit (weg), fern, weit entfernt (**de** von); **au ~** in der *ou* in die Ferne; **de ~** aus der Ferne; von fern; von Weitem; *fig* bei Weitem; mit Abstand; **de ~ en ~** ab und zu; hin und wieder; *conj* **d'aussi ~ que** *ou* **du plus ~ que** (+ *ind ou subj*) sobald; soweit; *fig* **~ de là!** weit davon entfernt!; im Gegenteil!; *fig* **~ de moi cette idée!** dieser Gedanke liegt mir völlig fern; das sei fern von mir!; *fig* **être (bien) ~ de faire qc** weit davon entfernt sein, etw zu tun; **aller ~** weit gehen, fahren; *fig affaire* weitreichende Folgen haben; *fig* **il ira ~** er wird es weit bringen; *fig* **j'irai même plus ~** ich gehe sogar noch weiter; *fig* **aller trop ~** zu weit gehen; *fig* **cela peut te mener ~** das kann Folgen für dich haben
lointain [lwɛ̃tɛ̃] **A** ADJ ‹-aine [-ɛn]› fern; *époque a.* weit zurückliegend; **pays ~** fernes Land **B** M Ferne *f*; **dans le ~** in der Ferne
loir [lwaʀ] M Siebenschläfer *m*; *fig* **dormir comme un ~** schlafen wie ein Murmeltier
Loir [lwaʀ] **le ~** *Fluss in Westfrankreich*
Loire [lwaʀ] **la ~** *Fluss u. Departement in Frankreich*
Loire-Atlantique [lwaʀatlãtik] **la ~** *frz Departement*
Loiret [lwaʀɛ] **le ~** *Fluss u. Departement in Frankreich*
Loir-et-Cher [lwaʀeʃɛʀ] **le ~** *frz Departement*
loisible [lwazibl] ADJ **il vous est ~ de faire qc** es steht Ihnen frei, etw zu tun
loisir [lwaziʀ] M **1** freie Zeit; Freizeit *f*; *st/s* Muße *f*; **civilisation** *f* **des ~s** Freizeitgesellschaft *f*; **moments** *mpl* **de ~** Mußestunden *fpl*; **(tout) à ~** in (aller) Ruhe; mit Muße **2 ~s** *pl* Freizeitbeschäftigungen *fpl*
lolo [lolo] M *enf* (*lait*) Milch *f*
lombago [lõbago] M → lumbago
lombaire [lõbɛʀ] ADJ Lenden...; **ponction** *f* **~** Lumbalpunktion *f*
lombard [lõbaʀ] **A** ADJ lombardisch **B** SUBST **1 Lombard(e)** *m(f)* Lombarde *m*, Lombardin *f* **2** HIST **Lombards** *mpl* Langobarden *mpl*
Lombardie [lõbaʀdi] **la ~** die Lombardei
lombric [lõbʀik] M Regenwurm *m*
l'on [lõ] → on
londonien [lõdɔnjɛ̃] **A** ADJ ‹-ienne [-jɛn]› Londoner **B Londonien(ne)** M(F) Londoner(in) *m(f)*
Londres [lõdʀ] London *n*
long [lõ] **A** ADJ ‹longue [lõg]› lang; *visage* länglich; *cri* lang gezogen; **moins ~** kürzer; **plus ~** länger; **long de trois mètres** drei Meter lang; *réunion* **être long** lange dauern; **être long à faire qc** lange brauchen, um etw zu tun; *réponse, personne* **être long à venir** lange auf sich (*dat*) warten lassen; lange ausbleiben **B** ADV **à la longue** auf die Dauer; mit der Zeit; *regard* **en dire long** vielsagend sein; **en savoir long** genau Bescheid wissen (**sur** über + *acc*) **C** M Länge *f*; **avoir dix mètres de long** zehn Meter lang sein; *tomber* **de tout son long** der Länge nach; **de long en large** auf und ab; hin und her; *fig* **en long et en large** lang und breit; des Langen

L

und Breiten; *fam* **en long, en large et en travers** in allen Einzelheiten; **le long de qc** *ou* **au long de qc** an etw (*dat*) entlang; längs (+ *gén*); **tout le long du chemin** auf dem ganzen Weg; **tout au long** *ou* **tout le long de l'année** das ganze Jahr über, lang

long-courrier M ⟨long-courriers⟩ Langstreckenflugzeug *n*; *adjt* Langstrecken…

longe [lõʒ] F **1** CUIS Lendenstück *n*, -braten *m* **2** *corde* Longe *f*

longer [lõʒe] V/T ⟨-ge-⟩ **~ qc** an etw (*dat*) entlanggehen, -laufen, *en voiture* -fahren, *route* -führen

longévité [lõʒevite] F **1** (*longue durée de la vie*) Langlebigkeit *f* **2** (*durée de la vie*) Lebensdauer *f*

longiligne [lõʒiliɲ] ADJ langglied(e)rig

longitude [lõʒityd] F (geographische) Länge

longitudinal [lõʒitydinal] ADJ ⟨~e; -aux [-o]⟩ Längs…

longtemps [lõtã] ADV lange (Zeit); **il y a ~ que** … es ist schon lange her, dass …; **avant ~** bald; binnen Kurzem; *fam* **dans ~?** bald?; **depuis ~** seit Langem; **pour ~** für *ou* auf lange Zeit

longue [lõg] → long

longuement [lõgmã] ADV lange; lang und breit

longuet [lõgɛ] *fam* ADJ ⟨-ette [-ɛt]⟩ etwas, ein bisschen (zu) lang

longueur [lõgœʀ] F **1** Länge *f*; *durée a.* lange Dauer; **~ d'onde** Wellenlänge *f*; *fam fig* **(ne pas) être sur la même ~ d'onde** *fam* (nicht) auf derselben Wellenlänge liegen; **à ~ d'année** das ganze Jahr über, lang **2** *d'un texte, d'un film* **~s** *pl* Längen *fpl*

longue-vue F ⟨longues-vues⟩ Fernrohr *n*

look [luk] M Look *m*; Aussehen *n*

looping [lupiŋ] M Looping *m*

lopin [lɔpɛ̃] M **~ de terre** kleines Stück Land

loquace [lɔkas] ADJ redselig; gesprächig

loquacité [lɔkasite] F Redseligkeit *f*; Gesprächigkeit *f*

loque [lɔk] F **1** **~s** *pl* Lumpen *mpl*; Fetzen *mpl*; *vêtement* **tomber en ~s** in Fetzen gehen **2** *fig personne* Wrack *n*

loquet [lɔkɛ] M (einfache) Klinke; Schnäpper *m*

loqueteux [lɔktø] ADJ ⟨-euse [-øz]⟩ zerlumpt

lord [lɔʀ(d)] M Lord *m*

lorgner [lɔʀɲe] V/T schielen nach (*a. fig*)

lorgnette [lɔʀɲɛt] F kleines Fern-, Opernglas *n*; *fig* **voir les choses par le petit bout de la ~** die Dinge zu einseitig sehen; engstirnig sein; e-n begrenzten Horizont haben

lorgnon [lɔʀɲõ] M **1** (*pince-nez*) Kneifer *m* **2** *avec manche* Lorgnette *f*

Lorient [lɔʀjã] *Stadt im Departement Morbihan*

loriot [lɔʀjo] M Pirol *m*

lorrain [lɔʀɛ̃] **A** ADJ ⟨-aine [-ɛn]⟩ lothringisch **B** **Lorrain(e)** M(F) Lothringer(in) *m(f)*

Lorraine [lɔʀɛn] **la ~** Lothringen *n*

lors [lɔʀ] **A** ADV **depuis lors** seitdem; seither; **dès lors** seitdem; von da an; (*en conséquence*) folglich; also; **dès lors que** sobald **B** PRÉP **lors de** bei; zur Zeit (+ *gén*)

lorsque [lɔʀsk(ə)] CONJ (**!** vor Vokal und stummem h steht **lorsqu'**) als (+ *passé*); wenn (+ *présent ou futur*)

losange [lɔzãʒ] M Raute *f*; Rhombus *m*

Los Angeles [lɔsãʒlɛs] Los Angeles *n*

lot [lo] M **1** LOTERIE Gewinn *m*; Treffer *m*; **gros ~** Hauptgewinn *m*, -treffer *m* **2** JUR Teil *m ou n*; **diviser, morceler, partager en ~s** *bien, terre* aufteilen; *terre a.* parzellieren; in Parzellen aufteilen **3** COMM Los *n*; Posten *m*; Partie *f*

Lot [lɔt] **le ~** *Fluss u. Departement in Frankreich*

loterie (**!** nur ein **t**) [lɔtʀi] F **1** Lotterie *f* **2** *fig* Lotteriespiel *n*

Lot-et-Garonne [lɔtegaʀɔn] **le ~** *frz Departement*

loti [lɔti] ADJ ⟨~e⟩ **être bien, mal ~** gut, schlecht dran sein

lotion [lɔsjõ] F Lotion *f*; **~ capillaire** Haarwasser *n*

lotir [lɔtiʀ] V/T parzellieren

lotissement [lɔtismã] M **1** *d'un terrain* Parzellierung *f* **2** (*terrain*) Parzelle *f*; *ensemble* Siedlung *f*

loto (**!** nur ein **t**) [lɔto] M Lotto *n*; **~ sportif** Fußballtoto *n*; **jouer au ~** im Lotto spielen

lotte [lɔt] F ZOOL Seeteufel *m*

lotus [lɔtys] M Lotos(blume) *m(f)*

louable¹ [lwabl] ADJ lobenswert; löblich

louable² [lwabl] ADJ vermietbar; **difficilement ~** schwer zu vermieten(d)

louage [lwaʒ] M Miete *f*; Vermietung *f*

louanges [lwãʒ] FPL Lob *n*; **chanter les ~ de qn** ein Loblied auf j-n singen, anstimmen

loubar(d) [lubaʀ] *fam* M Rocker *m*

louche¹ [luʃ] ADJ undurchsichtig; verdächtig; fragwürdig; zweifelhaft; **c'est ~!** da stimmt etwas nicht!; da ist etwas faul!

louche² F Schöpflöffel *m*; Suppenkelle *f*

loucher [luʃe] V/I **1** schielen **2** *fam fig* **~ sur** schielen nach

louer¹ [lwe] **A** V/T loben; preisen; *efforts, mérites de qn* würdigen; **~ qn de** *ou* **pour qc** j-n für etw loben **B** V/PR **se ~ de qc** sich zu etw beglückwünschen

louer² **A** V/T **1** (*donner en location*) vermieten; **à ~** zu vermieten; **chambre à ~** Zimmer frei **2** (*prendre en location*) mieten **3** (*réserver*) vorbestellen; reservieren **B** V/PR **se ~** *appartement* vermietet werden

loueur [lwœʀ] M, **loueuse** [-øz] F Vermieter(in) *m(f)*; **loueur de voitures** Autovermieter *m*

loufiat [lufja] *pop* M Kellner *m*

loufoque [lufɔk] *fam* ADJ verrückt; → cinglé

loufoquerie [lufɔkʀi] *fam* F Verrücktheit *f* (*a. acte*)

Louis [lwi] M Ludwig *m*

Louisiane [lwizjan] **la ~** Louisiana *n*

Louis-Philippe [lwifilip] ADJT **style** *m* **~** ≈ Biedermeier *n*

loulou [lulu] M **1** ZOOL Spitz *m* **2** (*jeune voyou*) Halbstarke(r) *m*

loup [lu] M **1** ZOOL Wolf *m*; *fig* **être connu comme le ~ blanc** bekannt sein wie ein bunter Hund **2** *fig* **jeune ~** ehrgeiziger junger Mann **3** *fam* **~ de mer** *fam* (alter) Seebär **4** *masque* schwarze Halbmaske **5** *poisson* (Wolfs)Barsch *m*

le loup — Wolf

le loup — Barsch

loupe [lup] F **1** Lupe *f*; Vergrößerungsglas *n*; *fig* **regarder qc à la ~** etw unter die Lupe nehmen **2** BOT Knorren *m*

louper [lupe] *fam* **A** V/T **1** *travail fam* verpfuschen; *fam* verpatzen (*a. examen*) **2** *train, occasion* verpassen; *personne a.* verfehlen; *fig* **~ le coche** die Gelegenheit verpassen **B** V/I **ça n'a pas loupé** das musste ja so kommen

loup-garou [lugaʀu] M ⟨loups-garous⟩ Werwolf *m*

loupiot [lupjo] M, **loupiotte** [-ɔt] F *fam* (*enfant*) *fam* Gör *n*; *fam* Göre *f*

loupiote [lupjɔt] *fam* F *péj* Funzel *f*

lourd [luʀ] **A** ADJ ⟨lourde [luʀd]⟩ **1** schwer; *nourriture a.* schwer verdaulich; °**handicap ~** Schwerbehinderung *f*; **industrie ~e** Schwerindustrie *f*; **~ de conséquences** folgenschwer; **~ de sous-entendus** voller Anspielungen; **avoir l'estomac ~** Magendrücken haben; **avoir la main ~e** hart, fest zuschlagen; *fig* es zu gut meinen; **avoir la tête ~e** e-n schweren Kopf haben **2** *temps* schwül; drückend; *fig silence, atmosphère* beklemmend; dumpf; **il fait ~** es ist schwül, drückend **3** *personne, démarche, style* schwerfällig (*a. esprit*); plump (*a. plaisanterie*) **B** ADV **peser ~** schwer sein; *fig* **ne pas peser ~ dans la balance** nicht sehr ins Gewicht fallen; *fam fig* **ça ne fait pas ~** das ist nicht viel; *fam personne* **ne pas en faire ~** nicht viel tun

lourdaud [luʀdo] ADJ ⟨-aude [-od]⟩ schwerfällig; unbeholfen; plump; tölpelhaft

lourde [luʀd] F *argot* (*porte*) Tür *f*

lourdement [luʀdəmɑ̃] ADV **1** *chargé* schwer; *fig* **se tromper ~** sich schwer täuschen **2** (*gauchement*) schwerfällig; plump

lourder [luʀde] *fam* V/T **1** (*licencier*) *fam* feuern; **se faire ~** *fam* gefeuert werden **2** *fiancé(e), etc* **~ qn** mit j-m Schluss machen; *fam* j-m den Laufpass geben

lourdeur [luʀdœʀ] F **1** *fig* Schwere *f*; **~s d'estomac** Magendrücken *n* **2** (*maladresse*) Schwerfälligkeit *f*; Plumpheit *f*

lourdingue [luʀdɛ̃g] *fam* ADJ → lourdaud

loustic [lustik] M *fam péj* Kerl *m*; Knilch *m*

loutre [lutʀ] F Fischotter *m*; **~ de mer** Seeotter *m*

Louvain [luvɛ̃] Löwen *n* (*Stadt in Belgien*)

louve [luv] F Wölfin *f*

louveteau [luvto] M ⟨~x⟩ **1** ZOOL junger Wolf **2** (*jeune scout*) Wölfling *m*

louvoiement [luvwamɑ̃] M *surtout* PL **~s** Lavieren *n*; Winkelzüge *mpl*

louvoyer [luvwaje] V/I ⟨-oi-⟩ **1** MAR kreuzen **2** *fig* lavieren

lover [lɔve] V/PR **se ~** sich zusammenrollen

loyal [lwajal] ADJ ⟨~e; -aux [-o]⟩ loyal; fair; ehrenhaft; anständig; aufrichtig; redlich; (pflicht)treu

loyalement [lwajalmɑ̃] ADV anständig; fair

loyalisme [lwajalism] M Loyalität *f*; Staatstreue *f*

loyauté [lwajote] F Loyalität *f*; Fairness *f*; Ehrenhaftigkeit *f*; Anstand *m*; (Pflicht)Treue *f*

loyer [lwaje] M Miete *f*

Lozère [lɔzɛʀ] **la ~** *frz Departement*

LSD [ɛlɛsde] M LSD *n*

lu [ly] PP → lire[1]

lubie [lybi] F Schrulle *f*; Marotte *f*; **avoir des ~s** Schrullen, Grillen im Kopf haben

lubricité [lybʀisite] F Lüsternheit *f*

lubrifiant [lybʀifjɑ̃] M Schmiermittel *n*
lubrification [lybʀifikasjõ] F (Ab)Schmieren *n*; Schmierung *f* **lubrifier** [-fje] V/T schmieren
lubrique [lybʀik] ADJ lüstern; geil
lucarne [lykaʀn] F Dachfenster *n*
Lucerne [lysɛʀn] Luzern *n*
lucide [lysid] ADJ klar; scharf blickend; hellsichtig; *malade* bei klarem Verstand
lucidement [lysidmɑ̃] ADV **envisager ~ qc** e-r Sache *(dat)* mit klarem Blick entgegensehen
lucidité [lysidite] F Klarheit *f*; Scharfblick *m*; Hellsichtigkeit *f*; **moments** *mpl* **de ~** lichte Momente *mpl*; **elle n'a plus toute sa ~** sie ist nicht mehr bei ganz klarem Verstand
Lucifer [lysifɛʀ] M Luzifer *m*
luciole [lysjɔl] F Leuchtkäfer *m*; Glühwürmchen *n*
lucratif [lykʀatif] ADJ ⟨-ive [-iv]⟩ einträglich; gewinnbringend; lukrativ
lucre [lykʀ] *st/s* M *péj* Profit *m*
ludique [lydik] ADJ Spiel...
ludothèque [lydɔtɛk] F Spielsachenverleih *m*; Spiel(i)othek *f*

L

luette [lɥɛt] F ANAT Zäpfchen *n*
lueur [lɥœʀ] F 1 (Licht)Schein *m*; (Licht)Schimmer *m* 2 *du regard* Aufblitzen *n* 3 *fig* **~ d'espoir** Funke(n) *m* Hoffnung; Hoffnungsschimmer *m*
Lugano [lygano] Lugano *n*; **le lac de ~** der Luganer See
luge [lyʒ] F (Rodel)Schlitten *m*; **faire de la ~** Schlitten fahren; rodeln
lugubre [lygybʀ] ADJ düster; trübselig; finster
lui [lɥi] PR PERS 1 ⟨*m et f*⟩ *obj indir* ihm *(m et n)*; ihr *(f)*; **je ~ pardonne** ich verzeihe ihm *ou* ihr 2 ⟨*m*⟩ *sujet* er; *obj dir* ihn; *avec prép* ihm *(dat)*; ihn *(acc)*; *réfléchi* sich; **~ aussi** er auch; **je ne vois que ~** ich sehe nur ihn; **avec ~** mit ihm; **sans ~** ohne ihn; **il est content de ~** er ist mit sich zufrieden
lui-même [lɥimɛm] PR PERS 1 *emphatique* (er) selbst; TÉL **~!** am Apparat 2 *réfléchi* sich (selbst); **de ~** von sich aus; von selbst; aus eigenem Antrieb
luire [lɥiʀ] V/I ⟨→ conduire; *aber pp* lui⟩ glänzen; schimmern; leuchten
luisant [lɥizɑ̃] ADJ ⟨-ante [-ɑ̃t]⟩ 1 glänzend; schimmernd; leuchtend 2 **ver ~** Glühwürmchen *n*
lumbago [lõbago, lɛ̃-] M Hexenschuss *m*
lumière [lymjɛʀ] F 1 Licht *n*; **à la ~ (du jour)** bei (Tages)Licht; *fig* **à la ~ des événements** im Lichte der Ereignisse; **sous la ~ des projecteurs** im Scheinwerferlicht; *fig* **faire (toute) la ~ sur une affaire** Licht in e-e Sache bringen 2 *fig personne* **ce n'est pas une ~** er *ou* sie ist keine große Leuchte 3 **~s** *pl* Wissen *n*; **le siècle des ~s** das Jahrhundert, Zeitalter der Aufklärung; *plais* **j'ai besoin de vos ~s** ich brauche Ihre guten Einfälle
luminaire [lyminɛʀ] M Beleuchtungskörper *m*; Leuchte *f*
luminescence [lyminesɑ̃s] F PHYS Lumineszenz *f* **luminescent** ADJ ⟨-ente [-ɑ̃t]⟩ PHYS lumineszierend
lumineux [lyminø] ADJ ⟨-euse [-øz]⟩ 1 Leucht...; Licht...; *regard* leuchtend; **enseigne lumineuse** Leuchtschild *n* 2 *fig* klar; einleuchtend; *fam idée* glänzend
luminosité [lyminozite] F 1 strahlende Helle; Glanz *m* 2 ASTRON Leuchtkraft *f*; Helligkeit *f*
lump [lɛ̃p, lœ̃p] M **œufs** *mpl* **de ~** Seehasenrogen *m*; deutscher Kaviar
lunaire [lynɛʀ] ADJ Mond...; *fig* **face** *f* **~** Vollmondgesicht *n*; *fig* **paysage** *m* **~** Mondlandschaft *f*
lunatique [lynatik] ADJ launisch
lunch [lœntʃ, lɛ̃ʃ] M kaltes Büfett
lundi [lɛ̃di, lœ̃-] M Montag *m*; **~ de Pâques, de (la) Pentecôte** Oster-, Pfingstmontag *m*
lune [lyn] F 1 (ASTRON **Lune**) Mond *m*; **nouvelle ~** Neumond *m*; **pleine ~** Vollmond *m*; **~ rousse** Zeit *f* der späten Nachtfröste im April und Mai; *pop* **être con comme la ~** *pop* saudumm, -blöd sein; *fig* **être dans la ~** nicht bei der Sache sein; geistesabwesend sein; *fig* **promettre la ~** Unmögliches versprechen; **tu demandes la ~!** du verlangst Unmögliches! 2 **~ de miel** Flitterwochen *fpl (a. fig)* 3 *fam (derrière) fam* (nackter) Hintern
luné [lyne] ADJ ⟨~e⟩ **bien, mal ~** gut, schlecht gelaunt
lunetier [lyntje] M 1 *opticien* Brillen-, Augenoptiker *m* 2 *fabricant* Brillenfabrikant *m*
lunette [lynɛt] F 1 **lunettes** *pl* Brille *f*; **lunettes de plongée** Taucherbrille *f*; **lunettes de soleil** Sonnenbrille *f*; **porter des lunettes** e-e Brille tragen; Brillenträger sein 2 OPT Fernrohr *n* 3 **lunette (arrière)** Rück- *ou* Heckfenster *n*, -scheibe *f* 4 *(siège d'aisances)* (Klosett)Brille *f*
lunule [lynyl] F (Nagel)Möndchen *n*
lupin [lypɛ̃] M Lupine *f*
lurette [lyʀɛt] F *fam* **il y a belle ~** *fam* es ist schon ewig lange her
luron [lyʀõ] M **un gai, joyeux ~** ein lustiger Geselle; *fam* ein fideles Haus
lus [ly] → lire[1]
lustrage [lystʀaʒ] M Glänzendmachen *n*; TEXT Lüstrieren *n*
lustre [lystʀ] M 1 *luminaire* Kronleuchter *m* 2 *(éclat)* Glanz *m (a. fig)* 3 **depuis des ~s** seit langer Zeit

lustré [lystʀe] ADJ ⟨~e⟩ **1** *vêtement* blank gescheuert, gewetzt **2** *poil, cheveux, étoffe* glänzend
lustrer [lystʀe] V/T **1** *(rendre brillant)* glänzend machen **2** *par l'usure* blank scheuern, wetzen
lut [ly] → lire¹
Lutèce [lytɛs] HIST *(Paris)* Lutetia *n*
luth [lyt] M Laute *f*; **joueur** *m* **de ~** Lautenspieler *m*
lutherie [lytʀi] F Geigenbau *m*; Bau *m* von Saiteninstrumenten
luthérien [lyteʀjɛ̃] **A** ADJ ⟨-ienne [-jɛn]⟩ lutherisch **B** **~(ne)** M(F) Lutheraner(in) *m(f)*
luthier [lytje] M Geigenbauer *m* **luthiste** [-ist] M/F Lautenspieler(in) *m(f)*
lutin [lytɛ̃] M Kobold *m*; Wichtelmännchen *n*
lutte [lyt] F **1** *(combat)* Kampf *m*; *st/s* Ringen *n*; **~ contre le cancer** Krebsbekämpfung *f*; **~ des classes** Klassenkampf *m*; **de haute ~** nach hartem Kampf, Ringen **2** SPORTS Ringen *n*; Ringkampf *m*
lutter [lyte] V/I kämpfen; ringen *(a.* SPORTS, *fig)*; **~ contre qc, qn** gegen etw, j-n kämpfen; etw, j-n bekämpfen
lutteur [lytœʀ] M, **lutteuse** [-øz] F **1** *m* SPORTS Ringer *m*; Ringkämpfer *m* **2** *fig* Kämpfer(in) *m(f)*
luxation [lyksasjõ] F Verrenkung *f*
luxe [lyks] M **1** Luxus *m*; **de ~** Luxus…; *fig* **se payer le ~ de faire qc** es sich *(dat)* leisten, etw zu tun; **ce n'est pas du ~!** das ist wirklich kein Luxus!; das ist unerlässlich! **2** *fig* **un ~ de** reichlich viele
luxé [lykse] ADJ ⟨~e⟩ verrenkt; ausgekugelt
Luxembourg [lyksɑ̃buʀ] *ville* **~**, *pays* **le ~** Luxemburg *n*
luxembourgeois [lyksɑ̃buʀʒwa] **A** ADJ ⟨-oise [-waz]⟩ luxemburgisch **B** **Luxembourgeois(e)** M(F) Luxemburger(in) *m(f)*
luxer [lykse] V/PR **se ~ le bras**, *etc* sich *(dat)* den Arm *etc* verrenken
luxueux [lyksɥø] ADJ ⟨-euse [-øz]⟩ luxuriös
luxure [lyksyʀ] *litt* F Sinnenlust *f*, -genuss *m*
luxuriance [lyksyʀjɑ̃s] F **1** *de la végétation* Üppigkeit *f* **2** *fig* Fülle *f*
luxuriant [lyksyʀjɑ̃] ADJ ⟨-ante [-ɑ̃t]⟩ üppig
luxurieux [lyksyʀjø] *litt* ADJ ⟨-euse [-øz]⟩ wollüstig; unkeusch
luzerne [lyzɛʀn] F Luzerne *f*
lycée [lise] M Gymnasium *n (ab der 10. Klasse)*; **~ d'enseignement général** allgemeinbildendes Gymnasium; **~ technique** technisches Gymnasium; **~ professionnel** berufsbildendes Gymnasium
lycéen [liseɛ̃] M, **lycéenne** [-eɛn] F Oberschüler(in) *m(f)*; Gymnasiast(in) *m(f)*
lycra® [likʀa] M Lycra® *n*

▶ Le lycée

In Frankreich kommt jeder Schüler nach fünf Jahren Grundschule (**école primaire**) an das **collège**, wo er weitere vier Jahre absolvieren muss.
Nach dem obligatorischen neunten Schuljahr können die begabteren Schüler ans **lycée** wechseln und nach drei Schuljahren **le baccalauréat** (das Abitur), kurz **le bac**, machen. Das **lycée** entspricht also in etwa der gymnasialen Oberstufe in Deutschland. Der Leiter eines **lycée** wird **le proviseur** genannt.

LANDESKUNDE ◀

lymphatique [lɛ̃fatik] ADJ **1** MÉD Lymph… **2** *fig* träge; phlegmatisch
lymphe [lɛ̃f] F Lymphe *f*
lymphocyte [lɛ̃fɔsit] M *surtout* PL **~s** Lymphozyten *mpl*
lynchage [lɛ̃ʃaʒ] M Lynchen *n*; Lynchjustiz *f*
lyncher [-e] V/T lynchen
lynx [lɛ̃ks] M Luchs *m*; *fig* **avoir des yeux de ~** Augen wie ein Luchs haben
Lyon [ljõ] *Stadt im Departement Rhône*
lyonnais [ljɔnɛ] **A** ADJ ⟨-aise [-ɛz]⟩ Lyoner; von, aus Lyon **B** SUBST **Lyonnais(e)** M(F) Lyoner(in) *m(f)*
lyophilisation [ljɔfilizasjõ] F TECH Gefriertrocknung *f*; Lyophilisation *f* **lyophilisé** [-ize] ADJ ⟨~e⟩ gefriergetrocknet **lyophiliser** [ljɔfilize] V/T gefriertrocknen
lyre [liʀ] F MUS Lyra *f*; Leier *f*
lyrique [liʀik] ADJ **1** lyrisch; **poésie** *f* **~** lyrische Dichtung; Lyrik *f*; **poète** *m* **~** Lyriker(in) *m(f)* **2** **artiste** *m/f* **~** Opern-, Operettensänger(in) *m(f)*; **théâtre** *m* **~** Operettentheater *n* **3** *fig* lyrisch; gefühlvoll
lyrisme [liʀism] M Lyrik *f*; Lyrismus *m*
lys [lis] M Lilie *f*

M

M, m [ɛm] M (❗ unveränderlich) M, m *n*
m ABR (mètre) m
M. ABR (monsieur) Hr.
m' [m] → me
m² ABR (mètre[s] carré[s]) m² (Quadratmeter)
m³ ABR (mètre[s] cube[s]) m³ (Kubikmeter)
ma → mon

M

Maastricht [mastʀik(t)] Maastricht *n*
maboul [mabul] ADJ ⟨~e⟩ *fam* plemplem; → cinglé
mac [mak] M *argot* → maquereau 2
macabre [makɑbʀ] ADJ makaber; unheimlich; grausig; **danse** *f* **~** Totentanz *m*
macache [makaʃ] ADV *argot* (*rien du tout*) **~!** *fam* (ja,) Pustekuchen!; ja, Kuchen!
macadam [makadam] M Makadam *m ou n*
macadamiser [-ize] V/T makadamisieren
macaque [makak] M ZOOL Makak *m*
macaron [makaʀõ] M 1 *pâtisserie* Makrone *f* 2 *coiffure* Schnecke *f* 3 *fam insigne* (rundes) Abzeichen; Plakette *f*
macaroni(s) [makaʀɔni] MPL Makkaroni *pl*
macchabée [makabe] *pop* M Leiche *f*
macédoine [masedwan] F **~ de fruits** Frucht-, Obstsalat *m*; **~ de légumes** Mischgemüse *n*
Macédoine [masedwan] **la ~** Makedonien *ou* Mazedonien *n*
macédonien [masedɔnjɛ̃] A ADJ ⟨-ienne [-jɛn]⟩ makedonisch *ou* mazedonisch B SUBST **Macédonien(ne)** M(F) Makedonier(in) *ou* Mazedonier(in) *m(f)*
macération [maseʀasjõ] F Einlegen *n*
macérer [maseʀe] ⟨-è-⟩ A V/T einlegen B V/I (durch)ziehen; **faire, laisser ~**; liegen, (durch)ziehen lassen
mâche [mɑʃ] F Feldsalat *m*
mâcher [mɑʃe] V/T 1 kauen (*a. abs*); zerkauen 2 *fig* **~ la besogne à qn** schon die halbe Arbeit für j-n machen; **ne pas ~ ses mots** kein Blatt vor den Mund nehmen 3 **papier mâché** Pappmaché *n*
machette [maʃɛt] F Buschmesser *n*; Machete *f*
Machiavel [makjavɛl] M HIST Machiavelli *m*
machiavélique [makjavelik] ADJ POL machiavellistisch; *par ext* diabolisch; perfide **machiavélisme** [-ism] M POL *et fig* Machiavellismus *m*
machin [maʃɛ̃] M *fam* Dings(da, -bums) *n*
machinal [maʃinal] ADJ ⟨~e; -aux [-o]⟩ mechanisch; automatisch
machination [maʃinasjõ] F Machenschaft *f*
machine [maʃin] F 1 Maschine *f* (*a. locomotive, moto*); **machine à coudre, à écrire, à laver** Näh-, Schreib-, Waschmaschine *f*; **machine à sous** Spielautomat *m*; **machine à vapeur** Dampfmaschine *f*; **fait à la machine** maschinell hergestellt; *fig* **faire machine arrière** e-n Rückzieher machen; es sich (*dat*) anders überlegen 2 *fig* Maschinerie *f*; Getriebe *n*; *péj d'une personne* Maschine *f*; Roboter *m*
machine-outil F ⟨machines-outils⟩ Werkzeugmaschine *f*
machiner [maʃine] V/T anzetteln
machinerie [maʃinʀi] F Maschinen *fpl*; THÉ Maschinerie *f* **machinisme** [-ism] M Maschinenbetrieb *m*; maschinelle Arbeitsweise
machiniste [maʃinist] M 1 THÉ Bühnenarbeiter *m* 2 (*conducteur*) Fahrer *m*; Wagenführer *m*
machisme [ma(t)ʃism] M *péj* (männlicher) Chauvinismus; Machismo *m*
machiste [ma(t)ʃist] A ADJ chauvinistisch; Chauvi… B M Chauvinist *m*; → macho
macho [matʃo] M *fam péj* Macho *m*; *fam* Chauvi *m*
mâchoire [mɑʃwaʀ] F 1 ANAT Kiefer *m*; **~ inférieure, supérieure** Unter-, Oberkiefer *m* 2 TECH Backe *f*
mâchonner [mɑʃɔne] V/T kauen (**qc** etw *ou* an etw [*dat*])
mâchouiller [mɑʃuje] V/T *fam* **~ qc** an etw (*dat*) herumkauen
maçon [masõ] M Maurer *m*
maçonner [masɔne] V/T mauern; (*revêtir*) ausmauern
maçonnerie [masɔnʀi] F 1 *ouvrage* Mauerwerk *n* 2 *travail* Mau(r)erarbeit *f*
maçonnique [masɔnik] ADJ freimaurerisch; Freimaurer…
macramé [makʀame] M Makramee *n*
macro [makʀo] F INFORM Makro *n*
macroéconomie [makʀoekɔnɔmi] F Makroökonomie *f* **macroéconomique** ADJ makroökonomisch **macromolécule** F Makromolekül *n*
maculer [makyle] V/T *st/s* beflecken
Madagascar [madagaskaʀ] Madagaskar *n*
madame [madam] F ⟨mesdames [medam]⟩ 1 *avec un nom*: **~ X** Frau X; **Madame votre mère** Ihre Frau Mutter; **Madame la Présidente** die Frau Präsidentin 2 *pour s'adresser à une femme*: **Madame** Frau (+ *nom de famille*)!; *très formel* gnädige Frau!; *dans un magasin a. fam* die Dame!; *au début d'une lettre* Sehr geehrte Frau (+ *nom de famille*); **Mesdames!** meine Damen!; **Mesdames, Messieurs!** meine Damen und Herren!; (**bonjour,**) **Madame!** guten Tag! *ou* guten Tag, Frau (+ *nom de famille*)!
madeleine [madlɛn] F *e-e Art Sandplätzchen*
Madeleine [madlɛn] F *Vorname*; *fam fig* **pleurer comme une ~** *fam* heulen wie ein Schlosshund
mademoiselle [madmwazɛl] F ⟨mesdemoiselles [medmwazɛl]⟩ 1 *avec un nom*: **~ X** Frau X; *vieilli* Fräulein X 2 **Mademoiselle** *pour s'adresser à une jeune fille: prénom; à une femme* Frau, *vieilli* Fräulein (+ *nom de famille ou prénom*)!; *très formel* gnädiges Fräulein!; *au début d'une lettre* Sehr geehrte Frau, *vieilli* Sehr geehrtes Fräulein (+ *nom de fa-*

mille ou prénom); **(bonjour,) Mademoiselle!** guten Tag!; **Mesdemoiselles!** meine Damen!
madère [madɛʀ] M Made(i)ra(wein) *m*
Madère [madɛʀ] Madeira *ou* Madera *n*
madone [madɔn] F Madonna *f*; Madonnenbild *n*, -figur *f*
madras [madʀas] M Madras(karo) *m(n)*
madré [madʀe] *litt* ADJ ⟨~e⟩ (bauern)schlau; durchtrieben
Madrid [madʀid] Madrid *n*
madrier [madʀije] M Bohle *f*
madrigal [madʀigal] M ⟨-aux [-o]⟩ MUS, POÉSIE Madrigal *n*
madrilène [madʀilɛn] **A** ADJ Madrider **B** **Madrilène** M/F Madrider(in) *m(f)*
maestria [maɛstʀija] F Meisterschaft *f*; **avec ~** meisterhaft; meisterlich
maf(f)ia [mafja] F Mafia *f* (*a. fig*)
maf(f)ieux [mafjø] M Mafioso *m*; *pl* Mafiosi *mpl*
magasin [magazɛ̃] M **1** Geschäft *n*; Laden *m*; **grand magasin** Kaufhaus *n*; **magasin spécialisé** Fachgeschäft *n*; **magasin d'alimentation** Lebensmittelgeschäft *n*; **faire les magasins** *fam* die Geschäfte abklappern **2** (*entrepôt*) Lager *n*; Magazin *n*
magasinage [magazinaʒ] M (Ein)Lagerung *f*; Lagerhaltung *f*
magasiner [magazine] V/I *au Canada* einkaufen gehen
magasinier [magazinje] M Lagerist *m*; Lagerverwalter *m*
magazine [magazin] M Magazin *n* (*a.* TV, RAD); Zeitschrift *f*
mage [maʒ] ADJ **les Rois** *mpl* **~s** die Heiligen Drei Könige *mpl*
Magellan [maʒɛlɑ̃] **le détroit de ~** die Magellanstraße
Maghreb [magʀɛb] **le ~** der Maghreb
maghrébin [magʀebɛ̃] **A** ADJ ⟨-ine [-in]⟩ des Maghreb; maghrebinisch **B** **Maghrébin(e)** M(F) Nordafrikaner(in) *m(f)*

Le Maghreb

Als **Maghreb** bezeichnet man im Allgemeinen die drei nordafrikanischen Länder Algerien, Marokko und Tunesien.
Algerien war bis in die 60er-Jahre französische Kolonie. Marokko und Tunesien lösten sich in den 50er-Jahren aus der langjährigen französischen Schutzherrschaft.
Noch heute ist in den drei Ländern Französisch Verkehrssprache (neben Arabisch als Amtssprache). Die **Maghrébins** (Menschen aus dem **Maghreb**) stellen einen hohen Anteil der in Frankreich lebenden Ausländer dar.

LANDESKUNDE

magicien [maʒisjɛ̃] M, **magicienne** [-jɛn] F Zauberer *m*, Zauberin *f*
magie [maʒi] F Magie *f* (*a. fig*); **comme par ~** wie durch Hexerei; auf unerklärliche Weise
magique [maʒik] ADJ magisch (*a. fig*); Zauber…; **baguette** *f* **~** Zauberstab *m*
magistral [maʒistʀal] ADJ ⟨~e; -aux [-o]⟩ **1** (*parfait*) meisterlich; meisterhaft **2** *fam gifle* schallend **3** **cours ~** Hauptvorlesung *f*
magistralement [maʒistʀalmɑ̃] ADV meisterlich; meisterhaft
magistrat [maʒistʀa] M hohe(r) Staatsbeamte(r); (*juge*) Richter *m*; (*procureur*) Staatsanwalt *m*
magistrature [maʒistʀatyʀ] F **1** *fonction* hohes Staatsamt; *d'un juge* Richteramt *n* **2** *coll* Richter *mpl* und Staatsanwälte *mpl*
magma [magma] M **1** GÉOL Magma *n* **2** *fig* (wirres) Durcheinander
magnanime [maɲanim] ADJ großmütig; großherzig **magnanimité** [-ite] F Großmut *m*; Großherzigkeit *f*
magnat [magna] M Magnat *m*
magner [maɲe] V/PR *fam* **se ~** *fam* sich tummeln; *fam* sich ranhalten
magnésium [maɲezjɔm] M Magnesium *n*
magnétique [maɲetik] ADJ magnetisch (*a. fig*); Magnet…; **champ** *m* **~** Magnetfeld *n*
magnétiser [maɲetize] V/T **1** PHYS, MÉD magnetisieren **2** *fig* in s-n Bann schlagen **magnétiseur** [-œʀ] M Magnetiseur *m*
magnétisme [maɲetism] M **1** PHYS Magnetismus *m* **2** *fig* Anziehungskraft *f*
magnéto [maɲeto] M ABR *fam* → **magnétophone**
magnétophone [maɲetɔfɔn] M Tonbandgerät *n*; *à cassettes* Kassettenrekorder *m*
magnétoscope [maɲetɔskɔp] M Videorekorder *m*
magnificat [maɲifikat] M (! unveränderlich) ÉGL CATH, MUS Magnifikat *n*
magnificence [maɲifisɑ̃s] *st/s* F Pracht *f*
magnifier [maɲifje] *litt* V/T verherrlichen
magnifique [maɲifik] ADJ herrlich; prächtig; prachtvoll; großartig
magnifiquement [maɲifikmɑ̃] ADV **1** prachtvoll; prächtig **2** *fig* großartig; glänzend
magnitude [maɲityd] F ASTRON Größe(nklasse) *f*
magnolia [maɲɔlja] M Magnolie *f*
magnum [magnɔm] M große Champagnerflasche (*etwa 2 l fassend*)
magot [mago] M versteckte Ersparnisse *fpl*; verstecktes Geld
magouillage [magujaʒ] M *ou* **magouille**

[maguj] F *fam péj* Kungelei *f*; Filz *m*
magouiller [maguje] VI *fam péj* kungeln; mauscheln
magret [magʀɛ] M ~ **de canard** Entenbrust (-filets) *f(npl)*
Mahomet [maɔmɛ] M Mohammed *m*
mai [mɛ] M Mai *m*; **le Premier ~** der Erste Mai; der Maifeiertag

Le 8 mai

Der 8. Mai ist nationaler Gedenktag und öffentlicher Feiertag in Frankreich: Er erinnert an das Ende des Zweiten Weltkrieges. In der Nacht vom 8. auf den 9. Mai 1945 unterzeichneten Generalfeldmarschall Keitel sowie weitere hochstehende Militärs die Urkunde zur bedingungslosen Kapitulation des nationalsozialistischen Deutschlands in Berlin-Karlshorst. Damit endete der Zweite Weltkrieg in Europa.

LANDESKUNDE

maigre [mɛgʀ] A ADJ 1 mager; *personne a.* dünn; *visage a.* hager; *advt* **faire ~** kein Fleisch essen 2 *fig résultat* mager; dürftig; *repas, salaire* karg; *végétation* spärlich B M/F Dünne(r) *m/f(m)*; **fausse ~** Frau, die schlanker wirkt, als sie ist
maigrelet [mɛgʀəlɛ] ADJ ⟨-ette [-ɛt]⟩ → maigrichon
maigreur [mɛgʀœʀ] F Magerkeit *f*
maigrichon [megʀiʃõ] A ADJ ⟨-onne [-ɔn]⟩ etwas zu mager, dünn B **~(ne)** M(F) schmächtige Person
maigrir [megʀiʀ] VI abnehmen; *plus fort* abmagern; **se faire ~** sein Gewicht verringern
mail [mɛl] M *(e-mail)* Mail *f*
mailing [mɛliŋ] M Mailing *n*
maille [maj] F 1 *d'un tricot, d'un filet* Masche *f* 2 **avoir ~ à partir avec qn** e-n Streit mit j-m haben
maillet [majɛ] M Holzhammer *m*
maillon [majõ] M (Ketten)Glied *n*
maillot [majo] M 1 **~ (de bain)** Badeanzug *m* 2 *de sportif* Trikot *n*; **le ~ jaune** das Gelbe Trikot 3 **~ (de corps)** Unterhemd *n*
main [mɛ̃] F 1 Hand *f*; COUT **petite ~** Nähmädchen *n*; **coup** *m* **de ~** MIL Handstreich *m*; **donner un coup de ~ à qn** j-m zur Hand gehen; **à la ~** *écrire, coudre* mit der Hand; *avoir, tenir* in der Hand; **fait (à la) ~** von Hand gemacht; Handarbeit; **à ~ levée** *dessiner* freihändig; *voter* durch Handzeichen; **à pleines ~s** *prendre* mit beiden Händen; *dépenser* mit vollen Händen; MUS **à quatre ~s** vierhändig; **la ~ dans la ~** Hand in Hand; **de longue ~** seit Langem; *préparer* von langer Hand; **de première, seconde ~** aus erster, zweiter Hand; **de la ~ à la ~** direkt; ohne Formalitäten; ohne Quittung; **de ~ de maître** von Meisterhand; **en (de) bonnes ~s** in guten Händen; gut aufgehoben; *fig* **entre les ~s de qn** in den Händen j-s; **sous la ~** bei der *ou* zur Hand; griffbereit; **avoir qn sous la ~** j-n an der Hand haben; **(en) sous ~** unter der Hand; **°haut les ~s!** Hände hoch!; *gagner* **°haut la ~** überlegen; haushoch; *fig* **avoir la haute ~ sur qc** maßgebenden Einfluss auf etw *(acc)* haben; **ne pas y aller de ~ morte** kräftig zuschlagen; *par ext* zu weit gehen; **changer de ~s** in andere Hände übergehen; **donner la ~ à qn** j-n an der Hand nehmen; **se faire la ~** (sich) üben; **faire ~ basse sur qc** etw an sich *(acc)* bringen; *fam* sich *(dat)* etw unter den Nagel reißen; **lever, porter la ~ sur qn** die Hand gegen j-n erheben; **mettre la dernière ~ à qc** letzte Hand an etw legen; **j'en mettrais ma ~ au feu** dafür könnte ich meine Hand ins Feuer legen; *fam* **mettre la ~ à la pâte** Hand ans Werk legen; mit Hand anlegen; *police* **mettre la ~ sur qn** j-n fassen; *fig* **prendre qc en ~** etw in die Hand nehmen; **prendre qn la ~ dans le sac** j-n auf frischer Tat ertappen; *fam fig* **se prendre par la ~** *fam* sich *(dat)* e-n Ruck geben; *fig* **tendre la ~** betteln; *fig* **tendre la ~ à qn** j-m helfen; **en venir aux ~s** handgemein werden 2 *d'un escalier* **~ courante** Handlauf *m*
Main [mɛ̃] **le ~** der Main
mainate [mɛnat] M ZOOL Beo *m*
main-d'œuvre [mɛ̃dœvʀ] F Arbeitskräfte *fpl*; **~ étrangère** ausländische Arbeitskräfte; Gastarbeiter *mpl*; **frais** *mpl* **de ~** Arbeits-, Lohnkosten *pl*
Maine [mɛn] **le ~** *historische Provinz in Westfrankreich*
Maine-et-Loire [mɛnelwaʀ] **le ~** *frz Departement*
main-forte [mɛ̃fɔʀt] F **prêter ~ à qn** j-m Beistand, Hilfe leisten
mainmise [mɛ̃miz] F Beherrschung *f* (**sur qc** e-r Sache *[gén]*)
maint [mɛ̃] *st/s* ADJ INDÉF ⟨mainte [mɛ̃t]⟩ so manche(r, -s); **~es fois** so manches Mal; **à ~es reprises** zu wiederholten Malen
maintenance [mɛ̃tnɑ̃s] F Wartung *f*
maintenant [mɛ̃tnɑ̃] ADV jetzt; nun; **~ que** jetzt, wo; nun, da
maintenir [mɛ̃tniʀ] ⟨→ tenir⟩ A VT 1 *(conserver)* aufrechterhalten; *paix a.* erhalten; wahren; *tradition a.* beibehalten; bewahren 2 *(soutenir)* **~ que …** dabei bleiben, dass … 3 *(tenir)* halten B V/PR **se ~** sich halten; *élève, sportif* **se ~ dans la moyenne** sich auf dem Durch-

schnitt halten
maintien [mɛ̃tjɛ̃] M 1 *de l'ordre, etc* Aufrechterhaltung *f; de la paix a.* Erhaltung *f;* Wahrung *f; de qn en fonction* Belassung *f* 2 *(attitude)* Haltung *f*
maire [mɛʀ] M Bürgermeister *m; femme* Bürgermeisterin *f*
mairesse [mɛʀɛs] *plais* F Frau *f* des Bürgermeisters
mairie [meʀi] F Rathaus *n*
mais [mɛ] A CONJ aber; *après un énoncé négatif* sondern B ADV **~ non!** aber nein!; nicht doch!; *indigné* **ah ~!** also wirklich! C M Aber *n*
maïs [mais] M Mais *m*
maison [mɛzõ] F 1 Haus *n;* **~ close, de tolérance** Bordell *n;* Freudenhaus *n;* **Maison des jeunes et de la culture** Jugendklubhaus *n;* **~ de retraite** Alten-, Altersheim *n;* **ami** *m* **de la ~** Freund *m* des Hauses; **à la ~** zu *ou* nach Hause; **rentrer à la ~** nach Hause gehen; heimgehen; **rester à la ~** zu Hause, daheimbleiben 2 COMM Firma *f;* (Handels)Haus *n;* Geschäft *n;* **~ mère** Stammhaus *n;* Zentrale *f;* **~ d'édition** Verlag *m;* Verlagshaus *n* 3 **~ d'arrêt** Haftanstalt *f* 4 *adjt* CUIS hausgemacht 5 *(lignée de nobles)* Haus *n*
maisonnée [mɛzɔne] F Hausgemeinschaft *f;* Familie *f* **maisonnette** [-ɛt] F Häuschen *n*
maître [mɛtʀ], **maîtresse** [mɛtʀɛs] A M,F 1 Herr(in) *m(f); d'un chien a. fam* Herrchen *n,* Frauchen *n;* **maître, maîtresse de maison** Hausherr(in) *m(f);* Herr *m,* Dame *f* des Hauses; **être son (propre) maître** sein eigener, freier Herr sein; **être maître de soi** Herr s-r selbst sein; sich in der Gewalt haben 2 **maître, maîtresse (d'école)** (Grundschul)Lehrer(in) *m(f);* **maître, maîtresse d'internat** Aufsichtsperson *f* an e-m Gymnasium mit Internat 3 **maître** *m* Meister *m (a. artisan, artiste);* **maître nageur** Bademeister *m; professeur* Schwimmlehrer *m;* **maître à penser** geistiges Vorbild; **maître de conférences** außerordentlicher Professor; **maître d'hôtel** Oberkellner *m; (majordome)* Butler *m;* **maître d'œuvre** (Architekt *m* und) Bauleiter *m;* **coup** *m* **de maître** Meisterstück *n,* -leistung *f* 4 JUR **Maître Dupont** der Rechtsanwalt *ou* Notar Dupont 5 **maîtresse** *f (bien-aimée)* Geliebte *f; péj* Mätresse *f* B ADJ 1 Haupt…; wichtigste; **idée maîtresse** Hauptgedanke *m* 2 **une maîtresse femme** e-e energische Frau
maître-autel [mɛtʀotɛl] M ⟨maîtres-autels⟩ Hoch-, Hauptaltar *m*
maître-chien [mɛtʀəʃjɛ̃] M ⟨maîtres-chiens⟩ Hundeführer *m*
maîtrisable [metʀizabl] ADJ bezähmbar; bezwingbar
maîtrise [metʀiz] F 1 *(domination)* Herrschaft *f* **(de** über *+ acc);* **~ de soi** Selbstbeherrschung *f* 2 *(virtuosité)* Meisterschaft *f* 3 **agents** *mpl* **de ~** Werkmeister *mpl;* technische(n) Angestellte(n) *mpl* 4 *diplôme* Magisterwürde *f ou* -prüfung *f (nach vierjährigem Studium)* 5 MUS Domsingschule *f;* Kantorei *f*
maîtriser [metʀize] A V/T *animal* bändigen; *agresseur* überwältigen; *incendie, épidémie* unter Kontrolle bringen; *difficulté* meistern; *colère, jalousie* bezwingen; bezähmen B V/PR **se ~** sich beherrschen, bezwingen, bezähmen
maïzena® [maizena] F Maizena® *n*
majesté [maʒɛste] F 1 Majestät *f;* Erhabenheit *f* 2 **Sa, Votre Majesté** Seine *ou* Ihre, Eure Majestät
majestueux [maʒɛstɥø] ADJ ⟨-euse [-øz]⟩ majestätisch; erhaben; hoheits-, würdevoll
majeur [maʒœʀ] A ADJ ⟨~e⟩ 1 *(important)* wichtig(ste); Haupt…; **la ~e partie** der größere, überwiegende Teil 2 MUS Dur…; **en ré ~** in D-Dur 3 JUR volljährig 4 **le lac Majeur** der Lago Maggiore B M ANAT Mittelfinger *m*
major [maʒɔʀ] M 1 MIL hoher Verwaltungsoffizier 2 ÉCOLE **~ de promotion** Beste(r) *m;* Erste(r) *m*
majoration [maʒɔʀasjõ] F Erhöhung *f;* Aufschlag *m*
majordome [maʒɔʀdɔm] M Butler *m*
majorer [maʒɔʀe] V/T erhöhen; heraufsetzen
majorette [maʒɔʀɛt] F Majorette *f*
majoritaire [maʒɔʀitɛʀ] ADJ Mehrheits…
majorité [maʒɔʀite] F 1 Mehrheit *f (a.* POL*);* Mehrzahl *f;* **à la ~ absolue** mit absoluter Mehrheit; **dans la ~ des cas** in den meisten Fällen; **en ~** überwiegend; größtenteils; mehrheitlich 2 **~ (civile)** Volljährigkeit *f;* **~ pénale** Strafmündigkeit *f*
Majorque [maʒɔʀk] Mallorca *n*
majuscule [maʒyskyl] ADJ **(lettre** F**) ~** F Großbuchstabe *m;* großer Buchstabe; **un A ~** ein großes A
mal¹ [mal] A ADV 1 schlecht; übel; **mal payé** schlecht bezahlt; unterbezahlt; **pas mal de** *(+ subst)* ziemlich viel(e); e-e (ganze) Menge; **aller mal** *affaires* schlecht gehen; *projet* schlecht stehen; *personne* **il va mal** es geht ihm schlecht; *malade* **il est au plus mal** es steht sehr schlecht mit ihm; **prendre mal** übel nehmen 2 *(incorrectement)* falsch; **mal interpréter** falsch interpretieren; missdeuten B ADJ (! unveränderlich) **dire, faire qc de mal** etw Böses, Schlimmes sagen, tun; **être mal** sich nicht wohlfühlen; **être mal avec qn** (sich) mit j-m schlecht stehen; **être pas mal** nicht übel, nicht schlecht, ganz gut sein
mal² [mal] M ⟨maux [mo]⟩ 1 **le mal** das Übel;

M

REL das Böse; **le moindre mal** das geringere *ou* kleinere Übel; **quel mal y a-t-il à cela?** was ist denn schon dabei!; **dire du mal de qn** j-m Schlechtes, Böses nachsagen; schlecht über j-n reden; **faire du mal à qn** *(nuire)* j-m schaden; *(faire souffrir)* j-m etwas zuleide tun; *paroles* j-m wehtun; **sans penser à mal** ohne (sich [*dat*]) Schlimmes, Böses, Arges dabei zu denken; **je n'y vois aucun mal** ich finde nichts Schlimmes dabei **2** *(souffrance)* Schmerz *m*; *(maladie)* Krankheit *f*; Leiden *n*; **mal blanc** → panaris; **maux de dents, de tête** Zahn-, Kopfschmerzen *mpl ou* -weh *n*; **mal de mer** Seekrankheit *f*; **avoir le mal de mer** seekrank sein; **mal du pays** Heimweh *n*; **mal des transports** Reisekrankheit *f*; **j'ai mal au cœur** mir ist *ou* mir wird schlecht, übel; **avoir mal aux dents, à la tête** Zahn-, Kopfschmerzen *ou* -weh haben; **il n'y a pas de mal!** bitte, (das) macht nichts!; *fig* **être en mal de qc** etw sehnlich(st) wünschen; **faire mal à qn** j-m wehtun **3** *(peine)* Mühe *f*; **sans mal** mühelos; **donner du mal à qn** j-m viel Mühe machen; **se donner du mal** sich (*dat*) Mühe geben

malabar [malabaʀ] *fam* M stämmiger Kerl

malade [malad] **A** ADJ **1** krank; **avoir le cœur ~, être ~ du cœur** herzkrank sein; **je suis ~** *(j'ai mal au cœur)* mir ist schlecht; *fig* **être ~ de jalousie** krank vor Eifersucht sein; **tomber ~** krank werden; erkranken **2** *fam (fou) fam* übergeschnappt; → cinglé **3** *fam objet* ramponiert; *entreprise* angeschlagen **B** M/F Kranke(r) *m/f(m)*; *d'un médecin* Patient(in) *m(f)*; **grand(e) ~** Schwerkranke(r) *m/f(m)*; **~ mental(e)** Geisteskranke(r) *m/f(m)*

maladie [maladi] F **1** Krankheit *f*; **~ de Parkinson** Parkinsonsche Krankheit; *fam fig* **en faire une ~** sich aufregen; *fam* ein Theater machen **2** *fig (manie)* krankhafte Angewohnheit; *plus fort* Sucht *f*

maladif [maladif] ADJ ⟨-ive [-iv]⟩ **1** *personne* kränklich; **être ~** kränkeln **2** *curiosité, peur* krankhaft

maladresse F Ungeschicklichkeit *f*; Ungeschick *n*

maladroit **A** ADJ ⟨-oite⟩ ungeschickt **B** **~(e)** M(F) Tollpatsch *m*

mal-aimé ADJ ⟨~e⟩ ungeliebt

malais [malɛ] **A** ADJ ⟨-aise [-ɛz]⟩ malaiisch **B** SUBST **1** **Malais(e)** *m(f)* Malaie *m*, Malaiin *f* **2** LING **le ~** das Malaiische; Malaiisch *n*

malaise M **1** MÉD Unwohlsein *n* **2** *fig* Unbehagen *n*; Missstimmung *f*

malaisé *st/s* ADJ ⟨~e⟩ nicht leicht

Malaisie [malezi] **la ~** → Malaysia

malappris M Flegel *m*

malaria [malaʀja] F Malaria *f*

malavisé [malavize] *litt* ADJ ⟨~e⟩ unklug; unüberlegt

Malawi [malawi] **le ~** Malawi *n*

malaxer [malakse] V/T (durch)kneten

Malaysia [malezja] **la ~** Malaysia *n*

malaysien [malezjɛ̃] **A** ADJ ⟨-ienne [-jɛn]⟩ malaysisch **B** SUBST **Malaysien(ne)** M(F) Malaysier(in) *m(f)*

malbouffe *fam* F Junkfood *n*; *fam* Fraß *m*

malchance F Pech *n*; Missgeschick *n*; Unglück *n*; **jouer de ~** vom Pech verfolgt sein

malchanceux ADJ ⟨-euse⟩ glücklos; *subst* **un ~** *fam* ein Pechvogel *m*; *fam* ein Unglücksrabe *m*

malcommode [malkɔmɔd] ADJ → incommode

Maldives [maldiv] **les îles** *fpl* **~** die Malediven *pl*

maldivien [maldivjɛ̃] **A** ADJ ⟨-ienne [-jɛn]⟩ maledivisch **B** SUBST **Maldivien(ne)** M(F) Malediver(in) *m(f)*

maldonne F **il y a ~** *aux cartes* falsch gegeben!; *fam fig* so haben wir nicht gewettet!

mâle [mɑl] **A** M **1** ZOOL Männchen *n*; männliches Tier **2** *(homme)* männliches Wesen; Mann *m* **B** ADJ männlich

malédiction [malediksjõ] F Fluch *m* (*a. malheur*); Verwünschung *f*

maléfice [malefis] M böser Zauber

maléfique [malefik] ADJ unheilvoll; Unheil bringend

malencontreusement [malɑ̃kõtʀøzmɑ̃] ADV unglücklich(erweise) **malencontreux** [-ø] ADJ ⟨-euse [-øz]⟩ unglücklich; leidig

malentendant [malɑ̃tɑ̃dɑ̃] M, **malentendante** [-ɑ̃t] F Hörgeschädigte(r) *m/f(m)*

malentendu M Missverständnis *n*; **dissiper, faire cesser un ~** ein Missverständnis aufklären, beseitigen

mal-être M Unbehagen *n*

malfaçon F (Herstellungs)Mangel *m*

malfaisance [malfəzɑ̃s] F Bosheit *f*; Bösartigkeit *f* **malfaisant** [-ɑ̃] ADJ ⟨-ante [-ɑ̃t]⟩ **1** *esprit* böse **2** *influence* schädlich

malfaiteur [malfɛtœʀ] M Übeltäter *m*; Verbrecher *m*; *fam* Ganove *m*

malfamé ADJ ⟨~e⟩ verrufen

malformation F Missbildung *f*

malfrat [malfʀa] M *fam* Ganove *m*

malgache [malgaʃ] **A** ADJ madagassisch **B** **Malgache** M/F Madagasse *m*, Madagassin *f*

malgré PRÉP **1** **~ moi** *(contre mon gré)* gegen meinen Willen; *(sans le vouloir)* ungewollt **2** *(en dépit de)* trotz (+ *gén*); **~ cela** trotzdem; **~ tout** trotzdem; dennoch

malhabile [malabil] ADJ ungeschickt

malheur [malœʀ] M Unglück *n; (ennui)* Missgeschick *n; fam* Malheur *n; fam* **cette pluie de ~!** *fam* dieser verdammte Regen!; **~ à …!** wehe (+ dat)!; **par ~** unglücklicherweise; **pour son ~** zu s-m Unglück; **faire le ~ de qn** j-n ins Unglück stürzen; *spectacle* **faire un ~** *fam* e-n Riesenerfolg haben; *fam retenez-moi* **ou je fais un ~!** oder es gibt ein Unglück!; **le ~ des uns fait le bonheur des autres** des e-n Not ist des andern Brot *(prov)*; des e-n Glück ist des andern Unglück *(prov)*

malheureusement ADV leider; unglücklicherweise

malheureux A ADJ ⟨-euse⟩ 1 *(qui souffre)* unglücklich; *(malchanceux)* glücklos; *situation, suites* unglücklich; bedauerlich; betrüblich; **être ~ en amour** kein Glück in der Liebe haben 2 *péj* unbedeutend; läppisch; *fam* lumpig B **~, malheureuse** M,F Unglückliche(r) *m/f(m)*; *(indigent)* Notleidende(r) *m/f(m)*; Arme(r) *m/f(m)*

malhonnête ADJ unehrlich; unredlich

malhonnêteté F Unehrlichkeit *f*

Mali [mali] **le ~** Mali *n*

malice [malis] F 1 Schalkhaftigkeit *f*; Spottlust *f* 2 **être sans ~** arglos sein

malicieux [malisjø] ADJ ⟨-euse [-øz]⟩ schelmisch; schalkhaft

malien [maljɛ̃] A ADJ ⟨-ienne [-jɛn]⟩ malisch; von Mali B SUBST **Malien(ne)** M(F) Malier(in) *m(f)*

maligne → malin

malignité [maliɲite] F 1 Bösartigkeit *f*; Bosheit *f* 2 MÉD Bösartigkeit *f*

malin [malɛ̃] A ADJ ⟨maligne [maliɲ]⟩ 1 *(rusé)* schlau; pfiffig; gewitzt; clever; *air, sourire* listig 2 *(malveillant)* boshaft; *plus fort* hämisch; **joie maligne** *a.* Schadenfreude *f* 3 MÉD bösartig B **~, maligne** M,F Schlaukopf *m*; *fam* Pfiffikus *m*; *fam iron* Schlauberger *m*; *fam iron* Schlaumeier *m*; **faire le ~** angeben; *fam* große Töne spucken

malingre [malɛ̃gʀ] ADJ schwächlich

malintentionné ADJ ⟨~e⟩ übel gesinnt

malle [mal] F Übersee-, Kabinenkoffer *m*; *pop fig* **se faire la ~** *fam* abhauen

malléable [maleabl] ADJ 1 *métal* schmiedbar; *substance* modellierfähig 2 *fig* bildsam

mallette [malɛt] F (kleiner) Koffer; Köfferchen *n*

malmener VT ⟨-è-⟩ 1 *(brutaliser)* grob behandeln; misshandeln 2 *adversaire* hart zusetzen (**qn** j-m)

malnutrition F Unterernährung *f*

malodorant ADJ ⟨-ante⟩ übel riechend

malotru [malɔtʀy] M Rüpel *m*; Flegel *m*

malouin [malwɛ̃] ADJ ⟨-ine [-in]⟩ *(et subst* **Malouin** Einwohner) von Saint-Malo

Malouines [malwin] **les (îles) ~** FPL die Falklandinseln *fpl*

malpropre A ADJ unsauber *(a. fig)* B M *péj* Lump *m*

malsain ADJ ⟨-aine⟩ ungesund *(a. fig)*

malséant *st/s* ADJ ⟨-ante⟩ unschicklich

malt [malt] M Malz *n*

maltais [maltɛ] A ADJ ⟨-aise [-ɛz]⟩ maltesisch B SUBST 1 **Maltais(e)** *m(f)* Malteser(in) *m(f)* 2 LING **le ~** das Maltesische; Maltesisch *n*

Malte [malt] Malta *n*

malthusianisme [maltyzjanism] M Malthusianismus *m (Theorie, nach der die Bevölkerung tendenziell schneller wächst als der Bodenertrag)*

maltraitance [maltʀɛtɑ̃s] F Misshandlung *f*

maltraiter [-e] VT misshandeln

malus [malys] M Malus *m*; Prämienzuschlag *m*

malveillance [malvɛjɑ̃s] F 1 *(hostilité)* Boshaftigkeit *f*; Feindseligkeit *f*; Gehässigkeit *f* 2 *(intention de nuire)* Böswilligkeit *f* **malveillant** [-ɑ̃] ADJ ⟨-ante [-ɑ̃t]⟩ boshaft; gehässig; feindselig

malvenu [malvəny] ADJ ⟨~e⟩ **être ~ de** *ou* **à** *(+inf)* kein Recht haben zu *(+inf)*

malversation [malvɛʀsasjõ] F JUR Untreue *f*; Unterschlagung *f*

malvoyant M, **malvoyante** F Sehbehinderte(r) *m/f(m)*

maman [mamɑ̃] F Mutti *f*; Mama *f*

mamelle [mamɛl] F Brust(drüse) *f*

mamelon [mamlõ] M 1 ANAT Brustwarze *f* 2 *(sommet arrondi)* Kuppe *f*

mamelonné [mamlɔne] ADJ ⟨~e⟩ *paysage* hügelig

mamie [mami] F *enf* Oma *f*; Omi *f*

mammaire [mamɛʀ] ADJ Brust…

mammifère [mamifɛʀ] M Säugetier *n*

mammographie [mamɔgʀafi] F Mammographie *f*

mammouth [mamut] M Mammut *n*

mamours [mamuʀ] MPL *fam* **faire des ~ à qn** *fam* mit j-m schmusen

management [manaʒmɑ̃] M Management *n*

manager [manadʒɛʀ] M Manager *m*

manant [manɑ̃] M 1 *litt (rustre)* Flegel *m*; Lümmel *m* 2 HIST (Frei)Bauer *m*

manche[1] [mɑ̃ʃ] F 1 Ärmel *m*; **à ~s courtes, longues** kurz-, langärm(e)lig; **sans ~s** ärmellos 2 *d'un jeu* Partie *f*; Runde *f (a. fig)*; *aux épreuves de ski* Durchgang *m* 3 **~ à air** Windsack *m* 4 **faire la ~** Geld sammeln; betteln

manche[2] M 1 *d'un outil* Stiel *m*; *d'un couteau* Heft *n*; *d'un tournevis* Griff *m*; **~ à balai** Besenstiel *m*; AVIAT Steuerknüppel *m*; *fig* **jeter le ~ après la cognée** die Flinte ins Korn werfen 2 *d'un violon* Hals *m* 3 *d'un gigot* Knochenende *n* 4 *fam fig* **se débrouiller comme un ~** sich ungeschickt,

la manche — Ärmel

le manche - Stiel

le manche — Hals

tollpatschig anstellen

Manche [mɑ̃ʃ] **la ~** der Ärmelkanal

manchette [mɑ̃ʃɛt] F 1 *de chemise* Manschette *f* 2 *d'un journal* Schlagzeile *f*

manchon [mɑ̃ʃõ] M 1 *en fourrure* Muff *m* 2 TECH Muffe *f*

manchot¹ [mɑ̃ʃo], **manchote** [-ɔt] A ADJ 1 einarmig 2 *fam fig* **il n'est pas ~** er ist nicht ungeschickt B M,F Einarmige(r) *m/f(m)*

manchot² [mɑ̃ʃo] M ZOOL Pinguin *m*

mandale [mɑ̃dal] F *argot* (*gifle*) Ohrfeige *f*

mandarin [mɑ̃daʀɛ̃] M 1 HIST Mandarin *m* 2 *fig* einflussreiche(r) Intellektuelle(r) *m*; *péj* Halbgott *m*

mandarine [mɑ̃daʀin] F Mandarine *f* **mandarinier** [-je] M Mandarinenbaum *m*

mandat [mɑ̃da] M 1 Mandat *n* (*a.* POL); (Handlungs)Vollmacht *f* 2 JUR **~ d'amener** Vorführungsbefehl *m*; **~ d'arrêt, de dépôt** Haftbefehl *m* 3 **~ (postal)** Postanweisung *f*

mandataire [mɑ̃datɛʀ] M/F Bevollmächtigte(r) *m/f(m)*; Mandatar *m*

mandater [mɑ̃date] V/T **~ qn** j-m ein Mandat erteilen

mandibules [mɑ̃dibyl] FPL ZOOL Fresswerkzeuge *npl*

mandoline [mɑ̃dɔlin] F Mandoline *f*

manège [manɛʒ] M 1 ÉQUITATION Reitbahn *f*, -halle *f*, -schule *f* 2 *attraction foraine* Karussell *n*; **faire un tour de ~** Karussell fahren 3 *comportement* Schliche *mpl*; Tricks *mpl*

manette [manɛt] F (Schalt-, Bedienungs)Hebel *m*

manganèse [mɑ̃ganɛz] M Mangan *n*

mangeable [mɑ̃ʒabl] ADJ essbar; genießbar

mangeaille [mɑ̃ʒaj] F *fam péj* Fraß *m*; *pop* Fressen *n*

mangeoire [mɑ̃ʒwaʀ] F Futtertrog *m*; Futterkrippe *f*; *pour volaille* Futter-, Fressnapf *m*

manger [mɑ̃ʒe] A V/T ‹-ge-› 1 essen (*a. abs*); *animal* fressen; **donner à ~ à** füttern (+ *acc*) 2 *fig fortune* vergeuden; durchbringen 3 **mangé par les mites, par la rouille** von Motten, von Rost zerfressen B M Essen *n*

mange-tout [mɑ̃ʒtu] MPL *fadenlose grüne Bohnen*

mangeur [mɑ̃ʒœʀ] M, **mangeuse** [-øz] F Esser(in) *m(f)*; **un gros mangeur** ein starker Esser

mangouste [mɑ̃gust] F Manguste *f*

mangue [mɑ̃g] F Mango *f* **manguier** [-je] M Mangobaum *m*

maniabilité [manjabilite] F Handlichkeit *f*; *d'un appareil* leichte Handhabbarkeit; *d'un véhicule* große Manövrierfähigkeit; Wendigkeit *f*

maniable [manjabl] ADJ 1 *outil, format* handlich; *véhicule* wendig 2 *fig personne* fügsam; lenkbar

maniaco-dépressif [manjakodepʀesif] ADJ ‹-ive [-iv]› manisch-depressiv

maniaque [manjak] A ADJ 1 PSYCH manisch 2 *fig* schrullig; pedantisch B M/F 1 PSYCH manisch Kranke(r) *m/f(m)* 2 *fig* Pedant(in) *m(f)*; *fam* Ordnungsfanatiker(in) *m(f)*

maniaquerie [manjakʀi] F Schrulligkeit *f*

manichéen [manikeɛ̃] ADJ ‹-enne [-ɛn]› 1 REL manichäisch 2 *fig* rigoros; einseitig

manichéisme [manikeism] M REL Manichäismus *m*

manie [mani] F 1 PSYCH Manie *f*; **~ de la persécution** Verfolgungswahn *m* 2 *fig* Schrulle *f*; *fam* Tick *m*; Eigenheit *f*

maniement [manimɑ̃] M Handhabung *f*; Umgang *m* (**de** mit; *a. fig*)

manier [manje] A V/T 1 handhaben; umgehen, hantieren (**qc** mit etw); *machine* bedienen; *véhicule* lenken; manövrieren 2 *fig fonds* umgehen mit; *ironie* (geschickt) gebrauchen B V/PR *fam* **se ~** → magner

manière [manjɛʀ] F 1 Art *f*; Weise *f*; Art und Weise *f*; **manière d'agir** Handlungsweise *f*; **adverbe** *m* **de manière** Adverb *n* der Art und Weise; **à la manière de** nach Art (+ *gén*); BEAUX-ARTS in der Manier (+ *gén*); **de la manière suivante** folgendermaßen; auf folgende Weise; **de toute manière** auf jeden Fall; auf alle Fälle; **de manière à** (+ *inf*) um zu (+ *inf*); **de manière (à ce) que …** (+ *subj*) so …, dass …; **employer la manière forte** Gewalt, Zwang anwenden 2 **manières** *pl* Manieren *fpl*; Umgangsformen *fpl*; Benehmen *n*; **faire des manières** sich zieren

maniéré [manjeʀe] ADJ ⟨~e⟩ **1** affektiert; geziert; gekünstelt **2** *style* manieriert
maniérisme [manjeʀism] M Manierismus *m*
manif [manif] F ABR *fam* (**manifestation**) *fam* Demo *f*
manifestant [manifɛstɑ̃] M, **manifestante** [-ɑ̃t] F Demonstrant(in) *m(f)*
manifestation [manifɛstasjõ] F **1** *d'un sentiment* Äußerung *f*; Bekundung *f* **2** POL Demonstration *f*; (Massen)Kundgebung *f* **3** *sportive, culturelle* Veranstaltung *f*
manifeste [manifɛst] **A** ADJ offenkundig; offensichtlich **B** M Manifest *n*
manifestement [manifɛstmɑ̃] ADV offensichtlich
manifester [manifɛste] **A** V/T äußern; kundtun; bekunden **B** V/I POL demonstrieren **C** V/PR **se ~ 1** *maladie, sentiment* sich äußern (**par** durch; in + dat) **2** *personne* sich melden; von sich hören lassen
manigance [manigɑ̃s] F Trick *m*; **~s** *pl a.* Schliche *mpl*
manigancer [manigɑ̃se] V/T ⟨-ç-⟩ aushecken; anzetteln
Manille [manij] Manila *n*
manioc [manjɔk] M Maniok *m*
manip [manip] *fam* F → **manipulation** 2, 4
manipulateur [manipylatœʀ], **manipulatrice** [-tʀis] **1** *m,f* Assistent(in) *m(f)* **2** *m* TECH Manipulator *m*
manipulation [manipylasjõ] F **1** (*maniement*) Umgang *m*, Hantieren *n* (**de** mit); Handhabung *f* **2** ÉCOLE Versuch *m* **3 ~ génétique** Genmanipulation *f* **4** *péj* Manipulation *f*
manipuler [manipyle] V/T **1** umgehen, hantieren (**qc** mit etw); handhaben **2** *péj* manipulieren
manitou [manitu] M *fam* Boss *m*
manivelle [manivɛl] F Kurbel *f*
manne [man] F BIBL, BOT Manna *n*
mannequin [mankɛ̃] M **1** *personne* Mannequin *n* **2** COUT Schneiderpuppe *f*; *dans une vitrine* Schaufensterpuppe *f*
manœuvrable [manœvʀabl] ADJ manövrierfähig; wendig
manœuvre[1] [manœvʀ] F (❗ feminin) **1** *d'un véhicule* Manöver *n*; Manövrieren *n*; CH DE FER Rangieren *n* **2** MIL **~s** *pl* Manöver *n* **3** *fig, péj* Manöver *n*; **~s** *pl a.* Machenschaften *fpl*
manœuvre[2] M Hilfsarbeiter *m*
manœuvrer [manœvʀe] **A** V/T **1** *véhicule* manövrieren; rangieren; lenken; *bateau a.* steuern; *gouvernail* bedienen **2** *fig personne* manipulieren **B** V/I *fig* manövrieren; zu Werke gehen
manoir [manwaʀ] M Landsitz *m*; Herrenhaus *n*
manomètre [manɔmɛtʀ] M TECH Manometer *n*; Druckmesser *m*

le mannequin — Mannequin

le mannequin — Schaufensterpuppe

manouche [manuʃ] *fam* M/F Zigeuner(in) *m(f)*
manquant [mɑ̃kɑ̃] ADJ ⟨-ante [-ɑ̃t]⟩ fehlend
manque [mɑ̃k] M **1** Mangel *m* (**de** an + dat); Manko *n*; **~ de calcium** Kalziummangel *m*; **~ d'intérêt** mangelndes Interesse; Interesselosigkeit *f*; **par ~ de** aus Mangel an (+ *dat*); mangels (+ *gén*) **2 ~ à gagner** entgangener Gewinn; Verdienstausfall *m* **3** *d'un drogué* (**état** *m* **de**) **~** Entzugserscheinungen *fpl*; **être en ~** unter Entzugserscheinungen leiden (*a. fig*)
manqué [mɑ̃ke] ADJ ⟨~e⟩ *occasion* verpasst; *tentative* fehlgeschlagen; misslungen (*a. photo*); missglückt; *vie* verfehlt; *fam* verpfuscht; **c'est un garçon ~** an ihr ist ein Junge verloren gegangen
manquement [mɑ̃kmɑ̃] M **~ à** Verstoß *m* gegen; Verletzung *f* (+ *gén*)
manquer [mɑ̃ke] **A** V/T *cible, personne* verfehlen; *occasion, train, bus* verpassen; versäumen (*a. cours, spectacle*); **~ sa vocation** s-n Beruf verfehlen (*a. plais*); *fam* **il n'en manque pas une!** *fam* er muss doch immer ins Fettnäpfchen treten! **B** V/T INDIR **1 ~ à qc** etw verletzen; gegen etw verstoßen; **~ à sa parole** sein Wort nicht halten; wortbrüchig werden **2 ~ de qc** Mangel an etw (*dat*) haben; *plus fort* etw nicht haben; **je manque de qc** es fehlt, mangelt mir an etw (*dat*); *fam* **il ne manque pas d'air, de culot** *fam* er ist ganz schön frech, unverschämt **3 ne pas ~ de faire qc** nicht vergessen *ou* nicht versäumen, etw zu tun **4** (*faillir*) **elle a manqué (de) se faire écraser** sie wäre beinahe, fast überfahren worden **C** V/I *et* V/IMP **1** fehlen (**à qn** j-m); **~ à l'école** in der Schule fehlen; **il manque deux pages** es fehlen zwei Seiten; **il ne manquait plus que cela!** das fehlte gerade noch! **2** *tentative* fehlschlagen; misslingen; missglücken; *voix, forces* versagen **D** V/PR **1** *réciproque* **se ~** sich verfehlen **2** *réfléchi* **il s'est man-**

M

qué sein Selbstmordversuch ist missglückt, fehlgeschlagen

Mans Le ~ [ləmɑ̃] *Stadt im Departement Sarthe*

mansarde [mɑ̃saʀd] F Mansarde *f*; Dachkammer *f*

mansardé [mɑ̃saʀde] ADJ ⟨~e⟩ mit schrägen Wänden

mansuétude [mɑ̃sɥetyd] *st/s* F Milde *f*

mante [mɑ̃t] F ZOOL **~ religieuse** Gottesanbeterin *f*

manteau [mɑ̃to] M ⟨~x⟩ Mantel *m*; *fig* **sous le ~** heimlich; unter der Hand

mantille [mɑ̃tij] F Mantilla *f*; Spitzentuch *n*

manucure (❗ manucure) [manykyʀ] F Maniküre *f*; Handpflegerin *f* **manucurer** (❗ manucurer) [-e] V/T maniküren

manuel [manɥɛl] A ADJ ⟨~le⟩ Hand...; manuell; **métier ~** handwerklicher Beruf B M Handbuch *n*; *scolaire* Lehrbuch *n*

manuellement [manɥɛlmɑ̃] ADV mit der Hand; manuell

manufacture [manyfaktyʀ] F Manufaktur *f*

manufacturé [manyfaktyʀe] ADJ ⟨~e⟩ **produits ~s** gewerbliche Erzeugnisse *npl*

manu militari [manymilitaʀi] ADV mit Gewalt; gewaltsam

manuscrit [manyskʀi] A ADJ ⟨-ite [-it]⟩ handgeschrieben; handschriftlich B M 1 *ancien* Handschrift *f* 2 TYPO Manuskript *n*

manutention [manytɑ̃sjõ] F (Be)Förderung *f*; Transport *m*

manutentionnaire [manytɑ̃sjɔnɛʀ] M Lagerarbeiter *m* **manutentionner** [-e] V/T *marchandises* befördern; transportieren

maoïsme [maɔism] M Maoismus *m*

maoïste [maɔist] A ADJ maoistisch B M/F Maoist(in) *m(f)*

mappemonde [mapmõd] F 1 *globe* Globus *m* 2 *carte* Welt-, Erdkarte *f*; *t/t* Planiglob *n*

maquer [make] *pop* V/PR **se ~** zusammenziehen (**avec qn** mit j-m)

maquereau [makʀo] M ⟨~x⟩ 1 ZOOL Makrele *f* 2 *pop (souteneur)* Zuhälter *m*

maquerelle [makʀɛl] F *pop* Puffmutter *f*

maquette [makɛt] F 1 (verkleinertes) Modell; **~ d'avion** Modellflugzeug *n* 2 *(ébauche)* Entwurf *m*; TYPO Layout *n*

maquettiste [maketist] M Layouter *m*

maquignon [makiɲõ] M Pferdehändler *m*; *péj* Rosstäuscher *m*

maquignonnage [makiɲɔnaʒ] M 1 Pferdehandel *m* 2 *péj (manœuvres frauduleuses)* Rosstäuschertricks *mpl*; Schwindel *m* 3 *péj (marchandage honteux)* Schacher *m*; *fam* Kuhhandel *m*

maquillage [makijaʒ] M 1 *action* Schminken *n*; *résultat* Make-up *n* 2 *(falsification) fam* Frisieren *n*

maquiller [makije] A V/T 1 *acteur, etc* schminken 2 *voiture volée, etc fam* frisieren B V/PR **se maquiller** sich schminken

maquilleur [makijœʀ] M, **maquilleuse** [-øz] F Maskenbildner(in) *m(f)*

maquis [maki] M 1 GÉOG Macchia *f*; Buschwald *m* 2 HIST Maquis *m*; französische Widerstandsgruppe

maquisard [makizaʀ] M Maquisard *m*; französischer Widerstandskämpfer

marabout [maʀabu] M 1 ZOOL Marabu *m* 2 ISLAM Marabut *m*

maracuja [maʀakyʒa, -kuʒa] M Maracuja *f*

maraîcher [maʀeʃe], **maraîchère** [-ɛʀ] A M,F Gemüsegärtner(in) *m(f)* B ADJ Gemüse...

marais [maʀɛ] M 1 Sumpf *m*; Moor *n* 2 **~ salant** Salzgarten *m*

marasme [maʀasm] M Flaute *f*; Stocken *n*

marasquin [maʀaskɛ̃] M Maraschino *m*

marathon [maʀatõ] M 1 SPORTS Marathon(-lauf) *m*; **coureur** *m* **de ~** Marathonläufer *m* 2 *fig* Marathonveranstaltung *f*; *fam* Marathon *n*; *adjt* Marathon...; **séance** *f* **~** Marathonsitzung *f*

marâtre [maʀɑtʀ] F *péj* Rabenmutter *f*

maraudage [maʀodaʒ] M → maraude 2

maraude [maʀod] F 1 *taxi* **être en ~** langsam durch die Straßen fahren und Kunden suchen 2 JUR Felddiebstahl *m*

marauder [maʀode] V/I 1 *taxi* → maraude 1 2 (Feld-, Gartenfrüchte, Geflügel *etc*) stehlen

maraudeur [maʀodœʀ] M, **maraudeuse** [-øz] F (Feld-, Garten)Dieb(in) *m(f)*

marbre [maʀbʀ] M 1 Marmor *m*; **de, en ~** Marmor...; marmorn; *fig* **rester de ~** ungerührt bleiben 2 Marmorstatue *f*

marbré [maʀbʀe] ADJ ⟨~e⟩ marmoriert; *peau* (blau) gefleckt; **gâteau ~** Marmorkuchen *m*

marbrerie [maʀbʀəʀi] F 1 *atelier* Marmorwerk *n*, -schleiferei *f* 2 **~ funéraire** Steinmetzgeschäft *n* für Grabsteine

marbrier [maʀbʀije] M 1 *ouvrier* Marmorschleifer *m* 2 *funéraire* Steinmetz *m* (für Grabsteine)

marbrure [maʀbʀyʀ] F 1 *sur papier* Marmorierung *f* 2 *sur la peau* leichte Flecke(n) *mpl*

marc [maʀ] M 1 *résidu* Trester *mpl* 2 *eau-de-vie* Tresterbranntwein *m*; Grappa *m* 3 **~ de café** Kaffeesatz *m*

marcassin [maʀkasɛ̃] M Frischling *m*

marchand [maʀʃɑ̃], **marchande** [-ɑ̃d] A M, F 1 Händler(in) *m(f)*; **marchand, marchande de journaux** Zeitungshändler(in) *m(f)*; **marchand, marchande des quatre-saisons** Obst- und Gemüsehändler(in) *m(f)* *(auf der Straße)* 2 *enf* **marchand de sable** Sandmännchen *n* B ADJ Handels…; **valeur marchande** Handels-, Markt-, Verkehrswert *m*

marchandage [maʀʃɑ̃daʒ] M Handeln *n*; *péj* Feilschen *n*

marchander [maʀʃɑ̃de] V/T handeln, *péj* feilschen, *péj* schachern (**qc** um etw)

marchandise [maʀʃɑ̃diz] F Ware *f*

marche [maʀʃ] F 1 *d'un escalier* (Treppen)Stufe *f* 2 (*action de marcher*) Gehen *n* (*a.* SPORTS); Laufen *n*; *dans la nature* Wandern *n*; **heure** *f* **de marche** Wegstunde *f* 3 Marsch *m* (*a.* MIL, MUS); (*randonnée*) Wanderung *f*; **marche silencieuse** Schweigemarsch *m*; **marche à pied** Fußmarsch *m* 4 *d'un véhicule* Fahrt *f*; *d'une machine* Gang *m*; **marche arrière** Rückwärtsgang *m*; **marche avant** Vorwärtsgang *m*; **faire marche arrière** rückwärtsfahren; zurücksetzen; *fig* e-n Rückzieher machen; **en marche** *véhicule* in Fahrt; fahrend; *machine, moteur* in Gang; in Betrieb; laufend; **mettre en marche** *machine* in Gang, in Betrieb setzen; *moteur* anlassen; anwerfen; **se mettre en marche** *machine* sich in Gang setzen; anlaufen; *moteur* anspringen 5 (*cours*) Gang *m*; Lauf *m*; **marche à suivre** Vorgehen *n*; einzuschlagender Weg

marché [maʀʃe] M 1 (Wochen)Markt *m*; **marché aux poissons** Fischmarkt *m*; **aller au marché** auf den Markt gehen; **faire son marché** auf dem Markt einkaufen 2 ÉCON Markt *m*; *par ext d'une grande ville* Handels-, Umschlagplatz *m*; **le Marché commun** der Gemeinsame Markt; **le grand marché européen** *ou* **le marché unique** der europäische Binnenmarkt; **marché des changes** Devisenmarkt *m*; **marché de l'emploi** Arbeits-, Stellenmarkt *m* 3 (*transaction*) Geschäft *n*; (Geschäfts)Abschluss *m*; Handel *m*; *fig* **par-dessus le marché** obendrein; noch dazu 4 **(à) bon marché** (! unveränderlich) billig; preiswert; preisgünstig; **(à) meilleur marché** (! unveränderlich) billiger

marchepied [maʀʃəpje] M 1 *d'un train, d'un bus* Trittbrett *n* 2 (*petite échelle*) Tritt-, Stehleiter *f*; Tritt *m*

marcher [maʀʃe] V/I 1 (*aller à pied*) gehen; laufen; marschieren (*a.* MIL); (*poser le pied*) **~ sur, dans qc** auf, in etw (*acc*) treten; *fam fig* **ne pas se laisser ~ sur les pieds** sich (*dat*) nicht alles gefallen, bieten lassen; sich (*dat*) nicht auf der Nase herumtanzen lassen 2 *fam* (*consentir*) mitmachen; mittun 3 *fam* (*croire*) *fam* darauf reinfallen; **faire ~ qn** j-n zum Narren halten 4 (*fonctionner*) laufen; gehen (*a. montre*); funktionieren; **faire ~** laufen lassen 5 (*réussir*) *affaires* gehen; *études, projets* erfolgreich verlaufen; *ruse* wirken; *fam* **ça marche** *fam* es macht sich; *fam* es klappt

marcheur [maʀʃœʀ], **marcheuse** [-øz] 1 *m, f* Marschierer(in) *m(f)*; **être bon marcheur, bonne marcheuse** gut zu Fuß sein 2 *m* SPORTS Geher *m*

mardi [maʀdi] M Dienstag *m*; **~ gras** Fastnacht *f*; Karnevals-, Faschingsdienstag *m*

mare [maʀ] F 1 Tümpel *m*; kleiner Teich 2 **~ de sang** Blutlache *f*

marécage [maʀekaʒ] M Sumpf *m*; Moor *n*

marécageux [-ø] ADJ ⟨-euse [-øz]⟩ sumpfig; moorig; Sumpf…; Moor…

maréchal [maʀeʃal] M ⟨-aux [-o]⟩ 1 Marschall *m* 2 **~ des logis** Unteroffizier *m*

maréchal-ferrant [maʀeʃalfɛʀɑ̃] M ⟨maréchaux-ferrants [maʀeʃofɛʀɑ̃]⟩ Hufschmied *m*

maréchaussée [maʀeʃose] F HIST *ou plais* Gendarmerie *f*

marée [maʀe] F 1 Ebbe *f* und Flut *f*; Tide *f*; **~s** *pl a.* Gezeiten *pl*; **~ basse, °haute** Niedrig-, Hochwasser *n*; **à ~ basse, °haute** bei Ebbe, Flut; **~ descendante** Ebbe *f*; **grande ~** Springflut *f*, -tide *f*; **~ montante** Flut *f* 2 **~ noire** Ölpest *f* 3 *fig* **~ humaine** (wogende) Menschenmenge

marelle [maʀɛl] F **jouer à la ~** Himmel und Hölle spielen

marémoteur [maʀemɔtœʀ] ADJ ⟨-trice [-tʀis]⟩ **usine marémotrice** Gezeitenkraftwerk *n*

marengo [maʀɛ̃go] ADJT (! unveränderlich) CUIS **poulet** M, **veau** *m* **~** in Weißwein gedünstetes Huhn, Kalbfleisch mit Tomaten und Zwiebeln

mareyeur [maʀɛjœʀ] M, **mareyeuse** [-øz] F Seefisch(groß)händler(in) *m(f)*

la marche — Treppenstufe

la marche — Wandern

la marche — Marsch

margarine [maʀgaʀin] F Margarine *f*

marge [maʀʒ] F **1** *d'un texte* Rand *m* **2** *fig* Spielraum *m*; **~ d'erreur** (zulässige) Fehlermenge; Fehlergrenze *f*; **~ de manœuvre** Handlungsspielraum *m*; **~ de sécurité** Sicherheitsmarge *f* **3** COMM Spanne *f*; **~ bénéficiaire** Gewinnspanne *f* **4** *fig* **en ~ de** am Rand(e) (+ *gén*); **vivre en ~ (de la société)** am Rande der Gesellschaft leben

margelle [maʀʒɛl] F Brunnenrand *m*

marginal [maʀʒinal] **A** ADJ ⟨~e; -aux [-o]⟩ Rand…; *fig a.* nebensächlich; marginal; **groupe ~** Randgruppe *f* **B** M ⟨-aux [-o]⟩ (gesellschaftlicher) Außenseiter; Aussteiger *m*; Marginalexistenz *f*

marginaliser [maʀʒinalize] V/T an den Rand der Gesellschaft, ins soziale Abseits drängen; ausgrenzen **marginalisme** [-ism] M ÉCON Grenznutzenschule *f*; Marginalismus *m* **marginalité** [-ite] F Außenseitertum *n*

margoulin [maʀgulɛ̃] M *péj* skrupelloser Geschäftemacher

marguerite [maʀgəʀit] F Margerite *f*; **effeuiller la ~** das Blumenorakel befragen

mari [maʀi] M (Ehe)Mann *m*

mariable [maʀjabl] ADJ heiratsfähig

M

mariage [maʀjaʒ] M **1** *institution* Ehe *f*; (*fait de se marier*) Eheschließung *f*; Heirat *f*; Verheiratung *f*; *cérémonie* Trauung *f*; *fête* Hochzeit *f*; **~ civil** standesamtliche Trauung; Ziviltrauung *f*, -ehe *f*; **~ religieux** kirchliche Trauung; **~ d'amour** Liebesheirat *f*; **messe** *f* **de ~** Brautmesse *f*; **faire un ~ de raison** e-e Vernunftehe eingehen; **faire un beau ~** e-e gute Partie machen; **fêter ses dix ans de ~** sein zehnjähriges Ehejubiläum feiern; **enfant né °hors ~** uneheliches Kind **2** *fig* Zusammenstellung *f*; Verbindung *f*; Vereinigung *f*

marial [maʀjal] ADJ ⟨~e; -als *ou* -aux [-o]⟩ ÉGL CATH Marien…

marié [maʀje] **A** ADJ ⟨~e⟩ verheiratet **B** **~(e)** M(F) Bräutigam *m*, Braut *f*; **les ~s** das Brautpaar; **les jeunes ~s** das junge Paar; die Jungverheirateten *pl*; die Neuvermählten *pl*

marier [maʀje] **A** V/T **1** (*unir*) trauen **2** (*donner en mariage*) verheiraten; **être marié avec qn** mit j-m verheiratet sein **3** *fig* verbinden, vereinigen, kombinieren (**à** mit) **B** V/PR **1** **se marier** heiraten; sich verheiraten; **se marier avec qn** j-n heiraten; **se marier à l'église** sich kirchlich trauen lassen **2** *fig couleurs, etc* **se marier** zusammenpassen; miteinander harmonieren

marihuana *ou* **marijuana** [maʀiʀwana] F (❗ feminin) Marihuana *n*

marin [maʀɛ̃] **A** ADJ ⟨-ine [-in]⟩ **1** (*de la mer*) Meer(es)…; See… **2** **col, costume ~** Matrosenkragen *m*, -anzug *m*; **avoir le pied ~** seefest sein **B** M **1** (*matelot*) Seemann *m*; Matrose *m* **2** (*navigateur*) Seefahrer *m*

marina [maʀina] F Ferienwohnanlage *f* mit Bootsanlegeplätzen; Marina *f*

marinade [maʀinad] F Marinade *f*

marine [maʀin] F **1** Marine *f*; **~ marchande** Handelsmarine *f* **2** PEINT Seestück *n* **3** *adjt* **(bleu) ~** (❗ unveränderlich) marineblau

mariner [maʀine] **A** V/T marinieren; *adjt* **mariné** mariniert; eingelegt **B** V/I **1** CUIS in Marinade liegen **2** *fam* **laisser qn ~** *fam* j-n schmoren lassen

marinier [maʀinje] M (Binnen)Schiffer *m*

marinière [maʀinjɛʀ] F **1** *vêtement* Überziehbluse *f*; Jumper *m* **2** **moules** *fpl* **(à la) ~** Muscheln *fpl* im eigenen Saft mit Zwiebeln gekocht

marin-pêcheur M ⟨marins-pêcheurs⟩ (Hochsee-, Küsten)Fischer *m*

mariolle [maʀjɔl] M *fam* **faire le ~** sich wichtigmachen; (sich) wichtigtun

marionnette (❗ marionnette) [maʀjɔnɛt] F **1** Puppe *f*; **~ à fils** Marionette *f* **2** *fig* Marionette *f*

marital [maʀital] ADJ ⟨~e; -aux [-o]⟩ JUR des Ehemannes

maritalement [maʀitalmɑ̃] ADV **vivre ~** in eheähnlicher Gemeinschaft leben

maritime [maʀitim] ADJ See…; maritim; **gare** *f* **~** Hafenbahnhof *m*

marivaudage [maʀivodaʒ] M galantes Geplauder **marivauder** [-e] V/I galant plaudern

marjolaine [maʀʒɔlɛn] F Majoran *m*

mark [maʀk] M HIST *monnaie* Mark *f*

marketing [maʀkətiŋ] M Marketing *n*

marmaille [maʀmaj] F *fam* Gören *npl*

marmelade [maʀməlad] F Mus *n*; Kompott *n*; **en ~** CUIS zerkocht; *fam fig* zerquetscht

> **marmelade ≠ Marmelade**
>
> **la marmelade** = das Mus, das Kompott
> die Marmelade = **la confiture**
>
> FALSCHE FREUNDE

marmite [maʀmit] F (Koch)Topf *m*; *très grande* (Koch)Kessel *m*; *fig* **faire bouillir la ~** die Familie ernähren

marmiton [maʀmitõ] M Küchenjunge *m*

marmonnement [maʀmɔnmɑ̃] M Murmeln *n*; Brummen *n*; Brummeln *n* **marmonner** [-e] V/T (vor sich [*acc*] hin) murmeln, brummen, brummeln

marmot [maʀmo] M *fam* Knirps *m*

marmotte [maʀmɔt] F Murmeltier *n*; **dormir**

comme une ~ wie ein Murmeltier schlafen

marmotter [maʀmɔte] VT → marmonner

Marne [maʀn] **la ~** *Fluss u. Departement in Frankreich*

marner [maʀne] VI *fam* schuften

Maroc [maʀɔk] **le ~** Marokko *n*

marocain [maʀɔkɛ̃] **A** ADJ ‹-aine [-ɛn]› marokkanisch **B** **Marocain(e)** M(F) Marokkaner(in) *m(f)*

maroilles [maʀwal] M *ein frz Weichkäse*

maronner [maʀɔne] *fam* VI knurren; **faire ~ qn** *fam* j-n auf die Palme bringen

maroquin [maʀɔkɛ̃] M Saffian(leder) *m(n)*

maroquinerie [maʀɔkinʀi] F feine Lederwaren *fpl*

maroquinier [maʀɔkinje] M **1** *fabricant* Lederwarenhersteller *m* **2** *commerçant* Lederwarenhändler *m*

marotte [maʀɔt] F Marotte *f*; Schrulle *f*

marquage [maʀkaʒ] M **1** Kennzeichnung *f*; Markierung *f* **2** SPORTS Deckung *f*

marquant [maʀkɑ̃] ADJ ‹-ante [-ɑ̃t]› bedeutend; hervorstechend; markant

marque [maʀk] F **1** *(signe)* (Kenn)Zeichen *n*; Markierung *f*; Marke *f*; SPORTS **à vos ~s – prêts? – partez!** auf die Plätze – fertig – los! **2** COMM Marke *f*; Warenzeichen *n*; **de ~** Marken...; **de grande ~** Spitzen...; Qualitäts...; *fig* **hôte** *m* **de ~** hoher Gast **3** *(trace)* Spur *f*; Abdruck *m*; *sur la peau a.* Mal *n* **4** *fig (témoignage)* Zeichen *n*; Beweis *m*

marqué [maʀke] ADJ ‹~e› **1** *objet* gekennzeichnet; markiert **2** *fig personne* gezeichnet (**par la misère** vom Elend); *traits* scharf; markant; *visage* zerfurcht; faltig **3** *taille* betont; *différence* deutlich; unverkennbar; *préférence* ausgeprägt; ausgesprochen

marquer [maʀke] **A** VT **1** *par un signe distinctif* kennzeichnen; markieren; bezeichnen; kenntlich machen; *linge* zeichnen; *place* belegen; *passage dans un livre* anstreichen; **~ d'une croix** ankreuzen **2** *(écrire)* aufschreiben; notieren; vermerken **3** *(laisser des traces)* Spuren hinterlassen (**qc** auf etw [*dat*]); *fig* prägen; den Stempel aufdrücken (+ dat); *épreuve* **~ qn** j-n zeichnen **4** *fig événement* **~ qc** etw bedeuten, darstellen, kennzeichnen; **~ un tournant (dans l'histoire)** e-n Wendepunkt (in der Geschichte) bedeuten **5** *instrument de mesure* **~ qc** etw anzeigen, angeben **6** SPORTS *but, point* erzielen; *but a.* schießen; *fig* **~ un point** e-n Erfolg verbuchen, zu verzeichnen haben **7** SPORTS *joueur* decken **8** *(souligner)* betonen; unterstreichen; **~ le coup** das Ereignis feiern; *(réagir)* Wirkung zeigen **9** *sentiment, intérêt* bekunden; zum Ausdruck bringen **B** VI **1** *coups, etc* Spuren hinterlassen; *fig* prägend wirken **2** SPORTS e-n Treffer erzielen

marqueter [maʀkəte] VT ‹-tt-› *bois* mit Intarsien verzieren

marqueterie [maʀkɛtʀi] F **1** *ouvrage* Einlegearbeit *f*; Intarsien *fpl* **2** *art* Intarsien-, Einlegekunst *f*

marqueur [maʀkœʀ] M **1** SPORTS Torschütze *m* **2** *crayon* (dicker) Filzschreiber; (Text)Marker *m*

marquis [maʀki] M Marquis *m*

marquise [maʀkiz] F **1** *(femme d'un marquis)* Marquise *f* **2** *auvent* gläsernes Schutz-, Vordach; Glasdach *n* **3** **les îles Marquises** *fpl* die Marquesasinseln *fpl*

marraine [maʀɛn] F (Tauf)Patin *f*; Patentante *f*

Marrakech [maʀakɛʃ] Marrakesch *n*

marrant [maʀɑ̃] ADJ ‹-ante [-ɑ̃t]› *fam* **1** *(rigolo)* lustig; spaßig; *fam* ulkig; **il n'est pas ~** *fam* er ist e-e trübe Tasse **2** *(bizarre)* komisch; *fam* ulkig; *reproche* **t'es ~, toi**, *je n'ai pas le temps fam* du bist vielleicht gut!; du machst mir (vielleicht) Spaß!

marre [maʀ] ADV *fam* **en avoir marre** *fam* es satthaben; **en avoir marre de qn, qc** j-n, etw satthaben; **(il) y en a marre!** jetzt langt's, reicht's aber!; **c'est marre!** *(ça suffit)* jetzt reicht's!; *(c'est tout)* das ist alles!

marrer [maʀe] V/PR **se ~** *fam* sich *(dat)* e-n Ast lachen; *fam* sich schieflachen; **tu me fais ~!** dass ich nicht lache!

marron[1] [maʀõ] M **1** Esskastanie *f*; Marone *f*; **~ d'Inde** (Ross)Kastanie *f*; *fig* **tirer les ~s du feu** die Kastanien aus dem Feuer holen **2** *fam coup* Faustschlag *m*

marron[2] **A** ADJ (❗ unveränderlich) **1** braun **2** *fam fig* **être ~** der *ou* die Dumme sein **B** M Braun *n*

marron[3] ADJ ‹*nur m*› *péj* **avocat ~** Winkeladvokat *m*

marronnier [maʀɔnje] M **~ (d'Inde)** (Ross)Kastanie(nbaum) *f(m)*

mars [maʀs] M März *m*

Mars [maʀs] ASTRON (der) Mars

marseillais [maʀsɛjɛ] **A** ADJ ‹-aise [-ɛz]› Marseiller; von, aus Marseille **B** SUBST **1** **Marseillais(e)** *m(f)* Marseiller(in) *m(f)* **2** **la Marseillaise** die Marseillaise *(frz Nationalhymne)*

Marseille [maʀsɛj] *Stadt im Departement Bouches-du-Rhône*

marsouin [maʀswɛ̃] M Tümmler *m*

marsupial [maʀsypjal] ZOOL **A** ADJ ‹~e; -aux [-o]› Beutel...; **poche ~e** Beutel *m* **B** MPL **marsupiaux** Beuteltiere *npl*

marteau [maʀto] M ‹~x› **1** Hammer *m (a.* SPORTS); **coup** *m* **de ~** Hammerschlag *m* **2** ZOOL *adjt* **requin** *m* **~** Hammerhai *m* **3** *adjt fam* behämmert; → cinglé

M

La Marseillaise

Am 14. Juli 1795 wurde die **Marseillaise** zur französischen Nationalhymne erklärt. Sie wurde 1792 von Claude Joseph Rouget de Lisle während der Kriegserklärung an Österreich in Straßburg komponiert. Sie hatte zunächst den Titel **Chant de guerre pour l'armée du Rhin** und erhielt erst später den Namen Marseillaise, weil Soldaten aus Marseille beim Einzug in Paris das Lied sangen. Die Verfassungen der Vierten Republik (1946) und der Fünften Republik (ab 1958) hielten an der Marseillaise als Nationalhymne fest.

LANDESKUNDE

marteau-piqueur [maʀtopikœʀ] M ⟨marteaux-piqueurs⟩ Presslufthammer *m*

martel [maʀtɛl] M **se mettre ~ en tête** sich (*dat*) Gedanken, Sorgen machen

martelage [maʀtəlaʒ] M (Be)Hämmern *n*

martèlement *ou* **martellement** [maʀtɛlmɑ̃] M **1** Hämmern *n* **2** *fig* Dröhnen *n*

marteler [maʀtəle] V/T ⟨-è-⟩ **1** *métaux* (be)hämmern **2** *fig* einhämmern auf (+ *acc*) **3** *ses mots* laut und deutlich artikulieren

M

martial [maʀsjal] ADJ ⟨~e; -aux [-o]⟩ **1** (*guerrier*) kriegerisch; martialisch **2** **cour ~e** Standgericht *n*; **loi ~e** Standrecht *n* **3** **arts martiaux** asiatische Kampfsportarten *fpl*

martien [maʀsjɛ̃] **A** ADJ ⟨-ienne [-jɛn]⟩ Mars…; des Mars **B** M **Martien** Marsbewohner *m*, -mensch *m*

martinet [maʀtinɛ] M **1** ZOOL Mauersegler *m* **2** *fouet* (Klopf)Peitsche *f*

martingale [maʀtɛ̃gal] F **1** COUT Rückenspange *f*; Halbgürtel *m* **2** JEU Gewinnsystem *n*

martiniquais [maʀtinikɛ] **A** ADJ ⟨-aise [-ɛz]⟩ von, aus Martinique **B** **Martiniquais(e)** M(F) Bewohner(in) *m(f)* von Martinique

Martinique [maʀtinik] **la ~** Martinique *n*

martin-pêcheur [maʀtɛ̃pɛʃœʀ] M ⟨martins-pêcheurs⟩ Eisvogel *m*

martre [maʀtʀ] F Marder *m*

martyr(e) [maʀtiʀ] M(F) **1** Märtyrer(in) *m(f)*; **jouer les martyrs** den Märtyrer spielen **2** *adjt enfant* misshandelt

martyre [maʀtiʀ] M Martyrium *n*; *fig* **souffrir le ~** ein Martyrium erdulden; Qualen ausstehen; **faire souffrir le ~ à qn** j-n quälen, Qualen ausstehen lassen

martyriser [maʀtiʀize] V/T (grausam) quälen; *douleurs* **~ qn** j-n quälen

marxisme [maʀksism] M Marxismus *m* **marxisme-léninisme** M Marxismus-Leninismus *m*

marxiste [maʀksist] **A** ADJ marxistisch **B** M/F Marxist(in) *m(f)* **marxiste-léniniste** **A** ADJ marxistisch-leninistisch **B** M/F Marxist(in)-Leninist(in) *m(f)*

mas [mɑ(s)] M provenzalisches Land- *ou* Bauernhaus *n*

mascara [maskaʀa] M Wimperntusche *f*

mascarade (! mascarade) [maskaʀad] F Maskerade *f* (*a. fig*)

mascotte [maskɔt] F Maskottchen *n*

masculin [maskylɛ̃] **A** ADJ ⟨-ine [-in]⟩ **1** männlich; Männer…; *péj d'une femme* maskulin; **mode ~e** Herrenmode *f*; **sexe ~** männliches Geschlecht **2** GRAM männlich; maskulin **B** M GRAM Maskulinum *n*

masculiniser [maskylinize] V/T vermännlichen

masculinité [-ite] F Männlichkeit *f*

maso [mazo] *fam* ABR → masochiste

masochisme [mazɔʃism] M Masochismus *m*

masochiste [-ist] **A** ADJ masochistisch **B** M/F Masochist(in) *m(f)*

masque [mask] M (! maskulin) **1** Maske *f* (*a. fig*); *de chirurgien* Mundschutz *m*; *de plongée* Tauchermaske *f*; **~ respiratoire** Atemmaske *f*; **~ à gaz** Gasmaske *f*; *fig* **jeter, lever, ôter le ~** die Maske fallen lassen **2** *préparation* (Gesichts)-Maske *f*

masqué [maske] ADJ ⟨~e⟩ maskiert; **bal ~** Maskenball *m*

masquer [maske] V/T **1** *vérité, desseins* verbergen; maskieren **2** *vue* versperren; verdecken; *goût, odeur* überdecken; *lumière* abschirmen

massacrant [masakʀɑ̃] ADJ ⟨-ante [-ɑ̃t]⟩ **humeur ~e** unausstehliche, abscheuliche Laune; *fam* Stinklaune *f*

massacre [masakʀ] M **1** Massaker *n*; Blutbad *n*; Gemetzel *n*; *fig match de boxe* **tourner au ~** in e-e brutale Schlägerei ausarten **2** *fig* Verschandelung *f*; *fam* Verhunzung *f*

massacrer [masakʀe] V/T **1** niedermetzeln; niedermachen; hinschlachten; massakrieren **2** *fam fig adversaire* übel zurichten **3** *fig travail* verschandeln; *fam* verhunzen

massage [masaʒ] M Massage *f*; **~ cardiaque** Herzmassage *f*

masse [mas] F **1** Masse *f* (*a.* PHYS, ÉLEC); Menge *f*; **la ~** (*le peuple*) die große, breite Masse; **une ~ énorme de …** e-e Unmasse, Unmenge (von) …; **~ monétaire** Geldmenge *f*; **~ salariale** Lohn- und Gehaltsaufkommen *n*; **~s d'eau** Wassermassen *fpl*; **civilisation** *f* **de ~** Massengesellschaft *f*; **en ~** massenweise; in Massen; **tomber comme une ~** schwer zu Boden fallen **2** *marteau* Schlägel *m*; Fäustel *m*

massepain [maspɛ̃] M *en Belgique* Marzipan *n*

masser [mase] **A** V/T **1** *troupes* zusammenzie-

hen; massieren **2** MÉD massieren **B** V/PR **se ~** sich (in Massen) versammeln; sich drängen
masseur [masœʀ], **masseuse** [-øz] **1** m,f Masseur(in) m(f) **2** m Massagegerät n
massif [masif] **A** ADJ ⟨-ive [-iv]⟩ **1** (*gros*) massig; wuchtig **2** *bois, or* massiv **3** (*en masse*) Massen…; *attaque* massiv; *dose* stark **B** M **1** (Gebirgs)Massiv n; **le Massif central** das Zentralmassiv **2** **~ de fleurs** Blumenbeet n
massivement [masivmɑ̃] ADV in Massen; massenweise
mass media [masmedja] MPL Massenmedien *npl*
massue [masy] F **1** Keule f; *fig* **coup** m **de ~** schwerer, harter Schlag **2** *adjt* **argument** m **~** schlagendes Argument
master [mastɛʀ] M *grade universitaire* master m
mastic [mastik] M Kitt m
masticage [mastikaʒ] M Kitten n
masticateur [mastikatœʀ] ADJ ⟨-trice [-tʀis]⟩ *muscles* Kau… **mastication** [-sjõ] F Kauen n
mastiquer [mastike] V/T **1** (*mâcher*) kauen **2** *avec du mastic* kitten
mastite [mastit] F Brustdrüsenentzündung f
mastoc [mastɔk] ADJ (**!** unveränderlich) *péj* plump; klobig
mastodonte [mastɔdõt] M **1** *personne, machine* Koloss m **2** *animal fossile* Mastodon n
masturbation [mastyʀbasjõ] F Selbstbefriedigung f; Masturbation f
masturber [mastyʀbe] **A** V/T masturbieren **B** V/PR **se ~** sich selbst befriedigen; masturbieren; onanieren
m'as-tu-vu(e) [matyvy] M(F) (**!** Plural m'as-tu-vu[e] ohne s) *fam* Angeber(in) m(f)
masure [mazyʀ] F baufälliges Haus
mat[1] [mat] ADJ (**!** unveränderlich) ÉCHECS (schach)matt
mat[2] [mat] ADJ ⟨mate [mat]⟩ **1** (*pas brillant*) matt (*a. teint*) **2** *bruit* dumpf
mât [mɑ] M MAR Mast m; *d'un drapeau* Fahnenmast m, -stange f
matador [matadɔʀ] M Matador m
match [matʃ] M ⟨~s *od* ~es⟩ Spiel n; (Wett-)Kampf m; Match n; **~ aller** Hinspiel n; **~ de boxe** Boxkampf m; **~ de football** Fußballspiel n
maté [mate] M **1** BOT Matestrauch m **2** *boisson* Mate(tee) m
matelas [matla] M Matratze f
matelassé [matlase] ADJ ⟨~e⟩ (wattiert und) gesteppt **matelasser** [-e] V/T (wattieren und) steppen **matelassier** [-je] M Polsterer m
matelot [matlo] M Matrose m
matelote [matlɔt] F Fischragout n
mater [mate] V/T (*dompter*) bändigen; *révolte* niederwerfen
mâter [mɑte] V/T MAR bemasten
matérialisation [mateʀjalizasjõ] F **1** *d'un plan, d'une idée* Verwirklichung f; Realisierung f; *d'un espoir* Erfüllung f **2** PHYS, OCCULTISME Materialisation f
matérialiser [mateʀjalize] **A** V/T **1** *plan, idée* verwirklichen; realisieren **2** *voie* **matérialisé** mit Leitlinien **B** V/PR **se ~** Wirklichkeit werden; *espoir* sich erfüllen
matérialisme [mateʀjalism] M Materialismus m **matérialiste** [-ist] **A** ADJ materialistisch **B** M/F Materialist(in) m(f)
matérialité [mateʀjalite] F PHIL Materialität f; Stofflichkeit f
matériau [mateʀjo] M ⟨~x⟩ **1** TECH Material n (*a. fig*); Werkstoff m; CONSTR *a.* Baustoff m **2** *pl* **~x** (*documents*) Material n
matériel [mateʀjɛl] **A** ADJ ⟨~le⟩ materiell; PHIL *a.* stofflich; *preuve* handgreiflich; **dégâts matériels** Sachschaden m; **je suis dans l'impossibilité matérielle** *de la joindre* es ist mir praktisch unmöglich **B** M **1** Material n; Gerät n; Ausrüstung f; **matériel pédagogique** Lehrmittel *npl* **2** INFORM **matériel (informatique)** Hardware f
matériellement [mateʀjɛlmɑ̃] ADV faktisch; praktisch
maternel [matɛʀnɛl] ADJ ⟨~le⟩ **1** mütterlich (*a. fig*); Mutter…; **langue maternelle** Muttersprache f **2** **(école) maternelle** f (staatliche) Vorschule; Kindergarten m

L'école maternelle – Vorschule

Die staatliche Vorschule in Frankreich (**l'école maternelle**, kurz **la maternelle**) ist den Kindern von zwei bis sechs Jahren vorbehalten. Sie ist kostenfrei und wird von ca. 35% der Zweijährigen, 95% der Dreijährigen und fast allen Kindern zwischen vier und sechs Jahren besucht. Nur für die Sechsjährigen ist die école maternelle obligatorisch. Sie gliedert sich in der Regel in drei Klassen: la **PS** (**petite section**), la **MS** (**moyenne section**) und la **GS** (**grande section**). Sie unterscheidet sich deutlich von den deutschen Kindergärten. Die Kinder werden ganztägig betreut, was vielen Müttern die Chance gibt, ganztags zu arbeiten.

LANDESKUNDE

materner [matɛʀne] V/T bemuttern; umsorgen
maternité [matɛʀnite] F **1** *état* Mutterschaft f **2** Entbindungsklinik f, -station f

math [mat] *fam* 1 → **maths** 2 **~ spé** [matspe], **~ sup** [matsyp] *mathematische Vorbereitungsklassen für die „grandes écoles"*

mathématicien [matematisjɛ̃] M, **mathématicienne** [-jɛn] F Mathematiker(in) *m(f)*

mathématique [matematik] A ADJ mathematisch; *fam fig* **c'est mathématique!** das steht fest!; das ist (*fam* bomben)sicher! B FPL **mathématiques** Mathematik *f* 1 Mathematik *f* 2 **mathématiques spéciales, supérieures** *mathematische Vorbereitungsklassen für die „grandes écoles"*

mathématiquement [matematikmɑ̃] ADV 1 mathematisch 2 *par ext* notwendigerweise

matheux [matø] M, **matheuse** [-øz] F *fam* Ass *n* in Mathematik

maths [mat] FPL *fam* Mathe *f*; **être fort en ~** *fam* in Mathe gut sein

Mathusalem [matyzalɛm] M BIBL Methusalem *m*

matière [matjɛʀ] F 1 PHIL, PHYS Materie *f* 2 (*substance*) Stoff *m*; Material *n*; **~s grasses** Fett *n*; **~ grise** graue Substanz; *fam fig* Grips *m*; *fam fig* **faire travailler sa ~ grise** *fam* s-n Grips anstrengen; **~ première** Rohstoff *m* 3 (*sujet*) Gegenstand *m*; Thema *n*; Stoff *m*; Materie *f*; **entrée *f* en ~** Einleitung *f*; Einführung *f*; **en la ~** auf diesem Gebiet; **en ~ de** in Sachen, in puncto (+ *subst*); auf dem Gebiet (+ *gén*) 4 ÉCOLE (Schul-, Unterrichts)Fach *n* 5 (*motif*) **donner ~ à qc** Anlass zu etw geben

Matignon [matiɲɔ̃] (**l'hôtel** M) **~** *Sitz des frz Premierministers*

matin [matɛ̃] M Morgen *m*; Vormittag *m*; **le ~** morgens; vormittags; **ce ~** heute früh; heute Morgen; **demain ~** morgen früh; morgen Vormittag; **tous les ~s** jeden Morgen; jeden Vormittag; **de bon, de grand ~** frühmorgens; in aller (Herrgotts)Frühe; **du ~ au soir** von morgens bis abends; **~ et soir** morgens und abends; *personne* **être du ~** ein Frühaufsteher, ein Morgenmensch sein

matinal [matinal] ADJ ⟨~e; -aus [-o]⟩ 1 morgendlich; Morgen… 2 **être ~** früh aufstehen; ein Frühaufsteher sein

mâtiné [mɑtine] ADJ ⟨~e⟩ **~ de** *chien* gekreuzt mit; *fig* vermischt, durchsetzt mit

matinée [matine] F 1 Vormittag *m*; Vormittagsstunden *fpl*; Morgen *m*; **dans la ~** im Laufe des Vormittags; **en début de ~** gleich morgens; am frühen Vormittag; **en fin de ~** gegen Mittag; am späten Vormittag; **faire la grasse ~** bis in den Tag hinein schlafen 2 THÉ, FILM Nachmittagsvorstellung *f*

matines [matin] FPL Mette *f*

maton [matɔ̃] M, **matonne** [-ɔn] F *argot* Gefängnisaufseher(in) *m(f)*

matou [matu] M Kater *m*

matraquage [matʀakaʒ] M *fig* Berieselung *f*

matraque [matʀak] F Knüppel *m*

matraquer [matʀake] V/T 1 *frapper* niederknüppeln 2 *fig clients fam* ausnehmen; *fam* neppen 3 *le public* berieseln; *chanson* einhämmern

matriarcal [matʀijaʀkal] ADJ ⟨~e; -aux [-o]⟩ matriarchalisch **matriarcat** [-a] M Matriarchat *n*; Mutterrecht *n*

matrice [matʀis] F 1 TECH Matrize *f* 2 MATH Matrix *f*

matriciel [matʀisjɛl] ADJ ⟨~le⟩ **calcul ~** Matrizenrechnung *f*

matricule [matʀikyl] 1 *f* (*registre*) ADMIN Matrikel *f*; MIL Stammrolle *f* 2 *m* Matrikel-, Personalnummer *f*

matrimonial [matʀimɔnjal] ADJ ⟨~e; -aux [-o]⟩ ehelich; Ehe…; **agence ~e** Eheanbahnungsinstitut *n*; Heiratsvermittlung *f*

matrone [matʀɔn] F Matrone *f*

maturation [matyʀasjɔ̃] F Reifung *f*; *fig* Heranreifen *n*

mature [matyʀ] ADJ 1 *poissons* zum Laichen bereit 2 *personne, vin, champagne* reif

mâture [mɑtyʀ] F MAR Bemastung *f*

maturité [matyʀite] F Reife *f* (*a. fig*); **~ d'esprit** geistige Reife; **il manque de ~** es fehlt ihm an Reife; er ist noch unreif; **venir à ~** (heran)reifen

maudire [modiʀ] V/T ⟨je maudis, il maudit, nous maudissons; je maudissais; je maudis; je maudirai; que je maudisse; maudissant; maudit⟩ verfluchen; verwünschen

maudit [modi] ADJ ⟨-ite [-it]⟩ verflucht; verwünscht; verdammt; **poète ~** von der Gesellschaft verstoßener Dichter

maugréer [mogʀee] V/I murren; (vor sich [*acc*] hin) schimpfen; **~ contre qn** auf j-n schimpfen

Maure [mɔʀ] A M/F Maure *m*, Maurin *f* B **maure** ADJ maurisch

mauresque [mɔʀɛsk] ADJ maurisch

Maurice [mɔʀis, mo-] **l'île** *f* **~** Mauritius *n*

mauricien [mɔʀisjɛ̃] A ADJ ⟨-ienne [-jɛn]⟩ mauritisch B SUBST **Mauricien(ne)** M(F) Mauritier(in) *m(f)*

Mauritanie [mɔʀitani, mo-] **la ~** Mauretanien *n*

mauritanien [mɔʀitanjɛ̃] A ADJ ⟨-ienne [-jɛn]⟩ mauretanisch B SUBST **Mauritanien(ne)** M(F) Mauretanier(in) *m(f)*

mausolée [mozɔle] M Mausoleum *n*

maussade [mosad] ADJ 1 *personne* mürrisch; übellaunig; *mine* griesgrämig; verdrießlich 2 *temps* unfreundlich

mauvais [mɔvɛ] A ADJ ⟨-aise [-ɛz]⟩ 1 schlecht; *odeur, situation a.* übel; *nouvelle, situation a.*

M

schlimm; **~e graisse** überflüssiges Fett; **~e plaisanterie** schlechter, übler Scherz; **~e tête** Querkopf *m*; **avoir ~e conscience** ein schlechtes Gewissen haben; **avoir ~e mine** schlecht, krank aussehen; **être ~ en français** in Französisch schlecht sein; *fam* **je la trouve ~e** *ou* **je l'ai ~e** das gefällt, das passt mir gar nicht; *fam* ich bin sauer **2** *(erroné)* falsch; verkehrt; **la ~e direction** die falsche, verkehrte Richtung **3** *(méchant)* böse; **joie ~e** Schadenfreude *f*; hämische Freude; **~ tour** böser, übler Streich **4** *mer* bewegt; unruhig; stürmisch **B** ADV *sentir* schlecht; übel; **il fait ~** es ist schlechtes Wetter

mauve [mov] **A** F Malve *f* **B** ADJ malvenfarben; blasslila; mauve

mauviette [movjɛt] F *péj* Schwächling *m*

maux [mo] MPL → mal[2]

max [maks] *fam* ABR (maximum) **un ~** *fam* total; *fam* e-e Menge

maxi [maksi] ADJ (! unveränderlich) **1** **mode** *f* **~** Maximode *f* **2** *fam (maximal)* Höchst…; *advt* höchstens

maxi… [maksi] *préfixe* Maxi…

maxillaire [maksilɛʀ] M Kiefer(knochen) *m*

maxima [maksima] → maximum

maximal [maksimal] ADJ ⟨~e; -aux [-o]⟩ maximal; Höchst…

maxime [maksim] F Maxime *f*; Leitsatz *m*

maximisation [maksimizasjõ] F Maximierung *f* **maximiser** [-e] V/T maximieren

maximum [maksimɔm] **A** ADJ ⟨*f* ~ *od* maxima; *pl m u. f* ~s *od* maxima⟩ maximal; höchste; größte; Maximal…; Höchst… **B** M ⟨~s *od* maxima⟩ Maximum *n*; Höchstmaß *n*; Höchstwert *m*; **un ~ d'attention** ein Höchstmaß an Aufmerksamkeit; **le ~ de chances** die meisten Chancen; **au ~** höchstens; im Höchstfall; maximal; *température* **atteindre son ~** den höchsten Stand erreichen; **faire le ~** alles tun, was irgend möglich ist

Mayas [maja] MPL Maya(s) *mpl*

Mayence [majɑ̃s] Mainz *n*

Mayenne [majɛn] **la ~** *Fluss u. Departement in Frankreich*

mayonnaise [majɔnɛz] F Majonäse *f*

mazout [mazut] M (Heiz)Öl *n*

mazoutage [mazutaʒ] M *des plages* Ölverschmutzung *f*; *des animaux* Verseuchung *f* (durch Öl)

mazouté [mazute] ADJ ⟨~e⟩ ölverschmutzt

mazouter [mazute] **A** V/T *polluer* mit Öl verschmutzen, verseuchen **B** V/I MAR Öl bunkern

mazurka [mazyʀka] F Masurka *ou* Mazurka *f*

me [m(ə)] PR PERS (! vor Vokal und stummem h steht **m'**) *obj dir* mich; *obj indir* mir; **~ voici!** hier bin ich!

Me *ou* **M**e ABR → maître

mea-culpa [meakylpa] M **faire son ~** sich schuldig bekennen

méandre [meɑ̃dʀ] M **1** *d'un fleuve* Windung *f*; Schleife *f*; Mäander *m* **2** *fig* **~s de la pensée** verschlungene Gedankengänge *mpl*

Meaux [mo] *Stadt im Departement Seine-et--Marne*

mec [mɛk] *fam* M Kerl *m*; *fam* Typ *m*; **les ~s** *(les hommes) fam* die Mannsbilder *npl*

mécanicien [mekanisjɛ̃] M **1** Mechaniker *m* **2** CH DE FER Lok(omotiv)führer *m*

mécanique [mekanik] **A** ADJ **1** mechanisch (a. PHYS); Maschinen…; **train** *m* **~** Eisenbahn *f* zum Aufziehen; *automobiliste* **avoir des ennuis ~s** Ärger mit dem Motor haben **2** *fig geste* mechanisch; automatisch **B** F **1** PHYS Mechanik *f* **2** TECH Maschinenbau *m*; **~ de précision** Feinmechanik *f* **3** *fam fig* **rouler des ~s** s-e Muskeln spielen lassen

mécaniquement [mekanikmɑ̃] ADV *fig* mechanisch; automatisch

mécanisation [mekanizasjõ] F Mechanisierung *f* **mécaniser** [-e] V/T mechanisieren

mécanisme [mekanism] M **1** TECH Mechanismus *m*; Getriebe *n* **2** *fig souvent pl* **~s** Mechanismen *mpl*; Prozesse *mpl*; Vorgänge *mpl*; **~s économiques** Wirtschaftsmechanismen *mpl*; **~s psychologiques** psychologische Prozesse, Vorgänge

mécano [mekano] *fam* M Mechaniker *m*

meccano® [mekano] M Stabilbaukasten *m*

mécénat [mesena] M Mäzenatentum *n*

mécène [mesɛn] M Mäzen *m*

méchamment [meʃamɑ̃] ADV bös(e)

méchanceté [meʃɑ̃ste] F Bosheit *f (a. parole, action)*; Boshaftigkeit *f*; Bösartigkeit *f*; **par pure ~** aus reiner, purer Bosheit; **sans ~** ohne böse Absicht

méchant [meʃɑ̃] **A** ADJ ⟨-ante [-ɑ̃t]⟩ **1** bös(e); boshaft; bösartig; *enfant* unartig; *fam* bös(e); **attention, chien ~!** Vorsicht, bissiger Hund!; Warnung vor dem Hunde! **2** *humeur* übel; schlecht **3** *fam* **pas ~** *blessure, etc* nicht schlimm; harmlos **4** *(médiocre) péj* lumpig **5** *fam (formidable) fam* toll **B** **~(e)** M(F) Böse(r) *m/f(m)*; Bösewicht *m*

mèche [mɛʃ] F **1** *d'une bougie* Docht *m* **2** *d'une charge explosive* Zündschnur *f*; HIST Lunte *f*; **vendre la ~** das Geheimnis ausplaudern **3** *pour percer* (Spiral)Bohrer *m* **4** **~ (de cheveux)** (Haar)-Strähne *f* **5** *fam* **être de ~ avec qn** mit j-m unter e-r Decke stecken

méchoui [meʃwi] M (arabischer) Hammelspießbraten

Mecklembourg [meklɛ̃buʀ, -klɑ̃-] **le ~** Mecklenburg *n*

M

la mèche — Docht

la mèche — Strähne

méconnaissable [mekɔnɛsabl] ADJ unkenntlich; nicht wiederzuerkennen
méconnaissance [mekɔnɛsɑ̃s] F Verkennung *f*; *(ignorance)* Unkenntnis *f*
méconnaître [mekɔnɛtʀ] V/T ⟨→ connaître⟩ verkennen
méconnu [mekɔny] ADJ ⟨~e⟩ verkannt
mécontent [mekɔ̃tɑ̃] **A** ADJ ⟨-ente [-ɑ̃t]⟩ unzufrieden (**de** mit) **B** **~(e)** M(F) Unzufriedene(r) *m/f(m)*
mécontentement [mekɔ̃tɑ̃tmɑ̃] M Unzufriedenheit *f* **mécontenter** [-e] V/T unzufrieden machen; verärgern
Mecque [mɛk] **La ~** Mekka *n*
mécréant [mekʀeɑ̃] *litt ou plais* M Ungläubige(r) *m*
médaille [medaj] F Medaille *f (a.* MIL*)*; *commémorative* Gedenkmünze *f*; SPORTS **~ d'or** Goldmedaille *f*; *sportif* **être ~ d'or** Goldmedaillengewinner(in) sein
médaillé(e) [medaje] M(F) Inhaber(in) *m(f)* e-r Medaille; SPORTS Medaillengewinner(in) *m(f)*
médaillon [medajɔ̃] M Medaillon *n (a.* CUIS*)*
médecin [mɛdsɛ̃] M Arzt *m*; Mediziner *m*; *fam* Doktor *m*; *d'une femme* Ärztin *f*; **~ généraliste, de médecine générale** praktischer Arzt; Allgemeinmediziner *m*; **~ de famille** Hausarzt *m*; **femme** *f* **~** Ärztin *f*; Medizinerin *f*; **(aller) voir le ~** zum Arzt gehen
médecin-chef M ⟨médecins-chefs⟩ Chefarzt *m*; leitender Arzt **médecin-conseil** M ⟨médecins-conseils⟩ Vertrauensarzt *m*
médecine (❗ médecine) [mɛdsin] F **1** *science* Medizin *f*; Heilkunde *f*; **faire sa ~, ses études de ~** Medizin studieren **2** *profession* Arztberuf *m*; **exercer la ~** den Arztberuf ausüben; als Arzt tätig sein
Medef [medɛf] M ABR (Mouvement des entreprises de France) *frz Arbeitgeberverband*
média [medja] M Medium *n*; **les médias** die Medien *npl*
médian [medjɑ̃] ADJ ⟨-ane [-an]⟩ mittlere; Mittel…
médiateur [medjatœʀ] M, **médiatrice** [-tʀis] F Vermittler(in) *m(f)*; Schlichter(in) *m(f)*
médiathèque [medjatɛk] F Mediothek *f*
médiation [medjasjɔ̃] F Vermittlung *f*; Schlichtung *f*
médiatique [medjatik] ADJ **1** Medien…; in den Medien; medial; **événement** *m* **~** Medienereignis *n* **2** *qui fait effet* medienwirksam
médiatiser [medjatize] V/T durch die Medien bekannt machen
médical [medikal] ADJ ⟨~e; -aux [-o]⟩ medizinisch; ärztlich
médicament [medikamɑ̃] M Arznei-, Heilmittel *n*; Medikament *n*; Arznei *f*
médicamenteux [medikamɑ̃tø] ADJ ⟨-euse [-øz]⟩ medikamentös
médication [medikasjɔ̃] F Medikation *f*
médicinal [medisinal] ADJ ⟨~e; -aux [-o]⟩ heilkräftig; Heil…; **plantes ~es** Arznei-, Heilpflanzen *fpl*
médico-légal [medikolegal] ADJ ⟨~e; -aux [-o]⟩ gerichtsmedizinisch
médiéval [medjeval] ADJ ⟨~e; -aux [-o]⟩ mittelalterlich; des Mittelalters
médina [medina] F *en Afrique du Nord* moslemische Altstadt
médiocre [medjɔkʀ] **A** ADJ unzureichend; unzulänglich; dürftig; *existence* armselig; kümmerlich; *nourriture* minderwertig; *élève* sehr mittelmäßig; schlecht; schwach **B** SUBST **un(e) ~** ein sehr mittelmäßiger Mensch
médiocrement [medjɔkʀəmɑ̃] ADV **1** *(assez peu)* wenig **2** *(assez mal)* ziemlich schlecht
médiocrité [medjɔkʀite] F Unzulänglichkeit *f*; Dürftigkeit *f*; Mittelmäßigkeit *f*
médire [mediʀ] V/T INDIR ⟨→ dire; *aber* vous médisez⟩ **~ de qn** j-n schlechtmachen; über j-n lästern
médisance [medizɑ̃s] F üble Nachrede; Verleumdung *f*
médisant [medizɑ̃] **A** ADJ ⟨-ante [-ɑ̃t]⟩ verleumderisch **B** **~(e)** M(F) Lästerzunge *f*
méditatif [meditatif] ADJ ⟨-ive [-iv]⟩ nachdenklich **méditation** [-sjɔ̃] F Nachdenken *n*; Meditation *f*
méditer [medite] **A** V/T **1** **~ qc** über etw *(acc)* nachdenken, nachsinnen **2** *projet* ausdenken; **~ de faire qc** im Sinn haben, etw zu tun **B** V/I nachdenken, meditieren (**sur** über + *acc*)
Méditerranée [mediteʀane] **la ~** das Mittelmeer
méditerranéen [mediteʀaneɛ̃] **A** ADJ ⟨-éenne [-eɛn]⟩ Mittelmeer…; mittelmeerisch; *t/t* mediterran; **bassin ~** Mittelmeerraum *m* **B**

Méditerranéen(ne) M(F) Südländer(in) *m(f)*
médium [medjɔm] M 1 SPIRITISME Medium *n* 2 MUS Mittelstimme *f*, -lage *f*
méduse [medyz] F Qualle *f*
médusé [medyze] ADJ ⟨~e⟩ **en rester ~** völlig verblüfft sein
méduser [medyze] V/T betroffen machen
meeting [mitiŋ] M POL Versammlung *f*; SPORTS Meeting *n*; **~ aérien** Flugschau *f*, -tag *m*
méfait [mefɛ] M 1 *pl* **~s** *de l'alcool, etc* schädliche Folgen *fpl*, Auswirkungen *fpl* 2 *(délit)* Missetat *f*; Übeltat *f*
méfiance [mefjɑ̃s] F Misstrauen *n*; **sans ~** arglos
méfiant [mefjɑ̃] ADJ ⟨-ante [-ɑ̃t]⟩ misstrauisch
méfier [mefje] V/PR 1 **se ~ de qn, de qc** j-m, e-r Sache misstrauen 2 **se ~** *(faire attention)* sich vorsehen
méga... [mega] *préfixe* 1 *t/t* Mega... 2 *fam* Riesen...
mégahertz [megaɛʀts] M Megahertz *n*
mégalithe [megalit] M Megalith *m* **mégalithique** ADJ megalithisch; Megalith...
mégalo [megalo] *fam* ABR → **mégalomane**
mégalomane [megalɔman] ADJ größenwahnsinnig **mégalomanie** [-i] F Größenwahn *m*
mégalopole [megalɔpɔl] F Riesenstadt *f*
méga-octet M ⟨méga-octets⟩ INFORM Megabyte *n*
mégaphone [megafɔn] M Megaphon *n*
mégarde [megaʀd] **par ~** aus Versehen
mégawatt M Megawatt *n*
mégère [meʒɛʀ] F Megäre *f*
mégot [mego] M Zigarettenstummel *m*; *fam* Kippe *f*
mégoter [megɔte] V/I *fam* knausern (**sur** bei; mit)
meilleur [mɛjœʀ] A ADJ ⟨~e⟩ 1 ⟨*comp von* **bon**⟩ besser 2 ⟨*sup von* **bon**⟩ **le ~, la ~e** der, die, das beste; *fam* **c'est la ~e!** *fam* das ist doch das Dollste, der Clou!; **j'en passe et des ~es** ich übergehe einiges, und nicht das Schlechteste B SUBST 1 *personne* **le ~, la ~e** der, die Beste 2 **le ~** das Beste; **donner le ~ de soi** sein Bestes geben; **pour le ~ et pour le pire** auf Gedeih und Verderb
méjuger [meʒyʒe] V/T INDIR ⟨-ge-⟩ *st/s* **~ de qn, de qc** j-n, etw unterschätzen
mélaminé [melamine] ADJ ⟨~e⟩ *panneau* mit Melaminbeschichtung
mélancolie [melɑ̃kɔli] F Schwermut *f*; Melancholie *f*; Trübsinn *m*
mélancolique [melɑ̃kɔlik] A ADJ schwermütig; melancholisch; trübsinnig B M/F Melancholiker(in) *m(f)*
Mélanésie [melanezi] **la ~** Melanesien *n*
mélanésien [melanezjɛ̃] A ADJ ⟨-ienne [-jɛn]⟩ melanesisch B SUBST **Mélanésien(ne)** M(F) Melanesier(in) *m(f)*
mélange [melɑ̃ʒ] M 1 *opération* (Ver)Mischung *f*; Vermengung *f*; **sans ~** unvermischt; *fig bonheur* ungetrübt 2 *produit* Mischung *f* (**de** aus); Gemisch *n*
mélangé [melɑ̃ʒe] ADJ ⟨~e⟩ *public* gemischt
mélanger [melɑ̃ʒe] V/T ⟨-ge-⟩ 1 *(mêler)* (ver)mischen; vermengen 2 *(confondre)* durcheinanderbringen
mélangeur [melɑ̃ʒœʀ] M 1 *appareil* Mischer *m* 2 *robinet* Mischbatterie *f* 3 **~ de son** Mischpult *n*
mélanine [melanin] F Melanin *n*
mélanome [melanom] M MÉD Melanom *n*
mélasse [melas] F Melasse *f*
Melbourne [mɛlbuʀn] Melbourne *n*
mêlé [mele] ADJ ⟨~e⟩ 1 *couleur, race, sang* Misch... 2 *société, clientèle* gemischt
mêlée [mele] F 1 Handgemenge *n*; (Kampf)Getümmel *n*; **se jeter dans la ~** sich in das Kampfgetümmel, *fig* in den Kampf stürzen 2 RUGBY Gedränge *n*
mêler [mele] A V/T 1 *(mélanger)* (ver)mischen, vermengen (**à, avec** mit) 2 *(embrouiller)* in Unordnung, durcheinanderbringen 3 **~ qn à une affaire** j-n in e-e Sache hineinziehen, verwickeln B V/PR 1 *odeurs, races, etc* **se ~** sich (ver)mischen 2 **se ~ à la foule** sich unter die Menge mischen 3 *personne* **se ~ de qc** sich um etw kümmern; *péj* sich in etw *(acc)* (ein)mischen
mélèze [melɛz] M Lärche *f*
méli-mélo [melimelo] *fam* M ⟨mélis-mélos⟩ Durcheinander *n*; Wirrwarr *m*
mélisse [melis] F Melisse *f*
mélo [melo] *fam* ABR → **mélodrame, mélodramatique**
mélodie [melɔdi] F 1 *(air)* Melodie *f* 2 *(chant)* (Kunst)Lied *n*
mélodieusement [melɔdjøzmɑ̃] ADV **chanter ~** melodisch singen
mélodieux [melɔdjø] ADJ ⟨-euse [-øz]⟩ melodiös; melodisch; wohlklingend
mélodique [melɔdik] ADJ melodisch
mélodramatique [melɔdʀamatik] ADJ melodramatisch; rührselig
mélodrame [melɔdʀam] M Melodram(a) *n*; Rührstück *n*
mélomane [melɔman] A ADJ Musik liebend; musikbegeistert B M/F begeisterter Musikfreund, begeisterte Musikfreundin
melon [m(ə)lõ] M Melone *f* (*a. chapeau*)
mélopée [melɔpe] F monotoner Gesang;

Singsang *m*

membrane [mɑ̃bʀan] F Membran *f*

membraneux [mɑ̃bʀanø] ADJ ⟨-euse [-øz]⟩ BIOL häutig; hautartig

membre [mɑ̃bʀ] M 1 ANAT Glied *n;* **~s** *pl a.* Gliedmaßen *fpl;* **~ (viril)** (männliches) Glied 2 *d'une association* Mitglied *n; d'une famille a.* Angehörige(r) *m; adjt* **État** *m* **~** Mitglied(s)staat *m*

même [mɛm] A ADJ INDÉF *et* PR INDÉF 1 **le, la même,** *pl* **les mêmes** der-, die-, dasselbe, *pl* dieselben; der, die, das gleiche, *pl* die gleichen; **du même âge** im gleichen *ou* im selben Alter; gleichalt(e)rig; **cela revient au même** das läuft auf dasselbe, auf eins, aufs Gleiche hinaus; das kommt auf dasselbe *etc* heraus 2 ⟨*nachgestellt*⟩ gerade; selbst; **être la bonté même** die Güte selbst sein B ADV 1 sogar; selbst; **même pas** nicht einmal; **avant même que** (+ *subj*) noch ehe; **sans même** (+ *inf*) ohne überhaupt zu (+ *inf*); **même si** selbst wenn; wenn auch; **à même** direkt auf (+ *dat*); **à même le sol** auf der bloßen Erde; **de même** ebenso (**que** wie); genauso; geradeso; **tout de même** trotzdem; dennoch; → quand 2 **être à même de faire qc** imstande sein, in der Lage sein, etw zu tun

M

mémé [meme] F *fam enf* Oma *f* (*a. par ext*)

mémento [memɛ̃to] M 1 (*agenda*) Notiz-, Merkbuch *n* 2 (*aide-mémoire*) Handbuch *n;* Abriss *m*

mémère [memɛʀ] *fam* F 1 *enf* Oma *f* 2 *péj* **grosse ~** dicke, ältliche Frau

mémoire¹ [memwaʀ] F 1 *faculté* Gedächtnis *n;* **~ des noms** Namensgedächtnis *n;* **de ~** aus dem Gedächtnis; auswendig; aus dem Kopf; **avoir de la ~** ein gutes Gedächtnis haben; **si j'ai bonne ~** wenn ich mich recht erinnere 2 (*souvenir*) Erinnerung *f,* Gedenken *n* (**de** an + *acc*); Andenken *n* (an *ou* + *gén*); **à la ~ de,** *st/s* **en ~ de** zum Andenken, zum Gedenken an (+ *acc*); **de sinistre ~** unseligen Angedenkens; **de ~ d'homme** seit Menschengedenken; **pour ~** zur Erinnerung; zur Information 3 INFORM Speicher *m;* **~ morte** Festspeicher *m;* ROM *n;* **~ vive** Arbeitsspeicher *m;* RAM *n;* **mettre en ~** (ab)speichern

mémoire² M 1 (*exposé*) Denkschrift *f;* Memorandum *n* 2 *scientifique* Arbeit *f;* Abhandlung *f* 3 **~s** *pl* Memoiren *pl;* Erinnerungen *fpl*

mémorable [memɔʀabl] ADJ denkwürdig

mémorandum [memɔʀɑ̃dɔm] M DIPL Memorandum *n*

mémorial [memɔʀjal] M ⟨-aux [-o]⟩ Denkmal *n*

mémorisation [memɔʀizasjõ] F 1 Sicheinprägen *n* 2 INFORM Speicherung *f* **mémoriser** [-e] V/T 1 sich (*dat*) einprägen 2 INFORM speichern

menaçant [mənasɑ̃] ADJ ⟨-ante [-ɑ̃t]⟩ drohend; bedrohlich

menace [mənas] F 1 Drohung *f;* **~s de mort** Todesdrohungen *fpl;* **mettre ses ~s à exécution** s-e Drohungen wahr machen; **proférer des ~s de mort contre qn** j-m mit dem Tode drohen 2 (*danger imminent*) Bedrohung *f;* (drohende) Gefahr; **constituer une ~ pour qc** e-e Bedrohung, Gefahr für etw darstellen; e-e Gefährdung (+*gén*) sein

menacé [mənase] ADJ ⟨~e⟩ bedroht; gefährdet

menacer [mənase] V/T ⟨-ç-⟩ drohen; **~ qn de qc** j-m mit etw drohen; j-n mit etw bedrohen; **~ de** (+ *inf*) drohen zu (+ *inf*); **la pluie menace** es droht Regen *ou* zu regnen

ménage [menaʒ] M 1 Haushalt *m;* **articles** *mpl* **de ~** Haushaltwaren *fpl;* **faire le ~** putzen; aufräumen (*a. fig*); **faire des ~s** putzen gehen; **monter son ~** Hausrat anschaffen; sich einrichten 2 (*couple*) Ehepaar *n;* Ehe *f; fam* **~ à trois** Dreiecksverhältnis *n;* **se mettre en ~** zusammenziehen; *fig* **faire bon ~ avec qn** sich mit j-m gut vertragen; mit j-m gut auskommen

ménagement [menaʒmɑ̃] M Schonung *f;* **sans ~** schonungslos

ménager¹ [menaʒe] ⟨-ge-⟩ A V/T 1 *ses forces, adversaire, etc* schonen; Rücksicht nehmen auf (+ *acc*); **ne pas ~ sa peine** keine Mühe scheuen 2 *rencontre* herbeiführen; bewerkstelligen; *surprise* bereiten (**à qn** j-m); *espace* lassen 3 *escalier, etc* anbringen B V/PR 1 **se ~** sich schonen 2 **se ~ l'appui de qn** sich (*dat*) die Unterstützung j-s sichern

ménager² [menaʒe] ADJ ⟨-ère [-ɛʀ]⟩ Haushalts…; **appareils ~s** Haushaltsund Küchengeräte *npl;* **ordures ménagères** (Küchen)Abfälle *mpl;* **travaux ~s** Hausarbeit *f*

ménagère [menaʒɛʀ] F 1 *femme* Hausfrau *f* 2 (*couverts*) Besteckgarnitur *f*

ménagerie [menaʒʀi] F Tiergehege *n; d'un cirque* Tierschau *f*

mendiant [mɑ̃djɑ̃] M, **mendiante** [mɑ̃djɑ̃t] F Bettler(in) *m(f)*

mendicité [mɑ̃disite] F Betteln *n;* Bettelei *f*

mendier [mɑ̃dje] V/T *et* V/I betteln (**qc** um *etw*) (*a. fig*)

menées [məne] FPL Machenschaften *fpl;* Umtriebe *mpl*

mener [məne] ⟨-è-⟩ A V/T 1 (*conduire*) führen, bringen (**à** zu); *enfant* **~ à l'école** in die Schule bringen; *profession* **~ à tout** viele Möglichkeiten eröffnen; **cela ne vous mène à rien** das führt zu nichts 2 (*être en tête de*) anführen 3 *affaire* betreiben; *enquête* durchführen; *vie* führen; **~ la**

vie dure à qn j-m das Leben schwer machen 4 *(diriger)* leiten; führen B V/I 1 *chemin* **~ à** führen nach, zu 2 SPORTS führen; in Führung liegen

meneur [mənœʀ] M 1 Anführer *m*; *péj* Rädelsführer *m*; **~ d'hommes** Führernatur *f* 2 **~ de jeu** Spielleiter *m*

menhir [meniʀ] M Menhir *m*; Hinkelstein *m*

méninge [menɛ̃ʒ] F 1 ANAT Hirnhaut *f* 2 *fam fig* **ne pas se fatiguer les ~s** *fam* s-n Grips nicht anstrengen

méningite [menɛ̃ʒit] F Hirnhautentzündung *f*

ménisque [menisk] M Meniskus *m*

ménopause [menɔpoz] F Wechseljahre *npl*; Menopause *f*

ménopausée [menɔpoze] ADJ *femme* die die Wechseljahre hinter sich *(dat)* hat

menotte [mənɔt] F 1 **~s** *pl* Handschellen *fpl*; **passer les ~s à qn** j-m die Handschellen anlegen 2 *enf* (Patsch)Händchen *n*

mensonge [mɑ̃sõʒ] M Lüge *f*; Unwahrheit *f*; **dire des ~s** lügen

mensonger [mɑ̃sõʒe] ADJ ⟨-ère [-ɛʀ]⟩ erlogen; lügenhaft; lügnerisch; Lügen…

menstruation [mɑ̃stʀyasjõ] F Monatsblutung *f*; Periode *f*; Menstruation *f*

menstruel [mɑ̃stʀyɛl] ADJ ⟨~le⟩ Menstruations…

mensualisation [mɑ̃sɥalizasjõ] F (Umstellung *f* auf) monatliche Bezahlung **mensualiser** [-e] V/T monatlich (be)zahlen

mensualité [mɑ̃sɥalite] F Monatsrate *f*; monatliche Zahlung

mensuel [mɑ̃sɥɛl] ADJ ⟨~le⟩ monatlich; Monats…

mensuration [mɑ̃syʀasjõ] F *action* Körpermessung *f*; **~s** *pl* Körpermaße *npl*

mental [mɑ̃tal] ADJ ⟨~e; -aux [-o]⟩ 1 geistig; Geistes…; **âge ~** Intelligenzalter *n*; **il a cinq ans d'âge ~** er hat e-e geistige Reife von fünf Jahren; **maladie ~e** Geisteskrankheit *f* 2 gedanklich; **calcul ~** Kopfrechnen *n*

mentalement [mɑ̃talmɑ̃] ADV 1 geistig; in geistiger Hinsicht 2 in Gedanken

mentalité [mɑ̃talite] F Mentalität *f*; Denkweise *f*; Einstellung *f*

menteur [mɑ̃tœʀ] M, **menteuse** [-øz] F 1 Lügner(in) *m(f)* 2 *adjt* verlogen

menthe [mɑ̃t] F 1 BOT Minze *f*; (**tisane** *f* **de**) **~** Pfefferminztee *m* 2 Pfefferminzsirup *m*; **~ à l'eau** *erfrischendes Pfefferminzgetränk*; **bonbon** *m* **à la ~** Pfefferminz *n*

menthol [mɛ̃tɔl] M Menthol *n*

mentholé [mɛ̃tɔle] ADJ ⟨~e⟩ Menthol…

mention [mɑ̃sjõ] F 1 Erwähnung *f*; **faire ~ de qc** etw erwähnen 2 *(indication)* Vermerk *m*; **rayer les ~s inutiles** Nichtzutreffendes streichen 3 EXAMEN Note *f*; Prädikatsexamen *n*; **être reçu avec ~** mit besser als „ausreichend" bestanden haben

mentionner [mɑ̃sjɔne] V/T 1 *(citer)* erwähnen 2 *(indiquer)* vermerken

mentir [mɑ̃tiʀ] ⟨→ partir⟩ V/I lügen; **~ à qn** j-n anlügen, belügen; **sans ~** ungelogen; **il ment comme il respire** er lügt wie gedruckt

menton [mɑ̃tõ] M Kinn *n*; **double ~** Doppelkinn *n*

mentor [mɛ̃tɔʀ] *st/s* M (weiser) Ratgeber; Mentor *m*

menu¹ [məny] A ADJ ⟨~e⟩ klein; *personne* klein und zart; **par le ~** haarklein; bis in die kleinsten Einzelheiten B ADV **couper ~** klein schneiden

menu² M 1 Menü *n*; Speisenfolge *f* 2 INFORM Menü *n*; **~ déroulant** Pull-down-Menü *n* 3 *(carte)* Speisekarte *f*

le menu — Menü

le menu — Speisekarte

menuet [mənɥɛ] M Menuett *n*

menuiserie [mənɥizʀi] F Tischlerei *f*; Schreinerei *f* **menuisier** [-je] M Tischler *m*; Schreiner *m*

Méphisto(phélès) [mefisto, mefistɔfelɛs] M Mephisto *m*; Mephistopheles *m*

méprendre [mepʀɑ̃dʀ] V/PR ⟨→ prendre⟩ *st/s* **se ~ sur qn, qc** sich in j-m, in etw täuschen, irren; *se ressembler* **à s'y ~** zum Verwechseln

mépris [mepʀi] M Geringschätzung *f*; Verachtung *f*; Missachtung *f*; **au ~ de** ungeachtet (+ *gén*)

méprisable [mepʀizabl] ADJ verächtlich; ver-

achtenswert **méprisant** [-ɑ̃] ADJ ⟨-ante [-ɑ̃t]⟩ verächtlich; gering schätzig
méprise [mepʀiz] F Irrtum *m*; Versehen *n*
mépriser [mepʀize] V/T verachten (*a. danger, mort*); gering schätzen
mer [mɛʀ] F (! feminin) 1 Meer *n*; See *f*; **la ~ Morte** das Tote Meer; °**haute, pleine ~** hohe, offene See; **la ~ du Nord** die Nordsee; **les ~s du Sud** die Südsee; **en ~** auf See; auf dem Meer; **par ~** See...; zur See; COMM auf dem Seeweg; *fig* **ce n'est pas la ~ à boire** das ist gar nicht so schwer; *fam* das ist nicht die Welt; **prendre la ~** in See stechen 2 *fig* **une ~ de ...** ein Meer von ...; **~ de feu** Flammenmeer *n*
mercantile [mɛʀkɑ̃til] ADJ *péj* krämerhaft; profitgierig
mercantilisme [mɛʀkɑ̃tilism] M 1 *péj* Krämergeist *m*; Profitgier *f* 2 ÉCON HIST Merkantilismus *m*
mercenaire [mɛʀsənɛʀ] M Söldner *m*
mercerie [mɛʀsəʀi] F 1 *articles* Kurzwaren *fpl* 2 *magasin* Kurzwarengeschäft *n*
merchandising [mɛʀʃɑ̃dajziŋ, -diziŋ] M Merchandising *n*
merci[1] [mɛʀsi] INT danke!; **merci beaucoup!** vielen Dank!; **merci bien!** danke sehr!; danke schön!; **Dieu merci!** Gott sei Dank!; **non, merci** nein, danke; **dire merci à qn** j-m danke (schön) sagen
merci[2] F **sans ~** gnadenlos; **être à la ~ de qn, de qc** j-m, e-r Sache ausgeliefert, preisgegeben sein; **tenir qn à sa ~** j-n in s-r Gewalt haben
mercier [mɛʀsje] M, **mercière** [-jɛʀ] F Kurzwarenhändler(in) *m(f)*
mercredi [mɛʀkʀədi] M Mittwoch *m*
mercure [mɛʀkyʀ] M Quecksilber *n*
Mercure [mɛʀkyʀ] ASTRON, MYTH Merkur *m*
mercurochrome® [mɛʀkyʀɔkʀom] M *Mittel zur Wunddesinfektion* (*von roter Farbe*)
merde [mɛʀd] *pop* F *pop* Scheiße *f*; **de ~** *pop* Scheiß...; *fam* Mist...; **merde!** *pop* (so 'ne) Scheiße!; *fam admiration* **merde alors!** *fam* Donnerwetter!; *fam* **merde puissance treize!** ich drücke dir die Daumen; Hals- und Beinbruch!; toi, toi, toi!; **c'est de la merde** *fam* das ist Mist, *pop* Scheiße; **être dans la merde (jusqu'au cou)** *pop* in der Scheiße sitzen; *fam fig* **il ne se prend pas pour une merde** *fam* er bildet sich (*dat*) Wunder was ein
merder [mɛʀde] *pop* V/I *personne pop* Scheiße bauen; *projet fam* in die Hose gehen
merdeux [mɛʀdø] *pop* M, **merdeuse** [-øz] *pop* F *péj pop* Rotznase *f*; *fam* eingebildeter Schnösel, eingebildete Pute
merdier [mɛʀdje] M *pop* Saustall *m*
merdique [mɛʀdik] ADJ *pop* beschissen
merdoyer [mɛʀdwaje] V/I ⟨-oi-⟩ *fam* ins Schwimmen kommen
mère [mɛʀ] F 1 Mutter *f* (*a.* fig, REL); *fam* **la ~ X** Mutter X; (die alte) Frau X; **~ de famille** verheiratete Frau mit Kindern; *comme profession* Hausfrau *f* 2 *adjt* Haupt...; Grund...; **maison *f* ~** Stammhaus *n*; Hauptgeschäft *n*
mère-grand F *dans les contes de fées* Großmutter *f*
merguez [mɛʀgɛz] F *scharf gewürzte kleine Bratwurst*
méridien [meʀidjɛ̃] A ADJ ⟨-ienne [-jɛn]⟩ ASTRON Mittags... B M Meridian *m*; Längenkreis *m*
méridional [meʀidjɔnal] A ADJ ⟨~e; -aux [-o]⟩ 1 (*au sud*) südlich; Süd... 2 (*du Midi*) südfranzösisch B **~** M ⟨-aux [-o]⟩, **~e** F Südfranzose, -französin *m,f*; *par ext* Südländer(in) *m(f)*
meringue [məʀɛ̃g] F Baiser *n*
meringué [məʀɛ̃ge] ADJ ⟨~e⟩ mit Baiserteig überzogen
mérinos [meʀinos] M Merino(schaf) *m(n)*
merise [məʀiz] F Vogelkirsche *f*
merisier [məʀizje] M 1 BOT Vogelkirsche *f* (*Baum*) 2 *bois* Kirschbaum *m*
méritant [meʀitɑ̃] ADJ ⟨-ante [-ɑ̃t]⟩ verdienstvoll; verdient
mérite [meʀit] M 1 Verdienst *n*; **il a du ~ à faire qc** er verdient Anerkennung, dass er etw tut 2 (*qualité[s]*) Vorzug *m*; **avoir le ~ de la sincérité** den Vorzug haben, aufrichtig zu sein
mériter [meʀite] A V/T verdienen; *endroit* **~ le détour** den Umweg wert sein, lohnen; **ceci mérite réflexion** das ist überlegenswert; *repos* **bien mérité** wohlverdient B V/T INDIR *st/s* **il a bien mérité de la patrie** er hat sich um das Vaterland verdient gemacht
méritoire [meʀitwaʀ] ADJ verdienstvoll; löblich
merlan [mɛʀlɑ̃] M Merlan *m*; Wittling *m*
merle [mɛʀl] M Amsel *f*
merlu [mɛʀly] M Seehecht *m*
mérovingien [meʀɔvɛ̃ʒjɛ̃] A ADJ ⟨-enne [-ɛn]⟩ merowingisch B MPL **Mérovingiens** Merowinger *mpl*
merveille [mɛʀvɛj] F Wunder(werk) *n*; **les sept ~s du monde** die sieben Weltwunder *npl*; **à ~** wunderbar; ausgezeichnet; großartig; **être une ~ de précision** ,*etc* ein Wunder an Präzision (*dat*) *etc* sein; **faire ~, des ~s** Wunder wirken, vollbringen
merveilleusement [mɛʀvɛjøzmɑ̃] ADV wunderbar; herrlich
merveilleux [mɛʀvɛjø] A ADJ ⟨-euse [-øz]⟩

M

wunderbar; wundervoll; großartig **B** **le ~** das Wunderbare

mes [me] → mon

mésalliance [mezaljɑ̃s] F Mesalliance *f*

mésange [mezɑ̃ʒ] F Meise *f*

mésaventure [mezavɑ̃tyʀ] F Missgeschick *n*

mesdames, mesdemoiselles PL → madame, mademoiselle

mésentente [mezɑ̃tɑ̃t] F Misshelligkeit *f*; *plus fort* Uneinigkeit *f*

mésestimer [mezɛstime] *litt* V/T gering schätzen; *difficultés* unterschätzen

mésintelligence [mezɛ̃teliʒɑ̃s] *litt* F Uneinigkeit *f*; Unstimmigkeit *f*

Mésopotamie [mezɔpɔtami] HIST **la ~** Mesopotamien *n*

mésopotamien [mezɔpɔtamjɛ̃] HIST **A** ADJ ⟨-ienne [-jɛn]⟩ mesopotamisch **B** MPL **les Mésopotamiens** die Mesopotamier *mpl*

mesquin [mɛskɛ̃] ADJ ⟨-ine [-in]⟩ kleinlich; engstirnig; *fam* kleinkariert; schäbig (*a.* = *avare*)

mesquinerie [mɛskinʀi] F Kleinlichkeit *f*; Engstirnigkeit *f*; Schäbigkeit *f*

mess [mɛs] M MIL Kasino *n*

message [mɛsaʒ] M Botschaft *f* (*a.* POL, *fig*); Nachricht *f*; Mitteilung *f*; Meldung *f* (*a.* INFORM); RAD *a.* Durchsage *f*; *d'une œuvre d'art* Aussage *f*; *fam* Message *f*; **~ publicitaire** Werbespot *m*; **~ radio** Funkspruch *m*; **laisser un ~ à qn** j-m e-e Nachricht hinterlassen

messager [mɛsaʒe] M, **messagère** [-ɛʀ] F Bote *m*, Botin *f* (*a. fig*)

messagerie [mɛsaʒʀi] F **1** *pl* **~s aériennes, maritimes** Luft-, Seefrachtagentur *f*; **~s de presse** Zeitungsvertriebsgesellschaft *f* **2** **~ électronique** elektronische Post; Mailbox *f*

messe [mɛs] F Messe *f*; **~ de minuit** Christmette *f*; **aller à la ~** zur Messe, in die Kirche gehen; *fam fig* **faire des ~s basses** miteinander tuscheln

Messie [mesi] **le ~** der Messias

messieurs PL → monsieur

mesurable [məzyʀabl] ADJ messbar **mesurage** [-aʒ] M (Ab-, Aus-, Ver)Messen *n*

mesure [məzyʀ] F **1** *action* Messung *f*; **appareil** *m* **de ~** Messgerät *n* **2** (*dimension, unité, récipient*) Maß *n*; **~s de capacité, de longueur** Hohl-, Längenmaße *npl*; **à ~ que** in dem Maße, wie; **à la ~ de qn, qc** j-m, e-r Sache angemessen, entsprechend; **dans la ~ où** soweit; in dem Maße, wie; insoweit *ou* insofern, als; **dans la ~ du possible** im Rahmen des Möglichen; soweit möglich; nach Möglichkeit; **dans une large ~** in hohem Maße; weitgehend; **sans commune ~** nicht vergleichbar; **sur ~** nach Maß (*a. fig*); **costume** *m* **sur ~** Maßanzug *m*; **donner toute sa ~** zeigen, was man kann; **faire bonne ~** gut, reichlich messen, wiegen; **prendre les ~s de qc** etw aus-, abmessen **3** (*modération*) Maß *n*; **outre ~** übermäßig; **sans ~** maßlos; ohne Maß (und Ziel) **4** (*disposition*) Maßnahme *f*; **~ de sécurité** Sicherheitsmaßnahme *f*; **par ~ de** aus Gründen (+ *gén*); **prendre des ~s** Maßnahmen ergreifen **5** MUS Takt (-maß) *m(n)*; **en ~** im Takt **6** **être en ~ de faire qc** in der Lage, imstande sein, etw zu tun

mesuré [məzyʀe] ADJ ⟨~e⟩ **1** (*modéré*) maßvoll; gemäßigt **2** *pas* gemessen

mesurer [məzyʀe] **A** V/T **1** (*prendre les mesures*) (ab-, aus-, ver)messen **2** (*avoir pour mesure*) messen; groß sein **3** *fig risque, etc* ermessen; *ses paroles* abwägen; **~ qc à qc** etw an etw (*dat*) messen; etw nach etw bemessen **B** V/PR **se ~ à, avec qn** sich mit j-m messen

métabolisme [metabɔlism] M Stoffwechsel *m*

métacarpe [metakaʀp] M Mittelhand *f*

métairie [meteʀi] F (Halb)Pachthof *m*, -gut *n*

métal [metal] M ⟨-aux [-o]⟩ Metall *n*

métalangage [metalɑ̃gaʒ] M *ou* **métalangue** F Metasprache *f*

métallifère [metalifɛʀ] ADJ metall-, erzhaltig

métallique [metalik] ADJ **1** (*en métal*) Metall…; metallen **2** *éclat, son* metallisch

métallisé [metalize] ADJ ⟨~e⟩ metallic

métalliser [metalize] V/T **1** (*recouvrir de métal*) metallisieren **2** (*donner un éclat métallique*) Metallglanz geben (+*dat*)

métallo [metalo] M ABR *fam* (**métallurgiste**) *fam* Metaller *m*

métallurgie [metalyʀʒi] F **1** Metallindustrie *f* **2** *techniques* Metallbearbeitung *f*; Metallurgie *f*

métallurgique [metalyʀʒik] ADJ Metall…; **usine** *f* **~** Hüttenwerk *n*

métallurgiste [metalyʀʒist] M Metallarbeiter *m*

métamorphisme [metamɔʀfism] M GÉOL Metamorphose *f*

métamorphose [metamɔʀfoz] F Verwandlung *f*; Metamorphose *f* (*a.* ZOOL)

métamorphoser [metamɔʀfoze] V/T (*et* V/PR **se ~** sich) verwandeln (**en** in + *acc*)

métaphore [metafɔʀ] F Metapher *f*; Bild *n*

métaphorique [metafɔʀik] ADJ **1** *sens, emploi* bildlich; metaphorisch **2** *style* bilderreich

métaphysique [metafizik] **A** F Metaphysik *f* **B** ADJ metaphysisch

métastase [metastaz] F Metastase *f*

métatarse [metataʀs] M Mittelfuß *m*

métayage [metɛjaʒ] M Halb-, Teilpacht *f* **métayer** [-e] M, **métayère** [-ɛʀ] F Halb-, Teilpächter(in) *m(f)*

métempsyc(h)ose [metɑ̃psikoz] F Seelenwanderung *f*
météo [meteo] A F Wetterbericht *m*, -vorhersage *f* B ADJ (❗ unveränderlich) Wetter…
météore [meteɔʀ] M Meteor *m*; Sternschnuppe *f* **météorique** [-ik] ADJ Meteor…; Meteoriten… **météorite** M OU F Meteorit *m*
météorologie [meteɔʀɔlɔʒi] F 1 *science* Wetterkunde *f*; Meteorologie *f* 2 *service* Wetterdienst *m*, -amt *n* **météorologique** [-ik] ADJ Wetter…; meteorologisch
météorologiste [meteɔʀɔlɔʒist] M/F ou **météorologue** [-lɔg] M/F Meteorologe, -login *m,f*
métèque [metɛk] *péj* M Ausländer *m*
méthadone [metadɔn] F MÉD, CHIM Methadon *n*
méthane [metan] M Methan *n*
méthanol [metanɔl] M Methanol *n*
méthode [metɔd] F 1 Methode *f*; Verfahren *n*; **avec ~** mit Methode; methodisch; planmäßig 2 *livre* Lehrbuch *n*
méthodique [metɔdik] ADJ methodisch; planmäßig; systematisch
méthodisme [metɔdism] M REL Methodismus *m* **méthodiste** [-ist] M/F REL Methodist(in) *m(f)*
méthodologie [metɔdɔlɔʒi] F Methodik *f*
méthylène [metilɛn] M 1 CHIM Methylen *n* 2 COMM Methylalkohol *m*; Methanol *n*
méticuleux [metikylø] ADJ ⟨-euse [-øz]⟩ gewissenhaft; peinlich genau; sehr sorgfältig; *propreté* peinlich
métier [metje] M 1 Beruf *m*; Gewerbe *n*; Fach *n*; *fam* Metier *n*; *artisanal* Handwerk *n*; **de son ~** von Beruf; **avoir du ~** Berufserfahrung haben; **être du ~** vom Fach sein; **faire son ~** s-e Arbeit, s-e Pflicht tun 2 **~ (à tisser)** Webstuhl *m*
métis [metis] A ADJ ⟨~se⟩ Mischlings… B SUBST 1 **~(se)** *m(f)* Mischling *m* 2 *m* TEXT Halbleinen *n*
métissage [metisaʒ] M Rassenmischung *f*
métissé [metise] ADJ ⟨~e⟩ **race ~e** Mischrasse *f*
métonymie [metɔnimi] F Metonymie *f*
métrage [metʀaʒ] M 1 COUT Meterzahl *f*; Stoffmenge *f* 2 FILM **court ~** Kurzfilm *m*; **long ~** Spielfilm *m*
mètre [mɛtʀ] M 1 *unité de mesure* Meter *m ou n*; **~ carré, cube** Quadrat-, Kubikmeter *m ou n* 2 Metermaß *n*; **~ pliant** Zollstock *m*; **~ de couturière** Zentimetermaß *n* 3 SPORTS **cent ~s** Hundertmeterlauf *m* 4 *d'un vers* Metrum *n*; Versmaß *n*
métrer [metʀe] V/T ⟨-è-⟩ vermessen
métrique [metʀik] A ADJ metrisch; **système** *m* **~** metrisches System B F Metrik *f*; Verslehre *f*
métro [metʀo] M (❗ maskulin) U-Bahn *f*; Metro *f*; **bouche** *f* **de ~** U-Bahn-Ein- *ou* -Ausgang *m*
métronome [metʀɔnɔm] M Metronom *n*; Taktmesser *m*
métropole [metʀɔpɔl] F 1 *ville* Metropole *f* 2 *d'une colonie* Mutterland *n*
métropolitain [metʀɔpɔlitɛ̃] A ADJ ⟨-aine [-ɛn]⟩ des Mutterlandes; **la France ~e** das französische Mutterland B **~(e)** M(F) Bewohner(in) *m(f)* des Mutterlandes; *en France a.* Kontinental-

▶ Les métiers

Für die meisten Berufe gibt es eine maskuline und eine **feminine Form**:

un acteur	→	**une actrice** (eine Schauspielerin)
un commerçant	→	**une commerçante** (eine Geschäftsfrau)
un vendeur	→	**une vendeuse** (eine Verkäuferin)
un instituteur	→	**une institutrice** (eine Grundschullehrerin)

Daneben gibt es aber Berufe, für die es **nur** die **maskuline Form** gibt:
un professeur, un médecin, un écrivain…

Da immer mehr (ursprünglich von Männern wahrgenommene) Berufe auch von Frauen ausgeübt werden, haben viele dieser Berufe inzwischen eine **weibliche Form erhalten**, z. B.

un ministre	→	**une ministre** (eine Ministerin)
un juge	→	**une juge** (eine Richterin)
un metteur en scène	→	**une metteuse en scène** (eine Regisseurin)
un avocat	→	**une avocate** (eine Rechtsanwältin)

FEHLERQUELLEN ◀

Le métro

Le métro (Abkürzung für **chemin de fer métropolitain**) ist die U-Bahn in Paris, deren erste Linie anlässlich der Weltausstellung im Jahr 1900 eröffnet wurde. Heute verkehren 15 Linien auf rund 200 km Schienennetz. Hinzu kommen noch 92 km der Schnellbahnlinien **RER** (**réseau express régional**). Von jedem Punkt der Stadt aus ist eine der ca. 300 Metrostationen zu Fuß zu erreichen. Einige Eingänge, **les bouches du métro**, sind mit schmiedeeisernen Elementen verziert und stehen unter Denkmalschutz.

LANDESKUNDE

franzose, -französin *m,f*
mets [mɛ] M Gericht *n*; Speise *f*
mettable [mɛtabl] ADJ *vêtements* tragbar
metteur [mɛtœʀ] M **~ en scène** Regisseur *m*

mettre [mɛtʀ]
⟨je mets, il met, nous mettons; je mettais; je mis; je mettrai; que je mette; mettant; mis⟩

A verbe transitif B verbe pronominal

— A verbe transitif —

1 *objet* legen; stellen; setzen; (hinein)stecken, (-)tun (**dans** in + *acc*); bringen, schaffen (**à la poste** zur Post®); *pellicule* einlegen; *nappe* auflegen; *verrou* vorlegen; zuschieben; *rideaux* anmachen; anbringen; *du beurre* streichen (**sur** auf + *acc*); *liquide* geben (**dans** in + *acc*); *radio, télé, chauffage* anmachen; anstellen; *personne* bringen (**au lit** ins Bett); schicken (**à l'école maternelle** in die Vorschule); geben (**en pension** in Pension); **combien voulez-vous mettre?** wie viel wollen Sie dafür anlegen, ausgeben?; **mettre à la boîte aux lettres** in den Briefkasten werfen; einwerfen; **mettre au four** in den (Back)Ofen schieben; **mettre au futur** ins Futur setzen; *montre* **mettre à l'heure** stellen; **mettre à mal** verprügeln; **mettre à mort** töten; **mettre son orgueil à faire qc** s-n Stolz dareinsetzen, etw zu tun; **mettre de la bonne volonté à faire qc** guten Willen bei etw zeigen; **mettre du sel dans la soupe** Salz an *ou* in die Suppe tun; *texte* **mettre en bon français** in gutes Französisch bringen 2 *vêtements* anziehen; *chapeau, lunettes* aufsetzen; *ceinture* umschnallen; *tablier* umbinden; *bijoux* anlegen; *bague* anstecken 3 *un certain temps* brauchen; **mettre deux heures (à faire qc)** zwei Stunden brauchen (um etw zu tun) 4 (*écrire*) schreiben; **mettre son nom sur une liste** s-n Namen auf e-e Liste setzen, schreiben 5 *fam* (*supposer*) **mettons que …** (+ *subj*) nehmen wir (einmal) an, (dass) …

— B verbe pronominal —

se mettre 1 sich setzen (**au volant** ans Steuer); sich stellen (**à la fenêtre** ans Fenster); sich legen (**au lit** ins Bett); *fam* **s'en mettre partout** *fam* sich völlig bekleckern; *fam fig* **s'en mettre jusque là** *fam* sich (*dat*) den Bauch vollschlagen; *fig* **se mettre bien avec qn** sich gut mit j-m stellen; *fig* **se mettre avec qn** sich mit j-m zusammentun; *poussière* **se mettre dans qc** sich in etw (*acc*) setzen; **se mettre en relation avec qn** sich mit j-m in Verbindung setzen; mit j-m in Verbindung treten 2 *vêtement* (sich [*dat*]) anziehen; **se mettre en pantalon** e-e Hose anziehen; **je n'ai rien à me mettre** ich habe nichts anzuziehen 3 **se mettre à faire qc** anfangen, beginnen, etw zu tun; **se mettre à qc** sich an etw (*acc*) machen; **se mettre à l'anglais** anfangen, Englisch zu lernen; **s'y mettre** sich d(a)ranmachen; **il se met à pleuvoir** es fängt an zu regnen; **le temps se met au beau** es wird schön

meuble [mœbl] A M Möbelstück *n*; Möbel *n*; **~s** *pl* Möbel *npl*; Mobiliar *n*; *fam fig* **sauver les ~s** das Notwendigste retten B ADJ 1 JUR beweglich 2 *terre* locker
meublé [mœble] A ADJ ⟨~e⟩ möbliert B M möbliertes Zimmer; möblierte Wohnung
meubler [mœble] A V/T 1 *appartement* möblieren 2 *abs* (*décorer*) der Ausstattung dienen; dekorativ wirken 3 *fig silence* ausfüllen B V/PR **se ~** sich einrichten
meuf [mœf] F *fam* (*femme*) *fam* Tussi *f*
meuglement [møgləmɑ̃] M Muhen *n*; Brüllen *n* **meugler** [-e] V/I muhen; brüllen
meuh [mø] INT muh!
meule [møl] F 1 *à moudre* Mühl-, Mahlstein *m* 2 *à aiguiser* Schleifstein *m* 3 *de fromage* großer, runder Laib 4 AGR Schober *m* 5 *fam* (*moto*) *fam* Feuerstuhl *m*
meuler [møle] V/T schleifen
meulière [møljɛʀ] F kieseliger Kalkstein; französischer Quarz
meunerie [mønʀi] F 1 *industrie* Müllerei *f* 2 *coll* Müller *mpl*
meunier [mønje] M Müller *m*
meunière [mønjɛʀ] F CUIS (**à la**) **~** nach Müllerinart
meurs, meurt [mœʀ] → mourir
Meurthe [mœʀt] **la ~** *Fluss in Lothringen*
Meurthe-et-Moselle [mœʀtemɔzɛl] **la ~** *frz Departement*
meurtre [mœʀtʀ] M Mord *m* (**de qn** an j-m);

M

commettre un ~ e-n Mord begehen
meurtrier [mœʀtʀije] **A** ADJ ‹-ière [-ijɛʀ]› *combat* mörderisch; *épidémie* verheerend; *route* lebensgefährlich; unfallträchtig; **folie meurtrière** Amoklauf *m* **B** SUBST **1** **~, meurtrière** *m,f* Mörder(in) *m(f)* **2** FORTIFICATIONS **meurtrière** *f* Schießscharte *f*
meurtrir [mœʀtʀiʀ] V/T **1** (zer)quetschen **2** *fig* verwunden
meurtrissure [mœʀtʀisyʀ] F **1** *sur la peau* blauer Fleck; Striemen *m* **2** *fig* Wunde *f*
meus, meut [mø] → mouvoir
Meuse [møz] **la ~** die Maas
meute [møt] F Meute *f*
mévente [mevɑ̃t] F Absatzflaute *f*
mexicain [mɛksikɛ̃] **A** ADJ ‹-aine [-ɛn]› mexikanisch **B** **Mexicain(e)** M(F) Mexikaner(in) *m(f)*
Mexico [mɛksiko] Mexiko(-Stadt) *n*
Mexique [mɛksik] **le ~** Mexiko *n* (*Land*)
mezzanine [mɛdzanin] F Zwischen-, Halbgeschoss *n*; Mezzanin *n*
mezzo-soprano [mɛdzosɔpʀano] ‹mezzo-sopranos› F Mezzosopran *m*
mg ABR (milligramme[s]) mg (Milligramm)
Mgr *ou* **Mgr** ABR → monseigneur
MHz ABR (mégahertz) MHz (Megahertz)
mi [mi] M (! unveränderlich) MUS e *ou* E *n*
mi-... [mi] *préfixe* **1** *devant noms de mois* Mitte; **(à la) ~janvier** Mitte Januar **2** (*à moitié*) halb; halb...; Halb...
miam-miam [mjammjam] INT mm!; lecker, lecker!
miaou [mjau] INT miau!
miasme [mjasm] M Miasma *n*
miaulement [mjolmɑ̃] M Miauen *n* **miauler** [-e] V/I miauen
mi-bas M (! unveränderlich) Kniestrumpf *m*
mica [mika] M Glimmer *m*
mi-carême: **la ~** Mittfasten *pl*
micelle [misɛl] F CHIM Mizell(e) *n(f)*
miche [miʃ] F **1** Brotlaib *m*; Laib *m* Brot **2** **~s** *pl argot* (*fesses*) *fam* Hintern *m*; *fam* Po *m*
Michel-Ange [mikɛlɑ̃ʒ] M Michelangelo *m*
mi-chemin ADV **à ~** auf halbem Weg
Mickey [mikɛ] M Mickymaus *f*
mi-clos ADJ ‹-ose› halb geschlossen
micmac [mikmak] *fam* M **1** (*intrigues*) Machenschaften *fpl* **2** (*désordre*) Durcheinander *n*
mi-corps ADV **à ~** bis zur Taille; bis zu den Hüften
mi-côte ADV **à ~** auf halber Höhe
mi-course ADV **à ~** auf halber Strecke
micro [mikʀo] M ABR **1** (*microphone*) Mikrofon *n*; *pour espionner fam* Wanze *f* **2** (*micro-ordinateur*) PC *m*
microbe [mikʀɔb] M **1** Mikrobe *f*; Krankheitserreger *m*, -keim *m* **2** *fam fig* Wicht *m*
microbien [mikʀɔbjɛ̃] ADJ ‹-ienne [-jɛn]› Mikroben...; mikrobiell
microbiologie F Mikrobiologie *f* **microbiologiste** M Mikrobiologe *m* **microchimie** F Mikrochemie *f* **microchirurgie** F Mikrochirurgie *f* **microclimat** M Klein-, Mikroklima *n*
microcosme [mikʀɔkɔsm] M Mikrokosmos *m*
micro-économie F Mikroökonomie *f* **micro-électronique** F Mikroelektronik *f*
microfiche F Mikrofiche *n ou m* **microfilm** M Mikrofilm *m* **microfilmer** V/T auf Mikrofilm aufnehmen
micro-informatique F (Informatik *f* im) PC-Bereich *m*
micrométrique ADJ mikrometrisch; Mikrometer...
Micronésie [mikʀɔnezi] **la ~** Mikronesien *n*
micro-ondes M (**four** *m* **à**) **~** Mikrowelle(nherd) *f(m)*
micro-ordinateur M Mikrocomputer *m*; Personal Computer *m* (*abr* PC) **micro-organisme** M Mikroorganismus *m*; Kleinstlebewesen *n*
microphone [mikʀɔfɔn] M Mikrofon *n*
microphysique F Mikrophysik *f* **microprocesseur** M Mikroprozessor *m*
microscope [mikʀɔskɔp] M Mikroskop *n* **microscopie** [-i] F Mikroskopie *f* **microscopique** [-ik] ADJ mikroskopisch; *fig a.* winzig (klein)
microseconde F Mikrosekunde *f* **microsillon** M Langspielplatte *f* **micro-trottoir** M ‹micros-trottoirs› TV, RAD Straßenumfrage *f*
miction [miksjõ] F Harnlassen *n*
midi [midi] M **1** Mittag *m*; Mittagszeit *f*; *heure* zwölf Uhr (mittags); **à midi** mittags; um die Mittagszeit; *heure* um zwölf (Uhr); **ce midi** heute Mittag; **il est midi dix** es ist zehn nach zwölf (Uhr); *fig* **chercher midi à quatorze heures** *iron* warum einfach, wenn es auch umständlich geht **2** **le Midi** Südfrankreich *n*
midinette [midinɛt] F naiv-sentimentales Mädchen
Midi-Pyrénées [midipiʀene] **le ~** *frz Region*
mie [mi] F **la ~** das weiche Innere (vom Brot); die Krume; **pain** *m* **de ~** Toastbrot *n*
miel [mjɛl] M Honig *m*; *fig* **lune** *f* **de ~** Flitterwochen *fpl*; *plais* Honigmond *m*
miellé [mjele] *litt* ADJ ‹~e› Honig...
mielleux [mjɛlø] ADJ ‹-euse [-øz]› honigsüß (*fig*); katzenfreundlich
mien [mjɛ̃] **A** PR POSS ‹mienne [mjɛn]› **le mien, la mienne** der, die, das meine; meine(r, -s); *pl*

les miens, les miennes die meinen; meine **B** SUBST **1** **le mien** das Meine; mein Eigentum; **j'y ai mis du mien** ich habe das Meine getan, mein(en) Teil dazu beigetragen **2** **les miens** *(famille, amis)* die Meinen

miette [mjɛt] F Krümel *m*; *par ext* **mettre en ~s** in (viele kleine) Stücke schlagen; *fam* **ne pas en perdre une ~** sich *(dat)* nicht das Geringste entgehen lassen

mieux [mjø] **A** ADV **1** ⟨*comp von* bien⟩ besser; **à qui ~ ~** um die Wette; **de ~ en ~** immer besser; **on ne peut ~** (aller)bestens; aufs Beste; **je ne demande pas ~** mir ist nichts lieber als das; **dire ~** mehr bieten; **faire ~ de** (+ *inf*) besser daran tun zu (+ *inf*); *adjt: dans ce fauteuil,* **vous serez ~** da sitzen Sie bequemer, besser; **elle est ~ que sa sœur** sie sieht besser aus als ihre Schwester; **se sentir ~** sich wohler, besser fühlen; **il n'a rien trouvé de ~ que de** (+ *inf*) er hatte nichts Besseres zu tun, als zu (+ *inf*) **2** ⟨*sup von* bien⟩ **le ~** am besten; **le ~ qu'il peut** so gut er kann; **le plus tôt sera le ~** je eher, desto besser; **des ~** (+ *pp*) bestens; **des ~ réussi(e)s** bestens gelungen; **pour le ~** bestens; aufs Beste; zum Besten; **être au ~ avec qn** mit j-m sehr gut stehen; **(en mettant les choses) au ~** bestenfalls **B** M **1** **le ~** das Beste *ou* das Bessere; **faire de son ~** sein Bestes, Möglichstes tun **2** *(amélioration)* Besserung *f*; *(progrès)* Fortschritt *m*

mieux-être [mjøzɛtʀ] M höherer Wohlstand; höherer Lebensstandard

mièvre [mjɛvʀ] ADJ fad(e); abgeschmackt; manieriert **mièvrerie** [-əʀi] F Abgeschmacktheit *f*; Manieriertheit *f*

mi-figue, mi-raisin ADJT *accueil* lau(warm); *réponse, mine* zweideutig

mignard [miɲaʀ] ADJ ⟨-arde [-aʀd]⟩ niedlich; *péj* geziert

mignardise [miɲaʀdiz] F Geziertheit *f*; Affektiertheit *f*

mignon [miɲõ] **A** ADJ ⟨-onne [-ɔn]⟩ **1** niedlich; allerliebst; süß; goldig; reizend; herzig; *fig* **péché ~** (kleine) Schwäche **2** *fam (gentil)* nett **B** **~(ne)** M(F) Süße(r) *m/f(m)*; Liebling *m*

migraine [migʀɛn] F Migräne *f* **migraineux** [-ø] ADJ ⟨-euse [-øz]⟩ Migräne…

migrant [migʀɑ̃] M Zuwanderer *m*

migrateur [migʀatœʀ] ADJ ⟨-trice [-tʀis]⟩ Wander…; **(oiseau) ~** *m* Zugvogel *m*

migration [migʀasjõ] F Wanderung(sbewegung) *f*; **~ des oiseaux** Vogelzug *m*

migratoire [migʀatwaʀ] ADJ Wanderungs…

mi-jambe [miʒɑ̃b] ADV **à ~** bis an die Waden

mijaurée [miʒɔʀe] F *péj* affektierte Person

mijoter [miʒɔte] V/T *et* V/I **1** **(faire) ~** bei schwacher Hitze, auf kleiner Flamme kochen (lassen) **2** *(préparer avec soin)* liebevoll zubereiten **3** *fam fig* ausbrüten; *fam* aushecken

mikado [mikado] M **1** *(empereur du Japon)* Mikado *m* **2** *jeu* Mikado *n*

mil[1] [mil] NUM *dans une date* tausend

mil[2] [mil] M BOT Hirse *f*

milan [milɑ̃] M Milan *m*

Milan [milɑ̃] Mailand *n*

milanais [milanɛ] **A** ADJ ⟨-aise [-ɛz]⟩ mailändisch **B** SUBST **Milanais(e)** M(F) Mailänder(in) *m(f)*

mildiou [mildju] M Mehltau *m*

milice [milis] F **1** Miliz *f* **2** *1943-1944* **la Milice** die Miliz des Vichyregimes

milicien [milisjɛ̃] M Milizionär *m*

milieu [miljø] M ⟨~x⟩ **1** Mitte *f*; **du ~** mittlere; Mittel…; **au ~ de** in der Mitte (+ *gén*); mitten in, auf (+ *dat*); **au ~ de la semaine prochaine** Mitte kommender Woche **2** *fig* Mittelweg *m*; **le juste ~** die richtige, goldene Mitte; der goldene Mittelweg **3** *(entourage)* Milieu *n*; Umfeld *n*; Umgebung *f* **4** **~x** *pl* Kreise *mpl*; **~x gouvernementaux** Regierungskreise *mpl* **5** *(pègre)* **le ~** die Unterwelt **6** FOOTBALL **~ de terrain** Mittelfeldspieler *m*

militaire [militɛʀ] **A** ADJ militärisch; Militär…; Wehr…; Kriegs… **B** M Militärperson *f*; Soldat *m*; *(officier supérieur)* Militär *m*

militairement [militɛʀmɑ̃] ADV militärisch

militant [militɑ̃] **A** ADJ ⟨-ante [-ɑ̃t]⟩ militant; politisch aktiv **B** **~(e)** M(F) Aktivist(in) *m(f)*; *d'un parti* aktives Mitglied

militantisme [militɑ̃tism] M militante, politisch aktive Haltung

militarisation [militaʀizasjõ] F Militarisierung *f* **militariser** [-ize] V/T militarisieren; *police, etc* militärisch organisieren **militarisme** [-ism] M *péj* Militarismus *m* **militariste** [-ist] *péj* **A** ADJ militaristisch **B** M Militarist *m*

militer [milite] V/I **1** *personne* sich aktiv betätigen; (politisch) aktiv sein **2** *arguments, raisons* **~ en faveur de** *ou* **pour, contre** sprechen für, gegen

mille[1] [mil] **A** NUM (**!** unveränderlich) tausend; **~ un** tausend(und)eins; **cent ~** hunderttausend; **l'an deux ~** das Jahr zweitausend; *fig* **~ fois** tausendmal; unzählige Mal; *fig* **je vous le donne en ~** raten Sie mal **B** M (**!** unveränderlich) **1** *nombre* Tausend *f*; MATH Tausender *m*; **cinq pour ~ (5 ‰)** fünf Promille (5 ‰); fünf vom Tausend *(abr* v. T.) **2** *quantité* Tausend *n*; *fam* **des ~ et des cents** *fam* Unsummen *fpl* **3** *d'une cible* **le ~** das Schwarze; **taper dans le ~** ins Schwarze treffen *(a. fig)*

mille[2] M Meile *f*; **~ marin** Seemeile *f*

millefeuille [milfœj] M Cremeschnitte *f* aus

M

Blätterteig

millénaire [milenɛʀ] **A** ADJ tausendjährig; *par ext* uralt; **plusieurs fois ~** mehrere tausend Jahre alt **B** M **1** *période* Jahrtausend *n*; *st/s* Millennium *n* **2** *anniversaire* Tausendjahrfeier *f*

mille-pattes M (! unveränderlich) Tausendfüß(l)er *m*

millésime [milezim] M Jahreszahl *f*; *d'un vin* Jahrgang *m*

millésimé [milezime] ADJ ⟨~e⟩ *vin* Jahrgangs…

millet [mijɛ] M Hirse *f*

milliard [miljaʀ] M (! maskulin) Milliarde *f*; **un ~ de dollars** e-e Milliarde Dollar

milliardaire [miljaʀdɛʀ] M/F Milliardär(in) *m(f)*

milliardième [miljaʀdjɛm] **A** NUM milliardste **B** M Milliardstel *n*

millième [miljɛm] **A** NUM tausendste **B** SUBST **1** **le, la ~** der, die, das Tausendste **2** *m* MATH Tausendstel *n*

millier [milje] M Tausend *n*; **des ~s de** Tausende von (*ou + gén*); **par ~s** zu Tausenden

milligramme [miligʀam] M Milligramm *n*

millimètre M Millimeter *m ou n*

millimétré [milimetʀe] ADJ ⟨~e⟩ *ou* **millimétrique** [-ik] ADJ Millimeter…; **papier millimétré** *ou* **millimétrique** Millimeterpapier *n*

million [miljõ] M (! maskulin) Million *f*; **un ~ d'hommes** e-e Million Menschen; **1,5 ~** (*sg!*) 1,5 Millionen; **riche à ~s** steinreich; *fam* millionenschwer

millionième [miljɔnjɛm] **A** NUM millionste **B** M Millionstel *n*

millionnaire [miljɔnɛʀ] M/F Millionär(in) *m(f)*

mime [mim] M Pantomime *m*

mimer [mime] V/T **1** THÉ pantomimisch darstellen **2** (*imiter*) nachmachen

mimétisme [mimetism] M **1** BIOL Mimikry *f* **2** *fig* Nachahmung *f*

mimique [mimik] F Mimik *f* und Gestik *f*

mimolette [mimɔlɛt] F *holländischer Hartkäse*

mimosa [mimoza] M BOT Mimose *f*

minable [minabl] *fam* **A** ADJ miserabel; erbärmlich **B** M/F *fam* Flasche *f*

minaret [minaʀɛ] M Minarett *n*

minauder [minode] V/I sich zieren **minauderies** [-ʀi] FPL Getue *n*; Affigkeit *f*; *par ext* Koketterie *f* **minaudier** [-je] ADJ ⟨-ière [-jɛʀ]⟩ affektiert; *fam* affig

mince [mɛ̃s] **A** ADJ **1** dünn; schmal; *personne* schlank **2** *fig* klein; unbedeutend; **ce n'est pas une ~ affaire** das ist keine Kleinigkeit (**que de** *+inf* zu *+inf*) **B** INT *fam* **~ (alors)!** *fam* verflixt (noch mal)!; *admiration* Donnerwetter!

minceur [mɛ̃sœʀ] F Dünnheit *f*; Schmalheit *f*; Schlankheit *f*

mine¹ [min] F (*physionomie*) Gesichtsausdruck *m*; Gesicht *n*; Miene *f*; (*aspect*) Aussehen *n*; **avoir bonne ~** gut, gesund aussehen; **faire grise ~ à qn** j-m ein finsteres, saures Gesicht zeigen; *péj* **faire des ~s** sich zieren; **faire ~ de** so tun, als ob; *fam* **~ de rien** (so) als ob nichts wäre

mine² F **1** *exploitation* Bergwerk *n*; Grube *f*; Zeche *f*; Mine *f*; **~ d'or** Goldmine *f*; *fig* Goldgrube *f*; **École** *f* **des Mines** Bergakademie *f*; **service** *m* **des Mines** ≈ Technischer Überwachungsverein *m* **2** *fig* Fundgrube *f* **3** *d'un crayon* Mine *f* **4** MIL Mine *f*

la mine — Miene

la mine — Bergwerk

miner [mine] **A** V/T **1** MIL verminen; *adjt* **miné** vermint **2** (*creuser*) aushöhlen; unterspülen **3** *fig santé* untergraben; zerrütten; *soucis* **~ qn** j-n zermürben; an j-m zehren **B** V/PR **se ~** sich (*dat*) Sorgen machen

minerai [minʀɛ] M Erz *n*

minéral [mineʀal] **A** ADJ ⟨~e; -aux [-o]⟩ mineralisch; Mineral…; **eau minérale** Mineralwasser *n* **B** M ⟨-aux [-o]⟩ Mineral *n*

minéralier [mineʀalje] M MAR Erzfrachter *m*

minéraliser [mineʀalize] V/T Mineralien zusetzen (**l'eau** dem Wasser)

minéralogie [mineʀalɔʒi] F Mineralogie *f*

minéralogique [mineʀalɔʒik] ADJ **1** mineralogisch; Mineralien… **2** AUTO **plaque** *f* **~** Nummernschild *n*

minéralogiste [mineʀalɔʒist] M/F Mineraloge *m*, -login *f*

minerve [minɛʀv] F Halskrause *f*; Gipskrawatte *f*

Minerve [minɛʀv] F MYTH Minerva *f*

minervois [minɛʀvwa] M Wein aus dem Minervois
Minervois [minɛʀvwa] **le ~** das Minervois (Landschaft im Languedoc)
minestrone [minɛstʀɔn] M CUIS Minestrone *f*
minet [minɛ], **minette** [-ɛt] 1 *m,f fam (chat) fam* Mieze(katze) *f* 2 *m jeune homme fam* Schickimicki *m* 3 *f fam (jeune fille) fam* Mieze *f*
mineur¹ [minœʀ] A ADJ ⟨~e⟩ 1 *(secondaire)* zweitrangig; nebensächlich; untergeordnet; **l'Asie Mineure** Kleinasien *n* 2 MUS Moll…; **en ut ~** in c-Moll 3 JUR minderjährig B **~(e)** M(F) JUR Minderjährige(r) *m/f(m)*
mineur² M *ouvrier* Bergarbeiter *m*; Bergmann *m*; Kumpel *m*; Knappe *m*; **~ de fond** Untertagearbeiter *m*
mini [mini] ADJ (❗ unveränderlich) **mode** *f* **~** Minimode *f*; *advt* **s'habiller ~** Mini tragen
mini… [mini] *préfixe* Mini…
miniature [minjatyʀ] F 1 *image* Miniatur *f* 2 *art* Miniaturmalerei *f* 3 *adjt* **(en) ~** Miniatur…; im Kleinformat
miniaturisation [minjatyʀizasjõ] F Miniaturisierung *f* **miniaturiser** [-e] V/T miniaturisieren
miniaturiste [minjatyʀist] M Miniaturmaler *m*
minibar M Minibar *f*
minibus M Kleinbus *m*
minichaîne F Kompaktanlage *f*
minidosé [minidoze] ADJ ⟨~e⟩ **pilule ~e** Minipille *f*
minier [minje] ADJ ⟨-ière [-jɛʀ]⟩ Bergbau…
minigolf M Mini-, Kleingolf *n*
minijupe F Minirock *m*; *fam* Mini *m*
minima [minima] → **minimum**
minimal [minimal] ADJ ⟨~e; -aux [-o]⟩ minimal; Mindest…; Tiefst…
minime [minim] A ADJ gering(fügig); minimal B M SPORTS Jugendliche(r) *m (zwischen 13 u. 15 Jahren)*
minimisation [minimizasjõ] F Minimierung *f* **minimiser** [-e] V/T bagatellisieren; herunterspielen; abwiegeln
minimum [minimɔm] A ADJ ⟨*f* ~ *od* **minima**; *pl m u. f* ~s *od* **minima**⟩ Minimal…; Mindest… B M ⟨~s *od* **minima**⟩ Minimum *n*; Mindestmaß *n*; **~ vital** Existenzminimum *n*; **un ~ de travail** ein Minimum, Mindestmaß an Arbeit; **au ~** mindestens
mini-ordinateur M Mini-, Bürocomputer *m*
minipilule F Mikropille *f*; *fam* Minipille *f*
minispace [minispas] M AUTO Minivan *m*
ministère [ministɛʀ] M 1 Ministerium *n (a. bâtiment)*; **~ des Affaires étrangères** Außenministerium *n* 2 *charge* Ministeramt *n* 3 *(cabinet)* Regierung *f*; Kabinett *n* 4 **~ public** Staatsanwaltschaft *f* 5 REL Priesteramt *n*
ministériel [ministeʀjɛl] ADJ ⟨~le⟩ 1 *(du ministre)* ministeriell; **arrêté ~** ministerieller Erlass 2 *(du gouvernement)* Regierungs…; Kabinetts…
ministrable [ministʀabl] A ADJ ministrabel B M Anwärter *m* auf e-n Ministerposten
ministre [ministʀ] M 1 POL Minister *m*; *femme* Ministerin *f*; **Premier ministre** Premierminister *m*; Ministerpräsident *m*; **ministre des Finances** Finanzminister *m* 2 DIPL **ministre (plénipotentiaire)** Gesandte(r) *m* 3 ÉGL Pfarrer *m*; Pastor *m*; **ministre du culte** Priester *m*

Le Premier ministre

Der französische Premierminister (**Premier ministre**) ist Regierungschef, das heißt, er leitet den Ministerrat (**Conseil des ministres**) und führt die Regierungsgeschäfte. Er gehört in der Regel der stärksten politischen Kraft in der Nationalversammlung (**Assemblée nationale**) an (Ausnahme: → **cohabitation**) und wird – wie auch seine Minister, die er selbst vorschlägt – vom Staatspräsidenten (**président de la République**) ernannt.

LANDESKUNDE

minitel® [minitɛl] M Btx(-Gerät) *n*; Bildschirmtext *m*
minium [minjɔm] M Rostschutzfarbe *f*
minois [minwa] M frisches, niedliches Gesicht
minoration [minɔʀasjõ] F COMM Unterbewertung *f* **minorer** [-e] V/T 1 *(réduire)* senken; herabsetzen 2 *(sous-évaluer)* unterbewerten
minoritaire [minɔʀitɛʀ] ADJ Minderheits…
minorité [minɔʀite] F 1 Minderheit *f (a. POL)*; Minderzahl *f*; Minorität *f*; **~ ethnique** ethnische Minderheit; **une ~ de** e-e kleine Zahl von; **mettre en ~** überstimmen 2 JUR Minderjährigkeit *f*
Minorque [minɔʀk] Menorca *n*
minoterie [minɔtʀi] F Mühle(nbetrieb) *f(m)*
minou [minu] M *enf* Mieze *f*
minuit [minɥi] M Mitternacht *f*; zwölf Uhr nachts; **à ~** um Mitternacht; **à ~ et demi** nachts um halb eins
minus [minys] M *fam* Null *f*; *fam* Niete *f*
minuscule [minyskyl] ADJ 1 *(très petit)* winzig 2 **(lettre** *f***) ~** *f* Kleinbuchstabe *m*; kleiner Buchstabe; **un a ~** ein kleines a
minutage [minytaʒ] M genauer Zeitplan; genaue (Zeit)Einteilung
minute [minyt] F 1 Minute *f*; *par ext* Augenblick *m*; Moment *m*; *fam* **~!** Moment mal!; nicht so eilig!; **~ de silence** Schweigeminute *f*; **dans**

une ~ sofort; gleich; in e-r Minute; **d'une ~ à l'autre** jeden Augenblick; jede Minute **2** *adjt* Schnell…; Sofort…; **clé** *f* **~** Schlüsselschnelldienst *m* **3** JUR Original *n*; Urschrift *f*

minuter [minyte] VT (zeitlich) genau festlegen, einteilen

minuterie [minytʀi] F automatische Treppen(haus)beleuchtung **minuteur** [-œʀ] M ÉLEC Schaltuhr *f*; *avec sonnerie* Küchenwecker *m*

minutie [minysi] F (peinliche) Genauigkeit, Sorgfalt; Gründlichkeit *f*

minutieusement [minysjøzmɑ̃] ADV peinlich genau; sehr sorgfältig; gründlich

minutieux [minysjø] ADJ ⟨-euse [-øz]⟩ peinlich genau; sehr sorgfältig; gründlich; *soin* peinlich

mioche [mjɔʃ] *fam* M/F (*petit garçon*) *fam* Knirps *m*; (*petite fille*) *fam* Gör *n*

mirabelle [miʀabɛl] F **1** *fruit* Mirabelle *f* **2** *eau-de-vie* Mirabellenschnaps *m*

mirabellier [miʀabelje] M Mirabelle(nbaum) *f*(*m*)

miracle [miʀakl] M **1** Wunder *n* (*a.* REL); **(comme) par ~** wie durch ein Wunder; **il n'y a pas de quoi crier au ~** das ist nichts Besonderes, Außergewöhnliches **2** (*réalisation étonnante*) Wunder(werk) *n*; **un ~ d'équilibre** ein Wunder an Ausgewogenheit **3** *adjt* Wunder…; **remède** *m* **~** Wundermittel *n*; **solution** *f* **~** Patentlösung *f* **4** HIST *à Paris* **la Cour des Miracles** das Viertel der Bettler und Diebe

miraculé [miʀakyle] ADJ ⟨~e⟩ durch ein Wunder geheilt

miraculeusement [miʀakyløzmɑ̃] ADV auf wunderbare Weise; wie durch ein Wunder

miraculeux [miʀakylø] ADJ ⟨-euse [-øz]⟩ **1** wunderbar; Wunder…; *eau* wundertätig **2** (*extraordinaire*) außergewöhnlich

mirador [miʀadɔʀ] M Wach(t)turm *m*

mirage [miʀaʒ] M **1** *du désert* Fata Morgana *f* **2** *fig* Trugbild *n*

miraud [miʀo] ADJ ⟨-aude [-od]⟩ *fam* → miro

mire [miʀ] F **1** **ligne** *f* **de ~** Schusslinie *f*; *fig* **être le point de ~** im Mittelpunkt des Interesses stehen **2** TV Testbild *n*

mirent [miʀ] → mettre

mirer [miʀe] V/PR *litt* **se ~** sich spiegeln (**dans l'eau** im Wasser)

mirettes [miʀɛt] *fam* FPL Augen *npl*; *fam* Gucker *mpl*

mirifique [miʀifik] ADJ *fam* → mirobolant

mirliton [miʀlitɔ̃] M Mirliton *n* (*Art Rohrpfeife mit Membranen*)

miro [miʀo] *fam* ADJ (! Maskulin- und Femininform sind gleich) kurzsichtig

mirobolant [miʀɔbɔlɑ̃] ADJ ⟨-ante [-ɑ̃t]⟩ *fam* fantastisch; *fam* sagenhaft

miroir [miʀwaʀ] M Spiegel *m*; *fig* **~ aux alouettes** Lockvogel *m*; Dummenfang *m*

miroitant [miʀwatɑ̃] ADJ ⟨-ante [-ɑ̃t]⟩ spiegelnd; glänzend

miroiter [miʀwate] V/I **1** spiegeln; glänzen; schillern **2** *fig* **faire ~ qc à qn** j-n mit etw locken

miroiterie [miʀwatʀi] F **1** *fabrication* Spiegelherstellung *f*, -fabrikation *f* **2** *commerce* Spiegelhandel *m*

miroitier [miʀwatje] M Spiegelglaser *m*

mironton [miʀɔ̃tɔ̃] ADJT CUIS **bœuf** *m* **~** *in Scheiben geschnittenes, mit Speck, Zwiebeln u. Essig gekochtes Rindfleisch*

mis [mi] **A** PP *et passé simple* → mettre **B** ADJ ⟨mise [miz]⟩ **1** *table* gedeckt **2** *personne* **bien ~** gut gekleidet

misaine [mizɛn] F **mât** *m* **de ~** Fockmast *m*

misanthrope [mizɑ̃tʀɔp] M/F Menschenfeind *m*, -hasser *m*; Misanthrop *m* **misanthropie** [-i] F Menschenhass *m*; Misanthropie *f*; *par ext* Menschenscheu *f*

mise [miz] F **1** *au jeu* Einsatz *m*; *fam fig* **sauver la ~ à qn** j-n vor Ärger bewahren **2** *vestimentaire* Art *f* sich zu kleiden; Kleidung *f* **3** *fig* **être de ~** angebracht, passend sein **4** **~ à (la) disposition** Bereitstellung *f*; Zurverfügungstellung *f*; **~ à jour** Aktualisierung *f*; Aufarbeitung *f*; **~ à mort** Tötung *f*; **~ à pied** Entlassung *f*; **~ au point** (*réglage*) Einstellung *f*; (*éclaircissement*) Richtig-, Klarstellung *f*; (*création*) Entwicklung *f*; **~ à la retraite** Versetzung *f* in den Ruhestand; Pensionierung *f*; **~ au tombeau** Grablegung *f* Christi; **~ en garde** Warnung *f*; **~ en liberté** Freilassung *f*; **~ en marche** Ingangsetzung *f*; *d'un moteur* Anlassen *n*; Anwerfen *n*; **~ en œuvre** Einsatz *m*; Aufbietung *f*; **~ en scène** Inszenierung *f* (*a. fig*); Regie *f*; **~ en valeur** *d'un terrain* Erschließung *f*; *d'un mot, etc* Hervorhebung *f*

miser [mize] VT *au jeu* setzen (**sur** auf + *acc*)

misérabilisme [mizeʀabilism] M Darstellung *f* des Elends **misérabiliste** [-ist] ADJ *auteur* der mit Vorliebe das Elend darstellt

misérable [mizeʀabl] **A** ADJ **1** *personne* (sehr, bitter) arm; *vêtements* ärmlich; *cabane* armselig; elend **2** (*sans valeur*) armselig **B** M/F **1** (*pauvre*) Arme(r) *m*/*f*(*m*) **2** *litt, plais* Schurke *m*, Schurkin *f*

misérablement [mizeʀabləmɑ̃] ADV → misérable A 1

misère [mizɛʀ] F **1** (*pauvreté*) Elend *n*; Armut *f*; Not *f*; **~ noire** bittere Armut; **salaire** *m* **de ~** Hungerlohn *m*; **crier, pleurer ~** sein Elend klagen; jammern **2** (*malheur*) *souvent pl* **~s** Elend *n*; Jammer *m*; Leiden *npl*; Unglück *n*; Misere *f*; **petites ~s** kleine Nöte *fpl*; *fam* Wehwehchen *npl*;

faire des ~s à qn j-n quälen, plagen, *fam* piesacken **3** *(bagatelle)* lächerliche Kleinigkeit
miséreux [mizeʀø] ADJ ⟨-euse [-øz]⟩ arm; Not leidend
miséricorde [mizeʀikɔʀd] F Barmherzigkeit *f*; Erbarmen *n*; Gnade *f*
miséricordieux [mizeʀikɔʀdjø] ADJ ⟨-euse [-øz]⟩ barmherzig; gnädig
misogyne [mizɔʒin] **A** ADJ frauenfeindlich **B** M Frauenfeind *m*
misogynie [mizɔʒini] F Frauenfeindlichkeit *f*; *plus fort* Frauenhass *m*; Misogynie *f*
miss [mis] F (! unveränderlich) **~ France** Miss *f* Frankreich
missel [misɛl] M Messbuch *n*
missile [misil] M Rakete *f*; Flugkörper *m*; **~ sol-air** Boden-Luft-Rakete *f*; **~ de croisière** Marschflugkörper *m*
mission [misjõ] F **1** *(charge)* Auftrag *m*; Mission *f*; ADMIN Dienstreise *f*; **envoyer qn en ~** j-n als Beauftragten, mit e-m Auftrag schicken **2** *groupe* Mission *f*; Abordnung *f* **3** REL Mission *f*
missionnaire [misjɔnɛʀ] **A** M Missionar *m* **B** ADJ Missions…
missive [misiv] F *litt, iron* Brief *m*
mistigri [mistigʀi] M *fam* Mieze(katze) *f*
mistral [mistʀal] M Mistral *m* *(kalter Nordwind in der Provence)*
mit [mi] → mettre
mitage [mitaʒ] M *du paysage* Zersiedelung *f*
mitaine [mitɛn] F fingerloser Handschuh
mitard [mitaʀ] M *argot* → cachot
mite [mit] F (Kleider)Motte *f*
mité [mite] ADJ ⟨~e⟩ von Motten zerfressen
mi-temps [mitɑ̃] **1** *f* (! unveränderlich) SPORTS Halbzeit *f*; **pendant la ~** in der Halbzeit(pause) **2** *m* (! unveränderlich) *ou* **travail** *m* **à ~** Halbtagsarbeit *f*, -beschäftigung *f*, -stellung *f*; **travailler à ~** halbtags arbeiten
miteux [mitø] ADJ ⟨-euse [-øz]⟩ schäbig; armselig
mitigé [mitiʒe] ADJ ⟨~e⟩ **1** *(relâché)* abgeschwächt; gemäßigt **2** *(mélangé)* gemischt (**de** mit)
mitigeur [mitiʒœʀ] M *robinet* Einhandmischer *m*
mitonner [mitɔne] V/T *et* V/I → mijoter
mitoyen [mitwajɛ̃] ADJ ⟨-enne [-ɛn]⟩ **mur ~** gemeinschaftliche Grenzmauer
mitoyenneté [mitwajɛnte] F Grenzeinrichtungs-, Grenzmauergemeinschaft *f*
mitraillage [mitʀajaʒ] M Beschuss *m* mit Maschinengewehr(en); MG-Feuer *n*
mitraille [mitʀaj] F **1** MIL **sous la ~** unter Beschuss; im Kugelhagel **2** *fam (menue monnaie)* Kleingeld *n*; Münzen *fpl*
mitrailler [mitʀaje] V/T **1** MIL beschießen; mit MG-Feuer belegen **2** *fig* bombardieren (**de questions** mit Fragen) **3** *fam* PHOT Bilder schießen (**qn, qc** von j-m, etw)
mitraillette [mitʀajɛt] F Maschinenpistole *f*
mitrailleur [-œʀ] M MG-Schütze *m* **mitrailleuse** [-øz] F Maschinengewehr *n* *(abr* MG)
mitre [mitʀ] F Mitra *f*; Bischofsmütze *f*
mitron [mitʀõ] M Bäckerjunge *m*
mi-voix ADV **à ~** halblaut
mixage [miksaʒ] M FILM, MUS Mischen *n*; Mixen *n* **mixer**[1] [-e] V/T mischen; mixen
mixer[2] [miksɛʀ] M *ou* **mixeur** [miksœʀ] M CUIS Mixer *m*
mixité [miksite] F koedukativer Charakter
mixte [mikst] ADJ gemischt; Misch…; **école** *f* **~** Schule *f* für Jungen und Mädchen; **mariage** *m* **~** Mischehe *f*
mixture [mikstyʀ] F *péj à boire* Gebräu *n*; *à manger* Mischmasch *m*
ml ABR (millilitre[s]) ml (Milliliter)
MLF [ɛmɛlɛf] M ABR (Mouvement de libération des femmes) Frauenbewegung *f*
Mlle *ou* **M**[lle] ABR (Mademoiselle) Fr.
mm ABR (millimètre) mm
MM. ABR (Messieurs) (die) Herren
Mme *ou* **M**[me] ABR (Madame) Fr.
mn ABR (minute[s]) Min.
mnémotechnique [mnemɔtɛknik] ADJ mnemotechnisch; **moyen** *m* **~** Gedächtnisstütze *f*
Mo ABR (méga-octet) MB (Megabyte)
mob [mɔb] F ABR *fam* → mobylette®
mobile [mɔbil] **A** ADJ beweglich; mobil **B** M **1** *d'une action* Beweggrund *m*; Motiv *n* (a. JUR); Triebfeder *f* **2** *objet décoratif* Mobile *n*
mobile home [mɔbilom] M ⟨mobile homes⟩ *wohnwagenähnliche Wohneinheit*
mobilier [mɔbilje] **A** ADJ ⟨-ière [-jɛʀ]⟩ JUR beweglich; Mobiliar… **B** M Mobiliar *n*; Möbel *npl*; (Wohnungs)Einrichtung *f*
mobilisable [mɔbilizabl] ADJ MIL, *fig* mobilisierbar; *fig a.* verfügbar; einsatzfähig
mobilisation [mɔbilizasjõ] F **1** MIL Mobilmachung *f* **2** *par ext* Mobilisierung *f*; Bereitstellung *f*; Einsatz *m*
mobiliser [mɔbilize] **A** V/T **1** MIL mobilisieren; *abs* mobil machen **2** *par ext* mobilisieren; *ressources a.* bereitstellen; *personnel a.* einsetzen **B** V/PR **se ~** aktiv werden
mobilité [mɔbilite] F Beweglichkeit *f*; Mobilität *f* *(a. de la main-d'œuvre)*; **personne** *f* **à ~ réduite** Gehbehinderte(r) *m/f(m)*
mobylette® [mɔbilɛt] F Mofa *n*
mocassin [mɔkasɛ̃] M **1** *des Indiens* Mokassin *m* **2** *par ext* Slipper *m*

M

moche [mɔʃ] *fam* ADJ 1 *(laid)* hässlich; *fam* scheußlich 2 *(mauvais)* übel; *fam* mies 3 *moralement* gemein; *fam* fies

mocheté [mɔʃte] F *fam (femme laide) fam* Vogelscheuche *f*

modal [mɔdal] ADJ ⟨~e; -aux [-o]⟩ GRAM modal; **auxiliaire ~** modales Hilfsverb; Modalverb *n*

modalité [mɔdalite] F 1 Art und Weise *f*; **~s** *pl* Modalitäten *fpl*; **~s de paiement** Zahlungsweise *f*, -bedingungen *fpl* 2 GRAM **adverbe** *m* **de ~** Modaladverb *n*

mode¹ [mɔd] M 1 (Art *f* und) Weise *f*; Modus *m*; **mode d'emploi** Gebrauchsanweisung *f*; TECH Bedienungsanleitung *f*; **mode de pensée** Denkweise *f*; **mode de scrutin** Wahlmodus *m*; **mode de vie** Lebensweise *f* 2 GRAM Modus *m*; Aussageweise *f* 3 MUS Tonart *f*

mode² F 1 Mode *f* (a. COUT); Zeitgeschmack *m*; **à la ~** Mode…; modisch; in Mode; *par ext* **à la ~ de** nach Art von *(ou + gén)*; **être passé de ~** aus der Mode gekommen sein 2 *adjt* Mode…; modisch; CUIS **bœuf** *m* **~** *mit Karotten geschmortes Rindfleisch*

modelage [mɔdlaʒ] M Modellieren *n*

modèle [mɔdɛl] M 1 Muster *n (a. fig)*; Vorlage *f*; *fig* Vorbild *n*; *fig* **un ~ de fidélité** ein Muster an, *iron* ein Ausbund *m* von Treue; **prendre qn pour ~, prendre ~ sur qn** sich *(dat)* j-n zum Vorbild nehmen 2 *adjt* Muster…; mustergültig; vorbildlich; **élève** *m* **~** Musterschüler *m* 3 TECH, COUT, BEAUX-ARTS Modell *n (a. personne)*; **~ déposé** Gebrauchsmuster *n*; **~ réduit** Modell *n*

modelé [mɔdle] M 1 SCULP Modellierung *f*; Formgebung *f*; PEINT Herausarbeitung *f* der Formen 2 GÉOG Relief *n*; Oberflächengestalt *f*

modeler [mɔdle] ⟨-è-⟩ A V/T 1 modellieren; **pâte** *f* **à ~** Knetmasse *f*; Plastilin® *n* 2 *fig* **~ sur** ausrichten nach B V/PR **se ~ sur qn, qc** sich nach j-m, etw richten

modeleur [mɔdlœr] M 1 SCULP Modellierer *m*; Modelleur *m* 2 TECH Modelltischler *m*, *all Sud* -schreiner *m*

modélisme [mɔdelism] M Modellbau *m* **modéliste** [-ist] M/F 1 COUT Modezeichner(in) *m(f)* 2 TECH Modellbauer(in) *m(f)*

modem [mɔdɛm] M Modem *n ou m*

modérateur [mɔderatœr] A ADJ ⟨-trice [-tris]⟩ mäßigend B M 1 *personne* mäßigendes Element; Schlichter *m* 2 NUCL Moderator *m*; Bremssubstanz *f*

modération [mɔderasjõ] F Mäßigung *f*

modéré [mɔdere] ADJ ⟨~e⟩ mäßig; maßvoll; gemäßigt (a. POL) **modérément** [-mã] ADV maßvoll; in, mit Maßen

modérer [mɔdere] ⟨-è-⟩ A V/T mäßigen; dämpfen; **~ ses expressions, son langage** sich in seinen Worten mäßigen B V/PR **se ~** sich mäßigen; maßhalten

moderne [mɔdɛrn] ADJ modern; neuzeitlich; zeitgemäß; **les temps ~s** die Neuzeit

modernisation [mɔdɛrnizasjõ] F Modernisierung *f*

moderniser [mɔdɛrnize] A V/T modernisieren B V/PR **se ~** sich der neuen Zeit anpassen

modernisme [mɔdɛrnism] M Modernismus *m*

moderniste [mɔdɛrnist] A ADJ modernistisch; modern eingestellt B M Modernist *m*

modernité [mɔdɛrnite] F Modernität *f*

modeste [mɔdɛst] ADJ bescheiden

modestie [mɔdɛsti] F Bescheidenheit *f*

modicité [mɔdisite] F geringe Höhe

modifiable [mɔdifjabl] ADJ abänderungsfähig; modifizierbar **modificateur** [-katœr] ADJ ⟨-trice [-tris]⟩ modifizierend; Modifikations… **modification** [-kasjõ] F (Ab-, Ver)Änderung *f*

modifier [mɔdifje] A V/T (ab-, ver)ändern; abwandeln; modifizieren B V/PR **se ~** sich ändern; sich wandeln

modique [mɔdik] ADJ bescheiden; gering; niedrig

modiste [mɔdist] F Modistin *f*; Hutmacherin *f*

modulable [mɔdylabl] ADJ 1 TECH **système** *m* **~** Baukastensystem *n* 2 *fig* flexibel; anpassungsfähig

modulation [mɔdylasjõ] F MUS, ÉLEC Modulation *f*; RAD **~ de fréquence** Ultrakurzwelle *f*

module [mɔdyl] M 1 TECH, INFORM Modul *n* 2 *par ext (élément)* Element *n (a. de meubles)*; Bauteil *n*; *d'apprentissage* Lerneinheit *f*; Baustein *m*; *à l'université* Schein *m*

moduler [mɔdyle] V/T 1 MUS, ÉLEC modulieren 2 *fig* anpassen

modus vivendi [mɔdysvivɛ̃di] M (! unveränderlich) Modus vivendi *m*

moelle [mwal] F (Knochen)Mark *n*; **~ épinière** Rückenmark *n*; *fig* **jusqu'à la ~** bis ins Mark; durch und durch

moelleux [mwalø] ADJ ⟨-euse [-øz]⟩ 1 *étoffe* weich und flauschig; *tapis, coussin* weich; behaglich 2 *fromage* sahnig; *vin* voll und mild

moellon [mwalõ] M Bruchstein *m*

mœurs [mœr(s)] FPL Sitten *fpl*; **c'est entré, passé dans les ~** das ist Sitte, Brauch, üblich geworden

mohair [mɔɛr] M Mohair *ou* Mohär *m*

moi [mwa] A PR PERS 1 *sujet* ich; **moi aussi** ich auch; **moi non plus** ich auch nicht; **moi, je ne viens pas** i c h komme nicht; **c'est comme**

moi genau wie bei mir; ich bin in der gleichen Lage; **c'est moi** i c h bin's; **c'est moi qui ...** i c h ... **2** *obj dir* mich; *obj indir* mir; **regarde-moi** sieh mich an; **donne-moi la clé** gib mir den Schlüssel; **sans moi** ohne mich; **avec moi** mit mir **B** M (! unveränderlich) Ich *n*

moignon [mwaɲõ] M (Arm-, Bein)Stumpf *m*

moi-même [mwamɛm] PR PERS **1** *emphatique* (ich) selbst **2** *réfléchi* mich selbst; **de ~** von selbst; von mir aus

moindre [mwɛ̃dʀ] ADJ **1** ‹*comp von* petit› geringer; kleiner; minder; **à ~ prix** zu e-m niedrigeren Preis **2** ‹*sup von* petit› **le ~, la ~** der, die, das geringste, kleinste, mindeste; **au ~ bruit** beim leisesten, geringsten Geräusch; **les ~s détails** die kleinsten Einzelheiten; **c'est la ~ des choses** das ist das Mindeste

moine [mwan] M Mönch *m*

moineau [mwano] M ‹~x› Spatz *m*; Sperling *m*

moins [mwɛ̃] **A** ADV **1** ‹*comp von* peu› weniger; **moins riche** weniger reich; nicht so reich; **moins âgé** *a.* jünger; **moins de** (+ *subst*) weniger (+ *subst*); **moins que**, *suivi d'un numéral* **moins de** weniger als; *subst* **c'est un moins que rien** er ist ein nichtswürdiger Kerl; *subst* **interdit aux moins de 18 ans** für Jugendliche unter 18 Jahren verboten; **cinq heures moins dix (minutes)** zehn (Minuten) vor fünf; **à moins le quart** um Viertel vor; **à moins de dix euros** unter zehn Euro; **de moins en moins** immer weniger; **en moins** zu wenig; **être en moins** fehlen; **en moins de rien, en moins de deux** im Nu; im Handumdrehen; **la moitié moins** halb so viel; *conj* **à moins que ... (ne)** (+ *subj*), **à moins de** (+ *inf ou* + *subst*) es sei denn (, dass); wenn nicht; außer wenn; **moins ... moins ...** je weniger ... umso *ou* desto weniger ... **2** MATH minus (*a. température*); weniger; **il fait moins dix** es sind zehn Grad unter Null, zehn Grad Kälte, minus zehn Grad **3** ‹*sup von* peu› **le moins** am wenigsten; **pas le moins du monde** nicht im Geringsten, Mindesten; **au moins** wenigstens; mindestens; **tout au moins, pour le moins** (aller)mindestens, (-)wenigstens; zumindest; **du moins** wenigstens; zumindest; **le climat le moins humide** das am wenigsten feuchte Klima; **le moins souvent possible** so selten wie möglich; **le moins de bagages possible** so wenig Gepäck wie möglich **B** SUBST **1** **le moins** das Mindeste, Wenigste, Geringste; **c'est le moins qu'on puisse dire** das kann man wohl sagen **2** *m* MATH Minuszeichen *n*

moire [mwaʀ] F Moiré *m ou n*

moiré [mwaʀe] ADJ ‹~e› **1** *tissu, papier* moiriert **2** *fig* schillernd

moirer [mwaʀe] V/T *tissu, papier* moirieren

mois [mwa] M **1** Monat *m*; **le ~ de janvier** der Monat Januar; **trois ~ de loyer** drei Monatsmieten; **au ~ d'août** im (Monat) August; **dans un ~** in e-m Monat; **par ~, tous les ~** monatlich; **tous les trois, six ~** viertel-, halbjährlich **2** *salaire* Monatsgehalt *n*

Moïse [mɔiz] M Mose(s) *m*

moisi [mwazi] **A** ADJ ‹~e› schimm(e)lig; verschimmelt **B** M Schimmel *m*; **tache** *f* **de ~** Stockfleck *m*

moisir [mwaziʀ] V/I **1** (ver)schimmeln; schimm(e)lig werden **2** *fam fig personne* lange bleiben; *fam* versauern

moisissure [mwazisyʀ] F Schimmel(pilz) *m*

moisson [mwasõ] F **1** (Getreide)Ernte *f*; **faire la ~** (das Getreide) ernten **2** *fig* Ernte *f*, Ausbeute *f* (**de** an + *dat*)

moissonner [mwasɔne] V/T ernten

moissonneur [mwasɔnœʀ] M Erntearbeiter *m* **moissonneuse** [-øz] F Mähmaschine *f* **moissonneuse-batteuse** F ‹moissonneuses-batteuses› Mähdrescher *m*

moite [mwat] ADJ feucht **moiteur** [-œʀ] F Feuchtigkeit *f*; Feuchte *f*

moitié [mwatje] F Hälfte *f*; *fam fig* **ma ~** (*ma femme*) *fam* meine bessere Hälfte; **la ~ de ...** die Hälfte (+ *gén*); der, die, das halbe ...; *fam* **~ plus** um die Hälfte mehr; **à ~** halb; zur Hälfte; **à ~ plein** halb voll; **de ~** zur Hälfte; um die Hälfte; **~ ..., ~ ...** halb ..., halb ...; teils ..., teils ...; *fam* **faire ~-~** *fam* halbe-halbe *ou* fifty-fifty machen

moka (! nur ein **k**) [mɔka] M **1** *café* Mokka *m* **2** *gâteau* Mokka-, Schokoladencremetorte *f*

mol [mɔl] → mou

molaire¹ [mɔlɛʀ] F Backenzahn *m*

molaire² [mɔlɛʀ] ADJ CHIM molar; **masse** *f* **~** molare Masse

moldave [mɔldav] ADJ moldauisch

Moldavie [mɔldavi] **la ~** Moldawien *n*

mole [mɔl] F CHIM Mol *n*

môle [mol] M **1** (*jetée*) Mole *f*; Hafendamm *m* **2** (*quai*) Ladekai *m*

moléculaire [mɔlekylɛʀ] ADJ molekular; Molekül...; **biologie** *f* **~** Molekularbiologie *f*

molécule [mɔlekyl] F (! feminin) Molekül *n*

moleskine [mɔlɛskin] F Moleskin *m ou n*; Englischleder *n*

molester [mɔlɛste] V/T misshandeln; brutal behandeln

molette [mɔlɛt] F Rändel(rad) *n*; **clé** *f* **à ~** Rollgabelschlüssel *m*

mollah [mɔ(l)la] M REL Mullah *m*

mollard [mɔlaʀ] *pop* M Auswurf *m*; Schleim *m*

mollasse [mɔlas] ADJ **1** *chairs* wabb(e)lig **2** *fig*

M

lasch; schlaff; schlapp
mollasson [mɔlasõ] M, **mollassonne** [-ɔn] F *fam* Schlappschwanz *m*; *fam* Schlaffi *m*
molle [mɔl] → mou
mollement [mɔlmɑ̃] ADV *travailler* lasch; träg(e); *être étendu* lässig
mollesse [mɔlɛs] F **1** *d'une personne* Laschheit *f*; Trägheit *f*; Schlappheit *f* **2** *d'un matelas, etc* Weichheit *f*
mollet¹ [mɔlɛ] M Wade *f*
mollet² ADJ M **œuf ~** weiches Ei
molletière [mɔltjɛʀ] ADJ F **bande ~** Wickelgamasche *f*
molleton [mɔltõ] M Molton *m*
molletonné [mɔltɔne] ADJ ⟨~e⟩ Molton…; geraut
mollir [mɔliʀ] V/I nachlassen; schwach werden; *vent* abflauen
mollo [mɔlo] ADV *fam* **vas-y ~!** *fam* sachte, sachte!
mollusques [mɔlysk] MPL Weichtiere *npl*
molosse [mɔlɔs] M großer massiger Hund; *fam* Fleischerhund *m*
môme [mom] *fam* **1** *m/f* Kind *n*; *fam* Gör *n* **2** *f* junges Mädchen; *fam* Kleine *f*
moment [mɔmɑ̃] M **1** Augenblick *m*; Moment *m*; Zeitpunkt *m*; **bons, mauvais ~s** schöne, schlimme Stunden *fpl*, Zeit; **un ~!** e-n Augenblick, Moment, bitte!; **un bon ~** ziemlich lange; e-e ganze Weile; **au ~ de** (+ *inf*) in dem Augenblick, Moment, als ich *etc*; gerade als ich *etc*; **à tout ~** jederzeit; **à tous ~s** alle Augenblicke; **dans un ~** gleich; sofort; **d'un ~ à l'autre** jeden Augenblick, Moment; **du ~ que** (*puisque*) da ja; da doch; **en ce ~** im Augenblick, Moment; momentan; zurzeit; **par ~s** dann und wann; mitunter; gelegentlich; **pour le ~** vorerst; für den *ou* im Augenblick; **sur le ~** im ersten Augenblick; e-n Moment (lang); **c'est le ~ ou jamais!** jetzt oder nie! **2** PHYS Moment *n*
momentané [mɔmɑ̃tane] ADJ ⟨~e⟩ momentan; vorübergehend **momentanément** [-mɑ̃] ADV augenblicklich; momentan; im Moment
momie [mɔmi] F Mumie *f*
momification [mɔmifikasjõ] F Mumifizierung *f* **momifier** [-fje] V/T mumifizieren
mon [mõ] ADJ POSS ⟨*f* ma [ma], *vor Vokal u. stummem h* mon; *pl* mes [me]⟩ mein(e); **~ capitaine!** Herr Hauptmann!
monacal [mɔnakal] ADJ ⟨~e; -aux [-o]⟩ mönchisch; Mönchs…
Monaco [mɔnako] Monaco *ou* Monako *n*
monarchie [mɔnaʀʃi] F Monarchie *f* **monarchique** [-ik] ADJ monarchisch **monarchisme** [-ism] M Monarchismus *m* **monarchiste** [-ist] **A** ADJ monarchistisch **B** M/F Monarchist(in) *m(f)*
monarque [mɔnaʀk] M Monarch *m*
monastère [mɔnastɛʀ] M Kloster *n*
monastique [mɔnastik] ADJ klösterlich; Kloster…; mönchisch
monceau [mõso] M ⟨~x⟩ Haufen *m* (*a. fig*); Berg *m*
mondain [mõdɛ̃] **A** ADJ ⟨-aine [-ɛn]⟩ gesellschaftlich; Gesellschafts…; *personne* mondän **B** **~(e)** M(F) Weltmann *m*, Dame *f* von Welt
mondanité [mõdanite] F **1** **~s** *pl* (*vie mondaine*) gesellschaftliches Leben; *chronique* Gesellschaftschronik *f* **2** *d'une personne* mondänes Leben
monde [mõd] M **1** Welt *f*; **l'Ancien, le Nouveau Monde** die Alte, Neue Welt; **l'autre monde** das Jenseits; **monde du travail** Arbeitswelt *f*; Welt der Arbeit; **dans le monde, au monde** auf der Welt; **en ce bas monde** auf dieser Welt; im Diesseits; *poét* hienieden; **c'est un monde!** das ist doch unerhört!; **c'est le monde à l'envers, le monde renversé** das ist e-e verkehrte Welt; **le monde est mal fait** es gibt keine Gerechtigkeit auf der Welt!; **se faire un monde de qc** etw als sehr schwierig ansehen; *enfant* **mettre au monde** zur Welt bringen; **venir au monde** auf die Welt kommen **2** (*gens*) Menschen *mpl*; Leute *pl*; (*foule*) Menschenmenge *f*; viele Menschen, Leute; **devant le monde** vor den Leuten; **avoir du monde** Besuch, Gäste haben; **se moquer du monde** die Leute zum Narren halten **3** **tout le monde** jeder(mann); alle; alle Welt; **Monsieur Tout le monde** der kleine Mann; **bonjour tout le monde!** guten Tag allerseits!; **ce n'est pas donné à tout le monde** das ist nicht jedermanns Sache **4** (*haute société*) Gesellschaft *f*; **femme** *f*, **homme** *m* **du monde** Dame *f*, Mann *m* von Welt; Weltmann *m*
mondial [mõdjal] ADJ ⟨~e; -aux [-o]⟩ Welt…; weltweit; global; **guerre ~e** Weltkrieg *m*
mondialement [mõdjalmɑ̃] ADV weltweit; in der ganzen Welt
mondialisation [mõdjalizasjõ] F Globalisierung *f* **mondialiser** [-e] V/T globalisieren
monégasque [mɔnegask] **A** ADJ monegassisch **B** **Monégasque** M/F Monegasse *m*, Monegassin *f*
monétaire [mɔnetɛʀ] ADJ Währungs…
monétique [mɔnetik] F elektronischer Zahlungsverkehr
mongol [mõgɔl] **A** ADJ ⟨~e⟩ mongolisch; Mongolen… **B** **1** **Mongol(e)** *m(f)* Mongole *m*, Mongolin *f* **2** LING **le ~** das Mongolische; Mongolisch *n*

Mongolie [mõgɔli] **la ~** die Mongolei **mongolien** [mõgɔljɛ̃] MÉD **A** ADJ ⟨-ienne [-jɛn]⟩ mongoloid **B** **~(ne)** M(F) mongoloider Mensch **mongolisme** [-ism] M Mongolismus *m* **mongoloïde** [-lɔid] ADJ mongoloid
moniteur [mɔnitœʀ], **monitrice** [-tʀis] **1** *m,f d'une colonie de vacances* Betreuer(in) *m(f)*; SPORTS Sportlehrer(in) *m(f)*; **moniteur, monitrice (d'auto-école)** Fahrlehrer(in) *m(f)*; **moniteur, monitrice (de ski)** Skilehrer(in) *m(f)* **2** *m appareil* Monitor *m*
monitorat [mɔnitɔʀa] M Funktion *f* e-s Betreuers *ou* Lehrers
monnaie [mɔnɛ] F **1** *d'un État* Währung *f*; **~ électronique** Plastikgeld *n*; **fausse ~** Falschgeld *n*; *fig* **~ d'échange** Tauschobjekt *n*; *fig* **c'est ~ courante** das ist gang und gäbe; das ist so üblich **2** *pièces* Münzen *fpl*; *coll* Kleingeld *n*; *d'un gros billet* Wechsel-, Kleingeld *n*; **petite, menue ~** kleine Münzen; **auriez-vous la ~ de cent euros?** können Sie mir hundert Euro wechseln, *fam* klein machen?; **faire de la ~** wechseln **3** *(somme rendue)* Wechselgeld *n*; **rendre la ~** herausgeben (**sur dix euros** auf zehn Euro); *fig* **rendre la ~ de sa pièce à qn** j-m mit gleicher Münze heimzahlen
monnayable [mɔnɛjabl] ADJ in Geld umsetzbar
monnayage [mɔnɛjaʒ] M Münzprägung *f*; **faux ~** Falschmünzerei *f*; Münz-, Geldfälschung *f*
monnayer [mɔneje] V/T ⟨-ay- *od* -ai-⟩ zu Geld machen; in klingende Münze umsetzen
monnayeur [mɔnɛjœʀ] M **faux ~** Falschmünzer *m*
mono [mɔno] *fam* **A** ADJ (**!** unveränderlich) ABR *(monophonique) fam* mono **B** M ABR → **moniteur 1**
monochrome [mɔnɔkʀom] ADJ einfarbig
monocle [mɔnɔkl] M Monokel *n*
monocoque [mɔnɔkɔk] ADJ *voiture* mit selbsttragender Karosserie; *voilier, avion* mit nur einem Rumpf
monocorde [mɔnɔkɔʀd] ADJ **1** MUS Einsaiten... **2** *fig* monoton; eintönig
monoculture [mɔnɔkyltyʀ] F AGR Monokultur *f*
monogame [mɔnɔgam] ADJ monogam **monogamie** [-i] F Monogamie *f*; Einehe *f*
monogramme [mɔnɔgʀam] M Monogramm *n*; Namenszeichen *n*
monographie [mɔnɔgʀafi] F Monographie *f*; Einzeldarstellung *f*
monolingue [mɔnɔlɛ̃g] ADJ einsprachig
monolithe [mɔnɔlit] **A** ADJ monolithisch **B** M Monolith *m* **monolithique** [-ik] ADJ monolithisch; *fig a.* in sich *(dat)* geschlossen **monolithisme** M *fig* monolithischer Charakter; Geschlossenheit *f*
monologue [mɔnɔlɔg] M Monolog *m* (*a.* THÉ); Selbstgespräch *n*; *dans un roman* **~ intérieur** innerer Monolog
monologuer [mɔnɔlɔge] V/I Selbstgespräche führen; monologisieren
monôme [mɔnom] M *des étudiants* (lärmender) Umzug
monomoteur [mɔnɔmɔtœʀ] **A** ADJ ⟨-trice [-tʀis]⟩ *avion* einmotorig **B** M einmotoriges Flugzeug
monoparental [mɔnɔpaʀɑ̃tal] ADJ ⟨~e; -aux [-o]⟩ **famille ~e** Alleinerziehende(r) *m/f(m)*; Einelternfamilie *f*
monophonique [mɔnɔfɔnik] ADJ *disque* monophon
monoplace [mɔnɔplas] ADJ einsitzig; *a. subst* (**avion** *m*) **~** *m* Einsitzer *m*
monopole [mɔnɔpɔl] M **1** ÉCON Monopol *n*; **avoir le ~ de qc** das Monopol auf etw *(acc)* haben **2** *fig* Exklusivrecht *n* (**de** auf + *acc*)
monopolisation [mɔnɔpɔlizasjõ] F Monopolisierung *f*
monopoliser [mɔnɔpɔlize] V/T **1** ÉCON monopolisieren **2** *fig* für sich in Anspruch nehmen; in Beschlag nehmen
monopoliste [mɔnɔpɔlist] **A** ADJ monopolistisch **B** M Monopolist *m*; *péj* Monopolkapitalist *m*
monoprix® [mɔnɔpʀi] M *frz Kaufhauskette*
monorail [mɔnɔʀaj] M Einschienenbahn *f*
monospace [mɔnɔspas] M OU F Großraumlimousine *f*
monosyllabe [mɔnɔsilab] **A** ADJ einsilbig **B** M einsilbiges Wort; *fig* **répondre par ~s** einsilbig antworten
monosyllabique [mɔnɔsilabik] ADJ → **monosyllabe A**
monothéisme [mɔnɔteism] M Monotheismus *m*
monothéiste [mɔnɔteist] **A** ADJ monotheistisch **B** M Monotheist *m*
monotone [mɔnɔtɔn] ADJ monoton; eintönig; einförmig **monotonie** [-i] F Monotonie *f*; Eintönigkeit *f*; Einförmigkeit *f*
monovalent [mɔnɔvalɑ̃] ADJ ⟨-ente [-ɑ̃t]⟩ CHIM einwertig
monoxyde [mɔnɔksid] M Monoxid *n*
monseigneur [mõsɛɲœʀ] M ⟨messeigneurs [mesɛɲœʀ]⟩ *évêque* Seine Exzellenz; *prince* Seine Durchlaucht
monsieur [məsjø] M ⟨messieurs [mesjø]⟩ **1** *avec un nom ou titre*: **~ Durand** Herr Durand; **Monsieur le Maire** der Herr Bürgermeister;

M

par ext **~ Sécurité** Mister *m* Sicherheit **2** *pour s'adresser à un homme*: **Monsieur** Herr (+ *nom de famille*); *dans un magasin a. fam* der Herr!; *au début d'une lettre* Sehr geehrter Herr (+ *nom de famille*); **Messieurs!** meine Herren!; (**bonjour**,) **Monsieur!** guten Tag! *ou* guten Tag, Herr (+ *nom de famille*); *fam* **bonjour, Messieurs Dames!** *fam* guten Tag, die Herrschaften! **3** (*homme*) Herr *m*; **un vieux ~** ein alter Herr

monstre [mõstʀ] M **1** MYTH Ungeheuer *n*; Monster *n* **2** *fig* (*personne cruelle*) Monster *n*; Ungeheuer *n*; Scheusal *n* (*a. très laide*) **3** **~ sacré** Welt-, Superstar *m*; Kultfigur *f* **4** MÉD Missgeburt *f* **5** *fam adjt* Monster…; riesig; ungeheuer; **procès** *m* **~** Monsterprozess *m*; **succès** *m* **~** Bomben-, Riesenerfolg *m*

monstrueux [mõstʀyø] ADJ ⟨-euse [-øz]⟩ **1** (*gigantesque*) ungeheuer; riesig; monströs **2** (*horrible*) ungeheuerlich; scheußlich; abscheulich

monstruosité [mõstʀyozite] F Ungeheuerlichkeit *f*, Scheußlichkeit *f*, Abscheulichkeit *f* (*a. action, parole*)

mont [mõ] M Berg *m*; **le ~ Blanc** der Montblanc; *fig* **être toujours par ~s et par vaux** *fam* ständig auf Achse sein; *fig* **promettre ~s et merveilles** goldene Berge versprechen

M

montage [mõtaʒ] M (! maskulin) **1** TECH Montage *f*; Zusammenbau *m*; Einbau *m* (**dans** in + *acc*) **2** ÉLEC Schaltung *f* **3** FILM Montage *f*; Schnitt *m* **4** **~ (photo)** Fotomontage *f*

montagnard [mõtaɲaʀ] **A** ADJ ⟨-arde [-aʀd]⟩ Berg…; Gebirgs… **B** **~(e)** M(F) Bergbewohner(in) *m(f)*; Gebirgler(in) *m(f)*

montagne [mõtaɲ] F **1** Berg *m*; *fig* **se faire une ~ de qc** die Schwierigkeiten e-r Sache (*gén*) übertreiben **2** **~** *ou* **~s** *pl* Gebirge *n*; Berge *mpl*; **°haute ~** Hochgebirge *n*; **en ~** im Gebirge; in den Bergen **3** *fig* Berg *m*; Haufen *m* **4** **~s russes** Berg-und-Tal-Bahn *f*; Achterbahn *f*

la montagne — Berg

la montagne — Gebirge

montagneux [mõtaɲø] ADJ ⟨-euse [-øz]⟩ bergig; gebirgig

Montaigne [mõtɛɲ] *frz Schriftsteller*

montant [mõtã] **A** ADJ ⟨-ante [-ãt]⟩ **1** *chemin* (an)steigend; *gamme* aufsteigend; **la génération ~e** die kommende, junge Generation **2** *robe* hochgeschlossen; **chaussure ~e** hoher Schuh; Stiefel *m* **B** M **1** (*somme*) Betrag *m*; Summe *f*; Höhe *f*; **~ de la facture** Rechnungsbetrag *m* **2** *d'un lit, d'une fenêtre* Pfosten *m*; *d'une échelle* Holm *m*; Leiterbaum *m*

mont-de-piété [mõdpjete] M ⟨monts-de-piété⟩ Leihhaus *n*; Pfandleihe *f*

Monte-Carlo [mõtekaʀlo] Monte Carlo *n*

monte-charge [mõtʃaʀʒ] M (! unveränderlich) Lastenaufzug *m*

montée [mõte] F **1** Aufstieg *m* (*a. d'un ballon*); *en ascenseur* Auffahrt *f*; Hinauffahren *n*; *en téléférique* Bergfahrt *f*; *des eaux* (An)Steigen *n* **2** (*augmentation*) Anstieg *m*; Steigen *n* **3** (*pente*) Steigung *f*

monténégrin [mõtenegʀɛ̃] **A** ADJ ⟨-ine [-in]⟩ montenegrinisch **B** SUBST **Monténégrin(e)** M(F) Montenegriner(in) *m(f)*

Monténégro [mõtenegʀo] **le ~** Montenegro *n*

monte-plats [mõtpla] M (! unveränderlich) Speisenaufzug *m*

monter [mõte] **A** V/T **1** *escalier, marches, côte* hinauf- *ou* herauf-, hoch-, *fam* raufgehen, -steigen, -kommen; (*en*) *voiture* hinauffahren **2** *objet* hinauf- *ou* herauf-, hoch-, *fam* raufbringen, -tragen, -schaffen **3** *cheval* reiten; reiten auf (+ *dat*) **4** TECH montieren; zusammenbauen; *tente, échafaudage* aufbauen; aufschlagen; aufstellen; errichten; ÉLEC schalten; COUT *manche* einsetzen; *mailles* aufschlagen; *film* montieren; schneiden **5** *une affaire* aufbauen; gründen; *spectacle* zur Aufführung bringen; herausbringen; inszenieren **6** *fig* **~ (la tête à) qn** j-n aufbringen, aufhetzen (**contre** gegen) **7** *femelle* decken; belegen; bespringen **B** V/I ⟨*meist* **être**, *wenn e-e Person Subjekt ist*⟩ **1** steigen (**à, sur** auf + *acc*); hinauf- *ou* herauf-, hoch-, *fam* raufgehen, -steigen, -kommen, (*dans un*) *véhicule* -fahren; *dans un moyen de transport* einsteigen (**dans, en** in + *acc*); besteigen (+ *acc*); **~ à bicyclette** aufs (Fahr)Rad steigen; das (Fahr)Rad besteigen; **~ sur le trône** den Thron besteigen **2** *route* ansteigen; *avion, brouillard, odeurs* aufsteigen; *eaux, température* steigen; *lait qui bout* hochkommen;

flammes hochschlagen; emporlodern; *fig prix* steigen; anziehen; aufschlagen; *fig ton* scharf, gereizt, heftig werden; *vin* **~ à la tête** zu Kopf steigen; *vêtement* **~ (jusqu')** à gehen, reichen bis zu; **faire ~** *prix* in die Höhe treiben; hochtreiben **3** **~ (à cheval)** reiten; **police montée** berittene Polizei **C** V/PR **1** *somme, dépenses* **se ~ à** sich belaufen auf (+ *acc*); betragen; ausmachen **2** *personne* **se ~ en qc** sich mit etw versorgen, eindecken **3** *sens passif* **se ~ facilement** *appareil, meuble* leicht zu montieren sein

monteur [mõtœʀ] M, **monteuse** [-øz] F **1** TECH Monteur(in) *m(f)* **2** FILM Cutter(in) *m(f)*

montgolfière [mõgɔlfjɛʀ] F Heißluftballon *m*; Montgolfiere *f*

La montgolfière

Die **montgolfière** (Heißluftballon) erhielt ihren Namen von ihren Erfindern, den Brüdern Montgolfière, die von Beruf Papierfabrikanten waren. Der erste Flug der montgolfière fand am 19. September 1783 in Versailles statt, unter Anwesenheit des französischen Königs Ludwig XVI. Eine Ente, ein Hahn und ein Schaf dienten als Versuchskaninchen. Am 21. November desselben Jahres vollzog Pilâtre de Rozier den **ersten bemannten Flug der Geschichte**. Er erreichte eine Höhe von 1 000 Metern und überflog Paris.

LANDESKUNDE

monticule [mõtikyl] M Hügel *m*; Anhöhe *f*

Montpellier [mõpəlje, -pe-] *Stadt im Departement Hérault*

montre [mõtʀ] F **1** (Armband-, Taschen)Uhr *f*; **course** *f* **contre la ~** CYCLISME (Einzel)Zeitfahren *n*; *fig* Wettlauf *m* mit der Zeit; **~ en main** auf die Minute, Sekunde genau; **ma ~ est arrêtée** meine Uhr ist stehen geblieben; **mettre sa ~ à l'heure** s-e Uhr stellen **2** **faire ~ de qc** etw beweisen, zeigen

Montréal [mõreal] Montreal *n*

montre-bracelet F ⟨montres-bracelets⟩ Armbanduhr *f*

montrer [mõtʀe] **A** V/T zeigen; *papiers a.* vorzeigen; *chemin a.* weisen; *courage a.* beweisen; an den Tag legen; **~ qn, qc du doigt** (mit dem Finger) auf j-n, etw zeigen; **~ les dents** die Zähne fletschen; *fig* die Zähne zeigen **B** V/PR **se ~** sich zeigen; sich sehen, blicken lassen; **se ~ courageux** sich mutig zeigen; sich als mutig erweisen

montreur [mõtʀœʀ] M **~ de marionnettes** Marionetten-, Puppenspieler *m*

monture [mõtyʀ] F **1** *animal* Reittier *n*; *cheval* Reitpferd *n* **2** *d'un bijou* Fassung *f*; **~ (de lunettes)** Brillengestell *n*

monument [mɔnymã] M **1** Denkmal *n*, Monument *n* (*a. fig*); **~ classé** unter Denkmalschutz stehendes Bauwerk; **~ aux morts** Krieger-, Gefallenendenkmal *n* **2** *édifice* Bauwerk *n*; Baudenkmal *n* **3** *fam* **un ~ de bêtise** e-e ganz große Dummheit

monumental [mɔnymãtal] ADJ ⟨~e; -aux [-o]⟩ **1** (*imposant*) monumental **2** *fam* gewaltig

moquer [mɔke] V/PR **se ~ de** **1** (*tourner en ridicule*) sich lustig machen, sich mokieren über (+ *acc*); spotten über (+ *acc*); verspotten **2** (*ne pas se soucier de*) sich nicht kümmern um; **je m'en moque** das ist mir egal, *fam* schnuppe, *fam* Wurscht, *fam* piepe **3** (*berner*) an der Nase herumführen; zum Narren halten

moquerie [mɔkʀi] F Spott *m*

moquette [mɔkɛt] F Teppichboden *m*

moqueur [mɔkœʀ] **A** ADJ ⟨-euse [-øz]⟩ spöttisch **B** M Spötter *m*

moraine [mɔʀɛn] F Moräne *f*

moral [mɔʀal] **A** ADJ ⟨~e; -aux [-o]⟩ **1** *conduite, valeur, etc* moralisch; sittlich; **sens ~** Gefühl *n* für sittliches Verhalten **2** (*psychique*) seelisch; geistig; innere; moralisch **B** M (❗ maskulin) Moral *f*; seelische, innere Verfassung; **avoir le ~, avoir bon ~** in guter seelischer Verfassung sein; *fam* gut drauf sein; **ne pas avoir le ~** *ou* **avoir le ~ à zéro** e-n seelischen Tiefpunkt haben; seelisch auf dem Nullpunkt (angelangt) sein; *fam* schlecht drauf sein; **son ~ est bien bas** *a.* er *ou* sie ist ganz niedergeschlagen, deprimiert, *fam* down; **remonter le ~ à qn** j-m wieder Mut machen

morale [mɔʀal] F **1** (*valeurs morales*) Moral *f*; Sittlichkeit *f*; *doctrine* Moral-, Sittenlehre *f*; **faire la ~ à qn** j-m e-e Moralpredigt halten **2** (*leçon*) Moral *f*

moralement [mɔʀalmã] ADV **1** moralisch; in ethischer Hinsicht **2** geistig; intuitiv

moralisant [mɔʀalizã] ADJ ⟨-ante [-ãt]⟩ moralisierend **moralisateur** [-izatœʀ] ADJ ⟨-trice [-tʀis]⟩ *péj* moralisierend **moraliser** [-ize] V/I moralisieren; *péj* Moral predigen **moralisme** [-ism] M Moralismus *m* **moraliste** [-ist] M Moralist *m* (*a. auteur*); *péj* Moralprediger *m*

moralité [mɔʀalite] F **1** (*qualité morale*) Moral *f*; Sittlichkeit *f* **2** (*enseignement*) Moral *f*; Nutzanwendung *f*

moratoire [mɔʀatwaʀ] **A** M Moratorium *n*; Zahlungsaufschub *m*; Stundung *f* **B** ADJ **intérêts** *mpl* **~s** Verzugszinsen *mpl*

morave [mɔʀav] ADJ mährisch

Moravie [mɔʀavi] **la ~** Mähren *n*

morbide [mɔʀbid] ADJ krankhaft; morbid

morbidité [mɔʀbidite] F **1** STATISTIQUE Mor-

M

bidität *f* **2** MÉD Krankhaftigkeit *f*

Morbihan [mɔʀbijɑ̃] **le ~** *frz Departement*

morceau [mɔʀso] M ‹~x› **1** Stück *n*; **un ~ de pain** ein Stück Brot; **en (mille) ~x** in (tausend) Stücke; *fam fig* **c'est un ~** *fam* er *ou* sie ist ein Brocken; *fam* **manger un ~** e-e Kleinigkeit essen; *fam fig* **manger, lâcher le ~** *fam* auspacken **2** (Musik)Stück *n*

morceler [mɔʀsəle] V/T ‹-ll-› zerstückeln; aufteilen

morcellement [mɔʀsɛlmɑ̃] M Zerstückelung *f*; Aufteilung *f*

mordant [mɔʀdɑ̃] **A** ADJ ‹-ante [-ɑ̃t]› beißend; bissig; scharf **B** M **avoir du ~** Biss haben

mordicus [mɔʀdikys] ADV *fam* **soutenir qc ~** etw steif und fest behaupten

mordiller [mɔʀdije] V/T **~ qc** an etw *(dat)* knabbern, herumbeißen

mordoré [mɔʀdɔʀe] ADJ ‹~e› goldbraun

mordre [mɔʀdʀ] ‹→ rendre› **A** V/T **1** beißen (**qn à la jambe** j-n ins Bein); *personne* **~ qc** *en mangeant* auf etw *(acc)* beißen; *(ronger)* auf etw *(dat)* herumbeißen; *plais* **je ne mords pas** ich beiße nicht **2** *acide: métal, etc* angreifen **B** V/T INDIR **1** *poisson* **~ (à l'appât)** anbeißen; *fig* **~ à l'hameçon** sich ködern lassen; *fam* anbeißen **2 ~ dans qc** in etw *(acc)* beißen **3** SPORTS **~ sur la ligne** übertreten; AUTO **~ sur la ligne continue** über die Mittellinie fahren **C** V/I *mécanisme, vis* greifen; fassen **D** V/PR **se ~ les lèvres** sich *(dat)* auf die Lippen beißen *(a. fig)*; *fig* **se ~ les doigts de qc** etw bereuen

mordu [mɔʀdy] *fam* **A** ADJ ‹~e› *(amoureux)* verliebt; *fam* verknallt **B** SUBST **un ~ du jazz** ein Jazzfan *m*

moresque [mɔʀɛsk] → **mauresque**

morfal [mɔʀfal] M ‹-als› *argot (goinfre) fam* Vielfraß *m*

morfondre [mɔʀfɔ̃dʀ] V/PR ‹→ rendre› **se ~** sich langweilen (und Trübsal blasen)

morfondu [mɔʀfɔ̃dy] ADJ ‹~e› bedrückt; *fam* geknickt

morgue [mɔʀg] F **1** *bâtiment* Leichenschauhaus *n*; *salle* Leichenhalle *f* **2** *(orgueil)* Dünkel *m*; Überheblichkeit *f*

moribond [mɔʀibɔ̃] **A** ADJ ‹-onde [-ɔ̃d]› im Sterben liegend; sterbend **B ~(e)** M(F) Sterbende(r) *m/f(m)*

morigéner [mɔʀiʒene] *st/s* V/T ‹-è-› rügen

morille [mɔrij] F Morchel *f*

mormon [mɔʀmɔ̃] M, **mormone** [-ɔn] F Mormone *m*, Mormonin *f*

morne [mɔʀn] ADJ trübselig; *personne a.* trübsinnig; *existence, paysage a.* trist; trostlos; öde

morose [mɔʀoz] ADJ missmutig; griesgrämig; grämlich; verdrossen **morosité** [-ite] F Missmut *m*; Verdrossenheit *f*

morphème [mɔʀfɛm] M LING Morphem *n*

morphine [mɔʀfin] F Morphium *n*

morphinomane [mɔʀfinɔman] M/F Morphinist(in) *m(f)*; Morphiumsüchtige(r) *m/f(m)*

morphologie [mɔʀfɔlɔʒi] F Morphologie *f*; LING *a.* Formenlehre *f* **morphologique** [-ik] ADJ morphologisch

morpion [mɔʀpjɔ̃] *fam* M **1** ZOOL Filzlaus *f* **2** *(petit garçon) fam* Knirps *m* **3** *jeu: ein besonders von Schülern zu zweit gespieltes Schreibspiel, ähnlich unserem „Drei gewinnt", aber mit fünf Feldern*

mors [mɔʀ] M Gebiss *n* *(am Pferdezaum)*; **prendre le ~ aux dents** *cheval* durchgehen; scheuen; *fig (s'emporter)* in Harnisch geraten; sich ereifern

morse¹ [mɔʀs] M ZOOL Walross *n*

morse² M *code* Morsealphabet *n*

morsure [mɔʀsyʀ] F Biss *m*

mort¹ [mɔʀ] F Tod *m* *(a. fig)*; **à ~** tödlich; zu Tode; *combat* auf Leben und Tod; **condamner qn à ~** j-n zum Tode verurteilen; **être fâché à ~ avec qn** mit j-m tödlich verfeindet sein; *fam* restlos mit j-m verkracht sein; **ce n'est pas la ~ (du petit cheval)** *(pas cher)* das kostet nicht die Welt; *(faisable)* das ist doch zu schaffen; das ist doch e-e Kleinigkeit; *fam fig* **freiner à ~** e-e Vollbremsung machen; **la ~ dans l'âme** zu Tode betrübt; **se donner la ~** sich *(dat)* das Leben nehmen

mort² [mɔʀ] **A** PP → **mourir** *et* ADJ ‹**morte** [mɔʀt]› tot; *personne a.* gestorben; verstorben; *soldat* gefallen; *animal a.* verendet; BOT, MÉD tot; abgestorben; *bois* dürr; *yeux* glanzlos; erloschen; *ville* (wie) tot, ausgestorben; *fam moteur fam* kaputt; *fam* hin; *fam pile* leer; **angle ~** toter Winkel; **eau ~e** stehendes Wasser; **feuille ~e** welkes, dürres Blatt; **langue ~e** tote Sprache; **poids ~** TECH Eigengewicht *n*; *fig* Hemmschuh *m*; Last *f*; **temps ~** *(sans activité)* tote, stille Zeit; SPORTS Auszeit *f*; **être ~ (de fatigue)** todmüde sein; **être ~ de peur** vor Angst wie gelähmt, *fam* halb tot sein **B ~(e)** M(F) Tote(r) *m/f(m)*; *(victime)* Todesopfer *n*; **jour** *m* **des Morts** Allerseelen *n*; **faire le ~** sich tot stellen; *fig* sich nicht rühren; nichts von sich hören lassen; *accident* **faire deux ~s** zwei Todesopfer fordern

mortadelle [mɔʀtadɛl] F Mortadella *f*

mortaise [mɔʀtɛz] F Zapfenloch *n*

mortalité [mɔʀtalite] F Sterblichkeit *f*; (**taux** *m* **de**) **~** Sterbeziffer *f*

mort-aux-rats [mɔʀɔʀa] F (! unveränderlich) Rattengift *n*

mortel [mɔʀtɛl] **A** ADJ ‹~le› **1** *être vivant* sterblich **2** *maladie, poison, danger* tödlich; **coup ~** Todesstoß *m* **3** *fig* **ennemi ~** Todfeind *m*; **ennui ~** tödliche Langeweile; **péché ~** Todsünde *f* **4**

fam (très ennuyeux) sterbenslangweilig; zum Sterben, tödlich langweilig **B** **~(le)** M(F) Sterbliche(r) *m/f(m)*

mortellement [mɔʀtɛlmɑ̃] ADV **1** **~ blessé** tödlich verletzt **2** **~ ennuyeux** sterbenslangweilig

morte-saison [mɔʀt(ə)sɛzõ] F ⟨mortes-saisons⟩ geschäftlich stille Zeit; *fam* Saure-Gurken-Zeit *f*

mortier [mɔʀtje] M **1** CONSTR Mörtel *m* **2** MIL, *récipient* Mörser *m*

mortifiant [mɔʀtifjɑ̃] ADJ ⟨-ante [-ɑ̃t]⟩ kränkend; demütigend **mortification** [-fikasjõ] F **1** Kränkung *f*; Demütigung *f* **2** REL Kasteiung *f* **mortifier** [-fje] V/T **1** kränken; demütigen **2** REL kasteien

mortinatalité [mɔʀtinatalite] F (**taux** *m* **de**) **~** Zahl *f* der Totgeburten

mort-né [mɔʀne] **A** ADJ ⟨mort-née⟩ **1** *enfant* tot geboren **2** *fig projet* ein tot geborenes Kind **B** M ⟨mort-nés⟩ Totgeburt *f*

mortuaire [mɔʀtɥɛʀ] ADJ Toten…; Sterbe…; Leichen…; **couronne** *f* **~** Grabkranz *m*

morue [mɔʀy] F **1** ZOOL Kabeljau *m*; *jeune poisson* Dorsch *m*; *séchée* Stockfisch *m* **2** *pop péj* Nutte *f*

morve [mɔʀv] F Nasenschleim *m*; *fam* Rotz *m*

morveux [mɔʀvø] **A** ADJ ⟨-euse [-øz]⟩ *enfant* mit e-r Rotznase **B** **~, morveuse** M,F *fam* Rotznase *f*

mosaïque [mɔzaik] F Mosaik *n* (*a. fig*)

Moscou [mɔsku] Moskau *n*

moscovite [mɔskɔvit] **A** ADJ Moskauer **B** **Moscovite** M/F Moskauer(in) *m(f)*

Moselle [mɔzɛl] **la ~** **1** *rivière* die Mosel **2** *frz Departement*

mosquée [mɔske] F Moschee *f*

mot [mo] M **1** Wort *n*; *d'une langue étrangère a.* Vokabel *f*; **bon ~, ~ d'esprit** Bonmot *n*; geistreiche, witzige Bemerkung; *fig* **le fin ~ de l'histoire** der wahre Sachverhalt; des Pudels Kern; **~ d'enfant** Kindermund *m*; *fig* **le ~ de l'énigme** des Rätsels Lösung *f*; **~ d'ordre** Parole *f*; Losung *f*; **~ de passe** Kennwort *n*; MIL *a.* Losung(swort) *f(n)*; Parole *f*; INFORM Passwort *n*; **~ à ~** [motamo] wörtlich; **~ pour ~** wortwörtlich; Wort für Wort; **au bas ~** mindestens; bei vorsichtiger Schätzung; **en un ~** mit einem Wort; kurz; **sans ~ dire** wortlos; ohne ein Wort zu sagen; **avoir des ~s avec qn** e-n Wortwechsel mit j-m haben; **avoir toujours le ~ pour rire** immer zu Scherzen aufgelegt sein; **avoir le dernier ~** das letzte Wort haben; **j'ai deux ~s à vous dire** ich habe ein Wörtchen mit Ihnen zu reden; **avoir son ~ à dire** auch noch ein Wörtchen mitzureden haben; **se donner le ~** sich absprechen; **prendre qn au ~** j-n beim Wort nehmen; **ne (pas) souffler ~** kein Sterbenswörtchen sagen; **toucher un ~ de qc à qn** j-n auf etw (*acc*) ansprechen **2** (*message*) **un (petit) ~** ein paar Zeilen *fpl*; **~ d'excuse** Entschuldigung(szettel) *f(m)*

motard [mɔtaʀ] *fam* M **1** motorisierter (Verkehrs)Polizist **2** Motorradfahrer *m*

motel [mɔtɛl] M Motel *n*

moteur [mɔtœʀ] **A** ADJ ⟨-trice [-tʀis]⟩ **1** ANAT motorisch; Bewegungs… **2** TECH Antriebs…; **roue motrice** Antriebsrad *n* **B** M **1** TECH Motor *m*; **~ électrique** Elektromotor *m*; **~ à essence** Benzinmotor *m*; *adjt* **bloc** *m*, **frein** *m* **~** Motorblock *m*, -bremse *f* **2** INFORM **~ de recherche** Suchmaschine *f* **3** *fig* Motor *m*; treibende Kraft

motif [mɔtif] M **1** (*raison*) Motiv *n*; (Beweg)Grund *m*; **sans ~** grundlos; ohne Veranlassung **2** (*sujet*) Motiv *n* (*a.* MUS); PEINT *a.* Gegenstand *m*; *d'un tissu a.* Muster *n*

motion [mɔsjõ] F POL Antrag *m*; **~ de censure** Misstrauensantrag *m*

motivation [mɔtivasjõ] F Motivation *f*; **~s** *pl* Beweggründe *mpl*; **études** *fpl* **de ~** Motivforschung *f*

motivé [mɔtive] ADJ ⟨~e⟩ **1** *personne* motiviert **2** *refus, plaintes* begründet; motiviert

motiver [mɔtive] V/T **1** (*justifier*) begründen; motivieren **2** (*être le motif de*) der Grund, Anlass sein (**qc** für etw) **3** **~ qn** j-n motivieren

moto [mɔto] F Motorrad *n*; **faire de la ~** Motorrad fahren

motocross [mɔtɔkʀɔs] M Motocross *n*

motoculteur [mɔtɔkyltœʀ] M Einachsschlepper *m*

motocycle [mɔtɔsikl] M ADMIN Kraftrad *n*

motocyclette [-ɛt] F → moto **motocyclisme** [-ism] M Motorradsport *m* **motocycliste** [-ist] M/F Motorradfahrer(in) *m(f)*

motoneige [mɔtɔnɛʒ] F *au Canada* Motorschlitten *m* (*mit Kufen u. Raupen*)

motorisation [mɔtɔʀizasjõ] F Motorisierung *f*

motoriser [mɔtɔʀize] V/T motorisieren; *fam* **être motorisé** motorisiert sein

motrice [mɔtʀis] F Triebwagen *m*; *du TGV* Triebkopf *m*

motricité [mɔtʀisite] F Fähigkeit *f*, Muskelzusammenziehungen zu bewirken

motte [mɔt] F **1** **~ (de terre)** Scholle *f*; Erdklumpen *m* **2** **~ de beurre** Butterklumpen *m*

motus [mɔtys] INT **~ (et bouche cousue)!** Mund halten!; nichts verraten!

mou [mu] **A** ADJ ⟨*m vor Vokal u. stummem h* **mol** [mɔl]; *f* **molle** [mɔl]⟩ **1** *substance, matelas, etc* weich **2** *fig* willen-, energielos; schlaff;

M

schlapp; *fam* lahm **B** M **1** BOUCHERIE Lunge *f* **2** *personne fam* Schlappschwanz *m*; *fam* Waschlappen *m* **3** **donner du ~** locker lassen (**à** *acc*) **4** *pop fig* **bourrer le ~ de qn** j-m etw weismachen wollen

mouchard [muʃaʀ] M, **moucharde** [-aʀd] F *fam* **1** (*espion*) Spitzel *m* **2** ÉCOLE *fam* Petze *f* **3** *m* TECH Fahrt(en)schreiber *m*

mouchardage [muʃaʀdaʒ] *fam* M **1** Bespitzelung *f*; (Herum)Spionieren *n* **2** ÉCOLE *fam* (Ver)Petzen *n*

moucharder [muʃaʀde] *fam* V/T **1** (*espionner*) bespitzeln; *abs* (herum)spionieren **2** (*dénoncer*) *fam* verpetzen; *fam* verpfeifen; *abs* petzen

mouche [muʃ] F **1** ZOOL Fliege *f*; **~ bleue** Schmeißfliege *f*; *fig* **fine ~** *fam* schlaues Weib; schlauer Fuchs; **on aurait entendu une ~ voler** man konnte e-e Stecknadel fallen hören; **il ne ferait pas de mal à une ~** er tut keiner Fliege etwas zuleide; *fig* **prendre la ~** gleich böse werden, aufbrausen **2** TIR, *fig* **faire ~** ins Schwarze treffen **3** *adjt* SPORTS **poids** *m* **~** Fliegengewicht *n*

moucher [muʃe] **A** V/T **1** die Nase putzen (**qn** j-m) **2** *fam fig* **se faire ~** abgekanzelt, *fam* heruntergeputzt werden **B** V/PR **se ~** sich (*dat*) die Nase putzen; sich schnäuzen

M

moucheron [muʃʀõ] M (kleine) Mücke

moucheté [muʃte] ADJ ⟨~e⟩ getüpfelt, getupft (*a. tissu*); gesprenkelt

moucheter [muʃte] V/T ⟨-tt-⟩ tüpfeln; mit Tupfen versehen

mouchoir [muʃwaʀ] M Taschentuch *n*; **~ en papier** Papiertaschentuch *n*; **grand comme un ~ (de poche)** winzig; *fam* ein Handtuch *n*; SPORTS **arriver dans un ~** mit ganz knappem Vorsprung (in e-r dicht gedrängten Spitzengruppe) durchs Ziel gehen

moudre [mudʀ] V/T ⟨je mouds, il moud, nous moulons; je moulais; je moulus; je moudrai; que je moule; moulant; moulu⟩ mahlen

moue [mu] F schiefes Gesicht; Schmollmund *m*; **faire une ~ de dédain** verächtlich den Mund verziehen; **faire la ~** ein (schiefes) Gesicht, *fam* e-n Flunsch ziehen

mouette [mwɛt] F Möwe *f*

moufeter → moufter

moufle [mufl] F Fausthandschuh *m*; Fäustling *m*

mouflet [muflɛ] M, **mouflette** [-ɛt] F *fam* Gör *n*; Göre *f*

mouflon [muflõ] M Mufflon *m*

moufter [mufte] *fam* V/I **ne pas ~** *fam* nicht (auf)mucken

mouillage [mujaʒ] M MAR Ankern *n*; *endroit* Ankerplatz *m*

mouillé [muje] ADJ ⟨~e⟩ nass; feucht

mouiller [muje] **A** V/T **1** nass machen; (*humidifier*) anfeuchten; **se faire ~** nass werden **2** *ancre* (aus)werfen **B** V/I *bateau* vor Anker gehen; ankern **C** V/PRON **1** **se ~** nass werden; feucht werden (*a. yeux*); *personne a.* sich nass machen **2** *fam fig* **se ~** sich kompromittieren; ein Risiko eingehen

mouillette [mujɛt] F Stück *n* Brot (*zum Eintauchen*)

mouise [mwiz] *pop* F Not *f*; Elend *n*; **il est dans la ~** *fam* es geht ihm dreckig

moulage [mulaʒ] M **1** TECH Formguss *m*; Gießen *n* **2** SCULP Abguss *m*

moulant [mulɑ̃] ADJ ⟨-ante [-ɑ̃t]⟩ eng anliegend; hauteng

moule[1] [mul] M **1** TECH, SCULP (Guss-, Gieß-) Form *f* **2** CUIS Back-, Kuchenform *f*; **~ à tarte** rundes Obstkuchenblech **3** *pour pâtés de sable* Sandförmchen *n*

moule[2] F ZOOL Miesmuschel *f*

moulé [mule] ADJ ⟨~e⟩ **1** *statue* gegossen **2** **pain ~** in der Form gebackenes Brot; Kastenbrot *n* **3** **écriture ~e** Schrift, die wie gestochen ist

mouler [mule] V/T **1** (*fabriquer*) formen; gießen **2** (*reproduire*) abformen **3** *fig* **~ sur qc** nach etw bilden, formen **4** *vêtement* **~ (le corps)** hauteng sitzen

mouleur [mulœʀ] M TECH Gießer *m*; MÉTALLURGIE *a.* Former *m*; Formgießer *m*

les moules (mpl) — Kuchenformen

les moules (fpl) — Miesmuscheln

moulin [mulɛ̃] M 1 Mühle *f*; **~ à café** Kaffeemühle *f*; **~ à légumes** Passiermaschine *f*; **~ à vent** Windmühle *f*; *jouet* Windrädchen *n*; *fig* **se battre contre des ~s à vent** gegen Windmühlenflügel kämpfen; *fam fig* **c'est un ~ à paroles** der Mund steht ihm *ou* ihr nie still 2 *fam (moteur)* Motor *m*

mouliner [muline] V/T CUIS passieren

moulinet [mulinɛ] M 1 PÊCHE Rolle *f* 2 **faire des ~s avec qc** etw im Kreis herumwirbeln

moulinette® [mulinɛt] F *kleine Mühle zum Raspeln von Gemüse etc*

moult [mult] *iron* ADV viel(e)

moulu [muly] PP → moudre *et* ADJ ⟨~e⟩ 1 gemahlen 2 *fig* **être ~ (de fatigue)** wie zerschlagen sein

moulure [mulyʀ] F Profilleiste *f*, -stab *m*

moumoute [mumut] F 1 *plais* Perücke *f* 2 *veste* Schaffelljacke *f*

mourant [muʀɑ̃] A ADJ ⟨-ante [-ɑ̃t]⟩ 1 sterbend; im Sterben liegend 2 *fig, litt* ersterbend B **~(e)** M(F) Sterbende(r) *m/f(m)*

mourir [muʀiʀ] ⟨je meurs, il meurt, nous mourons, ils meurent; je mourais; je mourus; je mourrai; que je meure, que nous mourions; mourant; être mort⟩ V/I *personne* sterben (**de** an + *dat*); *dans un accident* umkommen; ums Leben kommen; *à la guerre* fallen; *fig* vergehen, umkommen, sterben (**de** vor + *dat*); *animal* eingehen (*a. plante*); verenden; *plante* absterben; *civilisation* untergehen; *fig bruit* sich verlieren; immer leiser werden; *fig passion* vergehen; *st/s* sterben; *fig* **~ d'amour** (un)sterblich verliebt sein; *fig* **~ de chaleur** vor Hitze umkommen; **~ de froid** erfrieren; **~ de sa belle mort** e-s natürlichen Todes sterben; *iron* **tu n'en mourras pas** du wirst nicht gleich daran sterben; **s'ennuyer à ~** sich tödlich, zu Tode langweilen; **c'est à ~ de rire** das ist zum Totlachen

mouroir [muʀwaʀ] M *péj* Sterbeanstalt *f*

mouron [muʀõ] M *fam* **se faire du ~** sich (*dat*) Sorgen machen

mouscaille [muskaj] F *pop* → mouise

mousquetaire [muskətɛʀ] M Musketier *m*

mousqueton [muskətõ] M Karabinerhaken *m*

moussaillon [musajõ] *fam* M kleiner Schiffsjunge

moussant [musɑ̃] ADJ ⟨-ante [-ɑ̃t]⟩ Schaum…

mousse¹ [mus] F 1 BOT Moos *n*; *adjt* **vert ~** (! unveränderlich) moosgrün 2 (*écume*) Schaum *m* 3 CUIS Mousse *f*; **~ au chocolat** Schokoladencremespeise *f* 4 *matière plastique* Schaumstoff *m* 5 **~ carbonique** Kohlensäureschnee *m* 6 TRICOT *adjt* **point** *m* **~** Rechts-rechts-Muster *n*

la mousse — Moos

la mousse — Schaum

mousse² M MAR Schiffsjunge *m*

mousseline [muslin] F 1 TEXT Musselin *m* 2 CUIS *adjt* **pommes** *fpl* **~** sahnig geschlagenes Kartoffelpüree; **sauce** *f* **~** holländische Soße mit Schlagsahne

mousser [muse] V/I 1 schäumen; *vin a.* moussieren; perlen 2 *fam fig* **se faire ~** sich besonders herausstreichen

mousseron [musʀõ] M BOT Mairitterling *m*; Georgspilz *m*

mousseux [musø] ADJ ⟨-euse [-øz]⟩ schäumend; (**vin** *m*) **~** *m* Schaumwein *m*; Sekt *m*

mousson [musõ] F Monsun *m*

moustache [mustaʃ] F 1 Schnurrbart *m*; *grosse* Schnauzbart *m* 2 ZOOL **~s** *pl* Schnurrhaare *npl*; Bart *m*

moustachu [mustaʃy] A ADJ ⟨~e⟩ schnurrbärtig B M Schnurrbärtige(r) *m*; *fam* Schnauzbart *m*

moustiquaire [mustikɛʀ] F Moskitonetz *n*

moustique [mustik] M 1 (Stech)Mücke *f*; *des pays tropicaux* Moskito *m* 2 *fig enfant fam* Wicht *m*

moût [mu] M Most *m*; unvergorener Saft

moutard [mutaʀ] M *fam* Knirps *m*; **~s** *pl fam* Gören *npl*

moutarde [mutaʀd] F Senf *m* (*a.* BOT); Mostrich *m*; *adjt* (! unveränderlich) senffarben; **sauce** *f* **~** Senfsoße *f*; *fig* **la ~ lui monte au nez** der Zorn steigt in ihm hoch

moutardier [mutaʀdje] M Senftopf *m*

mouton [mutõ] M 1 ZOOL Schaf *n*; *mâle castré* Hammel *m*; *fig* **~ de Panurge** Herdenmensch *m*; *fig* **revenons à nos ~s!** kommen wir wieder

M

zur Sache *ou* zum Thema! **2** *viande* Hammelfleisch *n*; **côtelette** *f* **de ~** Hammelkotelett *n* **3** *fig* **~s** *pl poussière* (Staub)Flocken *fpl*; *sur les vagues* Schaumkronen *fpl*; *nuages* Schäfchen (-wolken) *npl(fpl)*

moutonné [mutɔne] ADJ ⟨~e⟩ **1** *ciel* mit Schäfchenwolken bedeckt **2** *(frisé)* kraushaarig

moutonnement [mutɔnmɑ̃] M *des vagues* Schäumen *n*; Kräuselung *f*

moutonner [mutɔne] V/I *mer* Schaumkronen bilden; schäumen; sich kräuseln; **les nuages moutonnent** es bilden sich Schäfchenwolken

moutonneux [mutɔnø] ADJ ⟨-euse [-øz]⟩ *mer* voller Schaumkronen; sich kräuselnd

moutonnier [mutɔnje] ADJ ⟨-ière [-jɛʀ]⟩ *péj* (wie die Schafe) blind den anderen folgend; vom Herdentrieb gelenkt

mouture [mutyʀ] F **1** *du blé, etc* Mahlen *n* **2** *café* **~ fine** fein gemahlener Kaffee **3** *fig* Fassung *f*; *péj* Aufguss *m*

mouvance [muvɑ̃s] F Einflussbereich *m*; Dunstkreis *m*

mouvant [muvɑ̃] ADJ ⟨-ante [-ɑ̃t]⟩ **1** in ständiger Bewegung; sich ständig wandelnd **2** **sables ~s** Treibsand *m*; *fig* **avancer en, sur un terrain ~** sich auf unsicheres Gebiet begeben

M

mouvement [muvmɑ̃] M **1** Bewegung *f* (*a. fig*, POL); **~ de grève** Streikbewegung *f*; *mécanisme* **mettre en ~** in Bewegung setzen; *fig* **suivre le ~** mit dem Strom schwimmen **2** MUS Tempo *n*; Zeitmaß *n*; *partie d'une œuvre* Satz *m* **3** **~ d'horlogerie** Uhrwerk *n*; **~ perpétuel** Perpetuum mobile *n* **4** *(impulsion)* Reaktion *f*; (Gefühls)Regung *f*; *de colère* Anwandlung *f* (**de** von); Aufwallung *f* (+ *gén*); **bon ~** gute Regung; **de son propre ~** aus eigenem Antrieb **5** *(animation)* reges Leben (und Treiben)

mouvementé [muvmɑ̃te] ADJ ⟨~e⟩ *vie* bewegt; wechselvoll; abwechslungsreich; *séance* erregt; stürmisch

mouvoir [muvwaʀ] ⟨je meus, il meut, nous mouvons, ils meuvent; je mouvais; je mus; je mouvrai; que je meuve, que nous mouvions; mouvant; mû, mue; *selten bis auf inf, présent ind u. pp*⟩ **A** V/T **1** bewegen; **être mû par l'électricité** elektrisch angetrieben werden **2** *fig personne* **être mû par la passion** von Leidenschaft getrieben werden **B** V/PR **se ~** sich bewegen

moyen¹ [mwajɛ̃] ADJ ⟨moyenne [mwajɛn]⟩ **1** *(intermédiaire)* mittlere; Mittel…; **Moyen Âge** Mittelalter *n*; **~ terme** *fig* Mittelweg *m* **2** *(en moyenne)* durchschnittlich; Durchschnitts…; **le Français ~** der Durchschnittsfranzose **3** *résultats, élève* mittelmäßig; *élève* **être ~ en français** in Französisch mittelmäßig sein

moyen² M **1** Mittel *n*; *fig* **~s du bord** verfügbare, vorhandene Mittel; **~ de transport** Transport-, Verkehrsmittel *n*; **au ~ de** mit (+ *dat*); mithilfe von (*ou* + *gén*); mittels (+ *gén*); *fam* **pas ~!** unmöglich!; *fam* geht nicht!; **il y a ~ de** (+ *inf*) es gibt ein Mittel, e-n Weg zu (+ *inf*); es ist möglich zu (+ *inf*); **employer les grands ~s** zum äußersten, letzten Mittel greifen; **tous les ~s lui sont bons** ihm ist jedes Mittel recht; **trouver (le, un) ~ de, pour** (+*inf*) Mittel und Wege, ein Mittel, e-n Weg finden zu (+*inf*); *fam iron* **tu as trouvé ~** *de casser le vase fam* du hast es also tatsächlich geschafft … **2** **~s** *pl d'une personne* Fähigkeiten *fpl*; Talent *n*; Begabung *f*; *physiques* Kräfte *fpl*; **par ses propres ~s** aus eigener Kraft; ohne fremde Hilfe; **perdre ses ~s** (völlig) versagen **3** **~s** *pl (ressources pécuniaires)* Mittel *npl*; *fam* **il a les ~s!** er kann es sich (*dat*) leisten!; **vivre au-dessus de ses ~s** über s-e Verhältnisse leben

moyenâgeux [mwajɛnɑʒø] ADJ ⟨-euse [-øz]⟩ mittelalterlich (*a. péj*)

moyen-courrier M ⟨moyen-courriers⟩ Mittelstreckenflugzeug *n*; *adjt* Mittelstrecken…

moyennant [mwajɛnɑ̃] PRÉP mittels (+ *gén*); für (+ *acc*); gegen (+ *acc*); **~ récompense** gegen Belohnung; **~ quoi** womit; wodurch

moyenne [mwajɛn] F Durchschnitt *m*; MATH, MÉTÉO Mittel *n*; Mittelwert *m*; **~ d'âge** Durchschnittsalter *n*; **en ~** durchschnittlich; im Durchschnitt; im Mittel; *fam* im Schnitt; *élève* **avoir la ~** den Durchschnitt erreicht haben; *élève* **être dans la bonne ~** guter Durchschnitt sein; **faire du 70 de ~** durchschnittlich, im Schnitt (mit) 70 fahren

moyennement [mwajɛnmɑ̃] ADV mittelmäßig

Moyen-Orient [mwajɛnɔʀjɑ̃] **le ~** der Mittlere Osten

moyeu [mwajø] M ⟨~x⟩ Nabe *f*

Mozambique [mɔzɑ̃bik] **le ~** Mosambik *ou* Moçambique *n*

Mozart [mɔzaʀ, mo-] M Mozart *m*

mozzarella [mɔdzaʀela] F Mozzarella *m*

MST [ɛmɛste] F (! unveränderlich) ABR (maladie sexuellement transmissible) Geschlechtskrankheit *f*

mû [my] PP → mouvoir

mucosité [mykozite] F Schleim *m*

mucoviscidose [mykovisidoz] F MÉD Mukoviszidose *f*

mucus [mykys] M Schleim *m*

mue [my] F **1** *des oiseaux* Mauser *f*; *des serpents* Häutung *f* **2** *de la voix* Stimmbruch *m*

muer [mɥe] **A** V/I **1** *oiseaux* sich mausern; *serpents* sich häuten **2** *jeune homme* im Stimmbruch sein B V/PR *litt* **se ~ en** sich verwandeln in (+ *acc*)

muet [mɥɛ] A ADJ ⟨muette [mɥɛt]⟩ stumm (*a. fig*); **e, h ~** stummes e, h; **cinéma, film ~** Stummfilm *m*; *loi, règlement* **être ~ sur qc** über etw (*acc*) nichts sagen B 1 **~(te)** *m(f)* Stumme(r) *m/f(m)* 2 FILM **le ~** der Stummfilm

mufle [myfl] M 1 *d'un animal* Schnauze *f*; Maul *n* 2 *péj* (*goujat*) Flegel *m*; Lümmel *m*; Rüpel *m*

muflerie [myflәʀi] F Flegelhaftigkeit *f*

mugir [myʒiʀ] V/I 1 *bovins* brüllen; muhen 2 *fig mer* brausen; tosen

mugissement [myʒismɑ̃] M 1 *des bovins* Brüllen *n*; Muhen *n* 2 *fig* Brausen *n*; Tosen *n*

muguet [mygɛ] M 1 BOT Maiglöckchen *n* 2 MÉD Schwämmchen *n*; Soor *m*

mulâtre [mylɑtʀ] M/F Mulatte *m*, Mulattin *f* **mulâtresse** [-ɛs] F Mulattin *f*

mule [myl] F 1 ZOOL weibliches Maultier; Mauleselin *f*; *fam fig* **tête** *f* **de ~** *fam* Dickschädel *m* 2 *pantoufle* Pantoffel *m*

la mule — Mauleselin

les mules (fpl) — Pantoffeln

mulet [mylɛ] 1 **(grand) ~** Maultier *n*; **(petit) ~** Maulesel *m* 2 *poisson* Meeräsche *f*

muletier [myltje] A M Maultiertreiber *m* B ADJ **sentier ~** Maultier-, Saumpfad *m*

Mulhouse [myluz] Mülhausen *n*

mulot [mylo] M Waldmaus *f*

multicolore [myltikɔlɔʀ] ADJ mehr-, vielfarbig; bunt

multiculturel [myltikyltyʀɛl] ADJ ⟨~le⟩ multikulturell; **société ~le** multikulturelle Gesellschaft

multiforme [myltifɔʀm] ADJ vielgestaltig, -förmig

multigrade [myltigʀad] ADJ TECH **huile** *f* **~** Mehrbereichsöl *n*

multilatéral [myltilateʀal] ADJ ⟨~e; -aux [-o]⟩ multilateral; mehrseitig **multimédia** ADJ (! Maskulin- und Femininform sind gleich) Multimedia... **multimillionnaire** A ADJ viele *ou* mehrere Millionen besitzend; *fam* millionenschwer B M/F Multimillionär(in) *m(f)* **multinational** A ADJ ⟨~e; -aux [-o]⟩ multinational B F **~e** multinationales Unternehmen; *fam* Multi *m*

multipartisme [myltipaʀtism] M Mehrparteiensystem *n* **multiplace** ADJ mehrsitzig

multiple [myltipl] A ADJ mehrfach; vielfach; mannigfach; vielfältig; **grossesse** *f* **~** Mehrlingsschwangerschaft *f*; ÉLEC **prise** *f* **~** Mehrfachsteckdose *f*; **à usages ~s** Mehrzweck... B M MATH Vielfache(s) *n*

multiplex [myltiplɛks] M Konferenzschaltung *f*

multiplicateur [myltiplikatœʀ] M Multiplikator *m*

multiplicatif [myltiplikatif] ADJ ⟨-ive [-iv]⟩ MATH **signe ~** Malzeichen *n*; Multiplikationszeichen *n*

multiplication [myltiplikasjõ] F 1 MATH Multiplizieren *n*; Multiplikation *f* 2 (*augmentation*) Vermehrung *f* (*a.* BIOL); Zunahme *f* 3 TECH Übersetzung *f*

multiplicité [myltiplisite] F 1 (*grand nombre*) Vielzahl *f* 2 (*caractère multiple*) Vielfalt *f*; Vielfältigkeit *f*

multiplier [myltiplije] A V/T 1 MATH malnehmen, multiplizieren (**par** mit) 2 *tentatives* mehrfach wiederholen; *erreurs, difficultés* vermehren; vervielfachen B V/PR **se ~** 1 *cas, incidents, etc* sich häufen; sich mehren; zunehmen 2 *êtres vivants* sich vermehren

multiprogrammation [myltipʀɔgʀamasjõ] F Multiprogramming *n* **multipropriété** F Miteigentum *n* an e-r Ferienwohnung; Timesharing *n*

multiracial [myltiʀasjal] ADJ ⟨~e; -aux [-o]⟩ gemischtrassig, -rassisch; **État ~** Vielvölkerstaat *m*

multirisque [myltiʀisk] ADJ **assurance** *f* **~** kombinierte Versicherung

multisalles [myltisal] ADJ **cinéma** *m* **~** Kinocenter *n*

multitude [myltityd] F 1 (*grand nombre*) Vielzahl *f* 2 *st/s* (*foule*) Menge *f*

muni [myni] → munir

Munich [mynik] München *n*

munichois [mynikwa] A ADJ ⟨-oise [-waz]⟩ Münchner B SUBST **Munichois(e)** M(F) Münchner(in) *m(f)*

municipal [mynisipal] ADJ ⟨~e; -aux [-o]⟩ kommunal; Gemeinde...; städtisch; Stadt... **conseil ~** Gemeinde-, Stadtrat *m*; **(élections** *fpl*) **~es** *fpl* Kommunalwahlen *fpl*

municipalité [mynisipalite] F 1 (*corps municipal*) Gemeindevorstand *m* 2 (*commune*) Gemein-

de *f*; *(ville)* Stadt *f*
munir [myniʀ] A VT versehen, ausstatten (**de** mit) B VPR **se ~ de qc** sich mit etw versehen; *(emporter)* etw mitnehmen
munitions [mynisjõ] FPL (! nur im Plural) Munition *f*
munster [mɛ̃stɛʀ, mœ̃-] M Münsterkäse *m*
muqueuse [mykøz] F Schleimhaut *f*
muqueux [mykø] ADJ ⟨-euse [-øz]⟩ schleimig; Schleim…
mur [myʀ] M (! maskulin) Mauer *f (a. fig)*; *d'une habitation a.* Wand *f*; **~ antibruit** Lärmschutzwall *m*; AVIAT **~ du son** Schallmauer *f*; *fig* **coller qn au ~** *(fusiller)* j-n an die Wand stellen *fig*; **faire le ~** *(sortir sans permission)* heimlich, unerlaubt weggehen; SPORTS e-e Mauer bilden; *fig* **mettre qn au pied du ~** j-n in die Enge treiben
mûr [myʀ] ADJ ⟨~e⟩ reif *(a. fig personne, abcès)*; *fam étoffe* mürb(e); brüchig; *péj femme* in reiferen Jahren; *fruit* **trop ~** überreif; **après ~e réflexion** nach reiflicher Überlegung
muraille [myʀaj] F (Stadt-, Befestigungs-)Mauer *f*
mural [myʀal] ADJ ⟨~e; -aux [-o]⟩ Wand…
mûre [myʀ] F Brombeere *f*
mûrement [myʀmɑ̃] ADV *réfléchir* reiflich
murène [myʀɛn] F Muräne *f (Fisch)*
murer [myʀe] A VT *fenêtre, porte* zumauern; *lieu* ummauern; *personne* einmauern; *fig mineurs* **être murés** eingeschlossen sein B VPR *fig* **se ~ dans son silence** sich in Schweigen hüllen
muret [myʀɛ] M, **murette** [-ɛt] F niedrige Mauer; Mäuerchen *n*
mûrier [myʀje] M Maulbeerbaum *m*
mûrir [myʀiʀ] A VT reifen lassen *(a. fig projet)*; *fig personne* reifer werden lassen B VI reifen *(a. fig personne)*; reif werden; *fig personne a.* reifer werden; *fig projet* (heran)reifen
mûrissant [myʀisɑ̃] ADJ ⟨-ante [-ɑ̃t]⟩ 1 *fruit* reifend 2 *fig personne* reiferen Alters
mûrissement [myʀismɑ̃] M 1 *naturel* Reifen *n (a. fig)* 2 *provoqué* Nachreifenlassen *n*
murmure [myʀmyʀ] M 1 Murmeln *n*; Gemurmel *n* 2 *poét de l'eau* Murmeln *n*; *du vent* Säuseln *n*
murmurer [myʀmyʀe] VI 1 *personne* murmeln *(a. v/t)* 2 *poét eau* murmeln; plätschern; *vent, feuilles* säuseln
musaraigne [myzaʀɛɲ] F Spitzmaus *f*
musarder [myzaʀde] VI die Zeit vertrödeln
musc [mysk] M Moschus *m*
muscade [myskad] F (**noix** F) **~** Muskat(nuss) *m(f)*
muscadet [myskadɛ] M *trockener Weißwein aus der Gegend um Nantes*
muscat [myska] M Muskateller *m*
muscle [myskl] M Muskel *m*
musclé [myskle] ADJ ⟨~e⟩ 1 muskulös 2 *fig* energisch; stark **muscler** [-e] VT die Muskeln stärken *(+ gén)*
musculaire [myskylɛʀ] ADJ Muskel…
musculation [myskylasjõ] F Muskeltraining *n*; Bodybuilding *n*; **salle** *f* **de ~** Fitnessraum *m*
musculature [myskylatyʀ] F Muskulatur *f*
musculeux [-ø] ADJ ⟨-euse [-øz]⟩ muskulös
muse [myz] F Muse *f*
museau [myzo] M ⟨~x⟩ 1 *de chien, de chat, etc* Schnauze *f*; *de bovins* Maul *n* 2 CUIS **~ de porc** Schweinskopfsülze *f* 3 *fam (figure)* Gesicht *n*
musée [myze] M Museum *n*
museler [myzle] VT ⟨-ll-⟩ e-n Maulkorb anlegen *(+ dat) (a. fig)*; *fig a.* mundtot machen
muselière [myzəljɛʀ] F Maul-, Beißkorb *m*
musette [myzɛt] 1 *adjt* **bal** *m* **~** *volkstümliches Tanzvergnügen, bei dem nach Akkordeonmusik getanzt wird* 2 *m* Musettemusik *f* 3 *f sac* Umhängebeutel *m*
muséum [myzeɔm] M Naturkundemuseum *n*
musical [myzikal] ADJ ⟨~e; -aux [-o]⟩ 1 musikalisch; Musik…; **comédie ~e** Musical *n* 2 *fig* klangvoll; melodisch
musicalement [myzikalmɑ̃] ADV **être doué ~** musikalisch begabt sein
musicalité [myzikalite] F 1 TECH Klangreinheit *f* 2 *fig* Musikalität *f*; Klangfülle *f*
music-hall [myzikol] M ⟨music-halls⟩ Varietee(theater) *n*
musicien [myzisjɛ̃], **musicienne** [myzisjɛn] A M,F Musiker(in) *m(f)*; *de musique populaire* Musikant(in) *m(f)*; *(compositeur)* Komponist(in) *m(f)* B ADJ **être musicien, musicienne** musikalisch sein
musicologie [myzikɔlɔʒi] F Musikwissenschaft *f* **musicologue** [-lɔg] M/F Musikwissenschaftler(in) *m(f)*
musique [myzik] F 1 Musik *f*; **~ classique**, *fam* **grande ~** klassische Musik; **~ de chambre** Kammermusik *f*; **~ de film** Filmmusik *f*; *travailler, dîner* **en ~** bei, mit Musik; *fam fig* **connaître la ~** *fam* wissen, wie der Hase läuft; **faire de la ~** musizieren; Musik machen; **mettre en ~** vertonen 2 *écrite* Noten *fpl*; *fig* **c'est réglé comme du papier à ~** das geht alles wie nach der Uhr; **magasin** *m* **de ~** Musikalienhandlung *f* 3 **~ (militaire)** Militärkapelle *f*; Musikkorps *n*; *fam* Musik *f*
musqué [myske] ADJ ⟨~e⟩ 1 *parfum* nach Moschus duftend 2 **bœuf ~** Moschusochse *m*; **rat ~** Bisamratte *f*
must [mœst] M **être un ~** ein Muss *n* sein
musulman [myzylmɑ̃] A ADJ ⟨-ane [-an]⟩ moslemisch B **~(e)** M(F) Moslem(in) *m(f)*
mutant [mytɑ̃] A ADJ ⟨-ante [-ɑ̃t]⟩ BIOL mutiert

B M **1** BIOL Mutant *m;* Mutante *f* **2** Person, die ihre Tätigkeit, ihren Beruf wechselt

mutation [mytasjõ] F **1** *à un autre poste* Versetzung *f;* **demander sa ~** um s-e Versetzung bitten **2** BIOL Mutation *f* **3** *fig* (tief greifender) Wandel; **être en pleine ~** sich mitten im Umbruch befinden

muter [myte] V/T versetzen

mutilation [mytilasjõ] F Verstümmelung *f* (*a. fig*)

mutilé(e) [mytile] M(F) Versehrte(r) *m/f(m);* **mutilé(e) de guerre** Kriegsbeschädigte(r) *m/f(m),* -versehrte(r) *m/f(m)*

mutiler [mytile] V/T verstümmeln (*a. fig*)

mutin [mytɛ̃] **A** ADJ ⟨-ine [-in]⟩ schelmisch **B** M Meuterer *m;* Aufrührer *m*

mutiner [mytine] V/PR **se ~** meutern

mutinerie [mytinʀi] F Meuterei *f*

mutisme [mytism] M Schweigen *n;* Stummheit *f*

mutité [mytite] F Stummheit *f*

mutualisme [mytɥalism] M ÉCON Mutualismus *m*

mutualiste [mytɥalist] **A** ADJ **société** *f* **~** → mutuelle **B** M/F Mitglied *n* e-s Versicherungsvereins auf Gegenseitigkeit, e-r Zusatzkasse

mutualité [mytɥalite] F Versicherung(swesen) *f(n)* auf Gegenseitigkeit

mutuel [mytɥɛl] ADJ ⟨~le⟩ gegenseitig; **torts ~s** beiderseitiges Verschulden

mutuelle [mytɥɛl] F Versicherungsverein *m* auf Gegenseitigkeit; Zusatzversicherung *f*

mutuellement [mytɥɛlmɑ̃] ADV gegenseitig

mycose [mikoz] F Pilzkrankheit *f;* Mykose *f*

mygale [migal] F Vogelspinne *f*

myocarde [mjɔkaʀd] M Herzmuskel *m;* **infarctus** *m* **du ~** Herzinfarkt *m*

myopathe [mjɔpat] ADJ an Muskelschwund leidend **myopathie** [-i] F Muskelschwund *m*

myope [mjɔp] **A** ADJ kurzsichtig (*a. fig*) **B** M/F Kurzsichtige(r) *m/f(m)* **myopie** [-i] F Kurzsichtigkeit *f* (*a. fig*)

myosotis [mjozɔtis] M Vergissmeinnicht *n*

myriade [miʀjad] F Myriade *f;* Unzahl *f*

myrrhe [miʀ] F Myrrhe *f*

myrte [miʀt] M Myrte *f*

myrtille [miʀtij] F Heidelbeere *f*

mystère [mistɛʀ] M **1** Geheimnis *n;* **éclaircir un ~** ein Geheimnis aufklären, lüften; **ce n'est un ~ pour personne** das ist ein offenes Geheimnis; **faire des ~s, s'entourer de ~** geheimnisvoll tun; **faire (un) ~ de qc** aus etw ein Geheimnis machen **2** REL Mysterium *n* **3** CUIS Tartuffo *n*

mystérieusement [misteʀjøzmɑ̃] ADV geheimnisvoll; auf geheimnisvolle Weise

mystérieux [misteʀjø] ADJ ⟨-euse [-øz]⟩ geheimnisvoll; mysteriös; rätselhaft

mysticisme [mistisism] M REL Mystik *f*

mystificateur [mistifikatœʀ] M, **mystificatrice** [-tʀis] F Spaßvogel *m*

mystification [mistifikasjõ] F **1** (*blague*) Ulk *m* **2** (*tromperie*) Täuschung *f;* Schwindel *m*

mystifier [mistifje] V/T hereinlegen; hinters Licht führen; täuschen

mystique [mistik] **A** ADJ **1** REL mystisch **2** *fig* schwärmerisch; exaltiert **B** SUBST **1** *m/f* REL Mystiker(in) *m(f)* **2** *f* REL Mystik *f; fig* mystischer, blinder Glaube (**de** an + *acc*)

mythe [mit] M **1** Mythos *m* (*a. par ext*); (Götter-, Helden)Sage *f* **2** *péj* Fiktion *f;* Erfindung *f*

mythique [mitik] ADJ **1** mythisch **2** *péj* erfunden

mythologie [mitɔlɔʒi] F Mythologie *f* **mythologique** [-ik] ADJ mythologisch

mythomane [mitɔman] **A** ADJ zum Fabulieren neigend **B** M/F Fabulierer(in) *m(f)*

mythomanie [mitɔmani] F Drang *m* zum Fabulieren

myxomatose [miksɔmatoz] F MÉD Myxomatose *f*

N

N, n [ɛn] M (❗ unveränderlich) N, n *n*

N. ABR (nord) N (Nord[en])

n' [n] → ne

na! [na] INT *fam* ätsch!

nabab [nabab] M Nabob *m*

nabot [nabo] M *péj* Zwerg *m*

nacelle [nasɛl] F (Ballon)Korb *m;* Gondel *f*

nacre [nakʀ] F Perlmutter *f ou n;* Perlmutt *n*

nacré [nakʀe] ADJ ⟨~e⟩ wie Perlmutt(er) schimmernd

nacrer [nakʀe] V/T *fausses perles* Perlmutt(er)glanz geben (+*dat*)

nage [naʒ] F **1** Schwimmen *n;* **~ libre** Freistilschwimmen *n;* **quatre ~s** Lagenschwimmen *n;* **~ sur le dos** Rückenschwimmen *n;* **à la ~** schwimmend **2** *fig* **en ~** schweißgebadet; **être en ~** in Schweiß gebadet sein

nageoire [naʒwaʀ] F Flosse *f*

nager [naʒe] ⟨-ge-⟩ **A** V/T *distance* schwimmen; **~ la brasse** brustschwimmen; **~ le crawl** kraulen **B** V/I **1** schwimmen (*a. fig dans le bonheur*) **2** *fig* **il nage dans son costume** der Anzug schlottert ihm um den Leib **3** *fam* (*être dans l'em-*

barras) schwimmen

nageur [naʒœʀ] M, **nageuse** [-øz] F Schwimmer(in) *m(f); adjt* **maître nageur** *professeur* Schwimmlehrer *m; surveillant* Bademeister *m*

naguère [nagɛʀ] ADV 1 *(récemment)* unlängst 2 *(jadis)* früher

naïf [naif] ADJ ⟨naïve [naiv]⟩ 1 naiv; *subst* **un ~, une naïve** *fam* ein Naivling *m* 2 **les (peintres) ~s** die Naiven *mpl*

nain [nɛ̃], **naine** [nɛn] A M,F Zwerg(in) *m(f)* B ADJ Zwerg…

Nairobi [najʀɔbi] Nairobi *n*

naissance [nɛsɑ̃s] F 1 Geburt *f;* **à sa ~** bei s-r Geburt; **de ~** von Geburt (an); **donner ~ à une fille** e-m Mädchen das Leben schenken 2 *fig* Entstehung *f; du jour* Anbruch *m* 3 **~ des cheveux** Haaransatz *m*

naissant [nɛsɑ̃] ADJ ⟨-ante [-ɑ̃t]⟩ *amour* (auf)keimend; erwachend; *jour* anbrechend; *poét* erwachend; *talent* angehend; *barbe* sprießend

naître [nɛtʀ] V/I ⟨je nais, il naît, nous naissons; je naissais; je naquis; je naîtrai; que je naisse; naissant; être né⟩ 1 *personne* geboren werden; zur Welt kommen; **être né Français** von Geburt Franzose sein; **il est né à Paris** er ist, wurde in Paris geboren; **être né de qn** von j-m abstammen; *fig* **je ne suis pas né d'hier** ich bin doch nicht von gestern 2 *fig* entstehen; *amour* aufkeimen; *jour* anbrechen; **faire ~** entstehen lassen; hervorrufen

naïveté (! naïveté) [naivte] F Naivität *f*

naja [naʒa] M Kobra *f*

Namibie [namibi] **la ~** Namibia *n*

namibien [namibjɛ̃] A ADJ ⟨-ienne [-jɛn]⟩ namibisch B SUBST **Namibien(ne)** M(F) Namibier(in) *m(f)*

nana [nana] F *fam* Tussi *f*

nanisme [nanism] M Zwergwuchs *m*

nanomètre [nanɔmɛtʀ] M Nanometer *m ou n* **nanoseconde** F Nanosekunde *f* **nanotechnologie** F Nanotechnologie *f*

nanti [nɑ̃ti] ADJ ⟨~e⟩ wohlhabend; vermögend; *subst* **les ~s** *mpl* die Reichen *mpl*, Wohlhabenden *mpl*

nantir [nɑ̃tiʀ] V/T *surtout* PP **être nanti de qc** mit etw versehen, ausgestattet sein; im Besitz von etw sein

naphtaline [naftalin] F **boule** *f* **de ~** Mottenkugel *f*

naphte [naft] M Rohöl *n;* Naphtha *n*

Naples [napl] Neapel *n*

napoléon [napɔleõ] M *ancienne pièce de monnaie* Napoleondor *m*

Napoléon [napɔleõ] M Napoleon *m*

napoléonien [napɔleɔnjɛ̃] ADJ ⟨-ienne [-jɛn]⟩ napoleonisch

napolitain [napɔlitɛ̃] A ADJ ⟨-aine [-ɛn]⟩ neapolitanisch; CUIS **tranche ~e** Fürst-Pückler-Eis *n* B SUBST **Napolitain(e)** M(F) Neapolitaner(in) *m(f)*

nappe [nap] F 1 Tischtuch *n*, -decke *f* 2 **~ de brouillard** Nebelbank *f;* **~ de pétrole** *gisement* Erdölschicht *f; sur la mer* Ölteppich *m*

napper [nape] V/T CUIS übergießen; überziehen (**de** mit)

napperon [napʀõ] M (Zier)Deckchen *n*

naquit [naki] → naître

narcisse [naʀsis] M (! maskulin) Narzisse *f*

narcissique [naʀsisik] ADJ narzisstisch **narcissisme** [-ism] M Narzissmus *m*

narcodollars [naʀkodɔlaʀ] MPL Drogendollars *mpl*

narcose [naʀkoz] F Narkose *f*

narcotique [naʀkɔtik] M Narkotikum *n;* Narkose-, Betäubungsmittel *n*

narcotrafiquant [naʀkotʀafikɑ̃] M Rauschgift-, Drogenhändler *m*

narguer [naʀge] V/T verhöhnen; herausfordern

narguilé [naʀgile] M Wasserpfeife *f*

narine [naʀin] F Nasenloch *n*

narquois [naʀkwa] ADJ ⟨-oise [-waz]⟩ spöttisch

narrateur [naʀatœʀ] M, **narratrice** [-tʀis] F Erzähler(in) *m(f)*

narratif [naʀatif] ADJ ⟨-ive [-iv]⟩ erzählend

narration [naʀasjõ] F Erzählung *f*

narrer [naʀe] *litt* V/T erzählen; berichten (**qc** [über] etw, von etw)

narval [naʀval] M ZOOL Narwal *m*

NASA [naza] F ABR (National Aeronautics and Space Administration) NASA *f*

nasal [nazal] ADJ ⟨~e; -aux [-o]⟩ 1 ANAT Nasen… 2 PHON nasal; *subst* **~e** *f* Nasal *m*

nasalisation [nazalizasjõ] Nasalierung *f* **nasaliser** [-e] V/T nasalieren; nasal aussprechen

nase [nɑz] ADJ 1 *fam (foutu) fam* hinüber; *fam* im Eimer 2 *fam* → cinglé

naseau [nazo] M ⟨~x⟩ Nüster *f*

nasillard [nazijaʀ] ADJ ⟨-arde [-aʀd]⟩ näselnd **nasillement** [-mɑ̃] M Näseln *n*

nasiller [nazije] V/I 1 näseln 2 *fig vieille radio* jaulen 3 *canard* schnattern

nasse [nas] F (Fisch)Reuse *f*

natal [natal] ADJ ⟨~e; -als⟩ Geburts…; Heimat…; **pays ~** Heimat *f*

nataliste [natalist] ADJ Geburten fördernd

natalité [natalite] F (**taux** *m* **de**) **~** Geburtenziffer *f*, -zahl *f*

natation [natasjõ] F Schwimmsport *m;* Schwimmen *n*

natif [natif] ADJ ⟨-ive [-iv]⟩ 1 **~ de** gebürtig aus

2 *or* gediegen

nation [nasjõ] F Nation *f*; Volk *n*; **les Nations Unies** die Vereinten Nationen *fpl*

national [nasjɔnal] **A** ADJ ⟨~e; -aux [-o]⟩ national; National...; Volks...; Landes...; Staats...; inländisch; (ein)heimisch; **équipe ~e** Nationalmannschaft *f*; **produit ~ brut** Bruttosozialprodukt *n*; **(route) ~e** *f* ≈ Bundesstraße *f* **B les nationaux** MPL die Staatsangehörigen *pl*

nationalisation [nasjɔnalizasjõ] F Verstaatlichung *f*; Nationalisierung *f* **nationaliser** [-e] V/T verstaatlichen; nationalisieren

nationalisme [nasjɔnalism] M Nationalismus *m* **nationaliste** [-ist] **A** ADJ nationalistisch **B** M/F Nationalist(in) *m(f)*

nationalité [nasjɔnalite] F Staatsangehörigkeit *f*; Nationalität *f*; Staatsbürgerschaft *f*; Volkszugehörigkeit *f*

national-socialisme M Nationalsozialismus *m*

national-socialiste (! Maskulin- und Femininform sind im Singular gleich, die Pluralform lautet für beide **nationaux-socialistes**) **A** ADJ nationalsozialistisch **B** M/F Nationalsozialist(in) *m(f)*

nativité [nativite] F Geburt *f* Christi

natte [nat] F **1** *tapis* Matte *f* **2** *tresse* Zopf *m*

natter [nate] V/T *cheveux* flechten

naturalisation [natyʀalizasjõ] F Einbürgerung *f*; Naturalisierung *f*

naturaliser [natyʀalize] V/T **1** *étranger* einbürgern; naturalisieren; **se faire ~ français** die französische Staatsangehörigkeit erwerben **2** *animal* präparieren

naturalisme [natyʀalism] M Naturalismus *m*

naturaliste [natyʀalist] **A** ADJ naturalistisch **B** M **1** *peintre, romancier* Naturalist *m* **2** *(empailleur)* Präparator *m* **3** *savant* Naturforscher *m*

nature [natyʀ] F **1** *(monde physique)* Natur *f*; **grandeur ~** lebensgroß; in Lebensgröße; in natürlicher Größe **2** *(caractère)* Natur *f* *(a. personne)*; Wesen *n*; Art *f*; *de qn a.* Wesensart *f*; *de qc a.* Beschaffenheit *f*; **la ~ humaine** die menschliche Natur; **de cette ~** dieser Art; derartig; **de ~ à** (+ *inf*) geeignet, dazu angetan zu (+ *inf*); **de** *ou* **par ~** von Natur (aus) **3** PEINT **~ morte** Stillleben *n* **4 payer en ~** in Naturalien, in natura (be)zahlen **5** *adjt* (! unveränderlich) CUIS nature; ohne besondere Zutaten; *café* schwarz; *fam par ext personne* **être ~** unbefangen, natürlich sein

naturel [natyʀɛl] **A** ADJ ⟨~le⟩ **1** natürlich; Natur...; *aliment* naturrein; naturbelassen; **mort ~le** natürlicher Tod; **soie ~le** Naturseide *f* **2** *personne, geste, style* natürlich; ungekünstelt; ungezwungen; *personne a.* unverbildet **3** *(normal)* natürlich; selbstverständlich **4** *enfant* unehelich **B** M **1** *(caractère de qn)* Naturell *n*; Wesen *n*; Wesensart *f*; Veranlagung *f* **2** *(simplicité)* Natürlichkeit *f* **3 au ~** *conserves* ohne besondere Zutaten; *(en réalité)* in natura; in Wirklichkeit

naturellement [natyʀɛlmɑ̃] ADV **1** *(évidemment)* natürlich; selbstverständlich **2** *(de nature)* von Natur (aus)

naturisme [natyʀism] M Freikörperkultur *f* *(abr* FKK) **naturiste** [-ist] M/F Anhänger(in) *m(f)* der Freikörperkultur

naufrage [nofʀaʒ] M **1** Schiffbruch *m*; Untergang *m*; *bateau* **faire ~** untergehen **2** *fig* Scheitern *n*

naufragé(e) [nofʀaʒe] M(F) Schiffbrüchige(r) *m/f(m)*

nauséabond [nozeabõ] ADJ ⟨-onde [-õd]⟩ widerlich; ekelerregend

nausée [noze] F **1** Übelkeit *f*; Brechreiz *m*; **avoir des ~s, la ~** Brechreiz haben; würgen (müssen) **2** *fig* Ekel *m*; Abscheu *m*; **donner la ~** Abscheu, Ekel einflößen

nauséeux [nozeø] ADJ ⟨-euse [-øz]⟩ Übelkeit, Brechreiz hervorrufend

nautile [notil] M ZOOL Nautilus *m*

nautique [notik] ADJ **1** MAR nautisch **2 ski** *m* **~** Wasserski *n*; **sports** *mpl* **~s** Wassersport *m*

nautisme [notism] M Wassersport *m* *(ohne Schwimmen)*

naval [naval] ADJ ⟨~e; -als⟩ **1** TECH Schiff(s)...; **chantier ~** (Schiffs)Werft *f* **2** MAR MIL Marine...; See...

navarin [navaʀɛ̃] M Lammragout *n* mit Weißen Rüben

navet [navɛ] M **1** Weiße Rübe **2** *péj (mauvais film)* *fam* Schmarren *m*; *fam* Krampf *m*

navette [navɛt] F **1** TEXT Web(er)schiffchen *n* **2** *service* Pendelverkehr *m*; *bus* Pendelbus *m*; *train* Pendelzug *m*; **faire la navette** pendeln **(entre ... et ...** zwischen [+*dat*] und ...) **3 navette spatiale** Raumfähre *f*

navigabilité [navigabilite] F **1** *d'un cours d'eau* Schiffbarkeit *f* **2** *d'un navire* Seetüchtigkeit *f*; *d'un avion* Flugfähigkeit *f*

navigable [navigabl] ADJ schiffbar

navigant [navigɑ̃] ADJ ⟨-ante [-ɑ̃t]⟩ AVIAT **le personnel ~** das Flugpersonal

navigateur [navigatœʀ] M **1** AVIAT, MAR Navigator *m* **2** *(marin)* Seefahrer *m* **3** INFORM **~ (Web)** (Web-)Browser [-braʊzər] *m*

navigation [navigasjõ] F **1** MAR Schifffahrt *f*; **~ côtière** Küstenschifffahrt *f*; **~ au long cours** große Fahrt **2 ~ aérienne** Luftfahrt *f*; **~ spatiale** Raumfahrt *f* **3** TECH Navigation *f*

naviguer [navige] V/I *bateau* fahren; *marin* zur

N

See fahren; *voilier* segeln; AVIAT fliegen
navire [naviʀ] M Schiff *n*; **~ de commerce, de guerre** Handels-, Kriegsschiff *n*
navrant [navʀɑ̃] ADJ ⟨-ante [-ɑ̃t]⟩ betrüblich; (sehr) bedauerlich
navré [navʀe] ADJ ⟨~e⟩ **je suis ~** es tut mir sehr leid
navrer [navʀe] V/T 1 *st/s* betrüben; schmerzlich berühren 2 *sens affaibli* **je suis navré, mais** es tut mir sehr leid *ou* ich bedauere, aber …
naze [naz] → nase
nazi [nazi] *péj* A ADJ ⟨~e⟩ Nazi…; nazistisch B **~(e)** M(F) Nazi *m*
nazisme [nazism] M *péj* Nazismus *m*
N.B. ABR (nota bene) Anm. (Anmerkung)
ne [n(ə)] ADV (! vor Vokal und stummem h steht **n'**) 1 **ne … pas** nicht; **ne … pas de** (+ *subst*) kein(e); **ne … jamais** nie(mals); **ne … personne** niemand; **ne … plus** nicht mehr; **ne … que** nur; *temporel* erst; **ne … rien** nichts 2 *sans «pas» dans un style plus élégant*: **je ne cesse de vous le répéter** ich wiederhole es Ihnen immer wieder 3 *explétif: non traduit*; **il est plus riche qu'on ne pense** er ist reicher, als man denkt
né [ne] PP → naître *et* ADJ ⟨~e⟩ geboren; **madame X ~e Y** Frau X geborene Y; *fig* **un orateur-~** ein geborener Redner
néanmoins [neɑ̃mwɛ̃] ADV dennoch; nichtsdestoweniger
néant [neɑ̃] M 1 **le ~** das Nichts; *espoirs* **réduire à ~** zunichtemachen 2 ADMIN entfällt
nébuleuse [nebyløz] F ASTRON Nebel *m*
nébuleux [nebylø] ADJ ⟨-euse [-øz]⟩ 1 *ciel* bewölkt 2 *fig* verschwommen; nebulös
nébulisation [nebylizasjɔ̃] F Zerstäubung *f*
nébulosité [nebylozite] F 1 Bewölkung *f* 2 *fig d'une théorie* mangelnde Klarheit; Verschwommenheit *f*
nécessaire [nesesɛʀ] A ADJ nötig; notwendig; erforderlich; **mal** *m* **~** notwendiges Übel B M 1 **le ~** das Nötige, Notwendige 2 **~ de voyage** Reisenecessaire *n*
nécessairement [nesesɛʀmɑ̃] ADV notwendigerweise; zwangsläufig; (*absolument*) unbedingt; *il refusera* - **pas ~!** nicht unbedingt!
nécessité [nesesite] F 1 Notwendigkeit *f*; **de première ~** lebensnotwendig; **par ~** notgedrungen; **être dans la ~ de faire qc** sich genötigt, gezwungen sehen, etw zu tun 2 **~s** *pl* Erfordernisse *npl*
nécessiter [nesesite] V/T erfordern
nécessiteux [nesesitø] ADJ ⟨-euse [-øz]⟩ Not leidend; bedürftig
nec plus ultra [nɛkplysyltʀa] M (! unveränderlich) Nonplusultra *n*
nécrologie [nekʀɔlɔʒi] F 1 (*notice biographique*) Nachruf *m*; Nekrolog *m* 2 *dans un journal* Todesanzeigen *fpl*
nécrologique [nekʀɔlɔʒik] ADJ **notice** *f* **~** kurzer Nachruf; **rubrique** *f* **~** Todesanzeigen *fpl*
nécropole [nekʀɔpɔl] F 1 ANTIQUITÉ Totenstadt *f*; Nekropole *ou* Nekropolis *f* 2 *litt* (*vaste cimetière*) Gräberstadt *f*
nécrose [nekʀoz] F Nekrose *f*
nectar [nɛktaʀ] M Nektar *m*
nectarine [nɛktaʀin] F Nektarine *f*
néerlandais [neɛʀlɑ̃dɛ] A ADJ ⟨-aise [-ɛz]⟩ niederländisch B 1 **Néerlandais(e)** *m(f)* Niederländer(in) *m(f)* 2 LING **le ~** das Niederländische; Niederländisch *n*
nef [nɛf] F 1 ARCH (Kirchen)Schiff *n* 2 HIST (Segel)Schiff *n*
néfaste [nefast] ADJ verhängnisvoll; unheilvoll; **jour** *m* **~** Unglückstag *m*
Néfertiti [nefɛʀtiti] F HIST Nofretete *f*
nèfle [nɛfl] F Mispel *f*
négateur [negatœʀ] *litt* ADJ ⟨-trice [-tʀis]⟩ verneinend
négatif [negatif] A ADJ ⟨-ive [-iv]⟩ 1 *critique*, MÉD, ÉLEC, MATH negativ; ÉLEC **pôle ~** Minuspol *m* 2 *réponse* verneinend (*a.* GRAM); abschlägig; negativ B SUBST 1 *m* PHOT Negativ *n* 2 **dans la négative** im Falle e-r Absage, e-r Ablehnung
négation [negasjɔ̃] F Verneinung *f*
négativement [negativmɑ̃] ADV **répondre ~** verneinen; mit Nein antworten
négligé [negliʒe] A ADJ ⟨~e⟩ *tenue* nachlässig; unordentlich; *personne* ungepflegt; *travail fam* schlampig B M schlampige Kleidung
négligeable [negliʒabl] ADJ unerheblich; unwesentlich; unbedeutend
négligemment [negliʒamɑ̃] ADV → négligent
négligence [negliʒɑ̃s] F Nachlässigkeit *f*; Fahrlässigkeit *f* (*a.* JUR); *fam* Schlamperei *f*
négligent [negliʒɑ̃] ADJ ⟨-ente [-ɑ̃t]⟩ 1 *personne* nachlässig; *fam* schlampig 2 *geste* lässig
négliger [negliʒe] ⟨-ge-⟩ A V/T vernachlässigen; *conseil* außer Acht lassen; **ce n'est pas à ~** das darf man nicht außer Acht lassen; **~ de faire qc** versäumen, etw zu tun B V/PR **se ~** sich vernachlässigen
négoce [negɔs] M Handel *m*
négociable [negɔsjabl] ADJ COMM *titre* begebbar; übertragbar
négociant [negɔsjɑ̃] M **~ en vins** Wein(groß)-händler *m*
négociateur [negɔsjatœʀ] M, **négociatrice** [-tʀis] F Unterhändler(in) *m(f)*
négociation [negɔsjasjɔ̃] F Verhandlung *f*

négocier [negɔsje] A V/T 1 *accord* aushandeln; verhandeln über (+ *acc*) 2 COMM *titre* begeben; übertragen B V/I verhandeln (**avec** mit)
nègre [nɛgʀ] M, **négresse** [negʀɛs] F 1 *péj* (*Noir*) Neger(in) *m(f)* 2 *m fig* Ghostwriter *m* 3 *adjt* **nègre** ⟨*m u. f*⟩ Neger…
négrier [negʀije] M Sklavenhändler *m*
négrillon [negʀijõ] M, **négrillonne** [-ɔn] F *péj* (kleines) Negerkind
négritude [negʀityd] F Negritude *f*; Rückbesinnung *f* der Afrikaner auf ihre eigene Kultur
négro [negʀo] M *péj* Nigger *m*
négroïde [negʀɔid] ADJ negroid
neige [nɛʒ] F Schnee *m* (*a. argot: cocaïne*); **~s éternelles** ewiger Schnee; *par ext* **battre des blancs (d'œuf) en ~** Eiweiß zu Schnee schlagen; **être bloqué par la ~** eingeschneit sein; **partir à la ~** in den Skiurlaub fahren
neiger [neʒe] V/IMP ⟨-ge-⟩ **il neige** es schneit
neigeux [nɛʒø] ADJ ⟨-euse [-øz]⟩ schneebedeckt; verschneit; Schnee…
nem [nɛm] M (kleine) Frühlingsrolle
néné [nene] M *fam* (*sein*) *pop* Titte *f*
nénette [nenɛt] F *fam* 1 **ne pas se casser la ~** sich (*dat*) nicht den Kopf zerbrechen 2 → nana
nenni [nɛ(n)ni] *litt* ADV nein
nénuphar [nenyfaʀ] M Seerose *f*
néo… [neo] *préfixe* neo…; Neo…; neu…; Neu…
néo-calédonien [neokaledɔnjɛ̃] A ADJ ⟨-ienne [-jɛn]⟩ neukaledonisch B **Néo-Calédonien(ne)** M(F) Neukaledonier(in) *m(f)*
néocapitalisme M moderner Kapitalismus, verbunden mit Staatsinterventionismus **néocapitaliste** ADJ des modernen Kapitalismus **néoclassicisme** M BEAUX-ARTS Neoklassizismus *m*; LITTÉRATURE Neuklassizismus *m*; Neuklassik *f* **néoclassique** ADJ neo-, neuklassizistisch **néocolonialisme** M Neokolonialismus *m* **néocolonialiste** ADJ neokolonialistisch **néofascisme** M Neofaschismus *m*
néofasciste A ADJ neofaschistisch B M/F Neofaschist(in) *m(f)*
néogothique A ADJ neugotisch B M Neugotik *f*
néolithique [neɔlitik] A ADJ jungsteinzeitlich; *t/t* neolithisch B M Jungsteinzeit *f*; *t/t* Neolithikum *n*
néologisme [neɔlɔʒism] M Neologismus *m*; (sprachliche) Neubildung
néon [neõ] M Neon *n*; (**tube** *m* **au**) **~** Neonröhre *f*
néonatal ADJ ⟨~e; -als⟩ Neugeborenen…; des *ou* der Neugeborenen
néo-nazi(e) M(F) Neonazi *m*
néonazisme M Neonazismus *m*
néophyte [neɔfit] M/F Neuling *m*
néoréalisme M Neorealismus *m*; FILM *a.* Neoverismus *m* **néoréaliste** [-ist] ADJ neorealistisch
néo-zélandais [neozelɑ̃dɛ] A ADJ ⟨-aise [-ɛz]⟩ neuseeländisch B **Néo-Zélandais(e)** M(F) Neuseeländer(in) *m(f)*
Népal [nepal] **le ~** Nepal *n*
népalais [nepalɛ] A ADJ ⟨-aise [-ɛz]⟩ nepalesisch; nepalisch B SUBST **Népalais(e)** M(F) Nepalese, -lesin *m,f*; Nepaler(in) *m(f)*
néphrétique [nefʀetik] ADJ Nieren…
néphrologie [nefʀɔlɔʒi] F MÉD Nephrologie *f*
népotisme [nepɔtism] M Vetternwirtschaft *f*
Neptune [nɛptyn] MYTH, ASTRON Neptun *m*
nerf [nɛʀ] M 1 ANAT Nerv *m* 2 PSYCH **~s** *pl* Nerven *mpl*; **avoir ses ~s** gereizt sein; **être à bout de ~s** mit den Nerven *ou* nervlich fertig, am Ende sein; **être, vivre sur les ~s** nervlich stark angespannt sein; übernervös sein; **passer ses ~s sur qn** s-e Nervosität an j-m auslassen, abreagieren; *fam* **taper sur les ~s à qn** j-m auf die Nerven gehen, fallen 3 (*vigueur*) Kraft *f*; Energie *f* 4 **~ de bœuf** Ochsenziemer *m*
nerveux [nɛʀvø] A ADJ ⟨-euse [-øz]⟩ 1 ANAT Nerven… 2 *personne, rire, etc* nervös; **rendre ~** nervös machen 3 *mains* nervig; sehnig (*a. viande*) 4 *cheval* schnell reagierend; *voiture* spritzig B **~, nerveuse** M,F nervöser Mensch
nervosité [nɛʀvozite] F Nervosität *f*
nervure [nɛʀvyʀ] F BOT Rippe *f* (*a.* ARCH, AVIAT); Blattader *f*; *d'une aile d'insecte* Ader *f*
nervuré [nɛʀvyʀe] ADJ ⟨~e⟩ gerippt; geädert
n'est-ce pas [nɛspa] ADV nicht (wahr)?
net [nɛt] A ADJ ⟨nette [nɛt]⟩ 1 (*propre*) sauber; rein(lich); **vouloir en avoir le cœur ~** Gewissheit haben wollen; ganz sicher sein wollen 2 (*clair*) klar; (*distinct*) deutlich; *réponse a.* eindeutig; *image, photo* scharf 3 COMM Netto…; Rein…; **~ d'impôt** steuerfrei B ADV (❗ unveränderlich) 1 (*brusquement*) plötzlich; mit einem Mal; *tuer* auf der Stelle 2 (*carrément*) (**tout**) **~** klar und deutlich; unmissverständlich; *refuser* rundweg
Net [nɛt] M INFORM Netz *n*; (**surfer**) **sur le ~** im Netz (surfen)
nettement [nɛtmɑ̃] ADV 1 (*clairement*) klar und deutlich; eindeutig; unmissverständlich 2 (*distinctement*) deutlich; scharf
netteté [nɛtte] F 1 (*clarté*) Klarheit *f*; Deutlichkeit *f* 2 PHOT, TV Schärfe *f*
nettoiement [nɛtwamɑ̃] M **service** *m* **de ~** Müllabfuhr *f* und Straßenreinigung *f*
nettoyage [nɛtwajaʒ] M Reinigung *f*; Säuberung *f* (*a.* MIL); Putzen *n*; **~ à sec** chemische Reinigung; Trockenreinigung *f*; *fam fig* **faire**

N

le ~ par le vide *fam* alles wegschmeißen

nettoyant [nɛtwajɑ̃] M Reinigungsmittel *n*

nettoyer [nɛtwaje] V/T ‹-oi-› 1 reinigen; säubern; sauber machen; putzen; *étable* ausmisten; *oreilles* ausputzen; **faire ~ les vêtements** die Kleider reinigen lassen 2 MIL, *fig* säubern 3 *fam fig (vider) fam* ausräumen

nettoyeur [nɛtwajœʀ] M, **nettoyeuse** [-øz] F 1 *personne* Reinigungskraft *f* 2 *m machine* Reinigungsmaschine *f*

neuf[1] [nœf] A NUM neun; **Charles IX** Karl IX. (der Neunte); **le ~ juin** der neunte *ou* am neunten Juni B M (! unveränderlich) Neun *f*; Neuner *m*; **le ~ (du mois)** der Neunte *ou* am Neunten (des Monats)

neuf[2] [nœf] A ADJ ‹neuve [nœv]› 1 neu; **voiture neuve** *a.* Neuwagen *m* 2 *(plus récent)* neu; **un pays ~** ein junges Land; **la ville neuve** die Neustadt B M 1 **le ~** das Neue; **du ~** (etwas) Neues; neue Sachen *fpl*; **quoi de ~?** was gibt's Neues? 2 **à ~** neu; *logement* **refaire à ~** renovieren; **repeindre à ~** frisch (an)streichen

neurasthénie [nøʀasteni] F Depressionen *fpl* **neurasthénique** [-ik] ADJ depressiv

neurobiologie [nøʀɔbjɔlɔʒi] F Neurobiologie *f* **neurobiologiste** M/F Neurobiologe, -biologin *m,f* **neurochirurgie** F Neurochirurgie *f*

neuroleptique [nøʀɔlɛptik] A ADJ nervenberuhigend B M Neuroleptikum *n*

neurologie [nøʀɔlɔʒi] F Nervenheilkunde *f*; Neurologie *f* **neurologique** ADJ Nerven...; *t/t* neurologisch **neurologiste** [-lɔʒist] M/F *ou* **neurologue** [-lɔg] M/F Neurologe, -login *m,f*

neurone [nøʀɔn] M ANAT Neuron *n*

neurovégétatif [nøʀoveʒetatif] ADJ ‹-ive [-iv]› **système ~** vegetatives Nervensystem

neutralisation [nøtʀalizasjõ] F 1 CHIM, PHYS Neutralisation *f*; PHYS *de forces a.* Aufhebung *f* 2 POL, MIL Neutralisierung *f* 3 *de l'adversaire* Ausschaltung *f*; Unschädlichmachung *f*

neutraliser [nøtʀalize] V/T neutralisieren; POL *a.* für neutral erklären; *adversaire*, MIL *a.* ausschalten; unschädlich machen **neutralisme** [-ism] M Neutralismus *m*; Neutralitätspolitik *f*

neutraliste [nøtʀalist] A ADJ neutralistisch B M Neutralist *m*

neutralité [nøtʀalite] F Neutralität *f*

neutre [nøtʀ] A ADJ 1 *État* neutral 2 *personne* neutral; unparteiisch 3 GRAM sächlich 4 ÉLEC **conducteur** *m* ~ Nullleiter *m* 5 *fig couleur* neutral; *ton* leidenschaftslos; unbeteiligt; *style* trocken; farblos B M 1 POL **les ~s** *pl* die neutralen Staaten *mpl* 2 GRAM Neutrum *n*

neutron [nøtʀõ] M Neutron *n*

neuvième [nœvjɛm] A NUM neunte B SUBST 1 **le, la ~** der, die, das Neunte 2 *m* MATH Neuntel *n*

neuvièmement [nœvjɛmmɑ̃] ADV neuntens

névé [neve] M Firn(schnee) *m*

neveu [n(ə)vø] M ‹~x› Neffe *m*

névralgie [nevʀalʒi] F 1 Nervenschmerz *m*; Neuralgie *f* 2 *(mal de tête)* Kopfschmerzen *mpl*

névralgique [nevʀalʒik] ADJ neuralgisch; **point** *m* ~ neuralgischer, wunder Punkt

névrose [nevʀoz] F Neurose *f*

névrosé(e) [nevʀoze] M(F) Neurotiker(in) *m(f)*

névrotique [nevʀɔtik] ADJ neurotisch

New Delhi [njudeli] Neu-Delhi *n*

newton [njutɔn] M Newton *n*

New York [nujɔʀk] New York *n*

new-yorkais [nujɔʀkɛ] A ADJ ‹-aise [-ɛz]› New Yorker B SUBST **New-Yorkais(e)** M(F) New Yorker(in) *m(f)*

nez [ne] M Nase *f (a. fig d'un avion)*; **faux ~** Pappnase *f*; **au ~ et à la barbe de qn** vor den Augen j-s; *fig* **avoir du ~** *fam* den richtigen Riecher haben; *fam fig* **avoir qn dans le ~** *fam* j-n nicht riechen können; *fig* **se casser le ~ (à la porte de qn)** vor verschlossener Tür stehen; niemanden antreffen; **ne pas mettre le ~ dehors** keinen Fuß vor die Tür setzen; *fam* **fourrer son ~ partout** *fam* s-e Nase in alles hineinstecken; **se mettre**, *fam* **se fourrer les doigts dans le ~** in der Nase bohren; *fam* popeln; **parler du ~** durch die Nase sprechen; **cela lui** (**te**, *etc*) **pend au ~** das kann nicht ausbleiben; **rire au ~ de qn** j-m (frech) ins Gesicht lachen; **saigner du ~** aus der Nase bluten; Nasenbluten haben; **se trouver ~ à ~ avec qn** j-m unverhofft gegenüberstehen

N.F. [ɛnɛf] ABR (norme française) **norme** *f* ~ französisches Normenwerk; französische Normblätter *npl*

ni [ni] CONJ ‹*bei Verb mit* ne› und nicht; noch; **ni ... ni ...** weder ... noch ...; **ni aujourd'hui ni demain** weder heute noch morgen; **ni plus ni moins (que)** nicht mehr und nicht weniger (als); **ne dire ni oui ni non** weder Ja noch Nein sagen; **sans ... ni ...** ohne ... und ...

Niagara [njagaʀa] **les chutes** *fpl* **du ~** die Niagarafälle *mpl*

niais [njɛ] A ADJ ‹niaise [njɛz]› einfältig; albern B **~(e)** M(F) Einfaltspinsel *m*

niaiseries [njɛzʀi] FPL dummes, albernes Zeug

Nicaragua [nikaʀagwa] **le ~** Nicaragua *ou* Nikaragua *n*

nicaraguayen [nikaʀagwajɛ̃] A ADJ ‹-enne [-ɛn]› nicaraguanisch B SUBST **Nicaraguayen(ne)** M(F) Nicaraguaner(in) *m(f)*

Nice [nis] Nizza *n*
niche [niʃ] F **1** *dans un mur* Nische *f* **2** *de chien* Hundehütte *f*
nichée [niʃe] F *d'oiseaux* Brut *f*
nicher [niʃe] **A** V/I **1** *oiseaux* nisten **2** *fam fig personne fam* hausen **B** V/PR **se ~** *fig (se blottir)* sich schmiegen; *(se cacher)* sich verstecken
nichon [niʃõ] M *fam (sein) pop* Titte *f*
nickel [nikɛl] M **1** Nickel *n* **2** *adjt fam* **c'est ~ chez eux** bei ihnen ist alles blitzblank, *fam* wie geleckt
nicotine [nikɔtin] F (❗ feminin) Nikotin *n*
nid [ni] M Nest *n (a. fig)*; **~ de guêpes** Wespennest *n*
nidation [nidasjõ] F BIOL Einnistung *f*; *t/t* Nidation *f*
nid-d'abeilles [nidabɛj] M ⟨nids-d'abeilles⟩ COUT Smokarbeit *f*; **serviette** *f* **~** Handtuch *n* mit Waffelmuster; AUTO **radiateur** *m* **à nids-d'abeilles** Wabenkühler *m*
nid-de-poule [nidpul] M ⟨nids-de-poule⟩ Schlagloch *n*
nièce [njɛs] F Nichte *f*
nième [ɛnjɛm] ADJ **1** MATH n-te **2** *fam* **pour la ~ fois** zum x-ten Mal
nier [nje] V/T leugnen *(a. abs)*
Nièvre [njɛvʀ] **la ~** *Fluss u. Departement in Frankreich*
nigaud [nigo] **A** ADJ ⟨-aude [-od]⟩ dumm; einfältig **B** **~(e)** M(F) Dummkopf *m*; *fam* Trottel *m*; **gros ~!** du Dummerchen!
Niger [niʒɛʀ] **le ~** **1** *fleuve* der Niger **2** *État* Niger *n*
Nigeria [niʒeʀja] **le ~** Nigeria *n*
nigérian [niʒeʀjɑ̃] **A** ADJ ⟨-ane [-an]⟩ nigerianisch **B** SUBST **Nigérian(e)** M(F) Nigerianer(in) *m(f)*
nigérien [niʒeʀjɛ̃] **A** ADJ ⟨-enne [-ɛn]⟩ nigrisch **B** SUBST **Nigérien(ne)** M(F) Nigrer(in) *m(f)*
night-club [najtklœb] M ⟨night-clubs⟩ Nachtklub *m*
nihilisme [niilism] M Nihilismus *m* **nihiliste** **A** ADJ nihilistisch **B** M/F Nihilist(in) *m(f)*
Nil [nil] **le ~** der Nil
nimbe [nɛ̃b] M Gloriole *f*
nimbus [nɛ̃bys] M Regenwolke *f*; *t/t* Nimbus *m*
n'importe … [nɛ̃pɔʀt] → importer[2]
niôle [njol] F → gnôle
nipper [nipe] *fam* V/T *surtout* ADJT **être bien nippé** *fam* in Schale sein
nippes [nip] FPL *fam* Klamotten *fpl*
nippon [nipõ] ADJ ⟨-on(n)e [-ɔn]⟩ japanisch
nique [nik] F **faire la ~ à qn** *fam* j-m e-e (lange) Nase drehen, machen *(a. fig)*; *fam* ätsch machen
niquer [nike] *argot* V/T *pop* ficken
nirvana [niʀvana] M **1** REL Nirwana *n* **2** *fam fig* siebter Himmel
nitouche [nituʃ] F *fam* **sainte ~** Scheinheilige *f*
nitrate [nitʀat] M Nitrat *n*
nitré [nitʀe] ADJ ⟨~e⟩ **dérivés ~s** Nitroverbindungen *fpl*
nitrification [nitʀifikasjõ] F BIOL, CHIM Nitrifizierung *f*; Nitrifikation *f*
nitrique [nitʀik] ADJ **acide** *m* **~** Salpetersäure *f*
nitrite [nitʀit] M Nitrit *n*
nitroglycérine [nitʀogliseʀin] F Nitroglyzerin *n*
niveau [nivo] M ⟨~x⟩ **1** *(hauteur)* Niveau *n*; Höhe *f*; *d'un liquide* Stand *m*; **niveau d'essence, d'huile** Benzin-, Ölstand *m*; **niveau de la mer** Meeresspiegel *m*, -höhe *f*; **au niveau de** in Höhe *(+ gén)*; *arriver* bis zu **2** *fig* Niveau *n*; Stand *m*; Höhe *f*; Stufe *f*; Ebene *f*; **niveau intellectuel** Bildungsstand *m*, -niveau *n*; **niveau de langue** Sprachebene *f*; **niveau des salaires** Lohnniveau *n*; **niveau de vie** Lebensstandard *m*; **à tous les niveaux** auf allen Ebenen; **au niveau de** in Bezug auf *(+ acc)*; hinsichtlich *(+ gén)*; … mäßig **3** Etage *f*; Stockwerk *n* **4** *instrument* **niveau (à bulle)** Wasserwaage *f*
nivelage [nivlaʒ] M → nivellement 1
niveler [nivle] V/T ⟨-ll-⟩ **1** *terrain* einebnen; planieren **2** *fig* (einander) angleichen; nivellieren
niveleuse [nivløz] F Planiermaschine *f*
nivellement [nivɛlmɑ̃] M **1** *d'un terrain* Einebnung *f*; Planierung *f* **2** *fig* Angleichung *f*; Nivellierung *f*
n° ou N° ABR (numéro) Nr. (Nummer)
nobiliaire [nɔbiljɛʀ] ADJ Adels…
noble [nɔbl] **A** ADJ **1** *(aristocratique)* ad(e)lig **2** *fig* edel; vornehm; *sentiments a., style* erhaben; *attitude* würdevoll **B** M/F Ad(e)lige(r) *m/f(m)*
noblement [nɔbləmɑ̃] ADV würdevoll; stolz
noblesse [nɔblɛs] F **1** *classe sociale* Adel *m* **2** *fig* Erhabenheit *f*; Würde *f*; Hoheit *f*; **~ d'âme** Seelenadel *m*
noce [nɔs] F **1** **~s** Hochzeit *f*; **~** *ou* **~s** Hochzeitsfeier *f*; **~s d'or** goldene Hochzeit; *épouser qn* **en secondes ~s** in zweiter Ehe; *fig* **n'être pas à la ~** übel dran sein **2** *(les invités)* Hochzeitsgesellschaft *f* **3** *fam fig* **faire la ~** in Saus und Braus leben
noceur [nɔsœʀ] *fam* M Lebemann *m*; Bonvivant *m*
nocif [nɔsif] ADJ ⟨-ive [-iv]⟩ schädlich
nocivité [nɔsivite] F Schädlichkeit *f*
noctambule [nɔktɑ̃byl] M/F Nachtschwärmer *m* **noctambulisme** [-ism] M Nachtschwärmerei *f*
nocturne [nɔktyʀn] **A** ADJ nächtlich; Nacht… **B** SUBST **1** *m* MUS Notturno *n* **2** *f* COMM verlän-

N

gerte Öffnungszeit am Abend; **le magasin est ouvert en ~** das Geschäft ist abends geöffnet 3 **match** *m* **en ~** Flutlichtspiel *n*

nodosité [nɔdɔzite] F MÉD Knoten *m*

nodule [nɔdyl] M MÉD Knötchen *n*

Noé [nɔe] M Noah *m*

Noël [nɔɛl] M 1 ‹*ohne Artikel*› Weihnachten *n ou fam fpl*; **joyeux ~!** fröhliche Weihnachten!; **à ~** (zu *ou* an) Weihnachten 2 *fam* **(petit) noël** Weihnachtsgeschenk *n* 3 **noël** *chant* Weihnachtslied *n*

Noël

Der 25. Dezember ist in Frankreich der Weihnachtstag. An diesem Tag findet nach dem Frühstück die Bescherung statt. Wo ein Kamin vorhanden ist, werden die Geschenke für die Kinder in oder vor den Kamin gelegt. Die Erwachsenen beschenken sich im Anschluss daran bei einem apéritif vor dem Mittagessen. Kein Festessen am Weihnachtsfeiertag ohne die **bûche de Noël,** eine meist mit Schokoladencreme gefüllte Biskuitrolle. Am 24. Dezember gehen viele Familien in die Mitternachtsmesse (**la messe de minuit**). Einen zweiten Weihnachtsfeiertag gibt es in Frankreich nicht.

LANDESKUNDE

nœud [nø] M 1 *pour attacher* Knoten *m*; **~ de cravate** Krawattenknoten *m*; *fig* **il avait un ~ dans la gorge** s-e Kehle war wie zugeschnürt 2 (*ruban noué*) Schleife *f* 3 *fig d'une affaire* springender Punkt 4 **~ ferroviaire** (Eisen)Bahnknotenpunkt *m* 5 MAR Knoten *m* 6 *dans du bois* Ast *m*

le nœud — Knoten

le nœud — Schleife

noir [nwaʀ] A ADJ ‹noire› 1 *couleur* schwarz; *raisin* blau; **pain ~** Schwarzbrot *n*; **~ comme du jais, comme de l'encre** schwarz wie die Nacht; pechschwarz; kohl(raben)schwarz; **~ de monde** schwarz von Menschen 2 (*sale*) schwarz; schmutzig 3 (*sans lumière*) dunkel; finster 4 *race, personne* schwarz; Neger…; **l'Afrique ~e** Schwarzafrika *n* 5 *fig idées* trüb(e); schwarz; *regard* finster; **être d'humeur ~e** (in) düsterer Stimmung sein 6 *fig complot* schändlich; ruchlos; *desseins* finster; *colère* sinnlos; blind 7 (*illégal*) **caisse ~e** Geheimkasse *f*, -fonds *m*; **marché ~** schwarzer Markt; **travailler au ~** schwarzarbeiten 8 *fam* (*ivre*) *fam* blau; *fam* besoffen B SUBST 1 *m couleur* Schwarz *n*; **~ sur blanc** (*par écrit*) schwarz auf weiß; **photo** *f* **en ~ et blanc** Schwarzweißaufnahme *f*; **se mettre du ~ aux yeux** sich (*dat*) e-n schwarzen Lidstrich ziehen; *fig* **voir tout en ~** alles schwarz, grau in grau sehen 2 *m* (*obscurité*) Dunkel *n*; Dunkelheit *f* 3 **Noir(e)** *m(f)* Schwarze(r) *m/f(m)* 4 MUS **~e** *f* Viertelnote *f* 5 *fam* **un (petit) ~** e-e Tasse schwarzen Kaffee

noirâtre [nwaʀɑtʀ] ADJ schwärzlich

noiraud [nwaʀo] A ADJ ‹-aude [-od]› dunkel(-häutig) B **~(e)** M(F) dunkler Typ

noirceur [nwaʀsœʀ] F 1 *couleur* Schwärze *f* 2 *litt* Schändlichkeit *f*; Ruchlosigkeit *f*

noircir [nwaʀsiʀ] A V/T 1 schwarz machen, färben; schwärzen 2 *fig situation* in schwarzen, düsteren Farben schildern; *pages* eng beschreiben B V/I schwarz werden

noircissement [nwaʀsismɑ̃] M Schwärzen *n*, -ung *f*; (*fait de devenir noir*) Schwarzwerden *n*

noire [nwaʀ] F MUS Viertelnote *f*

noise [nwaz] **chercher ~** *ou* **des ~s à qn** mit j-m Streit, Händel suchen

noisetier [nwaztje] M Hasel(nuss)strauch *m*

noisette [nwazɛt] F 1 Haselnuss *f* 2 *adjt* (! unveränderlich) haselnussbraun

noix [nwa] F 1 *du noyer* (Wal)Nuss *f*; **~ de coco** Kokosnuss *f*; *fam fig* **à la ~** *fam* mies 2 **une ~ de beurre** ein walnussgroßes Stück Butter 3 **~ de veau** Kalbsnuss *f* 4 *fam fig* (*imbécile*) *fam* doofe Nuss

nom [nõ] M 1 Name *m*; **nom commercial** Handelsname *m*; **nom déposé** Marke *f*; **nom d'emprunt, de guerre** Deckname *m*; Pseudonym *n*; **nom (de famille)** Familien-, Nach-, Zuname *m*; **nom de jeune fille** Mädchenname *m* (*e-r verheirateten Frau*); **nom de rue** Straßenname *m*; **au nom de** im Namen (*+ gén*); *connaître qn* **de nom** dem Namen nach; **sans nom** *misère* namenlos; *bêtise* unsagbar; **appeler les choses par leur nom** die Dinge, das Kind beim rechten Namen nennen; **quel est le nom de la rue?** wie heißt die Straße?; **prendre le nom de qn** den Namen j-s annehmen **2** GRAM Substantiv *n*; Hauptwort *n*; **nom commun** Gattungsname *m*; **nom propre** Eigenname *m* **B** *int fam* **nom d'un chien!** zum Donnerwetter!; verdammt (und zugenäht)!

nomade [nɔmad] **A** ADJ Nomaden... **B** M/F **1** *du désert* Nomade *m* **2** ADMIN Nichtsesshafte(r) *m/f(m)*

nomadisme [nɔmadism] M Nomadentum *n*; Nomadismus *m*

no man's land [nomanslɑ̃d] M Niemandsland *n*

nombre [nõbʀ] M **1** Zahl *f* (*a.* MATH); Anzahl *f*; **~ d'habitants** Einwohnerzahl *f*; TECH **~ de tours** Dreh-, Tourenzahl *f*; **~ de ...** viele ...; **(un) bon ~ de ...** nicht wenige...; ziemlich viele...; **au ~ de trois** drei (an der Zahl); **dans le ~** darunter; **en ~** zahlreich; in großer Zahl; *être supérieur* zahlenmäßig; **sans ~** zahllos; unzählig; **serez-vous du ~?** werden Sie auch dabei sein? **2** GRAM Numerus *m*; Zahl *f*

nombreux [nõbʀø] ADJ ⟨-euse [-øz]⟩ zahlreich; *foule, public a.* groß; **famille nombreuse** kinderreiche Familie; **venir ~** zahlreich, in großer Zahl erscheinen

nombril [nõbʀil] M Nabel *m* (*a. fig*); *fam* Bauchnabel *m*

nombrilisme [nõbʀilism] M *fam* Nabelschau *f*

nomenclature [nɔmɑ̃klatyʀ] F **1** (*terminologie*) Nomenklatur *f* **2** (*liste*) Verzeichnis *n* **3** *d'un dictionnaire* Wortgut *n*

nominal [nɔminal] ADJ ⟨~e; -aux [-o]⟩ **1** (*des noms*) namentlich; Namen(s)... **2** (*n'existant que de nom*) nominell **3** ÉCON Nominal...; Nenn... **4** GRAM Nominal...

nominatif¹ [nɔminatif] M Nominativ *m*; Werfall *m*

nominatif² ADJ ⟨-ive [-iv]⟩ namentlich; Namen(s)...

nomination [nɔminasjõ] F Ernennung *f*

nominativement [nɔminativmɑ̃] ADV namentlich; mit Namen

nommé [nɔme] ADJ ⟨~e⟩ **1** namens; mit (dem) Namen **2** (*cité*) genannt **3** **à point ~** wie gerufen; zur rechten Zeit **4** (*opposé: élu*) ernannt

nommément [nɔmemɑ̃] ADV namentlich

nommer [nɔme] **A** V/T **1** (*donner un nom*) nennen; *chose a.* benennen **2** (*dire le nom*) (mit Namen) nennen **3** *qn à une fonction* ernennen; berufen **B** V/PR **se ~** sich nennen; heißen

non [nõ] **A** ADV **1** nein; nicht; *il est venu?* - **non** nein; **non, merci** nein danke; **ah, ça non!** ganz bestimmt nicht!; **moi non** ich nicht!; **non plus** auch nicht; **non sans** nicht ohne; **non (pas) ... mais ...** nicht ..., sondern ...; **non que ...** (+ *subj*) nicht (etwa), dass *ou* weil ...; **j'espère que non** ich hoffe nicht **2** *int fam* **non, mais!** *fam* nein, so was! **3** *fam en fin de phrase* nicht (wahr)?; ja? **B** M (**!** unveränderlich) **1** Nein *n* **2** POL Neinstimme *f*

non-... *ou* **non ...** [nõ, *vor Vokal u. stummem h* nɔn] *préfixe* Nicht...; nicht...; *exemples*: **non-gréviste** *m* Nichtstreikende(r) *m*; **non coupable** nicht schuldig

non-actif [nɔnaktif] M Nichterwerbstätige(r) *m*

non-activité [nɔnaktivite] F MIL, ADMIN **mise** *f* **en ~** Versetzung *f* in den Wartestand, einstweiligen Ruhestand

nonagénaire [nɔnaʒenɛʀ] M/F Neunzigjährige(r) *m/f(m)*

non-agression [nɔnagʀesjõ] F **pacte** *m* **de ~** Nichtangriffspakt *m*

non-aligné [nɔnaliɲe] ADJ ⟨~e⟩ blockfrei **non-alignement** M Blockfreiheit *f*

nonante [nɔnɑ̃t] NUM (**!** nur in Belgien und in der Schweiz; sonst sagt man **quatre-vingt-dix**) neunzig

non-assistance [nɔnasistɑ̃s] F **~ à personne en danger** unterlassene Hilfeleistung

nonce [nõs] M Nuntius *m*

nonchalamment [nõʃalamɑ̃] ADV → **nonchalant**

nonchalance [nõʃalɑ̃s] F Lässigkeit *f*; Nonchalance *f*; Unbekümmertheit *f* **nonchalant** [-ɑ̃] ADJ ⟨-ante [-ɑ̃t]⟩ lässig; unbekümmert

non-conformisme [nõkõfɔʀmism] M Nonkonformismus *m* **non-conformiste** [-ist] **A** ADJ nonkonformistisch **B** M/F Nonkonformist(in) *m(f)* **non-conformité** [-ite] F Nonkonformität *f*

non-engagé [nɔnɑ̃gaʒe] ADJ → **non-aligné**

non-exécution F *d'un contrat* Nichterfüllung *f* **non-existence** F Nichtexistenz *f* **non-figuratif** ADJ ⟨-ive [-iv]⟩ *art, peintre* abstrakt

non-fumeur M Nichtraucher *m* **non-gréviste** M Nichtstreikende(r) *m* **non-ingérence** [nɔnɛ̃ʒeʀɑ̃s] F Nichteinmischung *f*

non-initié(e) M(F) Uneingeweihte(r) *m/f(m)*; Nichteingeweihte(r) *m/f(m)*; Laie *m*

non-inscrit [nɔnɛ̃skʀi] ADJ ⟨-ite [-it]⟩ **(député) ~** M fraktionslose(r) Abgeordnete(r) **non-intervention** F Nichteinmischung *f*

non-lieu [nõljø] M Einstellung *f* des (Straf)Verfahrens; **rendre un ~** die Strafverfolgung, das Verfahren einstellen

nonne [nɔn] F *plais* (*religieuse*) Nonne *f*

nonnette [nɔnɛt] F *kleiner runder Lebkuchen*

(*mit Marmelade*)
nonobstant [nɔnɔpstɑ̃] ADMIN PRÉP ungeachtet, trotz (+ *gén*)
non-paiement [nõpɛmɑ̃] M Nicht(be)zahlung *f*
non-prolifération [nõpʀɔlifeʀasjõ] F **traité** *m* **de ~** Atom(waffen)sperrvertrag *m*
non-recevoir [nõʀ(ə)səvwaʀ] M **fin** *f* **de ~** strikte Ablehnung
non-résident [nõʀezidɑ̃] M Devisenausländer *m* **non-respect** M *d'une règle* Nichtbeachtung *f*
non-retour [nõʀ(ə)tuʀ] M **point** *m* **de ~** Punkt *m*, an dem es kein Zurück mehr gibt
non-salarié M selbstständig Erwerbstätige(r) *m*; Selbstständige(r) *m* **non-sens** M Unsinn *m*; Nonsens *m*; Widersinn *m* **non-stop** ADJ (! unveränderlich) Nonstop-… **non-violence** F Gewaltlosigkeit *f* **non-violent** ADJ ⟨-ente [-ɑ̃t]⟩ gewaltlos
non-voyant M, **non-voyante** F Blinde(r) *m/f(m)*
nord [nɔʀ] **A** M **1** Nord(en) *m*; **au ~** im Norden, nördlich (**de** von *ou* + *gén*); *fam fig* **perdre le ~** den Kopf verlieren **2** **le Nord** der Norden; *de la France* Nordfrankreich *n*; **le Grand Nord** der hohe Norden; **l'Afrique** *f* **du Nord** Nordafrika *n*; **la mer du Nord** die Nordsee; **les gens** *mpl* **du Nord** die Nordfranzosen *mpl* **B** ADJ (! unveränderlich) Nord…; nördlich
nord-africain [nɔʀafʀikɛ̃] **A** ADJ ⟨-aine [-ɛn]⟩ nordafrikanisch **B** **Nord-Africain(e)** M(F) Nordafrikaner(in) *m(f)*
nord-américain [nɔʀameʀikɛ̃] **A** ADJ ⟨-aine [-ɛn]⟩ nordamerikanisch **B** SUBST **Nord-Américain(e)** M(F) Nordamerikaner(in) *m(f)*
nord-coréen [nɔʀkɔʀeɛ̃] **A** ADJ ⟨-enne [-ɛn]⟩ nordkoreanisch **B** SUBST **Nord-Coréen(ne)** M(F) Nordkoreaner(in) *m(f)*
nord-est [nɔʀɛst] M Nordost(en) *m*
nordique [nɔʀdik] ADJ nordisch
nordiste [nɔʀdist] HIST U.S.A. **A** M/F Nordstaatler(in) *m(f)* **B** ADJ der Nordstaaten
nord-ouest [nɔʀwɛst] M Nordwest(en) *m*
Nord-Pas-de-Calais [nɔʀpadkalɛ] **le ~** *frz Region*
nord-vietnamien [nɔʀvjɛtnamjɛ̃] **A** ADJ ⟨-ienne [-jɛn]⟩ nordvietnamesisch **B** SUBST **Nord-Vietnamien(ne)** M(F) Nordvietnamese, -vietnamesin *m,f*
noria [nɔʀja] F Becherwerk *n*; Schöpfrad *n*
normal [nɔʀmal] **A** ADJ ⟨~e; -aux [-o]⟩ **1** normal; Normal…; üblich; **redevenir ~** sich wieder normalisieren **2** **École ~e** Pädagogische Hochschule (*abr* PH) **B** F **la ~e** das Normale, Übliche; *intelligence* **au-dessus de la ~e** überdurchschnittlich; *situation* **revenir à la ~e** sich wieder normalisieren
normalement [nɔʀmalmɑ̃] ADV normal; *en début de phrase* normalerweise
normalien [nɔʀmaljɛ̃] M, **normalienne** [-jɛn] F Schüler(in) *m(f)* e-r „École normale"
normalisation [nɔʀmalizasjõ] F **1** POL Normalisierung *f* **2** TECH Normung *f*; Normierung *f*
normalisé [nɔʀmalize] ADJ ⟨~e⟩ genormt
normaliser [nɔʀmalize] V/T **1** *relations diplomatiques* normalisieren **2** TECH normen; normieren
normalité [nɔʀmalite] F Normalität *f*
normand [nɔʀmɑ̃] **A** ADJ ⟨-ande [-ɑ̃d]⟩ normannisch (*a.* HIST); der Normandie **B** SUBST **1** **Normand(e)** *m(f)* Bewohner(in) *m(f)* der Normandie; *fig* **réponse** *f* **de Normand** ausweichende Antwort **2** HIST **les Normands** *mpl* die Normannen *mpl*
Normandie [nɔʀmɑ̃di] **la ~** die Normandie
normatif [nɔʀmatif] ADJ ⟨-ive [-iv]⟩ normativ
norme [nɔʀm] F Norm *f* (*a.* TECH); Regel *f*; **~s de sécurité** Sicherheitsvorschriften *fpl*; **conforme aux ~s** normgerecht
noroît [nɔʀwa] M Nordwest(wind) *m*
Norvège [nɔʀvɛʒ] **la ~** Norwegen *n*
norvégien [nɔʀveʒjɛ̃] **A** ADJ ⟨-ienne [-jɛn]⟩ norwegisch **B** **1** **Norvégien(ne)** *m(f)* Norweger(in) *m(f)* **2** LING **le ~** das Norwegische; Norwegisch *n*
nos [no] → notre
nosocomial [nozɔkɔmjal] ADJ ⟨~e; -aux [-o]⟩ im Krankenhaus erfolgend; *t/t* nosokomial; **infection ~e** Krankenhausinfektion *f*; *t/t* nosokomiale Infektion
nostalgie [nɔstalʒi] F Sehnsucht *f* (**de** nach); *du passé* Nostalgie *f* **nostalgique** [-ik] ADJ sehnsüchtig; sehnsuchtsvoll; wehmütig
nota [nɔta] M *ou* **nota bene** [nɔtabene] M (! unveränderlich) Anmerkung *f*
notable [nɔtabl] **A** ADJ beachtlich; nennenswert; bemerkenswert **B** M prominente Persönlichkeit
notablement [nɔtabləmɑ̃] ADV beträchtlich; sichtlich; erheblich
notaire [nɔtɛʀ] M Notar *m*
notamment [nɔtamɑ̃] ADV besonders
notarial [nɔtaʀjal] ADJ ⟨~e; -aux [-o]⟩ notariell; Notar…; Notariats…
notariat [nɔtaʀja] M **1** *fonction* Notariat *n*; Amt *n* e-s Notars **2** *coll* (Gesamtheit *f* der) Notare *mpl*
notarié [nɔtaʀje] ADJ ⟨~e⟩ **acte ~** notarielle Urkunde
notation [nɔtasjõ] F **1** Zeichensystem *n* **2** ÉCOLE Benotung *f*; Notengebung *f*
note [nɔt] F **1** *imprimée* Anmerkung *f*; *en bas de*

page Fußnote *f* **2** *par écrit* Notiz *f*; Vermerk *m*; **~s** *pl a.* Aufzeichnungen *fpl*; **prendre des ~s** sich (*dat*) Notizen machen; *à un cours* mitschreiben; *fig* **j'en prends bonne ~** das werde ich mir gut merken **3** DIPL Note *f* **4** **~ (de service)** Mitteilung *f*; Umlauf *m* **5** MUS Note *f*; *son* Ton *m* **6** *fig* Note *f*; Gepräge *n*; **fausse ~** störendes Detail; **ne pas être dans la ~** nicht dazupassen; **forcer la ~** übertreiben; zu weit gehen **7** ÉCOLE Note *f*; Zensur *f*; *d'un fonctionnaire* Beurteilung *f* **8** (*facture*) Rechnung *f*

noter [nɔte] V/T **1** (*marquer*) anstreichen; anmerken **2** (*écrire*) (sich [*dat*]) notieren; (sich [*dat*]) aufschreiben; vermerken **3** (*remarquer*) bemerken; feststellen **4** *élève* e-e Note, Zensur geben (**qn** j-m); *devoir, copie* zensieren; benoten; *fonctionnaire* beurteilen

notice [nɔtis] F Hinweise *mpl*; **~ explicative** Bedienungsanleitung *f*

notification [nɔtifikasjõ] F offizielle, amtliche Mitteilung

notifier [nɔtifje] V/T **~ qc à qn** j-m etw offiziell mitteilen

notion [nosjõ] F **1** (*concept*) Begriff *m*; (*connaissance intuitive*) Vorstellung *f*; Gefühl *n* (**de qc** für etw); **~ du temps** Zeitgefühl *n*; **je n'en ai pas la moindre ~** ich habe nicht die geringste Ahnung **2** **~s** *pl* Grund-, Elementarkenntnisse *fpl* (**de français** im Französischen)

notionnel [nosjɔnɛl] ADJ ⟨~le⟩ LING **champ ~** Wortfeld *n*

notoire [nɔtwaʀ] ADJ *fait* allgemein bekannt; offenkundig; *criminel* notorisch **notoirement** [-mã] ADV offenkundig

notoriété [nɔtɔʀjete] F Bekanntheit(sgrad) *f(m)*; Ruf *m*; Name *m*; **de ~ publique** allgemein bekannt

notre [nɔtʀ] ADJ POSS ⟨*pl* nos [no]⟩ unser(e), *pl* unsere

nôtre [notʀ] **A** PR POSS **le nôtre, la nôtre** der, die, das unsere; unsere(r, -s); *pl* **les nôtres** die unseren; unsere **B** SUBST **1** **le nôtre** das Unsere **2** **les nôtres** *mpl* (*famille, amis, etc*) die Unseren; **serez-vous des nôtres?** kommen Sie auch?

Notre-Dame [nɔtʀədam] F **1** Unsere Liebe Frau **2** Marienkirche *f*

nouba [nuba] F *fam* **faire la ~** *fam* feste feiern; *fam* einen draufmachen

nouer [nwe, nue] V/T **1** knoten; *lacets a.* (zu)schnüren; (zu)binden; *cravate a.* binden; *fig* **il avait la gorge nouée** s-e Kehle war wie zugeschnürt **2** *relations* anknüpfen; *intrigue* spinnen

noueux [nuø] ADJ ⟨-euse [-øz]⟩ *arbre, racine* knorrig; *mains* knotig

> **▶ Le nougat**
>
> **Le nougat** ist die berühmte Spezialität aus der südfranzösischen Stadt **Montélimar**. Die weiße Mandelmasse mit Pistazien und ganzen Mandeln entspricht in etwa dem türkischen Honig in Deutschland.
> Der dunkle deutsche Nougat heißt in Frankreich **le praliné**.
>
> LANDESKUNDE

nougat [nuga] M (*Art*) türkischer Honig

nougatine [nugatin] F Krokant *m*

nouille [nuj] F **1** **~s** *pl* Nudeln *fpl* **2** *fam fig de qn fam* Flasche *f*

nounou [nunu] *enf* F Amme *f*

nounours [nunuʀs] *enf* M Teddy(bär) *m*

nourri [nuʀi] ADJ ⟨~e⟩ **1** **bien ~** wohlgenährt; gut genährt **2** *fig applaudissements* anhaltend; MIL **feu ~** Dauerfeuer *n*

nourrice [nuʀis] F **1** *qui allaite* Amme *f*; *qui garde* Pflegemutter *f*; Tagesmutter *f* **2** TECH Reservetank *m*; *bidon* Reservekanister *m*

nourricier [nuʀisje] ADJ ⟨-ière [-jɛʀ]⟩ Nähr…; Pflege…

nourrir [nuʀiʀ] **A** V/T **1** *personne, famille* (*entretenir*) ernähren; (*alimenter*) beköstigen; verpflegen; *fig* **~ l'esprit** dem Geist Nahrung geben; **~ au sein** stillen; *abs* **le sucre nourrit** Zucker nährt **2** *animal* füttern **3** *fig désir, espoir, etc* hegen **B** V/PR **se ~** sich ernähren (**de** von)

nourrissant [nuʀisã] ADJ ⟨-ante [-ãt]⟩ nahrhaft

nourrisson [nuʀisõ] M Säugling *m*

nourriture [nuʀityʀ] F **1** (*aliments*) Nahrung *f*; Kost *f*; Essen *n* **2** *d'un animal* Futter *n*

nous [nu] PR PERS: *sujet* wir; *obj dir et obj indir* uns (*acc ou dat*); **~ ~ sommes regardé(e)s** wir sahen uns an; **c'est ~** wir sind es

nous-mêmes [numɛm] PR PERS **1** *accentué* (wir) selbst **2** *réfléchi* uns selbst

nouveau [nuvo] **A** ADJ ⟨*m vor Vokal u. stummem h* nouvel [nuvɛl]; *f* nouvelle [nuvɛl]; *mpl* ~x⟩ neu; Neu…; *vin* jung; **nouvel an** Neujahr(stag) *n(m)*; **pommes de terre nouvelles** neue Kartoffeln *fpl*; Frühkartoffeln *fpl*; **les nouveaux riches** die Neureichen *mpl*; **de nouvelles têtes** neue Gesichter *npl*; **à nouveau** aufs Neue; von Neuem; erneut; **de nouveau** wieder; nochmals; abermals; noch einmal **B** SUBST **1** **du nouveau** etwas Neues; **rien de nouveau** nichts Neues **2** **le nouveau, la nouvelle** der, die Neue (*dans une école, etc*)

Nouveau-Mexique **le ~** New Mexico *n*

nouveau-né M ⟨nouveau-nés⟩ **le ~** das Neugeborene

nouveauté [nuvote] F **1** *(originalité)* Neuheit *f*; Neuartigkeit *f* **2** *(du nouveau)* Neue(s) *n* **3** *(innovation)* Neuerung *f* **4** *(produit récent)* Neuheit *f*; Novität *f*; *en librairie a.* Neuerscheinung *f*

nouvel(le) [nuvɛl] ADJ → nouveau

nouvelle [nuvɛl] F **1** *d'un événement* Nachricht *f*; Meldung *f*; Neuigkeit *f*; **~s** *pl* Nachrichten *fpl*; BIBL **la bonne ~** die Frohe Botschaft; **la grande ~** die große Neuigkeit; **première ~!** das ist das Erste, was ich (davon) höre!; **aller aux ~s** sich erkundigen, was es Neues gibt; **connaissez-vous la ~?** wissen Sie schon das Neueste? **2** **~s** *pl* Nachricht *f (die j-d von sich gibt)*; **avoir des ~s de qn** von j-m Nachricht haben *ou* erhalten; von j-m hören; *menace* **tu auras de mes ~s!** du wirst noch von mir hören!; **demander des ~s de qn** sich nach j-m erkundigen; nach j-m fragen; **donner de ses ~s** von sich hören lassen **3** LITTÉRATURE Novelle *f*

Nouvelle-Angleterre [nuvɛlɑ̃glətɛʀ] **la ~** Neuengland *n*

Nouvelle-Calédonie [nuvɛlkaledɔni] **la ~** Neukaledonien *n*

Nouvelle-Écosse [nuvɛlekɔs] **la ~** Neuschottland *n*

Nouvelle-Galles-du-Sud [nuvɛlgaldysyd] **la ~** Neusüdwales *n*

Nouvelle-Guinée [nuvɛlgine] **la ~** Neuguinea *n*

nouvellement [nuvɛlmɑ̃] ADV neu; vor Kurzem; kürzlich

Nouvelle-Orléans [nuvɛlɔʀleɑ̃] **La ~** New Orleans *n*

Nouvelle-Zélande [nuvɛlzelɑ̃d] **la ~** Neuseeland *n*

nouvelliste [nuvɛlist] M Novellist *m*

novateur [nɔvatœʀ] M, **novatrice** [-tʀis] F Neuerer *m*

novembre [nɔvɑ̃bʀ] M November *m*

novice [nɔvis] M/F **1** CATH Novize *m/f*; Novizin *f* **2** *(débutant[e])* Neuling *m*; Anfänger(in) *m(f)*

noviciat [nɔvisja] M Noviziat *n*

noyade [nwajad] F Ertrinken *n*

noyau [nwajo] M ⟨~x⟩ **1** BOT Stein *m*; Kern *m*; **~ de cerise** Kirschkern *m*; **fruits** *mpl* **à ~** Steinobst *n* **2** PHYS *et fig* Kern *m*; **~ de l'atome** Atomkern *m* **3** BIOL Zellkern *m* **4** *de personnes* kleine Gruppe

noyautage [nwajotaʒ] M Unterwanderung *f*

noyauter [-e] V/T unterwandern

noyé [nwaje] **A** ADJ ⟨~e⟩ **1** ertrunken **2** **elle avait les yeux ~s de pleurs** ihre Augen schwammen in Tränen **B** **~(e)** M(F) Ertrunkene(r) *m/f(m)*

noyer¹ [nwaje] ⟨-oi-⟩ **A** V/T *personne, animal, plante* ertränken; *animal fam* ersäufen; *région* überfluten; **noyer le carburateur** *fam* den Motor absaufen lassen; *révolte* **noyer dans le sang** blutig niederschlagen **B** V/PR **se noyer** **1** ertrinken **2** *fig* ins Schwimmen geraten

noyer² M (Wal)Nussbaum *m*

nu [ny] **A** ADJ **1** *personne* nackt *(a. fig vérité)*; *bras, etc a.* bloß; **se battre les mains ~es** sich mit bloßen Fäusten verteidigen; **(les) pieds ~s** barfuß; **à l'œil ~** mit bloßem Auge; **se mettre ~** sich nackt ausziehen **2** *mur* nackt; kahl *(a. pièce, arbre)*; *fil, épée* blank **B** M BEAUX-ARTS Akt *m*

nuage [nɥaʒ] M Wolke *f*; **~s** *pl a.* Bewölkung *f*; **~ de fumée, de pluie, de poussière** Rauch-, Regen-, Staubwolke *f*; **sans ~s** *ciel* wolkenlos; *fig bonheur* ungetrübt; *fig* **être dans les ~s** zerstreut, geistesabwesend sein

nuageux [nɥaʒø] ADJ ⟨-euse [-øz]⟩ bewölkt

nuance [nɥɑ̃s] F Nuance *f*; feiner Unterschied; Feinheit *f*; *d'une couleur a.* Abtönung *f*; Schattierung *f*

nuancé [nɥɑ̃se] ADJ ⟨~e⟩ nuanciert; differenziert

nuancer [nɥɑ̃se] V/T ⟨-ç-⟩ nuancieren; fein differenzieren

nubile [nybil] ADJ heiratsfähig **nubilité** [-ite] F Heiratsfähigkeit *f*; heiratsfähiges Alter

nucléaire [nykleɛʀ] **A** ADJ Kern...; Atom...; nuklear; Nuklear...; **puissance** *f* **~** Atom-, Nuklearmacht *f* **B** M Kern-, Atomkraft *f*

Le 11 novembre

Der 11. November ist in Frankreich nationaler Feiertag, um des Endes des Ersten Weltkrieges (**la Première Guerre mondiale**) zu gedenken. Nach der Niederlage der deutschen Armee wurde am 11. November 1918 in Rethondes im Wald von Compiègne in einem Eisenbahnwaggon das Waffenstillstandsabkommen (**la convention d'armistice**) unterzeichnet. 1920 wurde der Unbekannte Soldat unter dem Triumphbogen in Paris zu Grabe getragen. Jedes Jahr findet dort am 11. November eine Gedenkfeier in Anwesenheit des Staatspräsidenten statt. Im Zweiten Weltkrieg zwang Hitler nach der Schlacht um Frankreich und der Kapitulation der französischen Armee die französische Regierung, an gleicher Stelle und im gleichen Eisenbahnwaggon den Waffenstillstand zu unterzeichnen (20. Juni 1940).

LANDESKUNDE

nudisme [nydism] M Freikörperkultur *f* (*abr* FKK); Nacktkultur *f*
nudiste [nydist] **A** ADJ FKK-… **B** M/F FKK-Anhänger(in) *m(f)*; Nudist(in) *m(f)*; **camp** *m* **de ~s** FKK-Gelände *n*
nudité [nydite] F **1** *d'une personne* Nacktheit *f*; Blöße *f* **2** *fig* Nacktheit *f*; Kahlheit *f*
nue [ny] F **porter qn aux ~s** j-n in den Himmel heben; **tomber des ~s** (wie) aus allen Wolken fallen
nuée [nɥe] F **1** *litt* große, dicke Wolke **2** *fig* Schwarm *m*
nuire [nɥiʀ] 〈→ conduire; *aber pp* nui〉 V/T INDIR **~ à qn** j-m schaden; **~ à qc** e-r Sache (*dat*) schaden; etw schädigen
nuisance [nɥizɑ̃s] F Umweltbelastung *f*; Beeinträchtigung *f* der Lebensqualität
nuisette [nɥizɛt] F kurzes Nachthemd
nuisible [nɥizibl] ADJ schädlich; **animaux** *mpl* **~s** Schädlinge *mpl*; **~ à la santé** gesundheitsschädlich, -schädigend
nuit [nɥi] F Nacht *f*; **bonne nuit!** gute Nacht!; **la nuit** *ou* **de nuit** in der Nacht; nachts; bei Nacht; **dans la nuit des temps** in grauer Vorzeit; **il fait nuit** es ist Nacht, dunkel
nuitée [nɥite] F Übernachtung *f*
nul[1] [nyl] ADJ 〈~le〉 **1** SPORTS unentschieden; **faire match nul** unentschieden spielen **2** (*inexistant*) gleich null **3** JUR ungültig; nichtig; (rechts)unwirksam **4** (*sans valeur*) wertlos; völlig unzulänglich **5** *personne* **être nul** *fam* e-e Null, e-e Niete sein
nul[2] **A** ADJ INDÉF 〈~le〉 (! immer mit **ne** vor dem Verb) **1** *st/s* (*aucun*) kein(e) **2** **nulle part** nirgends; nirgendwo **B** PR INDÉF 〈*nur m sg; mit* ne *beim Verb*〉 *st/s* (*aucun*) keiner; niemand
nullard [nylaʀ] M *fam* (*incapable*) *fam* Null *f*; *fam* Niete *f*
nullement [nylmɑ̃] ADV keineswegs; ganz und gar nicht; in keiner Weise
nullité [nylite] F **1** JUR Ungültigkeit *f*; Nichtigkeit *f*; (Rechts)Unwirksamkeit *f* **2** *d'une personne* Unfähigkeit *f* **3** (*personne incapable*) *fam* Null *f*; *fam* Niete *f*
numéraire [nymeʀɛʀ] M (Bar)Geld *n*
numéral [numeʀal] ADJ 〈~e; -aux [-o]〉 Zahl(en)…; **adjectif ~** Zahlwort *n*
numérateur [nymeʀatœʀ] M MATH Zähler *m*
numération [nymeʀasjõ] F **1** Zählung *f* **2** Zahlensystem *n*
numérique [nymeʀik] ADJ **1** MATH Zahlen… **2** *supériorité* zahlenmäßig; numerisch **3** INFORM digital; Digital…
numériquement [nymeʀikmɑ̃] ADV zahlenmäßig; der Zahl nach; an Zahl
numérisation [nymeʀizasjõ] F Digitalisierung *f* **numériser** [-e] V/T digitalisieren
numéro [nymeʀo] M (! maskulin) **1** Nummer *f*; **numéro gagnant** Gewinnzahl *f*; *fig* **le numéro un** die Nummer eins; TÉL **numéro vert** Service *m* 130; **numéro de compte** Kontonummer *f*; AUTO **numéro d'immatriculation** amtliches, polizeiliches Kennzeichen; Zulassungsnummer *f*; **numéro de téléphone** Telefon-, Rufnummer *f*; TÉL **faire un numéro** e-e Nummer wählen; *fig* **tirer le bon numéro** das große Los ziehen **2** *d'un journal* Nummer *f*; Ausgabe *f*; *d'une revue a.* Heft *n*; **numéro spécial** Sondernummer *f*, -heft *n* **3** SPECTACLES Nummer *f*; Auftritt *m*; Darbietung *f*; **numéro de cirque** Zirkusnummer *f*; *fam fig* **faire son numéro habituel** *fam* das übliche Theater machen **4** *fam fig* **c'est un (drôle de) numéro** er *ou* sie ist e-e komische Nummer, Type
numérotage [nymeʀɔtaʒ] M Nummerieren *n*
numérotation [-asjõ] F Nummerierung *f*
numéroter [nymeʀɔte] V/T nummerieren
numerus clausus [nymeʀysklozys] M Numerus clausus *m*
numismate [nymismat] M Numismatiker *m*
numismatique [-ik] F Münzkunde *f*; Numismatik *f*
nu-pieds **A** ADV barfuß **B** MPL (einfache) Sandalen *fpl*
nuptial [nypsjal] ADJ 〈~e; -aux [-o]〉 Braut…; Hochzeits…; **chambre ~e, lit ~** Brautgemach *n*, -bett *n*
nuptialité [nypsjalite] F Zahl *f* der Eheschließungen
nuque [nyk] F Nacken *m*; Genick *n*
Nuremberg [nyʀɛ̃bɛʀ, -ʀɑ̃-] Nürnberg *n*
nurse [nœʀs] F Kindermädchen *n*, -frau *f*
nu-tête ADV ohne Kopfbedeckung
nutritif [nytʀitif] ADJ 〈-ive [-iv]〉 **1** Nähr…; **valeur nutritive** Nährwert *m* **2** (*nourrissant*) nahrhaft
nutrition [nytʀisjõ] F Ernährung *f*
nutritionnel [nytʀisjɔnɛl] ADJ 〈~le〉 Ernährungs… **nutritionniste** [-ist] M/F Ernährungswissenschaftler(in) *m(f)*
nylon® [nilõ] M Nylon® *n*; *adjt* **bas** *mpl* **~** Nylonstrümpfe® *mpl*
nymphe [nɛ̃f] F **1** MYTH Nymphe *f* **2** ZOOL Puppe *f*
nymphéa [nɛ̃fea] M Weiße Seerose
nymphette [nɛ̃fɛt] F Lolita(typ) *f(m)*; Kindfrau *f*
nympho [nɛ̃fo] F → nymphomane B
nymphomane [nɛ̃fɔman] **A** ADJ nymphoman(isch) **B** F Nymphomanin *f* **nymphomanie** [-i] F Nymphomanie *f*

N

O

O, o [o] M (❗ unveränderlich) O, o *n*
ô [o] INT o; **~ ciel!** o Himmel!
O. ABR (ouest) W (West[en])
oasis [ɔazis] F, *a.* M Oase *f* (*a. fig*)
obédience [ɔbedjɑ̃s] F **d'~ communiste**, *etc* kommunistischer *etc* Prägung
obéir [ɔbeiʀ] V/T INDIR **~ à qn, à qc** j-m, e-r Sache gehorchen, folgen; **(savoir) se faire ~** sich (*dat*) Gehorsam (zu) verschaffen (wissen)
obéissance [ɔbeisɑ̃s] F Gehorsam *m* (**à qn** j-m gegenüber)
obéissant [ɔbeisɑ̃] ADJ ‹-ante [-ɑ̃t]› gehorsam; folgsam
obélisque [ɔbelisk] M Obelisk *m*
obèse [ɔbɛz] ADJ fett-, dickleibig
obésité [ɔbezite] F Fett-, Dickleibigkeit *f*
objecter [ɔbʒɛkte] V/T **1** (*opposer*) einwenden (**que** dass); **~ qc à qn** j-m etw entgegenhalten **2** (*alléguer*) vorgeben; vorschützen
objecteur [ɔbʒɛktœʀ] M **~ de conscience** Wehrdienst-, Kriegsdienstverweigerer *m*
objectif [ɔbʒɛktif] **A** ADJ ‹-ive [-iv]› objektiv; sachlich **B** M **1** OPT Objektiv *n* **2** (*but*) Ziel *n*
objection [ɔbʒɛksjõ] F Einwand *m*, Einwendung *f* (**à qc** gegen etw)
objectivement [ɔbʒɛktivmɑ̃] ADV **1** objektiv; sachlich **2** PHIL objektiv; tatsächlich
objectivité [ɔbʒɛktivite] F Objektivität *f*; Sachlichkeit *f*; **être dénué, manquer d'~** nicht objektiv, sachlich sein
objet [ɔbʒɛ] M **1** *concret* Gegenstand *m*; Ding *n*; Sache *f*; **~ d'art** Kunstgegenstand *m* **2** (*sujet, matière*) Gegenstand *m*; *en début de lettre* Betreff *m* (*abr* Betr.); **être sans ~** gegenstandslos sein; **être, faire l'~ de qc** Gegenstand von etw sein **3** (*but*) Zweck *m*; Ziel *n* **4** GRAM **(complément *m* d')~ direct** Akkusativobjekt *n*; **(complément *m* d')~ indirect** Präpositionalobjekt *n*
objurgations [ɔbʒyʀgasjõ] *litt* FPL inständiges Bitten; Beschwörungen *fpl*
obligation [obligasjõ] F **1** (*engagement*) Verpflichtung *f*, (*devoir*) Pflicht *f* (**envers qn** j-m gegenüber) **2** (*nécessité*) Notwendigkeit *f*; (*contrainte*) Zwang *m*; **sans ~ d'achat** ohne Kaufzwang; **être dans l'~ de faire qc** gezwungen, genötigt sein, etw zu tun **3** FIN Schuldverschreibung *f*; Obligation *f*
obligatoire [ɔbligatwaʀ] ADJ **1** obligatorisch; vorgeschrieben; verbindlich; Pflicht… **2** *fam* unvermeidlich; zwangsläufig
obligatoirement [ɔbligatwaʀmɑ̃] ADV obligatorisch; zwangsläufig
obligé(e) [ɔbliʒe] M(F) **être l'~(e) de qn** j-m zu Dank verpflichtet sein
obligeamment [ɔbliʒamɑ̃] ADV entgegenkommenderweise
obligeance [ɔbliʒɑ̃s] F Entgegenkommen *n*; Freundlichkeit *f*
obligeant [ɔbliʒɑ̃] ADJ ‹-ante [-ɑ̃t]› gefällig; entgegenkommend; freundlich
obliger [ɔbliʒe] V/T ‹-ge-› **1** *loi, etc* **~ qn** j-n verpflichten, binden **2** (*forcer*) **~ qn à faire qc** j-n zwingen, nötigen, etw zu tun; **être obligé de faire qc** gezwungen, genötigt sein, etw zu tun; etw tun müssen **3** **je vous serais très obligé de bien vouloir faire qc** ich wäre Ihnen sehr verbunden *ou* dankbar, wenn Sie etw tun würden
oblique [ɔblik] ADJ schräg **obliquement** [-mɑ̃] ADV schräg
obliquer [ɔblike] V/I abbiegen **obliquité** [-ite] F Schräge *f*; Schrägheit *f*; Neigung *f* (*a.* MATH)
oblitérateur [ɔbliteʀatœʀ] M *de timbres* Entwerter *m*; Entwertungsstempel *m*
oblitération [ɔbliteʀasjõ] F **1** *de timbres* Entwertung *f*; Abstempeln *n* **2** MÉD Verstopfung *f*
oblitérer [ɔbliteʀe] V/T ‹-è-› entwerten; abstempeln; **timbre oblitéré** *a.* gestempelte Marke
oblong [ɔblõ] ADJ ‹oblongue [ɔblõg]› länglich
obnubiler [ɔbnybile] V/T → obséder
obole [ɔbɔl] F Obolus *m*; Scherflein *n*
obscène [ɔpsɛn] ADJ obszön; unanständig; *paroles a.* unflätig; zotig
obscénité [ɔpsenite] F Obszönität *f*; Unanständigkeit *f*; Unflätigkeit *f*; **dire des ~s** Zoten *fpl* reißen
obscur [ɔpskyʀ] ADJ ‹~e› **1** (*sombre*) dunkel; finster; **salles ~es** Kinos *npl*; Filmtheater *npl* **2** *fig* dunkel; unverständlich; unklar **3** *auteur* obskur; unbekannt; *existence* unauffällig; unscheinbar
obscurantisme [ɔpskyʀɑ̃tism] M Fortschritts- und Bildungsfeindlichkeit *f*; Obskurantismus *m* **obscurantiste** [-ist] **A** ADJ aufklärungs-, bildungs- und fortschrittsfeindlich **B** M Finsterling *m*; Feind *m* der Bildung und des Fortschritts
obscurcir [ɔpskyʀsiʀ] **A** V/T **1** verdunkeln (*a. ciel*) **2** *fig* unverständlich, unklar, dunkel machen **B** V/PR **s'~** *ciel* sich verdunkeln; sich verfinstern; *temps* sich eintrüben
obscurcissement [ɔpskyʀsismɑ̃] M *du ciel* Verdunk(e)lung *f*; Verfinsterung *f*
obscurément [ɔpskyʀemɑ̃] ADV dunkel; un-

deutlich
obscurité [ɔpskyʀite] F 1 Dunkelheit *f*; Dunkel *n*; Finsternis *f*; **dans l'~** im Dunkeln, Finstern 2 *fig* Unverständlichkeit *f*; Unklarheit *f* (*a. passage, point obscur*) 3 (*anonymat*) Unbekanntheit *f*
obsédant [ɔpsedɑ̃] ADJ ⟨-ante [-ɑ̃t]⟩ *souvenir, rythme* der, die, das einem nicht aus dem Sinn geht *ou* einen nicht loslässt
obsédé(e) [ɔpsede] M(F) Besessene(r) *m/f(m)*; **obsédé(e) sexuel(le)** Sexbesessene(r) *m/f(m)*
obséder [ɔpsede] V/T ⟨-è-⟩ **~ qn** j-m nicht aus dem Sinn gehen; j-n verfolgen, nicht loslassen; **être obsédé par une idée** *a.* von e-r Idee besessen sein, beherrscht werden
obsèques [ɔpsɛk] FPL Trauerfeier *f*; Beisetzung *f*; **~ nationales** Staatsbegräbnis *n*
obséquieux [ɔpsekjø] ADJ ⟨-euse [-øz]⟩ unterwürfig; *péj* kriecherisch **obséquiosité** [-jozite] F Unterwürfigkeit *f*; *péj* kriecherische Höflichkeit
observable [ɔpsɛʀvabl] ADJ zu beobachten(d)
observance [-ɑ̃s] F Befolgung *f*; Einhaltung *f*; REL Observanz *f*
observateur [ɔpsɛʀvatœʀ] M, **observatrice** [-tʀis] F Beobachter(in) *m(f)*
observation [ɔpsɛʀvasjõ] F 1 (*surveillance*) Beobachtung *f* 2 (*remarque*) (kritische) Bemerkung, Anmerkung 3 (*réprimande*) Ermahnung *f*; Tadel *m*; Rüge *f*
observatoire [ɔpsɛʀvatwaʀ] M Observatorium *n*; ASTRON *a.* Sternwarte *f*; MÉTÉO *a.* Wetterwarte *f*
observer [ɔpsɛʀve] V/T 1 (*regarder attentivement*) beobachten; **se sentir observé** sich beobachtet fühlen 2 (*remarquer*) beobachten; bemerken; **faire ~ à qn que …** j-n darauf aufmerksam machen, dass … 3 *loi, règlement* einhalten; befolgen; beachten
obsession [ɔpsesjõ] F Zwangsvorstellung *f*; fixe Idee; quälender Gedanke
obsessionnel [ɔpsesjɔnɛl] ADJ ⟨~le⟩ PSYCH Zwangs…
obsidienne [ɔpsidjɛn] F Obsidian *m*
obsolète [ɔpsɔlɛt] ADJ veraltet; obsolet
obstacle [ɔpstakl] M Hindernis *n*; *fig a.* Hemmnis *n*; **course** *f* **d'~s** Hindernisrennen *n*; *fig* **faire ~ à qc** etw verhindern; sich e-r Sache (*dat*) in den Weg stellen
obstétrical [ɔpstetʀikal] ADJ ⟨~e; -aux [-o]⟩ geburtshilflich **obstétrique** [ɔpstetʀik] F Geburtshilfe *f*
obstination [ɔpstinasjõ] F Hartnäckigkeit *f*; Eigensinn *m*; Sturheit *f*; Starrsinn *m*
obstiné [ɔpstine] ADJ ⟨~e⟩ hartnäckig; *personne a.* eigensinnig; starrsinnig; stur **obstinément** [-mɑ̃] ADV → obstiné
obstiner [ɔpstine] V/PR **s'~** eigensinnig, stur sein; **s'~ à faire qc** sich darauf versteifen, etw zu tun; **s'~ dans son refus** sich hartnäckig weigern
obstruction [ɔpstʀyksjõ] F 1 (parlamentarische) Obstruktion 2 SPORTS Behinderung *f* (des Gegners)
obstructionnisme [ɔpstʀyksjɔnism] M POL Verzögerungs-, Verschleppungstaktik *f*
obstruer [ɔpstʀye] V/T *passage* versperren; blockieren; MÉD *artère* verstopfen
obtempérer [ɔptɑ̃peʀe] V/T INDIR ⟨-è-⟩ **~ à un ordre** e-m Befehl Folge leisten, nachkommen
obtenir [ɔptəniʀ] V/T ⟨→ venir⟩ erlangen; erhalten; bekommen; erreichen; durchsetzen; JUR erwirken; *résultat, prix, succès* erzielen; **faire ~ qc à qn** j-m etw verschaffen
obtention [ɔptɑ̃sjõ] F Erlangung *f*
obturateur [ɔptyʀatœʀ] M PHOT Verschluss *m*
obturation [ɔptyʀasjõ] F 1 Verschließen *n*; Verstopfen *n* 2 *dentaire* (Zahn)Füllung *f*
obturer [ɔptyʀe] V/T verschließen; verstopfen; *dent* füllen
obtus [ɔpty] ADJ ⟨obtuse [ɔptyz]⟩ 1 *angle* stumpf 2 *fig esprit* schwerfällig; *personne* schwer von Begriff
obus [ɔby] M (Artillerie)Granate *f*
oc [ɔk] **la langue d'~** die süd- und südwestfranzösischen Dialekte *mpl*; Okzitanisch *n*
ocarina [ɔkaʀina] M MUS Okarina *f*
occase [ɔkaz] F ABR *fam* → occasion 3
occasion [ɔkazjõ] F 1 Gelegenheit *f*; **les grandes ~s** die großen, festlichen, besonderen Gelegenheiten; **à l'~** bei Gelegenheit; gelegentlich; **à la première ~** bei der ersten (besten) Gelegenheit 2 (*cause*) Anlass *m*; Veranlassung *f*; **à l'~ de** anlässlich, aus Anlass (+ *gén*) 3 COMM Gelegenheitskauf *m*; günstiger Kauf; *fam* Schnäppchen *n*; **d'~** gebraucht; Gebraucht…; aus zweiter Hand; *livre* antiquarisch
occasionnel [ɔkazjɔnɛl] ADJ ⟨~le⟩ gelegentlich; Gelegenheits…; (*fortuit*) ganz zufällig
occasionnellement [ɔkazjɔnɛlmɑ̃] ADV gelegentlich
occasionner [ɔkazjɔne] V/T verursachen; *soucis* bereiten
Occident [ɔksidɑ̃] M 1 **l'~** das Abendland 2 POL **l'~** der Westen
occidental [ɔksidɑ̃tal] A ADJ ⟨~e; -aux [-o]⟩ GÉOG, POL westlich; West…; *civilisation a.* abendländisch B **les Occidentaux** MPL die Abendländer *mpl*
occidentaliser [ɔksidɑ̃talize] V/PR **s'~** verwestlichen
occipital [ɔksipital] ADJ ⟨~e; -aux [-o]⟩

Hinterhaupt(s)…; **os** ~ *ou subst* ~ *m* Hinterhaupt(s)bein *n*

occiput [ɔksipyt] M Hinterkopf *m*

occire [ɔksiʀ] V/T ⟨*nur inf u. pp* **occis**⟩ *plais* (*tuer*) *fam* kaltmachen

occitan [ɔksitɑ̃] M **l'~** das Okzitanische; die süd- und südwestfranzösischen Dialekte *mpl*

occlusif [ɔklyzif] ADJ ⟨-ive [-iv]⟩ PHON **consonne occlusive** Verschluss-, Explosivlaut *m*

occlusion [ɔklyzjõ] F **~ intestinale** Darmverschluss *m*

occultation [ɔkyltasjõ] F **1** ASTRON Bedeckung *f* (*durch e-n anderen Himmelskörper*) **2** *fig* Verdeckung *f*; Kaschierung *f*

occulte [ɔkylt] ADJ geheim; verborgen; okkult; **sciences** *fpl* **~s** Geheimwissenschaften *fpl*

occulter [ɔkylte] V/T verdecken; kaschieren; verschleiern **occultisme** [-ism] M Okkultismus *m*

occupant [ɔkypɑ̃] **A** ADJ ⟨-ante [-ɑ̃t]⟩ MIL Besatzungs… **B** M **1** *d'un logement* Bewohner *m*; (Wohnungs)Inhaber *m*; *d'une voiture* Insasse *m* **2** MIL **~(s)** Besatzung(smacht) *f*; *fam* Besatzer *mpl*

occupation [ɔkypasjõ] F **1** (*activité*) Beschäftigung *f* **2** MIL Besetzung *f* (*a. illicite d'un local*); Okkupation *f*; HIST *en France* **l'Occupation** die deutsche Besatzungszeit

occupé [ɔkype] ADJ ⟨~e⟩ **1** *personne* beschäftigt (**à qc** mit etw) **2** *logement* bewohnt; belegt; *place, poste, taxi, toilettes*, TÉL besetzt; TÉL *a.* belegt

O

occuper [ɔkype] **A** V/T **1** *personne(s)* beschäftigen; *temps* ausfüllen **2** *poste, fonction* bekleiden; innehaben; einnehmen **3** *de la place* einnehmen **4** *logement* bewohnen **5** MIL, *grévistes: usine* besetzen; besetzt halten **B** V/PR **1** **s'occuper** sich beschäftigen, betätigen **2** **s'occuper de qn, qc** sich um j-n, etw kümmern; sich mit j-m, etw befassen, beschäftigen; *fam* **t'occupe (pas de ça)!** das geht dich nichts an!

occurrence [ɔkyʀɑ̃s] F **en l'~** in diesem Fall; im vorliegenden Fall

OCDE [osedeə] F ABR (Organisation de coopération et de développement économique) OECD *f*

océan [ɔseɑ̃] M Ozean *m*; Weltmeer *n*

Océanie [ɔseani] **l'~** F Ozeanien *n*

océanien [ɔseanjɛ̃] ADJ ⟨-ienne [-jɛn]⟩ ozeanisch; Ozeaniens

océanique [ɔseanik] ADJ ozeanisch

océanographe [ɔseanɔgʀaf] M/F Meereskundler(in) *m(f)* **océanographie** [-i] F Meereskunde *f* **océanographique** [-ik] ADJ meereskundlich

ocelot [ɔslo] M Ozelot *m* (*a. fourrure*)

ocre [ɔkʀ] M Ocker(gelb) *n*

ocré [ɔkʀe] ADJ ⟨~e⟩ ockerfarben, -gelb

octaèdre [ɔktaɛdʀ] M Achtflächner *m*; Oktaeder *n*

octane [ɔktan] M Oktan *n*

octante [ɔktɑ̃t] NUM (! nur in Belgien und in der Schweiz; sonst sagt man **quatre-vingt**) achtzig

octave [ɔktav] F MUS Oktave *f*

octet [ɔktɛ] M INFORM Byte *n*

octobre [ɔktɔbʀ] M Oktober *m*

octogénaire [ɔktɔʒenɛʀ] M/F Achtzigjährige(r) *m/f(m)*

octogonal [ɔktɔgɔnal] ADJ ⟨~e; -aux [-o]⟩ achteckig; *pyramide* achtseitig

octogone [ɔktɔgon, -gɔn] M Achteck *n*

octosyllabe [ɔktɔsi(l)lab] **A** ADJ *vers* achtsilbig **B** M Achtsilb(n)er *m*

octroi [ɔktʀwa] M **1** Gewährung *f* **2** HIST (Stadt)Zoll *m*

octroyer [ɔktʀwaje] ⟨-oi-⟩ **A** V/T bewilligen; gewähren **B** V/PR *fam* **s'~ qc** sich (*dat*) etw genehmigen, gönnen

oculaire [ɔkylɛʀ] ADJ Augen…; **témoin** *m* **~** Augenzeuge *m*

oculiste [ɔkylist] M/F Augenarzt, -ärztin *m,f*

ode [ɔd] F Ode *f*

Oder [ɔdɛʀ] **l'~** M die Oder

odeur [ɔdœʀ, o-] F Geruch *m*; (*parfum*) Duft *m*

odieux [ɔdjø] ADJ ⟨-euse [-øz]⟩ **1** *crime* abscheulich; scheußlich **2** *personne* unausstehlich; grässlich

odorant [ɔdɔʀɑ̃] ADJ ⟨-ante [-ɑ̃t]⟩ wohlriechend; duftend

odorat [ɔdɔʀa] M Geruch(ssinn) *m*

odyssée [ɔdise] F Odyssee *f*; Irrfahrt *f*

œcuménique [ekymenik] ADJ ökumenisch **œcuménisme** [-ism] M ökumenische Bewegung

œdème [edɛm] M Ödem *n*

Œdipe [edip] M Ödipus *m*

œil [œj] M ⟨yeux [jø]⟩ **1** Auge *n*; *fig* **mauvais œil** böser Blick; **coup** *m* **d'œil** flüchtiger, kurzer Blick; **avoir le coup d'œil** ein gutes Augenmaß haben; *fam* **mon œil!** *fam* wer's glaubt, wird selig!; *fam* **à l'œil** umsonst; *fig* **à mes yeux** in meinen Augen; **de ses (propres) yeux** mit eigenen Augen; *fam* **entre quatre-z-yeux** [ɑ̃tʀəkatzjø] unter vier Augen; **pour ses beaux yeux** um s-r schönen Augen willen; **sous mes yeux** vor meinen Augen; **avoir les yeux bleus** blaue Augen haben; **avoir l'œil à tout** auf alles ein wachsames Auge haben; *fam* **avoir qn à l'œil** j-n nicht aus den Augen lassen; *fam* **je m'en bats l'œil** *fam* das kümmert mich e-n Dreck; **être tout yeux tout oreilles** ganz Auge und Ohr sein;; **se faire les yeux** sich (*dat*) die

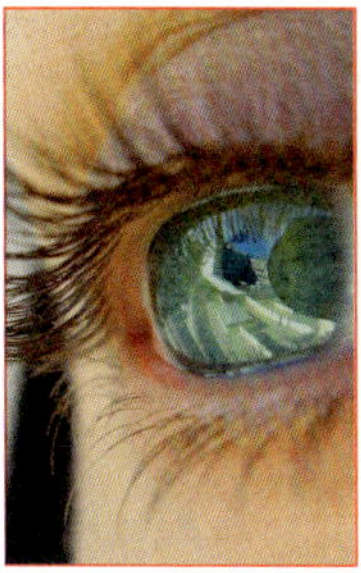

l'œil (m) — Auge

l'œil (m) — Spion

Augen schminken; Augen-Make-up auftragen *fam* **faire de l'œil à qn** j-m Blicke zuwerfen; j-m zuzwinkern; **ouvrir de grands yeux** große Augen machen; *fam fig* **ça me sort par les yeux** *fam* das hängt mir zum Hals heraus; **tourner de l'œil** in Ohnmacht fallen; *fam* umfallen; umkippen; **voir qc d'un bon, mauvais œil** etw gern, ungern sehen 2 *dans une porte* Spion *m* 3 BOT Auge *n* 4 *pl* **yeux** *de bouillon* Fettaugen *npl*

œil-de-bœuf M ⟨œils-de-bœuf⟩ ARCH Ochsenauge *n*; Rundfenster *n* **œil-de-perdrix** M ⟨œils-de-perdrix⟩ MÉD Hühnerauge *n*

œillade [œjad] F verliebter Blick; kokettes Augenzwinkern

œillère [œjɛʀ] F Scheuklappe *f*; *fig* **avoir des ~s** Scheuklappen tragen

œillet [œjɛ] M 1 BOT Nelke *f* 2 *de chaussure* Schnürloch *n*; *de ceinture* Öse *f*; *de feuille de classeur* Verstärkungsring *m*

œnologie [enɔlɔʒi] F Wein(bau)kunde *f* **œnologique** ADJ önologisch **œnologue** [-lɔg] M Önologe *m*; Weinbaukundige(r) *m*

œsophage [ezɔfaʒ] M Speiseröhre *f*

œstrogène [ɛstʀɔʒɛn] M Östrogen *n*

œuf [œf] M ⟨~s [ø]⟩ 1 Ei *n* ~ **de Pâques** Osterei *n*; **~s de poisson** Fischeier *npl*; Rogen *m*; **~ de poule** Hühnerei *n*; **~ sur le plat, au plat** Spiegelei *n*; *fig* **étouffer dans l'~** im Keim ersticken 2 *fam fig* (*imbécile*) **quel ~!** so ein Dummkopf!; *fam* so ein (doofes) Ei!

œuvre[1] [œvʀ] F 1 Werk *n*; Arbeit *f*; REL **bonnes ~s** gute Werke *npl*; **~ d'art** Kunstwerk *n*; **se mettre à l'~** sich an die Arbeit machen; **être l'~ de qn** das Werk j-s sein; **mettre tout en ~ pour faire qc** alles aufbieten, alles einsetzen, um etw zu tun 2 **~ (de bienfaisance)** Wohltätigkeitseinrichtung *f*

œuvre[2] M **le gros ~** der Rohbau

œuvrer [œvʀe] *litt* V/I wirken, tätig sein

OFAJ [ɔfaʒ] M → office

off [ɔf] ADJ (! unveränderlich) 1 FILM **voix** *f* ~ Stimme *f* aus dem Off; Offstimme *f*; **être ~** off, im Off sein 2 *spectacle, festival* alternativ; parallel

offensant [ɔfɑ̃sɑ̃] ADJ ⟨-ante [-ɑ̃t]⟩ beleidigend; kränkend; verletzend

offense [ɔfɑ̃s] F Beleidigung *f*; Kränkung *f*

offensé [ɔfɑ̃se] ADJ ⟨~e⟩ beleidigt; gekränkt

offenser [ɔfɑ̃se] V/T beleidigen; kränken; verletzen **offenseur** [-œʀ] M Beleidiger *m*

offensif [ɔfɑ̃sif] ADJ ⟨-ive [-iv]⟩ Angriffs…; Offensiv…; *fig du froid, etc* **retour ~** erneuter Einbruch

offensive [ɔfɑ̃siv] F MIL Offensive *f* (*a. fig*); Angriff *m*; **~ de l'hiver** erneutes Einsetzen des Winters

offert [ɔfɛʀ] PP ⟨-erte [-ɛʀt]⟩ → offrir

offertoire [ɔfɛʀtwaʀ] M ÉGL CATH Gabenbereitung *f*

office [ɔfis] M 1 **faire ~ de …** *personne* sich betätigen als …; *chose* als … dienen 2 (*bureau*) Amt *n*; Dienststelle *f*; **Office franco-allemand pour la Jeunesse** (*abr* **OFAJ**) Deutsch-Französisches Jugendwerk; **~ du tourisme** Fremdenverkehrsbüro *n* 3 **bons ~s** gute Dienste *mpl*; Vermittlung *f* 4 **d'~** von Amts wegen; *par ext* zwangsweise; **avocat (commis) d'~** Pflicht-, Offizialverteidiger *m* 5 CATH Gottesdienst *m*

officialisation [ɔfisjalizasjõ] F offizielle, amtliche Bestätigung, Anerkennung **officialiser** [-ize] V/T offiziell, amtlich bestätigen, anerkennen

officiel [ɔfisjɛl] A ADJ ⟨~le⟩ offiziell; amtlich; Amts…; **Journal ~** Gesetzblatt *n*; **langue ~le** Amtssprache *f*; **visite ~le** Staatsbesuch *m* B M 1 **~s** *pl* Vertreter *mpl* von Staat und Behörden 2 SPORTS Offizielle(r) *m*; (Sport)Funktionär *m*

officiellement [ɔfisjɛlmɑ̃] ADV offiziell; amtlich

officier[1] [ɔfisje] M 1 MIL Offizier *m* 2 **~ de la Légion d'honneur** Offizier der Ehrenlegion 3 **~ de l'état civil** Standesbeamte(r) *m*

officier[2] V/I REL zelebrieren

officieusement [ɔfisjøzmɑ̃] ADV inoffiziell; von halbamtlicher Seite

officieux [ɔfisjø] ADJ ⟨-euse [-øz]⟩ offiziös; halbamtlich; inoffiziell

officinal [ɔfisinal] ADJ ⟨~e; -aux [-o]⟩ **plantes, herbes ~es** Arznei-, Heilpflanzen *fpl*; Heilkräuter *npl*

officine [ɔfisin] F PHARM Offizin *f*

offrande [ɔfʀɑ̃d] F REL Opfer(gabe) *n(f)*

offrant [ɔfʀɑ̃] M **vendre au plus ~** meistbietend verkaufen

offre [ɔfʀ] F Angebot *n*; COMM *a.* Offerte *f*; ENCHÈRES Gebot *n*; **~s d'emploi** Stellenangebote *npl*; offene Stellen *fpl*; **l'~ et la demande** Angebot und Nachfrage

offrir [ɔfʀiʀ] ⟨→ couvrir⟩ **A** VT **1** *en cadeau* schenken (**qc à qn** j-m etw) **2** (*proposer*) anbieten (**qc à qn** j-m etw); *récompense* aussetzen **3** *avantages, difficultés* bieten; *spectacle* (dar)bieten **B** V/PR **s'~** **1** *personne* sich anbieten; **s'~ à faire qc** sich erbieten, etw zu tun **2** *occasion* sich bieten; *vue* sich darbieten **3** **s'~ qc** (*se payer qc*) sich (*dat*) etw leisten, gönnen

offset [ɔfsɛt] M TYPO Offsetdruck *m*

off-shore [ɔfʃɔʀ] **A** ADJ Offshore... **B** M Offshorebohranlage *f*

offusquer [ɔfyske] **A** VT **~ qn** bei j-m Anstoß erregen; j-n schockieren **B** V/PR **s'~ de qc** an etw (*dat*) Anstoß nehmen

ogive [ɔʒiv] F **1** ARCH (**arc** *m* **en**) **~** Spitzbogen *m* **2** **~ nucléaire** Atomsprengkopf *m*

OGM [oʒeɛm] M ABR (organisme génétiquement modifié) gentechnisch veränderter Organismus; *t/t* transgener Organismus

ogre [ɔgʀ] M Menschenfresser *m* (*im Märchen*); *fig* **manger comme un ~** *fam* essen wie ein Scheunendrescher

ogresse [ɔgʀɛs] F Frau *f* des Menschenfressers

oh [o] INT oh!; ach!; **oh là là!** oje!

ohé [ɔe] INT he(da)!; hallo!; MAR ahoi!

ohm [om] M ÉLEC Ohm *n* **ohmmètre** M ÉLEC Ohmmeter *n*

oie [wa] F **1** ZOOL Gans *f* **2** **jeu** *m* **de l'~** Gänsespiel *n* **3** MIL **pas** *m* **de l'~** Stechschritt *m*

oignon [ɔɲõ] M **1** BOT, CUIS Zwiebel *f*; **~ de tulipe** Tulpenzwiebel *f*; *fam fig* **aux petits ~s** bestens; *fig* **en rang d'~s** in einer Reihe; *fam fig* **occupe-toi de tes ~s!** kümmere dich um deine eigenen Angelegenheiten! **2** MÉD *au pied* Ballen *m*

oïl [ɔjl] LING **la langue d'~** die (alten) nordfranzösischen Dialekte *mpl*

oindre [wɛ̃dʀ] VT ⟨→ joindre⟩ salben

Oise [waz] **l'~** F *Fluss u. Departement in Frankreich*

oiseau [wazo] M ⟨~x⟩ **1** ZOOL Vogel *m*; **~ de proie** Raubvogel *m* **2** *fam* (*individu*) **un drôle d'~** ein komischer Kauz; ein seltsamer Vogel; *iron* **un ~ rare** ein weißer Rabe; **~ de mauvais augure, de malheur** Unglücksprophet *m*

oiseau-mouche M ⟨oiseaux-mouches⟩ Kolibri *m*

oiseleur [wazlœʀ] M Vogelfänger *m*, -steller *m*

oiselier [wazəlje] M Vogelzüchter *m ou* -händler *m*

oiseux [wazø] ADJ ⟨-euse [-øz]⟩ müßig; unnütz; überflüssig

oisif [wazif] ADJ ⟨-ive [-iv]⟩ müßig; untätig; unbeschäftigt

oisillon [wazijõ] M Vögelchen *n*

oisiveté [wazivte] F Müßiggang *m*; Untätigkeit *f*; Nichtstun *n*; *prov* **l'~ est mère de tous les vices** Müßiggang ist aller Laster Anfang (*prov*)

O.K. [okɛ] INT *fam* O. K. *ou* o. k.; okay

okapi [ɔkapi] M ZOOL Okapi *n*

olé [ɔle] ADJ (❗ unveränderlich) *fam* **un peu ~ ~** ein bisschen keck, frei, gewagt

oléagineux [ɔleaʒinø] M Ölfrucht *f*, -pflanze *f*

oléoduc [ɔleɔdyk] M Ölleitung *f*; Pipeline *f*

olfactif [ɔlfaktif] ADJ ⟨-ive [-iv]⟩ Geruchs...; Riech... **olfaction** [-sjõ] F Riechen *n*

olibrius [ɔlibʀijys] *fam* M Kauz *m*; *fam* Type *f*

oligarchie [ɔligaʀʃi] F Oligarchie *f* **oligarchique** [-ik] ADJ oligarchisch

oligo-éléments [ɔligoelemɑ̃] MPL Spurenelemente *npl*

oligopole [ɔligɔpɔl] M ÉCON Oligopol *n*

olivâtre [ɔlivatʀ] ADJ grünlich

olive [ɔliv] F **A** Olive *f*; **huile** *f* **d'~** Olivenöl *n* **B** ADJT (❗ unveränderlich) olivgrün

oliveraie [ɔlivʀɛ] F Olivenpflanzung *f*, -hain *m*

olivette [ɔlivɛt] F Eiertomate *f*

olivier [ɔlivje] M **1** Olivenbaum *m*; Ölbaum *m* **2** *bois* Olivenholz *n*

ollé [ɔle] → olé

OLP [oɛlpe] F ABR (Organisation de libération de la Palestine) PLO *f*

Olympe [ɔlɛ̃p] **l'~** M der Olymp

olympiade [ɔlɛ̃pjad] F *surtout* PL **~s** Olympiade *f*

olympien [ɔlɛ̃pjɛ̃] ADJ ⟨-ienne [-jɛn]⟩ olympisch (*a. fig*)

olympique [ɔlɛ̃pik] ADJ olympisch; Olympia...; **flamme** *f* **~** olympisches Feuer; **Jeux** *mpl* **~s** Olympische Spiele *npl*; Olympiade *f*; **stade** *m* **~** Olympiastadion *n*

ombelle [õbɛl] F Dolde *f*

ombilic [õbilik] M Nabel *m*

ombilical [õbilikal] ADJ ⟨~e; -aux [-o]⟩ Nabel...; **cordon ~** Nabelschnur *f*

ombrage [õbʀaʒ] M **1** Schatten *m* **2** *fig* **prendre ~ de qc** etw übel nehmen

ombragé [õbʀaʒe] ADJ ⟨~e⟩ schattig **ombrager** [-e] VT ⟨-ge-⟩ Schatten geben, spenden (+*dat*) **ombrageux** [-ø] ADJ ⟨-euse [-øz]⟩ leicht verletzlich, verletzbar; mimosenhaft

ombre [õbʀ] F **1** Schatten *m*; **~s chinoises** Schattenspiel *n*; **à l'~** im Schatten; *fam fig* **mettre qn à l'~** j-n einsperren, *fam* einlochen; *fig* **dans l'~** im Verborgenen; **tu me fais de l'~** du stehst mir im Licht; *fig* **il y a une ~ au tableau** die Sache hat auch e-n Nachteil, *fam* e-n Haken **2** *fig* **il n'y a pas l'~ d'un doute** es besteht nicht der leiseste, geringste Zweifel daran **3** **~ à paupières** Lidschatten *m(pl)*

ombrelle [õbʀɛl] F Sonnenschirm *m* **ombrer** [-e] VT PEINT schattieren **ombreux** [-ø] *litt* ADJ

⟨-euse [-øz]⟩ schattig
OMC [oɛmse] F ABR (Organisation mondiale du commerce) WTO *f* (Welthandelsorganisation)
oméga [ɔmega] M Omega *n*
omelette [ɔmlɛt] F (! feminin) Omelett *n*
omerta [ɔmɛʀta] F Gesetz *n* des Schweigens
omettre [ɔmɛtʀ] V/T ⟨→ mettre⟩ auslassen; weglassen; **~ de** (+ *inf*) (es) unterlassen zu (+ *inf*)
omis [ɔmi] PP ⟨-ise [-iz]⟩ → omettre
omission [ɔmisjõ] F Auslassung *f*; Weglassung *f*; **pécher par ~** e-e Unterlassungssünde begehen
omnibus [ɔmnibys] M Personenzug *m*; Nahverkehrszug *m*
omnipotence [ɔmnipɔtɑ̃s] F Allmacht *f* **omnipotent** [-pɔtɑ̃] ADJ ⟨-ente [-ɑ̃t]⟩ allmächtig **omnipraticien(ne)** M(F) praktischer Arzt, praktische Ärztin **omniprésence** *litt* F Allgegenwart *f* **omniprésent** ADJ ⟨-ente [-ɑ̃t]⟩ allgegenwärtig **omniscience** *litt* F Allwissenheit *f* **omniscient** [-sjɑ̃] *litt* ADJ ⟨-ente [-ɑ̃t]⟩ allwissend **omnisports** [-spɔʀ] ADJ für alle Sportarten
omnivore [ɔmnivɔʀ] M Allesfresser *m*
omoplate [ɔmɔplat] F Schulterblatt *n*
OMS [oɛmɛs] F ABR (Organisation mondiale de la santé) WHO *f*
on [õ] PR INDÉF **1** man; **~ fait ce qu'~ peut** man tut, was man kann; **~ frappe** es klopft; **~ vous demande au téléphone** Sie werden am Telefon verlangt **2** *fam* (*nous*) wir; **alors, ~ y va?** also, gehen wir hin?
onagre [ɔnagʀ] M Wildesel *m*
once [õs] F **1** Unze *f* **2** *fig* Quäntchen *n*
oncle [õkl] M Onkel *m*
onction [õksjõ] F Salbung *f*
onctueux [õktɥø] ADJ ⟨-euse [-øz]⟩ **1** *savon* mild; cremig; *potage* sämig **2** *fig* salbungsvoll
onde [õd] F Welle *f*; **~s courtes** Kurzwelle(n) *f(pl)*; **grandes ~s** Langwelle(n) *f(pl)*; **petites ~s** Mittelwelle(n) *f(pl)*; **~ de choc** Stoß-, Druckwelle *f*; **passer sur les ~s** im Radio kommen
ondée [õde] F (Regen)Guss *m*; Platzregen *m*
ondine [õdin] F Undine *f*; Nixe *f*; Wasserjungfrau *f*
on-dit [õdi] M (! unveränderlich) Gerücht *n*; *pl a.* Gerede *n* der Leute
ondoyant [õdwajɑ̃] ADJ ⟨-ante [-ɑ̃t]⟩ *blés* (sanft) wogend; *démarche* wiegend
ondoyer [õdwaje] V/I ⟨-oi-⟩ (sanft) wogen
ondulant [õdylɑ̃] ADJ ⟨-ante [-ɑ̃t]⟩ *démarche* wiegend
ondulations [õdylasjõ] FPL **1** Wellenbewegung *f* **2** *des cheveux, du sol* Wellen *fpl*
ondulatoire [õdylatwaʀ] ADJ PHYS Wellen…
ondulé [õdyle] ADJ ⟨~e⟩ wellig; *cheveux a.* gewellt; **tôle ~e** Wellblech *n*
onduler [õdyle] V/I **1** *blés* sanft wogen; sich wiegen; *surface de l'eau* sich kräuseln **2** *cheveux* sich wellen
onduleux [õdylø] ADJ ⟨-euse [-øz]⟩ wellig; gewellt; wellenförmig
onéreux [ɔneʀø] ADJ ⟨-euse [-øz]⟩ **1** kostspielig; teuer **2** **à titre ~** gegen Entgelt
ONG [oɛnʒe] F (! unveränderlich) ABR (organisation non gouvernementale) NGO *f* (Nichtregierungsorganisation)
ongle [õgl] M **1** (Finger-, Zehen-, Fuß)Nagel *m*; **se faire les ~s** sich maniküren; sich (*dat*) die Fingernägel maniküren **2** ZOOL Kralle *f*; *des rapaces a.* Klaue *f*
onglée [õgle] F **avoir l'~** erstarrte Fingerspitzen haben
onglet [õglɛ] M **1** RELIURE Falz *m* **2** BOUCHERIE Steakfleisch *n* (aus dem Rinderzwerchfell)
onguent [õgɑ̃] M Salbe *f*
onirique [ɔniʀik] ADJ traumhaft; Traum…
ONISEP [ɔnisɛp] M ABR (Office national d'information sur les enseignements et les professions) *staatliche frz Berufsberatungsbehörde*
onomatopée [ɔnɔmatɔpe] F Lautmalerei *f*
ont [õ] → avoir[1]
ontologie [õtɔlɔʒi] F Ontologie *f* **ontologique** [-ik] ADJ ontologisch
ONU [ɔny] F ABR (Organisation des Nations Unies) UNO *f*
onusien [ɔnyzjɛ̃] **A** ADJ ⟨-ienne [-jɛn]⟩ UNO… **B** M UNO-Beamte(r) *m*
onyx [ɔniks] M Onyx *m*
onze [õz, *keine Bindung u. keine Elision*] **A** NUM elf; **le ~ mai** der elfte Mai *ou* am elften Mai **B** M Elf *f* (*a.* FOOTBALL); Elfer *m*; **le ~ (du mois)** der Elfte *ou* am Elften (des Monats)
onzième [õzjɛm] **A** NUM elfte **B** SUBST **le, la ~** der, die, das Elfte
onzièmement [õzjɛmmɑ̃] ADV elftens
OPA [opea] F (! unveränderlich) ABR (offre publique d'achat) (Aktien)Übernahmeangebot *n*
opacifier [ɔpasifje] V/T undurchsichtig machen **opacité** [-ite] F Lichtundurchlässigkeit *f*
opale [ɔpal] F Opal *m*
opaline [ɔpalin] F Opalglas *n*
opaque [ɔpak] ADJ **1** lichtundurchlässig; undurchsichtig **2** *brouillard, nuit* undurchdringlich
OPEP [ɔpɛp] F ABR (Organisation des pays exportateurs de pétrole) OPEC *f*
opéra [ɔpeʀa] M (! maskulin) **1** *œuvre* Oper *f* **2** *théâtre* **Opéra** Opernhaus *n*; Oper *f*

O

opérable [ɔpeʀabl] ADJ operabel; operierbar
opéra-comique M ⟨opéras-comiques⟩ mit gesprochenen Dialogen durchsetzte (komische) Oper; Opéra comique *f*
opérant [ɔpeʀɑ̃] ADJ ⟨-ante [-ɑ̃t]⟩ wirksam
opérateur [ɔpeʀatœʀ] M, **opératrice** [-tʀis] F 1 Bedienungskraft *f*, -person *f*; INFORM Operator(in) *m(f)* 2 FILM Kameramann *m*
opération [ɔpeʀasjõ] F 1 MATH Rechenvorgang *m*; Operation *f*; **les quatre ~s** die vier Grundrechenarten *fpl* 2 **~ (chirurgicale)** Operation *f* 3 **~ (militaire)** (militärische) Operation; Unternehmen *n* 4 *par ext* Aktion *f*; **~ de sauvetage** Rettungsaktion *f* 5 COMM, FIN Geschäft *n*; Abschluss *m* 6 TECH Arbeits(vor)gang *m* 7 *iron* **par l'~ du Saint-Esprit** auf unerklärliche, rätselhafte Weise
opérationnel [ɔpeʀasjɔnɛl] ADJ ⟨~le⟩ 1 MIL operativ; Operations... 2 TECH einsatzfähig, -bereit
opératoire [ɔpeʀatwaʀ] ADJ MÉD operativ; Operations...
opercule [ɔpɛʀkyl] M BOT, ZOOL Deckel *m*; *des poissons* Kiemendeckel *m*
opéré [ɔpeʀe] ADJ ⟨~e⟩ operiert
opérer [ɔpeʀe] ⟨-è-⟩ A V/T 1 MÉD operieren (*a. abs*); **~ qn de l'appendicite** j-n am Blinddarm operieren; **se faire ~** sich operieren lassen 2 *changement* bewirken; herbeiführen; *paiement* vornehmen; *réforme, sauvetage* durchführen; *choix* treffen B V/I 1 (*procéder*) vorgehen; verfahren 2 *remède* wirken C V/PR **s'~** (*se produire*) sich vollziehen; erfolgen
opérette [ɔpeʀɛt] F Operette *f*
ophtalmique [ɔftalmik] ADJ ANAT, MÉD Augen...
ophtalmo [ɔftalmo] M/F *fam* ABR → ophtalmologiste
ophtalmologie [ɔftalmɔlɔʒi] F Augenheilkunde *f* **ophtalmologique** [-lɔʒik] ADJ ophthalmologisch **ophtalmologiste** [-lɔʒist] M/F *ou* **ophtalmologue** [-lɔg] M/F Augenarzt, -ärztin *m,f*
opiacé [ɔpjase] M Opiat *n*
opiner [ɔpine] V/I **~ du bonnet** (durch Kopfnicken) zustimmen
opiniâtre [ɔpinjatʀ] ADJ hartnäckig (*a. toux*); zäh, beharrlich
opiniâtreté [ɔpinjatʀəte] F Hartnäckigkeit *f*; Zähigkeit *f*
opinion [ɔpinjõ] F 1 Meinung *f*; Ansicht *f*; Anschauung *f*; Auffassung *f*; **presse** *f* **d'~** parteigebundene Presse; Tendenzpresse *f*; **se faire une ~** sich (*dat*) e-e (eigene) Meinung bilden 2 **l'~ (publique)** die öffentliche Meinung; die Öffentlichkeit
opiomane [ɔpjɔman] M/F Opiumsüchtige(r) *m/f(m)* **opiomanie** [-i] F Opiumsucht *f*
opium [ɔpjɔm] M Opium *n*
opossum [ɔpɔsɔm] M Opossum *n*
opportun [ɔpɔʀtɛ̃, -tœ̃] ADJ ⟨-tune [-tyn]⟩ günstig; angebracht; geeignet; passend; zweckmäßig; opportun
opportunément [ɔpɔʀtynemɑ̃] *st/s* ADV zur rechten Zeit
opportunisme [ɔpɔʀtynism] M Opportunismus *m* **opportuniste** [-ist] M/F Opportunist(in) *m(f)* **opportunité** [-ite] F Zweckmäßigkeit *f*; Opportunität *f*
opposable [ɔpozabl] ADJ *argument, objection* der, die, das entgegengehalten, JUR geltend gemacht werden kann
opposant [ɔpozɑ̃] M, **opposante** [-ɑ̃t] F Gegner(in) *m(f)*; Opponent(in) *m(f)*
opposé [ɔpoze] A ADJ ⟨~e⟩ 1 gegenüberliegend (**à** *dat*); *direction* entgegengesetzt 2 *caractères, goûts, opinions* entgegengesetzt; konträr; gegensätzlich 3 *personne* **être ~ à qc** gegen etw sein B M Gegenteil *n*; **à l'~ de** im Gegensatz zu (+ *dat*); **à l'~** auf der entgegengesetzten, gegenüberliegenden Seite; **être tout l'~ de qn** ganz das Gegenteil, das genaue Gegenteil von j-m sein
opposer [ɔpoze] A V/T 1 (*mettre en face*) gegenüberstellen (**à qn, qc** j-m, e-r Sache); *pour faire obstacle* entgegenstellen (**à** *dat*) 2 *argument* entgegenhalten, -setzen; *veto* einlegen 3 *conflit* **~ deux pays** zwei Länder zu Gegnern machen; **ce match oppose l'équipe de R à celle de M** in diesem Spiel stehen sich die Mannschaften von R und M gegenüber B V/PR 1 *personne* **s'~ à qn, à qc** sich j-m, e-r Sache widersetzen; sich gegen j-n, etw stellen 2 *chose, situation* **s'~ à qc** e-r Sache (*dat*) im Wege stehen, entgegenstehen
opposition [ɔpozisjõ] F 1 (*contraste*) Gegensatz *m*; Gegensätzlichkeit *f*; (*contradiction*) Widerspruch *m*; **par ~ à** im Gegensatz zu 2 (*résistance*) Widerstand *m*, Opposition *f* (**à qc** gegen etw); **faire ~ à qc** sich e-r Sache (*dat*) widersetzen; gegen etw opponieren 3 JUR Einspruch *m*; **faire ~ à un chèque** e-n Scheck sperren lassen 4 POL Opposition *f*
oppositionnel [ɔpozisjɔnɛl] ADJ ⟨~le⟩ oppositionell
oppressant [ɔpʀɛsɑ̃] ADJ ⟨-ante [-ɑ̃t]⟩ 1 *chaleur* drückend 2 *fig ambiance, souvenirs* bedrückend; beklemmend
oppressé [ɔpʀese] ADJ ⟨~e⟩ **être ~** an Atemnot leiden; Atembeklemmungen haben; *fig* beklommen sein
oppresser [ɔpʀese] V/T 1 *chaleur, crainte* **~ qn**

j-n beklemmen; j-m den Atem benehmen; **être oppressé** an Atemnot leiden 2 *fig* bedrücken

oppresseur [ɔpʀesœʀ] M Unterdrücker *m* **oppressif** [-if] ADJ ‹-ive [-iv]› unterdrückend; Unterdrückungs…

oppression [ɔpʀesjõ] F 1 *du peuple* Unterdrückung *f* 2 *(gêne respiratoire)* Atembeklemmung *f*, -not *f*

opprimé [ɔpʀime] A ADJ ‹~e› unterdrückt B **les ~s** MPL die Unterdrückten *mpl*

opprimer [ɔpʀime] V/T unterdrücken

opprobre [ɔpʀɔbʀ] *litt* M Schmach *f*; Schande *f*

opter [ɔpte] V/I **~ pour qc** sich für etw entscheiden; etw wählen

opticien [ɔptisjɛ̃] M, **opticienne** [-jɛn] F Optiker(in) *m(f)*

optimal [ɔptimal] ADJ ‹~e; -aux [-o]› optimal; bestmögliche

optim(al)isation [ɔptim(al)izasjõ] F Optimierung *f*

optim(al)iser [ɔptim(al)ize] V/T optimieren

optimisme [ɔptimism] M Optimismus *m*; Zuversicht *f* **optimiste** A ADJ optimistisch; zuversichtlich B M/F Optimist(in) *m(f)*

optimum [ɔptimɔm] A ADJ ‹*f* ~ *od* optima; *pl m u. f* ~s *od* optima› → optimal B M ‹~s *od* optima› Optimum *n*

option [ɔpsjõ] F 1 Wahl(möglichkeit) *f*; Option *f* (*a.* JUR, COMM); (**matière** *f* **à**) ~ Wahlfach *n*; **lever l'~** das Optionsrecht ausüben 2 AUTO **~s** *pl* Extras *npl*

optionnel [ɔpsjɔnɛl] ADJ ‹~le› nach Wahl

optique [ɔptik] A ADJ 1 **nerf** *m* ~ Sehnerv *m* 2 OPT optisch 3 **fibre** *f* ~ Glasfaser *f* B F 1 Optik *f*; **instruments** *mpl* **d'~** optische Instrumente *npl* 2 *fig* Blickwinkel *m*; Perspektive *f*; Optik *f*; Betrachtungsweise *f*

opulence [ɔpylɑ̃s] *st/s* F Überfluss *m*

opulent [ɔpylɑ̃] ADJ ‹-ente [-ɑ̃t]› *st/s* 1 sehr reich; *luxe* groß 2 *poitrine* üppig

opus [ɔpys] M MUS Opus *n*

opuscule [ɔpyskyl] M kleines Werk

or¹ [ɔʀ] M Gold *n*; **d'~, en ~** Gold…; golden; *fig* **cheveux** *mpl* **d'~** goldblondes Haar; *fam fig* **un mari en ~** ein Ehemann, der Gold wert ist; **à prix d'~** für teures Geld; **un sujet en ~** ein dankbares Thema; **rouler sur l'~** Geld wie Heu haben

or² CONJ nun (aber)

oracle [ɔʀakl] M Orakel *n*

orage [ɔʀaʒ] M Gewitter *n*; **il fait de l'~** es gewittert; *fig* **il y a de l'~ dans l'air** die Zeichen stehen auf Sturm

orageux [ɔʀaʒø] ADJ ‹-euse [-øz]› 1 gewitt(e)rig; Gewitter… 2 *fig discussion* stürmisch; hitzig

oraison [ɔʀezõ] F 1 *(prière)* Gebet *n* 2 **~ funèbre** Grab-, *st/s* Leichenrede *f*

oral [ɔʀal] A ADJ ‹~e; -aux [-o]› 1 *(verbal)* mündlich 2 ANAT, MÉD Mund…; **par voie ~e** oral; durch den Mund B M mündliche Prüfung; Mündliche(s) *n*

orange¹ [ɔʀɑ̃ʒ] F Apfelsine *f*; Orange *f*; **~ pressée** frisch ausgepresster Apfelsinen-, Orangensaft

orange² A ADJ (! unveränderlich) orange; orangefarben B M Orange *n*; *feu* **passer à l'~** auf Gelb schalten

orangé [ɔʀɑ̃ʒe] ADJ ‹~e› *et* SUBST M → orange²

orangeade [ɔʀɑ̃ʒad] F Orangeade *f*

oranger [ɔʀɑ̃ʒe] M Apfelsinen-, Orangenbaum *m*

orangeraie [ɔʀɑ̃ʒʀɛ] F Apfelsinen-, Orangenplantage *f* **orangerie** [-ʀi] F Orangerie *f*

orang-outan [ɔʀɑ̃utɑ̃] M ‹orangs-outans› Orang-Utan *m*

orateur [ɔʀatœʀ] M Redner(in) *m(f)*

oratoire¹ [ɔʀatwaʀ] ADJ Rede…; rednerisch; *par ext* **précautions** *fpl* **~s** schonende Vorbereitung

oratoire² M Hauskapelle *f*

oratorien [ɔʀatɔʀjɛ̃] M ÉGL CATH Oratorianer *m*

oratorio [ɔʀatɔʀjo] M MUS Oratorium *n*

orbital [ɔʀbital] ADJ ‹~e; -aux [-o]› Orbital…

orbite [ɔʀbit] F 1 ANAT Augenhöhle *f* 2 ASTRON, ESPACE Umlaufbahn *f*; **placer sur son ~** in die vorgesehene Umlaufbahn bringen 3 *fig* Bannkreis *m*

orchestral [ɔʀkɛstʀal] ADJ ‹~e; -aux [-o]› Orchester…; orchestral

orchestrateur [ɔʀkɛstʀatœʀ] M Instrumentator *m*

orchestration F 1 MUS Instrumentierung *f*; Orchestrierung *f* 2 *fig* Inszenierung *f*

orchestre [ɔʀkɛstʀ] M 1 Orchester *n*; Kapelle *f*; *de jazz, rock* Band *f* 2 THÉ vorderes Parkett

orchestrer [ɔʀkɛstʀe] V/T 1 MUS instrumentieren; orchestrieren 2 *fig* organisieren; inszenieren

orchidée [ɔʀkide] F Orchidee *f*

ordinaire [ɔʀdinɛʀ] A ADJ 1 *(habituel)* gewöhnlich; üblich; gewohnt 2 *(normal)* gewöhnlich; alltäglich; normal; **vin** *m* **ordinaire** einfacher Tischwein 3 *péj gens* gewöhnlich B M 1 **sortir de l'ordinaire** aus dem Rahmen fallen; unge-

ordinaire ≠ ordinär

ordinaire = gewöhnlich, alltäglich
ordinär = **vulgaire**

FALSCHE FREUNDE

wöhnlich sein; **comme à l'ordinaire** wie üblich; wie gewöhnlich; **d'ordinaire** (für) gewöhnlich; im Allgemeinen; sonst; meistens **2** *essence* Normal(benzin) *n* **3** *nourriture* Alltagsessen *n*, -kost *f*; MIL Mannschaftsverpflegung *f*
ordinairement [ɔʀdinɛʀmɑ̃] ADV (für) gewöhnlich; im Allgemeinen; sonst
ordinal [ɔʀdinal] ADJ ⟨~e; -aux [-o]⟩ **nombre ~** Ordnungs-, Ordinalzahl *f*
ordinateur [ɔʀdinatœʀ] M Computer *m*; *travailler* **sur ~** am Computer
ordination [ɔʀdinasjõ] F Priesterweihe *f*; Ordination *f*
ordinogramme [ɔʀdinɔgʀam] M Flussdiagramm *n*
ordonnance [ɔʀdɔnɑ̃s] F **1** MÉD Rezept *n*; **délivré uniquement sur ~** verschreibungspflichtig **2** ADMIN (Rechts)Verordnung *f* **3** JUR richterliche Verfügung, Anordnung **4** MIL *autrefois* (Offiziers)Bursche *m* **5** *(disposition)* (An)Ordnung *f*; Reihenfolge *f*
ordonnancement [ɔʀdɔnɑ̃smɑ̃] M **1** FIN Zahlungsanweisung *f* **2** ÉCON, TECH Fertigungssteuerung *f* und -kontrolle *f*; Ablauf-, Arbeitsplanung *f*
ordonnateur [ɔʀdɔnatœʀ] M **~ des pompes funèbres** Leichenbestatter *m*
ordonné [ɔʀdɔne] ADJ ⟨~e⟩ ordentlich; ordnungsliebend
ordonnée [ɔʀdɔne] F MATH Ordinate *f*
ordonner [ɔʀdɔne] V/T **1** *(classer)* ordnen **2** *(commander)* befehlen (**qc à qn** j-m etw); anordnen **3** MÉD verschreiben; verordnen **4** REL weihen; ordinieren
ordre [ɔʀdʀ] M **1** *(opposé à chaos)* Ordnung *f* (a. BIOL, ARCH); **~ public** öffentliche Ordnung; **en ~** ordentlich; (wohl)geordnet; in Ordnung; **mettre de l'~ dans qc** etw ordnen; in etw *(acc)* Ordnung bringen; **rappeler qn à l'~** j-n zur Ordnung rufen; **rentrer dans l'~** wieder in Ordnung kommen **2** *(succession)* Reihenfolge *f*; **dans l'~** der Reihe nach; in der richtigen Reihenfolge; **par ~ alphabétique** in alphabetischer Reihenfolge; **par ~ d'ancienneté** dem Dienstalter nach **3** *(catégorie)* Rang *m*; Art *f*; **~ de grandeur** Größenordnung *f*; **de l'~ de** in der Größenordnung von; *problème* **d'~ économique** wirtschaftlicher Art, Natur; **du même ~** gleichrangig; gleichartig; **de second ~** zweitrangig; **dans le même ~ d'idées** in diesem Zusammenhang **4** **~ du jour** Tagesordnung *f*; **être à l'~ du jour** auf der Tagesordnung stehen; *fig* an der Tagesordnung sein **5** *(directive)* Befehl *m* (a. MIL, INFORM); Anordnung *f*; **~ de grève** Streikaufruf *m*; **jusqu'à nouvel ~** bis auf Weiteres; bis auf Widerruf; **par ~** *(abr* **p.o.**) im Auftrag *(abr* i. A.); **par ~ de, sur (l')~ de** auf Befehl, Anordnung von *(ou + gén)*; **avoir qn sous ses ~s** j-n unter sich *(dat)* haben; **être sous les ~s de qn** j-m unterstellt sein; *plais* **je suis à vos ~s!** ich stehe Ihnen zu Diensten! **6** COMM, FIN Auftrag *m*; Order *f* **7** REL *et par ext* Orden *m*; **entrer dans les ~s** in e-n Orden eintreten **8** *de professions libérales* Verband *m*; Kammer *f*
ordure [ɔʀdyʀ] F **1** *pl* **~s (ménagères)** Abfall *m*; Abfälle *mpl*; Müll *m*; *st/s* Unrat *m* **2** *injure pop* Miststück *n*
ordurier [ɔʀdyʀje] ADJ ⟨-ière [-jɛʀ]⟩ zotig; *st/s* unflätig
orée [ɔʀe] F *litt* **à l'~ du bois** *poét* am Waldessaum
oreille [ɔʀɛj] F **1** Ohr *n*; *par ext* *(ouïe)* Gehör *n*; **avoir de l'~** ein musikalisches Gehör haben; **casser les ~s à qn** *bruit* j-m in den Ohren wehtun; *pour demander qc* j-m in den Ohren liegen; **n'écouter que d'une ~** nur mit halbem Ohr zu-, hinhören; *fig* **il ne l'entend pas de cette ~** *fam* auf dem Ohr ist er taub; **faire la sourde ~** sich taub stellen; **prêter l'~ (à qc)** etw aufmerksam anhören; *abs* aufmerksam hinhören; *fig* **se faire tirer l'~** sich lange bitten lassen **2** *d'une marmite* Griff *m* **3** **fauteuil** *m* **à ~s** Ohrensessel *m*
oreiller [ɔʀeje] M Kopfkissen *n*
oreillette [ɔʀɛjɛt] F *du cœur* Vorhof *m*
oreillons [ɔʀɛjõ] MPL MÉD Mumps *m*
ores ADV **d'~ et déjà** [dɔʀzedeʒa] schon jetzt; jetzt schon
orfèvre [ɔʀfɛvʀ] M/F Goldschmied(in) *m(f)*; *fig* **être ~ en la matière** sich bestens auskennen
orfèvre-bijoutier M ⟨orfèvres-bijoutiers⟩ Juwelier *m*
orfèvrerie [ɔʀfɛvʀəʀi] F Goldschmiedekunst *f*
orfraie [ɔʀfʀɛ] F **pousser des cris d'~** gellende Schreie ausstoßen
organdi [ɔʀgɑ̃di] M Organdy *m*
organe [ɔʀgan] M ANAT, *fig* Organ *n*
organigramme [ɔʀganigʀam] M **1** *(schéma)* Organigramm *n* **2** INFORM Flussdiagramm *n*
organique [ɔʀganik] ADJ organisch; **déchets** *mpl* **~s** Biomüll *m*
organisable [ɔʀganizabl] ADJ organisierbar
organisateur [ɔʀganizatœʀ] M, **organisatrice** [-tʀis] F Organisator(in) *m(f)*; Veranstalter(in) *m(f)*; **talent** *m* **d'organisateur** *ou* **d'organisatrice** Organisationstalent *n*
organisation [ɔʀganizasjõ] F **1** *action* Organisierung *f*; Organisation *f*; **~ des loisirs** Freizeitgestaltung *f*; **avoir l'esprit d'~** Organisationstalent haben **2** *(structure)* Organisation *f*; Aufbau *m* **3** *(association)* Organisation *f*; Verband

m; **Organisation des Nations Unies** Organisation der Vereinten Nationen
organisationnel [ɔʀganizasjɔnɛl] ADJ ⟨~le⟩ organisatorisch; Organisations…
organisé [ɔʀganize] ADJ ⟨~e⟩ **1** organisiert; **voyage ~** Gruppen-, Gesellschaftsreise *f* **2** **une personne ~e** ein Mensch *m*, der s-e Arbeit richtig einzuteilen versteht
organiser [ɔʀganize] **A** V/T organisieren; *travail a.* sinnvoll einteilen; *son temps, une journée* richtig einteilen; *congrès, fête* veranstalten; ausrichten; *ses loisirs* gestalten **B** V/PR **s'~** mit s-r Zeit richtig umgehen; sich (*dat*) s-e Zeit, s-e Arbeit richtig einteilen
organisme [ɔʀganism] M **1** BIOL Organismus *m* **2** (*institution*) Organisation *f*; Einrichtung *f*; Stelle *f*; Organ *n*
organiste [ɔʀganist] M/F Organist(in) *m(f)*
orgasme [ɔʀgasm] M Orgasmus *m*
orge [ɔʀʒ] F Gerste *f*
orgeat [ɔʀʒa] M (**sirop** *m* **d'**)**~** Mandelmilchgetränk *n*
orgelet [ɔʀʒəlɛ] M MÉD Gerstenkorn *n*
orgiaque [ɔʀʒjak] *litt* ADJ orgiastisch
orgie [ɔʀʒi] F **1** Orgie *f*; wüstes Gelage **2** *fig* **une ~ de couleurs** e-e verschwenderische Fülle von Farben
orgue [ɔʀg] M Orgel *f*; **les grandes ~s** die Orgel (*e-r Kirche*); **~ de Barbarie** Drehorgel *f*; Leierkasten *m*
orgueil [ɔʀgœj] M Stolz *m*; *péj* Hochmut *m*; Dünkel *m*
orgueilleux [ɔʀgœjø] ADJ ⟨-euse [-øz]⟩ stolz; *péj* hochmütig; eingebildet
Orient [ɔʀjɑ̃] M **l'~** der Orient
orientable [ɔʀjɑ̃tabl] ADJ verstellbar; schwenkbar; drehbar
oriental [ɔʀjɑ̃tal] **A** ADJ ⟨~e; -aux [-o]⟩ **1** (*est*) östlich; Ost…; **côte ~e** Ostküste *f* **2** (*de l'Orient*) orientalisch **B** **les Orientaux** MPL die Orientalen *mpl*
orientalisme [ɔʀjɑ̃talism] M **1** *science* Orientalistik *f* **2** (*goût de l'Orient*) Vorliebe *f* für alles Orientalische
orientaliste [ɔʀjɑ̃talist] M/F Orientalist(in) *m(f)*
orientation [ɔʀjɑ̃tasjɔ̃] F **1** Orientierung *f*; **sens** *m* **de l'~** Orientierungssinn *m*; Ortssinn *m* **2** *fig* Ausrichtung *f*; **~ professionnelle** Berufsberatung *f* **3** *d'un journal* Richtung *f*; Orientierung *f*; POL Kurs *m*; **changement** *m* **d'~** Kurswechsel *m* **4** *d'un édifice* Lage *f*
orienté [ɔʀjɑ̃te] ADJ ⟨~e⟩ **être ~ à l'est** nach Osten liegen, gehen; **être bien ~** e-e gute Lage haben
orienter [ɔʀjɑ̃te] **A** V/T **1** ausrichten, orientieren (**au sud** nach Süden) **2** *fig élève* beraten; hinlenken (**vers** auf + *acc*); *recherches* lenken, richten (auf + *acc*) **B** V/PR **1** **s'~** sich orientieren; sich zurechtfinden **2** *fig* **s'~ vers qc** sich e-r Sache (*dat*) zuwenden
orienteur [ɔʀjɑ̃tœʀ] M **~ (professionnel)** Berufsberater *m*
Orient-Express [ɔʀjɑ̃tɛkspʀɛs] M Orientexpress *m*
orifice [ɔʀifis] M Öffnung *f*
oriflamme [ɔʀiflam] F HIST Oriflamme *f*
origami [ɔʀigami] M Origami *n*
origan [ɔʀigɑ̃] M **1** BOT Dost *m* **2** CUIS Oregano *ou* Origano *m*
originaire [ɔʀiʒinɛʀ] ADJ **1** **être ~ de** stammen aus **2** (*primitif*) ursprünglich
originairement [ɔʀiʒinɛʀmɑ̃] ADV anfangs; ursprünglich
original [ɔʀiʒinal] ⟨*mpl* -aux [-o]⟩ **A** ADJ ⟨~e⟩ **1** *document* original; Original…; Ur… **2** *idée, etc* originell **B** SUBST **1** *m d'une reproduction* Original *n* **2** **~(e)** *m(f) personne* Original *n*; Unikum *n*
originalité [ɔʀiʒinalite] F **1** *d'une idée, etc* Originalität *f* **2** (*élément original*) Besonderheit *f*
origine [ɔʀiʒin] F **1** (*commencement*) Anfang *m*; Beginn *m*; *pl* **~s** *de la vie* Entstehung *f*; **à l'~** ursprünglich **2** (*provenance*) Ursprung *m*; Herkunft *f*; *d'une personne a.* Abstammung *f*; Abkunft *f*; **d'~** *produit* original; Original…; **pays** *m* **d'~** Ursprungs-, Herkunftsland *n*; *mot* **d'~ latine** lateinischen Ursprungs; *personne* **être d'~ française** französischer Abstammung sein **3** (*cause*) Ursache *f*
originel [ɔʀiʒinɛl] ADJ ⟨~le⟩ **1** (*primitif*) ursprünglich **2** REL **péché ~** Erbsünde *f*
originellement [ɔʀiʒinɛlmɑ̃] ADV ursprünglich
oripeaux [ɔʀipo] MPL zerschlissene, fadenscheinige Kleidung; Lumpen *mpl*
ORL [oɛʀɛl] M/F (❗ unveränderlich) ABR → oto-rhino(-laryngologiste)
Orléans [ɔʀleɑ̃] *Stadt im Departement Loiret*
orme [ɔʀm] M Ulme *f*; Rüster *f*
ormeau [ɔʀmo] M ⟨~x⟩ ZOOL Seeohr *n*
Orne [ɔʀn] **l'~** F *Fluss u. Departement in Frankreich*
ornement [ɔʀnəmɑ̃] M Ornament *n*; Verzierung *f*; Zierrat *m*; Schmuck *m*; **plante** *f* **d'~** Zierpflanze *f*
ornemental [ɔʀnəmɑ̃tal] ADJ ⟨~e; -aux [-o]⟩ ornamental; Schmuck…; Zier…
ornementation [ɔʀnəmɑ̃tasjɔ̃] F Verzierung *f* (mit Ornamenten) **ornementer** [-e] V/T (mit Ornamenten) verzieren
orner [ɔʀne] V/T **1** schmücken, verzieren (**de** mit) **2** *objet* **~ qc** etw zieren, schmücken
ornière [ɔʀnjɛʀ] F Wagenspur *f*

O

ornithologie [ɔʀnitɔlɔʒi] F Vogelkunde *f* **ornithologique** [-lɔʒik] ADJ vogelkundlich; *t/t* ornithologisch **ornithologiste** [-lɔʒist] *ou* **ornithologue** [-lɔg] M/F Ornithologe, -login *m,f* **ornithorynque** [-rɛ̃k] M Schnabeltier *n*
orpailleur [ɔʀpajœʀ] M Goldwäscher *m*
orphelin [ɔʀfəlɛ̃] M, **orpheline** [-in] F **1** Waise *f*; **orphelin, orpheline de père** vaterlose Halbwaise; **orphelin, orpheline de père et de mère** Vollwaise *f* **2** *adjt* verwaist
orphelinat [ɔʀfəlina] M Waisenhaus *n*
orphéon [ɔʀfeõ] M Blaskapelle *f*
orque [ɔʀk] M Schwertwal *m*
ORSEC [ɔʀsɛk] ABR (organisation des secours) **plan** *m* **~** (staatlicher) Katastropheneinsatzplan
orteil [ɔʀtɛj] M Zehe *f*; Zeh *m*; **gros ~** große Zehe
orthodontie [ɔʀtɔdõti] F Zahnregulierung *f*; Kieferorthopädie *f* **orthodontiste** [-ist] M/F Kieferorthopäde *m*, -pädin *f*
orthodoxe [ɔʀtɔdɔks] **A** ADJ **1** REL orthodox; streng-, rechtgläubig **2** *fig procédé, etc* **peu ~** unorthodox; ungewöhnlich; *péj* nicht ganz koscher **3** ÉGL orthodox; **Église ~ (grecque)** (griechisch-)orthodoxe Kirche **B** **les ~s** MPL die Orthodoxen *mpl*
orthodoxie [ɔʀtɔdɔksi] F Orthodoxie *f*; Rechtgläubigkeit *f*
orthogonal [ɔʀtɔgɔnal] ADJ ⟨~e; -aux [-o]⟩ rechtwink(e)lig

O

orthographe (! Endung) [ɔʀtɔgʀaf] F **1** Rechtschreibung *f*; Orthographie *f* **2** *d'un mot* Schreibung *f*; Schreibweise *f*
orthographier [ɔʀtɔgʀafje] **A** V/T **correctement, mal ~** richtig, falsch schreiben **B** V/PR **s'~** geschrieben werden
orthographique [ɔʀtɔgʀafik] ADJ orthographisch
orthopédie [ɔʀtɔpedi] F Orthopädie *f* **orthopédique** [-ik] ADJ orthopädisch **orthopédiste** [-ist] M/F Orthopäde *m*, -pädin *f*
orthophonie [ɔʀtɔfɔni] F Sprachheilkunde *f*; Logopädie *f* **orthophoniste** [-ist] M/F Logopäde *m*, -pädin *f*
orthoptiste [ɔʀtɔptist] M/F MÉD Orthoptist(in) *m(f)*
ortie [ɔʀti] F **1** Brennessel *f* **2** **~ blanche** Weiße Taubnessel
ortolan [ɔʀtɔlɑ̃] M ZOOL Ortolan *m*
orvet [ɔʀvɛ] M Blindschleiche *f*
os [ɔs; *pl* o] M **1** Knochen *m*; **~ à moelle** Markknochen *m*; *objet* **en ~** beinern; aus Knochen; *fam fig* **l'avoir dans l'~** *fam* übers Ohr gehauen worden sein; *fam* reingelegt worden sein; **il ne fera pas de vieux ~** er wird nicht alt werden; **être trempé jusqu'aux ~** bis auf die Haut nass sein; *fam* pudelnass sein; *fam fig* **il y a un ~** die Sache hat e-n Haken **2** **~ de seiche** Sepiaschale *f*; Schulp *m*
OS [oɛs] M ABR (ouvrier spécialisé) angelernter Arbeiter
oscar [ɔskaʀ] M **1** FILM Oscar *m* **2** *par ext (prix)* Preis *m* (**de** für)
OSCE [oɛssəa] F ABR (Organisation pour la sécurité et la coopération en Europe) OSZE *f*
oscillant [ɔsilɑ̃] ADJ ⟨-ante [-ɑ̃t]⟩ schwingend; PHYS *a.* oszillierend
oscillateur [ɔsilatœʀ] M ÉLEC Oszillator *m*
oscillation [ɔsilasjõ] F **1** PHYS Schwingung *f* **2** *fig* Schwankung *f*
osciller [ɔsile] V/T **1** *pendule* schwingen **2** *fig* schwanken
oscillogramme [ɔsilɔgʀam] M Oszillogramm *n* **oscillographe** [-gʀaf] M Oszillograph *m*
osé [oze] ADJ ⟨~e⟩ gewagt
oseille [ozɛj] F **1** BOT Sauerampfer *m* **2** *fam* → fric
oser [oze] V/T wagen; *abs* es wagen; sich trauen; **~ faire qc** (es) wagen, etw zu tun; *péj* sich unterstehen, sich erdreisten, etw zu tun; **si j'ose m'exprimer ainsi** wenn ich so sagen darf
osier [ozje] M **1** BOT Korbweide *f* **2** *rameaux* Weidenruten *fpl*; **panier** *m* **d'~** Weidenkorb *m*
osmose [ɔsmoz] F **1** Osmose *f* **2** *fig* gegenseitige Durchdringung
ossature [ɔsatyʀ] F **1** ANAT Knochengerüst *n*, -bau *m* **2** CONSTR Skelett *n*; Gerippe *n*
osselets [ɔslɛ] MPL *Geschicklichkeitsspiel mit Knöchelchen*
ossements [ɔsmɑ̃] MPL Gebeine *npl*
osseux [ɔsø] ADJ ⟨-euse [-øz]⟩ **1** ANAT Knochen… **2** *visage, mains* knochig
ossification [ɔsifikasjõ] F Verknöcherung
ossifier [ɔsifje] V/PR **s'~** verknöchern
ossuaire [ɔsɥɛʀ] M Beinhaus *n*
ostensible [ɔstɑ̃sibl] ADJ ostentativ
ostensoir [ɔstɑ̃swaʀ] M Monstranz *f*
ostentation [ɔstɑ̃tasjõ] F Zurschaustellung *f*; **avec ~** ostentativ
ostentatoire [ɔstɑ̃tatwaʀ] ADJ großtuerisch
ostéopathe [ɔsteɔpat] M Chiropraktiker *m* **ostéopathie** [-pati] F *maladie, thérapie* Osteopathie *f* **ostéoporose** [-pɔʀoz] F Osteoporose *f*
ostracisme [ɔstʀasism] M Ächtung *f*
ostréicole [ɔstʀeikɔl] ADJ Austern(zucht)…
ostréiculteur [ɔstʀeikyltœʀ] M Austernzüchter *m* **ostréiculture** [-yʀ] F Austernzucht *f*
Ostrogoths [ɔstʀɔgo] MPL Ostgoten *mpl*
otage [ɔtaʒ] M Geisel *f*; **prise** *f* **d'~(s)** Geiselnahme *f*; **prendre qn en ~** j-n als Geisel

nehmen

OTAN [ɔtɑ̃] F ABR (Organisation du traité de l'Atlantique Nord) NATO *f*

otarie [ɔtaʀi] F Ohrenrobbe *f*

ôter [ote] **A** V/T **1** *(enlever)* wegnehmen; *manteau* ablegen; ausziehen *(a. gants)*; *chapeau, lunettes* abnehmen **2** MATH abziehen **3** **~ qc à qn** j-m etw wegnehmen; **cela n'ôte rien à son mérite** das schmälert sein Verdienst nicht **B** V/PR *fam* **ôte-toi de là!** Platz da!

otite [ɔtit] F Ohrenentzündung *f*

oto-rhino(-laryngologiste) [ɔtɔʀino (-laʀɛ̃gɔlɔʒist)] M/F ABR Hals-Nasen-Ohren-Arzt *ou* -Ärztin *m,f*; HNO-Arzt *ou* -Ärztin *m,f*; *fam* Ohrenarzt, -ärztin *m,f*

ottoman [ɔtɔmɑ̃] ADJ ⟨-ane [-an]⟩ osmanisch

ou [u] CONJ **1** oder; **ou bien** oder (aber); **ou (bien) … ou (bien)** entweder … oder; **ou alors** sonst; wenn nicht **2** bis; **deux ou trois fois** zwei- bis dreimal

où [u] ADV **1** *interrogation* wo *ou* wohin; **~ est-il?** wo ist er?; **~ vas-tu?** wohin gehst du?; **d'~?** woher?; **d'~ mon étonnement** daher mein Erstaunen; **jusqu'~?** bis wohin? **2** *relatif* **le pays ~ il est né** das Land, in dem *ou* wo er geboren wurde; **au moment ~ il arriva** in dem Augenblick, als *ou* wo er ankam

OUA [oya] F ABR (Organisation de l'unité africaine) OAU *f*

ouailles [waj] FPL Schäflein *npl*

ouais [wɛ] *fam* ADV ja

ouate [wat, *meist keine Bindung u. keine Elision*] F Watte *f*

ouaté [wate] ADJ ⟨~e⟩ *bruit* gedämpft

ouater [wate] V/T wattieren

ouatiné [watine] ADJ ⟨~e⟩ wattiert

oubli [ubli] M **1** *d'un nom, etc* Vergessen *n* **tirer, sortir, sauver de l'~** der Vergessenheit *(dat)* entreißen; **tomber dans l'~** in Vergessenheit geraten **2** *(omission)* Versäumnis *n*; Versehen *n*; Unterlassung *f*; **commettre un ~** sich *(dat)* ein Versäumnis zuschulden kommen lassen; e-e Unterlassung begehen; **réparer un ~** sein Versäumnis wieder gutmachen

oublier [ublije] **A** V/T **1** *nom, date* vergessen; *ce qu'on a appris a.* (wieder) verlernen; *clefs a.* liegen lassen; *parapluie a.* stehen lassen; **être oublié** vergessen sein; in Vergessenheit geraten sein; **se faire ~** dafür sorgen, dass man nicht (gleich wieder) auffällt, dass man erst einmal vergessen wird **2** *(omettre)* vergessen; auslassen; übersehen *(a. faute)*; *(négliger)* vernachlässigen **B** V/PR **1** *iron* **il ne s'est pas oublié** er hat für sich gesorgt **2** **s'~** *enfant* in die Hosen machen; *animal* sein Geschäft verrichten

oubliettes [ublijɛt] FPL Verlies *n*; *fig* **tomber dans les ~** in der Versenkung verschwinden

oued [wɛd] M Wadi *n*

ouest [wɛst] **A** M **1** West(en) *m*; **à l'~** im Westen, westlich (**de** von *ou + gén*) **2** **l'Ouest** der Westen *(a.* POL*)*; **l'Europe** *f* **de l'Ouest** Westeuropa *n* **B** ADJ (❗ unveränderlich) West…; westlich

ouest-allemand ADJ ⟨-ande [-ɑ̃d]⟩ westdeutsch

ouf [uf] INT uff!

Ouganda [ugɑ̃da] **l'~** M Uganda *n*

ougandais [ugɑ̃dɛ] **A** ADJ ⟨-aise [-ɛz]⟩ ugandisch **B** SUBST **Ougandais(e)** M(F) Uganders(in) *m(f)*

oui [wi, *keine Bindung*] **A** ADV ja; **mais oui** aber ja; ja doch; allerdings; **je pense que oui** ich glaube schon; **il semble que oui** es scheint so **B** M (❗ unveränderlich) **1** Ja *n*; **pour un oui ou pour un non** ohne ersichtlichen Grund **2** POL Jastimme *f*

ouï [wi] PP → ouïr

ouï-dire [widiʀ] M (❗ unveränderlich) **par ~** vom Hörensagen

ouïe [wi] F **1** Gehör(sinn) *n(m)*; **avoir l'~ fine** ein feines Gehör haben **2** *des poissons* **~s** *pl* Kiemen *fpl*

ouille [uj] INT au!

ouïr [wiʀ] V/T ⟨*défect: nur inf u. pp* ouï⟩ **j'ai ouï dire que …** ich habe sagen hören, dass …

ouistiti [wistiti, *keine Elision*] M **1** ZOOL Seiden-, Pinseläffchen *n* **2** *fam fig* **un drôle de ~** *fam* e-e seltsame Type

ouragan [uʀagɑ̃] M Orkan *m*; **arriver en ~** angestürmt, angebraust kommen

Oural [uʀal] **l'~** M der Ural

ourdir [uʀdiʀ] V/T *complot* anzetteln

ourler [uʀle] V/T COUT säumen

ourlet [uʀlɛ] M Saum *m*; **faire un ~ à qc** etw (um-, ein)säumen

ours [uʀs] M **1** Bär *m*; **~ blanc** Eisbär *m*; **~ en peluche** Teddy(bär) *m* **2** *fig personne* Einzelgänger *m*; Eigenbrötler *m*; **~ mal léché** ungehobelter, ungeschlachter Kerl

ourse [uʀs] F **1** ZOOL Bärin *f* **2** ASTRON **la Grande, Petite Ourse** der Große, Kleine Bär, Wagen

oursin [uʀsɛ̃] M Seeigel *m*

ourson [uʀsɔ̃] M junger, kleiner Bär

oust(e) [ust] INT *fam* **1** *(dehors!) fam* raus! **2** *(vite!) fam* dalli, dalli!

out [awt] ADV TENNIS aus

outil [uti] M **1** Werkzeug *n*; **~s de jardinage** Gartengeräte *npl* **2** *fig* **~ (de travail)** Arbeitsinstrument *n*; Hilfsmittel *n*

outillage [utijaʒ] M Werkzeug(ausrüstung) *n(f)*

O

outillé [utije] ADJ ⟨~e⟩ **bien ~** gut mit Werkzeugen ausgerüstet
outilleur [utijœʀ] M Werkzeugmacher *m*
outrage [utʀaʒ] M (grobe, schwere) Beleidigung (*a.* JUR)
outragé [utʀaʒe] ADJ ⟨~e⟩ beleidigt; gekränkt
outrageant [utʀaʒɑ̃] ADJ ⟨-ante [-ɑ̃t]⟩ beleidigend; kränkend **outrager** [-e] V/T ⟨-ge-⟩ beleidigen; kränken
outrageusement [utʀaʒøzmɑ̃] ADV übertrieben; zu stark
outrance [utʀɑ̃s] F Übertreibung *f*; *caractère* Überspitztheit *f*; **à ~** übertrieben; übermäßig; *guerre* bis zum bitteren Ende
outrancier [utʀɑ̃sje] ADJ ⟨-ière [-jɛʀ]⟩ übertrieben; überspitzt
outre[1] [utʀ] F (Leder)Schlauch *m*
outre[2] **A** PRÉP außer (+ *dat*) **B** ADV **1** **passer ~ à qc** sich über etw (*acc*) hinwegsetzen **2** **en ~** außerdem; überdies; **pas ~ mesure** nicht übermäßig, besonders
outré [utʀe] ADJ ⟨~e⟩ **1** (*exagéré*) übertrieben; überspitzt **2** **être ~ de, par qc** über etw (*acc*) empört, entrüstet sein
outre-Atlantique [utʀatlɑ̃tik] ADV jenseits des Atlantiks
outrecuidance [utʀəkɥidɑ̃s] *litt* F Überheblichkeit *f*; Anmaßung *f*; **outrecuidant** [-ɑ̃] *litt* ADJ ⟨-ante [-ɑ̃t]⟩ überheblich; anmaßend; vermessen
outre-Manche [utʀəmɑ̃ʃ] ADV jenseits des (Ärmel)Kanals
outremer [utʀəmɛʀ] ADJ (! unveränderlich) *couleur* ultramarin
outre-mer [utʀəmɛʀ] ADV **d'~** überseeisch; Übersee...; **département** *m* **d'~** überseeisches Departement; Überseedepartement *n*
outrepasser [utʀəpase] V/T *ses droits* überschreiten
outrer [utʀe] V/T *une telle injustice* **m'a outré** hat mich empört; **être outré de, par qc** über etw (*acc*) empört, entrüstet sein
outre-Rhin [utʀəʀɛ̃] ADV jenseits des Rheins (*von Frankreich aus*); in Deutschland
outre-tombe [utʀətõb] ADJ **d'~** von jenseits des Grabes; aus dem Jenseits
outsider [awtsajdœʀ] M Außenseiter *m*; Outsider *m*
ouvert [uvɛʀ] PP → ouvrir *et* ADJ ⟨ouverte [uvɛʀt]⟩ offen; geöffnet; auf (*attribut seulement*); *robinet a.* aufgedreht; *fenêtre, porte a.* offen stehend; *fig personne* offen; freimütig; zugänglich; aufgeschlossen; **lettre ~e** offener Brief; *personne* **~ à qc** für etw aufgeschlossen, zugänglich; an etw (*dat*) interessiert; **à bras ~s** mit offenen Armen; **la chasse est ~e** es ist Jagdzeit

ouvertement [uvɛʀtəmɑ̃] ADV offen; geradeheraus; freimütig
ouverture [uvɛʀtyʀ] F **1** *d'une porte, d'un magasin, etc* Öffnen *n*; Aufmachen *n*; Öffnung *f* (*a. fig* POL); **heures** *fpl* **d'~** Öffnungszeiten *fpl* **2** *d'une séance, de débats, d'un compte, d'une exposition, d'un nouveau magasin, etc* Eröffnung *f*; *d'un spectacle a.* Auftakt *m*; Beginn *m*; *d'une enquête* Einleitung *f*; **~ de la chasse** Eröffnung, Beginn der Jagd (-zeit) **3** *dans un mur* Öffnung *f*; PHOT **~ du diaphragme** Blende(nöffnung) *f* **4** MUS Ouvertüre *f* **5** *fig* **~ d'esprit** geistige Aufgeschlossenheit
ouvrable [uvʀabl] ADJ **jour** *m* **~** Werk-, Wochentag *m*
ouvrage [uvʀaʒ] M **1** (*travail*) Arbeit *f*; **~ de dames** (weibliche) Handarbeit; **se mettre à l'~** sich an die Arbeit, ans Werk machen **2** *littéraire, scientifique* Werk *n*; Schrift *f*; Buch *n* **3** CONSTR Bau(werk) *m(n)*; **~s d'art** Kunstbauten *mpl*
ouvragé [uvʀaʒe] ADJ ⟨~e⟩ kunstvoll, fein gearbeitet
ouvrant [uvʀɑ̃] ADJ ⟨-ante [-ɑ̃t]⟩ **toit ~** Schiebedach *n*
ouvré [uvʀe] ADJ ⟨~e⟩ **1** LINGERIE mit Stickerei, Spitze verziert **2** ADMIN **jour ~** Arbeitstag *m*
ouvre-boîte [uvʀəbwat] M ⟨ouvre-boîtes⟩ Büchsen-, Dosenöffner *m*
ouvre-bouteille [uvʀəbutɛj] M ⟨ouvre-bouteilles⟩ Flaschenöffner *m*
ouvreur [uvʀœʀ] M *skieur* Vorläufer *m* **ouvreuse** [-øz] F FILM, THÉ Platzanweiserin *f*
ouvrier [uvʀije] **A** M (Industrie)Arbeiter *m*; **~ agricole** Landarbeiter *m* **B** ADJ ⟨-ière [-ijɛʀ]⟩ Arbeiter...; **revendications ouvrières** Forderungen *fpl* der Arbeiter(schaft)
ouvrière [uvʀijɛʀ] F Arbeiterin *f* (*a.* ZOOL)
ouvrir [uvʀiʀ] ⟨→ couvrir⟩ **A** V/T **1** öffnen; aufmachen; *avec une clé* aufschließen; aufsperren; *yeux, livre a.* aufschlagen; *robinet a.* aufdrehen; *rideaux, tiroir* aufziehen; *parapluie* aufspannen; *journal* aufschlagen; *gaz, eau, radio* anstellen; *radio, télé a.* anmachen; andrehen; einschalten (*a. électricité*); *lumière* anmachen; anknipsen; einschalten; *bras, ailes* ausbreiten; *testament* eröffnen; **~ l'appétit** den Appetit anregen; **~ à la circulation** dem Verkehr übergeben; für den Verkehr freigeben **2** *séance, débats, exposition, bal, compte en banque, nouveau magasin, hostilités, etc* eröffnen; *enquête* einleiten; *crédit a.* bereitstellen; *nom* **~ la liste** am Anfang der Liste stehen; **~ la marche** den Zug eröffnen **3** (*percer*) *fenêtre* brechen (**dans** in + *acc*); *brèche* schlagen **B** V/I *magasin, musée, etc* öffnen; aufmachen; geöffnet haben; *fam* aufhaben; *fenêtre, porte* **~ sur la rue** auf die *ou* nach der Straße (hinaus)gehen **C** V/PRON **1** **s'~**

sich öffnen; aufgehen; *fenêtre, porte a.* geöffnet, aufgemacht werden; *porte a.* aufspringen; *tiroir, boîte* **s'~ facilement** sich leicht öffnen lassen **2** **s'~ les genoux** sich *(dat)* die Knie aufschlagen; **s'~ les veines** sich *(dat)* die Pulsadern aufschneiden, öffnen **3** *exposition, congrès* **s'~** eröffnet werden (**par** mit); *perspectives, vie nouvelle* **s'~ devant qn** sich j-m eröffnen; vor j-m liegen **4** *personne* **s'~ à qn** sich j-m anvertrauen

ouvroir [uvʀwaʀ] M Nähstube *f*

Ouzbékistan [uzbekistɑ̃] **l'~** M Usbekistan *n*

ovaire [ɔvɛʀ] M ANAT Eierstock *m*

ovale [ɔval] **A** ADJ oval; eiförmig; **ballon ~** Rugby(ball) *n(m)* **B** M Oval *n*

ovarien [ɔvaʀjɛ̃] ADJ ⟨-ienne [-jɛn]⟩ Eierstock…

ovation [ɔvasjõ] F Ovation *f*; **faire une ~ à qn** j-m e-e Ovation darbringen

ovationner [ɔvasjɔne] V/T **~ qn** j-m zujubeln, Ovationen bereiten

overdose [ɔvəʀdoz] F Überdosis *f*

ovidés [ɔvide] MPL Schafe *npl*

ovin [ɔvɛ̃] ADJ ⟨-ine [-in]⟩ Schaf…

ovins [ɔvɛ̃] MPL Schafe *npl*

ovipare [ɔvipaʀ] ADJ ZOOL Eier legend

ovni [ɔvni] M ABR (objet volant non identifié) Ufo *ou* UFO *n*

ovulation [ɔvylasjõ] F Eisprung *m*; Ovulation *f*

ovule [ɔvyl] M BIOL Eizelle *f*; Ei *n*

oxydable [ɔksidabl] ADJ oxidierbar

oxydant **A** ADJ ⟨-ante [-ɑ̃t]⟩ oxidierend; Oxidations… **B** M Oxidationsmittel *n*

oxydation [ɔksidasjõ] F Oxydierung *f*; Oxydation *f*

oxyde [ɔksid] M Oxyd *ou* Oxid *n*; **~ de carbone** Kohlen(mon)oxyd *n*

oxyder [ɔkside] V/PR **s'~** oxydieren

oxygénation [ɔksiʒenasjõ] F Anreicherung *f* mit Sauerstoff; MÉD Sauerstoffzufuhr *f*

oxygène [ɔksiʒɛn] M Sauerstoff *m*; **manque** *m* **d'~** Sauerstoffmangel *m*

oxygéné [ɔksiʒene] ADJ ⟨~e⟩ **eau ~e** Wasserstoffperoxyd *n*; **cheveux blonds ~s** wasserstoffblondes Haar

oxygéner [ɔksiʒene] V/PR ⟨-è-⟩ *fam* **s'~ (les poumons)** *fam* frische Luft tanken

oyez [oje] *litt* ⟨*Imperativ von* ouïr⟩ hört!

ozone [ozɔn] M Ozon *n ou m*; **couche** *f* **d'~** Ozonschicht *f*; **trou** *m* **dans la couche d'~** Ozonloch *n*

ozoniser [ozonize] V/T ozonisieren

P

P, p [pe] M (❗ unveränderlich) P, p *n*

p. ABR (page) S. (Seite)

pacemaker [pɛsmɛkœʀ] M Herzschrittmacher *m*

pacha [paʃa] M Pascha *m*; *fam fig* **faire le ~** den Pascha spielen

pachyderme [paʃidɛʀm] M Dickhäuter *m*

pacificateur [pasifikatœʀ], **pacificatrice** [-tʀis] **A** M,F Friedensbringer(in) *m(f)*; Frieden(s)-stifter(in) *m(f)* **B** ADJ *mesures* der Befriedung dienend; Frieden schaffend

pacification [pasifikasjõ] F Befriedung *f*

pacifier [pasifje] V/T befrieden

pacifique [pasifik] ADJ **1** friedlich; *personne, peuple a.* friedliebend **2** **l'océan** *m* **Pacifique** *ou* **le Pacifique** der Pazifische, Stille, Große Ozean; der Pazifik

pacifiquement [pasifikmɑ̃] ADV auf friedlichem Wege

pacifisme [pasifism] M Pazifismus *m* **pacifiste** [-ist] M/F Pazifist(in) *m(f)*

pack [pak] M Blockpackung *f*

package [pakɛdʒ] M Softwarepaket *n*

pacotille [pakɔtij] F Schund(ware) *m(f)*; **de ~** wertlos

pacs *ou* **Pacs** [paks] M ABR (pacte civil de solidarité) *vom französischen Staat anerkannte Lebensgemeinschaft zweier nicht verheirateter Personen*

pacser [pakse] V/I (*et* V/PR **se**) **~** *einen „pacs" schließen*

pacson [paksõ] *argot* M Paket *n*

pacte [pakt] M Pakt *m*; **conclure un ~** e-n Pakt, Vertrag schließen

pactiser [paktize] V/I paktieren (**avec** mit)

pactole [paktɔl] M Goldgrube *f* *(fig)*

paella [paɛla] F Paella *f*

paf [paf] **A** INT bums!; klatsch! **B** ADJ (❗ unveränderlich) *fam* besoffen

pagaie [pagɛ] F Paddel *n*

pagaïe *ou* **pagaille** [pagaj] F *fam* **1** *(désordre)* (heilloses) Durcheinander; *chambre* **en pagaïe** *ou* **en pagaille** unordentlich; unaufgeräumt **2** **en pagaïe** *ou* **en pagaille** *(beaucoup) fam* in rauen Mengen

paganisme [paganism] M Heidentum *n*

pagayer [pageje] V/I ⟨-ay- *od* -ai-⟩ paddeln

page¹ [paʒ] F **1** (Druck-, Text)Seite *f*; **~ jaunes** Gelbe Seiten; Branchenverzeichnis *n*; **(à la) ~ 10** (auf) Seite 10; *fig* **être à la ~** mit der Zeit gehen; **au bas, en °haut de la ~** unten, oben auf der Seite; *fig* **tourner la ~** ein Kapitel als erledigt betrachten **2** INFORM **~ d'accueil** Homepage ['ho:mpe:tʃ] *f*; **~ Web** Webseite *f*

page[2] M HIST Page *m*

pageot [paʒo] M *pop* (*lit*) *fam* Falle *f*

pagination [paʒinasjõ] F Paginierung *f* **paginer** [-e] V/T paginieren; mit Seitenzahlen versehen

pagne [paɲ] M Lendenschurz *m*

pagode [pagɔd] F Pagode *f*

paie [pɛ] F **jour** *m* **de ~** Zahltag *m*

paiement [pɛmɑ̃] M (Be)Zahlung *f*; **~ au comptant, en espèces** Barzahlung *f*; **effectuer, faire un ~** e-e Zahlung leisten, vornehmen

païen [pajɛ̃] **A** ADJ ⟨-ïenne [-jɛn]⟩ heidnisch **B** **~(ne)** M(F) Heide *m*, Heidin *f*

paierie [pɛʀi] F **~ générale** Oberfinanzdirektion *f* (*e-s Departements*)

paillard [pajaʀ] ADJ ⟨-arde [-aʀd]⟩ *personne* geil; *chanson, histoire* schlüpfrig

paillardise [pajaʀdiz] F *histoire* unanständige(r), schlüpfrige(r) Geschichte (Witz)

paillasse [pajas] F **1** Strohsack *m* **2** *d'un évier* Abstellfläche *f*

paillasson [pajasõ] M Fußmatte *f*

paille [paj, pɑj] F **1** Stroh *n*; *fig* **être sur la ~** bettelarm, im Elend sein **2** (*brin de paille*) Strohhalm *m*; *pour boire* Trinkhalm *m*; **tirer à la courte ~** mit Strohhalmen knobeln; Hälmchen ziehen **3** *fam iron* Kleinigkeit *f*; *fam* Peanuts *pl* **4** **~ de fer** Stahlwolle *f*

paillé [paje] ADJ ⟨~e⟩ *chaise* mit Strohsitz

la paille — Stroh

la paille — Trinkhalm

pailleté [pajte] ADJ ⟨~e⟩ mit Pailletten besetzt

paillette [pajɛt] F **1** COUT Paillette *f* **2** **~ d'or** Goldblättchen *n*; **savon** *m* **en ~s** Seifenflocken *fpl*

paillote [pajɔt] F Strohhütte *f*

pain [pɛ̃] M **1** Brot *n*; **~ blanc** Weißbrot *n*; **petit ~** Brötchen *n*; *all Sud* Semmel *f*; *fig* **se vendre comme des petits ~s** reißenden Absatz finden; *fam* weggehen wie warme Semmeln; **~ au chocolat** Schokoladenbrötchen *n*; **~ aux raisins** Schnecke *f*; **~ d'épice(s)** Leb-, Pfefferkuchen *m*; **~ de mie, de seigle** Toast-, Roggenbrot *n*; *fig* **avoir du ~ sur la planche** alle Hände voll zu tun haben **2** **~ de savon** Riegel *m* (Kern)Seife; **~ de sucre** Zuckerhut *m*

pair[1] [pɛʀ] ADJ ⟨~e⟩ *nombre* gerade

pair[2] M **1** *st/s* **ses ~s** (*ses égaux*) seinesgleichen; **°hors ~** unvergleichlich; einzigartig; **aller de ~** Hand in Hand gehen (**avec** mit) **2** **jeune fille** *f* **au ~** Au-pair-Mädchen *n*; **être au ~** e-e Au-pair-Stelle haben

paire [pɛʀ] F **1** Paar *n*; **une ~ de chaussures** ein Paar Schuhe; *fig* **c'est une autre ~ de manches** das ist etwas ganz anderes **2** **une ~ de ciseaux, de lunettes** e-e Schere, Brille

paisible [pezibl] ADJ friedlich; *personne a.* friedfertig; *sommeil, vie* ruhig; *lieu a.* still

paître [pɛtʀ] V/I ⟨*défect*: il paît, ils paissent; il paissait; il paîtra; qu'il paisse; paissant⟩ **1** weiden **2** *fam fig* **envoyer ~ qn** *fam* j-n zum Teufel jagen

paix [pɛ] F **1** POL Frieden *m*; **en temps de paix** in Friedenszeiten; **faire la paix avec qn** mit j-m Frieden schließen **2** *fig* Frieden *m*; Ruhe *f*; **la paix!** Ruhe!; still!; **pour avoir la paix** *fermer la télé* um s-e Ruhe zu haben; *céder* um des lieben Friedens willen; **laisser qn en paix** j-n in Ruhe, in Frieden lassen; *fam* **fiche-moi**, *pop* **fous-moi la paix!** lass mich in Ruhe!

Pakistan [pakistɑ̃] **le ~** Pakistan *n*

pakistanais [pakistanɛ] **A** ADJ ⟨-aise [-ɛz]⟩ pakistanisch **B** **Pakistanais(e)** M(F) Pakistani *m/f*; Pakistaner(in) *m(f)*

palabrer [palabʀe] V/I palavern

palabres [palabʀ] MPL Palaver *n*

palace [palas] M Luxus-, Grandhotel *n*

paladin [paladɛ̃] M **1** *de Charlemagne* Paladin *m* **2** *chevalier* fahrender Ritter

palais[1] [palɛ] M **1** Palast *m*; Schloss *n*; Palais *n*; **le ~ de l'Élysée** der Elyseepalast (*Sitz des frz Staatspräsidenten*) **2** **~ de justice** Gerichtsgebäude *n*; Justizpalast *m*

palais[2] M ANAT Gaumen *m*

palan [palɑ̃] M Flaschenzug *m*

palanquin [palɑ̃kɛ̃] M Tragsessel *m*; Sänfte *f*

palatal [palatal] ADJ ⟨~e; -aux [-o]⟩ palatal;

Gaumen…
palatale [palatal] F Gaumenlaut *m*; Palatal *m*
Palatinat [palatina] **le ~** die Pfalz
pale [pal] F *d'une hélice, etc* Blatt *n*
pâle [pɑl] ADJ blass (*a. fig*); bleich; **bleu ~** (! unveränderlich) blassblau
palefrenier [palfʀənje] M Stallbursche *m*
paléolithique [paleɔlitik] M Altsteinzeit *f*
paléontologie [paleõtɔlɔʒi] F Paläontologie *f* **paléontologique** ADJ paläontologisch **paléontologue** [-lɔg] M/F Paläontologe, -login *m,f*
paleron [palʀõ] M CUIS, ZOOL Bug *m*
Palestine [palɛstin] **la ~** Palästina *n*
palestinien [palɛstinjɛ̃] **A** ADJ ‹-ienne [-jɛn]› palästinensisch **B** **Palestinien(ne)** M(F) Palästinenser(in) *m(f)*
palet [palɛ] M HOCKEY SUR GLACE Puck *m*; MARELLE flacher, runder Stein
paletot [palto] M Paletot *m*; kurzer Mantel
palette [palɛt] F **1** PEINT, MANUTENTION Palette *f* **2** CUIS Bug *m*
palétuvier [paletyvje] M Mangrove(nbaum) *f(m)*
pâleur [pɑlœʀ] F Blässe *f*
pâlichon [pɑliʃõ] *fam* ADJ ‹-onne [-ɔn]› blässlich; ein wenig blass
palier [palje] M **1** Treppenabsatz *m*; **être voisins de ~** auf der gleichen Etage wohnen **2** TECH Lager *n* **3** *fig* Stufe *f*; **par ~s** stufenweise
palière [paljɛʀ] ADJ F **porte ~** auf den Treppenabsatz gehende Tür
pâlir [pɑliʀ] V/I **1** blass werden, bleich werden, erblassen (**de colère** vor Zorn) **2** *couleurs* verblassen
palissade [palisad] F Latten-, Bretterzaun *m*; Palisade(n) *f(pl)*
palissandre [palisɑ̃dʀ] M Palisander(holz) *m(n)*
palliatif [paljatif] M (Not)Behelf *m*
pallier [palje] V/T (*abus* **~ à**) (einigermaßen) abhelfen (+ *dat*)
palmarès [palmaʀɛs] M **1** Liste *f* der Preisträger; SPORTS Siegerliste *f* **2** **~ de la chanson** Hitparade *f*
palme [palm] F **1** BOT Palm(en)zweig *m*, -wedel *m* **2** *fig* Siegespalme *f*; **la Palme d'or** die Goldene Palme (*bei den Filmfestspielen in Cannes*); **remporter la ~** den Sieg erringen; *iron* den Vogel abschießen **3** SPORTS Schwimmflosse *f*
palmé [palme] ADJ ‹~e› ZOOL **patte ~e** Schwimmfuß *m*
palmer [palmɛʀ] M Messschraube *f*
palmeraie [palmərɛ] F Palmenpflanzung *f*, -hain *m*
palmier [palmje] M **1** BOT Palme *f* **2** *gâteau*

les palmes (fpl) — Palmzweige

les palmes (fpl) — Schwimmflossen

Schweinsohr *n*
palmipède [palmipɛd] M Schwimmvogel *m*
palombe [palõb] F Ringeltaube *f*
pâlot [pɑlo] ADJ ‹-otte [-ɔt]› blässlich; blass
palourde [paluʀd] F Venusmuschel *f*
palpable [palpabl] ADJ *preuve, avantage* handgreiflich; konkret; handfest **palpation** [-asjõ] F MÉD Abtasten *n*; *t/t* Palpation *f*
palper [palpe] V/T **1** abtasten **2** *fam fig* **~ (de l'argent)** *fam* Geld kassieren
palpeur [palpœʀ] M (Mess)Fühler *m*
palpitant [palpitɑ̃] ADJ ‹-ante [-ɑ̃t]› *récit, film* spannend; aufregend **palpitations** [-asjõ] FPL (starkes) Herzklopfen
palpiter [palpite] V/I **1** *paupières* zucken; *narines* zittern **2** *cœur* klopfen; pochen
paltoquet [paltɔkɛ] M *litt et péj* eingebildeter Wicht
palu [paly] M ABR *fam* → paludisme
paluche [palyʃ] F *fam* (*main*) *fam* Flosse *f*
paludéen [palydeɛ̃] ADJ ‹-enne [-ɛn]› **1** (*des marais*) Sumpf… **2** MÉD an Malaria erkrankt
paludisme [palydism] M Malaria *f*
pâmer [pɑme] V/PR **se ~ d'admiration** in Be-

les palmiers (mpl) — Palmen

le palmier — Schweinsohr

P

wunderung erstarren; **se ~ de rire** sich kranklachen
pâmoison [pamwazõ] F *plais* **tomber en ~** in Ohnmacht fallen; *fam* umkippen
pampa [pɑ̃pa] F Pampa *f*
pamphlet [pɑ̃flɛ] M Pamphlet *n*; Schmäh-, Streitschrift *f*
pamphlétaire [pɑ̃fletɛʀ] M Pamphletist *m*
pamplemousse [pɑ̃pləmus] M (! maskulin) Pampelmuse *f*; Grapefruit *f* **pamplemoussier** [-je] M Pampelmuse(nbaum) *f(m)*
pampre [pɑ̃pʀ] M Weinranke *f*
pan¹ [pɑ̃] M 1 COUT Schoß(teil) *m(n)*; Zipfel *m* 2 **~ de mur** Mauer- *ou* Wandstück *n*, -fläche *f* 3 TECH Seite(nfläche) *f*
pan² INT peng!; bum!; bums!
panacée [panase] F Allheil-, Wundermittel *n*
panachage [panaʃaʒ] M *mode de scrutin* Panaschieren *n*
panache [panaʃ] M 1 Feder-, Helmbusch *m* 2 **~ de fumée** Rauchfahne *f* 3 *fig* **avoir du ~** ein schneidiges Auftreten haben
panaché [panaʃe] ADJ ⟨~e⟩ *glace* gemischt; *bière* mit Limonade gemischt; **un ~** ein(e) Radler (-maß)
panacher [panaʃe] V/T **~ une liste électorale** panaschieren
panade [panad] F 1 CUIS Brotsuppe *f* 2 *fam fig* **il est dans la ~** *fam* es geht ihm dreckig
panafricain [panafʀikɛ̃] ADJ ⟨-aine [-ɛn]⟩ panafrikanisch **panafricanisme** [-afʀikanism] M Panafrikanismus *m*
panais [panɛ] M BOT Pastinak *m*
Panama [panama] 1 **(le) ~** Panama *n* 2 *m* **panama** Panama(hut) *m*
panaméen [panameɛ̃] A ADJ ⟨-enne [-ɛn]⟩ panamaisch B SUBST **Panaméen(ne)** M(F) Panamaer(in) *m(f)*
panaméricain [panameʀikɛ̃] ADJ ⟨-aine [-ɛn]⟩ panamerikanisch **panaméricanisme** [-ameʀikanism] M Panamerikanismus *m* **panarabe** ADJ panarabisch **panarabisme** [-aʀabism] M Panarabismus *m*
panard [panaʀ] *fam* M Fuß *m*; **~s** *pl fam* Mauken *fpl*; *fam* Quanten *pl*
panaris [panaʀi] M eitrige Fingerentzündung; *fam* böser, schlimmer Finger
pancarte [pɑ̃kaʀt] F 1 *(écriteau)* Schild *n* 2 *de manifestants* Transparent *n*
pancréas [pɑ̃kʀeas] M Bauchspeicheldrüse *f*
pancréatique [pɑ̃kʀeatik] ADJ Bauchspeicheldrüsen…; *t/t* Pankreas…
panda [pɑ̃da] M Panda(bär) *m*
pandémie [pɑ̃demi] F Pandemie *f* **pandémique** ADJ [-ik] pandemisch
pané [pane] ADJ ⟨~e⟩ paniert; **escalope ~e** Wiener Schnitzel *n*
panégyrique [paneʒiʀik] M Lobrede *f*
panel [panɛl] M STATISTIQUES Panel *n*
paner [pane] V/T panieren
pangermanisme [pɑ̃ʒɛʀmanism] M Pangermanismus *m*; alldeutsche Bestrebungen *fpl*
panier [panje] M Korb *m (a.* BASKET*)*; *fig* **~ percé** Verschwender *m*; **~ à salade** Salatkorb *m*; *fam fig* grüne Minna; ÉCON **~ de la ménagère** Warenkorb *m*; *fig* **c'est un ~ de crabes** sie würden sich am liebsten alle gegenseitig die Augen auskratzen; **mettre au ~** wegwerfen **panier-repas** M ⟨paniers-repas⟩ Lunchpaket *n*
panique [panik] F Panik *f*; **être pris de ~** von Panik ergriffen werden; in Panik geraten **provoquer la ~** Panik hervorrufen; zu e-r Panik führen; **semer la ~** Panikstimmung verbreiten; Panik hervorrufen
paniquer [panike] *fam* A V/T **~ qn** j-n in Panik versetzen; **paniqué** in panischer Angst B V/I in Panik geraten
panislamisme [panislamism] M Panislamismus *m*
panne [pan] F Panne *f*; Betriebsstörung *f*; **~ d'électricité** Stromausfall *m*; **en ~** defekt; schadhaft; **avoir une** *ou* **tomber en ~** e-e Panne haben; **il a une ~ d'essence** *ou* **il est tombé en ~ sèche** ihm ist das Benzin ausgegangen; *fam fig* **être en ~** *personne* nicht weitermachen können; *travaux* stecken bleiben; **être en ~ de qc** etw im Augenblick nicht haben
panneau [pano] M ⟨~x⟩ 1 Schild *n*; Tafel *f*; **panneau électoral** Plakatwand *f* bei Wahlen; **panneau publicitaire** Reklamefläche *f*, -schild *n*, -tafel *f*; **panneau de signalisation** Verkehrsschild *n*, -zeichen *n* 2 CONSTR Platte *f*; **panneaux solaires** Solaranlage *f* 3 **tomber dans le panneau** *fam* reinfallen 4 COUT (Stoff)Bahn *f*
panonceau [panõso] M ⟨~x⟩ (kleines) Schild
panoplie [panɔpli] F 1 **~ de cow-boy** (Karton *m* mit e-r) Cowboyausrüstung *f* 2 *fig* Arsenal *n*
panorama [panɔʀama] M Panorama *n*; Rundsicht *f*, -blick *m*
panoramique [panɔʀamik] A ADJ Rundsicht…; Panorama…; **écran** *m* **~** Breitwand *f*; **vue** *f* **~** Rundblick *m*, -sicht *f*; PHOT Panoramaaufnahme *f*; *fig* umfassender Überblick (**de** über *+acc*) B M FILM, TV (Panorama)Schwenk *m*
panse [pɑ̃s] F 1 ZOOL Pansen *m* 2 *fam* **se remplir la ~** *fam* sich *(dat)* den Bauch vollschlagen
pansement [pɑ̃smɑ̃] M MÉD Verband *m*; *adhésif* Pflaster *n*; **boîte** *f* **à ~** Verband(s)kasten *m*; **appliquer, changer, faire un ~** e-n Verband anlegen, wechseln, machen
panser [pɑ̃se] V/T 1 MÉD verbinden 2 *cheval*

P

schwelgerisch...

striegeln; putzen
panslavisme [pɑ̃slavism] M Panslawismus *m*
pansu [pɑ̃sy] ADJ ⟨~e⟩ *vase* bauchig
pantagruélique [pɑ̃tagʀyelik] ADJ *repas* üppig; schwelgerisch
pantalon [pɑ̃talõ] M (lange) Hose; **~ taille basse** Hüfthose *f*; **~ de ski** Skihose *f*; **en ~** in Hosen
pantalonnade [pɑ̃talɔnad] F Posse *f*
pantelant [pɑ̃tlɑ̃] ADJ ⟨-ante [-ɑ̃t]⟩ keuchend; schnaufend
panthéisme [pɑ̃teism] M Pantheismus *m*
panthéiste [-ist] **A** ADJ pantheistisch **B** M/F Pantheist(in) *m(f)*
panthéon [pɑ̃teõ] M Pantheon *n*
panthère [pɑ̃tɛʀ] F (! feminin) Panther *m*; Leopard *m*
pantin [pɑ̃tɛ̃] M Hampelmann *m* (*a. fig*)
pantois [pɑ̃twa] ADJ ⟨-oise [-waz]⟩ **rester ~** verdutzt, verblüfft sein
pantomime [pɑ̃tɔmim] F **1** *art* Pantomimik *f* **2** THÉ Pantomime *f*
pantouflard [pɑ̃tuflaʀ] M, **pantouflarde** [-aʀd] F *fam* Stubenhocker(in) *m(f)*
pantoufle [pɑ̃tufl] F (! feminin) Hausschuh *m*; Pantoffel *m*
pantoufler [pɑ̃tufle] VI **~ (dans le privé)** in die Privatwirtschaft wechseln
panure [panyʀ] F Paniermehl *n*; *autrich* Semmelbrösel *pl*
PAO [peao] F ABR (publication assistée par ordinateur) Desktop-Publishing *n*
paon [pɑ̃] M Pfau *m*
paonne [pan] F Pfauhenne *f*
papa [papa] M **1** Papa *m*; Papi *m*; Vati *m* **2** *fam* **le cinéma de ~** *fam* Opas Kintopp *m*; *fam* **à la ~** ganz gemütlich, gemächlich
papal [papal] ADJ ⟨~e; -aux [-o]⟩ päpstlich
papamobile [papamɔbil] F Papamobil *n*
paparazzi [papaʀadzi] MPL Paparazzi *mpl*
papauté [papote] F Papsttum *n*
papaye [papaj] F Papaya *f*
pape [pap] M Papst *m* (*a. fig*); **sérieux comme un ~** todernst
papelard [paplaʀ] *fam* M Stück *n* Papier; (*écrit*) *fam* Wisch *m*
paperasse [papʀas] F *coll* Papierkram *m*; **~s** *pl* (alte) Papiere *npl*
paperasserie [papʀasʀi] F *péj* Papierwust *m*; ADMIN Papierkrieg *m*
paperassier [papʀasje] ADJ ⟨-ière [-jɛʀ]⟩ **administration paperassière** Verwaltung, die e-n furchtbaren Papierkrieg führt
papesse [papɛs] F HIST **la ~ Jeanne** die Päpstin Johanna
papeterie [papɛtʀi] F Schreibwarengeschäft *n*
papetier [paptje] M Schreibwarenhändler *m*
papetier-libraire M ⟨papetiers-libraires⟩ Buch- und Schreibwarenhändler *m*
papi [papi] M *enf* Opa *m*
papier [papje] M **1** Papier *n*; **papier journal** Zeitungspapier *n*; **papier calque** Pauspapier *n*; **papier à cigarettes** Zigarettenpapier *n*; **papier à dessin** Zeichenpapier *n*; **papier à lettres** Briefpapier *n*; **papier d'emballage** Pack-, Einwickelpapier *n*; **en** *ou* **de papier** Papier…; papier(e)n **2** **papier peint** Tapete *f*; **poser du papier peint** tapezieren **3** **papier d'aluminium** Alu(minium)folie *f* **4** **un papier** ein Stück *n*, Blatt *n* Papier; ein Zettel *m* **5** (*article de journal*) (Zeitungs)Artikel *m* **6** *pl* **papiers (d'identité)** (Ausweis)Papiere *npl*; *fig* **être dans les petits papiers de qn** bei j-m e-n Stein im Brett haben
papier-monnaie M Papiergeld *n*
papille [papij] F Papille *f*
papillon [papijõ] M **1** ZOOL Schmetterling *m*; **~ de nuit** Nachtfalter *m* **2** *fam* (*contravention*) *fam* Strafzettel *m*; *fam* Knöllchen *n* **3** (**brasse** *f*) **~** Delfin-, Schmetterlingsschwimmen *n ou* -stil *m* **4** *adjt* **nœud** *m* **~** Fliege *f* **5** *écrou* Flügelmutter *f*
papillonner [papijɔne] VI flatterhaft, unstet, unbeständig sein
papillote [papijɔt] F CUIS **en ~** in Folie gebacken
papillotement [papijɔtmɑ̃] M Flimmern *n*
papilloter [-e] VI *yeux* flackern
papisme [papism] M *péj* Papismus *m* **papiste**

le papillon — Schmetterling

le papillon — Delfinschwimmen

le nœud papillon — Fliege

P

[-ist] M/F *péj* Papist(in) *m(f)*
papotage [papɔtaʒ] M Geschwätz *n* **papoter** [-e] V/I schwatzen
papou [papu] **A** ADJ ⟨~e⟩ papuanisch **B** **1** **Papou(e)** *m(f)* Papua(frau) *m(f)* **2** LING **le ~** die Papuasprache(n) *f(pl)*
Papouasie-Nouvelle-Guinée [papwazinuvɛlgine] **la ~** Papua-Neuguinea *n*
papouille [papuj] F *fam* **faire des ~s à qn** j-n tätscheln, streicheln, kitzeln
paprika [papʀika] M Paprika *m* (*in Pulverform*)
papy → papi
papyrus [papiʀys] M Papyrus *m*
Pâque [pɑk] F **la ~** (das) Passah(fest)
paquebot [pakbo] M Passagierschiff *n*
pâquerette [pakʀɛt] F Gänseblümchen *n*; *fig* **au ras des ~s** niveaulos; banal
Pâques [pɑk] ⟨*ohne Artikel m sg, mit adj fpl*⟩ Ostern *n ou pl*; Osterfest *n*; **joyeuses ~!** frohe Ostern!; **à ~** (zu, an) Ostern; *fig* **à ~ ou à la Trinité** am Sankt-Nimmerleins-Tag
paquet [pakɛ] M **1** Paket *n*; Päckchen *n*; Packung *f*; Pack(en) *m*; Bündel *n*; **~ de café, de lessive** Packung Kaffee, Waschpulver; **~ de cigarettes** Päckchen, Schachtel *f* Zigaretten; **~ de linge** Packen Wäsche; *fig de qn* **~ de nerfs** Nervenbündel *n* **2** **~ de mer** Brecher *m*; Sturzsee *f* **3** *fam* **(y) mettre le ~** s-e ganze Kraft (und Energie) einsetzen
paquetage [paktaʒ] M MIL Gepäck *n*
par [paʀ] PRÉP **1** *lieu* durch; über (+ *acc*); **~ la porte** durch die Tür; *aller à Paris* **~ Reims** über Reims **2** *temps* an (+ *dat*); in (+ *dat*); bei; **~ un beau matin d'été** an e-m schönen Sommermorgen; **~ quinze degrés** bei fünfzehn Grad **3** *moyen* durch; mit; per; **~ (le) bateau, train** mit dem Schiff, mit der Bahn; per Schiff, Bahn; **~ ruse** durch List; **faire faire qc ~ qn** etw von j-m machen lassen **4** *après un verbe passif* von; durch; **être élu ~ l'assemblée** von der Versammlung gewählt werden; **être détruit ~ un incendie** durch e-n Brand zerstört werden **5** *cause* aus; **~ amour, curiosité** aus Liebe, Neugier **6** *distributif* pro; **~ jour** täglich; am, pro Tag; **~ personne** pro Person **7** **de ~ la loi** im Namen des Gesetzes
para [paʀa] M ABR *fam* (parachutiste) Fallschirmjäger *m*
parabole [paʀabɔl] F **1** BIBL Gleichnis *n* **2** MATH Parabel *f*
parabolique [paʀabɔlik] ADJ **antenne** *f* **~** Parabolantenne *f*; *fam* Satellitenschüssel *f*
parachèvement [paʀaʃɛvmɑ̃] M Vollendung *f*; Beendigung *f* **parachever** V/T ⟨-è-⟩ vollenden; abschließen
parachutage [paʀaʃytaʒ] M **1** *de vivres* Abwurf *m*, *de troupes* Absetzen *n* (mit dem Fallschirm) **2** *fam fig* plötzliche Beorderung auf e-n Posten
parachute [paʀaʃyt] M Fallschirm *m*; **sauter en ~** mit dem Fallschirm abspringen
parachuter [paʀaʃyte] V/T **1** *troupes* (mit dem Fallschirm) absetzen, *matériel* abwerfen **2** *fam fig* **~ qn à un poste** j-n (unerwartet) auf e-n Posten beordern, *fam* katapultieren
parachutisme [paʀaʃytism] M Fallschirmsport *m*, -springen *n* **parachutiste** [-ist] **1** *m* MIL Fallschirmjäger *m* **2** *m/f* SPORTS Fallschirmspringer(in) *m(f)*
parade [paʀad] F **1** **de ~** Parade...; **faire ~ de qc** mit etw prahlen **2** MIL, SPORTS Parade *f* **3** *fig* Abwehr *f*; Entgegnung *f*; Gegenargument *n*
parader [paʀade] V/I paradieren
paradigmatique [paʀadigmatik] ADJ paradigmatisch **paradigme** [-digm] M Paradigma *n*; GRAM *a.* Flexionsmuster *n*
paradis [paʀadi] M REL, *fig* Paradies *n*; *fig* **~ fiscal** Steueroase *f*
paradisiaque [paʀadizjak] ADJ paradiesisch
paradoxal [paʀadɔksal] ADJ ⟨~e; -aux [-o]⟩ paradox; widersinnig **paradoxalement** [-mɑ̃] ADV paradoxerweise
paradoxe [paʀadɔks] M Paradox *n*
parafe [paʀaf] M Namenszeichen *n* **parafer** [-e] V/T abzeichnen; paraphieren
paraffine [paʀafin] F Paraffin *n*
parafiscal [paʀafiskal] ADJ ⟨~e; -aux [-o]⟩ steuerähnlich **parafiscalité** [-ite] F zweckgebundene, steuerähnliche Abgaben *fpl*
parages [paʀaʒ] MPL Gegend *f*
paragraphe [paʀagʀaf] M **1** Abschnitt *m*; Absatz *m* (*a.* JUR) **2** TYPO Paragraphenzeichen *n*
Paraguay [paʀagwɛ] **le ~** Paraguay *n*
paraguayen [paʀagwɛjɛ̃] **A** ADJ ⟨-enne [-ɛn]⟩ paraguayisch **B** SUBST **Paraguayen(ne)** M(F) Paraguayer(in) *m(f)*
paraître [paʀɛtʀ] ⟨→ connaître⟩ **A** V/I **1** (*se montrer*) erscheinen; *sentiments* **laisser ~** sich (*dat*) anmerken lassen **2** (*sembler*) (er)scheinen; aussehen; vorkommen (**à qn** j-m); **le voyage me paraît très long** die Reise kommt mir sehr lang vor; **il ne paraît pas son âge** man sieht ihm sein Alter nicht an **3** (*être publié*) ⟨*oft* être⟩ erscheinen; herauskommen; **faire ~** herausbringen, -geben **B** V/IMP **il paraît que ...** man sagt, man erzählt sich, es heißt, es scheint, dass ...; *en incise* **paraît-il** so scheint es; wie es scheint
parallèle [paʀalɛl] **A** ADJ **1** parallel (**à** zu); Parallel ... **2** *fig* (*non officiel*) inoffiziell; *médecine* alternativ; **marché** *m* **~** grauer Markt; **police** *f* **~** Geheimpolizei *f* **3** SPORTS **barres** *fpl* **~s** Barren *m* **B** SUBST **1** *f* MATH Parallele *f* **2** *m* GÉOG Brei-

tengrad *m* **3** *m fig* Parallele *f*; **faire un ~ entre …** e-e Parallele ziehen zwischen (+ *dat*)
parallèlement [paʀalɛlmɑ̃] ADV **~ à** parallel zu
parallélépipède [paʀalelepipɛd] M MATH Parallelflach *n*; Parallelepiped *n*
parallélisme [paʀalelism] M **1** AUTO Spur *f* **2** *fig* Parallelismus *m*
parallélogramme [paʀalelɔgʀam] M Parallelogramm *n*
paralyser [paʀalize] V/T **1** MÉD lähmen; **paralysé** gelähmt **2** *fig personne* lähmen; *économie, circulation* lahmlegen; **être paralysé par la terreur** vor Schreck wie gelähmt sein
paralysie [paʀalizi] F Lähmung *f* (*a. fig*)
paralytique [paʀalitik] M/F Gelähmte(r) *m/f(m)*
paramédical [paʀamedikal] ADJ ⟨~e; -aux [-o]⟩ **professions ~es** medizinische Hilfsberufe *mpl*
paramètre [paʀamɛtʀ] M MATH, *fig* Parameter *m*
paramilitaire [paʀamilitɛʀ] ADJ para-, halbmilitärisch
parangon [paʀɑ̃gɔ̃] M *litt* **~ de vertu** Muster *n* an, Ausbund *m* von Tugend
parano [paʀano] ABR *fam* → paranoïaque
paranoïa [paʀanɔja] F Paranoia *f*; Wahnvorstellungen *fpl*
paranoïaque [paʀanɔjak] M/F Geistesgestörte(r) *m/f(m)*
parapente [paʀapɑ̃t] M **1** *engin* Gleitschirm *m*; Paragleiter *m* **2** *sport* Gleitschirmfliegen *n*; Paragliding *n*
parapentiste [paʀapɑ̃tist] M/F Gleitschirmflieger(in) *m(f)*
parapet [paʀapɛ] M Brüstung *f*
paraphe → parafe
paraphrase [paʀafʀɑz] F Paraphrase *f* **paraphraser** [-e] V/T paraphrasieren
paraplégie [paʀapleʒi] F Querschnittslähmung *f* **paraplégique** [-ik] **A** ADJ querschnittsgelähmt **B** M/F Querschnittsgelähmte(r) *m/f(m)*
parapluie [paʀaplɥi] M (Regen)Schirm *m*
parascolaire [paʀaskɔlɛʀ] ADJ außerhalb des Lehrplans
parasitaire [paʀazitɛʀ] ADJ BIOL, *fig* parasitär; schmarotzerhaft
parasite [paʀazit] M **1** BIOL, *fig* Parasit *m*; Schmarotzer *m* **2** RAD **~s** *pl* Stör-, Nebengeräusch(e) *n(pl)*
parasiter [paʀazite] V/T **1** BIOL, *fig* schmarotzen (**un hôte** in *ou* auf e-m Wirt) **2** RAD stören
parasitisme [paʀazitism] M Schmarotzertum *n* (*a. fig*)
parasol [paʀasɔl] M **1** Sonnenschirm *m* **2** *adjt* pin *m* **~** Pinie *f*
parasympathique [paʀasɛ̃patik] ADJ *et* SUBST M ANAT (**système** M) **~** Parasympathikus *m*
parataxe [paʀataks] F LING Parataxe *f*
paratonnerre [paʀatɔnɛʀ] M Blitzableiter *m*
paravalanche [paʀavalɑ̃ʃ] M Lawinenschutz *m*, -galerie *f*
paravent [paʀavɑ̃] M spanische Wand; Wandschirm *m*
parbleu [paʀblø] *litt* INT wahrhaftig!; bei Gott!
parc [paʀk] M **1** Park *m*; **~ régional** Naturpark *m*; **~ d'attractions** Erlebnis-, Vergnügungspark *m*; **~ de loisirs** Freizeitpark *m* **2 ~ de stationnement** Parkplatz *m* **3** *pour bébés* Laufgitter *n*, -stall *m* **4 ~ à huîtres** Austernpark *m* **5 ~ automobile** Fuhrpark *m*; (Kraft)Fahrzeugbestand *m* **6** *à bestiaux* Pferch *m*
parcellaire [paʀsɛlɛʀ] ADJ Parzellen…
parcelle [paʀsɛl] F **1** *terrain* Parzelle *f* **2** *fig* winziges Stück
parcellisation [paʀsɛlizasjɔ̃] F **1** ADMIN Parzellierung *f* **2** *fig* Aufsplitterung *f*
parcelliser [paʀsɛlize] V/T **1** ADMIN *terre* parzellieren **2** *fig* (in kleine Einheiten) aufteilen; aufsplittern
parce que [paʀs(ə)kə] CONJ (**!** vor Vokal und stummem h steht **parce qu'**) **1** weil **2** *abs* (eben) darum
parchemin [paʀʃəmɛ̃] M Pergament *n*
parcheminé [paʀʃəmine] ADJ ⟨~e⟩ pergamentartig
par-ci [paʀsi] ADV **~, par-là** *espace* hier und da; *temps* hin und wieder; *fig* **maman ~, maman par-là** *fam* Mutti vorn und Mutti hinten
parcimonie [paʀsimɔni] F **avec ~** sehr sparsam
parcimonieux [paʀsimɔnjø] ADJ ⟨-euse [-øz]⟩ geizig; *fam* knaus(e)rig
parcmètre [paʀkmɛtʀ] M *ou* **parcomètre** [paʀkɔmɛtʀ] M Parkuhr *f*
parcourir [paʀkuʀiʀ] V/T ⟨→ courir⟩ **1** *région, ville* durchlaufen; durchstreifen; *en voiture* durchfahren; kreuz und quer fahren durch; *un pays a.* bereisen **2** *distance* zurücklegen **3** *texte* überfliegen
parcours [paʀkuʀ] M Strecke *f*; SPORTS *a.* Parcours *m*; **~ du combattant** MIL Hindernisbahn *f*; *fig* Hindernisrennen *n*; SPORTS *et fig* **incident** *m* **de ~** Panne *f*; Pech *n*; **effectuer un ~** e-e Strecke zurücklegen
par-delà [paʀdəla] PRÉP jenseits (+ *gén*)
par-derrière [paʀdɛʀjɛʀ] **A** ADV von hinten; hinterrücks (*a. fig*); (*en cachette*) hinten(he)rum **B** PRÉP hinter (+ *dat*)
par-dessous [paʀdəsu] **A** ADV untendurch **B** PRÉP unter (+ *dat*)

P

pardessus [paʀdəsy] M Überzieher *m*
par-dessus [paʀdəsy] **A** ADV d(a)rüber (hinweg) **B** PRÉP über (+ *acc*); **~ tout** vor allem; *fam fig* **j'en ai ~ la tête** ich habe genug davon; *fam* ich habe die Nase voll (davon)
par-devant [paʀdəvɑ̃] **A** ADV vorn (herum) **B** PRÉP **~ notaire** vor dem Notar
pardi [paʀdi] INT natürlich; gewiss
pardon [paʀdõ] M Verzeihung *f*; Entschuldigung *f*; REL Vergebung *f*; **pardon!** Entschuldigung!; **pardon?** wie bitte?; **demander pardon à qn** j-n um Entschuldigung, Verzeihung bitten; **obtenir son pardon** verziehen, vergeben bekommen
pardonnable [paʀdɔnabl] ADJ verzeihlich
pardonner [paʀdɔne] **A** V/T verzeihen; *st/s*, REL vergeben; **~ (qc) à qn** j-m (etw) verzeihen; **pardonnez-moi, mais …** verzeihen, entschuldigen Sie, aber … **B** V/I *maladie grave* **cela ne pardonne pas** da gibt es keine Rettung
pare-avalanches [paʀavalɑ̃ʃ] M (! unveränderlich) → paravalanche
pare-balles [paʀbal] ADJ (! unveränderlich) **gilet** *m* **~** kugelsichere Weste
pare-boue [paʀbu] M (! unveränderlich) AUTO Schmutzfänger *m*
pare-brise [paʀbʀiz] M (! unveränderlich) Windschutzscheibe *f*
pare-chocs [paʀʃɔk] M (! unveränderlich) Stoßstange *f* **pare-feu** M (! unveränderlich) Brand-, Feuerschutz(vorrichtung) *m(f)*
pareil [paʀɛj] **A** ADJ ⟨pareille⟩ **1** *(semblable)* gleich; ähnlich; **~ à** gleich (+ *dat*); *fam advt* **faire ~** das Gleiche, *fam* dasselbe tun **2** *(tel)* solche(r, -s); derartige(r, -s); so ein(e); **chose ~le** so etwas; **en ~ cas** in e-m solchen, in so e-m Fall **B** SUBST **1** *m,f* **ne pas avoir son ~, sa ~le** nicht seines-, ihresgleichen haben; **sans ~(le)** ohnegleichen; unvergleichlich **2** *f* **rendre la ~le à qn** es j-m mit gleicher Münze heimzahlen **3** *m fam* **c'est du ~ au même** *fam* das ist Jacke wie Hose, gehupft wie gesprungen
pareillement [paʀɛjmɑ̃] ADV ebenfalls; gleichfalls
parent [paʀɑ̃] **A** ADJ ⟨-ente [-ɑ̃t]⟩ verwandt **B** SUBST **1** **parent(e)** *m(f)* Verwandte(r) *m/f(m)*; *fig* **traiter qn en parent pauvre** j-n zurücksetzen, benachteiligen **2** *mpl* **parents** *(père et mère)* Eltern *pl*; **l'un des parents** ein Elternteil *m*; **association** *f* **de(s) parents d'élèves** Elternverband *m*, -vereinigung *f*
parental [paʀɑ̃tal] ADJ ⟨~e; -aux [-o]⟩ elterlich; **congé ~** Erziehungsurlaub *m*
parenté [paʀɑ̃te] F Verwandtschaft *f*; **~ du côté maternel** Verwandtschaftsverhältnis *n* mütterlicherseits, von der Seite der Mutter her
parenthèse [paʀɑ̃tɛz] F **1** *(digression)* Zwischenbemerkung *f* **2** (runde) Klammer; **entre ~s** in Klammern; *fig* nebenbei gesagt; **ouvrez, fermez la ~!** Klammer auf, zu!
paréo [paʀeo] M Pareo *m*; Hüfttuch *n*
parer[1] [paʀe] **A** V/T **1** *st/s (orner)* festlich schmücken (**de** mit) **2** *(attribuer)* zuschreiben, nachsagen (**qn de qc** j-m etw) **3** *viande* zum Verkauf herrichten **4** MAR klarmachen **B** V/PR **se ~** sich schmücken (**de** mit)
parer[2] **A** V/T *coup, attaque* parieren; abwehren **B** V/T INDIR **~ à qc** e-r Sache *(dat)* vorbeugen, begegnen
pare-soleil [paʀsɔlɛj] M (! unveränderlich) Sonnenblende *f*
paresse [paʀɛs] F Faulheit *f*; Trägheit *f*; **~ intestinale** Darmträgheit *f*
paresser [paʀese] V/I faulenzen
paresseux [paʀesø] **A** ADJ ⟨-euse [-øz]⟩ faul; träge; bequem **B** SUBST **1** **~, paresseuse** *m,f* Faulenzer(in) *m(f)*; *fam* Faulpelz *m* **2** *m* ZOOL Faultier *n*
parfaire [paʀfɛʀ] V/T ⟨*nur inf*⟩ vervollkommnen
parfait [paʀfɛ] **A** ADJ ⟨-faite [-fɛt]⟩ **1** vollkommen; vollendet; perfekt; **(c'est) ~!** also gut!; na schön, gut! **2** *(total)* völlig; vollkommen; *iron imbécile, etc* ausgemacht; **en ~ accord** in völliger Übereinstimmung **B** M **1** GRAM Perfekt *n* **2** *glace* Parfait *n*
parfaitement [paʀfɛtmɑ̃] ADV **1** *(complètement)* vollkommen; völlig **2** *abs réponse* ganz recht; jawohl
parfois [paʀfwa] ADV manchmal; gelegentlich; bis-, zuweilen
parfum [paʀfɛ̃, -fœ̃] M **1** *odeur* Duft *m*; Wohlgeruch *m* **2** *substance* Parfüm *n*; **se mettre du ~** sich parfümieren **3** *d'une glace* Geschmack *m* **4** *fam* **être au ~** Bescheid wissen (**de** über + *acc*)
parfumé [paʀfyme] ADJ ⟨~e⟩ **1** *savon* duftend (**à la lavande** nach Lavendel); wohlriechend **2** *personne* parfümiert **3** **glace ~e à la fraise** Erdbeereis *n*
parfumer [paʀfyme] **A** V/T **1** *pièce* mit s-m Duft erfüllen **2** *mouchoir* parfümieren **3** CUIS **~ au citron** Zitronengeschmack geben (+ *dat*) **B** V/PR *personne* **se ~** sich parfümieren
parfumerie [paʀfymʀi] F *boutique* Parfümerie *f*
parfumeur [-œʀ] M, **parfumeuse** [-øz] F *fabricant(e)* Parfümeur *m*
pari [paʀi] M **1** Wette *f*; **~ mutuel** Rennwette *f*; **faire un ~** e-e Wette abschließen, eingehen; **tenir le ~** die Wette annehmen **2** *fig* Herausforderung *f*
paria [paʀja] M Paria *m* (*a. fig*)
parier [paʀje] V/T wetten (**qc** um etw; **que** dass)
pariétal [paʀjetal] ADJ ⟨~e; -aux [-o]⟩ **1** ANAT

os ~ Scheitelbein *n* **2** **peintures ~es** Felsmalereien *fpl*

parieur [parjœr] M, **parieuse** [-øz] F Wetter(in) *m(f)*

parigot [parigo] *fam* **A** ADJ ⟨-ote [-ɔt]⟩ pariserisch **B** **Parigot(e)** M(F) Pariser(in) *m(f)*

Paris [pari] Paris *n*

paris-brest [paribrɛst] M (! unveränderlich) *mit Creme gefüllter u. mit Mandelsplittern bestreuter Kuchen aus Brandteig*

parisien [parizjɛ̃] **A** ADJ ⟨-ienne [-jɛn]⟩ Pariser; pariserisch **B** **Parisien(ne)** M(F) Pariser(in) *m(f)*

paritaire [paritɛr] ADJ paritätisch

parité [parite] F Parität *f*

parjure [parʒyr] **1** *m (violation de serment)* Eidbruch *m; (faux serment)* Meineid *m* **2** *m/f personne* Eidbrüchige(r) *m/f(m);* Meineidige(r) *m/f(m)*

parka [parka] M OU F Parka *m ou f*

parking [parkiŋ] M Parkplatz *m;* **~ souterrain** Tiefgarage *f*

parkinsonien [parkinsɔnjɛ̃] **A** ADJ ⟨-ienne [-jɛn]⟩ der parkinsonschen Krankheit **B** SUBST **~(ne)** M(F) an der parkinsonschen Krankheit Leidende(r) *m/f(m)*

par-là [parla] → par-ci

parlant [parlɑ̃] ADJ ⟨-ante [-ɑ̃t]⟩ **1** **cinéma, film ~** Tonfilm *m;* **horloge ~e** Zeitansage *f* **2** **les chiffres sont ~s** die Zahlen sprechen für sich **3** *advt* **économiquement ~** wirtschaftlich gesehen

parlé [parle] ADJ ⟨~e⟩ *langue* gesprochen

Parlement (! Parlement) [parləmɑ̃] M Parlament *n*

parlementaire [parləmɑ̃tɛr] **A** ADJ parlamentarisch; Parlaments…; **groupe** *m* **~** Fraktion *f* **B** SUBST **1** *m/f* POL Parlamentarier(in) *m(f)* **2** *m* MIL Parlamentär *m*

parlementarisme [parləmɑ̃tarism] M Parlamentarismus *m*

parlementer [parləmɑ̃te] V/I verhandeln; unterhandeln

parler¹ [parle] **A** V/T **1** *une langue* sprechen; **~ (le) français** Französisch *ou* französisch sprechen **2** **~ affaires** über Geschäfte reden; **~ métier** fachsimpeln **B** V/T INDIR **~ à qn**, *fam* **avec qn** mit j-m sprechen, reden; j-n sprechen; **~ de qc** von etw, über etw *(acc)* sprechen, reden; etw besprechen, bereden; *livre* von etw handeln; **~ de qn** von j-m, über j-n reden, sprechen; **faire ~ de soi** von sich reden machen; **~ de** *(+ inf)* davon, darüber reden, sprechen, dass …; **sans ~ de …** ganz abgesehen von …; von … ganz zu schweigen; **on m'a beaucoup parlé de vous** man hat mir viel von Ihnen erzählt; **qu'on ne m'en parle plus!** ich will davon nichts mehr hören!; **ne m'en parlez pas!** wem sagen Sie das?; *fam* **tu parles d'un idiot!** *fam* das ist vielleicht ein Idiot!; **tu parles!** so siehst du aus!; von wegen! **C** V/I sprechen; reden *(a. = avouer);* **c'est une façon de ~** das sagt man halt so; **faire ~ qn** j-n zum Reden, Sprechen bringen **D** V/PR **se ~** miteinander reden, sprechen

parler² M Sprache *f*

parleur [parlœr] M *péj* **beau ~** Schönredner *m*

parloir [parlwar] M Besuchszimmer *n*

parlot(t)e [parlɔt] F *fam* Schwatz *m*

parme [parm] ADJ blassviolett

Parme [parm] Parma *n;* **jambon** *m* **de ~** Parmaschinken *m*

parmesan [parməzɑ̃] M Parmesan(käse) *m*

parmi [parmi] PRÉP unter *(+ dat);* **~ tant d'autres** unter *ou* von vielen

parodie [parɔdi] F Parodie *f* **parodier** [-je] V/T parodieren **parodique** [-ik] ADJ parodistisch **parodiste** [-ist] M/F Parodist(in) *m(f)*

parodontose [parɔdɔ̃toz] F Parodontose *f;* Zahnfleischschwund *m*

paroi [parwa] F Wand *f; d'un récipient* Innenwand *f;* **~ rocheuse** Felswand *f*

paroisse [parwas] F (Kirchen-, Pfarr)Gemeinde *f;* Pfarrei *f*

paroissial [parwasjal] ADJ ⟨~e; -aux [-o]⟩ Pfarr…; Gemeinde…

paroissien [parwasjɛ̃] M, **paroissienne** [-jɛn] F Gemeinde(mit)glied *n*

parole [parɔl] F **1** *(mot, action de parler)* Wort *n;* **temps** *m* **de ~** Redezeit *f;* **donner la ~ à qn** j-m das Wort erteilen; **couper la ~ à qn** j-m das Wort abschneiden; j-m ins Wort fallen; **prendre la ~** das Wort ergreifen **2** *(promesse)* **~ (d'honneur)** (Ehren)Wort *n;* **sur ~** auf Ehrenwort; **croire qn sur ~** j-m aufs Wort glauben; **n'avoir qu'une ~** sein Wort halten **3** *(faculté de parler)* Sprache *f* **4** *d'une chanson* **~s** *pl* Text *m;* Worte *npl* **5** **~ historique** berühmter Ausspruch; geflügeltes Wort; **la ~ de Dieu** das Wort Gottes

▶ parole ≠ Parole

la parole = das Wort
die Parole = **le mot d'ordre**

FALSCHE FREUNDE

parolier [parɔlje] M, **parolière** [-jɛr] F Texter(in) *m(f);* Textdichter(in) *m(f)*

paroxysme [parɔksism] M Höhepunkt *m;* **au ~ de** auf dem Höhepunkt *(+gén); joie, etc* **atteindre son ~** s-n Höhepunkt erreichen

parpaing [parpɛ̃] M Baustein *m*

parquer [parke] V/T **1** *bétail* einpferchen **2** *péj*

P

personnes zusammenpferchen (**dans** in + *dat*) **3** *voiture* parken; abstellen

parquet [paʀkɛ] M **1** Parkett(boden) *n(m)* **2** JUR Staatsanwaltschaft *f*

parrain [paʀɛ̃] M **1** *d'un enfant* (Tauf)Pate *m*; Patenonkel *m* **2** *dans un cercle, club* Fürsprecher *m*; Bürge *m*; Schirmherr *m* **3** *de la maffia* Pate *m*

parrainage [paʀɛnaʒ] M Schirmherrschaft *f*; Patronat *n*

parrainer [paʀene] V/T **1** **~ qn** für j-n bürgen **2** **~ qc** die Schirmherrschaft über etw (*acc*) übernehmen

parricide [paʀisid] **1** *m* Vater-, Muttermord *m* **2** *m/f* Vater-, Muttermörder(in) *m(f)*

parsemé [paʀsəme] ADJ ⟨~e⟩ übersät (**de** mit)

parsemer [paʀsəme] V/T ⟨-è-⟩ bestreuen (**de** mit)

part [paʀ] F **1** Anteil *m*; Teil *m ou n*; **part de gâteau** Stück *n* Kuchen; **part d'héritage** Erbteil *n*; *fig* **part du lion** Löwenanteil *m*; **part de marché** Marktanteil *m*; **à part entière** vollberechtigt; vollwertig; **à parts égales** zu gleichen Teilen; **pour ma part** was mich betrifft; **pour une bonne part** zum großen, größten Teil; **faire part de qc à qn** j-m etw mitteilen; **faire la part des choses** den Dingen Rechnung tragen; **prendre part à qc** an etw (*dat*) teilnehmen; sich an etw (*dat*) beteiligen; *à la douleur de qn* an etw (*dat*) Anteil nehmen **2** **à part** *adj* besondere; *adv* gesondert; getrennt; für sich; beiseite; *prép* außer (+ *dat*); abgesehen von; **c'est un garçon à part** dieser Junge ist anders als die anderen; **le mauvais temps mis à part** abgesehen vom schlechten Wetter; **prendre qn à part** j-n beiseitenehmen; *penser* **à part soi**, *etc* insgeheim; *fam* **à part ça** abgesehen davon; sonst **3** **autre part** woanders; anderswo; *fam* sonstwo; *avec verbe de mouvement* woandershin; anderswohin; *fam* sonstwohin; **d'autre part** außerdem; übrigens; **de part et d'autre** auf *ou* von *ou* zu beiden Seiten (**de** *gén*); **d'une part ... d'autre part** einerseits ... andererseits; einesteils ... andernteils; **de la part de qn** von j-m; vonseiten j-s; *par ext* im Auftrag j-s; **de toute(s) part(s)** von allen Seiten; von überall (her); **de part en part** *avec certains verbes* durch...; **nulle part** nirgends; nirgendwo(hin); **quelque part** irgendwo(hin)

partage [paʀtaʒ] M (Auf)Teilung *f*; **~ du travail** Jobsharing *n*

partagé [paʀtaʒe] ADJ ⟨~e⟩ geteilt (*a. avis*); *amour* gegenseitig; **être ~ entre** *deux sentiments* hin- und hergerissen werden zwischen (+ *dat*)

partageable [paʀtaʒabl] ADJ (auf)teilbar

partager [paʀtaʒe] ⟨-ge-⟩ **A** V/T teilen (**qc avec qn** etw mit j-m); aufteilen (**entre** unter + *dat ou* + *acc*) **B** V/PR **se ~ qc** sich (*dat*) etw teilen

partageur [paʀtaʒœʀ] ADJ ⟨-euse [-øz]⟩ (**ne pas**) **être ~** (nicht) gern teilen

partance [paʀtɑ̃s] F **en ~ pour** (zur Abfahrt *ou* zum Abflug bereit) nach

partant¹ [paʀtɑ̃] **A** M SPORTS Startende(r) *m*; TURF startendes Pferd **B** ADJ ⟨-ante [-ɑ̃t]⟩ *fam* **être ~** dafür sein

partant² [paʀtɑ̃] *litt* CONJ demnach

partenaire [paʀtənɛʀ] M/F Partner(in) *m(f)*; **~s sociaux** Sozial-, Tarifpartner *mpl*

partenariat [paʀtənaʀja] M Partnerschaft *f*

parterre [paʀtɛʀ] M **1** Blumenbeet *n* **2** THÉ Parkett *n*

parti¹ [paʀti] M **1** POL Partei *f* **2** *locutions*: **prendre ~** Partei ergreifen (**pour, contre** für, gegen); **prendre le ~ de qn** für j-n eintreten, Partei ergreifen; **prendre le ~ de faire qc** sich entschließen, etw zu tun; **prendre son ~ de qc** sich mit etw abfinden; **tirer ~ de qc** Nutzen aus etw ziehen **3** **~ pris** Voreingenommenheit *f*; **elle est de ~ pris** sie ist voreingenommen **4** (*personne à marier*) **un beau ~** e-e gute Partie

parti² PP → partir *et* ADJ ⟨~e⟩ **1** **être ~** weg sein; *personne a.* fort sein; *bouton, peinture* ab sein **2** **être bien, mal ~** *affaire* sich gut, schlecht anlassen; **il est mal ~** er hat e-n schlechten Start **3** *fam* (*ivre*) **être ~** *fam* e-n Schwips haben

partial [paʀsjal] ADJ ⟨~e; -aux [-o]⟩ parteiisch

partialité [-ite] F Parteilichkeit *f*

participant [paʀtisipɑ̃] M, **participante** [-ɑ̃t] F Teilnehmer(in) *m(f)*

participation [paʀtisipasjõ] F Teilnahme *f* (**à** an + *dat*); Beteiligung *f* (an + *dat*; *a.* FIN); (*collaboration*) Mitwirkung *f* (bei)

participe [paʀtisip] M Partizip *n*

participer [paʀtisipe] V/T INDIR **~ à** *débat, vote, voyage* teilnehmen an (+ *dat*); sich beteiligen an (+ *dat*; *a.* FIN); mitmachen bei; *chagrin, joie de qn* Anteil nehmen an (+ *dat*); *succès de qn* Anteil haben, beteiligt sein an (+ *dat*)

participial [paʀtisipjal] ADJ ⟨~e; -aux [-o]⟩ GRAM partizipial; Partizipial...

particularisme [paʀtikylaʀism] M **1** POL Partikularismus *m* **2** (*particularité*) Eigentümlichkeit *f*

particularité [paʀtikylaʀite] F Besonderheit *f*; Eigenart *f*

particule [paʀtikyl] F **1** Teilchen *n*; Partikel *f* (*a.* LING) **2** **~ (nobiliaire)** Adelsprädikat *n*

particulier [paʀtikylje] **A** ADJ ⟨-ière [-jɛʀ]⟩ **1** Privat...; **leçons particulières** Privat-, Nachhilfestunden *fpl*; **voiture particulière** Privatwagen *m* **2** (*spécifique*) besondere; eigentümlich; speziell; **cas particulier** Sonderfall *m*; **particulier à qn, qc** j-m, e-r Sache eigen; **en par-**

ticulier (*à part*) gesondert; *parler à qn* allein; unter vier Augen; (*surtout*) besonders **B** M Privatperson *f*

particulièrement [paʀtikyljɛʀmɑ̃] ADV besonders; insbesondere

partie [paʀti] F **1** *d'un tout* Teil *m*; **les ~s (génitales)** die Geschlechtsteile *pl*; **~ du corps** Körperteil *m*; **~s du discours** Wortarten *fpl*; **en ~** teilweise; zum Teil (*abr* z. T.); **en ~ … en ~** teils … teils; **en grande ~** zum großen Teil; großenteils; **faire ~ de** gehören zu **2** (*spécialité*) Fach *n*; Sparte *f* **3** JEUX, SPORTS Spiel *n*; Partie *f*; **faire une ~ de tennis** e-e Partie Tennis spielen; **~ de bras de fer** zähes Ringen; Kraftprobe *f* **4** **~ de chasse** Jagdpartie *f*, -ausflug *m*; *fig* **ce n'est pas une ~ de plaisir** das ist alles andere als ein Vergnügen; **ce n'est que ~ remise** aufgeschoben ist nicht aufgehoben (*prov*); **être de la ~** mit von der Partie sein **5** JUR Partei *f*; **se constituer ~ civile** als Nebenkläger auftreten; *fig* **prendre qn à ~** j-n angreifen **6** MUS Part *m*; Stimme *f*

partiel [paʀsjɛl] ADJ ⟨~le⟩ Teil…; **(élection) ~le** *f* Nach-, Ersatzwahl *f*; **(examen) ~** *m* Teilprüfung *f*; **emploi** *m* **à temps ~** Teilzeitbeschäftigung *f*

partiellement [paʀsjɛlmɑ̃] ADV teilweise; zum Teil (*abr* z. T.)

partir [paʀtiʀ] V/I ⟨je pars, il part, nous partons; je partais; je partis; je partirai; que je parte; partant; être parti⟩ **1** (*s'en aller*) (weg)gehen, fortgehen (**de chez soi** von zu Hause); (*se mettre en route*) (ab)reisen, (ab)fahren, aufbrechen (**à** *ou* **pour Paris** nach Paris; **en France** nach Frankreich); fort-, wegfahren (**en voiture** im Auto); *train, bus, bateau* (ab)fahren, (ab)gehen; (*en*) *avion* (ab)fliegen; *coureur* starten; **faire partir** *lettre* wegschicken; absenden; *personne* loswerden; *moteur* starten; *fig* **l'affaire est mal partie** die Sache fängt schlecht an **2** **partir de** (*provenir de*) ausgehen von **3** *bouton, peinture* abgehen; *tache, maladie* weggehen; *douleur* vergehen **4** *coup de feu* fallen; losgehen; sich lösen **5** *prép* **à partir de** ab; von … an, ab

partisan [paʀtizɑ̃] **A** M **1** POL Anhänger *m*; Parteigänger *m*; Gefolgsmann *m* **2** MIL Partisan *m* **B** ADJ ⟨-ane [-an]⟩ **1** **être ~ de qc** für etw sein; etw befürworten **2** **querelles ~es** Parteikämpfe *mpl*

partitif [paʀtitif] ADJ ⟨-ive [-iv]⟩ **article ~** Teilungsartikel *m*

partition [paʀtisjɔ̃] F MUS Partitur *f*

partousard [paʀtuzaʀ] *fam* M, **partousarde** [-aʀd] *fam* F Teilnehmer(in) *m(f)* an e-r Sexparty

partouse [paʀtuz] *fam* F Sexparty *f* **partouser** [-e] V/I an e-r Sexparty teilnehmen

partout [paʀtu] ADV **1** überall; *avec verbe de mouvement* überallhin; **de ~** von überall her **2** TENNIS **trente ~** dreißig beide; FOOTBALL **deux buts ~** zwei zu zwei (unentschieden)

partouzard, **partouze**, **partouzer** → partousard, partouse, partouser

paru [paʀy] PP → paraître

parure [paʀyʀ] F **1** Schmuck *m*; *de bijoux* Geschmeide *n* **2** *de linge* (Wäsche)Garnitur *f*

parution [paʀysjɔ̃] F Erscheinen *n*

parvenir [paʀvəniʀ] V/T INDIR ⟨→ venir; être⟩ **1** (*atteindre*) **~ à qc, qn** zu etw, j-m gelangen; bei etw, j-m anlangen; j-n, etw erreichen; **faire ~ qc à qn** j-m etw zugehen lassen, zukommen lassen, schicken **2** (*réussir*) **il parvient à** (+ *inf*) es gelingt ihm zu (+ *inf*)

parvenu(e) [paʀvəny] M(F) Emporkömmling *m*; Parvenü *m*

parvis [paʀvi] M (Kirchen)Vorplatz *m*

pas[1] [pɑ, pa] M **1** Schritt *m*; Tritt *m*; **~ de course** Lauf-, Eilschritt *m*; **~ à ~** [pɑzapɑ] Schritt für Schritt; schrittweise; **à ~ de loup** auf leisen Sohlen; **sur le ~ de la porte** vor der, in der Haustür; **j'y vais de ce ~** ich gehe sofort, auf der Stelle hin; *fig* **c'est à deux ~ d'ici** das ist ganz in der Nähe; **faire les cent ~** auf und ab gehen; hin und her gehen; **faire un faux ~** stolpern; *st/s* fehltreten; *fig* e-n Fauxpas, e-e Taktlosigkeit begehen; **marcher au ~** im Gleichschritt marschieren; **marcher d'un bon ~** kräftig, tüchtig ausschreiten; **marquer le ~** auf der Stelle treten (*a. fig*); *fig* **prendre le ~ sur** überflügeln; hinter sich (*dat*) lassen; **retourner, revenir sur ses ~** umkehren; **rouler au ~** (im) Schritttempo fahren; *fig* **sortir, se tirer d'un mauvais ~** sich aus der Klemme ziehen **2** **le ~ de Calais** die Straße von Dover

pas[2] ADV **1** (❗ mit **ne** vor dem Verb, in der gesprochenen Sprache wird es aber meist weggelassen) nicht; **il ne vient pas** er kommt nicht; **ne … pas de** (+ *subst*) kein(e); **je n'ai pas d'argent** ich habe kein Geld; **ne … pas que** nicht nur; nicht bloß **2** *sans* ne: *il est rentré?* - **pas encore** noch nicht; **pas moi** ich nicht; **sûrement pas** ganz bestimmt nicht; **pas du tout** überhaupt nicht; durchaus nicht; **poires pas mûres** unreife Birnen

pascal [paskal] ADJ ⟨~e; -als *ou* -aux [-o]⟩ österlich; Oster…

Pas-de-Calais [padkalɛ] **le ~** *frz Departement*; → pas[1] 2

pas-de-porte [padpɔʀt] M (❗ unveränderlich) COMM Abstand(szahlung) *m(f)*

paso doble [pasodɔbl] M (❗ unveränderlich) *danse* Paso doble *m*

passable [pasabl] ADJ **1** leidlich; passabel; einigermaßen, halbwegs gut **2** *note scolaire* ausreichend

passablement [pasabləmɑ̃] ADV **1** *(pas trop mal)* einigermaßen; ziemlich gut **2** *(assez)* ziemlich viel

passade [pasad] F **1** kurze Liebesaffäre **2** *(caprice)* Laune *f*; Strohfeuer *n*

passage [pasaʒ] M (! maskulin) **1** *devant qn, qc* Vorbei- *ou* Vorübergehen *n*; *(à bord) d'un véhicule* Vorbeifahren *n*, -fahrt *f*; *en traversant un lieu* Durchreise *f*; Durchfahrt *f*; *d'une rivière* Überquerung *f*; *en bateau* Überfahrt *f*; *d'une frontière* Passieren *n*; Übertritt *m*; **~ interdit!** Durchfahrt, Durchgang verboten!; **~s nuageux** Durchzug *m* von Wolkenfeldern; SPORTS **~ du témoin** Stabübergabe *f*; **au ~** im Vorbeigehen; **être de ~ à Paris** auf der Durchreise in Paris sein **2** *endroit* Durchgang *m*, -fahrt *f*, -lass *m*; CH DE FER, ROUTE Übergang *m*; *couvert* Passage *f*; **~ protégé** Vorfahrt an der nächsten Kreuzung; **~ souterrain** Unterführung *f*; **~ à niveau** schienengleicher Bahnübergang; **~ pour piétons** Fußgängerüberweg *m*, -übergang *m* **3** *d'une œuvre* Stelle *f*; Passage *f* **4** *d'un état à un autre* Übergang *m*; **examen** *m* **de ~** Versetzungsprüfung *f* **5** *fig* **avoir un ~ à vide** *fam* Mattscheibe haben

passager [pasaʒe], **passagère** [-ʒɛʀ] **A** M,F Passagier *m*; Fahrgast *m*; AVIAT *a.* Fluggast *m*; *d'une voiture* Insasse *m*, Insassin *f*; *à côté du conducteur* Beifahrer(in) *m(f)* **B** ADJ vorübergehend; *bonheur* vergänglich; flüchtig

passant [pasɑ̃] **A** ADJ ⟨-ante [-ɑ̃t]⟩ *rue* belebt; verkehrsreich; stark befahren **B** ADV **en ~** im Vorbei-, Vorübergehen; *fig* beiläufig; nebenbei; en passant **C** SUBST **1** **~(e)** *m(f)* Passant(in) *m(f)* **2** *m* (Gürtel)Schlaufe *f*

passation [pasasjõ] F **~ des pouvoirs** Übertragung *f* der Befugnisse

passe [pas, pas] F **1** SPORTS Zuspiel *n*; Pass *m* **2** *fig* **~ d'armes** Wortgefecht *n*; Disput *m* **3** **hôtel** *m*, **maison** *f* **de ~** Stundenhotel *n*; Absteige *f* **4** **être dans une mauvaise ~** e-e schwere Zeit durchmachen; *fam* e-e Pechsträhne haben; **être en ~ de** (+ *inf*) auf dem besten Wege sein zu (+ *inf*)

passé [pase, pa-] **A** M **1** Vergangenheit *f* (*a. de qn*): **dans le ~** in der Vergangenheit; **comme par le ~** wie früher **2** GRAM Vergangenheit *f*; **~ antérieur** zweites Plusquamperfekt; **~ composé** Perfekt *n*; **~ simple** historisches Perfekt; Passé simple *n* **B** PRÉP (! unveränderlich) nach (Ablauf von) **C** ADJ ⟨~e⟩ **1** vergangen; **l'année ~e, l'an ~** das vergangene, vorige, letzte Jahr; *adv* vergangenes, voriges, letztes Jahr; im vergangenen, vorigen, letzten Jahr; **il est onze heures ~es** es ist elf (Uhr) durch **2** **participe ~** Partizip Perfekt *n* **3** *couleur* ver-

▶ Passé composé mit avoir, aber Perfekt mit sein

Verben, die die **zusammengesetzten Zeiten** (wie z. B. das **passé composé**) mit **avoir** bilden, im Deutschen aber mit **sein**:

courir	Il **a couru**.	Er **ist gelaufen**.
être	Elle **a été** en ville.	Sie **ist** in der Stadt **gewesen**.
fuir	Il **a fui** en Suisse.	Er **ist** in die Schweiz **geflüchtet**.
grandir	Elle **a** énormément **grandi**.	Sie **ist** enorm **gewachsen**.
grimper	Il **a grimpé** sur cet arbre.	Er **ist** auf diesen Baum **geklettert**.
grossir	Il **a grossi**.	Er **ist dicker geworden**.
maigrir	Elle **a maigri**.	Sie **ist dünner geworden**.
marcher	Nous **avons marché** trois heures.	Wir **sind** drei Stunden **marschiert**.
nager	Il **a nagé** quinze minutes.	Er **ist** 15 Minuten **geschwommen**.
pâlir	Elle **a pâli**.	Sie **ist blass geworden**.
plonger	Il **a plongé**.	Er **ist getaucht**.
rougir	Elle **a rougi**.	Sie **ist rot geworden**.
sauter	Il **a sauté** dans l'eau.	Er **ist** ins Wasser **gesprungen**.
suivre	Il **a suivi** le voleur.	Er **ist** dem Dieb **gefolgt**.
voyager	Il **a voyagé** en France.	Er **ist** nach Frankreich **gereist**.

FEHLERQUELLEN

blichen

passe-droit M ⟨passe-droits⟩ ungerechtfertigte Bevorzugung; Schiebung *f*

passéisme [paseism] M nostalgisches Festhalten am Vergangenen **passéiste** [-ist] ADJ nostalgisch; traditionalistisch

passementerie [pasmɑ̃tʀi] F Posamenten *npl*; Posamenterie *f*

passe-montagne M ⟨passe-montagnes⟩ Kopfschützer *m*

passe-partout M (! unveränderlich) 1 *clé* Hauptschlüssel *m* 2 *pour tableaux* Wechselrahmen *m*

passe-passe M (! unveränderlich) **tour** *m* **de ~** Taschenspielerkunststück *n*; *péj* Taschenspielertrick *m*

passe-plat M ⟨passe-plats⟩ Durchreiche *f*

passepoil [paspwal] M COUT Paspel *f ou autrich* Passepoil *m*; Biese *f*

passeport [paspɔʀ] M (Reise)Pass *m*; **délivrer un ~** e-n Pass ausstellen

passer [pɑse, pa-]

A verbe transitif B verbe intransitif
C verbe pronominal

— A verbe transitif —

1 *rivière* überqueren; *en bac* übersetzen über (+ *acc*); *frontière* überschreiten; passieren 2 *temps, vacances* verbringen; *vacances a.* verleben; **pour passer le temps** zum Zeitvertreib 3 *examen* machen; ablegen 4 *ligne* aus-, weglassen; überspringen; übergehen; *au jeu* **je passe** ich passe 5 *(permettre)* **passer qc à qn** j-m etw durchgehen lassen, nachsehen 6 *(donner)* **passer qc à qn** j-m etw (hinüber)reichen *(a. à table)*; TÉL **je vous passe Monsieur X** ich gebe Ihnen Herrn X; ich verbinde Sie mit Herrn X; **passer le ballon à qn** j-m den Ball zuspielen; den Ball an j-n abgeben; **passer une maladie à qn** j-n (mit e-r Krankheit) anstecken 7 *contrat, marché* abschließen 8 *vêtement* (rasch) überziehen, -streifen; schlüpfen in (+ *acc*) 9 *soupe, sauce* passieren; *café* filtern 10 *film, vidéo* vorführen; zeigen; *spectacle* aufführen; *disque* auflegen; laufen lassen; *cassette* (ab)spielen 11 AUTO **passer la seconde** in den zweiten (Gang) schalten, gehen; **passer les vitesses** schalten 12 **passer sa colère, ses nerfs sur qn** s-n Zorn, s-e Nervosität an j-m auslassen, abreagieren 13 *(traiter)* **passer qc à qc** etw mit etw behandeln 14 *(appliquer)* **passer qc sur qc** etw auf etw *(acc)* auftragen

— B verbe intransitif —

⟨avoir, *häufiger* être⟩ 1 *devant qn, qc* vorbei- *ou* vorübergehen, -kommen; *(à bord d'un) véhicule* vorbei- *ou* vorüberfahren; *oiseau, avion* vorbei- *ou* vorüberfliegen; *en traversant un lieu* durchgehen, -kommen, -reisen; *(à bord d'un) vehicule* durchfahren; *café* durchlaufen; ÉLEC *courant* fließen; *loi au Parlement* durchkommen; *idées* sich durchsetzen; **ne pas passer** *objet* nicht durchgehen; *repas* im Magen liegen; THÉ beim Publikum nicht ankommen; **le facteur vient de passer** der Briefträger ist gerade da gewesen; **passer prendre qn, qc** j-n, etw abholen (kommen); **où est passé mon crayon?** wo ist mein Bleistift hingekommen?; **y passer** *économies fam* draufgehen; *personne fam* dran glauben müssen; **passer à autre chose** zu etwas anderem übergehen; **passer à la visite médicale** ärztlich untersucht werden; **passer chez qn** bei j-m vorbeischauen, -kommen; **passer dans l'usage** in Gebrauch kommen; *fam* **le camion lui a** *ou* **est passé dessus** der Lastwagen hat ihn überfahren; **il m'est passé devant** er hat sich vor mich gedrängt; *conducteur* **passer en seconde** in den zweiten Gang schalten, gehen; *élève* **passer en cinquième** in die Quinta kommen, versetzt werden; **passer par** gehen, fahren, kommen durch; *école* absolvieren; durchlaufen; *route* führen, verlaufen über (+ *acc*); *fig* **il faut en passer par là** darum kommt man nicht herum; **passer sur qc** über etw *(acc)* gehen, fahren; *fig* etw übergehen; *abs* **passons!** weiter!; doch lassen wir das!; **faire passer** *objet* weiterreichen; herumgehen lassen; *mot d'ordre* durch-, weitergeben; **ne faire que passer** nur kurz, nur auf e-n Sprung vorbeikommen; **laisser passer** vorbei-, durchlassen; passieren lassen; *lumière* durchlassen; *faute* durchgehen lassen; *délai* vergehen, verstreichen lassen; **vouloir passer** vorbei-, durchwollen 2 *(être tolérable)* **passe pour cette fois** diesmal mag es noch hingehen 3 **passer capitaine**, *etc* zum Hauptmann *etc* befördert werden 4 ⟨avoir⟩ **passer pour** (+ *adj ou subst*) gelten als; gehalten werden für; **se faire passer pour** (+ *subst*) sich ausgeben als, für 5 *temps* vergehen; dahingehen; verstreichen; verrinnen; *douleur, chagrin* ver-, vorübergehen; *colère* vergehen; verrauchen; sich legen; *couleurs, étoffe* verblassen; verbleichen; verschießen; **faire passer qc à qn** j-m etw austreiben 6 *film* laufen; *spectacle* aufgeführt, gespielt werden; **passer à la télévision** *acteur* im Fernsehen auftreten, zu sehen sein; *émission* im Fernsehen kommen 7 ⟨avoir⟩ *en jouant aux cartes* passen; **je passe!** ich passe!

— C verbe pronominal —

se passer 1 *événement* sich ereignen; sich zutragen; vor sich gehen; passieren; geschehen; *scène, action* spielen (**à Paris** in Paris); **tout s'est bien passé** alles ist gut gegangen, gut (ab)gelaufen; **que se passe-t-il?** *ou* **qu'est-ce qui se passe?** was ist hier los?; was geht hier vor? 2 **se passer de qc** auf etw (*acc*) verzichten; ohne etw auskommen; **se passer de qn** ohne j-n auskommen; **ne plus pouvoir se passer de qc, qn** etw, j-n nicht mehr entbehren, missen können 3 **se passer la main sur le front** sich (*dat*) mit der Hand über die Stirn streichen, fahren

passereaux [pasʀo] MPL Sperlingsvögel *mpl*

passerelle [pasʀɛl] F 1 Steg *m*; Fußgängerbrücke *f*, -überführung *f* 2 AVIAT, MAR Gangway *f*; **~ télescopique** Fluggastbrücke *f* 3 MAR (Kommando)Brücke *f* 4 *fig* Bindeglied *n*; Brücke *f*

passe-temps M (❗ unveränderlich) Zeitvertreib *m*

passeur [pasœʀ] M 1 *batelier* Fährmann *m* 2 *clandestin* Fluchthelfer *m*; *péj* Schlepper *m*; **~ de drogue** Rauschgiftschmuggler *m*

passible [pasibl] ADJ **être ~ d'une amende** mit e-r Geldstrafe rechnen müssen

passif [pasif] A ADJ ⟨-ive [-iv]⟩ passiv B M 1 FIN Passiva *pl*; Verbindlichkeiten *fpl*; *d'un bilan* Passivseite *f* 2 GRAM Passiv *n*; Leideform *f*

passion [pasjõ] F 1 Leidenschaft *f* (*a. amour*); *pour qc a.* Passion *f*; **~ du jeu** Spielleidenschaft *f*; **il a la ~ des voyages**, *etc* er reist *etc* ausgesprochen gern; **avouer sa ~ à qn** j-m s-e Leidenschaft gestehen 2 **la Passion (du Christ)** die Passion; das Leiden (und Sterben) Christi 3 **fleur** *f*, **fruit** *m* **de la ~** Passionsblume *f*, -frucht *f*

passionnant [pasjɔnɑ̃] ADJ ⟨-ante [-ɑ̃t]⟩ spannend; fesselnd; packend

passionné [pasjɔne] ADJ ⟨~e⟩ leidenschaftlich; *chasseur, lecteur, etc a.* passioniert; begeistert; **elle est ~e**, *subst* **c'est une ~e de musique** sie ist e-e leidenschaftliche Musikliebhaberin

passionnel [pasjɔnɛl] ADJ ⟨~le⟩ **crime ~** im Affekt begangenes Verbrechen; **drame ~** Eifersuchtsdrama *n*

passionnément [pasjɔnemɑ̃] ADV leidenschaftlich; *aimer a.* glühend; heiß

passionner [pasjɔne] A V/T 1 begeistern; hinreißen; fesseln; packen 2 *débat* emotionalisieren B V/PR **se ~ pour qc** sich für etw begeistern

passivement [pasivmɑ̃] ADV passiv

passivité [pasivite] F Passivität *f*

passoire [paswaʀ] F Sieb *n*

pastel (❗ nur ein l) [pastɛl] M 1 *crayon* Pastellstift *m* 2 *œuvre* Pastell *n*; Pastellzeichnung *f*, -bild *n* 3 *adjt* (❗ unveränderlich) Pastell…

pastèque [pastɛk] F Wassermelone *f*

pasteur [pastœʀ] M 1 PROT Pfarrer *m*; Pastor *m*; **femme** *f* **~** Pastorin *f*; Pfarrerin *f* 2 *poét* Hirte *m*

pasteurisation [pastœʀizasjõ] F Pasteurisation *f*; Pasteurisierung *f*

pasteuriser [pastœʀize] V/T pasteurisieren; **lait pasteurisé** pasteurisierte Milch

pastiche [pastiʃ] M Nachahmung *f* **pasticher** [-e] V/T nachahmen **pasticheur** [-œʀ] M Nachahmer *m*

pastille [pastij] F 1 (Zucker)Plätzchen *n*; Pastille *f* (*a.* PHARM) 2 AUTO **~ verte** Umweltplakette *f*

pastis [pastis] M *Aperitif mit Anis*

pastoral [pastɔʀal] ADJ ⟨~e; -aux [-o]⟩ Schäfer…; Hirten…; pastoral

pastorale [pastɔʀal] F 1 LITTÉRATURE Schäfer-, Hirtendichtung *f*; THÉ Schäferspiel *n* 2 PEINT, MUS Pastorale *n ou f*

pat [pat] ADJ (❗ unveränderlich) ÉCHECS patt

patachon [pataʃõ] M *fam* **mener une vie de ~** ein Lotterleben führen

patapouf [patapuf] M *fam* **gros ~** *fam* Fettkloß *m*; *enfant fam* Dickerchen *n*

pataquès [patakɛs] M PHON falsche Bindung; **faire un ~** falsch binden

patate [patat] F 1 **~ douce** Süßkartoffel *f*; Batate *f* 2 *fam* (*pomme de terre*) Kartoffel *f* 3 *fam* (*imbécile*) *fam* Trottel *m* 4 *fam fig* **en avoir gros sur la ~** bedrückt, niedergeschlagen sein

patati [patati] INT *fam* **et ~ et patata!** *fam* und so quasseln sie in einem fort

patatras [patatʀa] INT bums!

pataud [pato] ADJ ⟨-aude [-od]⟩ tollpatschig; täppisch; unbeholfen

pataugeoire [patoʒwaʀ] F Plan(t)schbecken *n*

patauger [patoʒe] V/I ⟨-ge-⟩ 1 waten; *fam* (herum)patschen 2 *fam fig* sich verheddern

patchouli [patʃuli] M *parfum* Patschuli *n*

patchwork [patʃwœʀk] M Patchwork *n*

pâte [pɑt] F 1 CUIS Teig *m* 2 *pl* **pâtes (alimentaires)** Teigwaren *fpl* 3 **pâte à modeler** Knetmasse *f*; Plastilin® *n*; **pâte à papier** Papierbrei *m*; **pâte d'amandes** Marzipan *n*; **pâtes de fruits** Geleefrüchte *fpl* 4 *fig de qn* **une bonne pâte** e-e gute Haut

pâté [pɑte] M 1 CUIS Pastete *f*; **~ de foie gras** Gänseleberpastete *f*; **~ en croûte** Blätterteigpastete *f* 2 *d'encre* Tintenklecks *m* 3 **~ de maisons** Häuserblock *m* 4 **faire des ~s de sable** mit Sandförmchen spielen

pâtée [pɑte] F (breiiges, angemachtes) Futter

patelin [patlɛ̃] M *fam* Nest *n*; *fam* Kaff *n*

patent [patɑ̃] *litt* ADJ ⟨-ente [-ɑ̃t]⟩ offenkundig

le pâté — Pastete

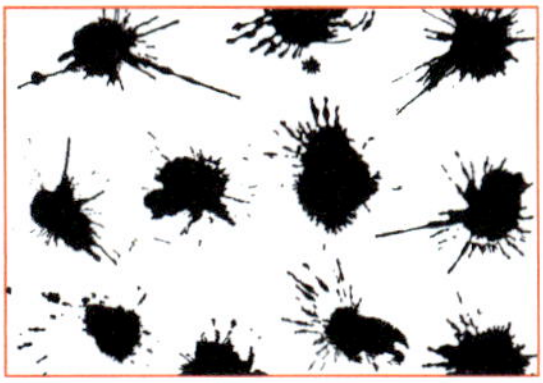

les pâtés (mpl) — Tintenkleckse

patenté [patɑ̃te] *fam* ADJ ⟨~e⟩ anerkannt

patère [patɛʀ] F Kleiderhaken *m*

paternalisme [patɛʀnalism] M patriarchalische Bevormundung **paternaliste** [-ist] ADJ patriarchalisch; paternalistisch; *politique* der Bevormundung

paternel [patɛʀnɛl] **A** ADJ ⟨~le⟩ väterlich (*a. fig*); Vater…; **du côté ~** väterlicherseits **B** M *fam* **mon ~** *fam* mein Alter Herr

paternité [patɛʀnite] F **1** Vaterschaft *f* **2** *fig* Urheberschaft *f*

pâteux [patø] ADJ ⟨-euse [-øz]⟩ **1** *substance* breiig; *fam* pappig **2** *bouche* trocken

pathétique [patetik] ADJ bewegend; ergreifend; zu Herzen gehend

pathogène [patɔʒɛn] ADJ krankheitserregend

pathologie [-lɔʒi] F Pathologie *f* **pathologique** ADJ krankhaft; pathologisch

pathos [patos] M Pathos *n*

patibulaire [patibylɛʀ] ADJ **mine** *f* **~** Verbrechergesicht *n*

patiemment [pasjamɑ̃] ADV → patient

patience [pasjɑ̃s] F Geduld *f*; *st/s* Langmut *f*; (*persévérance*) Ausdauer *f*; **jeu** *m* **de ~** Geduld(s)-spiel *n* (*a. fig*); **perdre ~** die Geduld verlieren; **prendre son mal en ~** sein Unglück mit Geduld ertragen

patient [pasjɑ̃] **A** ADJ ⟨-iente [-jɑ̃t]⟩ geduldig; **être ~ avec qn** mit j-m Geduld haben **B** **~(e)** M(F) MÉD Patient(in) *m(f)*

patienter [pasjɑ̃te] V/I sich gedulden; **faire ~ qn** j-n warten lassen

patin [patɛ̃] M **1** **~ (à glace)** Schlittschuh *m*; **faire du ~** Schlittschuh laufen, fahren; eislaufen; **~ à roulettes** Rollschuh *m*; **~ en ligne** Inlineskate *m* **2** **~ de frein** Bremsklotz *m* **3** *pour parquet* Filzpantoffel *m*, -fleck *m* **4** *pop baiser* (Zungen)Kuss *m*; **rouler un ~ à qn** j-m e-n Kuss auf den Mund drücken

patinage [patinaʒ] M Eislauf(en) *m(n)*; Schlittschuhlaufen *n*; **~ artistique** Eiskunstlauf *m*; **~ de vitesse** Eisschnelllauf *m*

patine [patin] F Patina *f*

patiner [patine] V/I **1** SPORTS eislaufen **2** *personne, véhicule* rutschen; *fam* schlittern **3** *roues* durchdrehen

patinette [patinɛt] F (Kinder)Roller *m*

patineur [patinœʀ] M, **patineuse** [-øz] F Schlittschuh-, Eisläufer(in) *m(f)*

patinoire [patinwaʀ] F Eisbahn *f*; *fig* **la route est une vraie ~** die Straße ist spiegelglatt

patio [pasjo, patjo] M Innenhof *m*

pâtir [patiʀ] V/I **~ de qc** unter etw (*dat*) leiden

pâtisserie [patisʀi, pa-] F **1** *coll* **~** *ou pl* **~s** feine Backwaren *fpl*; Feingebäck *n*; **aimer les ~s** gerne Kuchen essen **2** *magasin* Konditorei *f*

pâtissier [patisje, pa-], **pâtissière** [-jɛʀ] **A** M, F Konditor(in) *m(f)* **B** ADJ F **crème pâtissière** Vanillecreme *f* (*als Füllung für Backwaren*)

pâtissier-glacier M ⟨pâtissiers-glaciers⟩ Eiskonditor *m*

pâtisson [patisɔ̃, pa-] M BOT *courge* Bischofsmütze *f*

patois [patwa] M Mundart *f*; Dialekt *m*

patouiller [patuje] V/I *fam* manschen; *dans l'eau a. fam* patschen

patraque [patʀak] ADJ *fam* **être ~** sich nicht (recht) wohlfühlen; *fam* nicht auf dem Damm sein

pâtre [pɑtʀ] *litt* M Hirt(e) *m*

patriarcal [patʀijaʀkal] ADJ ⟨~e; -aux [-o]⟩ patriarchalisch **patriarcat** [-a] M Patriarchat *n*

patriarche [patʀijaʀʃ] M ehrwürdiges Familienoberhaupt; Patriarch *m* (*a.* BIBL, ÉGL)

patrie [patʀi] F **1** Vaterland *n*; Heimat *f* (*a. fig*) **2** (*ville natale*) Geburtsort *m*

patrimoine [patʀimwan] M **1** Erbe *n*; *fig* **~ culturel** Kulturerbe *n*; **~ mondial de l'humanité** Weltkulturerbe *n* **2** BIOL **~ génétique** Erbgut *n*; Erbmasse *f*

patrimonial [patʀimɔnjal] ADJ ⟨~e; -aux [-o]⟩ Erb…; Patrimonial…

patriote [patʀijɔt] **A** M/F Patriot(in) *m(f)* **B** ADJ patriotisch **patriotique** [-ik] ADJ patriotisch; vaterländisch **patriotisme** [-ism] M Patriotismus *m*; Vaterlandsliebe *f*

patron[1] [patʀɔ̃] M, **patronne** [patʀɔn] F **1** (*employeur*) Arbeitgeber(in) *m(f)*; (*chef d'entreprise*) Chef(in) *m(f)*; *fam* Boss *m*; *de café, etc* Wirt(in) *m(f)* **2** REL Schutzpatron(in) *m(f)*, -heilige(r) *m/f(m)*

P

patron[2] M COUT Schnittmuster *n*
patronage [patʀɔnaʒ] M 1 Schirmherrschaft *f*; Patronat *n*; Protektorat *n* 2 *pour jeunes* Jugendheim *n*
patronal [patʀɔnal] ADJ ⟨~e; -aux [-o]⟩ 1 Arbeitgeber... 2 CATH Patronats...
patronat [patʀɔna] M Arbeitgeber *mpl*
patronner [patʀɔne] V/T fördern
patronnesse [patʀɔnɛs] ADJ F **dame ~** Schirmherrin *f*
patronyme [patʀɔnim] M Familienname *m*
patronymique [-ik] ADJ ADMIN **nom ~** Familienname *m*
patrouille [patʀuj] F Streife *f*; MIL Patrouille *f* (*a. mission*); **~ de police** Polizeistreife *f*
patrouiller [patʀuje] V/I patrouillieren **patrouilleur** [-œʀ] M MAR Patrouillenboot *n*; AVIAT Jagdflugzeug *n* auf e-m Erkundungsflug
patte [pat] F 1 ZOOL Pfote *f*; *d'un fauve a.* Tatze *f*; Pranke *f*; *d'un oiseau, insecte, cheval* Bein *n*; Fuß *m*; *fig* **~s de mouche** Gekritzel *n*; *fig* **coup** *m* **de ~** kleiner Seitenhieb; *chien* **donner la ~** Pfötchen geben 2 *fam* (*jambe*) Bein *n*; Fuß *m*; *fam* Hachse *f*; **marcher à quatre ~s** auf allen vieren kriechen, laufen; *fig* **montrer ~ blanche** sich gebührend ausweisen 3 *fam* (*main*) *fam* Pfote *f*; *fig* **graisser la ~ à qn** *fam* j-n schmieren 4 *pl* **~s** (*favoris*) Koteletten *pl* 5 COUT Patte *f*; Klappe *f* 6 (*attache*) Halterung *f*
patte-d'oie [patdwa] F ⟨pattes-d'oie⟩ 1 *carrefour* Straßen-, Wegkreuzung *f* 2 *à l'œil* **pattes-d'oie** *pl* Krähenfüße *mpl*
pattemouille [patmuj] F feuchtes (Bügel)-Tuch
pâturage [patyʀaʒ] M (Vieh)Weide *f*
pâture [patyʀ] F Futter *n*; Nahrung *f*; *fig* **donner, jeter, livrer qc en ~ à qn** j-m etw zum Fraß vorwerfen
pâturer [patyʀe] V/I weiden
paume [pom] F 1 Handfläche *f*, -teller *m* 2 (**jeu** *m* **de**) **~** *altes frz Ballspiel*
paumé [pome] *fam* ADJ ⟨~e⟩ hilflos; *fam* aufgeschmissen; **les ~s** *mpl fam* die unter die Räder gekommen sind
paumer [pome] *fam* A V/T **~ qc** etw verlieren, *fam* versaubeuteln B V/PR **se ~** sich verlaufen; *en voiture* sich verfahren
paupérisation [popeʀizasjõ] F Verelendung *f*; Verarmung *f*
paupière [popjɛʀ] F (Augen)Lid *n*
paupiette [popjɛt] F **~ de veau** Kalbsroulade *f*
pause [poz] F Pause *f*; *fam* **~ café** Kaffeepause *f*
pauvre [povʀ] A ADJ 1 *personne, pays* arm; *demeure, vêtements* ärmlich; armselig; dürftig; *sol* karg; **~ en ...** arm an (+*dat*); ...arm; **~ d'esprit** geistig beschränkt 2 (*malheureux*) arm; bedauernswert B M Arme(r) *m*; **les nouveaux ~s** die durch die Wirtschaftskrise Verarmten *pl*
pauvrement [povʀəmã] ADV ärmlich
pauvresse [povʀɛs] *litt* F Arme *f*; arme Frau
pauvreté [povʀəte] F Armut *f*; *d'une demeure* Ärmlichkeit *f*; Armseligkeit *f*; *du sol* Kargheit *f*
pauvrette [povʀɛt] **la ~** die Ärmste; das arme Ding
pavage [pavaʒ] M Pflasterung *f*
pavaner [pavane] V/PR **se ~** einherstolzieren; sich in Szene setzen
pavé [pave] M 1 *bloc de pierre* Pflasterstein *m*; *fig* **c'est le ~ dans la mare** die Sache schlägt Wellen 2 *revêtement* (Straßen)Pflaster *n*; *fig* **être sur le ~** *fam* auf der Straße sitzen 3 *péj livre fam* (dicker) Schinken; *fam* Wälzer *m* 4 *fam* PRESSE eingerahmter (Werbe)Text 5 *de viande* dickes Filetstück
pavement [pavmã] M Pflaster *n*; Pflasterung *f*
paver [pave] V/T pflastern; **pavé** *rue, cour* gepflastert
pavillon [pavijõ] M 1 (*maison individuelle*) Einfamilienhaus *n* (**de banlieue** in e-m Vorort) 2 *d'une exposition, etc* Pavillon *m*; **~ de chasse** Jagdhütte *f*, -schlösschen *n* 3 MAR Flagge *f*; **~ de complaisance** Billigflagge *f*; *fig* **baisser ~ (devant qn)** klein beigeben; **battre ~ français** unter französischer Flagge fahren 4 MUS Schalltrichter *m* 5 **~ (de l'oreille)** Ohrmuschel *f*
pavillonnaire [pavijɔnɛʀ] ADJ *banlieue* aus (einfachen, gleichförmigen) Einfamilienhäusern bestehend
pavoiser [pavwaze] V/T beflaggen; *abs* flaggen; *fam fig* **(il n')y a pas de quoi ~** das ist kein Grund zur Freude, stolz zu sein
pavot [pavo] M Mohn *m*
payable [pɛjabl] ADJ zahlbar; fällig
payant [pɛjã] ADJ 1 *personne* zahlend 2 *parking* gebührenpflichtig; **billet ~** Eintrittskarte, (für) die bezahlt werden muss; **parking ~** gebührenpflichtiger Parkplatz 3 *fig* (*rentable*) lohnend; **être ~** sich lohnen
paye [pɛj] → paie
payé [peje] ADJ ⟨~e⟩ bezahlt; *personne, travail* **bien, mal ~** gut, schlecht bezahlt
payement [pɛjmã] M (Be)Zahlung *f*
payer [peje] ⟨-ay- *od* -ai-⟩ A V/T 1 *personne, travail, facture, dettes* bezahlen; *somme, loyer, impôt, etc* (be)zahlen; *salaire* (aus)zahlen; **payer qc dix euros** für etw zehn Euro (be)zahlen; **combien l'avez-vous payé?** wie viel haben Sie dafür be-, gezahlt?; *fig* **je suis payé pour le savoir** ich habe es am eigenen Leib erfahren 2 *fam* (*offrir*) **payer qc à qn** *fam* j-m etw spendieren 3 *fig* (*expier*)

payer qc (für) etw büßen, bezahlen müssen; **il me le paiera!** das soll er mir büßen! B V/I 1 (be)zahlen (**pour** für) 2 *(rapporter)* sich lohnen; sich bezahlt machen; sich auszahlen 3 **payer d'audace** etwas riskieren; **ne pas payer de mine** nach nichts aussehen; **payer de sa personne** sich mit s-r ganzen Person einsetzen C V/PR *fam (s'offrir)* **(pouvoir) se payer qc** sich *(dat)* etw leisten (können)

payeur [pɛjœʀ] M, **payeuse** [-øz] F Zahler(in) *m(f)*; **mauvais payeur** säumiger Zahler

pays [pei] M 1 GÉOG, POL Land *n*; **~ en voie de développement** Entwicklungsland *n* 2 *(région)* Land *n*; Gegend *f*; **les gens** *mpl* **du ~** die Einheimischen *mpl*; **vin** *m* **de ~** Landwein *m*; *fig* **être en ~ de connaissance, en ~ connu** *en parlant de personnes* bekannte, vertraute Gesichter um sich haben, sehen; *dans une matière* darin zu Hause, bewandert sein; sich auskennen; **voir du ~** viel von der Welt sehen 3 *(patrie)* Heimat *f*; **avoir le mal du ~** Heimweh haben 4 *(localité)* kleiner Ort

paysage [peizaʒ] M Landschaft *f (a.* PEINT, *fig)*; **~ médiatique** Medienlandschaft *f*

paysager [peizaʒe] ADJ ⟨-ère [-ɛʀ]⟩ Landschafts…

paysagiste [peizaʒist] M 1 PEINT Landschaftsmaler *m* 2 (**architecte** *m*) **~** Garten-, Landschaftsarchitekt *m*

paysan [peizɑ̃], **paysanne** [peizan] A M,F Bauer, Bäuerin *m,f* B ADJ bäuerlich; der Bauern; *péj* bäurisch

paysannat [peizana] M *ou* **paysannerie** [-ʀi] F Bauern *mpl*; Bauernschaft *f*

Pays-Bas [peiba] **les ~** MPL die Niederlande *npl*

Pays-de-la-Loire *ou* **Pays de la Loire** [peidlalwaʀ] **les Pays-de-la-Loire** *ou* **les Pays de la Loire** MPL *frz Region*

PC [pese] M (! unveränderlich) ABR 1 *(personal computer)* PC *m* 2 *(Parti communiste)* KP *f* 3 *(poste de commandement)* Befehlsstelle *f*

p.c.c. ABR (pour copie conforme) für die Richtigkeit der Abschrift

P.C.V. [peseve] M (! unveränderlich) ABR (paiement contre vérification) TÉL R-Gespräch *n*

P.D.G. [pedeʒe] M (! unveränderlich) ABR (président-directeur général) Generaldirektor *m*

péage [peaʒ] M 1 (Straßen)Benutzungsgebühr *f*; Autobahngebühr *f*; *a. autrich* Maut *f*; **à ~** gebührenpflichtig; *par ext* **chaîne** *f* **à ~** Pay-TV *n* 2 *poste* Zahlstelle *f*; *a. autrich* Mautstelle *f*

Le péage

Wenn man auf französischen Autobahnen fährt, muss man eine Benutzungsgebühr zahlen: **le péage**. Wie hoch die Gebühr ist, hängt von der Strecke ab, die man auf der Autobahn zurückgelegt hat. Zu entrichten ist die Gebühr an den jeweiligen Zahlstellen, die ebenfalls **le péage** heißen.

Ein Vorteil dieses Systems ist, dass auf den französischen Autobahnen weniger Verkehr herrscht als beispielsweise auf den deutschen. Wer kein Geld für die Autobahngebühr ausgeben möchte, kann die **routes nationales** benutzen, die in etwa den deutschen Bundesstraßen entsprechen.

LANDESKUNDE

péagiste [peaʒist] M/F Kassierer(in) *m(f)* in e-r Mautstelle

peau [po] F ⟨~x⟩ 1 *de l'homme* Haut *f*; **n'avoir que la ~ et les os** nur noch Haut und Knochen sein; *fig* **être bien, mal dans sa ~** sich in s-r Haut wohlfühlen, nicht wohlfühlen; *fig* **faire ~ neuve** sich verändern, (ver)wandeln; *fam* **y laisser sa ~** sein Leben lassen; **se mettre dans la ~ de qn** sich in die Lage j-s versetzen 2 *d'un animal (fourrure)* Fell *n*; *(cuir souple)* Leder *n*; **de, en ~** Leder…; *prov* **il ne faut pas vendre la ~ de l'ours avant de l'avoir tué** man soll sich nicht zu früh freuen 3 *de fruits* Schale *f*; *de pêche, etc* Haut *f*; *de saucisson* Pelle *f*; Haut *f*; **~ de banane** Bananenschale *f*; *fig* Schlinge *f*; Falle *f* 4 **~ du lait** Milchhaut *f*

peaufiner [pofine] V/T den letzten Schliff ge-

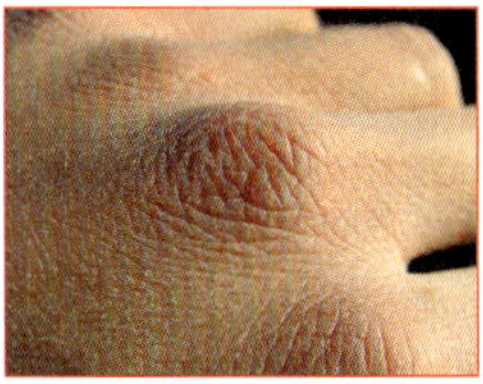
la peau — Haut

la peau — Fell

la peau — Schale

P

ben (+ *dat*); ausfeilen

Peau-Rouge M/F ⟨Peaux-Rouges⟩ Rothaut *f*

pécari [pekaʀi] M 1 ZOOL Pekari *n*; Nabelschwein *n* 2 *cuir* Pekarileder *n*

peccadille [pekadij] F kleiner, geringfügiger Fehler; kleines Versehen

pêche¹ [pɛʃ] F 1 *fruit* Pfirsich *m* 2 *fam* **avoir la ~** in Form sein

pêche² F 1 Fischerei *f*; Fischfang *m*; Fischen *n*; **~ (à la ligne)** Angeln *n*; **~ sous-marine** Unterwasserjagd *f*; **~ à la baleine** Walfang *m*; **aller à la ~** angeln, fischen gehen 2 (*poissons pêchés*) Fang *m*

péché [peʃe] M 1 Sünde *f*; **~ de jeunesse** Jugendsünde *f*; **commettre, faire un ~** e-e Sünde begehen 2 *fig* **~ mignon** (kleine) Schwäche

pécher [peʃe] V/I ⟨-è-⟩ 1 REL sündigen 2 *fig* **~ contre qc** gegen etw verstoßen; *projet, etc* **~ par** kranken an (+ *dat*)

pêcher¹ [pɛʃe] M Pfirsichbaum *m*

pêcher² V/T 1 *poissons* fangen (*a. crabes*); fischen (*a. perles*); **~ (à la ligne)** angeln 2 *fam* (*trouver*) *fam* aufgabeln

pécheresse [peʃʀɛs] F Sünderin *f*

pêcherie [pɛʃʀi] F (Fisch)Fanggebiet *n*; **~s** *pl* Fisch-, Fanggründe *mpl*

pécheur [peʃœʀ] M Sünder *m*

pêcheur [pɛʃœʀ] M, **pêcheuse** [-øz] F Fischer(in) *m(f)*; **pêcheur, pêcheuse à la ligne** Angler(in) *m(f)*; *adjt* **marin** *m* **~** → marin-pêcheur

pécore [pekɔʀ] F → pimbêche

pectoral [pɛktɔʀal] ADJ ⟨~e; -aux [-o]⟩ 1 ANAT Brust…; **pectoraux** *mpl* Brustmuskeln *mpl* 2 **sirop ~** Hustensaft *m*, -sirup *m*

pécule [pekyl] M Sparsumme *f*; Rücklage *f*

pécuniaire [pekynjɛʀ] ADJ Geld…; finanziell

pédagogie [pedagɔʒi] F Pädagogik *f*; Erziehungswissenschaft *f* **pédagogique** [-ik] ADJ pädagogisch; Erziehungs…; erzieherisch

pédagogue [pedagɔg] M/F Pädagoge *m*, Pädagogin *f*; *adjt* **être ~** ein guter Pädagoge, e-e gute Pädagogin sein

pédale [pedal] F Pedal *n*; TECH *a.* Fußhebel *m*; **~ de frein** Bremspedal *n*; *fam fig* **perdre les ~s** (*s'affoler*) kopflos werden; (*perdre le fil*) *fam* sich verheddern

pédaler [pedale] V/I in die Pedale treten; *fam* radeln; *fam fig* **~ dans la choucroute** *fam* sich vergeblich abstrampeln

pédalier [pedalje] M Tretkurbel *f*

pédalo® [pedalo] M Tretboot *n*; **faire du ~** mit dem Tretboot fahren

pédant [pedɑ̃] *péj* A ADJ ⟨-ante [-ɑ̃t]⟩ schulmeisterlich B M Schulmeister *m*

pédanterie [pedɑ̃tʀi] F *litt* schulmeisterliche Art **pédantesque** [-ɛsk] *litt* ADJ schulmeisterlich **pédantisme** [-ism] M schulmeisterliche Art

pédé [pede] M ABR *fam* (pédéraste) *fam* Homo *m*

pédéraste [pedeʀast] M Päderast *m*; *par ext* Homosexuelle(r) *m* **pédérastie** [-i] F Päderastie *f*; *par ext* Homosexualität *f*

pédestre [pedɛstʀ] ADJ Fuß…; **randonnée** *f* **~** Fußwanderung *f*

pédiatre [pedjatʀ] M/F Kinderarzt *m*, -ärztin *f* **pédiatrie** [-i] F Kinderheilkunde *f*

pédicule [pedikyl] M 1 ANAT Stiel *m* 2 BOT Stiel *m* (*a. d'un champignon*); Stängel *m*

pédicure [pedikyʀ] M/F Fußpfleger(in) *m(f)*

pedigree [pedigʀe] M Stammbaum *m*

pédoncule [pedɔ̃kyl] M BIOL Stiel *m*

pédophile [pedɔfil] ADJ pädophil **pédophilie** [-i] F Pädophilie *f*

pédo-psychiatre [pedopsikjatʀ] M/F Kinder- und Jugendpsychiater(in) *m(f)* **pédo-psychiatrie** [-i] F Kinder- und Jugendpsychiatrie *f*

pedzouille [pɛdzuj] M/F → péquenaud

peeling [piliŋ] M Schälkur *f*; Peeling *n*

pègre [pɛgʀ] F Unterwelt *f*

peignage [pɛɲaʒ] M TEXT *de la laine* Kämmen *n*; *du lin* Hecheln *n*

peigne¹ [pɛɲ] M Kamm *m*; **se donner un coup de ~** sich rasch (über)kämmen; *fig* **passer au ~ fin** sorgfältig prüfen; *région* durchkämmen

peigne² → peindre

peigné [peɲe] M Kammgarn(stoff) *n(m)*

peigne-cul *pop* M ⟨peigne-culs⟩ *péj* übler Bursche; *fam* Fiesling *m*

peigner [peɲe] A V/T 1 kämmen 2 TEXT **laine peignée** Kammgarn *n* B V/PR **se ~** sich kämmen

peignoir [pɛɲwaʀ] M 1 *de bain* Bademantel *m* 2 (*robe de chambre*) Morgenrock *m*, -mantel *m*

peinard [pɛnaʀ] *fam* ADJ ⟨-arde [-aʀd]⟩ *personne* ruhig; locker; *travail* bequem; gemütlich

peindre [pɛ̃dʀ] ⟨je peins, il peint, nous peignons; je peignais; je peignis; je peindrai; que je peigne; peignant; peint⟩ V/T 1 *mur, clôture, etc* (an)streichen; *fam* anmalen; *pièce* streichen; *voiture* lackieren; (*décorer*) bemalen; **~ qc sur qc** etw auf etw (*acc*) malen 2 PEINT malen 3 *fig* (*décrire*) schildern; beschreiben

peine [pɛn] F 1 (*chagrin*) Kummer *m*; (seelischer) Schmerz; Leid *n*; Sorge(n) *f(pl)*; **faire de la peine à qn** j-m Kummer machen, bereiten; j-m wehtun 2 (*effort*) Mühe *f*; Anstrengung *f*; **sans peine** mühelos; **avoir de la peine à faire qc** Mühe haben, etw zu tun; etw nur mit Mühe tun können; **se donner la peine de faire qc** sich (*dat*) die Mühe machen, etw zu tun; **ce**

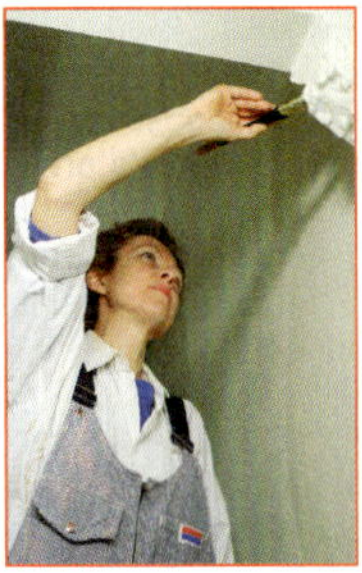

le peintre — Malerin

le peintre — Maler

n'est pas la peine das ist nicht nötig; **c'est peine perdue** das ist verlorene, vergebliche Liebesmühe; **valoir la peine** der Mühe wert sein; sich lohnen (**de faire qc** etw zu tun); **valoir la peine d'être vu** sehenswert sein **3** (*punition*) Strafe *f*; **peine de mort** Todesstrafe *f*; *défendu* **sous peine d'amende** bei (Geld)Strafe; *par ext* **sous peine de** (+ *inf*) sonst; andernfalls **4** *adv* **à peine** kaum; **à peine étiez-vous parti qu'il arrivait** Sie waren kaum weg, da kam er

peiner [pene] **A** VT betrüben; bekümmern **B** VI Mühe haben (*a. moteur*); es schwer haben

peins [pɛ̃] → peindre

peint [pɛ̃] PP → peindre *et* ADJ ⟨peinte [pɛ̃t]⟩ **papier ~** Tapete *f*

peintre [pɛ̃tʀ] M **1** **~ (en bâtiment)** Anstreicher(in) *m(f)*; Maler(in) *m(f)* **2** *artiste* (Kunst)Maler(in) *m(f)*

peinture [pɛ̃tyʀ] F **1** *matière* Farbe *f*; **~ à l'eau** Wasserfarbe *f* **2** *couche* Anstrich *m*; Farbe *f*; *d'une voiture* Lack *m* **3** *opération* (An)Streichen *n*; Lackieren *n*; PEINT Malen *n* **4** *œuvre d'art* Gemälde *n*; Bild *n*; Malerei *f*; *fig* **ne pas pouvoir voir qn en ~** j-n nicht ausstehen, *fam* riechen können **5** *art* Malerei *f*; Malkunst *f*; **faire de la ~** malen **6** *fig* (*description*) Schilderung *f*

peinturlurer [pɛ̃tyʀlyʀe] *fam* **A** VT grell an-, bemalen **B** VPR **se ~ (le visage)** *fam* sich (übertrieben) anmalen

péjoratif [peʒɔʀatif] ADJ ⟨-ive [-iv]⟩ pejorativ; abwertend; abschätzig

péjorativement [peʒɔʀativmɑ̃] ADV pejorativ; im pejorativen Sinn; abwertend

pékin [pekɛ̃] *argot* M Zivilist *m*

Pékin [pekɛ̃] Peking *n*

pékinois [pekinwa] **A** ADJ ⟨-oise [-waz]⟩ von, aus Peking **B** **1** **Pékinois(e)** *m(f)* Einwohner(in) *m(f)* von Peking **2** *m* ZOOL Pekinese *m*

pelade [pəlad] F Haarschwund *m*, -ausfall *m*

pelage [pəlaʒ] M Fell *n*; Haarkleid *n*

pelé [pəle] ADJ ⟨~e⟩ kahl; mit vielen kahlen Stellen

pêle-mêle [pɛlmɛl] ADV bunt durcheinander

peler [pəle] ⟨-è-⟩ **A** VT *fruit* schälen; *pomme de terre a.* (ab)pellen **B** VI *peau, nez* sich schälen; **je pèle** meine Haut schält sich

pèlerin [pɛlʀɛ̃] M Pilger(in) *m(f)*

pèlerinage [pɛlʀinaʒ] M Pilgerfahrt *f*; Wallfahrt *f*; **aller en ~, faire un ~** e-e Wallfahrt machen; pilgern (**à** nach)

pèlerine [pɛlʀin] F Umhang *m*

pélican [pelikɑ̃] M Pelikan *m*

pelisse [pəlis] F pelzgefütterter Mantel

pelle [pɛl] F **1** Schaufel *f*; Schippe *f*; **~ (à ordures)** Kehr(icht)schaufel *f*; **~ à tarte** Tortenheber *m*, -schaufel *f*; *fig* **à la ~** haufenweise; *fam fig* **rouler une ~ à qn** j-m e-n Zungenkuss geben **2** **~ mécanique** Bagger *m*

pelletée [pɛlte] F Schaufelvoll *f*

pelleter [pɛlte] VT ⟨-tt-⟩ schaufeln

pelleterie [pɛltʀi] F **1** *préparation* Rauchwarenzurichtung *f* **2** *commerce* Pelz-, Rauchwarenhandel *m* **3** *peau* Pelz-, Rauchware *f*

pelleteuse [pɛltøz] F Bagger *m*

pelletier [pɛltje] M **1** *commerçant* Pelz-, Rauchwarenhändler *m* **2** *ouvrier* Rauchwarenzurichter *m*

pelliculaire [pelikylɛʀ] ADJ *t/t* häutchenartig

pellicule [pelikyl] F **1** *dans les cheveux* **~s** *pl* (Kopf)Schuppen *fpl* **2** PHOT, (*couche mince*) Film *m*

Péloponnèse [pelɔpɔnɛz] **le ~** der Peloponnes

pelotage [p(ə)lɔtaʒ] M *fam* Begrapschen *n*; *fam* Befummeln *n*; *fam* Betatschen *n*

pelote [p(ə)lɔt] F **1** Knäuel *m ou n*; **~ de laine** Wollknäuel *m ou n*; *fam fig* **avoir les nerfs en ~** *fam* stark genervt sein **2** **~ (d'épingles)** Nadelkissen *n* **3** **~ basque** Pelota *f*

peloter [p(ə)lɔte] VT *fam* begrapschen; *fam* befummeln; *fam* betatschen **peloteur** [-œʀ] M,

P

la peinture — Farbe

la peinture — Gemälde

peloteuse [-øz] F *fam* Grapscher(in) *m(f)*; *fam* Fummler(in) *m(f)*

peloton [p(ə)lɔtõ] M 1 SPORTS (Haupt)Feld *n*; **~ de tête** Spitzengruppe *f*; *fig* **être dans le ~ de tête** zu den Besten zählen 2 **~ d'exécution** Erschießungs-, Exekutionskommando *n*

pelotonner [p(ə)lɔtɔne] V/PR **se ~** sich (zu e-r Kugel) zusammenrollen; **se ~ contre qn** sich an j-n kuscheln

pelouse [p(ə)luz] F Rasen(fläche) *m(f)*

peluche [p(ə)lyʃ] F 1 TEXT Plüsch *m* 2 (*animal en peluche*) Stofftier *n*; **ours** *m* **en ~** Teddy(bär) *m* 3 (*petit poil*) Fussel *f*

peluché [p(ə)lyʃe] ADJ ⟨~e⟩ plüschartig **pelucher** [-e] V/I *étoffe* fusseln **pelucheux** [-ø] ADJ ⟨-euse [-øz]⟩ fusselig

pelure [p(ə)lyʀ] F (abgeschälte) Schale

pénal [penal] ADJ ⟨~e; -aux [-o]⟩ Straf...; strafrechtlich; **Code ~** Strafgesetzbuch *n*

pénalement [penalmɑ̃] ADV strafrechtlich

pénalisant [penalizɑ̃] ADJ ⟨-ante [-ɑ̃t]⟩ nachteilig; ungünstig **pénalisation** [-izasjõ] F SPORTS Strafe *f* **pénaliser** [-ize] V/T bestrafen (*a. fig*); JUR *a.* mit e-m Bußgeld belegen **pénalité** [-ite] F Strafe *f* (*a.* SPORTS); Bußgeld *n*; Geldbuße *f*

penalty [penalti] M ⟨penalties *od* ~s⟩ Elfmeter *m*; Strafstoß *m*

pénard [penaʀ] ADJ → peinard

pénates [penat] MPL *plais* **regagner ses ~** an den häuslichen Herd zurückkehren

penaud [pəno] ADJ ⟨-aude [-od]⟩ beschämt; verlegen; betreten

penchant [pɑ̃ʃɑ̃] M Hang *m*, Neigung *f* (**à** *ou* **pour qc** zu etw); **~ pour qn** Zuneigung *f* zu j-m

penché [pɑ̃ʃe] ADJ ⟨~e⟩ geneigt; schräg (*a. écriture*); schief

pencher [pɑ̃ʃe] A V/T neigen B V/I 1 *arbre, mur, etc* sich neigen; schief sein, stehen, hängen 2 *personne* **pencher pour qc** zu etw (hin)neigen, tendieren C V/PR 1 **se pencher** sich nieder-, herabbeugen (**sur** über [+ acc]; **vers** zu); **se pencher par la fenêtre** sich zum Fenster hinauslehnen, -beugen 2 *fig* **se pencher sur qc** sich mit etw beschäftigen, befassen

pendable [pɑ̃dabl] ADJ **tour** *m* **~** schlimmer, übler, böser Streich

pendaison [pɑ̃dɛzõ] F 1 *supplice* Erhängen *n*; Tod *m* durch den Strang 2 **~ de crémaillère** *fam* Einzugsfete *f*

pendant¹ [pɑ̃dɑ̃] M Gegenstück *n*, Pendant *n*, Entsprechung *f* (**de** zu)

pendant² A PRÉP während (+ *gén*); **pendant trois heures** drei Stunden (lang) B CONJ **pendant que** während; **pendant que tu y es** wenn du schon dabei bist

pendant³ A ADJ ⟨-ante [-ɑ̃t]⟩ 1 (herab)hängend; **oreilles ~es** Hänge-, *fam* Schlappohren *npl* 2 *procès* anhängig; *par ext affaire* in der Schwebe (befindlich) B MPL **~s d'oreilles** Ohrgehänge *n*

pendeloque [pɑ̃dlɔk] F Gehänge *n*

pendentif [pɑ̃dɑ̃tif] M (Schmuck)Anhänger *m*

penderie [pɑ̃dʀi] F Kleiderschrank *m*

pendouiller [pɑ̃duje] V/I *fam* baumeln

pendre [pɑ̃dʀ] ⟨→ rendre⟩ A V/T 1 *objet* hängen (**à** an + *acc*) 2 *condamné* (auf-, er)hängen; henken B V/I 1 hängen (**à** an + *dat*); **~ jusqu'à terre** bis zur Erde herabhängen 2 *robe* **~ d'un côté** auf e-r Seite zu lang sein, *fam* zipfeln C V/PR 1 **se ~ à qc** sich an etw (*acc*) hängen 2 *suicidé* **se ~** sich er-, aufhängen

pendu [pɑ̃dy] A ADJ ⟨~e⟩ **être ~** hängen (**à** an + *dat*; *a. fig*); *fam* **être toujours ~ au téléphone** *fam* dauernd an der Strippe hängen B **~(e)** M(F) Erhängte(r) *m/f(m)* (*a. par suicide*); Gehenkte(r) *m/f(m)*

pendulaire [pɑ̃dylɛʀ] ADJ Pendel...

pendule¹ [pɑ̃dyl] M Pendel *n*

pendule² F Pendel-, Wand-, Tischuhr *f*; *fig* **remettre les ~s à l'heure** Klarheit schaffen; keine Missverständnisse aufkommen lassen

le pendule — Pendel

la pendule — Wanduhr

pendulette [pɑ̃dylɛt] F kleine Pendeluhr

pêne [pɛn] M Riegel *m*; Falle *f*

pénétrable [penetʀabl] ADJ **difficilement ~** *forêt* fast undurchdringlich; *fig: intentions de qn* schwer zu durchschauen(d); *mystère* schwer zu ergründen(d), erforschen(d)

pénétrant [penetʀɑ̃] ADJ ⟨-ante [-ɑ̃t]⟩ *odeur* penetrant; *regard, froid* durchdringend; scharf; *pluie* durch alle Kleider dringend **pénétration** [-asjõ] F 1 Eindringen *n* (*a. fig d'idées*) 2 (*sagacité*) Scharfsinn *m*

pénétré [penetʀe] ADJ ⟨~e⟩ erfüllt, durchdrungen (**de** von); **~ de son importance** von s-r

Wichtigkeit durchdrungen
pénétrer [penetʀe] ⟨-è-⟩ A V/T 1 *liquide* **~ qc** in etw (*acc*) eindringen; durch etw dringen 2 *fig intentions de qn* durchschauen; *mystère* ergründen 3 *fig* (*remplir*) erfüllen (**de** mit) B V/I eindringen (**dans** in + *acc*)
pénibilité [penibilite] F *d'un travail* Mühseligkeit *f*; Beschwerlichkeit *f*
pénible [penibl] ADJ 1 *travail, existence, voyage* mühselig; mühevoll; mühsam; beschwerlich 2 *situation, événement, nouvelle* traurig; schmerzlich; betrüblich; **il m'est ~ de devoir vous annoncer que ...** es ist nicht leicht für mich, Ihnen mitteilen zu müssen, dass ... 3 *fam personne* schwierig; lästig
péniblement [penibləmɑ̃] ADV 1 (*difficilement*) mühsam; mit Mühe (und Not) 2 (*cruellement*) schmerzlich
péniche [peniʃ] F Last-, Frachtkahn *m*
pénicilline [penisilin] F Penizillin *n*
péninsulaire [penɛ̃sylɛʀ] ADJ Halbinsel...
péninsule [penɛ̃syl] F Halbinsel *f*
pénis [penis] M Penis *m*; männliches Glied
pénitence [penitɑ̃s] F 1 (*châtiment*) Strafe *f* 2 REL Buße *f*
pénitencier [penitɑ̃sje] M Strafanstalt *f*
pénitent [penitɑ̃] M, **pénitente** [-ɑ̃t] F REL 1 Beichtkind *n* 2 HIST Büßer(in) *m(f)*
pénitentiaire [penitɑ̃sjɛʀ] ADJ **établissement** *m* **~** Straf(vollzugs)anstalt *f*
penne [pɛn] F *de l'aile* Schwungfeder *f*; *de la queue* Schwanzfeder *f*
Pennsylvanie [pɛnsilvani] **la ~** Pennsylvanien *n*
pennsylvanien [pɛnsilvanjɛ̃] A ADJ ⟨-ienne [-jɛn]⟩ pennsylvanisch B SUBST **Pennsylvanien(ne)** M(F) Pennsylvanier(in) *m(f)*
pénombre [penɔ̃bʀ] F Halbdunkel *n*
pensable [pɑ̃sabl] ADJ **ne pas être ~** undenkbar sein
pensant [pɑ̃sɑ̃] ADJ ⟨-ante [-ɑ̃t]⟩ 1 denkend 2 **bien ~** konformistisch
pense-bête [pɑ̃sbɛt] M ⟨pense-bêtes⟩ Merkzeichen *n*
pensée[1] [pɑ̃se] F 1 (*fait de penser*) Denken *n*; (*faculté de penser*) Denkvermögen *n* 2 (*idée*) Gedanke *m*; **à la ~ de** beim Gedanken an (+ *acc*); **par la ~, en ~** im Geiste; in Gedanken 3 (*façon de penser*) Denkweise *f*; Denken *n*; (*opinion*) Ansicht *f*; Meinung *f*; *d'un écrivain* Gedankenwelt *f*
pensée[2] F BOT Stiefmütterchen *n*
penser [pɑ̃se] A V/T 1 (*croire*) denken, glauben, meinen (**que** dass); **je pense que oui** ich glaube schon; **qu'est-ce qui vous fait ~ cela?** wie kommen Sie darauf?; **qu'en pensez-vous?** was halten Sie davon; wie denken Sie darüber?; **il n'en pense pas moins** er denkt sich (*dat*) sein Teil 2 (*avoir l'intention de*) **~** (+ *inf*) gedenken, beabsichtigen zu (+ *inf*) 3 *problème, aménagement, etc* durchdenken B V/T INDIR *et* V/I denken (**à** an + *acc*); **à quoi penses-tu?** woran denkst du?; **n'y pensons plus!** denken wir nicht mehr daran!; **mais j'y pense ...** ach, da fällt mir gerade ein ...; **sans ~ à mal** ohne sich (*dat*) Schlimmes dabei zu denken; **sans y ~** ganz in Gedanken; **~ à faire qc** daran denken, etw zu tun; **faire ~ à qc** an etw (*acc*) erinnern; **donner à ~** zu denken geben; einen nachdenklich machen; *fam* **penses-tu!** ach wo(her)!; wo denkst du hin!
penseur [pɑ̃sœʀ] M Denker *m*
pensif [pɑ̃sif] ADJ ⟨-ive [-iv]⟩ nachdenklich
pension [pɑ̃sjõ] F 1 (*internat*) Internat *n*; Schülerheim *n* 2 **~ de famille** (Familien)Pension *f* 3 **~ complète** Vollpension *f* 4 *allocation* Rente *f*; **~ alimentaire** Unterhaltsrente *f*; *pour enfant naturel* Alimente *pl*
pensionnaire [pɑ̃sjɔnɛʀ] M/F 1 *élève* Internatsschüler(in) *m(f)* 2 *d'un hôtel* Pensionsgast *m*; *d'une maison de retraite, etc* Insasse *m*, Insassin *f*
pensionnat [pɑ̃sjɔna] M Pensionat *n*
pensionné [pɑ̃sjɔne] ADJ *et* SUBST ⟨~e⟩ → **retraité**
pensionner [pɑ̃sjɔne] V/T *rarement* **~ qn** j-m e-e Pension, Rente geben
pensum [pɛ̃sɔm] M lästige Arbeit
pentagonal [pɛ̃tagɔnal] ADJ ⟨~e; -aux [-o]⟩ fünfeckig
pentagone [pɛ̃tagon, -gɔn] M Fünfeck *n*
pentathlon [pɛ̃tatlõ] M Fünfkampf *m*
pente [pɑ̃t] F 1 *d'un terrain, d'une route* Gefälle *n*; Neigung *f*; **en ~** abfallend 2 *d'une colline* (Ab)Hang *m*; *fig* **être sur une mauvaise ~** auf die schiefe Ebene, Bahn geraten sein; *fig* **remonter la ~** wieder auf die Beine kommen
Pentecôte [pɑ̃tkot] **la ~** Pfingsten *n ou pl*; **à la ~** (an, zu) Pfingsten
pénultième [penyltjɛm] F LING vorletzte Silbe
pénurie [penyʀi] F (großer) Mangel (**de** an + *dat*); Knappheit *f*
pep [pɛp] M *fam* **avoir du ~** Schwung, Pep haben
pépé [pepe] M *enf* Opa *m* (*a. par ext*)
pépée [pepe] F *fam* (*femme*) *fam* Puppe *f*
pépère [pepɛʀ] A *fam* ADJ gemütlich; geruhsam B M 1 *enf* Opa *m* 2 *fam* **un gros ~** ein Dickerchen *n*
pépètes [pepɛt] FPL *fam* → **fric**
pépie [pepi] F *fam fig* **avoir la ~** sehr durstig sein; e-e trockene Kehle haben
pépiement [pepimɑ̃] M Piep(s)en *n*; Tschilpen

P

n
pépier [pepje] VI piep(s)en
pépin [pepɛ̃] M 1 *de certains fruits* Kern *m* 2 *fam fig* **avoir un ~** Ärger, ein Problem haben 3 *fam (parapluie)* Schirm *m; fam* Musspritze *f*
pépinière [pepinjɛʀ] F 1 Baumschule *f* 2 *fig* Pflanz-, Bildungsstätte *f*
pépiniériste [pepinjeʀist] M/F Baumschulgärtner(in) *m(f)*
pépite [pepit] F (Gold)Klumpen *m*
péquenaud [pɛkno] M, **péquenaude** [-od] F, **péquenot** [pɛkno] M *fam péj* Bauernlümmel *m*, -trampel *m ou n; par ext* Hinterwäldler(in) *m(f)*
perçage [pɛʀsaʒ] M (Durch)Bohren *n*, -ung *f*
percale [pɛʀkal] F Perkal *m*
perçant [pɛʀsɑ̃] ADJ ⟨-ante [-ɑ̃t]⟩ durchdringend; *regard a.* scharf; *cris a.* gellend
perce [pɛʀs] F *tonneau* **mettre en ~** anstechen; anzapfen; **mise** *f* **en ~** Anstich *m*; Anzapfen *n*
percée [pɛʀse] F Durchbruch *m* (*a.* MIL, SPORTS, *fig*)
percement [pɛʀsəmɑ̃] M *d'un mur, d'une rue* Durchbrechen *n*, -bruch *m; d'un tunnel* Durchstechen *n*, -stich *m*; Bohren *n*, -ung *f*
perce-neige [pɛʀsənɛʒ] M OU F (! unveränderlich) Schneeglöckchen *n*
perce-oreille [pɛʀsɔʀɛj] M ⟨perce-oreilles⟩ Ohrwurm *m*
percepteur [pɛʀsɛptœʀ] M Finanzbeamte(r) *m; par ext* Finanzamt *n*
perceptibilité [pɛʀsɛptibilite] F Wahrnehmungsfähigkeit *f*, -vermögen *n*; Wahrnehmbarkeit *f*; **perceptible** [-ibl] ADJ wahrnehmbar
perception [pɛʀsɛpsjõ] F 1 ADMIN Finanzamt *n* 2 *t/t* Wahrnehmung *f*
percer [pɛʀse] ⟨-ç-⟩ A VT 1 *mur, etc* durchbohren; *avec une aiguille* durchstechen; *front ennemi,* SPORTS *défense* durchbrechen; *trou, tunnel* bohren; *porte, fenêtre* durchbrechen; *tonneau* anstechen; anzapfen; *coffre-fort* aufbrechen; *fam* knacken; *abcès* öffnen; *ampoule* aufstechen; *fig* **~ le cœur** das Herz zerreißen; *soleil* **~ les nuages** durch die Wolken brechen; *chaussures, etc* **être percé** durchlöchert sein 2 **~ (à jour)** *intentions de qn* durchschauen; *mystère* ergründen B VI 1 *dents* durchkommen, -brechen; *abcès* aufgehen; MIL, SPORTS durchbrechen 2 *fig* zum Vorschein kommen; durchdringen 3 *fig personne (réussir)* den Durchbruch schaffen
perceur [pɛʀsœʀ] M **~ de coffre-fort** Geldschrankknacker *m*
perceuse [pɛʀsøz] F Bohrmaschine *f*
percevable [pɛʀsəvabl] ADJ *impôts* einziehbar; erhebbar
Perceval [pɛʀsəval] M MYTH Parzival *m*
percevoir [pɛʀsəvwaʀ] VT ⟨→ recevoir⟩ 1 *par les sens* wahrnehmen; erkennen 2 *impôts* einnehmen; einziehen; erheben; *loyer, somme* einnehmen
perche[1] [pɛʀʃ] F ZOOL Barsch *m*
perche[2] F Stange *f*; **saut** *m* **à la ~** Stabhochsprung *m; fig* **tendre la ~ à qn** j-m Hilfestellung leisten; *pour faire céder qn* j-m goldene Brücken bauen
perché [pɛʀʃe] ADJ ⟨~e⟩ 1 *oiseau, personne* (erhöht) sitzend (**sur** auf + *dat*); *village* hoch gelegen 2 *fig* **voix °haut ~e** hohe Stimme
percher [pɛʀʃe] A VI 1 *oiseaux* (auf e-m Baum) sitzen 2 *fam personne* (hoch oben) wohnen B V/PR *oiseaux, fam personne* **se ~** sich setzen (**sur** auf + *acc*)
percheron [pɛʀʃəʀõ] M *Kaltblutpferd aus dem Südosten der Normandie*
perchiste [pɛʀʃist] M 1 SPORTS Stabhochspringer *m* 2 FILM, TV Mikrofonassistent *m*
perchoir [pɛʀʃwaʀ] M 1 Sitzstange *f* 2 *fam fig* erhöhter Sitz 3 POL Tribüne *f, par ext* Amt *n* des Präsidenten der Nationalversammlung
perclus [pɛʀkly] ADJ ⟨-use [-yz]⟩ **être ~ de rhumatismes** durch Rheuma steif sein
percolateur [pɛʀkɔlatœʀ] M Espressomaschine *f*
perçu [pɛʀsy] PP → percevoir
percussion [pɛʀkysjõ] F 1 MUS **instrument** *m* **à ~** Schlaginstrument *n* 2 TECH **perceuse** *f* **à ~** Schlagbohrmaschine *f*
percussionniste [pɛʀkysjɔnist] M Schlagzeuger *m*
percutant [pɛʀkytɑ̃] ADJ ⟨-ante [-ɑ̃t]⟩ *argument* schlagend
percuter [pɛʀkyte] VT (et VI) **~ (contre) qc** gegen etw prallen
perdant [pɛʀdɑ̃] A ADJ ⟨-ante [-ɑ̃t]⟩ verlierend; **numéro ~** Niete *f* B **~(e)** M(F) Verlierer(in) *m(f)*
perdition [pɛʀdisjõ] F 1 *navire* **en ~** in Seenot 2 *iron* **un lieu de ~** ein Ort *m* des Lasters
perdre [pɛʀdʀ] ⟨→ rendre⟩ A VT 1 verlieren; *somme, prestige, droits a.* einbüßen; **~ courage** den Mut verlieren, sinken lassen; **~ espoir** die Hoffnung verlieren, aufgeben; **elle a perdu deux kilos** sie hat zwei Kilo abgenommen; **il a perdu sa mère à cinq ans** *a.* er war fünf, als s-e Mutter starb; **tu n'y perds rien!** da hast du nichts verpasst, versäumt!; **faire ~ qc à qn** j-n um etw bringen 2 **~ qn** *(causer sa ruine)* j-n zugrunde richten; j-n ins Verderben stürzen B VI verlieren (*a. dans une compétition*); **j'y perds** da zahle ich drauf, setze ich zu C V/PRON **se ~** 1 *(disparaître)* sich verlieren; verloren gehen; untergehen 2 *(s'égarer)* sich verirren; sich verlaufen; *en voiture* sich verfahren; *fig* **je m'y perds** da

komme ich nicht mehr mit **3** *denrées alimentaires* verderben; schlecht werden
perdreau [pɛʀdʀo] M ⟨~x⟩ junges Rebhuhn
perdrix [pɛʀdʀi] F Rebhuhn *n*
perdu [pɛʀdy] PP → perdre *et* ADJ ⟨~e⟩ **1** verloren; *objet a.* verloren gegangen; *temps a.* vertan; *occasion* verpasst; **balle ~e** verirrte Kugel; **à tes moments ~s** in deinen Mußestunden; *malade* **être ~** nicht mehr zu retten sein; *fig* **je suis ~** ich finde mich nicht mehr zurecht; ich weiß mir nicht mehr zu helfen **2** *lieu* entlegen; abgelegen **3** **emballage ~** Einwegverpackung *f*; Wegwerfpackung *f*
perdurer [pɛʀdyʀe] V/I fortdauern
père [pɛʀ] M **1** Vater *m*; **~ de famille** Familienvater *m*; **de ~ en fils** von Generation zu Generation **2** **nos ~s** *(ancêtres)* unsere (Vor)Väter *mpl* **3** *fig (créateur)* Vater *m* **4** *fam* **le ~ X** Vater X; *péj* der (alte) X; **le ~ Noël** der Weihnachtsmann **5** **Dieu le Père** Gottvater *m*; **le Notre Père** das Vaterunser **6** CATH Pater *m*
pérégrinations [peʀegʀinasjõ] FPL Umherreisen *n*; vieles Reisen
péremption [peʀɑ̃psjõ] F **date** *f* **de ~** Verfallsdatum *n*
péremptoire [peʀɑ̃ptwaʀ] ADJ *ton* keinen Widerspruch duldend
pérenne [peʀɛn] ADJ *fleuve, source* perennierend
pérenniser [-ize] V/T *institution* zu e-r ständigen Einrichtung machen; *fonctionnaire* in e-e Planstelle einweisen; *état* verewigen **pérennité** [-ite] F Fortdauer *f*
péréquation [peʀekwasjõ] F **1** ÉCON Ausgleich *m* **2** *des traitements* Angleichung *f*
perfectibilité [pɛʀfɛktibilite] F Vervollkommnungsfähigkeit *f* **perfectible** [-ibl] ADJ vervollkommnungs-, verbesserungsfähig
perfection [pɛʀfɛksjõ] F Vollkommenheit *f*; Vollendung *f*; Perfektion *f*; **à la ~** vollendet; meisterhaft; **atteindre à, parvenir à la ~** die Vollkommenheit erreichen
perfectionnement [pɛʀfɛksjɔnmɑ̃] M Vervollkommnung *f*; Verbesserung *f*; **cours** *m* **de ~** Fortbildungskurs *m*
perfectionner [pɛʀfɛksjɔne] **A** V/T vervollkommnen; perfektionieren; verbessern; weiterentwickeln **B** V/PR **se ~ en français** s-e Französischkenntnisse verbessern, vervollkommnen
perfectionnisme [pɛʀfɛksjɔnism] M Perfektionismus *m* **perfectionniste** [-ist] M/F Perfektionist(in) *m(f)*
perfide [pɛʀfid] ADJ heimtückisch; perfid(e)
perfidie [-i] F Heimtücke *f*; Perfidie *f*
perforage [pɛʀfɔʀaʒ] M Perforieren *n*; Lochen *n*
perforant [pɛʀfɔʀɑ̃] ADJ ⟨-ante [-ɑ̃t]⟩ *projectile* panzerbrechend
perforation [pɛʀfɔʀasjõ] F **1** TECH Perforation *f*; Lochung *f* **2** MÉD Durchbruch *m*; Perforation *f*
perforatrice [pɛʀfɔʀatʀis] F **1** *appareil* Locher *m* **2** *personne* Locherin *f* **3** MINES (Gesteins)Bohrmaschine *f*
perforé [pɛʀfɔʀe] ADJ ⟨~e⟩ INFORM **bande, carte ~e** Lochstreifen *m*, -karte *f*
perforer [pɛʀfɔʀe] V/T durchbohren; perforieren (*a.* MÉD); TECH *a.* lochen
performance [pɛʀfɔʀmɑ̃s] F Leistung *f*; **réaliser une belle ~** e-e gute Leistung erzielen
performant [pɛʀfɔʀmɑ̃] ADJ ⟨-ante [-ɑ̃t]⟩ leistungsfähig
perfusion [pɛʀfyzjõ] F Infusion *f*; **être sous ~** *fam* am Tropf hängen
pergola [pɛʀgɔla] F Pergola *f*
périarthrite [peʀiaʀtʀit] F MÉD Periarthritis *f*
péricarde [peʀikaʀd] M Herzbeutel *m* **péricardite** [-it] F Herzbeutelentzündung *f*
péricarpe [peʀikaʀp] M Fruchthülle *f*
péricliter [peʀiklite] V/I langsam eingehen, zugrunde gehen
péridurale [peʀidyʀal] F Rückenmarksanästhesie *f*
périgée [peʀiʒe] M ASTRON Perigäum *n*; Erdnähe *f*
Périgord [peʀigɔʀ] **le ~** *historische Landschaft in Südwestfrankreich*
péril [peʀil] M Gefahr *f*; **au ~ de sa vie** unter Einsatz s-s Lebens; unter Lebensgefahr; *navire* **en ~** in Seenot; **il (n')y a (pas) ~ en la demeure** es ist (keine) Gefahr im Verzug; **mettre en ~** in Gefahr bringen; gefährden
périlleux [peʀijø] ADJ ⟨-euse [-øz]⟩ gefährlich; gefahrvoll
périmé [peʀime] ADJ ⟨~e⟩ **1** *passeport, date* abgelaufen; *billet* verfallen; ungültig **2** *théorie* überholt
périmer [peʀime] V/PR **1** ⟨*ohne „se"*⟩ **laisser ~** *billet* verfallen lassen **2** *procédé, théorie* **se ~ vite** schnell veralten; sich rasch überleben
périmètre [peʀimɛtʀ] M **1** MATH Umfang *m* **2** *fig* Umkreis *m*; Bereich *m*
périnatal [peʀinatal] ADJ ⟨~e; -als⟩ MÉD perinatal
périnée [peʀine] M ANAT Damm *m*
période [peʀjɔd] F **1** Zeit(abschnitt) *f(m)*; Zeitraum *m*; Periode *f* (*a. t/t*); **~ des vacances** Ferien-, Urlaubszeit *f*; **en ~ de crise** in Krisenzeiten **2** GÉOL Formation *f* **3** NUCL Halbwertszeit *f*
périodicité [peʀjɔdisite] F Periodizität *f*; regelmäßige Wiederkehr
périodique [peʀjɔdik] **A** ADJ **1** periodisch

P

(wiederkehrend); *publication* regelmäßig erscheinend 2 **serviette** *f*, **garniture** *f* ~ (Damen)Binde *f* B M Zeitschrift *f*

périodiquement [peʀjɔdikmɑ̃] ADV in regelmäßigen Zeitabständen

péripatéticienne [peʀipatetisjɛn] F *plais* Dame *f* vom horizontalen Gewerbe

péripétie [peʀipesi] F 1 *surtout pl* **~s** unvorhergesehene, überraschende Ereignisse *npl*, Zwischenfälle *mpl* 2 *dans un récit* entscheidender Wendepunkt

périph [peʀif] M *fam* ABR → périphérique B 1

périphérie [peʀifeʀi] F Peripherie *f*; Stadtrand(-gebiet) *m(n)*; Außenbezirke *mpl*; **à la ~** am Stadtrand; an der Peripherie

périphérique [peʀifeʀik] A ADJ (Stadt)Rand... B M 1 *à Paris* **le ~** die Ringautobahn 2 INFORM Peripheriegerät *n*

périphrase [peʀifʀɑz] F Umschreibung *f*; Periphrase *f*

périple [peʀipl] M (große) (Rund)Reise

périr [peʀiʀ] *litt* V/I 1 *personne* umkommen; **~ en mer** den Tod in den Wellen finden 2 *civilisation, etc* untergehen

périscolaire [peʀiskɔlɛʀ] ADJ die Schule ergänzend; außerschulisch

périscope [peʀiskɔp] M Periskop *n*; Sehrohr *n*

périssable [peʀisabl] ADJ *denrées* leicht verderblich

péristaltique [peʀistaltik] ADJ ANAT **mouvements** *mpl* **~s** peristaltische Bewegungen *fpl*; Peristaltik *f*

péristyle [peʀistil] M Säulenumgang *m*; Peristyl *n*

péritel [peʀitɛl] ADJ (! unveränderlich) **prise** *f* ~ TV-Anschlussbuchse *f* für periphere Geräte

péritoine [peʀitwan] M Bauchfell *n*

péritonite [peʀitɔnit] F Bauchfellentzündung *f*

perle [pɛʀl] F 1 Perle *f*; **~ en verre** Glasperle *f* 2 *fig* Perle *f*; Juwel *n* 3 *fig* (*ineptie burlesque*) Stilblüte *f*

perlé [pɛʀle] ADJ ⟨~e⟩ perlig; Perl...; **coton ~** Perlgarn *n*; *fig* **grève ~e** aufeinanderfolgende Streiks *mpl* einzelner Abteilungen; *st/s* **rire ~** perlendes Lachen

perler [pɛʀle] V/I *sueur* perlen

perlier [pɛʀlje] ADJ ⟨-ière [-jɛʀ]⟩ **huître perlière** Perlmuschel *f*

perlimpinpin [pɛʀlɛ̃pɛ̃pɛ̃] M **poudre** *f* **de ~** Wunderpulver *n*; Allheilmittel *n*

perm [pɛʀm] *fam* F MIL (*permission*) Urlaub *m*

permanence [pɛʀmanɑ̃s] F 1 Beständigkeit *f*; **en ~** ständig; dauernd; permanent 2 Bereitschaftsdienst *m*; **être de ~** Bereitschaftsdienst haben 3 ÉCOLE Aufenthaltsraum *m* (für Schüler); **heure** *f* **de ~** (beaufsichtigte) Freistunde

permanent [pɛʀmanɑ̃] A ADJ ⟨-ente [-ɑ̃t]⟩ ständig; dauernd; stetig; permanent; **cinéma ~** Nonstop-Kino *n* B M *d'un syndicat, parti* (hauptamtlicher) Funktionär

permanente [pɛʀmanɑ̃t] F Dauerwelle *f*

permanenté [pɛʀmanɑ̃te] ADJ ⟨~e⟩ *cheveux* dauergewellt

permanganate [pɛʀmɑ̃ganat] M Permanganat *n*

perme [pɛʀm] F ABR *fam* → permission 2

perméabilité [pɛʀmeabilite] F Durchlässigkeit *f*

perméable [pɛʀmeabl] ADJ 1 (wasser)durchlässig 2 *fig personne* **~ à qc** für etw empfänglich

permettre [pɛʀmɛtʀ] ⟨→ mettre⟩ A V/T 1 (*autoriser*) erlauben, gestatten (**que ...** + *subj* dass ...; **qc à qn** j-m etw; **à qn de faire qc** j-m, etw zu tun); **vous permettez?** gestatten Sie?; **être permis** erlaubt, gestattet sein; **il se croit tout permis** er glaubt, er kann *ou* darf sich (*dat*) alles erlauben 2 (*rendre possible*) ermöglichen; erlauben; zulassen B V/PR 1 (*prendre la liberté*) **se ~ de** (+ *inf*) sich (*dat*) erlauben, sich (*dat*) gestatten, *plus fort* sich (*dat*) herausnehmen zu (+ *inf*) 2 (*s'offrir*) **se ~ qc** sich (*dat*) etw gönnen, leisten, erlauben

permis [pɛʀmi] A M 1 Erlaubnis(schein) *f(m)*; **permis de chasse** Jagdschein *m*; **permis de construire** Baugenehmigung *f*; **permis de séjour** Aufenthaltserlaubnis *f* 2 **permis (de conduire)** Führerschein *m*; **avoir son permis** den Führerschein haben; **passer son permis** den Führerschein, die Fahrprüfung machen B PP → permettre

permissif [pɛʀmisif] ADJ ⟨-ive [-iv]⟩ permissiv; freizügig

permission [pɛʀmisjõ] F 1 Erlaubnis *f*; Genehmigung *f*; **avoir la ~ de faire qc** etw tun dürfen 2 MIL Urlaub *m*; **~ de minuit** Ausgang *m* bis Mitternacht; **venir en ~** auf Urlaub kommen

permissionnaire [pɛʀmisjɔnɛʀ] M MIL Urlauber *m*

permutabilité [pɛʀmytabilite] F Austauschbarkeit *f* **permutable** [-abl] ADJ austauschbar **permutation** [-asjõ] F Umstellung *f*; Austausch *m*; Vertauschung *f*

permuter [pɛʀmyte] A V/T umstellen; aus-, vertauschen B V/I (das Amt, den Posten) tauschen (**avec qn** mit j-m)

pernicieux [pɛʀnisjø] ADJ ⟨-euse [-øz]⟩ schädlich; verderblich; gefährlich

pernod® [pɛʀno] M Pernod® *m* (*meist als Aperitif getrunkener Anisschnaps*)

péroné [peʀɔne] M Wadenbein *n*; **fracture** *f*

du ~ Wadenbeinbruch *m*
péronnelle [peʀɔnɛl] *fam* F dummeund schwatzhafte Person
péroraison [peʀɔʀɛzõ] F (Rede)Schluss *m*
pérorer [peʀɔʀe] VI *péj* große Reden führen, *fam* schwingen
Pérou [peʀu] **le ~** Peru *n*; *fam fig* **ce n'est pas le ~** davon kann man nicht reich werden
peroxyde [peʀɔksid] M Peroxid *n*
perpendiculaire [pɛʀpɑ̃dikylɛʀ] **A** ADJ rechtwink(e)lig (**à** zu); (*vertical*) senkrecht **B** Senkrechte *f*; Lot *n*
perpendiculairement [pɛʀpɑ̃dikylɛʀmɑ̃] ADV im rechten Winkel (**à** zu)
perpète [pɛʀpɛt] *fam* ADV **(jusqu')à ~** *fam* e-e Ewigkeit; ewig (lange); *être condamné* **à ~** *fam* zu lebenslänglich
perpétrer [pɛʀpetʀe] VT ‹-è-› *crime* begehen; verüben
perpétuation [pɛʀpetɥasjõ] F *litt* **la ~ de l'espèce** die Erhaltung, das Fortbestehen der Art
perpétuel [pɛʀpetɥɛl] ADJ ‹~le› dauernd; (be)ständig; fortwährend; (*à vie*) auf Lebenszeit; lebenslang; **calendrier ~** immer währender Kalender
perpétuellement [pɛʀpetɥɛlmɑ̃] ADV (an)dauernd; ständig; fortwährend
perpétuer [pɛʀpetɥe] **A** VT fortbestehen lassen; fortführen **B** V/PR **se ~** fortbestehen; fortleben
perpétuité [pɛʀpetɥite] F **être condamné à ~** zu lebenslänglicher Freiheitsstrafe verurteilt werden
perplexe [pɛʀplɛks] ADJ ratlos; unschlüssig; **laisser, rendre qn ~** j-n ratlos machen
perplexité [pɛʀplɛksite] F Ratlosigkeit *f*; Unschlüssigkeit *f*
perquisition [pɛʀkizisjõ] F Haussuchung *f*; **faire une ~** → perquisitionner
perquisitionner [pɛʀkizisjɔne] VI e-e Haussuchung durchführen
perron [peʀõ] M Freitreppe *f*
perroquet [peʀɔkɛ] M Papagei *m*
perruche [peʀyʃ] F Wellensittich *m*
perruque [peʀyk] F Perücke *f* **perruquier** [peʀykje] M Perückenmacher *m*
pers [pɛʀ] ADJ M *st/s* **yeux** *mpl* **~** blaugrüne Augen *npl*
persan [pɛʀsɑ̃] **A** ADJ ‹-ane [-an]› persisch; **chat ~** Perserkatze *f*; **tapis ~** Perser(teppich) *m* **B** **1** **Persan(e)** *m(f)* Perser(in) *m(f)* **2** LING **le ~** das Persische; Persisch *n*
Perse [pɛʀs] **la ~** HIST Persien *n*
persécuté(e) [pɛʀsekyte] M(F) **1** Verfolgte(r) *m/f(m)* **2** PSYCH an Verfolgungswahn Leidende(r) *m/f(m)*
persécuter [pɛʀsekyte] VT **1** (*opprimer*) verfolgen **2** *fig* (*harceler*) **~ qn** j-n verfolgen, belästigen, bedrängen
persécuteur [pɛʀsekytœʀ] M, **persécutrice** [-tʀis] F Verfolger(in) *m(f)*
persécution [pɛʀsekysjõ] F **1** POL, REL Verfolgung *f* **2** **manie** *f* **de la ~** Verfolgungswahn *m*
persévérance [pɛʀseveʀɑ̃s] F Ausdauer *f*; Beharrlichkeit *f* **persévérant** [-ɑ̃] ADJ ‹-ante [-ɑ̃t]› ausdauernd
persévérer [pɛʀseveʀe] VI ‹-è-› Ausdauer zeigen; nicht aufgeben; **~ dans ses efforts** in s-n Anstrengungen nicht nachlassen
persienne [pɛʀsjɛn] F Klapp-, Faltladen *m*
persiflage [pɛʀsiflaʒ] M Spott *m*; Persiflage *f* **persifler** [-e] VT verspotten **persifleur** [-œʀ] ADJ ‹-euse [-øz]› spöttisch
persil [pɛʀsi] M Petersilie *f*
persillade [pɛʀsijad] F Salatsauce *f* mit gehackter Petersilie, Kräutern und Knoblauch
persillé [pɛʀsije] ADJ ‹~e› **1** CUIS mit fein gehackter Petersilie **2** *viande* durchwachsen; **fromage ~** grün gesprenkelter Edelpilzkäse
Persique [pɛʀsik] ADJ **le golfe ~** der Persische Golf
persistance [pɛʀsistɑ̃s] F **1** beharrliches Festhalten (**dans** an + *dat*); **avec ~** beharrlich **2** *du mauvais temps, etc* Anhalten *n*; Fortdauer *f*
persistant [pɛʀsistɑ̃] ADJ ‹-ante [-ɑ̃t]› anhaltend; (fort)dauernd; **feuilles ~es** immergrüne Blätter *npl*
persister [pɛʀsiste] VI **1** **~ dans qc** auf etw (*dat*) beharren; **je persiste à croire que …** ich bleibe dabei, dass … **2** *douleurs, fièvre, mauvais temps* anhalten; an-, fortdauern; *doutes, préjugés* fortbestehen
perso [pɛʀso] ADJ (! unveränderlich) *fam* ABR (personnel) privat, persönlich
persona grata [pɛʀsɔnagʀata] F *fig* **être ~** willkommen, gern gesehen sein
persona non grata [pɛʀsɔnanɔngʀata] F *fig* **être ~** unerwünscht sein
personnage [pɛʀsɔnaʒ] M **1** (*personne importante*) Persönlichkeit *f* **2** (*individu*) Mensch *m*; Person *f*; **un curieux ~** ein merkwürdiger Mensch, Kauz; *femme* e-e eigenartige Person **3** THÉ Person *f*; Rolle *f*; *dans un roman* Person *f*; Gestalt *f*; Figur *f*
personnalisation [pɛʀsɔnalizasjõ] F Verleihung *f* e-r persönlichen Note
personnaliser [pɛʀsɔnalize] VT individuell gestalten; e-e persönliche Note geben (+ *dat*); **personnalisé** auf die persönlichen Verhältnisse, Bedürfnisse zugeschnitten; individuell
personnalité [pɛʀsɔnalite] F **1** (*identité*) Persönlichkeit *f*; **avoir une forte ~** e-e starke, aus-

P

geprägte Persönlichkeit sein **2** (*personnage important*) bekannte, prominente Persönlichkeit; **~s** *pl a.* Prominente(n) *mpl; coll* Prominenz *f*

personne[1] [pɛʀsɔn] F **1** (*être humain*) Person *f;* Mensch *m;* **~s** *pl a.* Leute *pl;* **une grande ~** ein Erwachsener, Großer; **une famille de douze ~s** e-e zwölfköpfige Familie; **en ~** (höchst)persönlich; in eigener Person; (*personnifié*) in Person **2** **une jeune ~** ein junges Mädchen; e-e junge Dame **3** JUR **~ morale** juristische Person **4** GRAM Person *f*

personne[2] PR IND ÉF **1** ‹*mit* ne *beim Verb*› niemand; kein Mensch; keiner; **il n'y a ~** es ist niemand da; **ne devoir rien à ~** niemandem etwas schulden; **~ ne le sait** niemand weiß es **2** *st/s* ‹*ohne* ne› (irgend)jemand; irgendwer; **sans avoir vu ~** ohne jemand(en) gesehen zu haben

personnel[1] [pɛʀsɔnɛl] ADJ ‹~le› **1** persönlich; privat; Privat...; eigen **2** **pronom ~** persönliches Fürwort; Personalpronomen *n*

personnel[2] M Personal *n; d'une entreprise a.* Belegschaft *f;* **~ au sol** Bodenpersonal *n*

personnellement [pɛʀsɔnɛlmɑ̃] ADV persönlich

personnification [pɛʀsɔnifikasjõ] F Personifizierung *f;* Verkörperung *f*

personnifier [pɛʀsɔnifje] V/T personifizieren; verkörpern; **la bonté personnifiée** die Güte in Person

perspective [pɛʀspɛktiv] F **1** PEINT Perspektive *f* **2** (*éventualité*) Aussicht *f;* Perspektive *f;* **~s d'avenir** Zukunftsaussichten *fpl;* **avoir en ~** in Aussicht haben; **ouvrir de nouvelles ~s à qn** j-m neue Perspektiven eröffnen **3** (*point de vue*) Perspektive *f;* Sicht *f*

perspicace [pɛʀspikas] ADJ scharfsinnig; scharfsichtig **perspicacité** [-ite] F Scharfsinn *m;* Scharfblick *m*

persuader [pɛʀsɥade] **A** V/T **1** **~ qn (de qc)** j-n (von etw) überzeugen; **j'en suis persuadé** ich bin überzeugt davon **2** **~ qn de faire qc** j-n überreden, etw zu tun **B** V/PR **1** **se ~ de qc** sich von etw überzeugen **2** *à tort* **se ~ que ...** sich (*dat*) einreden, dass ...

persuasif [pɛʀsɥazif] ADJ ‹-ive [-iv]› überzeugend

persuasion [pɛʀsɥazjõ] F Überzeugung *f;* Überredung *f;* (**don** *m*, **pouvoir** *m* **de**) **~** Überredungskunst *f*

perte [pɛʀt] F **1** Verlust *m* (*a. d'une personne*); *de revenus a.* Ausfall *m;* **~ de sang, de temps** Blut-, Zeitverlust *m; fig* **être en ~ de vitesse** an Einfluss, Bedeutung, Boden verlieren; *vendre* **à ~** mit Verlust; **à ~ de vue** so weit das Auge reicht; endlos (*a. fig*); **en pure ~** ganz umsonst; vergeblich; **avoir des ~s de mémoire** an Gedächtnisschwund leiden; **essuyer, subir des ~s** Verluste erleiden, hinnehmen müssen **2** *fig* (*ruine*) Verderben *n;* Untergang *m;* Ruin *m;* **courir à sa ~** in sein Verderben rennen

pertinemment [pɛʀtinamɑ̃] ADV **savoir ~ qc** etw (ganz) genau wissen

pertinence [pɛʀtinɑ̃s] F **1** *d'une remarque* Richtigkeit *f;* Sachdienlichkeit *f;* Stichhaltigkeit *f* **2** JUR Erheblichkeit *f* **3** LING Relevanz *f*

pertinent [pɛʀtinɑ̃] ADJ ‹-ente [-ɑ̃t]› (zu)treffend; richtig; passend; angebracht; sachdienlich; stichhaltig

perturbateur [pɛʀtyʀbatœʀ] M, **perturbatrice** [-tʀis] F Störenfried *m;* Unruhestifter(in) *m(f)*

perturbation [pɛʀtyʀbasjõ] F **1** *du trafic, etc* Störung *f* (*a.* MÉTÉO); Beeinträchtigung *f* **2** *sociale* Unruhe *f*

perturber [pɛʀtyʀbe] V/T stören; beeinträchtigen; durcheinanderbringen

péruvien [peʀyvjɛ̃] **A** ADJ ‹-ienne [-jɛn]› peruanisch **B** **Péruvien(ne)** M(F) Peruaner(in) *m(f)*

pervenche [pɛʀvɑ̃ʃ] F **1** BOT Immergrün *n* **2** *adjt* (**!** unveränderlich) hellblau **3** *fam fig* (*contractuelle*) Politesse *f*

pervers [pɛʀvɛʀ] **A** ADJ ‹-verse [-vɛʀs]› **1** pervers; widernatürlich; abartig (veranlagt) **2** **effet ~** unerwünschte, gegenteilige Folge **B** **~(e)** M(F) pervers Veranlagte(r) *m/f(m)*

perversion [pɛʀvɛʀsjõ] F Perversion *f* **perversité** [-ite] F Verkommenheit *f;* Verdorbenheit *f*

pervertir [pɛʀvɛʀtiʀ] V/T verderben; pervertieren **pervertissement** [-ismɑ̃] *litt* M Pervertierung *f; de la jeunesse* Verführung *f* (zum Bösen); *des mœurs* Verfall *m*

pesage [pəzaʒ] M **1** (Ab)Wiegen *n* **2** *endroit* Wiegeplatz *m*

pesamment [pəzamɑ̃] ADV *tomber* schwer; *marcher, sauter* schwerfällig

pesant [pəzɑ̃] **A** ADJ ‹-ante [-ɑ̃t]› **1** *fig charge* schwer; drückend; *présence de qn, silence* bedrückend **2** *démarche* schwer(fällig); plump **B** M *fig* **valoir son ~ d'or** Gold wert sein; *iron* unbezahlbar sein

pesanteur [pəzɑ̃tœʀ] F **1** PHYS Schwerkraft *f* **2** *fig* Schwerfälligkeit *f*

pèse [pɛz] M *argot* → fric

pèse-bébé [pɛzbebe] M ‹pèse-bébés› Baby-, Säuglingswaage *f*

pesée [pəze] F **1** *opération* (Ab)Wiegen *n* **2** (*poussée*) Druck *m*

pèse-lettre [pɛzlɛtʀ] M ‹pèse-lettres› Briefwaage *f* **pèse-personne** M ‹pèse-personnes› Personenwaage *f*

P

peser [pəze] ⟨-è-⟩ **A** VT **1** *objet* (ab)wiegen; *personne* wiegen **2** *fig* abwägen; **~ le pour et le contre** das Für und Wider abwägen; **tout bien pesé** nach reiflicher Überlegung **B** VI **1** wiegen, schwer sein (**deux kilos** zwei Kilo) **2 ~ sur** lasten auf (+ *dat; a. fig responsabilité, etc*); *fig* **~ sur la décision de qn** die Entscheidung j-s beeinflussen; *repas* **~ sur l'estomac** (schwer) im Magen liegen **3** *fig solitude, etc* **~ à qn** j-n bedrücken, belasten **C** V/PR **se ~** sich wiegen

peseta [pezeta] F HIST *monnaie* Peseta *ou* Pesete *f*

peso [pezo] M *monnaie* Peso *m*

pessimisme [pesimism] M Pessimismus *m*; Schwarzseherei *f* **pessimiste** [-ist] **A** ADJ pessimistisch; schwarzseherisch **B** M/F Pessimist(in) *m(f)*; Schwarzseher(in) *m(f)*

peste [pɛst] F **1** MÉD Pest *f*; *fig* **fuir qn comme la ~** j-n meiden wie die Pest **2** *péj d'une femme* Biest *n*

pester [pɛste] VI **~ (contre qn, qc)** (auf j-n, etw) schimpfen

pesticide [pɛstisid] M Pestizid *n*; Schädlingsbekämpfungsmittel *n*

pestiféré [pɛstifeʀe] M Pestkranke(r) *m*

pestilence [pɛstilɑ̃s] F abscheulicher, pestilenzialischer Gestank; *st/s* Pesthauch *m*

pestilentiel [pɛstilɑ̃sjɛl] ADJ ⟨~le⟩ *odeur* abscheulich; scheußlich

pet [pɛ] M *fam* Furz *m*

pétainiste [petenist] M/F HIST Anhänger(in) *m(f)* Pétains

pétale [petal] M Blütenblatt *n*

pétanque [petɑ̃k] F ≈ Boule-, Bocciaspiel *n*

pétant [petɑ̃] ADJ ⟨-ante [-ɑ̃t]⟩ *fam* **à dix heures ~es** Punkt, Schlag zehn (Uhr)

pétarade [petaʀad] F *d'une moto* Geknatter *n* **pétarader** [-e] VI knattern

pétard [petaʀ] M **1** Knallkörper *m* **2** *fam* (*bruit*) *fam* Krach *m*; *fam* Radau *m* *fig* **être en ~** (*en colère*) *fam* fuchsteufelswild sein; *fam* e-e Wut im Bauch haben **3** *fam* (*revolver*) *fam* Kanone *f*; *fam* Ballermann *m* **4** *fam* (*derrière*) *fam* Po *m*; *fam* Hintern *m* **5** *fam* (großer) Joint

pétaudière [petodjɛʀ] F **c'est une véritable ~** hier geht es drunter und drüber

pet-de-nonne [pɛdnɔn] M ⟨pets-de-nonne⟩ kleiner Krapfen

péter [pete] *fam* VI ⟨-è-⟩ **1** *fam* furzen; *fam* einen fahren lassen **2** *coup de feu, pétard* knallen; krachen **3** *bouton* abplatzen; *ficelle, etc* reißen

pète-sec [pɛtsɛk] M (**!** unveränderlich) *fam fig* Feldwebel *m*

péteux [petø] M, **péteuse** [-øz] F *fam* Angsthase *m*

pétillant [petijɑ̃] ADJ ⟨-ante [-ɑ̃t]⟩ **1** *eau minérale* sprudelnd; *champagne* prickelnd; perlend **2** *texte* **~ d'esprit** spritzig; witzig

pétillement [petijmɑ̃] M **1** *d'une boisson* Sprudeln *n*; Prickeln *n* **2** *d'un feu de bois* Knistern *n*

pétiller [petije] VI **1** *feu* knistern **2** *eau* sprudeln; *champagne* prickeln; perlen **3** *fig* **~ d'esprit** vor Geist, Witz sprühen; *yeux* **~ de joie** vor Freude funkeln, blitzen

petiot [pətjo] M, **petiote** [-ɔt] F *fam* Kleine(r, -s) *f(m, n)*

petit [p(ə)ti] **A** ADJ ⟨-ite [-it]⟩ klein; **~ bruit** leises, schwaches, leichtes Geräusch; ÉCOLE **les ~es classes** die unteren Klassen *fpl*; **une ~e heure** e-e knappe Stunde; ein Stündchen *n*; **~e ville** kleine Stadt; Städtchen *n*; Kleinstadt *f*; **~ à ~** allmählich; nach und nach **B** SUBST **1** *d'enfants* **le ~, la ~e** der, die, das Kleine **2** *socialement* **les ~s** die kleinen Leute *pl*; die Kleinen *mpl* **3** (*jeune animal*) **le ~** das Junge

petit-beurre M ⟨petits-beurre⟩ Butterkeks *m*

petit-bourgeois, **petite-bourgeoise** **A** M,F Klein-, *péj* Spießbürger(in) *m(f)*; Spießer(in) *m(f)* **B** ADJ klein-, *péj* spießbürgerlich; spießig

petit-déj' [p(ə)tidɛʒ] M *fam* ABR → petit-déjeuner

petit-déjeuner M ⟨petits-déjeuners⟩ Frühstück *n*

petite-fille F ⟨petites-filles⟩ Enkelin *f*; Enkel-

La pétanque

Vor allem in Südfrankreich treffen sich Menschen aller Altersgruppen auf öffentlichen Plätzen, um sich mit großer Begeisterung einem Spiel mit Metallkugeln zu widmen. Die Rede ist von **la pétanque**, der südfranzösischen Variante des bocciaähnlichen Boulespiels.
Zwei Mannschaften, die aus zwei, drei oder vier Spielern bestehen können, spielen gegeneinander. Ziel der angreifenden Mannschaft (**les pointeurs**) ist es, ihre im hohen Bogen ausgeworfenen Metallkugeln möglichst nahe bei einer Holzkugel (**le cochonnet**) zu platzieren. Die gegnerische Mannschaft (**les tireurs**) versucht daraufhin, mit den eigenen Kugeln die Kugeln der **pointeurs** wegzuschießen. Wenn über eine relativ kurze Strecke (bis zu 10 m) gespielt wird, werden die Kugeln – im Unterschied zum Boulespiel – aus dem Stand geworfen.
Die Franzosen sind so begeistert von **la pétanque**, dass es seit 1946 sogar französische Meisterschaften gibt.

LANDESKUNDE

tocher *f*

petitement [p(ə)titmɑ̃] ADV **1** *être logé* beengt **2** *vivre* ärmlich **3** **se venger ~** kleinliche Rache nehmen

petite-nièce F ⟨petites-nièces⟩ Großnichte *f*

petitesse [p(ə)titɛs] F **1** Kleinheit *f* **2** *fig* **~ d'esprit** Engstirnigkeit *f*; *fam* Kleinkariertheit *f*

petit-fils M ⟨petits-fils⟩ Enkel *m*; Enkelsohn *m*

petit-four M ⟨petits-fours⟩ *feines kleines Törtchen*

pétition [petisjõ] F Petition *f*; Eingabe *f*

pétitionnaire [petisjɔnɛʀ] M/F Unterzeichner(in) *m(f)* e-r Petition; Bittsteller(in) *m(f)*

petit-lait M ⟨petits-laits⟩ Molke *f*; *fig* **il a bu du ~** *fam* das ging ihm runter wie Öl

petit-nègre M (! unveränderlich) Kauderwelsch *n*

petit-neveu M ⟨petits-neveux⟩ Großneffe *m*

petits-enfants [p(ə)tizɑ̃fɑ̃] MPL Enkel(kinder) *mpl(npl)*

petit-suisse M ⟨petits-suisses⟩ *kleiner, runder Doppelrahmfrischkäse*

pétoche [petɔʃ] F *fam* → frousse

pétoire [petwaʀ] F *fam* Schießeisen *n*

peton [pətõ] *fam* M Füßchen *n*

pétoncle [petõkl] M Englisches Pastetchen (*Muschel*)

pétrel [petʀɛl] M Sturmvogel *m*

pétrification [petʀifikasjõ] F Versteinerung *f*

pétrifié [petʀifje] ADJ ⟨~e⟩ versteinert; *fig* **~ de terreur** starr vor Entsetzen

pétrifier [petʀifje] **A** V/T **1** GÉOL versteinern (lassen) **2** *fig* erstarren lassen **B** V/PR **se ~** versteinern

pétrin [petʀɛ̃] M **1** Backtrog *m*; **~ mécanique** Knetmaschine *f* **2** *fam* Schlamassel *m ou n*; **être dans le ~** *fam* in der Patsche, im Schlamassel sitzen, stecken; **se fourrer, se mettre dans le ~** *fam* sich in die Tinte setzen; sich (*dat*) etwas (Schönes) einbrocken

pétrir [petʀiʀ] V/T **1** (durch)kneten **2** *fig* **pétri d'orgueil** hochmütig

pétrissage [petʀisaʒ] M **1** *d'une pâte* Kneten *n* **2** MÉD Knetmassage *f*

pétrochimie [petʀɔʃimi] F Erdölchemie *f*; Petrochemie *f* **pétrochimique** ADJ petrochemisch **pétrodollars** MPL Petrodollars *mpl*

pétrole [petʀɔl] M **1** (Erd)Öl *n* **2** Petroleum *n*; **lampe** *f* **à ~** Petroleumlampe *f*

pétrolette [petʀɔlɛt] F *fam* (*vélomoteur*) *fam* Mühle *f*; Straßenfloh *m*

pétrolier [petʀɔlje] **A** ADJ ⟨-ière [-jɛʀ]⟩ (Erd)Öl… **B** M (Öl)Tanker *m*

pétrolifère [petʀɔlifɛʀ] ADJ (Erd)Öl…

pétulance [petylɑ̃s] F Ungestüm *n*; Heftigkeit *f*; Unbändigkeit *f* **pétulant** [-ɑ̃] ADJ ⟨-ante [-ɑ̃t]⟩ ungestüm; heftig; stürmisch

pétunia [petynja] M Petunie *f*

peu [pø] **A** ADV **1** wenig; (*peu de personnes*) wenige; **peu de** (+ *subst*) wenig(e) (+ *subst*); **il gagne peu** er verdient wenig; **peu recommandable** wenig, nicht sehr empfehlenswert; **peu après** bald *ou* kurz danach; **peu à peu** nach und nach; allmählich; **à peu près** ungefähr; etwa; **avant peu, d'ici peu, sous peu** bald; in Kürze, Bälde; **depuis peu** seit Kurzem; **de peu** um (ein) weniges; knapp; **si peu que …** (+ *subj*) so wenig … auch; **pour peu que …** (+ *subj*) sofern (nur); **peu de chose** wenig; **à peu de chose près** beinahe; fast; etwa; nahezu; **en peu de mots** mit wenigen, mit ein paar Worten; **en peu de temps** in kurzer Zeit; *fam* **très peu pour moi!** *fam* ich denk nicht dran!; *fam* ohne mich! **2** **un peu** ein wenig; ein bisschen; etwas; *fam* **un peu!** *fam* und ob!; **un peu moins** etwas weniger; **un peu partout** fast überall; **un peu de** (+ *subst*) ein wenig, ein bisschen, etwas (+ *subst*); **un (tout) petit peu de sel** ein (ganz) klein wenig, ein klein(es) bisschen Salz; **pour un peu …** (+ *conditionnel*), **un peu plus (et) …** (+ *imparfait*) fast; beinahe; um ein Haar; **(un) tant soit peu** ein (ganz) klein wenig **B** SUBST **le peu que j'en sais** das wenige, das bisschen, was ich darüber weiß

peuchère [pøʃɛʀ] INT *régional* der, die Arme, Ärmste!; du, Sie Arme(r), Ärmste(r)!

Peugeot [pøʒo] *voiture* **une ~** ein Peugeot *m*

peuplade [pœplad] F Völkerschaft *f*

peuple [pœpl] M **1** Volk *n* **2** *fam* **il y avait du ~** es waren viele Leute da **3** *adjt* (! unveränderlich) *péj* ordinär; gewöhnlich; **faire ~** ordinär aussehen

peuplé [pœple] ADJ ⟨~e⟩ **peu ~** dünn *ou* schwach bevölkert, besiedelt; **très ~** dicht bevölkert, besiedelt

peuplement [pœpləmɑ̃] M Besied(e)lung *f*

peupler [pœple] **A** V/T **1** *pays, région* bevölkern (*a. par ext*) (**de** mit); besiedeln **2** *étang* mit Fischbrut besetzen **B** V/PR **se ~** sich bevölkern

peuplier [pœplije, pø-] M Pappel *f*

peur [pœʀ] F Angst *f*, Furcht *f* (**de** vor + *dat*); Schreck(en) *m*; **de** *ou* **par peur que … ([ne]** + *subj*) aus Angst, Furcht, Sorge, dass …; **avoir peur** Angst haben; sich fürchten; **j'ai eu peur** ich bin erschrocken; ich habe e-n Schreck gekriegt; **avoir peur de** (+ *inf*) Angst haben, *sens affaibli* sich scheuen zu (+ *inf*); **avoir peur pour qn** Angst um j-n haben; **faire peur à qn** j-m Angst machen; (*effrayer qn*) j-n erschrecken; **prendre peur** Angst bekommen, *fam* kriegen

peureux [pøʀø, pœ-] **A** ADJ ⟨-euse [-øz]⟩ ängstlich **B** **~, peureuse** M,F Angsthase *m*
peut [pø] → pouvoir[1]
peut-être [pøtɛtʀ] ADV vielleicht; womöglich; **~ qu'il fera beau** vielleicht wird es schön
peuvent [pœv], **peux** [pø] → pouvoir[1]
p. ex. ABR (par exemple) z. B. (zum Beispiel)
pèze [pɛz] M *argot* → fric
pH [peaʃ] M pH-Wert *m*
phacochère [fakɔʃɛʀ] M Warzenschwein *n*
phagocyte [fagɔsit] M Fresszelle *f* **phagocyter** [-e] V/T *fig* schlucken
phalange [falɑ̃ʒ] F Finger- *ou* Zehenglied *n*
phalangiste [falɑ̃ʒist] M HIST *en Espagne* Falangist *m*
phalène [falɛn] F *ou* M ZOOL Spanner *m*
phallique [falik] ADJ phallisch; Phallus…
phallocrate [falɔkʀat] M *fam* Chauvi *m*
phalloïde [falɔid] ADJ BOT **amanite** *f* **~** Grüner Knollenblätterpilz
phallus [falys] M Phallus *m*
phantasme [fɑ̃tasm] M → fantasme
pharamineux [faʀaminø] ADJ ⟨-euse [-øz]⟩ → faramineux
pharaon (❗ pharaon) [faʀaɔ̃] M Pharao *m*
pharaonique [faʀaɔnik] ADJ pharaonisch
phare [faʀ] M **1** MAR Leuchtturm *m* **2** AUTO *projecteur* Scheinwerfer *m*; *(opposé à codes)* **les ~s** das Fernlicht; **allumer, éteindre ses ~s** die Scheinwerfer, das Licht einschalten, ausschalten
pharisaïsme [faʀizaism] M BIBL *et fig* Pharisäertum *n*
pharisien [faʀizjɛ̃] M, **pharisienne** [-jɛn] F Pharisäer(in) *m(f)*
pharmaceutique [faʀmasøtik] ADJ pharmazeutisch; Arzneimittel…; Pharma…; **industrie** *f* **~** Pharmaindustrie *f*; **produit** *m* **~** Arzneimittel *n*
pharmacie [faʀmasi] F **1** Apotheke *f*; **vendu en ~** apothekenpflichtig **2** Hausapotheke *f* **3** *science* Pharmazie *f*; Pharmazeutik *f*
pharmacien [faʀmasjɛ̃] M, **pharmacienne** [faʀmasjɛn] F Apotheker(in) *m(f)*
pharmacodépendance [faʀmakodepɑ̃dɑ̃s] F Medikamenten-, Tablettensucht *f* **pharmacologie** [-lɔʒi] F Pharmakologie *f*; Arzneimittelkunde *f* **pharmacologique** [-lɔʒik] ADJ pharmakologisch **pharmacologiste** [-lɔʒist] *ou* **pharmacologue** [-lɔg] M/F Pharmakologe, -login *m,f* **pharmacopée** [-pe] F amtliches Arzneibuch
pharyngal [faʀɛ̃gal] ADJ ⟨~e; -aux [-o]⟩ PHON Rachen…
pharyngite [faʀɛ̃ʒit] F Rachenentzündung *f*
pharynx [faʀɛ̃ks] M Rachen *m*
phase [faz] F Phase *f* (*a.* ASTRON); Stadium *n*; *fig* **en ~** im Gleichklang (**avec** mit)
phénicien [fenisjɛ̃] ADJ ⟨-ienne [-jɛn]⟩ phönizisch; phönikisch
phénix [feniks] M MYTH Phönix *m*
phénol [fenɔl] M Karbol(säure) *n(f)*; Phenol *n*
phénoménal [fenɔmenal] ADJ ⟨~e; -aux [-o]⟩ phänomenal; außergewöhnlich
phénomène [fenɔmɛn] M **1** Erscheinung *f*; Phänomen *n* **2** *fam fig de qn fam* Type *f*; *fam* Marke *f*
phénoménologie [fenɔmenɔlɔʒi] F Phänomenologie *f*
phénoplaste [fenɔplast] M CHIM Phenoplast *m*; Phenolharz *n*
philanthrope [filɑ̃tʀɔp] M/F Menschenfreund(in) *m(f)*; Philanthrop(in) *m(f)* **philanthropie** [-i] F Menschenliebe *f*, -freundlichkeit *f*; Philanthropie *f* **philanthropique** [-ik] ADJ menschenfreundlich; philanthropisch
philatélie [filateli] F Briefmarkenkunde *f*; Philatelie *f* **philatélique** [-ik] ADJ Briefmarken…; philatelistisch **philatéliste** [-ist] M/F Briefmarkensammler(in) *m(f)*; Philatelist(in) *m(f)*
philharmonique [filaʀmɔnik] ADJ philharmonisch
philippin [filipɛ̃] **A** ADJ ⟨-ine [-in]⟩ philippinisch **B** SUBST **Philippin(e)** M(F) Philippiner(in) *m(f)*; Filipino *m*, Filipina *f*
Philippines [filipin] **les ~** FPL die Philippinen *pl*
philistin [filistɛ̃] M *litt* Philister *m*
philo [filo] F ABR *fam* Philosophie *f*
philodendron [filɔdɛ̃dʀɔ̃] M Philodendron *m ou n*
philologie [filɔlɔʒi] F Philologie *f*; **~ germanique, romane** *a.* Germanistik *f*, Romanistik *f*
philologique [filɔlɔʒik] ADJ philologisch **philologue** [-lɔg] M/F Philologe, -login *m,f*
philosophale [filɔzɔfal] ADJ F **la pierre ~** der Stein der Weisen
philosophe [filɔzɔf] M **1** Philosoph *m* **2** *adjt* (philosophisch) gelassen, gleichmütig **philosopher** [-e] V/I philosophieren
philosophie [filɔzɔfi] F **1** Philosophie *f* **2** *(sagesse)* (philosophische) Gelassenheit; Gleichmut *m*
philosophique [filɔzɔfik] ADJ philosophisch
philosophiquement [filɔzɔfikmɑ̃] ADV **1** philosophisch **2** *accepter* gelassen; gleichmütig
philtre [filtʀ] M Zauber-, Liebestrank *m*
phlébite [flebit] F Venenentzündung *f*
phlegmon [flɛgmɔ̃] M Phlegmone *f*
phobie [fɔbi] F Phobie *f*; *par ext* **avoir la ~ de qc** e-e Abneigung gegen etw haben
phobique [fɔbik] ADJ *névrose* phobisch; *personne*

P

an krankhafter Angst, an Phobie leidend
phocéen [fɔseɛ̃] ADJ ⟨-éenne [-eɛn]⟩ **la cité ~ne** Marseille
phonateur [fɔnatœʀ] ADJ ⟨-trice [-tʀis]⟩ stimm- und lautbildend **phonation** [-sjõ] F Stimm- und Lautbildung *f* **phonatoire** [-twaʀ] ADJ → phonateur
phone [fɔn] M Phon *n*
phonème [fɔnɛm] M Phonem *n*
phonéticien [fɔnetisjɛ̃] M, **phonéticienne** [-jɛn] F Phonetiker(in) *m(f)*
phonétique [fɔnetik] A ADJ phonetisch; Laut(schrift)...; **alphabet ~ international** Internationale Lautschrift B F Phonetik *f*; Lautlehre *f*
phonique [fɔnik] ADJ 1 PHON phonisch; Laut... 2 *(relatif aux bruits)* Geräusch...; Lärm...
phonographe [fɔnɔgʀaf] M Grammophon® *n*
phonologie [fɔnɔlɔʒi] F Phonologie *f* **phonologique** [-lɔʒik] ADJ phonologisch
phonothèque [fɔnɔtɛk] F Tonarchiv *n*; Phonothek *f*
phoque [fɔk] M Seehund *m*; Robbe *f*; *fig* **souffler comme un ~** schnauben wie ein Walross
phosphatage [fɔsfataʒ] M Phosphatdüngung *f*
phosphate [fɔsfat] M Phosphat *n*
phosphaté [fɔsfate] ADJ ⟨~e⟩ phosphathaltig; **engrais ~** Phosphatdünger *m*
phosphater [fɔsfate] V/T mit Phosphat (-dünger) düngen
phosphore [fɔsfɔʀ] M Phosphor *m*
phosphoré [fɔsfɔʀe] ADJ ⟨~e⟩ phosphorhaltig
phosphorer [fɔsfɔʀe] V/I *fam* arbeiten, dass einem der Kopf raucht
phosphorescence [fɔsfɔʀesɑ̃s] F Phosphoreszenz *f*; Nachleuchten *n* **phosphorescent** [-sɑ̃] ADJ ⟨-ente [-ɑ̃t]⟩ phosphoreszierend
phosphorique [fɔsfɔʀik] ADJ **acide** *m* **~** Phosphorsäure *f*
photo [fɔto] F (❗ feminin) 1 *image* Foto *n*; Aufnahme *f*; Bild *n*; **~ d'identité** Passbild *n*, -foto *n*; **~ en couleurs** Farbfoto *n*; **faire, prendre une ~** ein Foto, e-e Aufnahme machen; **prendre en ~** aufnehmen 2 *art* **la ~** die Fotografie; das Fotografieren
photochimie F Photochemie *f* **photocomposeuse** [-kõpozøz] F Lichtsetzmaschine *f* **photocomposition** F Licht-, Foto-, Filmsatz *m*
photocopie [fɔtɔkɔpi] F Fotokopie *f* **photocopier** [-je] V/T fotokopieren **photocopieur** [-jœʀ] M *ou* **photocopieuse** [-jøz] F Fotokopiergerät *n*; *fam* Kopierer *m*
photocopillage [fɔtɔkɔpijaʒ] M Kopierflut *f*; massenhaftes Kopieren
photo-électrique ADJ **cellule** *f* **~** Photozelle *f*
photo-finish F ⟨photos-finish⟩ Zielfoto (-grafie) *n(f)*
photogénique ADJ fotogen
photographe [fɔtɔgʀaf] M/F Fotograf(in) *m(f)* **photographie** [-i] F Fotografie *f*
photographier [fɔtɔgʀafje] V/T fotografieren; aufnehmen; *fam* knipsen **photographique** [-ik] ADJ fotografisch; Foto...
photogravure F photomechanische Druckformherstellung
photomaton® [fɔtɔmatõ] M Photomaton® *n*; Fotografierautomat *m* (für Passfotos)
photomécanique ADJ photomechanisch **photométrie** [-metʀi] F Lichtmessung *f*; Photometrie *f* **photomontage** M Fotomontage *f*
photon [fɔtõ] M PHYS Photon *n*; Licht-, Strahlungsquant *n*
photopile F Solar-, Sonnenbatterie *f* **photosensible** ADJ lichtempfindlich **photosynthèse** F Photosynthese *f* **photothèque** [-tɛk] F Bildarchiv *n*; Fotothek *f*
phrase [fʀaz] F 1 GRAM Satz *m* 2 *péj* **~s** *pl* Phrasen *fpl*; **faire des ~s** *fam* Phrasen dreschen 3 MUS Phrase *f*
phrasé [fʀaze] M MUS Phrasierung *f*
phraséologie [fʀazeɔlɔʒi] F 1 LING Phraseologie *f* 2 *péj* Phrasen *fpl*
phraser [fʀaze] V/T MUS phrasieren
phraseur [fʀazœʀ] M, **phraseuse** [-øz] F *péj* Phrasendrescher(in) *m(f)*
phréatique [fʀeatik] ADJ **nappe** *f* **~** Grundwasser(spiegel) *n(m)*
phrygien [fʀiʒjɛ̃] ADJ ⟨-ienne [-jɛn]⟩ **bonnet ~** Jakobinermütze *f*
phtisie [ftizi] F (Lungen)Schwindsucht *f*
phylloxéra [filɔkseʀa] M Reblaus(befall) *f(m)*
physicien [fizisjɛ̃] M, **physicienne** [-jɛn] F Physiker(in) *m(f)*
physico-chimique [fizikoʃimik] ADJ physikochemisch
physiologie [fizjɔlɔʒi] F Physiologie *f*
physiologique [fizjɔlɔʒik] ADJ 1 physiologisch 2 *(opposé à psychique)* physisch
physiologiste [fizjɔlɔʒist] M/F Physiologe, -login *m,f*
physionomie (❗ physionomie) [fizjɔnɔmi] F Physiognomie *f*, Gesicht *n* *(a. fig de qc)*
physionomiste [fizjɔnɔmist] ADJ **être ~** ein gutes Personengedächtnis haben
physiothérapie [fizjoteʀapi] F Physiotherapie *f*
physique[1] [fizik] F Physik *f*
physique[2] M 1 *(aspect de qn)* Äußere(s) *n*; äuße-

re Erscheinung **2** **le ~** das Körperliche; **au ~ (et au moral)** körperlich (und seelisch)

physique[3] ADJ **1** *(de la nature matérielle)* physikalisch **2** *(du corps humain)* körperlich; physisch; **amour** *m* **~** körperliche, sinnliche Liebe **3** JUR **personne** *f* **~** natürliche Person

physiquement [fizikmɑ̃] ADV **1** körperlich; physisch **2** **il est bien ~** er sieht gut aus

phytoplancton [fitoplɑ̃ktõ] M pflanzliches Plankton; *t/t* Phytoplankton *n* **phytosociologie** F Pflanzensoziologie *f*; soziologische Pflanzengeographie **phytothérapie** F Pflanzenheilkunde *f*

pi [pi] M *lettre grecque*, MATH Pi *n*

piaf [pjaf] *fam* M Spatz *m*

piaffement [pjafmɑ̃] M (ungeduldiges) Scharren, Stampfen

piaffer [pjafe] V/I **1** *cheval* mit den Vorderhufen scharren, stampfen **2** *fig* **~ d'impatience** ungeduldig von e-m Fuß auf den anderen treten

piaillement [pjajmɑ̃] M **1** *d'oiseaux* Gepiep(s)e *n* **2** *fam fig* Geschrei *n*; Gekreisch(e) *n*

piailler [pjaje] V/I **1** *oiseaux* piep(s)en **2** *fam enfants* kreischen

pianissimo [pjanisimo] ADV pianissimo

pianiste [pjanist] M/F Pianist(in) *m(f)*; Klavierspieler(in) *m(f)* *(a. amateur)*

piano [pjano] **A** M **~ (droit)** Klavier *n*; **~ à bretelles** Akkordeon *n*; **~ à queue** Flügel *m*; **jouer du ~** Klavier spielen **B** ADV **1** MUS piano **2** *fam* **allez-y ~!** *fam* sachte, sachte!

pianoter [pjanɔte] V/I **1** *péj* (auf dem Klavier) klimpern **2** *fig* **~ sur** (mit den Fingern) trommeln auf (+ *acc*)

piastre [pjastʀ] F *monnaie* Piaster *m*

piaule [pjol] F *fam (chambre) fam* Bude *f*

piaulement [pjolmɑ̃] M **1** *de petits oiseaux* Gepiep(s)e *n* **2** *fam de jeunes enfants fam* Geplärr(e) *n*; Quäken *n*

piauler [pjole] V/I **1** *petits oiseaux* piep(s)en **2** *fam jeunes enfants* plärren

PIB [peibe] M (**!** unveränderlich) ABR (produit intérieur brut) Bruttoinlandsprodukt *n*

pic[1] [pik] M **1** *outil* Spitzhacke *f*; Pickel *m* **2** *montagne* Bergspitze *f* **3** *fig d'une courbe* Spitze(nwert) *f(m)* **4** ZOOL Specht *m*

pic[2] ADV **à ~** **1** senkrecht; steil; jäh; **couler à ~** sofort, wie ein Stein untergehen **2** *fam* **tomber à ~** gerade richtig, *fam* wie gerufen kommen

picador [pikadɔʀ] M *dans une corrida* Picador *ou* Pikador *m*

picaillons [pikajõ] MPL *fam* → fric

picard [pikaʀ] **A** ADJ ⟨-arde [-aʀd]⟩ pikardisch **B** SUBST **1** **Picard(e)** *m(f)* Pikarde *m*, Pikardin *f* **2** LING **le ~** das Pikardische; Pikardisch *n*

Picardie [pikaʀdi] **la ~** die Pikardie *ou* Picardie

picaresque [pikaʀɛsk] ADJ *roman* Schelmen...; pikaresk

piccolo [pikɔlo] M **1** MUS Pikkoloflöte *f* **2** *fam (vin)* Wein *m*

pichenette [piʃnɛt] F → chiquenaude

pichet [piʃɛ] M Krug *m*; Kanne *f*

pickles [pikœls] MPL CUIS Mixed Pickles *pl*; Mixpickles *pl*

pickpocket [pikpɔkɛt] M Taschendieb *m*

pick-up [pikœp] M (**!** unveränderlich) Tonabnehmer(system) *m(n)*; Pick-up *m*

picoler [pikɔle] *fam* V/I trinken; *fam* (gern) picheln

picolo → piccolo

picorer [pikɔʀe] V/I **1** *poules* picken **2** *fam fig* ohne Appetit essen

picotement [pikɔtmɑ̃] M Kribbeln *n*

picoter [pikɔte] V/T **1** kribbeln; *fumée* **~ les yeux** in den Augen beißen **2** *poules* (an-, auf)picken

picotin [pikɔtɛ̃] M Haferration *f*

picrate [pikʀat] M **1** CHIM Pikrat *n* **2** *fam vin* schlechter Rotwein; *fam* Krätzer *m*

pictogramme [piktɔgʀam] M Piktogramm *n*; Bildzeichen *n*

pictural [piktyʀal] ADJ ⟨~e; -aux [-o]⟩ PEINT Mal...

pie[1] [pi] **A** F **1** ZOOL Elster *f*; *fam* **être bavarde, bavarder comme une ~** *fam* e-e alte Schwatzliese sein **2** *fam fig* Schwatzliese *f*; **être une vraie ~** *fam* e-e richtige Schwatzliese sein **B** ADJ (**!** unveränderlich) *cheval, bovin* gescheckt; scheckig

pie[2] ADJ F **œuvre ~** frommes Werk

pièce [pjɛs] F **1** *(unité)* Stück *n*; **pièce d'orfèvrerie** Goldschmiedearbeit *f*; *maillot de bain* **une pièce, deux pièces** ein-, zweiteilig; **à la pièce** stückweise; einzeln; **aux pièces** im Akkord; im Stücklohn; Akkord...; **cela coûte cinq euros pièce** das kostet fünf Euro pro Stück; *fig* **inventer de toutes pièces** völlig frei erfinden **2** *d'un tout, a.* TECH Teil *n*; Stück *n*; **pièce de rechange** Ersatzteil *n*; *service* **de douze pièces** zwölfteilig; **mettre en pièces** in Stücke, Fetzen reißen **3** *d'habitation* (Wohn)Raum *m*; Zimmer *n*; **un appartement de deux pièces** e-e Zweizimmerwohnung **4** *(document)* Akte *f*; Beleg *m*; Unterlage *f*; Schriftstück *n*; **pièce d'identité** Ausweis(-papier) *m(n)*; **juger sur pièces** aufgrund der Akten entscheiden **5** **pièce (de théâtre)** (Theater)Stück *n* **6** **pièce (de monnaie)** Geldstück *n*; Münze *f*; **pièce de deux euros** Zweieurostück *n*; *fig* **donner la pièce à qn** j-m ein Trinkgeld geben **7** COUT Flicken *m* **8** **pièce (d'artillerie)** Geschütz *n* **9** **pièce d'eau** Bassin *n*; Wasserbecken *n* **10** ÉCHECS (Schach)Figur *f* **11** **pièce montée** *pyramidenförmiger Kuchen (aus*

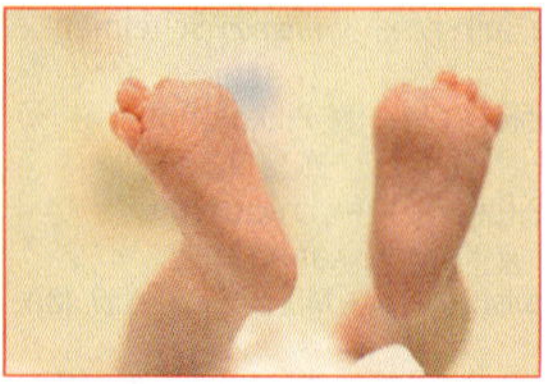

les pieds (mpl) — Füße

le pied de table — Tischbein

Windbeuteln)
piécette [pjesɛt] F kleine Münze
pied [pje] M 1 Fuß *m*; **à ~** zu Fuß; *fig* **au ~ levé** unvorbereitet; aus dem Stegreif; *fam* **comme un ~** sehr schlecht; miserabel; **des ~s à la tête** von Kopf bis Fuß; **attendre qn, qc de ~ ferme** j-m, e-r Sache gelassen, furchtlos entgegensehen; **sur le ~ de guerre** *armée* kampfbereit; *fig* gerüstet; gut vorbereitet; *dans l'eau* **avoir ~** Grund haben; stehen können; **avoir bon ~ bon œil** noch sehr rüstig sein; *fig* **avoir les ~s sur terre** mit beiden Beinen (fest) auf der Erde stehen; **faire du ~ à qn** mit j-m füßeln; *fam fig* **cela lui fera les ~s** das wird ihm e-e Lehre sein; *fig* **faire des ~s et des mains** Himmel und Hölle, alle Hebel in Bewegung setzen; **lâcher ~** zurückweichen; *fig* es aufgeben; *fig* **mettre les ~s dans le plat** ins Fettnäpfchen treten; **mettre ~ à terre** vom Pferd steigen; absitzen; *fig* **mettre à ~** entlassen; *fig* **mettre sur ~** aufbauen; ins Leben rufen; *armée* aufstellen; **perdre ~** *dans l'eau* keinen Grund mehr haben; *fig* den Boden unter den Füßen verlieren; *fig* **remettre sur ~** wieder auf die Beine bringen; *fig* **ne pas savoir sur quel ~ danser** nicht wissen, woran man ist; *fig* **vivre sur un grand ~** auf großem Fuß leben 2 *d'un animal* Fuß *m*; CUIS **~s de porc, de veau** Schweins-, Kalbsfüße *mpl* 3 *d'un meuble* Bein *n*; *d'une lampe, etc* Fuß *m*; PHOT Stativ *n*; **verre *m* à ~** Stielglas *n* 4 *(partie basse)* Fuß *m*; *d'un lit* Fußende *n*; **au ~ de** am Fuß (+ *gén*); *fig* **mettre qn au ~ du mur** j-n in die Enge treiben; **être à ~ d'œuvre** an Ort und Stelle sein 5 **~ de salade** Salatpflanze *f*; **~ de vigne** Wein-, Rebstock *m*; *récolte* **vendre sur ~** auf dem Halm verkaufen 6 *ancienne mesure* Fuß *m*; *fig* **faire un ~ de nez à qn** j-m e-e lange Nase machen 7 *fam* **c'est le ~** *fam* das ist einfach klasse, ganz toll; *fam* **c'est pas le ~** *fam* das ist nicht das Wahre; *fam* **prendre son ~** s-n Spaß daran haben
pied-à-terre [pjetatɛʀ] M (! unveränderlich) Zweitwohnung *f*; Bleibe *f*
pied-de-biche [pjedbiʃ] M ⟨pieds-de-biche⟩ 1 TECH Geißfuß *m* 2 COUT (Näh)Fuß *m*
pied-de-poule [pjedpul] M ⟨pieds-de-poule⟩ (Stoff *m* mit) Hahnentritt(muster) *m(n)*; Pepita *m ou n*
piédestal [pjedɛstal] M ⟨-aux [-o]⟩ Postament *n*; Piedestal *n*; Sockel *m*; *fig* **mettre qn sur un ~** *fam* j-n anhimmeln
pied-noir M/F ⟨pieds-noirs⟩ Algerienfranzose *m*, -französin *f*

Les pieds-noirs

Die **pieds-noirs** sind Algerienfranzosen, die Algerien wegen des Kriegs (**la guerre d'Algérie**) verließen und nach Frankreich zurückkehrten. 1830 war Algerien unter Napoleon III. französische Kolonie geworden. Viele Franzosen siedelten sich damals dort an. Wegen des blutigen Algerienkriegs, der 1954 begann und mit der Unabhängigkeitserklärung 1962 endete, flohen nahezu eine Million pieds-noirs ins französische Mutterland. Der Ausdruck pieds-noirs geht wahrscheinlich auf die ersten französischen Beamten zurück, die in die Kolonie kamen, weiß gekleidet, aber mit den typischen schwarzen Stiefeln (**bottines noires**).

LANDESKUNDE

piège [pjɛʒ] M 1 Falle *f (a. fig)*; **être pris au ~** in die Falle gehen; *fig* **tendre un ~ à qn** j-m e-e Falle stellen 2 *adjt* **question** *f* **~** Fangfrage *f*
piégé [pjeʒe] ADJ ⟨~e⟩ **lettre, voiture ~e** Brief-, Autobombe *f*
piéger [pjeʒe] V/T ⟨-è-, -ge-⟩ 1 *animaux* mit e-r Falle fangen 2 *fig* **~ qn** j-m e-e Falle stellen; **se faire ~** in die Falle gehen
Piémont [pjemõ] **le ~** Piemont *n*
piémontais [pjemõtɛ] A ADJ ⟨-aise [-ɛz]⟩ piemontesisch; piemontisch B SUBST **Piémontais(e)** M(F) Piemontese, -tesin *m,f*
piercing [piʀsiŋ] M Piercing *n*
pierraille [pjɛʀaj] F grober Kies
pierre [pjɛʀ] F 1 Stein *m*; **la première ~** der Grundstein *(a. fig)*; **~ de taille** Quader(stein) *m*; Haustein *m*; *fig* **cœur** *m* **de ~** Herz *n* aus Stein;

P

fig **faire d'une ~ deux coups** zwei Fliegen mit einer Klappe schlagen; **jeter la ~ à qn** j-n verurteilen, verdammen; den Stab über j-n brechen; *jour* **marquer d'une ~ blanche** im Kalender rot anstreichen **2** **~ (précieuse)** (Edel)-Stein *m*; **~ fine** Halbedelstein *m*

Pierre [pjɛʀ] M Peter *m*; *saint* Petrus *m*

pierreries [pjɛʀʀi] FPL Edelsteine *mpl*

pierreux [pjɛʀø] ADJ ⟨-euse [-øz]⟩ steinig

pietà [pjeta] F (! unveränderlich) Pieta *f*; Vesperbild *n*

piétaille [pjetaj] F *iron* Fußvolk *n*

piété [pjete] F **1** Frömmigkeit *f* **2** *st/s* (*respect*) Pietät *f*; **~ filiale** *st/s* Kindesliebe *f*

piètement [pjɛtmɑ̃] M *d'un siège* Beine *npl*; Füße *mpl*

piétinement [pjetinmɑ̃] M **1** Stampfen *n*; Trampeln *n*; *de chevaux* (Huf)Getrappel *n* **2** *par ext* Auf-der-Stelle-Treten *n* (*a. fig*); *fig de négociations* Stagnieren *n*; Stocken *n*

piétiner [pjetine] **A** V/T zertrampeln; zertreten; niedertrampeln (*a. qn*) **B** V/I kaum von der Stelle kommen; *fig* auf der Stelle treten

piétisme [pjetism] M Pietismus *m*

piétiste **A** ADJ pietistisch **B** M/F Pietist(in) *m(f)*

piéton [pjetõ] **A** M Fußgänger *m* **B** ADJ ⟨-onne [-ɔn]⟩ Fußgänger…; **zone piétonne, rue(s) piétonne(s)** Fußgängerzone *f*

piétonnier [pjetɔnje] ADJ ⟨-ière [-jɛʀ]⟩ Fußgänger…

piètre [pjɛtʀ] ADJ miserabel; armselig; **~ consolation** *f* schwacher Trost

pieu [pjø] M ⟨~x⟩ **1** Pfahl *m*; Pfosten *m*; Pflock *m* **2** *fam* (*lit*) *fam* Falle *f*; *fam* Klappe *f*

pieusement [pjøzmɑ̃] ADV **1** **mourir ~** als frommer Mensch, im Glauben sterben **2** (*avec respect*) pietät-, liebevoll

pieuter [pjøte] V/PR *fam* **se ~** *fam* sich in die Falle hauen

pieuvre [pjœvʀ] F Krake *m*

pieux [pjø] ADJ ⟨pieuse [pjøz]⟩ **1** fromm; *fig* **~ mensonge** fromme Lüge; Notlüge *f* **2** (*respectueux*) pietät-, liebevoll

pif [pif] M *fam* (*nez*) *fam* Zinken *m*

pif(f)er [pife] V/T *fam* **ne pas pouvoir ~ qn** *fam* j-n nicht riechen können

pifomètre [pifɔmɛtʀ] M *fam* **au ~** nach Augenmaß; über den Daumen gepeilt

pige [piʒ] F **1** *journaliste* **être payé à la ~** ein Zeilenhonorar bekommen **2** *argot* (*année d'âge*) Jahr *n*

pigeon [piʒõ] M **1** ZOOL Taube *f* **2** *fig* **le ~** der Dumme, Geprellte

pigeonnant [piʒɔnɑ̃] ADJ ⟨-ante [-ɑ̃t]⟩ **soutien-gorge ~** Stütz-BH *m*

pigeonne [piʒɔn] F Täubin *f* **pigeonneau** [-o] M ⟨~x⟩ Täubchen *n*; junge Taube

pigeonner [piʒɔne] *fam* V/T *fam* ausnehmen; *fam* aufs Kreuz legen

pigeonnier [piʒɔnje] M Taubenschlag *m*, -haus *n*

piger [piʒe] V/T ⟨-ge-⟩ *fam* kapieren

pigiste [piʒist] M nach Zeilen bezahlter Journalist

pigment [pigmɑ̃] M Pigment *n*

pigmentation [pigmɑ̃tasjõ] F Pigmentierung *f*

pigmenté [pigmɑ̃te] ADJ ⟨~e⟩ pigmentiert

pignon [piɲõ] M **1** ARCH Giebel *m*; *fig* **avoir ~ sur rue** wohlhabend, gut situiert sein **2** TECH (Getriebe)Zahnrad *n*; Ritzel *n* **3** BOT Pinienkern *m*

pignouf [piɲuf] *fam* M Flegel *m*; Lümmel *m*

pilaf [pilaf] M (**riz** M) **~** Pilau *ou* Pilaw *m*

pilastre [pilastʀ] M Pilaster *m*; Wandpfeiler *m*

pile[1] [pil] F **1** (*tas*) Stapel *m*; Stoß *m* **2** *d'un pont* Brückenpfeiler *m* **3** **~ (électrique)** Batterie *f*; **~ solaire** Solarzelle *f* **4** *d'une pièce de monnaie* **côté** *m* **~** Rück-, Schriftseite *f*; **~ ou face?** Kopf oder Zahl?

pile[2] *fam* ADV **s'arrêter ~** *fam* mit einem Schlag stehen bleiben; **ça tombe ~** das kommt wie gerufen; **à deux heures ~** Punkt zwei Uhr

piler [pile] V/T **1** (*broyer*) zerstampfen; zerstoßen; zerkleinern **2** *fam* (*s'arrêter pile*) *fam* mit einem Schlag anhalten

pileux [pilø] ADJ ⟨-euse [-øz]⟩ Haar…; **système ~** Behaarung *f*

pilier [pilje] M **1** ARCH Pfeiler *m* **2** *péj de qn* **c'est un ~ de bistrot** er hockt immer in der Kneipe **3** *fig personne, chose* **les ~s d'un régime**, *etc* die Säulen *fpl*, Pfeiler *mpl* e-s Regimes *etc* **4** RUGBY Stürmer *m* der ersten Reihe

pillage [pijaʒ] M Plünderung *f* **pillard** [-aʀ] M Plünderer *m* **piller** [-e] V/T (aus)plündern **pilleur** [-œʀ] M Plünderer *m*

pilon [pilõ] M **1** Stößel *m*; CUIS Stampfer *m*; TYPO **mettre au ~** einstampfen **2** CUIS *d'un poulet* Unterschenkel *m*

pilonnage [pilɔnaʒ] M MIL Trommelfeuer *n*; AVIAT pausenloses Bombardement **pilonner** [-e] V/T MIL unter Trommelfeuer nehmen; AVIAT pausenlos bombardieren

pilori [pilɔʀi] M HIST Pranger *m*; **mettre qn au ~** j-n an den Pranger stellen; *fig a.* j-n anprangern

pilosité [pilozite] F Behaarung *f*

pilotage [pilɔtaʒ] M **1** AVIAT, AUTO Führung *f*; Steuerung *f*; **~ sans visibilité** Blindflug *m* **2** MAR Lotsen(dienst) *n(m)*

pilote [pilɔt] M **1** AVIAT Pilot *m*; Flugzeugführer *m*; **~ automatique** Autopilot *m*; **~ de chas-**

P

se Jagdflieger *m*; **~ de ligne** Pilot e-r Linienmaschine **2** MAR Lotse *m* **3** *d'une voiture de course* (Renn)Fahrer *m*; Pilot *m* **4** *adjt* Modell...; Muster...; Versuchs...; Pilot...; **classe** *f* **~** Modellklasse *f*; **projet** *m* **~** Pilotprojekt *n*

piloter [pilɔte] VT **1** *avion* fliegen; steuern; *voiture* fahren; lenken **2** *fig qn* führen; lotsen

pilotis [pilɔti] M Pfahl(werk) *m(n)*; **maisons** *fpl* **sur ~** Pfahlbauten *mpl*

pilule [pilyl] F Pille *f*; **la ~ du lendemain** die Pille danach; *fig* **avaler la ~** die bittere Pille schlucken; *affront* es schlucken, einstecken (müssen); *fig* **dorer la ~ à qn** j-m die bittere Pille versüßen

pimbêche [pɛ̃bɛʃ] F eingebildete Person, *fam* Pute

piment [pimɑ̃] M **1** **~ (rouge)** Chili *m*; Peperoni *f*; **~ doux** Paprika(schote) *m(f)* **2** *fig* Würze *f*

pimenter [pimɑ̃te] VT **1** scharf würzen; **pimenté** sehr scharf **2** *fig* Würze verleihen (+ *dat*)

pimpant [pɛ̃pɑ̃] ADJ ⟨-ante [-ɑ̃t]⟩ adrett; fesch

pimprenelle [pɛ̃pʀənɛl] F BOT Wiesenknopf *m*

pin [pɛ̃] M Kiefer *f*

pinacle [pinakl] M ARCH Fiale *f*; *fig* **porter qn au ~** j-n überschwänglich loben

pinailler [pinaje] *fam* VI kleinlich, *fam* pingelig sein; **~ sur qc** *fam* an etw (*dat*) herumnörgeln

pinailleur [pinajœʀ], **pinailleuse** [-øz] *fam* **A** M,F Kleinigkeitskrämer(in) *m(f)* **B** ADJ *fam* pingelig

pinard [pinaʀ] *fam* M Wein *m*

pince [pɛ̃s] F **1** *outil* Zange *f*; **~ universelle** Kombizange *f*; **~ à épiler** Pinzette *f* **2** *pour serrer* Klemme *f*; Klammer *f*; **~ à cheveux** Haarklemme *f*, -klammer *f*; **~ à linge** Wäscheklammer *f* **3** *des crabes, etc* Schere *f* **4** COUT Abnäher *m* **5** *fam (main)* **serrer la ~ à qn** *fam* j-m die Flosse schütteln **6** *fam (pied)* **à ~s** *fam* per pedes

pincé [pɛ̃se] ADJ ⟨~e⟩ *air* verkniffen; *sourire* gezwungen

pinceau [pɛ̃so] M ⟨~x⟩ **1** Pinsel *m* **2** **~x** *fam (pieds) fam* Quanten *pl*

pincée [pɛ̃se] F **une ~ de sel** e-e Prise Salz

pincement [pɛ̃smɑ̃] M *fig* **~ au cœur** Stich *m* ins Herz

pince-monseigneur F ⟨pinces-monseigneur⟩ Brecheisen *n*, -stange *f* **pince-nez** M (! unveränderlich) Kneifer *m*; Zwicker *m*

pincer [pɛ̃se] ⟨-ç-⟩ **A** VT **1** kneifen, zwicken (**qn** j-n; **qc à qn** j-n in etw [*acc*]) **2** *lèvres* zusammenkneifen, -pressen **3** MUS *cordes* zupfen **4** *fam fig malfaiteur fam* erwischen; *fam* schnappen; **se faire ~** erwischt, geschnappt werden **5** *fig du froid* beißen; *fam* **ça pince dur** es ist bitter, grimmig kalt **B** VI *fam* **en ~ pour qn** *fam* in j-n verknallt sein **C** VPR **se ~ le doigt** sich (*dat*) den Finger (ein)klemmen

pince-sans-rire M/F (! unveränderlich) **c'est un(e) ~** er *ou* sie hat e-n trockenen Humor

pincette [pɛ̃sɛt] F **1** *pour le feu* **~s** *pl* Feuerzange *f*; *fig* **il n'est pas à prendre avec des ~s** er ist (heute) mit Vorsicht zu genießen **2** TECH Pinzette *f*

pinçon [pɛ̃sõ] M roter Fleck (*vom Kneifen*)

pineau [pino] M **~ des Charentes** *Aperitif aus Traubenmost u. Cognac*

pinède [pinɛd] F Kiefern-, Pinienwald *m*

pingouin [pɛ̃gwɛ̃] M Alk *m*; (*manchot*) Pinguin *m*

ping-pong [piŋpõg] M (! unveränderlich) Tischtennis *n*

pingre [pɛ̃gʀ] ADJ knaus(e)rig **pingrerie** [-əʀi] F *péj* Knaus(e)rigkeit *f*; Pfennigfuchserei *f*

pinot [pino] M Pinot *m*; Burgunderrebe *f*

pin-pon [pɛ̃põ] INT **~! ~!** tatütata!

pin's [pins] M (Ansteck)Abzeichen *n*

pinson [pɛ̃sõ] M Buchfink *m*; *fig* **gai comme un ~** *fam* quietschvergnügt

pintade [pɛ̃tad] F Perlhuhn *n* **pintadeau** [-o] M ⟨~x⟩ junges Perlhuhn

pinte [pɛ̃t] F Schoppen *m* **pinter** [-e] *fam* VI *fam* ordentlich picheln; *pop* saufen

pin-up [pinœp] F (! unveränderlich) Pin-up-Girl *n*

pioche [pjɔʃ] F Hacke *f*

piocher [pjɔʃe] **A** VT *terre* (auf-, um)hacken **B** VI JEUX e-n Stein *ou* e-e Karte vom Haufen nehmen; *fig* **~ dans le tas** aufs Geratewohl eine(n, -s) herausgreifen

la pique — Lanze

le pique — Pik

piolet [pjɔlɛ] M Eispickel *m*
pion [pjõ] M 1 (*f* **pionne** [pjɔn]) *fam* ÉCOLE Aufsichtführende(r) *m/f(m)* 2 ÉCHECS Bauer *m* 3 DAMES Stein *m*
pioncer [pjõse] V/I ⟨-ç-⟩ *fam* pennen
pionne [pjɔn] F → pion 1
pionnier [pjɔnje] M, **pionnière** [-jɛʀ] F 1 HIST (*colon*) Kolonist(in) *m(f)* 2 *fig* Pionier(in) *m(f)*
pipe [pip] F (Tabaks)Pfeife *f*; *fam fig* **casser sa ~** *pop* ins Gras beißen
pipeau [pipo] M ⟨~x⟩ Hirtenflöte *f*
pipelette [piplɛt] F *fam* Klatschbase *f*
pipeline *ou* **pipe-line** [pajplajn, piplin] M Pipeline *f*
piper [pipe] V/T 1 **ne pas ~ (mot)** kein Wort sagen 2 *cartes* zinken; *dés* fälschen
piperade [pipeʀad] F *Omelett mit Paprika u. Tomaten*
pipette [pipɛt] F Pipette *f*; Stechheber *m*
pipi [pipi] M *enf ou fam* Pipi *n*; *fam* **la dame ~** *fam* die Klofrau; **faire ~** *enf* Pipi machen; *par ext fam* pinkeln
piquage [pikaʒ] M COUT Maschinennähen *n*; (Ab)Steppen *n*
piquant [pikɑ̃] A ADJ ⟨-ante [-ɑ̃t]⟩ 1 *plante, barbe* stach(e)lig 2 *froid* schneidend 3 **sauce ~e** pikante Soße B M 1 BIOL Stachel *m* 2 *litt* **le ~** das Pikante (**de l'affaire** an der Sache); **ne pas manquer de ~** e-r gewissen Pikanterie nicht entbehren
pique[1] [pik] F 1 *arme* Pike *f*; Spieß *m*; Lanze *f* 2 *fig* **envoyer, lancer des ~s à qn** gegen j-n sticheln
pique[2] M *aux cartes* Pik *n*; Schippen *n*
piqué [pike] A ADJ ⟨~e⟩ 1 COUT (ab)gesteppt 2 *miroir* fleckig; *livre* stockfleckig; **~ (des vers)** wurmstichig 3 CUIS **~ d'ail** mit Knoblauch gespickt 4 *fam fig* (*fou*) **être un peu ~** *fam* e-n leichten Stich haben B M 1 TEXT Pikee *m* 2 AVIAT **en ~** im Sturzflug
pique-assiette M/F (! unveränderlich) Schmarotzer *m*; *fam* Nassauer *m* **pique-fleurs** M (! unveränderlich) Blumenstecker *m*
pique-nique [piknik] M ⟨pique-niques⟩ Picknick *n* **pique-niquer** [-e] V/I picknicken; Picknick machen **pique-niqueurs** [-œʀ] MPL Leute *pl*, die picknicken, Picknick machen
piquer [pike] A V/T 1 *avec une aiguille, etc* stechen; *fam* pik(s)en; *olives, viande* aufspießen; *épingles, fleurs* **~ dans qc** in etw (*acc*) stecken 2 MÉD e-e Spritze geben (**qn** j-m); spritzen; *par ext* **faire ~ son chien** s-n Hund einschläfern lassen 3 *guêpe, épines, etc: qn ou abs* stechen; *serpent, puce* beißen; *orties* brennen; *barbe* kratzen 4 *par ext fumée* beißen (**les yeux** in den Augen); *froid* schneiden (**le visage** ins Gesicht) 5 COUT (ab)steppen 6 *fig curiosité de qn* wecken 7 *fam colère, etc fam* plötzlich kriegen; *fam* **~ une crise** *fam* e-n Tobsuchtsanfall kriegen; *fam* **~ un cent mètres** *fam* lossspurten 8 *fam fig* (*voler*) *fam* klauen 9 *fam fig voleur fam* schnappen; *fam* **se faire ~** *fam* sich erwischen lassen B V/I *avion* **~ (du nez)** im Sturzflug niedergehen C V/PRON 1 **se ~ le doigt** sich (*dat*) in den Finger stechen 2 *diabétique, drogué* **se ~** sich spritzen 3 *fig personne* **se ~ de qc** sich (*dat*) etwas auf etw (*acc*) einbilden
piquet [pikɛ] M 1 Pflock *m*; **~ de tente** Hering *m* 2 **~ de grève** Streikposten *mpl* 3 *élève* **il est au ~** er muss in der Ecke stehen
piqueté [pikte] ADJ ⟨~e⟩ **~ de** übersät mit
piquette [pikɛt] F *fam* (*vin acide*) *fam* Rachenputzer *m*; Krätzer *m*
piqueuse [pikøz] F COUT Stepperin *f*; Näherin *f*
piquouse [pikuz] F *fam* (*piqûre*) Spritze *f*; *des drogués fam* Schuss *m*
piqûre [pikyʀ] F 1 *d'insecte* Stich *m*; *d'ortie* Brennen *n*; **~ de moustique** Mückenstich *m*; *abus* **~ de serpent** Schlangenbiss *m* 2 MÉD Spritze *f*; Injektion *f*; **faire une ~ à qn** j-m e-e Spritze geben 3 COUT Steppnaht *f*
piranha [piʀana] M Piranha *m*
piratage [piʀataʒ] M Raubkopieren *n*; **~ informatique** Hacken *n*
pirate [piʀat] M 1 Seeräuber *m*; Pirat *m*; **~ de l'air** Luftpirat *m*; Flugzeugentführer *m* 2 *de logiciels, cassettes* Raubkopierer *m*; INFORM Hacker *m* 3 *adjt* **radio** *f* **~** Piratensender *m*
pirater [piʀate] V/T raubkopieren

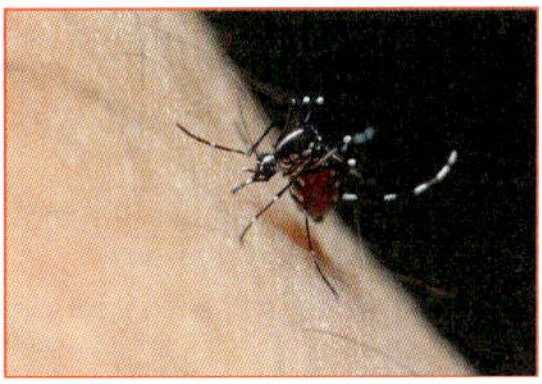

la piqûre — Stich

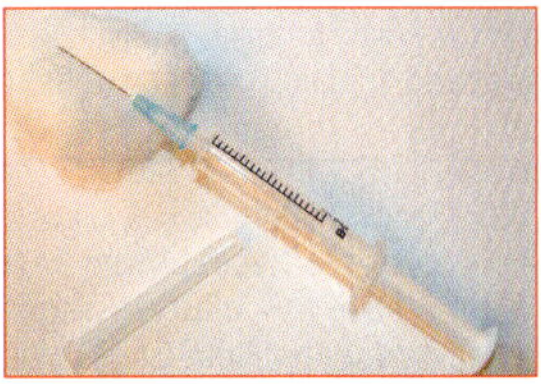

la piqûre — Spritze

pirateterie [piʀatʀi] F Seeräuberei *f*; Piraterie *f* (*a.* COMM)

pire [piʀ] **A** ADJ **1** ⟨*comp von* **mauvais**⟩ schlimmer **2** ⟨*sup von* **mauvais**⟩ **le, la ~** der, die, das schlimmste **B** SUBST **le ~** das Schlimmste

Pirée Le ~ [ləpiʀe] Piräus *n*

pirogue [piʀɔg] F Piroge *f*; Einbaum *m*

pirouette [piʀwɛt] F Drehung *f* um sich selbst; DANSE, SPORTS Pirouette *f*; *fam fig* **répondre par des ~s** e-r Frage mit ein paar Scherzen ausweichen

pirouetter [piʀwɛte] V/I Pirouetten, e-e Pirouette drehen

pis[1] [pi] M Euter *n*

pis[2] ADV **1** ⟨*comp von* **mal**⟩ schlimmer; **de mal en ~** zunehmend, immer schlechter **2** ⟨*sup von* **mal**⟩ **au ~ aller** im schlimmsten Fall

pis-aller [pizale] M (**!** unveränderlich) Notlösung *f*; (Not)Behelf *m*

piscicole [pisikɔl] ADJ Fischzucht…; **entreprise** *f* **~** Fischzuchtbetrieb *m*

pisciculteur [pisikyltœʀ] M Fischzüchter *m*
pisciculture [-yʀ] F Fischzucht *f*

piscine [pisin] F Schwimmbad *n*; (*bassin*) Schwimmbecken *n*; *privée* Swimmingpool *m*; **~ couverte** Hallen(schwimm)bad *n*; **~ en plein air** Freibad *n*

Pise [piz] Pisa *n*; **la Tour (penchée) de ~** der Schiefe Turm von Pisa

pisé [pize] M **maison** *f* **en ~** Lehmhaus *n*

pissaladière [pisaladjɛʀ] F *provenzalische Pizza*

pisse [pis] F *pop* Pisse *f* **pisse-froid** *fam* M (**!** unveränderlich) *fam* Sauertopf *m*

pissenlit [pisɑ̃li] M Löwenzahn *m*; *fam fig* **manger les ~s par la racine** *fam* (sich [*dat*]) die Radieschen von unten ansehen

pisser [pise] V/I *fam* **1** (*uriner*) *fam* pinkeln **2** *fig robinet* spritzen

pisseuse [pisøz] F *fam péj* (*petite fille*) *pop* Rotzgöre *f*; (*jeune fille*) *pop* Pissnelke *f*

pisseux [pisø] ADJ ⟨-euse [-øz]⟩ **1** *fam* nach Urin stinkend **2** *couleur* vergilbt

pissotière [pisɔtjɛʀ] *fam* F Pissoir *n*

pistache [pistaʃ] F **1** Pistazie *f* **2** **(vert) ~** (**!** unveränderlich) pistaziengrün

pistachier [pistaʃje] M Pistazie *f* (*Baum*)

pistard [pistaʀ] M CYCLISME Bahn(renn)fahrer *m*

piste [pist] F **1** (*trace*) Spur *f*, Fährte *f* (*a. fig*) **2** *dans le désert* Piste *f*; *dans la jungle* (Trampel)Pfad *m*; **~ cyclable** Rad(fahr)weg *m* **3** AVIAT Rollbahn *f*; Piste *f*; **~ d'atterrissage** Landebahn *f* **4** SPORTS (Renn)Bahn *f*; SKI, CYCLISME *a.* Piste *f*; **~ (de ski) de fond** (Langlauf)Loipe *f* **5** **~ de danse** Tanzfläche *f* **6** CIRQUE Manege *f*; Arena *f* **7** TECH Spur *f*; *d'une carte bancaire* **~ magnétique** Magnetstreifen *m*

pister [piste] V/T **~ qn** die Spur j-s verfolgen

pistil [pistil] M BOT Stempel *m*

pistole [pistɔl] F Pistole *f* (*Goldmünze*)

pistolet [pistɔlɛ] M **1** *arme* Pistole *f* **2** TECH Spritzpistole *f*; **peindre au ~** spritzen; spritzlackieren

pistolet-mitrailleur M ⟨pistolets-mitrailleurs⟩ Maschinenpistole *f*

piston [pistõ] M **1** TECH Kolben *m* **2** *fig* (gute) Beziehungen *fpl*; *fam* Vitamin B *n*

pistonner [pistɔne] V/T **~ qn** j-n protegieren; **se faire ~** s-e Beziehungen spielen lassen

pistou [pistu] M **au ~** mit Basilikum

pitance [pitɑ̃s] F **maigre ~** schmale Kost

pitbull [pitbyl, -bul] M ZOOL Pitbull *m*

pitchoun [pitʃun] M/F *régional, terme d'affection* Kleine(r) *m/f(m)*

piteux [pitø] ADJ ⟨-euse [-øz]⟩ erbärmlich; jämmerlich; kläglich

pithiviers [pitivje] M *mit Mandelcreme gefüllter Blätterteigkuchen*

pitié [pitje] F Mitleid *n*; Erbarmen *n*; **par ~!** ich bitte Sie!; **sans ~** erbarmungslos; **avoir ~ de qn** Mitleid mit j-m haben; **il me fait ~** er tut mir leid; *péj* **à faire ~** zum Erbarmen; **prendre qn en ~** j-n bemitleiden

piton [pitõ] M **1** *clou* Felshaken *m*; **~ (à vis)** Ringschraube *f*; Schraubhaken *m* **2** *rocheux* Bergspitze *f*

pitoyable [pitwajabl] ADJ **1** mitleiderregend; erbarmenswert **2** *péj* erbärmlich; jämmerlich; kläglich

pitre [pitʀ] M Hanswurst *m*

pitreries [pitʀəʀi] FPL Hanswurstiaden *fpl*; dumme Späße *mpl*; Possen *mpl*

pittoresque [pitɔʀɛsk] ADJ **1** *site* malerisch; pittoresk; *personnage* originell **2** *langage* bilderreich; *style* bildhaft

pivert [pivɛʀ] M Grünspecht *m*

pivoine [pivwan] F Pfingstrose *f*

pivot [pivo] M **1** TECH Zapfen *m* **2** *fig* (Dreh- und) Angelpunkt *m* **3** **dent** *f* **à, sur ~** Stiftzahn *m*

pivotant [pivɔtɑ̃] ADJ ⟨-ante [-ɑ̃t]⟩ Dreh…; **fauteuil ~** Drehsessel *m*

pivoter [pivɔte] V/I sich drehen; **~ sur ses talons** sich auf dem Absatz umdrehen

pixel [piksɛl] M Bild-, Rasterpunkt *m*

pizza [pidza] F Pizza *f*

pizzeria [pidzɛʀja] F Pizzeria *f*

P.J. [peʒi] F ABR *fam* (**police judiciaire**) Kripo *f*

placage [plakaʒ] M *en bois* Furnier *n*

placard [plakaʀ] M **1** Wandschrank *m* **2** **~ publicitaire** Großanzeige *f*

P

placarder [plakaʀde] VT anschlagen

place [plas] F (! feminin) 1 Platz *m*; Raum *m*; Stelle *f*; **place (pour se garer)** Parkplatz *m*; **à la place** stattdessen; dafür; **à ta place** an deiner Stelle; **à la place de** anstelle von (*ou + gén*); (an)statt (*+ gén, fam + dat*); **être en place** bereitstehen; **mettre en place** *service d'ordre* aufstellen; **se mettre à la place de qn** sich in die Lage, an die Stelle j-s versetzen; **prendre, tenir beaucoup de place** viel Platz, Raum einnehmen; **se rendre sur place** sich an Ort und Stelle begeben 2 (*siège*) (Sitz)Platz *m*; Sitz *m*; THÉ *a.* Karte *f*; CH DE FER **louer, réserver sa place** e-e Platzkarte kaufen; **prendre place** Platz nehmen; **ne pas rester, tenir en place** ständig in Bewegung sein; *fam* kein Sitzfleisch haben 3 (*emploi*) Stelle *f*; Anstellung *f*; Posten *m* 4 (*rang*) Platz *m*; Rang *m*; *fig* **remettre qn à sa place** j-n in s-e Schranken (ver)weisen, zurechtweisen 5 *lieu public* Platz *m*; **place du marché** Marktplatz *m* 6 MIL **place forte** Festung *f* 7 FIN Börsenplatz *m*

placé [plase] ADJ ⟨~e⟩ **être bien, mal ~** e-n guten, schlechten Platz haben; *fig* **il est bien ~ pour le savoir** er muss es doch schließlich wissen; *fig* **c'est de la fierté mal ~e** Stolz ist hier nicht angebracht, fehl am Platz

placebo [plasebo] M Placebo *n*

placement [plasmɑ̃] M 1 FIN (Geld-, Kapital-) Anlage *f* 2 *de demandeurs d'emploi, etc* Unterbringung *f*

placenta [plasɛ̃ta] M Plazenta *f*; Mutterkuchen *m*

placer [plase] ⟨-ç-⟩ A VT 1 *objet* (hin)stellen, (-)legen, (-)setzen; **~ qn** *au cinéma* j-m s-n Platz anweisen; *à table* j-n setzen, platzieren 2 *remarque, anecdote* anbringen; **ne pas (pouvoir) ~ un mot** nicht zu Wort kommen 3 *demandeur d'emploi, enfant, malade* unterbringen 4 *argent* anlegen B V/PR 1 **se ~** Platz nehmen; *fig* **se ~ à un certain point de vue** sich auf e-n bestimmten Standpunkt stellen 2 SPORTS **se ~ deuxième** sich als Zweiter platzieren

placeur [plasœʀ] M 1 THÉ, FILM Platzanweiser *m* 2 Stellenvermittler *m*

placide [plasid] ADJ ruhig; gelassen **placidité** [-ite] F (innere) Ruhe; Sanftmut *f*

placier [plasje] M COMM Platzvertreter *m*, -agent *m*

placoplâtre [plakɔplatʀ] M Gipskartonplatte *f*

plafond [plafõ] M 1 *d'une pièce* (Zimmer)Decke *f*; **faux ~** Zwischendecke *f* 2 AVIAT Gipfelhöhe *f*; größte Steighöhe 3 *limite* Höchst-, Obergrenze *f*; Limit *n*; *de la Sécurité sociale* Beitragsbemessungsgrenze *f*; *fam* **crever le ~** die Höchstgrenze überschreiten

plafonnement [plafɔnmɑ̃] M Erreichung *f* e-r Höchstgrenze

plafonner [plafɔne] VI 1 *avion* die größte Steighöhe, *voiture* die Höchstgeschwindigkeit erreichen 2 *production, salaires* die Höchstgrenze erreichen (**à** bei)

plafonnier [plafɔnje] M Deckenlampe *f*

plage [plaʒ] F 1 (*rivage*) (Bade)Strand *m*; **~ de sable** Sandstrand *m* 2 (*station balnéaire*) Seebad *n* 3 **~ arrière** AUTO Ablagefläche *f* hinter dem Rücksitz; MAR Achterdeck *n* 4 (*durée limitée*) Zeit(-spanne) *f*; Block *m* (*a.* RAD)

plagiaire [plaʒjɛʀ] M/F Plagiator *m* **plagiat** [-a] M Plagiat *n* **plagier** [-e] VT plagiieren

plagiste [plaʒist] M/F Strandpächter(in) *m(f)*

plaid [plɛd] M Plaid *n*; Reisedecke *f*

plaidable [plɛdabl] ADJ **cause** *f* **~** vertretbare Sache

plaidant [plɛdɑ̃] ADJ ⟨-ante [-ɑ̃t]⟩ *avocat* s-e Partei vor Gericht vertretend

plaider [plɛde] VT *et* VI 1 **~ la cause de qn, ~ pour qn** *avocat* die Sache j-s, j-n vor Gericht vertreten; *fig* sich für j-n einsetzen; für j-n eintreten; *accusé* **~ coupable** sich schuldig bekennen 2 (*faire un procès*) **~ contre qn** gegen j-n prozessieren

plaideur [plɛdœʀ] M, **plaideuse** [-øz] F Prozessführende(r) *m/f(m)*; Prozesspartei *f*

plaidoirie [plɛdwaʀi] F JUR Plädoyer *n*

plaidoyer [plɛdwaje] M *fig* Plädoyer *n*

plaie [plɛ] F 1 Wunde *f* (*a. fig*) 2 *fam fig de qn* Ekel *n*; *de qc* Plage *f*; **quelle ~!** so e-e Plage!

plaignant [plɛɲɑ̃] M, **plaignante** [-ɑ̃t] F Kläger(in) *m(f)*

plain-chant [plɛ̃ʃɑ̃] M ⟨plains-chants⟩ (gregorianischer) Choral

plaindre [plɛ̃dʀ] ⟨→ craindre⟩ A VT bedauern; bemitleiden; **je plains qn** *a.* j-d tut mir leid; **il n'est pas à plaindre** er kann sich nicht beklagen B V/PR 1 **se plaindre** klagen, sich beklagen (**de** über *+ acc*) 2 (*protester*) **se plaindre** sich beschweren (**à qn** bei j-m; **de** über *+ acc*)

plaine [plɛn] F Ebene *f*

plain-pied [plɛ̃pje] ADV **de ~** auf gleicher Höhe, Ebene; *fig* geradewegs; *fig* **se sentir de ~ avec qn** sich j-m ebenbürtig fühlen

plainte [plɛ̃t] F 1 (*gémissement*) Klage *f*; Klagelaut *m* 2 (*grief*) Klage *f*; Beschwerde *f* 3 JUR Strafantrag *m*; (Straf)Anzeige *f*; **déposer une ~, porter ~** e-n Strafantrag stellen, Anzeige erstatten (**contre** gegen)

plaintif [plɛ̃tif] ADJ ⟨-ive [-iv]⟩ jammernd; kläglich

plaire [plɛʀ] ⟨je plais, il plaît, nous plaisons; je plaisais; je plus; je plairai; que je plaise; plaisant; plu (*inv*)⟩ A VT INDIR **~ à qn** j-m gefal-

P

len, zusagen; *fam* bei j-m gut ankommen **B** V/IMP **quand il vous plaira** wann Sie wollen; **s'il te plaît, s'il vous plaît** (*abr* **S.V.P.**) bitte **C** V/PR **1** **se ~ à faire qc** Gefallen, Vergnügen daran finden, etw zu tun **2** **se ~ avec qn** gern mit j-m zusammen sein **3** **je me plais à Paris** es gefällt mir (gut) in Paris; ich bin gern in Paris; *plante* **se ~** *dans un lieu* gut gedeihen **4** *réciproquement* **se ~** einander, sich (*dat*) gefallen

plais [plɛ] → plaire

plaisamment [plɛzamɑ̃] ADV → plaisant A

plaisance [plɛzɑ̃s] F **bateau** *m* **de ~** (Segel-, Motor)Jacht *f*; (**navigation** *f* **de**) ~ Jacht-, Segelsport *m*; **port** *m* **de ~** Jacht-, Segelhafen *m*

plaisancier [plɛzɑ̃sje] M Sportsegler *m*

plaisant [plɛzɑ̃] **A** ADJ **1** (*agréable*) gefällig; angenehm **2** (*comique*) lustig; amüsant **B** M **mauvais ~** Spaßvogel *m*; Witzbold *m*

plaisanter [plɛzɑ̃te] V/I scherzen; spaßen; Spaß machen; **vous plaisantez!** *a.* machen Sie keine Witze!

plaisanterie [plɛzɑ̃tʀi] F Scherz *m*; Spaß *m*; Witz *m*

plaisantin [plɛzɑ̃tɛ̃] M Witzbold *m*; Spaßvogel *m*

plaisir [plɛziʀ] M **1** Vergnügen *n*; Freude *f*; Spaß *m*; Lust *f* (*a. sexuel*); **au ~ (de vous revoir)!** auf baldiges Wiedersehen!; **avec ~** gern; mit Vergnügen; **pour son ~** zu s-m Vergnügen; zum Spaß; **avoir le ~ de** (+ *inf*) das Vergnügen, die Freude haben zu (+ *inf*); **faire ~ à qn** j-m (e-e) Freude machen, bereiten; **cela fait ~ à voir** so etwas sieht man gern; **prendre du ~ à** (+ *inf*) Vergnügen, Freude, Spaß daran finden zu (+ *inf*) **2** *pl* **~s** (*distractions*) Freuden *fpl*; Vergnügungen *fpl*

plaît [plɛ] → plaire

plan[1] [plɑ̃] **A** ADJ ⟨plane [plan]⟩ eben **B** M **1** (*ebene*) Fläche; MATH Ebene *f*; **~ d'eau** Wasserfläche *f*; **~ de travail** Arbeitsfläche *f* **2** **au premier ~** im Vordergrund (*a. fig*); *fig* **de tout premier ~** allerersten Ranges; *fig* **mettre au premier, second ~** in den Vorder-, Hintergrund rücken **3** **sur le ~ de** (+ *subst*) hinsichtlich (+ *gén*); **sur le ~ politique** auf politischer Ebene; in politischer Hinsicht **4** FILM Einstellung *f*; Aufnahme *f*; **gros ~** Großaufnahme *f*

plan[2] M **1** (*dispositions*) Plan *m* (*a.* ÉCON); **~ social** Sozialplan *m*; **~ de bataille** Schlachtplan *m* (*a. fig*); **avoir son ~** e-e Idee haben; *fam* **c'est un bon ~ (pour la soirée**, *etc*) das ist e-e gute Idee (für heute Abend *etc*) **2** *graphique* Plan *m*; CONSTR Bauplan *m*; **~ de Paris** (Stadt)Plan *m* von Paris **3** *fam* **laisser qn en ~** j-n im Stich lassen; **laisser tout en ~** alles stehen und liegen lassen

planche [plɑ̃ʃ] F **1** Brett *n*; **planche à dessin** Zeichen-, Reißbrett *n*; **planche à repasser** Bügelbrett *n*; **planche à roulettes** Skateboard *n*; **planche à voile** Surfbrett *n*; *fig* **planche de salut** letzte Rettung; *nageur* **faire la planche** den toten Mann machen **2** THÉ **les planches** die Bretter, die die Welt bedeuten; **monter sur les planches** zum Theater gehen **3** *dans un livre* (Bild)Tafel *f* **4** JARD Beet *n*

plancher[1] [plɑ̃ʃe] M **1** *sol* (Holz)Fußboden *m*; *fam fig* **débarrasse-moi le ~!** hau ab! **2** *entre deux étages* Geschossdecke *f*; **~ en béton** Betondecke *f* **3** *d'un véhicule* Boden *m*; *fam fig* **avoir le pied au ~** *fam* mit Bleifuß fahren **4** *limite* Mindestgrenze *f*; *adjt* Mindest…; **prix** *m* **~** Mindestpreis *m*

plancher[2] V/I *terme d'écolier* e-e Aufgabe lösen

planchette [plɑ̃ʃɛt] F Brettchen *n*; kleines Brett

planchiste [plɑ̃ʃist] M/F Surfer(in) *m(f)*

plancton [plɑ̃ktõ] M Plankton *n*

planer [plane] V/I **1** *oiseau, etc* (in der Luft) schweben; **vol plané** Gleitflug *m* (*a.* AVIAT) **2** *fig personne* in höheren Regionen schweben; **~ au-dessus de qc** über etw (*dat*) stehen **3** *fig danger* **~ sur qn** j-m drohen; *soupçons, mystère* **laisser ~** im Raum stehen lassen

planétaire [planetɛʀ] ADJ **1** ASTRON Planeten…; planetar(isch) **2** (*mondial*) weltweit; global

planétarium [planetaʀjɔm] M Planetarium *n*

planète [planɛt] F (❗ feminin) Planet *m*

planeur [planœʀ] M Segelflugzeug *n*

planificateur [planifikatœʀ] M, **planificatrice** [-tʀis] F Planer(in) *m(f)*

planification [planifikasjõ] F Planung *f*

planifier [planifje] V/T planen; **économie planifiée** Planwirtschaft *f*

planisphère [planisfɛʀ] M Erdkarte *f*; *t/t* Planiglob *n*

planning [planiŋ] M **1** Termin-, Arbeitsplan (-ung) *m(f)* **2** **~ familial** Familienplanung *f*

planque [plɑ̃k] *fam* F **1** *travail fam* Druckposten *m* **2** (*cachette*) Versteck *n*

planqué [plɑ̃ke] M *fam* Drückeberger *m*

planquer [plɑ̃ke] *fam* V/T (*et* V/PR **se ~** sich) verstecken

plant [plɑ̃] M Setzling *m*

plantain [plɑ̃tɛ̃] M Wegerich *m*

plantaire [plɑ̃tɛʀ] ADJ **verrue** *f* **~** Fußwarze *f*; **voûte** *f* **~** Fußwölbung *f*

plantation [plɑ̃tasjõ] F **1** (An)Pflanzung *f* **2** *exploitation* Plantage *f*

plante[1] [plɑ̃t] F Pflanze *f*; **~ d'appartement** Zimmerpflanze *f*

plante[2] F **~ du pied** Fußsohle *f*

P

planté [plɑ̃te] ADJ ⟨~e⟩ 1 **bien ~** *personne* gut gewachsen, *fam* gebaut; *barbe* dicht und regelmäßig gewachsen 2 *personne* **rester ~ devant une vitrine** wie angewurzelt vor e-m Schaufenster stehen

planter [plɑ̃te] A V/T 1 *plant(e)* (an-, ein)pflanzen; *arbre, salade a.* setzen; *bulbes, pommes de terre a.* stecken; *terrain, champ* bepflanzen (**de** mit) 2 *piquet, clou* einschlagen; *drapeau* aufpflanzen; *tente* aufschlagen; *décors* aufstellen; *poignard* stoßen (**dans** in + *acc*) 3 **~ là qn, qc** j-n, etw plötzlich stehen lassen, im Stich lassen B V/PRON 1 *personne* **se ~ devant qn** *fam* sich vor j-m aufpflanzen 2 *fam* **se ~** *conducteur fam* aus der Fahrbahn fliegen; *fig (échouer) fam* e-n Reinfall erleben; *ordinateur* abstürzen

planteur [plɑ̃tœʀ] M Pflanzer *m*; Plantagenbesitzer *m*

plantigrades [plɑ̃tigʀad] MPL ZOOL Sohlengänger *mpl*

plantoir [plɑ̃twaʀ] M Pflanzholz *n*

planton [plɑ̃tõ] M 1 MIL Ordonnanz *f* 2 *fam fig* **faire le ~** *fam* sich *(dat)* die Beine in den Bauch stehen

plantureux [plɑ̃tyʀø] ADJ ⟨-euse [-øz]⟩ 1 *repas* reichlich; üppig 2 *femme* üppig; füllig

plaquage [plakaʒ] M 1 RUGBY Fassen *n* (des Gegners) 2 *fam de qn* Verlassen *n*; *fam* Sitzenlassen *n*

plaque [plak] F 1 Platte *f*; **~ chauffante, de cuisson** Heiz-, Kochplatte *f*; *fig* **~ tournante** Drehscheibe *f*; Umschlagplatz *m*; **une ~ de chocolat** e-e Tafel Schokolade; **~ d'égout** Kanaldeckel *m*; *fam fig* **être à côté de la ~** *fam* völlig danebenliegen 2 *avec une inscription* Tafel *f*; Schild *n*; **~ commémorative** Gedenktafel *f*; AUTO **~ minéralogique, d'immatriculation** Nummernschild *n* 3 *sur la peau* Fleck *m*; **~ dentaire** Zahnbelag *m*; Plaque *f*

plaqué [plake] M Dublee *ou* Doublé *n*

plaquer [plake] V/T 1 *métal* plattieren; **plaqué or** aus *ou* in Golddublee 2 *bois* furnieren 3 **~ qn, se ~ contre le mur** j-n, sich an, gegen die Wand drücken, pressen 4 MUS *accord* anschlagen 5 *fam (abandonner)* **~ qn** *fam* j-n sitzen lassen; **~ qc** etw aufgeben, *fam* hinschmeißen

plaquette [plakɛt] F 1 **une ~ de beurre** ein Viertelpfund *n* Butter 2 PHARM Blister *m* 3 **~ sanguine** Blutplättchen *n*

plasma [plasma] M **~ (sanguin)** (Blut)Plasma *n*

plastic [plastik] M Plastiksprengstoff *m* **plasticage** [-aʒ] M Sprengstoffanschlag *m*

plasticien [plastisjɛ̃] M Spezialist *m* der plastischen Chirurgie

plasticité [plastisite] F 1 TECH *d'une matière* (Ver)Formbarkeit *f*; Plastizität *f* 2 PSYCH Formbarkeit *f*; Anpassungsfähigkeit *f*

plastifiant [plastifjɑ̃] M TECH Weichmacher *m*

plastifier [plastifje] V/T mit Plastikfolie überziehen; einschweißen

plastiquage [plastikaʒ] M → plasticage

plastique [plastik] A ADJ 1 **matière** *f* **~** Kunststoff *m*; Plastik *n* 2 **arts** *mpl* **~s** bildende Kunst 3 **chirurgie** *f* **~** plastische Chirurgie B SUBST 1 *m* Kunststoff *m*; Plastik *n*; **en ~** aus Kunststoff; Kunststoff…; Plastik… 2 *f art* Plastik *f*

plastiquer [plastike] V/T mit e-r Plastikbombe in die Luft sprengen **plastiqueur** [-œʀ] M (Plastik)Bombenleger *m*

plastron [plastʀõ] M **~ de chemise** Hemdbrust *f*

plastronner [plastʀɔne] V/I *(bomber le torse)* sich in die Brust, in Positur werfen; *par ext (poser)* posieren; paradieren

plat¹ [pla] A ADJ ⟨plate [plat]⟩ 1 flach; eben; platt; *assiette, talon* flach; **avoir les pieds ~s** Plattfüße haben; **à ~** *batterie* leer; *pneu* platt; **pneu** *m* **à ~** *fam* Plattfuß *m*; *fam* Platte(r) *m*; *fam fig personne* **être à ~** abgeschlagen, *fam* fertig, *fam* kaputt sein; **mettre qc à ~** etw flach hinlegen; *fig* etw eingehend prüfen 2 **eau ~e** stilles Wasser; (Mineral)Wasser *n* ohne Kohlensäure 3 *fig* fad(e); farblos; schal; geistlos; **faire de ~es excuses** sich unterwürfig entschuldigen 4 **rimes ~es** Paarreim *m* B M 1 **le ~ de la main** die flache Hand 2 *d'une route* **faux ~** verdeckte Senke 3 *(plongeon manqué) fam* Bauchklatscher *m*

plat² M 1 *pièce de vaisselle* Platte *f*; **~ (à gratin)** feuerfeste Form; *fig* **mettre les petits ~s dans les grands** sich in Unkosten stürzen (, um j-n zu bewirten) 2 *(mets)* Gericht *n*; Speise *f*; *d'un menu* Gang *m*; **~ du jour** Tagesgericht *n*; **~ de résistance** Hauptgericht *n*; *fam fig* **faire tout un ~ de qc** viel Lärm um etw machen

platane [platan] M (! maskulin) Platane *f*

plateau [plato] M ⟨~x⟩ 1 *pour servir* Tablett *n*; Servierbrett *n*; **~ de fromages** Käseplatte *f* 2 *d'une balance* Waagschale *f* 3 THÉ Bühne *f*; FILM, TV Szenenaufbau *m*; *par ext* Studio *n* 4 GÉOG (Hoch)Plateau *n*; Hochfläche *f*, -ebene *f* **plateau-repas** M ⟨plateaux-repas⟩ auf e-m Tablett serviertes Essen

plate-bande [platbɑ̃d] F ⟨plates-bandes⟩ Rabatte *f*; Beet *n*; *fam fig* **marcher sur les plates-bandes de qn** j-m ins Gehege kommen

platée [plate] F **une ~ de riz** e-e Schüssel voll Reis; e-e Platte mit Reis

plate-forme [platfɔʀm] F ⟨plates-formes⟩ 1 *d'un bus*, POL Plattform *f* 2 **~ de forage** Bohrinsel *f*

platine¹ [platin] M 1 Platin *n* 2 *adjt* **(blond) ~**

P

(❗ unveränderlich) platinblond
platine² F *pour disques* Plattenteller *m*; *par ext* Plattenspieler *m*; *pour cassettes* Kassettendeck *n*; **~ laser** CD-Player *m*
platiné [platine] ADJ ⟨~e⟩ **1** **une blonde ~e** e-e Platinblonde **2** AUTO **vis ~es** Unterbrecherkontakte *mpl*
platiner [platine] V/T TECH platinieren
platitude [platityd] F Plattheit *f*; Plattitüde *f*
Platon [platõ] M Plato(n) *m*
platonicien [platɔnisjɛ̃] **A** ADJ ⟨-ienne [-jɛn]⟩ platonisch **B** M Platoniker *m*
platonique [platɔnik] ADJ **1** *amour* platonisch **2** *protestation* rein theoretisch
platonisme [platɔnism] M Platonismus *m*
plâtrage [platʀaʒ] M (Ver)Gipsen *n*
plâtras [platʀa] MPL Gipsschutt *m*
plâtre [platʀ] M **1** CONSTR Gips *m*; *fig* **essuyer les ~s** sich mit den Anfangsschwierigkeiten herumschlagen müssen **2** MÉD Gipsverband *m*; *fam* Gips *m* **3** *objet* Gipsfigur *f*, -abguss *m*
plâtrer [platʀe] V/T **1** CONSTR (ver)gipsen **2** MÉD eingipsen; in Gips legen; **plâtré** in Gips
plâtrerie [platʀəʀi] F *usine* Gipswerk *n*, -brennerei *f*
plâtreux [platʀø] ADJ ⟨-euse [-øz]⟩ **1** *sol* gipshaltig **2** *teint* kalkweiß **3** *fromage* zu trocken
plâtrier [platʀije] M Gipser *m*
plâtrière [platʀijɛʀ] F **1** *carrière* Gipsbruch *m*, -grube *f* **2** → plâtrerie
plausible [plozibl] ADJ plausibel; einleuchtend; glaubhaft
play-back [plɛbak] M (❗ unveränderlich) Playback *n*; **chanter en ~** (im) Playback singen
play-boy [plɛbɔj] M ⟨play-boys⟩ Playboy *m*
plèbe [plɛb] F **1** HIST Plebs *f* **2** *st/s et péj* Plebs *m*; Pöbel *m*
plébéien [plebejɛ̃] ADJ ⟨-ienne [-jɛn]⟩ *litt* plebejisch
plébiscitaire [plebisitɛʀ] ADJ plebiszitär; **par voie ~** durch ein Plebiszit, e-n Volksentscheid
plébiscite [plebisit] M Plebiszit *n*; Volksabstimmung *f* **plébisciter** [-e] V/T durch Plebiszit, *par ext* mit großer Mehrheit *qc* billigen, *qn* wählen
pléiade [plejad] F **1** *fig* bedeutender Personenkreis; **une ~ de jeunes compositeurs** e-e Gruppe talentierter junger Komponisten **2** LITTÉRATURE **la Pléiade** die Pléiade (*frz Dichterschule*)
plein [plɛ̃] **A** ADJ ⟨pleine [plɛn]⟩ **1** (*rempli*) voll; **~ de** (+ *subst*) voll(er); voll von; **~ d'admiration** voll(er) Bewunderung; **~ de force** kraftvoll **2** (*complet*) voll; völlig; *confiance, satisfaction* **~e et entière** vollste; **travailler à ~ temps** ganztags arbeiten; **en ~** (+ *subst*) mitten in, auf (+ *dat ou acc*); **en ~ désert** mitten in der Wüste; **en ~ été** [-plɛn-] im Hochsommer; **en ~ hiver** [-plɛn-] im tiefsten Winter; **en ~ jour** am helllichten Tag(e); **en ~e nature** in der freien Natur **3** *visage, joues* voll; rund **4** *femelle animale* **~e** trächtig **5** **une journée ~e** ein ausgefüllter Tag **6** *bois* massiv; **pneu ~** Vollgummireifen *m*; **roue ~e** Scheibenrad *n* **B** ADV **1** *fam* **~ de** (*beaucoup*) e-e Menge; *fam* ein Haufen; *fam* jede Menge; *fam* massenhaft **2** *fam* **en ~ dans, sur** genau in, auf (+ *dat ou acc*) **C** PRÉP (❗ unveränderlich) **avoir de l'argent ~ les poches** die Taschen voll(er) Geld haben **D** M **1** **faire le ~ (d'essence)** volltanken; *hôtel* **faire le ~** ausgelastet, ausgebucht sein **2** **battre son ~** in vollem Gang(e) sein
pleinement [plɛnmɑ̃] ADV voll und ganz
plein-emploi [plɛnɑ̃plwa] M Vollbeschäftigung *f*
plénier [plenje] ADJ ⟨-ière [-jɛʀ]⟩ **assemblée plénière** Vollversammlung *f*; **réunion plénière** Plenarsitzung *f*
plénipotentiaire [plenipɔtɑ̃sjɛʀ] M DIPL Bevollmächtigte(r) *m*
plénitude [plenityd] F *st/s* Fülle *f*
plénum [plenɔm] M POL Plenum *n*
pléonasme [pleɔnasm] M Pleonasmus *m*
pléthore [pletɔʀ] F Überfluss *m* (**de** an + *dat*)
pléthorique [-ik] ADJ zu umfangreich; *classe* überfüllt
pleural [plœʀal, plø-] ADJ ⟨~e; -aux [-o]⟩ Brustfell...; Rippenfell...
pleurer [plœʀe] **A** V/T beweinen; betrauern; trauern um; (*regretter*) nachweinen (+ *dat*) **B** V/T INDIR **1** *fig* **~ sur qc** etw beklagen; beweisen **2** *fam* **~ après qc** *fam* nach etw schreien **C** V/I **1** weinen; *fam* heulen; *fam* flennen; *bébé* schreien; **~ de joie** vor Freude weinen; **c'est bête à ~** es ist zum Weinen, *fam* Heulen; **rire à en ~** Tränen lachen; *fig* **aller ~ auprès de qn pour obtenir qc** j-m etwas vorjammern, um etw zu erreichen **2** *yeux* tränen; **faire ~** die Tränen in die Augen treiben
pleurésie [plœʀezi] F Rippenfellentzündung *f*
pleureur [plœʀœʀ] ADJ ⟨-euse [-øz]⟩ **saule ~** Trauerweide *f*
pleureuse [plœʀøz] F Klageweib *n*
pleurnichements [plœʀniʃmɑ̃] MPL → pleurnicheries
pleurnicher [plœʀniʃe] V/I quengeln **pleurnicheries** [-ʀi] FPL Quengelei *f*
pleurnicheur [plœʀniʃœʀ] ADJ ⟨-euse [-øz]⟩ *enfant* quengelig; *ton* weinerlich; **gamine pleurnicheuse** *fam* Heulsuse *f*
pleurote [plœʀɔt, plø-] M BOT Seitling *m*; COMM Austernpilz *m*

pleurs [plœʀ] MPL **être tout en ~** in Tränen aufgelöst sein

pleut [plø] → pleuvoir

pleutre [pløtʀ] *litt* M Feigling *m* **pleutrerie** [-əʀi] *litt* F Feigheit *f*

pleuvasser [pløvase] V/IMP, **pleuviner** [pløvine] V/IMP → pleuvoter

pleuvoir [pløvwaʀ] **A** V/IMP ⟨il pleut; il pleuvait; il plut; il pleuvra; qu'il pleuve; pleuvant; plu⟩ **il pleut** es regnet **B** V/I ⟨ils pleuvent; ils pleuvaient; ils plurent; ils pleuvront; qu'ils pleuvent⟩ **les coups, punitions pleuvaient** es hagelte Schläge, Strafen

pleuvoter [pløvɔte] V/IMP **il pleuvote** es nieselt

plèvre [plɛvʀ] F Rippenfell *n*

plexus [plɛksys] M ANAT **~ solaire** Solarplexus *m*; Sonnengeflecht *n*

pli [pli] M **1** COUT Falte *f*; **(faux) ~** Knitterfalte *f*; **faire des ~s** Falten werfen; *fam fig* **cela ne fait pas un ~** das steht fest **2** *marque dans du tissu* Bruch *m*; Kniff *m*; *dans du papier* Knick *m*; TYPO Falz *m*; **~ de pantalon** Bügelfalte *f* **3** COIFFURE **mise** *f* **en ~s** Wasserwelle *f*; Waschen und Legen *n* **4** *fig* **prendre un mauvais ~** e-e schlechte Gewohnheit annehmen **5** *(lettre)* Brief *m* **6** *sur la peau* Falte *f*; Furche *f*; **~ de l'aine, du bras** Leisten-, Armbeuge *f* **7** *aux cartes* Stich *m*

pliable [plijabl] ADJ faltbar; Klapp…

pliage [plijaʒ] M *d'un tissu* Zusammenlegen *n*, -falten *n*; *de papier* (Zusammen)Falten *n*; TYPO Falzen *n*; TECH *de tôle* (Ab)Biegen *n*; Abkanten *n*

pliant [plijɑ̃] **A** ADJ ⟨-ante [-ɑ̃t]⟩ zusammenklappbar; Klapp…; **chaise ~e** Klappstuhl *m*; **lit ~** Klappbett *n*; **vélo ~** Klapprad *n* **B** M Feldstuhl *m*

plie [pli] F ZOOL Scholle *f*; Goldbutt *m*

plier [plije] **A** V/T **1** *tissu, linge* zusammenlegen, -falten; *journal* (zusammen)falten **2** *papier* knicken **3** *table pliante, etc* zusammenklappen **4** *bras, genoux* beugen; anwinkeln **5** *fig* **~ qn à une discipline sévère** j-n e-r strengen Disziplin *(dat)* unterwerfen **B** V/I **1** *branche* sich biegen **2** *fig personne* sich beugen **C** V/PR *fig personne* **se ~ à** sich beugen, fügen *(+ dat)*

plinthe [plɛ̃t] F Fußleiste *f*

plissage [plisaʒ] M Plissieren *n*; Fälteln *n*

plissé [plise] **A** ADJ ⟨~e⟩ **jupe ~e** *à plis fins* Plisseerock *m*; *jupe écossaise* Faltenrock *m* **B** M COUT Plissee *n*

plissement [plismɑ̃] M GÉOL Faltung *f*

plisser [plise] V/T **1** COUT plissieren; in Falten legen **2** *front* runzeln; *yeux* zusammenkneifen

pliure [plijyʀ] F Kniff *m*; Knick *m*; **~ du genou** Kniekehle *f*

ploiement [plwamɑ̃] *litt* M Biegen *n*; *des genoux* Beugen *n*

plomb [plõ] M **1** Blei *n*; **de plomb** Blei…; bleiern *(a. fig sommeil, etc)*; *essence* **sans plomb** bleifrei; *fig* **ne pas avoir de plomb dans la cervelle** leichtsinnig, leichtfertig sein **2** ÉLEC (Schmelz)Sicherung *f* **3** CH **plombs** *pl* Schrotkörner *npl* **4** PÊCHE Blei(kugel) *n(f)*

plombage [plõbaʒ] M *d'une dent* Plombe *f*; Füllung *f*

plombe [plõb] F *argot (heure)* Stunde *f*; **à cinq ~s** um fünf Uhr

plombé [plõbe] ADJ ⟨~e⟩ **1** *dent* plombiert **2** *camion, colis* plombiert; verplombt **3** *teint, ciel* bleifarben, -grau

plomber [plõbe] V/T **1** *dent* plombieren **2** *(sceller)* plombieren; verplomben **3** *ligne* mit Blei(-kugeln) beschweren

plomberie [plõbʀi] F **1** Klempnerei *f* **2** *installations* Wasser- und Gasleitungen *fpl*

plombier [plõbje] M Installateur *m*

plombières [plõbjɛʀ] F Fürst-Pückler-Eis *n*

plonge [plõʒ] F **faire la ~** die Teller waschen; das Geschirr spülen

plongeant [plõʒɑ̃] ADJ ⟨-ante [-ɑ̃t]⟩ *décolleté* tief; *vue* von oben

plongée [plõʒe] F **1** Tauchen *n*; **~ sous-marine** Tauchsport *m*; *sous-marin* **en ~** auf Unterwasserfahrt **2** FILM Aufnahme *f* von oben

plongeoir [plõʒwaʀ] M Sprungbrett *n*; *grand* Sprunganlage *f*; Sprungturm *m*

plongeon [plõʒõ] M Kopf-, Hechtsprung *m*; *fig* **faire le ~** viel Geld einbüßen

plonger [plõʒe] ⟨-ge-⟩ **A** V/T **1** (ein)tauchen (**dans** in *+ acc*) **2** *fig* **~ son regard dans les yeux de qn** j-m tief in die Augen blicken; **~ qn dans la consternation** j-n in tiefe Bestürzung versetzen; **plongé dans ses pensées** in Gedanken versunken **B** V/I **1** *(s'enfoncer dans l'eau)* tauchen **2** *(faire un plongeon)* e-n Kopf-, Hechtsprung machen **3** *gardien de but* (nach dem Ball) hechten **C** V/PR **1** *personne* **se ~ dans l'eau** ins Wasser (ein)tauchen **2** *fig* **se ~ dans un livre** sich in ein Buch vertiefen, versenken

plongeur [plõʒœʀ] M, **plongeuse** [-øz] F **1** Taucher(in) *m(f)* **2** *dans un restaurant* Tellerwäscher(in) *m(f)*

plot [plo] M ÉLEC Kontakt *m*

plouc [pluk] M → péquenaud

plouf [pluf] INT plumps!

ploutocrate [plutɔkʀat] M Plutokrat *m* **ploutocratie** [-si] F Plutokratie *f*

ployer [plwaje] V/I ⟨-oi-⟩ **1** *poutre, branche* sich biegen **2** *fig et litt* sich beugen

plu [ply] PP → plaire, pleuvoir

plucher [plyʃe] → pelucher

pluches [plyʃ] *fam* FPL Kartoffelschälen *n*
plucheux [plyʃø] ⟨-euse [-øz]⟩ → pelucheux
pluie [plɥi] F 1 Regen *m*; **~s** *pl* Regenfälle *mpl*; **~s acides** saurer Regen; **sous la ~** im Regen; **le temps est à la ~** es sieht nach Regen aus; *fig* **faire la ~ et le beau temps** das Sagen haben; **parler de la ~ et du beau temps** von belanglosen Dingen reden; Small Talk machen; *fam fig* **il n'est pas tombé de la dernière ~** *fam* er ist doch nicht von gestern 2 *fig* **une ~ de coups** ein Hagel *m* von Schlägen
plumage [plymaʒ] M Gefieder *n*
plumard [plymaʀ] M *fam (lit) fam* Falle *f*; **au ~** *a.* in den *ou* die Federn
plume [plym] F 1 (Vogel)Feder *f*; **~s** *pl a.* Gefieder *n*; *fam fig* **y laisser des ~s** *fam* Federn lassen (müssen); *fig* **se parer des ~s du paon** sich mit fremden Federn schmücken 2 (Schreib-, Zeichen)Feder *f*; *litt* **un homme de ~** ein Schriftsteller *m*
plumeau [plymo] M ⟨~x⟩ Staubwedel *m*
plumer [plyme] V/T 1 *volaille* rupfen 2 *fam fig* **~ qn** *fam* j-n ausnehmen, rupfen
plûmes [plym] → plaire
plumet [plymɛ] M Federbusch *m*
plumetis [plymti] M Tupfenmull *m*
plumier [plymje] M Federkasten *m*
plupart [plypaʀ] ADV **la plupart des** (+ SUBST) die meisten (+ *subst*); die Mehrzahl, der größte Teil (+ *gén*); *abs* **la plupart** die meisten (! das Verb steht im Plural: **la plupart vont, le font**, etc); **pour la plupart** zum größten Teil; größtenteils; **la plupart du temps** meist(ens)
pluralisme [plyʀalism] M Pluralismus *m* **pluraliste** [-ist] ADJ pluralistisch **pluralité** [-ite] F Vielzahl *f*
pluri... [plyʀi] *préfixe* mehr...; multi...
pluricellulaire ADJ BIOL mehr-, vielzellig
pluridisciplinaire ADJ mehrere Fachgebiete umfassend; interdisziplinär
pluriel [plyʀjɛl] M Plural *m*; Mehrzahl *f*; **au ~** im Plural; in der Mehrzahl
plurilatéral ADJ ⟨~e; -aux [-o]⟩ mehrseitig; multilateral
plurilingue [plyʀilɛ̃g] ADJ mehrsprachig **plurilinguisme** [-lɛ̃gɥism] M Mehrsprachigkeit *f*
pluripartisme [plyʀipaʀtism] M Mehrparteiensystem *n*
plus¹ [*alleinstehend* plys, *vor adj u. adv* ply, *vor Vokal* plyz] A ADV 1 ⟨*comp von* beaucoup⟩ mehr; **plus court** kürzer; **plus grand** größer; **plus que**, *avec un chiffre* **plus de** mehr als; **enfants** *mpl* **de plus de dix ans** Kinder *npl* über zehn Jahre; **plus d'un** so mancher; **pour plus d'une raison** aus mehreren Gründen; **il est plus de midi** es ist zwölf durch, nach zwölf; **beaucoup, bien plus** viel mehr; **beaucoup plus vite** viel schneller; *en incise* **bien plus** mehr noch; **de plus** mehr; außerdem; noch (dazu); **une fois de plus** wieder (einmal); **de plus en plus** immer mehr; **aller de plus en plus vite** immer schneller gehen; **en plus** noch dazu; außerdem noch; COMM zuzüglich; extra; **en plus de** zusätzlich zu; neben (+ *dat*); **plus ou moins** mehr oder weniger; **ni plus ni moins** ganz einfach; **on ne peut plus** überaus; äußerst; **rien de plus** weiter, sonst nichts; **sans plus** das ist aber auch alles; **plus ... plus** [ply] je (mehr) ... desto *ou* umso (mehr); **plus ... moins** je mehr ... desto *ou* umso weniger; **plus de** [plysdə] (+ *subst*) mehr (+ *subst*) 2 [plys] MATH plus 3 ⟨*sup von* beaucoup⟩ **le plus** am meisten; **le plus grand, la plus grande** der, die, das größte; **être le plus grand** am größten, der größte sein; **la situation était des plus compliquées** die Lage war äußerst, höchst kompliziert; **c'est lui qui court le plus vite** er läuft am schnellsten; **(tout) au plus** (aller)höchstens B SUBST 1 **le plus** das meiste; **le plus que je puisse faire** das Äußerste, was ich tun kann 2 *m* MATH Plus(zeichen) *n* 3 *m* (*avantage*) Plus(-punkt) *n(m)*
plus² [ply] ADV *de négation* (! immer mit **ne** vor dem Verb) **ne ... ~** nicht mehr; **(ne ...) ~ de** (+ *subst*) kein(e) ... mehr; **ne ... ~ personne** niemand mehr; **ne ... ~ que** nur noch; **ne ... ~ rien** nichts mehr; **moi non ~** ich auch nicht
plusieurs [plyzjœʀ] ADJ INDÉF *et* PR INDÉF mehrere; **~ fois** mehrmals; verschiedentlich; **à ~** zu mehreren
plus-que-parfait [plyskəpaʀfɛ] M Plusquamperfekt *n*; Vorvergangenheit *f*
plus-value [plyvaly] F ⟨plus-values⟩ Wertzuwachs *m*; Mehrwert *m*
plut [ply] → pleuvoir, plaire
plutonium [plytɔnjɔm] M Plutonium *n*
plutôt [plyto] ADV 1 (*de préférence*) lieber; eher; **ou ~** oder vielmehr; **~ que de** (+ *inf*) anstatt zu (+ *inf*) 2 (*assez*) ziemlich; recht
pluvial [plyvjal] ADJ ⟨~e; -aux [-o]⟩ Regen...
pluvieux [plyvjø] ADJ ⟨-euse [-øz]⟩ *temps* regnerisch; *pays* regenreich
pluviomètre [plyvjɔmɛtʀ] M Niederschlagsmesser *m*
pluviosité [plyvjozite] F Regenreichtum *m*; Niederschlags-, Regenmenge *f*
PME [peɛmə] FPL ABR (petites et moyennes entreprises) Klein- und Mittelbetriebe *mpl*; **une ~** ein mittelständischer Betrieb
PMU [peɛmy] M (! unveränderlich) ABR (Pari mutuel urbain) Pferdetoto *n*; *agence* Wettannahme *f*

PNB [peɛnbe] M (! unveränderlich) ABR (produit national brut) Bruttosozialprodukt *n*

pneu [pnø] M Reifen *m*; **~ neige** Winterreifen *m*; **~s à clous** Spikes *pl*; **~ à plat** *fam* Plattfuß *m*

pneumatique [pnømatik] ADJ **canot** *m* **~** Schlauchboot *n*; **marteau** *m* **~** Presslufthammer *m*; **matelas** *m* **~** Luftmatratze *f*

pneumologie [pnømɔlɔʒi] F Pneumologie *f* **pneumologue** [-lɔg] M/F Facharzt, -ärztin *m,f* für Lungenkrankheiten; *t/t* Pneumologe, -login *m,f*

pneumonie [pnømɔni] F Lungenentzündung *f*

p.o. *ou* **p/o** ABR (par ordre) COMM i. A.

pochade [pɔʃad] F 1 PEINT Farbskizze *f* 2 LITTÉRATURE (burleske) Skizze

pochard [pɔʃaʀ] M, **pocharde** [-aʀd] F *fam* Saufbruder *m*; *pop* Säufer(in) *m(f)*

poche [pɔʃ] F 1 COUT Tasche *f*; **de ~** Taschen...; **argent** *m* **de ~** Taschengeld *n*; **connaître qc comme sa ~** etw wie s-e Westentasche kennen; *fam fig* **c'est dans la ~** das ist so gut wie sicher; **faire les ~s à qn** heimlich die Taschen j-s durchsuchen 2 *d'un sac, etc* (Innen)-Fach *n* 3 (*sac en plastique*) (Plastik)Tüte *f* 4 *pantalon* **faire des ~s aux genoux** ausgebeulte Knie haben 5 **~s (sous les yeux)** Tränensäcke *mpl* (unter den Augen) 6 *du kangourou* Beutel *m* 7 *de gaz naturel, etc* Ansammlung *f* 8 MÉD **~ des eaux** Fruchtblase *f*; **~ de pus** Eitersack *m*

poché [pɔʃe] ADJ ⟨~e⟩ 1 **œil ~** blaues Auge 2 **œufs ~s** verlorene, pochierte Eier *npl*

pocher [pɔʃe] V/T 1 CUIS *œufs* pochieren 2 PEINT mit dem Pinsel, farbig skizzieren

pochette [pɔʃɛt] F 1 *mouchoir* Einstecktuch *n* 2 **~ de disque** Plattenhülle *f* 3 *sac à main* Unterarmtasche *f* **pochette-surprise** F ⟨pochettes-surprises⟩ Wundertüte *f*

pochoir [pɔʃwaʀ] M Schablone *f*

podium [pɔdjɔm] M Siegerpodest *n*; (*estrade*) Podium *n*

podologie [pɔdɔlɔʒi] F Fußkunde *f*

poêle[1] [pwal] M Ofen *m*; **~ à mazout** Ölofen *m*

poêle[2] F Pfanne *f*

poêlée [pwale] F **une ~ de ...** e-e Pfanne voll ...

poêler [pwale] V/T in der Pfanne braten

poêlon [pwalõ] M CUIS Tiegel *m*

poème [pɔɛm] M Gedicht *n*; *fam fig* **c'est tout un ~** das ist etwas ganz Besonderes

poésie [pɔezi] F 1 *art* Dichtung *f*; Dichtkunst *f*; Poesie *f* (*a. fig*) 2 (*poème*) Gedicht *n*

poète [pɔɛt] M Dichter(in) *m(f)*; *plais* Poet *m*

poétesse [pɔetɛs] F *a. iron* Dichterin *f*

poétique [pɔetik] ADJ dichterisch; poetisch (*a. fig*) **poétiser** [-ize] V/T dichterisch ausgestalten, ausschmücken

pognon [pɔɲõ] M *fam* → fric

pogrom(e) [pɔgʀɔm] M Pogrom *m ou n*

poids [pwa] M 1 Gewicht *n* (*a. d'une balance*); *d'une personne a.* Körpergewicht *n*; *fig des impôts, des soucis, etc* Last *f*; *fig* **faire deux poids, deux mesures** mit zweierlei Maß messen; **perdre, prendre du poids** ab-, zunehmen; **vendre au poids** nach Gewicht verkaufen; **cela m'ôte un poids (de la conscience)** da fällt mir ein Stein vom Herzen 2 BOXE, LUTTE Gewichtsklasse *f*; **poids plume** Federgewicht *n*; *fig de qn* Fliegengewicht *n*; *fig* **il ne fait pas le poids** ihm fehlen die nötigen Voraussetzungen 3 SPORTS Kugel *f*; **lancer le poids** die Kugel stoßen 4 **poids lourd** Lkw *ou* LKW *m*; Lastwagen *m*; *fam* Laster *m* 5 *fig* (*importance*) Gewicht *n*; **de poids** *argument* gewichtig; *homme* einflussreich

poignant [pwaɲã] ADJ ⟨-ante [-ãt]⟩ herzzerreißend

poignard [pwaɲaʀ] M Dolch *m*

poignarder [pwaɲaʀde] V/T erdolchen; erstechen

poigne [pwaɲ] F Kraft *f* in den Fäusten; *fig* **à ~** energisch

poignée [pwaɲe] F 1 *quantité* Handvoll *f* (*a. fig*) 2 **~ de main** Händedruck *m*; Handschlag *m* 3 *d'une fenêtre, valise, etc* Griff *m*; *d'une porte* (Tür)Klinke *f*

poignet [pwaɲɛ] M 1 ANAT Handgelenk *n*; *fig* **à la force du ~** aus eigener Kraft 2 COUT (Ärmel)Bündchen *n*

poil [pwal] M 1 *d'un animal* Haar *n* (*a. coll*); (*pelage*) Haarkleid *n*; Fell *n* 2 *chez l'être humain* (Körper)Haar *n* (*a. coll*); **~s de la barbe** Barthaar(e) *n(pl)*; *fam* **à ~** (*fam* splitter)nackt; **se mettre à ~** sich nackt ausziehen; *fam* **(être) au ~** *fam* prima, *fam* klasse (sein); *fig* **à un ~ près** um ein Haar; um Haaresbreite; *fig* **de tout ~** aller Art; aller Schattierungen; *fig* **avoir un ~ dans la main** die Arbeit nicht erfunden haben; *fig*

le poêle — Ofen

la poêle — Pfanne

P

les poils (mpl) de la barbe — Barthaare

les poils (mpl) — Borsten

être de mauvais ~ schlechter Laune, schlecht gelaunt sein; *fig* **reprendre du ~ de la bête** *fam* sich wieder hochrappeln **3** BOT (Pflanzen)Haar *n*; **~ à gratter** Juckpulver *n* **4** *d'une brosse, d'un pinceau* Borste *f*; *fin* Haar *n* **5** *d'un velours, tapis* Flor *m*

poilant [pwalɑ̃] *fam* ADJ ⟨-ante [-ɑ̃t]⟩ *fam* zum Totlachen

poiler [pwale] V/PR *fam* **se ~** schallend lachen; *fam* sich tot-, schieflachen

P

poilu [pwaly] **A** ADJ ⟨~e⟩ behaart **B** M HIST Frontsoldat *m* (des Ersten Weltkriegs)

poinçon [pwɛ̃sõ] M **1** *pour percer* Durchschläger *m*; Durchschlag *m* **2** *pour graver* Punze *f*; Prägestempel *m* **3** *marque* Punze *f*; Stempel *m*

poinçonnage [pwɛ̃sɔnaʒ] M **1** *d'un billet* Knipsen *n*; Lochen *n* **2** *de tôles* (Loch)Stanzen *n* **3** *de bijoux* Punzen *n*; Stempeln *n*

poinçonner [pwɛ̃sɔne] V/T **1** *billet* knipsen; lochen **2** *bijoux* punzen; stempeln

poinçonneur [pwɛ̃sɔnœʀ] M *autrefois* (Fahrkarten)Knipser *m*

poinçonneuse [pwɛ̃sɔnøz] F **1** *autrefois* (Fahrkarten)Knipserin *f* **2** *pince* Knipszange *f* **3** *pour tôles* Lochstanze *f*

poindre [pwɛ̃dʀ] V/I ⟨*défect*: il point; il poignait; il poindra⟩ *litt* **le jour commence à ~** der Tag bricht an

poing [pwɛ̃] M Faust *f*; **coup** *m* **de ~** Faustschlag *m*, -hieb *m*; *fig* **dormir à ~s fermés** fest, tief, wie ein Murmeltier schlafen

point[1] [pwɛ̃] M **1** GRAM Punkt *m*; **(les) deux points** (der) Doppelpunkt; **point d'exclamation** Ausrufezeichen *n*; **point d'interrogation** Fragezeichen *n* (*a. fig*); **point sur le i** i-Punkt *m*; i-Tüpfelchen *n*; → I; *fig* **un point, c'est tout!** und damit basta! **2** (*endroit*) Punkt *m* (*a. fig*, MATH); Stelle *f*; *fig* **point chaud** Krisenherd *m*; (*centre d'intérêt*) Brennpunkt *m*; *fig* **point faible** schwache Seite; Schwachstelle *f*; **point mort** AUTO Leerlauf *m*; *fig* toter Punkt; **point noir** *sur la peau* Mitesser *m*; *fig* neuralgischer Punkt; **point de départ** Ausgangspunkt *m*; *fig a.* Ansatzpunkt *m*; **point d'eau** Wasserstelle *f*; **point de vente** Verkaufsstelle *f*; **point de vue** Aussichtspunkt *m*; *fig* Standpunkt *m*; **à point** *bifteck* medium; halb, nicht ganz durchgebraten; *fromage* gerade richtig; reif; *rôti* **être (cuit) à point** fertig (gebraten), gar sein; **à point (nommé)** gerade zur rechten Zeit; **au point où en sont les choses** so wie die Dinge stehen; **être au point** *machine* gut *ou* richtig funktionieren; *procédé, système* ausgereift sein; **mettre au point** *appareil* einstellen; *procédé, système* entwickeln; **au point de** (+ *inf*), **au point que, à tel point que** so (sehr), derart(ig), in e-m solchen Maße, Grade, dass; **à ce point (que)** so sehr, dermaßen (dass); **à ce point-là?** steht es so schlimm?; **à quel point** wie sehr; in welchem Maße; **être mal en point** schlecht, übel dran sein; gar nicht auf der Höhe sein; **être sur le point de faire qc** gerade im Begriff sein, gerade dabei sein, etw zu tun; **faire le point** MAR, AVIAT die Position ermitteln; *fig* e-e Zwischenbilanz ziehen **3** (*sujet*) Punkt *m*; **point de détail** nebensächlicher Punkt; **point par point** Punkt für Punkt; **sur ce point** in diesem Punkt **4** ÉCOLE, SPORTS, JEUX Punkt *m*; *fig* **bon, mauvais point** Plus-, Minuspunkt *m*; SPORTS **aux points** nach Punkten **5** COUT Stich *m* **6** TRICOT, CROCHET Muster *n* **7** *d'un dé à jouer* Auge *n*; *aux cartes* Punkt *m* **8** MÉD **point de côté** Seitenstechen *n* **9** **au point du jour** bei Tagesanbruch

point[2] ADV (❗ immer mit **ne** vor dem Verb) **ne ... ~** (durchaus) nicht

pointage [pwɛ̃taʒ] M **1** *sur une liste* Abhaken *n* **2** *du personnel* Stempeln *n*

pointe [pwɛ̃t] F **1** (*bout pointu*) Spitze *f*; **pointe d'asperge** Spargelspitze *f*; **marcher sur la pointe des pieds** auf Zehenspitzen gehen; **se terminer en pointe** spitz zulaufen **2** DANSE (**chaussons** *mpl* **à**) **pointes** Spitzenschuhe *mpl*; **faire des pointes** Spitzentanz tanzen **3** (*objet pointu*) *d'une grille* Spitze *f*; *de barbelés* Stachel *m*; (*clou*) Drahtstift *m*; Tapeziernagel *m*; SPORTS (**chaussures** *fpl* **à**) **pointes** Rennschuhe *mpl*; Spikes *pl* **4** *du graveur* Radiernadel *f*; **pointe sèche** (Kaltnadel)Radierung *f* **5** **une pointe d'i-**

ronie, *etc* e-e Spur, ein Anflug *m* von Ironie, *etc* **6** *fig (allusion ironique)* Spitze *f*; **lancer des pointes à qn** gegen j-n sticheln **7** *fig (maximum)* Spitze *f*; **de pointe** Spitzen...; **heures** *fpl* **de pointe** Spitzenzeiten *fpl*; **technologie** *f* **de pointe** Spitzentechnologie *f*; **vitesse** *f* **de pointe** Spitzengeschwindigkeit *f*; *fam* Spitze *f*; **être à la pointe du progrès** im (technischen *ou* sozialen) Fortschritt die Spitze halten

pointer [pwɛ̃te] **A** VT **1** *sur une liste* abhaken **2** *arme, par ext index* richten (**vers** auf + *acc*) **3** *animal: oreilles* spitzen **4** ÉCOLE **zéro pointé** das Durchfallen bedingende Sechs **B** VI **1** *personnel d'une entreprise* stempeln **2** *aux boules* die Zielkugel anspielen **3** *tour* emporragen; *seins* sich vorwölben **4** *bourgeons, pousses* sprießen **C** V/PR *fam fig* **se ~ chez qn** *fam* bei j-m aufkreuzen

pointeur [pwɛ̃tœʀ] M **1** *artilleur* Richtkanonier *m* **2** *aux boules* Spieler, der die Zielkugel anspielt

pointeuse [pwɛ̃tøz] F Stechuhr *f*

pointillé [pwɛ̃tije] M punktierte Linie; *(perforations)* Perforierung *f*; *fig* **en ~** zwischen den Zeilen

pointilleux [pwɛ̃tijø] ADJ ⟨-euse [-øz]⟩ pedantisch (**sur** in + *dat*); übergenau; *fam* pingelig

pointillisme [pwɛ̃tijism] M PEINT Pointillismus *m*

pointilliste [pwɛ̃tijist] PEINT **A** ADJ pointillistisch **B** M/F Pointillist(in) *m(f)*

pointu [pwɛ̃ty] ADJ ⟨~e⟩ **1** *clocher, nez, chapeau, etc* spitz **2** *voix* schrill **3** *fig industrie, formation* hoch spezialisiert

pointure [pwɛ̃tyʀ] F (Schuh-, Hut)Nummer *f*, (-)Größe *f*

point-virgule M ⟨points-virgules⟩ Strichpunkt *m*; Semikolon *n*

poire [pwaʀ] F **1** Birne *f*; *fig* **couper la ~ en deux** sich einigen; sich *(dat)* auf halbem Wege entgegenkommen; *fig* **garder une ~ pour la soif** e-n Notgroschen zurücklegen **2** **~ électrique** Druckknopfschalter *m* (am Kabelende); **~ à lavement** Klistierspritze *f* **3** *fam fig (figure) fam* Visage *f* **4** *fam fig* **une (bonne) ~** *fam* ein gutmütiger Trottel; *fam* **vous me prenez pour une ~!** Sie halten mich wohl für blöd!

poireau [pwaʀo] M ⟨~x⟩ Porree *m*; Lauch *m*

poireauter [pwaʀɔte] VI *fam* ewig lange warten

poirier [pwaʀje] M **1** BOT Birnbaum *m* **2** *fig* **faire le ~** e-n Kopfstand machen

poiroter → poireauter

pois [pwa] M **1** Erbse *f*; **petits pois** grüne Erbsen **2** **pois de senteur** (Duft)Wicke *f* **3** **à pois** getüpfelt; gepunktet

poison [pwazõ] **1** *m* Gift *n* **2** *m/f fam (personne méchante) fam* Giftnudel *f*; *(enfant insupportable) fam* Nervensäge *f* **3** *m fam d'une activité* Plage *f*

poisse [pwas] F *fam* Pech *n (fig)* **poisser** [-e] VT beschmieren **poisseux** [-ø] ADJ ⟨-euse [-øz]⟩ klebrig

poisson [pwasõ] M **1** Fisch *m*; **~ d'eau douce, de mer, de rivière** Süßwasser-, See-, Flussfisch *m* **2** **~ d'avril** Aprilscherz *m*; **faire un ~ d'avril à qn** j-n in den April schicken **3** ASTROL **les Poissons** die Fische *mpl*; **être Poissons** (ein) Fisch sein

poisson-chat M ⟨poissons-chats⟩ Wels *m*

poisson-lune M ⟨poissons-lunes⟩ Mondfisch *m*

poissonnerie [pwasɔnʀi] F **1** *magasin* Fischgeschäft *n* **2** *commerce* Fischhandel *m* **poissonneux** [-ø] ADJ ⟨-euse [-øz]⟩ fischreich **poissonnier** [-je] M, **poissonnière** [-jɛʀ] F Fischhändler(in) *m(f)*

poisson-scie M ⟨poissons-scies⟩ Sägefisch *m*

poitevin [pwatvɛ̃] **A** ADJ ⟨-ine [-in]⟩ von Poitiers; des Poitou **B** SUBST **Poitevin(e)** M(F) Bewohner(in) *m(f)* von Poitiers, des Poitou

Poitou [pwatu] **le ~** *historische Provinz in Westfrankreich*

Poitou-Charentes [pwatuʃaʀɑ̃t] **le ~** *frz Region*

poitrail [pwatʀaj] M ZOOL Brust *f*

poitrine [pwatʀin] F **1** ANAT Brust *f* **2** *d'une femme* Busen *m*; Brust *f* **3** **~ de bœuf, de veau** Rinder-, Kalbsbrust *f*; **~ de porc** Schweinebauch *m*

poivre [pwavʀ] M **1** Pfeffer *m* **2** *adjt* (❗ unveränderlich) **~ et sel** grau meliert

poivrer [pwavʀe] VT pfeffern **poivrier** [-ije] M BOT Pfeffer(strauch) *m* **poivrière** [-ijɛʀ] F CUIS Pfefferstreuer *m*

poivron [pwavʀõ] M Paprika(schote) *m(f)*

poivrot [pwavʀo] M, **poivrote** [-ɔt] F *fam* Säufer(in) *m(f)*

poix [pwa] F Pech *n*

poker [pɔkɛʀ] M Poker *n ou m*; *fig* **c'était une partie de ~** das war das reinste Pokerspiel

polaire [pɔlɛʀ] **A** ADJ polar; Polar...; **l'étoile** *f* **~** der Polarstern **B** M TEXT **1** *tissu* Fleece *n* **2** *vêtement* Fleecejacke *f*, -pullover *m*

polar [pɔlaʀ] M *fam* Krimi *m*

polarisation [pɔlaʀizasjõ] F **1** OPT, ÉLEC Polarisation *f* **2** *fig* Konzentrierung *f*, Ausrichtung *f* (**sur** auf +*acc*)

polariser [pɔlaʀize] VT **1** PHYS polarisieren **2** *fig attention* auf sich *(acc)* konzentrieren

polariseur [pɔlaʀizœʀ] M OPT Polarisator *m*

polarité [pɔlaʀite] F Polarität *f*

polaroïd® [pɔlaʀɔid] M Polaroidkamera® *f*

polder [pɔldɛr] M Polder *m*; Ko(o)g *m*
pôle [pol] M **1** GÉOG, ÉLEC Pol *m*; ~ **Nord, Sud** Nord-, Südpol *m* **2** *fig* ~ **d'attraction** Anziehungspunkt *m* **3** *(centre d'activités)* Zentrum *n*
polémique [pɔlemik] **A** ADJ polemisch **B** F Polemik *f*; Fehde *f*; Kontroverse *f*
polémiquer [pɔlemike] V/I polemisieren **polémiste** [-ist] M/F Polemiker(in) *m(f)*
polenta [pɔlɛnta] F Polenta *f*
pole position [polpozisjõ] F ⟨pole positions⟩ SPORTS Poleposition *f*
poli [pɔli] **A** ADJ ⟨~e⟩ **1** *personne, ton* höflich **2** *surface* (glatt und) glänzend; poliert **B** M (Hoch)Glanz *m*
police [pɔlis] F **1** Polizei *f*; ~ **judiciaire** Kriminalpolizei *f* (*abr* Kripo *f*); ~ **privée** privater Sicherheitsdienst; ~ **secours** Überfallkommando *n* **2** ~ **(d'assurance)** (Versicherungs)Police *f*

▶ La police et la gendarmerie

Sowohl bei der **gendarmerie** als auch bei der **police** handelt es sich um Polizeikräfte, die aber unterschiedlichen Ministerien unterstehen. Bei der **gendarmerie nationale** handelt es sich um Polizeikräfte mit militärischem Status, sie unterstehen traditionell dem Verteidigungsministerium und haben auch militärische Aufgaben, während die **police nationale** dem Innenministerium untersteht. Die gendarmerie operiert mehr in ländlicher Umgebung und in den Vorstädten, während die police ausschließlich in den Städten tätig ist. Die Verteilung der Aufgaben ist nicht immer klar definiert, sodass es Kompetenzüberschneidungen gibt. So kommt es vor, dass **policiers** und **gendarmes** dieselben Fälle bearbeiten, getrennt und ohne zu kooperieren. Zwischen beiden besteht eine gewisse Rivalität. Sie sind unter ein und derselben Notrufnummer zu erreichen: 17.

LANDESKUNDE ◀

policé [pɔlise] *litt* ADJ ⟨~e⟩ zivilisiert
Polichinelle [pɔliʃinɛl] M **1** *Gestalt des frz Marionettentheaters; fig* **c'est le secret de ~** das ist ein offenes Geheimnis **2** *fig* **polichinelle** Hampelmann *m*
policier [pɔlisje] **A** ADJ ⟨-ière [-jɛʀ]⟩ **1** *mesures* polizeilich; **chien ~** Polizeihund *m* **2** *roman, film* Kriminal… **B** M Polizist *m*
policlinique [pɔliklinik] F Poliklinik *f*
poliment [pɔlimɑ̃] ADV höflich
polio [pɔljo] **1** *f* Polio *f* **2** *m/f* Poliogeschädigte(r) *m/f(m)*
poliomyélite [pɔljɔmjelit] F Kinderlähmung *f* **poliomyélitique** [-ik] **A** ADJ *personne* an Kinderlähmung erkrankt **B** M/F *personne atteinte* an Kinderlähmung Erkrankte(r) *m/f(m)*; *personne handicapée* Poliogeschädigte(r) *m/f(m)*
polir [pɔliʀ] V/T **1** TECH schleifen; polieren; glätten **2** *fig style* ausfeilen
polissage [pɔlisaʒ] M Schleifen *n*; Polieren *n*; Glätten *n*
polisson [pɔlisõ] **A** ADJ ⟨-onne [-ɔn]⟩ zweideutig; schlüpfrig; *regards* lüstern **B** **~(ne)** M(F) Schlingel *m*; *fam* Racker *m*
politesse [pɔlitɛs] F Höflichkeit *f*
politicard [pɔlitikaʀ] M, **politicarde** [-aʀd] F *péj* skrupellose(r), dubiose(r) Politiker(in) *m(f)*
politicien [pɔlitisjɛ̃], **politicienne** [-jɛn] *souvent péj* **A** M,F Politiker(in) *m(f)* **B** ADJ (rein) politisch
politico-économique [pɔlitikoekɔnɔmik] ADJ wirtschaftspolitisch **politico-social** ADJ ⟨~e; -aux [-o]⟩ sozialpolitisch
politique [pɔlitik] **A** ADJ **1** politisch; **crise** *f* **politique** Staatskrise *f*; **homme** *m* **politique** Politiker *m*; **sciences** *fpl* **politiques** (*abr* **sciences po**) politische Wissenschaften *fpl*; Politologie *f* **2** *st/s (habile)* diplomatisch **B** SUBST **1** *f* Politik *f* (*a. fig*); **politique européenne, de l'emploi** Europa-, Beschäftigungspolitik *f*; **faire de la politique** sich politisch betätigen **2** *m* Politiker *m*; Staatsmann *m*
politisation [pɔlitizasjõ] F Politisierung *f* **politiser** [-e] V/T politisieren
politologie [pɔlitɔlɔʒi] F Politologie *f* **politologue** [-lɔg] M/F Politologe, -login *m,f*
polka [pɔlka] F Polka *f*
pollen [pɔlɛn] M Pollen *m*; Blütenstaub *m*
pollinisation [pɔlinizasjõ] F Bestäubung *f*
polluant [pɔlɥɑ̃] **A** ADJ ⟨-ante [-ɑ̃t]⟩ umweltschädlich; **non ~** umweltfreundlich, -verträglich; schadstoffarm **B** M Schadstoff *m*
polluer [pɔlɥe] V/T *environnement* verschmutzen; *air, eau a.* verunreinigen
pollueur [pɔlɥœʀ] M Umweltsünder *m*, -verschmutzer *m*
pollution [pɔlysjõ] F Umweltverschmutzung *f*; Umweltbelastung *f*; **~ atmosphérique** Luftverschmutzung *f*; **~ sonore** Lärmbelästigung *f*; **~ des sols** *a.* Bodenverseuchung *f*
polo [pɔlo] M **1** SPORTS Polo(spiel) *n* **2** *chemise* Polohemd *n*
polochon [pɔlɔʃõ] *fam* M Nackenrolle *f*
Pologne [pɔlɔɲ] **la ~** Polen *n*
polonais [pɔlɔnɛ] **A** ADJ ⟨-aise [-ɛz]⟩ polnisch **B** SUBST **1** **Polonais(e)** *m(f)* Pole *m*, Polin *f* **2** LING **le ~** das Polnische; Polnisch *n* **3** **~e** *f* Polonaise *ou* -näse *f*

polonium [pɔlɔnjɔm] M CHIM Polonium *n*
poltron [pɔltʀõ] M, **poltronne** [-ɔn] F Feigling *m*; Hasenfuß *m* **poltronnerie** [-ɔnʀi] F Feigheit *f*
poly... [pɔli] *préfixe* poly...; Poly...; viel...; Viel...; mehr...; Mehr...
polyacrylique ADJ CHIM **résines** *fpl* **~s** (Poly)Acrylharze *npl*
polyamide [pɔliamid] M Polyamid *n*
polyandrie [pɔliɑ̃dʀi] F Vielmännerei *f*
polyarthrite F Polyarthritis *f*
polychrome [pɔlikʀom] ADJ mehrfarbig **polychromie** [-i] F Viel-, Mehrfarbigkeit *f*; Polychromie *f*
polyclinique F Allgemeinkrankenhaus *n*
polycopie F Vervielfältigung *f*
polycopier V/T vervielfältigen; (**cours**) **polycopié** *m* (Vorlesungs)Skript *n*
polyculture F Mischkultur *f*
polyester [pɔliɛstɛʀ] M Polyester *m*
polyéthylène [pɔlietilɛn] M Polyäthylen *n*
polygame [pɔligam] **A** ADJ polygam **B** M/F Polygamist(in) *m(f)* **polygamie** [-i] F Polygamie *f*; Vielehe *f*
polyglotte **A** ADJ mehr-, vielsprachig; polyglott **B** M/F Polyglotte(r) *m/f(m)*; mehrsprachige Person
polygonal [pɔligɔnal] ADJ ⟨~e; -aux [-o]⟩ vieleckig; polygonal
polygone [pɔligon, -gɔn] M Vieleck *n*; Polygon *n*
polymère [pɔlimɛʀ] M Polymer *n*
polymérie [pɔlimeʀi] F CHIM, BIOL Polymerie *f* **polymérisation** [-izasjõ] F CHIM Polymerisation *f*; Polymerisierung *f* **polymériser** [-ize] V/T CHIM polymerisieren
polymorphe [pɔlimɔʀf] ADJ viel-, verschiedengestaltig; polymorph **polymorphisme** [-ism] M Mehr-, Vielgestaltigkeit *f*; Polymorphismus *m*
Polynésie [pɔlinezi] **la ~** Polynesien *n*; **la ~ française** Französisch-Polynesien *n*
polynésien [pɔlinezjɛ̃] **A** ADJ ⟨-ienne [-jɛn]⟩ polynesisch **B** **Polynésien(ne)** M(F) Polynesier(in) *m(f)*
polynôme [pɔlinom] M MATH Polynom *n*
polype [pɔlip] M Polyp *m*
polyphasé [pɔlifaze] ADJ ⟨~e⟩ **courant ~** Mehrphasenstrom *m*
polyphonie [pɔlifɔni] F Mehrstimmigkeit *f*; Polyphonie *f* **polyphonique** [-ik] ADJ mehrstimmig; polyphon
polysémie [pɔlisemi] F Mehrdeutigkeit *f* (von Wörtern); Polysemie *f* **polysémique** [-ik] ADJ mehrdeutig; polysem
polystyrène [pɔlistiʀɛn] M **~ (expansé)** Styropor® *n*
polysyllabe, **polysyllabique** [-ik] ADJ mehr-, vielsilbig
polytechnicien M, **polytechnicienne** F Absolvent(in) *m(f)* der École polytechnique
polytechnique ADJ **École** *f* **~** *ou* SUBST **Polytechnique** F *(vom Armeeministerium verwaltete) technische Hochschule*
polythéisme [pɔliteism] M Vielgötterei *f*; Polytheismus *m*
polythéiste [pɔliteist] **A** ADJ polytheistisch **B** M/F Polytheist(in) *m(f)*
polytraumatisé [pɔlitʀomatize] M Schwerverletzte(r) *m*
polyvalence F Vielseitigkeit *f*; vielseitige Verwendbarkeit **polyvalent** [-valɑ̃] ADJ ⟨-ente [-ɑ̃t]⟩ vielseitig (einsetzbar); Mehrzweck...
polyvinyle [pɔlivinil] M CHIM (**chlorure** *m* **de**) **~** PVC *n*; Polyvinylchlorid *n*
pomélo [pɔmelo] M *fruit* Pomelo *f*
Poméranie [pɔmeʀani] **la ~** Pommern *n*
poméranien [pɔmeʀanjɛ̃] **A** ADJ ⟨-ienne [-jɛn]⟩ pommer(i)sch **B** SUBST **Poméranien(ne)** M(F) Pommer(in) *m(f)*
pommade [pɔmad] F Salbe *f*; *fig* **passer de la ~ à qn** j-m schmeicheln; *fam* j-m Honig ums Maul, um den Bart schmieren
pommadé [pɔmade] ADJ ⟨~e⟩ *cheveux* pomadisiert
pomme [pɔm] F **1** Apfel *m*; *fam fig* **tomber dans les pommes** in Ohnmacht fallen; *fam* umkippen **2** **pomme de terre** Kartoffel *f*; **pommes de terre frites** Pommes frites *pl*; **pommes de terre à l'eau** Salzkartoffeln *fpl*; **pommes de terre en robe de chambre** *ou* **en robe des champs** Pellkartoffeln *fpl*; **pommes vapeur** gedämpfte Kartoffeln **3** ANAT **pomme d'Adam** Adamsapfel *m* **4** **pomme de pin** Tannenzapfen *m* **5** **pomme d'arrosoir** (Gießkannen)-Brause *f* **6** *fam* **pour ma pomme** für mich **7** *(boule décorative)* Knauf *m*
pommé [pɔme] ADJ ⟨~e⟩ BOT Kopf...
pommeau [pɔmo] M ⟨~x⟩ Knauf *m*
pommelé [pɔmle] ADJ ⟨~e⟩ *ciel* mit Schäfchenwolken; **cheval (gris) ~** Apfelschimmel *m*
pommette [pɔmɛt] F Backenknochen *m*
pommier [pɔmje] M Apfelbaum *m*
pompage [põpaʒ] M (Ab-, Hoch)Pumpen *n*
pompe¹ [põp] F **1** Pumpe *f*; **~ à bicyclette** Fahrradpumpe *f*; **~ à chaleur** Wärmepumpe *f*; **~ à essence** Zapfsäule *f*; **~ à incendie** Feuerspritze *f* **2** *fam fig* **à toute ~** *fam* mit Karacho **3** *fam* **~s** *pl (chaussures) fam* Latschen *pl*; *fam fig* **être à côté de ses ~s** *fam* nicht ganz da sein **4** *fam fig* **j'ai un coup de ~** *fam* ich bin k.o. **5** *fam exercice* **faire des ~s** Liegestütze *mpl* machen

pompe[2] F 1 st/s *(faste)* **en grande ~** mit großem Prunk, Pomp 2 **~s funèbres** Beerdigungs-, Bestattungsinstitut *n*
pomper [põpe] V/T 1 TECH (ab)pumpen; *fam fig* **tu me pompes l'air** *fam* du gehst, fällst mir auf den Wecker 2 *sol: eau* aufsaugen; *moustiques: sang* saugen 3 *fam (copier)* abschreiben (**sur** von) 4 *fam fig adjt* **être pompé** *fam* ausgepumpt, völlig fertig, k. o. sein
pompette [põpɛt] ADJ *fam* beschwipst
pompeux [põpø] ADJ ⟨-euse [-øz]⟩ schwülstig; hochtrabend
pompier[1] [põpje] M Feuerwehrmann *m*; **~s** *pl* Feuerwehr *f*
pompier[2] ADJ ⟨-ière [-jɛʀ]⟩ gestelzt
pompiste [põpist] M Tankwart *m*
pompon [põpõ] M Pompon *m*; Troddel *f*; *fam* Bommel *f*; *fam iron* **avoir le ~** *fam* den Vogel abschießen; *fam iron* **c'est le ~!** *fam* das ist die Höhe, der Gipfel!
pomponner [põpɔne] V/T *(et* V/PR **se ~** sich) herausputzen
ponçage [põsaʒ] M (Ab)Schleifen *n*; *à la pierre ponce* Poncieren *n*; *au papier émeri* (Ab)Schmirgeln *n*
ponce [põs] ADJ **pierre** *f* **~** Bimsstein *m*
poncer [põse] V/T ⟨-ç-⟩ (ab)schleifen; *au papier émeri* (ab)schmirgeln
ponceuse [põsøz] F Schleifmaschine *f*
poncho [põʃo] M Poncho *m*
poncif [põsif] M st/s Gemeinplatz *m*
ponction [põksjõ] F 1 MÉD Punktion *f* 2 FIN (Geld)Entnahme *f*
ponctionner [põksjɔne] V/T MÉD punktieren
ponctualité [põktɥalite] F Pünktlichkeit *f*
ponctuation [põktɥasjõ] F Zeichensetzung *f*; Interpunktion *f*
ponctuel [põktɥɛl] ADJ ⟨~le⟩ 1 *personne* pünktlich 2 *source lumineuse, fig intervention* punktuell
ponctuellement [põktɥɛlmã] ADV pünktlich
ponctuer [põktɥe] V/T 1 *texte* mit Satzzeichen versehen; interpunktieren 2 *fig* **~ d'un geste** durch e-e Geste unterstreichen
pondérable [põdeʀabl] ADJ *t/t* wiegbar; mit bestimmbarem Gewicht **pondéral** [-al] ADJ ⟨~e; -aux [-o]⟩ Gewichts…
pondérateur [põdeʀatœʀ] ADJ ⟨-trice [-tʀis]⟩ *influence* ausgleichend; mäßigend
pondération [põdeʀasjõ] F 1 *d'une personne* Besonnenheit *f*; Bedachtsamkeit *f* 2 *statistique* Gewichtung *f*
pondéré [põdeʀe] ADJ ⟨~e⟩ besonnen; bedacht(sam)
pondérer [põdeʀe] V/T ⟨-è-⟩ STATISTIQUE gewichten; wiegen
pondéreux [põdeʀø] MPL Schwergut *n*
pondeuse [põdøz] F Legehenne *f*
pondre [põdʀ] V/T ⟨→ rendre⟩ 1 *œufs* legen; *abs* Eier legen 2 *fam péj* produzieren, fabrizieren
poney [pɔnɛ] M Pony *n*
pongiste [põʒist] M/F Tischtennisspieler(in) *m(f)*
pont [põ] M 1 Brücke *f*; **~ aérien** Luftbrücke *f*; AUTO **~ de graissage** Hebebühne *f*; *fig* **faire le ~** an e-m Werktag zwischen zwei Feiertagen nicht arbeiten; ein langes Wochenende machen; *fig* **faire un ~ d'or à qn** j-m ein lukratives Angebot machen 2 **Ponts et Chaussées** [põze-] Tiefbauamt *n* 3 MAR Deck *n* 4 AUTO **~ arrière, avant** Hinter-, Vorderachse *f*
pontage [põtaʒ] M Bypass(operation) *m(f)*
ponte[1] [põt] F ZOOL Eierlegen *n*
ponte[2] M *fam* hohes Tier
ponté [põte] ADJ ⟨~e⟩ MAR mit e-m Deck; *à plusieurs ponts* Mehrdeck…
ponter [põte] A V/T MAR *bateau* mit e-m Deck versehen B V/I *aux jeux de hasard* gegen den Bankhalter spielen
pontife [põtif] M 1 **souverain ~** Pontifex maximus *m*; Papst *m* 2 *fam fig* Bonze *m*
pontifical [põtifikal] ADJ ⟨~e; -aux [-o]⟩ päpstlich **pontificat** [-a] M Pontifikat *n*
pontifier [põtifje] V/I dozieren
pont-l'évêque [põlevɛk] M (! unveränderlich) *ein frz Weichkäse*
pont-levis [põl(ə)vi] M ⟨ponts-levis⟩ Zugbrücke *f*
ponton [põtõ] M Anlegeponton *m*
pontonnier [põtɔnje] M Brückenbaupionier *m*
pool [pul] M 1 ÉCON Pool *m* 2 **~ de dactylos** Schreibzentrale *f*
pop [pɔp] ADJ (! unveränderlich) Pop…; **musique** *f* **~** Popmusik *f*
pop'art [pɔpaʀ] M Pop-Art *f*
pop-corn [pɔpkɔʀn] M Popcorn *n*
pope [pɔp] M Pope *m*
popeline [pɔplin] F Popelin(e) *m(f)*
popote [pɔpɔt] F *fam* 1 **faire la ~** kochen 2 *adjt* (! unveränderlich) hausbacken
popotin [pɔpɔtɛ̃] M *fam* (dicker) Po
populace [pɔpylas] F *péj* Pöbel *m*; Mob *m* **populacier** [-je] ADJ ⟨-ière [-jɛʀ]⟩ *péj* des Pöbels; pöbelhaft
populaire [pɔpylɛʀ] ADJ 1 *(du peuple)* Volks… *(a.* POL*)*; volkstümlich; **art** *m* **~** Volkskunst *f* 2 *(plébéien)* (des) einfach(en Volkes); **quartier** *m* **~** Arbeiterviertel *n* 3 *(aimé)* populär; volkstümlich; beliebt; **devenir, rendre ~** populär werden, machen
populariser [pɔpylaʀize] V/T popularisieren;

verbreiten **popularité** [-ite] F Popularität *f*; Beliebtheit *f*
population [pɔpylasjõ] F Bevölkerung *f*
populeux [pɔpylø] ADJ ⟨-euse [-øz]⟩ dicht bewohnt, bevölkert
populisme [pɔpylism] M Populismus *m*
populiste [pɔpylist] A ADJ *roman etc* populistisch B M *écrivain* Populist *m*
populo [pɔpylo] *fam* M **le ~** das (einfache) Volk
porc [pɔʀ] M 1 ZOOL Schwein *n* 2 *viande* Schweinefleisch *n* 3 *cuir* Schweinsleder *n* 4 *péj d'un homme* (Dreck)Schwein *n*
porcelaine [pɔʀsəlɛn] F 1 Porzellan *n*; **de** *ou* **en ~** Porzellan… 2 *objet* Porzellangegenstand *m*; *vaisselle* Porzellangeschirr *n* 3 ZOOL Porzellanschnecke *f*
porcelainier [pɔʀsəlenje] A ADJ ⟨-ière [-jɛʀ]⟩ Porzellan… B M Porzellanfabrikant *m*, -hersteller *m*
porcelet [pɔʀsəlɛ] M ZOOL Ferkel *n*
porc-épic [pɔʀkepik] M ⟨porcs-épics [-ke-]⟩ Stachelschwein *n*
porche [pɔʀʃ] M Portalvorbau *m*, -vorhalle *f*
porcher [pɔʀʃe] M, **porchère** [-ɛʀ] F Schweinehirt(in) *m(f)*
porcherie [pɔʀʃəʀi] F Schweinestall *m*
porcin [pɔʀsɛ̃] A ADJ ⟨-ine [-in]⟩ 1 Schweine… 2 *fig* **yeux ~s** Schweinsäuglein *npl* B MPL **~s** Schweine *npl*
pore [pɔʀ] M (! maskulin) Pore *f*
poreux [pɔʀø] ADJ ⟨-euse [-øz]⟩ porös
porion [pɔʀjõ] M MINES Steiger *m*
porno [pɔʀno] ADJ (! Maskulin- und Femininform sind gleich) ABR *fam* (pornographique) Porno…
pornographe [pɔʀnɔgʀaf] M Pornograph *m* **pornographie** [-i] F Pornographie *f* **pornographique** [-ik] ADJ pornographisch
porosité [pɔʀɔzite] F Porosität *f*
port¹ [pɔʀ] M 1 Hafen *m*; **~ de pêche** Fischereihafen *m*; *fig* **arriver à bon ~** wohlbehalten ankommen 2 *ville* Hafenstadt *f* 3 *dans les Pyrénées* Pass *m*
port² M 1 *d'armes, de casque à moto, etc* Tragen *n* 2 *d'une lettre* Porto *n*; **en ~ dû** unfrankiert; **en ~ payé** frankiert 3 *(maintien)* (Körper)Haltung *f*
portable [pɔʀtabl] ADJ tragbar; (**ordinateur** *m*) **~** *m* Laptop *m*; (**téléphone** *m*) **~** *m* Handy *n*
portage [pɔʀtaʒ] M Transport *m* durch Träger
portail [pɔʀtaj] M 1 ARCH Portal *n*; *d'un parc* Tor *n* 2 INFORM Portal *n*
portance [pɔʀtɑ̃s] F AVIAT (dynamischer) Auftrieb
portant [pɔʀtɑ̃] A ADJ ⟨-ante [-ɑ̃t]⟩ 1 CONSTR tragend; **mur ~** tragende Wand 2 **être bien ~** gesund sein B M Stütze *f*
portatif [pɔʀtatif] ADJ ⟨-ive [-iv]⟩ tragbar; → portable
porte¹ [pɔʀt] F Tür *f*; *d'une ville, d'un slalom* Tor *n* (a. *fig*); *du Paradis, de l'Enfer* Pforte *f*; AVIAT Flugsteig *m*; **journée** *f* **~s ouvertes** Tag *m* der offenen Tür; **~ d'embarquement** Flugsteig *m*; **~ d'entrée** Eingangstür *f*; Haustür *f*; **~ de secours** Notausgang *m*; *habiter* **~ à ~** Tür an Tür; Haus an Haus; **être à la ~** vor der Tür stehen; **mettre à la ~** vor die Tür setzen; *fam* rauswerfen; *employé* feuern; *fig* **entre deux ~s** zwischen Tür und Angel; **(fermez) la ~!** Tür zu!; *fig* **se ménager une ~ de sortie** sich *(dat)* e-e Hintertür offen halten
porte² ADJ **veine** *f* **~** Pfortader *f*
porté [pɔʀte] ADJ ⟨~e⟩ **être ~ à croire que …** zu der Annahme neigen, dass …; **être ~ sur qc** e-e Schwäche für etw haben
porte-à-faux: **en ~** *(hors d'aplomb)* schief (a. *fig*); *(en surplomb)* freitragend
porte-à-porte M **faire du ~** von Tür zu Tür, von Haus zu Haus gehen; hausieren
porte-avions M (! unveränderlich) Flugzeugträger *m* **porte-bagages** M (! unveränderlich) *d'un vélo* Gepäckträger *m*; *dans un train* Gepäcknetz *n* **porte-bébé** M ⟨porte-bébé(s)⟩ Babytragetasche *f* **porte-bonheur** M (! unveränderlich) Glücksbringer *m* **porte-bouteilles** M (! unveränderlich) Flaschengestell *n* **porte-cartes** M (! unveränderlich) Ausweistasche *f*, -hülle *f* **porte-CD** M (! unveränderlich) CD-Regal *n* **porte-cigarettes** M (! unveränderlich) Zigarettenetui *n* **porte-clefs** *ou* **porte-clés** M (! unveränderlich) *anneau* Schlüsselring *m*; *étui* Schlüsseletui *n* **porte-conteneurs** M (! unveränderlich) Containerschiff *n* **porte-couteau** M ⟨porte-couteau(x)⟩ Messerbänkchen *n* **porte-documents** M (! unveränderlich) (Kolleg)Mappe *f* **porte-drapeau** M ⟨porte-drapeau(x)⟩ Fahnenträger *m*
portée [pɔʀte] F 1 ZOOL Wurf *m*; **une ~ de chiots** ein Wurf junger Hunde 2 *distance* Reichweite *f*; **à ~ de la main** in Reichweite; griffbereit; greifbar; **à ~ de (la) voix** in Hör-, Rufweite; **à la ~ de qn** in Reichweite j-s; für j-n erreichbar; **à la ~ de toutes les bourses** für jeden erschwinglich; **à la ~ de tous** allgemein verständlich; **°hors de la ~ de qn** außer Reichweite j-s; für j-n unerreichbar 3 *fig d'une décision, de paroles, etc* Tragweite *f*; Bedeutung *f*; Wirkung *f* 4 MUS Notenlinien *fpl*
portefaix [pɔʀtəfɛ] M *autrefois* (Last)Träger *m*
porte-fenêtre F ⟨portes-fenêtres⟩ Terrassen-, Balkon-, Fenstertür *f*
portefeuille [pɔʀtəfœj] M 1 *étui* Brieftasche *f*

2 *d'un ministre* Geschäftsbereich *m*; Ressort *n*; Portefeuille *n* 3 FIN Portefeuille *n*; Wertpapierbestand *m*

porte-hélicoptères M (! unveränderlich) Hubschrauberträger m **porte-jarretelles** M (! unveränderlich) Strumpfhaltergürtel *m*; Straps *m* **porte-journaux** M (! unveränderlich) Zeitungsständer *m*

portemanteau M ⟨~x⟩ Garderobe(nständer) *f(m)*; Kleiderständer *m*

porte-mine ⟨porte-mine(s)⟩ *ou* **portemine** [pɔʀtəmin] M Druck-, Drehbleistift *m*

porte-monnaie M (! unveränderlich) Geldbeutel *m*; Portemonnaie *ou* Portmonee *n*

porte-outil M ⟨porte-outil(s)⟩ Werkzeughalter *m* **porte-parapluies** M (! unveränderlich) Schirmständer *m* **porte-parole** M (! unveränderlich) Sprecher *m* **porte-plume** M (! unveränderlich) Federhalter *m*

porter [pɔʀte] A V/T 1 tragen (*a. responsabilité, nom, inscription*); *vêtements a.* anhaben; *chapeau a.* aufhaben; *titre a.* führen 2 *(amener)* (hin)bringen (**à** zu); *cuiller, etc à la bouche* führen; **~ une lettre à la poste** e-n Brief zur Post® bringen; **~ bonheur, malheur** Glück, Unglück bringen; *litige* **~ devant les tribunaux** vor Gericht bringen; *température* **~ à cent degrés** auf hundert Grad bringen; **tout porte à croire que …** alles legt die Vermutung nahe, dass… 3 *(inscrire)* eintragen (**sur** in *+ acc*); **être porté disparu** als vermisst gemeldet sein; **se faire ~ malade** sich krankmelden; sich krankschreiben lassen 4 *sentiments, intérêt* entgegenbringen (**à qn** j-m) 5 *regard, attention* **~ sur qn, qc** auf j-n, etw richten; **~ son effort sur qc** s-e Anstrengungen auf etw konzentrieren 6 ZOOL *femelles* tragen *(surtout abs)* B V/I 1 *voix* **~ (loin)** weit tragen; **aussi loin que porte la vue** so weit das Auge reicht 2 *(avoir de l'effet)* wirken; s-e Wirkung nicht verfehlen; *remarque* sitzen 3 *discussion, etc* **~ sur qc** etw zum Inhalt, Gegenstand haben; sich auf etw *(acc)* beziehen 4 *fig* **être en porte à faux** in e-r heiklen, peinlichen, schwierigen Situation sein C V/PR 1 **il se porte bien, mal** es geht ihm (gesundheitlich) gut, schlecht 2 **se ~ acquéreur** als Käufer auftreten; **se ~ volontaire** sich freiwillig melden 3 **se ~ sur qn** *regard* sich auf j-n richten; *a. choix* auf j-n fallen; *grippe* **se ~ sur les bronches** sich auf die Bronchien legen 4 *vêtements* **se ~** getragen werden

porte-revues M (! unveränderlich) Zeitschriftenständer *m* **porte-savon** M ⟨porte-savon(s)⟩ Seifenschale *f*, -ablage *f* **porte-serviettes** M (! unveränderlich) Handtuchhalter *m* **porte-skis** M (! unveränderlich) AUTO Skiträger *m*

porteur [pɔʀtœʀ] A M 1 CH DE FER Gepäckträger *m*; Dienstmann *m*; *dans une expédition* Träger *m* 2 *(détenteur)* Inhaber *m*; *chèque* **payable au ~** an Überbringer B ADJ ⟨-euse [-øz]⟩ 1 TECH Träger… 2 **avion gros ~** Großraumflugzeug *n* 3 **mère porteuse** Leihmutter *f* 4 ÉCON zukunftsträchtig

porte-vélo M ⟨porte-vélo(s)⟩ AUTO Fahrradträger *m* **porte-voix** M (! unveränderlich) Megafon *n*

portier [pɔʀtje] M 1 Portier *m*; Pförtner *m* 2 **~ électronique** elektronisches Türschloss

portière [pɔʀtjɛʀ] F (Wagen)Tür *f*

portillon [pɔʀtijõ] M Türchen *n*; *du métro* Sperre *f*

portion [pɔʀsjõ] F 1 CUIS Portion *f* 2 *d'un tout* (Teil)Stück *n*; Teil *m ou n*

portique [pɔʀtik] M 1 ARCH Säulenhalle *f*; Portikus *m* 2 SPORTS Turngerüst *n* 3 TECH Portalkran *m*

porto [pɔʀto] M Portwein *m*

portoricain [pɔʀtɔʀikɛ̃] ADJ ⟨-aine [-ɛn]⟩ puerto-ricanisch

portrait [pɔʀtʀɛ] M Porträt *n* (*a. fig*); **être tout le ~ de son père** das getreue Abbild des Vaters sein; *fig* **faire le ~ de qn** j-n porträtieren

portraitiste [pɔʀtʀɛtist] M/F Porträtist(in) *m(f)*; Porträtmaler(in) *m(f)*

portrait-robot M ⟨portraits-robots⟩ Phantombild *n*; Fahndungsskizze *f*

portraiturer [pɔʀtʀɛtyʀe] *iron* V/T porträtieren

port-salut [pɔʀsaly] M (! unveränderlich) *ein frz Schnittkäse*

portuaire [pɔʀtɥɛʀ] ADJ Hafen…

portugais [pɔʀtygɛ] A ADJ ⟨-aise [-ɛz]⟩ portugiesisch B SUBST 1 **Portugais(e)** *m(f)* Portugiese, -giesin *m,f* 2 LING **le ~** das Portugiesische; Portugiesisch *n* 3 ZOOL **~e** *f Austernart*

Portugal [pɔʀtygal] **le ~** Portugal *n*

POS [peoɛs] M (! unveränderlich) ABR (plan d'occupation des sols) Flächennutzungsplan *m*

pose [poz] F 1 TECH Anbringung *f*; Installierung *f*; Verlegung *f*; **~ de la première pierre** Grundsteinlegung *f* 2 *(attitude)* (Körper)Haltung *f*; Stellung *f*; *affectée* Pose *f* 3 PHOT Belichtung *f*

posé [poze] ADJ ⟨~e⟩ gesetzt; ruhig; besonnen

posément [-mã] ADV → posé

posemètre [pozmɛtʀ] M Belichtungsmesser *m*

poser [poze] A V/T 1 *objet* (hin)stellen, (-)setzen, (-)legen; **~ qc par terre** etw auf den Boden stellen, setzen; **~ son regard sur** s-n Blick richten auf (*+ acc*) 2 *(installer) compteur,* *etc* anbringen; installieren; *serrure a.* einbauen; *tuyaux, câbles, carrelage, moquette* (ver)legen; *bombe* legen **3** *principe, équation* aufstellen; *question, condition* stellen; *problème* aufwerfen; darstellen; **ceci posé** dies vorausgesetzt **4** *(donner du prestige)* **~ qn** j-m Ansehen verschaffen **5** MATH *chiffre* (hin)schreiben **B** V/I Modell stehen; *fig* **~ (pour la galerie)** auf Wirkung bedacht sein; nach (billigen) Effekten haschen **C** V/PRON **1** **se ~** *oiseau* sich setzen (**sur** auf + *acc*); *avion* aufsetzen; landen; *regard* sich richten (**sur** auf + *acc*) **2** *question, problème* **se ~** sich stellen **3** *personne* **se ~ en** sich aufwerfen zu

poseur [pozœʀ] M, **poseuse** [-øz] F **1** Wichtigtuer(in) *m(f)*; Angeber(in) *m(f)* **2** **poseur de bombes** Bombenleger *m*

positif [pozitif] ADJ ⟨-ive [-iv]⟩ **1** positiv (*a.* MÉD, ÉLEC, MATH); *critique a.* konstruktiv; ÉLEC **pôle ~** Pluspol *m* **2** *personne* **esprit ~** Realist(in) *m(f)*

position [pozisjõ] F **1** *du corps* Stellung *f*; Haltung *f*; Position *f*; *d'un levier, etc* Stellung *f*; **~ horizontale** Horizontallage *f* **2** *d'une personne (situation)* Lage *f*; Situation *f* **3** AVIAT, MAR Standort *m*; Position *f* **4** *dans une hiérarchie, une série* Position *f*; Platz *m*; Stelle *f*; *(condition sociale)* (hohe) Position, Stellung **5** MIL Stellung *f* **6** *fig (point de vue)* Standpunkt *m*; Ansicht *f* (**sur** über + *acc*); Position *f*; **prendre ~** Stellung nehmen

positionner [pozisjɔne] V/T positionieren (*a. produit*)

positivement [pozitivmɑ̃] ADV **1** *(réellement)* wirklich; effektiv **2** positiv

positiver [pozitive] V/I eine positive Sichtweise einnehmen; positiv denken

positivisme [pozitivism] M Positivismus *m*

positiviste [pozitivist] **A** ADJ positivistisch **B** M Positivist *m*

positivité [pozitivite] F positiv-elektrischer Zustand

posologie [pɔzɔlɔʒi] F Dosierung *f*

possédant [pɔsedɑ̃] **A** ADJ ⟨-ante [-ɑ̃t]⟩ **la classe ~e** die besitzende Klasse **B** MPL **les ~s** die Besitzenden *mpl*

possédé [pɔsede] **A** ADJ ⟨~e⟩ besessen **B** **~(e)** M(F) Besessene(r) *m/f(m)*

posséder [pɔsede] ⟨-è-⟩ **A** V/T **1** *biens, expérience* besitzen **2** *langue, sujet* beherrschen **3** *femme st/s* besitzen **4** *fam (tromper) fam* hereinlegen **B** V/PR *st/s* **ne plus se ~** die Beherrschung verlieren

possesseur [pɔsɛsœʀ] M Besitzer *m*; *d'un diplôme, d'un titre* Inhaber *m*

possessif [pɔsɛsif] ADJ ⟨-ive [-iv]⟩ **1** **(pronom) ~** *m* Possessivpronomen *n*; besitzanzeigendes Fürwort **2** *personne* Besitz ergreifend

possession [pɔsɛsjõ] F **1** Besitz *m*; **c'est en ma ~** das ist in meinem Besitz; **être en pleine ~ de ses moyens** im Vollbesitz s-r Kräfte sein; **prendre ~ de qc** von etw Besitz ergreifen **2** PSYCH Besessenheit *f*

possibilité [pɔsibilite] F Möglichkeit *f*

possible [pɔsibl] **A** ADJ möglich; **aussi bien que ~** *ou* **le mieux ~** so gut wie möglich; möglichst gut; **le plus ~** möglichst viel; **le plus grand nombre ~ de personnes** die größtmögliche Personenzahl; **le plus souvent, tôt, vite ~** möglichst oft, bald, schnell; **le meilleur des mondes ~s** die beste aller möglichen Welten **B** M **faire (tout) son ~** sein Möglichstes tun (**pour** + *inf* um zu + *inf*); *aimable, etc* **au ~** äußerst

post... [pɔst] *préfixe* nach...; Nach...; post...; Post...

postage [pɔstaʒ] M ADMIN Aufgeben *n*

postal [pɔstal] ADJ ⟨~e; -aux [-o]⟩ Post...; postalisch

postbac ADJ (**!** unveränderlich) **classes** *fpl* **~** Klassen *fpl* im Anschluss an das „baccalauréat"

postclassique ADJ nachklassisch

postcombustion F AVIAT Nachverbrennung *f*

postcure F Nachkur *f*

postdater V/T vor-, vorausdatieren

poste¹ [pɔst] F Post® *f*, *bureau a.* Postamt *n*; **par la ~** per Post®; mit der Post®; *lettre* **mettre à la ~** aufgeben; einwerfen

poste² M **1** MIL Posten *m*; **poste d'observation** Beobachtungsposten *m*; *par ext* **poste (de police)** Polizeiwache *f*; *fig* **rester à son poste** auf s-m Posten bleiben **2** *(emplacement technique)* Stelle *f*; TÉL Nebenstelle *f*; **poste frontière** Grenzübergang *m*; **poste d'aiguillage** Stellwerk *n*; **poste de pilotage** Cockpit *n*; **poste de secours** Unfallstation *f*; Rettungsstelle *f* **3** *(emploi)* Posten *m*; Stelle *f*; Stellung *f*; **poste de confiance** Vertrauensstellung *f*; **poste de directeur** Direktorposten *m*; *fam fig* **être fidèle au poste** *fam* die Stellung halten **4** **poste de radio, de télévision** Radio-, Fernsehapparat *m*, -gerät *n*; *par ext (émetteur)* **poste (de radio)** Sender *m*

posté [pɔste] ADJ ⟨~e⟩ **travail ~** Schichtarbeit *f*

poster¹ [pɔste] V/T **1** *qn* postieren; aufstellen **2** *lettre* aufgeben; einwerfen

poster² [pɔstɛʀ] M Poster *n ou m*

postérieur [pɔsteʀjœʀ] **A** ADJ ⟨~e⟩ **1** *dans le temps* später (**à qc** als etw); **être ~ à qc** (zeitlich) nach etw liegen **2** ANAT hintere; Hinter... **B** M *fam* Hintern *m*; Hinterteil *n*

postérieurement [pɔsteʀjœʀmɑ̃] ADV **~ à** später als

posteriori → a posteriori

postériorité [pɔsteʀjɔʀite] F Spätersein *n*, -liegen *n*

postérité [pɔsteʀite] F **1** (*générations futures*) Nachwelt *f* **2** *st/s* (*descendants*) Nachkommenschaft *f*

postface F *rarement* Nachwort *n*

posthume [pɔstym] ADJ post(h)um; **à titre ~** post(h)um

postiche [pɔstiʃ] **A** ADJ falsch; unecht **B** M Haarteil *n*; *pour hommes* Toupet *n*

postier [pɔstje] M, **postière** [-jɛʀ] F Postbeamte(r), -beamtin *m,f*

postillon [pɔstijõ] M **1** HIST Postillon *m* **2** *de salive* Speicheltröpfchen *n*

postillonner [pɔstijɔne] V/I e-e feuchte Aussprache haben

post-it® [pɔstit] M (❗ unveränderlich) Haftnotiz *f*

postmoderne ADJ postmodern **postmodernisme** M Postmoderne *f* **postnatal** ADJ ⟨~e⟩ nach der Geburt (erfolgend, eintretend) **postopératoire** ADJ nach der Operation (erfolgend); postoperativ **postposer** V/T GRAM nachstellen **postposition** F GRAM **1** Postposition *f*; dem Bezugswort nachgestellte Präposition **2** Stellung *f* hinter dem Bezugswort **postromantique** ADJ auf die Romantik folgend; nachromantisch **postscolaire** ADJ auf die Schule folgend; weiterbildend

post-scriptum [pɔstskʀiptɔm] M (❗ unveränderlich) (ABR **P.-S.**) Postskript(um) *n* (*abr* PS); Nachschrift *f*

postsynchronisation F Nachsynchronisierung *f*

postulant [pɔstylɑ̃] M, **postulante** [-ɑ̃t] F Bewerber(in) *m(f)*; REL Postulant(in) *m(f)* **postulat** [-a] M Postulat *n* **postuler** [-e] V/T *et* V/T INDIR sich bewerben (**[pour, à] un emploi** um e-e Stelle)

posture [pɔstyʀ] F (Körper)Haltung *f*; Stellung *f*; Positur *f*; *fig* **être en mauvaise ~** in e-r üblen Lage sein; schlecht dran sein

pot [po] M **1** Topf *m*; *pour liquides a.* Krug *m*; Kanne *f*; **~ à eau** Wasserkrug *m*; **~ (de chambre)** (Nacht)Topf *m*; *fam fig* **quel ~ de colle!** *fam* er *ou* sie ist die reinste Klette!; **~ de confiture** Marmeladenglas *n*; **~ de fleurs** Blumentopf *m*; **~ de yaourt** Becher *m* Joghurt; Joghurtbecher *m*; *fig* **découvrir le ~ aux roses** [pɔtoʀoz] dahinterkommen; **être sourd comme un ~** stocktaub, völlig taub sein; *fig* **payer les ~s cassés** für den Schaden aufkommen, für alles geradestehen müssen; *fam* **prendre, boire un ~** (mit j-m) etwas trinken gehen; *fig* **tourner autour du ~** wie die Katze um den heißen Brei (herum)gehen; *fam* herumdrucksen **2** **~ d'échappement** Auspufftopf *m*; **~ catalytique** Katalysator *m*; *fam* Kat *m*; *fam* **rouler plein ~** mit Vollgas fahren; *fam* auf die Tube drücken **3** *fam* (*chance*) Glück *n*; **avoir du ~** *fam* Schwein haben; **manque** *m* **de ~!** *fam* Pech (gehabt)!

potable [pɔtabl] ADJ **1** **eau** *f* **~** Trinkwasser *n* **2** *fam fig* akzeptabel

potache [pɔtaʃ] M *fam* Pennäler *m*

potage [pɔtaʒ] M Suppe *f*

potager [pɔtaʒe] ADJ ⟨-ère [-ɛʀ]⟩ Gemüse…; **(jardin) ~** *m* Gemüsegarten *m*

potasse [pɔtas] F Kali *n*

potasser [pɔtase] V/T *fam* büffeln, *fam* pauken (**un examen** für ein Examen)

potassique [pɔtasik] ADJ Kali…

potassium [pɔtasjɔm] M Kalium *n*

pot-au-feu [pɔtofø] M (❗ unveränderlich) *Eintopf aus Suppenfleisch u. verschiedenen Gemüsen*

pot-de-vin [podvɛ̃] M ⟨pots-de-vin⟩ Bestechungs-, Schmiergeld *n*

pote [pɔt] *fam* M Freund *m*; *fam* Kumpel *m*

poteau [pɔto] M ⟨~x⟩ Pfosten *m* (*a.* SPORTS); **~ indicateur** Wegweiser *m*; **~ électrique** Strommast *m*

potée [pɔte] F *Eintopf aus Schweinefleisch u. verschiedenen Gemüsen*

potelé [pɔtle] ADJ ⟨~e⟩ rundlich; *fam* pummelig; **main ~e** *fam* Patschhändchen *n*

potence [pɔtɑ̃s] F Galgen *m* (*a.* TECH)

potentat [pɔtɑ̃ta] M Potentat *m*; Machthaber *m*

potentialiser [pɔtɑ̃sjalize] V/T potenzieren **potentialité** [-ite] F Möglichkeit *f*

potentiel [pɔtɑ̃sjɛl] **A** ADJ ⟨~le⟩ potenziell **B** M Potenzial *n*

potentiomètre [pɔtɑ̃sjɔmɛtʀ] M Potenziometer *n*; Spannungsteiler *m*

poterie [pɔtʀi] F *art, objet* Töpferei *f*; **~s** *pl* Töpfer-, Tonwaren *fpl*; **faire de la ~** töpfern

poterne [pɔtɛʀn] F FORTIFICATIONS Ausfallpforte *f*

potiche [pɔtiʃ] F **1** Porzellanvase *f* **2** *fig* Randfigur *f*

potier [pɔtje] M, **potière** [-jɛʀ] F Töpfer(in) *m(f)*

potin [pɔtɛ̃] M *fam* **1** **~s** *pl* Klatsch *m*; *fam* Tratsch *m* **2** (*vacarme*) Krach *m*; *fam* Radau *m*

potiner [pɔtine] *fam* V/I klatschen; *fam* tratschen

potion [posjõ] F Arznei(trank) *f(m)*; **~ magique** Zaubertrank *m*

potiron [pɔtiʀõ] M Riesenkürbis *m*

pot-pourri [popuʀi] M ⟨pots-pourris⟩ Potpourri *n*

potron-minet [pɔtʀõminɛ] *plais* **dès ~** seit dem frühen Morgen; seit Tagesanbruch

pou [pu] M ⟨~x⟩ Laus *f*; *fam fig* **chercher des ~x**

dans la tête à qn mit j-m Streit suchen
pouah [pwa] *fam* INT pfui!; *fam* igittigitt!
poubelle [pubɛl] F Müll-, Abfalleimer *m*; *d'un immeuble* Mülltonne *f*; *adjt* **sac** *m* **~** Müllbeutel *m*, -sack *m*; **mettre, jeter à la ~** in den Mülleimer werfen
pouce [pus] M 1 Daumen *m*; *fig* **donner un coup de ~ (à qc)** (bei etw ein bisschen) nachhelfen; *fig* **manger sur le ~** schnell e-e Kleinigkeit essen; *fam fig* **se tourner les ~s** *fam* Däumchen drehen 2 *int aux jeux d'enfants* **~!** halt! 3 *ancienne mesure* Zoll *m*; *fig* **ne pas avancer d'un ~** keinen Schritt weiterkommen; *fig* **ne pas reculer d'un ~** keinen Zollbreit zurückweichen
Poucet [pusɛ] M *personnage d'un conte de fées* **le petit ~** der Däumling
pouding M → pudding
poudrage [pudʀaʒ] M AGR Bestäuben *n*
poudre [pudʀ] F (! feminin) 1 Pulver *n*; **~ à éternuer** Niespulver *n*; **en ~** ...pulver *n*; Pulver...; **sucre** *m* **en ~** Streuzucker *m*; *fig* **jeter de la ~ aux yeux de qn** j-m Sand in die Augen streuen; j-m blauen Dunst vormachen 2 *sur la peau* Puder *m* 3 *explosif* (Schieß)Pulver *n*
poudrer [pudʀe] VT (*et* V/PR **se ~** sich) pudern
poudrerie [pudʀəʀi] F Pulverfabrik *f*
poudreux [pudʀø] ADJ ⟨-euse [-øz]⟩ pulv(e)rig; **(neige) poudreuse** *f* Pulverschnee *m*
poudrier [pudʀije] M Puderdose *f*
poudrière [pudʀijɛʀ] F 1 Pulvermagazin *n* 2 *fig* Pulverfass *n*
poudroyer [pudʀwaje] VI ⟨-oi-⟩ stauben
pouf [puf] A INT plumps! B M Puff *m*; Sitzkissen *n*
pouffer [pufe] VI **~ (de rire)** loslachen; *fam* losplatzen; *fam* losprusten
pouffiasse [pufjas] F *pop* (*prostituée*) *fam* Nutte *f*
pouilleux [pujø] A ADJ ⟨-euse [-øz]⟩ 1 *quartier* armselig, schäbig (und schmutzig) 2 **la Champagne pouilleuse** die trockene Champagne B SUBST 1 **~, pouilleuse** *m,f* armer Schlucker 2 *jeu de cartes* **le ~** der Schwarze Peter
poujadisme [puʒadism] M POL *Bewegung zur Verteidigung der Rechte der kleinen Kaufleute*
poulailler [pulaje] M 1 Hühnerstall *m* 2 THÉ *fam* Olymp *m*; Galerie *f*
poulain [pulɛ̃] M 1 Fohlen *n* 2 *fig* Schützling *m*
poulaine [pulɛn] F **souliers** *mpl* **à la ~** Schnabelschuhe *mpl*
poularde [pulaʀd] F Poularde *f*
poulbot [pulbo] M **les petits ~s** die Straßenkinder *npl* vom Montmartre
poule [pul] F 1 Henne *f*; Huhn *n*; *fig* **~ mouillée** *fam* Angsthase *m*; **~ au pot** Suppenhuhn *n*; **~ d'eau** Teichhuhn *n*; *fig* **c'est une mère ~** sie wacht wie e-e Glucke über ihre Kinder 2 *fam* **ma ~** (mein) Schätzchen *n* 3 *fam fig* **~ de luxe** *fam* Edelnutte *f* 4 SPORTS (Turnier)Gruppe *f*
poulet [pulɛ] M 1 Hähnchen *n*; **~ rôti** Brathähnchen *n*, *all Sud* -hendl *n*; **~ de grain** mit Korn gemästetes Huhn, Hähnchen 2 *fam* **mon (petit) ~** *fam* (mein) Herzchen *n*, Schätzchen *n* 3 *fam* (*policier*) *fam* Polyp *m*; *fam* Bulle *m*
poulette [pulɛt] F *fam* **ma ~** *fam* Schätzchen!
pouliche [puliʃ] F junge Stute
poulie [puli] F Rolle *f*; Seilscheibe *f*
poulpe [pulp] M Krake *m*
pouls [pu] M Puls *m*; **prendre le ~** den Puls messen, zählen; *fig* **tâter le ~ de qn** j-m den Puls fühlen
poumon [pumõ] M Lunge(nflügel) *f(m)*; **~s** *pl* Lunge *f*
poupard [pupaʀ] M pausbäckiges, rundliches Baby
poupe [pup] F MAR Heck *n*
poupée [pupe] F 1 Puppe *f*; **jouer à la ~** mit Puppen spielen 2 *fam pansement* verbundener Finger
poupin [pupɛ̃] ADJ ⟨-ine [-in]⟩ **visage ~** Puppengesicht *n*
poupon [pupõ] M Baby *n*
pouponner [pupɔne] VI Babys, ein Baby hätscheln **pouponnière** [-jɛʀ] F (Kinder)Krippe *f*
pour [puʀ] A PRÉP 1 *but, intention* für (+ *acc*); **c'est pour toi** das ist für dich; *personne* **être pour qn, qc** für j-n, etw sein; *abs* **être pour** dafür sein; **payer pour qn** für j-n bezahlen; **pour dix euros** für zehn Euro; *il est grand* **pour son âge** für sein Alter 2 *destination* nach; **un billet, le train pour Lyon** e-e Fahrkarte, der Zug nach Lyon 3 (*concernant*) **pour (ce qui est de) …** was … an(be)langt, betrifft; **pour moi, pour ma part** für mich; was mich betrifft 4 *cause* wegen (+ *gén*, *fam* + *dat*); **pour cela** deswegen; deshalb; **pour cette raison** aus diesem Grund 5 (*comme*) als; **pour tout bagage** als einziges Gepäck 6 *finalité, suivi d'un inf* um zu (+ *inf*); **pour ne pas le rencontrer** um ihm nicht zu begegnen 7 *cause, suivi d'un inf* weil; *il a. été puni* **pour avoir volé** weil er gestohlen hat B CONJ 1 *finalité* **pour que …** (+ *subj*) damit …; **pour que tout le monde soit content** damit alle zufrieden sind 2 *conséquence* **il est bien trop riche pour qu'on le plaigne** er ist viel zu reich, als dass man ihn bedauern würde C SUBST **le pour et le contre** das Für und Wider
pourboire M Trinkgeld *n*
pourceau [puʀso] *litt* M ⟨~x⟩ Schwein *n*
pourcentage [puʀsɑ̃taʒ] M 1 *rapport* Prozent-

satz *m* **2** *part* prozentualer Anteil (**sur** an + *dat*)
pourchasser VT jagen; Jagd machen auf (+ *acc*); verfolgen
pourfendeur [puʀfɑ̃dœʀ] *litt* M scharfer Kritiker **pourfendre** *litt* VT ⟨→ rendre⟩ heftig attackieren
pourlécher VPR ⟨-è-⟩ **s'en ~ les babines** sich (*dat*) (vor Verlangen) den Mund lecken
pourparlers MPL Gespräche *npl*; Verhandlung(en) *f(pl)*
pourpoint [puʀpwɛ̃] M Wams *n*
pourpre¹ [puʀpʀ] F *colorant, étoffe* Purpur *m*
pourpre² **A** M **1** *couleur* Purpur(rot) *m(n)* **2** **~ rétinien** Sehpurpur *m* **B** ADJ purpurrot
pourpré [puʀpʀe] *litt* ADJ ⟨~e⟩ purpurn
pourquoi **A** ADV warum; weshalb; wieso; **pourquoi pas?** warum nicht?; **c'est pourquoi** darum; deshalb; deswegen **B** M (! unveränderlich) **1** **le pourquoi** das Warum **2** *question* Warum-Frage *f*
pourrai [puʀɛ] → pouvoir¹
pourri [puʀi] **A** ADJ ⟨~e⟩ **1** *aliments, etc* faul; verfault **2** *fig* verdorben; korrupt; *enfant* maßlos verwöhnt **3** *été, temps* verregnet **B** M **1** *de fruits* faule Stelle; **odeur** *f* **de ~** Fäulnisgeruch *m* **2** *pop injure* → pourriture 3
pourrir [puʀiʀ] **A** VT *enfant* maßlos verwöhnen; *argent* **~ qn** j-n verderben **B** VI **1** *bois, fruits* (ver)faulen; *feuilles a.* verrotten; (ver)modern (*a. bois*) **2** *fig situation* sich verschlechtern; **laisser ~ une grève** e-n Streik sich totlaufen lassen
pourrissement [puʀismɑ̃] M **1** (Ver)Faulen *n*; Verrottung *f* **2** *fig d'une situation* Verschlechterung *f*; Verschlimmerung *f*
pourriture [puʀityʀ] F **1** Fäulnis *f* **2** *fig* Verdorbenheit *f* **3** *injure pop* Scheißkerl *m*; *pop* Miststück *n*
poursuite F **1** Verfolgung *f*; **se lancer à la ~ de qn** die Verfolgung j-s aufnehmen **2** CYCLISME Verfolgungsrennen *n* **3** (*continuation*) Fortsetzung *f*; Weiterführung *f* **4** **~ (judiciaire)** gerichtliche Verfolgung, Ahndung
poursuivant M, **poursuivante** F Verfolger(in) *m(f)*
poursuivre ⟨→ suivre⟩ **A** VT **1** verfolgen; *fig images* **~ qn** j-n verfolgen; **~ qn de sa haine** j-n mit s-m Hass verfolgen **2** (*continuer*) fortsetzen; weiterführen; **poursuivez!** fahren Sie fort! **3** **~ qn (en justice)** j-n gerichtlich belangen, verfolgen **B** VPR *négociations, etc* **se ~** fortgesetzt, weitergeführt werden
pourtant ADV dennoch; trotzdem
pourtour M **1** (*circonférence*) Umfang *m* **2** (*bord*) Rand *m*
pourvoi [puʀvwa] M JUR Rekurs *m*; Einlegung *f* e-s Rechtsmittels; **~ en cassation** Revision(santrag) *f(m)*
pourvoir ⟨→ voir; *aber*: je pourvus; je pourvoirai⟩ **A** VT **~ qn, qc de qc** j-n, etw mit etw versehen, ausstatten **B** VT INDIR **~ à qc** für etw aufkommen **C** VPR **1** **se ~ de qc** sich mit etw versehen, eindecken **2** JUR **se ~ en cassation** Revision einlegen
pourvoyeur M, **pourvoyeuse** [-øz] F **pourvoyeur, pourvoyeuse de** … …lieferant(in) *m(f)*
pourvu **A** PP → pourvoir **B** CONJ **~ que** (+ *subj*) **1** (*à condition que*) vorausgesetzt, dass … **2** *souhait* hoffentlich; wenn … (doch) nur
poussa(h) [pusa] M **1** *jouet* Stehaufmännchen *n* **2** *fig* kleiner Dicker
pousse [pus] F **1** *d'un végétal* Trieb *m*; Spross *m*; Schössling *m*; **~s de bambou** Bambussprossen *pl* **2** *action* Wachsen *n*; Sprießen *n*
poussé [puse] ADJ ⟨~e⟩ *moteur* hochgezüchtet; *études, discussion* eingehend; ausführlich
pousse-café M (! unveränderlich) Verdauungsschnaps *m*
poussée [puse] F **1** Stoß *m*; *d'une foule* Drängen *n*; *fam* Drängeln *n* **2** PHYS, TECH Schub *m* **3** **~ de fièvre** plötzlicher Temperaturanstieg **4** *fig* **~ démographique** Bevölkerungsexplosion *f*; POL **~ vers la gauche** Linksruck *m*
pousse-pousse M (! unveränderlich) Rikscha *f*
pousser [puse] **A** VT **1** *personne* (an)stoßen; *fam* schubsen; *véhicule* schieben; *verrou* vorschieben; *porte* aufstoßen *ou* zustoßen; *vent: nuages* treiben; *sur une porte* **poussez!** drücken!; *abs* **ne poussez pas!** nicht drängen, *fam* drängeln!; **~ qc du pied** etw mit dem Fuß beiseiteschieben **2** **~ qn à (faire) qc** j-n zu etw (an)treiben, drängen, ermuntern, *péj* verleiten **3** *études, recherches* vorantreiben; *moteur* hochjagen; **~ la gentillesse jusqu'à** (+ *inf*) in s-r Höflichkeit so weit gehen zu (+ *inf*); *abs fam* **faut pas ~** man darf auch nicht übertreiben **4** *cri, soupir* ausstoßen **B** VI **1** (*grandir*) wachsen; *plantes a.* sprießen (*a. barbe*); treiben; *enfant* **~ bien** gedeihen; **faire ~ des légumes** Gemüse ziehen, anbauen **2** **~ jusqu'à** … weitergehen, -fahren bis (zu) … **3** *pour aller à la selle* drücken **C** VPR **se ~** Platz machen
poussette [pusɛt] F Kinder(sport)wagen *m*; *pliante* Buggy *m* **poussette-canne** F ⟨poussettes-cannes⟩ Klappsportwagen *m*; Buggy *m*
poussière [pusjɛʀ] F **1** Staub *m*; **une ~** ein Staubkorn *n*; **faire mordre la ~ à qn** j-n zu Fall bringen (*a. fig*) **2** *fam mille euros* **et des ~s** *fam* und ein paar Zerquetschte
poussiéreux [pusjeʀø] ADJ ⟨-euse [-øz]⟩ staubig; verstaubt (*a. fig*)
poussif [pusif] ADJ ⟨-ive [-iv]⟩ **1** *personne* kurzat-

mig **2** *moteur* stotternd
poussin [pusɛ̃] M Küken *n*
poutre [putʀ] F **1** CONSTR Balken *m* **2** SPORTS Schwebebalken *m*
poutrelle [putʀɛl] F kleiner Stahlträger
pouvoir¹ [puvwaʀ] ⟨je peux *ou st/s* je puis, *aber immer* puis-je?, tu peux, il peut, nous pouvons, ils peuvent; je pouvais; je pus; je pourrai; que je puisse; pouvant; pu *(inv)*⟩ **A** V/T können; **on n'y peut rien** da kann man nichts machen; **je n'en peux plus** ich kann nicht mehr **B** V/AUX *avec inf* **1** *(être capable de)* können; *il est* **on ne peut plus** *aimable* äußerst; außerordentlich **2** *(avoir le droit de)* dürfen; können; **est-ce que je peux ...** *(+ inf)*? darf, kann ich ... *(+ inf)*?; **est-ce que vous pourriez ...** *(+ inf)*? Könnten Sie vielleicht ... *(+ inf)*?; **... si l'on peut dire ...** wenn man so sagen darf **3** *possibilité* mögen; können; **quel âge peut-elle bien avoir?** wie alt könnte, mag, wird sie wohl sein? **C** V/IMP *et* V/PR **il se peut que ...** *(+ subj)* es kann sein, es ist möglich, dass ...
pouvoir² M **1** Macht *f* (**sur qn** über j-n); Kraft *f*; Gewalt *f*; **~ d'achat** Kaufkraft *f*; **cela n'est pas en mon ~** das steht nicht in meiner Macht **2** POL Macht *f*; **être au ~** an der Macht sein **3** POL, JUR (Staats)Gewalt *f*; **~s publics** Behörden *fpl*; Staatsorgane *npl* **4** *(procuration)* Vollmacht *f*; *(droit)* Befugnis *f*; **pleins ~s** unbeschränkte Vollmacht **5** PHYS, TECH Vermögen *n*; Fähigkeit *f*; Kraft *f*
P.Q. [peky] M *fam plais* ABR (papier cul) *fam* Klopapier *n*; **rouleau** *m* **de ~** *fam* Rolle *f* Klopapier; *fam* Klopapierrolle *f*
pragmatique [pʀagmatik] ADJ pragmatisch
pragmatisme [-ism] M Pragmatismus *m*
Prague [pʀag] Prag *n*
praire [pʀɛʀ] F (Warzige) Venusmuschel
prairie [pʀeʀi] F **1** Wiese *f* **2** **la Prairie** die Prärie
praline [pʀalin] F **1** gebrannte Mandel **2** *en Belgique (chocolat)* Praline *f*
praliné [pʀaline] ADJ ⟨~e⟩ *chocolat* mit Nougatfüllung; *glace* mit Krokantsplittern
praticable [pʀatikabl] **A** ADJ **1** *chemin* begehbar; *route* befahrbar; *terrain de sports* bespielbar **2** *opération* durchführbar; praktikabel **B** M **1** THÉ Praktikabel *n* **2** FILM, TV Kamera- *ou* Scheinwerferstand *m*
praticien [pʀatisjɛ̃] M (praktizierender) Arzt
praticienne [-jɛn] F (praktizierende) Ärztin
pratiquant [pʀatikɑ̃] ADJ ⟨-ante [-ɑ̃t]⟩ praktizierend; **elle est très ~e** sie ist e-e eifrige Kirchgängerin
pratique [pʀatik] **A** ADJ praktisch **B** F **1** *(opposé: théorie)* Praxis *f*; **mettre en ~** in die Praxis, Tat umsetzen **2** *(savoir-faire)* Praxis *f*; (praktische, Berufs)Erfahrung **3** *d'un métier, d'un sport* Ausübung *f*; Betreiben *n* **4** *(usage)* Praxis *f*; Gepflogenheit *f*; **~s** *pl* Praktiken *fpl*
pratiquement [pʀatikmɑ̃] ADV **1** *(dans la pratique)* praktisch; in der Praxis **2** *(à peu près)* praktisch; so gut wie
pratiquer [pʀatike] **A** V/T **1** *métier, art* ausüben; betreiben *(a. sport)* **2** *méthode* (praktisch) anwenden; praktizieren; *une politique* betreiben; *charité* üben **3** REL *abs* s-e religiösen Pflichten erfüllen **4** *ouverture* machen; *intervention chirurgicale* vornehmen **B** V/PR **se ~** üblich sein; *sport* betrieben werden
pré [pʀe] M Wiese *f*
pré... [pʀe] *préfixe* prä...; Prä...; vor...; Vor...
préado [pʀeado] M/F *fam* ABR → **préadolescent**
préadolescent M, **préadolescente** F 10–13-Jährige(r) *m/f(m)*
préalable [pʀealabl] **A** ADJ vorherig; vorangehend (**à** *dat*) **B** M **1** Vorbedingung *f* **2** **au ~** vorher; zuvor
préalablement [pʀealabləmɑ̃] ADV vorher; zuvor; **~ à** vor *(+ dat)*
préalpin ADJ ⟨-ine [-in]⟩ der Voralpen; Alpenrand...
préambule [pʀeɑ̃byl] M **1** JUR Präambel *f*; *d'un discours* Vorrede *f*; **sans ~** unvermittelt **2** *fig* Vorspiel *n*
préau [pʀeo] M ⟨~x⟩ überdachter Teil des Schulhofs
préavis M **1** (Vor)Ankündigung *f*; **~ de grève** Streikankündigung *f* **2** *de licenciement* Kündigung(sfrist) *f*; *renvoyer qn* **sans ~** fristlos; *employé* **donner son ~** (fristgemäß, -gerecht) kündigen
prébende [pʀebɑ̃d] F ÉGL HIST Präbende *f*; Pfründe *f*
précaire [pʀekɛʀ] ADJ prekär; labil; unsicher
précambrien [pʀekɑ̃bʀijɛ̃] M GÉOL Präkambrium *n*
précarité [pʀekaʀite] F Unsicherheit *f*; Labilität *f*
précaution F *(prudence)* Vorsicht *f*; Behutsamkeit *f*; *disposition prise* Vorsichtsmaßnahme *f*; **par ~** vorsichtshalber; **prendre des ~s** Vorsichtsmaßnahmen, Vorsorge treffen
précautionneux [pʀekosjɔnø] ADJ ⟨-euse [-øz]⟩ vorsichtig; behutsam
précédemment [pʀesedamɑ̃] ADV vorher; zuvor
précédent [pʀesedɑ̃] **A** ADJ ⟨-ente [-ɑ̃t]⟩ vorangehend; vorig; Vor...; *adv* **l'année ~e** im vorigen Jahr; im Vorjahr **B** M Präzedenzfall *m*; **sans ~** beispiellos; noch nie da gewesen
précéder V/T ⟨-è-⟩ **1** *dans le temps* voran-, vor-

her-, vorausgehen (+ *dat*); **il m'a précédé de dix minutes** er war zehn Minuten früher da als ich **2** *dans l'espace* **~ qn** vor j-m hergehen *ou* -fahren; j-m vorangehen

précepte [pʀesɛpt] M Gebot *n*; Vorschrift *f*

précepteur [pʀesɛptœʀ] M, **préceptrice** [-tʀis] F Haus-, Privatlehrer(in) *m(f)*

préchauffage [pʀeʃofaʒ] M Vorwärmen *n*; Vorerhitzen *n*; *d'un train* Vorheizen *n*; *d'un moteur diesel* Vorglühen *n*

prêche [pʀɛʃ] M Predigt *f*

prêcher [pʀɛʃe] V/T *et* V/I predigen

prêcheur [pʀɛʃœʀ] M, **prêcheuse** [-øz] F Moralprediger(in) *m(f)*; Moralist(in) *m(f)*

prêchi-prêcha [pʀɛʃipʀɛʃa] M (! unveränderlich) *fam péj* (ewige) Moralpredigten *fpl*

précieusement [pʀesjøzmɑ̃] ADV *garder* sorgfältig; sorgsam

précieuses [pʀesjøz] FPL HIST *Damen, die im Paris des 17. Jahrhunderts e-e verfeinerte Sprache pflegten*

précieux [pʀesjø] ADJ ⟨-euse [-øz]⟩ **1** *(de valeur)* wertvoll; kostbar; **métaux ~** Edelmetalle *npl* **2** *(affecté)* geziert

préciosité [pʀesjozite] F Geziertheit *f*

précipice [pʀesipis] M Abgrund *m*

précipitamment [pʀesipitamɑ̃] ADV überstürzt; Hals über Kopf

précipitation [pʀesipitasjõ] F **1** Hast *f*; Überstürzung *f* **2** **~s** *pl* Niederschläge *mpl*

précipité [pʀesipite] **A** ADJ ⟨~e⟩ **1** *pas* eilig; hastig **2** *départ* überstürzt; *décision* übereilt **B** M CHIM Niederschlag *m*

précipiter [pʀesipite] **A** V/T **1** *(jeter d'en haut)* (in die Tiefe, hinab)stürzen **2** *(projeter)* schleudern **3** *(brusquer)* überstürzen; übereilen **B** V/PR **se ~** **1** *(se jeter d'en haut)* sich stürzen (**dans le vide** in die Tiefe) **2** *(s'élancer)* stürzen (**à la porte** zur Tür); **se ~ au secours de qn** j-m zu Hilfe eilen **3** *événements* sich überstürzen

précis [pʀesi] **A** ADJ ⟨-ise [-iz]⟩ präzis(e); genau; exakt; *endroit, point* ganz bestimmt; **à dix heures ~es** genau um, Punkt zehn Uhr **B** M Abriss *m*

précisément [pʀesizemɑ̃] ADV **1** *(de façon précise)* präzis(e); genau; **plus ~** genauer gesagt **2** *(justement)* genau; gerade; **pas ~** nicht gerade

préciser [pʀesize] **A** V/T präzisieren; genau(er) angeben; **précisez!** drücken Sie sich klarer, deutlicher aus!; **~ que …** deutlich machen, dass… **B** V/PR **se ~** klarer, deutlicher werden

précision [pʀesizjõ] F **1** Präzision *f* (*a.* TECH); Exaktheit *f*; Genauigkeit *f* **2** **~s** *pl* genauere, nähere Angaben *fpl*; Einzelheiten *fpl*

préclassique ADJ vorklassisch

précoce [pʀekɔs] ADJ **1** *fruit* Früh… **2** *enfant* frühreif **3** *hiver, rides* früh(zeitig); vorzeitig

précocité [pʀekɔsite] F Frühreife *f*

précolombien [pʀekɔlõbjɛ̃] ADJ ⟨-ienne [-jɛn]⟩ präkolumbisch

préconçu ADJ ⟨~e⟩ **idée ~e** vorgefasste Meinung

préconiser [pʀekɔnize] V/T befürworten; empfehlen

précontraint [pʀekõtʀɛ̃] ADJ ⟨-ainte [-ɛ̃t]⟩ **béton ~** Spannbeton *m*

précuit ADJ ⟨-cuite [kɥit]⟩ vorgekocht

précurseur **A** M Vorläufer *m*; Wegbereiter *m* **B** ADJ M **signe ~** Vorzeichen *n*, -bote *m*; Anzeichen *n*

prédateur [pʀedatœʀ] M räuberisch lebendes Tier

prédécesseur [pʀedesesœʀ] M Vorgänger(in) *m(f)*

prédélinquant [pʀedelɛ̃kɑ̃] M potenzieller jugendlicher Straftäter

prédestination [pʀedɛstinasjõ] F Prädestination *f*; Vorherbestimmung *f*

prédestiné [pʀedɛstine] ADJ ⟨~e⟩ **être ~ à qc** für *ou* zu etw prädestiniert, vor(her)bestimmt, für etw wie geschaffen sein; *abs* (zu Großem) auserwählt sein

prédestiner V/T prädestinieren, vorherbestimmen (**à qc** für *ou* zu etw)

prédicat [pʀedika] M Prädikat *n*

prédicateur [pʀedikatœʀ] M Prediger *m* **prédication** [-sjõ] F Predigen *n*

prédiction F Voraus-, Vorhersage *f*; **faire des ~s** Voraussagen machen; weissagen

prédilection [pʀedilɛksjõ] F Vorliebe *f* (**pour** für); **de ~** Lieblings…

prédire V/T ⟨→ dire; *aber:* vous prédisez⟩ voraus-, vorhersagen; prophezeien

prédisposer V/T **~ qn à qc** j-n für etw prädisponieren; **être prédisposé à qc** e-e Veranlagung zu etw haben

prédisposition F Veranlagung *f*; MÉD *a.* Prädisposition *f*, besondere Anfälligkeit (**à** für)

prédominance F Vorherrschen *n*; Überwiegen *n*; Dominieren *n* **prédominant** ADJ ⟨-ante [-ɑ̃t]⟩ vorherrschend **prédominer** [-e] V/I vorherrschen; überwiegen; (prä)dominieren

préélectoral ADJ ⟨~e; -aux [-o]⟩ vor den Wahlen; Wahlkampf…

préemballé [pʀeɑ̃bale] ADJ ⟨~e⟩ abgepackt

prééminence F Vorrang(stellung) *m(f)* **prééminent** ADJ ⟨-ente [-ɑ̃t]⟩ herausragend; hervorstechend

préemption [pʀeɑ̃psjõ] F **droit** *m* **de ~** Vorkaufsrecht *n*

préétabli [pʀeetabli] ADJ ⟨~e⟩ vorher festgelegt

préexistant ADJ ⟨-ante [-ɑ̃t]⟩ schon vorher

da gewesen, existierend **préexister** [-e] VI ~ **à qc** schon vor etw *(dat)* da sein, existieren
préfabrication F Herstellung *f* von Fertigteilen; Vorfertigung *f* (**de** von *ou +gén*)
préfabriqué [pʀefabʀike] **A** ADJ ⟨~e⟩ vorgefertigt; **élément ~** Fertig(bau)teil *n*; **maison ~e** Fertighaus *n* **B** M Fertigbau(weise) *m(f)*
préface F Vorwort *n* **préfacer** VT ⟨-ç-⟩ das Vorwort schreiben zu
préfectoral [pʀefɛktɔʀal] ADJ ⟨~e; -aux [-o]⟩ des Präfekten; der Präfektur
préfecture [pʀefɛktyʀ] F **1** Präfektur *f* **2** *ville* Sitz *m* e-r Präfektur **3 ~ de police** Polizeipräsidium *n* (in Paris)
préférable [pʀefeʀabl] ADJ **être ~ à qc** besser sein als etw; e-r Sache *(dat)* vorzuziehen sein
préféré [pʀefeʀe] **A** ADJ ⟨~e⟩ bevorzugt; Lieblings… **B ~(e)** M(F) Liebling *m* (**de qn** j-s)
préférence [pʀefeʀɑ̃s] F Vorzug *m*; Bevorzugung *f*; ÉCON Präferenz *f*; **~ pour qn, qc** Vorliebe *f* für j-n, etw; **de ~** lieber; am besten; vorzugsweise
préférentiel [pʀefeʀɑ̃sjɛl] ADJ ⟨~le⟩ Vorzugs…; Präferenz…
préférer [pʀefeʀe] VT ⟨-è-⟩ vorziehen (**à** *dat*); lieber haben (als); bevorzugen; **je préfère le train (à la voiture)** ich fahre lieber mit der Bahn (als mit dem Auto); **~ faire qc** lieber etw tun; (es) vorziehen, etw zu tun
préfet [pʀefɛ] M **1** Präfekt *m* **2 ~ de police** Polizeipräsident *m*
préfète [pʀefɛt] F **1 madame la ~** die Frau Präfekt **2** *en Belgique* (Gymnasial)Direktorin *f*
préfiguration *st/s* F Vorgeschmack *m* **préfigurer** [-e] VT e-n Vorgeschmack geben von; ahnen lassen
préfinancement M Vorfinanzierung *f*
préfixation F Präfigierung *f*; Verwendung *f* von Präfixen
préfixe M Präfix *n*; Vorsilbe *f* **préfixer** [-e] VT **1** LING mit Präfix versehen; präfigieren **2** *délai, lieu, etc* vorher vereinbaren, festlegen, bestimmen
préformage [pʀefɔʀmaʒ] M Vorformung *f*
préformer [-e] VT vorformen
préhension [pʀeɑ̃sjõ] F BIOL Greifen *n*; **de ~** Greif…
préhistoire F Vor-, Urgeschichte *f* **préhistorique** ADJ vor-, urgeschichtlich; prähistorisch
préjudice [pʀeʒydis] M Schaden *m*; Nachteil *m*; Beeinträchtigung *f*; **au ~ de** zum Nachteil, Schaden von *(ou +gén)*; zuungunsten *(+gén)*; **causer un ~** *ou* **porter ~ à qn** j-m schaden, Schaden zufügen; **subir un ~** Schaden erleiden
préjudiciable [pʀeʒydisjabl] ADJ **~ à** schädlich für; abträglich *(+ dat)*
préjugé M Vorurteil *n*; **avoir un ~ contre qn, qc** ein Vorurteil gegen j-n, etw haben; gegen j-n, etw voreingenommen sein; **être plein, rempli de ~s** voller Vorurteile stecken; sehr voreingenommen sein
préjuger VT INDIR ⟨-ge-⟩ **~ de qc** e-r Sache *(dat)* vorgreifen
prélasser V/PR **se ~ au soleil** *fam* sich in der Sonne aalen; **se ~ dans un fauteuil** *fam* sich in e-m Sessel rekeln
prélat [pʀela] M Prälat *m*
prélavage M Vorwäsche *f* **prélaver** [-e] VT vorwaschen
prêle *ou* **prèle** [pʀɛl] F Schachtelhalm *m*
prélèvement [pʀelɛvmɑ̃] M Entnahme *f* (*a. d'un organe*); *sur un salaire* Abzug *m* (**sur** von); *sur un compte bancaire* Abbuchung *f* (von); **~ automatique** Einzugs-, Lastschriftverfahren *n*; **faire un ~ de sang** Blut abnehmen; e-e Blutprobe entnehmen, machen
prélever VT ⟨-è-⟩ entnehmen (**sur** *dat ou* aus); nehmen (aus, von); *somme a.* einbehalten, erheben (von); *sur un compte bancaire* abbuchen (von)
préliminaire [pʀeliminɛʀ] **A** ADJ Vor…; einleitend **B** MPL **~s** **1** Präliminarien *pl*; Einleitung *f* **2** POL Vorverhandlungen *fpl*
prélude [pʀelyd] M **1** MUS Präludium *n*; Vorspiel *n* **2** *fig* Auftakt *m* (**à** zu)
préluder [pʀelyde] VT INDIR **~ à qc** den Auftakt zu etw bilden
prématuré [pʀematyʀe] ADJ ⟨~e⟩ **1** *démarche* verfrüht; voreilig **2** *mort* vorzeitig; (zu) früh; **accouchement ~** Frühgeburt *f*; **(enfant) ~** *m* Frühgeburt *f*
prématurément [pʀematyʀemɑ̃] ADV zu früh; vorzeitig
préméditation F JUR Vorsatz *m*; **avec ~** vorsätzlich
préméditer VT planen; **prémédité** *crime* geplant; *réponse, réaction* (wohl)überlegt
prémices [pʀemis] *litt* FPL Anfänge *mpl*
premier [pʀəmje] **A** ADJ ⟨-ière [-jɛʀ]⟩ **1** erste; **le ~ août** der erste *ou* am ersten August; **François Ier** Franz I. (der Erste); **~ âge** Säuglingsalter *n*; **objectif ~** oberstes, höchstes Ziel **2** *(primitif)* ursprünglich; **nombre ~** Primzahl *f* **B** SUBST **1 le ~, la première** der, die, das Erste; *dans un classement a.* der, die, das Beste; **les trois ~s** die ersten drei; **le ~ de l'an** der Neujahrstag; **le ~, la première de la classe** der, die Klassenbeste, -erste; **le ~ du mois** der Monatserste; *adv* am Monatsersten; **arriver le ~** als Erster ankommen; **en ~** zuerst **2** *m étage* **au ~** im ersten Stock **3** THÉ **jeune ~** jugendlicher Held, Liebhaber

première [pʀəmjɛʀ] F **1** THÉ, FILM Premiere *f*; Ur-, Erstaufführung *f* **2** CH DE FER erste Klasse **3** ÉCOLE sechste Klasse im Gymnasium; Unterprima *f* **4** AUTO erster Gang **5** ALPINISME Erstbesteigung *f* **6** *fam* **de ~** erstklassig; vorzüglich; hervorragend; *fam* **de ~!** bestens!

premièrement [pʀəmjɛʀmɑ̃] ADV erstens; zuerst

premier-né M ⟨premiers-nés⟩, **première-née** F ⟨premières-nées⟩ Erstgeborene(r, -s) *f(m, n)*

prémisse [pʀemis] F Voraussetzung *f*; Prämisse *f*

prémix [pʀemiks] MPL Alcopops *pl*

prémolaires FPL vordere Backenzähne *mpl*

prémonition [pʀemɔnisjõ] F (schlimme) (Vor)Ahnung

prémonitoire [pʀemɔnitwaʀ] ADJ **signe** *m* **~** (warnendes) Vorzeichen

prémunir V/PR **se ~ contre qc** sich vor etw (*dat*), gegen etw schützen

prenable [pʀənabl] ADJ *place forte* einnehmbar

prenant [pʀənɑ̃] ADJ ⟨-ante [-ɑ̃t]⟩ **1** *film, livre* packend; (*émouvant*) ergreifend **2** *activité* zeitraubend **3** **partie ~e** Interessenten *mpl*

prénatal ADJ ⟨~e; -als⟩ vorgeburtlich; Schwangerschafts…

prendre [pʀɑ̃dʀ]
⟨je prends, il prend, nous prenons, ils prennent; je prenais; je pris; je prendrai; que je prenne, que nous prenions; prenant; pris⟩

P

A verbe transitif — B verbe intransitif — C verbe pronominal

— A verbe transitif —

1 nehmen; (*enlever*) wegnehmen; (*sortir de*) herausnehmen (**dans, de** aus); (*emporter*) mitnehmen; (*accueillir*) aufnehmen; *ordres, commandes* entgegennehmen; MIL *ville* einnehmen; *crédit* aufnehmen; *assurance* abschließen; *billet* kaufen; lösen; *photo* aufnehmen; machen; *mesures* ergreifen; treffen; *risques* auf sich (*acc*) nehmen; eingehen; *pouvoir* übernehmen; ergreifen; *ses fonctions* übernehmen; antreten; **prendre de l'âge** alt werden; *taxi* **prendre un client** e-n Fahrgast auf-, mitnehmen, befördern; **prendre des forces** kräftig(er) werden; **prendre de l'importance** (an) Bedeutung gewinnen; **prendre bien** gut aufnehmen; **prendre mal** übel nehmen; **à tout prendre** im Grunde (genommen); alles in allem; **prendre qn, qc en aversion** e-e Abneigung gegen j-n, etw bekommen, fassen; **prendre qn par les sentiments** j-n von der Gefühlsseite her nehmen, packen; **c'est à prendre ou à laisser** entweder – oder; eins von beiden; **passer, venir prendre qn, qc** j-n, etw abholen (kommen); *chez le coiffeur, etc* **pouvez-vous me prendre à cinq heures?** können Sie mich um fünf Uhr drannehmen?; **savoir prendre qn** *fam* j-n zu nehmen wissen, verstehen **2** *nourriture* zu sich nehmen; *repas* einnehmen; *médicament* (ein)nehmen; *poison* nehmen; **prendre son petit-déjeuner** frühstücken; **vous prendrez bien quelque chose?** Sie trinken doch etwas? **3** *moyen de transport* nehmen; benutzen (*a. escalier*) **4** *direction, chemin* einschlagen; *chemin, route a.* gehen *ou* fahren (auf + *dat*) **5** (*embaucher*) einstellen (**comme secrétaire** als Sekretärin) **6** (*capturer*) *animal* (ein)fangen; *poisson* fangen; *personne en fuite* fassen; *fam* schnappen **7** (*surprendre*) **prendre qn** j-n ertappen, *fam* erwischen **8** (*adopter*) *air* aufsetzen; *ton* anschlagen; *attitude* einnehmen; *habitude* annehmen **9** (*recevoir*) (ab)bekommen; *fam* (ab)kriegen **10** (*s'emparer de*) **prendre qn** *fatigue, envie* j-n überkommen; *panique* j-n packen (*a. colère, désespoir*); j-n erfassen, ergreifen; *fam* **qu'est-ce qui te prend?** was ist denn in dich gefahren? **11** *travail* **prendre qn** j-n beschäftigen, in Anspruch nehmen **12** (*voler*) **prendre qc, qn à qn** j-m etw, j-n (weg)nehmen **13** (*se faire payer*) verlangen; nehmen; **il prend cher** er verlangt, nimmt hohe Preise; er ist teuer **14** **prendre pour** (*considérer comme*) halten für; **pour qui me prenez-vous?** für wen halten Sie mich eigentlich?

— B verbe intransitif —

1 *mayonnaise, crème* steif, fest werden; dicken; *ciment* abbinden **2** *bouture* anwachsen; *feu* angehen **3** *spectacle, mode* ankommen; Anklang finden; *menace, excuse* **ne pas prendre** nicht wirken, verfangen, *fam* ziehen **4** **prendre à droite, sur la droite** sich nach rechts wenden; rechts einbiegen **5** **prendre sur soi** sich zusammennehmen

— C verbe pronominal —

1 **se prendre le doigt dans la porte** sich (*dat*) den Finger in der Tür einklemmen **2** **s'en prendre à qn, à qc** j-m, e-r Sache die Schuld geben **3** **s'y prendre à l'avance** sich im Voraus darum kümmern; **s'y prendre bien, mal** es richtig *ou* geschickt, falsch *ou* dumm anstellen **4** **se prendre pour un génie**, *etc* sich für ein Genie *etc* halten

preneur [pʀənœʀ] M **1** COMM Abnehmer *m* **2** **~ d'otage(s)** Geiselnehmer *m* **3** **~ de son** Tontechniker *m*

preneuse [pʀənøz] ADJ F TECH **benne ~** Greifer

m
prénom M Vorname *m*
prénommé [prenɔme] ADJ ⟨~e⟩ ADMIN **le ~ Paul** besagter Paul
prénommer A V/T **~ qn …** j-m den (Vor)Namen … geben B V/PR **se ~ …** mit Vornamen … heißen
prénuptial ADJ vor der Eheschließung
préoccupant ADJ ⟨-ante⟩ besorgniserregend **préoccupation** F Sorge *f*; Besorgnis *f*
préoccupé ADJ ⟨~e⟩ besorgt; **être ~ de** *ou* **par qc** um etw besorgt sein
préoccuper A V/T **~ qn** j-m Sorge(n) machen; j-n stark beschäftigen B V/PR **se ~ de qc** sich (*dat*) über etw (*acc*) Gedanken machen
prépa [prepa] F ABR *fam* (classe préparatoire) → préparatoire
préparateur [preparatœr] M, **préparatrice** [-tris] F Laborgehilfe *m*, -gehilfin *f*
préparatifs [preparatif] MPL Vorbereitung(en) *fpl*
préparation [preparasjõ] F 1 Vorbereitung *f*; CUIS Zubereitung *f* 2 CHIM, PHARM Präparat *n*
préparatoire [preparatwar] ADJ vorbereitend; **classes** *fpl* **~s** Vorbereitungsklassen *fpl* für die „grandes écoles"
préparer A V/T 1 vorbereiten; *repas* zubereiten; **préparer un examen** sich auf ein Examen vorbereiten; **plat préparé** Fertiggericht *n*; **préparer qn à qc** j-n auf etw (*acc*) vorbereiten 2 *avenir* **préparer qc à qn** für j-n etw bereithalten; **préparer une surprise à qn** j-m e-e Überraschung bereiten B V/PR 1 **se préparer à** sich vorbereiten auf (*+ acc*); **se préparer pour qc** sich für etw fertig machen 2 **se préparer** *orage, fig qc de grave* heraufziehen; sich zusammenbrauen; sich vorbereiten
prépondérance [prepõderɑ̃s] F Vormachtstellung *f*
prépondérant [prepõderɑ̃] ADJ ⟨-ante [-ɑ̃t]⟩ ausschlaggebend; entscheidend; **place ~e** Vorrang-, Vormachtstellung *f*
préposé(e) A M(F) 1 *des postes* Briefträger(in) *m(f)* 2 *agent* Bedienstete(r) *m/f(m)* B PP **être préposé(e) à qc** mit etw beauftragt sein
préposer V/T **~ qn à qc** j-n mit etw betrauen, beauftragen; j-m etw übertragen
prépositif ADJ ⟨-ive [iv]⟩ GRAM **locution prépositive** Präpositionalgefüge *n*
préposition F Präposition *f*; Verhältniswort *n*
prépuce [prepys] M Vorhaut *f*
prérasage M **lotion** *f* **de ~** Preshave *n*
préretraite F 1 Vorruhestand *m* 2 *allocation* vorgezogene Altersrente
prérogative [prerɔgativ] F Vorrecht *n*
près [prɛ] A ADV 1 **(tout) près** (ganz) in der Nähe; **de près** aus der Nähe; *suivre* dicht; *raser* glatt; *fig examiner* genau; eingehend 2 **à … près** abgesehen von (*+ dat*); bis auf (*+ acc*); **à cela près que …** abgesehen davon, dass …; **je ne suis pas à cinq minutes près** auf fünf Minuten (mehr oder weniger) kommt es mir nicht an; **à peu près, à peu de chose(s) près** (*environ*) ungefähr; etwa; zirka; (*presque*) fast; beinahe B PRÉP **près de** nah(e) bei (*+ dat*); in der Nähe von (*ou + gén*); *avec un nombre* fast; beinahe; nahezu; **près d'ici** hier in der Nähe; **il est près de onze heures** es ist fast, gleich elf (Uhr); **être près de faire qc** nahe daran sein, etw zu tun
présage [prezaʒ] M Vorzeichen *n*; Omen *n*
présager [prezaʒe] V/T ⟨-ge-⟩ **(laisser) ~** vermuten, ahnen lassen
pré-salé [presale] M ⟨prés-salés⟩ *Schaf, das auf e-r Wiese geweidet hat, die zeitweilig vom Meer überspült wird*
presbyte [prɛzbit] ADJ weitsichtig
presbytère [prɛzbitɛr] M Pfarrhaus *n*
presbytie [prɛzbisi] F Weitsichtigkeit *f*
prescience [presjɑ̃s] F Wissen *n* um die Zukunft
préscolaire ADJ Vorschul…
prescriptibilité [prɛskriptibilite] F Verjährbarkeit *f* **prescriptible** [-ibl] ADJ verjährbar
prescription [prɛskripsjõ] F 1 MÉD Verordnung *f* 2 JUR Verjährung *f*
prescrire [prɛskrir] ⟨→ écrire⟩ V/T vorschreiben; *médicament* verordnen; verschreiben
prescrit [prɛskri] ADJ ⟨-ite [-it]⟩ 1 vorgeschrieben 2 JUR verjährt
préséance [preseɑ̃s] F Vortritt *m*; Vorrang *m*
présélection [preselɛksjõ] F 1 *de candidats* Vorauswahl *f* 2 TECH Vorwahl *f*
présélectionner [preselɛksjɔne] V/T 1 *candidats* e-e Vorauswahl treffen unter (*+ dat*) 2 TECH vorwählen
présence [prezɑ̃s] F 1 *de qn* Anwesenheit *f*; Gegenwart *f*; Präsenz *f*; **en ~ de** in Anwesenheit, in Gegenwart, im Beisein von (*ou + gén*); **en votre ~** in Ihrer Gegenwart; *adversaires* **être en ~** sich gegenüberstehen 2 *de qc* Vorhandensein *n* 3 **~ d'esprit** Geistesgegenwart *f* 4 *d'un acteur* Ausstrahlungskraft *f*
présent[1] [prezɑ̃] A ADJ ⟨-ente [-ɑ̃t]⟩ 1 *personne* anwesend; *réponse* **~!** hier!; **personne ~e** Anwesende(r) *m*; **être ~ (à qc)** (bei etw) anwesend, zugegen, präsent sein 2 (*actuel*) gegenwärtig; derzeitig; jetzig 3 ADMIN, COMM vorliegend; *subst* **par la ~e** hierdurch; hiermit 4 **participe ~** Partizip *n* Präsens B M 1 Gegenwart *f*; **à ~** gegenwärtig; zurzeit; derzeit; jetzt;

P

à ~ que … jetzt, da *ou* wo …; **jusqu'à ~** bis jetzt; bisher **2** GRAM Präsens *n*; Gegenwart *f* **3** **les ~s** *mpl* die Anwesenden *mpl*

présent² *litt* M Geschenk *n*; *st/s* Präsent *n*

présentable [prezɑ̃tabl] ADJ vorzeigbar; präsentabel; ansehnlich

présentateur [prezɑ̃tatœʀ] M, **présentatrice** [-tʀis] F RAD, TV Moderator(in) *m(f)*; *dans un spectacle* Ansager(in) *m(f)*; Showmaster *m*; Conférencier *m*

présentation [prezɑ̃tasjõ] F **1** *d'une collection, etc* Vorführung *f*; *d'un livre* Vorstellung *f*; *d'une émission* Moderation *f*; *d'un spectacle* Ansage *f* **2** *(manière de présenter)* Präsentation *f*; Aufmachung *f*; *d'un texte* Gestaltung *f* **3** *d'une thèse, etc* Darlegung *f*; Darstellung *f* **4** *d'une pièce d'identité* Vorzeigen *n*; *d'un chèque* Vorlage *f*; **sur ~ de** gegen Vorlage von *(ou + gén)* **5** *d'une personne à une autre* Vorstellung *f*; **faire les ~s** die Gäste einander vorstellen **6** *(apparence de qn)* Erscheinung(sbild) *f(n)*

présente [prezɑ̃t] → **présent¹** A 3

présentement [prezɑ̃tmɑ̃] ADV zurzeit

présenter [prezɑ̃te] **A** V/T **1** *plat* darbieten; *pièce d'identité, billet* vorzeigen; vorweisen; *chèque, facture, rapport* vorlegen; *fig arguments* vorbringen; *condoléances, felicitations* aussprechen; *démission, candidature* einreichen; *cadeau, etc* **bien présenté** schön aufgemacht; fürs Auge **2** *collection, etc* vorführen; *livre, film* (dem Publikum) vorstellen; *numéro de cirque* darbieten; *(annoncer)* ansagen; *émission* moderieren; führen durch **3** **~ qn à qn** j-m j-n vorstellen **4** *idées, faits (exposer)* darlegen; darstellen **5** *(avoir) défauts, qualités* aufweisen **B** V/I *personne* **~ bien** e-e gute Erscheinung sein **C** V/PRON **1** **se ~ (à qn)** sich (j-m) vorstellen; **se ~ aux élections** bei den Wahlen kandidieren; **se ~ à un examen** an e-r Prüfung teilnehmen **2** **se ~** *occasion* sich bieten; *cas* vorkommen; **l'affaire se présente bien, mal** die Sache lässt sich gut, schlecht an

présentoir [prezɑ̃twaʀ] M Verkaufsständer *m*; Display *n*

présérie F TECH Nullserie *f*

préservatif [prezɛʀvatif] M Kondom *n*; Präservativ *n*

préservation [prezɛʀvasjõ] F Bewahrung *f*; Schutz *m*; **~ des espèces en voie de disparition** Artenschutz *m*

préserver [prezɛʀve] V/T bewahren, schützen (**de** vor + *dat*)

présidence [prezidɑ̃s] F **1** *d'une réunion* Vorsitz *m* **2** POL Präsidentschaft *f*

président [prezidɑ̃] M **1** Vorsitzende(r) *m*; Obmann *m*; Präsident *m* **2** POL (Staats)Präsident *m*; **le ~ de la République** der französische Staatspräsident

président-directeur général M (ABR **P.D.G.**) ⟨*pl* présidents-directeurs généraux⟩ Generaldirektor *m*

présidente [prezidɑ̃t] F Vorsitzende *f*; Präsidentin *f* (*a.* POL)

présidentiable [prezidɑ̃sjabl] ADJ zum Präsidenten geeignet

présidentiel [prezidɑ̃sjɛl] ADJ ⟨~le⟩ **(élection) ~le** F Präsidentschaftswahlen *fpl*; **régime ~** Präsidialsystem *n*

présider [prezide] **A** V/T **1** den Vorsitz führen (**une réunion** bei e-r Versammlung); **présidé par** unter dem Vorsitz von *(ou + gén)* **2** **~ un repas** bei e-m Essen den Ehrenplatz einnehmen **B** V/T INDIR **~ à qc** etw leiten

présignalisation [presiɲalizasjõ] F AUTO **triangle** *m* **de ~** Warndreieck *n*

présomption [prezõpsjõ] F **1** *(supposition)* Vermutung *f* (*a.* JUR); Mutmaßung *f* **2** *(suffisance)* Überheblichkeit *f*; Anmaßung *f*; Dünkel *m*

présomptueux [prezõptyø] ADJ ⟨-euse [-øz]⟩ überheblich; anmaßend; eingebildet

presque [pʀɛsk] ADV fast; beinahe

presqu'île [pʀeskil] F Halbinsel *f*

pressage [pʀɛsaʒ] M Pressen *n*, -ung *f*

pressant [pʀɛsɑ̃] ADJ ⟨-ante [-ɑ̃t]⟩ dringend; dringlich

presse [pʀɛs] F **1** Presse *f*; Zeitungswesen *n*; **la grande ~** die großen Tageszeitungen *fpl*; **~ féminine** Frauenzeitschriften *fpl*; **~ spécialisée** Fachzeitschriften *fpl*; Fachpresse *f*; **~ du cœur** Regenbogenpresse *f*; **avoir bonne, mauvaise ~** e-e gute, schlechte Presse haben **2** TECH (Druck)Presse *f*; **sous ~** im Druck

Le président de la République

Der Staatspräsident (**le président de la République**) wird in freier und geheimer Wahl nach dem Mehrheitswahlrecht (**le scrutin majoritaire**) für fünf Jahre direkt vom Volk gewählt. Er ernennt den Premierminister (**Premier ministre**) und auf dessen Vorschlag hin die Minister. Er definiert die großen politischen Orientierungen des Landes, bestimmt die Außenpolitik, ist Chef der französischen Armee und kann alleine darüber bestimmen, ob Atomwaffen eingesetzt werden. Seine Funktion ist vergleichbar mit der des Bundeskanzlers, auch wenn seine Machtbefugnisse darüber hinausgehen. In einer schweren Staatskrise kann er nach Artikel 16 der Verfassung vorübergehend die exekutive und legislative Macht (**les pleins pouvoirs**) übernehmen.

LANDESKUNDE

P

pressé [pʀese] A ADJ ⟨~e⟩ 1 *travail, lettre* eilig; dringend; **être ~** *personne* es eilig haben; in Eile sein; *travail, lettre* eilen; eilig sein 2 *fruits* ausgepresst; **orange ~e** (frisch ausgepresster) Orangensaft B M **aller, parer au plus ~** das Dringendste zuerst erledigen

presse-agrume M (! unveränderlich) Zitruspresse *f* **presse-ail** M (! unveränderlich) Knoblauchpresse *f* **presse-bouton** ADJ (! unveränderlich) vollautomatisch; *fam* per Knopfdruck **presse-citron** M (! unveränderlich) Zitronenpresse *f* **presse-fruits** M (! unveränderlich) Fruchtpresse *f*

pressentiment [pʀesɑ̃timɑ̃] M (Vor)Gefühl *n*; (Vor)Ahnung *f*

pressentir [pʀesɑ̃tiʀ] V/T ⟨→ sentir⟩ 1 (voraus)ahnen 2 (*sonder*) **~ qn** bei j-m vorfühlen

presse-papiers M (! unveränderlich) Briefbeschwerer *m* **presse-purée** M (! unveränderlich) Kartoffelpresse *f*; *fam* Quetsche *f*

presser [pʀese] A V/T 1 *fruits* (aus)pressen; *éponge* ausdrücken 2 TECH pressen (*a. disques*) 3 (*serrer*) drücken; pressen 4 **~ qn de questions** j-n mit Fragen bedrängen 5 (*hâter*) beschleunigen B V/I eilen; eilig, dringend sein; pressieren; **le temps presse** die Zeit drängt; es eilt C V/PRON 1 (*se dépêcher*) **se ~** sich beeilen; **sans se ~** ohne Eile; *fam* **allons, pressons!** *fam* ein bisschen Tempo! 2 *foule* **se ~** sich drängen

pressing [pʀesiŋ] M Reinigung *f* (*Geschäft*)

pression [pʀesjõ] F 1 Druck *m*; *fig* **exercer une, faire ~ sur qn** Druck auf j-n ausüben 2 (**bière** *f*) **~** Fassbier *n*; Bier *n* vom Fass 3 (*bouton-pression*) Druckknopf *m*

pressoir [pʀeswaʀ] M (Frucht)Presse *f*; *pour le vin* Kelter *f*

pressurage [pʀesyʀaʒ] M (Aus)Pressen *n*; *de raisins* Keltern *n* **pressurer** [-e] V/T ausbeuten

pressurisation [pʀesyʀizasjõ] F Aufrechterhaltung *f* von normalen Druckverhältnissen

pressurisé [pʀesyʀize] ADJ ⟨~e⟩ **cabine ~e** Druckkabine *f*

pressuriser [pʀesyʀize] V/T normale Druckverhältnisse aufrechterhalten in (+*dat*)

prestance [pʀestɑ̃s] F *aspect* gutes, stattliches Aussehen; *maintien* gewandtes, sicheres Auftreten

prestataire [pʀestatɛʀ] M 1 **~ de services** Dienstleistungsunternehmen *n* 2 (*bénéficiaire*) Leistungsempfänger *m*

prestation [pʀestasjõ] F 1 *allocation, service* Leistung *f*; **~ dépendance** Pflegegeld *n*; **~ de service** Dienstleistung *f* 2 **~ de serment** Eidesleistung *f* 3 (*performance*) Leistung *f*

preste [pʀɛst] ADJ behänd(e); flink

prestidigitateur [pʀɛstidiʒitatœʀ] M, **prestidigitatrice** [-tʀis] F Zauberkünstler(in) *m(f)*; Taschenspieler(in) *m(f)* **prestidigitation** [-sjõ] F Zauberkunst *f*

prestige [pʀɛstiʒ] M Prestige *n*; Ansehen *n*

prestigieux [pʀɛstiʒjø] ADJ ⟨-euse [-øz]⟩ angesehen; COMM anspruchsvoll; (*magnifique*) wundervoll

presto [pʀɛsto] ADV MUS presto

présumé [pʀezyme] ADJ ⟨~e⟩ mutmaßlich

présumer [pʀezyme] A V/T vermuten; mutmaßen; **être présumé innocent** als unschuldig gelten B V/T INDIR **trop ~ de ses forces** s-e Kräfte überschätzen

présupposer [pʀesypoze] V/T voraussetzen

présure [pʀezyʀ] F Lab(ferment) *n*

prêt¹ [pʀɛ] ADJ ⟨prête [pʀɛt]⟩ **être ~** bereit, fertig sein; **~ à tout** zu allem bereit; **~ à partir** startbereit; reisefertig

prêt² M 1 (*somme prêtée*) Darlehen *n* 2 *de livres* Ver-, Ausleihen *n*; **bibliothèque** *f* **de ~** Leihbücherei *f*, -bibliothek *f*

pretantaine [pʀətɑ̃tɛn] → prétentaine

prêt-à-porter [pʀɛtapɔʀte] M ⟨prêts-à-porter⟩ Konfektion(skleidung) *f*

prêté [pʀete] M **c'est un ~ pour un rendu** hilfst du mir, helf ich dir; *péj* wie du mir, so ich dir

prétendant [pʀetɑ̃dɑ̃] M 1 Thronprätendent *m* 2 *d'une femme* Bewerber *m*

prétendre ⟨→ rendre⟩ A V/T 1 (*soutenir*) behaupten; vorgeben 2 (*vouloir*) **~** (+ *inf*) gewillt sein, gedenken, beabsichtigen zu (+ *inf*) B V/T INDIR **~ à qc** auf etw (*acc*) Anspruch erheben C V/PR **se ~ qc** behaupten, etw zu sein; etw sein wollen

prétendu ADJ ⟨~e⟩ angeblich

prête-nom [pʀɛtnõ] M ⟨prête-noms⟩ Strohmann *m*

prétentaine [pʀetɑ̃tɛn] F **courir la ~** auf Liebesabenteuer ausgehen

prétentieux [pʀetɑ̃sjø] ADJ ⟨-euse [-øz]⟩ *personne* eingebildet; eitel; selbstgefällig; *air* affektiert; *style* protzig

prétention [pʀetɑ̃sjõ] F 1 (*revendication*) Anspruch *m*; *pl* **~s** (*salaire exigé*) Gehaltsansprüche *mpl* 2 (*ambition*) Ambition *f*; Ehrgeiz *m*; **avoir la ~ de** (+ *inf*) sich (*dat*) einbilden, sich (*dat*) anmaßen zu (+ *inf*); *maison, style* **sans ~** anspruchslos 3 (*vanité*) Selbstgefälligkeit *f*; Eitelkeit *f*; Einbildung *f*

prêter [pʀete] A V/T 1 *argent, objet* (aus-, ver)leihen; borgen; *par ext* **~ son nom à qc** s-n Namen für etw hergeben 2 **~ (son) assistance à qn** j-m Hilfe, Beistand leisten; **~ attention à** Auf-

P

merksamkeit schenken (+ *dat*) **3** (*attribuer*) **~ qc à qn** j-m etw zuschreiben, *propos, intentions* unterstellen **B** V/T INDIR **~ à qc** Anlass zu etw geben; **cela prête à confusion** das ist verwirrend **C** V/PRON **1** *personne* **se ~ à qc** sich zu etw hergeben **2** *thème, terre* **se ~ à qc** sich zu, für etw eignen

prétérit [pʀeteʀit] M Präteritum *n*

préteur [pʀetœʀ] M Prätor *m*

prêteur [pʀɛtœʀ], **prêteuse** **A** M,F *d'un prêt* Darlehensgeber(in) *m(f)*; **prêteur, prêteuse sur gages** Pfandleiher(in) *m(f)* **B** ADJ **être prêteur, prêteuse** gern leihen

prétexte M Vorwand *m*; **sous ~ que …** unter dem Vorwand, dass …; **sous aucun ~** auf keinen Fall; **donner (un) ~, fournir un ~ à qn** j-m e-n Vorwand liefern

prétexter [pʀetɛkste] V/T **~ qc** etw vorschützen, zum Vorwand nehmen; **~ que …** vorgeben, dass …

prétoire [pʀetwaʀ] M Gerichtssaal *m*

prétorien [pʀetɔʀjɛ̃] ADJ ⟨-ienne [-jɛn]⟩ HIST **garde ~ne** Prätorianer(garde) *mpl(f)*

prêtre [pʀɛtʀ] M Priester *m*

prêtre-ouvrier M ⟨prêtres-ouvriers⟩ Arbeiterpriester *m*

prêtresse [pʀɛtʀɛs] F Priesterin *f* **prêtrise** [-iz] F Priesteramt *n*, -würde *f*

preuve [pʀœv] F **1** Beweis *m*; *fig* **~ d'amitié** Freundschaftsbeweis *m*; **vous êtes la ~ vivante que …** Sie sind der lebende Beweis, das lebende Beispiel dafür, dass …; **jusqu'à ~ du contraire** bis zum Beweis des Gegenteils; **faire ses ~s** sich bewähren; **faire ~ de courage** Mut beweisen; sich mutig zeigen; sich als mutig erweisen **2** MATH **~ par neuf** Neunerprobe *f*

preux [pʀø] M HIST Recke *m*

prévaloir ⟨→ valoir; *aber*: que je prévale⟩ **A** V/I *st/s* obsiegen (**contre** über + *acc*); **faire ~ ses droits** seine Rechte durchsetzen **B** V/PR **se ~ de qc** sich (*dat*) auf e-e Sache etwas zugutehalten, einbilden

prévaricateur [pʀevaʀikatœʀ] **A** ADJ ⟨-trice [-tʀis]⟩ pflichtvergessen; untreu **B** M pflichtvergessene(r) Beamte(r)

prévarication [pʀevaʀikasjõ] F Amtspflichtverletzung *f*

prévenance [pʀevnɑ̃s] F Zuvorkommenheit *f*; Aufmerksamkeit *f* (*a. acte*) **prévenant** [-ɑ̃] ADJ ⟨-ante [-ɑ̃t]⟩ zuvorkommend

prévenir V/T ⟨→ venir; *aber v/aux* avoir⟩ **1** (*informer*) **~ qn (de qc)** j-n (von etw) benachrichtigen, *police* verständigen **2** (*avertir*) **~ qn (de qc)** j-n (vor etw [*dat*]) warnen **3** (*empêcher*) **~ qc** e-r Sache (*dat*) vorbeugen; etw verhüten **4** **~ les désirs de qn** den Wünschen j-s zuvorkommen

préventif [pʀevɑ̃tif] ADJ ⟨-ive [-iv]⟩ **1** vorbeugend; Präventiv… **2** **détention préventive** Untersuchungshaft *f*

prévention [pʀevɑ̃sjõ] F **1** Verhütung *f*; Vorbeugung *f*; **~ routière** Unfallverhütung *f* **2** (*préjugé*) Voreingenommenheit *f*; Vorurteil *n*

prévenu **A** ADJ ⟨~e⟩ **être ~ de qc** e-r Sache (*gén*) beschuldigt werden **B** SUBST **~(e)** M(F) Beschuldigte(r) *m/f(m)*; Tatverdächtige(r) *m/f(m)*

préverbe [pʀevɛʀb] M LING Verbalpräfix *n*; Präverbium *n*

prévisibilité F Vorher-, Voraussehbarkeit *f*

prévisible [-ibl] ADJ vorher-, voraussehbar

prévision F Vorher-, Voraussage *f*; Prognose *f*; **~s** *pl* Erwartungen *fpl*; **~ budgétaire** Haushaltsvoranschlag *m*; **~s météorologiques** Wetteraussichten *fpl*, -vorhersage *f*; **en ~ de** in Erwartung (+ *gén*)

prévisionnel [pʀevizjɔnɛl] ADJ ⟨~le⟩ vorausschauend, -planend; **budget ~** Haushaltsvoranschlag *m*, -ansatz *m*

prévisionniste [pʀevizjɔnist] M Prognostiker *m*

prévoir V/T ⟨→ voir; *aber*: je prévoirai⟩ **1** (*imaginer à l'avance*) voraus-, vorhersehen **2** (*organiser d'avance*) vorsehen; planen; **être prévu** vorgesehen sein

prévôt [pʀevo] M **1** HIST *hoher königlicher Beamter* **2** MIL Befehlshaber *m* e-r Feldgendarmerieabteilung

prévôté [pʀevote] F MIL Feldgendarmerie *f*

prévoyance [pʀevwajɑ̃s] F Vorsorge *f*; Voraussicht *f* **prévoyant** [-ɑ̃] ADJ ⟨-ante [-ɑ̃t]⟩ vorausschauend

prévu PP *et* ADJ ⟨~e⟩ → **prévoir**

prie-Dieu [pʀidjø] M (! unveränderlich) Betstuhl *m*

prier [pʀije] V/T **1** REL beten (*a. abs*); **~ Dieu** zu Gott beten **2** (*demander*) bitten; **~ qn de faire qc** j-n bitten, ersuchen, etw zu tun; **vous êtes prié de** (+ *inf*) Sie werden gebeten zu (+ *inf*); **ne pas se faire ~** sich nicht lange bitten lassen; **je t'en prie** bitte sehr!; bitte schön!; *injonction* ich bitte dich!; **je vous en prie** bitte sehr!; bitte schön!; *injonction* ich bitte Sie!

prière [pʀijɛʀ] F **1** REL Gebet *n*; **dire, faire une ~** ein Gebet sprechen, verrichten **2** (*demande*) Bitte *f*; **~ de ne pas fumer** bitte nicht rauchen!

prieur(e) [pʀijœʀ] M(F) Prior(in) *m(f)*

prieuré [pʀijœʀe] M Priorat *n*

prima donna [pʀimadɔna] F (! im Plural unveränderlich oder **prime donne**) Primadonna *f*

primaire [pʀimɛʀ] ADJ **1** **école** *f* **~** Grundschule *f*; (**enseignement** *m*) **~** *m* Grundschulwesen *n* **2**

P

primär; Primär…; **élections** *fpl* **~s** Vorwahlen *fpl*; **ère** *f* **~** Paläozoikum *n*; Erdaltertum *n*; **secteur** *m* **~** Agrarwirtschaft *f* und Bergbau *m* **3** *péj* primitiv

primal [pʀimal] ADJ ⟨~e; -aux [-o]⟩ PSYCH **cri ~** Urschrei *m*

primat [pʀima] M CATH Primas *m*

primates [pʀimat] MPL ZOOL Primaten *mpl*

primauté [pʀimote] F Vorrang *m*; Primat *m ou n* (*a. du pape*)

prime¹ [pʀim] ADJ **1** **de ~ abord** auf den ersten Blick; zunächst; **dès sa ~ jeunesse** von frühester Jugend an **2** MATH **a ~** a Strich (a')

prime² F **1** (*indemnité*) Prämie *f*; Zulage *f*; **~ à l'exportation** Exportprämie *f*; **~ de fin d'année** Weihnachtsgeld *n*, -gratifikation *f*; COMM **avoir qc en ~** etw als Werbegeschenk, Zugabe bekommen **2** ASSURANCES (Versicherungs)-Prämie *f*

primé [pʀime] ADJ ⟨~e⟩ preisgekrönt

primer [pʀime] V/T **1** (*l'emporter*) vorgehen (**qc** e-r Sache [*dat*]) **2** (*récompenser*) präm(i)ieren

primerose [pʀimʀoz] F Stockrose *f*, -malve *f*

primesautier [pʀimsotje] ADJ ⟨-ière [-jɛʀ]⟩ impulsiv; spontan

prime time [pʀajmtajm] M TV Primetime *f*

primeur [pʀimœʀ] F **1** **avoir la ~ de qc** als Erste(r) in den Genuss von etw kommen **2** *adjt* **vin** *m* **~** junger Rotwein **3** **~s** *pl* Frühgemüse *n* und Frühobst *n*

primevère [pʀimvɛʀ] F Primel *f*

primitif [pʀimitif] ADJ ⟨-ive [-iv]⟩ **1** (*d'origine*) ursprünglich; Ur…; **homme ~** Urmensch *m* **2** (*non civilisé*) primitiv; der Primitiven; **art ~** Kunst *f* der Naturvölker **3** *fig* (*fruste*) primitiv; einfach

primitivement [pʀimitivmɑ̃] ADV ursprünglich; anfänglich

primo [pʀimo] ADV erstens

primo-infection F ⟨primo-infections⟩ Erstinfektion *f*

primordial [pʀimɔʀdjal] ADJ ⟨~e; -aux [-o]⟩ (äußerst) wichtig; entscheidend

prince [pʀɛ̃s] M **1** *régnant* Fürst *m*; *fig* **être bon ~** großzügig, tolerant sein **2** *non régnant, titre* Prinz *m*

prince-de-galles [pʀɛ̃sdəgal] M (**!** unveränderlich) TEXT Glencheck *m*

princesse [pʀɛ̃sɛs] F **1** Prinzessin *f*; *fig* **aux frais de la ~** auf Staats- *ou* Geschäftskosten **2** *adjt* **°haricots** *mpl* **~(s)** Prinzessbohnen *fpl*; **robe** *f* **~** Prinzesskleid *n*

princier [pʀɛ̃sje] ADJ ⟨-ière [-jɛʀ]⟩ fürstlich (*a. fig*); Fürsten…

principal [pʀɛ̃sipal] **A** ADJ ⟨~e; -aux [-o]⟩ Haupt…; hauptsächliche; wichtigste; (**proposition**) **~e** *f* Hauptsatz *m* **B** SUBST **1** **le ~** die Hauptsache **2** *m* ⟨-aux [-o]⟩, **~e** *f d'un collège* Direktor(in) *m(f)*

principalement [pʀɛ̃sipalmɑ̃] ADV hauptsächlich; vor allem

principauté [pʀɛ̃sipote] F Fürstentum *n*

principe [pʀɛ̃sip] M **1** Prinzip *n* (*a. t/t*); Grundsatz *m*; **… de ~** prinzipiell; Prinzipien…; **en ~** im Prinzip; prinzipiell; grundsätzlich; **par ~** aus Prinzip **2** CHIM Bestandteil *m*; Stoff *m*

printanier [pʀɛ̃tanje] ADJ ⟨-ière [-jɛʀ]⟩ frühlingshaft; Frühlings…; Frühjahrs…

printemps [pʀɛ̃tɑ̃] M Frühling *m* (*a. fig*); Frühjahr *n*; *poét* Lenz *m*; **au ~** im Frühling, Frühjahr

Vorsicht bei printemps!

au printemps	im Frühling
aber:	
en été	im Sommer
en automne	im Herbst
en hiver	im Winter

FEHLERQUELLEN

priori → a priori

prioritaire [pʀijɔʀitɛʀ] ADJ vorrangig; bevorzugt; mit Vorrang; **être ~** Priorität, Vorrang, *véhicule* Vorfahrt haben

priorité [pʀijɔʀite] F **1** Priorität *f*, Vorrang *m* (**sur** vor + *dat*); **en ~** vorrangig; mit Vorrang **2** Vorfahrt *f*; **~ à droite** Vorfahrt von rechts; **route** *f* **à ~** Vorfahrtsstraße *f*; **avoir ~ sur** (die) Vorfahrt haben vor (+ *dat*); **j'ai la ~** ich habe Vorfahrt

pris [pʀi] PP → prendre *et* ADJ ⟨prise [pʀiz]⟩ **1** *place* besetzt **2** *personne* nicht frei; **être très ~** sehr beschäftigt, beansprucht sein **3** *st/s* **~ de boisson** betrunken; **~ de panique** von Panik erfasst, ergriffen; **avoir la gorge ~e** e-e raue Kehle haben **4** *crème* steif; fest; *rivière* (zu)gefroren

prise [pʀiz] F **1** (*action de prendre*) Nehmen *n*; *de médicaments*, MIL Einnahme *f*; HIST **la prise de la Bastille** die Erstürmung der Bastille; **prise de contact** Kontaktaufnahme *f*; Fühlungnahme *f*; **prise d'otage(s)** Geiselnahme *f*; **prise de position** Stellungnahme *f* (**sur une question** zu e-r Frage); **prise de pouvoir** Machtübernahme *f*, -ergreifung *f*; **prise de vue(s)** Aufnahme *f*; **prise en charge** Kostenübernahme *f*; **avoir prise sur qn, qc** Einfluss auf j-n, etw haben; **donner prise à** Anlass geben zu; **être aux prises avec qn, qc** mit j-m, etw kämpfen, ringen; **être en prise directe avec** *ou* **sur qc** in direktem Kontakt, in enger Verbindung mit etw stehen; **lâcher prise** loslassen; *fig* aufgeben 2 LUTTE, JUDO Griff *m*; ALPINISME **avoir prise** Halt haben 3 *(capture)* Fang *m*, CH Beute *f* *(a. fig)* 4 **prise (de courant)** Steckdose *f*; **prise de terre** Erdung *f* 5 **prise (de tabac)** Prise *f* (Schnupftabak)

prisé [pRize] ADJ ⟨~e⟩ gefragt; begehrt

priser [pRize] V/T 1 *litt* *(estimer)* schätzen 2 schnupfen; **tabac** *m* **à ~** Schnupftabak *m*

prismatique [pRismatik] ADJ prismatisch; Prismen…

prisme [pRism] M Prisma *n*

prison [pRizõ] F Gefängnis *n*; **condamner à deux ans de ~, à la ~ à vie** zu zwei Jahren Gefängnis, zu e-r lebenslänglichen Freiheitsstrafe verurteilen; **être en ~** im Gefängnis sein; *fam* (im Gefängnis) sitzen; **avoir fait de la ~** (im Gefängnis) *fam* gesessen haben; **mettre qn en ~** j-n ins Gefängnis stecken

prisonnier [pRizɔnje], **prisonnière** [pRizɔnjɛR] A M,F Gefangene(r) *m*/*f*(*m*); *(détenu)* Häftling *m*; **faire qn prisonnier** j-n gefangen nehmen B ADJ 1 gefangen; *fig* **être prisonnier de ses préjugés** Gefangener s-r Vorurteile sein 2 **ballon prisonnier** Völkerball *m*

privatif [pRivatif] ADJ ⟨-ive [-iv]⟩ 1 GRAM verneinend; privativ 2 **peine privative de liberté** Freiheitsstrafe *f* 3 *jardin* zur alleinigen Benutzung überlassen

privation [pRivasjõ] F 1 Entzug *m*; Verlust *m* 2 **~s** *pl* Entbehrungen *fpl*

privatisation [pRivatizasjõ] F Privatisierung *f*

privatiser [-e] V/T privatisieren

P

privautés [pRivote] FPL Vertraulichkeiten *fpl*

privé [pRive] A ADJ ⟨~e⟩ privat; Privat…; **école ~e** Privatschule *f*; **en ~** privat; außerdienstlich B M **dans le ~** in der Privatwirtschaft

priver [pRive] A V/T **~ qn de qc** j-m etw entziehen; j-n um etw bringen B V/PR **se ~ de qc** auf etw *(acc)* verzichten; sich *(dat)* etw versagen; *iron* **il ne se prive pas** er lässt sich nichts abgehen

privilège [pRivilɛʒ] M Privileg *n*; Vorrecht *n*; *par ext* *(chance)* Glück *n*; **concéder, donner des ~s** Privilegien einräumen, verleihen

privilégié [pRivileʒje] ADJ ⟨~e⟩ privilegiert; *par ext* vom Glück begünstigt **privilégier** [-e] V/T privilegieren; begünstigen

prix [pRi] M 1 COMM Preis *m* *(a. fig)*; *par ext* *(valeur)* Wert *m*; **~ à la consommation** Verbraucherpreis *m*; **~ d'achat** Kauf-, Einkaufs-, Bezugspreis *m*; **~ d'ami** Freundschaftspreis *m*; **~ de lancement** Einführungspreis *m*; **~ de vente** Verkaufs-, COMM *a.* Ladenpreis *m*; **de ~** wertvoll; kostbar; **°hors de ~** unerschwinglich; *fam* sündhaft teuer; *fig* **à aucun ~** um keinen Preis; keinesfalls; **à bas ~** spottbillig; zu Schleuderpreisen; **au ~ fort** zum vollen Preis; **à moitié ~** zum halben Preis; *fig* **à tout ~** um jeden Preis; partout; **à ~ d'or** für teures Geld; *fig* **n'avoir pas de ~** e-n unschätzbaren Wert darstellen; **faire un ~ à qn** j-m e-n günstigen Preis machen; **mettre à ~ la tête de qn** auf j-s Kopf e-n Preis aussetzen; **y mettre le ~** es sich *(dat)* etwas kosten lassen 2 *distinction* Preis *m*; *lauréat* Preisträger(in) *m*(*f*); **~ Nobel** Nobelpreis (-träger) *m*

pro [pRo] M/F ABR *fam* (professionnel) Profi *m*

pro… *ou* **pro-…** [pRɔ, pRo] *préfixe, souvent* POL pro…; Pro…; …freundlich; *exemples*: **proarabe** *ou* **pro-arabe** araberfreundlich; proarabisch; **progouvernemental** *ou* **pro-gouvernemental** regierungsfreundlich

probabilité [pRɔbabilite] F Wahrscheinlichkeit *f*

probable [pRɔbabl] ADJ wahrscheinlich; vermutlich

probablement [pRɔbabləmɑ̃] ADV wahrscheinlich

probant [pRɔbɑ̃] ADJ ⟨-ante [-ɑ̃t]⟩ beweiskräftig; überzeugend; stichhaltig

probation [pRɔbasjõ] F 1 ÉGL CATH Probezeit *f*; Noviziat *n* 2 JUR Bewährung(sfrist) *f*

probatoire [pRɔbatwaR] ADJ Probe…; **examen** *m* **~** Einstufungsprüfung *f*

probité [pRɔbite] F Rechtschaffenheit *f*; Redlichkeit *f*

problématique [pRɔblematik] A ADJ problematisch; fraglich; fragwürdig; **aspect** *m* **~** Problematik *f* B F Problematik *f*; Problem-, Fragestellungen *fpl*

problème [pRɔblɛm] M 1 Problem *n*; Frage *f*; **à problèmes** problematisch; Problem…; **sans problème** problemlos; *fam* **(il n'y a) pas de problème!** kein Problem!; **faire ~, poser un ~** ein Problem sein, darstellen; problematisch sein 2 MATH Textaufgabe *f*

procédé [pRɔsede] M 1 *(méthode)* Verfahren *n* *(a.* TECH*)*; Methode *f* 2 *(manière d'agir)* **~s** *pl* Vorgehen *n*; Verhalten *n*; **(c'est un) échange de bons ~s** sie haben sich gegenseitig e-n guten Dienst erwiesen

procéder [pRɔsede] ⟨-è-⟩ A V/T INDIR 1 **~ à qc** etw vornehmen, durchführen; zu etw schreiten 2 *litt* **~ de** hervorgehen aus B V/I verfahren; vorgehen

procédure [pRɔsedyR] F 1 JUR (gerichtliches, Gerichts)Verfahren *n*; **engager, intenter une ~** ein Verfahren einleiten 2 *(marche à suivre)* Verfahren *n*; Vorgehen *n*; Prozedur *f* *(a.* INFORM*)*

procédurier [pRɔsedyRje] ADJ ⟨-ière [-jɛR]⟩ *péj* prozesswütig

procès [pʀɔsɛ] M Prozess *m*; Rechtsstreit *m*; *fig* **sans autre forme de ~** kurzerhand; **être en ~ avec qn** mit j-m, gegen j-n prozessieren; **faire un ~ à qn** j-m den Prozess machen; *fig* **faire le ~ de qc** mit etw ins Gericht gehen; *fig* **faire un ~ d'intention à qn** j-m irgendwelche Absichten unterstellen

processeur [pʀɔsɛsœʀ] M Prozessor *m*

procession [pʀɔsesjõ] F Prozession *f*

processus [pʀɔsesys] M Prozess *m*; Vorgang *m*; Ab-, Verlauf *m*

procès-verbal M ⟨procès-verbaux⟩ 1 (*contravention*) Strafmandat *n*; gebührenpflichtige Verwarnung 2 (*compte rendu écrit*) Protokoll *n*; **dresser, rédiger le ~** (das) Protokoll führen; protokollieren

prochain [pʀɔʃɛ̃] A ADJ ⟨-aine [-ɛn]⟩ nächste; kommende; *adv* **l'année ~e, l'an ~** nächstes Jahr; im nächsten, kommenden Jahr; *fam* **à la ~e!** bis zum nächsten Mal!; *descendre* **à la ~e (station)** an der nächsten Station B SUBST BIBL **le ~** der Nächste

prochainement [pʀɔʃɛnmã] ADV demnächst; nächstens

proche [pʀɔʃ] A ADJ 1 nah(e); **ses plus ~s parents** s-e nächsten Verwandten *mpl*; **être ~** *endroit* in der Nähe sein (**de** von); *date* nahen; *langue* verwandt sein (mit); *fig personne* nahestehen (**de qn** j-m) 2 **de ~ en ~** nach und nach B MPL **ses ~s** s-e Angehörigen *mpl*

Proche-Orient [pʀɔʃɔʀjã] **le ~** der Nahe Osten; Nahost *n*

proche-oriental [pʀɔʃɔʀjãtal] ADJ ⟨~e; -aux [-o]⟩ nahöstlich

proclamation [pʀɔklamasjõ] F Ausrufung *f*; Proklamation *f*; (feierliche) Verkündung

proclamer [pʀɔklame] VT 1 *indépendance, etc* ausrufen; proklamieren; *résultats* bekannt geben; **~ qn empereur** j-n zum Kaiser ausrufen 2 *fig* erklären; verkünden

proconsul [pʀɔkõsyl] M Prokonsul *m*

procréateur [pʀɔkʀeatœʀ] ADJ ⟨-trice [-tʀis]⟩ *litt* Zeugungs…; Fortpflanzungs…

procréation [pʀɔkʀeasjõ] F 1 *litt* Zeugung *f* 2 **~ (médicalement) assistée** künstliche Befruchtung

procréer [pʀɔkʀee] VI *homme* zeugen; *femme* gebären

procuration [pʀɔkyʀasjõ] F Vollmacht *f*; *voter* **par ~** durch e-n beauftragten Stellvertreter; *fig et st/s* **agir, penser par ~** andere für sich handeln, denken lassen

procurer [pʀɔkyʀe] A VT **~ qc à qn** j-m etw verschaffen, beschaffen, besorgen; (*causer*) j-m etw bereiten B VPR **se ~ qc** sich (*dat*) etw verschaffen, besorgen

procureur [pʀɔkyʀœʀ] M **~ (de la République)** Staatsanwalt *m*

prodigalité [pʀɔdigalite] F 1 Verschwendungssucht *f* 2 **~s** *pl* Verschwendung *f*

prodige [pʀɔdiʒ] M 1 Wunder *n*; **faire des ~s** wahre Wunder vollbringen 2 *adjt* **enfant** *m* **~** Wunderkind *n*

prodigieusement [pʀɔdiʒjøzmã] ADV überaus; außerordentlich

prodigieux [pʀɔdiʒjø] ADJ ⟨-euse [-øz]⟩ außergewöhnlich; erstaunlich; gewaltig

prodigue [pʀɔdig] ADJ verschwenderisch; verschwendungssüchtig; BIBL **l'enfant** *m* **~** der verlorene Sohn

prodiguer [pʀɔdige] VT **~ qc à qn** j-n mit etw überhäufen, überschütten; **~ des soins à qn** j-n versorgen

producteur [pʀɔdyktœʀ], **productrice** [-tʀis] A M,F Erzeuger(in) *m(f)*; Produzent(in) *m(f)* (*a.* FILM, TV); (*fabricant*) Hersteller(in) *m(f)* B ADJ **pays producteur de pétrole** Erdöl produzierendes Land; Erdölförderland *n*

productif [pʀɔdyktif] ADJ ⟨-ive [-iv]⟩ produktiv; *sol* ertragreich; FIN einträglich

production [pʀɔdyksjõ] F 1 Produktion *f* (*a.* FILM, TV); Herstellung *f*; Erzeugung *f*; *litteraire, artistique* Schaffen *n*; **~ de pétrole** Erdölförderung *f*, -gewinnung *f* 2 *d'un document* Vorlage *f*; Vorweisung *f*

productivité [pʀɔdyktivite] F Produktivität *f*; Ertragskraft *f*

produire [pʀɔdɥiʀ] ⟨→ conduire⟩ A VT 1 *produits industriels* produzieren (*a. film, émission*); herstellen; *produits agricoles, acier, énergie, son* erzeugen; *pétrole* fördern; *œuvre artistique* schaffen; *arbre: fruits* tragen; *capital: intérêts* bringen; abwerfen 2 (*causer*) bewirken; hervorrufen; erzeugen 3 *document* vorlegen; vorzeigen; vorweisen B VPR **se ~** *accident, événement* sich ereignen; passieren; vorkommen; *changement* eintreten

produit [pʀɔdɥi] M 1 Produkt *n* (*a. fig*); Erzeugnis *n*; *industriel a.* Fabrikat *n*; (*substance*) Mittel *n*; **~s de beauté** Kosmetika *npl*; Schönheitsmittel *npl*; **~s d'entretien** Putz- und Pflegemittel *npl* 2 (*rapport*) Ertrag *m*; *d'une vente* Erlös *m*; **~ national brut** Bruttosozialprodukt *n* 3 MATH Produkt *n*

proéminence [pʀɔeminãs] F *st/s* 1 *état* Vorspringen *n* 2 (*protubérance*) Vorsprung *m*; Erhebung *f*

proéminent [pʀɔeminã] ADJ ⟨-ente [-ãt]⟩ vorspringend

prof [pʀɔf] M/F ABR *fam* (professeur) Lehrer(in) *m(f)*; **notre ~ de maths** unser(e) Mathelehrer(in)

profanateur [pʀɔfanatœʀ] M, **profanatrice** [-tʀis] F *st/s d'église, d'une sépulture* Schänder(in)

P

m(f)

profanation [prɔfanasjõ] F Entweihung *f*; Profanierung *f*; **~ de sépulture** Grabschändung *f*

profane [prɔfan] **A** ADJ profan; weltlich **B** M/F *(non-spécialiste)* Laie *m*; *(non-initié)* Außenstehende(r) *m/f(m)*; Nichteingeweihte(r) *m/f(m)*; **être ~ en la matière** auf diesem Gebiet ein Laie sein

profaner [prɔfane] V/T entweihen; entheiligen; profanieren; *tombes* schänden

proférer [prɔfere] V/T ‹-è-› ausstoßen; **~ des injures, des menaces** Beschimpfungen, Drohungen ausstoßen

professer [prɔfɛse] V/T offen bekunden

professeur [prɔfɛsœʀ] M/F (Gymnasial)Lehrer(in) *m(f)*; Studienrat, -rätin *m,f*; *à l'université* Professor(in) *m(f)*; **~ d'anglais, de dessin** Englisch-, Zeichenlehrer(in) *m(f)*; **~ des écoles** Grundschullehrer(in) *m(f)*

profession [prɔfɛsjõ] F **1** *(métier)* Beruf *m*; *femme* **sans ~** Hausfrau *f*; **exercer, pratiquer une ~** e-n Beruf ausüben **2** *coll* Berufsstand *m*, -gruppe *f* **3** **~ de foi** Glaubensbekenntnis *n*; *d'un candidat* (schriftlich niedergelegtes) Wahlprogramm

professionnalisme [prɔfɛsjɔnalism] M **1** SPORTS Professionalismus *m* **2** *d'un travail* Professionalität *f*

professionnel [prɔfɛsjɔnɛl] **A** ADJ ‹~le› **1** beruflich; Berufs… **2** *(opposé à amateur)* professionell; Berufs…; berufsmäßig **B** **~(le)** M(F) **1** *(spécialiste)* Fachmann *m*, -frau *f*; *fam* Profi *m* **2** SPORTS Berufssportler(in) *m(f)*; Profi *m*

professionnellement [prɔfɛsjɔnɛlmã] ADV berufs-, gewerbsmäßig

professoral [prɔfɛsɔʀal] ADJ ‹~e; -aux [-o]› **1** **corps ~** Studienräte *mpl* und Professoren *mpl* **2** *péj* professoral

professorat [prɔfɛsɔʀa] M Lehrberuf *m*

profil [prɔfil] M **1** *d'un visage*, TECH Profil *n* (*a. fig de qn*); Seitenansicht *f*; **de ~** im Profil; *fig candidat pour un poste* **avoir le bon ~** die richtigen Voraussetzungen mitbringen **2** *d'un edifice, etc* Umrisse *mpl*; Silhouette *f*

profilé [prɔfile] TECH **A** ADJ ‹~e› Profil… **B** M Profil *n*

profiler [prɔfile] V/PR **se ~** sich (scharf) abzeichnen (*a. fig*)

profit [prɔfi] M **1** ÉCON Profit *m*; Gewinn *m* **2** *(avantage)* Nutzen *m*; Vorteil *m*; Gewinn *m*; **au ~ de** zugunsten (*+ gén*); **avec ~** mit Gewinn; **tirer ~ de qc** Nutzen, (s-n) Vorteil aus etw ziehen; **mettre qc à ~** etw nutzbringend verwenden

profitable [prɔfitabl] ADJ nützlich; vorteilhaft; gewinnbringend

profiter [prɔfite] **A** V/T INDIR **1** **~ de qc** von etw profitieren; etw (aus)nützen *ou* (-)nutzen; sich (*dat*) etw zunutze machen; **~ de qn** j-n ausnützen **2** **~ à qn, à qc** j-m, e-r Sache nützlich sein, von Nutzen sein, zustattenkommen, Vorteile bringen **B** V/I *fam* **bien ~** (gut) gedeihen

profiterole [prɔfitʀɔl] F *Windbeutel mit Füllung*

profiteur [prɔfitœʀ] M *péj* Profitjäger *m*; **~ de guerre** Kriegsgewinnler *m*

profond [prɔfõ] **A** ADJ ‹-onde [-õd]› **1** tief (*a. fig voix, sommeil, etc*); *fig différence* groß; gewaltig **2** *(caché) sens, causes* tiefere; **la France ~e** das traditionsbewusste, konservative Frankreich **3** *esprit, pensées* tiefsinnig, -gründig, -schürfend **B** M **au plus ~ de la forêt** im tiefsten Wald; **du plus ~ de mon être** aus tiefstem Inner(e)n

profondément [prɔfõdemã] ADV tief; *fig a.* zutiefst; aufs Tiefste; *aimer* innig; **~ malheureux** todunglücklich

profondeur [prɔfõdœʀ] F Tiefe *f* (*a. fig*); PHOT **~ de champ** Schärfentiefe *f*; Tiefenschärfe *f*; **à mille mètres de ~** in tausend Meter Tiefe; **en ~** in der Tiefe; *fig* von Grund auf

pro forma [prɔfɔʀma] ADJ (❗ unveränderlich) **facture** *f* **~** Pro-forma-Rechnung *f*

profusion [prɔfyzjõ] F verschwenderische Fülle; **à ~** in Hülle und Fülle

progéniture [prɔʒenityʀ] F *plais* Sprösslinge *mpl*

progestérone [prɔʒɛsteʀɔn] F Gelbkörperhormon *n*; *t/t* Progesteron *n*

progiciel [prɔʒisjɛl] M Softwarepaket *n*

programmable [prɔgʀamabl] ADJ programmierbar

programmateur [prɔgʀamatœʀ] M, **programmatrice** [-tʀis] F **1** RAD, TV, FILM Programmgestalter(in) *m(f)* **2** *m* TECH Programmregler *m*

programmation [prɔgʀamasjõ] F **1** RAD, TV, FILM Programmgestaltung *f* **2** INFORM Programmierung *f*

programme [prɔgʀam] M **1** Programm *n* (*a.* POL, INFORM); **~ de télévision** Fernsehprogramm *n*; **c'est tout un ~** da haben Sie sich (*dat*) aber etwas vorgenommen; *adjt* **discours** *m* **~** programmatische Rede **2** *à l'école* Lehrplan *m*

programmer [prɔgʀame] V/T **1** *émission* auf das Programm setzen **2** *ordinateur, magnétoscope* programmieren; *micro-ondes* einstellen **3** *(organiser)* planen

programmeur [prɔgʀamœʀ] M, **programmeuse** [-øz] F Programmierer(in) *m(f)*

progrès [prɔgʀɛ] M Fortschritt *m*; *fam* **il y a du ~** es geht besser, bergauf; *élève* **être en ~** s-e

Leistungen verbessern; bessere Leistungen zeigen; **faire des ~** Fortschritte machen

progresser [pʀɔgʀese] VI **1** *épidémie, idées* sich ausbreiten; *chômage* zunehmen; ansteigen; *maladie* fortschreiten **2** *élève, recherche* Fortschritte machen **3** *(avancer)* vorrücken; *alpiniste* vorankommen

progressif [pʀɔgʀesif] ADJ ⟨-ive [-iv]⟩ fortschreitend, progressiv (*a.* MÉD); *amélioration* allmählich; schrittweise

progression [pʀɔgʀesjõ] F **1** *d'une maladie* Fortschreiten *n*; *du chômage* Zunahme *f*; Anstieg *m* **2** *(mouvement en avant)* Vorrücken *n* **3** MATH Reihe *f*

progressisme [pʀɔgʀesism] M Fortschrittsdenken *n*; Progressismus *m*

progressiste **A** ADJ fortschrittlich (gesinnt, denkend); progressiv **B** M/F Fortschrittler(in) *m(f)*; Progressist(in) *m(f)*

progressivement [pʀɔgʀesivmã] ADV schrittweise; allmählich

progressivité [pʀɔgʀesivite] F **~ de l'impôt** Steuerprogression *f*

prohibé [pʀɔibe] ADJ ⟨~e⟩ (gesetzlich) verboten; *armes* unerlaubt **prohiber** [-e] VT (gesetzlich) verbieten, untersagen

prohibitif [pʀɔibitif] ADJ ⟨-ive [-iv]⟩ **1** ÉCON **droits ~s** Prohibitivzölle *mpl* **2** *fig prix* unerschwinglich

prohibition [pʀɔibisjõ] F **1** JUR (gesetzliches) Verbot **2** HIST *aux États-Unis* Prohibition *f*

proie [pʀwa] F Beute *f*; *fig personne a.* Opfer *n*; *fig* **être la ~ des flammes** ein Raub der Flammen werden; *fig* **être en ~ au désespoir** von Verzweiflung heimgesucht, gepeinigt werden

projecteur [pʀɔʒɛktœʀ] M **1** *de scène* Scheinwerfer *m* **2** OPT Projektor *m*

projectile [pʀɔʒɛktil] M Geschoss *n*; *lancé à la main* Wurfgeschoss *n*

projection [pʀɔʒɛksjõ] F **1** *d'un film* Vorführung *f* **2** *de boue, de graisse* **~s** Spritzer *mpl*; *d'un volcan* **~s de cendres** ausgeworfene Asche **3** MATH, PSYCH Projektion *f*

projectionniste [pʀɔʒɛksjɔnist] M/F Filmvorführer(in) *m(f)*

projet [pʀɔʒɛ] M **1** Plan *m*; Vorhaben *n*; Projekt *n*; **faire des ~s** Pläne machen, schmieden **2** *(ébauche)* Entwurf *m*

projeter [pʀɔʒte, -ʃte] VT ⟨-tt-⟩ **1** *(envisager)* planen; vorhaben **2** *film* vorführen; *ombre* werfen; OPT projizieren (*a.* MATH) **3** PSYCH **~ sur qn** in j-n projizieren; auf j-n übertragen **4** *(lancer)* (in die Luft, hoch)schleudern; **être projeté contre un mur** gegen e-e Mauer geschleudert werden

prolétaire [pʀɔletɛʀ] **A** M Proletarier *m* **B** ADJ Proletarier…; proletarisch

prolétariat [pʀɔletaʀja] M Proletariat *n* **prolétarien** ADJ ⟨-ienne [-jɛn]⟩ proletarisch **prolétarisation** [-izasjõ] F (Ver)Proletarisierung *f* **prolétariser** [-ize] **A** VT proletarisieren **B** V/PR **se ~** verproletarisieren

prolifération [pʀɔlifeʀasjõ] F rasche, starke Vermehrung, Zunahme; *fig des armes nucléaires* Verbreitung *f* **proliférer** [-e] VI ⟨-è-⟩ sich rasch, stark vermehren; *fig a.* rasch, stark zunehmen

prolifique [pʀɔlifik] ADJ (sehr) fruchtbar

prolixe [pʀɔliks] ADJ weitschweifig **prolixité** [-ite] *st/s* F Weitschweifigkeit *f*

prolo [pʀɔlo] M ABR *fam* (**prolétaire**) *péj* Prolet *m*

prologue [pʀɔlɔg] M **1** Prolog *m* **2** *fig* Auftakt *m*

prolongateur [pʀɔlõgatœʀ] M Verlängerungsschnur *f*

prolongation [pʀɔlõgasjõ] F Verlängerung *f*; SPORTS **jouer les ~s** in die Verlängerung gehen

prolongé [pʀɔlõʒe] ADJ ⟨~e⟩ lang anhaltend

prolongement [pʀɔlõʒmã] M **1** Verlängerung *f*; **dans le ~ de** in der Verlängerung (*+gén*) **2** *fig* Fortsetzung *f*; **~s** *pl* Folgen *fpl*

prolonger [pʀɔlõʒe] ⟨-ge-⟩ **A** VT **1** verlängern (**de** um); *soirée, discussion* ausdehnen; in die Länge ziehen **2** *(être le prolongement de)* die Fortsetzung (*+ gén*) bilden **B** V/PR **se ~** *réunion* sich hinziehen; *route* weiterführen

promenade [pʀɔmnad] F **1** *à pied* Spaziergang *m*; *(excursion)* kleiner Ausflug; *en voiture, en vélo* (Spazier)Fahrt *f*; Tour *f*; **~ en mer** kleine Rundfahrt auf dem Meer; **faire une ~** e-n Spaziergang machen **2** *lieu* Promenade *f*

promener [pʀɔmne] ⟨-è-⟩ **A** VT **1** *personne* spazieren führen; *bébé* spazieren fahren; ausfahren; *chien* ausführen **2** *ses doigts* gleiten lassen, *son regard* schweifen lassen (**sur** über *+ acc*) **3** *fam fig* **envoyer promener qn** *fam* j-n zum Teufel jagen; **envoyer tout promener** *fam* alles hinschmeißen **B** V/PR **1** **(aller) se promener** *à pied* spazieren gehen; *en voiture, en vélo* spazieren fahren **2** **se promener nu-pieds**, *etc* barfuß *etc* herumlaufen

promeneur [pʀɔmnœʀ] M, **promeneuse** [-øz] F Spaziergänger(in) *m(f)*

promenoir [pʀɔmənwaʀ] M Wandelgang *m*

promesse [pʀɔmɛs] F **1** Versprechen *n*; Zusage *f*; *pl* **~s** *a.* Versprechungen *fpl*; **faire une ~** ein Versprechen geben; e-e Zusage geben, machen; **tenir sa ~** sein Versprechen halten **2** **plein de ~s** verheißungsvoll

Prométhée [pʀɔmete] M MYTH Prometheus *m*

prometteur [pʀɔmɛtœʀ] ADJ ⟨-euse [-øz]⟩ vielversprechend; verheißungsvoll

promettre [pʀɔmɛtʀ] ⟨→ mettre⟩ **A** V/T **1** versprechen, zusagen (**qc à qn** j-m etw); *fam iron* **ça promet!** das sind ja schöne Aussichten! **2** *(assurer)* versichern **B** V/PR **se ~ de faire qc** sich *(dat)* fest vornehmen, etw zu tun

promis [pʀɔmi] **A** PP → promettre *et* ADJ ⟨-ise [-iz]⟩ **1** BIBL **la terre ~e** das Gelobte Land *(a. fig)* **2 être ~ à qc** zu etw bestimmt sein; etw vor sich *(dat)* haben; **~ au succès** Erfolg versprechend **B ~(e)** M(F) *régional* Verlobte(r) *m/f(m)*

promiscuité [pʀɔmiskɥite] F enges Zusammenleben; enge Berührung

promo [pʀɔmo] F ABR *fam* → promotion 3

promontoire [pʀɔmɔ̃twaʀ] M Kap *n*; Vorgebirge *n*

promoteur [pʀɔmɔtœʀ] M, **promotrice** [-tʀis] F **1** CONSTR Bauträger *m*; *fam* Baulöwe *m* **2** *st/s* Initiator(in) *m(f)*

promotion [pʀɔmɔsjɔ̃] F **1** *(avancement)* Beförderung *f*; **~ sociale** sozialer Aufstieg **2 ~ des ventes** Absatz-, Verkaufsförderung *f*; Promotion *f*; **en ~** im Sonderangebot **3** *d'une grande école* Jahrgang *m*

promotionnel [pʀɔmɔsjɔnɛl] ADJ ⟨~le⟩ absatz-, verkaufsfördernd

promouvoir [pʀɔmuvwaʀ] V/T ⟨→ mouvoir; *aber* promu⟩ **1** *qn à un poste* befördern (**directeur** zum Direktor) **2** *(encourager)* fördern

prompt [pʀɔ̃] ADJ ⟨prompte [pʀɔ̃t]⟩ rasch; schnell; **~ rétablissement** baldige, rasche Genesung; **être ~ à réagir** schnell reagieren

promptitude [pʀɔ̃tityd] F Schnelligkeit *f*

promu [pʀɔmy] PP → promouvoir

promulgation [pʀɔmylgasjɔ̃] F *d'une loi* Verkündung *f*

promulguer [pʀɔmylge] V/T verkünden

prôner [pʀone] V/T *(louer)* preisen; *(préconiser)* predigen

pronom [pʀɔnɔ̃] M (alleinstehendes, substantivisches) Pronomen, Fürwort

pronominal [pʀɔnɔminal] ADJ ⟨~e; -aux [-o]⟩ **verbe ~** reflexives Verb

pronominalement [pʀɔnɔminalmɑ̃] ADV **employer ~** *verbe* reflexiv gebrauchen; *adverbe* als Pronomen gebrauchen

prononçable [pʀɔnɔ̃sabl] ADJ aussprechbar

prononcé [pʀɔnɔ̃se] ADJ ⟨~e⟩ markant; (stark) ausgeprägt; **un goût ~ pour qc** e-e ausgesprochene Vorliebe für etw

prononcer [pʀɔnɔ̃se] ⟨-ç-⟩ **A** V/T **1** *mot* aussprechen; sprechen **2** *(dire)* sprechen; *discours* halten **3** JUR *jugement* verkünden; *peine* aussprechen *(a. divorce)*, verhängen (**contre qn** gegen j-n) **B** V/PR **1 se ~** sich äußern (**sur qc** zu etw); **se ~ contre, pour qn, qc** sich gegen, für j-n, etw aussprechen **2** *mot* **se ~** (aus)gesprochen werden

prononciation [pʀɔnɔ̃sjasjɔ̃] F PHON Aussprache *f*

pronostic [pʀɔnɔstik] M Voraussage *f*; Prognose *f* *(a.* MÉD*)*

pronostiquer [pʀɔnɔstike] V/T voraus-, vorhersagen; prognostizieren **pronostiqueur** [-œʀ] M, **pronostiqueuse** [-øz] F j-d, der Voraussagen macht; TURF j-d, der Tipps gibt

propagande [pʀɔpagɑ̃d] F Propaganda *f*

propagandiste [-ist] **A** ADJ propagandistisch **B** M/F Propagandist(in) *m(f)*

propagateur [pʀɔpagatœʀ] M, **propagatrice** [-tʀis] F Verbreiter(in) *m(f)*

propagation [pʀɔpagasjɔ̃] F Aus-, Verbreitung *f*

propager [pʀɔpaʒe] ⟨-ge-⟩ **A** V/T verbreiten; propagieren **B** V/PR **se ~** **1** *incendie, épidémie* sich ausbreiten; um sich greifen; *nouvelle, idées* sich verbreiten; PHYS *lumière, son* sich ausbreiten; sich fortpflanzen **2** *espèce* sich vermehren; sich fortpflanzen

propane [pʀɔpan] M Propan(gas) *n*

propédeutique [pʀɔpedøtik] F *jusqu'en 1966* erstes Studienjahr *(an der philosophischen u. naturwissenschaftlichen Fakultät)*

propension [pʀɔpɑ̃sjɔ̃] F Hang *m*, Neigung *f* (**à qc** zu etw)

propergol [pʀɔpɛʀgɔl] M CHIM Propergol *n*

prophète [pʀɔfɛt] M Prophet *m* *(a. fig)*

prophétesse [pʀɔfetɛs] F Prophetin *f*

prophétie [pʀɔfesi] F Prophezeiung *f*; REL *a.* Weissagung *f*

prophétique [pʀɔfetik] ADJ prophetisch **prophétiser** [-ize] V/T prophezeien

prophylactique [pʀɔfilaktik] ADJ prophylaktisch; vorbeugend

prophylaxie [pʀɔfilaksi] F Prophylaxe *f*; Vorbeugung *f*

propice [pʀɔpis] ADJ **1** *(favorable)* günstig (**à** für) **2** *st/s sort* gnädig

proportion [pʀɔpɔʀsjɔ̃] F **1** Proportion *f*; *(rapport)* Verhältnis *n*; *(taux)* Anteil *m*; Prozentsatz *m*; **~s** *pl* Proportionen *fpl*; Größenverhältnisse *npl*; **toutes ~s gardées** im Verhältnis; **en ~ de** im Verhältnis, im Vergleich zu **2** *fig* **~s** *pl* Ausmaß(e) *n(pl)*; Umfang *m*; **prendre des ~s considérables** beträchtliche Ausmaße, e-n beträchtlichen Umfang annehmen **3** MATH Verhältnisgleichung *f*

proportionnalité [pʀɔpɔʀsjɔnalite] F Proportionalität *f*; Verhältnismäßigkeit *f*

proportionné [pʀɔpɔʀsjɔne] ADJ ⟨~e⟩ **1 bien ~** gut proportioniert **2 être ~ à qc** im richtigen Verhältnis zu etw stehen

proportionnel [pʀɔpɔʀsjɔnɛl] ADJ ⟨~le⟩ proportional (**à** zu); im (gleichen) Verhältnis stehend (zu); entsprechend (+ *dat*) **proportionnelle** [-ɛl] F Verhältniswahlrecht *n*

proportionnellement [pʀɔpɔʀsjɔnɛlmɑ̃] ADV im Verhältnis (**à** zu)

proportionner [pʀɔpɔʀsjɔne] V/T in ein richtiges, vernünftiges Verhältnis bringen, setzen (**à** zu)

propos [pʀɔpo] M **1** *pl* (*paroles*) Worte *npl*; Reden *fpl*; Äußerungen *fpl* **2** (*intention*) Absicht *f*; Vorsatz *m* **3** (*occasion*) **arriver, tomber à propos** (sehr) gelegen, gerade richtig, im rechten Augenblick kommen; **juger à propos de** (+ *inf*) es für angebracht halten zu (+ *inf*); **mal à propos** ungelegen; zur Unzeit; im unpassenden Augenblick; **à tout propos** bei jeder Gelegenheit; **il serait °hors de propos de** (+ *inf*) es wäre unangebracht zu (+ *inf*) **4** (*sujet*) **à propos de** was (+ *acc*) betrifft; (*acc*) betreffend; wegen (+ *gén ou fam* + *dat*); **à quel propos?** aus welchem Grund, Anlass?; weswegen?; *en tête de phrase* **à propos** übrigens; was ich noch sagen wollte; apropos

proposer [pʀɔpoze] **A** V/T **1** (*suggérer*) vorschlagen (**qc à qn** j-m etw; **qn pour qc** j-n für etw) **2** (*offrir*) anbieten; *somme* bieten; *récompense* aussetzen **B** V/PR **1** **se ~ de faire qc** sich (*dat*) vornehmen, etw zu tun **2** **se ~** sich anbieten (**comme** als); sich bereit erklären (**pour faire qc** etw zu tun)

proposition [pʀɔpozisjɔ̃] F **1** (*suggestion*) Vorschlag *m*; **~ de loi** Gesetzesvorlage *f* **2** (*offre*) Angebot *n* **3** GRAM Satz *m*

propre [pʀɔpʀ] **A** ADJ **1** (*opposé à sale*) sauber; rein(lich); *fam* proper; *chien, chat* stubenrein; *iron* **nous voilà ~s!** *fam* da sitzen wir schön in der Patsche! **2** *fig* (*honnête*) *personne* anständig; *argent, affaire* sauber **3** *possession* eigen; *remettre* **en main(s) ~(s)** persönlich; *je l'ai vu* **de mes ~s yeux** mit eigenen Augen **4** *mot* **au (sens) ~** in der eigentlichen Bedeutung **5** (*particulier*) **être ~ à qn, à qc** j-m, e-r Sache eigen(tümlich) sein; für j-n, etw charakteristisch sein **6** (*approprié*) **~ à qc** für, zu etw geeignet; **~ à la consommation** zum Verzehr geeignet **B** M **1** *texte* **mettre au ~** ins Reine schreiben; *fam* **sentir le ~** (so) sauber riechen; *iron* **c'est du ~!** das ist ja allerhand! **2** **posséder qc en ~** etw als Eigentum besitzen **3** **le ~ de** die Eigenart, das Besondere (+ *gén*)

propre-à-rien M/F ⟨propres-à-rien⟩ Taugenichts *m*

proprement [pʀɔpʀəmɑ̃] ADV **1** (*opposé à salement*) sauber; ordentlich **2** (*précisément*) eigentlich; **~ dit** eigentlich; **à ~ parler** streng, genau genommen **3** *iron* ordentlich; gehörig

propret [pʀɔpʀɛ] ADJ ⟨-ette [-ɛt]⟩ schmuck und sauber

propreté [pʀɔpʀəte] F Sauberkeit *f*; Reinlichkeit *f*

propriétaire [pʀɔpʀijetɛʀ] M/F Eigentümer(in) *m(f)*; Besitzer(in) *m(f)*; *par rapport au locataire* Hausbesitzer(in) *m(f)*; Wohnungseigentümer(in) *m(f)*

propriété [pʀɔpʀijete] F **1** JUR Eigentum *n*; **~ industrielle** gewerblicher Rechtsschutz; **~ littéraire et artistique** geistiges Eigentum **2** (*terre, maison*) (Grund-, Haus)Besitz *m*; (Land)Gut *n*; **~ privée** Privatbesitz *m* **3** PHYS, CHIM Eigenschaft *f*

proprio [pʀɔpʀijo] M/F ABR *fam* (propriétaire) Hauswirt(in) *m(f)*

propulser [pʀɔpylse] **A** V/T **1** TECH antreiben **2** (*projeter*) schleudern **3** *à un poste fam* katapultieren **B** V/PR *fam* **se ~** sich (fort)bewegen

propulseur [pʀɔpylsœʀ] M TECH Antriebsaggregat *n*; Antrieb *m*; AVIAT Triebwerk *n*

propulsion [pʀɔpylsjɔ̃] F TECH Antrieb *m*

prorata [pʀɔʀata] PRÉP **au ~ de** im Verhältnis zu

prorogation [pʀɔʀɔgasjɔ̃] F **1** *d'un contrat* Verlängerung *f* **2** POL *d'une assemblée* Vertagung *f*

proroger [pʀɔʀɔʒe] V/T ⟨-ge-⟩ **1** *délai* verlängern **2** *assemblée* vertagen

prosaïque [pʀɔzaik] ADJ prosaisch; poesielos; nüchtern **prosaïsme** [-ism] M Poesielosigkeit *f*; Nüchternheit *f*

prosateur [pʀozatœʀ] M Prosaschriftsteller *m*; Prosaist *m*

proscription [pʀɔskʀipsjɔ̃] F **1** (*interdiction*) Verbot *n*; Untersagung *f* **2** HIST Verbannung *f*; Ächtung *f*

proscrire [pʀɔskʀiʀ] V/T ⟨→ écrire⟩ **1** (*interdire*) verbieten **2** (*bannir*) verbannen; ächten

proscrit [pʀɔskʀi] **A** PP → proscrire **B** M HIST Verbannte(r) *m*; Geächtete(r) *m*

prose [pʀoz] F **1** Prosa *f*; **en ~** Prosa…; in Prosa(-form) **2** *fam iron* (Schreib)Stil *m*; (*lettre*) *fam* Schrieb *m*

prosélyte [pʀɔzelit] M/F Neubekehrte(r) *m/f(m)*; Proselyt *m* **prosélytisme** [-ism] M Proselytenmacherei *f*; Bekehrungseifer *m*

prosodie [pʀɔzɔdi] F Prosodie *f*

prospect [pʀɔspɛ(kt)] M potenzieller Kunde

prospecter [pʀɔspɛkte] V/T **1** GÉOL prospektieren **2** COMM Kundenwerbung treiben, akquirieren (**une région** in e-m Gebiet)

prospecteur [pʀɔspɛktœʀ] M, **prospectrice** F COMM Kundenwerber(in) *m(f)*; Akquisiteur(in) *m(f)*

prospectif [pʀɔspɛktif] ADJ ⟨-ive [-iv]⟩ in die Zukunft blickend; zukunftsorientiert

P

prospection [pRɔspɛksjõ] F **1** GÉOL Prospektion *f*; Schürfung *f* **2** COMM Kundenwerbung *f*; Akquisition *f*
prospective [pRɔspɛktiv] F Zukunftsforschung *f*; Futurologie *f*
prospectus [pRɔspɛktys] M (Werbe)Prospekt *m*
prospère [pRɔspɛR] ADJ blühend; florierend; prosperierend
prospérer [pRɔspeRe] V/I ‹-è-› (auf)blühen; florieren; prosperieren **prospérité** [-ite] F Wohlstand *m*; Prosperität *f*
prostaglandines [pRɔstaglɑ̃din] FPL BIOCHIMIE Prostaglandine *npl*
prostate [pRɔstat] F Prostata *f*
prosternation [pRɔstɛRnasjõ] F Fußfall *m*; Sichniederwerfen *n*
prosterner [pRɔstɛRne] V/PR **se ~ devant qn** sich tief vor j-m verneigen
prostitué [pRɔstitɥe] M Strichjunge *m*
prostituée [pRɔstitɥe] F Prostituierte *f*; Dirne *f*
prostituer [pRɔstitɥe] **A** V/T zur Prostitution verleiten **B** V/PR **se ~** sich prostituieren (*a. fig*)
prostitution [pRɔstitysjõ] F Prostitution *f*
prostration [pRɔstRasjõ] F tiefe Niedergeschlagenheit
prostré [pRɔstRe] ADJ ‹~e› völlig niedergeschlagen, -gedrückt
protagoniste [pRɔtagɔnist] M Protagonist *m*; zentrale Gestalt
protecteur [pRɔtɛktœR], **protectrice** [-tRis] **A** M,F Beschützer(in) *m(f)*; *des arts* Förderer *m*; Schirmherr(in) *m(f)*; *patronnant qn* Gönner(in) *m(f)* **B** ADJ **1** Schutz…; schützend **2** *air, ton* gönnerhaft
protection [pRɔtɛksjõ] F **1** Schutz *m*; **~ civile** Zivilschutz *m*; **~ contre les radiations** Strahlenschutz *m*; **~ des données** Datenschutz *m*; **~ de l'environnement** Umweltschutz *m*; **prendre qn sous sa ~** j-n in s-e Obhut, unter s-n Schutz nehmen **2** (*patronage*) Protektion *f*
protectionnisme [pRɔtɛksjɔnism] M Protektionismus *m* **protectionniste** [-ist] ADJ protektionistisch
protectorat [pRɔtɛktɔRa] M Protektorat *n*
protégé(e) [pRɔteʒe] M(F) Schützling *m*
protège-bas [pRɔtɛʒba] M (! unveränderlich) Füßling *m* **protège-cahier** M ‹protège-cahiers› Schutzumschlag *m* **protège-dents** M (! unveränderlich) BOXE Mundschutz *m*
protéger [pRɔteʒe] ‹-è-, -ge-› **A** V/T **1** schützen (**de** vor + *dat*; **contre** gegen); *personne a.* beschützen **2** *favori* protegieren; begünstigen; *arts* fördern **B** V/PR **se ~** sich schützen (**de** vor +*dat*; **contre** gegen)
protège-slip [pRɔtɛʒslip] M ‹protège-slips› Slipeinlage *f* **protège-tibia** M ‹protège-tibias› Schienbeinschützer *m*
protéine [pRɔtein] F (! feminin) Protein *n*
protéique [pRɔteik] ADJ **substances** *fpl* **~s** Eiweißstoffe *mpl*, -körper *mpl*
protestant [pRɔtɛstɑ̃] **A** ADJ ‹-ante [-ɑ̃t]› protestantisch; evangelisch **B** **~(e)** M(F) Protestant(in) *m(f)*
protestantisme [pRɔtɛstɑ̃tism] M Protestantismus *m*

Le protestantisme

Frankreich ist überwiegend katholisch. Die protestantischen Gemeinden bilden im heutigen Frankreich eine religiöse Minderheit. Der Protestantismus orientierte sich nach der Reformation weniger an Luther als an Calvin (1509 – 1564). Seine Lehre fand solchen Zuspruch in Frankreich, dass fast der gesamte Süden Frankreichs und weite Teile Zentralfrankreichs zum neuen Glauben überwechselten. Ab 1530 aber wurde die Glaubensausübung der Protestanten durch den katholischen Klerus und die Monarchie stark unterdrückt. Erst Heinrich IV. (1589 – 1610), der zum katholischen Glauben übergetretene König von Navarra (« **Paris vaut bien une messe** » „Paris ist eine Messe wert"), beendete 1598 durch das **Édit de Nantes** das Blutvergießen. Nach dem Tod von Henri IV. jedoch wurden die Protestanten – damals Hugenotten (**huguenots**) genannt – bis zur Französischen Revolution verfolgt. 1685 wurde das Toleranzedikt von Nantes durch Ludwig XIV. aufgehoben. Es entstand eine Massenflucht der Hugenotten nach Holland, England und Deutschland nach einer bereits zuvor mit äußerster Brutalität durchgeführten Zwangsbekehrung (**les dragonnades**). Erst nach der Französischen Revolution setzte im 19. Jahrhundert ein langsamer Wiederaufstieg des Protestantismus ein.

LANDESKUNDE

protestataire [pRɔtɛstatɛR] *litt* ADJ protestierend
protestation [pRɔtɛstasjõ] F **1** Protest *m*; Einspruch *m*; **geste** *m* **de ~** protestierende Handbewegung, Geste; Geste *f* des Protestes; **soulever de nombreuses ~s** zahlreiche Proteste, Protestaktionen auslösen **2** **~s** *pl* Beteuerungen *fpl*; **~s** *pl* **d'amitié** Freundschaftsbeteuerungen *fpl*
protester [pRɔtɛste] **A** V/I protestieren, Protest

ou Einspruch erheben, sich verwahren (**contre** gegen) **B** VT INDIR **~ de qc** etw beteuern
prothèse [pʀɔtɛz] F Prothese *f*; **~ dentaire** Zahnersatz *m*, -prothese *f*
prothésiste [pʀɔtezist] M/F Orthopädiemechaniker(in) *m(f)*
protides [pʀɔtid] MPL Eiweiß *n*
protocolaire [pʀɔtɔkɔlɛʀ] ADJ protokollarisch
protocole (❗ Endung) [pʀɔtɔkɔl] M Protokoll *n*
proton [pʀɔtõ] M Proton *n*
prototype [pʀɔtɔtip] M Prototyp *m*
protoxyde [pʀɔtɔksid] M **~ d'azote** Lachgas *n*
protubérance [pʀɔtybeʀɑ̃s] F Ausbeulung *f*; ANAT Vorsprung *m*; Höcker *m*; ASTRON Protuberanz *f* **protubérant** [-ɑ̃] ADJ ⟨-ante [-ɑ̃t]⟩ (her)vorstehend; vorspringend
prou [pʀu] ADV *litt* **peu ou ~** mehr oder weniger
proue [pʀu] F MAR Bug *m*; **figure** *f* **de ~** Galionsfigur *f* (*a. fig*)
prouesse [pʀuɛs] F Heldentat *f* (*a. iron*)
Proust [pʀust] M *frz Schriftsteller*
proustien [pʀustjɛ̃] ADJ ⟨-ienne [-jɛn]⟩ von Proust; Prousts
prout [pʀut] M *enf* (*pet*) *fam* Pup(s) *m*
prouvable [pʀuvabl] ADJ be-, nachweisbar
prouver [pʀuve] VT **A** VT beweisen **B** V/PR **se ~ à soi-même, l'un à l'autre que …** sich (*dat*) selbst, sich gegenseitig beweisen, dass …
provenance [pʀɔv(ə)nɑ̃s] F Herkunft *f*; Provenienz *f*; **en ~ de** aus
provençal [pʀɔvɑ̃sal] **A** ADJ ⟨~e; -aux [-o]⟩ provenzalisch **B** SUBST **1** **Provençal** *m* ⟨-aux [-o]⟩, **Provençale** *f* Provenzale, -zalin *m,f* **2** LING **le ~** das Provenzalische; Provenzalisch *n* **3** CUIS **à la ~e** mit Knoblauch und Petersilie
Provence [pʀɔvɑ̃s] **la ~** die Provence
Provence-Alpes-Côte d'Azur [pʀɔvɑ̃salpəkotdazyʀ] (**la région**) **~** *frz Region*
provenir [pʀɔv(ə)niʀ] V/I ⟨→ venir; *pp ungebräuchlich*⟩ **~ de** (her)kommen, (-)stammen von *ou* aus; entstammen (+ *dat*); *douleurs, tristesse* herrühren von
proverbe [pʀɔvɛʀb] M Sprichwort *n*
proverbial [pʀɔvɛʀbjal] ADJ ⟨~e; -aux [-o]⟩ sprichwörtlich (*a. fig*)
providence [pʀɔvidɑ̃s] F (*personnifiée* **la Providence** die) Vorsehung; *fig* **vous êtes ma ~** Sie sind mein rettender Engel; *adjt* **État** *m* **~** Wohlfahrtsstaat *m*
providentiel [pʀɔvidɑ̃sjɛl] ADJ ⟨~le⟩ unverhofft; durch e-e glückliche Fügung
province [pʀɔvɛ̃s] F Provinz *f*
provincial [pʀɔvɛ̃sjal] **A** ADJ ⟨~e; -aux [-o]⟩ **1** Provinz…; **vie ~e** Leben *n* in der Provinz **2** *péj* provinziell **B** M ⟨-aux [-o]⟩, **~e** F Provinzbewohner(in) *m(f)*; *péj* Provinzler(in) *m(f)*
provincialisme [pʀɔvɛ̃sjalism] M **1** LING Provinzialismus *m*; landschaftlicher Ausdruck **2** *péj* Provinzialismus *m*
proviseur [pʀɔvizœʀ] M Direktor *m* (*e-s Gymnasiums*)
provision [pʀɔvizjõ] F **1** (*stock*) Vorrat *m* (**de** an + *dat*); **faire ~ de qc** sich (*dat*) e-n …vorrat anlegen; sich mit etw eindecken **2** **~s** *pl* (Lebensmittel)Vorräte *mpl*; Proviant *m*; **faire ses ~s** einkaufen gehen; Einkäufe, Besorgungen machen **3** *chèque* **sans ~** ungedeckt **4** JUR (*acompte*) Vorschuss *m*
provisionnel [pʀɔvizjɔnɛl] ADJ ⟨~le⟩ **acompte ~** Steuervorauszahlung *f*
provisionner [pʀɔvizjɔne] VT *compte* aufstocken; mit der nötigen Deckung versehen
provisoire [pʀɔvizwaʀ] **A** ADJ vorläufig; einstweilig; provisorisch; *installation a.* behelfsmäßig; Behelfs… **B** M Provisorium *n*
provisoirement [pʀɔvizwaʀmɑ̃] ADV vorläufig; provisorisch
provoc [pʀɔvɔk] *fam* F ABR → provocation
provocant [pʀɔvɔkɑ̃] ADJ ⟨-ante [-ɑ̃t]⟩ herausfordernd; provozierend; (*aguichant*) aufreizend
provocateur [pʀɔvɔkatœʀ] **A** ADJ ⟨-trice [-tʀis]⟩ provokatorisch **B** M Provokateur *m*
provocation [pʀɔvɔkasjõ] F Provokation *f*; Herausforderung *f*, JUR Anstiftung *f* (**à** zu)
provoque [pʀɔvɔk] F ABR *fam* → provocation
provoquer [pʀɔvɔke] **A** VT **1** **~ qn** j-n provozieren; **~ qn à qc** j-n zu etw herausfordern, anstiften; *femme* **~ les hommes** die Männer aufreizen **2** **~ qc** etw auslösen, hervorrufen, verursachen, bewirken **B** V/PR **se ~** sich gegenseitig provozieren
proxénète [pʀɔksenɛt] M Zuhälter *m*
proxénétisme [pʀɔksenetism] M Zuhälterei *f*
proximité [pʀɔksimite] F Nähe *f*; **à ~ de** in der Nähe (+ *gén*)
prude [pʀyd] ADJ prüde
prudemment [pʀydamɑ̃] ADV *conduire* vorsichtig; *s'abstenir* wohlweislich
prudence [pʀydɑ̃s] F Vorsicht *f*; **par (mesure de) ~** vorsichtshalber
prudent [pʀydɑ̃] ADJ ⟨-ente [-ɑ̃t]⟩ vorsichtig; (*judicieux*) klug; **c'est plus ~** das ist klüger, ratsamer
pruderie [pʀydʀi] F Prüderie *f*; Zimperlichkeit *f*
prud'homal [pʀydɔmal] ADJ ⟨~e; -aux [-o]⟩ arbeitsgerichtlich
prud'homme [pʀydɔm] M **conseil** *m* **des ~s** Arbeitsgericht *n*
prune [pʀyn] F **1** Pflaume *f*; *fam fig* **pour des ~s** für nichts und wieder nichts **2** *adjt* (❗ un-

veränderlich) pflaumenblau **B** *fam (contravention) fam* Knöllchen *n*

pruneau [pRyno] M ⟨~x⟩ **1** Back-, Dörrpflaume *f* **2** *fam (balle de fusil) fam* blaue Bohne

prunelle [pRynɛl] F **1** Pupille *f*; **tenir à qc comme à la ~ de ses yeux** etw wie s-n Augapfel hüten **2** BOT Schlehe *f*

prunellier [pRynɛlje] M Schleh-, Schwarzdorn *m*; Schlehe *f*

prunier [pRynje] M Pflaumenbaum *m*

prurigineux [pRyRiʒinø] ADJ ⟨-euse [-øz]⟩ juckend

prurit [pRyRit] M Hautjucken *n*; Juckreiz *m*

Prusse [pRys] **la ~** Preußen *n*

prussien [pRysjɛ̃] **A** ADJ ⟨-ienne [-jɛn]⟩ preußisch **B** **Prussien(ne)** M(F) Preuße *m*, Preußin *f*

PS [peɛs] M ABR (Parti socialiste) Sozialistische Partei

P.-S. [peɛs] ABR (post-scriptum) PS

psalmodier [psalmɔdje] V/T et V/I **1** ÉGL psalmodieren **2** *texte* herunterleiern

psaume [psom] M Psalm *m*

pschit(t) [pʃit] INT zisch!

pseudo [psødo] M ABR *fam* → pseudonyme

pseudo-... [psødo] *préfixe* Pseudo...; pseudo...; Schein...; schein...

pseudonyme [psødɔnim] M Pseudonym *n*; Deckname *m*

psi [psi] M *lettre grecque* Psi *n*

psitt [psit] INT he!; pst!; st!

psittacose [psitakoz] F Papageienkrankheit *f*

psoriasis [psɔRjazis] M Schuppenflechte *f*

pst [pst] INT → psitt

psy [psi] M/F ABR *fam* (psychiatre, etc) Therapeut(in) *m(f)*; *fam* Seelendoktor *m*

psychanalyse [psikanaliz] F Psychoanalyse *f*

psychanalyser [psikanalize] V/T psychoanalysieren; psychoanalytisch behandeln; **se faire ~** sich psychoanalytisch behandeln lassen; e-e Therapie machen

psychanalyste [psikanalist] M/F Psychoanalytiker(in) *m(f)* **psychanalytique** [-tik] ADJ psychoanalytisch

psyché [psiʃe] F beweglicher Standspiegel

psychédélique [psikedelik] ADJ psychedelisch **psychédélisme** [-ism] M psychedelischer Zustand; (durch Drogen erreichte) Bewusstseinserweiterung

psychiatre [psikjatR] M/F Psychiater(in) *m(f)*

psychiatrie [psikjatRi] F Psychiatrie *f* **psychiatrique** [-ik] ADJ psychiatrisch

psychique [psiʃik] ADJ psychisch; seelisch

psychisme [-ism] M Psyche *f*

psychodrame [psikodRam] M Psychodrama *n*

psychologie [psikɔlɔʒi] F **1** Psychologie *f (a. = mentalité)* **2** *(perspicacité)* Menschenkenntnis *f*

psychologique [-ik] ADJ **1** *méthode, analyse, guerre* psychologisch **2** *problème* seelisch; psychisch

psychologue [psikɔlɔg] M/F **1** Psychologe, -login *m,f* **2** *par ext* **il n'est pas très ~** er ist ein schlechter Menschenkenner, Psychologe

psychomoteur [psikomɔtœR] ADJ ⟨-trice [-tRis]⟩ psychomotorisch

psychopathe [psikɔpat] M/F Psychopath(in) *m(f)* **psychopathie** [-i] F Psychopathie *f* **psychopathologie** [-ɔlɔʒi] F Psychopathologie *f*

psychose [psikoz] F Psychose *f*

psychosomatique [psikosɔmatik] ADJ psychosomatisch **psychotechnique** ADJ **test** *m* **~** Eignungstest *m*

psychothérapeute [psikoteRapøt] M/F Psychotherapeut(in) *m(f)* **psychothérapie** F Psychotherapie *f* **psychothérapique** [-teRapik] ADJ psychotherapeutisch

psychotique [psikɔtik] **A** ADJ psychotisch; an e-r Psychose leidend **B** M/F Psychotiker(in) *m(f)*

psychotrope [psikotRɔp] M Psychopharmakon *n*

PTT [petete] FPL ABR (Postes, Télégraphe, Téléphone) HIST Post- und Fernmeldewesen *n*

pu [py] PP → pouvoir[1]

puant [pɥɑ̃] ADJ ⟨-ante [-ɑ̃t]⟩ **1** stinkend; übel riechend **2** *fig* eingebildet; hochnäsig; *plus fort* widerlich; abstoßend

puanteur [pɥɑ̃tœR] F Gestank *m*

pub [pyb] F ABR *fam* → publicité

pubère [pybɛR] ADJ geschlechtsreif; mannbar

pubertaire [pybɛRtɛR] ADJ Pubertäts...

puberté [pybɛRte] F Pubertät(szeit) *f*

pubien [pybjɛ̃] ADJ ⟨-ienne [-jɛn]⟩ Scham...

pubis [pybis] M Schamberg *m*; **poils** *mpl* **du ~** Schamhaar(e) *n(pl)*

publiable [pyblijabl] ADJ wert, veröffentlicht zu werden; druckreif

public [pyblik] **A** ADJ ⟨publique⟩ öffentlich; *(de l'État) a.* staatlich; Staats...; *conducteur* **c'est un danger ~** er ist gemeingefährlich; **rendre ~** bekannt geben, machen; publik machen **B** M **1** *(les gens)* Öffentlichkeit *f*; Allgemeinheit *f*; **interdit au ~** (Unbefugten) Zutritt verboten; **ouvert au ~** der Öffentlichkeit, Allgemeinheit zugänglich; **en ~** öffentlich; in der Öffentlichkeit **2** *(spectateurs, etc)* Publikum *n*; **le grand ~** das breite Publikum; *adjt* **électronique** *f* **grand ~** Unterhaltungselektronik *f*; *personne* **être bon ~** ein dankbarer Zuhörer *ou* Zuschauer sein

publication [pyblikasjõ] F Veröffentlichung *f*, Publikation *f (a. ouvrage)*; *de résultats a.* Bekanntgabe *f*; **~ assistée par ordinateur** Desktop-

Publishing *n*

publiciste [pyblisist] M/F Werbefachmann *m*, -frau *f*

publicitaire [pyblisitɛʀ] **A** ADJ Werbe…; Reklame… **B** M/F Werbefachmann *m*, -frau *f*

publicité [pyblisite] F **1** Werbung *f*; Reklame *f*; **~ mensongère** irreführende Werbung; **faire de la ~ (pour qc)** (für etw) Werbung betreiben, Reklame machen, werben **2** *des débats* Öffentlichkeit *f* **3** *d'une affaire* Publizität *f*; Publicity *f*

publier [pyblije] V/T **1** *livre, article* veröffentlichen; publizieren **2** *affaire* publik machen

publiphone [pyblifɔn] M öffentlicher Fernsprecher

publipostage [pyblipɔstaʒ] M Mailing *n*

publiquement [pyblikmɑ̃] ADV öffentlich; in der Öffentlichkeit

publireportage [pybliʀ(ə)pɔʀtaʒ] M PR-Veröffentlichung *f*

puce [pys] F **1** ZOOL Floh *m*; **jeu** *m* **de ~** Flohspiel *n*; **le marché aux ~s** *ou* **les ~s** der Flohmarkt; *fig* **mettre la ~ à l'oreille de qn** j-n hellhörig, misstrauisch machen; *fam fig* **secouer les ~s à qn** *fam* j-m den Marsch blasen **2** *fam* **ma ~** (mein) Mäuschen *n* **3** INFORM Chip *m*

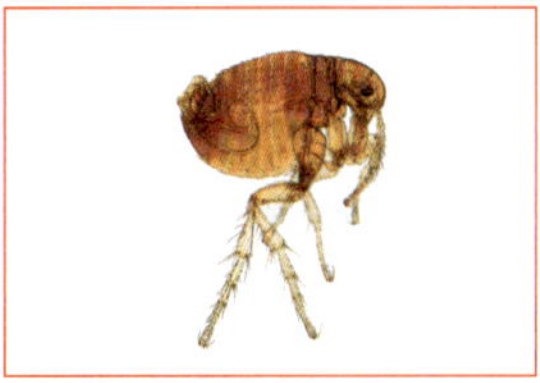

la puce — Floh

la puce — Chip

puceau [pyso] *fam* M ⟨~x⟩ unberührter junger Mann

pucelage [pyslaʒ] *fam* M Unberührtheit *f*

pucelle [pysɛl] *fam* F Jungfrau *f*

puceron [pysʀõ] M Blattlaus *f*

pudding [pudiŋ] M Plumpudding *m*

pudeur [pydœʀ] F Scham(gefühl) *f(n)*; *par ext* (*décence*) Anstand *m*; **par ~** aus Scham; schamhaft

pudibond [pydibõ] ADJ ⟨-onde [-õd]⟩ prüde

pudibonderie [pydibõdʀi] F Prüderie *f*

pudique [pydik] ADJ **1** schamhaft; sittsam; züchtig **2** *paroles* diskret

puer [pɥe] V/T *et* V/I **~ (qc)** (nach etw) stinken

puéricultrice [pɥeʀikyltʀis] F Säuglings- und Kinderschwester *f* **puériculture** [-yʀ] F Säuglings- und Kleinkinderpflege *f*

puéril [pɥeʀil] ADJ ⟨~e⟩ kindisch **puérilité** [-ite] F kindisches Wesen

puerpéral [pɥɛʀpeʀal] ADJ ⟨~e; -aux [-o]⟩ **fièvre ~e** Kindbett-, Wochenbettfieber *n*

pugilat [pyʒila] M Schlägerei *f* **pugiliste** [-ist] *litt* M Boxkämpfer *m*; Boxer *m*

pugnace [pygnas, pyɲas] ADJ *st/s* streitbar **pugnacité** [-ite] F *st/s* Streitbarkeit *f*

puis¹ [pɥi] ADV dann; danach; **et ~** und dann; (*d'ailleurs*) außerdem; *fam* **et ~ après** *ou* **quoi?** na und?

puis² → pouvoir¹

puisard [pɥizaʀ] M Sickergrube *f*

puisatier [pɥizatje] M Brunnenbauer *m*

puiser [pɥize] V/T **1** *liquide* schöpfen (**à** *ou* **dans** aus) **2** *fig* **~ dans** schöpfen aus; greifen in (+ *acc*); *exemples* entnehmen (+ *dat*)

puisque [pɥisk(ə)] CONJ (! vor Vokal und stummem h steht **puisqu'**) **1** *cause* da (ja); da nun einmal **2** *exclamation* doch; **~ je vous le dis!** ich sage es Ihnen doch!

puissamment [pɥisamɑ̃] ADV stark; mächtig (*a. iron*)

puissance [pɥisɑ̃s] F **1** (*pouvoir*), POL (*État*) Macht *f*; **les grandes ~s** die Großmächte *fpl* **2** (*force*) Stärke *f*; Kraft *f*; Vermögen *n* **3** PHYS, ÉLEC Leistung *f* **4** MATH Potenz *f*; **deux ~ cinq** zwei hoch fünf (2^5) **5** *advt* **en ~** potenziell

puissant [pɥisɑ̃] **A** ADJ ⟨-ante [-ɑ̃t]⟩ **1** POL mächtig **2** (*fort*) stark; *muscles, voix* kräftig; *moteur, émetteur a.* leistungsfähig; **voiture ~e** Wagen *m* mit e-m starken Motor **B les ~s** MPL die Mächtigen *mpl*

puits [pɥi] M **1** *d'eau* Brunnen *m*; *fig de qn* **un ~ de science** *fam* ein gelehrtes Haus; ein wandelndes Lexikon **2** MINES Schacht *m*; **~ de pétrole** Erdölbohrloch *n*; *par ext* (Erd)Ölquelle *f*

pull [pyl] M Pulli *m*

pull-over [pylɔvɛʀ] M ⟨pull-overs⟩ Pullover *m*

pullulement [pylylmɑ̃] M Gewimmel *n*; Wimmeln *n*

pulluler [pylyle] V/I wimmeln; **les erreurs pullulent dans ce texte** in dem Text wimmelt es nur so von Fehlern

pulmonaire [pylmɔnɛʀ] ADJ Lungen…

P

pulpe [pylp] F **1** Fruchtfleisch *n*; CUIS *a.* Mark *n* **2** ~ **dentaire** Pulpa *f*; Zahnmark *n*
pulpeux [pylpø] ADJ ⟨-euse [-øz]⟩ fleischig; *femme* üppig
pulsation [pylsasjõ] F Herzschlag *m ou* Puls(-schlag) *m*
pulsé [pylse] ADJ ⟨~e⟩ **chauffage** *m* **à air ~** Warmluftheizung *f*, bei der die Luft durch Ventilatoren umgewälzt wird
pulsion [pylsjõ] F PSYCH Trieb *m*
pulvérisateur [pylverizatœr] M Zerstäuber *m*; Sprühgerät *n* **pulvérisation** [-sjõ] F MÉD Sprayen *n*; AGR Sprühen *n*; Spritzen *n*
pulvériser [pylverize] V/T **1** *(détruire)* zertrümmern; zersplittern **2** *(projeter)* zerstäuben; *liquide a.* versprühen; *arbres fruitiers* spritzen **3** *fig record* brechen
puma [pyma] M Puma *m*
punaise [pynɛz] F **1** ZOOL Wanze *f* **2** *petit clou* Reißzwecke *f*, -nagel *m* **3** *régional* **~!** Donnerwetter!

la punaise — Wanze

les punaises (fpl) — Reißzwecken

punaiser [pyneze] V/T mit Reißzwecken anheften
punch¹ [põʃ] M *boisson* Punsch *m*
punch² [pœnʃ] M *d'un boxeur* Punch *m*; *fam fig* Schwung *m*; Elan *m*
puncheur [pœnʃœr] M BOXE Puncher *m*
punching-ball [pœnʃiŋbol] M ⟨punching--balls⟩ Punchingball *m*
puni [pyni] ADJ ⟨~e⟩ bestraft
punique [pynik] ADJ HIST punisch
punir [pynir] V/T (be)strafen (**de** für); *délit* bestrafen; ahnden; **être puni de prison** mit Gefängnis bestraft werden
punissable [pynisabl] ADJ strafwürdig; sträflich
punitif [pynitif] ADJ ⟨-ive [-iv]⟩ Straf…
punition [pynisjõ] F Strafe *f*; **en ~ de** zur Strafe für; **donner, infliger une ~ à qn** j-m e-e Strafe geben; über j-n e-e Strafe verhängen; j-n bestrafen
punk [pœk] **A** M/F Punker(in) *m(f)*; Punk *m* **B** ADJ Punk…
pupille¹ [pypij] M/F JUR Mündel *n ou m*; **~ de la Nation** (vom Staat betreute) Kriegswaise
pupille² F ANAT Pupille *f*
pupitre [pypitr] M (Schreib-, Lese)Pult *n*; **~ (à musique)** Notenständer *m*; TV **~ image** Bildmischpult *n*
pupitreur [pypitrœr] M, **pupitreuse** [-øz] F INFORM Operator(in) *m(f)*
pur [pyr] ADJ ⟨~e⟩ **1** rein; *a.* pur *(a. or)*; unverdünnt; *profil, formes a.* klar; *style a.* unverfälscht; *ciel* wolkenlos; klar; *regard, intentions* lauter; ohne Falsch; *jeune fille* rein; unverdorben; *cheval* **~ sang** Vollblut…; vollblütig **2** *hasard, curiosité, etc* **~ (et simple)** rein; pur; bloß; **une ~e coïncidence** ein rein zufälliges Zusammentreffen; **c'est la ~e vérité** das ist die reine Wahrheit
purée [pyre] F (**!** feminin) Püree *n*; Mus *n*; Brei *m*; **~ (de pommes de terre)** Kartoffelpüree *n*; *fig* **~ de pois** *(brouillard épais) fam* Waschküche *f*; *fam* **~!** *fam* so was Blödes!
purement [pyrmã] ADV rein; nur; bloß; **~ et simplement** ganz einfach; glatt
purent [pyr] → pouvoir¹
pureté [pyrte] F Reinheit *f*
purgatif [pyrgatif] **A** ADJ ⟨-ive [-iv]⟩ abführend; Abführ… **B** M Abführmittel *n*
purgatoire [pyrgatwar] M Fegefeuer *n*
purge [pyrʒ] F **1** MÉD Abführmittel *n* **2** POL Säuberung(saktion) *f*
purger [pyrʒe] ⟨-ge-⟩ **A** V/T **1** MÉD **~ qn** j-m ein Abführmittel verabreichen **2** TECH entleeren; *radiateur* entlüften **3** POL säubern (**de** von) **4** *peine* ver-, abbüßen **B** V/PR **se ~** ein Abführmittel (ein)nehmen
purgeur [pyrʒœr] M *pour l'eau* Wasserabscheider *m*; *pour l'air* Entlüftungsvorrichtung *f*
purificateur [pyrifikatœr] ADJ ⟨-trice [-tris]⟩ reinigend; Reinigungs…
purification [pyrifikasjõ] F **1** Reinigung *f* **2** **~ ethnique** ethnische Säuberung
purificatoire [pyrifikatwar] *litt*, REL ADJ reinigend; Reinigungs…
purifier [pyrifje] V/T reinigen
purin [pyrɛ̃] M Jauche *f*; Gülle *f*
purisme [pyrism] M Purismus *m* **puriste**

[-ist] M Purist *m*; Sprachreiniger *m*
puritain [pyʀitɛ̃] ADJ ⟨-aine [-ɛn]⟩ puritanisch; sittenstreng
puritanisme [pyʀitanism] M Puritanismus *m*; große Sittenstrenge
pur-sang [pyʀsɑ̃] M (! unveränderlich) Vollblut(pferd) *n*
purulence [pyʀylɑ̃s] F (Ver)Eiterung *f* **purulent** [-ɑ̃] ADJ ⟨-ente [-ɑ̃t]⟩ eitrig; eiternd
pus¹ [py] M Eiter *m*
pus² → pouvoir¹
pusillanime [pyzilanim] *litt* ADJ kleinmütig; zaghaft **pusillanimité** [-ite] *litt* F Kleinmut *m*; Zaghaftigkeit *f*
pustule [pystyl] F Pustel *f*; Eiterbläschen *n*
put [py] → pouvoir¹
putain [pytɛ̃] F *pop* 1 *péj* Hure *f*; *fam* Nutte *f* 2 **~ de** (+ *subst*) *pop* Scheiß…; **~!** *pop* Scheiße!; *fam* verflucht!
putatif [pytatif] ADJ ⟨-ive [-iv]⟩ JUR vermeintlich
pute [pyt] F *pop* → putain
putois [pytwa] M ZOOL Iltis *m*; *fig* **crier comme un ~** schreien wie am Spieß
putréfaction [pytʀefaksjõ] F Verwesung *f*; Fäulnis(prozess) *f(m)*; **en ~** verwesend; (ver)faulend
putréfié [pytʀefje] ADJ ⟨~e⟩ verwest; verfault; vermodert
putréfier [pytʀefje] V/PR **se ~** verwesen; (ver)faulen
putrescible [pytʀɛsibl] ADJ verweslich
putride [pytʀid] ADJ faulig
putsch [putʃ] M Putsch *m*; **~ militaire** Militärputsch *m*
putschiste [putʃist] M Putschist *m*
Puy-de-Dôme [pɥidədom] **le ~** *frz Departement*
puzzle [pœzəl] M Puzzle *n* (*a. fig*)
P.-V. [peve] M (! unveränderlich) ABR *fam* (procès-verbal) *fam* Strafzettel *m*; *fam* Knöllchen *n*
PVC [pevese] M PVC *n*
pygmée [pigme] M Pygmäe *m*
pyjama [piʒama] M Schlafanzug *m*; Pyjama *m*
pylône [pilon] M Mast *m*
pylore [pilɔʀ] M ANAT Pförtner *m*
pyramidal [piʀamidal] ADJ ⟨~e; -aux [-o]⟩ pyramidenförmig
pyramide [piʀamid] F 1 Pyramide *f* 2 *fig* **~ des âges** Alterspyramide *f*
pyrénéen [piʀeneɛ̃] ADJ ⟨-enne [-ɛn]⟩ Pyrenäen…; der Pyrenäen
Pyrénées [piʀene] **les ~** FPL die Pyrenäen *pl*
Pyrénées-Atlantiques [piʀenezatlɑ̃tik] **les ~** FPL *frz Departement*
Pyrénées-Orientales [piʀenezɔʀjɑ̃tal] **les ~** FPL *frz Departement*
pyrex® [piʀɛks] M Jenaer Glas® *n*
pyrograver [piʀɔgʀave] V/T mit Brandmalerei verzieren **pyrograveur** [-œʀ] M, **pyrograveuse** [-øz] F Künstler(in), der (die) Brandmalerei ausübt **pyrogravure** [-yʀ] F Brandmalerei *f* (*a. œuvre*)
pyrolyse [piʀɔliz] F CHIM Pyrolyse *f*
pyromane [piʀɔman] M/F Pyromane *m*, -manin *f* **pyromanie** [-i] F Pyromanie *f*
pyrotechnicien [piʀɔtɛknisjɛ̃] M Feuerwerker *m*; Pyrotechniker *m* **pyrotechnie** [-i] F Feuerwerkerei *f*; Pyrotechnik *f* **pyrotechnique** [-ik] ADJ pyrotechnisch
Pythagore [pitagɔʀ] M PHIL, MATH Pythagoras *m*
python [pitõ] M Python(schlange) *m(f)*

Q

Q, q [ky] M (! unveränderlich) Q, q *n*
q ABR (quintal) dz (Doppelzentner)
Qatar [kataʀ] **le ~** Katar *n*
QCM [kyseɛm] M (! unveränderlich) ABR (questionnaire à choix multiple) Multiple-Choice-Fragebogen *m*
QG [kyʒe] M (! unveränderlich) ABR (quartier général) Stabsquartier *n*
QI [kyi] M (! unveränderlich) ABR (quotient intellectuel) IQ *m*
qu' [k] → que
quadragénaire [kwadʀaʒenɛʀ] M/F Vierzigjährige(r) *m/f(m)*
quadrangulaire [kwadʀɑ̃gylɛʀ] ADJ viereckig
quadrature [kwadʀatyʀ] F **la ~ du cercle** die Quadratur des Kreises (*a. fig*)
quadriceps [kwadʀisɛps] M ANAT vierköpfiger Schenkelstrecker *m*
quadrilatéral [kwadʀilateʀal] ADJ ⟨~e; -aux [-o]⟩ vierseitig; CONSTR *a.* viereckig **quadrilatère** [-latɛʀ] M Viereck *n*
quadrillage [kadʀijaʒ] M 1 *du papier* Liniennetz *n*, -gitter *n* 2 MIL, POLICE Errichtung *f* e-s Kontrollnetzes
quadrille [kadʀij] M Quadrille *f*
quadrillé [kadʀije] ADJ ⟨~e⟩ *papier* kariert
quadriller [-e] V/T MIL, POLICE mit e-m Kontrollnetz überziehen
quadrimoteur [kwadʀimɔtœʀ, ka-] M viermotorige Maschine

quadripartite [kwadʀipaʀtit] ADJ Vierer…; Viermächte…; **conférence** *f* **~** Vierer-, Viermächtekonferenz *f*

quadriphonie [kwadʀifɔni] F Quadrophonie *f*

quadriréacteur [kwadʀiʀeaktœʀ, ka-] M vierstrahlige Maschine

quadrupède [kwadʀypɛd, ka-] A ADJ vierfüßig B M Vierfüßer *m*

quadruple [kwadʀypl, ka-] A ADJ vierfach B SUBST **le ~** das Vierfache

quadruplées [kwadʀyple, ka-] FPL Vierlinge *mpl*

quadrupler [kwadʀyple, ka-] A V/T vervierfachen B V/I sich vervierfachen

quadruplés [kwadʀyple, ka-] MPL Vierlinge *mpl*

quai [ke] M 1 CH DE FER Bahnsteig *m* 2 *d'un port* Kai *m* 3 Uferstraße *f*, -promenade *f*; *à Paris* **les ~s de la Seine** die Seineufer *npl* **le Quai des Orfèvres** *Sitz der frz Kriminalpolizei*; **le Quai d'Orsay** *Sitz des frz Außenministeriums*

le quai — Kai

le quai — Bahnsteig

qualifiable [kalifjabl] ADJ 1 *péj* **ne pas être ~** jeder Beschreibung spotten 2 SPORTS teilnahmeberechtigt

qualificatif [kalifikatif] A ADJ ‹-ive [-iv]› **adjectif ~** Adjektiv *n*; Eigenschaftswort *n* B M Bezeichnung *f*

qualification [kalifikasjõ] F 1 SPORTS Qualifikation *f*; Qualifizierung *f*; Teilnahmeberechtigung *f*; **match** *m* **de ~** Qualifikationsspiel *n* 2 *professionnelle* Eignung *f*; Qualifikation *f*; Befähigung *f*

qualifié [kalifje] ADJ ‹~e› 1 geeignet; befähigt; qualifiziert; geschult; **ouvrier ~** Facharbeiter *m* 2 JUR **vol ~** schwerer Diebstahl

qualifier [kalifje] A V/T 1 *(nommer)* **~ de** bezeichnen als; nennen (+ *acc*) 2 *(donner la compétence)* qualifizieren, befähigen (**pour** für, zu) B V/PR SPORTS **se ~** sich qualifizieren (**pour** für)

qualitatif [kalitatif] ADJ ‹-ive [-iv]› qualitativ

qualité [kalite] F 1 *de choses* Eigenschaft *f*; Beschaffenheit *f*; COMM Qualität *f*; Güte *f*; **~ de la vie** Lebensqualität *f*; **de ~** Qualitäts…; **de bonne, mauvaise ~** von guter, schlechter Qualität 2 *de personnes* (gute, positive) Eigenschaft; Qualität *f*; Vorzug *m* 3 JUR Eigenschaft *f*; **vos nom, prénom et ~** Ihr Name, Vorname und Beruf; **en ~ de** als; in s-r Eigenschaft als

quand [kɑ̃, *vor Vokal* kɑ̃t] A CONJ 1 *(lorsque)* als (+ *passé*); wenn (+ *présent ou futur*); *(toutes les fois que)* (jedes Mal) wenn 2 *opposition (alors que)* da doch; **quand (bien) même** und wenn auch B ADV 1 wann; **quand est-ce que vous aurez fini?** wann sind Sie fertig?; **depuis quand?** seit wann?; **je ne sais pas quand il viendra** ich weiß nicht, wann er kommt 2 **quand même** *(malgré tout)* trotzdem; dennoch; *(à vrai dire)* immerhin; doch; *int, indigné* also wirklich!

quant PRÉP **~ à** [kɑ̃ta] was (+ *acc*) angeht, betrifft, an(be)langt; **~ à moi** ich meinerseits; was mich betrifft

quanta [kwɑ̃ta] PL **théorie** *f* **des quanta** Quantentheorie *f*

quant-à-soi [kɑ̃taswa] M **rester sur son ~** sich reserviert verhalten

quantification [kɑ̃tifikasjõ] F Quantifikation *f*; Quantifizierung *f* **quantifier** [-fje] V/T quantifizieren

quantique [kwɑ̃tik, kɑ̃-] ADJ PHYS Quanten…; **mécanique** *f* **~** Quantenmechanik *f*

quantitatif [kɑ̃titatif] ADJ ‹-ive [-iv]› quantitativ; mengenmäßig

quantité [kɑ̃tite] F 1 Menge *f*; Quantität *f*; **~ de …** e-e Menge (von) …; viele …; **en ~** in Menge; haufenweise 2 MATH Größe *f*

quarantaine [kaʀɑ̃tɛn] F 1 **une ~ (de)** etwa, ungefähr, rund vierzig 2 *âge* Vierzig *f*; Vierziger(-jahre) *npl* 3 MÉD Quarantäne *f*; **mettre en ~** unter Quarantäne stellen; *fig* isolieren

quarante [kaʀɑ̃t] A NUM vierzig; **les années ~** die Vierzigerjahre *npl* B M (! unveränderlich) Vierzig *f*

quarante-cinq NUM fünfundvierzig; *disque* **un ~ tours** e-e Single

quarantième [kaʀɑ̃tjɛm] A NUM vierzigste B **le, la ~** der, die, das Vierzigste

quart [kaʀ] M 1 Viertel *n*; SPORTS **quart de finale** Viertelfinale *n*; *moteur* **démarrer au quart de tour** sofort anspringen; **les trois quarts**

drei Viertel; *par ext* **les trois quarts du temps** die meiste Zeit (über) **2** **quart d'heure** Viertelstunde *f*; **dans trois quarts d'heure** in drei viertel Stunden; in e-r Dreiviertelstunde; **passer un mauvais quart d'heure** bange, schlimme Minuten, Augenblicke durchmachen; **il est le quart** es ist Viertel (nach); → heure **3** MAR (Schiffs)Wache *f*; **être de quart** Wache haben **4** MIL *(gobelet)* Feldbecher *m*

quarté [kaʀte] M Viererwette *f*

quarteron [kaʀtəʀõ] M *péj* Handvoll *f*

quartette [kwaʀtɛt] M Jazzquartett *n*

quartier [kaʀtje] M **1** *d'une ville* (Stadt)Viertel *n*; Stadtteil *m*; **Quartier latin** *Pariser Universitätsviertel* **2** MIL **~ général** Stabsquartier *n*; **grand ~ général** Hauptquartier *n*; *fig* **ne pas faire de ~** kein(en) Pardon geben; *fig* **je vous laisse ~ libre** ich lasse Ihnen freie Hand **3** *portion* Viertel *n*; Stück *n*; Teil *m ou n*; **~ d'orange** Apfelsinenstück *n*; *all Sud* Orangenschnitz *m* **4** **la Lune est dans son premier (dernier) ~** der Mond steht im ersten (letzten) Viertel; es ist Halbmond **5** *fig* **avoir ses ~s de noblesse** anerkannt sein

Le Quartier latin

Le Quartier latin ist das berühmte, bereits im 12. Jahrhundert entstandene Pariser Universitäts- und Studentenviertel. Dort befindet sich auch die altehrwürdige Universität Sorbonne. Das studentische Leben, das die locker-entspannte Atmosphäre im **Quartier latin** prägt, spielt sich insbesondere auf dem Boulevard Saint-Michel (kurz **Boul' Mich** [bulmiʃ]) ab. Viele gemütliche Cafés und Bistros sind jedoch inzwischen von Fast-Food-Lokalen verdrängt worden. Darüber hinaus wurden auch Fakultäten an die Peripherie von Paris verlegt (z. B. Paris Nanterre), sodass das Viertel ein wenig von seinem legendären Charme eingebüßt hat.

LANDESKUNDE

quartier-maître M ⟨quartiers-maîtres⟩ MAR Gefreite(r) *m*

quart-monde M ⟨quarts-mondes⟩ **le ~** die Vierte Welt; *d'un pays* die Ärmsten der Armen

quartz [kwaʀts] M Quarz *m*; **montre** *f* **à ~** Quarzuhr *f*

quasi [kazi] M CUIS Kalbskeulenstück *n*

quasi-... [kazi] *préfixe* **la quasi-totalité des Français** fast alle Franzosen; so gut wie alle Franzosen; **à la quasi-unanimité** fast einstimmig

quasiment [kazimã] *fam* ADV *(presque)* fast; *(pour ainsi dire)* quasi

quaternaire [kwatɛʀnɛʀ] M GÉOL Quartär *n*

quatorze [katɔʀz] **A** NUM vierzehn; **Louis XIV** Ludwig XIV. (der Vierzehnte); **le ~ mai** der vierzehnte *ou* am vierzehnten Mai **B** M (❗ unveränderlich) Vierzehn *f*; **le ~ (du mois)** der Vierzehnte *ou* am Vierzehnten (des Monats)

quatorzième [katɔʀzjɛm] NUM vierzehnte

quatrain [katʀɛ̃] M Vierzeiler *m*

quatre [katʀ] **A** NUM vier; **le ~ août** der vierte *ou* am vierten August; **Henri IV** Heinrich IV. (der Vierte); *fig* **un de ces ~ matins** demnächst; in Bälde; **entre ~ yeux** [-katzjø] unter vier Augen; **manger comme ~** für drei essen; *fig* **se mettre en ~** sein Möglichstes tun (**pour qn** für j-n); **monter les escaliers ~ à ~** die Treppe in großen Sprüngen hinaufeilen; *fig* **être tiré à ~ épingles** wie aus dem Ei gepellt sein **B** M (❗ unveränderlich) Vier *f*; Vierer *m*; **le ~ (du mois)** der Vierte *ou* am Vierten (des Monats)

Quatre-Cantons [katʀəkɑ̃tõ] **le lac des ~** der Vierwaldstätter See

quatre-heures [katʀœʀ] *fam enf* M (❗ unveränderlich) Nachmittags-, Vesperbrot *n*

quatre-quarts [katkaʀ] M (❗ unveränderlich) Sandkuchen *m*

quatre-quatre [katkatʀ] F (❗ unveränderlich) **une ~** *ou* **une 4x4** ein Geländewagen *m*

quatre-saisons [kat(ʀə)sɛzõ] F (❗ unveränderlich) Monatserdbeere *f*; → marchand A 1

quatre-vingt(s) [katʀəvɛ̃] **A** NUM (❗ ohne **s**, wenn eine Zahl folgt) achtzig **B** M Achtzig *f*

quatre-vingt-dix **A** NUM neunzig **B** M (❗ unveränderlich) Neunzig *f*

quatre-vingt-dixième NUM neunzigste

quatre-vingtième NUM achtzigste

quatre-vingt-un [katʀəvɛ̃ɛ̃] NUM einundachtzig **quatre-vingt-unième** [-ynjɛm] NUM einundachtzigste

quatrième [katʀijɛm] **A** NUM vierte **B** SUBST **1** **le, la ~** der, die, das Vierte **2** *m étage* **au ~** im vierten Stock **3** *f* dritte Klasse im Gymnasium; Quarta *f* **4** *f* AUTO vierter Gang; **passer en ~** in den vierten Gang schalten

quatrièmement [katʀijɛmmɑ̃] ADV viertens

quatuor [kwatɥɔʀ] M Quartett *n*

que [kə] (❗ vor Vokal und stummem h steht **qu'**) **A** PR REL den, die, das, *pl* die; *st/s* welche(n, -s), *pl* welche; **un monsieur que je ne connais pas** ein Herr, den ich nicht kenne; **ce que** was; **tout ce que j'ai vu** alles, was ich gesehen habe; *fam* **que tu dis!** was du nicht sagst!; **imbécile que tu es!** du Dummkopf!; **tout rusé qu'il est ...** schlau, wie er ist ... **B** PR INTERROG was?; **qu'en pensez-vous?** *ou* **qu'est-ce que vous en pensez?** wie denken Sie darüber?; was halten

Q

Sie davon?; **que faire?** was tun?; **qu'est-ce que c'est (que ça)?** was ist das?; **que s'est-il passé?** was ist geschehen? **C** ADV *exclamatif* wie; **que c'est beau!** *ou fam* **(qu'est-)ce que c'est beau!** wie schön das ist!; *fam* ist das aber schön!; **que de monde!** wie viele Leute! **D** CONJ **1** dass; **je crois qu'il viendra** ich glaube, er wird kommen *ou* dass er kommen wird; **je pense que non** ich denke nein **2** *pour reprendre une autre conj* **s'il vient et que je ne sois pas là ...** wenn er kommt und ich nicht da bin ... **3** *hypothèse* **que vous y alliez ou non** ob Sie hingehen oder nicht **4** *souhait, ordre* **qu'il vienne!** er soll kommen! **5** *comparaison: égalité* wie; *après comp* als; **aussi grand que** (eben)so groß wie; **plus grand que** größer als; **je dépense plus que toi** ich gebe mehr aus als du; **tout autre que lui** jeder andere (als er); jeder außer ihm **6** *(seulement)* **ne ... que** nur; *temporel* erst; **je n'ai qu'une clé** ich habe nur e-n Schlüssel; **il n'est que huit heures** es ist erst acht (Uhr)

Québec [kebɛk] **1** *ville* Quebec *n* **2** *province* **le ~** Quebec *n*

québécois [kebekwa] **A** ADJ ⟨-oise [-waz]⟩ von, aus Quebec **B** **Québécois(e)** M(F) Quebecer(in) *m(f)*

quel [kɛl] ADJ ⟨~le⟩ **1** *épithète interrogatif* welche(r, -s); was für ein(e), *pl* was für; **~ film avez-vous vu?** welchen Film *ou* was für e-n Film haben Sie gesehen? **2** *attribut interrogatif* welches; **~le est la capitale de ce pays?** welches ist die Hauptstadt dieses Landes? **3** *exclamatif* **~ beau temps!** was für ein schönes Wetter! **4** *indéfini* **~les que soient vos raisons ...** welches, was auch (immer) Ihre Gründe sein mögen ...

Q

quelconque [kɛlkɔ̃k] **A** ADJ INDÉF irgendein(e), *pl* irgendwelche; beliebige(r, -s); **pour une raison ~** aus irgendeinem Grund **B** ADJ *(médiocre)* mittelmäßig; *(insignifiant)* unbedeutend; banal; *(ordinaire)* gewöhnlich

quelque [kɛlkə; *vor Vokal* kɛlk] ⟨*keine Elision*⟩ ADJ INDÉF **1** *sg* einige(r, -s); **depuis quelque temps** seit einiger Zeit; *st/s* **quelque peu** etwas; ein wenig **2** *pl* **quelques** einige; ein paar; **avec quelques amis** mit ein paar Freunden; **les quelques ...** die paar ...; die wenigen ...; *après un chiffre* **... et quelques** etwas über ...; etwas mehr als ... **3** *advt* (! unveränderlich) *(environ)* etwa; ungefähr; **quelque trente personnes** etwa, ungefähr, an die dreißig Personen **4** *st/s* **quelque ... que** (+ *subj*) welche(r, -s) ... auch (immer); **à quelque prix que ce soit** um welchen Preis auch immer

quelque chose [kɛlkəʃoz] → chose

quelquefois [kɛlkəfwa] ADV manchmal; bisweilen; mitunter

quelqu'un [kɛlkɛ̃, -kœ̃] PR INDÉF **1** ⟨*f* **quelqu'une** [kɛlkyn]⟩ jemand; (irgend)eine(r); *fam* wer; **~ de sûr** jemand Zuverlässiges; **c'est ~ de bien** er ist ein anständiger, achtbarer Mensch; *fam* **être ~** *fam* jemand, wer sein; *fam péj* **c'est ~!** *fam* das ist schon toll! **2** *pl* **quelques-uns** [kɛlkəzɛ̃, -zœ̃] ⟨*f* **quelques-unes** [kɛlkəzyn]⟩ einige; manche; welche

quémander [kemɑ̃de] V/T (aufdringlich) betteln (**qc** um etw) **quémandeur** [-dœʀ] M, **quémandeuse** [-øz] F lästiger Bettler *ou* Bittsteller, lästige Bettlerin *ou* Bittstellerin

qu'en-dira-t-on [kɑ̃diʀatɔ̃] M (! unveränderlich) Gerede *n* der Leute

quenelle [kənɛl] F Klößchen *n*

quenotte [kənɔt] F *enf* Beißerchen *n*

quenouille [kənuj] F Spinnrocken *m*

Quercy [kɛʀsi] **le ~** *Landschaft in Südwestfrank-*

Le Québec et le québécois

Le Québec mit der Hauptstadt **Québec** ist eine Provinz im Osten Kanadas, in der seit 1977 Französisch die offizielle Amtssprache ist. Im übrigen Kanada wird Englisch gesprochen.
Das in Quebec gesprochene Französisch, **le québécois**, unterscheidet sich in der Aussprache und im Vokabular manchmal so deutlich vom Standardfranzösischen, dass mitunter sogar die Franzosen Probleme haben, die Einwohner Quebecs, **les Québécois**, zu verstehen. Deshalb werden im französischen Fernsehen Beiträge aus Quebec manchmal mit Untertiteln versehen.
Einige Beispiele zum Wortschatz:

québécois	Standardfranzösisch	Übersetzung
laveuse	**lave-linge**	Waschmaschine
avant-midi	**matinée**	Vormittag
magasiner	**faire des courses**	einkaufen gehen
faire du pouce	**faire de l'auto-stop**	trampen

LANDESKUNDE

reich

querelle [kəʀɛl] F Streit *m; st/s* Zwist *m;* Zank *m;* **~s** *pl* Streitigkeiten *fpl;* Händel *mpl;* **chercher ~ à qn** mit j-m Streit, Händel suchen

quereller [kəʀele] V/PR **se ~** sich streiten, zanken (**avec qn** mit j-m)

querelleur [kəʀɛlœʀ] ADJ ⟨-euse [-øz]⟩ zänkisch; streitsüchtig

quérir [keʀiʀ] V/T ⟨*nur inf*⟩ *litt* **aller ~** holen

qu'est-ce que [kɛskə] (! vor Vokal und stummem h steht **qu'est-ce qu'**) was; → que

qu'est-ce qui [kɛski] was; → qui

question [kɛstjõ] F 1 (*interrogation*) Frage *f;* PARLEMENT Anfrage *f;* POL **~ de confiance** Vertrauensfrage *f;* **poser une ~ (à qn)** (j-m) e-e Frage stellen 2 (*problème*) Frage *f;* Problem *n; prép fam* **~ salaire** *fam* in puncto Gehalt; **en ~** fraglich; betreffend; bewusst; **remettre qc en ~** etw infrage stellen; **la ~ est de savoir si ...** die Frage ist, ob ...; **la ~ n'est pas là** *ou* **ce n'est pas la ~** darum geht es (hier) nicht; **c'est une ~ de point de vue** das ist Ansichtssache; **il est ~ de** es ist die Rede von; **il n'en est pas ~** das kommt nicht infrage; davon kann keine Rede sein 3 HIST (*torture*) peinliche Befragung

questionnaire [kɛstjɔnɛʀ] M Fragebogen *m;* **remplir un ~** e-n Fragebogen ausfüllen

questionner [kɛstjɔne] V/T befragen, ausfragen (**sur** über + *acc*)

quête [kɛt] F 1 (Geld)Sammlung *f; à l'église* Kollekte *f;* **faire la ~** sammeln; *dans le métro* Geld einsammeln 2 (*recherche*) Suche *f;* **se mettre en ~ de** sich auf die Suche machen nach

quêter [kete] A V/T (*solliciter*) bitten um B V/I (*faire la quête*) sammeln (**pour** für)

quetsche [kwɛtʃ] 1 Zwetsch(g)e *f* 2 *eau-de-vie* Zwetsch(g)enwasser *n*

queue [kø] F 1 *d'animaux* Schwanz *m;* **à la ~ leu leu** im Gänsemarsch; *fig* **n'avoir ni ~ ni tête** weder Hand noch Fuß haben; AUTO **faire une ~ de poisson à qn** j-n schneiden; *fig* **finir en ~ de poisson** ausgehen wie das Hornberger Schießen; im Sand verlaufen 2 *d'un avion* Schwanz *m; d'une comète* Schweif *m; d'un fruit, d'une fleur, d'une poêle* Stiel *m; de radis* Stängel *m* 3 (*dernière partie*) Ende *n;* hinterer Teil; **à la ~, en ~** am Ende; hinten 4 (*file*) Schlange *f;* **faire la ~** Schlange stehen; anstehen (**pour qc** nach etw) 5 BILLARD Queue *n;* Billardstock *m* 6 *pop* (*pénis*) *pop* Schwanz *m*

queue-de-cheval [kødʃəval] F ⟨queues-de-cheval⟩ *coiffure* Pferdeschwanz *m* **queue-de-pie** F ⟨queues-de-pie⟩ *habit* Schwalbenschwanz *m*

queux [kø] M **maître ~** Küchenchef *m,* -meister *m*

qui [ki] A PR INTERROG 1 *sujet* wer?; **qui est là?** *ou* **qui est-ce qui est là?** wer ist da? 2 *obj dir* wen?; **qui cherchez-vous?** *ou* **qui est-ce que vous cherchez?** wen suchen Sie?; *obj indir* **à qui penses-tu?** an wen denkst du?; **de qui parlez-vous?** von wem sprechen Sie? 3 **qu'est-ce qui?** was?; **qu'est-ce qui est arrivé?** was ist passiert?; **qu'est-ce qui se passe?** was ist los? B PR REL 1 *sujet* der, die, das, *pl* die; *st/s* welche(r, -s), *pl* welche; **l'homme qui parle** der Mann, der spricht; *obj indir* **l'homme à qui je parle** der Mann, mit dem ich spreche; **ce qui** was; **ce qui me fait plaisir** was mir Spaß macht 2 *sans antécédent: sujet* wer; *obj dir* wen; **c'était à qui entrerait le premier** es ging darum, als Erster hineinzukommen; **qui vous savez** Sie wissen schon, wen ich meine; *st/s: on buvait* **qui du vin, qui de la bière** die einen Wein, die anderen Bier; *neutre* **qui plus est** was noch dazukommt; **voilà qui est fait** das wäre geschafft C PR INDÉF **qui que** (+ *subj*) *sujet* wer auch (immer); *obj dir* wen auch (immer); **qui que vous soyez** wer Sie auch (immer) sein mögen; ganz gleich *ou fam* egal, wer Sie sind

Q

la queue — Schwanz

la queue — Stiel

la queue — Schlange

quiche [kiʃ] F **~ lorraine** Speckkuchen *m*
quiconque [kikõk] PR INDÉF **1** *(n'importe qui)* irgendjemand **2** *(toute personne qui)* jeder, der
quidam [kidam] M **un ~** ein gewisser Jemand
quiétude [kjetyd] F **en toute ~** in aller (Seelen)Ruhe
quignon [kiɲõ] M **~ (de pain)** (Brot)Kanten *m*; Ranken *m* (Brot)
quille¹ [kij] F **1** Kegel *m*; **jouer aux ~s** kegeln **2** *pl* **~s** *fam (jambes) fam* Hachsen *ou* Haxen *fpl* **3** *argot* MIL Ausscheiden *n* (aus dem Militärdienst)
quille² F MAR Kiel *m*
quincaillerie [kɛ̃kajʀi] F **1** Eisenwarenhandlung *f*; Haushaltswarengeschäft *n* **2** *fam fig (bijoux) fam* Klunker *mpl*
quincaillier [kɛ̃kaje] M, **quincaillière** [-jɛʀ] F Eisenwaren-, Haushaltswarenhändler(in) *m(f)*
quinconce [kɛ̃kõs] M *arbres* **disposés en ~** gegeneinander versetzt; auf Lücke gesetzt
quinine [kinin] F Chinin *n*
quinquagénaire [kɛ̃kaʒenɛʀ] M/F Fünfzigjährige(r) *m/f(m)*
quinquennal [kɛ̃kenal] ADJ ⟨~e; -aux [-o]⟩ **plan ~** Fünfjahresplan *m*
quinquennat [kɛ̃kena] M fünfjährige Amtszeit *(des frz Staatspräsidenten seit 2002)*
quinquina [kɛ̃kina] M *Aperitif, der Chinarinde enthält*
Quint [kɛ̃] ADJ **Charles ~** Karl V. (der Fünfte)
quintal [kɛ̃tal] M ⟨-aux [-o]⟩ Doppelzentner *m*
quinte [kɛ̃t] F **1** **~ (de toux)** Hustenanfall *m* **2** MUS Quint(e) *f*
quintessence [kɛ̃tesɑ̃s] F Quintessenz *f*; Hauptinhalt *m*; Wesentliche(s) *n*
quintette [kɛ̃tɛt, kɥɛ̃-] M Quintett *n*
quintuple [kɛ̃typl] **A** ADJ fünffach **B** SUBST **le ~** das Fünffache
quintuplé(e)s [kɛ̃typle] M(F)PL Fünflinge *mpl*
quintupler [kɛ̃typle] **A** V/T verfünffachen **B** V/I sich verfünffachen
quinzaine [kɛ̃zɛn] F **1** **une ~ (de)** etwa, ungefähr, rund fünfzehn **2** *(deux semaines)* vierzehn Tage *mpl*; zwei Wochen *fpl*; **~ commerciale** vierzehntägige, zweiwöchige Promotion; **la première ~ de mai** die erste Maihälfte
quinze [kɛ̃z] **A** NUM **1** fünfzehn; **le quinze avril** der fünfzehnte *ou* am fünfzehnten April; **Louis XV** Ludwig XV. (der Fünfzehnte) **2** **quinze jours** vierzehn Tage *mpl*; **dans quinze jours** in vierzehn Tagen; **demain en quinze** morgen in vierzehn Tagen **B** M (❗ unveränderlich) **1** *nombre* Fünfzehn *f*; **le quinze (du mois)** der Fünfzehnte *ou* am Fünfzehnten (des Monats) **2** SPORTS Rugbymannschaft *f* (von fünfzehn Spielern)
quinzième [kɛ̃zjɛm] NUM fünfzehnte
quiproquo [kipʀɔko] M Verwechslung *f*
quittance [kitɑ̃s] F Quittung *f*; Zahlungsbeleg *m*; **~ de loyer** Mietquittung *f*
quitte [kit] ADJ **1** **être ~ envers qn** j-m nichts mehr schulden; mit j-m quitt sein; *fig* **en être ~ pour la peur** mit dem (bloßen) Schrecken davongekommen sein; **~ à** (+ *inf*) auf die Gefahr hin, dass ...; wenn auch ... **2** **jouer à ~ ou double** *jeu* weitermachen (und dabei den Einsatz verdoppeln oder verlieren); *fig* alles aufs Spiel setzen
quitter [kite] **A** V/T **1** *personne, lieu* verlassen; *métier* aufgeben; *voiture* **~ la route** von der Fahrbahn abkommen; TÉL **ne quittez pas!** bitte, bleiben Sie am Apparat!; **ne pas ~ qn, qc des yeux** j-n, etw nicht aus den Augen lassen **2** *vêtement* ablegen **B** V/PR **se ~** sich trennen; auseinandergehen
quitus [kitys] M **donner ~ à qn** j-m Entlastung erteilen; j-n entlasten
qui-vive [kiviv] **A** INT MIL wer da? **B** M **être sur le ~** auf der Hut sein
quoi [kwa] **A** PR INTERROG **1** was; **quoi faire?** was tun?; *fam* **quoi?** *je n'ai pas compris* was?; **quoi!** *vous partez?* was!; wie!; **quoi de neuf?** was gibt's Neues? **2** *obj indir* woran, worauf, womit, wozu *etc (selon la prép)*; **à quoi pensez-vous?** woran denken Sie?; **à quoi bon?** wozu? **3** *fam en fin d'explication* **une vie monotone, quoi** ein eintöniges Dasein also, eben, halt **B** PR REL **1** woran, worauf, womit *etc (selon la prép)*; **s'il savait ce à quoi je pense** wenn er wüsste, woran ich denke **2** *sans antécédent* **avoir de quoi écrire** etwas zum Schreiben haben; **avoir de quoi vivre** sein Auskommen, genug zum Leben haben; **(il n'y a) pas de quoi** keine Ursache; gern geschehen; nichts zu danken **C** PR INDÉF **quoi que** (+ *subj*) was auch (immer); (ganz) gleich *ou fam* egal, was; **quoi qu'on dise** was man auch (immer) sagen mag; **quoi qu'il en soit** wie dem auch sei
quoique [kwak(ə)] CONJ (+ *subj*) (❗ vor Vokal und stummem h steht **quoiqu'**) obgleich; obwohl; wenn auch
quolibet [kɔlibɛ] M Anzüglichkeit *f*; spöttische Bemerkung
quorum [kɔʀɔm, kwɔ-] M **le ~ est atteint** die Versammlung ist beschlussfähig
quota [kɔta, kwɔ-] M Quote *f*
quote-part [kɔtpaʀ] F ⟨quotes-parts⟩ Anteil *m*
quotidien [kɔtidjɛ̃] **A** ADJ ⟨-ienne [-jɛn]⟩ täglich; **la vie ~ne** der Alltag; das alltägliche Leben **B** M **1** *journal* Tageszeitung *f* **2** *(vie quoti-*

Q

dienne) **au ~** im Alltag

quotidiennement [kɔtidjɛnmɑ̃] ADV täglich

quotient [kɔsjɑ̃] M 1 MATH Quotient *m* 2 IMPÔTS **~ familial** Bewertungsziffer *f* entsprechend dem Familienstand

R

R, r [ɛʀ] M (! unveränderlich) R, r *n*

rab [ʀab] M *fam* 1 *de nourriture* Nachschlag *m*; **il y a des frites en ~** *fam* es sind noch Pommes *ou* Fritten übrig 2 **faire du ~** Überstunden machen

rabâchage [ʀabaʃaʒ] M endlose Wiederholungen *fpl*

rabâcher [ʀabaʃe] VT bis zum Überdruss wiederholen; *fam* wiederkäuen; *abs* immer dasselbe reden, *fam* faseln; **rabâché** *sujet, etc* abgedroschen

rabâcheur [ʀabaʃœʀ] *fam* M, **rabâcheuse** [-øz] *fam* F langweiliger Schwätzer, langweilige Schwätzerin

rabais [ʀabɛ] M Preisnachlass *m*; Rabatt *m*; **au ~** zu herabgesetzten Preisen; billig; **accorder, consentir, faire un ~ sur (le prix d')une marchandise** auf e-e Ware Rabatt geben; **obtenir un ~** (e-n) Rabatt bekommen

rabaisser [ʀabese] A VT herabsetzen B VPR **se ~** sich (selbst) schlechtmachen, herabsetzen

rabane [ʀaban] F Bast *m*

rabat [ʀaba] M *d'un sac, d'une poche* Klappe *f* **rabat-joie** M (! unveränderlich) Spielverderber *m*

rabattage [ʀabataʒ] M CH (Zu)Treiben *n*

rabatteur [ʀabatœʀ] M 1 CH Treiber *m* 2 *fig et péj* (An)Werber *m*

rabattre [ʀabatʀ] ⟨→ battre⟩ A VT 1 *capot, siège* herunterklappen; *col* umschlagen; *vent: fumée* herunterdrücken 2 CH *gibier* treiben B VI **en ~** zurückstecken C VPRON 1 **se ~** *voiture* rasch wieder einscheren 2 **se ~ sur** vorliebnehmen mit

rabattu [ʀabaty] ADJ ⟨~e⟩ COUT *col* Umlege…; Umschlag…

rabbin [ʀabɛ̃] M Rabbiner *m*

Rabelais [ʀablɛ] *frz Dichter*

rabibocher [ʀabibɔʃe] VPR *fam* **se ~** sich (wieder miteinander) versöhnen

rabiot [ʀabjo] M *fam* → rab

rabioter [ʀabjɔte] *fam* A VT **~ qc** sich *(dat)* den Nachschlag, den Rest von etw sichern, nehmen B VI sich *(dat)* kleine zusätzliche Einnahmen verschaffen

râble [ʀɑbl] M Rücken *m* (*a.* CUIS)

râblé [ʀɑble] ADJ ⟨~e⟩ stämmig; untersetzt

rabot [ʀabo] M Hobel *m*

rabotage [ʀabɔtaʒ] M (Ab)Hobeln *n* **raboter** [-e] VT (ab)hobeln **raboteur** [-œʀ] M Hobler *m* **raboteux** [-ø] ADJ ⟨-euse [-øz]⟩ holp(e)rig

rabougri [ʀabugʀi] ADJ ⟨~e⟩ 1 *plante* verkümmert 2 *personne* verhutzelt

rabougrir [ʀabugʀiʀ] VPR **se ~** 1 *plante* verkümmern 2 *personne* zusammenschrumpfen; verhutzeln

rabrouer [ʀabʀue] VT **~ qn** j-n anfahren, anherrschen; **se faire ~** e-e Abfuhr bekommen

racaille [ʀakaj] F Pack *n*; Gesindel *n*

raccommodable [ʀakɔmɔdabl] ADJ ausbesserungsfähig **raccommodage** [-aʒ] M Ausbesserung *f*; Flicken *n*; Flickarbeit *f* **raccommodement** [-mɑ̃] *fam* M (Wieder)Versöhnung *f*

raccommoder [ʀakɔmɔde] A VT flicken; ausbessern; reparieren B VPR *fam* **se ~** sich (wieder miteinander) versöhnen

raccompagner [ʀakõpaɲe] VT (zurück)begleiten; zurückbringen; **~ qn chez lui en voiture** j-n mit dem Auto nach Hause bringen, fahren

raccord [ʀakɔʀ] M 1 **faire un ~** *de peinture* (die Farbe) ausbessern; *fam fig* sein Make-up auffrischen 2 TECH Verbindungs-, Anschlussstück *n* 3 FILM Übergang *m*

raccordement [ʀakɔʀdəmɑ̃] M Verbindung *f*; Anschluss *m*

raccorder [ʀakɔʀde] A VT (miteinander) verbinden; anschließen (**à** an *+ acc*) B VPR 1 **se ~** TECH angeschlossen sein (**à** an *+acc*); *(s'adapter)* zusammenpassen 2 **se ~ à la canalisation** *etc* den Anschluss an die Kanalisation *etc* durchführen

raccourci [ʀakuʀsi] M *chemin* Abkürzung *f*; **prendre un ~** e-e Abkürzung nehmen

raccourcir [ʀakuʀsiʀ] A VT *séjour* ab-, verkürzen; *robe* kürzer machen; *texte* kürzen; raffen; *fig* **à bras raccourcis** mit voller Wucht B VI kürzer werden

raccourcissement [ʀakuʀsismɑ̃] M (Ver)kürzung *f*; *des jours* Kürzerwerden *n*

raccroc [ʀakʀo] **par ~** durch e-n glücklichen Zufall

raccrocher [ʀakʀɔʃe] A VT *tableau, etc* wieder aufhängen; *wagon* wieder anhängen B VI 1 TÉL auflegen 2 SPORTS aufhören C VPR **se ~ à** sich klammern an *(+ acc)*

race [ʀas] F 1 Rasse *f*; **de ~** Rasse…; reinrassig

2 *(catégorie de personnes)* (Menschen)Schlag *m*
racé [rase] ADJ ⟨~e⟩ **1** *animal* Rasse… **2** *personne* apart
rachat [raʃa] M Rückkauf *m; d'une servitude* Ablösung *f*
racheter [raʃte] ⟨-è-⟩ **A** V/T **1** *maison, etc* zurückkaufen; *rente, servitude* ablösen; **~ qc à qn** j-m etw (wieder) abkaufen **2** *prisonniers* los-, freikaufen; REL erlösen **3** *fig faute, crime* sühnen; wieder gutmachen **B** V/PR **se ~** sein Ansehen wiederherstellen
rachidien [raʃidjɛ̃] ADJ ⟨-ienne [-jɛn]⟩ Rückenmark(s)…
rachitique [raʃitik] ADJ **1** MÉD rachitisch **2** *par ext* zurückgeblieben; kümmerlich **rachitisme** [-ism] M Rachitis *f*
racial [rasjal] ADJ ⟨~e; -aux [-o]⟩ Rassen…
racine [rasin] F **1** Wurzel *f (a. fig,* ANAT*); fig* **avoir de profondes ~s dans un pays** in e-m Land fest verwurzelt sein; *fig* **attaquer le mal à sa ~** das Übel an der Wurzel packen; **prendre ~** Wurzeln schlagen; *fig invité* nicht mehr gehen **2** MATH Wurzel *f*; **~ carrée** Quadratwurzel *f*; **~ cubique** Kubikwurzel *f*; dritte Wurzel; **extraire une ~** e-e Wurzel ziehen
racisme [rasism] M Rassismus *m*; Rassenhass *m*, -hetze *f* **raciste** [-ist] **A** ADJ rassistisch **B** M/F Rassist(in) *m(f)*
racket [rakɛt] M Erpressung *f*
racketter [rakete] V/T **~ qn** von j-m Geld erpressen
racketteur [rakɛtœr] M Erpresser *m*
raclage [rɑklaʒ] M (Ab)Schaben *n*; (Ab)Kratzen *n*
raclée [rɑkle] *fam* F **1** Tracht *f* Prügel; *fam* Keile *f*; *fam* Dresche *f* **2** *fig* **prendre une ~** e-e Schlappe erleiden
raclement [rɑkləmɑ̃] M **~ de gorge** Räuspern *n*
racler [rɑkle] **A** V/T **1** (ab)schaben; (ab)kratzen; *casserole* auskratzen **2** *fam vin* **~ le gosier** im Hals kratzen **B** V/PR **se ~ la gorge** sich räuspern
raclette [rɑklɛt] F CUIS Raclette *f ou n*
racloir [rɑklwar] M Schaber *m*; Kratzer *m*
racolage [rakɔlaʒ] M *péj* Kundenfang *m*; **~ sur la voie publique** öffentliche Aufforderung zur Prostitution
racoler [rakɔle] V/T *péj* (an)werben; fangen; *fam* keilen; *prostituée: clients* ansprechen; *fam* anhauen; *abs* auf Kundenfang gehen
racoleur [rakɔlœr] *péj* M (Kunden-, Mitglieder)Werber *m* **racoleuse** [-øz] F (Straßen)Dirne *f*
racontars [rakɔ̃tar] MPL Klatsch *m*; Geschwätz *n*; *fam* Tratsch *m*
raconter [rakɔ̃te] **A** V/T erzählen; **~ qc** (von) etw erzählen, berichten; **je te raconte pas!** ich kann dir sagen!; **on raconte que …** es wird berichtet, gesagt, dass …; es heißt, dass … **B** V/PR **se ~ des blagues** sich (gegenseitig) Witze erzählen
racorni [rakɔrni] ADJ ⟨~e⟩ *viande, cuir* hart; zusammengeschrumpft; *peau* ledern **racornir** [-ir] V/PR **se ~** hart werden
radar [radar] M Radaranlage *f*, -gerät *n*; *adjt* **contrôle** *m* **~** Radarkontrolle *f*
rade [rad] F **1** MAR Reede *f* **2** *fam fig* **rester en ~** *voiture, projet* liegen bleiben; *personne* zurückbleiben
radeau [rado] M ⟨~x⟩ Floß *n*; **~ de sauvetage** Rettungsinsel *f*
radial [radjal] ADJ ⟨~e; -aux [-o]⟩ radial; Radial…; strahlenförmig
radiateur [radjatœr] M **1** *de chauffage central* Heizkörper *m*; *électrique, à gaz* Heizofen *m* **2** AUTO Kühler *m*
radiation [radjasjɔ̃] F **1** *sur une liste* Streichung *f* **2** PHYS Strahlung *f*
radical [radikal] **A** ADJ ⟨~e; -aux [-o]⟩ radikal; durchgreifend; einschneidend **B** M ⟨-aux [-o]⟩ **1** GRAM (Wort)Stamm *m* **2** CHIM Radikal *n* **3** MATH Wurzelzeichen *n* **4** POL **radicaux** *pl* Radikalsozialisten *mpl (bürgerlich-laizistisch)*
radicalement [radikalmɑ̃] ADV radikal; von Grund auf
radicalisation [radikalizasjɔ̃] F Radikalisierung *f* **radicaliser** [-ize] **A** V/T radikalisieren **B** V/PR **se ~** radikal werden **radicalisme** [-ism] M *en France* (Bewegung *f* des) Radikalsozialismus *m*
radier [radje] V/T streichen
radiesthésie [radjɛstezi] F Radiästhesie *f* **radiesthésiste** [-ist] M (Wünschel)Rutengänger *m*
radieux [radjø] ADJ ⟨-euse [-øz]⟩ **1** *soleil, journée* strahlend **2** *personne, air* (glück-, freude)strahlend
radin [radɛ̃] *fam* **A** ADJ ⟨-ine [-in]⟩ *fam* knick(e)rig; *fam* knaus(e)rig **B** **~(e)** M(F) Geizkragen *m*; *fam* Knauser(in) *m(f)*
radiner [radine] *fam* V/I *(et* V/PR **se ~**) *fam* antanzen; *fam* eintrudeln
radinerie [radinri] F *fam* Knaus(e)rigkeit *f*
radio[1] [radjo] F (**!** feminin) **1** *(radiodiffusion)* Radio *n*; Rundfunk *m*; Hörfunk *m*; **à la ~** im Radio **2** *récepteur* Radio *n* **3** *station émettrice* Sender *m*; **~ libre** Privatsender *m* **4** *(radiotéléphonie)* Funk *m*; **par ~** über Funk **5** *(radiographie)* Röntgenaufnahme *f*, -bild *n*; *(radioscopie)* (Röntgen)Durchleuchtung *f*; **passer à la ~** geröntgt *ou* durchleuchtet werden
radio[2] M Funker *m*

radioactif ADJ ⟨-ive⟩ radioaktiv **radioactivité** F Radioaktivität *f* **radioamateur** M Funk-, Radioamateur *m* **radiocarbone** M Radiokohlenstoff *m* **radiocassette** F Radiorecorder *m* **radiodiffuser** V/T (im Rundfunk) übertragen, senden; (über den Rundfunk) ausstrahlen **radiodiffusion** F Rundfunk *m* **radioélectrique** ADJ Funk…

radiographie [ʀadjɔgʀafi] F **1** *procédé* Röntgenuntersuchung *f* **2** *cliché* Röntgenaufnahme *f*, -bild *n* **radiographier** [-je] V/T röntgen

radiographique [ʀadjɔgʀafik] ADJ Röntgen…

radioguidage M **1** TECH Funksteuerung *f* **2** AUTO Verkehrsfunk *m* **radioguider** V/T über Funk steuern, lenken

radiologie [ʀadjɔlɔʒi] F Strahlenkunde *f*; Radiologie *f* **radiologique** [-lɔʒik] ADJ röntgenologisch; Röntgen… **radiologiste** [-lɔʒist] ou **radiologue** [-lɔg] M/F Röntgenarzt *m*, -ärztin *f*; Röntgenologe, -login *m,f*

radiophonique [ʀadjɔfɔnik] ADJ Rundfunk…; Hörfunk…; **jeu** *m* **~** Quizsendung *f*, Ratespiel *n* (im Rundfunk); **pièce** *f* **~** Hörspiel *n*

radioreporter M Rundfunkreporter *m*

radio-réveil M ⟨radios-réveils⟩ Radiowecker *m*

radioscopie [ʀadjɔskɔpi] F (Röntgen)Durchleuchtung *f*

radio-taxi M ⟨radio-taxis⟩ Funktaxi *n*

radiotéléphone M Funktelefon *n*; *de voiture* Autotelefon *n* **radiotélévisé** ADJ ⟨~e⟩ von (Hör)Funk und Fernsehen übertragen **radiothérapie** F Strahlentherapie *f*, -behandlung *f*

radis [ʀadi] M **1** **~ (rose)** Radieschen *n*; **~ noir** (Schwarzer) Rettich **2** *fam fig* **n'avoir pas un ~** keinen Pfennig mehr haben; *fam* völlig blank sein

radium [ʀadjɔm] M Radium *n*

radius [ʀadjys] M ANAT Speiche *f*

radotage [ʀadɔtaʒ] M Gefasel *n*; Geschwafel *n* **radoter** [-e] V/I faseln; schwafeln **radoteur** [-œʀ] M, **radoteuse** [-øz] F Schwätzer(in) *m(f)*; Quasselstrippe *f*

radoub [ʀadu] M **bassin** *m* **de ~** Trockendock *n*

radoucir [ʀadusiʀ] V/PR **se ~** **1** *temps* milder werden **2** *personne* umgänglicher werden **radoucissement** [-ismɑ̃] M Milderung *f*

rafale [ʀafal] F **1** **~ (de vent)** Bö *f*; **~ de neige** Schneegestöber *n* **2** MIL Feuerstoß *m*

raffermir [ʀafɛʀmiʀ] V/T **1** *muscles, poitrine* straffen; festigen **2** *fig courage, autorité* stärken

raffermissement [ʀafɛʀmismɑ̃] M **1** *de la poitrine, etc* Straffung *f*; Festigung *f* **2** *fig de l'autorité, etc* Stärkung *f*

raffinage [ʀafinaʒ] M TECH Raffinieren *n*; Raffination *f*

raffiné [ʀafine] ADJ ⟨~e⟩ **1** TECH raffiniert; **sucre ~** (Zucker)Raffinade *f* **2** *fig* verfeinert; erlesen; ausgesucht; *personne* feinsinnig; mit Geschmack; *supplices* raffiniert; ausgeklügelt

raffinement [ʀafinmɑ̃] M **1** Verfeinerung *f*; Raffinement *n* **2** **~ de cruauté** ausgeklügelte Grausamkeit

raffiner [ʀafine] V/T TECH raffinieren

raffinerie [ʀafinʀi] F Raffinerie *f*

raffoler [ʀafɔle] V/T INDIR **~ de** schwärmen für; **elle raffole de musique** es geht ihr nichts über Musik

raffut [ʀafy] *fam* M Krach *m*; *fam* Radau *m*

rafiot [ʀafjo] M *péj* **vieux ~** alter Kahn; Seelenverkäufer *m*

rafistolage [ʀafistɔlaʒ] *fam* M Flickschusterei *f*

rafistoler [-e] *fam* V/T zurechtflicken

rafle [ʀafl] F Razzia *f*

rafler [ʀafle] V/T *fam* **~ qc** *voleurs* etw mitgehen lassen; *clients* etw aufkaufen, an sich *(acc)* raffen; *sportif: médailles* einheimsen

rafraîchir [ʀafʀeʃiʀ] **A** V/T **1** *boisson* kühlen; *boisson* **~ qn** j-n erfrischen **2** *tableau, couleur, fig mémoire* auffrischen; *cheveux* nachschneiden **B** V/I **mettre à ~** kalt stellen **C** V/PRON **se ~** **1** *temps* sich abkühlen **2** *personne* sich erfrischen

rafraîchissant [ʀafʀeʃisɑ̃] ADJ ⟨-ante [-ɑ̃t]⟩ erfrischend

rafraîchissement [ʀafʀeʃismɑ̃] M **1** *de la température* Abkühlung *f* **2** *souvent pl* **~s** Erfrischungen *fpl*; **prendre un ~** e-e Erfrischung zu sich nehmen

rafting [ʀaftiŋ] M Rafting *n*; Wildwassersport *m*

ragaillardir [ʀagajaʀdiʀ] V/T aufmuntern

rage [ʀaʒ] F **1** MÉD Tollwut *f* **2** *(colère)* Wut *f*; Raserei *f*; *fig* **~ de vivre** Lebensgier *f*; **fou de ~** außer sich, rasend vor Wut; wutentbrannt; **être en ~** wütend sein (**contre qn** auf j-n); **faire ~** *tempête, feu* wüten; *bataille* toben; **mettre qn en ~** j-n wütend machen, in Wut bringen **3** **~ de dents** rasende Zahnschmerzen *mpl*

rageant [ʀaʒɑ̃] ADJ ⟨-ante [-ɑ̃t]⟩ *fam* **c'est ~** ich könnte mich schwarzärgern

rager [ʀaʒe] *fam* V/I ⟨-ge-⟩ **ça me fait ~** das macht mich wütend

rageur [ʀaʒœʀ] ADJ ⟨-euse [-øz]⟩ wütend

raglan [ʀaglɑ̃] ADJ (! unveränderlich) Raglan…

ragondin [ʀagɔ̃dɛ̃] M **1** ZOOL Nutria *f* **2** *fourrure* Nutria(pelz) *m*

ragots [ʀago] MPL *fam* Tratsch *m*; Klatsch *m*

ragoût [ʀagu] M Ragout *n*

R

ragoûtant [ragutɑ̃] ADJ ⟨-ante [-ɑ̃t]⟩ **peu ~** unappetitlich
rai [rɛ] *litt* M (Licht-, Sonnen)Strahl *m*
raï [raj] M MUS Rai *m*

Le raï

Der Raï ist eine Form der algerischen Volks- und Popmusik, entstanden in Westalgerien und im Osten Marokkos. Ursprünglich von den Beduinen in der Wüste gesungen, hat er inzwischen die ganze Welt erobert. Der Begriff Raï ist im Arabischen mehrdeutig: Er bedeutet so viel wie Meinung, Sichtweise oder Standpunkt, aber auch Ratschlag, Entscheidung. Er beinhaltet improvisierte Sprechgesänge in arabischem Dialekt, unterlegt mit Rock- und Bluesrhythmen. Bekannte Interpreten sind Khaled und Rachid Taha.

LANDESKUNDE

raid [rɛd] M 1 MIL Überfall *m*; **~ (aérien)** Luftangriff *m* 2 SPORTS Langstreckenfahrt *f*
raide [rɛd] A ADJ 1 *membres, personne* steif; *cheveux* glatt 2 *pente, escalier* steil 3 *fam (fort) histoire* stark 4 *fam (fauché)* **être ~** *fam* abgebrannt, blank sein B ADV **tomber ~ (mort)** auf der Stelle tot umfallen
raideur [rɛdœʀ] F 1 *d'un membre* Steifheit *f*; Steife *f* 2 *fig des principes* Starrheit *f*
raidillon [rɛdijõ] M steiler Weg, Pfad
raidir [rɛdiʀ] A V/T *muscles* anspannen B V/PR *fig personne* **se ~ contre** trotzen (+ *dat*)
raidissement [rɛdismɑ̃] M 1 *des membres* Steifwerden *n* 2 *fig d'une position*, POL Versteifung *f*
raie[1] [rɛ] F 1 *(bande)* Streifen *m*; *(éraflure)* Kratzer *m* 2 *de la chevelure* Scheitel *m* 3 **~ des fesses** Gesäßspalte *f* 4 PHYS Linie *f*
raie[2] F ZOOL Rochen *m*
raifort [rɛfɔʀ] M Meerrettich *m*
rail [ʀaj] M 1 CH DE FER, TECH Schiene *f*; *fig* **remettre sur les ~s** wieder flottmachen 2 *par ext* **le ~** die Schiene; die (Eisen)Bahn
railler [ʀaje] V/T verspotten
raillerie(s) [ʀajʀi] F(PL) Spott *m*
railleur [ʀajœʀ] A ADJ ⟨-euse [-øz]⟩ spöttisch B **~, railleuse** M,F Spötter(in) *m(f)*
rail-route ADJ (! unveränderlich) **transport** *m* **~** Huckepackverkehr *m*
rainette [ʀɛnɛt] F Laubfrosch *m*
rainurage [ʀɛnyʀaʒ] M *sur la chaussée* Spurrille *f*
rainure [ʀɛnyʀ] F Rille *f*; TECH Nut *f*
raïs [ʀais] M *(chef d'État arabe)* Führer *m*; Staatschef *m*; Rais *m*
raisin [ʀɛzɛ̃] M (Wein)Traube(n) *f(pl)*; **~s secs** Rosinen *fpl*; **~s de Corinthe** Korinthen *fpl*
raison [ʀɛzõ] F 1 *(intelligence)* Vernunft *f*; Verstand *m*; **~ d'État** Staatsräson *f*; **ne pas vouloir entendre ~** keine Vernunft annehmen wollen; **perdre la ~** den Verstand verlieren 2 *(contraire: tort)* **avec ~** mit Recht; **comme de ~** selbstverständlich; **avoir ~** recht haben; *par ext* **avoir ~ de qn, qc** über j-n, etw siegen; etw überwinden; **donner ~ à qn** j-m recht geben 3 *(motif, cause)* Grund *m*; Ursache *f*; **~ d'être** Existenzberechtigung *f*; **~ de vivre** Lebensinhalt *m*; **~ de plus pour** (+ *inf*) ein Grund mehr, um zu (+ *inf*); umso mehr muss man (+ *inf*); **à plus forte ~** umso mehr; **en ~ de** auf Grund, wegen (+ *gén*); **pour quelle ~?** aus welchem Grund?; weshalb?; **pour ~s de santé** aus gesundheitlichen Gründen; **pour cette ~** aus diesem Grund; darum; deshalb; **sans ~** ohne Grund; grundlos; **se faire une ~** sich ins Unvermeidliche fügen 4 **~ sociale** Firmenname *m*; Firma *f* 5 **à ~ de cent euros l'heure** hundert Euro pro Stunde
raisonnable [ʀɛzɔnabl] ADJ 1 vernünftig; *personne a.* verständig; einsichtig 2 *prix, salaire* annehmbar
raisonnablement [ʀɛzɔnabləmɑ̃] ADV 1 *agir, penser, parler* vernünftig 2 *boire, manger, dépenser* mit Maßen; mäßig; *rétribuer* angemessen
raisonné [ʀɛzɔne] ADJ ⟨~e⟩ durchdacht; überlegt; logisch begründet
raisonnement [ʀɛzɔnmɑ̃] M 1 *(argumentation)* Beweisführung *f*; Argumentation *f*; Überlegung *f*; Gedankengang *m*; **tenir un ~** argumentieren 2 **(force** *f* **de) ~** Urteilsvermögen *n*
raisonner [ʀɛzɔne] A V/T **~ qn** j-n zur Vernunft bringen B V/I *(juger)* (logisch) urteilen;

la raie — Scheitel

la raie — Rochen

R

(*argumenter*) argumentieren; (*conclure*) Schlussfolgerungen ziehen **C** V/PR *personne* **se ~** Vernunft annehmen; *sentiments* **ne pas se ~** nicht der Vernunft (*dat*) gehorchen

raisonneur [ʀɛzɔnœʀ] M, **raisonneuse** [-øz] F Widerspruchsgeist *m*

rajeunir [ʀaʒœniʀ] **A** V/T **1** *personne* jünger machen; verjüngen **2** *fig* (*moderniser*) erneuern **B** V/I ⟨*Vorgang* **avoir**, *Ergebnis* **être**⟩ jünger werden; sich verjüngen; jünger aussehen **C** V/PR **se ~** sich jünger machen

rajeunissant [ʀaʒœnisɑ̃] ADJ ⟨-ante [-ɑ̃t]⟩ Verjüngungs…

rajeunissement [ʀaʒœnismɑ̃] M Verjüngung *f*; **cure** *f* **de ~** Verjüngungskur *f*

rajout [ʀaʒu] M Hinzufügung *f*; CONSTR *a.* Anbau *m*

rajouter [ʀaʒute] V/T hinzufügen; *sel, etc* zugeben; *fam* **vous en rajoutez!** *fam* Sie erfinden was dazu!

rajustement [ʀaʒystəmɑ̃] M Anpassung *f*; Angleichung *f* **rajuster** [-e] **A** V/T **1** *lunettes, vêtement* zurechtrücken **2** *salaires, prix* anpassen; angleichen **B** V/PR **se ~** sich wieder zurechtmachen; s-e Kleidung wieder in Ordnung bringen

râlant [ʀɑlɑ̃] ADJ ⟨-ante [-ɑ̃t]⟩ *fam* **c'est ~** *fam* das ist blöd; *fam* so was Dummes!

râle [ʀɑl] M Röcheln *n*

ralenti [ʀalɑ̃ti] M **1** *d'un moteur* Leerlauf *m*; Standgas *n*; *par ext* **au ~** mit mäßigem Tempo **2** FILM Zeitlupe *f*

ralentir [ʀalɑ̃tiʀ] **A** V/T verlangsamen **B** V/I langsamer fahren; langsamer werden **C** V/PR **se ~** langsamer werden; sich verlangsamen

ralentissement [ʀalɑ̃tismɑ̃] M **1** Verlangsamung *f* **2** **~s** *pl* zähflüssiger Verkehr **ralentisseur** [-œʀ] M Fahrbahnschwelle *f*

râler [ʀɑle] V/I **1** *mourant* röcheln **2** *fam* (*protester*) *fam* motzen; *fam* meckern; **faire ~ qn** j-n wütend machen

râleur [ʀɑlœʀ] *fam* **A** ADJ ⟨-euse [-øz]⟩ *fam* motzig **B** **~, râleuse** M,F Nörgler(in) *m(f)*; *fam* Meckerziege *f*

ralliement [ʀalimɑ̃] M **1** **point** *m* **de ~** Sammelpunkt *m* **2** (*adhésion*) Anschluss *m* (**à** an + *acc*)

rallier [ʀalje] **A** V/T **1** *troupes* sammeln **2** (*unir*) vereinen; um sich sammeln, scharen; *suffrages* auf sich (*acc*) vereinigen **3** (*rejoindre*) sich anschließen (+ *dat*); *endroit* zurückkehren zu **B** V/PR **se ~** **1** *troupes* sich wieder sammeln **2** (*adhérer*) sich anschließen (**à** *dat*)

rallonge [ʀalɔ̃ʒ] F **1** *d'une table* Ausziehplatte *f*; ÉLEC Verlängerungsschnur *f* **2** *fam fig* (*supplément*) Zugabe *f*

rallongement [ʀalɔ̃ʒmɑ̃] M Verlängerung *f*; *des jours* Längerwerden *n*

rallonger [ʀalɔ̃ʒe] ⟨-ge-⟩ **A** V/T *vêtement* länger machen; *piste, etc* verlängern; *fam* **cela me rallonge** das ist ein Umweg für mich **B** V/I *jours* länger werden

rallumer [ʀalyme] **A** V/T **1** *feu, cigarette* wieder anzünden; *lumière, radio, télé* wieder einschalten; *fam* wieder anmachen **2** *fig passion, conflit* wieder entfachen **B** V/PR **se ~** *incendie, fig passion, guerre* erneut aufflackern

rallye [ʀali] M (! maskulin) Rallye *f*

ramadan [ʀamadɑ̃] M Ramadan *m*

ramage [ʀamaʒ] M **1** **~s** *pl* Rankenmuster *n* **2** *litt des oiseaux* Gezwitscher *n*

ramassage [ʀamasaʒ] M (Auf)Sammeln *n*; *des ordures ménagères* Abholung *f*; Abfuhr *f*; **car** *m* **de ~ scolaire** Schulbus *m*

ramassé [ʀamase] ADJ ⟨~e⟩ **1** *personne, animal* zusammengekauert, -gerollt; geduckt **2** *forme* gedrungen; wuchtig **3** *expression, style* knapp; bündig

ramasse-miettes [ʀamasmjɛt] M (! unveränderlich) Tischbesen *m* und Schaufel *f*

ramasser [ʀamase] **A** V/T **1** *cahiers, copies* einsammeln; *ordures, lait* abholen; *argent* (*accumuler*) anhäufen; (*encaisser*) einnehmen; *fam malfaiteurs* aufgreifen **2** (*prendre par terre*) aufheben; *champignons, coquillages* sammeln; *blessés, ivrogne, animal perdu* auflesen **3** *fam maladie, volée fam* (ab)kriegen **B** V/PR **se ~** **1** (*se pelotonner*) sich zusammenkauern, -rollen **2** *fam* (*se relever*) wieder aufstehen; *par ext* (*tomber*) hinfallen; *fig à un examen* durchfallen

ramasseur [ʀamasœʀ] M, **ramasseuse** [-øz] F Sammler(in) *m(f)*; TENNIS **ramasseur de balles** Balljunge *m*

ramassis [ʀamasi] M *péj* Haufen *m*; Wust *m*

rambarde [ʀɑ̃baʀd] F Geländer *n*; MAR Reling *f*

ramdam [ʀamdam] *fam* M Krach *m*; *fam* Spektakel *m*; *fam* Radau *m*

rame [ʀam] F **1** (*aviron*) Ruder *n* **2** °**haricots** *mpl* **à ~s** Stangenbohnen *fpl* **3** **~ de métro** U-Bahn(-Zug) *f(m)*

rameau [ʀamo] M ⟨~x⟩ **1** Zweig *m*; **~ d'olivier** Ölzweig *m* **2** **les Rameaux** *ou* **le dimanche des Rameaux** der Palmsonntag

ramener [ʀamne] ⟨-è-⟩ **A** V/T **1** (*amener de nouveau*) wieder her-, mitbringen; (*faire revenir*) zurückbringen **2** **~ à** (wieder) bringen auf (+ *acc*) *ou* zu; **~ qn à la raison** j-n zur Vernunft bringen; **~ tout à soi** alles nur von seiner Warte aus sehen; **~ qn à la vie** j-n ins Leben zurückrufen **3** *ordre, paix* wiederherstellen **4** *pop* **la ~** *fam* s-n Senf dazugeben **B** V/PR **1** **se ~ à qc** auf etw (*acc*) hinauslaufen **2** *fam* **se ~** (*revenir*) *fam* wieder aufkreuzen

R

ramequin [ʀamkɛ̃] M kleine Auflaufform
ramer [ʀame] V/I 1 rudern 2 *fam fig* sich abstrampeln
ramette [ʀamɛt] F TYPO kleiner (Schließ)Rahmen
rameur [ʀamœʀ] M, **rameuse** [-øz] F Ruderer *m*, Ruderin *f*
rameuter [ʀamøte] V/T zusammenrufen; *fam* zusammentrommeln
rami [ʀami] M Rommee *n*
ramier [ʀamje] M Ringeltaube *f*
ramification [ʀamifikasjõ] F BIOL, *fig* Verzweigung *f*; Verästelung *f*; *fig* **avoir des ~s** weitverzweigt sein
ramifié [ʀamifje] ADJ ⟨~e⟩ verzweigt; verästelt
ramifier [ʀamifje] V/PR **se ~** sich verzweigen
ramolli [ʀamɔli] ADJ ⟨~e⟩ 1 aufgeweicht 2 *fam personne fam* schlapp; *fam* lahm
ramollir [ʀamɔliʀ] A V/T weich machen; aufweichen B V/I (*et* V/PR **se ~**) weich werden; aufweichen
ramollissement [ʀamɔlismɑ̃] M **~ du cerveau** Gehirnerweichung *f*
ramonage [ʀamɔnaʒ] M Schornsteinfegen *n*
ramoner [-e] V/T *cheminée* fegen **ramoneur** [-œʀ] M Schornsteinfeger *m*; Kaminkehrer *m*
rampant [ʀɑ̃pɑ̃] A ADJ ⟨-ante [-ɑ̃t]⟩ 1 kriechend; Kriech… 2 *personne* kriecherisch B MPL *fam* AVIAT **les ~s** das Bodenpersonal
rampe [ʀɑ̃p] F 1 *pour véhicules* Auf- *ou* Abfahrt *f*; Rampe *f*; **~ d'accès** Auffahrt *f*; *pour fusées* **~ de lancement** Start-, Abschussrampe *f* 2 *d'un escalier* (Treppen)Geländer *n*; *fam fig* **tenir bon la ~** *fam* sich nicht unterkriegen lassen 3 THÉ Rampe *f*; *fig* **passer la ~** (beim Publikum) ankommen
ramper [ʀɑ̃pe] V/I kriechen (*a. fig* **devant qn** vor j-m); MIL robben
rancard [ʀɑ̃kaʀ] M 1 *fam* (*rendez-vous*) Verabredung *f*; **avoir un ~ avec qn** mit j-m verabredet sein; **donner, fixer (un) ~ à qn** sich mit j-m verabreden 2 *argot* (*renseignement*) *fam* Tipp *m*
rancarder [ʀɑ̃kaʀde] *argot* A V/T *fam* e-n Tipp geben (**qn** j-m) B V/PR **se ~** sich umhören; *fam* sich (*dat*) Tipps verschaffen
rancart [ʀɑ̃kaʀ] M *fam* **mettre au ~** ausrangieren; zum alten Eisen werfen
rance [ʀɑ̃s] A ADJ ranzig B M **sentir le ~** ranzig riechen
ranch [ʀɑ̃tʃ] M ⟨~(e)s⟩ Ranch *f*
ranci [ʀɑ̃si] ADJ ⟨~e⟩ *beurre* ranzig (geworden)
rancir [-iʀ] V/I ranzig werden
rancœur [ʀɑ̃kœʀ] F Groll *m*; Verbitterung *f*; **avoir de la ~ pour** *ou* **contre qn** Groll gegen j-n hegen
rançon [ʀɑ̃sõ] F 1 Lösegeld *n* 2 *fig* Preis *m* (**de** für)
rançonner [ʀɑ̃sɔne] V/T **~ qn** von j-m Geld erpressen
rançonneur [ʀɑ̃sɔnœʀ] M, **rançonneuse** [-øz] F Erpresser(in) *m(f)*
rancune [ʀɑ̃kyn] F Groll *m*; Rachsucht *f*; **sans ~!** nichts für ungut!; **garder ~ à qn de qc** j-m etw nachtragen
rancunier [ʀɑ̃kynje] ADJ ⟨-ière [-jɛʀ]⟩ nachtragend
rando [ʀɑ̃do] F *fam* ABR → randonnée
randonnée [ʀɑ̃dɔne] F Ausflug *m*; Tour *f*; Wanderung *f*; **~ à, en vélo** (Fahr)Radtour *f*
randonneur [ʀɑ̃dɔnœʀ] M, **randonneuse** [-øz] F Wanderer *m*, Wand(r)erin *f*
rang [ʀɑ̃] M 1 (*rangée*) Reihe *f*; **au premier ~** in der ersten Reihe; *fig* **grossir les ~s des mécontents** den Kreis der Unzufriedenen vergrößern; **se mettre en ~(s) par deux** sich in Zweierreihen aufstellen; *fig* **se mettre sur les ~s** als Bewerber auftreten 2 MIL Glied *n*; Reihe *f*; *officier* **sorti du ~** aus dem Mannschaftsstand hervorgegangen 3 (*place*) Platz *m*; Stelle *f*; **par ~ d'âge, de taille** dem Alter, der Größe nach 4 (*échelon*) Rang(stufe) *m(f)*; (*condition*) Stellung *f*; Stand *m*
rangé [ʀɑ̃ʒe] ADJ ⟨~e⟩ solide; anständig; ordentlich
rangée [ʀɑ̃ʒe] F Reihe *f*; **~ de maisons** Häuserreihe *f*, -zeile *f*
rangement [ʀɑ̃ʒmɑ̃] M Aufräumen *n*; **faire du ~** aufräumen
ranger [ʀɑ̃ʒe] ⟨-ge-⟩ A V/T 1 *objets, chambre* aufräumen; *papiers, livres a.* ordnen; *objets a.* unterbringen; abstellen 2 (*classer*) einordnen (**parmi** unter + *acc*); **être à ~ parmi …** gehören zu … 3 *voiture* (ein)parken B V/PR **se ~** 1 (*se mettre en rangs*) sich aufstellen 2 (*s'écarter*) zur Seite gehen; *voiture* **se ~ contre le trottoir** an den Bordstein heranfahren 3 *fig* **se ~ du côté de qn** sich auf j-s Seite stellen 4 (*s'assagir*) solide werden
ranimer [ʀanime] V/T 1 *personne* wiederbeleben 2 *flamme, fig sentiment* neu entfachen
rap [ʀap] M MUS Rap *m*
rapace [ʀapas] A ADJ *personne* hab-, raffgierig B M ZOOL Raubvogel *m* **rapacité** [-ite] F Habsucht *f*, -gier *f*
rapatrié(e) [ʀapatʀije] M(F) Rückwanderer, -wand(r)erin *m,f*; Aus-, Rücksiedler(in) *m(f)*; Heimkehrer(in) *m(f)*
rapatriement [ʀapatʀimɑ̃] M Repatriierung *f*; Rückführung *f*
rapatrier [ʀapatʀije] V/T repatriieren; (in sein Land) zurückführen, -bringen
râpe [ʀɑp] F Raspel *f*; CUIS *a.* Reibe *f*; **~ à fro-**

R

▶ Le rap

Rap ist eine Art Sprechgesang, entstanden in den 1970er-Jahren in den Ghettos von New York. Er ist Teil der Hip-Hop-Kultur und steht für rhythm and poetry oder rock against police. In Frankreich ist Rap sehr erfolgreich und seit den 1990er-Jahren Teil einer Protestbewegung, die sich gegen die Verelendung der Vorstädte richtet. Die Rap-Texte sind z. T. sehr provokativ und sozialkritisch: Sie richten sich gegen die Konsumgesellschaft und gegen die Symbole der Macht, gegen Polizei und Justiz. Ihre Sprache ist die Sprache der Jugendlichen aus den Vorstädten. Wichtige Exponenten des Rap in Frankreich sind MC Solaar, Kool Shen, Joey Starr, Rohff, Disiz la Pest, Abd El Malik, Kery James und Monsieur R., bekannte Gruppen sind Ministère Amer, suprême NTM, IAM und Sniper. Die französischen Rapper (**les rappeurs français**) lassen sich inspirieren von Rhythmen aus dem Maghreb und aus Schwarzafrika, halten aber fest an der Tradition des Chansons. Bekanntheit erreichen die Rapper vor allem mithilfe des Radiosenders Skyrock, dem beliebtesten Sender der 13- bis 24-Jährigen, mit mehreren Millionen Zuhörern pro Tag.

LANDESKUNDE ◀

mage Käsereibe *f*

râpé [ʀɑpe] ADJ ⟨~e⟩ **1** CUIS gerieben **2** *vêtement* abgewetzt; abgetragen **3** *fam fig* **c'est ~** *fam* das hat nicht geklappt

râper [ʀɑpe] V/T **1** reiben; raspeln (*a.* TECH) **2** *fig* kratzen (**le gosier** im Hals)

rapetissement [ʀaptismɑ̃] M Verkleinerung *f*

rapetisser [ʀaptise] **A** V/T verkleinern; kleiner erscheinen lassen **B** V/I kleiner werden; *étoffe* eingehen

râpeux [ʀɑpø] ADJ ⟨-euse [-øz]⟩ **1** *langue de chat* rau **2** *vin* herb

raphia [ʀafja] M (Raphia)Bast *m*

rapiat [ʀapja] ADJ ⟨*f inv od* -ate [-at]⟩ *fam* knick(e)rig; knaus(e)rig; *subst* **vieux ~** alter Geizkragen

rapide [ʀapid] **A** ADJ schnell (*a. véhicule*); rasch; *personne a.* flink; *courant* stark; reißend; *descente* steil; **voie** *f* **~** Schnellstraße *f* **B** M **1** *d'un cours d'eau* Stromschnelle *f* **2** CH DE FER (Fern-)Schnellzug *m*; D-Zug *m*

rapidement [ʀapidmɑ̃] ADV schnell; zügig; rasch; *lire un texte* flüchtig

rapidité [ʀapidite] F Schnelligkeit *f*; **~ d'esprit** geistige Beweglichkeit; schnelle Auffassungsgabe

rapiécer [ʀapjese] V/T ⟨-è-, -ç-⟩ flicken

rapière [ʀapjɛʀ] F HIST Rapier *n*

rapine [ʀapin] *litt* F Raub *m*

raplapla [ʀaplapla] ADJ (❗ unveränderlich) *fam* **1** *objet* flach; platt **2** *personne fam* schlapp

rappel [ʀapɛl] M **1** *pour faire revenir* Zurückrufen *n*; *d'ambassadeur* Abberufung *f*; *acteur* **avoir de nombreux ~s** viele Vorhänge bekommen **2** POL **~ à l'ordre** Ordnungsruf *m* **3** (*évocation*) Erinnerung *f* (**de** an + *acc*) **4** (*répétition*) Wiederholung *f*; (**piqûre** *f* **de**) **~** Nachimpfung *f*; Auffrischungsimpfung *f* **5** *paiement* Nachzahlung *f* **6** COMM Mahnung *f*; Erinnerung *f* **7** **descendre en ~** sich abseilen

rappelé [ʀaple] M MIL Wiedereinberufene(r) *m*

rappeler [ʀaple] ⟨-ll-⟩ **A** V/T **1** (*faire revenir*) zurückrufen; *ambassadeur* abberufen; *réservistes* wieder einberufen; *acteur* herausrufen; **rappeler qn à l'ordre** j-n zur Ordnung rufen **2** TÉL wieder, noch einmal anrufen; *réciproquement* zurückrufen **3** (*remettre en mémoire*) **rappeler qc à qn** j-n an etw (*acc*) erinnern; **rappeler à qn de faire qc** j-n daran erinnern, etw zu tun *ou* dass …; **rappelez-moi votre nom** nennen Sie mir Ihren Namen noch einmal **B** V/PR **se rappeler** sich erinnern (**qc** an etw [*acc*], *abus* **de qc, de qn** an etw, an j-n)

rappeur [ʀapœʀ] M, **rappeuse** [-øz] F MUS Rapper(in) *m(f)*

rappliquer [ʀaplike] V/I *fam* aufkreuzen

rapport [ʀapɔʀ] M **1** (*compte rendu*) Bericht *m*; *à un supérieur* Rapport *m*; **faire un ~** Bericht erstatten **2** *entre choses* Zusammenhang *m*; Beziehung *f*; Verhältnis *n*; **~ qualité-prix** Preis-Leistungs-Verhältnis *n*; **en ~ avec** entsprechend (+ *dat*); **par ~ à** im Verhältnis zu; im Vergleich zu; **sous tous les ~s** in jeder Hinsicht, Beziehung; **cela n'a aucun ~!** das gehört nicht hierher!; das hat damit nichts zu tun!; **il n'y a aucun ~** da besteht kein Zusammenhang; **établir, faire le ~ entre deux choses** den Zusammenhang zwischen zwei Dingen herstellen **3** *entre personnes, pays* **~s** *pl* Beziehungen *fpl*; Verhältnis *n*; **~s (sexuels)** (Geschlechts)Verkehr *m*; **avoir des ~s avec qn** (Geschlechts)Verkehr, intime Beziehungen mit j-m haben; **avoir, entretenir de bons ~s avec qn** ein gutes Verhältnis zu j-m haben; gute Beziehungen mit, zu j-m unterhalten; **se mettre en ~ avec qn** sich mit j-m in Verbindung setzen **4** (*rendement*) Ertrag *m*; **~s du tiercé** Gewinnquoten *fpl* bei der Dreierwette

rapportage [ʀapɔʀtaʒ] M ÉCOLE *péj* Petzen *n*

rapporter [ʀapɔʀte] **A** V/T **1** *à l'endroit initial* wieder-, zurückbringen **2** (*apporter*) mitbringen **3**

R

(faire le récit de) berichten; *péj* ÉCOLE petzen *(abs)* **4** *bénéfice* einbringen; abwerfen; *abs* einträglich sein **B** V/PR **1** **se ~ à** sich beziehen auf *(+ acc)* **2** **s'en ~ à qn** sich auf j-n verlassen

rapporteur [ʀapɔʀtœʀ] M, **rapporteuse** [-øz] F **1** ÉCOLE *péj* Petze *f* **2** *m* JUR, ADMIN Berichterstatter(in) *m(f)* **3** *m* MATH Winkelmesser *m*

rapprendre [ʀapʀɑ̃dʀ] → réapprendre

rapproché [ʀapʀɔʃe] ADJ ⟨~e⟩ nah(e), dicht beieinanderliegend, *dans le temps* aufeinanderfolgend; Nah...; **protection ~e** Personen- und Objektschutz *m*

rapprochement [ʀapʀɔʃmɑ̃] M **1** *de peuples* Annäherung *f* **2** *(parallèle)* **faire le ~ entre qc et qc** etw und etw im Zusammenhang sehen

rapprocher [ʀapʀɔʃe] **A** V/T **1** *un objet* heranrücken (**de** an *+ acc*); *deux objets* zusammenrücken **2** *dans le temps* näher bringen (**de** *dat*) **3** *fig personnes* einander näher bringen **4** *(comparer)* nebeneinanderstellen; in Zusammenhang bringen **B** V/PR **se ~** **1** *(venir plus près)* sich nähern (**de** *dat*); näher kommen; *(se serrer)* zusammenrücken **2** *fig adversaires, etc* sich näherkommen **3** *fig (devenir comparable)* näherkommen (**de** *dat*)

rapprovisionner [ʀapʀɔvizjɔne] **A** V/T wieder beliefern, versorgen (**en** mit) **B** V/PR **se ~ (en qc)** sich (mit etw) wieder versorgen, eindecken

rapt [ʀapt] M Entführung *f*

raquer [ʀake] V/T *et* V/I *pop (payer) fam* blechen

raquette [ʀakɛt] F **1** SPORTS Schläger *m* **2** *pour la neige* Schneeschuh *m*, -teller *m*

rare [ʀɑʀ] ADJ **1** selten; *denrées, main-d'œuvre* knapp; rar; **gaz** *mpl* **~s** Edelgase *npl*; **à de ~s exceptions près** bis auf wenige Ausnahmen; **un des ~s ... qui** *(+ subj)* einer der wenigen ..., die ...; **~s sont ceux qui ...** es gibt nur wenige, die ...; nur wenige ...; *personne* **se faire ~** sich selten sehen lassen; *fam* sich rarmachen **2** *(exceptionnel)* selten; un-, außergewöhnlich **3** *(clairsemé)* spärlich; dünn; *cheveux a.* schütter

raréfaction [ʀaʀefaksjõ] F **1** *de l'air* Verdünnung *f* **2** *de denrées* Verknappung *f*

raréfier [ʀaʀefje] V/PR **se ~** **1** *air* dünner werden **2** *(devenir rare)* selten(er) werden; *produit* knapp werden

rarement [ʀaʀmɑ̃] ADV selten

rareté (❗ rareté) [ʀaʀte] F **1** *de qc* Seltenheit *f*; *de denrées* Knappheit *f* **2** *(chose rare)* Rarität *f*

rarissime [ʀaʀisim] ADJ sehr, äußerst selten

ras [ʀɑ] ADJ ⟨rase [ʀɑz]⟩ **1** *cheveux* kurz (geschnitten, geschoren); **à poil ~** kurzhaarig; Kurzhaar... **2** *mesure, cuiller* gestrichen voll; **pull ~ du cou** Rundhalspulli *m*; **plein, rempli à ~ bord** randvoll; **en ~e campagne** auf dem flachen Land; auf freiem Feld; **à ~ de, au ~ de** dicht, knapp über *(+ dat ou acc)*; *fam fig* **en avoir ~ le bol** *fam* die Schnauze voll haben; *fig* **faire table ~e** Tabula rasa machen, reinen Tisch machen (**de qc** mit etw)

rasade [ʀazad] F **boire une grande ~** e-n kräftigen Schluck trinken

rasage [ʀazaʒ] M Rasur *f*; Rasieren *n*

rasant [ʀazɑ̃] *fam* ADJ ⟨-ante [-ɑ̃t]⟩ langweilig; geisttötend; öde

rascasse [ʀaskas] F ZOOL Drachenkopf *m*

rasé [ʀɑze] ADJ ⟨~e⟩ **1** *cheveux, barbe* (kurz) geschoren; (ab)rasiert; *crâne* kahl geschoren **2** *personne* rasiert

rase-mottes [ʀɑzmɔt] M (❗ unveränderlich) Tiefflug *m*; **faire du ~** im Tiefflug fliegen

raser [ʀɑze] **A** V/T **1** *personne, jambes* rasieren; *nuque* ausrasieren; *crâne* kahl scheren **2** *fam (ennuyer)* langweilen; *fam* anöden **3** *bâtiment, quartier* abreißen; *fortifications* schleifen; *à la guerre* **être rasé** dem Erdboden gleichgemacht werden **4** *(passer près de)* **raser qc** dicht an etw *(dat)* vorbeifahren *ou* -fliegen *ou* -laufen **B** V/PR **se raser** **1** *(se faire la barbe)* sich rasieren **2** *fam (s'ennuyer)* sich langweilen; *fam* sich mopsen

raseur [ʀɑzœʀ], **raseuse** [-øz] *fam* M,F Langweiler(in) *m(f)*; *fam* Nervensäge *f*

rasibus [ʀazibys] *fam* ADV ganz dicht (vorbei); *ongles* **couper ~** ganz kurz (ab)schneiden

ras-le-bol [ʀalbɔl] *fam* M Verdruss *m*; Verdrossenheit *f*

rasoir [ʀɑzwaʀ] M **1** Rasiermesser *n ou* -apparat *m*; **~ électrique, mécanique** Elektro-, Nassrasierer *m*; **coupe** *f* **(de cheveux) au ~** Messer(haar)schnitt *m* **2** *fam adjt* (❗ unveränderlich) langweilig; geisttötend; öde

rassasié [ʀasazje] ADJ ⟨~e⟩ **1** satt **2** *fig* **~ de qc** e-r Sache *(gén)* überdrüssig

rassasiement [ʀasazimɑ̃] M **1** Sättigung *f* **2** *fig* Übersättigung *f*; Überdruss *m*

rassasier [ʀasazje] **A** V/T **1** sättigen *(a. abs: plat)*; satt machen **2** *fig* **ne pouvoir ~ sa vue de qc** sich an etw *(dat)* nicht sattsehen können **B** V/PR **se ~** sich satt essen (**de** an *+dat*); satt werden

rassemblement [ʀasɑ̃bləmɑ̃] M **1** *de personnes* Ansammlung *f*; (Menschen)Auflauf *m* **2** MIL Sammeln *n*; Antreten *n* **3** POL Sammlungsbewegung *f* (**derrière qn, qc** um j-n, etw)

rassembler [ʀasɑ̃ble] **A** V/T **1** *élèves, troupes, etc* (ver)sammeln **2** *documents* sammeln; zusammentragen **3** *fig courage* zusammennehmen; **rassembler ses esprits** sich sammeln; **rassembler ses forces** s-e Kräfte sammeln **B** V/PR **se rassembler** sich (wieder) (ver)sammeln

rassembleur [ʀasɑ̃blœʀ] M Einiger *m*

rasseoir [ʀaswaʀ] V/PR ⟨→ asseoir⟩ **se ~** sich wieder hinsetzen

rasséréner [raserene] ⟨-è-⟩ **A** V/T beruhigen **B** V/PR **se ~** *visage* sich aufhellen; *personne* sich beruhigen
rassir [rasir] V/I trocken, altbacken werden
rassis [rasi] ADJ **1** ⟨rassie [rasi]⟩ *pain* altbacken; trocken **2** ⟨-ise [-iz]⟩ *fig* besonnen
rassurant [rasyrɑ̃] ADJ ⟨-ante [-ɑ̃t]⟩ *nouvelles* beruhigend; **individu peu ~** zweifelhaftes Individuum
rassuré [rasyre] ADJ ⟨~e⟩ beruhigt
rassurer [rasyre] **A** V/T beruhigen **B** V/PR **se ~** sich beruhigen; *par ext* **rassurez-vous!** seien Sie unbesorgt!
rasta [rasta] *fam* **A** M *(rastafari)* Rasta *m* **B** ADJ (! Maskulin- und Femininform sind gleich) Rasta...; **coiffure** *f* **~** Rastalocken *fpl*
rat[1] [ra] M **1** ZOOL Ratte *f*; *fig* **être fait comme un ~** in der Falle sitzen **2** *fig* **~ de bibliothèque** Bücherwurm *m*; **~ d'hôtel** Hoteldieb *m*; **petit ~ de l'Opéra** Ballettratte *f*
rat[2] ADJ (! Maskulin- und Femininform sind gleich) *fam péj* → radin
rata [rata] M *fam péj* (mieser) Fraß
ratage [rataʒ] M Flop *m*
ratatiné [ratatine] ADJ ⟨~e⟩ **1** zusammengeschrumpft; verschrumpelt; verhutzelt **2** *fam véhicule* **être ~** nur noch Schrott sein
ratatiner [ratatine] **A** V/T **se faire ~** vernichtend geschlagen, niedergewalzt werden **B** V/PR **se ~** zusammenschrumpfen
ratatouille [ratatuj] F **~ (niçoise)** provenzalischer Gemüseeintopf
rate [rat] F ANAT Milz *f*
raté [rate] **1** *m d'un moteur* Fehlzündung *f* **2** **~(e)** *m(f) péj* Versager(in) *m(f)*
râteau [rɑto] M ⟨~x⟩ Rechen *m*; Harke *f*
râtelier [rɑtəlje] M **1** (Futter)Raufe *f*; *fig* **manger à tous les ~s** überall s-n Profit suchen **2** *fam (dentier)* Gebiss *n*
rater [rate] **A** V/T **1** *but* verfehlen; *train, occasion* verpassen; *virage fam* nicht kriegen; *fam fig* **il n'en rate pas une!** er benimmt sich immer daneben! **2** *(ne pas réussir) fam* verpatzen; *fam* verkorksen; **~ un examen** in e-r Prüfung durchfallen **B** V/I *(échouer)* misslingen; *fam* schiefgehen; **faire tout ~** alles verderben; *fam* **ça n'a pas raté!** das musste ja (so) kommen! **C** V/PRON **se ~** **1** *(ne pas se rencontrer)* sich verfehlen; sich verpassen **2** **il s'est raté** sein Selbstmordversuch ist misslungen
ratiboisé [ratibwaze] *fam* ADJ ⟨~e⟩ ruiniert; *fam* erledigt
ratiboiser [ratibwaze] *fam* V/T *argent fam* klauen (**à qn** j-m)
ratière [ratjɛr] F Rattenfalle *f*
ratification [ratifikasjõ] F Bestätigung *f*; POL Ratifizierung *f*
ratifier [ratifje] V/T bestätigen; POL ratifizieren; **~ un traité** e-n Vertrag ratifizieren
ration [rasjõ] F **1** Ration *f* **2** *fig* **sa ~ de ...** s-n Anteil an (+ *dat*)
rationalisation [rasjɔnalizasjõ] F Rationalisierung *f* **rationaliser** [-e] V/T rationalisieren
rationalisme [rasjɔnalism] M Rationalismus *m*; Vernunftglaube *m*
rationaliste [rasjɔnalist] **A** ADJ rationalistisch **B** M/F Rationalist(in) *m(f)*; *par ext* Verstandesmensch *m*
rationalité [rasjɔnalite] F Vernünftigkeit *f*; Rationalität *f*
rationnel (! rationnel) [rasjɔnɛl] ADJ ⟨~le⟩ **1** *(raisonnable)* rational (*a.* MATH); vernunftgemäß **2** *(pratique)* rationell; zweckmäßig
rationnellement [rasjɔnɛlmɑ̃] ADV **1** rational; vernünftig **2** rationell; zweckmäßig
rationnement [rasjɔnmɑ̃] M Rationierung *f*
rationner (! rationner) [-e] V/T **A** V/T **1** *vivres, etc* rationieren **2** *personnes* auf halbe Ration setzen; *fig* knapphalten **B** V/PR **se ~** sich (im Essen) zurückhalten; *(se restreindre)* sich einschränken
Ratisbonne [ratisbɔn] Regensburg *n*
ratissage [ratisaʒ] M *par la police* Durchkämmung(saktion) *f*
ratisser [ratise] V/T **1** *allée* harken; rechen; *feuilles mortes* zusammenharken, -rechen **2** *police: quartier* durchkämmen **3** *fam* **~ large** *fam* tüchtig absahnen
raton [ratõ] M junge Ratte; **~ laveur** Waschbär *m*
ratonnade [ratɔnad] F rassistische Ausschreitungen *fpl* (gegen Nordafrikaner)
RATP [ɛratepe] F ABR (Régie autonome des transports parisiens) Pariser Verkehrsbetriebe *mpl*
ratrac [ratrak] M Schnee-, Pistenraupe *f*
rattachement [rataʃmɑ̃] M Angliederung *f*; Anschluss *m*
rattacher [rataʃe] **A** V/T **1** *(attacher de nouveau)* wieder fest-, anbinden **2** *territoire* angliedern, anschließen (**à** an + *acc*) **3** *fig question, idée* in Verbindung, in Zusammenhang bringen (**à** mit) **B** V/PR **se ~** zusammenhängen (**à** mit)
rattrapage [ratrapaʒ] M **cours** *m* **de ~** Nachholunterricht *m*; **session** *f* **de ~** Nachprüfung *f*
rattraper [ratrape] **A** V/T **1** *animal* wieder einfangen; *fugitif* wieder ergreifen **2** *objet, enfant qui tombe* auffangen **3** *(rejoindre)* (wieder) einholen **4** *retard* (wieder) aufholen; *heures de travail* nachholen; *mayonnaise fam* wieder hinkriegen; *erreur* wieder gutmachen **B** V/PR **se ~** **1** *en tombant* sich festhalten (**à** an + *dat*) **2** *lors d'un retard* (wieder) aufholen; *après une erreur* die Sache wettma-

R

chen, wieder gutmachen; **se ~ sur qc** durch etw ausgleichen; sich an etw *(dat)* schadlos halten

raturage [ʀatyʀaʒ] M (Durch)Streichen *n*

rature [ʀatyʀ] F Streichung *f* **raturer** [-e] V/T (aus-, durch)streichen

raugmenter [ʀɔgmɑ̃te] *fam* V/I wieder teurer werden

rauque [ʀok] ADJ rau; heiser

ravagé [ʀavaʒe] ADJ ⟨~e⟩ 1 *pays, jardin* verwüstet 2 *fig visage* gezeichnet 3 *fam fig* → cinglé

ravager [ʀavaʒe] V/T ⟨-ge-⟩ 1 verheeren; verwüsten; heimsuchen 2 *fig* zugrunde richten; zerstören

ravages [ʀavaʒ] MPL Verheerungen *fpl*; Verwüstungen *fpl*; **faire, causer des ~** Verheerungen, Verwüstungen anrichten; *épidémie, drogue* verheerende Folgen haben; *fam fig dans les cœurs* große Verwirrung stiften

ravageur [ʀavaʒœʀ] ADJ ⟨-euse [-øz]⟩ 1 **insecte ~** Schädling *m* 2 *fig* zerstörerisch

ravalement [ʀavalmɑ̃] M Fassadenreinigung *f*, -renovierung *f*

ravaler [ʀavale] A V/T 1 *façade* renovieren; *(nettoyer)* reinigen 2 *salive, fig colère* hinunterschlucken 3 *fig (dignité de) qn* herabsetzen, -würdigen B V/PR **se ~** sich erniedrigen; **se ~ au rang de** herabsinken zu

ravaleur [ʀavalœʀ] M Fassadenreiniger *m*

rave[1] [ʀav] F BOT Rübe *f*

rave[2] [ʀɛv] F *fête* Rave *m*

raveur [ʀɛvœʀ] M, **raveuse** [-øz] F Raver(in) *m(f)*

ravi [ʀavi] ADJ ⟨~e⟩ (hoch)erfreut; entzückt; **être ~ de** *(+inf)* *ou* **que …** *(+subj)* erfreut (darüber) sein, zu *(+inf)* *ou* dass …; **j'en suis ~** es freut mich sehr, ich bin davon entzückt *(a. iron)*

ravier [ʀavje] M Vorspeisenschale *f*

ravigotant [ʀavigɔtɑ̃] *fam* ADJ ⟨-ante [-ɑ̃t]⟩ stärkend; kräftigend

ravigote [ʀavigɔt] ADJ/T **(à la) ~** mit Kräutersoße und fein gehackten Eiern

ravigoter [ʀavigɔte] *fam* V/T aufmuntern; stärken; *fam* aufmöbeln

ravin [ʀavɛ̃] M (Fels)Schlucht *f*; **tomber au fond d'un ~** *ou* **dans un ~** in e-e Schlucht stürzen

ravinement [ʀavinmɑ̃] M *du sol* Auswaschung *f*; *abs* Bodenabschwemmung *f*

raviner [ʀavine] V/T 1 *sol* auswaschen 2 *fig visage* **raviné** durchfurcht

ravioli(s) [ʀavjɔli] MPL Ravioli *pl*

ravir [ʀaviʀ] V/T 1 *(charmer)* hinreißen; bezaubern; entzücken; **cela vous va à ~** das steht Ihnen ausgezeichnet 2 *litt (enlever)* rauben; entreißen

raviser [ʀavize] V/PR **se ~** s-e Meinung ändern; sich anders besinnen

ravissant [ʀavisɑ̃] ADJ ⟨-ante [-ɑ̃t]⟩ bezaubernd; entzückend; hinreißend; reizend **ravissement** [-mɑ̃] M Entzücken *n*

ravisseur [ʀavisœʀ] M, **ravisseuse** [-øz] F Entführer(in) *m(f)*

ravitaillement [ʀavitajmɑ̃] M 1 Versorgung *f* (**en** mit); MIL *a.* Nachschub *m* 2 *fam (provisions)* Lebensmittel *npl*

ravitailler [ʀavitaje] A V/T (MIL mit Nachschub, *ville* mit Lebensmitteln) versorgen; *avion* **~ en vol** in der Luft auftanken B V/PR **se ~** sich versorgen (**en** mit)

ravitailleur [ʀavitajœʀ] M *navire* Versorgungsschiff *n*, *véhicule* -fahrzeug *n*, *avion* -flugzeug *n*

raviver [ʀavive] A V/T 1 *feu* anfachen 2 *fig souvenirs* neu beleben; *douleur* wieder aufflackern lassen 3 *couleur* auffrischen B V/PR **se ~** *peine, espoir* wieder aufleben

ravoir [ʀavwaʀ] V/T ⟨*nur inf*⟩ 1 *(récupérer)* wiederhaben, -bekommen 2 *fam (nettoyer) fam* sauber kriegen

rayé [ʀeje] ADJ ⟨~e⟩ 1 *étoffe* gestreift 2 *meuble, etc* zerkratzt

rayer [ʀeje] V/T ⟨-ay- *od* -ai-⟩ 1 *meuble, voiture* zerkratzen *(a. disque)*; verschrammen 2 *mot* (durch)streichen; *sur des formulaires* **~ la mention inutile** Nichtzutreffendes streichen; *fig* **~ qc de sa mémoire** etw aus s-m Gedächtnis streichen, auslöschen

rayon [ʀɛjõ] M 1 *de lumière* (Licht)Strahl *m*; *fig* **être un ~ de soleil** *enfant* ein Sonnenschein sein; *chose* ein Lichtblick sein 2 PHYS **~s** *pl* Strahlen *mpl*; Strahlung *f* 3 *d'une roue* Speiche *f* 4 MATH Radius *m*; Halbmesser *m*; *fig* **~ d'action** AVIAT, MAR Aktionsradius *m*; *par ext* Tätigkeits-, Wirkungsbereich *m*; **dans un ~ de** in e-m Umkreis von 5 *d'une étagère* Fachbrett *n*; *par ext* Fach *n* 6 *d'un grand magasin* Abteilung *f*; *fam fig* **en connaître un ~** gut Bescheid wissen; Meister in s-m Fach sein 7 *d'une ruche* Wabe *f*

rayonnage [ʀɛjɔnaʒ] M Regal *n*

rayonnant [ʀɛjɔnɑ̃] ADJ ⟨-ante [-ɑ̃t]⟩ strahlend; **~ de joie** freudestrahlend; **~ de santé** vor Gesundheit strotzend

rayonne [ʀɛjɔn] F Kunstseide *f*

rayonnement [ʀɛjɔnmɑ̃] M 1 PHYS Strahlung *f* 2 *fig* Ausstrahlung *f*; Wirkung *f*

rayonner [ʀɛjɔne] V/I 1 *chaleur, douleur* ausstrahlen 2 *personne, visage* strahlen (**de joie** vor Freude) 3 *civilisation* ausstrahlen; verbreitet sein 4 *avenues* strahlenförmig ausgehen (**de** von), verlaufen 5 *personne* Fahrten, Ausflüge in die Um-

gebung machen
rayure [ʀejyʀ] F 1 (*bande*) Streifen *m*; **à ~s** gestreift 2 (*éraflure*) Kratzer *m*; Schramme *f*
raz-de-marée *ou* **raz de marée** [ʀadmaʀe] M (❗ unveränderlich) 1 Flutwelle *f* 2 *fig* Erdrutsch *m*
razzia [ʀa(d)zja] F Raub-, Beutezug *m*; *fam fig* **faire une ~ sur qc** über etw (*acc*) herfallen
RDA [ɛʀdea] F ABR (République démocratique allemande) HIST DDR *f*
re... [ʀ(ə)] *préfixe* ⟨*vor Vokal* **ré...**, *vor s meist* **res...**⟩ wieder; noch einmal
ré [ʀe] M (❗ unveränderlich) MUS d *ou* D *n*
réa [ʀea] F ABR *fam* → réanimation
réabonnement [ʀeabɔnmɑ̃] M Abonnementserneuerung *f*, -verlängerung *f*
réabonner [ʀeabɔne] V/PR **se ~** wieder abonnieren (**à qc** etw); *abs* sein Abonnement erneuern *ou* verlängern
réabsorber [ʀeapsɔʀbe] V/T wieder aufsaugen; wieder absorbieren
réabsorption [ʀeapsɔʀpsjõ] F erneute Absorption
réac [ʀeak] ADJ *et* SUBST *fam* ABR → réactionnaire
réaccoutumer [ʀeakutyme] V/PR **se ~ à** sich wieder gewöhnen an (*+ acc*)
réacheminement [ʀeaʃəminmɑ̃] M 1 *ailleurs* Weiterbeförderung *f*, -leitung *f* 2 *au point de départ* Zurücksendung *f* **réacheminer** [-e] V/T 1 *ailleurs* weiterbefördern, -leiten 2 *au point de départ* zurücksenden
réacteur [ʀeaktœʀ] M 1 AVIAT Düsen-, Strahltriebwerk *n* 2 **~ nucléaire** Atom-, Kernreaktor *m*
réactif [ʀeaktif] M CHIM Reagens
réaction [ʀeaksjõ] F 1 Reaktion *f* (*a.* CHIM, *etc*) (**à** auf *+ acc*); **~ en chaîne** Kettenreaktion *f* (*a. fig*); **en** *ou* **par ~ contre** als Reaktion auf (*+acc*) 2 **avion** *m* **à ~** Düsenflugzeug *n*
réactionnaire (❗ réactionnaire) [ʀeaksjɔnɛʀ] *péj* A ADJ reaktionär B M/F Reaktionär(in) *m(f)*
réactivation [ʀeaktivasjõ] F Reaktivierung *f*; Wiederbelebung *f* **réactiver** [-e] V/T reaktivieren; wieder beleben **réactivité** [-ite] F Reaktivität *f*
réadaptation [ʀeadaptasjõ] F 1 Wiederanpassung *f* (**à** an *+ acc*) 2 MÉD Rehabilitation *f*
réadapter [ʀeadapte] A V/T 1 wieder anpassen (**à** an *+acc*) 2 MÉD rehabilitieren; wieder (beruflich, ins Berufsleben) eingliedern B V/PR **se ~** sich wieder anpassen, einleben
réadmettre [ʀeadmɛtʀ] V/T ⟨→ mettre⟩ *personne* wieder zulassen, aufnehmen **réadmission** [-misjõ] F Wiederzulassung *f*, -aufnahme *f*
réaffirmer [ʀeafiʀme] V/T wieder, erneut bestätigen, bekräftigen
réagir [ʀeaʒiʀ] V/T INDIR 1 **~ à** reagieren auf (*+ acc*) (*a.* CHIM, *etc*) 2 **~ contre** sich wehren gegen; *abs* **il faut ~!** Kopf hoch!; man muss etwas dagegen unternehmen! 3 **~ sur** zurückwirken auf (*+ acc*)
réajustement [ʀeaʒystəmɑ̃] M → rajustement **réajuster** [-e] → rajuster
réalisable [ʀealizabl] ADJ realisierbar; *projet a.* durchführbar
réalisateur [ʀealizatœʀ] M, **réalisatrice** [-tʀis] F Regisseur(in) *m(f)*; Spiel-, Sendeleiter(in) *m(f)*
réalisation [ʀealizasjõ] F 1 *d'un projet* Realisierung *f*; Verwirklichung *f*; Durchführung *f*; *d'un rêve* Erfüllung *f* 2 *œuvre* Leistung *f*; Errungenschaft *f* 3 FILM, TV, RAD Regie *f*
réaliser [ʀealize] A V/T 1 *projet, programme* realisieren; verwirklichen; durchführen; *bénéfice, meilleur temps* erzielen; *rêve* erfüllen; *exploit* vollbringen; *économies* machen 2 JUR *achat, vente* tätigen; *contrat* erfüllen 3 *film* machen; Regie führen bei; *scénario* verfilmen; *émission* (zusammenstellen und) leiten 4 FIN realisieren; zu Geld machen 5 (*se rendre compte*) realisieren, erkennen, erfassen (**que ...** dass ...); **réalisez-vous ce que vous dites?** sind Sie sich (*dat*) klar, im Klaren darüber, was Sie da sagen? B V/PR **se ~** 1 *projet* sich verwirklichen; *rêve* in Erfüllung gehen 2 *personne* sich selbst verwirklichen
réalisme [ʀealism] M Realismus *m*
réaliste [ʀealist] A ADJ realistisch; wirklichkeitsnah B M/F Realist(in) *m(f)*
réalité [ʀealite] F Wirklichkeit *f*; Realität *f*; **en réalité** in Wirklichkeit
réanimateur [ʀeanimatœʀ] M, **réanimatrice** [-tʀis] F Facharzt *m*, Fachärztin *f* für Intensivmedizin
réanimation [ʀeanimasjõ] F MÉD Wiederbelebung *f*; Reanimation *f*; *science* Intensivmedizin *f*; **service** *m* **de ~** Intensivstation *f*; **être en ~** auf der Intensivstation liegen
réanimer [ʀeanime] V/T wiederbeleben
réapparaître [ʀeapaʀɛtʀ] V/I ⟨→ connaître; avoir *od* être⟩ wieder erscheinen; *maladie* wieder auftreten; *personne fam* wieder auftauchen
réapparition [-isjõ] F Wiedererscheinen *n*
réapprendre [ʀeapʀɑ̃dʀ] V/T ⟨→ prendre⟩ wieder, noch einmal lernen
réapprovisionnement [ʀeapʀɔvizjɔnmɑ̃] M Wiederbelieferung *f*, -versorgung *f* (**en** mit)
réapprovisionner [-e] A V/T wieder beliefern, versorgen (**en** mit) B V/PR **se ~ (en qc)** sich (mit etw) wieder versorgen, eindecken
réarmement [ʀeaʀməmɑ̃] M Wiederbewaff-

R

nung *f*; Wiederaufrüstung *f*
réarmer [ʀeaʀme] A V/T 1 *pays* wieder bewaffnen; wieder aufrüsten 2 *arme à feu* wieder durchladen; wieder spannen (*a. appareil photo*) B V/I *pays* wieder aufrüsten
réassortiment [ʀeasɔʀtimɑ̃] M Ergänzung *f*, Auffüllung *f* (des Warenbestandes); Nachlieferung *f* **réassortir** [-iʀ] A V/T *service de table* wieder ergänzen; *la même laine, etc* nachkaufen B V/PR **se ~** *commerçant* s-n Warenbestand auffüllen, ergänzen
réassurance [ʀeasyʀɑ̃s] F Rückversicherung *f* **réassurer** [-e] V/T (*et* V/PR **se**) **~** (sich) rückversichern
rebaptiser [ʀ(ə)batize] V/T *rue, etc* umbenennen
rébarbatif [ʀebaʀbatif] ADJ ⟨-ive [-iv]⟩ 1 unfreundlich; abweisend 2 *sujet* trocken; spröde
rebâtir [ʀ(ə)bɑtiʀ] V/T wieder aufbauen
rebattre [ʀ(ə)batʀ] V/T ⟨→ battre⟩ **~ les oreilles à qn de qc** j-m (von) etw bis zum Überdruss erzählen
rebattu [ʀ(ə)baty] ADJ ⟨~e⟩ abgedroschen
rebelle [ʀəbɛl] A ADJ *personne, enfant* aufsässig; rebellisch; *troupes* aufrührerisch; rebellierend; *province* abtrünnig; *fièvre, tache* hartnäckig; *mèche de cheveux* widerspenstig; **être ~ à** sich widersetzen (*+dat*) B M/F Rebell(in) *m(f)*; Aufrührer(in) *m(f)*
rebeller [ʀ(ə)bɛle] V/PR **se ~** sich auflehnen (**contre** gegen); rebellieren (gegen)
rébellion [ʀebɛljõ] F Rebellion *f*; Aufstand *m*; Auflehnung *f*; Aufruhr *m*; *par ext* **avoir l'esprit de ~** aufsässig, rebellisch sein
rebelote [ʀəbəlɔt] INT *fam* **et ~** und das Gleiche noch mal
rebiffer [ʀ(ə)bife] V/PR *fam* **se ~** aufbegehren, *fam* aufmucken (**contre** gegen)
R
rebiquer [ʀ(ə)bike] *fam* V/I abstehen
reblochon [ʀəblɔʃõ] M *ein Weichkäse aus Savoyen*
reboisement [ʀ(ə)bwazmɑ̃] M (Wieder)Aufforstung *f* **reboiser** [-e] V/T (wieder) aufforsten
rebond [ʀ(ə)bõ] M Ab-, Rückprall *m*
rebondi [ʀ(ə)bõdi] ADJ ⟨~e⟩ prall; rund; voll; **aux joues ~es** pausbackig
rebondir [ʀ(ə)bõdiʀ] V/I 1 *balle* hochspringen (**sur le sol** vom Boden); zurückprallen (**sur** von) 2 *fig affaire* wieder in Gang kommen **rebondissement** [-ismɑ̃] M neue Entwicklung; *d'une affaire* **~s** *pl* plötzlich neu auftretende Entwicklungen *fpl*
rebonjour [ʀ(ə)bõʒuʀ] *fam* **~!** nochmals guten Tag!
rebord [ʀ(ə)bɔʀ] M Rand *m*; **~ de la fenêtre** Fenstersims *m*, -brett *n*, -bank *f*
reborder [ʀ(ə)bɔʀde] V/T *lit* wieder in Ordnung bringen; **~ un enfant** ein Kind wieder zudecken
reboucher [ʀ(ə)buʃe] A V/T *bouteille* wieder zustöpseln;; *trou* wieder zustopfen B V/PR **se ~** *évier, tuyau* sich wieder verstopfen
rebours [ʀ(ə)buʀ] **à ~** gegen den Strich; *fig* verkehrt; **compte** *m* **à ~** Count-down *m*
rebouteux [ʀ(ə)butø] M Heilkundige(r), der Glieder einrenkt
reboutonner [ʀ(ə)butɔne] A V/T wieder zuknöpfen B V/PR **se ~** sich (*dat*) die Jacke, *etc* wieder zuknöpfen
rebrousse-poil [ʀ(ə)bʀuspwal] **à ~** gegen den Strich; *fam fig* **prendre qn à ~** j-n vor den Kopf stoßen
rebrousser [ʀ(ə)bʀuse] V/T 1 gegen den Strich streichen 2 *fig* **~ chemin** umkehren; kehrtmachen
rebuffade [ʀ(ə)byfad] F Abfuhr *f*; **essuyer une ~** sich (*dat*) e-e Abfuhr holen
rébus [ʀebys] M Bilderrätsel *n*; Rebus *m ou n*
rebut [ʀəby] M 1 Abfall *m*; Ausschuss *m*; **mettre au ~** ausrangieren 2 *fig* Abschaum *m*
rebutant [ʀ(ə)bytɑ̃] ADJ ⟨-ante [-ɑ̃t]⟩ abstoßend **rebuter** [-e] V/T (*déplaire*) abstoßen; (*décourager*) abschrecken
recalage [ʀ(ə)kalaʒ] *fam* M EXAMEN Durchfallen *n*; *fam* Durchfall *m*
recalcification [ʀ(ə)kalsifikasjõ] F MÉD Behebung *f* von Kalkmangel
récalcitrant [ʀekalsitʀɑ̃] ADJ ⟨-ante [-ɑ̃t]⟩ störrisch; widerspenstig; bockig; **se montrer ~ à** *ou* **contre qc** sich e-r Sache (*dat*) gegenüber ablehnend zeigen
recalculer [ʀ(ə)kalkyle] V/T noch einmal (be)-rechnen; nachrechnen
recalé(e) [ʀ(ə)kale] *fam* M(F) Durchgefallene(r) *m|f(m)*; **les recalés du bac** die im Abitur Durchgefallenen *mpl*
recaler [ʀ(ə)kale] *fam* V/T durchfallen, *fam* durchrasseln lassen; **se faire ~** durchfallen, *fam* -rasseln, *fam* -segeln
récapitulatif [ʀekapitylatif] ADJ ⟨-ive [-iv]⟩ zusammenfassend
récapitulation [ʀekapitylasjõ] F Zusammenfassung *f*; **faire la ~ de qc** etw zusammenfassen, rekapitulieren
récapituler [ʀekapityle] V/T zusammenfassen; rekapitulieren
recaser [ʀ(ə)kɑze] *fam* A V/T *personne* wieder unterbringen B V/PR **se ~** wieder unterkommen
recauser [ʀ(ə)koze] V/I wieder reden, sprechen (**à qn** mit j-m; **de** über *+acc*)
recel [ʀəsɛl] M Hehlerei *f*
recéler [ʀ(ə)sele] *ou* **receler** [ʀəs(ə)le] V/T ⟨-è-⟩

1 *secret, trésor* enthalten; bergen **2** *objets volés* verbergen

receleur [ʀəs(ə)lœʀ] M, **receleuse** [-øz] F Hehler(in) *m(f)*

récemment [ʀesamɑ̃] ADV kürzlich; vor Kurzem; neulich

recensement [ʀ(ə)sɑ̃smɑ̃] M Erfassung *f*; *de la population* Volkszählung *f* **recenser** [-e] V/T zählen; (zahlenmäßig) erfassen **recenseur** [-œʀ] M Zähler *m (Person)*

recension [ʀ(ə)sɑ̃sjõ] F Rezension *f*

récent [ʀesɑ̃] ADJ ⟨-ente [-ɑ̃t]⟩ neu; neuere; *blessure* frisch; *événements* vor Kurzem, kürzlich erfolgt; jüngste; neueste

recentrage [ʀ(ə)sɑ̃tʀaʒ] M Politik *f* der Mitte; Orientierung *f* zur Mitte hin

recentrer [ʀ(ə)sɑ̃tʀe] V/T FOOTBALL flanken

récépissé [ʀesepise] M Empfangsbescheinigung *f*; PTT Einlieferungsschein *m*; *d'un paiement* Quittung *f*

réceptacle [ʀesɛptakl] M **1** Sammelbecken *n* (*a. fig*) **2** BOT Blütenboden *m*

récepteur [ʀesɛptœʀ] **A** M **1** RAD Empfänger *m* **2** **~ (de téléphone)** (Telefon)Hörer *m* **B** ADJ ⟨-trice [-tʀis]⟩ Empfangs…

réceptif [ʀesɛptif] ADJ ⟨-ive [-iv]⟩ rezeptiv; **~ à** empfänglich für; MÉD anfällig für

réception [ʀesɛpsjõ] F **1** *d'une lettre, d'un hôte*, RAD, TV Empfang *m* (*a. réunion*); **donner une ~** e-n Empfang geben **2** *d'un hôtel* Empfang(-sbüro) *m(n)*; Rezeption *f* **3** *dans un club, etc* Aufnahme *f* **4** **~ de travaux** Abnahme *f* (von Bauarbeiten) **5** SPORTS (Ball)Annahme *f* **6** *de marchandises* Annahme *f*; **~ de marchandises** Warenannahme *f*

réceptionner [ʀesɛpsjɔne] V/T *marchandises* annehmen (und prüfen) **réceptionniste** [-ist] M/F Angestellte(r) *m/f(m)* der Rezeption; Empfangsdame *f*; Empfangschef *m*

réceptivité [ʀesɛptivite] F **1** Empfänglichkeit *f*; Aufnahmefähigkeit *f* **2** MÉD Anfälligkeit *f* (**à** für)

récessif [ʀesesif] ADJ ⟨-ive [-iv]⟩ rezessiv

récession [ʀesesjõ] F Rezession *f*

recette [ʀ(ə)sɛt] F **1** Einnahme *f*; Erlös *m*; Ertrag *m*; **faire ~** ein Kassenerfolg sein **2** **~ (de cuisine)** (Koch)Rezept *n*; *fig* **~ du succès** Erfolgsrezept *n*

recevabilité [ʀəsəvabilite] F JUR Zulässigkeit *f* **recevable** [-abl] ADJ **1** JUR zulässig **2** *excuse* annehmbar

receveur [ʀəsəvœʀ] M **1** **~ des contributions** Finanzbeamte(r) *m*; **~ des postes** Leiter *m* e-s Postamts **2** MÉD Empfänger *m*; **~ universel** Universalempfänger *m* **3** *autrefois* **~ (de bus)** (Bus)Schaffner *m*

receveuse [ʀəsəvøz] F *autrefois* **~ (de bus)** (Bus)Schaffnerin *f*

recevoir [ʀəsəvwaʀ] ⟨je reçois, il reçoit, nous recevons, ils reçoivent; je recevais; je reçus; je recevrai; que je reçoive, que nous recevions; recevant; reçu⟩ **A** V/T **1** erhalten; bekommen; *fam* kriegen; RAD, TV empfangen; *fam* hereinbekommen, -kriegen; *pluie* abbekommen; *fam* abkriegen; **recevez mes amitiés** herzliche Grüße Euer … **2** *personne(s)* empfangen; (*accueillir*) aufnehmen; (*inviter*) einladen; **~ froidement, mal qn** j-m e-n kühlen Empfang bereiten; **~ qn à déjeuner** j-n zum Mittagessen einladen **3** *abs: directeur* zu sprechen sein; *médecin, avocat* Sprechstunde haben; **ils reçoivent beaucoup** sie geben oft Gesellschaften **4** **être reçu (à un examen)** (e-e Prüfung) bestehen **B** V/PRON **se ~** SPORTS aufspringen; aufkommen

rechange [ʀ(ə)ʃɑ̃ʒ] **de ~** Ersatz…; **roue** *f* **de ~** *a.* Reserverad *n*; **vêtements** *mpl* **de ~** Kleider *npl* zum Wechseln

rechanger [ʀ(ə)ʃɑ̃ʒe] V/T ⟨-ge-⟩ wieder (aus)wechseln

rechanter [ʀ(ə)ʃɑ̃te] V/T noch einmal singen

rechapage [ʀ(ə)ʃapaʒ] M *de pneus* Runderneuerung *f* **rechaper** [-e] V/T *pneu* runderneuern

réchappé(e) [ʀeʃape] *litt* M(F) Überlebende(r) *m/f(m)*

réchapper [ʀeʃape] V/T INDIR ⟨avoir *od* être⟩ **~ à qc** etw (heil, gesund, glücklich) überstehen; **en ~** überleben

recharge [ʀ(ə)ʃaʀʒ] F *de stylo* Nachfüllung *f*

rechargeable [ʀ(ə)ʃaʀʒabl] ADJ *stylo* mit auswechselbarer Patrone; *pile* (wieder)aufladbar

rechargement [ʀ(ə)ʃaʀʒəmɑ̃] M *d'un camion* Wiederbeladen *n* **recharger** [-e] V/T ⟨-ge-⟩ *camion* wieder beladen; *accus* wieder (auf)laden; *fusil* nachladen; *appareil photo* e-n neuen Film einlegen in (+ *acc*)

réchaud [ʀeʃo] M Kocher *m*

réchauffage [ʀeʃofaʒ] M Aufwärmen *n*; Wiedererhitzen *n*

réchauffé [ʀeʃofe] M *fig* **c'est du ~** *fam* das sind olle Kamellen

réchauffement [ʀeʃofmɑ̃] M Erwärmung *f*; **~ de la planète** Erderwärmung *f*

réchauffer [ʀeʃofe] **A** V/T **1** *aliment* aufwärmen **2** *fig cœur* erwärmen **B** V/PR **se ~** *personne* sich aufwärmen; *temps* wärmer werden

rechausser [ʀ(ə)ʃose] **A** V/T die Schuhe wieder anziehen (**un enfant** e-m Kind) **B** V/PR **se ~** (sich [*dat*]) die Schuhe wieder anziehen

rêche [ʀɛʃ] ADJ rau

recherche [ʀ(ə)ʃɛʀʃ] F **1** Suche *f* (**de** nach); **~s** *pl* Nachforschungen *fpl*; Ermittlungen *fpl*; *de la*

R

police Fahndung *f*; **à la ~ de** auf der Suche nach; **faire des ~s** Nachforschungen anstellen 2 *scientifique* Forschung *f*; **faire de la ~** Forschung betreiben 3 *de la perfection, etc* Trachten *n*, Streben *n* (**de** nach) 4 *(raffinement)* Geschmack *m*; *péj* Gesuchtheit *f*

recherché [ʀ(ə)ʃɛʀʃe] ADJ ⟨~e⟩ 1 *(demandé)* begehrt; gefragt; gesucht 2 *(raffiné)* fein; ausgesucht; *péj* gesucht

rechercher [ʀ(ə)ʃɛʀʃe] V/T 1 *(chercher)* suchen; *malfaiteur* fahnden (**qn** nach j-m); **être recherché par la police** von der Polizei, polizeilich gesucht werden 2 *cause* erforschen 3 *perfection, etc* streben, trachten nach

rechigner [ʀ(ə)ʃiɲe] V/I **~ à la besogne** sich widerwillig, murrend an die Arbeit machen; **sans ~** ohne Murren

rechristianiser [ʀ(ə)kʀistjanize] V/T *pays, milieu* wieder dem Christentum zuführen, für das Christentum gewinnen

rechute [ʀ(ə)ʃyt] F MÉD, *fig* Rückfall *m*; **faire, avoir une ~** e-n Rückfall haben, bekommen, erleiden

rechuter [ʀ(ə)ʃyte] V/I e-n Rückfall erleiden

récidive [ʀesidiv] F JUR, *fig* Rückfall *m*; **vol** *m* **avec ~** Diebstahl *m* im Rückfall; **en cas de ~** im Wiederholungsfall *(a. fig)*

récidiver [ʀeside] V/I 1 JUR rückfällig werden *(a. fig)* 2 MÉD *tumeur* wieder auftreten

récidiviste [ʀesidivist] M/F Rückfällige(r) *m/f(m)*; *adjt* **criminel** *m* **~** rückfälliger Verbrecher

récidivité [ʀesidivite] F MÉD Neigung *f* zu Rückfällen

récif [ʀesif] M Riff *n*

récipiendaire [ʀesipjɑ̃dɛʀ] M *à une académie* neues Mitglied; *d'un diplôme* Auszuzeichnende(r) *m*

récipient [ʀesipjɑ̃] M Behälter *m*; Gefäß *n*

réciprocité [ʀesipʀɔsite] F Gegenseitigkeit *f*

réciproque [ʀesipʀɔk] A ADJ 1 *(mutuel)* gegen-, wechselseitig 2 GRAM, MATH reziprok B SUBST **la ~** das Umgekehrte

réciproquement [ʀesipʀɔkmɑ̃] ADV gegenseitig; **et ~** und umgekehrt

récit [ʀesi] M Erzählung *f*; Bericht *m*; Geschichte *f*; **faire le ~ de qc** (von) etw erzählen; über etw *(acc)* berichten

récital [ʀesital] M ⟨-als⟩ Konzert *n*; **~ de chant** Liederabend *m*; **donner des ~s** auftreten; Konzerte *ou* Vorstellungen geben

récitant [ʀesitɑ̃] ADJ ⟨-ante [-ɑ̃t]⟩ MUS Solo…

récitatif [ʀesitatif] M Rezitativ *n*

récitation [ʀesitasjõ] F auswendig gelernter *ou* zu lernender Text; **apprendre une ~** ein Gedicht, e-e Fabel, *etc* auswendig lernen

réciter [ʀesite] V/T aufsagen; *vers* vortragen; rezitieren; **~ des prières, sa prière** beten *(abs)*; *fig* **bien ~ sa leçon** sein Sprüchlein gut hersagen, aufsagen; **faire ~ ses leçons à qn** j-n abhören, abfragen

réclamation [ʀeklamasjõ] F Reklamation *f*; Beanstandung *f*; Beschwerde *f*; **lettre** *f* **de ~** Beschwerdebrief *m*; **faire une ~** e-e Beschwerde vorbringen

réclame [ʀeklam] F Reklame *f*; Werbung *f*; **en ~** im Sonderangebot

réclamer [ʀeklame] A V/T *(demander)* verlangen (**qc à qn** etw von j-m; **qn** nach j-m) B V/I *(protester)* reklamieren C V/PR **se ~ de** sich berufen auf (+ *acc*)

reclassement [ʀ(ə)klasmɑ̃] M 1 *de chômeurs* Wiedereingliederung *f* 2 *de fonctionnaires* Neueinstufung *f*

reclasser [ʀ(ə)klase] V/T 1 *chômeurs* wieder eingliedern 2 *fonctionnaires* (gehaltlich) neu einstufen

reclus [ʀəkly] ADJ ⟨-use [-yz]⟩ zurückgezogen; abgeschieden; *subst* **vivre en ~(e)** völlig zurückgezogen leben

réclusion [ʀeklyzjõ] F **~ (criminelle)** Zuchthaus(strafe) *n(f)*; Freiheitsstrafe *f*; *être condamné* **à la ~ à perpétuité** zu lebenslänglichem Zuchthaus; zu e-r lebenslangen Freiheitsstrafe

recoiffer [ʀ(ə)kwafe] A V/T wieder kämmen *ou* frisieren B V/PR **se ~** sich noch einmal frisieren; (sich *[dat]*) die Haare wieder in Ordnung bringen

recoin [ʀəkwɛ̃] M (verborgener) Winkel *(a. fig)*; **explorer les coins et les ~s** alle Winkel und Ecken durchsuchen

reçois, reçoive, *etc* [ʀ(ə)swa, ʀ(ə)swav] → **recevoir**

recoller [ʀ(ə)kɔle] V/T wieder ankleben

récoltable [ʀekɔltabl] ADJ zu ernten(d) **récoltant** [-ɑ̃] M (landwirtschaftlicher) Erzeuger

récolte [ʀekɔlt] F 1 Ernte *f*; **mauvaise ~** Missernte *f*; **faire la ~ de qc** etw ernten 2 *fig* Ernte *f*, Ausbeute *f* (**de** an + *dat*)

récolter [ʀekɔlte] V/T 1 *fruits, légumes* ernten; *fig* **~ ce qu'on a semé** ernten, was man gesät hat 2 *fig ingratitude* ernten; *fam coups* abkriegen; *fam argent* zusammenbringen

recommandable [ʀ(ə)kɔmɑ̃dabl] ADJ empfehlenswert; **individu** *m* **peu ~** verdächtiges Individuum

recommandation [ʀ(ə)kɔmɑ̃dasjõ] F 1 *(appui)* Empfehlung *f*; **lettre** *f* **de ~** Empfehlungsbrief *m*; **sur (la) ~ de** auf Empfehlung von *(ou +gén)* 2 *(conseil)* Ermahnung *f*; **faire ses ~s à qn** j-n ermahnen

recommandé [ʀ(ə)kɔmɑ̃de] ADJ ⟨~e⟩ 1 **lettre**

~e Einschreib(e)brief *m*; Einschreiben *n* **2** *fam* **ce n'est pas très ~** das ist nicht sehr ratsam

recommander [ʀ(ə)kɔmɑ̃de] **A** VT **1** empfehlen (**qc à qn** j-m etw) **2** *envoi postal* einschreiben lassen **B** V/PR **se ~ de qn** sich auf j-n berufen

recommencement [ʀ(ə)kɔmɑ̃smɑ̃] M Wieder-, Neubeginn *m*

recommencer [ʀ(ə)kɔmɑ̃se] ⟨-ç-⟩ **A** VT wieder beginnen (**qc** [mit] etw; **à** + *inf* zu + *inf*); noch einmal von vorn anfangen (*a. abs*); (*refaire*) noch einmal machen **B** VI wieder beginnen, anfangen

récompense [ʀekɔ̃pɑ̃s] F Belohnung *f*; **en ~ de** als, zur Belohnung für; **obtenir, recevoir sa ~** s-e Belohnung erhalten

récompenser [ʀekɔ̃pɑ̃se] VT belohnen; **~ qn par de l'argent** *ou* **en lui donnant de l'argent** j-n mit Geld belohnen

recomposé [ʀ(ə)kɔ̃poze] ADJ ⟨~e⟩ **famille ~e** Patchworkfamilie *f*

recompter [ʀ(ə)kɔ̃te] VT *argent* nachzählen, *addition* nachrechnen (*a. abs*)

réconciliateur [ʀekɔ̃siljatœʀ] *st/s* M Versöhner *m*

réconciliation [ʀekɔ̃siljasjɔ̃] F Ver-, Aussöhnung *f*

réconcilier [ʀekɔ̃silje] **A** VT (wieder) versöhnen **B** V/PR **se ~** sich (wieder) ver-, aussöhnen (**avec qn** mit j-m); *fig* **se ~ avec soi-même** wieder mit sich selbst ins Reine kommen

recondamner [ʀ(ə)kɔ̃dane] VT wieder verurteilen

reconductible [ʀ(ə)kɔ̃dyktibl] ADJ JUR verlängerbar

reconduction [ʀ(ə)kɔ̃dyksjɔ̃] F **1** *d'un contrat* Verlängerung *f*; Erneuerung *f*; **~ expresse, tacite ~** ausdrückliche, stillschweigende Erneuerung *ou* Verlängerung **2** *par ext d'une politique, grève* Weiterführung *f*; Fortsetzung *f*

reconduire [ʀ(ə)kɔ̃dɥiʀ] VT ⟨→ conduire⟩ **1** (*raccompagner*) (zurück)begleiten, (-)bringen; **~ qn à la frontière** j-n über die Grenze abschieben; **~ qn jusqu'à la porte** j-n zur Tür begleiten **2** *contrat* verlängern; erneuern; *politique, grève* fortsetzen; weiterführen; **~ qn dans ses fonctions** j-n in s-m Amt bestätigen

reconduite [ʀ(ə)kɔ̃dɥit] F **~ à la frontière** Ausweisung *f*

réconfort [ʀekɔ̃fɔʀ] M Trost *m*

réconfortant [ʀekɔ̃fɔʀtɑ̃] ADJ ⟨-ante [-ɑ̃t]⟩ tröstlich; ermutigend

réconforter [ʀekɔ̃fɔʀte] **A** VT **1** (*consoler*) trösten; aufrichten **2** *aliment* **~ qn** j-n stärken **B** V/PR **se ~** sich stärken

reconnaissable [ʀ(ə)kɔnɛsabl] ADJ erkennbar; zu erkennen(d) (**à** an + *dat*)

reconnaissance [ʀ(ə)kɔnɛsɑ̃s] F **1** POL, JUR Anerkennung *f*; **~ de dette** Schuldschein *m*; **~ d'enfant** Anerkennung *f* e-s (unehelichen) Kindes **2** (*gratitude*) Dankbarkeit *f*; *fam* **la ~ du ventre** Dankbarkeit gegenüber s-m Ernährer; **en, par ~** aus Dankbarkeit; **avoir, éprouver de la ~ (pour, envers qn)** (j-m gegenüber) Dankbarkeit empfinden; **manifester, témoigner de la ~** sich dankbar erweisen **3** *d'un lieu* Erkundung *f*; MIL *a.* Aufklärung *f*; **vol** *m* **de ~** Aufklärungs-, Erkundungsflug *m*; *fam* **partir en ~** auf Erkundung ausgehen; die Gegend auskundschaften **4** (*identification*) Erkennung *f*; **signe** *m* **de ~** Erkennungszeichen *n*

reconnaissant [ʀ(ə)kɔnɛsɑ̃] ADJ ⟨-ante [-ɑ̃t]⟩ dankbar; **être ~ à qn de qc** j-m für etw dankbar sein; **se montrer ~ envers qn** sich j-m gegenüber dankbar erweisen, erkenntlich zeigen; *dans une lettre* **je vous serais ~ de bien vouloir me répondre au plus tôt** für e-e umgehende Antwort wäre ich Ihnen sehr dankbar

reconnaître [ʀ(ə)kɔnɛtʀ] ⟨→ connaître⟩ **A** VT **1** (*identifier*) (wieder)erkennen (**à** an + *dat*); **on ne le reconnaît plus** er ist nicht mehr wiederzuerkennen **2** *torts, faute* einsehen; (ein)gestehen; zugeben; *qualité, droit* zugestehen (**à qn** j-m); **il reconnaît s'être trompé** er gibt zu, sich geirrt zu haben **3** *gouvernement, signature, dette, enfant* anerkennen **4** *lieu* erkunden (*a.* MIL); auskundschaften **B** V/PR **se ~** **1** sich wiedererkennen; **se ~ dans, en qn** sich in j-m wiedererkennen **2** (*se retrouver*) sich zurechtfinden **3** **se ~ coupable** sich schuldig bekennen

reconnu [ʀ(ə)kɔny] PP → reconnaître *et* ADJ ⟨~e⟩ anerkannt

reconquérir [ʀ(ə)kɔ̃keʀiʀ] VT ⟨→ acquérir⟩ zurückerobern

reconquête [ʀ(ə)kɔ̃kɛt] F **1** MIL Zurückeroberung *f* **2** *fig* Wiedererlangung *f*, -gewinnung *f*

reconsidérer [ʀ(ə)kɔ̃sideʀe] VT ⟨-è-⟩ nochmals überdenken

reconstituant [ʀ(ə)kɔ̃stitɥɑ̃] M Kräftigungs-, Stärkungsmittel *n*

reconstituer [ʀ(ə)kɔ̃stitɥe] **A** VT *crime, etc* rekonstruieren **B** V/PR *parti* **se ~** sich neu bilden

reconstitution [ʀ(ə)kɔ̃stitysjɔ̃] F Rekonstruktion *f*; Rekonstruierung *f*; FILM **~ historique** historisch getreue Nachstellung

reconstruction [ʀ(ə)kɔ̃stʀyksjɔ̃] F Wiederaufbau *m*

reconstruire [ʀ(ə)kɔ̃stʀɥiʀ] VT ⟨→ conduire⟩ **1** *ville, maison* wiederaufbauen **2** *fig* neu aufbauen

reconversion [ʀ(ə)kɔ̃vɛʀsjɔ̃] F ÉCON Umstellung *f*; *de personnel* Umsetzung *f*; (*recyclage*) Umschulung *f*

R

reconvertir [R(ə)kõvɛRtiR] A V/T *usine, production* umstellen (**en** auf + *acc*); *personnel* umsetzen; (*recycler*) umschulen; *bâtiment* umwandeln (**en** in + *acc*) B V/PR **se ~** den Beruf wechseln; **se ~ dans l'informatique** *fam* auf Informatik umsatteln

recopier [R(ə)kɔpje] V/T abschreiben; *au propre* ins Reine schreiben

record [R(ə)kɔR] M 1 Rekord *m* (*a. fig*; **de** in + *dat*); Höchst-, Bestleistung *f*; **~ d'affluence** Besucherrekord *m*; **~ de France, d'Europe, du monde** französischer Rekord, Europa-, Weltrekord *m*; **~ de natation, de vitesse** Schwimm-, Geschwindigkeitsrekord *m*; **améliorer, battre, détenir, égaler, établir un ~** e-n Rekord verbessern, brechen, halten, einstellen, aufstellen; **faire tomber, pulvériser un ~** e-n Rekord brechen, weit überbieten; *iron* **battre tous les ~s** den Vogel abschießen 2 *adjt* Rekord...

recordman [R(ə)kɔRdman] M ⟨recordmen [-mɛn]⟩ Rekordhalter *m*; **~ du monde** Weltrekordler *m*

recordwoman [R(ə)kɔRdwɔman] F ⟨ recordwomen [-wɔmɛn]⟩ Rekordhalterin *f*

recoucher [R(ə)kuʃe] V/PR **se ~** wieder ins Bett gehen; wieder schlafen gehen

recoudre [R(ə)kudR] V/T ⟨→ coudre⟩ *bouton* wieder annähen; MÉD nähen

recoupement [R(ə)kupmã] M Vergleich *m*; (teilweise) Übereinstimmung; **faire un ~** e-n Vergleich anstellen

recouper [R(ə)kupe] V/T 1 noch einmal (durch)-schneiden 2 (*coïncider*) (teilweise) übereinstimmen mit; sich (teilweise) decken mit

recourbé [R(ə)kuRbe] ADJ ⟨~e⟩ gekrümmt; gebogen **recourber** [-e] A V/T (um)biegen B V/PR **se ~** sich krümmen

R

recourir [R(ə)kuRiR] ⟨→ courir⟩ V/T INDIR 1 **~ à qn** sich an j-n wenden 2 **~ à qc** zu etw greifen; etw in Anspruch nehmen; **~ à la violence** Gewalt anwenden

recours [R(ə)kuR] M 1 Ausweg *m*; (Hilfs)Mittel *n*; Zuflucht *f*; **~ à qc** Anwendung *f*, Inanspruchnahme *f* von etw; **en dernier ~** als letztes Mittel; **avoir ~ à** → recourir; **avoir ~ à la force** Gewalt, Zwang anwenden; **avoir ~ à qn** sich (Hilfe suchend) an j-n wenden; j-n hinzuziehen; **c'est sans ~** das ist ausweglos 2 ADMIN Einspruch *m*; Beschwerde *f*; JUR Berufung *f*; **~ en grâce** Gnadengesuch *n* 3 JUR COMM **~ (en garantie)** Regress *m* (**contre qn** gegen j-n)

recouvrable [R(ə)kuvRabl] ADJ *somme* eintreibbar

recouvrement [R(ə)kuvRəmã] M 1 *de sommes dues* Einziehung *f*; Inkasso *n*; JUR Ein-, Beitreibung *f* 2 *st/s des forces, de la santé* Wiedererlangung *f*

recouvrer [R(ə)kuvRe] V/T 1 *impôts, créances* einziehen, -kassieren; JUR ein-, beitreiben 2 *liberté* wiedererlangen; **~ ses forces** wieder zu Kräften kommen; **~ la raison** wieder Vernunft annehmen; **~ la vue** sein Sehvermögen wiedererlangen; wieder sehen (können)

recouvrir [R(ə)kuvRiR] ⟨→ couvrir⟩ V/T 1 *de nouveau* wieder bedecken; *siège* neu be-, überziehen; *enfant, malade* wieder zudecken 2 *entièrement* bedecken, überziehen (**de** mit); *livre* einschlagen; *sol* **~ d'une moquette** mit (e-m) Teppichboden auslegen; *pp* **recouvert de ...** bedeckt mit ...; ...bedeckt 3 *fig* (*cacher*) verdecken; verbergen 4 *fig* (*englober*) umfassen

recracher [R(ə)kRaʃe] V/T (wieder) ausspucken

récré [ReкRe] F ABR *fam* → récréation

récréatif [RekReatif] ADJ ⟨-ive [-iv]⟩ unterhaltend; Unterhaltungs...

récréation [RekReasjõ] F (große) Pause; **à la, en ~** in der Pause; **aller, être en ~** Pause haben; **la ~ a sonné** es hat zur Pause geläutet

récrier [RekRije] V/PR **se ~** lauthals protestieren

récriminations [RekRiminasjõ] FPL Klagen *fpl*

récriminer [-e] V/I sich beklagen

récrire [RekRiR] ⟨→ écrire⟩ V/T 1 noch einmal schreiben 2 *en modifiant* umschreiben

recroqueviller [R(ə)kRɔkvije] V/PR **se ~** *feuilles* zusammenschrumpfen; *personne* sich zusammenrollen; *adjt* **recroquevillé** zusammengekrümmt

recrudescence [R(ə)kRydesãs] F Wiederausbruch *m*; Zunahme *f* **recrudescent** [-ã] ADJ ⟨-ente [-ãt]⟩ zunehmend

recrue [RəkRy] F (! feminin) MIL Rekrut *m*; *fig* **faire une nouvelle ~** ein neues Mitglied gewinnen

recrutement [R(ə)kRytmã] M Rekrutierung *f* (*a.* MIL); Einstellung *f*

recruter [R(ə)kRyte] A V/T rekrutieren; *personnel a.* einstellen B V/PR **se ~** sich rekrutieren (**dans, parmi** aus)

recruteur [R(ə)kRytœR] M 1 HIST MIL Werber *m* 2 *agent* (Mitglieder)Werber *m*; Propagandist *m*

recta [Rɛkta] *fam* ADV 1 *payer* pünktlich; sofort 2 *à chaque fois qu'on veut piqueniquer*, **c'est ~, il pleut** ... regnet es prompt

rectal [Rɛktal] ADJ ⟨~e; -aux [-o]⟩ rektal

rectangle [Rɛktãgl] M Rechteck *n*

rectangulaire [Rɛktãgylɛr] ADJ rechteckig

recteur [Rɛktœr] M Rektor *m* (*der Universität u. Präsident des Schulaufsichtsbezirks*)

rectifiable [Rɛktifjabl] ADJ zu berichtigen(d);

korrigierbar
rectificatif [ʀɛktifikatif] M, **rectification** [-fikasjõ] F Berichtigung *f*; Richtigstellung *f*
rectifier [-fje] V/T berichtigen; richtigstellen; korrigieren
rectiligne [ʀɛktiliɲ] ADJ geradlinig
rection [ʀɛksjõ] F LING Rektion *f*
recto [ʀɛkto] M Vorderseite *f*; **au ~** *être* auf der Vorderseite; *écrire* auf die Vorderseite
rectorat [ʀɛktɔʀa] M Rektorat *n*
rectum [ʀɛktɔm] M Mastdarm *m*
reçu [ʀ(ə)sy] **A** PP → recevoir *et* ADJ ⟨~e⟩ *idées* überkommen **B** M Quittung *f*; Empfangsbescheinigung *f*
recueil [ʀəkœj] M Sammlung *f*
recueillement [ʀ(ə)kœjmã] M innere Sammlung; Andacht *f*
recueilli [ʀ(ə)kœji] ADJ ⟨~e⟩ andächtig
recueillir [ʀ(ə)kœjiʀ] ⟨→ cueillir⟩ **A** V/T **1** (*réunir*) sammeln; *renseignements* einziehen **2** *approbation* erhalten; *suffrages* auf sich (*acc*) vereinigen **3** *liquide* auffangen **4** *réfugiés, orphelins* (bei sich) aufnehmen; *animal* auflesen **B** V/PR **se ~** sich innerlich sammeln; **se ~ sur la tombe de qn** vor dem Grab j-s in stillem Gedenken verharren
recuire [ʀ(ə)kɥiʀ] ⟨→ conduire⟩ V/T **(faire) ~** noch einmal kochen *ou* backen *ou* braten
recul [ʀ(ə)kyl] M **1** *d'une arme à feu* Rückstoß *m* **2** *d'une armée* Zurückweichen *n*; *fig du chômage, etc* Rückgang *m* **3** *personne* **avoir un mouvement de ~** zurückschrecken; **prendre du ~** *pour mieux voir* zurücktreten; *fig* Abstand gewinnen
reculade [ʀ(ə)kylad] F *péj* Rückzieher *m*
reculé [ʀ(ə)kyle] ADJ ⟨~e⟩ **1** *village* abgelegen **2** *dans le temps* lang zurückliegend
reculer [ʀ(ə)kyle] **A** V/T **1** *chaise* zurückschieben, -rücken, -setzen; *voiture* zurückfahren **2** (*reporter à plus tard*) auf-, hinausschieben **B** V/I **1** *personne* zurückweichen (*a. foule*); zurücktreten; *voiture* zurückfahren; rückwärtsfahren; **il est trop tard pour ~** jetzt können wir nicht mehr zurück **2** *épidémie, chômage* zurückgehen **3** (*hésiter*) zurückschrecken, -scheuen (**devant** vor + *dat*); **ne ~ devant rien** vor nichts zurückschrecken **C** V/PR **se ~** zurücktreten; (einige Schritte) zurückgehen
reculons [ʀ(ə)kylõ] **à ~** rückwärts
récupérable [ʀekypeʀabl] ADJ *ferraille, déchets* (wieder)verwertbar; noch brauchbar; *heures de travail* nachzuholen(d); *drogué, accidenté* (wieder) eingliederungsfähig; resozialisierbar **récupérateur** [-tœʀ] M *personne, entreprise* Wiederverwerter *m* **récupération** [-sjõ] F TECH (Wieder)Verwertung *f*; Rückgewinnung *f*
récupérer [ʀekypeʀe] ⟨-è-⟩ **A** V/T **1** wiedererlangen, -bekommen; *heures de travail* nachholen, -arbeiten; *engin spatial* bergen; **~ ses forces** wieder zu Kräften kommen **2** *ferraille, etc* (wieder)verwerten; (*ramasser*) sammeln; *chaleur, énergie* zurückgewinnen **3** *fam* (*aller chercher*) **~ qn** j-n (ab)holen **4** *délinquants, drogués* wieder eingliedern; resozialisieren **5** POL (für sich) vereinnahmen; für s-e Zwecke einspannen **B** V/I sich erholen; wieder zu Kräften kommen
récurage [ʀekyʀaʒ] M Scheuern *n* **récurer** [-e] V/T scheuern
récurrence [ʀekyʀɑ̃s] F Rückläufigkeit *f* **récurrent** [-ɑ̃] ADJ ⟨-ente [-ɑ̃t]⟩ wiederholt auftretend
récusable [ʀekyzabl] ADJ **1** *juge* ablehnbar **2** *témoignage* bestreitbar; anfechtbar **récusation** [-asjõ] F Ablehnung *f* (wegen Befangenheit)
récuser [ʀekyze] **A** V/T ablehnen (*a.* JUR); zurückweisen; verwerfen **B** V/PR **se ~** sich für nicht zuständig erklären
recyclable [ʀ(ə)siklabl] ADJ recycelbar; wiederverwertbar
recyclage [ʀ(ə)siklaʒ] M **1** Weiter-, Fortbildung *f*; *de main-d'œuvre a.* Umschulung *f* **2** TECH Recycling *n*; Wiederverwertung *f*
recycler [ʀ(ə)sikle] **A** V/T **1** weiter-, fortbilden; *main-d'œuvre a.* umschulen **2** TECH recyceln; wiederverwerten; **papier recyclé** Recyclingpapier *n* **B** V/PR **se ~** sich weiterbilden; sich umschulen lassen
rédacteur [ʀedaktœʀ] M, **rédactrice** [-tʀis] F Redakteur(in) *m(f)*
rédaction [ʀedaksjõ] F **1** *d'un texte* Verfassen *n*; Abfassung *f* **2** *coll* Redaktion *f* **3** ÉCOLE Aufsatz *m*
rédactionnel [ʀedaksjɔnɛl] ADJ ⟨~le⟩ redaktionell; Redaktions…
reddition [ʀɛdisjõ] F MIL Übergabe *f*
redécoupage [ʀ(ə)dekupaʒ] M **~ électoral** Neueinteilung *f* der Wahlkreise
redécouvrir [ʀ(ə)dekuvʀiʀ] V/T ⟨→ couvrir⟩ wiederentdecken
redéfaire [ʀ(ə)defɛʀ] V/T ⟨→ faire⟩ *du tricot, une couture* wieder auftrennen; *nœud, paquet* wieder aufmachen
redéfinir [ʀ(ə)definiʀ] V/T neu bestimmen, festlegen, definieren
redemander [ʀəd(ə)mɑ̃de] V/T *et* V/I **1** *de nouveau* noch einmal verlangen (**qc à qn** etw von j-m), bitten (j-n um etw) **2** *chose prêtée* zurückverlangen, -fordern
redémarrage [ʀ(ə)demaʀaʒ] M **1** ÉCON Wiederbelebung *f*; neuer Aufschwung **2** INFORM **~ à chaud, à froid** Warm-, Kaltstart *m*
redémarrer [ʀ(ə)demaʀe] **A** V/T INFORM neu starten **B** V/I **1** *véhicule* wieder anfahren **2**

R

ÉCON wieder in Gang kommen; e-n neuen Aufschwung nehmen
Rédempteur [redɑ̃ptœʀ] M Erlöser *m* **Rédemption** [-sjõ] F REL Erlösung *f*
redéploiement [ʀ(ə)deplwamɑ̃] M 1 ÉCON Umstrukturierung *f* 2 MIL Umgruppierung *f*
redescendre [ʀ(ə)desɑ̃dʀ] ⟨→ rendre⟩ A V/T 1 *escalier* wieder hinuntergehen, -steigen 2 *meubles du grenier, etc* wieder hinunterschaffen, -bringen; herunterholen B V/I ⟨être⟩ 1 *personne* wieder hinuntersteigen, herabkommen (**de** von); (*dans un*) *véhicule* wieder hinunterfahren 2 *mer* (wieder) zurückgehen; *baromètre, température* wieder fallen; *chemin* wieder bergab gehen
redevable [ʀəd(ə)vabl] ADJ zu Dank verpflichtet (**de qc à qn** j-m für etw)
redevance [ʀəd(ə)vɑ̃s] F Gebühr *f*
redevenir [ʀədvəniʀ, ʀdəvniʀ] V/I ⟨→ venir⟩ wieder werden
redevoir [ʀədvwaʀ, ʀdəvwaʀ] V/T ⟨→ devoir⟩ noch schulden, schuldig sein *ou* bleiben (**qc à qn** j-m etw)
rédhibitoire [ʀedibitwaʀ] ADJ 1 JUR **vice** *m* **~** (die Wandelung begründender) Sachmangel 2 *fig* **ce n'est pas ~** das ist nicht unbedingt ein Hindernis
rediffuser [ʀ(ə)difyze] V/T wiederholen; noch einmal senden **rediffusion** [-jõ] F Wiederholung *f*; Wiederausstrahlung *f*
rédiger [ʀediʒe] V/T ⟨-ge-⟩ verfassen; abfassen; redigieren
redingote [ʀ(ə)dɛ̃gɔt] F 1 HIST Gehrock *m* 2 *adjt* **manteau** *m* **~** (taillierter) Damenmantel
redire [ʀ(ə)diʀ] ⟨→ dire⟩ A V/T 1 (*répéter*) noch einmal sagen; wiederholen; **~ après qn** j-m nachsprechen 2 (*rapporter*) weitersagen (**qc à qn** j-m etw); ausplaudern B V/T INDIR **trouver à ~ à tout** an allem etwas auszusetzen haben
rediscuter [ʀ(ə)diskyte] V/T noch einmal diskutieren
redistribuer [ʀ(ə)distʀibɥe] V/T 1 *cahiers, cartes* noch einmal austeilen 2 *terres, tâches* neu auf-, verteilen; *revenus, richesses* umverteilen
redistribution [ʀ(ə)distʀibysjõ] F Neuverteilung *f*; FIN Umverteilung *f*
redite [ʀ(ə)dit] F unnötige Wiederholung
redondance [ʀ(ə)dõdɑ̃s] F 1 *du style* Weitschweifigkeit *f* 2 INFORM Redundanz *f*
redondant [ʀ(ə)dõdɑ̃] ADJ ⟨-ante [-ɑ̃t]⟩ 1 *style* weitschweifig; schwülstig 2 INFORM redundant
redonner [ʀ(ə)dɔne] V/T 1 (*donner de nouveau*) wieder, noch einmal geben 2 (*rendre*) (wieder) zurückgeben; **~ confiance** wieder Vertrauen einflößen; **~ du courage** wieder Mut machen
redorer [ʀ(ə)dɔʀe] V/T wieder vergolden; → blason
redormir [ʀ(ə)dɔʀmiʀ] V/I ⟨→ partir⟩ 1 wieder schlafen 2 (*se rendormir*) wieder einschlafen
redoublant [ʀ(ə)dublɑ̃] M, **redoublante** [-ɑ̃t] F *fam* Sitzenbleiber(in) *m(f)*
redoublé [ʀ(ə)duble] ADJ ⟨~e⟩ verdoppelt; *par ext* vermehrt; verstärkt; **frapper à coups ~s** heftig schlagen
redoublement [ʀ(ə)dubləmɑ̃] M 1 Verdopp(e)lung *f*; LING Reduplikation *f* 2 *d'attention, de prudence* Verstärkung *f*; Steigerung *f*
redoubler [ʀ(ə)duble] A V/T 1 (*rendre double*) verdoppeln 2 **~ (une classe)** e-e Klasse wiederholen; *fam* sitzen bleiben B V/T INDIR **~ d'amabilité** noch zuvorkommender sein; **~ d'efforts** s-e Anstrengungen verdoppeln C V/I *peur, tempête, etc* sich verstärken; noch stärker werden; sich steigern
redoutable [ʀ(ə)dutabl] ADJ furchterregend; furchtbar; *adversaire, mal* (sehr) gefährlich
redoute [ʀ(ə)dut] F HIST Redoute *f* (*Ball[saal]*, FORTIFICATIONS)
redouter [ʀ(ə)dute] V/T fürchten; sich fürchten vor (+ *dat*)
redoux [ʀədu] M Frostmilderung *f*
redressement [ʀ(ə)dʀɛsmɑ̃] M 1 *d'un pays* Wiedererstarkung *f*; *de l'économie* (Wieder)Aufschwung *m* 2 **~ fiscal** Steuerberichtigung *f*
redresser [ʀ(ə)dʀese] A V/T 1 *chose penchée* gerade richten; *chose tordue* gerade biegen; *chose, personne tombée* wieder aufrichten; *roues avant* gerade stellen 2 *fig économie* wieder ankurbeln; *situation* wieder in Ordnung bringen B V/PR **se ~** 1 sich (wieder) aufrichten 2 *fig pays* wieder hochkommen; wieder erstarken
redresseur [ʀ(ə)dʀɛsœʀ] M 1 *iron* **~ de torts** Weltverbesserer *m* 2 ÉLEC Gleichrichter *m*
réduc [ʀedyk] F *fam* ABR → réduction 2
réducteur [ʀedyktœʀ] M 1 CHIM Reduktionsmittel *n* 2 TECH **~ (de vitesse)** Untersetzungsgetriebe *n*
réductible [ʀedyktibl] ADJ 1 *quantité* reduzierbar (**à** auf +*acc*); herabsetzbar 2 CHIM reduzierbar
réduction [ʀedyksjõ] F 1 Reduzierung *f* (**à** auf + *acc*); *de personnel a.* Abbau *m*; *d'un format* Verkleinerung *f*; **~ d'impôt** Steuersenkung *f*, -ermäßigung *f*; **~ de peine** Herabsetzung *f* des Strafmaßes; **~ du temps de travail** Arbeitszeitverkürzung *f*; **en ~** im Kleinen 2 *sur un prix* Preisnachlass *m*; (Preis)Ermäßigung *f*; **faire une ~ à qn** j-m e-n Preisnachlass gewähren 3 CHIM Reduktion *f*
réduire [ʀedɥiʀ] ⟨→ conduire⟩ A V/T 1 (*diminuer*) reduzieren; *dépenses a.* einschränken; *impôts a.* senken; herabsetzen (*a. peine*); *personnel*

R

a. abbauen; *format* verkleinern; *temps de travail* verkürzen; *salaires* kürzen; *vitesse* drosseln; herabsetzen **2** **~ au même dénominateur** auf den gleichen Nenner bringen *projet, illusions* **~ à rien, à néant** zunichtemachen; zerstören; **~ qn au silence** j-n zum Schweigen bringen; **en être réduit à qc** zu etw gezwungen, genötigt sein; *peuple* **~ en esclavage** versklaven **3** (*transformer*) **~ en qc** zu etw werden lassen, machen **4** MÉD *fracture* einrichten **5** ‹*a. v/i*› CUIS *sauce* eindicken; reduzieren; **faire, laisser ~** ein-, verkochen (lassen); reduzieren **B** V/PR **se ~ à qc** sich auf etw (*acc*) beschränken

réduit [redɥi] **A** ADJ ‹-uite [-ɥit]› **1** *prix, tarif* ermäßigt; herabgesetzt **2** *format, modèle* verkleinert **B** M kleine Kammer; *fam* Kabuff *n*

rééchelonnement [reeʃlɔnmɑ̃] M FIN Umschuldung *f*

réécouter [reekute] V/T wieder, noch einmal (an)hören

réécrire [reekʀiʀ] → récrire

rééditer [reedite] V/T **1** neu auflegen; herausgeben **2** *fam fig* wiederholen **réédition** [-sjõ] F Neuauflage *f* (*a. fam fig*); Neuausgabe *f*

rééducation [reedykasjõ] F MÉD Rehabilitation *f*; *exercices* Krankengymnastik *f*

rééduquer [reedyke] V/T **1** *un blessé, paralysé* rehabilitieren; krankengymnastisch behandeln **2** *délinquant* sozial wieder eingliedern **3** POL umerziehen

réel [reɛl] **A** ADJ ‹~le› **1** wirklich; real; tatsächlich; **faits ~s** Tatsachen *fpl* **2** MATH reell **B** SUBST **le ~** die Wirklichkeit

réélection [reelɛksjõ] F Wiederwahl *f*

rééligibilité [reeliʒibilite] F Wiederwählbarkeit *f* **rééligible** [-ibl] ADJ wieder wählbar

réélire [reeliʀ] V/T ‹→ lire› wiederwählen; **le président réélu** der wiedergewählte Präsident

réellement [reɛlmɑ̃] ADV wirklich; tatsächlich

réembaucher [reɑ̃boʃe] V/T *main-d'œuvre* wiedereinstellen

réemploi [reɑ̃plwa] M **1** *de choses* Wiederverwendung *f* **2** *de personnel* Wiederbeschäftigung *f*

réemployer [reɑ̃plwaje] V/T ‹-oi-› **1** *choses* wieder verwenden **2** *personnel* wieder beschäftigen, anstellen

réentendre [reɑ̃tɑ̃dʀ] V/T ‹→ rendre› wieder, noch einmal (an)hören

rééquilibrer [reekilibʀe] V/T wieder ins Gleichgewicht bringen

réessayage [reesɛjaʒ] M *d'une robe* Wiederanprobe *f* **réessayer** [-e] V/T ‹-ay- *od* -ai-› *robe* wieder anprobieren; *abs* es noch einmal versuchen, probieren

réévaluation [reevalɥasjõ] F ÉCON Aufwertung *f*; FIN Wertberichtigung *f*; Neubewertung *f* **réévaluer** [-e] V/T *monnaie* aufwerten; *bilan* neu bewerten

réexaminer [ʀeɛgzamine] V/T noch einmal überprüfen

réexpédier [ʀeɛkspedje] V/T **1** (*retourner*) zurücksenden **2** (*faire suivre*) nachsenden **réexpédition** [-sjõ] F **1** *à l'expéditeur* (Zu)Rücksendung *f* **2** *au destinataire* Nachsendung *f*

réexportation [ʀeɛkspɔʀtasjõ] F Wiederausfuhr *f*; Reexport *m* **réexporter** [-e] V/T wieder ausführen; reexportieren

réf. ABR → référence

refaire [ʀ(ə)fɛʀ] ‹→ faire› **A** V/T **1** (*faire de nouveau*) noch einmal, wieder machen; **si c'était à ~** wenn man noch einmal von vorn anfangen könnte **2** (*remettre en état*) (wieder) instand setzen; **~ son maquillage** sich wieder schminken; **~ les peintures** (die Wohnung *etc*) neu streichen **3** *fig* **~ sa vie** wieder heiraten **4** *fam* (*rouler*) **~ qn** *fam* j-n reinlegen; **je suis refait** *fam* ich bin ganz schön reingelegt worden; *fam* ich sitz ganz schön in der Klemme **B** V/PR **1** **on ne se refait pas** man kann sich nicht ändern **2** **se ~ une santé** sich erholen **3** *au jeu* **se ~** wieder gewinnen

réfection [ʀefɛksjõ] F (Wieder)Instandsetzung *f*; Reparatur *f*; **travaux** *mpl* **de ~** (Wieder)Instandsetzungs-, Renovierungsarbeiten *fpl*

réfectoire [ʀefɛktwaʀ] M Speisesaal *m*; *d'un couvent* Refektorium *n*

référé [ʀefeʀe] M JUR einstweilige Verfügung

référence [ʀefeʀɑ̃s] F **1** **~s** *pl* (*recommandations*) Referenzen *fpl*; **fournir des ~s** Referenzen beibringen; *fig* **ce n'est pas une ~** das ist nicht gerade e-e Empfehlung **2** (*rapport*) Bezugnahme *f*; **faire ~ à** sich beziehen auf (+ *acc*) **3** *d'une citation, etc* Belegstelle *f*; Beleg *m*; **ouvrage** *m* **de ~** Nachschlagewerk *n* **4** *en tête d'une lettre* Zeichen *n*; *dans un catalogue* Bestell-, Artikelnummer *f*; *dans les petites annonces* Chiffre *f*

référendaire [ʀefeʀɑ̃dɛʀ] ADJ auf ein, das Referendum bezüglich

référendum *ou* **referendum** [ʀefeʀɛ̃dɔm] M Volksabstimmung *f*; Volksentscheid *m*; Referendum *n*

référentiel [ʀefeʀɑ̃sjɛl] M PHYS Bezugssystem *n*

référer [ʀefeʀe] ‹-è-› **A** V/T INDIR **en ~ à qn** j-m Bericht erstatten; *par ext* sich an j-n wenden **B** V/PR **se ~ à** sich beziehen, berufen auf (+ *acc*); *formule épistolaire* **(en) nous référant à …** unter Bezugnahme auf (+*acc*)

R

refermer [R(ə)fɛRme] **A** VT wieder schließen, *fam* zumachen **B** V/PR **se ~** sich wieder schließen

refiler [R(ə)file] VT *fam* **~ qc à qn** *fam* j-m etw andrehen, *fig maladie* anhängen

réfléchi [Refleʃi] ADJ ⟨~e⟩ **1** *décision* (wohl)überlegt; *personne* besonnen; **c'est tout ~** das ist schon entschieden **2** GRAM reflexiv; **pronom ~** Reflexivpronomen *n*; **verbe (pronominal) ~** reflexives Verb

réfléchir [ReflefiR] **A** VT *lumière, ondes* reflektieren; zurückwerfen **B** VI überlegen (**à, sur qc** etw); nachdenken (über etw [*acc*]); **faire ~, donner à ~** einen nachdenklich stimmen, machen; **demander à ~** um Bedenkzeit bitten **C** V/PR **se ~** sich (wider)spiegeln

réfléchissant [Reflefisɑ̃] ADJ ⟨-ante [-ɑ̃t]⟩ reflektierend

réflecteur [Reflɛktœr] M Reflektor *m*

reflet [R(ə)flɛ] M **1** *de lumière* Reflex *m*; **~s** *pl* Glanz *m*; Schimmer *m*; **à ~s changeants** schillernd **2** (*image réfléchie*) Spiegelbild *n* **3** *fig* Abbild *n*; Abglanz *m*

refléter [R(ə)flete] ⟨-è-⟩ **A** VT widerspiegeln (*a. fig*) **B** V/PR **se ~** sich (wider)spiegeln (**dans, sur** in +*dat*)

refleurir [R(ə)flœRiR] **A** VT wieder mit Blumen schmücken **B** VI **1** wieder, zum zweiten Mal blühen **2** *fig* wieder aufblühen

reflex [Reflɛks] (**appareil** M) **~** M Spiegelreflexkamera *f*

réflexe [Reflɛks] **A** M **1** BIOL Reflex *m* **2** (rasche, schnelle) Reaktion; **avoir de bons ~s** schnell reagieren; gute Reflexe, ein gutes Reaktionsvermögen haben; **manquer de ~** zu langsam reagieren **B** ADJ Reflex...

réflexion [Reflɛksjõ] F **1** (*pensée*) Überlegung *f*; Nachdenken *n* (**sur** über + *acc*); **~ faite** wenn ich's recht bedenke **2** (*remarque*) (spitze) Bemerkung **3** PHYS Reflexion *f*

refluer [Rəflye] VI zurückfließen; zurückströmen (*a. fig*)

reflux [Rəfly] M *de la mer* Ebbe *f*

refondre [R(ə)fõdR] VT ⟨→ rendre⟩ **1** *métal* (wieder) einschmelzen **2** *fig ouvrage* überarbeiten; *plus fort* umarbeiten

refonte [R(ə)fõt] F **1** *de métal* Einschmelzen *n* **2** *d'un ouvrage* Überarbeitung *f*; *plus fort* Umarbeitung *f*

réformable [RefɔRmabl] ADJ reformierbar; verbesserungsfähig

réformateur [RefɔRmatœR], **réformatrice** [-tRis] **A** M,F **1** Reformer(in) *m(f)* **2** *m* REL Reformator *m* **B** ADJ reformerisch; reformatorisch

réformation [-sjõ] F *d'une décision de justice* Abänderung *f*

réforme [RefɔRm] F **1** Reform *f* **2** HIST **la Réforme** die Reformation

réformé [RefɔRme] ADJ ⟨~e⟩ **1** REL reformiert **2** MIL dienstunfähig; wegen Dienstunfähigkeit entlassen

reformer [R(ə)fɔRme] VT (*et* V/PR **se ~** sich) neu bilden

réformer [RefɔRme] VT **1** reformieren (*a.* REL) **2** *soldat* als dienstunfähig entlassen; ausmustern

réformette [RefɔRmɛt] F *plais* Reförmchen *n*

refoulé [R(ə)fule] **A** ADJ ⟨~e⟩ *pulsions* verdrängt; *personne* verklemmt **B** **~(e)** M(F) verklemmter Mensch

refoulement [R(ə)fulmɑ̃] M **1** *d'étrangers* Abschiebung *f* **2** PSYCH Verdrängung *f*

refouler [R(ə)fule] VT **1** *envahisseurs* zurückdrängen; *étrangers* ab-, zurückweisen; abschieben **2** *colère, désirs* unterdrücken; *larmes* zurückhalten **3** PSYCH verdrängen

réfractaire [RefRaktɛR] ADJ **1** *à l'autorité* widerspenstig; aufsässig (**à** gegenüber); *à une influence* unzugänglich (+ *dat*); *fam* **être ~ aux maths** *fam* keinen Sinn für Mathe haben **2** TECH feuerfest; hitzebeständig

réfracter [RefRakte] VT PHYS *rayon* brechen

réfraction [RefRaksjõ] F PHYS Brechung *f*

refrain [R(ə)fRɛ̃] M Refrain *m*; Kehrreim *m*; *fig* **c'est toujours le même ~** *fam* es ist immer die alte Leier

réfréner *ou* **refréner** [RefRene] VT ⟨-è-⟩ zügeln

réfrigérant [RefRiʒeRɑ̃] ADJ ⟨-ante [-ɑ̃t]⟩ **1** TECH Kühl...; Kälte... **2** *fam fig accueil* kühl; frostig; *personne* eisig

réfrigérateur [RefRiʒeRatœR] M Kühlschrank *m* **réfrigération** [-sjõ] F Kühlung *f*

réfrigérer [RefRiʒeRe] VT ⟨-è-⟩ **1** TECH kühlen **2** *fam personne* **réfrigéré** durch(ge)froren **3** *fam fig* **~ qn** j-n abschrecken

réfringent [RefRɛ̃ʒɑ̃] ADJ ⟨-ente [-ɑ̃t]⟩ licht-, strahlenbrechend

refroidir [R(ə)fRwadiR] **A** VT **1** abkühlen (*a. fig zèle*) **2** *fig* **~ qn** j-n abschrecken **3** *fam* (*assassiner*) *fam* kaltmachen **B** VI ⟨*Zustand* **être**⟩ *mets, moteur* kalt werden; abkühlen; **laisser ~** abkühlen lassen **C** V/PRON **se ~** **1** *temps, air* kälter, kühler werden; sich abkühlen **2** *personne* sich erkälten

refroidissement [R(ə)fRwadismɑ̃] M **1** *de l'air, etc* Abkühlung *f*; *d'un moteur* Kühlung *f* **2** MÉD Erkältung *f*

refuge [R(ə)fyʒ] M **1** Zuflucht *f*; Zufluchtsort *m*; **chercher ~** Zuflucht suchen (**auprès de qn** bei j-m) **2** *en montagne* (Schutz)Hütte *f* **3** *pour piétons* Verkehrsinsel *f*

réfugié [Refyʒje] **A** ADJ ⟨~e⟩ geflüchtet **B** **~(e)**

R

M(F) Flüchtling *m*; **~ économique** Wirtschaftsflüchtling *m*; **~ politique** politischer Flüchtling
réfugier [ʀefyʒje] V/PR **se ~** (sich) flüchten (**auprès de qn** zu j-m; *fig* **dans qc** in etw [*acc*])
refus [ʀ(ə)fy] M Ablehnung *f*; Weigerung *f* (*abs*); *d'une autorisation, etc a.* Verweigerung *f*; **~ de priorité** Nichtbeachtung *f* der Vorfahrt; **essuyer un ~** e-e Absage, e-n Korb bekommen; *fam* **ce n'est pas de ~!** mit Vergnügen!
refuser [ʀ(ə)fyze] **A** V/T **1** ablehnen (*a. abs*); *renseignement, autorisation* verweigern; *offre a.* ausschlagen; **~ l'accès à qn** j-m den Zugang verwehren; **~ de faire qc** sich weigern *ou* es ablehnen, etw zu tun **2** **~ qn** j-n ab-, zurückweisen; *candidat à un examen* durchfallen lassen **B** V/PR **1** **se ~ qc** sich (*dat*) etw versagen; sich (*dat*) etw nicht gönnen; **il ne se refuse rien** er gönnt sich (*dat*) alles **2** **se ~ à qc** etw verweigern; **se ~ à faire qc** sich weigern, etw zu tun; *femme* **se ~ à un homme** sich e-m Mann verweigern
réfutable [ʀefytabl] ADJ widerlegbar **réfutation** [-asjõ] F Widerlegung *f* **réfuter** [-e] V/T widerlegen
regagner [ʀ(ə)gaɲe] V/T **1** (*retrouver*) zurück-, wiedergewinnen **2** (*retourner à*) zurückkehren an, in (+ *acc*); **~ son domicile, sa place** nach Hause, an s-n Platz zurückkehren
regain [ʀəgɛ̃] M **1** AGR Grummet *n* **2** *fig* Wiederaufleben *n*; **~ de jeunesse** zweite Jugend; **avoir un ~ de vie** wieder aufleben; COMM **connaître un ~ d'activité** e-e Neubelebung erfahren
régal [ʀegal] M Leckerbissen *m* (*a. fig*); **quel ~!** was für ein Genuss!; *fig* **un ~ pour les yeux** e-e Augenweide
régalade [ʀegalad] F **boire à la ~** aus der Flasche trinken, ohne sie anzusetzen
régaler [ʀegale] **A** V/T gut, reichlich bewirten (**qn de, avec qc** j-n mit etw); *fam* **c'est moi qui régale** ich zahle **B** V/PR **se ~ de, avec qc** sich (*dat*) etw schmecken lassen; etw mit Genuss essen; **je me suis régalé** es hat mir sehr gut geschmeckt; ich habe es sehr genossen (*a. fig*)
régalien [ʀegaljɛ̃] ADJ ⟨~ne⟩ HIST **droits ~s** Regalien *npl*
regard [ʀ(ə)gaʀ] M **1** Blick *m*; **désigner, montrer qc du ~** mit Blicken auf etw (*acc*) aufmerksam machen; **jeter un ~ sur qc** e-n Blick auf etw (*acc*) werfen; **jeter, lancer un ~ furieux à qn** j-m e-n wütenden Blick zuwerfen **2** **avoir droit de ~ sur ...** das Aufsichts-, Kontrollrecht haben über (+ *acc*) **3** **au ~ de** im Hinblick auf (+ *acc*) **4** **en ~** gegenüberstehend **5** *d'un égout* Einstiegsöffnung *f*, -schacht *m*
regardant [ʀ(ə)gaʀdɑ̃] ADJ ⟨-ante [-ɑ̃t]⟩ (*économe*) sehr sparsam; *par ext* zu genau
regarder [ʀ(ə)gaʀde] **A** V/T **1** ansehen; anschauen; betrachten; anblicken; *fam* angucken; **~ sa montre** auf die Uhr sehen; **~ la télé** fernsehen; **~ les gens passer** zusehen, schauen, wie die Leute vorbeigehen **2** (*concerner*) **~ qn** j-n (etwas) angehen; **cela ne le regarde pas** das geht ihn nichts an **B** V/T INDIR (*faire attention*) **~ à qc** genau auf etw (*acc*) achten; **ne pas ~ à la dépense** nicht auf den Preis sehen; keine Kosten scheuen; **y ~ à deux fois** es sich (*dat*) zweimal überlegen **C** V/I **1** sehen; schauen; *fam* gucken; *comme spectateur* zusehen; zuschauen; *dans une direction* hin- *ou* hersehen, -schauen; blicken; (*contrôler*) nachsehen, -schauen; **~ par la fenêtre** aus dem Fenster sehen; zum Fenster hinaussehen; **~ partout** überall nachsehen **2** *maison* **~ vers le midi** nach Süden liegen *ou* gehen **D** V/PRON **se ~** sich ansehen, anschauen, betrachten; *fig* **il ne s'est pas regardé** er sollte lieber bei sich selbst anfangen
régates [ʀegat] FPL (**!** nur im Plural) Regatta *f*
regel [ʀəʒɛl] M erneut einsetzender Frost
regeler [ʀəʒle, ʀʒəle] V/IMP ⟨-è-⟩ **il regèle** es friert wieder
régence [ʀeʒɑ̃s] F Regentschaft *f*
régénérateur [ʀeʒeneʀatœʀ] ADJ ⟨-trice [-tʀis]⟩ erneuernd; regenerierend
régénération [ʀeʒeneʀasjõ] F **1** BIOL Regeneration *f*; Neubildung *f* **2** *fig* Erneuerung *f*; Wiedergeburt *f* (*a.* REL); Regeneration *f*
régénérer [ʀeʒeneʀe] V/T ⟨-è-⟩ regenerieren (*a.* BIOL); erneuern
régent [ʀeʒɑ̃] M, **régente** [-ɑ̃t] F Regent(in) *m(f)*
régenter [ʀeʒɑ̃te] V/T bestimmen (**qc** etw, **qn** über j-n); **vouloir tout ~** alles bestimmen wollen
reggae [ʀege] M MUS Reggae *m*
régicide [ʀeʒisid] M **1** Königsmörder *m* **2** Königsmord *m*
régie [ʀeʒi] F **1** *entreprise* Regiebetrieb *m*; staatliches Unternehmen **2** THÉ, FILM, TV Regieassistenz *f* **3** *local* Regieraum *m*
regimber [ʀ(ə)ʒɛ̃be] V/I sich sträuben
régime [ʀeʒim] M **1** POL Regierungsform *f*, -system *n*; *péj* Regime *n*; HIST **l'Ancien Régime** das Ancien Régime (*vor 1789*) **2** JUR Rechtsvorschriften *fpl*; Ordnung *f*; System *n*; **~ pénitentiaire** Strafvollzug(sordnung) *m(f)*; **~ matrimonial** Güterstand *m*; **~ de la communauté** Gütergemeinschaft *f* **3** **~ (alimentaire)** Ernährung(sweise) *f*; Kost *f*; *d'un malade* Diät *f*; Schonkost *f*; **être au ~** Diät leben (müssen); **se mettre au ~** e-e Diät beginnen, machen;

suivre un ~ Diät halten **4** *d'un moteur* Drehzahl *f*; **marcher à plein ~** auf vollen Touren laufen (*a. fig*) **5** *d'un cours d'eau* Wasserführung *f* **6** *de bananes* Büschel *n*; Fruchtstand *m*

régiment [ʀeʒimɑ̃] M **1** MIL Regiment *n* **2** *fam* (*service militaire*) Militär(dienst) *n(m)* **3** *fig* Heer *n* (**de** von)

région [ʀeʒjõ] F **1** Gegend *f* (*a.* ANAT); Region *f*; **la ~ parisienne** der Großraum Paris **2** ADMIN (mehrere Departements umfassende) Region

régional [ʀeʒjɔnal] ADJ ⟨~e; -aux [-o]⟩ regional; ADMIN **conseil ~** Regionalrat *m*

régionalisation [ʀeʒjɔnalizasjõ] F Regionalisierung *f*; Dezentralisierung *f* **régionaliser** [-ize] V/T die Eigenständigkeit der Regionen fördern (**la France** in Frankreich); auf regionale Ebene verlegen; dezentralisieren **régionalisme** [-ism] M POL, LING Regionalismus *m*

régionaliste [ʀeʒjɔnalist] ADJ **1** regionalistisch **2** **écrivain** *m* **~** Heimatdichter *m*

régir [ʀeʒiʀ] V/T **1** (*déterminer*) regeln; bestimmen **2** GRAM regieren; stehen mit

régisseur [ʀeʒisœʀ] M, **régisseuse** [-øz] F **1** THÉ, FILM, TV Regieassistent(in) *m(f)*; Aufnahmeleiter(in) *m(f)* **2** *d'une propriété* Verwalter(in) *m(f)*

registre [ʀəʒistʀ] M **1** Register *n* (*a.* MUS); **~ du commerce** Handelsregister *n*; **~ d'état civil** Standesregister *n*; Personenstandsbuch *n* **2** *fig d'un discours, etc* Ton *m*; Tenor *m*

réglable [ʀeglabl] ADJ **1** TECH regulierbar; einstellbar; *siège, etc* verstellbar; **~ en °hauteur** höhenverstellbar **2** (*payable*) zahlbar

réglage [ʀeglaʒ] M TECH Einstellung *f*; Regulierung *f*

règle [ʀɛgl] F **1** *instrument* Lineal *n* **2** (*principe*) Regel *f*; Vorschrift *f*; **~s du jeu** Spielregeln *fpl* (*a. fig*); **exception** *f* **à la ~** Ausnahme *f* von der Regel; **dans les ~s (de l'art)** vorschriftsmäßig;

Les régions de France

Frankreich ist in 26 Verwaltungsregionen (**régions**) eingeteilt, davon befinden sich 4 außerhalb Europas: Guadeloupe, Französisch-Guayana (la Guyane), Martinique und Réunion. In den Regionen werden mehrere Departements zusammengefasst. Jede Region wird durch einen Regionalrat (**conseil régional**) verwaltet, der nach dem allgemeinen und direkten Wahlrecht für sechs Jahre gewählt ist. An der Spitze jeder Region steht ein Regionalpräfekt (**préfet de région**), der von der Regierung ernannt wird, den Staat repräsentiert und verantwortlich ist für die dezentralen Aufgaben des Staates wie z. B. den Einsatz der Polizei. Korsika zählt zwar zu den 26 Regionen, verfügt aber über einen Sonderstatus mit weitgehenden Machtbefugnissen.

Die 26 Regionen und ihre Präfekturen – les 26 régions et les préfectures

Région	Préfecture	Région	Préfecture
l'Alsace *f*	Strasbourg	**le Limousin**	Limoges
l'Aquitaine *f*	Bordeaux	**la Lorraine**	Metz
l'Auvergne *f*	Clermont-Ferrand	**la Martinique**	Fort-de-France
la Bourgogne	Dijon	**le Midi-Pyrénées**	Toulouse
la Bretagne	Rennes	**le Nord-Pas-de-Calais**	Lille
le Centre	Orléans	**la Basse-Normandie**	Caen
la Champagne-Ardenne	Châlons-en-Champagne	**la Haute-Normandie**	Rouen
		les Pays de la Loire	Nantes
la Corse	Ajaccio	**la Picardie**	Amiens
la Franche-Comté	Besançon	**le Poitou-Charentes**	Poitiers
la Guadeloupe	Basse-Terre	**la région Provence-Alpes-Côte d'Azur**	Marseille
la Guyane	Cayenne		
l'Île-de-France *f*	Paris	**la Réunion**	Saint-Denis
le Languedoc-Roussillon	Montpellier	**la région Rhône-Alpes**	Lyon

LANDESKUNDE

R

ordnungsgemäß; *iron* nach allen Regeln der Kunst; **en ~ générale** in der Regel; **bataille** *f* **en ~** regelrechte Schlägerei; **être de ~** üblich, Sitte sein; sich gehören; **être en ~** *papiers* in Ordnung sein; *(avoir ses papiers)* vorschriftsmäßige Papiere haben; *(avoir payé)* ordnungsgemäß bezahlt haben; **se mettre en ~** s-e Verhältnisse in Ordnung, ins Reine bringen; **enfreindre** *ou* **violer les ~s de la morale** Sitte und Anstand verletzen; **être conforme, contraire aux ~s** den Regeln entsprechen, regelwidrig sein 3 *de la femme* **~s** *pl* Periode *f*; Regel *f*; *fam* Tage *mpl* 4 **~ de trois** Dreisatzrechnung *f*

réglé [Regle] ADJ ⟨~e⟩ 1 *(organisé)* geregelt 2 *(terminé)* erledigt; *facture* **non ~** offenstehend 3 *papier* lini(i)ert 4 *jeune fille* **être ~e** ihre Periode haben

règlement [ʀɛgləmɑ̃] M 1 *(règles)* Vorschrift(en) *f(pl)*; Reglement *n*; **~ intérieur** Betriebs-, Hausordnung *f* 2 *d'une affaire* Regelung *f*; Erledigung *f*; *d'un conflit* Beilegung *f*; JUR **~ judiciaire** Vergleichsverfahren *n* 3 *d'une facture* Begleichung *f*; Zahlung *f*; *fig* **~ de compte(s)** Abrechnung *f*

réglementaire [ʀɛgləmɑ̃tɛʀ] ADJ vorschriftsmäßig; ordnungsgemäß

réglementation [ʀɛgləmɑ̃tasjõ] F 1 *action* Regelung *f*; *péj* Reglementierung *f* 2 *(règlements)* Bestimmungen *fpl*; Vorschriften *fpl* **réglementer** [-e] VT (durch Vorschriften) regeln; *péj* reglementieren

régler [Regle] ⟨-è-⟩ A VT 1 *affaire, question* regeln; erledigen; *conflit* beilegen; bereinigen; *circulation* regeln; *programme* festlegen 2 *facture, dettes* begleichen; bezahlen; *abs* zahlen 3 TECH *appareil* einstellen; regulieren B V/PR **se ~ sur qn** sich nach j-m richten

réglisse [Reglis] M OU F 1 *pâte* Lakritze *f* 2 *racine* Süßholz *n*

réglo [Reglo] *fam* ADJ (❗ unveränderlich) korrekt

régnant [Reɲɑ̃] ADJ ⟨-ante [-ɑ̃t]⟩ regierend; herrschend; **prince ~** regierender Fürst

règne [ʀɛɲ] M 1 *d'un souverain* Regierung(szeit) *f*; Herrschaft *f*; **sous le ~ de** unter der Herrschaft *(+ gén)* 2 **~ animal, végétal** Tier-, Pflanzenreich *n*

régner [ʀeɲe] VI ⟨-è-⟩ herrschen (**sur** über *+ acc*); *souverain a.* regieren; **faire ~ l'ordre** Ordnung schaffen; **faire ~ la terreur** Entsetzen, Schrecken verbreiten; Terror ausüben; *iron* **la confiance règne!** Vertrauen ist gut, Kontrolle ist besser!

regonfler [ʀ(ə)gõfle] VT *ballon* wieder aufblasen; *pneu* wieder aufpumpen; *fam fig* **~ (le moral de) qn** j-m (wieder) Mut machen; j-m neuen Auftrieb geben

regorger [ʀ(ə)gɔʀʒe] VT INDIR ⟨-ge-⟩ **~ de qc** etw in Hülle und Fülle haben; voll von etw sein

régresser [ʀegʀese] VI zurückgehen **régressif** [-if] ADJ ⟨-ive [-iv]⟩ rückläufig; *t/t* regressiv

régression [ʀegʀesjõ] F 1 *de la natalité, etc* Rückgang *m*; **être en (voie de) ~** allmählich zurückgehen; im Rückgang begriffen sein 2 *fig* Rückschritt *m* 3 PSYCH Regression *f*

regret [ʀ(ə)gʀɛ] M 1 *(chagrin)* Trauer *f*, Schmerz *m* (**de qc** um etw); *(nostalgie)* Sehnsucht *f* (nach etw); **à ~** ungern; schweren Herzens 2 *(remords)* Reue *f*, *(déplaisir)* Bedauern *n* (**de** über *+ acc*); **je n'ai qu'un ~, c'est de** *(+ inf)* ich bereue, bedauere nur (eines), dass …; **j'ai le ~ de vous informer …** zu meinem Bedauern muss ich Ihnen mitteilen …; **exprimer ses ~s** sein Bedauern ausdrücken

regrettable [ʀ(ə)gʀɛtabl] ADJ bedauerlich

regretter [ʀ(ə)gʀete] VT 1 *(être triste au souvenir de)* nachtrauern (**qn, qc** j-m, e-r Sache); *un absent* (schmerzlich) vermissen; **~ le temps où …** sich nach der Zeit zurücksehnen, da … 2 *(déplorer)* bedauern; **~ que …** *(+ subj)* bedauern, dass …; **je regrette de vous avoir fait attendre** es tut mir leid, dass ich Sie habe warten lassen 3 *faute, erreur* bereuen; **vous ne le regretterez pas!** Sie werden es nicht bereuen!

regrimper [ʀ(ə)gʀɛ̃pe] VI 1 wieder (hinauf)klettern, -steigen (**à, sur** auf *+acc*) 2 *fam fig prix* wieder in die Höhe klettern

regrossir [ʀ(ə)gʀosiʀ] VI wieder zunehmen, dicker werden

regroupement [ʀ(ə)gʀupmɑ̃] M Zusammenlegung *f*, -schluss *m* **regrouper** [-e] A VT zusammenfassen, -legen, -schließen B V/PR **se ~** sich zusammenschließen

régularisation [ʀegylaʀizasjõ] F *d'une situation* Regelung *f*

régulariser [ʀegylaʀize] VT 1 *sa situation* in Ordnung bringen; regeln 2 *fleuve* regulieren

régularité [ʀegylaʀite] F 1 Regelmäßigkeit *f*; *d'un mouvement a.* Gleichmäßigkeit *f* 2 *de l'élection, etc* ordnungsgemäßer Verlauf; Korrektheit *f*

régulateur [ʀegylatœʀ] A ADJ ⟨-trice [-tʀis]⟩ regulierend; Regel… B M TECH Regler *m* **régulation** [-sjõ] F Regelung *f*; Regulierung *f*

réguler [ʀegyle] VT mit Lagermetall ausgießen

régulier [ʀegylje] ADJ ⟨-ière [-jɛʀ]⟩ 1 *(égal, constant)* regelmäßig; *mouvement, respiration a.* gleichmäßig; *train* fahrplanmäßig; **vol ~** Linienflug *m*; **il est ~ dans son travail** s-e Leistungen sind gleichmäßig 2 *(légal)* ordnungsgemäß; vorschriftsmäßig; regulär 3 *fam personne (honnête)* korrekt

R

régulière [ʀegyljɛʀ] F *pop* (*épouse, maîtresse*) *pop* Olle *f*
régulièrement [ʀegyljɛʀmɑ̃] ADV **1** (*avec régularité*) regelmäßig; gleichmäßig **2** *en tête de phrase* in der Regel; normalerweise **3** (*légalement*) ordnungsgemäß
régurgitation [ʀegyʀʒitasjõ] F MÉD Regurgitation *f* **régurgiter** [-e] V/T *nourriture* in den Mund zurückbefördern
réhabilitable [ʀeabilitabl] ADJ rehabilitierbar **réhabilitation** [-asjõ] F **1** JUR, *fig* Rehabilitierung *f* **2** CONSTR Sanierung *f*
réhabiliter [ʀeabilite] **A** V/T **1** JUR, *fig* rehabilitieren **2** (*rénover*) sanieren **B** V/PR **se ~** sich rehabilitieren
réhabituer [ʀeabitɥe] V/PR **se ~** sich wieder gewöhnen (**à** an + *acc*)
rehausser [ʀəose] V/T **1** *mur* höher machen; erhöhen **2** *fig* hervorheben; zur Geltung bringen; **rehaussé de, par qc** in der Wirkung durch etw verstärkt
réimplantation [ʀeɛ̃plɑ̃tasjõ] F MÉD Reimplantation *f*
réimportation [ʀeɛ̃pɔʀtasjõ] F Wiedereinfuhr *f*; Reimport *m* **réimporter** [-e] V/T wieder einführen; reimportieren
réimpression [ʀeɛ̃pʀɛsjõ] F Nachdruck *m*
réimprimer [ʀeɛ̃pʀime] V/T nachdrucken
rein [ʀɛ̃] M **1** Niere *f*; **~ artificiel** künstliche Niere **2 ~s** *pl* Kreuz *n*; **avoir mal aux ~s** Kreuzschmerzen haben; **se faire un tour de ~s** sich (*dat*) das Kreuz verrenken; *fig* **avoir les ~s solides** zahlungskräftig sein
réincarcération [ʀeɛ̃kaʀseʀasjõ] F Wiedereinkerkerung *f* **réincarcérer** [-e] V/T ‹-è-› wieder einkerkern
réincarnation [ʀeɛ̃kaʀnasjõ] F Reinkarnation *f* **réincarner** [-e] V/PR **se ~** wieder Fleisch werden
reine [ʀɛn] F **1** Königin *f* (*a.* ZOOL) **2** ÉCHECS Dame *f* **3** *fig* **la petite ~** das Fahrrad
reine-claude [ʀɛnklod] F ‹reines-claudes› Reneklode *f*; Reineclaude *f* **reine-marguerite** F ‹reines-marguerites› Garten-, Sommeraster *f*
reinette [ʀɛnɛt] F *pomme* Renette *f*
réinfecter [ʀeɛ̃fɛkte] V/PR **se ~** sich wieder infizieren
réinscription [ʀeɛ̃skʀipsjõ] F Wiedereinschreibung *f*
réinscrire [ʀeɛ̃skʀiʀ] ‹→ écrire› V/T (*et* V/PR **se ~** sich) wieder einschreiben, anmelden
réinsérer [ʀeɛ̃seʀe] ‹-è-› V/T *handicapé* wieder eingliedern; *délinquant, drogué* resozialisieren
réinsertion [ʀeɛ̃sɛʀsjõ] F *des handicapés* Wiedereingliederung *f*; *des délinquants* Resozialisierung *f*
réinstaller [ʀeɛ̃stale] V/PR **se ~** sich wieder niederlassen, einrichten
réintégrable [ʀeɛ̃tegʀabl] ADJ wieder einsetzbar **réintégration** [-asjõ] F Wiedereingliederung *f*; *dans une fonction* Wiedereinsetzung *f* **réintégrer** [-e] V/T ‹-è-› **1** *lieu* zurückkehren in (+ *acc*) **2** *personne* wieder einsetzen (**dans** in + *acc*)
réintroduction [ʀeɛ̃tʀɔdyksjõ] F Wiedereinführung *f*
réintroduire [ʀeɛ̃tʀɔdɥiʀ] V/T ‹→ conduire› wieder, von Neuem einführen
réinventer [ʀeɛ̃vɑ̃te] V/T noch einmal, von Neuem erfinden
réinvestir [ʀeɛ̃vɛstiʀ] V/T reinvestieren
réinviter [ʀeɛ̃vite] V/T wieder, noch einmal einladen
réitération [ʀeiteʀasjõ] *litt* F Wiederholung *f*
réitéré [ʀeiteʀe] ADJ ‹~e› wiederholt **réitérer** [-e] V/T ‹-è-› wiederholen
rejaillir [ʀ(ə)ʒajiʀ] V/I **1** *liquide* (auf-, hoch)spritzen **2** *fig* **~ sur qn** auf j-n zurückfallen
rejaillissement [ʀ(ə)ʒajismɑ̃] M *fig* Zurückfallen *n*, Auswirkung *f* (**sur** auf +*acc*)
rejet [ʀəʒɛ] M **1** MÉD Abstoßung *f* **2** ÉCOL Schadstoffausstoß *m* **3** (*refus*) Verwerfung *f*; Ablehnung *f*; Zurückweisung *f* **4** BOT Schössling *m*
rejeter [ʀəʒ(ə)te] V/T ‹-tt-› **1** (*relancer*) zurückwerfen; *mer: épaves* an Land spülen; *nourriture* wieder von sich geben; *organe greffé* abstoßen; *lave, polluants* ausstoßen; *mot* **~ à la fin de la phrase** ans Satzende stellen **2** *faute, responsabilité* **~ sur qn** j-m zuschieben; auf j-n abwälzen **3** *proposition, etc* verwerfen; ablehnen; zurückweisen **4** *personne* ver-, ausstoßen; **rejeté par la société** aus der Gesellschaft ausgestoßen
rejeton [ʀəʃtõ] M **1** BOT Schössling *m* **2** *fam* (*enfant*) *fam* Sprössling *m*
rejoindre [ʀ(ə)ʒwɛ̃dʀ] ‹→ joindre› **A** V/T **1 ~ qn** (*aller retrouver*) zu j-m zurückkehren; (wieder) zu j-m gehen, kommen; j-n (wieder) treffen; (*rattraper*) zu j-m aufschließen; j-n einholen; **je te rejoindrai** ich komme nach; *fig* **~ qn dans ses opinions** mit j-s Ansichten übereinstimmen **2** *endroit* wieder gelangen, kommen, gehen an (+ *acc*) **3** *rue* **~ le boulevard** auf den Boulevard stoßen, treffen **B** V/PR **se ~ 1** *personnes, rues* sich (wieder) treffen **2** *fig opinions* übereinstimmen
rejouer [ʀ(ə)ʒwe] V/T *et* V/I wieder, noch einmal spielen
réjoui [ʀeʒwi] ADJ ‹~e› vergnügt; heiter; fröhlich
réjouir [ʀeʒwiʀ] **A** V/T erfreuen **B** V/PR **se ré-**

R

jouir sich freuen (**de qc** über, *à l'avance* auf etw [*acc*])

réjouissance [ʀeʒwisɑ̃s] F **1** Fröhlichkeit *f*; Freude *f* **2** *pl* **~s** Festlichkeiten *fpl* **réjouissant** [-ɑ̃] ADJ ⟨-ante [-ɑ̃t]⟩ erfreulich

relâche [ʀəlɑʃ] M OU F **1** THÉ **jour** *m* **de ~** vorstellungsfreier Tag; **faire ~** keine Vorstellung geben **2** **sans ~** ununterbrochen; unablässig; pausenlos

relâché [ʀ(ə)lɑʃe] ADJ ⟨~e⟩ *mœurs, discipline* locker; lax; *style* nachlässig

relâchement [ʀ(ə)lɑʃmɑ̃] M *des mœurs* Lockerung *f*; *du zèle* Nachlassen *n*

relâcher [ʀ(ə)lɑʃe] **A** V/T **1** *corde, rênes, etc* lockern; *muscles a.* entspannen **2** *fig attention, zèle* erlahmen lassen **3** *détenu* freilassen **B** V/PR **se ~** **1** *liens, étreinte* sich lockern; *muscles* erschlaffen **2** *fig discipline, mœurs* sich lockern; *zèle, attention* nachlassen; erlahmen

relais [ʀ(ə)lɛ] M **1** (**course** *f* **de**) **~** Staffel(lauf) *f(m)*; *fig* **prendre le ~ de qn, de qc** j-n, etw ablösen **2** ÉLEC Relais *n*; RAD Relaisstation *f* **3** **~ (routier)** Raststätte *f*

relance [ʀəlɑ̃s] F ÉCON Aufschwung *m*

relancer [ʀ(ə)lɑ̃se] V/T ⟨-ç-⟩ **1** *balle* zurückwerfen **2** *économie* wieder ankurbeln; wieder beleben; *projet* wieder aufnehmen **3** *moteur* wieder anlassen, anwerfen **4** **~ qn** j-m zusetzen; j-n bedrängen **5** *abs au jeu* höher setzen

relater [ʀ(ə)late] V/T (ausführlich) berichten

relatif [ʀ(ə)latif] ADJ ⟨-ive [-iv]⟩ **1** relativ; verhältnismäßig **2** **~ à qc** auf etw (*acc*) bezüglich; etw betreffend **3** GRAM Relativ...; **pronom ~** Relativpronomen *n*

relation [ʀ(ə)lasjõ] F **1** *entre choses* Beziehung *f*; *t/t* Relation *f*; **~ de cause à effet** Kausalzusammenhang *m* **2** *entre personnes, pays* **~s** *pl* Beziehungen *fpl*; Verhältnis *n*; **~s publiques** Public Relations *pl*; Öffentlichkeitsarbeit *f*; **avoir des ~s avec une femme** (intime) Beziehungen mit e-r Frau haben; **cesser, interrompre ses ~s** s-e Beziehungen abbrechen, lösen; **entretenir des ~s amicales avec qn** freundschaftliche Beziehungen zu j-m unterhalten; mit j-m auf freundschaftlichem Fuß stehen; **être en ~(s) avec qn** mit j-m in Verbindung stehen; **se mettre, entrer en ~(s) avec qn** zu j-m Beziehungen aufnehmen; mit j-m in Verbindung treten **3** *personne* Bekannte(r) *m/f(m)*; **~s** *pl a.* Beziehungen *fpl*; **se faire des ~s pendant les vacances** Ferienbekanntschaften schließen **4** (*récit*) Bericht *m*

relationnel [ʀ(ə)lasjɔnɛl] ADJ ⟨~le⟩ *troubles* Beziehungs...; zwischenmenschlich

relativement [ʀ(ə)lativmɑ̃] ADV **1** verhältnismäßig; relativ **2** **~ à** im Verhältnis zu

relativiser [ʀ(ə)lativize] V/T relativieren **relativisme** [-ism] M Relativismus *m* **relativité** [-ite] F Relativität *f*

relaver [ʀ(ə)lave] V/T noch einmal waschen

relax [ʀəlaks] ADJ *fam* → **relaxe**

relaxant [ʀ(ə)laksɑ̃] ADJ ⟨-ante [-ɑ̃t]⟩ entspannend **relaxation** [-asjõ] F Entspannung *f*

relaxe [ʀəlaks] *fam* **A** ADJ ungezwungen; locker; zwanglos **B** F Entspannung *f*

relaxer [ʀ(ə)lakse] **A** V/T JUR freilassen **B** V/PR **se ~** sich entspannen; relaxen

relayer [ʀ(ə)leje] ⟨-ay- *od* -ai-⟩ **A** V/T **1** **~ qn** j-n ablösen **2** *émission* übertragen **B** V/PR **se ~** sich ablösen; (sich) abwechseln

relayeur [ʀ(ə)lɛjœʀ] M, **relayeuse** [-jøz] F Staffelläufer(in) *m(f)*

relecture [ʀ(ə)lɛktyʀ] F nochmaliges, erneutes Lesen; nochmalige, erneute Lektüre

relégation [ʀ(ə)legasjõ] F SPORTS Abstieg *m*

reléguer [ʀ(ə)lege] V/T ⟨-è-⟩ *personne* abschieben; verbannen; *chose* abstellen (**au grenier** auf dem Speicher); *fig* **~ qn au second plan** j-m e-e unbedeutende Rolle zuweisen; j-n in den Hintergrund drängen

relent [ʀəlɑ̃] M **1** übler Geruch (**de** nach) **2** *fig* Beigeschmack *m* (**de** von)

relevable [ʀəlvabl, ʀləvabl] ADJ auf-, hochklappbar

relève [ʀ(ə)lɛv] F Ablösung *f*; **prendre la ~** die Nachfolge antreten; **prendre la ~ de qn, qc** j-n, etw ablösen

relevé [ʀəl(ə)ve] **A** ADJ ⟨~e⟩ **1** *bord* hochgebogen; *col* hochgeschlagen; *virage* überhöht **2** *expression* gehoben **3** CUIS pikant **B** M **~ de compte** Kontoauszug *m*; **~ d'identité bancaire** (*abr* **RIB**) (Nachweis *m* der) Bankverbindung *f*

relèvement [ʀ(ə)lɛvmɑ̃] M **1** *d'un pays* Wiedererstarkung *f*; Erholung *f* **2** *des salaires, etc* Anhebung *f*; Erhöhung *f*

relever [ʀəl(ə)ye] ⟨-è-⟩ **A** V/T **1** *enfant* (wieder) aufheben; *adulte* (wieder) aufhelfen (**qn** j-m); *chaise* wieder aufstellen; *par ext cahiers* einsammeln; *fig économie, entreprise* wieder hochbringen **2** *siège* hochklappen; *vitre de voiture* hochkurbeln; *col* hochschlagen; *manches* hochstreifen, -ziehen; *plafond* erhöhen; *tête* heben; *fig salaires, impôts* anheben; erhöhen; heraufsetzen; *niveau de vie* heben; CUIS pikanter machen **3** (*constater*) feststellen; *traces a.* sichern; *faute a.* anstreichen; *allusion* aufgreifen; *par écrit* (schriftlich) festhalten; notieren; aufschreiben; *compteur* ablesen **4** (*remplacer*) *sentinelle, équipe* ablösen; **~ qn de ses fonctions** j-n s-s Amtes entheben **B** V/T INDIR **1** **~ d'une grippe** gerade e-e Grippe überstanden, hinter sich (*dat*) haben **2** (*dépendre*) **~ de** in den Bereich, in die Zuständigkeit (+ *gén*)

R

fallen **C** VI *jupe* zipfeln **D** VPRON **se ~ 1** *(se remettre debout)* wieder aufstehen **2** *fig (se remettre)* sich erholen (**de** von)

releveur [ʀəl(ə)vœʀ] M **~ des compteurs** (Strom-, Gas-, Wasser)Ableser *m*

relief [ʀəljɛf] M **1** Relief *n (a.* SCULP*)*; GÉOG *a.* Oberflächengestalt *f*; **carte** *f* **en ~** Reliefkarte *f*; **être en ~** plastisch hervortreten; *fig* **mettre en ~** hervorheben **2** *litt* **~s** *pl* Reste *mpl*

relier [ʀəlje] VT **1** *livre* (ein)binden **2** *(joindre)* (miteinander) verbinden; **~ qc à qc** etw mit etw verbinden, verknüpfen

relieur [ʀəljœʀ] M, **relieuse** [-øz] F Buchbinder(in) *m(f)*

religieusement [ʀ(ə)liʒjøzmɑ̃] ADV **1** *(à l'église)* kirchlich **2** *(scrupuleusement)* gewissenhaft **3** *(avec recueillement)* andächtig; voller Andacht

religieux [ʀ(ə)liʒjø] **A** ADJ ⟨-euse [-øz]⟩ **1** religiös; kirchlich; Glaubens…; **édifice ~** Kultgebäude *n*; **mariage ~** kirchliche Trauung **2** *fig (scrupuleux)* gewissenhaft **3** *fig (recueilli)* andächtig; *silence* feierlich **B** SUBST **1 ~, religieuse** *m,f* Ordensmitglied *n*; *pl* Ordensleute *pl*; *(moine)* Ordensgeistliche(r) *m*; *(sœur)* Ordensschwester *f*; Nonne *f* **2** *pâtisserie* **religieuse** *f* mit Creme gefüllter Windbeutel

religion [ʀ(ə)liʒjõ] F Religion *f*; Glaube(n) *m*

religiosité [ʀ(ə)liʒjozite] F Religiosität *f*; Gläubigkeit *f*

reliquaire [ʀəlikɛʀ] M Reliquienschrein *m*; Reliquiar *n*

reliquat [ʀəlika] M Restbetrag *m*

relique [ʀəlik] F **1** REL Reliquie *f* **2** *fig* Erinnerungsstück *n*

relire [ʀ(ə)liʀ] ⟨→ lire⟩ **A** VT noch einmal (durch)lesen **B** VPR **se ~** noch einmal durchlesen, was man geschrieben hat

reliure [ʀəljyʀ] F **1** *action* Binden *n*; *métier* Buchbinderei *f* **2** *couverture* (Buch)Einband *m*; Einbanddecke *f*

relogement [ʀ(ə)lɔʒmɑ̃] M (Wieder)Unterbringung *f* **reloger** [-e] VT ⟨-ge-⟩ anderweitig unterbringen

relooker [ʀ(ə)luke] *fam* **A** VT *personne* einen neuen Look, ein neues Aussehen geben (+ *dat*); *produit* eine neue Aufmachung geben (+ *dat*) **B** VPR **se ~** sich *(dat)* einen neuen Look, ein neues Aussehen geben; sich neu stylen

relouer [ʀəlwe] VT wieder vermieten

reluire [ʀ(ə)lɥiʀ] VI ⟨→ conduire; *aber pp* relui⟩ glänzen; schimmern; **faire ~** blank reiben, putzen; polieren

reluisant [ʀ(ə)lɥizɑ̃] ADJ ⟨-ante [-ɑ̃t]⟩ **1** glänzend; blitzblank **2** *fig* **peu ~** nicht gerade glänzend

reluquer [ʀ(ə)lyke] *fam* VT schielen nach

remâcher [ʀ(ə)mɑʃe] VT nicht loskommen von

remaigrir [ʀ(ə)megʀiʀ] VI wieder abnehmen; wieder dünner, schlanker werden

remake [ʀimɛk] M Neuverfilmung *f*; Remake *n*

remanger [ʀ(ə)mɑ̃ʒe] VT ⟨-ge-⟩ noch einmal, wieder essen *(a. abs)*

remaniement [ʀ(ə)manimɑ̃] M **~ ministériel** Regierungsumbildung *f*

remanier [ʀ(ə)manje] VT **1** *texte* neu bearbeiten; umarbeiten; überarbeiten **2** *ministère, équipe* umbilden; umbesetzen

remaquiller [ʀ(ə)makije] VT *(et* VPR **se**) **~** (sich) neu, wieder schminken

remariage [ʀ(ə)maʀjaʒ] M Wiederverheiratung *f*

remarier [ʀ(ə)maʀje] VPR **se ~** sich wieder verheiraten; wieder heiraten

remarquable [ʀ(ə)maʀkabl] ADJ bemerkenswert; beachtlich **remarquablement** [-mɑ̃] ADV außerordentlich; bemerkenswert

remarque [ʀ(ə)maʀk] F **1** *(réflexion)* Bemerkung *f* **2** *(annotation)* An-, Bemerkung *f*; Vermerk *m* **3** *(critique)* **faire la ~ à qn que …** j-m vorhalten, vorwerfen, dass …

remarqué [ʀ(ə)maʀke] ADJ ⟨~e⟩ auffällig; **très ~** viel beachtet

remarquer [ʀ(ə)maʀke] **A** VT bemerken; aufmerksam werden auf (+ *acc*); **remarquez (bien) que …** wohlgemerkt …; **sans être remarqué** unbemerkt; **faire ~ qc (à qn)** (j-n) auf etw *(acc)* aufmerksam machen; **se faire ~** auffallen (**par** durch); **sans se faire ~** unauffällig **B** VPR **se ~** auffallen

remballage [ʀɑ̃balaʒ] M Wiedereinpacken *n*

remballer [-e] VT wieder einpacken

rembarquement [ʀɑ̃baʀkəmɑ̃] M Wiedereinschiffung *f*

rembarquer [ʀɑ̃baʀke] VI *(et* VPR **se ~**) wieder an Bord gehen

rembarrer [ʀɑ̃baʀe] *fam* VT **~ qn** j-n (grob) abweisen; j-m e-e Abfuhr erteilen; **se faire ~** sich *(dat)* e-e Abfuhr holen

remblai [ʀɑ̃blɛ] M Aufschüttung *f*; (Straßen-, Bahn)Damm *m*

remblayage [ʀɑ̃blɛjaʒ] M → remblai **remblayer** [-e] VT ⟨-ay- *od* -ai-⟩ *chaussée* aufschütten; *fossé* zuschütten **remblayeuse** [-øz] F Versatzmaschine *f*

rembobiner [ʀɑ̃bɔbine] VT *film* zurückspulen

rembourrage [ʀɑ̃buʀaʒ] M Polsterung *f*

rembourrer [ʀɑ̃buʀe] VT *fauteuil* polstern; *coussin, matelas* füllen; *fam personne* **bien rembourré** gut gepolstert

remboursable [ʀɑ̃buʀsabl] ADJ rückzahlbar

remboursement [ʀɑ̃buʀsəmɑ̃] M **1** Rückzahlung *f*; (Rück)Erstattung *f* **2** *envoi postal* **con-**

tre ~ per Nachnahme
rembourser [ʀɑ̃buʀse] V/T *emprunt* zurückzahlen; *frais* (zurück)erstatten; (rück)vergüten; ersetzen; **~ qn** j-m das Geld zurückzahlen; **se faire ~** sich (*dat*) das Geld zurückzahlen lassen; sich (*dat*) die Auslagen erstatten lassen
rembrunir [ʀɑ̃bʀyniʀ] V/PR **se ~** *visage* sich verfinstern; sich verdüstern; *personne* ein finsteres Gesicht machen
remède [ʀ(ə)mɛd] M **1** (*médicament*) (Heil)Mittel *n*; Arznei *f*; **~ de bonne femme** Hausmittel *n* **2** *fig* (Gegen)Mittel *n*; Abhilfe *f*; **y porter ~** Abhilfe schaffen
remédier [ʀ(ə)medje] V/T INDIR **~ à** abhelfen (+ *dat*); beheben
remembrement [ʀ(ə)mɑ̃bʀəmɑ̃] M Flurbereinigung *f*
remémoration [ʀ(ə)memɔʀɑsjõ] F (beabsichtigtes) Sicherinnern
remémorer [ʀ(ə)memɔʀe] V/PR **se ~ qc** sich an etw (*acc*) erinnern
remerciement [ʀ(ə)mɛʀsimɑ̃] M Dank *m*; **avec tous mes ~s** mit bestem Dank
remercier [ʀ(ə)mɛʀsje] V/T **1** danken (**qn de, pour qc** j-m für etw); sich bedanken (bei j-m für etw) **2** (*congédier*) **~ qn** j-m kündigen; j-n entlassen
remettre [ʀ(ə)mɛtʀ] ⟨→ mettre⟩ **A** V/T **1** *vêtements* wieder anziehen; *chapeau* wieder aufsetzen; *articulation* wieder einrenken; *objet* wieder hinstellen, -legen; *le courant* wieder einschalten; *de l'eau, etc* nachfüllen; *montre* **remettre à l'heure** stellen; **remettre qc dans sa poche** etw wieder in die Tasche stecken; **remettre en marche** wieder in Gang setzen **2** (*donner*) **remettre qc à qn** j-m etw aushändigen, übergeben, überreichen; etw bei j-m abgeben; *lettre etc a.* j-m überbringen **3** (*faire grâce de*) *dette* erlassen (**à qn** j-m); *péchés* vergeben (j-m) **4** (*ajourner*) auf-, verschieben **5** (*rétablir la santé*) **remettre qn** j-n wiederherstellen **6** *fam* (*reconnaître*) **remettre qn** j-n wiedererkennen **7** *fam* (*recommencer*) **on remet ça?** das Gleiche noch mal? **B** V/PR **1** **le temps se remet (au beau)** es wird wieder besser, schöner **2** **se remettre à table** sich wieder zu Tisch setzen **3** (*recommencer*) **se remettre à qc** wieder mit etw anfangen, beginnen; sich wieder mit etw beschäftigen; **se remettre à faire qc** wieder etw tun; wieder anfangen, etw zu tun **4** (*aller mieux*) **se remettre de qc** sich (wieder) von etw erholen; **allons, remettez-vous!** beruhigen Sie sich doch! **5** (*se fier*) **s'en remettre à qn** sich auf j-n verlassen
remeubler [ʀ(ə)mœble] **A** V/T neu möblieren, einrichten **B** V/PR **se ~** sich neu einrichten
remilitarisation [ʀ(ə)militaʀizasjõ] F Wiederbewaffnung *f*; Wiederaufrüstung *f* **remilitariser** [-e] V/T wieder bewaffnen, aufrüsten
réminiscence [ʀeminisɑ̃s] F Reminiszenz *f*; (vage) Erinnerung
remis [ʀ(ə)mi] → remettre
remise [ʀ(ə)miz] F **1** *local* Schuppen *m* **2** COMM (*réduction*) Rabatt *m*; Nachlass *m*; Ermäßigung *f* **3** **~ de dette** Schuldenerlass *m*; **~ de peine** Straferlass *m* **4** (*action de donner*) Aushändigung *f*; Übergabe *f*; *d'un prix* Überreichung *f* **5** **~ à neuf** Renovierung *f*; **~ à niveau** Auffrischungskurs *m*; **~ en état** (Wieder)Instandsetzung *f*; **~ en forme** Fitnesstraining *n*; SPORTS **~ en jeu** Einwurf *m*; **~ en marche** Wiederingangsetzung *f*; **~ en question** Infragestellung *f*
remiser [ʀ(ə)mize] V/T *véhicule* unterstellen; *objet* abstellen
rémission [ʀemisjõ] F **1** *des péchés* Vergebung *f*; Nachlass *m*; *fig* **sans ~** unnachsichtig; *par ext* endgültig **2** MÉD vorübergehendes Nachlassen
remmener [ʀɑ̃mne] V/T ⟨-è-⟩ zurückbringen
remodeler [ʀ(ə)mɔdle] V/T ⟨-è-⟩ **1** *visage* liften **2** ADMIN umgestalten; umstrukturieren
remontage [ʀ(ə)mõtaʒ] M **1** TECH erneute, nochmalige Montage; Wiederzusammenbauen *n* **2** *d'une pendule, etc* Aufziehen *n*
remontant [ʀ(ə)mõtɑ̃] M Stärkungsmittel *n*
remontée [ʀ(ə)mõte] F **1** Wiederaufstieg *m*; **la ~ du fleuve** die Fahrt flussaufwärts **2** *de l'eau, etc* Wiederanstieg *m* **3** SPORTS Aufholen *n* **4** **~s mécaniques** Seilbahnen *fpl* und (Ski)Lifte *mpl*
remonte-pente [ʀ(ə)mõtpɑ̃t] M ⟨remonte-pentes⟩ Schlepplift *m*
remonter [ʀ(ə)mõte] **A** V/T **1** (*monter*) *rue* hinaufgehen; (*dans un*) *véhicule* hinauffahren; *colonne de voitures, peloton* überholen; **~ un fleuve** *a.* flussaufwärts fahren **2** (*monter de nouveau*) *escalier* wieder hinaufgehen, -steigen **3** *objet* wieder hinauftragen, -bringen, -schaffen; *col* hochschlagen; *pantalon, chaussettes* hochziehen; *vitre d'une voiture* hochkurbeln **4** *fig* **~ qn** j-n stärken, aufmuntern **5** *pendule, réveil, jouet* aufziehen **6** TECH wieder montieren, zusammenbauen **B** V/I ⟨meist **être**, wenn e-e Person Subjekt ist⟩ **1** *personne* wieder hinauf- *ou* hochgehen, -steigen, heraufkommen; (*dans un*) *véhicule* wieder hinauffahren; **~ dans la voiture** wieder in das Auto steigen **2** *prix, baromètre, fièvre, mer* wieder, erneut (an)steigen; *robe* **~ par-devant** vorn hochrutschen **3** *dans le passé* zurückgehen (**à** auf + *acc*; bis); *chose a.* zurückreichen (bis); *événement* **~ loin** weit zurückliegen
remontoir [ʀ(ə)mõtwaʀ] M TECH Aufziehvor-

richtung *f*
remontrance [R(ə)mõtRɑ̃s] F Zurechtweisung *f*; **~s** *pl a.* Vorhaltungen *fpl*
remontrer [R(ə)mõtRe] V/I **en ~ à qn** j-m etwas vormachen können
remords [R(ə)mɔR] M Schuldgefühl *n*; *pl* Gewissensbisse *mpl*
remorquage [R(ə)mɔRkaʒ] M AUTO Abschleppen *n*; MAR Schleppen *n*
remorque [R(ə)mɔRk] F **1** Anhänger *m* **2** **prendre en ~** in Schlepp nehmen
remorquer [R(ə)mɔRke] V/T **1** *voiture* abschleppen; *bateau* schleppen **2** *fam fig qn* mitschleppen **remorqueur** [-œR] M MAR Schlepper *m*
rémoulade [Remulad] F Remoulade(nsoße) *f*
rémouleur [RemulœR] M Scherenschleifer *m*
remous [Rəmu] M **1** *dans l'eau* Strudel *m*; Wirbel *m*; *d'un bateau* Kielwasser *n* **2** *fig pl* Wirbel *m*; Unruhe *f*
rempaillage [Rɑ̃pajaʒ] M Neubespannung *f* (mit Stroh) **rempailler** [-e] V/T *chaise* mit e-m neuen Strohgeflecht bespannen **rempailleur** [-œR] M, **rempailleuse** [-øz] F Stuhlflechter(in) *m(f)*
rempaqueter [Rɑ̃pakte] V/T ‹-tt-› wieder einpacken
rempart [Rɑ̃paR] M **1** FORTIFICATIONS Befestigungsanlage *f*; *d'une ville a.* Stadtmauer *f* **2** *fig* Bollwerk *n*
rempiler [Rɑ̃pile] V/I *fam* MIL sich weiterverpflichten
remplaçable [Rɑ̃plasabl] ADJ ersetzbar
remplaçant [Rɑ̃plasɑ̃] M, **remplaçante** [-ɑ̃t] F (Stell)Vertreter(in) *m(f)*; SPORTS Auswechselspieler(in) *m(f)*
remplacement [Rɑ̃plasmɑ̃] M **1** *de choses* Ersatz *m*; **en ~ de** als Ersatz für **2** *d'un absent* Vertretung *f*; **faire des ~s** Vertretungen machen, übernehmen
remplacer [Rɑ̃plase] ‹-ç-› V/T **1** *chose* ersetzen (**par** durch); *joueur* auswechseln (gegen) **2** **~ qn** *provisoirement* j-n vertreten; *(succéder à)* j-n ersetzen; **se faire ~** sich vertreten lassen
rempli [Rɑ̃pli] ADJ ‹~e› voll; *journée, vie* **bien ~** ausgefüllt; **~ de** voll(er)
remplir [Rɑ̃pliR] **A** V/T **1** füllen (**de** mit); *verre a.* vollgießen; vollschenken; *espace* ausfüllen **2** *fig* **~ qn de joie**, *etc* j-n mit Freude *etc* erfüllen **3** *questionnaire* ausfüllen **4** *conditions, devoir, mission* erfüllen; *fonction* ausüben **B** V/PR **1** **se ~** sich füllen (**de** mit) **2** **se ~ les poches** sich *(dat)* die Taschen füllen; *fig a.* in die eigene Tasche wirtschaften
remplissage [Rɑ̃plisaʒ] M **1** *action* (Auf)Füllen *n* **2** *péj* bloßes Füllwerk; **faire du ~** Unwesentliches schreiben
remplumer [Rɑ̃plyme] V/PR *fam* **se ~** **1** wieder zu Geld kommen **2** *physiquement* wieder zunehmen
rempocher [Rɑ̃pɔʃe] V/T wieder einstecken; wieder in die Tasche stecken
remporter [Rɑ̃pɔRte] V/T **1** *objet* wieder mitnehmen **2** *victoire, succès, prix* erringen; *victoire a.* davontragen
rempotage [Rɑ̃pɔtaʒ] M Umtopfen *n* **rempoter** [-e] V/T umtopfen
remuant [Rəmɥɑ̃] ADJ ‹-ante [-ɑ̃t]› lebhaft; zapp(e)lig; unruhig
remue-ménage [R(ə)mymenaʒ] M (**!** unveränderlich) geräuschvolles Durcheinander; Krach *m*; *(agitation)* Trubel *m*
remuer [Rəmɥe] **A** V/T **1** *(faire bouger)* bewegen; *meuble* (weg)rücken; *café, salade* umrühren; *chien* **~ la queue** mit dem Schwanz wedeln **2** *fig (émouvoir)* bewegen; rühren **B** V/I *(bouger)* sich bewegen; *enfant* unruhig sein; zappeln; *dent* wackeln **C** V/PRON **se ~** **1** *(bouger)* sich bewegen **2** *fig (se démener)* sich einsetzen
rémunérateur [RemyneRatœR] ADJ ‹-trice [-tRis]› einträglich; gewinnbringend **rémunération** [-sjõ] F Entlohnung *f*; Vergütung *f*; (Arbeits)Entgelt *n*
rémunérer [RemyneRe] V/T ‹-è-› bezahlen; entlohnen; *travail a.* vergüten; honorieren; *capital* verzinsen
renâcler [R(ə)nakle] V/I **1** *cheval, etc* schnauben **2** *fig* → rechigner
renaissance [R(ə)nɛsɑ̃s] F **1** Wiedergeburt *f*; Wiederaufleben *n*; Renaissance *f* **2** HIST **la Renaissance** die Renaissance
renaître [R(ə)nɛtR] V/I ‹→ naître› wiedergeboren werden (*a.* REL); *fig* wieder aufleben; *plantes au printemps* zu neuem Leben erwachen; **~ à la vie** wieder aufleben; das Leben wieder genießen können; **se sentir ~** sich wie neugeboren fühlen
rénal [Renal] ADJ ‹~e; -aux [-o]› Nieren…
renard [R(ə)naR] M Fuchs *m*
renarde [R(ə)naRd] F ZOOL Füchsin *f*; CH *a.* Fähe *f* **renardeau** [-o] M ‹~x› junger Fuchs **renardière** [-jɛR] F Fuchsbau *m*
rencard [Rɑ̃kaR] → rancard
renchérir [Rɑ̃ʃeRiR] **A** V/T INDIR **~ sur qc** etw (noch) übertreffen **B** V/I teurer werden; sich verteuern
renchérissement [Rɑ̃ʃeRismɑ̃] M Verteuerung *f*; Preissteigerung *f*
rencontre [Rɑ̃kõtR] F Begegnung *f* (*a.* SPORTS); (Zusammen)Treffen *n* **aller, venir à la ~ de qn** j-m entgegengehen, -kommen; **faire une mauvaise ~** e-e verhängnisvolle Begegnung haben

rencontrer [ʀɑ̃kõtʀe] **A** V/T **1** begegnen (+ *dat*); treffen; **~ qn** *par hasard* j-m begegnen; j-n (an)treffen; *exprès* mit j-m zusammentreffen, -kommen; j-n treffen; SPORT auf j-n treffen **2** *obstacle, difficultés* stoßen auf (+ *acc*) **B** V/PR **se ~** **1** *personnes, regards* sich (*dat*) begegnen; sich treffen; (*avoir une entrevue*) zusammenkommen, -treffen **2** *choses* (*exister*) anzutreffen sein; vorkommen

rendement [ʀɑ̃dmɑ̃] M **1** FIN, ÉCON Rendite *f*; Ertrag *m* **2** AGR Ertrag *m* **3** *du travail* (Arbeits)-Leistung *f*; *d'une machine* Wirkungsgrad *m*

rendez-vous [ʀɑ̃devu] M **1** Verabredung *f*; **~ (amoureux)** Rendezvous *n*; **~ social** Treffen *n* der Tarifpartner; Tarifverhandlungen *fpl*; **avoir (un) ~** verabredet sein (**avec qn** mit j-m); *chez le médecin* e-n Termin haben; **donner ~ à qn** sich mit j-m verabreden; j-n bestellen; **se donner ~** sich verabreden; *client* **prendre ~** sich anmelden (**avec le médecin** beim Arzt); *médecin* **recevoir sur ~** Sprechstunde nach Vereinbarung haben **2** *lieu* Treffpunkt *m* **3** **~ spatial** Rendezvous(manöver) *n* im Weltraum

rendormir [ʀɑ̃dɔʀmiʀ] ⟨→ dormir⟩ V/PR **se ~** wieder einschlafen

rendosser [ʀɑ̃dose] V/T wieder an-, überziehen

rendre [ʀɑ̃dʀ] ⟨je rends, il rend, nous rendons; je rendais; je rendis; je rendrai; que je rende; rendant; rendu⟩ **A** V/T **1** (*restituer*) (wieder) zurückgeben; (*redonner*) wiedergeben; *monnaie* herausgeben; *élève; copie* abgeben; **~ un coup** zurückschlagen; **~ une invitation** e-e Gegeneinladung aussprechen; e-e Einladung erwidern **2** (*faire payer*) vergelten, *péj* heimzahlen (**qc à qn** j-m etw) **3** (*laisser échapper*) *de l'eau* abgeben; *sons* von sich geben; (*vomir*) erbrechen; *abs* sich übergeben **4** *par le langage, par l'art* wiedergeben **5** *avec adj* machen; **~ qn célèbre, fou, malade**, *etc* j-n berühmt, verrückt, krank *etc* machen **B** V/I **1** *terres, arbres fruitiers* **~ peu, bien** wenig, viel abwerfen, einbringen **2** *par ext* **bien ~ à l'écran** sich auf dem Bildschirm gut machen **C** V/PR **se ~** **1** MIL sich ergeben **2** (*aller*) sich begeben (**chez qn** zu j-m; **à Paris** nach Paris); **se ~ à son travail** an die Arbeit gehen **3** *avec adj* **se ~ malade, utile**, *etc* sich krank, nützlich *etc* machen

rendu [ʀɑ̃dy] **A** PP → rendre *et* ADJ ⟨~e⟩ **1** *portrait* **bien ~** gut getroffen **2** (*arrivé*) angekommen **B** M ARTS Wiedergabe *f*

rêne [ʀɛn] F Zügel *m*; *fig* **tenir les ~s** die Zügel fest in der Hand haben

renégat [ʀənega] M, **renégate** [-at] F REL, *fig* Renegat *m*; Abtrünnige(r) *m/f(m)*

reneiger [ʀ(ə)neʒe] V/IMP ⟨-ge-⟩ **il reneige** es schneit wieder

renettoyer [ʀ(ə)nɛtwaje] V/T ⟨-oi-⟩ wieder reinigen, säubern, sauber machen

renfermé [ʀɑ̃fɛʀme] **A** ADJ ⟨~e⟩ *air, personne* verschlossen **B** M **odeur** *f* **de ~** muffiger Geruch; **sentir le ~** muffig riechen

renfermer [ʀɑ̃fɛʀme] **A** V/T enthalten; umfassen; in sich (*dat*) schließen **B** V/PR **se ~ en soi-même** sich in sich (*acc*) selbst zurückziehen

renflé [ʀɑ̃fle] ADJ ⟨~e⟩ bauchig

renflement [ʀɑ̃fləmɑ̃] M Ausbauchung *f*; Verdickung *f*

renflouage [ʀɑ̃fluaʒ] M *ou* **renflouement** [-mɑ̃] M MAR, *fig* Wiederflottmachen *n*

renflouer [ʀɑ̃flue] V/T MAR, *fig* wieder flottmachen; *fig* **~ qn** j-m unter die Arme greifen

renfoncement [ʀɑ̃fõsmɑ̃] M Vertiefung *f*

renfoncer [ʀɑ̃fõse] ⟨-ç-⟩ V/T **~ son chapeau sur sa tête** sich (*dat*) den Hut tiefer ins Gesicht ziehen, drücken

renforcement [ʀɑ̃fɔʀsəmɑ̃] M Verstärkung *f*

renforcer [ʀɑ̃fɔʀse] V/T ⟨-ç-⟩ **1** verstärken; POL stärken **2** **~ qn dans son opinion** j-n in s-r Meinung bestärken

renfort [ʀɑ̃fɔʀ] M **1** MIL, *fig* Verstärkung *f* **2** **à grand ~ de** mit (Hilfe von) viel

renfrogné [ʀɑ̃fʀɔɲe] ADJ ⟨~e⟩ mürrisch; verdrießlich **renfrogner** [-e] V/PR **se ~** ein saures Gesicht machen

rengager [ʀɑ̃gaʒe] V/PR ⟨-ge-⟩ MIL **se ~** sich weiterverpflichten

rengaine [ʀɑ̃gɛn] F Schlager *m*; Gassenhauer *m*; *fig* **c'est toujours la même ~** es ist immer die alte Leier

rengainer [ʀɑ̃gene] V/T **1** *épée* wieder in die Scheide stecken **2** *fam fig* **~ qc** *fam* sich (*dat*) etw verkneifen

rengorger [ʀɑ̃gɔʀʒe] V/PR ⟨-ge-⟩ **se ~** sich in die Brust werfen; *fam* sich aufplustern

reniement [ʀənimɑ̃] M Verleugnung *f*

renier [ʀ(ə)nje] **A** V/T verleugnen **B** V/PR **se ~** s-e Ansichten verleugnen

reniflement [ʀ(ə)nifləmɑ̃] M Schnüffeln *n*

renifler [ʀ(ə)nifle] **A** V/T **1** schnüffeln (*a. odeur*), schnuppern (**qc** an etw [*dat*]) **2** *fig mauvais coup, etc* wittern **B** V/I (die Nase) hochziehen

renne [ʀɛn] M Ren(tier) *n*

renom [ʀənõ] M (guter) Ruf; Name *m*; Ansehen *n*

renommé [ʀ(ə)nɔme] ADJ ⟨~e⟩ angesehen; renommiert; **~ pour** bekannt, berühmt für

renommée [ʀ(ə)nɔme] F (❗ feminin) guter Ruf; Ansehen *n*; Renommee *n*; **de ~ mondiale** weltberühmt; **jouir d'une grande ~** großes Ansehen, e-n sehr guten Ruf genießen

renommer [ʀ(ə)nɔme] V/T wieder ernennen

renoncement [R(ə)nõsmã] M Verzicht *m* (**à** auf + *acc*); Entsagung *f*

renoncer [R(ə)nõse] V/T INDIR ‹-ç-› **~ à** verzichten auf (+ *acc*); (*abandonner*) aufgeben; **~ au monde** der Welt entsagen; **~ à un projet** ein Projekt aufgeben; **~ à faire qc** darauf verzichten, etw zu tun

renonciation [R(ə)nõsjasjõ] F Verzicht *m* (**à** auf + *acc*)

renoncule [Rənõkyl] F Hahnenfuß *m*

renouer [Rənwe] A V/T 1 *lacets* wieder (zu)binden 2 *fig conversation* wieder aufnehmen B V/T INDIR **~ avec qc** an etw (*acc*) (wieder) anknüpfen; **~ avec qn** die Beziehungen zu j-m wieder aufnehmen

renouveau [R(ə)nuvo] M ‹~x› neuer Frühling; neue Blüte

renouvelable [R(ə)nuvlabl] ADJ erneuerbar; *passeport* verlängerbar; *expérience* wiederholbar

renouveler [R(ə)nuvle] ‹-ll-› A V/T erneuern; *contrat, passeport a.* verlängern; *offre, exploit a.* wiederholen; *question* erneut stellen; **~ une assemblée** ein Gremium neu wählen B V/PR **se ~** 1 sich erneuern; *peintre, etc* sich wandeln; Neues schaffen 2 *incident* sich wiederholen

renouvellement [R(ə)nuvɛlmã] M Erneuerung *f*; *d'un passeport a.* Verlängerung *f*

rénovateur [RenɔvatœR] M, **rénovatrice** [-tRis] F Erneuerer *m*, Erneuerin *f*

rénovation [Renɔvasjõ] F Renovierung *f*

rénover [Renɔve] V/T 1 *bâtiment* renovieren 2 *fig enseignement, etc* erneuern

renseignement [Rãsɛɲmã] M 1 Auskunft *f*; *par ext* **~s** *pl* Auskunft(sstelle) *f*; Information *f*; **donner, fournir des ~s à qn sur qc** j-m über etw (*acc*) Auskunft geben, erteilen; **prendre des ~s** Erkundigungen einziehen, einholen (**sur** über + *acc*) 2 **~s généraux** ≈ Verfassungsschutz *m*; **service** *m* **de ~s** Nachrichtendienst *m*

renseigner [Rãseɲe] A V/T Auskunft geben, erteilen (**qn sur qc, qn** j-m über etw, j-n); informieren, unterrichten (j-n über etw, j-n) B V/PR **se renseigner** sich erkundigen, informieren (**sur** über + *acc*)

rentabiliser [Rãtabilize] V/T rentabel machen

rentabilité [-ite] F Rentabilität *f*

rentable [Rãtabl] ADJ rentabel; lohnend; einträglich; **être ~** *a.* sich rentieren

rente [Rãt] F 1 *d'un capital, bien* Rente *f*; *fig* **~ de situation** Vorteil, der bei e-r Stellung herausspringt; **vivre de ses ~s** von s-m Vermögen leben 2 *fam* (*dépense régulière*) Fass *n* ohne Boden 3 (*emprunt d'État*) Staatsanleihe *f*

rentier [Rãtje] M, **rentière** [-jɛR] F Rentier *m*; Privatier *m*

rentré [RãtRe] ADJ ‹~e› 1 *colère* unterdrückt 2 *joues* eingefallen; hohl

rentrée [RãtRe] F 1 (*retour*) Rückkehr *f* 2 *après les vacances* Wiederbeginn *m* (der Arbeit, der Schule, der Universität *etc*); **la ~ des classes** der Schulbeginn; **la ~ parlementaire** das Wiederzusammentreten des Parlaments (*nach der Sommerpause*) 3 (*réapparition*) Wiederkehr *f*; *de qn a.* Rückkehr *f*; **faire sa ~** (s)ein Come-back feiern 4 COMM *d'argent* Eingang *m*; **~s** *pl* Eingänge *mpl*; Einnahmen *fpl* 5 ESPACE **~ dans l'atmosphère** Wiedereintritt *m* in die Atmosphäre

rentrer [RãtRe] A V/T *objet* (wieder) hinein- *ou* herein-, *fam* reinbringen, -schaffen, -tragen, -schieben, -stecken; *ventre* einziehen; *avion: train d'atterrissage* einziehen; einfahren; TYPO *ligne* einrücken; *fig colère* unterdrücken; **~ sa chemise dans son pantalon** sein Hemd (wieder) in die Hose stecken; **~ sa voiture (au garage)** s-n Wagen einstellen, in die Garage fahren *ou* bringen B V/I ‹être› 1 (*revenir*) zurückkehren, -kommen, -gehen; **~ (chez soi)** heimkehren, -kommen; nach Hause kommen, gehen 2 (*retrouver*) **~ dans qc** etw wiedererlangen; **~ dans ses frais** s-e Ausgaben wieder hereinbekommen 3 *après les vacances* die Arbeit wieder aufnehmen; *écoles* wieder beginnen 4 (*entrer*) hereinkommen; *personne a.* hineingehen; eintreten; *pluie, odeur a.* eindringen; *argent a.* eingehen 5 *fam voiture* **~ dans un arbre** gegen e-n Baum fahren; *fig* **il va lui ~ dedans** er wird gleich auf ihn losgehen 6 *objet dans qc* hineingehen, -passen (**dans** in + *acc*) 7 (*faire partie de*) **~ dans** fallen unter (+ *acc*); gehören zu

renversant [RãvɛRsã] ADJ ‹-ante [-ãt]› *nouvelle* verblüffend; *fam* umwerfend

renverse [RãvɛRs] **tomber à la ~** auf den Rücken fallen

renversé [RãvɛRse] ADJ ‹~e› 1 (*à l'envers*) umgekehrt; auf dem Kopf stehend; **crème ~e** gestürzter Pudding 2 *chaise* umgekippt; *liquide* verschüttet; *tête* nach hinten geneigt 3 *fig* (*stupéfait*) völlig verblüfft

renversement [RãvɛRsəmã] M 1 *d'un régime* Sturz *m* 2 (*inversion*) Umkehrung *f*; *fig* Verkehrung *f* ins Gegenteil

renverser [RãvɛRse] A V/T 1 *objet* umwerfen; umstoßen; *tempête: arbres* umreißen; *voiture: piéton* umfahren; *par ext vin, café* verschütten; *fam fig* **cela me renverse** *fam* das haut mich um 2 *gouvernement, régime* stürzen 3 (*inverser*) umkehren 4 **~ la tête (en arrière)** den Kopf zurückwerfen B V/PR **se ~** 1 *objet* umfallen; umkippen; umstürzen 2 *personne* (*s'adosser*) sich zurücklehnen 3 *situation* sich ins Gegenteil verkehren

renvoi [Rãvwa] M 1 *de personnel* Entlassung *f*;

R

d'un élève Verweisung *f* (von der Schule) 2 *d'une lettre, etc* Zurückschicken *n*; Rücksendung *f* 3 *dans un texte* Verweis *m* (**à** auf + *acc*) 4 JUR Verweisung *f* (**devant un tribunal** an ein Gericht) 5 *(ajournement)* Verschiebung *f* (**à °huitaine** um acht Tage) 6 *(rot)* Aufstoßen *n*

renvoyer [ʀɑ̃vwaje] ⟨→ envoyer⟩ A V/T 1 *personnel* entlassen; *élève* verweisen (**de l'école** von der Schule); *visiteur gênant* wegschicken; *fam* abwimmeln 2 *(faire retourner)* zurückschicken *(a. lettre, marchandise)* 3 *balle, image, son* zurückwerfen 4 **~ qn à qn** j-n an j-n verweisen; *dans un texte* **~ à qc** auf etw *(acc)* verweisen 5 *(reporter)* verschieben (**à** auf + *acc*) B V/PR **se ~ la faute** sich *(dat)* gegenseitig die Schuld zuschieben

réoccuper [ʀeɔkype] V/T wieder besetzen

réorchestration [ʀeɔʀkɛstʀasjõ] F Neuorchestrierung *f* **réorchestrer** [-e] V/T neu orchestrieren

réorganisation [ʀeɔʀganizasjõ] F Umorganisierung *f*; Neugestaltung *f*; Neuordnung *f* **réorganiser** [-e] V/T A V/T umorganisieren; neu gestalten, ordnen B V/PR **se ~** sich reorganisieren

réorientation [ʀeɔʀjɑ̃tasjõ] F Neuorientierung *f* **réorienter** [-e] V/T neu orientieren; anders ausrichten

réouverture [ʀeuvɛʀtyʀ] F Wiedereröffnung *f*

repaire [ʀ(ə)pɛʀ] M 1 *d'animaux* Höhle *f* 2 *fig* Schlupfwinkel *m*

repaître [ʀəpɛtʀ] V/PR ⟨→ connaître⟩ *st/s* **se ~ de** 1 *animal* sich satt fressen an (+ *dat*) 2 *fig* sich weiden an (+ *dat*)

répandre [ʀepɑ̃dʀ] ⟨→ rendre⟩ A V/T 1 *liquide par accident* verschütten (**sur** auf + *dat*); *sable, etc* streuen (auf + *acc*); *larmes* vergießen 2 *odeur, nouvelle, allégresse* verbreiten; *bienfaits* austeilen B V/PR **se ~** 1 *liquide* sich ergießen (**sur** über + *acc*); auslaufen 2 *odeur, chaleur, nouvelle, mode, épidémie* sich verbreiten; sich ausbreiten 3 *personne* **se ~ en** sich ergehen in (+ *dat*)

répandu [ʀepɑ̃dy] ADJ ⟨~e⟩ verbreitet

réparable [ʀepaʀabl] ADJ reparabel; *perte* ersetzbar

reparaître [ʀ(ə)paʀɛtʀ] V/I ⟨→ connaître⟩ wieder erscheinen; sich wieder zeigen

réparateur [ʀepaʀatœʀ] ADJ ⟨-trice [-tʀis]⟩ *sommeil* erquickend; wohltuend

réparation [ʀepaʀasjõ] F 1 TECH Reparatur *f*; **être en ~** repariert werden 2 *d'une faute* Wiedergutmachung *f*; *après une guerre* **~s** *pl* Reparationen *fpl* 3 FOOTBALL **surface** *f* **de ~** Strafraum *m*

réparer [ʀepaʀe] V/T 1 TECH reparieren; *fig* **~ ses forces** wieder zu Kräften kommen 2 *faute* wiedergutmachen

reparler [ʀ(ə)paʀle] A V/I wieder, noch einmal sprechen (**à qn** mit j-m; **de** über + *acc*; von); zurückkommen (**de** auf + *acc*) B V/PR **se ~** wieder miteinander sprechen

repartie [ʀepaʀti] F **avoir de la ~** schlagfertig sein

repartir [ʀ(ə)paʀtiʀ] V/I ⟨→ partir⟩ 1 *de nouveau* wieder weggehen, abreisen, abfahren; weiterfahren, -gehen; *moteur* wieder anspringen; *fam* **c'est reparti!** nun geht's wieder los! 2 *d'où l'on vient* wieder zurückgehen, -fahren

répartir [ʀepaʀtiʀ] A V/T 1 *(partager)* verteilen, aufteilen (**entre** unter + *dat*) 2 *(classer)* einteilen (**en** in + *acc*) B V/PR 1 **se ~ un travail** sich *(dat)* e-e Arbeit aufteilen 2 *frais, etc* **se ~** sich verteilen

répartition [ʀepaʀtisjõ] F Verteilung *f*; Aufteilung *f*

repas [ʀ(ə)pɑ] M Mahlzeit *f*; Essen *n*

repassage [ʀ(ə)pasaʒ] M Bügeln *n*

repasser [ʀ(ə)pase] A V/T 1 *fleuve* wieder überqueren; *frontière* wieder überschreiten; *film* noch einmal zeigen; *examen* noch einmal machen, ablegen 2 *fam (donner)* **~ qc à qn** etw an j-n weitergeben 3 *du linge* bügeln; plätten 4 *(relire) leçons* noch einmal durchgehen; wiederholen 5 *(aiguiser)* schleifen B V/I ⟨être⟩ noch einmal, wieder vorbeikommen, -gehen, -fahren; *fig* **~ derrière qn** j-m auf die Finger sehen; **passer et ~** auf und ab gehen

repasseuse [ʀ(ə)pasøz] F Büglerin *f*; *all Nord a.* Plätterin *f*

repayer [ʀ(ə)peje] V/T *et* V/I ⟨-ay- *od* -ai-⟩ noch einmal bezahlen

repêchage [ʀ(ə)pɛʃaʒ] M 1 *examen* Wiederholungsprüfung *f* 2 *d'un candidat fam* Durchziehen *n*

repêcher [ʀ(ə)pɛʃe] V/T 1 *dans l'eau* aus dem Wasser ziehen; *fam* herausfischen 2 *fam fig* **~ qn** *candidat* j-n gerade noch durchkommen lassen; SPORTS j-m e-e zusätzliche Qualifikationschance geben

repeindre [ʀ(ə)pɛ̃dʀ] V/T ⟨→ peindre⟩ neu (an)streichen

repeint [ʀ(ə)pɛ̃] M Übermalung *f*

repenser [ʀ(ə)pɑ̃se] A V/T *problème* (noch einmal) überdenken B V/T INDIR **~ à** wieder denken an (+ *acc*); **j'y repenserai** ich werde es mir noch überlegen

repentant [ʀ(ə)pɑ̃tɑ̃] ADJ ⟨-ante [-ɑ̃t]⟩ reumütig; reuig

repenti [ʀ(ə)pɑ̃ti] M JUR Kronzeuge *m*

repentir [ʀ(ə)pɑ̃tiʀ] A V/PR ⟨→ partir⟩ **se ~ de qc** etw bereuen B M Reue *f*

repérage [ʀ(ə)peʀaʒ] M 1 AVIAT Ortung *f* 2 FILM Erkundung *f* geeigneter Drehorte

répercussion [repɛrkysjõ] F Auswirkung *f* (**sur** auf + *acc*)

répercuter [repɛrkyte] **A** V/T **1** *son* zurückwerfen **2** FIN *charge* abwälzen (**sur** auf + *acc*) **B** V/PR **1** **se ~** *bruit* widerhallen; *sons, cris* zurückschallen **2** *fig* **se ~ sur qc** sich auf etw (*acc*) auswirken

repère [r(ə)pɛr] M Markierung *f*; Zeichen *n*; **point** *m* **de ~** Anhalts-, Bezugs-, Orientierungspunkt *m*

repérer [r(ə)pere] ‹-è-› **A** V/T **1** (*découvrir*) ausfindig machen; auffinden; ausmachen; *fam* **se faire ~** auffallen; sich verraten **2** AVIAT, MIL orten **B** V/PR **se ~** sich zurechtfinden

répertoire [repɛrtwar] M **1** (Sach)Register *n*; Verzeichnis *n*; **~ d'adresses** Adressenheft *n* **2** THÉ, *d'un artiste, fig* Repertoire *n*; **faire partie du ~** zum Repertoire gehören

répertorier [repɛrtɔrje] V/T in ein Verzeichnis aufnehmen; erfassen

repeser [r(ə)pəze] V/T ‹-è-› nachwiegen

répéter [repete] V/T ‹-è-› **1** wiederholen; *secret, nouvelle* weitererzählen; **ne pas se le faire ~** es sich (*dat*) nicht zweimal sagen lassen; **des tentatives répétées** wiederholte Versuche *mpl* **2** *rôle, pièce, etc* proben (*a. abs*); einstudieren; *leçon* wiederholen

répétiteur [repetitœr] M, **répétitrice** [-tris] F Repetitor *m*, Repetitorin *f*; *fam* Einpauker(in) *m(f)*

répétitif [repetitif] ADJ ‹-ive [-iv]› sich wiederholend; *par ext* monoton

répétition [repetisjõ] F **1** Wiederholung *f* **2** THÉ, *etc* Probe *f*; **~ générale** Generalprobe *f* (*a. fig*)

repeuplement [r(ə)pœpləmã] M **1** *d'une région* Wiederbevölkern *n*, -ung *f* **2** *d'un étang* Wiederbesetzen *n*, -ung *f*; *d'une forêt* Wiederaufforsten *n*, -ung *f* **repeupler** [-e] **A** V/T **1** *région* wieder bevölkern **2** *étang* wieder mit Fischen besetzen; *forêt* wieder aufforsten **B** V/PR **se ~** sich wieder bevölkern

repiquage [r(ə)pikaʒ] M **1** JARD Pikieren *n* **2** *d'une cassette, etc* Überspielung *f*

repiquer [r(ə)pike] V/T **A** V/T **1** JARD pikieren; verpflanzen **2** *disque, cassette* überspielen **B** V/I *fam* **~ au truc** *fam* es noch mal machen

répit [repi] M Ruhe *f*; Atempause *f*; **sans ~** pausenlos; unablässig

replacer [r(ə)plase] ‹-ç-› **A** V/T wieder hinstellen, -setzen, -legen **B** V/PR **se ~** *personne* e-e andere *ou* neue Stelle bekommen

replanter [r(ə)plãte] V/T umpflanzen; versetzen

replat [rəpla] M GÉOL Terrasse *f*

replâtrage [r(ə)platraʒ] M *fam péj* Flickschusterei *f*

replet [rəplɛ] ADJ ‹-ète [-ɛt]› rundlich; füllig; beleibt

repleuvoir [r(ə)plœvwar] V/IMP ‹→ pleuvoir› **il repleut** es regnet wieder

repli [rəpli] M **1** Falte *f*; *de l'intestin* Windung *f*; COUT Umschlag *m* **2** MIL (geordneter) Rückzug **3** *fig du cœur* verborgener Winkel

repliement [r(ə)plimã] M Zurückgezogenheit *f*; Abkapselung *f*

replier [r(ə)plije] **A** V/T *journal, vêtement* wieder zusammenfalten; *bord* umschlagen; *ailes* anlegen; *jambes* anziehen **B** V/PR **1** MIL **se ~** sich zurückziehen **2** **se ~ sur soi-même** sich abkapseln

réplique [replik] F **1** (*riposte*) Erwiderung *f*; Entgegnung *f* **2** (*objection*) Widerrede *f*; **sans ~** ohne Widerrede **3** THÉ Antwort *f*; Gegenrede *f*; **donner la ~ à un acteur** e-m Schauspieler das Stichwort geben **4** ARTS Replik *f*; Nachbildung *f*

répliquer [replike] V/T **1** (*répondre*) entgegnen, erwidern (**qc à qn** j-m etw) **2** *abs* (*protester*) widersprechen

replonger [r(ə)plõʒe] ‹-ge-› V/T wieder (ein)tauchen (**dans** in +*acc*)

répondant [repõdã] M Bürge *m*; *fam fig* **avoir du ~** *fam* Geld im Rücken haben

répondeur [repõdœr] M TÉL Anrufbeantworter *m*

répondre [repõdr] ‹→ rendre› **A** V/T antworten, erwidern, entgegnen (**qc à qn** j-m etw; **que** dass) **B** V/T INDIR *et* V/I **1** antworten (**à qn** j-m; **à qc** auf etw [*acc*]); beantworten (**à qc** etw); **~ à l'affection de qn** die Zuneigung j-s erwidern; **~ à une lettre** e-n Brief beantworten; auf e-n Brief antworten; **~ au nom de ...** auf den Namen ... hören; **~ au téléphone** ans Telefon gehen; TÉL **ça ne répond pas** es meldet sich niemand **2** (*correspondre*) **~ à qc** e-r Sache (*dat*) entsprechen **3** (*répliquer*) *enfant* widersprechen (**à qn** j-m); *abs* **il répond** er gibt freche Antworten **4** *mécanisme, organisme* ansprechen, reagieren (**à** auf + *acc*) **5** **~ de qc, de qn** für etw, für j-n bürgen, sich verbürgen, einstehen, geradestehen; **je ne réponds de rien** ich garantiere für nichts

réponse [repõs] F **1** Antwort *f*, Erwiderung *f*, Entgegnung *f* (**à** auf + *acc*); **droit** *m* **de ~** Anspruch *m* auf Gegendarstellung; **en ~ à votre lettre** in Beantwortung Ihres Schreibens; **donner, obtenir une ~** e-e Antwort geben, erhalten; *lettre, question* **rester sans ~** unbeantwortet bleiben **2** BIOL, *fig* Reaktion *f*

report [rəpɔr] M **1** (*ajournement*) Verschiebung *f* **2** COMPTABILITÉ Übertrag *m* **3** POL **~ des**

voix Stimmenübertragung *f*
reportage [R(ə)pɔRtaʒ] M (❗ maskulin) Reportage *f*; Bericht *m*
reporter¹ [R(ə)pɔRte] **A** V/T **1** *au point de départ* zurücktragen, -bringen **2** *(transcrire)* übertragen **3** *(ajourner)* ver-, aufschieben **4** **~ qc sur qn** etw auf j-n übertragen **B** V/PR **1** *(se référer)* **se ~ à qc** sich auf etw *(acc)* beziehen; **se ~ page 16** siehe Seite 16 **2** **se ~** *dans le passé* sich zurückversetzen (**à** in + *acc*)
reporter² [R(ə)pɔRtɛR] M Reporter *m*
repos [R(ə)po] M Ruhe *f*; Erholung *f*; **de tout ~** *placement, situation* sicher; risikolos; *travail* ruhig; **prendre du ~** ausspannen
reposant [R(ə)pozɑ̃] ADJ ⟨-ante [-ɑ̃t]⟩ erholsam
reposé [R(ə)poze] ADJ ⟨~e⟩ erholt; ausgeruht; **à tête ~e** in (aller) Ruhe
repose-pied(s) [R(ə)pozpje] M ⟨repose-pieds⟩ *d'une moto* Fußraste *f*
reposer [R(ə)poze] **A** V/T **1** *objet* wieder (hin)stellen, (-)setzen, (-)legen; *question* noch einmal stellen **2** *(délasser)* ausruhen; entspannen; *les yeux* erholsam sein für **B** V/I **1** st/s ruhen; **ici repose …** hier ruht … **2** **laisser reposer** *liquide* sich absetzen lassen; *pâte* ruhen lassen **3** **reposer sur** ruhen auf (+ *dat*) (*a. fig*) **C** V/PR **1** **se reposer** sich erholen; (sich) ausruhen; **aller se reposer** sich hinlegen **2** **se reposer sur qn** sich auf j-n verlassen
repose-tête [R(ə)poztɛt] M (❗ unveränderlich) Kopfstütze *f*
repoussant [R(ə)pusɑ̃] ADJ ⟨-ante [-ɑ̃t]⟩ abstoßend; widerlich
repousse [R(ə)pus] F (Nach)Wachsen *n*
repoussé [R(ə)puse] ADJ ⟨~e⟩ *métal* getrieben; gepunzt (*a. cuir*)
repousser [R(ə)puse] **A** V/T **1** *(faire reculer)* weg-, zurückstoßen; *ennemi* zurückwerfen; *attaque* zurückschlagen **2** *(éconduire)* abweisen **3** *(dégoûter)* abstoßen **4** *(rejeter) conseil, etc* ablehnen; zurückweisen; *demande* abschlagen; *tentation* widerstehen (+ *dat*) **5** *objets gênants, meuble* weg-, zurückschieben **6** *(différer)* hinausschieben; verschieben **B** V/I *cheveux, gazon, etc* wieder wachsen; nachwachsen
repoussoir [R(ə)puswaR] M **servir de ~ à qn** dazu dienen, die Vorzüge j-s zur Geltung zu bringen
répréhensible [Repreɑ̃sibl] ADJ tadelnswert; verwerflich
reprendre [R(ə)prɑ̃dR] ⟨→ prendre⟩ **A** V/T **1** *objet* wieder, noch einmal nehmen; wieder weg-, fortnehmen; *personne, voiture, etc (aller chercher)* wieder abholen; *fugitif* wieder fassen; *sa place* wieder einnehmen; *habitude* wieder annehmen; **~ courage** wieder Mut fassen; **~ des forces** wieder zu Kräften kommen **2** COMM *article* zurücknehmen; *vieille voiture, etc* in Zahlung nehmen **3** *(continuer) travail, conversation, etc* wieder aufnehmen; fortsetzen; weiterführen; *appartement, commerce, programme* übernehmen **4** *(améliorer) texte* überarbeiten; *vêtement* enger machen; ändern **5** *(réprimander)* tadeln; zurechtweisen **6** **on ne m'y reprendra plus** das wird mir nicht noch einmal passieren **B** V/I **1** *(dire)* **reprit-il** sagte er (nach e-r Pause) **2** *plante* wieder anwachsen; *par ext affaires* sich wieder beleben; wieder in Gang kommen **3** *(recommencer)* wieder beginnen, anfangen; *froid* wieder einsetzen **C** V/PR **1** **se ~** *(se ressaisir)* sich fangen; *(rectifier)* sich verbessern **2** **s'y ~ à deux fois** zweimal beginnen, anfangen
repreneur [R(ə)prənœR] M Firmenaufkäufer *m*
représailles [R(ə)prezaj] FPL Repressalien *fpl*; Vergeltungsmaßnahmen *fpl*
représentable [R(ə)prezɑ̃tabl] ADJ darstellbar
représentant [R(ə)prezɑ̃tɑ̃] M, **représentante** [-ɑ̃t] F Vertreter(in) *m(f)* (*a.* POL, COMM); Repräsentant(in) *m(f)*; **représentant, représentante de commerce** Handelsvertreter(in) *m(f)*
représentatif [R(ə)prezɑ̃tatif] ADJ ⟨-ive [-iv]⟩ repräsentativ (**de** für)
représentation [R(ə)prezɑ̃tasjõ] F **1** *(image)* Darstellung *f* **2** THÉ Aufführung *f*; Vorstellung *f* **3** COMM, POL, JUR Vertretung *f*; POL *a.* Repräsentation *f*
représentativité [R(ə)prezɑ̃tativite] F repräsentativer Charakter
représenter [R(ə)prezɑ̃te] **A** V/T **1** *(exprimer, constituer)* darstellen **2** THÉ *pièce* aufführen **3** COMM, POL, JUR vertreten **B** V/PR **1** *(s'imaginer)* **se ~ qc** sich *(dat)* etw vorstellen **2** **se ~ aux élections** sich erneut zur Wahl stellen; **se ~ à un examen** sich noch einmal zu e-r Prüfung melden
répressif [Represif] ADJ ⟨-ive [-iv]⟩ repressiv
répression [Represjõ] F **1** *d'un crime* Strafverfolgung *f*; Ahndung *f* **2** *d'une révolte* Niederschlagung *f*; Unterdrückung *f*; Repression *f*
réprimande [Reprimɑ̃d] F Rüge *f*; Zurechtweisung *f* **réprimander** [-e] V/T zurechtweisen; rügen
réprimer [Reprime] V/T unterdrücken; *révolte a.* niederschlagen
repris [R(ə)pri] M **~ de justice** Vorbestrafte(r) *m*
reprisage [R(ə)prizaʒ] M COUT Stopfen *n*
reprise [R(ə)priz] F **1** *du travail, etc* Wiederaufnahme *f*; Fortsetzung *f*; Weiterführung *f*; *d'un fonds de commerce* Übernahme *f*; THÉ Reprise *f*;

R

Wiederaufnahme *f* in den Spielplan; *(recommencement)* Wiederbeginn *m*; **~ économique** Wiederbelebung *f*, Wiederaufschwung *m* der Wirtschaft 2 COMM *d'un article* Zurücknahme *f*; *d'une vieille voiture* Inzahlungnahme *f* 3 *moteur* **avoir de bonnes ~s** ein gutes Anzugsvermögen haben; spritzig sein 4 BOXE Runde *f* 5 *lors d'un emménagement* Ablösesumme *f* 6 COUT gestopfte Stelle; **faire une ~ à qc** etw stopfen 7 **à plusieurs ~s** mehrmals; mehrfach; wiederholt

repriser [ʀ(ə)pʀize] V/T stopfen

réprobateur [ʀepʀɔbatœʀ] ADJ ⟨-trice [-tʀis]⟩ vorwurfsvoll; missbilligend **réprobation** [-sjõ] F Missbilligung *f*; Missfallen *n*

reproche [ʀ(ə)pʀɔʃ] M Vorwurf *m*; **faire des ~s à qn** j-m Vorwürfe machen

reprocher [ʀ(ə)pʀɔʃe] A V/T vorwerfen (**qc à qn** j-m etw) B V/PR **se ~ qc** sich *(dat)* etw vorwerfen

reproducteur [ʀ(ə)pʀɔdyktœʀ] ADJ ⟨-trice [-tʀis]⟩ Fortpflanzungs…

reproduction [ʀ(ə)pʀɔdyksjõ] F 1 BIOL Fortpflanzung *f* 2 *(copie)* Nachbildung *f*; Wiedergabe *f*; TECH, TYPO Reproduktion *f*; Vervielfältigung *f*; *d'un texte a.* Ab-, Nach-, Neudruck *m*; Reprint *m*

reproduire [ʀ(ə)pʀɔdɥiʀ] ⟨→ conduire⟩ A V/T 1 *réalité, sons* wiedergeben 2 *texte* ab-, nachdrucken; *a. tableau, dessin* reproduzieren; vervielfältigen B V/PR **se ~** 1 *(recommencer)* sich wiederholen; wieder vorkommen 2 BIOL sich fortpflanzen

reprographie [ʀ(ə)pʀɔgʀafi] F Reprographie *f*

réprouvé(e) [ʀepʀuve] M(F) Geächtete(r) *m/f(m)*

réprouver [ʀepʀuve] V/T missbilligen

reptation [ʀɛptasjõ] F Kriechen *n*

reptile [ʀɛptil] M Reptil *n*; Kriechtier *n*

repu [ʀəpy] ADJ ⟨~e⟩ satt; gesättigt

républicain [ʀepyblikɛ̃] A ADJ ⟨-aine [-ɛn]⟩ republikanisch B **~(e)** M(F) Republikaner(in) *m(f)*

républicanisme [ʀepyblikanism] M republikanische Gesinnung

république [ʀepyblik] F Republik *f*

répudiation [ʀepydjasjõ] F *d'une épouse* Verstoßung *f* **répudier** [-je] V/T 1 *épouse* verstoßen 2 *fig* verwerfen; aufgeben

répugnance [ʀepyɲɑ̃s] F Widerwille *m* (**pour** gegen); Abscheu *m*, Ekel *m* (vor + *dat*); **avec ~** widerwillig; mit Widerwillen

répugnant [ʀepyɲɑ̃] ADJ ⟨-ante [-ɑ̃t]⟩ widerlich; widerwärtig; abstoßend

répugner [ʀepyɲe] V/T INDIR 1 *personne* **~ à qc** Widerwillen gegen etw empfinden; etw verabscheuen; **~ à faire qc** widerwillig etw tun 2 *chose* **~ à qn** j-n anwidern; j-m zuwider sein

répulsion [ʀepylsjõ] F Widerwille *m* (**pour** gegen); Abscheu *m* (vor + *dat*)

réputation [ʀepytasjõ] F (guter) Ruf; Leumund *m*; Reputation *f*; **avoir (une) mauvaise ~** in e-m schlechten Ruf stehen; **faire une mauvaise ~ à qn** j-n in Verruf bringen; **se faire une ~** sich *(dat)* e-n Namen machen; *connaître* **de ~** vom Hörensagen

réputé [ʀepyte] ADJ ⟨~e⟩ berühmt (**pour** wegen, für)

requérant [ʀəkeʀɑ̃] M, **requérante** [-ɑ̃t] F JUR Antragsteller(in) *m(f)*

requérir [ʀəkeʀiʀ] V/T ⟨→ acquérir⟩ 1 JUR *peine* beantragen; fordern 2 *attention, soins* erfordern

requête [ʀəkɛt] F Gesuch *n*; Antrag *m*; **à, sur la ~ de** auf Ersuchen (+ *gén*); **faire, présenter une ~** ein Gesuch einreichen; e-e Eingabe machen

requiem [ʀekɥijɛm] M (! unveränderlich) Requiem *n*

requiert [ʀəkjɛʀ] → requérir

requin [ʀəkɛ̃] M 1 ZOOL Hai(fisch) *m* 2 *fig* **~ (de la finance)** Finanzhai *m*

requinquer [ʀ(ə)kɛ̃ke] *fam* A V/T *fam* aufmöbeln B V/PR **se ~** wieder munter werden

requis [ʀəki] ADJ ⟨-ise [-iz]⟩ erforderlich

réquisition [ʀekizisjõ] F 1 *de choses* Beschlagnahmung *f* 2 *de personnes* Dienstverpflichtung *f*

réquisitionner [ʀekizisjɔne] V/T 1 *véhicules, locaux* beschlagnahmen; requirieren 2 *personnes*

Les différentes Républiques

In Frankreich hat man sich angewöhnt, die Republiken mit einer jeweils neuen, geänderten Verfassung zu nummerieren. Es handelt sich meist um bedeutende Perioden der französischen Geschichte.

Die **Erste Republik** wurde **1792** während der Französischen Revolution gegründet. Doch schon bald folgte dieser das Kaiserreich Napoleons I. (1804). Die **Zweite Republik** entstand **1848**, wurde aber schon 1851 durch den Staatsstreich Napoleons III. abgelöst. Die **Dritte Republik** wurde nach der Niederlage gegen Deutschland im Jahre **1870** ins Leben gerufen. Sie endete erst 1939 mit der Besetzung Frankreichs durch die deutsche Wehrmacht. Die **Vierte Republik** begann **1946** nach Ende des Zweiten Weltkrieges. Die heutige **Fünfte Republik** entstand **1958**: General Charles de Gaulle, der wegen des Algerienkrieges an die Macht berufen wurde, setzte eine neue Verfassung durch, die dem Staatspräsidenten weitreichende Rechte einräumte.

LANDESKUNDE

dienstverpflichten **3** *fam fig* **~ qn pour faire qc** *fam* j-n für etw einspannen

réquisitoire [ʀekizitwaʀ] M **1** JUR Plädoyer *n* (des Staatsanwaltes) **2** *fig* Anklage(rede) *f*

requitter [ʀ(ə)kite] V/T (*et* V/PR) **(se) ~** (einander) wieder verlassen

RER [ɛʀəɛʀ] M (unveränderlich) ABR (réseau express régional) S-Bahn *f*

resaler [ʀ(ə)sale] V/T nachsalzen

resalir [ʀ(ə)saliʀ] V/T (*et* V/PR **se**) **~** (sich) wieder schmutzig machen

rescapé(e) [ʀɛskape] M(F) Überlebende(r) *m/f(m)*

rescousse [ʀɛskus] F **venir à la ~ (de qn)** j-m zu Hilfe kommen

réseau [ʀezo] M ⟨~x⟩ Netz *n* (*a.* INFORM); ANAT *a.* Geflecht *n*; **~ routier** Straßennetz *n*; **~ d'espionnage** Spionagenetz *n*, -ring *m*

réséda [ʀezeda] M Reseda *f*

réservation [ʀezɛʀvasjõ] F Reservierung *f*; Vorbestellung *f*; *d'un voyage* Buchung *f*; CH DE FER Platzkarte *f*

réserve [ʀezɛʀv] F **1** (*provision*) Reserve *f*; Vorrat *m*; **en ~** in Reserve; vorrätig **2** MIL Reserve *f*; **officier** *m* **de ~** Reserveoffizier *m* **3** *territoire* Reservat *n* (*a. d'Indiens*); **~ naturelle** Naturschutzgebiet *n* **4** *qualité de qn* Reserviertheit *f*; Reserve *f*; Zurückhaltung *f* **5** (*restriction*) Vorbehalt *m*; **sans ~** vorbehalt-, rückhaltlos; **sous toutes ~s** unter Vorbehalt; **sous ~ de ...** vorbehaltlich (+ *gén*)

réservé [ʀezɛʀve] ADJ ⟨~e⟩ **1** *personne* zurückhaltend; reserviert **2** *place, etc* reserviert (**à qn** für j-n)

réserver [ʀezɛʀve] **A** V/T **1** (*garder*) zurück(be)halten; aufbewahren; aufsparen **2** *chambre, place, table* reservieren; vorbestellen; *voyage, billet d'avion, a. chambre* buchen **3** (*destiner*) **~ qc à qn** j-m etw vorbehalten; etw für j-n bestimmen; *accueil, surprise, déception* j-m bereiten **B** V/PR **1** **se ~ qc** sich (*dat*) etw *ou* etw für sich reservieren; **se ~ de** (+ *inf*) sich (*dat*) vorbehalten zu (+ *inf*) **2** **se ~** sich, s-e Kräfte schonen (**pour** für)

réserviste [ʀezɛʀvist] M Reservist *m*

réservoir [ʀezɛʀvwaʀ] M Reservoir *n* (*a. fig*); Behälter *m*; **~ d'essence** Benzintank *m*

résidant [ʀezidɑ̃] ADJ ⟨-ante [-ɑ̃t]⟩ **~ à** wohnhaft, ansässig in (+*dat*)

résidence [ʀezidɑ̃s] F **1** (*domicile*) Wohnsitz *m*; Wohnort *m*; **~ principale** Hauptwohnsitz *m*; **~ secondaire** Zweitwohnung *f* **2** *immeuble(s)* Wohnanlage *f*; **~ universitaire** Studentenwohnheim *n*

résident [ʀezidɑ̃] M **les ~s français en Allemagne** die in Deutschland ansässigen Franzosen *mpl*

résidentiel [ʀezidɑ̃sjɛl] ADJ ⟨~le⟩ **quartier ~** vornehmes Wohnviertel

résider [ʀezide] V/I **1** wohnhaft sein, ansässig sein (**à, en, dans** in + *dat*) **2** *fig* **~ dans qc** in etw (*dat*) liegen

résidu [ʀezidy] M Rest *m*; *péj* Abfall *m*; CHIM, TECH Rückstand *m*

résiduel [ʀezidɥɛl] ADJ ⟨~le⟩ Rest…

résignation [ʀeziɲasjõ] F Resignation *f*

résigné [ʀeziɲe] ADJ ⟨~e⟩ resigniert

résigner [ʀeziɲe] V/PR **se ~** resignieren (*abs*); **se ~ à qc** sich mit etw abfinden

résiliable [ʀeziljabl] ADJ *contrat* kündbar **résiliation** [-asjõ] F *d'un contrat* Kündigung *f* **résilier** [-e] V/T *contrat* kündigen

résille [ʀezij] F **1** Haarnetz *n* **2** *adjt* **bas** *mpl* **~** Netzstrümpfe *mpl*

résine [ʀezin] F Harz *n*

résineux [ʀezinø] **A** ADJ ⟨-euse [-øz]⟩ harzig; Harz… **B** MPL Nadelhölzer *npl*

résistance [ʀezistɑ̃s] F **1** (*opposition*) Widerstand *m* (**à** gegen); Gegenwehr *f*; **n'opposer aucune ~** keinen Widerstand leisten **2** HIST **la Résistance** die Résistance (*frz Widerstandsbewegung 1940-1944*) **3** PHYS, ÉLEC Widerstand *m*; *de matériaux* Festigkeit *f* **4** (*endurance*) Widerstandskraft *f*, -fähigkeit *f*

résistant [ʀezistɑ̃] **A** ADJ ⟨-ante [-ɑ̃t]⟩ widerstandsfähig; *personne a.* ausdauernd; zäh; BIOL resistent; *vêtement a.* strapazierfähig **B** **~(e)** M(F) POL Widerstandskämpfer(in) *m(f)*

résister [ʀeziste] V/T INDIR *et* V/I **1** (*s'opposer*) Widerstand leisten (**à** *dat*); sich widersetzen (+ *dat*) **2** (*supporter*) aushalten (**à qc** etw); standhalten (+ *dat*) **3** (*ne pas céder*) widerstehen (**à** *dat*)

résolu [ʀezɔly] PP → **résoudre** *et* ADJ ⟨~e⟩ entschlossen; resolut

résolument [ʀezɔlymɑ̃] ADV *s'opposer* entschlossen; *être contre* entschieden

résolution [ʀezɔlysjõ] F **1** (*décision*) Entschluss *m*; Vorsatz *m*; **prendre une ~** e-n Entschluss fassen; **prendre de bonnes ~s** gute Vorsätze fassen **2** *d'une assemblée* Entschließung *f*; Resolution *f*; **adopter, approuver une ~** e-e Entschließung annehmen **3** (*détermination*) Entschlossenheit *f*

résolvais [ʀezɔlvɛ] → **résoudre**

résonance [ʀezɔnɑ̃s] F Resonanz *f*; MÉD **~ magnétique nucléaire** (*abr* **RMN**) Kernspintomographie *f*; **caisse** *f* **de ~** Resonanzkörper *m*

résonner [ʀezɔne] V/I (wider)hallen (**de** von)

résorber [ʀezɔʀbe] **A** V/T *chômage, etc* beseitigen **B** V/PR **se ~** MÉD resorbiert werden

résorption [ʀezɔʀpsjõ] F **1** MÉD Resorption *f* **2** *du chômage, etc* Beseitigung *f*

résoudre [ʀezudʀ] ⟨je résous, il résout, nous

R

La Résistance

La Résistance ist der Oberbegriff für Gruppen, die seit 1940 während der Besetzung Frankreichs durch die deutsche Wehrmacht im Untergrund gegen die deutsche Besatzungsmacht und z. T. auch gegen die mit der Besatzungsmacht zusammenarbeitenden französischen Behörden, Polizeieinheiten usw. agierten. Die Widerstandsbewegung verübte Sabotageakte gegen Eisenbahnlinien, um den Nachschub der deutschen Besatzungstruppen zu behindern, verteilte Flugblätter und im Untergrund gedruckte Zeitungen, beschaffte falsche Papiere für Widerstandskämpfer, leistete Fluchthilfe für französische Juden nach Spanien, überfiel Dienststellen der deutschen Besatzungstruppen und nahm auch den bewaffneten Kampf gegen die deutschen Besatzer auf. Die Widerstandskämpfer in Frankreich (**la Résistance intérieure**) wurden **maquisards** genannt. Unter **maquis** (benannt nach dem Buschwald, in dem sich die Partisanen versteckten) verstand man einzelne Widerstandsgruppen, die meist in unzugänglichem Gelände (Alpen, Zentralmassiv usw.) operierten. Als Ausgangspunkt der Résistance wird häufig mythisch verklärt der Aufruf von General de Gaulle angesehen, der am 18. Juni 1940 von London aus über die BBC ausgestrahlt wurde. General de Gaulle versuchte von London aus, die sogenannte **Résistance extérieure** zu organisieren. In Erwartung der Landung der Alliierten wurden im Februar 1944 alle kämpfenden Widerstandsgruppen in den FFI (Forces Françaises de l'Intérieur) zusammengefasst. Sie leisteten eine wichtige Unterstützung bei der Landung der Alliierten am 6. Juni 1944 in der Normandie.

LANDESKUNDE

résolvons; je résolvais; je résolus; je résoudrai; que je résolve; résolvant; résolu› **A** VT **1** *problème, énigme* lösen; *équation* (auf)lösen **2** ~ **de** (+ *inf*) beschließen zu (+ *inf*) **B** VPR **se** ~ **à** (+ *inf*) sich entschließen zu (+ *inf*)

respect [ʀɛspɛ] M **1** Respekt *m*; (Hoch)Achtung *f*; **manque** *m* **de** ~ Respektlosigkeit *f*; **sauf votre** ~ mit Verlaub; **avoir du** ~ **pour qn** Respekt, Achtung vor j-m haben; **tenir qn en** ~ j-n in Schach halten **2** *de la loi* Achtung *f* (**de** vor + *dat*); *des formes* Wahrung *f*, Einhaltung *f*, Beachtung *f* (+ *gén*)

respectabilité [ʀɛspɛktabilite] F Ehrenhaftigkeit *f*; Achtbarkeit *f*

respectable [ʀɛspɛktabl] ADJ **1** ehrwürdig; achtbar; respektabel; *scrupules* ehrenhaft **2** *somme* beachtlich

R

respecter [ʀɛspɛkte] **A** VT respektieren; achten; *priorité* beachten; *règles, engagements* einhalten; *traditions, formes* wahren; *sommeil de qn* Rücksicht nehmen auf (+ *acc*); **faire** ~ **la loi** dem Gesetz Achtung verschaffen; **se faire** ~ sich (*dat*) Respekt verschaffen **B** VPR **se** ~ etwas auf sich (*acc*) halten

respectif [ʀɛspɛktif] ADJ ‹-ive [-iv]› jeweilige

respectivement [ʀɛspɛktivmɑ̃] ADV beziehungsweise (*abr* bzw.); *deux enfants* **âgés** ~ **de cinq et huit ans** im Alter von fünf beziehungsweise acht Jahren

respectueux [ʀɛspɛktɥø] ADJ ‹-euse [-øz]› **1** respektvoll **2** ~ **de qc** etw achtend

respirable [ʀɛspiʀabl] ADJ **pas** ~ *air* schlecht; *fig* unerträglich

respiration [ʀɛspiʀasjõ] F Atmung *f*; ~ **artificielle** künstliche (Be)Atmung

respiratoire [ʀɛspiʀatwaʀ] ADJ Atem…

respirer [ʀɛspiʀe] **A** VT **1** (ein)atmen **2** *fig le calme, etc* ausstrahlen **B** VI **1** atmen; ~ **par la bouche, par le nez** durch den Mund, durch die Nase atmen; *par ext* **laissez-moi** ~ lassen Sie mich verschnaufen **2** *fig* (*être soulagé*) aufatmen

resplendir [ʀɛsplɑ̃diʀ] VI glänzen; strahlen (*a. fig*, **de** vor + *dat*)

resplendissant [ʀɛsplɑ̃disɑ̃] ADJ ‹-ante [-ɑ̃t]› glänzend; strahlend (*a. fig*)

responsabiliser [ʀɛspõsabilize] VT ~ **qn** das Verantwortungsgefühl j-s wecken

responsabilité [ʀɛspõsabilite] F Verantwortung *f* (**de** für); JUR Haftung *f*; ~ **civile** Haftpflicht *f*; **poste** *m* **à** ~**s** verantwortungsvolle Position; **prendre ses** ~**s** verantwortungsbewusst handeln

responsable [ʀɛspõsabl] **A** ADJ **1** verantwortlich (**de** für; **devant qn** j-m gegenüber); **être** ~ **de** JUR *a.* haften für **2** (*réfléchi*) verantwortungsbewusst **B** M Verantwortliche(r) *m*; ~ **syndical** Gewerkschaftsfunktionär *m*

resquillage [ʀɛskijaʒ] M *dans une queue* Vordrängen *n*; *au cinéma, etc* Sichhereinschmuggeln *n*; *dans le métro, etc* Schwarzfahren *n* **resquiller** [-e] VI *dans une queue* sich vordrängen; *au cinéma, etc* sich hereinschmuggeln; *dans le métro, etc* schwarzfahren **resquilleur** [-œʀ] M, **resquilleuse** [-øz] F j-d, der sich vordrängt, hereinschmuggelt; *du métro, etc* Schwarzfahrer(in) *m(f)*

ressac [ʀəsak] M Brandung *f*

ressaisir [ʀ(ə)seziʀ] VPR **se** ~ sich (wieder) fassen, fangen

ressasser [R(ə)sase] VT bis zum Überdruss wiederholen; *fam* wiederkäuen
ressayer [Resɛje] VT → réessayer
ressemblance [R(ə)sɑ̃blɑ̃s] F Ähnlichkeit *f*
ressemblant [-ɑ̃] ADJ ‹-ante [-ɑ̃t]› s-m Vorbild ähnlich, getreu
ressembler [R(ə)sɑ̃ble] **A** VT INDIR ~ **à** ähneln, gleichen (+ *dat*); ähnlich sein, sehen (+ *dat*); *fig* **cela lui ressemble tout à fait** das sieht ihm ähnlich; *fig* **à quoi ça ressemble!** was soll das eigentlich! **B** VPR **se ~** sich ähneln
ressemelage [R(ə)səmlaʒ] M Neubesohlung *f*
ressemeler [-e] VT ‹-ll-› (neu) besohlen
ressemer [Rəsme, Rsəme] ‹-è-› VT *graines* wieder aussäen
ressenti [R(ə)sɑ̃ti] ADJ ‹~e› *description* **bien ~** gut nachempfunden
ressentiment [R(ə)sɑ̃timɑ̃] M Ressentiment *n*; Groll *m*
ressentir [R(ə)sɑ̃tiR] ‹→ sentir› **A** VT empfinden; (ver)spüren **B** VPR **se ~ de qc** die Folgen e-r Sache (*gén*) spüren
resserre [RəsɛR] F Abstellraum *m*
resserré [R(ə)seRe] ADJ ‹~e› eingezwängt (**entre** zwischen +*dat*)
resserrer [R(ə)seRe] **A** VT **1** *nœud* fester ziehen; *ceinture* enger machen **2** *fig liens* enger knüpfen; festigen **B** VPR **se ~** **1** *vallée* sich verengen; *filet* sich zusammenziehen **2** *fig liens* enger werden
resservir [R(ə)sɛRviR] ‹→ partir› **A** VT **1** *mets* noch einmal servieren **2** *fig histoires* wieder auftischen **B** VI *vêtement* noch einmal, wieder gebraucht werden
ressort[1] [R(ə)sɔR] M **1** TECH Feder *f*; **faire ~** zurückschnellen **2** *fig d'une personne* Tatkraft *f*; Schwung *m*
ressort[2] M **être du ~ d'un tribunal** in die Zuständigkeit e-s Gerichts fallen; *par ext* **cela n'est pas de mon ~** dafür bin ich nicht zuständig; **en dernier ~** *juger* in letzter Instanz; *fig* schließlich; letzten Endes
ressortir [R(ə)sɔRtiR] ‹→ partir› **A** VT wieder hervorholen; *fig histoires* wieder auftischen **B** VI ‹être› **1** wieder hinausgehen; wieder herauskommen **2** *relief* hervortreten; *couleur* sich abheben; **faire ~** herausstellen; hervorheben **C** V/IMP ‹être› **il ressort de là que …** daraus geht hervor, ergibt sich, dass …
ressortissant [R(ə)sɔRtisɑ̃] M, **ressortissante** [-ɑ̃t] F Staatsangehörige(r) *m/f(m)*
ressouder [R(ə)sude] VT wieder zusammenschweißen *ou* -löten
ressource [R(ə)suRs] F **1** (Hilfs)Mittel *n*; **n'avoir d'autre ~ que …** keine andere Möglichkeit haben als …; **il a de la ~** er weiß sich (*dat*) zu helfen **2** **~s** *pl* Mittel *npl* (*a. pécuniaires*); Möglichkeiten *fpl*; *d'un pays a.* Ressourcen *fpl*; *par ext* **~s humaines** Personal *n*; **directeur** *m* **des ~s humaines** Personalchef *m*, -leiter *m*; **~s minières** Bodenschätze *pl*; **~s naturelles** natürliche Ressourcen, Lebensgrundlagen *fpl*; **être sans ~s** mittellos sein, dastehen
ressourcer [R(ə)suRse] VPR ‹-ç-› **se ~** neue Energie tanken
ressouvenir [R(ə)suvniR] VPR ‹→ venir› **se ~ de qc** sich wieder e-r Sache (*gén*) *ou* an etw (*acc*) erinnern
ressurgir [R(ə)syRʒiR] → resurgir
ressusciter [Resysite] **A** VT **1** *mort* auferwecken **2** *fig* wieder aufleben lassen **B** VI ‹être› **1** REL (wieder) auferstehen **2** *fig* wieder aufleben
restant [Rɛstɑ̃] **A** ADJ ‹-ante [-ɑ̃t]› **1** übrig geblieben; restlich **2** **poste ~e** postlagernd **B** M Rest *m*
restau [Rɛsto] M *fam* → resto
restaurant [RɛstɔRɑ̃] M Restaurant *n*; Gaststätte *f*; (Speise)Lokal *n*; **~ universitaire** Mensa *f*
restaurateur [RɛstɔRatœR] M, **restauratrice** [-tRis] F **1** *d'un restaurant* (Gast)Wirt(in) *m(f)*; Gastronom *m* **2** *d'art* Restaurator(in) *m(f)*
restauration [RɛstɔRasjõ] F **1** *d'art* Restaurierung *f* **2** HIST **la Restauration** die Restauration (-szeit) **3** *métier, secteur* Gaststättengewerbe *n*; Gastronomie *f*; **~ rapide** Fast Food *n*
restaurer [RɛstɔRe] **A** VT **1** *objet d'art* restaurieren **2** *ordre, etc* wiederherstellen **B** VPR **se ~** sich (wieder) stärken
reste [Rɛst] M Rest *m*; Überrest *m*; Überbleibsel *n*; **le ~** *a.* das Übrige; *d'un mort* **les ~s** die sterblichen (Über)Reste; *adv* **le ~ du temps** während der übrigen Zeit; **et tout le ~** und so weiter; und so fort; **du ~** übrigens; außerdem; überdies; **pour le ~** sonst; ansonsten; **pour ne pas être en ~** um nicht nachzustehen
rester [Rɛste] ‹être› **A** VI **1** bleiben; **~ ouvert jusqu'à 20 heures** bis 20 Uhr geöffnet bleiben; **~ des heures entières à bavarder** stundenlang schwatzen **2** *fam* **y ~** dabei umkommen **3** **où en sommes-nous restés?** wo sind wir stehen geblieben?; **restons-en là** lassen wir es dabei bewenden, damit genug sein **4** (*subsister*) (übrig) bleiben; **le temps qui me reste** die Zeit, die mir (übrig) bleibt; die restliche Zeit **B** V/IMP **il ne reste plus de pain** es ist kein Brot mehr da; **(il) reste que …** immerhin …; jedenfalls …; **il n'en reste pas moins que …** nichtsdestoweniger …; **il reste beaucoup à faire** es bleibt noch viel zu tun; **il ne vous reste qu'à signer** Sie brauchen nur noch zu unterschreiben
restituable [Rɛstitɥabl] ADJ zurückzuerstat-

R

ten(d); zurückzugeben(d); zu ersetzen(d) **restituer** [-e] V/T **1** *(rendre)* zurückgeben **2** *texte* wiederherstellen **3** *énergie* abgeben; *son* wiedergeben

restitution [ʀɛstitysjõ] F Rückgabe *f*

resto [ʀɛsto] M ABR *fam* → **restaurant**; ~ **U** Mensa *f*; ~ **du cœur** Speiselokal *n* für Bedürftige

Les restos du cœur

1985 gründete der Komiker Coluche die ersten „Suppenküchen des Herzens" für Obdachlose und sozial benachteiligte Menschen. 43 000 ehrenamtliche Helfer (**bénévoles**) arbeiten während der Wintermonate (Dezember bis März) in 1 900 Ausgabestellen (**centres de distribution**), die über ganz Frankreich verteilt sind. In den Kantinen werden pro Tag bis zu 650 000 Personen mit Essen versorgt.

LANDESKUNDE

restoroute® [ʀɛstoʀut] M Raststätte *f*

restreindre [ʀɛstʀɛ̃dʀ] ⟨→ peindre⟩ **A** V/T be-, einschränken **B** V/PR **se** ~ sich einschränken

restreint [ʀɛstʀɛ̃] ADJ ⟨-einte [-ɛ̃t]⟩ *vocabulaire, moyens* beschränkt

restrictif [ʀɛstʀiktif] ADJ ⟨-ive [-iv]⟩ einschränkend; restriktiv

restriction [ʀɛstʀiksjõ] F **1** Ein-, Beschränkung *f*; Restriktion *f*; ~ **mentale** geheimer Vorbehalt; JUR Mentalreservation *f*; **sans** ~ uneingeschränkt; vorbehaltlos **2** *pl* ~**s** Rationierungsmaßnahmen *fpl*

restructuration [ʀəstʀyktyʀasjõ] F Umstrukturierung *f* **restructurer** [-e] V/T umstrukturieren

résultante [ʀezyltɑ̃t] F **1** Folge *f* **2** PHYS Resultante *f*

R **résultat** [ʀezylta] M Ergebnis *n*; Resultat *n*; Fazit *n*; ~**s scolaires** schulische Leistungen *fpl*; **avoir pour** ~ **que** ... zur Folge haben, dass ...

résulter [ʀezylte] ⟨avoir *od* être⟩ **A** V/I ~ **de qc** sich aus etw ergeben; aus etw hervorgehen, resultieren, folgen **B** V/IMP **il en résulte que** ... daraus geht hervor, ergibt sich, dass ...

résumé [ʀezyme] M Zusammenfassung *f*; Resümee *n*; **en** ~ kurz (gesagt)

résumer [ʀezyme] **A** V/T zusammenfassen; resümieren **B** V/PR **se** ~ **1** *personne* zusammenfassen *(abs)* **2** *chose* sich zusammenfassen lassen (**à, en** in + *dat*)

résurgence [ʀezyʀʒɑ̃s] F Wiederauftreten *n*

resurgir [ʀ(ə)syʀʒiʀ] V/I wieder auftauchen

résurrection [ʀezyʀɛksjõ] F **1** REL Auferstehung *f* **2** *fig* Wiederaufleben *n*

retable [ʀətabl] M Altaraufsatz *m*

rétabli [ʀetabli] ADJ ⟨~e⟩ wiederhergestellt *(a. = guéri)*

rétablir [ʀetabliʀ] **A** V/T **1** *ordre, communications, etc* wiederherstellen; *relations diplomatiques* wieder aufnehmen; *peine de mort* wieder einführen; *courant* wieder einschalten **2** ~ **qn dans ses fonctions** j-n wieder in sein Amt einsetzen **3** *malade* (wieder) gesund machen **B** V/PR **se** ~ **1** *malade* (wieder) gesund werden **2** *calme* wieder eintreten, einkehren

rétablissement [ʀetablismɑ̃] M **1** *de l'ordre, etc* Wiederherstellung *f* **2** *d'un malade* Genesung *f*; Gesundung *f*; **je vous souhaite un prompt** ~ ich wünsche Ihnen gute Besserung **3** SPORTS Aufschwung *m*

rétamé [ʀetame] ADJ ⟨~e⟩ **1** *fam (épuisé) fam* fertig; *fam* kaputt **2** *fam (ivre) fam* besoffen; blau

rétamer [ʀetame] V/T **A** V/T **1** *casserole* neu verzinnen **2** *fam personne fam* fertigmachen; *fam* kaputtmachen; *chose* kaputt machen; *à un examen* **se faire** ~ *fam* durchfliegen, -rasseln, -sausen **B** V/PR **se** ~ *fam (tomber) fam* hinschlagen; *fam* hinknallen

rétameur [ʀetamœʀ] M Kesselflicker *m*

retaper [ʀ(ə)tape] **A** V/T **1** *fam vieille maison* wieder herrichten; *médicament* ~ **qn** j-n wieder auf die Beine bringen **2** *à la machine* noch einmal (ab)tippen **B** V/PR **se** ~ *fam* sich aufrappeln

retapisser [ʀ(ə)tapise] V/T neu tapezieren

retard [ʀ(ə)taʀ] M **1** Verspätung *f*; Zuspätkommen *n* (**au travail** zur Arbeit); **sans** ~ unverzüglich; umgehend; **être en** ~ zu spät kommen; sich verspäten; *fam* zu spät dran sein; *train, etc* Verspätung haben; *montre* **prendre du** ~ nachgehen **2** *dans le travail, un paiement, un développement* Rückstand *m*; Verzögerung *f*; **avoir du** ~, **être en** ~ im Rückstand, im Verzug sein (**sur qn, qc** gegenüber j-m, etw); *enfant* zurückgeblieben sein **3** TECH ~ **à l'allumage** Spätzündung *f* **4** *adjt* PHARM Depot...

retardataire [ʀ(ə)taʀdatɛʀ] M/F Zuspätkommende(r) *m/f(m)*; Nachzügler(in) *m(f)*

retardé [ʀ(ə)taʀde] ADJ ⟨~e⟩ zurückgeblieben

retardement [ʀ(ə)taʀdəmɑ̃] M **bombe** *f* **à** ~ Zeitbombe *f*; *fig* **comprendre à** ~ erst hinterher begreifen

retarder [ʀ(ə)taʀde] **A** V/T **1** *personne, train, etc* aufhalten **2** *montre* zurückstellen **3** *départ, etc* auf-, verschieben **B** V/I **1** *montre* nachgehen (**de cinq minutes** fünf Minuten) **2** *fam personne fam* hinter dem Mond leben; ~ **sur son temps, sur son siècle** hinter s-r Zeit zurück sein

retéléphoner [ʀ(ə)telefɔne] V/I wieder telefonieren (**à qn** mit j-m), anrufen (j-n)

retenir [ʀət(ə)niʀ] ⟨→ venir⟩ **A** V/T **1** *personne* zurück-, fest-, aufhalten; *chose* (zurück-, ein)behalten; *argent* abziehen (**de, sur** von); *souffle* anhalten; *barrage: eau* stauen; *ruban: cheveux* zusammenhalten; **~ l'attention de qn** die Aufmerksamkeit j-s erregen; **~ ses larmes** die Tränen zurückhalten, unterdrücken; **~ qn prisonnier** j-n gefangen halten; **~ qn à dîner** j-n zum Abendessen dabehalten 2 *dans sa mémoire* sich (*dat*) merken; (im Gedächtnis) behalten 3 *proposition, candidature* in Betracht ziehen 4 (*réserver*) vorbestellen; reservieren B V/PR **se ~** 1 (*se rattraper*) sich festhalten (**à** an + *dat*) 2 (*s'empêcher*) sich zurückhalten; sich beherrschen; sich zusammennehmen

retenter [R(ə)tɑ̃te] V/T wieder, noch einmal versuchen

rétention [Retɑ̃sjõ] F MÉD *d'urine* Verhaltung *f*

retentir [R(ə)tɑ̃tiR] V/I 1 (er)tönen; (er)schallen; *chants* (er)klingen; *coup de feu* krachen; **~ de** hallen von 2 *fig* **~ sur** sich auswirken auf (+ *acc*)

retentissant [R(ə)tɑ̃tisɑ̃] ADJ ‹-ante [-ɑ̃t]› 1 *choc* geräuschvoll; *gifle* schallend; *voix* dröhnend 2 *fig* aufsehenerregend

retentissement [R(ə)tɑ̃tismɑ̃] M Widerhall *m*; Resonanz *f*; (Aus)Wirkung *f* (**sur** auf + *acc*)

retenu [Rətny, Rtəny] ADJ ‹~e› 1 (*réservé*) vorbestellt; reserviert; *place a.* belegt 2 *personne* verhindert 3 *voix* gedämpft; verhalten

retenue [Rət(ə)ny] F 1 ÉCOLE Nachsitzen *n*; **être en ~** nachsitzen 2 (*prélèvement*) Abzug *m* (**sur** von) 3 (*réserve*) Zurückhaltung *f*; Mäßigung *f*; **sans ~** unbeherrscht 4 MATH behaltene Zahl 5 **lac** *m* **de ~** Stausee *m*

réticence [Retisɑ̃s] F Reserve *f*; Zögern *n* **réticent** [-ɑ̃] ADJ ‹-ente [-ɑ̃t]› reserviert; zögernd

réticule [Retikyl] M 1 OPT Fadenkreuz *n* 2 *sac* Abendtäschchen *n*

rétif [Retif] ADJ ‹-ive [-iv]› störrisch; widerspenstig

rétine [Retin] F Netzhaut *f*

retirage [R(ə)tiRaʒ] M Neuauflage *f*

retiré [R(ə)tiRe] ADJ ‹~e› 1 (*solitaire*) zurückgezogen 2 (*à la retraite*) im Ruhestand 3 *village* abgelegen

retirer [R(ə)tiRe] A V/T 1 (*faire sortir*) herausnehmen, -ziehen, -holen (**de** aus); *argent de la banque* abheben; *courrier, billets réservés* abholen; *noyé, etc* **~ de l'eau** aus dem Wasser ziehen, bergen 2 *main* weg-, zurückziehen; *fig candidature, plainte* zurückziehen; *ce qu'on a dit* zurücknehmen 3 *vêtement, bottes, gants* ausziehen; *chapeau, lunettes, housse* abnehmen 4 *confiance, parole, permis de conduire* **~ à qn** j-m entziehen 5 *bénéfice, avantages* herausholen, -schlagen B V/PR **se ~** 1 (*partir*) sich zurückziehen 2 *mer, eaux* zurückgehen

retombées [R(ə)tõbe] FPL 1 **~ radioactives** radioaktiver Niederschlag; Fall-out *m* 2 *fig* Auswirkungen *fpl*

retomber [R(ə)tõbe] V/I ‹être› 1 wieder (herunter)fallen; zurückfallen; *personne* wieder hinfallen 2 *fig* **~ dans qc** wieder in etw (*acc*) verfallen 3 **~ malade** wieder krank werden 4 *rideau* fallen; *cheveux* **~ sur les épaules** bis auf die Schultern fallen 5 *responsabilité* **~ sur qn** auf j-n zurückfallen

retordre [R(ə)tɔRdR] V/T ‹→ rendre› *fig* **donner du fil à ~ à qn** j-m schwer zu schaffen machen

rétorquer [RetɔRke] V/T **~ que ...** erwidern, entgegnen, dass ...

retors [Rətɔr] ADJ ‹-orse [-ɔRs]› durchtrieben; mit allen Wassern gewaschen

rétorsion [RetɔRsjõ] F Vergeltung *f*

retouche [R(ə)tuʃ] F 1 PHOT, *fig* Retusche *f* 2 COUT Änderung *f* **retoucher** [-e] V/T 1 PHOT, *fig œuvre* retuschieren 2 COUT ändern

retoucheuse [R(ə)tuʃøz] F 1 *photographe* Retuscheurin *f* 2 *en confection* Änderungsschneiderin *f*

retour [R(ə)tuR] M 1 Rückkehr *f*; *chez soi* Heimkehr *f*; **~ à la normale** Normalisierung *f*; FILM **~ en arrière** Rückblende *f*; **à mon ~** bei meiner Rückkehr; **être de ~** zurück sein; *fig* **faire un ~ sur soi-même** sich auf sich (*acc*) selbst besinnen 2 (*voyage de retour*) Rückfahrt *f*, -reise *f*; *en avion* Rückflug *m*; **les ~s de vacances** der Ferienrückreiseverkehr 3 (*réexpédition*) Rücksendung *f*; **~ à l'expéditeur** zurück an Absender; **par ~ du courrier** postwendend; umgehend 4 *du printemps, du froid, etc* Wiederkehr *f*; **sans ~** auf, für immer; unwiederbringlich 5 (*revirement*) Umschlag *m*; Wechsel *m*; **~ d'âge** Wechseljahre *npl*; *fig* **~ de bâton** Rückwirkung *f* auf den Urheber; Bumerang *m*; **~ de flamme** TECH Flammenrückschlag *m*; *fig* (negative, fatale) Rückwirkung; Bumerang *m*; (*regain d'activité*) Wiederaufleben *n*; *fig* **~ de manivelle** plötzlicher Umschwung; **par un juste ~ des choses** als gerechter Ausgleich 6 (*échange*) **en ~** als Gegenleistung; dafür 7 *adjt* **match** *m* **~** Rückspiel *n*

retournement [R(ə)tuRnəmɑ̃] M Umkehrung *f*; Umschwung *m*

retourner [R(ə)tuRne] A V/T 1 (*tourner*) umdrehen; *vêtement, bifteck* wenden; *terre* umgraben; *poche* umkehren; *fig situation* grundlegend ändern; *arme* **~ contre qn** auf j-n richten 2 *fam* (*mettre en désordre*) *fam* auf den Kopf stellen 3 *fam* (*bouleverser*) **~ qn** j-n aufwühlen, *fam* durcheinanderbringen 4 (*renvoyer*) zurückschicken, -senden; *fig compliment* zurückgeben B V/I ‹être› 1 (*aller de nouveau*) wieder gehen, fahren, reisen (**à, en** nach) 2 *au point de départ* zurückkehren, -ge-

R

hen, -fahren, *en avion* -fliegen; **~ chez soi** nach Hause gehen; heimgehen, -kehren 3 *maison, terrain* **~ à qn** an j-n zurückfallen C V/IMP **savoir de quoi il retourne** wissen, worum es sich handelt D V/PRON 1 **se ~** *personne* sich umdrehen; sich umwenden; *voiture* sich überschlagen; **se ~ sur le dos** sich auf den Rücken drehen; *fig* **savoir se ~** sich (*dat*) zu helfen wissen 2 **s'en ~** wieder umkehren; wieder abziehen 3 **se ~ contre qn** sich gegen j-n wenden

retracer [R(ə)tRase] V/T ‹-ç-› schildern

rétractation [RetRaktasjõ] F Widerruf *m*; Zurücknahme *f*

rétracter [RetRakte] A V/T *griffes* einziehen B V/PR **se ~** 1 *muscle* sich zusammenziehen 2 (*se dédire*) widerrufen

retraduction [R(ə)tRadyksjõ] F 1 (*nouvelle traduction*) Neuübersetzung *f* 2 *dans la langue de départ* Rückübersetzung *f*

retraduire [R(ə)tRadɥiR] V/T ‹→ conduire› 1 neu, noch einmal übersetzen 2 *dans la langue de départ* rückübersetzen 3 *dans une autre langue* in e-e weitere (Fremd)Sprache übersetzen

retrait [R(ə)tRɛ] M 1 *du permis de conduire* Entzug *m*; *d'une candidature* Zurückziehung *f*; *d'argent* Abhebung *f*; *de bagages* Abholung *f* 2 *de troupes* Abzug *m*; *de la compétition* Rücktritt *m* 3 **en ~** *bâtiment* zurückgesetzt; *fig* **rester en ~** im Hintergrund bleiben

retraite [R(ə)tRɛt] F 1 MIL Rückzug *m*; **battre en ~** den Rückzug antreten; *fig* e-n Rückzieher machen 2 **~ aux flambeaux** Fackelzug *m* 3 *d'un travailleur* Ruhestand *m*; **maison** *f* **de ~** Alten-, Altersheim *n*; **à la ~, en ~** im Ruhestand; *fonctionnaire* pensioniert; **prendre sa ~** in den Ruhestand gehen, treten 4 *pension* (Alters)Rente *f*; Ruhegeld *n*; *d'un fonctionnaire* Pension *f*; Ruhegehalt *n* 5 CATH Exerzitien *pl* 6 *litt* (*refuge*) Zufluchtsort *m*

retraité [R(ə)tRete] A ADJ ‹~e› im Ruhestand; *fonctionnaire* pensioniert B **~(e)** M(F) Rentner(in) *m(f)*; Ruheständler(in) *m(f)*; *fonctionnaire* Pensionär(in) *m(f)*

retraitement [R(ə)tRɛtmɑ̃] M NUCL Wiederaufbereitung *f* **retraiter** [-e] V/T NUCL wiederaufbereiten

retranchement [R(ə)tRɑ̃ʃmɑ̃] M MIL Verschanzung *f*

retrancher [R(ə)tRɑ̃ʃe] A V/T 1 *mot* (weg)streichen 2 (*déduire*) abziehen 3 MIL **camp retranché** befestigtes Lager B V/PR MIL, *fig* **se ~** sich verschanzen

retransmettre [R(ə)tRɑ̃smɛtR] V/T ‹→ mettre› RAD, TV übertragen **retransmission** F Übertragung *f*

retravailler [R(ə)tRavaje] A V/T (*modifier*) umarbeiten B V/I wieder arbeiten

rétréci [RetResi] ADJ ‹~e› 1 *chaussée* verengt 2 *fig idées, esprit* engstirnig

rétrécir [RetResiR] A V/T *vêtement* enger machen B V/I *au lavage* einlaufen; eingehen C V/PR **se ~** sich verengen; **rétréci** verengt

rétrécissement [RetResismɑ̃] M 1 Verengung *f* 2 *d'une étoffe* Einlaufen *n*

retremper [R(ə)tRɑ̃pe] V/PR *fig* **se ~ dans** wieder eintauchen in (+ *acc*)

rétribuer [RetRibɥe] V/T bezahlen; entlohnen

rétribution [RetRibysjõ] F Bezahlung *f*

rétro [RetRo] A ADJ ABR (! unveränderlich) Nostalgie… B M *fam* → rétroviseur

rétroactif ADJ ‹-ive› rückwirkend; **effet ~** rückwirkende Kraft

rétroactivité [RetRoaktivite] F Rückwirkung *f*; rückwirkende Kraft

rétrocéder V/T ‹-è-› wieder abtreten; rückübertragen

rétrofusée F Bremsrakete *f*

rétrogradation [RetRɔgRadasjõ] F MIL Degradierung *f*; *de fonctionnaire* Zurückstufung *f*

rétrograde ADJ rückschrittlich

rétrograder [RetRɔgRade] A V/T MIL degradieren B V/I 1 (*régresser*) zurückfallen 2 AUTO zurück-, herunterschalten

rétropédalage [RetRopedalaʒ] M **frein** *m* **à ~** Rücktrittbremse *f*

rétroprojecteur M Overheadprojektor *m*

rétrospectif [RetRɔspɛktif] ADJ ‹-ive [-iv]› 1 rückblickend; rückschauend 2 *peur* nachträglich **rétrospective** [-iv] F *exposition* Retrospektive *f*

rétrospectivement [RetRɔspɛktivmɑ̃] ADV 1 rückschauend; im Rückblick 2 (*après coup*) nachträglich

retroussé [R(ə)tRuse] ADJ ‹~e› *manches* hochgekrempelt; **nez ~** Stupsnase *f*

retrousser [R(ə)tRuse] V/T *manches* hoch-, aufkrempeln (*a. fig*); *jupe* raffen; schürzen; *babines* hochziehen; *moustaches* zwirbeln

retrouvailles [R(ə)tRuvaj] *fam* FPL (großes) Wiedersehen

retrouver [R(ə)tRuve] A V/T 1 *de nouveau* wiederfinden 2 (*rejoindre*) wiedertreffen; **~ sa famille** wieder zu s-r Familie zurückkehren; **aller ~ qn** j-m folgen, nachreisen B V/PR 1 *personnes* **se ~** sich wiedertreffen; *menace* **on se retrouvera!** wir sprechen uns noch! 2 sich (wieder) befinden; **se ~ seul** (wieder) allein dastehen 3 **s'y ~** (*s'y reconnaître*) sich zurechtfinden 4 *fam* **s'y ~** (*faire un bénéfice*) auf s-e Kosten kommen

rétrovirus [RetRɔviRys] M Retrovirus *n*

rétroviseur M Rückspiegel *m*

rets [Rɛ] *litt* M Netz *n*

réuni [ʀeyni] ADJ ⟨~e⟩ vereinigt (*a.* COMM); versammelt
réunification [ʀeynifikasjõ] F Wiedervereinigung *f* **réunifier** [-fje] V/T wiedervereinigen
réunion [ʀeynjõ] F Versammlung *f*; Zusammenkunft *f*; (*séance*) Sitzung *f*; **~ de famille** Familientreffen *n*; **~ de parents d'élèves** Elternabend *m*; **elle est en ~** sie ist in e-r Besprechung
Réunion [ʀeynjõ] (**l'île** *f* **de**) **la ~** Reunion *n*
réunionite [ʀeynjɔnit] *fam* F *fam* Versammlungs-, Sitzungswut *f*
réunionnais [ʀeynjɔnɛ] ADJ ⟨-aise [-ɛz]⟩ von Reunion
réunir [ʀeyniʀ] **A** V/T **1** vereinigen; *documents* zusammenstellen; *preuves* zusammentragen; *fonds* aufbringen; *qualités* vereinen; **réunir qc à qc** etw mit etw vereinigen, verbinden **2** *personnes* zusammenführen; *en un même lieu* versammeln; *assemblée* einberufen **B** V/PR **se réunir** sich vereinigen; *personnes* sich versammeln; zusammenkommen
réussi [ʀeysi] ADJ ⟨~e⟩ gelungen (*a. iron*); geglückt
réussir [ʀeysiʀ] **A** V/T erfolgreich durchführen; zustande bringen; *examen* bestehen; **qn réussit qc** *a.* etw gelingt j-m (gut) **B** V/I **1** *personne* Erfolg haben; erfolgreich sein; es schaffen; reüssieren; **~ (à un examen)** (e-e Prüfung) bestehen; **j'ai réussi à faire qc** es ist mir gelungen *ou* ich habe es geschafft *ou* ich habe es fertiggebracht, etw zu tun **2** *expérience* gelingen; glücken; *affaire* erfolgreich sein; **faire ~** zum Erfolg führen **3** (*faire du bien*) **~ à qn** j-m guttun, gut bekommen
réussite [ʀeysit] F **1** Erfolg *m*; *de qc a.* Gelingen *n*; **~ sociale** sozialer Aufstieg **2** *jeu de cartes* Patience *f*; **faire une ~** e-e Patience legen
réutilisable [ʀeytilizabl] ADJ wiederverwendbar **réutiliser** [-e] V/T wiederverwenden
revacciner [ʀ(ə)vaksine] V/T wieder, zum zweiten Mal impfen; nachimpfen
revaloir [ʀ(ə)valwaʀ] V/T ⟨→ valoir⟩ **~ qc à qn** *en bien* sich bei j-m für etw revanchieren; *en mal* j-m etw heimzahlen
revalorisation [ʀ(ə)valɔʀizasjõ] F Aufwertung *f* **revaloriser** [-e] V/T aufwerten; *salaires, retraites* aufbessern; anpassen
revanchard [ʀ(ə)vɑ̃ʃaʀ] **A** ADJ ⟨-arde [-aʀd]⟩ revanchistisch **B** M Revanchist *m*
revanche [ʀ(ə)vɑ̃ʃ] F Vergeltung *f*; Revanche *f* (*a.* SPORTS, JEU); **prendre sa ~** (*se venger*) Rache nehmen (**sur qn** an j-m); SPORTS sich revanchieren; **à charge de ~** unter der Bedingung, dass ich mich revanchieren darf; dafür; **en ~** dafür
rêvasser [ʀɛvase] V/I vor sich (*acc*) hin träumen **rêvasserie** [-ʀi] F Dösen *n*
rêve [ʀɛv] M Traum *m*; *fig a.* Wunschtraum *m*; **une voiture de ~** ein Traumwagen *m*; **faire un ~** e-n Traum haben
rêvé [ʀɛve] ADJ ⟨~e⟩ Traum…; ideal
revêche [ʀəvɛʃ] ADJ barsch; unwirsch; kratzbürstig
réveil [ʀevɛj] M **1** Aufwachen *n*; **au ~** beim Aufwachen **2** *fig* (Wieder)Erwachen *n* **3** *pendule* Wecker *m*
réveiller [ʀeveje] **A** V/T **1** (auf)wecken; **être réveillé** wach sein **2** *fig curiosité* (wieder) (er)wecken; *souvenirs* (wieder) wachrufen; *appétit* (wieder) anregen **B** V/PR **se réveiller** **1** aufwachen; wach werden **2** *fig* wieder wach werden, aufleben
réveillon [ʀevɛjõ] M Festessen *n* am Heiligabend *ou* zu Silvester; *par ext* Heiligabend *m ou* Silvester(feier) *n(f)*
réveillonner [ʀevɛjɔne] V/I Heiligabend *ou* Silvester (mit e-m Festessen) feiern
révélateur [ʀevelatœʀ] **A** ADJ ⟨-trice [-tʀis]⟩ aufschlussreich (**de** für) **B** M PHOT Entwickler *m*
révélation [ʀevelasjõ] F **1** *d'un crime, etc* Aufdeckung *f*; **~s** *pl* Enthüllungen *fpl* **2** REL Offenbarung *f* **3** *fig* plötzliche Erkenntnis; Offenbarung *f* **4** *personne* Entdeckung *f*
révéler [ʀevele] ⟨-è-⟩ **A** V/T **1** *secret, projets, etc* aufdecken; enthüllen **2** REL offenbaren **3** *qualité, attitude* erkennen lassen; verraten **B** V/PR **se ~** sich erweisen, sich herausstellen (**qc** als etw); zutage treten
revenant [ʀəv(ə)nɑ̃] M Gespenst *n*
revendeur [ʀ(ə)vɑ̃dœʀ] M, **revendeuse** [-øz] F Wiederverkäufer(in) *m(f)*
revendicateur [ʀ(ə)vɑ̃dikatœʀ] ADJ ⟨-trice [-tʀis]⟩ fordernd **revendicatif** [-tif] ADJ ⟨-ive [-iv]⟩ der Geltendmachung von (sozialen) Forderungen dienend **revendication** [-sjõ] F Forderung *f*
revendiquer [ʀ(ə)vɑ̃dike] V/T **1** (*exiger*) fordern; verlangen; Anspruch erheben auf (+ *acc*) **2** *responsabilité* übernehmen; *attentat* sich bekennen zu
revendre [ʀ(ə)vɑ̃dʀ] V/T ⟨→ rendre⟩ weiterverkaufen; wiederverkaufen; *fig* **avoir de qc à ~** (von) etw reichlich, mehr als genug haben
revenir [ʀəv(ə)niʀ] V/I ⟨→ venir; être⟩ **1** *de nouveau* wieder kommen; *mode, saison, calme, etc* wiederkehren **2** *au point de départ* (wieder) zurückkommen, -kehren; wiederkommen; **je reviens tout de suite** ich bin gleich wieder da; **~ en arrière** umkehren; *dans le temps* zurückgehen, -greifen **3** *fig* (*reprendre*) **~ à, sur qc** auf etw

(*acc*) (wieder) zurückkommen; **~ à soi** wieder zu sich kommen **4** (*annuler*) **~ sur qc** etw zurücknehmen, rückgängig machen **5** **il me revient dix euros** ich bekomme zehn Euro heraus, zurück **6** *mot, nom* **~ à qn** j-m wieder einfallen **7** *appétit, courage, faculté* **qc revient à qn** j-d bekommt, erlangt etw wieder **8** *droit, honneur* **~ à qn** j-m zustehen, zukommen; **c'est à lui qu'il revient de faire qc** ihm kommt es zu, etw zu tun **9** (*plaire*) **sa tête ne me revient pas** sein Gesicht gefällt mir nicht **10** (*équivaloir*) **~ à** hinauslaufen auf (+ *acc*); **cela revient à dire que …** das heißt mit anderen Worten, dass … **11** (*se remettre*) **~ de sa surprise** sich von s-r Überraschung erholen; **il revient de loin** er ist noch einmal davongekommen; *fam* **je n'en reviens pas** ich kann es gar nicht fassen **12** (*se débarrasser*) **~ de qc** von etw los-, abkommen; **j'en suis bien revenu** davon bin ich längst abgekommen **13** (*coûter*) kosten; **~ cher** teuer sein; *a. fig* teuer zu stehen kommen (**à qn** j-n) **14** **faire ~** *viande* anbraten; *oignons* in Fett dünsten **15** *radis, etc* **~ à qn** j-m aufstoßen

revente [R(ə)vɑ̃t] F Wieder-, Weiterverkauf *m*

revenu [Rəv(ə)ny] M Einkommen *n*; **~s** *pl* Einkünfte *pl*

rêver [Reve] **A** V/T **1** träumen (**que** dass) **2** *fig* **~ qc** von etw träumen **B** V/I **1** träumen (**de** von) **2** *fig* (*souhaiter*) **~ de qc** von etw träumen; sich (*dat*) etw erträumen; **~ de** (+ *inf*) davon träumen zu (+ *inf*) **3** *fig* (*rêvasser*) vor sich (*acc*) hin träumen

réverbération [ReveRbeRasjõ] F Rückstrahlung *f*

réverbère [ReveRbɛR] M Straßenlaterne *f*

réverbérer [ReveRbeRe] V/T ‹-è-› zurückstrahlen

reverdir [R(ə)veRdiR] V/I wieder grün werden

révérence [ReveRɑ̃s] F (Hof)Knicks *m*; *fam fig* **tirer sa ~ à qn** sich empfehlen

révérend [ReveRɑ̃] **A** ADJ ‹-ende [-ɑ̃d]› ehrwürdig **B** M (*pasteur anglican*) Reverend *m*

révérer [ReveRe] V/T ‹-è-› verehren

rêverie [RɛvRi] F Träumerei *f*

revers [R(ə)vɛR] M **1** *d'une feuille, monnaie* Rückseite *f*; *fig* **le ~ de la médaille** die Kehrseite der Medaille; **d'un ~ de main** mit dem Handrücken **2** *d'un veston* Revers *n*; *d'un pantalon, d'une manche* Auf-, Umschlag *m* **3** *fig* (*échec*) Rückschlag *m*; **~ (de fortune)** Schicksalsschlag *m* **4** TENNIS Rückhand(schlag) *f(m)*

reversement [R(ə)vɛRsəmɑ̃] M Übertragung *f*

reverser [-e] V/T **1** *à boire* wieder einschenken; nachgießen **2** *argent* übertragen

réversibilité [ReveRsibilite] F Umkehrbarkeit *f*

réversible [ReveRsibl] ADJ umkehrbar; **manteau** *m* **~** Wendemantel *m*

réversion [ReveRsjõ] F **pension** *f* **de ~** Hinterbliebenenrente *f*

revêtement [R(ə)vɛtmɑ̃] M TECH Verkleidung *f*; Überzug *m*; *d'une route, de sol* Belag *m*

revêtir [R(ə)vetiR] V/T ‹→ vêtir› **1** *habits* anlegen; anziehen **2** *par ext* **~ qn d'une dignité** j-m e-e Würde verleihen **3** *fig aspect, caractère* annehmen; *par ext* (*avoir*) aufweisen **4** (*pourvoir*) **~ qc de qc** etw mit etw versehen

rêveur [RɛvœR] **A** ADJ ‹-euse [-øz]› **1** verträumt **2** **cela me laisse ~** das stimmt mich nachdenklich **B** **~, rêveuse** M,F Träumer(in) *m(f)*

revient [Rəvjɛ̃] **prix** *m* **de ~** Selbstkostenpreis *m*

revigorer [R(ə)vigɔRe] V/T wieder kräftigen, beleben, stärken

revirement [R(ə)viRmɑ̃] M Umschwung *m*

réviser [Revize] V/T **1** *texte, son jugement* revidieren **2** TECH überholen; **faire ~ sa voiture** s-n Wagen zur Inspektion bringen **3** *matière d'examen* wiederholen (*a. abs*)

révision [Revizjõ] F **1** *d'un texte, etc* Revision *f* **2** JUR Wiederaufnahme(verfahren) *f(n)* **3** TECH Überholung *f*; AUTO Inspektion *f* **4** *en vue d'un examen* Wiederholung *f*; **faire ses ~s** den Stoff wiederholen

révisionnisme [Revizjɔnism] M Revisionismus *m* **révisionniste** [-ist] **A** ADJ revisionistisch **B** M/F Revisionist(in) *m(f)*

revisiter [Rəvizite] V/T *fig* neu interpretieren

revitalisant [R(ə)vitalizɑ̃] ADJ ‹-ante [-ɑ̃t]› kräftigend

revivre [R(ə)vivR] ‹→ vivre› **A** V/T *épreuve* noch einmal durchleben **B** V/I **1** wieder aufleben **2** *fig* **faire ~** wieder lebendig werden lassen

révocable [Revɔkabl] ADJ *contrat* widerruflich; *fonctionnaire* absetzbar

révocation [Revɔkasjõ] F **1** JUR Aufhebung *f* **2** *d'un fonctionnaire* Amtsenthebung *f*

revoici [R(ə)vwasi] PRÉP *fam* **me ~** hier bin ich wieder

revoilà [R(ə)vwala] PRÉP *fam* **nous ~** da sind wir wieder

revoir [R(ə)vwaR] ‹→ voir› **A** V/T **1** wiedersehen; **au revoir** auf Wiedersehen **2** *texte* noch einmal durchsehen; *leçon* wiederholen **3** *en esprit* (im Geist noch) vor sich (*dat*) sehen **B** V/PR **se revoir** sich wiedersehen

révoltant [Revɔltɑ̃] ADJ ‹-ante [-ɑ̃t]› empörend

révolte [Revɔlt] F **1** (*rébellion*) Aufstand *m*; Revolte *f*; Aufruhr *m* **2** (*indignation*) Empörung *f*

révolté [Revɔlte] **A** ADJ ‹~e› **1** (*rebelle*) aufständisch; aufrührerisch **2** (*indigné*) empört; aufgebracht **B** M Aufständische(r) *m*; Aufrührer *m*

révolter [Revɔlte] **A** V/T empören **B** V/PR **se ~**

R

1 *(se rebeller)* sich auflehnen, revoltieren (**contre** gegen) **2** *(s'indigner)* sich empören (**contre** über + *acc*)

révolu [ʀevɔly] ADJ ⟨~e⟩ *époque, jours* vergangen; abgelaufen; **avoir trente ans ~s** das dreißigste Lebensjahr vollendet haben

révolution [ʀevɔlysjõ] F **1** POL Revolution *f* (*a. fig*); Umsturz *m*; *fam fig* **être en ~** in Aufruhr sein **2** ASTRON, ESPACE Umlauf *m* **3** MATH (Um)Drehung *f*

révolutionnaire (! revolutionnaire) [ʀevɔlysjɔnɛʀ] **A** ADJ **1** POL Revolutions…; revolutionär **2** *méthode, invention* revolutionär; umwälzend **B** M/F Revolutionär(in) *m(f)*

révolutionner (! revolutionner) [ʀevɔlysjɔne] V/T **1** *quartier* in Aufruhr versetzen **2** *industrie* revolutionieren

revolver [ʀevɔlvɛʀ] M **1** Revolver *m*; **coup** *m* **de ~** Revolverschuss *m* **2** *adjt* **poche** *f* **~** Gesäßtasche *f*

révoquer [ʀevɔke] V/T **1** *fonctionnaire* s-s Amtes entheben **2** JUR aufheben

revoter [ʀ(ə)vɔte] **A** V/T noch einmal abstimmen über (+*acc*) **B** V/I noch einmal wählen

revouloir [ʀ(ə)vulwaʀ] *fam* V/T ⟨→ vouloir⟩ wieder, *fam* noch mal wollen

revoyure [ʀ(ə)vwajyʀ] *fam* **à la ~** auf Wiedersehen

revue [ʀ(ə)vy] F **1** *(magazine)* Zeitschrift *f* **2** THÉ Revue *f*; **~ à grand spectacle** Ausstattungsrevue *f* **3** *(examen)* Durchsicht *f*; **~ de presse** Presseschau *f* **4** MIL (Truppen)Parade *f*; Truppenschau *f*; **passer en ~** *troupes défilant* die Parade abnehmen (**les troupes** der Truppen); *troupes formant la haie* die Front abschreiten; *fig problèmes, etc* durchgehen; Revue passieren lassen **5** *fam fig* **être de la ~** *(être frustré) fam* der Dumme sein; *fam* dumm gucken

révulsé [ʀevylse] ADJ ⟨~e⟩ *yeux* verdreht; *visage* verzerrt

révulser [ʀevylse] **A** V/T anwidern **B** V/PR **se ~** *visage* sich verzerren; **ses yeux se révulsèrent** er verdrehte die Augen

révulsif [ʀevylsif] M PHARM ableitendes Mittel **révulsion** [-jõ] F MÉD Ableitung *f*

rewriting [ʀəʀajtiŋ] M Umredigieren *n*

rez-de-chaussée [ʀedʃose] M (! unveränderlich) Erdgeschoss *n*; **habiter au ~** parterre, im Erdgeschoss wohnen

RF ABR (République française) Französische Republik

RFA [ɛʀɛfa] F ABR (République fédérale d'Allemagne) BRD *f*

RG [ɛʀʒe] MPL ABR (renseignements généraux) polizeilicher Überwachungsdienst; ≈ Verfassungsschutz *m*

rhabillage [ʀabijaʒ] M Wiederanziehen *n*

rhabiller [ʀabije] V/T (*et* V/PR **se ~** sich) wieder anziehen; *fam fig* **va te ~!** geh nach Hause!

rhénan [ʀenɑ̃] **A** ADJ ⟨-ane [-an]⟩ rheinisch; rheinländisch **B** SUBST **Rhénan(e)** M(F) Rheinländer(in) *m(f)*

Rhénanie [ʀenani] **la ~** das Rheinland

Rhénanie(-du Nord)-Westphalie **la Rhénanie(-du Nord)-Westphalie** Nordrhein-Westfalen *n*

Rhénanie-Palatinat **la ~** Rheinland-Pfalz *n*

rhésus [ʀezys] M (**facteur** M) **~** Rhesusfaktor *m*; **~ négatif, positif** Rhesus negativ, positiv

rhétorique [ʀetɔʀik] F **1** Rhetorik *f*; Redekunst *f* **2** *péj* Phrasendrescherei *f*; Wortgeklingel *n*

Rhin [ʀɛ̃] **le ~** der Rhein

rhinite [ʀinit] F Nasenschleimhautentzündung *f*; *t/t* Rhinitis *f*

rhinocéros [ʀinɔseʀɔs] M Nashorn *n*; Rhinozeros *n* **rhinopharyngite** F Entzündung *f* der Nasen- und Rachenschleimhaut

rhizome [ʀizom] M Wurzelstock *m*

rhodanien [ʀɔdanjɛ̃] ADJ ⟨-ienne [-jɛn]⟩ Rhone…

Rhodes [ʀɔd] Rhodos *n*

rhododendron [ʀɔdɔdɛ̃dʀõ] M Rhododendron *m*; Alpenrose *f*

Rhône [ʀon] **le ~** (! maskulin) die Rhone

Rhône-Alpes [ʀonalp] (**la région**) **~** *frz Region*

rhubarbe [ʀybaʀb] F Rhabarber *m*

rhum [ʀɔm] M Rum *m*

rhumatisant [ʀymatizɑ̃] M, **rhumatisante** [-ɑ̃t] F Rheumatiker(in) *m(f)*

rhumatismal [ʀymatismal] ADJ ⟨~e; -aux [-o]⟩ rheumatisch

rhumatisme [ʀymatism] M Rheuma *n*; Rheumatismus *m*; **~ articulaire** Gelenkrheumatismus *m*

rhumatologie [ʀymatɔlɔʒi] F Rheumatologie *f* **rhumatologue** [-lɔg] M/F Rheumatologe, -login *m,f*

rhume [ʀym] M **~ (de cerveau)** Schnupfen *m*; **~ des foins** Heuschnupfen *m*; *fam* **attraper un ~** *fam* Schnupfen kriegen; *fam* sich (*dat*) e-n Schnupfen holen

ri [ʀi] PP → rire

riant [ʀijɑ̃] ADJ ⟨-ante [-ɑ̃t]⟩ *air* heiter; *paysage* lieblich; anmutig

RIB [ʀib] M (! unveränderlich) ABR → relevé B

ribambelle [ʀibɑ̃bɛl] *fam* F ganze Reihe, Schar *f* (**de** von *ou* + *gén*)

ricanement [ʀikanmɑ̃] M **1** *moqueur* hämisches Grinsen **2** *bête* Gekicher *n*

R

ricaner [rikane] VI **1** *pour se moquer* hämisch grinsen; *fam* feixen **2** *bêtement* kichern; albern grinsen

ricaneur [rikanœʀ] ADJ ⟨-euse [-øz]⟩ höhnisch *ou* albern grinsend

richard [riʃaʀ] M *fam péj* **gros ~** stinkreicher Mann

riche [riʃ] **A** ADJ reich (*a. fig;* **en** an + *dat*); *sol, terre* ergiebig; fruchtbar; *nourriture* reichhaltig; gehaltvoll; *ameublement, etc* kostbar; prächtig; *langue* wortreich; *fam idée* großartig; **~ en vitamines** vitaminreich **B** M Reiche(r) *m*; **nouveau ~** Neureiche(r) *m*

richement [riʃmɑ̃] ADV reich; sehr gut

richesse [riʃɛs] F Reichtum *m* (*a. fig;* **en** an + *dat*); *d'un aliment* Reichhaltigkeit *f*; *de l'ameublement, etc* Kostbarkeit *f*; Pracht *f*; **~s** *pl* Reichtümer *mpl*; *d'une collection* Schätze *mpl*; **~s du sous-sol** Bodenschätze *mpl*

richissime [riʃisim] ADJ steinreich

ricin [risɛ̃] M **huile** *f* **de ~** Rizinusöl *n*

ricocher [rikɔʃe] VI abprallen (**sur** an + *dat*)

ricochet [rikɔʃɛ] M Abprall *m*; *caillou* **faire des ~s sur l'eau** auf dem Wasser hüpfen; *fig* **par ~** indirekt

ric-rac [rikʀak] *fam* ADV ganz genau; (*tout juste*) knapp

rictus [riktys] M verzerrter Mund; verzerrtes Gesicht

ride [rid] F **1** *de la peau* Falte *f*; Runzel *f* **2** *pl* **~s** *de l'eau* Kräuselung *f*

ridé [ride] ADJ ⟨~e⟩ *peau, visage* faltig; runz(e)lig; *pomme* schrumpelig

rideau [rido] M ⟨~x⟩ **1** Vorhang *m* (*a.* THÉ); *de fenêtre a.* Gardine *f*; **~ de douche** Duschvorhang *m*; **~ de fer** HIST Eiserner Vorhang; *d'un magasin* Rollladen *m* aus Stahlblech **2** *fig* **~ d'arbres** dichte Baumreihe; **~ de fumée** dicke Rauchschwaden *fpl*

rider [ride] **A** VT *eau* kräuseln **B** VPR **se ~** faltig, runz(e)lig werden; Runzeln bekommen

ridicule [ridikyl] **A** ADJ lächerlich (*a. fig somme*); lachhaft **B** M Lächerlichkeit *f*; **se couvrir de ~** sich lächerlich machen; sich blamieren; **tourner en ~** lächerlich machen

ridiculement [ridikylmɑ̃] ADV lächerlich

ridiculiser [ridikylize] VT (*et* VPR **se**) **~** (sich) lächerlich machen; (sich) blamieren

rien [ʀjɛ̃] **A** PR INDÉF **1** ⟨*mit* ne *beim Verb*⟩ nichts; **rien du tout** gar nichts; **il n'y a rien de mieux** es gibt nichts Besseres; **ce n'est rien** halb so schlimm; macht nichts; *fam* **ce n'est pas rien** das will schon was heißen!; **il n'en est rien** das ist nicht der Fall; **je ne sais rien** ich weiß nichts; **un petit bobo de rien** ein kleines, unbedeutendes Wehwehchen; **une fille de rien** ein unsolides Mädchen; **de rien!** keine Ursache!; bitte!; **comme si de rien n'était** als ob nichts gewesen wäre; **en rien** in keiner Weise; **pour rien** umsonst; für nichts (und wieder nichts); **pour rien au monde** um nichts in der Welt; **rien que** nur; nichts als; **rien que d'y penser** schon der Gedanke daran **2** *sens positif* ⟨*ohne* ne⟩ etwas; **sans rien dire, faire** ohne etwas zu sagen, tun **B** M Kleinigkeit *f*; Nichtigkeit *f*; Bagatelle *f*; Lappalie *f*; **un rien (de)** ein (ganz) klein wenig; *fam* e-e Idee; **en un rien de temps** im Nu; im Handumdrehen; **pour un rien** wegen e-r Kleinigkeit

rieur [ʀijœʀ] **A** ADJ ⟨-euse [-øz]⟩ *personne* lustig; fröhlich; *yeux, air* lachend **B** M Lacher *m*

rififi [ʀififi] *argot* M Schlägerei *f*

rifle [ʀifl] ADJT **carabine** *f* **22 long ~** 5,58-mm-Karabiner *m*

rigide [ʀiʒid] ADJ **1** *matériau* steif **2** *principes, personne* starr; streng **rigidité** [-ite] F **1** Steifheit *f* **2** *fig* Starrheit *f*; (unbeugsame) Strenge

rigolade [ʀigɔlad] *fam* F Spaß *m*; Ulk *m*; *fam* Jux *m*; **c'est de la ~** (*pas sérieux*) das ist ein Witz, e-e Farce; (*pas difficile*) das ist e-e Kleinigkeit; **prendre à la ~** als Spaß *etc* auffassen

rigolard [ʀigɔlaʀ] *fam* ADJ ⟨-arde [-aʀd]⟩ spöttisch

rigole [ʀigɔl] F **1** *d'écoulement* Rinne *f* **2** (*filet d'eau*) Rinnsal *n*

rigoler [ʀigɔle] *fam* VI (*rire*) lachen; (*s'amuser*) Spaß machen; **tu rigoles!** du machst wohl Witze!; **il ne faut pas ~ avec ça** damit ist nicht zu spaßen

rigolo [ʀigɔlo] *fam* **A** ADJ ⟨-ote [-ɔt]⟩ lustig; spaßig; ulkig **B** **~(te)** M(F) Spaßvogel *m*; *péj* Witzbold *m*

rigorisme [ʀigɔʀism] M Rigorismus *m*; übertriebene Strenge **rigoriste** [-ist] **A** ADJ (übertrieben) streng; rigoristisch **B** M/F Rigorist(in) *m(f)*

rigoureusement [ʀiguʀøzmɑ̃] ADV streng

rigoureux [ʀiguʀø] ADJ ⟨-euse [-øz]⟩ streng (*a. hiver, raisonnement*); rigoros; unerbittlich; *climat* rau

rigueur [ʀigœʀ] F Strenge *f*; **à la ~** notfalls; zur Not; im Notfall; allenfalls; **de ~** erforderlich; unerlässlich; **mesures** *fpl* **de ~** Sparmaßnahmen *fpl*; **optimisme** *m*, **pessimisme** *m* **de ~** Zweckoptimismus *m*, -pessimismus *m*; **politique** *f* **de ~** Sparpolitik *f*; **tenir ~ à qn de qc** j-m etw übel nehmen, nachtragen

rikiki [ʀikiki] ADJ → riquiqui

rillettes [ʀijɛt] FPL *fein gehacktes, gekochtes und im eigenen Fett konserviertes Fleisch*

rime [ʀim] F Reim *m*; *fig* **sans ~ ni raison** ohne Sinn und Verstand

rimer [ʀime] VI sich reimen (**avec** auf + *acc*); *fig* **ne ~ à rien** keinen Sinn haben, machen
rimmel® [ʀimɛl] M Wimperntusche *f*
rinçage [ʀɛ̃saʒ] M **1** (Nach)Spülen *n* **2** *coiffeur* **faire un ~** das Haar tönen
rince-doigts [ʀɛ̃sdwa] M (! unveränderlich) Wasserschale *f* zum Fingerreinigen
rincer [ʀɛ̃se] ⟨-ç-⟩ **A** VT *linge* spülen; *vaisselle, cheveux* nachspülen; *verres* ausspülen; *l'extérieur* abspülen; *fam fig* **se faire ~** (vom Regen) durchnässt werden **B** VPR **se ~ la bouche** sich (*dat*) den Mund ausspülen; *fig* **se ~ l'œil** den stillen Genießer spielen
ring [ʀiŋ] M (Box)Ring *m*
ringard [ʀɛ̃gaʀ] *fam* ADJ ⟨-arde [-aʀd]⟩ altmodisch; überlebt
ripaille [ʀipaj] F *fam* **faire ~** *fam* ein Fressgelage *n* veranstalten
riper [ʀipe] VI rutschen
ripolin® [ʀipɔlɛ̃] M Lackfarbe *f*
riposte [ʀipɔst] F **1** schnelle, schlagfertige Antwort **2** MIL, *fig* Gegenstoß *m*, -schlag *m*
riposter [ʀipɔste] VI **1** schnell, schlagfertig antworten (**à qc** auf etw [*acc*]; **à qn** j-m) **2** MIL, *fig* e-n Gegenstoß führen; zurückschlagen
ripou [ʀipu] *fam* M ⟨~x⟩ korrupter (Polizei)Beamter
riquiqui [ʀikiki] *fam* ADJ (! unveränderlich) winzig; *péj* armselig
rire [ʀiʀ] ⟨je ris, il rit, nous rions; je riais; je ris; je rirai; que je rie; riant; ri⟩ **A** VI **1** lachen (**de** über + *acc*); **vous me faites ~** dass ich nicht lache!; **mourir de ~** sich totlachen **2** (*plaisanter*) spaßen; scherzen; **c'était pour ~** das war nur Spaß **3** (*se moquer*) **~ de qn, qc** j-n auslachen; sich über j-n, etw lustig machen **B** VPR *st/s* **se ~ des difficultés** die Schwierigkeiten spielend meistern **C** M Lachen *n*; Gelächter *n*; (**crise** *f* **de**) **fou ~** Lachkrampf *m*; **avoir le fou ~** nicht mehr können vor Lachen
ris [ʀi] M **1** **~ de veau** Kalbsbries *n* **2** MAR Reff *n*
risée [ʀize] F Gespött *n*; **être la ~ de tout le monde** sich zum Gespött der Leute machen
risette [ʀizɛt] F *enfant* **faire des ~s à qn** j-n anlächeln
risible [ʀizibl] ADJ lächerlich
risque [ʀisk] M Risiko *n*; Gefahr *f*; **assurance** *f* **tous ~s** Vollkaskoversicherung *f*; **à mes**, *etc* **~s et périls** auf eigene Gefahr; **à ~(s)** Risiko…; **au ~ de** (+ *inf*) auf die Gefahr hin zu (+ *inf*); **courir le ~ de** (+*inf*) Gefahr laufen, riskieren zu (+*inf*); **prendre des ~s** Risiken eingehen, auf sich (*acc*) nehmen
risqué [ʀiske] ADJ ⟨~e⟩ riskant; gewagt
risquer [ʀiske] **A** VT **1** *vie, regard, plaisanterie* riskieren (*a. amende, renvoi*); wagen; *vie a.* aufs Spiel setzen; **~ gros** viel riskieren, aufs Spiel setzen; **~ de** (+ *inf*) riskieren, Gefahr laufen, drohen zu (+ *inf*) **2** *chose* **~ de** (+ *inf*) drohen zu (+ *inf*); *la maison* **risque de s'écrouler** droht einzustürzen; *par ext* **~ de réussir** gelingen können; vielleicht gelingen **B** VPR **se ~ à faire qc** sich darauf einlassen, etw zu tun
risque-tout [ʀiskətu] M/F (! unveränderlich) Draufgänger(in) *m(f)*
rissoler [ʀisɔle] VT **faire ~** goldbraun braten; bräunen; **rissolé** goldbraun
ristourne [ʀistuʀn] F Rabatt *m*
rite [ʀit] M **1** REL Ritus *m* **2** *fig* Brauch *m*; Gepflogenheit *f*
ritournelle [ʀituʀnɛl] F **1** MUS Ritornell *n* **2** *fig* alte Leier
rituel [ʀitɥɛl] **A** ADJ ⟨~le⟩ **1** REL rituell **2** *fig* gewohnheitsmäßig **B** M Ritual *n*
rivage [ʀivaʒ] M Küste *f*; Strand *m*
rival(e) [ʀival] **A** M(F) ⟨*mpl* -aux [-o]⟩ Rivale *m*, Rivalin *f*; *en amour a.* Nebenbuhler(in) *m(f)* **B** ADJ rivalisierend
rivaliser [ʀivalize] VI rivalisieren, wetteifern (**avec qn de qc** mit j-m in etw [*dat*]) **rivalité** [-ite] F Rivalität *f*
rive [ʀiv] F Ufer *n*
river [ʀive] VT **1** *tôles* (ver)nieten **2** *fig* fesseln (**à** an + *acc*); *regard* **être rivé sur qc** auf etw (*acc*) geheftet sein
riverain [ʀivʀɛ̃] M, **riveraine** [-ɛn] F Anlieger(in) *m(f)*; Anrainer(in) *m(f)*; Anwohner(in) *m(f)*
rivet [ʀivɛ] M TECH Niete *f*
Riviera [ʀivjeʀa] **la ~** die italienische Riviera
rivière [ʀivjɛʀ] F **1** Fluss *m* **2** *fig* Strom *m* (**de** von) **3** SPORTS Wassergraben *m* **4** **~ de diamants** Diamantenkollier *n*
rixe [ʀiks] F Schlägerei *f*
riz [ʀi] M Reis *m*; **~ au lait** Milchreis *m*; Reisbrei *m*
riziculture [ʀizikyltyʀ] F Reisanbau *m*
rizière [ʀizjɛʀ] F Reisfeld *n*
RMI [ɛʀɛmi] M (! unveränderlich) ABR (revenu minimum d'insertion) ≈ Arbeitslosengeld II *n*
RMiste [ɛʀɛmist] M/F ≈ Empfänger(in) *m(f)* von Arbeitslosengeld II
RMN [ɛʀɛmɛn] F (! unveränderlich) → résonance
RN ABR (route nationale) ≈ B (Bundesstraße)
RNIS [ɛʀɛnіɛs] M ABR (réseau numérique à intégration de services) ISDN *n*
robe [ʀɔb] F **1** Kleid *n*; **~ de chambre** Morgenrock *m*, -mantel *m*; **~ d'été, de mariée, du soir** Sommer-, Braut-, Abendkleid *n* **2** *des juges, etc* Robe *f*; Talar *m* **3** *d'un animal* Fell *n* **4** *d'un cigare* Deckblatt *n* **5** *du vin* Farbe *f*

la robe — Kleid

la robe — Robe

la robe — Fell

Robin des Bois [ʀɔbɛ̃debwa] M Robin Hood *m*
robinet [ʀɔbinɛ] M TECH Hahn *m*
robinetterie [ʀɔbinɛtʀi] F Armaturen *fpl*
Robinson Crusoé [ʀɔbɛ̃sõkʀyzɔe] M Robinson Crusoe *m*
roboratif [ʀɔbɔʀatif] *litt* ADJ ⟨-ive [-iv]⟩ stärkend; kräftigend
robot [ʀɔbo] M 1 TECH, *fig* Roboter *m* 2 CUIS Küchenmaschine *f*
robotique [ʀɔbɔtik] F Robotertechnik *f*
robotisation [ʀɔbɔtizasjõ] F 1 TECH Vollautomatisierung *f*; Robotereinsatz *m* 2 *fig et péj* Verwandlung *f* in e-n Roboter
robotiser [ʀɔbɔtize] V/T vollautomatisieren
robuste [ʀɔbyst] ADJ robust (*a. moteur, etc*); widerstandsfähig; kräftig **robustesse** [-ɛs] F Robustheit *f*
roc [ʀɔk] M Fels *m* (*a. fig*)
rocade [ʀɔkad] F Umgehungsstraße *f*
rocaille [ʀɔkaj] F 1 *terrain* steiniger Boden 2 ARCH Muschelwerk *n*; Rocaille *n ou f* 3 *adjt* **style** *m* **~** Rokoko(stil) *n(m)*
rocailleux [ʀɔkajø] ADJ ⟨-euse [-øz]⟩ 1 *chemin* steinig 2 *fig voix* rau
rocambolesque [ʀɔkɑ̃bɔlɛsk] ADJ fantastisch; abenteuerlich
roche [ʀɔʃ] F 1 Fels(en) *m* 2 GÉOL Gestein *n*
rocher [ʀɔʃe] M 1 Fels(en) *m* 2 *au chocolat* große nugatgefüllte Praline
rocheux [ʀɔʃø] ADJ ⟨-euse [-øz]⟩ Fels(en)…; felsig
rock [ʀɔk] A M 1 MUS Rock *m*; Rockmusik *f* 2 *danse* Rock and Roll *m* B ADJ (! unveränderlich) Rock…
rocker [ʀɔkœʀ] M, **rockeuse** [-øz] F 1 Rocksänger(in) *m(f)* 2 Rockfan *m*
rocking-chair [ʀɔkiŋ(t)ʃɛʀ] M ⟨rocking-chairs⟩ Schaukelstuhl *m*
rococo [ʀokoko] A ADJ (! unveränderlich) Rokoko… B M Rokoko *n*
rodage [ʀɔdaʒ] M 1 *d'une voiture* Einfahren *n*; **en ~** wird eingefahren 2 *fig* Anlaufzeit *f*; *de qn* Einarbeitung *f*
rodéo [ʀɔdeo] M 1 Rodeo *m ou n* 2 *fig* wilde Verfolgungsjagd
roder [ʀɔde] V/T 1 *voiture* einfahren 2 *fig* einüben; *personne* einarbeiten (**à** in + *acc*); **rodé** eingearbeitet; geschult erfahren
rôder [ʀode] V/I sich herumtreiben; herumstreunen; **~ autour de qn, qc** um j-n, etw herumschleichen
rôdeur [ʀodœʀ] M, **rôdeuse** [-øz] F Herumtreiber(in) *m(f)*
rodomontade [ʀɔdɔmõtad] F Prahlerei *f*
rogatoire [ʀɔgatwaʀ] ADJ JUR **commission** *f* **~** Rechtshilfeersuchen *n*
rogatons [ʀɔgatõ] *fam* MPL (Essens)Reste *mpl*
rogne [ʀɔɲ] F *fam* **être en ~** *fam* e-e Stinklaune haben
rogner [ʀɔɲe] A V/T beschneiden B V/T INDIR **~ sur qc** an etw (*dat*) sparen
rognon [ʀɔɲõ] M CUIS Niere *f*
rognure [ʀɔɲyʀ] F Schnipsel *m ou n*; **~s d'ongles** abgeschnittene Fingernägel *mpl*; **~s de viande** Fleischreste *mpl*
rogomme [ʀɔgɔm] *fam* **voix** *f* **de ~** Säuferstimme *f*
rogue [ʀɔg] ADJ überheblich
roi [ʀwa] M König *m* (*a.* ÉCHECS, CARTES, *fig*); *fig* **les ~s du pétrole** die Ölmagnaten *mpl*; *fam* **le ~ des imbéciles** der größte Dummkopf; **fête** *f* **des Rois** Dreikönigstag *m*; Heilige Drei Könige; **tirer les ~s** den Dreikönigskuchen essen
Roi-Soleil [ʀwasɔlɛj] M HIST **le ~** der Sonnenkönig
roitelet [ʀwatlɛ] M 1 ZOOL Goldhähnchen *n*; *abus* Zaunkönig *m* 2 *plais* Duodezfürst *m*
rôle [ʀol] M (! maskulin) 1 THÉ Rolle *f* (*a. fig*); *fig* **avoir le beau ~** gut dastehen; *fam* fein heraus sein; *fig* **jouer un grand ~ dans qc** e-e große Rolle bei etw spielen 2 **à tour de ~** abwechselnd; der Reihe nach; turnusmäßig
roller [ʀɔlœʀ] M Inlineskate *m*
rolleur [ʀɔlœʀ] M, **rolleuse** [-øz] F Inlineskater(in) *m(f)*
romain [ʀɔmɛ̃] A ADJ ⟨-aine [-ɛn]⟩ 1 römisch 2 TYPO **caractères ~s** Antiqua *f* B SUBST 1 **Romain(e)** *m(f)* Römer(in) *m(f)* 2 **~e** *f* römischer Salat; Romana *f*

R

roman [ʀɔmɑ̃] **A** ADJ ⟨-ane [-an]⟩ romanisch **B** M **1** Roman *m* (*a. fig*); **~ d'amour, d'aventures** Liebes-, Abenteuerroman **2** ARCH Romanik *f*
romance [ʀɔmɑ̃s] F Liebeslied *n*
romancer [ʀɔmɑ̃se] V/T ⟨-ç-⟩ in Romanform schreiben
romanche [ʀɔmɑ̃ʃ] M Rätoromanisch *n*; Romantsch *n*
romancier [ʀɔmɑ̃sje] M, **romancière** [-jɛʀ] F Romancier *m*; Romanschriftsteller(in) *m(f)*; Romanautor(in) *m(f)*
romand [ʀɔmɑ̃] ADJ ⟨-ande [-ɑ̃d]⟩ **la Suisse ~e** die französische Schweiz
romanesque [ʀɔmanɛsk] ADJ **1** *aventure, etc* romanhaft; wie in e-m Roman; *personne* romantisch; schwärmerisch **2** **œuvre** *f* **~** Romanwerk *n*
roman-feuilleton M ⟨romans-feuilletons⟩ Fortsetzungsroman *m* **roman-fleuve** M ⟨romans-fleuves⟩ sehr langer Roman
romanichel(le) [ʀɔmaniʃɛl] M(F) *péj* Zigeuner(in) *m(f)*
romanisant [ʀɔmanizɑ̃] ADJ ⟨-ante [-ɑ̃t]⟩ LING romanistisch **romanisation** [-asjõ] F HIST, LING Romanisierung *f* **romaniser** [-e] V/T **1** *pays, peuple* romanisieren **2** *texte* in lateinischer Schrift wiedergeben
romaniste [ʀɔmanist] M/F LING Romanist(in) *m(f)*
roman-photo M ⟨romans-photos⟩ Fotoroman *m*
romantique [ʀɔmɑ̃tik] **A** ADJ romantisch **B** M Romantiker *m* **romantisme** [-ism] M Romantik *f*
romarin (❗ **ro**marin) [ʀɔmaʀɛ̃] M Rosmarin *m*
rombière [ʀõbjɛʀ] F *fam* alte Schachtel
Rome [ʀɔm] Rom *n*
rompre [ʀõpʀ] ⟨je romps, il rompt, nous rompons; je rompais; je rompis; je romprai; que je rompe; rompant; rompu⟩ **A** V/T brechen (*a. contrat*); *relations* abbrechen; *silence* unterbrechen; *équilibre* stören; *fiançailles, charme* lösen; **applaudir à tout ~** tosenden Beifall spenden **B** V/I **~ avec qn, qc** mit j-m, etw brechen **C** V/PR **se ~** *corde* (zer)reißen; *digue, branche* brechen; **se ~ les os** sich (*dat*) die Knochen brechen
rompu [ʀõpy] ADJ ⟨~e⟩ **1** **~ (de fatigue)** wie gerädert **2** (*habile*) **~ à qc** in etw (*dat*) bewandert, erfahren
romsteck [ʀɔmstɛk] M Rumpsteak *n*
ronce [ʀõs] F **1** BOT Brombeerstrauch *m*; **~s** *pl a.* Brombeergestrüpp *n* **2** *de noyer, etc* Maserung *f*
ronchon [ʀõʃõ] *fam* → ronchonneur
ronchonnement [ʀõʃɔnmɑ̃] *fam* M Nörgelei *f*; Gemecker *n*
ronchonner [ʀõʃɔne] V/I *fam* meckern **ronchonneur** [-œʀ], **ronchonneuse** [-øz] **A** *fam* M,F *fam* Meckerer *m*, Meckerziege *f* **B** *fam* ADJ brummig; knurrig
rond [ʀõ] **A** ADJ ⟨ronde [ʀõd]⟩ **1** rund (*a. chiffre, somme*); *personne, partie du corps a.* rundlich; **ballon ~** Fußball *m* **2** **~ en affaires** offen und großzügig **3** *fam* (*ivre*) *fam* besoffen; *fam* blau **B** ADV **tourner ~** *moteur* gut laufen; *fig* **ça ne tourne pas ~** da stimmt etwas nicht; **ça fait cent euros tout ~** das macht genau hundert Euro **C** M **1** Kreis *m*; Ring *m*; **~ de serviette** Serviettenring *m*; **en ~** im Kreis; **tourner en ~** sich im Kreis drehen (*a. fig*); *fig* **faire des ~s de jambe** herumschwänzeln; katzbuckeln; *fam fig* **en rester comme deux ~s de flan** *fam* ganz platt, baff sein **2** *fam* (*sou*) **avoir des ~s** Geld, *fam* Moneten haben
rond-de-cuir [ʀõdkɥiʀ] M ⟨ronds-de-cuir⟩ *péj* Büromensch *m*
ronde [ʀõd] F **1** *d'un gardien* Runde *f*; Rund-, Kontrollgang *m*; *de police* Streife *f* **2** **à dix lieues à la ~** im weiten Umkreis; **faire passer qc à la ~** etw reihum gehen lassen **3** *danse* Rundtanz *m*; Reigen *m*; *enfants* **faire la ~** Ringelreihen spielen, tanzen **4** MUS ganze Note
rondelet [ʀõdlɛ] ADJ ⟨-ette [-ɛt]⟩ **1** rundlich; mollig; *fam* pummelig **2** **une somme ~te** ein nettes Sümmchen
rondelle [ʀõdɛl] F Scheibe *f*; *d'un écrou* Unterlegscheibe *f*; **~ de saucisson** Wurstscheibe *f*
rondement [ʀõdmɑ̃] ADV **1** *faire qc* zügig **2** *parler* offen
rondeur [ʀõdœʀ] F **1** *du corps* Rundung *f* **2** (*sincérité*) Offenheit *f*
rondin [ʀõdɛ̃] M **cabane** *f* **en ~s** Blockhütte *f*, -haus *n*
rondouillard [ʀõdujaʀ] *fam* ADJ ⟨-arde [-aʀd]⟩ dicklich; füllig
rond-point M ⟨ronds-points⟩ **1** *carrefour* Kreisel *m*; Kreisverkehr *m* **2** *place* runder Platz; Stern *m*
ronflant [ʀõflɑ̃] ADJ ⟨-ante [-ɑ̃t]⟩ *péj* hochtrabend
ronflement [ʀõfləmɑ̃] M Schnarchen *n*
ronfler [ʀõfle] V/I **1** *personne* schnarchen **2** *moteur* brummen; *feu* bullern
ronfleur [ʀõflœʀ] M, **ronfleuse** [-øz] F Schnarcher(in) *m(f)*
ronger [ʀõʒe] ⟨-ge-⟩ **A** V/T **1** nagen (**qc** an etw [*dat*]); zernagen; *os a.* abnagen; *vers: bois* zerfressen **2** *rouille: fer, etc* zerfressen; angreifen **3** *fig chagrin, etc* **~ qn** an j-m nagen, fressen; j-n quälen **B** V/PR **1** **se ~ les ongles** an den Nägeln kauen **2** *fig* **se ~ d'inquiétude** vor Unruhe ver-

R

gehen
rongeur [RõʒœR] M Nager *m*; Nagetier *n*
ronron [RõRõ] M 1 *du chat* Schnurren *n* 2 *d'un moteur* Surren *n* 3 *fig* Eintönigkeit *f*
ronronnement [RõRɔnmɑ̃] M → ronron
ronronner [RõRɔne] V/I 1 *chat* schnurren 2 *moteur* surren
roquefort [Rɔkfɔr] M Roquefort(käse) *m*
roquer [Rɔke] V/I ÉCHECS rochieren
roquet [Rɔkɛ] M Kläffer *m* (*a. fig*)
roquette [Rɔkɛt] F Rakete(ngeschoss) *f(n)*
rosace [Rozas] F ARCH Rosette *f*
rosaire [RozɛR] M Rosenkranz *m*
rosâtre [RozɑtR] ADJ schmutzig rosa
rosbif [Rɔzbif] M Roastbeef *n*
rose¹ [Roz] F 1 BOT Rose *f*; **~ de Noël** Christrose *f*; *fig* **à l'eau de ~** kitschig; sentimental; *fam* **envoyer qn sur les ~s** j-m e-n Korb geben 2 **~ des vents** Windrose *f* 3 **~ des sables** Sandrose *f*
rose² A ADJ 1 rosa; rosarot; rosafarben; **~ bonbon** (! unveränderlich) bonbonrosa 2 *fig* (*réjouissant*) rosig 3 *fig* Sex… B M Rosa *n*; *fig* **voir la vie, tout en ~** das Leben, alles durch e-e rosa Brille sehen
rosé [Roze] ADJ ⟨~e⟩ zartrosa; rosé; **(vin) ~** *m* Rosé(wein) *m*
roseau [Rozo] M ⟨~x⟩ Schilf(rohr) *n*
rosée [Roze] F Tau *m*
roséole [Rozeɔl] F MÉD Roseole *f*; rotfleckiger Hautausschlag
roseraie [RozRɛ] F Rosengarten *m*
rosette [Rozɛt] F 1 *nœud* Schleife *f* 2 *insigne* Rosette *f*; **avoir la ~** Offizier *m* der Ehrenlegion sein 3 **~ de Lyon** Salami *f* aus Lyon
rosier [Rozje] M Rosenstrauch *m*, -stock *m*; Rose *f*
rosir [RoziR] V/I (zart, leicht) erröten
rosse [Rɔs] A F Schuft *m*; Leuteschinder *m* B ADJ gemein (**avec qn** zu j-m)
rossée [Rɔse] *fam* F (Tracht *f*) Prügel *pl*
rosser [Rɔse] V/T verprügeln; *fam* verhauen; *fam* verdreschen
rosserie [RɔsRi] F Gemeinheit *f*
rossignol [Rɔsiɲɔl] M 1 ZOOL Nachtigall *f* 2 (*passe-partout*) Dietrich *m* 3 *fam* COMM Ladenhüter *m*
rot [Ro] M *fam* Rülpser *m*; *bébé* **faire son ~** (ein) Bäuerchen machen
rotatif [Rɔtatif] ADJ ⟨-ive [-iv]⟩ Dreh…; **moteur** *m* **à piston ~** Wankelmotor *m*
rotation [Rɔtasjõ] F 1 (Um)Drehung *f*; Rotation *f* 2 *fig* (*roulement*) turnusmäßiger Wechsel; Rotation *f*; ÉCON Umschlag *m*; Umsatz *m*; *d'un moyen de transport* Zug- *ou* Busfolge *f*; **~ du personnel** Fluktuation *f* der Belegschaft
rotative [Rɔtativ] F Rotationspresse *f*
roter [Rɔte] V/I *fam* rülpsen
rôti [Roti, Rɔ-] M Braten *m*; **~ de bœuf, de porc** Rinder-, Schweinebraten *m*
rotin [Rɔtɛ̃] M Rattan *n*; Peddigrohr *n*; **fauteuil** *m* **de, en ~** Korbsessel *m*
rôtir [RotiR, Rɔ-] A V/T **(faire) ~** braten B V/I braten (*a. fam fig personne*) C V/PR **se ~ (au soleil)** sich (in der Sonne) braten lassen
rôtisserie [RɔtisRi] F Rotisserie *f*; Grillrestaurant *n* **rôtisseur** [-œR] M Grillkoch *m*; Rotisseur *m* **rôtissoire** [-waR] F Grill(gerät) *m(n)*
rotonde [Rɔtõd] F Rundbau *m*; Rotunde *f*
rotor [RɔtɔR] M Rotor *m*
rottweiler [Rɔtvajlœr] M ZOOL Rottweiler *m*
rotule [Rɔtyl] F 1 ANAT Kniescheibe *f*; *fam fig* **être sur les ~s** erschöpft, *fam* ganz kaputt sein 2 TECH Kugelgelenk *n*
roturier [Rɔtyrje] M, **roturière** [-jɛR] F HIST Nichtadelige(r) *m/f(m)*
rouage [Rwaʒ] M Rädchen *n*; **~s** *pl* Räderwerk *n* (*a. fig*)
roublard [RublaR] *fam* A ADJ ⟨-arde [-aRd]⟩ durchtrieben; gerissen B **~(e)** M(F) gerissener Bursche; *femme fam* schlaues Luder
roublardise [RublaRdiz] *fam* F Gerissenheit *f*; Durchtriebenheit *f*
rouble [Rubl] M Rubel *m*
roucoulement [Rukulmɑ̃] M Gurren *n*, Girren *n* (*a. fig d'amoureux*)
roucouler [Rukule] V/I 1 *pigeon* gurren 2 *fig* turteln
roue [Ru] F Rad *n*; **grande ~** Riesenrad *n*; **~ libre** Freilauf *m*; **~ de loterie** Glücksrad *n*; **faire la ~** SPORTS Rad schlagen; *paon* ein Rad schlagen; *fig* **pousser à la ~** nachhelfen
roué [Rwe] ADJ ⟨~e⟩ gerissen; verschlagen
rouelle [Rwɛl] F **~ (de veau)** Fleischscheibe *f* aus der Kalbskeule
rouer [Rwe] V/T **~ qn de coups** j-n durchprügeln
rouerie [RuRi] F Gerissenheit *f*; Verschlagenheit *f*
rouet [Rwɛ] M Spinnrad *n*
rouflaquettes [Ruflakɛt] *fam* FPL Koteletten *pl*
rouge [Ruʒ] A ADJ rot (*a.* POL); *fer* (rot) glühend; **la mer Rouge** das Rote Meer; **poisson** *m* **~** Goldfisch *m*; (**vin** *m*) **~** *m* Rotwein *m* B ADV **se fâcher tout ~** *fam* fuchsteufelswild werden; **voir ~** *fam* rotsehen C M 1 Rot *n*; *de la peau, du visage* Röte *f*; **chauffer au ~** bis zur Rotglut erhitzen; *feux* **être au ~** rot sein; Rot zeigen; **passer au ~** *feux* auf Rot schalten; *voiture* bei Rot durchfahren 2 **~ à joues** Rouge *n*; **~ à lèvres** Lippenstift *m*
rougeâtre [Ruʒɑtr] ADJ rötlich

R

rougeaud [ʀuʒo] ADJ ‹-aude [-od]› mit rotem Gesicht
rouge-gorge M ‹rouges-gorges› Rotkehlchen *n*
rougeole [ʀuʒɔl] F Masern *pl*
rougeoyant [ʀuʒwajɑ̃] ADJ ‹-ante [-ɑ̃t]› ins Rötliche gehend; rot, rötlich schimmernd **rougeoyer** [-e] V/I ‹-oi-› rot, rötlich schimmern
rouget [ʀuʒɛ] M Meerbarbe *f*
rougeur [ʀuʒœʀ] F *sur la peau* Rötung *f*; **~s** *pl* rote Stellen *fpl*, Flecken *mpl*
rougi [ʀuʒi] ADJ ‹~e› *yeux* gerötet; **eau ~e** Wasser *n* mit e-m Schuss Rotwein
rougir [ʀuʒiʀ] V/I **1** rot werden; *peau, feuilles a.* sich röten; *métal* glühend werden **2** *personne* rot werden, erröten (**de honte** vor Scham); *fig* **je n'ai pas à ~ de cela** dessen brauche ich mich nicht zu schämen
rougissant [ʀuʒisɑ̃] ADJ ‹-ante [-ɑ̃t]› *personne* (leicht) errötend **rougissement** [-mɑ̃] M Erröten *n*; Rotwerden *n*
rouille [ʀuj] F **1** *du fer*, AGR Rost *m* **2** CUIS scharfe, mit Peperoni gewürzte Knoblauchsoße **3** *adjt* (! unveränderlich) rostbraun, -farben
rouillé [ʀuje] ADJ ‹~e› **1** *fer, clé* verrostet; rostig **2** *fig* eingerostet
rouiller [ʀuje] **A** V/I (ver)rosten; rostig werden **B** V/PR **se ~** **1** (ver)rosten **2** *fig personne* einrosten
roulade [ʀulad] F **1** (*galipette*) Purzelbaum *m*; SPORTS Rolle *f* **2** CUIS Roulade *f* **3** MUS Roulade *f*
roulant [ʀulɑ̃] ADJ ‹-ante [-ɑ̃t]› rollend; Roll…; fahrbar; fahrend (*a. personnel*); Fahr… **feu ~** MIL Trommelfeuer *n*; *fig de questions* Kreuzfeuer *n*; **table ~e** Servier-, Teewagen *m*; **tapis ~** → tapis 3
roulé [ʀule] ADJ **1** gerollt; Roll…; **épaule ~e** Rollbraten *m*; **gâteau ~** Biskuitrolle *f*; **r ~** gerolltes r **2** *fam femme* **bien ~e** *fam* gut gebaut
rouleau [ʀulo] M ‹~x› **1** *de papier* Rolle *f*; *fig* **être au bout du ~** am Ende sein **2** (*bigoudi*) Lockenwickler *m* **3** TECH Walze *f*; **~ compresseur** Straßen-, *fam* Dampfwalze *f*; **~ à pâtisserie** Nudelholz *n*; **~ de peintre** Farbroller *m* **4** (*grosse vague*) Brandungswelle *f* **5** SPORTS Roller *m*; Rollsprung *m*
roulé-boulé [ʀulebule] M ‹roulés-boulés› SPORTS Rolle *f*; **faire un ~** abrollen
roulement [ʀulmɑ̃] M **1** *mouvement* Rollen *n* **2** *bruit de voiture* Dröhnen *n*; *du tonnerre* Grollen *n*; **~ de tambour** Trommelwirbel *m* **3** **~ à billes** Kugellager *n* **4** (*alternance*) regelmäßiger Wechsel; **par ~** turnusmäßig; *travailler* in Schichten
rouler [ʀule] **A** V/T **1** rollen (*a. les yeux, les r*); *objet lourd* wälzen; *invalide* fahren; *tapis, crêpe* zusammenrollen; *cigarette* drehen **2** *fam* (*tromper*) **~ qn** *fam* j-n reinlegen, übers Ohr hauen; **se faire ~** *fam* reingelegt werden; *fam* reinfallen (**par qn** auf j-n) **B** V/I **1** *balle, etc* rollen; *bateau* schlingern **2** *véhicule* rollen; fahren (*a. personne*); *fam fig* **~ pour qn** für j-n arbeiten; *fam* **ça roule** *fam* alles in Butter! **3** *péj* (*se déplacer*) herumziehen **4** *tonnerre* rollen; grollen **5** *conversation* **~ sur qc** sich um etw drehen **C** V/PR **se ~ par terre** sich auf dem Boden wälzen; **se ~ en boule** sich zu e-r Kugel zusammenrollen
roulette [ʀulɛt] F **1** *de meubles* Rolle *f*; **sifflet** *m* **à ~** Trillerpfeife *f*; *fam fig* **marcher comme sur des ~s** *fam* wie geschmiert, wie am Schnürchen gehen **2** *outil* Rädchen *n*; *de dentiste* Bohrer *m*; *dentiste* **passer la ~** bohren **3** (! feminin) *jeu* Roulett(e) *n*
roulis [ʀuli] M MAR Schlingern *n*
roulotte [ʀulɔt] F **1** Wohnwagen *m* **2** **vol** *m* **à la ~** Einbruchdiebstahl *m* in ein Kraftfahrzeug
roulottier [ʀulɔtje] M *fam* Autoknacker *m*, -marder *m*
roulure [ʀulyʀ] F *pop péj* Nutte *f*
roumain [ʀumɛ̃] **A** ADJ ‹-aine [-ɛn]› rumänisch **B** SUBST **1** **Roumain(e)** *m(f)* Rumäne *m*, Rumänin *f* **2** LING **le ~** das Rumänische; Rumänisch *n*
Roumanie [ʀumani] **la ~** Rumänien *n*
round [ʀawnd, ʀund] M BOXE Runde *f*
roupie [ʀupi] F Rupie *f*
roupiller [ʀupije] V/I *fam* pennen
roupillon [ʀupijõ] M *fam* Nickerchen *n*; **faire, piquer un ~** *fam* ein Nickerchen machen, halten; *fam* einnicken
rouquin [ʀukɛ̃] *fam* **A** ADJ ‹-ine [-in]› rothaarig **B** **~(e)** M(F) Rothaarige(r) *m/f(m)*
rouspéter [ʀuspete] *fam* V/I ‹-è-› schimpfen; *fam* meckern **rouspéteur** [-œʀ] M, **rouspéteuse** [-øz] F *fam* Meckerfritze *m*, *fam* Meckerziege *f*
roussâtre [ʀusɑtʀ] ADJ rötlich
rousse [ʀus] F *argot* (*police*) *fam* Polente *f*
roussette [ʀusɛt] F *poisson* Katzenhai *m*
rousseur [ʀusœʀ] F **taches** *fpl* **de ~** Sommersprossen *fpl*
roussi [ʀusi] M **sentir le ~** versengt, angesengt riechen; *fig* brenzlig werden
Roussillon [ʀusijõ] **le ~** *historische Provinz in Südfrankreich*
roussir [ʀusiʀ] **A** V/T *linge en repassant* an-, versengen **B** V/I CUIS *oignons* **faire ~ dans du beurre** leicht in Butter bräunen
routage [ʀutaʒ] M Sortierung *f* und Versand *m* (nach Leitgebieten)
routard [ʀutaʀ] M Rucksacktourist *m*

route [ʀut] F 1 (Land)Straße *f*; **grande ~** viel befahrene Landstraße; **la ~ de Paris** die Straße nach Paris; *voiture* **tenir bien la ~** gut auf der Straße liegen; *fig argument* **tenir la ~** stichhaltig sein 2 *(itinéraire)* Weg *m*; Route *f*; Strecke *f*; **bonne ~!** gute Fahrt!; **en (cours de) ~** unterwegs; **se mettre en ~** sich auf den Weg machen; aufbrechen; **en ~!** auf geht's!; *fig* **faire fausse ~** auf dem falschen Weg, Holzweg sein; **faire ~ vers** auf dem Weg sein nach; **faire de la ~** viel (herum)fahren; oft unterwegs sein 3 **mettre en ~** in Gang setzen *(a. fig)*; *fig* in die Wege leiten

routier [ʀutje] A ADJ ⟨-ière [-jɛʀ]⟩ Straßen…; **transport ~** Straßentransport *m* B M 1 *(camionneur)* Fernfahrer *m* 2 *restaurant* (gutes und billiges) Lokal für Fernfahrer 3 **vieux ~** (alter) Routinier

routine [ʀutin] F Routine *f*

routinier [ʀutinje] A ADJ ⟨-ière [-jɛʀ]⟩ routine-, gewohnheitsmäßig B M Gewohnheitsmensch *m*

rouvre [ʀuvʀ] M **(chêne** M**) ~** Steineiche *f*

rouvrir [ʀuvʀiʀ] ⟨→ couvrir⟩ A V/T wieder öffnen, aufmachen; *débat* wieder eröffnen B V/I *magasin* wieder geöffnet haben C V/PR **se ~** sich wieder öffnen; wieder aufgehen

roux [ʀu] A ADJ ⟨rousse [ʀus]⟩ gelb-, fuchsrot; *cheveux* rot; *personne* rothaarig B SUBST 1 **~, rousse** *m,f* Rothaarige(r) *m/f(m)* 2 *m* CUIS Mehlschwitze *f*; Einbrenne *f*

royal [ʀwajal] ADJ ⟨~e; -aux [-o]⟩ 1 königlich; Königs… 2 *fig cadeau* fürstlich 3 *fig indifférence* völlig

royalement [ʀwajalmɑ̃] ADV fürstlich; großzügig

royalisme [ʀwajalism] M Königstreue *f*; Royalismus *m*

royaliste [ʀwajalist] A ADJ royalistisch; königstreu; *fig* **être plus ~ que le roi** päpstlicher sein als der Papst B M/F Royalist(in) *m(f)*

royalties [ʀwajalti] FPL Tantiemen *fpl*; Lizenzgebühren *fpl*

royaume [ʀwajom] M 1 Königreich *n* 2 REL, *fig* Reich *n*

Royaume-Uni [ʀwajomyni] **le ~** das Vereinigte Königreich

royauté [ʀwajote] F Königtum *n*

RPR [ɛʀpeɛʀ] M ABR (Rassemblement pour la République) HIST (Partei *f* der) Neogaullisten *mpl*

R.S.V.P. ABR (répondez, s'il vous plaît) um Antwort wird gebeten

RTT [ɛʀtete] F (! unveränderlich) ABR (réduction du temps de travail) (Übergang *m* zur) 35-Stunden-Woche *f*

ruade [ʀyad] F *d'un cheval* Ausschlagen *n*

Ruanda [ʀwɑ̃da] **le ~** Ruanda *n*

ruandais [ʀwɑ̃dɛ] A ADJ ⟨-aise [-ɛz]⟩ ruandisch B SUBST **Ruandais(e)** M(F) Ruander(in) *m(f)*

ruban [ʀybɑ̃] M Band *n*; **~ adhésif** Klebeband *n*, -streifen *m*; **~ (encreur)** Farbband *n*

rubéole [ʀybeɔl] F Röteln *pl*

rubicond [ʀybikõ] ADJ ⟨-onde [-õd]⟩ hochrot

rubis [ʀybi] M Rubin *m*; *fig* **payer ~ sur l'ongle** sofort auf Heller und Pfennig bezahlen

rubrique [ʀybʀik] F Rubrik *f*

ruche [ʀyʃ] F 1 Bienenstock *m*, -korb *m*; *par ext colonie* Bienenvolk *n* 2 *fig* Ameisenhaufen *m*

ruché [ʀyʃe] M COUT Rüsche *f*

rucher [ʀyʃe] M Bienenhaus *n*, -stand *m*

rude [ʀyd] ADJ 1 *personne, manières* roh; derb; grob; rüde; *métier, épreuve* hart *(a. hiver)*; schwer; *adversaire* gefährlich 2 *fam (fort) fam* Mords…; *fam* Riesen…

rudement [ʀydmɑ̃] ADV 1 *(sans ménagement)* grob; rüde; rücksichtslos 2 *fam (très) fam* unheimlich

rudesse [ʀydɛs] F Rohheit *f*; Grobheit *f*

rudiment [ʀydimɑ̃] M PL **~s** *d'une science, d'un art* Anfangsgründe *mpl*; Grundbegriffe *mpl*

rudimentaire [ʀydimɑ̃tɛʀ] ADJ unzureichend; (not)dürftig

rudoyer [ʀydwaje] V/T ⟨-oi-⟩ (grob) anfahren; grob behandeln

rue [ʀy] F Straße *f*; *all Sud a.* Gasse *f*; *fam* **ça ne court pas les ~s** das ist selten; *fig* **descendre dans la ~** auf die Straße gehen *(demonstrieren)*; *fig* **être à la ~** auf der Straße sitzen, stehen

ruée [ʀɥe] F Ansturm *m* (**vers** auf + *acc*); **~ vers l'or** Goldrausch *m*

ruelle [ʀɥɛl] F (enge) Gasse; Gässchen *n*

ruer [ʀɥe] A V/I *cheval* ausschlagen B V/PR **se ~** sich stürzen (**sur** auf + *acc*); **se ~ vers la sortie** zum Ausgang stürzen

rugby [ʀygbi] M Rugby *n*

rugbyman [ʀygbiman] M ⟨rugbymen [-mɛn]⟩ Rugbyspieler *m*

rugir [ʀyʒiʀ] V/I 1 *fauve, personne* brüllen 2 *vent* heulen **rugissement** [-ismɑ̃] M 1 *du lion* Brüllen *n*; Gebrüll *n* 2 *du vent* Heulen *n*; *d'un moteur* Aufheulen *n*

rugosité [ʀygozite] F Rauheit *f*; Unebenheit *f*

rugueux [ʀygø] ADJ ⟨-euse [-øz]⟩ rau; uneben

Ruhr [ʀuʀ] **la ~** das Ruhrgebiet

ruine [ʀɥin] F 1 **~s** *pl* Ruinen *fpl*; *(décombres)* Trümmer *pl*; **château** *m* **en ~** verfallene Burg; Burgruine *f*; **tomber en ~** verfallen 2 *fig personne* Ruine *f*; Wrack *n* 3 (! feminin) ÉCON Ruin *m*; **aller, courir à sa ~** sich zugrunde richten 4 *(cause de ruine)* **être une ~** sehr kostspielig sein

ruiné [ʀɥine] ADJ ⟨~e⟩ ruiniert

ruiner [ʀɥine] **A** VT ruinieren; zugrunde richten; *santé a.* zerrütten **B** VPR **se ~** sich (finanziell) ruinieren; **se ~ la santé** s-e Gesundheit ruinieren
ruineux [ʀɥinø] ADJ ⟨-euse [-øz]⟩ ruinös
ruisseau [ʀɥiso] M ⟨~x⟩ **1** *cours d'eau* Bach *m* **2** *(caniveau)* Gosse *f (a. fig)*; Rinnstein *m*
ruisselant [ʀɥislɑ̃] ADJ ⟨-ante [-ɑ̃t]⟩ **~ d'eau** triefend; **~ de sueur** schweißtriefend
ruisseler [ʀɥisle] VI ⟨-ll-⟩ **1** *eau, larmes* rinnen, rieseln, laufen (**sur** über + *acc*) **2** **~ de sueur** von Schweiß triefen
ruissellement [ʀɥisɛlmɑ̃] M **1** **eaux** *fpl* **de ~** abfließendes Wasser **2** *fig de lumière* Fluten *n*
rumba [ʀumba] F *danse* Rumba *f ou m*
rumeur [ʀymœʀ] F **1** *(on-dit)* Gerücht *n* **2** *de voix* Gemurmel *n*; *(bruit sourd)* dumpfes Geräusch
ruminant [ʀyminɑ̃] M Wiederkäuer *m*
ruminer [ʀymine] VT **1** *vache, etc* wiederkäuen *(a. abs)* **2** *fig* grübeln, brüten über (+ *dat*)
rumsteck [ʀɔmstɛk] → romsteck
rupestre [ʀypɛstʀ] ADJ Fels…
rupin [ʀypɛ̃] *fam* **A** ADJ (❗ Maskulin- und Femininform sind gleich) *personne fam* betucht; *fam* stinkreich; *quartier fam* stinkvornehm **B** M Krösus *m*
rupture [ʀyptyʀ] F **1** TECH Bruch *m*; (Zer)Reißen *n* **2** MÉD Zerreißung *f*; Riss *m* **3** *entre personnes* Bruch *m*; **être en ~ avec la société** im Gegensatz zur Gesellschaft stehen **4** *des relations diplomatiques* Abbruch *m*; *d'un contrat* Bruch *m* **5** COMM **nous sommes en ~ de stock** die Vorräte sind ausgegangen
rural [ʀyʀal] **A** ADJ ⟨~e; -aux [-o]⟩ ländlich; Land…; *(agricole)* landwirtschaftlich **B** MPL **ruraux** Landbevölkerung *f*
ruse [ʀyz] F **1** *(artifice)* List *f*; Trick *m* **2** *(rouerie)* Schlauheit *f*; Schläue *f*; List *f*
rusé [ʀyze] **A** ADJ ⟨~e⟩ listig; schlau **B** **~(e)** M(F) schlauer Fuchs; *fam* Schlauberger(in) *m(f)*; *fam* Schlitzohr *n*
ruser [ʀyze] VI (e-e) List anwenden; Tricks gebrauchen
rush [ʀœʃ] M Ansturm *m*
russe [ʀys] **A** ADJ russisch **B** **Russe** M/F Russe *m*, Russin *f*
Russie [ʀysi] **la ~** Russland *n*
russification [ʀysifikasjõ] F Russifizierung *f*
russifier [-fje] VT russifizieren
russo-… [ʀyso] ADJ russisch-…
russophile [ʀysɔfil] **A** ADJ russen-, russlandfreundlich **B** M Freund *m* der Russen; Russenfreund *m*
rusticité [ʀystisite] F **1** *st/s des mœurs* bäuerliche Einfachheit **2** *d'une plante, d'un animal* Widerstandsfähigkeit *f*
rustine® [ʀystin] F (Gummi)Flicken *m*
rustique [ʀystik] ADJ **1** *style* Bauern…; rustikal **2** *st/s mœurs, vie* bäuerlich einfach **3** *plante* widerstandsfähig
rustre [ʀystʀ] M *péj* Rüpel *m*
rut [ʀyt] M Brunst *f*; CH Brunft *f*
rutabaga [ʀytabaga] M Kohlrübe *f*
rutilant [ʀytilɑ̃] ADJ ⟨-ante [-ɑ̃t]⟩ blitzend; funkelnd
Rwanda → Ruanda
rythme (❗ rythme) [ʀitm] M Rhythmus *m*; *par ext (cadence)* Takt *m*; *(vitesse)* Tempo *n*; **~ cardiaque** Herzrhythmus *m*; **au ~ de** im Rhythmus von *(ou* + *gén)*
rythmé (❗ rythmé) [ʀitme] ADJ ⟨~e⟩ rhythmisch
rythmer (❗ rythmer) [ʀitme] VT **1** e-n Rhythmus verleihen (+ *dat*) **2** *(scander)* den Takt schlagen zu
rythmique (❗ rythmique) [ʀitmik] **A** ADJ rhythmisch **B** F **1** *science* Rhythmik *f* **2** rhythmischer Tanz

S

S, s [ɛs] M (❗ unveränderlich) S, s *n*
s ABR (seconde) s *ou* Sek.
S. ABR (sud) S (Süd[en])
s' [s] **1** → se **2** ⟨vor *il(s)*⟩ → si[2]
sa [sa] → son[1]
SA [ɛsa] F (❗ unveränderlich) ABR (société anonyme) AG *f*
sabayon [sabajõ] M CUIS Zabaione *f*
sabbat [saba] M **1** REL Sabbat *m* **2** *de sorcières* Hexensabbat *m*
sabbatique [sabatik] ADJ Sabbat…; **année** *f* **~** *d'un professeur d'université* vorlesungsfreies Jahr; *d'un employé* Sabbatjahr *n*
sabir [sabiʀ] M **1** LING Lingua franca *f* **2** *par ext* Kauderwelsch *n*
sablage [sablaʒ] M (Sand)Streuen *n*
sable [sɑbl, sa-] M **1** Sand *m*; **~s mouvants** Treibsand *m* **2** *adjt* (❗ unveränderlich) sandfarben
sablé [sable] **A** ADJ ⟨~e⟩ **pâte ~e** Mürbteig *m* **B** M Sandplätzchen *n*
sabler [sable] VT **1** mit Sand bestreuen **2** **~ le champagne** mit Champagner feiern
sableuse [sabløz] F Sandstrahlgebläse *n* **sableux** [-ø] ADJ ⟨-euse [-øz]⟩ sandhaltig; sandig; Sand… **sablier** [-ije] M Sanduhr *f*; CUIS Eier-

les sabots (mpl) — Holzschuhe

les sabots (mpl) — Hufe

uhr *f* **sablière** [-ijɛʀ] F Sandgrube *f*
sablonneux [sablɔnø] ADJ ⟨-euse [-øz]⟩ sandig
sabordage [sabɔʀdaʒ] M MAR Selbstversenkung *f*
saborder [sabɔʀde] A VT 1 *navire* versenken 2 *par ext* einstellen; aufgeben B VPR **se ~** 1 MAR sich selbst versenken 2 *fig entreprise* s-n Betrieb, *journal* ihr Erscheinen einstellen
sabot [sabo] M 1 *chaussure* Holzschuh *m*; *fig* **ne pas avoir les deux pieds dans le même ~** sich (*dat*) zu helfen wissen 2 ZOOL Huf *m* 3 **~ de Denver** [dɑ̃vɛʀ] Parkkralle *f*; **~ de frein** Bremsklotz *m* 4 *adjt* **baignoire** *f* **~** Sitzbadewanne *f*
sabotage [sabɔtaʒ] M (❗ maskulin) Sabotage *f*
saboter [sabɔte] VT 1 *négociations, etc* sabotieren; *installation* e-n Sabotageakt verüben an (+ *dat*) 2 *travail* hinschludern
saboteur [sabɔtœʀ] M, **saboteuse** [-øz] F Saboteur(in) *m(f)*
sabre [sabʀ] M Säbel *m*
sabrer [sabʀe] VT *texte* zusammenstreichen; **~ qn** → sacquer
sac[1] [sak] M 1 *de grande taille, en jute* Sack *m*; **sac postal** Postsack *m*; **sac à dos** Rucksack *m*; **sac de couchage**, *fam* **sac à viande** Schlafsack *m*; **sac de plage** Badetasche *f*; *fig* **l'affaire est dans le sac** die Sache ist unter Dach und Fach; *fig* **mettre dans le même sac** in einen Topf werfen; *fam* **vider son sac** *fam* auspacken 2 *de petite taille* Tüte *f*; Beutel *m*; **sac en papier** Papiertüte *f*; **sac en plastique** Plastiktüte *f*, -beutel *m* 3 *porté à la main* Tasche *f*; **sac (à main)** Handtasche *f*; **sac à provisions** Einkaufstasche *f*; **sac de voyage** Reisetasche *f*
sac[2] M **mettre à ~** plündern
saccade [sakad] F Ruck *m*; Stoß *m*; **par ~s** stoß-, ruckweise
saccadé [sakade] ADJ ⟨~e⟩ *gestes, démarche* ruckartig; *voix* abgehackt
saccage [sakaʒ] M Plünderung *f*; Verwüstung *f*
saccager [-e] VT ⟨-ge-⟩ 1 (*piller*) plündern 2 (*abîmer*) verwüsten **saccageur** [-œʀ] M j-d, der alles verwüstet; Vandale *m*
saccharification [sakaʀifikasjõ] F Zuckerbildung *f*; Verzuckerung *f*
saccharine [sakaʀin] F Sa(c)charin *n*
saccharose [sakaʀoz] M Rohr- *ou* Rübenzucker *m*; Sa(c)charose *f*
sacerdoce [sasɛʀdɔs] M 1 Priesteramt *n* 2 *fig* aufopferungsvolles Amt
sacerdotal [sasɛʀdɔtal] ADJ ⟨~e; -aux [-o]⟩ priesterlich; Priester…
sachant [saʃɑ̃] PPR → savoir[1]
sache [saʃ] → savoir[1]
sachet [saʃɛ] M Beutel *m*; Tüte *f*; Säckchen *n*; **~ de thé** Teebeutel *m*
sacoche [sakɔʃ] F Tasche *f*; *de vélo, de moto* Packtasche *f*
sacquer [sake] *fam* VT 1 **~ qn** (*noter sévèrement*) die Note j-s herunterdrücken; (*recaler*) *fam* j-n durchrasseln lassen 2 (*renvoyer*) *fam* feuern 3 **ne pas pouvoir ~ qn** *fam* j-n nicht riechen können
sacralisation [sakʀalizasjõ] F Verleihung *f* e-s sakralen Charakters; Verehrung *f* als heilig **sacraliser** [-e] VT e-n sakralen Charakter verleihen (+*dat*); als heilig verehren
sacramentel [sakʀamɑ̃tɛl] ADJ ⟨~le⟩ sakramental
sacre [sakʀ] M 1 *d'un souverain* Salbung *f*; (*couronnement*) Krönung *f* 2 CATH Bischofsweihe *f*
sacré [sakʀe] ADJ ⟨~e⟩ 1 heilig (*a. fig*); sakral; **art ~** sakrale Kunst; **musique ~e** Kirchenmusik *f* 2 *fam* verdammt (*a. chance*); verflixt
sacrement (❗ sacrement) [sakʀəmɑ̃] M Sakrament *n*; **le saint ~** das Allerheiligste
sacrément [sakʀemɑ̃] ADV *fam* verdammt
sacrer [sakʀe] VT 1 **~ qn roi, évêque** j-n zum König salben, zum Bischof weihen 2 *fig* **~ qn qc** j-n zu etw erklären
sacrificateur [sakʀifikatœʀ] M Opferpriester *m*
sacrifice [sakʀifis] M REL, *fig* Opfer *n*; *fig* **faire des ~s** Opfer bringen
sacrifié [sakʀifje] ADJ ⟨~e⟩ 1 geopfert 2 *par ext soldats* dem Tode geweiht 3 COMM *articles* zu Schleuderpreisen; spottbillig; **prix ~** Schleu-

les sacs (mpl) — Säcke

le sac (à main) — Handtasche

les sacs (mpl) à provisions — Einkaufstaschen

derpreis *m*

sacrifier [sakʀifje] **A** VT **1** REL, *fig* opfern **2** *marchandises* verschleudern; verramschen **B** V/PR **se ~** sich aufopfern (**à, pour** für)

sacrilège [sakʀilɛʒ] **A** M REL, *fig* Frevel(tat) *m(f)*; Sakrileg *n* **B** ADJ frevelhaft; gott-, ruchlos

sacripant [sakʀipɑ̃] M Schurke *m*

sacristain [sakʀistɛ̃] M Küster *m*

sacristie [sakʀisti] F Sakristei *f*

sacro-saint [sakʀosɛ̃] ADJ ⟨-sainte [-sɛ̃t]⟩ *iron* sakrosankt; hochheilig

sacrum [sakʀɔm] M Kreuzbein *n*

sadique [sadik] **A** ADJ sadistisch **B** M/F **1** Sadist(in) *m(f)* **2** JUR Triebtäter *m*

sadisme [sadism] M Sadismus *m*

sadomasochisme [sadɔmazɔʃism] M Sadomasochismus *m*

sadomasochiste **A** ADJ sadomasochistisch **B** M Sadomasochist *m*

safari [safaʀi] M (! maskulin) Safari *f* **safari-photo** M ⟨safaris-photos⟩ Fotosafari *f*

safran [safʀɑ̃] M **1** Safran *m* **2** *adjt* (! unveränderlich) safrangelb

saga [saga] F Saga *f*

sagace [sagas] ADJ scharfsinnig **sagacité** [-ite] F Scharfsinn *m*

sagaie [sagɛ] F Assagai *m* (*Wurfspieß*)

sage [saʒ] **A** ADJ **1** weise; klug; vernünftig; besonnen; **il serait plus ~ d'y renoncer** es wäre vernünftiger *ou* klüger, darauf zu verzichten **2** *enfant* artig; brav (*a. robe*); *jeune fille* sittsam **B** M Weise(r) *m*

sage-femme F ⟨sages-femmes⟩ Hebamme *f*

sagesse [saʒɛs] F **1** Weisheit *f*; **la voix de la ~** die Stimme der Vernunft **2** *d'un enfant* Artigkeit *f*; Bravheit *f*

Sagittaire [saʒitɛʀ] M ASTROL Schütze *m*

sagouin [sagwɛ̃] M *fam* Schmutzfink *m*

Sahara [saaʀa] **le ~** die Sahara

saharien [saaʀjɛ̃] **A** ADJ ⟨-ienne [-jɛn]⟩ (in, aus) der Sahara **B** F **~ne** *veste* Safarijacke *f*

saignant [sɛɲɑ̃] ADJ ⟨-ante [-ɑ̃t]⟩ *viande* nicht durchgebraten; *steak* englisch

saignée [seɲe] F **1** MÉD, *fig* Aderlass *m* **2** **~ (du bras)** Armbeuge *f* **3** TECH Rille *f*

saignement [sɛɲmɑ̃] M Bluten *n*; **~ de nez** Nasenbluten *n*

saigner [seɲe] **A** VT **1** HIST MÉD zur Ader lassen **2** *animal* abstechen **B** VI bluten (*a. fig cœur*) **C** V/PR *fig* **se ~ aux quatre veines** große finanzielle Opfer bringen

saillant [sajɑ̃] ADJ ⟨-ante [-ɑ̃t]⟩ vorspringend; hervorstehend

saillie [saji] F **1** Vorsprung *m*; **en ~** vorspringend **2** *d'un animal femelle* Decken *n*; Bespringen *n*

saillir [sajiʀ] **A** VT *animal femelle* decken; bespringen **B** VI (→ assaillir; *aber* il saillera) *veines, etc* hervortreten

sain [sɛ̃] ADJ ⟨saine [sɛn]⟩ **1** gesund; **~ et sauf** wohlbehalten; unversehrt; heil **2** *fig* vernünftig; *jugement* gesund

saindoux [sɛ̃du] M Schweineschmalz *n*

sainfoin [sɛ̃fwɛ̃] M Esparsette *f*

saint [sɛ̃] **A** ADJ ⟨sainte [sɛ̃t]⟩ heilig; **l'histoire ~e** die Biblische Geschichte; **~ Martin** der heilige Martin; Sankt Martin; *par ext* **toute la ~e journée** den lieben langen Tag **B** SUBST **1** **~(e)** *m(f)* Heilige(r) *m/f(m)*; **les ~s de glace** die Eisheiligen *mpl*; *fig* **ne (plus) savoir à quel ~ se vouer** nicht ein noch aus wissen **2** **le ~ des ~s** das Allerheiligste

saint-bernard [sɛ̃bɛʀnaʀ] M (! unveränderlich) **1** ZOOL Bernhardiner *m* **2** *fig* aufopferungsvoller Mensch

saint-cyrien [sɛ̃siʀjɛ̃] M ⟨saint-cyriens⟩ Schüler *m* der Militärschule von Saint-Cyr

saint-émilion [sɛ̃temiljõ] M ⟨saint-émilion(s)⟩ *Wein aus Saint-Émilion (Gironde)*

Saint-Esprit [sɛ̃tɛspʀi] **le ~** der Heilige Geist

sainteté [sɛ̃tte] F **1** Heiligkeit *f* **2** ÉGL **Sa Sainteté** Seine Heiligkeit

saint-frusquin [sɛ̃fʀyskɛ̃] M *fam* Kram *m*

saint-glinglin [sɛ̃glɛ̃glɛ̃] *fam* **à la ~** am Sankt-Nimmerleins-Tag

saint-honoré [sɛ̃tɔnɔʀe] M (! unveränderlich) *Brandteigkuchen mit Schlagsahne*

S

Saint-Marin [sɛ̃maʀɛ̃] San Marino *n*

Saint-Martin [sɛ̃maʀtɛ̃] **la ~** der Martinstag; Sankt Martin *n*

Saint-Nicolas [sɛ̃nikɔla] **la ~** der Nikolaustag; (das) Nikolaus(fest) *n*

Saint-Père le ~ der Heilige Vater

saint-pierre M (! unveränderlich) Heringskönig *m*; Petersfisch *m*

Saint-Pierre-et-Miquelon [sɛ̃pjɛʀemiklõ] *frz Inselgruppe südlich von Neufundland*

Saint-Sépulcre le ~ das Heilige Grab

Saint-Siège le ~ der Heilige Stuhl

Saint-Sylvestre [sɛ̃silvɛstʀ] **la ~** Silvester *m ou n*

sais [sɛ] → savoir[1]

saisi [sezi] A ADJ ⟨~e⟩ 1 betroffen; überrascht; → saisir 2 JUR gepfändet B M JUR gepfändeter Schuldner

saisie [sezi] F 1 INFORM Erfassung *f*; **~ de données** Datenerfassung *f* 2 JUR Pfändung *f* 3 *de drogue* Beschlagnahme *f*

saisir [seziʀ] A V/T 1 *objet, personne* ergreifen; fassen; packen 2 *fig occasion* ergreifen; *prétexte* greifen zu 3 (*comprendre*) begreifen; erfassen; verstehen; *fam* mitbekommen 4 *sensation* **~ qn** j-n befallen, überkommen; **être saisi de qc** von etw erfasst, ergriffen werden *ou* sein; **saisi de panique** von Panik erfasst; in Panik 5 *viande* anbraten 6 JUR *biens de qn* pfänden; *par ext drogue* beschlagnahmen 7 **~ un tribunal d'une affaire** e-e Sache vor Gericht bringen 8 INFORM erfassen B V/PR **se ~ de** in s-e Gewalt bringen

saisissable [sezisabl] ADJ 1 JUR pfändbar 2 (*perceptible*) erfassbar; wahrnehmbar **saisissant** [-ɑ̃] ⟨-ante [-ɑ̃t]⟩ 1 *froid* durchdringend 2 *spectacle, ressemblance* erstaunlich; frappierend **saisissement** [-mɑ̃] M 1 *frisson* Kälteschauer *m* 2 *émotion* (plötzliche) Ergriffenheit

saison [sɛzõ] F 1 Jahreszeit *f*; **la belle ~** die warme Jahreszeit; **~ des amours** Paarungszeit *f*; **~ des pluies** Regenzeit *f*; **en cette, en toute ~** zu dieser, zu jeder Jahreszeit 2 (*époque*) Zeit *f*; TOURISME, COMM Saison *f*; **~ théâtrale** Spielzeit *f*; Theatersaison *f*; **en pleine ~** in, während der Hochsaison; **faire la ~** in der Saison arbeiten; *fig* **être de ~** angebracht, passend sein

saisonnier [sɛzɔnje] A ADJ ⟨-ière [-jɛʀ]⟩ saisonbedingt; saisonal; Saison... B M Saisonarbeiter *m*

sait [sɛ] → savoir[1]

saké [sake] M Sake *m*; Reiswein *m*

salace [salas] *st/s* ADJ geil

salade [salad] F (! feminin) 1 CUIS Salat *m*; **~ niçoise** *gemischter Salat aus Tomaten, Oliven, Anschovis etc*; **~ de fruits** Obstsalat *m*; **en ~** als Salat (zubereitet) 2 *plante* Salat *m*; **deux ~s** zwei Salatköpfe *mpl* 3 *fam fig* (*confusion*) Durcheinander *n*; *fam* Kuddelmuddel *m ou n* 4 *fam fig* **raconter des ~s** Ammenmärchen erzählen

saladier [saladje] M (Salat)Schüssel *f*

salage [salaʒ] M 1 Salzen *n* 2 **~ d'une route** Salzstreuen *n* auf e-r Straße

salaire [salɛʀ] M 1 *d'un ouvrier* (Arbeits)Lohn *m*; *d'un employé* Gehalt *n*; **~ de base** Grundlohn *m*, -gehalt *n*; **toucher son ~** s-n Lohn *ou* sein Gehalt erhalten; entlohnt werden 2 *fig* Lohn *m*

salaison [salɛzõ] F 1 *pour conserver* Einsalzen *n*; (Ein)Pökeln *n* 2 **~s** *pl* Eingesalzene(s) *n*; Eingepökelte(s) *n*

salamalecs [salamalɛk] *fam* MPL übertriebene Höflichkeit

salamandre [salamɑ̃dʀ] F (! feminin) 1 ZOOL Salamander *m* 2 *poêle* Dauerbrandofen *m*

salami [salami] M (! maskulin) Salami(wurst) *f*

salant [salɑ̃] ADJ ⟨-ante [-ɑ̃t]⟩ **marais ~s** Salzgärten *mpl*

salarial [salaʀjal] ADJ ⟨~e; -aux [-o]⟩ Lohn...

salariat [salaʀja] M Arbeitnehmer *mpl*

salarié [salaʀje] A ADJ ⟨~e⟩ unselbstständig; lohnabhängig B M Arbeitnehmer *m*; Lohn- *ou* Gehaltsempfänger *m*

salaud [salo] *pop* M gemeiner Kerl; *pop* Scheiß-, Dreckskerl *m*; *fam* Fiesling *m*

sale [sal] ADJ 1 (*malpropre*) schmutzig; dreckig; *fam* schmuddelig 2 (*ordurier*) schmutzig; unanständig 3 (*vilain*) übel; *fam* mies; **~ temps** *fam* Sauwetter *n*; **~ tour** *m* übler, gemeiner Streich 4 *terme d'injure* widerlich; gemein; *fam* fies; **~ gosse** *fam* Rotzbengel *m*

salé [sale] A ADJ ⟨~e⟩ 1 *mets* gesalzen; *eau de mer, goût* salzig; **eau ~e** Salzwasser *n*; **trop ~** versalzen 2 *fig* (*grivois*) deftig; derb 3 *fam addition fam* gesalzen; *fam* gepfeffert B M **petit ~** frisch eingesalzenes Schweinefleisch

salement [salmɑ̃] ADV **manger ~** unsauber, unappetitlich essen

saler [sale] V/T 1 *mets* salzen; *pour conserver* einsalzen; (ein)pökeln; **~ une route** auf e-r Straße Salz streuen 2 *fam fig* **~ la note** *fam* e-e gesalzene Rechnung machen

saleté [salte] F 1 Schmutz *m*; Dreck *m* (*a. excrément*); **faire des ~s sur le tapis** den Teppich verunreinigen 2 (*malpropreté*) Schmutzigkeit *f*; Unsauberkeit *f*; **être d'une ~ repoussante** vor Schmutz starren 3 *fig* (*obscénité*) Zote *f*; *fam* Schweinigelei *f* 4 *fam* (*bassesse*) Gemeinheit *f* 5 *fam* (*chose sans valeur*) Schund *m*; *fam* Dreck *m* 6 *personne pop* Miststück *n*

salière [saljɛʀ] F Salzstreuer *m*

saligaud [saligo] M *fam* 1 *fam* Schmutzfink *m* 2 *fig péj* Dreckskerl *m*

S

salin [salɛ̃] ADJ ⟨-ine [-in]⟩ salzhaltig; Salz…
saline [salin] F Saline *f*; Salzwerk *n*
salinité [salinite] F Salzgehalt *m*
salir [saliʀ] **A** V/T **1** schmutzig, dreckig machen; be-, verschmutzen; verunreinigen **2** *fig* in den Schmutz ziehen; beschmutzen; besudeln **B** V/PR **se ~** **1** sich schmutzig machen; **se ~ les mains** sich (*dat*) die Hände schmutzig machen **2** *robe* leicht schmutzig werden
salissant [salisɑ̃] ADJ ⟨-ante [-ɑ̃t]⟩ **1** *tissu* leicht schmutzend **2** *travail* schmutzig
salissure [salisyʀ] F Schmutz(stelle) *m(f)*
salivaire [salivɛʀ] ADJ Speichel…
salivation [salivasjõ] F Speichelfluss *m*
salive [saliv] F Speichel *m*; *fig* **perdre sa ~** *fam* sich (*dat*) den Mund fusselig reden
saliver [salive] V/I Speichel absondern; **faire ~ qn** j-m den Mund wässerig machen
salle [sal] F **1** Saal *m*; (*pièce*) Raum *m*; Zimmer *n*; THÉ, FILM Zuschauerraum *m*; **salle commune** Gemeinschaftsraum *m*; **salle polyvalente** Mehrzweckhalle *f*; **salle à manger** Esszimmer *n*; *d'un hôtel, etc* Speisesaal *m*; **salle d'attente** CH DE FER Wartesaal *m*; MÉD Wartezimmer *n*; **salle d'audience** Gerichtssaal *m*; **salle de bains** Bad (-ezimmer) *n*; **salle de classe** Klasse(nzimmer) *f(n)*; *d'une aérogare* **salle d'embarquement** Warteraum *m*; **salle d'opération** Operationssaal *m* (*abr* OP); **salle de séjour** Wohnzimmer *n*; SPORTS **en salle** Hallen… **2** **salle (de cinéma)** Kino *n*; Filmtheater *n*
salmis [salmi] M (Wild)Ragout *n*
salmonelles [salmɔnɛl] FPL Salmonellen *fpl*
salmonellose [-oz] F Salmonelleninfektion *f*
saloir [salwaʀ] M Salz-, Pökelfass *n*
salon [salõ] M **1** Wohnzimmer *n*; (*pièce de réception*) Empfangszimmer *n*; Salon *m* **2** *meubles* Sitzgruppe *f* **3** **~ de coiffure** Frisiersalon *m*; **~ de thé** Café *n* **4** (*exposition*) Messe *f*; **Salon de l'automobile** Automobilausstellung *f*; **Salon du livre** Buchmesse *f*
salopard [salɔpaʀ] *pop* M → salaud
salope [salɔp] *pop* F *fam* Schlampe *f*
saloper [salɔpe] V/T *fam* versauen
saloperie [salɔpʀi] F *pop* **1** (*chose sans valeur*) Schund *m*; *fam* Mist *m* (*a. par ext maladie, nourriture*) **2** (*bassesse*) Gemeinheit *f*; **faire des ~s à qn** gemein zu j-m sein; j-m übel mitspielen
salopette [salɔpɛt] F *à bretelles et bavette* Latzhose *f*; (*combinaison*) Overall *m*
salopiaud [salɔpjo] *pop* M → salaud
salpêtre [salpɛtʀ] M Salpeter *m*
salsa [salsa] F *danse* Salsa *m*
salsifis [salsifi] M Schwarzwurzel *f*
saltimbanque [saltɛ̃bɑ̃k] M Gaukler *m*
salubre [salybʀ] ADJ gesund; der Gesundheit zuträglich
salubrité [salybʀite] F gesundheitliche Zuträglichkeit; **mesures** *fpl* **de ~ publique** Maßnahmen *fpl* der Gesundheitspflege
saluer [salɥe] **A** V/T **1** grüßen; (*accueillir*) begrüßen; MIL salutieren (**qn** vor j-m) **2** *fig événement, mesure* (freudig) begrüßen **3** **~ qn comme …** j-n anerkennen, ehren als … **B** V/PR **se ~** sich (be)grüßen
salut [saly] M **1** *geste* Gruß *m*; Begrüßung *f* **2** *fam int* (*bonjour*) *fam* hallo!; *fam* grüß dich!; *autrich fam* servus!; (*au revoir*) *fam* tschüs! **3** *d'un peuple, pays* Wohl *n*; **le ~ public** das Allgemeinwohl **4** (*vie sauve*) Heil *n*; Rettung *f*; REL (Seelen)Heil *n*
salutaire [salytɛʀ] ADJ **1** *air, remède* heilkräftig; wohltuend **2** *conseil, lecture* heilsam; nützlich
salutation [salytasjõ] F Gruß *m*; *à la fin d'une lettre* **veuillez agréer, Monsieur, mes ~s distinguées** *ou* **dévouées** *ou* **respectueuses** *ou* **mes sincères ~s** mit vorzüglicher Hochachtung; mit den besten Grüßen; **recevez, Monsieur, mes cordiales ~s** mit freundlichen Grüßen
Salvador [salvadɔʀ] **le ~** El Salvador *n*
salvadorien [salvadɔʀjɛ̃] **A** ADJ ⟨-ienne [-jɛn]⟩ salvadorianisch **B** SUBST **Salvadorien(ne)** M(F) Salvadorianer(in) *m(f)*
salvateur [salvatœʀ] *litt* ADJ ⟨-trice [-tʀis]⟩ Heil bringend
salve [salv] F **1** MIL Salve *f* **2** *fig* **~ d'applaudissements** Beifallssturm *m*
Salzbourg [salzbuʀ] Salzburg *n*
Samaritain [samaʀitɛ̃] M **le bon ~** der barmherzige Samariter
samba [sɑ̃mba] F Samba *f ou m*
samedi [samdi] M *all Nord* Sonnabend *m*; *all Sud* Samstag *m*
samouraï [samuʀaj] M Samurai *m*
samovar [samɔvaʀ] M Samowar *m*
SAMU [samy] M (❗ unveränderlich) ABR (service d'aide médicale d'urgence) Notarzt *m*; Rettungsdienst *m*
sanatorium [sanatɔʀjɔm] M (Lungen)Heilstätte *f*
sanctifiant [sɑ̃ktifjɑ̃] ADJ ⟨-ante [-ɑ̃t]⟩ *grâce* heiligmachend **sanctification** [-fikasjõ] F Heiligung *f* **sanctifier** [-fje] V/T heiligen
sanction [sɑ̃ksjõ] F **1** JUR Strafmaßnahme *f*; Strafe *f*; Bestrafung *f* **2** POL Sanktion *f*; Zwangsmaßnahme *f*; **prendre des ~s** Sanktionen verhängen **3** (*approbation*) Sanktionierung *f*; Billigung *f*
sanctionner [sɑ̃ksjɔne] V/T **1** (*approuver*) sanktionieren; billigen; *adjt* **études sanctionnées par un diplôme** abgeschlossenes Studium **2**

S

(*punir*) bestrafen; ahnden

sanctuaire [sɑ̃ktɥɛʀ] M 1 (*lieu saint*) Heiligtum *n* 2 *d'une église* Altarraum *m*; *d'un temple* Allerheiligste(s) *n*

sandale [sɑ̃dal] F Sandale *f* **sandalette** [-ɛt] F Sandalette *f*; leichte Sandale

sandow® [sɑ̃do] M Spanngurt *m*

sandre [sɑ̃dʀ] M OU F Zander *m*

sandwich [sɑ̃dwi(t)ʃ] M ‹sandwich(e)s› Sandwich *n*; belegtes Brötchen; **~ au jambon** Schinkenbrötchen *n*; *fam fig* **(pris) en ~** eingezwängt

sang [sɑ̃] M Blut *n*; **prise** *f* **de ~** Blutentnahme *f*, -abnahme *f*, -probe *f*; **faire une prise de ~ (à qn)** (j-m) Blut abnehmen; *se gratter* **jusqu'au ~** blutig; *fig* **avoir du ~ bleu** blaues Blut haben; *fig* **avoir le ~ chaud** heißblütig sein; leicht aufbrausen; *fig* **il a ça dans le ~** das liegt ihm im Blut; **être (tout) en ~** blutüberströmt sein; *fig* **se faire du mauvais ~** sich (*dat*) Sorgen machen; *fam* **tout mon ~ n'a fait qu'un tour** das Blut stockte mir in den Adern; *fig* **se ronger les ~s** vor Sorgen umkommen

sang-froid M 1 (*calme*) Gelassenheit *f*; **garder son ~** e-n kühlen Kopf, kaltes Blut bewahren; gelassen bleiben; **perdre son ~** s-e Beherrschung verlieren 2 **de ~** (*froidement*) kaltblütig

sanglant [sɑ̃glɑ̃] ADJ ‹-ante [-ɑ̃t]› 1 blutig (*a. combats*) 2 *fig reproches* zutiefst verletzend

sangle [sɑ̃gl] F Gurt *m*

sangler [sɑ̃gle] V/T *fig* einschnüren

sanglier [sɑ̃glije] M Wildschwein *n*; **~ (mâle)** Keiler *m*

sanglot [sɑ̃glo] M Schluchzer *m*; **éclater en ~s** in Schluchzen ausbrechen

sangloter [sɑ̃glɔte] V/I schluchzen

sangria [sɑ̃gʀija] F Sangria *f*

sangsue [sɑ̃sy] F Blutegel *m*

sanguin [sɑ̃gɛ̃] ADJ ‹-ine [-in]› 1 Blut... 2 *tempérament* sanguinisch 3 **orange ~e** → sanguine

S

sanguinaire [sɑ̃ginɛʀ] ADJ blutrünstig

sanguine [sɑ̃gin] F 1 PEINT Rötel(stift) *m*; *dessin* Rötelzeichnung *f* 2 BOT Blutorange *f*, -apfelsine *f*

sanguinolent [sɑ̃ginɔlɑ̃] ADJ ‹-ente [-ɑ̃t]› blutig

sanisette® [sanizɛt] F (vollhygienisches) Toilettenhäuschen

sanitaire [sanitɛʀ] ADJ 1 MÉD Gesundheits...; gesundheitspolizeilich 2 (**appareils** *mpl*, **installations** *fpl*) **~s** *mpl* sanitäre Einrichtungen *fpl*

sans [sɑ̃] A PRÉP ohne (+ *acc*); **sans valeur** ohne Wert; wertlos; *fam* **sans ça, sans quoi** sonst; andernfalls; **non sans** nicht ohne; **sans comprendre** ohne zu verstehen; verständnislos B CONJ **sans que … (ne)** (+ *subj*) ohne dass …

sans-abri [sɑ̃zabʀi] M/F (❗ unveränderlich) Obdachlose(r) *m/f(m)*

sans-cœur [sɑ̃kœʀ] (❗ unveränderlich) A ADJ herzlos; gefühllos B M/F herzloser, gefühlloser Mensch

sanscrit → sanskrit

sans-culotte [sɑ̃kylɔt] M ‹sans-culottes› *frz Revolutionär von 1789*

sans-emploi [sɑ̃zɑ̃plwa] M/F (❗ unveränderlich) Stellungs-, Arbeitslose(r) *m/f(m)*

sans-faute [sɑ̃fot] M (❗ unveränderlich) ÉQUITATION Nullfehlerritt *m*; *fig* **faire un ~** e-e fehlerfreie Leistung bieten; keinen Fehler machen

sans-fil[1] [sɑ̃fil] M (❗ unveränderlich) 1 schnurloses Telefon 2 Funkspruch *m*

sans-fil[2] F drahtlose Telegrafie; Funk *m*

sans-gêne [sɑ̃ʒɛn] 1 *m* (❗ unveränderlich) Frechheit *f*; Dreistigkeit *f*; Unverfrorenheit *f*; **quel ~!** so e-e Frechheit *etc* ! 2 *m/f* (❗ unveränderlich) freche, dreiste Person

sanskrit [sɑ̃skʀi] M Sanskrit *n*

sans-le-sou [sɑ̃lsu] *fam* M/F (❗ unveränderlich) Habenichts *m*; *fam* armer Schlucker

sans-logis [sɑ̃lɔʒi] M/F (❗ unveränderlich) Obdachlose(r) *m/f(m)*

sansonnet [sɑ̃sɔnɛ] M ZOOL Star *m*

sans-papiers [sɑ̃papje] MPL illegale Einwanderer *mpl* (ohne Papiere)

sans-plomb [sɑ̃plõ] M (❗ unveränderlich) bleifreies Benzin

santal [sɑ̃tal] M **bois** *m* **de ~** Sandelholz *n*

santé [sɑ̃te] F Gesundheit *f*; **la ~ publique** das Gesundheitswesen; **Organisation mondiale de la ~** Weltgesundheitsorganisation *f*; **à votre ~!** auf Ihr Wohl!; zum Wohl!; prosit!; *fam* prost!; **comment va la ~?** wie geht es gesundheitlich?; **avoir la ~** gesund sein; **boire à la ~ de qn** auf das Wohl j-s trinken; **être en bonne ~** gesund, bei guter Gesundheit sein; **être en mauvaise ~** nicht gesund, bei schlechter Gesundheit sein; **être en parfaite ~** bei bester Gesundheit sein

santiag [sɑ̃tjag] F Cowboystiefel *m*

santon [sɑ̃tõ] M (provenzalische) Krippenfigur

Saône [son] **la ~** *Fluss in Frankreich*

Saône-et-Loire [sonelwaʀ] **la ~** *frz Departement*

saoudien [saudjɛ̃] A ADJ ‹-ienne [-jɛn]› saudi-arabisch B **Saoudien(ne)** M(F) Saudi-Araber(in) *m(f)*; Saudi *m*

Saoudite [saudit] ADJ **l'Arabie** *f* **~** Saudi-Arabien *n*

saoul [su] ADJ → soûl

saper [sape] A V/T 1 CONSTR unterhöhlen; *eau: rive* unterspülen 2 *fig* untergraben B V/PR *fam* **se**

~ sich anziehen; **être bien sapé** gut angezogen sein; *fam* in Schale sein
sapes [sap] *argot* FPL *fam* Klamotten *fpl*
sapeur [sapœʀ] M MIL Pionier *m*
sapeur-pompier M Feuerwehrmann *m*; **sapeurs-pompiers** *pl a.* Feuerwehr *f*
saphir [safiʀ] M Saphir *m*
sapin [sapɛ̃] M 1 Tanne *f*; **~ de Noël** Weihnachtsbaum *m* 2 *bois* Tannenholz *n*; *fam fig* **ça sent le ~** *fam* der macht's nicht mehr lang
sapinière [sapinjɛʀ] F Tannenwald *m*
sapristi [sapʀisti] INT *fam* (zum) Donnerwetter!
saquer → sacquer
sarabande [saʀabɑ̃d] F Sarabande *f*; *fig* **faire la ~** Krach machen
sarbacane [saʀbakan] F Blasrohr *n*
sarcasme [saʀkasm] M Sarkasmus *m* **sarcastique** [-tik] ADJ sarkastisch
sarcelle [saʀsɛl] F Knäk-, Krickente *f*
sarclage [saʀklaʒ] M Jäten *n* **sarcler** [-e] V/T jäten **sarcloir** [-waʀ] M Jäthacke *f*
sarcophage [saʀkɔfaʒ] M Sarkophag *m*
Sardaigne [saʀdɛɲ] **la ~** Sardinien *n*
sarde [saʀd] A ADJ sardinisch; sardisch B SUBST 1 **Sarde** *m/f* Sardinier(in) *m(f)*; Sarde *m*, Sardin *f* 2 LING **le ~** das Sardische; Sardisch *n*
sardine [saʀdin] F Sardine *f*; **~s à l'huile** Ölsardinen *fpl*; *fam* **être serrés comme des ~s** *fam* wie die Sardinen, Heringe stehen *ou* sitzen
sardonique [saʀdɔnik] ADJ hämisch; höhnisch; sardonisch
sari [saʀi] M Sari *m*
SARL [ɛsaɛʀɛl] F (! unveränderlich) ABR → société
sarment [saʀmɑ̃] M Weinranke *f*
Sarrasin [saʀazɛ̃] M, **Sarrasine** [-in] F HIST Sarazene *m*, Sarazenin *f*
sarrasin [saʀazɛ̃] M BOT Buchweizen *m*
sarrau [saʀo] M Bauernkittel *m*
Sarre [saʀ] **la ~** das Saarland
Sarrebruck [saʀbʀyk] Saarbrücken *n*
sarriette [saʀjɛt] F Bohnenkraut *n*
sarrois [saʀwa] A ADJ ⟨-oise [-waz]⟩ saarländisch B **Sarrois(e)** M(F) Saarländer(in) *m(f)*
Sarthe [saʀt] **la ~** *Fluss u. Departement in Frankreich*
sas [sɑs] M 1 TECH Luftschleuse *f* 2 *d'une écluse* Schleusenkammer *f*
Satan [satɑ̃] M (der) Satan
satané [satane] ADJ ⟨~e⟩ *fam* verdammt; *fam* verflixt **satanique** [-ik] ADJ satanisch; teuflisch **satanisme** [-ism] M Satanismus *m*; Satans-, Teufelskult *m*
satellisation [satelizasjõ] F 1 *d'un engin spatial* In-die-Umlaufbahn-Bringen *n* 2 POL Verwandlung *f* in e-n Satelliten
satelliser [satelize] V/T 1 *engin spatial* in e-e Umlaufbahn bringen; **satellisé** in e-r Umlaufbahn befindlich 2 POL zu e-m Satelliten machen
satellite [satelit] M 1 ASTRON Satellit *m* (*a.* ESPACE); Trabant *m*; **~s de Jupiter** Jupitermonde *mpl*; **~ de télécommunications** Fernmeldesatellit *m* 2 POL Satellit *m*; *adjt* **pays** *m* **~** Satellitenstaat *m*; *par ext* **ville** *f* **~** Trabantenstadt *f*
satiété [sasjete] F **à ~** *manger, boire* bis man genug hat; *répéter qc* bis zum Überdruss
satin [satɛ̃] M TEXT Satin *m*; Atlas *m*; *fig* **avoir une peau de ~** e-e seidenweiche Haut haben
satiné [satine] ADJ ⟨~e⟩ 1 seidig; *papier* satiniert 2 *peau* seidenweich
satiner [satine] V/T TECH satinieren; glätten
satire [satiʀ] F Satire *f* **satirique** [-ik] ADJ satirisch
satisfaction [satisfaksjõ] F 1 (*contentement*) Zufriedenheit *f*; Befriedigung *f*; Genugtuung *f*; **à la ~ générale** zur allgemeinen Zufriedenheit; **donner ~ à qn** j-n zufriedenstellen 2 *d'un besoin, désir* Befriedigung *f* 3 (*réparation*) Genugtuung *f*
satisfaire [satisfɛʀ] ⟨→ faire⟩ A V/T 1 *personne* zufrieden stellen; befriedigen 2 *besoin, curiosité* befriedigen; *attente, désir* erfüllen; *faim, soif* stillen B V/T INDIR **~ à qc** e-r Sache (*dat*) genügen, gerecht werden C V/PRON 1 **se ~** *sexuellement* sich befriedigen 2 **se ~ de peu** sich mit wenig(em) zufriedengeben
satisfaisant [satisfəzɑ̃] ADJ ⟨-ante [-ɑ̃t]⟩ befriedigend; zufrieden stellend
satisfait [satisfɛ] ADJ ⟨-faite [-fɛt]⟩ zufrieden (**de** mit)
satisfecit [satisfesit] M (! unveränderlich) Anerkennung *f*; Lob *n*
saturation [satyʀasjõ] F 1 CHIM, *du marché* Sättigung *f*; TÉL, *d'une route* Überlastung *f* 2 *fig* Übersättigung *f*
saturé [satyʀe] ADJ ⟨~e⟩ 1 CHIM, *marché* gesättigt; TÉL, *route* überlastet; *terre* **~e d'eau** völlig durchtränkt 2 *fig personne* **être ~ de qc** von etw übersättigt sein
saturer [satyʀe] V/T 1 CHIM sättigen (**de** mit) 2 *fig personne* übersättigen (**de** mit)
Saturne [satyʀn] ASTRON (der) Saturn
saturnisme [satyʀnism] M Bleivergiftung *f*
satyre [satiʀ] M 1 MYTH Satyr *m* 2 *fig* Lüstling *m*; *plus fort* Sittenstrolch *m*
sauce [sos] F Soße *f*; Tunke *f* **~ tomate** Tomatensoße *f*; *fig* **mettre qn à toutes les ~s** j-n zu allen möglichen Arbeiten heranziehen
saucée [sose] *fam* F (Regen)Guss *m*
saucer [sose] V/T ⟨-ç-⟩ 1 *assiette avec du pain* austunken 2 *fam fig* **se faire ~** *fam* patschnass werden

saucière [sosjɛʀ] F Sauciere *f*; Soßenschüssel *f*
sauciflard [sosiflaʀ] M *fam* → saucisson
saucisse [sosis] F Bratwurst *f*; Würstchen *n*; **~ de Francfort** Frankfurter Würstchen; *fig* **ne pas attacher son chien** *ou* **ses chiens avec des ~s** auf s-m Geld sitzen; jeden Pfennig dreimal umdrehen
saucisson [sosisõ] M Wurst *f*; **~ sec** Dauer-, Hartwurst *f*; Salami *f*
saucissonné [sosisɔne] *fam* ADJ ⟨~e⟩ (eng) eingeschnürt **saucissonner** [-e] V/I *fam* Brotzeit machen
sauf [sof] A ADJ ⟨sauve [sov]⟩ **sain et ~** wohlbehalten; unversehrt; heil; **avoir la vie sauve** mit dem Leben davonkommen; *fig* **l'honneur est ~** die Ehre ist gerettet B PRÉP 1 außer (+ *dat*); bis auf (+ *acc*); **~ que ...** außer dass ...; abgesehen davon, dass ... 2 vorbehaltlich (+ *gén*)
sauf-conduit M ⟨sauf-conduits⟩ Passierschein *m*
sauge [soʒ] F Salbei *m*
saugrenu [sogʀəny] ADJ ⟨~e⟩ ausgefallen; skurril; ungereimt
saule [sol] M BOT Weide *f*
saumâtre [somɑtʀ] ADJ 1 **eau** *f* **~** Brackwasser *n* 2 *fam fig* **la trouver ~** es bitter finden
saumon [somõ] M 1 Lachs *m* 2 *adjt* (! unveränderlich) lachsfarben, -rosa
saumoné [somɔne] ADJ ⟨~e⟩ **truite ~e** Lachsforelle *f*
saumure [somyʀ] F (Salz)Lake *f*
saumuré [somyʀe] ADJ ⟨~e⟩ in (Salz)Lake (eingelegt)
sauna [sona] M (! maskulin) Sauna *f*
saupoudrage [sopudʀaʒ] M 1 Bestreuen *n* (**de** mit) 2 *fig* (Verteilung *f* nach dem) Gießkannenprinzip *n* **saupoudrer** [-e] V/T bestreuen (**de** mit) **saupoudreuse** [-øz] F Streudose *f*, -büchse *f*; Streuer *m*
saur [sɔʀ] ADJ **°hareng** *m* **~** Bückling *m*
saurai, saura(s) [sɔʀe, sɔʀa] → savoir[1]
sauriens [sɔʀjɛ̃] MPL Echsen *fpl*
saut [so] M 1 Sprung *m*; Satz *m*; Hüpfer *m*; **~ périlleux** Salto *m*; **~ à l'élastique** Bungeespringen *n*; **~ à la perche** Stabhochsprung *m*; **~ à skis** Skispringen *n*; **~ en °hauteur, en longueur** Hoch-, Weitsprung *m*; **~ en parachute** Fallschirmabsprung *m*; *fig* **faire le ~** den Sprung (ins Ungewisse) wagen; *fig* **faire un ~ chez qn** auf e-n Sprung bei j-m vorbeikommen, -schauen 2 (*chute*) Sturz *m*; Fall *m* 3 **au ~ du lit** beim Aufstehen
saute [sot] F **~ de vent** Umschlagen *n* des Windes; *fig* **~ d'humeur** plötzlicher Stimmungswechsel
sauté [sote] A ADJ ⟨~e⟩ gebraten; **pommes de terre ~es** Bratkartoffeln *fpl* B M **~ de veau** Kalbsragout *n*
saute-mouton [sotmutõ] M Bockspringen *n*; **jouer à ~** Bockspringen machen
sauter [sote] A V/T 1 *obstacle* überspringen; springen, setzen über (+ *acc*); *fig* **~ le pas** zu e-m Entschluss kommen 2 *mot, etc* auslassen (*a. repas*); überspringen (*a. classe*) 3 *fam* **la ~** (*avoir faim*) *fam* Kohldampf schieben 4 *pop fille pop* umlegen B V/I 1 springen; hüpfen; **~ à la corde** seilspringen, -hüpfen; *fig* **~ aux yeux** ins Auge, in die Augen fallen, springen; **~ de joie** Freudensprünge machen; **~ en parachute** mit dem Fallschirm abspringen 2 (*se précipiter*) sich stürzen (**sur** auf + *acc*); **~ à la gorge de qn** j-m an die Gurgel springen, fahren; *fig* **~ sur l'occasion** die Gelegenheit beim Schopf packen 3 *bouton* abspringen; *vitre* zerspringen; *bouchon* knallen; **les plombs ont sauté** die Sicherung ist durchgebrannt 4 (*exploser*) in die Luft fliegen; *explosif* hochgehen; *char* **~ sur une mine** auf e-e Mine fahren; **faire ~** sprengen (*a. fig banque*); *serrure* aufbrechen 5 *fam fig avantage* wegfallen; *cours* ausfallen; **faire ~** *amende* aufheben; rückgängig machen 6 *fam* **et que ça saute!** hopp, hopp! 7 CUIS **faire ~** braten 8 *fam fig* **faire ~ qn** j-n aus s-r Stellung drängen; *fam* j-n absägen 9 *paupière*, TV *image* zucken
sauterelle [sotʀɛl] F Heuschrecke *f*
sauterie [sotʀi] F Tanzparty *f*; *fam* Tanzerei *f*
sauternes [sotɛʀn] M Sauternes *m* (*edelsüßer Weißwein aus der Region Bordeaux*)
sauteur [sotœʀ], **sauteuse** [-øz] A SUBST 1 *m*, *f* SPORTS Springer(in) *m(f)* 2 *f* CUIS Bratpfanne *f* B ADJ 1 ZOOL Spring... 2 **scie sauteuse** Stichsäge *f*
sautillant [sotijɑ̃] ADJ ⟨-ante [-ɑ̃t]⟩ 1 *démarche* hüpfend 2 *musique* zackig; *style* abgehackt
sautillement [sotijmɑ̃] M Hüpfen *n* **sautiller** [-e] V/I (umher)hüpfen; *fam* hopsen
sautoir [sotwaʀ] M 1 *collier* lange Halskette 2 SPORTS Sprunganlage *f*
sauvage [sovaʒ] A ADJ 1 wild; *animal a.* wild lebend; *plante a.* wild wachsend; **canard** *m* **~** Wildente *f*; *animal, plante* **retourner à l'état ~** verwildern 2 *peuplade* primitiv; unzivilisiert 3 *air, cri* wild; barbarisch 4 (*farouche*) (menschen)scheu 5 (*illégal*) wild; unerlaubt B M/F 1 (*non-civilisé*) Wilde(r) *m/f(m)* 2 (*brute*) Rohling *m*; Barbar(in) *m(f)*
sauvagement [sovaʒmɑ̃] ADV brutal; grausam
sauvageon [sovaʒõ] M, **sauvageonne** [-ɔn] F Naturkind *n*
sauvagerie [sovaʒʀi] F Rohheit *f*; Grausam-

keit *f*; Brutalität *f*
sauvegarde [sovgaʀd] F **1** Schutz *m*; *de droits a.* Wahrung *f* **2** INFORM Sichern *n*; *par ext* Sicherheitskopie *f* **sauvegarder** [-e] V/T **1** schützen; wahren **2** INFORM sichern
sauve-qui-peut [sovkipø] M (! unveränderlich) Panik *f*; wilde Flucht; *int* rette sich, wer kann!
sauver [sove] **A** V/T **1** retten (**de** vor + *dat*); *accidentés* bergen; *au jeu* **sauver la mise** wenigstens den Einsatz retten, wieder herausbekommen; **sauver la vie à qn** j-m das Leben retten; *par ext* **sauver les apparences** den Schein wahren **2** REL erlösen **B** V/PR **se sauver** **1** (*s'enfuir*) davon-, weglaufen; sich davonmachen **2** *fam* (*s'en aller*) (weg)gehen **3** *fam lait* überlaufen, -kochen
sauvetage [sovtaʒ] M Rettung *f*
sauveteur [sovtœʀ] M Retter *m*; **~s** *pl* Rettungsmannschaft *f*
sauvette [sovɛt] **à la ~** COMM schwarz; (*à la hâte*) mit verdächtiger Eile
sauveur [sovœʀ] M **1** Retter *m* **2** **le Sauveur** der Erlöser, Heiland
S.A.V. [ɛsave] M ABR (service après-vente) Kundendienst *m*
savamment [savamɑ̃] ADV **1** *parler* mit Sachkenntnis **2** (*habilement*) geschickt
savane (! nur ein **n**) [savan] F Savanne *f*
savant [savɑ̃] **A** ADJ ⟨-ante [-ɑ̃t]⟩ **1** (*érudit*) gelehrt; (*versé*) sachkundig **2** (*fait avec art*) geschickt; gekonnt **3** *animal* dressiert **B** M Gelehrte(r) *m*; Wissenschaftler *m*
savarin [savaʀɛ̃] M *mit Rum getränkter Napfkuchen*
savate [savat] F **1** alter, abgetragener Schuh; **~s** *pl a. fam* Latschen *mpl* **2** *fam fig* (*maladroit*) Tollpatsch *m*; *fam* Niete *f*
savetier [savtje] M *litt* Flickschuster *m*
saveur [savœʀ] F **1** Geschmack *m* **2** *fig* Reiz *m*; Würze *f*
Savoie [savwa] **la ~** Savoyen *n*
savoir¹ [savwaʀ] ⟨je sais, il sait, nous savons; je savais; je sus; je saurai; que je sache, que nous sachions; sachant; su⟩ **A** V/T **1** (*connaître*) wissen; (*apprendre*) erfahren; **tu sais …** weißt du …; **vous savez …** wissen Sie …; **je n'en sais rien** ich weiß nichts davon; **un je ne sais quoi** ein gewisses Etwas; **on ne sait jamais** man kann nie wissen; **je sais bien que …** ich weiß sehr wohl, dass …; **quand il a su que …** als er erfuhr, dass …; **faire ~ qc à qn** j-m etw mitteilen; j-n etw wissen lassen; **à ~ …** und zwar …; nämlich …; **reste à ~ si …** es fragt sich noch, ob …; **il s'agit de ~ si …** es geht darum, ob …; **(autant) que je sache** soviel ich weiß; meines Wissens; **pas que je sache** nicht, dass ich wüsste; **sachez que …** Sie müssen wissen, dass … **2** (*être capable, avoir appris*) können; **~ l'anglais** Englisch können; **~ lire, nager, jouer au tennis** lesen, schwimmen, Tennis spielen können; *fam* **~ y faire** sich darauf verstehen; **elle a su rester jeune** sie verstand es, jung zu bleiben; **il ne saurait être question de …** es kann keine Rede davon sein zu … **B** V/PR **se ~** **1** (*être connu*) bekannt sein; an den Tag kommen; *fam* herauskommen **2** **il se sait incurable** er weiß, dass er unheilbar krank ist
savoir² M Wissen *n* **savoir-faire** M (! unveränderlich) Können *n*; Know-how *n* **savoir-vivre** M (! unveränderlich) Lebensart *f*; Manieren *pl*
savon [savõ] M **1** Seife *f*; **deux ~s** zwei Stück Seife; **~ liquide** flüssige Seife; **~ de Marseille** Kernseife *f* **2** *fam fig* **passer un ~ à qn** *fam* j-n anschnauzen; j-m den Kopf waschen
savonnage [savɔnaʒ] M Waschen *n* (mit Seife); Einseifen *n*
savonner [savɔne] **A** V/T mit Seife waschen **B** V/PR **se ~** sich einseifen
savonnerie [savɔnʀi] F Seifenfabrik *f* **savonnette** [-ɛt] F Toilettenseife *f*
savonneux [savɔnø] ADJ ⟨-euse [-øz]⟩ **eau savonneuse** Seifenwasser *n*
savourer [savuʀe] V/T genießen
savoureux [savuʀø] ADJ ⟨-euse [-øz]⟩ schmackhaft; köstlich; lecker
savoyard [savwajaʀ] **A** ADJ ⟨-arde [-aʀd]⟩ savoyisch **B** **Savoyard(e)** M(F) Savoyer(in) *m(f)*
Saxe [saks] **la ~** Sachsen *n*
saxe [saks] M Meiß(e)ner Porzellan *n*
saxo [sakso] M *fam* ABR → saxophone, saxophoniste
saxon [saksõ] **A** ADJ ⟨-onne [-ɔn]⟩ sächsisch **B** SUBST **1** **Saxon(ne)** *m(f)* Sachse *m*, Sächsin *f* **2** LING **le ~** das Sächsische; Sächsisch *n*; **le bas, le haut ~** das Nieder-, Obersächsische
saxophone [saksɔfɔn] M Saxophon *n* **saxophoniste** [-ist] M/F Saxophonist(in) *m(f)*
saynète [sɛnɛt] F THÉ **1** HIST Sainete *m* **2** Sket(s)ch *m*
sbire [zbiʀ] M *péj* Scherge *m*
scabreux [skabʀø] ADJ ⟨-euse [-øz]⟩ **1** *histoire* anstößig; schlüpfrig **2** *entreprise* heikel; riskant
scalp [skalp] M Skalp *m*
scalpel [skalpɛl] M Skalpell *n*
scalper [skalpe] V/T skalpieren
scampi [skɑ̃pi] MPL Scampi *pl*
scandale [skɑ̃dal] M **1** Skandal *m*; Ärgernis *n*; **presse** *f* **à ~** Skandalpresse *f*; **causer un ~, faire ~** e-n Skandal verursachen; Ärgernis erregen **2** (*indignation*) Entrüstung *f* **3** **faire du ~** Krach *m* schlagen

scandaleux [skɑ̃dalø] ADJ ⟨-euse [-øz]⟩ skandalös; empörend
scandaliser [skɑ̃dalize] **A** V/T empören **B** V/PR **se ~** Anstoß nehmen (**de** an + *dat*); sich entrüsten (über + *acc*)
scander [skɑ̃de] V/T skandieren
scandinave [skɑ̃dinav] **A** ADV skandinavisch **B** **Scandinave** M/F Skandinavier(in) *m(f)*
Scandinavie [skɑ̃dinavi] **la ~** Skandinavien *n*
scanner [skanɛʀ] M **1** TECH Scanner *m* **2** MÉD Computertomograf *m*
scanographie [skanɔgʀafi] F Computertomografie *f*
scaphandre [skafɑ̃dʀ] M *des plongeurs* Taucheranzug *m*; *des astronautes* Raumanzug *m* **scaphandrier** [-ije] M Taucher *m*
scarabée [skaʀabe] M Skarabäus *m*
scarification [skaʀifikasjõ] F Hautritzung *f*
scarlatine [skaʀlatin] F Scharlach *m*
scarole [skaʀɔl] F Winterendivie *f*
scatologique [skatɔlɔʒik] ADJ skatologisch; auf die Exkremente anspielend
sceau [so] M ⟨~x⟩ Siegel *n*; **garde** *m* **des Sceaux** Justizminister *m*; HIST Siegelbewahrer *m*; **apposer, mettre son ~** sein Siegel aufdrücken; *fig* **sous le ~ du secret** unter dem Siegel der Verschwiegenheit
scélérat [seleʀa] *litt* **A** ADJ ruchlos **B** M Schurke *m*
scellement [sɛlmɑ̃] M Eingipsen *n*; Einzementieren *n*
sceller [sele] V/T **1** *amitié, pacte* besiegeln **2** CONSTR eingipsen; einzementieren
scellés [sele] MPL JUR (Amts)Siegel *n(pl)*
scénario [senaʀjo] M **1** FILM Drehbuch *n* **2** *fig* Szenario *n*; Handlungsschema *n* **scénariste** [-ist] M Drehbuchautor *m*
scène [sɛn] F **1** THÉ Bühne *f* (*a. fig*); **entrer, paraître en ~, paraître sur (la) ~** auftreten; **mettre en ~** THÉ inszenieren; Regie führen (**qc** bei etw) (*a.* FILM); *fig* **occuper le devant de la ~** im Rampenlicht stehen **2** THÉ (*partie d'un acte*) Szene *f* (*a.* FILM, *fig*); Auftritt *m* **3** (*dispute*) Szene *f*; **~ de ménage** Ehekrach *m*; **faire une ~ à qn** j-m e-e Szene machen
scénique [senik] ADJ szenisch; Bühnen…; Theater…
scepticisme [sɛptisism] M Skepsis *f*
sceptique [sɛptik] **A** ADJ skeptisch **B** M/F Skeptiker(in) *m(f)*
sceptre [sɛptʀ] M Zepter *n*
schah → chah
scheik → cheik(h)
schéma [ʃema] M schematische Darstellung; Schema *n*; **dessiner, faire un ~** eine schematische Darstellung zeichnen, anfertigen
schématique [ʃematik] ADJ schematisch (*a. péj*) **schématisation** [-izasjõ] F Schematisierung *f* **schématiser** [-ize] V/T schematisch darstellen; schematisieren (*a. péj*) **schématisme** [-ism] M *souvent péj* Schematismus *m*
schilling [ʃiliŋ] M HIST Schilling *m*
schismatique [ʃismatik] ADJ REL schismatisch
schisme [ʃism] M **1** REL Schisma *n* **2** *fig* Spaltung *f*
schiste [ʃist] M Schiefer *m*
schisteux [ʃistø] ADJ ⟨-euse [-øz]⟩ Schiefer…; schief(e)rig
schizophrène [skizɔfʀɛn] **A** ADJ schizophren **B** M/F Schizophrene(r) *m/f(m)*
schizophrénie [skizɔfʀeni] F Schizophrenie *f*
schlass [ʃlas] *pop* ADJ (**!** unveränderlich) *fam* besoffen; *fam* total blau
Schleu(h) [ʃlø] *péj* M Deutsche(r) *m*
schlinguer [ʃlɛ̃ge] *pop* V/I *fam* miefen
schnaps [ʃnaps] M Schnaps *m*
schnock *ou* **schnoque** [ʃnɔk] M *fam* **vieux schnock** *ou* **schnoque** *fam* alter Knacker
schtroumpf [ʃtʀumpf] M Schlumpf *m*
schuss [ʃus] M SKI Schussfahrt *f*; **descendre (en) ~** Schuss fahren
sciage [sjaʒ] M Sägen *n*
scialytique® [sjalitik] M Orationslampe *f*
sciatique [sjatik] **A** ADJ **nerf ~** Ischiasnerv *m* **B** F Ischias *m ou n*
scie [si] F **1** Säge *f*; **~ circulaire** Kreissäge *f*; **~ à métaux** Metallsäge *f*; **dents** *fpl* **de ~** Sägezähne *mpl*; *fig* **en dents de ~** gezackt (wie e-e Säge); sägeförmig; *par ext* in e-m ständigen Auf und Ab **2** **~ musicale** Singende Säge **3** (**poisson** *m*) **~** Sägefisch *m* **4** *fig fam* Nervensäge *f* **5** *fig chanson* abgedroschener Schlager; Gassenhauer *m*
sciemment [sjamɑ̃] ADV wissentlich
science [sjɑ̃s] F **1** Wissenschaft *f*; **~s humaines** Humanwissenschaften *fpl*; **~s naturelles** Naturwissenschaften *fpl*; *matière enseignée* Biologie *f*; **~s politiques** (*abr* **~s po**) politische Wissenschaften; Politologie *f*; **~s de la vie et de la Terre** (*abr* **SVT**) ≈ Biologie *f* und Erdkunde *f* **2** (*savoir*) Wissen *n*; (Er)Kenntnis *f*
science-fiction F Sciencefiction *f*
scientifique [sjɑ̃tifik] **A** ADJ wissenschaftlich; Wissenschafts… **B** M/F Wissenschaftler(in) *m(f)*
scientisme [sjɑ̃tism] M Wissenschaftsgläubigkeit *f*
scier [sje] V/T **1** *bois, etc* (zer)sägen; *branche* absägen **2** *fam fig* (*stupéfier*) *fam* (glatt) umhauen, umwerfen
scierie [siʀi] F Sägewerk *n*
scinder [sɛ̃de] V/T (*et* V/PR **se ~** sich) (auf)spalten (**en** in + *acc*)

scintillant [sɛ̃tijɑ̃] ADJ ⟨-ante [-ɑ̃t]⟩ funkelnd; glitzernd; schimmernd; flimmernd
scintillement [sɛ̃tijmɑ̃] M 1 *d'étoiles* Funkeln *n*; Glitzern *n*; Schimmern *n*; Flimmern *n* 2 TV Flimmern *n*
scintiller [sɛ̃tije] V/I funkeln; glitzern; schimmern; flimmern
scission [sisjõ] F Spaltung *f*
sciure [sjyʀ] F Sägemehl *n*
sclérose [skleʀoz] F 1 MÉD Sklerose *f*; **~ en plaques** multiple Sklerose 2 *fig d'une institution, etc* Verknöcherung *f*; Erstarrung *f*
sclérosé [skleʀoze] ADJ ⟨~e⟩ 1 MÉD sklerotisch; verhärtet 2 *fig* verknöchert; verkalkt; verkrustet; erstarrt
scléroser [skleʀoze] V/PR **se ~** 1 *tissu, organe* sklerotisch werden; verhärten 2 *fig* verknöchern; verkalken; erstarren
scolaire [skɔlɛʀ] ADJ 1 Schul…; schulisch; **année** *f* **~** Schuljahr *n* 2 *péj* zu schulmäßig
scolarisable [skɔlaʀizabl] ADJ im Einschulungsalter **scolarisation** [-asjõ] F Einschulung *f* **scolariser** [-e] V/T einschulen
scolarité [skɔlaʀite] F Schulbesuch *m*; *durée* Schulzeit *f*; **~ obligatoire** Pflichtschulzeit *f*
scolastique [skɔlastik] A ADJ 1 PHIL scholastisch 2 *péj* schulmeisterlich; spitzfindig B 1 *f* Scholastik *f* 2 *m* Scholastiker *m*
scoliose [skɔljoz] F Skoliose *f*; Rückgratverkrümmung *f*
scolopendre [skɔlɔpɑ̃dʀ] F ZOOL Skolopender *m*
scoop [skup] M *fam* Knüller *m*; Scoop *m*
scooter [skutœʀ, -tɛʀ] M (Motor)Roller *m*; **~ des mers** Jetski *m*; **~ des neiges** Motorschlitten *m*
scootériste [skuteʀist] M/F Rollerfahrer(in) *m(f)*
scorbut [skɔʀbyt] M Skorbut *m*
scorbutique [skɔʀbytik] A ADJ Skorbut…; skorbutisch B M/F Skorbutkranke(r) *m/f(m)*
score [skɔʀ] M 1 SPORTS (Spiel)Stand *m*; **~ final** Endstand *m*, -ergebnis *n* 2 **~ électoral** Wahlergebnis *n*
scories [skɔʀi] FPL Schlacke *f*
scorpion [skɔʀpjõ] M 1 ZOOL Skorpion *m* 2 ASTROL **Scorpion** Skorpion *m*
scotch[1] [skɔtʃ] M ⟨~es⟩ *whisky* Scotch *m*
scotch®[2] M *ruban adhésif* Tesafilm® *m* **scotcher** [-e] V/T mit Tesafilm® kleben
scout [skut] A M Pfadfinder *m* B ADJ ⟨scoute [skut]⟩ Pfadfinder… **scoutisme** [-ism] M Pfadfinderbewegung *f*
scrabble® [skʀabœl] M Scrabble® *n*
scribe [skʀib] M HIST Schreiber *m*
scribouillard [skʀibujaʀ] M *péj* Schreiberling *m*
script [skʀipt] M 1 *écrire* **en ~** in Blockschrift 2 *(scénario)* Skript *n*
scripte [skʀipt] F Skriptgirl *n*
scriptural [skʀiptyʀal] ADJ ⟨~e; -aux [-o]⟩ **monnaie ~e** Buchgeld *n*
scrotum [skʀɔtɔm] M Hodensack *m*
scrupule [skʀypyl] M Skrupel *m*; **~s** *pl a.* Bedenken *npl*; *(conscience professionnelle)* Gewissenhaftigkeit *f*; **sans ~(s)** skrupellos
scrupuleux [skʀypylø] ADJ ⟨-euse [-øz]⟩ gewissenhaft; peinlich genau
scrutateur [skʀytatœʀ] A ADJ ⟨-trice [-tʀis]⟩ *regard* forschend B M Stimmenauszähler *m*
scruter [skʀyte] V/T eingehend untersuchen, erforschen; *horizon* absuchen
scrutin [skʀytɛ̃] M Wahl *f*; **~ majoritaire, proportionnel** Mehrheits-, Verhältniswahl *f*; **~ à deux tours** Wahl mit zwei Wahlgängen, mit (e-r) Stichwahl

Le scrutin majoritaire à deux tours

Frankreich hat ein Mehrheitswahlrecht (**scrutin majoritaire**) mit zwei Wahlgängen (**à deux tours**). Der Wahlmodus besteht darin, im ersten Wahlgang einen Kandidaten für die Nationalversammlung (**Assemblée nationale**) mit absoluter Mehrheit der Stimmen (**majorité absolue**) zu wählen. Erreicht keiner der Kandidaten mehr als 50%, wird ein zweiter Wahlgang durchgeführt, bei dem der Kandidat mit der relativen Mehrheit der Stimmen (**majorité relative**) den Wahlkreis gewinnt. Dadurch entstehen zwar stabile Mehrheiten, die kleineren Parteien aber werden erheblich benachteiligt, da ihre Stimmen unter den Tisch fallen.

LANDESKUNDE

sculpté [skylte] ADJ ⟨~e⟩ 1 *(décoré de sculptures)* mit Skulpturen, Reliefen verziert; *meuble* mit Schnitzereien verziert 2 *statue* in Stein gehauen; *sur bois, ivoire* geschnitzt
sculpter [skylte] V/T *statue* in Stein hauen; (aus)meißeln; *sur bois, ivoire* schnitzen; *bloc de pierre* behauen; *meuble* mit Schnitzereien verzieren; *abs* sich als Bildhauer betätigen
sculpteur [skyltœʀ] M, **sculptrice** [skyltʀis] F Bildhauer(in) *m(f)*; **sculpteur sur bois** Holzschnitzer *m*
sculptural [skyltyʀal] ADJ ⟨~e; -aux [-o]⟩ 1 bildhauerisch; Bildhauer… 2 *fig* von klassischer Schönheit
sculpture [skyltyʀ] F 1 *art* Bildhauerei *f*; Bildhauerkunst *f*; Skulptur *f*; **~ sur bois** Holzschnitzerei *f* 2 *œuvre* Skulptur *f*; Plastik *f* 3 *d'un pneu* **~s**

pl Profil *n*

SDF [ɛsdeɛf] M/F (! unveränderlich) ABR (sans domicile fixe) Obdachlose(r) *m/f(m)*

se [s(ə)] PR PERS (! vor Vokal und stummem h steht **s'**) **1** *réfléchi et réciproque* sich (*acc et dat*); **il ~ lave les mains** er wäscht sich (*dat*) die Hände; **ils ~ regardent** sie sehen sich, einander an **2** *passif* **cela ne ~ fait pas** das tut man nicht **3** *non traduit* **s'en aller** weggehen

séance [seɑ̃s] F **1** (*réunion*) Sitzung *f* **2** MÉD **~ de rayons** Bestrahlung *f* **3** FILM Vorstellung *f*

séant [seɑ̃] **A** M **se dresser, se mettre sur son ~** sich aufsetzen; sich aufrichten **B** *litt* ADJ ⟨-ante [-ɑ̃t]⟩ schicklich

seau [so] M ⟨~x⟩ Eimer *m*; Kübel *m*; **~ à champagne** Sektkübel *m*; **un ~ d'eau** ein Eimer (voll) Wasser; *fig* **il pleut à ~x** es regnet wie mit *ou* wie aus Kübeln

sébacé [sebase] ADJ ⟨~e⟩ Talg...; **glande ~e** Talgdrüse *f*

sébile [sebil] F (Almosen)Schale *f*

séborrhée [sebɔʀe] F MÉD Seborrhö(e) *f*; Talgfluss *m*

sébum [sebɔm] M (Haut)Talg *m*

sec [sɛk] **A** ADJ ⟨sèche [sɛʃ]⟩ **1** trocken; *peau, cheveux a.* spröde; *branche, feuille* dürr; *aliments* getrocknet; **à ~** *nettoyage* Trocken...; *torrent, puits* ausgetrocknet; *fam fig* **être à ~** *fam* blank sein **2** *fig vin* trocken; herb; *bruit, coup* kurz (und heftig); **perte sèche** reiner, glatter Verlust **3** *fig personne* dürr; hager **4** *fig réponse, ton* schroff; barsch; *cœur* hart **B** ADV *frapper* kräftig; *freiner, conduire* scharf; *démarrer* mit e-m Ruck; **boire ~** viel (Alkohol) vertragen (können); *fam* **aussi ~** sofort; auf der Stelle **C** M **tenir qc au ~** etw trocken aufbewahren

sécable [sekabl] ADJ teilbar

SECAM [sekam] M ABR (séquentiel à mémoire) SECAM-System *n*

sécante [sekɑ̃t] F MATH Sekante *f*

sécateur [sekatœʀ] M Gartenschere *f*

sécession [sesesjõ] F Abspaltung *f*; Sezession *f*; **faire ~** sich abspalten

sécessionniste [sesesjɔnist] POL **A** ADJ sezessionistisch **B** M Sezessionist *m*

séchage [seʃaʒ] M Trocknen *n*

sèche [sɛʃ] **A** ADJ → sec **B** F *fam* Glimmstängel *m*

sèche-cheveux [sɛʃʃəvø] M (! unveränderlich) Föhn *m* **sèche-linge** M (! unveränderlich) Wäschetrockner *m* **sèche-mains** M (! unveränderlich) (Hände)Trockner *m*

sèchement [sɛʃmɑ̃] ADV schroff; barsch

sécher [seʃe] ⟨-è-⟩ **A** V/T **1** trocknen; *froid: peau* austrocknen; **poisson séché** getrockneter Fisch; Trockenfisch *m* **2** *fam élève* **~ un cours** e-e Stunde schwänzen **B** V/I **1** *linge, peinture, etc* trocknen; trocken werden; *sol* austrocknen; *route* abtrocknen; *encre* eintrocknen; *récolte* **~ sur pied** verdorren; vertrocknen **2** *fam élève* nichts wissen **C** V/PR **se ~** sich (ab)trocknen

sécheresse [seʃʀɛs] F **1** Trockenheit *f* (*a. fig du style*); Dürre *f* **2** *fig* (*dureté*) Schroffheit *f*; Unfreundlichkeit *f*

séchoir [sɛʃwaʀ] M **1** *à linge* Wäschetrockner *m* **2** *pièce* Trockenraum *m* **3** *à cheveux* Haartrockner *m*

second [s(ə)gõ] **A** NUM ⟨seconde [s(ə)gõd]⟩ zweite; **état ~** → état 1 **B** SUBST **1** **le ~, la ~e** der, die, das Zweite; **en ~** an zweiter Stelle; **être le ~ de sa classe** der Zweitbeste s-r Klasse sein **2** *m étage* **au ~** im zweiten Stock **3** *m* (*adjoint*) Stellvertreter *m*; Assistent *m*; MAR **le ~** der Erste Offizier **4** *f* **~e** ÉCOLE fünfte Klasse im Gymnasium; (Unter- *ou* Ober)Sekunda *f* **5** *f* **~e** CH DE FER zweite Klasse **6** *f* **~e** AUTO zweiter Gang

secondaire [s(ə)gõdɛʀ] ADJ **1** Neben...; nebensächlich; sekundär; zweitrangig; **effets** *mpl* **~s** Nebenwirkungen *fpl* **2** (**enseignement** *m*) **~** *m* höheres Schulwesen **3** **secteur** *m* **~** industrieller Sektor **4** **ère** *f* **~** Mesozoikum *n*; Erdmittelalter *n*

seconde [s(ə)gõd] F Sekunde *f*; **à la ~** in der, pro Sekunde; *par ext* **une ~!** e-e Sekunde, e-n Augenblick (noch)!; **dans une ~** gleich; → second

secondement [s(ə)gõdmɑ̃] ADV zweitens

seconder [s(ə)gõde] V/T **~ qn** j-m zur Hand gehen; MÉD j-m assistieren

secouer [s(ə)kwe] **A** V/T **1** schütteln (*a. tête*); *chiffon* ausschütteln; *poussière, fig joug* abschütteln; *explosion: ville* erschüttern; *dans une voiture* **être secoué** durchgerüttelt, durchgeschüttelt werden **2** *fam* **~ qn** j-n antreiben, *fam* auf Trab bringen **3** *maladie, etc* **~ qn** j-n mitnehmen **B** V/PR **se ~** **1** *chien* sich schütteln **2** *fam* **secoue-toi!** rühr dich!; tu was!

secourable [s(ə)kuʀabl] ADJ hilfreich; hilfsbereit

secourir [s(ə)kuʀiʀ] V/T ⟨→ courir⟩ Hilfe leisten (**qn** j-m)

secourisme [s(ə)kuʀism] M Erste Hilfe **secouriste** [-ist] M/F Helfer(in) *m(f)*; Sanitäter(in) *m(f)*

secours [s(ə)kuʀ] M **1** Hilfe *f*; Hilfeleistung *f*; *pl a.* Hilfsdienst *m*, -mannschaft(en) *f(pl)*; **premiers ~** Erste Hilfe; **~ en montagne** Bergwacht *f*; **roue** *f* **de ~** Reserverad *n*; **sortie** *f* **de ~** Notausgang *m*; **trousse** *f* **de ~** Verband(s)kasten *m*; **au ~!** Hilfe!; **appeler au ~** um Hilfe rufen; **porter ~ à qn** j-m Hilfe leisten; **venir au ~ de**

qn j-m zu Hilfe kommen **2** *matériel, financier* Unterstützung *f*; Hilfe *f*; *pl* Hilfsgüter *npl*

secousse [s(ə)kus] F **1** Stoß *m*; Ruck *m* **2** *fig* Schlag *m*; Schock *m*

secret [səkʀɛ] **A** ADJ ⟨secrète [səkʀɛt]⟩ **1** geheim; Geheim… **2** *personne* verschlossen **B** M **1** Geheimnis *n*; **~ professionnel** Berufsgeheimnis *n*; Schweigepflicht *f*; **~ de la confession** Beichtgeheimnis *n*; **~ d'État** Staatsgeheimnis *n*; **dans le plus grand ~** unter strengster Geheimhaltung; in aller Heimlichkeit; **en ~** heimlich; **avoir le ~ de qc** sich ausgezeichnet auf etw *(acc)* verstehen; **confier un ~ à qn** j-m ein Geheimnis anvertrauen; **garder le ~ sur qc** etw geheim halten; **mettre qn dans le ~** j-n einweihen **2** JUR **mise** *f* **au ~** strenge Isolierung

secrétaire [s(ə)kʀetɛʀ] **1** *m/f* Sekretär(in) *m(f)*; **~ médicale** Arzthelferin *f*; Sprechstundenhilfe *f*; **~** *f* **de direction** Chefsekretärin *f* **2** *m* POL Sekretär *m*; **~ général** Generalsekretär *m*; **~ d'État** Staatssekretär *m* **3** *m* **~ de rédaction** Assistent *m* des Chefredakteurs **4** *m meuble* Sekretär *m*

secrétariat [s(ə)kʀetaʀja] M **1** *service* Sekretariat *n* **2** *métier* Beruf *m* e-r Sekretärin

secrète [səkʀɛt] F *fam (police secrète)* Geheimpolizei *f*

secrètement [səkʀɛtmɑ̃] ADV **1** *(en cachette)* heimlich **2** *(intérieurement)* insgeheim

sécréter [sekʀete] V/T ⟨-è-⟩ **1** BIOL absondern **2** *fig ennui* verbreiten

sécrétion [sekʀesjõ] F **1** *phénomène* Sekretion *f*; Absonderung *f* **2** *substance* Sekret *n*

sectaire [sɛktɛʀ] ADJ intolerant; engstirnig

sectarisme [sɛktaʀism] M Sektierertum *n*

secte [sɛkt] F Sekte *f*

secteur [sɛktœʀ] M **1** ADMIN Bezirk *m*; Sektor *m*; *par ext* Gegend *f (a. fam)* **2** ÉCON (Wirtschafts)-Sektor *m*, (-)Bereich *m*; **~ privé, public** Privat-, Staatswirtschaft *f*; privater, öffentlicher Sektor **3** ÉLEC (Strom)Netz *n*; **panne** *f* **de ~** Netzstörung *f*, -ausfall *m* **4** MATH Sektor *m*

section [sɛksjõ] F **1** MATH Schnitt *m* **2** TECH Querschnitt *m* **3** *d'une route* Streckenabschnitt *m*; *d'une ligne de bus* Teilstrecke *f* **4** ADMIN Abteilung *f*; Sektion *f*; ÉCOLE Fachrichtung *f d'un parti, etc* **~ locale** Ortsgruppe *f* **5** MIL Zug *m* **6** MUS **~ rythmique** Rhythmusgruppe *f*

sectionnement [sɛksjɔnmɑ̃] M **1** Durchschneiden *n*, -trennen *n* **2** *fig* Auf- *f*; Unterteilung *f*

sectionner [sɛksjɔne] **A** V/T **1** durchschneiden; durch-, abtrennen **2** *fig* aufteilen (**en** in + *acc*) **B** V/PR *câble* **se ~** reißen

sectoriel [sɛktɔʀjɛl] ADJ ⟨~le⟩ ÉCON sektorbezogen

sectorisation [sɛktɔʀizasjõ] F Aufteilung *f* in Bezirke

sécu [seky] F ABR *fam* → **sécurité 2**

séculaire [sekylɛʀ] ADJ jahrhundertealt

sécularisation [sekylaʀizasjõ] F Säkularisierung *f* **séculariser** [-e] V/T säkularisieren

séculier [sekylje] ADJ ⟨-ière [-jɛʀ]⟩ weltlich

secundo [s(ə)gõdo] ADV zweitens

sécurisant [sekyʀizɑ̃] ADJ ⟨-ante [-ɑ̃t]⟩ ein Gefühl der Sicherheit, Geborgenheit verleihend

sécuriser [sekyʀize] V/T **~ qn** j-m ein Gefühl der Sicherheit geben

sécurité [sekyʀite] F **1** Sicherheit *f*; **sécurité routière** Verkehrssicherheit *f*; **de sécurité** Sicherheits…; **en toute sécurité** (ganz) beruhigt **2** **Sécurité sociale** (französische) Sozialversicherung **3** TECH Sicherung *f*

sédatif [sedatif] M Beruhigungsmittel *n*

sédentaire [sedɑ̃tɛʀ] ADJ *population, vie* sesshaft; *emploi* ohne Ortsveränderung **sédentariser** [-aʀize] V/T sesshaft machen

sédiment [sedimɑ̃] M GÉOL Sediment *n* (*a.* MÉD); Ablagerung *f* **sédimentaire** [-tɛʀ] ADJ GÉOL Sediment…; sedimentär

sédimentation [sedimɑ̃tasjõ] F MÉD **vitesse** *f* **de ~** Blutsenkungsgeschwindigkeit *f*

séditieux [sedisjø] ADJ ⟨-euse [-øz]⟩ aufrührerisch **sédition** [-sjõ] F Aufruhr *m*

séducteur [sedyktœʀ] M, **séductrice** [-tʀis] F Verführer(in) *m(f)*

séduction [sedyksjõ] F Verführung *f*; *fig a.* Verlockung *f*; **pouvoir** *m* **de ~** Anziehungskraft *f*

séduire [sedɥiʀ] V/T ⟨→ conduire⟩ **1** *femme* verführen **2** *fig (attirer)* verlocken; verführen; *(charmer)* bezaubern

séduisant [sedɥizɑ̃] ADJ ⟨-ante [-ɑ̃t]⟩ verführerisch; bezaubernd; *idée a.* verlockend

segment [sɛgmɑ̃] M **1** MATH, BIOL, *fig* Segment *n* **2** **~ de frein** Bremsbacke *f*; **~ de piston** Kolbenring *m*

segmentation [sɛgmɑ̃tasjõ] F BIOL Segmentierung *f*; *de l'ovule* Furchung *f* **segmenter** [-e] V/T **A** V/T in Segmente gliedern **B** V/PR **se ~** BIOL sich teilen

ségrégatif [segʀegatif] ADJ ⟨-ive [-iv]⟩ trennend wirkend; e-e (scharfe) Trennung bewirkend

ségrégation [segʀegasjõ] F **~ raciale** Rassentrennung *f*

ségrégationnisme [segʀegasjɔnism] M Politik *f* der Rassentrennung **ségrégationniste** [-ist] **A** ADJ Rassentrennungs… **B** M/F Verfechter(in) *m(f)* der Rassentrennung

seiche [sɛʃ] F Tintenfisch *m*

seigle [sɛgl] M Roggen *m*

S

seigneur [sɛɲœʀ] M 1 HIST Lehns-, Grundherr *m*; *fig* **faire le grand ~** groß auftreten 2 REL **le Seigneur** der Herr
seigneurial [sɛɲœʀjal] ADJ ⟨~e; -aux [-o]⟩ herrschaftlich
seigneurie [sɛɲœʀi] F Lehnsherrschaft *f*
sein [sɛ̃] M 1 *d'une femme* Brust *f*; **~s** *pl* Busen *m*; **~s nus** *fam* oben ohne; **donner le ~ à un enfant** e-m Kind die Brust geben 2 *fig* Schoß *m*; **au ~ de** innerhalb (+ *gén*)
Seine [sɛn] **la ~** die Seine
Seine-et-Marne [sɛnemaʀn] **la ~** *frz Departement*
Seine-Maritime [sɛnmaʀitim] **la ~** *frz Departement*
Seine-Saint-Denis [sɛnsɛ̃dni] **la ~** *frz Departement*
seing [sɛ̃] M JUR **acte** *m* **sous ~ privé** Privaturkunde *f*
séisme [seism] M Erdbeben *n*; **~ sous-marin** Seebeben *n*
séismique [seismik] → sismique
séismographe [seismɔgʀaf] → sismographe
SEITA [seta] F ABR (Société nationale d'exploitation industrielle des tabacs et allumettes) *frz Tabakkonzern*
seize [sɛz] A NUM sechzehn; **Louis XVI** Ludwig XVI. (der Sechzehnte); **le ~ mai** der sechzehnte *ou* am sechzehnten Mai B M (! unveränderlich) Sechzehn *f*; **le ~ (du mois)** der Sechzehnte *ou* am Sechzehnten (des Monats)
seizième [sɛzjɛm] NUM sechzehnte
séjour [seʒuʀ] M 1 Aufenthalt *m*; **carte** *f* **de ~** *en France* Ausländerausweis *m*; **permis** *m* **de ~** Aufenthaltserlaubnis *f*, -genehmigung *f*, -bewilligung *f*; **faire un bref ~** sich kurz aufhalten (**à Paris** in Paris) 2 (**salle** *f* **de**) **~** Wohnzimmer *n*
séjourner [seʒuʀne] V/I 1 *personne* sich aufhalten 2 *eau* stehen bleiben; *cadavre* **~ trois mois dans la neige** drei Monate im Schnee (begraben) liegen
sel [sɛl] M 1 Salz *n* (*a.* CHIM); **~s de bain** Badesalz *n*; **régime** *m* **sans ~** salzlose Kost 2 *fig* (feiner) Witz; Würze *f*
sélect [selɛkt] ADJ ⟨~e⟩ vornehm; *fam* piekfein
sélecteur [selɛktœʀ] M AUTO Wählhebel *m*; *d'une moto* Fußschalthebel *m*; ÉLEC Wählschalter *m*; *d'un lave-linge* Programmtaste *f*
sélectif [selɛktif] ADJ ⟨-ive [-iv]⟩ selektiv
sélection [selɛksjõ] F Auswahl *f* (*a.* SPORTS *équipe*); Auslese *f* (*a.* BIOL); **faire une ~** e-e Auswahl treffen (**parmi les candidats** unter den Bewerbern)
sélectionner [selɛksjɔne] V/T auswählen; **fruits sélectionnés** Qualitätsobst *n*
sélectionneur [selɛksjɔnœʀ] M Nationaltrainer *m*
sélectivité [selɛktivite] F Trennschärfe *f*
sélénium [selenjɔm] M Selen *n*
self [sɛlf] M ABR *fam* (self-service) Selbstbedienungsrestaurant *n*
self-control [sɛlfkõtʀol] M Selbstbeherrschung *f*
self-made-man [sɛlfmɛdman] M ⟨self-made-men [-mɛn]⟩ Selfmademan *m*
self-service [sɛlfsɛʀvis] M ⟨self-services⟩ Selbstbedienungsrestaurant *n*; Selbstbedienungsladen *m*
selle [sɛl] F 1 Sattel *m*; **cheval** *m* **de ~** Reitpferd *n*; **se mettre en ~** aufsitzen 2 CUIS Rücken *m*; **~ de chevreuil** Rehrücken *m* 3 **~s** *pl* Stuhlgang *m*; **aller à la ~** Stuhlgang haben
seller [sele] V/T satteln
sellerie [sɛlʀi] F 1 *métier* Sattlerei *f* 2 (*selles et harnais*) Sattelzeug *n*
sellette [sɛlɛt] F **être sur la ~** im Blickpunkt stehen; **mettre qn sur la ~** j-n ausfragen, *fam* ausquetschen
sellier [sɛlje] M Sattler *m*
selon [s(ə)lõ] PRÉP gemäß, entsprechend, (je) nach, zufolge (+ *dat*); **~ moi** meines Erachtens; *fam* **c'est ~** je nachdem
semailles [s(ə)maj] FPL Aussaat *f*
semaine [s(ə)mɛn] F 1 Woche *f*; **la ~ sainte** die Karwoche; **des ~s (entières)** wochenlang; **au début, au milieu, à la fin de la ~ prochaine** Anfang, Mitte, Ende nächster Woche; *fig* **à la petite ~** kurzsichtig; ohne klares Konzept; **en ~** unter der Woche; wochentags; **une fois par ~** einmal wöchentlich, pro Woche, in der Woche 2 *paie* Wochenlohn *m*
semainier [s(ə)menje] M Wochenkalender *m*
sémantique [semɑ̃tik] A ADJ semantisch B F Semantik *f*
sémaphore [semafɔʀ] M 1 MAR Semaphor *n* *ou* *m* 2 CH DE FER Flügelsignal *n*
semblable [sɑ̃blabl] A ADJ 1 (*analogue*) ähnlich (**à** *dat*) 2 (*tel*) derartige; solche B M 1 (*personne comparable*) **son ~** seinesgleichen 2 (*prochain*) **ses ~s** s-e Mitmenschen *mpl*
semblant [sɑ̃blɑ̃] M **un semblant de ...** ein Anschein von ...; **il fait semblant de dormir** er tut so, als ob er schliefe *ou* *fam* schläft; er stellt sich schlafend; **ne faire semblant de rien** sich (*dat*) nichts anmerken lassen
sembler [sɑ̃ble] A V/I scheinen; **vous semblez fatigué** Sie scheinen müde zu sein B V/IMP **il me semble inutile de** (+ *inf*) es scheint mir unnötig zu (+ *inf*); **comme bon lui semble** wie er es für richtig hält; **il (me) semble que** (+ *ind ou* + *subj*) es scheint *ou* mir scheint, (dass) ...

S

semelle [s(ə)mɛl] F 1 (Schuh)Sohle *f*; *à l'intérieur* Einlegesohle *f*; **battre la ~** mit den Füßen stampfen (*um sich aufzuwärmen*); **ne pas quitter qn d'une ~** j-m auf Schritt und Tritt folgen 2 TECH Grundplatte *f*
semence [s(ə)mɑ̃s] F Samen *m*; AGR *a.* Saat *f*; Saatgut *n*
semer [s(ə)me] V/T ‹-è› 1 AGR (aus-, an)säen 2 (*répandre*) (aus)streuen 3 *fig terreur, faux bruits* verbreiten; *discorde* säen 4 *fam* **~ qn** *fam* j-n abhängen
semestre [s(ə)mɛstʀ] M Halbjahr *n*; UNIVERSITÉ Semester *n*; **par ~** halbjährlich
semestriel [səmɛstʀijɛl] ADJ ‹~le› halbjährlich
semeur [s(ə)mœʀ] M, **semeuse** [-øz] F Sämann *m*, Säerin *f*
semi-automatique [səmiɔtɔmatik] ADJ halb automatisch **semi-conducteur** M ‹semi-conducteurs› Halbleiter *m*
semi-fini [səmifini] ADJ ‹~e› **produit ~** Halbfabrikat *n*, -fertigware *f*
sémillant [semijɑ̃] ADJ ‹-ante [-ɑ̃t]› lebhaft
séminaire [seminɛʀ] M Seminar *n*
séminal [seminal] ADJ ‹~e; -aux [-o]› ANAT **vésicules ~es** Samenblasen *fpl*
séminariste [seminaʀist] M Seminarist *m*
sémiologie [semjɔlɔʒi] F LING, MÉD Semiologie *f* **sémiotique** [-tik] F Semiotik *f*
semi-perméable [səmipɛʀmeabl] ADJ PHYS halb durchlässig; semipermeabel **semi-remorque** M ‹semi-remorques› Sattelschlepper *m*; Sattelzug *m*
semis [s(ə)mi] M 1 *action* Aussaat *f* 2 *plantes* Sämlinge *mpl* 3 *terrain* Saatbeet 4 *décor* Streumuster *n*
sémite [semit] A ADJ semitisch B **Sémite** M/F Semit(in) *m(f)* **sémitique** [-ik] ADJ semitisch
semoir [səmwaʀ] M Sämaschine *f*; **~ à engrais** Düngerstreumaschine *f*
semonce [səmɔ̃s] F 1 Rüge *f*; Tadel *m* 2 MAR, *fig* **coup** *m* **de ~** Warnschuss *m*
semoule [s(ə)mul] F Grieß *m*
sempiternel [sɑ̃pitɛʀnɛl, sɛ̃-] ADJ ‹~le› dauernd; *fam* ewig
Sénat [sena] M Senat *m*
sénateur [senatœʀ] M Senator *m*
sénatorial [senatɔʀjal] ADJ ‹~e; -aux [-o]› 1 (*du Sénat*) Senats… 2 (*des sénateurs*) Senatoren…
séneçon [sɛnsɔ̃] M Kreuzkraut *n*
Sénégal [senegal] **le ~** Senegal *n ou* der Senegal
sénégalais [senegalɛ] A ADJ senegalesisch B **Sénégalais(e)** M(F) Senegalese *m*, -esin *f*
sénile [senil] ADJ senil; greisenhaft **sénilité** [-ite] F Senilität *f*
senior [senjɔʀ] M SPORTS Senior *m*; *adjt* **catégorie** *f* **~** Seniorenklasse *f*
sens¹ [sɑ̃s] M 1 Sinn *m*; **les cinq sens** die fünf Sinne; *fig* **le sixième sens** der sechste Sinn; *par ext* **le bon sens, le sens commun** der gesunde Menschenverstand; **sens esthétique** ästhetisches Empfinden; **sens pratique** praktische Veranlagung; **sens du devoir** Pflichtbewusstsein *n*, -gefühl *n*; **plaisirs** *mpl* **des sens** Sinnengenuss *m*, -freuden *fpl*; **à mon sens** meines Erachtens; **avoir le sens de qc** Sinn, ein Gespür für etw haben; **avoir le sens des affaires** Geschäftssinn besitzen; geschäftstüchtig sein; **avoir le sens de l'humour** Sinn für Humor haben; *fig* **cela tombe sous le sens** das liegt auf der Hand 2 (*signification*) Sinn *m*; Bedeutung *f*; **au sens strict, large du terme** im engeren, weiteren Sinn (des Wortes); **à double sens** doppel-, zweideutig; **dénué, dépourvu de sens** sinnlos; **en un sens** in gewissem Sinne; **en ce sens que** insofern, als; **ne pas avoir de sens** keinen Sinn haben, machen; **donner un sens à qc** e-r Sache e-n Sinn geben 3 (*direction*) Richtung *f*; **sens interdit** Verbot *n* der Einfahrt; (**rue** *f* **à**) **sens unique** Einbahnstraße *f*; **dans tous les sens** kreuz und quer; nach allen Seiten; **dans le sens des aiguilles d'une montre** im Uhrzeigersinn; **dans le sens de la longueur** der Länge nach; in (der) Längsrichtung; **dans le sens de la marche** in Fahrtrichtung; **en sens inverse** in entgegengesetzter Richtung; in der Gegenrichtung; **sens dessus dessous** [sɑ̃dsydsu] völlig durcheinander; in völliger Unordnung
sens² [sɑ̃] → sentir
sensation [sɑ̃sasjɔ̃] F 1 (*perception*) Empfindung *f*; (*émotion*) Gefühl *n*; **aimer les ~s fortes** den Nervenkitzel mögen; **éprouver une ~ de fatigue** Müdigkeit verspüren, empfinden 2 (*forte impression*) Sensation *f*; **faire ~** Aufsehen erregen; e-e Sensation sein; **à ~** Sensations…
sensationnalisme [sɑ̃sasjɔnalism] M Sensationsgier *f*, -lust *f*
sensationnel [sɑ̃sasjɔnɛl] ADJ ‹~le› 1 aufsehenerregend; sensationell 2 *fam* toll; *fam* klasse; *fam* spitze
sensé [sɑ̃se] ADJ ‹~e› vernünftig
sensibilisation [sɑ̃sibilizasjɔ̃] F 1 PHOT, BIOL Sensibilisierung *f* 2 *fig* **~ de l'opinion (publique)** Sensibilisierung *f* der Öffentlichkeit (**à qc** für etw)
sensibiliser [sɑ̃sibilize] V/T sensibilisieren (**qn à qc** j-n für etw; *a.* MÉD, PHOT); *fig* **~ l'opinion (publique)** die öffentliche Meinung, die Öffentlichkeit empfänglich machen, sensibilisieren (**à un problème** für ein Problem)
sensibilité [sɑ̃sibilite] F 1 *d'une personne* Sensi-

S

bilität *f*; Empfindsamkeit *f*; Feinfühligkeit *f* **2** TECH Empfindlichkeit *f*; PHOT Lichtempfindlichkeit *f*

sensible [sɑ̃sibl] ADJ **1** empfindlich; **~ à la douleur** schmerzempfindlich **2** *(impressionnable)* sensibel; empfindsam; feinfühlend; **~ à la flatterie** empfänglich für Schmeicheleien; **avoir le cœur ~** ein weiches, mitfühlendes Herz haben **3** *appareil* empfindlich; PHOT lichtempfindlich **4** *(perceptible)* wahrnehmbar; *progrès, baisse* fühlbar; spürbar; merklich **5** *(délicat) dossier* heikel; **quartier** *m* **~** Problemviertel *n*

sensiblement [sɑ̃sibləmɑ̃] ADV **1** *(notablement)* fühlbar; spürbar; merklich **2** *(à peu près)* etwa; ungefähr

sensiblerie [sɑ̃sibləʀi] F Sentimentalität *f*; *fam* Gefühlsduselei *f*

sensitif [sɑ̃sitif] ADJ ⟨-ive [-iv]⟩ Empfindungs…

sensitive [sɑ̃sitiv] F Mimose *f*; Sinnpflanze *f*

sensoriel [sɑ̃sɔʀjɛl] ADJ ⟨~le⟩ Sinnes…; sensorisch

sensualisme [sɑ̃sɥalism] M Sensualismus *m*

sensualité [-ite] F Sinnlichkeit *f*

sensuel [sɑ̃sɥɛl] ADJ ⟨~le⟩ sinnlich

sentence [sɑ̃tɑ̃s] F Urteil(sspruch) *n(m)*; **prononcer, exécuter une ~** ein Urteil fällen, vollstrecken

sentencieux [sɑ̃tɑ̃sjø] ADJ ⟨-euse [-øz]⟩ *péj* schulmeisterlich; belehrend

senteur [sɑ̃tœʀ] *litt* F Duft *m*

senti [sɑ̃ti] ADJ ⟨~e⟩ **bien ~** treffend

sentier [sɑ̃tje] M Fußweg *m*; Pfad *m*; *les Indiens et fig* **être sur le ~ de (la) guerre** auf dem Kriegspfad sein

sentiment [sɑ̃timɑ̃] M **1** Gefühl *n*; Empfindung *f*; **~ d'infériorité** Minderwertigkeitsgefühl *n*; *fam* **ça n'empêche pas les ~s** das tut der Liebe keinen Abbruch; *fam* **la faire** *ou* **faire ça au ~** *fam* es auf die sanfte Tour versuchen; **manifester ses ~s** s-e Gefühle zeigen; **partager les ~s de qn** j-s Gefühle teilen; **prendre qn par les ~s** j-n von der Gefühlsseite her nehmen, packen; **veuillez agréer l'expression de mes ~s distingués** mit freundlichen Grüßen **2** *(opinion)* Meinung *f*; Ansicht *f*

sentimental [sɑ̃timɑ̃tal] ADJ ⟨~e; -aux [-o]⟩ **1** *(affectif)* Gefühls…; *personne* gefühlsbetont **2** *péj* sentimental; gefühlvoll; *film, etc a.* rührselig **3** *(amoureux)* Liebes…

sentimentalisme [sɑ̃timɑ̃talism] M Hang *m* zur Sentimentalität **sentimentalité** [-ite] F Sentimentalität *f*

sentinelle [sɑ̃tinɛl] F (Wach)Posten *m*

sentir [sɑ̃tiʀ] ⟨je sens, il sent, nous sentons; je sentais; je sentis; je sentirai; que je sente; sentant; senti⟩ **A** V/T **1** fühlen; (ver)spüren; empfinden; **sentir la mort venir** den Tod herannahen fühlen; **faire sentir qc à qn** j-n etw spüren lassen; **se faire sentir** sich bemerkbar machen; spürbar, fühlbar werden **2** *(flairer)* riechen; *fam fig* **ne pas pouvoir sentir qn** *fam* j-n nicht riechen können **3** *(répandre une odeur)* **sentir qc** nach etw riechen; **sentir bon** gut riechen; duften; **sentir mauvais** schlecht *ou* übel riechen; stinken; **sentir de la bouche** aus dem Mund riechen **4** *fig* **ça sent la neige** es sieht nach Schnee aus **B** V/PR **se sentir bien** sich wohlfühlen; **se sentir mal** sich schlecht, elend fühlen; **se sentir la force de faire qc** sich stark genug fühlen, etw zu tun; **ne plus se sentir de joie** vor Freude außer sich sein; **cela se sent** das merkt, spürt, fühlt man

seoir [swaʀ] ⟨défect: il sied; il seyait; il siérait; seyant⟩ *litt* **A** V/I *robe* **~ à qn** j-m stehen **B** V/IMP **il sied à qn de faire qc** *litt* es geziemt sich für j-n, etw zu tun

Séoul [seul] Seoul *n*

sépale [sepal] M Kelchblatt *n*

séparable [sepaʀabl] ADJ trennbar

séparateur [sepaʀatœʀ] ADJ ⟨-trice [-tʀis]⟩ trennend

séparation [sepaʀasjɔ̃] F **1** Trennung *f*; **~ de biens** Gütertrennung *f* **2** Teilung *f*; **la ~ de l'Allemagne** die deutsche Teilung; **~ des pouvoirs** Gewaltenteilung *f*

séparatisme [sepaʀatism] M Separatismus *m*

séparatiste [sepaʀatist] **A** ADJ separatistisch **B** M/F Separatist(in) *m(f)*

séparé [sepaʀe] ADJ ⟨~e⟩ getrennt; *époux* getrennt lebend **séparément** [-mɑ̃] ADV getrennt; gesondert

séparer [sepaʀe] **A** V/T trennen **B** V/PR **se séparer** sich trennen (**de qn, qc** von j-m, etw); auseinandergehen

sept [sɛt] **A** NUM sieben; **le ~ mai** der sieb(en)te *ou* am sieb(en)ten Mai **B** M (❗ unveränderlich) Sieben *f*; Siebener *m*; **le ~ (du mois)** der Sieb(en)te *ou* am Sieb(en)ten (des Monats)

septante [sɛptɑ̃t] NUM (❗ nur in Belgien und in der Schweiz; sonst sagt man **soixante-dix**) siebzig

septembre [sɛptɑ̃bʀ] M September *m*

septennal [sɛptɛ(n)nal] ADJ ⟨~e; -aux [-o]⟩ siebenjährig *ou* -jährlich; **mandat ~** Mandat *n* auf sieben Jahre; *a.* siebenjährige Amtszeit

septennat [sɛptena] M siebenjährige Amtszeit *(des frz Staatspräsidenten bis 2002)*

septentrional [sɛptɑ̃tʀijɔnal] ADJ ⟨~e; -aux [-o]⟩ nördlich; Nord…

septicémie [sɛptisemi] F Blutvergiftung *f*

septième [sɛtjɛm] **A** NUM sieb(en)te **B** SUBST **1** **le, la ~** der, die das Sieb(en)te **2** *m* MATH

Sieb(en)tel *n* **3** *m étage* **au ~** im sieb(en)ten Stock **4** *f* fünfte Grundschulklasse
septièmement [sɛtjɛmmɑ̃] ADV siebtens *ou* siebentens
septique [sɛptik] ADJ **fosse** *f* **~** Klärgrube *f*
septuagénaire [sɛptɥaʒenɛʀ] M/F Siebzigjährige(r) *m/f(m)*
septuple [sɛptypl] **A** ADJ siebenfach **B** SUBST **le ~** das Siebenfache
septupler [sɛptyple] **A** V/T versiebenfachen **B** V/I sich versiebenfachen
sépulcral [sepylkʀal] ADJ ⟨~e; -aux [-o]⟩ **voix ~e** Grabesstimme *f*
sépulcre [sepylkʀ] M → Saint-Sépulcre
sépulture [sepyltyʀ] F Grab(stätte) *n(f)*
séquelles [sekɛl] FPL (Spät)Folgen *fpl*; Nachwirkungen *fpl*
séquence [sekɑ̃s] F Sequenz *f*; Folge *f*
séquentiel [sekɑ̃sjɛl] ADJ ⟨~le⟩ INFORM sequenziell
séquestration [sekɛstʀasjõ] F Freiheitsberaubung *f*
séquestre [sekɛstʀ] M JUR Zwangsverwaltung *f* **séquestrer** [-e] V/T (widerrechtlich) einsperren
séquoia [sekɔja] M Mammutbaum *m*
séracs [seʀak] MPL Eiszacken *fpl*, -türme *mpl*
serai [s(ə)ʀɛ], **sera(s)** [s(ə)ʀa] → être[1]
sérail [seʀaj] M Serail *n*; *fig* **être du ~** zum engsten Kreis (um j-n) gehören
serbe [sɛʀb] **A** ADJ serbisch **B** SUBST **1 Serbe** *m/f* Serbe *m*, Serbin *f* **2** LING **le ~** das Serbische; Serbisch *n*
Serbie [sɛʀbi] **la ~** Serbien *n*
serbo-croate [sɛʀbokʀɔat] **A** ADJ serbo-kroatisch **B** SUBST LING **le ~** das Serbokroatische; Serbokroatisch *n*
serein [səʀɛ̃] ADJ ⟨-eine [-ɛn]⟩ **1** *(calme)* ruhig; ausgeglichen; leidenschaftslos **2** *temps, ciel* heiter
sérénade [seʀenad] F **1** MUS (nächtliches) Ständchen; *composition* Serenade *f* **2** *(charivari) fam* Radau *m*; *(rengaine) fam* alte Leier
sérénité [seʀenite] F Ruhe *f*; Ausgeglichenheit *f*
serf [sɛʀ(f)] M HIST Leibeigene(r) *m*
serge [sɛʀʒ] F (Kammgarn)Serge *f*
sergent [sɛʀʒɑ̃] M Unteroffizier *m* **sergent-chef** M ⟨sergents-chefs⟩ Feldwebel *m* **sergent-major** M ⟨sergents-majors⟩ Ober- *ou* Hauptfeldwebel *m*; *chargé de la comptabilité* Rechnungsführer *m*
serial killer [seʀjalkilәʀ] M ⟨serial killers⟩ Serienmörder *m*
sériciculture [seʀisikyltyʀ] F Seidenraupenzucht *f*
série [seʀi] F **1** Reihe *f* (*a.* MATH); Serie *f* (*a.* TV); Folge *f*; *de choses semblables a.* Satz *m*; **~ noire** Serie von Katastrophen, Verbrechen; *de malchance* Pechsträhne *f*; LITTÉRATURE *fam* Krimireihe *f*; **voiture** *f* **de ~** Serienwagen *m*; **en ~** serienmäßig; in Serie; Serien…; **fabrication** *f* **en ~** Serienfertigung *f*; **°hors ~** in Sonderanfertigung hergestellt; *fig* außergewöhnlich **2** ÉLEC **montage** *m* **en ~** Hintereinander-, Reihenschaltung *f* **3** SPORTS Leistungsgruppe *f*, -klasse *f*
sériel [seʀjɛl] ADJ ⟨~le⟩ *musique* seriell
sérier [seʀje] V/T systematisch prüfen
sérieusement [seʀjøzmɑ̃] ADV **1** *(sans plaisanter)* im Ernst **2** *(gravement)* ernstlich **3** *(consciencieusement)* ernsthaft; *travailler* gewissenhaft **4** *(vraiment)* wirklich
sérieux [seʀjø] **A** ADJ ⟨-euse [-øz]⟩ **1** *(grave)* ernst; *doute a.* ernstlich; *offre* ernsthaft; ernst gemeint; **ce n'est pas ~?** das ist doch nicht Ihr Ernst? **2** *(important)* bedeutend; groß; *raisons* gewichtig **3** *personne dans sa conduite* solid(e); *(consciencieux)* zuverlässig; gewissenhaft *(a. travail)*; *élève* fleißig; COMM *maison* seriös **B** M Ernst *m*; Ernsthaftigkeit *f*; **garder son ~** ernst bleiben; **prendre qn, qc au ~** j-n, etw ernst nehmen; **se prendre au ~** sich wichtig nehmen
serin [s(ə)ʀɛ̃] M **1** ZOOL Kanarienvogel *m* **2** *fig (nigaud)* Einfaltspinsel *m*
seriner [s(ə)ʀine] V/T *péj* einhämmern (**qc à qn** j-m etw)
seringa [s(ə)ʀɛ̃ga] M Falscher Jasmin
seringue [s(ə)ʀɛ̃g] F MÉD Spritze *f*
serment [sɛʀmɑ̃] M Eid *m* (*a.* JUR); Schwur *m*; **~ d'amour** Liebesschwur *m*; *fig* **~ d'ivrogne** leere Versprechungen *fpl*; **sous (la foi du) ~** unter Eid; eidlich; **faire (le) ~ de** (+ *inf*) schwören zu (+ *inf*); **prêter ~** e-n Eid leisten, ablegen
sermon [sɛʀmõ] M **1** ÉGL Predigt *f* **2** *péj* Straf-, Moralpredigt *f*
sermonner [sɛʀmɔne] V/T abkanzeln **sermonneur** [-œʀ] M Moralprediger *m*
sérologie [seʀɔlɔʒi] F Serologie *f*
séronégatif [seʀonegatif] ADJ ⟨-ive [-iv]⟩ HIV-negativ
séropo [seʀopo] ADJ *fam* ABR → séropositif
séropositif [seʀopozitif] ADJ ⟨-ive [-iv]⟩ HIV-positiv; aidsinfiziert
serpe [sɛʀp] F Hippe *f*; *fig visage* **taillé à coups de ~** grob(schlächtig)
serpent [sɛʀpɑ̃] M **1** ZOOL Schlange *f*; **~ à sonnettes** Klapperschlange *f* **2** **~ monétaire** Währungsschlange *f*
serpenter [sɛʀpɑ̃te] V/I sich schlängeln
serpentin [sɛʀpɑ̃tɛ̃] M **1** Papierschlange *f* **2** TECH (Rohr)Schlange *f*
serpette [sɛʀpɛt] F Rebmesser *n*

S

serpillière [sɛʀpijɛʀ] F Scheuertuch *n*
serpolet [sɛʀpɔlɛ] M Feldthymian *m*
serrage [sɛʀaʒ] M (Fest)Klemmen *n*; (Fest)Spannen *n*; *d'une vis, d'un frein* Anziehen *n*
serre [sɛʀ] F 1 Gewächs-, Treibhaus *n* 2 *des rapaces* **~s** *pl* Fänge *mpl*
serré [seʀe] ADJ ⟨~e⟩ 1 *vêtement* eng; knapp; *nœud* fest; *par ext café* stark; **en rangs ~s** in geschlossenen, dichten Reihen; *gens* **être ~s** dicht gedrängt stehen 2 *concurrence* scharf; *discussion* hart; *score* knapp; *fig* **jouer ~** sich *(dat)* keine Blöße geben
serre-joint(s) M (! unveränderlich) Schraubzwinge *f* **serre-livres** M (! unveränderlich) Bücherstütze *f*
serrement [sɛʀmɑ̃] M **~ de main** Händedruck *m*; **~ de cœur** Bedrücktheit *f*; Beklemmung *f*
serrer [seʀe] A V/T 1 zusammendrücken; *dans sa main* festhalten; *sous son bras* klemmen; *dans un étau* spannen; *dents* zusammenbeißen; *lèvres* zusammenkneifen; *poings* ballen; *fig gorge* zuschnüren; *fig cœur* zusammenschnüren; *vêtement* **serrer qn** j-m zu eng sein; spannen; *chaussures* drücken; **serrer la main à qn** j-m die Hand geben, drücken; **serrer les rangs** zusammenrücken; **serrer qn dans ses bras** j-n in die Arme schließen; *fig* **serrer qn de près** zudringlich werden 2 *nœud* fest-, zuziehen; *ceinture* enger machen, schnallen; *vis, frein* anziehen B V/I **serrer à droite** sich rechts halten C V/PRON 1 *cœur* **se serrer** sich zusammenschnüren 2 **se serrer contre qn** sich an j-n anschmiegen; *réciproquement* **se serrer** sich (zusammen)drängen; zusammenrücken
serre-tête M (! unveränderlich) *bandeau* Stirnband *n*; *en métal* Haarreif *m*
serrure [seʀyʀ] F Schloss *n*; **trou** *m* **de la ~** Schlüsselloch *n*
serrurerie [seʀyʀʀi] F Schlosserei *f*
serrurier [seʀyʀje] M Schlosser *m*
sers, sert [sɛʀ] → servir
sertir [sɛʀtiʀ] V/T *pierre précieuse* fassen
sertissage [sɛʀtisaʒ] M 1 *de pierres précieuses* Fassen *n* 2 TECH Falzen *n*
sérum [seʀɔm] M Serum *n*
servage [sɛʀvaʒ] M HIST Leibeigenschaft *f*
serval [sɛʀval] M ZOOL Serval *m*
servant [sɛʀvɑ̃] A M 1 ÉGL CATH Messdiener *m*; Ministrant *m* 2 MIL Kanonier *m* 3 TENNIS Aufschläger *m* B ADJ → chevalier
servante [sɛʀvɑ̃t] F Magd *f*
serveur [sɛʀvœʀ] M 1 *(garçon)* Kellner *m* 2 TENNIS Aufschläger *m* 3 INFORM *organisme* Provider *m*; *ordinateur* Server *m*
serveuse [sɛʀvøz] F Kellnerin *f*; Bedienung *f*; Serviererin *f*
serviabilité [sɛʀvjabilite] F Hilfsbereitschaft *f*; Gefälligkeit *f* **serviable** [-abl] ADJ hilfsbereit; gefällig
service [sɛʀvis] M 1 Dienst *m*; ÉCON **services** *pl* Dienstleistungen *fpl*; *secteur* Dienstleistungsgewerbe *n*; **service secret** Geheimdienst *m*; **service de cars** Busverbindung *f*; **service d'entretien** Wartungsdienst *m*; **service de nuit** Nachtdienst *m*; **service d'ordre** Ordnungsdienst *m*; **service en ligne** Onlinedienst *m*; **être de service** Dienst haben; im Dienst sein; **j'ai un service à vous demander** ich möchte Sie um e-n Gefallen bitten; **je suis à votre service** ich stehe zu Ihren Diensten; **rendre (un) service à qn** j-m e-n Dienst, e-e Gefälligkeit erweisen; j-m e-n Gefallen tun; *chose* **rendre de grands services à qn** j-m gute Dienste leisten, tun 2 **service (militaire)** Wehr-, Militärdienst *m* 3 **service (religieux)** Gottesdienst *m* 4 *dans un restaurant, etc* Bedienung *f*; Service *m*; **service compris** einschließlich Bedienung 5 TECH **en service** in Betrieb; **mettre en service** in Betrieb nehmen; **°hors service** außer Betrieb 6 *vaisselle* Service *n*; **service à café** Kaffeeservice *n* 7 *d'une entreprise* Abteilung *f*; ADMIN Dienststelle *f*; Behörde *f*; *d'un hôpital* Station *f*; **service public** öffentlicher Betrieb; öffentliche Einrichtung 8 TENNIS Aufschlag *m*; Service *m ou n*; VOLLEY-BALL An-, Aufgabe *f*
serviette [sɛʀvjɛt] F 1 **~ (de toilette)** Handtuch *n*; **~ de bain** Badetuch *n* 2 **~ (de table)** Serviette *f*; **~ en papier** Papierserviette *f* 3 **~ hygiénique, périodique** (Damen-, Monats-)Binde *f* 4 *sac en cuir* Mappe *f*; Aktentasche *f*
servile [sɛʀvil] ADJ unterwürfig; servil; sklavisch
servilité [-ite] F Unterwürfigkeit *f*; Servilität *f*
servir [sɛʀviʀ] ⟨je sers, il sert, nous servons; je servais; je servis; je servirai; que je serve; servant; servi⟩ A V/T 1 dienen (+ *dat*); *abs* **~ dans la marine** bei der Marine dienen 2 **~ qn** j-n bedienen; **on vous sert, Madame?** werden Sie schon bedient?; **se faire ~** sich bedienen lassen 3 *repas, plat* servieren; reichen; auf den Tisch bringen; *st/s* auftragen; **~ qc à qn** j-m etw servieren, vorsetzen; **~ à boire** Getränke servieren 4 TENNIS **~ (la balle)** (den Ball) aufschlagen B V/T INDIR 1 **~ à qn** j-m nützen; *abs* **cela peut encore ~** das kann man noch (ge)brauchen; **cela ne sert à rien (de** + *inf*) es nützt nichts, es hat keinen Wert *ou* Zweck (zu + *inf*); **à quoi ça sert de** (+ *inf*)? was nützt es, welchen Zweck hat es zu (+ *inf*)? 2 **~ à (faire) qc** zu etw dienen; *fam* **à quoi sert cette machine?** wozu dient diese Maschine? 3 **~ de** dienen als; **~ de bouc émissaire** als Sündenbock herhalten müssen; **~ de père à qn** bei j-m Vaterstelle

S

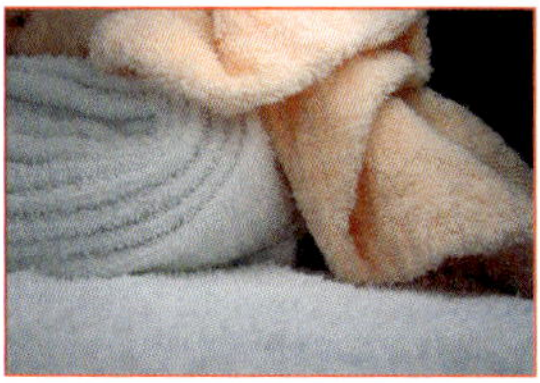

les serviettes (fpl) — Handtücher

la serviette — Serviette

vertreten **C** VPR **1** **se ~** sich bedienen; **servez-vous!** bedienen Sie sich!; greifen Sie zu!; **se ~ de rôti** von dem Braten nehmen **2** **se ~ de qc** etw benutzen, gebrauchen, verwenden; *st/s* sich e-r Sache *(gén)* bedienen; **se ~ de qn** sich j-s bedienen **3** **se ~ frais** kühl serviert werden

serviteur [sɛʀvitœʀ] M Diener *m*

servitude [sɛʀvityd] F **1** *(asservissement)* Knechtschaft *f*; *(contrainte)* Zwang *m* **2** JUR (Grund)Dienstbarkeit *f*

servofrein [sɛʀvofʀɛ̃] M Bremskraftverstärker *m* **servomoteur** M Servomotor *m*

ses [se] → son[1]

sésame [sezam] M BOT Sesam *m*

session [sɛsjõ] F **1** *d'une assemblée* Sitzungsperiode *f* **2** *d'un examen* **~ de juin** Junitermin *m* **3** INFORM Sitzung *f*

set [sɛt] M **1** TENNIS Satz *m* **2** **~ (de table)** Set *n*

setter [setɛʀ] M *chien* Setter *m*

seuil [sœj] M **1** (Tür)Schwelle *f* **2** *fig* Schwelle *f*; **~ d'audibilité** Hörschwelle *f*; **~ de tolérance** Toleranzschwelle *f*

seul [sœl] **A** ADJ ⟨~e⟩ **1** *(solitaire)* allein; alleinstehend; einsam; **parler tout ~** Selbstgespräche führen; **rire tout ~** vor sich *(acc)* hin lachen; **~ à ~** unter vier Augen **2** *(unique)* einzig; bloß; **une ~e fois** ein einziges Mal; **à la ~e pensée de partir** bei dem bloßen Gedanken, (allein) schon beim Gedanken an die Abreise **B** ADVT allein; nur; **à elle ~e** sie allein; nur sie; **cela va tout ~** das geht (ganz) von selbst, von allein(e) **C** SUBST **un ~, une ~e** ein Einziger, e-e Einzige, ein Einziges; **pas un ~** kein Einziger; nicht ein Einziger; **le ~, la ~e** der, die, das Einzige

seulement [sœlmã] ADV **1** nur; bloß; lediglich; **non ~ … mais aussi, encore …** nicht nur …, sondern auch … **2** *temporel* erst; **~ ce soir** erst heute Abend **3** **(ne …) pas ~** nicht einmal

sève [sɛv] F **1** BOT Saft *m* **2** *fig* Kraft *f*

sévère [sevɛʀ] ADJ **1** *(dur, austere)* streng; *critique* hart **2** *(grave) pertes, défaite* schwer

sévèrement [sevɛʀmã] ADV **1** *punir* streng; *critiquer* hart **2** *(gravement)* schwer; ernstlich

sévérité [seveʀite] F Strenge *f*

sévices [sevis] MPL Misshandlungen *fpl*; **exercer des ~ sur qn** j-n misshandeln

Séville [sevil, -vij] Sevilla *n*

sévir [seviʀ] VI **1** **~ contre** mit aller Strenge vorgehen gegen; *abs* hart durchgreifen **2** *épidémie* grassieren; *tempête, voyous* wüten

sevrage [səvʀaʒ] M *d'un enfant* Entwöhnung *f*; Abstillen *n*; *d'un drogué* Entziehung *f* (von Rauschgiften)

sevrer [səvʀe] VT ⟨-è-⟩ **1** *enfant* abstillen; entwöhnen *(a. drogué)* **2** *fig et st/s* **~ qn de qc** j-n e-r Sache *(gén)* berauben

sexagénaire [sɛksaʒenɛʀ] M/F Sechzigjährige(r) *m/f(m)*

sex-appeal [sɛksapil] M Sex-Appeal *m*

sexe [sɛks] M **1** Geschlecht *n*; **le beau ~** das schöne Geschlecht; **des deux ~s** beiderlei Geschlechts; **du ~ masculin, féminin** männlichen, weiblichen Geschlechts **2** *organes* Geschlechtsteile *pl* **3** *(sexualité)* Sex *m*

sexisme [sɛksism] M Sexismus *m*

sexiste [sɛksist] **A** ADJ sexistisch **B** M/F Sexist(in) *m(f)*

sexologie [sɛksɔlɔʒi] F Sexologie *f*; Sexualforschung *f* **sexologue** [-lɔg] M/F Sexologe, -login *m,f*; Sexualforscher(in) *m(f)*

sex-shop [sɛksʃɔp] M OU F ⟨sex-shops⟩ Sexshop *m*

sextant [sɛkstã] M MAR Sextant *m*

sextuple [sɛkstypl] **A** ADJ sechsfach **B** SUBST **le ~** das Sechsfache

sextuplé(e)s [sɛkstyple] M(F)PL Sechslinge *mpl*

sextupler [sɛkstyple] **A** VT versechsfachen **B** VI sich versechsfachen

sexualité [sɛksɥalite] F Sexualität *f*

sexué [sɛksɥe] ADJ ⟨~e⟩ BIOL geschlechtlich (differenziert)

sexuel [sɛksɥɛl] ADJ ⟨~le⟩ geschlechtlich; Geschlechts…; **avoir des rapports ~s avec qn** e-e sexuelle Beziehung mit j-m haben

sexy [sɛksi] ADJ (! unveränderlich) sexy

seyant [sɛjã] ADJ ⟨-ante [-ãt]⟩ passend; gut sitzend; kleidsam

Seychelles [sɛʃɛl] **les ~** FPL die Seychellen *pl*

S

SGML [ɛsʒeɛmɛl] M ABR (standard generalized markup language) INFORM SGML *f*
shah → chah
shaker [ʃɛkœʀ] M Shaker *m*; Mixbecher *m*
shakespearien [ʃɛkspiʀjɛ̃] ADJ ‹-ienne [-jɛn]› Shakespeare…
shako [ʃako] M Tschako *m*
shampooiner [ʃɑ̃pwine] V/T → shampouiner
shampo(o)ing [ʃɑ̃pwɛ̃] M 1 *produit* Shampoo(n) *n* 2 *lavage* Haarwäsche *f*; **se faire faire un ~** sich (*dat*) die Haare waschen lassen
shampouiner [ʃɑ̃pwine] V/T die Haare waschen (**qn** j-m) **shampouineuse** [-øz] F Friseuse, die die Haare wäscht
Shanghai [ʃɑ̃gaj] Schanghai *n*
shérif (! nur ein **f**) [ʃeʀif] M Sheriff *m*
sherry [ʃeʀi] M Sherry *m*
shetland [ʃɛtlɑ̃d] M Shetlandwolle *f*; (**pull** *m* **en**) ~ Shetlandpullover *m*
Shetland [ʃɛtlɑ̃d] **les îles** FPL ~ die Shetlandinseln *fpl*
shetlandais [ʃɛtlɑ̃dɛ] ADJ ‹-aise [-ɛz]› **poney ~** Shetlandpony *n*
shit [ʃit] M *fam* (*haschisch*) Shit *m ou n*
Shoah [ʃoa] F S(c)hoah *f*
shoot [ʃut] M 1 FOOTBALL Schuss *m* 2 *d'une drogue fam* Schuss *m*
shooter [ʃute] A V/I FOOTBALL schießen B V/PR *drogué* **se ~** sich (*dat*) e-n Schuss setzen
shopping [ʃɔpiŋ] M **faire du ~** e-n Einkaufsbummel machen
short [ʃɔʀt] M Shorts *pl*; kurze Hose
show [ʃo] M Show *f*
showbiz [ʃobiz] *fam* M, **show-business** [ʃobiznɛs] M Showbusiness *n*
si¹ [si] ADV 1 doch; *vous ne viendrez pas? - ~!* doch!; **que ~** aber doch; doch, ganz bestimmt 2 (*tellement*) so; **pas ~ vite!** nicht so schnell!
si² A CONJ (! vor **il** und **ils** steht **s'**) 1 wenn; falls; **~ vous continuez ainsi …** wenn, falls Sie so weitermachen …; **~ on veut** wenn man so will; **~ je le savais, je vous le dirais** wenn ich es wüsste, würde ich es Ihnen sagen; **~ ce n'est** (*excepté*) außer (+ *dat*); (*sinon*) wenn nicht; **~ ce n'est que** außer dass 2 dass; **c'est à peine ~ …** kaum dass … 3 ob; **je ne sais pas s'il viendra** ich weiß nicht, ob er kommt; **vous pensez s'il a été content!** und ob er sich gefreut hat! B M (! unveränderlich) Wenn *n*
si³ M (! unveränderlich) MUS h *ou* H *n*
siamois [sjamwa] ADJ ‹-oise [-waz]› **chat ~** Siamkatze *f*; **frères** *mpl* **~** *ou* **sœurs ~es** siamesische Zwillinge *mpl*
Sibérie [sibeʀi] **la ~** Sibirien *n*
sibérien [sibeʀjɛ̃] ADJ ‹-ienne [-jɛn]› sibirisch
sibyllin [sibilɛ̃] ADJ ‹-ine [-in]› sibyllinisch; geheimnisvoll; rätselhaft
sic [sik] ADV (*textuellement*) sic
sicav [sikav] F (! unveränderlich) ABR (société d'investissement à capital variable) 1 Investmentgesellschaft *f* 2 Investmentzertifikat *n*
Sicile [sisil] **la ~** Sizilien *n*
sicilien [sisiljɛ̃] A ADJ ‹-ienne [-jɛn]› sizilianisch B **Sicilien(ne)** M(F) Sizilianer(in) *m(f)*
sida [sida] M ABR (syndrome immuno-déficitaire acquis) Aids *n*
side-car [sidkaʀ] M ‹side-cars› (Motorrad *n* mit) Seitenwagen *m*
sidéen [sideɛ̃] A ADJ ‹-enne [-ɛn]› aidskrank B **~(ne)** M(F) Aidskranke(r) *m/f(m)*
sidéral [sideʀal] ADJ ‹~e; -aux [-o]› **année ~e** siderisches Jahr; Sternjahr *n*
sidérant [sideʀɑ̃] *fam* ADJ ‹-ante [-ɑ̃t]› verblüffend
sidérer [sideʀe] *fam* V/T ‹-è-› völlig verblüffen; **sidéré** sprachlos; fassungslos
sidérurgie [sideʀyʀʒi] F Eisenhüttenwesen *n*
sidérurgique [sideʀyʀʒik] ADJ **industrie** *f* **~** Eisen- und Stahlindustrie *f*; **usine** *f* **~** Eisenhütte *f*
sidérurgiste [sideʀyʀʒist] M Eisenhütten-, Stahlwerker *m*
siècle [sjɛkl] M Jahrhundert *n*; **au vingtième (XXᵉ) ~** im zwanzigsten (20.) Jahrhundert; *fam* **il y a des ~s que …** *fam* es ist e-e Ewigkeit her, dass …; **être de son ~** mit der Zeit gehen

Le grand siècle

Das 17. Jahrhundert wird in Frankreich allgemein als das **grand siècle** bezeichnet. Um 1685 ist Frankreich das wohlhabendste, das bevölkerungsreichste und das militärisch stärkste Land Europas. Die französische Kultur beeinflusst nachhaltig den gesamten Kontinent. Die klassische Literatur wird beherrscht von Autoren wie Molière, Corneille und Racine. Kultur, Politik, Gesellschaft ordnen sich dem absoluten Herrscher Ludwig XIV. (**Louis XIV**) unter, der in Versailles residiert und der Wissenschaftler, Maler und Musiker protegiert und fördert. Französisch ist zu diesem Zeitpunkt die Sprache der europäischen Elite.

LANDESKUNDE

sied [sje] → seoir
siège [sjɛʒ] M 1 Sitz *m* (*a. d'un organisme, d'une douleur, à une assemblée*); *pour s'asseoir a.* Sitzgelegenheit *f*; **~ social** Firmensitz *m*; **bain** *m* **de ~** Sitzbad *n* 2 ÉGL Stuhl *m* 3 MIL Belagerung *f*; **lever le ~** die Belagerung aufheben

S

siéger [sjeʒe] V/I ‹-è-, -ge-› **1** *assemblée* tagen **2** *député* e-n Sitz haben, sitzen (**à** in + *dat*)

sien [sjɛ̃] **A** PR POSS ‹sienne [sjɛn]› **le ~, la ~ne** der, die, das seine; seine(r, -s); *possesseur féminin* der, die, das ihre; ihre(r, -s); *pl* **les ~s, les ~nes** die seinen *ou* ihren; seine *ou* ihre **B** SUBST **1 y mettre du ~** das Seine *ou* Ihre, sein(en) *ou* ihr(en) Teil dazu beitragen **2 les ~s** (*famille, amis*) die Seinen *ou* Ihren **3 il a encore fait des ~nes** er hat sich (*dat*) wieder was geleistet

Sierra Leone [sjɛʀaleɔn] **la ~** Sierra Leone *n*

sierra-léonien [sjɛʀaleɔnjɛ̃] **A** ADJ ‹-ienne [-jɛn]› sierra-leonisch **B** SUBST **Sierra-Léonien(ne)** M(F) Sierra Leoner(in) *m(f)*

sieste [sjɛst] F Mittagsschlaf *m*; Siesta *f*; **faire la ~** ein Mittagsschläfchen halten, machen; Siesta halten

sieur [sjœʀ] M JUR **le ~ X** Herr X

sifflant [siflɑ̃] ADJ ‹-ante [-ɑ̃t]› pfeifend; **consonne ~e** Zischlaut *m*

sifflement [sifləmɑ̃] M Pfeifen *n*; RAD *a.* Pfeifgeräusch *n*; *résultat* Pfiff *m*

siffler [sifle] **A** V/T **1** *air, chanson* pfeifen; **~ son chien** s-m Hund pfeifen; **~ le coup d'envoi** das Spiel anpfeifen **2** *orateur, pièce* auspfeifen **3** *fam* (*boire*) *fam* runterkippen **B** V/I pfeifen (*a. oiseau, vent, balle*); *merle* flöten; *serpent, vapeur* zischen

sifflet [siflɛ] M **1** *instrument* Pfeife *f*; **coup** *m* **de ~** Pfiff *m* **2** *pl* **~s** (*huées*) Pfiffe *mpl*; Pfeifkonzert *n* **3** *fam* **ça lui a coupé le ~** *fam* da blieb ihm die Spucke weg

siffleur [siflœʀ] **A** ADJ ‹-euse [-øz]› (gern, viel) pfeifend; *merle* flötend **B** M j-d, der pfeift; Pfeifer *m*

sifflotement [siflɔtmɑ̃] M halblautes, leises Pfeifen **siffloter** [-e] V/T *et* V/I (leise) vor sich (*acc*) hin pfeifen

sigle [sigl] M (aus den Initialen bestehende) Abkürzung; Kürzel *n*

signal [siɲal] M ‹-aux [-o]› Signal *n* (*a.* CH DE FER); Zeichen *n*; **~ d'alarme** CH DE FER Notbremse *f*; *contre le vol* Alarmanlage *f*; **donner le ~ de qc** das Zeichen zu etw geben

signalé [siɲale] *litt* ADJ ‹~e› bemerkenswert; bedeutend

signalement [siɲalmɑ̃] M Personenbeschreibung *f*; *d'un fugitif* Steckbrief *m*

signaler [siɲale] **A** V/T **1** (*indiquer*) anzeigen; signalisieren **2** (*faire remarquer*) **~ qc à qn** j-n auf etw (*acc*) hinweisen; j-m etw mitteilen, melden; **rien à ~** keine besonderen Vorkommnisse **B** V/PR **se ~** sich hervortun, sich auszeichnen (**par** durch)

signalétique [siɲaletik] ADJ **fiche** *f* **~** Erkennungsbogen *m*

signalisation [siɲalizasjõ] F *routière* Be-, Ausschilderung *f*; Verkehrszeichen *npl*; (*signaux*) Signalsystem *n* **signaliser** [-e] V/T *route* be-, ausschildern

signataire [siɲatɛʀ] M Unterzeichner *m*

signature [siɲatyʀ] F **1** (*nom*) Unterschrift *f*; **apposer sa ~** s-e Unterschrift daruntersetzen **2** *action* Unterzeichnung *f*

signe [siɲ] M **1** Zeichen *n*; MATH *a.* Vorzeichen *n*; ASTROL Sternzeichen *n*, -bild *n*; **signes particuliers** besondere Kennzeichen *npl*; **signe de ponctuation** Satzzeichen *n*; **signe du zodiaque** Tierkreiszeichen *n*; Sternzeichen *n*; **en signe de** zum, als Zeichen (+ *gén*); **sous le signe de** im Zeichen (+ *gén*); **ne plus donner signe de vie** kein Lebenszeichen mehr von sich geben; **c'est bon, mauvais signe** das ist ein gutes, schlechtes Zeichen **2** (*geste*) Wink *m*; **signe de tête (affirmatif, négatif)** Kopfnicken *n ou* -schütteln *n*; **faire signe à qn** j-m winken; *pour dire bonjour* j-m zuwinken; *par ext* sich bei j-m melden

signer [siɲe] **A** V/T unterschreiben; unterzeichnen; *œuvre* signieren **B** V/PR **se ~** sich bekreuzigen

signet [siɲɛ] M **1** Buch-, Lesezeichen *n* **2** INFORM Bookmark *n ou f*

signifiant [siɲifjɑ̃] M LING Signifikant *m*; Schrift- *ou* Lautbild *n*

significatif [siɲifikatif] ADJ ‹-ive [-iv]› bezeichnend (**de** für) **signification** [-sjõ] F Bedeutung *f*; Sinn *m*

signifié [siɲifje] M LING Signifikat *n*; Begriff *m*

signifier [siɲifje] V/T **1** (*vouloir dire*) bedeuten **2** (*faire savoir*) mitteilen, bekannt geben (**qc à qn** j-m etw) **3** JUR zustellen

silence [silɑ̃s] M **1** Schweigen *n*; *d'un endroit* Stille *f*; **~!** Ruhe!; **~ de mort** Totenstille *f*; **garder le ~** Stillschweigen bewahren (**sur** über + *acc*); **passer sous ~** verschweigen **2** MUS Pause *f*

silencieux [silɑ̃sjø] **A** ADJ ‹-euse [-øz]› still; *endroit a.* ruhig; *pas, geste* lautlos; *machine* geräuschlos; (*taciturne*) schweigsam; **majorité silencieuse** schweigende Mehrheit; **rester ~** stillschweigen **B** M TECH Schalldämpfer *m*

Silésie [silezi] **la ~** Schlesien *n*

silésien [silezjɛ̃] ADJ ‹-ienne [-jɛn]› schlesisch

silex [silɛks] M Feuerstein *m*

silhouette [silwɛt] F **1** Silhouette *f*; Umrisse *mpl* **2** *d'une personne* Figur *f*

silice [silis] F Kieselerde *f* **siliceux** [-ø] ADJ ‹-euse [-øz]› kieselartig, -haltig; Kiesel…

silicium [silisjɔm] M Silicium *n*

silicone [silikon] F Silikon *n* **silicose** [-os] F Silikose *f*; Staublunge *f*

sillage [sijaʒ] M **1** MAR Kielwasser *n*; *fig* **mar-**

cher dans le ~ de qn in die Fuß(s)tapfen j-s treten **2** *d'un parfum* Duftwolke *f*

sillon [sijõ] M **1** AGR, ANAT Furche *f* **2** *d'un disque* Rille *f*

sillonner [sijɔne] V/T *bateau: mer* durchpflügen; *routes: pays* durchziehen; *en voiture* **~ une région** in e-r Gegend umherfahren; *visage* **sillonné de rides** zerfurcht

silo [silo] M Silo *m ou n*

silure [silyʀ] M ZOOL Wels *m*

simagrées [simagʀe] FPL Gehabe *n*; Getue *n*; *fam* Mätzchen *npl*; **faire des ~** sich zieren; *fam* sich anstellen; *fam* Mätzchen machen

simiesque [simjɛsk] ADJ affenähnlich

similaire [similɛʀ] ADJ gleichartig; ähnlich

simili [simili] M Imitation *f*; Nachahmung *f*

similicuir [similikɥiʀ] M Kunstleder *n*

similitude [similityd] F Ähnlichkeit *f*

simple [sɛ̃pl] **A** ADJ **1** einfach; *méthode a.* simpel; *style, robe, etc a.* schlicht; GRAM **passé** *m* **~** historisches Perfekt; Passé simple *n* **2** **~ d'esprit** geistig beschränkt **B** M **1** TENNIS Einzel *n* **2** PHARM **~s** *pl* Heilkräuter *npl*

simplement [sɛ̃pləmɑ̃] ADV einfach

simplet [sɛ̃plɛ] ADJ ⟨-ette [-ɛt]⟩ etwas einfältig; simpel; naiv

simplicité [sɛ̃plisite] F Einfachheit *f*; *du style a.* Schlichtheit *f*; *d'une personne a.* (*naturel*) Natürlichkeit *f*; Unkompliziertheit *f*; (*modestie*) Anspruchslosigkeit *f*; **en toute ~** einfach; schlicht; ohne Umstände (zu machen)

simplifiable [sɛ̃plifjabl] ADJ vereinfachbar; MATH *fraction* kürzbar

simplificateur [sɛ̃plifikatœʀ] ADJ ⟨-trice [-tʀis]⟩ vereinfachend **simplification** [-fikasjõ] F Vereinfachung *f*

simplifier [sɛ̃plifje] **A** V/T vereinfachen; MATH *fraction* kürzen **B** V/PR **se ~** einfacher werden

simplisme [sɛ̃plism] M übermäßige Vereinfachung *f*; Einseitigkeit *f* **simpliste** [-ist] ADJ zu einfach; zu einseitig

simulacre [simylakʀ] M **~ de ...** Schein...; **~ de combat** Scheingefecht *n*

simulateur [simylatœʀ] M, **simulatrice** [-tʀis] F **1** Simulant(in) *m(f)* **2** *m* TECH Simulator *m*; **simulateur de vol** Flugsimulator *m*

simulation [simylasjõ] F **1** Verstellung *f* (*abs*); Vortäuschung *f*; Simulieren *n* **2** TECH Simulierung *f*; Simulation *f*

simulé [simyle] ADJ ⟨~e⟩ vorgetäuscht; fingiert; Schein...

simuler [simyle] V/T **1** (*feindre*) vortäuschen; heucheln; *maladie a.* simulieren **2** TECH simulieren

simultané [simyltane] ADJ ⟨~e⟩ gleichzeitig; **traduction ~e** Simultanübersetzung *f*

simultanéité [simyltaneite] F Gleichzeitigkeit *f*

simultanément [simyltanemɑ̃] ADV gleichzeitig; zur gleichen Zeit

Sinaï [sinai] **le ~** der Sinai

sinapisme [sinapism] M Senfpflaster *n*

sincère [sɛ̃sɛʀ] ADJ aufrichtig; ehrlich; offen

sincèrement [-mɑ̃] ADV → sincère

sincérité [sɛ̃seʀite] F Aufrichtigkeit *f*; Ehrlichkeit *f*; Offenheit *f*

sinécure [sinekyʀ] F *fam* Druckposten *m*; *fam* **ce n'est pas une ~** *fam* das ist kein Honigschlecken

sine die [sinedje] **renvoyer un débat ~** e-e Debatte auf unbestimmte Zeit vertagen

sine qua non [sinekwanɔn] **condition** *f* **~** unerlässliche Voraussetzung

Singapour [sɛ̃gapuʀ] Singapur *n*

singe [sɛ̃ʒ] M **1** ZOOL Affe *m*; **faire le ~** Faxen machen **2** *argot* (*corned-beef*) Büchsenfleisch *n* **3** *argot* (*patron*) **le ~** *fam* der Alte

singer [sɛ̃ʒe] V/T ⟨-ge-⟩ nachäffen

singeries [sɛ̃ʒʀi] FPL Grimassen *fpl*; Faxen *fpl*; **faire des ~** Faxen machen; Grimassen schneiden

singulariser [sɛ̃gylaʀize] V/PR **se ~** auffallen; von den anderen abstechen

singularité [sɛ̃gylaʀite] F **1** (*particularité*) Eigenart *f*; Eigenheit *f* **2** (*étrangeté*) Eigenartigkeit *f*

singulier [sɛ̃gylje] **A** ADJ ⟨-ière [-jɛʀ]⟩ **1** eigenartig; eigentümlich; sonderbar **2** **combat ~** Einzelkampf *m* **B** M GRAM Singular *m*; Einzahl *f*

singulièrement [sɛ̃gyljɛʀmɑ̃] ADV **1** (*très*) ungemein; überaus **2** (*bizarrement*) eigenartig

sinistre [sinistʀ] **A** ADJ **1** unheimlich; *présage* Unheil verkündend **2** *péj* **une ~ crapule** ein elender Lump **B** M **1** (Brand-, Flut-, Erdbeben-)Katastrophe *f* **2** JUR Schaden(sfall) *m*

sinistré [sinistʀe] **A** ADJ ⟨~e⟩ von e-r Katastrophe heimgesucht; geschädigt; **région ~e** Katastrophengebiet *n* **B** M Opfer *n* (e-r Katastrophe); Geschädigte(r) *m*

sinistrose [sinistʀoz] F Katastrophenstimmung *f*; Schwarzseherei *f*

sino-... [sino] ADJ chinesisch-...

sinologie [sinɔlɔʒi] F Sinologie *f*; Chinakunde *f* **sinologue** [-lɔg] M/F Sinologe, -login *m,f*

sinon [sinõ] CONJ **1** (*autrement*) sonst; ander(e)nfalls **2** (*sauf*) außer **3** (*si ce n'est*) wenn nicht (gar)

sinueux [sinɥø] ADJ ⟨-euse [-øz]⟩ **1** *ligne* gewunden; *route* kurvenreich **2** *fig* verschlungen; gewunden

sinuosités [sinɥozite] FPL Windungen *fpl*; Krümmungen *fpl*

sinus [sinys] M 1 ANAT Nasennebenhöhle *f* 2 MATH Sinus *m*
sinusite [sinyzit] F Stirnhöhlenkatarrh *m*
sinusoïdal [sinyzɔidal] ADJ ⟨~e; -aux [-o]⟩ Sinus…; **fonction ~e** Sinusfunktion *f*; **mouvement ~** Sinusschwingung *f*
sinusoïde [sinyzɔid] F Sinuskurve *f*
sionisme [sjɔnism] M Zionismus *m* **sioniste** [-ist] A ADJ zionistisch B M/F Zionist(in) *m(f)*
Sioux [sju] MPL Sioux *mpl*; *fam fig* **ruses** *fpl* **de ~** geschickte Tricks *mpl*
siphon [sifõ] M 1 *d'un évier* Geruchsverschluss *m*; Siphon *m* 2 *bouteille* Siphon(flasche) *m(f)* 3 PHYS Saugheber *m*
siphonné [sifɔne] ADJ ⟨~e⟩ *fam* meschugge; → cinglé
sire [siʀ] M 1 *titre* **Sire** Majestät 2 **un triste ~** ein übles Subjekt
sirène [siʀɛn] F Sirene *f* (*a.* MYTH)
sirocco [siʀɔko] M Schirokko *m*
sirop [siʀo] M Sirup *m*; **~ contre la toux** Hustensaft *m*; **fruits** *mpl* **au ~** eingemachte Früchte *fpl*
siroter [siʀɔte] *fam* V/T mit Genuss schlürfen
sirtaki [siʀtaki] M Sirtaki *m*
sirupeux [siʀypø] ADJ ⟨-euse [-øz]⟩ 1 siruppartig 2 *fig et péj musique* schmalzig
sis [si] ADJ ⟨sise [siz]⟩ JUR gelegen
sismicité [sismisite] F Seismizität *f*; Erdbebentätigkeit *f*
sismique [sismik] ADJ Erdbeben…; **secousse** *f* **~** Erdstoß *m*
sismogramme [sismɔgʀam] M Seismogramm *n* **sismographe** [-gʀaf] M Seismograph *m*, -meter *n* **sismologie** [-lɔʒi] F Seismologie *f* **sismologue** [-lɔg] M/F Seismologe, -login *m,f*
site [sit] M 1 *(paysage)* Landschaft *f*; Gegend *f*; *(endroit)* Stätte *f*; *d'une ville* Lage *f*; *d'une usine* Standort *m*; **~ archéologique** Ausgrabungsstätte *f*; **~ classé** Natur- *ou* Kulturdenkmal *n*; **~ historique** historische Stätte; **~ protégé** Landschaftsschutzgebiet *n*; **~ touristique** Sehenswürdigkeit *f* 2 INFORM **~ (Web, Internet)** Website *f*; **le ~ officiel de …** die Homepage von …
sit-in [sitin] M (❗ unveränderlich) Sit-in *n*
sitôt [sito] A ADV **pas de ~** nicht so bald; nicht so schnell; **~ dit, ~ fait** gesagt, getan B CONJ **~ que** sobald
situation [sitɥasjõ] F 1 *d'une ville, d'une maison* Lage *f* 2 *(circonstances)* Lage *f*; Situation *f* (*a.* THÉ); Verhältnisse *npl*; **~ délicate, désespérée** heikle, verzweifelte Lage, Situation; **~ de famille** Familien-, Personenstand *m*; **être en ~ de** (*+inf*) in der Lage sein zu (*+inf*); **mettre qn en ~** j-m kurz die Situation erklären 3 *(emploi)* (berufliche) Stellung; Position *f*; **se faire une ~** sich (*dat*) e-e Position schaffen
situé [sitɥe] ADJ ⟨~e⟩ gelegen; **être ~** liegen
situer [sitɥe] A V/T einordnen; zuordnen (+ *dat*); verlegen B V/PR **se ~** *chose* liegen; *événement* stattfinden; *roman* spielen (**à** in + *dat*); *personne* sich einordnen; POL stehen (**à gauche** links)
six [sis, *vor Konsonant* si, *vor Vokal* siz] A NUM sechs; **le ~ mai** der sechste *ou* am sechsten Mai; **Charles VI** Karl VI. (der Sechste); **~ jours** *mpl* Sechstagerennen *n* B M Sechs *f*; Sechser *m*; **le ~ (du mois)** der Sechste *ou* am Sechsten (des Monats)
sixième [sizjɛm] A NUM sechste B SUBST 1 **le, la ~** der, die, das Sechste 2 *m* MATH Sechstel *n* 3 *m étage* **au ~** im sechsten Stock 4 *f* erste Klasse im Gymnasium; Sexta *f*
sixièmement [sizjɛmmã] ADV sechstens
six-quatre-deux [siskatdø] *fam* **à la ~** *fam* schluderig
skaï® [skaj] M Skai® *n*
skate-board [skɛtbɔʀd] M ⟨skate-boards⟩ Skateboard *n*
sketch [skɛtʃ] M ⟨sketches⟩ Sket(s)ch *m*
ski [ski] M 1 Ski *ou* Schi *m*; **à, en ~s** auf Skiern 2 *sport* Skilauf(en) *m(n)*; Skifahren *n*; Skisport *m*; **faire du ~** Ski laufen, fahren; **~ de fond** (Ski-)Langlauf *m*
skiable [skjabl] ADJ zum Skifahren geeignet; *neige* gefühlig
skier [skje] V/I Ski laufen, fahren
skieur [skjœʀ] M, **skieuse** [-øz] F Skiläufer(in) *m(f)*; Skifahrer(in) *m(f)*; **skieur, skieuse de fond** (Ski)Langläufer(in) *m(f)*
skin(head) [skin(ɛd)] M/F Skin(head) *m*
skipper [skipœʀ] M MAR Skipper *m*
slalom [slalɔm] M Slalom *m*; Torlauf *m*; **~ géant, spécial** Riesen-, Spezialslalom *m*; *fig* **faire du ~** Slalom fahren
slalomer [slalɔme] V/I Slalom fahren; im Zickzack fahren *ou* gehen
slalomeur [slalɔmœʀ] M, **slalomeuse** [-øz] F Slalomläufer(in) *m(f)*
slash [slaʃ] M TYPO Slash *m*
slave [slav] A ADJ slawisch B **Slave** M/F Slawe *m*, Slawin *f*
slavisant [slavizã] M → slaviste **slaviser** [-e] V/T slawisieren
slaviste [slavist] M/F Slawist(in) *m(f)* **slavistique** F Slawistik *f*
slavophile [slavɔfil] A ADJ slawophil B M Slawophile(r) *m*
slip [slip] M Slip *m*; *pour femme a.* Höschen *n*; **~ de bain** Badehose *f*
slogan [slɔgã] M Slogan *m*; Parole *f*; Schlag-

wort *n*

slovaque [slɔvak] **A** ADJ slowakisch **B** SUBST **1** **Slovaque** *m/f* Slowake *m*, Slowakin *f* **2** LING **le ~** das Slowakische; Slowakisch *n*

Slovaquie [slɔvaki] **la ~** die Slowakei

slovène [slɔvɛn] **A** ADJ slowenisch **B** **Slovène** M/F Slowene *m*, Slowenin *f*

Slovénie [slɔveni] **la ~** Slowenien *n*

slow [slo] M *danse* Slowfox *m*

smala(h) [smala] F *fam péj* Sippschaft *f*

smash [smaʃ] M ⟨smashes⟩ Schmetterball *m* **smasher** [-e] V/I schmettern

SME [ɛsɛmə] M ABR (Système monétaire européen) EWS *n*

SMIC [smik] M ABR (salaire minimum interprofessionnel de croissance) gesetzlicher Mindestlohn

Le SMIC

Beim **SMIC** (salaire minimum interprofessionnel de croissance) handelt es sich um einen gesetzlich festgelegten Bruttomindestlohn. Er wurde 1950 eingeführt und ist fest in der Verfassung und im Arbeitsrecht verankert. Die Höhe des SMIC wird einmal jährlich am 1. Juli an die gesamtwirtschaftliche Lage angepasst. Der Anteil der **smicards** (Mindestlohnempfänger) beträgt etwa 15% der Bevölkerung.

LANDESKUNDE

smicard [smikaʀ] M, **smicarde** [-aʀd] F Mindestlohnempfänger(in) *m(f)*

smoking [smɔkiŋ] M Smoking *m*

SMS [ɛsɛmɛs] M ABR (short message service) **1** *message* SMS(-Nachricht) *f*; **envoyer un (message) ~ à qn** j-m e-e SMS schicken **2** *service* SMS *m*

smurf [smœʀf] M Breakdance *m*

snack [snak] M Schnellgaststätte *f*; Snackbar *f*; Imbissstube *f*

SNCF [ɛsɛnseɛf] F ABR (Société nationale des chemins de fer français) Französische Staatsbahn

SNES [snɛs] M ABR (Syndicat national de l'enseignement secondaire) (*linksorientierte*) *Gewerkschaft der Gymnasiallehrer*

sniffer [snife] V/T *drogue* schnüffeln; sniffen

snob [snɔb] **A** ADJ (**!** Maskulin- und Femininform sind gleich) snobistisch **B** M/F Snob *m*

snober [snɔbe] V/T **~ qn** j-n von oben herab behandeln

snobinard [snɔbinaʀ] M, **snobinarde** [-aʀd] F *fam péj* kleiner Snob

snobisme [snɔbism] M Snobismus *m*

snowboard [snobɔʀd] M Snowboard *n* **snowboardeur** [-œʀ] M, **snowboardeuse** [-øz] F Snowboarder(in) *m(f)*

sobre [sɔbʀ] ADJ **1** *personne* mäßig, maßvoll, zurückhaltend im Trinken **2** *style, tenue* nüchtern; schmucklos

sobriété [sɔbʀijete] F **1** Mäßigkeit *f* im Trinken **2** *du style, etc* Nüchternheit *f*; Schmucklosigkeit *f*

sobriquet [sɔbʀikɛ] M Spitzname *m*

soc [sɔk] M Pflugschar *f*

sociabilité [sɔsjabilite] F Umgänglichkeit *f*; Geselligkeit *f* **sociable** [-bl] ADJ gesellig; umgänglich

social [sɔsjal] **A** ADJ ⟨~e; -aux [-o]⟩ **1** (*relatif à la justice sociale*) sozial; Sozial...; **affaires ~es** soziale Angelegenheiten *fpl*; Soziale(s) *n*; **mesures ~es** soziale Maßnahmen *fpl* **2** (*de la société*) Gesellschafts...; gesellschaftlich; sozial; Sozial...; **sciences ~es** Gesellschafts-, Sozialwissenschaften *fpl* **3** COMM Firmen...; Gesellschafts... **B** M Sozialbereich *m*

social-démocrate **A** ADJ ⟨sociale-démocrate; sociaux-démocrates⟩ sozialdemokratisch **B** M/F Sozialdemokrat(in) *m(f)* **social-démocratie** F Sozialdemokratie *f*

socialisant [sɔsjalizɑ̃] ADJ ⟨-ante [-ɑ̃t]⟩ zum Sozialismus tendierend **socialisation** [-asjõ] F Sozialisierung *f* **socialiser** [-e] V/T sozialisieren

socialisme [sɔsjalism] M Sozialismus *m*

socialiste [sɔsjalist] **A** ADJ sozialistisch **B** M/F Sozialist(in) *m(f)*

sociétaire [sɔsjetɛʀ] M Mitglied *n*

société [sɔsjete] F **1** Gesellschaft *f*; **~ d'abondance** Überflussgesellschaft *f*; **~ industrielle** Industriegesellschaft *f*; **~ de consommation** Konsumgesellschaft *f*; **~ de loisirs** Freizeitgesellschaft *f*; **jeux** *mpl* **de ~** Gesellschaftsspiele *npl*; **en ~** in Gesellschaft **2** (*association*) Gesellschaft *f*; Verein *m*; Verband *m*; Bund *m*; **~ protectrice des animaux** (*abr* **SPA**) Tierschutzverein *m*; **~ secrète** Geheimbund *m* **3** ÉCON Gesellschaft *f*; Firma *f*; **~ anonyme** (*abr* **SA**) Aktiengesellschaft *f* (*abr* AG); **~ à responsabilité limitée** (*abr* **SARL**) Gesellschaft mit beschränkter Haftung (*abr* GmbH)

socioculturel [sɔsjokyltyʀɛl] ADJ ⟨~le⟩ soziokulturell

socio-économique ADJ sozioökonomisch **socio-éducatif** ADJ ⟨-ive [-iv]⟩ sozialpädagogisch **sociolinguistique** F Soziolinguistik *f*

sociologie [sɔsjɔlɔʒi] F Soziologie *f* **sociologique** ADJ soziologisch **sociologue** [-lɔg] M/F Soziologe, -login *m,f*

socioprofessionnel [sɔsjɔpʀɔfɛsjɔnɛl] ADJ ⟨~le⟩ Berufs...

socle [sɔkl] M Sockel *m*

S

socquette [sɔkɛt] F Söckchen *n*
Socrate [sɔkʀat] M Sokrates *m*
socratique [sɔkʀatik] ADJ sokratisch
soda [sɔda] M Sodawasser *n*
sodium [sɔdjɔm] M Natrium *n*
sodomie [sɔdɔmi] F Analverkehr *m* **sodomiser** [-ize] V/T anal koitieren mit
sœur [sœʀ] F 1 Schwester *f* (*a.* REL); *fam fig* **et ta ~?** was geht dich das an! 2 *adjt* **âme** *f* **~** gleich gestimmte Seele
sofa [sɔfa] M Sofa *n*
SOFRES [sɔfʀɛs] F ABR (Société française d'enquête par sondage) *frz Meinungsforschungsinstitut*
software [sɔftwɛʀ] M Software *f*
soi [swa] PR PERS sich; **cela va de ~** das versteht sich von selbst; **en ~** an sich; **chacun pour ~** jeder für sich
soi-disant [swadizɑ̃] A ADJ (❗ unveränderlich) angeblich; sogenannt B ADV angeblich
soie [swa] F 1 Seide *f*; *par ext* **papier** *m* **de ~** Seidenpapier *n*; **en ~, de ~** seiden; aus Seide; Seiden… 2 *du porc* Borste *f*

la soie — Seide

les soies (fpl) — Borsten

soient [swa] → être[1]
soierie [swaʀi] F Seidenstoff *m*
soif [swaf] F Durst *m* (*a. fig* **de** nach); **avoir ~** Durst haben; durstig sein; *fam* **il fait ~** es ist sehr heiß (, sodass man Durst bekommt); **mourir de ~** verdursten; *fam fig* **jusqu'à plus ~** *fam* bis zum Gehtnichtmehr
soignant [swaɲɑ̃] ADJ ‹-ante [-ɑ̃t]› **aide ~e** Schwesternhelferin *f*
soigné [swaɲe] ADJ ‹~e› 1 gepflegt; *travail* sorgfältig 2 *fam iron* ordentlich
soigner [swaɲe] A V/T 1 (*s'occuper de*) pflegen; *vêtement* sorgfältig umgehen mit 2 MÉD behandeln; **se faire ~** sich (ärztlich) behandeln lassen B V/PR **se ~** auf s-e Gesundheit achten, achtgeben; sich pflegen
soigneur [swaɲœʀ] M Betreuer *m*
soigneusement [swaɲøzmɑ̃] ADV sorgfältig
soigneux [swaɲø] ADJ ‹-euse [-øz]› sorgfältig
soi-même PR PERS selbst; *fam* selber; *réfléchi* sich selbst
soin [swɛ̃] M 1 (*application*) Sorgfalt *f*; **avec ~** sorgfältig; **sans ~** ohne Sorgfalt 2 (*préoccupation*) Sorge *f*; **avoir, prendre ~ de qn, qc** sich um j-n, etw kümmern; auf etw (*acc*) achten; **avoir, prendre ~ de** (+ *inf*) dafür Sorge tragen, darauf achten, dass … 3 **~s** *pl* Pflege *f*; **~s de beauté** Schönheitspflege *f*; Kosmetik *f*; *sur une lettre* **aux bons ~s de** bei; per Adresse (*abr* p. A.); **être aux petits ~s pour, avec qn** j-m jeden Wunsch von den Augen ablesen 4 MÉD **~s** *pl* Behandlung *f*; **premiers ~s** Erste Hilfe
soir [swaʀ] M Abend *m*; **le ~** abends; am Abend; **un ~** e-s Abends; **ce ~** heute Abend; **à ce ~!** bis heute Abend!; **demain ~** morgen Abend; **lundi ~** (am) Montagabend; *personne* **être du ~** ein Abendmensch sein; erst am Abend richtig munter werden
soirée [swaʀe] F 1 Abend *m*; Abendstunden *fpl*; **bonne ~!** (ich wünsche Ihnen) e-n schönen Abend!; **dans la ~** im Laufe des Abends; **en début, en fin de ~** am frühen, späten Abend 2 *réunion* Abendgesellschaft *f* 3 THÉ, FILM **en ~** in der Abendvorstellung
sois [swa] → être[1]
soit [swa] A CONJ 1 **~ …, ~ …** entweder … oder …; **~ que …** (+ *subj*), **~ que …** (+ *subj*) sei es dass … oder dass…; ob … oder … 2 MATH gegeben 3 (*à savoir*) das heißt; nämlich; sprich B ADV **~!** [swat] meinetwegen!; von mir aus!
soixantaine [swasɑ̃tɛn] F 1 **une ~ (de)** etwa, ungefähr, rund sechzig 2 *âge* Sechzig *f*; Sechziger(jahre) *npl*
soixante [swasɑ̃t] A NUM sechzig; **soixante et onze** einundsiebzig; **soixante et onzième** einundsiebzigste B M (❗ unveränderlich) Sechzig *f*
soixante-dix [swasɑ̃tdis] A NUM siebzig B M (❗ unveränderlich) Siebzig *f*
soixante-dixième [swasɑ̃tdizjɛm] NUM siebzigste
soixante-huitard [swasɑ̃tɥitaʀ] M *fam* Achtundsechziger *m*
soixantième [swasɑ̃tjɛm] NUM sechzigste
soja [sɔʒa] M Soja(bohne) *f*

sol[1] [sɔl] M Boden *m*; Erdboden *m*; **au ~** am Boden
sol[2] M (! unveränderlich) MUS g *ou* G *n*
solaire [sɔlɛʀ] **A** ADJ Sonnen…; Solar…; **chauffage** *m* **~** Solarheizung *f*; **crème** *f* **~** Sonnen(schutz)creme *f* **B** M Solartechnik *f*
solarium [sɔlaʀjɔm] M Solarium *n*
soldat [sɔlda] M Soldat *m*; **~ de métier** Berufssoldat *m*; **~ de plomb** Blei-, Zinnsoldat *m*

La tombe du Soldat inconnu

Seit dem 11. November 1923 brennt die Flamme der Erinnerung (**la flamme du souvenir**) unter dem Arc de Triomphe in Paris. Sie ehrt damit die Soldaten des Ersten Weltkriegs und insbesondere den unbekannten Soldaten, der dort 1920 seine letzte Ruhe fand. Die Wahl dieses unbekannten Soldaten erfolgte auf bewegende Art und Weise: Im November 1920 wurden die sterblichen Reste von acht nicht identifizierten Soldaten in der Zitadelle von Verdun aufgebahrt. Der Minister André Maginot übergab dem jüngsten Soldaten des 132. Infanterieregiments einen Blumenstrauß, der auf dem Schlachtfeld von Verdun gepflückt worden war. Der junge Soldat, Auguste Thin, legte die Blumen auf einen der Särge, und dieser Soldat wurde dann der „unbekannte Soldat", der noch heute unter dem Arc de Triomphe ruht.

LANDESKUNDE

soldatesque [sɔldatɛsk] F *péj* Soldateska *f*
solde[1] [sɔld] F MIL (Wehr)Sold *m*; *fig* **être à la ~ de qn** im Sold j-s stehen
solde[2] M **1** *d'un compte* Saldo *m*; *(reste à payer)* Restbetrag *m*; **pour solde de (tout) compte** zum Ausgleich des Kontos **2** **soldes** *pl* *(abus fpl) marchandises* Restposten *mpl*; Ausverkaufsware *f*; *ventes* Schluss-, Ausverkauf *m*; **soldes d'été, d'hiver** Sommer-, Winterschlussverkauf *m*; **acheter qc en solde** etw im Schlussverkauf kaufen
solder [sɔlde] **A** V/T **1** *compte* saldieren **2** *marchandises* (als Restposten, im Schlussverkauf) billiger verkaufen **B** V/PR **se ~ par** (ab)schließen mit; *fig* **se ~ par un échec** mit e-m Misserfolg enden
sole [sɔl] F Seezunge *f*
solécisme [sɔlesism] M syntaktischer Fehler
soleil [sɔlɛj] M **1** (ASTRON **Soleil**) Sonne *f*; **coucher** *m* **du soleil** Sonnenuntergang *m*; **coup** *m* **de soleil** Sonnenbrand *m*; **lever** *m* **du soleil** Sonnenaufgang *m*; **au soleil** in der *ou* in die Sonne; **en plein soleil** in der prallen Sonne; **il y a du soleil** *ou* **il fait (du) soleil** die Sonne scheint; **le soleil se lève, se couche** die Sonne geht auf, unter **2** BOT Sonnenblume *f* **3** FEU D'ARTIFICE Feuerrad *n* **4** SPORTS Riesenschwung *m*, -welle *f*
solennel [sɔlanɛl] ADJ ⟨~le⟩ feierlich
solennité [sɔlanite] F Feierlichkeit *f*
Soleure [sɔlœʀ] Solothurn *n*
solfège [sɔlfɛʒ] M Musiklehre *f*
solfier [sɔlfje] V/T die Noten (+ *gén*) singen
solidaire [sɔlidɛʀ] ADJ **1** *personnes* solidarisch (**de qn** mit j-m) **2** TECH verbunden (**de** mit)
solidariser [sɔlidaʀize] V/PR **se ~** sich solidarisch erklären, sich solidarisieren (**avec** mit)
solidarité [sɔlidaʀite] F Solidarität *f*
solide [sɔlid] **A** ADJ **1** fest *(a. nourriture)*; solid(e); *matériau a.* haltbar; *vêtement a.* strapazierfähig; *maison* fest, solid(e) gebaut **2** *fig connaissances* solid(e); gründlich; *amitié* fest; *raison* stichhaltig **3** *personne* robust; kräftig; *nerfs* stark; **ne plus être très ~ sur ses jambes** keine Kraft mehr in den Beinen haben **B** M **1** (geometrischer) Körper **2** PHYS Festkörper *m*
solidification [sɔlidifikasjõ] F Verfestigung *f*; Erstarrung *f*
solidifier [sɔlidifje] V/PR **se ~** sich verfestigen; erstarren
solidité [sɔlidite] F Festigkeit *f*; Solidität *f*; *d'un matériau a.* Haltbarkeit *f*; Strapazierfähigkeit *f*
soliloquer [sɔlilɔke] V/I Selbstgespräche führen
soliste [sɔlist] M/F Solist(in) *m(f)*
solitaire [sɔlitɛʀ] **A** ADJ einsam; *personne a.* zurückgezogen lebend; **navigateur** *m* **~** Einhandsegler *m* **B** SUBST **1** *m/f* Einzelgänger(in) *m(f)* **2** *m diamant* Solitär *m*
solitude [sɔlityd] F Einsamkeit *f*; **~ à deux** Zweisamkeit *f*
solive [sɔliv] F (Decken)Balken *m*
sollicitation [sɔlisitasjõ] F (dringende) Bitte
solliciter [sɔlisite] V/T **1** *(demander)* **~ qc** um etw nach-, ersuchen, bitten; **~ qn** j-n ersuchen, bitten (**de** + *inf* zu + *inf*); **être sollicité** gefragt, umworben sein **2** *attention, curiosité* erregen; auf sich *(acc)* ziehen; *personne* **être sollicité par qc** von etw angelockt werden
solliciteur [sɔlisitœʀ] M, **solliciteuse** [-øz] F Bittsteller(in) *m(f)*
sollicitude [sɔlisityd] F (liebevolle) Fürsorge
solo [sɔlo] M MUS Solo *n*; **en ~** solo
solstice [sɔlstis] M **~ d'été, d'hiver** Sommer-, Wintersonnenwende *f*
solubilité [sɔlybilite] F Löslichkeit *f*
soluble [sɔlybl] ADJ **1** löslich; **~ dans l'eau** wasserlöslich **2** *problème* lösbar
soluté [sɔlyte] M PHARM Lösung *f*

solution [sɔlysjo] F 1 Lösung *f* (*a. liquide*); **~ de facilité** bequem(st)e Lösung 2 *st/s* **~ de continuité** Unterbrechung *f*
solutionner [sɔlysjɔne] VT lösen
solvabilité [sɔlvabilite] F Zahlungsfähigkeit *f*; Solvenz *f* **solvable** [-abl] ADJ zahlungsfähig; solvent
solvant [sɔlvɑ̃] M Lösungsmittel *n*
somali [sɔmali] A ADJ somalisch B SUBST 1 **Somali(e)** *m(f)* Somalier(in) *m(f)* 2 LING **le ~** das Somali; Somali *n*
Somalie [sɔmali] **la ~** Somalia *n*
somalien [sɔmaljɛ̃] ⟨-ienne [-jɛn]⟩ → somali
somatique [sɔmatik] ADJ MÉD, PSYCH somatisch **somatiser** [-ize] VT in körperliche Symptome umsetzen
sombre [sõbʀ] ADJ 1 (*obscur*) finster; dunkel (*a. teinte*); düster 2 *fig personne, air, avenir, etc* finster; düster
sombrer [sõbʀe] VI 1 *bateau* (ver)sinken 2 *fig* **~ dans qc** e-r Sache (*dat*) verfallen
sombrero [sõbʀeʀo] M Sombrero *m*
sommaire [sɔmɛʀ] A ADJ 1 *explication, exposé* kurz gefasst; knapp; summarisch 2 *connaissances, tenue, repas* dürftig; einfach 3 *exécution* ohne Gerichtsverfahren; **procédure** *f* **~** Schnellverfahren *n* B M Inhaltsübersicht *f*; kurze Inhaltsangabe
sommation [sɔmasjõ] F JUR, MIL Aufforderung *f*; *de payer* Zahlungsbefehl *m*
somme¹ [sɔm] F 1 MATH Summe *f*; **faire la ~ de** zusammenzählen, -rechnen 2 **~ (d'argent)** (Geld)Summe *f*, (-)Betrag *m* 3 *par ext* Menge *f*; **en ~, ~ toute** alles in allem; aufs Ganze gesehen; eigentlich; schließlich
somme² F **bête** *f* **de ~** Lasttier *n*
somme³ M Schläfchen *n*; *fam* Nickerchen *n*
Somme [sɔm] **la ~** *Fluss u. Departement in Frankreich*
sommeil [sɔmɛj] M 1 Schlaf *m*; **nuit** *f* **sans ~** schlaflose Nacht; **avoir le ~ léger** e-n leichten Schlaf haben 2 (*envie de dormir*) Schläfrigkeit *f*; **avoir ~** müde, schläfrig sein; **tomber de ~** zum Umfallen müde sein 3 *fig projet* **être en ~** ruhen
sommeiller [sɔmeje] VI schlummern (*a. fig*)
sommelier [sɔməlje] M Weinkellner *m*; (*caviste*) Kellermeister *m*
sommer [sɔme] VT **~ qn de faire qc** j-n auffordern, etw zu tun
sommes [sɔm] → être¹
sommet [sɔmɛ] M 1 *d'une montagne* Gipfel *m* (*a. fig*); *d'un arbre* Wipfel *m*; *d'une tour, d'un rocher* Spitze *f* 2 (**conférence** *f* **au**) **~** Gipfel(konferenz) *m(f)* 3 MATH Scheitel *m*
sommier [sɔmje] M **~ (à ressorts)** Sprungfederrahmen *m*; **~ à lattes** Lattenrost *m*
sommité [sɔmite] F Kapazität *f*; Größe *f*
somnambule [sɔmnɑ̃byl] A M/F Schlafwandler(in) *m(f)* B ADJ mondsüchtig
somnambulisme [sɔmnɑ̃bylism] M Schlafwandeln *n*; Mondsüchtigkeit *f*
somnifère [sɔmnifɛʀ] M Schlafmittel *n*
somnolence [sɔmnɔlɑ̃s] F Schläfrigkeit *f*; Halbschlaf *m* **somnolent** [-ɑ̃] ADJ ⟨-ente [-ɑ̃t]⟩ schläfrig **somnoler** [-e] VI halb schlafen; *fam* dösen
somptuaire [sõptɥɛʀ] ADJ *dépenses* übertrieben
somptueux [sõptɥø] ADJ ⟨-euse [-øz]⟩ prächtig; prunkvoll; prachtvoll
somptuosité [sõptɥozite] F Pracht *f*; Prunk *m*
son¹ [sõ] ADJ POSS ⟨*f* **sa** [sa], *vor Vokal u. stummem h* **son**; *pl* **ses** [se]⟩ sein(e); *d'un possesseur féminin* ihr(e)
son² M 1 Ton *m*; *d'un instrument* Klang *m*; **prise** *f* **de ~** Tonaufnahme *f* 2 PHON Laut *m* 3 PHYS Schall *m* 4 (**spectacle** *m*) **~ et lumière** Licht und Tonschau *f*

Son et lumière

Bei einem **spectacle son et lumière** kann man auf unterhaltsame Weise etwas über die Geschichte Frankreichs erfahren. Ein historisches Gebäude wird in wechselnden Beleuchtungen angestrahlt, dazu werden – oft musikalisch untermalt – Ereignisse aus seiner Geschichte erzählt.

LANDESKUNDE

son³ M *du blé* Kleie *f*
sonar [sɔnaʀ] M Sonar(gerät) *n*
sonate [sɔnat] F Sonate *f*
sondage [sõdaʒ] M 1 TECH Sondierung *f*; *forage* Probebohrung *f* 2 (*enquête*) Umfrage *f*; **~ d'opinion** Meinungsumfrage *f*; *science* Meinungsforschung *f*; Demoskopie *f*; **faire, effectuer un ~ (d'opinion)** e-e Meinungsumfrage durchführen
sonde [sõd] F 1 MAR Senkblei *n*; Lot *n* 2 MÉD, TECH Sonde *f*; **~ (urinaire)** Katheter *m*; **~ spatiale** Raumsonde *f*
sonder [sõde] VT 1 TECH, MÉD sondieren; untersuchen; *malade* katheterisieren; **~ le terrain** den Boden untersuchen, erforschen 2 *fig* **~ qn** j-n aushorchen; **~ l'opinion** die öffentliche Meinung erforschen
sondeur [sõdœʀ] M *d'opinion* Meinungsbefrager *m*; Interviewer *m*
songe [sõʒ] *litt* M Traum *m*
songer [sõʒe] VT INDIR ⟨-ge-⟩ **~ à** denken an (+

acc); **~ à faire qc** daran denken, etw zu tun
songerie [sõʒʀi] *litt* F Träumerei *f*
songeur [sõʒœʀ] ADJ ⟨-euse [-øz]⟩ nachdenklich
sonnant [sɔnɑ̃] ADJ ⟨-ante [-ɑ̃t]⟩ **à cinq heures ~es** Schlag fünf Uhr
sonné [sɔne] ADJ ⟨~e⟩ **1** **il est midi ~** es hat gerade zwölf (Uhr) geschlagen; *fam fig* **avoir soixante ans bien ~s** gut sechzig Jahre alt sein **2** *fam fig* (*fou*) *fam* bekloppt; → cinglé **3** *fam boxeur* angeschlagen; groggy
sonner [sɔne] **A** V/T **1** *cloches* läuten; *l'heure* schlagen **2** MIL **~ l'alarme** Alarm blasen **3** **~ qn** j-m läuten, klingeln; *fam* **on ne vous a pas sonné** man hat Sie nicht um Ihre Meinung gefragt **B** V/T INDIR **~ de la trompette**, *etc* Trompete *etc* blasen **C** V/I **1** *cloche* läuten; *sonnette, téléphone, réveil* klingeln; läuten; *fam* schellen; *horloge* schlagen; **trois heures sonnent** es schlägt drei (Uhr); *fig* **sa dernière heure a sonné** sein letztes Stündlein hat geschlagen; *instrument, fig nom* **~ bien** gut *ou* schön klingen **2** *à la porte de qn* klingeln; läuten; *fam* schellen
sonnerie [sɔnʀi] F **1** (*son*) Klingeln *n*; Läuten *n*; MIL, CH (Horn-, Trompeten)Signal *n* **2** *d'un portable* Klingelton *m* **3** *mécanisme* Klingel(anlage) *f*; *d'une horloge* Schlagwerk *n*; *d'un réveil* Läut(e)werk *n*
sonnet [sɔnɛ] M *poème* Sonett *n*
sonnette [sɔnɛt] F Klingel *f* (*a. d'un vélo*); Glocke *f*; **coup** *m* **de ~** Klingeln *n*; Klingelzeichen *n*; *fig* **tirer la ~ d'alarme** Alarm schlagen
sonneur [sɔnœʀ] M Glöckner *m*
sono [sɔno] F ABR *fam* → sonorisation
sonore [sɔnɔʀ] ADJ **1** tönend; *voix* klangvoll; sonor; *rire* schallend; *logement* hellhörig; **une salle ~** ein Saal, in dem es hallt **2** Ton…; *d'un répondeur* **bip** *m* **~** Signalton *m*; FILM **piste** *f* **~** Tonspur *f*; **signal** *m* **~** akustisches Signal **3** PHYS Schall… **4** PHON stimmhaft
sonorisation [sɔnɔʀizasjõ] F **1** *d'une salle* Beschallung *f*; *appareils* Verstärker-, Lautsprecheranlage *f* **2** *d'un film* Vertonung *f* **sonoriser** [-e] **A** V/T **1** *salle* beschallen **2** *film* vertonen **B** V/PR **se ~** PHON stimmhaft werden
sonorité [sɔnɔʀite] F **1** *d'un violon, d'une voix* Klang *m* **2** *d'une salle* Akustik *f*
sonotone® [sɔnɔtɔn] M Hörgerät *n*
sont [sõ] → être[1]
sophisme [sɔfism] M Sophismus *m*; Trugschluss *m* **sophiste** [-ist] M PHIL *et fig* Sophist *m*
sophistication [sɔfistikasjõ] F **1** (*affectation*) Künstelei *f*; Unnatürlichkeit *f* **2** (*complexité*) hoher Entwicklungsstand; Komplexität *f*
sophistiqué [sɔfistike] ADJ ⟨~e⟩ **1** (*affecté*) gekünstelt; unnatürlich; (*recherché*) exquisit **2** (*perfectionné*) hoch entwickelt; komplex; ausgeklügelt
sophistiquer [sɔfistike] V/PR **se ~** sich verfeinern; immer raffinierter, komplexer werden
Sophocle [sɔfɔkl] M Sophokles *m*
soporifique [sɔpɔʀifik] M Schlafmittel *n*
soprano [sɔpʀano] **1** *m voix* Sopran *m* **2** *m/f* Sopranist(in) *m(f)*
sorbet [sɔʀbɛ] M Fruchteis *n*; Sorbet(t) *m ou n*
sorbetière [sɔʀbətjɛʀ] F Eismaschine *f*
sorbier [sɔʀbje] M Eberesche *f*
sorbitol [sɔʀbitɔl] M CHIM Sorbit *m*
sorcellerie [sɔʀsɛlʀi] F Hexerei *f*
sorcier [sɔʀsje] M Zauberer *m*; Hexenmeister *m*; *en Afrique* Medizinmann *m*; **apprenti ~** Zauberlehrling *m*; *adjt* **ce n'est pas bien ~** dazu gehört nicht viel
sorcière [sɔʀsjɛʀ] F Hexe *f*
sordide [sɔʀdid] ADJ **1** *maison* schmutzig und ärmlich **2** *fig avarice, affaire* schmutzig; *crime* gemein
sornettes [sɔʀnɛt] FPL leeres Gerede
sort [sɔʀ] M **1** (*destin*) Schicksal *n*; Los *n*; **coup** *m* **du ~** Schicksalsschlag *m*; **abandonner qn à son (triste) ~** j-n s-m (traurigen) Schicksal überlassen; *fam fig* **faire un ~ à** *mets* aufessen; *bouteille* austrinken; leeren; **par une ironie du ~** durch e-e Ironie des Schicksals **2** (*hasard*) **tirage** *m* **au ~** Auslosung *f*; **tirer au ~** auslosen; *abs* losen; *fig* **le ~ en est jeté** die Würfel sind gefallen **3** (*maléfice*) **jeter un ~ à qn** j-n be-, verhexen
sortable [sɔʀtabl] ADJ **il n'est pas ~** er ist nicht vorzeigbar
sortant [sɔʀtɑ̃] ADJ ⟨-ante [-ɑ̃t]⟩ **1** *député* bisherige **2** **numéros ~s** Gewinnzahlen *fpl*
sorte [sɔʀt] F **1** (*espèce*) Art *f*; Sorte *f* (*a.* COMM); **toutes ~s de** e-e Art (von) **2** (*façon*) Art *f*; Weise *f*; Art und Weise; **de la ~** so; auf diese (Art und) Weise; **en quelque ~** gewissermaßen; **de (telle) ~ que** sodass; derart, dass; **faire en ~ que** (+ *subj*) es so einrichten, dass
sortie [sɔʀti] F **1** *endroit* Ausgang *m*; *pour voitures* Ausfahrt *f*; *d'un bus* Ausstieg *m*; **à la ~** am Ausgang; **les ~s de Paris sont embouteillées** die Ausfallstraßen von Paris sind verstopft **2** *action* Hinausgehen *n*; Verlassen *n*; *d'un pays* Ausreise *f*; *d'un acteur, d'un gymnaste* Abgang *m*; **à la ~ des bureaux** bei Büroschluss; **à la ~ des cours** nach Schulschluss; nach der Schule **3** (*promenade*) Spaziergang *m*; Ausflug *m*; **~ du personnel** Betriebsausflug *m*; **nous sommes de ~** wir gehen aus **4** MIL Ausbruch *m* **5** AVIAT, *de la police, des pompiers* Einsatz *m* **6** *fig* **faire une ~ contre qn** gegen j-n ausfallend, ausfällig wer-

S

den **7** *d'un nouveau produit* Herausbringen *n*; *d'un livre* Erscheinen *n*; *d'un film* Uraufführung *f* **8** *pl* **~s (d'argent)** Ausgaben *fpl*; Ausgänge *mpl*; **~ de devises** Devisenabfluss *m* **9** INFORM Ausgabe *f*; Output *m ou n* **10** **~ de bain** Bademantel *m*

sortilège [sɔʀtilɛʒ] M Zauber *m*; *fig* Bann *m*

sortir [sɔʀtiʀ] ⟨→ partir⟩ **A** V/T **1** *visiteur, femme, chien* ausführen; *malade, enfant* spazieren führen; *en voiture* ausfahren **2** *fam* **~ qn** *fam* j-n rauswerfen **3** *qc de qc* heraus-, *fam* rausholen, -nehmen, -ziehen, -schaffen; *plante, chaise de jardin* hinausstellen, -tragen; *avion: train d'atterrissage* ausfahren; **~ sa voiture du garage** s-n Wagen aus der Garage holen, fahren **4** *nouveau produit* herausbringen **5** *fam sottises* von sich geben; *fam* verzapfen **B** V/I ⟨être⟩ **1** *personne* hinaus-, *fam* rausgehen; heraus-, *fam* rauskommen; *acteur* abgehen; abtreten; *(qn en) voiture* hinaus- *ou* herausfahren; *objet* herauskommen; *fumée, odeur a.* herausdringen; *liquide, gaz a.* austreten; *gaz a.* ausströmen; *dents* kommen; *(dépasser)* hervor-, herausragen; *fig* **que va-t-il en ~?** was wird wohl dabei herauskommen?; **~ vainqueur** als Sieger hervorgehen; **~ à cinq heures** *ouvrier* um fünf (Uhr) Feierabend haben; *élève* um fünf (Uhr) aushaben; **je sors de chez lui** ich komme gerade von ihm; **~ de l'hôpital** aus dem Krankenhaus entlassen werden; *rivière* **~ de son lit** über die Ufer treten; *bateau* **~ du port** auslaufen; **~ de table** vom Tisch, vom Essen aufstehen; SPORTS *balle* **~ du terrain** ins Aus gehen; *fig* **~ de maladie** e-e Krankheit überstanden, hinter sich *(dat)* haben; *fig* **ça m'est sorti de la mémoire, de la tête** das ist mir entfallen; *fig* **~ de sa réserve** aus s-r Reserve herausgehen; **faire ~** *qn* auffordern hinauszugehen; *arbitre: joueur* hinausstellen; *animal* hinausjagen, -scheuchen; *jus d'un citron* herausdrücken, -pressen; *air* herauslassen **2** *en soirée ou pour se promener* ausgehen; **~ (en voiture)** ausfahren; spazieren fahren; *par ext d'amoureux* **~ avec qn** mit j-m gehen **3** *nouveau produit* herauskommen *(a. livre)*; auf den Markt kommen; *film* anlaufen **4** LOTERIE *numéro* gezogen werden **5** **~ de** *(s'écarter de)* abweichen von; **~ de la route** von der Straße abkommen; **~ du sujet** vom Thema abweichen **6** **~ de** *(venir de)* kommen, stammen von; hervorgehen aus; **d'où est-ce qu'il sort, celui-là?** wo kommt der bloß her? **C** V/PR **s'en ~** *(venir à bout)* damit fertig werden; *(en réchapper)* davonkommen

SOS [ɛsoɛs] M SOS *n*; SOS-Ruf *m (a. fig)*; **lancer un ~** SOS-Rufe aussenden

sosie [sɔzi] M Doppelgänger *m*

sot [so] **A** ADJ ⟨sotte [sɔt]⟩ töricht; dumm **B** **~(te)** M(F) Tor *m*; Narr *m*, Närrin *f*

sottise [sɔtiz] F Dummheit *f*; Torheit *f*; **dire, faire des ~s** Dummheiten sagen, machen *ou* begehen

sottisier [sɔtizje] M Stilblütensammlung *f*

sou [su] M HIST Sou *m*; *fam fig* **~s** *pl (argent)* Geld *n*; → fric; **propre comme un ~ neuf** blitzsauber; **être sans le ~, n'avoir pas le ~** keinen Pfennig (Geld) haben; **être près de ses ~s** ein Pfennigfuchser *m* sein; *fam* **c'est une affaire de gros ~** hier spielt das Geld, der Profit die Hauptrolle

souabe [swab] **A** ADJ schwäbisch **B** SUBST **1** **Souabe** *m/f* Schwabe *m*, Schwäbin *f* **2** *région* **la Souabe** Schwaben *n*

soubassement [subasmɑ̃] M Sockel *m*

soubresaut [subʀəso] M **1** *(secousse)* Stoß *m* **2** *(tressaillement)* **avoir un ~** zusammenzucken, -fahren

soubrette [subʀɛt] F Kammerzofe *f*

souche [suʃ] F **1** *d'un arbre* Baumstumpf *m* **2** *fig* **être de vieille ~** aus e-r alten Familie stammen; **faire ~** ein Geschlecht begründen **3** *d'un chéquier* Stamm-, Kontrollabschnitt *m*

souci[1] [susi] M **1** Sorge *f*; **donner bien du ~ à qn** j-m große Sorgen machen, bereiten; **se faire du ~** sich *(dat)* Sorgen machen, sich sorgen **(pour qn** um j-n) **2** *(intérêt)* **par ~ d'équité** im Bestreben, gerecht zu sein; **avoir le ~ de l'exactitude** auf Genauigkeit bedacht sein

souci[2] M BOT Ringelblume *f*

soucier [susje] V/PR **ne pas se ~ de qc, qn** sich nicht um etw, j-n kümmern, scheren

soucieux [susjø] ADJ ⟨-euse [-øz]⟩ **1** *(inquiet)* besorgt **2** **être ~ de** *(+ inf)* darauf bedacht sein zu *(+ inf)*; bestrebt sein zu *(+ inf)*

soucoupe [sukup] F **1** Untertasse *f* **2** *fig* **~ volante** fliegende Untertasse

soudain [sudɛ̃] ADJ ⟨-aine [-ɛn]⟩ *et* ADV plötzlich

soudainement [sudɛnmɑ̃] ADV plötzlich

soudaineté [-te] F Plötzlichkeit *f*

Soudan [sudɑ̃] **le ~** der Sudan

soudanais [sudanɛ] **A** ADJ ⟨-aise [-ɛz]⟩ sudanesisch **B** SUBST **Soudanais(e)** M(F) Sudanese *m*, Sudanesin *f*

soudard [sudaʀ] *péj* M alter Haudegen

soude [sud] F Soda *f ou n*; **~ (caustique)** Ätznatron *n*; kaustische Soda

soudé [sude] ADJ ⟨~e⟩ **1** BIOL zusammengewachsen; verwachsen **2** *fig* fest verbunden; (wie) zusammengeschweißt

souder [sude] **A** V/T **1** *par fusion* schweißen; *par métal d'apport* löten **2** *fig* zusammenschweißen **B** V/PR **se ~** BIOL, *fig* zusammen-, verwachsen

soudeur [sudœʀ] M, **soudeuse** [-øz] F Schweißer(in) *m(f)*; Löter(in) *m(f)*

S

soudoyer [sudwaje] VT ⟨-oi⟩ dingen; bestechen

soudure [sudyʀ] F **1** TECH *opération* Schweißen *n*; Löten *n*; *endroit* Schweißnaht *f*; Lötstelle *f* **2** BIOL Zusammen-, Verwachsen *n* **3** ÉCON **faire la ~** die Zeit überbrücken

souffert [sufɛʀ] PP → souffrir

soufflage [suflaʒ] M *du verre* Blasen *n*

soufflant [suflɑ̃] ADJ ⟨-ante [-ɑ̃t]⟩ *fam* **c'est ~** *fam* da bleibt einem die Spucke weg

souffle [sufl] M **1** *(expiration)* Hauch *m* **2** *(respiration)* Atem *m*; Luft *f*; *fam* Puste *f*; *fig* **il en a eu le ~ coupé** da blieb ihm die Luft, *fam* die Spucke weg; **être à bout de ~** außer Atem sein; *fig* nicht mehr können; **retenir son ~** den Atem, die Luft anhalten **3** *fig* **second ~** neuer Anlauf, Aufschwung **4** *d'air* Lufthauch *m*; **il n'y a pas un ~** es weht kein Lüftchen **5** *d'un réacteur* Luftstrom *m*; *d'une explosion* Druckwelle *f* **6** **avoir un ~ au cœur** e-n Herz(klappen)fehler haben

soufflé [sufle] **A** ADJ ⟨~e⟩ **1** CUIS frittiert **2** *fam* *(stupéfait)* sprachlos; *fam* baff; *fam* platt **B** M CUIS Auflauf *m*; Soufflé *n*

souffler [sufle] **A** VT **1** *bougie* ausblasen; *fam* auspusten **2** *par une explosion* **être soufflé** vom Luftdruck weggefegt werden **3** *un pion au jeu* wegnehmen; *fam* **~ qc à qn** *fam* j-m etw (vor der Nase) wegschnappen **4** *(dire)* **~ qc à qn** j-m etw ein-, vorsagen, zuflüstern, ÉCOLE *a.* einblasen, THÉ soufflieren *(a. abs)* **5** *verre* blasen **B** VI **1** *vent* wehen; *plus fort* blasen **2** *personne* blasen *ou* hauchen; *fam* pusten; **inspirez, soufflez!** einatmen, ausatmen!; **~ dans, sur ses doigts** in die Hände hauchen; **~ sur le feu** das Feuer anblasen **3** *(respirer difficilement)* schnaufen **4** *(reprendre haleine)* (sich) verschnaufen

soufflerie [sufləʀi] F Gebläse *n*; **~ (aérodynamique)** Windkanal *m*

soufflet [suflɛ] M **1** TECH Blasebalg *m* **2** *entre deux wagons* Faltenbalg *m* **3** *litt (gifle) st/s* Backenstreich *m*

souffleur [suflœʀ] M **1** *de verre* Glasbläser *m* **2** THÉ Souffleur *m*

souffleuse [sufløz] F THÉ Souffleuse *f*

souffrance [sufʀɑ̃s] F **1** Leiden *n*; Schmerz *m*; *morale a.* Leid *n* **2** **rester en ~** *dossier* unerledigt bleiben; *colis* nicht abgeholt werden

souffrant [sufʀɑ̃] ADJ ⟨-ante [-ɑ̃t]⟩ (leicht, vorübergehend) erkrankt

souffre-douleur [sufʀədulœʀ] M (! unveränderlich) Opfer *n*; Prügelknabe *m*

souffreteux [sufʀətø] ADJ ⟨-euse [-øz]⟩ leidend; kränklich

souffrir [sufʀiʀ] ⟨→ couvrir⟩ **A** VT **1** *(supporter)* erleiden; erdulden; **ne pas pouvoir ~ qn, qc** j-n, etw nicht leiden, nicht ausstehen können **2** *litt (permettre)* **souffrez que …** *(+ subj)* gestatten Sie, dass …; *st/s affaire* **ne ~ aucun retard** keinen Aufschub dulden **B** VI leiden (**de** MÉD an + *dat*, *par ext* unter + *dat*) **~ du froid** unter der Kälte leiden; **faire ~ qn** j-m Leiden, Leid zufügen; MÉD j-m Schmerzen bereiten

soufre [sufʀ] M Schwefel *m*

soufré [sufʀe] ADJ ⟨~e⟩ **1** geschwefelt; *allumettes* Schwefel… **2** *couleur* schwefelgelb **soufrer** [-e] VT schwefeln

souhait [swɛ] M Wunsch *m*; *fam* **à vos ~s!** Gesundheit!; **à ~** *(parfaitement)* nach Wunsch; *(très)* sehr; äußerst

souhaitable [swɛtabl] ADJ wünschenswert

souhaiter [swete] VT wünschen (**qc à qn** j-m etw; **que …** + *subj* dass …; **faire qc** etw zu tun); **~ la bonne année à qn** j-m ein gutes neues Jahr wünschen

souiller [suje] *st/s* VT besudeln, beschmutzen *(a. fig)*

souillon [sujõ] F *péj* Schmutzliese *f*

souillure [sujyʀ] F *st/s* Makel *m*

souk [suk] M **1** Basar *m*; Suk *ou* Souk *m* **2** *fam fig* Durcheinander *n*; Chaos *n*

soul [sul] **A** ADJ (! unveränderlich) **musique** *f* **~** Soulmusik *f* **B** M Soul *m*

soûl [su] **A** *fam* ADJ ⟨soûle [sul]⟩ betrunken; *fam* besoffen **B** ADV **tout mon** (*ou* **ton, son**, *etc*) **~** nach Herzenslust

soulagement [sulaʒmɑ̃] M Erleichterung *f*; **pousser un soupir de ~** e-n Seufzer der Erleichterung ausstoßen

soulager [sulaʒe] ⟨-ge-⟩ **A** VT **1** *moralement* erleichtern; **être soulagé** erleichtert sein **2** *douleur, misère* lindern; **~ un malade** e-m Kranken Erleichterung bringen **3** **~ qn** *au travail* j-n entlasten **4** *plais (voler)* **~ qn de qc** j-n um etw erleichtern **B** VPR *fam* **se ~** *d'un besoin naturel fam* sich erleichtern

soûlant [sulɑ̃] *fam* ADJ ⟨-ante [-ɑ̃t]⟩ *personne* ermüdend

soûlard [sulaʀ] M *fam* Säufer *m*; *fam* Schnapsbruder *m* **soûlarde** [-aʀd] F *fam* Schnapsdrossel *f* **soûlaud** [-o] M *fam* → soûlard

soûler [sule] *fam* **A** VT **1** *fam* besoffen machen **2** *fig (fatiguer)* **~ qn** j-n ermüden; *de paroles fam* j-n dumm und dusslig reden; **je suis soûlé** *a.* mir brummt der Kopf **B** VPR **se ~** *fam* sich besaufen

soûlerie [sulʀi] F *fam* Sauferei *f*; Besäufnis *n*

soulèvement [sulɛvmɑ̃] M **1** *(révolte)* Aufstand *m*; Erhebung *f* **2** GÉOL Hebung *f*

soulever [sulve] ⟨-è-⟩ **A** VT **1** *objet* hochheben; *un peu* anheben; *poids, charge* heben; *poussière* aufwirbeln **2** *enthousiasme, etc* hervorrufen; *problème* aufwerfen; **~ l'opinion publique contre qn**

die Öffentlichkeit gegen j-n aufbringen; **~ des protestations** Protest(e) hervorrufen, auslösen **3** *élan de générosité, etc* **~ qn** j-n beflügeln **B** VPR **se ~** *peuple* sich erheben

soulier [sulje] M Schuh *m*; *fam fig* **être dans ses petits ~s** verlegen sein

soulignage [suliɲaʒ] M *ou* **soulignement** [-mɑ̃] M Unterstreichen *n*, -ung *f*

souligner [suliɲe] VT unterstreichen (*a. fig*)

soûlographie [sulɔgʀafi] F *fam* Suff *m*

soumettre [sumɛtʀ] ⟨→ mettre⟩ **A** VT **1** *pays, rebelles* unterwerfen **2** ADMIN unterwerfen (**à l'impôt** der Steuer [*dat*]); **être soumis à** unterliegen (+ *dat*) **3** (*faire subir*) unterziehen (**à un examen** e-r Prüfung [*dat*]) **4** *projet, question, cas* unterbreiten, vorlegen (**à qn** j-m) **B** VPR **se ~** sich unterwerfen, sich fügen (**à** *dat*)

soumis [sumi] PP → soumettre *et* ADJ ⟨-ise [-iz]⟩ fügsam; ergeben

soumission [sumisjõ] F **1** (*capitulation*) Unterwerfung *f* (**à** unter + *acc*) **2** (*obéissance*) Fügsamkeit *f*; Ergebenheit *f* **3** JUR Angebot *n* (bei e-r Ausschreibung)

soupape [supap] F Ventil *n* (*a. fig*)

soupçon [supsõ] M **1** Verdacht *m*; Argwohn *m*; **être au-dessus de tout ~** über jeden Verdacht erhaben sein; **éveiller les ~s de qn** j-s Verdacht erregen; **les ~s se sont portés sur lui** der Verdacht ist auf ihn gefallen **2** (*un peu*) Quäntchen *n*; Spur *f*

soupçonner [supsɔne] VT **1** **~ qn** j-n verdächtigen (**de vol** des Diebstahls); j-n im Verdacht haben **2** (*pressentir*) vermuten; argwöhnen; ahnen

soupçonneux [supsɔnø] ADJ ⟨-euse [-øz]⟩ argwöhnisch

soupe [sup] F **1** Suppe *f*; *par ext* **~ populaire** Suppenküche *f*; **~ à l'oignon** Zwiebelsuppe *f*; *fam fig* **un gros plein de ~** *fam* ein Fettkloß *m*, -sack *m*; *fig* **être ~ au lait** ein Hitzkopf *m* sein; leicht aufbrausen **2** *fam* (*neige fondante*) Matsch *m*

soupente [supɑ̃t] F Hängeboden *m*; *sous un escalier* Verschlag *m*

souper [supe] **A** VI (zu Abend) essen; *st/s* soupieren; *fam fig* **j'en ai soupé** *fam* davon habe ich die Nase voll **B** M **1** Essen *n* (nach e-r Abendveranstaltung); *st/s* Souper *n* **2** *régional* Abendessen *n*

soupeser [supəze] VT ⟨-è-⟩ **1** mit der Hand abwiegen **2** *fig* abwägen

soupière [supjɛʀ] F Suppenschüssel *f*

soupir [supiʀ] M **1** Seufzer *m*; **rendre le dernier ~** den letzten Atemzug tun **2** MUS Viertelpause *f*

soupirail [supiʀaj] M ⟨-aux [-o]⟩ Kellerfenster *n*

soupirant [supiʀɑ̃] M *plais* Verehrer *m*

soupirer [supiʀe] VT *et* VI seufzen

souple [supl] ADJ **1** geschmeidig; *corps a.* gelenkig; biegsam; *matière a.* schmiegsam; weich **2** *fig personne, caractère* geschmeidig; wendig; anpassungsfähig **3** *fam* (*accommodant*) entgegenkommend; kulant

souplesse [suplɛs] F **1** Geschmeidigkeit *f*; *du corps a.* Gelenkigkeit *f*; Biegsamkeit *f* **2** *fig de qn* Geschmeidigkeit *f*; Wendigkeit *f*; Anpassungsfähigkeit *f*

sourate [suʀat] F *du Coran* Sure *f*

source [suʀs] F Quelle *f* (*a. fig*); **~ lumineuse** Lichtquelle *f*; **~ de danger, d'erreurs, d'informations** Gefahren-, Fehler-, Informationsquelle *f*; **de ~ officielle** von amtlicher Seite; **de ~ sûre** aus zuverlässiger, sicherer Quelle; *fig* **cela coule de ~** das ergibt sich zwangsläufig, von selbst; *fleuve* **prendre sa ~** entspringen; **tenir, savoir qc de ~ autorisée, de bonne ~, de ~ sûre** etw aus maßgeblicher, guter, sicherer Quelle haben, wissen

sourcier [suʀsje] M (Wünschel)Rutengänger *m*

sourcil [suʀsi] M Augenbraue *f*; **froncer les ~s** die Stirn runzeln

sourcilier [suʀsilje] ADJ ⟨-ière [-jɛʀ]⟩ Augenbrauen…

sourciller [suʀsije] VI **ne pas ~** keine Miene verziehen; **sans ~** ohne mit der Wimper zu zucken

sourcilleux [suʀsijø] ADJ ⟨-euse [-øz]⟩ kleinlich; pedantisch

sourd [suʀ] **A** ADJ ⟨sourde [suʀd]⟩ **1** *personne* schwerhörig; *plus fort* taub; *fig* **rester ~ aux prières de qn** gegen die Bitten j-s taub bleiben **2** *bruit, douleur* dumpf; *lutte* versteckt **3** PHON stimmlos **B** **~(e)** M(F) Schwerhörige(r) *m*/*f*(*m*); *plus fort* Taube(r) *m*/*f*(*m*); Gehörlose(r) *m*/*f*(*m*); **c'est un dialogue de ~s** sie reden aneinander vorbei

sourdine [suʀdin] F MUS Dämpfer *m*; **en ~** leise; *fig* **mettre une ~ à** e-n Dämpfer aufsetzen (+ *dat*)

sourdingue [suʀdɛ̃g] ADJ *fam* → sourd A 1

sourd-muet [suʀmɥɛ], **sourde-muette** [suʀdəmɥɛt] **A** M,F Taubstumme(r) *m*/*f*(*m*) **B** ADJ taubstumm

sourdre [suʀdʀ] VI ⟨*défect: inf u. 3. Person Präsens* il sourd, ils sourdent⟩ *litt* hervorquellen

souriant [suʀjɑ̃] ADJ ⟨-ante [-ɑ̃t]⟩ freundlich; vergnügt; heiter

souriceau [suʀiso] M ⟨~x⟩ Mäuschen *n* **souricière** [-jɛʀ] F **1** Mausefalle *f* **2** *fig* Falle *f*

sourire [suʀiʀ] **A** VI ⟨→ rire⟩ lächeln; **~ à qn**

S

j-m zulächeln; *fig projet, idée* j-m passen, behagen; *fig* **la chance lui sourit** das Glück ist ihm hold **B** M Lächeln *n*

souris [suʀi] F Maus *f* (*a.* INFORM)

sournois [suʀnwa] **A** ADJ ⟨-oise [-waz]⟩ hinterhältig; heimtückisch **B** **~(e)** M(F) hinterhältiger Mensch; Duckmäuser(in) *m(f)*

sournoiserie [suʀnwazʀi] F Hinterhältigkeit *f*; Heimtücke *f*

sous [su] PRÉP unter (+ *dat question wo?*; + *acc question wohin?*); **~ (la) terre** unter der Erde; **~ mes yeux** vor meinen Augen; **~ Napoléon** unter Napoleon; **~ la Révolution** während, zur Zeit der (Französischen) Revolution; **~ cet aspect** unter diesem Aspekt, Gesichtspunkt; **être ~ antibiotiques** unter Antibiotika stehen; **placer ~ sa direction** s-r Leitung (*dat*) unterstellen

sous-... [su, *vor Vokal* suz] *préfixe* unter...; Unter...

sous-alimentation [suzalimɑ̃tasjõ] F Unterernährung *f* **sous-alimenté** [-te] ADJ ⟨~e⟩ unterernährt

sous-bois [subwa] M Unterholz *n* **sous-chef** M/F stellvertretender Chef, stellvertretende Chefin **sous-continent** M Subkontinent *m*

souscripteur [suskʀiptœʀ] M *à une édition* Subskribent *m*; *à un emprunt* Zeichner *m*

souscription [suskʀipsjõ] F **1** Subskription *f*; FIN Zeichnung *f*; (*quête*) Spendenaktion *f* **2** *somme* Subskriptions-, Zeichnungsbetrag *m*

souscrire [suskʀiʀ] ⟨→ écrire⟩ **A** V/T (*signer*) unterschreiben, -zeichnen; **~ un abonnement** ein Abonnement abschließen **B** V/T INDIR **1** subskribieren (**à une publication** [auf] ein Werk); zeichnen (**à un emprunt** e-e Anleihe); (*donner de l'argent*) Geld spenden (**à qc** für etw) **2** *fig* **~ à** zustimmen (+ *dat*)

sous-cutané [sukytane] ADJ ⟨~e⟩ MÉD subkutan

sous-développé [sudevlɔpe] ADJ ⟨~e⟩ unterentwickelt **sous-développement** M (wirtschaftliche) Unterentwicklung

sous-directeur [sudiʀɛktœʀ] M, **sous-directrice** [-tʀis] F stellvertretender Direktor, stellvertretende Direktorin

sous-emploi [suzɑ̃plwa] M Unterbeschäftigung *f*

sous-ensemble [suzɑ̃sɑ̃bl] M MATH Untermenge *f*

sous-entendre [suzɑ̃tɑ̃dʀ] V/T ⟨→ rendre⟩ mit darunter verstehen; als selbstverständlich voraussetzen

sous-entendu [suzɑ̃tɑ̃dy] M Andeutung *f*; Anspielung *f*; **par ~s** andeutungsweise; in verhüllenden Worten

sous-équipé [suzekipe] ADJ ⟨~e⟩ unzureichend ausgestattet **sous-équipement** [-mɑ̃] M unzureichende (industrielle) Ausstattung

sous-espèce [suzɛspɛs] F BIOL Unterart *f*

sous-estimation [suzɛstimasjõ] F Unterschätzung *f* **sous-estimer** [-e] V/T unterschätzen

sous-évaluer [suzevalɥe] V/T unterbewerten; zu niedrig bewerten

sous-exploité [suzɛksplwate] ADJ ⟨~e⟩ *espace* nicht genügend, unzureichend genutzt

sous-exposé [suzɛkspoze] ADJ ⟨~e⟩ PHOT unterbelichtet **sous-exposition** [-isjõ] F PHOT Unterbelichtung *f*

sous-fifre [sufifʀ] M *fam* kleines Würstchen

sous-groupe [sugʀup] M Untergruppe *f*

sous-homme [suzɔm] M *péj* Untermensch *m*

sous-jacent [suʒasɑ̃] ADJ ⟨-ente [-ɑ̃t]⟩ **1** *couche* darunterliegend **2** *problème* latent, unsichtbar vorhanden; tiefer liegend

sous-lieutenant [suljøtnɑ̃] M Leutnant *m*

sous-locataire [sulɔkatɛʀ] M/F Untermieter(in) *m(f)* **sous-location** [-sjõ] F Untermiete *f*; Untervermietung *f*

sous-louer [sulwe] V/T **1** *locataire principal* untervermieten **2** *sous-locataire* als Untermieter mieten

sous-main [sumɛ̃] **1** *m* (❗ unveränderlich) Schreibunterlage *f* **2** **en ~** unter der Hand

sous-marin [sumaʀɛ̃] **A** ADJ ⟨-ine [-in]⟩ Unterwasser...; unterseeisch **B** M U-Boot *n*; Unterseeboot *n*

sous-multiple [sumyltipl] M **4 est un ~ de 20** 4 geht in 20 auf

sous-officier [suzɔfisje] M Unteroffizier *m*

sous-payé [supeje] ADJ ⟨~e⟩ unterbezahlt

sous-peuplé [supœple] ADJ ⟨~e⟩ unterbevölkert

sous-pied [supje] M *d'un pantalon* Steg *m*

sous-préfecture [supʀefɛktyʀ] F Unterpräfektur *f* **sous-préfet** M, **sous-préfète** F ≈ Landrat, -rätin *m,f*

sous-production [supʀɔdyksjõ] F Unterproduktion *f*

sous-produit [supʀɔdɥi] M Nebenprodukt *n*

sous-programme [supʀɔgʀam] M Unterprogramm *n*

sous-prolétariat [supʀɔletaʀja] M Lumpen-, Subproletariat *n*

sous-pull [supyl] M (Unterzieh)Rolli *m*

sous-qualifié [sukalifje] ADJ ⟨~e⟩ *personnel* nicht genügend geschult, qualifiziert

sous-secrétaire [suskʀetɛʀ] M **~ d'État** Unterstaatssekretär *m*; ≈ Staatssekretär *m*

sous-secrétariat [suskʀetaʀja] M Unterstaatssekretariat *n*

soussigné [susiɲe] ADJ ⟨~e⟩ JUR **je ~ X déclare** (Endes)Unterzeichneter erklärt
sous-sol [susɔl] M **1** *d'une maison* Unter-, Kellergeschoss *n*; Souterrain *n* **2** GÉOL Untergrund *m*
sous-tendre [sutɑ̃dʀ] V/T ⟨→ rendre⟩ **~ qc** e-r Sache (*dat*) zugrunde liegen; die Grundlage für etw bilden
sous-tension [sutɑ̃sjõ] F ÉLEC Unterspannung *f*
sous-titrage [sutitʀaʒ] M FILM, TV Untertiteln *n* **sous-titre** M Untertitel *m* **sous-titrer** V/T mit Untertiteln versehen; untertiteln
soustraction [sustʀaksjõ] F MATH Abziehen *n*; Subtraktion *f*; **faire une ~** abziehen; e-e Subtraktion durchführen
soustraire [sustʀɛʀ] ⟨→ traire⟩ **A** V/T **1** MATH abziehen, subtrahieren (**de** von) **2** (*voler*) entwenden (**qc à qn** j-m etw); unterschlagen (**qc** etw) **3** (*faire échapper*) **~ à** entziehen (+ *dat*) **B** V/PR **se ~ à qc** sich e-r Sache (*dat*) entziehen
sous-traitance [sutʀɛtɑ̃s] F Vergabe *f* an Zulieferer; Zulieferindustrie *f* **sous-traitant** [-ɑ̃] M Zulieferer *m*; Zulieferfirma *f* **sous-traiter** [-e] V/T *et* V/I **1** *exécuter* (Industrieaufträge) als Zulieferer ausführen **2** *confier* (Aufträge) an Zulieferer vergeben
sous-verre [suvɛʀ] M (❗ unveränderlich) Passepartout *n* **sous-vêtements** MPL Unterbekleidung *f*; Unterwäsche *f*
soutane [sutan] F Soutane *f*
soute [sut] F AVIAT, MAR Fracht-, Laderaum *m*; **~ à bagages** Gepäckraum *m*
soutenable [sutnabl] ADJ **1** *opinion* vertretbar **2** (*supportable*) **pas ~** unerträglich
soutenance [sutnɑ̃s] F UNIVERSITÉ *d'une thèse* Verteidigung *f*; Disputation *f*; ≈ Rigorosum *n*
soutènement [sutɛnmɑ̃] M **mur** *m* **de ~** Stützmauer *f*
souteneur [sutnœʀ] M Zuhälter *m*
soutenir [sutniʀ] ⟨→ venir⟩ **A** V/T **1** CONSTR, *malade*, *fig monnaie* stützen **2** (*aider*) unterstützen; **~ qn** *a.* j-m beistehen; *dans une dispute* zu j-m halten, stehen **3** *attaque, regard* standhalten (+ *dat*); aushalten **4** *attention* nicht erlahmen lassen; *conversation* in Gang halten; aufrechterhalten; **~ son effort** in s-n Anstrengungen nicht nachlassen **5** (*prétendre*) behaupten **6** *point de vue* aufrechterhalten; vertreten; UNIVERSITÉ **~ une thèse** e-e Doktorarbeit vorlegen, verteidigen **B** V/PR **se ~ (les uns les autres)** sich (gegenseitig) unterstützen
soutenu [sutny] ADJ ⟨~e⟩ **1** *effort, attention* nicht nachlassend; *attention a.* gespannt **2** *couleur* kräftig **3** *style* gehoben
souterrain [sutɛʀɛ̃] **A** ADJ ⟨-aine [-ɛn]⟩ unterirdisch **B** M unterirdischer Gang; *pour piétons, voitures* Unterführung *f*
soutien [sutjɛ̃] M **1** (*aide*) Unterstützung *f*; **apporter son ~ à qn** j-n unterstützen **2** *personne, chose* Stütze *f*; **~ de famille** Ernährer *m* der Familie **3** **cours** *mpl* **de ~** Förderunterricht *m*
soutien-gorge M ⟨soutiens-gorge⟩ Büstenhalter *m* (*abr* BH)
soutirage [sutiʀaʒ] M *du vin* Abstich *m*
soutirer [sutiʀe] V/T **1** *vin* abziehen **2** **~ à qn** *argent fam* j-m abknöpfen; *information* j-m entlocken
souvenance [suvnɑ̃s] *litt* F Erinnerung *f*
souvenir[1] [suvniʀ] V/PR ⟨→ venir⟩ **se ~ de qn, qc** sich an j-n, etw erinnern; sich j-s, e-r Sache entsinnen; sich auf j-n, etw besinnen
souvenir[2] M **1** Erinnerung *f* (**de** an + *acc*); **~s d'enfance** Kindheitserinnerungen *fpl*; **en ~** zur Erinnerung, zum Andenken (**de** an + *acc*); **si mes ~s sont bons, exacts …** wenn ich mich recht entsinne, erinnere …; **garder un bon ~ de qn, qc** j-n, etw in guter Erinnerung haben; **j'en garde un mauvais ~** ich habe es in unangenehmer, schlechter Erinnerung **2** **meilleurs ~s** viele, herzliche Grüße (**de Paris** aus Paris) **3** *objet* Andenken *n* (*a. iron*); Souvenir *n*
souvent [suvɑ̃] ADV oft; häufig; oftmals; **assez souvent** öfter; **le plus souvent** meistens
souverain [suvʀɛ̃] **A** ADJ ⟨-aine [-ɛn]⟩ **1** POL souverän **2** (*suprême*) höchste; **remède ~** unfehlbares Mittel (*a. fig*) **B** **~(e)** M(F) Herrscher(in) *m(f)*; Souverän *m*
souverainement [suvʀɛnmɑ̃] ADV **1** *décider* souverän **2** **~ intelligent** hochintelligent **3** **déplaire ~** im höchsten Grad missfallen
souveraineté [suvʀɛnte] F Souveränität *f*; höchste Gewalt; **~ du peuple** Volkssouveränität *f*
soviétique [sɔvjetik] HIST **A** ADJ sowjetisch; Sowjet…; **l'Union** *f* **~** die Sowjetunion **B** **Soviétique** M/F Sowjetbürger(in) *m(f)*
soviétisation [sɔvjetizasjõ] F Sowjetisierung *f* **soviétiser** [-e] V/T sowjetisieren
soyeux [swajø] **A** ADJ ⟨-euse [-øz]⟩ seidig; seidenweich **B** M *à Lyon* Seidenfabrikant *m ou* -händler *m*
soyez, soyons [swaje, swajõ] → être[1]
spa [spa] M **1** Wellnesscenter *n* **2** (*bain à remous*) Whirlpool *m*
SPA [ɛspea] F ABR → société
spacieux [spasjø] ADJ ⟨-euse [-øz]⟩ geräumig
spaghetti(s) [spageti] MPL Spaghetti *pl*
sparadrap [spaʀadʀa] M Heftpflaster *n*
spartiate [spaʀsjat] **A** ADJ spartanisch (*a. fig*) **B** **~s** FPL Römersandalen *fpl*
spasme [spasm] M Krampf *m*
spasmodique [spasmɔdik] ADJ krampfartig

spasmophilie [spasmɔfili] F MÉD Spasmophilie *f* (*mit Neigung zu Krämpfen verbundene Stoffwechselkrankheit*)
spatial [spasjal] ADJ ⟨~e; -aux [-o]⟩ Raum…; **vol spatial** Raumflug *m*
spationaute [spasjonot] M/F Raumfahrer(in) *m(f)*
spatio-temporel [spasjotɑ̃pɔʀɛl] ADJ ⟨~le⟩ *t/t* raumzeitlich
spatule [spatyl] F **1** *outil* Spachtel *m ou f*; Spatel *m* (*a.* MÉD); CUIS Backschaufel *f*; Teigschaber *m* **2** *d'un ski* Spitze *f*
speaker [spikœʀ] M Ansager *m*
spécial [spesjal] ADJ ⟨~e; -aux [-o]⟩ **1** besondere; speziell; Sonder…; **envoyé ~** Sonderkorrespondent *m*, -berichterstatter *m*; Spezial…; **rien de ~** nichts Besonderes; **~ à qn** j-m eigen **2** (*bizarre*) eigenartig
spécialement [spesjalmɑ̃] ADV besonders; speziell; (*exprès*) eigens **spécialisation** [-izasjõ] F Spezialisierung *f*
spécialisé [spesjalize] ADJ ⟨~e⟩ spezialisiert (**dans** auf + *acc*); Fach…; *ouvrier* angelernt
spécialiser [spesjalize] V/PR **se ~** sich spezialisieren (**dans** auf + *acc*)
spécialiste [spesjalist] M/F **1** Spezialist(in) *m(f)*, Fachmann *m*, Fachfrau *f* (**de** für) **2** MÉD Facharzt, -ärztin *m,f*
spécialité [spesjalite] F **1** (*domaine*) (Spezial)Fach *n*; Fachgebiet *n*; Spezialgebiet *n*; *fam iron* **c'est sa ~** das ist e-e Spezialität von ihm **2** CUIS Spezialität *f*
spécieux [spesjø] ADJ ⟨-euse [-øz]⟩ Schein…
spécification [spesifikasjõ] F Spezifizierung *f*
spécificité [-fisite] F Spezifität *f*; Eigenart *f*
spécifier [spesifje] V/T genau angeben; spezifizieren; **bien ~** ausdrücklich sagen, betonen
spécifique [spesifik] ADJ spezifisch
spécimen [spesimɛn] M **1** (*représentant*) Exemplar *n*; Stück *n*; **un ~ rare** ein seltenes Exemplar **2** *d'un livre* Freiexemplar *n*; Prüfstück *n*; *d'une revue* Probenummer *f*
spectacle [spɛktakl] M **1** (*tableau*) Anblick *m*; Schauspiel *n*; **à ce ~** bei diesem Anblick; *péj* **se donner en ~** sich zur Schau stellen **2** (*représentation*) Vorstellung *f*; Aufführung *f*; **industrie** *f* **du ~** Unterhaltungsindustrie *f*; Showgeschäft *n*; **salle** *f* **de ~** Theater(saal) *n(m)*; **aller au ~** ins Theater gehen
spectaculaire [spɛktakylɛʀ] ADJ aufsehenerregend; spektakulär
spectateur [spɛktatœʀ] M, **spectatrice** [spɛktatʀis] F Zuschauer(in) *m(f)*
spectral [spɛktʀal] ADJ ⟨~e; -aux [-o]⟩ **1** gespenstisch **2** PHYS Spektral…
spectre [spɛktʀ] M **1** (*fantôme*) Gespenst *n*; *fig a.* Schreckgespenst *n* **2** PHYS Spektrum *n*
spéculaire [spekylɛʀ] ADJ Spiegel…
spéculateur [spekylatœʀ] M, **spéculatrice** [-tʀis] F Spekulant(in) *m(f)* **spéculatif** [-tif] ADJ ⟨-ive [-iv]⟩ FIN Spekulations…; spekulativ (*a. par ext*)
spéculation [spekylasjõ] F Spekulation *f*; **se livrer à des ~s** sich in Spekulationen ergehen
spéculer [spekyle] V/I spekulieren (**en Bourse** an der Börse; **sur** auf + *acc*)
speech [spitʃ] M ⟨~es⟩ (kurze) Rede; Ansprache *f*
speeder [spide] *fam* V/I schnell machen; *fam* sich ranhalten
spéléo [speleo] *fam* M/F ABR → spéléologue
spéléologie [speleɔlɔʒi] F Höhlenkunde *f*, -forschung *f* **spéléologique** [-lɔʒik] ADJ höhlenkundlich **spéléologue** [-lɔg] M/F Höhlenforscher(in) *m(f)*
spermatozoïde [spɛʀmatɔzɔid] M Samenfaden *m*, -zelle *f*; Spermium *n*
sperme [spɛʀm] M (männlicher) Samen; Sperma *n*
spermicide [spɛʀmisid] M Spermizid *n*; Samen abtötendes Mittel
sphère [sfɛʀ] F **1** MATH Kugel *f* **2** *fig* Sphäre *f*; Bereich *m*; **~ d'influence** Einflussbereich *m*; **les °hautes ~s de la politique, de la finance** die führenden politischen Kreise, Finanzkreise *mpl*
sphérique [sfeʀik] ADJ **1** (*rond*) kugelförmig **2** MATH Kugel…; sphärisch
sphincter [sfɛ̃ktɛʀ] M Schließmuskel *m*
sphinx [sfɛ̃ks] M (**!** maskulin) **1** ART, MYTH Sphinx *f* **2** *fig* undurchschaubarer Mensch
spinnaker [spinakɛʀ] M Spinnaker *m*
spirale [spiʀal] F Spirale *f* (*a. fig*); **en ~** spiralförmig
spirante [spiʀɑ̃t] F PHON **~** *ou adj* **consonne** *f* **~** Spirant *m*; Reibelaut *m*
spire [spiʀ] F TECH Windung *f*
Spire [spiʀ] Speyer *n*
spiritisme [spiʀitism] M Spiritismus *m*
spiritualisation [spiʀitɥalizasjõ] F Vergeistigung *f* **spiritualiser** [-ize] V/T vergeistigen **spiritualisme** [-ism] M Spiritualismus *m*
spiritualiste [spiʀitɥalist] **A** ADJ spiritualistisch **B** M Spiritualist *m*
spiritualité [spiʀitɥalite] F **1** *de l'âme, etc* Geistigkeit *f* **2** REL Spiritualität *f*
spirituel [spiʀitɥɛl] ADJ ⟨~le⟩ **1** (*moral*) geistig **2** REL geistlich **3** (*plein d'esprit*) geistreich; witzig
spiritueux [spiʀitɥø] MPL Spirituosen *pl*
spleen [splin] *litt* M Schwermut *f*
splendeur [splɑ̃dœʀ] F **1** Glanz *m*; Pracht *f*; Herrlichkeit *f* **2** **une ~** etwas Herrliches, Prächtiges

S

splendide [splɑ̃did] ADJ herrlich; prächtig; wunderschön
spoliateur [spɔljatœʀ] *litt* A ADJ ⟨-trice [-tʀis]⟩ räuberisch B M Räuber *m* **spoliation** [-asjø] *litt* F Beraubung *f*; Raub *m*
spolier [spɔlje] *st/s* V/T berauben; **~ qn de qc** j-n um etw bringen
spongieux [spõʒjø] ADJ ⟨-euse [-øz]⟩ schwammig; schwammartig
sponsor [spõsɔʀ] M Sponsor *m* **sponsoriser** [-ize] V/T sponsern
spontané [spõtane] ADJ ⟨~e⟩ spontan; *personne, caractère a.* natürlich; s-r ersten Eingebung folgend
spontanéité [spõtaneite] F Spontaneität *f*; *de qn a.* Natürlichkeit *f*
spontanément [spõtanemɑ̃] ADV spontan; aus eigenem Antrieb
sporadicité [spɔʀadisite] F vereinzeltes Auftreten **sporadique** [-ik] ADJ vereinzelt (auftretend); sporadisch
spore [spɔʀ] F BIOL Spore *f*
sport [spɔʀ] A M 1 Sport *m*; **sport de compétition** Leistungssport *m*; **faire du sport** Sport treiben 2 *(forme de sport)* Sportart *f*; **sports d'équipe** Mannschaftssport(arten) *m(fpl)*; **sports d'hiver** Wintersport *m* 3 *fam fig* **il va y avoir du sport** *fam* da wird's was geben B ADJ (! unveränderlich) Sport...; sportlich
sportif [spɔʀtif] A ADJ ⟨-ive [-iv]⟩ 1 *(relatif au sport)* Sport... 2 *personne, allure* sportlich 3 *(beau joueur)* sportlich; fair B **~, sportive** M,F Sportler(in) *m(f)*
sportivement [spɔʀtivmɑ̃] ADV sportlich; fair
sportivité [spɔʀtivite] F Sportlichkeit *f*; Fairness *f*; sportliche Haltung
spot [spɔt] M 1 *lampe* Strahler *m*; Spotlight *n*; Spot *m* 2 **~ (publicitaire)** (Werbe)Spot *m*
sprat [spʀat] M Sprotte *f*
spray [spʀɛ] M Spray *m ou n*
sprint [spʀint] M 1 (End)Spurt *m*; **piquer un ~** zum (End)Spurt ansetzen 2 *(course de vitesse)* Sprint *m*
sprinter¹ [spʀintœʀ] M Sprinter *m*
sprinter² [spʀinte] V/I spurten; sprinten
squale [skwal] M Hai(fisch) *m*
square [skwaʀ] M kleine Grünanlage
squash [skwaʃ] M Squash *n*
squat [skwat] *fam* M besetztes Haus
squatter [skwate] *ou* **squattériser** [skwateʀize] V/T (illegal) besetzen
squatteur [skwatœʀ] M Hausbesetzer *m*
squelette [skəlɛt] M ANAT, TECH Skelett *n*; Gerippe *n*; ANAT *a.* Knochengerüst *n*
squelettique [skəletik] ADJ 1 spindel-, *fam* klapperdürr 2 *fig* dürftig; mager
Sri Lanka [sʀilɑ̃ka] **le ~** Sri Lanka *n*
SS [ɛsɛs] HIST **les ~** MPL die SS *sg*; **un ~** ein SS-Mann *m*
Sᵗ ABR (saint) hl. *ou* St.
stabilisant [stabilizɑ̃] M CHIM Stabilisator *m*
stabilisateur [stabilizatœʀ] A ADJ ⟨-trice [-tʀis]⟩ stabilisierend; Stabilisierungs… B M 1 AUTO, MAR Stabilisator *m*; AVIAT Stabilisierungsfläche *f* 2 CHIM Stabilisator *m*
stabilisation [stabilizasjõ] F Stabilisierung *f*
stabiliser [stabilize] A V/T festigen; stabilisieren *(a. monnaie,* TECH*)* B V/PR **se ~** sich festigen; sich stabilisieren; sich einpendeln
stabilité [stabilite] F Beständigkeit *f*; Festigkeit *f*; Stabilität *f (a. de la monnaie,* TECH*)*; *d'une échelle* Standfestigkeit *f*, -sicherheit *f*
stable [stabl] ADJ beständig; fest; stabil *(a. monnaie,* TECH*)*; *échelle* standfest, -sicher
stade [stad] M 1 SPORTS Stadion *n*; Sportanlage *f* 2 *(phase)* Stadium *n*; Phase *f*
Staël [stal] **Madame de ~** *frz Schriftstellerin*
staff [staf] M (Führungs)Stab *m*
stage [staʒ] M Praktikum *n*; *pour avocat, professeur débutant* Referendarzeit *f*; *dans une entreprise a.* Volontärzeit *f*
stagiaire [staʒjɛʀ] A M/F Praktikant(in) *m(f)*; *dans une entreprise a.* Volontär(in) *m(f)* B ADJ **avocat** M, **professeur** *m* **~** Gerichts-, Studienreferendar *m*
stagnant [stagnɑ̃] ADJ ⟨-ante [-ɑ̃t]⟩ 1 **eaux ~es** stehende Gewässer *npl* 2 ÉCON stagnierend
stagnation [stagnasjõ] F ÉCON Stagnation *f*; Stockung *f*; Flaute *f*
stagner [stagne] V/I 1 *liquide* stehen 2 *fig affaires* stagnieren; stocken; flau sein; *personne* dahinvegetieren
stalactite [stalaktit] F (herabhängender) Tropfstein; Stalaktit *m*
stalagmite [stalagmit] F (vom Boden aufsteigender) Tropfstein; Stalagmit *m*
Staline [stalin] M HIST Stalin *m*
stalinien [stalinjɛ̃] A ADJ ⟨-ienne [-jɛn]⟩ stalinistisch B SUBST **~(ne)** M(F) Stalinist(in) *m(f)* **stalinisme** [-ism] M Stalinismus *m*
stalle [stal] F 1 ÉGL **~s** *pl* Chorgestühl *n* 2 *dans une écurie* Stand *m*; Box *f*
stances [stɑ̃s] FPL *poème* Stanzen *fpl*
stand [stɑ̃d] M 1 *d'exposition* (Messe) Stand *m* 2 *pour voitures de course* **~ de ravitaillement** Boxen *fpl* 3 **~ (de tir)** Schießstand *m*
standard [stɑ̃daʀ] M 1 *(type)* Standard *m*; *adjt* (! unveränderlich) Standard… 2 (Telefon)-Zentrale *f*; Vermittlung *f*
standardisation [stɑ̃daʀdizasjõ] F Standardisierung *f* **standardiser** [-ize] V/T standardi-

S

sieren; vereinheitlichen, normen (*a. fig*) **standardiste** [-ist] M/F Telefonist(in) *m(f)*
standing [stɑ̃diŋ] M Lebensstandard *m*; **de grand ~** Luxus…; für höchste Ansprüche
staphylocoque [stafilɔkɔk] M BIOL Staphylokokkus *m*; **~s** *pl* Staphylokokken *pl*
star [staʀ] F (! feminin) Filmstar *m*
starlette [staʀlɛt] F Starlet(t) *n*; Filmsternchen *n*
starter [staʀtɛʀ] M AUTO Starterklappe *f*; Choke *m*
starting-block [staʀtiŋblɔk] M ⟨starting-blocks⟩ Startblock *m*
start-up [staʀtœp] F (! unveränderlich) ÉCON Start-up(-Unternehmen) *n*; neu gegründetes Unternehmen
station [stasjõ] F 1 CH DE FER, *etc* Station *f*; *bus a.* Haltestelle *f*; **station de métro** U-Bahn-Station *f*; U-Bahnhof *m*; **station de taxis** Taxistand *m* 2 (*ville*) Kur-, Ferienort *m*; **station thermale** Thermal-, Heilbad *n*; Bade-, Kurort *m*; **station de sports d'hiver** Wintersportplatz *m*, -ort *m* 3 TECH Station *f*; **station météorologique** Wetterwarte *f*, -station *f*; **station orbitale, spatiale** Raum-, Orbitalstation *f*; **station d'épuration** Kläranlage *f*; **station de radio** Radio-, Rundfunkstation *f*; INFORM **station de travail** Workstation *f* 4 **station debout** Stehen *n*
stationnaire [stasjɔnɛʀ] ADJ gleichbleibend; unverändert; stationär
stationné [stasjɔne] ADJ ⟨~e⟩ 1 *véhicule* geparkt; parkend 2 *troupes* stationiert
stationnement [stasjɔnmɑ̃] M Parken *n*
stationner [stasjɔne] V/I parken; **interdiction** *f* **de ~** Parkverbot *n*
station-service F ⟨stations-service⟩ Tankstelle *f*
statique [statik] ADJ statisch
statisticien [statistisjɛ̃] M, **statisticienne** [-jɛn] F Statistiker(in) *m(f)*
statistique [statistik] A ADJ statistisch B F Statistik *f*; **établir une ~** e-e Statistik aufstellen
statuaire [statɥɛʀ] F Bildhauerkunst *f*
statue [staty] F Statue *f*; Standbild *n*; **immobile, droit comme une ~** völlig regungslos; **élever, ériger une ~** ein Standbild errichten (**à qn** j-m)
statuer [statɥe] V/T INDIR **~ sur qc** über etw (*acc*) entscheiden, befinden
statuette [statɥɛt] F kleine Statue; Statuette *f*; Figur *f*
statufier [statyfje] V/T *plais* **~ qn** *fam* j-n durch e-e Statue verewigen
statu quo [statykwo] M Status quo *m*; **maintenir le ~** den Status quo aufrechterhalten
stature [statyʀ] F 1 Statur *f*; Gestalt *f*; Wuchs *m* 2 *fig de qn* Format *n*
statut [staty] M 1 (*règlement*) **~s** *pl* Satzung *f*; Statuten *npl* 2 (*position*) Status *m*
statutaire [statytɛʀ] ADJ satzungsgemäß
S^te ABR (sainte) hl. *ou* St.
Sté ABR (Société) Fa. (Firma)
steak [stɛk] M Steak *n*
stéarine [steaʀin] F Stearin *n*
stéatite [steatit] F Speckstein *m*
stèle [stɛl] F Stele *f*
Stendhal [stɛ̃dal] *frz Schriftsteller*
sténo [steno] F ABR 1 (*sténographie*) Steno *f* 2 → sténodactylo
sténodactylo [stenɔdaktilo] F Stenotypistin *f*
sténographie [stenɔgʀafi] F Stenografie *f*; Kurzschrift *f* **sténographier** [-je] V/T (mit)stenografieren **sténographique** [-ik] ADJ stenografisch; Kurzschrift…
sténotypiste [stenɔtipist] M/F Maschinenstenograf(in) *m(f)*
stentor [stɑ̃tɔʀ] M **voix** *f* **de ~** Stentor-, Donnerstimme *f*
stéphanois [stefanwa] ADJ ⟨-oise [-waz]⟩ (*et* SUBST **Stéphanois** Einwohner) von Saint-Étienne
steppe [stɛp] F Steppe *f*
stère [stɛʀ] M Raummeter *m ou n*
stéréo [stereo] A F Stereo *n*; **en ~** in Stereo; stereo; Stereo… B ADJ (! unveränderlich) Stereo…
stéréoscope [steʀeɔskɔp] M OPT Stereoskop *n*
stéréotype [steʀeɔtip] M Stereotyp *n* **stéréotypé** [-tipe] ADJ ⟨~e⟩ stereotyp
stérile [steʀil] ADJ 1 *sol, être vivant* unfruchtbar; steril; *homme a.* zeugungsunfähig 2 *pansement, etc* steril; keimfrei 3 *fig* unergiebig; fruchtlos; nutzlos
stérilet [steʀilɛ] M *contraceptif* Spirale *f*
stérilisateur [steʀilizatœʀ] M Sterilisator *m*; Sterilisationsapparat *m*
stérilisation [steʀilizasjõ] F 1 (*désinfection*) Sterilisierung *f*; Keimfreimachung *f* 2 *d'une personne* Sterilisation *f*; Unfruchtbarmachung *f* **stériliser** [-e] V/T 1 (*désinfecter*) sterilisieren; keimfrei machen 2 *personne* sterilisieren; unfruchtbar machen
stérilité [steʀilite] F Unfruchtbarkeit *f*; Sterilität *f*
sterling [stɛʀliŋ] ADJ (! unveränderlich) *monnaie* **livre** *f* **~** Pfund *n* Sterling
sternum [stɛʀnɔm] M Brustbein *n*
stéthoscope [stetɔskɔp] M Stethoskop *n*; Hörrohr *n*
steward [stiwaʀd] M Steward *m*; AVIAT *a.* Flugbegleiter *m*
stick [stik] M *produit de beauté* Stift *m*

stigmate [stigmat] M 1 REL **~s** *pl* Stigmen *npl;* Wundmale *npl* Christi 2 *péj* Stigma *n;* Schandmal *n*

stigmatisation [stigmatizasjõ] F 1 REL Stigmatisation *f* 2 *fig et st/s* Brandmarkung *f;* Stigmatisierung *f*

stigmatisé(e) [stigmatize] M(F) REL Stigmatisierte(r) *m/f(m)* **stigmatiser** [-e] V/T brandmarken; anprangern

stimulant [stimylɑ̃] A ADJ ‹-ante [-ɑ̃t]› stimulierend; anregend B M 1 PHARM Anregungs-, Reizmittel *n;* Stimulans *n* 2 *fig* Anreiz *m;* Ansporn *m;* Stimulans *n*

stimulateur [stimylatœʀ] M **~ cardiaque** Herzschrittmacher *m*

stimulation [stimylasjõ] F 1 *(encouragement)* Ansporn *m;* Stimulierung *f* 2 *de l'appétit, etc* Anregung *f;* Stimulation *f*

stimuler [stimyle] V/T 1 *personne, zèle* anspornen; anstacheln; stimulieren 2 *digestion, appétit* anregen

stipendié [stipɑ̃dje] ADJ ‹~e› *litt* gedungen

stipulation [stipylasjõ] F JUR (vertragliche) Bestimmung; Klausel *f*

stipuler [stipyle] V/T 1 JUR **le contrat stipule que ...** im Vertrag ist festgelegt, dass ... 2 *(spécifier)* **il est stipulé que ...** es wird ausdrücklich gesagt, dass ...

stock [stɔk] M 1 COMM (Lager-, Waren)Bestand *m,* (-)Vorrat *m;* **en ~** vorrätig; auf Lager 2 *fam (réserve)* Vorrat *m;* Menge *f*

stockage [stɔkaʒ] M (Ein)Lagerung *f;* Speicherung *f (a.* INFORM) **stocker** [-e] V/T (ein)lagern; speichern *(a.* INFORM); *pour spéculer* horten

stoïcien [stɔisjɛ̃] A ADJ ‹-ienne [-jɛn]› stoisch B M Stoiker *m*

stoïcisme [stɔisism] M Stoizismus *m; fig a.* stoischer Gleichmut

stoïque [stɔik] ADJ (von) stoisch(em Gleichmut); unerschütterlich

stop [stɔp] A INT stop(p)!; halt! B M 1 *panneau* Stoppschild *n* 2 AUTO Bremslicht *n* 3 *fam (auto-stop)* Trampen *n;* Autostopp *m;* **en stop** per Anhalter; **faire du stop** per Anhalter fahren; trampen

stoppage [stɔpaʒ] M Kunststopfen *n*

stopper[1] [stɔpe] V/T *et* V/I stoppen *(a. fig);* anhalten

stopper[2] V/T COUT kunststopfen

stoppeur [stɔpœʀ], **stoppeuse** [-øz] 1 *m,f (auto-stoppeur)* Anhalter(in) *m(f);* Tramper(in) *m(f)* 2 *m* FOOTBALL Stopper *m*

store [stɔʀ] M 1 *léger* Rollo *n* 2 *à lamelles* **~ (vénitien)** Jalousie *f* 3 *en biais* Markise *f;* Sonnendach *n* 4 *(voilage)* Store *m*

strabisme [stʀabism] M Schielen *n*

stradivarius [stʀadivaʀjys] M *violon* Stradivari *f*

strangulation [stʀɑ̃gylasjõ] F Erwürgen *n;* Erdrosseln *n;* Strangulation *f*

strapontin [stʀapõtɛ̃] M Klappsitz *m*

Strasbourg [stʀazbuʀ] Straßburg *n*

strass [stʀas] M Strass *m*

stratagème [stʀataʒɛm] M List *f*

strate [stʀat] F GÉOL Schicht *f*

stratège [stʀatɛʒ] M MIL, *fig* Stratege *m*

stratégie [stʀateʒi] F Strategie *f (a. fig)* **stratégique** [-ik] ADJ strategisch (wichtig)

stratification [stʀatifikasjõ] F GÉOL Schichtung *f*

stratifié [stʀatifje] A ADJ ‹~e› TECH, GÉOL Schicht... B M Schichtpressstoff *m;* Laminat *n*

stratosphère [stʀatɔsfɛʀ] F Stratosphäre *f*

streptocoque [stʀɛptɔkɔk] M BIOL Streptokokkus *m;* **~s** *pl* Streptokokken *pl*

stress [stʀɛs] M Stress *m*

stressant [stʀɛsɑ̃] ADJ ‹-ante [-ɑ̃t]› stressig

stresser [stʀese] A V/T stressen; **être stressé** gestresst sein; unter Stress stehen B *fam* V/I sich gestresst fühlen

stretch [stʀɛtʃ] M *tissu* Stretch *m*

stretching [stʀɛtʃiŋ] M SPORTS Stretching *n*

strict [stʀikt] ADJ ‹~e› streng; strikt; (peinlich) genau; *tenue* korrekt; *vérité* rein; **le ~ minimum** das (Aller)Nötigste; **au sens ~** im engeren Sinn; **c'est son droit le plus ~** das ist sein gutes Recht

strictement [stʀiktəmɑ̃] ADV streng; **~ rien** rein gar nichts

strident [stʀidɑ̃] ADJ ‹-ente [-ɑ̃t]› schrill; *cri a.* gellend

stridulation [stʀidylasjõ] F *litt* Zirpen *n*

strie [stʀi] F *surtout* PL **~s** Rillen *fpl;* Riffeln *fpl; (rayures)* Streifen *mpl*

strié [stʀije] ADJ ‹~e› gerillt; geriffelt

string [stʀiŋ] M String(-Tanga) *m*

strip-tease [stʀiptiz] M Striptease *m ou n* **strip-teaseuse** [-øz] F Stripteasetänzerin *f; fam* Stripperin *f*

strophe [stʀɔf] F Strophe *f*

structural [stʀyktyʀal] ADJ ‹~e; -aux [-o]› Struktur...; strukturell **structuralisme** [-ism] M Strukturalismus *m* **structuraliste** [-ist] M/F Strukturalist(in) *m(f)*

structuration [stʀyktyʀasjõ] F Strukturierung *f*

structure [stʀyktyʀ] F Struktur *f;* Bau *m;* Aufbau *m;* Gefüge *n;* Gliederung *f;* **~(s) d'accueil** Aufnahmestelle(n) *f(pl);* (touristische *etc*) Infrastruktur

structurel [stʀyktyʀɛl] ADJ ‹~le› strukturell **structurer** [-e] V/T strukturieren; gliedern

strychnine [stʀiknin] F Strychnin *n*

S

stuc [styk] M Stuck *m*; **~s** *pl* Stuckaturen *fpl*
studieux [stydjø] ADJ ⟨-euse [-øz]⟩ fleißig; eifrig; strebsam; *vacances* mit geistiger Arbeit ausgefüllt
studio [stydjo] M **1** *logement* 1-Zimmer-Appartement [aın-] *n* **2** RAD, TV Studio *n*; Senderaum *m* **3** FILM, PHOT, *d'un artiste* Atelier *n*; Studio *n*
stupéfaction [stypefaksjõ] F Verblüffung *f*; sprachloses Erstaunen
stupéfait [stypefɛ] ADJ ⟨-faite [-fɛt]⟩ verblüfft; sprachlos; (völlig) verdutzt
stupéfiant [stypefjã] **A** ADJ ⟨-ante [-ãt]⟩ verblüffend **B** M Rauschgift *n*; PHARM Betäubungsmittel *n*; **trafic** *m* **de ~s** Rauschgifthandel *m*
stupéfier [stypefje] V/T *(étonner)* verblüffen; *(consterner)* betroffen machen
stupeur [stypœʀ] F **1** *(étonnement)* Verblüffung *f*; Fassungslosigkeit *f*; *(consternation)* Betroffenheit *f* **2** MÉD Stupor *m*
stupide [stypid] ADJ dumm; stupid(e); *travail a.* stumpfsinnig; *(absurde)* sinnlos
stupidité [stypidite] F **1** Dummheit *f*; Stupidität *f* **2** **~s** *pl* dummes Zeug
style [stil] M **1** Stil *m*; **~ gothique** gotischer Stil; **~ 1900** Jugendstil *m*; *par ext* **~ de vie** Lebensstil *m* **2** GRAM **~ (in)direct** (in)direkte Rede
stylé [stile] ADJ ⟨~e⟩ *personnel* perfekt
stylet [stilɛ] M *poignard* Stilett *n*
styliser [stilize] V/T stilisieren
stylisme [stilism] M **1** COUT Styling *n*; INDUSTRIE Design *n* **2** *litt* überspitzte Stilpflege **styliste** [-ist] M **1** COUT Stylist *m*; INDUSTRIE Designer *m* **2** *écrivain* guter Stilist
stylistique [stilistik] **A** ADJ stilistisch; Stil… **B** F Stilistik *f*; Stilkunde *f*, -lehre *f*
stylo [stilo] M *à plume* Füller *m*; Füll(feder)halter *m*; **stylo (à) bille** Kugelschreiber *m*
stylo-feutre M ⟨stylos-feutres⟩ Filzschreiber *m*, -stift *m*; Faserschreiber *m*
stylomine® [stilɔmin] M Druckbleistift *m*
Styrie [stiʀi] **la ~** die Steiermark
su [sy] **A** PP → savoir[1] **B** M → vu
suaire [sɥɛʀ] M **le saint ~** das Grabtuch Christi
suant [sɥã] ADJ ⟨-ante [-ãt]⟩ **1** schwitzend **2** *fam fig* lästig
suave [sɥav] ADJ lieblich; sanft **suavité** [-ite] *litt* F Lieblichkeit *f*
subalterne [sybaltɛʀn] **A** ADJ untergeordnet; subaltern **B** M Untergebene(r) *m*
subconscient [sypkõsjã] M Unterbewusstsein *n*
subdiviser [sybdivize] **A** V/T unterteilen, untergliedern (**en** in + *acc*) **B** V/PR **se ~** sich unterteilen lassen, sich gliedern, zerfallen (**en** in +*acc*) **subdivision** [-jõ] F Unterteilung *f*
subir [sybiʀ] V/T **1** *défaite, pertes* erleiden; hinnehmen müssen; *conséquences* zu spüren bekommen; *opération* sich unterziehen (+ *dat*); **~ un interrogatoire** verhört, vernommen werden; **~ des violences** tätlich angegriffen werden **2** **~ qn** j-n ertragen **3** *chose: modification, etc* erfahren
subit [sybi] ADJ ⟨-ite [-it]⟩ plötzlich
subitement [sybitmã] ADV → subit
subjectif [sybʒɛktif] ADJ ⟨-ive [-iv]⟩ subjektiv **subjectivité** [-ivite] F Subjektivität *f*
subjonctif [sybʒõktif] M Konjunktiv *m*
subjuguer [sybʒyge] V/T fesseln; packen; in s-n Bann schlagen
sublimation [syblimasjõ] F CHIM, PSYCH Sublimierung *f*; Sublimation *f*
sublime [syblim] ADJ **1** *beauté, spectacle, etc* erhaben **2** *personne* überragend
sublimé [syblime] M CHIM Sublimat *n* **sublimer** [-e] V/T CHIM, PSYCH sublimieren **subliminal** [-inal] ADJ ⟨~e; -aux [-o]⟩ PSYCH unterschwellig; *t/t a.* subliminal
sublimité [syblimite] *litt* F Erhabenheit *f*
submerger [sybmɛʀʒe] V/T ⟨-ge-⟩ **1** *(inonder)* überschwemmen, -fluten **2** *fig sentiment* **~ qn** j-n überwältigen; **être submergé de travail** mit Arbeit überhäuft, überlastet sein; **être submergé par la foule** von der Menge überrannt werden
submersible [sybmɛʀsibl] M Untersee-, Tauchboot *n* **submersion** [-jõ] F Überflutung *f*
subodorer [sybɔdɔʀe] V/T *plais* wittern
subordination [sybɔʀdinasjõ] F Unterordnung *f*; **conjonction** *f* **de ~** unterordnende Konjunktion
subordonné [sybɔʀdɔne] M Untergebene(r) *m*
subordonnée [sybɔʀdɔne] F (*a.* ADJ **proposition ~**) Nebensatz *m*
subordonner [sybɔʀdɔne] V/T unterordnen, *qn a.* unterstellen (**à** *dat*); *décision, action* abhängig machen (von); **être subordonné à qn** *a.* j-m unterstehen
subornation [sybɔʀnasjõ] F **~ de témoins** Zeugenbeeinflussung *f*, -bestechung *f*
subrepticement [sybʀɛptismã] ADV heimlich
subséquemment [sypsekamã] *plais* ADV daraufhin; infolgedessen
subsides [sybzid, -psid] MPL Finanzhilfe *f*; Zuschüsse *mpl*
subsidiaire [sybzidjɛʀ] ADJ zusätzlich; **question** *f* **~** Stichfrage *f*
subsidiarité [sybzidjaʀite] F Subsidiarität *f*
subsistance [sybzistãs] F (Lebens)Unterhalt *m*
subsister [sybziste] V/I **1** *chose* fortbestehen;

(noch) vorhanden sein **2** *personne* s-n Lebensunterhalt bestreiten
substance [sypstɑ̃s] F **1** *(matière)* Substanz *f*; Stoff *m* **2** *d'un livre, discours* wesentlicher Inhalt; Substanz *f*; Kern *m*; **en ~** im Wesentlichen
substantiel [sypstɑ̃sjɛl] ADJ ⟨~le⟩ **1** *(nourrissant)* nahrhaft; gehaltreich **2** *(important)* wesentlich; substanziell
substantif [sypstɑ̃tif] M Substantiv *n*; Hauptwort *n*
substantivation [sypstɑ̃tivasjõ] F LING Substantivierung *f*
substantivé [sypstɑ̃tive] ADJ ⟨~e⟩ LING substantiviert **substantiver** [-e] V/T LING substantivieren
substituer [sypstitɥe] **A** V/T ersetzen (**une copie à l'original** das Original durch e-e Kopie) **B** V/PR **se ~ à** an die Stelle (+ *gén*) treten
substitut [sypstity] M (Stell)Vertreter *m* des Staatsanwaltes
substitution [sypstitysjõ] F Ersetzung *f*; Substitution *f* (*a.* CHIM, MATH)
subterfuge [syptɛʀfyʒ] M List *f*; Trick *m*
subtil [syptil] ADJ ⟨~e⟩ **1** *personne* scharf-, feinsinnig; *esprit, question* subtil; *péj* spitzfindig **2** *différence, nuance* fein; subtil; *odeur* fein; zart
subtiliser [syptilize] V/T *fam* stibitzen (**qc à qn** j-m etw)
subtilité [syptilite] F *d'une personne* Scharfsinn *m*; *d'un raisonnement* Subtilität *f*; *péj* Spitzfindigkeit *f*; *d'une nuance* Feinheit *f*; Subtilität *f*
subtropical [sybtʀɔpikal] ADJ ⟨~e; -aux [-o]⟩ subtropisch
suburbain [sybyʀbɛ̃] ADJ ⟨-aine [-ɛn]⟩ vorstädtisch; Vorstadt…; Vorort…
subvenir [sybvəniʀ] V/T INDIR ⟨→ venir; *aber:* avoir⟩ **~ à qc** für etw aufkommen
subvention [sybvɑ̃sjõ] F Subvention *f*
subventionner [sybvɑ̃sjɔne] V/T subventionieren
subversif [sybvɛʀsif] ADJ ⟨-ive [-iv]⟩ umstürzlerisch; subversiv **subversion** [-jõ] F Umsturz *m*; Subversion *f*; Zersetzung *f*
suc [syk] M **1** BIOL Saft *m*; **~ gastrique** Magensaft *m* **2** *litt* Quintessenz *f*
succédané [syksedane] M Surrogat *n*, Ersatz *m* (*a. fig*) (**de** für)
succéder [syksede] ⟨-è-⟩ **A** V/T INDIR **~ à qc, qn** auf etw, j-n folgen **B** V/PR **se ~** aufeinanderfolgen
succès [syksɛ] M Erfolg *m*; **à ~** Erfolgs…; **avec ~** erfolgreich; mit Erfolg; **sans ~** erfolglos; ohne Erfolg; **avoir du ~** Erfolg haben; erfolgreich sein; *proposition* Anklang, Beifall finden
successeur [syksesœʀ] M Nachfolger(in) *m(f)*
successif [syksesif] ADJ ⟨-ive [-iv]⟩ aufeinanderfolgend; fortwährend; laufend
succession [syksesjõ] F **1** *(suite)* (Aufeinander)Folge *f* **2** *dans une fonction* Nachfolge *f*; **prendre la ~ de qn** die Nachfolge j-s antreten **3** *(transmission de biens)* Erbfolge *f*; **par voie de ~** auf dem Erbwege **4** *(biens transmis)* Nachlass *m*; Erbschaft *f*; **droits** *mpl* **de ~** Erbschaftssteuer *f*
successivement [syksesivmɑ̃] ADV nacheinander
successoral [syksesɔʀal] ADJ ⟨~e; -aux [-o]⟩ JUR Erb(folge)…
succinct [syksɛ̃] ADJ ⟨-cincte [-sɛ̃t]⟩ knapp; kurz; *exposé a.* gedrängt
succinctement [syksɛ̃tmɑ̃] ADV kurz und bündig; knapp
succion [sysjõ, syksjõ] F Saugen *n*
succomber [sykõbe] V/I **1** *(mourir)* sterben; **~ à ses blessures** s-n Verletzungen erliegen **2** *(céder)* erliegen (**à la tentation** der Versuchung [*dat*])
succulence [sykylɑ̃s] *litt* F köstlicher Geschmack; Schmackhaftigkeit *f* **succulent** [-ɑ̃] ADJ ⟨-ente [-ɑ̃t]⟩ köstlich (*a. histoire*); schmackhaft; lecker
succursale [sykyʀsal] F Filiale *f*; Zweigniederlassung *f*; Zweigstelle *f*; **magasin** *m* **à ~s multiples** Ladenkette *f*
sucer [syse] V/T ⟨-ç-⟩ **1** *(aspirer)* saugen; *orange, plaie* aussaugen **2** *bonbon* lutschen; **~ son pouce** am Daumen lutschen
sucette [sysɛt] F *bonbon* (Dauer)Lutscher *m*
suceur [sysœʀ] M *insecte* Sauger *m*
suçoir [syswaʀ] M ZOOL Saugrüssel *m*
suçon [sysõ] M *fam* Knutschfleck *m*
suçoter [sysɔte] V/T *bonbon* lutschen
sucrage [sykʀaʒ] M *du vin* Zuckern *n* **sucrant** [-ɑ̃] ADJ ⟨-ante [-ɑ̃t]⟩ Süß…
sucre [sykʀ] M Zucker *m*; **un ~** ein Stück *n* Zucker; **~ glace** Puderzucker *m*; **~ d'orge** Lutschstange *f*; **~ en morceaux, en poudre** Würfel-, Streuzucker *m*; *fig* **casser du ~ sur le dos de qn** über j-n herziehen
sucré [sykʀe] ADJ ⟨~e⟩ **1** süß; *subst* **préférer le ~ au salé** lieber Süßes als Gesalzenes essen **2** *fig, péj* zuckersüß
sucrer [sykʀe] **A** V/T **1** zuckern; süßen (*a. abs*) **2** *fam (supprimer)* streichen **B** V/PR *fam* **se ~ 1** Zucker nehmen **2** *fig (se servir) fam* sich (*dat*) die Taschen füllen; *fam* absahnen
sucrerie [sykʀəʀi] F **1** **~s** *pl* Süßigkeiten *fpl* **2** Zuckerfabrik *f*
sucrette® [sykʀɛt] F Süßstoff *m*
sucrier [sykʀije] **A** ADJ ⟨-ière [-jɛʀ]⟩ Zucker…; **betterave sucrière** Zuckerrübe *f* **B** M Zuckerdose *f*

S

sud [syd] **A** M **1** Süd(en) *m*; **au ~** im Süden, südlich (**de** von *ou + gén*) **2** *d'un pays, d'une ville, etc* **le Sud** der Süden; **l'Afrique** *f* **du Sud** Südafrika *n* **B** ADJ (! unveränderlich) Süd...; südlich; **la banlieue ~** die südlichen Vororte *mpl*

sud-africain [sydafrikɛ̃] **A** ADJ ⟨-aine [-ɛn]⟩ südafrikanisch **B** **Sud-Africain(e)** M(F) Südafrikaner(in) *m(f)*

sud-américain [sydamerikɛ̃] **A** ADJ ⟨-aine [-ɛn]⟩ südamerikanisch **B** **Sud-Américain(e)** M(F) Südamerikaner(in) *m(f)*

sudation [sydasjõ] F (starkes) Schwitzen

sud-coréen [sydkɔreɛ̃] ADJ ⟨-enne [-ɛn]⟩ südkoreanisch

sud-est [sydɛst] M Südost(en) *m*; **le Sud-Est asiatique** Südostasien *n*; **vent** *m* **du ~** Südost(-wind) *m*

Sudètes [sydɛt] **les ~** MPL die Sudeten *pl*

sudiste [sydist] HIST U.S.A. **A** M/F Südstaatler(in) *m(f)* **B** ADJ der Südstaaten

sudoku [sudoku] M Sudoku *n*; **jouer au ~** Sudokus *ou* ein Sudoku lösen

sudorifique [sydɔrifik] ADJ PHARM schweißtreibend

sudoripare [sydɔripar] ADJ **glandes** *fpl* **~s** Schweißdrüsen *fpl*

sud-ouest [sydwɛst] M Südwest(en) *m*; **vent** *m* **du ~** Südwest(wind) *m*

sud-vietnamien [sydvjɛtnamjɛ̃] ADJ ⟨-ienne [-jɛn]⟩ südvietnamesisch

Suède [sɥɛd] **la ~** Schweden *n*

suédine [sɥedin] F Wildlederimitation *f*

suédois [sɥedwa] **A** ADJ ⟨-oise [-waz]⟩ schwedisch **B** SUBST **1** **Suédois(e)** *m(f)* Schwede *m*, Schwedin *f* **2** LING **le ~** das Schwedische; Schwedisch *n*

suée [sɥe] *fam* F Schweißausbruch *m*; **piquer une ~** *fam* ganz schön ins Schwitzen kommen

suer [sɥe] V/T *et* V/I **1** schwitzen; *fig* **~ sang et eau** sich mächtig anstrengen, ins Zeug legen **2** *fam fig* **faire ~ qn** *fam* j-m auf den Geist gehen, auf den Wecker fallen; *fam fig* **se faire ~** *fam* sich entsetzlich langweilen; *fam* sich mopsen

S

sueur [sɥœr] F Schweiß *m*; **cela vous donne des ~s froides** dabei bricht einem der Angstschweiß aus; **être en ~, couvert de ~** in Schweiß gebadet, schweißgebadet sein

Suez [sɥɛz] Sues *ou* Suez *n*; **le canal de ~** der Sueskanal

suffire [syfir] ⟨je suffis, il suffit, nous suffisons; je suffisais; je suffis; je suffirai; que je suffise; suffisant; suffi⟩ **A** V/I genügen, (aus)reichen, *fam* langen (**à qn** j-m; **pour qc** für etw; **à, pour** + *inf* um zu + *inf*) **B** V/IMP **il suffit de** (+ *inf*) *ou* **que ...** (+ *subj*) es genügt, reicht zu (+ *inf*) *ou* dass ... *ou* wenn ... **C** V/PR **se ~ à soi-même** sich (*dat*) selbst genügen; niemand(en) brauchen

suffisamment [syfizamã] ADV ausreichend; genügend; genug **suffisance** [-ãs] F Selbstgefälligkeit *f*; Dünkel *m*

suffisant [syfizã] ADJ ⟨-ante [-ãt]⟩ **1** (*qui suffit*) ausreichend; genügend **2** *personne, air, ton* selbstgefällig; eingebildet; süffisant

suffixation [syfiksasjõ] F Ableitung *f* durch Suffixe

suffixe [syfiks] M Suffix *n*; Nachsilbe *f* **suffixer** [-e] V/T mit e-m Suffix versehen; suffigieren

suffocant [syfɔkã] ADJ ⟨-ante [-ãt]⟩ **1** *atmosphère, chaleur* zum Ersticken; stickig **2** *fig* verblüffend

suffocation [syfɔkasjõ] F Atemnot *f*; Ersticken *n*

suffoquer [syfɔke] **A** V/T **~ qn** j-m den Atem nehmen, *fig* verschlagen **B** V/I keine Luft mehr bekommen; fast ersticken (*a. fig* **d'indignation** vor Empörung)

suffrage [syfraʒ] M **1** (*scrutin*) Wahl *f*; **~ universel** allgemeines Wahlrecht **2** (*voix*) (Wahl)-Stimme *f*; **~s exprimés** abgegebene Stimmen *fpl*; *fig* **remporter tous les ~s** allgemein Beifall finden

suggérer [sygʒere] V/T ⟨-è-⟩ **1** (*proposer*) **~ qc à qn** j-m etw nahelegen, vorschlagen **2** (*évoquer*) denken lassen an (+ *acc*) **3** *en influençant* **~ qc à qn** j-m etw (ein)suggerieren

suggestible [sygʒɛstibl] ADJ beeinflussbar; für Suggestionen empfänglich

suggestif [sygʒɛstif] ADJ ⟨-ive [-iv]⟩ **1** *paroles, musique* suggestiv **2** *déshabillé, pose* (sinnlich) aufreizend **suggestion** [-jõ] F **1** (*proposition*) Anregung *f*; Vorschlag *m* **2** PSYCH Suggestion *f*

suggestionner [sygʒɛstjɔne] V/T **~ qn** e-e suggestive Wirkung auf j-n ausüben

suicidaire [sɥisidɛr] ADJ *acte* selbstmörderisch; *personne* suizidgefährdet

suicide [sɥisid] M Selbstmord *m*; Freitod *m*; **tentative** *f* **de ~** Selbstmordversuch *m*

suicidé(e) [sɥiside] M(F) Selbstmörder(in) *m(f)*

suicider [sɥiside] V/PR **se ~** Selbstmord begehen; sich (*dat*) das Leben nehmen

suie [sɥi] F Ruß *m*

suif [sɥif] M Talg *m*

suintement [sɥɛ̃tmã] M **1** *action* (Aus)Sickern *n* **2** *résultat* aus-, durchgesickerte Flüssigkeit **3** *d'un mur* Schwitzen *n*; *d'une plaie* Nässen *n*

suinter [sɥɛ̃te] V/I **1** *liquide* (aus-, durch)sickern **2** *mur* schwitzen; *plaie* nässen

suis[1] [sɥi] → être[1]

suis[2] → suivre

Suisse [sɥis] **la ~** die Schweiz
suisse [sɥis] **A** ADJ schweizerisch; Schweizer **B** SUBST **1** **Suisse** *m/f* Schweizer(in) *m(f)* **2** *m* CATH Kirchendiener *m* **3** *fam* **boire en ~** für sich allein trinken
Suissesse [sɥisɛs] *iron* F Schweizerin *f*
suite [sɥit] F **1** Folge *f*; **propos** *mpl* **sans suite** zusammenhanglose Reden *fpl*; **à la suite, de suite** nach-, hintereinander; **tout de suite** sofort; gleich; **à la suite de** nach (+ *dat*); im Anschluss an (+ *acc*); (*derrière*) hinter (+ *dat*); (*à cause de*) infolge (+ *gén*); **par la suite** in der Folge; nachher; später; **par suite de** infolge (+ *gén*); **avoir de la suite dans les idées** konsequent, beharrlich sein Ziel verfolgen; **faire suite à qc** auf etw (*acc*) folgen; **prendre la suite de qn** die Nachfolge j-s antreten **2** *d'un roman, d'une affaire* Fortsetzung *f*; **et ainsi de suite** und so weiter; und so fort **3** (*série*) (Aufeinander)Folge *f*; Reihe *f* **4** (*escorte*) Gefolge *n* **5** MUS, *dans un hôtel* Suite *f*
suivant [sɥivɑ̃] **A** ADJ ⟨-ante [-ɑ̃t]⟩ folgende; nächste; *subst* **au ~!** der Nächste, bitte! **B** PRÉP **1** (*conformément à*) nach, gemäß, entsprechend (+ *dat*) **2** (*selon*) je nach (+ *dat*); **~ le(s) cas** je nach Fall; von Fall zu Fall **C** CONJ **~ que ...** je nachdem, ob ...
suivante [sɥivɑ̃t] F *autrefois* Dienerin *f*; Zofe *f*
suiveur [sɥivœʀ] M SPORTS Begleiter *m*
suivi [sɥivi] **A** ADJ ⟨~e⟩ **1** fortlaufend; beständig; *correspondance* regelmäßig; *qualité* gleichbleibend gut; **très ~** *procès* viel beachtet; *exemple* viel befolgt **2** *raisonnement* zusammenhängend; folgerichtig **B** M Weiterverfolgung *f*; (*surveillance*) Überwachung *f*; *de personnes* (weitere) Betreuung
suivre [sɥivʀ] ⟨je suis, il suit, nous suivons; je suivais; je suivis; je suivrai; que je suive; suivant; suivi⟩ **A** V/T **1** **~ qn, qc** j-m, e-r Sache folgen; **~ qn** *à pied a.* hinter j-m hergehen, -laufen; *en voiture a.* hinter j-m herfahren; j-m nachfahren; **je vous suis** ich komme (gleich) nach; **~ qn, qc des yeux** j-n, etw mit den Blicken verfolgen; **qc suit qc** *a.* etw folgt auf etw (*acc*); **comme suit** wie folgt; *courrier* **faire ~** nachsenden, -schicken **2** *idée, piste, politique* verfolgen **3** (*obéir à*) folgen (+ *dat*); Folge leisten (+ *dat*); *conseil a.* befolgen; **~ la mode** mit der Mode gehen; **~ un traitement** sich e-r Behandlung unterziehen **4** (*être attentif à*) *émission, conversation* (aufmerksam, genau) verfolgen; *médecin* **~ un malade** e-n Patienten überwachen, betreuen; **à ~** Fortsetzung folgt **5** (*comprendre*) mitkommen, folgen können (*a. abs*) **6** (*assister à*) **~ un, des cours** an e-m Kurs teilnehmen; e-n Kurs besuchen **7** COMM *article* dauernd führen **B** V/PR **se ~** einander folgen; *dans le temps* aufeinanderfolgen; *voitures* **se ~ de trop près** zu dicht auffahren
sujet¹ [syʒɛ] ADJ ⟨-ette [-ɛt]⟩ **~ à qc** für etw anfällig; zu etw neigend
sujet² M **1** Thema *n* (*a.* MUS); Gegenstand *m*; Stoff *m*; **sujet de conversation** Gesprächsthema *n*; **au sujet de** hinsichtlich (+ *gén*); über (+ *acc*); wegen (+ *gén*, *fam* + *dat*); **à ce sujet** diesbezüglich; hierüber; **c'est à quel sujet?** worum geht es?; **aborder un sujet** ein Thema anschneiden, zur Sprache bringen **2** GRAM Subjekt *n*; Satzgegenstand *m* **3** (*motif*) Anlass *m*; Grund *m*; Ursache *f*; **sujet de mécontentement** Anlass, Grund zur Unzufriedenheit **4** (*individu*) Person *f*; *péj* Subjekt *n*; MÉD Versuchsperson *f ou* -tier *n*; **mauvais sujet** Taugenichts *m* **5** *d'un souverain* Untertan *m*
sujétion [syʒesjõ] F **1** *st/s* POL Abhängigkeit *f* **2** *fig* lästiger Zwang
sulfamide [sylfamid] M Sulfonamid *n*
sulfate [sylfat] M Sulfat *n*
sulfater [sylfate] V/T VIT mit Kupferkalkbrühe spritzen
sulfateuse [sylfatøz] F VIT (Vitriol)Spritze *f*
sulfure [sylfyʀ] M Sulfid *n*
sulfureux [sylfyʀø] ADJ ⟨-euse [-øz]⟩ *fig* dämonisch; unheimlich
sulfurique [sylfyʀik] ADJ **acide** *m* **~** Schwefelsäure *f*
sulfurisé [sylfyʀize] ADJ ⟨~e⟩ **papier ~** Pergament-, Butterbrotpapier *n*
sultan [syltɑ̃] M Sultan *m*
sultanat [syltana] M Sultanat *n*
summum [sɔmɔm] M Höhepunkt *m*; Gipfel *m*; **être au ~ de la gloire** auf dem Gipfel, Höhepunkt des Ruhms angelangt sein
sumo [symo] M **1** *sport* Sumo *n*; **lutteur** *m* **de ~** Sumoringer *m* **2** *personne* Sumoringer *m*
sumotori [symɔtɔʀi] M Sumoringer *m*
sunlight [sœnlajt] M Jupiterlampe *f*
sunnites [synit] MPL Sunniten *mpl*
sup [syp] ADJ (! unveränderlich) *fam* ABR (supplémentaire) **heures** *fpl* **~** Überstunden *fpl*
super [sypɛʀ] **A** M Super *n*; **prendre du ~** Super tanken **B** ADJ (! unveränderlich) *fam* super; *fam* spitze
super... [sypɛʀ] *préfixe* super..., Super... (*a. fam*)
superbe [sypɛʀb] **A** ADJ prächtig; herrlich **B** *litt* F Hochmut *m*
supercarburant M Superbenzin *n* **superchampion** M vielfacher Meister
supercherie [sypɛʀʃəʀi] F Betrug *m*; Schwindel *m*
supérette [sypeʀɛt] F (kleiner) Supermarkt
superfétatoire [sypɛʀfetatwaʀ] *litt* ADJ über-

S

flüssig; unnütz
superficialité [sypɛʀfisjalite] F *rarement* Oberflächlichkeit *f*
superficie [sypɛʀfisi] F **1** Fläche *f* **2** *fig* Oberfläche *f* (*a. fig*)
superficiel [sypɛʀfisjɛl] ADJ ⟨~le⟩ oberflächlich (*a. fig*)
superflu [sypɛʀfly] **A** ADJ ⟨~e⟩ überflüssig; unnötig **B le ~** das Überflüssige
supergrand M Supermacht *f*
supérieur [sypeʀjœʀ] **A** ADJ ⟨~e⟩ **1** *localement* obere; Ober... **2** *hiérarchiquement* höhere; **cadres ~s** leitende Angestellte *mpl*; **enseignement ~** Hochschulwesen *n*; **~ à qc** höher als etw; **être ~ à** stehen, liegen über (+ *dat*) **3** (*dominant*) überlegen (*a. mine*); **qualité ~e** Spitzenqualität *f*; **~ à qn, à qc** j-m, e-r Sache überlegen **B ~(e)** M(F) **1** Vorgesetzte(r) *m/f(m)* **2** REL Superior(in) *m(f)*; Oberin *f*
supérieurement [sypeʀjœʀmɑ̃] ADV **~ intelligent, doué** hochintelligent; hochbegabt
supériorité [sypeʀjɔʀite] F Überlegenheit *f*; **sentiment** *m* **de ~** Überlegenheitsgefühl *n*
superlatif [sypɛʀlatif] M Superlativ *m*
supermarché M Supermarkt *m*
superposable [sypɛʀpozabl] ADJ deckungsgleich; kongruent
superposé ADJ ⟨~e⟩ übereinander-, aufeinanderliegend; **lits ~s** Etagenbett *n*
superposer **A** V/T übereinander-, aufeinanderlegen, -setzen, -stellen; (auf)stapeln **B** V/PR **se ~** sich überlagern (*a. fig*)
superposition F **1** *action* Übereinander-, Aufeinanderlegen *n*, -stellen *n*, -setzen *n* **2** *état* Überlagerung *f* (*a. fig*); Übereinanderliegen *n*, -lagern *n*
superproduction F Monumentalfilm *m* **superpuissance** F Supermacht *f*
supersonique [sypɛʀsɔnik] ADJ Überschall...
superstar F Superstar *m*
superstitieux [sypɛʀstisjø] ADJ ⟨-euse [-øz]⟩ abergläubisch **superstition** [-sjõ] F Aberglaube *m*
superstructure F CONSTR Ober-, Überbau *m*; MAR Aufbauten *mpl*
superviser [sypɛʀvize] V/T überwachen **superviseur** [-œʀ] M INFORM Überwachungsprogramm *n*; Supervisor *m*
supplanter [syplɑ̃te] V/T verdrängen
suppléance [sypleɑ̃s] F (Stell)Vertretung *f*
suppléant [sypleɑ̃] M, **suppléante** [-ɑ̃t] F (Stell)Vertreter(in) *m(f)*; Ersatzmann *m*
suppléer [syplee] V/T INDIR **~ à qc** etw ersetzen, aufwiegen, wettmachen
supplément [syplemɑ̃] M **1** Zusatz *m*; *financier* Zulage *f*; **un ~ d'information** zusätzliche, weitere Informationen *fpl* **2** *d'un livre* Nachtrag *m*; *d'un journal* Beilage *f* **3** CH DE FER Zuschlag *m*; COMM (Preis)Aufschlag *m*; Aufpreis *m*; Mehrpreis *m*; **vin** *m* **en ~** Wein wird extra berechnet
supplémentaire [syplemɑ̃tɛʀ] ADJ zusätzlich; Zusatz...; Extra...; Mehr...; **heure** *f* **supplémentaire** Überstunde *f*; **train** *m* **supplémentaire** Entlastungszug *m*
supplétif [sypletif] ADJ ⟨-ive [-iv]⟩ MIL Hilfs...
suppliant [syplijɑ̃] ADJ ⟨-ante [-ɑ̃t]⟩ flehend
supplication [syplikasjõ] F inständige, flehentliche Bitte
supplice [syplis] M **1** (*peine corporelle*) Marter *f*; Folter *f*; (*peine capitale*) Hinrichtung(sart) *f* **2** (*souffrance*) Qual(en) *f(pl)*; **être au ~** wie auf glühenden Kohlen sitzen
supplicié [syplisje] M (zu Tode) Gemarterte(r) *m*
supplicier [syplisje] V/T (zu Tode) martern, foltern
supplier [syplije] V/T **~ qn de** (+ *inf*) j-n anflehen zu (+ *inf*)
supplique [syplik] *litt* F Bittgesuch *n*
support [sypɔʀ] M **1** TECH Stütze *f*; Ständer *m*; Gestell *n*; *au mur, etc* Halterung *f* **2** *fig* Träger *m*; INFORM Datenträger *m*; **~ publicitaire** Werbeträger *m*
supportable [sypɔʀtabl] ADJ erträglich
supporter¹ [sypɔʀte] V/T **1** TECH, *par ext conséquences, frais* tragen **2** *douleurs, épreuve, maladie* ertragen; erdulden; *douleurs a.* aushalten; *critique, conduite de qn* sich (*dat*) gefallen lassen; hinnehmen; **ne pas ~ que** (+ *subj*) es nicht ertragen, dass ... **3** *chaleur, froid, alcool* vertragen **4 ~ qn** j-n ertragen; SPORT, *par ext* j-n unterstützen; j-s Anhänger(in) sein; **ne pas pouvoir ~ qn** j-n nicht ausstehen können
supporter² [sypɔʀtɛʀ] M SPORTS Fan *m*; Schlachtenbummler *m*
supposé [sypoze] ADJ ⟨~e⟩ mutmaßlich; vermutlich
supposer [sypoze] V/T **1** (*présumer*) annehmen; vermuten; mutmaßen; **à ~** *ou* **en supposant que ...** (+ *subj*) angenommen, ...; gesetzt den Fall, (dass) ... **2** (*impliquer*) voraussetzen; zur Voraussetzung haben
supposition [sypozisjõ] F Vermutung *f*; Annahme *f*; Mutmaßung *f*; **faire des ~s** Vermutungen, Mutmaßungen anstellen
suppositoire [sypozitwaʀ] M PHARM Zäpfchen *n*
suppôt [sypo] M **~ de Satan** Ausgeburt *f* der Hölle
suppression [sypʀɛsjõ] F Beseitigung *f*; Aufhebung *f*; Streichung *f*; Wegfall *m*; Abbau *m*
supprimer [sypʀime] **A** V/T beseitigen; *censure,*

S

libertés, arrêt de bus aufheben; *subventions, trains, passage d'un texte* streichen; wegfallen lassen; *emplois* abbauen; **être supprimé** *souvent* wegfallen; **~ qc à qn** j-m etw entziehen; **~ qn** j-n beseitigen, aus dem Weg räumen **B** V/PR **se ~** sich umbringen

suppuration [sypyʀasjõ] F Eiterung *f* **suppurer** [-e] V/I eitern

supputation [sypytasjõ] F (Ab)Schätzung *f* **supputer** [-e] V/T (ab)schätzen

supraconducteur [sypʀakõdyktœʀ] M ÉLEC Supraleiter *m*

supranational [sypʀanasjɔnal] ADJ ⟨~e; -aux⟩ überstaatlich **supranationalité** [-ite] F Überstaatlichkeit *f*

suprématie [sypʀemasi] F Vorherrschaft *f*; Vormachtstellung *f*

suprême [sypʀɛm] ADJ **1** (*supérieur*) oberste; höchste **2** *st/s* (*très grand*) höchste **3** *st/s* (*dernier*) äußerste; letzte **4** **sauce** *f* **~** Geflügelrahmsoße *f*

sur¹ [syʀ] PRÉP **1** *lieu*: auf, *sans contact* über (*+ dat question wo?; + acc question wohin?*); **s'asseoir ~ une chaise** sich auf e-n Stuhl setzen; **être assis ~ une chaise** auf e-m Stuhl sitzen; *personne* **avoir qc ~ soi** etw bei sich haben; **fermer la porte ~ soi** die Tür hinter sich (*dat*) zumachen; **il pleut ~ Paris** es regnet über Paris; **retirer qc de ~ la table** etw vom Tisch nehmen; **fenêtre ~ la rue** Fenster nach der Straße zu, zur Straße hin; **Châlons-~-Marne** Châlons an der Marne **2** *temps*: auf (*+ acc*); gegen (*+ acc*); **~ ses vieux jours** auf s-e alten Tage; **~ le soir** gegen Abend; *fam* **aller ~ la cinquantaine** auf die fünfzig zugehen; **être ~ un travail** bei, an e-r Arbeit sein; **faire bêtise ~ bêtise** e-e Dummheit nach der andern machen; Dummheit auf Dummheit begehen **3** *fig* auf (*+ acc*); aufgrund von (*ou + gén*); **~ (la) recommandation de** auf Empfehlung (*+ gén*); **juger ~ les apparences** nach dem äußeren Anschein urteilen **4** (*au sujet de*) über (*+ acc*); **apprendre qc ~ qn** etw über j-n erfahren **5** *rapport numérique*: von (*+ dat*); auf (*+ acc*); **un cas ~ cent** e-r von hundert Fällen; **un Français ~ deux** jeder zweite Franzose; *pièce* **avoir trois mètres ~ cinq** drei mal fünf *ou* drei auf fünf Meter groß sein; *élève* **avoir douze ~ vingt** zwölf von zwanzig Punkten haben

sur² ADJ ⟨~e⟩ sauer

sûr [syʀ] ADJ ⟨~e⟩ **1** (*incontestable*) sicher; gewiss; feststehend; **c'est sûr et certain** das ist ganz sicher, *fam* bombensicher; **bien sûr!** sicher!; gewiss!; bestimmt!; natürlich!; selbstverständlich! **2** *personne* **être sûr de qc** e-r Sache (*gén*) sicher, gewiss sein; **être sûr de qn** sich auf j-n verlassen können; **être sûr de soi** selbstsicher, selbstbewusst sein **3** (*fiable*) sicher; zuverlässig (*a. personne*) **4** *endroit, quartier* sicher

sur... [syʀ] *préfixe* über...; Über...

surabondance F Überfülle *f*, großer Überfluss (**de** an *+dat*) **surabondant** [-ɑ̃] ADJ ⟨-ante [-ɑ̃t]⟩ überreichlich; übermäßig **surabonder** [-e] V/I überreichlich, im Überfluss vorhanden sein

suractivité F übermäßige Aktivität **suraigu** ADJ ⟨-aiguë [-egy]⟩ schrill; *voix a.* kreischend

surajouter V/T zusätzlich, nachträglich hinzufügen

suralimentation F **1** Überernährung *f* **2** *d'un moteur* Aufladung *f*

suralimenter V/T **1** überernähren **2** *moteur* aufladen

suranné [syʀane] ADJ ⟨~e⟩ altmodisch **surarmement** M Überrüstung *f*

surbaissé [syʀbese] ADJ ⟨~e⟩ **1** **arc ~** Flachbogen *m* **2** *carrosserie* tief liegend

surbooké [syʀbuke] ADJ ⟨~e⟩ überbucht **surbooking** [-iŋ] M Überbuchung *f*

surboum [syʀbum] *fam* F Party *f*

surcharge F **1** Überlastung *f*; *d'un véhicule a.* Überladung *f* **2** *sur un timbre* Überdruck *m*

surcharger V/T ⟨-ge-⟩ überlasten; *véhicule a.* überladen; **être surchargé de travail** (mit Arbeit) überlastet sein

surchauffe [syʀʃof] F TECH, ÉCON Überhitzung *f* **surchauffé** ADJ ⟨~e⟩ *pièce* überheizt; TECH, *fig* überhitzt

surchauffer V/T **1** *pièce* überheizen **2** TECH überhitzen

surchoix ADJ (**!** unveränderlich) erster Wahl

surclasser V/T SPORTS, *fig* deklassieren; weit hinter sich (*dat*) lassen

surcomposé ADJ ⟨~e⟩ **passé ~** Perfekt *n* mit doppeltem Hilfsverb (*exemple: quand il a eu terminé*)

surconsommation F übermäßig hoher Verbrauch, Konsum

surcroît [syʀkʀwa] M **~ de travail** zusätzliche Arbeit; Mehrarbeit *f*; **par, de ~** überdies; obendrein

surdité [syʀdite] F Taubheit *f*; *incomplète* Schwerhörigkeit *f*

surdoué ADJ ⟨~e⟩ hochbegabt

sureau [syʀo] M ⟨~x⟩ Holunder *m*

sureffectif M Personalüberhang *m*

surélévation F Erhöhung *f*; *d'une maison* Aufstockung *f*

surélever V/T ⟨-è-⟩ erhöhen; *maison* **~ d'un étage** aufstocken; **rez-de-chaussée surélevé** Hochparterre *n*

sûrement [syʀmɑ̃] ADV sicher(lich); bestimmt;

gewiss
surenchère F **1** höheres Angebot; Mehrgebot *n* **2** *par ext* (gegenseitige) Überbietung (**électorale** in Wahlversprechungen); **faire de la ~** die anderen, s-e Rivalen zu übertreffen, übertrumpfen versuchen; noch e-n Schritt weitergehen
surenchérir V/I **1** JUR mehr, höher bieten **2** *fig* noch e-n Schritt weitergehen **surenchérissement** [-ismɑ̃] M *des prix* weiterer Preisanstieg
surendetté ADJ ⟨~e⟩ überschuldet **surendettement** M Überschuldung *f*
surent [syʀ] → savoir[1]
surentraîné [syʀɑ̃tʀɛne] ADJ ⟨~e⟩ übertrainiert **surentraînement** [-mɑ̃] M Übertraining *n* **surentraîner** [-e] V/T übertrainieren
suréquipement M übermäßige Ausstattung; TECH Übermechanisierung *f*
surestimation F Überschätzung *f* **surestimer** [-e] V/T überschätzen
sûreté [syʀte] F **1** Sicherheit *f*; **de ~** Sicherheits…; **en ~** in Sicherheit; sicher **2** **Sûreté (nationale)** Sicherheitspolizei *f* **3** *d'une arme, d'un bijou* Sicherung *f*
surévaluer V/T überbewerten; zu hoch bewerten
surexcitation F Übererregtheit *f*; Überreiztheit *f* **surexcité** ADJ ⟨~e⟩ übererregt; überreizt **surexciter** V/T überreizen; sehr stark erregen
surexploiter V/T gnadenlos ausbeuten
surexposer V/T überbelichten **surexposition** [-isjõ] F Überbelichtung *f*
surf [sœʀf] M **1** Surfen *n*; Surfing *n*; Wellenreiten *n* **2** **~ (des neiges)** Snowboard(fahren) *n*
surface [syʀfas] F **1** *(partie apparente)* Oberfläche *f*; **surface de l'eau** Wasseroberfläche *f*; *sous-marin* **faire surface** auftauchen; *fig* **refaire surface** wieder auftauchen **2** *(superficie)* Fläche *f*; **surface de but, de réparation** Tor-, Strafraum *m* **3** COMM **grande surface** Verbrauchermarkt *m*
surfait ADJ ⟨-faite⟩ zu hoch eingeschätzt; überbewertet
surfer [sœʀfe] V/I surfen; *fig* **~ sur Internet** im Internet surfen
surfeur [sœʀfœʀ] M, **surfeuse** [-øz] F Surfer(in) *m(f)*
surfiler V/T COUT umstechen
surfin ADJ ⟨-ine⟩ extrafein
surgelé [syʀʒəle] **A** ADJ ⟨~e⟩ tiefgekühlt; tiefgefroren **B** MPL **surgelés** Tiefkühlkost *f*
surgénérateur M Brutreaktor *m*; Schneller Brüter
surgir [syʀʒiʀ] V/I plötzlich auftauchen
surhomme M Übermensch *m* **surhumain** ADJ ⟨-aine⟩ übermenschlich
surimpression F Doppelbelichtung *f*; *fig* **en ~** zusätzlich; dazu noch
Surinam [syʀinam] **le ~** Surinam *n*
surinfection F zusätzliche Infektion
surir [syʀiʀ] V/I sauer werden
surjet [syʀʒɛ] M überwendliche Naht
sur-le-champ [syʀləʃɑ̃] ADV auf der Stelle; sofort; sogleich
surlendemain M **le ~** am übernächsten Tag
surligner [syʀliɲe] V/T mit Leuchtstift markieren **surligneur** [-œʀ] M Leuchtstift *m*; Textmarker *m*
surmenage [syʀmənaʒ] M Überarbeitung *f*; **~ scolaire** Schulstress *m*
surmener ⟨-è-⟩ **A** V/T überanstrengen; **surmené** überarbeitet **B** V/PR **se ~** sich überarbeiten; sich überanstrengen
sur-moi [syʀmwa] M PSYCH Über-Ich *n*
surmontable [syʀmõtabl] ADJ überwindbar
surmonter V/T **1** *difficulté, peur, etc* überwinden **2** *(être placé au-dessus)* überragen
surnager V/I ⟨-ge-⟩ an der Oberfläche schwimmen
surnaturel **A** ADJ ⟨~le⟩ übernatürlich **B** **le ~** das Übernatürliche
surnom M Beiname *m*; *(sobriquet)* Spitzname *m*
surnombre ADJT **en ~** überzählig; zu viele
surnommé ADJ ⟨~e⟩ mit dem Beinamen …
surnommer V/T **~ qn** j-m e-n Beinamen geben; **être surnommé …** den Beinamen … erhalten *ou* haben
surnuméraire ADJ überzählig
surpasser **A** V/T **~ qn** j-n übertreffen (**en courage** an Mut) **B** V/PR **se ~** sich selbst übertreffen
surpeuplé ADJ ⟨~e⟩ übervölkert; überbevölkert **surpeuplement** M Übervölkerung *f*
surpiqûre F Ziernaht *f*
surplace M **faire du ~** nicht vorankommen; nicht von der Stelle kommen
surplis [syʀpli] M CATH Chorhemd *n*
surplomb M Überhang *m*; **en ~** *balcon* auskragend; vorspringend; *mur, rocher* überhängend
surplomber V/T überragen
surplus [syʀply] M **1** Überschuss *m* **2** **au ~** im Übrigen
surpopulation F Überbevölkerung *f*; *des prisons* Überbelegung *f*; Überfüllung *f*
surprenant ADJ ⟨-ante⟩ überraschend; erstaunlich
surprendre ⟨→ prendre⟩ **A** V/T **1** *(étonner)* überraschen; verwundern; **j'ai été surpris de** *ou* **par ce résultat** dieses Ergebnis hat mich überrascht **2** *voleur* überraschen; (auf frischer

Tat) ertappen; *secret* kommen hinter (+ *acc*) **3** *ennemi* überrumpeln; überfallen; **~ qn (chez lui)** j-n (mit s-m Besuch) überraschen; **être surpris par la pluie** vom Regen überrascht werden **B** V/PR **se ~ à faire qc** sich dabei ertappen, dass man etw tut

surpris PP → surprendre

surprise F **1** Überraschung *f* (*a. chose, cadeau*); Verwunderung *f*; **à la ~ de tous** zur allgemeinen Überraschung; **attaquer qn par ~** j-n überrumpeln; **faire une ~ à qn** j-n (mit e-m Geschenk *etc*) überraschen **2** *adjt* überraschend; **attaque** *f* **~** Überraschungsangriff *m*; **grève** *f* **~** nicht angekündigter Streik

surproduction F Überproduktion *f* **surproduire** V/T (→ conduire) überproduzieren; zuviel produzieren

surpuissant ADJ (-ante [-ɑ̃t]) *moteur* superstark

surréalisme M Surrealismus *m* **surréaliste** **A** ADJ surrealistisch **B** M Surrealist *m*

surrénal ADJ (~e; -aux) **glandes** *ou* **capsules ~es** Nebennieren *fpl*

sursaut M **1** Aufschrecken *n*; **avoir un ~** → sursauter; **se réveiller en ~** aus dem Schlaf hochfahren **2** *de colère, etc* Aufwallung *f*

sursauter V/I zusammenfahren, -schrecken, -zucken; aufschrecken; hochfahren

surseoir [syʀswaʀ] V/T INDIR (je sursois, il sursoit, nous sursoyons; je sursoyais; je sursis; je surseoirai; que je sursoie; sursoyant; sursis) **~ à** aufschieben; aussetzen

sursis [syʀsi] M **1** JUR **six mois de prison avec ~** sechs Monate Gefängnis mit Bewährung **2** (*délai*) Aufschub *m*; (*répit*) Gnaden-, Galgenfrist *f*; **un mort en ~** ein Todeskandidat *m*

sursitaire [syʀsitɛʀ] M (vom Wehrdienst) Zurückgestellte(r) *m*

surtaxe F (Steuer- *ou* Gebühren)Zuschlag *m*; *d'une lettre* Nachgebühr *f* **surtaxer** [-e] V/T mit e-m Steuer- *ou* Gebührenzuschlag belegen

surtension [syʀtɑ̃sjõ] F ÉLEC Überspannung *f*

surtout **A** ADV vor allem; vor allen Dingen; besonders; **~ ne fais pas ça!** tu das bloß, ja nicht!; *conj fam* **~ que** zumal **B** M Tafelaufsatz *m*

surveillance [syʀvɛjɑ̃s] F Überwachung *f*; Aufsicht *f* (**de** über + *acc*); **être placé sous la ~ de la police** unter Polizeiaufsicht stehen

surveillant [syʀvɛjɑ̃] M, **surveillante** [-ɑ̃t] F Aufseher(in) *m(f)*; ÉCOLE Aufsichtführende(r) *m/f(m)*

surveillé [syʀveje] ADJ (~e) JUR **liberté ~e** Freilassung *f* mit Bewährungsaufsicht; **être en résidence ~e** unter Hausarrest stehen

surveiller [syʀveje] **A** V/T überwachen; beaufsichtigen (*a. enfant*); SPORTS *adversaire* bewachen; **~ sa ligne** auf s-e Linie achten **B** V/PR **se ~** sich in Acht nehmen

survenir [syʀvəniʀ] V/I (→ venir) (unerwartet, plötzlich) *personne* auftauchen, *incident* sich ereignen, *changement* eintreten, *problème* auftreten

survêtement M Trainingsanzug *m*

survie F **1** Überleben *n* **2** REL Weiterleben *n* nach dem Tode

survivance [syʀvivɑ̃s] F Relikt *n*

survivant **A** ADJ (-ante) überlebend **B** **~(e)** M(F) Überlebende(r) *m/f(m)*

survivre (→ vivre) V/T INDIR *et* V/I überleben; **~ à qn, à qc** j-n, etw überleben, *de qc a.* überdauern; **~ à un accident** e-n Unfall überleben, lebend überstehen

survol M Überfliegen *n*

survoler V/T überfliegen (*a. texte*)

survoltage [syʀvɔltaʒ] M ÉLEC Überspannung *f*

survolté [syʀvɔlte] ADJ (~e) übererregt; *atmosphère* hektisch

sus[1] [sy] → savoir[1]

sus[2] [sy(s)] ADV *st/s* **en ~** zusätzlich (**de** zu)

susceptibilité [sysɛptibilite] F Empfindlichkeit *f*

susceptible [sysɛptibl] ADJ **1** *personne* empfindlich; verletzbar **2** **être ~ de** (+ *inf*) fähig, *chose a.* geeignet sein zu (+ *inf*); **~ d'être amélioré** verbesserungsfähig

susciter [sysite] V/T hervorrufen

susdit [sy(s)di] ADJ (-ite [-it]) oben genannt

sushi [suʃi] M CUIS Sushi *n*

susmentionné [sy(s)mɑ̃sjɔne] ADJ (~e) oben erwähnt

susnommé [sy(s)nɔme] ADJ (~e) oben genannt

suspect [syspɛ(kt)] **A** ADJ (-ecte [-ɛkt]) verdächtig (**de qc** e-r Sache [*gén*]); suspekt **B** **~(e)** M(F) Verdächtige(r) *m/f(m)*

suspecter [syspɛkte] V/T verdächtigen; im Verdacht haben; *la bonne foi de qn* anzweifeln; **être suspecté de** (+*inf*) verdächtigt werden, im Verdacht stehen zu (+*inf*)

suspendre [syspɑ̃dʀ] V/T (→ rendre) **1** (*accrocher*) aufhängen **2** (*interrompre*) *séance* unterbrechen; *négociations a.* aussetzen; *paiements* einstellen **3** *fonctionnaire* (vom Dienst) suspendieren; beurlauben; *permis de conduire* (vorläufig) einziehen

suspendu [syspɑ̃dy] ADJ (~e) **1** hängend, aufgehängt (**à, par** an + *dat*); **être suspendu** hängen; **pont suspendu** Hängebrücke *f* **2** *voiture* **bien suspendue** gut gefedert

suspens [syspɑ̃] **en ~** *affaire, question* in der Schwebe; offen; *travail* nicht abgeschlossen;

unerledigt
suspense [syspɛns] M Spannung *f*; **film** *m* **à ~** Thriller *m*
suspension [syspɑ̃sjõ] F 1 TECH Aufhängung *f*; *d'un véhicule a.* Federung *f* 2 *(lustre)* Hängelampe *f* 3 *d'une séance* Unterbrechung *f*; Aussetzung *f*; *des paiements* Einstellung *f* 4 *d'un fonctionnaire* Suspendierung *f* 5 **points** *mpl* **de ~** Auslassungspunkte *mpl*
suspentes [syspɑ̃t] FPL Fangleinen *fpl*
suspicieux [syspisjø] *litt* ADJ ⟨-euse [-øz]⟩ argwöhnisch
suspicion [syspisjõ] *st/s* F Argwohn *m*; **avoir de la ~ à l'égard de qn** j-n beargwöhnen, verdächtigen
sustentation [systɑ̃tasjõ] F **train** *m* **à ~ magnétique** Magnet(schwebe)bahn *f*
sustenter [systɑ̃te] V/PR **se ~** sich stärken
susurrer [sysyʀe] V/T *et* V/I flüstern
sut, sût [sy] → savoir[1]
suture [sytyʀ] F MÉD Naht *f*; **point** *m* **de ~** Stich *m*; Einzelnaht *f*
suturer [sytyʀe] V/T MÉD *plaie* (ver)nähen; *bords d'une plaie* zusammennähen
suzerain [syzʀɛ̃] M HIST Lehnsherr *m*
svelte [svɛlt] ADJ schlank **sveltesse** [-ɛs] F Schlankheit *f*
S.V.P. ABR (s'il vous plaît) bitte
SVT [ɛsvete] FPL ABR (sciences de la vie et de la Terre) ÉCOLE ≈ Biologie *f* und Erdkunde *f*
sweat-shirt [switʃœʀt] M ⟨sweat-shirts⟩ Sweatshirt *n*
swing [swiŋ] M 1 MUS Swing *m* 2 BOXE Schwinger *m*; GOLF Schwung *m*
swinguer [swiŋge] V/I 1 MUS swingen 2 *fam fig* **ça swingue** *fam* es herrscht e-e Bombenstimmung
syllabe [silab] F Silbe *f* **syllabique** [-ik] ADJ Silben...; silbisch
syllogisme [silɔʒism] M Syllogismus *m*
sylphe [silf] M Sylphe *m*; Luftgeist *m*
sylvicole [silvikɔl] ADJ Forst...; forstwirtschaftlich
sylviculteur [silvikyltœʀ] M ≈ Forstwirt *m* **sylviculture** [-yʀ] F Forstwirtschaft *f*
symbiose [sɛ̃bjoz] F Symbiose *f*
symbole [sɛ̃bɔl] M 1 Symbol *n* (*a.* MATH, CHIM); Sinnbild *n* 2 REL Glaubensbekenntnis *n*
symbolique [sɛ̃bɔlik] ADJ symbolisch; sinnbildlich **symboliser** [-ize] V/T symbolisieren; versinnbildlichen **symbolisme** [-ism] M 1 Symbolik *f*; symbolische Bedeutung 2 ART Symbolismus *m*
symboliste [sɛ̃bɔlist] LITTÉRATURE A ADJ symbolistisch B M Symbolist *m*
symétrie (! nur ein **m**) [simetʀi] F Symmetrie *f* **symétrique** (! nur ein **m**) [-ik] ADJ symmetrisch
sympa [sɛ̃pa] ADJ (! Maskulin- und Femininform sind gleich) *fam* ABR → sympathique
sympathie [sɛ̃pati] F Sympathie *f*; Zuneigung *f*; *(condoléances)* Anteilnahme *f*; **avoir de la ~ pour qn** für j-n Sympathie empfinden
sympathique [sɛ̃patik] A ADJ *personne, visage* sympathisch; *accueil* freundlich; *soirée, ambiance* gemütlich; nett B M ANAT Sympathikus *m*
sympathisant [sɛ̃patizɑ̃] M, **sympathisante** [-ɑ̃t] F Sympathisant(in) *m(f)*
sympathiser [sɛ̃patize] V/I sympathisieren (**avec qn** mit j-m); **ils ont tout de suite sympathisé** sie waren sich gleich sympathisch
symphonie [sɛ̃fɔni] F Symphonie *f*; Sinfonie *f* (*a. fig*)
symphonique [sɛ̃fɔnik] ADJ sinfonisch; **orchestre** *m* **~** Sinfonieorchester *n*
symphoniste [sɛ̃fɔnist] M/F Sinfoniker(in) *ou* Symphoniker(in) *m(f)*
symposium [sɛ̃pozjɔm] M Symposion *n*; Symposium *n*
symptomatique [sɛ̃ptɔmatik] ADJ symptomatisch (**de** für)
symptôme [sɛ̃ptom] M Symptom *n*; *fig a.* Anzeichen *n*
synagogue [sinagɔg] F Synagoge *f*
synchro [sɛ̃kʀo] F → synchronisation
synchrone [sɛ̃kʀon] ADJ synchron; **moteur** *m* **~** Synchronmotor *m*
synchronie [sɛ̃kʀɔni] F LING Synchronie *f* **synchronique** [-ik] ADJ 1 synchronistisch 2 LING synchronisch
synchronisation [sɛ̃kʀɔnizasjõ] F Synchronisierung *f*, Synchronisation *f* (*a.* TECH)
synchronisé [sɛ̃kʀɔnize] ADJ ⟨~e⟩ synchronisiert; **feux ~s** grüne Welle
synchroniser [sɛ̃kʀɔnize] V/T synchronisieren (*a.* TECH, *film*); zeitlich aufeinander abstimmen
syncope [sɛ̃kɔp] F 1 MÉD **avoir une ~** ohnmächtig, bewusstlos werden 2 MUS Synkope *f*
syndic [sɛ̃dik] M Verwalter *m*
syndical [sɛ̃dikal] ADJ ⟨~e; -aux [-o]⟩ 1 gewerkschaftlich; Gewerkschafts... 2 **chambre ~e** Arbeitgeberverband *m*
syndicalisation [sɛ̃dikalizasjõ] F gewerkschaftliche Organisierung **syndicaliser** [-e] V/T gewerkschaftlich organisieren
syndicalisme [sɛ̃dikalism] M Gewerkschaftsbewegung *f*; **faire du ~** aktives Mitglied e-r Gewerkschaft sein
syndicaliste [sɛ̃dikalist] A ADJ Gewerkschafts... B M/F Gewerkschaft(l)er(in) *m(f)*
syndicat [sɛ̃dika] M 1 *de salariés* Gewerkschaft *f*; *par ext (association)* Verband *m*; **syndicat patro-**

S

nal Arbeitgeberverband *m* **2** **syndicat d'initiative** Fremdenverkehrsbüro *n*
syndiqué(e) [sɛ̃dike] M(F) Gewerkschaftsmitglied *n*
syndiquer [sɛ̃dike] V/PR **se ~** **1** *salariés* sich gewerkschaftlich organisieren **2** *adhérer* e-r Gewerkschaft *(dat)* beitreten
syndrome [sɛ̃dʀom] M Syndrom *n*
synecdoque [sinɛkdɔk] F RHÉT Synekdoche *f*
synergie [sinɛʀʒi] F Synergie *f (a.* ÉCON)
synode [sinɔd] M Synode *f*
synonyme [sinɔnim] **A** ADJ synonym; sinnverwandt; *fig* **être ~ de** gleichbedeutend sein mit **B** M Synonym *n*
synonymie [sinɔnimi] F Synonymie *f*; Sinnverwandtschaft *f*
synoptique [sinɔptik] ADJ synoptisch; **tableau** *m* **~** Übersichtstafel *f*
synovie [sinɔvi] F Gelenkschmiere *f*
syntaxe [sɛ̃taks] F Syntax *f*; Satzlehre *f*
syntaxique [sɛ̃taksik] ADJ syntaktisch
synthèse [sɛ̃tɛz] F Synthese *f (a.* CHIM); Zusammenfassung *f*; **avoir l'esprit de ~** in Zusammenhängen denken; **faire la ~ de qc** etw synthetisch her-, darstellen
synthétique [sɛ̃tetik] ADJ synthetisch; CHIM *a.* Kunst...; künstlich hergestellt; **fibres** *fpl* **~s** Kunst-, Chemiefasern *fpl*; synthetische Fasern *fpl*; **résine** *f* **~** Kunstharz *n*
synthétiser [sɛ̃tetize] V/T CHIM synthetisch herstellen
synthétiseur [sɛ̃tetizœʀ] M MUS Synthesizer *m*
syphilis [sifilis] F Syphilis *f*
Syracuse [siʀakyz] Syrakus *n*
Syrie [siʀi] **la ~** Syrien *n*
syrien [siʀjɛ̃] **A** ADJ ⟨**-ienne** [-jɛn]⟩ syrisch **B** **Syrien(ne)** M(F) Syrer(in) *m(f)*
systématique [sistematik] ADJ systematisch; *péj a.* hartnäckig **systématiquement** [-mɑ̃] ADV systematisch
systématisation [sistematizasjõ] F Systematisierung *f* **systématiser** [-e] V/T systematisieren
système [sistɛm] M System *n (a.* POL, PHYS, INFORM, *etc)*; *fam* **je connais le ~** ich weiß Bescheid; *fam* **taper sur le ~ à qn** j-m auf die Nerven gehen

T

T, t [te] M (❗ unveränderlich) T, t *n*
t' [t] → te
ta → ton[1]
tabac [taba] M **1** Tabak *m*; **(bureau** *m* **de) tabac** Tabakladen *m*; *autrich* (Tabak)Trafik *f* **2** *fam* **passage** *m* **à tabac** Prügel *pl*; **passer qn à tabac** j-n verprügeln **3** *fam* **faire un tabac** *fam* e-n Riesen-, Bombenerfolg haben **4** MAR **coup** *m* **de tabac** Sturm *m* **5** *adjt* (❗ unveränderlich) tabakfarben

Le bureau de tabac

In einem **bureau de tabac** (Tabakladen) bekommt man nicht nur Tabak und Zigaretten, sondern auch Briefmarken, Telefonkarten, Schreibwaren und Lotteriescheine.

LANDESKUNDE

tabagie [tabaʒi] F verräucherte Bude
tabagisme [tabaʒism] M Nikotinmissbrauch *m*; Rauchen *n*; **~ passif** Passivrauchen *n*
tabasser [tabase] *fam* **A** V/T verprügeln **B** V/PR **se ~** sich prügeln
tabatière [tabatjɛʀ] F Tabaksdose *f*
tabernacle [tabɛʀnakl] M Tabernakel *m ou n*
table [tabl] F **1** Tisch *m*; **table basse** Couchtisch *m*; *fig* **table ronde** runder Tisch; Gesprächsrunde *f*; **table à dessin, à repasser** Zeichen-, Bügeltisch *m*; **table de nuit, de chevet** Nachttisch *m*; **table d'opération** Operationstisch *m*; **table de ping-pong** Tischtennisplatte *f*; **table de travail** Arbeitstisch *m*; *fig* **faire table rase** Tabula rasa, reinen Tisch machen **2** (Ess)-Tisch *m*; Tafel *f*; **plaisirs** *mpl* **de la table** Tafelfreuden *fpl*; **être à table** bei Tisch sitzen; **se le-**

La table ronde

La table ronde bezeichnet ursprünglich die erlesene Tafelrunde von König Artus. Dabei saßen zwölf Ritter zu Beratungsgesprächen zusammen, und zwar an einem runden Tisch, damit keiner der Ritter eine bevorzugte Position am Tisch einnehmen konnte.

Im modernen Sprachgebrauch versteht man unter **table ronde** auch eine Diskussion am runden Tisch.

SPRACHGEBRAUCH

le tableau — Bild

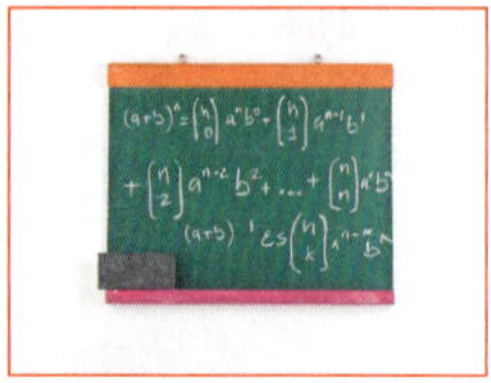
le tableau — Tafel

le tableau — Tabelle

ver de table, quitter la table, sortir de table vom Tisch, vom Essen aufstehen; **mettre la table** den Tisch decken; **se mettre à table** sich zu Tisch setzen; *fam fig (avouer) fam* auspacken; **passer à table** zu Tisch gehen **3** *(tableau)* Tafel *f*; Tabelle *f*; **table des matières** Inhaltsverzeichnis *n*; **table de multiplication** Einmaleins *n*

tableau [tablo] M ⟨~x⟩ **1** *(peinture)* Gemälde *n*; Bild *n*; *fig, péj* **vieux ~** *fam* alte Schachtel; *par ext* **~ de chasse** CH Strecke *f*; *fam fig* Erfolge *mpl* (bei Frauen) **2** *(spectacle)* Bild *n* (*a.* THÉ); Anblick *m* **3** *(description)* Bild *n*; Schilderung *f* **4** *(panneau)* Tafel *f*; Brett *n*; **~ d'affichage** Anschlagtafel *f*; Schwarzes Brett; *dans une gare, etc* Anzeigetafel *f*; **~ de bord** Armaturen-, Instrumentenbrett *n* **5** ÉCOLE **~ (noir)** (Wand)Tafel *f*; **aller, passer au ~** an die Tafel gerufen werden; abgefragt werden; **écrire qc au ~** etw an die Tafel schreiben **6** *(liste)* Übersicht *f*; Tabelle *f*; **~ d'avancement** Beförderungsliste *f*; **~ des conjugaisons** Konjugationstabelle *f*; ÉCOLE **~ d'honneur** Lob *n* für gute Leistungen; **~ de service** Dienstplan *m* **7** *fig* **gagner sur tous les ~x** überall Erfolge verbuchen können

tablée [table] F Tischgesellschaft *f*

tabler [table] V/T INDIR **~ sur qc** auf etw *(acc)* setzen; mit etw rechnen

tablette [tablɛt] F **1** *(planchette)* Ablage *f* **2** **~ de chewing-gum** Kaugummistreifen *m*; **~ de chocolat** Tafel *f* Schokolade **3** HIST (Schreib)Tafel *f*; *fig* **noter qc sur ses ~s** sich *(dat)* etw merken

tableur [tablœʀ] M INFORM Tabellen(kalkulations)programm *n*

tablier [tablije] M **1** Schürze *f*; **~ à bavette** Latzschürze *f*; **~ d'écolier** Schulkittel *m*; *fig* **rendre son ~** s-e Stelle aufgeben **2** *d'un pont* Fahrbahn *f* **3** *d'une cheminée* Verschlussblech *n*

tabloïd(e)® [tablɔid] M Zeitung *f* im Kleinformat

tabou [tabu] **A** ADJ ⟨~e⟩ tabu **B** M Tabu *n*

taboulé [tabule] M *syrisch-libanesisches Couscous-Gericht mit Petersilie, Pfefferminze, Zwiebeln und Tomaten*

tabouret [tabuʀɛ] M Hocker *m*

tabulateur [tabylatœʀ] M Tabulator *m*

tabulation [tabylasjõ] **touche** *f* **de ~** Tabulatortaste *f*

tac [tak] **du ~ au ~** schlagfertig

tache [taʃ] F **1** Fleck(en) *m*; **~ d'encre, de graisse** Tinten-, Fettfleck *m*; **~s de rousseur, de son** Sommersprossen *fpl*; **avoir, enlever une ~** e-n Fleck(en) haben, entfernen; **~ de vin** Feuermal *n*; *fig* **faire ~** nicht passen (**dans** in + *acc*); *fig* **faire ~ d'huile** sich verbreiten **2** *(tare)* Makel *m*; Schandfleck *m*

tâche [tɑʃ] F **1** *(devoir)* Aufgabe *f*; *(travail)* Arbeit *f*; **accomplir sa ~, s'acquitter d'une ~, remplir une ~** s-e *ou* e-e Aufgabe erfüllen **2** **à ia ~** im Akkord; Akkord…

taché [taʃe] ADJ ⟨~e⟩ fleckig

tacher [taʃe] **A** V/T fleckig machen **B** V/PR **se ~** **1** *personne* sich fleckig machen **2** *chose* fleckig werden; Flecken bekommen

tâcher [tɑʃe] V/T **~ de** (+ *inf*) sich bemühen zu (+ *inf*); versuchen zu (+ *inf*)

tâcheron [tɑʃʀõ] M *péj* Handlanger *m*

tacheté [taʃte] ADJ ⟨~e⟩ gefleckt; gesprenkelt

tachycardie [takikaʀdi] F Herzjagen *n*

tacite [tasit] ADJ stillschweigend

taciturne [tasityʀn] ADJ schweigsam

tacot [tako] M *fam* **(vieux) ~** *fam* Klapperkasten *m*; *fam* alte Kiste, Karre

tact [takt] M **1** Takt *m*; Feingefühl *n*; **manque** *m* **de ~** Taktlosigkeit *f*; **avoir du ~** taktvoll sein; Takt besitzen **2** BIOL Tastsinn *m*; Gefühl *n*

tacticien [taktisjɛ̃] M, **tacticienne** [-jɛn] F Taktiker(in) *m(f)*

tactile [taktil] ADJ Tast…

tactique [taktik] F Taktik *f*; **changer de ~** s-e Taktik ändern

taekwondo [tekwõdo] M Taekwondo *n*

tænia → ténia

taffe [taf] *fam* F *(bouffée de cigarette)* Zug *m*; **tirer une ~** *fam* (mal) ziehen

taffetas [tafta] M Taft *m*

tag [tag] M (aufgesprühte) Graffiti *pl*

tagliatelles [taljatɛl] FPL CUIS Tagliatelle *pl*

taguer [tage] **A** V/I Graffiti sprühen **B** V/T mit

T

Graffiti besprühen **tagueur** [tagœʀ] M Sprayer *m*

Tahiti [taiti] Tahiti *n*

tahitien [taisjɛ̃] A ADJ ⟨-ienne [-jɛn]⟩ von, aus, auf Tahiti B **Tahitien(ne)** M(F) Bewohner(in) *m(f)* von Tahiti

taie [tɛ] F **~ (d'oreiller)** Kopfkissenbezug *m*

taillable [tajabl] ADJ HIST zinspflichtig; *fig* **être ~ et corvéable à merci** alles Unangenehme machen müssen; sich *(dat)* alles aufhalsen lassen müssen

taillader [tajade] V/PR **se ~** sich schneiden

taille [taj, tɑj] F 1 Größe *f (a.* COUT); *d'une personne a.* Körpergröße *f*; Wuchs *m*; Statur *f*; **de ~ moyenne** mittelgroß; *fam* **de ~** *fam* gewaltig; Riesen...; COUT **la ~ au-dessus** e-e Nummer größer; *fig* **être de ~ à** *(+ inf)* imstande, fähig sein zu *(+ inf)* 2 ANAT Taille *f*; **~ de guêpe** Wespentaille *f*; **avoir la ~ fine** e-e schlanke Taille haben 3 *de la pierre* Behauen *n*; *de diamants* Schleifen *n*; Schliff *m*; *d'arbres* Beschneiden *n*; Schnitt *m* 4 HIST Steuer *f* (der Nichtadligen)

taillé [taje] ADJ ⟨~e⟩ **~ en athlète** athletisch gebaut; *fig* **être ~ pour** geschaffen sein für

taille-crayon(s) M ⟨taille-crayons⟩ Bleistiftspitzer *m*

tailler [taje] A V/T *vêtement* (zu)schneiden; *pierre* behauen; *diamants* schleifen; *crayon* spitzen; *haie, etc* beschneiden; stutzen B V/I *vêtement* **~ grand, petit** groß, klein ausfallen C V/PR 1 *fig* **se ~ la part du lion** sich *(dat)* den Löwenanteil nehmen; **se ~ un succès** e-n Erfolg verbuchen 2 *fam* **se ~** *fam* abhauen

tailleur [tajœʀ] M 1 Schneider *m*; **être assis en ~** im Schneidersitz sitzen 2 *costume de femme* Kostüm *n* 3 **~ de pierre(s)** Steinmetz *m*

taillis [taji] M Dickicht *n*; Unterholz *n*

tain [tɛ̃] M Spiegelbelag *m*; **glace** *f* **sans ~** Einwegspiegel *m*

taire [tɛʀ] ⟨→ plaire; *aber* il se tait⟩ A V/T verschweigen B V/PR **se taire** *(être silencieux)* schweigen (**sur** über + *acc*); still sein; *(cesser)* verstummen *(a. choses)*; **tais-toi!** halt den Mund!; **faire taire qn** j-n zum Schweigen bringen; j-n auffordern, ruhig zu sein

Taïwan [tajwan] Taiwan *n*

talc [talk] M (Körper)Puder *m*

talé [tale] ADJ ⟨~e⟩ *fruit* mit Druckstellen

talent [talɑ̃] M Talent *n*; Gabe *f*; Begabung *f*; **avoir du ~** talentiert, begabt sein

talentueux [talɑ̃tɥø] ADJ ⟨-euse [-øz]⟩ talentiert; begabt; fähig

talibans [talibɑ̃] MPL Taliban *pl*

talion [taljõ] M **la loi du ~** das Gesetz der Wiedervergeltung

talisman [talismɑ̃] M Talisman *m*

talkie-walkie [tokiwoki] M ⟨talkies-walkies⟩ tragbares Funksprechgerät; Walkie-Talkie *n*

talk-show [tɔ(l)kʃo] M ⟨talk-shows⟩ Talkshow *f*

taloche [talɔʃ] F 1 *fam (gifle)* Ohrfeige *f* 2 CONSTR Reibebrett *n*

talon [talõ] M 1 ANAT, *d'un bas* Ferse *f*; *fig* **~ d'Achille** Achillesferse *f*; *fig* **être sur les ~s de qn** j-m auf den Fersen sein; *fig* **tourner les ~s** Fersengeld geben 2 *de la chaussure* Absatz *m*; *all Nord* Hacke *f*; **~s aiguilles** Pfennigabsätze *mpl*; **à ~s °hauts, plats** mit hohen, flachen Absätzen 3 *(contraire: entame)* Endstück *n* 4 *d'un chèque, etc* Stammabschnitt *m*; Coupon *m* 5 CARTES Talon *m*; Kartenstock *m*

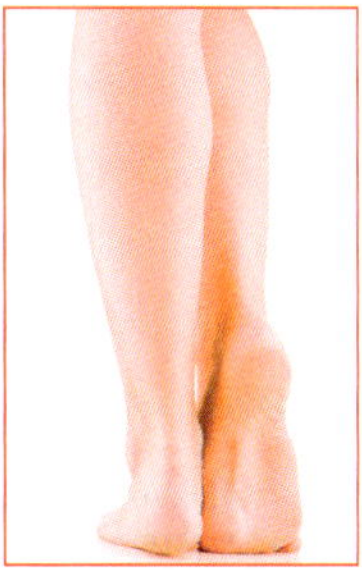

le talon — Ferse

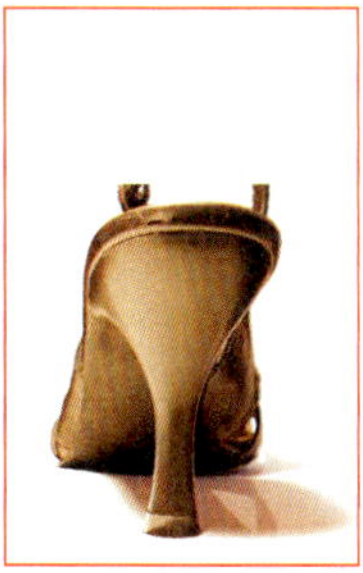

le talon — Absatz

talonnade [talɔnad] F FOOTBALL Absatzkick *m* **talonnage** [-aʒ] M RUGBY Hakeln *n*

talonner [talɔne] V/T **~ qn** j-m auf den Fersen sein; *fig* j-n bedrängen; j-m zusetzen

talonnette [talɔnɛt] F 1 *de chaussure* Ferseneinlage *f* 2 *du pantalon* Stoßband *n*

talquer [talke] V/T einpudern

talus [taly] M Böschung *f*

tamanoir [tamanwaʀ] M Großer Ameisenbär

tamaris [tamaʀis] M Tamariske *f*

tambouille [tɑ̃buj] *fam* F Essen *n*; *péj* Fraß *m*; **faire la ~** kochen

tambour [tɑ̃buʀ] M 1 MUS, TECH Trommel *f*; *fig* **mener l'affaire ~ battant** die Sache zügig, tatkräftig erledigen; *fig* **partir sans ~ ni trompette** heimlich, still und leise verschwinden 2 *personne* Trommler *m* 3 CONSTR Windfang *m*; (**porte** *f* **à**) **~** Drehtür *f* 4 *pour broder* Stickrahmen *m*

tambourin [tɑ̃buʀɛ̃] M Tamburin *n*

tambouriner [tɑ̃buʀine] V/I trommeln

tambour-major M ⟨tambours-majors⟩ Tambourmajor *m*

tamil [tamil] → tamoul

tamis [tami] M Sieb *n*

T

Tamise [tamiz] **la ~** die Themse
tamiser [tamize] VT 1 (durch)sieben 2 *fig lumière* dämpfen
tamoul [tamul] A ADJ ⟨~e⟩ tamilisch B MPL **Tamouls** Tamilen *mpl*
tampon [tɑ̃pɔ̃] M 1 **~ hygiénique, périodique** Tampon *m*; **~ d'ouate** Wattebausch *m* 2 CH DE FER, *fig* Puffer *m*; *adjt* **État** *m* **~** Pufferstaat *m*; *personne* **servir de ~** als Puffer dazwischenstehen 3 *(cachet)* Stempel *m* 4 **~ encreur** Stempelkissen *n* 5 *(bouchon)* Pfropfen *m*
tamponner [tɑ̃pɔne] A VT 1 *(essuyer)* abtupfen; abwischen 2 *véhicule* auffahren auf (+ *acc*); rammen 3 *(apposer un cachet)* (ab)stempeln B V/PR 1 **se ~** zusammenstoßen 2 *fam* **s'en ~ (le coquillard)** sich nicht darum scheren; *fam* darauf pfeifen
tamponneuse [tɑ̃pɔnøz] ADJ ⟨f⟩ **auto ~** (Auto)Skooter *m*
tam-tam [tamtam] M ⟨tam-tams⟩ 1 afrikanische Trommel 2 *fig* **faire du ~** ein Tamtam machen (**autour de qc** um etw)
tancer [tɑ̃se] ⟨-ç-⟩ *litt* VT schelten
tanche [tɑ̃ʃ] F Schleie *f*
tandem [tɑ̃dɛm] M 1 *vélo* Tandem *n* 2 *fig* Gespann *n*; Tandem *n*
tandis que [tɑ̃dik(ə)] CONJ (! vor Vokal und stummem h steht **tandis qu'**) während; *opposition a.* wo(hin)gegen
tangage [tɑ̃gaʒ] M MAR Stampfen *n*
tangence [tɑ̃ʒɑ̃s] F MATH Berührung *f*
tangent [tɑ̃ʒɑ̃] ADJ ⟨-ente [-ɑ̃t]⟩ 1 **droite ~e à un cercle** Gerade, die e-n Kreis berührt 2 *(de justesse)* knapp
tangente [tɑ̃ʒɑ̃t] F Tangente *f* **tangentiel** [-sjɛl] ADJ ⟨~le⟩ tangential; Tangential…
tangible [tɑ̃ʒibl] ADJ greifbar; *preuve* handgreiflich
tango [tɑ̃go] A M Tango *m* B ADJ (! unveränderlich) orange(rot)
tanguer [tɑ̃ge] VI MAR stampfen; *par ext véhicule* schwanken
tanière [tanjɛʀ] F *d'un animal* Höhle *f*
tanin [tanɛ̃] M Gerbstoff *m*
tank [tɑ̃k] M 1 *(réservoir)* Tank *m* 2 MIL Panzer *m* 3 *fam voiture* Straßenkreuzer *m*
tanné [tane] ADJ ⟨~e⟩ gegerbt *(a. fig visage)*
tanner [tane] VT 1 *peaux, par ext soleil: visage* gerben 2 *fam* **~ qn** *fam* j-n nerven
tannerie [tanʀi] F 1 *atelier* Gerberei *f* 2 *technique* Gerben *n*
tanneur [tanœʀ] M Gerber *m*
tannin → tanin
tant [tɑ̃] A ADV 1 so; so viel(e); so sehr; **tant de fois** so oft; **il a tant de livres que** … er hat so viele Bücher, dass …; **il vous aime tant** er liebt Sie so sehr; **il a tant travaillé que** … er hat so viel gearbeitet, dass …; **tous tant que vous êtes** ihr alle (ohne Ausnahme); **tant et plus** reichlich; in Mengen; **tant bien que mal** recht und schlecht; so gut es (eben) geht; **tant mieux** umso *ou* desto besser; **tant pis** da kann man nichts machen; schade 2 *quantité indéfinie* soundso viel; *subst* **le tant** am Soundsovielten *(des Monats)* B CONJ 1 **tant que …** solange …; **tant que vous y êtes** wenn Sie schon dabei sind; **tant qu'à faire!** wennschon, dennschon! 2 **tant et si bien que** … so lange, bis …; sodass schließlich … 3 **si tant est que** (+ *subj*) falls; sofern; wenn überhaupt 4 **en tant que** als; **en tant que médecin** als Arzt 5 **tant … que** sowohl … als auch
tante [tɑ̃t] F 1 Tante *f* 2 *fam (homosexuel) fam péj* Tunte *f* 3 *fam plais (mont-de-piété)* **ma ~** das Leihhaus
tantième [tɑ̃tjɛm] M Anteil *m*; COMM Tantieme *f*; Gewinnanteil *m*
tantinet [tɑ̃tinɛ] ADV **un ~** ein klein wenig
tantôt [tɑ̃to] ADV 1 heute Nachmittag 2 **~ …, ~ …** bald …, bald …; (ein)mal …, (ein)mal …
tantouse [tɑ̃tuz] *fam* F → tante 2
Tanzanie [tɑ̃zani] **la ~** Tansania *n*
tanzanien [tɑ̃zanjɛ̃] A ADJ ⟨-ienne [-jɛn]⟩ tansanisch B SUBST **Tanzanien(ne)** M(F) Tansanier(in) *m(f)*
taon [tɑ̃] M ZOOL Bremse *f*
tapage [tapaʒ] M 1 *(bruit)* Lärm *m*; Krach *m*; *fam* Spektakel *m*; **~ nocturne** nächtliche Ruhestörung 2 *fig* Wirbel *m*; Aufsehen *n*; **cette affaire a fait beaucoup de ~** diese Sache hat großes Aufsehen erregt
tapageur [tapaʒœʀ] ADJ ⟨-euse [-øz]⟩ auffällig; aufdringlich; *publicité* marktschreierisch
tapant [tapɑ̃] ADJ ⟨-ante [-ɑ̃t]⟩ **à midi ~** Schlag zwölf (Uhr)
tape [tap] F Klaps *m*
tapé [tape] ADJ ⟨~e⟩ *fam* → cinglé
tape-à-l'œil [tapalœj] ADJ (! unveränderlich) protzig; kitschig; *subst* **c'est du ~** das ist Schaumschlägerei
tapecul *ou* **tape-cul** [tapky] *fam* M ⟨tape-culs⟩ 1 *voiture fam* schlecht gefederte Karre 2 *balançoire* Wippe *f*
tapée [tape] F *fam* Haufen *m*
taper [tape] A VT 1 *(frapper)* schlagen; **~ trois coups à la porte** dreimal an die Tür klopfen 2 *à la machine à écrire* tippen; *sur ordinateur, minitel* eingeben; eintippen 3 *fam (emprunter)* **~ qn** *fam* j-n anpumpen B VI 1 *(frapper)* schlagen; **~ dans les mains** *ou* **des mains** in die Hände klatschen; **~ des pieds** mit den Füßen trampeln; *fam fig* **~ sur qn** *fam* über j-n herziehen;

fam fig ~ **dans l'œil de qn** j-m ins Auge stechen; ~ **sur les nerfs à qn** j-m auf die Nerven gehen **2** ~ **(à la machine)** tippen **3** *fam (se servir)* ~ **dans** sich hermachen über *(+ acc)* **4** *soleil* ~ **(dur)** (heiß) brennen **C** V/PR **se** ~ **1** *fam à manger, à boire fam* sich *(dat)* genehmigen; *fam* sich *(dat)* reinziehen **2** *fam travail, trajet* auf sich *(acc)* nehmen müssen; *collègues, famille* ertragen

tapette [tapɛt] F **1** *pour tapis* Teppichklopfer *m*; *pour mouches* Fliegenklatsche *f* **2** *fam (langue) fam* (flottes) Mundwerk **3** *(souricière)* Mausefalle *f* **4** *pop (homosexuel) fam* Tunte *f*

tapeur [tapœʀ] M *fam* Pumpgenie *n*

tapi [tapi] ADJ ⟨~e⟩ versteckt

tapin [tapɛ̃] M *pop* **faire le** ~ *fam* auf den Strich gehen

tapinois [tapinwa] **en** ~ heimlich

tapioca [tapjɔka] M Tapioka *f*

tapir[1] [tapiʀ] V/PR **se** ~ sich verkriechen

tapir[2] M ZOOL Tapir *m*

tapis [tapi] M **1** Teppich *m*; *d'escalier* Läufer *m* **2** *par ext* Matte *f* (a. SPORTS); ~ **de bain** Badematte *f*; INFORM ~ **de souris** Mauspad *n*; BOXE **aller au** ~ zu Boden gehen; *fig* **(re)mettre une question sur le** ~ e-e Frage (wieder) aufs Tapet, zur Sprache bringen **3** ~ **roulant** Förderband *n*; *pour piétons* Roll-, Fahrsteig *m*

le tapis — Teppich

le tapis — Matte

tapis-brosse M ⟨tapis-brosses⟩ Fußmatte *f*; Abtreter *m*

tapisser [tapise] V/T **1** *murs* tapezieren **2** *par ext* bedecken (**de** mit)

tapisserie [tapisʀi] F **1** Wandbehang *m*; Wandteppich *m*; Gobelin *m*; *fig* **faire** ~ ein Mauerblümchen sein **2** *(canevas)* Kanevasstickerei *f*

tapissier [tapisje] M **1** *décorateur* Tapezierer *m* **2** *d'ameublement* Polsterer *m*

tapotement [tapɔtmɑ̃] M leichtes Klopfen; *de la joue* Tätscheln *n* **tapoter** [-e] V/T (leicht) klopfen auf *(+ acc)*; *joue* tätscheln

taquet [takɛ] M Knagge *f*; Pflock *m*

taquin [takɛ̃] ADJ ⟨-ine [-in]⟩ schalkhaft; schelmisch

taquiner [takine] **A** V/T necken; hänseln **B** V/PR **se** ~ sich (gegenseitig) necken, hänseln **taquinerie** [-ʀi] F Neckerei *f*; Hänselei *f*

tarabiscoté [taʀabiskɔte] ADJ ⟨~e⟩ *décor* verschnörkelt; *style* geschraubt

tarabuster [taʀabyste] V/T ~ **qn** j-m zusetzen; j-m keine Ruhe lassen

taratata [taʀatata] INT na, na!

taraudage [taʀodaʒ] M TECH **1** *action* Gewindebohren *n* **2** *filetage* Innengewinde *n* **tarauder** [taʀode] V/T (TECH ein Gewinde) bohren in *(+ acc)*

tard [taʀ] **A** ADV spät; **plus** ~ später; **au plus** ~ spätestens; **trop** ~ zu spät; **attendre trop** ~ zu lange warten; *prov* **mieux vaut** ~ **que jamais** besser spät als nie *(prov)* **B** M **sur le** ~ in vorgerücktem Alter

tarder [taʀde] **A** V/I auf sich *(acc)* warten lassen; **ça ne va pas** ~ es wird nicht mehr lange dauern; **sans** ~ unverzüglich; ~ **à** *(+ inf)* zögern zu *(+ inf)*; **ne pas** ~ **à faire qc** bald etw tun **B** V/IMP **il me tarde de** *(+ inf)* ich kann es kaum erwarten zu *(+ inf)*

tardif [taʀdif] ADJ ⟨-ive [-iv]⟩ spät; *fruit* spät reifend

tare [taʀ] F **1** *(défaut)* Fehler *m*; Makel *m*; ~ **héréditaire** erbliche Belastung **2** COMM Tara *f*; Verpackungsgewicht *n*

taré [taʀe] ADJ ⟨~e⟩ **1** *(dégénéré)* erblich belastet **2** *fam (débile)* schwachsinnig

tarentule [taʀɑ̃tyl] F Tarantel *f*

targette [taʀʒɛt] F Schubriegel *m*

targuer [taʀge] V/PR *st/s* **se** ~ **de** *(+ inf)* sich damit brüsten, dass …

tari [taʀi] ADJ ⟨~e⟩ *source* versiegt

tarif [taʀif] M Tarif *m*; Preisliste *f*; *des médecins, avocats* Gebührenordnung *f*; **plein** ~ voller Preis; **~s postaux** Postgebühren *fpl*; **billet** *m* **à** ~ **réduit** ermäßigte Fahrkarte; ~ **syndical** Verbandstarif *m*; *fam fig: on lui a. retiré son permis,* **c'est le** ~ das ist das Übliche

tarifaire [taʀifɛʀ] ADJ Tarif…; tariflich **tarifer** [-e] V/T den Preis *ou* ADMIN den Tarif festsetzen für; tarifieren **tarification** [-ikasjõ] F tarifliche Festlegung; Tarifierung *f*

tarin [taʀɛ̃] M *argot (nez) fam* Zinken *m*

tarir [taʀiʀ] **A** V/T versiegen lassen **B** V/I **1** *source,* *par ext larmes* versiegen **2** *fig* **ne pas ~ d'éloges sur** des Lobes voll sein über (+ *acc*) **C** V/PR **se ~** *source, fig inspiration* versiegen

tarissement [taʀismɑ̃] M Versiegen *n* (*a. fig*)

Tarn [taʀn] **le ~** *Fluss u. Departement in Frankreich*

Tarn-et-Garonne [taʀnegaʀɔn] **le ~** *frz Departement*

tarot [taʀo] M Tarock *n ou m*; **~s** *pl* Tarockkarten *fpl*

tarse [taʀs] M Fußwurzel *f*

tartare [taʀtaʀ] ADJ **sauce** *f* **~** *Mayonnaise mit gehackten Kräutern*; **steak** *m* **~** *rohes Rinderhackfleisch mit Sauce tartare*

tarte [taʀt] **A** F **1** Obstkuchen *m*, -torte *f*; *fig* **~ à la crème** abgedroschenes Thema; **~ aux pommes** Apfelkuchen *m*; **~ Tatin** *gestürzte Apfeltorte (mit karamellisierten Äpfeln)*; *fam fig* **c'est pas de la ~** *fam* das hat es in sich **2** *fam* (*gifle*) Ohrfeige *f* **B** ADJ *fam* (*moche*) hässlich; (*sot*) *fam* dämlich; (*ridicule*) lächerlich

tartelette [taʀtəlɛt] F Törtchen *n*

Tartempion [taʀtɑ̃pjɔ̃] M *fam* irgendein (Herr) Müller oder Meier

tartignolle [taʀtiɲɔl] *fam* ADJ → tarte B

tartine [taʀtin] F **1** (bestrichene Brot)Schnitte; *all Nord* Stulle *f*; **~ beurrée** Butterbrot *n* **2** *fam* (*laïus*) *fam* Sermon *m*

tartiner [taʀtine] V/T *du beurre, etc* auf e-e Brotschnitte streichen; *tranche de pain* (be)streichen

tartre [taʀtʀ] M **1** *calaire* Kesselstein *m* **2** *des dents* Zahnstein *m*

tartuf(f)e [taʀtyf] M Heuchler *m*

tas [tɑ, ta] M **1** (*amas*) Haufen *m*; **mettre en ~** aufhäufen; *linge* auf e-n Haufen legen; *terre* aufschütten **2** (*grande quantité*) Menge *f*; *fam* Haufen *m*; *pop* **~ de salauds!** *pop* Saubande!; **dans le ~** unter den vielen; **foncer dans le ~** sich ins Kampfgewühl stürzen **3** **sur le ~** am Arbeitsplatz

t'as [ta] *fam* = **tu as**

Tasmanie [tasmani] **la ~** Tasmanien *n*

tasse [tɑs, tas] F Tasse *f*; **~ à café** Kaffeetasse *f*; **~ de café** Tasse Kaffee; *fig* **boire la ~** Wasser schlucken (*beim Baden*); *fam fig* **ce n'est pas ma ~ de thé** das ist nicht nach meinem Geschmack; *fam* das ist nicht mein Fall

> **tasse de oder tasse à?**
>
> Unterscheide:
>
> | | |
> |---|---|
> | **une tasse de café, de thé** | eine Tasse Kaffee, Tee |
> | **une tasse à café, à thé** | eine Kaffeetasse, Teetasse |
>
> SPRACHGEBRAUCH

tassé [tase] ADJ ⟨~e⟩ **1** *fam* **bien ~** *verre* randvoll; *café* sehr stark **2** *personne* vom Alter gebeugt

tasseau [taso] M ⟨~x⟩ Knagge *f*; (Trag)Leiste *f*

tassement [tasmɑ̃] M **~ de vertèbres** Zusammensinken *n* der Wirbelkörper

tasser [tase] **A** V/T *sol* feststampfen; *qc de volumineux* zusammenpressen, -drücken **B** V/PR **se ~** **1** *sol*, CONSTR sich senken; sich setzen; *fig personne* (mit zunehmendem Alter) kleiner werden **2** *fam affaire* wieder in Ordnung kommen; *fam* sich wieder einrenken

taste-vin [tastəvɛ̃] M (! unveränderlich) (silberner) Probierbecher; (*pipette*) Stechheber *m*

tata [tata] *enf* F Tante *f*; Tantchen *n*

tatanes [tatan] FPL *fam* Latschen *mpl*

tâter [tɑte] **A** V/T be-, abtasten; be-, anfühlen **B** V/T INDIR **~ de qc** etw ausprobieren; *fam* in etw (*acc*) hineinriechen **C** V/PR **je me tâte** ich muss es mir noch überlegen

tatillon [tatijɔ̃] ADJ ⟨-onne [-ɔn]⟩ pedantisch; *fam* pingelig

tâtonnement [tɑtɔnmɑ̃] M **1** (Herum)Tasten *n*, (-)Tappen *n* **2** *fig surtout pl* **~s** tastende Versuche *mpl*

tâtonner [tɑtɔne] V/I **1** herumtasten **2** *fig* tastende Versuche machen

tâtons [tɑtɔ̃] **à ~** tastend; **chercher la sortie à ~** sich zum Ausgang tasten

tatou [tatu] M Gürteltier *n*

tatouage [tatwaʒ] M Tätowierung *f* **tatouer** [-e] V/T tätowieren **tatoueur** [-œʀ] M Tätowierer *m*

taudis [todi] M Elendsquartier *n*; *par ext péj* Saustall *m*

taulard [tolaʀ] M *argot* Knastbruder *m*

taule [tol] F **1** *argot* (*prison*) *fam* Kittchen *n*; *fam* Knast *m* **2** *fam* (*chambre, maison*) *fam* Bude *f*

taulier [tolje] *fam* M, **taulière** [-jɛʀ] *fam* F Wirt(in) *m(f)*

taupe [top] F **1** ZOOL Maulwurf *m* (*a. fig espion*); **myope comme une ~** stark kurzsichtig **2** *fig et péj* **vieille ~** alte Hexe; *fam* alte Schachtel **3** *argot des écoles* mathematische Vorbereitungsklasse *nach dem Baccalauréat* für die „Grandes écoles"

taupin [topɛ̃] M *argot des écoles* Schüler *m* e-r mathematischen Vorbereitungsklasse für die „Grandes écoles"

taupinière [topinjɛʀ] F Maulwurfshügel *m*

taureau [tɔʀo] M ⟨~x⟩ **1** ZOOL Stier *m*; Bulle *m*; **~ de combat** Kampfstier *m*; *fig* **prendre le ~ par les cornes** den Stier bei den Hörnern packen **2** ASTROL **le Taureau** der Stier

tauromachie [tɔʀɔmaʃi] F Stierkampf *m* **tauromachique** [-ik] ADJ Stierkampf…

tautologie [totolɔʒi] F Tautologie *f* **tautologique** ADJ tautologisch

taux [to] M **1** FIN ~ **(d'intérêt)** Zinssatz *m*; ~ **directeurs** Leitzinsen *mpl*; ~ **de change** Wechselkurs *m*; ~ **d'escompte** Diskontsatz *m* **2** (*proportion*) Rate *f*; Quote *f*; Ziffer *f*; ~ **de chômage** Arbeitslosenquote *f*; ~ **de glucose dans le sang** Blutzuckerspiegel *m*; ~ **d'inflation** Inflationsrate *f*; ~ **d'invalidité** Erwerbsminderung *f*; ~ **de mortalité** Sterbeziffer *f*; Sterblichkeitsrate *f*

tavelé [tavle] ADJ ⟨~e⟩ fleckig

taverne [tavɛʀn] F Wirtshaus *n*

taxable [taksabl] ADJ besteuerbar

taxation [taksasjõ] F **1** *des prix* Preisbindung *f* **2** (*imposition*) Besteuerung *f*

taxe [taks] F (*impôt*) Steuer *f*; Abgabe *f*; (*redevance*) Gebühr *f*; ~ **professionnelle** Gewerbesteuer *f*; ~ **d'enlèvement des ordures ménagères** Müllabfuhrgebühr *f*; ~ **de séjour** Kurtaxe *f*; ~ **sur** Steuer auf (+*acc*); °**hors** ~ ohne Steuern und Abgaben; *marchandise importée* zollfrei

taxer [takse] V/T **1** *prix* amtlich festsetzen **2** (*imposer*) besteuern **3** *fig* ~ **qn, qc de** j-n, etw bezeichnen als

taxi [taksi] M Taxi *n*; *par ext fam* **il est** ~ er ist Taxichauffeur

taxidermie [taksidɛʀmi] F *t/t* Taxidermie *f*

taximètre [taksimɛtʀ] M Fahrpreisanzeiger *m*

Tchad [tʃad] **le** ~ der Tschad; Tschad *n*

tchadien [tʃadjɛ̃] **A** ADJ ⟨-ienne [-jɛn]⟩ tschadisch **B** SUBST **Tchadien(ne)** M(F) Tschader(in) *m(f)*

tchador [tʃadɔʀ] M Tschador *m*

tchatche [tʃatʃ] F *fam* **avoir de la** ~ *fam* ein flinkes Mundwerk haben

tchatcher [tʃatʃe] *fam* V/I schwatzen; *fam* quatschen

tchèque [tʃɛk] **A** ADJ tschechisch; **la République** ~ die Tschechische Republik **B** **Tchèque** M/F Tscheche *m*, Tschechin *f*

Tchéquie [tʃeki] *fam* **la** ~ Tschechien *n*

tchétchène [tʃetʃɛn] **A** ADJ tschetschenisch **B** SUBST **Tchétchène** M/F Tschetschene, -tschenin *m,f*

Tchétchénie [tʃetʃeni] **la** ~ Tschetschenien *n*

tchin-tchin [tʃintʃin] INT prost!

T.D. [tede] MPL ABR → **travail** 2

te [t(ə)] PR PERS (❗ vor Vokal und stummem h steht **t'**) *obj dir* dich; *obj indir* dir

té [te] M *règle* Reißschiene *f*

technicien [tɛknisjɛ̃] M, **technicienne** [tɛknisjɛn] F **1** Techniker(in) *m(f)*; **technicien supérieur** graduierter Ingenieur **2** (*spécialiste*) Fachmann *m*, -frau *f*

technicité [tɛknisite] F fachlicher Charakter

technico-commercial [tɛknikokɔmɛʀsjal] ADJ ⟨~e; -aux [-o]⟩ **ingénieur** ~ Vertriebs-, Verkaufsingenieur *m*

technique [tɛknik] **A** ADJ **1** (*spécialisé*) fachlich; Fach…; **lycée** *m* ~ Fachoberschule *f*; **terme** *m* ~ Fachausdruck *m* **2** (*mécanique*) technisch; **incident** *m* ~ technische Störung **B** F Technik *f*

techno [tɛkno] ADJ (**musique** F) ~ F Techno *n* ou *m*

technocrate [tɛknɔkʀat] M Technokrat *m* **technocratie** [-kʀasi] F Technokratie *f* **technocratique** [-kʀatik] ADJ technokratisch

technologie [tɛknɔlɔʒi] F Technologie *f*; Technik *f* **technologique** ADJ technologisch; technisch

teck [tɛk] M Teakholz *n*

teckel [tekɛl] M Dackel *m*

tectonique [tɛktɔnik] ADJ tektonisch

tectrice [tɛktʀis] F Deckfeder *f*

teenager [tinɛdʒœʀ] M/F Teenager *m*

tee-shirt [tiʃœʀt] M ⟨tee-shirts⟩ T-Shirt *n*

téflon® [teflõ] M Teflon® *n*

Téhéran [teeʀɑ̃] Teheran *n*

teigne [tɛɲ] F **1** MÉD (Erb)Grind *m* **2** *fig de qn* Giftkröte *f* **teigneux** [tɛɲø] ADJ ⟨-euse [-øz]⟩ MÉD grindig

teindre [tɛ̃dʀ] ⟨→ peindre⟩ **A** V/T färben **B** V/PR **se** ~ **(les cheveux)** sich (*dat*) die Haare färben

teint [tɛ̃] **A** M **1** Teint *m*; Gesichtsfarbe *f* **2** *adjt* (❗ unveränderlich) **bon, grand** ~ *tissu* farbecht; *fig, plais: de qn* in der Wolle gefärbt **B** ADJ ⟨teinte [tɛ̃t]⟩ gefärbt; *fam* **elle est ~e** sie hat gefärbtes Haar

teinte [tɛ̃t] F **1** Färbung *f*; Farbton *m* **2** *fig* Anflug *m*; Hauch *m*

teinté [tɛ̃te] ADJ ⟨~e⟩ **lunettes** *fpl* **à verres ~s** getönte Brille

teinter [tɛ̃te] **A** V/T tönen; *bois* beizen **B** V/PR **1** **se** ~ **de rouge** sich rot färben **2** *fig* **se** ~ **d'ironie**, *etc* e-n ironischen *etc* Beiklang annehmen

teinture [tɛ̃tyʀ] F **1** *action* Färben *n* **2** (*colorant*) Färbemittel *n*; Farblösung *f* **3** ~ **d'iode** Jodtinktur *f*

teinturerie [tɛ̃tyʀʀi] F (chemische) Reinigung

teinturier [tɛ̃tyʀje] M, **teinturière** [-jɛʀ] F Färber(in) *m(f)* und Chemischreiniger(in) *m(f)*; **porter une robe chez le teinturier** ein Kleid in die Reinigung bringen

teknival [tɛknival] M Technoparty *f*, -festival *n*

tel [tɛl] ADJ *et pron* ⟨~le⟩ **1** (*semblable*) solche(r, -s); so(lch) ein(e); derartige(r, -s); **une ~le conduite** ein solches, ein derartiges Verhalten; **je n'ai rien vu de** ~ ich habe nichts dergleichen ge-

T

sehen; **~le est mon opinion** das ist meine Meinung; *il n'est pas riche,* **mais passe pour ~** wird aber dafür gehalten; **comme ~** *ou* **en tant que ~** als solcher; **~ que** (so) wie; *énumération* **~(le)s que** wie zum Beispiel; **~ quel** unverändert **2** *(si grand)* solche(r, -s); so groß; derartig; **rien de ~ que ...** es geht nichts über *(+ acc)* **3** *indéfini* der oder der; soundso; **~ ou ~ numéro** die oder die Nummer; **~ jour, à ~le heure** an dem und dem Tag, um soundso viel Uhr; **~le quantité de ...** soundso viel von ...; **Monsieur Un ~** Herr Sowieso, Soundso; **Madame Une ~le** Frau Sowieso, Soundso

tél. ABR (téléphone) Tel. (Telefon)

télé [tele] F *fam* **1** Fernsehen *n;* **à la ~** im Fernsehen; **qu'est-ce qu'il y a à la ~?** was kommt im Fernsehen?; **regarder la ~** fernsehen **2** *(téléviseur)* Fernseher *m*

télé... [tele] *préfixe* **1** *(à distance)* Fern...; fern...; Tele...; tele... **2** *(de télévision)* Fernseh...

téléachat M Teleshopping *n*

télébenne F *ou* **télécabine** F Kabinenseilbahn *f*

télécarte F Telefonkarte *f*

La télécarte

In den meisten Telefonzellen in Frankreich braucht man eine Telefonkarte, **une télécarte.** Diese kann man auf der Post oder im Tabakladen kaufen.

So lautet die automatische Ansage in französischen Telefonzellen:

Décrochez	Nehmen Sie den Hörer ab.
Insérez votre carte	Führen Sie Ihre Karte ein.
Patientez	Warten Sie.
Composez votre numéro	Wählen Sie.

LANDESKUNDE

T

téléchargeable [teleʃaʀʒabl] ADJ INFORM **1** *vers l'internaute* herunterladbar; downloadbar **2** *vers le serveur* uploadbar

téléchargement M INFORM **1** *vers l'internaute* Herunterladen *n;* Download(en) *m(n)* **2** *vers le serveur* Upload(en) *m(n)*

télécharger V/T ⟨-ge-⟩ INFORM *vers l'internaute* herunterladen

télécommande F Fernsteuerung *f*, -bedienung *f* **télécommander** [-e] V/T fernsteuern *(a. fig);* fernbedienen; **télécommandé** ferngesteuert

télécommunications FPL Telekommunikation *f*

téléconférence F *(audioconférence)* Telefonkonferenz *f;* *(vidéoconférence)* Videokonferenz *f*

télécopie F (Tele)Fax *n* **télécopieur** [-jœʀ] M Faxgerät *n*

télédiffusion F Fernsehübertragung *f*

téléenseignement M Fernunterricht *m*

téléférique → téléphérique

téléfilm M Fernsehfilm *m*

télégénique [teleʒenik] ADJ telegen

télégramme M Telegramm *n*

télégraphe [telegʀaf] M Telegraf *m* **télégraphier** [-je] V/T telegrafieren

télégraphique ADJ **1** TECH Telegrafen... **2** *(par télégramme)* telegrafisch **3** *fig* **style** *m* **~** Telegrammstil *m*

télégraphiste [telegʀafist] M Telegrammbote *m*

téléguidage [telegidaʒ] M Fernlenkung *f* **téléguidé** [-e] ADJ ⟨~e⟩ ferngelenkt *(a. fig)* **téléguider** [-e] V/T fernlenken

téléinformatique F Datenfernverarbeitung *f*

télématique [telematik] F Telematik *f;* Verbindung *f* von Informatik und Fernmeldetechnik

téléobjectif M Teleobjektiv *n*

télépathie [telepati] F Telepathie *f*

téléphérique [telefeʀik] M Drahtseilbahn *f;* Seil(schwebe)bahn *f*

téléphone [telefɔn] M **1** Telefon *n;* ADMIN Fernsprecher *m;* **téléphone mobile** Mobiltelefon *n;* **téléphone public** öffentlicher Fernsprecher; POL **le téléphone rouge** der heiße Draht; **téléphone à cartes** Kartentelefon *n;* **téléphone de voiture** Autotelefon *n;* **téléphone sans fil** schnurloses Telefon; **coup** *m* **de téléphone** (Telefon)Anruf *m;* **recevoir un coup de téléphone (de qn)** e-n (Telefon)Anruf (von j-m) bekommen; **par téléphone** telefonisch; fernmündlich; **avoir qn au téléphone** *à l'instant* mit j-m (gerade) telefonieren; *(joindre)* j-n telefonisch erreichen **2** *fam fig* **téléphone arabe** *fam* Buschtrommel *f*

téléphoner [telefɔne] **A** V/T durchtelefonieren, telefonisch mitteilen, durchgeben (**qc à qn** j-m etw) **B** V/I telefonieren (**à qn** mit j-m); anrufen (j-n) **C** V/PR **se ~** miteinander telefonieren

téléphonique [telefɔnik] ADJ telefonisch; Telefon...; Fernsprech... **téléphoniste** [-ist] M/F Telefonist(in) *m(f)*

télescopage [teleskɔpaʒ] M Zusammenstoß *m;* Auffahrunfall *m*

télescope [teleskɔp] M Fernrohr *n;* Teleskop *n*

télescoper [teleskɔpe] **A** V/T zusammensto-

ßen mit; auffahren auf (+ *acc*) **B** VPR **se ~** zusammenstoßen
télescopique [teleskɔpik] ADJ ausziehbar; Teleskop…
téléscripteur [teleskʀiptœʀ] M Fernschreiber *m*
télésiège M Sessellift *m*
téléski M Skilift *m*; Schlepplift *m*
téléspectateur M, **téléspectatrice** F Fernsehzuschauer(in) *m(f)*
télésurveillance F Bildschirm-, Videoüberwachung *f*
télétexte M Videotext *m*; Teletext *m*
télétravail [teletʀavaj] M Telearbeit *f*
télévisé [televize] ADJ ⟨~e⟩ im Fernsehen übertragen; Fernseh… **téléviser** [-e] V/T im Fernsehen übertragen
téléviseur M Fernsehapparat *m*, -gerät *n*; Fernseher *m*; **~ couleur** Farbfernseher *m*
télévision F **1** Fernsehen *n*; **~ par câble, par satellite** Kabel-, Satellitenfernsehen *n* **2** → téléviseur
télévisuel [televizɥɛl] ADJ ⟨~le⟩ Fernseh…
télex [telɛks] M Telex *n*; Fernschreiben *n*
tellement [tɛlmɑ̃] ADV so; dermaßen; so sehr; *fam* **~ de** so viele; **pas ~** nicht besonders; **ce serait ~ mieux** das wäre viel, viel besser
tellurique [tɛlyʀik] ADJ **secousse** *f* **~** Erdstoß *m*
téméraire [temeʀɛʀ] ADJ kühn; waghalsig; vermessen **témérité** [-ite] F Kühnheit *f*; Waghalsigkeit *f*
témoignage [temwaɲaʒ] M **1** (*déclaration*) Aussage *f*; JUR *a.* Zeugenaussage *f*; **faux ~** Falschaussage *f*; *par ext* Meineid *m* **2** (*signe*) Beweis *m*, Zeichen *n* (**de qc** für etw); Bekundung *f*; **en ~ de** als Beweis, Zeichen (+ *gén*); **donner à qn des ~s d'affection** j-m (s-e) Zuneigung bekunden
témoigner [temwaɲe] **A** V/T **~ qc** *personne* etw zeigen, bekunden; *chose* etw erkennen lassen, verraten **B** V/T INDIR **~ de qc** *personne* etw bezeugen; *chose* von etw zeugen **C** V/I JUR (als Zeuge) aussagen
témoin [temwɛ̃] M **1** Zeuge *m*, Zeugin *f* (*a.* JUR); *d'un mariage* Trauzeuge *m*, -zeugin *f*; **~ à charge, à décharge** Belastungs-, Entlastungszeuge *m* **2** *par ext* Zeuge *m*; Zuhörer *m*; Zuschauer *m*; **être ~ de qc** bei etw anwesend, zugegen sein; Zeuge e-r Sache (*gen*) sein *ou* werden; etw mit ansehen *ou* mit anhören **3** SPORTS Staffelstab *m* **4** *adjt* **appartement** *m* **~** Musterwohnung *f*; **lampe** *f* **~** Kontrolllampe *f*
tempe [tɑ̃p] F Schläfe *f*
tempérament [tɑ̃peʀamɑ̃] M **1** (*caractère*) Temperament *n*; Wesensart *f*; Veranlagung *f* **2** **acheter à ~** auf Raten, Teil-, Abzahlung kaufen
tempérance [tɑ̃peʀɑ̃s] F Enthaltsamkeit *f*; Mäßigkeit *f* (*im Essen, Trinken*) **tempérant** [-ɑ̃] ADJ ⟨-ante [-ɑ̃t]⟩ *personne* enthaltsam; mäßig
température [tɑ̃peʀatyʀ] F Temperatur *f*; **avoir, faire de la ~** Fieber *ou* (erhöhte) Temperatur haben; **prendre sa ~** s-e Temperatur messen
tempéré [tɑ̃peʀe] ADJ ⟨~e⟩ *climat, zone* gemäßigt **tempérer** [-e] V/T ⟨-è-⟩ mäßigen; mildern
tempête [tɑ̃pɛt] F Sturm *m* (*a. fig*); Unwetter *n*; **~ de neige, de sable** Schnee-, Sandsturm *m*; *fig* **~ d'applaudissements** Beifallssturm *m*
tempêter [tɑ̃pete] V/I toben; wettern
temple [tɑ̃pl] M **1** Tempel *m* **2** (protestantische) Kirche
templier [tɑ̃plije] M HIST Templer *m*; Tempelritter *m*
tempo [tɛmpo, tɛ̃po] M MUS Tempo *n*
temporaire [tɑ̃pɔʀɛʀ] ADJ vorübergehend; zeitweilig; **travail** *m* **~** Zeitarbeit *f*
temporalité [tɑ̃pɔʀalite] F PHIL Zeitlichkeit *f*
temporel [tɑ̃pɔʀɛl] ADJ ⟨~le⟩ zeitlich (*a.* REL); GRAM *a.* Temporal…
temporiser [tɑ̃pɔʀize] V/I versuchen, Zeit zu gewinnen
temps[1] [tɑ̃] M **1** Zeit *f*; **temps de réflexion** Bedenkzeit *f*; **un certain temps** e-e Zeit lang; e-e Weile; **ces derniers temps** in letzter Zeit; **ces temps-ci** zurzeit; **peu de temps après** kurze Zeit später; kurz darauf; **quelque temps** einige Zeit; e-e Zeit lang; **tout le temps** ständig; die ganze Zeit (über); **à temps** rechtzeitig; beizeiten; **dans le temps** seinerzeit; früher; **dans peu de temps** bald; in kurzer Zeit; **dans un premier temps …, dans un second temps …** zuerst …, dann …; **de mon temps** zu meiner Zeit; **de tout temps** seit je; schon immer; **du** *ou* **au temps des diligences** im Zeitalter der Postkutsche; **de temps en temps, de temps à autre** von Zeit zu Zeit; dann und wann; ab und zu; hin und wieder; **en ce temps-là** in, zu jener Zeit; damals; **en même temps** zur gleichen Zeit; gleichzeitig; **en deux temps, trois mouvements** im Handumdrehen; im Nu; *fam* blitzschnell; **en un temps record** in Rekordzeit; **depuis le temps que …** seit(dem) …; seit der Zeit, da …; **le temps de me retourner, il était déjà parti** ich drehte mich nur um, da war er fort; **avoir le temps** Zeit haben (**de** + *inf* zu + *inf*); **n'avoir pas le temps** keine Zeit haben; **vous avez tout votre temps** Sie haben noch reichlich Zeit; **il est temps** es ist Zeit (**de** + *inf* zu + *inf*; **que** + *subj* dass …); **il est grand temps** es ist höchste Zeit; **être de son temps** mit der Zeit gehen; **avoir fait**

son temps *objet* ausgedient haben; *fig* vorbei sein; **perdre son temps** s-e Zeit vertun, verschwenden, vertrödeln; **perdre du temps** Zeit verlieren; **faire perdre son temps à qn** *personne* j-m die Zeit stehlen; *chose* j-n viel Zeit kosten; **prendre le temps de** (+ *inf*) sich (*dat*) die Zeit nehmen zu (+ *inf*); **prendre (tout) son temps** sich (*dat*) Zeit lassen, nehmen; **travailler à plein temps** ganztags arbeiten; **je trouve le temps long** die Zeit wird mir lang **2** GRAM Zeit(form) *f*; Tempus *n* **3** MUS, TECH Takt *m* **4** INFORM **temps partagé** Timesharing *n*

temps[2] M MÉTÉO Wetter *n*; Witterung *f*; **par beau ~** bei schönem Wetter; **quel ~ fait-il?** wie ist das Wetter?

tenable [t(ə)nabl] ADJ **pas ~** nicht auszuhalten; unerträglich

tenace [tənas] ADJ hartnäckig; zäh

ténacité [tenasite] F Hartnäckigkeit *f*; Zähigkeit *f*

tenailler [tənaje] V/T quälen; peinigen; **être tenaillé par le(s) remords** von Gewissensbissen gequält, gepeinigt werden

tenailles [t(ə)naj] FPL Zange *f*

tenancier [tənɑ̃sje] M, **tenancière** [-jɛʀ] F *péj ou* ADMIN Geschäftsführer(in) *m(f)*

tenant [tənɑ̃] **A** ADJ ‹-ante [-ɑ̃t]› **séance ~e** auf der Stelle; sofort **B** SUBST **1** SPORTS **~(e)** *m(f)* **du titre** Titelhalter(in) *m(f)* **2** *mpl* **les ~s et aboutissants** die näheren Umstände *mpl*; **d'un seul ~** in einem Stück

tendance [tɑ̃dɑ̃s] F **1** (*inclination*) Neigung *f*; Hang *m*; Tendenz *f*; **avoir ~ à** (+ *inf*) dazu neigen *ou* tendieren zu (+ *inf*); **avoir ~ à exagérer** zu Übertreibungen neigen **2** POL, ART, FIN Tendenz *f*; Trend *m*; **~ à la hausse** steigende Tendenz

tendancieux [tɑ̃dɑ̃sjø] ADJ ‹-euse [-øz]› *péj* tendenziös

tendeur [tɑ̃dœʀ] M Spanner *m*; *pour porte-bagages* Spanngurt *m*

tendinite [tɑ̃dinit] F Sehnenentzündung *f*

tendon [tɑ̃dõ] M Sehne *f*

tendre[1] [tɑ̃dʀ] ‹→ rendre› **A** V/T **1** *corde, muscle* (an)spannen; *ressort, arc* spannen **2** *mur* bespannen (**de** mit) **3** (*avancer*) ausstrecken (*a. bras, etc*); **~ qc à qn** j-m etw hinhalten (*a. joue*), reichen; **~ le cou** den Hals recken; **~ l'oreille** die Ohren spitzen **B** V/T INDIR **1** *personne* **~ à, vers qc** nach etw streben **2** *activité, paroles* **~ à** (+ *inf*) darauf abzielen zu (+ *inf*); *situation* dazu tendieren zu (+ *inf*) **C** V/PR **se ~** *fig rapports* gespannt werden

tendre[2] ADJ **1** *viande, légumes, couleur* zart; *pain, herbe* weich **2** *fig* **âge** *m* **~** Kindheit *f*; **depuis ma plus ~ enfance** seit meiner frühesten Kindheit **3** (*affectueux*) zärtlich; liebevoll; *cœur* weich; **mot** *m* **~** Kosewort *n*; *subst* **c'est un ~** er hat ein weiches Gemüt

tendrement [tɑ̃dʀəmɑ̃] ADV liebevoll; zärtlich

tendresse [tɑ̃dʀɛs] F Zärtlichkeit *f*; *fig* **n'avoir aucune ~ pour** nichts übrighaben für

tendreté [tɑ̃dʀəte] F Zartheit *f*

tendron [tɑ̃dʀõ] M **~ de veau** Kalbsbrust *f*

tendu [tɑ̃dy] ADJ ‹~e› **1** gespannt (*a. fig rapports*); *fig personne, visage* angespannt **2** *fig* **politique** *f* **de la main ~e** Versöhnungspolitik *f*

ténèbres [tenɛbʀ] FPL Finsternis *f* (*a.* REL); Dunkelheit *f*; Dunkel *n* (*a. fig*)

ténébreux [tenebʀø] ADJ ‹-euse [-øz]› *fig* dunkel; finster; düster

Ténériffe [teneʀif] Teneriffa *n*

teneur [tənœʀ] F **1** *d'un écrit* Inhalt *m*; Tenor *m* **2** CHIM Gehalt *m*; **~ en alcool** Alkoholgehalt *m*

ténia [tenja] M Bandwurm *m*

tenir [t(ə)niʀ]
‹→ venir›

A verbe transitif	**B** verbe transitif indirect
C verbe intransitif	**D** verbe pronominal

— **A** verbe transitif —

1 halten; festhalten; **tenir qc à la main** etw in der Hand halten; **tenir les yeux baissés** die Augen gesenkt halten **2** (*avoir*) haben; *voleur, etc* (gefasst) haben; **tenir qc de qn** etw von j-m haben **3** *registre, caisse, compte, article, restaurant* führen **4** *promesse, pari* halten; *engagements* nachkommen (+ *dat*); **tenir (sa) parole** (sein) Wort halten **5** *réunion, conférence* abhalten; *discours* halten; **tenir des propos insensés** Unsinn reden **6** **tenir pour** ansehen als; halten für; **tenez-vous-le pour dit** lassen Sie sich (*dat*) das gesagt sein **7** *de la place* einnehmen **8** *int* **tiens!** (*prends*) da!; da, nimm!; *étonné* ach!; so (et)was!; sieh mal (einer) an!; da schau her!; **tenez!** da!; nehmen Sie!; *par ext* hören Sie!; sehen Sie!

— **B** verbe transitif indirect —

1 **tenir à qn, qc** (*être attaché à*) auf j-n, etw Wert legen; an j-m, etw hängen; **j'y tiens beaucoup** mir liegt viel daran; ich lege großen Wert darauf; **il a tenu à vous inviter** ihm lag daran *ou* er legte Wert darauf, Sie einzuladen **2** **tenir à** (*résulter, dépendre de*) liegen an (+ *dat*); abhängen von; **s'il ne tenait qu'à moi** wenn es (nur) nach mir ginge; **qu'à cela ne tienne!** daran soll es nicht liegen **3** *concrètement* **tenir à qc** an etw (*dat*) halten *ou* hängen **4** **tenir de qn** j-m gleichen, ähneln, nachschlagen; **il a de qui tenir** er ist nicht aus der Art geschlagen; **cela tient du miracle** das grenzt an ein Wunder

— C verbe intransitif —

1 *clou, pansement, etc* halten; festsitzen; *coiffure, couleur, nœud* halten; *neige* liegen bleiben; *fig union, accord* von Bestand sein; *vase, etc* **tenir debout** stehen bleiben 2 *personne (résister)* aus-, standhalten; **tenir bon, ferme** standhalten; standhaft bleiben; durchhalten; **ne plus pouvoir (y) tenir** es nicht mehr aushalten 3 *(être contenu)* Platz haben, finden; **cela tient en peu de mots** das lässt sich mit wenigen Worten sagen

— D verbe pronominal —

se tenir 1 *sens réfléchi* sich (fest)halten (**à** an + *dat*); *fig* **tenez-vous bien** jetzt halten Sie sich fest; machen Sie sich auf etw *(acc)* gefasst 2 *réciproquement* **se tenir par la main** einander, sich an der Hand halten 3 *dans une certaine position* sich halten; (da)stehen; **se tenir caché** sich versteckt halten; **se tenir tranquille** sich ruhig verhalten 4 **se tenir pour** sich betrachten als 5 *(se comporter)* sich benehmen; **tiens-toi bien!** benimm dich! 6 **s'en tenir à qc** sich an etw *(acc)* halten; **tenons-nous-en là** wir wollen es dabei bewenden lassen; **savoir à quoi s'en tenir** wissen, woran man ist 7 *congrès, marché, etc* stattfinden; abgehalten werden 8 *arguments* schlüssig, logisch sein; *récit* glaubhaft sein

tennis [tenis] M 1 SPORT Tennis *n*; **~ de table** Tischtennis *n* 2 *terrain* Tennisplatz *m* 3 *pl chaussures* Turnschuhe *mpl*

tenon [tənõ] M TECH Zapfen *m*

ténor [tenɔʀ] M 1 MUS Tenor *m* 2 *fig* Star *m*

tensio-actif [tãsjoaktif] A ADJ ⟨-ive [-iv]⟩ CHIM grenzflächenaktiv B M Tensid *n*

tension [tãsjõ] F 1 Spannung *f* (*a.* ÉLEC, *fig*, POL); ÉLEC **°haute ~** Hochspannung *f* 2 **~ (artérielle)** Blutdruck *m*; **avoir de la ~** hohen Blutdruck haben 3 **~ d'esprit** geistige Anspannung

tentaculaire [tãtakylɛʀ] ADJ *fig* sich ungehemmt ausbreitend; ausufernd

tentacule [tãtakyl] M Fangarm *m*

tentant [tãtã] ADJ ⟨-ante [-ãt]⟩ verlockend

tentateur [tãtatœʀ] ADJ ⟨-trice [-tʀis]⟩ *litt* verführerisch

tentation [tãtasjõ] F Versuchung *f*; **céder à la ~** der Versuchung nachgeben

tentative [tãtativ] F Versuch *m*; **~ d'évasion** Fluchtversuch *m*; **~ de suicide** Selbstmordversuch *m*

tente [tãt] F Zelt *n*; **~ à oxygène** Sauerstoffzelt *n*; **piquet** *m* **de ~** Hering *m*; Zeltpflock *m*; **sous la ~** im Zelt; **démonter une ~** ein Zelt abbrechen; **monter, dresser, planter une ~** ein Zelt aufschlagen

tenter [tãte] V/T 1 in Versuchung führen (*a.* REL); *par ext (séduire)* reizen; verlocken; verführen; **être tenté de** (+ *inf*) versucht sein zu (+ *inf*); **ça ne me tente pas** das reizt mich nicht 2 *(essayer)* versuchen (**de** + *inf* zu + *inf*); **~ sa chance** sein Glück versuchen

tenture [tãtyʀ] F (Wand)Behang *m*

tenu [t(ə)ny] PP → tenir *et* ADJ ⟨~e⟩ 1 **être ~ au secret professionnel** an das Berufsgeheimnis gebunden sein; **être ~ de faire qc** verpflichtet, gehalten sein, etw zu tun 2 **bien ~** gepflegt; ordentlich

ténu [teny] ADJ ⟨~e⟩ fein; dünn

tenue [t(ə)ny] F 1 *du ménage, des livres de compte* Führung *f* 2 *(conduite)* Betragen *n*; Benehmen *n* 3 *du corps* **mauvaise ~** schlechte Haltung 4 *(vêtements)* Kleidung *f*; Anzug *m*; MIL Uniform *f*; **~ de soirée** Abendtoilette *f*; *pour hommes* Abendanzug *m*; **~ de sport** Sportkleidung *f*; **être en ~ légère, en petite ~** sehr wenig anhaben 5 AUTO **~ de route** Straßenlage *f*

ter [tɛʀ] ADV **habiter au 18 ~** Nummer 18 b wohnen

tercet [tɛʀsɛ] M Terzine *f*

térébenthine [teʀebãtin] F Terpentin *n*

tergal® [tɛʀgal] M Tergal® *n*

tergiversations [tɛʀʒivɛʀsasjõ] FPL Ausflüchte *fpl* **tergiverser** [-e] V/I Ausflüchte machen

terme [tɛʀm] M 1 *(fin)* Ende *n*; *(date)* Termin *m*; *(délai)* Frist *f*; **marché** *m* **à ~** Terminmarkt *m*, -geschäft *n*; **à court, à moyen, à long ~** kurz-, mittel-, langfristig; **accoucher à ~, avant ~** zum errechneten Termin, vorzeitig entbinden; **mener qc à ~** etw zu Ende führen; **mettre un ~ à qc** e-r Sache *(dat)* ein Ende setzen, machen 2 *pour les loyers* Zahlungstermin *m*; *somme* fällige (Vierteljahres)Miete 3 **être en bons ~s avec qn** mit j-m gut, auf gutem Fuß stehen; **être en mauvais ~s avec qn** mit j-m nicht auskommen 4 *(mot)* Wort *n*; *(expression)* Ausdruck *m*; **aux ~s du contrat** nach dem Wortlaut des Vertrages; **en d'autres ~s** mit anderen Worten 5 GRAM, MATH Glied *n*

terminaison [tɛʀminɛzõ] F Endung *f*

terminal [tɛʀminal] A ADJ ⟨~e; -aux [-o]⟩ End…; Schluss… B SUBST 1 *m* ⟨-aux [-o]⟩ INFORM Terminal *n*; AVIAT, TECH Terminal *m ou n* 2 **~e** *f* Abiturklasse *f*

terminer [tɛʀmine] A V/T beenden; abschließen; *travail a.* fertigstellen; *lettre* schließen; *abs* **j'ai terminé** ich bin fertig (damit); **pour ~** zum (Ab)Schluss; abschließend; *chose* **être terminé** fertig, beendet, zu Ende sein B V/PR **se ~**

enden (**par** mit); zu Ende gehen *ou* sein; **se ~ bien, mal** gut, schlecht ausgehen; GRAM **se ~ en -er** auf -er enden, ausgehen

terminologie [tɛʀminɔlɔʒi] F Terminologie *f*; Fachsprache *f* **terminologique** [-ik] ADJ terminologisch

terminus [tɛʀminys] M Endstation *f*

termite [tɛʀmit] M Termite *f* **termitière** [-jɛʀ] F Termitenhügel *m*

terne [tɛʀn] ADJ 1 glanzlos; matt; trüb 2 *fig* farblos; uninteressant; eintönig

ternir [tɛʀniʀ] A VT trüben (*a. fig*); **terni** *vitre, miroir* trüb; angelaufen B VPR **se ~** s-n Glanz verlieren; *miroir* trüb werden

terrain [tɛʀɛ̃] M Gelände *n*; MIL *a.* Terrain *n*; (*parcelle*) Grundstück *n*; Platz *m*; (*sol*) Boden *m*; *fig* (*domaine*) Gebiet *n*; Bereich *m*; **~ à bâtir** Bauland *n*; (*parcelle*) Bauplatz *m*; **~ d'aviation** Flugplatz *m*; *fig* **~ d'entente** Verständigungsgrundlage *f*; **~ de jeu(x)** Spielplatz *m*; **~ de sport(s)** Sportplatz *m*; *adj* **véhicule** *m* **tout ~** Geländewagen *m*; *fig* **sur le ~** an Ort und Stelle; *fig* **céder du ~** Zugeständnisse machen; *fig* **gagner, perdre du ~** (an) Boden gewinnen, verlieren; *fig* **préparer le ~** den Boden bereiten; *fig* **je ne vous suivrai pas sur ce ~** darauf möchte ich lieber nicht weiter eingehen; das möchte ich lieber nicht näher mit Ihnen erörtern; da mache ich nicht mit; *fig* **tâter le ~** das Terrain sondieren; vorfühlen

terrarium [teʀaʀjɔm] M Terrarium *n*

terrasse [tɛʀas] F Terrasse *f*; **toit** *m* **en ~** Flachdach *n*

terrassement [tɛʀasmɑ̃] M (**travaux** *mpl* **de**) **~** Erdarbeiten *fpl*

terrasser [tɛʀase] VT niederstrecken; niederschmettern (*a. fig*); *fig* **terrassé par la fatigue** von Müdigkeit übermannt, überwältigt

terrassier [tɛʀasje] M Erdarbeiter *m*

terre [tɛʀ] F 1 (*sol*) Boden *m*; Erdboden *m*; Erde *f*; *adjt fig* **terre à terre** prosaisch; nüchtern; **à terre, par terre** auf dem *ou* den Boden; auf der *ou* die Erde; **être assis par terre** auf dem Boden sitzen; **jeter à, par terre** auf den, zu Boden werfen 2 *matière* Erde *f*; Erdreich *n*; Boden *m*; **en pleine terre** im Freiland 3 (*terrain*) Grund *m*; Stück *n* Land; (*domaine*) Grundbesitz *m*; Gut *n*; **terres** *pl a.* Ländereien *fpl* 4 *planète* **Terre** Erde *f*; (*monde*) Welt *f*; **sur (la) terre** auf der *ou* die Erde 5 (*territoire*) Gebiet *n*; (*pays*) Land *n*; **la Terre promise** das Gelobte Land; **la Terre sainte** das Heilige Land; **la Terre de Feu** Feuerland *n*; **en terre étrangère** in der Fremde 6 (*opposé à mer et air*) Land *n*; **par voie de terre** auf dem Landwege; **sur terre et sur mer** zu Wasser und zu Lande; **aller, descendre à terre** an Land gehen; *bateau* **toucher terre** landen; anlegen 7 ÉLEC Erde *f*; **mettre à la terre** erden 8 TECH Erde *f*; **terre cuite** Terrakotta *f* (*a. objet*); **de, en terre** Ton…; irden

la terre — Erde

la Terre — Erde

terreau [tɛʀo] M ⟨~x⟩ Garten-, Blumen-, Humuserde *f*

terre-neuvas [tɛʀnœva] M (! unveränderlich) Neufundlandfischer *m*

Terre-Neuve [tɛʀnœv] F Neufundland *n*

terre-neuve [tɛʀnœv] M (! unveränderlich) ZOOL Neufundländer *m*

terre-neuvien [tɛʀnœvjɛ̃] A ADJ ⟨-ienne [-jɛn]⟩ neufundländisch B SUBST **Terre-Neuvien(ne)** M(F) Neufundländer(in) *m(f)*

terre-plein M ⟨terre-pleins⟩ 1 (*levée de terre*) Erdaufschüttung *f* 2 *d'une autoroute* **~ central** Mittelstreifen *m*

terrer [tɛʀe] VPR **se ~** sich verkriechen

terrestre [tɛʀɛstʀ] ADJ 1 (*de la planète*) Erd… 2 (*opposé à mer ou air*) Land… 3 REL irdisch

terreur [tɛʀœʀ] F 1 (*épouvante*) (Angst *f* und) Schrecken *m*; panische Angst 2 POL Terror *m*; Schreckensherrschaft *f* 3 *fam fig personne* **la ~ du quartier** der Schrecken der Nachbarschaft

terreux [tɛʀø] ADJ ⟨-euse [-øz]⟩ 1 *teint* fahl 2 *goût* erdig

terrible [tɛʀibl] ADJ 1 (*effrayant*) furchtbar; schrecklich; **il fait un froid ~** es ist furchtbar kalt 2 *fam* (*énorme*) gewaltig; enorm 3 *fam* (*sensationnel*) großartig; *fam* toll

terriblement [tɛʀibləmɑ̃] ADV furchtbar; schrecklich

terrien [tɛʀjɛ̃] A ADJ ⟨-ienne [-jɛn]⟩ 1 **propriétaire ~** Grundbesitzer *m* 2 (*paysan*) bäuerlich B **Terrien(ne)** M(F) Erdbewohner(in) *m(f)*

terrier [tɛʀje] M 1 *d'un animal* Bau *m* 2 *chien* Terrier *m*

terrifiant [tɛʀifjɑ̃] ADJ ⟨-ante [-ɑ̃t]⟩ furchterregend; erschreckend

terrifier [tɛʀifje] VT **~ qn** j-n in Angst und

Schrecken versetzen; j-m Entsetzen einjagen; **je suis terrifié à l'idée de** (+*inf*) die Vorstellung zu (+*inf*) entsetzt mich; bei der Vorstellung zu (+*inf*) packt mich das Entsetzen

terril [tɛʀi(l)] M (Abraum)Halde *f*

terrine [tɛʀin] F **1** *récipient* Schüssel *f* mit Deckel; Römertopf *m* **2** *pâté* Fleischpastete *f*

territoire [tɛʀitwaʀ] M **1** (Hoheits)Gebiet *n*; Territorium *n*; **~s d'outre-mer** überseeische Gebiete *npl* **2** *d'un animal* Revier *n*

territorial [tɛʀitɔʀjal] ADJ ⟨~e; -aux [-o]⟩ territorial; **eaux ~es** Hoheitsgewässer *npl*

territorialité [tɛʀitɔʀjalite] F Territorialität *f*

terroir [tɛʀwaʀ] M **1** *vin* **avoir un goût de ~** am Geschmack s-e Herkunft erkennen lassen **2** (Heimat)Region *f*; **accent** *m* **du ~** regionaler Akzent

terroriser [tɛʀɔʀize] V/T terrorisieren; verängstigen; völlig einschüchtern

terrorisme [tɛʀɔʀism] M Terrorismus *m*; **acte** *m* **de ~** Terrorakt *m*

terroriste [tɛʀɔʀist] **A** ADJ terroristisch; Terror...; Terroristen... **B** M/F Terrorist(in) *m(f)*

tertiaire [tɛʀsjɛʀ] ADJ **1** (**ère** *f*) **~** *m* Tertiär *n* **2** (**secteur** *m*) **~** *m* Dienstleistungssektor *m*; tertiärer Bereich, Sektor

tertio [tɛʀsjo] ADV drittens

tertre [tɛʀtʀ] M kleiner Hügel

tes [te] → ton[1]

t'es [tɛ] *fam* = **tu es**

Tessin [tesɛ̃] **le ~** **1** *canton* das Tessin **2** *rivière* der Tessin

tesson [tesõ] M Scherbe *f*

test [tɛst] M PSYCH, MÉD, *fig* Test *m*; *adjt* Test...; **~ de dépistage du sida** Aidstest *m*; **~ de grossesse** Schwangerschaftstest *m*; **élection** *f* **~** Testwahl *f*; **passer des ~s** getestet werden; Tests machen; **faire passer des ~s à qn** j-n testen (lassen); j-n Tests (*dat*) unterziehen

testament [tɛstamɑ̃] M **1** JUR Testament *n*; **faire son ~** sein Testament machen; **léguer qc par ~** etw testamentarisch hinterlassen, vermachen **2** **l'Ancien, le Nouveau Testament** das Alte, das Neue Testament

testamentaire [tɛstamɑ̃tɛʀ] ADJ testamentarisch; Testaments...

tester [tɛste] V/T testen

testicule [tɛstikyl] M Hoden *m*

testostérone [tɛstɔsteʀɔn] F Testosteron *n*

tétanique [tetanik] ADJ Tetanus...; Wundstarrkrampf... **tétaniser** [-ize] V/T *fig* lähmen

tétanos [tetanos] M Wundstarrkrampf *m*; Tetanus *m*

têtard [tɛtaʀ] M Kaulquappe *f*

tête [tɛt] F **1** Kopf *m*; *st/s* Haupt *n*; *fig* Verstand *m*; **~ de cheval** Pferdekopf *m*; **~ de mort** Totenkopf *m*; *fig* **coup** *m* **de ~** unüberlegte Tat; Kurzschlusshandlung *f*; **la ~ °haute** stolz erhobenen Hauptes; **la ~ la première** mit dem Kopf voran; kopfüber; vornüber; *calculer* **de ~** im Kopf; **de la ~ aux pieds** von Kopf bis Fuß; *fig* **en ~ à ~** unter vier Augen; allein; *fam fig* **ça ne va pas, la ~?** *fam* du bist wohl nicht recht bei Trost!; *fig* **il n'a pas de ~** er vergisst alles; *fig* **avoir la ~ dure** ein Dickkopf, *fam* -schädel sein; *fam fig* **avoir la grosse ~** eingebildet sein; **avoir encore toute sa ~** geistig noch rüstig, frisch sein; **il n'a que cela en ~** er hat nichts anderes im Kopf; *fam* **j'en ai par-dessus la ~** *fam* ich habe die Nase voll; *fam fig* **casser la ~ à qn** j-m auf die Nerven gehen, fallen; *fig* **se casser la ~** sich (*dat*) den Kopf zerbrechen; **chercher dans sa ~** hin und her überlegen; FOOTBALL **faire une ~** köpfen; *fig* **n'en faire qu'à sa ~** nur nach seinem Kopf handeln; *cheval* **gagner d'une courte ~** mit e-r knappen Nasenlänge gewinnen; *fig* **se mettre qc dans la ~** *ou* **en ~** sich (*dat*) etw in den Kopf setzen; **mets-toi bien cela dans la ~!** merk dir das!; *fig* **se payer la ~ de qn** *fam* j-n auf den Arm nehmen; *fig* **perdre la ~** (*s'affoler*) den Kopf verlieren; (*devenir fou*) den Verstand verlieren; **piquer une ~** e-n Kopfsprung machen; **faire rentrer qc dans la ~ à qn** j-m etw beibringen, *plus fort* einbläuen; **cela ne veut pas lui rentrer dans la ~** das will ihm nicht in den Kopf; **ne plus savoir où donner de la ~** nicht mehr wissen, wo einem der Kopf steht; *fig* **tenir ~ à qn** j-m die Stirn bieten; sich j-m widersetzen; *fig* **tu es tombé sur la ~, non?** du hast wohl den Verstand verloren? **2** (*individu*) Person *f*; Kopf *m*; (*animal*) Stück *n*; **par ~**, *fam* **par ~ de pipe** pro Kopf; pro Person; *fam* pro Nase **3** (*visage*) Gesicht *n*; Aussehen *n*; **~ sympathique** sympathisches Gesicht; **il a une sale ~** er sieht sehr schlecht (= *krank*) aus; **faire la ~** schmollen; **faire une ~ d'enterrement** e-e Leichenbittermiene aufsetzen **4** *d'un train* vorderes Ende; Spitze *f*; *d'un chapitre, d'une liste* Anfang *m*; *d'un lit* Kopfende *n*; *d'un clou, d'une fusée, fig d'une conjuration* Kopf *m*; *d'un cortège* Spitze *f*; *fig* **~ d'affiche** Hauptdarsteller(in) *m(f)*; **~ d'épingle** Stecknadelkopf *m*; **~ de lecture** Lesekopf *m*; **~ de ligne** Endstation *f*; POL **~ de liste** Spitzenkandidat *m*; MIL **~ de pont** Brückenkopf *m*; **wagon** *m* **de ~** vorderer Waggon; **en ~** an der *ou* an die Spitze; SPORTS **être en ~** in Führung liegen; **être à la ~ de qc** an der Spitze (+ *gen*) stehen

tête-à-queue M (! unveränderlich) AUTO **faire un ~** sich um die eigene Achse drehen

tête-à-tête M (! unveränderlich) Gespräch

n unter vier Augen; **~ (amoureux)** Tête-à-tête *n*; **en ~** → tête 1

tête-bêche ADV **être couchés ~** entgegengesetzt liegen

tête-de-nègre ADJ (! unveränderlich) dunkelbraun

tétée [tete] F *d'un nourrisson* Mahlzeit *f*; **donner six ~s par jour** (ein Kind) sechsmal täglich stillen

téter [tete] V/T *et* V/I ‹-è-› saugen; *nourrisson* **~ sa mère** gestillt werden

tétine [tetin] F *du biberon* Sauger *m*; *pour calmer* Schnuller *m*

téton [tetõ] *fam* M Brust *f*; *pop* Titte *f*

tétralogie [tetʀalɔʒi] F Tetralogie *f*

tétraplégie [tetʀapleʒi] F Lähmung *f* aller vier Gliedmaßen; *t/t* Tetraplegie *f* **tétraplégique** [-ik] A ADJ an allen vier Gliedmaßen gelähmt B M/F an allen vier Gliedmaßen gelähmte Person

têtu [tety] ADJ ‹~e› eigensinnig; dickköpfig

teuf [tœf] F *fam* Party *f*; Fete *f*

teuf-teuf [tœftœf] *fam* M (! unveränderlich) altes Auto; *fam* Töfftöff *n*

teuton [tøtõ] *péj* A ADJ ‹-onne [-ɔn]› teutonisch B **Teuton(ne)** M(F) Teutone *m*, Teutonin *f*

texan [tɛksɑ̃] A ADJ ‹-ane [-an]› texanisch B SUBST **Texan(e)** M(F) Texaner(in) *m(f)*

Texas [tɛksas] **le ~** Texas *n*

texte [tɛkst] M Text *m*; **lire Goethe dans le ~** Goethe im Original lesen

textile [tɛkstil] A ADJ Textil…; Faser… B M 1 Faserstoff *m*; **~s** *pl a.* Textilien *pl*; **~s artificiels** Chemiefaserstoffe *mpl* 2 Textilindustrie *f*

texto® [tɛksto] M SMS *f*

textuel [tɛkstɥɛl] ADJ ‹~le› wörtlich

textuellement [tɛkstɥɛlmɑ̃] ADV wortwörtlich

texture [tɛkstyʀ] F Struktur *f*; Textur *f*

TF 1 [teɛfɛ̃, -œ̃] ABR (Télévision française première chaîne) erstes Programm des französischen Fernsehens

TGV [teʒeve] M (! unveränderlich) ABR (train à grande vitesse) Hochgeschwindigkeitszug *m*; ≈ ICE *m*

thaï [taj] A ADJ ‹~e› Thai…; **langues ~es** Thaisprachen *fpl* B SUBST **Thaï(s)** MPL Thai(s) *mpl*

thaïlandais [tajlɑ̃dɛ] A ADJ ‹-aise [-ɛz]› thailändisch B SUBST **Thaïlandais(e)** M(F) Thailänder(in) *m(f)*

Thaïlande [tajlɑ̃d] **la ~** Thailand *n*

thalassothérapie [talasɔteʀapi] F Thalassotherapie *f*

thaumaturge [tomatyʀʒ] *litt* M Wundertäter *m*

thé [te] M (schwarzer) Tee; **faire, préparer du ~** Tee machen, zubereiten, kochen

Le TGV

TGV ist die Abkürzung für **train à grande vitesse**, den französischen Hochgeschwindigkeitszug. Er verbindet Paris mit anderen französischen Großstädten, wie z. B. Lyon, Bordeaux, Nantes und Rennes. Das Streckennetz wird außerdem ständig ausgebaut.
Für den **TGV** benötigt man einen Zuschlag (**un supplément**) und eine Platzreservierung (**une réservation**).

LANDESKUNDE

théâtral [teatʀal] ADJ ‹~e; -aux [-o]› 1 Theater…; Bühnen… 2 *fig, péj* theatralisch

théâtralement [teatʀalmɑ̃] ADV *fig* theatralisch **théâtraliser** [-ize] V/T bühnenwirksam gestalten **théâtralité** [-ite] F Bühnenwirksamkeit *f*

théâtre [teatʀ] M 1 Theater *n*; **~ en plein air** Freilichtbühne *f*; *fig* **coup** *m* **de ~** Theatercoup *m*; unerwartete Wendung; **aller au ~** ins Theater gehen; **faire du ~** Theaterschauspieler(in) sein 2 *fig* Schauplatz *m*

théier [teje] M Teestrauch *m*

théière [tejɛʀ] F Teekanne *f*

théisme [teism] M Theismus *m*

thématique [tematik] ADJ thematisch

thème [tɛm] M 1 (*sujet*) Thema *n* (*a.* MUS); Gegenstand *m*; Sujet *n* 2 ÉCOLE Übersetzung *f* in die Fremdsprache; **~ anglais** Übersetzung ins Englische 3 **~ astral** Geburtshoroskop *n*

théocratie [teɔkʀasi] F Theokratie *f*

théologie [teɔlɔʒi] F Theologie *f*

théologien [teɔlɔʒjɛ̃] M, **théologienne** [-jɛn] F Theologe, -login *m,f* **théologique** [-ik] ADJ theologisch

théorème [teɔʀɛm] M Theorem *n*; Lehrsatz *m*

théoricien [teɔʀisjɛ̃] M, **théoricienne** [-jɛn] F Theoretiker(in) *m(f)*

théorie [teɔʀi] F Theorie *f*; **~ de la relativité** Relativitätstheorie *f*; **en ~** theoretisch; in der Theorie

théorique [teɔʀik] ADJ theoretisch **théoriquement** [-mɑ̃] ADV theoretisch; in der Theorie

thérapeute [teʀapøt] M/F Therapeut(in) *m(f)* **thérapeutique** [-ik] ADJ therapeutisch; Heil…

thérapie [teʀapi] F Therapie *f*; **~ de groupe** Gruppentherapie *f*

thermal [tɛʀmal] ADJ ‹~e; -aux [-o]› Thermal… **thermalisme** [-ism] M Bäderwesen *n*

thermes [tɛʀm] MPL HIST Thermen *fpl*

thermique [tɛʀmik] ADJ Wärme…; thermisch
thermodynamique [tɛʀmodinamik] F Thermodynamik *f*
thermomètre [tɛʀmɔmɛtʀ] M **1** Thermometer *n*; **~ médical** Fieberthermometer *n* **2** *fig* Gradmesser *m*; Barometer *n*
thermonucléaire [tɛʀmonykleɛʀ] ADJ thermonuklear **thermoplongeur** M Tauchsieder *m*
thermos® [tɛʀmos] M *ou* F *ou* ADJT **bouteille** *f* **~** Thermosflasche® *f*
thermostat [tɛʀmɔsta] M Thermostat *m*
thésaurisation [tezɔʀizasjõ] F Horten *n*, -ung *f* (von Geld) **thésauriser** [-e] VT *et* VI horten
thèse [tɛz] F **1** (*opinion*) These *f*; Behauptung *f*; **pièce** *f*, **roman** *m* **à ~** Tendenzstück *n*, -roman *m*; **avancer une ~** e-e These, Behauptung vorbringen **2** UNIVERSITÉ Doktorarbeit *f*, Dissertation *f*
Thessalonique [tesalɔnik] Saloniki *n*; Thessaloniki *n*
thibaude [tibod] F Teppichunterlage *f*
thon [tõ] M Thunfisch *m*
thonier [tɔnje] M Kutter *m*, Schiff *n* für den Thunfischfang
thoracique [tɔʀasik] ADJ Brust(korb)…
thorax [tɔʀaks] M **1** ANAT Brustkorb *m*; *t/t* Thorax *m* **2** *des insectes* Brust *f*
thrombose [tʀõboz] F Thrombose *f*
thune [tyn] *argot* F *fam* Knete *f*; **je n'ai plus une ~** *fam* ich bin pleite
Thurgovie [tyʀgɔvi] **la ~** der Thurgau
Thuringe [tyʀɛ̃ʒ] **la ~** Thüringen *n*
thuya [tyja] M Thuja *f*; Lebensbaum *m*
thym [tɛ̃] M Thymian *m*
thyroïde [tiʀɔid] F Schilddrüse *f* **thyroïdien** [-jɛ̃] ADJ ⟨-ienne [-jɛn]⟩ Schilddrüsen…
Tibériade [tibeʀjad] **le lac de ~** der See Genezareth
Tibet [tibɛ] **le ~** Tibet *n*
tibétain [tibetɛ̃] **A** ADJ ⟨-aine [-ɛn]⟩ tibetisch; tibetanisch **B** *subs* **Tibétain(e)** M(F) Tibeter(in) *m(f)*; Tibetaner(in) *m(f)*
tibia [tibja] M Schienbein *n*
tic [tik] M MÉD, *fig* Tick *m*; MÉD *a.* Tic *m*; **être bourré de ~s** ständig (mit dem Gesicht *ou* mit dem Kopf, mit den Schultern, mit den Händen) zucken
ticket [tikɛ] M **1** *de transport* Fahrschein *m*; *d'entrée* Eintrittskarte *f*; **~ repas, restaurant** Essen(s)marke *f*; **~ de caisse** Kassenzettel *m*, -bon *m*; **~ de métro** U-Bahn-Fahrschein *m* **2** SÉCURITÉ SOCIALE **~ modérateur** Selbstbeteiligung *f* **3** *fam* **avoir un ~** e-e Eroberung gemacht haben
tic-tac [tiktak] **A** INT ticktack!; **faire ~** ticken **B** M (**!** unveränderlich) Ticken *n*
tiède [tjɛd] ADJ **1** *liquide* lauwarm; *air, vent* lau **2** *fig* lau
tiédeur [tjedœʀ] F **1** *température* wohlige Wärme **2** *fig* Lauheit *f*
tiédir [tjediʀ] **A** VT anwärmen **B** VI lauwarm werden; **laisser ~** abkühlen lassen
tien [tjɛ̃] **A** PR POSS ⟨tienne [tjɛn]⟩ **le tien, la tienne** der, die, das deine; deine(r, -s); *pl* **les tiens, les tiennes** die deinen; deine; *fam* **à la tienne!** prost!; auf dein Wohl!; *iron* viel Vergnügen! **B** SUBST **1** **le tien** (*ton bien*) das Deine; **le tien et le mien** Mein und Dein; **il faut y mettre du tien** du musst dein(en) Teil dazu beitragen **2** **les tiens** (*famille, amis*) die Deinen **3** **tu as encore fait des tiennes!** *fam* das ist wieder mal typisch (für dich)!; *fam* da hast du dir wieder was geleistet!
tiens [tjɛ̃] → tenir
tierce [tjɛʀs] **A** ADJ → tiers **B** F MUS Terz *f*
tiercé [tjɛʀse] M TURF Dreierwette *f*
tiers [tjɛʀ] **A** ADJ ⟨tierce [tjɛʀs]⟩ dritte; **le ~ monde** die Dritte Welt; **une tierce personne** ein Dritter **B** M **1** **un ~** ein Dritter (*a.* JUR); ein Außenstehender; **~ payant** Zahlung *f* der Arzt-, Arznei- und Krankenhauskosten direkt durch die Versicherung **2** MATH Drittel *n*; **les deux ~** zwei Drittel; **~ provisionnel** Steuervorauszahlung *f*
tiers-monde [tjɛʀmõd] M Dritte Welt
tiers-mondiste [tjɛʀmõdist] ADJ sich mit der Dritten Welt solidarisierend
tif *ou* **tiffe** [tif] *fam* M Haar *n*
tige [tiʒ] F **1** BOT Stängel *m*; Stiel *m*; *des céréales* Halm *m* **2** TECH Stange *f*; Stift *m*
tignasse [tiɲas] F (wirrer) Haarschopf; dichte Mähne
tigre [tigʀ] M Tiger *m*
tigré [tigʀe] ADJ ⟨~e⟩ getigert
tigresse [tigʀɛs] F **1** ZOOL Tigerin *f* **2** *fig* Furie *f*
tilde [tild] M Tilde *f*
tilleul [tijœl] M **1** BOT Linde *f* **2** *tisane* Lindenblütentee *m*
tilt [tilt] *fam fig* **ça a fait ~** *fam* da machte es klick
timbale [tɛ̃bal] F **1** MUS (Kessel)Pauke *f* **2** (*gobelet*) (Trink)Becher *m* (*aus Metall*); *fam fig* **décrocher la ~** es schaffen **3** CUIS (Teig)Pastete *f*; *moule* Pastetenform *f*
timbrage [tɛ̃bʀaʒ] M (Ab)Stempeln *n*; Abstempelung *f*
timbre [tɛ̃bʀ] M **1** (*timbre-poste*) Briefmarke *f*; **~ de collection** Sondermarke *f* **2** (*tampon*) Stempel *m*; *de la Poste* Poststempel *m* **3** **~ fiscal** Gebührenmarke *f* **4** (*sonnette*) Glocke *f* **5** *de la voix, d'un instrument* Klangfarbe *f*; Timbre *n*
timbré [tɛ̃bʀe] ADJ ⟨~e⟩ **1** *fam* übergeschnappt;

T

→ cinglé **2** *voix* **bien ~e** klangvoll **3** *enveloppe* frankiert; **enveloppe ~e** *a.* Freiumschlag *m* **4** **papier ~** Papier *n* mit Stempelmarke
timbre-poste [tɛ̃bʀəpɔst] M ⟨timbres-poste⟩ → timbre
timbrer [tɛ̃bʀe] V/T **1** *(affranchir)* frankieren; freimachen **2** *(tamponner)* (ab)stempeln
timide [timid] **A** ADJ schüchtern; zaghaft **B** M/F schüchterner Mensch
timidité [timidite] F Schüchternheit *f*; *d'une réaction, etc* Zaghaftigkeit *f*
timing [tajmiŋ] M Timing *n*
timon [timõ] M (Wagen)Deichsel *f*
timonier [timɔnje] M Steuermann *m*
timoré [timɔʀe] ADJ ⟨~e⟩ ängstlich
tint [tɛ̃] → tenir
tintamarre [tɛ̃tamaʀ] M Getöse *n*; *des klaxons* Gellen *n*
tintement [tɛ̃tmɑ̃] M **1** *d'une sonnette* Läuten *n*; *des cloches a. fam* Gebimmel *n* **2** *de verres, etc* Klingen *n* **3** **~ d'oreilles** Ohrensausen *n*
tinter [tɛ̃te] V/I **1** *cloches* läuten; *fam* bimmeln **2** *verres, métal* klingen; *fig* **les oreilles ont dû vous ~** die Ohren müssen Ihnen geklungen haben
tintin [tɛ̃tɛ̃] *fam* INT nichts!; *fam* **faire ~** *fam* in den Mond gucken
Tintin [tɛ̃tɛ̃] M *Comicfigur*
tintinnabuler [tɛ̃tinabyle] *litt* V/I leise klirren; *clochettes* klingeln
tintouin [tɛ̃twɛ̃] M *fam* Scherereien *fpl*
tique [tik] F Zecke *f*
tiquer [tike] V/I zurückzucken; **faire ~ qn** j-n verstimmen
tir [tiʀ] M **1** Schießen *n*; Schuss *m*; MIL *a.* Feuer *n*; Beschuss *m*; **~ à l'arc** Bogenschießen *n* **2** FOOTBALL, *etc* Schuss *m*; **~s au but** Elfmeterschießen *n* **3** **~ (forain)** Schießbude *f*
tirade [tiʀad] F **1** THÉ langer Monolog **2** *péj* Wortschwall *m*; Tirade *f*; Vortrag *m*
tirage [tiʀaʒ] M **1** TYPO Auflage *f*; *journal* **à grand ~** auflagenstark **2** PHOT Abziehen *n*; Abzug *m* **3** LOTERIE Ziehung *f*; **~ au sort** Auslosung *f* **4** *d'un chèque* Ausstellung *f*; *d'une lettre de change* Ziehung *f* **5** *d'une cheminée* Zug *m* **6** *du vin* Abziehen *n* **7** *fam fig (difficultés)* Reibereien *fpl*; Schwierigkeiten *fpl*
tiraillement [tiʀɑjmɑ̃] M **1** Hin-und-her-Ziehen *n*, -Zerren *n* **2** **~s** *pl (douleurs)* ziehende Schmerzen *mpl*; Ziehen *n* **3** *fig* **~s** *pl (difficultés)* Reibereien *fpl*; *fam* Hickhack *n*
tirailler [tiʀaje] **A** V/T **1** herumzerren an (+ *dat*) **2** *fig* **être tiraillé entre** hin und her gerissen werden zwischen (+ *dat*) **B** V/I *fam* herumballern
tirailleur [tiʀajœʀ] M Einzelschütze *m*
tirant [tiʀɑ̃] M MAR **~ d'eau** Tiefgang *m*
tire [tiʀ] F **1** **vol** *m* **à la ~** Taschendiebstahl *m*; **voleur** *m* **à la ~** Taschendieb *m* **2** *argot (auto) fam* Schlitten *m*
tiré [tiʀe] **A** ADJ ⟨~e⟩ **avoir les traits ~s** abgespannt aussehen **B** M COMM Bezogene(r) *m*
tire-au-flanc M (! unveränderlich) *fam* Drückeberger *m*
tire-bouchon M ⟨tire-bouchons⟩ Korkenzieher *m*; *fig* **queue** *f* **en ~** Ringelschwänzchen *n*
tire-bouchonner V/I sich kringeln
tire-d'aile [tiʀdɛl] **à ~** pfeilschnell
tirée [tiʀe] F *fam (longue distance)* **ça fait une ~** *fam* das ist ein ganz schönes Stück
tire-fesses *fam* M (! unveränderlich) Ski-, Schlepplift *m*
tire-lait M (! unveränderlich) Milchpumpe *f*
tire-larigot [tiʀlaʀigo] **à ~** reichlich; sehr viel
tirelire [tiʀliʀ] F Sparbüchse *f*; Sparschwein *n*; **casser sa ~** sein Sparschwein schlachten
tirer [tiʀe] **A** V/T **1** ziehen; *rideau* zu- *ou* aufziehen; *verrou* vorschieben; *tiroir* herausziehen; *vin* abziehen; auf Flaschen ziehen; **tirer les cartes** die Karten legen; **tirer les cheveux à qn** j-n an den Haaren ziehen; **tirer une remorque** e-n Anhänger ziehen; **tirer qn du lit** j-n aus dem Bett holen, zerren; **tirer qc de sa poche** etw aus der Tasche ziehen; **tirer qn du sommeil** j-n aus dem Schlaf reißen; **tirer qn par la manche** j-n am Ärmel ziehen, zupfen; **tirer qc vers soi** etw zu sich heranziehen **2** *fig* ziehen (**de** aus); her-, ableiten (von); *argent, bénéfice, renseignements* herausholen (aus); CHIM *produit* gewinnen (aus); **tirer des sons d'un instrument** e-m Instrument Töne entlocken **3** *balle, flèche* (ab)schießen; *coup de feu* abgeben; abfeuern; *feu d'artifice* abbrennen; **tirer un lièvre** e-n Hasen schießen; *par ext* **tirer un penalty** e-n Elfmeter schießen **4** *ligne, trait* ziehen **5** *chèque* ausstellen; *lettre de change* ziehen **6** **tirer un livre à dix mille exemplaires** von e-m Buch zehntausend Exemplare drucken **7** *fam fig laps de temps* durch-, aushalten; *prison fam* absitzen **B** V/T INDIR *couleur* **tirer sur le bleu** ins Blaue (hinüber)spielen **C** V/I **1** ziehen (*a. poêle, cheminée*); *peau* spannen; **tirer sur sa cigarette** an s-r Zigarette ziehen **2** *avec une arme* schießen; feuern; *par ext* **tirer au but** aufs Tor schießen; **tirer sur qn, qc** auf j-n, etw schießen, feuern; j-n, etw beschießen **3** PÉTANQUE die Kugel des Mitspielers anspielen, um sie wegzustoßen **4** *journal* **tirer à cent mille exemplaires** e-e Auflage von hunderttausend haben **D** V/PRON **1** **s'en tirer** *d'un accident, d'une condamnation* davonkommen; *d'affaire* sich aus der Affäre ziehen; *(se débrouiller)* sich (so) durchschlagen **2** *fam (se terminer)* **ça se tire** es geht allmählich dem Ende zu

3 *fam* (*s'en aller*) **se tirer** *fam* abhauen; *fam* sich verziehen
tiret [tiʀɛ] M Gedankenstrich *m*; *en fin de ligne* Trennungsstrich *m*
tirette [tiʀɛt] F 1 *d'un meuble* Ausziehplatte *f* 2 *en Belgique* Reißverschluss *m*
tireur [tiʀœʀ] M 1 Schütze *m*; **~ fou** Amokschütze *m*; **~ d'élite** Scharfschütze *m* 2 FIN Aussteller *m*
tireuse [tiʀøz] F **~ de cartes** Kartenlegerin *f*
tiroir [tiʀwaʀ] M 1 Schublade *f* 2 **pièce** *f* **à ~s** (Theater)Stück *n* mit eingeschobenen, von der Haupthandlung unabhängigen Szenen; **roman** *m* **à ~s** Roman *m* mit zahlreichen Einschüben
tiroir-caisse M ⟨tiroirs-caisses⟩ Registrierkasse *f*
tisane [tizan] F (Kräuter)Tee *m*
tison [tizõ] M glimmendes Holzstück
tisonner [tizɔne] V/T *feu* schüren **tisonnier** [-je] M Schürhaken *m*
tissage [tisaʒ] M 1 *action* Weben *n* 2 *atelier* Weberei *f*
tisser [tise] V/T weben
tisserand [tisʀɑ̃] M (Hand)Weber *m*
tisseur [tisœʀ] M, **tisseuse** [-øz] F Weber(in) *m(f)*
tissu [tisy] M 1 TEXT Stoff *m*; Gewebe *n* 2 BIOL Gewebe *n* 3 *fig* **~ de mensonges** Lügengewebe *n* 4 *fig* **~ social** soziales Gefüge
tissu-éponge M ⟨tissus-éponges⟩ Frottee *n ou m*
titan [titɑ̃] M MYTH Titan *m*
titane [titan] M CHIM Titan *n*
titanesque [titanɛsk] *litt* ADJ gewaltig; gigantisch
titi [titi] M **~ parisien** Pariser Straßenjunge *m*
titiller [titije] V/T 1 (*chatouiller*) kitzeln 2 *fam fig* (*démanger*) jucken
titrage [titʀaʒ] M CHIM Maßanalyse *f*; Titration *f*
titre [titʀ] M 1 (*dignité*) Titel *m* (*a.* SPORTS); **~ universitaire** akademischer Titel; **en ~** im Beamtenverhältnis; *par ext* ständig; fest; offiziell 2 *d'un livre, film, etc* Titel *m*; *d'un chapitre, article* Überschrift *f*; *dans un journal* Titel *m*; Überschrift *f*; **gros ~s** Schlagzeilen *fpl* 3 (*document*) Urkunde *f*; (*droit*) Rechtsanspruch *m*; **~ de transport** Fahr(t)ausweis *m* 4 **à ~ de** als; **à ce ~** als solche(r); **à ~ d'exemple** als Beispiel; **à ~ d'information** zur Information; **à ~ de réciprocité** auf Gegenseitigkeit; **à aucun ~** in keiner Weise; **à ~ définitif** endgültig; **à ~ exceptionnel** ausnahmsweise; **à juste ~** mit vollem Recht; mit Fug und Recht; **au même ~ que …** ebenso wie … 5 FIN (Wert)Papier *n* 6 CHIM Titer *m*; *d'or, etc* Feingehalt *m*
titrer [titʀe] V/T 1 *journal* **~ sur cinq colonnes …** die fünfspaltige Überschrift, Schlagzeile bringen … 2 CHIM titrieren; *liqueur* **~ 15 degrés** 15 (Volum)Prozent haben
titubant [titybɑ̃] ADJ ⟨-ante [-ɑ̃t]⟩ taumelnd; *ivrogne* torkelnd **tituber** [-e] V/I taumeln; *ivrogne* torkeln
titulaire [titylɛʀ] A ADJ im Beamtenverhältnis; ADMIN beamtet B M/F Inhaber(in) *m(f)*; **~ d'un compte** Kontoinhaber *m*
titularisation [titylaʀizasjõ] F Übernahme *f* ins Beamtenverhältnis; Verbeamtung *f* **titulariser** [-e] V/T ins Beamtenverhältnis übernehmen; verbeamten
TNT [teɛnte] M CHIM ABR (trinitrotoluène) TNT *n* (Trinitrotoluol)
toast [tost] M 1 Toast *m*; Trinkspruch *m*; **porter un ~** e-n Toast ausbringen (**à qn** auf j-n) 2 (*pain grillé*) Toast *m*

le toast — Trinkspruch

les toasts (mpl) — Toasts

toasteur [tostœʀ] M Toaster *m*
toboggan [tɔbɔgɑ̃] M 1 *pour jouer* Rutschbahn *f*; AVIAT Notrutsche *f*; TECH Rutsche *f* 2 *sur une route* (provisorische) Stahlbrücke, Überführung
toc [tɔk] M Talmi *n*; Imitation *f*
tocade → toquade
tocante [tɔkɑ̃t] *fam* F Uhr *f*; *fam* Zwiebel *f*
tocard [tɔkaʀ] A ADJ ⟨-arde [-aʀd]⟩ *fam* scheußlich B M schlechtes Pferd
tocsin [tɔksɛ̃] M Sturmläuten *n*; **sonner le ~** Sturm läuten
tofu [tɔfu] M Tofu *m*
toge [tɔʒ] F 1 HIST Toga *f* 2 *des avocats, etc* Robe

f; Talar *m*

Togo [tɔgo] **le ~** Togo *n*

togolais [tɔgɔlɛ] **A** ADJ ⟨-aise [-ɛz]⟩ togolesisch; togoisch **B** SUBST **Togolais(e)** M(F) Togolese, -lesin *m,f*; Togoer(in) *m(f)*

tohu-bohu [tɔybɔy] M Tumult *m*; Trubel *m*; Tohuwabohu *n*

toi [twa] PR PERS **1** *sujet* du; **~, tu restes ici!** du bleibst hier!; **si j'étais ~** wenn ich du wäre **2** *obj dir* dich; *obj indir* dir; **on parle de ~** man spricht von dir, über dich; **sers-~** bedien dich; **figure-~ …** stell dir vor …

toile [twal] F **1** TEXT Leinen *n*; *par ext* Tuch *n*; **de** *ou* **en ~** aus Leinen; Leinen…; leinen **2** *tableau* (Öl)Gemälde *n*; *fig* **~ de fond** Hintergrund *m* **3** MAR Segel *npl* **4** **~ d'araignée** Spinnwebe *f*; Spinnennetz *n* **5** INFORM **la Toile** das Web; **(naviguer) sur la Toile** im Web (surfen)

la toile — Ölgemälde

la toile d'araignée — Spinnennetz

T

toilettage [twalɛtaʒ] M *pour chiens* Trimmen *n*; **boutique** *f* **de ~** Hundesalon *m*

toilette [twalɛt] F **1** Waschen *n*; **serviette** *f* **de toilette** Handtuch *n*; **faire sa toilette** sich waschen; *chat* sich putzen **2** *(habits)* Kleidung *f*; Toilette *f*; **être en grande toilette** in großer Toilette sein **3** **toilettes** *pl* Toilette *f*; **aller aux toilettes** auf die Toilette gehen

toi-même [twamɛm] PR PERS **1** *emphatique* (du) selbst **2** *réfléchi* dich selbst

toise [twaz] F Messstab *m*

toiser [twaze] V/T mustern; mit dem Blick messen

toison [twazõ] F **1** *du mouton* Wolle *f*; *par ext* Schaffell *n*; **la Toison d'or** das Goldene Vlies **2** *fig* dichtes Haar

toit [twa] M Dach *n*; *par ext* **avoir un ~** ein Dach über dem Kopf haben; *fig* **crier qc sur les ~s** etw ausposaunen; **recevoir qn sous son ~** j-n bei sich, in s-m Haus empfangen

toiture [twatyʀ] F Bedachung *f*; Dach *n*

Tokyo [tɔkjo] Tokio *n*

tôle [tol] F **1** Blech *n* **2** → taule

tôlé [tole] ADJ ⟨~e⟩ **neige ~e** Harsch *m*; verharschter Schnee

tolérable [tɔleʀabl] ADJ **1** *(admissible)* tolerierbar **2** *(supportable)* erträglich

tolérance [tɔleʀɑ̃s] F **1** Toleranz *f*; Nachsicht *f*; Duldsamkeit *f*; **faire preuve de ~** tolerant *ou* nachsichtig sein, Toleranz üben **(à l'égard de, envers qn** j-m gegenüber) **2** TECH Toleranz *f* (*a.* MÉD); zulässige Abweichung **3** **~ orthographique** zulässige Schreibung

tolérant [tɔleʀɑ̃] ADJ ⟨-ante [-ɑ̃t]⟩ tolerant; duldsam; nachsichtig

tolérer [tɔleʀe] V/T ⟨-è-⟩ **1** *chose* dulden; zulassen; tolerieren; *personne* ertragen; dulden **2** MÉD vertragen

tôlerie [tolʀi] F **1** *atelier* Blechfabrik *f*, -walzwerk *n* **2** *coll* Blechteile *npl*

tolet [tɔlɛ] M (Ruder)Dolle *f*

tôlier [tolje] M **1** *ouvrier* Blecharbeiter *m*, -schlosser *m* **2** *commerçant* Blechwarenhändler *m* **3** → taulier

tollé [tɔle] M Protestgeschrei *n*; Aufbegehren *n*; **provoquer, soulever un ~ général** allgemeines Protestgeschrei hervorrufen

TOM [tɔm] M ABR (territoire d'outre-mer) (französisches) Überseeterritorium

tomate [tɔmat] F Tomate *f*; *autrich* Paradeiser *m*; **~ cerise** Kirsch-, Cocktailtomate *f*

tombal [tõbal] ADJ ⟨~e; -als⟩ **pierre ~e** *dalle* Grabplatte *f*; *stèle* Grabstein *m*

tombant [tõbɑ̃] ADJ ⟨-ante [-ɑ̃t]⟩ *moustaches, paupières* herabhängend; **cheveux ~s** langes, offenes Haar; **poitrine ~e** Hängebusen *m*; *fig* **à la nuit ~e** bei Einbruch der Nacht

tombe [tõb] F Grab *n*; Grabstätte *f*

tombeau [tõbo] M ⟨~x⟩ Grabmal *n*; Grabstätte *f*; *poét* Gruft *f*; *fig* **rouler à ~ ouvert** rasen wie ein Irrer

tombée [tõbe] F **à la ~ du jour, de la nuit** bei Einbruch der Dunkelheit, Nacht

tomber [tõbe] **A** V/T **1** *fam veste* ausziehen **2** *fam fig femme fam* herumkriegen **B** V/I ⟨être⟩ **1** fallen; stürzen; *(se renverser)* umfallen; *personne a.* hinfallen; *du haut de qc* hinab- *ou* herab-, hinunter- *ou* herunterfallen; *alpiniste, avion* abstürzen; *feuilles, fruits* abfallen; *cheveux, dents* ausfallen; *foudre* einschlagen; **tomber à** *ou* **dans l'eau** ins

Wasser fallen (*a. fig projet*); **tomber par terre** hinunter- *ou* herabfallen; *personne debout* hinfallen; **faire tomber** (*renverser*) umwerfen; *du haut de qc* herunterwerfen; *d'un arbre* herunterschütteln **2** *fig paroles, etc* fallen; **la nuit tombe** es wird Nacht, dunkel; *son anniversaire* **tombe un dimanche** fällt auf e-n Sonntag **3** *soldat, ville* fallen; *obstacle, difficulté* wegfallen; *gouvernement* stürzen; **faire tomber** *gouvernement* stürzen; zu Fall bringen; **laisser tomber** *projet, personne* fallen lassen; *fam abs* **laisse tomber!** gib's auf! **4** **tomber sur qn** (*attaquer*) über j-n herfallen **5** (*devenir*) werden; *dans un endroit, une situation* geraten; kommen; **tomber amoureux** sich verlieben (**de qn** in j-n); **tomber malade** krank werden; erkranken; **il est tombé dans le piège** er ist in die Falle gegangen **6** (*arriver*) (unerwartet *ou* zufällig) kommen; *fax, etc* eingehen; **tomber bien** (*à propos*) gerade recht, zur richtigen Zeit, wie gerufen kommen; **ça tombe bien** das trifft sich gut, günstig; **il est bien tombé** (*il a eu de la chance*) er hat es gut getroffen; **tomber juste** *calcul* aufgehen; (*deviner*) es erraten; das Richtige treffen; **tomber sur qc** auf etw (*acc*) stoßen, treffen; **tomber sur qn** j-n zufällig treffen; j-m zufällig begegnen **7** *prix, température* fallen; sinken; zurückgehen; *vent, enthousiasme* nachlassen; sich legen; *jour* sich neigen; **faire tomber** *prix* drücken **8** (*descendre, pendre*) (herab)hängen; fallen; *vêtement* **tomber bien** gut fallen; **épaules** *fpl* **qui tombent** Hängeschultern *fpl* **C** V/IMP **il tombe de la neige, de la pluie** es fällt Schnee, Regen

tombereau [tõbʀo] M ⟨~x⟩ **1** *charrette* Kippkarren *m* **2** TECH Kipper *m*

tombeur [tõbœʀ] M *fam* **1** (*séducteur*) Frauenheld *m* **2** POL j-d, der e-n Minister *etc* zu Fall bringt

tombola [tõbɔla] F Tombola *f*; **tirage** *m* **de la ~** Ziehung *f* der Lose bei der Tombola

tome [tɔm] M Band *m*

tomette [tɔmɛt] F Terrakottafliese *f*

tomme [tɔm] F *Hartkäse aus Savoyen*

ton[1] [tõ] ADJ POSS ⟨*f* **ta** [ta], *vor Vokal u. stummem h* ton; *pl* **tes** [te]⟩ dein(e)

ton[2] M **1** *de la voix* Ton(höhe) *m(f)* **2** *par ext* Ton *m* (*a. d'une lettre*); Umgangston *m*; *fig* **de bon ~** zum guten Ton gehörend; *élégance* geschmackvoll; **changer de ~** e-n anderen Ton anschlagen; **si vous le prenez sur ce ~ …** wenn Sie in diesem Ton mit mir reden … **3** MUS (*note*) Ton *m*; (*intervalle*) Tonschritt *m*; (*tonalité*) Tonart *f*; *fig* **donner le ~** den Ton angeben **4** (*couleur*) (Farb)Ton *m*; **~ sur ~** Ton in Ton

tonalité [tɔnalite] F **1** MUS Tonalität *f*; Tonart *f* **2** *d'une voix, radio, etc* Klang *m*; Klangfarbe *f* **3** TÉL

la tondeuse — Haarschneidemaschine

la tondeuse — Rasenmäher

Wähltton *m*

tondeuse [tõdøz] F **1** *du coiffeur* Haarschneidemaschine *f* **2** **~ (à gazon)** Rasenmäher *m*

tondre [tõdʀ] V/T ⟨→ rendre⟩ **1** *mouton, caniche, cheveux* scheren **2** *gazon* mähen **3** *fam fig* **~ qn** j-n ausnehmen

tondu [tõdy] ADJ ⟨~e⟩ kahl geschoren

tongs [tõg] FPL Zehensandalen *fpl*

tonicité [tɔnisite] F stärkende, kräftigende Wirkung

tonifiant [tɔnifjɑ̃] **A** ADJ ⟨-ante [-ɑ̃t]⟩ stärkend **B** M Tonikum *n*; Stärkungsmittel *n* **tonifier** [-fje] V/T stärken; kräftigen

tonique [tɔnik] **A** ADJ **1** (*stimulant*) kräftigend; stärkend; tonisch; belebend; **lotion** *f* **~** Gesichtswasser *n* **2** PHON betont **B** SUBST **1** *m* Tonikum *n*; Stärkungsmittel *n* **2** *f* MUS Tonika *f*; Grundton *m*

tonitruant [tɔnitʀyɑ̃] ADJ ⟨-ante [-ɑ̃t]⟩ **voix ~e** dröhnende Stimme; Donnerstimme *f*

tonnage [tɔnaʒ] M Tonnage *f*

tonnant [tɔnɑ̃] ADJ ⟨-ante [-ɑ̃t]⟩ donnernd

tonne [tɔn] F Tonne *f*; *fam fig* **des ~s de …** *fam* Riesenmengen *fpl* von …; *camion* **un sept ~s** ein Siebentonner *m*

tonneau [tɔno] M ⟨~x⟩ **1** *à vin, etc* Fass *n*; *fam fig* **c'est du même ~** das taugt genauso wenig **2** MAR (Register)Tonne *f* **3** AUTO **faire un ~** sich überschlagen

tonnelet [tɔnlɛ] M Fässchen *n*

tonnelier [tɔnəlje] M Böttcher *m*

tonnelle [tɔnɛl] F (Garten)Laube *f*

tonner [tɔne] **A** V/IMP **il tonne** es donnert **B** V/I **1** *canons* donnern **2** *personne* **~ contre** wettern gegen

tonnerre [tɔnɛʀ] M **1** Donner *m*; *fig* **~ d'applaudissements** tosender Beifall; donnernder Applaus; **coup** *m* **de ~** Donnerschlag *m*; *fig* schwerer Schlag **2** *fam fig* **du ~** großartig; *fam* toll

T

tonsure [tõsyʀ] F CATH Tonsur *f*
tonte [tõt] F Schur *f*
tonton [tõtõ] M *enf* Onkel(chen) *m(n)*
tonus [tɔnys] M **1** *d'une personne* Energie *f*; Dynamik *f*; Spannkraft *f* **2** **~ (musculaire)** (Muskel)Tonus *m*
top [tɔp] M RAD **au quatrième ~ il sera …** beim vierten Ton des Zeitzeichens ist es …
topaze [tɔpɑz] F Topas *m*
toper [tɔpe] V/I **tope là!** schlag ein!; deine Hand drauf!
topette [tɔpɛt] *fam* F Fläschchen *n*
topinambour [tɔpinɑ̃buʀ] M Topinambur *f ou m*
topique [tɔpik] M **1** MÉD örtlich wirkendes Mittel **2** RHÉT Topos *m*
topo [tɔpo] *fam* M (kurze) Darstellung; **je connais le ~** *fam* ich weiß schon, wie das läuft
topographe [tɔpɔgʀaf] M/F Topograph(in) *m(f)* **topographie** [-gʀafi] F Topographie *f* **topographique** ADJ topographisch
topoguide [tɔpɔgid] M Wanderkarte *f*
topologie [tɔpɔlɔʒi] F Topologie *f* **topologique** [-ik] ADJ topologisch
toponyme [tɔpɔnim] M Ortsname *m* **toponymie** [-i] F Ortsnamenkunde *f* **toponymique** [-ik] ADJ Ortsnamen…; der Ortsnamenkunde
toquade [tɔkad] *fam* F Marotte *f*; *fam* Fimmel *m*; **avoir une ~ pour qn, qc** in j-n, etw vernarrt sein
toquard → tocard
toque [tɔk] F Mütze *f*; *de magistrat* Barett *n*; **~ (de cuisinier)** Kochmütze *f*; **~ de fourrure** Pelzmütze *f*
toqué [tɔke] *fam* ADJ ⟨~e⟩ **1** *fam* verdreht; *fam* leicht bekloppt **2** **être ~ de qn** *fam* in j-n verknallt, verschossen sein
toquer [tɔke] V/I leise pochen (**à la porte** an die Tür)
torche [tɔʀʃ] F **1** Fackel *f* **2** **~ (électrique)** Stablampe *f*
torcher [tɔʀʃe] *fam* V/T **1** **~ (le derrière d')un enfant** *fam* e-m Kind den Hintern (ab)wischen, putzen **2** *travail fam* hinhauen; **bien torché** *fam* gekonnt
torchère [tɔʀʃɛʀ] F **1** *d'une raffinerie* Fackel *f* **2** großer Kandelaber
torchis [tɔʀʃi] M Strohlehm *m*
torchon [tɔʀʃõ] M **1** *pour la vaisselle* Geschirrtuch *n*; *fig* **le ~ brûle** die haben Krach miteinander **2** *fam fig (écrit sans valeur) fam* Geschmiere *n* **3** *en Belgique (serpillière)* Scheuertuch *n*
tordant [tɔʀdɑ̃] ADJ ⟨-ante [-ɑ̃t]⟩ *fam* zum Piepen; *fam* zum Schießen; urkomisch
tord-boyaux [tɔʀbwajo] M (**!** unveränderlich) *fam* Fusel *m*
tordre [tɔʀdʀ] ⟨→ rendre⟩ **A** V/T **1** *(tourner)* drehen; verdrehen; *linge* auswringen; *fam* **~ le cou à qn** *fam* j-m den Hals umdrehen **2** *(plier)* (ver)biegen **3** *bouche, visage* verzerren **B** V/PR **1** **se ~ la cheville, le pied** sich *(dat)* den Knöchel verrenken; mit dem Fuß umknicken; **se ~ les mains** die Hände ringen **2** **se ~** *(se plier)* sich winden, sich krümmen (**de douleur** vor Schmerzen); **se ~ (de rire)** sich biegen vor Lachen; *fam* sich schieflachen
tordu [tɔʀdy] ADJ ⟨~e⟩ **1** *barre* verbogen; *jambes, nez* krumm; *bouche, visage* verzerrt **2** *fam (fou)* verrückt; *fam* übergeschnappt; *fig* **avoir l'esprit ~** auf absonderliche Gedanken kommen
toréador [tɔʀeadɔʀ] M → torero
toréer [tɔʀee] V/I als Stierkämpfer auftreten; mit Stieren kämpfen
torero [tɔʀeʀo] M Torero *m*; Stierkämpfer *m*
torgnole [tɔʀɲɔl] *fam* F (saftige) Ohrfeige
tornade [tɔʀnad] F Tornado *m*; Wirbelsturm *m*
torpeur [tɔʀpœʀ] F Benommenheit *f*; Betäubung *f*; Erstarrung *f*; **être plongé dans la ~** benommen, betäubt sein; **faire sortir, tirer qn de sa ~** j-n aus s-r Benommenheit, *etc* reißen
torpillage [tɔʀpijaʒ] M Torpedieren *n*; Torpedierung *f (a. fig)*
torpille [tɔʀpij] F **1** MIL Torpedo *m* **2** *(***poisson** *m)* **~** Zitterrochen *m*
torpiller [tɔʀpije] V/T torpedieren *(a. fig)* **torpilleur** M Torpedoboot *n*
torréfaction [tɔʀefaksjõ] F (Kaffee)Rösten *n* **torréfier** [-fje] V/T rösten
torrent [tɔʀɑ̃] M **1** Wildbach *m*; Gebirgsbach *m*; **il pleut à ~s** es regnet in Strömen; *fam* es gießt **2** *fig* Strom *m*; Flut *f*
torrentiel [tɔʀɑ̃sjɛl] ADJ ⟨~le⟩ **pluie ~le** Wolkenbruch *m*
torride [tɔʀid] ADJ **1** *climat* heiß; *chaleur* glühend; sengend **2** *fig (sensuel)* heiß; erregend; aufreizend
tors [tɔʀ] ADJ ⟨torse [tɔʀs]⟩ gedreht; gewunden; *jambes* krumm
torsade [tɔʀsad] F **1** **~ de cheveux** gedrehter Zopf; *pull* **à ~s** mit Zopfmuster **2** *de fils* Kordel *f*
torsader [tɔʀsade] V/T *cheveux* (zusammen)drehen
torse [tɔʀs] M **1** Oberkörper *m*; **~ nu** mit nacktem Oberkörper; **se mettre ~ nu** den Oberkörper frei machen **2** SCULP Torso *m*
torsion [tɔʀsjõ] F Torsion *f*; Verwindung *f*; Verdrehung *f*
tort [tɔʀ] M **1** Unrecht *n*; *(faute)* Verschulden *n*; Fehler *m*; **à ~** zu Unrecht; **à ~ ou à raison** zu Recht oder zu Unrecht; **à ~ et à travers** un-

T

le torse — Oberkörper

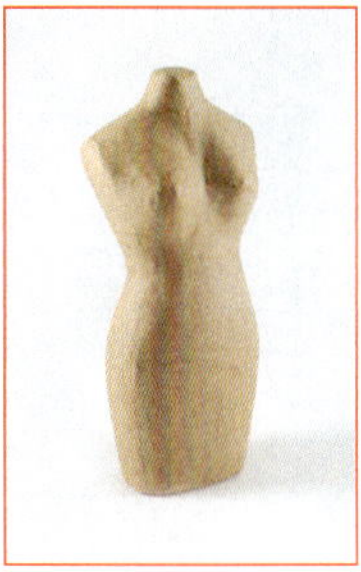

le torse — Torso

überlegt; drauflos; **avoir ~** unrecht haben; **il a ~ de** (+ *inf*) es ist falsch, ein Fehler von ihm zu (+ *inf*); **être dans son ~** im Unrecht sein; schuld sein; **reconnaître ses ~s** sein Unrecht einsehen 2 (*préjudice*) Schaden *m*; Nachteil *m*; **faire du ~ à qn** j-m schaden; j-m Schaden zufügen; j-n schädigen

torticolis [tɔʀtikɔli] M steifer Hals

tortillard [tɔʀtijaʀ] M *fam* Bummelzug *m*; *fam* Bimmelbahn *f*

tortillement [tɔʀtijmɑ̃] M *en marchant* Wiegen *n* der Hüften

tortiller [tɔʀtije] A V/T zusammendrehen; *moustache* zwirbeln B V/I *fam fig* **il n'y a pas à ~** da hilft (alles) nichts C V/PR **se ~** *d'impatience* zappeln; *en marchant* sich in den Hüften wiegen

tortionnaire [tɔʀsjɔnɛʀ] M Folterknecht *m*

tortue [tɔʀty] F Schildkröte *f*; *avancer* **comme une ~** im Schneckentempo

tortueux [tɔʀtɥø] ADJ ⟨-euse [-øz]⟩ 1 *chemin* gewunden; *ruelle* krumm 2 *fig manœuvres* undurchsichtig; dunkel

torturant [tɔʀtyʀɑ̃] ADJ ⟨-ante [-ɑ̃t]⟩ *pensée, remords* quälend; qualvoll

torture [tɔʀtyʀ] F 1 Folter *f*; HIST **chambre *f* de ~** Folterkammer *f*; *fig* **mettre qn à la ~** j-n auf die Folter spannen; **être soumis à la ~, subir des ~s** gefoltert werden; *fig* Qualen ausstehen 2 *fig* (Folter)Qual *f*; **infliger des ~s à qn** j-n foltern, *st/s* martern

torturer [tɔʀtyʀe] V/T 1 foltern 2 *fig* quälen; peinigen; **se ~ l'esprit** sich (*dat*) das Hirn zermartern

torve [tɔʀv] ADJ *regard* finster

toscan [tɔskɑ̃] ADJ ⟨-ane [-an]⟩ toskanisch

Toscane [tɔskan] **la ~** die Toskana

tôt [to] ADV früh; **~ ou tard** früher oder später; **plus ~** früher (**que** als); eher; **au plus ~** frühestens; **il n'eut pas plus ~ dit cela que …** kaum hatte er das gesagt, als …; **pas de si ~** nicht so bald

total [tɔtal] A ADJ ⟨~e; -aux [-o]⟩ 1 (*complet*) völlig; vollkommen; vollständig; total; **confiance ~e** volles Vertrauen 2 (*global*) gesamt; Gesamt… B SUBST 1 *m* Gesamtzahl *f*; *d'une addition* Summe *f*; *d'argent* Gesamtbetrag *m*; (Gesamt)Summe *f*; *fam* **~: …** Fazit: …; **au ~** (*en tout*) insgesamt; (*tout compte fait*) alles in allem (genommen); **faire le ~** zusammenzählen, -rechnen (**de qc** etw) 2 **~e** *f fam* Totaloperation *f* (*Hysterektomie*) 3 *fam* **c'est la ~e!** *fam* das ist die Härte!

totalement [tɔtalmɑ̃] ADV völlig

totalisation [tɔtalizasjõ] F Zusammenzählen *n*; Addieren *n*

totaliser [tɔtalize] V/T 1 (*avoir au total*) (insgesamt) erreichen, erzielen; *voix* auf sich (*acc*) vereinigen 2 (*faire le total*) zusammenzählen, -rechnen

totalitaire [tɔtalitɛʀ] ADJ totalitär

totalitarisme [tɔtalitaʀism] M Totalitarismus *m*

totalité [tɔtalite] F Gesamtheit *f*; **la (presque) ~ du personnel** (fast) das gesamte Personal; **en ~** vollständig; ganz

totem [tɔtɛm] M Totem *n*; *poteau* Totempfahl *m*

touareg [twaʀɛg] A ADJ (! unveränderlich) Tuareg… B SUBST **Touareg(s)** MPL Tuareg *mpl*

toubib [tubib] *fam* M Arzt *m*; *fam* Doktor *m*

toucan [tukɑ̃] M ZOOL Tukan *m*; Pfefferfresser *m*

touchant [tuʃɑ̃] ADJ ⟨-ante [-ɑ̃t]⟩ rührend (*a. iron*)

touche [tuʃ] F 1 *d'un clavier* Taste *f*; INFORM **~ de fonction** Funktionstaste *f* 2 **pierre *f* de ~** *de l'orfèvre* Probierstein *m*; *fig* Prüfstein *m* 3 PÊCHE Anbeißen *n*; **je n'ai pas eu une ~** kein einziger Fisch hat angebissen; *fam fig* **faire une ~** e-e Eroberung machen 4 PEINT Pinselstrich *m*; *fam* Note *f* 5 *fam* (*allure*) **avoir une drôle de ~** komisch aussehen 6 SPORTS (**rentrée *f* en**) **~** Einwurf *m*; (**ligne *f* de**) **~** Seitenlinie *f*; **il y a ~** der Ball ist im Seitenaus; *fig* **rester, être mis sur la ~** kaltgestellt werden

touche-à-tout M (! unveränderlich) 1 Kind, das alles anfasst 2 *fig* **c'est un ~** er tut tausend Dinge (*péj* und alle nur halb)

toucher[1] [tuʃe] A V/T 1 berühren; *de la main a.* anfassen; anrühren; *autre maison* (an)grenzen, stoßen an (+ *acc*); *port* anlaufen 2 (*atteindre*) treffen; **être touché par une balle** von e-r Kugel getroffen werden 3 *qn par téléphone, lettre* erreichen 4 **~ qn** (*émouvoir*) j-n bewegen, ergreifen, rühren; j-m zu Herzen gehen; j-m nahegehen; (*blesser*) j-n treffen 5 *argent* bekommen; erhalten; *salaire, pension* beziehen 6 (*concerner*) betreffen; angehen **B** VT INDIR **1** ~ **à qc** etw anfassen, berühren, anrühren; *fig* **il n'a jamais touché à un livre** er hat nie ein Buch angerührt; **n'y touche pas!** rühr *ou* fass das nicht an! **2** *par ext* ~ **à** *économies* anrühren; angreifen; *institution, coutume* antasten; rühren an (+ *acc*); *question, sujet* anschneiden; zur Sprache bringen **C** V/PR **se** ~ sich berühren; *terrains, bâtiments* aneinanderstoßen, -grenzen

toucher² M **1** *sens* Tastsinn *m*; Gefühl (ssinn) *n(m)* **2** **être doux, rude au** ~ sich weich, rau anfühlen **3** MÉD Austasten *n*

touffe [tuf] F Büschel *n*; ~ **de cheveux** Haarbüschel *n*

touffu [tufy] ADJ ⟨~e⟩ **1** *haie, bois* dicht **2** *fig* unübersichtlich

touiller [tuje] *fam* V/T umrühren

toujours [tuʒuʀ] ADV **1** (*constamment*) immer; stets; ~ **moins** immer weniger; **c'est un ami de** ~ er war schon immer mein Freund; **depuis** ~ schon immer; von jeher; **pour** ~ für, auf immer **2** (*encore*) immer noch; noch immer; **il l'aime** ~ er liebt sie immer noch **3** (*en tout cas*) jedenfalls; immerhin; wenigstens; *fam* **c'est** ~ **ça (de pris, de gagné)** das ist immerhin etwas; *conj* ~ **est-il que …** jedenfalls …; immerhin …

toundra [tundʀa] F Tundra *f*

toupet [tupɛ] *fam* M Frechheit *f*; Unverschämtheit *f*; Unverfrorenheit *f*; Dreistigkeit *f*; **avoir du** ~ frech, unverschämt, unverfroren sein

toupie [tupi] F Kreisel *m*

tour¹ [tuʀ] F Turm *m* (*a.* ÉCHECS); *immeuble* (turmartiges) Hochhaus; Wohnturm *m*; ~ **de contrôle** Kontrollturm *m*

tour² M **1** (*circonférence*) Umfang *m*; COUT *a.* Weite *f*; ~ **de poitrine** Brustumfang *m*; Oberweite *f*; ~ **de taille** Taillenweite *f* **2** (*promenade*) Rundgang *m*, -fahrt *f*; Runde *f*; Spaziergang *m*; (*excursion*) Tour *f*; Ausflug *m*; (*voyage*) Fahrt *f*; Reise *f*; ~ **d'honneur** Ehrenrunde *f*; ~ **en vélo, en voiture** Rad-, Autotour *f*; **faire un petit** ~ e-n kleinen Spaziergang machen; **faire le** ~ **de qc** um etw herumgehen, -fahren; **faire le** ~ **du monde** *personne* e-e Weltreise machen; *chanson* um die Welt gehen; *fig* **faire le** ~ **de la question** die Frage durchsprechen, erörtern; **faire le** ~ **de la ville** *personne* e-n Rundgang, e-e Rundfahrt durch die Stadt machen; *nouvelle* in der ganzen Stadt die Runde machen **3** (*rotation*) Drehung *f*; *d'un moteur* Umdrehung *f*; Tour *f*; *fig* ~ **de main** (Kunst)Fertigkeit *f*; **en un** ~ **de main** im Handumdrehen; im Nu; **fermer (la porte) à double** ~ den Schlüssel zweimal herumdrehen; (die Tür) zweimal abschließen **4** ~ **d'adresse** Kunststück *n*; Trick *m*; ~ **de force** Kunststück *n*; Glanzleistung *f*; **avoir plus d'un** ~ **dans son sac** mit allen Wassern gewaschen sein; **et voilà, le** ~ **est joué** (und damit ist die Sache) schon in Ordnung, erledigt, *fam* geritzt **5** (*farce*) Streich *m*; **faire, jouer un (mauvais)** ~ **à qn** j-m e-n (bösen, üblen) Streich spielen **6** (*tournure*) Wendung *f*; **prendre un** ~ **dramatique** e-e dramatische Wendung nehmen **7** *dans un certain ordre* Reihe *f*; ~ **de chant** Repertoire *n*; ~ **de scrutin** Wahlgang *m*; **à qui le** ~**?** wer ist dran, an der Reihe?; **à mon, ton**, *etc* ~ meinerseits, deinerseits *etc*; **à** ~ **de rôle** der Reihe nach; ~ **à** ~ abwechselnd; **attendre son** ~ warten, bis man an der Reihe ist *ou* bis man drankommt; **c'est mon, ton**, *etc* ~ ich bin, du bist *etc* dran, an der Reihe

la tour — Turm

le tour — Spaziergang

tour³ M **1** TECH Drehbank *f* **2** *du potier* Töpferscheibe *f*

Touraine [tuʀɛn] **la** ~ *Landschaft im westlichen Mittelfrankreich*

tourangeau [tuʀɑ̃ʒo] **A** ADJ ⟨-elle [-ɛl]; -aux [-o]⟩ aus der Touraine *ou* aus Tours **B** SUBST **Tourangeau, Tourangelle** M,F Einwohner(in) *m(f)* der Touraine *ou* von Tours

tourbe [tuʀb] F Torf *m*

tourbière [tuʀbjɛʀ] F Torfmoor *n*

tourbillon [tuʀbijõ] M **1** Luftwirbel *m*; ~ **de neige** Schneegestöber *n*; ~ **de poussière** Staubwirbel *m*, -wolke *f* **2** *dans l'eau* Strudel *m* **3** *fig* Wirbel *m*; Strudel *m*; Trubel *m*

tourbillonnant [tuʀbijɔnɑ̃] ADJ ⟨-ante [-ɑ̃t]⟩ (umher)wirbelnd **tourbillonnement** M Wirbeln *n*

tourbillonner [tuʀbijɔne] V/I **1** *feuilles, neige, etc* umherwirbeln **2** *fig idées* ~ **dans la tête de qn** j-m durch den Kopf schwirren

tourelle [tuʀɛl] F **1** ARCH Türmchen *n* **2** *d'un char* Drehturm *m*

tourisme [tuʀism] M Fremdenverkehr *m*; Tourismus *m*; Touristik *f*; ~ **équitable** Ökotourismus *m*; **~ de masse** Massentourismus *m*; **avion** *m* **de ~** Privatflugzeug *n*; **voiture** *f* **de ~** Personenwagen *m*; Pkw *m*; **faire du ~** als Tourist, zum Vergnügen reisen

touriste [tuʀist] M/F Tourist(in) *m(f)*; *adjt* **classe** *f* **~** Touristenklasse *f*

touristique [tuʀistik] ADJ Fremdenverkehrs…; Touristen…; touristisch; **guide** *m* **~** Reiseführer *m*; **menu** *m* **~** preiswertes Menü für Touristen

tourment [tuʀmɑ̃] *litt* M Qual *f*

tourmente [tuʀmɑ̃t] F **1** *litt* (*tempête*) Sturm *m* **2** *fig* Wirren *pl*

tourmenté [tuʀmɑ̃te] ADJ ⟨~e⟩ *époque* unruhig; *vie* bewegt; *paysage* wild; zerklüftet; *mer* aufgewühlt

tourmenter [tuʀmɑ̃te] **A** V/T quälen; peinigen; plagen **B** V/PR **se ~** sich (*dat*) Sorgen machen

tournage [tuʀnaʒ] M Dreharbeiten *fpl*

tournant [tuʀnɑ̃] **A** ADJ ⟨-ante [-ɑ̃t]⟩ Dreh…; **grève ~e** wechselnder Schwerpunktstreik **B** M **1** (*virage*) Kurve *f*; Biegung *f*; *fam fig* **je l'attends, l'aurai au ~** *fam* den kriege ich noch **2** *fig* Wende *f*; Wendepunkt *m*; **il est à un ~ de sa vie** er steht an e-m Wendepunkt s-s Lebens; er ist an e-m Wendepunkt s-s Lebens angelangt

tourné [tuʀne] ADJ ⟨~e⟩ **1** *lait* geronnen **2** *lettre, etc* **bien ~** gut formuliert; **avoir l'esprit mal ~** immer gleich Schlechtes denken

tourneboulер [tuʀnəbule] V/T *fam* **~ qn** j-n durcheinanderbringen; **elle était toute tourneboulée** sie war ganz durcheinander

tournebroche [tuʀnəbʀɔʃ] M Drehspieß *m*

tourne-disque [tuʀnədisk] M ⟨tourne-disques⟩ Plattenspieler *m*

tournedos [tuʀnədo] M (Rinder)Filetschnitte *f*

tournée [tuʀne] F **1** *d'un facteur* Runde *f*; *d'un gardien* Rundgang *m*; COMM (Geschäfts)Reise *f*; **~ électorale** Wahlkampftournee *f*; **~ théâtrale** Tournee *f*; Gastspielreise *f*; THÉ **être en ~** auf Tournee sein; **faire la ~ des cafés** e-n Kneipenbummel machen; von e-m Café ins andere ziehen **2** *fam au café* Runde *f*

tournemain [tuʀnəmɛ̃] ADV *litt* **en un ~** im Handumdrehen; im Nu

tourner [tuʀne] **A** V/T **1** drehen; wenden; *page* umblättern; umschlagen; *clé* (her)umdrehen; *salade, sauce* umrühren; **tourner et retourner** hin und her wenden (*a. fig*); *fig* **tourner la tête à qn** *vin, réussite* j-m zu Kopf steigen; *personne* j-m den Kopf verdrehen; *regard, attention* **tourner vers** richten auf (+ *acc*) **2** (*contourner*) **tourner qc** um etw gehen *ou* fahren; *fig difficulté, loi* umgehen; **tourner le coin de la rue** um die Ecke biegen **3** TECH *métal* (ab)drehen; *bois* drechseln **4** *film, scène* (ab)drehen **5** *phrase, compliment* formulieren **B** V/I **1** sich drehen; kreisen; TECH rotieren; umlaufen; *moteur* laufen; *fig entreprise, usine* in Betrieb sein; **l'heure tourne** die Zeit vergeht; **j'ai la tête qui tourne** mir dreht sich alles im Kopf; **ça me fait tourner la tête** davon wird mir schwind(e)lig; *représentant* **tourner sur une région** e-e Gegend bereisen **2** **tourner autour de qc** sich um etw drehen (*a. fig*); um etw kreisen (*a. fig*); etw umkreisen; um etw herumgehen *ou* -laufen *ou* -fahren; *péj* **tourner autour de qn** um j-n herumscharwenzeln, -schwirren; *fig* **tourner autour de dix pour cent** sich um zehn Prozent bewegen **3** (*changer de direction*) abbiegen; *vent* sich drehen; umspringen; *fig chance* sich wenden; **tourner à droite, à gauche** (nach) rechts, links abbiegen; **tourner dans une rue** in e-e Straße einbiegen **4** (*se terminer*) ablaufen; ausgehen; (*évoluer*) sich entwickeln (**à** zu); werden; **tourner bien** gut ablaufen; gut ausgehen; **tourner mal** e-e schlechte, schlimme Wendung nehmen; *fam* schiefgehen; *personne* auf die schiefe Bahn geraten; *temps* **tourner à la pluie** regnerisch werden **5** *lait* gerinnen; sauer werden **6** FILM drehen; filmen; **silence, on tourne!** Achtung, Aufnahme! **C** V/PR **1** **se tourner** sich umdrehen; **se tourner et se retourner dans son lit** sich im Bett hin und her wälzen **2** *fig* **se tourner vers qc** sich e-r Sache (*dat*) zuwenden

tournesol [tuʀnəsɔl] M **1** BOT Sonnenblume *f* **2** CHIM Lackmus *n ou m*

tourneur [tuʀnœʀ] **A** M *sur métaux* Dreher *m*; *sur bois* Drechsler *m* **B** ADJ **derviche** *m* **~** tanzender Derwisch

tournevis [tuʀnəvis] M Schraubenzieher *m*

tournicoter [tuʀnikɔte] *fam* V/I herumstreichen, -schleichen

tourniquet [tuʀnikɛ] M **1** *pour passer un à un* Drehkreuz *n* **2** *pour arroser* Rasensprenger *m*; Kreisregner *m* **3** *pour cartes postales* Drehständer *m*

tournis [tuʀni] M *fam* **ça me donne le ~** *fam* ich krieg den Drehwurm

tournoi [tuʀnwa] M Turnier *n*

tournoyer [tuʀnwaje] V/I ⟨-oi-⟩ sich im Kreise drehen; **faire ~** *lasso* schwingen

tournure [tuʀnyʀ] F **1** **~ (de phrase)** (Rede)Wendung *f*; Redensart *f* **2** (*apparence*) Aussehen *n*; Gestalt *f* **3** (*évolution*) Wendung *f*; **prendre ~** Formen annehmen; **prendre une bonne, mauvaise ~** e-e gute, schlimme Wendung nehmen **4** **~ d'esprit** Denkart *f*, -weise *f*

tour-opérateur M ⟨tour-opérateurs⟩ Rei-

T

severanstalter *m*
tourte [tuʀt] **A** F *flache, mit Fleisch oder Gemüse gefüllte Pastete* **B** ADJ *fam* blöd
tourteau [tuʀto] M ⟨~x⟩ **1** AGR Ölkuchen *m* **2** ZOOL Taschenkrebs *m*
tourtereaux [tuʀtəʀo] MPL *fig* Turteltäubchen *npl*; Liebespärchen *n* **tourterelle** [-ɛl] F Turteltaube *f*
tourtière [tuʀtjɛʀ] F Kuchenform *f*
tous → tout
Toussaint [tusɛ̃] F **la ~** Allerheiligen *n*; **à la ~** (an, zu) Allerheiligen
tousser [tuse] VI **1** husten **2** *(se racler la gorge)* sich räuspern **3** *fig moteur* stottern
toussotement [tusɔtmɑ̃] M Hüsteln *n* **toussoter** [-e] VI hüsteln
tout [tu, *vor Vokal u. stummem h* tut] ⟨*f* toute [tut], *mpl* tous [tu, *alleinstehend u. als pr indéf* tus], *fpl* toutes [tut]⟩ **A** ADJ **1** *sg* **tout(e)** *(entier)* ganze(r, -s); alle(r, -s); *(chaque)* jede(r, -s); **tout l'argent** das ganze Geld; alles Geld; **toute la France** ganz Frankreich; **tout un peuple** ein ganzes Volk; **toute la nuit** die ganze Nacht (über, hindurch); **tout ceci, cela** *(fam* **ça***)* dies, das alles; **tout ce qui** *ou* **que** alles, was; **à tout âge** in jedem Alter; **à tout point de vue** in jeder Hinsicht; **de toute espèce** allerlei ...; **il n'a pour tout bagage que ...** sein ganzes Gepäck besteht aus ...; **j'ai lu tout Balzac** ich habe den ganzen Balzac gelesen **2** *pl* **tous, toutes** alle; **tous nos amis** alle unsere Freunde; **tous les autres** alle anderen; **tous les trois** alle drei; **tous les deux ans** alle zwei Jahre; jedes zweite Jahr; **tous les dimanches** jeden Sonntag; **toutes les questions ne sont pas réglées** nicht alle Fragen sind geregelt **B** PR INDÉF **1** *sg* **tout** alles; **en tout** insgesamt; **il a tout d'un artiste** er ist ein richtiger Künstler; **c'est tout?** ist das alles?; **ce n'est pas tout de** (+ *inf*) es genügt nicht zu (+ *inf*); **c'est tout ou rien** alles oder nichts; **on se fait à tout** man gewöhnt sich an alles **2** *pl* **tous** [tus], **toutes** alle; **nous tous** wir alle; **ils sont tous venus** sie sind alle gekommen **C** ADV ⟨*vor mit Konsonant od h aspiré beginnendem adj f* **toute** *bzw.* **toutes**⟩ ganz; **une tout autre affaire** e-e ganz andere Sache; **une voiture toute neuve** ein ganz neuer Wagen; **la toute première fois** das allererste Mal; **tout malin qu'il est** so schlau er auch ist ...; **tout autant** ebenso viel; ebenso sehr; **tout autrement** ganz anders; **tout comme** genau(so) wie; **tout à côté** gleich nebenan; **tout à fait** ganz (und gar); völlig; vollständig; vollkommen; *fam* genau!; richtig!; **tout en marchant**, *il me racontait* ... im Gehen ...; während wir weitergingen ...; **tout en étant très connu**, *il vit simplement* obwohl er sehr berühmt ist ... **D** SUBST **le tout** das Ganze; **un tout** ein Ganzes; **pas du tout** überhaupt nicht; **du tout au tout** vollständig; völlig; vollkommen; **le tout est de** (+ *inf*) die Hauptsache ist zu (+ *inf*); **risquer le tout pour le tout** alles aufs Spiel, auf e-e Karte setzen
tout-à-l'égout [tutalegu] M (❗ unveränderlich) (Abwasser)Kanalisation *f*; *d'une maison* Kanalanschluss *m*
toutefois [tutfwa] ADV jedoch; dennoch; **si ~** wenn überhaupt
toute-puissance [tutpɥisɑ̃s] F Allmacht *f*
toutim(e) [tutim] *argot* **le ~(e)** alles Übrige; das Ganze
toutou [tutu] M *enf* Wauwau *m*
tout-petit M ⟨tout-petits⟩ Kleinkind *n*
tout-puissant **A** ADJ ⟨*f* toute-puissante; *mpl* tout-puissants⟩ allmächtig **B** M **le Tout-Puissant** der Allmächtige
tout-terrain **A** ADJ (❗ Maskulin- und Femininform sind im Singular gleich, die Pluralform lautet für beide **tout-terrains**) geländegängig; Gelände... **B** M **faire du ~** e-e Geländefahrt machen
tout-venant [tuvnɑ̃] M **le ~** alles, wie es gerade kommt; *personnes* die große Masse
toux [tu] F Husten *m*; **petite ~** Hüsteln *n*; **quinte** *f* **de ~** Hustenanfall *m*
toxicité [tɔksisite] F Giftigkeit *f*
toxico [tɔksiko] *fam* ABR → toxicomane
toxicologie [tɔksikɔlɔʒi] F Toxikologie *f* **toxicologique** ADJ toxikologisch **toxicologue** [-lɔg] M/F Toxikologe, -login *m,f*
toxicomane [tɔksikɔman] M/F Drogenabhängige(r) *m/f(m)*; (Rauschgift)Süchtige(r) *m/f(m)* **toxicomanie** [-i] F Rauschgiftsucht *f*
toxine [tɔksin] F Toxin *n*; Giftstoff *m*
toxique [tɔksik] ADJ giftig; Gift...; **gaz** *m* **~** Giftgas *n*
T.P. [tepe] MPL ABR → travail 2
T.P.E. MPL ABR (travaux personnels encadrés) ≈ Facharbeit *f (wird in der vorletzten Klasse des frz Lycée verfasst, in der Regel als Gruppenarbeit)*
trac [tʀak] M Lampenfieber *n*; **avoir le ~** Lampenfieber haben; **donner le ~ à qn** j-m Angst machen
tracas [tʀaka] M *(soucis)* Sorgen *fpl*; *(ennuis)* Ärger *m*
tracasser [tʀakase] **A** VT beunruhigen; plagen **B** VPR **se ~** beunruhigt sein; sich *(dat)* Sorgen machen
tracasseries [tʀakasʀi] FPL Schikanen *fpl*
trace [tʀas] F Spur *f (a. fig)*; CH *a.* Fährte *f*; **~s de sang** Blutspuren *fpl*; *fig* **marcher sur les ~s de qn** in j-s Fuß(s)tapfen treten; **suivre un animal**

T

à la ~ der Fährte e-s Tieres folgen

tracé [tʀase] M 1 *d'une route, etc* Verlauf *m* 2 *d'un dessin* Umrisse *mpl*

tracer [tʀase] ⟨-ç-⟩ A V/T 1 *ligne, cercle* ziehen; *plan* (auf)zeichnen; *fig* **~ un tableau de** ein Bild entwerfen von 2 *route* trassieren; *fig* **~ le chemin, la voie à qn** j-m s-n Weg vorzeichnen B V/I *fam* rasen; *fam* flitzen

traceur [tʀasœʀ] M INFORM **~ de courbes** Plotter *m*

trachée [tʀaʃe] F *ou* **trachée-artère** F ⟨trachées-artères⟩ Luftröhre *f*

trachéite [tʀakeit] F Luftröhrenentzündung *f*

trachéotomie [tʀakeɔtɔmi] F Luftröhrenschnitt *m*

tract [tʀakt] M Flugblatt *n*; **distribuer, lancer des ~s** Flugblätter verteilen, verbreiten

tractations [tʀaktasjõ] FPL *péj* Machenschaften *fpl*; geheime Verhandlungen *fpl*; **se livrer à, mener des ~ avec qn** mit j-m gemeinsame Sache machen

tracter [tʀakte] V/T schleppen; ziehen

tracteur [tʀaktœʀ] M Traktor *m*; Schlepper *m*; Trecker *m*

traction [tʀaksjõ] F 1 TECH Ziehen *n*; *par ext* Antrieb *m*; **~ avant** Vorderrad-, Frontantrieb *m* 2 SPORTS *suspendu* Klimmzug *m*; *(pompe)* Liegestütz *m*

tradition [tʀadisjõ] F Tradition *f*; Überlieferung *f*

traditionalisme [tʀadisjɔnalism] M Traditionsbewusstsein *n*; Traditionalismus *m* **traditionaliste** [-ist] ADJ traditionsbewusst; traditionalistisch

traditionnel (! traditio**nn**el) [tʀadisjɔnɛl] ADJ ⟨~le⟩ traditionell; althergebracht

traditionnellement [tʀadisjɔnɛlmɑ̃] ADV nach altem Brauch; nach alter Sitte

traduc [tʀadyk] *argot scolaire* F Übersetzung *f*

traducteur [tʀadyktœʀ] M, **traductrice** [-tʀis] F Übersetzer(in) *m(f)* **traducteur-interprète** M ⟨traducteurs-interprètes⟩ Übersetzer und Dolmetscher *m*

traduction [tʀadyksjõ] F Übersetzung *f*; *action a.* Übersetzen *n*

traduire [tʀadɥiʀ] ⟨→ conduire⟩ A V/T 1 übersetzen (**de l'allemand en français** aus dem Deutschen ins Französische); *st/s* übertragen 2 *fig* ausdrücken; zum Ausdruck bringen 3 **~ qn en justice** j-n vor Gericht stellen B V/PR **se ~** zum Ausdruck kommen, sich äußern (**par** in + *dat*)

traduisible [tʀadɥizibl] ADJ übersetzbar

trafic [tʀafik] M 1 *(circulation)* Verkehr *m*; **~ aérien** Flugverkehr *m*; **~ ferroviaire** Schienen-, Zugverkehr *m*; **~ routier** Straßenverkehr *m* 2 *péj* Schleich-, Schwarzhandel *m*; **~ d'armes** Waffenschmuggel *m*; illegaler Waffenhandel; **~ de drogue** Rauschgifthandel *m*; JUR **~ d'influence** passive Bestechung; **faire du ~ de drogue** mit Rauschgift handeln; dealen

traficoter [tʀafikɔte] V/I *fam péj* unsaubere Geschäfte machen

trafiquant [tʀafikɑ̃] M *péj* Schwarzhändler *m*; Schieber *m*; **~ de drogue** Rauschgifthändler *m*; Dealer *m*

trafiquer [tʀafike] V/T 1 *denrées* verfälschen; *vin, lait fam* pan(t)schen; *passeport* fälschen; *moteur fam* frisieren; *compteur* manipulieren 2 *fam (faire) fam* treiben 3 COMM Schwarzhandel treiben mit

tragédie [tʀaʒedi] F Tragödie *f* (*a. fig*); Trauerspiel *n*

tragédien [tʀaʒedjɛ̃] M, **tragédienne** [-jɛn] F Tragöde *m*, Tragödin *f*

tragi-comédie [tʀaʒikɔmedi] F ⟨tragi-comédies⟩ THÉ, *fig* Tragikomödie *f* **tragi-comique** [-ik] ADJ THÉ, *fig* tragikomisch

tragique [tʀaʒik] A ADJ THÉ, *fig* tragisch; **auteur** *m* **~** Tragiker *m*; Tragödiendichter *m* B M (! maskulin) Tragik *f*; Tragische(s) *n*; **prendre qc au ~** etw tragisch nehmen

tragiquement [tʀaʒikmɑ̃] ADV tragisch

trahir [tʀaiʀ] A V/T 1 *secret, patrie, personne* verraten; *confiance* enttäuschen 2 *(montrer)* verraten; erkennen lassen 3 *forces, nerfs: qn* verlassen; im Stich lassen 4 *fig la pensée de qn* falsch wiedergeben B V/PR **se ~** sich verraten

trahison [tʀaizõ] F 1 Verrat *m*; **commettre une ~** Verrat begehen, üben 2 *par ext* Treuebruch *m*; Treulosigkeit *f*; Verrat *m*; *st/s en amour* Untreue *f*

train [tʀɛ̃] M 1 CH DE FER Zug *m*; Eisenbahn *f* (*a. jouet*); **~ de banlieue** Nahverkehrs-, Vorortzug *m*; **~ de marchandises** Güterzug *m*; **~ de voyageurs** Reise-, Personenzug *m*; *par ext* **~ de péniches** Schleppzug *m*; **manquer, rater, louper le** *ou* **son ~** den Zug verpassen; **prendre le ~ de 8 h 15** den Zug um 8 Uhr 15 nehmen; **prendre le ~, voyager par le** *ou* **en ~** mit dem Zug, der (Eisen)Bahn fahren; *fig* **prendre le, monter dans le ~ en marche** sich im letzten Moment anschließen; nachziehen 2 *(allure)* Gang *m*; *(vitesse)* Tempo *n*; **au ~ où vont les choses** wenn das so weitergeht; **aller bon ~** flott gehen; zügig vorankommen; **être en ~** *travail* im Gange sein; **il n'est pas en ~** er ist nicht in Form; **mettre en ~** *personne* in Stimmung bringen; *travail* in Angriff nehmen; **être en ~ de lire**, *etc* gerade lesen *etc*; **maison** *f* **en ~ de brûler** brennendes Haus 3 AVIAT **~ d'atterrissage** Fahrgestell *n*, -werk *n*; **~ de pneus** Bereifung *f*; Satz *m* Reifen **4** *fig de mesures* Reihe *f* **5** **~ de vie** Lebensstil *m*, -standard *m*; **mener grand ~** auf großem Fuß leben

traînailler [tʀɛnaje] *fam* VI **1** *(lambiner)* (herum)trödeln; bummeln **2** *(rôder)* herumlungern; sich herumtreiben

traînant [tʀɛnɑ̃] ADJ ⟨-ante [-ɑ̃t]⟩ *voix, accent* schleppend; gedehnt

traînard [tʀɛnaʀ] M Nachzügler *m*

traînasser [tʀɛnase] VI → traînailler

traîne [tʀɛn] F **1** *d'une robe* Schleppe *f* **2** **être, rester à la ~** zurückbleiben

traîneau [tʀɛno] M ⟨~x⟩ Schlitten *m*

traînée [tʀene] F **1** Streifen *m*; Spur *f*; **~ de condensation** Kondensstreifen *m*; *nouvelle* **se répandre comme une ~ de poudre** sich wie ein Lauffeuer verbreiten **2** *pop (prostituée) pop* Nutte *f*

traîner [tʀene] **A** VT **1** (hinter sich [*dat*] her-)ziehen; schleppen; schleifen; **~ les pieds** (mit den Füßen) schlurfen **2** *(amener avec soi)* (mit sich) (herum)schleppen; mitschleppen **3** *fig maladie* mit sich herumschleppen **B** VI **1** **~ par terre** auf dem Boden schleifen **2** *(n'être pas rangé)* herumliegen; **laisser ~** herumliegen lassen **3** **~ (en longueur)** sich in die Länge ziehen; sich hinziehen **4** *(lambiner)* trödeln; *(rester en arrière)* zurückbleiben; *péj* **~ dans les rues** sich auf den Straßen herumtreiben **C** VPR **se ~** **1** *personne* sich (fort-, dahin)schleppen; **se ~ par terre** auf dem Boden herumkriechen **2** *(durer)* sich hinschleppen

training [tʀeniŋ] M **1** Training *n* **2** *(survêtement)* Trainingsanzug *m*

train-train M *fam* **~ quotidien** *fam* Alltagstrott *m*

traire [tʀɛʀ] ⟨je trais, il trait, nous trayons, ils traient; je trayais; *kein Passé simple*; je trairai; que je traie; trayant; trait⟩ VT melken

trait [tʀɛ] M **1** Strich *m*; **~ d'union** Bindestrich *m*; *fig* Bindeglied *n*; Brücke *f*; *fig* **tirer un ~ sur qc** e-n Schlussstrich unter etw *(acc)* ziehen **2** *(caractéristique)* Merkmal *n*; Zug *m*; **~ de caractère** Charakter-, Wesenszug *m* **3** *pl* **~s (du visage)** Gesichtszüge *mpl* **4** **~ d'esprit** geistreiche Bemerkung; **~ de génie** Geistesblitz *m*; genialer Einfall **5** **avoir ~ à** Bezug haben auf *(+ acc)*; im Zusammenhang stehen mit **6** *en buvant* Zug *m*; *vider son verre* **d'un ~** in einem Zug **7** **bête** *f* **de ~** Zugtier *n*

traitable [tʀɛtabl] ADJ *rarement* entgegenkommend; um-, zugänglich

traitant [tʀɛtɑ̃] ADJ ⟨-ante [-ɑ̃t]⟩ **1** *shampoing* Pflege... **2** **médecin ~** behandelnder Arzt

traite [tʀɛt] F **1** COMM Tratte *f*; gezogener Wechsel; *dans une vente à tempérament* Rate *f*; **accepter, honorer une ~** e-n Wechsel akzeptieren, honorieren *ou* einlösen **2** **d'une seule ~** in einem Zug; **faire le trajet d'une seule ~** ohne Aufenthalt durchfahren **3** **~ des blanches, des noirs** Mädchen-, Sklavenhandel *m* **4** *des vaches* Melken *n*

traité [tʀete] M **1** POL Vertrag *m*; **conclure, signer un ~** e-n Vertrag schließen, unterzeichnen **2** *ouvrage* Abhandlung *f*

traitement [tʀɛtmɑ̃] M **1** Behandlung *f* *(a.* MÉD*)*; **mauvais traitements** Misshandlung(en) *f(pl)*; **infliger des mauvais ~s à qn** j-n misshandeln; MÉD **suivre un ~** sich behandeln lassen; sich e-r Behandlung unterziehen **2** *d'un fonctionnaire* Gehalt *n*; Bezüge *mpl* **3** TECH Behandlung *f*; Verarbeitung *f*; Aufbereitung *f* **4** **traitement de l'information** Datenverarbeitung *f*; **traitement de texte** Textverarbeitung *f*

traiter [tʀete] **A** VT **1** **~ qn** j-n behandeln *(a.* MÉD*)* **2** **~ qn de menteur**, *etc* j-n e-n Lügner *etc* nennen, schimpfen **3** *sujet, problème* behandeln **4** *affaire* verhandeln über *(+ acc)* **5** TECH behandeln; *matières premières* verarbeiten; *minerai* aufbereiten; *fruits* spritzen **6** INFORM verarbeiten **B** VT INDIR **~ de qc** *ouvrage* von etw handeln **C** VI verhandeln (**avec qn sur qc** mit j-m über etw [*acc*])

traiteur [tʀɛtœʀ] M **1** *personne* Feinkosthändler *m* **2** *entreprise* Partyservice *m*; Feinkostgeschäft *n (in dem es fertig zubereitete Gerichte zum Mitnehmen gibt)*

traître [tʀɛtʀ], **traîtresse** [tʀɛtʀɛs] **A** M,F Verräter(in) *m(f)*; **prendre qn en traître** j-m in den Rücken fallen **B** ADJ verräterisch; heimtückisch; **pas un traître mot** kein einziges Wort

traîtreusement [tʀɛtʀøzmɑ̃] ADV heimtückisch; hinterrücks

traîtrise [tʀɛtʀiz] F Verrat *m*; (Heim)Tücke *f (a. de qc)*

trajectoire [tʀaʒɛktwaʀ] F Flugbahn *f*

trajet [tʀaʒɛ] M **1** *(parcours)* Strecke *f*; Weg *m*; Fahrt *f*; **effectuer, faire le ~ en trois heures** die Strecke, den Weg in drei Stunden zurücklegen **2** *d'un nerf* Verlauf *m*

tralala [tʀalala] *fam* M Pomp *m*; *fam* Tamtam *n*; **et tout le ~** *fam* und das ganze Drum und Dran

tram [tʀam] M → tramway

trame [tʀam] F **1** TEXT Schuss *m* **2** TYPO, TV Raster *m* **3** *fig* Hintergrund *m*; Grundlage *f*; *d'une histoire* Handlungsgerüst *n*

tramer [tʀame] **A** VT *complot* schmieden **B** VPR **il se trame qc** da braut sich etw zusammen

traminot [tʀamino] M Straßenbahner *m*

tramontane [tʀamɔ̃tan] F Nordwind *m*

trampoline [tʀɑ̃pɔlin] M Trampolin *n*

tramway [tʀamwɛ] M Straßenbahn *f*

tranchant [trɑ̃ʃɑ̃] A ADJ ⟨-ante [-ɑ̃t]⟩ 1 schneidend; scharf; **instrument ~** Schneidwerkzeug *n* 2 *fig ton* entschieden B M Schneide *f*; *fig* **à double ~** zweischneidig

tranche [trɑ̃ʃ] F 1 Scheibe *f*; Schnitte *f*; **~ de jambon** Scheibe Schinken; *fam fig* **s'en payer une ~** sich köstlich amüsieren 2 *par ext* Abschnitt *m*; Stufe *f*; Teil *m*; MATH (Zahlen)Gruppe *f*; **~ d'âge** Altersstufe *f* 3 *d'un livre* Schnitt *m*; **doré sur ~(s)** mit Goldschnitt 4 BOUCHERIE Unterschale *f*

tranché [trɑ̃ʃe] ADJ ⟨~e⟩ klar (abgegrenzt); *opinion* fest; bestimmt

tranchée [trɑ̃ʃe] F Graben *m*; MIL Schützengraben *m*

trancher [trɑ̃ʃe] A V/T 1 (*couper*) durchschneiden; *tête* abschlagen 2 *question* entscheiden; *difficulté* ausräumen B V/I 1 *fig* **~ dans le vif** energisch durchgreifen 2 (*décider*) entscheiden 3 *couleur, fig* **~ sur** abstechen gegen, von

tranquille [trɑ̃kil] A ADJ ruhig; still; *personne a.* (*paisible*) friedlich; (*rassuré*) unbesorgt; **avoir la conscience ~** ein ruhiges Gewissen haben; **vous pouvez être ~** Sie können beruhigt, unbesorgt sein; **laisse-moi ~!** lass mich in Ruhe!; **rester, se tenir ~** sich ruhig verhalten; still sitzen bleiben B ADV *fam* (*facilement*) leicht; problemlos

tranquillement [trɑ̃kilmɑ̃] ADV ruhig; friedlich; ungestört; (*sans inquiétude*) unbesorgt; getrost; (*sans émotion*) in (aller) Ruhe; (*facilement*) leicht; problemlos

tranquillisant [trɑ̃kilizɑ̃] M Beruhigungsmittel *n*

tranquilliser [trɑ̃kilize] V/T (*et* V/PR **se ~** sich) beruhigen; **tranquillisez-vous** beruhigen Sie sich; seien Sie unbesorgt

tranquillité [trɑ̃kilite] F Ruhe *f*; Stille *f*; *d'une personne* (innere) Ruhe; Frieden *m*; **~ d'esprit** Seelenfrieden *m*; **en toute ~** in (aller) Ruhe

transaction [trɑ̃zaksjõ] F 1 COMM Geschäft *n*; Transaktion *f* 2 JUR Vergleich *m*; **conclure une ~** e-n Vergleich, Kompromiss schließen

transalpin [trɑ̃zalpɛ̃] ADJ ⟨-ine [-in]⟩ HIST **la Gaule ~e** Gallia transalpina *f*

transat [trɑ̃zat] 1 *m* Liegestuhl *m* 2 *f* Transatlantikregatta *f*

transatlantique [trɑ̃zatlɑ̃tik] M Übersee-, Ozeandampfer *m*

transbahuter [trɑ̃zbayte] *fam* V/T (anderswohin) schleppen, schaffen

transborder [trɑ̃zbɔrde] V/T umladen

transcendance [trɑ̃sɑ̃dɑ̃s] F PHIL Transzendenz *f*

transcendant [trɑ̃sɑ̃dɑ̃] ADJ ⟨-ante [-ɑ̃t]⟩ 1 PHIL transzendent; übersinnlich 2 (*sublime*) überragend

transcender [trɑ̃sɑ̃de] V/T PHIL transzendieren

transcodage [trɑ̃skɔdaʒ] M Umkodierung *f*

transcodeur [-œr] M Compiler *m*

transcription [trɑ̃skripsjõ] F 1 JUR Eintragung *f* 2 **~ phonétique** phonetische Umschrift, Transkription; Lautschrift *f* 3 MUS Transkription *f*

transcrire [trɑ̃skrir] V/T ⟨→ écrire⟩ 1 *texte*, JUR übertragen; (*enregistrer*) eintragen 2 LING transkribieren; PHON umschreiben 3 MUS transkribieren; bearbeiten

transe (! transe) [trɑ̃s] F 1 **être dans les ~s** Todesängste ausstehen 2 SPIRITISME Trance *f*; **entrer en ~** in Trance kommen; *par ext* außer sich geraten

transept [trɑ̃sɛpt] M ARCH Querschiff *n*

transférable [trɑ̃sferabl] ADJ übertragbar; *fonds* transferierbar

transfèrement [trɑ̃sfɛrmɑ̃] M *d'un prisonnier* Überstellung *f*

transférer [trɑ̃sfere] V/T ⟨-è-⟩ 1 *propriété, etc, fig sentiments* übertragen (**à** auf + *acc*); transferieren 2 *siège d'une firme* verlegen; *dépouille mortelle* überführen; *prisonnier* überstellen 3 INFORM weiterleiten; forwarden

transfert (! transfert) [trɑ̃sfɛr] M 1 JUR, PSYCH Übertragung *f*; ÉCON, SPORTS Transfer *m* 2 *du siège d'une firme* Verlegung *f*; *d'une dépouille mortelle* Überführung *f*; *d'un prisonnier* Überstellung *f*; **~ de populations** Umsiedlung *f*

transfiguration [trɑ̃sfigyrasjõ] F Verklärung *f* **transfigurer** [-e] V/T verklären

transformable [trɑ̃sfɔrmabl] ADJ umwandelbar

transformateur [trɑ̃sfɔrmatœr] M Transformator *m*; Umspanner *m*

transformation [trɑ̃sfɔrmasjõ] F 1 Umwandlung *f*; Verwandlung *f*; Umgestaltung *f*; TECH (Weiter)Verarbeitung *f*; Veredelung *f*; CONSTR **~s** *pl* Umbau *m* 2 ÉLEC Transformierung *f*; **station *f* de ~** Umspannwerk *n*

transformer [trɑ̃sfɔrme] A V/T 1 verändern; verwandeln, umwandeln (**en** in + *acc*); *choses a.* umformen; umgestalten; *maison* umbauen; *matières premières* (weiter)verarbeiten; RUGBY *essai* verwandeln 2 ÉLEC transformieren B V/PR **se ~** sich verwandeln (**en** in + *acc*)

transfuge [trɑ̃sfyʒ] M Überläufer *m*

transfusé(e) [trɑ̃sfyze] M(F) Person *f*, der Blut übertragen wurde

transfuser [trɑ̃sfyze] V/T *sang* übertragen; **~ qn** j-m Blut übertragen

transfusion [trɑ̃sfyzjõ] F **~ (sanguine)** Bluttransfusion *f*; (Blut)Transfusion *f*

transgénique [trɑ̃sʒenik] ADJ gentechnisch verändert; *t/t* transgen; **maïs** *m* ~ Genmais *m*
transgresser [trɑ̃sgʀese] V/T übertreten; verstoßen gegen; zuwiderhandeln (+ *dat*) **transgression** [-gʀesjõ] F Übertretung *f*; Verstoß *m* (**de qc** gegen etw); *abs a.* Zuwiderhandlung *f*
transhumance [trɑ̃zymɑ̃s] F Almauftrieb *m*
transhumant [trɑ̃zymɑ̃] ADJ ‹-ante [-ɑ̃t]› **troupeaux ~s** *ou subst* **~s** *mpl* Vieh, das im Sommer auf die Alm(en) getrieben wird
transhumer [trɑ̃zyme] V/I auf die Alm(en) ziehen
transi [trɑ̃zi] ADJ ‹~e› **1** ~ (**de froid**) starr, steif vor Kälte **2** *amoureux* zaghaft
transiger [trɑ̃ziʒe] V/I ‹-ge-› e-n Kompromiss schließen; **ne pas ~ sur qc** es sehr genau nehmen mit etw
transistor [trɑ̃zistɔʀ] M **1** ÉLEC Transistor *m* **2** RAD Transistorgerät *n*; Kofferradio *n*
transit [trɑ̃zit] M Transit *m*; **passagers** *mpl* **en ~** Transitreisende(n) *mpl*
transitaire [trɑ̃zitɛʀ] **A** ADJ Transit...; Durchfuhr... **B** M Transitspediteur *m*
transiter [trɑ̃zite] **A** V/T *marchandises* im Transit(-verkehr) befördern **B** V/I *voyageurs* durchreisen; **~ par** reisen, *en avion* fliegen über
transitif [trɑ̃zitif] ADJ ‹-ive [-iv]› transitiv; zielend
transition [trɑ̃zisjõ] F Übergang *m*; LITTÉRATURE, MUS *a.* Überleitung *f*
transitoire [trɑ̃zitwaʀ] ADJ Übergangs...
translation [trɑ̃slasjõ] F **1** JUR Übertragung *f* **2** *litt d'une dépouille mortelle* Überführung *f* **3** MATH, PHYS **mouvement** *m* **de ~** Translation *f*; Parallelverschiebung *f*
translucide [trɑ̃slysid] ADJ durchscheinend; lichtdurchlässig **translucidité** [-ite] F Lichtdurchlässigkeit *f*
transmetteur [trɑ̃smɛtœʀ] M MAR **~ d'ordres** Maschinentelegraf *m*
transmettre [trɑ̃smɛtʀ] ‹→ mettre› **A** V/T weitergeben, -leiten (**qc à qn** etw an j-n); *message* übermitteln (j-m etw); *droit, pouvoirs, biens,* PHYS *mouvement,* RAD übertragen; BIOL vererben; **~ une maladie à qn** j-n mit e-r Krankheit anstecken; e-e Krankheit auf j-n übertragen **B** V/PR **se ~** übertragen werden; **se ~ héréditairement** sich vererben
transmissibilité [trɑ̃smisibilite] F Übertragbarkeit *f*; BIOL Vererblichkeit *f* **transmissible** [-ibl] ADJ übertragbar (*a. maladie*); BIOL vererblich
transmission [trɑ̃smisjõ] F **1** Übertragung *f* (*a.* JUR, PHYS, MÉD); BIOL Vererbung *f*; *d'un message* Übermittlung *f*; *de connaissances* Weitergabe *f*; **~ de pensée** Gedankenübertragung *f* **2** TECH Transmission *f*; Antrieb *m* **3** MIL **~s** *pl* Fernmeldetruppe *f*
transmutation [trɑ̃smytasjõ] F Um-, Verwandlung *f* **transmuter** [-e] *litt* V/T umwandeln; umgestalten
transocéanique [trɑ̃zɔseanik] ADJ Transozean...; transozeanisch
transparaître [trɑ̃spaʀɛtʀ] *st/s* V/I ‹→ connaître› **1** **~ à travers qc** durch etw scheinen **2** *fig* **laisser ~** erkennen lassen
transparence [trɑ̃spaʀɑ̃s] F Durchsichtigkeit *f*; Transparenz *f* (*a.* POL, ÉCON); *regarder qc* **par ~** gegen das Licht
transparent [trɑ̃spaʀɑ̃] **A** ADJ ‹-ente [-ɑ̃t]› **1** durchsichtig; transparent **2** *fig intentions, etc* durchsichtig; leicht durchschaubar **B** M Folie *f* (für Tageslichtprojektor)
transpercer [trɑ̃spɛʀse] V/T ‹-ç-› **1** (*percer*) durchbohren; *fig cœur* zerreißen **2** *froid* **~ qn** j-n durchdringen; *pluie* **~ les vêtements** durch die Kleidung dringen
transpiration [trɑ̃spiʀasjõ] F Schwitzen *n*; (*sueur*) Schweiß *m*
transpirer [trɑ̃spiʀe] V/I **1** schwitzen **2** *fig secret, nouvelle* durchsickern
transplant [trɑ̃splɑ̃] M Transplantat *n*
transplantable [trɑ̃splɑ̃tabl] ADJ um-, verpflanzbar **transplantation** [-asjõ] F Verpflanzung *f*; MÉD *a.* Transplantation *f* **transplanter** [-e] V/T verpflanzen; MÉD *a.* transplantieren; *personnes a.* umsiedeln
transport [trɑ̃spɔʀ] M **1** Transport *m*; Beförderung *f*; **transport de marchandises, de voyageurs** Güter-, Personenbeförderung *f*, -transport *m* **2** **transports** *pl* Verkehrsmittel *npl*; *par ext* Verkehr *m*; **transports publics** öffentliche Verkehrsmittel; **transports routiers** Lkw-Verkehr *m*; **transports en commun** öffentliche Verkehrsmittel; Massenverkehrsmittel *npl* **3** *litt ou plais* **transports amoureux** Leidenschaft *f*; **transports de colère** Zornesausbruch *m*; **transports de joie** Freudentaumel *m*
transportable [trɑ̃spɔʀtabl] ADJ transportabel; *malade* transportfähig
transporté [trɑ̃spɔʀte] ADJ ‹~e› **~ d'admiration** hingerissen; **être ~ de joie** vor Freude außer sich sein
transporter [trɑ̃spɔʀte] **A** V/T **1** befördern; transportieren (*a. malade*) **2** *fig* **~ à une autre époque** in e-e andere Zeit versetzen **B** V/PR **1** **se ~ sur les lieux** sich an Ort und Stelle begeben **2** *fig* **se ~ par la pensée, par l'imagination en un autre lieu, à une autre époque** sich in Gedanken, in der Vorstellung an e-n anderen Ort, in e-e andere Zeit versetzen
transporteur [trɑ̃spɔʀtœʀ] M **1** Spediteur *m*;

Transportunternehmer *m* **2** TECH Förderanlage *f*
transposable [trɑ̃spozabl] ADJ umstellbar; umsetzbar **transposer** [-e] V/T **1** umsetzen; umgestalten **2** MUS transponieren **transposition** [-isjõ] F **1** *(permutation)* Umstellung *f* **2** MUS Transponieren *n*; Transposition *f (a. résultat)* **3** *fig de la réalité dans la littérature* Umsetzung *f*
transsexualisme [trɑ̃ssɛksɥalism] M Transsexualismus *m* **transsexuel** [-ɛl] ADJ ⟨~le⟩ transsexuell
transsibérien [trɑ̃ssiberjɛ̃] M Transsibirische Eisenbahn
transvaser [trɑ̃svaze] V/T umfüllen
transversal [trɑ̃svɛrsal] **A** ADJ ⟨~e; aux [-o]⟩ Quer… **B** F **~e** *du but* Querlatte *f*; *passe* Querpass *m* **transversalement** [-mɑ̃] ADV quer
transverse [trɑ̃svɛrs] ADJ ANAT Quer…
transvider [trɑ̃svide] V/T umfüllen
Transylvanie [trɑ̃silvani] **la ~** Siebenbürgen *n*
trapèze [trapɛz] M MATH, SPORTS Trapez *n*
trapéziste [trapezist] M/F Trapezkünstler(in) *m(f)*
trappe [trap] F **1** *dans un plancher* Falltür *f*; Klappe *f*; THÉ Versenkung *f* **2** CH Fallgrube *f*
trappeur [trapœr] M Trapper *m*
trappiste [trapist] M REL Trappist *m*
trapu [trapy] ADJ ⟨~e⟩ **1** *personne* untersetzt; stämmig **2** *bâtiment* massig; wuchtig **3** *problème* schwierig; verzwickt
traque [trak] F CH Treibjagd *f*; Treiben *n*
traquenard [traknar] M CH, *fig* Falle *f*
traquer [trake] V/T **1** CH *animal* treiben; umstellen **2** *fig* hetzen; jagen
traumatique [tromatik] ADJ traumatisch **traumatisant** [-zɑ̃] ADJ ⟨-ante [-ɑ̃t]⟩ traumatisch
traumatiser [tromatize] V/T schocken; **être traumatisé** e-n Schock, ein Trauma erleiden
traumatisme [tromatism] M **1** MÉD Verletzung *f*; **~ crânien** Schädelverletzung *f* **2** PSYCH Trauma *n*; Schock *m*
traumatologie [tromatɔlɔʒi] F Unfallchirurgie *f* **traumatologique** [-ik] ADJ Unfall…
travail [travaj] M ⟨-aux [-o]⟩ **1** *sg* Arbeit *f*; **~ à la chaîne** Fließbandarbeit *f*; **~ à temps partiel, à plein temps** Teilzeit-, Ganztagsarbeit *f*, -beschäftigung *f*; **~ au noir** Schwarzarbeit *f*; **~ des enfants** Kinderarbeit *f*; **~ en équipe** *ou* **d'équipe** Teamarbeit *f*, -work *n*; **aller au ~** zur Arbeit gehen; **demander beaucoup de ~** viel Arbeit erfordern, kosten; *iron* **c'est du beau ~!** das ist ja e-e schöne Bescherung!; **se mettre au ~** sich an die Arbeit machen; an die Arbeit gehen **2** *pl* **travaux** Arbeiten *fpl*; CONSTR Bauarbeiten *fpl*; UNIVERSITÉ **travaux dirigés** *(abr* **T.D.***)* (Seminar)Übungen *fpl*; **travaux pratiques** *(abr* **T.P.***)* ÉCOLE praktische Übungen *fpl*; UNIVERSITÉ (Seminar)Übungen *fpl*; **travaux publics** Tiefbau *m*; Bauarbeiten der öffentlichen Hand; *fig* **travaux d'approche** Annäherungsversuche *mpl* **3** *(déformation) du bois, etc* Arbeiten *n* **4** *de l'or, du verre, etc* Bearbeitung *f* **5** MÉD **salle** *f* **de ~** Kreißsaal *m*; **femme** *f* **en ~** Gebärende *f*
travailler [travaje] **A** V/T **1** *matériau* bearbeiten; *pâte* (durch)kneten **2** *style* durch-, ausfeilen **3** MUS *morceau* (ein)üben; SPORTS trainieren; **~ ses mathématiques** Mathematik lernen, *fam* büffeln **4** **~ qn** *(influencer)* j-n bearbeiten; *(tourmenter)* j-m keine Ruhe lassen; *pensée a.* j-n umtreiben **B** V/T INDIR **~ à qc** *à un ouvrage* an etw *(dat)* arbeiten; *pour un résultat* auf etw *(acc)* hinarbeiten **C** V/I **1** arbeiten; tätig sein; *(exercer un métier) a.* berufstätig sein; beschäftigt sein (**chez** bei); *élève* **il travaille bien** er lernt gut **2** *bois, fig imagination* arbeiten; **faire ~ son argent** sein Geld arbeiten lassen
travailleur [travajœr] **A** M Arbeiter *m*; Erwerbs-, Berufs-, Werktätige(r) *m*; **~ indépendant** Selbstständige(r) *m*; **~ manuel** Handarbeiter *m*; **~ social** Sozialarbeiter *m* **B** ADJ ⟨-euse [-øz]⟩ fleißig; arbeitsam
travailleuse [travajøz] F **1** Arbeiterin *f* **2** COUT Nähtisch *m*
travailliste [travajist] **A** ADJ Labour…; **parti** *m* **~** Labour Party *f* **B** M/F Mitglied *n* der Labour Party
travée [trave] F **1** ARCH Joch *n* **2** *(rangée)* Reihe *f*
traveller's chèque [travlœr(s)ʃɛk] M Reise-, Travellerscheck *m*
travelling [travliŋ] M Fahraufnahme *f*; Kamerafahrt *f*
travelo [travlo] *fam* M Transvestit *m*
travers [travɛr] **A** PRÉP *et* ADV **1** **à travers qc** *ou* **au travers de qc** durch etw (hindurch); *fig* **passer au travers** darum herumkommen **2** **de travers** schief; schräg; *fig comprendre, faire qc* verkehrt; falsch; **avaler de travers** sich verschlucken; **marcher de travers** schwanken; torkeln; **regarder qn de travers** j-n schief, *plus fort* böse ansehen **3** **en travers** quer; **en travers de qc** quer über etw *(dat ou acc)*; *fig* **se mettre en travers de qc** sich e-r Sache *(dat)* in den Weg stellen **B** SUBST **1** *m (défaut)* kleiner Fehler, Mangel; Schwäche *f* **2** *mpl* **travers de porc** Spareribs *pl*; Schälrippchen *npl*
traversable [travɛrsabl] ADJ über-, durchquerbar
traverse [travɛrs] F **1** CH DE FER Schwelle *f* **2**

CONSTR Querbalken *m* **3** **chemin** *m* **de ~** Abkürzung *f*

traversée [tʀavɛʀse] F Überquerung *f*; Durchquerung *f*; *en véhicule a.* (Durch)Fahrt *f* (**de** durch); *en bateau a.* (Über)Fahrt *f* (über + *acc*); *en avion a.* Flug *m* (über + *acc*); *fig* **~ du désert** Durststrecke *f*

traverser [tʀavɛʀse] V/T **1** *rue, pont, mer, rivière, montagne* überqueren; *ville, pays, désert* durchqueren; *frontière* überschreiten; *à pied a.* gehen über (+ *acc*) *ou* durch; *véhicule a.* fahren über (+ *acc*) *ou* durch; durchfahren; *avion a.* fliegen über (+ *acc*); überfliegen; **~ la foule** sich durch die Menge drängen **2** (*transpercer*) durchdringen; dringen durch **3** *fig une idée* **lui traversa l'esprit** ging, fuhr, schoss ihm durch den Kopf **4** *crise* durchmachen

traversier [tʀavɛʀsje] ADJ ⟨-ière [-jɛʀ]⟩ **flûte traversière** Querflöte *f*

traversin [tʀavɛʀsɛ̃] M Schlummer-, Nackenrolle *f*

travesti [tʀavɛsti] M Transvestit *m*

travestir [tʀavɛstiʀ] **A** V/T *vérité, etc* entstellen **B** V/PR **se ~** sich verkleiden (**en** als)

travestisme [tʀavɛstism] M Transvestitentum *n*

travestissement [tʀavɛstismɑ̃] M **1** Verkleidung *f*; Kostümierung *f* **2** *de la vérité* Verzerrung *f*; Verdrehung *f*

traviole [tʀavjɔl] *fam* **de ~** schief

trayeuse [tʀɛjøz] F Melkmaschine *f*

trébuchant [tʀebyʃɑ̃] ADJ ⟨-ante [-ɑ̃t]⟩ **espèces sonnantes et ~es** klingende Münze

trébucher [tʀebyʃe] V/I stolpern (*a. fig*) (**sur** *ou* **contre** über + *acc*)

trébuchet [tʀebyʃɛ] M Feinwaage *f*

trèfle [tʀɛfl] M **1** BOT Klee *m*; **~ à quatre feuilles** vierblättriges Kleeblatt **2** *aux cartes* Kreuz *n*; Treff *n*

tréfonds [tʀefõ] M *poét* **le ~ de l'âme** das Innerste der Seele

treillage [tʀɛjaʒ] M Gitter-, Lattenwerk *n*

treille [tʀɛj] F Weinlaube *f*; *plais* **le jus de la ~** der Rebensaft

treillis [tʀɛji] M **1** TEXT Drillich *m*; *vêtement* Drillichanzug *m* **2** Gitter(werk) *n*; **~ (métallique)** Drahtgitter *n*

treize [tʀɛz] **A** NUM dreizehn; **Louis XIII** Ludwig XIII. (der Dreizehnte); **vendredi ~** Freitag der Dreizehnte *ou* am Freitag dem Dreizehnten; *huîtres* **~ à la douzaine** dreizehn Stück für den Preis von zwölf **B** M (! unveränderlich) Dreizehn *f*; **le ~ (du mois)** der Dreizehnte *ou* am Dreizehnten (des Monats)

treizième [tʀɛzjɛm] NUM dreizehnte

trekking [tʀekiŋ] M Trekking *n*

le trèfle — Klee

le trèfle — Kreuz

tréma [tʀema] M Trema *n*

tremblant [tʀɑ̃blɑ̃] ADJ ⟨-ante [-ɑ̃t]⟩ zitternd; *st/s* bebend; *lumière* flackernd

tremble [tʀɑ̃bl] M Espe *f*; Zitterpappel *f*

tremblé [tʀɑ̃ble] ADJ ⟨~e⟩ *écriture, voix* zitt(e)rig

tremblement [tʀɑ̃bləmɑ̃] M **1** Zittern *n*; **tremblement de terre** Erdbeben *n* **2** *fam* **... et tout le tremblement** ... und alles Übrige

trembler [tʀɑ̃ble] V/I **1** zittern; *jambes a.* schlottern; *terre* beben; *vitres a.* klirren; *lumière, flamme* flackern; **~ de froid, de peur** vor Kälte, vor Angst zittern; **faire ~ les vitres** die Scheiben erzittern lassen **2** *fig* zittern (**devant qn** vor j-m); **~ pour qn** um j-n bangen, zittern

tremblotant [tʀɑ̃blɔtɑ̃] ADJ ⟨-ante [-ɑ̃t]⟩ *voix* etwas zitternd; *lumière* flackernd

tremblote [tʀɑ̃blɔt] F *fam* **avoir la ~** zittern; *fam* den Tatterich haben

trembloter [tʀɑ̃blɔte] V/I zittern

trémie [tʀemi] F TECH Trichter *m*

trémière [tʀemjɛʀ] ADJ **rose** *f* **~** Stockrose *f*

trémolo [tʀemɔlo] M MUS Tremolo *n*; *fig* **avec des ~s dans la voix** mit tremolierender Stimme

trémoussement [tʀemusmɑ̃] M zuckende *ou* schaukelnde Bewegung; Wiegen *n* der Hüften

trémousser [tʀemuse] V/PR **se ~** sich in den Hüften wiegen

trempage [tʀɑ̃paʒ] M *du linge* Einweichen *n*; *de légumes secs* Wässern *n*; Einweichen *n*

trempe [tʀɑ̃p] F **1** *de l'acier* Härten *n* **2** *fig* Art *f*; Schlag *m*; Kaliber *n* **3** *fam* (*volée de coups*) *fam* Keile *f*; *fam* Dresche *f*

trempé [tʀɑ̃pe] ADJ ⟨~e⟩ **1** *(mouillé)* durchnässt; nass **2** *st/s* **caractère bien ~** sehr fester Charakter

tremper [tʀɑ̃pe] **A** V/T **1** *vêtements* durchnässen; *pieds, éponge* eintauchen, *croissant* tunken (**dans** in + *acc*); **~ ses lèvres dans le vin** am Wein nippen; **se faire ~** nass werden **2** *acier* härten **B** V/I **1** **faire ~** *linge, pain* einweichen; *légumes secs a.* wässern; quellen lassen **2** *fig personne* **~ dans qc** in etw *(acc)* verwickelt sein

trempette [tʀɑ̃pɛt] F **faire ~** kurz ins Wasser gehen

tremplin [tʀɑ̃plɛ̃] M Sprungbrett *n (a. fig)*; SKI Sprungschanze *f*

trentaine [tʀɑ̃tɛn] F **1** **une ~ (de)** etwa, ungefähr, rund dreißig **2** *âge* Dreißig *f*; Dreißiger (-jahre) *npl*

trente [tʀɑ̃t] **A** NUM dreißig; **le ~ mai** der dreißigste *ou* am dreißigsten Mai **B** M (**!** unveränderlich) Dreißig *f*; *fam fig* **se mettre sur son ~ et un** *fam* sich in Schale werfen

trente-six **A** NUM **1** sechsunddreißig **2** *fam (grande quantité)* Dutzende (von); *fam* zig **B** M *fig* **tous les ~ du mois** alle Jubeljahre

trente-trois NUM dreiunddreißig; *subst* **un ~ tours** e-e Langspielplatte

trentième [tʀɑ̃tjɛm] **A** NUM dreißigste **B** SUBST **1** **le, la ~** der, die, das Dreißigste **2** *m* MATH Dreißigstel *n*

trépaner [tʀepane] V/T MÉD den Schädel aufbohren (**qn** j-m); *subst* **trépané** *m* Person, der der Schädel aufgebohrt wurde

trépas [tʀepa] M *litt* Hinscheiden *n*

trépasser [tʀepase] V/I *litt* verscheiden; entschlafen

trépassés [tʀepase] MPL *litt* **les ~** die Verstorbenen *pl*

trépidant [tʀepidɑ̃] ADJ ⟨-ante [-ɑ̃t]⟩ schnell; wirbelnd; **vie ~e** hektisches Leben; Hektik *f*

trépidation [tʀepidasjõ] F *souvent* PL **~s** **1** *d'un véhicule, d'un moteur* Vibrieren *n*; Erschütterungen *fpl* **2** *fig* Hektik *f*

trépider [tʀepide] V/I vibrieren; zittern; beben

trépied [tʀepje] M Dreifuß *m*

trépignement [tʀepiɲmɑ̃] M Trampeln *n*; Stampfen *n* **trépigner** [-e] V/I trampeln; mit den Füßen stampfen

très [tʀɛ] ADV sehr; **~ intéressant** sehr interessant; hochinteressant; **être ~ en avance sur son temps** s-r Zeit weit voraus sein; **avoir ~ faim** großen Hunger haben; sehr hungrig sein

Très-Haut [tʀeo] M **le ~** der Allerhöchste

trésor [tʀezɔʀ] M **1** Schatz *m (a. fig)*; *d'un musée* Schatzkammer *f*; **~s artistiques** Kunstschätze *mpl* **2** *fig* **des ~s de patience** unerschöpfliche Geduld **3** *terme d'affection* **mon ~** (mein) Schatz **4** **Trésor (public)** Staatskasse *f*; Fiskus *m*

trésorerie [tʀezɔʀʀi] F **1** ADMIN Finanzverwaltung *f* **2** *d'une entreprise* flüssige Mittel *npl*; **difficultés** *fpl* **de ~** Liquiditätsengpass *m*

trésorier [tʀezɔʀje] M, **trésorière** [-jɛʀ] F Kassenwart *m*; Schatzmeister *m*

tressage [tʀɛsaʒ] M Flechten *n*

tressaillement [tʀesajmɑ̃] M Zusammenzucken *n*; Schau(d)er *m*

tressaillir [tʀesajiʀ] V/I ⟨→ assaillir⟩ zusammenzucken; erschauern (**de joie** vor Freude)

tressauter [tʀesote] V/I **1** *(sursauter)* zusammenzucken; auffahren **2** *(être secoué)* hin und her geschüttelt werden

tresse [tʀɛs] F **1** *(natte)* Zopf *m* **2** *(galon)* Tresse *f*; Litze *f*

tresser [tʀese] V/T flechten

tréteau [tʀeto] M ⟨~x⟩ **1** TECH Bock *m* **2** THÉ HIST **~x** *pl* Gerüstbühne *f*

treuil [tʀœj] M (Seil)Winde *f*

trêve [tʀɛv] F **1** MIL Waffenruhe *f* **2** *fig* Ruhe (-pause) *f*; **~ de plaisanteries!** Scherz beiseite!; **sans ~ (ni repos)** rastlos; pausenlos

Trèves [tʀɛv] Trier *n*

trévise [tʀeviz] F Radicchio *m*

tri [tʀi] M (Aus)Sortieren *n*; **faire un ~** e-e Auswahl treffen (**parmi** unter + *dat*); sieben (+ *acc*); **faire le ~ de qc** etw (aus)sortieren

triage [tʀijaʒ] M **1** Aussortieren *n*; *de papiers, etc* Sortieren *n*; Sichten *n*; *de lentilles, etc* Ver-, Auslesen *n* **2** **gare** *f* **de ~** Rangierbahnhof *m*

triangle [tʀijɑ̃gl] M **1** MATH, *fig* Dreieck *n*; **en ~** dreieckig; Dreieck(s)… **2** MUS Triangel *m*

triangulaire [tʀijɑ̃gylɛʀ] ADJ **1** dreieckig **2** *fig élection* mit drei Kandidaten

triathlon [tʀiatlõ] M Triathlon *n*; ATHLÉTISME Dreikampf *m*

tribal [tʀibal] ADJ ⟨~e; -aux [-o]⟩ Stammes…

tribord [tʀibɔʀ] M Steuerbord *n*

tribu [tʀiby] F **1** (Volks)Stamm *m* **2** *iron ou péj* Sippe *f*

tribulations [tʀibylasjõ] FPL Widerwärtigkeiten *fpl*; Missgeschicke *npl*

tribun [tʀibɛ̃, -bœ̃] M (Volks)Tribun *m*

tribunal [tʀibynal] M ⟨-aux [-o]⟩ Gericht *n*; **~ de commerce** Handelsgericht *n*; **~ d'instance** Amtsgericht *n*; **~ de grande instance** Landgericht *n*

tribune [tʀibyn] F **1** (Redner-, Zuschauer)Tribüne *f* **2** *fig* Meinungsforum *n*; **~ libre** Kommentare *mpl*

tribut [tʀiby] M HIST, *fig* Tribut *m*

tributaire [tʀibytɛʀ] ADJ **~ de** angewiesen auf (+ *acc*); abhängig von

tricentenaire [tʀisɑ̃tnɛʀ] M dreihundertster Jahrestag

triceps [tʀisɛps] M Trizeps *m*
triche [tʀiʃ] *fam* F Schiebung *f*; *fam* Mogelei *f*
tricher [tʀiʃe] **A** VI betrügen; *fam* mogeln; *fam* schummeln; *au jeu a.* falschspielen **B** V/T INDIR ~ **sur son âge**, *etc* ein falsches Alter *etc* angeben
tricherie [tʀiʃʀi] F Betrug *m*; *fam* Mogelei *f*; *fam* Schummelei *f*; *au jeu a.* Falschspielen *n* **tricheur** [-œʀ] M, **tricheuse** [-øz] F Betrüger(in) *m(f)*; *fam* Mogler(in) *m(f)*; *au jeu a.* Falschspieler(in) *m(f)*
tricolore [tʀikɔlɔʀ] ADJ **1** blauweißrot; **drapeau** *m* **tricolore** Trikolore *f*; **l'équipe** *f* **tricolore** *ou* **les tricolores** *mpl* die französische Nationalmannschaft **2** *(de trois couleurs)* dreifarbig; **feux** *mpl* **tricolores** (Verkehrs)Ampel *f*
tricorne [tʀikɔʀn] M Dreispitz *m*
tricostéril® [tʀikɔsteʀil] M Hansaplast® *n*
tricot [tʀiko] M **1** **en ~** Strick...; **veste** *f* **en ~** Strickjacke *f* **2** *vêtement* Strickjacke *f*; Pullover *m*; **~ de corps** (Herren)Unterhemd *n* **3** *action* Stricken *n*; **faire du ~** stricken
tricotage [tʀikɔtaʒ] M Stricken *n*
tricoté [tʀikɔte] ADJ ⟨~e⟩ Strick...; gestrickt
tricoter [tʀikɔte] V/T *et* VI stricken
tricoteuse [tʀikɔtøz] F **1** *personne* Strickerin *f* **2** TECH Strickmaschine *f*
tricycle [tʀisikl] M Dreirad *n*
trident [tʀidɑ̃] M **1** *symbole* Dreizack *m* **2** PÊCHE Fischspeer *m*
tridimensionnel [tʀidimɑ̃sjɔnɛl] ADJ ⟨~le⟩ dreidimensional
trièdre [tʀi(j)ɛdʀ] ADJ dreiflächig
triennal [tʀijɛnal] ADJ ⟨~e; -aux [-o]⟩ **1** *(tous les trois ans)* dreijährlich **2** *(pour trois ans)* dreijährig
trier [tʀije] V/T **1** *(classer) papiers, etc* sortieren; sichten **2** *(sélectionner)* aussortieren; *lentilles, etc* aus-, verlesen; *fig candidats* sieben; auswählen
trieur [tʀijœʀ] M, **trieuse** [-øz] F **1** *personne* Sortierer(in) *m(f)* **2** *appareil* Sortierer *m*; Sortiermaschine *f*
trifouiller [tʀifuje] *fam* VI kramen; wühlen; stöbern
trigonométrie [tʀigɔnɔmetʀi] F Trigonometrie *f* **trigonométrique** [-ik] ADJ trigonometrisch
trijumeau [tʀiʒymo] M Trigeminus *m*
trilingue [tʀilɛ̃g] ADJ dreisprachig
trille [tʀij] M MUS Triller *m*; *d'un rossignol* **~s** *pl* Trillern *n*
trilobé [tʀilɔbe] ADJ ⟨~e⟩ ARCH **arc ~** Kleeblattbogen *m*
trilogie [tʀilɔʒi] F Trilogie *f*
trimaran [tʀimaʀɑ̃] M Trimaran *m*
trimbal(l)er [tʀɛ̃bale] *fam* **A** V/T *fam* mit sich herumschleppen; **qu'est-ce qu'il trimbal(l)e!** *fam* der ist vielleicht blöd, dämlich! **B** V/PR **se ~ en bagnole** *fam* herumkutschieren
trimer [tʀime] VI *fam* schuften
trimestre [tʀimɛstʀ] M **1** Vierteljahr *n*; Quartal *n*; ÉCOLE Trimester *n* **2** *somme* vierteljährliche Zahlung
trimestriel [tʀimɛstʀijɛl] ADJ ⟨~le⟩ **1** *(tous les trois mois)* Vierteljahres... **2** *(de trois mois)* dreimonatig
tringle [tʀɛ̃gl] F (Metall)Stange *f*; **~ à rideaux** Gardinenstange *f*
Trinité [tʀinite] F Dreifaltigkeit *f*; Dreieinigkeit *f*
trinquer [tʀɛ̃ke] VI **1** (mit den Gläsern) anstoßen (**à** auf *+ acc*) **2** *fam fig (écoper) fam* es ausbaden müssen
trio [tʀijo] M **1** MUS Trio *n (instruments)*; Terzett *n (chant)* **2** *personnes* Trio *n*; Kleeblatt *n*
triomphal [tʀijɔ̃fal] ADJ ⟨~e; -aux [-o]⟩ triumphal; **accueil ~** triumphaler, begeisterter Empfang; **élection ~e** großer Wahlerfolg
triomphalement [tʀijɔ̃falmɑ̃] ADV *accueillir* triumphal; im Triumph; *annoncer* triumphierend **triomphalisme** [-ism] M übertriebene Siegessicherheit **triomphaliste** [-ist] ADJ übertrieben siegessicher
triomphant [tʀijɔ̃fɑ̃] ADJ ⟨-ante [-ɑ̃t]⟩ triumphierend **triomphateur** [-atœʀ] M Triumphator *m*
triomphe [tʀijɔ̃f] M Triumph *m*; glänzender Sieg *ou* Erfolg; **cri** *m* **de ~** Jubelschrei *m*; **porter qn en ~** j-n (im Triumph) auf den Schultern tragen; **remporter, avoir un (vrai) ~** e-n (wahren) Triumph erringen, erleben; durchschlagenden Erfolg haben
triompher [tʀijɔ̃fe] VI **1** triumphieren (**de** über *+ acc*); **faire ~ qc, qn** e-r Sache, j-m zum Sieg verhelfen **2** *acteur, chanteur* Triumphe feiern **3** *(jubiler)* triumphieren; jubeln
trip [tʀip] M *d'un drogué fam* Trip *m*
tripaille [tʀipɑj] *fam* F Eingeweide *npl*
tripartite [tʀipaʀtit] ADJ Dreier...; *pacte* Dreimächte...; *gouvernement* Dreiparteien...
tripatouillages [tʀipatujaʒ] *fam* MPL Manipulationen *fpl* **tripatouiller** [-e] *fam* V/T *texte* manipulieren; *compte fam* frisieren
tripe [tʀip] F **~s** PL CUIS Kaldaunen *fpl*; Kutteln *fpl*; ZOOL Eingeweide *npl*; *fam fig* **avoir la ~ républicaine** *fam* Republikaner bis in die Knochen sein; *fam fig* **prendre qn aux ~s** j-n im Innersten ergreifen
triperie [tʀipʀi] F Geschäft *n*, in dem Innereien verkauft werden
tripier [tʀipje] M, **tripière** [-jɛʀ] F Innereienhändler(in) *m(f)*, -geschäft *n*
triple [tʀipl] **A** ADJ dreifach; **~ saut** *m* Dreisprung *m* **B** SUBST **le ~** das Dreifache; dreimal

so viel
triplé [triple] M 1 SPORTS Hattrick *m* 2 TURF Dreierwette *f*
triplé(e)s [triple] M(F)PL Drillinge *mpl*
triplement [tripləmɑ̃] A ADV dreifach B M Verdreifachung *f*
tripler [triple] A V/T verdreifachen B V/I sich verdreifachen
triporteur [tripɔʀtœʀ] M (Liefer)Dreirad *n*
tripot [tripo] M *péj* Spielhölle *f*
tripotages [tripɔtaʒ] *fam* MPL Machenschaften *fpl*; *fam* krumme Touren *fpl*; **~ électoraux** Wahlmanipulationen *fpl*
tripotée [tripɔte] F *fam* Haufen *m*
tripoter [tripɔte] *fam* A V/T herumspielen mit; *fam* herumfummeln an (+ *dat*); *fruits* betasten; *femme fam* begrapschen; *fam* befummeln B V/I 1 (*farfouiller*) herumwühlen (**dans** in + *dat*) 2 (*trafiquer*) unsaubere Geschäfte machen
triptyque [triptik] M 1 PEINT, SCULP Triptychon *n*; LITTÉRATURE Werk *n* in drei Teilen 2 ADMIN Triptyk *n*
trique [trik] F Knüppel *m*; *fig* **sec comme un coup de ~** *fam* klapperdürr
trisaïeul(e) [trizajœl] M(F) Urgroßvater *m*, -mutter *f*; **trisaïeuls** *mpl* Urgroßeltern *pl*
trisomie [trizɔmi] F Trisomie *f* **trisomique** [-ik] A ADJ *personne* mit Down-Syndrom B M/F Mensch *m* mit Down-Syndrom
triste [trist] ADJ 1 *personne, mine* traurig; betrübt 2 *temps, paysage, etc* trist; trübselig; trostlos; *sort, nouvelle, film* traurig; **dans un ~ état** in e-m traurigen, beklagenswerten Zustand 3 *péj* (*lamentable*) erbärmlich; armselig; traurig
tristement [tristəmɑ̃] ADV traurig; **se rendre ~ célèbre** e-e traurige Berühmtheit erlangen
tristesse [tristɛs] F 1 Traurigkeit *f*; Trauer *f*; Betrübnis *f* 2 *d'un paysage, etc* Trostlosigkeit *f*
tristounet [tristunɛ] *fam* ADJ ⟨-ette [-ɛt]⟩ (etwas) traurig; *chose a.* freudlos; trist
trithérapie [triteʀapi] F MÉD Kombinationstherapie *f*
triton [tritõ] M 1 ZOOL Molch *m* 2 MYTH **Triton** Triton *m*
triturer [trityʀe] V/T zerreiben; zermalmen; *muscles* (durch)kneten; *mouchoir* zerknüllen; *fam fig* **se ~ la cervelle** *fam* sich (*dat*) das Hirn zermartern
trivial [trivjal] ADJ ⟨~e; -aux [-o]⟩ 1 (*grossier*) vulgär; ordinär; zotig; unanständig 2 *litt* (*commun*) trivial
trivialité [trivjalite] F 1 Vulgarität *f*; Unanständigkeit *f*; *parole(s)* Zote *f* 2 *litt* (*banalité*) Trivialität *f*
troc [tʀɔk] M Tausch *m*; ÉCON Tauschhandel *m*; **faire du ~** Tauschhandel treiben
troène [tʀɔɛn] M Liguster *m*
troglodyte [tʀɔglɔdit] M 1 Höhlenbewohner *m* 2 ZOOL Zaunkönig *m*
trogne [tʀɔɲ] *fam* F Gesicht *n*
trognon [tʀɔɲõ] A M *de pomme, de poire* Kerngehäuse *n*; *fam* Griebs *m*; *fam* Butzen *m*; *de chou, de salade* Strunk *m* B ADJ (! Maskulin- und Femininform sind gleich) *fam* süß; niedlich
troïka [tʀɔika] F Troika *f*, Dreigespann *n* (*a. fig*)
trois [tʀwa] A NUM drei; **Henri III** Heinrich III. (der Dritte); **le ~ mai** der dritte *ou* am dritten Mai B M Drei *f*; Dreier *m*; **le ~ (du mois)** der Dritte *ou* am Dritten (des Monats)
trois-huit [tʀwaɥit] MPL **faire les ~** in drei Schichten arbeiten
troisième [tʀwazjɛm] A NUM dritte B SUBST 1 **le, la ~** der, die, das Dritte 2 *m étage* **au ~** im dritten Stock 3 *f* vierte Klasse im Gymnasium; Tertia *f* 4 *f* AUTO dritter Gang
troisièmement [tʀwazjɛmmɑ̃] ADV drittens
trois-mâts [tʀwama] M Dreimaster *m*
trois-quarts [tʀwakaʀ] M RUGBY Dreiviertelspieler *m*
trois-quatre [tʀwakatʀ] M (! unveränderlich) MUS Dreivierteltakt *m*
trolley(bus) [tʀɔlɛ(bys)] M Oberleitungsomnibus *m*; Trolleybus *m*; *fam* Obus *m*
trombe [tʀõb] F **~ d'eau** Wolkenbruch *m*; *fig* **arriver en ~** angesaust kommen; *fig* **passer en ~** vorbeirasen
trombine [tʀõbin] *fam* F Gesicht *n*
trombone [tʀõbɔn] M 1 *agrafe* Büroklammer *f* 2 MUS Posaune *f*; *joueur* Posaunist *m*; **~ à coulisse** Zugposaune *f*
trompe [tʀõp] F 1 MUS Horn *n*; MAR **~ de brume** Nebelhorn *n*; **~ de chasse** Jagdhorn *n* 2 ZOOL Rüssel *m*; *des insectes* Saugrüssel *m* 3 **~ d'Eustache** Ohrtrompete *f*; eustachische Röhre; **~ de Fallope, ~ utérine** Eileiter *m*; Tube *f*
trompe-l'œil [tʀõplœj] M (! unveränderlich) 1 **décor** *m* **en ~** perspektivisch gemalte

la trompe — Horn

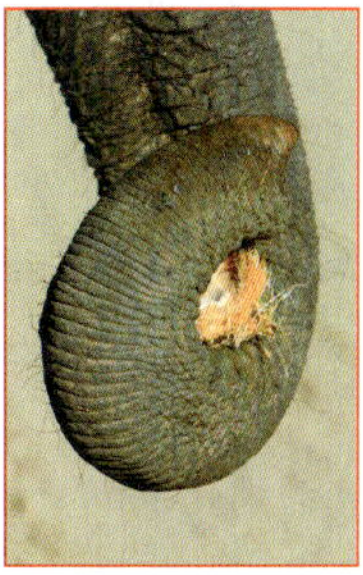

la trompe — Rüssel

Kulisse **2** *fig* trügerischer Schein

tromper [tʀɔ̃pe] **A** VT täuschen; betrügen (*a. son conjoint*); hintergehen; *vigilance de qn* überlisten; **ça ne trompe pas** das ist ein untrügliches Zeichen; *par ext* **tromper la** *ou* **sa faim** das Hungergefühl betäuben **B** VPR **se tromper** sich täuschen; (sich) irren; **se tromper de date** sich im Datum irren; **se tromper de vingt euros** sich um zwanzig Euro verrechnen; TÉL **se tromper de numéro** sich verwählen; **se tromper de route** den Weg verfehlen; sich verlaufen; *en voiture* sich verfahren; **elle lui ressemble à s'y tromper** sie sieht ihr täuschend ähnlich

tromperie [tʀɔ̃pʀi] F Betrug *m*; Täuschung *f*

trompette (! trompette) [tʀɔ̃pɛt] F Trompete *f*; *fig* **nez** *m* **en ~** Stülpnase *f*; *fam* Himmelfahrtsnase *f*; **jouer de la ~** (auf der) Trompete blasen; trompeten

trompettiste (! trompettiste) [tʀɔ̃petist] M Trompeter *m*

trompeur [tʀɔ̃pœʀ] ADJ ⟨-euse [-øz]⟩ trügerisch; täuschend; **les apparences sont trompeuses** der Schein trügt

tronc [tʀɔ̃] M **1** ~ **(d'arbre)** (Baum)Stamm *m* **2** *partie du corps* Rumpf *m* **3** ÉGL Opferstock *m* **4** ~ **commun** gemeinsamer Teil; ÉCOLE gemeinsamer Grundlehrplan

tronche [tʀɔ̃ʃ] F *fam* (*figure*) *fam* Visage *f*

tronçon [tʀɔ̃sɔ̃] M **1** *de route* (Strecken)Abschnitt *m*; Teilstrecke *f*, -stück *n*; ~ **d'autoroute** Autobahnabschnitt *m*, -teilstück *n* **2** *de qc de cylindrique* Stück *n*

tronçonnage [tʀɔ̃sɔnaʒ] M Zersägen *n* **tronçonner** [-e] VT (in Stücke) zersägen **tronçonneuse** [-øz] F Kettensäge *f*

trône [tʀon] M Thron *m*

trôner [tʀone] VI thronen (*a. iron*)

tronqué [tʀɔ̃ke] ADJ ⟨~e⟩ **colonne ~e** Säulenstumpf *m*; **cône ~** Kegelstumpf *m*

tronquer [tʀɔ̃ke] VT *texte* verstümmeln

trop [tʀo] ADV **1** zu viel; *avec adj et adv* zu; *avec verbe* zu sehr; zu viel; ~ **de** (+ *subst*) zu viel (+ *sg*); zu viele (+ *pl*); **bien, beaucoup ~ difficile** viel zu schwierig; ~ **peu** zu wenig; **sans ~ de peine** ohne allzu viel Mühe; **j'ai ~ chaud** es ist mir zu heiß; **boire ~** zu viel trinken; **c'est ~** das ist zu viel; **de, en ~** zu viel; **avoir des kilos en ~** überflüssige Pfunde haben; *fam* **manger de ~** zu viel essen; **se sentir de** *ou* **en ~** sich (*dat*) überflüssig vorkommen **2** (*très*) sehr; (*bien*) recht; **ça ne me dit ~ rien, pas ~** das reizt mich nicht besonders, sonderlich; **vous êtes ~ aimable** das ist sehr freundlich von Ihnen; **je ne sais pas ~** ich weiß nicht recht

trophée [tʀɔfe] M (! maskulin) Trophäe *f*; ~ **de chasse** Jagdtrophäe *f*

tropical [tʀɔpikal] ADJ ⟨~e; -aux [-o]⟩ tropisch; Tropen…; **forêt ~e** tropischer Regenwald

tropique [tʀɔpik] M **1** **~s** *pl* Tropen *pl*; **sous les ~s** in den Tropen **2** *cercle* Wendekreis *m*

trop-perçu M ⟨trop-perçus⟩ zu viel erhobener Betrag

trop-plein M ⟨trop-pleins⟩ **1** **le ~ des eaux** das überschüssige Wasser **2** TECH Überlauf *m* **3** *fig* ~ **d'énergie** überschäumende Kraft; **épancher le ~ de son cœur** sein übervolles Herz ausschütten

troquer [tʀɔke] VT ~ **qc contre qc** etw gegen etw tauschen; (*remplacer*) etw mit etw vertauschen

troquet [tʀɔkɛ] M *fam* Kneipe *f*

trot [tʀo] M Trab *m*; **course** *f* **de ~ attelé** Trabrennen *n*; *fam fig* **allez, au ~!** *fam* dalli, dalli!

Trotski [tʀɔtski] M *hist* Trotzki *m*

trotskisme [tʀɔtskism] M Trotzkismus *m* **trotskiste** [-ist] **A** ADJ trotzkistisch; Trotzkisten… **B** M/F Trotzkist(in) *m(f)*

trotte [tʀɔt] F *fam* **ça fait une ~** *fam* es ist ein gutes Ende zu laufen

trotter [tʀɔte] VI **1** *cheval* traben **2** *par ext souris* huschen; *enfant* laufen; *personne* traben; herumlaufen **3** *fig une idée, un air* **lui trotte dans la tête** geht ihm nicht aus dem Kopf

trotteur [tʀɔtœʀ] M **1** *cheval* Traber *m* **2** *chaussure* Trotteur(schuh) *m* **trotteuse** [-øz] F Sekundenzeiger *m*

trottinement [tʀɔtinmɑ̃] M Getrippel *n*; Getrappel *n* **trottiner** [-e] VI trippeln; trappeln (*a. âne*) **trottinette** [-ɛt] F (Kinder)Roller *m*

trottoir [tʀɔtwaʀ] M Geh-, Bürgersteig *m*; Trottoir *n*; ~ **roulant** Roll-, Fahrsteig *m*; *fam* **faire le ~** *fam* auf den Strich gehen

trou [tʀu] M **1** Loch *n*; *d'une aiguille* (Nadel)Öhr *n*; AVIAT ~ **d'air** Luftloch *n*; *fam* **~s de nez** Nasenlöcher *npl*; ~ **du souffleur** Souffleurkasten *m*; *fam fig* **être au ~** (*en prison*) *fam* (im Loch) sitzen; *fam fig* **faire son ~** es zu etwas bringen **2** *fig* Lücke *f*; Loch *n* (*a. dans un budget*); ~ **de mémoire** Gedächtnislücke *f*; **j'ai un ~ dans mon emploi du temps** ich habe zwischendurch *ou* zwischen meinen Terminen, Unterrichtsstunden etwas freie Zeit; *dans un alibi* **il y a un ~ dans son emploi du temps** für e-n bestimmten Zeitabschnitt hat er kein Alibi **3** *fam* ~ **(perdu)** *fam* gottverlassenes Nest; *fam* Kaff *n*; **il n'est jamais sorti de son ~** er ist nie fortgekommen

troubadour [tʀubaduʀ] M Troubadour *m*

troublant [tʀublɑ̃] ADJ ⟨-ante [-ɑ̃t]⟩ **1** verwirrend; *ressemblance* verblüffend; *détail* störend **2** (*sensuel*) verführerisch; aufregend

trouble[1] [tʀubl] ADJ **1** *liquide* trüb(e); **j'ai la vue**

T

~, **je vois** ~ mir verschwimmt alles vor den Augen **2** *fig* dunkel; undurchsichtig; *désirs* uneingestanden

trouble² M **1** *(inquiétude)* Verwirrung *f* **2** POL **~s** *pl* Unruhen *fpl* **3** MÉD Störung *f*; **~s** *pl a.* Beschwerden *fpl*; **~s respiratoires** Atembeschwerden *fpl*; **~s de la vue** Sehstörungen *fpl*

troublé [tʀuble] ADJ ⟨~e⟩ **1** *personne, esprit* verwirrt; durcheinander **2** *époque* unruhig

trouble-fête [tʀubləfɛt] M (! unveränderlich) Störenfried *m*; Spielverderber *m*

troubler [tʀuble] **A** V/T **1** *eau* trüben **2** *sommeil, ordre public* stören; *raison* trüben; *personne* in Verwirrung bringen; verwirren *(a. sensuellement)*; verunsichern **B** V/PR **se** ~ *personne* unsicher werden; in Verwirrung geraten

troué [tʀue] ADJ ⟨~e⟩ *vêtement* durchlöchert; löcherig

trouée [tʀue] F Lücke *f*; Schneise *f*; **la ~ de Belfort** die Burgundische Pforte

trouer [tʀue] **A** V/T *vêtement* ein Loch *ou* Löcher machen in *(+ acc)* **B** V/PR **se** ~ Löcher bekommen

troufion [tʀufjõ] *fam* M einfacher Soldat

trouillard [tʀujaʀ] *fam* **A** ADJ ⟨-arde [-aʀd]⟩ ängstlich **B** **~(e)** M(F) *fam* Angsthase *m*

trouille [tʀuj] *fam* F **avoir la ~** Angst, *fam* Bammel, *pop* Schiss haben

trouillomètre [tʀujɔmɛtʀ] M *fam* **avoir le ~ à zéro** *fam* e-e Heidenangst, *pop* Mordsschiss haben; *pop* die Hosen gestrichen voll haben

troupe [tʀup] F **1** *(groupe)* Gruppe *f*; Schar *f*; Trupp *m* **2** ~ **(de comédiens)** Theatertruppe *f*; Ensemble *n* **3** MIL Truppe *f*; **~s** *pl* Truppen *pl*

troupeau [tʀupo] M ⟨~x⟩ Herde *f (a. fig)*

trousse [tʀus] F **1** ~ **(d'écolier)** Federmäppchen *n*; Schüleretui *n*; ~ **à couture** Nähetui *n*; ~ **de médecin** Bestecktasche *f*; ~ **de toilette, de voyage** Kulturbeutel *m*; Reisenecessaire *n* **2** **être aux ~s de qn** j-m auf den Fersen sein

trousseau [tʀuso] M ⟨~x⟩ **1** ~ **de clés** Schlüsselbund *m ou n* **2** *d'une mariée* Aussteuer *f*; *pour un internat* Wäscheausstattung *f*

trousser [tʀuse] V/T **1** CUIS *volaille* zusammenbinden **2** *compliment* drechseln

trouvaille [tʀuvaj] F **1** glücklicher Fund; COMM *fam* Schnäppchen *n* **2** *(idée originale)* guter Einfall; Geistesblitz *m*

trouvé [tʀuve] ADJ ⟨~e⟩ **1** **enfant ~** Findelkind *n*; **objet ~** Fundsache *f*; **(bureau** *m* **des) objets ~s** Fundbüro *n* **2** *formule* **bien ~e** treffend; *la solution* **est toute ~e** bietet sich von selbst an

trouver [tʀuve] **A** V/T **1** *(découvrir)* finden; auffinden; ausfindig machen; herausfinden; *abs* **j'ai trouvé!** ich hab's!; **trouver du travail** Arbeit finden; **trouver du plaisir à** *(+ inf)* Freude daran finden zu *(+ inf)*; **aller trouver qn** j-n aufsuchen; zu j-m gehen; **il n'a pas encore trouvé à se loger** er hat noch keine Bleibe gefunden **2** *(rencontrer)* finden; vorfinden; antreffen; **trouver la mort** den Tod finden, ums Leben kommen **(dans un accident** bei e-m Unfall); **trouver la maison vide** das Haus leer (vor)finden; **trouver la porte fermée** vor verschlossener Tür stehen; *fam* **trouver à qui parler** (gerade) an den Richtigen kommen **3** *(juger)* ~ *(+ adj)* finden *(+ adj)*; halten für *(+ adj)*; **trouver que ...** finden, dass ...; **comment trouvez-vous cela?** wie finden Sie das?; **je ne trouve pas cela très bien de sa part** ich finde das nicht sehr schön von ihm; **je ne lui trouve pas bonne mine** ich finde, er sieht nicht gesund aus **B** V/PR **1** *(être)* **se trouver** sich befinden; sein; **c'est là que se trouve la difficulté** darin liegt die Schwierigkeit; *votre nom* **ne se trouve pas sur cette liste** steht nicht auf dieser Liste **2** *(se sentir)* **se trouver bien** sich wohlfühlen; **se trouver mal** ohnmächtig werden **3** *(se croire)* **se trouver laid**, *etc* sich hässlich *etc* finden **4** *(arriver) st/s* **il se trouve que ...** es trifft sich, dass ...; *fam* **si ça se trouve** womöglich **5** **se trouver** *(+ pp)* werden; **se trouver puni** bestraft werden; **se trouver attrapé** hereinfallen

trouvère [tʀuvɛʀ] M (nordfranzösischer) Minnesänger

troyen [tʀwajɛ̃] **A** ADJ ⟨-enne [-ɛn]⟩ **1** HIST trojanisch **2** aus, von Troyes **B** SUBST **Troyen(ne)** M(F) **1** HIST Trojaner(in) *m(f)* **2** Einwohner(in) *m(f)* von Troyes

Troyes [tʀwa] *Stadt im Departement Aube*

truand [tʀyɑ̃] M Ganove *m*

truander [tʀyɑ̃de] *fam* **A** V/T *fam* übers Ohr hauen; **se faire ~** sich übers Ohr hauen lassen **B** V/I *fam* mogeln

trublion [tʀyblijõ] M Unruhestifter *m*

truc [tʀyk] M **1** *fam (astuce)* Kniff *m*; Trick *m*; *fam* Dreh *m* **2** FILM Trick *m* **3** *fam (chose)* Sache *f*; Ding *n*; *fam* Dings(da, -bums) *n*; *fam péj* Zeug *n*; *fam* **c'est pas mon ~** *fam* das ist nicht mein Fall; *fam* **chacun son ~** *fam* die Geschmäcker sind verschieden

trucage → **truquage**

truchement [tʀyʃmɑ̃] M **par le ~ de qn** über j-n; durch j-n; durch j-s Vermittlung

trucider [tʀyside] *iron* V/T umbringen

truculence [tʀykylɑ̃s] F Urwüchsigkeit *f* **truculent** [tʀykylɑ̃] ADJ ⟨-ente [-ɑ̃t]⟩ urwüchsig

truelle [tʀyɛl] F (Maurer)Kelle *f*

truffe [tʀyf] F **1** BOT, CUIS Trüffel *f* **2** ~ **(en chocolat)** (Schokolade)Trüffel *f* **3** *du chien* Nase *f*

truffé [tʀyfe] ADJ ⟨~e⟩ **1** CUIS getrüffelt; Trüf-

T

fel... 2 *fig* gespickt (**de** mit)
truffer [tʀyfe] V/T 1 CUIS trüffeln 2 *fig* spicken (**de** mit)
truie [tʀɥi] F (Zucht)Sau *f*
truisme [tʀyism] M *(lapalissade)* Binsenwahrheit *f*; *(banalité)* Gemeinplatz *m*; Trivialität *f*
truite [tʀɥit] F Forelle *f*
trumeau [tʀymo] M ⟨~x⟩ 1 ARCH Mittelpfosten *m* 2 *d'une cheminée* Kaminspiegel *m*
truquage [tʀykaʒ] M Trickaufnahme *f*
truqué [tʀyke] ADJ ⟨~e⟩ 1 FILM, PHOT Trick...; **scène ~e** Trickszene *f* 2 *(falsifié)* gefälscht; *cartes* gezinkt; *élections* manipuliert; **match ~** Wettkampf, bei dem geschoben wurde
truquer [tʀyke] V/T fälschen; *cartes* zinken; *élections* manipulieren
trust [tʀœst] M Trust *m* **truster** V/T vertrusten; monopolisieren
tsar [tsaʀ, dzaʀ] M Zar *m* **tsarine** [-in] F Zarin *f*
tsé-tsé [tsetse] ADJ/T **mouche** *f* **~** Tsetsefliege *f*
T-shirt [tiʃœʀt] M → tee-shirt
tsigane → tzigane
tsunami [tsynami] M Tsunami *m*; Flutwelle *f*
T.S.V.P. ABR (tournez, s'il vous plaît) b. w.
TTC ABR (toutes taxes comprises) einschließlich aller Gebühren und Steuern
tu¹ [ty] PR PERS (❗ vor Vokal und stummem h kann in der Umgangssprache auch **t'** stehen) du; **dire ~ à qn** du zu j-m sagen; *fig* **être à ~ et à toi avec qn** mit j-m auf Du und Du stehen
tu² PP → taire
tuant [tɥɑ̃] *fam* ADJ ⟨-ante [-ɑ̃t]⟩ aufreibend; anstrengend *(a. personne)*; *fam* strapaziös
tub [tœb] M Duschwanne *f*
tuba [tyba] M (❗ maskulin) 1 MUS Tuba *f* 2 SPORTS Schnorchel *m*
tubage [tybaʒ] M MÉD **~ gastrique** Einführung *f* e-r Magensonde, e-s Magenschlauchs; **~ du larynx** Intubation *f*
tube [tyb] M 1 *(tuyau)* Rohr *n*; Röhre *f*; *fam* **rouler à pleins ~s** *fam* mit Karacho fahren; *fam* auf die Tube drücken 2 ÉLEC Röhre *f* 3 (❗ maskulin) Tube *f*; **~ de dentifrice** Tube Zahnpasta; Zahnpastatube *f*; **en ~** in der Tube 4 **~ d'aspirine** Röhrchen *n* Aspirin 5 **~ digestif** Verdauungskanal *m*, -trakt *m*; *fam (œsophage)* Speiseröhre *f* 6 *fam* MUS Hit *m*; Schlager *m*
tubercule [tybɛʀkyl] M 1 BOT Knolle *f* 2 ANAT Höcker *m* 3 MÉD Knötchen *n*
tuberculeux [tybɛʀkylø] A ADJ ⟨-euse [-øz]⟩ tuberkulös B **~, tuberculeuse** M,F Tuberkulosekranke(r) *m/f(m)*
tuberculinique [tybɛʀkylinik] ADJ Tuberkulin... **tuberculose** [-oz] F Tuberkulose *f*
tubulaire [tybylɛʀ] ADJ 1 röhrenförmig 2 *(en tubes métalliques)* Stahlrohr...

les tubas (mpl) — Tuben

le tuba — Schnorchel

tubulure [tybylyʀ] F 1 *orifice* Stutzen *m* 2 *coll* Röhren *fpl*; Rohre *npl*
tudesque [tydɛsk] *litt, péj* ADJ deutsch
tué [tɥe] A ADJ ⟨~e⟩ getötet; MIL gefallen B M Getötete(r) *m*; MIL Gefallene(r) *m*
tue-mouches [tymuʃ] ADJ **amanite** *f* **~** Fliegenpilz *m*; **papier** *m* **~** Fliegenfänger *m*
tuer [tɥe] A V/T 1 töten *(a. abs)*; *personne a.* umbringen; *(assommer)* totschlagen; erschlagen; *avec une arme à feu* erschießen; *boucher: animal* schlachten; CH erlegen; schießen; **être tué, se faire tuer** getötet werden; umkommen; ums Leben kommen; *à la guerre a.* fallen 2 *fig sentiments* (ab)töten; völlig abstumpfen; *petit commerce, etc* ruinieren; zugrunde richten; **tuer le temps** die Zeit totschlagen 3 *fam fig (épuiser)* *fam* fertigmachen; *fam* krank machen; *fam* umbringen B V/PR **se tuer** 1 *(se suicider)* sich töten; sich umbringen; sich *(dat)* das Leben nehmen 2 *(mourir)* umkommen; ums Leben kommen; **se tuer en voiture** mit dem Auto tödlich verunglücken 3 *fig* **se tuer au travail** sich zu Tode arbeiten; *fam* **je me tue à lui dire que ...** ich sage es ihm tausendmal, dass ...
tuerie [tyʀi] F Blutbad *n*; Gemetzel *n*
tue-tête [tytɛt] **à ~** *crier* aus Leibeskräften; *chanter* aus vollem Hals
tueur [tɥœʀ] A M 1 (Massen)Mörder *m*; **~ (à gages)** Killer *m* 2 *dans un abattoir* Schlächter *m* B ADJ ⟨-euse [-øz]⟩ Killer...
tuf [tyf] M Tuff(stein) *m*
tuile [tɥil] F 1 (Dach)Ziegel *m* 2 *fam fig* Schlag *m* ins Kontor; **quelle ~!** *fam* so ein Pech! 3 CUIS Mandelplätzchen *n*

T

les tubes (mpl) — Rohre

le tube — Tube

tulipe [tylip] F Tulpe *f*
tulle [tyl] M Tüll *m*
tuméfié [tymefje] ADJ ⟨~e⟩ (an)geschwollen; verschwollen **tuméfier** [-fje] **A** V/T anschwellen lassen **B** V/PR **se ~** anschwellen
tumeur [tymœʀ] F (! feminin) Tumor *m*; Geschwulst *f*
tumulte [tymylt] M Tumult *m*; Lärm *m*; Getöse *n*
tumultueux [tymyltɥø] ADJ ⟨-euse [-øz]⟩ **1** *réunion* stürmisch; turbulent; lärmend **2** *litt flots* tosend **3** *fig vie* bewegt; *passion* stürmisch
tumulus [tymylys] M Hügelgrab *n*
tune → thune
tuner [tynɛʀ] M Tuner *m*
tungstène [tɛ̃kstɛn, tœ̃-] M CHIM Wolfram *n*
tunique [tynik] F **1** HIST Tunika *f* **2** *corsage long* Kasack(bluse) *m(f)*
Tunis [tynis] Tunis *n*
Tunisie [tynizi] **la ~** Tunesien *n*
tunisien [tynizjɛ̃] **A** ADJ ⟨-ienne [-jɛn]⟩ tunesisch **B** **Tunisien(ne)** M(F) Tunesier(in) *m(f)*
tunnel [tynɛl] M Tunnel *m*; **~ sous la Manche** Kanaltunnel *m*; *fig* **être au bout du ~** das Schlimmste hinter sich *(dat)* haben
turban [tyʀbɑ̃] M Turban *m*
turbin [tyʀbɛ̃] M *argot (travail) fam* Maloche *f*
turbine [tyʀbin] F Turbine *f*
turbiner [tyʀbine] V/I *argot (travailler) fam* schuften; sich abrackern
turbo [tyʀbo] **1** *m abr (turbocompresseur)* Turbo *m* **2** *f voiture* Turbo *m*
turbocompresseur M TECH Turbokompressor *m*; AUTO Turbolader *m* **turbopropulseur** M Turbo-Prop-Triebwerk *n*
turbot [tyʀbo] M Steinbutt *m*
turbotrain [tyʀbotʀɛ̃] M Turbinenzug *m*
turbulence [tyʀbylɑ̃s] F **1** *d'un enfant* Wildheit *f*; Lebhaftigkeit *f* **2** PHYS, MÉTÉO Turbulenz *f*
turbulent [tyʀbylɑ̃] ADJ ⟨-ente [-ɑ̃t]⟩ *enfant* wild; sehr lebhaft; ausgelassen
turc [tyʀk] **A** ADJ ⟨turque [tyʀk]⟩ türkisch; **bain ~** Dampfbad *n*; türkisches Bad; **W.-C.** *mpl* **à la turque** *fam* Stehklo *n*; Stehtoilette *f* **B** **Turc, Turque** M,F Türke *m*, Türkin *f*; *fig* **tête** *f* **de Turc** *ridiculisé* Zielscheibe *f* des Spotts; *victime* Prügelknabe *m*; **fort comme un Turc** bärenstark
turf [tyʀf, tœʀf] M Pferderennsport *m* **turfiste** [-ist] M/F Wetter(in) *m(f)* bei Pferderennen
Turin [tyʀɛ̃] Turin *n*
turista [tuʀista] F *fam (diarrhée) fam plais* Montezumas Rache *f*
turlupiner [tyʀlypine] V/T *fam* **ça me turlupine** das lässt mir keine Ruhe
turlututu [tyʀlytyty] INT **~ (chapeau pointu)!** papperlapapp!
turne [tyʀn] F *fam* Bude *f*
turpitude [tyʀpityd] F *st/s* Schändlichkeit *f*
turque [tyʀk] → turc
Turquie [tyʀki] **la ~** die Türkei
turquoise [tyʀkwaz] **A** F Türkis *m* **B** ADJ (! unveränderlich) türkis(farben)
tutelle [tytɛl] F **1** JUR Vormundschaft *f*; **territoire** *m* **sous ~** Treuhandgebiet *n* **2** *péj (dépendance)* Bevormundung *f* **3** *st/s (protection)* Schutz *m*
tuteur [tytœʀ] M **1** JUR Vormund *m* **2** JARD Stütze *f*
tutoiement [tytwamɑ̃] M Duzen *n*
tutoyer [tytwaje] ⟨-oi-⟩ V/T *(et* V/PR **se ~** sich) duzen
tutrice [tytʀis] F (weiblicher) Vormund
tutti quanti [tutikwɑ̃ti] **… et ~** … und so weiter; … und dergleichen mehr
tutu [tyty] M **1** Ballettröckchen *n* **2** *enf (derrière)* Popo *m*
tuyau [tɥijo] M ⟨~x⟩ **1** *rigide* Rohr *n*; Röhre *f*; *souple* Schlauch *m*; **~ d'arrosage** Gartenschlauch *m* **2** *fam (renseignement)* Tip *m* **3** **~ d'orgue** Orgelpfeife *f*
tuyauter [tɥijote] V/T *fam* **~ qn** j-m Tipps geben
tuyauterie [tɥijotʀi] F Rohrleitung(en) *f(pl)*
tuyère [tɥijɛʀ] F (Schub)Düse *f*
TVA [tevea] F ABR (taxe à la valeur ajoutée) Mehrwertsteuer *f (abr* MwSt.)
tweed [twid] M Tweed *m*
twin-set [twinsɛt] M ⟨twin-sets⟩ Twinset *n ou m*
tympan [tɛ̃pɑ̃] M **1** ANAT Trommelfell *n* **2**

T

ARCH Tympanon *n*; Giebelfeld *n*
tympanon [tɛ̃panɔ̃] M MUS Hackbrett *n*
type [tip] M **1** *(genre)* Typ(us) *m*; **avoir le ~ nordique** ein nordischer Typ sein **2** *fam (gars) fam* Kerl *m*; *fam* Typ *m*; **un chic ~** ein prima Kerl **3** TECH Modell *n*; Typ *m*; Bauart *f*; Ausführung *f* **4** *adjt* typisch
typé [tipe] ADJ ⟨~e⟩ **être très ~** ein sehr ausgeprägter Typ sein
typesse [tipɛs] F *fam péj* Weibsbild *n*
typhique [tifik] **A** ADJ **1** *(du typhus)* Fleckfieber… **2** *(de la typhoïde)* Typhus… **B** M/F **1** an Fleckfieber Erkrankte(r) *m/f(m)* **2** Typhuskranke(r) *m/f(m)*
typhoïde [tifɔid] F Typhus *m*
typhon [tifɔ̃] M Taifun *m*
typhus [tifys] M **~ (exanthématique)** Fleckfieber *n*, -typhus *m*
typique [tipik] ADJ typisch (**de** für) **typiquement** [-mɑ̃] ADV typisch
typographe [tipɔgʀaf] M/F (Schrift)Setzer(in) *m(f)* **typographie** [-i] F Typographie *f (a. aspect)*; Buchdruckerkunst *f*; Druck *m* **typographique** [-ik] ADJ typographisch; Buchdruck…
typologie [tipɔlɔʒi] F Typologie *f*
tyran [tiʀɑ̃] M Tyrann *m*
tyrannie [tiʀani] F Tyrannei *f (a. fig)*; Gewalt-, Willkürherrschaft *f*; *de la mode* Diktatur *f* **tyrannique** [-ik] ADJ tyrannisch
tyranniser [tiʀanize] V/T tyrannisieren; **se laisser ~** sich tyrannisieren lassen; *de choses, de sentiments* völlig beherrscht werden (**par** von)
Tyrol [tiʀɔl] **le ~** Tirol *n*
tyrolien [tiʀɔljɛ̃] **A** ADJ ⟨-ienne [-jɛn]⟩ Tiroler; **chapeau ~** Tirolerhut *m*; Trachtenhut *m* **B** SUBST **1** **Tyrolien(ne)** *m(f)* Tiroler(in) *m(f)* **2** **~ne** *f* MUS Jodler *m*
tzigane [dzigan, tsi-] **A** ADJ Zigeuner… **B** **Tzigane** M/F Zigeuner(in) *m(f)*

U

U, u [y] M (❗ unveränderlich) U, u *n*
ubiquité [ybikɥite] F Allgegenwart *f*; **je n'ai pas le don d'~** ich kann nicht überall zugleich sein
UDF [ydeɛf] F ABR (Union pour la démocratie française) *Partei der bürgerlich-liberalen Mitte*
UE [yə] F ABR (Union européenne) EU *f*
UEFA [yefa] F ABR (Union européenne de football association) UEFA *f*; **coupe** *f* **de l'~** UEFA-Cup *m*; UEFA-Pokal *m*
UFR [yɛfɛʀ] F (❗ unveränderlich) → unité 6
UHT [yaʃte] ABR (ultra-haute température) **lait** *m* **~** H-Milch *f*
Ukraine [ykʀɛn] **l'~** F die Ukraine
ukrainien [ykʀɛnjɛ̃] **A** ADJ ⟨-ienne [-jɛn]⟩ ukrainisch **B** SUBST **1** **Ukrainien(ne)** *m(f)* Ukrainer(in) *m(f)* **2** LING **l'~** *m* das Ukrainische; Ukrainisch *n*
ulcération [ylseʀasjɔ̃] F Geschwürbildung *f*
ulcère [ylsɛʀ] M Geschwür *n*
ulcéré [ylseʀe] ADJ ⟨~e⟩ tief gekränkt; verbittert
ulcérer [ylseʀe] V/T ⟨-è-⟩ **~ qn** j-n tief kränken; j-n verbittern
ulcéreux [ylseʀe] ADJ ⟨-euse [-øz]⟩ mit Geschwüren bedeckt
ULM [yɛlɛm] M (❗ unveränderlich) ABR (ultra-léger motorisé) Ultraleichtflugzeug *n*
ultérieur [ylteʀjœʀ] ADJ ⟨~e⟩ spätere; (zu)künftige **ultérieurement** [-mɑ̃] ADV später; in der Folge
ultimatum [yltimatɔm] M Ultimatum *n*; **adresser, envoyer un ~** ein Ultimatum stellen (**à** *dat*)
ultime [yltim] ADJ allerletzte
ultra [yltʀa] M Ultra *m*; Rechtsextremist *m*
ultra… [yltʀa] *préfixe* sehr; extrem; hoch…; *fam* super…; POL, *t/t* ultra…; Ultra…
ultra-chic ADJ hochelegant; *fam* todschick **ultra-confidentiel** ADJ ⟨~le⟩ streng vertraulich **ultra-conservateur** ADJ ⟨-trice [-tʀis]⟩ erzkonservativ
ultra-court ADJ **ondes ~es** Ultrakurzwellen *fpl*
ultramoderne ADJ hochmodern; *fam* supermodern
ultramontain [yltʀamɔ̃tɛ̃] ÉGL CATH **A** ADJ ultramontan **B** M Ultramontane(r) *m*
ultraperfectionné [yltʀapɛʀfɛksjɔne] ADJ ⟨~e⟩ hoch entwickelt; äußerst perfektioniert
ultra-rapide ADJ extrem schnell; *fam* super-

schnell
ultrasensible ou **ultra-sensible** ADJ hochempfindlich
ultrason ou **ultra-son** M Ultraschall *m*
ultraviolet ou **ultra-violet** **A** ADJ ⟨-ette⟩ ultraviolett; **rayons ultraviolets** ou **ultra-violets** ultraviolette Strahlen *mpl* **B** M Ultraviolett *n*
Ulysse [ylis] M Odysseus *m*
un [ɛ̃, œ̃] M, **une** [yn] F **A** NUM **1** *emploi isolé*: **un** (! unveränderlich) eins; **le un** die Eins; der Einser **2** *devant un subst*: *m* ein, *f* eine, *n* ein (*elliptiquement* einer, eine, ein[e]s); **pas un mot** kein Wort; **il est une heure** es ist ein Uhr ou eins; **trois heures une** drei Uhr eins; *fam* **ne faire ni une ni deux** nicht lange fackeln; *journal* **à la une** auf der ersten Seite; TV *fam* **sur la Une** im Ersten (*Programm*); **et d'un** ou **et d'une** das wäre eine(r, -s); eine(n, -s) hätten wir; **il était moins une** es hätte nicht mehr viel gefehlt **3** *adjt* eins; einzig; **c'est tout un** es ist ganz einerlei; **ne faire qu'un** eins, unzertrennlich sein **4** **pas un(e)** nicht einer, eine, ein(e)s; keiner, keine, kein(e)s; **comme pas un** wie kein anderer; **un à un** [ɛ̃naɛ̃] ou **un par un** einer nach dem anderen; einzeln **B** ARTICLE INDÉFINI *m* ein, *f* eine, *n* ein (*elliptiquement* einer, eine, ein[e]s) **C** PRON INDÉF *m* einer, *f* eine, *n* ein(e)s; **l'un d'eux** einer von ihnen; **de deux choses l'une** eins von beiden; **l'un(e) …, l'autre …** der (die) eine …, der (die) andere …; **l'un dans l'autre** im Großen und Ganzen; **l'un et l'autre** beide; **ni l'un ni l'autre** keiner ou kein(e)s von beiden; **c'est l'un ou l'autre** entweder – oder; eins von beiden; *réciproquement* **l'un(e) l'autre** ou **les un(e)s les autres** sich gegenseitig; einander; **l'un après, avec, contre, pour l'autre** nach-, mit-, gegen-, füreinander
unanime [ynanim] ADJ einmütig; einstimmig; einhellig
unanimité [ynanimite] F Einmütigkeit *f*; Einstimmigkeit *f* (*a.* POL); Einhelligkeit *f*; **à l'~** einstimmig; **faire l'~** allgemeine Zustimmung finden
une → un
UNEF [ynɛf] F ABR (Union nationale des étudiants de France) Nationaler französischer Studentenverband
Unetelle [yntɛl] F **(madame) ~** Frau Sowieso, Soundso
uni [yni] ADJ ⟨~e⟩ **1** vereint; vereinigt; *famille* einträchtig zusammenlebend **2** *tissu* uni; *papier* glatt; unlin(i)iert; *surface* glatt; eben
unicellulaire ADJ einzellig
unicité [ynisite] F Einmaligkeit *f*; Einzigartigkeit *f*
unicolore [ynikɔlɔʀ] ADJ einfarbig
unidirectionnel [ynidiʀɛksjɔnɛl] ADJ ⟨~le⟩ RAD einseitig gerichtet
unième [ynjɛm] NUM **vingt et ~** einundzwanzigste; **cent ~** hunderterste
unificateur [ynifikatœʀ] ADJ ⟨-trice [-tʀis]⟩ einigend
unification [ynifikasjõ] F **1** Vereinheitlichung *f* **2** Einigung *f* **unifier** [-fje] V/T **1** *tarifs, etc* vereinheitlichen **2** *pays, parti* einigen
uniforme [ynifɔʀm] **A** ADJ **1** gleichförmig, -artig, -mäßig; einheitlich **2** (*monotone*) ein-, gleichförmig **B** M (! maskulin) Uniform *f*; Dienst-, Berufskleidung *f*
uniformément [ynifɔʀmemɑ̃] ADV gleichartig, -förmig, -mäßig; einheitlich
uniformisation [ynifɔʀmizasjõ] F Vereinheitlichung *f* **uniformiser** [-e] V/T vereinheitlichen
uniformité [ynifɔʀmite] F **1** Gleichförmigkeit *f*, -artigkeit *f*, -mäßigkeit *f*; Einheitlichkeit *f* **2** (*monotonie*) Einförmig-, Gleichförmigkeit *f*
unijambiste [ynizɑ̃bist] M/F Beinamputierte(r) *m/f(m)*
unilatéral ADJ ⟨~e; -aux [-o]⟩ einseitig
unilingue [ynilɛ̃g] ADJ einsprachig **unilinguisme** [-ɥism] M Einsprachigkeit *f*
uninominal ADJ ⟨~e; -aux [-o]⟩ **scrutin ~** Persönlichkeits-, Einzelwahl *f*
union [ynjõ] F **1** Union *f*; Bund *m*; Zusammenschluss *m*; **Union européenne** Europäische Union (*abr* EU) **2** Ehe(bund) *f(m)*; **~ libre** Ehe *f* ohne Trauschein **3** Einigkeit *f*; *prov* **l'~ fait la force** *prov* Einigkeit macht stark **4** Verbindung *f*; Vereinigung *f*
unique [ynik] ADJ **1** (*seul*) einzig; alleinig; *paiement, etc* einmalig; **enfant** *m/f* **unique** Einzelkind *n*; **parti** *m* **unique** Einheitspartei *f*; **sens** *m* **unique** Einbahnstraße *f* **2** (*exceptionnel*) einzigartig; einmalig; **unique en son genre** einzig in s-r Art
uniquement [ynikmɑ̃] ADV einzig und allein; nur; bloß
unir [yniʀ] **A** V/T verein(ig)en, verbinden (**à** mit); einigen; *couple* trauen **B** V/PR **s'unir** sich verein(ig)en; **s'unir contre qn** sich gegen j-n verbünden
unisexe ADJ *vêtement* Unisex…; gleich für Mann und Frau **unisexué** ADJ ⟨~e⟩ eingeschlechtig
unisson [ynisõ] M **à l'~** unisono; *fig* im Gleichklang
unitaire [ynitɛʀ] ADJ einheitlich; Einheits…
unité [ynite] F **1** Einheit *f*; Einheitlichkeit *f*; Geschlossenheit *f*; **~ d'action** einheitliches Vorgehen **2** (Maß)Einheit *f*; **~ monétaire** Währungseinheit *f* **3** (*ensemble*) Einheit *f* (*a.* MIL) **4**

MATH Einer *m* **5** COMM Stück *n*; **prix** *m* **à l'~** Einzel-, Stückpreis *m* **6** UNIVERSITÉ **~ de formation et de recherche** (*abr* **UFR**) Fachbereich *m* **7** INFORM Gerät *n*; **~ centrale** Zentraleinheit *f*

univers [yniveʀ] M **1** Weltall *n*; Universum *n*; All *n* **2** *fig* Welt *f*

universalisation [yniveʀsalizasjõ] F allgemeine Verbreitung **universaliser** [-e] **A** V/T allgemein verbreiten; verallgemeinern **B** V/PR **s'~** sich allgemein verbreiten; Allgemeingut werden

universalité [yniveʀsalite] F Universalität *f*; All-, Vielseitigkeit *f*; *d'une langue* allgemeine Verbreitung; *d'une loi* Allgemeingültigkeit *f*

universel [yniveʀsɛl] ADJ ⟨~le⟩ **1** universell; Universal…; allgemein(gültig); allgemein verbreitet; (all)umfassend; Gesamt…; *culture* universal; all-, vielseitig; **suffrage ~** allgemeines Wahlrecht **2** (*mondial*) Welt…; weltweit

universellement [yniveʀsɛlmɑ̃] ADV allgemein

universitaire [yniveʀsitɛʀ] **A** ADJ Universitäts…; Hochschul…; akademisch; **restaurant** *m* **~** Mensa *f* **B** M/F Hochschullehrer(in) *m(f)*

université [yniveʀsite] F Universität *f*; Hochschule *f*; **~ populaire** Volkshochschule *f*

Untel [ɛ̃tɛl, œ̃-] (**monsieur, madame**) **~** Herr, Frau Sowieso, Soundso

uppercut [ypɛʀkyt] M BOXE Aufwärtshaken *m*; Uppercut *m*

upsilon [ypsilɔn] M Ypsilon *n*

uranium [yʀanjɔm] M Uran *n*

Uranus [yʀanys] (der) Uranus

urbain [yʀbɛ̃] ADJ ⟨-aine [-ɛn]⟩ städtisch; Stadt…; TÉL **réseau ~** Ortsnetz *n*

urbanisation [yʀbanizasjõ] F Verstädterung *f* **urbaniser** [-ize] V/PR **s'~** verstädtern **urbanisme** [-ism] M (Stadtplanung *f* und) Städtebau *m* **urbaniste** [-ist] M Städtebauer *m*, -planer *m* **urbanistique** [-istik] ADJ städtebaulich

urbanité [yʀbanite] *litt* F Höflichkeit *f*; Zuvorkommenheit *f*

U

urbi et orbi [yʀbiɛtɔʀbi] ÉGL CATH **bénédiction** *f* **~** (päpstlicher) Segen urbi et orbi

urée [yʀe] F Harnstoff *m*

urémie [yʀemi] F Harnvergiftung *f*; Urämie *f*

uretère [yʀtɛʀ] M Harnleiter *m*

urètre [yʀɛtʀ] M Harnröhre *f*

urgence [yʀʒɑ̃s] F **1** Dringlichkeit *f*; Eiligkeit *f*; **d'~** dringend; sofort; **en cas d'~** in eiligen, dringenden Fällen **2** MÉD Notfall *m*; **service** *m* **des ~s** Notaufnahme *f*

urgent [yʀʒɑ̃] ADJ ⟨-ente [-ɑ̃t]⟩ dringend; eilig; (vor)dringlich

urgentiste [yʀʒɑ̃tist] **A** M/F Notarzt, -ärztin *m,f* **B** ADJ **médecin** *m* **~** Notarzt, -ärztin *m,f*

urger [yʀʒe] *fam* V/I ⟨-ge-⟩ **ça urge** es eilt; es ist dringend

urinaire [yʀinɛʀ] ADJ Harn…

urinal [yʀinal] M ⟨-aux [-o]⟩ Urinflasche *f*

urine [yʀin] F (! feminin) Urin *m*; Harn *m*

uriner [yʀine] V/I urinieren; Wasser lassen **urinoir** [-waʀ] M Pissoir *n*

urne [yʀn] F **1** Urne *f*; **~ funéraire** Graburne *f* **2** Wahlurne *f*; **aller aux ~s** zur Wahl gehen

l'urne (f) — Urne

l'urne (f) — Wahlurne

urologie [yʀɔlɔʒi] F Urologie *f* **urologique** ADJ urologisch **urologue** [-lɔg] M Urologe *m*

urticaire [yʀtikɛʀ] F Nesselsucht *f*, -ausschlag *m*, -fieber *n*

Uruguay [yʀygwɛ] **l'~** M Uruguay *n*

uruguayen [yʀygwɛjɛ̃] **A** ADJ ⟨-yenne [-jɛn]⟩ uruguayisch **B** **Uruguayen(ne)** M(F) Uruguayer(in) *m(f)*

us [ys] MPL **~ et coutumes** Sitten und Gebräuche *pl*

usage [yzaʒ] M **1** (*utilisation*) Gebrauch *m*; Benutzung *f*; Anwendung *f*; Verwendung *f*; *de drogues, etc* Genuss *m*; **à l'~** beim Gebrauch; **à l'~ de qn** für j-n (zum Gebrauch); **être encore en ~** noch verwendet, gebraucht werden; **°hors d'~** außer Gebrauch; *fam* **faire de l'~** strapazierfähig sein; lange halten; **faire ~ de qc** etw verwenden, gebrauchen, anwenden **2** *de la langue* **~ (courant)** (allgemeiner) Sprachgebrauch; **en ~** üblich; gebräuchlich **3** (*coutume*) Brauch *m*; Sitte *f*; *fam* Usus *m*; **d'~** üblich; gebräuchlich

usagé [yzaʒe] ADJ ⟨~e⟩ gebraucht; Alt…; *vêtements a.* getragen

usager [yzaʒe] M Benutzer *m*; **~ de la route, du téléphone** Verkehrs-, Fernsprechteilnehmer *m*

usant [yzɑ̃] *fam* ADJ ⟨-ante [-ɑ̃t]⟩ anstrengend

USB [yɛsbe] M ABR (universal serial bus) INFORM USB *m*; **clé** *f* **~** USB-Stick *m*

usé [yze] ADJ ⟨~e⟩ **1** abgenutzt; *vêtements a.* abgetragen; ver-, zerschlissen; *semelle* durchgelaufen; *pneus* abgefahren; **eaux ~es** Abwässer *npl* **2** *personne* verbraucht; verlebt; *mains* abgearbeitet **3** *expression* abgegriffen

user [yze] **A** V/T **1** abnutzen; *vêtements a.* abtragen; verschleißen **2** *(consommer)* verbrauchen **3** **~ qn** j-n zermürben, aufreiben; **~ ses yeux, s'~ les yeux** sich *(dat)* die Augen verderben **B** V/T INDIR **~ de qc** etw anwenden, gebrauchen; von etw Gebrauch machen **C** V/PR **s'~** sich abnutzen; verschleißen

usinage [yzinaʒ] M maschinelle Fertigung; Be-, Verarbeitung *f*

usine [yzin] F Fabrik *f*; Werk *n*; Betrieb *m*; Fabrikanlage *f*; *fam fig* **c'est une véritable ~** das ist die reinste Fabrik

usiner [yzine] V/T maschinell fertigen; be-, verarbeiten

usité [yzite] ADJ ⟨~e⟩ *mot* gebräuchlich; geläufig; **peu ~** selten gebraucht

ustensile [ystɑ̃sil] M Gerät *n*; **~ de cuisine** Küchengerät *n*

usuel [yzɥɛl] ADJ ⟨~le⟩ üblich; gebräuchlich; gewöhnlich

usufruit [yzyfʀɥi] M JUR Nießbrauch *m*; Nutzung(srecht) *f(n)* **usufruitier** [-tje] M JUR Nießbraucher *m*; Nutzungsberechtigte(r) *m*

usuraire [yzyʀɛʀ] ADJ wucherisch; Wucher…

usure [yzyʀ] F **1** FIN (Kredit)Wucher *m*; Wucherzins *m* **2** *(détérioration)* Abnutzung *f*; Verschleiß *m*; *fam fig* **je l'aurai à l'~** *fam* mit der Zeit krieg ich ihn schon mürbe, herum

usurier [yzyʀje] M Wucherer *m*

usurpateur [yzyʀpatœʀ] M Usurpator *m*; Thronräuber *m* **usurpation** [-sjõ] F **1** POL Usurpation *f* **2** *d'un droit* Anmaßung *f*

usurper [yzyʀpe] V/T **1** POL usurpieren **2** **~ qc** sich *(dat)* etw anmaßen; sich *(dat)* widerrechtlich etw aneignen

ut [yt] M (❗ unveränderlich) MUS c *ou* C *n*

utérin [yteʀɛ̃] ADJ ⟨-ine [-in]⟩ Gebärmutter…; Uterus…

utérus [yteʀys] M Gebärmutter *f*; Uterus *m*

utile [ytil] **A** ADJ **1** nützlich; zweckmäßig; (zweck)dienlich; brauchbar; geeignet; **~ à qn** von Nutzen für j-n; **en temps ~** zu gegebener Zeit; **si je peux vous être ~ en qc** wenn ich Ihnen irgendwie behilflich sein kann; **se rendre ~** sich nützlich machen **2** TECH Nutz… **B** M **joindre l'~ à l'agréable** das Angenehme mit dem Nützlichen verbinden

utilement [ytilmɑ̃] ADV nützlich

utilisable [ytilizabl] ADJ verwendbar; benutzbar **utilisateur** [-tœʀ] M, **utilisatrice** [-tʀis] F Benutzer(in) *m(f)*; INFORM *a.* User *m*

utilisation [ytilizasjõ] F Ver-, Anwendung *f*; Gebrauch *m*; Be-, Ausnutzung *f*; Nutzung *f*

utiliser [ytilize] V/T verwenden; gebrauchen; benutzen; *espace* ausnutzen; *restes* verwerten; *méthode* anwenden; *ressources* nutzen

utilitaire [ytilitɛʀ] ADJ Nutz…; Gebrauchs…; **véhicule** *m* **~** Nutzfahrzeug *n*

utilitarisme [ytilitaʀism] M Utilitarismus *m*; Nützlichkeitsprinzip *n*

utilité [ytilite] F Nützlichkeit *f*; Nutzen *m*; Zweckmäßigkeit *f*; Brauchbarkeit *f*; Verwendbarkeit *f*; **association reconnue d'~ publique** gemeinnützige Vereinigung

utopie [ytɔpi] F Utopie *f* **utopique** [-ik] ADJ utopisch **utopiste** [-ist] M Utopist *m*; Fantast *m*

UV [yve] F ABR (unité de valeur) UNIVERSITÉ Schein *m*

V

V, v [ve] M (❗ unveränderlich) V, v *n*; *fam* **à la vitesse grand V** mit Höchstgeschwindigkeit

va [va] → aller[1]; *fam* **~ pour 200 euros** also gut *ou* schön, 200 Euro; *fam fig* **à la ~ comme je te pousse** schludrig; schlampig; **à tout ~** ungehemmt

vacance [vakɑ̃s] F **1** *(poste vacant)* freie, unbesetzte Stelle **2** POL **~ du pouvoir** Machtvakuum *n*

vacances [vakɑ̃s] FPL Ferien *pl*; *des salariés* Urlaub *m*; **grandes ~** große Ferien; **~ scolaires** Schulferien *pl*; **~ de Noël, de Pâques** Weihnachts-, Osterferien *pl*; **être en ~** in *ou* im Urlaub, in Ferien sein; Urlaub, Ferien haben; **partir en ~** in Urlaub fahren *ou* gehen; **prendre des ~** Urlaub nehmen, machen

vacancier [vakɑ̃sje] M, **vacancière** [-jɛʀ] F Urlauber(in) *m(f)*; Feriengast *m*

vacant [vakɑ̃] ADJ ⟨-ante [-ɑ̃t]⟩ *poste* offen; unbesetzt; frei; vakant; *appartement* leer stehend

vacarme [vakaʀm] M Lärm *m*; Krach *m*

vacataire [vakatɛʀ] M/F Aushilfskraft *f*; Aushilfe *f* **vacation** [-sjõ] F Aushilfstätigkeit *f*; (Stell)Vertretung *f*

vaccin [vaksɛ̃] M Impfstoff *m*

vaccinable [vaksinabl] ADJ **être ~** geimpft werden können

vaccination [vaksinasjõ] F Impfung *f*

vacciner [vaksine] V/T **1** MÉD impfen (**contre** gegen) **2** *fam fig* **être vacciné** geheilt sein

V

(**contre** von)

vache [vaʃ] **A** F **1** ZOOL Kuh *f*; **~ sacrée** heilige Kuh (*a. fig*); *fig* **~ à lait** *fam* Melkkuh *f*; gute Einnahmequelle; **maladie** *f* **de la ~ folle** Rinderwahn(sinn) *m*; *fig* **manger de la ~ enragée** sich kümmerlich durchschlagen müssen; *fam* **parler français comme une ~ espagnole** *fam* ein miserables Französisch sprechen; *fam* **il pleut comme ~ qui pisse** *pop* es schifft **2** *cuir* Rinds-, Kuhleder *n* **3** *fam fig* (**peau** *f* **de**) **~** Schuft *m*; (*fam* hunds)gemeiner Kerl **4** *fam int* **la ~!** *fam* Donnerwetter!; Mensch! **B** ADJ *fam* (*méchant*) gemein, schuftig (**avec qn** zu j-m)

vachement [vaʃmɑ̃] *fam* ADV *fam* ungeheuer; **~ cher** *fam* sauteuer; **il est ~ bien** *fam* er sieht toll aus

vacher [vaʃe] M, **vachère** [-ɛʀ] F Kuhhirt(in) *m(f)*

vacherie [vaʃʀi] *fam* F Gemeinheit *f*

vacherin [vaʃʀɛ̃] M **1** *fromage* sahniger Weichkäse aus dem Jura **2** *gâteau* Baisertorte *f* mit Eis und Sahne

vachette [vaʃɛt] F Färsenleder *n*

vacillant [vasijɑ̃] ADJ ⟨-ante [-ɑ̃t]⟩ **1** *démarche* taumelnd; schwankend; wankend **2** *flamme* flackernd **3** *fig foi, résolutions* schwankend; *raison* etwas verwirrt, wirr; *mémoire* unzuverlässig

vacillation [vasijasjõ] F *ou* **vacillement** [-mɑ̃] M Schwanken *n*; Wanken *n*; Taumeln *n*; *d'une flamme* Flackern *n*

vaciller [vasije] V/I **1** schwanken; wanken; taumeln **2** *flamme* flackern **3** *fig raison* wirr, verwirrt sein; *mémoire* unzuverlässig sein

vacuité [vakɥite] *st/s* F Leere *f*

vadrouille [vadʀuj] F *fam* **être en ~** → vadrouiller

vadrouiller [vadʀuje] V/I *fam* herumbummeln, -strolchen, -ziehen

vadrouilleur [vadʀujœʀ] M **c'est un ~** *fam* er strolcht, zigeunert gerne herum

va-et-vient [vaevjɛ̃] M (❗ unveränderlich) **1** **un ~ incessant** ein ständiges Kommen und Gehen, Hin und Her **2** TECH Hin- und Herbewegung *f* **3** ÉLEC Wechselschalter *m*

vagabond [vagabõ] M Vagabund *m*; Landstreicher *m*; Streuner *m*

V

vagabondage [vagabõdaʒ] M Umherziehen *n*, -streifen *n*; Vagabundieren *n*

vagabonder [vagabõde] V/I **1** sich herumtreiben; vagabundieren; umherstreifen; streunen **2** *fig imagination* umherschweifen

vagin [vaʒɛ̃] M Scheide *f*; Vagina *f*

vaginal [vaʒinal] ADJ ⟨~e; -aux [-o]⟩ Scheiden…; Vaginal…; vaginal

vagir [vaʒiʀ] V/I *bébé* wimmern; schreien **vagissement** [-ismɑ̃] M Wimmern *n*

vague¹ [vag] **A** ADJ **1** vage; undeutlich; verschwommen; unklar; *regard* zerstreut **2** (*quelconque*) irgendein **3** (*ample*) weit **4** **terrain** *m* **~** unbebautes Gelände, Grundstück **B** M **~ à l'âme** Weltschmerz *m*; **rester dans le ~** sich nur vage äußern

vague² F Welle *f* (*a. fig*); *st/s* Woge *f*; **~ de chaleur, de froid** Hitze-, Kältewelle *f*; *fig* **~ de départs** Reisewelle *f*; *fig* **~ d'enthousiasme** Welle, Woge der Begeisterung; *fig* **faire des ~s** Wellen schlagen

vaguelette [vaglɛt] F kleine Welle

vaguement [vagmɑ̃] ADV vage; undeutlich; verschwommen; **~ ému** leicht gerührt; **j'ai ~ compris** ich habe so ungefähr verstanden

vaillamment [vajamɑ̃] ADV → vaillant 1

vaillance [vajɑ̃s] *st/s* F Tapferkeit *f*

vaillant [vajɑ̃] ADJ ⟨-ante [-ɑ̃t]⟩ **1** *st/s* (*courageux*) tapfer; beherzt; *plais* wacker **2** **il n'est pas encore bien ~** er ist noch etwas schwach **3** **n'avoir pas un sou ~** keinen Pfennig (Geld), *fam* keinen (roten) Heller haben

vaille [vaj] **1** → valoir **2** **~ que ~** komme, was da wolle

vain [vɛ̃] ADJ ⟨vaine [vɛn]⟩ unnütz; vergeblich (*a. effort, espoir*); *promesses* leer; *discussion* fruchtlos; **en vain** umsonst; vergeblich; vergebens; **il est vain de** (+ *inf*) es ist sinn-, zwecklos zu (+ *inf*)

vaincre [vɛ̃kʀ] V/T ⟨je vaincs, il vainc, nous vainquons; je vainquais; je vainquis; je vaincrai; que je vainque; vainquant; vaincu⟩ **1** *abs* siegen; **~ qn** j-n besiegen; über j-n siegen; j-n bezwingen **2** *fig* (*surmonter*) überwinden; *maladie* besiegen

vaincu [vɛ̃ky] **A** PP → vaincre *et* ADJ ⟨~e⟩ besiegt **B** M Besiegte(r) *m*

vainement [vɛnmɑ̃] ADV umsonst; vergeblich

vainqueur [vɛ̃kœʀ] M **1** Sieger(in) *m(f)* **2** *fig* Bezwinger *m*; Überwinder *m* **3** *adjt* siegreich; **air ~** Siegermiene *f*

vairon [vɛʀõ] **A** ADJ M *yeux* verschiedenfarbig **B** M ZOOL Elritze *f*; Pfrille *f*

vais [vɛ] → aller¹

vaisseau [vɛso] M ⟨~x⟩ **1** BIOL Gefäß *n*; **~ (sanguin)** Blutgefäß *n* **2** Schiff *n*; **~ spatial** Raumschiff *n*

vaisselier [vɛsəlje] M Tellerbord *n*, -büfett *n*

vaisselle [vɛsɛl] F Geschirr *n*; **faire la ~** (das) Geschirr spülen; abwaschen; *adjt* **liquide** *m* **~** (Geschirr)Spülmittel *n*

val [val] *litt* M ⟨vaux [vo]⟩ Tal *n*

valable [valabl] ADJ **1** *passeport, etc* gültig **2** *excuse, argument* annehmbar; stichhaltig; *solution* brauchbar; *collaborateur* tüchtig; wertvoll; *interlocuteur* kompetent; **sans motif ~** ohne triftigen Grund

valablement [valabləmɑ̃] ADV **1** gebührend **2** entsprechend; richtig
Valais [valɛ] **le ~** das Wallis
Val-de-Marne [valdəmaʀn] **le ~** *frz Departement*
valdingue [valdɛ̃g] M *fam* **faire un ~** → valdinguer
valdinguer [valdɛ̃ge] *fam* V/I hinunterpurzeln, -kullern; **envoyer ~** weg-, hinunterschleudern
Val-d'Oise [valdwaz] **le ~** *frz Departement*
valence [valɑ̃s] F CHIM Wertigkeit *f*
valériane [valeʀjan] F Baldrian *m*
valet [valɛ] M **1** Diener *m*; AGR Knecht *m* (*a. péj*); **~ de chambre** Kammerdiener *m* **2** *carte à jouer* Bube *m*
valeur [valœʀ] F **1** Wert *m* (*a.* MATH, PHIL); **d'une ~ de** im Wert von; **de ~** wertvoll; hochwertig; **sans ~** wertlos; **la ~ de** etwa; ungefähr; **à sa juste ~** s-m Wert entsprechend; **mettre en ~** *argent* arbeiten lassen; *région* erschließen; *sol* bestellen; *fig* hervorheben; herausstellen; zur Geltung bringen **2** *d'une personne* Wert *m*; Bedeutung *f*; **de ~** bedeutend; ausgezeichnet **3** BOURSE **~s** *pl* Werte *mpl*; **~s (mobilières)** (Wert)Papiere *npl*; Effekten *pl*
valeureux [valœʀø] *st/s* ADJ ⟨-euse [-øz]⟩ tapfer
validation [validasjõ] F Gültigkeitserklärung *f*; Anerkennung *f*; *d'un titre de transport* Entwertung *f*
valide [valid] ADJ **1** *personne* gesund; kräftig **2** *passeport, etc* gültig
valider [valide] V/T für rechtsgültig erklären; gültig machen; *diplômes, etc* anerkennen; *titre de transport* entwerten
validité [validite] F (Rechts)Gültigkeit *f*; **durée** *f* **de ~** Gültigkeits-, Geltungsdauer *f*
valise [valiz] F (Reise-, Hand)Koffer *m*; **faire sa ~, ses ~s** den, die Koffer packen
vallée [vale] F Tal *n*
vallon [valõ] M kleines Tal; Talmulde *f*
vallonné [valɔne] ADJ ⟨~e⟩ hügelig **vallonnement** [-mɑ̃] M Hügellandschaft *f*
valoche [valɔʃ] *fam* F Koffer *m*
valoir [valwaʀ] ⟨je vaux, il vaut, nous valons; je valais; je valus; je vaudrai; que je vaille, que nous valions; valant; valu⟩ **A** V/T **1** **~ qc à qn** j-m etw einbringen **2** *somme* **à ~ sur** anzurechnen auf (+ *acc*) **B** V/I **1** wert sein; **~ mieux** besser sein, mehr wert sein (**que** als); **il vaut mieux** (+ *inf*) es ist besser zu (+ *inf*) (**que de** + *inf* als zu + *inf*); **ça vaut un détour** ein Umweg lohnt sich; **ne rien ~** nichts wert sein; nichts taugen; **ne rien ~ à qn** j-m nicht bekommen, guttun; **ça ne me dit rien qui vaille** das lässt mich nichts Gutes ahnen; **faire ~** *droits* geltend machen; *argument* vorbringen; **faire ~ à qn que …** j-m gegenüber betonen, geltend machen, dass …; **avoir** *des références* **à faire ~** vorzuweisen haben **2** (*coûter*) kosten; **~ cher** teuer sein; *fig* **ne pas ~ cher** nichts taugen **3** (*concerner*) **~ pour** gelten für; betreffen (+ *acc*) **C** V/PR **se ~** gleich (gut *ou* schlecht) sein; *fam* **ça se vaut** das kommt aufs Gleiche heraus
valorisant [valɔʀizɑ̃] ADJ ⟨-ante [-ɑ̃t]⟩ das Selbstwertgefühl steigernd **valorisation** [-asjõ] F Aufwertung *f*; Wertsteigerung *f* **valoriser** [-e] V/T aufwerten
valse [vals] F **1** MUS Walzer *m* **2** *fam fig* Karussell *n*
valser [valse] V/I **1** Walzer tanzen **2** *fam fig* **aller ~** *fam* fliegen; *fam fig* **envoyer ~ qc** etw wegschleudern
valseur [valsœʀ] M, **valseuse** [-øz] F Walzertänzer(in) *m(f)*
valve [valv] F TECH Ventil *n*
valvule [valvyl] F Herzklappe *f*
vamp [vɑ̃p] F Vamp *m*
vamper [vɑ̃pe] *fam* V/T bezirzen
vampire [vɑ̃piʀ] M **1** Vampir *m* **2** *fig* Blutsauger *m*
van [vɑ̃] M Transportwagen *m* für Rennpferde
vandale [vɑ̃dal] M Vandale *ou* Wandale *m* (*a. fig*) **vandaliser** [-ize] V/T (mutwillig) beschädigen; demolieren **vandalisme** [-ism] M Vandalismus *ou* Wandalismus *m*; Zerstörungswut *f*
vanille [vanij] F Vanille *f*; **crème** *f*, **glace** *f* **à la ~** Vanillecreme *f*, -eis *n*
vanillé [vanije] ADJ ⟨~e⟩ Vanille…; **sucre ~** Vanillezucker *m*
vanillier [vanije] M Vanille(pflanze) *f*
vanilline [vanilin] F Vanillin *n*
vanité [vanite] F **1** Einbildung *f*; Selbstgefälligkeit *f*; Eitelkeit *f*; **tirer ~ de** sich (*dat*) etwas einbilden auf (+ *acc*) **2** *litt* (*futilité*) Nichtigkeit *f*
vaniteux [vanitø] ADJ ⟨-euse [-øz]⟩ eingebildet; selbstgefällig; eitel
vanne [van] F **1** TECH Schieber *m*; Schütz *n* **2** *fam* Stichelei *f*; **envoyer, lancer une ~, des ~s à qn** gegen j-n sticheln
vanné [vane] ADJ ⟨~e⟩ *fam* hundemüde
vanneau [vano] M ⟨~x⟩ ZOOL Kiebitz *m*
vanner [vane] V/T *blé* schwingen; worfeln
vannerie [vanʀi] F **1** *métier* Korbflechterei *f* **2** *objets* Korbwaren *fpl*
vannier [vanje] M Korbmacher *m*, -flechter *m*
vantail [vɑ̃taj] M ⟨vantaux [vɑ̃to]⟩ (Tür-, Fenster)Flügel *m*
vantard [vɑ̃taʀ] **A** ADJ ⟨-arde [-aʀd]⟩ prahlerisch **B** M Prahlhans *m*; Angeber *m*; Aufschneider *m*
vantardise [vɑ̃taʀdiz] F Prahlerei *f*; Auf-

schneiderei *f*; Angeberei *f*

vanter [vɑ̃te] **A** *V/T* rühmen; *marchandise* anpreisen **B** *V/PR* **se vanter** prahlen, aufschneiden, angeben (**de qc** mit etw); **se vanter de** (+ *inf*) sich (damit) brüsten, sich rühmen zu (+ *inf*); **et je m'en vante!** und ich bin stolz darauf!; *fam* **il ne s'en est pas vanté** das hat er schamhaft verschwiegen

va-nu-pieds *M/F* (! unveränderlich) Bettler(in) *m(f)*

vapes [vap] *FPL fam* **être dans les ~** *fam* im Tran sein; *fam* **tomber dans les ~** *fam* umkippen

vapeur¹ [vapœʀ] *F* **1** Dampf *m*; **(cuit à la) ~** gedämpft; **à toute ~** mit Volldampf (*a. fig*); *fig* **renverser la ~** auf Gegenkurs gehen **2** *plais* **avoir ses ~s** sich unwohl fühlen

vapeur² *M* Dampfer *m*

vaporeux [vapɔʀø] *ADJ* ‹-euse [-øz]› duftig

vaporisateur [vapɔʀizatœʀ] *M* Zerstäuber *m*

vaporisation [vapɔʀizasjõ] *F* **1** PHYS Verdampfen *n* **2** (*pulvérisation*) Zerstäuben *n*

vaporiser [vapɔʀize] *V/T* zerstäuben; sprayen

vaquer [vake] *V/T INDIR* **~ à ses occupations** s-r Beschäftigung nachgehen

Var [vaʀ] **le ~** *Fluss u. Departement in Frankreich*

varappe [vaʀap] *F* (Felsen)Klettern *n*

varech [vaʀɛk] *M* (See)Tang *m*

vareuse [vaʀøz] *F* Jacke *f*; Joppe *f*

variabilité [vaʀjabilite] *F* Veränderlichkeit *f* **variable** [-abl] *ADJ* veränderlich; wechselnd; *temps a.* wechselhaft; MATH *a.* variabel

variante [vaʀjɑ̃t] *F* Variante *f*

variateur [vaʀjatœʀ] *M* Dimmer *m*

variation [vaʀjasjõ] *F* Schwankung *f*; (Ver)Änderung *f*; Wechsel *m*; Variation *f* (*a.* MUS)

varice [vaʀis] *F* Krampfader *f*

varicelle [vaʀisɛl] *F* Windpocken *pl*

varié [vaʀje] *ADJ* ‹~e› verschiedenartig; vielfältig; abwechslungsreich; bunt; **°hors-d'œuvre ~s** verschiedene Vorspeisen *fpl*

varier [vaʀje] **A** *V/T* abwechslungsreich gestalten; variieren **B** *V/I* **1** (*changer*) sich ändern; wechseln; (*différer*) verschieden sein; variieren; *opinions* auseinandergehen; *prix* schwanken **2** *personne* s-e Meinung ändern

variété [vaʀjete] *F* **1** Verschiedenartigkeit *f*; Mannigfaltigkeit *f*; Abwechslung *f*; (*choix*) Vielfalt *f* **2** BIOL Ab-, Spielart *f*; Varietät *f*; Sorte *f* **3** (**spectacle** *m* **de**) **~s** *pl* Varieté *n*; **émission** *f* **de ~s** Unterhaltungssendung *f*

variole [vaʀjɔl] *F* Pocken *pl*

Varsovie [vaʀsɔvi] Warschau *n*

vasculaire [vaskylɛʀ] *ADJ* Gefäß…

vase¹ [vɑz] *M* (! maskulin) Vase *f*; (*récipient*) Gefäß *n*; *fig* **en ~ clos** abgekapselt; ohne Kontakt mit anderen

vase² *F* Schlamm *m*; Schlick *m*

vaseline [vazlin] *F* Vaseline *f*

vaseux [vazø] *ADJ* ‹-euse [-øz]› **1** (*boueux*) schlammig **2** *fam fig* **se sentir ~** sich unwohl fühlen **3** *fam idées* schwammig; verschwommen

vasistas [vazistas] *M* Guckfenster *n*; Oberlicht *n*

vasouillard [vazujaʀ] *fam ADJ* ‹-arde [-aʀd]› → vaseux 3

vasouiller [vazuje] *fam V/I personne* unsicher sein; *fam* schwimmen

vasque [vask] *F* (*bassin*) Brunnenschale *f*; (*coupe*) flache Schale

vassal [vasal] *M* ‹-aux [-o]› Vasall *m* (*a. fig*) **vassalité** [-ite] *F* Vasallentum *n*

vaste [vast] *ADJ* **1** weit; ausgedehnt; *bâtiment* weitläufig; *pièce* geräumig **2** *par ext* umfassend; umfangreich; vielseitig; *fam* **une ~ blague** *fam* ein ausgemachter Schwindel

Vatican [vatikɑ̃] **le ~** der Vatikan; **la cité du ~** die Vatikanstadt

va-tout [vatu] *M* **jouer son ~** alles auf e-e Karte setzen

Vaucluse [voklyz] **le ~** *frz Departement*

Vaud [vo] **le canton de ~** die Waadt

vaudeville [vodvil] *M* Vaudeville *n*; Posse *f* (*a. fig*) **vaudevillesque** [-ɛsk] *ADJ* possenhaft

vaudois [vodwa] **A** *ADJ* ‹-oise [-waz]› **1** GÉOG waadtländisch **2** REL waldensisch **B** *SUBST* **1** **Vaudois(e)** *m(f)* Waadtländer(in) *m(f)* **2** *mpl* REL Waldenser *mpl*

vaudou [vodu] *M* Voodoo *ou* Wudu *m*

vaudrai [vodʀɛ] → valoir

vau-l'eau [volo] *fig* **s'en aller à ~** zunichtewerden

vaurien [voʀjɛ̃] *M* **(petit) ~** Bengel *m*; Range *f*

vaurienne [voʀjɛn] *F* Göre *f*; Range *f*

vaut [vo] → valoir

vautour [votuʀ] *M* Geier *m* (*a. fig*)

vautrer [votʀe] *V/PR* **se ~** **1** sich wälzen; *personne a.* sich rekeln; *fam péj* sich fläzen; sich hinlümmeln **2** *fig* **se ~ dans qc** sich (*dat*) in etw (*dat*) gefallen; sich in etw (*dat*) wohlfühlen

vauvert [vovɛʀ] **au diable ~** ganz weit draußen; *fam* jwd

vaux [vo] → valoir, val

va-vite [vavit] **faire qc à la ~** etw hinschludern

veau [vo] *M* ‹~x› **1** ZOOL Kalb *n*; *fam* **pleurer comme un ~** *fam* heulen wie ein Schlosshund; *fig* **tuer le ~ gras** e-n Festschmaus veranstalten **2** CUIS Kalbfleisch *n* **3** *cuir* Kalb(s)leder *n* **4** *fam fig personne* Trampel *m ou n*; *fam* Tranfunzel *f*; *voiture fam* lahme Karre

vecteur [vɛktœʀ] *M* **1** MATH Vektor *m* **2** MÉD

Überträger *m* **3** *fig* Träger *m*; Vermittler *m*
vécu [veky] **A** PP → vivre *et* ADJ ⟨~e⟩ erlebt **B** M eigenes Erleben; persönliche Erfahrung
vedettariat [vədɛtaʀja] M Welt *f* der Stars; Startum *n*
vedette [vədɛt] F **1** Star *m*; **~ de** *ou* **du cinéma** Filmstar *m* **2** **avoir la ~** die Hauptrolle spielen; *par ext* im Vordergrund stehen; **mettre en ~** herausstellen, -streichen; in den Vordergrund rücken; **voler la ~ à qn** j-m die Schau stehlen **3** *adjt* Spitzen…; Star…; Haupt… **4** MAR Schnellboot *n*; Küstenwachboot *n*

la vedette — Star

la vedette — Schnellboot

végétal [veʒetal] **A** ADJ ⟨~e; -aux [-o]⟩ Pflanzen…; pflanzlich **B** M ⟨-aux [-o]⟩ Pflanze *f*; Gewächs *n*
végétalisme [veʒetalism] M strenger Vegetarismus; Veganismus *m*
végétarien [veʒetaʀjɛ̃] **A** ADJ ⟨-ienne [-jɛn]⟩ vegetarisch **B** **~(ne)** M(F) Vegetarier(in) *m(f)*
végétarisme [veʒetaʀism] M Vegetarismus *m*
végétatif [veʒetatif] ADJ ⟨-ive [-iv]⟩ vegetativ
végétation [veʒetasjõ] F **1** Vegetation *f*; Pflanzenwuchs *m* **2** MÉD **opérer un enfant des ~s** e-m Kind die Mandeln herausnehmen
végéter [veʒete] V/I ⟨-è-⟩ (dahin)vegetieren; *plante* kümmern
véhémence [veemɑ̃s] F Heftigkeit *f*; Vehemenz *f* **véhément** [-ɑ̃] ADJ ⟨-ente [-ɑ̃t]⟩ heftig; *discours* flammend
véhiculaire [veikylɛʀ] ADJ **langue** *f* **~** Verkehrssprache *f*
véhicule [veikyl] M **1** Fahrzeug *n*; **~ utilitaire** Nutzfahrzeug *n* **2** *fig* Träger *m*; Medium *n* **véhiculer** [-e] V/T befördern; transportieren
veille [vɛj] F **1** Vortag *m*; **la ~** am Tag zuvor; tags zuvor; **la ~ au soir** am Abend vorher; **la ~ du départ** am Tag vor der Abreise; *fig* **à la ~ de** kurz vor (+ *dat*); *st/s* am Vorabend (+ *gén*) **2** (*contraire: sommeil*) Wachen *n*; Wachsein *n* **3** (*garde*) (Nacht)Wache *f*
veillée [veje] F **1** *d'un malade* Nachtwache *f*; **~ funèbre** Totenwache *f*; *fig* **~ d'armes** Vorabend *m* e-s wichtigen Ereignisses **2** (*soirée*) abendliches Beisammensein
veiller [veje] **A** V/T **~ un malade** bei e-m Kranken wachen **B** V/T INDIR **1** **~ à qc** über etw (*acc*) wachen; für etw sorgen; auf etw (*acc*) achten, bedacht sein; **~ à ce que …** (+ *subj*) dafür sorgen, dass …; **~ à** (+ *inf*) darauf achten zu (+ *inf*) **2** **~ sur qn** j-n unter s-e Obhut nehmen, hüten **C** V/I **1** (*être de garde*) wachen **2** (*ne pas se coucher*) wach bleiben; aufbleiben
veilleur [vɛjœʀ] M Wächter *m*; **~ de nuit** Nachtwächter *m*
veilleuse [vɛjøz] F Nachtlicht *n*; AUTO Standlicht *n*; *d'un appareil à gaz* Zündflamme *f*; **mettre en ~** *lampe* dunkler einstellen; *flamme* klein stellen; *fig affaire* ruhen lassen; *fam* auf Eis legen; *fam fig* **tu la mets en ~!** *fam* du bist jetzt still!
veinard [vɛnaʀ] *fam* M, **veinarde** [-aʀd] *fam* F Glückspilz *m*
veine [vɛn] F **1** ANAT Vene *f*; (Blut)Ader *f* **2** (*chance*) Glück *n*; *fam* Dusel *m*; *fam* Schwein *n* **3** *fig* **~ poétique** poetische Ader; **être en ~ de générosité** in Geberlaune sein **4** MINES Ader *f*; Gang *m* **5** **~s** *pl du bois* Maserung *f*; *du marbre* Adern *fpl*; Äderung *f*
veiné [vene] ADJ ⟨~e⟩ *peau, marbre* geädert; *bois* gemasert
veineux [vɛnø] ADJ ⟨-euse [-øz]⟩ Venen…; *sang* venös
veinule [venyl] F Äderchen *n*
vêlage [vɛlaʒ] M ZOOL, GÉOG Kalben *n*
vélaire [velɛʀ] PHON **A** ADJ velar **B** F Velar(laut) *m*; Hintergaumenlaut *m*
velcro® [vɛlkʀo] M (**bande** F) **~** Klettverschluss *m*
vêler [vele] V/I *vache* kalben
vélin [velɛ̃] M *peau* Velin *n*
véliplanchiste [veliplɑ̃ʃist] M/F (Wind)Surfer(in) *m(f)*
velléitaire [veleitɛʀ] ADJ entschlusslos; unentschlossen
velléité [veleite] F Anwandlung *f*
vélo [velo] M (Fahr)Rad *n*; *suisse* Velo *n*; *action* Radfahren *n*; **~ d'appartement** Hometrainer *m*; **~ de course** Rennrad *n*; **aller en** *ou* **à ~, être à** *ou* **en ~** *ou* **sur son ~, faire du ~, monter à** *ou* **en ~** mit dem Rad fahren; Rad fahren; *fam* ra-

deln
véloce [velɔs] *litt* ADJ schnell
vélocipède [velɔsipɛd] M *autrefois* Veloziped *n*
vélocité [-ite] *litt* F Schnelligkeit *f*; Gewandtheit *f*
vélocross [velokʀɔs] M BMX-Rad *n* **vélodrome** [-dʀom] M Radrennbahn *f*; Velodrom *n*
vélomoteur M Moped *n*
velours [v(ə)luʀ] M Samt *m*; Velours *m*; **de ~** samten; *peau* samtig; wie Samt; *fig* **faire des yeux de ~** sanft blicken; *fig* **il joue sur le ~** dabei riskiert er nichts
velouté [v(ə)lute] **A** ADJ ⟨~e⟩ samtig; samtweich **B** M **1** Samtglanz *m* **2** **~ d'asperges** Spargelcremesuppe *f*
velu [vəly] ADJ ⟨~e⟩ stark behaart
venaison [vənɛzõ] F Wildbret *n*
vénal [venal] ADJ ⟨~e; -aux [-o]⟩ *péj* käuflich; bestechlich **vénalité** [-ite] F Käuflichkeit *f*; Bestechlichkeit *f*
venant [v(ə)nã] **à tout ~** dem ersten Besten; jedem; allen
vendable [vãdabl] ADJ verkäuflich
vendange [vãdãʒ] F Weinlese *f*; Traubenernte *f*; **~s** *pl* Zeit *f* der Weinlese; **faire les ~s** Weinlese halten
vendanger [vãdãʒe] ⟨-ge-⟩ **A** V/T *raisin* ernten; *vigne* abernten **B** V/I Weinlese halten
vendangeur [vãdãʒœʀ] M, **vendangeuse** [-øz] F Weinleser(in) *m(f)*
Vendée [vãde] **la ~** *frz Departement*
vendéen [vãdeɛ̃] **A** ADJ ⟨-enne [-ɛn]⟩ (aus) der Vendée **B** SUBST **Vendéen(ne)** M(F) Bewohner(in) *m(f)* der Vendée
vendetta [vãdɛta] F Blutrache *f*
vendeur [vãdœʀ] M, **vendeuse** [vãdøz] F Verkäufer(in) *m(f)*
vendre [vãdʀ] ⟨→ rendre⟩ **A** V/T **1** verkaufen (*a. abs*); veräußern; **~ qc à qn** j-m *ou* an j-n etw verkaufen **2** *fig* **~ qn** j-n verraten, *complices a. fam* verpfeifen **B** V/PR **se ~** **1** *marchandise* verkauft werden; sich verkaufen (lassen); Absatz finden; **ne pas se ~** *a.* nicht gehen **2** *fig personne* sich bestechen lassen; sich verkaufen (**à** an + *acc*)
vendredi [vãdʀədi] M Freitag *m*; **Vendredi saint** Karfreitag *m*
vendu [vãdy] **A** ADJ ⟨~e⟩ **1** verkauft **2** *fig* bestochen **B** M *injure* Lump *m*
venelle [vənɛl] *litt* F Gässchen *n*
vénéneux [venenø] ADJ ⟨-euse [-øz]⟩ giftig; Gift…
vénérable [veneʀabl] ADJ ehrwürdig **vénération** [-asjõ] F Verehrung *f*; Ehrfurcht *f* **vénérer** [-e] V/T ⟨-è-⟩ verehren
vénerie [vɛnʀi] F Hetzjagd *f*; Parforcejagd *f*
vénérien [veneʀjɛ̃] ADJ ⟨-ienne [-jɛn]⟩ **maladie ~ne** Geschlechtskrankheit *f*
veneur [vənœʀ] M HIST **grand ~** Oberjägermeister *m*
Venezuela [venezɥela] **le ~** Venezuela *n*
vénézuélien [venezɥeljɛ̃] **A** ADJ ⟨-ienne [-jɛn]⟩ venezolanisch **B** **Vénézuélien(ne)** M(F) Venezolaner(in) *m(f)*
vengeance [vãʒãs] F Rache *f*
venger [vãʒe] ⟨-ge-⟩ **A** V/T rächen (**qn, qc** j-n, etw; **qn de qc** j-n für etw) **B** V/PR **se venger** sich rächen (**de qn** an j-m; **de qc** für etw)
vengeur [vãʒœʀ], **vengeresse** [vãʒʀɛs] **A** M,F Rächer(in) *m(f)* **B** ADJ rächend; Rache…
véniel [venjɛl] ADJ ⟨~le⟩ *péché* lässlich
venimeux [v(ə)nimø] ADJ ⟨-euse [-øz]⟩ **1** giftig; Gift… **2** *fig* giftig; bösartig
venin [v(ə)nɛ̃] M **1** Gift *n* **2** *fig* Bosheit *f*; **cracher son ~** Gift und Galle speien
venir [v(ə)niʀ] ⟨je viens, il vient, nous venons, ils viennent; je venais; je vins, nous vînmes; je viendrai; que je vienne, que nous venions; venant; être venu⟩ **A** V/I **1** kommen; herkommen; **venir à qn** zu j-m kommen; *idée* j-m kommen; **venir de** kommen von, aus; *par ext* (her)kommen von; herrühren von; stammen von, aus; **venir d'Allemagne** aus, von Deutschland kommen; *mot* **venir du grec** aus dem Griechischen kommen; **venir de ce que …** daran liegen *ou* daher kommen, dass …; **en venir à qc** zu etw kommen; **c'est là que je voulais en venir** gerade darauf wollte ich hinaus; **comment en est-on venu là?** wie konnte es so weit kommen?; **faire venir qn** j-n kommen lassen; **faire venir qc** sich (*dat*) etw kommen lassen; **voir venir** die Dinge auf sich (*acc*) zukommen lassen; *fig* **je l'ai vu venir** ich habe es kommen sehen; *fig* **je la vois venir** ich merke schon, worauf sie hinauswill; *adjt* **à venir** *ou* **qui vient, qui viennent** kommende; (zu)künftige **2** (*atteindre*) gehen, reichen (**à, jusqu'à** bis); **il me vient à l'épaule** er reicht mir bis zur Schulter **B** V/AUX **1** *avec inf*: **venir chercher qn, qc** j-n, etw abholen; etw holen; **il est venu nous dire …** er kam, um uns zu sagen …; er kam und sagte uns …; **venir trouver qn** j-n aufsuchen; bei j-m vorsprechen; zu j-m kommen; **venir voir qn** j-n besuchen; **venir voir si …** nachsehen, ob … **2** **si cela venait à se faire** falls es dazu kommen sollte **3** *passé récent*: **venir de faire qc** etw gerade, (so)eben getan haben; *livre* **vient de paraître** soeben erschienen
Venise [vəniz] Venedig *n*
vénitien [venisjɛ̃] **A** ADJ ⟨-ienne [-jɛn]⟩ venezianisch **B** **Vénitien(ne)** M(F) Venezianer(in) *m(f)*
vent [vã] M **1** Wind *m*; **~ du nord** Nordwind *m*;

▶ venir

Das Verb **venir** wird auf vielfältige Weise eingesetzt.

1. venir quelque part:	
Chaque année, beaucoup de touristes viennent en Bourgogne.	Jedes Jahr kommen viele Touristen nach Burgund.
2. venir de:	
L'obélisque érigé sur la place de la Concorde vient d'Égypte.	Der Obelisk, der auf der Place de la Concorde steht, kommt aus Ägypten.
3. venir de faire quelque chose:	
Le ministre vient de prononcer un discours.	Der Minister hat soeben eine Rede gehalten.
4. venir à quelqu'un:	
Tout d'un coup, il lui est venu une idée formidable.	Plötzlich kam ihm eine fantastische Idee.
5. venir à faire quelque chose:	
S'il vient à pleuvoir, nous devrons annuler notre randonnée.	Sollte es regnen, so werden wir unsere Wanderung absagen müssen.
6. en venir à (faire) quelque chose:	
Nous en sommes venu(e)s à la conclusion que …	Wir sind zu der Schlussfolgerung gelangt, dass …
7. venir chercher quelqu'un / quelque chose:	
Anne est venue chercher ses livres.	Anne hat ihre Bücher abgeholt.

SPRACHGEBRAUCH ◀

coup *m* **de ~** Windstoß *m*; *fig* **entrer en coup de ~** hereinstürzen; *fig* **il est passé en coup de ~** er war nur auf e-n Sprung da; **(les) cheveux au ~** mit wehenden Haaren; *fig* **contre ~s et marées** allen Widerständen, Hindernissen zum Trotz; **en plein ~** völlig frei stehend; *fig* **quel bon ~ vous amène?** welchem glücklichen Umstand verdanke ich Ihren Besuch?; **il y a, il fait du ~** es ist windig; *fig* **avoir ~ de qc** von etw Wind bekommen; *fig* **avoir le ~ en poupe** Glück, e-e Glückssträhne haben; *fig* **être dans le ~** in sein; modern, zeitgemäß, aktuell sein; *fig* **c'est du ~** das ist leeres Gerede 2 (Darm)Wind *m*; **lâcher un ~** e-n Wind abgehen lassen 3 MUS **instrument** *m* **à ~** Blasinstrument *n*

vente [vɑ̃t] F Verkauf *m*; Vertrieb *m*; Absatz *m*; **~ au détail** Einzel-, Kleinverkauf *m*; **~ de charité** Wohltätigkeitsbasar *m*; **~ par correspondance** Versandhandel *m*, -geschäft *n*; **en ~** erhältlich (**chez** bei); **en ~ libre** frei verkäuflich; *médicament* rezeptfrei; **mettre en ~** zum Verkauf bringen, anbieten

venté [vɑ̃te] ADJ ⟨~e⟩ windig

venter [vɑ̃te] V/IMP **il vente** es ist windig; **qu'il pleuve ou qu'il vente** bei Wind und Wetter

venteux [vɑ̃tø] ADJ ⟨-euse [-øz]⟩ windig

ventilateur [vɑ̃tilatœʀ] M Ventilator *m*; *d'un moteur* Gebläse *n* **ventilation** [-sjõ] F 1 Belüftung *f*; Ventilation *f* 2 FIN *et par ext* Verteilung *f*; Aufschlüsselung *f*

ventiler [vɑ̃tile] V/T 1 *(aérer)* belüften 2 *(répartir)* verteilen; aufschlüsseln

ventouse [vɑ̃tuz] F Saugnapf *m* (*a.* ZOOL); Sauger *m*; **faire ~** sich festsaugen

ventral [vɑ̃tʀal] ADJ ⟨~e; -aux [-o]⟩ Bauch…

ventre [vɑ̃tʀ] M Bauch *m*; Leib *m*; **bas ~** Unterleib *m*; **mal** *m* **au ~** Bauchweh *n*; **à plat ~** bäuchlings; auf dem *ou* den Bauch; *fig* **se mettre, être à plat ~ devant qn** vor j-m kriechen; **~ à terre** in gestrecktem Galopp; *fig* **courir ~ à terre** dahinjagen; **avoir, prendre du ~** e-n Bauch haben, ansetzen *ou* bekommen; *fig* **il n'a rien dans le ~** *fam* er ist ein Schlappschwanz

ventricule [vɑ̃tʀikyl] M Herzkammer *f*

V

ventrière [vɑ̃tʀijɛʀ] F *d'un cheval* Bauchgurt *m*
ventriloque [vɑ̃tʀilɔk] M Bauchredner *m*
ventripotent [vɑ̃tʀipɔtɑ̃] ADJ ⟨-ente [-ɑ̃t]⟩ dickbäuchig
ventru [vɑ̃tʀy] ADJ ⟨~e⟩ dickbäuchig; *choses* bauchig
venu [v(ə)ny] **A** PP → venir *et* ADJ ⟨~e⟩ **il serait mal ~ de** (+ *inf*) es wäre (jetzt) völlig verkehrt zu (+ *inf*) **B** SUBST **nouveau ~** (neu) Hinzugekommene(r) *m*; Neuankömmling *m*; **le premier ~, la première ~e** der, die erste Beste *ou* Erstbeste
venue [v(ə)ny] F Kommen *n*; Ankunft *f*
Vénus [venys] F ASTRON, MYTH Venus *f*
vêpres [vɛpʀ] FPL CATH Vesper *f*
ver [vɛʀ] M Wurm *m*; *(asticot)* Made *f*; **~ luisant** Glühwürmchen *n*; Leuchtkäfer *m*; **~ solitaire** Bandwurm *m*; **~ à soie** Seidenraupe *f*; **~ de terre** Regenwurm *m*; **nu comme un ~** splitter(faser)nackt; *fig* **tirer les ~s du nez à qn** j-m die Würmer aus der Nase ziehen
véracité [veʀasite] F Wahrheit *f*; Wahrheitsgehalt *m*; Richtigkeit *f*
véranda [veʀɑ̃da] F (Glas)Veranda *f*
verbal [vɛʀbal] ADJ ⟨~e; -aux [-o]⟩ **1** mündlich; verbal **2** LING Verbal...
verbalement [vɛʀbalmɑ̃] ADV mündlich
verbalisation [vɛʀbalizasjõ] F gebührenpflichtige Verwarnung; JUR Protokollaufnahme *f* **verbaliser** [-e] V/I *police* gebührenpflichtig verwarnen (**contre qn** j-n); JUR ein Protokoll aufnehmen
verbalisme [vɛʀbalism] M *péj* Neigung *f* zum Wortemachen
verbe [vɛʀb] M **1** GRAM Verb *n*; Zeit-, Tätigkeitswort *n* **2** REL **le Verbe** das Wort **3** **avoir le ~ °haut** das große Wort führen
verbeux [vɛʀbø] ADJ ⟨-euse [-øz]⟩ *péj* wortreich; weitschweifig
verbiage [vɛʀbjaʒ] M leeres Gerede
verbosité [vɛʀbozite] F Weitschweifigkeit *f*; Langatmigkeit *f*; *d'une personne a.* Redseligkeit *f*
Vercors [vɛʀkɔʀ] **le ~** *Gebirgszug in den frz Voralpen*
verdâtre [vɛʀdɑtʀ] ADJ grünlich
verdeur [vɛʀdœʀ] F **1** **~ (de langage)** Deftigkeit *f* **2** *d'une personne* Rüstigkeit *f* **3** *d'un vin* Herbheit *f*
verdict [vɛʀdikt] M **1** JUR (Urteils)Spruch *m* der Geschworenen; **rendre le ~** den (Urteils)Spruch fällen **2** *par ext* (hartes) Urteil; Verdikt *n*
verdier [vɛʀdje] M Grünfink *m*
verdir [vɛʀdiʀ] V/I grün werden; *de peur* blass, bleich werden
verdoyant [vɛʀdwajɑ̃] ADJ ⟨-ante [-ɑ̃t]⟩ (satt)grün **verdoyer** [-e] V/I ⟨-oi-⟩ grünen
Verdun [vɛʀdɛ̃, -dœ̃] *Stadt im Departement Meuse*
verdure [vɛʀdyʀ] F **1** Grün *n*; **dans la ~** im Grünen **2** CUIS *fam* Grünzeug *n*
véreux [veʀø] ADJ ⟨-euse [-øz]⟩ **1** *fruit* wurmig; wurmstichig **2** *fig* anrüchig; zweifelhaft; faul; unreell
verge [vɛʀʒ] F **1** ANAT männliches Glied **2** *(baguette)* Rute *f*; Gerte *f*
vergé [vɛʀʒe] ADJ ⟨~e⟩ *papier* mit Wasserzeichen aus parallelen Linien
verger [vɛʀʒe] M Obstgarten *m*
vergetures [vɛʀʒətyʀ] FPL Schwangerschaftsstreifen *mpl*
verglaçant [vɛʀglasɑ̃] ADJ ⟨-ante [-ɑ̃t]⟩ **pluie ~e** gefrierender Regen; Eisregen *m*
verglacé [vɛʀglase] ADJ ⟨~e⟩ vereist
verglas [vɛʀgla] M Glatteis *n*
vergogne [vɛʀgɔɲ] F **sans ~** unverschämt; schamlos
véridique [veʀidik] ADJ wahrheitsgemäß, -getreu
vérifiable [veʀifjabl] ADJ nachprüfbar; beweisbar
vérificateur [veʀifikatœʀ] M, **vérificatrice** [-tʀis] F Prüfer(in) *m(f)*; Kontrolleur(in) *m(f)*
vérificatif [veʀifikatif] ADJ ⟨-ive [-iv]⟩ Prüf...
vérification [veʀifikasjõ] F (Über-, Nach)Prüfung *f*; Kontrolle *f*
vérifier [veʀifje] **A** V/T (über-, nach)prüfen; (nach)kontrollieren; nachsehen *(a. abs)*; *monnaie* nachzählen **B** V/PR **se ~** sich bestätigen
vérin [veʀɛ̃] M TECH (Schrauben)Winde *f*
véritable [veʀitabl] ADJ wirklich; wahr; echt
véritablement [veʀitabləmɑ̃] ADV wirklich; tatsächlich
vérité [veʀite] F **1** Wahrheit *f*; **~ première, ~ de La Palice** Binsenweisheit *f*, -wahrheit *f*; **heure** *f*, **minute** *f* **de ~** Stunde *f* der Wahrheit; **en ~** in der Tat; tatsächlich; wahrhaftig; **dire (toute) la ~ sur qc** die (ganze) Wahrheit über etw *(acc)* sagen; **dire à qn ses (quatre) ~s** j-m gründlich die, s-e Meinung sagen **2** *d'un personnage* Lebensechtheit *f*; *d'un portrait* Naturtreue *f*
verlan [vɛʀlɑ̃] M *Argot, das auf Silbenvertauschung beruht*
vermeil [vɛʀmɛj] **A** ADJ ⟨~le⟩ *teint* rot; **lèvres ~les** Purpurlippen *fpl* **B** M Vermeil *n*
vermicelle [vɛʀmisɛl] M Suppennudeln *fpl*; **potage** *m* **au ~** Nudelsuppe *f*
vermifuge [vɛʀmifyʒ] M Wurmmittel *n*
vermillon [vɛʀmijõ] M Zinnober(rot) *m(n)*
vermine [vɛʀmin] F **1** Ungeziefer *n* **2** *fig* Gesindel *n*; Geschmeiß *n*
vermisseau [vɛʀmiso] M ⟨~x⟩ Würmchen *n*
vermoulu [vɛʀmuly] ADJ ⟨~e⟩ wurmstichig
vermoulure [-yʀ] F Wurmstich *m*, -fraß *m*

V

Le verlan

Le verlan ist eine „Geheimsprache", die es Außenstehenden erschweren soll, einer Unterhaltung zu folgen. Beliebt sind Verlanausdrücke unter anderem bei Jugendlichen. Das Prinzip des **verlan** besteht darin, dass die Silben eines Wortes vertauscht werden. Dabei wird von der Aussprache ausgegangen; das stumme **e** wird zu **eu** [œ].

Ein paar Beispiele:

féca	= **café**	Café, Kaffee
tromé	= **métro**	U-Bahn
laisse béton !	= **laisse tomber !**	gib's auf!, vergiss es!

Manche Ausdrücke sind in den allgemeinen Sprachgebrauch übergegangen:

le beur	in Frankreich geborener Nordafrikaner	*von* **arabe**	Araber
la meuf	Tussi	*von* **femme**	Frau
le ripou	korrupter Beamter	*von* **pourri**	korrupt, verdorben

Der Begriff **verlan** selbst ist übrigens durch die Umkehrung des Wortes **l'envers** entstanden (**à l'envers** bedeutet ‚umgekehrt').

SPRACHGEBRAUCH

vermout(h) [vɛʀmut] M Wermut *m*
vernaculaire [vɛʀnakylɛʀ] ADJ **langue** *f* **~** einheimische Sprache
verni [vɛʀni] ADJ ⟨~e⟩ lackiert; *poterie* glasiert; **chaussures ~es** Lackschuhe *mpl*
vernir [vɛʀniʀ] V/T *bois, etc* lackieren; *tableau* firnissen
vernis [vɛʀni] M Lack *m; pour tableaux* Firnis *m (a. fig); pour poteries* Glasur *f*; **~ à ongles** Nagellack *m*
vernissage [vɛʀnisaʒ] M (! maskulin) 1 Lackieren *n*; Glasieren *n*; Firnissen *n* 2 *(réception)* Vernissage *f*
vernissé [vɛʀnise] ADJ ⟨~e⟩ *poterie* glasiert **vernisser** [-e] V/T *poterie* glasieren
vérole [veʀɔl] F 1 **petite ~** Blattern *pl*; Pocken *pl* 2 *fam* Syphilis *f*
vérolé [veʀɔle] ADJ ⟨~e⟩ *fam (syphilitique)* syphilitisch
verrai [vɛʀɛ] → voir
verrat [vɛʀa] M (Zucht)Eber *m*
verre [vɛʀ] M 1 *matière, objet* Glas *n*; **~s de lunettes** Brillengläser *npl*; **~ de montre** Uhrglas *n*; **de** *ou* **en ~** gläsern; Glas...; aus Glas 2 *récipient* (Trink)Glas *n*; *contenu* Glas *n*; **petit ~** Gläschen *n* (Schnaps); **~ à dents** Zahnputzglas *n*, -becher *m*; **~ à pied, à vin** Stiel-, Weinglas *n*; **~ d'eau** Glas Wasser; *fig* **se noyer dans un ~ d'eau** sich *(dat)* bei der geringsten Schwierigkeit nicht zu helfen wissen; *fig* **avoir un ~ dans le nez** zu tief ins Glas geguckt haben

verre de oder verre à?

Unterscheide:

un verre d'eau, de vin	ein Glas Wasser, Wein
un verre à eau, à vin	ein Wasserglas, Weinglas

SPRACHGEBRAUCH

verrerie [vɛʀʀi] F 1 Glasfabrik *f*, -hütte *f* 2 Glasware(n) *f(pl)*
verrier [vɛʀje] ADJ/T **ouvrier** *m* **~** Glasmacher *m*
verrière [vɛʀjɛʀ] F 1 Glaswand *f ou* -dach *n* 2 großes Kirchenfenster
verroterie [vɛʀɔtʀi] F Glasschmuck *m*
verrou [vɛʀu] M Riegel *m*; *fig* **être sous les ~s** hinter Schloss und Riegel sitzen
verrouillage [vɛʀujaʒ] M 1 Verriegelung *f*; Blockierung *f* 2 MIL Abriegelung *f*
verrouiller [vɛʀuje] V/T ver-, zuriegeln
verrue [vɛʀy] F Warze *f*
vers[1] [vɛʀ] PRÉP 1 *direction* gegen; nach; in Richtung auf *(+ acc)*; auf *(+ acc)* zu; zu; ...wärts; **~ la droite** (nach) rechts; **~ le nord** nach, gegen Norden; nordwärts; **~ Paris** gegen Paris zu; **aller ~ qn, qc** auf j-n, etw zugehen 2 *temps* gegen; (etwa) um; **~ 1900** um (das Jahr) 1900; **~ la fin** gegen Ende; **~ (les) deux heures** gegen, etwa um zwei Uhr 3 *fig* **le premier pas ~ la détente** der erste Schritt zur Entspannung
vers[2] M Vers *m*; Verszeile *f*
versaillais [vɛʀsajɛ] A ADJ ⟨-aise [-ɛz]⟩ von Versailles; Versailler B SUBST **Versaillais(e)** M(F) Ein-

wohner(in) *m(f)* von Versailles

versant [vɛʀsɑ̃] M (Ab)Hang *m*; **~ nord** Nordhang *m*

versatile [vɛʀsatil] ADJ wankelmütig; unbeständig; wetterwendisch **versatilité** [-ite] F Wankelmut *m*

verse [vɛʀs] **il pleut à ~** es gießt in Strömen

versé [vɛʀse] ADJ ⟨~e⟩ **~ dans** bewandert, versiert in (+ *dat*)

Verseau [vɛʀso] M ASTROL Wassermann *m*

versement [vɛʀsəmɑ̃] M Zahlung *f*; Einzahlung *f* (**à, sur un compte** auf ein Konto); *de pensions* Auszahlung *f*; **en plusieurs ~s** in (mehreren) Raten

verser [vɛʀse] **A** V/T **1** *liquide* (hinein)gießen; (ein)füllen; *café, etc* ein-, ausschenken; eingießen; *fig larmes, sang* vergießen; *sucre, riz, etc* schütten (**dans** in + *acc*); *abs* eingießen, -füllen, -schenken; **~ (à boire)** ein-, ausschenken; **se ~ du vin** sich (*dat*) Wein einschenken **2** *argent* einzahlen (**à un compte** auf ein Konto); *pension, etc* (aus)zahlen; *acompte* leisten; *cotisations* entrichten **B** V/I *voiture* umstürzen; **~ dans le fossé** in den Graben stürzen

verset [vɛʀsɛ] M BIBL Vers *m*

verseur [vɛʀsœʀ] ADJ ⟨*nur m*⟩ **bec ~** Schnauze *f*; Schnabel *m*; Tülle *f*

verseuse [vɛʀsøz] F Kaffee- *ou* Teekanne *f*

versificateur [vɛʀsifikatœʀ] M **1** Dichter *m* **2** *péj* Verseschmied *m*

versification [vɛʀsifikasjõ] F Versbildung *f*, -bau *m*

versifier [vɛʀsifje] **A** V/T in Verse bringen **B** V/I Verse machen; dichten

version [vɛʀsjõ] F **1** Übersetzung *f* in die Muttersprache; **~ latine** Übersetzung *f* aus dem Lateinischen **2** Version *f*; Fassung *f*; **~ originale sous-titrée** Original *n* mit Untertiteln; **en ~ originale** (*abr* **VO**) in Originalfassung **3** (*interprétation*) Darstellung *f*; Version *f*; Wiedergabe *f* **4** *d'un modèle* Ausführung *f*

verso [vɛʀso] M Rückseite *f*; **au ~** auf der *ou* die Rückseite; umseitig; **voir au ~** siehe Rückseite

vert [vɛʀ] **A** ADJ ⟨**verte** [vɛʀt]⟩ **1** grün; *légumes* frisch; *fruits a.* unreif; *vin* zu jung; noch herb; **salade ~e** Blattsalat *m*; **être ~ de peur** vor Angst blass sein; *fig* **en faire voir des ~es et des pas mûres à qn** j-m viel zu schaffen machen **2** *vieillard* rüstig **3** *langage* derb; deftig; **langue ~e** Gaunersprache *f*; Rotwelsch *n*; **en dire des ~es** Zoten erzählen **4** **l'Europe ~e** der gemeinsame europäische Agrarmarkt **5** POL grün; *adv* **voter ~** grün wählen **B** M **1** Grün *n*; *fig* **se mettre au ~** ins Grüne, aufs Land ziehen **2** POL **les Verts** *pl* die Grünen *pl*

vert-de-gris [vɛʀdəgʀi] **A** M Grünspan *m* **B** ADJ (**!** unveränderlich) graugrün

vertébral [vɛʀtebʀal] ADJ ⟨~e; -aux [-o]⟩ Wirbel…; **colonne vertébrale** Wirbelsäule *f*

vertèbre [vɛʀtɛbʀ] F ANAT Wirbel *m*

vertébrés [vɛʀtebʀe] MPL Wirbeltiere *npl*

vertement [vɛʀtəmɑ̃] ADV **réprimander qn ~** j-n heftig tadeln, rügen

vertical [vɛʀtikal] **A** ADJ ⟨~e; -aux [-o]⟩ senk-, lotrecht; vertikal **B** F **~e** Senkrechte *f*; Vertikale *f*

verticalement [vɛʀtikalmɑ̃] ADV senkrecht; vertikal **verticalité** [-ite] F senkrechte Richtung, Stellung

vertige [vɛʀtiʒ] M **1** Schwindel(gefühl *n*, -anfall *m*) *m*; **j'ai un ~, des ~s, le ~** mir ist, ich bin schwind(e)lig **2** *fig* Taumel *m*; Rausch *m*

vertigineusement [vɛʀtiʒinøzmɑ̃] ADV schwindelerregend

vertigineux [vɛʀtiʒinø] ADJ ⟨-euse [-øz]⟩ schwindelnd; schwindelerregend

vertu [vɛʀty] F **1** Tugend *f*; **femme *f* de petite ~** leichtes Mädchen; Flittchen *n* **2** (*pouvoir*) Kraft *f*; **~ thérapeutique** Heilkraft *f* **3** **en ~ de** aufgrund von (*ou* + *gén*); *a.* JUR kraft (+ *gén*)

vertueux [vɛʀtɥø] ADJ ⟨-euse [-øz]⟩ tugendhaft

verve [vɛʀv] F Schwung *m*; Feuer *n*; Witz *m*

verveine [vɛʀvɛn] F Eisenkraut *n*

vésicule [vezikyl] F **1** **~ (biliaire)** Gallenblase *f* **2** (*cloque*) Bläschen *n*

vespéral [vɛspeʀal] *poét* ADJ ⟨~e; -aux [-o]⟩ Abend…; abendlich

vessie [vesi] F (Harn)Blase *f*; *fig* **faire prendre des ~s pour des lanternes à qn** j-m ein X für ein U vormachen; j-m blauen Dunst vormachen

veste [vɛst] F Jacke *f*; Jackett *n*; Sakko *m ou n*; *fam fig* **prendre une ~** e-e Schlappe erleiden; *fam fig* **retourner sa ~** *fam* umfallen; umschwenken

vestiaire [vɛstjɛʀ] M Garderobe *f* (*a. objets déposés*); *d'une piscine, etc* Umkleideraum *m*; **la dame du ~** die Garderobenfrau

vestibule [vɛstibyl] M Vorraum *m*; Diele *f*; Flur *m*; Vestibül *n*

vestiges [vɛstiʒ] MPL Spuren *fpl*; (Über)Reste *mpl*; Relikte *npl*

vestimentaire [vɛstimɑ̃tɛʀ] ADJ Kleider…

veston [vɛstõ] M Jacke *f*; Jackett *n*

Vésuve [vezyv] **le ~** der Vesuv

vêtement [vɛtmɑ̃] M Kleidungsstück *n*; **~s** *pl* (Be)Kleidung *f*; Oberbekleidung *f*

vétéran [veteʀɑ̃] M Veteran *m* (*a. fig*); SPORTS Alter Herr

vétérinaire [veteʀinɛʀ] **A** ADJ tierärztlich **B** M/F Tierarzt, -ärztin *m,f*; Veterinär *m*

V

vététiste [vetetist] M Mountainbiker *m*
vétille [vetij] F Lappalie *f*; Bagatelle *f*
vêtir [vetiʀ] ⟨je vêts, il vêt, nous vêtons; je vêtais; je vêtis; je vêtirai; que je vête; vêtant; vêtu⟩ A *litt* V/T ankleiden B V/PR **se ~** sich anziehen; sich ankleiden
veto [veto] M Veto *n*; **droit** *m* **de ~** Vetorecht *n*; **mettre, opposer son ~ à qc** sein Veto einlegen gegen etw
véto [veto] M/F *fam* ABR → vétérinaire B
vêtu [vety] ADJ ⟨~e⟩ angezogen; bekleidet (**de** mit)
vétuste [vetyst] ADJ alt; baufällig; überaltert
vétusté [vetyste] F hohes Alter; Baufälligkeit *f*
veuf [vœf] A ADJ ⟨veuve [vœv]⟩ verwitwet B **~, veuve** M,F Witwer *m*, Witwe *f*; **veuve de guerre** Kriegerwitwe *f*
veuille [vœj] → vouloir[1]
veule [vøl] ADJ willenlos
veulent [vœl] → vouloir[1]
veulerie [vølʀi] F Willenlosigkeit *f*
veut [vø] → vouloir[1]
veuvage [vœvaʒ] M Witwer- *ou* Witwenschaft *f*
veuve [vœv] → veuf
veux [vø] → vouloir[1]
vexant [vɛksɑ̃] ADJ ⟨-ante [-ɑ̃t]⟩ 1 kränkend; beleidigend 2 (*contrariant*) ärgerlich
vexation [vɛksasjõ] F Kränkung *f*; Beleidigung *f*
vexatoire [vɛksatwaʀ] ADJ schikanös; **mesure** *f* **~** Schikane *f*
vexé [vɛkse] ADJ ⟨~e⟩ gekränkt; beleidigt
vexer [vɛkse] A V/T kränken; beleidigen B V/PR **se ~** gekränkt sein
VF [veɛf] F ABR (version française) FILM französische Fassung
via [vja] PRÉP über (+ *acc*); via
viabilisé [vjabilize] ADJ ⟨~e⟩ *terrain* erschlossen; baureif **viabiliser** [-e] V/T *terrain* erschließen
viabilité [vjabilite] F 1 CONSTR Erschließung *f* 2 BIOL, *fig* Lebensfähigkeit *f*
viable [vjabl] ADJ lebensfähig
viaduc (! Endung) [vjadyk] M Viadukt *m ou n*; Talbrücke *f*
viager [vjaʒe] A ADJ ⟨-ère [-ɛʀ]⟩ **rente viagère** Leibrente *f* B M **mettre en ~** auf Rentenbasis verkaufen
viagra® [vjagʀa] M Viagra® *n*
viande [vjɑ̃d] F 1 Fleisch *n*; **~ froide** kalter Braten 2 *fam péj* Körper *m*; Fleisch *n*
vibrage [vibʀaʒ] M TECH Rütteln *n*
vibrant [vibʀɑ̃] ADJ ⟨-ante [-ɑ̃t]⟩ 1 vibrierend (*a. voix*) 2 *fig* aufrüttelnd; mitreißend
vibraphone [vibʀafɔn] M Vibraphon *n* **vibraphoniste** [-ist] M Vibraphonist *m*
vibrateur [vibʀatœʀ] M TECH Vibrator *m*; CONSTR Betonrüttler *m*
vibratile [vibʀatil] ADJ BIOL **cils** *mpl* **~s** Flimmerhärchen *npl*
vibration [vibʀasjõ] F 1 Vibrieren *n* (*a. de la voix*); Vibration *f*; Erschütterung *f*; Erzittern *n*; *de l'air* Flimmern *n* 2 PHYS Schwingung *f*
vibrato [vibʀato] M MUS Vibrato *n*
vibratoire [vibʀatwaʀ] ADJ Vibrations…; Schwingungs…
vibré [vibʀe] ADJ ⟨~e⟩ *béton* Rüttel…
vibrer [vibʀe] V/I 1 vibrieren (*a. voix*); schwingen; erzittern 2 *fig* gepackt, ergriffen sein; **faire ~ qn** j-n mitreißen, packen, ergreifen
vibreur [vibʀœʀ] M ÉLEC Unterbrecher *m*; Summer *m*
vibromasseur [vibʀɔmasœʀ] M Vibrator *m*; Massagestab *m*
vicaire [vikɛʀ] M Vikar *m*; Kaplan *m*
vicariat [vikaʀja] M Vikariat *n*
vice [vis] M 1 Untugend *f*; *plus fort* Laster *n* 2 *de qc* Fehler *m*; Mangel *m*; JUR **~ de forme** Formfehler *m*
vice-amiral [visamiʀal] M ⟨vice-amiraux [-o]⟩ Konteradmiral *m* **vice-consul** M ⟨vice-consuls⟩ Vizekonsul *m*
vicelard [vislaʀ] ADJ ⟨-arde [-aʀd]⟩ *fam* → vicieux
vice-présidence [vispʀezidɑ̃s] F stellvertretender Vorsitz; Vizepräsidentschaft *f* (*a.* POL) **vice-président** M ⟨vice-présidents⟩ stellvertretende(r) Vorsitzende(r) *m*; Vizepräsident *m* (*a.* POL) **vice-roi** M ⟨vice-rois⟩ Vizekönig *m*
vice versa [vis(ə)vɛʀsa] **et ~** und umgekehrt
vichy [viʃi] M 1 TEXT Vichy *m* 2 (*eau*) Mineralwasser *n* aus Vichy
vicié [visje] ADJ ⟨~e⟩ *air* schlecht; verbraucht
vicieux [visjø] A ADJ ⟨-euse [-øz]⟩ lasterhaft; verderbt; sittenlos; *regard* geil; lüstern; **cercle ~** Teufelskreis *m* B M Lüstling *m*; **vieux ~** Lustgreis *m*
vicinal [visinal] ADJ ⟨~e; -aux [-o]⟩ **chemin ~** Gemeindeweg *m*
vicissitudes [visisityd] FPL Auf und Ab *n*, Wechselfälle *mpl* des Lebens
vicomte [vikõt] M Vicomte *m*
vicomtesse [vikõtɛs] F Vicomtesse *f*
victime [viktim] F 1 *de la guerre, de l'injustice, etc* Opfer *n*; (*mort*) *a.* Todesopfer *n*; **être ~ d'un accident** e-n Unfall erleiden; verunglücken; **faire de nombreuses ~s** zahlreiche Menschenleben fordern 2 REL Opfertier *n*
victoire [viktwaʀ] F Sieg *m* (*a.* MIL, SPORTS); **~ électorale** Wahlsieg *m*; **chanter, crier ~** hurra schreien; jubeln
victorien [viktɔʀjɛ̃] ADJ ⟨-ienne [-jɛn]⟩ viktoria-

nisch
victorieux [viktɔʀjø] ADJ ⟨-euse [-øz]⟩ siegreich; Sieger…
victuailles [viktɥaj] FPL Proviant *m*
vidage [vidaʒ] M 1 Leeren *n*; Entleerung *f* 2 *fam de qn fam* Rausschmiss *m*
vidange [vidɑ̃ʒ] F Entleerung *f*; AUTO Ölwechsel *m*; **faire la ~** das Öl wechseln
vidanger [vidɑ̃ʒe] V/T ⟨-ge-⟩ 1 *réservoir, etc* entleeren 2 AUTO *huile* wechseln
vidangeur [vidɑ̃ʒœʀ] M Grubenentleerer *m*
vide [vid] A ADJ 1 leer; *logement* leer stehend; *rue a.* menschenleer 2 *fig* leer; *existence a.* unausgefüllt; inhaltslos; sinnlos; *paroles* **~ de sens** leer; nichtssagend B M 1 PHYS, TECH Vakuum *n*; luftleerer Raum; **emballage** *m* **sous ~** Vakuumverpackung *f* 2 Leere *f*; Zwischen-, Hohlraum *m*; Lücke *f* (*a. fig*); **à ~** leer; Leer…; *moteur* **tourner à ~** leer laufen; *fig* **laisser un grand ~** e-e große Lücke hinterlassen; *fig* **parler dans le ~** ins Blaue hinein reden; **regarder dans le ~** ins Leere starren 3 (*abîme*) Tiefe *f*; Abgrund *m*; **sauter dans le ~** in die Tiefe springen 4 *fig* Leere *f*; Sinnlosigkeit *f*
vidé [vide] ADJ ⟨~e⟩ **être ~** *fam* vollkommen ausgepumpt sein
vidéo [video] A F (! feminin) Video *n* B ADJ (! unveränderlich) Video…; **jeu** *m* **~** Video-, Telespiel *n*
vidéocassette F Videokassette *f* **vidéoclip** M Videoclip *m* **vidéodisque** M Bildplatte *f* **vidéophone** M Bildtelefon *n* **vidéoprojecteur** M Beamer *m*
vide-ordures [vidɔʀdyʀ] M (! unveränderlich) Müllschlucker *m*
vidéosurveillance F Videoüberwachung *f*
vidéothèque [videɔtɛk] F Videothek *f*
vide-poches [vidpɔʃ] M (! unveränderlich) AUTO Handschuhfach *n*
vider [vide] A V/T 1 *récipient* (aus-, ent)leeren; leer machen; *bouteille* (*boire*) austrinken; leeren; *contenu* aus-, entleeren; auskippen, -schütten; *pièce* ausräumen 2 *volaille, poisson* ausnehmen 3 *fam* (*épuiser*) *fam* fertigmachen 4 **~ une querelle** e-n Streit beilegen B V/PR **se ~** *récipient* sich entleeren; auslaufen; *lieu* sich leeren; **se ~ de son sang** verbluten
videur [vidœʀ] M *fam* Rausschmeißer *m*
vie [vi] F 1 Leben *n*; *par ext* **vie culturelle** kulturelles Leben; Kulturleben *n*; **vie de famille** Familienleben *n*; **à vie** auf Lebenszeit; lebenslänglich; **de (toute) ma vie** in meinem ganzen Leben; mein Lebtag; **sans vie** leblos; **avoir la vie dure** zählebig sein; ein zähes Leben haben (*a. fig*); **donner la vie à qn** j-m das Leben schenken; **être en vie** am Leben sein; **être entre la vie et la mort** zwischen Leben und Tod schweben; **c'est une question de vie ou de mort** es geht auf Leben und Tod; **c'est la vie** so ist das Leben; **ce n'est pas une vie** das ist doch kein Leben; **c'est la belle vie** so lässt sich's leben; *fam* **faire la vie** Szenen machen (**à qn** j-m) 2 (*vitalité*) Leben *n*; Lebendigkeit *f*; Lebhaftigkeit *f*; **plein de vie** *personne* sehr lebhaft; quicklebendig; *œuvre* lebendig 3 Leben(sunterhalt) *n*(*m*); **gagner sa vie** s-n Lebensunterhalt verdienen; **gagner bien sa vie** sein gutes Auskommen haben
vieil [vjɛj] → vieux
vieillard [vjɛjaʀ] M Greis *m*; alter Mann; **les ~s** die alten Leute *pl*; die Alten *mpl*
vieille [vjɛj] → vieux
vieilleries [vjɛjʀi] FPL alter Plunder, Kram
vieillesse [vjɛjɛs] F 1 (hohes) Alter; Greisenalter *n*; *adjt* **assurance** *f* **~** Alters-, Rentenversicherung *f*; **mourir de ~** an Altersschwäche sterben 2 *de choses* hohes Alter
vieilli [vjeji] ADJ ⟨~e⟩ 1 *personne, visage* gealtert; alt geworden 2 *mot* veraltend 3 *vin* gealtert
vieillir [vjejiʀ] A V/T alt *ou* älter machen, erscheinen lassen B V/I 1 *personne* alt *ou* älter werden; altern; **en vieillissant** mit zunehmendem Alter 2 *mot, etc* veralten 3 *vin* altern; reifen
vieillissant [vjejisɑ̃] ADJ ⟨-ante [-ɑ̃t]⟩ *personne* alternd; *choses* veraltend
vieillissement [vjejismɑ̃] M Altern *n*; Altwerden *n*; *de la population* Überalterung *f*
vieillot [vjɛjo] ADJ ⟨-otte [-ɔt]⟩ altmodisch
vielle [vjɛl] F MUS Dreh-, Radleier *f*
vienne [vjɛn] → venir
Vienne [vjɛn] 1 *en Autriche* Wien *n* 2 *Stadt im Departement Isère* 3 **la ~** *Fluss u. Departement in Frankreich*
viennois [vjenwa] A ADJ ⟨-oise [-waz]⟩ Wiener; wienerisch B **Viennois(e)** M(F) Wiener(in) *m(f)*
viennoiserie [vjɛnwazʀi] F Feingebäck *n*
viens, vient [vjɛ̃] → venir
vierge [vjɛʀʒ] A ADJ 1 jungfräulich; unberührt 2 *papier* unbeschrieben; *pellicule* unbelichtet; **cassette** *f* **~** Leerkassette *f*; **forêt** *f* **~** Urwald *m* B F 1 Jungfrau *f* 2 **la (Sainte) Vierge, la Vierge Marie** die Heilige Jungfrau; die Jungfrau Maria; **une Vierge** e-e Madonna; ein Marienbild *n* 3 ASTROL **Vierge** Jungfrau *f*
Viêt-nam [vjɛtnam] **le ~** Vietnam *n*
vietnamien [vjɛtnamjɛ̃] A ADJ ⟨-ienne [-jɛn]⟩ vietnamesisch B SUBST 1 **Vietnamien(ne)** *m(f)* Vietnamese *m*, Vietnamesin *f* 2 LING **le ~** das Vietnamesische; Vietnamesisch *n*
vieux [vjø] A ADJ ⟨*m vor Vokal u. stummem h* **vieil** [vjɛj]; *f* **vieille** [vjɛj]⟩ alt; *personne a.* bejahrt; betagt; **un vieil ami** ein alter, langjähriger

Freund; *adjt* **vieille France** altväterisch; antiquiert; **une vieille histoire** e-e alte Geschichte; **~ vêtements** Altkleider *npl*; **vin ~** alter Wein; **ma vieille voiture** mein alter, voriger Wagen; **sur ses ~ jours** auf s-e alten Tage; **devenir ~, se faire ~** alt werden; altern **B** SUBST **1** **~, vieille** *m,f* alter Mann; Alte(r) *m*; alte Frau; Alte *f*; **les ~** die Alten *pl*; *fam* **mes ~** *fam* meine Alten *pl (parents)*; *fam* **mon ~!** *fam* mein Lieber!; alter Freund, Junge!; *fam* **ma vieille!** *fam* meine Liebe!; *fam* **son ~** *(mari) fam* ihr Alter, Oller; *fam* **sa vieille** *(femme) fam* s-e Alte, Olle; *fam* **un petit ~** ein altes Männchen; *fam* **une petite vieille** ein altes Mütterchen; *fig* **un ~ de la vieille** ein alter Hase **2** **le ~** das Alte; *fam* **prendre un coup de ~** mit e-m Schlag alt, älter werden

vif [vif] **A** ADJ ⟨**vive** [viv]⟩ **1** *personne* lebhaft; lebendig; *curiosité, désir, souvenir, etc* lebhaft; *imagination a.* rege **2** *(emporté)* heftig; aufbrausend; *propos a.* scharf; *discussion a.* hitzig **3** *lumière* hell; *plus fort* grell; *couleur* lebhaft; kräftig; leuchtend; *teint* gesund; frisch; *air* frisch und kalt; *arête* scharf **4** *(vivant)* lebendig; lebend; **être brûlé(e) vif (vive)** bei lebendigem Leib verbrannt werden **B** M **1** JUR **donation** *f* **entre ~s** Schenkung *f* unter Lebenden **2** **il a les nerfs à ~** s-e Nerven sind zum Zerreißen gespannt; **être piqué au ~** zutiefst getroffen, verletzt sein; **entrer dans le ~ du sujet** zum Kern der Sache kommen; **prendre sur le ~** PHOT e-n Schnappschuss machen von; *scène* aus dem Leben greifen

vif-argent M Quecksilber *n (a. fig)*

vigie [viʒi] F MAR Ausguck *m*

vigilance [viʒilɑ̃s] F Wachsamkeit *f* **vigilant** [-ɑ̃] ADJ ⟨**-ante** [-ɑ̃t]⟩ wachsam; umsichtig

vigile [viʒil] M Wachmann *m*

vigipirate [viʒipiʀat] **plan** *m* **~** *frz Anti-Terror--Programm*

vigne [viɲ] F **1** Weinrebe *f*; (**cep** *m*, **pied** *m* **de**) **~** Wein-, Rebstock *m*; **~ vierge** wilder Wein **2** Weinberg *m*; **~s** *pl a.* Rebflächen *fpl*; *fig* **être dans les ~s du Seigneur** betrunken, berauscht sein

vigneron [viɲ(ə)ʀõ] M, **vigneronne** [-ɔn] F Winzer(in) *m(f)*

vignette [viɲɛt] F **1** PHARM (Preis)Aufkleber *m* für die Kostenerstattung **2** **~ (automobile)** (Gebührenmarke *f* über entrichtete) Kraftfahrzeugsteuer *f*

vignoble [viɲɔbl] M **1** Weinberg *m*, -garten *m* **2** Wein(bau)gebiet *n*

vigogne [vigɔɲ] F ZOOL Vikunja *n*

vigoureux [viguʀø] ADJ ⟨**-euse** [-øz]⟩ **1** kräftig; robust **2** *style* kraftvoll; *protestation* heftig

vigueur [vigœʀ] F **1** (Lebens)Kraft *f*; Robustheit *f*; Stärke *f* **2** *d'une protestation* Heftigkeit *f*; *d'expression* Kraft *f* **3** JUR **en ~** in Kraft; gültig; geltend; **entrée** *f* **en ~** Inkrafttreten *n*; **entrer en ~** in Kraft treten

les vignes (fpl) — Weinreben

la vigne — Weinberg

VIH [veiaʃ] M ABR (virus de l'immunodéficience humaine) HIV *n*

Vikings [vikiŋ] MPL Wikinger *mpl*

vil [vil] ADJ ⟨**~e**⟩ **1** *st/s* ruchlos; nichtswürdig **2** **à ~ prix** zu e-m Spottpreis

vilain [vilɛ̃] **A** ADJ ⟨**-aine** [-ɛn]⟩ **1** *enfant* unartig; böse; garstig **2** *(laid)* hässlich; *blessure* schlimm; böse; *temps* scheußlich **B** M *fam* **il va y avoir du ~** *fam* das gibt 'ne Keilerei

vilebrequin [vilbʀəkɛ̃] M Kurbelwelle *f*

vilenie [vil(ə)ni] *litt* F Ruchlosigkeit *f*

vilipender [vilipɑ̃de] *st/s* V/T schmähen; verunglimpfen

villa [vila] F Villa *f*

village [vilaʒ] M Dorf *n*; **~ de vacances** Feriendorf *n*

villageois [vilaʒwa] **A** ADJ ⟨**-oise** [-waz]⟩ dörflich **B** **~(e)** M(F) Dorfbewohner(in) *m(f)*

ville [vil] F Stadt *f*; **grande ~** Großstadt *f*; **~ nouvelle** neue, neu gegründete Stadt; **petite ~** Kleinstadt *f*; Städtchen *n*; **vieille ~** Altstadt *f*; **la ~ de Lyon** die Stadt Lyon; **à la ~** in der *ou* in die Stadt *(contraire: à la campagne)*; **aller en ~** in die Stadt gehen, fahren; **dîner en ~** in der Stadt, auswärts essen

ville-champignon F ⟨villes-champignons⟩ aus dem Boden gestampfte *ou* geschossene Stadt **ville-dortoir** F ⟨villes-dortoirs⟩ Schlafstadt *f*

villégiature [vileʒjatyʀ] F Sommerfrische *f*

V

ville-satellite F ⟨villes-satellites⟩ Trabantenstadt *f*

vin [vɛ̃] M Wein *m*; **~ blanc, rouge** Weiß-, Rotwein *m*; **~ d'honneur** Ehrentrunk *m*; **~ de table** Tafel-, Tischwein *m*; *fig* **il a le ~ triste** der Wein macht, stimmt ihn traurig; *fig* **être entre deux ~s** nicht ganz nüchtern sein

vinaigre [vinɛgʀ] M 1 Essig *m*; *fig* **tourner au ~** schlechter werden 2 *fam* **faire ~** schnell machen

vinaigrer [vinegʀe] V/T Essig geben an (+ *acc*); mit Essig anmachen **vinaigrerie** [-əʀi] F Essigfabrik *f*

vinaigrette [vinɛgʀɛt] F Salatsoße *f*; Essig *m* und Öl *n*; **à la, en ~** in Salatsoße

vinaigrier [vinɛgʀije] M *flacon* Essigfläschchen *n*, -kännchen *n*

vinasse [vinas] *fam* F schlechter Wein

vindicatif [vɛ̃dikatif] ADJ ⟨-ive [-iv]⟩ rachsüchtig

vindicte [vɛ̃dikt] F *litt* **désigner qn à la ~ publique** j-n anprangern

vineux [vinø] ADJ ⟨-euse [-øz]⟩ **avoir l'haleine vineuse** nach Wein riechen; *fam* e-e Fahne haben

vingt [vɛ̃, *vor Vokalen u. stummem h u. in den Zahlen 22 bis 29* vɛ̃t] A NUM zwanzig; **le vingt mai** der zwanzigste *ou* am zwanzigsten Mai; **vingt mille** zwanzigtausend; **vingt et un** [vɛ̃teɛ̃] einundzwanzig B M 1 Zwanzig *f*; **le vingt (du mois)** der Zwanzigste *ou* am Zwanzigsten (des Monats) 2 (*meilleure note*) Eins *f*; Einser *m*

vingtaine [vɛ̃tɛn] F **une ~ (de)** etwa, ungefähr, an die zwanzig

vingt-deux [vɛ̃tdø] NUM zweiundzwanzig; *fam* **~!** Achtung!

vingt-deuxième [vɛ̃tdøzjɛm] NUM zweiundzwanzigste

vingtième [vɛ̃tjɛm] A NUM zwanzigste B SUBST 1 **le, la ~** der, die, das Zwanzigste 2 *m* MATH Zwanzigstel *n*

vingt-quatre [vɛ̃tkatʀ] NUM vierundzwanzig; **~ heures sur ~** rund um die Uhr

vinicole [vinikɔl] ADJ Wein(bau)... **vinification** [-fikasjõ] F Weinbereitung *f* **vinifier** [-fje] V/T *les moûts* zu Wein verarbeiten

vins, vint [vɛ̃] → venir

vinyle [vinil] M Vinyl *n*

vioc [vjɔk] → vioque

viol [vjɔl] M 1 Vergewaltigung *f* 2 → violation

violacé [vjɔlase] ADJ ⟨~e⟩ blaurot; bläulich rot; **rouge** *m* **~** Rotviolett *n*

violateur [vjɔlatœʀ] M Rechtsbrecher *m*; **~ de tombeau** Grabschänder *m*

violation [vjɔlasjõ] F *de la loi, d'un secret* Verletzung *f*; *d'une sépulture* Schändung *f*; **~ de domicile** Hausfriedensbruch *m*

viole [vjɔl] F Viola *f*; **~ de gambe** Gambe *f*; Kniegeige *f*; Viola da Gamba *f*

violemment [vjɔlamã] ADV heftig

violence [vjɔlãs] F 1 Gewalt *f*; *acte(s)* Gewalttat *f*, -tätigkeit *f*; *disposition* Brutalität *f*; Rohheit *f*; **~s** *pl a.* Ausschreitungen *fpl*; **par la ~** gewaltsam; mit Gewalt; **faire ~ à qn** auf j-n Zwang ausüben; **se faire ~** sich (*dat*), s-n Gefühlen Zwang antun 2 (*intensité*) Heftigkeit *f*

violent [vjɔlã] ADJ ⟨-ente [-ãt]⟩ 1 *personne* gewalttätig; brutal (*a. sport, scène*); *mort* gewaltsam 2 (*intense*) heftig; *effort, choc a.* gewaltig; *poison* (sehr schnell und) stark (wirkend); *fam* **c'est un peu ~** *fam* das ist ein starkes Stück

violenter [vjɔlãte] V/T vergewaltigen

violer [vjɔle] V/T 1 *loi, secret, traité* verletzen; *promesse, traité* brechen 2 *sépulture* schänden 3 *femme* vergewaltigen

violet [vjɔlɛ] A ADJ ⟨-ette [-ɛt]⟩ violett; veilchenblau; *de froid* bläulich (angelaufen) B M Violett *n*

violette [vjɔlɛt] F Veilchen *n*

violeur [vjɔlœʀ] M Vergewaltiger *m*

violon [vjɔlõ] M 1 Geige *f*; Violine *f*; *fam ou péj* Fiedel *f*; *fig* **~ d'Ingres** Steckenpferd *n*; Hobby *n*; *pop fig* **c'est comme si on pissait dans un ~!** *fam* das ist für die Katz! 2 *joueur* Geiger(in) *m(f)* 3 *fam prison* Arrestlokal *n*; Polizeigewahrsam *m*

violoncelle [vjɔlõsɛl] M (Violon)Cello *n* **violoncelliste** [-ist] M/F Cellist(in) *m(f)*

violoneux [vjɔlɔnø] M Fiedler *m* (*a. péj*) **violoniste** [-ist] M/F Geiger(in) *m(f)*; Violinist(in) *m(f)*

vioque [vjɔk] *argot* A ADJ alt B M/F Alte(r) *m/f(m)*

le violon — Geige

le violon — Geiger

V

vipère [vipɛʀ] F 1 ZOOL Viper *f*; Otter *f* 2 *fig* Schlange *f*; *fam* Giftkröte *f*
virage [viʀaʒ] M 1 *d'une route* Kurve *f* 2 *action* Wendung *f*; Drehung *f*; AUTO, AVIAT Kurve *f*; SKI Bogen *m* 3 *fig* Wende *f*; Umschwung *m*; POL **~ à droite** Schwenkung *f* nach rechts
virago [viʀago] F Mannweib *n*
viral [viʀal] ADJ ⟨~e; -aux [-o]⟩ Virus…
virée [viʀe] F *fam* Spritztour *f*
virement [viʀmɑ̃] M Überweisung *f*; Giro *n*
virent [viʀ] → voir
virer [viʀe] A VT 1 überweisen (**à un compte** auf ein Konto) 2 *fam qn* hinauswerfen; *fam* feuern B VT INDIR **~ à** umschlagen in (+ *acc*); werden zu C VI sich drehen; *véhicule* e-e Kurve fahren; **~ à droite** nach rechts abbiegen; **~ au rouge, bleu**, *etc* rot, blau *etc* werden; **~ de bord** MAR wenden; *fig*, POL umschwenken
virevolte [viʀvɔlt] F Drehung *f* (um die eigene Achse) **virevolter** [-e] VI sich drehen; umherwirbeln
Virgile [viʀʒil] M *poète romain* Vergil *m*
virginal [viʀʒinal] ADJ ⟨~e; -aux [-o]⟩ jungfräulich; unberührt
Virginie [viʀʒini] F 1 *Vorname* 2 GÉOG **la ~** Virginia *n*
virginité [viʀʒinite] F Jungfräulichkeit *f*; Unberührtheit *f*; *fig* **se refaire une ~** sich (*dat*) e-e weiße Weste verpassen
virgule [viʀgyl] F Komma *n*
viril [viʀil] ADJ ⟨~e⟩ 1 männlich; Mannes…; viril 2 *sexuellement* potent 3 (*courageux*) männlich (*a. traits*); mannhaft
virilité [viʀilite] F 1 Männlichkeit *f*; Virilität *f* 2 (*puissance sexuelle*) Potenz *f* 3 *fig* Männlichkeit *f*; Mannhaftigkeit *f*
virole [viʀɔl] F *d'un outil* Zwinge *f*
virologie [viʀɔlɔʒi] F Virologie *f*; Virusforschung *f* **virologiste** [-lɔʒist] *ou* **virologue** [-lɔg] M/F Virologe, -login *m,f*; Virusforscher(in) *m(f)*
virtualité [viʀtɥalite] F Virtualität *f*
virtuel [viʀtɥɛl] ADJ ⟨~le⟩ virtuell (*a.* INFORM); theoretisch möglich
virtuellement [viʀtɥɛlmɑ̃] ADV praktisch; so gut wie
virtuose [viʀtɥoz] M/F Virtuose *m*, Virtuosin *f* **virtuosité** [-ite] F Virtuosität *f*
virulence [viʀylɑ̃s] F Heftigkeit *f*; Schärfe *f* **virulent** [-ɑ̃] ADJ ⟨-ente [-ɑ̃t]⟩ heftig; scharf; bissig
virus [viʀys] M BIOL, INFORM, *fig* Virus *m ou n*
vis¹ [vi] → voir, vivre
vis² [vis] F Schraube *f*; *fig* **serrer la ~ à qn** bei j-m die Zügel anziehen; j-n kurzhalten
visa [viza] M Visum *n*; Sichtvermerk *m*
visage [vizaʒ] M (! maskulin) Gesicht *n*; *st/s* Antlitz *n*; **Visages pâles** Bleichgesichter *npl*; *fig* **à ~ humain** human; menschlich; *fig* **sans ~** anonym
visagiste [vizaʒist] M/F Visagist(in) *m(f)*
vis-à-vis [vizavi] A PRÉP **~ de** gegenüber (+ *dat*) B ADV **en ~** einander gegenüber; vis-à-vis C M Gegenüber *n*; Visavis *n*
viscéral [viseʀal] ADJ ⟨~e; -aux [-o]⟩ 1 ANAT Eingeweide… 2 *peur* irrational; *haine* abgründig
viscères [visɛʀ] MPL Eingeweide *npl*
viscose [viskoz] F CHIM Viskose *f* **viscosité** [-ite] F Zähflüssigkeit *f*; Viskosität *f*
visées [vize] FPL Absichten *fpl* (**sur** auf + *acc*)
viser [vize] A VT 1 zielen auf (+ *acc*); anvisieren 2 *fig but* anstreben; anvisieren 3 (*concerner*) **~ qn** auf j-n abzielen; **se sentir visé** sich getroffen fühlen 4 *pop* (*regarder*) *fam* angucken 5 ADMIN mit e-m Visum versehen B VT INDIR 1 **~ à** zielen auf (+ *acc*), nach 2 *fig* **~ à qc** auf etw (*acc*) hin-, abzielen; nach etw trachten C VI *fig* **~ °haut** hoch hinauswollen; hochfliegende Pläne haben
viseur [vizœʀ] M PHOT Sucher *m*; *d'une arme à feu* Visier *n*
visibilité [vizibilite] F Sicht *f*; *virage* **sans ~** unübersichtlich
visible [vizibl] ADJ 1 sichtbar; erkennbar; **être ~** *a.* zu sehen sein 2 (*évident*) sichtlich; merklich 3 *personne* **n'être pas ~** nicht zu sprechen sein
visiblement [viziblәmɑ̃] ADV sichtlich; merklich
visière [vizjɛʀ] F 1 (Helm)Visier *n* 2 (Mützen)Schirm *m*; *par ext* Augenschirm *m*, -blende *f*
vision [vizjõ] F 1 (*vue*) Sehen *n*; Sehvermögen *n* 2 (*idée*) Vorstellung(en) *f(pl)*; Bild *n* 3 *surnaturelle* Vision *f*; Gesicht *n*; Erscheinung *f*; *fam* **j'ai des ~s** *fam* ich hab wohl geträumt, Halluzinationen
visionnaire [vizjɔnɛʀ] A ADJ visionär; seherisch B M/F Visionär(in) *m(f)*; Seher(in) *m(f)*
visionner [vizjɔne] VT *film* (prüfend) ansehen **visionneuse** [-øz] F Diabetrachter *m*; *fam* Gucki *m*; *pour films* Bildbetrachter *m*
visiophone [vizjɔfɔn] M Bildtelefon *n*
visite [vizit] F 1 Besuch *m*; *d'un musée, etc a.* Besichtigung *f*; *du médecin à l'hôpital* Visite *f*, *à domicile* Hausbesuch *m*; **visite guidée** Führung *f*; **avoir la visite de qn** j-n zu Besuch haben; **être en visite chez qn** bei j-m zu, auf Besuch sein; **faire une visite, rendre (une) visite à qn** j-n besuchen; j-m e-n Besuch machen, abstatten 2 (*visiteur*) Besuch *m*; **avoir de la visite** Besuch haben 3 (*inspection*) Visitation *f* 4 **visite médi-**

cale ärztliche Untersuchung

visiter [vizite] VT besuchen; *ville, musée, etc* besichtigen; *pays a.* bereisen

visiteur [vizitœʀ] M, **visiteuse** [vizitøz] F Besucher(in) *m(f); a.* Gast *m*

vison [vizõ] M Nerz *m (a. fam manteau)*

visqueux [viskø] ADJ ⟨-euse [-øz]⟩ 1 *liquide* zähflüssig 2 *poisson, etc* schleimig; schmierig

vissage [visaʒ] M An-, Fest-, Zu-, Verschrauben *n*

vissé [vise] ADJ ⟨~e⟩ *fig* **être ~ sur sa chaise** sich nicht von s-m Stuhl rühren

visser [vise] VT 1 (an-, fest)schrauben; *bouchon* zu-, verschrauben 2 *fam fig* **~ qn** j-n kurzhalten

Vistule [vistyl] **la ~** die Weichsel

visualisation [vizɥalizasjõ] F Sichtbarmachen *n*, -ung *f* (INFORM auf e-m Bildschirm) **visualiser** [-e] VT sichtbar machen (INFORM auf e-m Bildschirm)

visuel [vizɥɛl] A ADJ ⟨~le⟩ Seh...; Gesichts...; Blick...; visuell *(a. mémoire)* B SUBST 1 **~(le)** *m(f)* visueller Typ; Augenmensch *m* 2 *m* INFORM Display *n*

vit [vi] → voir, vivre

vital [vital] ADJ ⟨~e; -aux [-o]⟩ 1 BIOL Lebens... 2 *par ext* lebenswichtig; vital **vitalité** [-ite] F Vitalität *f*; Lebenskraft *f*

vitamine (! Endung) [vitamin] F (! feminin) Vitamin *n*

vitaminé [vitamine] ADJ ⟨~e⟩ mit Vitaminen angereichert

vite [vit] ADV schnell; rasch; geschwind; zügig; **au plus ~** schleunigst; schnellstens; **aller trop ~** übereilt, vorschnell handeln; **on a ~ fait de dire que ...** man hat leicht sagen, dass ...; *fam* **c'est du ~ fait** *fam* das ist geschludert, gepfuscht

vitesse [vitɛs] F 1 Geschwindigkeit *f*; Tempo *n*; Schnelligkeit *f*; **~ moyenne** Durchschnittsgeschwindigkeit *f*; **~ de croisière** Reisegeschwindigkeit *f*; *fig* fester Rhythmus; **à toute ~** in aller Eile; schleunigst; *fam* im Eiltempo; *fam* **en ~** schnellstens; schleunigst; *fam* hopp, hopp!; **faire de la ~** schnell fahren; *fam* rasen; **prendre qn de ~** j-m zuvorkommen; schneller sein als j-d; **prendre de la ~** immer schneller werden; beschleunigen 2 AUTO Gang *m*; *fam fig* **en quatrième ~** in größter Eile, Hast; *fam* mit Volldampf, Karacho

viticole [vitikɔl] ADJ Wein(bau)...

viticulteur [vitikyltœʀ] M Winzer *m* **viticulture** [-yʀ] F Weinbau *m*

vitrage [vitʀaʒ] M 1 Glasscheibe *f*, -wand *f* 2 *rideau* Scheibengardine *f*

vitrail [vitʀaj] M ⟨vitraux [vitʀo]⟩ Kirchenfenster *n*

vitre [vitʀ] F (Glas-, Fenster)Scheibe *f*; *par ext* Fenster *n*

vitré [vitʀe] ADJ ⟨~e⟩ Glas...; verglast; **porte ~e** Glastür *f*

vitrer [vitʀe] VT verglasen

vitrerie [vitʀəʀi] F 1 *industrie* Glaserhandwerk *n* 2 *produits* Glaserwaren *fpl*

vitreux [vitʀø] ADJ ⟨-euse [-øz]⟩ glasig

vitrier [vitʀije] M Glaser *m*

vitrification [vitʀifikasjõ] F 1 Umwandlung *f* in Glas 2 *du parquet* Versiegelung *f*

vitrifier [vitʀifje] VT *parquet* versiegeln

vitrine [vitʀin] F 1 Schaufenster *n (a. fig)*; Auslage *f*; *fig* **lécher les ~s** e-n Schaufensterbummel machen 2 *meuble* Vitrine *f*; Glasschrank *m*; Schaukasten *m*

vitriol [vitʀijɔl] M Vitriol *n*; *fig* **au ~** scharf; bissig

vitrioler [vitʀijɔle] VT **~ qn** j-m Säure ins Gesicht schütten

vitrocéramique [vitʀoseʀamik] F Glaskeramik *f*

vitupérations [vitypeʀasjõ] *st/s* FPL heftige Vorwürfe *mpl*

vitupérer [vitypeʀe] VT INDIR ⟨-è-⟩ *st/s* **~ contre** wettern gegen

vivable [vivabl] ADJ **pas ~** unerträglich; *personne a.* unausstehlich

vivace [vivas] ADJ 1 **plante** *f* **~** Dauerpflanze *f*; mehrjährige Pflanze 2 *haine, etc* hartnäckig; beharrlich

vivacité [vivasite] F 1 Lebhaftigkeit *f*; Lebendigkeit *f*; **~ d'esprit** geistige Regsamkeit; rasche Auffassungsgabe 2 *(emportement)* Heftigkeit *f* 3 *d'une couleur* Leuchtkraft *f*; Glanz *m*

vivandière [vivɑ̃djɛʀ] F HIST Marketenderin *f*

vivant [vivɑ̃] A ADJ ⟨-ante [-ɑ̃t]⟩ 1 lebend; lebendig; **langue vivante** lebende Sprache 2 *fig* lebendig; *personnage* lebenswahr, -echt; *rue* belebt; *enfant a.* lebhaft B M 1 **de son vivant** zu, bei s-n Lebzeiten 2 **les vivants** die Lebenden *pl* 3 **bon vivant** Genießer *m*; Schlemmer *m*

vivarium [vivaʀjɔm] M Vivarium *n*; *(terrarium)* Terrarium *n*

vivat [viva] M Vivat *n*; **~s** *pl* Hochrufe *mpl*

vive[1] [viv] INT **~ ...!** es lebe ...!; ein Hoch auf (+ *acc*)!; **~ les vacances!** hurra, Ferien!

vive[2] F ZOOL Petermännchen *n*

vivement [vivmɑ̃] ADV 1 *(vite)* schnell; rasch; zügig 2 *s'intéresser, etc* lebhaft; *souhaiter* innig; *regretter* zutiefst; *conseiller* wärmstens 3 *fam* **~ les vacances!** wären doch schon die Ferien da!

viveur [vivœʀ] M Lebemann *m*

vivier [vivje] M 1 Fischteich *m* 2 *(aquarium)* Fischbehälter *m*, -kasten *m*

vivifiant [vivifjɑ̃] ADJ ⟨-ante [-ɑ̃t]⟩ kräftigend;

V

belebend

vivifier [vivifje] VT 1 *climat* stärken; kräftigen 2 *fig* beleben; erfrischen

vivipare [vivipaʀ] ADJ lebend gebärend

vivisection [vivisɛksjõ] F Vivisektion *f*

vivoter [vivɔte] VI sein Leben mühsam fristen; *entreprise* dahinvegetieren

vivre [vivʀ] ⟨je vis, il vit, nous vivons; je vivais; je vécus; je vivrai; que je vive; vivant; vécu⟩ A VT erleben; durchleben; *jours a.* verleben; **~ sa vie** sein eigenes Leben leben, führen; **~ mal un problème** mit e-m Problem schwer fertig werden B VI leben; **~ vieux** alt werden; *mode* **avoir vécu** sich überlebt haben; *prov* **qui vivra verra** man wird ja sehen; **il a (beaucoup) vécu** er hat (in s-m Leben) viel erlebt; **~ bien** sorgenfrei leben; **~ avec qn** mit j-m zusammenleben; **~ dans l'angoisse, en paix** in Angst, in Frieden leben; **~ de qc** von etw leben; **~ pour soi** nur an sich (*acc*) denken; **avoir de quoi ~** sein Auskommen, genug zum Leben haben; **faire ~ qn** für den Lebensunterhalt j-s aufkommen; j-n ernähren; **se laisser ~** in den Tag hinein leben; **savoir ~** *agréablement* zu leben verstehen; *selon l'usage* Lebensart haben

vivres [vivʀ] MPL Lebensmittel *npl*; Verpflegung *f*; *fig* **couper les ~ à qn** j-m den Geldhahn zudrehen

vivrier [vivʀije] ADJ ⟨-ière [-jɛʀ]⟩ *cultures* der Ernährung dienend

vizir [viziʀ] M Wesir *m*

vlan [vlã] INT peng!; bums!; wumm!

VO ABR → version

vocable [vɔkabl] M Vokabel *f*; Wort *n*

vocabulaire [vɔkabylɛʀ] M 1 Wortschatz *m*; Vokabular *n* 2 (*lexique*) Wörterverzeichnis *n*; Vokabular *n*; Glossar *n*

vocal [vɔkal] ADJ ⟨~e; -aux [-o]⟩ Stimm...; MUS Vokal...; TÉL **boîte ~e** Mailbox *f*; Voicemail *f*; **cordes ~es** Stimmbänder *npl*

vocalisation [vɔkalizasjõ] F PHON Vokalisierung *f*

vocalise [vɔkaliz] F MUS Stimmübung *f*; Vokalise *f*

vocaliser [vɔkalize] A VT PHON vokalisieren B VI MUS Stimmübungen machen

vocatif [vɔkatif] M GRAM Vokativ *m*; Anredefall *m*

vocation [vɔkasjõ] F 1 REL, *pour une profession* Berufung *f* 2 (*mission*) Bestimmung *f*; Aufgabe *f*; Eignung *f*

vociférations [vɔsifeʀasjõ] FPL Gebrüll *n*; Gezeter *n* **vociférer** [-e] VI ⟨-è-⟩ brüllen (*a. v/t*); toben; zetern

vodka [vɔdka] F Wodka *m*

vœu [vø] M ⟨~x⟩ 1 REL Gelübde *n*; *par ext* Gelöbnis *n*; feierliches Versprechen; **j'ai fait le vœu de** (+ *inf*) ich habe mir gelobt zu (+ *inf*) 2 (*souhait*) Wunsch *m*; **meilleurs vœux!** *ou* **tous mes vœux!** meine besten Wünsche!; alles Gute!; **vœux de bonne année** Glückwünsche *mpl* zum neuen Jahr; **faire un vœu** sich (*dat*) etwas wünschen

vogue [vɔg] F Publikumsgunst *f*; Beliebtheit *f*; **en ~** in Mode; en vogue

voguer [vɔge] *litt* VI fahren; segeln

voici [vwasi] PRÉP da ist *ou* sind; hier ist *ou* sind; **la, les ~** da *ou* das ist, sind sie; **le livre que ~** dieses Buch da, hier; → voilà

voie [vwa] F 1 (*chemin*) (Verkehrs)Weg *m*; Straße *f*; **~ publique** öffentliche Straße; **~ romaine** Römerstraße *f*; **~ d'accès** Zu-, Auffahrt *f*; AUTOROUTE Zubringer *m*; **~s de communication** Verkehrswege *mpl*, -verbindungen *fpl* 2 CH DE FER Gleis *n*; **~ de garage** Abstellgleis *n* (*a. fig*); **à plusieurs ~s** mehrgleisig 3 *d'une route* Fahrspur *f*; **~ réservée aux véhicules lents** Kriechspur *f*; **à trois ~s** dreispurig 4 ANAT Weg *m*; **~s respiratoires** Atemwege *mpl* 5 *fig* Weg *m*; **~ royale** Königsweg *m*; **en ~ de ...** in (+ *dat*) begriffen; **en ~ de guérison** auf dem Wege der Genesung; **par (la) ~ diplomatique** auf diplomatischem Wege; **être dans la bonne ~** auf dem richtigen Weg sein; **être en bonne ~** auf gutem Wege sein; **mettre qn sur la ~** j-n auf die (richtige) Spur bringen; j-m auf die Sprünge helfen 6 JUR **~s** *pl* **de fait** Tätlichkeiten *fpl* 7 MAR **~ d'eau** Leck *n*

voilà [vwala] PRÉP da ist *ou* sind; **~!** da!; **(et) ~!** das wär's!; **~, ~, j'arrive!** ich komm ja schon!; **~ un an (que...)** es ist ein Jahr her (, dass ...); *tu veux des bonbons,* **en ~** da sind welche; **en veux-tu en ~** *fam* in rauen Mengen; **me ~** da bin ich; **nous y ~** nun sind wir beim eigentlichen Thema; **(et) ~ tout** das ist alles; weiter nichts; **~ ce que c'est (que) de** (+ *inf*) das kommt davon *ou* so geht es, wenn man ...; **la maison que ~** das, dieses Haus da; **~ comment ...** so ...; **~ pourquoi ...** deshalb ...; darum ...; **mais ~ que, tout à coup, ...** aber (siehe da,) plötzlich...

voilage [vwalaʒ] M *rideau* Store *m*

voile[1] [vwal] M 1 Schleier *m*; **~ de mariée** Brautschleier *m*; REL **prendre le ~** den Schleier nehmen; Nonne werden 2 TEXT Voile *m* 3 *fig* Schleier *m*; **jeter un ~ sur qc** e-n Schleier über etw (*acc*) breiten 4 **~ du palais** Gaumensegel *n*; weicher Gaumen

voile[2] F 1 Segel *n*; **faire ~ sur** segeln nach; *fam fig* **mettre les ~s** *fam* abhauen; *fam* verduften 2 Segeln *n*; Segelsport *m*; **faire de la ~** segeln;

le voile (de mariée) — (Braut)Schleier

la voile — Segel(n)

Segelsport treiben 3 **vol** *m* **à ~** Segelflug *m*, -fliegen *n*

voilé [vwale] ADJ ⟨~e⟩ 1 *femme* verschleiert 2 *ciel, regard* verschleiert; *photo* mit e-m Schleier; *voix* heiser; belegt; *allusion* versteckt; **en termes ~s** in verhüllten Worten 3 *roue* verbogen; *fam* mit e-m Achter, e-r Acht

voiler¹ [vwale] A V/T verschleiern, verhüllen (*a. fig*) B V/PR **se ~** 1 *femme* verschleiert sein *ou* gehen 2 *ciel, regard* sich verschleiern; sich trüben

voiler² V/PR **se ~** *roue* sich verbiegen

voilette [vwalɛt] F (Hut)Schleier *m*

voilier [vwalje] M Segelschiff *n*; Segler *m*; SPORTS Segelboot *n*, -jacht *f*

voilure [vwalyʀ] F 1 MAR Besegelung *f* 2 AVIAT Tragflächen *fpl*

voir [vwaʀ]
⟨je vois, il voit, nous voyons, ils voient; je voyais; je vis; je verrai; que je voie; voyant; vu⟩

A verbe transitif — B verbe transitif indirect
C verbe intransitif — D verbe pronominal

— A verbe transitif —

1 *(apercevoir)* sehen; erblicken; bemerken; **voir un accident** e-n Unfall (mit an)sehen; **ne pas voir qn, qc** *a.* j-n, etw übersehen; **sans être vu** *a.* ungesehen; **je les ai vus mourir** ich habe sie sterben sehen; **faire voir qc à qn** j-m etw zeigen; **fais voir** zeig mal; **se faire voir** sich sehen lassen; *fam* **va te faire voir (ailleurs)!** *fam* scher dich doch zum Teufel!; **ne pas laisser voir son chagrin** sich *(dat)* s-n Kummer nicht anmerken lassen 2 *(visiter)* (an)sehen; besuchen; *(rencontrer)* sehen; besuchen; **voir un film** sich *(dat)* e-n Film ansehen; e-n Film sehen; **être à voir** sehenswert sein; **aller voir qc, qn** sich *(dat)* etw ansehen; etw besichtigen; j-n auf-, besuchen; bei j-m vorsprechen; **(aller) voir le médecin** zum Arzt gehen; **se faire bien, mal voir** sich beliebt, unbeliebt machen; **venir voir qn** j-n be-, aufsuchen 3 *(se représenter)* sehen; sich *(dat)* vorstellen; verstehen; **voir un °héros en qn** in j-m e-n Helden sehen; *fam* **tu vois ça d'ici** das kannst du dir wohl vorstellen; **tu vois ce que je veux dire** du verstehst, was ich sagen will 4 *(examiner)* (nach-, durch)sehen; **va voir ce qui se passe** sieh nach, was los ist; **c'est à voir** das wäre zu überlegen 5 *(vivre qc)* sehen; erleben; mit-, durchmachen; **elle en a vu dans sa vie** sie hat in ihrem Leben viel durchgemacht; *fam* **vous allez voir ce que vous allez voir** *fam* Sie werden (noch) Ihr blaues Wunder erleben; **on aura tout vu** das ist doch unglaublich, die Höhe, *fam* das Letzte 6 **cela n'a rien à voir** das gehört nicht hierher; das hat damit (gar) nichts zu tun; **je n'ai rien à voir là-dedans** ich habe damit nichts zu tun

— B verbe transitif indirect —

fam **il faudrait voir à ne pas confondre!** *fam* dass mir ja keine Verwechslungen vorkommen!

— C verbe intransitif —

1 sehen (können); **ne voir que d'un œil** nur auf einem Auge sehen 2 *par ext*: **voir page 20** siehe Seite 20; **voyons!** also!; aber, aber!; hören Sie *ou* hör mal!; **(ah!) je vois!** jetzt verstehe ich!; **on verra bien** man wird dann ja weitersehen; **il faut voir** das muss man (*fam* erst mal) abwarten, sehen; **essaie (un peu) pour voir** versuch's doch mal; **viens voir** komm mal her; da, schau mal

— D verbe pronominal —

1 **se voir déjà millionnaire** sich schon als Millionär sehen; **se voir obligé de** (+ *inf*) sich gezwungen sehen zu (+ *inf*) 2 *semi-auxiliaire*: **il s'est vu décerner le prix** er bekam den Preis verliehen; **elle s'est vu refuser l'entrée** der Eintritt wurde ihr verwehrt 3 **se voir** sich sehen, treffen; zusammenkommen; *fig* **ils ne peuvent pas se voir** sie können sich nicht ausstehen, *fam* riechen 4 **cela se voit** das sieht, merkt man; **ça ne s'est jamais vu** das ist noch nie da gewesen; das hat's noch nie gegeben

voire [vwaʀ] ADV (ja) sogar

voirie [vwaʀi] F Straßenverwaltung *f*; **service** *m* **de ~** *nettoyage* Straßenreinigung *f*; *enlèvement des ordures* städtische Müllabfuhr

voisin [vwazɛ̃] A ADJ ⟨-ine [-in]⟩ 1 benachbart; Nachbar…; Neben…; angrenzend; **États ~s**

Nachbarstaaten *mpl*; **maison ~e** Nachbar-, Nebenhaus *n* **2** *(ressemblant)* verwandt, ähnlich (**de** *dat*) **B** **~(e)** M(F) Nachbar(in) *m(f)*; ÉCOLE Banknachbar(in) *m(f)*; *en rang* Nebenmann *m*; **~ de table** Tischnachbar *m*

voisinage [vwazinaʒ] M Nachbarschaft *f* (*a. coll*); **relations** *fpl* **de bon ~** gutnachbarliche Beziehungen *fpl*

voisiner [vwazine] V/I **~ avec** stehen, liegen, sein bei, neben (+ *dat*)

voiture [vwatyʀ] F **1** Wagen *m*; Auto *n*; **~ ancienne** Oldtimer *m*; **~ de course, d'occasion** Renn-, Gebrauchtwagen *m*; **~ de pompiers** Feuerwehrauto *n*; **en ~** mit dem Auto, Wagen; **faire de la ~** Auto fahren **2** CH DE FER (Eisenbahn)Wagen *m*; Waggon *m*; **en ~!** bitte einsteigen! **3** Wagen *m*; Karren *m*; **~ à bras** Handwagen *m*, -karren *m*; **~ d'enfant** Kinderwagen *m*

voiture-bar F ⟨voitures-bars⟩ CH DE FER Wagen *m* mit Bar **voiture-couchettes** F ⟨voitures-couchettes⟩ Liegewagen *m* **voiture-lit** F ⟨voitures-lits⟩ Schlafwagen *m*

voiturer [vwatyʀe] V/T (im Wagen) befördern, transportieren

voiture-restaurant F ⟨voitures-restaurants⟩ Speisewagen *m*

voiturette [vwatyʀɛt] F kleiner Wagen

voix [vwa, vwɑ] F **1** Stimme *f* (*a.* MUS, POL, *fig*); *fig* **~ de la raison** Stimme der Vernunft; **à ~ basse, °haute** leise, laut; mit leiser, lauter Stimme; **de vive ~** mündlich; **par dix ~ contre trois** mit zehn gegen drei Simmen; **avoir de la ~** Stimme haben; singen können; *fig* **avoir ~ au chapitre** etwas zu sagen, ein Wort mitzureden haben; **entendre des ~** Stimmen hören; **rester sans ~** keinen Ton hervorbringen **2** GRAM **~ active** Aktiv *n*; Tätigkeitsform *f*; **~ passive** Passiv *n*; Leideform *f*

vol¹ [vɔl] M **1** Flug *m* (*a.* AVIAT); **~ à voile** Segelflug *m*, -fliegen *n*; **au ~** im Fluge; **attraper au ~** *balle* im Fluge fangen; *bus* im letzten Moment erwischen; *remarque* aufschnappen; auffangen; **à ~ d'oiseau** *distance* (in der) Luftlinie; *photo* aus der Vogelschau, -perspektive; *fig escroc* **de haut ~** ausgekocht; gerissen; **en (plein) ~** während des Fluges **2** *(nuée)* Schwarm *m*

vol² M Diebstahl *m*; **~ à main armée** bewaffneter Diebstahl; (schwerer) Raub; **~ de voiture** Autodiebstahl *m*; *fig* **c'est du ~ (organisé)** das ist ja Wucher; *au restaurant fam* das ist der reinste Nepp

vol. ABR (volume) Bd. (Band)

volage [vɔlaʒ] ADJ flatterhaft; unstet

volaille [vɔlaj] F Geflügel *n*; *fam* Federvieh *n*; **une ~** ein Stück *n* Geflügel

volailler [vɔlaje] M Geflügelhändler *m*

volant¹ [vɔlɑ̃] ADJ ⟨-ante [-ɑ̃t]⟩ **1** fliegend; Flug… **2** *(mobile)* beweglich; *feuille* lose

volant² M **1** AUTO Lenkrad *n*; Steuer *n* **2** SPORTS Federball(spiel) *m(n)* **3** COUT Volant *m*

volatil [vɔlatil] ADJ ⟨~e⟩ CHIM flüchtig

volatile [vɔlatil] M (Stück *n*) Geflügel *n*

volatiliser [vɔlatilize] V/PR **se ~** CHIM sich verflüchtigen (*a. fig fam*); verdunsten; *fig a.* sich in Luft auflösen

vol-au-vent [vɔlovɑ̃] M (! unveränderlich) große Blätterteigpastete

volcan [vɔlkɑ̃] M Vulkan *m*; *fig* **être assis sur un ~** auf e-m Pulverfass sitzen

volcanique [vɔlkanik] ADJ **1** vulkanisch; Vulkan… **2** *fig* explosiv

volcanisme [vɔlkanism] M Vulkanismus *m*

volcanologie [vɔlkanɔlɔʒi] F Vulkanologie *f* **volcanologue** [-lɔg] M Vulkanologe *m*; Vulkanforscher *m*

volé [vɔle] ADJ ⟨~e⟩ **1** *chose* gestohlen **2** *personne* bestohlen

volée [vɔle] F **1** *d'oiseaux, d'enfants* Schwarm *m* **2** *de projectiles* Hagel *m*; **~ (de coups)** Tracht *f* Prügel **3** TENNIS Flugschlag *m*; Volley *m* **4** **à toute ~** in vollem Schwung

voler¹ [vɔle] V/I **1** *oiseau, avion, pilote* fliegen; *objet* durch die Luft fliegen; **~ en éclats** in Stücke fliegen; zersplittern; zerspringen; **faire ~ la poussière** den Staub aufwirbeln **2** *fig* **~ au secours de qn** j-m zu Hilfe eilen

voler² V/T **1** stehlen (*a. abs*); **~ qc à qn** j-m etw stehlen, entwenden **2** **~ qn** j-n bestehlen; **se faire ~** bestohlen werden **3** *clients* betrügen; *au restaurant* ausnehmen; *fam* neppen **4** *fig idée, etc* stehlen; *fam* **il ne l'a pas volé** das geschieht ihm ganz recht

volet [vɔlɛ] M **1** Fensterladen *m*; **~ roulant** Rollladen *m* **2** **trier sur le ~** sieben; sorgfältig auswählen **3** *d'un dépliant* (umklappbarer) Teil, Abschnitt; Blatt *n*; *par ext* Teil *m*

voleter [vɔlte] V/I ⟨-tt-⟩ (herum)flattern

voleur [vɔlœʀ], **voleuse** [vɔløz] **A** M,F **1** Dieb(in) *m(f)*; **voleur de voitures** Autodieb *m*; **au voleur!** Hilfe, Diebe!; haltet den Dieb! **2** *m fig* Halsabschneider *m*; Geldschneider *m* **B** ADJ diebisch

volière [vɔljɛʀ] F Vogelhaus *n*; Voliere *f*

volley-ball [vɔlɛbol] M Volleyball *m*

volleyeur [vɔlɛjœʀ] M, **volleyeuse** [-øz] F Volleyballspieler(in) *m(f)*

volontaire [vɔlɔ̃tɛʀ] **A** ADJ **1** *(de plein gré)* freiwillig **2** *(voulu)* absichtlich; gewollt; vorsätzlich; bewusst; **incendie** *m* **~** Brandstiftung *f* **3** *(décidé)* willensstark **B** M/F Freiwillige(r) *m/f(m)*; **se porter ~** sich freiwillig melden

V

volontairement [vɔlõtɛʀmɑ̃] ADV **1** *(sans être contraint)* freiwillig; unaufgefordert **2** *(exprès)* absichtlich

volontariat [vɔlõtaʀja] M freiwilliger Dienst

volontarisme [vɔlõtaʀism] M PHIL, PSYCH Voluntarismus *m*

volonté [vɔlõte] F **1** *(désir)* Wille *m*; Wunsch *m*; **les dernières ~s de qn** der Letzte Wille j-s; **à ~** nach Belieben; nach Wunsch; beliebig (viel); *fam* **elle fait ses quatre ~s** sie gibt allen s-n Launen nach **2** *(disposition)* **bonne ~** guter Wille; Bereitwilligkeit *f*; *par ext* **les bonnes ~s** die Menschen guten Willens; **mauvaise ~** böser Wille; mangelnde Bereitschaft; **mettre de la mauvaise ~ à faire qc** etw absichtlich langsam *ou* schlecht machen; **avec la meilleure ~ du monde** beim besten Willen **3** *(caractère)* Wille *m*; Willenskraft *f*, -stärke *f*; **manque** *m* **de ~** Willenlosigkeit *f*; Willensschwäche *f*; **sans ~** willenlos; willensschwach; ohne eigenen Willen

volontiers [vɔlõtje] ADV **1** gern(e); bereitwillig; **plus ~** lieber **2** *(facilement)* häufig; leicht; gern

volt [vɔlt] M Volt *n* **voltage** [-aʒ] M Spannung *f*; Voltzahl *f*

voltairien [vɔltɛʀjɛ̃] **A** ADJ ⟨-ienne [-jɛn]⟩ spöttisch-freidenkerisch **B** M Voltairianer *m*

volte [vɔlt] F ÉQUITATION Volte *f*

volte-face [vɔltəfas] F (❗ unveränderlich) Kehrtwendung *f* *(a. fig)*; **faire ~** e-e Kehrtwendung machen *(a. fig)*; sich umdrehen

voltige [vɔltiʒ] F **1** °**haute ~** Hochseilakrobatik *f*; *fig* gewagtes, riskantes Unterfangen **2** *à cheval* Kunstreiten *n* **3** AVIAT Kunstfliegen *n*, -flug *m*

voltiger [vɔltiʒe] V/I ⟨-ge-⟩ hin und her fliegen; *papillons* gaukeln; *flocons* tanzen **voltigeur** [-œʀ] M Seilakrobat *m*

volubile [vɔlybil] ADJ *personne* zungenfertig; *explications* wortreich

volubilis [vɔlybilis] M BOT Winde *f*

volubilité [vɔlybilite] F Zungenfertigkeit *f*

volume [vɔlym] M **1** *(livre)* Band *m*; **en trois ~s** dreibändig **2** MATH Volumen *n*; Rauminhalt *m* **3** *fig* Umfang *m*; Volumen *n*; Menge *f* **4** *de la voix* Volumen *n*; *d'un haut-parleur* Lautstärke *f*

volumétrique [vɔlymetʀik] ADJ CHIM maßanalytisch; volumetrisch

volumineux [vɔlyminø] ADJ ⟨-euse [-øz]⟩ voluminös; umfangreich

volupté [vɔlypte] F **1** (Sinnen)Lust *f*; Sinnenfreude *f*; *sexuelle* Wollust *f* **2** *(délice)* Wonne *f*; Genuss *m*

voluptueux [vɔlyptɥø] ADJ ⟨-euse [-øz]⟩ sinnenfreudig; wollüstig

volute [vɔlyt] F ARCH Volute *f*; *fig* **~s de fumée** Rauchspirale *f*

vomi [vɔmi] *fam* M Erbrochene(s) *n*

vomir [vɔmiʀ] V/T **1** er-, ausbrechen; *abs* sich übergeben; sich erbrechen; *fam* brechen; *st/s* speien; *fig* **c'est à ~** dabei wird einem übel **2** *fig* **~ qn** j-n verabscheuen

vomissement [vɔmismɑ̃] M Erbrechen *n* **vomissure** [-yʀ] F Erbrochene(s) *n*

vomitif [vɔmitif] M Brechmittel *n*

vont [võ] → aller[1]

vorace [vɔʀas] ADJ gefräßig; gierig *(a. fig)* **voracité** [-ite] F Gefräßigkeit *f*; Gier *f* *(a. fig)*

vos → votre

Vosges [voʒ] **les ~** FPL die Vogesen *pl*

vosgien [voʒjɛ̃] **A** ADJ ⟨-ienne [-jɛn]⟩ der Vogesen **B** **Vosgien(ne)** Bewohner(in) *m(f)* der Vogesen

votant [vɔtɑ̃] M *surtout* PL **~s** *(qui participent à un vote)* Abstimmende(n) *mpl*; Wähler *mpl*; *(qui ont le droit de voter)* Wahl-, Stimmberechtigte(n) *mpl*

votation [vɔtasjõ] F *Suisse* **~ populaire** Volksabstimmung *f*

vote [vɔt] M **1** Wahl *f*; Abstimmung *f*; **~ de confiance** Vertrauensvotum *n*; **~ par correspondance** Briefwahl *f* **2** *(voix)* (Wahl)Stimme *f* **3** *d'une loi* Verabschiedung *f*

voter [vɔte] **A** V/T *loi* verabschieden; **faire ~ une loi** ein Gesetz durchbringen **B** V/I wählen; abstimmen; s-e Stimme abgeben; **~ oui, non** mit Ja, Nein stimmen

votif [vɔtif] ADJ ⟨-ive [-iv]⟩ Votiv…; Weih…

votre [vɔtʀ] ADJ POSS ⟨*pl* vos [vo]⟩ **1** euer, eure, *pl* eure **2** *forme de politesse* Ihr(e), *pl* Ihre

vôtre [votʀ] **A** PRON POSS **1** **le vôtre, la vôtre** der, die, das eure; eure(r, -s); *pl* **les vôtres** die euren; eure **2** *forme de politesse* **le vôtre, la vôtre** der, die, das Ihre; Ihre(r, -s); *pl* **les vôtres** die Ihren; Ihre; *fam* **à la vôtre!** zum Wohl!; prost! **B** SUBST **1** **le vôtre** das Eure; *forme de politesse* das Ihre **2** **les vôtres** *mpl* *(famille, amis, etc)* die Euren; *forme de politesse* die Ihren; **je suis des vôtres** ich mache, komme mit

voudrai(s) [vudʀɛ] → vouloir[1]

vouer [vwe] **A** V/T **1** *sa vie, etc* **~ à** widmen, weihen (+ *dat*) **2** *haine, amour, etc* geloben **3** **~ à qc** zu etw bestimmen; **être voué à l'échec** zum Scheitern verurteilt sein **B** V/PR **se ~ à qc** sich e-r Sache *(dat)* verschreiben, weihen

vouloir[1] [vulwaʀ] ⟨je veux, il veut, nous voulons, ils veulent; je voulais; je voulus; je voudrai; que je veuille, que nous voulions; voulant; voulu; *Imperativ der höflichen Aufforderung* veuillez⟩ **A** V/T **1** wollen; **vouloir qc** etw (haben) wollen (**de qn** von j-m); **voulez-vous un apéritif?** möchten, wollen Sie e-n Aperitif?; **je voudrais …** ich möchte …; **tu l'as vou-**

lu du hast es so gewollt; **que tu le veuilles ou non** ob du (es) willst oder nicht; **sans le vouloir** ohne es zu wollen; ungewollt; *résigné* **qu'est-ce que vous voulez?** das ist nun mal so; was soll man da machen?; **je veux bien** oh ja!; gerne!; das ist mir recht; ich habe nichts dagegen; **comme tu voudras** wie du willst; **vouloir faire qc** etw tun wollen; **vouloir dire** → dire¹; **je voudrais vous parler** ich möchte Sie, mit Ihnen sprechen; **veux-tu te taire** willst du wohl still sein; **veuillez** (+ *inf*) wollen, würden Sie bitte (+ *inf*); *fam* **le moteur ne veut pas démarrer** der Motor will nicht anspringen; **que voulez-vous que je vous dise?** was soll ich da sagen?; **le hasard a voulu que …** (+ *subj*) der Zufall wollte es, dass … **2** (*prétendre*) **vouloir que …** (+ *subj*) behaupten, dass … **B** V/T INDIR **1** **ne pas vouloir de qc, qn** etw, j-n nicht (haben) wollen; von etw, j-m nichts wissen wollen **2** **en vouloir à qn** j-m böse sein; es j-m übel nehmen, nachtragen; **en vouloir à mort à qn** j-n tödlich hassen; **en vouloir à qn, qc** es auf j-n, etw abgesehen haben; **en vouloir à la vie de qn** j-m nach dem Leben trachten **C** V/PR **1** **s'en vouloir de** (+ *inf*) sich über sich (*acc*) selbst ärgern, auf sich (*acc*) selbst böse sein, dass … **2** (*vouloir passer pour*) **se vouloir …** sich … geben; … sein wollen

vouloir² M **bon ~** guter Wille; Bereitwilligkeit *f*; **dépendre du bon ~ de qn** vom Belieben j-s abhängen

voulu [vuly] ADJ ⟨~e⟩ **1** (*exigé*) gewünscht; *âge* erforderlich (**pour** für); **en temps ~** zur festgesetzten Zeit **2** (*intentionnel*) absichtlich; gewollt; beabsichtigt

vous [vu] **A** PR PERS **1** *sujet* ihr; *obj dir et obj indir* euch (*acc et dat*); **~ ~ êtes trompé(e)s** ihr habt euch getäuscht **2** *forme de politesse* (*sg u. pl*) *sujet* Sie; *obj dir et obj indir* Sie (*acc*); Ihnen (*dat*); *réfléchi* sich (*acc et dat*); **imaginez-~!** stellen Sie sich (*dat*) vor!; **de ~ à moi** unter uns gesagt; **dire ~ à qn** zu j-m Sie sagen **B** PR INDÉF einen *ou* einem; **les gens qui ~ disent que …** die Leute, die einem sagen, dass …

vous-même(s) [vumɛm] PR PERS **1** *accentué* (ihr *ou* Sie) selbst **2** *réfléchi* euch *ou* sich selbst

voûte [vut] F Gewölbe *n*; *fig* **~ céleste** Himmelsgewölbe *n*

voûté [vute] ADJ ⟨~e⟩ *dos* krumm; gebeugt; *personne* **être tout ~** e-n krummen, gebeugten Rücken haben; gebeugt gehen

voûter [vute] V/PR **se ~** vom Alter gebeugt werden; krumm werden

vouvoiement [vuvwamɑ̃] M Siezen *n*

vouvoyer [vuvwaje] ⟨-oi-⟩ V/T (*et* V/PR **se**) sich) siezen; **~ qn** *a.* j-n mit Sie anreden

voyage [vwajaʒ] M **1** Reise *f*; Fahrt *f*; **bon ~!** gute Reise!; gute Fahrt!; **~ éclair** Blitzbesuch *m*; **~ à l'étranger** Auslandsreise *f*; **~ d'affaires** Geschäftsreise *f*; **~ de noces** Hochzeitsreise *f*; **~ en avion, en bateau** Flug-, Schiffsreise *f*; **~ en voiture** Autoreise *f*, -fahrt *f*; **gens** *mpl* **du ~** Zirkusleute *pl*; fahrendes Volk; **être en ~** verreist, auf Reisen sein; **partir en ~** verreisen; auf Reisen gehen **2** (*trajet*) Fahrt *f*; **faire plusieurs ~s** mehrmals hin- und herfahren *ou* -gehen

voyager [vwajaʒe] V/I ⟨-ge-⟩ **1** reisen; **il a beaucoup voyagé** er ist viel gereist, herumgekommen **2** *marchandises* transportiert werden

voyageur [vwajaʒœʀ], **voyageuse** [vwajaʒøz] **1** *m,f* Reisende(r) *m/f(m)*; Fahrgast *m*; Passagier *m* **2** **voyageur (de commerce)** (Handlungs)Reisende(r) *m*; Handelsvertreter *m* **3** *adjt* **pigeon voyageur** Brieftaube *f*

voyagiste [vwajaʒist] M Reiseveranstalter *m*

voyance [vwajɑ̃s] F zweites Gesicht; Hellsehen *n*

voyant [vwajɑ̃] **A** ADJ ⟨-ante [-ɑ̃t]⟩ auffallend; auffällig; *couleur a.* grell **B** SUBST **1** **~(e)** *m(f)* Hellseher(in) *m(f)*; **~e** *f a.* Wahrsagerin *f* **2** (*non aveugle*) **~(e)** *m(f)* Sehende(r) *m/f(m)* **3** *m* Kontrolllampe *f*

voyelle [vwajɛl] F Vokal *m*; Selbstlaut *m*

voyeur [vwajœʀ] M Voyeur *m*; *fam* Spanner *m*

voyeurisme [-ism] M Voyeurismus *m*

voyons [vwajɔ̃] → voir

voyou [vwaju] M **1** (*loubar*) jugendlicher Rowdy; **petit ~** Schlingel *m*; Lausbub *m* **2** (*délinquant*) Ganove *m*

vrac [vʀak] **en ~** **1** *marchandises* lose; offen; als Schüttgut **2** *fig* durcheinander

vrai [vʀɛ] **A** ADJ ⟨~e⟩ **1** (*exact*) wahr; richtig; wahrheitsgemäß, -getreu; tatsächlich; **pas ~?** nicht wahr?; **c'est ~?** ist das wahr?; stimmt das (wirklich)?; *fam* **c'est pas ~!** das kann, *fam* darf doch nicht wahr sein!; **il est ~ que …** es ist wahr, es stimmt, es trifft zu, dass …; *restrictif* zwar …; allerdings … **2** (*authentique*) echt (*a. tableau*); richtig; wirklich; wahr; **~ de ~** unverfälscht; typisch; *fam* hundertprozentig **B** ADV **à ~ dire, à dire ~** offen gesagt, gestanden; eigentlich; **dire ~** die Wahrheit sagen; recht haben **C** M **le ~** das Wahre; die Wahrheit; *enf* **pour de ~** im Ernst; wirklich; **être dans le ~** recht haben

vraiment [vʀɛmɑ̃] ADV wirklich; wahrhaftig

vraisemblable [vʀɛsɑ̃blabl] ADJ wahrscheinlich

vraisemblablement [vʀɛsɑ̃blabləmɑ̃] ADV

V

wahrscheinlich

vraisemblance [vʀɛsɑ̃blɑ̃s] F Wahrscheinlichkeit *f*

vrille [vʀij] F 1 BOT Ranke *f* 2 TECH Nagelbohrer *m* 3 AVIAT **descendre en ~** abtrudeln

vriller [vʀije] V/T durchbohren

vrombir [vʀɔ̃biʀ] V/I *moteur* dröhnen; *insecte* summen **vrombissement** [-ismɑ̃] M Dröhnen *n*

vroum [vʀum] INT **~! ~!** brumm, brumm!

VRP [veɛʀpe] M (! unveränderlich) ABR (voyageur de commerce, représentant et placier) Handelsvertreter *m*

VTC [vetese] M (! unveränderlich) ABR (vélo tout chemin) Trekkingrad *n*

VTT [vetete] M (! unveränderlich) ABR (vélo tout terrain) Mountainbike *n*

vu [vy] A PP → voir *et* ADJ ⟨~e⟩ gesehen; **ni ~ ni connu** ohne dass jemand etwas bemerkt; **être bien, mal ~** beliebt, unbeliebt sein *ou* gut, schlecht angeschrieben sein (**de qn** bei j-m); *chose* gern, nicht gern gesehen werden; *fam* **c'est tout ~!** das ist ein für alle Mal erledigt! B PRÉP angesichts (+ *gén*); in Anbetracht (+ *gén*); **~ le temps** bei dem Wetter C M **au ~ et au su de tous** vor aller Augen; **c'est du déjà ~** das ist nichts Neues

vue [vy] F 1 *sens* Sehen *n*; Sehkraft *f*, -vermögen *n*; Gesichtssinn *m*; **avoir la ~ basse** kurzsichtig sein; **avoir une bonne ~** gute Augen haben; gut sehen; **perdre la ~** erblinden; das Augenlicht verlieren 2 (*regard*) Blick *m*; Sicht *f*; **à ~** AVIAT auf Sicht; COMM bei Sicht; Sicht…; **à première ~** auf den ersten Blick; **à ~ de nez** *fam* über den Daumen gepeilt; **à ~ d'œil** zusehends; merklich; **à la ~ de tous** vor aller Augen; **en ~** in Sicht; sichtbar; *personne* herausragend; sehr bekannt; **connaître qn de ~** j-n vom Sehen kennen; *fam* **en mettre plein la ~ à qn** *fam* bei j-m Eindruck schinden; **perdre qn, qc de ~** j-n, etw aus den Augen verlieren 3 (*spectacle*) Anblick *m*; **à la ~ du sang** beim Anblick von Blut; **à sa ~** *a.* als ich, er *etc* ihn *ou* sie sah 4 (*panorama*) Aussicht *f*; (Aus)Blick *m*; **avec ~ sur la mer** mit Blick aufs Meer; mit Meeresblick 5 PHOT Ansicht *f*; **~ aérienne** Luftbild *n*; **~ d'ensemble** Gesamtansicht *f*; Überblick *m*, -sicht *f* (*a. fig*) 6 (*idée*) **~s** *pl* Ansichten *fpl*; Meinung *f*; **une ~ de l'esprit** e-e (rein) theoretische Vorstellung 7 (*intention*) Absicht *f*; **en ~ de** (+ *subst*) im Hinblick auf (+ *acc*); **en ~ de** (+ *inf*) um zu (+ *inf*); **avoir qn en ~** j-n in Aussicht genommen haben; **avoir qc en ~** etw im Auge haben; **avoir des ~s sur qc, qn** ein Auge auf etw, j-n geworfen haben 8 **seconde ~** zweites Gesicht; Hellsehen *n*

vulcanisation [vylkanizasjɔ̃] F Vulkanisierung *f*; Vulkanisation *f* **vulcaniser** [-e] V/T vulkanisieren

vulcanologie [vylkanɔlɔʒi] → volcanologie

vulgaire [vylgɛʀ] ADJ 1 (*quelconque*) einfach; gewöhnlich; ordinär 2 (*grossier*) ordinär; vulgär 3 (*populaire*) volkstümlich; allgemein üblich; **langue** *f* **~** Volkssprache *f*

vulgairement [vylgɛʀmɑ̃] ADV 1 *péj s'exprimer etc* ordinär; vulgär 2 **appelé ~** allgemein, im Volksmund (genannt)

vulgarisation [vylgaʀizasjɔ̃] F *ouvrage* **de ~** populärwissenschaftlich

vulgariser [vylgaʀize] V/T allgemein verständlich darstellen (und verbreiten)

vulgarité [vylgaʀite] F Vulgarität *f*

vulnérabilité [vylneʀabilite] F Verwundbarkeit *f*

vulnérable [vylneʀabl] ADJ verwundbar; *fig a.* verletzbar; empfindlich; **point** *m* **~** verwundbare Stelle; Schwachstelle *f*

vulve [vylv] F Vulva *f*

Vve *ou* **Vve** ABR (veuve) Wwe. (Witwe)

V.V.F. [veveɛf] M ABR (village vacances familles) Familienferiendorf *n*

W

W, w [dubləve] M (! unveränderlich) W, w *n*

wagon [vagɔ̃] M Waggon *m*; Wagen *m*; **~ (de marchandises)** Güterwagen *m*

wagon-citerne M ⟨wagons-citernes⟩ Kesselwagen *m* **wagon-couchettes** M ⟨wagons-couchettes⟩ Liegewagen *m*

wagon-lit M ⟨wagons-lits⟩ Schlafwagen *m*

wagonnet [vagɔnɛ] M (Kipp)Lore *f*

wagon-poste M ⟨wagons-poste⟩ CH DE FER Postwagen *m*

wagon-restaurant M ⟨wagons-restaurants⟩ Speisewagen *m*

walkman® [wɔkman] M Walkman® *m*

walkyrie [valkiʀi] F Walküre *f*

Wallis-et-Futuna [walisefytyna] **les îles** *fpl* **~** die Wallisinseln *fpl*; Wallis und Futuna *n*

wallon [walɔ̃] A ADJ ⟨-onne [-ɔn]⟩ wallonisch B SUBST 1 **Wallon(ne)** *m(f)* Wallone *m*, Wallonin *f* 2 LING **le ~** das Wallonische; Wallonisch *n*

Wallonie [walɔni] **la ~** Wallonien *n*

water-polo [watɛʀpɔlo] M Wasserball *m*

waterproof [watɛʀpʀuf] ADJ (! unveränderlich) wasserdicht

waters [watɛʀ] MPL Klosett *n;* Abort *m; fam* Klo *n;* **aller aux ~** aufs Klo gehen
watt [wat] M ÉLEC Watt *n*
W.-C. [(dublə)vese] MPL WC *n; fam* Null-Null *n (inscription* 00)
Web [wɛb] M ABR (World Wide Web) INFORM Web *n;* **(naviguer, surfer) sur le ~** im Web (surfen); *adjt* **page** *f* **~** Webseite *f;* **site** *m* **~** Website *f*
webcam® [wɛbkam] F INFORM Webcam *f*
webmaster [-mastœʀ] M *ou* **webmestre** [-mɛstʀ] M INFORM Webmaster *m*
week-end [wikɛnd] M ⟨week-ends⟩ Wochenende *n;* **bon ~!** schönes Wochenende!; **partir en ~** übers Wochenende wegfahren
western [wɛstɛʀn] M Western *m;* Wildwestfilm *m* **western-spaghetti** M ⟨westerns-spaghettis⟩ Italowestern *m*
Westphalie [vɛsfali] **la ~** Westfalen *n*
whisky [wiski] M ⟨whiskies⟩ Whisky *m*
white-spirit [wajtspiʀit] M Terpentinersatz *m*
Wisigoths [vizigo] MPL Westgoten *mpl*
Wurtemberg [vyʀtɛ̃bɛʀ] **le ~** Württemberg *n*

X

X, x [iks] M (! unveränderlich) **1** *lettre* X, x *n;* **chromosome** *m* **X** X-Chromosom *n;* **jambes** *fpl* **en X** X-Beine *npl* **2** MATH x *n;* **(Monsieur) X** Herr X(Y); JUR **plainte** *f* **contre X** Anzeige *f* gegen Unbekannt; **accoucher sous X** anonym entbinden *(und das Kind weggeben)* **3** **rayons** *mpl* **X** Röntgenstrahlen *mpl* **4** **film (classé) X** Pornofilm *m*
xénon [ksenõ] M CHIM Xenon *n*
xénophobe [gzenɔfɔb] ADJ fremden-, ausländerfeindlich **xénophobie** [-i] F Fremdenhass *m;* Ausländerfeindlichkeit *f*
xérès [kseʀɛs, gze-] M Sherry *m*
xylophone [gzilɔfɔn] M Xylophon *n*

Y

Y, y¹ [igʀɛk] M (! unveränderlich) **1** *lettre* Y, y *n;* Ypsilon *n* **2** MATH y *n*
y² [i] **A** ADV dort; da; dort-, dahin; **tu ~ vas?** gehst du (da-, dort)hin?; **j'~ étais aussi** ich war auch dort, dabei; **j'~ suis, j'~ reste** hier bin ich und hier bleibe ich; **on n'~ voit rien** man sieht nichts **B** *pron* **1** *(à cela)* dazu; daran; darauf *etc;* **vous m'~ obligez** Sie zwingen mich dazu; **j'~ penserai** ich werde daran denken; **j'~ renonce** ich verzichte darauf **2** *fam (lui)* **j'~ ai dit** ich hab ihm *ou* ihr gesagt
yacht [jɔt] M Jacht *f*
yachting [jɔtiŋ] M Jachtsport *m*
ya(c)k [jak] M Yak *m;* Jak *m*
yaourt [jauʀ(t)] M Joghurt *m ou n;* **~ nature, aux fruits** Natur-, Fruchtjoghurt *m*
yaourtière [jauʀtjɛʀ] F Joghurtbereiter *m*
yard [jaʀd] M Yard *n*
Yémen [jemen] **le ~** Jemen *n;* der Jemen
yéménite [jemenit] **A** ADJ jemenitisch **B** **Yéménite** M/F Jemenite, -in *m,f*
yen [jɛn] M Yen *m*
yeux [jø] MPL → œil
yiddish [jidiʃ] **A** ADJ (! unveränderlich) jiddisch **B** M **le ~** das Jiddische; Jiddisch *n*
yoga [jɔga] M Yoga *n;* **faire du ~** Yoga machen
yog(h)ourt [jɔguʀt] → yaourt
Yougoslavie [jugɔslavi] HIST **la ~** Jugoslawien *n*
youpi [jupi] INT juchhe!; hurra!
youyou [juju] M Dingi *n*
yo-yo [jojo] M (! unveränderlich) **1** *jouet* Jo-Jo *n;* Yo-Yo *n* **2** *fig* Auf und Ab *n*
yucca [juka] M Yucca *f;* Palmlilie *f*
yuppie [jupi] M Yuppie *m*
Yvelines [ivlin] **les ~** [lez-] FPL *frz Departement*

Z

Z, z [zɛd] M (! unveränderlich) Z, z *n*
Zaïre [zaiʀ] HIST **le ~** Zaire *n*
zaïrois [zaiʀwa] **A** ADJ ⟨-oise [-waz]⟩ zairisch **B** SUBST **Zaïrois(e)** M(F) Zairer(in) *m(f)*
Zambie [zɑ̃bi] **la ~** Sambia *n*
zapper [zape] V/I zappen; (zwischen den Programmen) hin und her schalten
zapping [zapiŋ] M; Zappen *n;* Hin-und-her-Schalten *n* (zwischen den Programmen)
zèbre [zɛbʀ] M **1** ZOOL Zebra *n;* **courir comme un ~** sehr schnell laufen **2** *fam fig* **un drôle de ~** ein komischer Kauz
zébré [zebʀe] ADJ ⟨~e⟩ (zebraartig) gestreift **zébrer** [-e] V/T ⟨-è-⟩ mit (zebraartigen) Streifen versehen

zébrure [zebʀyʀ] F 1 Streifen *m* 2 *sur la peau* Strieme(n) *m/f(m)*
zébu [zeby] M Zebu *n ou m*
zèle [zɛl] M Eifer *m*; Fleiß *m*; Beflissenheit *f*; Diensteifer *m*; **pas de ~!** nur kein Übereifer!; **faire du ~** übereifrig, allzu eifrig sein
zélé [zele] ADJ ⟨~e⟩ eifrig; voll Eifer
zen [zɛn] A M REL Zen *n* B ADJ (! unveränderlich) 1 REL **bouddhisme** *m* **~** Zenbuddhismus *m* 2 *fam* (*calme*) gelassen; ruhig
zénith [zenit] M 1 ASTRON Zenit *m*; Scheitelpunkt *m* 2 *fig* Gipfel *m*; Höhepunkt *m*; Zenit *m*
ZEP [zɛp] F ABR (zone d'éducation prioritaire) *Problembezirk oder sozialer Brennpunkt, in dem die Schulen finanzielle Sondermittel bekommen, um benachteiligte Schüler besser fördern zu können*

Les ZEP

Bei den **zones d'éducation prioritaire** (kurz **ZEP**) handelt es sich um städtische Bereiche, in denen Schulen (collèges, lycées) mit besonders ausgebildeten und besser bezahlten Lehrern versuchen, benachteiligten Schülern aus problematischen Stadtvierteln eine angemessene Schulausbildung zu ermöglichen. Da diese Schulen seit 1981 zusätzliche finanzielle Hilfen erhalten, sind die Klassen kleiner als an Normalschulen. Damit möchte man eine bessere Betreuung der Schüler ermöglichen. Im Jahre 2007 gab es ca. 8 800 Schulen in den ZEP.

LANDESKUNDE

zéphyr [zefiʀ] M Zephir *ou* Zephyr *m*
zeppelin [zɛplɛ̃] M Zeppelin *m*
zéro [zeʀo] A M 1 MATH Null *f* 2 *fig* Nichts *n*; Null *f*; *fam* **les avoir à ~** *pop* Mordsschiss haben; **avoir le moral à ~** seelisch auf dem Nullpunkt (angelangt) sein; *fam* **c'est ~** das taugt nichts; **repartir à ~** wieder ganz von vorne, bei Null anfangen 3 *fig personne* Null *f* 4 Nullpunkt *m*; Gefrierpunkt *m*; **dix degrés au-dessus, au-dessous de ~** zehn Grad über, unter null; zehn Grad Wärme, Kälte 5 ÉCOLE Sechs *f*; **avoir (un) ~ en maths** e-e Sechs in Mathe haben B NUM null; **~ degré** null Grad; **~ heure** null Uhr
zeste [zɛst] M **~ de citron** (Stück *n*) Zitronenschale *f*
Zeus [dzøs] M MYTH Zeus *m*
zézaiement [zezɛmɑ̃] M Lispeln *n*
zézayer [zezeje] V/I ⟨-ay- *od* -ai-⟩ lispeln; mit der Zunge anstoßen
ZI ABR (zone industrielle) Industrie-, Gewerbegebiet *n*
zibeline [ziblin] F Zobel *m*
zieuter [zjøte] *fam* V/T angucken
zigoto [zigɔto] M *fam* **un drôle de ~** *fam* e-e seltsame Type; *fam* ein komischer Kauz
zigouiller [ziguje] V/T *fam* abmurksen
zigue [zig] *fam* M → zigoto
zigzag [zigzag] M Zickzack *m*; **en ~** Zickzack…; im Zickzack (verlaufend)
zigzaguer [zigzage] V/I im Zickzack, in Schlangenlinien gehen *ou* fahren; *ivrogne a.* torkeln
Zimbabwe [zimbabwe] **le ~** Simbabwe *n*
zimbabwéen [zimbabweɛ̃] A ADJ ⟨-enne [-ɛn]⟩ simbabwisch B SUBST **Zimbabwéen(ne)** M(F) Simbabwer(in) *m(f)*
zinc [zɛ̃g] M 1 Zink *n* 2 *fam* (*comptoir*) Theke *f*; Schanktisch *m* 3 *fam* (*avion*) *fam* Kiste *f*
zingage [zɛ̃gaʒ] M Verzinken *n*, -ung *f*
zinguer [zɛ̃ge] V/T 1 verzinken 2 *toit* mit Zinkblech decken
zingueur [zɛ̃gœʀ] M **plombier** *m* **~** Klempner *m*
zinzin [zɛ̃zɛ̃] ADJ (! unveränderlich) **il est un peu ~** *fam* er spinnt ein bisschen
zip [zip] M (breiter) (Zier)Reißverschluss
zippé [zipe] ADJ ⟨~e⟩ mit (breitem) (Zier)Reißverschluss
zipper [zipe] V/T INFORM zippen
zizanie [zizani] F **semer la ~** Zwietracht säen, stiften
zizi [zizi] M *enf* (*pénis*) *enf* Zipfelchen *n*
zloty [zlɔti] M *monnaie* Zloty *m*
zodiacal [zɔdjakal] ADJ ⟨~e; -aux [-o]⟩ ASTRON Tierkreis…
zodiaque [zɔdjak] M ASTRON Tierkreis *m*; **signes** *mpl* **du ~** Tierkreiszeichen *npl*
zombi *ou* **zombie** [zɔ̃bi] M Zombie *m* (*a. fig*)
zona [zona] M MÉD Gürtelrose *f*
zonage [zonaʒ] M Aufteilung *f* in Nutzungsflächen
zonard [zonaʀ] M *péj* Rocker *m*
zone [zon] F 1 Zone *f* (*a.* GÉOG, MATH, ANAT); Gebiet *n*; Bereich *m*; **~ bleue** Kurzparkzone *f*; **~ dangereuse** Gefahrenzone *f*; **~ industrielle** Industrie-, Gewerbegebiet *n*; **~ sinistrée** Katastrophengebiet *n*; **~ de basse, haute pression** Tiefdruck-, Hochdruckgebiet *n*; **sur une ~ de 5 km** in e-m Umkreis, Gebiet von 5 km 2 *autour d'une grande ville* arme Außenviertel *npl* 3 *fig* **de seconde ~** zweitrangig; zweitklassig
zoner [zone] V/I *argot* 1 (*habiter*) *fam* hausen 2 (*flâner*) *fam* herumhängen; *fam* herumgammeln
zoo [zo] M Zoo *m*; Tierpark *m*
zoologie [zɔɔlɔʒi] F Zoologie *f*; Tierkunde *f*
zoologique [zɔɔlɔʒik] ADJ zoologisch; **jardin** *m* **~** zoologischer Garten; Tierpark *m*

zoologiste [zɔɔlɔʒist] *ou* **zoologue** [-lɔg] M/F Zoologe, -login *m,f*
zoom [zum] M Zoom(objektiv) *n*
zouave [zwav] M 1 HIST MIL Zuave *m* 2 *fam fig* **faire le ~** den Hanswurst spielen
zouk [zuk] M *Musik u. Tanz von den Kleinen Antillen*
Zoulou(s) [zulu] MPL Zulu *mpl*
zozo [zozo] M *fam* Dummchen *n*
zozoter [zɔzɔte] *fam* → zézayer
ZUP [zyp] F (! unveränderlich) ABR (zone à urbaniser en priorité) dicht bebaute Außenviertel *npl; fam* Neubaugebiet *n*
Zurich [zyʀik] Zürich *n*
zut [zyt] INT *fam* **~ (alors)!** *fam* verflixt!; verdammt!
zyeuter [zjøte] → zieuter
zygomatique [zigɔmatik] M ANAT Jochbeinmuskel *m*

Deutsch — Französisch

A

A¹, a N 1 A, a *m*; **(das ist) das A und (das) O** (voilà) l'essentiel; *umg fig* **von A bis Z** du commencement à la fin; de A à Z; *sprichw* **wer A sagt, muss auch B sagen** *sprichw* (quand) le vin est tiré, il faut le boire 2 MUS la *m*

A² ABK AUTO 1 *(Austria, Österreich)* A (Autriche) 2 *(Autobahn)* A (autoroute)

à PRÄP HANDEL à; **zehn Flaschen ~ ein Euro** dix bouteilles à un euro

@ N ABK (at) IT @

Aa *kinderspr* N *kinderspr* caca *m*; **~ machen** faire caca

Aachen N Aix-la-Chapelle

Aal M ZOOL anguille *f*

aalen *umg* V/R **sich ~** se prélasser; *in der Sonne a. umg* faire le lézard

aalglatt ADJ souple

Aargau M l'Argovie *f*

Aas N 1 charogne *f* 2 *umg fig pej umg* saleté *f*; *sl* ordure *f* **Aasgeier** M vautour *m*; charognard *m* *(beide a. umg fig)*

ab A PRÄP 1 *räumlich* à partir de; **~ Düsseldorf fliegen** prendre l'avion à Düsseldorf 2 HANDEL **~ Werk** départ usine 3 *zeitlich* à partir de; dès 4 *Folge* à partir de; **~ zehn Euro** à partir de dix euros B ADV 1 *räumlich* **von hier ~** à partir d'ici; *umg* **~ sein** *Knopf* être parti; manquer 2 **~ ins Bett!** allez, au lit!; **~ und zu** parfois; de temps en temps

AB M TEL ABK (Anrufbeantworter) répondeur *m* (téléphonique)

abändern V/T modifier; changer **Abänderung** F modification *f*; changement *m*

abarbeiten A V/T 1 **s-e Schulden ~** travailler pour s'acquitter de ses dettes 2 *(abnutzen)* **abgearbeitete Hände** *fpl* mains abîmées par le travail B V/R **sich ~** s'épuiser

Abart F BOT, ZOOL variété *f* **abartig** ADJ anormal; pervers

Abb. ABK (Abbildung) ill. (illustration)

Abbau M 1 BERGBAU extraction *f* 2 *(Verminderung)* diminution *f*; réduction *f*; *von Vorurteilen, Angst a.* suppression *f*; *von Arbeitsplätzen* suppression *f*; réduction *f* 3 *e-r Maschine, e-s Gerüsts, Zelts* démontage *m*

abbaubar ADJ **biologisch ~** biodégradable

abbauen A V/T 1 BERGBAU extraire 2 *Steuern, Personal* diminuer; réduire; *Vorurteile, Arbeitsplätze* supprimer 3 *Gerüst, Maschine, Zelt* démonter B V/I *körperlich, geistig* baisser

abbeißen V/T arracher (en mordant); mordre

abbeizen V/T *Farbe* enlever (avec un décapant); *Holz* décaper

abbekommen V/T 1 *(bekommen)* (en) avoir 2 *Schläge, Kratzer* attraper; *umg* se prendre; **etw ~ haben** *(verletzt sein)* être blessé; *(beschädigt sein)* être abîmé 3 *(losbekommen)* réussir à enlever

abberufen V/T rappeler; *zur Amtsenthebung* révoquer **Abberufung** F rappel *m*; révocation *f*

abbestellen V/T décommander; *Hotelzimmer* annuler la réservation de

abbetteln *umg* V/T **j-m etw ~** quémander, mendier qc à qn

abbezahlen V/T rembourser (à tempérament)

abbiegen A V/T plier B V/I **(nach) rechts ~** tourner, prendre à droite

Abbiegen N **beim ~ in die Hauptstraße** en tournant dans la rue principale

Abbieger M véhicule *m bzw.* personne *f* qui tourne à gauche *bzw.* à droite **Abbiegespur** F file *f* de droite *bzw.* de gauche **Abbiegung** F tournant *m*

Abbild N image *f*; *e-r Person a.* portrait *m*

abbilden V/T *Sache* reproduire; **abgebildet sein** *Person* être représenté

Abbildung F reproduction *f*; image *f*; *in Texten* illustration *f*

abbinden A V/T 1 *(losbinden)* détacher 2 MED *Arm, Bein* poser un garrot à; *Arterie* ligaturer B V/I *Zement etc* prendre **abblasen** *umg fig* V/T *Veranstaltung* annuler; *Termin, Treffen umg* laisser tomber **abblättern** V/I s'écailler **abblenden** V/I *im Auto* se mettre en code

Abblendlicht N AUTO codes *mpl*; feux *mpl* de croisement; **mit ~ fahren** rouler en code

abblitzen *umg* V/I **j-n ~ lassen** *umg* envoyer promener qn

abblocken V/T 1 SPORT bloquer 2 *fig Kritik, Antrag* refuser; **er hat meine Frage abgeblockt** il m'a empêché de poser ma question

abbrausen A V/T doucher B *umg* V/I *mit dem Auto umg* démarrer en trombe, *umg* sur les chapeaux de roues

abbrechen A V/T 1 détacher; *Spitze* casser 2 *Haus* démolir; raser; *Zelt, Lager* démonter 3 *Beziehungen, Verhandlungen* rompre; *Sitzung, Reise, Spiel* arrêter; *Studium* abandonner; *Streik* cesser; *Gespräch* interrompre B V/I 1 se détacher; *Bleistiftspitze, Zahn* se casser; se briser 2 *(aufhören)* cesser; s'arrêter; **brechen wir hier für heute ab!** restons-en là, arrêtons-nous ici pour aujourd'hui C V/R **sich** *(dat)* **e-n Fingernagel ~** se casser un ongle

abbremsen V/T *u.* V/I freiner; ralentir *(beide a.*

fig)
abbrennen **A** VT brûler; *Feuerwerk* tirer; faire partir **B** VI *Haus* brûler; **abgebrannt** *Haus* détruit par le feu
abbringen VT **j-n von etw ~** détourner, dissuader qn de qc
abbröckeln VI *Putz, Farbe, fig Preise* s'effriter
Abbruch M **1** *e-s Hauses* démolition *f* **2** *von Verhandlungen, Beziehungen* rupture *f*; *e-s Gesprächs, Wettkampfs* arrêt *m*; *e-r Schwangerschaft* interruption *f* **abbruchreif** ADJ bon pour la démolition
abbuchen VT **e-n Betrag (vom Konto) ~** prélever une somme (sur le compte)
Abbuchung F prélèvement *m* (**von** sur)
abbürsten VT **1** *Kleider* brosser **2** *Staub, Haare* enlever à la brosse
abbüßen VT *Schuld* expier; *Strafe* purger; exécuter
Abc N **1** alphabet *m*; **das große, kleine ~** l'alphabet en lettres majuscules, minuscules **2** *fig* abc *m*; b a ba *m*
abchecken VT **1** *(prüfen)* contrôler **2** *(abhaken)* cocher
Abc-Schütze M écolier, -ière *m,f* (qui a fait sa première rentrée)
ABC-Waffen FPL armes *fpl* atomiques, biologiques et chimiques
abdampfen VI *umg fig umg* filer
abdanken VI *Minister* démissionner; *Monarch* abdiquer **Abdankung** F *e-s Ministers* démission *f*; *e-s Monarchen* abdication *f*
abdecken VT **1** enlever, retirer la couverture de; **das Dach ~** *Sturm* arracher, emporter la toiture **2** *(zudecken)* recouvrir (**mit** de) **3** *Themenkreis* tenir compte de
abdichten VT *Ritzen, Leck* boucher; colmater; *gegen Kälte* calfeutrer; *Schiffswand* calfater
abdrängen VT repousser
abdrehen **A** VT *Gas* fermer; *Heizung, Radio* éteindre **B** VI changer de direction; *Schiff, Flugzeug* changer de cap
abdriften VI **1** SCHIFF dériver **2** *fig* être entraîné (**in etw** [+ *akk*] dans qc)
Abdruck[1] M *(Spur, aus Gips bzw. Wachs)* empreinte *f*; *plastischer a.* moulage *m*
Abdruck[2] M TYPO reproduction *f*; impression *f*
abdrucken VT imprimer; reproduire
abdrücken **A** VT **j-m die Luft ~** étrangler qn **B** VI *(schießen)* appuyer sur la gâchette
abdunkeln VT *Raum* obscurcir; *Licht* foncer
abduschen **A** VT **1** *(duschen)* doucher **2** *(wegwaschen)* nettoyer (au moyen d'une douche) **B** VR **sich ~** se doucher **abebben** VI *Lärm, Wind* diminuer; *fig* se calmer
Abend M soir *m*; *Zeitdauer* soirée *f*; **der Heilige ~** *Datum* le soir de Noël; *Feier* le réveillon de Noël; **guten ~!** bonsoir!; **heute ~** ce soir; **es wird ~** le soir tombe; **am ~** le soir; **zu ~ essen** dîner; *umg fig* **du kannst mich mal am ~ besuchen!** tu m'embêtes!; *umg* tu m'enquiquines!
Abendandacht F prières *fpl*, office *m* du soir **Abendblatt** N journal *m* du soir **Abendbrot** N dîner *m* **Abenddämmerung** F crépuscule *m* **Abendessen** N dîner *m* **abendfüllend** ADJT *Programm* qui remplit toute la soirée **Abendgymnasium** N cours *mpl* du soir préparant au baccalauréat
Abendkasse F **die Karten an der ~ kaufen** prendre les places directement avant la représentation
Abendkleid N robe *f* du soir **Abendkurs** M cours *m* du soir **Abendland** N Occident *m* **abendländisch** ADJ occidental; de l'Occident **abendlich** ADJ du soir; *geh* vespéral
Abendmahl N **1** BIBEL Cène *f* **2** PROT communion *f*; **das ~ nehmen** communier
Abendnachrichten FPL journal *m*, nouvelles *fpl* du soir **Abendprogramm** N programme *m* de la soirée **Abendrot** N flamboiement *m* du soleil couchant
abends ADV le soir; **um sieben Uhr ~** à sept heures du soir
Abendschule F cours *mpl* du soir **Abendschüler(in)** M(F) étudiant(e) *m(f)* de cours du soir **Abendsonne** F soleil couchant **Abendstern** M étoile *f* du berger
Abendstunde F **in den (späten) ~n** (tard) dans la soirée; (tard) le soir
Abendveranstaltung F soirée *f* **Abendvorstellung** F soirée *f*; représentation *f* du soir **Abendzeitung** F journal *m* du soir
Abenteuer N aventure *f* (*a. fig*) **Abenteuerfilm** M film *m* d'aventures **Abenteuerin** F aventurière *f* **abenteuerlich** ADJ **1** aventureux **2** *fig* extravagant; fantastique **Abenteuerlust** F esprit *m* d'aventure; goût *m* de l'aventure **Abenteuerroman** M roman *m* d'aventures **Abenteuerspielplatz** M terrain *m*, parc *m* d'aventures **Abenteuerurlaub** M vacances-aventures *fpl*
Abenteurer(in) M(F) aventurier, -ière *m,f*
aber **A** KONJ mais **B** ADV **~ ja!** mais oui!; **das ist ~ schön!** c'est bien, joli!
Aberglaube(n) M superstition *f* **abergläubisch** ADJ superstitieux
aberkennen VT **j-m etw ~** refuser qc à qn; **j-m ein Recht ~** priver qn d'un droit
abermalig ADJ nouveau; autre; *(wiederholt)* répété **abermals** ADV de nouveau; encore une

fois
abernten VT **ein Feld ~** moissonner un champ; faire la récolte de … sur un champ; **e-n Obstbaum ~** cueillir tous les fruits d'un arbre
Abf. ABK (Abfahrt) départ
abfackeln VT **1** TECH brûler **2** *umg (niederbrennen)* incendier
abfahrbereit ADJ prêt à partir; *Zug, Schiff* en partance (**nach** pour)
abfahren **A** VT **1** enlever; transporter **2** *prüfend* reconnaître (en voiture) **3** **j-m ein Bein ~** écraser la jambe de qn **4** *Reifen* user **B** VI **1** *(wegfahren)* partir (**nach** pour) **2** *nach unten,* SKISPORT descendre **3** *umg fig* **auf etw, j-n (voll) ~** s'emballer pour qc, qn; *umg* être fana de qc, qn
Abfahrt F **1** *e-s Zuges, Autos etc* départ *m* **2** SKISPORT descente *f* **3** *(Autobahnabfahrt)* sortie *f*
Abfahrtslauf M SKISPORT descente *f* **Abfahrtsläufer(in)** M(F) descendeur, -euse *m,f* **Abfahrtsrennen** N descente *f* **Abfahrtszeit** F heure *f* du départ
Abfall M **1** déchets *mpl*; *(Müll)* ordures *fpl*; **radioaktive Abfälle** déchets radioactifs **2** *von Verbündeten* défection *f* **3** *(Rückgang)* diminution *f*
Abfallbeseitigung F collecte *f* et traitement *m* des déchets **Abfalleimer** M poubelle *f*
abfallen VI **1** *(sich ablösen)* tomber **2** *Gelände* descendre **3** *fig (übrig bleiben)* rester; **es wird für dich nicht viel dabei ~** tu n'en (re)tireras pas grand-chose **4** *Verbündete* renier (**von j-m** qn) **5** *in der Leistung* être plus faible (**gegenüber** que)
abfallend ADJ *Gelände* en pente; incliné; **sanft ~** en pente douce; **steil ~** escarpé; *Straße a.* raide; *Berg a.* à pic
abfällig **A** ADJ désobligeant **B** ADV **von j-m ~ sprechen** médire de qn
Abfallprodukt N sous-produit *m* **Abfallverwertung** F récupération *f*, recyclage *m* des déchets
abfälschen VT *Ball* détourner
abfangen VT **1** *Brief, Meldung* intercepter; *Person* s'emparer de **2** *(wieder unter Kontrolle bringen)* redresser
abfärben VI déteindre (**auf** [+ *akk*] sur; *a. fig*)
abfassen VT rédiger **Abfassung** F *e-s Textes* rédaction *f*
abfedern VT **1** *Stoß etc* amortir **2** *fig Verluste, soziale Härten* atténuer les effets de
abfeilen VT limer
abfertigen VT **1** *Post* expédier; *Gepäck* enregistrer **2** *Personen* servir; *umg fig* **j-n kurz ~** *umg* expédier qn
Abfertigung F *von Post* expédition *f*; *des Gepäcks* enregistrement *m*; *zollamtlich* dédouanement *m*; *bei der Pass-, Zollkontrolle* contrôle *m* **Abfertigungsschalter** M *am Flughafen* guichet *m* d'enregistrement; *beim Zoll* guichet *m* de la douane
abfeuern VT tirer; faire feu avec
abfinden **A** VT **j-n ~** dédommager, indemniser qn **B** V/R **sich mit etw ~** s'accommoder, s'arranger de qc
Abfindung F indemnité *f*; **j-m e-e ~ zahlen** dédommager, indemniser qn (en argent)
Abfindungssumme F indemnité *f*
abflachen VT aplatir **abflauen** VI **1** *Wind* faiblir; *Lärm* diminuer **2** *fig Gefühl, Begeisterung* diminuer; *Interesse* baisser **abfliegen** VI partir, s'envoler (**nach** pour) **abfließen** VI s'écouler *(a. fig Verkehr)*
Abflug M départ *m* **Abflugzeit** F heure *f* de départ
Abfluss M *e-s Waschbeckens* tuyau *m* d'écoulement; *der Kanalisation* égout *m* **Abflussrohr** N tuyau *m* d'écoulement
Abfolge F suite *f*
abfordern VT **j-m etw ~** exiger qc de qn; réclamer qc à qn
abfragen VT **1** *Schüler* faire réciter sa leçon à; interroger; **j-n Vokabeln ~** faire réciter le vocabulaire à qn **2** IT extraire; sortir
abfressen VT *Blätter* manger; *Baum* manger toutes les feuilles de
abfrieren **A** VI geler **B** V/R **sich** *(dat)* **die Füße ~** avoir les pieds gelés; *umg* **sich** *(dat)* **einen ~** *umg* être frigorifié
Abfuhr F **1** *(Abtransport)* enlèvement *m* **2** *(Zurückweisung)* rebuffade *f*; **j-m e-e ~ erteilen** rembarrer, rabrouer qn
abführen **A** VT **1** *Verbrecher* emmener **2** FIN payer (**an** [+ *akk*] à) **3** *fig* **das führt (uns) zu weit vom Thema ab** cela nous éloigne, écarte trop du sujet **B** VI MED être laxatif
Abführmittel N laxatif *m*
abfüllen VT *in Flaschen* mettre en bouteille; *in Tüten* emballer
Abgabe F **1** *(Ablieferung)* remise *f* **2** *e-r schriftlichen Erklärung* dépôt *m* **3** *(Verkauf)* vente *f* **4** *(Ballabgabe)* passe *f* **5** FIN *meist pl* **~n** impôts *mpl*; taxes *fpl*
abgabenfrei **A** ADJ exempt, exonéré de taxes, d'impôts **B** ADV sans taxe(s), impôt(s)
abgabe(n)pflichtig **A** ADJ imposable **B** ADV avec taxe(s), impôt(s)
Abgabetermin M *e-r Examensarbeit etc* date *f* de remise
Abgang M **1** *von Waren* départ *m*; envoi *m* **2** *von*

Personen départ *m* (*a. ausscheidende Person*); THEAT sortie *f* **3** TURNEN descente *f* **Abgangszeugnis** N certificat *m* de fin de scolarité; *der Grundschule* certificat *m* d'études primaires
Abgas N gaz *m* d'échappement **abgasarm** ADJ peu polluant **abgasfrei** ADJ non polluant **Abgastest** M contrôle *m* antipollution
abgeben **A** V/T **1** (*aushändigen*) donner; *Prüfungsarbeit* remettre; rendre **2** *Erklärung, Gutachten* faire **3** (*abtreten*) céder; donner **4** *Ball* passer **5** *Wärme, Energie* dégager **6** (*sein*) **er wird einmal einen guten Lehrer ~** il fera un bon professeur **B** V/I SPORT faire une passe **C** V/R **sich mit j-m, etw ~** s'occuper de qn, qc
abgebrannt **A** PPERF → abbrennen **B** ADJT *umg fig* **~ sein** *umg* être fauché, à sec
abgebrüht *umg fig* ADJ *umg* blindé; **ein ~er Bursche** *umg* un dur à cuire
abgedroschen *umg* ADJ ressassé **abgegriffen** ADJT abîmé; usé **abgehackt** ADJT *Worte, Stil* °haché; *Rhythmus* saccadé **abgehangen** ADJT *Fleisch* rassis **abgehärtet** ADJT endurci, aguerri (**gegen** à)
abgehen V/I **1** *Schiff* partir; s'en aller; *Post, Waren* partir **2** (*weggehen*) partir; sortir (*a.* THEAT) **3** *vom Weg, fig von e-m Entschluss* s'écarter, s'éloigner (**von** de) **4** (*sich ablösen*) se détacher; *Knopf a.* sauter **5** (*abgezogen werden*) être à déduire **6** (*fehlen*) *Fähigkeit* faire défaut; manquer (*a. Materielles*)
abgehetzt ADJT stressé; (*außer Atem*) à bout de souffle **abgehoben** ADJT *fig Person* décalé; *Sprache* abstrait; *Vorstellungen* en dehors des réalités
abgekartet *umg* ADJT **das ist ein ~es Spiel** c'est un coup monté
abgeklärt ADJT serein **abgelagert** ADJT *Wein* qui a bien vieilli; *Holz, Tabak* sec **abgelegen** ADJ éloigné; retiré
abgelten V/T régler; acquitter
abgemacht ADJT convenu; **~!** d'accord!; **das war ~** c'était convenu
abgemagert ADJT amaigri; *zum Skelett* décharné; *Gesicht a.* émacié; *Pferd a.* efflanqué
abgeneigt ADJ **e-r Sache** (*dat*) **(nicht) ~ sein** (ne pas) être défavorable, hostile à qc; **nicht ~ sein, etw zu tun** être assez disposé, être prêt à faire qc
Abgeordnete(r) M/F(M) député(e) *m(f)*
Abgeordnetenhaus N Chambre *f* des députés
abgerissen ADJT *Kleidung* en lambeaux; *Person* déguenillé; en °haillons
Abgesandte(r) *geh* M/F(M) envoyé(e) *m(f)*
abgeschieden *geh* ADJT retiré; isolé **Abgeschiedenheit** F isolement *m*; solitude *f*
abgeschlagen **A** PPERF → abschlagen **B** ADJT **1** SPORT **(weit) ~** (bien) battu **2** *regional* (*erschöpft*) épuisé; exténué
abgeschlossen **A** PPERF → abschließen **B** ADJT **1** *Tür* fermé à clé **2** (*beendet*) terminé; achevé **3** *von der Welt* isolé; retiré
abgeschmackt ADJ *Späße, Redensarten* plat; banal
abgesehen ADVL **~ von** à l'exception de; excepté; **~ davon, dass ...** mis à part le fait que ...
abgespannt ADJT fatigué; épuisé **Abgespanntheit** F fatigue *f*; épuisement *m* **abgestanden** ADJT *Wasser* pas frais; *Bier* éventé **abgestumpft** ADJT abruti; insensible **abgetakelt** ADJ *umg pej Person umg* décati **abgetragen** ADJT *Kleidung* usé **abgetreten** ADJT *Absätze* usé; éculé **abgewetzt** ADJT élimé; râpé
abgewinnen V/T *fig* **e-r Sache** (*dat*) **etw ~** trouver un (*bzw.* des) avantage(s) à qc
abgewöhnen **A** V/T **j-m etw ~** déshabituer, désaccoutumer qn de qc **B** V/R **sich** (*dat*) **etw ~** perdre l'habitude de (faire) qc; se déshabituer de (faire) qc
abgießen V/T **1** *Flüssigkeit* verser **2** *Kartoffeln* jeter l'eau (de cuisson) de
Abglanz M reflet *m*
abgleiten *geh* V/I glisser (**von** de)
abgöttisch **A** ADJ idolâtre **B** ADV **j-n ~ lieben, verehren** idolâtrer qn
abgrasen V/T **1** **e-e Wiese ~** brouter l'herbe d'un pré **2** *umg fig* (*absuchen*) ratisser; *Geschäfte* fouiller
abgrenzen V/T **1** délimiter (**gegen** de) **2** *Begriffe* **gegeneinander ~** différencier
Abgrenzung F délimitation *f* (**gegen** de); *fig von Begriffen* différenciation *f*
Abgrund M abîme *m* (*a. fig*)
abgründig *geh* ADJ **1** (*rätselhaft*) impénétrable; *pej* sournois; *Humor* noir **2** (*unermesslich*) illimité; démesuré; (*tief*) profond
abgrundtief ADJ extrême; sans borne; *Verachtung, Hass* profond
abgucken *umg* V/T **etw bei** *od* **von j-m ~** copier qc sur qn (*a.* SCHULE)
Abguss M SKULP moulage *m*; *in Gips a.* plâtre *m*; **e-n ~ von etw machen** prendre un moulage de qc
abhaben *umg* V/T **du kannst etwas davon ~** tu peux en avoir un peu
abhacken V/T couper (à coups de hache, à la hache, *etc*) **abhaken** V/T **1** (*loshaken*) décrocher **2** *auf e-r Liste* cocher; pointer; *fig* (*erledigen*) régler; *umg* **das kannst du ~** (*das ist nicht mehr aktuell*) c'est dépassé, démodé; (*daraus wird nichts*) *umg* tu peux en faire ton deuil
abhalten V/T **1** (*fernhalten*) **etw, j-n von sich**

(*dat*) ~ tenir qc, qn à distance 2 (*hindern*) empêcher; **j-n davon ~, etw zu tun** empêcher qn de faire qc 3 *Feier, Gottesdienst* célébrer; *Tagung, Wahlen* tenir

abhandeln VT 1 **j-m etw (billig) ~** acheter qc (pas cher, bon marché) à qn 2 **ein Thema ~** traiter (d')un sujet

abhandenkommen VI disparaître

Abhandlung F traité *m*, étude *f*, thèse *f* (**über** [+ *akk*] sur)

Abhang M pente *f*; *e-s Berges* versant *m*

abhängen[1] VT 1 (*abnehmen, abkuppeln*) décrocher 2 *umg Verfolger umg* semer

abhängen[2] VI **von j-m, etw ~** dépendre de qn, qc

abhängig ADJ 1 dépendant (**von** de); *von Drogen* toxicomane; drogué; **von j-m, etw ~ sein** dépendre de qn, de qc 2 *Satz(teil)* subordonné

Abhängigkeit F dépendance *f*; (*Drogenabhängigkeit*) toxicomanie *f*

abhärten VT (*u.* VR) (**sich ~** s')endurcir, (s')aguerrir (**gegen** à) **Abhärtung** F endurcissement *m* (**gegen** à)

abhauen A VT couper; *Baum* abattre B *umg* VI (*verschwinden*) *umg* filer; *umg* ficher le camp; *umg* se tailler; **hau ab!** *umg* casse-toi!; *umg* fiche-moi le camp!

abhäuten VT dépouiller; écorcher

abheben A VT 1 *Deckel etc* enlever; *Telefonhörer* décrocher; KARTENSPIEL *einzelne Karten* retirer; *Kartenstapel* couper 2 *Geld* retirer B VI FLUG décoller C VR **sich von** *od* **gegen etw ~** *als Kontrast* se détacher de qc

abheften VT mettre, ranger (dans un classeur) **abheilen** VI guérir

abhelfen VI **e-r Sache** (*dat*) **~** remédier, porter remède à qc

abhetzen VR **sich ~** se dépêcher, se presser (continuellement, *etc*)

Abhilfe F remède *m*; **~ schaffen** y porter remède; y remédier

abhobeln VT raboter

abholbereit ADJ *u.* ADV prêt à emporter

abholen VT (*holen gehen, fahren*) (aller *bzw.* venir) chercher, prendre; **etw ~ lassen** envoyer chercher, prendre qc; faire prendre qc

Abholmarkt M libre-service *m* de gros

abholzen VT *Wald* abattre; *Gebiet* déboiser **Abholzung** F *e-s Walds* abattage *m*; *e-s Gebiets* déboisement *m*

abhorchen VT écouter; MED ausculter

Abhördienst M MIL (service *m* d')écoute *f*

abhören VT 1 interroger; **j-n etw ~** faire réciter qc à qn 2 (*mithören*) écouter; capter 3 (*überwachen*) placer sur écoute 4 MED ausculter

Abi *umg* N *umg* bac *m*; **das ~ machen** *umg* passer le *od* son bac

abholen: aller chercher oder venir chercher?

Bei **aller chercher** und **venir chercher** ist die unterschiedliche Blickrichtung zu berücksichtigen:

Sie hat mich am Bahnhof abgeholt. (*Sie ist hierhergekommen: von dort nach hier*)	Elle est **venue me chercher** à la gare.
Sie hat ihn am Bahnhof abgeholt. (*Sie ist dorthin gegangen: von hier nach dort*)	Elle est **allée le chercher** à la gare.

FEHLERQUELLEN

Abitur N baccalauréat *m*; **das ~ machen** passer le baccalauréat; **das ~ bestehen** être reçu au baccalauréat; **sie hat ~** elle a le, *umg* son baccalauréat

Abiturient(in) M(F) candidat(e) *m(f)* au baccalauréat; *nach bestandenem Abitur* bachelier, -ière *m,f* **Abiturientenball** M bal *m* des bacheliers

Abiturklasse F terminale *f* **Abiturprüfung** F épreuve *f* du baccalauréat **Abiturzeugnis** N diplôme *m* du baccalauréat

abjagen VT **j-m s-e Beute, den Ball ~** courir après, poursuivre qn pour lui prendre son butin, le ballon

Abk. ABK (Abkürzung) abrév. (abréviation)

abkanzeln *umg* VT *umg* sonner les cloches à; *umg* passer un savon à

abkapseln VR **sich ~** s'isoler (**von etw, j-m** de qc, qn)

abkassieren VT *u.* VI 1 (*kassieren*) encaisser; *im Restaurant* **ich möchte bitte ~** voulez-vous régler (l'addition), je vous prie 2 *umg fig* (*Geld einstreichen*) empocher de l'argent; *umg* palper

abkaufen VT **j-m etw ~** acheter qc à qn; *umg fig* **das kaufe ich dir nicht ab** je ne te crois pas; tu ne me le feras pas croire

Abkehr F abandon *m*; détachement *m*

abkehren VR **sich ~ (von)** se détourner, s'éloigner (de)

abklappern *umg* VT **ich habe die ganze Stadt danach abgeklappert** j'ai couru toute la ville pour trouver cela

abklären VT s'assurer de

Abklatsch M *pej* (mauvaise) copie *f*; imitation *f*

abklemmen VT *Leitung* séparer **abklingen**

VI s'affaiblir; diminuer
abklopfen VT **1** *(wegklopfen)* faire tomber (en tapant); **den Staub von etw ~** épousseter qc **2** MED percuter
abknallen *umg* VT *umg* descendre
abknapsen *umg* VT **j-m etw (von etw) ~** rogner qc à qn (sur qc)
abknicken **A** VT **1** *(abbrechen)* casser **2** *(knicken)* courber; plier **B** VI **1** *(abbrechen)* se casser **2** *(einknicken)* se courber; se plier
abknöpfen VT **1** déboutonner; détacher **2** *umg fig* **j-m etw ~** soutirer, *umg* carotter qc à qn
abknutschen *umg* VT *(u.* VR **sich)** ~ *umg* (se) bécoter **abkochen** VT faire cuire; *Wasser, Milch* (faire) bouillir **abkommandieren** VT MIL détacher
abkommen VI **1** *vom Weg, Thema* s'écarter, s'éloigner (**von** de); **von der Fahrbahn ~** quitter la route **2** *von e-r Gewohnheit* abandonner (**von etw** qc)
Abkommen N accord *m*; POL *a.* convention *f*
abkoppeln VT détacher; décrocher
abkratzen **A** VT enlever; gratter **B** *sl* VI *(sterben) sl* crever; *umg* claquer
abkriegen *umg* VT → abbekommen
abkühlen **A** VT refroidir **B** VI (se) refroidir *(a. fig)* **C** VR **sich ~** **1** se refroidir *(a. fig)* **2** *Witterung* se rafraîchir; se refroidir
Abkühlung F *Wetter* rafraîchissement *m*; refroidissement *m (a. fig)*
abkupfern *umg* VT copier (**aus etw** dans qc; **bei j-m** sur qn)
abkuppeln VT décrocher
abkürzen VT **1** *Weg* raccourcir **2** *Wort* abréger
Abkürzung F **1** *Weg* raccourci *m* **2** *von Wörtern* abréviation *f*
Abkürzungsliste F, **Abkürzungsverzeichnis** N liste *f* d'abréviations
abküssen VT *(u.* VR*)* (**sich ~** se) couvrir de baisers; (s')embrasser
abladen VT décharger
Ablage F **1** *(Aktenablage)* classeur *m* **2** *(Kleiderablage)* vestiaire *m*; *im Badezimmer* tablette *f* **3** *(Ablegen)* classement *m* **Ablagekorb** M bac *m*; corbeille *f*
ablagern **A** VT déposer **B** VR **sich (auf, in etw** *[dat]***) ~** se déposer sur, dans qc
Ablagerung F GEOL, CHEM dépôt *m*
ablassen **A** VT **1** *Flüssigkeiten* faire écouler; évacuer; *Dampf, Luft* faire échapper; laisser, faire sortir **2** *Teich, Becken* vider **B** VI **von etw ~** abandonner qc; **von j-m ~** laisser qn tranquille
Ablativ M GRAM ablatif *m*
Ablauf M **1** *(Ablaufvorrichtung)* conduit *m* d'écoulement **2** *(Verlauf)* déroulement *m*; cours *m* **3** *e-r Frist* expiration *f*; **nach ~ von** à l'expiration de; au bout de
ablaufen **A** VT *Schuhsohlen, Absätze* user **B** VI **1** *Flüssigkeit* s'écouler **2** *(verlaufen)* se dérouler **3** *(zu Ende gehen)* se terminer; finir; *Frist, Parkuhr, Ausweis* expirer
ablecken VT lécher
ablegen **A** VT **1** *Kleidung* enlever; se débarrasser de **2** *Akten* classer; ranger **3** *beim Kartenspiel* écarter **4** *(niederlegen)* poser **5** *(nicht mehr tragen)* mettre au rebut **6** *fig Gewohnheiten* abandonner; perdre **7** *Prüfung* passer **B** VI **1** *Kleidung* enlever son manteau, *etc* **2** SCHIFF appareiller
Ableger M BOT marcotte *f*
ablehnen VT **1** refuser; *Angebot, Entwurf a.* rejeter **2** *(missbilligen)* désapprouver **ablehnend** ADJT défavorable; négatif; *Haltung* hostile **Ablehnung** F **1** refus *m*; rejet *m* **2** *(Missbilligung)* désapprobation *f*
ableisten VT faire; accomplir
ableiten VT **1** *Fluss* dériver; détourner **2** MATH, LING dériver **3** *(folgern)* déduire (**von** de) **Ableitung** F **1** dérivation *f* **2** MATH dérivation *f*; *Ergebnis* dérivée *f* **3** LING dérivation *f*; *Wort* dérivé *m*
ablenken **A** VT **1** dévier; détourner **2** *Aufmerksamkeit, Verdacht* détourner **3** *(zerstreuen)* distraire; divertir **B** VI **1** **(vom Thema) ~** *Person* faire diversion **2** *in der Aufmerksamkeit* distraire
Ablenkung F **1** déviation *f* **2** *der Aufmerksamkeit* détournement *m* **3** *(Zerstreuung)* distraction *f*; diversion *f* **Ablenkungsmanöver** N manœuvre *f* de diversion **Ablenkungsversuch** M tentative *f* de diversion
Ablesedatum N date *f* de relevé **Ablesefehler** M erreur *f* de lecture, TECH de relevé **Ablesegerät** N instrument *m* de lecture
ablesen VT **1** *Text* lire **2** *Zähler etc* relever **3** *fig (erschließen)* **etw an etw** *(dat)* **~ (können)** (pouvoir) déduire qc de qc
ablichten VT **1** *umg (fotografieren)* photographier **2** *(fotokopieren)* photocopier
abliefern VT **1** *Ware* livrer; fournir; *Fundsachen* remettre; déposer **2** *Hausarbeit, Manuskript* rendre **Ablieferung** F *von Waren* livraison *f*; *von Fundsachen, e-r Hausarbeit* remise *f*
ablöschen **A** VT **1** *mit dem Löschblatt* sécher; *Tafel* effacer **2** GASTR ajouter de l'eau, *etc* à; **etw mit Rotwein ~** ajouter du vin rouge à qc **3** *Brand* éteindre **B** VI GASTR mouiller avec du vin, de l'eau, *etc*
Ablöse F **1** SPORT somme *f* de transfert **2** *österr (Kaution)* caution *f*
ablösen **A** VT **1** *(loslösen)* détacher, enlever (**von** de) **2** *(abwechseln)* relayer; **j-n in s-m Amt ~** succéder à qn **B** VR **sich ~** **1** *(sich loslösen)* se détacher; s'enlever **2** *(sich abwechseln)* se

relayer
Ablösesumme F SPORT somme *f* de transfert
Ablösung F **1** *e-r Person* relève *f* **2** *(Loslösen)* décollement *m*
abluchsen V/T *umg* **j-m etw ~** *umg* carotter qc à qn
ABM ABK (Arbeitsbeschaffungsmaßnahme) mesure *f* de réinsertion des chômeurs
abmachen V/T **1** *umg (losmachen)* enlever **2** *(vereinbaren)* convenir de; **abgemacht!** entendu!; d'accord!
Abmachung F arrangement *m*; accord *m*
abmagern V/I maigrir **Abmagerungskur** F régime amaigrissant
abmahnen V/T *(ermahnen)* avertir **Abmahnung** F avertissement *m*
abmalen V/T copier
Abmarsch M départ *m*
abmarschieren V/I se mettre en marche, en route
Abmeldebescheinigung F certificat *m* de déclaration de départ **Abmeldeformular** N formulaire *m*, fiche *f* de départ
abmelden **A** V/T **j-n ~** *polizeilich* déclarer le départ de qn; *umg fig* **er ist bei mir abgemeldet!** il n'existe plus pour moi; **ein Fahrzeug ~** déclarer qu'on n'utilise plus un véhicule; **sein Telefon ~** résilier son abonnement de téléphone **B** V/R **sich ~** *polizeilich* déclarer son départ (à la police); *beim Weggehen* prévenir (qn) de son départ
Abmeldung F *polizeilich* déclaration *f* de départ; *von Fahrzeugen* déclaration *f* qu'on n'utilise plus qc; *e-s Telefons* résiliation *f* d'abonnement
abmessen V/T mesurer **Abmessung** F mesure *f*
abmontieren V/T démonter
ABM-Stelle F *emploi à durée déterminée dans le cadre de la réinsertion des chômeurs*
abmühen V/R **sich (mit etw, j-m) ~** se donner du mal, de la peine (avec qc, qn)
abmurksen *umg* V/T *umg* bousiller; *umg* zigouiller
abnabeln **A** V/T *Kind* ligaturer et couper le cordon ombilical de **B** V/R *fig* **sich (von etw, j-m) ~** se détacher (de qc, qn)
Abnab(e)lung F **1** MED ligature *f* et coupe *f* du cordon ombilical **2** *fig* détachement *m*; séparation *f*
abnagen V/T ronger
Abnahme F **1** *(Entfernen)* enlèvement *m* **2** HANDEL *von Waren* achat *m* **3** *(Verminderung)* diminution *f*
abnehmbar ADJ amovible; détachable
abnehmen **A** V/T **1** *(entfernen)* enlever; retirer; *Wäsche* rentrer; *Telefonhörer* décrocher; *(amputieren)* couper; amputer **2** **j-m etw ~** prendre, ôter qc à qn *(a. fig)*; *Arbeit* décharger qn de qc; *Weg, Sorge* épargner qc à qn **3** HANDEL *Waren* prendre; acheter **4** *umg Geld etc* prendre; demander **5** *umg fig (glauben)* croire **B** V/I **1** *(sich verringern)* diminuer; *Mond* décroître **2** *an Gewicht* maigrir **3** *am Telefon* décrocher
abnehmend ADJT **~er Mond** lune décroissante; **wir haben ~en Mond** la lune décroît
Abnehmer M acheteur *m*
Abneigung F aversion *f* (**gegen** pour)
abnorm ADJ anormal **Abnormität** F anomalie *f*
abnötigen *geh* V/T **j-m etw ~** arracher qc à qn
abnutzen, abnützen V/T (*u.* V/R) (**sich abnutzen, abnützen** s')user
Abnutzung, Abnützung F usure *f*
Abnutzungserscheinung F signe *m* d'usure
Abo *umg* N → Abonnement
Abonnement N abonnement *m* (+ *gen* à)
Abonnent(in) M(F) abonné(e) *m(f)* (+ *gen* à)
abonnieren V/T s'abonner à; **auf etw** *(akk)* **abonniert sein** être abonné à qc
abordnen V/T déléguer; envoyer (**zu** à) **Abordnung** F délégation *f*
Abort M MED **1** *(Fehlgeburt)* fausse couche **2** *(Abtreibung)* avortement *m*
abpacken V/T empaqueter **abpassen** V/T attendre; guetter
abperlen V/I **von** *od* **an etw** *(dat)* **~** couler, dégouliner sur qc
abpfeifen V/T SPORT **1** *(unterbrechen)* siffler l'arrêt de **2** *(beenden)* siffler la fin de
Abpfiff M SPORT coup *m* de sifflet d'arrêt *bzw.* final
abpflücken V/T cueillir
abplacken *umg* V/R **sich ~** *umg* s'esquinter; *umg* se crever
abplagen V/R **sich ~** se tuer; s'éreinter; **sich mit etw, j-m ~** se donner beaucoup de mal avec qc, qn
abplatzen V/I *Farbe* s'écailler; *Knopf* sauter
abprallen V/I **1** (**von** *od* **an etw** [*dat*]) **~** *Ball* rebondir (sur qc); *Geschoss* ricocher (sur qc) **2** *fig* **an j-m ~** ne pas avoir prise sur qn
Abpraller M ballon *m* qui rebondit
abpressen V/T **j-m etw ~** arracher qc à qn
abpumpen V/T pomper
abputzen V/T essuyer; nettoyer
abquälen V/R **sich (mit etw) ~** se donner beaucoup de mal (avec qc)
abqualifizieren **A** V/T **j-n, etw (als etw) ~** dénigrer qn, qc (en tant que qc) **B** V/R **sich (selbst) ~** se disqualifier

abrackern *umg* VR **sich (mit etw) ~** *umg* s'esquinter, se tuer (à faire qc)
abrasieren VT raser
abraten VI **j-m von etw ~** déconseiller qc à qn; dissuader qn de qc
abräumen VT *Tisch* débarrasser; desservir; *Schutt etc* déblayer
abreagieren A VT **etw (an j-m, etw) ~** décharger qc (sur qn, qc) B VR 1 **sich ~** *(sich beruhigen)* se tranquilliser; se calmer; s'apaiser 2 PSYCH **sich (an j-m, etw) ~** se défouler (sur qn, qc)
abrechnen A VT 1 *(abziehen)* déduire, retirer (**von** de) 2 *als Abschlussrechnung* faire les comptes de B VI 1 *als Abschlussrechnung* faire les comptes 2 *fig* **mit j-m ~** régler un compte avec qn, son compte à qn
Abrechnung F 1 *(Abzug)* déduction *f* 2 *(Rechnungsabschluss)* règlement *m* de comptes *(a. fig)*; **die ~ machen** faire les comptes
Abrechnungszeitraum M période *f* comptable
Abrede F **etw in ~ stellen** nier, contester qc
abregen *umg* VR **sich ~** se calmer; **reg dich ab!** calme-toi!
abreiben VT 1 *(trocken reiben)* frotter 2 *Fleck* ôter, enlever (en frottant)
Abreibung F *umg fig (Prügel) umg* dérouillée *f*; *umg* raclée *f*
Abreise F départ *m* (**nach** pour)
abreisen VI partir (en voyage) (**nach** pour)
Abreisetag M jour *m* de départ **Abreisetermin** M date *f* de départ
abreißen A VT 1 *(fortreißen)* arracher 2 *(abtrennen)* détacher 3 *Haus* démolir; raser B VI 1 *Telefon-, Funkverbindung* être coupé 2 *fig Beziehungen, Besucherstrom* cesser; s'arrêter
abrichten VT dresser *(a. fig)* **Abrichtung** F dressage *m*
abriegeln VT *Tür* verrouiller; barricader; *Straße* barrer
Abriss M 1 *(Kurzdarstellung)* précis *m*; abrégé *m* 2 *e-s Hauses* démolition *f* **Abrissbirne** F boulet *m* de démolition **Abrissunternehmen** N entreprise *f* de démolition
abrollen A VT dérouler B VI *fig Ereignisse* **vor j-m ~** se dérouler devant qn
abrücken A VT éloigner, reculer (**von** de) B VI 1 **von j-m, etw ~** s'éloigner, s'écarter de qn, qc; *fig* prendre ses distances à l'égard de qn, qc 2 MIL partir
Abruf M **auf ~** sur appel; **sich auf ~ bereithalten** être prêt au rappel
abrufbar ADJ *Daten, Summe* disponible **abrufbereit** ADJ *Person, Daten* disponible; *Waren* livrable
abrufen VT 1 *Personen* rappeler 2 HANDEL faire livrer 3 IT rechercher
abrunden VT 1 *Kanten* arrondir 2 *Zahl* arrondir (**auf** [+ *akk*] à) 3 *(vervollständigen)* compléter
Abrundung F 1 *(das Abrunden)* arrondissement *m* 2 *(abgerundete Stelle)* arrondi *m* 3 *(Vervollkommnung)* perfectionnement *m*; **zur ~ des Abends** pour parfaire la soirée; **zur ~ des Geschmacks** pour améliorer le goût, parfaire l'assaisonnement
abrupt ADJ brusque *(a. fig)*
abrüsten VI *(u.* VT*)* désarmer
Abrüstung F désarmement *m*; **atomare ~** désarmement atomique, nucléaire
Abrüstungsabkommen N accord *m* de désarmement **Abrüstungsgespräche** NPL pourparlers *mpl* sur le désarmement **Abrüstungskonferenz** F conférence *f* pour le *od* du désarmement **Abrüstungsverhandlungen** FPL négociations *fpl* sur le désarmement
abrutschen VI glisser (**von** de)
ABS N ABK (Antiblockiersystem) ABS *m*
Abs. ABK 1 *(Absender)* exp. (expéditeur) 2 *(Absatz)* alinéa
absacken *umg* VI 1 *Boden, Mauer* s'affaisser; s'enfoncer *(a. Schiff, Flugzeug)* 2 *umg fig* dégringoler
Absage F 1 *(abschlägiger Bescheid)* réponse négative 2 *fig* refus *m* (**an** [+ *akk*] à); **j-m, e-r Sache e-e ~ erteilen** refuser qn, qc
absagen A VT *Veranstaltung* annuler; décommander; *Einladung* refuser B VI **(j-m) ~** donner une réponse négative (à qn); *nach Zusage* se décommander
absägen VT 1 scier 2 *umg fig* **j-n ~** éliminer qn
absahnen A VT *umg fig umg* empocher B VI *umg* **(kräftig) ~** *umg* s'en mettre plein les poches
absatteln VT *Pferd* desseller; *Lasttier* débâter
Absatz M 1 *(Schuhabsatz)* talon *m* 2 *(Treppenabsatz)* palier *m* 3 *in e-m Text* alinéa *m*; paragraphe *m (a.* JUR*)* 4 HANDEL vente *f*; écoulement *m*
Absatzgebiet N débouché *m* **Absatzmarkt** M marché *m*; débouché *m* **Absatzschwierigkeiten** FPL difficultés *fpl* de vente **Absatzsteigerung** F augmentation *f* de la vente
absaufen VI 1 *sl Person* couler; se noyer 2 *umg Schiff* couler 3 *umg* **den Motor ~ lassen** noyer le carburateur
absaugen VT 1 aspirer 2 *Teppich* passer l'aspirateur sur **abschaben** VT gratter; racler
abschaffen VT *(beseitigen)* supprimer; *Missbräuche, Todesstrafe* abolir; *Gesetze* abroger **Abschaffung** F suppression *f*; abolition *f*; abro-

gation *f*
abschälen V/T peler
abschalten A V/T → ausschalten B *umg* V/I 1 *(nicht mehr zuhören) umg* décrocher 2 *(sich entspannen)* se relaxer
abschätzen V/T estimer; évaluer **abschätzig** ADJ méprisant
abschauen V/T *bes südd, österr, schweiz* → abgucken
Abschaum M *pej* rebut *m*; *geh* lie *f*
abscheiden V/T 1 CHEM séparer 2 BIOL sécréter
Abscheu M horreur *f*; répulsion *f*
abscheuern V/T 1 *(säubern)* récurer 2 *(entfernen)* enlever (en frottant) 3 *(abnutzen)* user (par frottement)
abscheulich ADJ horrible; détestable; affreux **Abscheulichkeit** F horreur *f*; atrocité *f*
abschicken V/T *Post* envoyer; *Paket a.* expédier
Abschiebehaft F → Abschiebungshaft
abschieben V/T 1 *Schuld, Verantwortung* rejeter (**auf** [+ *akk*] sur) 2 *Person* se débarrasser de; **j-n ins Ausland ~** expulser, refouler qn à l'étranger
Abschiebung F *ins Ausland* expulsion *f*; refoulement *m* **Abschiebungshaft** F rétention *f* (avant l'expulsion)
Abschied M adieu(x) *m(pl)*; **von j-m ~ nehmen** faire ses adieux à qn; prendre congé de qn
Abschiedsbrief M lettre *f* d'adieu(x) **Abschiedsessen** N dîner *m*, repas *m* d'adieu(x) **Abschiedsfeier** F, **Abschiedsfest** N fête *f* d'adieu(x) **Abschiedsgeschenk** N cadeau *m* d'adieu **Abschiedskuss** M baiser *m* d'adieu **Abschiedsschmerz** M douleur *f* de l'adieu **Abschiedsspiel** N SPORT match *m* d'adieu(x)
abschießen V/T 1 *Kugel* tirer; *Pfeil* décocher; *Rakete* lancer 2 *Wild* tuer; *Vogel, Flugzeug* abattre; *Panzer* détruire
abschirmen V/T 1 *(schützen)* protéger (**gegen** contre) 2 *Licht* masquer; *Lärm* étouffer **Abschirmung** F 1 protection *f* (**gegen** contre) 2 ELEK, RADIO écran *m*
abschlachten V/T 1 abattre 2 *pej bes Menschen* massacrer
abschlaffen *umg* V/I *(schlaff werden)* devenir fatigué; *fig pej* **ein abgeschlaffter Typ** un mollasson
Abschlag M 1 *(Preisabschlag)* réduction *f*; diminution *f* 2 *(Vorschuss)* avance *f*; acompte *m* 3 FUSSBALL coup *m* de pied de but
abschlagen V/T 1 *Putz, Äste* abattre; *Kopf* couper; trancher 2 *Angriff* repousser 3 *Ball* remettre en jeu 4 *Wunsch, Bitte* refuser
abschlägig ADMIN A ADJ négatif B ADV **~ beschieden werden** être refusé
Abschlagszahlung F → Abschlag
abschlecken V/T *südd, österr* lécher
abschleifen A V/T 1 *(entfernen)* enlever 2 *(glätten)* polir; poncer B V/R **sich ~** 1 s'user (par frottement) 2 *fig* s'effacer, disparaître (peu à peu)
Abschleppdienst M service *m* de dépannage
abschleppen A V/T 1 *Fahrzeug* remorquer 2 *umg Personen umg* draguer B *umg* V/R **sich (mit etw) ~** *umg* se tuer à porter qc
Abschleppseil N câble *m* de remorquage **Abschleppwagen** M dépanneuse *f*
abschließbar ADJ fermant à clé
abschließen A V/T 1 fermer à clé 2 *(absondern)* isoler, séparer (**von** de) 3 *(beenden)* terminer; achever 4 *(begrenzen)* terminer B V/I 1 *(enden)* se terminer (**mit** par) 2 *fig* **mit dem Leben abgeschlossen haben** ne plus rien attendre de la vie C V/R **sich ~** s'isoler (**von** de)
abschließend ADJT final; définitif
Abschluss M 1 *(Ende)* fin *f*; **zum ~ kommen** s'achever; se terminer 2 *(Beendigung)* achèvement *m*; *e-r Rede, Diskussion* conclusion *f*; *e-r Debatte, Untersuchung* clôture *f*; **etw zum ~ bringen** terminer, achever qc 3 HANDEL clôture *f* 4 *(Vertragsabschluss, Geschäftsabschluss)* conclusion *f*
Abschlussball M bal *m* de clôture **Abschlussexamen** N examen *m* de fin d'études **Abschlussfeier** F fête *f*, réunion *f* de clôture **Abschlussklasse** F classe terminale **Abschlussprüfung** F examen *m* de fin d'études **Abschlusszeugnis** N diplôme *m* de fin d'études
abschmecken V/T goûter (pour assaisonner)
abschmieren V/T TECH graisser; lubrifier
abschminken A V/T démaquiller B V/R 1 **sich ~** se démaquiller 2 *umg (verzichten)* **sich** *(dat)* **etw ~** *umg* faire son deuil de qc; faire une croix sur qc
abschmirgeln V/T 1 *(polieren)* polir au papier émeri 2 *(entfernen)* enlever au papier émeri
abschnallen A V/T enlever; ôter B V/R **sich ~** *im Auto* détacher sa ceinture C *umg* V/I 1 *(fassungslos sein) umg* être sidéré, époustouflé; ne pas en revenir; **da schnallst du ab!** *umg* là, tu es scié! 2 *(nicht mitkommen) umg* décrocher
abschneiden A V/T couper *(a. fig)*; **j-m den Weg ~** couper la route à qn B V/I **gut, schlecht ~** avoir un bon, mauvais résultat
Abschnitt M 1 *(Teilabschnitt)* section *f*; partie *f* 2 *zeitlich* période *f*; époque *f* 3 *(Textabschnitt)* passage *m*; partie *f* 4 *e-s Gebiets, der Front* secteur *m*
abschnüren V/T 1 *mit e-r Schnur* serrer avec une corde; **das schnürt mir die Luft ab** cela m'étrangle 2 *fig (blockieren)* bloquer; barrer

abschöpfen VT 1 **Fett ~** dégraisser 2 HANDEL absorber

abschotten A VT 1 SCHIFF cloisonner 2 *fig* **j-n, etw von etw ~** isoler qn, qc de qc B VR **sich gegen j-n, etw ~** s'isoler de qn, qc; être imperméable à qc

abschrägen VT *Ecke, Kante, Brett* couper, tailler en biais, en biseau; *Dach, Wand* incliner; *Raum* aménager en mansarde **Abschrägung** F biais *m*; *e-s Dachs* inclinaison *f*; pente *f*

abschrauben VT dévisser

abschrecken VT 1 rebuter; décourager 2 GASTR tremper dans l'eau froide **abschreckend** ADJT décourageant; rebutant **Abschreckung** F dissuasion *f* (*a.* MIL)

abschreiben A VT 1 copier (**von j-m** sur qn; **aus e-m Buch** dans un livre) 2 HANDEL amortir 3 *umg fig* (*aufgeben*) *umg* faire son deuil de; faire une croix sur B VI 1 *in der Schule* copier (**von j-m** sur qn) 2 **j-m ~** *e-m Gastgeber* se décommander auprès de qn

Abschreibung F HANDEL amortissement *m*

Abschrift F copie *f*; *e-r Urkunde etc a.* double *m*; duplicata *m*

abschrubben *umg* VT 1 *Gegenstand* nettoyer, frotter à la brosse, au balai-brosse 2 *Schmutz* enlever à la brosse, au balai-brosse **abschuften** *umg* VR **sich ~** *umg* se crever; *umg* trimer **abschuppen** A VT *Fisch* écailler B VR **sich ~** *Haut* se desquamer

abschürfen VR **sich** (*dat*) **die Haut ~** s'érafler; s'écorcher

Abschürfung F éraflure *f*; écorchure *f*

Abschuss M 1 *e-r Rakete etc* lancement *m* 2 *e-s Flugzeugs, Panzers* destruction *f*

abschüssig ADJ en pente

Abschussliste F *umg fig* **auf der ~ stehen** être sur la liste noire

Abschussrampe F rampe *f* de lancement

abschütteln VT 1 *Schnee, Staub* secouer (*a. fig Joch*) 2 *fig Müdigkeit, Sorgen* se débarrasser de 3 *fig Verfolger* distancer; *umg* semer

abschwächen A VT affaiblir; *Kritik* atténuer; modérer B VR **sich ~** s'affaiblir; faiblir **Abschwächung** F affaiblissement *m*; atténuation *f*; modération *f*

abschweifen VI s'écarter; s'éloigner (**vom Thema** du sujet) **Abschweifung** F digression *f*

abschwellen VI désenfler **abschwenken** VI tourner (**nach rechts** à droite)

abschwindeln VT **j-m etw ~** escroquer, soutirer qc à qn

abschwirren VI 1 *Vögel, Insekten* s'envoler en bourdonnant 2 *umg* (*abhauen*) *umg* filer; *umg* ficher le camp

abschwören VI **e-r Sache** (*dat*) **~** renoncer définitivement à qc; REL renier, abjurer qc

Abschwung M WIRTSCH récession *f*

absegnen *umg hum* VT *umg* donner sa bénédiction à; approuver

absehbar ADJ qu'on peut prévoir; **in ~er Zeit** dans un proche avenir

absehen A VT 1 (*voraussehen*) prévoir; **es ist kein Ende abzusehen** on n'en voit pas la fin 2 **er hat es darauf abgesehen, mich zu ärgern** il est bien décidé à m'agacer; **er hat es auf mich abgesehen** c'est à moi qu'il en veut; *umg* c'est après moi qu'il en a; **es auf etw** (*akk*) **abgesehen haben** avoir des visées, des vues sur qc B VI **von etw ~** (*verzichten*) renoncer à qc; (*außer Acht lassen*) faire abstraction de qc

abseifen VT (*u.* VR **sich ~** se) savonner

abseilen A VT descendre (à la corde) B VR **sich ~** 1 descendre en rappel 2 *umg fig* (*verschwinden*) *umg* se tirer; *umg* se casser

absein → ab

abseits A ADV 1 à l'écart 2 SPORT °hors-jeu B PRÄP à l'écart de

Abseits N 1 SPORT °hors-jeu *m* 2 *fig* **im ~ stehen** être tenu à l'écart

Abseitsfalle F tactique *f* du hors-jeu **Abseitsregel** F règle *f* du hors-jeu **Abseitsstellung** F position *f* °hors-jeu **Abseitstor** N but marqué en °hors-jeu

absenden VT envoyer; expédier **Absender(in)** M(F) expéditeur, -trice *m,f*

absenken VT (a)baisser **Absenker** M GARTEN marcotte *f*

abservieren VT 1 *Geschirr* enlever; *Tisch* desservir 2 *umg fig* (*kaltstellen*) éliminer

absetzbar ADJ *steuerlich* déductible

absetzen A VT 1 *Hut* ôter; enlever 2 *Beamte, Präsidenten* destituer; révoquer 3 *Last, Glas* (re)poser 4 *Fahrgast* déposer 5 *vom Spielplan, von der Tagesordnung* supprimer 6 HANDEL écouler; vendre 7 *Medikament* arrêter 8 *von den Steuern* déduire B VI *beim Sprechen, Schreiben* s'arrêter C VR **sich ~** 1 *ins Ausland* fuir; *umg fig* (*sich davonmachen*) *umg* se tirer; *umg* se casser 2 (*sich ablagern*) se déposer

Absetzung F 1 *von Amtsinhabern* destitution *f*; révocation *f* 2 *e-s Theaterstücks* retrait *m*

absichern A VT protéger B VR **sich (gegen etw) ~** s'assurer, se prémunir (contre qc)

Absicht F intention *f*; dessein *m*; **mit (voller) ~** exprès; à dessein

absichtlich A ADJ intentionnel; voulu B ADV exprès; intentionnellement

Absichtserklärung F déclaration *f* d'intention

absinken VI 1 *Schiff etc* couler 2 → sinken 3 *fig* baisser
Absinth M absinthe *f*
absitzen A *umg* VT 1 *(hinter sich bringen) umg* se farcir 2 *im Gefängnis umg* tirer B VI *vom Pferd* descendre (de cheval)
absolut ADJ absolu
Absolution F KATH absolution *f*
Absolutismus M absolutisme *m* **absolutistisch** ADJ absolutiste
Absolvent(in) M(F) personne *f* qui a fait, terminé ses études (à l'université, *etc*)
absolvieren VT 1 *Lehre, Studium* faire 2 *Pensum* faire
absonderlich ADJ singulier; bizarre
absondern A VT 1 *(isolieren)* isoler 2 BIOL sécréter B VR **sich ~** s'isoler
Absonderung F 1 *(Isolierung)* isolement *m* 2 BIOL sécrétion *f*; *bes e-r Drüse* excrétion *f*
absorbieren VT absorber *(a. fig)*
Absorption F absorption *f*
abspalten A VT 1 *mit dem Beil* détacher; enlever 2 *fig* séparer B VR *fig* **sich (von j-m, etw) ~** se séparer (de qn, qc)
Abspaltung F *fig* séparation *f*
Abspann M TV générique *m*
abspecken *umg* VI (*u.* VT) *Person* maigrir (de); *fig Unternehmen umg* dégraisser **abspeichern** VT IT mémoriser
abspeisen VT *fig* **j-n mit leeren Versprechungen ~** bercer qn de vaines promesses
abspenstig ADJ **j-m etw, j-n ~ machen** prendre qc, qn à qn
absperren VT 1 *Baustelle* interdire l'accès de; *Straße* barrer 2 *Wasser, Gas, Strom* couper 3 *österr, südd (abschließen)* fermer à clé **Absperrhahn** M robinet *m* d'arrêt **Absperrung** F barrage *m*
Abspiel N SPORT passe *f*
abspielen A VT 1 *CD, Schallplatte* passer 2 *Musikstück* jouer 3 SPORT **(den Ball) ~** faire une passe B VR **sich ~** *Geschehnisse* se dérouler; se passer
absplittern VI *Holz, Lack* sauter en éclats
Absprache F accord *m*, arrangement *m* (**mit** avec); *geheime* entente *f*; **mit j-m e-e ~ treffen** se mettre d'accord avec qn
absprachegemäß ADV comme convenu
absprechen A VT 1 *(verabreden)* convenir de; fixer 2 *(aberkennen)* contester; dénier B VR **sich ~** convenir (de faire qc); se concerter
abspringen VI 1 *beim Weitsprung etc* partir 2 *(herunterspringen)* sauter 3 *Fahrradkette, Knopf* sauter
abspritzen VT 1 *Gegenstand* nettoyer au jet d'eau 2 *Schmutz* enlever au jet d'eau
Absprung M 1 *beim Weitsprung* appel *m* 2 *(Herunterspringen)* saut *m* 3 *fig* **den ~ schaffen** saisir sa chance
abspulen VT débobiner; dérouler **abspülen** VT 1 *Schmutz* enlever à l'eau, par rinçage 2 *Gegenstände* laver
abstammen VI **von j-m ~** descendre de qn; être né de qn
Abstammung F origine *f* **Abstammungslehre** F théorie *f* de l'évolution
Abstand M 1 *räumlich* distance *f (a. fig)*; intervalle *m*; écart *m*; **~ halten** *mit dem Auto etc* garder sa distance; *fig* **den nötigen ~ wahren** tenir, garder ses distances; *fig* **mit ~** de loin 2 *zeitlich* intervalle *m*; **in Abständen von fünf Minuten** à cinq minutes d'intervalle 3 *fig* recul *m*; **von etw ~ nehmen** renoncer à qc 4 → Abstandssumme
Abstandssumme F indemnité *f*; *bei Vermietung* reprise *f*
abstatten VT **j-m e-n Besuch ~** rendre visite à qn
abstauben VT épousseter
abstechen A VT *Tiere* saigner; égorger B VI *(kontrastieren)* **von etw, j-m ~** contraster avec qc, qn
Abstecher M **e-n ~ (nach …) machen** faire un crochet (par …)
abstecken VT 1 *(abgrenzen)* jalonner 2 *fig (umreißen)* tracer; fixer
abstehen VI 1 *(entfernt sein)* être éloigné, distant 2 *Ohren* être décollé; **~de Ohren haben** avoir les oreilles décollées
Absteige F *pej* hôtel miteux; *(Stundenhotel)* hôtel *m* de passe
absteigen VI 1 *(heruntersteigen)* descendre (**von** de; *a. fig*); *vom Pferd* mettre pied à terre 2 *Sportverein* être relégué en deuxième division; être déclassé 3 *in e-m Hotel* descendre (**in** [+ *dat*] dans)
Absteiger M 1 SPORT club relégué, déclassé 2 *gesellschaftlicher* personne *f* en perte de vitesse
abstellen VT 1 *Lasten* poser; *an e-m bestimmten Ort* déposer 2 *nach Gebrauch* ranger; *Fahrrad, Wagen a.* garer 3 *Maschinen, Wecker* arrêter; *Heizung, Radio* éteindre; *Klingel, Strom, Gas* couper 4 *fig Missstände* supprimer 5 MIL détacher
Abstellgleis N voie *f* de garage; *umg fig* **j-n aufs ~ schieben** mettre qn sur une voie de garage
Abstellkammer F, **Abstellraum** M débarras *m*
abstempeln VT 1 *Brief* timbrer; *Briefmarke* oblitérer; *Antrag, Ausweis* apposer un cachet sur 2 *fig* **j-n ~ als** *od* **zu** étiqueter qn comme
absterben VI *Pflanze* mourir; *Gliedmaßen* s'engourdir; devenir insensible

Abstieg M 1 *vom Gipfel* descente *f* 2 *fig sozialer* déclin *m*; baisse *f* 3 *e-s Sportvereins* déclassement *m*

abstiegsgefährdet ADJT SPORT qui risque d'être déclassé **Abstiegskandidat** M SPORT candidat *m* à la relégation

abstillen A V/T *Säugling* sevrer B V/I arrêter d'allaiter

abstimmen A V/T 1 *(absprechen)* **etw mit j-m ~** convenir de qc avec qn 2 **etw auf etw** *(akk)* **~** *Farben* assortir à qc; *Interessen, Arbeit etc* harmoniser, faire concorder avec qc; **aufeinander ~** *Farben* assortir; *Interessen* harmoniser B V/I *bei e-r Wahl* voter; **über etw** *(akk)* **~** procéder au vote de qc

Abstimmung F 1 *(Wahl)* vote *m*, scrutin *m* (**über** [+ *akk*] sur); *(Volksentscheid)* référendum *m*; **geheime ~** scrutin secret 2 *(Harmonisierung)* harmonisation *f*

Abstimmungsantrag M demande *f* de scrutin **Abstimmungsergebnis** N résultat *m* du vote *bzw.* du scrutin **Abstimmungsverfahren** N mode *m* de scrutin, de vote; procédure *f* de vote

abstinent ADJ *im Alkoholgenuss* sobre; *sexuell* continent **Abstinenz** F sobriété *f*; continence *f*

abstoppen A V/T *Fahrzeug* arrêter; stopper B V/I s'arrêter (brusquement); stopper

Abstoß M FUSSBALL coup *m* de pied de but

abstoßen A V/T 1 *Boot vom Ufer* donner une poussée à 2 *(beschädigen)* abîmer 3 PHYS repousser 4 *fig* repousser; répugner; **alles stößt mich an ihm ab** tout me repousse en lui 5 HANDEL se défaire de; liquider 6 MED rejeter B V/R **sich (von etw) ~** s'éloigner (de qc) par une poussée

abstoßend ADJT repoussant; répugnant

Abstoßung F MED rejet *m*

abstottern *umg* V/T payer à crédit; *Kredit* rembourser péniblement

abstrahieren V/T *u.* V/I abstraire

abstrakt ADJ abstrait **Abstraktion** F abstraction *f*

abstrampeln *umg* V/R **sich ~** 1 *beim Radfahren* s'essouffler à pédaler 2 *(sich abmühen)* s'exténuer; s'épuiser

abstreifen V/T 1 *Kleidungsstücke, Ring* enlever; ôter; **die Asche ~** enlever la cendre 2 *fig Vorurteile* se débarrasser de; abandonner

abstreiten V/T nier

Abstrich M 1 *finanziell* coupe *f*; réduction *f*; *fig* **~e (an etw** [*dat*]**) machen** faire des concessions (sur qc) 2 MED prélèvement *m*

abstufen V/T 1 *Gelände* disposer en gradins, en terrasses 2 *Farbtöne* dégrader; nuancer (*a. fig*) 3 *(staffeln)* échelonner (**nach** selon) **Abstufung** F 1 *im Gelände* étagement *m* 2 *von Farbtönen* dégradé *m*; *(Nuance)* nuance *f* 3 *(Staffelung)* gradation *f*; *der Gehälter* échelonnement *m*

abstumpfen A V/T *Gefühle, Sinne* émousser; *Person* rendre insensible, indifférent (**gegen** à) B V/I *Gefühle, Sinne* s'émousser; *Person* devenir insensible, indifférent (**gegen** à)

Absturz M chute *f*

abstürzen V/I 1 *Flugzeug* s'abattre, s'écraser (au sol, *etc*) 2 *Person* faire une chute; tomber 3 *umg* IT *umg* se planter

Absturzgefahr F danger *m* de chute **Absturzstelle** F point *m* de chute

abstützen A V/T BAU étayer B V/R **sich an etw** *(dat)* **~** s'appuyer à qc

absuchen V/T fouiller; *Gelände a.* ratisser

absurd ADJ absurde

Abszess M abcès *m*

Abszisse F MATH abscisse *f*

Abt M abbé *m*

Abt. ABK (Abteilung) département *m*; service *m*

abtasten V/T tâter; palper

abtauchen V/I 1 SCHIFF plonger 2 *umg fig* **(in den Untergrund) ~** entrer dans la clandestinité

abtauen A V/T dégeler; *Kühlschrank* dégivrer B V/I *Eis, Schnee* fondre

Abtei F abbaye *f*

Abteil N compartiment *m*

abteilen V/T séparer (**von** de); *durch e-e Wand* cloisonner

Abteilung F *e-s Betriebs* service *m*; *e-s Krankenhauses* département *m*; *e-s Warenhauses* rayon *m*; MIL détachement *m* **Abteilungsleiter(in)** M(F) *im Warenhaus* chef *m* de rayon; *im Büro* chef *m* de service

abtippen *umg* V/T taper (à la machine)

Äbtissin F abbesse *f*

abtönen V/T nuancer; dégrader

abtöten V/T *Keim, Nerv* tuer; *fig Gefühl* étouffer

abtragen V/T 1 *Erde* déblayer 2 *Kleidung* user

abtrainieren V/T *Fett, Gewicht* perdre en faisant de l'exercice

Abtransport M transport *m*

abtransportieren V/T transporter

abtreiben A V/T 1 *Wind, Strömung* **etw ~** déporter qc; **von der Strömung abgetrieben werden** être entraîné par le courant 2 MED avorter B V/I 1 SCHIFF, FLUG dériver 2 MED avorter; **sie hat abgetrieben** elle s'est fait avorter; elle a avorté

Abtreibung F avortement *m* **Abtreibungsklinik** *umg* F clinique *f* d'avortements **Abtreibungspille** F pilule abortive **Abtreibungsversuch** M tentative *f* d'avortement

abtrennen VT *Raum* séparer (*a. fig*); *Abschnitt* détacher; *Angenähtes* découdre

abtreten A VT 1 *Schuhsohlen* user; *Absätze* éculer 2 *Schmutz von den Schuhen* faire tomber (en piétinant) 3 *fig Anspruch, Gebiet* **etw an j-n ~** céder qc à qn B VI 1 (*zurücktreten*) démissionner; se retirer de ses fonctions 2 MIL se retirer 3 THEAT sortir de scène; *fig* **von der Bühne ~** quitter la scène C VR **sich** (*dat*) **die Füße ~** s'essuyer les pieds

Abtreter M (*Fußabtreter*) paillasson *m*; *aus Metall* décrottoir *m*

Abtretung F JUR cession *f*; désistement *m*

Abtrockentuch *umg* N torchon *m*

abtrocknen A VT *Geschirr, Hände* essuyer; *abs* essuyer la vaisselle B VI (*trocken werden*) sécher C VR **sich** (*dat*) **die Tränen ~** essuyer ses larmes

abtropfen VI 1 *Wasser* s'égoutter; **von etw ~** (dé)goutter de qc 2 *Salat* **~ lassen** (laisser) égoutter

Abtropfgestell N égouttoir *m* (à vaisselle)

abtrotzen VT **j-m etw ~** arracher, extorquer qc à qn

abtrünnig ADJ **~ sein** être un apostat; être un renégat (*a. fig*)

Abtrünnige(r) M/F(M) apostat(e) *m(f)*; renégat(e) *m(f)* (*a. fig*)

abtun VT *Einwand etc* écarter

abtupfen A VT tamponner B VR **sich** (*dat*) **die Stirn ~** se tamponner le front

aburteilen VT juger

abverlangen VT **j-m etw ~** exiger qc de qn

abwägen VT peser

abwählen VT 1 *Person* destituer (d'un poste, d'une fonction) par vote 2 *Schulfach* abandonner

abwälzen VT **(auf j-n) ~** *Verantwortung, Verdacht* rejeter (sur qn); *Kosten* reporter (sur qn)

abwandeln VT modifier; changer

abwandern VI émigrer (**aus** de; **nach, in** [+ *akk*] vers)

Abwanderung F émigration *f*; exode *m*; *der Arbeitskräfte* migration *f*

Abwandlung F modification *f*; changement *m*

Abwärme F TECH chaleur perdue

abwarten A VT attendre; **das bleibt abzuwarten** c'est à voir B VI attendre; **~, bis ...** attendre (jusqu'à ce) que ... (+ *subj*); **sich ~d verhalten** rester dans l'expectative; **warten wir (mal) ab!** attendons un peu!

Abwart(in) M(F) *schweiz* gardien, -ienne *m,f* (d'immeuble)

abwärts ADV en descendant; en bas; vers le bas (! siehe aber auch die folgenden Stichwörter)

abwärtsfahren VI descendre **abwärtsführen** VI *Weg* descendre; conduire en bas

abwärtsgehen V/UNPERS *fig* **mit ihm, mit s-r Gesundheit geht es abwärts** il, sa santé baisse, décline

Abwärtstrend M tendance *f* à la baisse

Abwasch M vaisselle *f*; **den ~ machen** faire, laver la vaisselle

abwaschbar ADJ lavable

abwaschen A VT laver B VI faire, laver la vaisselle **Abwaschwasser** N eau *f* de vaisselle

Abwasser N eaux usées, d'égout **Abwasserkanal** M égout *m* **Abwasserleitung** F canalisation *f* (des eaux usées)

abwechseln VI (*u.* VR) **(sich ~)** 1 (*aufeinanderfolgen*) alterner (**mit** avec) 2 (*sich ablösen*) se relayer

abwechselnd A ADJT alternatif; alternant B ADVL alternativement; tour à tour; à tour de rôle; en alternance (**mit** avec)

Abwechslung F (*Zerstreuung*) diversion *f*; changement *m*; (*Verschiedenartigkeit*) variété *f*; diversité *f*; **zur ~** pour changer, varier

abwechslungsreich A ADJ varié B ADV **~ gestalten** diversifier; varier; *Freizeit* organiser de façon variée; **sich ~ ernähren** varier sa nourriture; **~ verlaufen** être varié

Abweg M **auf ~e geraten** s'écarter du droit chemin

abwegig ADJ aberrant

Abwehr F 1 SPORT, MIL, MED défense *f* 2 *fig* (*Ablehnung*) refus *m*

abwehren VT 1 *Angriff, Feind,* SPORT repousser; *Schlag* parer 2 *Gefahr* détourner; écarter

Abwehrkraft F, **Abwehrkräfte** FPL *des Organismus* défenses *fpl* immunitaires **Abwehrmechanismus** M réflexe *m* de défense **Abwehrreaktion** F *des Organismus* réaction *f* immunitaire **Abwehrspieler** M SPORT joueur *m* de la défense; FUSSBALL arrière *m* **Abwehrstoff** M *des Organismus* anticorps *m*

abweichen VI 1 *vom Weg, fig* s'écarter; s'éloigner 2 (*sich unterscheiden*) **von etw ~** différer de qc; **voneinander ~** différer; diverger

Abweichung F 1 *vom Kurs, fig* écart *m* 2 (*Unterschied*) différence *f*; divergence *f*

abweisen VT 1 *Person* renvoyer; refuser 2 *Bitte, Vorschlag* rejeter

abweisend A ADJT rébarbatif B ADVL **sich ~ verhalten** prendre une attitude de refus

Abweisung F 1 *von Personen* refus *m* 2 *e-r Bitte, e-r Klage* rejet *m*

abwenden A VT 1 *Gesicht etc* détourner 2 *fig Gefahr, Katastrophe* écarter; prévenir B VR **sich (von j-m, etw) ~** *a. fig* se détourner, se détacher (de qn, qc)

abwerben VT *Kunden* prendre, *Arbeitskräfte* débaucher (**j-m** de qn) **Abwerbung** F *von Arbeitskräften* débauchage *m*
abwerfen VT **1** *(herunterwerfen)* jeter; *Reiter* désarçonner; *Hirsch* **das Geweih ~** perdre ses bois **2** *Bombe* larguer; lancer; *Ballast* lâcher **3** *(sich befreien von) Bürde* s'affranchir de; secouer **4** *Spielkarte* se défausser de **5** *Ball ins Spielfeld* lancer
abwerten VT **1** *(herabsetzen)* dévaloriser; dénigrer **2** *Währung* dévaluer **Abwertung** F **1** *(Herabsetzung)* dévalorisation *f*; dénigrement *m* **2** *der Währung* dévaluation *f*
abwesend ADJ absent *(a. fig)*
Abwesende(r) M/F(M) absent(e) *m(f)*
Abwesenheit F absence *f (a. fig)*
abwetzen VT *Kleidung* élimer
abwickeln VT **1** dérouler **2** *(erledigen)* mener; régler; *Auftrag* exécuter **3** *(auflösen) Betrieb* liquider **Abwicklung** F **1** *e-s Auftrags* exécution *f* **2** *(Auflösung)* liquidation *f*
abwiegen VT peser **abwimmeln** *umg* VT se débarrasser de; *umg* envoyer promener **abwinkeln** VT plier
abwinken **A** VT *Rennen* terminer par un signe; *umg* **bis zum Abwinken** jusqu'à n'en plus pouvoir **B** VI faire signe que non
abwirtschaften VI **abgewirtschaftet haben** *Firma* être ruiné; **ein abgewirtschaftetes Landgut** une propriété en ruine
abwischen VT **1** *Schmutz, Staub* essuyer **2** *Tisch* essuyer; nettoyer
Abwurf M **1** lancement *m*; *e-s Reiters* désarçonnement *m* **2** *von Bomben* largage *m* **3** BALLSPIELE lancement *m* de balle
abwürgen *umg* VT **1** *Diskussion* étouffer **2** *Motor* caler
abzahlen VT payer à crédit
abzählen VT compter (**an** [+ *dat*] sur)
Abzahlung F paiement *m* à tempérament, à crédit
abzapfen VT tirer **abzäumen** VT débrider **abzäunen** VT clôturer
Abzäunung F *(Zaun)* clôture *f*
Abzeichen N insigne *m*
abzeichnen **A** VT **1** *(abmalen)* dessiner; *Bild* copier **2** *(signieren)* parapher *od* parafer **B** VR **sich ~** **1** *in Umrissen* se dessiner; *gegen e-n Hintergrund* se découper, se détacher (**gegen** sur) **2** *Entwicklung* se dessiner; s'annoncer
Abziehbild N décalcomanie *f*
abziehen **A** VT **1** *Bettbezüge, Ring* enlever; retirer; **e-m Pfirsich die Haut ~** enlever, retirer la peau d'une pêche **2** *Truppen* retirer *(a. fig)* **3** FOTO, TYPO tirer (une épreuve, une gravure, *etc* de) **4** MATH soustraire; HANDEL déduire (**von** de); *vom Gehalt* retenir (sur) **B** VI *Truppen* se retirer; *Rauch* s'échapper; sortir; *Gewitter* s'éloigner
abzielen VI **auf etw** *(akk)* **~** *Maßnahme etc* viser qc
abzischen *umg* VI *umg* ficher le camp
Abzocke *umg* F *umg* arnaque *f*
abzocken *umg* VT **j-n ~** *umg* plumer qn; saigner qn (à blanc)
Abzocker(in) *umg* M(F) *umg* arnaqueur, -euse *m,f*
Abzug M **1** épreuve *f*; **e-n ~ machen (lassen)** (faire) tirer une épreuve **2** *(Gewehrabzug)* détente *f*; gâchette *f* **3** *(Rauchabzug)* sortie *f* **4** *(Truppenabzug)* départ *m*; retrait *m* **5** HANDEL déduction *f*; décompte *m*; *(Gehaltsabzug)* retenue *f*
abzüglich PRÄP HANDEL déduction faite de; moins
abzugsfähig ADJ déductible **Abzugsrohr** N conduit *m* d'évacuation
Abzweig M *schweiz*, ADMIN *e-r Straße* bifurcation *f*; embranchement *m*
abzweigen **A** *umg* VT *Geld etc* prélever (**von** sur) **B** VI *Straße* bifurquer; s'embrancher (**von** sur) **Abzweigung** F *e-r Straße* bifurcation *f*; embranchement *m*
abzwicken VT couper (à la pince, *etc*)
Accessoire N accessoire *m*
ach INT ah!; eh!; *klagend* °hélas!; *sehnsüchtig, bedauernd* **~ ja!** eh oui!; *zweifelnd* **~ ja?** ah oui?; **~ was!, ~ wo!** allons donc!; mais non!; pensez-vous!; pas du tout!; **~ so!** ah bon!; ah ah!
Ach N *umg* **mit ~ und Krach** avec bien du mal; péniblement
Achat M agate *f*
Achilles M Achille *m* **Achillesferse** F *fig* talon *m* d'Achille; point *m* vulnérable **Achillessehne** F ANAT tendon *m* d'Achille
Achse F MATH, TECH axe *m (a. fig)* (❗ maskulin); *e-s Fahrzeugs* essieu *m*; **sich um s-e** *od* **die eigene ~ drehen** tourner autour de son axe; *Person* tourner sur soi-même; *umg* **immer auf ~ sein** avoir la bougeotte
Achsel F aisselle *f*; *(Schulter)* épaule *f*; **die ~n zucken** °hausser les épaules
Achselhaare NPL poils *mpl* de l'aisselle **Achselhemd** N *Unterhemd* maillot *m* de corps; *für Damen* débardeur *m*; t-shirt *m* sans manches **Achselhöhle** F creux *m* de l'aisselle **Achselschweiß** M sueur *f* de l'aisselle **Achsel-Shirt** N débardeur *m* **Achselzucken** N °haussement *m* d'épaules
acht **A** NUM **1** °huit; **~ zu vier gewinnen** gagner par °huit à quatre; **er ist ~ Jahre (alt)** il a °huit ans; **in ~ Tagen** dans une semaine, °huitaine; **morgen, Montag in ~ Tagen** demain, lundi en °huit; **(heute) vor ~ Tagen** il y a (au-

jourd'hui) une semaine, °huit jours; **alle ~ Tage** tous les °huit jours; chaque semaine **2** *Uhrzeit* **um ~ (Uhr)** à °huit heures **B** ADV **zu ~** à °huit; **zu ~ sein** être °huit

Acht[1] F **1** *Zahl* °huit *m* (*a. Spielkarte, Straßenbahn*) **2** *umg Fahrrad* **e-e ~ im Rad haben** avoir une roue voilée

Acht[2] F (*Aufmerksamkeit*) **~ geben** → achtgeben; **etw außer ~ lassen** ne pas faire attention à qc; négliger qc; **sich vor j-m, etw in ~ nehmen** prendre garde, faire attention à qn, qc

achtbar *geh* ADJ respectable; estimable; honorable

achte NUM °huitième; **der ~, den ~n, am ~n Januar** le huit janvier; **der Achte (des Monats)** le huit (du mois)

Achteck N octogone *m* **achteckig** ADJ octogonal

achteinhalb NUM °huit et demi

achtel ADJ **ein ~ Pfund …** *etwa* soixante-deux grammes de …

Achtel N °huitième *m* **Achtelfinale** N SPORT °huitième *m* de finale **Achtelnote** F MUS croche *f*

achten **A** V/T *Person* estimer; considérer; respecter (*a. Gesetz, Gefühle*) **B** V/I **1** (*aufpassen*) **auf etw, j-n ~** faire attention, prendre garde à qc, qn; **auf s-e Gesundheit ~** prendre soin de sa santé **2** (*beachten*) **ohne darauf zu ~, dass …** sans remarquer que …; **~ Sie auf den Herrn mit dem grauen Mantel** regardez le monsieur au manteau gris

ächten V/T **1** HIST mettre au ban **2** *fig* bannir; proscrire

achtens ADV °huitièmement

Achter M **1** → Acht[1] **2** RUDERN °huit *m*

Achterbahn F montagnes *fpl* russes **Achterdeck** N SCHIFF pont *m* arrière

achterlei ADJ de huit sortes, espèces différentes

achtfach **A** ADJ octuple; **die ~e Menge** °huit fois la quantité **B** ADV °huit fois (plus); **~ vergrößert** agrandi °huit fois

achtgeben V/I (*vorsichtig sein*) faire attention; prendre garde; **gib acht, dass du nicht fällst!** fais attention, prends garde à ne pas tomber!; **auf etw, j-n ~** (*aufpassen*) faire attention, prendre garde, veiller à qc, qn

achthundert NUM °huit cent(s) **achtjährig** ADJ (*acht Jahre alt*) (âgé) de huit ans; (*acht Jahre lang*) de huit ans; qui dure °huit ans

achtlos **A** ADJ inattentif; négligent **B** ADV sans faire attention; négligemment **Achtlosigkeit** F manque *m* d'attention; négligence *f*

achtmal ADV °huit fois

achtsam *geh* ADJ attentif **Achtsamkeit** *geh* F attention *f*

achtstellig ADJ de *od* à huit chiffres **achtstöckig** ADJ de huit étages **Achtstundentag** M journée *f* de huit heures **achtstündig** ADJ (*acht Stunden lang*) de huit heures; qui dure °huit heures **achttägig** ADJ (*acht Tage lang*) de huit jours; d'une semaine; qui dure °huit jours, une semaine **achttausend** NUM huit mille

Achtung F **1** (*Aufmerksamkeit*) attention *f*; *bei Durchsagen* **~, ~!** attention, s'il vous plaît!; SPORT **~, fertig, los!** à vos marques! prêts! partez! **2** (*Respekt*) respect *m* (**vor** [+ *dat*] pour); (*Wertschätzung*) estime *f*, considération *f* (pour); *umg* **alle ~!** *umg* chapeau!

Ächtung F mise *f* °hors la loi; bannissement *m* (*beide a. fig*)

Achtungserfolg M succès *m* d'estime **achtungsvoll** ADJ respectueux

achtzehn NUM dix-huit; → acht

Achtzehnjährige(r) M/F(M) jeune *m*, jeune fille *f* de dix-huit ans

achtzig NUM quatre-vingts; *bei folgender Zahl* quatre-vingt; **mit ~ Stundenkilometern** à quatre-vingts kilomètres à l'heure

Achtzig F *Zahl* quatre-vingts *m*

achtziger ADJ **die ~ Jahre, die Achtziger** les années *fpl* quatre-vingt

Achtzigerjahre NPL **die ~** les années *fpl* quatre-vingt

achtzigjährig ADJ (*achtzig Jahre alt*) (âgé) de quatre-vingts ans; *Person a.* octogénaire; (*achtzig Jahre lang*) de quatre-vingts ans; qui dure quatre-vingts ans

ächzen V/I gémir

Acker M champ (labouré); **auf dem ~** aux champs

Ackerbau M agriculture *f*; **~ treiben** cultiver la terre

Ackerboden M terre *f* labourable, arable **Ackerland** N terres cultivées, labourées

ackern *umg* V/I *umg* bûcher; *umg* trimer

Acryl N acrylique *m* (! Endung) **Acrylfarbe** F peinture acrylique

Action *umg* F action *f* **Actionfilm** M film *m* d'action

a. D. ABK (außer Dienst) à la, en retraite

ADAC M ABK (Allgemeiner Deutscher Automobil-Club) Automobile-Club allemand

ad acta ADV **etw ~ legen** classer qc

Adamsapfel *umg hum* M pomme *f* d'Adam **Adamskostüm** N *umg* **im ~** en costume d'Adam

Adapter M TECH adaptateur *m*

adäquat ADJ adéquat

addieren VT additionner; faire l'addition de
Addition F addition *f*
ade INT **1** *poet* adieu! **2** *regional* au revoir!
Adel M noblesse *f (a. fig)*; **von ~ sein** être noble; *sprichw* **~ verpflichtet** *sprichw* noblesse oblige
adelig → adlig
adeln VT **1** HIST anoblir **2** *geh fig* ennoblir
Adelsfamilie F, **Adelsgeschlecht** N famille *f* noble **Adelstitel** M titre *m* de noblesse, nobiliaire
Ader F veine *f (a. fig)*; *(Erzader) a.* filon *m*; *e-s Kabels* fil *m*; *(Arterie, Verkehrsader)* artère *f*; *fig* **j-n zur ~ lassen** saigner qn; *fig* **e-e künstlerische, poetische ~ haben** avoir des dispositions, des dons artistiques, pour la poésie
ad hoc ADV spontanément; immédiatement; au pied levé
adieu → ade
Adjektiv N adjectif (qualificatif) **adjektivisch** ADJ adjectif
Adjutant M officier *m* d'ordonnance
Adler M aigle *m*
Adlerauge N *fig* **~n haben** avoir des yeux d'aigle
Adlerblick M regard *m* d'aigle **Adlernase** F nez en bec d'aigle, busqué
adlig ADJ noble *(a. fig)*
Adlige(r) M/F(M) noble *m/f*
Administration F administration *f*
Admiral M amiral *m*
adoptieren VT adopter **Adoption** F adoption *f*
Adoptivbruder M frère adoptif **Adoptiveltern** PL parents adoptifs **Adoptivkind** N enfant adoptif **Adoptivmutter** F mère adoptive **Adoptivschwester** F sœur adoptive **Adoptivsohn** M fils adoptif **Adoptivtochter** F fille adoptive **Adoptivvater** M père adoptif
Adrenalin N adrénaline *f*
Adressat(in) M(F) destinataire *m/f*
Adressaufkleber M autocollant *m* avec adresse **Adressbuch** N répertoire *m* d'adresses
Adresse F adresse *f*; **dieses Restaurant zählt zu den ersten ~n (der Stadt)** ce restaurant compte parmi les meilleurs (de la ville); *umg fig* **da sind Sie bei mir an der falschen ~** ce n'est pas à moi qu'il faut demander ça
Adressenverzeichnis N liste *f* d'adresses
adressieren VT *Brief etc* mettre, écrire l'adresse sur
adrett ADJ *(hübsch anzusehen)* coquet; *(sauber und ordentlich)* propret
Adria **die ~** l'Adriatique *f*
A-Dur N la *m* majeur

Advent M Avent *m*; **der erste ~** le premier dimanche de l'Avent
Adventskalender M calendrier *m* de l'Avent **Adventskranz** M couronne *f* de l'Avent *(tressée avec des branches de sapin et décorée de quatre bougies)* **Adventssonntag** M dimanche *m* de l'Avent **Adventszeit** F temps *m* de l'avent
Adverb N adverbe *m* **adverbial** ADJ adverbial
Advokat(in) M(F) *österr, schweiz, regional* avocat(e) *m(f) (a. fig)*
Aerobic N aérobic *f*
Aerodynamik F aérodynamique *f* **aerodynamisch** ADJ aérodynamique
Affäre F affaire *f*; *umg* **sich (geschickt) aus der ~ ziehen** se tirer, se sortir (habilement) d'affaire
Affe M **1** singe *m*; *umg* **ich glaub, mich laust der ~** *umg* j'en suis baba; j'en tombe des nues **2** *umg Schimpfwort* **dieser blöde ~!** *sl* ce, quel con! **3** *umg (Rausch)* **e-n ~n (sitzen) haben** *umg* être beurré, bourré
Affekt M passion *f*; émotion *f*; **im ~ handeln** agir sous le coup de l'émotion
Affekthandlung F acte commis sous le coup de l'émotion
affektiert ADJ affecté; maniéré **Affektiertheit** F affectation *f*; *bes der Sprechweise* préciosité *f*
affenartig ADJ qui ressemble au singe; qui rappelle le singe; simiesque; *umg* **mit ~er Geschwindigkeit** *umg* à une vitesse dingue
Affenhitze *umg* F *umg* chaleur *f* à crever **Affenliebe** F amour excessif
Affenschande *umg* F °honte *f*; scandale *m*; **es ist eine ~!** c'est scandaleux!; c'est une °honte!
Affentheater *umg* N simagrées *fpl*; comédie *f*
Affenzahn *umg* M *umg* vitesse démente; **e-n ~ drauf haben** *umg* rouler plein pot
affig *umg pej* ADJ affecté; *(lächerlich, albern)* ridicule; *umg* cucul (! unveränderlich)
Äffin F guenon *f*
Afghane[1] M *Hunderasse* afghan *m*
Afghane[2] M, **Afghanin** F *Bewohner(in)* Afghan(e) *m(f)*
afghanisch ADJ afghan
Afghanistan N l'Afghanistan *m*
Afrika N l'Afrique *f*
Afrikaner(in) M(F) Africain(e) *m(f)* **afrikanisch** ADJ africain
Afrolook M coiffure *f* afro
After M anus *m*
Aftershave N, **Aftershave-Lotion** F (lotion *f*) après-rasage *m*; after-shave *m*

After-Sun... IN ZSSGN après-soleil (! unveränderlich) **After-Sun-Lotion** F lotion *f* après-soleil **After-Sun-Produkt** N après-soleil *m* (! unveränderlich)
AG F ABK **1** *(Aktiengesellschaft)* SA *f* **2** *(Arbeitsgemeinschaft)* groupe *m* de travail
Ägäis die ~ la mer Égée
Agave F agave *m*
Agent(in) M(F) agent *m* (! bei **agent** gibt es nur die Maskulinform)
Agentur F agence *f*
Aggregat N **1** MINER, CHEM agrégat *m* **2** TECH, ELEK groupe *m* **Aggregatzustand** M état *m* (de la matière)
Aggression F agression *f* **aggressiv** ADJ agressif **Aggressivität** F agressivité *f*

> **aggressiv = agressif** *m*, **agressive** *f*
>
> Wird anders geschrieben als englisch „aggressive".
>
> FEHLERQUELLEN

Aggressor M agresseur *m*
agieren *geh* V/I agir
agil *geh* ADJ agile; vif
Agitation F propagande *f* (politique)
Agitator(in) M(F) agitateur, -trice *m,f*; propagandiste *m/f*
agitieren V/I faire de la propagande
Agrar... IN ZSSGN agricole; agraire **Agrarland** N pays *m* agricole **Agrarmarkt** M marché *m* agricole **Agrarprodukt** N produit *m* agricole **Agrarreform** F réforme *f* agraire **Agrarwirtschaft** F économie *f* agricole
Ägypten N l'Égypte *f* **Ägypter(in)** M(F) Égyptien, -ienne *m,f* **ägyptisch** ADJ égyptien
ah INT *verwundert* oh!; *freudig, genießerisch* ah!
äh INT *bei Sprechpausen* euh ...
aha INT °ha! (°ha!); ah!; *überrascht, iron* tiens, tiens!; *verstehend* ah, bon!
Aha-Erlebnis N déclic *m*; **ein ~ sein** faire tilt
Ahle F *(Schusterahle)* alêne *f*
Ahn *geh* M aïeul *m*; ancêtre *m (a. fig)*
ahnden *geh* V/T punir; réprimer **Ahndung** *geh* F punition *f*; répression *f*
Ahne *geh* M → Ahn
ähneln **A** V/I **j-m, e-r Sache ~** ressembler à qn, qc **B** V/R **sich** *(dat)* **~** se ressembler
ahnen V/T **1** *(vermuten)* se douter de; *(vorausahnen)* pressentir; **das konnte ich doch nicht ~!** je ne pouvais pourtant pas le savoir, le prévoir **2** *(schwach erkennen)* deviner
Ahnenforschung F généalogie *f* **Ahnengalerie** F galerie *f* des ancêtres, des aïeux **Ahnentafel** F arbre *m* généalogique
ähnlich **A** ADJ semblable; ressemblant; **j-m ~ sehen** ressembler à qn; → ähnlichsehen **B** ADV semblablement; **mir geht es ~** c'est pour moi la même chose; c'est pareil pour moi **C** PRÄP comme
Ähnlichkeit F ressemblance *f* (**mit** avec); **mit j-m, etw ~ haben** ressembler à qn, qc
ähnlichsehen *umg* V/I **das sieht ihm ähnlich!** c'est bien lui!; ça lui ressemble!
Ahnung F **1** *(Vorgefühl, Befürchtung)* pressentiment *m* **2** *umg* **(ich habe) keine ~, wie man das macht** je ne sais pas comment on fait cela
ahnungslos **A** ADJ **1** *(nichts ahnend)* qui ne se doute de rien **2** *(unwissend)* ignorant; inconscient **B** ADV **1** sans se douter de rien **2** inconsciemment
ahoi INT ohé; **Schiff ~!** ohé! du bateau
Ahorn M érable *m*
Ähre F épi *m*
Aids N sida *m* **aidskrank** ADJ sidéen; malade du sida **Aidskranke(r)** M/F(M) sidéen, -éenne *m,f*; malade *m/f* du sida **Aidstest** M test *m* de dépistage du sida **Aidsvirus** N virus *m* du sida
Aikido N SPORT aïkido *m*
Airbag M airbag *m*
Airbus® M FLUG airbus® *m*
Airline F compagnie aérienne
Akademie F académie *f*
Akademiker(in) M(F) personne *f* ayant fait des études universitaires
akademisch **A** ADJ universitaire **B** ADV **~ gebildet sein** avoir fait des études universitaires
Akazie F acacia *m*
Akklimatisation F acclimatement *m*; *bes* BOT, ZOOL acclimatation *f*
akklimatisieren V/R **sich ~** s'acclimater (! Endung)
Akkord M **1** MUS accord *m* **2** WIRTSCH **im ~ arbeiten** travailler à la tâche, à la pièce, aux pièces
Akkordarbeit F travail *m* à la tâche, à la pièce, aux pièces **Akkordarbeiter** M ouvrier *m* à la tâche, à la pièce, aux pièces
Akkordeon N accordéon *m*
Akkordlohn M salaire *m* à la tâche, à la pièce, aux pièces
akkreditieren V/T accréditer (**bei** auprès de)
Akku M *umg* accus *mpl*
Akkumulator M accumulateur *m*
akkurat ADJ méticuleux
Akkusativ M accusatif *m* **Akkusativobjekt** N complément *m* d'objet direct
Akne F acné *f*
Akontozahlung F acompte *m*
Akribie *geh* F méticulosité *f*; minutie *f*
Akrobat(in) M(F) acrobate *m/f* **Akrobatik** F

acrobatie *f* **akrobatisch** ADJ acrobatique
Akropolis die ~ l'Acropole *f*
Akt M 1 acte *m* (*a.* THEAT) 2 KUNST nu *m* 3 (*Geschlechtsakt*) acte sexuel **Aktbild** N nu *m*
Akte F pièce *f*; (*Aktenbündel*) dossier *m*; **etw zu den ~n legen** ajouter, verser qc au dossier; *fig* (*beenden*) classer qc
Aktendeckel M chemise *f* **Aktenkoffer** M attaché-case *m*
aktenkundig ADJ **~ sein** être inscrit, figurer dans un dossier
Aktenmappe F porte-documents *m*; serviette *f* **Aktennotiz** F note *f*; → Aktenvermerk **Aktenordner** M classeur *m* **Aktenschrank** M (meuble-)classeur *m* **Aktentasche** F serviette *f* **Aktenvermerk** M mention *f*, note *f* (figurant dans un dossier) **Aktenzeichen** N référence *f*; numéro *m* du dossier
Akteur M acteur *m* (*a.* THEAT)
Aktfoto N photo *f* de nu(s) **Aktfotografie** F 1 *Foto* nu *m* photographique 2 *Tätigkeit, Kunst* photographie *f* de nu(s)
Aktie F action *f* (! Endung)
Aktienanteil M coupure *f* d'actions **Aktienfonds** M fonds *m* d'actions **Aktiengesellschaft** F société *f* anonyme, par actions **Aktienkurs** M cours *m* des actions **Aktienmarkt** M marché *m* des actions **Aktienmehrheit** F majorité *f* des actions **Aktienpaket** N paquet *m* d'actions
Aktion F 1 (*Handlung*) action *f*; *bes* MIL, HANDEL, *humanitäre* opération *f* 2 **in ~ treten** entrer en action
Aktionär(in) M(F) actionnaire *m/f*
Aktionspreis M prix promotionnel; **zum ~ von ...** en promotion à ...
Aktionsradius M rayon *m* d'action (*a. fig*)
aktiv ADJ actif; **~ werden** se mobiliser
Aktiv N GRAM actif *m*; voix, forme active
Aktiva PL HANDEL actif *m*
Aktive(r) M/F(M) SPORT concurrent(e) *m(f)*
aktivieren V/T activer
Aktivität F activité *f*
Aktivposten M HANDEL (poste *m*) actif *m*; élément *m* d'actif (*a. fig*) **Aktivurlaub** M vacances actives
Aktmodell N modèle (*m* de) nu **Aktstudie** F étude *f* de nu
aktualisieren V/T actualiser; mettre à jour **Aktualität** F actualité *f*
aktuell ADJ actuel
Aktzeichnung F dessin *m* de nu(s); nu *m*
Akupressur F digitopuncture *f*
akupunktieren V/T traiter par l'acupuncture *od* l'acuponcture **Akupunktur** F acupuncture *od* acuponcture *f*
Akustik F acoustique *f* **akustisch** ADJ acoustique
akut ADJ MED aigu; *Problem, Frage* urgent; *Gefahr* imminent
AKW *umg* N ABK (Atomkraftwerk) centrale *f* nucléaire
Akzent M accent *m*; *fig* **den ~ auf etw** (*akk*) **legen** mettre l'accent sur qc; insister sur qc
akzentfrei ADJ *u.* ADV sans accent
akzentuieren V/T accentuer
akzeptabel ADJ acceptable
Akzeptanz F acceptation *f*; (*Zustimmung*) consentement *m*
akzeptieren V/T accepter
Alabaster M albâtre *m*
à la carte ADV **~ essen, bestellen** manger, commander à la carte
Alarm M alarme *f*; alerte *f* (*a.* MIL); **blinder ~** fausse alerte, alarme; **~ schlagen** donner l'alerte, l'alarme
Alarmanlage F alarme *f* automatique **alarmbereit** ADJ en état d'alerte; prêt à répondre à l'alerte **Alarmbereitschaft** F état *m* d'alerte **Alarmglocke** F sonnette *f* d'alarme
alarmieren V/T 1 (*zu Hilfe rufen*) alerter 2 (*beunruhigen*) alarmer **alarmierend** ADJT alarmant
Alarmsignal N signal *m* d'alarme (*a. fig*)
Alarmstufe F **höchste ~** niveau *m* d'alerte le plus élevé; *fig* état *m* d'alerte
Alarmzustand M état *m* d'alerte
Alaska N l'Alaska *m*
Albaner(in) M(F) Albanais(e) *m(f)* **Albanien** N l'Albanie *f* **albanisch** ADJ albanais
Albatros M albatros *m*
albern[1] ADJ 1 (*einfältig*) bête; stupide; niais; (*kindisch*) nigaud 2 *umg* (*unbedeutend*) idiot
albern[2] V/I dire, faire des âneries
Albernheit F 1 *Verhalten* stupidité *f* 2 *Bemerkung, Handlung* sottises *fpl*; âneries *fpl*
Albino M albinos *m*
Albtraum M cauchemar *m* (*a. fig*)
Album N album *m*
Alcopops PL (*Limonaden mit Alkoholzusatz*) premix *mpl*; alcopops *mpl*
al dente ADJ *u.* ADV GASTR al dente
ALG ABK → Arbeitslosengeld
Alge F algue *f*
Algebra F algèbre *f*
algebraisch ADJ algébrique
Algerien N l'Algérie *f* **Algerier(in)** M(F) Algérien, -ienne *m,f* **algerisch** ADJ algérien
alias ADV alias
Alibi N alibi *m*
Alibifunktion F **~ haben** être un alibi; *fig a.*

servir de *od* comme prétexte
Alimente PL pension *f* alimentaire
Alkali N alcali *m*
Alkohol M alcool *m* **alkoholabhängig** ADJ alcoolique **Alkoholabhängige(r)** M/F(M) alcoolique *m/f* **Alkoholabhängigkeit** F alcoolisme *m* **alkoholarm** ADJ peu alcoolisé **alkoholfrei** ADJ sans alcool; *Getränk a.* non alcoolisé **Alkoholgehalt** M teneur *f* en alcool; *im Blut* taux *m* d'alcoolémie **Alkoholgenuss** M consommation *f* d'alcool **alkoholhaltig** ADJ alcoolisé
Alkoholiker(in) M(F) alcoolique *m/f* **alkoholisch** ADJ alcoolisé; alcoolique (*a.* CHEM)
alkoholisieren VT **1** *Getränk, Substanz* alcooliser **2** *hum Person* soûler
alkoholisiert ADJT *Person* ivre; *umg* soûl; **in ~em Zustand** en état d'ivresse
Alkoholismus M alcoolisme *m*
Alkoholkonsum M consommation *f* d'alcool **alkoholkrank** ADJ alcoolique **Alkoholmissbrauch** M abus *m* d'alcool **alkoholsüchtig** ADJ alcoolique **Alkoholsüchtige(r)** M/F(M) alcoolique *m/f* **Alkoholsünder(in)** *umg* M(F) conducteur, -trice *m,f* en état d'ivresse **Alkoholtest** M alco(o)test *m* **Alkoholverbot** N interdiction *f*, défense *f* de boire de l'alcool **Alkoholvergiftung** F intoxication *f* par l'alcool
Alkoven M alcôve *f*
all → alle[1]
All N univers *m*
allabendlich **A** ADJ de tous les soirs; de chaque soir **B** ADV tous les soirs; chaque soir
Allah M Allah *m*
alle[1], **alles** INDEF PR **A** ADJT tout, toute; *pl alle* tous, toutes; **~ Menschen** tout le monde; tous les hommes; **~s Mögliche** tout ce que l'on peut imaginer; **~ Jahre wieder** tous les ans; chaque année; **~ zwei Jahre** tous les deux ans; un an sur deux; **ein für ~ Mal** une fois pour toutes; **~ beide, drei** tous *bzw.* toutes les deux, trois; **all die schönen Bilder** tous les jolis tableaux **B** SUBST tous *bzw.* toutes; **~s** tout; **wir ~** nous tous *bzw.* toutes; **~s in ~m** en fin de compte; tout compte fait; **~s, was** ... tout ce qui ... *bzw. akk* que ...; **das sind ~s Verbrecher** ce sont tous des bandits; **was es nicht ~s gibt!** tu parles d'une histoire!; *umg* **~s aussteigen!** tout le monde descend!; *umg* **du hast sie wohl nicht mehr ~!** *umg* tu débloques!
alle[2] *umg* ADJ (*weg, verbraucht*) fini; *umg* parti; **das Geld ist ~** il n'y a plus d'argent; **~ werden** s'épuiser
alledem PRON **bei ~** avec tout cela
Allee F avenue *f*; *e-s Schlosses, Parks* allée *f*
Allegorie F allégorie *f*
allegorisch ADJ allégorique
allein **A** ADJ *u.* ADV seul; **ganz ~** tout seul; **~ erziehend, stehend** → alleinerziehend, alleinstehend; **jeder für sich ~** chacun pour soi; **alles ~ erledigen** faire, régler tout soi-même, tout seul; *umg* **die Schmerzen sind von ~ weggegangen** les douleurs sont parties d'elles-mêmes; **der Gedanke ~, ~ der Gedanke** rien que d'y penser **B** *geh* KONJ cependant; toutefois
alleine *umg* → allein
Alleinerbe M, **Alleinerbin** F unique héritier, -ière *m,f*
alleinerziehend ADJT **~e Mutter** mère seule; **~er Vater** père seul; **~ sein** être parent unique
Alleinerziehende(r) M/F(M) personne *f* qui élève seule son *bzw.* ses enfant(s); parent isolé
Alleingang M SPORT course *f* solitaire; **im ~** en solitaire; *fig* tout seul
Alleinherrschaft F pouvoir absolu **Alleinherrscher** M souverain absolu
alleinig ADJ *Erbe, Besitzer* unique; *Vertreter* exclusif
Alleinreisende(r) M/F(M) personne *f* voyageant seule **Alleinschuld** F entière faute **Alleinsein** N solitude *f* **alleinstehend** ADJT **1** *Person* seul; (*ledig*) célibataire **2** *Gebäude* isolé **Alleinstehende(r)** M/F(M) personne *f* qui vit seule; (*Ledige[r]*) célibataire *m/f* **Alleinunterhalter** M artiste *m* qui présente un spectacle solo **Alleinverdiener** M personne *f* dont le revenu professionnel est le seul du ménage **Alleinvertrieb** M distribution exclusive
allemal ADV *umg* (*auf jeden Fall*) *umg* à tous les coups; à coup sûr
allenfalls ADV **1** (*höchstens*) à la rigueur **2** (*vielleicht*) peut-être
allerbeste **A** ADJ le meilleur de tous; **sie kaufen nur das Allerbeste** ils n'achètent que ce qu'il y a de mieux **B** ADV **am ~n** au mieux
allerdings ADV **1** *einschränkend* à vrai dire; mais **2** *e-e Bejahung verstärkend* certainement; bien sûr **3** (*in der Tat*) **das ist ~ etwas anderes** dans ce cas-là *od* alors, c'est tout autre chose
allererste ADJ le premier de tous
allerfrühestens ADV au plus tôt
Allergen N MED allergène *m*
Allergie F allergie *f* **Allergieschock** M choc *m* anaphylactique **Allergietest** M test *m* allergénique
Allergiker(in) M(F) (sujet *m*) allergique *m/f*
allergisch **A** ADJ allergique (**gegen** à; *a. fig*) **B** ADV MED **~ auf etw** (*akk*) **reagieren** réagir d'une façon allergique à qc

Allergologe M, **Allergologin** F allergologue *m/f* **allergologisch** ADJ allergologique
allergrößte ADJ le plus grand de tous
allerhand ADJ **1** *(viel)* pas mal de; *alleinstehend* pas mal de choses; *umg* **das ist doch** *od* **ja ~!** *umg* c'est un peu raide!; c'est trop fort! **2** *(vielerlei)* toutes sortes de
Allerheiligen N la Toussaint
allerhöchste ADJ le plus °haut de tous; **es ist ~ Zeit** il est grand temps
allerhöchstens ADV tout au plus
allerlei ADJ toutes sortes de; *alleinstehend* toutes sortes de choses
Allerlei N *(Mischung)* mélange *m*; *(Durcheinander)* pêle-mêle *m*
allerletzte ADJ le dernier de tous; *umg fig* **das ist ja (wirklich) das Allerletzte!** c'est (vraiment) le comble!
allerliebste **A** ADJ le plus cher de tous; **es wäre mir das Allerliebste, wenn ...** ce que j'aimerais le mieux ce serait que ... *(+ subj)* **B** ADV **am ~n** de préférence
allermeiste **A** ADJ la plupart de; la plus grande partie de; **die ~n (Menschen)** la plupart, la plus grande partie des gens **B** ADV **am ~n** le plus (de tous)
allernächste **A** ADJ le plus proche **B** ADV **am ~n** tout près
allerneueste ADJ tout dernier
allernötigste, **allernotwendigste** ADJ le plus nécessaire de tous; **das Allernötigste, Allernotwendigste** l'indispensable *m*
allerschlimmste **A** ADJ le pire de tous **B** ADV **am ~n** le pire; le plus grave
allerschönste **A** ADJ le plus beau de tous **B** ADV **am ~n** le mieux (de tous)
Allerseelen N KATH le jour, la fête des Morts
allerseits ADV *(überall)* partout; *umg* **guten Abend ~!** *umg* bonsoir, toute la compagnie!; bonsoir, tout le monde!
allerspätestens ADV au plus tard
Allerweltsgesicht N *pej* visage banal, ordinaire
allerwenigste **A** ADJ très, bien peu de; **die ~n (Menschen)** très, bien peu de gens; **das Allerwenigste** le moins (de tous) **B** ADV **am ~n** le moins (de tous, de toutes)
Allerwerteste(r) *umg hum* M *(Gesäß)* derrière *m*; postérieur *m*
alles → alle[1]
allesamt *umg* ADV tous ensemble
Alleskleber M colle universelle
allgegenwärtig ADJ omniprésent
allgemein **A** ADJ **1** général; **im Allgemeinen** généralement; en général **2** *oft pej (unverbindlich)* vague; flou **B** ADV **~ bekannt** connu de tous, de tout le monde; **~ bildend, gültig** → allgemeinbildend, allgemeingültig; **~ verständlich** à la portée de tous; compréhensible pour tout le monde
Allgemeinbefinden N MED état général
allgemeinbildend ADJ/T de culture générale **Allgemeinbildung** F culture générale
allgemeingültig ADJ valable pour tout le monde, pour tous
Allgemeingut N *fig* **~ (geworden) sein, zum ~ gehören** *(bekannt sein)* être bien connu (de tous); *(geläufig sein)* être courant; *(offensichtlich sein)* être évident
Allgemeinheit F public *m*; **im Interesse der ~** dans l'intérêt général
Allgemeinmedizin F médecine générale **Allgemeinmediziner(in)** M(F) généraliste *m(f)* **allgemeinverständlich** → allgemein B **Allgemeinwissen** N connaissances générales **Allgemeinwohl** N intérêt général
Allheilmittel N MED, *fig* remède universel; panacée *f*
Allianz F alliance *f*
Alligator M alligator *m*
Alliierte(r) M POL allié *m*; HIST **die Alliierten** les Alliés
alljährlich **A** ADJ annuel **B** ADV tous les ans; chaque année
allmächtig ADJ tout-puissant; omnipotent; **der ~e Gott** Dieu Tout-Puissant
Allmächtige(r) *geh* M **der Allmächtige** le Tout-Puissant; **Allmächtiger!** ah, mon Dieu!; grand Dieu!
allmählich **A** ADJ graduel **B** ADV **1** peu à peu; petit à petit **2** *umg (langsam)* **ich werde ~ müde** je commence à être fatigué; **es wird ~ Zeit!** il est temps!
allmonatlich **A** ADJ mensuel **B** ADV tous les mois; chaque mois **allmorgendlich** **A** ADJ de tous les matins; de chaque matin **B** ADV tous les matins; chaque matin **allnächtlich** **A** ADJ de toutes les nuits; de chaque nuit **B** ADV toutes les nuits; chaque nuit
Allopathie F MED allopathie *f*
Allradantrieb M traction *f* à quatre roues motrices; **Fahrzeug** *n* **mit ~** quatre-quatre *f*
allseitig **A** ADJ général; de tous les côtés **B** ADV **~ begabt sein** être doué en tout
allseits ADV partout
Alltag M vie quotidienne; quotidien *m*; **der graue ~** la grisaille quotidienne
alltäglich ADJ **1** *(täglich)* quotidien; de chaque jour **2** *(gewöhnlich)* ordinaire; banal; de tous les jours **Alltäglichkeit** F **1** *(Alltäglichsein)* banalité *f* **2** *(alltägliche Sache)* chose *f* de tous les jours

alltags ADV en semaine

Alltagsdinge NPL petites choses de la vie de tous les jours; banalités *fpl* **Alltagssorgen** FPL soucis quotidiens **Alltagsstress** M stress *m* de la vie quotidienne **Alltagstrott** M *pej* train-train quotidien

allumfassend ADJ universel

Allüren FPL manières *fpl*; allures *fpl*; **was sind das für ~!** en voilà des manières!

allwissend ADJ qui sait tout; omniscient

Allwissenheit F omniscience *f* **allwöchentlich** A ADJ hebdomadaire B ADV chaque semaine

allzu ADV (par) trop; **~ früh** trop tôt; **~ oft** trop souvent; **~ sehr** trop; **~ viel** (par) trop

Allzweck... IN ZSSGN ... à tout faire; TECH polyvalent **Allzweckreiniger** M nettoyant *m* multi-usages

Alm F pâturage *m* alpestre; alpage *m* **Almhütte** F chalet *m* sur l'alpage

Almosen N aumône *f*; **ein ~ geben** faire l'aumône

Aloe F aloès *m*

Alp F *schweiz* → Alm

Alpaka N alpaga *m*

Alpdruck M → Albdruck

Alpen PL **die ~** les Alpes *fpl*

Alpenglühen N coucher *m* de soleil sur les Alpes **Alpenland** N pays alpin; région alpine **Alpenpass** M col alpin **Alpenrose** F rhododendron *m* des Alpes **Alpenveilchen** N cyclamen *m* **Alpenvorland** N (région *f* des) Préalpes *fpl*

Alphabet N alphabet *m* **alphabetisch** A ADJ alphabétique B ADV par ordre alphabétique **alphabetisieren** V/T 1 *Geschriebenes* classer par ordre alphabétique 2 *Menschen* alphabétiser **Alphabetisierung** F 1 *Ordnen* classification *f*, classement *m* par ordre alphabétique 2 *von Menschen* alphabétisation *f*

alphanumerisch ADJ IT alphanumérique

Alphorn N cor *m* des Alpes

alpin ADJ alpin; *Landschaft, Pflanze* alpestre

Alpinist M alpiniste *m*

Alptraum M cauchemar *m* (*a. fig*)

als KONJ 1 *zeitlich* lorsque; quand; comme; **damals ~ ...** à l'époque où ...; autrefois lorsque ... 2 *vergleichend nach komp* que; *vor Zahlen* de; **größer ~** plus grand que; **mehr ~ hundert Personen** plus de cent personnes 3 (*in der Eigenschaft*) comme; en tant que; en qualité de; *Zweck* pour; comme; **~ Schlosser arbeiten** travailler comme serrurier; **er ~ Abgeordneter** lui en tant que député; **etw ~ Medizin nehmen** prendre qc comme médicament 4 *modal* **~ ob** *od* **wenn** comme si; **~ ob ich das nicht wüsste!** comme si je ne savais pas cela! 5 *Folge* **die Zeit war zu kurz, ~ dass ...** le temps était trop court pour que ... (+ *subj*)

also ADV 1 *Folgerung* donc; par conséquent 2 (*das heißt*) c'est à dire 3 *verstärkend* **~ gut!** bon alors!; eh bien alors!; **~ los!** allons!; allez!; **~, so was!** incroyable!; **~ doch!** vous voyez!; **na ~!** voyez!; eh bien! 4 *zusammenfassend* **~ wie gesagt ...** or, comme je viens de le dire ...

alt ADJ 1 *Altersangabe* âgé; **sie ist zwanzig Jahre ~** elle a vingt ans; elle est âgée de vingt ans; **wie ~ sind Sie?** quel âge avez-vous?; quel est votre âge?; **ein vier Jahre ~es Kind** un enfant de quatre ans 2 (*bejahrt*) vieux (❗ Femininform: **vieille**, Maskulinform vor Vokal oder stummem h: **vieil**; alle Formen stehen in dieser Bedeutung immer **vor** dem Substantiv); **Alt und Jung** jeunes et vieux; **~ werden** vieillir; *umg fig* **~ aussehen** *umg* être dans le pétrin 3 (*schon lange bestehend*) vieux; (*vorherig, ehemalig*) ancien (❗ **vieux** und auch **ancien** in dieser Bedeutung stehen immer **vor** dem Substantiv); **ein ~er Bekannter** une vieille connaissance 4 (*vertraut*) **es bleibt alles beim Alten** tout reste comme par le passé; il n'y a rien de changé; **er ist noch ganz der Alte** il est encore, toujours le même; il n'a pas changé 5 (*mit historischem Wert*) ancien (❗ **ancien** steht in dieser Bedeutung immer **nach** dem Substantiv); **das ~e Berlin** le Vieux-Berlin 6 (*nicht mehr frisch*) qui n'est plus frais; *Brot* rassis 7 (*vom letzten Jahr*) de l'année dernière 8 *umg verstärkend* vieux (❗ **vieux** steht in dieser Bedeutung immer **vor** dem Substantiv); **~er Geizkragen** vieil avare

Alt[1] M MUS contralto *m*

Alt[2] N → Altbier

Altar M autel *m* **Altarbild** N retable *m*; tableau *m* d'autel

altbacken ADJ 1 *Brot* rassis 2 *fig pej* vieux jeu (❗ unveränderlich)

Altbau M immeuble ancien; *koll* habitat ancien **Altbausanierung** F rénovation *f* de bâtiments vétustes **Altbauwohnung** F appartement *m* dans un immeuble ancien

altbekannt ADJ connu depuis longtemps **altbewährt** ADJ infaillible; qui a fait ses preuves

Altbier N *variété de bière brune amère* (*de fermentation haute*)

Alte(r) M/F(M) 1 vieux *m*, vieille *f* (*a. umg von Eltern, Ehegatten*); **meine Alten** (*Eltern*) mes vieux 2 *umg* (*Chef*) patron *m*

altehrwürdig *geh* ADJ vénérable **alteingesessen** ADJ *Firma* établi depuis longtemps; *Familie* vieux

Alteisen N ferraille *f*

Altenheim N maison *f* de retraite **Altenpflege** F soins *mpl* aux personnes âgées **Altenpflegeheim** N résidence médicalisée; hospice *m* **Altenpfleger(in)** M(F) infirmier, -ière *m,f* travaillant dans une résidence médicalisée, dans un centre de gérontologie **Altentagesstätte** F établissement hospitalier de jour à caractère gériatrique

Altenteil N part *f* réservataire des parents sur leurs biens immobiliers; *fig* **sich aufs ~ zurückziehen** prendre sa retraite

Altenwohnheim N maison *f* de retraite

Alter N âge *m*; *(Greisenalter)* vieillesse *f*; **hohes ~** grand âge; **im ~** quand on est vieux; **in meinem ~** à mon âge; **er ist in meinem ~** il a mon âge; il est de mon âge; **im ~ von dreißig Jahren** à (l'âge de) trente ans

älter ADJ plus vieux (! Femininform: **plus vieille**, Maskulinform vor Vokal oder stummem h: **plus vieil**); *bei Personen a.* plus âgé; *bei Verwandtschaftsbezeichnungen* aîné; **meine ~e Schwester** ma sœur aînée; **~ werden** vieillir; avancer en âge; **ein ~er Herr** un monsieur d'un certain âge; **dieses Kleid macht dich ~** cette robe te vieillit

altern VI vieillir

alternativ ADJ alternatif; **~e Energien** *fpl* énergies douces; **~e Medizin** médecine douce, parallèle, alternative

Alternative F alternative *f*

altersbedingt ADJT dû à l'âge, au grand âge (de qn) **Altersbeschwerden** FPL troubles *mpl* du vieillissement **Alterserscheinung** F signe *m* de vieillissement **altersgemäß** **A** ADJ approprié à l'âge de qn **B** ADV en fonction de l'âge de qn **Altersgenosse** M personne *f* du même âge **Altersgrenze** F limite *f* d'âge

Altersgründe MPL **aus ~n** pour des raisons d'âge

Altersgruppe F tranche *f* d'âge **Altersheim** N maison *f* de retraite **Altersklasse** F tranche *f* d'âge; SPORT classe *f* d'âge **altersmäßig** **A** ADJ approprié à l'âge de qn **B** ADV **1** *(altersbedingt)* en raison de l'âge, du grand âge de qn **2** *(dem Alter nach)* en ce qui concerne l'âge **Altersrente** F retraite *f*; pension *f* de retraite **altersschwach** ADJ décrépit; *fig hum* délabré **Altersschwäche** F vieillesse *f*; décrépitude *f* **Altersstufe** F → Altersgruppe **Altersteilzeit** F cessation progressive d'activité; C.P.A. *f* **Altersunterschied** M différence *f* d'âge **Altersversicherung** F assurance *f* vieillesse **Altersversorgung** F assurance *f* vieillesse

Altersvorsorge F dispositions *fpl* pour la retraite; *(Altersversicherung)* assurance *f* vieillesse; **private ~** complément *m* de retraite

Altertum **das ~** l'Antiquité *f*

altertümlich ADJ antique; *Wort* archaïque

älteste ADJ le plus vieux (! Femininform: **la plus vieille**, Maskulinform vor Vokal oder stummem h: **le plus vieil**); *bei Personen a.* le plus âgé; *verwandtschaftlich* aîné; **mein ~r Bruder** mon frère aîné

Altflöte F flûte *f* alto

altfranzösisch ADJ ancien, vieux français; **die ~e Literatur** la littérature française du Moyen Âge

Altglas N verre usagé **Altglascontainer** M conteneur *m* à verre

altgriechisch ADJ grec ancien

althergebracht ADJT traditionnel

Altistin F MUS contralto *f*

Altkleidersammlung F collecte *f* de vieux vêtements **altklug** ADJ précoce (et arrogant) **Altlasten** FPL ÖKOL décharges désaffectées **Altmaterial** N matériel usagé; vieux matériel **Altmeister** M vieux maître; chef *m* d'école; SPORT ancien champion **Altmetall** N ferraille *f*; vieux métal **altmodisch** ADJ démodé; *Ansichten a.* périmé **Altöl** N huile usagée, AUTO de vidange **Altpapier** N vieux papiers **Altpapierbehälter** M, **Altpapiercontainer** M conteneur *m* pour vieux papiers **Altpapiersammlung** F collecte *f* des vieux papiers **Altphilologe** M, **Altphilologin** F philologue *m/f* spécialiste des langues anciennes; *Student(in) etwa* étudiant(e) *m(f)* en lettres classiques

altsprachlich ADJ de langues classiques; **~es Gymnasium** lycée *m* classique *(latin, grec et une langue vivante)*

Altstadt F vieille ville; cité *f*

Altstimme F (voix *f* de) contralto *m*

alttestamentarisch ADJ de l'Ancien Testament **altvertraut** ADJ familier; bien connu **Altwarenhändler** M brocanteur *m* **Altweibersommer** M été *m* de la Saint-Martin

Alu *umg* N *umg* alu *m* **Alufolie** F papier *m* (d')alu

Aluminium N aluminium *m* **Aluminiumfolie** F papier *m* d'aluminium

Alzheimer *umg* M, **Alzheimerkrankheit** F maladie *f* d'Alzheimer

am PRÄP **1** *(an dem) räumlich* à; GEOG *bei Flüssen etc* sur; *zeitlich meist bloßer akk*; **Frankfurt ~ Main** Francfort-sur-le-Main; **~ ersten Mai** le premier mai **2** *umg* **er ist (gerade) ~ Schreiben** il est en train d'écrire

Amalgam N amalgame *m* **Amalgamfüllung** F amalgame *m*

am: Datumsangabe

Am 14. Juli 1789 wurde die Bastille von den Aufständischen eingenommen.

Le 14 juillet 1789, la Bastille fut prise par les émeutiers.

Das Datum wird im Französischen mit dem bestimmten Artikel und der Grundzahl angegeben. Ausnahme: Bei **le 1er** wird die Ordnungszahl verwendet.

Am 1. Januar fliege ich nach Kanada.

Le 1er janvier, je prendrai l'avion pour le Canada.

SPRACHGEBRAUCH

Amateur(in) M(F) amateur *m* (! bei **amateur** gibt es nur die Maskulinform) **Amateurfilm** M film *m* d'amateur **amateurhaft** *pej* A ADJ d'amateur B ADV en amateur
Amazonas **der ~** l'Amazone *f*
Amazone F amazone *f*
Ambiente *geh* N ambiance *f*
Ambition F ambition *f* (**auf** [+ *akk*] pour)
ambitioniert ADJ ambitieux
ambivalent ADJ ambivalent **Ambivalenz** F ambivalence *f*
Amboss M enclume *f*
ambulant A ADJ 1 *Behandlung* ambulatoire; *Patient* non hospitalisé 2 *Gewerbe, Händler* ambulant B ADV **j-n ~ behandeln** donner des soins ambulatoires à qn
Ambulanz F 1 (*Krankenwagen*) ambulance *f* 2 (*Behandlungsstelle in Kliniken*) consultations *fpl* externes (d'un hôpital)
Ameise F fourmi *f*
Ameisenbär M fourmilier *m* **Ameisenhaufen** M fourmilière *f* **Ameisensäure** F acide *m* formique
amen ADV ainsi soit-il; amen
Amerika N l'Amérique *f*
Amerikaner(in) M(F) Américain(e) *m(f)* **amerikanisch** ADJ américain
Amethyst M améthyste *f*
Ami *umg* M *umg* Amerlo(que) *m*
Aminosäure F acide aminé
Ammann M *schweiz e-r Gemeinde* maire *m*
Amme F nourrice *f*
Ammenmärchen N *meist pej* conte *m* de bonne(s) femme(s)
Ammoniak N ammoniac *m*
Amnesie F MED amnésie *f*
Amnestie F amnistie *f* **amnestieren** V/T amnistier
Amöbe F amibe *f*
Amok M **~ laufen** avoir un accès de folie meurtrière
Amokfahrer(in) M(F) conducteur, -trice fou (folle) **Amokfahrt** F course folle **Amoklauf** M course folle **Amokläufer(in)** M(F) fou furieux *m*, folle furieuse *f*; forcené(e) *m(f)* **Amokschütze** M tireur fou
a-Moll N la *m* mineur
Amor M MYTH Amour *m*; Cupidon *m*
amorph ADJ amorphe
Amortisation F amortissement *m*
amortisieren V/T (*u.* V/R) (**sich ~** s')amortir
amourös ADJ galant
Ampel F feux *mpl* (de signalisation); **die ~ wird grün** le feu passe au vert
Ampelkreuzung F croisement *m* avec feux
Ampere N ampère *m* **Amperemeter** N ampèremètre *m*
Amphibie F amphibie *m* (! maskulin); *pl* **~n** amphibiens *mpl*
Amphibienfahrzeug N véhicule *m* amphibie **amphibisch** ADJ amphibie
Amphitheater N amphithéâtre *m*
Ampulle F ampoule *f*
Amputation F amputation *f*
amputieren V/T amputer
Amsel F merle *m*
Amt N 1 (*Dienststelle*) service *m*; administration *f*; bureau *m* (*a. Raum*); **von ~s wegen** d'office 2 *Tätigkeit* fonction(s) *f(pl)*; charge *f*; (*Posten*) poste *m*; *fig* (*Aufgabe*) tâche *f*; **im ~ sein** être en fonction, exercice 3 TEL central *m* (téléphonique)
amtieren V/I être en fonction; **~ als** exercer les fonctions de; *stellvertretend* faire fonction de
amtlich ADJ officiel; *umg fig* **das ist ~** c'est sûr et certain
Amtmann M fonctionnaire *m* appartenant à la catégorie A de la fonction publique
Amtsantritt M entrée *f* en fonction **Amtsarzt** M, **Amtsärztin** F médecin *m* de la santé publique, du service de santé **Amtsblatt** N Journal officiel **Amtsdeutsch** N *pej* jargon administratif allemand **Amtseid** M serment *m* professionnel **Amtseinführung** F installation *f* dans ses fonctions; investiture *f* **Amtsenthebung** F destitution *f*; révocation *f* **Amtsgeheimnis** N secret professionnel (dans la fonction publique) **Amtsgericht** N tribunal *m* d'instance **Amtsgeschäfte** PL fonctions officielles **Amtshandlung** F acte administratif **Amtsinhaber** M titulaire *m* d'une fonction, d'une charge **Amtsleitung** F TEL ligne principale **Amtsmissbrauch** M abus *m*, excès *m* de pouvoir **amtsmüde** ADJ usé par le pouvoir **Amtsperiode**

F durée f d'un mandat **Amtsrichter(in)** M(F) juge m auprès d'un tribunal d'instance **Amtsschimmel** *umg pej* M bureaucratie f; chinoiseries administratives **Amtssprache** F 1 *e-s Landes* langue officielle 2 *(Amtsdeutsch)* jargon administratif **Amtsvorgänger(in)** M(F) prédécesseur m **Amtsvorsteher** M chef m de service **Amtszeichen** N TEL tonalité f **Amtszeit** F durée f d'un mandat

Amulett N amulette f (! feminin)

amüsant ADJ amusant; drôle

amüsieren A VT amuser B VR **sich ~** s'amuser; **sich mit j-m, etw ~** s'amuser avec qn, qc; **sich über j-n, etw ~** se moquer de qn, qc

an A PRÄP *Lage, Richtung* 1 *räumlich* à; GEOG *bei Flüssen* sur; **nahe ~** près, proche de; **~ der Ecke** au coin; **~ der Küste** sur la côte; **Frankfurt ~ der Oder** Francfort-sur-l'Oder; **~ der Elbe** sur le bord de l'Elbe; **~ der Straße nach X** sur la route de X; **~ erster Stelle** en premier lieu; **~ die Arbeit!** au travail! 2 *zeitlich* à; *oft bloßer akk;* **~ e-m Sonntagmorgen** un dimanche matin B ADV 1 *auf Fahrplänen* **Berlin ~ …** arrivée Berlin à … 2 *umg vor Maß-, Mengenangaben* **~ die** presque; à peu près; environ 3 **~ sein** *Licht, Radio* être allumé; *Maschine* être en marche 4 *(bekleidet)* **mit wenig ~** habillé légèrement; **ohne etw, mit nichts ~** (tout) nu

Anabolikum N anabolisant m

Anachronismus M anachronisme m **anachronistisch** ADJ anachronique

anal A ADJ anal B ADV *untersuchen* par l'anus

Analgetikum N MED analgésique m

analog A ADJ analogue (**zu** à); IT, TECH analogique B ADV par analogie (**zu** avec); IT, TECH analogiquement

Analogie F analogie f; **in ~ zu** par analogie avec

Analogrechner M calculateur m analogique **Analoguhr** F montre f analogique

Analphabet M illettré m; analphabète m **Analphabetentum** N analphabétisme m

Analverkehr M sodomie f

Analyse F analyse f

analysieren VT analyser

Analytiker(in) M(F) analyste m/f **analytisch** ADJ analytique

Anämie F anémie f

Anamnese F MED anamnèse f

Ananas F ananas m

Anarchie F anarchie f

Anarchismus M anarchisme m **Anarchist(in)** M(F) anarchiste m/f **anarchistisch** ADJ anarchiste

Anästhesie F anesthésie f

Anatomie F anatomie f

anatomisch ADJ anatomique

anbaggern *umg* VT *umg* draguer

anbahnen A VT préparer (la voie à) B VR **sich ~** s'ébaucher

anbändeln VI *umg* **mit j-m ~** flirter avec qn

Anbau M 1 AGR culture f 2 BAU *(Anbauen)* agrandissement m; *Gebäude* annexe f

anbauen A VT 1 AGR cultiver 2 BAU ajouter (**an** [+ *akk*] à) B VI BAU s'agrandir

Anbaufläche F surface f, superficie f cultivable, arable **Anbaugebiet** N région f, zone f de culture **Anbauküche** F cuisine f à partir d'éléments combinables **Anbaumöbel** NPL meubles *mpl*, éléments *mpl* modulables **Anbauschrank** M armoire f à éléments combinables

Anbeginn *geh* M commencement m; début m; origine f

anbehalten VT garder; ne pas enlever

anbei ADV ci-joint; ci-inclus

anbeißen A VT mordre dans; entamer; *umg fig* **zum Anbeißen sein** *umg* être (mignon, joli) à croquer B VI 1 *Fisch* mordre (à l'hameçon) 2 *fig* mordre à l'hameçon; *umg hum* **bei ihm hat noch keine angebissen** *umg* il n'a pas encore fait de touche

anbekommen VT 1 *Kleidung* arriver à mettre 2 *Feuer, Kerze* arriver à allumer 3 *Motor, Maschine* arriver à mettre en marche

anbelangen VT **was mich anbelangt, (so) …** en ce qui me concerne *od* quant à moi, je …

anbellen VT aboyer après

anberaumen VT fixer

anbeten VT REL, *fig* adorer

Anbetracht M **in ~ e-r Sache** *(gen)* en considération de, en raison de qc; **in ~ der Tatsache** *od* **dessen, dass …** attendu, vu, étant donné que …

anbetteln VT **j-n (um etw) ~** mendier (qc) auprès de qn

Anbetung F adoration f

anbezahlen VT **etw ~** payer un acompte sur qc

anbiedern VR *pej* **sich bei j-m ~** vouloir se faire bien voir de qn; *umg* faire de la lèche à qn

anbieten A VT **(j-m) etw ~** offrir qc (à qn); *(vorschlagen)* proposer qc (à qn) B VR **sich ~** se proposer (**etw zu tun** de faire qc); *fig Möglichkeit* se présenter; *Erklärung* s'imposer

Anbieter M fournisseur m

anbinden VT attacher (**an** [+ *dat ou akk*] à); *Boot a.* amarrer (à) **Anbindung** F *e-r Region* rattachement m, liaison f (**an** [+ *akk*] à)

anblasen VT 1 *Feuer, Glut* attiser; *Hochofen* mettre à feu; allumer 2 MUS *Instrument* souffler

dans; *Ton* jouer **3** **j-n (mit etw) ~** souffler (qc) dans la direction de qn
Anblick M **1** vue *f*; **beim ~ von** à la vue de **2** *(Bild)* spectacle *m*
anblicken V/T regarder
anblinzeln V/T regarder en clignant des yeux
anbohren V/T (commencer à) percer
anbraten V/T faire revenir
anbrechen **A** V/T *Vorräte* entamer **B** *geh* V/I *Epoche* commencer; *Tag* se lever; poindre; *Nacht* tomber
anbrennen **A** V/T allumer **B** V/I *Essen* brûler; *Milch, Brei* attacher
anbringen V/T **1** *umg (herbeibringen)* (r)apporter; *bes Person, Tier* (r)amener **2** *(befestigen)* mettre; placer; poser **3** *fig Bemerkung, Kinnhaken* placer
Anbruch *geh* M *des Tages* lever *m*; *der Nacht* tombée *f*; *e-r Epoche* commencement *m*; **bei ~ der Dunkelheit** à la tombée de la nuit
anbrüllen V/T *umg* **j-n ~** *umg* engueuler qn
Anchovis F anchois *m*
Andacht F **1** REL *innere* dévotion *f*; piété *f*; *(Gebete)* prières *fpl* **2** *fig* recueillement *m*
andächtig **A** ADJ recueilli **B** ADV avec recueillement
Andalusien N l'Andalousie *f*
andauern V/I continuer; persister
andauernd **A** ADJ continuel; permanent **B** ADV continuellement; en permanence
Andenken N *(Erinnerung), Gegenstand* souvenir *m*; *an e-n Verstorbenen a.* mémoire *f*; **als ~** en souvenir; **zum ~ an** (+ *akk*) en souvenir de
andere, anderer, anderes INDEF PR **A** ADJT autre **B** SUBST **ein ~r, e-e ~** un(e) autre; *pl* **~** d'autres; **die ander(e)n** les autres; **einer nach dem ander(e)n** l'un après l'autre; à tour de rôle; **er ist ein ~r geworden** il a changé; **etwas ~s** autre chose; **er ist alles ~ als …** il est loin d'être …; **… und ~s mehr** … et (d')autres choses encore; … et ainsi de suite; **alles ~** tout le reste; **(immer) eins nach dem ander(e)n** pas tout à la fois; **er macht e-n Fehler nach dem ander(e)n** il fait faute sur faute, une faute après l'autre; **eine war hübscher als die ~** elles étaient plus jolies les unes que les autres; **da müssen schon ~ kommen!** si tu crois que tu m'impressionnes!
anderenfalls ADV sinon; autrement
andererseits ADV d'autre part
andermal ADV **ein ~** une autre fois
ändern **A** V/T changer; modifier; *Kleidung* retoucher; **etw an e-r Sache** *(dat)* **~** changer qc à qc **B** V/R **sich ~** changer (**!** ohne **se**; **se changer** bedeutet „sich umziehen")
andernfalls → anderenfalls
anders ADV u. ADJ *(verschieden)* autrement (**als** que); différemment (de); **~ aussehen als** ne pas ressembler à; **~ geartet, lautend** → andersgeartet, anderslautend; **er ist ~ als s-e Kameraden** il est différent de ses camarades; **das muss ~ werden** cela doit changer; **ich konnte nicht ~** je ne pouvais pas faire autrement; **irgendwo ~** ailleurs; autre part; **nirgendwo ~** nulle part
andersartig ADJ différent **Andersdenkende(r)** M/F(M) personne *f* qui pense autrement; POL *a.* dissident(e) *m(f)* **andersgeartet** ADJ différent **andersgläubig** ADJ qui a d'autres convictions religieuses **Andersgläubige(r)** M/F(M) personne *f* qui a d'autres convictions religieuses **andersherum** ADV dans l'autre sens **anderslautend** ADJT autre; différent; *(widersprüchlich)* contradictoire **anderswie** *umg* ADV autrement; d'une autre façon, manière **anderswo** *umg* ADV ailleurs; autre part **anderswoher** *umg* ADV (provenant) d'ailleurs, d'un autre lieu **anderswohin** *umg* ADV ailleurs; autre part
anderthalb NUM un et demi; **~ Stunden** une heure et demie
Änderung F changement *m*, modification *f* (**an** [+ *dat*] à)
Änderungsantrag M POL amendement *m*
Änderungsschneider(in) M(F) retoucheur, -euse *m,f* en confection **Änderungsschneiderei** F retoucheur, -euse *m,f* en confection; *auf Schildern* retouches *fpl* **Änderungsvorschlag** M proposition *f* de modification, de changement **Änderungswunsch** M demande *f* de modification
anderweitig **A** ADJ autre; **~e Verpflichtungen** *fpl* d'autres obligations **B** ADV ailleurs; autre part; *verwenden* pour autre chose; *(an j-d anderen)* à qn d'autre
andeuten **A** V/T **1** *(zu verstehen geben)* indiquer (vaguement, à demi-mot); *(ahnen lassen)* laisser entendre; laisser, faire comprendre **2** *zeichnerisch* esquisser **B** V/R **sich ~** s'annoncer
Andeutung F (vague) indication *f*; *(Anspielung)* allusion *f*; *fig e-s Lächelns etc* esquisse *f*; ébauche *f*; **~en machen** laisser, faire comprendre qc
andeutungsweise ADV vaguement; *mit Worten* à demi-mot
andichten V/T **j-m etw ~** attribuer, imputer (faussement, à tort) qc à qn
andocken V/I *Raumfahrzeug* s'arrimer
Andorra N l'Andorre *f*
Andrang M affluence *f*
andre, andrer, andres → andere
andrehen V/T **1** *Radio, Heizung* mettre; allumer; *Gas* ouvrir **2** *umg* **j-m etw ~** *umg* refiler qc à qn
andrerseits → andererseits

androhen VT **j-m etw ~** menacer qn de qc
Androhung F menace *f*
andrücken VT presser, appuyer (**an** [+ *akk*] sur, contre)
anecken VI *umg fig* **(bei j-m) ~** se faire mal voir (par qn)
aneignen VR **sich** (*dat*) **etw ~** 1 *Kenntnisse* assimiler qc; *Gewohnheiten, Bildung* acquérir qc 2 *fremdes Eigentum* s'approprier qc
Aneignung F 1 assimilation *f*; acquisition *f* 2 appropriation *f*
aneinander ADV l'un(e) à l'autre *bzw.* les un(e)s aux autres; **~ vorbeigehen** passer l'un à côté de l'autre; → aneinanderbinden, aneinanderfügen, aneinandergeraten *etc*
aneinanderbinden VT attacher bout à bout, l'un à l'autre **aneinanderfügen** VT joindre **aneinandergeraten** VI se disputer (**mit** avec); *handgreiflich* en venir aux mains (avec) **aneinandergrenzen** VI se toucher; être contigu **aneinanderlegen** VT mettre l'un à côté de l'autre
aneinanderreihen A VT mettre l'un à côté de l'autre B VR **sich ~** *zeitlich* se suivre; *räumlich* être aligné
Aneinanderreihung F *von Fakten* suite *f*; succession *f*; *von Gegenständen* alignement *m*; rangée *f*; *von Gedanken* enchaînement *m*
aneinanderschmiegen VR **sich ~** se blottir, se pelotonner l'un contre l'autre **aneinanderstoßen** VI s'entrechoquer; (*aneinandergrenzen*) se toucher
Anekdote F anecdote *f* **anekdotenhaft** ADJ anecdotique
anekeln VT **j-n ~** dégoûter, écœurer qn
Anemone F BOT anémone *f*
anerkannt ADJT reconnu
anerkennen VT reconnaître (*a.* JUR, POL); *Regeln* accepter; *Leistung* apprécier; *Rekord* homologuer; **ein paar ~de Worte sprechen** dire quelques mots d'appréciation
anerkennenswert ADJ louable
Anerkennung F reconnaissance *f* (*a.* JUR, POL); (*Wertschätzung*) appréciation *f*; *e-s Rekords* homologation *f*; (*Zustimmung*) acceptation *f*
anerziehen VT **j-m etw ~** inculquer qc à qn
anfachen *geh* VT 1 **Feuer ~** souffler sur le feu 2 *fig Eifer, Ehrgeiz* exciter; *Leidenschaft* attiser
anfahren A VT 1 (*hertransportieren*) amener; transporter 2 *Fußgänger* accrocher; °heurter 3 *umg fig* **j-n (grob) ~** *umg* enguirlander, engueuler qn 4 (*ansteuern*) se diriger vers; *Schiff* mettre le cap sur B VI 1 *Zug, Auto* se mettre en marche; démarrer 2 **angefahren kommen** arriver, approcher (en voiture, *etc*)
Anfahrt F 1 *zur Arbeit* trajet *m* 2 (*Zufahrt*) (voie *f* d')accès *m*
Anfall M *von Fieber, Husten* accès *m*; (*Asthmaanfall, Herzanfall, Tobsuchtsanfall*) crise *f*
anfallen A VT attaquer B VI *Arbeiten, Kosten* se présenter (**für** à); *Produkte* être produit
anfällig ADJ de santé fragile, délicate; **für etw ~ sein** être sujet à qc
Anfälligkeit F fragilité *f*; réceptivité *f* (**für** à)
Anfang M début *m*; commencement *m*; **von ~ an** dès le début; dès le commencement; **am** *od* **zu ~** au commencement; au début; **~ Mai** début mai; **er ist ~ sechzig** il a une petite soixantaine; **(mit etw) den ~ machen** commencer (par qc)
anfangen VT *u.* VI 1 (*beginnen*) commencer (**zu** à; **mit** par, avec); **~ zu** (+ *inf*) *a.* se mettre à (+ *inf*); **er fängt immer wieder davon an** il recommence toujours à en parler; **bei e-m Unternehmen ~** commencer à travailler dans *bzw.* pour une entreprise 2 (*zustande bringen*) faire; **etw falsch, richtig ~** s'y prendre mal, bien
Anfänger(in) M(F) débutant(e) *m(f)* (*a. pej*) **Anfängerkurs** M cours *m(pl)* pour débutants
anfangs ADV au début; d'abord
Anfangsbuchstabe M première lettre; *als Monogramm* initiale *f*; **mit großem, kleinem ~n** avec (une) majuscule, minuscule
Anfangsgehalt N salaire *m* d'embauche **Anfangsphase** F phase initiale **Anfangsschwierigkeiten** FPL difficultés *fpl* du début **Anfangsstadium** N stade initial; première phase **Anfangszeit** F 1 (*erste Zeit*) premiers temps 2 *im Kino* heure *f* de la séance, *im Theater* de la matinée *bzw.* soirée
anfassen A VT 1 (*berühren*) toucher 2 (*nehmen, halten*) prendre 3 *fig* (*behandeln*) **j-n hart, zart ~** traiter qn durement *od* avec dureté, avec douceur 4 *fig* (*angehen*) *Problem, Arbeit* aborder B VI **mit ~** (*helfen*) donner un coup de main
anfauchen VT 1 *Katze* **j-n ~** feuler après qn 2 *fig Person* rembarrer
anfechtbar ADJ contestable; attaquable
anfechten VT 1 JUR attaquer (en justice); contester (la validité de) 2 *geh* (*beunruhigen*) inquiéter **Anfechtung** F 1 JUR contestation *f* (de la validité) 2 *geh* (*Versuchung*) tentation *f*
anfeinden VT attaquer; manifester de l'hostilité à **Anfeindung** F attaque *f*; hostilité *f*
anfertigen VT faire; confectionner **Anfertigung** F exécution *f*; confection *f*
anfeuchten VT humecter
anfeuern VT 1 *Ofen, Kessel* allumer; faire du feu dans 2 *fig* SPORT encourager
Anfeuerungsruf M cri *m* d'encouragement
anflehen VT implorer; supplier; **j-n um etw ~** implorer qc de qn

anfliegen **A** VT *Flughafen* approcher de; voler sur; *zur Zwischenlandung* faire escale à **B** VI **angeflogen kommen** arriver

Anflug M **1** FLUG approche *f* **2** *fig* **ein ~ von Spott** une légère moquerie; **ein ~ von Traurigkeit** une légère tristesse; une ombre de tristesse; **mit e-m ~ von Ironie** avec une pointe d'ironie

anfordern VT *Hilfe, Arbeitskräfte* demander; *Ersatzteile* commander; *Notarzt* faire venir

Anforderung F **1** *(Bestellung)* commande *f*; *von Arbeitskräften, Hilfe* demande *f* **2** *(Anspruch)* exigence *f*; **hohe ~en an j-n, etw stellen** exiger beaucoup de qn, qc; demander beaucoup à qn, qc

Anfrage F demande *f*; PARLAMENT interpellation *f*

anfragen VI **(bei j-m wegen etw) ~** demander (qc à qn)

anfressen VT **1** *(annagen)* (commencer à) manger; s'attaquer à **2** *(zersetzen)* ronger

anfreunden VR **sich (mit j-m) ~** se lier d'amitié (avec qn); *fig* **sich mit etw ~** se faire à qc; se familiariser avec qc

anfrieren VI **an etw** *(dat)* **~** s'attacher à qc par le gel

anfügen VT ajouter; joindre

anfühlen VR **sich hart ~** être dur au toucher; **sich wie Wolle ~** avoir le toucher de la laine

anführen VT **1** *Mannschaft etc* conduire **2** *Beispiele, Textstellen* citer *(a. Zeugen)*; donner *(a. Gründe)* **3** *umg (an der Nase herumführen)* **j-n ~** *umg* posséder qn; *umg* rouler qn; *umg* avoir qn

Anführer(in) M(F) chef *m*; *bes* POL meneur, -euse *m,f (a. pej)*

Anführung F *von Beispielen* citation *f*; *von Gründen* énumération *f*

Anführungsstriche MPL, **Anführungszeichen** NPL guillemets *mpl*; **etw in Anführungsstriche, Anführungszeichen setzen** mettre qc entre guillemets; *beim Diktieren* **Anführungsstriche, Anführungszeichen unten, oben** ouvrez, fermez les guillemets

anfüllen VT remplir (**mit** de)

Angabe F **1** *(Aussage)* indication *f*; *statistisch* donnée *f*; *(Auskunft)* renseignement *m*; information *f* **2** SPORT service *m* **3** *(Prahlerei)* vantardise *f*; crânerie *f*

angaffen VT regarder bouche bée

angeben **A** VT **1** *(nennen)* indiquer; *Adresse a.* donner; *Waren beim Zoll* déclarer **2** *Tempo, Ton* donner **B** VI **1** SPORT servir **2** *(prahlen)* se vanter (**mit** de); crâner

Angeber(in) M(F) crâneur, -euse *m,f*; vantard(e) *m(f)*; fanfaron, -onne *m,f*

Angeberei F crânerie *f*; vantardise *f*; *umg* esbroufe *f*

angeberisch ADJ crâneur; vantard; fanfaron

angeblich **A** ADJ prétendu; soi-disant (❗ unveränderlich, steht immer **vor** dem Substantiv) **B** ADV soi-disant; paraît-il

angeboren ADJT *Krankheit* congénital; *Eigenschaft* inné; naturel

Angebot N **1** offre *f (a.* HANDEL*)*; **~ und Nachfrage** l'offre et la demande **2** *(Sonderangebot)* promotion *f*; **im ~ sein** être en promotion

angebracht ADJT opportun; indiqué; convenable; **ich halte es für ~ zu** *(+ inf)* je crois qu'il conviendrait de *(+ inf)*

angebrannt ADJT brûlé; **es riecht ~** cela sent le brûlé

angedeihen VI *geh* **j-m etw ~ lassen** faire bénéficier qn de qc

angefault ADJT *Holz* qui a commencé à pourrir; *Obst* abîmé

angegossen ADJT *Kleidung* **wie ~ sitzen** *od* **passen** aller comme un gant

angegriffen ADJT fatigué; *Gesundheit* affaibli; compromis

angehaucht ADJT **rot ~e Wangen** des joues légèrement colorées; *umg* **er ist marxistisch ~** il est un peu marxiste sur les bords

angeheiratet ADJT *Verwandtschaft* par alliance

angeheitert ADJT gai; gris; *umg* éméché

angehen **A** VT **1** *Gegner, Hindernis* attaquer; *fig* s'attaquer à **2** **j-n um etw ~** s'adresser à qn pour avoir qc; demander qc à qn **3** *(betreffen)* concerner; regarder; **was mich angeht ...** quant à moi ...; **das geht dich nichts an** cela ne te regarde pas; ce n'est pas ton affaire **B** VI **1** **gegen etw, j-n ~** s'attaquer à qc, qn *(a. fig)* **2** *umg (beginnen)* commencer **3** *Licht, Radio, Fernseher, Heizung* s'allumer; *Feuer* prendre; *Motor, Maschine* se mettre en marche **4** *(vertretbar sein)* être admissible, acceptable

angehend ADJT futur

angehören VI **e-r Sache** *(dat)* **~** faire partie de qc

angehörig ADJ **e-r Sache** *(dat)* **~** membre de qc

Angehörige(r) M/F(M) **1** *(Familienangehörige)* (proche) parent(e) *m(f)*; *pl meist* famille *f*; **meine Angehörigen** les miens; ma famille; mes proches **2** *(Mitglied)* membre *m*

Angeklagte(r) M/F(M) accusé(e) *m(f)*; *im Strafprozess a.* prévenu(e) *m(f)*

angeknackst *umg* ADJT *Knochen, Arm, Bein, Stuhlbein* fêlé; *Freundschaft etc* qui a pris un coup; *Selbstbewusstsein* affaibli; diminué

Angel F **1** *zum Fischfang* canne *f* à pêche; gaule *f*; **die ~ auswerfen** lancer la ligne **2** *e-r Tür* gond *m*; *fig* **die Welt aus den ~n heben** bou-

leverser le monde
Angelegenheit F affaire *f*
Angelhaken M hameçon *m*
angeln **A** V/T *u.* V/I **1** pêcher (à la ligne); **~ gehen** aller pêcher; **Angeln verboten!** pêche interdite! **2** *umg fig* **nach etw ~** chercher à attraper qc **B** V/R **sich** (*dat*) **e-n reichen Mann ~** se trouver un mari riche
Angelpunkt M *e-s Problems etc* pivot *m*; clé *f* de voûte **Angelrute** F canne *f* à pêche; gaule *f*
Angelsachse M Anglo-Saxon *m* **angelsächsisch** ADJ anglo-saxon
Angelschein M permis *m* de pêche **Angelschnur** F ligne *f* **Angelsport** M pêche *f* à la ligne
angemessen ADJT convenable; *Preis a.* raisonnable; *Strafe* équitable; juste
angenehm ADJ agréable; **~e Ruhe!** repose-toi *bzw.* reposez-vous bien!; *beim Vorstellen* **(sehr) ~!** enchanté!
angenommen PPERF → annehmen
angepasst ADJT conforme; conformiste **Angepasstheit** F conformisme *m*
angeregt **A** ADJT *Gespräch* animé **B** ADVL **sich ~ unterhalten** avoir une conversation animée
angesagt *umg* ADJT **~ sein** (*in Mode sein*) être à la mode; être en vogue; (*auf dem Programm stehen*) être prévu
angeschlagen ADJT *fig Gegner* touché; *gesundheitlich, seelisch* ébranlé; secoué
Angeschuldigte(r) M/F(M) JUR inculpé(e) *m(f)*; prévenu(e) *m(f)*
angesehen ADJT estimé; considéré
Angesicht *geh* N visage *m*; figure *f*; face *f*; **von ~ zu ~** face à face; **im ~ des Todes** *etc* face à la mort, *etc*
angesichts PRÄP **1** en vue, présence de; face à **2** *fig* vu; étant donné
angespannt ADJT *Lage* tendu; *Arbeit* assidu; intense
angestammt ADJT *Recht, Macht* héréditaire; *Rolle, Platz* habituel
angestellt ADJT **fest ~ sein** avoir un emploi fixe; **bei der Stadt, bei e-r Firma ~ sein** être employé à *od* de la ville, dans une société
Angestellte(r) M/F(M) employé(e) *m(f)*

▶ Angestellter = employé

Wird anders geschrieben als englisch „employee".

FEHLERQUELLEN

Angestelltenverhältnis N **im ~ stehen** être employé(e) (*ni fonctionnaire ni ouvrier*)
angestrengt **A** ADJT *Arbeit* assidu; intense **B** ADVL *arbeiten, nachdenken* intensément
angetan **A** PPERF → antun **B** ADJT **von j-m, e-r Sache (sehr) ~ sein** être conquis, séduit, charmé par qn, qc
angetrunken ADJT légèrement ivre
angewandt ADJT appliqué
angewiesen ADJT **auf j-n, etw ~ sein** dépendre de qn, qc; **aufeinander ~ sein** dépendre l'un de l'autre
angewöhnen **A** V/T **j-m etw ~** habituer, accoutumer qn à qc **B** V/R **sich** (*dat*) **etw ~** *od* **(es) sich** (*dat*) **~, etw zu tun** prendre l'habitude de faire qc
Angewohnheit F habitude *f*; coutume *f*
angewurzelt ADJT **wie ~ dastehen** être cloué, figé sur place
Angina F angine *f*
angleichen V/T r(é)ajuster, adapter (**an** [+ *akk*] à) **Angleichung** F *der Löhne etc* r(é)ajustement *m*, adaptation *f* (**an** [+ *akk*] à)
Angler(in) M(F) pêcheur, -euse *m,f* (à la ligne)
angliedern V/T rattacher, joindre (**an** [+ *akk*] à) **Angliederung** F rattachement *m* (**an** [+ *akk*] à)
Anglist(in) M(F) *Student(in)* étudiant(e) *m(f)* d'anglais; *Wissenschaftler(in)* angliciste *m/f*
Anglistik F (études *fpl* de) langue *f*, (de) littérature *f* et (de) civilisation *f* anglaises
Anglizismus M LING anglicisme *m*
anglotzen *umg* V/T **j-n, etw ~** regarder qn, qc bouche bée, avec des yeux ronds
Angola N l'Angola *m*
Angorakatze F chat *m* angora **Angorawolle** F (laine *f*) angora *m*
angreifbar ADJ attaquable (*a. fig*)
angreifen V/T **1** *Gegner*, SPORT attaquer; *mit Gewalt* agresser **2** *fig Material* attaquer; *Nerven* fatiguer; *Gesundheit* ébranler **3** *Vorräte* entamer; *umg* attaquer; *Ersparnisse a.* écorner **4** *österr* (*anfassen*) toucher; (*nehmen*) prendre
Angreifer(in) M(F) agresseur *m*; attaquant(e) *m(f)*; assaillant(e) *m(f)*
angrenzen V/I **an etw** (*akk*) **~** toucher (à) qc; avoisiner qc
angrenzend ADJT avoisinant; voisin; *Länder, Gemeinden a.* limitrophe; *Grundstücke a.* attenant; contigu
Angriff M SPORT, MIL, *fig* attaque *f* (**auf** [+ *akk*], **gegen** contre); **etw in ~ nehmen** commencer qc; se mettre à qc
Angriffsfläche F **1** surface *f* de prise **2** *fig* prise *f*; **dem Gegner keine ~ bieten** ne donner aucune prise à son adversaire
Angriffslust F agressivité *f* **angriffslustig** ADJ agressif **Angriffsspiel** N SPORT jeu offensif **Angriffsspieler(in)** M(F) SPORT attaquant(e) *m(f)*; (*Stürmer[in]*) avant *m/f* **Angriffs-**

waffe F arme offensive
angrinsen *umg* V/T **j-n ~** ricaner au nez de qn; regarder qn en ricanant
angst ADJ/T **mir ist ~ (und bange)** j'ai peur; **mir wird ~ (und bange)** je commence à avoir peur
Angst F peur *f* (**vor** [+ *dat*] de); (*Angstgefühl*) angoisse *f*; anxiété *f*; **schreckliche ~** peur bleue; **(vor etw, j-m) ~ haben** avoir peur (de qc, qn); **davor habe ich keine ~** cela ne me fait pas peur; **j-m ~ machen** faire peur à qn; **keine ~, das schaffen wir schon!** n'aie *bzw.* n'ayez pas peur, nous y arriverons!; **~ bekommen** *od umg* **kriegen** prendre peur; **um j-n ~ haben** avoir peur pour qn
Angstgegner M SPORT *umg* bête *f* noire
Angsthase *umg* M *umg* froussard *m*; poule mouillée
ängstigen **A** V/T faire peur à **B** V/R **sich (um j-n) ~** avoir peur (pour qn)
ängstlich ADJ (*scheu*) craintif; (*feige*) peureux; (*ängstlich besorgt*) anxieux **Ängstlichkeit** F (*Scheuheit*) caractère craintif; (*Besorgnis*) peur *f*
Angstschweiß M sueur *f* d'angoisse
angstvoll **A** ADJ angoissé **B** ADV **j-n ~ anblicken** regarder qn d'un air angoissé
Angstzustand M état anxieux; angoisse(s) *f(pl)*; **Angstzustände haben, bekommen** avoir des angoisses
angucken *umg* V/T regarder
angurten **A** V/T **j-n ~** attacher la ceinture à qn **B** V/R **sich ~** attacher sa ceinture
anhaben V/T **1** *umg Kleidung* porter; avoir mis **2** **j-m, e-r Sache nichts ~ können** ne pouvoir rien faire à qn, qc
anhalten **A** V/T **1** (faire) arrêter; *Auto a.* stopper **2** **den Atem ~** *a. fig* retenir son souffle, sa respiration **3** **j-n zu etw ~** apprendre à qn (à faire) qc **B** V/I **1** (*stehen bleiben*) s'arrêter; stopper **2** (*andauern*) durer; continuer; persister
anhaltend ADJ/T continuel
Anhalter(in) M(F) auto-stoppeur, -euse *m,f*; *umg* stoppeur, -euse *m,f*; **per Anhalter fahren** faire de l'auto-stop, *umg* du stop
Anhaltspunkt M point *m* de repère (**für** pour); indice *m* (pour)
anhand PRÄP, ADV **~ von** au moyen de; en s'appuyant sur
Anhang M **1** *e-s Buches etc* appendice *m* **2** (*Anhängerschaft*) partisans *mpl*; adhérents *mpl* **3** (*Verwandtschaft*) famille *f*
anhängen **A** V/T **1** *Schild* suspendre (**an** [+ *akk*] à); (*ankuppeln*) accrocher, atteler (**an** [+ *akk*] à) **2** *fig* (*anfügen*) ajouter (**an** [+ *akk*] à) **3** *umg fig* **j-m etw ~** *umg* mettre qc sur le dos de qn **B** V/R *fig* **sich an j-n ~** suivre qn; s'attacher aux pas de qn

Anhänger — la remorque

Anhänger — le pendentif

Anhänger M **1** (*Autoanhänger*) remorque *f* **2** *Schmuckstück* pendentif *m* **3** (*Kofferanhänger*) étiquette *f* mobile; porte-adresse *m*
Anhänger(in) M(F) *e-r Partei* partisan(e) *m(f)*; adhérent(e) *m(f)*; SPORT, POL supporter *m*
Anhängerkupplung F AUTO attelage *m* de remorque **Anhängerschaft** F partisans *mpl*; adhérents *mpl*
anhängig ADJ JUR *Verfahren* en instance **anhänglich** ADJ affectueux **Anhänglichkeit** F attachement *m* (**an** [+ *akk*] pour); affection *f* (pour)
Anhängsel N (*Überflüssiges*) **ein ~ sein** n'être qu'accessoire
anhauchen V/T faire de la buée sur
anhauen *umg* V/T accoster; racoler; **j-n um zwanzig Euro ~** accoster qn pour lui demander vingt euros
anhäufen V/T (*u.* V/R **sich ~**) s')amasser; (s')accumuler; (s')entasser **Anhäufung** F amassement *m*; accumulation *f*; entassement *m*
anheben V/T **1** *Schrank etc* soulever (un peu) **2** *Gehälter, Preise* relever
anheften V/T **etw an etw** (*akk*) **~** attacher qc à qc; fixer qc sur, à qc; *mit Heftklammern* agrafer qc à qc
anheimelnd ADJ accueillant; douillet
anheizen V/T **1** *Ofen* allumer **2** *umg fig Stimmung* chauffer
anheuern V/T SCHIFF enrôler; engager (*a. fig*)
Anhieb M **auf ~** du premier coup
anhimmeln *umg* V/T adorer; porter aux nues
Anhöhe F éminence *f*; °hauteur *f*; élévation *f* (de terrain); colline *f*
anhören **A** V/T écouter; *Zeugen* entendre **B** V/R **1** **sich** (*dat*) **etw ~** écouter qc **2** **sich gut, schlecht ~** être agréable, désagréable à entendre *od* à l'oreille; *fig* **das hört sich gut an** ça n'a pas l'air mal
Anhörung F *im Parlament* consultation *f*

animalisch ADJ animal; *fig a.* bestial
Animateur(in) M(F) animateur, -trice *m,f*
Animierdame F entraîneuse *f*
animieren V/T inciter, pousser, entraîner (**zu** à)
Animierlokal N boîte *f* (de nuit) avec des entraîneuses **Animiermädchen** N entraîneuse *f*
Anis M anis *m* **Anislikör** M anisette *f*
Ank. ABK (Ankunft) arrivée
ankämpfen V/I **gegen j-n, etw ~** lutter contre qn, qc
Ankauf M achat *m*; **An- und Verkauf** achat(s) et vente(s)
ankaufen V/T acheter
Anker M **1** SCHIFF ancre *f* (❗ feminin); **~ werfen, vor ~ gehen** jeter l'ancre; mouiller; **vor ~ liegen** être, se tenir à l'ancre, au mouillage **2** ELEK induit *m*
ankern V/I mouiller
Ankerplatz M mouillage *m* **Ankerwinde** F SCHIFF guindeau *m*
anketten V/T attacher; mettre à la chaîne; enchaîner
Anklage F JUR accusation *f* (*a. Anklagevertretung, fig*); inculpation *f*; **(gegen j-n) ~ erheben** accuser (qn); inculper (qn)
Anklagebank F banc *m* des accusés
anklagen V/T JUR, *fig* **j-n (e-r Sache** [*gen*] *od* **wegen etw) ~** accuser qn (de qc)
Anklagepunkt M chef *m* d'accusation
Ankläger M accusateur
Anklageschrift F acte *m* d'accusation **Anklagevertreter** M représentant *m* de l'accusation; procureur *m* **Anklagevertretung** F ministère public; accusation *f*
anklammern V/T attacher (avec une pince, une agrafe, *etc*) (**an** [+ *akk*] à)
Anklang M *Plan, Vorschlag* **~ finden** être bien accueilli, reçu (**bei** par)
ankleben V/T (*u.* V/I) coller (**an** [+ *akk*] à, sur)
Ankleidekabine F **1** *im Kaufhaus* cabine *f* d'essayage **2** *im Schwimmbad* cabine *f* (de bain)
ankleiden *geh* V/T (*u.* V/R) (**sich ~** s')habiller; (se) vêtir
anklicken V/T IT cliquer sur
anklingen V/I **1** **an etw** (*akk*) **~** évoquer qc **2** **in ihren Worten klingt Enttäuschung an** la déception transparaît dans ses paroles
anklopfen V/I **1** frapper (à la porte) **2** *umg fig* **bei j-m ~** tâter le terrain auprès de qn
anknabbern V/T grignoter (un peu)
anknipsen *umg* V/T allumer
anknüpfen **A** V/T **1** (**an etw** [*akk*]) **~** attacher, nouer (à qc) **2** **mit j-m Beziehungen ~** entrer en relations avec qn; **mit j-m ein Gespräch ~** engager la conversation avec qn; lier conversation avec qn **B** V/I **an etw** (*akk*) **~** partir de qc; se rattacher à qc
Anknüpfung F *von Beziehungen etc* engagement *m*; *an Traditionen, Erfahrungen* rattachement *m* (**an** [+ *akk*] à) **Anknüpfungspunkt** M point *m* de départ (**für** pour)
ankommen **A** V/I **1** (*eintreffen*) arriver; **bist du gut (zu Hause) angekommen?** tu es bien rentré(e)? **2** *umg* (*Anklang finden*) avoir du succès; *Witz a.* être bien accueilli **3** **gegen j-n, etw ~** venir à bout de qn, qc **B** V/UNPERS **1** (*abhängen*) **auf etw** (*akk*) **~** dépendre de qc; **es kommt (ganz) darauf an** cela dépend; c'est selon **2** (*wichtig sein*) **es kommt darauf an zu** (+ *inf*) il importe de (+ *inf*); il s'agit de (+ *inf*); **darauf kommt es nicht an** cela n'importe, ne compte pas; **auf ein paar Euro soll es mir nicht ~** je n'en suis pas à quelques euros près **3** **es auf etw** (*akk*) **~ lassen** risquer qc; **es darauf ~ lassen** risquer, *umg* tenter le coup
ankoppeln **A** V/T *Raumfahrzeug* (**an etw** [*akk*]) **~** arrimer (à qc); → **ankuppeln** **B** V/I s'arrimer
ankotzen *sl* V/T *sl* emmerder; dégoûter; **das kotzt mich an!** *umg* j'en ai marre!; *sl* ça m'emmerde!; **du kotzt mich an!** *sl* tu m'emmerdes!; *sl* tu me fais chier!
ankreiden V/T **j-m etw ~** reprocher qc à qn; faire grief de qc à qn
ankreuzen V/T marquer d'une croix; *auf e-m Formular* cocher
ankündigen V/T (*u.* V/R **sich ~** s')annoncer (*a. fig*) **Ankündigung** F annonce *f*
Ankunft F arrivée *f* **Ankunftshalle** F °hall *m* d'arrivée **Ankunftszeit** F heure *f* d'arrivée
ankuppeln V/T *Anhänger etc* atteler; accrocher
ankurbeln V/T **1** *Motor etc* mettre en marche (à la manivelle) **2** *fig Wirtschaft, Produktion* relancer; stimuler
Anl. ABK (Anlage[n]) P.J.
anlächeln V/T sourire à
anlachen **A** V/T regarder en riant **B** *umg* V/R **sich** (*dat*) **j-n ~** se trouver qn, un(e) petit(e) ami(e)
Anlage F **1** (*Anlegen*) *von Parks, Straßen* aménagement *m*; *e-r Akte* établissement *m* **2** (*Grünanlage*) espace vert; jardin (public); parc *m* **3** (*Einrichtung*) installation *f*; (*Vorrichtung*) dispositif *m* **4** (*Sportanlage*) terrain *m* de sport; stade *m* **5** (*Konzeption*) plan *m*; conception *f* **6** (*Veranlagung*) disposition *f* (**zu** à) **7** (*Kapitalanlage*) placement *m*; investissement *m* **8** *in Briefen* pièce jointe; annexe *f*; **in der ~** ci-joint **9** (*Stereoanlage*) chaîne *f* stéréo
Anlageberater(in) M(F) conseiller, -ère *m,f*

d'investissements **Anlagekapital** N capital *n* d'investissement **Anlagevermögen** N *e-s Unternehmens* actif immobilisé
anlangen A V/T → anbelangen B V/I arriver; parvenir
Anlass M 1 *(Grund)* raison *f* (**zu** de); *(Beweggrund)* motif *m* (de); **~ zur Klage geben** donner lieu à des plaintes 2 *(Gelegenheit)* occasion *f*; **bei offiziellen Anlässen** pour des occasions officielles
anlassen A V/T 1 *(in Gang setzen)* mettre en marche; faire démarrer; *Motor a.* lancer 2 *(eingeschaltet lassen)* laisser allumé 3 *umg Kleidung* garder B *umg* V/R **etw lässt sich gut, schlecht an** qc se présente, s'annonce bien, mal
Anlasser M démarreur *m*
anlässlich PRÄP à l'occasion de; lors de
anlasten V/T **j-m etw ~** reprocher qc à qn
Anlauf M 1 SPORT élan *m*; **~ nehmen** prendre son élan, de l'élan 2 *fig (Versuch)* essai *m*; **beim ersten ~** du premier coup; d'emblée
anlaufen A V/T *Hafen* toucher; faire escale (à Hambourg, dans un port) B V/I 1 *Maschine* se mettre en marche; démarrer; *Produktion, Aktion* démarrer; commencer; *Film* sortir 2 **angelaufen kommen** arriver, venir en courant; accourir 3 SPORT prendre son élan, de l'élan 4 *fig* **gegen etw ~** lutter contre qc; combattre qc 5 *(beschlagen)* se couvrir de buée; s'embuer 6 **rot ~** rougir; devenir tout rouge
Anlaufstelle F (centre *m* d')accueil *m* **Anlaufzeit** F durée *f*, période *f* de démarrage
Anlegebrücke F SCHIFF embarcadère *m*; appontement *m*
anlegen A V/T 1 **etw (an etw** [*akk*]**) ~** mettre, poser qc (contre qc); **(e-e Spielkarte, e-n Dominostein) ~** fournir (une carte, un domino); **das Gewehr ~** mettre le fusil en joue 2 **die Arme ~** mettre les bras le long du corps; **die Ohren ~** rabattre les oreilles; **die Flügel ~** replier ses ailes 3 *geh (anziehen)* mettre 4 *Garten, Straße* aménager; *Vorräte* faire; *Liste, Akte* faire; établir 5 *(investieren)* placer 6 *(ausgeben)* **etw (für etw) ~** mettre qc (pour qc) 7 **er hat es darauf angelegt, ihm zu schaden** il s'est donné pour but, il a en tête de lui nuire B V/I 1 *Schiff* accoster, aborder (**an etw** [*dat*] qc) 2 *mit dem Gewehr etc* **auf j-n ~** mettre, coucher qn en joue C V/R **sich mit j-m ~** se disputer, *umg* s'accrocher avec qn
Anlegeplatz M débarcadère *m*; embarcadère *m*
Anleger(in) M(F) FIN investisseur, -euse *m,f*
Anlegestelle F débarcadère *m*; embarcadère *m*
anlehnen A V/T *Tür, Fenster* laisser entrouvert, entrebâillé; **etw an etw** *(akk)* **~** appuyer, adosser qc contre, à qc B V/R **sich (an j-n, etw) ~** s'appuyer (contre qn, qc)
Anlehnung F **in ~ an** (+ *akk*) (en) suivant l'exemple de; sur le modèle de
anleiern *umg* V/T mettre en route
Anleihe F FIN, *fig* emprunt *m*
anleimen V/T **etw (an etw** [*akk*]**) ~** coller qc (à qc)
anleinen V/T mettre en laisse
anleiten V/T instruire **Anleitung** F instruction(s) *f(pl)*
anlernen V/T initier; former; **angelernter Arbeiter** ouvrier spécialisé; OS *m*
anliefern V/T livrer
anliegen V/I 1 *Kleidung* **eng ~** être collant 2 *umg (zu erledigen sein)* **es liegt viel an** il y a beaucoup à faire
Anliegen N *(Bitte)* demande *f*; *(Wunsch)* désir *m*
anliegend ADJ *Schriftstück* ci-joint; ci-inclus
Anlieger M riverain *m* **Anliegerstaat** M État riverain, limitrophe **Anliegerverkehr** M circulation *f* des riverains
anlocken V/T attirer; *durch Köder a.* allécher **anlöten** V/T souder **anlügen** V/T mentir à
Anmache *umg* F *umg* drague *f*
anmachen V/T 1 *Feuer, Licht, Radio* allumer 2 *Mörtel, Gips* gâcher 3 *Salat* assaisonner; accommoder 4 *umg (aufreißen)* **j-n ~** *umg* draguer qn
anmahnen V/T réclamer
anmailen V/T **j-n ~** envoyer un mail à qn
anmalen A V/T peindre B V/R *umg* **sich ~** *(schminken)* se peindre
Anmarsch M approche *f*; **im ~ sein** approcher, avancer (**auf** [+ *akk*] sur, vers)
anmaßen V/R **sich** *(dat)* **etw ~** se permettre de faire qc
anmaßend A ADJ arrogant; présomptueux B ADV avec arrogance; avec présomption **Anmaßung** F 1 *von Rechten* usurpation *f* 2 *im Auftreten* arrogance *f*; présomption *f*
anmeckern *umg* V/T rouspéter après
Anmeldeformular N formulaire *m* d'inscription; *im Hotel* fiche *f* **Anmeldefrist** F délai *m* de déclaration, *zur Teilnahme* d'inscription **Anmeldegebühr** F droit(s) *m(pl)* d'inscription
anmelden A V/T 1 *Besuch* annoncer; *Schüler* faire inscrire; *Rundfunkgerät* déclarer; *Auto* (faire) immatriculer; TEL *Gespräch* demander 2 *fig (geltend machen)* revendiquer; présenter; **Bedenken ~** avoir des doutes, des hésitations B V/R **sich ~** *zur Teilnahme* se faire inscrire (**zu, bei, an** [+ *dat*] à); *beim Arzt etc* prendre rendez-vous; **sich polizeilich ~** déclarer son domicile
Anmeldeschluss M (date *f* de) clôture *f* des

inscriptions
Anmeldung F **1** *e-s Besuchers* annonce *f*; *für e-e Schule* inscription *f*; *beim Arzt* **nach vorheriger ~** sur rendez-vous **2** *fig von Ansprüchen* revendication *f*; présentation *f*
anmerken VT **1** **j-m s-n Ärger, s-e Verlegenheit ~** voir que qn est en colère, est gêné; lire la colère, la gêne sur le visage de qn; **man merkt ihm an, dass …** on voit, on remarque qu'il …; **sich** (*dat*) **nichts ~ lassen** ne rien montrer **2** (*bemerken*) **etw zu etw ~** faire des remarques sur qc
Anmerkung F **1** (*Bemerkung*) remarque *f* **2** (*Fußnote*) note *f*; *am Rand* annotation *f*
anmoderieren VT TV, RADIO **e-e Sendung ~** présenter une émission
anmotzen *umg* VT râler après
Anmut F grâce *f*; charme *m*
anmuten VT *u.* VI **(j-n) … ~** sembler … (à qn); donner l'impression de … (à qn)
anmutig ADJ gracieux; *Landschaft* charmant
annageln VT clouer (**an etw** [*akk*] à, sur qc)
annähen VT **etw** (**an etw** [*akk*]) **~** coudre, attacher qc (à qc)
annähern VR **sich** (**e-r Sache** [*dat*] *od* **an etw** [*akk*]) **~** s'approcher (de qc); *fig, geistig, menschlich* se rapprocher (de qc)
annähernd ADVL à peu près; environ; approximativement
Annäherung F **1** approche *f* (**an** [+ *akk*] de) **2** *fig* rapprochement *m* (**zwischen** [+ *dat*] entre) **Annäherungsversuch** M travaux *mpl* d'approche; avances *fpl*
Annahme F **1** *von Waren* réception *f* **2** (*Billigung*) acceptation *f*; *von Gesetzesvorlagen* adoption *f* **3** (*Vermutung*) supposition *f*; hypothèse *f*; **in der ~, dass …** à supposer *od* en supposant que … (+ *subj*)
Annahmeschluss M clôture *f* **Annahmestelle** F *für Wetten* guichet *m*
Annalen PL annales *fpl*
annehmbar ADJ acceptable; (*halbwegs gut*) *a.* passable
annehmen **A** VT **1** *Einladung, Geschenk, Angebot, Vorschlag* accepter **2** *Antrag, Gesetzesvorlage* adopter **3** *Form, Gewohnheit, Haltung* prendre **4** (*vermuten, voraussetzen*) supposer; admettre; **ich nehme es (nicht) an** je (ne) crois (pas) **B** VR **sich j-s, e-r Sache ~** se charger, s'occuper, prendre soin de qn, qc
Annehmlichkeit F commodité *f*; agrément *m*
annektieren VT annexer **Annektierung** F annexion *f*
anno **~ 1813** en (l'an) 1813; **~ dazumal** au temps jadis
Annonce F annonce *f*
annoncieren VI insérer, passer une annonce
annullieren VT annuler **Annullierung** F annulation *f*
Anode F PHYS anode *f*
anöden *umg* VT assommer; *umg* raser; *umg* barber
anomal ADJ anormal
Anomalie F anomalie *f*
anonym ADJ anonyme **Anonymität** F anonymat *m*
Anorak M anorak *m*
anordnen VT **1** (*befehlen*) ordonner **2** (*ordnen*) arranger; disposer
Anordnung F **1** (*Anweisung*) ordre *m*; **auf ~ des Arztes** sur l'ordre du médecin **2** (*Ordnung*) arrangement *m*; disposition *f*
anorganisch ADJ inorganique (! Vorsilbe)
anormal ADJ anormal
anpacken **A** VT **1** *umg* (*anfassen*) toucher **2** (*angehen*) **etw falsch, richtig ~** mal, bien aborder qc **B** VI **(mit) ~** donner un coup de main
anpassen **A** VT **1** TECH ajuster (**e-r Sache** [*dat*] à qc) **2** *fig* adapter (**e-r Sache** [*dat*] à qc); *Löhne, Gehälter etc a.* r(é)ajuster **B** VR **sich ~** (+ *dat*, **an** [+ *akk*]) s'adapter (à)
Anpassung F adaptation *f* (**an** [+ *akk*] à); *der Löhne, Mieten etc* r(é)ajustement *m*
anpassungsfähig ADJ BIOL capable de s'adapter; *geistig* souple; flexible **Anpassungsfähigkeit** F capacité *f*, faculté *f* d'adaptation; souplesse *f*; flexibilité *f* **Anpassungsschwierigkeiten** FPL difficultés *fpl* d'adaptation
anpeilen VT (*ansteuern*) mettre le cap sur; *umg fig* viser
anpfeifen VT SPORT **das Spiel ~** donner le coup de sifflet d'envoi
Anpfiff M **1** SPORT coup *m* de sifflet d'envoi **2** *umg fig umg* engueulade *f*
anpflanzen VT (*pflanzen*) planter; (*anbauen*) cultiver **Anpflanzung** F plantation *f*
anpflaumen *umg* VT **j-n ~** *umg* se ficher, se foutre de qn; mettre qn en boîte
anpinnen *umg* VT **etw (an etw** [*akk*]**) ~** *umg* punaiser qc (sur qc)
anpinseln *umg* VT peindre; *pej* barbouiller
anpöbeln *umg* VT apostropher (en termes grossiers)
Anprall M choc *m*
anprallen VI **an** *od* **gegen j-n, etw ~** °heurter qn, qc
anprangern VT dénoncer (**als** comme)
anpreisen VT recommander vivement, vanter, prôner (**als** comme)

Anprobe F essayage *m*
anprobieren V/T essayer
anpumpen *umg* V/T **j-n (um fünfzig Euro) ~** *umg* taper qn (de cinquante euros)
Anrainer(in) M(F) riverain(e) *m(f)* **Anrainerstaat** M État riverain, limitrophe
anraten V/T **j-m etw ~** conseiller, recommander qc à qn; **auf Anraten** (*akk*) **des Arztes** sur le conseil, sur la recommandation du médecin
anrechnen V/T 1 (*gutschreiben, berücksichtigen*) tenir compte de; HANDEL, JUR imputer (**auf** [+ *akk*] sur) 2 *fig* (*würdigen*) **j-m etw hoch ~** savoir gré à qn de qc 3 (*berechnen*) **j-m etw ~** compter qc à qn
Anrecht N droit *m* (**auf** [+ *akk*] à)
Anrede F formule *f* pour s'adresser à qn; (*Titel*) titre *m*
anreden V/T (*ansprechen*) adresser la parole à; *auf der Straße* aborder
anregen V/T 1 suggérer 2 (*ermuntern*) stimuler; inspirer 3 *Appetit, Kreislauf, Fantasie* stimuler
anregend ADJ stimulant (*a. fig*)
Anregung F 1 (*Vorschlag*) suggestion *f*, idée *f* (**zu** pour) 2 *des Appetits, der Fantasie* stimulation *f* (*a.* MED)
anreichern A V/T enrichir (**mit** de) B V/R **sich in etw** (*dat*) **~** s'accumuler dans qc
Anreise F 1 (*Reise*) voyage *m* 2 (*Ankunft*) arrivée *f*
anreisen V/I 1 (*reisen*) voyager 2 (*ankommen*) arriver
anreißen V/T 1 (*aufreißen*) déchirer; ouvrir 2 *umg* (*anbrechen*) entamer 3 (*kurz darlegen*) esquisser
Anreiz M attrait *m*; stimulant *m*
anreizen V/T inciter, pousser (**zu** à)
anrempeln *umg* V/T bousculer; *umg* rentrer dans
anrennen V/I 1 *umg* **gegen etw, j-n ~** °heurter qc, qn; se cogner dans qc, qn (en courant) 2 *fig* **gegen e-e Mauer von Vorurteilen ~** se heurter à un mur de préjugés 3 *umg* **angerannt kommen** arriver en courant; accourir
Anrichte F buffet (bas)
anrichten V/T 1 **das Essen ~** garnir et décorer les plats 2 *Schaden* causer; provoquer; *iron* **da hast du (ja) etwas Schönes angerichtet!** tu en as fait de belles!
anritzen V/T *Holz, Stein* rayer; *bes Haut* égratigner
anrosten V/I rouiller légèrement; commencer à rouiller
anrüchig ADJ de mauvaise réputation; *Haus, Kneipe a.* mal famé
anrücken V/I arriver; s'approcher
Anruf M appel *m* téléphonique; coup *m* de téléphone; **anonymer ~** appel anonyme
Anrufbeantworter M rép… matique)
anrufen V/T 1 TEL **j-n ~** téléphon… peler qn (par téléphone) 2 *durch Ruf*… 3 JUR **ein Gericht wegen e-r Sache ~** s… tribunal d'une affaire 4 REL invoquer
Anrufer(in) M(F) correspondant(e) *m(f)* qui appelle
Anrufung F 1 *e-s Gerichts* saisine *f* (+ *gen* de) 2 REL invocation *f* (+ *gen* à)
anrühren V/T 1 toucher; *fig* **keinen Alkohol ~** ne pas toucher à l'alcool 2 *Kleister, Farben* délayer
ans = **an das**
Ansage F présentation *f*
ansagen V/T 1 annoncer (*a. beim Kartenspiel*) 2 *umg* **angesagt sein** (*in Mode sein*) être à la mode; être en vogue; (*auf dem Programm stehen*) être prévu
Ansager(in) M(F) RADIO, TV speaker *m*, speakerine *f*; *e-r Show* présentateur, -trice *m,f*
ansammeln A V/T amasser; accumuler B V/R **sich ~** s'accumuler; *Menschen* se rassembler; *fig Ärger* s'accumuler; s'amasser
Ansammlung F accumulation *f*; *von Menschen* rassemblement *m*
ansässig ADJ domicilié; *seit Langem* établi
Ansatz M 1 (*Lösungsansatz*) approche *f* 2 (*Beginn*) commencement *m*; début *m* 3 (*Haaransatz*) racine *f* **Ansatzpunkt** M point *m* de départ, d'attaque **ansatzweise** ADV en partie
ansaugen V/T aspirer
anschaffen A V/T acheter; acquérir B V/R **sich** (*dat*) **etw ~** s'acheter qc
Anschaffung F achat *m*; acquisition *f* **Anschaffungskosten** PL frais *mpl* d'achat, d'acquisition
anschalten V/T *Licht, Radio* allumer; *Maschine* mettre en marche
anschauen V/T *bes südd, österr, schweiz* → ansehen
anschaulich ADJ clair; compréhensible; *Beispiel, Bild* concret
Anschauung F 1 (*Erfahrung*) expérience *f*; **etw aus eigener ~ kennen** connaître qc par expérience 2 (*Meinung*) vue *f*; idée *f*
Anschauungsmaterial N matériel d'illustration, *im Unterricht* éducatif
Anschein M apparence *f*; **dem ~ nach** selon les apparences; **es hat (ganz) den ~, als ob …** on dirait, il semble que … (+ *ind*)
anscheinend ADVL apparemment; selon toute apparence; **~ …** on dirait que …; il semble que … (+ *ind*)
anscheißen *sl* A V/T 1 (*anbrüllen*) *umg* engueuler 2 (*betrügen*) *umg* rouler B V/I **angeschissen**

kommen *sl* venir emmerder qn

anschicken *geh* VR **sich ~, etw zu tun** s'apprêter, se disposer à faire qc

anschieben VT pousser

anschießen VT blesser, toucher (d'un coup de fusil, d'une balle)

Anschiss *umg* M *umg* engueulade *f*; **e-n ~ kriegen** *umg* se faire engueuler

Anschlag M 1 *(Bekanntmachung)* affiche *f* 2 *(Attentat)* attentat *m* (**auf** [+ *akk*] contre) 3 *auf der Schreibmaschine* frappe *f* **Anschlagbrett** N tableau *m*, panneau *m* d'affichage

anschlagen A VT 1 *Plakate, Ankündigungen* afficher; apposer; placarder 2 *Stimmgabel* frapper; *Saite* toucher; *fig* **e-n anderen Ton ~** changer de ton 3 *(beschädigen)* abîmer; *Glas* ébrécher B VI 1 *Hund* aboyer 2 *(anstoßen)* **an etw** *(akk)* **~** °heurter qc; taper contre qc C VR **sich** *(dat)* **den Kopf an etw** *(akk)* **~** se heurter, se taper la tête contre qc

anschleichen VR **sich (an j-n, etw) ~** s'approcher (de qn, qc) à pas de loup, à pas feutrés

anschleppen VT 1 *Stein etc* apporter; amener; *a. umg Person* ramener 2 *Fahrzeug* remorquer (pour faire démarrer le moteur)

anschließen A VT 1 **~** (**an** [+ *akk ou dat*]) *mit Schloss* attacher (à); *elektrische Geräte* brancher (sur) 2 *(anfügen)* ajouter (**an** [+ *akk*] à) B VI **an etw** *(akk)* **~** *räumlich* être contigu à qc; *zeitlich* suivre qc C VR 1 **sich an etw** *(akk)* **~** *(angrenzen)* être contigu à qc 2 *(beipflichten)* **sich j-s Meinung** *(dat)* **~** partager l'opinion de qn; se rallier à l'avis de qn 3 *(folgen)* **sich ~** suivre; **an den Vortrag schloss sich eine Diskussion an** la conférence fut suivie d'une discussion 4 *(zugesellen)* **sich j-m ~** se joindre à qn; **sich e-r Partei** *(dat) etc* **~** rejoindre un parti

anschließend A ADJ suivant; qui suit B ADV ensuite; après

Anschluss M 1 *(Zuganschluss)* correspondance *f* 2 TEL, *von Gas, Wasser, Strom* raccordement *m*; *von Strom a.* branchement *m*; TEL **kein ~ unter dieser Nummer** le numéro que vous demandez n'est pas en service actuellement 3 *fig (Verbindung)* contact *m* (**an** [+ *akk*] avec); **im ~ an** (+ *akk*) à la suite de; comme, faisant suite à 4 *(menschlicher Kontakt)* **~ suchen** chercher à se faire des connaissances 5 POL rattachement *m*

Anschlussflug M (vol *m* de) correspondance *f* **Anschlussstelle** F *e-r Autobahn* bretelle *f* (d'accès) **Anschlusstor** N, **Anschlusstreffer** M SPORT but *m* réduisant la différence de score à un seul point **Anschlusszug** M (train *m* de) correspondance *f*

anschmiegen VR **sich an j-n ~** se serrer, se blottir contre qn

anschmiegsam ADJ *(zärtlich)* câlin

anschmieren *umg* VT *umg* refaire; *umg* rouler

anschnallen A VT attacher B VR **sich ~** *im Auto, Flugzeug* attacher sa ceinture; s'attacher

Anschnallgurt M ceinture *f* de sécurité **Anschnallpflicht** F port *m* obligatoire de la ceinture de sécurité

anschnauzen *umg* VT *umg* engueuler; *umg* enguirlander

anschneiden VT 1 *Brot, Wurst* entamer 2 *fig Frage* aborder

Anschnitt M entame *f*

Anschovis F anchois *m*

anschrauben VT **etw (an etw** [*dat ou akk*]**) ~** visser qc (à *od* sur qc)

anschreiben VT 1 **etw (an die Tafel) ~** écrire qc (au tableau) 2 **j-n ~** écrire à qn 3 *umg* **etw ~ lassen** faire mettre qc sur son compte *od* son ardoise 4 *umg fig* **bei j-m gut (schlecht) angeschrieben sein** *umg* (ne pas) avoir la cote avec qn

anschreien VT crier après

Anschrift F adresse *f*

anschuldigen VT **j-n (wegen etw) ~** accuser, inculper qn (de qc)

Anschuldigung F accusation *f*; inculpation *f*

anschwärzen *umg pej* VT **j-n (bei s-m Vorgesetzten) ~** *umg* débiner qn (auprès de son supérieur)

anschweißen VT **etw (an etw** [*dat ou akk*]**) ~** souder qc (à qc)

anschwellen VI 1 *Füße* (se) gonfler; (s')enfler; *Fluss* être en crue 2 *fig Stimme, Musik* (s')enfler **Anschwellung** F enflure *f*; gonflement *m*

anschwemmen VT apporter; déposer

anschwindeln *umg* VT *umg* raconter un (des) bobard(s) à

ansehen A VT 1 *(anblicken, betrachten)* regarder; **es war schrecklich anzusehen** c'était terrible à voir; *umg* **sieh (mal) an!** tiens! (tiens!); voyez donc! 2 **j-m, e-r Sache ~, dass …** voir que qn, qc …; **man sieht ihm sein Alter nicht an** on ne lui donnerait pas son âge 3 **j-n, etw ~ als** considérer qn, qc comme; *irrtümlich* prendre qn, qc pour 4 *(zusehen)* **etw nicht mit ~ können** ne pas pouvoir supporter qc B VR **sich** *(dat)* **etw ~** regarder, voir qc; **sich** *(dat)* **die Stadt ~** visiter la ville

Ansehen N 1 *geh* **ohne ~ der Person** sans égard à la personne 2 *(Achtung)* considération *f*; estime *f*; réputation *f*; *bes großes, hohes* prestige *m*

ansehnlich ADJ 1 *(stattlich)* de belle apparence 2 *(beträchtlich)* considérable; remarquable

anseilen VT (*u.* VR **sich ~**) *Bergsteiger*

(s')encorder
ansein → an
ansengen VT brûler légèrement
ansetzen A VT 1 *Trinkgefäß* porter aux lèvres; *Blasinstrument* emboucher; *Werkzeug* appliquer 2 *(anfügen)* ~ **(an** [+ *akk*]**)** (r)ajouter, rapporter (à) 3 *Bowle, Likör* préparer; faire 4 **Rost** ~ (commencer à) rouiller; **Fett** ~ engraisser 5 *(veranschlagen)* **3000 Euro für etw** ~ estimer, évaluer qc à 3000 euros 6 *Termin* fixer B VI *(sich anschicken)* commencer; **zu e-r Frage** ~ s'apprêter à poser une question; **zur Landung** ~ amorcer un *od* l'atterrissage
Ansicht F 1 *(Meinung)* opinion *f*; avis *m*; vue *f*; idée *f*; **meiner ~ nach** à mon avis; d'après moi 2 HANDEL **Ware zur ~ senden** envoyer de la marchandise pour examen gratuit 3 *(Bild)* vue *f*
Ansichtskarte F carte postale (illustrée) **Ansichtssache** F affaire *f*, question *f* d'opinion
ansiedeln A VT **j-n** ~ établir qn B VR **sich** ~ s'établir; se fixer
Ansied(e)lung F 1 *(Siedlung)* agglomération *f* 2 *(Ansiedeln)* établissement *m*
Ansinnen N exigence *f*
ansonsten ADV 1 *(im Übrigen)* à part cela; *umg* à part ça 2 *(anderenfalls)* autrement; sinon
anspannen VT 1 *Pferde* atteler 2 *Seil* tendre; *Muskeln* bander **Anspannung** F tension *f*
anspielen A VT BALLSPIEL **j-n** ~ passer la balle à qn B VI *fig* **auf j-n, etw** ~ faire allusion à qn, qc
Anspielung F allusion *f* **(auf** [+ *akk*] à)
anspitzen VT *Bleistift* tailler
Anspitzer M *(Bleistiftanspitzer)* taille-crayon *m*
Ansporn M stimulant *m*
anspornen VT **j-n** ~ stimuler, aiguillonner qn
Ansprache F allocution *f*; discours *m*
ansprechbar ADJ 1 **nicht ~ sein** *(beschäftigt sein)* être pris, occupé; *(geistig abwesend sein)* ne plus rien entendre 2 *Kranke* lucide 3 *(empfänglich)* **für etw nicht ~ sein** ne pas être sensible, réceptif à qc
ansprechen A VT 1 *(anreden)* adresser la parole à; *auf der Straße* aborder 2 *(sich wenden an)* s'adresser à; **er fühlte sich angesprochen** il s'est senti concerné; **j-n um Hilfe** ~ demander de l'aide à qn 3 *(zur Sprache bringen)* **etw** ~ aborder le sujet, la question de qc 4 *(gefallen)* **j-n** ~ plaire à qn B VI **(auf etw** [*akk*]**)** ~ réagir (à qc)
ansprechend ADJT plaisant; sympathique; agréable
Ansprechpartner(in) M(F) interlocuteur, -trice *m,f*
anspringen A VT bondir, sauter sur B VI *Motor* démarrer; partir
Anspruch M 1 *(Forderung)* exigence *f*; *(Erwartung)* prétention *f*; **Ansprüche stellen** avoir des prétentions *bzw.* exigences; **etw, j-n in ~ nehmen** recourir à qc, qn 2 *(Anrecht)* droit *m* **(auf** [+ *akk*] à); **auf etw** *(akk)* **~ haben** avoir droit à qc; **auf etw** *(akk)* **~ erheben** revendiquer qc; *geh* prétendre à qc
anspruchslos ADJ 1 *(genügsam)* peu exigeant 2 *(schlicht)* sans prétention; simple **anspruchsvoll** ADJ exigeant; *pej* prétentieux
anspucken VT cracher sur **anspülen** VT rejeter **anstacheln** VT aiguillonner; stimuler
Anstalt F 1 établissement *m* 2 *(Heilanstalt)* hôpital *m* psychiatrique
Anstalten PL ~ **machen, etw zu tun** se préparer, s'apprêter à faire qc; **sie machte keine ~ zu gehen** elle ne faisait pas mine de vouloir partir
Anstand M bienséance *f*; convenances *fpl*; *bes moralisch* décence *f*; *(Würde)* dignité *f*
anständig A ADJ convenable; honnête; *Benehmen a.* correct; comme il faut; *Kleidung* décent B ADV convenablement; décemment; comme il faut; **benimm dich bitte ~!** tiens-toi bien *od* de la tenue, s'il te plaît!
Anstandsdame F chaperon *m*; duègne *f* **anstandshalber** ADV pour la forme; par convenance; par politesse **anstandslos** ADV *(ohne Zögern)* sans hésitation; *(ohne Probleme)* sans difficulté
anstarren VT regarder fixement; fixer du regard
anstatt A KONJ ~ **zu** (+ *inf*), ~ **dass ...** au lieu de (+ *inf*) B PRÄP à la place de; au lieu de
anstauen VT (*u.* VR **sich** ~) s')amasser; *fig Gefühle a.* (s')accumuler **anstechen** VT piquer; percer; *Fass* mettre en perce
anstecken A VT 1 *Brosche* attacher, fixer (avec une épingle); accrocher; *Ring* mettre sur *od* à son doigt 2 *(infizieren)* **j-n** ~ contaminer qn; **er hat mich angesteckt** il m'a passé sa maladie B VI *Krankheit* être contagieux *(a. fig)* C VR **sich** ~ contracter une maladie contagieuse; **ich habe mich bei ihm angesteckt** j'ai attrapé sa maladie; c'est lui qui m'a contaminé
ansteckend ADJT *Krankheit, fig Lachen* contagieux
Anstecknadel F *als Schmuck* épingle *f*; *als Abzeichen* insigne *m*; badge *m*
Ansteckung F contagion *f (a. fig)*; infection *f* **Ansteckungsgefahr** F risque *m*, danger *m* de contagion, d'infection
anstehen VI 1 *in e-r Schlange* faire la queue **(nach etw** pour [avoir] qc) 2 *Probleme, Fragen* être en suspens 3 *geh* **es steht ihm nicht an, Kritik zu üben** *geh* il ne lui sied pas de cri-

tiquer
ansteigen V/I → steigen
anstelle PRÄP, ADV **~ von** à la place de; au lieu de
anstellen A V/T 1 **etw an etw** *(akk)* **~** mettre, placer, appuyer qc contre qc 2 *beruflich* **j-n ~** engager qn; *Arbeiter* embaucher qn 3 *Wasser, Gas* ouvrir; *Radio, Fernseher* mettre; allumer; *Elektrogeräte, Heizung* allumer; faire marcher; *Motor* mettre en marche 4 *(machen) Vergleich* faire; *Nachforschungen* procéder à; *Betrachtungen, Experimente* se livrer à; **was habt ihr schon wieder angestellt?** qu'est-ce que vous avez encore fait, *umg* fabriqué?; *umg* **wie hast du das angestellt?** comment tu t'y es pris?; comment t'as fait ça? B V/R 1 *in e-r Schlange* **sich (nach etw) ~** faire la queue (pour [avoir] qc); **sich hinten ~** se mettre à la queue, en bout de file 2 *umg* **sich (bei etw) dumm ~** s'y prendre bêtement (pour faire qc); **stell dich nicht so an!** ne fais pas tant de manières!
Anstellung F 1 *(Einstellung)* engagement *m*; *von Arbeitern* embauche *f*; embauchage *m* 2 *(Stellung)* emploi *m*; place *f* **Anstellungsvertrag** M contrat *m* de travail
ansteuern V/T se diriger vers
Anstieg M *des Geländes, des Wassers* montée *f*; *der Temperatur* °hausse *f*; *des Umsatzes, der Produktion etc* augmentation *f*; *(Preisanstieg)* montée *f*; °hausse *f*
anstieren V/T *pej* fixer d'un air bête
anstiften V/T 1 *Komplott* tramer 2 **j-n zu etw ~** inciter qn à (faire) qc
Anstifter(in) M(F) instigateur, -trice *m,f* **Anstiftung** F provocation *f*; incitation *f* (**zu** à)
anstimmen V/T entonner
Anstoß M 1 FUSSBALL coup *m* d'envoi 2 *(Auslöser)* impulsion *f*; **den ~ zu etw geben** donner une impulsion à qc 3 *(Ärgernis)* **~ erregen** causer, provoquer un scandale; faire scandale; **(mit etw) bei j-m ~ erregen** choquer, offusquer, scandaliser qn (par qc); **an etw** *(dat)* **~ nehmen** se scandaliser de qc; être choqué par qc
anstoßen A V/T 1 *Gegenstand* donner un coup à; °heurter 2 *Person* pousser (**mit** de); *versehentlich* °heurter B V/I 1 **(mit dem Fuß, Kopf) an etw** *(akk)* **~** °heurter qc (du pied, de la tête) 2 *beim Trinken* **(mit den Gläsern) ~** trinquer; **auf j-n, etw ~** porter un toast à qn, qc 3 *(lispeln)* **mit der Zunge ~** zézayer; zozoter
Anstößer(in) M(F) *schweiz* riverain(e) *m(f)*
anstößig ADJ choquant; indécent; inconvenant
anstrahlen V/T 1 *(anleuchten)* illuminer 2 *mit Blicken* **j-n ~** regarder qn d'un air radieux *od* rayonnant
anstreben *geh* V/T aspirer à
anstreichen V/T 1 peindre 2 *(markieren)* marquer
Anstreicher M peintre *m* (en bâtiment)
anstrengen A V/T 1 *Tätigkeit* **j-n ~** fatiguer qn 2 **s-e Fantasie ~** faire travailler son imagination B V/R **sich ~ (, etw zu tun)** se donner du mal (pour faire qc); faire un effort, *körperlich a.* des efforts (pour faire qc)
anstrengend ADJT fatigant; pénible
Anstrengung F 1 *(Bemühung)* effort *m*; **(große) ~en machen, etw zu tun** faire tous ses efforts pour faire qc 2 *(Strapaze)* fatigue *f*
Anstrich M 1 *(Farbe)* (couche *f* de) peinture *f* 2 *(Anstreichen)* peintures *fpl* 3 *fig* apparence *f*; air *m*
Ansturm M 1 assaut *m* (**auf** [+ *akk*] à) 2 *fig von Kunden* ruée *f* (**auf** [+ *akk*] sur); rush *m*
anstürmen V/I **~ gegen** donner l'assaut à
Antarktis **die ~** l'Antarctique *m* (! maskulin)
antarktisch ADJ antarctique
antasten V/T 1 *(berühren)* toucher 2 *fig Ehre, Rechte* porter atteinte à; empiéter sur 3 *fig Vorräte* toucher à
Anteil M 1 part *f* (**an** [+ *dat*] de) (*a.* HANDEL); portion *f*; quote-part *f* 2 *(Beteiligung, Interesse)* part *f*; **geringen, großen ~ an etw** *(dat)* **haben** avoir peu de, avoir une grande part à qc; **an etw** *(dat)* **regen, lebhaften ~ nehmen** prendre vivement part à qc; prendre un vif intérêt à qc
anteilig, **anteilmäßig** ADJ proportionnel
Anteilnahme F 1 *(Beteiligung)* participation *f* 2 *(Mitgefühl)* sympathie *f*; *(Interesse)* intérêt *m* (**an** [+ *dat*] pour)
Antenne F antenne *f*
Anthologie F anthologie *f*
anthrazit ADJ, **anthrazitfarben** ADJ anthracite (! unveränderlich)
anti…, **Anti…** IN ZSSGN anti(-)…
Antialkoholiker(in) M(F) antialcoolique *m/f* **antialkoholisch** ADJ antialcoolique **antiautoritär** ADJ anti-autoritaire **Antibabypille** *umg* F pilule (contraceptive, anticonceptionnelle) **antibakteriell** ADJ antibactérien, -ienne **Antibiotikum** N antibiotique *m* **Antiblockiersystem** N AUTO système *m* antiblocage **Antidepressivum** N PHARM antidépresseur *m* **Anti-Falten-Creme** F crème *f* antirides; antirides *m* **Antifaschismus** M antifascisme *m* **Antifaschist(in)** M(F) antifasciste *m/f* **antifaschistisch** ADJ antifasciste **Antiglobalisierungsbewegung** F POL antimondialisme *m* **Antihistamin** N PHARM antihistaminique *m*
antik ADJ 1 *(die Antike betreffend)* antique 2 *fig Möbel, Schmuck etc* ancien

Antike F Antiquité *f*
Antikörper M MED anticorps *m*
Antillen PL **die ~** les Antilles *fpl*
Antilope F antilope *f*
Antipathie F antipathie *f*
Antipode M GEOG antipode *m*
antippen VT 1 toucher 2 *fig Thema* effleurer
Antiquar(in) M(F) 1 *Buchhändler(in)* marchand(e) *m(f)* de livres d'occasion; *in Paris* bouquiniste *m/f* 2 *(Antiquitätenhändler[in])* antiquaire *m/f*
Antiquariat N *Buchhandlung* librairie *f* (de livres) d'occasion; bouquiniste *m*; **modernes ~** librairie ancienne et moderne
antiquarisch ADJ *u.* ADV d'occasion
antiquiert ADJT *pej* vieux; désuet; antique
Antiquität F objet d'art ancien **Antiquitätenhändler(in)** M(F) antiquaire *m/f*; marchand(e) *m(f)* d'antiquités **Antiquitätenladen** M magasin *m* d'antiquités **Antiquitätensammler(in)** M(F) collectionneur, -euse *m,f* d'antiquités, d'objets d'art anciens **Antiquitätensammlung** F collection *f* d'objets d'art anciens, d'antiquités
Antisemit M antisémite *m* **antisemitisch** ADJ antisémite **Antisemitismus** M antisémitisme *m*
antiseptisch ADJ MED antiseptique **antistatisch** ADJ antistatique **Antiterroreinheit** F commando *m* antiterroriste **Antiterrorgesetz(e)** N(PL) loi(s) *f(pl)* antiterroriste(s) **Antivirenprogramm**, **Antivirusprogramm** N IT programme *m* antivirus
Antlitz *geh* N visage *m*; face *f*
antörnen *umg* VT *Droge umg* faire flipper; *Musik* exciter *(a. Person)*; *umg* chauffer
Antrag M 1 *im Parlament* motion *f* (**auf** [+ *akk*], **zu** de); **e-n ~ stellen, einbringen** déposer, présenter une motion 2 *(Gesuch)* demande *f* (**auf** [+ *akk*] de); JUR *a.* requête *f*; **auf ~ (zurückerstatten)** (rembourser) sur demande; **e-n ~ stellen** faire une demande 3 *Formular* formulaire *m* de demande 4 *(Heiratsantrag)* demande *f* en mariage
antragen *geh* VT **j-m etw ~** offrir, proposer qc à qn
Antragsformular N → Antrag
Antragsteller(in) M(F) demandeur, -deresse *m,f* (*a.* JUR); JUR requérant *m*
antreffen VT trouver; rencontrer
antreiben VT 1 *Tiere* faire avancer 2 *ans Ufer* pousser (vers le rivage) 3 *fig* **j-n zu etw ~** pousser, inciter qn à faire qc 4 *Maschine* actionner; commander; *Fahrzeug, Flugzeug, Rakete* propulser
antreten A VT commencer; **e-e Fahrt ~** se mettre en route; **s-n Urlaub ~** prendre ses vacances, ses congés; **e-e Stelle ~** commencer à un poste, dans un emploi; **s-n Dienst ~** prendre son service; **j-s Nachfolge** *(akk)* **~** succéder à qn; **e-e Erbschaft ~** recueillir un héritage; **e-e Strafe ~** (commencer à) purger une peine B VI 1 *(sich aufstellen)* se mettre en rang 2 **zu e-m Wettkampf, gegen e-e Spitzenmannschaft ~** se présenter à une épreuve, contre une équipe vedette
Antrieb M 1 *(Impuls)* impulsion *f*; mouvement *m*; **etw aus eigenem ~ tun** faire qc de son propre gré 2 *e-r Maschine* commande *f*; entraînement *m*; *e-s Fahrzeugs, Flugzeugs, e-r Rakete* propulsion *f*
Antriebskraft F force motrice, de propulsion **Antriebswelle** F TECH arbre moteur
Antritt M début *m*; commencement *m*; **vor ~ der Reise, Fahrt** avant le voyage, départ
Antrittsbesuch M première visite (de politesse) **Antrittsrede** F discours inaugural
antun A VT 1 *Böses, Leid etc* faire 2 **es j-m angetan haben** avoir charmé, enchanté, séduit qn B *umg* VR **sich** *(dat)* **etwas ~** se suicider
anturnen → antörnen
Antwerpen N Anvers
Antwort F 1 réponse *f* (**auf** [+ *akk*] à); *(Erwiderung)* réplique *f*; *schlagfertige* repartie *f*; *scharfe* riposte *f*; **~ geben** donner (une) réponse; répondre; *auf Einladungskarten* **um ~ wird gebeten** répondez, s'il vous plaît 2 *fig (Reaktion)* réponse *f*; réaction *f*
antworten VI 1 répondre (**auf etw** [*akk*] à qc; **j-m** à qn); *(erwidern)* répliquer; *schlagfertig, rasch* riposter 2 *(reagieren)* répondre (**mit** par)
Antwortkarte F carte-réponse *f*
Antwortschein M **internationaler ~** coupon-réponse international
Antwortschreiben N lettre *f* de réponse
anvertrauen A VT **j-m etw ~** confier qc à qn B VR 1 **sich j-s Schutz** *(dat)* **~** se mettre sous la protection de qn 2 **sich j-m ~** se confier à qn, auprès de qn
anvisieren VT viser *(a. fig)*; prendre pour cible
anwachsen VI 1 *Pflanze* prendre racine; s'enraciner 2 *(zunehmen)* augmenter; s'accroître
anwählen VT composer le numéro de; *weitS. a.* téléphoner à
Anwalt M, **Anwältin** F JUR avocat(e) *m(f)* *(a. fig)*
Anwaltsbüro N cabinet *m* juridique, d'avocat(s) **Anwaltskammer** F ordre *m* des avocats; barreau *m* **Anwaltskanzlei** F cabinet *m* juridique, d'avocat(s) **Anwaltskosten** PL honoraires *mpl* d'avocat
Anwandlung F accès *m*; velléité *f*; **in e-r ~ von Furcht ging sie …** prise d'un accès de peur elle alla …

anwärmen VT (faire) chauffer légèrement; (faire) tiédir
Anwärter(in) M(F) postulant(e) *m(f)*, candidat(e) *m(f)*, *auf e-n Thron* prétendant(e) *m(f)* (**auf** [+ *akk*] à)
Anwartschaft F expectative *f*, prétentions *fpl* (**auf** [+ *akk*] à)
anweisen VT **1** (*beauftragen*) **j-n ~, etw zu tun** ordonner à qn, donner l'ordre à qn de faire qc **2** (*anleiten*) **j-n ~** donner des instructions à qn **3** *Platz* indiquer; *Zimmer, Tätigkeit* attribuer **4** **etw (zur Zahlung) ~** donner l'ordre de payer qc
Anweisung F **1** (*Anordnung*) consigne *f*; ordre *m*; instruction *f*; **~en** *pl a.* directives *fpl*; **auf (schriftliche) ~** sur ordre (écrit) **2** (*Anleitung*) indication *f*, instruction *f* (**für, bei** pour)
anwendbar ADJ applicable (**auf** [+ *akk*] à)
anwenden VT **1** (*gebrauchen*) employer; utiliser; faire usage de **2** *Regel, Gesetz* appliquer
Anwender(in) M(F) IT utilisateur, -trice *m,f*
Anwendung F **1** (*Gebrauch*) emploi *m*; utilisation *f*; usage *m* **2** *e-r Regel etc* application *f* (**auf** [+ *akk*] à)
Anwendungsbereich M, **Anwendungsgebiet** N champ *m* d'application; domaine *m* d'utilisation **Anwendungsmöglichkeit** F application *f*, utilisation *f*, emploi *m* (possible) **Anwendungsvorschrift** F consigne *f* d'application, d'emploi
anwerben VT recruter; MIL *a.* enrôler; *Arbeitskräfte a.* engager; embaucher **Anwerbung** F recrutement *m*; enrôlement *m*; embauche *f*; embauchage *m*
anwerfen VT *Motor* lancer; mettre en marche
Anwesen N propriété *f*
anwesend ADJ présent
Anwesende(r) M/F(M) personne présente; **die Anwesenden** *a.* l'assistance *f*
Anwesenheit F présence *f*; **in ~** (*dat*) **von** *od* (+ *gen*) en présence de **Anwesenheitsliste** F liste *f* de présence
anwidern VT **j-n ~** répugner à qn; dégoûter qn
anwinkeln VT plier
Anwohner(in) M(F) riverain(e) *m(f)*
Anzahl F nombre *m*; quantité *f*; **e-e ~ (von) Schüler(n)** un certain nombre d'élèves
anzahlen VT verser un acompte de **Anzahlung** F acompte *m*; arrhes *fpl*
anzapfen VT **1** *Fass* mettre en perce **2** *umg Telefon* mettre sur écoute; *Leitung* se brancher, se raccorder sans autorisation sur; pirater
Anzeichen N signe *m*; indice *m*; symptôme *m* (*a.* MED)
anzeichnen VT **1** **etw (an etw** [*akk*]**) ~** dessiner qc (sur qc) **2** (*markieren*) marquer
Anzeige F **1** (*Zeitungsanzeige*) annonce *f*; **e-e ~ aufgeben** passer, insérer, faire paraître une annonce **2** (*Familienanzeige*) faire-part *m* **3** (*Strafanzeige*) plainte *f*; **~ erstatten** porter plainte (**gegen j-n** contre qn) **4** (*Stand e-s Messgerätes*), IT affichage *m*
anzeigen VT **1** *Richtung, Zeit, Temperatur* indiquer; montrer; IT afficher **2** *Vermählung, Geburt* faire part de **3** *Straftat, Täter* dénoncer; *Täter a.* porter plainte contre
Anzeigenblatt N journal *m* d'annonces **Anzeigenschluss** M date *f* limite d'acceptation d'une annonce **Anzeigenteil** M petites annonces
Anzeiger M **1** TECH indicateur *m* **2** *e-r Gemeinde* bulletin *m*
Anzeigetafel F tableau *m* d'affichage
anzetteln VT *Schlägerei, Streit* provoquer; *Unruhen* fomenter
anziehen **A** VT **1** *Kleidungsstücke* mettre; *Hemd, Pullover a.* passer **2** **j-n ~** habiller qn **3** *Metall, fig* attirer **4** *Beine* ramener vers soi **5** *Schraube, Bremse* serrer **B** VI *Preise* être en °hausse; monter; augmenter **C** V/R **sich ~** s'habiller
anziehend ADJT attirant; attrayant
Anziehung F PHYS attraction *f* **Anziehungskraft** F **1** PHYS force *f* d'attraction **2** *fig* attraction *f*; attirance *f*
Anzug M **1** costume *m*; complet *m* **2** *fig* **im ~ sein** s'approcher
anzüglich **A** ADJT (*unangenehm*) désobligeant; malveillant; (*zweideutig*) équivoque **B** ADV **~ lächeln** avoir un sourire malveillant
Anzüglichkeit F insinuation, allusion désobligeante, malveillante
anzünden VT **1** allumer **2** *Haus* mettre le feu à; incendier
Anzünder M *für Gas* allume-gaz *m*; *für den Grill* allume-feu *m*
anzweifeln VT mettre en doute; douter de
AOK F ABK (Allgemeine Ortskrankenkasse) *etwa* caisse *f* primaire d'assurance maladie
Aorta F ANAT aorte *f*
apart ADJ *Kleid* qui a du cachet, du chic; *Gesicht* qui a un charme particulier
Apartheid F apartheid *m* (! maskulin)
Apartment N studio *m* **Apartmenthaus** N immeuble *m* de studios
Apathie F apathie *f*
apathisch ADJ apathique
aper ADJ *südd, österr, schweiz* sans neige
Aperitif M apéritif *m*
Apfel M pomme *f*; *fig* **in den sauren ~ beißen** avaler la pilule; *umg fig* **für einen ~ und ein Ei** pour une bouchée de pain
Apfelbaum M pommier *m* **Apfelkuchen**

M tarte *f* aux pommes **Apfelmus** N compote *f* de pommes **Apfelpfannkuchen** M crêpe *f* aux pommes **Apfelsaft** M jus *m* de pomme **Apfelschorle** F *mélange de jus de pommes et d'eau minérale gazeuse*

Apfelsine F orange *f*

Apfelsinenbaum M oranger *m* **Apfelsinensaft** M jus *m* d'orange

Apfelstrudel M strudel *m* aux pommes **Apfeltasche** F GASTR chausson *m* aux pommes **Apfelwein** M cidre *m*

Apokalypse F 1 BIBEL Apocalypse *f* 2 *geh fig* apocalypse *f*

Apostel M REL, *fig* apôtre *m* **Apostelgeschichte** F Actes *mpl* des apôtres

apostolisch ADJ apostolique

Apostroph M apostrophe *f* (! feminin)

Apotheke F pharmacie *f* (*a. Hausapotheke, Reiseapotheke*) **apothekenpflichtig** ADJ en vente uniquement dans les pharmacies **Apotheker(in)** M(F) pharmacien, -ienne *m,f*

Apparat M appareil *m* (*a.* FOTO, TEL, *Verwaltungsapparat*)

Apparatemedizin F médecine technicisée (*oft pej*)

Apparatur F équipement *m*; appareillage *m*

Appartement N 1 *Wohnung* studio *m* 2 (*Hotelappartement*) suite *f*

Appell M 1 MIL rassemblement *m* 2 *fig* appel *m*

appellieren V/I **an etw, j-n ~** faire appel à qc, qn; en appeler à qc, qn

Appenzell N l'Appenzell

Appenzeller M *od* ADJ **~ (Käse)** appenzell *m*

Appetit M appétit *m*; (**auf etw** [*akk*]) **~ bekommen** se sentir de l'appétit pour qc; **e-n gesunden, großen ~ haben** avoir un solide, un grand appétit; **~ auf etw** (*akk*) **haben** avoir envie, faim de qc; **j-m ~ machen** donner de l'appétit, faire envie à qn; *Speisen* **~ machen** être appétissant; **guten ~!** bon appétit! (! sagt man in Frankreich seltener als bei uns)

appetitanregend ADJT qui donne de, ouvre l'appétit; (*appetitlich*) appétissant **Appetithappen** M canapé *m*; *umg* amuse-gueule *m* **appetitlich** ADJ appétissant **Appetitlosigkeit** F manque *m* d'appétit *f* **Appetitzügler** M coupe-faim *m*; *t/t* anorexigène *m*

applaudieren V/I applaudir (**j-m** qn)

Applaus M applaudissements *mpl*

apportieren V/T *u.* V/I *Hund* rapporter

Apposition F GRAM apposition *f*

appretieren V/T apprêter **Appretur** F apprêt *m*

Approbation F autorisation *f* d'exercer

Aprikose F abricot *m* **Aprikosenbaum** M abricotier *m* **Aprikosenmarmelade** F confiture *f* d'abricots

April M (mois *m* d')avril *m*; **j-n in den ~ schicken** faire un poisson d'avril à qn; → Januar

Aprilscherz M poisson *m* d'avril **Aprilwetter** N temps *m* d'avril; temps changeant

apropos ADV à propos

Aquädukt M *od* N aqueduc *m*

Aquajogging N SPORT aquajogging *m*

Aquamarin M aigue-marine *f*

Aquaplaning N aquaplaning *m*

Aquarell N aquarelle *f* **Aquarellfarbe** F peinture *f*, couleur *f* à l'eau **Aquarellmaler(in)** M(F) aquarelliste *m/f*

Aquarium N aquarium *m*

Äquator M équateur *m*

Äquivalent N équivalent *m*

Ar N *od* M *Flächenmaß* are *m*

Ära F ère *f*; **die ~ Adenauer** les années *fpl* Adenauer

Araber(in) M(F) Arabe *m/f*

Arabien N l'Arabie *f* **arabisch** ADJ arabe

Arancini, Aranzini PL *österr* écorces *fpl* d'oranges confites

Arbeit F 1 *Tätigkeit* travail *m* (*a.* PHYS); **Tag** *m* **der ~** Fête *f* du Travail; **ganze ~ leisten** faire du bon, *iron* du beau travail; **an die ~ gehen, sich an die ~ machen** se mettre au travail, à l'œuvre; **bei der ~ sein** être en train de travailler; **etw in ~ haben** avoir qc en chantier 2 *Produkt* travail *m*; (*Werk*) ouvrage *m*; (*Kunstwerk*) œuvre *f* 3 (*Klassenarbeit*) contrôle *m* 4 (*Arbeitsplatz, Berufstätigkeit*) travail *m*; **e-r, s-r ~** (*dat*) **nachgehen** travailler 5 (*Mühe*) **(j-m) ~ machen** donner du travail, du mal (à qn)

arbeiten A V/I travailler (*a. fig Holz, Geld*); *Organ* fonctionner; *Maschine* marcher; **an etw** (*dat*) **~** travailler à qc B V/R 1 **sich müde ~** travailler jusqu'à l'épuisement; **sich zu Tode ~** se tuer au travail 2 **sich durch das Gedränge ~** se frayer un chemin, un passage à travers la foule; *fig* **sich nach oben ~** réussir à force de tra-

Appartement ≠ appartement

Er hat ein kleines **Appartement.**	Il a un petit **studio.**
Notre **appartement** comprend cinq pièces.	Unsere **Wohnung** hat fünf Zimmer.

FALSCHE FREUNDE

vail; arriver à la force du poignet
Arbeiter M travailleur *m; in der Industrie* ouvrier *m* **Arbeiterbewegung** F mouvement ouvrier **Arbeiterin** F travailleuse *f; in der Industrie* ouvrière *f* **Arbeiterklasse** F classe ouvrière **Arbeiterpartei** F parti ouvrier **Arbeiterschaft** F ouvriers *mpl; bes* POL travailleurs *mpl* **Arbeiterviertel** N quartier ouvrier **Arbeiterwohlfahrt** F association *f* d'aide sociale aux travailleurs
Arbeitgeber(in) M(F) employeur *m;* patron, patronne *m,f;* **die Arbeitgeber** *pl* le patronat; les patrons
Arbeitgeberverband M syndicat patronal; *in Frankreich etwa* Medef *m*
Arbeitnehmer(in) M(F) salarié(e) *m(f);* employé(e) *m(f)*
Arbeitsablauf M déroulement *m* du travail **Arbeitsagentur** F agence *f* pour l'emploi
arbeitsam *geh* ADJ travailleur; laborieux
Arbeitsamt N agence *f* pour l'emploi **Arbeitsanleitung** F directive(s) *f(pl)* de travail **Arbeitsanzug** M tenue *f, blauer* bleu *m* de travail
Arbeitsaufwand M **der ~ dafür ist sehr groß, gering** cela représente un énorme travail, (assez) peu de travail
Arbeitsbedingungen FPL conditions *fpl* de travail **Arbeitsbeginn** M début *m* de la journée de travail **Arbeitsbelastung** F effort, *plus fort* stress (dû au travail) **Arbeitsbereich** M **1** *(Arbeitsgebiet)* champ *m* d'activité; domaine *m* **2** *im Raum* coin *m* travail; *e-r Maschine* rayon *m,* champ *m* d'action **Arbeitsbeschaffung** F création *f* d'emplois **Arbeitsbeschaffungsmaßnahme** F mesure *f* pour la création d'emplois **Arbeitsbescheinigung** F certificat *m* de travail; attestation *f* d'emploi **Arbeitsbesprechung** F discussion *f* de travail **Arbeitsbuch** N SCHULE livre *m* d'exercices **Arbeitseifer** M zèle *m; geh* ardeur *f* au travail **Arbeitseinstellung** F attitude *f* vis-à-vis du travail **Arbeitseinteilung** F répartition *f,* organisation *f* du travail **Arbeitsende** N fin *f* de la journée de travail **Arbeitserlaubnis** F *Recht* autorisation *f* de travail; *Ausweis* permis *m* de travail **Arbeitserleichterung** F allégement *m* du travail **Arbeitsessen** N déjeuner *m,* dîner *m* d'affaires **arbeitsfähig** ADJ en état, capable de travailler
arbeitsfrei ADJ **~er Tag** jour chômé
Arbeitsgang M opération *f,* phase *f* (de travail) **Arbeitsgebiet** N champ *m* d'activité **Arbeitsgemeinschaft** F groupe *m* de travail, d'études **Arbeitsgenehmigung** F autorisation *f* de travail **Arbeitsgerät** N **1** *einzelnes* outil *m* **2** *Gesamtheit* matériel *m* de travail; outils *mpl;* outillage *m* **Arbeitsgericht** N conseil *m* de(s) prud'hommes **Arbeitsgruppe** F → Arbeitsgemeinschaft **Arbeitsheft** N SCHULE cahier *m* pour les contrôles **arbeitsintensiv** ADJ qui exige, demande beaucoup de travail **Arbeitskampf** M conflit social (entre patronat et salariat) **Arbeitskleidung** F vêtements *mpl* de travail **Arbeitsklima** N ambiance *f* au travail **Arbeitskollege** M, **Arbeitskollegin** F collègue *m/f*
Arbeitskraft F **1** *(Leistungsfähigkeit)* capacité *f,* puissance *f,* potentiel *m* de travail **2** *Person* travailleur, -euse *m,f; in der Industrie* ouvrier, -ière *m, f; pl* **Arbeitskräfte** main-d'œuvre *f*
Arbeitskreis M cercle *m* de travail, d'études **Arbeitslager** N camp *m* de travail **Arbeitsleistung** F rendement *m* **Arbeitslohn** M salaire *m;* paie *f*
arbeitslos ADJ sans travail; en *od* au chômage; chômeur; **~ werden** être mis au chômage; **sich ~ melden** s'inscrire au chômage
Arbeitslose(r) M/F(M) chômeur, -euse *m,f;* sans-travail *m/f*
Arbeitslosengeld N allocation *f* (de) chômage **Arbeitslosenhilfe** F allocation *f* de fin de droits; RMI *m* **Arbeitslosenhilfeempfänger(in)** M(F) RMiste *m/f* **Arbeitslosenquote** F taux *m* de chômage **Arbeitslosenunterstützung** F → Arbeitslosengeld **Arbeitslosenversicherung** F assurance *f* chômage; ASSEDIC *fpl* **Arbeitslosenzahl** F, **Arbeitslosenziffer** F nombre *m* des chômeurs
Arbeitslosigkeit F chômage *m*
Arbeitsmarkt M marché *m* du travail **Arbeitsmaterial** N matériel *m* de travail **Arbeitsmedizin** F médecine *f* du travail **Arbeitsminister(in)** M(F) ministre *m* du Travail **Arbeitsministerium** N ministère *m* du Travail **Arbeitsmittel** N moyen *m,* outil *m* de travail **Arbeitsmoral** F mentalité *f,* attitude *f* vis-à-vis du travail **Arbeitsniederlegung** F débrayage *m* **Arbeitspensum** N tâche *f* (*à faire dans un temps limité*) **Arbeitsplatz** M **1** *(Stelle)* emploi *m;* travail *m* **2** *(Arbeitszimmer)* bureau *m; in e-r Fabrik* poste *m* **Arbeitsplatzsicherung** F (mesures *fpl* pour assurer la) sécurité *f* de l'emploi **Arbeitsplatzwechsel** M changement *m* de situation, d'emploi **Arbeitsprozess** M **1** *(Erwerbsleben)* vie active **2** *(Arbeitsablauf)* processus *m* de travail **Arbeitsrecht** N droit *m* du travail **arbeitsreich** ADJ *Tag, Woche etc* bien rempli; *Leben a.* la-

borieux **arbeitsscheu** ADJ paresseux **Arbeitsschluss** M sortie *f* (du travail) **Arbeitsschritt** M temps *m*, étape *f* (dans un travail) **Arbeitsschuh** M chaussure *f* de travail **Arbeitsschutz** M sécurité *f* du travail **Arbeitsspeicher** M IT mémoire vive **Arbeitsstätte** F lieu *m* de travail **Arbeitsstelle** F 1 *(Arbeitsstätte)* lieu *m* de travail 2 *(Arbeitsplatz)* emploi *m*; travail *m* **Arbeitsstunde** F heure *f* de travail **Arbeitssuche** F recherche *f* d'un emploi **Arbeitssuchende(r)** M/F(M) demandeur, -euse *m,f* d'emploi **Arbeitstag** M 1 journée *f* de travail 2 *(Werktag)* jour *m* ouvrable **arbeitsteilig** ADJ basé sur la répartition des tâches *bzw.* sur la division du travail **Arbeitsteilung** F division *f* du travail **Arbeitstempo** N vitesse *f*, rythme *m* de travail **Arbeitstier** N 1 *(Lasttier)* bête *f* de somme; *(Zugtier)* animal *m* de trait 2 *umg fig umg* bourreau *m* de travail; *umg* bosseur, -euse *m,f* **Arbeitstreffen** N réunion *f* de travail **Arbeitsüberlastung** F surcharge *f* de travail **arbeitsunfähig** ADJ qui n'est pas en état de travailler **Arbeitsunfähigkeit** F incapacité *f* de travail **Arbeitsunfall** M accident *m* du travail **Arbeitsunterlagen** FPL documents *mpl* de travail

Arbeitsverhältnis N emploi *m*; **das ~ lösen** résilier le contrat de travail

Arbeitsvermittlung F bureau *m* de placement

Arbeitsvertrag M contrat *m* de travail; **befristeter ~** contrat *m* à durée déterminée; CDD *m*; **unbefristeter ~** contrat *m* à durée indéterminée; CDI *m*

Arbeitsverweigerung F refus *m* de travailler **Arbeitsweise** F manière *f* de travailler; *e-r Maschine* (mode *m* de) fonctionnement *m* **Arbeitswelt** F monde *m* du travail **arbeitswillig** ADJ prêt à travailler; *beim Streik* non-gréviste **Arbeitswoche** F semaine *f* de travail **Arbeitswut** F frénésie *f* de travail **Arbeitszeit** F heures *fpl* de travail **Arbeitszeitverkürzung** F réduction *f* du temps, des heures de travail **Arbeitszeugnis** N certificat *m* de travail **Arbeitszimmer** N bureau *m*

archaisch ADJ archaïque

Archäologe M, **Archäologin** F archéologue *m/f* **Archäologie** F archéologie *f* **archäologisch** ADJ archéologique

Arche BIBEL **die ~ Noah** l'arche *f* de Noé

Archipel M archipel *m*

Architekt(in) M(F) architecte *m/f* **architektonisch** ADJ architectonique **Architektur** F architecture *f*

Archiv N archives *fpl*

Archivar(in) M(F) archiviste *m/f* **archivieren** V/T classer dans les archives

ARD F ABK (Arbeitsgemeinschaft der öffentlich-rechtlichen Rundfunkanstalten der Bundesrepublik Deutschland) première chaîne de la télévision allemande

Ardennen PL **die ~** les Ardennes *fpl*

Areal N 1 *(abgegrenztes Gebiet)* terrain *m* 2 *(Bodenfläche)* superficie *f*; surface *f*

Arena F arène *f* (*a. fig*)

arg A ADJ 1 *geh* *(böse)* méchant; mauvais; **sein ärgster Feind** son plus grand ennemi 2 *regional (schlimm)* grave; *(schlecht)* mauvais; *geh* **im Argen liegen** être en piteux état 3 *regional verstärkend* grand; très B *regional* ADV très; beaucoup

Argentinien N l'Argentine *f* **Argentinier(in)** M(F) Argentin(e) *m(f)* **argentinisch** ADJ argentin

ärger *komp* → arg

Ärger M 1 *(Unmut)* dépit *m*; irritation *f*; *(Zorn)* colère *f* 2 *(Unannehmlichkeiten)* ennuis *mpl*; contrariété *f*; **ich habe ~ bekommen** j'ai eu des ennuis

ärgerlich A ADJ 1 *(ungehalten)* irrité; contrarié; fâché; **~ werden** se fâcher 2 *(unerfreulich)* fâcheux; ennuyeux; embêtant B ADV *(ungehalten)* avec irritation; *(zornig)* avec colère

ärgern A V/T 1 *(reizen)* agacer; embêter; *(zornig machen)* mettre en colère 2 *(unangenehm berühren)* contrarier; fâcher B V/R **sich ~** *(verärgert sein)* être fâché (**über j-n** contre qn, **über etw** [*akk*] de qc); *(zornig werden)* se fâcher (**über j-n** contre qn)

Ärgernis N 1 *(Anstoß)* scandale *m*; outrage *m*; **~ erregen** faire scandale 2 *(Unannehmlichkeit)* contrariété *f*

Arglist *geh* F fourberie *f*; perfidie *f* **arglistig** ADJ sournois; perfide; fourbe; JUR dolosif **arglos** ADJ 1 *(unschuldig)* sans malice; innocent; candide 2 *(vertrauensselig)* confiant **Arglosigkeit** F 1 *e-s Kindes* candeur *f*; innocence *f* 2 *(Vertrauensseligkeit)* confiance *f*

ärgste *sup* → arg

Argument N argument *m* **Argumentation** F argumentation *f*; raisonnement *m* **argumentieren** V/I argumenter; raisonner

Argwohn *geh* M soupçon *m*

argwöhnisch *geh* A ADJ soupçonneux; méfiant B ADV avec méfiance, défiance

Arie F aria *f*; *e-r Oper a.* air *m* d'opéra

Aristokrat(in) M(F) aristocrate *m/f* **Aristokratie** F aristocratie *f* **aristokratisch** ADJ aristocratique

Arithmetik F arithmétique *f* **arithmetisch** ADJ arithmétique

Arkade F arcade *f*

Arktis die ~ l'Arctique *m* (! maskulin)
arktisch ADJ arctique
arm ADJ 1 *(nicht reich)* pauvre (! steht in dieser Bedeutung immer **nach** dem Substantiv); **j-n ~ machen** appauvrir qn; *fig hum* ruiner qn; **Arm und Reich** riches et pauvres 2 *(bedauernswert)* pauvre (! steht in dieser Bedeutung immer **vor** dem Substantiv); **du Ärmste(r)!** ma (mon) pauvre! 3 **~ an Rohstoffen, Vitaminen (sein)** (être) pauvre en matières, en vitamines
Arm M 1 bras *m (a. fig)*; **~ in ~** bras dessus bras dessous; *fig* **j-n auf den ~ nehmen** faire marcher qn; se payer la tête de qn; *fig* **j-m unter die ~e greifen** tirer qn d'affaire (**mit etw** avec qc, en faisant qc); *finanziell* aider qn (financièrement) 2 *(Ärmel)* manche *f*
Armaturen FPL *im Bad* robinetterie *f* **Armaturenbrett** N AUTO, FLUG tableau *m* de bord
Armband N bracelet *m* **Armbanduhr** F montre-bracelet *f*; bracelet-montre *m* **Armbeuge** F 1 ANAT pli *m*, saignée *f* du bras 2 *im Liegestütz* flexion *f* du bras **Armbinde** F brassard *m* **Armbrust** F arbalète *f*
Arme(r) M/F(M) (homme *m*) pauvre *m*; femme *f* pauvre
Armee F armée *f (a. fig)* **Armeefahrzeug** N véhicule *m* militaire
Ärmel M manche *f*; **die ~ hochkrempeln** retrousser ses manches *(a. umg fig)*; *umg fig* **etw aus dem ~ schütteln** faire qc sans peine, sans (aucune) difficulté
Ärmelkanal der ~ la Manche
ärmellos ADJ sans manches
Armenien N l'Arménie *f* **Armenier(in)** M(F) Arménien, -ienne *m,f* **armenisch** ADJ arménien
Armenviertel N quartier *m* pauvre
ärmer *komp* → arm
Armlehne F accoudoir *m*; *e-s Sessels a.* bras *m* **Armleuchter** *umg pej* M *umg* (espèce *f* d')andouille *f*; *umg* couillon *m*
ärmlich ADJ pauvre *(vorangestellt)*; *plus fort* misérable
armmachen VT → arm 1
Armreif M bracelet *m*
armselig ADJ 1 *(sehr arm)* pauvre; misérable 2 *(karg)* maigre; pauvre 3 *fig* piètre; minable
Armsessel M fauteuil *m*
ärmste *sup* → arm
Armut F pauvreté *f (a. fig)*; *(Bedürftigkeit)* indigence *f*
Armutszeugnis N **sich** *(dat)* **ein ~ ausstellen** faire preuve de, démontrer son incapacité
Armvoll M brassée *f*; **ein ~ Holz** une brassée de bois

Aroma N arome *od* arôme *m*; parfum *m (a. Geschmack)*
aromatisch ADJ aromatique **aromatisieren** VT aromatiser
arrangieren A VT 1 arranger *(a.* MUS) 2 *Fest* organiser B VR **sich (mit j-m) ~** s'arranger (avec qn)
Arrest M *(Haft)* détention *f*; HIST SCHULE retenue *f*; MIL arrêts *mpl*
arretieren VT arrêter; bloquer
arrogant ADJ arrogant
Arroganz F arrogance *f*
Arsch *sl* M *sl* cul *m*; **j-m in den ~ kriechen** *umg* lécher les bottes, le cul à qn; **leck mich am ~!** *sl* je t'emmerde!; *umg* fous-moi la paix!; *Dinge* **im ~ sein** *umg* être foutu; *umg* être nase *od* naze; **am ~ der Welt** au bout du monde; au diable
Arschbacke *sl* F fesse *f* **Arschkriecher** *sl* M *umg* lèche-bottes *m*; *sl* lèche-cul *m* **Arschloch** *sl* N *Schimpfwort sl* con *m*; *sl* connard *m*, connasse *f*
Arsen N arsenic *m*
Arsenal N MIL, *fig* arsenal *m*
Art F 1 *(Weise)* manière *f*; façon *f*; mode *m*; **auf diese ~ (und Weise)** de cette façon, manière 2 *(Wesensart)* genre *m*; nature *f*; **das ist nicht ihre ~** ce n'est pas dans sa nature 3 *(Benehmen)* manières *fpl*; façons *fpl* 4 *(Sorte)* genre *m*; sorte *f*; espèce *f (a.* BIOL); **(so) e-e ~ Sofa** une espèce, sorte de canapé; **aus der ~ schlagen** ne ressembler à personne dans la famille 5 GASTR **... nach ~ des Hauses** ... maison
artenreich ADJ avec une grande variété d'espèces
Artenreichtum M (grande) variété des espèces **Artenschutz** M protection *f* des espèces **Artenvielfalt** F → Artenreichtum
Arterie F artère *f* (! Endung)
Arterienverkalkung, Arteriosklerose F artériosclérose *f*
artfremd ADJ étranger à l'espèce
Artgenosse, Artgenossin M,F congénère *m/f*; *Mensch a.* semblable *m/f*
artgerecht ADJ *Tierhaltung* naturel
Arthritis F arthrite *f*
Arthrose F arthrose *f*
artig ADJ *Kind* sage; gentil
Artikel M article *m*; *e-s Wörterbuchs* entrée *f*; GRAM **(un)bestimmter ~** article (in)défini
artikulieren A VT 1 PHON articuler; prononcer 2 *(zum Ausdruck bringen)* exprimer B VR **sich ~** s'exprimer
Artillerie F artillerie *f*
Artischocke F artichaut *m* **Artischockenboden** M fond *m* d'artichaut **Arti-**

schockenherz N cœur *m* d'artichaut
Artist(in) M(F) artiste *m/f* de cirque, de music--hall (❗ **artiste** allein bedeutet „Künstler, Künstlerin"); acrobate *m/f* **artistisch** ADJ acrobatique
Arznei F médicament *m*; remède *m* **Arzneimittel** N médicament *m*; produit *m* pharmaceutique **Arzneimittelgesetz** N *législation réglementant la fabrication et la vente de médicaments* **Arzneimittelkunde** F pharmacologie *f* **Arzneimittelmissbrauch** M abus *m* de médicaments **Arzneipflanze** F plante médicinale
Arzt M médecin *m*; docteur *m*; **zum ~ gehen** (aller) voir un médecin
Ärztekammer F ordre *m* des médecins **Ärzteschaft** F corps médical
Arzthelferin F assistante médicale
Ärztin F (femme *f*) médecin *m*; docteur *m*; *umg* doctoresse *f*
ärztlich **A** ADJ médical **B** ADV **sich ~ untersuchen lassen** se faire examiner par un médecin
Arztpraxis F cabinet médical, de consultation **Arztrechnung** F note *f* de *bzw.* du médecin **Arzttermin** M rendez-vous *m* chez le médecin
As → Ass
Asbest M amiante *m*
Asche F cendre(s) *f(pl)*; *e-s Verstorbenen* cendres *fpl*
Aschenbahn F (piste *f*) cendrée *f* **Aschenbecher** M cendrier *m* **Aschenbrödel** N, **Aschenputtel** N Cendrillon *f*
Ascher *umg* M cendrier *m*
Aschermittwoch M (mercredi *m* des) Cendres *fpl*
aschfahl ADJ *Gesicht* terreux; cendreux **aschgrau** ADJ gris cendré (❗ unveränderlich)
ASCII-Code M code *m* ASCII
äsen V/I *Reh, Hirsch* viander
aseptisch ADJ MED aseptique
Aserbaidschan N l'Azerbaïdjan *m*
Asiat(in) M(F) Asiatique *m/f* **asiatisch** ADJ asiatique
Asien N l'Asie *f*
Askese F ascèse *f*
Asket M ascète *m*
asketisch **A** ADJ ascétique **B** ADV **~ leben** vivre en ascète
Askorbinsäure F acide *m* ascorbique
asozial ADJ *oft pej* asocial; *weitS.* marginal **Asoziale(r)** M/F(M) *oft pej* individu asocial; *weitS.* marginal(e) *m(f)*
Aspekt M aspect *m*
Asphalt M asphalte *m*; *(Straßenbelag) a.* bitume *m*
asphaltieren V/T bitumer; asphalter
Aspik M GASTR aspic *m*
Aspirant M aspirant *m*
Aspirin® N aspirine® *f*
Ass N **1** *Spielkarte* as *m* **2** TENNIS ace *m* **3** *fig* champion, -ionne *m,f*; as *m*; crack *m*
aß → essen
Assessor(in) M(F) **1** JUR magistrat débutant **2** *(Studienassessor)* professeur débutant
Assistent(in) M(F) assistant(e) *m(f)*
Assistenzarzt M, **Assistenzärztin** F interne *m/f* (des hôpitaux)
assistieren V/I **(j-m) ~** assister qn **(bei etw** pendant qc)
Assoziation F PSYCH association *f*; *(Ideenassoziation)* association d'idées
assoziieren *bes* PSYCH **A** V/T **etw mit** *od* **bei etw ~** associer qc à qc **B** V/I procéder par associations; **frei ~** avoir des associations d'idées
Ast M **1** branche *f*; *umg fig* **sich** *(dat)* **e-n ~ lachen** rire comme un bossu **2** *(Stelle im Holz)* nœud *m*
AStA M ABK (Allgemeiner Studentenausschuss) comité général des étudiants (d'une université)
Aster F aster *m*
Ästhet M esthète *m* **Ästhetik** F esthétique *f* **ästhetisch** ADJ esthétique
Asthma N asthme *m*
Asthmatiker M asthmatique *m* **asthmatisch** ADJ asthmatique
Astloch N trou *m* (provenant d'un nœud dans le bois)
astrein ADJ **1** *Holz* sans nœud **2** *umg fig (moralisch einwandfrei)* **nicht ganz ~** *umg* pas très catholique; louche **3** *umg fig (toll) umg* super; *umg* génial
Astrologe M, **Astrologin** F astrologue *m/f* **Astrologie** F astrologie *f* **astrologisch** ADJ astrologique **Astronaut(in)** M(F) astronaute *m/f*; cosmonaute *m/f* **Astronom** M astronome *m* **Astronomie** F astronomie *f* **astronomisch** ADJ astronomique *(a. umg fig Preise)*
ASU F → Abgas(sonder)untersuchung
Asyl N **1** asile *m*; **j-m ~ gewähren** donner asile à qn **2** *(Obdachlosenasyl)* asile *m* de nuit
Asylant(in) *oft neg!* M(F) demandeur, -euse *m,f* d'asile
Asylantrag M demande *f* d'asile **Asylbewerber(in)** M(F) demandeur, -euse *m,f* d'asile **Asylrecht** N droit *m* d'asile
Asymmetrie F asymétrie *f*
asymmetrisch ADJ asymétrique
asynchron ADJ asynchrone

Aszendent M ascendant *m*
Atelier N *e-s Künstlers* atelier *m*; *e-s Fotografen, (Filmatelier)* studio *m*
Atem M **1** *(Atmung)* respiration *f*; souffle *m*; *fig* **j-n in ~ halten** *(in Spannung halten)* tenir qn en haleine; *(pausenlos beschäftigen)* tenir qn en mouvement **2** *(ein- od ausgeatmete Luft)* haleine *f*; souffle *m*; **außer ~ sein** être essoufflé; être °hors d'haleine; **(tief) ~ holen** respirer (profondément)
atemberaubend ADJT *Geschwindigkeit* vertigineux; *Spannung* à couper le souffle **Atembeschwerden** FPL troubles *mpl* respiratoires **Atemgerät** N respirateur *m* **Atemholen** N inspiration *f*; aspiration *f*
atemlos **A** ADJ °hors d'haleine; essoufflé **B** ADV **~ hereinkommen** arriver tout essoufflé
Atemnot F (crise *f* d')étouffements *mpl* **Atempause** F (moment *m* de) répit *m*; temps *m* d'arrêt **Atemstillstand** M arrêt *m* respiratoire; apnée *f* **Atemtechnik** F technique *f* respiratoire **Atemübung** F exercice *m* respiratoire **Atemwege** MPL voies *fpl* respiratoires
Atemzug M souffle *m*; *fig* **in e-m** *od* **im selben ~** au même instant, moment
Atheismus M athéisme *m* **Atheist(in)** M(F) athée *m/f* (! Endung) **atheistisch** ADJ athée (! Endung)
Athen N Athènes
Äther M éther *m*
ätherisch ADJ CHEM, *fig* éthéré; **~e Öle** *npl* essences *fpl*; huiles essentielles
Äthiopien N l'Éthiopie *f* **Äthiopier(in)** M(F) Éthiopien, -ienne *m,f* **äthiopisch** ADJ éthiopien
Athlet(in) M(F) athlète *m/f* **athletisch** ADJ athlétique
Äthylalkohol M alcool *m* éthylique
Äthylen N CHEM éthylène *m*
Atlantik **der ~** l'Atlantique *m*
atlantisch ADJ atlantique; **der Atlantische Ozean** l'océan *m* Atlantique
Atlas M atlas *m*
atmen V/T *u.* V/I respirer
Atmosphäre F atmosphère *f* **atmosphärisch** ADJ atmosphérique
Atmung F respiration *f*
atmungsaktiv ADJ *Material* qui respire; qui laisse passer l'air
Atmungsorgane NPL appareil *m* respiratoire
Atoll N atoll *m*
Atom N atome *m*
atomar ADJ atomique; nucléaire; **~e Bedrohung** menace *f* nucléaire
Atombombe F bombe *f* atomique **Atombombenversuch** M essai *m* nucléaire **Atombunker** M abri *m* antiatomique **Atomenergie** F énergie *f* atomique, nucléaire **Atomexplosion** F explosion *f* atomique, nucléaire **Atomforscher(in)** M(F) atomiste *m/f* **Atomforschung** F recherche *f* nucléaire **Atomgegner(in)** M(F) adversaire *m/f* du nucléaire **Atomgewicht** N PHYS poids *m*, masse *f* atomique
atomisieren V/T atomiser
Atomkern M noyau *m* atomique **Atomkraft** F énergie *f* nucléaire, atomique **Atomkraftwerk** N centrale *f* atomique, nucléaire **Atomkrieg** M guerre *f* atomique, nucléaire **Atommacht** F puissance *f* nucléaire **Atommeiler** M réacteur *m* nucléaire **Atommodell** N PHYS modèle *m* d'atome **Atommüll** M déchets nucléaires, radioactifs **Atomphysik** F physique *f* atomique, nucléaire **Atomphysiker(in)** M(F) atomiste *m/f* **Atompilz** M champignon *m* atomique **Atomreaktor** M réacteur *m* nucléaire **Atomsperrvertrag** M accords *mpl* de non-prolifération des armes atomiques **Atomsprengkopf** M ogive *f* atomique; tête *f* nucléaire **Atomstrom** M énergie *f* nucléaire **Atomtest** M essai *m* nucléaire **Atomtransport** M transport *m* de déchets nucléaires **Atomversuch** M essai *m* nucléaire **Atomwaffe** F arme *f* atomique, nucléaire
atomwaffenfrei ADJ **~e Zone** zone dénucléarisée
Atomwaffensperrvertrag M accords *mpl* de non-prolifération des armes atomiques **Atomzeitalter** N ère *f*, âge *m* atomique
ätsch *kinderspr* INT (c'est) bien fait!
Attaché M DIPL attaché *m*
Attachment N IT fichier joint; pièce jointe
Attacke F attaque *f* (*a.* MED, *fig*)
attackieren V/T attaquer (*a. fig*)
Attentat N attentat *m* **Attentäter(in)** M(F) auteur *m* d'un attentat
Attest N certificat (médical); attestation *f* (du médecin)
attestieren V/T certifier; attester
Attraktion F attraction *f* **attraktiv** ADJ **1** *Angebot etc* intéressant **2** *Person* attirant; séduisant **Attraktivität** F **1** *e-s Angebots etc* intérêt *m* **2** *e-r Frau* (pouvoir *m* de) séduction *f*
Attrappe F article *m* factice; *(Flaschenattrappe)* bouteille *f* factice
Attribut N **1** *(Merkmal)* attribut *m* **2** GRAM épithète *f*; complément *bzw.* adjectif déterminatif
attributiv ADJ GRAM **~es Adjektiv** adjectif *m* épithète

atypisch ADJ atypique
ätzen VT 1 CHEM corroder; attaquer 2 MED cautériser **ätzend** ADJT 1 CHEM corrosif; corrodant; caustique 2 *fig Spott, Geruch* mordant; *Spott a.* caustique; corrosif 3 *Jugendsprache (scheußlich) umg* dégueu(lasse)
au INT aïe!; ouille!
Au F *südd, österr* prairie *f*; pré *m*
AU F → Abgas(sonder)untersuchung
aua *kinderspr, umg* INT aïe!; ouille!
Aubergine F aubergine *f*
auch ADV 1 *(ebenfalls)* aussi; également; *verneint* non plus; **ich ~** moi aussi; **ich ~ nicht** (ni) moi non plus 2 *(sogar, selbst)* même; **~ wenn** … même si … 3 *(außerdem)* **~ (noch)** encore; *umg* **~ das noch!** il ne manquait plus que cela!; *umg* et ça par-dessus le marché! 4 *verallgemeinernd* **wer, was, wo** *etc* **es ~ (immer) sein mag** qui, quoi, où, *etc* que ce soit 5 *zweifelnd* bien; **ist das ~ wahr?** (mais,) est-ce bien vrai?
Audienz F audience *f*
audiovisuell ADJ audiovisuel
Auditorium N 1 *(Hörsaal)* amphithéâtre *m*; **~ maximum** grand amphithéâtre 2 *(Zuhörer)* auditoire *m*
Aue *poet* F prairie *f*; pré *m*
Auerhahn M grand tétras; coq *m* de bruyère

auf

A Präposition B Adverb
C Konjunktion

— A Präposition —

1 *räumlich Lage* sur; *bei Behörden, Inseln, Veranstaltungen meist* à; *bei femininen Inselnamen* en; **~ der Erde** sur la Terre; **~ der Bank** à la banque; **~ Korsika** en Corse; **~ e-r Insel** dans *od* sur une île; **~ dem Tisch liegen** être sur la table 2 *Richtung* sur; **~ den Tisch legen** mettre, poser sur la table; **~ j-n, etw zugehen** aller vers qn, qc 3 *zeitlich* pour; **~ unbestimmte Zeit** pour un temps indéterminé; **~ die Dreißig zugehen** aller sur ses trente ans 4 *modal* **~ diese Weise** de cette façon, manière; **~s Angenehmste, Herzlichste** de la façon la plus agréable, cordiale; le plus agréablement, cordialement possible 5 *final* **etw ~ s-e Richtigkeit überprüfen** vérifier l'exactitude de qc; **etw ~ Fehler durchlesen** lire qc pour chercher les fautes 6 *konsekutiv* **~ s-e Bitte (hin)** à *od* sur sa demande 7 *(pro)* **ein Abgeordneter ~ zehntausend Einwohner** un député pour dix mille habitants; **drei Eier ~ ein Pfund Mehl** trois œufs pour une *od* par livre de farine

— B Adverb —

1 *umg* **~** *(offen)* **sein** être ouvert; **schon ~** *(nicht im Bett)* **sein** être déjà levé; **noch ~ sein** être encore debout 2 *Aufforderung* **~!** *(an die Arbeit etc)* allez!; **~ nach München, zum Sportplatz!** en route pour Munich, le stade! 3 *in festen Verbindungen* **~ und ab** *od geh* **nieder** de haut en bas, de bas en °haut; *Person* **~ und ab** *(hin und her)* **gehen** aller et venir; passer et repasser; marcher de long en large; faire les cent pas; *fig* **das Auf und Ab des Lebens** les °hauts et les bas *mpl* de la vie; *geh* les vicissitudes *fpl* de l'existence; **sich ~ und davon machen** se sauver; prendre le large; *umg* décamper; **er war schon ~ und davon** il était déjà parti

— C Konjunktion —

geh **~ dass** … afin que, pour que … *(+ subj)*; afin de *(+ inf)*

aufarbeiten VT 1 *Rückstände, Post* mettre à jour 2 *Vergangenheit, Erlebnis* assumer **Aufarbeitung** F 1 *von Rückständen* mise *f* à jour 2 *(Analyse)* compte *m* rendu analytique
aufatmen VI respirer *(a. fig)*; *fig* se sentir soulagé **aufbacken** VT réchauffer, passer au four **aufbahren** VT exposer (sur un catafalque, sur un lit de parade)
Aufbau M 1 construction *f (a. fig)*; *e-s Gerüsts, e-r Maschine* montage *m* 2 *(Gliederung)* structure *f* 3 AUTO carrosserie *f*
aufbauen A VT 1 construire; *Gerüst, Zelt, Maschine* monter 2 *(arrangieren)* disposer; arranger 3 *fig Gesellschaft* édifier; *Organisation, Firma* créer, monter (avec succès) 4 *(gliedern)* structurer 5 **etw auf etw** *(dat)* **~** construire, édifier, bâtir qc sur qc *(a. fig)* 6 *fig* **j-n zu** *od* **als etw ~** (vouloir) faire qc de qn 7 *umg fig* **j-n ~** *psychisch* redonner le moral à qn; *physisch* remonter qn B VI **auf etw** *(dat)* **~** être basé, fondé sur qc C VR **sich ~** *(sich zusammensetzen)* se composer, se constituer (**aus** de)
aufbäumen VR **sich ~** se cabrer *(a. fig* **gegen** contre) **aufbauschen** VT 1 *Segel* gonfler 2 *fig Ereignis* exagérer; enfler
Aufbaustudium N *études complétant un diplôme universitaire ou une formation professionnelle*
aufbegehren *geh* VI se révolter, se rebeller (**gegen** contre) **aufbehalten** VT garder
aufbeißen A VT *Nuss* ouvrir, casser avec ses dents B VR **sich** *(dat)* **die Lippe ~** s'ouvrir, se fendre la lèvre
aufbekommen VT 1 *umg Tür, Schloss* réussir, parvenir, arriver à ouvrir 2 SCHULE **etw ~** avoir à faire qc comme devoir
aufbereiten VT traiter **Aufbereitung** F traitement *m*

Aufbereitungsanlage F TECH installation *f* de traitement

aufbessern VT 1 *Gehälter* augmenter; relever 2 *Kenntnisse* améliorer **Aufbesserung** F 1 augmentation *f*; relèvement *m* 2 amélioration *f*

aufbewahren VT conserver; garder; **kühl, trocken ~** garder, tenir au frais, au sec

Aufbewahrung F conservation *f*; garde *f*; dépôt *m*

aufbieten VT *Kräfte, Energie, Überredungskunst* déployer; *Polizei, Militär a.* mettre en action; *Mittel* employer; **s-n ganzen Einfluss ~** user de toute son influence

Aufbietung F **unter ~** *(dat)* **aller Kräfte** en rassemblant ses dernières forces; **unter ~** *(dat)* **s-r ganzen Überredungskunst** en déployant toute son éloquence

aufbinden VT *Schleife, Schuh* dénouer; défaire

aufblähen A VT (faire) gonfler; *Leib* **aufgebläht** ballonné B VR **sich ~** 1 *Segel* se gonfler; s'enfler 2 *fig, pej* se gonfler d'importance

aufblasbar ADJ gonflable

aufblasen A VT gonfler B *umg pej* VR **sich ~** se rengorger; *umg* se faire mousser; faire l'important **aufbleiben** *umg* VI 1 *(geöffnet bleiben)* rester ouvert 2 *(nicht zu Bett gehen)* rester debout; veiller

aufblenden VT *u.* VI **(die Scheinwerfer) ~** mettre les feux de route, les phares; **mit aufgeblendeten Scheinwerfern fahren** rouler pleins phares

aufblicken VI 1 lever les yeux **(zu j-m** vers qn) 2 *fig* **zu j-m ~** respecter qn

aufblitzen VI 1 étinceler, briller (un moment); jeter une vive lueur 2 *fig Gedanke* jaillir **aufblühen** VI fleurir; être en fleur(s); s'épanouir *(a. fig)* **aufbocken** VT mettre sur (des) chevalets **aufbohren** VT percer une ouverture, un trou dans **aufbrauchen** VT épuiser *(a. fig)*

aufbrausen VI 1 *Beifall* éclater; retentir 2 *Person* s'emporter

aufbrausend ADJT *Person* emporté; coléreux

aufbrechen A VT forcer; fracturer B VI 1 *Knospen* s'ouvrir; éclore; *Geschwür* crever; percer 2 *(weggehen)* partir; s'en aller; se mettre en route

aufbrezeln *umg* VR **sich ~** *(sich auffällig schminken u. kleiden) umg* s'attifer

aufbringen VT 1 *Mode* lancer; introduire; *Gerücht* faire courir; lancer 2 *Geld etc* trouver; fournir; réunir; *Kosten* faire face à; *fig Mut, Kraft* trouver; *fig Verständnis, Geduld* faire preuve de; montrer 3 *(in Wut versetzen)* mettre en colère; **j-n gegen sich ~** monter qn contre soi

Aufbruch M départ *m*; **im ~ sein** s'éveiller

Aufbruchsstimmung F atmosphère *f*, ambiance *f* de départ; **es herrschte allgemeine ~** cela sentait le départ; **in ~ sein** *Gäste* être sur le point de partir; *Wirtschaft* croire à la reprise des affaires

aufbrühen VT *Tee* (faire) infuser; *Kaffee* faire

aufbrummen *umg* VT **j-m etw ~** *umg* coller qc à qn; **etw aufgebrummt bekommen** *umg* écoper (de) qc

aufbügeln VT donner un coup de fer à; repasser

aufbürden VT **j-m etw ~** mettre qc sur les bras *od* sur le dos de qn; charger qn de qc

aufdecken VT 1 *Bett* découvrir 2 *Spielkarte* retourner 3 *fig (enthüllen)* découvrir; *Intrige, Verbrechen* déceler; *Geheimnis, Pläne* révéler

Aufdeckung F *(Enthüllung)* découverte *f*

aufdonnern *umg pej* VR **sich ~** s'accoutrer

aufdrängen A VT **j-m etw ~** presser, obliger qn d'accepter qc; *Willen, Ansichten* imposer qc à qn B VR **sich j-m ~** s'imposer à qn

aufdrehen VT 1 ouvrir 2 *umg Radio* mettre (plus) fort

aufdringlich ADJ 1 *Person* indiscret; *umg* collant 2 *Parfüm* tenace **Aufdringlichkeit** F indiscrétion *f*

Aufdruck M texte imprimé

aufdrucken VT **etw (auf etw** *[akk]*) **~** imprimer qc (sur qc)

aufdrücken VT 1 *Tür* ouvrir (en poussant); pousser 2 *Pickel* faire crever 3 *Siegel* apposer

aufeinander ADV l'un(e) sur l'autre *bzw.* les un(e)s sur les autres; → aufeinanderfolgen, aufeinanderlegen, aufeinanderliegen *etc*

aufeinanderfolgen VI se succéder; se suivre

aufeinanderfolgend ADJT consécutif; successif

aufeinanderlegen VT mettre, poser l'un sur l'autre **aufeinanderliegen** VI être posé, empilé, entassé l'un sur l'autre **aufeinanderprallen** VI se heurter *(a. fig)*; se tamponner **aufeinanderschichten** VT empiler; entasser **aufeinandersetzen** VT mettre, poser l'un sur l'autre; superposer **aufeinanderstapeln** VT empiler; entasser **aufeinanderstellen** VT mettre, poser l'un sur l'autre; superposer **aufeinanderstoßen** VI se heurter *(a. fig)* **aufeinandertreffen** VI se rencontrer; *feindlich* se heurter

Aufenthalt M 1 *während e-r Fahrt* arrêt *m*; °halte *f* 2 *(Verweilen)* séjour *m*; **der ~ in diesem Raum ist verboten** interdiction de rester dans cette pièce

Aufenthaltserlaubnis F, **Aufenthalts-**

genehmigung F permis *m* de séjour **Aufenthaltsort** M lieu *m* de séjour, de résidence **Aufenthaltsraum** M *e-s Wohnheims* foyer *m*

auferlegen *geh* A VT **j-m etw ~** imposer qc à qn; *Strafe* infliger qc à qn B VR **sich** (*dat*) **etw ~** s'imposer qc

auferstehen VI BIBEL ressusciter **Auferstehung** F résurrection *f* (*a. fig*)

aufessen VT *u.* VI manger tout

auffahren A VT 1 *Geschütz* mettre en batterie; pousser en position 2 *umg Speisen* mettre sur la table B VI 1 *aus Gedanken* sursauter 2 **auf etw** (*akk*) **~** *Fahrzeug* télescoper, tamponner qc 3 (*heranfahren*) **auf j-n, etw dicht** *od* **nah ~** suivre qn, qc de très près 4 (*vorfahren*) **~ vor** (+ *dat*) *e-m Gebäude* se placer devant (l'entrée de)

Auffahrt F (*Autobahnauffahrt*) bretelle *f*; *vor e-m Gebäude* rampe *f* (d'accès)

Auffahrunfall M télescopage *m*

auffallen VI *Person* se faire remarquer (**durch** par); *Dinge* se voir; se remarquer; sauter aux yeux; **j-m ~** frapper qn; **nicht ~** passer inaperçu; **mir fiel auf, dass …** j'ai remarqué que …; je me suis aperçu que …; **fiel dir nichts an ihm auf?** n'as-tu rien remarqué chez lui?

auffallend A ADJT frappant; *Kleidung, Farbe* voyant B ADVL d'une façon frappante; **sich ~ kleiden** s'habiller d'une façon voyante

auffällig ADJ frappant; *Kleidung, Farbe* voyant

auffangen VT 1 *Ball etc* (r)attraper 2 *Flüssigkeit* recueillir 3 *Schlag, Stoß* amortir

Auffanglager N centre *m* d'accueil

auffassen VT 1 (*verstehen*) saisir; comprendre; **etw falsch ~** mal interpréter qc 2 (*ansehen*) **etw als etw ~** prendre qc pour qc; interpréter qc comme qc

Auffassung F conception *f*; opinion *f*; **nach meiner ~** à mon sens; **der ~ sein, dass …** être d'avis, penser que …

Auffassungsgabe F compréhension *f*; **e-e schnelle ~ haben** avoir l'esprit vif, rapide

auffindbar ADJ trouvable

auffinden VT trouver; découvrir **auffischen** *umg* VT 1 (re)pêcher; retirer de l'eau 2 *fig* (*aufgabeln*) *umg* pêcher; *umg* dégoter **aufflackern** VI *Feuer, fig* se raviver; se ranimer **aufflammen** VI flamber; flamboyer; *fig Unruhen* éclater **auffliegen** VI 1 *Vogel* s'envoler 2 *umg Schwindel, Betrüger* être découvert 3 *Tür* s'ouvrir brusquement

auffordern VT **j-n ~, etw zu tun** inviter qn à faire qc; ADMIN sommer qn de faire qc

Aufforderung F invitation *f* (**zu** à); ADMIN sommation *f*

aufforsten VT reboiser **Aufforstung** F reboisement *m*

auffressen VT manger (*a. fig*); dévorer

auffrischen A VT *Farben* raviver; *Vorräte* renouveler; *Kenntnisse* réactiver B VI **der Wind frischt auf** le vent fraîchit, se lève

Auffrischung F *von Farben* ravivement *m*; *von Vorräten* renouvellement *m*; *von Kenntnissen* remise *f* à niveau **Auffrischungskurs** M cours *m* de remise à niveau

aufführen A VT 1 *Theaterstück* représenter; jouer; *Musikstück* exécuter 2 *Beispiele, Gründe* donner; énumérer; (*auflisten*) mentionner B VR **sich ~** se comporter; se conduire **Aufführung** F 1 représentation *f*; exécution *f* 2 énumération *f*; mention *f*

auffüllen VT remplir; **s-n Bestand (an etw** [*dat*]) **~** refaire le stock (de qc)

Aufgabe F 1 (*Auftrag*) tâche *f*; mission *f*; (*Pflicht*) devoir *m* 2 SCHULE (*Hausaufgabe*) *schriftliche* devoir *m*; *mündliche* leçon *f*; (*Übung*) exercice *m*; *bes* (*Rechenaufgabe*) problème *m* 3 *des Gepäcks* enregistrement *m*; *e-s Telegramms* expédition *f* 4 *e-r Stellung, e-s Plans,* SPORT abandon *m*

aufgabeln *umg fig* VT *umg* pêcher; *umg* dégoter

Aufgabenbereich M ressort *m*; attributions *fpl*; domaine *m* **Aufgabenheft** N cahier *m* de textes **Aufgabenstellung** F *bes* MATH données *fpl* du problème; *weitS. im Arbeitsleben etc* (définition *f* d'une) tâche *f* **Aufgabenverteilung** F répartition *f* des tâches

Aufgang M 1 *e-s Gestirns* lever *m* 2 (*Treppe*) escalier *m* 3 (*Weg*) sentier *m*

aufgeben A VT 1 *Schularbeiten* donner; *Rätsel* poser 2 *Brief etc* expédier; *Gepäck* (faire) enregistrer 3 *Vorhaben, Hoffnung, Widerstand* abandonner; *Stellung* quitter; **das Rauchen ~** arrêter de fumer 4 *e-n Kranken* condamner; **die Ärzte haben ihn aufgegeben** les médecins l'ont condamné 5 **sein Geschäft ~** liquider, fermer définitivement son commerce, son affaire B VI abandonner (*a.* SPORT)

aufgebläht ADJT *Bauch* ballonné; *fig* hypertrophié

aufgeblasen *umg pej* ADJT prétentieux

Aufgebot N 1 *zur Eheschließung* publication *f* des bans (de mariage); **das ~ bestellen** faire publier les bans 2 *an Material* mise *f* en action; *an Menschen* déploiement *m* 3 *schweiz* (*Einberufungsbefehl*) (ordre *m* d')appel *m*

aufgebracht ADJT en colère; furieux **aufgedonnert** *umg* ADJT (drôlement) accoutré, *umg* attifé, °harnaché **aufgedreht** *umg* ADJT excité **aufgedunsen** ADJ bouffi; boursouflé

aufgehen VI 1 *Gestirn* se lever 2 (*sich öffnen*) s'ouvrir; *Knoten, Schleife* se défaire; *Naht* se défaire; se découdre; *Vorhang* se lever; *Geschwür* crever; percer **3** *Teig* lever **4** *Saat* lever; pousser **5** *fig* **plötzlich ging mir auf, was er gemeint hatte** je compris soudain ce qu'il avait voulu dire **6** *Rechnung* tomber juste

aufgehoben ADJT **bei j-m gut ~ sein** être en (de) bonnes mains chez qn; → aufheben

aufgeilen *umg* **A** VT exciter (sexuellement) **B** VR **sich** (**an etw** [*dat*]) **~** *a. fig* s'exciter (sur qc)

aufgeklärt ADJT **1** éclairé; sans préjugés **2** *sexuell* averti

aufgekratzt *umg* ADJT en train; en verve; *plus fort* excité

aufgelegt ADJT **gut, schlecht ~ sein** être de bonne, de mauvaise humeur; **zu etw ~ sein** être disposé, d'humeur à qc; avoir le cœur à qc

aufgelöst ADJT *fig* **(völlig) ~** (complètement) affolé; bouleversé

aufgeräumt ADJT **1** *Zimmer* rangé; en ordre **2** *fig* de bonne humeur

aufgeraut ADJT *Oberfläche, Haut, Hand* rugueux; *Stoff* gratté

aufgeregt ADJT excité; agité; (*nervös*) énervé **Aufgeregtheit** F excitation *f*; agitation *f*; (*Nervosität*) énervement *m*

aufgeschlossen ADJT *Person* ouvert (**für** à) **Aufgeschlossenheit** F ouverture *f* d'esprit; intérêt *m*; (*Empfänglichkeit*) réceptivité *f*

aufgeschmissen *umg* ADJ *umg* paumé; perdu

aufgesetzt ADJT *fig* artificiel; forcé; contraint

aufgesprungen ADJT *Lippe, Haut* gercé

aufgeweckt ADJT *fig* éveillé; vif; dégourdi **Aufgewecktheit** F vivacité *f* d'esprit; esprit éveillé

aufgießen VT → aufbrühen

aufgliedern VT diviser, décomposer (**in** [+ *akk*] en); *in Kategorien* classer, classifier (**in** [+ *akk*], **nach** en) **Aufgliederung** F division *f*; décomposition *f*; classification *f*

aufgraben VT creuser

aufgreifen VT **1** *Thema, Frage* reprendre **2** (*festnehmen*) appréhender; saisir

aufgrund PRÄP, ADV **~ von** (*wegen*) en raison de; vu; (*kraft*) en vertu de

Aufguss M infusion *f* **Aufgussbeutel** M sachet *m* d'infusion

aufhaben *umg* VT **1** *Hut* avoir (sur la tête); *Brille* avoir (sur le nez) **2** (*geöffnet haben*) *Geschäft* être ouvert; **ab wann haben Sie auf?** à quelle heure ouvrez-vous? **3** *Hausaufgaben* avoir à faire, à apprendre

aufhacken VT ouvrir (à coups de pioche)

aufhalsen *umg* VT **j-m etw ~** *umg* coller, *umg* refiler qc à qn

aufhalten **A** VT **1** (*geöffnet halten*) tenir, garder ouvert; **die Hand ~** tendre la main (*a. fig*) **2** (*hemmen*) arrêter; (*zurückhalten*) **j-n ~** retenir, retarder qn **B** VR **1** **sich ~** (*verweilen*) être; **sich ~** (**in** [+ *dat*]) (*bleiben*) rester (à); *im Ausland* séjourner (à) **2** **sich mit etw ~** s'arrêter à, s'attarder à *od* sur qc; perdre son temps avec *od* à qc

aufhängen **A** VT **1** suspendre; *Bild, Mantel* accrocher; *Wäsche* étendre; *Telefonhörer* raccrocher **2** (*erhängen*) pendre **B** VR **sich ~** se pendre

Aufhänger M **1** attache *f* **2** *fig* point *m* de départ (**für etw** de qc)

Aufhängung F TECH suspension *f*

aufhauen **A** VT *Ei, Nuss* casser **B** *umg* VI → aufschlagen B 2

aufhäufen VT (*u.* VR **sich ~**) s')accumuler; (s')amasser; (s')entasser

aufheben **A** VT **1** *vom Boden* ramasser; (*hochheben*) soulever **2** (*aufbewahren*) garder; conserver; mettre de côté; *fig* **gut, schlecht aufgehoben sein** être, ne pas être en bonnes mains **3** (*abschaffen*) supprimer; JUR *Strafe, Urteil* lever; annuler; *Gesetz* abroger; *Sperre* débloquer **4** (*beenden*) *Versammlung* clore; clôturer; *Blockade* lever **B** VR **sich (gegenseitig) ~** s'annuler (réciproquement)

Aufheben *geh* N **viel, kein ~(s) von etw machen** faire grand, peu de cas de qc

Aufhebung F **1** (*Abschaffung*) suppression *f*; JUR *e-r Strafe, e-s Urteils* levée *f*; annulation *f*; *e-s Gesetzes* abrogation *f*; *e-r Sperre* déblocage *m* **2** (*Beendigung*) *e-r Blockade* levée *f*; *e-r Versammlung* clôture *f*

aufheitern **A** VT **j-n ~** égayer, dérider qn **B** VR **sich ~** **1** METEO s'éclaircir **2** *fig Blick* s'éclairer

Aufheiterung F METEO éclaircie *f*

aufheizen **A** VT (faire) chauffer; *fig Stimmung* chauffer (à blanc) **B** VR **sich ~** chauffer (**!** ohne **se**)

aufhelfen VI **j-m ~** aider qn à se relever

aufhellen **A** VT **1** éclaircir **2** *fig* (*klären*) éclaircir; élucider **B** VR **sich ~** **1** *Himmel, Wetter* s'éclaircir; se dégager; **es hat sich aufgehellt** le temps s'est éclairci **2** *fig Gesicht* s'éclairer

aufhetzen VT **j-n gegen j-n ~** monter (la tête à) qn contre qn; dresser qn contre qn

aufheulen VI °hurler; *Motor* s'emballer

aufholen **A** VT rattraper **B** VI SPORT regagner du terrain

aufhorchen VI dresser, tendre l'oreille; *fig* **j-n ~ lassen** éveiller l'attention de qn

aufhören VI s'arrêter; **mit etw ~** cesser, arrêter qc; **~ zu** (+ *inf*) cesser, (s')arrêter de (+ *inf*); **ohne aufzuhören** sans cesse; sans relâche; sans arrêt; *umg* **da hört (sich) doch alles auf!** c'est trop fort!

aufkaufen VT acheter (en masse) **aufkehren** VT balayer; enlever **aufkeimen** VI 1 *Saat* germer 2 *fig* naître
aufklappbar ADJ dépliant; *Autoverdeck* décapotable
aufklappen VT *Buch, Taschenmesser etc* ouvrir; *Gartenstuhl* déplier **aufklaren** VI *Wetter* s'éclaircir; se lever
aufklären A VT 1 *Ursache, Irrtum etc* tirer au clair; *Verbrechen* élucider 2 *(informieren)* **j-n über etw** *(akk)* ~ instruire qn de qc; éclairer qn sur qc 3 *sexualkundlich* **j-n** ~ mettre qn au courant des choses de la vie B VR **sich** ~ 1 *Wetter, Himmel* s'éclaircir; *fig Gesicht* s'éclairer 2 *(sich klären)* s'expliquer
Aufklärung F 1 *e-s Missverständnisses, Verbrechens* éclaircissement *m*; élucidation *f* 2 *(Erklärung)* explication *f*; information *f* 3 **die (sexuelle)** ~ l'éducation sexuelle 4 HIST **das Zeitalter der** ~ le siècle des lumières
Aufklärungsflug M MIL vol *m* de reconnaissance **Aufklärungsflugzeug** N MIL avion *m* de reconnaissance
aufkleben VT **etw (auf etw** *[akk]*) ~ coller qc sur qc
Aufkleber M autocollant *m*; étiquette collante
aufknöpfen VT déboutonner **aufknoten** VT défaire; dénouer **aufkochen** A VT faire bouillir B VI bouillir
aufkommen VI 1 *Gewitter* se former; *Nebel* survenir; *Sturm* se lever; *Gerücht* se répandre; *Zweifel, Gefühl* naître; *Mode* être lancé; **keine Zweifel über etw** *(akk)* ~ **lassen** ne permettre aucun doute sur qc 2 *(bezahlen)* **für etw** ~ payer qc 3 *(auftreffen)* **auf etw** *(akk od dat)* ~ *weich* se poser sur qc; *beim Sprung* atterrir sur qc
aufkratzen VT *Wunde* gratter; *Haut* égratigner **aufkreischen** VI pousser des cris stridents, perçants; *fig Bremsen* grincer **aufkrempeln** VT retrousser **aufkreuzen** *umg* VI *(erscheinen) umg* s'amener; *umg* rappliquer **aufkriegen** *umg* VT → aufbekommen
aufkündigen VT résilier; dénoncer; *geh* **j-m die Freundschaft** ~ retirer son amitié à qn
auflachen VI rire; **laut** ~ éclater de rire
aufladen A VT 1 *Batterie etc* (re)charger 2 *Fracht* **etw (auf etw** *[akk]*) ~ charger qc (sur qc); *fig* **j-m etw** ~ mettre qc sur le dos de qn B VR **sich** ~ se recharger
Aufladung F *e-r Batterie* (re)chargement *m*
Auflage F 1 *e-s Buchs* édition *f*; tirage *m* *(a. Auflagenhöhe)*; **achte, durchgesehene** ~ °huitième édition revue 2 *(Verpflichtung)* obligation *f*; **j-m zur** ~ **machen, etw zu tun** obliger qn à faire qc
Auflagehöhe F *e-s Buchs, e-r Zeitung* tirage *m*
auflagenschwach ADJ à faible tirage **auflagenstark** ADJ à grand tirage
Auflageziffer F → Auflagehöhe
auflassen *umg* VT 1 *Tür etc* laisser ouvert 2 *Hut, Brille* garder
auflauern VI **j-m** ~ guetter qn
Auflauf M 1 *von Personen* attroupement *m*; rassemblement *m* 2 GASTR gratin *m*; *mit Eischnee zubereitet* soufflé *m*
auflaufen VI 1 *Beiträge* s'accumuler 2 *Schiff* (s')échouer (**auf** [+ *akk*] sur) 3 SPORT **zu s-r Bestform** ~ atteindre sa pleine forme; **j-n** ~ **lassen** faire obstruction à qn; *umg fig* ne pas réagir aux avances de qn; battre froid à qn
Auflaufform F moule *m* à soufflé
aufleben VI **(wieder)** ~ renaître; retrouver de l'allant, de l'entrain; *Bräuche a.* revivre; **durch den Besuch lebte er förmlich auf** cette visite lui redonna vie
auflecken VT lécher
auflegen VT 1 *Tischdecke, Schallplatte, Holz, Rouge etc* mettre; TEL **(den Hörer)** ~ raccrocher 2 *Buch* éditer 3 FIN *Wertpapiere* émettre
auflehnen VR **sich gegen j-n, etw** ~ se révolter, se rebeller contre qn, qc
Auflehnung F révolte *f*; rébellion *f*
auflesen VT ramasser; *Tier* recueillir **aufleuchten** VI s'allumer; *Blitz* luire; *Sterne* apparaître
aufliegen VI **(auf etw** *[dat]*) ~ reposer sur, être posé sur qc
auflisten VT IT lister **Auflistung** F *Vorgang, Ergebnis* listage *m*
auflockern A VT 1 *Boden* biner; ameublir 2 *fig Häuserfront, Muster, Stil* aérer; dégager; *Atmosphäre* détendre; *Bericht* égayer B VR **sich** ~ *Bewölkung* se dissiper; se disperser; **aufgelockerte Bewölkung** nuages épars, dispersés
Auflockerung F *fig* **zur** ~ **der Atmosphäre** pour détendre l'ambiance
Auflockerungsübung F SPORT exercice *m* d'assouplissement
auflodern VI 1 flamber; *Flammen* monter; jaillir 2 *fig Kämpfe, Hass* flamber; *Leidenschaft* s'enflammer
auflösbar ADJ soluble
auflösen A VT 1 *Rätsel, Gleichung* résoudre; *Widerspruch* dissiper 2 *in e-r Flüssigkeit* dissoudre; *Tabletten* **in Wasser** *(dat)* ~ faire fondre dans de l'eau 3 *Parlament, Ehe,* dissoudre; *Vertrag* résilier; *Geschäft* liquider B VR **sich** ~ 1 *in e-r Flüssigkeit* se dissoudre; *Tabletten* **sich in Wasser** *(dat)* ~ fondre dans de l'eau 2 *Rätsel, Widersprüche* se résoudre 3 *Parlament, Verein* se dissoudre 4 *Menschenmenge* se disperser; *Nebel* se dissiper

Auflösung F 1 *e-s Rätsels, e-r Rechenaufgabe* solution *f*; *e-r Gleichung* résolution *f* 2 *e-s Parlaments* dissolution *f*; *e-r Gruppe* désagrégation *f*; *e-s Vertrags* résiliation *f*; *e-s Geschäfts* liquidation *f* 3 OPT, FOTO résolution *f*

Auflösungserscheinung F phénomène *m* de désagrégation, de dissolution **Auflösungszeichen** N MUS bécarre *m*

aufmachen A *umg* V/T 1 *(öffnen)* ouvrir; *Knoten* défaire 2 *Geschäft* ouvrir B *umg* V/I 1 *([er]öffnen)* ouvrir 2 *(die Tür öffnen)* ouvrir C V/R **sich ~** se mettre en route, partir (**nach** pour)

Aufmacher M *e-r Zeitung* manchette *f*; gros titre **Aufmachung** F 1 *e-r Ware* présentation *f* 2 *Kleidung* tenue *f*; *pej* accoutrement *m*

Aufmarsch M *von Demonstranten, Truppen etc* rassemblement *m*

aufmarschieren V/I se rassembler **aufmeißeln** V/T ouvrir au ciseau, au burin; MED trépaner **aufmerken** V/I dresser l'oreille

aufmerksam ADJ 1 attentif; **auf j-n, etw ~ werden** remarquer qn, qc; **j-n auf etw** *(akk)* **~ machen** faire remarquer, observer qc à qn; **j-n auf j-n ~ machen** attirer l'attention de qn sur qn 2 *(zuvorkommend)* prévenant; attentionné

Aufmerksamkeit F 1 attention *f* 2 **e-e kleine ~** *(Geschenk)* un petit quelque chose

aufmöbeln *umg* V/T *(aufmuntern)* remonter; *umg* ravigoter **aufmotzen** *umg* V/T *(effektvoll gestalten)* arranger; retaper; *Motor* gonfler **aufmucken** *umg* V/I regimber; *umg* se rebiffer (**gegen** contre)

aufmuntern V/T 1 *(aufheitern)* remonter; regaillardir 2 *(ermutigen)* encourager **Aufmunterung** F 1 réconfort *m* 2 encouragement *m*

aufmüpfig *umg* ADJ rebelle; récalcitrant **Aufmüpfigkeit** F esprit *m* de rébellion

aufnähen V/T **etw** (**auf etw** *[akk]*) **~** coudre, appliquer qc (sur qc)

Aufnahme F 1 *(Empfang)* accueil *m*; réception *f* 2 *in e-e Organisation, Schule etc* admission *f* 3 *von Nährstoffen, Feuchtigkeit* absorption *f* 4 *(Beginn)* commencement *m* 5 *(Aufzeichnung auf Tonband, Filmstreifen)* enregistrement *m*; FOTO, FILM, TV prise *f* de vue(s); *(Tonaufnahme)* prise *f* de son 6 *(Foto)* photo(graphie) *f*

Aufnahmeantrag M demande *f* d'admission **Aufnahmebedingung** F 1 *in e-e Schule, e-e Partei* condition *f* d'admission 2 *pl* **~en** FILM, FOTO conditions *fpl* de prises de vues; *bei Tonaufnahmen* conditions *fpl* de prise de son

aufnahmefähig ADJ *geistig* réceptif (**für** à) **Aufnahmefähigkeit** F *geistige* réceptivité *f*

Aufnahmegebühr F droits *mpl* d'admission **Aufnahmegerät** N appareil *m* d'enregistrement **Aufnahmeleiter(in)** M(F) FILM, TV régisseur *m* de plateau **Aufnahmeprüfung** F examen *m* d'admission, d'entrée; concours *m* **Aufnahmestudio** N FILM, TV studio *m*; salle *f* d'enregistrement **Aufnahmetaste** F touche *f* d'enregistrement **Aufnahmetechnik** F FILM, FOTO technique *f* de la prise de vues, *akustische* de l'enregistrement (du son), de la prise de son **Aufnahmewagen** M TV, RADIO voiture *f*, car *m* de prise de vues *bzw.* de prise de son; voiture *f*, car *m* de reportage

aufnehmen V/T 1 *vom Boden* ramasser; *Gegenstand, Last* soulever; *fig Fährte* relever 2 *Gäste* recevoir; accueillir 3 *in e-e Organisation, Schule, Partei etc* admettre (**in** *[+ akk]* à, dans) 4 **etw in sein Programm ~** prendre qc dans, (r)ajouter qc à son programme 5 *Nahrung* prendre; absorber 6 *(fassen) Ladungsmenge, Menschenmenge etc* contenir; recevoir 7 *geistig* retenir; assimiler 8 *Nachricht* accueillir; **wie hat er die Nachricht aufgenommen?** comment a-t-il pris la nouvelle? 9 *Kredit, Hypothek* prendre 10 *(beginnen)* commencer 11 *Kontakte* prendre; établir; *Verhandlungen* amorcer; engager; *diplomatische Beziehungen* entrer en; établir 12 *(fotografieren)* prendre, faire une photo de; photographier; *(filmen)* filmer 13 *auf Tonband* enregistrer (**auf** *[+ akk]* sur) 14 *fig* **es mit j-m ~** rivaliser avec qn; défier qn

Aufnehmer M *nordd (Scheuerlappen)* serpillière *f*

aufnötigen V/T **j-m etw ~** forcer, presser qn d'accepter qc; obliger qn à prendre qc

aufopfern V/R **sich ~** se sacrifier (**für etw** à qc, **für j-n** pour qn); se dévouer (**für j-n** pour qn)

aufopfernd ADJT **~e Pflege** soins dévoués

Aufopferung F dévouement *m* **aufopferungsvoll** ADJ plein de dévouement

aufpäppeln *umg* V/T *umg* remplumer; *umg* requinquer

aufpassen V/I **auf etw, j-n ~** faire attention à qc, à qn; prendre garde à qc, à qn; surveiller qc, qn; *umg* **aufgepasst!** attention!; **pass mal auf!** fais attention!

Aufpasser(in) M(F) 1 *pej* surveillant(e) *m(f)* 2 *(Wärter[in])* garde *m*

aufpeitschen V/T 1 *Meer* fouetter 2 *fig Leidenschaften, Menschenmenge* exciter, galvaniser

aufpeppen *umg* V/T donner du pep à

aufpflanzen *umg* V/R **sich vor j-m ~** se planter, se camper devant qn

aufpicken V/T 1 *Körner etc* picoter; picorer 2 *öffnen* ouvrir à coups de bec **aufplatzen** V/I éclater; *Sack* crever; *Wunde* se rouvrir **aufplustern** A V/T gonfler B V/R **sich ~** 1 *Vögel* gonfler ses plumes; se hérisser 2 *fig pej* se ren-

gorger; faire la roue **aufpolieren** VT 1 repolir 2 *umg fig Ansehen etc* redorer; *Kenntnisse* rafraîchir
aufprägen VT **etw (auf etw** [*akk*]**) ~** graver qc sur qc
Aufprall M choc *m*, °heurt *m* (**auf** [+ *akk ou dat*] contre)
aufprallen VI (**auf etw** [*akk ou dat*]) **~** °heurter, tamponner qc
Aufpreis M supplément *m*
aufpumpen VT gonfler **aufputschen** VT exciter; stimuler; *plus fort* doper
Aufputschmittel N stimulant *m*; excitant *m*; dopant *m*
aufquellen VI gonfler
aufraffen VR 1 **sich ~** (*mit Mühe aufstehen*) se relever avec peine 2 *fig* **sich ~, etw zu tun** prendre son courage à deux mains pour faire qc
aufragen VI se dresser; s'élever (très °haut)
aufrappeln *umg* VR 1 → **aufraffen** 2 *Kranker* **sich wieder ~** *umg* se retaper
aufrauen VT rendre rugueux; *zur weiteren Bearbeitung* gratter légèrement
aufräumen A VT ranger; mettre de l'ordre dans; *nach Unfall* déblayer B VI 1 mettre, faire de l'ordre; ranger 2 *fig* (*beseitigen*) **mit etw ~** faire table rase de qc
Aufräumungsarbeiten FPL (travaux *mpl* de) déblaiement *m*
aufrechnen VT compenser (**gegen** par; *a. fig*)
aufrecht ADJ *u.* ADV 1 (*aufgerichtet*) droit; debout; **~ stehen** être debout; **~ sitzen** être assis très droit; **sich** (**vor Müdigkeit** [*dat*]) **kaum noch ~ halten können** pouvoir à peine se tenir debout de fatigue; *fig* **diese Hoffnung hält mich noch ~** cet espoir me fait vivre 2 (*rechtschaffen*) droit; loyal
aufrechterhalten VT maintenir **Aufrechterhaltung** F maintien *m*
aufregen A VT énerver; agacer B VR **sich** (**über etw, j-n**) **~** s'énerver (à cause de qc, de qn); s'irriter (de qc, contre qn)
aufregend ADJT excitant; *Roman, Film* palpitant; passionnant
Aufregung F agitation *f*; excitation *f*; énervement *m*; **j-n in ~** (*akk*) **versetzen** mettre qn dans un état d'énervement; énerver, exciter qn
aufreiben A VT 1 (*vernichten*) anéantir 2 (*zermürben*) user; épuiser; tuer B VR **sich ~** s'user; se tuer
aufreibend ADJT tuant; exténuant
aufreihen VT 1 *Perlen* enfiler 2 *Gegenstände* ranger l'un à côté de l'autre; aligner
aufreißen A VT 1 *Tür* ouvrir (brusquement); **die Augen ~** ouvrir de grands yeux; écarquiller les yeux; **den Mund ~** ouvrir grand la bouche 2 *Brief, Packung* ouvrir (rapidement) 3 *mit Gewalt* déchirer; *Boden, Straße* défoncer 4 *umg Mädchen umg* draguer B VI *Wolkendecke, Naht* se déchirer
aufreizen VT exciter; *sexuell a.* provoquer; aguicher **aufreizend** ADJT provocant (*Kleid, Dekolleté*)
aufrichten A VT 1 redresser; relever; **den Oberkörper ~** redresser le buste 2 *fig* (*trösten*) consoler; réconforter; donner courage à B VR **sich ~** 1 se relever; se remettre debout 2 *fig* (*wieder Mut fassen*) reprendre courage
aufrichtig ADJT sincère; *Person a.* franc; droit **Aufrichtigkeit** F sincérité *f*; franchise *f*
Aufriss M 1 (*kurzer Überblick*) esquisse *f* 2 ARCH, TECH élévation *f*
aufritzen VT érafler; égratigner
aufrollen VT 1 (*zusammenrollen*) enrouler; rouler 2 (*auseinanderrollen*) dérouler 3 *fig Frage* soulever; **e-n Prozess wieder ~** reprendre un procès
aufrücken VI 1 (*vorrücken*) (s')avancer; (*aufschließen*) serrer les rangs 2 *fig* (*befördert werden*) accéder (**in** [+ *akk*] à); *im Dienstgrad* monter en grade
Aufruf M appel *m* (**an** [+ *akk*] à; *a. fig*)
aufrufen VT appeler (**zu etw** à faire qc)
Aufruhr M 1 (*Auflehnung*) émeute *f*; révolte *f* 2 *fig* (*Erregung*) agitation *f*; tumulte *m*; **j-n in ~** (*akk*) **versetzen** bouleverser qn; **die ganze Stadt war in ~** (*dat*) toute la ville était en ébullition, en effervescence
aufrühren VT 1 remuer 2 *Vergangenheit etc* réveiller; raviver; **alte Geschichten wieder ~** remettre de vieilles histoires sur le tapis
Aufrührer M émeutier *m*; séditieux *m* **aufrührerisch** ADJ révolté; séditieux
aufrunden VT arrondir (**auf** [+ *akk*] à)
aufrüsten A VT armer; (*wieder aufrüsten*) réarmer B VI s'armer; se réarmer **Aufrüstung** F armements *mpl*; réarmement *m*
aufrütteln VT secouer; *fig* **j-n aus s-r Gleichgültigkeit** *etc* **~** arracher qn à, faire sortir qn de son indifférence, *etc*
aufs = **auf das**
aufsagen VT réciter **aufsammeln** VT ramasser
aufsässig ADJ récalcitrant; rebelle **Aufsässigkeit** F caractère récalcitrant, rebelle
Aufsatz M 1 (*Schulaufsatz*) rédaction *f*; *in der Oberstufe* dissertation *f*; **e-n ~ schreiben** faire une rédaction *bzw.* une dissertation 2 (*aufgesetzter Teil*) élément supérieur
Aufsatzheft N cahier *m* de rédactions **Aufsatzthema** N sujet *m* de rédaction, *in der*

Oberstufe de dissertation
aufsaugen VT *Flüssigkeit* absorber (*a. fig*); TECH aspirer (*a. Gas, Staub*)
aufschauen VI → aufblicken **aufschäumen** A VT TECH faire mousser B VI *Wasser, Meer* écumer; *Seife, Getränk* mousser **aufscheinen** VI 1 *geh* (*aufleuchten*) s'allumer; briller 2 *österr* (*erscheinen*) apparaître; faire son apparition **aufscheuchen** VT 1 *Vögel, Wild* effrayer; effaroucher 2 *umg fig* (*beunruhigen*) effrayer
aufscheuern VR **sich** (*dat*) **die Haut ~** s'écorcher la peau
aufschichten VT empiler; disposer par *od* en couches
aufschieben VT 1 ouvrir; faire glisser 2 (*zeitlich verschieben*) remettre; reporter; ajourner
aufschiebend ADJT JUR dilatoire; suspensif; **~e Wirkung** effet suspensif
aufschießen VI 1 *Flammen etc* jaillir; s'élever (brusquement) 2 *Unkraut, Pilz etc* pousser vite; *Kind* pousser, grandir vite; **ein lang aufgeschossenes Mädchen** une fille toute en longueur
Aufschlag M 1 (*Preisaufschlag*) majoration *f*; augmentation *f*; supplément *m* 2 (*Aufprall*) °heurt *m*; choc *m* 3 TENNIS service *m*; **~ haben** servir 4 *an Ärmeln, Hosen* revers *m*
aufschlagen A VT 1 *Gerüst, Zelt* monter; dresser; *Lager* établir 2 *Augen, Buch etc* ouvrir; **Seite 21 ~** ouvrir à la page 21 3 *Ei, Nuss* casser 4 *Mantelkragen* remonter; *Ärmel* retrousser 5 HANDEL **auf e-e Ware zwanzig Cent ~** majorer une marchandise de vingt cents B VI 1 *Preise etc* augmenter (**um** de) 2 (*aufprallen*) (**auf etw** [*dat ou akk*]) ~ °heurter (qc) 3 TENNIS servir C VR **sich** (*dat*) **das Knie ~** se blesser au genou
Aufschlagfehler M TENNIS faute *f* de service **Aufschlaglinie** F TENNIS ligne *f* de service
aufschlecken VT lécher
aufschließen A VT ouvrir (avec une clé) B VI (*aufrücken*) se pousser (d'une place); *Truppen* serrer les rangs; SPORT **zu j-m ~** rejoindre qn
aufschlitzen VT *Briefumschlag* ouvrir (à l'aide d'un couteau); **j-m den Bauch ~** éventrer qn
aufschluchzen VI éclater en sanglots
Aufschluss M (*Aufklärung*) éclaircissement *m*; explication *f*; (*Auskunft*) renseignement *m*
aufschlüsseln VT répartir (**nach Berufen** suivant la profession)
aufschlussreich ADJ révélateur (**für etw** de qc); (*lehrreich*) instructif
aufschnappen VT 1 (*auffangen*) attraper; °happer 2 *umg fig Wort* entendre; *umg* pêcher
aufschneiden A VT 1 (*öffnen*) couper; ouvrir 2 *Wurst* couper en tranches; *Fleisch* découper B VI (*prahlen*) se vanter; fanfaronner
Aufschneider(in) M(F) *pej* vantard(e) *m(f)*; frimeur, -euse *m,f* **Aufschneiderei** F vantardise *f*; frime *f*
Aufschnitt M (*Wurstaufschnitt*) assortiment *m* de charcuterie; (*Käseaufschnitt*) assortiment *m* de fromages
aufschnüren VT *Paket* défaire; déficeler; *Schuhe* délacer
aufschrammen VR **sich** (*dat*) **die Haut ~** s'écorcher la peau
aufschrauben VT 1 (*losschrauben*) dévisser 2 (*befestigen*) **etw auf etw** (*akk*) **~** visser qc sur qc
aufschrecken A VT effrayer; faire sursauter; **j-n aus dem Schlaf ~** réveiller qn en sursaut B VI sursauter; tressauter; **aus s-n Gedanken ~** être tiré brutalement de ses pensées; **aus dem Schlaf ~** se réveiller en sursaut
Aufschrei M (grand) cri; exclamation *f*; *bes e-r Menge* clameur *f*
aufschreiben VT noter; mettre par écrit; prendre note de; (**sich** [*dat*]) **etw ~** noter qc
aufschreien VI pousser un *od* des cri(s)
Aufschrift F inscription *f*
Aufschub M délai *m*; retard *m*; *des Strafvollzugs* sursis *m*; (*Zahlungsaufschub*) (prolongation *f* du) délai *m*; **keinen ~ dulden** être urgent
aufschürfen VR **sich** (*dat*) **das Knie ~** s'érafler le genou
aufschütten VT 1 mettre, verser (**auf** [+ *akk*] sur) 2 *Straße, Damm* remblayer
aufschwatzen, *regional* **aufschwätzen** *umg* VT **j-m etw aufschwatzen, aufschwätzen** *umg* refiler qc à qn
aufschwemmen VT boursoufler; enfler; **aufgeschwemmtes Gesicht** visage bouffi
aufschwingen VR 1 → aufraffen 2 (*e-e Rolle übernehmen*) **sich zum Richter ~** s'ériger en juge
Aufschwung M *bes* WIRTSCH essor *m*; **wirtschaftlicher ~** essor économique; *geh* **j-m wieder neuen ~ geben** redonner de l'élan à qn
aufsehen VI → aufblicken
Aufsehen N sensation *f*; **~ erregen** faire sensation; **~ erregend** → aufsehenerregend
aufsehenerregend ADJT sensationnel
Aufseher(in) M(F) gardien, -ienne *m,f* (**im Gefängnis** de prison, **im Museum** de musée); surveillant(e) *m(f)*
aufsein → auf
aufsetzen A VT 1 *Hut, Brille* mettre; *fig Miene* prendre 2 (*aufs Feuer setzen*) mettre sur le feu 3 (*aufnähen*) mettre; poser 4 (*verfassen*) rédiger; *Vertrag a.* libeller 5 *auf e-e Unterlage* **etw** (**auf etw** [*akk*]) **~** poser qc sur qc; **den Fuß ~** poser le pied B VI (*landen*) toucher terre; atterrir (**auf**

[+ *dat*] sur) se poser (sur) **C** VR **sich ~** se mettre, se dresser sur son séant
Aufsetzer M SPORT ballon *m* qui rebondit
Aufsicht F **1** *(Überwachung)* surveillance *f*; **unter ärztlicher ~ stehen** être placé sous surveillance médicale; **(die) ~ haben** *od* **führen** être de surveillance, de garde **2** *(Aufsichtsperson)* surveillant(e) *m(f)*
Aufsichtsamt N *Behörde* inspection *f* **Aufsichtsperson** F surveillant(e) *m(f)* **Aufsichtspersonal** N personnel *m* de surveillance **Aufsichtspflicht** F JUR devoir *m* de surveillance **Aufsichtsrat** M *e-r AG* conseil *m* de surveillance **Aufsichtsratsmitglied** N *e-r AG* membre *m* du conseil de surveillance **Aufsichtsratsvorsitzende(r)** M/F(M) *e-r AG* président(e) *m(f)* du conseil de surveillance
aufsitzen VI **1** *auf ein Reittier* monter en selle; *auf ein Pferd a.* monter à cheval; *auf ein Fahrzeug* monter derrière **2** *fig* **j-m, e-r Sache ~** *umg* se faire avoir par qn, par qc; **j-n ~ lassen** faire faux bond à qn; *umg* laisser qn en plan
aufspalten VT (*u.* VR) **(sich ~** se) diviser **(in** [+ *akk*] en; *a. fig*)
Aufspaltung F division *f* (*a. fig*)
aufspannen VT *Regenschirm* ouvrir; *Sprungtuch* tendre **aufsparen** VT garder; réserver **aufsperren** VT **1** *umg* ouvrir tout grand; *Augen a.* écarquiller **2** *(aufschließen)* ouvrir (avec une clé)
aufspielen **A** VI *(Musik machen)* jouer; **zum Tanz ~** jouer de la musique de danse **B** *umg pej* VR **sich (vor j-m) ~** faire l'important (devant qn); se la jouer; **sich als Held ~** jouer au héros
aufspießen VT piquer; *mit Gabel, Spieß, Hörnern* embrocher
aufsplittern VT (*u.* VR **sich ~**) *Land, Partei etc* (se) morceler; *fig* ([*sich*] *spalten*) (se) diviser
Aufsplitterung F morcellement *m*; *fig (Spaltung)* division *f*
aufsprengen VT faire sauter
aufspringen VI **1** *(hochspringen)* se lever d'un bond; bondir **2** **auf etw** *(akk)* **~** sauter sur qc; **auf e-e Straßenbahn ~** sauter dans un tramway **3** *Tür* s'ouvrir (brusquement); *Deckel* sauter **4** *Haut, Lippen* (se) gercer **5** *Ball* rebondir
aufspritzen VI jaillir
aufsprühen VT **etw (auf etw** [*akk*]**) ~** vaporiser qc sur qc
aufspulen VT (em)bobiner **aufspüren** VT dépister (*a. fig*)
aufstacheln VT exciter; **j-n zum Widerstand ~** pousser, exciter qn à la résistance
aufstampfen VI **mit dem Fuß ~** frapper le sol du pied
Aufstand M soulèvement *m*; révolte *f*
aufständisch ADJ insurgé; révolté
Aufständische(r) M insurgé *m*
aufstapeln VT empiler; mettre en pile **aufstauen** **A** VT retenir **B** VR **sich ~** s'accumuler (*a. fig*) **aufstechen** VT percer; crever
aufstecken **A** VT **1** *Haar* relever **2** **etw (auf etw** [*akk*]**) ~** *Ring* mettre, passer qc (à qc) **3** *umg (aufgeben)* renoncer à; *umg* laisser tomber **B** *umg* VI *umg* laisser tomber; abandonner
aufstehen VI **1** se lever; **beim Aufstehen** au lever; au saut du lit **2** *(offen stehen)* être ouvert
aufsteigen VI **1** *Ballon, Rauch* monter; s'élever; *Flugzeug* décoller; s'envoler **2** *aufs Rad, Pferd, zum Gipfel* **(auf etw** [*akk*]**) ~** monter (à, sur qc) **3** *geh fig Erinnerungen, Zweifel* surgir; *Angst* monter **4** *beruflich* avancer (en grade); s'élever **(zu** à); SPORT monter en division supérieure
Aufsteiger M **1** *umg sozialer* personne arrivée, qui a réussi **2** SPORT équipe montée en division supérieure
aufstellen **A** VT **1** *(hinstellen)* mettre; placer; disposer **(in e-m Raum** dans une pièce); *Möbel* installer **2** *(aufbauen) Gerüst* dresser; monter; *Denkmal* ériger; élever; *Maschine, Zelt* monter **3** *(aufrecht hinstellen)* relever; redresser **4** *Posten, Wache* mettre; placer; poster; *Kandidaten* présenter; *Mannschaft, Armee* former; mettre sur pied **5** *Etat, Programm, Regel* établir; *Hypothese* faire; formuler; *Gleichung* poser; **e-e Behauptung ~** avancer une affirmation **B** VR **sich ~** se poster; se placer; **sich hintereinander ~** se ranger les uns derrière les autres
Aufstellung F **1** *von Möbeln* installation *f*; *e-r Maschine, e-s Gerüsts* montage *m*; *e-s Denkmals* élévation *f* **2** *e-r Wache* mise *f* en place; *e-s Kandidaten* présentation *f*; *e-r Mannschaft* formation *f*; mise *f* sur pied **3** *(Erstellung)* établissement *m* **4** *(Liste)* liste *f*; *(Tabelle)* tableau *m*
aufstemmen VT *Kiste etc* ouvrir à l'aide d'une pince-monseigneur
Aufstieg M **1** *zum Gipfel* montée *f* **(zu** à); ascension *f* (à) **2** *fig beruflicher* promotion *f*; *in e-e höhere Gehaltsgruppe* avancement *m*; SPORT montée *f* en division supérieure
Aufstiegschance F *im Beruf* chance *f* d'avancement, de promotion; SPORT chance *f* de se qualifier, de monter en division supérieure **Aufstiegsmöglichkeiten** FPL *im Beruf* chances *fpl* d'avancement, de promotion **Aufstiegsspiel** N SPORT match *m* de qualification
aufstöbern VT **1** débusquer; (faire) lever **2** *fig (entdecken)* dénicher **aufstocken** VT **1** *Haus* surélever **2** *Kapital* augmenter **(um** de) **aufstöhnen** VI pousser un gémissement; gémir

aufstören VT **1** *Tier* effaroucher **2** **j-n ~** déranger qn (**aus dem Schlaf** dans son sommeil)
aufstoßen **A** VT **1** *Tür etc* ouvrir (d'un coup de pied, *etc*) **2** **sich** (*dat*) **das Knie** *etc* **~** se cogner le genou, *etc* **B** VI éructer; avoir des renvois; *Säugling* faire son rot; **j-m stößt etw auf** qc donne des renvois à qn; *umg fig* **etw stößt j-m auf** qc frappe qn
aufstrebend ADJ *Person* (plein) d'avenir; **~e Industrie** industrie *f* en plein développement
Aufstrich M beurre *m*, confiture *f*, pâté *m*, *etc* (à tartiner)
aufstützen **A** VT **etw** (**auf etw** [*akk ou dat*]) **~** appuyer qc sur qc **B** VR **sich mit den Ellbogen ~** s'accouder (**auf** [+ *akk*] à)
aufstylen *umg* VR **sich ~** se mettre sur son trente et un
aufsuchen *geh* VT *Person* aller voir; rendre visite à; *Arzt* (aller) consulter; *Ort* aller à
auftakeln *umg pej* VR **sich ~** se harnacher; s'accoutrer
Auftakt M ouverture *f*; prélude *m* (**zu** à); **den ~ zu etw bilden** ouvrir qc; préluder à qc
auftanken **A** VT *Flugzeug* ravitailler; **das Auto ~** faire le plein (d'essence) **B** VI *beim Auto* faire le plein; *beim Flugzeug* se ravitailler (en carburant)
auftauchen VI **1** émerger; apparaître (à la surface); faire surface **2** *fig* (*sichtbar werden*) apparaître; surgir **3** (*gefunden werden*) réapparaître; être retrouvé
auftauen **A** VT *Schnee, Eis* faire fondre; *Tiefkühlkost* décongeler **B** VI **1** *Eisdecke* fondre; *Tiefkühlkost, See* dégeler; *Erde* (se) dégeler **2** *fig* se dégeler; sortir de sa réserve
aufteilen VT **1** (*verteilen*) partager **2** (*einteilen*) répartir, diviser (**in Gruppen** [*akk*] en groupes)
Aufteilung F partage *m*; répartition *f*
auftischen VT (**j-m**) **etw ~** servir qc (à qn); *umg fig Lügen etc* raconter, débiter qc (à qn)
Auftrag M **1** (*Weisung*) mission *f*; ordre *m*; **j-m den ~ erteilen, etw zu tun** charger qn, donner l'ordre à qn de faire qc; **im ~ von** *od* (+ *gen*) par ordre de; sur (l')ordre de; (*im Namen*) au nom de **2** HANDEL (*Bestellung*) commande *f*; ordre *m*; **etw in ~ geben** passer commande de qc; commander qc **3** FIN ordre *m*; **im ~ von** *od* (+ *gen*) pour le compte de
auftragen **A** VT **1** *geh Speise* servir **2** *Farbe, Salbe* **etw** (**auf etw** [*akk*]) **~** mettre, étaler qc sur qc **3** *Kleidungsstücke* finir d'user; user **4** **j-m etw ~** charger qn de faire qc **B** VI **1** *Kleid* grossir **2** *umg* **dick ~** (*übertreiben*) exagérer; en rajouter
Auftraggeber(in) M(F) HANDEL donneur *m* d'ordre; JUR mandant(e) *m(f)*; commettant(e) *m(f)*; (*Kunde*) client(e) *m(f)* **Auftragnehmer(in)** M(F) preneur *m* de commande; (*Lieferant[in]*) fournisseur *m*
Auftragsbestätigung F confirmation *f* de commande **auftragsgemäß** **A** ADJ conforme à l'ordre (de) **B** ADV suivant l'ordre (de); conformément à l'ordre (de) **Auftragslage** F rentrée *f* de commandes **Auftragsrückgang** M régression *f* des commandes
auftreffen VI **auf etw** (*akk*) **~** °heurter, rencontrer qc; *Strahlen* tomber sur, rencontrer qc
auftreiben *umg* VT (*ausfindig machen*) dénicher; *umg* dégot(t)er **auftrennen** VT découdre
auftreten VI **1** poser le pied (sur le sol) **2** (*die Bühne betreten*) entrer en scène; apparaître sur (la) scène **3** *als Schauspieler, Künstler* jouer; se produire **4** (*in Erscheinung treten*) **als … ~** se présenter comme … **5** (*sich verhalten*) se montrer **6** *Schwierigkeiten etc* apparaître; surgir **7** *Krankheit* survenir; se manifester
Auftreten N **1** (*Benehmen*) manières *fpl*; présentation *f* **2** *in der Öffentlichkeit* apparition *f*; entrée *f* en scène **3** *von Schwierigkeiten* apparition *f*
Auftrieb M **1** PHYS poussée (verticale); FLUG force ascensionnelle **2** *fig* élan *m*; encouragement *m*; **j-m ~ geben** encourager qn
Auftritt M **1** THEAT *e-s Schauspielers* entrée *f* en scène **2** THEAT *Akteinteilung* scène *f* **3** *e-s Künstlers, Sängers* apparition *f* sur scène
auftrumpfen VI étaler sa supériorité
auftun **A** *umg* VT (*entdecken*) dénicher **B** *geh* VR **sich ~** *Abgrund etc* s'ouvrir (*a. fig*)
auftürmen **A** VT **~** (**zu**) empiler (en); entasser (en) **B** VR **sich** (**vor j-m**) **~** *Berge, Schwierigkeiten* se dresser, s'élever (devant qn)
aufwachen VI se réveiller (**aus** de)
Aufwachen N réveil *m*; **beim ~** au réveil
aufwachsen VI grandir
aufwallen VI **1** *Wasser* bouillir **2** *geh fig Zorn, Hass* **in j-m ~** monter en qn
Aufwand M **1** (*Ausgaben*) frais *mpl*; dépenses *fpl*; **mit geringem ~** à peu de frais **2** (*Einsatz*) dépense *f*; **~ an Zeit** dépense de temps **3** (*Verschwendung*) luxe *m*; **großen ~ mit etw treiben** dépenser beaucoup de temps et d'argent pour qc
aufwändig ADJ → aufwendig
Aufwandsentschädigung F indemnité *f* de frais (de représentation)
aufwärmen **A** VT *Speise* réchauffer **B** VR **sich ~** se réchauffer; SPORT s'échauffer
Aufwärmen N **1** *von Speisen* réchauffage *m* **2** SPORT échauffement *m*
aufwarten VI **mit etw ~** présenter qc; **mit e-r Neuigkeit ~** raconter une nouvelle
aufwärts ADV vers le *od* en °haut; en montant; *fig* **vom Hauptmann (an) ~** à partir du capitai-

ne; → aufwärtsfahren, aufwärtsführen, aufwärtsgehen

Aufwärtsbewegung F mouvement ascendant **Aufwärtsentwicklung** F progression *f*; *plus fort* essor *m*

aufwärtsfahren V/T *u.* V/I monter **aufwärtsführen** V/I *Weg* monter; conduire en °haut

aufwärtsgehen V/UNPERS **mit uns geht es aufwärts** *wirtschaftlich, gesundheitlich* nous allons mieux, de mieux en mieux

Aufwärtstrend M tendance *f* à la hausse

Aufwartung *geh* F **j-m s-e ~ machen** *liter* aller rendre ses devoirs à qn

Aufwasch M *regional* → Abwasch; *umg* **das machen wir in einem ~** on fera ça en une seule fois, dans la foulée

aufwecken V/T réveiller

aufweichen A V/T ramollir; *durch Regen* détremper B V/I (se) ramollir

aufweisen V/T *(zeigen)* montrer; *(bieten)* présenter

aufwenden V/T *Einfluss, Mühe, Fleiß* mettre en œuvre; déployer; *Zeit, Geld* dépenser; consacrer **aufwendig** ADJ *(kostspielig)* coûteux

Aufwendung F 1 *von Fleiß etc* mise *f* en œuvre; déploiement *m*; *von Zeit, Geld* dépense *f*; **unter ~ s-r ganzen Kräfte** en déployant toutes ses forces 2 *meist pl* **~en** *(Ausgaben)* dépenses *fpl*

aufwerfen V/T 1 *Damm, Wall* élever; remblayer 2 *fig Fragen, Probleme* soulever

aufwerten V/T FIN réévaluer; revaloriser *(a. fig)* **Aufwertung** F FIN réévaluation *f*; revalorisation *f (a. fig)*

aufwickeln V/T enrouler; *(aufspulen)* embobiner; **j-m, sich** *(dat)* **die Haare ~** mettre à qn, se mettre des rouleaux *od* bigoudis

aufwiegeln V/T inciter à la révolte, à la rébellion

aufwiegen V/T compenser; contrebalancer

Aufwiegler(in) M(F) agitateur, -trice *m,f* **aufwieglerisch** ADJ agitateur; séditieux

Aufwind M 1 METEO, FLUG courant d'air ascendant, ascensionnel 2 *fig* **(durch etw) ~ bekommen** être encouragé (par qc)

aufwirbeln A V/T soulever (des tourbillons de); faire tourbillonner B V/I s'élever en tourbillons; tourbillonner **aufwischen** V/T essuyer

Aufwischlappen M, **Aufwischtuch** N serpillière *f*

aufwühlen V/T 1 *Erde* fouiller; *Meer* démonter 2 *fig seelisch* bouleverser; retourner

aufzählen V/T énumérer **Aufzählung** F énumération *f*

aufzäumen V/T *Pferd* mettre la bride à; *umg fig* **etw verkehrt ~** s'y prendre mal, de travers

aufzehren *geh* A V/T 1 *Vorräte* épuiser; *Ersparnisse, Vermögen* dépenser 2 *fig Kraft, Energie* épuiser B V/R **sich ~** *Mensch geh* se consumer

aufzeichnen V/T 1 *(zeichnen)* dessiner; tracer 2 *(notieren)* noter 3 RADIO, TV enregistrer; **e-e Sendung ~** enregistrer une émission

Aufzeichnung F 1 *auf Magnetband* enregistrement *m* 2 RADIO, TV émission *f* en différé; **als ~ senden** diffuser en différé 3 *pl* **~en** *(Notizen)* notes *fpl*; **sich** *(dat)* **~en machen** prendre des notes

aufzeigen V/T mettre en évidence; montrer

aufziehen A V/T 1 *Vorhang, Schublade* ouvrir 2 **etw auf etw** *(akk)* **~** *Saiten* monter qc sur qc; *Bilder auf Pappe etc* coller qc sur qc 3 *Uhr* remonter 4 *(großziehen)* élever 5 *umg (necken)* **j-n (mit** *od* **wegen etw) ~** charrier qn, *umg* se ficher de qn, mettre qn en boîte (à cause de qc) B V/I 1 *Posten, Wache* prendre la garde 2 *Gewitter* se préparer

Aufzucht F élevage *m*

Aufzug M 1 *(Fahrstuhl)* ascenseur *m* 2 THEAT acte *m* 3 *pej (Kleidung)* accoutrement *m*

aufzwingen V/I **j-m etw ~** imposer qc à qn; *Speise* forcer qn à prendre qc

Augapfel M globe *m* oculaire; **etw wie s-n ~ hüten** tenir à qc comme à la prunelle de ses yeux

Auge N 1 œil *m*; *e-s Würfels* point *m* 2 *Wendungen mit adj* **blaue ~n haben** avoir les yeux bleus; *fig* **ein blaues ~ haben** avoir un œil au beurre noir, un œil poché; *umg fig* **mit einem blauen ~ davonkommen** l'échapper belle; **große ~n machen** ouvrir de grands yeux; écarquiller les yeux; **gute, schlechte ~n haben** avoir de bons, de mauvais yeux; *umg fig* **j-m schöne ~n machen** faire les yeux doux à qn; *umg* **da blieb kein ~ trocken** tous rirent aux larmes; *vor Rührung* tous les yeux se mouillèrent d'émotion 3 *mit Verben* **endlich gingen ihm die ~n auf** enfin ses yeux se dessillèrent; **j-m ~ in ~ gegenüberstehen** se trouver en face de qn; **ein ~ auf j-n haben** surveiller qn; jeter (de temps en temps) un coup d'œil sur qn; *umg fig* **hast du keine ~n im Kopf?** tu es aveugle?; ouvre tes yeux!; *umg* t'as donc pas les yeux en face des trous!; *umg* **da wird sie (aber) ~n machen** elle en fera des grands yeux; *fig* **die ~n offen halten** ouvrir l'œil; *umg* **ein ~ auf j-n, etw werfen** jeter son dévolu sur qn, sur qc; avoir des vues sur qn, sur qc; *umg fig* **ein ~**, *plus fort* **beide ~n zudrücken** fermer les yeux (**bei etw** sur qc) 4 *mit präp* **man sieht es ihm an den ~n an** on le voit à *bzw.* dans ses yeux; **j-n, etw nicht aus den ~n lassen** ne pas quitter qn, qc des yeux; **j-n aus den**

~n verlieren perdre qn de vue; **j-n, etw im ~ behalten** ne pas perdre qn, qc de vue; *fig* **in meinen ~n** à mes yeux; *fig* **ins ~ fallen, springen** sauter aux yeux; crever les yeux; **sich in die ~n sehen** se regarder dans les yeux; **der Gefahr ins ~ sehen** regarder le danger en face; *fig* **etw ins ~ fassen** envisager qc; *umg fig* **ins ~ gehen** (*misslingen*) rater; **mit e-m lachenden und e-m weinenden ~** pleurant d'un œil et riant de l'autre; **mit eigenen ~n** de mes, tes *etc* (propres) yeux; **unter vier ~n** en tête à tête; entre quatre yeux; **vor aller ~n** à la vue de tous; **j-m etw vor ~n führen** *od* **halten** montrer qc à qn; **etw vor ~n haben** avoir qc devant *od* sous les yeux

äugen VI regarder (d'un air interrogateur)

Augenarzt M, **Augenärztin** F oculiste *m/f*; ophtalmologiste *m/f*; ophtalmologue *m/f*

Augenbinde F bandeau *m* (pour les yeux)

Augenblick M moment *m*; instant *m*; **im ~** (*gegenwärtig*) en ce moment; (*vorerst*) pour l'instant, le moment; **in diesem ~** à ce moment (-là); à cet instant; **in dem ~, wo ...** au moment où ...; **e-n ~, bitte!** un moment, s'il vous plaît!

augenblicklich A ADJ 1 (*gegenwärtig*) actuel; présent 2 (*vorübergehend*) momentané 3 (*unverzüglich*) immédiat; instantané B ADV 1 (*sofort*) à l'instant; immédiatement 2 (*zurzeit*) en ce moment; pour l'instant

Augenbraue F sourcil *m* **Augenbrauenstift** M crayon *m* à sourcils **Augendruck** M tension *f* oculaire **Augenentzündung** F inflammation *f* de l'œil; *t/t* ophtalmie *f* **Augenfarbe** F couleur *f* des yeux **Augenheilkunde** F ophtalmologie *f*

Augenhöhe F **in ~** à la hauteur des yeux

Augenhöhle F orbite *f* (de l'œil) **Augeninnendruck** M tension *f* oculaire **Augenklappe** F bandeau *m* (sur l'œil) **Augenlicht** *geh* N vue *f* **Augenlid** N paupière *f* **Augen-Make-up** N maquillage *m* des yeux

Augenmaß N **nach ~** à vue d'œil; à vue de nez; **ein gutes, schlechtes ~ haben** avoir, ne pas avoir le coup d'œil *od* le compas dans l'œil

Augenmerk N **sein ~ auf etw** (*akk*) **richten** fixer son attention, ses regards sur qc

Augenoptiker(in) M(F) opticien, -ienne *m,f*

Augenschein *geh* M (*Eindruck*) apparence(s) *f(pl)*; (*Betrachtung*) examen *m*; **etw, j-n in ~ nehmen** examiner, inspecter qc; **dem ~ nach** selon toute apparence

augenscheinlich *geh* ADJ visible; manifeste; évident

Augentropfen MPL gouttes *fpl* pour les yeux **Augenweide** F plaisir *m* des yeux; régal *m* pour les yeux

Augenwischerei F **das ist (reine) ~** *umg* c'est de la frime

Augenzeuge M, **Augenzeugin** F témoin *m* oculaire **Augenzeugenbericht** M récit *m* de témoins oculaires **Augenzwinkern** N clignement *m* d'yeux **augenzwinkernd** ADVL en faisant, *fig* avec un clin d'œil

August M (mois *m* d')août *m*; → Januar

Auktion F vente *f* aux enchères **Auktionator** M commissaire-priseur *m*

Aula F salle *f* des fêtes

Au-pair-Aufenthalt M séjour *m* au pair **Au-pair-Mädchen** N jeune fille *f* au pair **Au-pair-Stelle** F travail *m* au pair

Aura *geh* F aura *f*

aus A PRÄP 1 *räumlich* de; **~ e-m Glas, der Flasche trinken** boire dans un verre, à la bouteille 2 *Herkunft* de; *Ausgangspunkt* depuis; **der Zug ~ Paris** le train de Paris; **das Spiel ~ dem Stadion übertragen** retransmettre le match depuis le stade 3 *Material* en 4 *Ursache, Grund* par; **~ Angst** par peur; **~ Wut** de colère B ADV 1 *umg* (*vorbei*) fini; terminé; **~ und vorbei** bien fini, terminé; **das Kino ist um zehn Uhr ~** le film finit à dix heures; **jetzt ist alles ~** maintenant tout est perdu 2 *Licht, Radio etc* éteint; *Motor* arrêté; **Licht ~!** éteins *bzw.* éteignez la lumière! 3 *an Geräten* arrêt 4 **von ... ~** de ...; depuis ...; *umg* **von mir ~ kannst du dableiben** pour ce qui est de moi, tu peux rester; *umg* **von mir ~!** si tu veux *bzw.* vous voulez!; *umg* j'ai rien contre! 5 **auf etw** (*akk*) **~ sein** vouloir avoir, viser qc; **auf Abenteuer ~ sein** chercher, courir l'aventure

Aus N 1 SPORT **der Ball geht ins ~** le ballon sort du terrain; TENNIS **~!** out! 2 *fig* fin *f*; **das ist das ~ für unsere Pläne** c'est la fin de nos projets

ausarbeiten VT élaborer; *Vortrag* rédiger; *Richtlinien* mettre au point **Ausarbeitung** F élaboration *f*; rédaction *f*; mise *f* au point

ausarten VI 1 (**in etw** [*akk*]) **~** dégénérer (en qc) 2 (*sich danebenbenehmen*) devenir, être grossier

ausatmen VI expirer

ausbaden *umg* VT **es ~ müssen** *umg* trinquer; payer les pots cassés

ausbaggern VT excaver

ausbalancieren VT équilibrer; contrebalancer (*beide a. fig*)

Ausbau M 1 (*Entfernung*) démontage *m* 2 BAU (travaux *mpl* d')achèvement *m* et (d')équipement *m* 3 *fig* (*Erweiterung*) développement *m*; extension *f*

ausbauen VT 1 (*entfernen*) démonter 2 (*erwei-

tern) développer; étendre **3** *fig Wirtschaftsbeziehungen* consolider; étendre; *Vorsprung* consolider; augmenter; *Theorie, Kenntnisse* approfondir

ausbaufähig ADJ **1** BAU aménageable **2** *fig* susceptible d'être amélioré, consolidé, développé

ausbedingen V/R **sich** *(dat)* **etw ~** poser qc comme condition; stipuler qc

ausbeißen V/R **sich** *(dat)* **e-n Zahn ~** se casser une dent

ausbessern V/T réparer **Ausbesserung** F réparation *f*

ausbeulen V/T **1** *Kotflügel* redresser **2** *Hose etc* faire des poches à; déformer; **e-e Hose mit ausgebeulten Knien** un pantalon avec des poches aux genoux

Ausbeute F rendement *m*; *fig* profit *m*; fruits *mpl*

ausbeuten V/T exploiter **Ausbeuter** M *pej* exploiteur *m*; profiteur *m* **Ausbeutung** F exploitation *f*

ausbezahlen V/T payer

ausbilden **A** V/T **1** former; instruire *(a.* MIL) **2** *Fähigkeiten* former; *Muskeln* développer **B** V/R **sich zur, als Krankenschwester** *etc* **~ lassen** suivre *od* prendre des cours, suivre une formation d'infirmière, *etc*

Ausbilder(in) M(F) formateur, -trice *m,f*; MIL instructeur *m*

Ausbildung F **1** formation *f*; MIL instruction *f*; **in der ~ sein** *als Lehrling* être en apprentissage **2** *(Entwicklung)* développement *m*; formation *f*

Ausbildungsbeihilfe F *für Studenten* bourse *f* d'études; *für Lehrlinge* bourse *f* d'apprentissage **Ausbildungsberuf** M métier *m*, profession *f* nécessitant une formation **Ausbildungsförderung** F bourses *fpl* d'études **Ausbildungsplatz** M place *f* d'apprenti **Ausbildungsstätte** F centre *m* de formation **Ausbildungsvertrag** M contrat *m* d'apprentissage **Ausbildungszeit** F période *f* de formation

ausbitten V/R **sich** *(dat)* **von j-m etw ~** demander qc à qn; **ich bitte mir Ruhe aus** je vous demanderai d'être silencieux

ausblasen V/T souffler; éteindre

ausbleiben V/I *(nicht kommen)* ne pas arriver; ne pas venir; *Ereignis, Wirkung* ne pas se produire; **etw bleibt nicht aus** qc ne manque pas d'arriver; qc est inévitable

ausbleichen **A** V/T décolorer **B** V/I se faner; se décolorer

ausblenden **A** V/T *Filmszene, Ton* fermer en fondu **B** V/R **sich (aus e-r Sendung) ~** rendre l'antenne

Ausblick M vue *f*; *Zimmer* **mit ~ auf den See** avec vue sur le lac; *fig* **e-n ~ in die Zukunft gewähren** permettre un regard vers l'avenir

ausbluten V/I saigner; *geh fig* **ausgeblutet** saigné à blanc

ausbooten *umg* V/T éliminer; *umg* liquider; *umg* débarquer

ausborgen V/T *u.* V/R → ausleihen

ausbrechen **A** V/T enlever (**aus** de) **B** V/I **1** *Häftling etc* s'évader; s'échapper *(a. Tier)* **2** *Krieg* éclater; *Vulkan* entrer en éruption; *Brand, Epidemie* se déclarer; **mir brach der (kalte) Schweiß aus** j'en ai eu des sueurs froides; **in Tränen ~** fondre en larmes **C** V/R **sich** *(dat)* **e-n Zahn ~** se casser une dent

Ausbrecher(in) *umg* M(F) évadé(e) *m(f)*

ausbreiten **A** V/T *Waren, Karte, Zeitung, fig* étaler; *Teppich, Arme* étendre; *Flügel* déployer; **mit ausgebreiteten Armen** les bras ouverts **B** V/R **sich ~** *Feuer, Epidemie, Licht, Schall* se propager; *Epidemie, Nebel* s'étendre; *Nachricht, Geruch, Hitze, Epidemie, Mode* se répandre

Ausbreitung F propagation *f*; extension *f*

ausbrennen **A** V/T *Wunde* cautériser **B** V/I **1** *Feuer* s'éteindre **2** *Haus, Flugzeug* brûler (entièrement); *Panzer, Flugzeug* **ausgebrannt** calciné

Ausbruch M **1** *e-s Kriegs etc* éclatement *m*; *e-r Epidemie* apparition *f*; *e-s Vulkans* éruption *f*; **bei ~ des Krieges** lorsque la guerre éclata; **zum ~ kommen** *Konflikt, Ärger* éclater; *Krankheit* se déclarer **2** *e-s Häftlings* évasion *f* **3** *(Gefühlsausbruch)* éclat *m*; *(Wutausbruch)* accès *m*

ausbrüten V/T **1** couver **2** *umg pej Pläne umg* trafiquer; manigancer

ausbuchten V/I → ausgebuchtet **Ausbuchtung** F renflement *m*

ausbuddeln *umg* V/T déterrer **ausbügeln** *umg* V/T *Fehler* réparer **ausbuhen** *umg* V/T °huer

Ausbund M **er ist ein ~ an** *od* **von Neugier** *etc* c'est la curiosité, *etc* personnifiée, en personne

ausbürgern V/T déclarer déchu, priver de sa nationalité **Ausbürgerung** F déchéance *f* de la nationalité **ausbürsten** V/T brosser; donner un coup de brosse à **ausbüxen** *umg* V/I *umg* décamper; déguerpir **auschecken** V/I **1** FLUG régler les formalités d'arrivée, de débarquement **2** *aus e-m Hotel* régler les formalités de départ

Ausdauer F persévérance *f*; constance *f*; endurance *f* *(a.* SPORT) **ausdauernd** ADJT persévérant; constant; endurant

ausdehnen **A** V/T **1** *räumlich, fig Unternehmen* agrandir; *Gebiet, Einfluss, Aufgabenbereich* étendre (**auf** [+ *akk*] à) **2** *zeitlich* prolonger; allonger **B** V/R **sich ~** **1** *Stadt etc* s'agrandir; PHYS se dilater; *Kleidungsstück, Gewebe, Ebene* s'étendre **2** *zeitlich* se

prolonger; s'allonger (**bis** jusqu'à)
Ausdehnung F 1 PHYS dilatation *f* 2 *des Einflusses, der Macht etc* extension *f*; *e-s Unternehmens* expansion *f* 3 *zeitlich* prolongation *f*; allongement *m* 4 *e-s Gebiets* étendue *f*
ausdenken A VT 1 *(erfinden)* inventer 2 *(sich vorstellen)* imaginer; **die Folgen sind nicht auszudenken** les suites seraient inimaginables, effrayantes B VR **sich** *(dat)* **etw ~** *(sich vorstellen)* imaginer qc; *(erfinden)* inventer qc
ausdiskutieren VT discuter à fond **ausdörren** VT *(u.* VI*)* (se) dessécher **ausdrehen** VT *Radio, Fernseher, Heizung etc* éteindre
Ausdruck[1] M 1 *sprachlicher* expression *f*; *(Fachausdruck)* terme *m*; **sich im ~ vergreifen** tenir des propos déplacés; employer un ton regrettable; → Ausdrucksweise 2 *(Gesichtsausdruck, äußerliches Zeichen)* expression *f*; **etw zum ~ bringen** exprimer qc; **er gab** *od geh* **verlieh der Hoffnung ~, dass** il exprima l'espoir que *(+ subj)* 3 *(Kennzeichen)* symbole *m*; caractéristique *f*
Ausdruck[2] M IT saisie *f* papier; listing *m*
ausdrucken VT IT imprimer; lister
ausdrücken A VT 1 *Schwamm, Frucht* presser 2 *Zigarette* éteindre; écraser 3 *durch Worte* exprimer; **anders ausgedrückt** autrement dit; en d'autres termes B VR **sich ~** s'exprimer
ausdrücklich A ADJ *Genehmigung, Verbot, Wille, Befehl* exprès; *Bestimmung* explicite B ADV expressément
Ausdruckskraft F force *f* d'expression **ausdruckslos** ADJ *u.* ADV sans expression **ausdrucksvoll** A ADJ expressif; parlant B ADV de manière expressive **Ausdrucksweise** F façon *f*, manière *f* de s'exprimer; style *m*
ausdünnen VT 1 *Haar* désépaissir; *Pflanze* éclaircir 2 *fig* réduire
ausdünsten VT répandre; dégager **Ausdünstung** F émanation *f*
auseinander ADV séparé, distant, écarté (l'un de l'autre); séparément; → auseinanderbekommen, auseinanderbrechen, auseinanderbringen *etc*
auseinanderbekommen VT (réussir, arriver à) séparer, détacher **auseinanderbrechen** A VT casser; rompre B VI se casser; se rompre; *fig Ehe, Freundschaft* se briser **auseinanderbringen** VT *(entzweien)* brouiller; désunir; *umg (auseinanderbekommen)* (réussir, arriver à) séparer, détacher **auseinanderfallen** VI tomber en morceaux, en miettes **auseinandergehen** VI *Personen* se séparer; *Menschenmenge* se disperser; *Linien, Straßen* diverger; *fig Ansichten* diverger; différer **auseinanderhalten** VT distinguer (l'un de l'autre) **auseinanderjagen** VT disperser
auseinanderklamüsern *umg* VT *(entwirren)* éclaircir; démêler; **(j-m) etw ~** expliquer qc (à qn)
auseinanderkriegen *umg* VT (réussir, arriver à) séparer, détacher **auseinanderlaufen** VI se séparer; *Menge, Gruppe* s'égailler; *Lichtstrahlen, Linien, Straßen* diverger; *Teig, Farbe* s'étaler; *Eis* fondre; *Käse* couler **auseinanderleben** VR **sich ~** se détacher peu à peu l'un de l'autre **auseinanderlegen** VT 1 séparer; espacer; écarter 2 *fig (erklären)* expliquer; exposer
auseinanderliegen VI 1 *räumlich* **die beiden Dörfer liegen zwei Kilometer auseinander** les deux villages sont à deux kilomètres l'un de l'autre 2 *zeitlich* **die Ereignisse lagen nur einige Monate auseinander** il n'y avait que quelques mois d'écart entre les événements; les événements se suivirent à quelques mois d'écart
auseinandernehmen VT démonter; désassembler **auseinanderreißen** VT déchirer **auseinanderschreiben** VT écrire séparément
auseinandersetzen A VT *(darlegen)* exposer; *(erklären)* expliquer B VR 1 **sich mit e-m Problem ~** se préoccuper d'un, réfléchir à un, étudier un problème 2 **sich mit j-m ~** avoir une discussion, *streitend* une explication avec qn
Auseinandersetzung F 1 *e-s Problems etc* exposé *m*; explication *f* 2 *(Beschäftigung)* étude *f*, examen *m* (**mit** de) 3 *(Meinungsaustausch)* discussion *f*, débat *m* (**über** [+ *akk*] sur) 4 *(Streit)* explication *f*; altercation *f*; querelle *f* 5 *(Kampfhandlung)* conflit *m*
auseinandertreiben VT disperser
auserkoren *geh* ADJ élu
auserlesen *geh* ADJ → erlesen
Auserwählte(r) *geh* M/F(M) élu(e) *m(f)* *(a.* REL*)*; *hum* **s-e ~** l'élue de son cœur
ausfahrbar ADJ télescopique
ausfahren A VT 1 **j-n ~** sortir, promener qn 2 *(ausliefern)* livrer; apporter 3 *Fahrwerk* sortir 4 **ausgefahrene Straße** rue abîmée, *plus fort* défoncée B VI 1 *(spazieren fahren)* sortir en voiture, *etc* 2 *Schiffe, Zug* sortir; partir
Ausfahrt F 1 *(Spazierfahrt)* promenade *f*, sortie *f* en voiture, *etc* 2 *e-s Zugs* départ *m* 3 *(Ausfahrstelle, Autobahnausfahrt)* sortie *f*; **~ frei halten!** sortie de voitures!
Ausfall M 1 *(Verlust, Produktionsausfall)* perte *f* 2 TECH panne *f*; défaillance *f* 3 *(Abwesenheit)* absence *f* 4 *(Haarausfall)* chute *f*; *(Zahnausfall)* perte *f* 5 *fig* insulte *f*; remarque insultante
ausfallen VI 1 *Haare, Zähne etc* tomber; **mir fallen die Haare aus** je perds mes cheveux 2 *(nicht stattfinden)* ne pas avoir lieu; **die Schule,**

der Unterricht fällt heute aus il n'y a pas classe, cours aujourd'hui **3** *(wegfallen)* ne pas être effectué; être perdu; *Zug* ne pas circuler **4** TECH tomber en panne; s'arrêter; *Strom* être coupé **5** *Person (fehlen)* être absent; manquer; *(nicht zur Verfügung stehen)* ne pas être disponible **6** **etw fällt gut, schlecht aus** qc est bon, mauvais; **wie ist die Prüfung ausgefallen?** quel est le résultat de l'examen?

ausfallend ADJT, **ausfällig** ADJ **(gegen j-n) ausfallend, ausfällig werden** devenir grossier (envers qn); faire une sortie contre qn

Ausfall(s)erscheinung F déficience *f*

Ausfallstraße F route *f* de sortie (d'une agglomération)

ausfasern V/I s'effilocher; s'effiler

ausfechten V/T **e-e Sache ~** se battre (pour régler la question)

ausfegen V/T balayer **ausfeilen** V/T **1** TECH limer **2** *fig* polir; *Technik etc* perfectionner **ausfertigen** V/T *Rechnung* établir; *Vertrag* rédiger; *Pass* délivrer

Ausfertigung F **1** *(Ausfertigen)* rédaction *f*; établissement *m* **2** *(Exemplar)* exemplaire *m*; **in doppelter, dreifacher ~** en double, triple exemplaire

ausfindig ADV **etw, j-n ~ machen** (finir par) trouver, découvrir qc, qn

ausfliegen **A** V/T évacuer en avion (**nach** vers) **B** V/I **1** *Vogel* s'envoler **2** *umg fig* **ausgeflogen sein** être parti

ausfließen V/I couler; s'écouler **ausflippen** *umg* V/I *vor Freude* être fou de joie; *vor Wut* être °hors de soi; *vor Angst umg* flipper

Ausflucht F échappatoire *f*; excuse *f*; *(Vorwand)* prétexte *m*; **Ausflüchte machen** donner des excuses; fournir des prétextes

Ausflug M excursion *f*; sortie *f*; *längerer* randonnée *f*

Ausflügler(in) M(F) excursionniste *m/f*

Ausflugsdampfer M bateau *m* d'excursion **Ausflugslokal** N restaurant *m*, auberge *f* de campagne **Ausflugsort** M lieu *m* d'excursion **Ausflugsziel** N but *m* d'excursion

Ausfluss M **1** *(Ausfließen)* écoulement *m* **2** MED flux *m* **3** *e-s Teiches etc* orifice *m* d'écoulement; décharge *f*

ausforschen V/T **1** *(herausfinden)* découvrir **2** *(ausfragen)* sonder, questionner (**über** [+ *akk*] sur)

ausfragen V/T interroger, questionner (**nach** *od* **über** [+ *akk*] sur)

ausfransen V/I s'effranger; s'effilocher

ausfressen V/T *umg fig* **etw ausgefressen haben** avoir fait une bêtise

Ausfuhr F exportation *f*

ausführbar ADJ *Plan etc* réalisable; faisable

Ausfuhrbescheinigung F certificat *m* d'exportation **Ausfuhrbeschränkung** F restriction *f* à l'exportation

ausführen V/T **1** *Person* sortir **2** HANDEL exporter **3** *(durchführen)* exécuter; *Plan* réaliser; *Tat* accomplir; *Strafstoß* exécuter **4** *(ausarbeiten)* développer; élaborer **5** *(darlegen)* exposer; développer

Ausfuhrgenehmigung F permis *m* de sortie, d'exportation **Ausfuhrland** N pays exportateur

ausführlich **A** ADJ détaillé **B** ADV en détail

Ausführlichkeit F abondance *f* de détails; **in aller ~** dans les moindres détails

Ausführung F **1** *(Durchführung)* exécution *f*; *e-s Plans* réalisation *f*; *e-r Tat* accomplissement *m* **2** *(Herstellungsart)* fabrication *f*; qualité *f*; *(Modell)* modèle *m* **3** *von Entwürfen, Themen etc* développement *m*; élaboration *f* **4** *(Darlegung)* explication *f*; développement *m*

Ausfuhrverbot N interdiction *f* d'exportation **Ausfuhrzoll** M droit *m* à l'exportation

ausfüllen V/T **1** *Raum, Formular* remplir; *fig Lücke* combler **2** *Zeit* remplir; passer **3** *(innerlich befriedigen)* satisfaire; *(beanspruchen)* absorber

Ausgabe F **1** *(Geldausgabe)* dépense *f* **2** *(Materialausgabe, Essenausgabe)* distribution *f*; *(Gepäckausgabe, Warenausgabe)* remise *f*; *(Fahrkartenausgabe)* délivrance *f*; *von Wertpapieren* émission *f* **3** *(Ausgabestelle)* centre *m* de distribution; *für amtliche Papiere* bureau *m* de délivrance; *(Schalter)* guichet *m* **4** *e-s Buchs, e-r Zeitung, der Nachrichten* édition *f*; *e-r Zeitung a.* numéro *m* **5** IT sortie *f*; output *m*

Ausgabestelle F *für Papiere, Pass* bureau *m* de délivrance; *für Essen, Werkzeug, Büromaterial* centre *m* de distribution; *für Gepäck, Fahrkarten* guichet *m*

Ausgang M **1** *räumlich* sortie *f*; *zeitlich* fin *f* **2** *(Ergebnis)* issue *f*; **tödlicher ~** issue fatale **3** **~ haben** *Soldaten* avoir une permission; *Hausangestellte* avoir son jour de sortie **4** → Ausgangspunkt

Ausgangsbasis F base *f* de départ **Ausgangslage** F situation initiale **Ausgangsposition** F position initiale **Ausgangspunkt** M point *m* de départ **Ausgangssperre** F couvre-feu *m*; *für Soldaten* consigne *f* **Ausgangsstellung** F position *f* de départ

ausgeben **A** V/T **1** *Geld* dépenser **2** *(austeilen)* distribuer; *Waren, Gepäck* remettre; *Fahrkarten, amtliche Papiere* délivrer; *Wertpapiere* émettre; *fig Parole, Befehl* donner **3** *umg (spendieren)* **j-m etw ~** *umg* payer qc à qn; **einen ~** *umg* payer une tournée **4** IT sortir **5** **j-n, etw für** *od* **als j-n, etw ~** faire passer qn, qc pour qn, qc **B** V/R **sich für** *od* **als j-n, etw ~** se faire passer pour qn, qc; prétendre être qn, qc

ausgebombt ADJT sinistré (lors des bombardements); bombardé **ausgebrannt** A PPERF → ausbrennen B ADJT *fig* à bout de forces; épuisé
ausgebucht ADJT *Hotel* complet; **der Flug ist ~** l'avion, le vol est complet; toutes les places sont réservées dans l'avion; *umg hum* **er, sie ist ständig ~** il, elle est pris(e) sans arrêt
ausgebuchtet ADJ *Gefäß* renflé; bombé; *Küste* découpé; échancré
ausgebufft *umg pej* ADJ *umg* roublard; rusé
Ausgeburt *geh pej* F 1 (*Produkt*) produit *m*; **e-e ~ der Hölle** un suppôt de Satan 2 (*Inbegriff*) incarnation *f*
ausgedehnt ADJT 1 (*lang dauernd*) long 2 (*sich weit erstreckend*) étendu
ausgedient *umg* PPERF **~ haben** avoir fait son temps
ausgefallen ADJT original; singulier; saugrenu **ausgeflippt** *umg* ADJT *gesellschaftlich* marginal; → *a.* ausflippen **ausgefuchst** *umg* ADJ malin; rusé
ausgeglichen ADJT équilibré; *Klima* tempéré **Ausgeglichenheit** F équilibre *m*; *des Klimas* caractère tempéré
ausgehen V/I 1 sortir 2 **auf Eroberungen, Entdeckungen ~** partir à la conquête, découverte 3 (*zum Ausgangspunkt nehmen*) **von etw ~** partir de qc; **ich gehe davon aus, dass …** je présume, je suppose que … 4 (*s-n Ausgang nehmen*) partir (**von** de); *Duft, Wärme* émaner (**von** de) 5 **von j-m ~** (*herrühren*) venir de qn; (*ausgestrahlt werden*) émaner de qn 6 (*enden*) se terminer; finir 7 (*zur Neige gehen*) venir à manquer; s'épuiser; **ihr geht die Luft aus** elle est essoufflée, à bout de souffle; *fig* elle s'essouffle 8 *Feuer, Lampe, Heizung* s'éteindre; *Motor* s'arrêter 9 → ausfallen
ausgehend ADJT **im ~en Mittelalter** vers la fin du Moyen Âge
ausgehfertig ADJ prêt à sortir
ausgehungert ADJT affamé; *plus fort* famélique
Ausgehverbot N interdiction *f* de sortir; MIL consigne *f*
ausgekocht *umg pej* ADJT *umg* roublard; roué
ausgelassen ADJ *Personen* exubérant; turbulent; *Stimmung* gai; plein d'entrain **Ausgelassenheit** F exubérance *f*; turbulence *f*; gaieté *f*; entrain *m*
ausgelaugt ADJT *fig* épuisé; *umg* lessivé
ausgeleiert *umg* ADJT *Gummiband* détendu; *Gewinde* usé
ausgemacht ADJT 1 (*beschlossen*) convenu; entendu; **es ist (e-e) ~e Sache, dass …** c'est convenu que … 2 **ein ~er Schwindel** une parfaite, fameuse escroquerie
ausgemergelt ADJ squelettique; décharné
ausgenommen KONJ 1 → außer 2 (*außer wenn*) → außer
ausgepowert *umg* ADJ vidé; *umg* crevé **ausgeprägt** ADJT prononcé; marqué; accusé **ausgepumpt** *umg* ADJT (*erschöpft*) *umg* pompé; *umg* crevé **ausgerechnet** *umg* ADVL justement; précisément **ausgereift** ADJT *fig Verfahren, System* au point; *Plan* (bien) mûri; *Urteil* formé
ausgeschissen *sl fig* ADJ **(bei j-m) ~ haben** *umg* être devenu un zéro pour qn
ausgeschlafen ADJT (*ausgeruht*) bien reposé; *umg fig* (*hellwach*) vif; dégourdi
ausgeschlossen ADJT impossible; exclu; **es ist nicht ~, dass …** il n'est pas impossible *od* exclu que … (+ *subj*)
ausgeschnitten ADJT *Kleid* **(tief** *od* **weit) ~** (profondément) décolleté
ausgesorgt *umg* ADJT **~ haben** être à l'abri du besoin
ausgesprochen A ADJT marqué; prononcé; accentué B ADVL vraiment; carrément; réellement; tout à fait
ausgestalten V/T 1 *Fest* arranger; (*dekorieren*) décorer 2 (*ausbauen*) **etw zu etw ~** développer qc en qc
Ausgestaltung F 1 arrangement *m* 2 (*Umgestaltung*) développement *m* (**zu** en)
ausgestorben ADJT 1 *Tier-, Pflanzenart* disparu 2 **die Straße war wie ~** la rue était déserte
ausgesucht ADJT sélectionné; exquis; choisi **ausgewachsen** ADJT 1 *Kind* grand; *Tier, Pflanze* adulte 2 *umg fig* (*richtig*) vrai; véritable
ausgewechselt *umg* ADJT **wie ~ sein** être tout changé, transformé
ausgewogen ADJT équilibré **Ausgewogenheit** F équilibre *m* **ausgezeichnet** ADJT excellent; exquis; **~!** excellent!; parfait!
ausgiebig A ADJ abondant B ADV abondamment
ausgießen V/T vider
Ausgleich M compensation *f*; *verschiedener Interessen* arrangement *m*; accord *m*; **als** *od* **zum ~ für** en compensation de; pour compenser; SPORT **den ~ erzielen** égaliser (le score)
ausgleichen A V/T compenser; *Konto* balancer; *Gegensätze* concilier B V/I SPORT égaliser C V/R **sich ~** se compenser
Ausgleichssport M sport *m* de compensation **Ausgleichstor** N, **Ausgleichstreffer** M but égalisateur
ausgraben V/T déterrer; ARCHÄOLOGIE exhumer (*beide a. fig*)
Ausgrabung F exhumation *f*; *pl* **~en** fouilles *fpl*

Ausgrabungsarbeiten FPL fouilles *fpl* **Ausgrabungsstätte** F site *m* archéologique

ausgrenzen V/T exclure; *Personen a.* marginaliser **Ausgrenzung** F exclusion *f*; marginalisation *f*

Ausguck M SCHIFF vigie *f*

Ausguss M 1 *Becken* évier *m* 2 *(Tülle)* bec (verseur)

aushaben *umg* A V/T 1 *Kleidungsstück* avoir enlevé, retiré 2 *Buch etc* avoir fini B V/I *(Unterrichtsschluss haben) umg* avoir fini

aushaken A V/T *(u. V/R) Seil etc* (**sich ~** se) décrocher; (se) détacher B V/UNPERS *umg* **bei ihr hakte es aus** *umg* elle a perdu les pédales

aushalten A V/T 1 *(ertragen)* supporter; endurer; *Druck* résister à; supporter; **ich halte es hier nicht mehr aus** je n'en peux plus ici 2 *(standhalten)* soutenir; **den Vergleich mit j-m, etw ~** soutenir la comparaison avec qn, qc 3 *umg pej* entretenir; **sich von j-m ~ lassen** se faire entretenir par qn B V/I *(durchhalten)* tenir

aushandeln V/T négocier; débattre

aushändigen V/T remettre **Aushändigung** F remise *f*

Aushang M affiche *f*; écriteau *m*; **e-n ~ machen** afficher qc; mettre un écriteau

aushängen A V/T 1 *Bekanntmachung* afficher 2 *Tür* déboîter B V/I *Bekanntmachung* être affiché

Aushängeschild N enseigne *f*; *fig* label *m*; bonne réclame; **als ~ (für etw) dienen** servir d'image de marque (à qc)

ausharren *geh* V/I persévérer

ausheben V/T 1 *Erde* enlever; retirer; *Graben* creuser 2 *Nest* vider; *Eier, Vögel* dénicher 3 *Verbrechernest umg* cueillir

aushecken *umg* V/T machiner; combiner; **e-n Streich ~** monter un coup

ausheilen V/T *u.* V/I guérir (complètement)

aushelfen V/I **j-m (mit etw) ~** aider qn (avec qc)

Aushilfe F 1 **zur ~** *arbeiten* pour aider (temporairement); comme aide (temporaire) 2 *Person* aide *m/f* (temporaire)

Aushilfsarbeit F travail *m* intérimaire, temporaire **Aushilfskellner** M extra *m* **Aushilfskraft** F aide *m/f* (temporaire) **Aushilfskräfte** FPL, **Aushilfspersonal** N personnel *m* temporaire, auxiliaire **aushilfsweise** ADV comme aide temporaire; comme auxiliaire

aushöhlen V/T creuser; *bes Früchte* évider

ausholen V/I 1 *zum Schlag* lever la main (**zu** pour) 2 *fig beim Erzählen* **weit ~** aller chercher, remonter loin

aushorchen V/T **j-n (über etw** *[akk]***) ~** sonder qn (sur, à propos de qc)

aushungern V/T affamer **auskehren** V/T balayer

auskennen V/R **sich (mit** *od* **in etw** *[dat]***) ~** s'y connaître (en qc); **ich kenne mich hier nicht aus** *in e-r Stadt* je ne connais pas du tout la ville

auskerben V/T encocher **auskippen** V/T vider **ausklammern** V/T 1 exclure; laisser de côté 2 MATH sortir de la parenthèse

Ausklang *geh* M fin *f*; note finale

ausklappen V/T déplier **auskleiden** A V/T 1 *geh (entkleiden)* dévêtir; déshabiller 2 *Hohlraum* garnir, recouvrir (**mit** de) B *geh* V/R **sich ~** se dévêtir; se déshabiller **ausklingen** V/I 1 *Ton* se perdre (insensiblement); mourir 2 *fig Veranstaltung* se terminer, s'achever (**mit** par) **ausklinken** A V/T détacher; décliqueter B V/R **sich ~** 1 se détacher 2 *umg fig* se retirer **ausklopfen** V/T 1 *Polstermöbel* battre; taper 2 *Staub* faire sortir en tapant

ausklügeln V/T concevoir; élaborer; **ausgeklügelt** finement pensé, conçu

auskneifen *umg* V/I *umg* filer, se sauver en douce **ausknipsen** *umg* V/T *Licht* éteindre

ausknobeln *umg* V/T 1 → auswürfeln 2 *Plan* combiner

auskochen V/T faire bouillir

auskommen V/I 1 *(genügend haben)* **mit etw ~** (pouvoir) s'en tirer, s'en sortir avec qc 2 **ohne etw, j-n ~ können** savoir, pouvoir se passer de qc, qn 3 **mit j-m (gut, schlecht) ~** (bien, mal) s'entendre, s'accorder avec qn

Auskommen N 1 *(Lebensunterhalt)* moyens *mpl* d'existence; **sein ~ haben** avoir de quoi vivre 2 **mit ihm ist kein ~** on ne peut (pas) s'entendre, vivre avec lui

auskosten *geh* V/T *Triumph, Glück, Augenblick etc* savourer; jouir de **auskramen** *umg* V/T 1 ressortir 2 *fig Erinnerungen, Kenntnisse umg* déballer

auskratzen V/T gratter; MED cureter; *fig* **j-m die Augen ~** arracher les yeux à qn

auskriegen *umg* V/T **ich krieg die Hose, die Schuhe nicht aus** je n'arrive pas à enlever le pantalon, les souliers

auskugeln V/R **sich** *(dat)* **den Arm ~** se démettre, se déboîter, se luxer le bras

auskühlen A V/T refroidir; rafraîchir B V/I se refroidir; se rafraîchir

auskundschaften V/T reconnaître

Auskunft F 1 renseignement *m*; information *f*; **j-m (über etw** *[akk]***) ~ geben** *od* **erteilen** renseigner, informer qn (sur qc); donner des renseignements à qn (sur qc); **Auskünfte (über j-n, etw) einholen** prendre des renseignements, se renseigner (sur qn, qc) 2 *(Auskunftsbüro, Auskunftsstelle)* (service *m*, bureau *m* de) ren-

seignements *mpl* 3 TEL renseignements *mpl*
Auskunftei F agence *f*, bureau *m* de renseignements
Auskunftsbüro N bureau *m* de renseignements **Auskunftsschalter** M guichet *m* des renseignements **Auskunftsstelle** F service *m* de renseignements
auskuppeln V/I *beim Auto* débrayer **auskurieren** V/T guérir complètement, totalement, tout à fait
auslachen V/T se moquer de; rire de; **er wurde von allen ausgelacht** tout le monde s'est moqué de lui; il a été la risée de tous
ausladen[1] V/T *Waren, Fahrzeug* décharger; *Schiff* débarquer
ausladen[2] V/T *Gäste* décommander
ausladend ADJT large
Auslage F 1 *(Ware im Schaufenster)* étalage *m*; marchandises *fpl* en vitrine, à l'étalage 2 *(Schaufenster)* vitrine *f* 3 *pl* **~n** *(Ausgaben)* dépenses *fpl*; frais *mpl*
auslagern V/T transporter en lieu sûr
Ausland N étranger *m*; **im ~** à l'étranger
Ausländer(in) M(F) étranger, -ère *m,f* **Ausländerbeauftragte(r)** M/F(M) délégué(e) *m(f)* aux étrangers **ausländerfeindlich** ADJ xénophobe **Ausländerfeindlichkeit** F xénophobie *f* **ausländerfreundlich** ADJ xénophile
ausländisch ADJ étranger
Auslandsaufenthalt M séjour *m* à l'étranger **Auslandsbeziehungen** FPL relations *fpl* avec l'étranger **Auslandserfahrung** F expérience *f* de l'étranger **Auslandsgespräch** N TEL communication internationale **Auslandskorrespondent(in)** M(F) correspondant(e) *m(f)* à l'étranger **Auslandsmarkt** M marché extérieur **Auslandsreise** F voyage *m* à l'étranger **Auslandsschutzbrief** M assurance-voyages *f* à l'étranger
auslangen V/I *umg österr (ausreichen)* suffire
auslassen A V/T 1 *(weglassen)* omettre; **e-e Gelegenheit ~** laisser passer une occasion 2 *Zorn etc* **an j-m ~** passer, décharger sur qn 3 *Fett* faire fondre 4 *umg (ausgeschaltet lassen)* laisser éteint; *Motor* laisser arrêté B V/R **sich über j-n, etw ~** parler (longuement) de qn, qc; *pej* émettre des propos peu aimables sur qn, qc
Auslassung F 1 *(Weglassung)* omission *f* 2 *pl* **~en** *(Äußerungen) oft pej* remarques *fpl*
Auslassungspunkte MPL points *mpl* de suspension **Auslassungszeichen** N apostrophe *f*
auslasten V/T 1 *Arbeitskräfte, Maschinen etc* exploiter, utiliser pleinement la capacité, le rendement de 2 *(beanspruchen)* occuper pleinement
Auslauf M espace *m* libre
auslaufen V/I 1 *Schiff* partir; sortir 2 *Gefäß* se vider; *Flüssigkeit* couler 3 *Vertrag etc* expirer; venir à expiration 4 *Modell, Serie* être écoulé; ne plus se faire
Ausläufer M *e-s Gebirges* contrefort(s) *m(pl)*; METEO ligne *f*
Auslaufmodell N fin *f* de série
auslaugen V/T 1 lessiver 2 *fig* épuiser; *umg* lessiver
Auslaut M PHON son final; finale *f*
ausleben V/R **sich ~** vivre sa vie; se donner du bon temps **auslecken** V/T lécher **ausleeren** V/T vider
auslegen V/T 1 *Waren* exposer; étaler; *Köder* mettre; *Netze* tendre 2 *Fußboden* recouvrir (**mit** de) 3 *Geld* avancer 4 *(deuten)* interpréter (**als** comme)
Auslegeware F moquette *f*
Auslegung F interprétation *f*
ausleiern *umg* V/T *Gummiband, Feder* détendre; *Gewinde* user
Ausleihe F 1 *Raum* salle *f* de prêt 2 *(Ausleihen)* prêt *m*
ausleihen V/T 1 *(verleihen)* **(j-m) etw ~** prêter qc (à qn) 2 *(entleihen) (a. v/r* **sich** *[dat])* **etw (von j-m) ~** emprunter qc (à qn)
auslernen V/I finir son apprentissage; *sprichw* **man lernt nie aus** on n'a jamais fini d'apprendre
Auslese F 1 *(Auswahl)* sélection *f*; choix *m* 2 *(Elite)* élite *f*
auslesen[1] V/T *Buch* finir de lire
auslesen[2] V/T *(auswählen)* choisir; sélectionner
ausleuchten V/T bien éclairer
Auslieferer M HANDEL dépositaire *m*
ausliefern V/T 1 *Waren* fournir; livrer 2 *Gefangene* livrer (**an** [+ *akk*] à); *an ein anderes Land* extrader **Auslieferung** F 1 livraison *f* 2 extradition *f* **Auslieferungsantrag** M POL demande *f* d'extradition **Auslieferungslager** N HANDEL dépôt *m* (du dépositaire)
ausliegen V/I *Waren, Pläne* être exposé
Auslinie F SPORT ligne *f* de touche
auslöffeln V/T manger (à la cuillère)
ausloggen V/I *(u.* V/R **sich ~)** IT se déconnecter
auslöschen V/T 1 *Feuer* éteindre 2 *Geschriebenes, fig* effacer; *geh ein Menschenleben* anéantir
auslosen V/T tirer au sort
auslösen V/T 1 *Mechanismus* déclencher 2 *fig* provoquer; *Krise, Krieg a.* déclencher 3 *Pfand* retirer
Auslöser M FOTO déclencheur *m*
Auslosung F tirage *m* au sort
Auslösung F TECH, *fig* déclenchement *m*

ausloten VT sonder (*a. fig*) **auslüften** VT aérer

ausmachen VT **1** *umg Licht, Feuer* éteindre; *Motor* arrêter **2** (*vereinbaren*) convenir de **3** (*klären*) régler **4** (*bilden, darstellen*) constituer; *Summe* faire **5** (*erkennen*) discerner; (*orten*) repérer **6** (*ins Gewicht fallen*) **bei der Menge macht das nicht viel aus** vu la quantité cela ne fait rien **7** (*stören*) **das macht mir nichts aus** cela ne me fait rien

ausmalen **A** VT **1** colorier **2** *fig Erlebnisse* décrire; peindre **B** V/R **sich** (*dat*) **etw ~** se figurer, s'imaginer qc

Ausmaß N **1** *räumlich meist pl* **~e** dimensions *fpl* **2** *fig* dimensions *fpl*; **in großem ~ exportieren** exporter sur une grande échelle, en grande(s) quantité(s)

ausmergeln VT épuiser; exténuer **ausmerzen** VT supprimer; éliminer **ausmessen** VT mesurer **ausmisten** VT **1** *Stall* nettoyer **2** *umg fig Unbrauchbares* débarrasser **ausmustern** VT *Unbrauchbares* mettre au rebut

Ausnahme F exception *f*; **mit ~ von** (*od + gen*) à l'exception de; sauf; **ohne ~** sans exception; **e-e ~ (bei j-m) machen** faire une exception (en faveur de, pour qn); *sprichw* **~n bestätigen die Regel** *sprichw* l'exception confirme la règle

Ausnahmebestimmung F règlement d'exception, exceptionnel **Ausnahmeerscheinung** F phénomène exceptionnel **Ausnahmefall** M cas exceptionnel **Ausnahmegenehmigung** F autorisation exceptionnelle **Ausnahmesituation** F situation d'exception, exceptionnelle **Ausnahmezustand** M état *m* d'urgence

ausnahmslos ADJ *u.* ADV sans exception **ausnahmsweise** ADV exceptionnellement

ausnehmen **A** VT **1** *Geflügel, Wild etc* vider **2** **ein Nest ~** dénicher des oiseaux, des œufs **3** *umg pej* (*schröpfen*) *umg* plumer **4** (*ausschließen*) exclure, excepter (**von** de) **B** *geh* V/R **sich gut, sonderbar ~** avoir l'air bien, bizarre; faire (un) bon effet, un effet bizarre

ausnehmend *geh* ADVL extraordinairement; exceptionnellement; extrêmement; **das gefällt mir ~ gut** cela me plaît énormément

ausnüchtern VT (*u.* VI se) dégriser **Ausnüchterung** F dégrisement *m* **Ausnüchterungszelle** F cellule *f* de dégrisement

ausnutzen, *bes südd, österr* **ausnützen** VT **1** *Gelegenheit, Zeit* profiter de; *Vorteil* tirer profit de; *Raum* utiliser **2** *pej Person* profiter de; exploiter

Ausnutzung F, *bes südd, österr* **Ausnützung** F **1** mise *f* à profit **2** exploitation *f*

auspacken **A** VT *Koffer* défaire; *Paket, Waren* déballer; dépaqueter **B** *umg* VI *fig* (*sich aussprechen*) *umg* (tout) déballer; *umg* vider son sac; (*gestehen*) *umg* cracher le morceau **ausparken** VI sortir d'une place de stationnement **auspeitschen** VT fouetter **auspfeifen** VT siffler; *weitS.* °huer **ausplaudern** VT ébruiter; divulguer **ausplündern** VT *Person, Auto etc* dévaliser; *Stadt, Laden* piller **ausposaunen** *umg pej* VT crier sur les toits; carillonner **Ausprägung** F *e-s Charakteristikums* empreinte *f* **auspressen** VT *Frucht* presser; *Saft* exprimer; extraire **ausprobieren** VT essayer (**an j-m, etw** sur qn, qc)

Auspuff M (tuyau *m*, pot *m* d')échappement *m* **Auspuffgas(e)** N gaz *m(pl)* d'échappement **Auspuffrohr** N tuyau *m* d'échappement **Auspufftopf** M pot *m* d'échappement

auspumpen VT **1** *Wasser* pomper **2** *Keller* vider (à l'aide d'une pompe)

auspusten *umg* VT → ausblasen

Ausputzer M FUSSBALL libéro *m*

ausquartieren VT déloger; loger ailleurs

ausquetschen VT **1** (*auspressen*) presser **2** *umg* (*ausfragen*) **j-n ~** *umg* cuisiner qn

ausradieren VT **1** gommer; effacer **2** *fig pej Stadt etc* rayer de la carte; effacer **ausrangieren** VT mettre au rancart, au rebut **ausrasieren** VT raser

ausrasten[1] VI *umg fig* (*durchdrehen*) *umg* perdre la boule; *umg* disjoncter

ausrasten[2] VI (*u.* V/R) *südd, österr* → ausruhen, rasten

ausrauben VT dévaliser **ausräuchern** VT enfumer

ausraufen VT arracher; **sich** (*dat*) **die Haare ~** s'arracher les cheveux (**vor Verzweiflung** de désespoir)

ausräumen VT **1** *Wohnung* déménager les meubles de; vider de ses meubles **2** *Möbel* sortir, enlever (**aus** de) **3** *fig Missverständnisse* dissiper; *Bedenken* éliminer; *Schwierigkeiten* aplanir

ausrechnen **A** VT calculer **B** V/R *fig* **sich** (*dat*) **Chancen ~** penser avoir de bonnes chances

Ausrede F excuse *f*; échappatoire *f*; (*Vorwand*) prétexte *m*

ausreden **A** VT **j-m etw ~** dissuader, détourner qn de qc **B** VI finir (de parler)

ausreichen VI suffire

ausreichend ADJT suffisant; *Schulnote* → Vier

ausreifen VI mûrir (*a. fig*)

Ausreise F départ *m* (pour l'étranger); **bei der ~ aus Frankreich** en sortant de (la), en quittant la France

Ausreiseerlaubnis, **Ausreisegenehmigung** F permis *m*, autorisation *f* de sortie

ausreisen VI partir (pour l'étranger); quitter (**aus e-m Land** un pays)

Ausreisevisum N visa *m* de sortie
ausreißen A V/T arracher B V/I *umg (weglaufen)* *umg* prendre le large; *umg* se tirer; *umg* se casser; *bes Jugendliche* faire une fugue; *umg* fuguer
Ausreißer(in) *umg* M(F) fugueur, -euse *m,f*
ausreiten V/I sortir, se promener à cheval
ausrenken A V/T démettre; déboîter B V/R **sich** *(dat)* **den Arm ~** se démettre, se déboîter le bras
ausrichten V/T 1 *Gegenstände, Soldaten* aligner; **nach Süden ~** orienter au sud 2 *fig Programm, Produktion* **~ nach** adapter à 3 *Auftrag, Gruß* transmettre; **richten Sie ihm bitte aus, dass...** dites-lui s'il vous plaît que ...; *als Antwort* **ich werde es ~** je n'y manquerai pas 4 *(veranstalten)* organiser; *Fest a.* arranger 5 *(erreichen)* **etw ~** (réussir à) obtenir qc; **gegen etw, j-n nichts ~ können** ne pouvoir rien (faire) contre qc, qn
Ausrichtung F 1 alignement *m*; orientation *f (beide a. fig)* 2 *e-r Veranstaltung* organisation *f*; préparation *f*
Ausritt M sortie *f*, promenade *f* à cheval
ausrollen V/T *Teppich* dérouler; *Teig* étendre (au rouleau)
ausrotten V/T *Lebewesen* exterminer; *Unsitte, Aberglaube* extirper; détruire **Ausrottung** F extermination *f*; destruction *f*
ausrücken V/I 1 MIL partir; *Feuerwehr* sortir 2 *umg* → ausreißen
Ausruf M exclamation *f*; cri *m*
ausrufen V/T 1 crier; **j-n ~ lassen** faire appeler qn 2 *(bekannt geben)* annoncer (à °haute voix) 3 *(proklamieren)* proclamer; **j-n zum König ~** proclamer qn roi
Ausrufesatz M GRAM proposition exclamative **Ausrufezeichen**, **Ausrufungszeichen** N point *m* d'exclamation
ausruhen V/I (u. V/R **sich ~**) se reposer
ausrüsten V/T équiper (**mit** de); *mit Werkzeugen* outiller **Ausrüstung** F, **Ausrüstungsgegenstände** MPL équipement *m*
ausrutschen V/I glisser **Ausrutscher** *umg* M 1 glissade *f* 2 *fig (Fauxpas) umg* gaffe *f*
Aussaat F semis *m*; semailles *fpl*
aussäen V/T semer
Aussage F 1 *(Feststellung)* déclaration *f*; dire(s) *m(pl)* 2 JUR déposition *f*; **e-e ~ machen** faire une déposition; **die ~ verweigern** refuser de déposer, de faire une déposition 3 *e-s Kunstwerks* message *m*
Aussagekraft F 1 *e-s Kunstwerks* force *f* d'expression 2 *von Angaben* pertinence *f* **aussagekräftig** ADJ pertinent; substantiel
aussagen V/T 1 *(ausdrücken)* exprimer; dire 2 JUR déposer (**gegen j-n** contre qn)
aussägen V/T découper (à la scie)
Aussagesatz M GRAM proposition énonciative
Aussatz M MED HIST, *fig* lèpre *f* **Aussätzige(r)** M/F(M) MED HIST, *fig* lépreux, - euse *m,f*
aussaugen V/T sucer
ausschaben V/T gratter; MED cureter **Ausschabung** F MED curetage *m*
ausschachten V/T creuser; excaver
ausschalten V/T 1 *Licht, Heizung, Radio, Fernseher* éteindre; *Strom* couper; interrompre; *Maschine, Motor* arrêter 2 *fig* éliminer; écarter **Ausschaltung** F *(Beseitigung)* élimination *f*
Ausschank M 1 *(Ausschenken)* vente *f* 2 *(Schankraum)* buvette *f*; débit *m* de boissons
Ausschau F **nach j-m, etw ~ halten** → ausschauen
ausschauen V/I 1 **nach j-m, etw ~** chercher qn, qc des yeux, du regard; scruter l'horizon pour voir si qn, qc arrive 2 *südd, österr* → aussehen
ausscheiden A V/T *Stoffwechselprodukte* excréter; *Fremdkörper* éliminer; CHEM dégager B V/I 1 *aus e-r Gemeinschaft* quitter (**aus etw** qc); se retirer (de qc) 2 *bei e-m Wettbewerb* être éliminé 3 *(nicht in Betracht kommen)* être exclu, °hors de question
Ausscheidung F 1 *von Stoffwechselprodukten* excrétion *f*; *von Fremdkörpern* élimination *f* 2 SPORT éliminatoire *f* **Ausscheidungskampf** M SPORT (épreuve *f*) éliminatoire *f* **Ausscheidungsspiel** N SPORT match *m* éliminatoire
ausschenken V/T 1 *(verkaufen)* débiter 2 *(ausgießen)* verser 3 *(servieren)* servir **ausscheren** V/I *Fahrzeug* se déporter; déboîter
ausschiffen V/T (u. V/R **sich ~**) débarquer **ausschildern** V/T *Straße* signaliser; *Umleitung* indiquer; signaler **Ausschilderung** F signalisation *f* **ausschimpfen** V/T gronder **ausschlachten** *umg* V/T 1 *(ausnutzen)* exploiter 2 *altes Auto* retirer tout ce qui est encore utilisable de
ausschlafen V/I (u. V/R) **(sich ~)** dormir assez, son compte; **gut ausgeschlafen sein** être bien reposé
Ausschlag M 1 MED éruption *f* (de boutons); eczéma *m* 2 *e-s Messinstruments* déviation *f*; *fig* **den ~ geben** faire pencher la balance; être décisif (**für** pour)
ausschlagen A V/T 1 *Zahn* casser 2 *(ablehnen)* refuser B V/I 1 *Baum* bourgeonner 2 *Pferd* ruer 3 *Zeiger e-s Messinstruments, Pendel* dévier
ausschlaggebend ADJ décisif
ausschlecken V/T lécher
ausschließen V/T 1 exclure (**von, aus** de); **es ist nicht auszuschließen, dass ...** il est possible que ... *(+ subj)* 2 → aussperren

ausschließlich **A** ADV exclusivement **B** PRÄP à l'exclusion de
ausschlüpfen VI éclore; sortir (de l'œuf)
Ausschluss M exclusion *f*
ausschmücken VT **1** *(dekorieren)* décorer, orner (**mit** de) **2** *Erzählung* embellir; enjoliver **Ausschmückung** F **1** décoration *f* **2** embellissement *m*; enjolivement *m*
ausschneiden VT découper (**aus** dans)
Ausschnitt M **1** *(Zeitungsausschnitt)* coupure *f* (de presse) **2** *(Halsausschnitt)* décolleté *m* **3** *(Auszug)* extrait *m*; *(Bildausschnitt)* détail *m*; *(Filmausschnitt)* séquence *f*
ausschöpfen VT **1** *Wasser* vider **2** *fig Möglichkeiten etc* épuiser
ausschreiben VT **1** *Wort etc* écrire en toutes lettres **2** **e-e Stelle ~** mettre une annonce d'offre d'emploi; *Arbeiten* **öffentlich ~** mettre en adjudication
Ausschreibung F *e-r Stelle* publication *f* d'une annonce; **öffentliche ~** appel *m* d'offres; adjudication (administrative)
Ausschreitungen FPL excès *mpl*
Ausschuss M **1** *(Kommission)* comité *m*; commission *f* **2** *(fehlerhafte Ware)* rebut *m* **Ausschussmitglied** N membre *m* du comité, de la commission **Ausschusssitzung** F séance *f* du comité, de la commission **Ausschussware** F marchandise *f* de rebut
ausschütteln VT secouer
ausschütten VT **1** *Inhalt* vider **2** *Gewinn, Dividenden* répartir **Ausschüttung** F *(Gewinnausschüttung)* répartition *f*; *(Dividende)* dividende *m*
ausschweifend ADJT *Fantasie etc* débridé; débordant; **ein ~es Leben führen** mener une vie dissolue, de débauche
Ausschweifung F *im Genuss* excès *m*; *(Sittenlosigkeit)* débauche *f*
ausschweigen VR **sich (über etw** *[akk]***) ~** garder le silence, se taire (sur qc)
aussehen VI avoir l'air; paraître; **müde ~** avoir l'air fatigué; **jung ~** faire jeune; **~ wie** ressembler à; **wie siehst du denn aus!** te voilà bien arrangé!; **so siehst du aus!** tu n'y penses pas!; *umg* compte là-dessus!; **es sieht nach Regen aus** le temps est à la pluie
Aussehen N **1** *(Gesichtsausdruck)* air *m*; mine *f* **2** *(Äußeres)* apparences *fpl*; extérieur *m*
aussein → aus
außen ADV dehors; à l'extérieur; **nach ~ (hin)** à *od* vers l'extérieur; au *od* en dehors; **von ~** du dehors; de l'extérieur; *umg* **j-n, etw ~ vor lassen** ignorer qn, qc; *umg* **~ vor bleiben** être ignoré
Außen... IN ZSSGN *meist* extérieur **Außenansicht** F extérieur *m*; vue extérieure **Außenantenne** F antenne extérieure **Außenaufnahmen** FPL FILM extérieurs *mpl* **Außenbahn** F SPORT piste extérieure; LEICHTATHLETIK couloir extérieur **Außenbeleuchtung** F éclairage extérieur **Außenbezirk** M *e-r Stadt* quartier *m* périphérique **Außenborder** *umg* M **1** *Motor* moteur *m* °hors-bord **2** *Boot* °hors-bord *m* (❗ unveränderlich)
Außenbordmotor M moteur *m* °hors-bord; **Boot mit ~** °hors-bord *m* (❗ unveränderlich)
aussenden VT **1** *Strahlen* émettre **2** *Boten* envoyer
Außendienst M **im ~ (tätig) sein** être en déplacement
Außendienstmitarbeiter(in) M(F) collaborateur, -trice *m,f* externe; *(Handelsvertreter[in])* représentant(e) *m(f)* de commerce **Außenhandel** M commerce extérieur **Außenkante** F (re)bord extérieur **Außenleuchte** F lampe extérieure **Außenmauer** F mur extérieur **Außenminister(in)** M(F) ministre *m* des Affaires étrangères **Außenministerkonferenz** F conférence *f* des ministres des Affaires étrangères **Außenministerium** N ministère *m* des Affaires étrangères **Außenpolitik** F politique extérieure, étrangère **Außenpolitiker(in)** M(F) homme *m* politique, politicien, -ienne *m,f* s'occupant des affaires étrangères d'un pays **außenpolitisch** ADJ de (la) politique extérieure **Außenseite** F côté extérieur **Außenseiter** M outsider *m*; *gesellschaftlicher* marginal *m* **Außenspiegel** M rétroviseur extérieur **Außenstände** MPL HANDEL créances *fpl* **Außenstehende(r)** M/F(M) profane *m/f* **Außenstelle** F succursale *f* **Außenstürmer** M SPORT ailier *m* **Außentemperatur** F température extérieure **Außenwand** F mur extérieur **Außenwelt** F monde extérieur
außer **A** PRÄP **1** *(außerhalb von)* °hors de; **~ sich** *(dat)* **sein** être °hors de soi **2** *(abgesehen von)* à part; excepté; à l'exception de; sauf; **niemand ~ mir** personne à part moi **3** *(neben)* outre; en dehors de **B** KONJ **~ wenn** sauf si; à moins que … ne (+ *subj*)
außerdem ADV en outre; de *od* en plus; par ailleurs
außerdienstlich ADJ en dehors du service, de l'exercice de mes, *etc* fonctions
äußere ADJ extérieur; externe
Äußere(s) N extérieur *m*; apparences *fpl*
außerehelich ADJ extraconjugal; *Kind* illégitime; naturel **außereuropäisch** ADJ extra-européen **außergerichtlich** ADJ extrajudi-

ciaire **außergewöhnlich** ADJ extraordinaire; exceptionnel

außerhalb **A** PRÄP en dehors, à l'extérieur de **B** ADV **~ wohnen** habiter en dehors de la ville; **von ~** de l'extérieur

außerirdisch ADJ extraterrestre

äußerlich ADJ **1** *(außen befindlich)* extérieur; externe *(a.* PHARM) **2** *fig (scheinbar)* apparent

Äußerlichkeit F **1** *pl* **~en** *(Äußerliches)* apparences *fpl* **2** *(Formalität)* formalité *f*

äußern **A** V/T *(aussprechen, kundtun)* exprimer; *Meinung a.* dire; donner **B** V/R **sich ~** **1** *(sich zeigen)* se montrer, se traduire, se manifester (**in** [+ *dat*] par) **2** **sich zu etw** *od* **über etw** *(akk)* **~** dire, donner son opinion sur qc; se prononcer sur qc

außerordentlich **A** ADJ extraordinaire; exceptionnel **B** ADV *(sehr)* extrêmement; énormément; **es tut uns ~ leid** nous regrettons infiniment, vivement

außerparlamentarisch ADJ extraparlementaire; **~e Opposition** opposition *f* extraparlementaire

außerplanmäßig ADJ °hors(-)plan; *(zusätzlich)* supplémentaire **außerschulisch** ADJ extrascolaire

außersinnlich ADJ extrasensoriel; **~e Wahrnehmung** perception extrasensorielle

äußerst ADV extrêmement

außerstande ADV **~ sein, etw zu tun** être °hors d'état, incapable de faire qc

äußerste ADJ extrême *(a. fig)*; **im ~n Fall** à la rigueur

Äußerung F **1** *(Bemerkung)* remarque *f*; *pl* **~en** *a.* propos *mpl*; paroles *fpl* **2** *e-s Gefühls etc* manifestation *f*

aussetzen **A** V/T **1** *Kind, Tier* abandonner **2** *e-r Gefahr, Beanspruchung* exposer **3** *Belohnung* offrir **4** *(unterbrechen)* interrompre; *Verfahren* suspendre **5** JUR *Strafe* surseoir à **6** **etw an j-m, etw auszusetzen haben** trouver à redire à qn, qc; avoir à reprocher qc à qn, qc **B** V/I **1** *Motor, Herz* s'arrêter **2** **mit der Arbeit (für ein paar Wochen) ~** arrêter de travailler (pour quelques semaines)

Aussetzer *umg* M *(Ausfall) e-s Motors* raté *m (a. Missgeschick)*; **e-n ~ haben** *umg* avoir un trou

Aussetzung F **1** *e-s Kindes* abandon *m* **2** *e-r Belohnung* offre *f* **3** *e-s Streiks* interruption *f* **4** JUR *e-s Verfahrens* suspension *f*; *e-r Strafe* sursis *m*

Aussicht F **1** *(Ausblick)* vue *f* (**auf** [+ *akk*] sur) **2** *fig* perspective *f*, chance *f*, espérance *f* (de); **etw in ~ haben** avoir qc en vue; **j-m etw in ~ stellen** laisser entrevoir qc à qn; **ohne ~ auf Erfolg** sans espoir de succès, de réussir

aussichtslos ADJ sans aucune chance de succès; sans espoir **Aussichtslosigkeit** F inutilité *f*

Aussichtspunkt M point *m* de vue **aussichtsreich** ADJ prometteur; plein d'espoir **Aussichtsturm** M belvédère *m*

aussieben V/T **1** cribler **2** *fig Bewerber* trier (sur le volet); passer au crible **aussiedeln** V/T déplacer

Aussiedler(in) M(F) rapatrié(e) *m(f)*

aussitzen *umg* V/T **ein Problem ~** attendre qu'un problème se résolve de lui-même

aussöhnen **A** V/T **j-n mit j-m ~** réconcilier qn avec qn **B** V/R **sich mit j-m ~** se réconcilier avec qn; faire la paix avec qn

Aussöhnung F réconciliation *f*

aussondern V/T retirer **aussortieren** V/T trier; mettre à part **ausspähen** V/T épier; espionner

ausspannen **A** V/T **1** *Zugtiere* dételer **2** *umg fig* **j-m j-n, etw ~** *umg* chiper qn, qc à qn **B** V/I se détendre; se reposer; se relaxer

aussparen V/T **1** *Wort* laisser en blanc **2** *fig Thema* éviter (de parler de) **Aussparung** F *(Öffnung)* ouverture *f*; *(Platz)* place

aussperren V/T **1** *(ausschließen)* **j-n ~** fermer la porte derrière qn qui n'a pas de clé pour rentrer **2** *im Streik* lock-outer

Aussperrung F *im Streik* lock-out *m*

ausspielen **A** V/T **1** *Gegner im Sport* feinter **2** *Spielkarte* jouer; *fig* **s-e Überlegenheit ~** jouer de sa supériorité **3** **j-n gegen j-n ~** se servir de qn contre qn **B** V/I *beim Kartenspiel* commencer à jouer; jouer le premier

ausspionieren V/T espionner **ausspotten** *österr* → verspotten

Aussprache F **1** *e-s Wortes* prononciation *f* **2** *klärende* explication *f*; *(Meinungsaustausch)* discussion *f*; débat *m* **Ausspracheangabe** F notation *f* phonétique **Aussprachefehler** M faute *f* de prononciation **Aussprachewörterbuch** N dictionnaire *m* de prononciation

aussprechen **A** V/T **1** *Wort* prononcer **2** *(ausdrücken)* exprimer **B** V/R **sich ~** **1** *Wort* se prononcer **2** *(sein Herz ausschütten)* s'épancher **3** **sich mit j-m ~** s'expliquer avec qn **4** *(sich äußern)* se prononcer; **sich für, gegen j-n, etw ~** se prononcer en faveur de *od* pour, contre qn, qc **C** V/I finir de parler

Ausspruch M parole(s) *f(pl)*; sentence *f*

ausspucken V/T *u.* V/I cracher **ausspülen** V/T rincer

ausstaffieren V/T *pej (herausputzen)* accoutrer; affubler; *(verkleiden)* déguiser (**als** en)

Ausstand M grève *f*; débrayage *m*; **in den ~ treten** se mettre en grève; débrayer

ausstanzen V/T découper à l'emporte-pièce;

poinçonner
ausstatten VT doter, munir, pourvoir, équiper (**mit** de); *Raum* installer; garnir, décorer (de)
Ausstattung F **1** *(Inneneinrichtung)* installation *f*; décoration *f* **2** *(Ausrüstung)* équipement *m* **3** THEAT décors *mpl* et costumes *mpl*
ausstechen VT **1** *Auge* crever; *Torf* découper **2** *fig* **j-n ~** supplanter, éclipser qn
ausstehen **A** VT **1** **Ängste ~** trembler (**um** pour); **das ist ausgestanden** c'est terminé, passé **2** **j-n, etw nicht ~ können** ne pas pouvoir souffrir, supporter qn, qc **B** VI *Geld* être dû; *Entscheidung* être (encore) à prendre; **die Antwort steht noch aus** on attend encore la réponse
aussteigen VI **1** descendre (**aus** de) **2** *umg fig aus e-m Geschäft etc* se retirer (**aus** de); *aus der Gesellschaft* se marginaliser (de)
Aussteiger(in) *umg* M(F) marginal(e) *m(f)*
ausstellen VT **1** *Gemälde, Waren* exposer; *Waren a.* étaler **2** *Pass etc* délivrer; *Scheck* faire; émettre; *Rechnung* faire; établir; dresser **3** *umg* → **ausschalten**
Aussteller(in) M(F) *Künstler(in), auf e-r Messe* exposant(e) *m(f)* **Ausstellung** F exposition *f*
Ausstellungsdatum N *e-s Passes etc* date *f* de délivrance **Ausstellungsfläche** F surface *f* d'exposition **Ausstellungsgelände** N terrain *m* d'exposition; parc *m* des expositions **Ausstellungshalle** F °hall *m* d'exposition **Ausstellungskatalog** M catalogue *m* de l' *bzw.* d'exposition **Ausstellungsraum** M salle *f* d'exposition **Ausstellungsstück** N **1** *im Schaufenster* article *m* d'étalage **2** *im Museum* objet exposé
aussterben VI *Familie, Rasse* s'éteindre; *Tierart, Dialekt* disparaître
Aussteuer F dot *f*; trousseau *m*
aussteuern VT ELEK régler le niveau de
Ausstieg M **1** sortie *f* **2** *fig* abandon *m*
ausstopfen VT empailler; naturaliser
Ausstoß M production *f*; débit *m*
ausstoßen VT **1** *Rauch, Lava* rejeter **2** *Schrei, Seufzer* pousser; *Drohungen* lancer; proférer **3** *aus e-r Gemeinschaft* expulser, exclure (**aus** de)
ausstrahlen **A** VT **1** *Licht* émettre; répandre; *Wärme* dégager; *fig Ruhe* respirer; dégager **2** RADIO, TV diffuser **B** VI **1** *Wärme* émaner; rayonner; *Schmerz* s'irradier **2** *(wirken)* **auf etw, j-n ~** rayonner sur qc, qn
Ausstrahlung F **1** *von Wärme* rayonnement *m* *(a. fig)*; *von Schmerzen* irradiation *f* **2** RADIO, TV diffusion *f* **3** *(Wirkung)* rayonnement *m*; influence *f* (**auf** [+ *akk*] sur)
ausstrecken **A** VT *Hand* tendre; *Arm, Bein, Fühler* étendre **B** VR **sich ~** s'allonger; s'étendre
ausstreichen VT barrer; rayer **ausströmen** VI *Gas* fuir, se dégager, s'échapper (**aus** de)
aussuchen VT choisir; *(a. v/r* **sich** *[dat])* **etw ~** choisir qc
Austausch M échange *m*; **im ~ für** *od* **gegen** en échange de
austauschbar ADJ échangeable; interchangeable; *(ersetzbar)* remplaçable
Austauschdienst M **Akademischer ~** office *m* d'échanges universitaires
austauschen VT échanger (**gegen** contre) *(a. fig)*; *(auswechseln)* changer; *(ersetzen)* remplacer
Austauschmotor M moteur *m* de remplacement **Austauschprofessor(in)** M(F) professeur *m* (d'université) qui fait un échange **Austauschschüler(in)** M(F) élève *m/f* qui fait un échange **Austauschstudent(in)** M(F) étudiant(e) *m(f)* qui fait un échange
austeilen VT distribuer (**an** [+ *akk*] à) **Austeilung** F distribution *f*
Auster F huître *f*
Austernbank F banc *m* d'huîtres **Austernfischer** M ZOOL huîtrier *m* **Austernhändler(in)** M(F) écailler, -ère *m,f* **Austernpilz** M pleurote *m* **Austernschale** F écaille *f* d'huître **Austernzucht** F ostréiculture *f* **Austernzüchter** M ostréiculteur *m*
austesten VT tester
austoben VR **sich ~** se défouler; *Kinder* se dépenser; s'ébattre; *Unwetter* faire rage
austragen VT **1** *Zeitungen, Post* distribuer **2** *Kind* porter jusqu'à terme **3** *Wettkampf* disputer; organiser; *Konflikt* terminer; régler
Austräger(in) M(F) *von Zeitungen* porteur, -euse *m,f* de journaux
Austragung F **1** *von Wettkämpfen* déroulement *m*; organisation *f* **2** *von Konflikten* règlement *m*
Austragungsort M lieu *m* de la rencontre sportive
Australien N l'Australie *f* **Australier(in)** M(F) Australien, -ienne *m,f* **australisch** ADJ australien
austreiben VT **1** **j-m etw ~** faire passer à qn l'habitude, le goût de (faire) qc **2** *Teufel* exorciser
austreten **A** VT **1** *Schuhe* avachir **2** *Weg* tracer; *Treppe* user **3** *Zigarette* écraser du pied **B** VI **1** *(ausscheiden)* quitter (**aus etw** qc); partir, sortir (**aus** de); **aus der Kirche ausgetreten sein** ne plus faire partie de l'Église **2** *(entweichen)* s'échapper (**aus** de) **3** *(zur Toilette gehen)* aller aux toilettes; **darf ich mal ~?** est-ce que je peux sortir?
austricksen *umg* VT *umg* feinter **austrinken** **A** VT finir; vider **B** VI vider son verre,

sa tasse, *etc*

Austritt M 1 *aus e-r Vereinigung* départ *m* 2 *(Entweichen)* fuite *f* **Austrittserklärung** F déclaration *f* de départ, de quitter qc

austrocknen A VT dessécher B VI se dessécher; *Gewässer* s'assécher

austüfteln *umg* VT combiner; inventer

ausüben VT 1 *Beruf etc* exercer; pratiquer 2 *Einfluss, Kontrolle* exercer (**auf, über** [+ *akk*] sur); *Zwang* user de

Ausübung F exercice *m*; pratique *f*

ausufern VI prendre de trop grandes proportions; *Gespräch* s'étendre trop

Ausverkauf M soldes *mpl*; *(Totalausverkauf)* liquidation *f*; **etw im ~ kaufen** acheter qc en solde (! hier Singular)

ausverkauft ADJT *Artikel* **~ sein** être épuisé; **die Vorstellung ist ~** c'est complet pour cette séance; **vor ~em Haus spielen** jouer à bureaux fermés, devant une salle comble

auswachsen A VR **sich ~** 1 *(sich normalisieren)* se normaliser; se corriger 2 **sich zu etw ~** se transformer en qc B *umg* VI **es ist zum Auswachsen (mit dir)!** *umg* c'est à devenir dingue (avec toi)!

Auswahl F choix *m* (**an** [+ *dat*] de); sélection *f* (*a.* SPORT); **zur ~ stehen** être au choix

auswählen VT choisir (**aus, unter** [+ *dat*] parmi)

Auswahlmannschaft F SPORT équipe sélectionnée **Auswahlmöglichkeit** F possibilité *f* de choisir **Auswahlspieler(in)** M(F) SPORT joueur, -euse *m,f* sélectionné(e) **Auswahlverfahren** N sélection *f*

Auswanderer M, **Auswanderin** F émigrant(e) *m(f)*; émigré(e) *m(f)*

auswandern VI émigrer

Auswanderung F émigration *f*

auswärtig ADJ 1 extérieur, étranger à la ville, *etc* 2 *(das Ausland betreffend)* étranger; **das Auswärtige Amt** le ministère des Affaires étrangères

auswärts ADV 1 *(nach außen)* vers l'extérieur 2 *(nicht zu Hause)* à l'extérieur; **~ essen** ne pas manger chez soi; manger en ville 3 *(nicht am Ort)* à l'extérieur; **von ~** de l'extérieur; **~ wohnen** habiter à l'extérieur de la ville

Auswärtssieg M SPORT victoire *f* en déplacement **Auswärtsspiel** N match *m* à l'extérieur

auswaschbar ADJ *Einkaufstasche etc* lavable à l'intérieur

auswaschen VT 1 laver 2 GEOL éroder

Auswechselbank F SPORT banc *m* des remplaçants

auswechselbar ADJ échangeable; *(ersetzbar)* remplaçable

auswechseln VT (é)changer (**gegen** contre); *(ersetzen)* remplacer (par); SPORT remplacer

Auswechselspieler(in) M(F) remplaçant(e) *m(f)*

Auswechs(e)lung F changement *m* (**gegen** contre); *(Ersatz)*, SPORT remplacement *m* (par)

Ausweg M issue *f* (**aus e-r Situation** à une situation); moyen *m* de s'en sortir; échappatoire *f*

ausweglos ADJ sans issue **Ausweglosigkeit** F impossibilité *f* de trouver une issue, de s'en sortir

ausweichen VI 1 *im Verkehr* éviter (**j-m, e-r Sache** qn, qc); **nach rechts ~** se ranger sur la droite 2 *fig* éviter (**e-r Sache** [*dat*] qc); se dérober

ausweichend ADJT *Antwort* évasif

Ausweichmanöver N manœuvre *f* pour éviter qn, qc; *fig (Ausflüchte)* dérobade *f* **Ausweichmöglichkeit** F possibilité *f*, moyen *m* d'éviter qn, qc

ausweinen VR **sich ~** pleurer tout son content, soûl; **sich bei j-m ~** pleurer sur l'épaule de qn

Ausweis M carte *f*; *(Personalausweis)* carte *f* d'identité

ausweisen A VT expulser (**aus** de) B VR **sich ~** justifier (de) son identité; montrer sa carte, ses papiers

Ausweiskontrolle F contrôle *m* d'identité **Ausweispapiere** NPL papiers *mpl* d'identité

Ausweisung F expulsion *f* (**aus** de)

ausweiten A VT élargir; agrandir (*a. fig*); *fig* développer B VR **sich ~** 1 *(sich vergrößern)* s'élargir; s'agrandir 2 **sich zu etw ~** se transformer, dégénérer en qc

Ausweitung F transformation *f* (**zu** en); *(Ausdehnung)* extension *f*

auswendig ADV par cœur; **etw ~ lernen** apprendre qc par cœur

auswerfen VT 1 *Netz, Anker* jeter 2 TECH éjecter

auswerten VT *Statistik* exploiter; *Fragebogen* dépouiller **Auswertung** F exploitation *f*; dépouillement *m*

auswickeln VT **etw ~** défaire, enlever le papier qui enveloppe qc

auswiegen VT peser (exactement) **auswinden** VT *bes südd, schweiz* essorer

auswirken VR **sich ~** avoir des conséquences, retentir, se répercuter (**auf** [+ *akk*] sur); **sich positiv ~** avoir des conséquences positives

Auswirkung F *(Folge)* conséquence *f* (**auf** [+ *akk*] sur); *(Wirkung)* effet *m* (sur); *(Rückwirkung)* répercussion *f* (sur)

auswischen VT **1** *Geschriebenes* effacer **2** *Gläser* essuyer **3** *umg* **j-m eins ~** *umg* faire une vacherie à qn
auswringen VT essorer
Auswuchs M **1** MED, BOT excroissance *f* **2** *fig pl* **Auswüchse** excès *mpl*
auswuchten VT TECH équilibrer
Auswurf M MED crachat *m*
auswürfeln VT **e-e Runde Bier ~** jouer aux dés pour savoir qui paiera une tournée de bière
auszahlen **A** VT **1** *Gehalt* payer; *Rente, Zinsen* verser **2** **j-n ~** payer, régler qn; *Geschäftspartner* désintéresser qn **B** VR **sich ~** en valoir la peine; être payant
auszählen VT **1** compter; dénombrer; *bei e-r Wahl* **die Stimmen ~** dépouiller le scrutin **2** BOXEN compter out
Auszahlung F **1** paiement *m*; versement *m* **2** désintéressement *m*
Auszählung F (dé)compte *m*; dénombrement *m*; dépouillement *m*
auszehren *geh* VT *Person* consumer; épuiser **Auszehrung** F **1** *(Schwächung)* épuisement *m* **2** MED consomption *f*
auszeichnen **A** VT **1** *(ehren)* distinguer (**mit, durch etw** par qc); *mit Orden* décorer; *Film* décerner un prix, une récompense à **2** *(kennzeichnen)* **etw zeichnet j-n, etw (gegenüber j-m, etw) aus** qn, qc se distingue (de qn, qc) par qc **3** *Waren* étiqueter; marquer les prix sur **B** VR **sich ~** se distinguer
Auszeichnung F distinction *f*; *mit e-m Orden* décoration *f* (**mit** de)
Auszeit F SPORT temps mort
ausziehbar ADJ *Tisch* à rallonges; TECH télescopique
ausziehen **A** VT **1** *Kleidung* enlever; retirer; ôter; *Person* déshabiller; dévêtir; *(a. v/r* **sich** *[dat])* **die Schuhe ~** enlever ses chaussures; se déchausser **2** *Sofa* déplier; *Tisch* rallonger **B** VI **(aus e-r Wohnung) ~** déménager **C** VR **sich ~** se déshabiller; **sich nackt ~** se mettre nu
Ausziehtisch M table *f* à rallonges
Auszubildende(r) M/F(M) apprenti(e) *m(f)*
Auszug M **1** *(Textauszug)*, CHEM extrait *m*; *(Kontoauszug)* relevé *m* **2** *aus e-r Wohnung* déménagement *m* **Auszugsmehl** N fleur *f* de farine
auszugsweise ADV par extraits; **e-e Rede ~ drucken** imprimer des extraits d'un discours
auszupfen VT arracher; *Haare mit e-r Pinzette* épiler
autark ADJ WIRTSCH autosuffisant; autarcique
Autarkie F WIRTSCH autosuffisance *f*; autarcie *f*
authentisch ADJ authentique **Authentizität** *geh* F authenticité *f*
Autismus M autisme *m* **Autist(in)** M(F) autiste *m/f* **autistisch** ADJ autiste
Auto N voiture *f*; auto *f*; **~ fahren** faire de la voiture; *Fahrer* conduire

▶ Autos

Achtung: **Autos** sind im Französischen – im Gegensatz zum Deutschen – immer weiblich:

der Renault	**la Renault** [ʀəno]
der Citroën	**la Citroën** [sitʀɔɛn]
der VW	**la Volkswagen** [vɔlksvagɛn]
ein Mercedes	**une Mercedes** [mɛʀsedɛs]
mein Peugeot	**ma Peugeot** [pøʒo]

FEHLERQUELLEN ◀

Autoabgase NPL gaz *mpl* d'échappement **Autoatlas** M atlas routier
Autobahn F autoroute *f* **Autobahnabschnitt** M tronçon *m* d'autoroute **Autobahnauffahrt** F bretelle *f* d'accès **Autobahnausfahrt** F sortie *f* d'autoroute **Autobahnbrücke** F pont *m* d'autoroute **Autobahndreieck** N échangeur *m* (d'autoroute) **Autobahngebühr** F péage *m* **Autobahnkreuz** N échangeur *m* (d'autoroute) **Autobahnmeisterei** F service *m* d'entretien de l'autoroute **Autobahnnetz** N réseau autoroutier **Autobahnrastplatz** M aire *f* de repos **Autobahnraststätte** F restoroute *m*; relais routier sur l'autoroute **Autobahntankstelle** F aire *f* de service **Autobahnteilstück** N tronçon *m* d'autoroute **Autobahnzubringer** M voie *f* d'accès à l'autoroute
Autobiografie F autobiographie *f*
Autobombe F voiture piégée **Autobus** M autobus *m*; *(Reisebus)* autocar *m* **Autocar** M *schweiz* autocar *m* **Autodach** N toit *m* de la voiture
Autodidakt M autodidacte *m*
Autodiebstahl M vol *m* de voiture(s) **Autofähre** F bac *m* (à voitures); *(Fährschiff)* car-ferry *m* **Autofahren** N conduite *f* (automobile) **Autofahrer(in)** M(F) automobiliste *m/f* **Autofahrergruß** *umg hum* M *geste du doigt sur la tempe que fait un automobiliste pour mon-*

trer son mécontentement **Autofahrt** F voyage *m*, promenade *f* en voiture **Autofokus** M FOTO autofocus *m* **autofrei** ADJ *Ort, Tag* où la circulation automobile est interdite **Autogas** N GPL *m* (gaz pétrole liquéfié)

autogen ADJ **~es Training** training *m* autogène

Autogramm N autographe *m* (❗ Endung) **Autogrammjäger** *umg* M chasseur *m* d'autographes **Autogrammstunde** F séance *f* d'autographes

Autohändler(in) M(F) marchand(e) *m(f)* de voitures **Autohof** M gare routière **Autoindustrie** F industrie *f* automobile **Autokarte** F carte routière **Autokino** N drive-in *m* **Autoknacker** *umg* M *umg* roulottier *m* **Autokolonne** F file *f* de voitures **Automarder** *umg* M *umg* roulottier *m*; voleur *m* à la roulotte **Automarke** F marque *f* d'automobile

Automat M distributeur *m* (automatique); *(selbsttätiger Apparat)* automate *m*

Automatik F dispositif *m* automatique; automatisme *m*; **ein Auto mit ~** une voiture automatique

Automatikgetriebe N boîte *f* (de vitesses) automatique **Automatikgurt** M ceinture *f* de sécurité à enrouleur

Automation F automation *f*

automatisch ADJ automatique **automatisieren** V/T automatiser **Automatisierung** F automatisation *f* **Automatismus** M automatisme *m*

Automechaniker(in) M(F) mécanicien, -ienne *m,f* auto(mobile)

Autominute F **zehn ~n** dix minutes de *od* en voiture

Automobil N automobile *f* **Automobilausstellung** F salon *m* de l'automobile **Automobilindustrie** F industrie *f* automobile

Automobilist(in) M(F) *bes schweiz* automobiliste *m/f*

Automobilklub M automobile-club *m*

autonom ADJ autonome **Autonome(r)** M/F(M) autonomiste *m/f* **Autonomie** F autonomie *f*

Autonummer F numéro *m* d'immatriculation, minéralogique **Autopapiere** NPL papiers *mpl* de (la) voiture **Autopilot** M FLUG pilote *m* automatique

Autopsie F MED autopsie *f*

Autor M auteur *m*

Autoradio N autoradio *m* **Autoreifen** M pneu *m* de voiture **Autoreisezug** M train *m* auto-couchettes **Autorennen** N course *f* automobile **Autoreparatur** F réparation *f* d'une voiture **Autoreparaturwerkstatt** F garage *m*

Autorin F auteur *m* (❗ bei **auteur** gibt es nur die Maskulinform)

autorisieren V/T autoriser (**etw zu tun** à faire qc)

autoritär ADJ autoritaire **Autorität** F autorité *f*

Autoschalter M guichet *m* pour automobilistes **Autoschlange** F file *f* de voitures **Autoschlosser(in)** M(F) → Automechaniker(in) **Autoschlüssel** M clé *f* de voiture **Autoskooter** M auto tamponneuse

Autostopp M auto-stop *m*; **per ~ reisen** faire de l'auto-stop

Autostrich *umg* M racolage *m* des automobilistes **Autostunde** F heure *f* de *od* en voiture **Autotelefon** N téléphone *m* de voiture; radiotéléphone *m* **Autotür** F portière *f* **Autounfall** M accident *m* de voiture **Autoverkehr** M circulation *f*, trafic *m* automobile **Autoverleih** M, **Autovermietung** F location *f* de voitures **Autoversicherung** F assurance *f* automobile **Autowaschanlage** F, **Autowaschstraße** F lavage *m* automatique de voitures **Autowerkstatt** F garage *m* **Autowrack** N épave *f* d'une voiture; voiture-épave *f* **Autozubehör** N accessoires *mpl* automobiles

autsch *umg* INT aïe!; ouille!

auweh INT 1 *bei Schmerz* aïe! 2 *bei Unangenehmem* oh, mon Dieu!; oh, là là!

auwei(a) *umg* INT aïe, aïe, aïe!; oh, là là!

Avantgarde F avant-garde *f* **avantgardistisch** ADJ avant-gardiste; d'avant-garde

Aversion F aversion *f* (**gegen etw, j-n** pour qc, qn)

Avocado F avocat *m*

Axt F °hache *f*

Azalee F azalée *f*

Azoren PL **die ~** les Açores *fpl*

Azorenhoch N METEO anticyclone *m* des Açores

Azubi *umg* M *u.* F apprenti(e) *m(f)*

B

B¹, b N **1** B, b *m* **2** MUS si *m* bémol
B² F ABK (Bundesstraße) *etwa* RN *f*
babbeln *umg regional* V/T *u.* V/I *Kleinkind* babiller; *(schwatzen)* bavarder; papoter
Baby N bébé *m*; **ein ~ erwarten** attendre un bébé
Babyausstattung F layette *f* **Babyboom** M baby-boom *m*; (forte) augmentation de la natalité **Babyjahr** N année *f* de maternité *(prise en compte pour l'assurance-vieillesse)* **Babynahrung** F aliments *mpl* pour bébés **Babypause** *umg* F pause *f* maternité **babysitten** *umg* V/I faire du baby-sitting **Babysitter(in)** M(F) baby-sitter *m/f* **Babyspeck** *umg hum* M rondeurs *fpl* de bébé, d'adolescent(e) **Babystrich** *umg* M prostitution *f* des mineur(e)s **Babytragetasche** F porte-bébé *m* **Babyzelle** F petite pile électrique
Bach M ruisseau *m*; *umg fig* **den ~ runtergehen** tourner mal; *Geschäft* courir à la faillite
Bachelor M *Hochschulabschluss, in Frankreich etwa* licence *f*; *umg* bac+3 *m*
Bachforelle F truite *f* de rivière
Bachstelze F bergeronnette *f*
Backblech N plaque *f* à pâtisserie
Backbord N SCHIFF bâbord *m*
Backe F **1** *(Wange)* joue *f*; *umg* **au ~!** *erstaunt umg* bigre!; *unangenehm überrascht umg* mince, zut (alors)! **2** *umg (Gesäßbacke)* fesse *f*
backen **A** V/T *Brot, Kuchen* faire cuire **B** V/I *im Backofen* cuire (au four)
Backenbart M favoris *mpl* **Backenknochen** M pommette *f* **Backenzahn** M molaire *f*
Bäcker(in) M(F) boulanger, -ère *m,f*; *(Feinbäcker)* pâtissier, -ière *m,f*
Backerbsen FPL *petites boules de pâte (utilisées comme garniture de soupe)*
Bäckerei F boulangerie *f*; *(Feinbäckerei)* pâtissier *m*
Bäckerladen M → Bäckerei
Backform F moule *m* à pâtisserie **Backhähnchen** N, *österr* **Backhendl** N poulet pané **Backobst** N fruits secs **Backofen** M four *m*
Backpfeife F *bes nordd* gifle *f*; claque *f*
Backpflaume F pruneau *m* **Backpulver** N levure *f* chimique **Backrezept** N recette *f* de pâtisserie **Backrohr** N *südd, österr*, **Backröhre** F four *m*
Backslash M TYPO backslash *m*; barre *f* oblique inverse
Backstein M brique *f* **Backsteinbau** M construction *f* en briques **Backstube** F fournil *m*
bäckt → backen
Backwaren FPL produits *mpl* de boulangerie
Bad N **1** bain *m* (*a.* MED, CHEM, TECH); *fig* **~ in der Menge** bain de foule **2** *(Badezimmer)* salle *f* de bains **3** *(Schwimmbad)* piscine *f* **4** *(Badeort)* ville *f* d'eaux; station thermale
Badeanstalt F piscine *f* **Badeanzug** M maillot *m* de bain **Badegast** M *e-s Schwimmbads* usager *m*; *am Strand* baigneur, -euse *m,f* **Badehandtuch** N → Badetuch **Badehaube** F → Badekappe **Badehose** F caleçon *m*, slip *m* de bain **Badekappe** F bonnet *m* de bain **Bademantel** M peignoir *m* **Badematte** F tapis *m* de bain **Bademeister** M maître *m* nageur **Bademütze** F → Badekappe
baden **A** V/T baigner; *in e-r Wanne* faire prendre un bain à **B** V/I (*u.* V/R **sich ~**) se baigner; *in e-r Wanne* prendre un bain; **~ gehen** aller se baigner; *umg fig umg* se planter; **in Schweiß gebadet** en nage; baigné, trempé de sueur; **Baden verboten** baignade interdite
Baden-Württemberg N le Bade-Wurtemberg
Badeort M station thermale, *an der See* balnéaire **Badesachen** FPL affaires *fpl* de bain *bzw.* de piscine **Badesalz** N sels *mpl* de bain **Badeschuh** M chaussure *f* de bain **Badestrand** M plage *f* **Badetasche** F sac *m* de plage **Badetuch** N serviette *f*, *großes* drap *m* de bain **Badewanne** F baignoire *f* **Badewasser** N eau *f* du bain **Badezeug** *umg* N → Badesachen **Badezimmer** N salle *f* de bains **Badezusatz** M produit *m* pour le bain
Badminton N badminton *m*
Badreiniger M produit *m* de nettoyage pour salle de bains
baff *umg* ADJ **~ sein** *umg* en être baba
Bafög N *umg* **sie bekommt (100 Euro) ~** elle a une bourse (de 100 euros par mois)
Bagage *umg* F *(Gesindel)* racaille *f*
Bagatelle F bagatelle *f* **Bagatellschaden** M dommage insignifiant
Bagger M excavatrice *f*; *großer* excavateur *m*; *(Schwimmbagger)* drague *f* **Baggerführer** M conducteur *m* d'une excavatrice, *etc* **Baggerloch** N **1** excavation *f* **2** → Baggersee
baggern V/T *u.* V/I excaver; creuser
Baggersee M (lac artificiel formé dans une) gravière
Baguette N baguette *f*

B

bah INT *umg* pouah!
bäh INT **1** *bei Schafen* bê! **2** *Ekel umg* pouah!; berk *od* beurk!; *Schadenfreude* tralala!
Bahamas PL **die ~** les (îles *fpl*) Bahamas *fpl*
Bahn F **1** *(Eisenbahn)* chemin *m* de fer; *(Zug)* train *m*; *(Bahnlinie)* ligne *f* (de chemin de fer); **mit der ~ fahren** prendre le train **2** SPORT *einzelne* couloir *m*; *(Rennbahn)* piste *f* **3** *e-s Geschosses* trajectoire *f*; ASTRON, NUKL orbite *f* **4** *(Weg)* chemin *m*; voie *f*; **freie ~ haben** avoir la voie libre; *fig* avoir le champ libre; *fig* **auf die schiefe ~ geraten** mal tourner **5** *(Stoffbahn, Tapetenbahn)* lé *m*
Bahnbeamte(r) M agent *m* des chemins de fer; cheminot *m* **bahnbrechend** ADJT révolutionnaire **Bahncard®** F EISENBAHN *carte annuelle à tarif réduit* **Bahndamm** M remblai *m*
bahnen V/T *Weg* frayer; ouvrir
Bahnfahrer(in) M(F) **1** usager *m* du train **2** RADSPORT coureur, -euse *m,f* sur piste; pistard(e) *m(f)* **Bahnfahrt** F voyage *m* (en train) **Bahngelände** N emprises *fpl* de la voie **Bahngleis** N voie ferrée
Bahnhof M gare *f*; station *f*; *umg fig* **ich verstehe nur ~** *umg* j'y comprends que dalle
Bahnhofsbuchhandlung F librairie *f* (d'une gare) **Bahnhofsgaststätte** F buffet *m*, restaurant *m* de la gare **Bahnhofsgebäude** N bâtiment *m* de la gare **Bahnhofshalle** F °hall *m* (d'une gare) **Bahnhofsmission** F centre *m* d'accueil (d'une gare) **Bahnhofsrestaurant** N buffet *m* de gare **Bahnhofsuhr** F horloge *f* de gare **Bahnhofsviertel** N quartier *m* de la gare
Bahnlinie F ligne *f* de chemin de fer; voie ferrée **Bahnpolizei** F police *f* des chemins de fer **Bahnreise** F voyage *m* (en train) **Bahnschranke** F barrière *f* (du passage à niveau) **Bahnstation** F station *f* (de chemin de fer) **Bahnsteig** M quai *m* **Bahnstrecke** F ligne *f* de chemin de fer **Bahnübergang** M passage *m* à niveau **Bahnverbindung** F liaison *f* ferroviaire **Bahnwärter** M garde-barrière *m*
Bahre F civière *f*
Baiser N meringue *f*
Bake F balise *f*
Bakschisch N bakchich *m*
Bakterie F microbe *m*; *t/t* bactérie *f* **bakteriell** ADJ microbien; bactérien
Balance F équilibre *m* *(a. fig)*; **die ~ halten, verlieren** garder, perdre l'équilibre
Balanceakt M numéro *m* d'équilibre
balancieren **A** V/T tenir en équilibre **B** V/I se (main)tenir en équilibre
bald ADV **1** *(in kurzer Zeit)* bientôt; sous peu; **~ darauf** peu après; **so ~ wie möglich** le plus tôt possible; dès que possible; **bis ~!** à bientôt!; *umg* **wirds ~?** *umg* alors, ça vient? **2** *umg (fast)* presque **3** *geh* **~ ..., ~ ...** tantôt ... tantôt ...
Baldachin M baldaquin *m*; dais *m*
baldig ADJ prochain; proche
baldmöglichst ADV le plus tôt possible; dès que possible
Baldrian M valériane *f* **Baldriantropfen** MPL teinture *f* de valériane
Balearen PL **die ~** les Baléares *fpl*
Balg[1] M **1** *von Tieren, fig* peau *f* **2** *e-r Orgel* soufflet *m*
Balg[2] N *od* M *umg meist pej Kind umg* gosse *m/f*; *umg* môme *m/f*
balgen V/R **sich ~** se bagarrer **Balgerei** *umg* F bagarre *f*
Balkan der ~ les Balkans *mpl*
Balkanhalbinsel F péninsule *f* balkanique, des Balkans **Balkanstaaten** MPL États *mpl* balkaniques
Balken M poutre *f*; *(Deckenbalken)* solive *f*; *umg fig* **lügen, dass sich die ~ biegen** mentir comme un arracheur de dents
Balkon M balcon *m*
Balkonien *umg hum* N le balcon *(comme lieu de vacances)*
Ball[1] M *(Tanzfest)* bal *m*
Ball[2] M *([Tisch]Tennisball, Golfball)* balle *f*; *größerer* ballon *m*; **~ spielen** jouer à la balle, au ballon; *umg fig* **am ~ bleiben** *umg* s'accrocher
ballaballa *umg* ADJ *umg* zinzin; *umg* toc-toc
Ballabgabe F SPORT passe *f*
Ballade F ballade *f*
Ballast M **1** lest *m* **2** *fig* choses *fpl* inutiles; fatras *m* **Ballaststoffe** MPL fibres *fpl*
ballen V/T **die Fäuste ~** serrer les poings; *fig* **geballte Energie** *etc* énergie, *etc* concentrée
Ballen M **1** *(Packen)* balle *f*; ballot *m*; *(Stoffballen)* pièce *f* **2** *(Handballen)* éminence *f* sur la paume de la main; *(Fußballen)* plante antérieure du pied

▶ Balance ≠ balance

Er hat **die Balance** verloren.	Il a perdu **l'équilibre**.
Il met les pommes sur **la balance**.	Er legt die Äpfel auf **die Waage**.

FALSCHE FREUNDE

Ball — le bal

Ball — le ballon

Ball — la balle

Ballerei *umg* F pétarade *f*
Ballerina F ballerine *f*
Ballermann *umg* M *umg* pétard *m*; *umg* flingue *m*
ballern *umg* VI tirer des coups de feu
Ballett N ballet *m* **Ballettabend** M soirée *f* de ballet **Ballettschuh** M chausson *m* de danse **Ballettschule** F école *f* de danse classique **Ballettschülerin** F élève *f* de danse classique **Balletttänzer(in)** M(F) danseur, -euse *m,f* de ballet **Balletttruppe** F (compagnie *f* de) ballet *m*
Ballführung F accompagnement *m* du ballon, de la balle **Balljunge** M ramasseur *m* de balles
Ballistik F balistique *f*
Ballkleid N robe *f* de bal
Ballon M ballon *m* **Ballonfahrer(in)** M(F) aéronaute *m/f* **Ballonfahrt** F voyage *m* en ballon **Ballonmütze** F casquette *f* gavroche **Ballonseide** F soie *f* pour ballons
Ballsaal M salle *f* de bal, de danse
Ballspiel N jeu *m* de balle, de ballon
Ballungsgebiet N, **Ballungsraum** M agglomération urbaine; *t/t* conurbation *f* **Ballungszentrum** N grand centre économique, industriel
Ballwechsel M échange *m* de balles
Balsam M baume *m*
Balsamico M *Essig* vinaigre *m* balsamique
Balte M, **Baltin** F Balte *m/f*
Baltikum **das ~** les pays *mpl* baltes
baltisch ADJ balte
Balz F pariade *f*
Bambus M, **Bambusrohr** N bambou *m* (! Endung) **Bambussprossen** FPL pousses *fpl* de bambou
Bammel *umg* M *umg* trouille *f*
banal ADJ banal **Banalität** F banalité *f*; platitude *f*
Banane F *Frucht* banane *f*; *Pflanze* bananier *m*
Bananenrepublik F *pej* république bananière **Bananenschale** F peau *f* de banane
Banause M *pej* béotien, -ienne *m,f*
band → binden

Band[1] N 1 *(Streifen)* ruban *m* (*a.* TECH, RADIO); *zum Zusammenbinden* lien *m* 2 ANAT ligament *m* 3 *(Tonband)* bande *f* (magnétique) 4 *(Förderband)* bande transporteuse; *fig* **am laufenden ~** sans arrêt
Band[2] M *(Buchband)* volume *m*
Band[3] F MUS orchestre *m*; *(Beatband, Rockband)* groupe *m*
Bandage F bandage *m* **bandagieren** VT bander
Bandaufnahme F enregistrement *m* sur bande (magnétique) **Bandbreite** F 1 RADIO (largeur *f* de) bande *f* 2 *fig* gamme *f*
Bande[1] F *(Verbrecherbande etc)* bande *f* (*a. fig*)
Bande[2] F BILLARD bande *f*; SPORT bord *m*; bordure *f*
Banderole F 1 *(Steuerbanderole)* vignette *f* 2 *(Papierband)* bande *f*
Bänderriss M déchirure *f* d'un ligament **Bänderzerrung** F élongation *f* d'un ligament
bändigen VT *Tiere* dompter; apprivoiser; *Kind* calmer; *fig* maîtriser
Bandit M bandit *m*; brigand *m*
Bandleader M chef *m* d'un *bzw.* du groupe (de jazz, de rock)
Bandmaß N mètre *m* à ruban **Bandnudeln** FPL nouilles (plates)
Bandoneon N MUS bandonéon *m*
Bandscheibe F disque intervertébral

Band — le volume

Band — le ruban

Bank — le banc

Bank — la banque

Bandscheibenvorfall M °hernie discale **Bandwurm** M ténia *m*; ver *m* solitaire

bang(e) ADJ inquiet; **mir ist ~(e)** j'ai peur (**vor** [+ *dat*] de); **j-m** *od* **j-n Bange machen** faire peur à qn

bangen *geh* VI craindre, trembler (**um** pour)

Banjo N MUS banjo *m*

Bank[1] F (*Sitzbank*) banc *m*; *umg fig* **etw auf die lange ~ schieben** remettre qc à plus tard; repousser qc

Bank[2] F (*Geldinstitut*) banque *f*

Bankangestellte(r) M/F(M) employé(e) *m(f)* de banque **Bankanweisung** F assignation *f*, chèque *m* bancaire **Bankauftrag** M ordre *m* de banque **Bankauskunft** F renseignement *m* bancaire **Bankautomat** M distributeur *m* (automatique) de billets **Bankdirektor(in)** M(F) directeur *m* de (la) banque

Banker *umg* M banquier *m*

Bankett N (*Festmahl*) banquet *m*; dîner *m* de gala

Bankfiliale F agence *f*, succursale *f* d'une banque **Bankgeheimnis** N secret *m* bancaire **Bankgeschäft** N opération *f* bancaire **Bankguthaben** N avoir(s) *m(pl)* en banque

Bankier M banquier *m*

Bankkaufmann M, **Bankkauffrau** F employé(e) *m(f)* de banque diplômé(e) **Bankkonto** N compte *m* en banque **Banklehre** F formation *f* des employés de banque **Bankleitzahl** F code *m* banque

Banknachbar(in) M(F) voisin(e) *m(f)* de banc

Banknote F billet *m* de banque

Bankomat M *bes österr* → Bankautomat

Bankraub M °hold-up *m* (d'une banque) **Bankräuber** M auteur *m* du °hold-up (d'une banque); *umg* braqueur *m*

bankrott ADJ en faillite

Bankrott M faillite *f* (*a. fig*); banqueroute *f*; **~ machen** faire faillite, banqueroute; → bankrottgehen

bankrottgehen VI faire faillite, banqueroute

Bankschließfach N coffre *m* (bancaire) **Banküberfall** M °hold-up *m*, attaque *f* à main armée, *umg* braquage *m* (d'une banque) **Banküberweisung** F virement *m* bancaire **Bankverbindung** F coordonnées *fpl* bancaires; RIB *m* **Bankwesen** N système *m* bancaire; banques *fpl*

Bann M 1 HIST ban *m*; *kirchlicher* anathème *m* 2 *geh fig* charme *m*; fascination *f*; envoûtement *m*; **in j-s ~** (*dat*) **stehen** être sous le charme de qn

bannen VT (*bezaubern*) envoûter; charmer; *Gefahr* conjurer; **wie gebannt** subjugué; fasciné

Banner N 1 HIST bannière *f* 2 IT bannière *f* (publicitaire)

bar A ADJ 1 HANDEL comptant 2 (*rein*) véritable; *Unsinn* pur B ADV (au) comptant; **in ~** (*nicht in Raten*) (au) comptant; (*mit Bargeld*) en espèces

Bar F 1 (*Theke*) bar *m* 2 (*Nachtlokal*) boîte *f* de nuit

Bär M 1 ours *m*; *umg fig* **j-m e-n ~en aufbinden** monter un bateau à qn 2 ASTRON **der Große, Kleine ~** la Grande, Petite Ourse (! hier ist das Sternbild weiblich)

Baracke F baraque *f*

Barbados N la Barbade

Barbar M barbare *m*

Barbarei F barbarie *f*

barbarisch ADJ barbare

bärbeißig ADJ bourru; **er ist ~** *a.* c'est un ours mal léché

Barbiturat N PHARM barbiturique *m*

barbusig ADJ aux seins nus

Barcelona N Barcelone

Bardame F barmaid *f*; serveuse *f*

Bärenhunger *umg* M faim *f* de loup

Bärenkräfte *umg* FPL **~ haben** être fort comme un Turc, *umg* un bœuf

bärenstark *umg* ADJ 1 (*sehr stark*) fort comme un Turc, *umg* un bœuf 2 (*toll, super*) *umg* super; *umg* giga

Barfrau F barmaid *f*

barfuß ADV nu-pieds; (les) pieds nus

barfüßig ADJ *u.* ADV → barfuß

barg → bergen

Bargeld N argent *m* liquide

bargeldlos ADJ *u.* ADV (*durch Überweisung*) par virement; (*mit Scheck*) par chèque; (*mit Karte*) par carte; **~er Zahlungsverkehr** transactions *fpl*

par virement
Barhocker M tabouret *m* de bar
bärig *umg* ADJ *umg* super; *umg* giga
Bärin F ourse *f*
Bariton M baryton *m*
Barkasse F SCHIFF barcasse *f*
Barkauf M achat *m* (au) comptant
Barkeeper M barman *m*
Bärlauch M BOT ail *m* des ours
barmherzig *geh* ADJ charitable; REL miséricordieux **Barmherzigkeit** *geh* F charité *f*; REL miséricorde *f*
Barmixer M barman *m*
barock ADJ baroque (*a. fig*) (! Endung)
Barock N *od* M baroque *m* (! Endung) **Barockkirche** F église *f* baroque
Barometer N baromètre *m*
Baron(in) M(F) baron, -onne *m,f*
Barrel N baril *m*
Barren M 1 *aus Edelmetall* lingot *m* 2 SPORT barres *fpl* parallèles **Barrenübung** F SPORT exercice *m* aux barres parallèles

Barren — les lingots (mpl)

Barren — les barres (fpl) parallèles

Barriere F barrière *f*
Barrikade F barricade *f*; *umg fig* **auf die ~n gehen** monter au créneau; se battre (**für** pour)
barsch ADJ brusque; rude
Barsch M ZOOL perche *f*
Barscheck M chèque non barré, au porteur
barst → bersten
Bart M 1 barbe *f*; (*Oberlippenbart*) moustache *f*; **e-n ~ haben** porter la barbe; **mit ~** barbu; *umg fig* **der ~ ist ab** c'est fini; *umg fig* **das hat so einen ~** *umg* c'est archiconnu 2 *e-r Katze etc* moustaches *fpl*; *e-r Ziege* barbe *f* 3 *e-s Schlüssels* panneton *m*
Barthaar N poil *m* de barbe
bärtig ADJ barbu
Bartstoppeln FPL poils *mpl* de la barbe **Bartwuchs** M barbe *f*
Barzahlung F paiement *m* au comptant, en espèces
Basalt M basalte *m*
Basar M 1 *im Orient* bazar *m* 2 *zu Wohltätigkeitszwecken* vente *f* de charité, de bienfaisance
Base[1] F *südd* (*Kusine*) cousine *f*
Base[2] F CHEM base *f*
Baseball M baseball *m*
Basel N Bâle
basieren V/I **auf etw** (*dat*) **~** reposer, s'appuyer sur qc
Basilika F basilique *f*
Basilikum N basilic *m*
Basis F base *f* (*a. fig*)
Baske M Basque *m*
Baskenland das ~ le Pays basque
Baskenmütze F béret *m* basque
Basketball M 1 *Spiel* basket(-ball) *m* 2 *Ball* ballon *m* de basket **Basketballspieler** M basketteur *m*
Baskin F Basque *f*
baskisch ADJ basque
Bass M 1 *Stimme, Person* basse *f* 2 *Instrument* contrebasse *f* 3 *im Lautsprecher* **die Bässe** *pl* les basses *fpl*
Bassgeige F contrebasse *f*
Bassin N bassin *m*
Bassist M 1 (*Basssänger*) basse *f* 2 (*Bassspieler*) contrebassiste *m*; *Gitarrist* guitariste *m* basse
Bassschlüssel M MUS clé *f* de fa **Bassstimme** F (voix *f* de) basse *f*
Bast M liber *m*; *zum Flechten* raphia *m*; *Gewebe* rabane *f*
basta *umg* INT suffit!; assez!; **und damit ~!** un point, c'est tout!
Bastard M *pej, Hund* bâtard *m*; BIOL hybride *m*
Bastelei F bricolage *m*
basteln V/T u. V/I bricoler; **an etw** (*dat*) **~** bricoler qc
Bastler(in) M(F) bricoleur, -euse *m,f*
Bastmatte F natte *f* de raphia
bat → bitten
Bataillon N bataillon *m*
Batik M *od* F batik *m*
batiken A V/T faire en batik B V/I faire du batik
Batist M batiste *f*
Batterie F 1 ELEK pile *f* 2 MIL, TECH, PHYS, AUTO batterie *f* 3 *umg fig* (*Reihe*) batterie *f*; série *f*; rangée *f* **Batteriebetrieb** M alimentation *f* par (une) batterie; *bei Uhr, Kassettenrekorder* fonctionnement *m* sur piles **batteriebetrieben** ADJT qui fonctionne sur piles **Batteriehuhn** *umg* N poulet *m* d'élevage intensif **Batterieladegerät** N chargeur *m* d'accumulateurs
Bau M 1 *e-s Hauses* construction *f* 2 (*Gebäude*)

B

construction *f*; bâtiment *m*; édifice *m* **3** (*Aufbau*) structure *f* **4** *umg* (*Baustelle*) chantier *m*; **auf dem ~ arbeiten** travailler dans le bâtiment **5** (*Tierbau*) terrier *m*; (*Fuchsbau*) tanière *f*

Bauabschnitt M partie *f*, *zeitlich* phase *f* de la construction **Bauamt** N → Bauaufsichtsamt **Bauantrag** M demande *f* d'un permis de construire **Bauarbeiten** FPL travaux *mpl* **Bauarbeiter** M ouvrier *m* du bâtiment **Bauaufsicht** F surveillance *f* des travaux **Bauaufsichtsamt** N *in Frankreich etwa* direction départementale de l'Équipement **Baubeginn** M mise *f* en chantier

Bauch M **1** ventre *m*; (*Unterleib*) abdomen *m*; **e-n ~ bekommen, haben** prendre, avoir du ventre; *umg* **sich** (*dat*) **den ~ vollschlagen** *umg* s'empiffrer; *umg* s'en mettre plein la lampe, la panse **2** *e-s Schiffes, e-r Flasche* ventre *m*

Bauchansatz M début *m* de ventre

Bauchfell N péritoine *m* **Bauchfellentzündung** F péritonite *f*

bauchfrei ADJ **ein ~es T-Shirt** *etwa* un tee-shirt court

bauchig ADJ ventru; bombé; renflé

Bauchklatscher *umg* M *beim Schwimmen* plat *m* **Bauchladen** M éventaire *m* **Bauchlandung** *umg* F FLUG atterrissage *m* sur le ventre; crash *m* **Bauchmuskel** M muscle abdominal **Bauchmuskulatur** F abdominaux *mpl* **Bauchnabel** M nombril *m* **Bauchredner(in)** M(F) ventriloque *m/f*

Bauchschmerzen MPL mal *m* de ventre; **ich habe ~** j'ai mal au ventre

Bauchspeicheldrüse F pancréas *m* **Bauchtanz** M danse *f* du ventre **Bauchtänzerin** F danseuse orientale **Bauchweh** *umg* N → Bauchschmerzen

Baudenkmal N monument (public)

bauen **A** V/T **1** construire; bâtir **2** *umg* **e-n Unfall ~** *umg* faire un accident **3** *Person* **kräftig gebaut** de forte constitution; **sie ist gut gebaut** elle est bien faite, *umg* bien balancée **B** V/I (*bauen lassen*) faire construire, bâtir; *selbst* construire, bâtir une maison; *fig* **auf etw, j-n ~** compter sur qc, qn

Bauer[1] M **1** (*Landwirt*) paysan *m*; fermier *m* **2** *umg pej umg* plouc *m*; *umg* péquenot *m* **3** SCHACH pion *m*; KARTENSPIEL valet *m*

Bauer[2] N *od* M (*Vogelkäfig*) cage *f*

Bäuerin F paysanne *f*; fermière *f* **bäuerlich** ADJ paysan

Bauernbrot N pain *m* de campagne **Bauernfrühstück** N omelette *f* aux pommes de terre et au lard **Bauernhaus** N (corps *m* de) ferme *f*

Bauernhof M ferme *f*; **Ferien** *pl* **auf dem ~** vacances *fpl* à la ferme

Bauernmöbel NPL meubles *mpl* rustiques **Bauernopfer** N *beim Schachspiel* pion sacrifié; *fig, bes* POL *éviction d'un employé subalterne, etc pour conserver le poste d'un haut fonctionnaire, etc* **Bauernregel** F dicton *m* populaire

Bauersfrau F paysanne *f* **Bauersleute** PL paysans *mpl*

baufällig ADJ délabré; vétuste

Baufälligkeit F délabrement *m*; vétusté *f* **Baufinanzierung** F financement *m* de la construction **Baufirma** F entreprise *f* de bâtiment **Baugelände** N terrain *m* à bâtir **Baugeld** N (fonds *m* d')aide *f* à la construction **Baugenehmigung** F permis *m* de construire **Baugerüst** N échafaudage *m* **Baugesellschaft** F société de construction, immobilière **Baugewerbe** N (industrie *f* du) bâtiment *m* **Baugrube** F fouille *f* (pour une construction) **Bauherr** M maître *m* de l'ouvrage; *privater a.* propriétaire *m* qui fait bâtir **Bauingenieur** M ingénieur *m* du génie civil

Baujahr N année *f* de construction, de fabrication; **dieses Auto ist ~ 1998** cette voiture est un modèle 1998

Baukasten M jeu *m* de construction **Baukastensystem** N système *m* modulaire **Baukosten** PL frais *mpl* de construction **Baukostenzuschuss** M contribution *f* aux frais de construction *od* de rénovation **Baukunst** F architecture *f* **Bauland** N terrain *m* à bâtir, constructible **Bauleiter(in)** M(F) chef *m* de chantier **Bauleitung** F direction *f*, conduite *f* des travaux

baulich ADJ architectural; **~e Veränderungen** *fpl* transformations *fpl*

Baum M arbre *m*

Baumarkt M grande surface de matériaux de construction **Baumaßnahme** F (projet *m* de) construction *f* **Baumaterial** N matériaux *mpl* de construction

baumeln *umg* V/I pendiller; *umg* pendouiller; **die Beine ~ lassen** balancer ses jambes

Baumgrenze F limite supérieure des forêts **Baumhaus** N cabane *f* dans un arbre **Baumkrone** F cime *f* **Baumkuchen** M *genre de gâteau à la broche à base de pâte à biscuit* **Baumrinde** F écorce *f* (d'arbre) **Baumschule** F pépinière *f* **Baumstamm** M tronc *m* (d'arbre) **Baumsterben** N mort *f* des forêts **Baumstumpf** M souche *f* **Baumwolle** F coton *m* **baumwollen** ADJ de *od* en coton

Baumwollernte F récolte *f*, cueillette *f* du coton **Baumwollfaser** F fibre *f* de coton **Baumwollgarn** N fil *m* de coton **Baum-**

wollgewebe N tissu *m* de coton **Baumwollpflanze** F plante cotonnière **Baumwollpflücker(in)** M(F) personne *f* qui fait la cueillette du coton **Baumwollplantage** F plantation *f* de coton **Baumwollpulli** *umg* M *umg* pull *m* en coton

Bauordnung F code *m* de la construction et de l'habitation **Bauplan** M plan *m* de construction; *fig* structure *f* **Bauplanung** F programme *m* de construction; projet *m* d'urbanisme **Bauplatz** M terrain *m* à bâtir

bäurisch ADJ *pej* (de) rustre; grossier

Bausatz M kit *m*

Bausch M (*Wattebausch*) tampon *m*; *fig* **etw in ~ und Bogen verurteilen** condamner qc en bloc

bauschen A V/T (faire) gonfler B V/R **sich ~** se gonfler; *Kleid* bouffer

bauschig ADJ bouffant

Bauschlosser M serrurier *m* en bâtiment **Bauschreiner** M menuisier *m* du bâtiment **Bauschutt** M gravats *mpl* **Bausparen** N épargne-logement *f* **Bausparer(in)** M(F) personne *f* ayant un plan d'épargne-logement **Bausparkasse** F caisse *f* d'épargne-logement **Bausparvertrag** M plan *m* d'épargne-logement **Baustein** M 1 pierre *f* de construction 2 *Spielzeug* cube *m* 3 *fig* élément (constitutif); composant *m* **Baustelle** F chantier *m* **Baustil** M style architectural **Baustopp** M interdiction *f* de construire **Bausubstanz** F *e-s Gebäudes* qualité *f* des matériaux de construction

Bauten PL → Bau

Bauträger M promoteur (immobilier, de construction) **Bauunternehmen** N entreprise *f* de bâtiment; entrepreneur *m* **Bauunternehmer** M entrepreneur *m* (de bâtiment, de construction) **Bauvorhaben** N projet *m* de construction **Bauweise** F méthode *f*, mode *m*, (*Bauart*) type *m* de construction **Bauwerk** N bâtiment *m*; construction *f*; édifice *m*

Bauxit M bauxite *f*

Bauzaun M clôture *f*, palissade *f* de chantier **Bauzeichnung** F plan *m* de construction **Bauzeit** F durée *f* de la construction

Bayer(in) M(F) Bavarois(e) *m(f)*

bay(e)risch ADJ bavarois; de Bavière

Bayern N la Bavière

Bazar → Basar

Bazille *umg* F, **Bazillus** M bacille *m*

B-Dur N si *m* bémol majeur

beabsichtigen V/T **~, etw zu tun** avoir l'intention, se proposer, projeter, envisager de faire qc; **beabsichtigt** voulu; intentionnel

beachten V/T faire attention à; tenir compte de; *Regel* observer; respecter; (*bedenken*) prendre en considération **beachtenswert** ADJ remarquable; notable **beachtlich** ADJ (*beträchtlich*) considérable; (*wichtig*) important; (*anerkennenswert*) appréciable

Beachtung F *von Vorschriften* observation *f*; respect *m*; (*Aufmerksamkeit*) intérêt *m*; **e-r Sache** (*dat*) **~ schenken** porter de l'intérêt à qc

Beachvolleyball M volley-ball *m* de plage; beach volley *m*

Beamer M IT projecteur *m* vidéo; vidéo projecteur *m*

Beamte(r) M fonctionnaire *m*; agent *m*

Beamtenanwärter(in) M(F) (fonctionnaire *m/f*) stagiaire *m/f* **Beamtenbeleidigung** F outrage *m* à magistrat **Beamtenbestechung** F corruption *f* de fonctionnaire(s) **Beamtenlaufbahn** F carrière *f* de fonctionnaire

Beamtenverhältnis N **ins ~ übernehmen** titulariser

Beamtin F fonctionnaire *f*

beängstigen V/T inquiéter; effrayer **beängstigend** ADJT inquiétant; effrayant

beanspruchen V/T 1 *Recht etc* revendiquer; *Aufmerksamkeit, Kraft* demander; exiger; *Platz, Zeit* prendre 2 *Maschine* soumettre à des efforts; *Nerven* fatiguer; *Person* occuper; prendre **Beanspruchung** F PHYS, TECH effort *m*

beanstanden V/T critiquer; *Mängel* incriminer **Beanstandung** F critique *f*; *e-r Ware* réclamation *f* (+ *gen* concernant, à propos de)

beantragen V/T demander; *Strafe* requérir

beantworten V/T répondre à (**mit** par) **Beantwortung** F réponse *f* (+*gen* à)

bearbeiten V/T 1 *Material* travailler; façonner; *maschinell* usiner 2 *Boden* cultiver; travailler 3 *Antrag* étudier 4 THEAT, KINO, TV adapter (**für das Fernsehen** pour la télévision); MUS arranger; *Text* (**neu**) **~** refondre; remanier 5 *umg fig* **j-n ~** (*beeinflussen*) travailler qn 6 **j-n mit Fußtritten ~** frapper qn à coups de pied

Bearbeiter(in) M(F) 1 *e-s Fachgebiets, Antrags* personne chargée de … 2 *e-s Buchs* personne *f* qui remanie …; MUS arrangeur, -euse *m,f*; THEAT, KINO, TV adaptateur, -trice *m,f* **Bearbeitung** F 1 *des Bodens* culture *f*; travail *m*; TECH travail *m*; façonnage *m*; *maschinelle* usinage *m*; *e-s Textes* remaniement *m*; refonte *f*; MUS arrangement *m*; THEAT, KINO, TV adaptation (**für den Film** cinématographique) 2 (*bearbeitete Fassung*) version *f*

beatmen V/T **j-n (künstlich) ~** pratiquer la respiration artificielle sur qn

Beatmung F (**künstliche**) **~** respiration artificielle (+*gen* sur)

Beatmungsgerät N respirateur (artificiel)

B

beaufsichtigen VT surveiller; *(kontrollieren)* inspecter; contrôler; *(bewachen)* garder **Beaufsichtigung** F surveillance *f*
beauftragen VT **j-n mit etw ~** charger qn de qc; **j-n ~, etw zu tun** charger qn de faire qc
Beauftragte(r) M/F(M) mandataire *m/f*; délégué(e) *m(f)*
bebauen VT **1** *Grundstück* construire sur; *städtebaulich* urbaniser; **bebaut** *Grundstück* bâti **2** AGR cultiver
Bebauung F **1** construction *f* (de bâtiments); urbanisation *f* **2** AGR culture *f*
beben VI **1** *Erde* trembler **2** *geh vor Erregung* trembler (**vor** [+ *dat*] de)
Beben N **1** séisme *m*; tremblement *m* (de terre) **2** *geh* tremblement *m*
Béchamelsoße F béchamel *f*
Becher M **1** gobelet *m*; *(Joghurtbecher)* pot *m* **2** TECH godet *m*
bechern *umg* VI *umg* picoler
becircen → bezirzen
Becken N **1** bassin *m* (*a.* ANAT, GEOL) **2** *(Waschbecken)* lavabo *m*; *(Spülbecken)* évier *m* **3** MUS cymbale *f* **Beckenbruch** M MED fracture *f* du bassin **Beckenendlage** F MED présentation *f* par le siège **Beckengurt** M ceinture *f* de sécurité (autour des °hanches) **Beckenknochen** M os *m* du bassin **Beckenrand** M *am Schwimmbecken* bord *m* du bassin, de la piscine, *am Spülbecken* de l'évier
Becquerel N PHYS becquerel *m*
bedacht **A** PPERF → bedenken **B** ADJT **auf etw** *(akk)* **~ sein** être soucieux de qc
Bedacht M **mit ~** de façon réfléchie; avec circonspection
bedächtig ADJ posé; réfléchi
bedanken V/R **sich (bei j-m) ~** remercier qn (**für etw** de, pour qc)
Bedarf M besoin(s) *m(pl)* (**an** [+ *dat*] en); **bei ~** en cas de besoin; **(je) nach ~** selon, suivant le(s) besoin(s)
Bedarfsgüter NPL biens *mpl* de consommation
bedauerlich ADJ regrettable
bedauerlicherweise ADV malheureusement
bedauern **A** VT **1** *Sache* regretter; déplorer **2** *Person* plaindre **B** VI regretter; être désolé
Bedauern N regret *m* **bedauernswert** ADJ *Vorfall* regrettable; *Person* pauvre *(vorangestellt)*
bedecken VT (re)couvrir (**mit** de); **bedeckt** *Himmel* couvert
bedenken VT **1** *(überlegen)* réfléchir à; penser à; *(beachten)* considérer; prendre en considération **2** *geh* **j-n mit etw ~** gratifier qn de qc
Bedenken N **~ (gegen)** doute *m* (quant à); réserve *f* (sur); *moralische* scrupules *mpl* (quant à); **ohne ~** sans hésiter
bedenkenlos ADJ sans scrupules **bedenklich** ADJ **1** *(zweifelhaft)* douteux; louche **2** *(besorgniserregend)* inquiétant **Bedenkzeit** F temps *m*, délai *m* de réflexion
bedeppert *umg* ADJ tout bête; penaud
bedeuten VT **1** *(heißen)* signifier; vouloir dire **2** *(sein)* représenter; signifier **3** *(mit sich bringen)* entraîner; avoir pour conséquence **4** *(hindeuten auf)* vouloir dire; annoncer; présager **5** *(wichtig sein)* importer (**j-m** à qn); **das hat nichts zu ~** cela n'a pas d'importance; **er bedeutet mir viel** je tiens beaucoup à lui
bedeutend ADJT **1** *(wichtig)* important **2** *mengenmäßig* considérable **bedeutsam** ADJ **1** *(wichtig)* important **2** *(vielsagend)* significatif
Bedeutung F **1** *(Sinn)* signification *f*; sens *m* **2** *(Wichtigkeit)* importance *f*; **von ~ sein für** être important pour
bedeutungslos ADJ insignifiant; négligeable **bedeutungsvoll** ADJ **1** *(wichtig)* d'une grande importance **2** *(vielsagend)* significatif
bedienen **A** VT **1** *Gäste, Kunden* servir (*a. abs*); *umg iron* **ich bin bedient** *umg* j'en ai marre **2** *Maschine* manier; manœuvrer; faire fonctionner **B** V/R **1** **sich ~** se servir **2** *geh* **sich e-r Sache, j-s ~** se servir de qc, qn
Bedienung F **1** *e-s Gasts* service *m* **2** *von Maschinen* maniement *m* **3** *(Kellner)* garçon *m*; *(Kellnerin)* serveuse *f*; **~, bitte!** Monsieur *bzw.* Madame(, s'il vous plaît)!
Bedienungsanleitung F, **Bedienungsanweisung** F mode *m* d'emploi; notice ex-

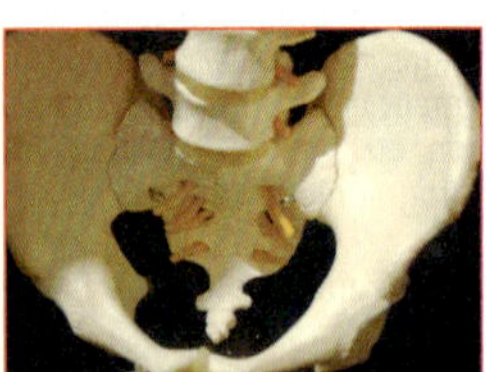

Becken — le bassin

Becken — le lavabo

Becken — la cymbale

plicative **Bedienungsfehler** M erreur f, faute f de manœuvre, de commande **Bedienungshebel** M levier m de commande, de manœuvre

bedingen V/T (*verursachen*) avoir pour conséquence; causer; (*bestimmen*) déterminer; conditionner; **bedingt sein durch** être dû à

bedingt ADJT (*mit Einschränkungen*) conditionnel; sous réserve

Bedingung F condition f; **unter diesen ~en** dans ces circonstances; **unter der ~, dass …** à (la) condition que … (+ *subj*)

bedingungslos ADJ sans condition(s); inconditionnel **Bedingungssatz** M GRAM proposition conditionnelle

bedrängen V/T °harceler (**mit** de); presser (de); (*bestürmen*) assaillir (de); (*verfolgen*) poursuivre; *Gegner* serrer de près; (*bedrücken*) tracasser; tourmenter

Bedrängnis *geh* F embarras m; gêne f; **in ~** (*akk*) **geraten** tomber dans une situation difficile; **in äußerster ~ sein** être en difficulté, *materiell* aux abois

bedrohen V/T menacer (**mit** de) **bedrohlich** ADJ menaçant **Bedrohung** F menace f

bedrucken V/T imprimer

bedrücken V/T u. V/UNPERS attrister; *Sorgen* accabler; *Einsamkeit* peser à **bedrückend** ADJT pesant

Beduine M Bédouin m

bedürfen *geh* **A** V/I **e-r Sache** (*gen*) **~** avoir besoin de qc **B** V/UNPERS **es bedarf e-r Sache** (*gen*) il faut qc; cela demande qc

Bedürfnis N besoin m (**nach** de); **das ~ haben, verspüren zu** (+ *inf*) éprouver le besoin de (+ *inf*)

bedürftig ADJ nécessiteux; indigent; **~ sein** a. être dans le besoin **Bedürftigkeit** F indigence f; besoin m

Beefsteak N bifteck m

beehren *geh* V/T **j-n mit etw ~** honorer qn de qc

beeilen V/R **sich ~** se dépêcher (, **etw zu tun** de faire qc); se presser

Beeilung F *umg* **ein bisschen ~(, wenn ich bitten darf!)** *umg* activons!; *umg* pressons!; *umg* dépêchons!

beeindrucken V/T impressionner

beeinflussen V/T influencer; avoir de l'influence sur **Beeinflussung** F influence f

beeinträchtigen V/T *Erfolg* compromettre; *Freiheit* porter atteinte à; (*behindern*) gêner; entraver; (*mindern*) diminuer **Beeinträchtigung** F (*Verletzung*) atteinte f, préjudice m (+ *gen* à); (*Behinderung*) entrave f (à); (*Minderung*) diminution f (de)

beenden V/T finir; terminer; achever; *Gespräch* clore **Beend(ig)ung** F achèvement m; *e-s Gesprächs* clôture f; (*Ende*) fin f

beengen V/T serrer; gêner; **beengt wohnen** être logé à l'étroit

beerben V/T hériter de

beerdigen V/T enterrer; inhumer **Beerdigung** F enterrement m; inhumation f **Beerdigungsinstitut** N (entreprise f de) pompes fpl funèbres

Beere F baie f; *e-r Traube* grain m

Beerenauslese F *vin moelleux à partir de raisins mûrs* **Beerenobst** N baies fpl

Beet N plate-bande f; carré m; *für Blumen a.* parterre m

Beete → Bete

befähigen V/T **j-n ~, etw zu tun** rendre qn capable de faire qc; *Ausbildung* qualifier qn pour faire qc

befähigt ADJT capable (**zu** de); apte (à); (*qualifiziert*) qualifié (pour)

Befähigung F (*Können*) capacités fpl, aptitudes fpl (**zu** pour); (*Qualifikation*) qualification f (pour, à)

befahl → befehlen

befahrbar ADJ (*ohne Hindernisse*) praticable; (*für Autos ausgebaut*) carrossable; *Wasserwege* navigable

befahren V/T *Straße* emprunter; *Gewässer* naviguer sur; **stark ~e Straße** route très fréquentée

befallen V/T **1** *Schädlinge: Pflanze* envahir; attaquer **2** *fig* saisir; gagner; *Krankheit: Person* atteindre; toucher

befangen ADJ **1** (*verlegen*) intimidé; embarrassé; gêné **2** (*parteiisch*) partial **Befangenheit** F **1** embarras m; timidité f **2** partialité f **Befangenheitsantrag** M JUR demande f de récusation (en suspicion légitime)

befassen V/R **sich mit etw ~** s'occuper de qc; *Buch* traiter de qc

Befehl M **1** (*Auftrag*), MIL ordre m; **auf ~** (*akk*) **von** sur (l')ordre de; par ordre de; **zu ~!** à vos ordres! **2** (*Befehlsgewalt*) commandement m **3** IT instruction f; ordre m

befehlen **A** V/T **j-m ~, etw zu tun** ordonner, donner l'ordre à qn de faire qc; **j-m etw ~** ordonner, commander qc à qn **B** V/I (**über etw, j-n**) **~** commander (qc, qn)

Befehlsempfänger M exécutant m **Befehlsform** F GRAM (mode m) impératif m **Befehlshaber** M commandant m **Befehlsverweigerung** F refus m d'obéissance

befestigen V/T **1** **etw** (**an etw** [*dat*]) **~** attacher, fixer qc (à qc) **2** *Ufer, Straße* stabiliser **3** MIL fortifier

B

Befestigung F 1 *(Anbringung), Vorrichtung* fixation *f* 2 *(Festigung)* consolidation *f*; *des Ufers, e-r Straße* stabilisation *f* 3 MIL fortification *f*
Befestigungsanlage F fortification *f*
befeuchten V/T humidifier *(a.* TECH*)*; *Lippen, Wäsche* humecter; *plus fort* mouiller
befiehlt → befehlen
befinden A *geh* V/T *(beurteilen)* trouver; juger; **für richtig ~** reconnaître exact B V/R **sich ~** 1 *räumlich* se trouver; être 2 *in e-m Zustand* être; *geh* **sich im Irrtum ~** être dans l'erreur C V/I ADMIN **über etw** *(akk)* **~** décider de qc
Befinden N 1 *(Gesundheitszustand)* état *m* de santé 2 *geh (Meinung)* jugement *m*; avis *m*; opinion *f*
befindlich ADJ se trouvant; **im Bau ~** en (cours de) construction
Befindlichkeit *geh* F état *m*, humeur *f* (du moment)
beflaggen V/T pavoiser
beflecken V/T 1 tacher 2 *fig* flétrir
beflügeln *geh* V/T stimuler
befohlen → befehlen
befolgen V/T *Rat* suivre; *Vorschrift* observer **Befolgung** F *e-s Befehls* exécution *f*; *e-r Vorschrift* observation *f*; respect *m*
befördern V/T 1 transporter; *Post* acheminer 2 *im Rang* **j-n ~** donner de l'avancement à qn; promouvoir qn; MIL faire monter qn en grade
Beförderung F 1 transport *m*; acheminement *m* 2 avancement *m*; promotion *f* **Beförderungsmittel** N moyen *m* de transport
befragen V/T questionner; interroger *(a. Zeugen)* **Befragung** F 1 *e-s Zeugen* interrogation *f* 2 *(Umfrage)* enquête *f*; sondage *m*
befreien A V/T 1 délivrer, libérer (**aus, von** de) *(a. fig)* 2 *(erleichtern)* soulager 3 *(entbinden)* dispenser (**von** de); *von Steuern, vom Militärdienst* exempter (de) B V/R **sich ~** se délivrer, se libérer, se dégager (**aus, von** de)
befreiend ADJT libérateur *(a. Lachen)*
Befreier(in) M(F) libérateur, -trice *m,f*
befreit A ADJT 1 *(frei)* délivré; libéré 2 *fig (erleichtert)* soulagé 3 *von Steuern* exempt; exonéré; *vom Turnen etc* dispensé B ADVL **~ aufatmen** pousser un soupir de soulagement
Befreiung F 1 délivrance *f*; libération *f (a. fig,* POL*)* 2 *vom Unterricht, Militärdienst* dispense *f*; *von Steuern, vom Militärdienst* exemption *f*
Befreiungsarmee F armée *f* de libération **Befreiungsbewegung** F mouvement *m* de libération **Befreiungskampf** M combat *m* pour la libération **Befreiungskrieg** M guerre *f* de libération **Befreiungsschlag** M 1 EISHOCKEY dégagement interdit; FUSSBALL dégagement *m* 2 *umg fig* (grande) libération
befremden V/T irriter
Befremden N irritation *f*; étonnement *m*
befremdend ADJT, **befremdlich** ADJ surprenant; étonnant
befreunden V/R → anfreunden
befreundet ADJT ami; **eng (miteinander) ~ sein** être (amis) intimes
befriedigen A V/T satisfaire *(a. fig)* B V/R **sich (selbst) ~** se masturber
befriedigend ADJ satisfaisant; *Schulnote* → Drei **Befriedigung** F satisfaction *f (a. fig)*
befristen V/T limiter (**auf** [+ *akk*] à) **befristet** ADJT à durée limitée; temporaire; *Vertrag* à durée déterminée **Befristung** F limitation *f* de durée (**auf** [+ *akk*] de)
befruchten V/T BIOL féconder; *künstlich* inséminer
Befruchtung F BIOL fécondation *f*; **künstliche ~** insémination artificielle
Befugnis F autorisation *f*; *(Berechtigung)* pouvoir *m*; droit *m*
befugt ADJT **~ (zu etw)** autorisé, habilité (à faire qc)
befühlen V/T toucher; *(betasten)* tâter; palper
befummeln *umg* V/T *umg* tripoter; *sexuell a. umg* peloter
Befund M résultat *m*; MED **ohne ~** résultat négatif
befürchten V/T craindre, redouter, appréhender (**, dass** ... que ... [ne] [+ *subj*]) **Befürchtung** F crainte *f*; appréhension *f*
befürworten V/T *(gutheißen)* approuver; *(empfehlen)* préconiser **Befürworter(in)** M(F) partisan *m*
begabt ADJ doué (**für** pour)
Begabtenförderung F *bourses accordées aux élèves et aux étudiants particulièrement doués*
Begabung F disposition(s) *f(pl)*; don(s) *m(pl)*; talent(s) *m(pl)*
begann → beginnen
begatten V/R **sich ~** s'accoupler; copuler **Begattung** F accouplement *m*; copulation *f*
begeben *geh* V/R 1 **sich zu, nach ... ~** se rendre à ... 2 *(sich ereignen)* arriver; se passer; se produire
Begebenheit *geh* F événement *m*; fait *m*
begegnen V/I 1 *(treffen)* **j-m ~** rencontrer qn 2 *geh (widerfahren)* arriver 3 *geh* **j-m höflich ~** traiter qn poliment 4 *geh e-m Übel, e-r Gefahr (entgegentreten)* affronter; faire face à; *(abwenden)* combattre
Begegnung F rencontre *f (a.* SPORT*)* **Begegnungsstätte** F lieu *m* de rencontre
begehen V/T 1 *geh Fest* fêter; *feierlich* célébrer 2

Verbrechen, Fehler commettre; *Dummheit* faire
begehren VT désirer (*a. sexuell*); *heftig* convoiter **Begehren** *geh* N désir *m* **begehrenswert** ADJ désirable **begehrlich** *geh* ADJ *Blick* plein de convoitise **begehrt** ADJT recherché; HANDEL *a.* demandé
begeistern VT (*u.* VR) (**sich ~** s')enthousiasmer, *leidenschaftlich* (se) passionner (**für** pour)
begeistert **A** ADJT enthousiaste; **von j-m, etw ~ sein** être enthousiasmé, passionné par qn, qc **B** ADVL avec enthousiasme; avec passion
Begeisterung F enthousiasme *m*; (*Leidenschaft*) passion *f* **begeisterungsfähig** ADJ capable de s'enthousiasmer **Begeisterungsfähigkeit** F capacité *f* d'enthousiasme
Begierde F désir *m* (**nach** de); avidité *f* **begierig** ADJ avide, (très) désireux (**auf** [+ *akk*], **nach** de)
begießen VT arroser (**mit** avec) (*a. umg fig Ereignis*)
Beginn M commencement *m*; début *m*; **am, zu, bei ~** au début
beginnen **A** VT commencer **B** VI commencer (**zu** [+ *inf*] à [+ *inf*]); **mit etw ~** *Dinge* commencer, débuter par qc; *Person* commencer qc
beglaubigen VT ADMIN certifier; authentifier; **amtlich ~** légaliser; **beglaubigte Abschrift** copie certifiée conforme
Beglaubigung F ADMIN authentification *f*; *e-r Abschrift* certification *f* conforme; *e-r Unterschrift* légalisation *f*
begleichen VT régler; payer
Begleitbrief M lettre *f* d'accompagnement, d'envoi
begleiten VT accompagner (*a.* MUS); *zum Schutz* escorter; **j-n nach Hause ~** raccompagner qn
Begleiter(in) M(F) compagnon *m*; compagne *f*; MUS accompagnateur, -trice *m,f* **Begleiterscheinung** F effet *m* secondaire **Begleitinstrument** N instrument *m* d'accompagnement **Begleitmusik** F musique *f* d'accompagnement **Begleitpapiere** NPL documents *mpl* d'accompagnement **Begleitperson** F accompagnateur, -trice *m,f* **Begleitpersonal** N accompagnateurs *mpl*; personnel *m* d'accompagnement; *für Gütertransporte* convoyeurs *mpl* **Begleitschein** M bordereau *m* d'expédition **Begleitschreiben** N lettre *f* d'accompagnement **Begleitschutz** M escorte *f* (*a.* FLUG) **Begleittext** M (*Bilderläuterung*) légende *f*; (*Kommentar*) commentaire *m* **Begleitumstände** MPL faits concomitants
Begleitung F **1** MUS accompagnement *m* **2** (*Gesellschaft*) compagnie *f*; **in ~ ihres Mannes** en compagnie de son mari **3** *Person* compagnon *m*; compagne *f*
beglücken *geh* VT rendre heureux **beglückt** ADJT heureux; ravi
beglückwünschen VT féliciter (**zu etw** de qc)
begnadet *geh* ADJ merveilleusement doué; °hors pair **begnadigen** VT gracier **Begnadigung** F grâce *f*
begnügen VR **sich mit etw ~** se contenter de qc
Begonie F bégonia *m*
begonnen → beginnen
begraben VT **1** (*beerdigen*) enterrer; inhumer **2** (*verschütten*) ensevelir **3** **s-e Hoffnungen ~** abandonner tout espoir; **e-n Streit ~** faire la paix
Begräbnis N enterrement *m*; inhumation *f*
begradigen VT *Fluss* rectifier **Begradigung** F rectification *f*
begreifen **A** VT **1** (*verstehen*) comprendre; saisir **2** (*betrachten*) **etw als etw ~** considérer qc comme qc **B** VI comprendre
begreiflich ADJ compréhensible
begreiflicherweise ADV on comprend (aisément) que ...; naturellement
begrenzen VT **1** *als Grenze* délimiter **2** (*beschränken*) limiter (**auf** [+ *akk*] à) **begrenzt** ADJT limité (*a. fig*) **Begrenzung** F **1** limitation *f* (*a. fig*) **2** (*Grenze*) limite *f*
Begriff M **1** (*Vorstellung*) notion *f*; idée *f*; concept *m* **2** (*Ausdruck*) terme *m* **3** *umg* **schwer von ~ sein** *umg* être (un peu) bouché **4** **im ~ sein, etw zu tun** être sur le point de faire qc
begriffen ADJT **in der Entwicklung ~** en train de se développer; **im Aufbruch ~** sur le point de partir; **im Entstehen ~** en (voie de) formation
begrifflich ADJ conceptuel; (*abstrakt*) **(rein) ~** abstrait
begriffsstutzig ADJ (qui a l'esprit) lent; obtus
begründen VT **1** (*Grund angeben*) motiver (**mit** par); (*rechtfertigen*) justifier; **begründet** *Vorwurf, Kritik* justifié; fondé **2** (*Grund sein*) être à l'origine de
Begründer(in) M(F) fondateur, -trice *m,f* **Begründung** F (exposé *m* des) motifs *mpl*; raison(s) *f(pl)*; (*Rechtfertigung*) justification *f*
begrüßen VT saluer (*a. fig*); (*empfangen*) accueillir
begrüßenswert ADJ (*willkommen*) bienvenu; (*erfreulich*) heureux; réjouissant; **~ sein** être le bienvenu, la bienvenue

B

▶ Begrüßung auf Französisch

Guten Morgen!	**Bonjour !**
Guten Tag!	**Bonjour !**
Guten Abend!	**Bonsoir !**

Wenn man jemanden siezt, kann man auch sagen:

Bonjour, Monsieur ! *bzw.*

Bonjour, Madame !

Freunde begrüßt man mit:

Bonjour, ça va ?	Hallo, wie geht's?
oder **Salut, ça va ?**	

Zu einem Arzt sagt man:

Bonjour, docteur !

SPRACHGEBRAUCH ◀

Begrüßung F salutation(s) *f(pl)*; accueil *m* **Begrüßungsansprache** F allocution *f* de bienvenue **Begrüßungscocktail** M cocktail *m* de bienvenue
Begrüßungskuss M bise *f*; **sich** *(dat)* **e-n ~ geben** (se) faire la bise
Begrüßungsrede F discours *m* de bienvenue
begünstigen V/T favoriser; *(bevorteilen)* privilégier **Begünstigung** F 1 traitement préférentiel, de faveur *(+gen* accordé à); *(Vorteil)* avantage *m* 2 JUR complicité *f* (par assistance)
begutachten V/T *fachlich* expertiser; *weitS.* donner son avis sur
begütert ADJ aisé; fortuné
begütigend ADJT apaisant; calmant
behaart ADJ poilu; velu **Behaarung** F pilosité *f*; poils *mpl*; *(Fell)* pelage *m*
behäbig ADJ flegmatique; *(schwerfällig)* lourd et lent; *(gemächlich)* qui prend son temps
behaftet *geh* ADJ **mit etw ~ sein** avoir qc; *mit e-m Übel* être atteint de qc; *mit e-m Gebrechen* être affligé de qc
behagen V/I **j-m ~** plaire, convenir à qn
Behagen N *(Vergnügen)* plaisir *m*; *(Zufriedenheit)* contentement *m*; *(Wohlbefinden)* bien-être *m*
behaglich ADJ *Ort* où l'on se sent bien, à l'aise; agréable; *Stimmung* douillet; *Gefühl* de bien-être **Behaglichkeit** F agrément *m*; confort *m*; bien-être *m*
behalten V/T garder; *im Gedächtnis* retenir
Behälter M récipient *m*; *für Flüssigkeiten* réservoir *m* **Behältnis** *geh* N récipient *m*
behämmert *umg pej* ADJ *umg* marteau; *umg* tapé; *umg* branque
behände ADJ vif; agile; preste; leste
behandeln V/T *Person, Thema* traiter (*a.* MED, TECH); MED soigner; **der ~de Arzt** le médecin traitant
Behandlung F traitement *m*; MED *a.* soins *mpl*
Behandlungskosten PL MED frais *mpl* de traitement **Behandlungsmethode** F méthode *f* de traitement **Behandlungsraum** M salle *f* de soins **Behandlungsstuhl** M fauteuil utilisé pour l'examen médical; *beim Zahnarzt* fauteuil *m* de dentiste **Behandlungszimmer** N salle *f* de soins
behängen V/T décorer, orner, couvrir (**mit etw** de qc)
beharren V/I **auf etw** *(dat)* **~** persister dans qc; ne pas démordre de qc; **darauf ~, etw zu tun** insister pour, s'obstiner à faire qc
beharrlich A ADJ *(ausdauernd)* persévérant; *(hartnäckig)* obstiné; opiniâtre B ADV avec persévérance; obstinément; opiniâtrement **Beharrlichkeit** F persistance *f*; persévérance *f*; obstination *f*; opiniâtreté *f*
behaupten A V/T 1 *(beteuern)* soutenir; affirmer; *(vorgeben)* prétendre 2 *Stellung* maintenir; *(verteidigen)* défendre B V/R **sich ~** s'imposer **Behauptung** F affirmation *f*
Behausung *geh* F *liter* logis *m*
beheben V/T *Schäden* réparer; remédier à; *Missstände* supprimer **Behebung** F *von Schäden* réparation *f*; *von Schwierigkeiten* aplanissement *m*; suppression *f* (*a. von Missständen*)
beheimatet ADJT **~ in** (+ *dat*) *(abstammend)* originaire de; *(ansässig)* domicilié à
beheizbar ADJ chauffant **beheizen** V/T chauffer
Behelf M moyen *m* de fortune
behelfen V/R **sich mit etw ~** se débrouiller avec qc
Behelfsausfahrt F sortie *f* de délestage **behelfsmäßig** ADJ provisoire
behelligen V/T **j-n (mit etw) ~** importuner qn (par, avec qc)
behende → behände
beherbergen V/T 1 héberger 2 *fig* accueillir
beherrschen A V/T 1 *Land* régner sur; asservir; *Welt* dominer; *Markt* être leader sur 2 *Situation* contrôler; *Gefühle, Sprache* maîtriser 3 *(vorherrschen)* dominer B V/R **sich ~** se retenir; se contenir
beherrscht ADJT maître de soi; discipliné
Beherrschung F 1 *e-s Landes* domination *f* 2 *e-r Situation, Sprache, seiner selbst* maîtrise *f*; **s-e ~ verlieren** perdre son sang-froid
beherzigen V/T suivre; prendre à cœur
behilflich ADJ **j-m (bei etw) ~ sein** aider qn (à

faire qc)
behindern VT gêner
behindert ADJT °handicapé
Behinderte(r) M/F(M) °handicapé(e) *m(f)*; **ein geistig ~r** un °handicapé mental
behindertengerecht ADJ (aménagé) pour les °handicapés **Behindertenolympiade** F Jeux *mpl* olympiques °handisports **Behindertensport** M °handisport *m* **Behindertentoilette** F toilettes adaptées aux °handicapés **Behindertenwerkstatt** F atelier *m* pour °handicapés
Behinderung F 1 MED infirmité *f*; °handicap *m* 2 *(Hindernis)* gêne *f*; entrave *f*
Behörde F autorité *f*; administration *f*
behüten VT protéger (**vor** [+ *dat*] de, contre); préserver (de)
behutsam A ADJ *(vorsichtig)* précautionneux; *(achtsam)* attentionné; *(rücksichtsvoll)* plein d'égards B ADV avec précaution; *(rücksichtsvoll)* avec ménagement **Behutsamkeit** F précaution *f*; égards *mpl*
bei PRÄP 1 *räumlich* près de; *bei Personen* auprès de; *in j-s Haus* chez; **~ mir (zu Hause)** chez moi; **~m Arzt, Friseur** chez le médecin, le coiffeur; **~ der Post® arbeiten** travailler à la poste; **das steht ~ Goethe** cela se trouve, c'est dans Gœthe; **etw ~ sich haben** avoir qc sur soi; *umg* **nicht ganz ~ sich sein** ne pas avoir toute sa tête (à soi); **so war es auch ~ mir** c'était aussi comme ça pour moi 2 *zeitlich* à; pendant; au moment de; lors de; **~ Sonnenaufgang** au lever du soleil; **~m Laufen** en courant; **~m Essen sein** être en train de manger 3 *modal* **~ e-m Unfall** dans un accident; *(im Falle e-s Unfalls)* en cas d'accident; **~ e-m Glas Wein** devant un verre de vin 4 *(aufgrund von)* étant donné; **~ ihrer Intelligenz** avec son intelligence 5 *(trotz)* malgré; avec; **~ aller Anerkennung** malgré toute mon, notre, *etc* estime 6 *in Beteuerungsformeln* **~ meiner Ehre!** sur mon honneur!
beibehalten VT conserver; garder
Beiblatt N feuille *f* annexe **Beiboot** N canot *m*
beibringen VT 1 *(lehren)* apprendre; enseigner 2 *umg (mitteilen)* **j-m etw schonend ~** dire, apprendre, annoncer qc à qn avec ménagement 3 *Niederlage* infliger 4 *Bescheinigung, Zeugen* produire
Beichte F confession *f*; **zur ~ gehen** aller se confesser; aller à confesse
beichten A VT **(j-m) etw ~** REL, *fig* confesser qc (à qn); *fig* avouer qc (à qn) B VI se confesser (**bei** à)
Beichtgeheimnis N secret *m* de la confession **Beichtstuhl** M confessionnal *m* **Beichtvater** M confesseur *m*
beide PRON A ADJT les deux; **die, meine ~n Söhne** les, mes deux fils B SUBST les deux; **eins von ~n** de deux choses l'une; **e-r von ~n** (l')un des deux; TENNIS, TISCHTENNIS **fünfzehn ~** quinze partout
beiderlei ADJ **~ Geschlechts** des deux sexes
beiderseitig ADJ réciproque; mutuel
beiderseits ADV (*u.* PRÄP) des deux côtés (de); de part et d'autre (de)
beidhändig A ADJ *(mit beiden Händen)* des deux mains; *(mit beiden Händen gleich geschickt)* ambidextre B ADV à *od* des deux mains
beidrehen VI SCHIFF se mettre en panne
beieinander ADV ensemble; **dicht, nahe ~** très près, proche l'un de l'autre
beieinanderhaben VT *Unterlagen etc* avoir réuni, rassemblé; **s-e Gedanken nicht ~** être distrait; *umg fig* **du hast (sie) wohl nicht alle beieinander!** *umg* ça va pas la tête!
Beifahrer(in) M(F) *im Auto* passager, -ère *m,f* (avant); *im Lastwagen* aide-conducteur *m*; SPORT coéquipier, -ière *m,f* **Beifahrersitz** M siège *m* avant droit
Beifall M 1 applaudissements *mpl* 2 *(Zustimmung)* approbation *f*; **~ finden** être bien accueilli; **~ klatschen** applaudir
beifällig A ADJ approbateur; approbatif; favorable B ADV **etw ~ aufnehmen** bien accueillir qc
Beifallsruf M acclamation *f*; bravo *m* **Beifallssturm** M tonnerre *m* d'applaudissements
beifügen VT 1 *(dazulegen)* joindre 2 *(hinzufügen)* ajouter
Beigabe F 1 *(Hinzugefügtes)* supplément *m*; complément *m* 2 **durch ~ von ...** en ajoutant ...
beige ADJ beige
Beige N beige *m*
beigeben VT 1 *geh (hinzufügen)* ajouter 2 *umg* **klein ~** céder; baisser le ton; baisser pavillon
beigefarben ADJ beige
Beigeordnete(r) M/F(M) ADMIN adjoint(e) *m(f)*
Beigeschmack M petit goût; *fig* arrière-goût *m*; **e-n bitteren ~ haben** avoir un goût amer (*a. fig*)
beiheften VT attacher
Beihilfe F 1 *finanzielle* allocation *f*; aide *f* 2 JUR complicité *f* (**zu** de)
beikommen VI **j-m, e-r Sache nicht ~ können** ne pas pouvoir venir à bout de qn, qc
Beil N °hache *f*; cognée *f*; *(Hackbeil)* couperet *m*
Beilage F 1 *e-r Zeitung* supplément *m* 2 GASTR accompagnement *m*; garniture *f*

B

beiläufig A ADJ *Bemerkung* fait en passant B ADV en passant
beilegen VT 1 *(beifügen)* joindre 2 *Streit* régler; arranger
beileibe ADV **~ nicht** pas du tout; sûrement pas; certainement pas
Beileid N condoléances *fpl*; sympathie *f*; **j-m sein ~ aussprechen** exprimer, présenter ses condoléances à qn; **(mein) herzliches** *od* **aufrichtiges ~** mes sincères condoléances
Beileidsbesuch M visite *f* de sympathie **Beileidskarte** F carte *f* de condoléances
beiliegen VI *e-m Brief* être joint
beiliegend ADJT *u.* ADVL ADMIN ci-joint; ci-inclus
beim = **bei dem**
beimessen VT attacher; attribuer
Bein N ANAT, *(Hosenbein)* jambe *f*; *von Tieren* patte *f*; *(Tischbein) etc* pied *m*; *umg* **sich** *(dat)* **kein ~ ausreißen** *umg* ne pas se casser (la tête *od* la nénette); *umg* **j-m ~e machen** *(fortjagen)* faire déguerpir qn; *(antreiben) umg* secouer qn; **j-m ein ~ stellen** faire un croche-pied, un croc-en-jambe à qn; *umg fig* **die ~e in die Hand nehmen** prendre ses jambes à son cou; *umg* **den ganzen Tag auf den ~en sein** être debout toute la journée; **sich auf die ~e machen** se mettre en route; *fig* **auf eigenen ~en stehen** être indépendant; *umg fig* **etw auf die ~e stellen** mettre qc sur pied; *umg fig* **wieder auf die ~e kommen** reprendre le dessus; *(wieder gesund werden) a.* se remettre; *fig* **mit beiden ~en im Leben stehen** avoir les (deux) pieds sur terre
beinahe ADV presque; *vor Zahlen a.* près de; **er wäre ~ ertrunken** *a.* il a failli se noyer; il a manqué (de) se noyer

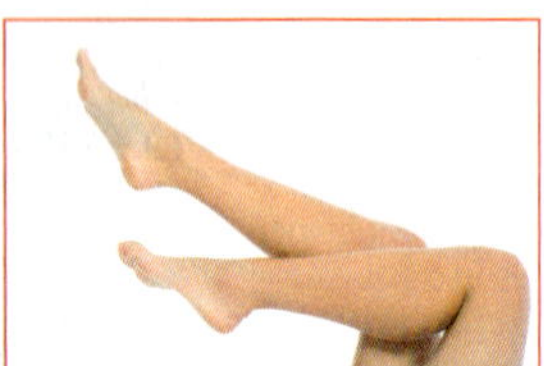

Beine — les jambes (fpl)

Beine — les pieds (mpl)

Beinahezusammenstoß M collision évitée de peu
Beiname M surnom *m*
Beinamputation F amputation *f* d'une *bzw.* de la *bzw.* des deux jambe(s) **beinamputiert** ADJT amputé d'une *bzw.* de la *bzw.* des deux jambe(s) **Beinarbeit** F SPORT jeu *m* de(s) jambes; SCHWIMMEN mouvement *m* des jambes
Beinbruch M fracture *f* de la jambe; *umg* **das ist (doch) kein ~!** *umg* ce n'est (quand même) pas tragique!; *umg* **Hals- und ~!** *umg* merde puissance treize!; bonne chance!
Beinfreiheit F place *f* pour les jambes
beinhalten VT contenir
Beipackzettel M notice *f*
beipflichten VI **j-m ~** approuver qn (**in etw** *[dat]* sur qc)
Beirat M *Gremium* conseil, comité consultatif; *Person* membre *m* du conseil, comité consultatif
Beiried N *österr (Roastbeef)* rosbif *m*
beirren VT déconcerter
beisammen → zusammen
Beisammensein N réunion *f*; **geselliges ~** petite réunion, fête
beischließen VT *österr* joindre
Beisein N présence *f*; **im ~ von …** en présence de …
beiseite ADV de côté; à l'écart; → beiseitelassen *etc*
beiseitelassen VT laisser de côté *(a. fig)* **beiseitelegen**, **beiseiteräumen** VT mettre de côté **beiseiteschaffen** VT mettre à l'écart; *Gestohlenes* faire disparaître **beiseiteschieben** VT *Bedenken* écarter
Beisel N *österr* café *m*; *umg* bistro(t) *m*
beisetzen *geh* VT inhumer
Beisetzung *geh* F inhumation *f*
Beisitzer(in) M(F) JUR assesseur *m*
Beispiel N exemple *m* (**für** de); **zum ~** par exemple; **j-m ein ~ geben** donner l'exemple à qn; **sich** *(dat)* **an j-m ein ~ nehmen** prendre exemple sur qn

Beispiel = exemple

Wird anders geschrieben als englisch „example".

FEHLERQUELLEN

beispielhaft ADJ exemplaire **beispiellos** ADJ sans égal; *pej* sans pareil **beispielsweise** ADV par exemple
beißen A VT 1 mordre 2 *(kauen)* mâcher; *umg fig* **nichts zu ~ haben** *umg* n'avoir rien à se

mettre sous la dent **B** VI **1** mordre **2** *Rauch etc* piquer **C** VR **sich ~** *Farben* jurer; *plus fort* °hurler
beißend ADJT *Kälte* mordant; *Geruch* âcre; *Kritik* mordant; incisif
Beißerchen *umg hum* N *umg* quenotte *f*
Beistand *geh* M assistance *f*; concours *m*; (*Hilfe*) secours *m*; aide *f*; **j-m ~ leisten** prêter assistance, son appui à qn
beistehen VI **j-m ~** seconder, soutenir qn
Beistelltisch M table *f* d'appoint
beisteuern VT **etw zu etw ~** contribuer à qc en apportant qc; *Geld* donner qc pour qc
Beitrag M **1** (*Mitwirkung*) contribution *f*; apport *m* **2** *für e-e Zeitung* article *m* **3** (*Mitgliedsbeitrag*) cotisation *f*
beitragen VT *u.* VI **zu etw ~** contribuer, concourir à qc
Beitragserhöhung F relèvement *m* des cotisations **beitragsfrei** ADJ dispensé de la cotisation **Beitragspflicht** F assujettissement *m* à une cotisation **beitragspflichtig** ADJ assujetti à la cotisation **Beitragssatz** M montant *m* de la cotisation **Beitragssenkung** F réduction *f* des cotisations **Beitragszahlung** F versement *m* des cotisations
beitreten VI *e-r Partei, e-m Verein* adhérer (+ *dat* à); entrer (dans)
Beitritt M adhésion *f*, affiliation *f* (**zu** à); entrée *f* (dans) **Beitrittserklärung** F bulletin *m* d'adhésion **Beiwagen** M side-car *m*
beiwohnen *geh* VI **e-r Sache** (*dat*) **~** assister, être présent à qc
Beize F *für Holz* teinture *f*; GASTR marinade *f*
beizeiten ADV **1** (*rechtzeitig*) à temps **2** (*frühzeitig*) de bonne heure; tôt
beizen VT *Holz* teinter; GASTR mariner
bejahen VT **1** *Frage* répondre affirmativement à; dire oui à **2** *fig* (*befürworten*) approuver
bejahrt *geh* ADJ âgé; d'un âge avancé
Bejahung F **1** réponse affirmative **2** *fig* approbation *f*
bejubeln VT acclamer; saluer par des cris de joie
bekämpfen VT combattre; lutter contre; faire la guerre à **Bekämpfung** F lutte *f* (+ *gen* contre)
bekannt ADJ **1** connu; (*berühmt*) célèbre; **das ist mir ~** je (le) sais; **davon ist mir nichts ~** je n'en sais rien **2** **mit j-m, etw ~ sein** connaître qn, qc; **j-n mit j-m ~ machen** présenter qn à qn **3** **~ geben, machen** publier; **~ werden** être divulgué, publié
Bekannte(r) M/F(M) connaissance *f*; **ein Bekannter von mir** une personne de ma connaissance
Bekanntenkreis M relations *fpl*; connaissances *fpl* **Bekanntgabe** F publication *f* **bekanntgeben** VT → bekannt 3 **Bekanntheit** F **1** (*Kenntnis*) connaissance *f* **2** (*Berühmtheit*) notoriété *f*; célébrité *f* **Bekanntheitsgrad** M popularité *f*; (degré *m* de) notoriété *f* **bekanntlich** ADV comme chacun sait **bekanntmachen** VT → bekannt 2, 3 **Bekanntmachung** F publication *f*; ADMIN avis *m*
Bekanntschaft F connaissance *f*; **j-s ~ machen** faire la connaissance de qn; *umg* **mit etw ~ machen** avoir affaire à qc
bekanntwerden VI → bekannt 3
bekehren VT (*u.* VR) (**sich ~** se) convertir (**zu** à)
Bekehrung F conversion *f* (**zu** à)
bekennen **A** VT avouer; reconnaître; confesser (*a.* REL) **B** VR **1** **sich zum Christentum ~** faire profession de foi chrétienne; **sich zu j-m ~** prendre parti pour qn **2** **sich schuldig ~** s'avouer coupable; **sich zu e-m Verbrechen ~** revendiquer un crime
Bekennerbrief M lettre *f* de revendication (d'un crime)
Bekenntnis N **1** aveu *m*; confession *f* (*a.* REL) **2** (*Eintreten für*) profession *f* de foi **Bekenntnisschule** F école confessionnelle; *in Frankreich* école *f* libre
bekifft *umg* ADJT *umg* camé
beklagen **A** VT déplorer **B** VR **sich (bei j-m) über etw, j-n ~** se plaindre (à qn) de qc, qn
beklagenswert ADJ *Person* à plaindre; *Sache* regrettable; lamentable
Beklagte(r) M/F(M) JUR défendeur, -deresse *m,f*
beklauen *umg* VT **j-n ~** voler qn
bekleben VT **etw (mit etw) ~** coller qc sur qc
bekleckern *umg* VT (*u.* VR) (**sich ~** se) tacher; *plus fort* (se) salir
bekleiden VT **1** (re)vêtir (**mit** de) **2** *geh Amt* occuper **bekleidet** ADJT vêtu, habillé (**mit** de)
Bekleidung F vêtements *mpl*; habillement *m*; tenue *f*
beklemmend ADJ *Schweigen* oppressant; (*beängstigend*) angoissant
Beklemmung F oppression *f*
beklommen ADJ oppressé; angoissé
bekloppt *umg* ADJ *umg* cinglé; *umg* dingue
beknackt *umg* ADJ *Person umg* cinglé; *umg* dingue; *Situation umg* pas marrant
beknien *umg* VT supplier (à genoux)
bekochen *umg* VT *umg* faire à manger à
bekommen **A** VT **1** (*erhalten*) recevoir; avoir; *mit Mühe* obtenir; **wo bekommt man …?** où peut-on trouver, *umg* avoir …?; *im Geschäft* **was ~ Sie?** vous désirez? **2** *mit „zu" + inf* **etw zu essen ~** avoir qc à manger; **vieles zu sehen**

B

~ voir beaucoup de choses **3** *mit pperf* **etw geschenkt ~** recevoir qc en cadeau; **ich bekam gesagt ...** on m'a dit ... **4** *(erleiden, entwickeln)* (commencer à) avoir; **e-e Krankheit ~** attraper une maladie; **e-e Erkältung ~** prendre froid **5** *(e-n bestimmten Zustand hervorrufen)* réussir, arriver à *(+ inf)* **6** *(erreichen)* avoir; attraper; **den Zug gerade noch ~** avoir son train de justesse; **den Zug nicht mehr ~** manquer, rater son train **B** VI **j-m (gut) ~** convenir, réussir à qn; **wohl bekomms!** à ta *bzw.* votre santé

bekömmlich ADJ digeste; **leicht ~** digeste; **schwer ~** indigeste

beköstigen VT nourrir

bekräftigen VT renforcer **Bekräftigung** F renforcement *m*

bekreuzigen VR **sich ~** se signer; faire le signe de (la) croix

bekriegen **A** VT faire la guerre à **B** VR **sich ~** se faire la guerre

bekritzeln VT griffonner sur; *bes Wand* couvrir de graffitis

bekümmert ADJ soucieux; peiné

bekunden *geh* VT témoigner

belächeln VT sourire de

beladen VT charger (**mit** de)

Belag M *(Schicht)* couche *f*; *(Straßenbelag, Fußbodenbelag)* revêtement *m*; *(Bremsbelag)* garniture *f*; *(Zahnbelag)* plaque *f* dentaire; → Brotbelag

belagern VT assiéger *(a. fig)* **Belagerung** F siège *m* *(a. fig)* **Belagerungszustand** M état *m* de siège

belämmert *umg* ADJ *Personen* penaud; tout bête; *Dinge umg* de malheur

Belang M **1** **von ~** important; **ohne ~** sans importance **2** *pl* **~e** *(Interessen)* intérêts *mpl*

belangen VT poursuivre en justice (**wegen** pour) **belanglos** ADJ sans importance **Belanglosigkeit** F **1** *(Bedeutungslosigkeit)* insignifiance *f* **2** *Äußerung* futilité *f*

belassen VT laisser; **es bei etw ~** en rester à qc

belastbar ADJ **1** qui peut porter une charge (de) **2** *fig* résistant **Belastbarkeit** F **1** limite *f* de charge **2** *fig* résistance *f*

belasten VT **1** charger (**mit** de) **2** *mit Schadstoffen* polluer **3** *Konto* débiter (**mit** de) **4** *Sorgen* **j-n ~** accabler qn **5** JUR charger

belästigen VT **1** importuner (**mit** par); ennuyer (avec) **2** *sexuell* °harceler

Belästigung F ennuis *mpl*; **sexuelle ~** °harcèlement sexuel

Belastung F charge *f*; *fig a.* fardeau *m*; TECH effort *m*

Belastungs-EKG N électrocardiogramme *m* après effort **Belastungsgrenze** F TECH limite *f* de charge; *e-r Person* limites *fpl* **Belastungsmaterial** N JUR pièces *fpl* à conviction **Belastungsprobe** F TECH test *m* de résistance; *fig* rude épreuve *f* **Belastungszeuge** M, **Belastungszeugin** F JUR témoin *m* à charge

belaufen VR **sich ~ auf** *(+ akk)* se monter à; s'élever à

belauschen VT *Personen* épier; *Gespräch* écouter

beleben **A** VT animer; *(anregen)* stimuler; *Farben* aviver **B** VR **sich ~** s'animer **belebend** ADJT vivifiant; *(anregend)* stimulant **belebt** ADJT *Straße* animé **Belebung** F stimulation *f*

Beleg M **1** *(Beweis)* pièce justificative **2** *(Quittung)* quittance *f* **3** *(Belegstelle)* référence *f*

Belegarzt M, **Belegärztin** F praticien, -ienne *m,f* exerçant une activité libérale à l'hôpital

Belegbett N lit *m* d'hospitalisation

belegen VT **1** *Fußboden* recouvrir (**mit** de); TECH, GASTR garnir (de) **2** *Sitzplatz* *(reservieren)* réserver; *(besetzt halten)* occuper **3** *Behauptung* prouver

Belegexemplar N exemplaire justificatif

Belegschaft F personnel *m*

belegt ADJT **1** *Krankenhaus* occupé; *Platz* retenu; réservé; *Hotel* **(voll) ~ sein** afficher complet **2** *Zunge* chargé; *Stimme* voilé **3** GASTR **~es Brot, Brötchen** sandwich *m*

belehren VT instruire, informer (**über** [+ *akk*] de) **belehrend** ADJT instructif; *pej* moralisateur **Belehrung** F instruction *f*; *(Zurechtweisung)* leçon *f*

beleidigen VT offenser; insulter; *(beschimpfen)* injurier

beleidigt ADJT offensé; *(gekränkt)* vexé **Beleidigung** F offense *f*; insulte *f*; *(Beschimpfung)* injure *f*

beleihen VT prêter sur

belesen ADJT **~ sein** avoir beaucoup lu; être érudit

Belesenheit F érudition *f*

beleuchten VT **1** éclairer; *festlich* illuminer **2** *fig* examiner (de près) **Beleuchter(in)** M(F) THEAT, FILM éclairagiste *m/f* **Beleuchtung** F **1** éclairage *m*; *festliche* illumination *f* **2** *fig* examen *m* **Beleuchtungsanlage** F installation *f* d'éclairage **Beleuchtungskörper** M luminaire *m* **Beleuchtungstechnik** F technique *f* de l'éclairage; éclairagisme *m* **Beleuchtungstechniker(in)** M(F) éclairagiste *m/f*

Belgien N la Belgique

Belgier(in) M(F) Belge *m/f* **belgisch** ADJ belge; de (la) Belgique

belichten VT FOTO exposer **Belichtung** F

FOTO exposition *f*; pose *f* **Belichtungsautomatik** F réglage *m* automatique du temps de pose **Belichtungsmesser** M posemètre *m* **Belichtungszeit** F temps *m* de pose

belieben *geh* V/UNPERS **wie es Ihnen beliebt** comme vous voudrez; *geh* comme il vous plaira

Belieben N **nach ~** à volonté

beliebig A ADJ quelconque; **jeder Beliebige** n'importe qui B ADV à volonté

beliebt ADJ 1 aimé, estimé (**bei** par, de); populaire; **sich (bei j-m) ~ machen** se faire aimer (par, de qn) 2 (*häufig benutzt*) courant; en vogue

Beliebtheit F popularité *f*; faveur *f*

beliefern V/T fournir, approvisionner (**mit** en) **Belieferung** F approvisionnement *m* (**mit** en); *abs a.* livraison *f*

bellen V/I aboyer

Belletristik F littérature générale; lettres *fpl*

belohnen V/T récompenser (**für** pour, de) **Belohnung** F récompense *f*

belüften V/T ventiler **Belüftung** F ventilation *f*

belügen V/T mentir à

belustigen V/T amuser **Belustigung** F amusement *m*; divertissement *m*

bemächtigen *geh* V/R **sich j-s, e-r Sache ~** s'emparer de qn, qc

bemalen V/T peindre **Bemalung** F peinture *f*

bemängeln V/T critiquer

bemannt ADJ *Raumschiff etc* habité

bemerkbar ADJ **sich ~ machen** *Person* se faire remarquer; *Sache* se faire sentir

bemerken V/T 1 (*wahrnehmen*) remarquer 2 (*äußern*) remarquer **bemerkenswert** ADJ remarquable **Bemerkung** F remarque *f*

bemessen A V/T calculer; évaluer; **das Trinkgeld reichlich ~** donner un généreux pourboire B V/R **sich nach etw ~** être calculé d'après, selon qc C ADJT **genau ~** *Menge* des quantités calculé, déterminé avec précision; **reichlich ~** *Essen* copieux; **meine Zeit ist sehr knapp ~** je ne dispose que de très peu de temps

Bemessung F calcul *m*; évaluation *f* (*a. von Steuern*) **Bemessungsgrundlage** F base *f* de calcul; *bei Steuern* assiette *f*

bemitleiden V/T avoir pitié de; s'apitoyer sur **bemitleidenswert** ADJ pitoyable

bemühen V/R 1 (*sich anstrengen*) **sich ~** se donner de la peine, du mal; s'efforcer (**zu** [+ *inf*] de [+ *inf*]) 2 (*sich kümmern*) **sich um j-n ~** s'occuper de qn; prendre soin de qn 3 (*erlangen wollen*) **sich um etw ~** s'efforcer d'obtenir qc

Bemühung F effort(s) *m(pl)*

bemuttern V/T materner; dorloter

benachbart ADJ voisin; avoisinant

benachrichtigen V/T informer, prévenir, avertir (**von** de) **Benachrichtigung** F information *f*; avertissement *m*; avis *m*

benachteiligen V/T désavantager; (*unrecht tun*) porter préjudice, faire du tort à **Benachteiligung** F désavantage *m*; (*Unrecht*) préjudice *m*, tort *m* (*+gen* causé à)

benebeln V/T (*leicht betäuben*) étourdir; *Alkohol* griser

Benefizkonzert N concert *m* au bénéfice de qn *od* d'une œuvre de bienfaisance

benehmen V/R **sich ~** se conduire; se comporter; **sich zu ~ wissen** avoir des manières

Benehmen N comportement *m*; conduite *f*; manières *fpl*; **kein ~ haben** être mal élevé

beneiden V/T **j-n (um etw) ~** envier (qc à) qn

beneidenswert ADJ enviable

Beneluxstaaten MPL **die ~** le Benelux

benennen V/T désigner; donner un nom à **Benennung** F 1 (*Bezeichnung, Name*) appellation *f*; dénomination *f* 2 *von Zeugen etc* désignation *f*

Bengel *umg* M garnement *m*; gamin *m*; galopin *m*

Benimm *umg hum* M manières *fpl*; **keinen ~ haben** ne pas avoir de savoir-vivre

benommen ADJT étourdi; hébété **Benommenheit** F torpeur *f*; hébétude *f*

benoten V/T mettre une note à; **s-e Klassenarbeit ist mit gut benotet worden** il a eu un bien à son contrôle

benötigen V/T avoir besoin de; **benötigt (werden)** (être) nécessaire

Benotung F notation *f*; (*Note*) note *f*

benutzen V/T utiliser; se servir de; *Gelegenheit* profiter de; *Weg* prendre **Benutzer(in)** M(F) utilisateur, -trice *m,f*; *e-s Verkehrsmittels* usager *m* **benutzerfreundlich** ADJ facile à utiliser; pratique; IT convivial **Benutzerfreundlichkeit** F facilité *f* d'utilisation; commodité *f*; IT convivialité *f* **Benutzerkreis** M utilisateurs *mpl*; usagers *mpl* **Benutzername** M IT nom *m* d'utilisateur **Benutzeroberfläche** F interface *f* utilisateur **Benutzung** F utilisation *f*; usage *m*; emploi *m* **Benutzungsgebühr** F taxe *f*, droits *mpl* d'utilisation; *für e-e Straße* péage *m*

Benzin N essence *f* **Benzinfeuerzeug** N briquet *m* à essence **Benzingutschein** M bon *m* d'essence **Benzinkanister** M bidon *m* d'essence; jerricane *od* jerrycan *m* **Benzinmotor** M moteur *m* à essence **Benzinpreis** M prix *m* de l'essence **Benzinpumpe** F pompe *f* à essence **Benzintank** M réservoir *m* d'essence **Benzinuhr** F jauge *f* d'essence

B

Benzinverbrauch M consommation *f* d'essence
Benzol N benzène *m*
beobachten V/T observer; *(überwachen)* surveiller **Beobachter(in)** M(F) observateur, -trice *m,f*
Beobachtung F observation *f*; **unter ~** *(dat)* **stehen** être surveillé
beordern V/T **j-n nach, zu …** ~ ordonner à qn de venir *bzw.* d'aller à, chez …
bepacken V/T charger (**mit** de)
bepflanzen V/T garnir de plantes
bepinseln *umg* V/T badigeonner, enduire (**mit** de)
bequatschen *umg* V/T 1 **etw ~** bavarder de qc; discuter en long et en large de qc 2 **j-n ~** *umg* baratiner qn
bequem ADJ 1 *(behaglich)* confortable; *(praktisch)* commode; *(mühelos)* aisé; facile 2 *Person* paresseux; indolent; **es sich** *(dat)* **~ machen** se mettre à l'aise
bequemen *geh* V/R **sich zu etw ~** se décider enfin, *widerwillig* se résoudre à faire qc
Bequemlichkeit F commodité *f*; confort *m*
berappen *umg* V/T *umg* cracher
beraten A V/T 1 **j-n ~** conseiller qn; **gut, schlecht ~ sein** être bien, mal avisé 2 **etw ~** discuter (de) qc B V/I (**über etw** *[akk]*) **~** se consulter (sur qc) C V/R **sich ~** se consulter
beratend ADJT consultatif **Berater(in)** M(F) conseiller, -ère *m,f*
beratschlagen V/I (**über etw** *[akk]*) **~** se consulter (sur qc)
Beratung F 1 consultation *f* 2 *(Besprechung)* délibération *f*
Beratungsfirma F société *f*, entreprise *f* de conseil **Beratungsgespräch** N consultation *f* **Beratungsstelle** F service *m* de consultation **Beratungszimmer** N salle *f* des délibérations
berauben V/T 1 voler; dévaliser 2 *geh fig* **j-n e-r Sache** *(gen)* **~** priver qn de qc
berauschen *geh* V/T *(u.* V/R*)* (**sich ~** se) griser, (s')enivrer (**an** *[+ dat]* de; *a. fig*)
berauschend ADJT capiteux; grisant *(a. fig)*; *umg* **nicht gerade ~** pas spécialement excitant; *umg* pas vraiment emballant
Berber M 1 *in Nordafrika* Berbère *m* 2 *Teppich* tapis *m* berbère 3 *umg (Stadtstreicher)* clochard *m*
berechenbar ADJ 1 *Summe* calculable; *Kosten* évaluable 2 *fig (vorhersehbar)* prévisible
berechnen V/T 1 calculer 2 *(in Rechnung stellen)* facturer 3 *(vorsehen)* prévoir **berechnend** ADJT *pej* calculateur **Berechnung** F calcul *m (a. fig pej)*
berechtigen V/T **~ (zu)** autoriser (à)
berechtigt ADJT 1 *Person* **~ sein, etw zu tun** être autorisé à faire qc 2 *(rechtmäßig)* légitime 3 *(begründet)* fondé
Berechtigung F 1 *(Befugnis)* autorisation *f* 2 *(Rechtmäßigkeit)* légitimité *f*
bereden A V/T 1 **etw ~** discuter de qc 2 **j-n ~, etw zu tun** convaincre qn de faire qc B V/R **sich ~** se consulter
Bereich M 1 *räumlich* zone *f*; région *f* 2 *fig* domaine *m*; *(Aufgabenbereich)* ressort *m*
bereichern V/T *(u.* V/R*)* (**sich ~** s')enrichir *(a. fig)* **Bereicherung** F enrichissement *m*
bereifen V/T équiper de pneus **Bereifung** F pneus *mpl*
bereinigen V/T régler
bereisen V/T parcourir; visiter
bereit ADJ prêt (**zu** à); **sich zu etw ~ erklären** être prêt à qc; **(sich) ~ machen** (se) préparer
bereiten V/T 1 *Essen* préparer; *Kaffee, Tee* faire 2 *Sorge, Freude* causer; donner; *Empfang, Überraschung* réserver
bereiterklären V/R → bereit **bereithalten** V/T tenir prêt **bereitlegen** V/T préparer **bereitliegen** V/I être prêt, préparé **bereitmachen** V/T *u.* V/R → bereit
bereits ADV déjà
Bereitschaft F disposition *f*
Bereitschaftsarzt M, **Bereitschaftsärztin** F médecin *m* de garde
Bereitschaftsdienst M (service *m* de) permanence *f*; MED service *m* des urgences; **~ haben** être de permanence; MED être de garde
Bereitschaftspolizei F gendarmerie *f* mobile; *etwa* CRS *mpl*
bereitstehen V/I être prêt
bereitstellen V/T préparer; **etw für j-n ~** mettre qc à la disposition de qn
Bereitung F préparation *f*
bereitwillig A ADJ obligeant B ADV de bonne grâce **Bereitwilligkeit** F obligeance *f*; empressement *m*
bereuen V/T se repentir de; regretter
Berg M 1 montagne *f*; *mit Eigennamen* mont *m*; **über ~ und Tal** par monts et par vaux; *umg fig* **über den ~ sein** avoir passé le cap; *umg fig* **über alle ~e sein** être (bien) loin; *fig* **mit etw hinterm ~ halten** faire mystère de qc; *fig* **goldene ~e versprechen** promettre monts et merveilles 2 *fig (große Menge)* montagne *f*; tas *m*
bergab ADV en descendant; à la descente; **~ gehen, fahren** descendre
Bergarbeiter M mineur *m*
bergauf ADV en montant; à la montée; **~ gehen, fahren** monter
Bergbahn F *(Zahnradbahn)* chemin *m* de fer à

crémaillère; *(Seilbahn)* téléférique *m* **Bergbau** M industrie, exploitation minière **Bergbauer** M paysan *m* des montagnes **Bergdorf** N village *m* de montagne

bergen V/T **1** *Gegenstände* sauver; mettre en sûreté; *Personen* retirer **2** *geh* **in sich** *(dat)* **~** renfermer; *Gefahr* comporter

Bergfried M BEFESTIGUNGSANLAGEN donjon *m* **Bergführer(in)** M(F) guide *m* de montagne **Berggipfel** M sommet *m*; cime *f* **Berghang** M versant *m* **Berghütte** F refuge *m*

bergig ADJ montagneux

Bergkamm M crête *f* **Bergkette** F chaîne *f* de montagnes **Bergkristall** M cristal *m* de roche **Bergkuppe** F sommet arrondi **Bergland** N pays montagneux **Bergmann** M mineur *m* **Bergmassiv** N massif montagneux **Bergnot** F difficulté *f*, *plus fort* détresse *f* en montagne **Bergpredigt** F Sermon *m* sur la montagne **Bergrücken** M crête *f* **Bergspitze** F pic *m* **Bergsteigen** N alpinisme *m* **Bergsteiger(in)** M(F) alpiniste *m/f* **Bergstraße** F route *f* de montagne **Bergtour** F course *f*, excursion *f* (en montagne) **Berg-und-Tal-Bahn** F montagnes *fpl* russes

Bergung F sauvetage *m*

Bergungsaktion F (opération *f* de) sauvetage *m* **Bergungsarbeiten** FPL travaux *mpl* de sauvetage **Bergungsmannschaft** F équipe *f* de sauvetage

Bergwacht F secours *m* en montagne **Bergwanderung** F randonnée *f*, excursion *f* (en montagne) **Bergwerk** N mine *f*

Bericht M rapport *m*; compte *m* rendu; *erzählender* récit *m*; *(Pressebericht)* reportage *m*; **~ erstatten** faire un rapport

berichten **A** V/T **j-m etw ~** informer, instruire qn de qc **B** V/I **über etw** *(akk)* **~** faire un rapport sur qc

Berichterstatter(in) M(F) correspondant(e) *m(f)*; reporter *m* **Berichterstattung** F *der Presse* information(s) *f(pl)*; reportage *m*

berichtigen V/T rectifier; *Druckfehler* corriger **Berichtigung** F rectification *f*; correction *f*

berieseln V/T **1** GARTEN irriguer; arroser **2** *fig* **sich mit Musik ~ lassen** avoir la radio, *etc* allumée en permanence

Berieselung F **1** GARTEN irrigation *f*; arrosage *m* **2** *fig* répétition continuelle; *durch die Medien* matraquage *m* (publicitaire) **Berieselunganlage** F installation *f* d'irrigation, d'arrosage

beritten ADJ monté; à cheval

Berlin N Berlin **Berliner** M GASTR *etwa* beignet *m* **Berliner(in)** M(F) Berlinois(e) *m(f)*

Bermudas[1] PL, **Bermudainseln** FPL **die Bermudas, Bermudainseln** les Bermudes *fpl*

Bermudas[2], **Bermudashorts** PL bermuda *m*

Bern N Berne

Bernhardiner M *Hunderasse* saint-bernard *m*

Bernstein M ambre *m* jaune **bernsteinfarben** ADJ ambré

Berserker M **1** MYTH berserk *m* **2** *fig* brute déchaînée

bersten *geh* V/I éclater; se fendre

berüchtigt ADJ de mauvaise réputation; *Ort a.* mal famé

berücksichtigen V/T prendre en considération; tenir compte de

Berücksichtigung F prise *f* en considération; **unter ~** *(dat)* **von** compte tenu de

Beruf M profession *f*; métier *m*; **von ~** de (son) métier; **was sind Sie von ~?** quelle est votre profession?

berufen[1] **A** V/T **j-n zu etw ~** nommer qn (au poste de) qc **B** V/R **sich auf j-n, etw ~** se réclamer de qn, qc; se référer à qn, qc

berufen[2] ADJT **aus ~em Munde** de source autorisée, bien informée; **sich zu etw ~ fühlen** se sentir une vocation de qc

beruflich **A** ADJ professionnel **B** ADV **~ erfolgreich sein** réussir dans sa profession

Berufsanfänger(in) M(F) débutant(e) *m(f)* (dans une profession) **Berufsausbildung** F formation professionnelle **Berufsaussichten** FPL débouchés *mpl* **Berufsberater(in)** M(F) conseiller, -ère *m,f* d'orientation professionnelle; orienteur, -euse *m,f* (professionnel[le]) **Berufsberatung** F orientation professionnelle **Berufsbezeichnung** F nom *m* de métier, de profession **berufsbezogen** ADJ professionnel **Berufsbildungszentrum** N centre *m* de formation professionnelle **Berufserfahrung** F expérience professionnelle **Berufsfachschule** F collège *m* d'enseignement professionnel (à temps plein) **Berufsfeuerwehr** F sapeurs-pompiers *mpl* de métier **Berufsgeheimnis** N secret professionnel **Berufsgenossenschaft** F association préventive des accidents du travail **Berufsgruppe** F catégorie (socio-)professionnelle **Berufsheer** N armée *f* de métier **Berufskleidung** F vêtement(s) *m(pl)* de travail **Berufskrankheit** F maladie professionnelle

Berufsleben N vie professionnelle; **im ~ stehen** travailler; **ins ~ zurückkehren** recommencer à travailler

Berufsoffizier M officier *m* de carrière **Berufsrisiko** N risque professionnel **Berufsschule** F *etwa* centre *m* de formation profes-

B

sionnelle **Berufsschüler(in)** M(F) élève *m/f* d'un centre de formation professionnelle **Berufssoldat** M militaire *m* de carrière **Berufssportler(in)** M(F) (sportif, -ive *m,f*) professionnel, -elle *m,f* **berufstätig** ADJ qui exerce une activité professionnelle

Berufstätige(r) M/F(M) personne *f* qui exerce une activité professionnelle; *pl* **die Berufstätigen** la population active; les actifs *mpl*

Berufstätigkeit F activité professionnelle

berufsunfähig ADJ incapable d'exercer son métier, sa profession **Berufsunfähigkeit** F incapacité *f* de travail **Berufsverband** M syndicat professionnel; association, union professionnelle **Berufsverbot** N interdiction professionnelle **Berufsverkehr** M heures *fpl* d'affluence, de pointe **Berufswahl** F choix *m* d'une profession **Berufswunsch** M aspirations professionnelles **Berufsziel** N objectif professionnel

Berufung F 1 nomination *f* (**zu** à; **in, an** [+ *akk*] à) 2 *innere* vocation *f* 3 JUR appel *m*; pourvoi *m* en appel; **~ einlegen** interjeter, faire appel; **in die ~ gehen** se pourvoir en appel 4 **unter ~** (*dat*) **auf etw, j-n** en se référant à qc, qn

beruhen V/I **auf etw** (*dat*) **~** reposer, être basé, être fondé sur qc; **e-e Sache auf sich ~ lassen** ne pas donner suite à une affaire

beruhigen A V/T calmer; apaiser; rassurer B V/R **sich ~** se calmer

Beruhigung F apaisement *m*; **zur ~** pour me, te, *etc* calmer

Beruhigungsmittel N calmant *m* **Beruhigungspille** F calmant *m* (*a. fig*)

Beruhigungsspritze F injection *f* d'un calmant; **er hat e-e ~ bekommen** on lui a injecté un calmant

berühmt ADJ célèbre; fameux **berühmt-berüchtigt** ADJ tristement célèbre; *plus fort* de triste mémoire **Berühmtheit** F 1 *Person* célébrité *f* 2 (*Ruhm*) réputation *f*; renommée *f*

berühren V/T 1 *körperlich* toucher 2 *fig Thema* aborder 3 *fig* (*beeindrucken*) toucher; **das hat mich seltsam berührt** cela m'a laissé une impression étrange

Berührung F contact *m* (*a. fig*)

Berührungsangst F peur *f*, phobie *f* des contacts **Berührungsbildschirm** M écran *m* tactile **Berührungspunkt** M point *m* de contact, MATH de tangence; *fig* point commun

besagen V/T vouloir dire; signifier

besagt ADJT ledit *bzw.* ladite *bzw.* lesdit(e)s; déjà mentionné

besaiten V/T monter des cordes sur; mettre des cordes à; *fig* **zart besaitet sein** être sensible; avoir l'âme sensible

besänftigen V/T calmer; apaiser **Besänftigung** F apaisement *m*

Besatz M MODE bordure *f* **Besatzung** F 1 MIL (troupes *fpl* d')occupation *f* 2 SCHIFF, FLUG équipage *m*

Besatzungsarmee F armée *f* d'occupation **Besatzungsmacht** F puissance occupante; occupant *m* **Besatzungstruppen** FPL forces *fpl*, troupes *fpl* d'occupation

besaufen *sl* V/R **sich ~** *umg* se soûler; *umg* prendre une cuite

Besäufnis *umg* N *umg* soûlerie *f*; *umg* cuite *f*

beschädigen V/T endommager; abîmer **Beschädigung** F endommagement *m*

beschaffen[1] V/T procurer; **sich** (*dat*) **etw ~** se procurer qc

beschaffen[2] ADJ fait; constitué; **so ~, dass …** de nature à …

Beschaffenheit F qualité *f*; nature *f*; constitution *f*

Beschaffung F (*Erwerb*) acquisition *f*; (*Versorgung*) approvisionnement *m* (+ *gen* en)

Beschaffungskriminalität F délinquance *f* des toxicomanes (pour se procurer de la drogue)

beschäftigen A V/T 1 (*in Anspruch nehmen*) occuper 2 *beruflich* employer B V/R **sich mit j-m, etw ~** s'occuper de qn, qc

Beschäftigte(r) M/F(M) employé(e) *m(f)* **Beschäftigung** F 1 (*Tätigkeit*) occupation *f* 2 *berufliche* emploi *m* 3 *mit Problemen* étude *f* (**mit** de); réflexion *f* (sur) **Beschäftigungstherapie** F ergothérapie *f*

beschämen V/T faire °honte à **beschämend** ADJT °honteux **beschämt** A ADJT °honteux B ADVL avec °honte

beschatten V/T 1 *Personen* prendre en filature 2 *geh* ombrager

beschaulich ADJ contemplatif; paisible **Beschaulichkeit** F (*Ruhe*) tranquillité *f*; (*Besinnlichkeit*) contemplation *f*

Bescheid M 1 information *f*; **j-m ~ geben, sagen** informer, prévenir qn; (**über etw** [*akk*]) **~ wissen** être au courant (de qc) 2 ADMIN avis *m*

bescheiden[1] A V/T 1 ADMIN **abschlägig ~** refuser; rejeter 2 *geh* (*zuteilwerden lassen*) donner; accorder B *geh* V/R **sich ~** se contenter (**mit** de)

bescheiden[2] ADJ modeste **Bescheidenheit** F modestie *f*

bescheinen V/T éclairer

bescheinigen V/T certifier; attester **Bescheinigung** F certificat *m*; attestation *f*

bescheißen *sl* V/T *sl* baiser; *sl* entuber

beschenken VT faire un *bzw.* des cadeau(x) à; **j-n mit etw ~** faire cadeau de qc à qn
bescheren VT **j-n mit etw ~** offrir qc à qn (à Noël)
Bescherung F 1 *zu Weihnachten* distribution *f* de(s) cadeaux (de Noël) 2 *umg iron* **das ist ja e-e schöne ~!** nous voilà dans de beaux draps!
bescheuert *umg* ADJ 1 *Person umg* dingue; *umg* taré; *umg* malade 2 *Sache* stupide
beschichten VT **etw (mit etw) ~** (re)couvrir qc d'une couche (de qc); enduire qc (de qc)
Beschichtung F 1 *Vorgang* revêtement *m* 2 *(Schicht)* couche *f*
beschießen VT tirer sur; *Artillerie* bombarder **Beschießung** F tir *m*; feu *m*
beschildern VT signaliser; baliser **Beschilderung** F signalisation *f*; balisage *m*; *(Straßenbeschilderung)* signalisation routière
beschimpfen VT insulter; injurier; invectiver **Beschimpfung** F insulte *f*; injure *f*; invective *f*
Beschiss *sl* M *umg* arnaque *f*
beschissen *sl* ADJT *sl* emmerdant; *sl* chiant
Beschlag M 1 *an Türen* ferrures *fpl* 2 **etw, j-n in ~ nehmen** accaparer qc, qn
beschlagen[1] A VT *Tür etc* garnir de ferrures; *Pferd* ferrer B VI (*u.* VR **sich ~**) *Fenster* s'embuer
beschlagen[2] ADJ **in etw** *(dat)* **~ sein** être fort, calé en qc
Beschlagnahme F saisie *f*; confiscation *f* **beschlagnahmen** VT saisir; confisquer **Beschlagnahmung** F → Beschlagnahme
beschleunigen VT *u.* VI accélérer **Beschleunigung** F accélération *f*
beschließen VT 1 décider 2 *(beenden)* finir; terminer
Beschluss M décision *f*; **e-n ~ fassen** prendre une décision
beschlussfähig ADJ **die Versammlung ist ~** le quorum est atteint
Beschlussfähigkeit F quorum *m*
beschmieren VT 1 *(beschmutzen)* barbouiller 2 *pej (bekritzeln)* gribouiller sur
beschmutzen VT salir (**mit** de; *a. fig*)
beschneiden VT 1 couper; *Hecke* tailler 2 *fig Freiheit, Rechte* restreindre; réduire 3 REL circoncire **Beschneidung** F 1 MED, REL *bei Männern* circoncision *f*; *bei Frauen* excision *f* 2 *fig* restriction *f*
beschnuppern VT *Hund, umg fig* flairer; renifler
beschönigen VT embellir; idéaliser **Beschönigung** F embellissement *m*
beschränken A VT limiter, restreindre, réduire (**auf** [+ *akk*] à) B VR **sich ~** se borner, se limiter, s'en tenir (à)
beschrankt ADJ *Bahnübergang* gardé
beschränkt ADJT 1 *(begrenzt)* limité; *Raum* étroit 2 *geistig* étriqué; borné
Beschränktheit F 1 *e-s Raumes* exiguïté *f*; *der Mittel* insuffisance *f* 2 *geistige* étroitesse *f* d'esprit **Beschränkung** F limitation *f*; restriction *f*
beschreiben VT 1 *Papier* écrire sur; *Seiten* remplir 2 *(schildern)* décrire; *Weg* indiquer
Beschreibung F description *f*; **jeder ~ spotten** défier toute description
beschriften VT mettre une inscription sur **Beschriftung** F inscription *f*
beschuldigen VT **j-n (e-r Sache** *[gen]*) **~** accuser qn (de qc); *bes* JUR inculper qn (de qc)
Beschuldigte(r) M/F(M) accusé(e) *m(f)*; *bes* JUR inculpé(e) *m(f)* **Beschuldigung** F accusation *f*; *bes* JUR inculpation *f*
beschummeln *umg* A VT *umg* rouler B VI tricher
Beschuss M tir *m*; feu *m*; **unter ~** *(akk)* **nehmen** ouvrir le feu sur; *fig* tirer à boulets rouges sur; **unter ~** *(dat)* **stehen** être sous le feu; *fig* essuyer le feu de la critique *bzw.* des critiques
beschützen VT protéger (**vor** [+ *dat*] de, contre) **Beschützer(in)** M(F) protecteur, -trice *m, f*
beschwatzen *umg* VT **j-n ~** *umg* embobiner qn
Beschwerde F 1 plainte *f*; réclamation *f*; JUR recours *m* 2 MED *pl* **~n** maux *mpl*; douleurs *fpl*
beschwerdefrei ADJ MED sans douleurs
beschweren A VT alourdir; charger B VR **sich (bei j-m über j-n, etw) ~** se plaindre (de qn, qc à *od* auprès de qn)
beschwerlich ADJ pénible; fatigant
beschwichtigen VT apaiser; calmer; tranquilliser **Beschwichtigung** F apaisement *m*
beschwindeln *umg* VT raconter des histoires, *umg* des bobards à; *(betrügen) umg* avoir; *umg* rouler
beschwingt ADJ gai; *Melodie* léger
beschwipst *umg* ADJ *umg* éméché
beschwören VT 1 JUR affirmer sous serment; *eidlich* jurer 2 *(bitten)* conjurer 3 *Schlange* charmer; *Geister* invoquer; *Vergangenheit* évoquer **Beschwörung** F 1 *von Geistern* invocation *f*; *der Vergangenheit* évocation *f* 2 *durch Bitten* supplication *f*
besehen VT regarder; *prüfend* examiner
beseitigen VT supprimer; éliminer (*a. Person*); *Flecken* enlever; *Schwierigkeiten* aplanir; *Zweifel* dissiper **Beseitigung** F suppression *f*; élimination *f*; aplanissement *m*; dissipation *f*
Besen M balai *m*; *umg* **ich fresse e-n ~, wenn**

B

… que le diable m'emporte si …; *sprichw* **neue ~ kehren gut** *sprichw* tout nouveau, tout beau
Besenkammer F placard *m* à balais **besenrein** ADJ (bien) nettoyé **Besenreiser** PL varicosités *fpl*; télangiectasie *f* **Besenschrank** M placard *m* à balais **Besenstiel** M manche *m* à balai
besessen ADJT possédé; **von e-r Idee ~ sein** être obsédé par une idée
Besessenheit F fanatisme *m*
besetzen V/T **1** MODE garnir (**mit** de); *am Rand* border **2** *Platz* réserver **3** *Posten* pourvoir; THEAT *Rolle* distribuer **4** MIL occuper **5** *Haus* squatter
besetzt ADJT *Platz*, TEL occupé; *Platz a.* pris; *Zug, Hotel* complet **Besetztzeichen** N TEL tonalité *f* « pas libre », « occupé »
Besetzung F **1** THEAT distribution *f* **2** MIL occupation *f*; *e-s Postens* affectation *f*
besichtigen V/T visiter **Besichtigung** F visite *f*
besiedeln V/T peupler; HIST POL coloniser **Besied(e)lung** F peuplement *m*; HIST POL colonisation *f*
besiegeln V/T *Freundschaft, Pakt, Schicksal* sceller (**mit** par)
besiegen V/T **1** MIL vaincre (*a. fig*) **2** *bei Sport u. Spiel* battre **Besiegte(r)** M/F(M) vaincu(e) *m(f)*
besinnen V/R **sich ~** **1** (*sich erinnern*) se souvenir (**auf etw** [*akk*] de qc); se rappeler (qc) **2** (*zur Vernunft kommen*) reprendre ses esprits **3** (*überlegen*) réfléchir; **sich anders ~** changer d'avis, d'idée; se raviser
besinnlich ADJ méditatif
Besinnung F **die ~ verlieren** perdre connaissance; **(wieder) zur ~ kommen** reprendre connaissance; *fig* reprendre ses esprits
besinnungslos ADJ **1** (*bewusstlos*) sans connaissance; évanoui **2** (*außer sich*) °hors de soi
Besinnungslosigkeit F évanouissement *m*; **bis zur ~ trinken** boire sans aucune retenue
Besitz M **1** possession *f*; **in j-s ~** (*dat*) **sein** être en la possession de qn; → besitzergreifend **2** (*Besitztum*) propriété *f*; bien *m*
Besitzanspruch M droit *m* à la possession; **auf etw** (*akk*) **Besitzansprüche anmelden** faire valoir ses droits sur qc
besitzanzeigend ADJ GRAM possessif; **~es Fürwort** (pronom *m*) possessif *m*
besitzen V/T posséder; avoir **Besitzer(in)** M(F) propriétaire *m/f*; JUR possesseur *m* **besitzergreifend** ADJT possessif **Besitzverhältnisse** NPL répartition *f* de la fortune
besoffen *umg* ADJT soûl; *umg* beurré
besohlen V/T ressemeler
besolden V/T *Beamte* payer; rémunérer; *Soldaten* payer la solde à **Besoldung** F *von Beamten* traitement *m*; *von Soldaten* solde *f* **Besoldungsgruppe** F, **Besoldungsstufe** F échelon *m*
besondere, besonderer, besonderes ADJ particulier; spécial; **im Besonderen** en particulier; **nichts Besonderes** rien d'extraordinaire
Besonderheit F particularité *f*; singularité *f*
besonders ADV particulièrement; **ganz ~** par-dessus tout; **mir geht es nicht ~** je ne vais pas très bien
besonnen ADJ réfléchi; pondéré; avisé **Besonnenheit** F réflexion *f*
besorgen V/T **1** *Haushalt* s'occuper de; *Arbeit, Einkäufe* faire **2** (*beschaffen*) procurer
Besorgnis F souci *m*; préoccupation *f*; inquiétude *f*; **~ erregend** → besorgniserregend
besorgniserregend ADJT inquiétant; préoccupant
besorgt ADJT **1** (*sorgenvoll*) soucieux; **um, über etw** (*akk*) **~ sein** s'inquiéter de qc **2** (*fürsorglich*) attentionné (**um** pour)
Besorgung F **~en machen** faire des courses, des achats
bespannen V/T *Wand* tendre (**mit** de); *Tennisschläger* corder
bespielbar ADJ *Sportplatz* praticable **bespielen** V/T *Tonband* enregistrer
bespitzeln V/T espionner; surveiller
besprechen V/T **1** discuter; débattre **2** *Buch, Film* critiquer; faire une critique de
Besprechung F **1** (*Gespräch*) entretien *m*; (*Beratung*) conférence *f* **2** *e-s Buches* critique *f*; compte *m* rendu **Besprechungsraum** M, **Besprechungszimmer** N salle *f* de conférence
besprengen V/T arroser; asperger (*a. mit Weihwasser*); *Wäsche* humecter
bespritzen V/T asperger; (*beschmutzen*) éclabousser
besprühen V/T asperger
bespucken V/T cracher sur
besser **A** ADJ meilleur (! steht meist **vor** dem Substantiv: die bessere Idee = la meilleure idée); **sich für etwas Besseres halten** se croire supérieur; **j-n e-s Besseren belehren** détromper qn **B** ADV **1** mieux; **es ~ haben** avoir une vie meilleure; **es geht ihr schon ~** elle va déjà (beaucoup) mieux; **immer alles ~ wissen** se croire plus malin que les autres; **umso ~!** tant mieux!; **~ gesagt** pour être plus précis, exact; → besserstellen **2** (*lieber*) plutôt
bessergehen V/I UNPERS → besser B 1
bessern V/T (*u.* V/R **sich ~**) s')améliorer

besserstellen VT améliorer la situation de; **bessergestellt** plus °haut placé (dans l'échelle sociale)
Besserung F **1** **gute ~!** bon rétablissement! **2** *e-r Situation* amélioration *f* **3** **~ geloben** promettre de s'amender, de se corriger
Besserverdienende(r) M/F(M) PL **die ~n** les gros salaires, revenus
Besserwisser(in) M(F) *pej* personne *f* qui sait tout (mieux que les autres) **Besserwisserei** F *pej* manie *f* de vouloir tout savoir mieux que les autres
Bestand M **1** *(Bestehen)* existence *f*; *(Fortbestand)* survie *f*; **~ haben** être durable; **keinen ~ haben** être éphémère, passager **2** *an Waren* stock *m*
bestanden **A** PPERF → bestehen **B** ADJT **mit Bäumen ~** planté d'arbres; arboré
beständig ADJ **1** *(von Dauer)* durable; *(konstant)* constant **2** *(widerstandsfähig)* résistant (**gegen** à) **Beständigkeit** F constance *f*; *des Wetters* stabilité *f*; *gegen Hitze etc* résistance *f* (à)
Bestandsaufnahme F **1** HANDEL inventaire *m* **2** *fig* bilan *m*
Bestandteil M élément *m*; composante *f*; CHEM composant *m*; **sich in s-e ~e auflösen** CHEM se décomposer en ses éléments; *fig* se désagréger; se disloquer
bestärken VT *Zweifel etc* renforcer; **j-n darin ~, etw zu tun** conforter qn dans l'idée de faire qc
bestätigen **A** VT confirmer; vérifier, ADMIN certifier **B** VR **sich ~** se confirmer; se vérifier **Bestätigung** F confirmation *f*
bestatten *geh* VT inhumer **Bestattung** *geh* F inhumation *f* **Bestattungsinstitut** N pompes *fpl* funèbres
bestäuben VT **1** *mit Mehl etc* saupoudrer **2** BOT transporter le pollen sur **Bestäubung** F BOT pollinisation *f*
bestaunen VT s'émerveiller de
beste, bester, bestes ADJ meilleur (❗ steht immer **vor** dem Substantiv: mein bester Freund = mon meilleur ami); **es ist das Beste, er …** le mieux (c')est qu'il … *(+ subj)*; **am ~n** le mieux; **aufs Beste** le mieux (du monde); au mieux; **etw zum Besten geben** raconter, réciter, chanter *etc* qc (en société); **j-n zum Besten halten** se moquer de qn; se payer la tête de qn
Beste(s) N **das ~** le mieux; **das ~ aus etw machen** tirer le meilleur parti de qc; **das ~ vom ~n** le nec plus ultra; **sein ~s tun** faire de son mieux; **ich will nur dein ~s** c'est pour ton bien
bestechen VT **1** corrompre **2** *fig* séduire **bestechend** ADJT séduisant; attirant **bestechlich** ADJ vénal; corruptible **Bestechlichkeit** F vénalité *f*; corruptibilité *f* **Bestechung** F corruption *f*
Bestechungsaffäre F affaire *f* de corruption **Bestechungsgeld** N pot-de-vin *m* **Bestechungsskandal** M scandale *m* de corruption **Bestechungsversuch** M tentative *f* de corruption, *bei Zeugen a.* de subornation
Besteck N couvert *m* **Besteckkasten** M ménagère *f* **Besteckschublade** F tiroir *m* à couverts
bestehen **A** VT *Examen* réussir (à); être reçu à; *Kampf* sortir vainqueur de **B** VI **1** *(existieren)* exister; **es besteht (die) Aussicht, dass …** il y a des chances (pour) que … *(+ subj)* **2** *(beharren)* **auf s-m Recht ~** faire valoir ses droits; **darauf ~, dass …** insister pour que … *(+ subj)* **3** **aus etw ~** être composé, se composer de qc; **in etw** *(dat)* **~** consister en qc **4** **~ bleiben** subsister; rester; se maintenir
Bestehen N **1** existence *f*; **seit ~ der Welt** depuis que le monde est monde, existe **2** *e-s Examens* réussite *f* (+ *gen* à)
bestehend ADJT **1** existant **2** **~ aus** composé de
bestehlen VT **j-n ~** voler qn
besteigen VT monter sur; *Berg* faire l'ascension de **Besteigung** F ascension *f*
bestellen VT **1** *Waren, im Lokal* commander; *Taxi* appeler **2** **j-n (zu sich** [*dat*]**) ~** convoquer qn (chez soi) **3** *(ausrichten)* **j-m etw ~** faire savoir qc à qn; **bestell deiner Mutter schöne Grüße (von mir)** donne le bonjour (de ma part) à ta mère **4** *Feld, Garten* cultiver
Bestellkarte F carte *f* de commande **Bestellliste** F liste *f* de commandes **Bestellnummer** F numéro *m* de commande **Bestellschein** M bon *m* de commande
Bestellung F **1** HANDEL, *im Lokal* commande *f*; HANDEL *a.* ordre *m*; **e-e ~ aufgeben** passer (une) commande; **j-s ~ aufnehmen** prendre la commande de qn; **auf ~** sur commande **2** *von Feld, Garten* culture *f*
bestenfalls ADV au mieux **bestens** ADV au mieux; de mon, ton, *etc* mieux
besteuern VT *Person, Einkommen* imposer; *Genussmittel* taxer **Besteuerung** F imposition *f*; *von Genussmitteln* taxation *f*
Bestform F SPORT excellente condition; *umg* top niveau *m*; **in ~** en excellente condition; *umg* au top niveau
bestialisch **A** ADJ bestial; *Verbrechen, umg fig* atroce **B** ADV **1** d'une façon bestiale **2** *umg fig* **es stinkt ~** ça pue atrocement
besticken VT broder
Bestie F bête *f*, animal *m* féroce *(a. fig)*
bestimmen **A** VT **1** *(festlegen)* fixer; détermi-

B

ner **2** *(vorsehen)* destiner (**für** à); *(ernennen)* désigner (**zu** comme) **3** *(ermitteln)* déterminer; *Begriff* définir **4** *(prägen)* marquer; déterminer **B** V/I commander; **über etw** *(akk)* ~ décider de qc

bestimmend ADJT déterminant

bestimmt **A** ADJT **1** *(speziell)* déterminé; (bien) défini **2** *(entschieden) Ton* décidé; *Worte* énergique **3** *(feststehend)* donné; déterminé; *Stunde* fixé **4** *(gewiss)* certain **5** *(genau)* **niemand weiß etwas Bestimmtes** personne ne sait rien de précis **B** ADVL **1** *(sicher)* certainement; **das weiß ich ganz ~** j'en suis sûr, certain **2** *(vermutlich)* certainement; sûrement; **ich habe es ~ verloren** j'ai dû le perdre **3** *(entschieden)* fermement

Bestimmtheit F **1** *(Entschiedenheit)* détermination *f*; fermeté *f* **2** *(Gewissheit)* certitude *f*

Bestimmung F **1** *(Anordnung)* disposition *f*; règlement *m* **2** *(Zweck)* destination *f*; **etw s-r ~** *(dat)* **übergeben** *Gebäude* inaugurer qc **3** *(Schicksal)* destin *m*; *zu e-m Beruf* vocation *f* **4** *(Ermitteln)* détermination *f*; *e-s Begriffs* définition *f* **5** GRAM **adverbiale ~** complément circonstanciel

Bestimmungsbahnhof M gare *f* de destination **bestimmungsgemäß** ADV conformément aux dispositions, au règlement **Bestimmungshafen** M port *m* de destination **Bestimmungsland** N pays *m* de destination **Bestimmungsort** M (lieu *m* de) destination *f* **Bestimmungswort** N GRAM mot déterminant **Bestimmungszweck** M destination *f*

Bestleistung F SPORT meilleure performance **Bestmarke** F SPORT record *m*

bestmöglich **A** ADJ le meilleur … possible **B** ADV le mieux possible

Best.-Nr. ABK (Bestellnummer) numéro *m* de commande

bestrafen V/T punir (**mit** de) **Bestrafung** F punition *f*

bestrahlen V/T **1** éclairer; illuminer **2** MED traiter par les rayons **Bestrahlung** F **1** *(Sonnenbestrahlung)* exposition *f* au soleil **2** MED traitement *m* par les rayons; radiothérapie *f*

Bestreben N **im ~ zu** *(+ inf)* soucieux de *(+ inf)*

bestrebt ADJT **~ sein, etw zu tun** s'efforcer de faire qc

Bestrebung F effort *m*

bestreichen V/T enduire (**mit** de); *Brot* tartiner; **mit Butter ~** beurrer

bestreiken V/T **e-n Betrieb ~** faire la grève dans une entreprise

bestreiten V/T **1** *(leugnen)* contester; **das lässt sich nicht ~** c'est incontestable **2** *(streitig machen)* **j-m das Recht ~ zu** *(+ inf)* contester à qn le droit de *(+ inf)* **3** *Kosten, Ausgaben* subvenir à

bestreuen V/T couvrir, parsemer (**mit** de); *mit Zucker, Salz* saupoudrer (de); **mit Sand ~** sabler

Bestseller M best-seller *m* **Bestsellerautor(in)** M(F) auteur *m* de best-sellers **Bestsellerliste** F liste *f* des meilleures ventes, de(s) best-sellers

bestücken V/T équiper, munir (**mit** de); MIL armer (de)

bestürmen V/T assaillir (**mit** de)

bestürzen V/T consterner **Bestürzung** F consternation *f*

Bestzeit F SPORT meilleur temps

Besuch M **1** visite *f*; *der Schule* fréquentation *f*; **bei j-m zu ~ sein** être en visite chez qn; **j-m e-n ~ machen** rendre visite à qn; **er kommt zu uns zu ~** il viendra nous voir **2** *(Gast)* invité(e) *m(f)*; *offizieller* hôte *m/f*; **er hat ~** il a de la visite, des invités, du monde

besuchen V/T aller *bzw.* venir voir; rendre visite à; *Museum, Land* visiter; *Kino, Kirche* aller à; *häufig* fréquenter

besuchen: aller voir oder venir voir?

Bei **aller voir** und **venir voir** ist die unterschiedliche Blickrichtung zu berücksichtigen:

Sie hat ihren ehemaligen Deutschlehrer besucht. *(Sie ist dorthin gegangen: von hier nach dort)*	Elle **est allée voir** son ancien prof d'allemand.
Sie hat mich besucht. *(Sie ist hierhergekommen: von dort nach hier)*	Elle **est venue me voir.**

FEHLERQUELLEN

Besucher(in) M(F) visiteur, -euse *m,f*; *(Gast)* invité(e) *m(f)*; *offizielle(r)* hôte *m/f*; *e-s Theaters, Kinos* spectateur, -trice *m,f*

Besuchserlaubnis F autorisation *f* de visite **Besuchstag** M jour *m* de visite **Besuchszeit** F heures *fpl* de visite **Besuchszimmer** N parloir *m*

besucht ADJT **das Restaurant war gut, schlecht ~** il y avait du monde, peu de monde dans le restaurant; **schlecht ~** *a.* peu fréquenté

besudeln V/T salir, *geh* souiller (**mit** de) *(beide a. fig)*

Betablocker M PHARM bêtabloquant *m*

betagt *geh* ADJ âgé; d'un âge avancé

betasten V/T tâter; MED palper

betätigen **A** V/T actionner; manœuvrer **B** V/R

sich ~ s'occuper; **sich politisch ~** faire de la politique
Betätigung F 1 (*Bedienen*) manœuvre *f* 2 (*Tätigkeit*) activité *f* **Betätigungsfeld** N sphère *f* d'activité
betatschen *umg* V/T *umg* tripoter
betäuben V/T 1 MED anesthésier; *örtlich* insensibiliser 2 *durch e-n Schlag* étourdir; *durch Lärm* assourdir; *durch Geruch* enivrer 3 *Schmerz* calmer **betäubend** ADJT *Lärm* assourdissant; *Duft* enivrant
Betäubung F anesthésie *f*; insensibilisation *f*; étourdissement *m*; assourdissement *m*; apaisement *m*; **örtliche ~** anesthésie locale; insensibilisation *f*
Betäubungsmittel N anesthésique *m*; narcotique *m* **Betäubungsmittelgesetz** N loi *f* sur les stupéfiants
Bete F **Rote ~** betterave *f* rouge
beteiligen A V/T **j-n an etw** (*dat*) **~** faire participer qn à qc B V/R **sich an etw** (*dat*) **~** participer, prendre part à qc
beteiligt ADJT **an etw** (*dat*) **~ sein** participer à qc; **an e-m Unfall ~ sein** être impliqué dans un accident
Beteiligte(r) M/F(M) (*Teilnehmer[in]*) participant(e) *m(f)* (**an** [+ *dat*] à, de); *an e-m Unfall, Prozess* personne impliquée (dans) **Beteiligung** F participation *f* (**an** [+ *dat*] à)
beten A V/T *Gebet* dire; réciter B V/I prier; faire sa prière; **zu Gott ~** prier Dieu
beteuern V/T protester de; affirmer (solennellement) **Beteuerung** F protestation *f*
betiteln V/T 1 *Schriftwerk* intituler 2 *umg Person* appeler; donner le titre de … à
Beton M béton *m* **Betonburg** F *pej* grand immeuble; tour *f* (bétonnant le paysage)
betonen V/T 1 PHON, MUS accentuer 2 *fig* mettre l'accent sur; souligner
betonieren V/T bétonner
Betonmischer M, **Betonmischmaschine** F bétonneuse *f*; bétonnière *f*
betont A ADJT 1 PHON, MUS accentué 2 *fig* prononcé; marqué B ADVL *fig* **~ schlicht** d'une simplicité étudiée
Betonung F accentuation *f* (*a. fig*); (*Betonungsakzent*) accent *m* tonique **Betonungsregel** F règle *f* d'accentuation **Betonungszeichen** N signe *m* d'accentuation
betören V/T envoûter; ensorceler **betörend** ADJT envoûtant; ensorcelant
Betr. ABK ADMIN (Betreff, betrifft) objet
Betracht M **in ~ kommen** entrer en considération, en ligne de compte; **in ~ ziehen** prendre en considération; tenir compte de; **außer ~ lassen** laisser de côté
betrachten V/T 1 (*ansehen*) regarder; *Gemälde* contempler 2 *fig* (*beurteilen*) considérer; **so betrachtet** vu sous cet angle 3 **j-n, etw als j-n, etw ~** considérer qn, qc comme qn, qc
Betrachter(in) M(F) observateur, -trice *m,f*
beträchtlich ADJ considérable; notable
Betrachtung F 1 *e-s Bildes* contemplation *f* 2 *e-s Problems* examen *m*; **~en (über etw** [*akk*]**) anstellen** se livrer à des considérations (sur qc)
Betrachtungsweise F façon *f* de voir; (*Standpunkt*) point *m* de vue; perspective *f*; **e-e wissenschaftliche ~** une approche scientifique
Betrag M somme *f*; montant *m*; HANDEL **~ (dankend) erhalten** pour acquit
betragen A V/I se monter à; s'élever à B V/R **sich … ~** se conduire …; se comporter …
Betragen N conduite *f*
betrauen V/T **j-n mit etw ~** confier qc à qn; charger qn de qc
betrauern V/T *Person* pleurer; *Verlust* déplorer
beträufeln V/T **etw mit etw ~** verser qc goutte à goutte sur qc
Betreff M ADMIN *im Brief* objet *m*
betreffen V/T concerner; **was … betrifft** en ce qui concerne …
betreffend ADJT en question
betreiben V/T 1 *Gewerbe* exercer; *Geschäft* exploiter; *Studien, Politik* faire 2 (*vorantreiben*) activer; accélérer 3 **mit Strom betrieben werden** marcher à l'électricité
Betreiben N **auf ~ von** sous l'impulsion de; *pej* à l'instigation de
Betreiber(in) M(F) 1 *Person* exploitant(e) *m(f)* 2 *Institution* société *f* d'exploitation
betreten[1] V/T *Raum* entrer dans; *Rasen* marcher sur; *Weg* s'engager dans; *Grundstück* pénétrer dans; **Betreten verboten!** entrée interdite!; défense d'entrer!
betreten[2] ADJT embarrassé; gêné
betreuen V/T 1 *Kinder, Tiere* prendre soin de 2 *Abteilung* être le responsable de; *Gruppe* animer **Betreuer(in)** M(F) responsable *m/f*; *e-r Gruppe* animateur, -trice *m,f*; moniteur, -trice *m,f* **Betreuung** F 1 (prise *f* en) charge *f*; *e-r Gruppe* animation *f* 2 *ärztliche* soins *mpl*
Betrieb M 1 (*Unternehmen*) entreprise *f* 2 (*Funktionieren*) marche *f*; fonctionnement *m*; **in ~ nehmen** mettre en service; **in ~ setzen** mettre en marche; **in ~ sein** être en service, en marche; **außer ~ sein** être °hors service 3 *umg* (*Treiben*) animation *f*; **es herrscht viel ~** il y a beaucoup de monde
betrieblich ADJ de l'entreprise
betriebsam ADJ actif **Betriebsamkeit** F activité *f*

B

Betriebsangehörige(r) M/F(M) membre *m* du personnel (de l'entreprise) **Betriebsanleitung** F mode *m* d'emploi; notice explicative **Betriebsarzt** M, **Betriebsärztin** F médecin *m* d'entreprise **Betriebsausflug** M excursion *f* du personnel **betriebsbereit** ADJ prêt à fonctionner **Betriebsbesichtigung** F visite *f* d'entreprise **betriebsblind** ADJ prisonnier de la routine **Betriebserlaubnis** F permis *m* d'exploitation **Betriebsferien** PL fermeture annuelle (de l'entreprise) **Betriebsfest** N fête (annuelle) de l'entreprise **Betriebsgeheimnis** N secret *m* d'exploitation, de fabrication **Betriebsgelände** N terrain *m* de l'entreprise **betriebsintern** ADJ interne (à l'entreprise) **Betriebskapital** N fonds *mpl* de roulement

Betriebsklima N ambiance *f* (dans une entreprise); **hier herrscht ein gutes ~** il y a ici un bon climat

Betriebskosten PL frais *mpl* d'exploitation **Betriebskrankenkasse** F caisse *f* (de) maladie de l'entreprise **Betriebsleiter(in)** M(F) directeur, -trice *m,f* (d'une entreprise) **Betriebsleitung** F direction *f* (de l'entreprise) **Betriebsnudel** *umg* F boute-en-train *m* **Betriebsprüfer(in)** M(F) polyvalent(e) *m(f)* **Betriebsprüfung** F contrôle fiscal **Betriebsrat** M 1 *Ausschuss* comité *m* d'entreprise 2 *Person* délégué *m* du personnel **Betriebsrätin** F déléguée *f* du personnel **Betriebsratsmitglied** N délégué(e) *m(f)* du personnel **Betriebsrente** F retraite *f*, pension *f* d'entreprise **betriebssicher** ADJ fiable; éprouvé **Betriebssicherheit** F fiabilité *f* **Betriebsstilllegung** F fermeture *f* d'une entreprise **Betriebsstörung** F incident *m* technique; panne *f* **Betriebssystem** N IT système *m* d'exploitation **Betriebsunfall** M accident *m* du travail **Betriebsvereinbarung** F accord *m* d'entreprise **Betriebsverfassungsgesetz** N loi *f* sur l'organisation interne des entreprises **Betriebsversammlung** F assemblée (générale), réunion *f* du personnel de l'entreprise **Betriebswirt(in)** M(F) diplômé(e) *m(f)* en gestion (d'entreprise)

Betriebswirtschaft F économie *f* d'entreprise; gestion *f* (d'entreprise) **betriebswirtschaftlich** ADJ gestionnaire **Betriebswirtschaftslehre** F → Betriebswirtschaft

Betriebszugehörigkeit F ancienneté *f*; présence *f* dans l'entreprise

betrinken V/R **sich ~** s'enivrer

betroffen ADJT intéressé; touché **Betroffene(r)** M/F(M) intéressé(e) *m(f)*; personne touchée **Betroffenheit** F confusion *f*

betrüben V/T affliger; attrister **betrüblich** ADJ affligeant; attristant

betrübt ADJT affligé, attristé, peiné (**über** [+ *akk*] de)

Betrug M tromperie *f*; duperie *f*; escroquerie *f* (*a.* JUR); *meist* FIN fraude *f*; *beim Spiel* tricherie *f*

betrügen A V/T tromper (*a. in der Liebe*); duper; escroquer (*a.* JUR); **j-n um etw ~** escroquer qc à qn B V/I *meist* FIN frauder; *beim Spiel* tricher

Betrüger(in) M(F) escroc *m* (*a.* JUR); *meist* FIN fraudeur, -euse *m,f*; *beim Spiel* tricheur, -euse *m,f* **Betrügerei** F → Betrug **betrügerisch** ADJ frauduleux; *Person* perfide

betrunken ADJT ivre **Betrunkene(r)** M/F(M) homme *m*, femme *f* ivre

Bett N 1 lit *m*; **das ~ machen** faire le *bzw.* son lit; **die ~en beziehen** mettre les draps; *frisch* changer les draps; **zu, ins ~ bringen** mettre au lit; coucher; **zu, ins ~ gehen** aller se coucher, au lit; *umg* **mit j-m ins ~ gehen** *umg* coucher avec qn 2 (*Flussbett*) lit *m*

Bettbezug M °housse *f* de couette **Bettcouch** F canapé-lit *m* **Bettdecke** F couverture *f*

bettelarm ADJ misérable

Bettelei F mendicité *f*

betteln V/I **(um etw) ~** mendier (qc) (*a. fig*)

betten *geh* V/T coucher

Bettfedern FPL duvet *m* **Bettflasche** F *regional* bouillotte *f* **Bettgeschichte** F *pej* 1 (*Verhältnis*) *umg* coucherie *f* 2 *Klatsch umg* histoire *f* de fesses, de cul **Betthupferl** *umg* N *friandise que l'on mange avant de se coucher* **bettlägerig** ADJ alité; *als Dauerzustand* grabataire **Bettlaken** N drap *m* (de lit) **Bettlektüre** F lecture délassante (pour se détendre avant de dormir)

Bettler(in) M(F) mendiant(e) *m(f)*

Bettnässer M enfant *m/f* qui fait pipi au lit; *t/t* énurétique *m/f* **Bettruhe** F alitement *m* **Bettszene** F FILM, TV (scène *f* d')intimités *fpl* au lit **Betttuch** N drap *m* (de lit) **Bettvorleger** M descente *f* de lit; carpette *f* **Bettwäsche** F linge *m* de lit **Bettzeug** *umg* N literie *f* (sans matelas)

betucht *umg* ADJ cossu; riche

betulich ADJ (*gemächlich*) (trop) lent

betupfen V/T tamponner

Beuge F 1 TURNEN flexion *f* 2 ANAT pli *m* (du bras, *etc*)

Beugehaft F JUR contrainte *f* par corps

beugen A V/T 1 *Knie, Rumpf* plier; *Kopf* pencher; **vom Kummer gebeugt** écrasé, anéanti de chagrin 2 *fig Stolz etc* briser 3 *Recht, Gesetz* tourner 4 GRAM *Substantiv, Adjektiv* décliner; *Verb* conjuguer **B** V/R **1** **sich aus dem Fenster ~** se pencher par la fenêtre **2** *fig* **sich ~** *(nachgeben)* s'incliner *(+ dat* devant); céder (à)

Beugung F GRAM flexion *f; e-s Substantivs, Adjektivs* déclinaison *f; e-s Verbs* conjugaison *f*

Beule F *am Kopf etc* bosse *f; Gegenstand* **~n haben** être cabossé, bosselé

beulen V/I *(u.* V/R **sich ~)** faire des bosses

beunruhigen V/T *(u.* V/R) **(sich ~** s')inquiéter **Beunruhigung** F inquiétude *f;* souci *m*

beurkunden V/T donner acte de; authentifier

beurlauben V/T **1** accorder un congé à **2** *vom Amt* suspendre (de ses fonctions) **Beurlaubung** F **1** congé *m* **2** *vom Amt* suspension *f*

beurteilen V/T juger (de); porter un jugement sur **Beurteilung** F **1** jugement *m* **2** *(Gutachten)* évaluation *f*

Beuschel N *österr* GASTR *ragoût de cœur, de poumon, etc de veau ou de mouton*

Beute F **1** *(Beutegut, Diebesbeute)* butin *m; (Jagdbeute)* (tableau *m* de) chasse *f* **2** *e-s Raubtiers* proie *f (a. fig)*

Beutel M (petit) sac; *kleiner* sachet *m*

beuteln *umg* V/T *Leben, Schicksal* **j-n ~** malmener, secouer qn

Beuteltier N marsupial *m*

bevölkern V/T peupler **(mit** de; *a. fig)*

Bevölkerung F population *f*

Bevölkerungsdichte F densité *f* de (la) population **Bevölkerungsentwicklung** F évolution *f* démographique **Bevölkerungsexplosion** F explosion *f* démographique **Bevölkerungsgruppe** F catégorie *f* de la population **Bevölkerungspolitik** F politique *f* démographique **Bevölkerungsrückgang** M régression *f* de la population **Bevölkerungsschicht** F couche *f* de la population

bevollmächtigen V/T donner mandat à **(zu** pour) **bevollmächtigt** ADJT autorisé **(zu** à) **Bevollmächtigte(r)** M/F(M) mandataire *m/f;* HANDEL fondé *m* de pouvoir

bevor KONJ avant que *(+ subj)*

bevormunden V/T JUR tenir en tutelle; *fig* dicter sa conduite à **Bevormundung** F tutelle *f (a. fig)*

bevorstehen V/I être en vue; **unmittelbar ~** être imminent

bevorstehend ADJT en vue; proche

bevorzugen V/T **1** *Dinge* préférer **2** *Person* favoriser

bevorzugt **A** ADJT **1** préféré **2** favorisé **B** ADVL **~ behandelt werden** bénéficier d'un traitement de faveur

Bevorzugung F préférence *f; von Personen* traitement *m* de faveur

bewachen V/T garder; surveiller **Bewacher(in)** M(F) gardien, -ienne *m,f*

bewachsen ADJ (re)couvert **(mit** de)

Bewachung F garde *f;* surveillance *f*

bewaffnen V/T *(u.* V/R) **(sich ~** s')armer **(mit** de) *(a. fig)* **Bewaffnung** F armement *m*

bewahren V/T **1** *(erhalten)* garder; conserver **2** *(schützen)* préserver **(vor** *[+ dat]* de); protéger (de, contre)

bewähren V/R **sich ~** faire ses preuves

bewahrheiten V/R **sich ~** se vérifier; s'avérer juste

bewährt ADJT éprouvé

Bewahrung F **1** *(Beibehaltung)* conservation *f* **2** *(Schutz)* préservation *f,* protection *f* **(vor** *[+ dat]* contre)

Bewährung F JUR sursis *m* (à l'exécution des peines); *(Bewährungsfrist)* probation *f; Strafe* **mit ~** avec sursis

Bewährungsauflage F JUR condition *f* du sursis (à l'exécution des peines) **Bewährungsfrist** F JUR probation *f;* délai *m* probatoire **Bewährungshelfer(in)** M(F) JUR agent *m* de probation **Bewährungsprobe** F épreuve *f* **Bewährungszeit** F JUR période *f* probatoire

bewaldet ADJ boisé; couvert de bois

bewältigen V/T venir à bout de; *Vergangenheit* assumer

Bewältigung F *e-s Problems* résolution *f; e-r Arbeit, Situation* maîtrise *f; von Wissensstoff* assimilation *f; e-r Enttäuschung* dépassement *m (+gen* de); victoire *f (+gen* sur); **die ~ der Vergangenheit** la prise de conscience, *plus fort* la maîtrise du passé

bewandert ADJ **in etw** *(dat)* **~ sein** s'y connaître en qc

Bewandtnis F **damit hat es s-e eigene ~** c'est un cas particulier

bewässern V/T arroser **Bewässerung** F arrosage *m*

Bewässerungsanlage F système *m* d'irrigation, d'arrosage **Bewässerungsgraben** M rigole *f,* fossé *m* d'irrigation **Bewässerungskanal** M canal *m* d'irrigation

bewegen[1] **A** V/T **1** *räumlich* remuer; bouger; *(in Bewegung versetzen)* agiter **2** *(rühren)* émouvoir; toucher **3** *(geistig beschäftigen)* préoccuper **B** V/R **sich ~** remuer; bouger

bewegen[2] V/T **j-n zu etw ~** décider, pousser, inciter qn à qc

Beweggrund M mobile *m;* motif *m*

beweglich ADJ **1** mobile *(a. Feiertag);* **der ~e Besitz** les biens *mpl* meubles **2** *geistig* vif; alerte

Beweglichkeit F **1** mobilité *f* **2** *des Geistes* vivacité *f* d'esprit

B

bewegt ADJT **1** *Leben etc* mouvementé; agité **2** *(ergriffen)* ému; touché
Bewegung F **1** mouvement *m*; **sich in ~ setzen** se mettre en marche; *Zug a.* s'ébranler **2** *(Geste)* geste *m* **3** *innere* agitation *f*; *(Rührung)* émotion *f* **4** POL *etc* mouvement *m*
Bewegungsablauf M phases *fpl*, déroulement *m* d'un mouvement **Bewegungsdrang** M besoin *m* de mouvement, d'exercice **Bewegungsfreiheit** F liberté *f* de mouvement **bewegungslos** ADJ immobile; figé; inerte **Bewegungslosigkeit** F immobilité *f* **Bewegungsmelder** M détecteur *m* de mouvement **Bewegungstherapie** F kinésithérapie *f* **bewegungsunfähig** ADJ incapable de se mouvoir
beweihräuchern V/T *a. fig pej* encenser **Beweihräucherung** F *a. fig pej* encensement *m*
Beweis M preuve *f* (**für** de) **Beweisantrag** M JUR offre *f* de preuve **Beweisaufnahme** F JUR instruction *f*
beweisen V/T **1** prouver **2** *Mut etc* faire preuve de
Beweisführung F argumentation *f*; démonstration *f*; JUR administration *f* de la preuve **Beweisgegenstand** M JUR corps *m* du délit
Beweiskraft F **(keine) ~ haben** (ne pas) constituer une preuve
beweiskräftig ADJ probant **Beweislast** F charge *f* de la preuve **Beweismaterial** N preuves *fpl* **Beweismittel** N preuve *f* **Beweisstück** N pièce à conviction, justificative
bewenden es bei *od* **mit etw ~ lassen** en rester, s'en tenir à qc
bewerben V/R **sich (um e-e Stelle) ~** poser sa candidature à un poste; *nur beruflich* **sich ~ bei j-m, e-r Firma** solliciter, postuler un emploi chez qn, dans une entreprise
Bewerber(in) M(F) candidat(e) *m(f)*; *nur beruflich* postulant(e) *m(f)* **Bewerbung** F **1** candidature *f* (**um** à) **2** *Schriftstück* lettre *f* de candidature
Bewerbungsbogen M formulaire *m* de candidature **Bewerbungsgespräch** N entretien *m* d'embauche **Bewerbungsmappe** F dossier *m* de candidature **Bewerbungsschreiben** N lettre *f* de candidature **Bewerbungsunterlagen** FPL dossier *m* de candidature
bewerfen V/T **etw, j-n mit etw ~** jeter qc à qc, qn
bewerkstelligen V/T effectuer; exécuter; *(zustande bringen)* accomplir; réaliser
bewerten V/T évaluer; estimer; SPORT, SCHULE noter **Bewertung** F évaluation *f*; estimation *f*; SPORT, SCHULE note *f*; points *mpl*
bewilligen V/T accorder; autoriser **Bewilligung** F autorisation *f*; octroi *m*
bewirken V/T **1** *(verursachen)* causer; provoquer; avoir pour effet **2** *(erreichen)* obtenir
bewirten V/T offrir un repas à; **j-n mit etw ~** servir qc à qn
bewirtschaften V/T exploiter **Bewirtschaftung** F exploitation *f*
Bewirtung F repas (offert à qn); restauration *f*
bewog, bewogen → bewegen[2]
bewohnbar ADJ habitable
bewohnen V/T habiter **Bewohner(in)** M(F) habitant(e) *m(f)*
bewölken V/R **sich ~** se couvrir (de nuages) **Bewölkung** F nuages *mpl*
Bewunderer M, **Bewunderin** F admirateur, -trice *m,f* **bewundern** V/T admirer **bewundernswert, bewundernswürdig** ADJ admirable; digne d'admiration **Bewunderung** F admiration *f* **bewunderungswürdig** ADJ admirable; digne d'admiration
bewusst **A** ADJ **1** conscient; **sich** *(dat)* **e-r Sache** *(gen)* **~ sein, werden** avoir, prendre conscience de qc; **sich** *(dat)* **etw ~ machen** se rendre compte de qc **2** *(absichtlich)* voulu; délibéré **3** *(besagt)* en question **B** ADV **1** consciemment **2** délibérément
bewusstlos ADJ sans connaissance; évanoui; **~ werden** perdre connaissance; s'évanouir
Bewusstlosigkeit F évanouissement *m*; perte *f* de connaissance
bewusstmachen V/T → bewusst A 1
Bewusstsein N **1** PSYCH, PHIL conscience *f* **2** MED connaissance *f*; **das ~ verlieren** perdre connaissance; **wieder zu ~ kommen** reprendre connaissance
Bewusstseinserweiterung F élargissement *m* du champ de la conscience **Bewusstseinsstörung** F trouble *m* de la conscience **Bewusstseinsveränderung** F transformation *f* de la conscience
bewusstwerden V/R → bewusst A 1
bezahlen **A** V/T payer (**j-m etw** qc à qn); **für etw zehn Euro ~** payer qc dix euros; **sich bezahlt machen** être payant; payer **B** V/I payer; **Herr Ober, bitte ~!** garçon, l'addition s'il vous plaît!
Bezahlung F **1** paiement *m* **2** *(Lohn)* rémunération *f*
bezaubern V/T charmer
bezaubernd ADJT charmant; ravissant
bezeichnen **A** V/T **1** *(markieren)* marquer; indiquer **2** *(benennen)* désigner; **näher ~** spécifier **3**

(einschätzen) qualifier (**als** de) **B** VR **sich als Künstler ~** se dire artiste

bezeichnend ADJT typique, caractéristique (**für** de); *(aufschlussreich)* révélateur

bezeichnenderweise ADV **~ hat er …** ce qui est typique pour lui, c'est qu'il a …

Bezeichnung F **1** *(Angabe)* indication *f* **2** *(Zeichen)* marque *f* **3** *(Benennung)* désignation *f*; dénomination *f*

bezeugen VT témoigner de

bezichtigen VT accuser **Bezichtigung** F accusation *f*

beziehbar ADJ *Wohnung* habitable (immédiatement); *(frei)* libre

beziehen **A** VT **1** *Schirm, Möbel* recouvrir (**mit** de) **2** *Wohnung* s'installer dans **3** *Waren* se fournir en, acheter (**von j-m** chez qn); *Gehalt* toucher; percevoir; *Zeitung* être abonné à **4** **etw auf etw** *(akk)* **~** appliquer qc à qc; **etw auf sich** *(akk)* **~** prendre qc pour soi; **bezogen auf** (+ *akk*) par rapport à **B** VR **sich ~ auf** (+ *akk*) se référer à

Bezieher(in) M(F) *e-r Zeitung* abonné(e) *m(f)*; *e-s Gehalts* bénéficiaire *m/f*

Beziehung F **1** *(Verbindung)* relation *f*; rapport *m*; **gute ~en zu j-m haben** entretenir de bons rapports avec qn; avoir de bonnes relations avec qn; **e-e feste ~ haben** avoir une relation (amoureuse) suivie **2** **~en haben** *(einflussreiche Personen kennen)* avoir des relations **3** *(Verhältnis)* rapport *m*; lien *m*; **in ~ zu etw stehen** avoir rapport à qc **4** *(Verständnis)* affinités *fpl* (**zu** avec) **5** *(Hinsicht)* **in dieser ~** de ce point de vue; sous ce rapport; à cet égard; **in gewisser ~** dans un certain sens; d'un certain point de vue; **in mancher ~** à maints égards; **in keiner ~** en aucune façon; **in jeder ~** à tout point de vue; à tous (les) égards

Beziehungskiste *umg* F relations (amoureuses) compliquées

beziehungsweise ADV **1** *(im anderen Fall)* respectivement; *(oder)* ou; **sie sind drei ~ fünf Jahre alt** ils sont âgés respectivement de trois et cinq ans; **der ~ die Täter** le ou les malfaiteurs **2** *(genauer gesagt)* ou plutôt, plus exactement

beziffern VT (u. VR) (**sich ~** se) chiffrer (**auf** [+ *akk*] à)

Bezirk M district *m*; circonscription *f* **Bezirksklasse** F SPORT *etwa* division régionale

bezirzen *umg* VT charmer; *plus fort* ensorceler

Bezug M **1** *(Bettbezug, Kissenbezug)* enveloppe *f*; °housse *f* *(a. Möbelbezug)*; *(Kopfkissenbezug)* taie *f* **2** *von Waren* achat *m*; *von Zeitungen* abonnement *m* (+ *gen* à) **3** FIN *pl* **Bezüge** appointements *mpl*; traitement *m* **4** *(Beziehung)* rapport *m*; **in ~ auf j-n, etw** en ce qui concerne qn, qc; au sujet de qn, qc; **~ nehmen auf** (+ *akk*) se référer à

bezüglich PRÄP au sujet de; en ce qui concerne

Bezugnahme F ADMIN **mit, unter ~ auf** (+*akk*) en référence à

bezugsfertig ADJ *(schlüsselfertig)* clés en main; → beziehbar

Bezugsperson F personne *f* de confiance **Bezugspreis** M prix *m* d'achat, *e-r Zeitung* d'abonnement **Bezugsquelle** F source *f* d'approvisionnement; fournisseur *m* **Bezugsschein** M carte *f* de rationnement; bon *m* d'achat **Bezugsstoff** M tissu *m* d'ameublement

bezuschussen VT subventionner

bezwecken VT viser à

bezweifeln VT douter de; mettre en doute; **~, dass …** douter que … (+ *subj*)

bezwingen VT vaincre; *Leidenschaften* maîtriser **Bezwinger(in)** M(F) vainqueur *m* **Bezwingung** F victoire *f* (+ *gen* sur)

Bf. ABK (Bahnhof) gare

BGB N ABK (Bürgerliches Gesetzbuch) *etwa* Code civil

BGH M ABK (Bundesgerichtshof) *BRD* Cour fédérale de cassation

BH *umg* M ABK (Büstenhalter) soutien-gorge *m*

Bhf. ABK (Bahnhof) gare

bi *umg* ADJ bisexuel; **er, sie ist ~** *umg* c'est un, une bi

Biathlet(in) M(F) biathlète *m/f*

Biathlon N biathlon *m*

bibbern *umg* VI trembler

Bibel F Bible *f* (! großgeschrieben); *als Buch, fig* bible *f* **Bibelspruch** M citation biblique, (tirée) de la Bible **Bibelstelle** F passage *m* de l'Écriture, de la Bible **Bibelübersetzung** F traduction *f*, version *f* de la Bible **Bibelvers** M verset *m*

Biber M castor *m*

Bibliograph(in) M(F) bibliographe *m/f* **Bibliographie** F bibliographie *f* **bibliographisch** ADJ bibliographique **Bibliothek** F bibliothèque *f* **Bibliothekar(in)** M(F) bibliothécaire *m/f*

Bibliothekskatalog M catalogue *m* (de la bibliothèque)

biblisch ADJ biblique; de la Bible; *fig* **~es Alter** âge *m* canonique

Bidet N bidet *m*

bieder ADJ bon; honnête; brave; *(langweilig)* fade

Biedermeier N (époque *f* du) Biedermeier *m*; *etwa* style *m* Louis-Philippe

biegen **A** VT courber; plier; *umg fig* **auf Biegen oder Brechen** coûte que coûte; à tout prix **B**

B

VI tourner; **um die Ecke ~** tourner au coin (de la rue) **C** VR **sich ~** se courber; *unter starker Last* s'infléchir

biegsam ADJ flexible; souple *(beide a. fig)* **Biegsamkeit** F flexibilité *f*; souplesse *f (beide a. fig)*

Biegung F courbe *f*; *e-s Weges, Flusses* tournant *m*; **e-e ~ machen** tourner

Biene F **1** abeille *f* **2** *umg (Mädchen) umg* poupée *f*

Bienenfleiß M application *f*; acharnement *m* **Bienenhaus** N rucher *m* **Bienenhonig** M miel *m* (d'abeilles) **Bienenkönigin** F reine *f* des abeilles **Bienenkorb** M ruche *f* **Bienenschwarm** M essaim *m* d'abeilles **Bienensprache** F langage *m* des abeilles **Bienenstaat** M cité *f* des abeilles **Bienenstich** M **1** piqûre *f* d'abeille **2** GASTR *gâteau fourré de crème et recouvert d'amandes effilées* **Bienenstock** M ruche *f* **Bienenvolk** N colonie *f* d'abeilles **Bienenwabe** F rayon *m*; gâteau *m* de cire **Bienenwachs** N cire *f* d'abeille **Bienenzucht** F apiculture *f* **Bienenzüchter(in)** M(F) apiculteur, -trice *m,f*

Biennale F biennale *f*

Bier N bière *f* (! feminin); **helles, dunkles ~** bière blonde, brune; **e-e Flasche ~** une bouteille de bière; **~ vom Fass** bière (à la) pression; *umg* pression *f*; *im Lokal* **Herr Ober, ein ~!** garçon, un demi!; *umg fig* **das ist nicht mein ~** *umg* c'est pas mes oignons

Bierbauch *umg* M *umg* bedaine *f* **Bierbrauer** M brasseur *m* **Bierbrauerei** F brasserie *f* **Bierdeckel** M dessous-de-verre *m* **Bierdose** F boîte *f* de bière **bierernst** *umg* ADJ *umg* sérieux comme un pape **Bierfass** N tonneau *m* à bière **Bierfilz** M dessous-de-verre *m* **Bierflasche** F bouteille *f* de bière; *kleine* canette *f* (de bière) **Biergarten** M brasserie *f* avec terrasse (en plein air) **Bierglas** N verre *m* à bière **Bierhefe** F levure *f* de bière **Bierkasten** M caisse *f* de bière **Bierkeller** M *Lokal* brasserie *f* **Bierkneipe** *umg* F brasserie *f* **Bierkrug** M chope *f*; pot *m* à bière **Bierleiche** *umg hum* F ivre mort *m* **Bierlokal** N brasserie *f* **Bierschinken** M *grosse saucisse avec des morceaux de jambon* **Bierstube** F débit *m* de bière **Bierverlag** M dépôt *m* d'une brasserie **Bierwurst** F *grosse saucisse fumée* **Bierzelt** N *chapiteau sous lequel on boit de la bière*

Biest *umg pej* N *Tier* sale bête *f*; *Frau umg* chameau *m*; garce *f*

biestig *umg pej* ADJ *(gemein)* méchant; rosse; infect

bieten **A** VT **1** *Anblick, Bild* offrir; présenter; **das lasse ich mir nicht ~!** *umg* je ne me laisserai pas marcher sur les pieds! **2** *Geld* **j-m etw (für etw) ~** offrir qc à qn (pour qc) **3** *bei Auktionen* faire une enchère de; **wer bietet mehr?** qui dit mieux? **B** VR **sich ~** s'offrir

bietenlassen VT → bieten A 1

Bigamie F bigamie *f* **Bigamist(in)** M(F) bigame *m/f*

bigott ADJ *pej (frömmelnd)* bigot; *(scheinheilig)* hypocrite

Bikini M bikini *m*

Bilanz F bilan *m (a. fig)*; *(Handelsbilanz, Zahlungsbilanz)* balance *f*; **aktive, passive ~** bilan, balance excédentaire, déficitaire; **e-e ~ aufstellen** dresser, établir un bilan; *fig* **die ~ aus etw ziehen** faire le bilan de qc

Bilanzbuchhalter(in) M(F) comptable chargé(e) du bilan

bilanzieren VI *(u.* VT*)* dresser, établir le bilan (de) **Bilanzierung** F établissement *m* du bilan

bilateral ADJ bilatéral

Bild N **1** *(Abbildung)* image *f*; *(Fotografie)* photo *f*; *in Büchern* illustration *f*; *(Gemälde)* tableau *m* **2** *sprachliches* image *f*; *(Metapher)* métaphore *f* **3** *(Anblick)* spectacle *m*; **ein ~ des Jammers** un spectacle de désolation **4** *(klare Vorstellung)* **sich** *(dat)* **ein ~ von etw machen** se faire une idée de qc; **(über etw, j-n) im ~e sein** être informé, au courant (de qc, au sujet de qn)

Bildarchiv N photothèque *f*; archives *fpl* photographiques **Bildaufzeichnung** F prise *f* d'images **Bildausfall** M panne *f* (d'image) **Bildausschnitt** M détail *m* **Bildautor(in)** M(F) photographe *m/f (comme co-auteur d'un ouvrage)* **Bildband** M livre (abondamment) illustré; album *m*

Bildbearbeitung F traitement *m* d'image; **digitale ~** traitement *m* d'image numérique

Bildberichterstattung F information *f* en images **Bildbeschreibung** F description *f* d'un tableau, d'une image **Bildbetrachter** M TECH visionneuse *f* **Bilddatei** F IT fichier *m* image(s) **Bildeinstellung** F FOTO cadrage *m*

bilden **A** VT **1** *(formen)* former *(a. geistig)*; *künstlerisch* façonner; *Satz* construire **2** *(darstellen)* constituer; former; **ein Ganzes ~** former un ensemble, un tout **3** *(gründen)* constituer **B** VR **sich ~** se former **C** VI *Reisen etc* ouvrir l'esprit

bildend ADJT *(belehrend)* instructif; *(erzieherisch)* éducatif; **die ~e Kunst** les arts *mpl* plastiques; les beaux-arts

Bilderbogen M feuille imprimée découpée en vignettes; image *f* d'Épinal **Bilderbuch** N livre *m* d'images **Bilderbuch...** IN ZSSGN *fig* idéal **Bildergeschichte** F histoire *f* en images **Bilderhaken** M crochet *m* pour tableaux **Bilderleiste** F baguette *f* d'encadrement **Bilderrahmen** M cadre *m* **Bilderrätsel** N rébus *m* **Bildersammlung** F collection *f* de tableaux

Bildfläche F *umg fig* **von der ~ verschwinden** *umg* disparaître de la circulation; *umg fig* **auf der ~ erscheinen** *umg* s'amener

Bildfolge F suite *f* d'images; FILM séquence *f* **Bildformat** N format *m* de l'image, de la photo, du tableau, *etc* **Bildfrequenz** F vitesse *f* de défilement; images *fpl* par seconde **bildhaft** ADJ imagé **Bildhauer** M sculpteur *m* **Bildhauerei** F sculpture *f* **bildhübsch** ADJ joli comme un cœur **Bildjournalist(in)** M(F) reporter *m/f* photographe **bildlich** ADJ en images; *Ausdruck* figuré **Bildmaterial** N photo(graphie)s *fpl*; films *mpl*; illustrations *fpl* **Bildmitte** F centre *m* de l'image, de la photo, *etc* **Bildnis** N portrait *m* **Bildplatte** F vidéodisque *m* **Bildpunkt** M pixel *m* **Bildqualität** F qualité *f* de l'image **Bildreportage** F reportage illustré, photographique **Bildreporter(in)** M(F) reporter *m/f* photographe **Bildröhre** F tube *m* cathodique **Bildschärfe** F netteté *f* de l'image

Bildschirm M **1** *des Computers* écran *m*; **am ~ arbeiten** travailler sur écran **2** *umg (Fernseher)* petit écran

Bildschirmarbeit F travail *m* sur écran **Bildschirmarbeitsplatz** M poste *m* de travail sur écran **Bildschirmschoner** M économiseur *m* d'écran **Bildschirmtext** M minitel® *m*

bildschön ADJ superbe; *Person* beau comme le jour, comme un astre

Bildstock M *südd, österr* calvaire *m* **Bildstörung** F interruption *f* de l'image; **„~"** incident *m* technique **Bildtafel** F planche *f* **Bildtelefon** N visiophone *m*; vidéophone *m*

Bildung F **1** *geistige* culture *f*; formation *f*; *(Erziehung)* éducation *f*; *(Schulbildung)* instruction *f*; **~ haben** être cultivé **2** *(Entstehung)* formation *f*

Bildungsbürger M bourgeois cultivé **Bildungsbürgertum** N bourgeoisie cultivée **Bildungschancen** FPL (chances *fpl* d')accès *m* à la formation **Bildungseinrichtung** F établissement *m* d'enseignement **Bildungsgrad** M degré *m* d'instruction, de culture **Bildungslücke** F lacune *f* (dans la culture générale) **Bildungsnotstand** M carences *fpl* du système éducatif **Bildungspolitik** F politique *f* de l'éducation **Bildungsreform** F réforme *f* de l'enseignement **Bildungsurlaub** M congé *m* (de) formation

Bildungsweg M formation *f*; **zweiter ~** enseignement dit de la deuxième chance

Bildungswesen N enseignement *m*

Bildunterschrift F légende *f* **Bildwörterbuch** N dictionnaire *m* en images **Bildzuschrift** F réponse *f* avec photo

bilingual ADJ bilingue

Billard N billard *m*; **~ spielen** jouer au billard

Billardkugel F boule *f* de billard **Billardspieler(in)** M(F) joueur, -euse *m,f* de billard **Billardstock** M queue *f* (de billard) **Billardtisch** M (table *f* de) billard *m*

Billett N, *österr* N **1** *(Fahr-, Eintrittskarte)* billet *m* **2** *österr (Glückwunschkarte)* carte *f* de félicitations

Billiarde F mille billions *mpl*

billig **A** ADJ **1** *im Preis* bon marché (**!** unveränderlich); pas cher; **~er** meilleur marché (**!** unveränderlich); moins cher **2** *pej, fig* de mauvaise qualité; *Ausrede* mauvais; *Trick* primitif **B** ADV bon marché

Billiganbieter M discounte(u)r *m*

billigen V/T approuver

Billigflieger *umg* M → Billigfluglinie **Billigflug** M vol *m* à bas prix **Billigfluglinie** F compagnie aérienne à tarif réduit; compagnie (aérienne) low cost **Billigladen** M magasin *m* bon marché **Billiglohn** M bas salaire **Billiglohnland** N pays *m* à bas salaires

Billigung F approbation *f*

Billigware F marchandise *f* à bas prix

Billion F billion *m*

bim INT ding!; **~, bam!** ding, dong!

Bimetall N bilame *f*

Bimmel *umg* F clochette *f* **Bimmelbahn** *umg* F tortillard *m*

bimmeln V/I tinter; sonner

Bimsstein M pierre *f* ponce

bin → sein[1]

binär ADJ binaire **Binärsystem** N MATH numération *f* binaire

Binde F **1** MED bande *f*; *(Verband)* bandage *m*; *(Armbinde)* écharpe *f*; *(Augenbinde)* bandeau *m*; **elastische ~** bande élastique **2** *(Armbinde der Blinden)* brassard *m* **3** *(Damenbinde)* serviette *f* hygiénique **4** *umg* **sich** *(dat)* **e-n hinter die ~ gießen** *umg* s'en jeter un derrière la cravate

Bindegewebe N tissu conjonctif **Bindegewebsmassage** F massage *m* du tissu conjonctif **Bindegewebsschwäche** F fragilité *f* du tissu conjonctif

Bindeglied N lien *m* **Bindehaut** F conjonctive *f* **Bindehautentzündung** F conjonctivite *f* **Bindemittel** N MAL, BAU liant *m*; GASTR gélifiant *m*

binden **A** V/T **1** *(festbinden)* attacher; *(zusammenbinden)* lier; *Besen, Kranz, Strauß* faire; *Krawatte, Schal* nouer; **fester ~** serrer (davantage) **2** *Buch* re-

B

lier; GASTR, MUS lier; CHEM fixer; *Preise* imposer; contrôler **3** *fig Person* lier; engager **B** VI *Zement etc* prendre; PHON faire la liaison **C** V/R **sich ~** s'engager; se lier
bindend ADJT qui engage; obligatoire; **~e Zusage** engagement *m*
Bindestrich M trait *m* d'union **Bindewort** N conjonction *f*
Bindfaden M ficelle *f*; *umg* **es regnet Bindfäden** il pleut des cordes
Bindung F **1** *(Verbundenheit)* lien(s) *m(pl)* **(an** [+ *akk*] avec) **2** *(Verpflichtung)* engagement *m* **(an j-n** envers qn); **e-e ~ eingehen** s'engager; se lier **3** GASTR, MUS, CHEM, PHON liaison *f* **4** *(Skibindung)* fixation *f*
Bindungsangst F peur *f* de s'engager, de se lier
binnen PRÄP **~ drei Tagen** dans, sous les trois jours; **~ Kurzem** sous peu
Binnengewässer N *See* lac *m*; *Fluss* rivière *f*; *Meer* mer intérieure; *pl* **~** eaux intérieures, continentales **Binnenhafen** M port fluvial **Binnenhandel** M commerce intérieur **Binnenland** N intérieur *m* (du pays); terres *fpl*
Binnenmarkt M marché intérieur; **der europäische ~** le Marché unique (européen)
Binnenmeer N mer intérieure **Binnenschifffahrt** F navigation intérieure, fluviale **Binnensee** M lac *m*
Binom N MATH binôme *m*
Binse F jonc *m*; *umg fig* **in die ~n gegangen** *umg* fichu; *sl* foutu
Binsenweisheit F vérité première, de la Palisse
Bio *umg* F *umg* sciences *fpl* nat
Bio... IN ZSSGN bio...; biologique; naturel **Biobrot** *umg* N pain *m* biologique **Biochemie** F biochimie *f* **Biochemiker(in)** M(F) biochimiste *m/f* **biochemisch** ADJ biochimique **Biochip** M biopuce *f* **Biodiesel** M biodiesel *m* **biodynamisch** ADJ biologique **Bioethik** F bioéthique *f* **Biogas** N biogaz *m*; biométhane *m* **Biogemüse** *umg* N légumes *mpl* biologiques **Biogenese** F biogenèse *f* **biogenetisch** ADJ biogénétique **Biografie** F biographie *f* **biografisch** ADJ biographique **Biographie** F biographie *f* **biographisch** ADJ biographique **Biohaus** *umg* N maison *f* biologique **Bioladen** *umg* M magasin *m* de produits naturels, biologiques **Biologe** M, **Biologin** F biologiste *m/f* **Biologie** F biologie *f*; SCHULE *a.* sciences naturelles **Biologieunterricht** M enseignement *m* des SVT; cours *m(pl)* de SVT
biologisch **A** ADJ biologique **B** ADV **~ abbaubar** biodégradable
biologisch-dynamisch ADJ biologique
Biomasse F biomasse *f* **Biometrie** F biométrie *f* **biometrisch** ADJ biométrique **Biomüll** M déchets *mpl* organiques **Biophysik** F biophysique *f* **Bioprodukt** N produit *m* bio (-logique)
Biopsie F MED biopsie *f*
Biorhythmus M biorythme *m* **Biosphäre** F biosphère *f* **Biotechnik** F, **Biotechnologie** F biotechnologie *f* **Biotonne** F poubelle *f* pour déchets organiques
Biotop N *od* M biotope *m*
birgt → bergen
Birke F bouleau *m*
Birma N la Birmanie
Birnbaum M poirier *m*
Birne F **1** *Frucht* poire *f*; *Baum* poirier *m* **2** *umg (Kopf) umg* caboche *f* **3** *(Glühbirne)* ampoule *f*

Birne — la poire

Birne — l'ampoule (f)

birnenförmig ADJ en forme de poire; *t/t* piriforme
birst → bersten
bis **A** PRÄP *zeitlich u. räumlich* jusqu'à; *vor einigen Adverbien* jusque; **von ... ~ ...** de ... à ... **B** ADV **~ an** (+ *akk*), **zu** jusqu'à; **~ auf** (+ *akk*) *(ausschließlich)* sauf; excepté; à part; *(einschließlich)* jusqu'à; **~ auf e-e Ausnahme** à une exception près; **~ in drei Monaten** d'ici trois mois; **~ zum Oktober** jusqu'en octobre **C** KONJ **1** *(zwischen)* **zehn ~ zwölf Personen** (de) dix à douze personnes; **in zwei ~ drei Tagen** dans deux ou trois jours **2** *(nicht länger als)* jusqu'à ce que ... (+ *subj*); *(bevor)* avant que ... (+ *subj*); avant de (+ *inf*); **warten, ~**

... attendre que ... (+ *subj*), *intensiver* jusqu'à ce que ... (+ *subj*)

Bisam M **1** *Pelz* rat musqué **2** (*Moschus*) musc *m*

Bisamratte F rat musqué

Bischof M évêque *m*

bischöflich ADJ épiscopal

Bischofskonferenz F conférence épiscopale **Bischofsmütze** F mitre *f* **Bischofssitz** M évêché *m* **Bischofsstab** M crosse *f*

Bisexualität F bisexualité *f* **bisexuell** ADJ bisexuel

bisher ADV jusqu'à présent; jusqu'ici; **wie ~** comme toujours; comme par le passé

bisherig ADJ (*momentan*) présent; (*vorherig*) précédent; (*scheidend*) sortant

Biskaya F **der Golf von ~** le golfe de Gascogne

Biskuit N *od* M biscuit *m* (de Savoie) **Biskuitrolle** F gâteau roulé **Biskuitteig** M pâte *f* à biscuit

bislang → bisher

Bismarckhering M (filet *m* de) hareng mariné

Bison M bison *m*

biss → beißen

Biss M morsure *f*; *von Menschen* coup *m* de dent

bisschen INDEF PR **ein ~** un peu; **ein ~** (+ *subst*) un peu de (+ *subst*); **ein kleines ~ Salz** *umg* un (tout) petit peu de sel; **kein ~!** pas le moins du monde!; **ein ~ viel** un peu trop; *umg* un peu beaucoup

Bissen M bouchée *f*; morceau *m*; *umg fig* **ein fetter ~** une aubaine; une bonne affaire; **mir blieb der ~ im Hals(e) stecken** j'ai failli, manqué m'étrangler

bissig ADJ **1** *Tier* qui mord; méchant **2** *fig* mordant; acerbe; caustique **Bissigkeit** F *e-r Bemerkung* mordant *m*; causticité *f*; *e-r Person* °hargne *f*

Bisswunde F morsure *f*

bist → sein[1]

Bistro N *umg* bistro(t) *m*

Bistum N évêché *m*

bisweilen *geh* ADV parfois

Bit N IT bit *m*

Bittbrief M demande écrite; requête *f*; *gemeinschaftlicher* pétition *f*

bitte INT **1** *Wunsch, Aufforderung* s'il vous *bzw.* te plaît; **~ schön!, ~ sehr!** s'il vous plaît; **(hier) ~!** voilà! **2** *Antwort: auf e-e Entschuldigung* il n'y a pas de mal!; ce n'est rien!; *auf e-e Bitte* oui! *bzw.* faites!; **~ (sehr)!** *auf e-n Dank* je vous en *bzw.* je t'en prie!; il n'y a pas de quoi!; de rien! **3** *Frage* **(wie) ~?** comment?; pardon?; *am Telefon* **ja, ~?** allô!; *im Laden* **~ (schön)?** vous désirez?

Bitte F demande *f* (**um** de); *inständige* prière *f* (de); **mit der ~ um Rückgabe** prière de retourner; **ich habe e-e ~ an Sie** j'ai un service à vous demander

bitten V/T *u.* V/I **(j-n) um etw ~** demander qc (à qn); **j-n ~, etw zu tun** prier qn de faire qc; demander à qn de faire qc; **j-n zu sich** (*dat*) **~** faire venir qn; **ich muss doch sehr ~!** *entrüstet* je vous en prie!; **aber ich bitte Sie!** mais bien sûr!; **wenn ich ~ darf** si vous voulez bien; *zum Tanz* **darf ich ~?** voulez-vous danser avec moi?; vous dansez?; **ich lasse ~!** faites entrer!; **~ und betteln** demander et quémander

bitter **A** ADJ **1** *Geschmack* amer (*a. fig*) **2** *Erfahrung* dur; *Armut, Not* extrême; *Kälte* rigoureux; **das ist ~** c'est dur **B** ADV **1** **~ schmecken** avoir un goût amer **2** *fig* **~ enttäuscht** amèrement déçu; **etw ~ nötig haben** avoir bien, extrêmement besoin de qc

bitterböse ADJ très méchant; (*verärgert*) très fâché

bitterernst ADJ très sérieux

bitterkalt ADJ excessivement, très froid

Bitterkeit F amertume *f* (*a. fig*)

bitterlich ADV *weinen* à chaudes larmes

bittersüß ADJ doux-amer

Bittgesuch N requête *f* **Bittschrift** F pétition *f* **Bittsteller(in)** M(F) solliciteur, -euse *m, f*; pétitionnaire *m/f*

Bitumen N bitume *m*

Biwak N bivouac *m* **biwakieren** V/I bivouaquer

bizarr ADJ bizarre

Bizeps M biceps *m*

BKA N ABK → Bundeskriminalamt

Blabla *umg* N *umg* blabla(bla) *m*; baratin *m*

Black Box F FLUG boîte noire

Blackout M PSYCH absence *f*; blanc *m*; trou *m*

Blag *umg pej* N *umg* gosse *m/f*; *umg* mioche *m/f*; *umg* moutard *m*

blähen **A** V/T (*u.* V/R **sich ~**) *Segel* (se) gonfler; (s')enfler **B** V/I ballonner le ventre

Blähung F ballonnement *m*; **~en haben** avoir des ballonnements

blamabel ADJ lamentable

Blamage F (*Ungeschick*) maladresse *f*; (*Schande*) °honte *f*

blamieren V/T (*u.* V/R) (**sich ~** se) ridiculiser (**vor j-m** auprès de qn)

blanchieren V/T GASTR blanchir

blank **A** ADJ **1** (*glänzend*) (re)luisant; brillant **2** *umg* (*abgewetzt*) lustré **3** (*unbedeckt*) nu; dénudé **4** (*rein, pur*) pur **5** *umg* **(völlig) ~ sein** *umg* être à sec, sans le sou, sans un rond **B** ADV **~ putzen** faire reluire, briller; astiquer

Blank M *ou* N IT espace *m*; blanc *m*

blanko ADV *Scheck, Vollmacht* en blanc

B

blamabel ≠ blâmable

Ihre Reaktion ist **blamabel.**	Sa réaction est **lamentable.**
Son comportement est **blâmable.**	Sein Verhalten ist **tadelnswert.**

FALSCHE FREUNDE

Blankoscheck M chèque *m* en blanc **Blankounterschrift** F blanc-seing *m*
Blankovollmacht F pleins pouvoirs; *fig* **j-m ~ geben** donner carte blanche, son blanc-seing à qn
blankputzen V/T → blank B
Bläschen N petite bulle; petite cloque; MED vésicule *f*
Blase F **1** *(Luftblase, Seifenblase)* bulle *f*; *in Metall, Glas* soufflure *f*; *im Anstrich* cloque *f*; **~n werfen, ziehen** *Farbe* faire des cloques **2** *in der Haut* ampoule *f* **3** *(Harnblase)* vessie *f*
Blasebalg M soufflet *m*
blasen **A** V/T **1** souffler *(a. Glas)* **2** MUS jouer de; **Horn ~** sonner, jouer du cor **B** V/I **1** *Wind* souffler **2** MUS jouer
Blasenentzündung F cystite *f* **Blasenschwäche** F atonie *f* de la vessie **Blasenspiegelung** F cystoscopie *f* **Blasensprung** M rupture *f* de la poche des eaux
Bläser M joueur *m* (d'un instrument à vent)
blasiert ADJ blasé
Blasinstrument N instrument *m* à vent **Blaskapelle** F orchestre *m* d'instruments à vent; *(Blechmusikkapelle)* fanfare *f* **Blasmusik** F musique *f* d'instruments à vent
Blasphemie F blasphème *m*
blass ADJ **1** pâle; *plus fort* blême; **~ werden** pâlir **2** *fig (schwach)* faible; *(vage)* vague; *(nichtssagend)* fade; terne
blassblau ADJ bleu pâle (**!** unveränderlich)
Blässe F pâleur *f*
Blässhuhn N ZOOL foulque *f*
blässlich ADJ pâlot; *umg* pâlichon
blassrosa ADJ rose pâle (**!** unveränderlich)
bläst → blasen
Blatt N **1** BOT feuille *f*; *fig* **kein ~ vor den Mund nehmen** ne pas mâcher ses mots **2** *Papier* feuille *f*; *fig* **das steht auf e-m anderen ~** c'est une autre histoire; *fig* **das ~ hat sich gewendet** la chance, le vent a tourné **3** *(Notenblatt)* page *f* (de musique); **vom ~ spielen** jouer à livre ouvert **4** *(Zeitung)* journal *m*; feuille *f* **5** *e-r Säge* lame *f* **6** *e-s Ruders* pale *f*

Blatt — la feuille
Blatt — la feuille de papier

blättern V/I **in etw** *(dat)* **~** feuilleter qc
Blätterteig M pâte feuilletée
Blattgold N or *m* en feuille, battu **Blattlaus** F puceron *m* **Blattsalat** M salade verte
blau ADJ bleu; **~ gefroren** bleu, violacé de froid; *umg fig* **~ sein** *umg* être noir, rond; *umg* **(e-n) ~en Montag machen** *umg* ne pas aller bosser lundi
Blau N bleu *m*; couleur bleue
blauäugig ADJ **1** aux yeux bleus **2** *fig* naïf **Blaubeere** F myrtille *f* **blaublütig** ADJ de sang bleu
Blaue(s) N bleu *m*; *umg fig* **ins ~ hinein** à l'aveuglette; au hasard; *umg* **das ~ vom Himmel (herunter) lügen** mentir comme un arracheur de dents
Bläue F bleu *m*; *des Himmels* azur *m*
blaugrau ADJ gris bleu (**!** unveränderlich) **blaugrün** ADJ bleu vert (**!** unveränderlich) **Blauhelm** M *(UNO-Soldat)* casque bleu **Blaukraut** N *südd, österr* chou *m* rouge
bläulich ADJ bleuâtre; bleuté
Blaulicht N *der Polizei* gyrophare *m*
blaumachen *umg* V/I *umg* ne pas aller bosser
Blaumann *umg* M bleu *m* de travail **Blaumeise** F mésange bleue **Blaupause** F photocalque bleu; bleu *m* **Blausäure** F acide *m* cyanhydrique **Blauschimmel** M moisissure bleue **Blauschimmelkäse** M bleu *m* **blaustichig** ADJ qui tire sur le bleu **Blauwal** M (grande) baleine bleue
Blazer M blazer *m*
Blech N **1** tôle *f*; *(Weißblech)* fer-blanc *m* **2** *umg fig (Unsinn) umg* conneries *fpl*
Blechbläser M musicien *m* d'une fanfare; *pl* **die ~** les cuivres *mpl*
Blechblasinstrument N instrument *m* à vent en cuivre **Blechbüchse** F, **Blechdose** F boîte *f* en fer-blanc
blechen *umg* V/T *u.* V/I *(zahlen) umg* casquer
blechern ADJ **1** *(aus Blech)* de *od* en tôle, fer-blanc **2** *Stimme* métallique

Blechinstrument N MUS instrument *m* à vent en cuivre; *pl* **~e** cuivres *mpl*
Blechkiste *umg* F *umg* caisse *f*; *umg* tire *f* **Blechlawine** *umg* F procession *f* de voitures sur des kilomètres **Blechschaden** M (légers) dégâts matériels; tôle froissée
blecken VT **die Zähne ~** montrer les dents
Blei N plomb *m*
Bleibe F toit *m*; *geh* demeure *f*; **keine ~ haben** être sans toit
bleiben VI rester; TEL **~ Sie am Apparat!** ne quittez pas!; **wo bleibst du denn (so lange)?** tu en mets *bzw.* tu en a mis du temps (pour venir)!; **es bleibt dabei** (c'est) entendu; **ich bleibe dabei, dass …** je maintiens que …; **stehen, sitzen, liegen ~** rester debout, assis, couché; **~ lassen** laisser tomber; **lass das ~!** ne fais pas cela!
bleibend ADJT durable
bleibenlassen VT → bleiben
bleich ADJ pâle; livide; *Licht, Himmel* blafard
bleichen[1] VT *Wäsche* blanchir; **sich** (*dat*) **die Haare ~ lassen** se faire décolorer
bleichen[2] VI *Farbe* pâlir; *Haare, Stoff* se décolorer
Bleichgesicht *umg, hum* N visage *m* pâle **Bleichmittel** N produit blanchissant; CHEM décolorant *m* **Bleichsellerie** M *od* F céleri *m* en branche
bleiern ADJ **1** de *od* en plomb **2** *fig Hitze* lourd; *Schlaf* de plomb
bleifrei ADJ *Benzin* sans plomb **Bleigehalt** M teneur *f* en plomb **Bleigießen** N *coutume de la Saint-Sylvestre consistant à lire l'avenir dans des figures obtenues en jetant du plomb fondu dans de l'eau* **bleihaltig** ADJ plombifère **Bleikristall** N cristal *m* (à l'oxyde de plomb) **Bleischürze** F tablier (protecteur) en plomb **bleischwer** ADJ lourd (comme du plomb)
Bleistift M crayon (noir) **Bleistiftabsatz** *umg* M talon *m* aiguille **Bleistiftmine** F mine *f* de crayon **Bleistiftskizze** F esquisse *f* au crayon **Bleistiftspitzer** M taille-crayon *m* **Bleistiftzeichnung** F (dessin *m* au) crayon *m*
Bleivergiftung F saturnisme *m* **Bleiverglasung** F fenêtre(s) *f(pl)* à carreaux plombés
Blende F **1** OPT, FOTO diaphragme *m*; **bei ~ acht** avec une ouverture de huit **2** FILM fondu *m* **3** *im Auto* pare-soleil *m*
blenden **A** VT aveugler; éblouir (*a. fig pej*) **B** VI éblouir; *fig pej* jeter de la poudre aux yeux
blendend **A** ADJT aveuglant; éblouissant (*a. fig*) **B** ADVL **mir geht es ~** je vais très bien; *umg* tout baigne
blendfrei ADJ anti-éblouissant **Blendschutz** M *gegen Sonne* pare-soleil *m* **Blendung** F éblouissement *m* (*a. fig*)
Bleu N bleu *m* pâle
Blick M **1** regard *m*; **den ~ senken** baisser les yeux; **e-n ~ auf j-n, etw werfen** jeter un regard sur qn, qc; *umg* **e-n ~ riskieren** *umg* risquer un œil; **etw auf den ersten ~ sehen** voir, remarquer qc du *od* au premier coup d'œil **2** (*Aussicht*) vue *f*; **mit ~ auf** (+ *akk*) avec vue sur; **j-n, etw im ~ haben** avoir qn, qc à l'œil **3** (*Augenausdruck*) yeux *mpl*; **der böse ~** le mauvais œil **4** (*Urteilsvermögen*) coup *m* d'œil; **e-n ~ für etw haben** avoir le coup d'œil pour qc
blicken VI **auf j-n, etw ~** regarder qn, qc; *umg* **das lässt tief ~** c'est très révélateur; cela en dit long; **sich ~ lassen** se montrer; faire une apparition; **lass dich mal wieder ~!** passe un de ces jours!
blickenlassen VR → blicken
Blickfang M objet *m* qui attire, accroche le regard, l'attention; WERBUNG accroche *f*
Blickfeld N champ visuel; *fig* **j-n, etw ins ~ rücken** attirer l'attention générale sur qn, qc
Blickkontakt M **~ haben** se regarder; **~ mit j-m aufnehmen** entrer en contact avec qn par le regard
Blickpunkt M **im ~ des Interesses stehen** occuper le devant de la scène; être au premier plan de l'actualité
Blickrichtung F direction *f* (du regard) **Blickwinkel** M **1** OPT angle visuel **2** *fig* point *m* de vue; perspective *f*; angle *m*
blieb → bleiben
blies → blasen
blind ADJ **1** aveugle (*a. fig*); **auf e-m Auge ~ sein** être borgne; *fig* **für etw ~ sein** ne pas voir qc **2** (*trübe*) terne **3** (*vorgetäuscht*) faux
Blinddarm M cæcum *m*; (*Wurmfortsatz*) appendice *m* **Blinddarmentzündung** F appendicite *f* **Blinddarmoperation** F opération *f* de l'appendicite
Blinde(r) M/F(M) aveugle *m/f*; non-voyant(e) *m(f)*; *umg* **das sieht doch ein ~r (mit dem Krückstock)!** cela crève les yeux
Blindekuh F **~ spielen** jouer à colin-maillard
Blindenführer(in) M(F) accompagnateur, -trice *m,f* d'aveugle **Blindenhund** M chien *m* d'aveugle **Blindenschrift** F (écriture *f*, alphabet *m*) braille *m* **Blindenstock** M canne blanche
Blindflug M vol *m* sans visibilité **Blindgänger** M **1** obus *m*, *Bombe* bombe *f* non éclaté(e) **2** *umg pej* (*Versager[in]*) *umg* raté(e) *m(f)*
Blindheit F cécité *f*; *fig* aveuglement *m*; **mit ~ geschlagen sein** être aveugle (*a. fig*)
blindlings ADV aveuglément **Blindschlei-**

B

Blitz — l'éclair (m)

Blitz — le flash

che F orvet *m* **blindwütig** ADJ fou de rage; furibond
blinken V/I **1** *(glänzen)* briller; *(funkeln)* étinceler; *(glitzern)* scintiller **2** *Warnlichter* clignoter
Blinker M clignotant *m*
Blinklicht N, **Blinklichtanlage** F feu clignotant **Blinkzeichen** N signal lumineux
blinzeln V/I cligner des yeux; *als Zeichen* faire un clin d'œil
Blitz M **1** éclair *m*; *(Blitzschlag)* foudre *f*; **vom ~ erschlagen werden** être foudroyé; **wie ein ~ aus heiterem Himmel kommen** *umg* arriver comme un coup de tonnerre dans un ciel bleu **2** *umg* FOTO flash *m*
Blitzableiter M paratonnerre *m* **Blitzaktion** F action-éclair *f*; intervention *f* rapide **Blitzangriff** M attaque *f* éclair **blitzartig** **A** ADJ de l'éclair **B** ADV comme l'éclair **Blitzbesuch** M POL visite-éclair *f* **blitzblank** *umg* ADJ *umg* nickel; *Schuhe* bien astiqué
Blitzeis N verglas *m*
blitzen **A** *umg* V/T FOTO photographier au flash; *in e-r Radarfalle* **geblitzt werden** se faire prendre par le radar **B** V/I *u.* V/UNPERS **1** **es blitzt** il y a *od* il fait un éclair, des éclairs **2** *(funkeln)* étinceler; *(glänzen)* briller
Blitzgerät N flash *m* **Blitzkrieg** M guerre *f* éclair **Blitzlicht** N flash *m* **Blitzlichtaufnahme** F photo *f* au flash **blitzsauber** *umg* ADJ impeccable; *umg* nickel **Blitzschlag** M coup *m* de foudre **blitzschnell** *umg* **A** ADJ rapide comme l'éclair **B** ADV en un rien de temps; *umg* en moins de deux **Blitzstart** M démarrage *m* en trombe; SPORT, *fig* démarrage *m* en flèche **Blitzwürfel** M flash *m* cube
blochen V/T *schweiz (bohnern)* cirer **Blocher** M *schweiz* cireuse *f*
Block M **1** *aus Stein, Holz, Metall* bloc *m* **2** *(Häuserblock)* îlot *m*; bloc *m* d'immeubles; pâté *m* de maisons **3** POL, WIRTSCH bloc *m* **4** *(Schreibblock)* bloc(-notes) *m*
Blockade F blocus *m*
Blockbuchstabe M caractère *m* d'imprimerie
blocken V/T **1** SPORT bloquer **2** *südd (bohnern)* cirer
Blockflöte F flûte *f* à bec
blockfrei ADJ POL non-aligné
Blockhaus N cabane *f* en rondins
blockieren V/T bloquer; *Straße* obstruer **Blockierung** F blocage *m*; *e-r Straße* obstruction *f*
Blockschokolade F chocolat *m* à cuire **Blockschrift** F caractères *mpl* d'imprimerie **Blockstaaten** MPL États *mpl* membres d'un bloc politique **Blockstunde** F SCHULE deux heures *fpl* de cours (groupées) **Blockunterricht** M *fächerübergreifender* enseignement *m* interdisciplinaire; *(Blockstunden)* heures groupées
blöd(e) ADJ **1** *(schwachsinnig)* idiot; crétin **2** *umg (dumm)* bête; *sl* con; **stell dich nicht so ~ an!** tu n'es vraiment pas dégourdi! **3** *umg (ärgerlich)* embêtant; *umg* chiant
Blödelei F idioties *fpl*; *sl* conneries *fpl*
blödeln V/I faire l'idiot
blöderweise *umg* ADV bêtement; c'est ennuyeux, embêtant que … *(+subj) bzw.* de *(+inf)*
Blödhammel *umg* M *umg* crétin *m*; *umg* con *m* **Blödheit** F idiotie *f*
Blödian *umg* M, **Blödmann** *umg* M idiot *m*; *sl* con *m*
Blödsinn *umg* M idiotie *f*; *sl* connerie(s) *f(pl)*; **~ machen** *sl* faire des conneries; **~ verzapfen** *umg* dire des conneries
blödsinnig ADJ **1** *(schwachsinnig)* débile; idiot **2** *umg (unsinnig) umg* débile; idiot
Blog N *od* M IT blog *m*; weblog *m*
bloggen V/I IT bloguer **Blogger(in)** M(F) IT blogueur, -euse *m,f*
blöken V/I bêler
blond **A** ADJ blond; *umg fig hum* **~es Gift** pin up blonde **B** ADV **~ gefärbt** blondi; **~ gelockt** aux boucles blondes
blondhaarig ADJ aux cheveux blonds; blond
blondieren V/T oxygéner; décolorer
Blondine F blonde *f*
bloß **A** ADJ **1** *(nackt)* nu; **mit ~em Auge** à l'œil nu;**~ legen** dégager; *fig* → bloßlegen 2 **2** *(einfach)* simple; seul **B** *umg* ADV **1** *(nur)* seulement; **wenn ich ~ daran denke** rien que d'y penser **2** *verstärkend* donc; **tu das ~ nicht!** ne fais surtout pas ça!
Blöße F **1** *geh (Nacktheit)* nudité *f* **2** *fig* point *m* faible; **sich** *(dat)* **e-e ~ geben** prêter le flanc à la critique
bloßlegen V/T **1** dégager **2** *fig Fehler* révéler; dévoiler **bloßstellen** V/T compromettre

Block — le bloc d'immeubles

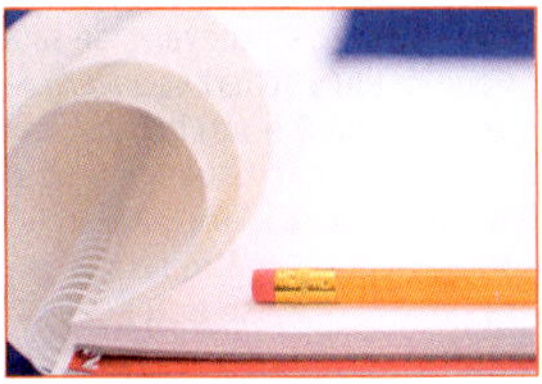

Block — le bloc

Blouson N od M blouson *m*
blubbern *umg* VI gargouiller
Bluejeans PL od F blue-jean *m*
Blue Jeans → Bluejeans
Bluff M bluff *m*
bluffen VT u. VI *umg* bluffer **Bluffer(in)** M(F) *umg* bluffeur, -euse *m,f*
blühen VI **1** fleurir; être en fleur(s) **2** *Geschäft* prospérer; être florissant **3** *umg (bevorstehen)* arriver; **das kann dir auch (noch) ~** *umg* ça te pend au nez
blühend ADJT **1** fleuri; en fleur(s) **2** *fig Geschäft, Gesundheit* florissant; *Fantasie* débordant
Blume F **1** fleur *f*; *fig* **durch die ~** à mots couverts, à demi-mot **2** *des Biers* mousse *f*; *des Weins* bouquet *m*
Blumenbeet N plate-bande *f*; parterre *m* de fleurs **Blumenbinder(in)** M(F) fleuriste *m/f* **Blumenerde** F terreau *m* **Blumengeschäft** N (boutique *f* de) fleuriste *m/f* **blumengeschmückt** ADJT fleuri **Blumenhändler(in)** M(F) fleuriste *m/f* **Blumenkasten** M jardinière *f* **Blumenkohl** M chou-fleur *m* **Blumenkübel** M bac *m* à fleurs **Blumenladen** M (boutique *f* de) fleuriste *m/f* **Blumenständer** M jardinière *f* **Blumenstrauß** M bouquet *m* de fleurs **Blumentopf** M pot *m* de fleurs **Blumenvase** F vase *m* **Blumenzwiebel** F oignon *m*; bulbe *m*
blumig ADJ *Sprache, Parfüm* fleuri; *Wein* qui a du bouquet; bouqueté
Bluse F chemisier *m*; *(Hemdbluse)* chemise *f*
Blut N sang *m*; **kein ~ sehen können** avoir horreur du sang; **blaues ~ haben** avoir du sang bleu; **ruhig ~ bewahren** garder, conserver son sang-froid, tout son calme; **das hat viel böses ~ gemacht** cela a provoqué beaucoup de mécontentement; **bis aufs ~** à l'extrême; *umg* **~ (und Wasser) schwitzen** *vor Angst* avoir des sueurs froides; *vor Anstrengung* suer sang et eau; **das liegt mir im ~** j'ai ça dans le sang; **~ bildend, reinigend, stillend** → blutbildend, blutreinigend, blutstillend
Blutalkohol M taux *m* d'alcool dans le sang; alcoolémie *f* **blutarm** ADJ anémique **Blutarmut** F anémie *f* **Blutbad** N bain *m* de sang; carnage *m*; massacre *m*
Blutbahn F circuit sanguin; veines *fpl*; **in die ~ eindringen** pénétrer dans le sang
blutbefleckt, **blutbeschmiert** ADJT couvert, taché de sang **Blutbild** N analyse *f* de sang; hémogramme *m* **blutbildend** ADJT qui favorise la formation des globules rouges; hématopoïétique
Blutdruck M pression, tension artérielle; **zu niedrigen, hohen ~ haben** faire de l'hypotension, de l'hypertension
Blutdruckmesser M tensiomètre *m* **blutdrucksenkend** ADJT hypotenseur
Blüte F **1** fleur *f* **2** *(Blühen)* floraison *f*; **in ~** *(dat)* **stehen** être en fleur(s) **3** *geh (Höhepunkt)* apogée *m* **4** *umg (falsche Banknote)* faux billet
Blutegel M sangsue *f*
bluten VI **1** saigner **2** *umg fig (viel zahlen)* casquer
Blütenblatt N pétale *m* **Blütenhonig** M miel *m* de fleurs **Blütenkelch** M calice *m* (d'une fleur) **Blütenknospe** F bouton *m* de fleur **Blütenstand** M inflorescence *f* **Blütenstaub** M pollen *m*
Blutentnahme F prélèvement *m*, prise *f* de sang
blütenweiß ADJ d'un blanc éclatant
Bluter M hémophile *m*
Bluterguss M hématome *m*
Bluterkrankheit F hémophilie *f*
Blütezeit F **1** floraison *f* **2** *fig* apogée *m*
Blutfarbstoff M hémoglobine *f* **Blutfleck** M tache *f* de sang **Blutgefäß** N vaisseau sanguin **Blutgerinnsel** N caillot *m* de sang **Blutgerinnung** F coagulation *f* du sang **blutgetränkt** ADJT trempé, imbibé de sang
Blutgruppe F groupe sanguin; **ich habe ~ 0 positiv** mon groupe sanguin est 0 rhésus positif
Blutgruppenbestimmung F détermination *f* du groupe sanguin **Bluthochdruck** M hypertension *f* **Bluthund** M **1** limier (anglais) **2** *fig* boucher *m*
blutig **A** ADJ **1** *(blutbefleckt)* taché de sang;

B

Schlacht sanglant **2** *umg fig* **ein ~er Anfänger** un novice; un bleu **3** ADV **j-n ~ schlagen** frapper qn jusqu'au sang
blutjung ADJ tout jeune
Blutkonserve F (flacon *m* de) sang conservé
Blutkörperchen N globule *m* (du sang); **rotes, weißes ~** globule rouge, blanc
Blutkreislauf M circulation du sang, sanguine **Blutlache** F mare *f* de sang **blutleer** ADJ exsangue; *fig* anémique **Blutorange** F (orange *f*) sanguine *f* **Blutplasma** N plasma sanguin **Blutprobe** F prise *f* de sang **Blutrache** F vendetta *f* **Blutrausch** M folie meurtrière **blutreinigend** ADJT dépuratif **blutrot** ADJ rouge sang (❗ unveränderlich) **blutrünstig** ADJ sanguinaire
Blutsbande NPL liens *mpl* du sang **Blutsbruder** M frère *m* de sang
Blutschande F inceste *m* **Blutsenkung** F sédimentation sanguine **Blutspende** F **1** don *m* de sang **2** *(Blut)* dose *f* de sang **Blutspender(in)** M(F) donneur, -euse *m,f* de sang **Blutspur** F trace *f* de sang **blutstillend** ADJT hémostatique
Blutstropfen M goutte *f* de sang
Blutsturz M hémorragie *f*
blutsverwandt ADJ consanguin **Blutsverwandte(r)** M/F(M) parent(e) *m(f)* consanguin(e) **Blutsverwandtschaft** F consanguinité *f*
Bluttat *geh* F crime *m* de sang; meurtre *m* **Bluttransfusion** F transfusion *f* de sang **bluttriefend** ADJ **1** *Wunde* qui saigne fort **2** *fig Geschichte etc* sanguinaire; où l'hémoglobine coule à flots **blutüberströmt** ADJ tout en sang **Blutübertragung** F transfusion *f* de sang
Blutung F saignement *m*; *plus fort* hémorragie *f*; *(Regelblutung)* règles *fpl*; **innere ~** hémorragie interne
blutunterlaufen ADJ *Auge* injecté (de sang)
Blutuntersuchung F analyse *f* de sang **Blutvergießen** N effusion *f* de sang **Blutvergiftung** F septicémie *f* **Blutverlust** M perte *f* de sang **Blutwäsche** F hémodialyse *f* **Blutwurst** F boudin (noir) **Blutzirkulation** F circulation du sang, sanguine **Blutzucker** M glucose *m* dans le sang; glycémie *f* **Blutzuckerspiegel** M taux *m* de glucose dans le sang, de glycémie **Blutzufuhr** F arrivée *f* du sang
BLZ ABK (Bankleitzahl) code *m* banque
b-Moll N si *m* bémol mineur
BMX-Rad N bicross *m*
BND M ABK (Bundesnachrichtendienst) Service fédéral de renseignements
Bö F rafale *f* (de vent)
Boa F boa *m*
Bob M bob(sleigh) *m* **Bobbahn** F piste *f* de bob(sleigh) **Bobfahrer(in)** M(F) bobeur, -euse *m,f* **Bobrennen** N course *f* de bob(sleigh) **Bobsport** M bob(sleigh) *m*
Bock M **1** *(männliches Tier)* mâle *m*; *(Ziegenbock)* bouc *m*; *(Schafbock)* bélier *m*; *(Rehbock)* chevreuil *m*; *(Gämsbock)* chamois *m*; *umg fig* **e-n ~ schießen** *umg* faire une gaffe **2** *fig umg* **sturer ~** cabochard *m*; tête *f* de cochon; *sl* **geiler ~** *umg* chaud lapin **3** *(Stützbock)* tréteau *m*; *(Gestell)* chevalet *m* **4** SPORT cheval *m* de saut **5** *(Kutschbock)* siège *m* (du cocher) **6** *umg fig* **~ haben** avoir très envie (**auf** [+ *akk*] de); *umg fig* **ich habe null ~** *umg* ça me fait suer, *plus fort* chier
Bockbier N bock *m* *(bière)*
bocken V/I **1** *Esel* être rétif **2** *umg fig Motor umg* cafouiller; *Person* se buter
bockig ADJ têtu
Bockshorn N *umg* **j-n ins ~ jagen** intimider qn
Bockspringen N *Spiel* saute-mouton *m*; *Sportart* cheval *m* de saut **Bockwurst** F *etwa* saucisse *f* de Francfort
Boden M **1** *(Erde)* sol *m*; terre *f*; *(Terrain)* terrain *m*; **(an) ~ gewinnen, verlieren** gagner, perdre du terrain; *fig* **etw aus dem ~ stampfen** faire apparaître qc comme par magie **2** *(Fußboden)* sol *m*; plancher *m*; **zu ~ fallen** tomber par *od* à terre; BOXEN **zu ~ gehen** aller au tapis; *fig* **den ~ unter den Füßen verlieren** perdre pied; *umg* **am ~ zerstört sein** être anéanti **3** *e-s Gefäßes* fond *m*; *e-r Flasche* cul *m*; **doppelter ~** double fond *m* **4** *(Dachboden)* grenier *m*
Bodenanalyse F analyse *f* du sol **Bodenbelag** M revêtement *m* de sol **Bodenbelastung** F pollution *f* du sol **Bodenbeschaffenheit** F nature *f* du sol *(a.* AGR), du terrain *(a.* SPORT) **Bodenfrost** M gelée *f* au sol **Bodenfrostgefahr** F danger *m* de gelée au sol **bodenlos** ADJ **1** sans fond **2** *fig* inouï **Bodennebel** M brouillard *m* au sol **Bodenpersonal** N FLUG personnel non navigant, au sol **Bodenprobe** F échantillon *m* de terrain **Bodensatz** M dépôt *m*; fond *m* **Bodenschätze** MPL ressources minières; richesses *fpl* du sous-sol **Bodenschwelle** F ralentisseur *m*
Bodensee **der ~** le lac de Constance
bodenständig ADJ natif; *Industrie* local **Bodenstation** F RAUMFLUG station *f* terrestre **Bodentruppen** FPL forces *fpl* terrestres **Bodenturnen** N gymnastique *f* au sol **Bodenübung** F TURNEN exercice *m* au sol **Bodenwelle** F **1** ondulation *f* du terrain **2** RADIO **~n** *pl* ondes directes, de surface

B

Body *umg* M MODE body *m* **Bodybuilder(in)** M(F) culturiste *m/f* **Bodybuilding** N culturisme *m* **Bodysuit** M body *m*
Böe F rafale *f* (de vent)
bog → biegen
Bogen M 1 *(Biegung)* courbe *f*; courbure *f*; *e-s Flusses* coude *m*; *umg fig* **im hohen ~ hinausfliegen** *umg* se faire virer; *umg fig* **um j-n e-n (großen) ~ machen** (faire un détour pour) éviter qn 2 BAU arc *m*; *e-r Brücke* arche *f* 3 *e-s Streichinstruments* archet *m* 4 *Schusswaffe* arc *m*; *fig* **den ~ überspannen** (dé)passer les bornes; aller trop loin 5 *(Papierbogen)* feuille *f* (de papier)
bogenförmig ADJ en (forme d')arc; arqué **Bogengang** M BAU arcades *fpl* **Bogenschießen** N tir *m* à l'arc **Bogenschütze** M, **Bogenschützin** F archer *m*
Bohle F planche épaisse; madrier *m*
Böhme M, **Böhmin** F Bohémien, -ienne *m,f* **Böhmen** N la Bohême **böhmisch** ADJ de (la) Bohême
Bohne F 1 °haricot *m*; **grüne, weiße ~n** °haricots verts, blancs; **dicke ~n** fèves *fpl*; *umg hum* **blaue ~n** *umg* pruneaux *mpl*; *umg* **nicht die ~!** pas du tout! 2 *(Kaffeebohne)* grain *m*
Bohnenkaffee M café *m* (en grains) **Bohnenkraut** N sarriette *f* **Bohnensalat** M salade *f* de haricots **Bohnenstange** F 1 rame *f* des °haricots 2 *umg fig umg* asperge *f*; *umg* grande perche
Bohnenstroh N *umg* **dumm wie ~** bête comme ses pieds; *umg* bête à manger du foin
Bohnensuppe F soupe *f* aux °haricots
bohnern V/T cirer; encaustiquer **Bohnerwachs** N encaustique *f*; cire *f*
bohren A V/T *Loch* percer; creuser; TECH forer B V/I *Zahnarzt* passer la roulette; **in der Nase ~** se mettre les doigts dans le nez; *umg fig* **bei j-m ~** *(drängen)* travailler, °harceler qn C V/R **sich in etw** *(akk)* **~** s'enfoncer dans qc
bohrend ADJT *Schmerz* violent; *Blick, Fragen* inquisiteur; *Zweifel* tenaillant
Bohrer M *(elektrischer Handbohrer)* perceuse *f*; *des Zahnarztes* fraise *f*; roulette *f*
Bohrinsel F plate-forme *f* de forage **Bohrloch** N trou (percé au foret); *(Erdölbohrloch)* puits *m* (de pétrole) **Bohrmaschine** F perceuse *f* **Bohrturm** M tour *f* de forage; derrick *m*
Bohrung F 1 *(Bohren)* forage *m* 2 *(Bohrloch)* trou *m*
böig ADJ (soufflant) en rafales
Boiler M chauffe-eau *m*
Boje F bouée *f*
Bolero M boléro *m*
Bolivianer(in) M(F) Bolivien, -ienne *m,f* **bolivianisch** ADJ bolivien; de Bolivie
Bolivien N la Bolivie
Bollwerk N 1 bastion *m* 2 *fig* rempart *m*
bolzen *umg* V/I *(Fußball spielen)* taper dans le ballon
Bolzen M 1 *(Schraubenbolzen)* boulon *m*; *(Zapfen)* cheville *f*; goujon *m* 2 *(Geschoss)* carreau *m* (d'arbalète) **Bolzenschneider** M coupe-boulons *m*
Bolzplatz M terrain *m* de jeu *(où les enfants peuvent jouer au foot)*
Bombardement N MIL bombardement *m* **bombardieren** V/T bombarder (**mit** de; *a. fig*) **Bombardierung** F bombardement *m*
bombastisch ADJ *Stil, Sprache* ampoulé; pompeux; *Bau* pompier
Bombe F bombe *f*
Bombenalarm M alerte *f* à la bombe **Bombenangriff** M bombardement *m*; *aus der Luft* raid aérien **Bombenanschlag** M, **Bombenattentat** N attentat *m* à la bombe (**auf** [+ *akk*] contre) **Bombendrohung** F menace *f* d'attentat à la bombe
Bombenerfolg *umg* M *umg* succès fou, monstre
Bombenexplosion F explosion *f* de la *bzw.* d'une bombe
bombenfest *umg* ADJ *Entschluss etc* inébranlable; **das steht ~** *umg* c'est sûr et certain
Bombenform *umg* F *Sportler* **in ~** en pleine forme
Bombengeschäft *umg* N *umg* affaire juteuse **Bombenhagel** M grêle *f* de bombes **Bombenkrater** M entonnoir *m* de bombe **bombensicher**[1] ADJ *(unzerstörbar)* qui résiste aux bombes **bombensicher**[2] *umg* ADJ *(gewiss) umg* sûr et certain; *Alibi umg* en béton **Bombensplitter** M éclat *m* de bombe **Bombenstimmung** *umg* F *umg* ambiance *f* formidable, d'enfer **Bombenteppich** M tapis *m* de bombes **Bombenterror** M attentats *mpl* à la bombe **Bombentrichter** M entonnoir *m* de bombe
Bomber *umg* M bombardier *m*
bombig *umg* ADJ *umg* du tonnerre
Bommel *umg* F pompon *m*
Bon M *(Gutschein)* bon *m*; *(Kassenquittung)* ticket *m* de caisse
Bonbon M *od* N bonbon *m* **Bonbonpapier** N papier *m* de bonbon **bonbonrosa** ADJ *meist pej* rose bonbon (! unveränderlich)
Bonsai M BOT bonsaï *m*
Bonus M *der Versicherung* bonus *m* **Bonustrack** M bonus *m*
Bonze M bonze *m* (*a. fig pej*)
Bookmark F *ou* N IT signet *m*

B

Boom M boom *m*
boomen V/I *Wirtschaft* être en pleine expansion; être en plein boom (*a. Geschäft*)
Boot N bateau *m*; embarcation *f*; (*Ruderboot*) barque *f*; (*Motorboot*) canot *m*; *umg fig* **wir sitzen alle im selben ~** nous sommes tous logés à la même enseigne
booten V/T IT redémarrer
Boots MPL boots *mpl*
Bootsfahrt F promenade *f* en bateau **Bootshaus** N °hangar *m* à bateaux **Bootsmann** M SCHIFF MIL premier maître **Bootssteg** M passerelle *f* d'embarquement **Bootsverleih** M location *f* de bateaux
Bor N CHEM bore *m*
Bord[1] N (*Bücherbord*) rayon *m*; étagère *f*
Bord[2] M SCHIFF, FLUG bord *m*; **an ~ gehen** s'embarquer; monter à bord; **von ~ gehen** descendre à quai *bzw.* d'avion; **über ~ werfen** jeter par-dessus bord (*a. fig*)
Bordbuch N SCHIFF journal *m* de bord **Bordcomputer** M SCHIFF calculateur *m* de bord, FLUG de vol
Bordeaux M *Wein* bordeaux *m* **bordeauxrot** ADJ bordeaux (❗ unveränderlich)
Bordell N maison *f* de tolérance, de prostitution
Bordfunk M radio *f* de bord **Bordkarte** F FLUG carte *f* d'embarquement **Bordstein** M bordure *f* du trottoir **Bordsteinkante** F bord *m* du trottoir
Bordüre F MODE bordure *f*
borgen V/T **1** (*entleihen*) **etw bei** *od* **von j-m ~** emprunter qc à qn **2** (*verleihen*) **j-m etw ~** prêter qc à qn
Borke F écorce *f* **Borkenkäfer** M bostryche *m*
borniert ADJ borné
Börse F Bourse *f* (❗ großgeschrieben)
Börsenbericht M *in der Zeitung* rubrique boursière **Börsengeschäft** N opération boursière **Börsenhandel** M commerce boursier **Börsenindex** M indice boursier **Börsenkrach** M krach *m*; débâcle financière **Börsenkurs** M cours *m* de la Bourse, des valeurs **Börsenmakler(in)** M(F) agent *m* de change; courtier, -ière *m,f* **Börsennotierung** F cotation *f* en Bourse **Börsenschluss** M clôture *f* de la Bourse **Börsenschwankung** F fluctuation *f* des cours **Börsenspekulant(in)** M(F) spéculateur, -trice *m,f* en Bourse **Börsenspekulation** F spéculation boursière; boursicotage *m* **Börsensturz** M effondrement *m* des cours; chute *f* de la Bourse **Börsentipp** M tuyau boursier
Borste F soie *f* (de porc)
borstig ADJ **1** *mit Borsten* qui porte des soies **2** *Haar* °hérissé; hirsute (*a. Bart*)
Borte F galon *m*; bordure *f*
bös → böse
bösartig ADJ **1** méchant **2** *Krankheit* malin **Bösartigkeit** F **1** méchanceté *f* **2** malignité *f*
Böschung F talus *m*
böse **A** ADJ **1** *moralisch* méchant; **ein ~r Mensch** un méchant **2** *Streich, Absicht* mauvais **3** *umg* (*verärgert*) fâché; **~ werden** se mettre en colère; se fâcher; **j-m** *od* **auf j-n ~ sein** en vouloir à qn **4** *umg* (*ungezogen*) vilain **B** ADV **es sieht ~ aus** ça a l'air sérieux; **ich habe es nicht ~ gemeint** je n'ai pas pensé à mal
Böse(r) M/F(M) méchant(e) *m(f)*
Böse(s) N mal *m*
Bösewicht M méchant *m*
boshaft ADJ méchant **Boshaftigkeit** F, **Bosheit** F méchanceté *f*
Bosnien(-Herzegowina) N la Bosnie (-Herzégovine)
Bosnier(in) M(F) Bosniaque *m/f* (❗ Endung)
bosnisch ADJ bosniaque (❗ Endung)
Boss *umg* M patron *m*; *umg* boss *m*; *e-r Bande* chef *m*
böswillig ADJ malveillant **Böswilligkeit** F malveillance *f*
bot → bieten
Botanik F botanique *f* **botanisch** ADJ botanique
Bote M, **Botin** F **1** (*Überbringer[in]*) messager, -ère *m,f* **2** *berufsmäßige(r)* garçon *m* de courses; commissionnaire *f*
Botengang M course *f*; commission *f*
Botschaft F **1** *geh* (*Nachricht*) message *m*; nouvelle *f* **2** POL ambassade *f* **Botschafter(in)** M(F) ambassadeur, -drice *m,f*
Böttcher M tonnelier *m*
Bottich M cuve *f*; (*Waschbottich*) baquet *m*
Bouillon F bouillon (gras); *kräftige* consommé *m* **Bouillonwürfel** M cube *m* de consommé
Boulevardblatt N journal *m* à sensation **Boulevardpresse** F *pej* presse *f* à sensation **Boulevardstück** N pièce *f* de boulevard **Boulevardzeitung** F *pej* journal *m* à sensation
Boutique F boutique *f* de mode
Bowle F **1** *boisson à base de vin, de mousseux, de fruits et de sucre* **2** *Gefäß* bol *m* à punch
bowlen V/I jouer au bowling
Bowling N bowling *m* **Bowlingbahn** F piste *f* de bowling **Bowlingcenter** N bowling *m*
Box F **1** (*Pferdebox, Autobox*) box *m*; *für Rennwagen* stand *m* de ravitaillement **2** *Behälter* boîte *f* **3**

Boxen — les boîtes (fpl)

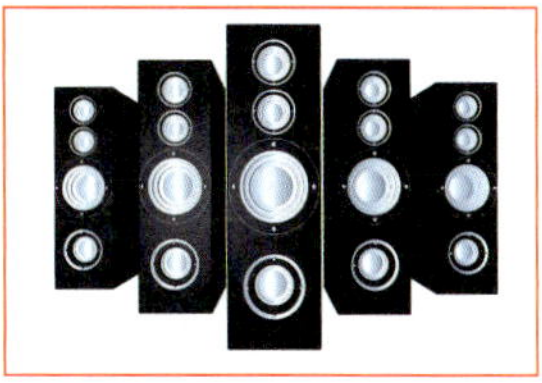

Boxen — l'enceinte (f)

(*Lautsprecherbox*) baffle *m*; enceinte *f* (acoustique)
boxen VT *u.* VI boxer
Boxen N boxe *f*
Boxenluder *umg* N groupie *f* des pilotes (de course)
Boxer M 1 SPORT boxeur *m* 2 *Hund* boxer *m* **Boxernase** F nez *m* de boxeur **Boxershorts** PL boxer *m*
Boxhandschuh M gant *m* de boxe **Boxkampf** M match *m* de boxe **Boxring** M ring *m* **Boxsport** M boxe *f*
Boy M groom *m*
Boygroup F boys band *m*
Boykott M boycott *m*; boycottage *m*
boykottieren VT boycotter
brach → brechen
Brachland N terre *f* inculte, en friche (*a. fig*)
brachlegen VT mettre en jachère **brachliegen** VI 1 être en friche 2 *fig* être inemployé
brachte → bringen
brackig ADJ saumâtre **Brackwasser** N eau *f* saumâtre
Brainstorming N brainstorming *m*
Branche F branche *f* **Branchenkenntnis** F compétence *f* (dans la spécialité) **branchenüblich** ADJ habituel dans une branche **Branchenverzeichnis** N TEL pages *fpl* jaunes
Brand M 1 incendie *m*; feu *m*; **in ~ geraten** prendre feu; **etw in ~ stecken** mettre le feu à qc 2 *umg* (*Durst*) (grande) soif
brandaktuell *umg* ADJ d'une actualité brûlante **Brandanschlag** M incendie criminel (**auf** [+ *akk*] de) **Brandblase** F cloque causée par une brûlure **Brandbombe** F bombe *f* incendiaire **brandeilig** *umg* ADJ urgent; pressant
branden *geh* VI déferler
Brandenburg N *Bundesland* le Brandebourg
Brandgefahr F danger *m* d'incendie **brandheiß** *umg fig* ADJ brûlant; d'une actualité brûlante **Brandherd** M foyer *m* d'incendie **Brandkatastrophe** F incendie *m* monstre, gigantesque **Brandleger(in)** M(F) *österr* incendiaire *m/f* **Brandlegung** F *österr* incendie *m* **Brandmal** *geh* N 1 cicatrice *f* de brûlure 2 *fig* stigmate *m* **brandmarken** VT stigmatiser **Brandmauer** F mur *m* coupe-feu **brandneu** *umg* ADJ flambant neuf **Brandsalbe** F pommade *f* contre les brûlures **Brandschaden** M dommages, dégâts causés par l'incendie **Brandstelle** F lieu *m* de l'incendie **Brandstifter(in)** M(F) incendiaire *m/f* **Brandstiftung** F incendie *m* volontaire **Brandung** F déferlement *m* des vagues; ressac *m* **Brandursache** F cause *f* d'incendie **Brandwunde** F brûlure *f*
brannte → brennen
Branntwein M eau-de-vie *f*
Brasilianer(in) M(F) Brésilien, -ienne *m,f* **brasilianisch** ADJ brésilien
Brasilien N le Brésil
brät → braten
Bratapfel M pomme cuite au four
braten A VT faire cuire; *im Ofen a.* faire rôtir; *am Grill* faire griller, rôtir; *Kartoffeln* faire sauter B VI cuire; rôtir; griller
Braten M rôti *m*; **kalter ~** viande froide; *umg fig* **den ~ riechen** éventer la mèche
Bratensaft M jus *m* de rôti **Bratensoße** F sauce *f* (au jus de rôti)
Bräter M *regional* cocotte *f*
bratfertig ADJ prêt à rôtir
Bratfett N graisse *f* (à rôtir) **Bratfisch** M *gebratener* poisson frit; *zum Braten* poisson à frire **Brathähnchen** N, *südd, österr* **Brathendl** N *gebratenes* poulet rôti; *zum Braten* poulet à rôtir **Brathering** M °hareng frit et mariné **Bratkartoffeln** FPL pommes de terre sautées **Bratling** M GASTR boulette végétale **Bratpfanne** F poêle *f* à frire **Bratröhre** F four *m* **Bratrost** M gril *m*; barbecue *m*
Bratsche F alto *m*
Bratschist(in) M(F) altiste *m/f*
Bratspieß M brochette *f* **Bratwurst** F *gebratene* saucisse grillée; *zum Braten* saucisse à griller
Brauch M coutume *f*; usage *m*; tradition *f*
brauchbar ADJ qui peut servir (**für** à); utile (à); utilisable; valable **Brauchbarkeit** F utilité *f*

B

brauchen A VT 1 (*benötigen*) avoir besoin de; **ich brauche etwas** *a.* il me faut quelque chose 2 *Zeit* mettre; **das braucht Zeit** cela demande du temps 3 (*gebrauchen*) se servir de B V/AUX *de mode* **Sie ~ nur zu** (+ *inf*) vous n'avez qu'à (+ *inf*); **er braucht nicht zu kommen** ce n'est pas la peine qu'il vienne
Brauchtum N coutumes *fpl*; tradition *f*
Braue F sourcil *m*
brauen VT 1 *Bier* brasser 2 *umg fig* concocter
Brauer M brasseur *m* **Brauerei** F brasserie *f*
Brauhaus N brasserie *f*
braun ADJ marron (! unveränderlich); (*dunkelbraun*) brun; *von der Sonne* bronzé; **~ gebrannt** bronzé; °hâlé
Braun N (couleur *f*) marron *m*; (*Dunkelbraun*) brun *m* **braunäugig** ADJ aux yeux marron **Braunbär** M ours brun
Bräune F °hâle *m*
bräunen VT 1 *Sonne: Haut* bronzer; brunir 2 GASTR faire revenir
braungebrannt ADJT → braun **braunhaarig** ADJ brun
Braunkohle F lignite *m*
bräunlich ADJ brunâtre
Braunschweig N Brunswick
Bräunung F bronzage *m*
Brause F 1 (*Dusche*) douche *f* 2 (*Limonade*) limonade gazeuse 3 (*Brausepulver*) poudre effervescente
brausen VI 1 *Sturm, Meer* mugir; *Orgel* retentir 2 *Fahrzeuge* passer en trombe 3 (*duschen*) se doucher
Brausepulver N poudre effervescente **Brausetablette** F comprimé effervescent
Braut F 1 (*Verlobte*) fiancée *f*; *am Hochzeitstag* mariée *f* 2 *umg* (*Mädchen*) *umg* nana *f* **Brauteltern** PL parents *mpl* de la mariée **Brautführer** M garçon *m* d'honneur
Bräutigam M (*Verlobter*) fiancé *m*; *am Hochzeitstag* marié *m*
Brautjungfer F demoiselle *f* d'honneur **Brautkleid** N robe *f* de mariée **Brautmesse** F messe *f* de mariage **Brautmutter** F mère *f* de la mariée **Brautpaar** N (*Verlobte*) fiancés *mpl*; *am Hochzeitstag* mariés *mpl* **Brautstrauß** M bouquet *m* de (la) mariée **Brautvater** M père *m* de la mariée
brav ADJ 1 *Kind* sage; gentil 2 *Erwachsener* brave (*vorangestellt*) 3 *fig pej* fade; plat
bravo INT bravo!
Bravo N, **Bravoruf** M bravo *m*
Brav(o)ur F **mit ~** avec éclat, brio
brav(o)urös A ADJ brillant; magistral B ADV avec éclat, brio
BRD ABK (Bundesrepublik Deutschland) **die ~** la RFA
Breakdance M smurf *m*
Brechbohne F °haricot *m* mange-tout **Brechdurchfall** M gastro-entérite *f* **Brecheisen** N pince-monseigneur *f*
brechen A VT 1 (*zerbrechen, durchbrechen*) casser; rompre; *in mehrere Stücke* briser; *Brot* rompre; *Gliedmaßen* casser 2 *Marmor etc* extraire 3 *fig Bann, Vertrag* rompre; *Eid, Recht* violer; *Widerstand* briser; *Blockade* forcer; *Rekord* battre B VI 1 (*zerbrechen, durchbrechen*) (se) rompre; (se) casser; (se) briser; *umg* **~d voll sein** être plein à craquer 2 **mit j-m, etw ~** rompre avec qn, qc 3 *umg* (*sich erbrechen*) vomir C V/R *Licht* **sich ~** se réfracter
Brecher M paquet *m* de mer
Brechmittel N vomitif *m* **Brechreiz** M envie *f* de vomir; nausée *f* **Brechstange** F pince-monseigneur *f* **Brechung** F OPT, PHYS réfraction *f*
Bredouille *umg* F **in der ~ sein** *od* **sitzen** *umg* être dans le pétrin
Brei M bouillie *f*; *von Kartoffeln, Erbsen* purée *f*; *umg* **um den (heißen) ~ herumreden** tourner autour du pot
breiig ADJ en bouillie; pâteux
breit A ADJ large; *Hüfte* fort; *Schilderung* ample; **zwei Meter ~ sein** avoir deux mètres de large; être large de deux mètres; **~er machen** élargir; **~er werden** s'élargir; → breitmachen B ADV **~ gefächert** varié; **~ gestreift** à larges rayures
breitbeinig ADV les jambes écartées
Breite F 1 *räumliche* largeur *f*; *umg* **in die ~ gehen** grossir 2 GEOG latitude *f*
Breitengrad M GEOG degré *f* de latitude **Breitenkreis** M GEOG parallèle *m* **Breitensport** M sport *m* de masse
breitmachen V/R **sich ~** *Stimmung etc* se propager; *Person umg* s'étaler
breitschlagen *umg* VT finir par persuader; fléchir; **sich ~ lassen** finir par céder
breitschult(e)rig ADJ de forte carrure
Breitseite F SCHIFF, MIL bordée *f*
breittreten *umg* VT (trop) s'appesantir sur
Breitwandfilm M film *m* grand écran, en cinémascope®
Bremen N Brême
Bremsbacke F mâchoire *f* de frein **Bremsbelag** M garniture *f* de frein **Bremsdruck** M pression *f* de freinage
Bremse[1] F TECH frein *m*; **auf die ~ treten** appuyer sur le frein
Bremse[2] F ZOOL taon *m*
bremsen VT *u.* VI freiner (*a. fig*)
Bremsflüssigkeit F liquide *m* de frein **Bremsklotz** M sabot *m*, patin *m* de frein

Bremse — le frein

Bremse — le taon

Bremskraftverstärker M servofrein *m* **Bremsleuchte** F, **Bremslicht** N feu *m* de stop **Bremspedal** N pédale *f* de frein **Bremsscheibe** F disque *m* de frein **Bremsspur** F trace *f* de freinage **Bremstrommel** F tambour *m* de frein **Bremsung** F freinage *m* **Bremsweg** M distance *f* de freinage **Bremszylinder** M cylindre *m* de frein

brennbar ADJ combustible; **leicht ~** inflammable

Brenndauer F *e-r Glühbirne* durée *f* d'éclairage; *e-r Rakete* durée *f* de combustion **Brennelement** N NUKL élément *m* combustible

brennen A VT *Ton, Ziegel, Kalk* cuire; *Branntwein* distiller B VI 1 brûler; **zu ~ beginnen** prendre feu; **es brennt** il y a le feu; **es brennt!** au feu!; *umg fig* **wo brennts denn?** qu'est-ce qui ne va pas? 2 *Ofen* marcher; *Licht* être allumé 3 *Wunde, Augen, Sonne* brûler; *Rauch in den Augen* piquer 4 *fig* **vor Verlangen** (*dat*) **~** brûler de désir

brennend A ADJT 1 brûlant; *Gebäude, Wald* en feu; en flammes; *Lampe, Zigarette* allumé 2 *fig Schmerz* cuisant; *Durst* ardent; *Interesse* vif 3 *fig Aktualität, Frage* brûlant B ADVL **sich ~ für etw interessieren** manifester un vif intérêt pour qc

Brenner M TECH brûleur *m*

Brennerei F distillerie *f*

Brennholz N bois *m* de chauffage **Brennmaterial** N combustibles *mpl* **Brennnessel** F ortie *f* **Brennofen** M four *m* **Brennpunkt** M 1 foyer *m* 2 *fig* centre *m* **Brennspiegel** M OPT miroir *m* concave **Brennspiritus** M alcool *m* à brûler **Brennstab** M NUKL barre *f* de combustible **Brennstoff** M combustible *m* **Brennweite** F OPT distance focale

brenzlig ADJ 1 qui sent le brûlé, le roussi 2 *umg fig* (*bedenklich*) délicat; **die Sache wird ~** ça sent le roussi

Bresche F brèche *f*; *fig* **für j-n in die ~ springen** remplacer qn au pied levé

Bretone M, **Bretonin** F Breton, -onne *m,f* **bretonisch** ADJ breton

Brett N 1 planche *f*; **Schwarzes ~** tableau *m*, panneau *m* d'affichage; *umg fig* **ein ~ vor dem Kopf haben** être bouché (à l'émeri) 2 (*Damebrett*) damier *m*; (*Schachbrett*) échiquier *m* 3 *pl* **die ~er** (*Bühne*) la scène; les planches *fpl* 4 *umg pl* **~er** (*Skier*) skis *mpl*

Brettchen N planchette *f*

Bretterbude F baraque *f*; cabane *f* en planches

brettern *umg* VI (*schnell fahren*) *umg* foncer

Bretterzaun M palissade *f*

Brettspiel N jeu *m* de table

Brezel F bretzel *m*

bricht → brechen

Bridge N bridge *m*

Brief M lettre *f*; *umg* **blauer ~** SCHULE (lettre *f* d')avertissement *m*

Briefbeschwerer M presse-papiers *m* **Briefbogen** M feuille *f* de papier à lettres **Briefbombe** F lettre piégée

briefen VT (*informieren, einweisen*) briefer

Brieffreund(in) M(F) correspondant(e) *m(f)* **Briefgeheimnis** N secret *m* des correspondances **Briefkasten** M boîte *f* aux lettres **Briefkastenfirma** F société *f* boîte aux lettres **Briefkastenleerung** F levée *f* des boîtes aux lettres **Briefkastenschlitz** M fente *f* de la boîte aux lettres **Briefkopf** M en-tête *m* (de lettre) **brieflich** ADJ u. ADV par lettre(s); par écrit **Briefmarke** F timbre(-poste) *m* **Briefmarkenalbum** N album *m* de timbres **Briefmarkenautomat** M distributeur *m* (automatique) de timbres **Briefmarkensammler(in)** M(F) philatéliste *m/f* **Briefmarkensammlung** F collection *f* de timbres **Brieföffner** M coupe-papier *m* **Briefpapier** N papier *m* à lettres **Briefpost** F courrier *m* **Briefroman** M roman *m* épistolaire **Briefsendung** F envoi *m* de lettres **Brieftasche** F portefeuille *m*; *österr* (*Geldbörse*)

Brieffreund = correspondant

Wird anders geschrieben als englisch „correspondent".

FEHLERQUELLEN

B

porte-monnaie *m*; bourse *f* **Brieftaube** F pigeon *m* voyageur **Brieftelegramm** N télégramme-lettre *m* **Briefträger(in)** M(F) facteur, -trice *m,f* **Briefumschlag** M enveloppe *f* **Briefwaage** F pèse-lettre *m* **Briefwahl** F vote *m* par correspondance **Briefwechsel** M correspondance *f*

Bries N GASTR ris *m* de veau

briet → braten

Brigade F brigade *f*

Brikett N briquette *f*

brillant ADJ brillant

Brillant M brillant *m* **Brillantkollier** N collier *m* de brillants **Brillantring** M bague *f* avec des brillants; *mit nur e-m Brillanten* solitaire *m* **Brillantschliff** M taille *f* en brillant

Brille F 1 lunettes *fpl* (! in dieser Bedeutung immer im Plural); **e-e ~** des lunettes; une paire de lunettes 2 *umg* (*Klosettbrille*) lunette *f*

Brille — les lunettes (fpl)

Brille — la lunette

Brillenbügel M branche *f* de lunettes **Brillenetui** N étui *m* à lunettes **Brillengestell** N monture *f* **Brillenglas** N verre *m* (de lunettes) **Brillenschlange** F serpent *m* à lunettes **Brillenträger(in)** M(F) personne *f* qui porte des lunettes

Brimborium *umg* N (*Getue*) *umg* chichis *mpl*; **viel ~ machen** *umg* faire beaucoup de chichis

bringen VT 1 (*mitbringen*) *Dinge* apporter; *Person* amener; (*hinbringen*) *Dinge* (em)porter; *Person* (em)mener; conduire; (*zurückbringen*) *Dinge* rapporter; *Person* ramener (! für Dinge und Personen gibt es hier unterschiedliche Übersetzungen) 2 (*begleiten*) accompagner; (*zurückbringen*) raccompagner 3 (*veröffentlichen*) publier; (*darbieten*) réciter; dire; chanter 4 *Profit, Zinsen* rapporter 5 **es zu etwas ~** faire son chemin; **es zu nichts ~** ne parvenir à rien; **es weit ~** faire son chemin; (bien) réussir 6 *Schwierigkeiten* créer; *Vorteile* apporter 7 **j-n dazu ~, etw zu tun** amener qn à faire qc 8 *mit präp* **das brachte mich darauf zu** (+ *inf*) cela m'a donné l'idée de (+ *inf*); **etw mit sich ~** entraîner qc; **es mit sich ~, dass …** avoir pour conséquence que …; **es nicht über sich** (*akk*) **~, etw zu tun** ne pas pouvoir se résoudre à faire qc 9 **etw zum Kochen ~** faire bouillir qc

Bringschuld F JUR dette *f* portable

brisant ADJ brûlant; explosif **Brisanz** F *e-s Themas* caractère brûlant

Brise F brise *f*

Brite M, **Britin** F Britannique *m/f* **britisch** ADJ britannique

bröck(e)lig ADJ friable

bröckeln VI s'effriter

Brocken M 1 morceau *m*; **ein paar ~** *e-r Unterhaltung, Sprache* quelques bribes *fpl* 2 *umg fig Mensch umg* balèze *m*; *umg* malabar *m*

brodeln VI bouillonner

Brokat M brocart *m*

Brokkoli PL brocoli *m*

Brom N brome *m*

Brombeere F mûre *f* **Brombeermarmelade** F confiture *f* de mûres **Brombeerstrauch** M roncier *m*; ronce *f*

Bronchie F bronche *f*

Bronchitis F bronchite *f*

Bronze F bronze *m* **bronzefarben** ADJ bronzé; couleur bronze **Bronzemedaille** F médaille *f* de bronze **Bronzezeit** F âge *m* du bronze

Brosche F broche *f*

Broschüre F brochure *f*

Brösel M, *österr* N miette *f*

bröseln VI s'émietter

Brot N 1 pain *m*; **e-e Scheibe ~** une tranche de pain 2 (*Butterbrot*) tartine *f*; *zugeklapptes* sandwich *m* 3 *fig* **das ist ein hartes ~** c'est très dur

Brotaufstrich M beurre *m*, confiture *f*, pâté *m*, fromage *m*, *etc* (à tartiner) **Brotbelag** M charcuterie *f*, fromage *m*, *etc* (sur les tranches de pain)

Brötchen N petit pain; **belegtes ~** sandwich *m*

Broteinheit F équivalent *m* pain **Broterwerb** M gagne-pain *m* **Brotkasten** M boîte *f* à pain **Brotkorb** M corbeille *f* à pain **Brotkrume** F, **Brotkrümel** M miette *f* (de pain) **Brotlaib** M miche *f*

brotlos ADJ **~ sein** être sans travail, sur le pavé; **~e Kunst** profession peu lucrative, qui ne nourrit pas son homme

Brotmaschine F machine *f* à couper, à trancher le pain **Brotmesser** N couteau *m* à pain **Brotscheibe** F, **Brotschnitte** F tranche *f* de pain **Brotsuppe** F panade *f* **Brotzeit** F *südd Imbiss* casse-croûte *m*; *Pause* pause *f* casse-croûte

Browser M IT navigateur *m*

brr INT 1 *bei Kälte* brrr! 2 *zum Pferd etc* °ho!

Bruch M 1 rupture *f* (*a. fig*); *e-s Eides* violation *f*; **zu ~ gehen** se casser; se briser; **in die Brüche gehen** se briser; se casser; *fig Ehe* être un échec 2 (*Knochenbruch*) fracture *f*; (*Eingeweidebruch*) °hernie *f* 3 MATH fraction *f*

Bruchbude *umg* F *umg* baraque *f*

brüchig ADJ 1 *Material* cassant; fragile 2 *fig Stimme* cassé; *Beziehung* fragile

Bruchlandung F atterrissage *m* en catastrophe **Bruchrechnen** N, **Bruchrechnung** F calcul *m* des fractions **Bruchschaden** M casse *f* **bruchsicher** ADJ incassable **Bruchstelle** F cassure *f*; point *m* de rupture **Bruchstrich** M barre *f* de fraction **Bruchstück** N fragment *m*; morceau *m*; *pl* **~e** *e-r Unterhaltung etc* bribes *fpl* **bruchstückhaft** A ADJ fragmentaire B ADV par fragments; *sprechen etc* par bribes **Bruchteil** M fraction *f*; *fig* (petite) partie **Bruchzahl** F nombre *m* fractionnaire

Brücke F 1 pont *m* (*a.* TURNEN); *fig* **alle ~n hinter sich** (*dat*) **abbrechen** couper les ponts 2 (*Schiffsbrücke*) passerelle *f* 3 *Teppich* carpette *f* 4 (*Zahnbrücke*) bridge *m*

Brückenbogen M arche *f* **Brückengeländer** N parapet *m* de pont; garde-fou *m* **Brückenkopf** M tête *f* de pont **Brückenpfeiler** M pile *f* **Brückentag** M pont *m*

Bruder M frère *m* (*a.* REL); *umg hum* **unter Brüdern** *umg* entre copains

Bruderkuss M accolade (fraternelle)

brüderlich A ADJ fraternel B ADV en frère(s); **etw ~ teilen** partager qc en frères

Brüderlichkeit F fraternité *f*

Brudermord M fratricide *m* **Brudermörder(in)** M(F) fratricide *m/f* **Bruderschaft** F REL confrérie *f*

Brüderschaft F **mit j-m ~ trinken** *trinquer avec qn pour fêter la décision mutuelle de se tutoyer*

Brügge N Bruges

Brühe F 1 (*Fleischbrühe*) bouillon *m*; *kräftige* consommé *m* 2 *umg pej* (*Wasser*) eau *f* sale; (*Kaffee, Tee*) *umg* lavasse *f* **brühen** V/T *Kaffee, Tee* faire; (*überbrühen*) ébouillanter; échauder

brühwarm *umg fig* ADV **e-e Neuigkeit ~ weitererzählen** servir une nouvelle toute fraîche, toute chaude

Brühwürfel M cube *m* de consommé **Brühwurst** F *saucisse à faire chauffer dans l'eau bouillante*

brüllen V/I 1 *Rind* mugir; beugler; meugler; *Löwe* rugir; *Tiger* feuler 2 *umg* (*schreien*) °hurler; *umg* gueuler

Brummbär *umg* M ronchon *m*; grognon *m*

brummen A V/T *mürrisch* grommeler; marmonner B V/I 1 *Bär* grogner; *Flugzeug* vrombir; *Fliege* bourdonner; *Motor* ronfler; *umg fig* **mir brummt der Kopf** j'ai mal à la tête 2 *mürrisch umg* ronchonner

Brummer *umg* M 1 (*Fliege*) grosse mouche 2 (*Lastwagen*) *umg* gros cul

Brummi *umg* M *umg* gros cul

brummig *umg* ADJ grincheux

Brummschädel *umg* M **e-n ~ haben** avoir mal aux cheveux; *umg* avoir la gueule de bois

Brunch M brunch *m*

brunchen V/I bruncher

brünett ADJ brun

Brunft F → Brunst

brunftig → brünstig

Brunnen M fontaine *f*; (*Ziehbrunnen*) puits *m* **Brunnenbecken** N bassin *m* **Brunnenfigur** F statue *f* de fontaine **Brunnenkresse** F cresson *m* de fontaine **Brunnenschacht** M puits *m* **Brunnenwasser** N eau *f* de puits, de fontaine

Brunst F rut *m*; chaleur *f*

brünstig ADJ *Tier* en rut; en chaleur

brüsk ADJ brusque; rude

brüskieren V/T brusquer

Brüssel N Bruxelles

Brust F 1 ANAT poitrine *f*; (*Brustkorb*) thorax *m*; **sich in die ~ werfen** bomber le torse; **aus voller ~** à gorge déployée; à pleine gorge 2 SCHWIMMEN **100 m ~** 100 m brasse 3 *der Frau* sein *m*; *pl* **Brüste** *a.* poitrine *f*; **e-m Kind die ~ geben** donner le sein, donner à téter à un enfant 4 GASTR (*Geflügelbrust*) blanc *m*; (*Rinderbrust, Kalbsbrust*) poitrine *f*

Brustbein N sternum *m* **Brustbeutel** M porte-monnaie *bzw.* portefeuille porté autour du cou **Brustbild** N buste *m*

brüsten V/R *pej* **sich (mit etw) ~** se vanter (de qc)

Brustfell N ANAT plèvre *f* **Brustfellentzündung** F pleurésie *f* **Brustkasten** *umg* M *umg* coffre *m* **Brustkorb** M cage *f* thoracique; thorax *m* **Brustkrebs** M cancer *m* du sein **Brustschwimmen** N brasse *f* **Brustschwimmer(in)** M(F) nageur, -euse *m,f* de brasse **Brusttasche** F *innere* poche intérieure; *äußere* poche *f* de poitrine

B

Brustton M **im ~ der Überzeugung** d'un ton convaincu
Brüstung F parapet *m*
Brustwarze F mamelon *m*
Brut F **1** *von Vögeln* couvée *f*; *von Insekten* couvain *m*; *von Fischen* alevins *mpl* **2** *(Brüten)* incubation *f* **3** *umg pej umg* sale race *f*
brutal ADJ brutal; rude **Brutalität** F brutalité *f*
Brutapparat M couveuse (artificielle); incubateur *m*
brüten V/I **1** *Vögel* couver **2** *fig* (**über etw** *[dat]*) ~ ruminer qc
brütend **A** ADJT **~e Hitze** chaleur suffocante, accablante **B** ADVL *umg* **~ heiß** torride; d'une chaleur suffocante
Brüter M NUKL **Schneller ~** surrégénérateur *m*
Bruthenne F (poule *f*) couveuse *f* **Brutkasten** M MED couveuse *f*; incubateur *m* **Brutstätte** F **1** lieu *m* de reproduction **2** *fig* foyer *m* (**für** *od + gen* de)
brutto ADV brut; **sie verdient 1000 Euro ~** son salaire brut est de 1000 euros
Bruttoeinkommen N revenu brut **Bruttoeinnahme** F recette brute **Bruttogehalt** N, **Bruttolohn** M salaire brut **Bruttopreis** M prix brut **Bruttoregistertonne** F tonneau *m* de jauge brute **Bruttosozialprodukt** N produit national brut
brutzeln **A** V/T faire revenir, sauter **B** V/I grésiller
BSE F ABK (bovine spongiforme Enzephalopathie) ESB *f*
Btx ABK (Bildschirmtext) minitel® *m*
Bub M *südd, österr, schweiz* garçon *m*
Bube M *Spielkarte* valet *m*
Bubikopf M coiffure *f* à la garçonne
Buch N **1** livre *m*; *umg* **reden wie ein ~** *umg* être un moulin à paroles; *fig* **ein ~ mit sieben Siegeln** de l'hébreu; du chinois; un grand mystère **2** HANDEL **Bücher** livres *mpl*; comptes *mpl*; écritures *fpl*; **(genau) über etw** *(akk)* **~ führen** tenir un compte exact de qc **3** *(Drehbuch)* scénario *m*; script *m*
Buchbinder(in) M(F) relieur, -ieuse *m,f* **Buchbinderei** F *Werkstatt* atelier *m* de relieur **Buchdeckel** M couverture *f* de livre **Buchdruck** M imprimerie *f* **Buchdrucker** M imprimeur *m* **Buchdruckerei** F imprimerie *f*
Buche F °hêtre *m*
Buchecker F faîne *od* faine *f*
buchen V/T **1** HANDEL comptabiliser **2** *Reise etc* réserver
Bücherbrett N rayon *m*; étagère *f*
Bücherei F bibliothèque *f*
Büchernarr M bibliomane *m* **Bücherregal** N étagère *f*; rayonnage *m* **Bücherschrank** M bibliothèque *f* **Büchersendung** F envoi *m* de livres **Bücherverbrennung** F autodafé *m* (de livres) **Bücherwand** F *Möbel* bibliothèque *f*; *Wand* mur occupé d'étagères de livres **Bücherwurm** M *hum* rat *m* de bibliothèque
Buchfink M pinson *m*
Buchführung F comptabilité *f*; tenue *f* des livres **Buchhalter(in)** M(F) comptable *m/f* **Buchhaltung** F comptabilité *f* **Buchhandel** M *herstellender* industrie *f* du livre; éditeurs *mpl*; *verbreitender* commerce *m* de(s) livres; libraires *mpl* **Buchhändler(in)** M(F) libraire *m/f* **Buchhandlung** F, **Buchladen** M librairie *f*
Büchlein N petit livre; opuscule *m*
Buchmacher M bookmaker *m* **Buchmesse** F foire *f* du livre **Buchprüfer(in)** M(F) expert-comptable *m*, experte-comptable *f*; commissaire *m/f* aux comptes **Buchprüfung** F vérification *f* de(s) comptes
Buchs M, **Buchsbaum** M buis *m*
Buchse F **1** TECH coussinet *m* **2** ELEK prise femelle
Büchse F **1** boîte *f*; *(Konservenbüchse)* boîte *f* de conserve **2** *Schusswaffe* carabine *f*
Büchsenmilch F lait concentré (en boîte) (! in Frankreich ist Büchsenmilch meist gesüßt) **Büchsenöffner** M ouvre-boîte *m*
Buchstabe M lettre *f*; caractère *m* (*a.* TYPO); **großer ~** majuscule *f*; capitale *f*; **kleiner ~** minuscule *f*
buchstabengetreu **A** ADJ littéral **B** ADV à la lettre
Buchstabieralphabet N code *m* d'épellation alphabétique **buchstabieren** V/T épeler
buchstäblich ADV littéralement
Buchstütze F serre-livres *m*
Bucht F baie *f*; *kleine* anse *f*; crique *f*
Buchtel F *österr: petit gâteau de pâte levée et fourrée*
Buchung F **1** HANDEL comptabilisation *f* **2** *e-r Reise etc* réservation *f* **Buchungsbeleg** M pièce *f* comptable **Buchungsfehler** M erreur *f* de comptabilisation **Buchungsnummer** F numéro *m* d'enregistrement, de comptabilisation
Buchweizen M sarrasin *m*; blé noir
Buckel M **1** MED bosse *f*; **e-n ~ haben** être bossu **2** *umg* *(Rücken)* dos *m*; **e-n ~ machen** *Katze* faire le gros dos; **er kann mir den ~ runterrutschen!** *umg* qu'il me fiche la paix!; *umg* il me les casse! **3** *umg* *(Wölbung)* bosse *f*; *(kleiner Hügel)* tertre *m*; butte *f*

buckelig → bucklig
buckeln *umg* VI 1 *Katze* faire le gros dos 2 *fig pej* **vor j-m ~** ramper, faire des courbettes devant qn
bücken V/R **sich (nach etw) ~** se baisser (pour ramasser qc)
bucklig ADJ 1 MED bossu 2 *umg Weg, Fläche* bossué; défoncé
Bückling[1] M *umg hum (Verbeugung)* courbette *f*
Bückling[2] M *(Räucherhering)* °hareng saur, fumé
Buddel *umg* F *nordd* bouteille *f*
buddeln *umg* VT *u.* VI creuser
Buddha M Bouddha *m*
Buddhismus M bouddhisme *m* **Buddhist(in)** M(F) bouddhiste *m/f* **buddhistisch** ADJ *Person* bouddhiste; *Lehre etc* bouddhique
Bude F 1 *(Bretterbude, Jahrmarktsbude)* baraque *f* *(a. umg pej Haus)* 2 *umg (Zimmer) umg* piaule *f*; **sturmfreie ~** chambre indépendante; **Leben in die ~ bringen** mettre de l'ambiance
Budget N budget *m*
Büfett N 1 *(Anrichte)* buffet *m* 2 GASTR **kaltes ~** buffet (froid) 3 *(Schanktisch)* comptoir *m* 4 *schweiz (Bahnhofsrestaurant)* buffet *m*
Büffel M buffle *m*
büffeln *umg* VT *u.* VI *umg* bosser
Buffet N, *österr a.* Büffet N → Büfett
Bug M 1 SCHIFF proue *f*; avant *m* (*a.* FLUG); nez *m* 2 *beim Rind* épaule *f*
Bügel M 1 *(Kleiderbügel)* cintre *m* 2 *(Steigbügel)* étrier *m* 3 *(Brillenbügel)* branche *f* 4 *e-r Handtasche* monture *f*
Bügelautomat M machine *f* à repasser **Bügel-BH** M soutien-gorge *m* à armatures **Bügelbrett** N planche *f* à repasser **Bügeleisen** N fer *m* à repasser **Bügelfalte** F pli *m* (de pantalon) **bügelfrei** ADJ qui ne se repasse pas; infroissable **Bügelmaschine** F machine *f* à repasser
bügeln VT repasser
Bügelsäge F scie *f* à monture trapézoïdale
Bügelwäsche F *zum Bügeln* linge *m* à repasser; *gebügelte* linge repassé
Buggy M 1 *Auto* buggy *m* 2 *Kinderwagen* poussette pliante
bugsieren VT *umg fig* pousser; *Person* piloter; guider
Bugwelle F vague *f*, lame *f* d'étrave
buh INT °hou!; *(pfui)* berk!
buhen *umg* VI °huer (qn *bzw.* qc)
buhlen *geh* VI *pej* **um etw ~** briguer, rechercher qc avec ardeur
Buhmann *umg* M bouc *m* émissaire; **j-n zum ~ machen** faire porter le chapeau à qn
Buhne F brise-lames *m*
Bühne F 1 THEAT *(Spielfläche)* scène *f*; plateau *m*; **die ~ betreten** entrer en scène; *umg* **etw über die ~ bringen** *(durchführen)* mener qc à bien; *(beenden)* mener qc à bonne fin 2 *(Theater)* théâtre *m*; scène *f*; **zur ~ gehen** faire du théâtre
Bühnenarbeiter M machiniste *m* **Bühnenausstattung** F décors *mpl* **Bühnenautor(in)** M(F) auteur *m* dramatique **Bühnenbeleuchtung** F éclairage *m* de la scène **Bühnenbild** N décors *mpl* **Bühnenbildner(in)** M(F) décorateur, -trice *m,f* (de théâtre) **Bühnendekoration** F décoration *f* scénique **Bühnendichtung** F œuvre *f* dramatique **Bühneneingang** M entrée *f* des artistes **Bühnenerfolg** M succès théâtral **Bühnenfassung** F adaptation *f* scénique **Bühnenlaufbahn** F carrière théâtrale **bühnenreif** ADJ théâtral; transposable au théâtre **Bühnenstück** N pièce *f* de théâtre **Bühnentechnik** F technique *f* du plateau, de la machinerie
Buhruf M °huée *f*
buk → backen
Bukett N bouquet *m*
Bulette F *regional* boulette *f* (de viande); *umg hum* **ran an die ~n!** *umg* on y va!; allons-y!
Bulgare M, **Bulgarin** F Bulgare *m/f* **Bulgarien** N la Bulgarie **bulgarisch** ADJ bulgare
Bulimie F MED boulimie *f* **Bulimiekranke(r)** M/F(M) boulimique *m/f*
Bullauge N °hublot *m* **Bulldogge** F bouledogue *m* **Bulldozer** M bulldozer *m*
Bulle M 1 taureau *m* 2 *umg fig (starker Mann) umg* armoire *f* à glace 3 *umg pej (Polizist) umg* flic *m*; *umg* poulet *m*
Bullenhitze *umg* F *umg* chaleur *f* d'enfer, à crever
Bulletin N bulletin *m*
bullig *umg* ADJ 1 *Mensch umg* costaud (! unveränderlich); *umg* balèze 2 *Hitze umg* à crever
bum INT boum!
Bumerang M boomerang *m*
Bummel *umg* M *umg* balade *f*
Bummelant *umg pej* M 1 *(Trödelfritze)* traînard *m* 2 *(Nichtstuer)* feignant *m*; *umg* flemmard *m*
Bummelei *umg pej* F 1 *(Trödelei)* lenteur *f* 2 *(Pflichtvergessenheit)* fainéantise *f*; *umg* flemme *f*
bumm(e)lig *umg pej* ADJ *(langsam)* traînard
bummeln *umg* VI 1 *(schlendern)* flâner (**durch die Stadt** dans les rues) 2 *pej (trödeln) umg* lambiner; traîner; *(faulenzen) umg* flemmarder; *umg* glander
Bummelstreik M grève *f* du zèle **Bummelzug** *umg* M tortillard *m*

B

bums INT boum!; patatras!
Bums *umg* M boum *m*; coup sourd
bumsen A *sl* VT *sexuell sl* baiser B *umg* VI faire boum; *an e-e Tür* taper; frapper (**an** [+ *akk*] contre); **gegen etw ~** se cogner à, contre qc
Bumslokal *umg pej* N bouge *m*
Bund[1] M 1 (*Vereinigung*) union *f*; **der ~ der Ehe** les liens *mpl* du mariage; *geh* **mit j-m den ~ fürs Leben schließen** s'unir à qn (pour la vie) 2 POL fédération *f* 3 MODE ceinture *f* 4 *umg* (*Bundeswehr*) service *m* (militaire)
Bund[2] N *Gemüse* botte *f*; *Petersilie* bouquet *m*
Bündchen N *am Ärmel* poignet *m*; *am Hals* col *m*
Bündel N *Briefe, Wäsche, fig* paquet *m*; *Briefe, Banknoten a.* liasse *f*; *Stroh* botte *f*
bündeln VT lier ensemble; faire un paquet de; *Banknoten* faire des liasses de; *Garben, Gemüse* faire des bottes de **bündelweise** ADV par paquets, liasses, bottes, *etc*
Bundes... IN ZSSGN *meist* fédéral
Bundesagentur F **~ für Arbeit** Office fédéral du travail
Bundesamt N office fédéral (**für** de); **Statistisches ~** Office fédéral de la statistique
Bundesangestelltentarif M *BRD grille des salaires des employés du service public allemand*
Bundesautobahn F *BRD, österr* autoroute fédérale **Bundesbürger** M citoyen *m* de la RFA
Bundesebene F **auf ~** au niveau, à l'échelon, sur le plan fédéral
Bundesgebiet N territoire *m* de la RFA **Bundesgrenzschutz** M *BRD* Corps fédéral de protection des frontières **Bundeshauptstadt** F capitale fédérale **Bundeskabinett** N *BRD* cabinet fédéral **Bundeskanzler** M *BRD, österr* chancelier *m* de la République fédérale **Bundeskanzleramt** N Chancellerie fédérale **Bundeskanzlerin** F *BRD, österr* chancelière *f* de la République fédérale **Bundeskartellamt** N *BRD* Office fédéral des ententes **Bundeskriminalamt** N *BRD* Office fédéral de police criminelle
Bundesland N *BRD, österr* land *m*; *BRD* **die alten Bundesländer** les länder ouest-allemands; **die neuen Bundesländer** les nouveaux länder
Bundesliga F SPORT première division **Bundesminister(in)** M(F) ministre fédéral (**für** de) **Bundesministerium** N ministère fédéral (**für** de) **Bundesnachrichtendienst** M *BRD* Service fédéral de renseignements **Bundespräsident(in)** M(F) président *m* de la République fédérale, *schweiz* de la Confédération **Bundespresseamt** N *BRD* Office *m* de presse du gouvernement fédéral **Bundesrat** M 1 chambre *f* des länder 2 *schweiz* Conseil fédéral **Bundesrechnungshof** M *BRD* Cour fédérale des comptes **Bundesregierung** F gouvernement fédéral
Bundesrepublik **die ~ Deutschland** la République fédérale d'Allemagne
Bundesstaat M 1 *Gesamtstaat* État fédéral 2 *Gliedstaat* État (fédéré) **Bundesstraße** F *etwa* route nationale **Bundestag** M Parlement fédéral; Bundestag *m*
Bundestagsabgeordnete(r) M/F(M) député *m* du Bundestag **Bundestagsdebatte** F débat *m* au Bundestag **Bundestagsfraktion** F groupe *m* parlementaire du Bundestag **Bundestagspräsident(in)** M(F) président(e) *m(f)* du Bundestag **Bundestagswahl** F élections *fpl* au Bundestag
Bundestrainer M sélectionneur *m*; entraîneur *m* de l'équipe nationale **Bundesverdienstkreuz** N *BRD* Croix fédérale du mérite **Bundesverfassungsgericht** N Cour constitutionnelle fédérale **Bundesversammlung** F *BRD, schweiz* Assemblée fédérale **Bundesverwaltungsgericht** N *BRD* Cour administrative fédérale **Bundeswehr** F Bundeswehr *f*; forces armées de la République fédérale **bundesweit** ADJ sur tout le territoire fédéral; à l'échelle fédérale
Bundfalte F pince *f* **Bundfaltenhose** F pantalon *m* à pinces **Bundhose** F knicker(s) *m(pl)*
bündig ADJ *Antwort* clair; net; *Beweis* concluant
Bündnis N alliance *f*; pacte *m* **Bündnisgrüne(r)** M/F(M) membre *m* du parti d'union écologiste Alliance 90/les Verts **Bündnispartner** M allié *m*
Bundweite F MODE tour *m* de taille
Bungalow M bungalow *m*
Bungeejumping N, **Bungeespringen** N saut *m* à l'élastique
Bunker M 1 MIL blockhaus *m*; (*Luftschutzbunker*) abri antiaérien 2 *umg* (*Gefängnis*) *umg* trou *m*
Bunsenbrenner M bec *m* Bunsen
bunt A ADJ 1 (*farbig*) en couleurs 2 (*mehrfarbig*) multicolore; bigarré 3 *fig* (*ungeordnet*) **ein ~es Durcheinander** une belle pagaille; un joyeux méli-mélo; *umg* **jetzt wird es mir aber zu ~!** *umg* c'est trop fort! B ADV 1 **etw ~ bemalen** peindre qc de toutes les couleurs 2 *fig* **~ gemischt** *Programm, Publikum* varié 3 *umg fig* **er treibt es zu ~** il va trop loin
Buntspecht M (pic *m*) épeiche *f* **Buntstift** M crayon *m* de couleur **Buntwäsche** F linge *m* de couleur
Bürde *geh* F fardeau *m* (*a. fig*)
Burg F château fort
Bürge M garant *m*; répondant *m*; JUR caution *f*

bürgen VI (für j-n, etw) ~ se porter garant (pour qn, de qc); répondre (de qn, qc); **für etw ~** garantir qc
Bürger(in) M(F) 1 (*Staatsbürger[in]*) citoyen, -enne *m,f* 2 *e-r Stadt meist* habitant(e) *m(f)*
Bürgerentscheid M référendum *m* **Bürgerinitiative** F comité *m* de défense **Bürgerkrieg** M guerre civile
bürgerlich A ADJ 1 (*staatsbürgerlich*) civil; civique 2 (*zum Bürgertum gehörend*) bourgeois (*a. pej*); (*nichtadlig*) roturier B ADV **~ denken** avoir des valeurs conservatrices
Bürgerliche(r) M/F(M) bourgeois(e) *m(f)*; (*Nichtadlige[r]*) roturier, -ière *m,f*
Bürgermeister(in) M(F) maire *m* **bürgernah** ADJ à l'écoute des citoyens **Bürgerpflicht** F devoir *m* civique, du citoyen **Bürgerrecht** N droit *m* civique, du citoyen **Bürgerrechtler** M défenseur *m* des droits civiques **Bürgerrechtsbewegung** F mouvement *m* en faveur des droits civiques **Bürgerschaft** F citoyens *mpl* **Bürgersteig** M trottoir *m* **Bürgertum** N bourgeoisie *f*
Bürgschaft F caution *f*; garantie *f*
Burgund N la Bourgogne **Burgunder** M *Wein* vin *m* de Bourgogne; bourgogne *m*
burlesk ADJ burlesque
Büro N bureau *m*; *e-s Anwalts, Notars* étude *f* **Büroangestellte(r)** M/F(M) employé(e) *m(f)* de bureau **Büroarbeit** F travail *m* de bureau **Bürogebäude** N immeuble *m* de bureaux **Bürogehilfe** M, **Bürogehilfin** F auxiliaire *m/f* (de bureau) **Bürokaufmann** M, **Bürokauffrau** F agent *m* de gestion **Büroklammer** F trombone *m* **Bürokommunikation** F bureautique® *f*
Bürokrat M *pej* bureaucrate *m* **Bürokratie** F bureaucratie *f* **bürokratisch** ADJ bureaucratique
Büromaterial N matériel *m*, articles *mpl* de bureau **Büromöbel** NPL meubles *mpl*, mobilier *m* de bureau **Büroraum** M bureau *m* **Büroschrank** M classeur *m*
Bursche M garçon *m*; jeune *m*; *umg* gars *m*; **toller ~** *umg* type épatant; *umg* mec *m* super
Burschenschaft F association *f* d'étudiants (*de tendance conservatrice*)
burschikos ADJ désinvolte; sans gêne; cavalier
Bürste F brosse *f*
bürsten VT brosser; donner, passer un coup de brosse à
Bürstenschnitt M (coupe *f* en) brosse *f*
Bürzel M *der Vögel* croupion *m*
Bus M (auto)bus *m*; (*Reise-, Schulbus*) (auto)car *m*
Busbahnhof M gare routière
Busch M 1 buisson *m*; *umg fig* **bei j-m auf den ~ klopfen** tâter le terrain auprès de qn; *umg fig* **da ist etwas im ~** il y a anguille sous roche 2 GEOG brousse *f*
Büschel N touffe *f*; (*Federbüschel*) aigrette *f* **büschelweise** ADV par touffes
buschig ADJ (*dicht gewachsen*) touffu; *Augenbrauen* broussailleux
Buschmesser N coupe-coupe *m*; machette *f* **Buschwindröschen** N anémone *f* des bois
Busen M 1 seins *mpl*; poitrine *f* 2 *poet* (*Brust*) *liter* sein *m* **Busenfreund(in)** M(F) ami(e) *m(f)* intime
Busfahrer M conducteur *m* de bus; (*Reisebusfahrer*) chauffeur *m* d'autocar **Bushaltestelle** F arrêt *m* d'autobus
Business Class F FLUG classe *f* affaires
Buslinie F ligne *f* de bus
Bussard M buse *f*
Buße F 1 REL pénitence *f*; **~ tun** faire pénitence 2 JUR amende *f*
büßen VT u. VI **(für) etw ~** expier qc (*a. fig*); **das sollst du mir ~!** tu me le paieras!
Büßer M pénitent *m*
Bußgeld N amende *f*; contravention *f* **Bußgeldbescheid** M contravention *f*
Bussi *umg* N *bes südd, österr umg* (petit) bisou
Büste F buste *m* **Büstenhalter** M soutien-gorge *m*
Bustier N bustier *m*
Butangas N gaz *m* butane
Butler M maître *m* d'hotel; majordome *m*
Bütte F cuve *f* **Büttenpapier** N papier *m* à la cuve, à la main **Büttenrede** F *regional* discours *m* d'un(e) humoriste du carnaval **Büttenredner(in)** M(F) *regional* humoriste *m/f* du carnaval
Butter F beurre *m*; **mit ~ bestreichen** beurrer; *umg fig* **(es ist) alles in ~** *umg* ça baigne
Butterblume F (*Hahnenfuß*) bouton-d'or *m* **Butterbrot** N tartine beurrée **Butterbrotpapier** N papier sulfurisé **Buttercreme** F crème *f* au beurre **Buttercremetorte** F gâteau fourré de crème au beurre **Butterdose** F beurrier *m* **Butterflöckchen** N coquille *f* de beurre **Butterkäse** M *fromage gras à pâte pressée* **Butterkeks** M petit-beurre *m* **Buttermilch** F babeurre *m*
buttern VT 1 beurrer 2 *umg fig* **Geld in etw** (*akk*) **~** *umg* claquer de l'argent dans qc
Buttersäure F acide *m* butyrique **Butterschmalz** N beurre clarifié
butterweich ADJ 1 de la consistance du beurre; *Birne* fondant 2 *umg Landung* en douceur
Button M badge *m*

Butzenscheibe F vitre *f* en culs-de-bouteille
b. w. ABK (bitte wenden) T.S.V.P.
BWL ABK → Betriebswirtschaftslehre
Bypass M MED pontage *m* **Bypassoperation** F pontage *m*
Byte N IT octet *m*
bzw. ABK → beziehungsweise

C

C, c N **1** C, c *m* **2** MUS do *m*; ut *m*
ca. ABK (circa) environ; à peu près
Cabrio N, **Cabriolet** N cabriolet *m*; (voiture *f*) décapotable *f*
CAD N ABK (Computer Aided Design) CAO *f*
Cadmium N cadmium *m*
Café N salon *m* de thé

Café

Wer in Frankreich Appetit auf Kaffee und Kuchen hat, sollte nicht in ein **café** gehen, sondern in einen **salon de thé**.

Im französischen **café** bekommt man zwar Kaffee und Sandwiches, es gibt aber fast nie Kuchen.

FALSCHE FREUNDE

Cafeteria F cafétéria *f*
Caipirinha M *od* F caipirinha *m*
Callboy M call-boy *m*
Call-by-Call N *souvent sans article*, **Call-by-Call-Verfahren** N TEL call-by-call *m*
Call-Center N centre *m* d'appels **Callgirl** N call-girl *f*
Camcorder M caméscope *m*
Camembert M *Käse* camembert *m*
Camion M *schweiz* camion *m*
Camp N camp *m*
Campagne → Kampagne
campen V/I faire du camping; camper **Camper(in)** M(F) campeur, -euse *m,f*
Camping N camping *m* **Campingbus** M camping-car *m* **Campingplatz** M (terrain *m* de) camping *m*
Campus M campus *m*
Candle-Light-Dinner N dîner *m* aux chandelles
Cannabis M cannabis *m*
Canyoning N SPORT canyoning *m*
Cape N cape *f*
Cappuccino M cappuccino *m*
Caprihose F pantalon *m* corsaire
Caravan M (*Wohnwagen*) caravane *f* (! feminin)
Caritas F Secours *m* catholique
Carport M auvent *m* pour voiture(s)
Cartoon M *od* N dessin *m* (de bande dessinée) humoristique
carven V/I faire du carving
Carvingski M ski *m* de carving
Cäsar M HIST César *m*
Cashewkern M, **Cashewnuss** F noix *f* de cajou
Casino → Kasino
Cäsium N césium *m*
Casting N FILM, TV casting *m*
catchen V/I catcher **Catcher(in)** M(F) catcheur, -euse *m,f*
Cayennepfeffer M poivre *m* de Cayenne
CB-Funk M CB *f* **CB-Funker(in)** M cibiste *m/f*
ccm ABK (Kubikzentimeter) cm^3 (centimètre cube)
CD F CD *m* (! maskulin, unveränderlich); disque compact; *umg* compact *m* **CD-Brenner** M graveur *m* de CD **CD-Player** M platine *f* laser **CD-Rohling** M CD *m* vierge **CD-ROM** F CD-ROM *m* (! maskulin, unveränderlich) **CD-ROM-Laufwerk** N lecteur *m* de CD-ROM **CD-Spieler** M platine *f* laser **CD-Ständer** M porte-CD *m* (! unveränderlich)
CDU F ABK (Christlich-Demokratische Union) Union chrétienne-démocrate
C-Dur N do *m*, ut *m* majeur
Cedille F cédille *f*
Cellist(in) M(F) violoncelliste *m/f*
Cello N violoncelle *m*
Cellophan® N cellophane® *f*
Cellulite F, **Cellulitis** F MED cellulite *f*
Celsius 20 Grad ~ 20 degrés *mpl* centigrades
Cembalo N clavecin *m*
Cent M *Währung der EU* cent *m*
Centre-Court M TENNIS court central
Ceran(koch)feld® N plaque *f* vitrocéramique
Ceylontee M thé *m* de Ceylan
Chalet N *Landhaus* chalet *m*; (*Sennhütte*) chalet *m* d'alpage
Chamäleon N caméléon *m*
Champagner M champagne *m*
Champignon M champignon *m* de Paris, de couche (! **champignon** allein heißt generell „Pilz")
Champion M champion, -ionne *m,f*

Champions League F FUSSBALL Ligue *f* des Champions
Chance F chance *f*; **wie stehen unsere ~n?** où en sont, quelles sont nos chances?
Chancengleichheit F égalité *f* des chances
Chanson N chanson *f*
Chaos N chaos *m*
Chaot M **1** *(Randalierer)* casseur *m* **2** *(unordentlicher Mensch)* personne mal organisée **chaotisch** ADJ chaotique
Charakter M caractère *m* **Charaktereigenschaft** F trait *m* de caractère **charakterisieren** V/T caractériser

▶ Charakter = caractère

Wird anders geschrieben als englisch „character".

FEHLERQUELLEN ◀

Charakteristik F description *f* des caractéristiques; *e-r Person* portrait *m* **Charakteristikum** N caractère distinctif; caractéristique *f*
charakteristisch ADJ caractéristique; typique (**für j-n** pour qn; **für etw** de qc)
charakterlich ADJ de caractère **charakterlos** ADJ *(schlecht)* mauvais; *(schwach)* faible; *fig (farblos)* sans caractère **Charakterschwäche** F faiblesse *f* de caractère **Charakterstärke** F force *f* de caractère **Charakterzug** M train *m* de caractère
Charisma N REL, *fig* charisme *m* **charismatisch** ADJ charismatique
charmant ADJ charmant
Charme M charme *m* **Charmeur** M charmeur *m*
Charterflug M vol *m* charter **Charterflugzeug** N charter *m* **Chartergesellschaft** F compagnie *f* de charters **Chartermaschine** F charter *m*
chartern V/T affréter
Charts PL °hit-parade *m*; **in den amerikanischen ~ sein** être au hit-parade américain
Chassis N AUTO châssis *m*
Chat M IT chat *m*; conversation *f* en ligne
Chatroom M IT salon *m* de conversation
chatten V/I IT chatter; bavarder, dialoguer (en ligne)
Chauffeur M chauffeur *m* **chauffieren** V/T u. V/I conduire
Chauvi *umg pej* M *umg* macho *m* **Chauvinismus** M chauvinisme *m*; *männlicher* machisme *m*; phallocratie *f* **Chauvinist** M chauvin *m*; *(Sexist)* macho *m*; phallocrate *m* **chauvinistisch** ADJ chauvin; *(sexistisch)* phallocrate; machiste
Check M *schweiz* → Scheck
checken V/T **1** TECH contrôler **2** *umg (kapieren)* *umg* piger
Checkliste F liste *f* de contrôle **Check-up** M *od* N bilan *m* de santé; check-up *m*
Cheeseburger M GASTR cheeseburger *m*
Chef M *(Leiter)* chef *m*; *in e-m Betrieb* patron *m* **Chefarzt** M médecin-chef *m* **Chefetage** F étage *m* de la direction **Chefin** F *(Leiterin)* chef *m*; *in e-m Betrieb* patronne *f* **Chefredakteur** M rédacteur *m* en chef **Chefsekretärin** F secrétaire *f* de direction
Chemie F chimie *f* **Chemiefaser** F fibre *f* chimique **Chemieingenieur(in)** M(F) ingénieur *m/f* chimiste **Chemielaborant(in)** M(F) laborantin(e) *m(f)* dans un laboratoire de chimie
Chemikalie F produit *m* chimique
Chemiker(in) M(F) chimiste *m/f* **chemisch** ADJ chimique
Chemotherapie F MED chimiothérapie *f*
Cherrytomate F tomate *f* cerise
Chiasmus M RHET chiasme *m*
chic → schick
Chic M chic *m*
Chicorée M *od* F endive *f*
Chiffon M voile *m* de soie
Chiffre F chiffre *m*; *in Anzeigen* référence *f*; numéro *m*
chiffrieren V/T chiffrer
Chile N le Chili
Chilene M, **Chilenin** F Chilien, -ienne *m,f* **chilenisch** ADJ chilien
Chili M piments *mpl* rouges
chillen *Jugendsprache* V/I souffler; *umg* décompresser
China N la Chine **Chinakohl** M chou chinois
Chinese M, **Chinesin** F Chinois(e) *m(f)* **chinesisch** ADJ chinois; POL *in zssgn* sino-...
Chinin N PHARM quinine *f*
Chip M **1** *(Kartoffelchip)* **~s** *pl* chips *fpl* **2** IT puce *f* **3** *(Spielmarke)* jeton *m* **Chipkarte** F IT carte *f* à puce
Chiropraktiker(in) M(F) chiropracteur *m*; ostéopathe *m/f*
Chirurg M chirurgien *m* (❗ Endung) **Chirurgie** F chirurgie *f* **chirurgisch** ADJ chirurgical
Chlor N chlore *m* **chlorfrei** ADJ sans chlore
Chlorid N CHEM chlorure *m*
Chloroform N chloroforme *m*
Chlorophyll N chlorophylle *f*
Choke M AUTO starter *m*
Cholera F choléra *m*
Choleriker(in) M(F) colérique *m/f* **cholerisch** ADJ colérique

Chips — les chips (fpl)

Chip — la puce

Chips — les jetons (mpl)

Cholesterin N cholestérol *m* (! Endung) **Cholesterinspiegel** M taux *m* de cholestérol
Chor M chœur *m* (*a.* ARCH, *fig*); *Verein* chorale *f*
Choral M PROT choral *m*; KATH plain-chant *m*
Choreograph(in) M(F) chorégraphe *m/f* **Choreographie** F chorégraphie *f* **choreographisch** ADJ chorégraphique
Christ M chrétien *m* **Christbaum** M arbre *m* de Noël **Christbaumschmuck** M décorations *fpl* pour arbres de Noël **Christdemokrat(in)** M(F) chrétien-démocrate *m*, chrétienne-démocrate *f*
Christenheit F chrétienté *f* **Christentum** N christianisme *m* **Christenverfolgung** F persécution *f* des chrétiens
Christin F chrétienne *f*
Christkind N enfant Jésus *m* **christlich** ADJ chrétien **Christmesse** F, **Christmette** F messe *f* de minuit **Christrose** F rose *f* de Noël; ellébore noir **Christstollen** M gâteau *m* de Noël
Christus M le Christ; **vor ~, vor Christi Geburt** avant Jésus-Christ
Chrom N chrome *m*
Chromosom N BIOL chromosome *m*
Chronik F chronique *f* **chronisch** ADJ chronique
Chronologie F chronologie *f* **chronologisch** ADJ chronologique
Chrysantheme F chrysanthème *m*
Cinemascope® N cinémascope® *m*
circa ADV environ; à peu près
City F centre-ville *m* **Cityruf** M Alphapage® *m*
clean *Jargon* ADJ désintoxiqué; *umg* clean
Clementine → Klementine
clever *umg* **A** ADJ malin; habile; adroit **B** ADV avec habileté
Clinch M *umg fig* **mit j-m im ~ liegen** *umg* être en bisbille avec qn
Clip M **1** (*Videoclip*) clip *m* **2** (*Ohrclip*) boucle *f* d'oreille
Clique F **1** *pej* clique *f* **2** *Freundeskreis* bande *f*
Clou *umg* M clou *m*
Clown M clown *m*
Club → Klub
cm ABK (Zentimeter) cm
c-Moll N do *m*, ut *m* mineur
Co. ABK (Kompanie, Compagnie) Cie
Coach M SPORT entraîneur *m*
Coca-Cola® N *od* F coca-cola® *m*
Cockpit N cockpit *m*
Cocktail M cocktail *m* **Cocktailkleid** N robe *f* de cocktail **Cocktailparty** F cocktail *m* **Cocktailtomate** F tomate *f* cerise
Code → Kode
Cognac® M cognac *m*
Coiffeur M, **Coiffeuse** F *schweiz* coiffeur, -euse *m,f*
Cola *umg* N *od* F ABK (Coca-Cola®) coca *m*
Collage F collage *m*
Collegemappe F porte-documents *m* **Collegeschuhe** MPL mocassins *mpl*
Colt® M colt *m*
Comeback N rentrée *f*; retour *m*; **(s)ein ~ feiern** faire sa rentrée
Comic M bande dessinée; *umg* BD *f*
Compact Disc F (disque) compact *m*; CD *m*
Computer M ordinateur *m*; **am ~ arbeiten** travailler sur ordinateur; **etw auf ~** (*akk*) **umstellen** informatiser qc; **unsere Firma hat auf ~ umgestellt** notre entreprise s'est informatisée
Computeranimation F animation *f* par ordinateur **Computerarbeitsplatz** M poste *m* de travail **Computerausdruck** M listing *m*; saisie *f* papier **computergesteuert** ADJT commandé par ordinateur **computergestützt** ADJT assisté par ordinateur **computerisieren** V/T informatiser **Computerisierung** F informatisation *f* **Computerkriminalität** F délits *mpl* informatiques; criminalité *f*, délinquance *f* informatique **Computerprogramm** N programme *m* informatique **Computersimulation** F simulation *f* sur ordinateur **Computerspiel** N jeu *m* vidéo **Computertechnik** F technologie *f* des ordinateurs **Computertisch** M desserte *f* informatique **Computertomogra-**

phie F scanographie *f* **computerunterstützt** ADJT assisté par ordinateur **Computervirus** M virus *m* informatique
Container M conteneur *m*; *(Müllcontainer)* benne *f* à ordures
Controller(in) M(F) WIRTSCH contrôleur *m* de gestion **Controlling** N WIRTSCH contrôle *m* de gestion
Cookie N *od* M IT cookie *m*
cool *umg* ADJ 1 *(gelassen) umg* cool (❗ unveränderlich) 2 *(super) umg* super (❗ unveränderlich)
Copyright N copyright *m* **Copyshop** M centre *m* de photocopies, de reprographie
Cord M velours côtelé **Cordhose** F pantalon *m* en velours côtelé
Cordon bleu N GASTR *escalope de veau panée, farcie au jambon et au fromage*
Corned Beef N corned-beef *m*
Corner M *österr, schweiz* FUSSBALL corner *m*
Cornflakes PL corn-flakes *mpl*
Couch F canapé *m* **Couchgarnitur** F salon *m* *(meuble)* **Couch-Potato** F téléphage *m/f*
Couchtisch M table *f* de salon
Countdown M *od* N compte *m* à rebours
Coup M coup *m*
Coupé N AUTO coupé *m*
Coupon M 1 *(Abschnitt)* talon *m* 2 FIN coupon *m*
Courage *umg* F courage *m* (❗ maskulin)
Cousin M cousin *m*
Cousine F cousine *f*
Couvert N *schweiz (Briefumschlag)* enveloppe *f*
Cover N couverture *f* **Covergirl** N cover-girl *f*
Cowboy M cow-boy *m*
Crack[1] M SPORT champion *m*; *fig* crack *m*
Crack[2] N *Rauschgift* crack *m*
Cracker M GASTR cracker *m*
Crashkurs M cours accéléré
Creme F crème *f* **cremefarben** ADJ crème (❗ unveränderlich) **Cremetorte** F gâteau *m* à la crème
cremig ADJ crémeux
Crevette F crevette *f*
Crew F équipage *m*

Computer – l'ordinateur

Computer	**l'ordinateur** *m*	Cursor	**le curseur**
PC	**le PC**	Pfeil	**la flèche**
seinen PC einschalten / ausschalten	**allumer / éteindre son PC**	Videospiel	**le jeu vidéo**
Festplatte	**le disque dur**	Spielkonsole	**la console de jeux vidéo**
Diskette	**la disquette**	Joystick	**la manette de jeu**
Diskettenlaufwerk	**le lecteur de disquettes**	Software	**le logiciel**
CD-ROM	**le CD-ROM**	installieren	**installer**
Bildschirm	**l'écran** *m*	Textverarbeitung	**le traitement de texte**
Tastatur	**le clavier**	Datei	**le fichier**
Taste	**la touche**	zum Hauptmenü zurückkehren	**revenir au menu principal**
tippen	**taper**	Passwort	**le mot de passe**
Maus	**la souris**	speichern	**enregistrer**
klicken *(mit der Maus)*	**cliquer**	sichern	**sauvegarder**
Drucker	**l'imprimante** *f*	Man muss den Text sichern, bevor man die Datei schließt.	**Il faut sauvegarder le texte avant de fermer le fichier.**
Tintenstrahldrucker	**l'imprimante** *f* **à jet d'encre**	aktualisieren	**mettre à jour**
Laserdrucker	**l'imprimante** *f* **laser**	kopieren	**copier**
Scanner	**le scanner** [skanɛʀ]	ausschneiden	**couper**
scannen	**scanner** [skane]	löschen	**effacer**

Croissant N GASTR croissant *m*
Cromargan® N acier *m* au nickel-chrome; *bei Geschirr etwa* inox® *m*
CSU F ABK (Christlich-Soziale Union) Union chrétienne-sociale
Cup M 1 SPORT coupe *f* 2 *beim BH* bonnet *m*
Curling N SPORT curling *m*
Curry N *od* M curry *m* **Currysoße** F sauce *f* au curry **Currywurst** F saucisse grillée au curry (! dieses Gericht ist in Frankreich ganz unbekannt)
Cursor M IT curseur *m*
Cutter(in) M(F) FILM, RADIO, TV monteur, -euse *m,f*
CVJM M ABK (Christlicher Verein Junger Menschen) union chrétienne de jeunes gens
Cybercafé N cybercafé *m* **Cybersex** M cybersexe *m* **Cyberspace** M cybermonde *m*

D

D, d N 1 D, d *m* 2 MUS ré *m*
da A ADV 1 *räumlich* là; **~ entlang** par là; **~ ist …, sind …** voilà …; *in größerer Nähe* voici; **~ sein** y être; être là; *Person a.* être présent; **~ bin ich!** me voici!; me voilà!; **er ist ~ gewesen** il est venu; **ich bin gleich wieder ~** je ne fais qu'aller et venir; **nicht ~ sein** ne pas être là; *Person a.* être absent; **es ist noch Suppe ~** il y a, il reste encore de la soupe; **das Buch ~** ce livre-là 2 *zeitlich* alors; à ce moment-là; *(damals)* à cette époque; **von ~ ab, an** à partir de, dès ce moment-là 3 *(in diesem Fall)* dans *od* en ce cas; dans ces circonstances; alors; **~ kann man nichts machen** là, il n'y a rien à faire B KONJ *(weil)* comme; puisque; étant donné que; vu que
DAAD M ABK (Deutscher Akademischer Austauschdienst) office allemand d'échanges universitaires
dabei ADV 1 *räumlich* à côté; avec (cela); **(nahe) ~** tout près; **~ sein** y être, assister, participer; **bei etw ~ sein** assister, participer à qc 2 *zeitlich* en même temps; **(gerade) ~ sein, etw zu tun** *(gerade tun)* être sur le point de faire qc 3 *(überdies)* à la fois 4 *(doch)* mais; pourtant; cependant 5 **es ist nichts ~** *(es ist nicht schwierig)* ce n'est pas (bien) sorcier; *(es ist nicht schlimm)* ce n'est pas grave; **was ist denn (schon) ~?** quel mal y a-t-il à cela?
dabeibleiben V/I rester; continuer
dabeihaben V/T **etw ~** avoir qc sur soi; **j-n ~** être accompagné de qn
dabeisein → dabei
dabeisitzen V/I, **dabeistehen** V/I y être, assister
dableiben V/I rester
Dach N toit *m*; **kein ~ über dem Kopf haben** être à la rue; être sans abri; *fig* **unter ~ und Fach sein** être terminé; *umg* **eins aufs ~ bekommen** *umg* en prendre pour son grade
Dachboden M combles *mpl*; grenier *m* **Dachdecker** M couvreur *m* **Dachdeckerei** F atelier *m bzw.* métier *m* de couvreur **Dachfenster** N lucarne *f* **Dachgarten** M → Dachterrasse **Dachgepäckträger** M galerie *f* **Dachgeschoss**, *österr* **Dachgeschoß** N étage mansardé; mansarde(s) *f(pl)* **Dachkammer** F mansarde *f* **Dachlawine** F paquet *m* de neige qui se détache d'un toit **Dachleiter** F échelle *f* de couvreur **Dachluke** F tabatière *f* **Dachorganisation** F organisation *f* de contrôle; organisme *m* de coordination **Dachpappe** F carton bitumé **Dachrinne** F gouttière *f*; chéneau *m*
Dachs M blaireau *m*
Dachschaden M *umg* **du hast wohl einen ~!** *umg* ça va pas la tête?
Dachstuhl M charpente *f* du toit
dachte → denken
Dachterrasse F (toiture *f* en) terrasse *f* **Dachwohnung** F appartement *m* sous les toits **Dachziegel** M tuile *f*
Dackel M basset allemand; teckel *m*
dadurch ADV 1 *räumlich* par là 2 *Mittel, Grund, Umstand* de cette manière, façon; par ce moyen; **~, dass** comme; du fait que
dafür ADV 1 pour cela; **ich habe zehn Euro ~ bezahlt** je l'ai payé dix euros; **ich kann nichts ~** je n'y peux rien; ce n'est pas ma faute 2 *beim Tausch* en échange; à la place 3 *zum Ausgleich* en retour; en compensation 4 *mit Bezug auf Vorhergehendes* y; en; **ich werde ~ sorgen** je m'en occuperai; j'y veillerai 5 *(zugunsten)* **~ sein** être pour; **(nicht) ~ sein, dass …** (ne pas) approuver que … 6 *(in Anbetracht dessen)* **~, dass er erst zwei Jahre alt ist, …** pour (être âgé de) deux ans, …
dag ABK (Dekagramm) *österr* décagramme *m*
dagegen ADV 1 contre (cela); **~ sein** être contre; ne pas être d'accord; **ich bin ~, dass …** je m'oppose à ce que … *(+ subj)* 2 *bei Vergleich* en comparaison; → dagegenhalten 2 3 *(zum Ausgleich)* en retour; en revanche 4 *(jedoch)* par contre; au contraire
dagegenhalten V/T 1 *erwidernd* objecter 2 *umg vergleichend* **etw ~** comparer qc à, avec cela
daheim ADV chez moi *bzw.* nous; à la maison

daheimbleiben VI rester chez soi, à la maison
daher A ADV 1 *räumlich* de là; en; de ce côté-là; de cet endroit 2 *(durch diesen Umstand)* de là; **das kommt ~, dass …** cela vient de ce que … B KONJ 1 *Grund* c'est, voilà pourquoi 2 *Folge* par conséquent
dahergelaufen ADJT *pej* venu, sorti d'on ne sait où
daherreden VI *pej* parler pour ne rien dire
dahin ADV 1 *räumlich* là; là-bas; à cet endroit-là; y; **bis ~** jusque-là 2 *zeitlich* **bis ~** jusque-là; d'ici là 3 *(vergangen)* passé; *(weg)* parti 4 **sich ~ (gehend) äußern, dass …** s'exprimer en ce sens que …; **es ~ bringen, dass …** arriver, parvenir, réussir à *(+ inf)*
dahinauf, **dahinaus** ADV *gehen etc* par ici; par là **dahinein** ADV *gehen etc* par ici
dahingehen *geh* VI s'en aller
dahingestellt ADJT **~ sein lassen** laisser en suspens
dahinsiechen *geh* VI dépérir
dahinten ADV là-bas (derrière)
dahinter ADV (là-)derrière
dahinterklemmen *umg* VR **sich ~** s'atteler à la tâche; *umg* s'accrocher **dahinterknien** *umg* VR **sich ~** s'atteler à la tâche; *umg* s'accrocher **dahinterkommen** *umg* VI éventer la mèche; *umg* découvrir le pot aux roses
dahinterstecken *umg* VI **sie steckt dahinter** elle est derrière; **da steckt etwas dahinter** il y a qc là-dessous; il y a anguille sous roche
dahinüber ADV *(obendrüber)* par-dessus; *(dorthin)* là-bas
dahinunter ADV là en bas; **wir müssen ~** nous devons descendre par ici, par là
dahinvegetieren VI végéter
Dahlie F dahlia *m*
dalassen *umg* VT laisser là **daliegen** VI être (étendu) là
dalli *umg* ADV **~, ~!** *umg* et plus vite que ça!; *umg* et que ça saute!
Dalmatiner M *Hund* dalmatien *m*
damalig ADJ d'alors; de cette époque
damals ADV alors; à cette époque; **seit ~** depuis lors
Damast M damas *m*
Dame F dame *f*; *Schachfigur* reine *f*; *(Tanzpartnerin)* cavalière *f*; **~ spielen** jouer aux dames (! Plural); **junge ~** jeune fille; **meine ~n und Herren!** Mesdames, Messieurs! (! jeweils groß- und zusammengeschrieben)
Damebrett N damier *m*
Damenbinde F serviette *f* hygiénique **Damenfahrrad** N bicyclette *f* de femme; vélo *m* (de) femme **Damenfriseur** M coiffeur *m* pour dames **Damenfußball** M football féminin **damenhaft** ADJ de (grande) dame; distingué; *übertrieben* guindé **Damenoberbekleidung** F vêtements *mpl* pour, de femmes; prêt-à-porter féminin **Damenrad** N vélo *m* (de) femme **Damentoilette** F toilettes *fpl* pour dames **Damenunterwäsche** F lingerie *f*; sous-vêtements féminins **Damenwahl** F quart d'heure américain
Damespiel N jeu *m* de dames
Damhirsch M daim *m*
damit A ADV 1 avec cela 2 *mit Bezug auf Vorhergehendes* en; y; **was willst du ~ sagen?** que veux-tu dire par là?; **was macht er ~?** qu'en fait-il?; **wie steht es ~?** où en sont les choses? B KONJ **~ …** *(+ ind)* afin de *(+ inf)*; afin que … *(+ subj)*
dämlich *umg* ADJ bête; stupide; *Person a.* niais; *umg* godiche
Damm M 1 *(Bahndamm)* remblai *m*; *(Staudamm)* barrage *m*; *(Deich)* digue *f*; *(Hafendamm)* jetée *f*; môle *m* 2 *(aufgeschütteter Weg)* chaussée *f* 3 ANAT périnée *m* 4 *umg* **nicht auf dem ~ sein** ne pas être dans son assiette; *umg* être mal fichu
dämmerig ADJ *abends* déjà sombre; crépusculaire; *morgens* encore sombre; **es wird schon ~** la nuit tombe
Dämmerlicht N demi-jour *m*; pénombre *f*
dämmern V/UNPERS 1 **es dämmert** *morgens* il commence à faire jour, *abends* à faire nuit 2 *umg fig* **es dämmert mir** je commence à y voir (plus) clair
Dämmerung F *abends* crépuscule *m*; déclin *m* du jour; *morgens* aube *f*; point *m* du jour
dämmrig → dämmerig
Dämmung F TECH isolation *f*
Dämon M démon *m* *(a. fig)* **dämonisch** ADJ démoniaque; diabolique
Dampf M vapeur *f*; *umg fig* **~ ablassen** laisser exploser sa colère; décharger sa bile; *umg* **~ hinter etw** *(akk)* **machen** activer qc; *umg* **j-m ~ machen** *umg* secouer, bousculer qn
Dampfbad N bain *m* de vapeur; bain turc
Dampfbügeleisen N fer *m* à vapeur
dampfen VI dégager de la vapeur; *Speisen* fumer
dämpfen VT 1 *Stoß, Geräusch* amortir; *Licht* tamiser 2 *fig Begeisterung* tempérer; refroidir 3 GASTR (faire) cuire à l'étuvée, à la vapeur
Dampfer M (bateau *m* à) vapeur *m*; *(Überseedampfer)* paquebot *m*; *umg* **auf dem falschen ~ sein** *umg* être à côté de la plaque
Dämpfer M 1 MUS sourdine *f*; *beim Klavier* étouffoir *m* 2 *fig* douche *f*; *umg* **e-n ~ bekommen** être *umg* douché, refroidi

D

D

Dampfkochtopf M cocotte-minute *f*; autocuiseur *m* **Dampflok(omotive)** F locomotive *f* à vapeur **Dampfmaschine** F machine *f* à vapeur **Dampfnudeln** FPL *südd:* (*sorte de*) *quenelles de pâte levée cuites à l'étuvée* **Dampfschiff** N → Dampfer

Dämpfung F 1 *e-s Stoßes, Geräuschs* amortissement *m* 2 *fig des Schmerzes* atténuation *f*; *der Begeisterung* ralentissement *m*; *der Konjunktur* freinage *m*

Dampfwalze F rouleau compresseur

Damwild N daims *mpl*

danach ADV 1 *zeitlich* après cela; (et) puis; (et) ensuite; **zwei Tage ~** deux jours après 2 *räumlich* après; derrière 3 (*entsprechend*) d'après, suivant cela; en conséquence; **es sieht ganz ~ aus** cela en a tout, bien l'air 4 **ich habe ihn ~ gefragt** je le lui ai demandé

Däne M Danois *m*

daneben ADV 1 *räumlich* à côté 2 (*außerdem*) outre cela; à côté de cela; en outre 3 (*gleichzeitig*) en même temps

danebenbenehmen *umg* V/R **sich ~** se conduire mal **danebengehen** V/I 1 *Schuss* passer à côté; manquer sa cible; *Schlag* porter à faux 2 *umg fig* rater; échouer; manquer son but

Dänemark N le Danemark

Dänin F Danoise *f*

dänisch ADJ danois; du Danemark

dank PRÄP grâce à

Dank M remerciement *m*; **(j-m) ~ sagen** dire merci (à qn); remercier (qn); **besten, vielen ~!** merci beaucoup, bien!

dankbar A ADJ 1 (*voller Dank*) reconnaissant (**j-m für etw** à qn de qc) 2 *Publikum* bon 3 *Aufgabe* qui vaut la peine; intéressant B ADV avec reconnaissance

Dankbarkeit F gratitude *f*; reconnaissance *f*

danke INT merci!; **nein ~!** non merci!; **~ sehr, ~ schön!** merci beaucoup, bien!

danken V/T *u.* V/I **j-m für etw ~** remercier qn de, pour qc; **nichts zu ~!** je vous en prie!; (il n'y a) pas de quoi!; de rien!

dankend ADVL **~ ablehnen** refuser poliment; **(Betrag) ~ erhalten** pour acquit

dankenswert ADJ louable; digne de reconnaissance

Dankesbrief M lettre *f* de remerciement

Dankeschön N merci *m*

Dankgebet N prière *f* d'action de grâce **Danksagung** F remerciements *mpl* **Dankschreiben** N lettre *f* de remerciement

dann ADV 1 *zeitlich* (et) alors; puis; ensuite; après; **~ und wann** de temps en temps; de temps à autre; **und was ~?** et puis?; et après?; et alors? 2 (*unter diesen Umständen*) **nur ~, wenn** … seulement dans le cas où …; *umg* **na, ~ eben nicht!** eh bien, tant pis!; **wer ~?** qui donc, alors?; mais alors, qui? 3 (*außerdem*) et puis

daran ADV 1 *räumlich, mit Bezug auf etw* à cela; y; en; **nah ~** tout près; **~ arbeiten** y travailler 2 (*dadurch*) pour cette raison; en; **~ sterben** en mourir

darangehen V/I s'y mettre; **~ zu** (+ *inf*) se mettre à (+ *inf*)

daranmachen *umg* V/R **sich ~** s'y mettre; **sich ~, etw zu tun** se mettre à faire qc

daransetzen V/T **alles ~** mettre tout en œuvre

darauf ADV 1 *räumlich* sur cela; (là-)dessus 2 *zeitlich* après; puis; **~ folgend** suivant; **im Jahr ~** l'année suivante 3 *mit Verben* en; y; **man muss ~ achten** il faut y veiller; **ich gebe mein Wort ~** j'en donne ma parole

darauffolgend ADJT suivant

daraufhin ADV 1 *zeitlich* sur ce; là-dessus; après (cela) 2 (*unter diesem Gesichtspunkt*) de ce point de vue

daraus ADV de cela; par là; en (*a. fig*); **~ wird nichts** cela ne se fera pas

darben *geh* V/I *geh* vivre dans l'indigence

darbieten *geh* V/T (*u.* V/R) **(sich ~** s')offrir; (se) présenter

Darbietung F 1 *geh* présentation *f* 2 THEAT représentation *f*; *im Zirkus* numéro *m*

darf(st) → dürfen

darin ADV (là-)dedans; en cela; y

darlegen V/T exposer **Darlegung** F exposé *m*

Darleh(e)n N prêt *m*; **ein ~ aufnehmen** contracter un prêt

Darm M intestin *m*; *bei Tieren,* (*Wurstdarm*) boyau *m* **Darmflora** F flore intestinale **Darmgeschwür** N ulcère intestinal **Darmgrippe** F grippe intestinale **Darmkrebs** M cancer *m* de l'intestin **Darmspiegelung** F coloscopie *f* **Darmträgheit** F paresse, atonie intestinale **Darmverschluss** M occlusion intestinale

darstellen V/T représenter; *Tatsachen* présenter; exposer; *fig* **etwas ~** avoir de l'allure; bien présenter

Darsteller(in) M(F) acteur, -trice *m,f* **Darstellung** F représentation *f*; *von Tatsachen* présentation *f*; exposé *m*

Darts N (jeu *m* de) fléchettes *fpl*

darüber ADV 1 *räumlich* (au-)dessus; par-dessus; **~ hinaus** au-delà; *fig* en outre; de plus 2 *bei Angaben* plus; **100 Jahre und ~** 100 ans et plus 3 (*währenddessen*) pendant ce temps-là; sur ces entrefaites 4 *mit Verben* **denken Sie ~ nach!**

réfléchissez-y!; pensez-y!; **sich ~ freuen** s'en réjouir; → darüberstehen
darüberstehen VI être au-dessus (de cela)
darum ADV 1 *räumlich* autour 2 *kausal* pour cela, cette raison; **~ war sie so aufgeregt** c'est pourquoi elle était si nerveuse 3 *mit Verben* **ich bitte dich ~!** je t'en prie!; **~ geht es nicht** ce n'est pas de cela qu'il s'agit
darunter ADV 1 *räumlich* (là-)dessous; au-dessous; en dessous; **~ liegen** être en dessous 2 *bei Angaben* à moins; **5 Grad und ~** 5 degrés et moins 3 *(inmitten)* **ist er ~?** est-il parmi eux? 4 *mit Verben* **~ leiden** en souffrir; **was verstehen Sie ~?** qu'entendez-vous par là?
darunterliegen VI *räumlich* être en dessous
Darwinismus M darwinisme *m* **Darwinist(in)** M(F) darwiniste *m/f* **darwinistisch** ADJ darwinien
das SG N A *Artikel Nominativ, akk* le *bzw.* la *bzw.* l'; *gen* du *bzw.* de la *bzw.* de l'; *dat* au *bzw.* à la *bzw.* à l' B DEM PR 1 *adjt* ce *bzw.* cet *bzw.* cette 2 *subst* ce; ceci; cela; *umg* ça; **~ hier** celui-ci *bzw.* celle-ci; **~ da** celui-là *bzw.* celle-là; **~ ist es!** c'est bien ça! C REL PR *Nominativ* qui; *gen* dont; *dat* à qui; *akk* que; *nach präp a.* lequel *bzw.* laquelle
dasein → da
Dasein N existence *f*
dasitzen VI être là; *mit Betonung des Sitzens* être assis (là)
dasjenige DEM PR **der-, die-, dasjenige** 1 *adjt* ce *bzw.* cet *bzw.* cette; *pl* **diejenigen** ces 2 *subst* ce *bzw.* celui *bzw.* celle (qui); *pl* ceux *bzw.* celles (qui)
dass KONJ que
dasselbe DEM PR le *bzw.* la même; **das ist ~** c'est la même chose; c'est pareil; **~ tun** en faire autant
dastehen VI 1 être, se tenir là; *mit Betonung des Stehens* être debout 2 *fig* **gut, schlecht ~** être en bonne, mauvaise posture *od* position
Datei F *bes* IT fichier *m* (de données) **Dateiformat** N IT type *m* de fichier **Dateimanager** M IT gestionnaire *m* de fichiers **Dateipfad** M IT chemin *m* du fichier **Dateityp** M IT type *m* de fichier
Daten NPL 1 → Datum 2 IT données *fpl* 3 *(Angaben)* indications *fpl*; *(Lebensdaten)* dates *fpl*; **technische ~** caractéristiques *fpl* techniques
Datenautobahn F autoroute *f* de l'information **Datenbank** F banque *f* de données **Datenbestand** M base *f* de données **Datenerfassung** F saisie *f* des données **Datenfernübertragung** F transmission *f* de données à distance; télématique *f* **Datenfernverarbeitung** F télétraitement *m* **Datennetz** N réseau *m* informatique **Datensatz** M IT ensemble *m*, jeu *m* de données **Datenschutz** M protection *f* contre les abus de l'informatique, des personnes fichées **Datenschutzbeauftragte(r)** M/F(M) *expert chargé de veiller au respect de la loi contre les abus de l'informatique* **Datenschutzgesetz** N loi *f* contre les abus de l'informatique; *in Frankreich* loi « informatique et libertés » **Datenträger** M support *m* de données **Datentypist(in)** M(F) opérateur, -trice *m,f* de saisie **Datenübertragung** F transmission *f* de données **Datenverarbeitung** F informatique *f*; traitement *m* de l'information, des données
datieren VT *u.* VI dater (**von** de) **Datierung** F datation *f*
Dativ M datif *m* **Dativendung** F désinence *f*, terminaison *f* du datif **Dativobjekt** N complément *m* d'objet indirect
Dattel F datte *f* **Dattelpalme** F dattier *m*
Datum N date *f*; **welches ~ haben wir heute?** le combien sommes-nous?
Datumsangabe F (indication *f* de) date *f* **Datumsgrenze** F GEOG ligne *f* de changement de date **Datumsstempel** M (timbre *m*) dateur *m*
Dauer F 1 *(Zeitraum)* durée *f*; **auf die ~** à la longue 2 *(Dauerhaftigkeit)* durabilité *f*; **von ~ sein** être durable
Dauerarbeitslose(r) M/F(M) chômeur, -euse *m,f* de longue durée **Dauerauftrag** M FIN ordre de virement permanent **Dauerbrenner** M 1 *Ofen* poêle *m* à feu continu 2 *umg fig Film, Theaterstück* spectacle *m* qui tient longtemps l'affiche; *Kuss* (très) long baiser **Dauerfrost** M gel persistant **dauerhaft** ADJ durable; *Material* résistant; solide **Dauerkarte** F (carte *f* d')abonnement *m*
Dauerlauf M course *f* d'endurance; **im ~** au pas de gymnastique
dauern VI durer; **es wird lange ~** ce sera long
dauernd A ADJT continuel; permanent B ADVL *(immer wieder)* continuellement; *(fortwährend)* en permanence
Dauerparker M *umg* voiture *f* ventouse **Dauerregen** M pluie persistante **Dauerstellung** F situation *f* stable; emploi permanent, fixe **Dauerwelle** F permanente *f* **Dauerwurst** F saucisson sec **Dauerzustand** M état permanent
Daumen M pouce *m*; *fig* **j-m die ~ halten, drücken** souhaiter bonne chance à qn; *umg* **über den ~ gepeilt** à vue de nez; *umg* au pif(omètre)
Daunen PL duvet *m* **Daunenbett** N édredon *m* **Daunendecke** F édredon *m*; duvet *m*
davon ADV 1 *räumlich* **20 Meter ~ (entfernt)** à 20 mètres de là 2 *(dadurch)* de cela; en; **was**

habe ich ~? qu'est-ce que j'y gagne? **3** *Teil* en; **ich hätte gern fünf ~** j'en voudrais cinq **4** **~ ist nicht die Rede** il n'en est pas question

davonfahren VI partir (en voiture, *etc*) **davonfliegen** VI s'envoler **davonjagen** VT chasser

davonkommen VI en réchapper; s'en sortir; **mit e-r Verwarnung ~** s'en tirer avec un avertissement

davonlaufen VI s'enfuir; se sauver; **j-m ~** fausser compagnie à qn

davonmachen VR **sich ~** s'esquiver; s'éclipser **davonrennen** VI s'enfuir; se sauver **davonschleichen** VI (*u.* VR **sich ~**) s'esquiver; s'éclipser

davontragen VT **1** (*wegtragen*) emporter **2** *geh fig* **schwere Verletzungen ~** être grièvement blessé **3** *geh Preis, Sieg* remporter

davonziehen VI s'éloigner; partir; SPORT se détacher ([+ *dat*] de)

davor ADV **1** *räumlich* devant (cela) **2** *zeitlich* avant (cela) **3** *mit Bezug auf etw* de cela; en; **er fürchtet sich ~** il en a peur

DAX® M ABK (Deutscher Aktienindex) indice boursier allemand; *in Frankreich etwa* CAC 40

dazu ADV **1** *Zweck* à cela; pour cela; dans ce but **2** (*zu diesem Ergebnis*) **~ wird es nicht kommen** on n'en viendra pas là; **wie kommst du ~, das zu sagen?** comment peux-tu dire cela? **3** (*darüber*) **was sagst du ~?** qu'en dis-tu? **4** *hinzufügend* **(noch) ~** en outre; de plus

dazugeben VT *Geld* donner en plus; GASTR ajouter

dazugehören VI **1** (*dabei sein*) en faire partie **2** (*passen*) *umg* aller avec **3** (*nötig sein*) **dazu gehört Mut** il faut du courage pour cela

dazugehörig ADJ **1** qui en fait partie **2** (*passend*) *umg* qui va avec; correspondant **3** (*nötig*) nécessaire

dazugesellen VR **sich ~** *Person* se joindre à nous, *etc*

dazukommen VI **er kam gerade dazu, als ...** il arriva juste au moment où ...; *fig* **dazu kommt, dass ...** ajoutez à cela que ...

dazulernen VT *u.* VI en apprendre davantage; **er hat nichts dazugelernt** il n'a rien appris de plus

dazusetzen VR **sich ~** s'asseoir à côté d'eux, *etc*; se joindre à eux, *etc*

dazutun *umg* VT ajouter; **ohne mein Dazutun** sans mon aide, mon intervention

dazuzählen VT ajouter

dazwischen ADV **1** *räumlich* entre les deux; *umg* entre; (*darunter*) parmi eux, elles **2** *zeitlich* entre-temps

dazwischenfahren VI, **dazwischenfunken** *umg* VI intervenir énergiquement, vigoureusement; **j-m dazwischenfahren, dazwischenfunken** interrompre qn brusquement

dazwischenkommen VI **1** se coincer **2** *fig* intervenir; survenir; **wenn nichts dazwischenkommt** sauf imprévu

dazwischenliegen VI *räumlich* se trouver, être au milieu, entre (les) deux; *zeitlich* **ein Jahrhundert liegt dazwischen** un siècle s'est écoulé entre-temps

dazwischenreden VI se mêler de la conversation; **j-m ~** interrompre qn

DDR HIST ABK (Deutsche Demokratische Republik) **die ~** la RDA

D-Dur N ré *m* majeur

Deadline F date *f* butoir

Deal *umg* M affaire *f*; transaction *f*

dealen *umg* VI faire le trafic de drogues; *umg* dealer **Dealer** *umg* M revendeur *m* de drogue; deale(u)r *m*

Debakel *geh* N débâcle *f*

Debatte F débat *m* (**über** [+ *akk*] sur); discussion *f* (de) **debattieren** VT *u.* VI débattre, discuter (**über etw** [*akk*] qc)

Debüt N débuts *mpl* (❗ Plural)

Debütant(in) M(F) débutant(e) *m(f)* **debütieren** VI faire ses débuts; débuter

dechiffrieren VT déchiffrer

Deck N SCHIFF pont *m*; **an, auf ~** (*dat*) sur le pont

Deckbett N édredon *m*; couette *f* **Deckblatt** N **1** BOT bractée *f* **2** *von Zigarren* robe *f*; cape *f* **3** TYPO feuille rectificative **Deckchen** N (*Zierdeckchen*) napperon *m*

Decke F **1** (*Bettdecke*) couverture *f*; (*Tischdecke*) nappe *f*; *umg* **unter e-r ~ stecken** être de connivence, *umg* de mèche (**mit** avec) **2** (*Zimmerdecke*) plafond *m*

Deckel M couvercle *m*

decken **A** VT **1** **etw über etw** (*akk*) **~** recouvrir qc de qc **2** *Dach* couvrir; *Tisch* mettre **3** *Kosten, Bedarf* couvrir **4** SPORT marquer **5** (*schützen*) (re)couvrir; protéger **B** VI *Farbe* couvrir **C** VR **sich ~** *Begriffe*, MATH coïncider (**mit** avec); être identique

Deckenlampe F, **Deckenleuchte** F plafonnier *m*

Deckfarbe F peinture couvrante **Deckhaar** N *des Menschen* cheveux *mpl* du dessus; *der Tiere* poils *mpl* du dessus

Deckmantel M *fig* **unter dem ~** (+ *gen*) sous le couvert de

Deckname M pseudonyme *m*

Deckung F **1** (*Schutz*) couverture *f*; protection *f*; **in ~** (*akk*) **gehen** se mettre à l'abri **2** HANDEL couverture *f*; garantie *f* (*a. Versicherung*); *e-s Schecks* provision *f*; *des Bedarfs* satisfaction *f* **3** BOXEN garde *f*; *e-s Spielers* marquage *m*; (*Verteidigung*) défense *f*

deckungsgleich ADJ MATH coïncident; *fig* concordant

Deckweiß N blanc opaque, couvrant

Decoder M décodeur *m*

defekt ADJ (*mangelhaft*) défectueux; (*schadhaft*) endommagé; *Motor a.* en panne; *Ware* avarié

Defekt M **~** (**an** [+ *dat*]) défaut *m* (de); (*Schaden*) dommage *m* (à); *an Motoren a.* panne *f* (de)

defensiv ADJ défensif

Defensive F défensive *f*; **in der ~** sur la défensive

definieren V/T définir **Definition** F définition *f* **definitiv** ADJ définitif

Defizit N déficit *m* (*a. fig*)

defizitär ADJ déficitaire; en déficit

Deflation F déflation *f*

Defloration F défloration *f* **deflorieren** V/T déflorer

deformieren V/T déformer

deftig ADJ **1** *Essen* nourrissant **2** *fig Spaß, Preis* corsé

Degen M épée *f*

Degeneration F BIOL, MED, *fig* dégénérescence *f* **degenerieren** V/I BIOL, *fig* dégénérer (**zu** en)

degradieren V/T dégrader

dehnbar ADJ *durch Wärme* dilatable; *feste Körper*, ANAT extensible; *Metalle* ductile; *fig* élastique

dehnen V/T (*u.* V/R **sich ~**) s'étendre; PHYS (se) dilater; *in die Länge* (s')allonger; *in die Breite* (s')élargir; TECH (s')étirer **Dehnung** F extension *f*; dilatation *f*; allongement *m*; élargissement *m*

Deich M digue *f*

Deichsel F timon *m*

deichseln *umg* V/T *umg* goupiller

dein POSS PR **A** ADJT ton *bzw.* ta (**!** vor Vokal und stummem h wird **ta** zu **ton**); **~ und mein Freund** ton ami et le mien; **e-r ~er Freunde** un de tes amis; *am Briefschluss* **Dein Karl** Charles **B** SUBST **der, die, das Deine** le tien *bzw.* la tienne; *geh* **die Deinen** les tiens; ta famille

deiner *geh* PERS PR de toi

deinerseits ADV de ta part; de ton côté

deinesgleichen PRON ton *bzw.* ta pareil(le), semblable *bzw.* tes pareil(le)s, semblable(s)

deinetwegen ADV **1** (*wegen dir*) à cause de toi **2** (*dir zuliebe*) pour toi **3** (*von dir aus*) quant à toi

deinetwillen ADV **um ~** pour toi

deinige *geh* POSS PR → dein

Deka N *österr* décagramme *m*

Dekade F (*10 Tage*) décade *f*; (*Jahrzehnt*) décennie *f*

dekadent ADJ décadent; en décadence **Dekadenz** F décadence *f*

Dekagramm, *österr* N décagramme *m*

Dekan M *e-r Fakultät*, KATH doyen *m*

Dekanat N *e-r Fakultät*, KIRCHE décanat *m*; KATH doyenné *m*

dekantieren V/T décanter

deklamieren V/T *u.* V/I déclamer (*a. pej*)

deklarieren V/T *förmlich, Waren, Einkünfte* déclarer

deklassieren V/T SPORT, *fig* surclasser

Deklination F ASTRON, GRAM, PHYS déclinaison *f* (**!** Endung) **deklinieren** V/T GRAM décliner

dekodieren V/T décoder

Dekolleté N décolleté *m* **dekolletiert** ADJT décolleté

dekomprimieren V/T IT décompresser; décompacter

dekontaminieren V/T décontaminer

Dekor N décor *m* **Dekorateur(in)** M(F) décorateur, -trice *m,f*; (*Schaufensterdekorateur[in]*) étalagiste *m/f* **Dekoration** F décoration *f*; THEAT décors *mpl* **dekorativ** ADJ décoratif **dekorieren** V/T décorer (**mit** avec; *mit Orden* de)

Dekret N décret *m*

Delegation F délégation *f* **delegieren** V/T déléguer (**in** [+ *akk*], **zu** à) **Delegierte(r)** M/F(M) délégué(e) *m/f*

Delfin[1] M ZOOL dauphin *m*

Delfin[2] N, **Delfinschwimmen** N brasse *f* papillon

delikat ADJ **1** (*fein, heikel*) délicat **2** (*wohlschme-*

Delfin — le dauphin

Delfin — la brasse papillon

D

Demonstration ≠ démonstration

Im Mai 68 gab es in Paris viele **Demonstrationen.**	En mai 68, il y a eu beaucoup de **manifestations.**
La **démonstration** faite par le vendeur était convaincante.	Die **Vorführung** des Verkäufers war überzeugend.

FALSCHE FREUNDE

ckend) délicieux
Delikatesse F régal *m; pl* **~n** épicerie fine **Delikatessengeschäft** N épicerie fine
Delikt N délit *m*
Delinquent M délinquant *m*
Delirium N délire *m;* **im ~ sein** délirer
Delle *umg* F creux *m*
Delphin → Delfin[1], Delfin[2]
Delta N delta *m*
dem *dat sg m, n* → der[1], das
Demagoge M démagogue *m* **demagogisch** ADJ démagogique
demaskieren V/T (u. V/R) (**sich ~** se) démasquer (**als** comme)
Dementi N démenti *m* **dementieren** V/T démentir
dementsprechend A ADJ conforme; approprié; **der Rest ist ~** le reste est à l'avenant B ADV en conséquence
demgegenüber ADV par contre; au contraire **demgemäß** ADV en conséquence **demnach** ADV 1 *(so wie)* d'après cela 2 *(folglich)* en conséquence **demnächst** ADV sous peu
Demo *umg* F *umg* manif *f*
Demographie F démographie *f* **demographisch** ADJ démographique
Demokrat M démocrate *m* **Demokratie** F démocratie *f* **demokratisch** ADJ *Person* démocrate; *Sache* démocratique **demokratisieren** V/T démocratiser
demolieren V/T démolir
Demonstrant(in) M(F) manifestant(e) *m(f)* **Demonstration** F 1 *(Kundgebung)* manifestation *f* 2 *(Vorführung)* démonstration *f*
Demonstrationsrecht N droit *m* de manifester **Demonstrationsverbot** N interdiction *f* de manifester
demonstrativ ADJ démonstratif **Demonstrativpronomen** N *adjektivisches* adjectif démonstratif; *substantivisches* pronom démonstratif
demonstrieren A V/T *(vorführen)* démontrer B V/I POL manifester (**für** pour; **gegen** contre)
demontieren V/T 1 TECH démonter 2 *fig* supprimer graduellement, progressivement
demoralisieren V/T démoraliser
Demoskopie F étude *f* de l'opinion publique
demoskopisch ADJ obtenu par sondage; **~e Umfrage** sondage *m* d'opinion
Demut F humilité *f; (Unterwürfigkeit)* soumission *f*
demütig ADJ humble; *(unterwürfig)* soumis **demütigen** V/T humilier **Demütigung** F humiliation *f*
demzufolge ADV en conséquence
den[1] *akk sg m* → der[1]
den[2] *dat pl* M/F/N → die[2] A
denen *dat pl* M/F/N → die[2] B, C
Den Haag N La Haye
Denkansatz M point *m* de départ; prémisses *fpl* **Denkanstoß** M incitation *f* à réfléchir
denkbar A ADJ imaginable B ADV **~ schlecht** aussi mauvais que l'on peut (s')imaginer
denken A V/T penser; **e-e gedachte Linie** une ligne imaginaire; **wer hätte das gedacht?** qui aurait pu le penser?; **ich dachte, er sei verreist** je croyais qu'il était parti; je le croyais parti B V/I penser (**an** [+ *akk*] à); *(Überlegungen anstellen)* raisonner; *(nachdenken)* réfléchir; méditer; **j-m zu ~ geben** donner à réfléchir, à penser à qn; **wie ~ Sie darüber?** qu'en pensez-vous?; *umg* **wo ~ Sie hin!** quelle idée!; *umg* **denkste!** *umg* tu parles(, Charles)!; **daran ~ zu** (+ *inf*) avoir l'intention de (+ *inf*); **denk daran, dass …** n'oublie pas que …; **ich denke nicht daran, es zu tun** je me garderai bien de le faire C V/R **ich kann es mir schon ~** je vois, je m'imagine ce que c'est; **das habe ich mir gleich gedacht** je m'en doutais; **Sie können sich** *(dat)* **~, dass …** vous comprenez bien que …; **er dachte sich** *(dat)* **nichts (Böses) dabei** il ne pensait pas à mal
Denken N pensée *f*
Denker(in) M(F) penseur, -euse *m,f*
denkfaul ADJ qui n'aime pas réfléchir
Denkfehler M faute *f*, erreur *f* de raisonnement **Denkmal** N monument *m (a. fig)*
Denkmalschutz M protection *f* des monuments; **unter ~ stehen** être classé monument historique
Denkschrift F mémoire *m;* mémorandum *m* **Denksport(aufgabe)** M(F) jeu *m* d'esprit **Denkweise** F manière *f*, façon *f* de penser; tournure *f* d'esprit **denkwürdig** ADJ mémorable
Denkzettel M **j-m e-n ~ verpassen** donner

une leçon à qn

denn A KONJ 1 *begründend* car 2 *geh* (*als*) **mehr ~ je** plus que jamais 3 **es sei ~, dass …** à moins que … ne … (*+ subj*) B *Partikel* donc; **warum ~ nicht?** et pourquoi pas?

dennoch KONJ *u.* ADV cependant; pourtant; toutefois; néanmoins

Dentallabor N laboratoire *m* de prothèse dentaire

Denunziant M dénonciateur *m*; délateur *m* **Denunziation** F dénonciation *f*; délation *f* **denunzieren** V/T dénoncer (**bei** à)

Deo N, **Deodorant** N déodorant *m*

Deoroller M déodorant *m* bille **Deospray** N déodorant *m* aérosol, en bombe

Departement N 1 *schweiz* (*Ministerium*) ministère *m* 2 *frz Verwaltungsbezirk* département *m*

deplatziert ADJT déplacé

Deponie F décharge (publique) **deponieren** V/T mettre en dépôt; déposer; *Müll* mettre à la décharge

Deportation F déportation *f* **deportieren** V/T déporter (**nach** en, à, dans) **Deportierte(r)** M/F(M) déporté(e) *m(f)*

Depot N 1 HANDEL, FIN dépôt *m* 2 (*Lager*) entrepôt *m*

Depp *umg pej* M idiot *m*; imbécile *m*; *umg* ballot *m*

Depression F dépression *f* **depressiv** ADJ dépressif

deprimieren V/T déprimer; **deprimiert sein** *a.* avoir le cafard

Deputierte(r) M/F(M) député(e) *m(f)*

der[1] SG M A *Artikel Nominativ, akk* le *bzw.* la *bzw.* l' B DEM PR 1 *adjt* ce *bzw.* cet *bzw.* cette 2 *subst* **~ da** celui-là *bzw.* celle-là C REL PR *Nominativ* qui; *gen* dont; *nach präp a.* duquel *bzw.* de laquelle; *dat* à qui; *nach präp a.* auquel *bzw.* à laquelle; *akk* que; *nach präp a.* lequel *bzw.* laquelle

der[2] *gen, dat sg f* → die[1] A, B 1

der[3] *gen pl m/f/n* → die[2] A

derart ADV de telle manière, façon; tant; tellement; **~, dass** à tel point que

derartig A ADJ tel; pareil; de ce genre B ADV → derart

derb ADJ 1 (*fest, kräftig*) ferme; solide; fort; (*widerstandsfähig*) résistant 2 (*grob*) rude; grossier; *Worte, Witze* cru; corsé **Derbheit** F rudesse *f*; grossièreté *f*; *von Worten a.* crudité *f*

deren A POSS PR 1 *sg f* son *bzw.* sa *bzw.* ses 2 *pl m/f/n* leur *bzw.* leurs B DEM PR → die[1] B, die[2] B C REL PR → die[1] C, die[2] C

dere(n)twegen A ADV 1 (*wegen derjenigen*) à cause d'elle *bzw.* de lui; (*wegen denjenigen*) à cause d'eux *bzw.* d'elles 2 (*derjenigen zuliebe*) pour elle *bzw.* lui; (*denjenigen zuliebe*) pour eux *bzw.* elles B REL PR à cause de laquelle *bzw.* duquel *bzw.* desquel(le)s

derer DEM PR *gen pl m/f/n* de ceux-ci *bzw.* celles-ci; de ceux-là *bzw.* celles-là; *bei folgendem rel pr* de ceux *bzw.* de celles

dergleichen DEM PR tel; pareil; **und ~ mehr** et autres choses de ce genre; **er tat nichts ~** il n'en fit rien

derjenige → dasjenige **dermaßen** → derart

Dermatologe M, **Dermatologin** F dermatologue *m/f*

derselbe DEM PR le *bzw.* la même **derzeit** ADV en ce moment **derzeitig** ADJ présent; actuel

des *gen sg m, n* → der[1] A, das A

desensibilisieren V/T désensibiliser

Deserteur M déserteur *m* **desertieren** V/I déserter

desgleichen ADV également; de même

deshalb ADV à cause de cela; pour cette raison; pour cela; **~ lehne ich es ab** c'est pourquoi je refuse

Design N design *m*; (*Modedesign als Unterrichtsfach*) stylisme *m*; (*Muster*) dessin *m*

Designer(in) M(F) designer *m/f*; (*Modedesigner[in]*) styliste *m/f*; *bekannter* grand couturier **Designerjeans** F(PL) jean *m od* jeans *mpl* couture **Designermöbel** NPL meubles *mpl* design **Designermode** F mode design, griffée

desillusionieren V/T désillusionner

Desinfektion F désinfection *f* **Desinfektionsmittel** N désinfectant *m* **desinfizieren** V/T désinfecter

Desinteresse N manque *m* d'intérêt (**an** [*+ dat*] pour) **desinteressiert** ADJT indifférent (**an** [*+ dat*] à); détaché (**an etw** [*+ dat*] de qc)

Desktop-Publishing N IT PAO *f*

desolat *geh* ADJ désolant; lamentable

Desoxyribonukleinsäure F acide *m* dé-

---

desinteressiert ≠ désintéressé

Die Schüler schienen **desinteressiert** zu sein.	Les élèves avaient l'air **peu intéressés**.
Les Médecins sans frontières agissent de façon **désintéressée**.	Die Ärzte ohne Grenzen handeln **uneigennützig**.

FALSCHE FREUNDE

soxyribonucléique
Despot M despote *m* **despotisch** ADJ despotique
dessen *gen sg m, n* → der[1] **B, C,** das **B, C;** ~ **ungeachtet** malgré cela; néanmoins; toutefois
Dessert N dessert *m* **Dessertlöffel** M cuillère *od* cuiller *f* à dessert **Dessertteller** M assiette *f* à dessert **Dessertwein** M vin *m* de dessert
Dessous N vêtement *m* de dessous (féminin); *pl* dessous *mpl*
destillieren V/T distiller
desto KONJ d'autant plus; **je eher, ~ besser** le plus tôt sera le mieux
deswegen → deshalb
Detail N détail *m*; **ins ~ gehen** entrer dans les détails
detailliert ADJT détaillé
Detektei F agence *f* de détectives (privés)
Detektiv(in) M(F) détective *m* **Detektivbüro** N agence *f* de détectives (privés) **Detektivroman** M roman policier
Detonation F détonation *f* **detonieren** V/I détoner
Deut M **keinen ~ wert sein** ne pas valoir un sou, *umg* un clou, tripette
deuten **A** V/T interpréter **B** V/I **auf etw** *(akk)* ~ indiquer, montrer qc (du doigt)
deutlich **A** ADJ *(klar)* clair; net; *(leicht zu unterscheiden)* distinct; *(ausgeprägt)* marqué; *(spürbar)* sensible; **j-m etw ~ machen** (dé)montrer qc à qn; **~ werden** *Person* ne pas mâcher ses mots **B** ADV **1** distinctement; **~ schreiben** écrire lisiblement **2** *fig (unverblümt)* franchement
Deutlichkeit F clarté *f*; précision *f*
deutsch **A** ADJ allemand; de l'Allemagne; POL *in zssgn* germano-...; **~-französisch** franco-allemand; *Wörterbuch* allemand-français **B** ADV **~ sprechen** parler allemand; *umg fig* **~ mit j-m reden** dire son fait, parler net à qn
Deutsch N *Sprache, Schulfach* allemand *m*; **auf, in ~** en allemand; *umg* **auf (gut) ~** en clair; *nach Verben des Sagens* carrément; **~ lernen** apprendre l'allemand; **fließend ~ sprechen** parler couramment (l')allemand; **~ sprechend** germanophone; **sie ist gut in ~** elle est bonne en allemand
Deutsche N *Sprache* **das ~** l'allemand *m*; **aus dem ~n** de l'allemand; **im ~n, ins ~** en allemand
Deutsche(r) M/F(M) Allemand(e) *m(f)*
Deutschland N l'Allemagne *f* **Deutschlandlied** N hymne national allemand **Deutschlehrer(in)** M(F) professeur *m/f* d'allemand **deutschsprachig** ADJ *Mensch, Land* de langue allemande; germanophone; *Literatur* d'expression allemande **deutschsprechend** ADJT germanophone **deutschstämmig** ADJ d'origine allemande; de souche allemande **Deutschunterricht** M enseignement *m* de l'allemand; *Schulstunde* cours *m* d'allemand
Deutung F interprétation *f*
Devise F devise *f*
Devisen FPL HANDEL devises *fpl* **Devisenbestimmungen** FPL réglementations *fpl* des changes **Devisengeschäft** N opération *f* de change **Devisenhändler** M agent *m* de change **Devisenmarkt** M marché *m* des devises, des changes **Devisenschmuggel** M trafic *m* de devises
Dezember M (mois *m* de) décembre *m*; → Januar
dezent ADJ discret
dezentral ADJ décentralisé **dezentralisieren** V/T décentraliser
Dezernat N département *m*; service *m*
Dezibel N décibel *m*
Deziliter M *od* N décilitre *m*
dezimal ADJ décimal
Dezimalbruch M fraction décimale **Dezimalrechnung** F calcul décimal **Dezimalstelle** F décimale *f* **Dezimalsystem** N numération décimale **Dezimalzahl** F nombre décimal
Dezimeter M *od* N décimètre *m*
dezimieren V/T décimer
DFB M ABK (Deutscher Fußball-Bund) Fédération allemande de football
dgl. ABK → dergleichen
d. h. ABK (das heißt) c.-à-d.
Dia N diapo *f*
Diabetes M diabète *m* **Diabetiker(in)** M(F) diabétique *m/f*
diabolisch *geh* ADJ diabolique
Diadem N diadème *m*
Diagnose F diagnostic *m* (! maskulin, Endung); **e-e ~ stellen** établir, émettre un diagnostic
diagnostizieren V/T diagnostiquer
diagonal **A** ADJ diagonal **B** ADV diagonalement; en diagonale; *umg* **~ lesen** lire en diagonale
Diagonale F diagonale *f*
Diagramm N diagramme *m*
Diakon M REL diacre *m* **Diakonie** F PROT œuvre *f* d'assistance de l'église évangélique
Diakonisse F PROT diaconesse *f*
Dialekt M dialecte *m*; patois *m* (! **dialecte** ist eher neutral, **patois** meist abwertend)
Dialer M TEL, IT dialer *m*

Dialog M dialogue *m* (*a.* IT) **Dialogfeld** N IT boîte *f* de dialogue
Dialogform F **in ~** sous forme de dialogues; dialogué
Dialyse F dialyse *f* **Dialysezentrum** N centre *m* de dialyse
Diamant M diamant *m* **Diamantring** M bague (ornée) de diamants
diametral ADV **~ entgegengesetzt** diamétralement opposé
Diapositiv N diapositive *f* **Diaprojektor** M projecteur *m* (de diapositives) **Diarahmen** M cadre *m* de diapositive
Diät F régime *m* (alimentaire); **~ halten** suivre un régime; **j-n auf ~** (*akk*) **setzen** mettre qn au régime
Diät... IN ZSSGN diététique **Diätassistent(in)** M(F) diététicien, -ienne *m,f*
Diäten PL indemnité *f* (parlementaire)
Diätjoghurt M *od* N yaourt allégé **Diätplan** M régime *m* **Diätschokolade** F chocolat *m* diététique
dich PERS PR te *bzw.* t'; *unverbunden* toi
dicht **A** ADJ **1** *Menschenmenge, Verkehr* dense (*a.* PHYS); (*gedrängt*), *Gewebe* serré; *Nebel* dense; épais; *Regen, Haar* dru; *Wald* touffu **2** *Gefäß* étanche; *Verschluss, fig* hermétique; *umg* **du bist wohl nicht ganz ~!** *umg* tu n'es pas un peu malade *od* fêlé(, par hasard)? **B** ADV **~ bei** tout près de; **~ hinter, vor j-m** juste derrière, devant qn; **~ besiedelt, ~ bevölkert** *adjt* très peuplé
dichtbesiedelt, dichtbevölkert ADJT → dicht B
Dichte F densité *f* (*a.* PHYS)
dichten[1] → abdichten
dichten[2] V/T *u.* V/I (*schreiben*) composer; écrire; *Verse* faire (des vers)
Dichter(in) M(F) poète *m*, (femme *f*) poète *m*; poétesse *f*; (*Schriftsteller[in]*) écrivain *m*; auteur *m*
dichterisch ADJ poétique
dichthalten *umg* V/I garder bouche cousue; tenir sa langue **dichtmachen** *umg* V/T *u.* V/I fermer (définitivement)
Dichtung[1] F TECH joint *m*
Dichtung[2] F *Kunst, Werk* poésie *f*; (*Literatur*) littérature *f*; *einzelnes Werk* poème *m*; œuvre *f* poétique
Dichtungsgummi N caoutchouc *m* pour joints **Dichtungsring** M, **Dichtungsscheibe** F (rondelle *f* de) joint *m*
dick **A** ADJ épais; *Person, Tier* gros; (*angeschwollen*) enflé; **~ machen** *Essen* faire grossir; Kleid grossir; **~ werden** *Person* grossir; *plus fort* engraisser; **e-n Meter ~ sein** avoir un mètre d'épaisseur; *fig* **mit j-m durch ~ und dünn gehen** aller au bout du monde avec qn **B** ADV **sich ~ anziehen** s'habiller chaudement; **etw ~ unterstreichen** souligner qc d'un gros trait *od* en gras
Dickdarm M gros intestin
Dicke F épaisseur *f*; grosseur *f*; *e-s Menschen a.* embonpoint *m*; corpulence *f*
Dicke(r) *umg* M/F(M) gros bonhomme, grosse bonne femme
Dickerchen *umg* N *umg* petit(e) gros, grosse
dickfellig ADJ *Person* insensible **dickflüssig** ADJ épais; visqueux **Dickhäuter** M pachyderme *m*
Dickicht N fourré *m*; taillis *m*; *fig* maquis *m*
Dickkopf *umg* M *umg* tête *f* de mule, de bois **dickköpfig** *umg* ADJ têtu; buté; *umg* cabochard **dicklich** ADJ rondelet; replet **dickmachen** V/T → dick A **Dickmacher** *umg* M aliment *m* qui fait grossir **Dickmilch** F lait caillé **Dickschädel** M → Dickkopf **Dickwanst** *umg* M *umg* gros lard; *umg* boule *f* de graisse
Didaktik F didactique *f* **didaktisch** ADJ didactique
die[1] SG F **A** *Artikel Nominativ, akk* la *bzw.* le *bzw.* l'; *dat* à la *bzw.* au *bzw.* à l' **B** DEM PR **1** *adjt* cette *bzw.* ce(t) **2** *subst* **~ hier** celle-ci *bzw.* celui-ci; **~ da** celle-là *bzw.* celui-là **C** REL PR *Nominativ* qui; *gen* dont; *nach präp a.* de laquelle *bzw.* duquel; *dat* à qui; *nach präp a.* à laquelle *bzw.* auquel; *akk* que
die[2] PL M/F/N **A** *Artikel Nominativ, akk* les; *gen* des; *dat* aux **B** DEM PR **1** *adjt Nominativ, akk* ces; *gen* de ces; *dat* à ces **2** *subst* **~ hier** ceux-ci *bzw.* celles-ci; **~ da** ceux-là *bzw.* celles-là **C** REL PR *Nominativ* qui; *gen* dont; *nach präp* desquel(le)s; *dat* à qui; *nach präp a.* auxquel(le)s; *akk* que; *nach präp a.* lesquel(le)s
Dieb(in) M(F) voleur, -euse *m,f*
Diebesbande F bande *f* de voleurs **Diebesbeute** F, **Diebesgut** N butin *m*
diebisch **A** ADJ voleur **B** ADV **sich ~ freuen** se réjouir malicieusement
Diebstahl M vol *m* **Diebstahlsicherung** F antivol *m* **Diebstahlversicherung** F assurance *f* contre le vol
diejenige → dasjenige
Diele F **1** (*Fußbodenbrett*) planche *f* **2** (*Flur*) vestibule *m*
dienen V/I servir (**j-m** qn; **als** de); *beim Militär* faire son service militaire; **j-m zu etw ~** servir à qn de qc; **womit kann ich ~?** qu'est-ce que je peux faire pour vous?; **damit ist mir nicht gedient** cela ne m'arrange pas
Diener M **1** domestique *m*; serviteur *m* **2** *umg* (*Verbeugung*) révérence *f*; **e-n ~ machen** s'incliner (devant qn)
Dienerin F domestique *f* **Dienerschaft** F domestiques *mpl*

dienlich ADJT utile; **e-r Sache** (*dat*) **~ sein** servir à qc
Dienst M 1 service *m*; **außer ~** à la, en retraite; **~ haben, im ~ sein** être de service; **~ habend, ~ tuend** → diensthabend, diensttuend 2 **öffentlicher ~** fonction *f* publique 3 (*Gefälligkeit*) service *m*; **j-m e-n ~ erweisen** rendre (un) service à qn
Dienstag M mardi *m*; → Montag **dienstags** ADV le mardi; tous les mardis
Dienstalter N années *fpl* de service; ancienneté *f* **Dienstälteste(r)** M/F(M) le plus ancien, la plus ancienne; le doyen, la doyenne **Dienstantritt** M entrée *f* en service, en fonction, en charge **Dienstaufsicht** F contrôle *m* hiérarchique **Dienstaufsichtsbeschwerde** F plainte *f* hiérarchique **Dienstausweis** M laissez-passer *m*; carte *f* de service **dienstbereit** ADJ serviable; *Apotheke* de garde **Dienstbote** M domestique *m* **diensteifrig** ADJ zélé; empressé **Dienstfahrt** F déplacement *m* de service; mission *f*
dienstfrei ADJ libre; **~ haben** ne pas être de service
Dienstgeheimnis N secret professionnel **Dienstgrad** M grade *m* **diensthabend** ADJT de service; *Arzt* de garde **Dienstleister** M prestataire *m* de services **Dienstleistung** F (prestation *f* de) service *m* **Dienstleistungsbetrieb** M, **Dienstleistungsunternehmen** N prestataire *m* de services **dienstlich** ADJ de service **Dienstmädchen** N bonne *f* **Dienstreise** F déplacement professionnel **Dienstschluss** M fin *f* des heures de service **Dienststelle** F service *m*; bureau *m* **Dienststunden** FPL heures *fpl* de service, de bureau **diensttuend** ADJT de service; *Arzt* de garde **Dienstverhältnis** N situation administrative (d'un fonctionnaire) **Dienstvorschrift** F règlement *m*; MIL consigne *f* **Dienstwagen** M voiture *f* de fonction *od* de service **Dienstweg** M voie *f* hiérarchique **Dienstwohnung** F logement *m* de fonction **Dienstzeit** F 1 *tägliche* temps *m*, heures *fpl* de service 2 (*Dienstjahre*) années *fpl* de service
dies → diese
diesbezüglich ADJ *u.* ADV à cet effet; sous ce rapport; à ce sujet
diese, dieser, dieses DEM PR 1 *adjt* ce *bzw.* cet *bzw.* cette (! die Form **cet** steht vor Vokal oder stummem h); *bei Gegenüberstellung* ce(t) ...-ci *bzw.* cette ...-ci; *pl* ces; **~r Tage** ces jours-ci 2 *subst* celui-ci *bzw.* celle-ci; ceci *od* cela *od umg* ça; *pl* ceux-ci *bzw.* celles-ci; **dies und das** ceci et cela

Diesel M 1 *Fahrzeug, Motor* diesel *m* 2 *Kraftstoff* gasoil *od* gazole *m*
dieselbe DEM PR la *bzw.* le même
Dieselkraftstoff M gasoil *od* gazole *m* **Dieselmotor** M (moteur *m*) diesel *m*
dieser, dieses → diese
diesig ADJ brumeux
diesjährig ADJ de cette année **diesmal** ADV cette fois(-ci) **diesseitig** ADJ qui est en deçà **diesseits** A ADV de ce côté B PRÄP en deçà de
Dietrich M crochet *m*; rossignol *m*
diffamieren V/T diffamer **Diffamierung** F diffamation *f*
Differenz F 1 (*Unterschied*) différence *f* 2 (*Unstimmigkeit*) différend *m* **Differenzial** N AUTO différentiel *m* **Differenzialgetriebe** N engrenage différentiel **Differenzialrechnung** F calcul différentiel **differenzieren** V/T *u.* V/I différencier (*a.* MATH) **differenziert** A ADJT nuancé B ADVL avec nuance
differieren *geh* V/I différer (**um** de)
diffus ADJ 1 OPT diffus 2 *fig* confus
digital ADJ digital; numérique **Digitalanzeige** F affichage digital, numérique **Digitalfernsehen** N télévision *f* numérique **digitalisieren** V/T digitaliser; numériser **Digitalkamera** F appareil *m* photo numérique **Digitalrechner** M calculateur *m* numérique **Digitaltechnik** F technique *f* numérique **Digitaluhr** F montre digitale, à affichage numérique
Diktat N dictée *f*
Diktator M dictateur *m* **diktatorisch** ADJ dictatorial **Diktatur** F dictature *f*
diktieren V/T dicter **Diktiergerät** N dictaphone® *m*
Dildo M godemiché *m*
Dilemma N dilemme *m*
Dilettant(in) M(F) amateur *m*; dilettante *m/f* (*beide a. pej*) **dilettantisch** ADJ en amateur; en dilettante (*beide a. pej*) **Dilettantismus** M amateurisme *m*; dilettantisme *m* (*beide a. pej*)
Dill M aneth *m*
Dimension F dimension *f*
Diminutiv N GRAM diminutif *m* **Diminutivform** F forme diminutive
Dimmer M variateur *m* (de lumière)
DIN® ABK (Deutsche Industrie-Norm[en]) norme(s) industrielle(s) allemande(s)
Dinar M *Währung* dinar *m*
DIN-A4-Blatt N feuille *f* de 21 x 29,7 cm **DIN-Format** N format *m* DIN
Ding N 1 (*Sache*) chose *f*; (*Gegenstand*) objet *m* 2 (*Angelegenheit*) affaire *f*; histoire *f*; **das geht nicht mit rechten ~en zu** c'est une affaire louche;

vor allen ~en avant toute chose; avant tout **3** *geh* **guter ~e sein** être de bonne humeur **4** *umg (Mädchen)* **das arme ~** la pauvre enfant; **dummes ~** (petite) sotte **5** *umg (Dingsda) umg* machin *m; umg* truc *m;* **das ist ja ein ~!** (ah ça,) par exemple!
dingfest ADJ **j-n ~ machen** mettre qn en état d'arrestation
Dings, **Dingsbums, Dingsda** *umg* M/F/N *umg* truc *m; umg* machin *m;* **die (Frau) Dings, Dingsbums, Dingsda** *umg* madame Machin *od* Chose
Dinkel M BOT épeautre *m*
Dino *umg* M, **Dinosaurier** M dinosaure *m*
Diode F ELEK diode *f*
Dioptrie F OPT dioptrie *f*
Dioxin N dioxine *f*
Diözese F KATH diocèse *m*
Dip M GASTR dip *m*
Diphterie F diphtérie *f*
Diphthong M PHON diphtongue *f*
Dipl. ABK (Diplom...) diplômé
Dipl.-Ing. ABK → Diplomingenieur
Diplom N diplôme *m;* brevet *m*
Diplom... IN ZSSGN diplômé **Diplomarbeit** F mémoire *m*
Diplomat(in) M(F) diplomate *m/f*
Diplomatenkoffer M attaché-case *m*
Diplomatie F diplomatie *f (a. fig)* **diplomatisch** ADJ diplomatique *(a. fig); Person* diplomate
Diplomingenieur M ingénieur diplômé
dir PERS PR te *bzw.* t'; *nach präp* toi; *betont* à toi
direkt **A** ADJ direct **B** ADV **1** directement **2** *(live)* **~ übertragen** diffuser en direct **3** *(unmittelbar)* juste (**vorm Haus** devant la maison) **4** *(unverblümt)* carrément
Direktbank F banque directe **Direktflug** M vol direct, sans escale
Direktion F direction *f;* **die ~** *a.* les directeurs *mpl*
Direktmandat N POL mandat direct
Direktor(in) M(F) directeur, -trice *m,f; e-s Gymnasiums* proviseur *m*
Direktorium N comité *m* directeur; direction *f*
Direktübertragung F retransmission *f* en direct **Direktverkauf** M vente directe, sans intermédiaire **Direktwahl** F POL suffrage direct **Direktwerbung** F publicité *f* directe
Dirigent M chef *m* d'orchestre
dirigieren V/T *u.* V/I diriger, conduire (un orchestre, une symphonie)
Dirndl N *Trachtenkleid* robe tyrolienne
Dirne F prostituée *f*
Discjockey M disc-jockey *m*
Disco → Disko
Discounter M WIRTSCH discounte(u)r *m* **Discountgeschäft** N (magasin *m*) discount *m* **Discountpreis** M prix réduit
Disharmonie F **1** dissonance *f* **2** *fig* désaccord *m* **disharmonisch** ADJ discordant
Diskette F disquette *f* **Diskettenlaufwerk** N lecteur *m* de disquettes
Diskjockey → Discjockey
Disko *umg* F discothèque *f; umg* boîte *f* **Diskomusik** F musique *f* disco; disco *m*
Diskont M FIN escompte *m* **Diskontsatz** M taux *m* d'escompte
Diskothek F discothèque *f*
Diskrepanz F écart *m;* divergence *f*
diskret ADJ discret **Diskretion** F discrétion *f*
diskriminieren V/T discriminer **diskriminierend** ADJT discriminatoire **Diskriminierung** F discrimination *f*
Diskus M SPORT disque *m*
Diskussion F discussion *f* (**über** [+ *akk*] de); **etw zur ~ stellen** mettre qc en discussion; **zur ~ stehen** être à débattre; **das steht nicht zur ~** la discussion n'est pas là; *(das kommt nicht infrage)* il n'en est pas question
Diskussionsbeitrag M intervention *f* (dans un débat) **Diskussionsforum** N IT forum *m* (de discussion); groupe *m* de discussion **Diskussionsgegenstand** M objet *m* de la discussion **Diskussionsgrundlage** F base *f* de discussion **Diskussionsleiter(in)** M(F) animateur, -trice *m,f* d'un débat **Diskussionsteilnehmer(in)** M(F) intervenant(e) *m(f)*
Diskuswerfen N lancer *m* du disque
diskutieren V/T *u.* V/I discuter (**[über] etw** [*akk*] sur, de qc)
Dispersionsfarbe F peinture-émulsion *f*
Display N HANDEL présentoir *m;* IT *(Anzeige)* affichage *m; (Datensichtgerät)* visuel *m*
disponieren V/I disposer (**über** [+ *akk*] de)
Disposition F disposition *f* **Dispositionskredit** M découvert autorisé
Disqualifikation F disqualification *f*
disqualifizieren V/T *(u. fig* V/R*)* (**sich ~** se) disqualifier **Disqualifizierung** F disqualification *f*
dissen *Jargon* V/T cracher sur
Dissertation F thèse *f* (de doctorat)
Dissident(in) M(F) dissident(e) *m(f)*
Dissonanz F MUS, *fig* dissonance *f*
Distanz F distance *f*
distanzieren V/R **sich von etw, j-m ~** se désolidariser de qc, qn; prendre ses distances
Distel F chardon *m* **Distelfink** M chardonneret *m*

D

D

Distrikt M district *m*; circonscription *f*
Disziplin F discipline *f*
disziplinarisch ADJ disciplinaire **Disziplinarmaßnahme** F mesure *f* disciplinaire **Disziplinarstrafe** F sanction *f* disciplinaire **Disziplinarverfahren** N procédure *f* disciplinaire
diszipliniert ADJT discipliné
disziplinlos ADJ indiscipliné **Disziplinlosigkeit** F (acte *m* d')indiscipline *f*
dito *umg* ADV idem
Diva F (*Sängerin*) diva *f*; (*Schauspielerin*) star *f*
diverse ADJ divers
diversifizieren V/T *u.* V/I WIRTSCH diversifier **Diversifizierung** F diversification *f*
Dividende F dividende *m* **dividieren** V/T diviser **Division** F division *f*
DJ M ABK (Diskjockey) DJ *m* (disc-jockey)
d. J. ABK (dieses Jahres) de cette année; de l'année en cours
DJH M ABK (Deutscher Jugendherbergsverband) Fédération allemande des Auberges de jeunesse
DLRG F ABK (Deutsche Lebens-Rettungs-Gesellschaft) Société allemande de secours aux noyés
DM ABK (Deutsche Mark) HIST DM *m*
d-Moll N MUS ré *m* mineur
DNA F ABK (deoxyribonucleic acid) ADN *m* **DNA-Test** M test *m* ADN
DNS F ABK (Desoxyribonukleinsäure) ADN *m*
Dobermann M ZOOL doberman *m*
doch A ADV 1 *unbetont* **du kommst ~?** mais tu viendras?; **pass ~ auf!** fais donc attention!; **nicht ~!** mais non!; que non!; *tadelnd* laisse ça!; **ja ~!** mais oui!; en effet!; **du weißt ~, dass** ... tu sais bien que ... 2 *betont* **also ~!** quand même! 3 *als Antwort* **~!** si! B KONJ pourtant; cependant; mais
Docht M mèche *f*
Dock N dock *m* **Dockarbeiter** M docker *m*
Dogge F dogue *m* (! maskulin)
Dogma N dogme *m* **dogmatisch** ADJ dogmatique
Dohle F ZOOL choucas *m*
Doktor M 1 *umg* (*Arzt*) docteur *m*; médecin *m*; **Herr ~!** docteur! 2 **~ der Philosophie, der Rechte** docteur *m* ès lettres, en droit
Doktorarbeit F thèse *f* de doctorat **Doktorhut** M toque carrée de docteur
Doktorin F 1 *umg* (*Ärztin*) doctoresse *f*; (femme *f*) médecin *m* 2 *Akademikerin* docteur *m*
Doktortitel M titre *m* de docteur **Doktorvater** M patron *m* de thèse
Doktrin F doctrine *f*
Dokument N document *m*
Dokumentarbericht M documentaire *m* **Dokumentarfilm** M (film *m*) documentaire *m* **dokumentarisch** ADJ documentaire **Dokumentation** F documentation *f* **dokumentieren** V/T 1 documenter; prouver 2 (*bekunden*) manifester
Dolby-System® N procédé *m* dolby®
Dolch M poignard *m* **Dolchstoß** M coup *m* de poignard
Dolde F BOT ombelle *f*
doll *umg nordd* A ADJ 1 (*großartig*) *umg* formidable 2 (*verrückt*) *umg* dingue 3 (*schlimm*) *umg* terrible B ADV (*sehr*) *umg* terriblement; fortement
Dollar M dollar *m* **Dollarkurs** M cours *m* du dollar **Dollarzeichen** N symbole *m* du dollar
dolmetschen V/I **~ (bei)** servir d'interprète (à); faire l'interprète (auprès de) **Dolmetscher(in)** M(F) interprète *m/f*
Dolomiten PL **die ~** les Dolomites *fpl*
Dom M cathédrale *f*
Domain F IT domaine *m*
Domäne F domaine *m*
domestizieren V/T domestiquer
Domina F *im Bordell etc* dominatrice *f*
dominant ADJ dominant (*a.* BIOL) **dominieren** V/I (pré)dominer
dominikanisch ADJ dominicain; **die Dominikanische Republik** la République dominicaine
Domino N *Spiel* dominos *mpl* **Dominostein** M 1 *Spielstein* domino *m* 2 *bonbon au chocolat fourré à la pâte de fruit*
Domizil *geh* N domicile *m*
Dompteur M, **Dompteuse** F dompteur, -euse *m,f*
Donau die ~ le Danube (! maskulin)
Donauländer NPL pays danubiens
Döner M ABK → Dönerkebab
Dönerkebab M GASTR chiche-kebab *m*; döner *m*
Donner M tonnerre *m*
donnern A *umg* V/T (*schleudern*) *umg* flanquer B V/I 1 *Kanonen* tonner; *Zug* passer avec un bruit de tonnerre 2 *umg* (*schlagen*) cogner (**an** [+ *akk*] à; **gegen** contre) 3 *umg* (*prallen*) **gegen etw ~** *Fahrzeug etc* percuter contre qc C V/UNPERS **es donnert** il tonne
Donnerschlag M coup *m* de tonnerre
Donnerstag M jeudi *m*; → Montag **donnerstags** ADV le jeudi; tous les jeudis
Donnerwetter *umg* N 1 **~!** *zornig umg* tonnerre de Dieu!; *bewundernd umg* merde alors!; **(zum) ~!** *umg* nom d'une pipe!; **wo, zum ~, ist ...?** où diable peut être ...? 2 (*Krach*) *umg* engueulade *f*
doof ADJ bête; idiot; (*langweilig*) *umg* rasant

Doofi *umg* M *umg* bêta, -asse *m,f*; niais(e) *m(f)*; *hum* **Klein ~ (mit Plüschohren)** simplet, -ette *m,f*
Doofmann *umg* M *umg* ballot *m*; *umg* andouille *f*
dopen V/T doper
Doping N dopage *m* (! Endung) **Dopingkontrolle** F contrôle *m* antidopage **Dopingmittel** N dopant *m*
Doppel N double *m* (*a.* TENNIS) **Doppelbelastung** F double tâche *f* **Doppelbett** N lits jumeaux **Doppel-CD** F double CD *m* **Doppeldecker** M *Flugzeug* biplan *m*; *Bus* autobus *m* à impériale **doppeldeutig** ADJ ambigu; équivoque (*a. pej*) **Doppelfehler** M TENNIS double faute *f* **Doppelfenster** N fenêtre *f* à double vitrage **Doppelgänger** M sosie *m* **Doppelhaus** N maisons jumelles **Doppelhochzeit** F double(s) noce(s) *f(pl)* **Doppelkinn** N double menton *m* **Doppelklick** M IT double-clic *m* **doppelklicken** V/I IT cliquer deux fois (**auf** [+ *akk*] sur) **Doppelkopf** M KARTENSPIEL doppelkopf *m* **Doppelleben** N double vie *f* **Doppelmoral** F morale jésuite **Doppelmord** M double assassinat *m* **Doppelname** M nom *m* double **Doppelpass** M FUSSBALL passe redoublée **Doppelpunkt** M deux points *mpl* **Doppelrolle** F double rôle *m* **doppelseitig** ADJ *Anzeige* sur deux pages; *Lungenentzündung* double **Doppelsieg** M double victoire *f* **Doppelstecker** M fiche *f* bipolaire, double **Doppelstunde** F heure *f* double
doppelt **A** ADJ double **B** ADV doublement; **er ist ~ so alt wie ich** il a le double de mon âge; **~ so viel** deux fois plus, autant; *umg* **~ und dreifach** doublement; excessivement; *umg* **das ist ~ gemoppelt** c'est deux fois la même chose
Doppelte(s) N double *m*
Doppeltür F double porte *f* **Doppelverdiener** PL *Ehepaar* ménage *m* à double salaire **Doppelzentner** M quintal *m* **Doppelzimmer** N chambre *f* double

▶ Doppelzimmer

Wer in einem französischen Hotel ein **Doppelzimmer** (**une chambre double**) bucht, wird dort in der Regel ein französisches Bett, **un grand lit** (ca. 140 cm breit), vorfinden. Möchte man das nicht, sollte man gleich bei der Bestellung nach einem Zimmer mit zwei Betten, **une chambre à deux lits**, fragen.

LANDESKUNDE

Dorf N village *m* **Dorfbewohner(in)** M(F) villageois(e) *m(f)* **Dorfjugend** F jeunesse villageoise, du village
dörflich ADJ villageois
Dorftrottel M idiot *m* du village
Dorn M épine *f*; *fig* **er ist mir ein ~ im Auge** il me hérisse; je ne le supporte pas
Dornenhecke F °haie *f* d'épines **Dornenkrone** F couronne *f* d'épines
dornig ADJ épineux
Dornröschen N la Belle au bois dormant
dörren V/T sécher
Dörrfleisch N *südd* viande séchée **Dörrobst** N fruits séchés
Dorsch M petite morue
dort ADV là; à cet endroit-là; **von ~ aus** de là (-bas); **~ drüben** là-bas
dorther ADV **(von) ~** de là; de ce côté-là
dorthin ADV (de ce côté-)là; là-bas; y
dorthinaus ADV (en sortant) par là; *umg* **frech bis ~** *umg* effronté comme pas un
dortig ADJ de là-bas; de cet endroit
Dose F boîte *f*
dösen *umg* V/I somnoler; sommeiller
Dosenbier N bière *f* en boîte(s) **Dosenmilch** F lait concentré (en boîte) (! in Frankreich ist Dosenmilch meist gesüßt) **Dosenöffner** M ouvre-boîte *m*
dosieren V/T doser **Dosierung** F dosage *m*
Dosis F dose *f*
dotieren V/T doter (**mit** de); **gut dotiert sein** être bien rémunéré
Dotierung F dotation *f*
Dotter M *od* N jaune *m* d'œuf
doubeln V/T *u.* V/I FILM doubler
Double N FILM doublure *f*
Dover N Douvres; **die Straße von ~** le pas de Calais
down *umg* ADJ **~ sein** *umg* déprimer
Download M *od* N IT téléchargement *m*
downloaden V/T IT transférer; télécharger
Down-Syndrom N MED trisomie *f* 21
Dozent(in) M(F) chargé(e) *m(f)* de cours; *weitS.* professeur *m* d'université
dozieren V/I *fig iron* pontifier
Dr. ABK (Doktor) Dr (docteur) (! meist ohne Punkt)
Drache M MYTH dragon *m*
Drachen M **1** (*Papierdrachen*) cerf-volant *m* **2** *umg* (*zanksüchtige Frau*) mégère *f* **3** SPORT deltaplane® *m*
Drachenfliegen N deltaplane *m*; vol *m* libre **Drachenflieger(in)** M(F) libériste *m/f*
Dragee N, **Dragée** N dragée *f*
Draht M fil *m* (métallique); POL **heißer ~** téléphone *m* rouge; *umg* **auf ~ sein** être dégourdi,

D

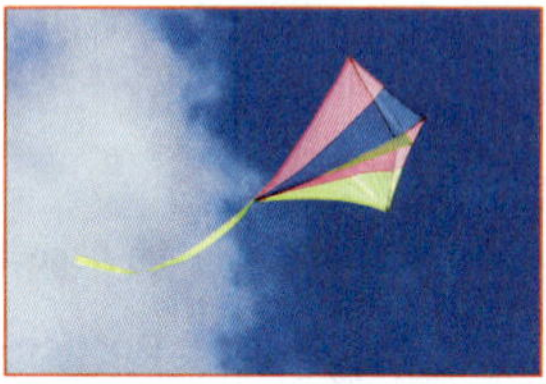

Drachen — le cerf-volant

Drachen — le deltaplane®

malin

Drahtbürste F brosse *f* métallique **Drahtesel** *umg hum* M vélo *m*; *umg* bécane *f* **Drahtglas** N verre armé **drahtig** ADJ *Person* nerveux **drahtlos** ADJ sans fil **Drahtschere** F cisailles *fpl* **Drahtseil** N câble *m* d'acier; *e-s Seiltänzers* corde *f* raide **Drahtseilbahn** F téléphérique *m*; *auf Schienen* funiculaire *m* **Drahtzaun** M grillage *m*

Drahtzieher M *fig* **der ~ sein** tirer les ficelles

drakonisch ADJ draconien

drall ADJ plantureux

Drall M *(Drehbewegung)* rotation *f*

Drama N drame *m* *(a. fig)*

Dramatik F **1** *(Dichtkunst)* drame *m* **2** *fig* intensité *f* dramatique **Dramatiker(in)** M(F) auteur *m* dramatique; dramaturge *m/f* **dramatisch** ADJ dramatique *(a. fig)* **dramatisieren** V/T donner la forme d'un drame à; *fig* dramatiser

Dramaturg(in) M(F) conseiller *m* dramatique **Dramaturgie** F dramaturgie *f*

dran *umg* ADV → daran; **ich bin ~!** c'est mon tour!; c'est à moi!; **arm ~ sein** être à plaindre; *an e-m Gerücht etc* **da ist was ~** il y a du vrai à cela, là-dedans

dranbleiben *umg* V/I *am Telefon* rester à l'écoute, en ligne; **bleiben Sie bitte dran!** ne quittez pas!

drang → dringen

Drang M **1** *(Druck)* pression *f* **2** *(Antrieb)* élan *m* (**nach** vers); désir *m* (de); *(Bedürfnis)* besoin *m* (de)

Drängelei *umg pej* F bousculade *f*

drängeln *umg* V/T *u.* V/I pousser; bousculer

drängen **A** V/T pousser; **j-n ~, etw zu tun** presser qn de faire qc **B** V/I **die Zeit drängt** le temps presse; **auf etw** *(akk)* **~** réclamer, exiger qc **C** V/R **sich ~** se presser; se pousser

drangsalieren V/T tourmenter

drankommen *umg* V/I passer (**als erster** en premier); *in der Schule* être interrogé; **du kommst dran** c'est à toi

drankriegen *umg* V/T *umg* avoir **drannehmen** *umg* V/T prendre; *in der Schule* interroger

drapieren V/T draper

drastisch **A** ADJ frappant; *Maßnahme* radical; *Ausdrucksweise* expressif **B** ADV *Preise* **~ erhöhen** augmenter excessivement

drauf *umg* ADV → darauf; **~ und dran sein, etw zu tun** être sur le point de faire qc; **gut ~ sein** *umg* avoir le moral

Draufgänger M *umg* fonceur *m*; *umg* casse-cou *m* (❗ unveränderlich) **draufgängerisch** ADJ *umg* fonceur; *umg* casse-cou (❗ unveränderlich)

draufgehen *umg* V/I **1** *(sterben)* *umg* y rester **2** **dabei geht viel Geld drauf** on y dépense beaucoup d'argent

draufhaben *umg* V/T **1** *Auto, Motorrad* **achtzig (Sachen) ~** faire du quatre-vingt **2** **nur dumme Sprüche ~** n'avoir que des bêtises à son répertoire; *umg* ne dire que des conneries **3** **was ~** *umg* être fort(iche); *umg* assurer

draufkommen V/I *umg* **ich komm nicht drauf** ça ne me revient pas

drauflegen *umg* V/T mettre dessus; *fig* payer en plus

drauflos ADV droit au but; carrément

drauflosgehen *umg* V/I *umg* y aller carrément **drauflosreden** *umg* V/I parler à tort et à travers

draufmachen V/T *umg* **einen ~** *umg* faire la bringue, la fête

draufzahlen *umg* **A** V/T *(zusätzlich zahlen)* payer en surplus **B** V/I *(Verluste haben)* subir des pertes; être perdant *(a. fig)*

draus *umg* → daraus

draußen ADV dehors; *(im Freien)* en plein air

Dreadlocks PL dreadlocks *fpl*

drechseln V/T tourner; faire au tour **Drechsler** M tourneur *m*

Dreck M **1** *umg* *(Schmutz)* boue *f*; saleté *f*; *von Tieren* crotte *f*; *(Abfälle)* ordures *fpl*; *sl* **das geht dich e-n ~ an** *sl* qu'est-ce que ça peut bien te foutre!; *umg* **sich über jeden ~ ärgern** se fâcher pour un rien; *umg* **sich um jeden ~ kümmern** *umg* fourrer son nez partout; *sl* **j-n wie den letzten ~ behandeln** traiter qn comme le dernier des derniers, *sl* comme une merde **2** *umg* *(Schund)* camelote *f*; saleté *f*

▶ Drama – le drame

Theater	**le théâtre**	ein Stück inszenieren	**monter une pièce**
Theaterstück	**la pièce de théâtre**	Publikum	**le public**
Prosastück	**la pièce en prose**	Schauspieler(in)	**l'acteur** *m* / **l'actrice** *f*
Versdrama	**la pièce en vers**	Rolle	**le rôle**
Drama, Schauspiel	**le drame**	Einleitung	**l'exposition** *f*
Komödie	**la comédie**	Intrige	**l'intrigue** *f*
komisch	**comique**	Knoten, Verwicklung	**le nœud**
Tragödie	**la tragédie**	Höhepunkt	**le point culminant**
tragisch	**tragique**	entscheidende Wende	**le tournant décisif**
die Handlung spielt in …	**l'action se déroule / se passe à…**	überraschende Wende	**le coup de théâtre**
Ausgangspunkt	**le point de départ**	Motiv	**le mobile**
Hauptdarsteller(in)	**le / la protagoniste**	Missverständnis	**le malentendu**
Hauptperson	**le personnage principal**	Lösung	**le dénouement**
Held(in)	**le héros / l'héroïne** *f*	Katastrophe	**la catastrophe**
Monolog	**le monologue**	Charakterkomik	**le comique de caractère**
Dialog	**le dialogue**	Situationskomik	**le comique de situation**
inszenieren	**mettre en scène**	Verwechslung	**le quiproquo**
Regisseur	**le metteur en scène**		
die Inszenierung unterstreicht …	**la mise en scène souligne…**		

WORTFELDER ◀

Dreckarbeit F *fig umg* sale boulot *m*
dreckig *umg* **A** ADJ sale (*a. fig*) **B** ADV **es geht ihm ~** *umg* il est dans la mouise, *sl* dans la merde
Drecksau *sl* F, **Dreckschwein** *sl* N *umg* (espèce *f* de) salaud *m*, salope *f* **Dreckspatz** *umg* M *umg* petit(e) cochon, -onne **Dreckstall** *umg pej* M porcherie *f* **Dreckwetter** *umg* N sale temps *m*
Dreh *umg* M *umg* truc *m*; *umg* combine *f*; **den ~ raushaben** *umg* avoir trouvé le truc, la combine; **um den ~** à peu près
Dreharbeiten FPL tournage *m* (**zu** de) **Drehbank** F tour *m* **drehbar** ADJ pivotant; tournant **Drehbleistift** M portemine *m*; stylomine® *m* **Drehbuch** N scénario *m* **Drehbuchautor(in)** M(F) scénariste *m/f* **Drehbühne** F THEAT plateau tournant; scène tournante
drehen **A** V/T tourner; (*winden*) tordre; *Film* tourner; *Zigarette* rouler **B** V/I *Regisseur, Wind* tourner **C** V/R **sich ~** tourner; *umg* **worum dreht es sich?** de quoi s'agit-il?; *umg* **es dreht sich darum, ob …** la question est de savoir si …
Drehknopf M bouton *m* **Drehkran** M grue pivotante **Drehkreuz** N tourniquet *m* **Drehorgel** F orgue *m* de Barbarie **Drehpause** F arrêt *m* de tournage **Drehscheibe** F **1** EISENBAHN, *fig* plaque tournante **2** TÖPFEREI tour *m* **Drehstuhl** M chaise pivotante **Drehtag** M FILM jour *m* de tournage **Drehtür** F (porte *f* à) tambour *m*; porte tournante
Drehung F tour *m*; rotation *f*; **e-e halbe, ganze ~** un demi-tour, un tour complet
Drehzahl F TECH nombre *m* de tours
Drehzahlbereich M TECH régime *m*; **im oberen, unteren ~** à plein, à bas régime
Drehzahlmesser M compte-tours *m*
drei NUM trois; **~ Viertel** trois quarts (de); *umg* **nicht bis ~ zählen können** *umg* être bête comme ses pieds; → acht
Drei F **1** *Zahl* trois *m*; → Acht[1] **2** *Schulnote* assez bien; *in Frankreich etwa* douze *m*, treize *m* (sur vingt)
drei…, Drei… → **acht…, Acht…**
Dreibettzimmer N chambre *f* à trois lits
dreidimensional ADJ à trois dimensions

D

Dreieck N triangle *m*; (*Zeichenwinkel*) équerre *f* **dreieckig** ADJ triangulaire **Dreiecksverhältnis** *umg* N ménage *m* à trois
dreieinhalb NUM trois et demi
Dreieinigkeit F Trinité *f*
Dreier M trois *m*; → Drei
dreierlei ADJ de trois sortes, espèces différentes
dreifach **A** ADJ triple; → achtfach **B** ADV trois fois (plus); au triple; *falten etc* en trois **Dreifache(s)** N triple *m* **Dreifuß** M trépied *m* **dreihundert** NUM trois cent(s) **dreijährig** ADJ (*drei Jahre alt*) (âgé) de trois ans; (*drei Jahre lang*) de trois ans; qui dure trois ans
Dreikampf M SPORT triathlon *m* **Dreikäsehoch** *umg* M petit bout de chou; *umg* gosse °haut comme trois pommes **Dreiklang** M triple accord *m* **Dreikönige** PL, **Dreikönigsfest** N fête *f* des Rois
dreimal ADV trois fois
Dreimeilenzone F SCHIFF zone *f* (des eaux territoriales) de trois milles marins **Dreimeterbrett** N tremplin *m* de trois mètres
dreinblicken VI **nachdenklich, traurig ~** avoir l'air pensif, triste
dreinreden *umg* VI se mêler (à la conversation); s'en mêler **dreinschlagen** *umg* VI *umg* taper dans le tas
Dreipunktgurt M ceinture *f* (de sécurité à) trois points (d'attache) **Dreirad** N tricycle *m* **Dreisatz** M, **Dreisatzrechnung** F règle *f* de trois **Dreisprung** M triple saut *m* **dreispurig** ADJ *Straße* à trois voies
dreißig NUM trente; **etwa, rund ~ (Personen)** une trentaine (de personnes); **etwa, rund ~ Jahre alt sein** avoir la trentaine; → achtzig
Dreißig F trente *m*
dreißiger ADJ **die ~ Jahre** NPL les années *fpl* trente
dreißigjährig ADJ (*dreißig Jahre alt*) (âgé) de trente ans; (*dreißig Jahre lang*) qui dure trente ans
dreist ADJ effronté; *umg* culotté
dreistellig ADJ de *od* à trois chiffres
Dreistigkeit F audace *f*
Dreitagebart M barbe *f* de trois jours **Dreitagefieber** N fièvre *f* des trois jours **dreitausend** NUM trois mille **dreiteilig** ADJ en trois parties **Dreiviertelstunde** F trois quarts *mpl* d'heure **Dreivierteltakt** M mesure *f* à trois temps; trois-quatre *m* **Dreiwegekatalysator** M catalyseur *m* à trois voies **Dreizack** M trident *m*
dreizehn NUM treize; *umg* **jetzt schlägt's ~!** ça dépasse les bornes!; c'en est trop!; c'est trop; → acht
Dreizimmerwohnung F trois-pièces *m*

Dresche *umg* F *umg* raclée *f*
dreschen VT *u.* VI **1** AGR battre **2** *umg* (*prügeln*) *umg* tabasser; *umg* cogner **Dreschmaschine** F batteuse *f*
Dresden N Dresde
Dress M tenue *f* (de sport)
dressieren VT dresser
Dressing N sauce *f* (de salade)
Dressman M mannequin *m*; (*Fotomodell*) modèle *m*
Dressur F dressage *m* (! Endung, maskulin) **Dressurpferd** N cheval *m* de dressage **Dressurreiten** N (équitation *f* de) dressage *m*
dribbeln VI BALLSPIEL dribbler
driften VI SCHIFF aller à la dérive; POL **nach rechts ~** glisser à droite
Drill M MIL dressage *m*
drillen VT dresser
Drilling M un(e) *m(f)* des triplé(e)s; *pl* **~e** triplé(e)s *m(f)pl*
drin ADV → darin; **das ist (nicht) ~** *umg* ça (ne) marche (pas); **es ist noch alles ~** rien n'est encore joué
dringen VI **1** **aus etw ~** sortir de qc; **in etw** (*akk*) **~** entrer, pénétrer dans qc **2** *geh* **in j-n ~** insister auprès de qn **3** **auf etw** (*akk*) **~** réclamer, exiger qc
dringend **A** ADJ urgent; pressant; *Bitte* instant; *Verdacht* lourd **B** ADV d'urgence; **etw ~ benötigen** avoir un besoin pressant de qc
dringlich ADJ pressant; urgent **Dringlichkeit** F urgence *f* **Dringlichkeitsantrag** M demande *f* de priorité
Drink M drink *m*
drinnen ADV dedans; à l'intérieur
drinstecken *umg* VI être dedans; *fig* **da steckt man nicht drin** impossible de le savoir
dritt ADV **zu ~** à trois; → acht
dritte NUM troisième; **zum Dritten!** *bei Versteigerungen* trois fois!; JUR **e-m Dritten gegenüber** devant un tiers; → achte
Drittel N tiers *m* **dritteln** VT partager en trois **drittens** ADV troisièmement; en troisième lieu
Dritte-Welt-Laden M magasin *m* qui vend des produits du tiers monde
drittgrößte ADJ troisième (de taille)
drittklassig ADJ *pej* de troisième classe, catégorie
DRK N ABK (Deutsches Rotes Kreuz) Croix Rouge allemande
droben *geh* ADV là-haut; en °haut
Droge F drogue *f*; **harte, weiche ~** drogue dure, douce; **unter ~n** (*dat*) **stehen** être drogué

drogenabhängig ADJ dépendant (de la drogue); toxicomane **Drogenabhängige(r)** M/F(M) drogué(e) *m(f)*; toxicomane *m/f*
Drogenberatungsstelle F service *m* d'aide aux toxicomanes **Drogenhandel** M trafic *m* de (la) drogue **Drogenkonsum** M consommation *f* de drogues **Drogenmissbrauch** M abus *m* de drogues **Drogensucht** F toxicomanie *f* **drogensüchtig** → drogenabhängig **Drogenszene** F milieu *m* de la drogue **Drogentherapie** F traitement *m* des toxicomanies **Drogentote(r)** M/F(M) victime *f* d'une overdose
Drogerie F droguerie *f* **Drogist(in)** M(F) droguiste *m/f*
Drohbrief M lettre *f* de menaces
drohen V/I **j-m (mit etw) ~** menacer qn (de qc); **einzustürzen, zu ersticken ~** menacer de s'écrouler, risquer de s'étouffer
drohend ADJT menaçant; *Gefahr* imminent
Drohgebärde F geste menaçant
Drohne F **1** ZOOL faux bourdon **2** *fig pej* parasite *m*
dröhnen V/I résonner; retentir; *Motor* vrombir; **mir dröhnt der Kopf** j'ai la tête qui bourdonne
Drohung F menace *f*
drollig ADJ drôle; amusant
Dromedar N dromadaire *m*
Drops M *od* N bonbon acidulé
drosch → dreschen
Drossel F grive *f*
drosseln V/T *Einfuhr, Geschwindigkeit* limiter; réduire; *Motor* mettre au ralenti; *Gas, Heizung* baisser
drüben ADV de l'autre côté
drüber *umg* → darüber
Druck[1] M **1** (*Drücken*) pression *f* (*a.* PHYS, MED); *e-r Last* poids *m*; pesée *f*; **e-n ~ im Kopf haben** avoir la tête lourde **2** *fig* pression *f*; *umg* **im ~ sein** être bousculé, pressé; **unter ~** (*akk*) **setzen** faire pression sur; presser; **unter ~** (*dat*) **stehen** être sous pression
Druck[2] M TYPO **1** *Verfahren* impression *f*; **im ~ sein** être sous presse **2** *Erzeugnis* impression *f*; (*Abdruck*) tirage *m*; (*Kunstdruck*) gravure *f*
Druckabfall M chute *f* de pression **Druckausgleich** M compensation *f* de pression **Druckbleistift** M stylomine® *m*; portemine *m* **Druckbuchstabe** M caractère *m* d'imprimerie
Drückeberger *umg* M *umg* tire-au-flanc *m*; *umg* planqué *m*
drucken V/T *u.* V/I imprimer; (*abdrucken*) tirer
drücken **A** V/T **1** presser; (*zu eng sein*) serrer; **etw, j-n an sich** (*akk*) **~** serrer qc, qn contre soi; **etw breit, platt ~** écraser, aplatir qc **2** *geh Sorgen etc* oppresser; accabler **3** *Niveau* abaisser **B** V/I *Last* peser; (*zu eng sein*) serrer; **auf etw** (*akk*) **~** appuyer sur qc; *Aufschrift* **~** poussez **C** V/R *umg* **sich ~** se défiler (**vor etw** [*dat*] pour ne pas faire qc)
drückend ADJT lourd; **es ist ~** il fait lourd
Drucker M **1** (*Buchdrucker*) imprimeur *m* **2** IT imprimante *f*
Drücker M (*Türgriff*) poignée *f*; (*Türöffner*) bouton *m*; *umg* **am ~ sitzen** être au poste, aux leviers de commande; *umg* **auf den letzten ~** au dernier moment
Druckerei F imprimerie *f*
Druckerschwärze F encre *f* d'imprimerie
Druckfehler M faute *f* d'impression; coquille *f* **druckfertig** ADJ TYPO bon à tirer **druckfrisch** ADJ qui vient de sortir **Druckkabine** F FLUG cabine pressurisée **Druckknopf** M **1** TECH bouton-poussoir *m* **2** MODE bouton-pression *m* **Druckluft** F air comprimé **Druckmaschine** F machine *f* à imprimer **Druckmittel** N moyen coercitif, de pression
druckreif ADJ prêt à être imprimé; TYPO bon à tirer
Drucksache F imprimé *m*
Druckschrift F **1** *Schriftart* caractères *mpl* typographiques, d'imprimerie; **in ~** (*dat*) en capitales (d'imprimerie) **2** *Schriftwerk* imprimé *m*
Druckstelle F empreinte *f*; marque *f*; *Obst a.* talure *f* **Druckverband** M bandage compressif **Druckwelle** F onde *f* de choc
Druide M druide *m*
drum *umg* ADV → darum; **um etw ~ herum** autour de qc; **das ganze Drum und Dran** (et) tout ce qui s'y rapporte, rattache
drunter *umg* ADV → darunter; **es ging alles ~ und drüber** tout était sens dessus dessous
Drüse F glande *f*
Dschungel M jungle *f* (*a. fig*)
DSL N TEL, IT ABK (Digital Subscriber Line) DSL *m*
dt. ABK (deutsch) allemand
DTP N ABK (Desktop-Publishing) IT PAO *f*
Dtzd. ABK (Dutzend) douzaine
du PERS PR *beim Verb* tu; *alleinstehend od betont* toi; *vor voilà* te; **mit j-m auf Du und Du stehen** être à tu et à toi avec qn; **j-n mit Du anreden** tutoyer qn
Dualsystem N MATH système *m* binaire
Dübel M cheville *f*
dübeln V/T cheviller
dubios ADJ douteux
Dublette F double *m*
ducken V/R **sich ~** **1** se baisser; *zum Schutz* se

blottir **2** *fig* courber l'échine, s'aplatir (**vor** [+ *dat*] devant)
Duckmäuser M sournois *m*; (*Feigling*) couard *m*
dudeln *umg* **A** VT ressasser **B** VI faire de la mauvaise musique **Dudelsack** M cornemuse *f*
Duell N duel *m* **duellieren** VR **sich ~** se battre en duel (**mit** avec; **um** pour)
Duett N MUS duo *m* (de chant); **im ~** en duo
Duft M odeur *f* agréable; parfum *m*; senteur *f*
dufte *umg* ADJ *umg* super (! unveränderlich)
duften VI sentir bon (! **bon** ist hier unveränderlich); **nach etw ~** sentir, fleurer qc
duftend ADJT odorant; qui sent bon
Duftkerze F bougie parfumée **Duftmarke** F ZOOL marque *f* (d'un chien, *etc*) **Duftnote** F (nuance *f* de) parfum *m* **Duftstoff** M parfum *m*; CHEM matière odorante **Duftwolke** F nuage *m* de parfum
dulden VT tolérer; souffrir; supporter **Duldung** F tolérance *f*
dumm **A** ADJ bête; (*töricht*) sot; *plus fort* stupide; idiot; (*unwissend*) ignorant; (*albern*) niais; *umg* **das wird mir zu ~** j'en ai assez **B** ADV *umg* **j-n für ~ verkaufen** prendre qn pour un idiot; **sich ~ stellen** faire l'innocent, la bête
dummdreist ADJ bête et insolent
Dumme(r) M/F(M) **der, die Dumme sein** être le dindon de la farce; *umg* être roulé(e)
dummerweise ADV par bêtise; (*durch misslichen Zufall*) malheureusement
Dummheit F bêtise *f*; sottise *f* **Dummkopf** M sot *m*, sotte *f*; imbécile *m/f*
dümmlich simplet; *umg* bébête
dumpf ADJ **1** *Geräusch, Aufprall* sourd; *Laut* mat **2** *fig* (*unklar*) confus; vague **Dumpfbacke** *umg* F *umg* débile *m/f*
Dumping N dumping *m* **Dumpingpreis** M prix *m* de dumping
Düne F dune *f*
Dung M fumier *m*
Düngemittel N engrais *m* **düngen** VT fertiliser; engraisser; *mit Mist* fumer **Dünger** M engrais *m*
dunkel **A** ADJ **1** sombre; obscur; **es wird ~** il commence à faire nuit; **im Dunkeln** dans l'obscurité **2** *Farben, Haar* foncé; *Teint* basané; *Bier* brun **3** *fig* (*unklar*) obscur; *Ahnung* vague; confus; **im Dunkeln tappen** tâtonner; **j-n über** (+ *akk*) **im Dunkeln lassen** laisser qn dans l'incertitude au sujet de **B** ADV **sich ~ erinnern** (**an** [+ *akk*]) se souvenir vaguement, confusément (de)
Dunkel N obscurité *f* (*a. fig*)
dunkelblau ADJ bleu foncé (! unveränderlich) **dunkelblond** ADJ blond foncé (! unveränderlich) **dunkelhaarig** ADJ brun **dunkelhäutig** ADJ brun (de peau)
Dunkelheit F obscurité *f* (*a. fig*) **Dunkelkammer** F chambre noire **dunkelrot** ADJ rouge foncé (! unveränderlich) **Dunkelziffer** F nombre *m* des cas non recensés
dünn **A** ADJ mince (*a. fig*); *Papier* fin; *Stoff, Kaffee* léger; (*mager*) maigre; *Taille, Haar* fin; (*schütter*) rare; clairsemé; *Flüssigkeit* clair; *Luft* rare; *Faden* ténu; *Stimme* grêle; fluet **B** ADV **etw ~ auftragen** appliquer une couche mince de qc; **~ besiedelt** peu peuplé
Dünndarm M intestin *m* grêle **dünnflüssig** ADJ très fluide, liquide **dünnhäutig** ADJ à la peau fine; *fig* susceptible
dünnmachen *umg* VR **sich ~** *umg* filer (à l'anglaise, en douce)
Dünnpfiff *umg* M, **Dünnschiss** *sl* M *umg* courante *f*; *sl* chiasse *f*
Dunst M brume (légère); (*Ausdünstung*) exhalaison *f*; (*Dampf*) vapeur(s) *f(pl)*; *umg* **keinen (blassen) ~ von etw haben** n'avoir pas la moindre idée de qc
Dunstabzugshaube F °hotte aspirante
dünsten VT cuire à l'étuvée, à la vapeur
Dunstglocke F couche *f* de fumée(s); smog *m* **dunstig** ADJ brumeux
Duo N duo *m*
Duplikat N duplicata *m*; double *m*
Dur N mode, ton majeur
durch **A** PRÄP **1** *räumlich* par; (**quer**) **~** à travers **2** (*mittels*) par **3** *zeitlich* **das ganze Jahr (hin)~** (durant) toute l'année **B** ADV **1** *umg* (*vorbei*) **sechs Uhr ~** six heures passées; **~ sein** *Zug, Briefträger* être passé; *Gesetz* être voté; **mit etw ~ sein** avoir fini qc **2** *umg* **~ und ~** complètement; pleinement; *umg* **~ und ~ nass sein** être trempé jusqu'aux os **3** **~ sein** (*löchrig sein*) être troué, percé; *Käse* être fait; *Fleisch* être bien cuit
durchackern *umg* VT travailler, étudier à fond
durcharbeiten **A** VT **1** étudier à fond **2** **die Pause ~** travailler pendant la pause **B** VI travailler sans interruption **C** VR **sich (durch etw) ~** se frayer un chemin (à travers qc); *fig* avancer péniblement (dans qc)
durchatmen VI (**tief**) **~** respirer à fond
durchaus ADV absolument; **~ nicht** absolument pas; nullement
durchbeißen **A** VT couper en mordant, avec les dents **B** VR *umg* **sich ~** faire son chemin en luttant
durchblättern VT feuilleter; parcourir
Durchblick *umg fig* M (**überhaupt**) **keinen ~**

haben n'y comprendre *od* n'y connaître rien (du tout); **den (absoluten) ~ haben** s'y connaître (très bien)

durchblicken VI regarder à travers; *fig* **~ lassen** laisser entendre; *umg* **da blicke ich nicht durch** je n'y comprends rien

durchbluten VT BIOL irriguer

Durchblutung F irrigation sanguine **Durchblutungsstörungen** FPL troubles *mpl* de la circulation (sanguine)

durchbohren[1] VT *Brett, Wand* percer

durchbohren[2] VT TECH perforer; (trans)percer; *fig* **mit Blicken ~** transpercer du regard

durchboxen *umg* **A** VT *Gesetz, Maßnahmen etc* faire passer *od* adopter **B** VR **sich ~** se frayer brutalement un chemin; *fig* s'en sortir à la force du poignet

durchbraten VT bien cuire, rôtir; *Steak* **gut durchgebraten** bien cuit

durchbrechen[1] **A** VT *Gegenstand* casser **B** VI **1** *(zerbrechen)* se rompre **2** *(einbrechen)* s'enfoncer **3** *(hervorkommen)* sortir

durchbrechen[2] VT *Hindernis* enfoncer; *Blockade* forcer; *fig Regeln* violer

durchbrennen VI **1** *Sicherung* sauter; *Glühbirne* griller **2** *umg fig umg* filer; *Kind* faire une fugue **durchbringen** **A** VT **1** *Gesetz* faire passer, adopter **2** *Kranke* sauver; *Kandidaten* faire réussir **3** *Vermögen* dissiper **B** VR **sich ~** gagner (péniblement) sa vie

Durchbruch M TECH, MIL, SPORT, *fig* percée *f*; *fig* **e-r Sache** *(dat)* **zum ~ verhelfen** faire triompher qc

durchchecken VT contrôler (en détail); vérifier

durchdacht ADJT bien conçu; *Plan* élaboré; préparé; *Antwort* (mûrement) réfléchi **durchdenken** VT examiner à fond

durchdrehen **A** VT *Fleisch* passer au hachoir **B** VI **1** *Räder* patiner **2** *umg umg* disjoncter; *umg* péter les plombs

durchdringen[1] VT *Kälte* transpercer; *Flüssigkeit* imprégner

durchdringen[2] VI *Feuchtigkeit etc* pénétrer (**durch etw** qc); *Nachricht* **~ ([bis] zu)** parvenir (à)

durchdringend ADJT perçant

durchdrücken VT **1** *Knie* tendre **2** *umg fig* (réussir à) imposer

durcheinander ADV pêle-mêle; en désordre; *Person* **ganz ~ sein** *umg* être sens dessus dessous; être tout retourné; → durcheinanderbringen, durcheinanderreden

Durcheinander N désordre *m*; pêle-mêle *m*; *(Wirrwarr)* confusion *f*; chaos *m*

durcheinanderbringen VT mettre en désordre; *Begriffe* confondre; mélanger; **j-n ~** troubler, déconcerter qn

durcheinanderreden VI parler tous à la fois

durchfahren VI ne pas s'arrêter; **e-e Nacht ~** rouler toute une nuit; **durch e-e Stadt ~** traverser une ville

Durchfahrt F passage *m*; **auf der ~ sein** être de passage; **~ verboten** passage interdit

Durchfahrtsstraße F grand axe (de circulation)

Durchfall M **1** MED diarrhée *f* **2** *umg fig* échec *m*

durchfallen VI **1** *(hindurchfallen)* tomber à travers **2** *umg fig* THEAT être un fiasco, *umg* un bide; **in e-r Prüfung ~** *umg* rater un, être collé à un examen

durchfeiern VI **(die ganze Nacht) ~** faire la fête toute la nuit

durchfinden VR **sich ~** s'y retrouver **durchfliegen** VI traverser (en volant); *ohne Unterbrechung* voler sans escale **durchfließen** VI couler à travers

durchfluten *geh* VT *Fluss* couler à travers; *Licht, fig* inonder

durchfragen VR **sich ~** parvenir au but en demandant son chemin

Durchfuhr F HANDEL transit *m*

durchführbar ADJ réalisable; faisable

durchführen **A** VT **1** *(hindurchführen)* guider **2** *Plan* réaliser; *Beschluss* appliquer; *Arbeit* exécuter; *Veranstaltung* organiser **B** VI **~ durch** passer par

Durchführung F réalisation *f*; exécution *f*; organisation *f*

Durchgang M **1** passage *m* **2** *bei Wahl, Wettkampf etc* tour *m*

Durchgangsstraße F axe routier qui traverse une agglomération **Durchgangsverkehr** M traffic *m* de passage

durchgeben VT communiquer; transmettre

durchgefroren ADJ complètement gelé; transi (de froid); **ganz ~ sein** être complètement gelé

durchgehen **A** VT *Schriftstück* examiner **B** VI **1** *(hindurchgehen)* traverser; *umg (durchpassen)* passer (**durch** par); *(weitergehen)* avancer **2** *Weg* aller jusqu'au bout; **~ bis** aller jusqu'à **3** *(andauern)* durer **4** *Pferd* s'emballer; *fig* **s-e Fantasie ging mit ihm durch** il s'est laissé emporter par son imagination **5** *Antrag etc* passer; **etw ~ lassen** laisser passer qc **6** *umg (durchdringen)* passer (**durch** à travers)

durchgehend **A** ADJT *Linie* continu; *Zug* direct **B** ADV **~ geöffnet** ouvert sans interruption, en permanence

D

durchgeknallt *umg* ADJT *umg* givré; **er ist völlig ~** *umg* il a complètement pété les plombs
durchgreifen VI *fig* intervenir énergiquement; *disziplinarisch* sévir
durchgreifend ADJT radical
durchhalten A VT tenir jusqu'au bout de B VI tenir bon, jusqu'au bout, le coup
Durchhaltevermögen N endurance *f*
durchhängen VI 1 s'affaisser; fléchir 2 *umg fig (schlapp sein) umg* être vidé, lessivé **durchkämmen** VT 1 *Haar* démêler 2 *Gelände* passer au peigne fin; ratisser **durchkauen** VT bien mâcher; *umg fig umg* rabâcher **durchkneten** VT *Teig* bien pétrir; *(massieren)* masser
durchkommen VI 1 *(hindurchkommen)* passer à travers; *(durchpassen)* passer (**durch** par) 2 *(durchdringen)* percer 3 *umg* TEL passer 4 *(erfolgreich sein)* parvenir, arriver à son but; *im Examen* réussir; être reçu; *bei Krankheit* s'en tirer; *wirtschaftlich* s'en sortir, tirer
durchkreuzen VT *Pläne* contrarier; contrecarrer; se mettre en travers de
durchlassen VT laisser passer
durchlässig ADJ perméable
Durchlauf M IT passage *m*
durchlaufen[1] A VT *Sohlen* user; trouer B VI 1 *(hindurchlaufen)* passer (**durch** par, à travers) 2 *Flüssigkeiten* couler (par, à travers); *Kaffee* passer 3 *ohne anzuhalten* marcher, courir sans s'arrêter, sans interruption
durchlaufen[2] VT *Strecke* parcourir
durchlaufend ADJT continu (*a.* BAU)
Durchlauferhitzer M chauffe-eau instantané
durchlesen VT *ganz* lire en entier; *flüchtig* parcourir
durchleuchten VT 1 *(röntgen)* passer à la radio(scopie) 2 *fig* tirer au clair **Durchleuchtung** F radio(scopie) *f*
durchlöchern VT perforer; trouer; *fig* saper
durchmachen *umg* VT 1 *Lehre* suivre 2 *(erleiden)* subir; **viel ~** en voir de toutes les couleurs 3 **die Nacht ~** fêter toute la nuit
Durchmesser M MATH diamètre *m*; TECH calibre *m*
durchnässen VT tremper
durchnehmen VT étudier; traiter **durchnummerieren** VT numéroter (d'un bout à l'autre) **durchorganisieren** VT organiser à fond **durchpausen** VT calquer **durchpeitschen** VT 1 fouetter (fort) 2 *umg fig Gesetze etc umg* expédier **durchprobieren** VT essayer, *Speisen* goûter l'un après l'autre
durchqueren VT traverser **Durchquerung** F traversée *f*
durchrasseln *umg* VI *umg* être collé (**in** [+dat] à) **durchrechnen** VT calculer
Durchreiche F passe-plat *m*
Durchreise F passage *m*; **auf der ~ sein** être de passage
durchreisen VI passer (**durch** par)
Durchreisevisum N visa *m* de transit
durchreißen A VT déchirer B VI se rompre; se déchirer
durchringen VR **sich zu etw ~** se résoudre à qc
durchrosten VI être rongé par la rouille
durchrutschen VI 1 glisser à travers 2 *umg bei Prüfungen* **gerade so ~** avoir son examen de justesse
durchs = **durch das**
Durchsage F message *m*
durchsagen VT → durchgeben **durchsägen** VT scier en deux
durchschauen VT *Pläne, Absichten* pénétrer; deviner; **j-n ~** deviner les intentions de qn
durchschimmern VI luire à travers **durchschlafen** VI dormir d'une traite
Durchschlag M 1 *(Kopie)* double *m* 2 GASTR passoire *f*
durchschlagen[1] A VT 1 *(entzweischlagen)* casser en deux 2 *(hindurchschlagen)* enfoncer B VI 1 *Flüssigkeit* passer à travers 2 *fig* réussir; être efficace C VR **sich ~** se frayer (difficilement) un chemin; *(zurechtkommen)* se débrouiller
durchschlagen[2] VT *Geschoss: Mauer* percer
durchschlagend ADJT décisif; percutant; *Erfolg* éclatant
Durchschlagpapier N papier *m* pelure, pour doubles **Durchschlagskraft** F force de pénétration; *fig* efficacité *f*
durchschlängeln VR **sich ~** se faufiler (**durch** à travers) **durchschlüpfen** VI se glisser, se faufiler (à travers) **durchschmoren** *umg* VI brûler; *Draht* griller **durchschneiden** VT couper en deux; trancher
Durchschnitt M moyenne *f*; **im ~** en moyenne
durchschnittlich A ADJ moyen B ADV en moyenne
Durchschnitts... IN ZSSGN moyen **Durchschnittsalter** N âge moyen **Durchschnittseinkommen** N revenu moyen
Durchschnittsgeschwindigkeit F vitesse moyenne; **mit e-r ~ von achtzig Stundenkilometern** à une moyenne de quatre-vingts kilomètres-heure
Durchschnittslohn M salaire moyen **Durchschnittsnote** F moyenne *f* **Durchschnittstemperatur** F température moyenne **Durchschnittswert** M valeur moyenne; MATH moyenne *f*

Durchschrift F double *m*; copie *f*
durchschwitzen VT tremper de sueur
durchsehen A VT *flüchtig* parcourir (du regard); *prüfend* examiner; vérifier; revoir; *Post* dépouiller B VI (*hindurchsehen*) regarder (à travers)
durchsein → durch
durchsetzen A VT *Meinung, Willen* faire adopter; **es ~, dass …** obtenir que … (+ *subj*) B VR **sich ~** arriver à ses fins; *im Leben* se faire respecter; s'imposer
durchsetzt ADJT **~ mit** (entre)mêlé, chargé de
Durchsetzungsvermögen N aptitude *f* à s'imposer; punch *m*
Durchsicht F examen *m*; révision *f*; **nach ~ der Akten** sur le vu des pièces
durchsichtig ADJ transparent (*a. fig*) **Durchsichtigkeit** F transparence *f*
durchsickern VI 1 *Wasser etc* suinter, s'infiltrer (à travers) 2 *fig Nachricht* transpirer
durchsieben VT tamiser; *Grobkörniges* cribler; passer au crible
durchspielen VT 1 jouer jusqu'au bout 2 *fig Möglichkeiten* passer en revue
durchsprechen VT discuter à fond
durchstecken VT faire passer (à travers)
durchstehen VT supporter; surmonter
durchsteigen VI 1 passer (**durch** par) 2 *umg* (*begreifen*) *umg* piger
durchstellen VT TEL passer
durchstöbern *umg* VT *umg* farfouiller dans (**nach** à la recherche de)
durchstoßen VT 1 (trans)percer 2 MIL enfoncer
durchstreichen VT barrer; rayer; biffer
durchstreifen VT flâner par, dans, à travers
durchsuchen VT fouiller (**nach** à la recherche de)
Durchsuchung F fouille *f* **Durchsuchungsbefehl** M mandat *m* de perquisition
durchtanzen VT **die Nacht ~** passer la nuit à danser
durchtrennen VT couper (en deux) **durchtreten** VT *Gaspedal* appuyer à fond sur
durchtrieben ADJT rusé **durchwachsen** ADJT 1 *Fleisch* persillé; entrelardé 2 *umg* (*mal gut, mal schlecht*) comme ci, comma ça
durchwählen VI TEL faire le numéro directement
Durchwahl(nummer) F TEL numéro *m* de sa, *etc* ligne directe
durchwandern VT traverser, parcourir à pied
durchwärmen VT bien chauffer **durchwaschen** *umg* VT laver
durchweg ADV sans exception; entièrement
durchwühlen VT fouiller dans (**nach** à la recherche de)
durchwurs(ch)teln VR **sich ~** s'en tirer tant bien que mal, vaille que vaille
durchzecht ADJT *Nacht* de beuverie
durchziehen A VT 1 *Faden* passer 2 *Linie* tirer; tracer 3 *umg* (*durchführen*) aller jusqu'au bout de B VI 1 *durch Gebiet* passer 2 GASTR macérer
Durchzug M courant *m* d'air
durchzwängen VR **sich ~** passer, se glisser avec peine à travers
dürfen A V/AUX *de mode* 1 (*die Erlaubnis haben*) avoir la permission, le droit de; pouvoir; **das hättest du nicht tun ~** tu n'aurais pas dû faire cela; **wenn ich fragen darf** si je peux vous le demander 2 (*Grund haben*) pouvoir 3 (*wahrscheinlich sein*) **das dürfte stimmen** cela devrait, doit être juste 4 **was darf es sein?** qu'est-ce que vous désirez? B VT *u.* VI avoir la permission (de); **darf ich?** puis-je?; est-ce que je peux?; **sie darf alles** elle a le droit de tout faire; elle a tous les droits
dürftig ADJ (*unzureichend*) insuffisant; médiocre; (*armselig*) pauvre; (*kümmerlich*) pitoyable
dürr ADJ sec (*a. fig*)
Dürre F sécheresse *f* (*a. fig*)
Durst M soif *f* (**auf** [+ *akk*] de); **~ haben** avoir soif; **auf etw** (*akk*) **~ haben** avoir envie de boire qc; *umg* **(einen) über den ~ getrunken haben** avoir bu un coup de trop
durstig ADJ assoiffé; **~ sein** avoir soif
durstlöschend, **durststillend** ADJT désaltérant **Durststrecke** F période *f* de vaches maigres; traversée *f* du désert
Dusche F douche *f*; **e-e kalte ~** une douche froide (*a. fig*)
duschen A VT doucher B VI (*u.* VR **sich ~**) se doucher; prendre une douche
Duschgel N gel moussant **Duschkabine** F cabine *f* de douche **Duschraum** M (salle *f* de) douche(s) *f(pl)* **Duschvorhang** M rideau *m* de douche
Düse F (*Schubdüse*), FLUG tuyère *f*; *am Schlauch etc* buse *f*; *am Vergaser* gicleur *m*
Dusel *umg* M *umg* veine *f*; *umg* pot *m*; **~ haben** *umg* avoir de la veine, du pot
Düsenantrieb M propulsion *f* par réaction **Düsenflugzeug** N avion *m* à réaction; jet *m* **Düsenjäger** M chasseur *m* à réaction **Düsentriebwerk** N turboréacteur *m*
Dussel *umg* M idiot(e) *m(f)*
duss(e)lig *umg* ADJ idiot; stupide
düster ADJ sombre (*a. fig*); (*bedrückend*) morne; *plus fort* lugubre
Duty-free-Shop M boutique franche, °hors taxes
Dutzend N douzaine *f*; *pl* **~e (von) …** (*viele*) des dizaines de …; *umg* **im ~ billiger** moins cher à la douzaine

Dutzendware F marchandise *f* à la douzaine, ordinaire **dutzendweise** ADV par douzaines
duzen V/T (u. V/R) (**sich ~** se) tutoyer
DV F ABK → Datenverarbeitung
DVD F ABK (digital versatile disk) DVD *m* (! unveränderlich, maskulin) **DVD-Brenner** M graveur *m* de DVD **DVD-Laufwerk** N lecteur *m* (de) DVD **DVD-Player** M lecteur *m* de DVD **DVD-Rekorder** M enregistreur *m* DVD **DVD-Spieler** M lecteur *m* de DVD
Dynamik F PHYS, *fig* dynamique *f*; *fig a.* dynamisme *m* **dynamisch** ADJ dynamique (*a. fig*)
Dynamit N dynamite *f*; **mit ~ sprengen** dynamiter
Dynamo M dynamo *f*
Dynastie F dynastie *f*
D-Zug M (train *m*) rapide *m*

E

E, e N 1 E, e *m* 2 MUS mi *m*
Ebbe F marée descendante; reflux *m*; *zurückgegangen* marée basse; **~ und Flut** marée *f*; **es ist ~** la mer est basse; c'est marée basse
eben A ADJ 1 *Gelände, Weg* plat 2 MATH plan 3 (*glatt*) lisse; uni B ADV 1 (*gerade, genau*) justement; précisément; **nicht ~ freundlich** pas vraiment aimable; **das ist es ja ~** c'est cela même 2 (*nun einmal*) **das ist ~ so** c'est comme ça 3 (*soeben*) **~ etw angefangen haben** venir (justement) de commencer qc; **~ wollte ich es sagen** j'allais (justement) le dire
Ebenbild N portrait *m*; image *f*
ebenbürtig ADJ d'égale valeur; de même niveau; **einander ~ sein** se valoir
ebenda ADV *bei Zitaten* ibidem **ebendasselbe, ebenderselbe** DEM PR juste le *bzw.* la même **ebendeshalb, ebendeswegen** ADV c'est justement pour ça; voilà justement pourquoi **ebendieselbe** DEM PR juste la *bzw.* le même
Ebene F 1 plaine *f* 2 MATH, TECH plan *m* 3 *fig* plan *m*; niveau *m*; échelon *m*; **auf politischer ~** sur le plan politique
ebenerdig ADJ au niveau du sol
ebenfalls ADV également; pareillement; **danke, ~!** merci, à vous aussi!
Ebenholz N ébène *f* **Ebenmaß** N régularité *f*; harmonie *f* **ebenmäßig** ADJ régulier; bien proportionné
ebenso ADV pareillement; de même; aussi; **~ groß wie** (juste) aussi grand que; **es geht mir ~** il en va de même pour moi; **es ~ machen** en faire autant; **~ gut** tout aussi bien; **~ sehr, ~ viel** (tout) autant (**wie** que); juste autant (que); **~ wenig** (tout) aussi peu (**wie** que)
Eber M verrat *m* **Eberesche** F sorbier *m*
ebnen V/T aplanir
E-Book N e-book *m*
EC M ABK (Eurocity-Zug) Eurocity *m*
Echo N écho *m* **Echolot** N radar *m*; sonar *m*
Echse F ZOOL saurien *m*
echt A ADJ véritable; vrai; *Gemälde, Urkunde* authentique; *Haare* naturel; *Metall, Leder* véritable; *Perle* fin B ADV 1 *umg* (*regelrecht*) vraiment 2 **~ deutsch** bien, typiquement allemand
Echtheit F *e-r Urkunde etc* authenticité *f*; *e-r Nachricht* véracité *f*
Eck N *südd, österr* coin *m* (*a. Toreck*); **über(s) ~** en diagonale
EC-Karte F carte *f* eurochèque
Eckball M SPORT corner *m* **Eckbank** F banquette *f* d'angle **Eckdaten** PL données *fpl* de référence
Ecke F 1 coin *m*; (*Winkel*) angle *m*; **gleich um die ~** tout près; (juste) au coin de la rue; *umg* **an allen ~n und Enden** de tous (les) côtés; *umg* **j-n um die ~ bringen** *umg* liquider qn 2 SPORT corner *m*
Eckfahne F SPORT drapeau *m* de corner **Eckhaus** N maison *f* qui fait l'angle **eckig** ADJ anguleux **Eckpfeiler** M pilier *m* d'angle; *fig* pilier *m* **Eckpfosten** M poteau *m* cornier, d'angle **Eckplatz** M (place *f* de) coin *m* **Eckschrank** M armoire *f* d'angle **Eckstein** M BAU, *fig* pierre *f* angulaire, d'angle **Eckstoß** M SPORT corner *m* **Eckzahn** M canine *f*
E-Commerce M e-commerce *m*; commerce *m* électronique
Economyklasse F classe *f* économique
Ecstasy F ecstasy *f*
Ecuador N l'Équateur *m*
Edamer M *ou* ADJ **~ (Käse)** édam *m*
edel ADJ noble; *Wein* fin; *Metall* précieux
Edelgas N gaz *m* rare **Edelholz** N bois précieux **Edelmetall** N métal précieux **Edelstahl** M acier *m* inoxydable **Edelstein** M pierre précieuse; gemme *f* **Edeltanne** F sapin argenté **Edelweiß** N edelweiss *m* **Edelzwicker** M *Wein* Edelzwicker *m*
editieren V/T *Daten* éditer
Editor M IT éditeur *m*
E-Dur N mi *m* majeur
EDV F ABK (elektronische Datenverarbeitung) informatique *f* **EDV-Anlage** F ordinateur *m* **EDV-Spezialist(in)** M(F) informaticien, -ien-

ne *m,f*
Efeu M lierre *m*
Effeff N *umg* **etw aus dem ~ können** savoir qc sur le bout du doigt
Effekt M effet *m* (! Endung) **effektiv** A ADJ (*wirksam*) efficace; (*tatsächlich*) effectif B ADV avec efficacité **effektvoll** ADJ qui fait de l'effet; théâtral
effizient *geh* ADJ efficace **Effizienz** *geh* F efficacité *f*
EG F ABK (Europäische Gemeinschaft) CE *f* (Communauté européenne)
egal *umg* ADJ égal; **das ist ~** c'est pareil, indifférent; **das ist mir ~** ça m'est égal
Egel M sangsue *f*
Egge F °herse *f*
eggen V/T u. V/I °herser
Ego N PSYCH ego *m* **Egoismus** M égoïsme *m* **Egoist(in)** M(F) égoïste *m/f* **egoistisch** ADJ égoïste
Egotrip *umg* M égocentrisme *m*; nombrilisme *m*; **auf dem ~ sein** faire du nombrilisme
egozentrisch ADJ égocentrique
eh A INT eh!; hé! B ADV 1 *bes südd, österr* (*sowieso*) de toute façon 2 **seit ~ und je** depuis toujours
ehe KONJ avant que ... (+ *subj*); *bei gleichem Subjekt* avant de (+ *inf*)
Ehe F mariage *m*; *Kind* **aus erster ~** du premier lit, mariage; **e-e glückliche ~ führen** être heureux en ménage; **die ~ brechen** commettre un adultère
eheähnlich ADJ **in e-m ~en Verhältnis leben** vivre en concubinage, en union libre (**mit** avec)
Eheberater(in) M(F) conseiller, -ère conjugal(e) **Eheberatung** F consultation conjugale **Eheberatungsstelle** F centre *m* de consultation conjugale **Ehebett** N lit conjugal **Ehebrecher(in)** M(F) homme *m*, femme *f* adultère **ehebrecherisch** ADJ adultère **Ehebruch** M adultère *m* **Ehefrau** F épouse *f*; femme *f* **Ehegatte** *geh* M, **Ehegattin** *geh* F époux *m*, épouse *f* **Ehekrach** *umg* M scène *f* de ménage **Ehekrise** F crise conjugale **Eheleben** N vie conjugale **Eheleute** PL époux *mpl*; couple *m* **ehelich** ADJ conjugal; *Kind* légitime **ehelos** ADJ célibataire
ehemalig ADJ ancien (! steht immer **vor** dem Substantiv: mein ehemaliger Chef = mon ancien patron) **ehemals** ADV autrefois; jadis
Ehemann M mari *m* **Ehepaar** N couple *m*; époux *mpl* **Ehepartner** M conjoint *m*
eher ADV 1 (*früher*) plus tôt; avant; **je ~, je lieber** le plus tôt sera le mieux 2 (*mehr*) plutôt 3 (*lieber*) plutôt; de préférence; **~ würde ich ...** j'aimerais mieux...; **das schon ~** plutôt cela 4 (*wahrscheinlicher*) **das ist ~ möglich** c'est plus vraisemblable
Ehering M alliance *f* **Ehescheidung** F divorce *m* **Eheschließung** F mariage *m*
eheste A ADJ le plus tôt possible B ADV **diese Kirschen sind am ~n reif** ces cerises mûrissent les premières
Ehestreit M querelle(s) *f(pl)* de ménage **Eheversprechen** N promesse *f* de mariage **Ehevertrag** M contrat *m* de mariage
ehrbar *geh* ADJ (*angesehen*) honorable; (*rechtschaffen*) honnête **Ehrbegriff** M notion *f* d'honneur
Ehre F honneur *m*; **in ~n halten** *Erinnerung* respecter; *Geschenk* garder avec soin; **j-m, e-r Sache zu ~n** en l'honneur de qn, qc; **j-m die letzte ~ erweisen** rendre les derniers honneurs à qn
ehren V/T honorer (**mit, durch** de); (*achten*) respecter; *Briefanfang* **Sehr geehrter Herr X, ...** (Cher) Monsieur, ...
Ehrenamt N charge *f*, fonction *f* honorifique **ehrenamtlich** A ADJ bénévole; *Tätigkeit* honorifique B ADV à titre honorifique
Ehrenbürger(in) M(F) citoyen, -enne *m,f* d'honneur **Ehrendoktor** M docteur *m* honoris causa **Ehrengast** M invité *m* d'honneur **ehrenhaft** ADJ honorable; respectable **ehrenhalber** ADV honoris causa **Ehrenkodex** M code *m*, règles *fpl* de l'honneur **Ehrenlegion** F Légion *f* d'honneur **Ehrenmann** M homme *m* d'honneur, de bien **Ehrenmitglied** N membre *m* honoraire **Ehrenplatz** M place *f* d'honneur
Ehrenrechte NPL **bürgerliche ~** droits *mpl* civiques
Ehrenrettung F réhabilitation *f*
Ehrenrunde F tour *m* d'honneur; **e-e ~ drehen** SPORT faire un tour d'honneur; SCHULE *iron* redoubler
Ehrensache F affaire *f* d'honneur; *umg* (**das ist doch**) **~!** tu peux compter sur moi *bzw.* nous!
Ehrentag *geh* M journée commémorative **Ehrentor** N SPORT but *m* qui sauve l'honneur **Ehrentribüne** F tribune *f* d'honneur **Ehrenurkunde** F diplôme *m* d'honneur
ehrenvoll ADJ honorable **ehrenwert** ADJ honorable; respectable
Ehrenwort N parole *f* d'honneur; **~!** parole (d'honneur)!
Ehrfurcht F (profond) respect; vénération *f* **ehrfürchtig** ADJ respectueux; déférent **Ehrgefühl** N sens *m* de l'honneur **Ehrgeiz** M ambition *f*

E

ehrgeizig ADJ ambitieux; **~ sein** avoir de l'ambition
ehrlich A ADJ *(aufrichtig)* sincère; franc; *(rechtschaffen)* honnête; intègre; *(anständig)* honorable; **wenn ich ~ bin** pour être franc, sincère B ADV honnêtement; **es ~ mit j-m meinen** agir honnêtement envers qn; **~ gesagt** (à parler) franchement
Ehrlichkeit F *(Aufrichtigkeit)* sincérité *f*; *(Rechtschaffenheit)* honnêteté *f* **ehrlos** ADJ malhonnête; *plus fort* infâme **Ehrung** F hommage *m* **ehrwürdig** ADJ respectable
ei INT oh!; tiens!
Ei N 1 œuf *m*; **~er legen** pondre (des œufs); *umg* **wie aus dem ~ gepellt** tiré à quatre épingles; **sich** *(dat)* **gleichen wie ein ~ dem anderen** se ressembler comme deux gouttes d'eau; *umg* **das sind doch ungelegte ~er!** l'affaire n'est pas mûre, voyons!; *umg* **ach, du dickes ~!** *umg* mince alors! 2 BIOL ovule *m* 3 *sl pl* **~er** *(Hoden) sl* couilles *fpl*
Eibe F BOT if *m*
Eiche F chêne *m*
Eichel F gland *m* **Eichelhäher** M ZOOL geai *m*
eichen V/T étalonner; *Hohlkörper* jauger
Eichhörnchen N écureuil *m*
Eichmaß N étalon *m* **Eichstrich** M marque *f* d'étalonnage
Eid M serment *m*; **e-n ~ leisten, ablegen** prêter serment (**auf** [+ *akk*] sur); **unter ~ aussagen** déposer sous (la foi du) serment
Eidechse F lézard *m*
Eidesformel F formule *f* du serment
eidesstattlich ADJ **~e Erklärung** déclaration *f* tenant lieu de serment
Eidgenosse M, **Eidgenossin** F citoyen, -enne *m,f* suisse **eidgenössisch** ADJ fédéral (suisse)
Eidotter M *od* N jaune *m* d'œuf
Eierbecher M coquetier *m* **Eierkocher** M coquetière *f* **Eierkuchen** M omelette *f* **Eierlikör** M liqueur *f* aux œufs **Eierlöffel** M cuillère *f* à œuf
eiern *umg* V/I 1 *Rad* être voilé; *Schallplatte* être gondolé 2 *Mensch umg* tanguer; tituber
Eiernudeln FPL pâtes *fpl* aux œufs **Eierpfannkuchen** M crêpe (épaisse) **Eierschale** F coquille *f* d'œuf **eierschalenfarben** ADJ coquille d'œuf (! unveränderlich) **Eierschwamm** M, **Eierschwammerl** N *bes österr* chanterelle *f*; girolle *f* **Eierspeise** F plat *m* aux œufs; *österr* œufs brouillés **Eierstich** M GASTR royale *f* **Eierstock** M ANAT ovaire *m*
Eiertanz M *umg* **e-n ~ aufführen** se tortiller, faire des contorsions (pour se sortir d'une situation pénible)
Eiertomate F olivette *f* **Eieruhr** F sablier *m*
Eifer M zèle *m*; *plus fort* ardeur *f*; *(Überstürzung)* empressement *m*; **im ~ des Gefecht(e)s** dans le feu de l'action
Eiferer M fanatique *m*
Eifersucht F jalousie *f* (**auf j-n** contre qn) **eifersüchtig** ADJ jaloux (**auf j-n** de qn) **Eifersuchtsdrama** N drame *m* de la jalousie **Eifersuchtsszene** F scène *f* de jalousie
Eiffelturm der ~ la tour Eiffel
eiförmig ADJ ovoïde; ovale
eifrig A ADJ zélé; *(fleißig)* appliqué B ADV avec zèle, empressement, application
Eigelb N jaune *m* d'œuf
eigen ADJ 1 *besitzanzeigend* propre; à soi; **sich** *(dat)* **etw zu ~ machen** s'approprier qc; *fig* adopter qc 2 *(eigentümlich)* particulier; *(typisch)* caractéristique 3 *(sonderbar)* étrange
Eigenart F particularité *f* **eigenartig** ADJ singulier; étrange **Eigenbedarf** M besoins personnels **Eigenblutbehandlung** F MED autohémothérapie *f* **Eigenbrötler** M original *m*; *pej* ours *m* **Eigendynamik** F dynamique *f* propre **Eigenfinanzierung** F autofinancement *m* **Eigengewicht** N poids *m* propre; *e-s Fahrzeuges* poids mort
eigenhändig ADJ de ma, *etc* (propre) main; *Testament* olographe; **~e Unterschrift** autographe *m*
Eigenheim N maison individuelle **Eigenheit** F particularité *f*; singularité *f* **Eigeninitiative** F initiative personnelle **Eigenkapital** N capital *m* propre **Eigenleben** N vie personnelle
Eigenlob N éloge *m* de soi; *umg* **~ stinkt** l'éloge de soi est détestable
eigenmächtig A ADJ arbitraire B ADV de sa propre autorité; de son propre chef **Eigenname** M nom *m* propre **eigennützig** A ADJ intéressé; *plus fort* égoïste B ADV par intérêt
eigens ADV exprès; spécialement
Eigenschaft F qualité *f*; (trait *m* de) caractère *m*; PHYS, CHEM propriété *f*; **in s-r ~ als** en qualité de
Eigenschaftswort N adjectif (qualificatif)
Eigensinn M entêtement *m*; obstination *f*
eigensinnig ADJ entêté; buté; obstiné; opiniâtre **eigenständig** ADJ autonome **Eigenständigkeit** F autonomie *f*
eigentlich A ADJ véritable; vrai; proprement dit B ADV à vrai dire; proprement (dit); au fait; **~ hat sie Recht** au fond, elle a raison; **was willst du ~?** que veux tu au juste?; **weißt du ~, dass ...?** *(übrigens)* à propos, sais-tu

que ...?

Eigentor N SPORT but *m* contre son propre camp; **ein ~ schießen** marquer un but contre sa propre équipe; *fig* se nuire à soi-même

Eigentum N propriété *f*; **geistiges ~** propriété intellectuelle; **fremdes ~** bien *m* d'autrui

Eigentümer(in) M(F) propriétaire *m/f* **eigentümlich** 1 *(eigen)* particulier; caractéristique 2 *(seltsam)* singulier **Eigentümlichkeit** F 1 particularité *f*; caractéristique *f* 2 singularité *f*; étrangeté *f*

Eigentumsdelikt N JUR délit *m* contre la propriété **Eigentumsrecht** N droit *m* de propriété **Eigentumswohnung** F appartement *m* en copropriété

eigenwillig ADJ 1 *(eigensinnig)* entêté; volontaire 2 *(ungewöhnlich)* particulier; spécial **Eigenwilligkeit** F 1 entêtement *m* 2 particularité *f*

eignen V/T **sich ~** convenir (**für** à; **als** comme); *Person a.* être apte (**für** à)

Eignung F qualification *f*; aptitude *f* **Eignungsprüfung** F, **Eignungstest** M test *m* d'aptitude

Eilbote M **durch ~n** par exprès

Eilbrief M lettre *f* exprès

Eile F °hâte *f*; **in (großer) ~ sein** être (très) pressé; **die Sache hat keine ~** cela ne presse pas

Eileiter M ANAT trompe utérine

eilen A V/I se presser; se dépêcher; se °hâter; **er eilte nach Hause** il courut à la maison B V/R → **beeilen** C V/UNPERS **es eilt** cela presse; c'est urgent

eilends ADV à la hâte; en °hâte

eilig A ADJ pressé; *Sachen a.* urgent; **es ~ haben** être pressé B ADV en °hâte; vite

Eiltempo N *umg* **im ~** *umg* en quatrième vitesse

Eilverfahren N JUR procédure *f* à jour fixe; *fig* **im ~** sommairement

Eilzug M *etwa* (train *m*) express *m* **Eilzustellung** F remise *f* par exprès

Eimer M seau *m*; *umg* **im ~ sein** *umg* être fichu, *sl* foutu

eimerweise ADV par seaux

ein[1] A *unbestimmter Artikel* un *bzw.* une; **er hat ~ spitzes Kinn** il a le menton pointu B NUM 1 *adjt* un *bzw.* une 2 *subst* un *bzw.* une; **~s von beiden** de deux choses l'une 3 **~ bis zwei Tage** un à deux jours; **sein Ein und Alles** tout ce qu'il a de plus cher C INDEF PR **der ~e oder (der) andere** l'un ou l'autre; *umg* **was für ~e, ~er, ~s?** lequel *bzw.* laquelle?

ein[2] ADV 1 **nicht mehr ~ und aus wissen** ne plus savoir où donner de la tête; **bei j-m ~ und aus gehen** avoir ses entrées chez qn 2 *an Geräten* marche

ein... → **acht...**

Einakter M pièce *f* en un acte

einander PRON mutuellement; *akk* l'un(e) l'autre *bzw.* les un(e)s les autres; *dat* l'un(e) à l'autre *bzw.* les un(e)s aux autres

einarbeiten A V/T 1 *in Arbeit* mettre au courant (d'un travail) 2 **~ (in** [+ *akk*]) *Text etc* insérer (dans) B V/R **sich ~** se mettre au courant (d'un travail)

Einarbeitung F mise *f* au courant; entraînement *m* (**in** [+ *akk*] à) **Einarbeitungszeit** F période *f* d'initiation, d'adaptation

einarmig ADJ manchot

einäschern V/T réduire en cendres; *Leichen* incinérer **Einäscherung** F incinération *f*

einatmen A V/T *durch die Nase* inspirer; *durch den Mund* aspirer; *Gas, Rauch* respirer B V/I inspirer

einäugig ADJ borgne

Einbahnstraße F (rue *f* à) sens *m* unique

Einband M couverture *f*; reliure *f* **Einbau** M encastrement *m*; *von Maschinen* montage *m*

einbauen V/T *Möbel* encastrer; *Geräte* monter (**in** [+ *akk*] dans)

Einbauküche F cuisine intégrée **Einbaumöbel** NPL meubles encastrés **Einbauschrank** M placard *m*

einbegriffen ADJT (y) compris

einbehalten V/T retenir; déduire **einberufen** V/T *Versammlung* convoquer; réunir; MIL appeler sous les drapeaux

Einberufung F convocation *f*; MIL appel *m* (sous les drapeaux) **Einberufungsbefehl** M, **Einberufungsbescheid** M MIL (ordre *m* d')appel *m* sous les drapeaux

einbetonieren V/T encastrer, sceller dans du béton

Einbettzimmer N chambre *f* à un lit

einbeulen V/T bosseler; cabosser

einbeziehen V/T **~ (in** [+ *akk*]) intégrer (dans, à); comprendre (dans); inclure (dans)

einbiegen V/I tourner (**links** à gauche; **in** [+ *akk*] dans)

einbilden V/R 1 **sich** (*dat*) **etw ~** s'imaginer, se figurer qc 2 *umg* **sich** (*dat*) **etw auf etw** (*akk*) **~** être fier de qc; **sich** (*dat*) **viel auf etw** (*akk*) **~** tirer vanité de qc

Einbildung F 1 *(Fantasie)* imagination *f* 2 *(Überheblichkeit)* prétention *f*; vanité *f* **Einbildungskraft** F imagination *f*

einbinden V/T (**in** [+ *akk*]) 1 *Buch* relier (en) 2 *fig (einbeziehen)* intégrer (dans, à)

einbläuen V/T *umg* **j-m etw ~** *umg* enfoncer qc dans la tête de qn

E

einblenden A VT ~ (in [+ akk]) FILM, TV insérer (dans); RADIO intercaler (dans) B VR **sich ~ (in** [+ akk]) se brancher (sur)
Einblick M vue f; fig connaissance f; *flüchtiger* aperçu m; fig **in etw** (akk) **~ haben** connaître qc
einbrechen A VT enfoncer B VI 1 *auf dem Eis* s'enfoncer (dans l'eau) 2 *in ein Haus etc* cambrioler (**in etw** [+ akk] qc) 3 *Dunkelheit* tomber

E

Einbrecher(in) M(F) cambrioleur, -euse m,f
Einbrenne F *bes südd, österr* GASTR roux m
einbringen A VT 1 *Ernte* rentrer 2 *Antrag, Klage* déposer 3 *Gewinn* rapporter 4 *Lob, Kritik* valoir B VR **sich ~ (bei, in** [+ akk]) s'investir (dans)
einbrocken VT *Brot* tremper; umg **j-m etw ~** jouer un mauvais tour à qn
Einbruch M 1 JUR effraction f, cambriolage m (**in** [+ akk] de) 2 *von Wasser etc* irruption f; **bei ~ der Dunkelheit** à la nuit tombante
einbruchsicher ADJ *Schloss* incrochetable; *Haus etc* difficile à cambrioler
einbuchten umg VT (*einsperren*) umg coffrer
einbürgern A VT JUR naturaliser B VR **sich ~** *Sitten* s'implanter; passer dans l'usage **Einbürgerung** F JUR naturalisation f; *von Sitten* implantation f
Einbuße F perte f (**an** [+ dat] de)
einbüßen VT u. VI perdre (**an** [+ dat] de) **einchecken** FLUG A VT enregistrer B VI se faire enregistrer **eincremen** VT (u. VR **sich ~**) s'(en)duire de crème **eindämmen** VT *Fluss* endiguer (a. fig); *Brand* circonscrire; maîtriser (a. fig)
eindecken A VT umg **j-n mit Arbeit ~** submerger qn de travail B VR **sich ~** s'approvisionner (**mit** en)
eindeutig ADJ clair; net; sans ambiguïté **Eindeutigkeit** F clarté f; netteté f; précision f
eindeutschen VT germaniser
eindimensional ADJ à une dimension; fig simpliste
eindringen VI pénétrer (**in etw** [akk] dans qc); **in ein Land ~** envahir un pays; **auf j-n ~** assaillir qn (a. fig)
eindringlich A ADJ pressant; insistant B ADV avec insistance; instamment **Eindringlichkeit** F insistance f
Eindringling M intrus m
Eindruck M impression f; **~ machen** faire de l'impression; **auf j-n ~ machen** impressionner qn; **unter dem ~ von** sous l'effet, sous le coup de; umg **~ schinden** umg faire de l'esbroufe, de l'épate
eindrücken VT *Tür* enfoncer; *Glasscheibe* casser; *Weiches* presser
eindrucksvoll ADJ impressionnant
eine → ein[1]
einebnen VT aplanir; niveler; égaliser (*alle a. fig*)
Einehe F monogamie f
eineiig ADJ → Zwilling
eineinhalb NUM un(e) et demi(e)
einengen VT réduire; *Freiheit a.* restreindre; limiter
einer → ein[1] B 2, C
Einer M 1 MATH unité f 2 SPORT skif(f) m
einerlei ADJ (*gleichgültig*) indifférent; **es ist mir ~** cela m'est égal
Einerlei N monotonie f; **das tägliche ~** le train-train de la vie quotidienne
einerseits ADV d'un côté
eines → ein[1] B 2, C
einesteils ADV d'une part (**anderenteils** d'autre part)
Eineurojob M umg job m à un euro (*indemnité sociale plus un euro de l'heure travaillée*)
einfach A ADJ simple; (*nicht schwierig*) facile; (*bescheiden*) modeste B ADV simplement; **ganz ~** purement et simplement; **es ist ~ unglaublich** c'est absolument incroyable
Einfachheit F simplicité f; **der ~ halber** pour plus de commodité
einfädeln A VT 1 *Nadel* enfiler 2 umg fig manigancer; *Verhandlungen* umg emmancher; *Geschäft* lancer B VR **sich ~** *Fahrzeug, Fahrer* s'insérer dans une file
einfahren A VT *Getreide* rentrer; *Auto* roder B VI entrer; *Zug* entrer en gare; *Bergmann* descendre
Einfahrt F entrée f; (*Toreinfahrt*) porte cochère; *Aufschrift* **~ frei halten** sortie de voiture
Einfall M 1 (*Gedanke*) idée f 2 *von Licht* incidence f 3 MIL invasion f
einfallen VI 1 *Gedanken* venir à l'esprit, à l'idée; **dabei fällt mir ein, dass ...** à propos ...; cela me fait penser que ...; umg **was fällt dir ein!** umg qu'est-ce qui te prend! 2 *Licht* entrer; *Strahlen* tomber 3 MIL **in etw** (akk) **~** envahir qc 4 (*einstürzen*) s'écrouler
einfallslos ADJ qui manque d'idées **einfallsreich** ADJ plein d'idées; imaginatif **Einfallswinkel** M PHYS angle m d'incidence
Einfaltspinsel umg pej M nigaud m; umg gogo m **Einfamilienhaus** N maison individuelle
einfangen VT 1 capturer 2 fig *Stimmung* rendre
einfarbig ADJ monochrome; *Stoff* uni
einfassen VT *Edelstein* sertir; MODE border; *Brillengläser* monter **Einfassung** F bordure f; *des Edelsteins* sertissage m; monture f
einfetten VT graisser
einfinden VR **sich ~** venir; se présenter
einfließen VI couler (**in** [+ akk] dans); fig **etw (in etw** [akk]**) ~ lassen** glisser qc (dans qc)

einflößen VT *Arznei* faire prendre; → Furcht
Einflugschneise F FLUG axe balisé (d'atterrissage)
Einfluss M influence *f* (**auf** [+ *akk*] sur); ascendant *m* (sur); **großen ~ haben, ausüben auf** (+ *akk*) avoir, exercer une grande influence sur
Einflussbereich M zone *f* d'influence **einflussreich** ADJ (très) influent
einfordern VT exiger; réclamer
einförmig ADJ uniforme; *fig* monotone **Einförmigkeit** F uniformité *f*; *fig* monotonie *f*
einfrieren A VT *Lebensmittel* congeler; *fig Kredit* geler B VI geler (*a. fig*)
einfügen A VT **~ (in** [+ *akk*]) insérer (dans) B VR **sich ~ (in** [+ *akk*]) s'intégrer (à, dans)
Einfügetaste F touche *f* d'insertion
einfühlen VR **sich in etw** (*akk*) **~** sentir qc; **sich in j-n ~** se mettre à la place de qn
einfühlsam ADJ compréhensif
Einfühlungsvermögen N intuition *f*
Einfuhr F importation *f* **Einfuhrbeschränkungen** FPL restrictions *fpl* à l'importation **Einfuhrbestimmungen** FPL règlements *mpl* des importations
einführen VT 1 *j-n, Sitten*, MED introduire (**in** [+ *akk*] dans); (*einweihen*) initier (à); *in ein Amt* installer (dans); **~de Worte** *npl* mots *mpl* d'introduction 2 HANDEL importer (en, à)
Einfuhrgenehmigung F permis *m* d'importation **Einfuhrland** N pays importateur
Einführung F introduction *f*; installation *f*; initiation *f*; *e-s Produktes* lancement *m* **Einführungskurs** M cours *m* d'introduction **Einführungspreis** M prix *m* de lancement
Einfuhrverbot N interdiction *f* d'importation **Einfuhrzoll** M taxe *f* à l'importation; droit *m* d'entrée
einfüllen VT verser (**in** [+ *akk*] dans)
Einfüllstutzen M *am Benzintank* tubulure *f* de remplissage
Eingabe F 1 (*Gesuch*) pétition *f*; JUR requête *f* 2 IT entrée *f* **Eingabefehler** M erreur *f* de saisie **Eingabegerät** N unité *f* d'entrée **Eingabetaste** F touche *f* d'entrée
Eingang M 1 (*Zugang*) entrée *f* 2 *von Post* arrivée *f*; *e-r Summe* rentrée *f*; *von Waren* arrivage *m*
eingängig ADJ (*verständlich*) clair; *Melodie* qui se retient facilement
eingangs ADV (*u.* PRÄP) au début (de); au commencement (de)
Eingangsdatum N date *f*, jour *m* d'entrée **Eingangshalle** F °hall *m* (d'entrée) **Eingangsstempel** M cachet *m* de réception **Eingangstür** F porte *f* d'entrée
eingeben VT 1 IT entrer 2 *Gedanken* inspirer
eingebildet ADJT 1 (*überheblich*) prétentieux 2 *Krankheit etc* imaginaire
Eingeborene(r) M/F(M) indigène *m/f* **Eingebung** F inspiration *f*
eingefallen ADJT creux **eingefleischt** ADJT *Junggeselle* endurci; *Gewohnheit* invétéré
eingehen A VT *Ehe* contracter; *Risiko* courir B VI 1 (*ankommen*) arriver 2 *Geld* rentrer 3 **auf j-s Wunsch** (*akk*) **~** répondre au désir de qn; **auf j-n ~** être à l'écoute de qn 4 *Pflanze, Tier* mourir; dépérir; *fig Zeitung* disparaître 5 *Stoff* (se) rétrécir
eingehend A ADJT détaillé; (*genau*) exact B ADVL en détail
Eingemachte(s) N fruits *od* légumes stérilisés; *umg* **jetzt gehts ans Eingemachte** c'est l'instant critique
eingemeinden VT rattacher à une commune
eingenommen ADJT prévenu (**für, von** en faveur de; **gegen** contre); **von sich ~ sein** être imbu de soi
eingeschnappt *umg* ADJT (*beleidigt*) vexé **eingeschrieben** ADJT inscrit; *Brief* recommandé
eingeschworen ADJT **auf etw** (*akk*) **~ sein** ne jurer que par qc
Eingeständnis N aveu *m*
eingestehen VT avouer; admettre
eingestellt ADJT **konservativ ~ sein** avoir des opinions conservatrices
eingetragen ADJT enregistré; inscrit; **~er Verein** association déclarée
Eingeweide NPL ANAT viscères *mpl*; ZOOL tripes *fpl*
eingeweiht ADJT **~ (in** [+*akk*]) initié (à); *in e-n Plan etc* informé (de) **Eingeweihte(r)** M/F(M) initié(e) *m(f)*
eingewöhnen VR **sich ~** s'habituer (**in** [+ *akk*] à); s'acclimater (à) **Eingewöhnung** F acclimatation *f*; accoutumance *f* **eingießen** VT verser (**in** [+ *akk*] dans) **eingipsen** VT plâtrer
eingleisig ADJ *u.* ADV à une voie; à voie unique
eingliedern VT incorporer, intégrer (**in** [+ *akk*] dans, à) **eingraben** A VT **~ (in** [+ *akk*]) enterrer (dans) B VR **sich ~ (in** [+ *akk*]) se terrer (dans)
eingravieren VT graver (**in** [+ *akk*] dans) **eingreifen** VI intervenir (**in** [+ *akk*] dans) **eingrenzen** VT (dé)limiter (*a. fig*)
Eingriff M intervention *f* (*a.* MED); JUR empiétement *od* empiètement *m*
einhaken A VT (*u.* VR) 1 TECH **(sich) ~ (in** [+ *akk*]) (s')accrocher (à) 2 **sich bei j-m ~** prendre le bras de qn B *umg* VI (*sich einschalten*) intervenir
einhalten VT observer (strictement); *Versprechen, Verpflichtungen* tenir
einhämmern VT *fig* **j-m etw ~** enfoncer qc dans le crâne, dans la tête de qn

einhandeln V/R **sich** (*dat*) **etw** ~ *Krankheit umg* attraper qc; *Strafe umg* ramasser qc
einhändig ADJ à une (seule) main (*a.* MUS)
einhängen A V/T accrocher; *Tür* mettre sur ses gonds; *Telefonhörer* raccrocher (*a. abs*) B V/R **sich bei j-m** ~ prendre le bras de qn
einheimisch ADJ du pays; indigène; (*inländisch*) national; (*örtlich*) local
Einheimische(r) M/F(M) quelqu'un du coin *bzw.* du pays; *pl* **die Einheimischen** les gens *mpl* du pays
einheiraten V/I **in e-e Familie** ~ entrer dans une famille par alliance; **in ein Geschäft** ~ épouser une affaire
Einheit F unité *f* (*a.* MIL); **e-e** ~ **bilden** former un tout
einheitlich A ADJ (*gleichartig*) uniforme; *Werk* homogène B ADV ~ **gestalten** uniformiser
Einheitsliste F POL liste *f* unique **Einheitspreis** M prix *m* unique **Einheitstarif** M tarif *m* unique
einheizen V/I chauffer
einhellig A ADJ unanime B ADV à l'unanimité; d'un commun accord
einhergehen *geh* V/I **mit etw** ~ s'accompagner de qc
einholen V/T 1 (*erreichen*) rejoindre 2 *Ernte* rentrer; *Segel, Flagge* amener 3 *Erlaubnis* demander 4 → einkaufen
Einhorn N licorne *f*
einhüllen V/T (*u.* V/R **sich** ~ s')envelopper (**in** [+ *akk*] dans)
einhundert → hundert
einig ADJ **mit j-m über etw** (*akk*) ~ **sein, werden** être, tomber d'accord avec qn sur qc; **sich** ~ **werden** s'entendre
einige INDEF PR 1 *adjt* quelque(s); ~ **Leute sagen** certaines personnes disent 2 *subst* quelques-un(e)s 3 *subst n* ~**s** quelque chose; *untertreibend* pas mal de choses
einigen A V/T unifier B V/R **sich** ~ tomber, se mettre d'accord (**über** [+ *akk*], **auf** [+ *akk*] sur)
einigermaßen ADV dans une certaine mesure; (*leidlich*) passablement; tant bien que mal
Einigkeit F union *f*; accord *m*; entente *f*
Einigung F 1 *e-s Landes* unification *f* 2 (*Verständigung*) entente *f*; accord *m*
einimpfen V/T *a. fig* inoculer; *fig* inculquer
einjagen V/T **j-m Furcht** ~ faire peur à qn
einjährig ADJ (*ein Jahr alt*) (âgé) d'un an; (*ein Jahr lang*) d'un an; *Pflanze* annuel
einkalkulieren V/T tenir compte de; prévoir
Einkauf M achat *m*; **Einkäufe machen** faire des courses, des achats
einkaufen A V/T acheter B V/I ~ **(gehen)** (aller) faire des courses
Einkäufer(in) M(F) HANDEL acheteur, -euse *m,f*
Einkaufsbummel M shopping *m*; **e-n** ~ **machen** (aller) faire du shopping
Einkaufskorb M panier *m* à provisions **Einkaufspassage** F galerie marchande
Einkaufspreis M prix *m* d'achat; **zum** ~ au prix coûtant
Einkaufstasche F sac *m* à provisions **Einkaufswagen** M caddie® *m* **Einkaufszentrum** N centre commercial; hypermarché *m* **Einkaufszettel** M liste *f* des courses
einkehren V/I s'arrêter dans un restaurant, une auberge **einkerben** V/T entailler **einkesseln** V/T *bes* MIL encercler; cerner **einklammern** V/T mettre entre parenthèses
Einklang M accord *m*; *fig* **im** ~ **stehen mit** concorder avec; *fig* **in** ~ (*akk*) **bringen** harmoniser
einkleben V/T coller (**in** [+ *akk*] dans)
einkleiden V/T (*u.* V/R) **(sich) (neu)** ~ (s')habiller (de neuf)
einklemmen V/T coincer; pincer **einkochen** A V/T faire des conserves de B V/I se réduire; s'épaissir
Einkommen N revenu(s) *m(pl)*
Einkommensgrenze F limite *f* des revenus **Einkommensgruppe** F tranche *f* de revenus **einkommensschwach** ADJ à faibles revenus **einkommensstark** ADJ à revenus importants
Einkommensteuer F impôt *m* sur le revenu **Einkommensteuererklärung** F déclaration *f* d'impôt sur le revenu
Einkommensverhältnisse NPL (importance *f* des) ressources *fpl*
einkreisen V/T 1 entourer (d'un cercle) 2 (*umstellen*), *fig* cerner
Einkünfte PL revenus *mpl*
einladen[1] V/T *Ladung* charger (**in** [+ *akk*] dans)
einladen[2] V/T *Gäste* inviter (**zum Abendessen** à dîner)
einladend ADJT *Speisen* appétissant; alléchant; *Atmosphäre* accueillant
Einladung F invitation *f*
Einlage F 1 THEAT intermède *m* 2 FIN dépôt *m* 3 GASTR **Suppe** *f* **mit** ~ soupe garnie 4 *im Schuh* semelle *f* orthopédique
einlagern V/T emmagasiner
Einlass M admission *f*; entrée *f*; ~ **um 20 Uhr** ouverture des portes à 20 heures
einlassen A V/T 1 (*hereinlassen*) laisser entrer 2 *Wasser* faire couler B V/R **sich auf etw** (*akk*) ~ s'engager, s'embarquer dans qc; *pej* **sich mit j-m** ~ s'acoquiner avec qn
Einlauf M MED lavement *m*

einlaufen VI 1 arriver; SPORT *aufs Spielfeld* faire son entrée; *in die Zielgerade* aborder (la dernière ligne droite); *Schiff* entrer au port 2 *Stoff* (se) rétrécir **einläuten** VT sonner (pour annoncer); *fig* inaugurer **einleben** VR **sich ~** s'acclimater, s'habituer (à un endroit)

einlegen VT 1 mettre (*Film etc*); *zwischen etw* insérer 2 GASTR mariner 3 *Pause* faire

Einlegesohle F semelle (intérieure)

einleiten VT 1 introduire; *Fahndung* entreprendre; *Verhandlungen, Untersuchung* ouvrir; *Verfahren* engager 2 *Abwässer* déverser (**in** [+ *akk*] dans)

einleitend ADJT préliminaire

Einleitung F 1 (*Beginn*) introduction *f* 2 JUR ouverture *f* 3 *von Abwässern* déversement *m*

einlenken VI faire des concessions **einlesen** VT IT lire **einleuchten** VI paraître, être évident, clair

einleuchtend ADJT évident; clair; *Argument* convaincant

einliefern VT livrer; remettre

Einlieferung F livraison *f*; remise *f* **Einlieferungsschein** M POST récépissé *m*

Einliegerwohnung F logement indépendant, séparé (à l'intérieur d'une maison individuelle)

einlochen VT 1 *umg* (*einsperren*) *umg* coffrer; *umg* mettre à l'ombre 2 GOLF **(den Ball) ~** faire entrer la balle (dans le trou)

einloggen VI (*u.* VR **sich ~**) IT se connecter **einlösen** VT *Scheck* encaisser; *Wechsel* honorer; *Pfand* retirer; *Versprechen* tenir **einlullen** *umg* VT enjôler; *umg* embob(el)iner **einmachen** VT faire des conserves de

Einmachglas N bocal *m* à conserves

einmal ADV une fois; **~ hell, ~ dunkel** tantôt clair, tantôt sombre; **auf ~** (*plötzlich*) tout à coup; (*mit e-m Schlag*) d'un (seul) coup; (*gleichzeitig*) à la fois; **es war ~** il était une fois; **noch ~** encore une fois; **noch ~ so groß wie ...** deux fois plus grand que ...; **nicht ~** même pas; **es ist nun ~ so** c'est comme ça

Einmaleins N table *f* de multiplication; *fig* b a ba *m*; abc *m*

Einmalhandtuch N essuie-mains *m* jetable

einmalig ADJ *Zahlung etc,* (*einzigartig*) unique; *Gelegenheit a.* exceptionnel; **nach ~em Durchlesen** après une seule lecture

Einmannbetrieb M entreprise exploitée par une seule personne; *Bahn* conduite *f* par un seul agent; *Bedienung* commande *f* par un seul opérateur

Einmarsch M entrée *f* (*a.* MIL); MIL (*gewaltsame Besetzung*) invasion *f*

einmarschieren VI **in etw** (*akk*) **~** entrer dans, en, à qc (*a.* MIL); *gewaltsam* envahir qc

Einmaster M SCHIFF bateau *m* à un seul mât

einmauern VT (em)murer

Einmeterbrett N SCHWIMMSPORT tremplin *m* d'un mètre

einmischen VR **sich ~** (**in** [+ *akk*]) se mêler (de); intervenir (dans) **Einmischung** F intervention *f*

einmünden VI **~ in** (+ *akk*) *Fluss* se jeter dans; *Straße, fig Gespräch* déboucher sur

Einmündung F *e-r Straße* débouché *m*

einmütig ADJ unanime

Einnahme F 1 MIL prise *f* 2 HANDEL recette *f* 3 *von Arznei* absorption *f* **Einnahmequelle** F source *f* de revenus

einnehmen VT 1 *Essen* prendre (*a.* MIL, *fig*) 2 *Geld* encaisser; *Steuern, Miete* percevoir 3 *Stellung, Posten, Platz* occuper; tenir 4 *fig* **j-n für sich ~** conquérir qn

einnehmend ADJT avenant; prévenant; **ein ~es Wesen haben** avoir des manières avenantes; *hum* empocher tout ce qui se présente

einnicken *umg* VI s'assoupir

einnisten VR **sich ~** se nicher; *fig* **sich bei j-m ~** s'incruster chez qn

Einöde F contrée *f* désertique

einölen A VT TECH huiler B VR **sich ~** se mettre de l'huile

einordnen A VT classer; ranger B VR *fig* **sich ~** s'adapter (**in** [+ *akk*] à); *Verkehr* **sich (rechts) ~** se ranger dans la file (de droite)

einpacken A VT emballer; envelopper; *in Koffer* mettre (dans une valise) B *umg* VI **da können wir ~** *umg* nous n'avons plus qu'à remballer

einparken A VT garer B VI se garer; **(rückwärts) ~** faire un créneau

einpendeln VR **sich ~** se stabiliser

Einpersonenhaushalt M ménage *m* d'une personne **Einpersonenstück** N THEAT pièce *f* à un personnage

einpferchen VT *Mensch, Tier* parquer **einpflanzen** VT planter; MED implanter; greffer **einplanen** VT prévoir

einpolig ADJ TECH unipolaire

einprägen A VT graver (**in** [+ *akk*] sur, dans) B VR *fig* **sich ~** être gravé dans la mémoire; **sich** (*dat*) **etw ~** mémoriser qc

einprägsam ADJ facile à retenir

einprogrammieren VT IT programmer **einquartieren** VT (*u.* VR) (**sich ~** s')installer, (se) loger (**in** [+ *dat*] dans)

Einquartierung F logement *m*; MIL cantonnement *m*

einquetschen VT **j-m etw ~** coincer qc à qn; **eingequetscht sein** être coincé, serré (**zwischen** [+*dat*] dans)

E

einrahmen VT encadrer **einrammen** VT enfoncer (avec un mouton) **einrasten** VI s'enclencher (**in** [+ *akk*] dans) **einräumen** VT 1 (*einordnen*) ranger; mettre en place; *Zimmer* installer 2 (*zugestehen*) accorder; concéder; admettre 3 *Frist, Kredit* accorder; *Recht* concéder

einreden A VT **j-m etw ~** tenter de persuader qn de qc; faire croire qc à qn B **auf j-n ~** tenter de persuader qn C VR **sich** (*dat*) **etw ~** se persuader de qc

E

einreiben VT (u. VR) **(sich) mit etw ~** (se) frictionner avec qc

einreichen VT présenter; remettre; déposer (*a. Antrag, Klage*)

einreihen A VT **~ in** (+ *akk*) ranger parmi B VR **sich ~** se mettre dans une file

Einreiher M costume *m* à veston droit **Einreise** F entrée *f* (**in** [+ *akk*], **nach** en, dans, à) **Einreiseerlaubnis** F autorisation *f* d'entrée

einreisen VI entrer (**in** [+ *akk*], **nach** en, dans, à)

Einreiseverbot N interdiction *f* d'entrée **Einreisevisum** N visa *m* d'entrée

einreißen A VT 1 *Papier etc* déchirer 2 (*niederreißen*) démolir B VI 1 se déchirer 2 *fig Unsitte, Gewohnheit* se propager; se répandre

einrenken A VT 1 MED remettre; remboîter 2 *umg fig* arranger B *umg* VR **das wird sich schon wieder ~** cela s'arrangera

einrennen VT *Tür* enfoncer

einrichten A VT 1 (*arrangieren*) arranger; **es so ~, dass …** faire en sorte que … (+ *subj*); **das lässt sich ~** cela peut se faire; **auf etw** (*akk*) **eingerichtet sein** être préparé à qc 2 (*möblieren*) aménager; meubler 3 *Institution* ouvrir; établir; fonder B VR **sich ~** (*sich möblieren*) s'installer; se meubler

Einrichtung F 1 (*Institution*) institution *f*; organisation *f*; **öffentliche ~** service public 2 (*Gründung*) établissement *m*; fondation *f* 3 (*Einrichten*) aménagement *m* 4 (*Mobiliar*) ameublement *m*; meubles *mpl* 5 TECH installation *f*

Einrichtungsgegenstand M objet *m* d'ameublement **Einrichtungshaus** N maison *f* d'ameublement

einritzen VT graver **einrosten** VI (se) rouiller **einrücken** A VT *Zeile* rentrer B VI (*einmarschieren*) entrer (**in** [+ *akk*] dans)

eins[1] NUM un, une; SPORT **~ zu ~** un but partout; *umg* **~ a** de première (qualité); *umg* **das ist mir (alles) ~** *umg* je m'en fiche

eins[2] → ein[1] B 2, C

Eins F 1 *Zahl* un *m*; → Acht[1] 2 *Schulnote* très bien; *in Frankreich etwa* dix-sept *m*, dix-huit *m* (sur vingt)

einsacken[1] VT (*in Säcke füllen*) mettre en sac(s); ensacher; *umg fig* empocher

einsacken[2] VI *umg* (*einsinken*) s'enfoncer (**in** [+ *akk*] dans)

einsam ADJ solitaire; seul; isolé; *Insel* désert; **sich ~ fühlen** se sentir seul; *umg* **~e Spitze!** *umg* génial!; *umg* super!

Einsamkeit F solitude *f*; isolement *m*

einsammeln VT ramasser

Einsatz M 1 (*Spieleinsatz, Wetteinsatz*) mise *f*; enjeu *m* 2 *e-s Geräts* élément *m* encastrable 3 MODE empiècement *m* 4 MUS attaque *f* 5 *fig* (*Engagement*) engagement *m*; **unter ~ des Lebens** au péril de sa vie 6 *fig* (*Gebrauch*) emploi *m*; *von Kräften* mise *f* en œuvre; mobilisation *f* 7 *von Truppen* engagement *m*; (*Feuerwehreinsatz, Polizeieinsatz*) intervention *f*

Einsatzbefehl M ordre *m* d'intervention **einsatzbereit** ADJ disponible; TECH opérationnel **Einsatzbereitschaft** F disponibilité *f*; MIL état *m* d'alerte **Einsatzgebiet** N zone *f* d'intervention, d'engagement **Einsatzkommando** N groupe *m* mobile d'intervention; MIL commando *m* **Einsatzleiter(in)** M(F) chef *m* de groupe (d'intervention) **Einsatzplan** M plan *m* d'intervention **Einsatzwagen** M *der Polizei* véhicule *m* d'intervention

einsaugen VT *Luft* °humer; *Nektar* sucer **einscannen** VT scanner

einschalten A VT 1 *Licht, Radio* allumer; *Strom* mettre en circuit 2 *fig* (*beteiligen*) faire appel à B VR **sich ~** (**in** [+ *akk*]) *fig* intervenir (dans)

Einschaltquote F audimat *m*

einschärfen VT **j-m etw ~** inculquer qc à qn

einschätzen VT évaluer; estimer; **falsch ~** mal juger, estimer

Einschätzung F estimation *f* (*a. steuerlich*); évaluation *f*; **nach meiner ~** à mon avis

einschenken VT **j-m etw ~** verser, servir qc à qn

einschicken VT envoyer **einschieben** VT 1 **~** (**in** [+ *akk*]) glisser (dans); intercaler (entre) 2 *fig* intercaler; insérer **einschiffen** VR **sich ~** (s')embarquer (**nach** pour) **einschlafen** VI s'endormir; *Glieder* s'engourdir; *umg fig* cesser peu à peu

einschläfern VT 1 endormir (*a.* MED) 2 *Tier* piquer **einschläfernd** ADJT soporifique; endormant (*beide a. fig*)

Einschlafstörungen FPL troubles *mpl* de l'endormissement

Einschlag M 1 (*Geschosseinschlag, Blitzeinschlag*) impact *m* 2 AUTO braquage *m* 3 *fig* **mit italienischem ~** de type italien

einschlagen A VT 1 *Nägel etc* enfoncer; planter; *Fensterscheibe* enfoncer; casser **2** *(einpacken)* envelopper, emballer **(in** [+ *akk*] dans) **3** *Weg* prendre; *Laufbahn* embrasser **4** AUTO **(die Lenkung)** ~ braquer **B** VI **1** *Geschoss, Blitz* tomber **2** *(Erfolg haben)* réussir **3** *(einwilligen)* toper **4** **auf j-n** ~ taper sur qn

einschlägig **A** ADJ correspondant; *Geschäft* spécialisé **B** ADV ~ **vorbestraft sein** avoir été condamné pour un délit analogue

einschleichen V/R **sich ~ (in** [+ *akk*]**)** se glisser, se faufiler, s'introduire (dans); *fig Fehler* se glisser (dans) **einschleppen** V/T *Krankheit* importer; introduire **einschleusen** V/T *fig* faire entrer clandestinement **einschließen** **A** V/T **1** enfermer à clé; *(verwahren)* mettre sous clé **2** MIL cerner **3** *(umfassen)* comprendre **B** V/R **sich** ~ s'enfermer à clé

einschließlich **A** ADV (y) compris; inclus **B** PRÄP ~ **Bedienung** service compris

einschmeicheln V/R **sich bei j-m ~** s'insinuer auprès de qn

einschmeichelnd ADJT *pej* insinuant; *(angenehm)* enjôleur; caressant

einschmelzen V/T (re)fondre **einschmuggeln** **A** V/T introduire en fraude **B** V/R *fig* **sich** ~ s'introduire clandestinement

einschneiden **A** V/T couper; inciser; *Inschrift, Zeichen* graver **B** V/I **in etw** *(akk)* ~ couper qc

einschneidend ADJT radical

einschneien V/I **eingeschneit sein** être enneigé, *Fahrzeug* bloqué par la neige

Einschnitt M **1** *(Kerbe)* encoche *f*; MED incision *f* **2** *fig (Wende)* événement décisif; coupure *f*; tournant *m*

einschränken **A** V/T réduire; restreindre; *Ausgaben, Produktion a.* diminuer **B** V/R **sich ~** se restreindre

einschränkend ADJT restrictif; limitatif

Einschränkung F réduction *f*; restriction *f*; limitation *f*; *(Vorbehalt)* réserve *f*; **ohne ~** sans réserve

einschrauben V/T visser **(in** [+ *akk*] dans)

Einschreibebrief M lettre recommandée

einschreiben V/T inscrire; *Post* ~ **lassen** recommander; *an der Universität* **sich ~ lassen** se faire inscrire

Einschreiben N envoi recommandé; **per ~** en recommandé; **„~"** «recommandé»

einschreiten V/I intervenir; **gegen etw ~** prendre des mesures contre qc

Einschub M passage intercalé

einschüchtern V/T intimider

Einschüchterungsversuch M tentative *f* d'intimidation

einschulen V/T scolariser **Einschulung** F scolarisation *f*

Einschuss M *Stelle* point *m* d'impact; *Wunde* blessure *f* par balle

einschweißen V/T *in Folie* emballer sous film plastique

einsegnen V/T *(konfirmieren)* confirmer; *(segnen)* bénir **Einsegnung** F *(Konfirmation)* confirmation *f*; *(Segnung)* bénédiction *f*

einsehen V/T **1** *(begreifen)* comprendre; *(erkennen)* voir **2** *Bücher* examiner; *Akten* consulter **3** *(überblicken)* voir

Einsehen N **ein ~ haben** se rendre à la raison

einseifen V/T **1** savonner **2** *umg fig (betrügen) umg* baratiner

einseitig **A** ADJ **1** d'un (seul) côté; JUR, POL unilatéral **2** *fig Ausbildung* trop spécialisé; *Beurteilung* simpliste; *Ernährung* mal équilibré; *Darstellung* tendancieux **B** ADV **ein Blatt ~ beschreiben** n'écrire que sur un côté d'une feuille; **~ begabt** doué dans un seul domaine; **~ beurteilen** juger avec partialité

einsenden V/T envoyer, expédier (+ *dat od* **an** [+ *akk*] à)

Einsender M expéditeur *m* **Einsendeschluss** M date *f* limite des envois **Einsendung** F envoi *m*

Einser M un *m*; → Eins

einsetzen **A** V/T **1** *(hineinsetzen)* **~ (in** [+ *akk*]**)** mettre, placer (dans); *(fest anbringen)* insérer (dans); *Fensterscheibe* poser **2** *Arbeitskraft, Maschine* employer; *Polizei, Truppen* faire intervenir **3** *(ernennen)* instituer; désigner; *in ein Amt* investir **(in** [+ *akk*] dans); installer (dans) **B** V/I *(anfangen)* commencer **(mit** par); MUS attaquer **C** V/R **sich für j-n, etw ~** intervenir pour qn, qc

Einsicht F **1** *(Einsichtnahme)* examen *m*; **in etw** *(akk)* **~ nehmen** consulter qc **2** *(Verständnis)* discernement *m*; **zur ~ kommen** se rendre à la raison **3** *(Einblick)* vue *f* **(in** [+ *akk*] dans)

einsichtig ADJ **1** *(verständnisvoll)* compréhensif; raisonnable **2** *(verständlich)* compréhensible

Einsiedler(in) M(F) ermite *m*; **wie ein ~ leben** vivre en ermite

Einsiedlerkrebs M ZOOL bernard-l'ermite *m*

einsilbig ADJ **1** LING monosyllabique **2** *fig Person* taciturne; peu loquace **Einsilbigkeit** F brièveté *f* des propos

einsinken V/I *im Schlamm* (s')enfoncer **einsortieren** V/T trier; classer

einspannen V/T **1** TECH serrer, mettre **(in** [+ *akk*] dans); *Pferde* atteler **2** *umg fig* **j-n für e-e Arbeit ~** atteler qn à un travail

Einspänner M **1** *Kutsche* voiture *f* à un cheval **2** *österr (Glas mit schwarzem Kaffee u. Schlagsahne)* moka servi dans un grand verre avec de la Chantilly

einsparen VT économiser **Einsparung** F économie *f* (**an** [+ *dat*] de)

einspeichern VT **etw ~ (in** [+ *akk*]) IT mettre qc en mémoire (dans)

einsperren VT enfermer; *ins Gefängnis* mettre en prison **einspielen** V/R **sich ~** SPORT s'entraîner (à jouer)

Einsprache F *österr, schweiz* → Einspruch

einsprachig ADJ monolingue

einspringen VI **für j-n ~** remplacer qn (au pied levé)

einspritzen VT injecter **Einspritzer** *umg* M, **Einspritzmotor** M moteur *m* à injection

Einspruch M protestation *f* (**gegen** contre); JUR opposition *f* (à); recours *m*; **gegen etw ~ erheben, einlegen** faire opposition à qc

einspurig ADJ *Straße* à une seule voie

einst *geh* ADV 1 (*früher*) autrefois; jadis 2 (*künftig*) un jour

einstampfen VT *Bücher* mettre au pilon

Einstand M 1 **s-n ~ geben** arroser son entrée en fonction 2 TENNIS égalité *f*

einstecken VT 1 mettre (**in** [+ *akk*] dans) 2 *fig Schlag umg* encaisser; *Gewinn* empocher; *Beleidigung, Vorwurf* avaler

einstehen VI **für j-n, etw ~** se porter garant de qn, qc

einsteigen VI (**in** [+ *akk*]) 1 *in ein Fahrzeug* monter (*Wagen* en; *Bus, Zug* dans) 2 *Dieb* entrer (dans) (en escaladant) 3 *umg in e-n Beruf, ein Geschäft* entrer, s'engager dans

einstellen A VT 1 (*hineinstellen*) mettre (**in** [+ *akk*] dans) 2 TECH, RADIO, TV régler; *scharf* mettre au point 3 *Arbeitskraft* engager; embaucher 4 (*beenden*) cesser; *Zahlungen* suspendre; JUR arrêter 5 *Rekord* égaler B V/R 1 **sich ~** *Person* arriver; *Schmerzen* se faire sentir 2 **sich auf j-n, etw ~** s'adapter à qn, qc

einstellig ADJ *Zahl* d'un seul chiffre

Einstellung F 1 TECH réglage *m*; *beim Film* plan *m* 2 *e-r Arbeitskraft* embauche *f*; engagement *m* 3 (*Beendigung*) cessation *f*; JUR *e-s Verfahrens* arrêt *m* 4 (*innere Haltung*) attitude *f*; (*Auffassung*) point *m* de vue **Einstellungsgespräch** N entretien *m* (d'embauche) **Einstellungsstopp** M arrêt *m* de recrutement

Einstich M piqûre *f*

Einstieg M **~ (in** [+ *akk*]) entrée *f* (*Wagen* en; *Bus, Zug* dans); *fig* accès *m* (à) **Einstiegsdroge** F drogue douce

einstig ADJ ancien

einstimmen A VT **j-n auf etw** (*akk*) **~** préparer (psychologiquement) qn à qc B VI **~ in** (+ *akk*) joindre sa voix à

einstimmig A ADJ MUS à une voix; *fig* unanime B ADV MUS à l'unisson; *fig* à l'unanimité

Einstimmigkeit F unanimité *f*

einstöckig ADJ d'un étage; à un étage

einstreichen *umg* VT *Geld* empocher **einstöpseln** VT *Korken* enfoncer; *Telefon, Apparat etc* brancher **einströmen** VI **~ (in** [+ *akk*]) *Wasser, Luft etc* rentrer (dans); *Menschenmenge* affluer (dans) **einstudieren** VT *Theaterstück* répéter; *Rolle a.* apprendre

einstufen VT classer **Einstufung** F classification *f*

einstündig ADJ d'une heure

einstürmen VI **auf j-n (mit Fragen) ~** assaillir qn (de questions)

Einsturz M écroulement *m*; effondrement *m*

einstürzen VI s'écrouler; s'effondrer

Einsturzgefahr F danger *m* d'écroulement

einstweilen ADV (*vorläufig*) pour le moment; (*inzwischen*) pendant ce temps-là

einstweilig ADJ provisoire; JUR provisionnel; **~e Verfügung** ordonnance *f* de référé

Eintagsfliege F 1 ZOOL éphémère *m* 2 *umg fig* phénomène *m* éphémère

eintauchen A VT plonger; *Brot* tremper B VI plonger; *fig* s'enfoncer

eintauschen VT **etw gegen etw ~** échanger qc contre qc

eintausend → tausend

einteilen VT *in Gruppen* répartir, diviser, *in Klassen* classer, *Zeit, Arbeit, Geld* répartir (**in** [+ *akk*] en; **nach** selon, d'après)

Einteiler M (maillot) une pièce *m* **einteilig** ADJ d'une (seule) pièce

Einteilung F *der Zeit, Arbeit* répartition *f*; division *f*; *in Klassen* classement *m*

eintönig ADJ monotone **Eintönigkeit** F monotonie *f*

Eintopf M plat *m* unique; *mit Fleisch* ragoût *m*

Eintracht F concorde *f*; harmonie *f* **einträchtig** ADJ en accord; en harmonie

Eintrag M (*Eintragung*) inscription *f*; enregistrement *m*; (*Wörterbucheintrag*) entrée *f*

eintragen A VT **~ (in** [+ *akk*]) *in Bücher* inscrire, enregistrer (dans) B V/R **sich ~ (in** [+ *akk*]) *in e-e Liste* s'inscrire (sur); *in ein Gästebuch* inscrire son nom (dans)

einträglich ADJ rentable; lucratif

Eintragung F *in e-e Liste* inscription *f*; *in Bücher* enregistrement *m*; (*Vermerk*) mention *f*; (*Notiz*) notes *fpl*

eintreffen VI arriver; *Voraussage* se réaliser

eintreiben VT *Geld, Steuern* faire rentrer

eintreten A VT *Tür* enfoncer d'un coup de pied B VI 1 **~ (in** [+ *akk*]) entrer (dans); **treten Sie ein!** entrez! 2 (*sich ereignen*) arriver; se faire; *Stille* se faire; *Tod* survenir; *Umstände* se présenter

3 **für j-n, etw ~** appuyer qn, qc

eintrichtern *umg* VT **j-m etw ~** faire ingurgiter qc à qn *(a. fig)*

Eintritt M 1 *(Eintreten, Eintrittsgeld)* entrée *f*; **~ frei, verboten** entrée libre, interdite 2 *fig* arrivée *f*

Eintrittsgeld N (prix *m* d')entrée *f* **Eintrittskarte** F billet *m* d'entrée

eintrocknen VI sécher **eintrüben** VR **sich ~** se couvrir **eintrudeln** *umg* VI *umg* (se) radiner **einüben** VT étudier

einverleiben A VT incorporer (*a.* MIL) B VR **sich** *(dat)* **etw ~** s'approprier qc; *hum (essen)* ingurgiter qc

Einvernehmen N accord *m*; entente *f*; intelligence *f*; **in gegenseitigem ~** d'un commun accord

einverstanden ADJT **~!** d'accord!; entendu!; **mit etw ~ sein** être d'accord avec qc; consentir à qc

Einverständnis N accord *m*; entente *f*; *geheimes* intelligence *f*; **im ~ mit** en accord avec; **in beiderseitigem ~** d'un commun accord

Einwand M objection *f* **(gegen** à, contre)

Einwanderer M, **Einwanderin** F immigrant(e) *m(f)*; *(Eingewanderte[r])* immigré(e) *m(f)*

einwandern VI immigrer

Einwanderung F immigration *f*

Einwanderungsbehörde F office *m* de l'immigration **Einwanderungserlaubnis** F autorisation *f*, permis *m* d'immigration **Einwanderungsland** N pays *m* d'immigration **Einwanderungspolitik** F politique *f* d'immigration **Einwanderungsquote** F taux *m* d'immigration **Einwanderungsverbot** N interdiction *f* d'immigration

einwandfrei A ADJ 1 *(ohne Fehler)* sans défaut; impeccable 2 *moralisch* irréprochable 3 *(unbestreitbar)* incontestable; *Alibi* parfait B ADV *arbeiten* parfaitement

einwechseln VT 1 FIN changer 2 SPORT faire entrer (dans le jeu)

einwecken VT faire des conserves de

Einwegflasche F bouteille *f* à verre perdu **Einwegspritze** F seringue *f* jetable **Einwegverpackung** F emballage perdu

einweichen VT faire tremper

einweihen VT 1 *Gebäude* inaugurer 2 **j-n ~** mettre qn dans le secret; **j-n in etw** *(akk)* **~** *(einführen)* initier qn à qc

Einweihung F inauguration *f* **Einweihungsfeier** F inauguration *f*

einweisen VT 1 *Fahrzeug* diriger; guider 2 **~ (in** [+ *akk*]) *in e-e Arbeit* initier (à) 3 **~ (in** [+ *akk*]) *in ein Heim etc* envoyer (dans); *in e-e Anstalt* interner (dans); **in ein Krankenhaus ~** hospitaliser

Einweisung F *in ein Heim etc* envoi *m* **(in** [+ *akk*] dans); *in e-e Anstalt* internement *m* (dans); *in ein Krankenhaus* hospitalisation *f* (dans)

einwenden VT objecter **(gegen** à)

einwerfen VT 1 *Scheibe etc* casser 2 *Ball* remettre en jeu 3 *Brief* mettre à la boîte; *Münzen* introduire 4 *(bemerken)* **~ (, dass ...)** observer en passant (que ...)

einwickeln VT envelopper; emballer; *umg* **j-n ~** *umg* embobiner qn

einwilligen VI **in etw** *(akk)* **~** consentir à qc

Einwilligung F consentement *m*, assentiment *m* **(in** [+ *akk*], **zu** à)

einwirken VI **auf j-n, etw ~** agir, influer sur qn, qc

Einwirkung F effet *m*; influence *f*

Einwohner(in) M(F) habitant(e) *m(f)* **Einwohnermeldeamt** N bureau *m* de déclaration de domicile **Einwohnerzahl** F nombre *m* d'habitants

Einwurf M 1 SPORT remise *f* en jeu; FUSSBALL (rentrée *f* en) touche *f* 2 *(Bemerkung)* brève remarque

Einzahl F GRAM singulier *m*

einzahlen VT verser; *Spargeld* déposer

Einzahlung F versement *m*; dépôt *m* **Einzahlungsbeleg** M attestation *f* de versement; reçu *m*

einzäunen VT enclore; clôturer **Einzäunung** F clôture *f*

einzeichnen VT dessiner **(in** [+ *dat ou akk*], **auf** [+ *dat*] dans)

Einzel N TENNIS simple *m* **Einzelbett** N lit *m* (pour) une personne **Einzelexemplar** N exemplaire *m* unique **Einzelfall** M cas individuel; *(vereinzelter Fall)* cas spécial **Einzelgänger(in)** M(F) solitaire *m/f* **Einzelgespräch** N entretien personnel **Einzelhaft** F isolement *m* cellulaire **Einzelhandel** M commerce *m* de détail **Einzelhandelskaufmann** M détaillant *m*; commerçant *m* en détail **Einzelhändler** M détaillant *m* **Einzelhaus** N maison séparée **Einzelheit** F détail *m* **Einzelkind** N enfant *m* unique

Einzeller M BIOL organisme *m* unicellulaire; protozoaire *m* **einzellig** ADJ BIOL unicellulaire

einzeln A ADJ *(allein)* seul; *(für sich bestehend)* individuel; *(gesondert)* séparé; isolé; *pl* **Einzelne** quelques-un(e)s; **ein Einzelner** un individu; une seule personne; **jeder Einzelne** chacun en particulier; **im Einzelnen** en détail B ADV *(nacheinander)* l'un après l'autre; *(gesondert)* séparément

Einzelperson F individu *m*; particulier *m*

Einzelschicksal N destinée individuelle **Einzelstück** N exemplaire *m* unique **Einzelteil** N pièce détachée; élément *m* **Einzelunterricht** M cours particulier **Einzelwertung** F classement individuel **Einzelzimmer** N chambre individuelle

einziehen A VT 1 *Gummiband* enfiler; passer 2 *Bauch, Fahrwerk* rentrer 3 BAU **e-e Decke ~ (in etw** [*akk*]) plafonner (qc) 4 FIN encaisser 5 (*beschlagnahmen*) confisquer 6 *Soldaten* appeler (sous les drapeaux) 7 (*aus dem Verkehr ziehen*) retirer de la circulation B VI **~ (in** [+ *akk*]) 1 (*s-n Einzug halten*) entrer (dans) 2 *Flüssigkeit* pénétrer (dans) 3 *in e-e Wohnung* emménager (dans)

einzig A ADJ unique (*a. einzigartig*); exceptionnel (*a. außergewöhnlich*); seul; **kein Einziger** personne; pas un seul B ADV **~ und allein** uniquement

einzigartig A ADJ unique en son genre; sans pareil B ADV extraordinairement

Einzimmerwohnung F studio *m*

Einzug M 1 entrée *f* (**in** [+ *akk*] dans) 2 *in e-e Wohnung* emménagement *m* 3 FIN encaissement *m*

Einzugsbereich M *e-r Großstadt* grande banlieue; HANDEL zone *f* de chalandise **Einzugsermächtigung** F FIN autorisation *f* de prélèvement **Einzugsgebiet** N → Einzugsbereich

Eis N glace *f* (*a. Speiseeis*); (*Eiswürfel*) glaçon *m*; **~ am Stiel** esquimau *m*; **auf ~ legen** mettre à rafraîchir; *fig* mettre en veilleuse; → eislaufen

Eisbahn F patinoire *f* **Eisbär** M ours blanc **Eisbecher** M coupe glacée **Eisbein** N GASTR jambonneau *m* **Eisberg** M iceberg *m* **Eisbergsalat** M salade *f* iceberg **Eisbeutel** M vessie *f* de glace **Eisblumen** FPL cristaux *mpl* de givre **Eisbombe** F GASTR bombe glacée **Eisbrecher** M brise-glace *m* **Eiscafé** N → Eisdiele

Eischnee M œufs (battus) en neige

Eiscreme F crème glacée

Eisdiele F glacier *m*; *weitS.* café *m*; **in der ~** chez le glacier

Eisen N fer *m* *umg fig* **zum alten ~ gehören** *umg* être mûr pour la retraite; *fig* **heißes ~** sujet brûlant

Eisenbahn F chemin(s) de fer *m(pl)*; (*Zug*) train *m*; *umg* **es ist (aller)höchste ~** il n'y a pas une minute à perdre; *umg* ça urge!

Eisenbahnabteil N compartiment *m* (de chemin de fer) **Eisenbahnbrücke** F pont *m* de chemin de fer **Eisenbahner** M cheminot *m* **Eisenbahnfähre** F ferry-boat *m* **Eisenbahnlinie** F ligne *f* de chemin de fer **Eisenbahnnetz** N réseau *m* ferroviaire **Eisenbahntunnel** M tunnel *m* de chemin de fer **Eisenbahnunglück** N accident *m* de chemin de fer **Eisenbahnwagen** M voiture *f* (d'un train)

Eisenerz N minerai *m* de fer **Eisengitter** N grille *f* de *od* en fer **eisenhaltig** ADJ ferrugineux **Eisenmangel** M MED carence *f* en fer **Eisenstange** F barre *f*, perche *f* de fer **Eisenträger** M poutre *f* de *od* en fer **Eisen- und Stahlindustrie** F sidérurgie *f* **Eisenwaren** FPL quincaillerie *f* **Eisenzeit** F âge *m* du fer

eisern A ADJ de *od* en fer; *fig Wille etc* de fer; inébranlable B ADV **~ an etw** (*dat*) **festhalten** ne pas démordre de qc; **~ sparen** économiser dur

Eisfach N freezer *m*; compartiment *m* de congélation **eisfrei** ADJ libéré des glaces **eisgekühlt** ADJT glacé; *Sekt* frappé **Eisglätte** F verglas *m* **Eisheiligen die ~** MPL les saints *mpl* de glace

Eishockey N °hockey *m* sur glace **Eishockeymannschaft** F équipe *f* de hockey sur glace **Eishockeyschläger** M crosse *f* de hockey sur glace **Eishockeyspieler(in)** M(F) joueur, -euse *m,f* de hockey sur glace

eisig ADJ glacé; glacial (*beide a. fig*)

Eiskaffee M café liégeois

eiskalt A ADJ glacial (*a. fig*); glacé (*a.* GASTR) B ADV froidement; (*kaltblütig*) de sang-froid

Eiskanal M SPORT piste *f* de luge, de bob **Eiskristall** M cristal *m* de glace **Eiskübel** M seau *m* à glace **Eiskunstlauf(en)** M(N) patinage *m* artistique **Eiskunstläufer(in)** M(F) patineur, -euse *m,f* artistique **Eislauf** M patinage *m*

eislaufen VI faire du patin; patiner

Eisläufer(in) M(F) patineur, -euse *m,f* **Eismann** M marchand de glace (ambulant) **Eismaschine** F sorbetière *f*; machine *f* à glace **Eismeer** N océan glacial **Eispickel** M piolet *m*

Eisprung M BIOL ovulation *f*

Eisregen M pluie verglaçante **Eisschnelllauf(en)** M(N) patinage *m* de vitesse **Eisschnellläufer(in)** M(F) patineur, -euse *m,f* de vitesse **Eisscholle** F plaque *f* de glace flottante **Eisschrank** M glacière *f*; (*Kühlschrank*) réfrigérateur *m* **Eissport** M sports *mpl* de glace **Eisstadion** N patinoire *f*; stade *m* d'hiver **Eisstand** M marchand *m* de glaces **Eisstockschießen** N curling *m* **Eistanz** M danse *f* sur glace **Eistee** M thé glacé **Eisverkäufer(in)** M(F) marchand(e) *m(f)* de glaces **Eisvogel** M martin-pêcheur *m* **Eiswaffel** F gaufrette *f* **Eiswasser** N eau glacée **Eiswein** M vin *m* fait avec des raisins (vendangés et pressurés alors qu'ils sont) gelés **Eiswürfel** M glaçon *m* **Eiszapfen** M glaçon *m*; stalactite *f* de glace **Eiszeit** F période *f* glaciaire

eitel ADJ (*gefallsüchtig*) coquet; (*selbstgefällig*) vaniteux **Eitelkeit** F coquetterie *f*; vanité *f*

Eiter M pus *m* **Eiterbeule** F furoncle *m* **Eiterbläschen** N pustule *f* **Eiterherd** M foyer purulent

eit(e)rig ADJ purulent; suppurant

eitern V/I suppurer

Eiterpfropf M bourbillon *m* **Eiterpickel** M bouton (purulent) **Eiterung** F suppuration *f*

Eiweiß N 1 GASTR blanc *m* d'œuf 2 BIOL, CHEM protéine(s) *f(pl)*; protides *mpl* **eiweißarm** ADJ pauvre en protéines **Eiweißmangel** M carence *f* en protéines **eiweißreich** ADJ riche en protéines

Eizelle F ovule *m*

Ejakulation F éjaculation *f* **ejakulieren** V/I éjaculer

Ekel[1] M (*Widerwille*) dégoût *m* (**vor** [+ *dat*] pour); répugnance *f* (pour); nausée *f*; **~ erregend** → widerlich

Ekel[2] *umg* N (*widerlicher Mensch*) dégoûtant(e) *m(f)*

ekelerregend ADJT → widerlich

ekelhaft A ADJ dégoûtant; répugnant B ADV 1 **~ riechen** avoir une odeur écœurante; **~ schmecken** avoir un goût écœurant 2 *umg* (*sehr*) affreusement

ekeln A V/T dégoûter B V/R **ich ekle mich vor etw** (*dat*) qc me dégoûte C V/UNPERS **es ekelt mich** *od* **mir (davor)** cela me dégoûte

EKG N ABK (Elektrokardiogramm) électrocardiogramme *m*

Eklat *geh* M éclat *m*

eklatant *geh* ADJ éclatant

eklig A ADJ (*ekelhaft*) dégoûtant; *umg* (*gemein*) *umg* infect B ADV 1 → ekelhaft 2 *umg* (*sehr*) affreusement

Ekstase F extase *f*; **in ~** (*akk*) **geraten** tomber en extase

Ekzem N eczéma *m*

Elan M élan *m*; punch *m*

Elastikbinde F bande *f* élastique

elastisch ADJ élastique; *fig a.* souple

Elastizität F élasticité *f*

Elch M ZOOL élan *m*

Elefant M éléphant *m*; *umg* **wie ein ~ im Porzellanladen** comme un éléphant dans un magasin de porcelaine

Elefantenbulle M éléphant *m* mâle **Elefantenhochzeit** *umg* F mariage *m* éléphantesque **Elefantenkuh** F éléphante *f*

elegant ADJ élégant **Eleganz** F élégance *f*

Elegie F élégie *f*

elektrifizieren V/T électrifier **Elektrifizierung** F électrification *f*

Elektrik F équipement *m*, électrique **Elektriker(in)** M(F) électricien, -ienne *m,f*

elektrisch A ADJ électrique B ADV **~ geladen** chargé; électrisé

elektrisieren V/T électriser (*a. fig*)

Elektrizität F électricité *f* **Elektrizitätswerk** N centrale *f* électrique

Elektroantrieb M commande *f* (par moteur) électrique **Elektroartikel** M article *m*, appareil *m* électrique **Elektroauto** N voiture *f* électrique

Elektrode F électrode *f*

Elektrogerät N appareil *m* électrique **Elektrogeschäft** N magasin *m* d'appareils électriques **Elektrogrill** M gril *m* électrique **Elektroherd** M cuisinière *f* électrique **Elektroindustrie** F industrie *f* électrique **Elektroingenieur** M ingénieur *m* électricien **Elektroinstallateur** M électricien *m* **Elektrokardiogramm** N électrocardiogramme *m*

Elektrolyse F électrolyse *f*

Elektromagnet M électro-aimant *m* **elektromagnetisch** ADJ électromagnétique **Elektromotor** M moteur *m* électrique

Elektron N électron *m*

Elektronengehirn *umg* N cerveau *m* électronique **Elektronenmikroskop** N microscope *m* électronique **Elektronenrechner** M calculatrice *f*, calculateur *m* électronique

Elektronik F électronique *f*

elektronisch ADJ électronique; **~e Datenverarbeitung** informatique *f*

Elektrorasierer M rasoir *m* électrique **Elektroschock** M électrochoc *m* **Elektrosmog** M pollution *f* électromagnétique **Elektrotechnik** F électrotechnique *f* **Elektrotechniker** M électrotechnicien *m* **elektrotechnisch** ADJ électrotechnique **Elektrotherapie** F électrothérapie *f*

Element N élément *m* (*a. fig*, CHEM, ELEK)

elementar ADJ élémentaire **Elementarteilchen** N PHYS particule *f* élémentaire **Elementarunterricht** M enseignement *m* élémentaire

elend A ADJ misérable; (*jämmerlich*) lamentable; (*unglücklich*) malheureux; (*krank*) malade B ADV misérablement; **sich ~ fühlen** se sentir très mal

Elend N 1 (*Armut*) misère *f* 2 (*Leid*) misère *f*; malheur *m*; **es ist ein ~!** c'est une pitié!

Elendsviertel N quartier pouilleux; bidonville *m*

E

elf NUM onze; → acht
Elf F onze *m* (*a.* SPORT); → Acht[1]
Elf(e) M(F) elfe *m*
Elfenbein N ivoire *m* **elfenbeinfarben** ADJ ivoire **Elfenbeinküste die ~** la Côte-d'Ivoire **Elfenbeinturm** M *fig* tour *f* d'ivoire
elfhundert NUM onze cent(s)
Elfmeter M FUSSBALL penalty *m* **Elfmetermarke** F, **Elfmeterpunkt** M point *m* de penalty **Elfmeterschießen** N tirs *mpl* au but **Elfmeterschütze** M tireur *m* (au but) **Elfmetertor** N but *m* sur penalty
elfte NUM onzième; → achte
eliminieren V/T éliminer
elitär ADJ élitaire; *pej* élitiste
Elite F élite *f* **Elitedenken** N élitisme *m*
Elixier N élixir *m*
Ellbogen M coude *m*; *fig* **s-e ~ gebrauchen** jouer des coudes
Ellbogenfreiheit F **~ haben** avoir les coudées franches
Ellbogengelenk N articulation *f* du coude **Ellbogengesellschaft** F *pej* société *f* d'arrivistes; *weitS.* jungle *f* **Ellbogenschutz** M protège-coude *m*
Elle F ANAT cubitus *m*
Ellenbogen → Ellbogen
ellenlang *umg* ADJ extrêmement long
Ellipse F ellipse *f* **elliptisch** ADJ elliptique
El Salvador N le Salvador
Elsass das ~ l'Alsace *f*
Elsässer(in) M(F) Alsacien, -ienne *m,f* **elsässisch** ADJ alsacien
Elster F ZOOL pie *f*; *fig* **diebische ~** voleuse *f*
elterlich ADJ des parents; parental
Eltern PL parents *mpl*; *umg* **nicht von schlechten ~** *umg* pas piqué des vers
Elternabend M réunion *f* de parents d'élèves **Elternbeirat** M conseil *m* des parents d'élèves **Elterngeld** N allocation parentale **Elternhaus** N maison paternelle; *fig* milieu familial **Elterninitiative** F comité *m* de parents **elternlos** ADJ sans parents **Elternpaar** N parents *mpl* **Elternschlafzimmer** N chambre *f* des parents **Elternsprechtag** M réunion *f* parents-professeurs
Elternteil M **ein ~** l'un *m* des parents
Elternversammlung F réunion *f* de parents d'élèves **Elternvertreter(in)** M(F) délégué(e) *m(f)* des parents d'élèves **Elternvertretung** F délégués *mpl* des parents d'élèves **Elternzeit** F *etwa* congé parental d'éducation
EM F ABK (Europameisterschaft) championnat *m* d'Europe
Email N émail *m*
E-Mail F **1** *Einrichtung* courrier *m*, messagerie *f* électronique **2** *Nachricht* e-mail *m*; message *m* électronique; **j-m e-e ~ schicken** envoyer un e-mail à qn; **per ~** par, via e-mail
E-Mail-Adresse F adresse *f* e-mail; adresse *f* électronique
Emaille F émail *m*
emaillieren V/T émailler
Emanze *umg pej* F féministe *f* (pure et dure) **Emanzipation** F émancipation *f* **emanzipieren** V/T (*u.* V/R) (**sich ~** s')émanciper **emanzipiert** ADJT émancipé
Embargo N embargo *m*
Emblem N emblème *m*
Embolie F embolie *f*
Embryo M embryon *m* (❗ Endung) **embryonal** ADJ embryonnaire
Emigrant(in) M(F) émigrant(e) *m(f)*; (*Ausgewanderte[r]*) émigré(e) *m(f)* **Emigration** F émigration *f* **emigrieren** V/I émigrer
Emission F émission *f* **Emissionsschutz** M (mesures *fpl* de) protection *f* contre les émissions polluantes **Emissionswert** M *der Luft* taux *m* de pollution
Emmentaler M *Käse* emmenthal *m*; gruyère *m*
e-Moll N mi *m* mineur
Emoticon N IT (*Smiley*) émoticone *m*
Emotion F émotion *f* **emotional** ADJ émotionnel
emotionsgeladen ADJT chargé d'émotion; *plus fort* passionné **emotionslos** ADJ *Mensch* impassible; *Debatte* sans passion
empfahl → empfehlen
empfand → empfinden
Empfang M **1** *e-s Besuches* réception *f* (*a. im Hotel*); accueil *m*; **j-m e-n freundlichen ~ bereiten** faire bon accueil à qn **2** HANDEL réception *f*; **den ~** (**e-r Sache** [*gen*]) **bestätigen** accuser réception (de qc); **etw in ~** (*akk*) **nehmen** prendre livraison de qc **3** RADIO, TV réception *f*
empfangen V/T recevoir (*a.* RADIO, TV); *Geld a.* toucher
Empfänger M **1** *von Post* destinataire *m*; *e-r Zahlung* bénéficiaire *m* **2** RADIO récepteur *m* **empfänglich** ADJ réceptif, sensible (**für** à); *für Krankheiten* prédisposé (à)
Empfängnis F conception *f* **empfängnisverhütend** ADJT contraceptif; anticonceptionnel **Empfängnisverhütung** F contraception *f* **Empfängnisverhütungsmittel** N contraceptif *m*
Empfangsbereich M zone *f* de réception **Empfangsbescheinigung** F, **Empfangsbestätigung** F reçu *m*; accusé *m*

de réception **Empfangschef** M chef *m* de (la) réception **Empfangsdame** F hôtesse *f* d'accueil **Empfangshalle** F salle *f* de réception **Empfangskomitee** N comité *m* d'accueil

empfehlen A VT recommander; **j-m ~, etw zu tun** recommander à qn de faire qc B VR *geh* (*weggehen*) **sich ~** se retirer C V/UNPERS **es empfiehlt sich zu** (+ *inf*) il convient de (+ *inf*)

empfehlen = recommander

Wird anders geschrieben als englisch „to recommend".

FEHLERQUELLEN

empfehlenswert ADJ recommandé; recommandable

Empfehlung F recommandation *f*; **auf ~ von ...** sur la recommandation de ...; **gute ~en haben** avoir de bonnes références

Empfehlungsschreiben N lettre *f* de recommandation

empfiehlt → empfehlen

empfinden VT ressentir; éprouver; sentir; **ich empfinde es als lästig** (**zu** + *inf*) cela m'ennuie (de + *inf*)

Empfinden N sensation *f*; sentiment *m*; **für mein ~** à mon avis

empfindlich A ADJ sensible (**gegen** à); *Möbel, Stoff, Magen* fragile; *Person* susceptible; *Schmerz, Kälte* vif; *Mangel* important B ADV sensiblement; beaucoup; **~ kalt** très froid; **~ auf etw** (*akk*) **reagieren** réagir vivement à qc

Empfindlichkeit F sensibilité *f* (**gegen** à); (*Verletzbarkeit*) susceptibilité *f*; (*Zartheit*) délicatesse *f* **empfindsam** ADJ (*feinfühlig*) sensible; (*gefühlsbetont*) sentimental; *plus fort* émotif **Empfindung** F (*Sinnesempfindung*) sensation *f*; (*Gefühl*) sentiment *m*

empfing → empfangen

empfohlen → empfehlen

empfunden → empfinden

empirisch ADJ empirique

Empore F BAU galerie *f*; *e-r Kirche* tribune *f*

empören A VT indigner; révolter B VR **sich ~** (**über** [+ *akk*]) s'indigner (de); se révolter (contre) **empörend** ADJT révoltant

Emporkömmling M *pej* parvenu *m*

empört ADJT indigné (**über** [+ *akk*] par) **Empörung** F indignation *f*

emsig ADJ (*viel beschäftigt*) affairé; (*eifrig*) empressé

Emu M ZOOL émeu *m*

Emulsion F CHEM, FOTO émulsion *f*

E-Musik F musique *f* classique

Endabnehmer M consommateur final **Endabrechnung** F compte définitif **Endausscheidung** F SPORT finale *f* **Endbahnhof** M gare *f* terminus **Endbetrag** M montant final **Endbuchstabe** M (lettre) finale *f*

Ende N 1 *räumlich* fin *f*; extrémité *f*; bout *m*; **am äußersten ~** à l'extrémité; tout au bout; **am ~ der Welt** au bout du monde 2 *zeitlich* fin *f*; terme *m*; **~ Februar** fin février; **am ~** à la fin; (*schließlich*) en fin de compte; *umg* **am ~ sein** *mit den Kräften, Nerven umg* être au bout du rouleau; **etw zu ~ führen, bringen** finir qc; mener qc à terme, à bonne fin; **zu ~ gehen** toucher à sa fin; prendre fin; **zu ~ sein, ein ~ nehmen, haben** finir; se terminer; prendre fin; **ein böses** *od* **schlimmes ~ nehmen** finir mal; *sprichw* **~ gut, alles gut** *sprichw* tout est bien qui finit bien

Endeffekt M **im ~** en fin de compte

enden VI finir; prendre fin; **~ mit** se terminer par

Endergebnis N résultat final

endgültig A ADJ définitif B ADV définitivement; *umg* **jetzt ist ~ Schluss!** maintenant c'est fini!

Endgültigkeit F caractère définitif **Endhaltestelle** F terminus *m*

Endivie F chicorée *f* **Endiviensalat** M salade *f* de chicorée

Endkampf M SPORT finale *f*; MIL combat décisif **Endlager** N NUKL site *m*, lieu *m* de stockage définitif **endlagern** VT stocker définitivement **Endlagerung** F stockage définitif

endlich A ADJ PHIL, MATH fini B ADV enfin; **sei ~ still!** tu vas te taire?; tu as fini?

endlos A ADJ sans fin; infini B ADV à l'infini; **~ lang** interminable

Endlosigkeit F durée infinie **Endlospapier** N papier *m* en continu

Endoskop N MED endoscope *m*

Endphase F phase terminale **Endprodukt** N produit final **Endreim** M rime finale **Endresultat** N résultat final **Endrunde** F SPORT poule finale **Endsilbe** F syllabe finale **Endspiel** N SPORT finale *f* **Endspurt** M SPORT sprint final; finish *m* **Endstadium** N stade terminal **Endstation** F terminus *m* **Endstück** N extrémité *f*; (*Wurstendstück*) etc bout *m* **Endsumme** F total *m*

Endung F terminaison *f*

Endverbraucher M consommateur final **Endziel** N but *m* **Endziffer** F dernier chiffre (d'un nombre) **Endzweck** M but *m*; finalité *f*

Energie F énergie *f* **Energiebedarf** M besoins *mpl* énergétiques

E

Energiebündel *umg* N **ein ~ sein** *umg* péter le feu
energiegeladen ADJT plein d'énergie; dynamique **Energiehaushalt** M bilan *m* énergétique **Energiekrise** F crise *f* de l'énergie **energielos** ADJ sans énergie **Energiequelle** F source *f* d'énergie **energiesparend** ADJT qui consomme peu d'énergie **Energiesparlampe** F lampe *f* à économie d'énergie **Energieverbrauch** M consommation *f* d'énergie **Energieverschwendung** F gaspillage *m* d'énergie **Energieversorgung** F alimentation *f* en énergie **Energiewirtschaft** F économie *f* énergétique
energisch ADJ énergique
eng **A** ADJ étroit (*a. fig Beziehung*); *fig* (*begrenzt*) restreint; *Kleidungsstück* **zu ~** serré; étriqué **B** ADV étroitement; **~ schreiben** écrire serré; **~ anliegend** *Kleidung* moulant
Engagement N engagement *m* **engagieren** V/T (*u.* V/R) (**sich ~** s')engager (**für** pour)
enganliegend ADJT *Kleidung* moulant
Enge F étroitesse *f*; *fig* **j-n in die ~ treiben** acculer qn
Engel M ange *m* (*a. fig*)
Engelsgeduld F patience *f* angélique
England N l'Angleterre *f*
Engländer M TECH clé anglaise
Engländer(in) M(F) Anglais(e) *m(f)*
englisch **A** ADJ anglais; POL *in zssgn* anglo-… **B** ADV GASTR **~ (gebraten)** saignant
Englisch N *Sprache, Schulfach* anglais *m*; **auf, in ~** en anglais; **~ lernen** apprendre l'anglais; **sie ist gut in ~** elle est bonne en anglais
engmaschig ADJ à mailles serrées, fines **Engpass** M *fig* goulot *m* d'étranglement **engstirnig** ADJ borné; étroit (d'esprit) **Engstirnigkeit** F étroitesse *f* d'esprit
Enkel(in) M(F), **Enkelkind** N petit-fils *m*, petite-fille *f*; *pl* **die Enkel(kinder)** les petits-enfants *mpl*
Enklave F enclave *f*
enorm ADJ énorme
Ensemble N THEAT troupe *f*; MUS ensemble *m*
entarten V/I dégénérer (**zu** en); *sittlich* se dépraver
entbehren V/T être privé, manquer de; **j-n, etw (nicht) ~ können** (ne pas) pouvoir se passer de qn, qc
entbehrlich ADJ superflu; inutile **Entbehrung** F privation *f*; manque *m*
entbinden **A** V/T **1** *von e-r Verpflichtung* délier (**von** de) **2** **e-e Frau ~** accoucher une femme **B** V/I accoucher
Entbindung F MED accouchement *m* **Entbindungsstation** F service *m* d'obstétrique; maternité *f*
entblößen V/T dénuder; découvrir
entbrennen *geh* V/I *Kampf, Streit* éclater
entbunden → entbinden
entdecken V/T découvrir; (*finden*) trouver; (*bemerken*) s'apercevoir de; (*enthüllen*) dévoiler
Entdecker(in) M(F) explorateur, -trice *m,f*
Entdeckung F découverte *f* **Entdeckungsreise** F voyage *m* d'exploration
Ente F **1** ZOOL canard *m*; *weibliche* cane *f*; *umg* **lahme ~** *umg* mollasson, -onne *m,f* **2** *umg* (*Zeitungsente*) *umg* bobard *m* (de la presse) **3** *umg* (*Citroën*) 2 CV *f*; *umg* deux chevaux *f*

Ente — le canard

Ente — la deux chevaux

entehren V/T déshonorer **entehrend** ADJT déshonorant; (*ehrenrührig*) infamant (*a.* JUR) **Entehrung** F déshonneur *m*
enteignen V/T exproprier **Enteignung** F expropriation *f*
enteisen V/T dégivrer
enterben V/T déshériter **Enterbung** F déshéritement *m*
Enterich M canard *m* (mâle)
entern V/T SCHIFF aborder
Entertainer M animateur *m*
Enter-Taste F touche *f* d'entrée
entfachen *geh* V/T **1** *Feuer* allumer **2** *fig* enflammer
entfallen V/I **1** *dem Gedächtnis* sortir (+ *dat* de); **sein Name ist mir ~** son nom m'échappe; **das ist mir ~** cela m'est sorti de la tête **2** (*wegfallen*) être annulé, supprimé **3** *als Anteil* revenir

(**auf** [+ *akk*] à)

entfalten **A** VT (*auseinanderfalten*) déplier; (*ausbreiten*) déployer (*a. fig*) **B** VR **sich ~** s'épanouir (*a. fig*) **Entfaltung** F dépliage *m*; déploiement *m* (*a. fig von Prunk etc*); *von Blumen, fig* épanouissement *m*

entfärben VT décolorer **Entfärber** M décolorant *m*

entfernen **A** VT *Fleck, Etikett* enlever; *Person* éloigner; *Hindernis* écarter **B** VR **sich ~** s'éloigner (*a. fig*); (*weggehen*) s'absenter

entfernt **A** ADJT éloigné (*a. Verwandte*); *e-e bestimmte Strecke* distant; **weit ~** loin (**von** de); **weit davon ~, es zu glauben** (bien) loin de le croire **B** ADVL **nicht im Entferntesten** pas le moins du monde

Entfernung F **1** distance *f*; **in e-r ~ von** à une distance de; **aus der ~** à distance **2** (*Beseitigung*) enlèvement *m*; *aus dem Amt* révocation *f*

entfesseln VT *Leidenschaften* déchaîner; *Streit* déclencher

entfiel → entfallen

entflammbar ADJ inflammable

entflammen VT (*u.* VI) (s')enflammer (**für** pour) (*a. fig*) **entfliegen** VI s'envoler; s'échapper **entfliehen** VI s'enfuir; s'échapper **entfloh(en)** → entfliehen

entfremden **A** VT aliéner; **s-m Zweck ~** utiliser à d'autres fins, autrement que prévu **B** VR **sich ~** (+ *dat*) devenir étranger à

Entfremdung F PHIL aliénation *f*; *zwischen Menschen* détachement *m*

entfrosten VT dégivrer **Entfroster** M dégivreur *m*

entführen VT enlever (*a. fig hum*); kidnapper; *Flugzeug* détourner

Entführer M ravisseur *m*; (*Flugzeugentführer*) pirate *m* de l'air **Entführung** F enlèvement *m*; (*Flugzeugentführung*) détournement *m*

entgangen → entgehen

entgegen PRÄP *u.* ADV **1** *Gegensatz* contrairement à **2** *Richtung* vers; à la rencontre de

entgegenbringen VT *fig* manifester; montrer

entgegenfiebern VI **e-r Sache** (*dat*) **~** attendre qc avec impatience; attendre fiévreusement qc

entgegengehen VI **j-m ~** aller à la rencontre de qn; *fig* **dem Ende ~** toucher à sa fin

entgegengesetzt ADJT opposé (+ *dat* à); *plus fort* contraire (à); inverse

entgegenhalten VT *fig* **j-m etw ~** opposer qc à qn

entgegenkommen VI **j-m ~** venir à la rencontre de qn; *Fahrzeug* venir en sens inverse de qn; *fig* faire des concessions à qn

Entgegenkommen N complaisance *f*; obligeance *f* **entgegenkommend** ADJT complaisant; obligeant

entgegennehmen VT recevoir; accepter; *Ware* prendre livraison de; *Bestellung* prendre

entgegensehen VI **e-r Sache** (*dat*) **~** attendre, envisager qc

entgegensetzen VT opposer (+ *dat* à) **entgegenstehen** VI **~** (+ *dat*) s'opposer à

entgegentreten VI **j-m, e-r Sache ~** s'opposer à qn, qc

entgegenwirken VI **e-r Sache** (*dat*) **~** combattre qc

entgegnen VT répondre; répliquer; *treffend* repartir; *scharf* riposter **Entgegnung** F réplique *f*, repartie *f*, riposte *f* (**auf** [+ *akk*] à)

entgehen VI *e-r Gefahr* **~** (+ *dat*) échapper à; **dir entgeht etwas** tu manques quelque chose; **mir ist nicht entgangen, dass ...** j'ai bien remarqué, noté que ...

entgeistert ADJT ébahi; stupéfait

Entgelt N rémunération *f*

entgiften VT MED désintoxiquer (*a. fig*); ÖKOL dépolluer; NUKL décontaminer **Entgiftung** F désintoxication *f*; dépollution *f*; décontamination *f*

entgleisen VI **1** dérailler **2** *fig* déraper **Entgleisung** F déraillement *m*; *fig* dérapage *m*

entgleiten *geh* VI échapper (+ *dat* de) (*a. fig*) **entgräten** VT enlever les arêtes à **enthaaren** VT épiler

Enthaarungscreme F crème *f* dépilatoire **Enthaarungsmittel** N dépilatoire *m*

enthalten **A** VT contenir; (*in sich schließen*) renfermer; (*umfassen*) comprendre; **mit ~ sein** être inclus, compris (**in** [+ *dat*] dans) **B** VR **sich** (**der Stimme** [*gen*]) **~** s'abstenir (de voter)

enthaltsam ADJ abstinent; *im Alkoholgenuss* sobre; *sexuell* continent **Enthaltsamkeit** F abstinence *f*; sobriété *f*; continence *f*

Enthaltung F (*Stimmenthaltung*) abstention *f*

enthärten VT *Wasser* adoucir **enthaupten** *geh* VT décapiter **enthäuten** VT *Tier* dépouiller; *Obst* éplucher

entheben *geh* VT **j-n s-s Amtes ~** relever qn de ses fonctions

enthemmt ADJT décomplexé; sans complexe(s) **enthoben** → entheben **enthüllen** VT découvrir; *Denkmal, Geheimnis* dévoiler; (*aufdecken*) révéler **Enthüllung** F découverte *f*; dévoilement *m*; révélation *f*

Enthusiasmus M enthousiasme *m* **enthusiastisch** **A** ADJ enthousiaste **B** ADV avec enthousiasme

entjungfern VT déflorer **Entjungferung**

F défloration *f*; *umg* dépucelage *m* **entkalken** VT détartrer **entkernen** VT *Steinobst* dénoyauter; *Kernobst* épépiner **entkleiden** *geh* VT (*u.* VR) (**sich** ~ se) déshabiller
entkommen VI ~ (**aus**) s'échapper (de); **j-m, e-r Sache** (*dat*) ~ échapper à qn, qc
Entkommen N évasion *f*; **es gab kein** ~ il n'y avait aucun moyen de s'échapper
E
entkorken VT déboucher
entkräften VT 1 *Krankheit* affaiblir; épuiser; *durch Überanstrengung* exténuer 2 *fig* infirmer
entkrampfen VT (*u.* VR) (**sich** ~ se) détendre (*a. fig*); (se) décontracter
entkriminalisieren VT décriminaliser
entladen A VT décharger B VR **sich** ~ se décharger (*a.* ELEK); *Gewitter, Begeisterung* éclater
entlang A PRÄP le long de B ADV **hier ~, bitte!** par ici, s'il vous plaît!
entlangfahren VT *u.* VI 1 ~ (+ *akk*) *od* ~ **an** (+ *dat*) aller le long de; longer; suivre 2 (**mit dem Finger**) ~ passer (le doigt) sur, le long de
entlanggehen VT *u.* VI ~ (+ *akk*) *od* ~ **an** (+ *dat*) aller le long de; longer; suivre
entlarven VT démasquer
entlassen VT *Arbeitnehmer* licencier; congédier; MIL, *aus dem Gefängnis* libérer
Entlassung F licenciement *m*; libération *f*; *aus dem Krankenhaus* sortie *f* **Entlassungsfeier** F fête *f* de fin d'année (dans un établissement scolaire)
entlasten VT *bei der Arbeit* aider; soulager (*a. fig*, TECH); *Verkehr* décongestionner
Entlastung F aide *f*; soulagement *m*; HANDEL, JUR décharge *f* **Entlastungsmaterial** N pièces *fpl* à décharge **Entlastungszeuge** M témoin *m* à décharge
entlaufen VI s'échapper; s'enfuir; **j-m** ~ échapper à qn
entlausen VT épouiller
entledigen *geh* VR **sich j-s, e-r Sache** (*gen*) ~ se débarrasser de qn, qc
entleeren VT (*u.* VR) (**sich** ~ se) vider; TECH vidanger **entlegen** ADJ 1 *räumlich* éloigné; (*abgelegen*) isolé 2 *fig* (*unüblich*) insolite **entlehnen** VT emprunter, prendre (+ *dat*, **aus, von** à) **entleihen** VT emprunter (**von** à)
entloben VR **sich** ~ rompre ses fiançailles
entlocken VT *Geheimnis, Lächeln* arracher (+ *dat* à); *Töne* tirer
entlohnen VT rémunérer; payer (**für** pour) **Entlohnung** F rémunération *f*; rétribution *f*
entlüften VT aérer; *Leitung* purger **Entlüftung** F aération *f*; *e-r Leitung* purge *f* **Entlüftungsventil** N soupape *f* (de purge d'air); ventouse *f*
entmachten VT priver de son pouvoir **Entmachtung** F privation *f* de pouvoir(s)
entmilitarisieren VT démilitariser **Entmilitarisierung** F démilitarisation *f*
entmündigen VT 1 JUR interdire 2 *fig* mettre sous tutelle **Entmündigung** F 1 JUR interdiction *f* judiciaire 2 *fig* mise *f* sous tutelle
Entmündigungsantrag M demande *f* en interdiction **Entmündigungsverfahren** N procédure *f* d'interdiction
entmutigen VT décourager **entmutigend** ADJT décourageant **Entmutigung** F découragement *m*
Entnahme F prélèvement *m*; **bei, nach ~ von ...** lors d'un, après prélèvement de ...
entnehmen VT (+ *dat*, **aus**) 1 prendre (de, dans); *Probe*, MED prélever (sur) 2 *fig* conclure (de) **entnerven** VT énerver **entnervt** ADJT à bout de nerfs **entpacken** VT IT décompresser; décompacter **entpolitisieren** VT dépolitiser **entprivatisieren** VT nationaliser
entpuppen VR *fig* **sich als j-d, etw** ~ se révéler être qn, qc
entrahmen VT *Milch* écrémer **enträtseln** VT déchiffrer
Entrecote N GASTR entrecôte *f*
entreißen VT **j-m etw** ~ arracher qc à qn
entrichten VT payer; *Beitrag* verser; *Steuern* acquitter
entrinnen VI *geh* échapper (+ *dat* à); *poet Zeit* s'écouler; **es gibt kein Entrinnen** la situation est sans issue
entrollen VT dérouler **entrosten** VT dérouiller **entrückt** *geh* ADJT absent
entrümpeln VT déblayer **Entrümpelung** F déblaiement *m*
entrüsten VR **sich** ~ s'indigner, se scandaliser (**über** [+ *akk*] de)
entrüstet ADJT **über j-n, etw ~ sein** être indigné contre qn, par qc
Entrüstung F indignation *f*
entsaften VT extraire le jus de **Entsafter** M centrifugeuse *f* (à jus de fruits) **entsagen** *geh* VI renoncer (+ *dat* à)
entschädigen VT dédommager (**für** de); *in Geld* indemniser (**für** de) **Entschädigung** F dédommagement *m*; indemnisation *f*; *Summe* indemnité *f*
entschärfen VT désamorcer (*a. fig*); *Diskussion* dépassionner; *Text* édulcorer
Entscheid M JUR décision *f*
entscheiden A VT décider B VI ~ (**über** [+ *akk*]) décider (de); JUR statuer (sur) C VR **sich** (**für, gegen j-n, etw**) ~ se décider, se prononcer (pour, contre qn, qc)
entscheidend ADJT décisif
Entscheidung F décision *f* (*a.* JUR); **e-e** ~

treffen, fällen prendre une décision **Entscheidungsfreiheit** F liberté *f* de décision **Entscheidungskampf** M combat décisif **Entscheidungsspiel** N SPORT belle *f*; match décisif **Entscheidungsträger** M décideur *m*

entschieden A ADJT *Ton, Haltung* résolu; *Ablehnung* catégorique B ADVL résolument; catégoriquement; *(eindeutig)* décidément **Entschiedenheit** F détermination *f*

entschlacken VT TECH décrasser; MED dépurer **Entschlackung** F TECH décrassage *m*; MED dépuration *f*

entschlafen *geh* VI *(sterben)* s'éteindre; s'endormir

entschließen VR **sich ~** se décider, se résoudre (**zu** à) **Entschließung** F résolution *f*

entschlossen A ADJT résolu; déterminé; **fest ~** fermement décidé B ADVL **kurz ~** sans hésiter

Entschlossenheit F résolution *f*; détermination *f*

Entschluss M décision *f*; *(Vorsatz)* résolution *f*; **den ~ fassen zu** (+ *inf*) décider de (+ *inf*)

entschlüsseln VT décoder; déchiffrer

entschlussfreudig ADJ décidé; qui a de l'esprit de décision **Entschlusskraft** F détermination *f*

entschuldbar ADJ excusable

entschuldigen A VT excuser; pardonner; *abs* **~ Sie!** pardon!; *Frage, Bitte* **~ Sie bitte, …** excusez-moi, … B VR **sich ~ (wegen, für)** s'excuser (de); **sich bei j-m ~** s'excuser auprès de qn

Entschuldigung F excuse *f*; SCHULE mot *m* d'excuse; **~!** pardon!; excusez-moi!; **j-n (wegen, für etw) um ~ bitten** faire, présenter ses excuses à qn (pour qc)

Entschuldigungsgrund M excuse *f* **Entschuldigungsschreiben** N lettre *f* d'excuse(s)

entschwinden *geh* VI disparaître (peu à peu) **entsenden** VT envoyer **entsetzen** A VT épouvanter; horrifier B VR **sich ~** s'épouvanter, s'effrayer (**über** [+ *akk*] de)

Entsetzen N horreur *f*; terreur *f*; épouvante *f*; **starr vor ~** glacé de terreur

entsetzlich A ADJ épouvantable; effrayant; horrible *(a. umg fig)* B ADV *umg* **~ dumm** affreusement bête

entseuchen VT NUKL décontaminer; MED désinfecter **entsichern** VT enlever la sûreté de

entsinnen VR **sich (e-r Sache, j-s) ~** se souvenir (de qc, qn); se rappeler (qc, qn)

entsorgen VT *Abfall* enlever; collecter et traiter; *durch Verbrennung* éliminer; *weitS.* se débarrasser de **Entsorgung** F enlèvement *m*, collecte *f* et traitement *m* des ordures; élimination *f* des déchets

entspannen A VT détendre *(a. fig,* POL*)*; *(lockern)* relâcher B VR **sich ~** se détendre; se relâcher; *(sich erholen)* se relaxer; se décontracter **Entspannung** F détente *f*; relâchement *m*

Entspannungspolitik F politique *f* de détente **Entspannungsübung** F exercice *m* de relaxation

entspinnen VR **sich ~** *Freundschaft* naître; *Unterhaltung* s'engager

entsprechen A VI **~** (+ *dat*) 1 *den Tatsachen* correspondre à; *e-m Zweck* répondre à; *den Umständen* être approprié à 2 *e-r Bitte* satisfaire à; *e-m Antrag* donner suite à B VR **sich ~** se correspondre

entsprechend A ADJT correspondant; *Mittel, Worte a.* approprié B ADVL *(dementsprechend)* en conséquence; à l'avenant C PRÄP en fonction de; conformément à

Entsprechung F *Eigenschaft* correspondance *f*; *Sache* équivalent *m*

entspringen VI 1 *Fluss* prendre sa source; naître 2 *(entstehen)* **~** (+ *dat*) sortir, provenir de **entstammen** VI **~** (+ *dat*) provenir de; *(abstammen)* être issu, descendre de

▶ **Sich entschuldigen**

Sie haben jemanden aus Versehen angestoßen? So können Sie sich entschuldigen:

Pardon !

Excuse-moi !
(wenn Sie die Person duzen) bzw.

Pardon, Monsieur !
Pardon, Madame !
Excusez-moi !
(wenn Sie die Person siezen)

Und so können Sie einen Fremden um eine Auskunft bitten:

Entschuldigen Sie bitte, können Sie mir sagen, wo der Bahnhof ist?

Pardon, Madame *(bzw.* **Monsieur**), **pourriez-vous me dire où se trouve la gare ?**

Tipp:
Es ist unhöflich zu sagen: **Je m'excuse !** (Ich entschuldige mich!), weil es nicht an Ihnen liegt, Ihr Verhalten zu entschuldigen, sondern an der Person, die Sie um Entschuldigung bitten.

SPRACHGEBRAUCH ◀

entstehen VI naître (**aus** de); *(sich entwickeln)* se produire; *Schwierigkeiten* surgir; **aus etw ~** résulter, provenir de qc

Entstehung F naissance *f*; origine *f*; *(Bildung)* formation *f* **Entstehungsgeschichte** F genèse *f* **Entstehungsort** M *Ursprung* lieu *m* d'origine; berceau *m*; *e-s Werks* lieu *m* de réalisation **Entstehungszeit** F époque *f* d'origine; *e-s Werks* période *f* de gestation

entsteinen VT dénoyauter **entstellen** VT défigurer; déformer *(beide a. fig)* **Entstellung** F défiguration *f*; déformation *f* **entstören** VT ELEK antiparasiter

Entstörungsdienst M, **Entstörungsstelle** F ELEK service *m* d'antiparasitage

entströmen VI *Gas* s'échapper

enttarnen VT démasquer (**als** comme) **Enttarnung** F découverte *f*

enttäuschen VT décevoir; désillusionner; **von j-m enttäuscht sein** être déçu par qn

enttäuschend ADJT décevant

Enttäuschung F déception *f*

entthronen VT détrôner *(a. fig)*

entwachsen ADJ **e-r Sache** *(dat)* **~ sein** être sorti de qc

entwaffnen VT désarmer *(a. fig)* **Entwaffnung** F désarmement *m* **entwarnen** VI donner le signal de fin d'alerte **Entwarnung** F fin *f* d(e l)'alerte

entwässern VT drainer; assécher **Entwässerung** F drainage *m*; assèchement *m*

entweder KONJ **~ ... oder ...** ou (bien) ...; soit ... soit ...

entweichen VI s'échapper (**aus** de); CHEM se dégager **entweihen** VT profaner *(a. fig)* **entwenden** VT dérober; voler **entwerfen** VT *Plan, Vertrag* ébaucher; *Muster* esquisser; *Programm* projeter; *Skizze* crayonner

entwerten VT **1** *Geld* dévaloriser **2** *Briefmarke* oblitérer; *Fahrkarte* composter **Entwerter** M *für Fahrkarten* composteur *m* (! in Frankreich müssen auch Zugfahrkarten vor jeder Fahrt entwertet werden) **Entwertung** F dévalorisation *f*; oblitération *f*; compostage *m*

entwickeln **A** VT développer *(a.* FOTO*)*; *Wärme, Gas* dégager; TECH mettre au point; *Aktivität* déployer; *Plan* exposer; **etw zu etw ~** faire de qc qc **B** VR **sich ~** se développer; *Wärme, Gas* se dégager; **sich zu etw ~** devenir qc

> ▶ entwickeln = développer
>
> Wird anders geschrieben als englisch „to develop".
>
> FEHLERQUELLEN

Entwicklung F développement *m*; dégagement *m*; mise *f* au point; déploiement *m*; *(Weiterentwicklung)* évolution *f*; *Jugendlicher* **in der ~ sein** être en pleine croissance

Entwicklungsabschnitt M phase *f* d'évolution **Entwicklungsdienst** M coopération *f* (avec les pays en voie de développement) **entwicklungsfähig** ADJ *Sache* évolutif **Entwicklungsgeschichte** F genèse *f* **Entwicklungshelfer(in)** M(F) coopérant(e) *m(f)* **Entwicklungshilfe** F coopération *f*; aide *f* au développement **Entwicklungsjahre** NPL puberté *f* **Entwicklungskosten** PL coûts *mpl* de développement **Entwicklungsland** N pays *m* en voie de développement **Entwicklungsmöglichkeit** F possibilité *f* de développement, d'évolution **Entwicklungspolitik** F politique *f* de développement **Entwicklungsprozess** M processus *m* de développement **Entwicklungsstadium** N stade *m* de développement **Entwicklungsstand** M niveau *m* de développement; degré *m* d'évolution **Entwicklungsstörung** F BIOL accident *m* lors du développement **Entwicklungsstufe** F degré *m* de développement **Entwicklungszeit** F durée *f* du développement; *Pubertät* puberté *f*

entwirren VT *(u.* VR*)* (**sich ~** se) démêler; (se) débrouiller

entwischen VI s'échapper; **j-m ~** échapper à qn

entwöhnen VT **1** *Säugling* sevrer **2** MED désintoxiquer **Entwöhnung** F **1** sevrage *m* **2** MED désintoxication *f*

entwürdigend ADJT avilissant; dégradant

Entwurf M *e-s Gesetzes, Vertrags* projet *m*; MAL, *e-s Briefs* ébauche *f*; MAL *a.* esquisse *f*; *(Konzept)* brouillon *m*

entwurzeln VT déraciner *(a. fig)* **entzerren** VT *zeitlich, Verkehr* étaler

entziehen **A** VT **1** retirer (**j-m etw** qc à qn) **2** CHEM, TECH enlever **B** VR **sich ~** se soustraire, se dérober *(+ dat* à)

Entziehungskur F cure *f* de désintoxication

entziffern VT déchiffrer; *Kode a.* décoder **entzippen** VT IT dézipper **entzücken** VT ravir; charmer; enchanter **Entzücken** N ravissement *m*; enchantement *m* **entzückend** ADJT ravissant; charmant **entzückt** ADJT ravi, enchanté (**über** [+ *akk*] de)

Entzug M **1** *des Führerscheins etc* retrait *m*; *e-s Rechts* privation *f* **2** *von Drogen* sevrage *m*; *(Entziehungskur)* cure *f* de désintoxication

Entzugserscheinungen FPL (état *m* de) manque *m*; **~ haben** être en manque

entzündbar ADJT inflammable

entzünden **A** VT allumer; enflammer (*a. fig*) **B** VR **sich ~** prendre feu; MED s'enflammer; *fig* **sich an etw** (*dat*) **~** éclater au sujet de qc **entzündet** ADJT MED enflammé; irrité **entzündlich** ADJ inflammable; MED inflammatoire **Entzündung** F MED inflammation *f* **entzündungshemmend** ADJT anti-inflammatoire **Entzündungsherd** M foyer *m* d'inflammation

entzwei ADJ cassé

entzweien VT (*u.* VR) (**sich ~** se) brouiller; (se) désunir

entzweigehen VI se casser

Enzian M BOT, *Likör* gentiane *f*

Enzyklopädie F encyclopédie *f* **enzyklopädisch** ADJ encyclopédique

Enzym N enzyme *m od f*

Epidemie F épidémie *f* **epidemisch** ADJ épidémique

Epidermis F BIOL épiderme *m*

Epigramm N épigramme *f*

Epik F poésie *f* épique **Epiker** M poète *m* épique

Epilepsie F épilepsie *f* **Epileptiker(in)** M(F) épileptique *m/f* **epileptisch** ADJ épileptique; *Anfall* d'épilepsie

Epilog M épilogue *m*

episch ADJ épique

Episode F épisode *m* (! maskulin) **episodenhaft**, **episodisch** ADJ épisodique

Epizentrum N *e-s Erdbebens* épicentre *m*

Epoche F époque *f*; **~ machen** faire époque

Epos N épopée *f*

Equipe F équipe *f*

er PERS PR **1** *beim Verb* il **2** *alleinstehend od betont* lui **3** *vor voilà* le; **da ist ~** le voilà

erachten *geh* VT estimer; juger; **etw für, als notwendig ~** estimer, juger qc nécessaire

Erachten N **meines ~s** à mon avis

erarbeiten VT (*u.* VR) (**sich** [*dat*]) **~** **1** (*erwerben*) acquérir, gagner par le travail **2** *Wissensstoff* assimiler **3** (*ausarbeiten*) élaborer

Erbadel M noblesse *f* héréditaire **Erbanlagen** FPL hérédité *f*; caractères *mpl* héréditaires **Erbanspruch** M prétention *f* à un héritage

erbarmen *geh* **A** VT faire pitié à **B** VR **sich j-s, e-r Sache ~** avoir pitié de qn, qc

Erbarmen N pitié *f*; *bes* REL miséricorde *f*; **mit j-m ~ haben** avoir pitié de qn

erbärmlich **A** ADJ **1** lamentable (*a. fig*); (*kläglich*) déplorable; (*jämmerlich*) pitoyable; *umg* minable **2** *umg fig Angst etc* terrible; horrible **B** ADV à faire pitié; **~ frieren** avoir terriblement froid

Erbärmlichkeit F état *m* pitoyable

erbarmungslos **A** ADJ impitoyable **B** ADV sans pitié, merci; impitoyablement

erbauen **A** VT **1** construire; bâtir; *Stadt* fonder **2** *fig* édifier; **er war davon nicht gerade erbaut** il n'était pas ravi **B** *geh* VR **sich an etw** (*dat*) **~** être édifié par qc

Erbauer M constructeur *m*; bâtisseur *m* **erbaulich** ADJ édifiant **Erbauung** F construction *f*; édification *f* (*a. fig*); *e-r Stadt* fondation *f*

erbberechtigt ADJ successible; **~ sein** avoir droit à la succession

Erbe[1] M héritier *m*; **j-n zum ~n einsetzen** instituer qn héritier

Erbe[2] N héritage *m*; patrimoine *m* (*beide a. fig*)

erbeben *geh* VI tressaillir, (se mettre à) trembler (**vor etw** [*dat*] de qc)

erben VT *abs* faire un héritage; **etw ~** hériter de qc (*a. fig*); **etw von j-m ~** hériter qc de qn

Erbengemeinschaft F communauté *f* d'héritiers

erbetteln VT mendier; quémander **erbeuten** VT capturer, prendre (**von** à)

Erbfall m cas *m* de succession **Erbfehler** M BIOL défaut *m* héréditaire **Erbfeind** M ennemi *m* héréditaire **Erbfolge** F ordre successoral; succession *f* **Erbgut** N hérédité *f*; patrimoine *m* héréditaire, génétique

erbieten *geh* VR **sich ~ zu** (+ *inf*) s'offrir à (+ *inf*)

Erbin F héritière *f*

erbitten *geh* VT **etw von j-m ~** demander qc à qn

erbittern VT remplir d'amertume; *plus fort* exaspérer **erbittert** **A** ADJT *Kampf* acharné; âpre; *Widerstand* farouche; *Person* furieux; exaspéré **B** ADVL avec acharnement **Erbitterung** F (*Groll*) amertume *f*; rancœur *f*; (*Außersichsein*) exaspération *f*

Erbkrankheit F maladie *f* héréditaire **Erblasser(in)** M(F) JUR testateur, -trice *m,f*; de cujus *m*

erblich **A** ADJ héréditaire **B** ADV **~ belastet sein** souffrir d'un mal héréditaire

erblicken *geh* VT apercevoir; voir; découvrir

erblinden *geh* VI perdre la vue; devenir aveugle **Erblindung** F perte *f* de la vue; cécité *f*

erblühen *geh* VI s'épanouir

Erbmasse F **1** JUR masse successorale **2** BIOL hérédité *f* **Erbonkel** M *hum* oncle *m* à héritage

erbrechen VT (*u.* VR **sich ~**) vomir

Erbrechen N MED vomissement *m*; *umg fig* **bis zum ~** *umg* jusqu'au ras-le-bol

Erbrecht N droit successoral

erbringen VT *Beweis* apporter; fournir; *Summe* rapporter

Erbrochene(s) N vomissures *fpl*

Erbschaft F héritage *m*; succession *f*; **e-e ~**

machen faire un héritage
Erbschaftsangelegenheit F affaire successorale **Erbschaftsanspruch** M prétention *f* à l'héritage
Erbschaft(s)steuer F droits *mpl* de succession
Erbschein M certificat *m* d'héritier **Erbschleicher(in)** M(F) captateur, -trice *m,f*
Erbse F pois *m*; **grüne ~n** petits pois
Erbseneintopf M ragoût *m* aux pois secs (et au lard) **erbsenförmig** ADJ en forme de pois **erbsengroß** ADJ gros, grosse comme un (petit) pois **Erbsensuppe** F soupe *f* aux pois **Erbsenzählerei** F *pej* pingrerie *f*; *umg* radinerie *f*
Erbstück N objet hérité **Erbsünde** F péché originel **Erbtante** F *hum* tante *f* à héritage **Erbteil** N part *f* d'héritage
Erdachse F axe *m* de la Terre **Erdanziehung** F attraction *f* terrestre **Erdapfel** M *bes österr* pomme *f* de terre **Erdatmosphäre** F atmosphère *f* terrestre **Erdbahn** F ASTRON orbite *f* terrestre **Erdball** *geh* M globe *m* terrestre
Erdbeben N tremblement *m* de terre; séisme *m* **Erdbebengebiet** N zone *f* sismique **Erdbebenherd** M foyer *m* du séisme, du tremblement de terre; hypocentre *m* **erdbebensicher** ADJ à l'abri des tremblements de terre
Erdbeerbowle F *boisson à base de vin, de mousseux, de fraises et de sucre*
Erdbeere F fraise *f* **Erdbeereis** N glace *f* à la fraise **Erdbeerkuchen** M tarte *f* aux fraises **Erdbeermarmelade** F confiture *f* de fraises **Erdbeertorte** F tarte *f* aux fraises
Erdbevölkerung F population *f* du globe
Erdboden M sol *m*; terre *f*; **dem ~ gleichmachen** raser; **wie vom ~ verschluckt** disparu comme par enchantement
Erddurchmesser M diamètre *m* de la terre
Erde F 1 (*Welt*) terre *f*; monde *m*; *Planet* Terre *f* (! hier großgeschrieben); **auf der ~** sur (la) terre; **auf ~n** ici-bas; sur terre 2 (*Erdboden*) terre *f*; sol *m*; **auf die ~ fallen, werfen** tomber, jeter par *od* à terre; **unter der ~** sous terre; souterrain 3 ELEK terre *f*; masse *f*
erden V/T ELEK mettre à la terre
erdenklich ADJ imaginable; concevable
Erderwärmung F réchauffement *m* de la planète **Erdgas** N gaz naturel **Erdgeschichte** F géologie *f* **Erdgeschoss**, *österr* **Erdgeschoß** N rez-de-chaussée *m* **Erdinnere(s)** N entrailles *fpl* de la Terre **Erdkabel** N câble souterrain **Erdklumpen** M motte *f* de terre **Erdkruste** F écorce *f* terrestre **Erdkugel** F globe *m* terrestre **Erdkunde** F géographie *f* **Erdmassen** FPL terres *fpl*; masses *fpl* de terre **Erdmittelpunkt** M centre *m* de la Terre
Erdnuss F *Frucht* cacah(o)uète *f*; *Pflanze* arachide *f* **Erdnussbutter** F beurre *m* de cacahuète
Erdoberfläche F surface *f* de la Terre
Erdöl N pétrole *m*; **~ exportierend** exportateur de pétrole
erdolchen *geh* V/T poignarder
erdölexportierend ADJT exportateur de pétrole
Erdölfeld N champ *m* pétrolifère **Erdölgewinnung** F production pétrolière **Erdölleitung** F pipeline *m*; oléoduc *m* **Erdölraffinerie** F raffinerie *f* de pétrole **Erdölvorkommen** N gisement *m* pétrolifère
Erdreich N terre *f*; sol *m*
erdreisten *geh* V/R **sich ~, etw zu tun** avoir le front de faire qc
erdrosseln V/T étrangler
erdrücken V/T écraser; *fig* accabler **erdrückend** ADJT *Mehrheit* écrasant; *Beweise, Hitze* accablant
Erdrutsch M glissement *m* de terrain; éboulement *m*; *fig* raz *m* de marée **Erdsatellit** M satellite *m* terrestre **Erdschatten** M ombre *f* de la Terre **Erdschicht** F couche *f* de terre; GEOL assise *f* **Erdstoß** M secousse *f* sismique **Erdteil** M continent *m*
erdulden V/T *Leiden* endurer; souffrir; (*hinnehmen müssen*) subir; supporter
Erdumdrehung F rotation *f* de la Terre **Erdumfang** M circonférence *f* de la Terre **Erdumkreisung** F révolution *f* autour de la Terre **Erdumlaufbahn** F orbite *f* (autour de la Terre)
Erdung F ELEK mise *f* à la terre; prise *f* de terre
ereifern V/R **sich ~ (über** [+ *akk*]) s'échauffer (pour)
ereignen V/R **sich ~** (*vor sich gehen*) se passer; (*stattfinden*) avoir lieu; *Unangenehmes* arriver; se produire
Ereignis N événement *m*; **freudiges ~** (*Geburt*) heureux événement
ereignislos ADJ *Leben, Tag* calme; (*gleichförmig*) monotone **ereignisreich** ADJ mouvementé; riche en événements
ereilen *geh* V/T **j-n ~** *Tod* surprendre qn; *Schicksal* frapper qn
Erektion F érection *f*
Eremit M ermite *m*
ererbt ADJT hérité
erfahren[1] V/T 1 *durch Mitteilung* apprendre (**durch j-n, von j-m** par qn); savoir 2 (*die Erfahrung machen*) faire l'expérience de 3 *Leid* subir;

éprouver; *Veränderungen* subir
erfahren[2] ADJ expérimenté; **er ist in diesen Dingen sehr ~** il a beaucoup d'expérience en la matière
Erfahrung F expérience *f*; *(Übung) a.* pratique *f*; **aus (eigener) ~** par expérience; **mit etw gute ~en machen** être content de qc; **mit j-m, etw schlechte ~en machen** avoir des déconvenues avec qn, qc; **~en sammeln** acquérir de l'expérience
Erfahrungsaustausch M échange *m* de vues **Erfahrungsbericht** M rapport *m* (pratique) **erfahrungsgemäß** ADV (je sais, *etc*) par expérience (que …) **Erfahrungswert** M valeur *f* empirique
erfassen V/T **1** saisir *(a. fig,* IT*)*; *bei e-m Verkehrsunfall* accrocher **2** *(einbeziehen)* englober; couvrir; **statistisch, zahlenmäßig ~** recenser
Erfassung F enregistrement *m*; STATISTIK recensement *m*; IT saisie *f*
erfinden V/T *Neues, Geschichte* inventer **Erfinder(in)** M(F) inventeur, -trice *m,f* **Erfindergeist** M génie inventif **erfinderisch** ADJ inventif; *(findig)* ingénieux; *(fantasievoll)* imaginatif **Erfindung** F invention *f*; *(Erdichtung)* fiction *f* **Erfindungsgabe** F inventivité *f*; *(Fantasie)* imagination *f*
Erfolg M succès *m*; réussite *f*; *(Ergebnis)* résultat *m*; **viel ~!** bonne chance!; **~ haben** avoir du succès; réussir (**bei j-m** auprès de qn); **~ versprechend** prometteur
erfolgen V/I *(geschehen)* avoir lieu; se produire; *(durchgeführt werden)* s'effectuer
erfolglos **A** ADJ infructueux; vain; *(glücklos)* malchanceux **B** ADV sans succès; **~ bleiben** être un échec
Erfolglosigkeit F insuccès *m*; échec *m*
erfolgreich **A** ADJ couronné de succès; à succès **B** ADV avec succès
Erfolgsaussichten FPL chances *fpl* de succès **Erfolgsautor(in)** M(F) auteur *m* à succès **Erfolgsbeteiligung** F participation (calculée au prorata des résultats) **Erfolgserlebnis** N (sentiment *m* de) réussite *f*; succès *m* **Erfolgsmeldung** F (annonce *f* de *od* d'un) succès *m*; bonne nouvelle **Erfolgsprämie** F prime *f* de succès; bonus *m* **Erfolgsquote** F pourcentage *m* de réussite **Erfolgsrezept** N recette *f* (de succès)
Erfolgszwang M **unter ~** *(dat)* **stehen** être obligé de réussir
erfolgversprechend ADJT prometteur
erforderlich ADJ nécessaire; *Alter* requis
erfordern V/T demander; *plus fort* exiger; nécessiter **Erfordernis** N exigence *f*; *(Notwendigkeit)* nécessité *f*
erforschen V/T *wissenschaftlich, Land* explorer; étudier; TECH sonder; *(ermitteln)* rechercher **Erforscher(in)** M(F) explorateur, -trice *m,f* **Erforschung** F exploration *f*; recherche *f*; TECH sondage *m*
erfragen V/T s'enquérir de; demander
erfreuen **A** V/T réjouir; faire plaisir à; **erfreut sein über** *(+ akk)* être content, enchanté de; **sehr erfreut!** enchanté! **B** V/R **sich e-r Sache** *(gen)* **~** jouir de qc; **sich ~ an** *(+ dat)* prendre plaisir à
erfreulich ADJ réjouissant; *Fortschritte* satisfaisant; encourageant; **es ist ~, zu sehen …** c'est un plaisir de voir …
erfreulicherweise ADV heureusement
erfrieren V/I *Person* mourir de froid; *Pflanzen, Glieder* geler **Erfrierung** F gelure *f*
erfrischen V/T (u. V/R) (**sich ~** se) rafraîchir **erfrischend** ADJT rafraîchissant *(a. fig)* **Erfrischung** F rafraîchissement *m*
Erfrischungsgetränk N boisson rafraîchissante **Erfrischungsraum** M buvette *f*; *im Warenhaus* cafétéria *f* **Erfrischungstuch** N pochette rafraîchissante
erfüllen **A** V/T **1** *mit Bewunderung* remplir (**mit** de) **2** *Pflicht, Aufgabe* accomplir; *Verpflichtungen* faire face à; *Bedingung, Versprechen, Zweck* remplir; *Bitte* satisfaire à; *Wunsch, Hoffnungen* réaliser; combler; *Erwartungen* répondre à **B** V/R **sich ~** s'accomplir; se réaliser
Erfüllung F accomplissement *m*; réalisation *f*; **in ~ gehen** se réaliser
ergänzen **A** V/T compléter; *Bemerkung* ajouter **B** V/R **sich ~** se compléter
ergänzend **A** ADJT complémentaire; *(zusätzlich)* supplémentaire **B** ADVL **~ bemerken** ajouter
Ergänzung F *zur Vervollständigung,* GRAM complément *m*; *als Zusatz* supplément *m*
Ergänzungsabgabe F taxe *f* complémentaire **Ergänzungsband** M supplément *m*
ergattern *umg* V/T *umg* décrocher; *umg* dégot(t)er
ergaunern V/T escroquer (**etw von j-m** qc à qn)
ergeben[1] **A** V/T donner (pour résultat); rendre; *Gewinn, Betrag* rapporter **B** V/R **sich ~** **1** MIL, *fig* se rendre; capituler **2** *in sein Schicksal* se résigner (**in** *[+ akk]* à) **3** *e-m Laster* s'adonner à **4** *(die Folge sein)* résulter (**aus** de); **es ergab sich so** c'est arrivé comme ça
ergeben[2] ADJT *Person* dévoué *(+ dat* à*)*; *(unterwürfig)* soumis; *(resignierend)* résigné **Ergebenheit** F dévouement *m*; soumission *f*; résignation *f*
Ergebnis N résultat *m*; SPORT *a.* score *m*; *(Folge)* conséquence *f*; **zu keinem ~ führen** ne pas

aboutir
ergebnislos **A** ADJ sans résultat; *Arbeit* infructueux; *Bemühungen* inutile; vain **B** ADV sans résultat
ergehen **A** V/I **1** *geh Einladung* être envoyé (**an** [+ *akk*] à); *Aufruf, Verbot* être lancé (à); *Befehl* être donné (à) **2** **etw über sich** (*akk*) **~ lassen** supporter, subir qc **B** V/R **sich ~** *in Vorwürfen, über ein Thema* se répandre (**in** [+ *dat*] en) **C** V/UNPERS **wie ist es dir ergangen?** qu'es-tu devenu?; **es ist ihm schlecht ergangen** ça s'est mal passé pour lui
ergiebig ADJ qui rend bien; *Thema* riche; *Ackerland* fertile; *Einnahmequelle* productif
ergießen V/R **sich ~** se répandre (**über** [+ *akk*] sur); *Fluss* se jeter (**in** [+ *akk*] dans)
Ergometer N MED ergomètre *m*
Ergonomie F ergonomie *f* **ergonomisch** ADJ ergonomique
ergreifen V/T **1** *Gegenstand* saisir; *Verbrecher* arrêter **2** *fig die Flucht, Maßnahme* prendre; *Beruf* embrasser; *Gelegenheit* saisir **3** **j-n ~** *seelisch* émouvoir qn; *Furcht* saisir qn
ergreifend ADJT émouvant; touchant **Ergreifung** F prise *f*; *e-s Verbrechers* arrestation *f*
ergriffen **A** → ergreifen **B** ADJT ému; touché; **tief ~** bouleversé
Ergriffenheit F émotion *f*; *plötzliche* saisissement *m*
ergründen V/T *Erscheinung, Problem* étudier; *Geheimnis* pénétrer
Erguss M MED, *fig* épanchement *m*; (*Samenerguss*) éjaculation *f*
erhaben ADJ **1** (*plastisch*) en relief **2** *fig Gedanke, Tat* élevé; sublime; *Stil* noble **3** **über etw** (*akk*) **~** au-dessus de qc
Erhabenheit F élévation *f*
Erhalt M **1** ADMIN, HANDEL réception *f* **2** → Erhaltung
erhalten[1] V/T **1** recevoir; avoir; *als Ergebnis* obtenir; *Geld* toucher **2** *Kunstwerk* conserver; *Frieden* maintenir; *in e-m Zustand* entretenir
erhalten[2] ADJT **gut ~** bien conservé (*hum a. Person*); **~ bleiben** rester
erhältlich ADJ en vente
Erhaltung F conservation *f*; (*Instandhaltung*) entretien *m*; (*Aufrechterhaltung*) maintien *m*
erhängen V/T (*u.* V/R) (**sich ~** se) pendre
erhärten V/T *Behauptung etc* corroborer; confirmer
erhaschen V/T saisir; attraper; *e-n Blick von etw* entrapercevoir
erheben **A** V/T **1** *Glas, Hand* lever; *Stimme* élever **2** *fig zum Prinzip* ériger (**zu** en) **3** *Steuern* percevoir **4** *Einwände* soulever; *Protest* élever; *Anschuldigungen* porter **5** *Daten* recueillir **B** V/R **sich ~** **1** *von s-m Sitz* se lever; *Flugzeug, Berg, Gebäude* s'élever **2** (*rebellieren*) se soulever (**gegen** contre) **3** *Streit, Stimme* s'élever; *Frage* se poser; *Wind* se lever
erhebend ADJT exaltant
erheblich **A** ADJ considérable **B** ADV considérablement; **~ jünger** beaucoup plus jeune
Erhebung F **1** *im Gelände, fig* élévation *f* **2** (*Aufstand*) soulèvement *m* **3** *von Steuern* perception *f* **4** STATISTIK enquête *f*
erheitern V/T égayer; (*belustigen*) divertir; amuser **Erheiterung** F divertissement *m*; amusement *m*
erhellen V/T éclairer; *Problem* éclaircir
erhitzen **A** V/T (faire) chauffer; *fig* échauffer **B** V/R **sich ~** s'échauffer (*a. fig*); *fig a.* s'exalter
erhoben → erheben
erhoffen V/T espérer; escompter
erhöhen **A** V/T **1** BAU surélever (**um** de) **2** *Löhne, Preise, Geschwindigkeit* augmenter (**um** de); *Bildungsniveau, Lebensstandard* élever; MED **erhöhte Temperatur** un peu de température **B** V/R **sich ~** *Zahl* augmenter; s'accroître
Erhöhung F **1** surélévation *f* **2** augmentation *f*; élévation *f* (*a. Anhöhe*)
erholen V/R **sich ~** se remettre; *nach der Arbeit* se reposer; *nach e-r Anstrengung* récupérer; *nach e-r Krankheit* se rétablir; *von s-m Schrecken* revenir (**von** de); *fig* WIRTSCH reprendre
erholsam ADJ reposant
Erholung F repos *m*; *nach e-r Krankheit* rétablissement *m*; *fig* WIRTSCH reprise *f* **erholungsbedürftig** ADJ qui a besoin de repos **Erholungsgebiet** N zone *f* d'excursion, de promenade **Erholungsheim** N maison *f* de repos, de convalescence **Erholungspause** F récréation *f* **Erholungsurlaub** M repos *m*; *nach Krankheit* (congé *m* de) convalescence *f* **Erholungswert** M qualité *f* du repos **Erholungszentrum** N centre *m* de repos; *zur Freizeitgestaltung* centre *m* de loisirs
erhören V/T exaucer
erigieren V/I avoir une érection
Erika F BOT bruyère *f*
erinnern **A** V/T **j-n an etw, j-n ~** rappeler qc, qn à qn; **j-n daran ~, etw zu tun** rappeler à qn de faire qc **B** V/I faire penser (**an** [+ *akk*] à); rappeler, évoquer (**an etw, j-n** qc, qn) **C** V/R **sich an j-n, etw ~** se souvenir de qn, qc; se rappeler qn, qc; **wenn ich mich recht erinnere** si je me souviens bien
Erinnerung F souvenir *m*; (*Gedächtnis*) mémoire *f*; (*Mahnung*) rappel *m*; **j-n, etw (noch) gut in ~** (*dat*) **haben** se souvenir bien de qn, qc; **zur ~ an** (+ *akk*) en souvenir de
Erinnerungsfoto N photo-souvenir *f* **Erinnerungsvermögen** N mémoire *f* **Erin-**

nerungswert M valeur sentimentale
erkalten V/I se refroidir (*a. fig*)
erkälten V/R **sich ~** prendre froid; s'enrhumer
erkältet ADJT enrhumé **Erkältung** F refroidissement *m*; rhume *m*
erkämpfen A V/T *Sieg* remporter B V/R **sich** (*dat*) **etw ~ (müssen)** (devoir) lutter pour obtenir qc
erkaufen V/T payer (**mit** de); *durch Bestechung* acheter; **etw teuer ~ müssen** devoir payer cher qc
erkennbar ADJ reconnaissable; (*wahrnehmbar*) perceptible
erkennen A V/T reconnaître (**an** [+ *dat*] à); *Absicht* discerner; (*wahrnehmen*) percevoir; **~ lassen** révéler; montrer; **zu ~ geben** donner à, laisser entendre B V/I JUR **auf Freispruch ~** prononcer l'acquittement
erkenntlich ADJ **sich (j-m gegenüber) ~ zeigen** se montrer reconnaissant (envers qn)
Erkenntnis F *Fähigkeit, Vorgang*, PHIL connaissance *f*; PHIL *a.* cognition *f*; *Ergebnis, oft pl* résultat *m*; conclusion *f*
Erkennungsdienst M POLIZEI service *m* d'anthropométrie judiciaire **Erkennungsmarke** F plaque *f* d'identité **Erkennungsmelodie** F RADIO indicatif *m* **Erkennungszeichen** N signe *m* de reconnaissance; signe distinctif
Erker M saillie *f*; encorbellement *m* **Erkerfenster** N oriel *m*
erklärbar ADJ explicable
erklären A V/T 1 (*erläutern*) expliquer; interpréter 2 (*mitteilen*) déclarer; *Rücktritt, Zustimmung* donner B V/R **sich ~** 1 *Person* se déclarer; **sich mit etw einverstanden ~** donner son accord à qc 2 *Sache* s'expliquer
erklärend ADJT explicatif
erklärlich ADJ explicable
erklärt ADJT *Gegner* déclaré; avoué
Erklärung F 1 (*Begründung*) explication *f*; interprétation *f* 2 (*Mitteilung*) déclaration *f*; **e-e ~ (zu etw) abgeben** faire une déclaration (au sujet de qc)
Erklärungsversuch M tentative *f* d'explication
erklingen V/I retentir
erkranken V/I tomber malade; *Organ* être atteint; **an etw** (*dat*) **erkrankt** atteint de qc
Erkrankung F maladie *f*; affection *f*
erkunden V/T explorer; MIL reconnaître
erkundigen V/R **sich (nach j-m, etw bei j-m) ~** s'informer (sur qn, de qc auprès de qn); se renseigner (sur qn, qc auprès de qn)
Erkundigung F information *f* (**über** [+ *akk*] sur); **über j-n ~en einziehen** prendre des renseignements sur qn
erlahmen V/I *Kräfte* s'affaiblir; diminuer
erlangen V/T obtenir; *Gewissheit* acquérir
Erlass M 1 *ministerieller* arrêté *m*; *der Regierung* décret *m* 2 *e-r Strafe, Schuld* remise *f*; *von Gebühren* dispense *f*
erlassen V/T 1 *Gesetz* édicter; *Haftbefehl* lancer 2 **j-m etw ~** *Strafe* remettre qc à qn; *Gebühren* dispenser qn de qc
erlauben A V/T permettre; autoriser; **j-m ~, etw zu tun** autoriser qn à faire qc; permettre à qn de faire qc B V/R **sich** (*dat*) **etw ~** se permettre qc; *umg* **~ Sie mal!** permettez!; *empört* dites donc!
Erlaubnis F permission *f*; autorisation *f* (*a. offizielle*); **j-n um ~ bitten** demander la permission, l'autorisation à qn
erlaubt ADJT permis; autorisé; *gesetzlich* licite
erlaucht *geh* ADJ illustre
erläutern V/T expliquer; commenter **Erläuterung** F explication *f*; *zu e-m Text* note explicative
Erle F BOT au(l)ne *m*
erleben V/T 1 voir; *mit Zeitbestimmungen* vivre; (*erfahren*) faire l'expérience de 2 *Überraschung, Freude* éprouver; *umg* **dann kannst du was ~!** tu vas voir!
Erlebnis N événement *m*; expérience (vécue) **Erlebnisbad** N centre *m*, parc *m* aquatique **Erlebnispark** M parc *m* d'attractions
erlebt ADJT vu; vécu; GRAM **~e Rede** style, discours indirect libre
erledigen A V/T 1 *Arbeit, Aufgabe* finir; terminer; *laufende Geschäfte* expédier; *Angelegenheit* régler; *Auftrag* exécuter; mettre à jour; *Formalitäten* accomplir 2 *umg* (*erschöpfen*) *umg* crever; *umg* démolir 3 *umg* (*töten*) *umg* liquider B V/R **sich ~** *Angelegenheit* se régler
erledigt ADJT 1 *Sache* fini; réglé; *umg* **schon ~!** *umg* ça y est! 2 *umg* (*erschöpft*) *umg* crevé; (*ruiniert*) *umg* fichu; *umg* **er ist für mich ~** il n'existe plus pour moi
Erledigung F *e-r Angelegenheit* règlement *m*; *laufender Geschäfte* expédition *f*; *der Post* mise *f* à jour; *e-s Auftrags* exécution *f*; *von Formalitäten* accomplissement *m*
erlegen V/T abattre; tuer
erleichtern V/T *gewichtsmäßig* alléger; *seelisch* soulager; *Arbeit, Dasein, Zahlung* faciliter
erleichtert A ADJT soulagé B ADVL **~ aufatmen** pousser un soupir de soulagement
Erleichterung F 1 *seelische* soulagement *m* 2 (*Verbesserung*) amélioration *f*
erleiden V/T 1 *Schmerzen* endurer 2 *Verluste, Niederlage* subir
erlernbar ADJ qui peut s'apprendre **erler-**

nen VT apprendre
erlesen *geh* ADJT de choix; choisi
erleuchten VT éclairer; illuminer (*a.* REL, *fig*); *fig* inspirer **Erleuchtung** F REL, *fig* illumination *f*; *fig a.* inspiration *f*
erliegen VI *e-r Krankheit, Versuchung* **~** (+ *dat*) succomber à; **zum Erliegen kommen** être paralysé
erlogen ADJ mensonger; faux
Erlös M produit *m*; recette *f*
erlöschen VI s'éteindre (*a. fig*); *Firma* cesser d'exister; *Frist* expirer
erlösen VT 1 (*befreien*) délivrer (**von** de) 2 REL racheter; sauver 3 HANDEL tirer (**aus** de) **Erlöser** M REL Rédempteur *m*; Sauveur *m*
Erlösung F 1 (*Erleichterung*) délivrance *f*; *umg* **e-e wahre ~** *umg* un bon débarras 2 REL Rédemption *f*
ermächtigen VT autoriser (**zu etw** à faire qc) **Ermächtigung** F autorisation *f* (**zu** à)
ermahnen VT exhorter (**zu** à); (*zurechtweisen*) admonester **Ermahnung** F exhortation *f*; admonestation *f*
Ermangelung *geh* F **in ~** (+ *gen*) faute de; à défaut de; **in ~ e-s Besseren** faute de mieux
ermäßigen VT réduire; diminuer
ermäßigt ADJT réduit; **zu ~en Preisen** à prix réduits
Ermäßigung F (*Preisnachlass*) réduction *f*; (*Senkung*) diminution *f*
ermatten *geh* A VT fatiguer; *plus fort* exténuer B VI *Person* se fatiguer; *Kräfte* s'affaiblir
ermessen VT juger (de); apprécier
Ermessen N appréciation *f*; jugement *m*; **nach menschlichem ~** autant que l'on puisse en juger; **nach eigenem ~** à mon, ton, *etc* gré
Ermessensfrage F question *f* d'appréciation **Ermessensspielraum** M latitude *f* de d'appréciation
ermitteln A VT *Sachverhalt* établir; *Täter* découvrir; MATH calculer; *durch Berechnung* déterminer B VI JUR **gegen j-n ~ (wegen)** informer contre qn (de, sur); **in e-r Sache ~** enquêter sur qc
Ermittlung F 1 *durch Befragung* investigation *f*; *durch Berechnung* détermination *f*; calcul *m*; *von Sachverhalten* établissement *m* 2 *e-s Täters* recherche *f* 3 JUR *pl* **~en** enquête *f*
Ermittlungsausschuss M commission *f* d'enquête **Ermittlungsbeamte(r)** M fonctionnaire chargé de l'enquête **Ermittlungsrichter** M juge chargé de l'enquête **Ermittlungsverfahren** N procédure *f* d'enquête
ermöglichen VT rendre possible; permettre
ermorden VT assassiner **Ermordung** F assassinat *m*; meurtre *m*

ermüden A VT fatiguer; lasser B VI se fatiguer; TECH fatiguer **ermüdend** ADJT fatigant **Ermüdung** F fatigue *f*; lassitude *f* (*a.* TECH) **Ermüdungserscheinungen** FPL *a.* TECH symptômes *mpl* de fatigue
ermuntern VT **zu etw ~** encourager, inciter à faire qc
Ermunterung F encouragement *m*
ermutigen VT encourager (**zu** à) **Ermutigung** F encouragement *m*
ernähren VT (*u.* VR) (**sich ~** se) nourrir, (s')alimenter (**von** de)
Ernährer(in) M(F) *e-r Familie* soutien *m* de famille **Ernährung** F alimentation *f*; BIOL nutrition *f* **Ernährungsstörungen** FPL troubles *mpl* de la nutrition **Ernährungsweise** F mode *m* d'alimentation **Ernährungswissenschaft** F diététique *f*
ernennen VT nommer (**j-n zu etw** qn qc) **Ernennung** F nomination *f* **Ernennungsurkunde** F acte *m* de nomination
erneuerbar ADJ renouvelable (*a. Energie*)
erneuern VT renouveler; TECH remplacer; (*neu instand setzen*) refaire; remettre à neuf **Erneuerung** F renouvellement *m*; remplacement *m*; remise *f* à neuf
erneut A ADJ renouvelé; nouveau B ADV de nouveau
erniedrigen A VT abaisser; avilir; humilier B VR **sich ~** s'abaisser; s'avilir **erniedrigend** ADJT humiliant **Erniedrigung** F humiliation *f*
ernst A ADJ sérieux; grave B ADV sérieusement; **j-n, etw ~ nehmen** prendre qn, qc au sérieux; **~ gemeint** sérieux; **das ist nicht ~ gemeint** c'est pour rire
Ernst M 1 (*Ernsthaftigkeit*) sérieux *m*; gravité *f* 2 (*ernsthafte Meinung*) **allen ~es** pour de bon; **im ~** sérieusement; vraiment; **das ist mein (voller) ~** je ne plaisante pas (du tout); **ist das Ihr ~?** parlez-vous sérieusement? 3 **der ~ der Lage** la gravité de la situation; **der ~ des Lebens** les choses sérieuses (de la vie)
Ernstfall M **im ~** en cas d'urgence; *bei Gefahr* en cas de danger (réel)
ernstgemeint, **ernsthaft**, **ernstlich** ADJ sérieux
Ernte F récolte *f* (*a. fig*); (*Getreideernte*) moisson *f* (*a. fig*); (*Heuernte*) fenaison *f*; (*Obsternte*) cueillette *f* **Erntearbeiter(in)** M(F) moissonneur, -euse *m,f* **Ernteausfall** M récolte perdue **Erntedankfest** N fête *f* de la moisson **erntefrisch** ADJ tout frais **Erntehelfer(in)** M(F) saisonnier, -ière *m,f* agricole
ernten VT récolter (*a. fig*); *Getreide* moissonner; *Obst* cueillir; *fig* recueillir

Erntezeit F moisson *f*
ernüchtern V/T dégriser (*a. fig*); *fig* désillusionner **ernüchternd** ADJT dégrisant (*a. fig*); *fig* décevant **Ernüchterung** F dégrisement *m* (*a. fig*); *fig* désillusion *f*
Eroberer M conquérant *m* **erobern** V/T conquérir (*a.* MIL, *fig*); *Stadt a.* prendre **Eroberung** F conquête *f* (*a. fig*); MIL prise *f*
eröffnen A V/T 1 ouvrir; *Ausstellung* inaugurer; *Kampf* engager 2 *fig* **j-m etw ~** faire savoir qc à qn B V/R **sich ~** *Aussichten* s'ouvrir; *Möglichkeiten* se présenter
Eröffnung F ouverture *f*; *e-r Ausstellung* inauguration *f*
Eröffnungsansprache F allocution *f* d'ouverture **Eröffnungsfeier** F cérémonie *f* d'ouverture; inauguration *f* **Eröffnungsspiel** N SPORT première rencontre **Eröffnungswehen** FPL MED phase *f* de dilatation (du col de l'utérus)
erogen ADJ érogène
erörtern V/T discuter; débattre **Erörterung** F discussion *f*; débat *m*
Eros-Center N eros-center *m*
Erosion F érosion *f*
Erotik F érotisme *m* **erotisch** ADJ érotique
Erpel M canard *m* (mâle)
erpressen V/T **j-n (mit etw) ~** faire chanter qn (avec qc); **von j-m etw ~** extorquer qc à qn
Erpresser M racketteur *m*; maître-chanteur *m* **Erpresserbrief** M lettre *f* de chantage **erpresserisch** ADJ par (le) chantage
Erpressung F *e-r Person* chantage *m*; *e-s Lösegeldes* racket *m*; extorsion *f*
erproben V/T expérimenter (**etw an j-m** qc sur qn); tester; *Gerät* essayer; éprouver (*a. fig*) **Erprobung** F expérimentation *f*; test *m*; essai *m*
erraten V/T deviner
errechnen V/T calculer
erregbar ADJ irritable; excitable **Erregbarkeit** F irritabilité *f*; excitabilité *f*
erregen A V/T 1 (*aufregen*), *sexuell* exciter; (*verärgern*) irriter 2 *Argwohn* faire naître; *Verdacht* éveiller; *Aufmerksamkeit* attirer; *Anstoß, Verwunderung* provoquer B V/R **sich ~** (**über** [+ *akk*]) s'énerver (de); s'exciter (sur)
Erreger M MED agent *m* pathogène
erregt ADJT excité; énervé; (*verärgert*) irrité **Erregung** F excitation *f* (*a. sexuell*); (*Aufregung*) énervement *m*; agitation *f*; (*Verärgerung*) irritation *f*
erreichbar ADJ *Ort, Ziel* accessible; *Person* joignable; **er ist im Augenblick nicht ~** on ne peut pas le joindre pour le moment
erreichen V/T 1 *Ort, Zweck, Alter* atteindre; *Zug* avoir; attraper; **j-n telefonisch ~** joindre qn par téléphone 2 **bei j-m etw ~** (arriver à) obtenir qc de qn
errichten V/T 1 *Gebäude* construire; *Barrikaden, Mauer, Denkmal* élever; *Fabrik, Anlage* établir 2 (*gründen*) créer
erringen V/T obtenir; *Preis, Sieg, Erfolg* remporter
erröten V/I rougir (**vor** [+ *dat*] de)
errungen → erringen
Errungenschaft F conquête *f*; (*Erwerbung*) acquisition *f*; *fig* réalisation *f*; **soziale ~en** acquis sociaux
Ersatz M 1 *stellvertretender* produit *m* de remplacement; *unzulänglicher* succédané *m*; ersatz *m*; (*Ersetzung*) remplacement *m*; **als, zum ~ für etw** pour remplacer qc 2 (*Entschädigung*) compensation *f*; (*Erstattung*) restitution *f*; **j-m ~ für etw leisten** dédommager qn de qc
Ersatzanspruch M droit *m* à indemnisation; recours *m* **Ersatzbank** F SPORT banc *m* des remplaçants **Ersatzbefriedigung** F compensation *f* **Ersatzdienst** M service civil (pour les objecteurs de conscience) **Ersatzdienstleistende(r)** M jeune homme *m* qui fait son service civil **Ersatzkasse** F *etwa* caisse libre agréée (d'assurance maladie) **ersatzlos** ADJ sans contrepartie **Ersatzmann** M remplaçant *m* (*a.* SPORT) **Ersatzrad** N roue *f* de rechange, de secours **Ersatzreifen** M pneu *m* de rechange **Ersatzspieler(in)** M(F) remplaçant(e) *m(f)* **Ersatzteil** N pièce *f* de rechange **Ersatzteillager** N dépôt *m* de pièces de rechange **ersatzweise** ADV à titre de compensation, d'indemnité, de remplacement
ersaufen *umg* V/I se noyer
ersäufen V/T noyer
erschaffen V/T créer **Erschaffung** F création *f*
erschauern *geh* V/I frissonner (**vor** [+ *dat*] de)
erscheinen A V/I (*sichtbar werden*), *Buch* paraître; *Person, Geist* apparaître B V/UNPERS **es erscheint mir merkwürdig, dass** il me semble étonnant que (+ *subj*)
Erscheinen N *e-s Buches* parution *f*; publication *f*; *e-r Person* apparition *f*; **um zahlreiches ~ wird gebeten** vous êtes priés de venir nombreux
Erscheinung F (*Naturerscheinung, Phänomen*) phénomène *m*; *äußere* apparences *fpl*; (*Vision*) vision *f*; apparition *f*; **in ~ treten** se montrer; se manifester
Erscheinungsbild N apparence *f*; *e-r Sache a.* aspect *m* **Erscheinungsform** F manifestation *f* **Erscheinungsjahr** N année *f* de parution

erschießen A VT tuer d'un coup de feu; abattre; MIL fusiller B VR **sich ~** se tuer d'un coup de feu **Erschießung** F MIL exécution *f*
erschlaffen VI se relâcher (*a. fig*)
erschlagen[1] VT tuer (à coups de qc); assommer
E
erschlagen[2] *umg* ADJT (*erschöpft*) *umg* claqué; *umg* crevé; (*verblüfft*) *umg* sidéré
erschleichen VR *pej* **sich** (*dat*) **etw ~** obtenir qc par ruse; *Vertrauen* capter qc
erschließen A VT 1 *Gebiet* mettre en valeur; aménager (*a. touristisch*); *Grundstück* viabiliser; *neue Märkte* créer 2 *fig* ouvrir B *geh* VR **sich ~** s'ouvrir **Erschließung** F mise *f* en valeur; aménagement *m*; viabilisation *f*
erscholl(en) → erschallen
erschöpfen A VT épuiser (*a. fig*) B VR **sich ~** diminuer; **sich in etw** (*dat*) **~** se réduire à qc
erschöpfend A ADJT *körperlich* épuisant; *fig* exhaustif B ADVL **~ behandeln** traiter à fond
erschöpft ADJT épuisé **Erschöpfung** F épuisement *m* **Erschöpfungszustand** M état *m* d'épuisement
erschossen A PPERF → erschießen B *umg* ADJT (*erschöpft*) *umg* crevé
erschrecken A VT effrayer; faire peur à B VI *u.* VR (**sich ~**) s'effrayer (**vor** [+ *dat*] de)
erschreckend ADJT effrayant
erschrocken A PPERF → erschrecken B ADJT effrayé
erschüttern VT 1 *Boden, fig Vertrauen etc* ébranler 2 *seelisch* bouleverser **erschütternd** ADJT bouleversant **Erschütterung** F 1 ébranlement *m* (*a. fig*) 2 (*Ergriffenheit*) bouleversement *m*; choc *m*
erschweren VT compliquer
erschwerend A ADJT JUR *Umstand* aggravant B ADV **das kommt ~ hinzu** cela complique la situation
erschwinglich ADJ abordable; **für jeden ~** à la portée de toutes les bourses
ersehen VT voir; **daraus ist zu ~, dass ...** il en ressort que ...
ersetzbar ADJ remplaçable; *Verlust, Schaden* réparable
ersetzen VT 1 remplacer (**durch** par); **X durch Y ~** substituer Y à X 2 *Unkosten* rembourser; *Schaden* indemniser (**j-m etw** qn de qc); *Verlust* compenser
ersichtlich ADJ évident; *Grund* apparent; **daraus wird ~, dass ...** il en ressort que ...
erspähen *geh* VT repérer
ersparen VT épargner; économiser; *fig* **j-m etw ~** épargner qc à qn; **uns bleibt nichts erspart** rien ne nous est épargné

Ersparnis F 1 *an Platz, Zeit etc* économie *f* 2 *an Geld* **~se** *pl* économies *fpl*; épargne *f*
Ersparte(s) N économies *fpl*; épargne *f*
erst ADV 1 (*zuerst*) d'abord 2 (*nicht eher, mehr als*) ne ... que; seulement; **eben ~** il y a un instant; **~ gestern** seulement hier 3 *verstärkend* **und ich ~!** et moi donc!; **~ recht** à plus forte raison; **nun ~ recht!** plus que jamais!
erstarren VI 1 *Glieder vor Kälte* s'engourdir; *Flüssigkeit* se solidifier 2 *fig vor Schreck* être glacé (**vor** [+ *dat*] de) **Erstarrung** F engourdissement *m*; CHEM solidification *f*
erstatten VT *Unkosten* rembourser (**j-m etw** qc à qn) **Erstattung** F remboursement *m*
Erstattungsanspruch M HANDEL demande *f* de, droit *m* à remboursement; JUR demande *f* en restitution **Erstattungsbetrag** M montant *m* du remboursement
Erstaufführung F première *f*
erstaunen A VT étonner B VI s'étonner (**über** [+ *akk*] de)
Erstaunen N étonnement *m*; **in ~** (*akk*) **versetzen** frapper d'étonnement; étonner; **zu meinem ~** à mon étonnement
erstaunlich ADJ étonnant
erstaunlicherweise ADV chose étonnante; bizarrement
erstaunt ADJT étonné; surpris
Erstausgabe F première édition **Erstausstattung** F *e-r Wohnung* équipement *m* de base; *fürs Baby* première layette
erstbeste ADJ **der, die, das ~** (*+subst*) le premier ... venu, la première ... venue
Erstbesteigung F première *f* (ascension)
Erstbezug M *e-r Wohnung* première occupation
erste NUM premier; **Franz der Erste, Franz I.** François Ier; **der ~ Beste** le premier venu; **fürs Erste** pour le moment; *umg* **im Ersten** *Programm umg* sur la Une; **zum Ersten!** *bei Versteigerungen* une fois!; → achte
erstechen VT tuer à coups de couteau; poignarder
erstehen *geh* VT acquérir; acheter
ersteigen VT escalader; gravir; faire l'ascension de
ersteigern VT acheter aux enchères
Ersteigung F escalade *f*; ascension *f*
erstellen VT 1 *Gebäude* construire 2 *Plan* élaborer; *Liste* dresser; établir
erstemal ADV → Mal[2]
erstens ADV premièrement
erstere NUM le (la) premier (-ière)
Erstgeborene(r) M/F(M) aîné(e) *m(f)* **Erstgenannte(r)** M/F(M) le (la) premier (-ière) nommé(e)

ersticken **A** VT étouffer *(a. fig)*; asphyxier **B** VI étouffer (**an** [+ *dat*] de)
Erstickung F étouffement *m*; asphyxie *f*
Erstickungsanfall M crise *f*, accès *m* d'étouffement **Erstickungsgefahr** F danger *m* d'asphyxie **Erstickungstod** M (mort *f* par) asphyxie *f*
erstiegen PPERF → ersteigen
erstklassig ADJ de première qualité; *Künstler etc* de premier ordre **Erstkommunion** F KATH première communion **erstmalig** ADJ premier **erstmals** ADV pour la première fois
erstrahlen VI briller; *geh* resplendir; **in neuem Glanz ~** briller d'un nouvel éclat
erstreben VT aspirer à **erstrebenswert** ADJ digne d'efforts; souhaitable
erstrecken VR **1** *räumlich* **sich ~** s'étendre, s'étaler (**über** [+ *akk*] sur); **sich ~ von … bis …** *a.* aller de … à … **2** *fig* **sich ~ auf** (+ *akk*) s'étendre à; porter sur **3** *zeitlich* **sich ~ über** (+ *akk*) s'étaler sur; durer
Erstsemester N étudiant(e) *m(f)* au premier semestre **Erststimme** F POL première voix
erstunken ADJ *umg* **das ist ~ und erlogen** ce ne sont que des mensonges
erstürmen VT MIL prendre d'assaut **Erstürmung** F prise *f* d'assaut
Erstwähler(in) M(F) personne *f* qui vote pour la première fois; *pl a.* nouveaux électeurs **Erstzulassung** F *e-s Autos* première immatriculation
ersuchen *geh* VT **j-n ~, etw zu tun** demander à qn de faire qc; prier qn de faire qc; **j-n um etw ~** demander qc à qn
ertappen **A** VT surprendre **B** VR **sich bei etw ~** se surprendre à faire qc
erteilen VT *Unterricht, Auskunft, Wort, Erlaubnis* donner; *Rüge* infliger; *Lob* prodiguer; *Patent, Lizenz* délivrer; HANDEL *Auftrag* passer
ertönen VI retentir
Ertrag M rendement *m*; *(Einnahme)* revenu *m*
ertragen VT supporter; **nicht zu ~** insupportable
erträglich ADJ supportable; tolérable; *(leidlich)* acceptable
ertragreich ADJ productif; fertile **Ertragslage** F niveau *m* de rendement
Ertrag(s)steuer F impôt *m* sur les bénéfices
ertränken VT noyer *(a. fig)*
erträumen VT (*u.* VR **sich** [*dat*] **~**) rêver de; (s')imaginer
ertrinken VI se noyer; *fig* être submergé (**in** [+ *dat*] de)
ertrug → ertragen
ertrunken PPERF → ertrinken
Ertrunkene(r) M/F(M) noyé(e) *m(f)*
Ertüchtigung F entraînement *m*; **körperliche ~** éducation *f* physique
erübrigen **A** VT *Zeit, Geld* avoir encore; *(einsparen)* économiser **B** VR **sich ~** être inutile, superflu
eruieren *geh* VT trouver; découvrir
Eruption F éruption *f*
erwachen VI se réveiller *(a. fig)*; *aus e-m Traum* sortir (d'un rêve)
Erwachen N réveil *m (a. fig)*; *fig* éveil *m*; *geistig,* POL prise *f* de conscience; *fig* **es gab ein böses ~** le réveil fut pénible
erwachsen[1] VI sortir, naître, résulter (**aus** de)
erwachsen[2] ADJ adulte
Erwachsene(r) M/F(M) adulte *m/f* **Erwachsenenbildung** F formation *f* pour adultes
erwägen VT considérer; examiner; envisager
Erwägung F considération *f*; **etw in ~** *(akk)* **ziehen** prendre qc en considération; envisager qc
erwähnen VT mentionner; faire mention de **erwähnenswert** ADJ digne d'être mentionné; important **Erwähnung** F mention *f*
erwärmen **A** VT (faire) chauffer; échauffer **B** VR **sich ~** s'échauffer; *fig* **sich für etw ~** s'intéresser à qc
Erwärmung F (r)échauffement *m*; *der Temperatur* radoucissement *m*
erwarten VT attendre; *(erhoffen)* espérer; **ein Kind ~** attendre un enfant, un bébé; **ich erwarte, dass …** je m'attends à ce que … (+ *subj*); **ich kann es kaum ~, dass …** il me tarde de (+ *inf*) *bzw.* que … (+ *subj*); **von ihm ist nicht viel zu ~** il ne faut pas attendre grand-chose de lui
Erwartung F attente *f*; *(Hoffnung)* espérance *f*; **~en in etw** *(akk)* **setzen** bâtir, fonder de grandes espérances sur qc
erwartungsgemäß ADV comme prévu **Erwartungshorizont** M espérances *fpl* **erwartungsvoll** ADJ plein d'attente, d'espoir
erwecken VT *Hoffnung, Verdacht, Interesse* éveiller; *Vertrauen, Furcht* inspirer; *Eindruck* donner
erwehren *geh* VR **sich** (+ *gen*) **~** se défendre de
erweichen VT TECH amollir; *fig* attendrir; fléchir; **sich nicht ~ lassen** être inexorable (**durch etw** à qc)
erweisen **A** VT **1** *(beweisen)* prouver; **es ist erwiesen, dass …** il est établi que … **2** *Achtung, Dankbarkeit* témoigner; manifester; *Dienst, Ehre* rendre; *Gunst* faire **B** VR **sich als notwendig ~** se révéler nécessaire; **sich als mutig, wirksam ~** se montrer courageux, efficace
erweitern **A** VT élargir; étendre *(a. Gebiet)*; *Geschäft* agrandir; PHYS, MED dilater **B** VR **sich ~** s'élargir **Erweiterung** F élargissement *m*; extension *f*; agrandissement *m*; dilatation *f*

E

E

Erwerb M 1 (*Kauf*) acquisition *f* 2 (*Verdienst*) gain *m*; (*Broterwerb*) gagne-pain *m* **erwerben** V/T acquérir **Erwerber** M acquéreur *m*
erwerbsfähig ADJ capable de travailler **Erwerbsfähigkeit** F capacité *f* d'exercer une activité professionnelle, de travailler **Erwerbsleben** N activité professionnelle **erwerbslos** → arbeitslos **Erwerbsquelle** F source *f* de revenus **erwerbstätig** ADJ qui exerce une activité professionnelle **Erwerbstätige(r)** M/F(M) personne active **Erwerbstätigkeit** F activité professionnelle **erwerbsunfähig** ADJ inapte au travail; invalide **Erwerbsunfähigkeit** F incapacité *f* de travail
Erwerbung F acquisition *f*
erwidern V/T 1 répondre (**auf** [+ *akk*] à); *auf e-n Vorwurf* répliquer (à) 2 *Gruß, Besuch* rendre **Erwiderung** F réponse *f*; réplique *f*
erwiesen A PPERF → erweisen B ADJT prouvé; établi; avéré
erwiesenermaßen ADV comme il *a.* été prouvé
erwirken V/T obtenir
erwirtschaften V/T *Gewinn* réaliser
erwischen *umg* V/T attraper; *Dieb a. umg* pincer; **ihn hats erwischt** (*er ist krank*) il *a.* attrapé un bon rhume, une bonne grippe, *etc*; (*er ist tot*) il n'en a pas réchappé; *hum* (*er ist verliebt*) *umg* il est mordu
erwog(en) → erwägen
erwünscht ADJT souhaité; désiré
erwürgen V/T étrangler
Erz N minerai *m*
erzählen V/T raconter; conter; dire; **j-m von etw ~** parler de qc à qn
Erzähler(in) M(F) narrateur, -trice *m,f*; conteur, -euse *m,f* **Erzählung** F narration *f*; récit *m*; (*Märchen*) conte *m*; (*Geschichte*) histoire *f*
Erzbischof M archevêque *m* **Erzbistum** N, **Erzdiözese** F archevêché *m* **Erzengel** M archange *m*
erzeugen V/T produire (*a. fig Eindruck, Gefühl*); *Energie a.* engendrer; (*herstellen*) fabriquer **Erzeuger** M 1 (*Produzent*) producteur *m* 2 (*Vater*) géniteur *m* **Erzeugerland** N pays producteur **Erzeugnis** N produit *m* **Erzeugung** F production *f*; fabrication *f*; *von Energie* génération *f*
Erzfeind M ennemi juré, mortel
Erzgebirge N **das ~** les monts *mpl* Métallifères
Erzherzog(in) M(F) archiduc, -duchesse *m,f*
erziehbar ADJ éducable; **ein schwer ~es Kind** un enfant caractériel
erziehen V/T élever; éduquer; **ein Kind zu umweltbewusstem Verhalten ~** élever un enfant dans le respect de l'environnement; **schlecht erzogen sein** être mal élevé
Erzieher(in) M(F) éducateur, -trice *m,f* **erzieherisch** ADJ éducatif; pédagogique **Erziehung** F éducation *f*
Erziehungsberater(in) M(F) conseiller, -ère *m,f* en matière d'éducation **Erziehungsberatungsstelle** F centre *m* de conseil en matière d'éducation **Erziehungsberechtigte(r)** M/F(M) personne chargée de l'éducation **Erziehungsgeld** N allocation parentale d'éducation **Erziehungsheim** N établissement *m* d'éducation surveillée **Erziehungsjahr** N année *f* de congé parental **Erziehungsmaßnahme** F mesure éducative **Erziehungsmethode** F méthode *f* d'éducation, pédagogique **Erziehungsurlaub** M congé parental d'éducation **Erziehungswissenschaft** F pédagogie *f* **Erziehungszeit** F 1 (*Kindererziehungszeit*) durée *f* des congés parentaux d'éducation 2 *zur Rentenberechnung* période *f* donnant droit à l'allocation parentale d'éducation
erzielen V/T *Preise, Ergebnis, Erfolg* obtenir; *Gewinn a.* réaliser; *Treffer* marquer; *Einigung* arriver à
erzkonservativ ADJ ultra-conservateur
erzogen PPERF → erziehen
Erzrivale M éternel rival
erzürnen V/T (*u.* V/R) (**sich ~** se) mettre en colère
erzwingen V/T forcer; obtenir de *od* par force; **ein Geständnis ~** extorquer un aveu (**von** à); *Gefühle* **sich nicht ~ lassen** ne pas se commander
es, ...s PERS PR A *als Subjekt* 1 il *bzw.* elle; *vor v/unpers* il; on; **~ regnet** il pleut; **~ klopft** on frappe 2 *einleitend* **~ spielt das Orchester X** (avec l')orchestre X; **~ sprechen ...** prendront la parole ... 3 *mit „sein"*: **~ ist** + *adj* il est; *wenn etw vorhergeht* c'est; cela est; **~ ist offensichtlich, dass ...** il est évident que ... 4 **~ ist** *vor subst der Zeit* il est; *vor subst mit Artikel* c'est; **~ ist ein Junge!** c'est un garçon! B *als Objekt* 1 le *bzw.* la; *bei Verbkonstruktion mit „de" bzw. „à"* en *bzw.* y; **ich habe ~ satt** j'en ai assez; **ich bin ~ gewöhnt** j'y suis habitué 2 *mit „sein"*: **ich bins, er ists, wir sinds** c'est moi, lui, nous
Es, es N MUS mi *m* bémol
ESA F ABK (European Space Agency) (*Europäische Weltraum-Organisation*) ESA *f* (Agence spatiale européenne)
Escape-Taste F touche *f* échappe
Esche F BOT frêne *m*
Esel M âne *m*; *umg* baudet *m*; *umg* **du ~!** *umg* espèce *f* d'âne!; *umg* **du alter ~!** *umg* bourri-

que!
Eselin F ânesse *f*
Eselsbrücke *umg* F *(Gedächtnisstütze)* moyen *m* mnémotechnique; *(Verstehenshilfe)* guide-âne *m* **Eselsohr** *umg* N corne *f (d'une page de livre)*
Eskalation F escalade *f* **eskalieren** V/I dégénérer (**zu** en)
Eskapade F frasque *f*
Eskimo M Esquimau *m* **Eskimofrau** F Esquimaude *f*
Eskorte F escorte *f* **eskortieren** V/T escorter
Esoterik F ésotérisme *m* **esoterisch** ADJ ésotérique
Espe F BOT tremble *m*
Espenlaub N **wie ~ zittern** trembler comme une feuille
Esperanto N espéranto *m*
Espresso M express *m* **Espressomaschine** F (cafetière *f*) expresso *m*
Essay M *od* N essai *m*
essbar ADJ comestible; mangeable
Esse F cheminée *f*
Essecke F coin *m* repas
essen V/T *u.* V/I manger; prendre son repas; **kalt, warm ~** prendre un repas froid, chaud; **etw gern ~** aimer qc; **~ gehen** aller au restaurant; **chinesisch** *etc* **~ gehen** aller manger dans un restaurant chinois, *etc*; *sprichw* **es wird nichts so heiß gegessen, wie es gekocht wird** tout s'arrange à la longue
Essen N *(Mahlzeit)* repas *m*; *(Nahrung)* nourriture *f*; **j-n zum ~ einladen** inviter qn à manger; **~ auf Rädern** *service social de livraison de repas à domicile*
Essen(s)ausgabe F distribution *f* de repas **Essen(s)marke** F ticket *m* repas
Essenszeit F heure *f* du déjeuner *bzw.* du dîner
Essenz F essence *f*
essenziell ADJ essentiel *(a. fig)*
Esser M mangeur *m*; **ein guter ~ sein** être un gros mangeur
Essgewohnheiten FPL habitudes *fpl* alimentaires
Essig M vinaigre *m*; *umg* **damit ist es ~!** *umg* c'est raté, fichu!
Essigessenz F vinaigre concentré **Essiggurke** F cornichon *m* **Essigsäure** F acide *m* acétique
Esskastanie F marron *m* **Esslöffel** M cuillère *od* cuiller *f* à soupe **Essstörung** F trouble *m* du comportement alimentaire **Esstisch** M table *f* **Esszimmer** N salle *f* à manger
Este M, **Estin** F Estonien, -ienne *m,f* **Estland** N l'Estonie *f* **estnisch** ADJ estonien
Estragon M estragon *m*
Estrich M chape *f* de ciment
etablieren V/T (*u.* V/R) (**sich ~** s')établir **etabliert** ADJ établi; en place
Etablissement N **1** *geh (Geschäft)* établissement *m* **2** *(Bordell)* maison close
Etage F étage *m* (❗ maskulin)
Etagenbett N lits superposés **etagenförmig** ADJ en étages **Etagenheizung** F chauffage central d'étage, d'appartement **Etagenwohnung** F appartement *m*
Etappe F étape *f (a.* SPORT, *fig)*; MIL arrière(s) *m(pl)*
Etappensieg M SPORT victoire *f* d'étape **Etappensieger** M SPORT vainqueur *m* d'étape
Etat M budget *m* **Etatkürzung** F compressions *fpl* budgétaires; réduction *f* du budget
etc. ABK (et cetera) etc.
et cetera et cetera
etepetete *umg* ADJ maniéré; affecté; *umg* chichiteux
Ethik F éthique *f* **Ethikunterricht** M (cours *m* d')éthique *f*
ethisch ADJ éthique
ethnisch ADJ ethnique
Ethnologie F ethnologie *f* **ethnologisch** ADJ ethnologique
Ethos N principes moraux
Etikett N étiquette *f* (❗ feminin)
Etikette F étiquette *f*; **gegen die ~ verstoßen** manquer à l'étiquette
Etikettenschwindel *pej* M fraude *f* sur les étiquettes
etikettieren V/T étiqueter
etliche INDEF PR quelques; *geh* maint(e)s; *subst* quelques-un(e)s; **~s** plusieurs choses
Etüde F MUS étude *f*
Etui N étui *m*; *für Schmuck* écrin *m*
etwa ADV **1** *(ungefähr)* environ; à peu près; dans les; **in ~** à peu près; **~ zehn Pfund** dans les dix

Etat ≠ état

Die Schule verfügt über einen sehr niedrigen **Etat**.	L'école dispose d'un très faible **budget**.
Les maisons sont dans un très mauvais **état**.	Die Häuser sind in sehr schlechtem **Zustand**.

FALSCHE FREUNDE

livres **2** *(vielleicht)* peut-être; **bist du ~ krank?** serais-tu malade par hasard? **3** *(zum Beispiel)* par exemple

etwaig ADJ éventuel

etwas **A** INDEF PR quelque chose; *verneint* rien; **~ Merkwürdiges** quelque chose de curieux; **~ zum Lesen** de quoi lire; **ohne ~ zu sagen** sans rien dire **B** ADV un peu; **das ist ~ besser** c'est un peu mieux

E

Etwas N **das gewisse ~** le je-ne-sais-quoi

Etymologie F étymologie *f* **etymologisch** ADJ étymologique

EU F ABK (Europäische Union) Union européenne

EU-Beitritt M adhésion *f* à l'Union européenne **EU-Bestimmung** F disposition européenne

euch PERS PR (à) vous

Eucharistie F KATH eucharistie *f*

euer **A** POSS PR **1** *adjt* votre, *pl* vos; *am Briefschluss* **Euer Thomas** Thomas **2** *subst* **der, die, das Eure** le *bzw.* la vôtre **B** *geh* PERS PR de vous

EU-Erweiterung F élargissement *m* de l'UE

Eukalyptus M eucalyptus *m*

EU-Kommissar(in) M(F) commissaire européen **EU-Land** M pays *m* (membre) de l'UE

Eule F chouette *f*; **~n nach Athen tragen** porter de l'eau à la rivière

EU-Mitgliedsstaat M État *m* membre de l'Union européenne

Eunuch M eunuque *m*

Euphemismus M euphémisme *m* **euphemistisch** **A** ADJ euphémique **B** ADV par euphémisme

Euphorie F euphorie *f* **euphorisch** ADJ euphorique

EUR ABK (Euro) EUR

eure(r) → euer

eurerseits ADV de votre côté; de votre part **euresgleichen** PRON vos pareil(le)s, semblables

euretwegen ADV **1** *(wegen euch)* à cause de vous **2** *(euch zuliebe)* pour vous **3** *(von euch aus)* quant à vous

euretwillen ADV **um ~** (par égard) pour vous

eurige *geh* POSS PR → euer

Euro M *Währung* euro *m*

Euro... IN ZSSGN euro...; Euro... **Eurocent** M cent *m* **Euroscheque** M eurochèque *m* **Eurochequekarte** F carte *f* eurochèque **Eurocity** M Eurocity *m* **Euroland** N POL zone *f* euro **Euronorm** F norme européenne

Europa N l'Europe *f* **Europaabgeordnete(r)** M/F(M) eurodéputé(e) *m(f)* **Europacup** M coupe *f* d'Europe

Europäer(in) M(F) Européen, -éenne *m,f*

Europaflagge F drapeau *m* de l'Europe

europäisch ADJ européen; d(e l)'Europe

Europameister(in) M(F) champion, -ionne *m,f* d'Europe **Europameisterschaft** F championnat *m* d'Europe **Europaparlament** N Parlement européen **Europapokal** M coupe *f* d'Europe **Europapolitik** F politique européenne **Europarat** M Conseil *m* de l'Europe **Europastraße** F route européenne **Europawahlen** FPL élections européennes **europaweit** ADJ pour, dans toute l'Europe

Europol F Europol *f*

Euroscheck M eurochèque *m* **Eurotunnel** M eurotunnel *m* **Eurovision** F Eurovision *f*

Euter N pis *m*

Euthanasie F euthanasie *f*

EU-Verfassung F Constitution européenne

ev. ABK (evangelisch) protestant

e. V. ABK (eingetragener Verein) association déclarée

evakuieren V/T évacuer **Evakuierung** F évacuation *f*

evangelisch ADJ protestant **Evangelist** M évangéliste *m*

Evangelium N Évangile *m*; **das ~ des Matthäus** l'Évangile selon saint Matthieu

Event *umg* M *od* N événement *m*

Eventualität F éventualité *f* **eventuell** ADJ éventuel

Evolution F évolution *f*

Evolutionstheorie F théorie *f* de l'évolution; évolutionnisme *m*

evtl. ABK (eventuell) éventuel(lement)

E-Werk N centrale *f* électrique

ewig **A** ADJ **1** éternel (*a.* REL) **2** *umg pej* perpétuel; sempiternel; **seit ~en Zeiten** depuis une éternité **B** ADV éternellement; *umg* **~ dauern, bleiben** s'éterniser; *umg* **das dauert ja ~** cela dure une éternité

Ewigkeit F éternité *f*; **bis in alle ~** à (tout) jamais; *umg* **ich habe ihn e-e ~ nicht gesehen** il y a une éternité que je ne l'ai pas vu

ex *umg* ADV **~ trinken** *umg* faire cul sec

Ex... IN ZSSGN ex-...

exakt **A** ADJ exact; précis **B** ADV exactement; précisément; **~ um 14 Uhr** à 14 heures précises

Examen N examen *m*; **das mündliche ~** les épreuves orales; l'oral *m*; **das schriftliche ~** les épreuves écrites; l'écrit *m*; **ein ~ ablegen, machen** passer, subir un examen

Examensangst F *umg* trac *m* (avant ou pendant un examen) **Examensarbeit** F *etwa* dissertation *f* **Examensaufgabe** F sujet *m*, devoir *m* d'examen **Examenskandidat(in)** M(F) candidat(e) *m(f)* (à un examen)

exekutieren VT exécuter **Exekution** F exécution *f* **Exekutive** F POL (pouvoir) exécutif *m*
Exempel N exemple *m*; **ein ~ statuieren** faire un exemple
Exemplar N exemplaire *m*; spécimen *m*
exemplarisch ADJ exemplaire; **~ für** typique, caractéristique de
exerzieren **A** *umg* VT (*üben*) s'exercer à (+ *inf*) **B** VI MIL faire l'exercice
Exhibitionismus M exhibitionnisme *m* **Exhibitionist** M exhibitionniste *m*
exhumieren VT exhumer **Exhumierung** F exhumation *f*
Exil N exil *m*; **ins ~ gehen** s'exiler; **ins ~ schicken** exiler
existent ADJ existant
Existenz F **1** (*Dasein*) existence *f* **2** (*Lebensgrundlage*) situation *f*; vie *f*; **sich** (*dat*) **e-e ~ aufbauen** bâtir son avenir **3** *pej* (*Person*) individu *m*; *umg* **verkrachte ~en** des ratés *mpl*
Existenzangst F angoisse existentielle **Existenzberechtigung** F droit *m* à l'existence; raison *f* d'être **Existenzgründer(in)** M(F) créateur, -trice *m,f* d'entreprise **Existenzgrundlage** F bases *fpl* d'une existence; assise matérielle **Existenzgründung** F création *f* d'entreprise
Existenzialismus M existentialisme *m* **Existenzialist(in)** M(F) existentialiste *m/f* **existenzialistisch** ADJ existentialiste
existenziell ADJ existentiel
Existenzkampf M lutte *f* pour la vie, pour l'existence **Existenzminimum** N minimum vital
existieren VI (*vorhanden sein*) exister; (*leben*) vivre
Exitus M MED issue fatale
exklusiv **A** ADJ *Klub, Kreis* fermé; (*vornehm*) sélect; (*ausschließlich*) exclusif; *Lokal* distingué; de luxe **B** ADV en exclusivité
Exklusivbericht M reportage *m* en exclusivité
Exklusivität F exclusivité *f*; *fig* distinction *f*
exkommunizieren VT KATH excommunier
Exkremente NPL excréments *mpl*
Exkurs M (*Abschweifung*) digression *f*; (*beigefügte Ausarbeitung*) traité *m* supplémentaire; annexe *f*
Exkursion F excursion *f* (scientifique, pédagogique) **Exkursionsteilnehmer(in)** M(F) participant(e) *m(f)* d'une *od* à une excursion; excursionniste *m/f*
exmatrikulieren VT (*u.* VR) **(sich) ~** (se faire) rayer de la liste des étudiants
Exodus *geh* M exode *m*
Exorzismus M exorcisme *m* **Exorzist** M exorciste *m*
Exot M **1** *Mensch* habitant *m* d'un pays exotique; *hum* original *m* **2** *Pflanze, Tier* plante *f*, animal *m* exotique
exotisch ADJ exotique
Expander M SPORT extenseur *m* **expandieren** VI prendre de l'extension **Expansion** F expansion *f*
Expedition F expédition *f* **Expeditionsleiter(in)** M(F) chef *m* d'expédition **Expeditionsteilnehmer(in)** M(F) participant(e) *m(f)* d'une *od* à une expédition
Experiment N expérience *f* **experimentell** ADJ expérimental **experimentieren** VI faire des expériences (**mit etw** sur, avec qc)
Experte M, **Expertin** F expert *m* (**für** en)
Expertise F expertise *f*
explizit ADJ explicite
explodieren VI exploser (! Endung); éclater (*beide a. fig*)
Explosion F explosion *f* (*a. fig*) **Explosionsgefahr** F danger *m*, risque *m* d'explosion
explosiv ADJ explosif (*a. fig*) **Explosivität** F explosibilité *f*; *fig* caractère explosif
Exponat N produit, matériel, KUNST objet exposé
Exponent M MATH exposant *m*; *fig* représentant *m* **Exponentialfunktion** F MATH fonction exponentielle
exponiert ADJ exposé
Export M exportation *f* (! Endung) **Exportabteilung** F service *m* (des) exportations **Exportartikel** M article *m* d'exportation **Exportbeschränkungen** FPL restrictions *fpl* des exportations **Exportbestimmungen** FPL réglementations *fpl* d'exportation **Exportbier** N *bière blonde de 4% à 5% d'alcool* **Exporterlaubnis** F autorisation *f* d'exportation
Exporteur M exportateur *m*
Exportfirma F maison *f* d'exportation
exportieren VT exporter (*a.* IT)
Exportland N pays exportateur **Exportrückgang** M recul *m* des exportations **Exportunternehmen** N entreprise exportatrice
Exposee N, **Exposé** N exposé *m*; FILM synopsis *m od f*
Express M *bes österr* (train *m*) express *m* **Expressgut** N colis *m* (par) exprès
Expressionismus M expressionnisme *m* **Expressionist(in)** M(F) expressionniste *m/f* **expressionistisch** ADJ expressionniste
exquisit ADJ exquis; choisi
Extension F IT extension *f*
extern ADJ externe **Externe(r)** M/F(M) externe

m/f

extra ADV **1** *(gesondert)* à part **2** *(eigens)* exprès; spécialement **3** *(besonders)* très; particulièrement **4** *(zusätzlich)* en plus; en sus **5** *umg (absichtlich)* exprès

Extra N AUTO option *f* **Extraausgabe** F **1** FIN dépense *f* supplémentaire; frais *mpl* supplémentaires **2** *Zeitung* édition spéciale **Extrablatt** N édition spéciale **extrafein** ADJ GASTR extrafin; surfin

Extrakt M extrait *m*

extravagant ADJ extravagant

Extrawurst F **er will immer e-e ~ (gebraten) haben** il ne peut jamais faire comme tout le monde

extrem ADJ extrême

Extrem N extrême *m*; **von e-m ~ ins andere fallen** passer d'un extrême à l'autre

Extremismus M extrémisme *m* **Extremist** M extrémiste *m* **extremistisch** ADJ extrémiste **Extremitäten** FPL extrémités *fpl*

extrovertiert ADJT extraverti

exzellent ADJ excellent **Exzellenz** F Excellence *f*

Exzentriker M excentrique *m* **exzentrisch** ADJ excentrique *(a. fig)*

exzerpieren V/T *Buch, Autor* dépouiller

Exzerpt N extrait *m*

Exzess M excès *m*; **etw bis zum ~ treiben** pousser qc à l'excès

Eyeliner M eye-liner *od* eyeliner *m*

F

F, f N **1** F, f *m* **2** MUS fa *m*

Fa. ABK (Firma) maison; Sté

Fabel F fable *f (a. fig)* **fabelhaft** ADJ fabuleux; *umg* formidable **Fabeltier** N animal fabuleux **Fabelwesen** N créature fabuleuse; être fabuleux

Fabrik F usine *f*; HANDEL **ab ~** départ usine

Fabrikanlagen FPL usines *fpl*

Fabrikant M fabricant *m*

Fabrikarbeiter(in) M(F) ouvrier, -ière *m,f* d'usine

Fabrikat N produit *m*; article *m*; *(Marke)* marque *f*

Fabrikation F fabrication *f* **Fabrikationsfehler** M défaut *m*, vice *m* de fabrication

Fabrikbesitzer(in) M(F) propriétaire *m/f* d'usine **Fabrikgebäude** N bâtiment *m* d'usine **Fabrikgelände** N terrain *m* (d'une usine) **Fabrikhalle** F atelier *m* (de fabrication) **fabrikneu** ADJ qui sort de l'usine; neuf

fabrizieren V/T fabriquer *(a. hum, pej)*

Face-Lifting N lifting *m*

Facette F facette *f (a. fig)*

Fach N **1** *e-r Schublade, e-s Schranks* case *f*; *(Schrankfach a, Regalfach)* rayon *m*; *e-r Tasche* poche *f*; compartiment *m* **2** *(Schulfach, Studienfach)* matière *f*; discipline *f*; *(Spezialfach)* spécialité *f*; domaine *m*; **vom ~ sein** être du métier

Fachabitur N baccalauréat professionnel **Facharbeit** F SCHULE *in Frankreich etwa* TPE *mpl* (travaux personnels encadrés) **Facharbeiter(in)** M(F) ouvrier, -ière qualifié(e) **Facharzt** M, **Fachärztin** F (médecin *m*) spécialiste *m/f* **Fachausbildung** F formation spéciale, professionnelle **Fachausdruck** M terme *m* technique **Fachausschuss** M commission *f*, comité *m* d'experts **Fachbegriff** M terme *m* technique **Fachberater** M conseiller *m* (économique, juridique, *etc*) **Fachbereich** M service *m*; département *m*; *e-r französischen Hochschule a.* Unité *f* de formation et de recherche; UFR *f* **Fachbuch** N livre, ouvrage spécialisé

Fächer M éventail *m* **fächerartig** ADJ *u.* ADV en éventail

fächerübergreifend ADJ interdisciplinaire

Fachfrau F spécialiste *f*; expert *m* **Fachgebiet** N spécialité *f*; domaine *m* **fachgerecht** **A** ADJ approprié **B** ADV d'une façon appropriée **Fachgeschäft** N magasin spécialisé **Fachhandel** M commerce spécialisé **Fachhochschule** F institut *m* universitaire de technologie **Fachidiot** M spécialiste borné **Fachjargon** M jargon technique, administratif, *etc* **Fachkenntnis(se)** F(PL) connaissances spéciales **Fachkraft** F personne qualifiée **Fachkräfte** FPL personnel qualifié **fachkundig** ADJ compétent; expert **Fachlehrer(in)** M(F) professeur *m/f* (**für** de) **Fachleute** PL *von* **Fachmann** **fachlich** ADJ professionnel **Fachliteratur** F littérature spécialisée; *koll* livres, ouvrages spécialisés **Fachmann** M spécialiste *m*; expert *m* **fachmännisch** **A** ADJ de spécialiste; d'expert **B** ADV avec compétence **Fachmesse** F foire-exposition (spéciale); foire spécialisée **Fachoberschule** F lycée (d'enseignement) professionnel; LEP *m* **Fachpersonal** N personnel qualifié **Fachpresse** F presse spécialisée **Fachrichtung** F branche *f*; discipline *f* **Fachschaft** F *e-r Hochschule* (délégués *mpl* des) étudiants *mpl* d'un département **Fachschule** F école professionnelle **fachsimpeln** *umg* V/I parler métier, boutique **fachspezifisch** ADJ orienté, axé sur un domaine spécifique **Fachsprache** F langage *m* technique; terminologie *f* **Fachunterricht** M enseignement spécialisé **Fachverband** M association professionnelle

Fachwerk N colombage *m* **Fachwerkhaus** N maison *f* à colombage

Fachwissen N connaissances spécialisées, techniques **Fachwort** N → Fachausdruck **Fachwörterbuch** N dictionnaire spécialisé **Fachzeitschrift** F revue spécialisée

Fackel F torche *f*; flambeau *m*

fackeln *umg* VI **nicht lange ~** *umg* ne faire ni une ni deux; ne pas hésiter

Fackelzug M retraite *f* aux flambeaux

fad(e) ADJ **1** *Speise, fig* fade; insipide **2** *(langweilig)* ennuyeux

Faden M fil *m* (*a.* MED); *(Nähfaden)* aiguillée *f*; MED **die Fäden ziehen** retirer les fils; *fig* **roter ~** fil conducteur; **den ~ verlieren** perdre le fil; **alle Fäden in der Hand halten** tirer les ficelles; **an e-m (seidenen) ~ hängen** ne tenir qu'à un fil

Fadenkreuz N OPT réticule *m* **Fadennudeln** FPL vermicelle *m* **fadenscheinig** ADJ **1** *(abgewetzt)* élimé; râpé **2** *fig pej* cousu de fil blanc

Fagott N, **Fagottist** M basson *m*

fähig ADJ **1** *(befähigt)* capable (**zu** de); apte (à) **2** *(bereit)* **zu etw ~ sein** être capable de qc; *pej* **zu allem ~** capable de tout

Fähigkeit F *zu e-r Tätigkeit* capacité *f*; *natürliche* aptitude *f*; *geistige* faculté *f*

fahl ADJ blafard; blême

Fähnchen N petit drapeau; *dreieckig* fanion *m*

fahnden VI **nach j-m ~** rechercher qn

Fahnder(in) M(F) investigateur, -trice *m,f* **Fahndung** F recherches *fpl* **Fahndungsliste** F liste *f* des personnes recherchées par la police

Fahne F **1** drapeau *m*; *fig* **s-e ~ nach dem Wind(e) hängen** retourner sa veste **2** *umg* *(Alkoholfahne)* **e-e ~ haben** sentir l'alcool

Fahneneid M serment *m* (de fidélité) au drapeau **Fahnenflucht** F désertion *f*

fahnenflüchtig ADJ **~ werden** déserter

Fahnenkorrektur F épreuve *f* **Fahnenmast** M mât *m* de drapeau **Fahnenstange** F °hampe *f* (de drapeau) **Fahnenträger** M porte-drapeau *m*

Fahrausweis M titre *m* de transport **Fahrbahn** F *e-r Straße* chaussée *f*; *(Fahrspur)* voie *f* **fahrbar** ADJ roulant **Fahrbücherei** F bibliobus *m*

Fähre F bac *m*; *große* ferry-boat *m*

fahren **A** VT *Person, Auto* conduire; *Wagen, Lasten* transporter; *Strecke, Runde* faire; *umg* **e-n ~ lassen** *umg* faire un pet **B** VI **1** aller; rouler; *Person am Steuer* conduire; **mit 80 km/h ~** faire du 80 à l'heure; **mit dem Auto, dem Fahrrad, der Bahn ~** aller en voiture, à bicyclette, en train; prendre la voiture, la bicyclette, le train; **rechts ~** rouler à droite; **gegen etw ~** rentrer dans qc **2** *(abfahren)* partir **3** *(verkehren)* circuler; **der Bus fährt zweimal täglich** le bus passe deux fois par jour **4** *fig* **mit der Hand über etw** *(akk)* **~** passer la main sur qc; **was ist bloß in dich gefahren?** qu'est-ce qui t'a pris?; *umg* **gut mit j-m, e-r Sache ~** être content de qn, qc

Fahren N *am Steuer* conduite *f*; *e-s Fahrzeugs* marche *f*

Fahrenheit PHYS Fahrenheit; **32 Grad ~** 32 degrés *mpl* Fahrenheit

fahrenlassen *umg* VT → fahren A

Fahrer M conducteur *m*; *Beruf* chauffeur *m*

Fahrerflucht F délit *m* de fuite; **~ begehen** commettre un délit de fuite

Fahrerin F conductrice *f*

Fahrerlaubnis F ADMIN permis *m* de conduire **Fahrgast** M *im Auto, Schiff* passager, -ère *m,f*; *in Zug, Bus, Straßenbahn* voyageur, -euse *m,f*; *im Taxi* client(e) *m(f)* **Fahrgeld** N argent *m* pour le tramway, pour l'autobus, *etc* **Fahrgeldzuschuss** M prime *f* de transport **Fahrgelegenheit** F occasion *f* d'aller en voiture, en train, *etc*; → Mitfahrgelegenheit **Fahrgemeinschaft** F covoiturage *m* **Fahrgeschwindigkeit** F allure *f*; vitesse *f* **Fahrgestell** N *e-s Autos* châssis *m*; *e-s Flugzeugs* train *m* d'atterrissage

fahrig ADJ *(unruhig)* agité; *(nervös)* nerveux

Fahrkarte F billet *m*; **einfache ~** aller *m* simple

Fahrkartenautomat M distributeur *m* de billets **Fahrkartenkontrolle** F contrôle *m* des billets **Fahrkartenkontrolleur(in)** M(F) contrôleur, -euse *m,f* **Fahrkartenschalter** M guichet *m* des billets

fahrlässig **A** ADJ négligent; **~e Tötung** homicide *m* par imprudence **B** ADV par négligence

Fahrlässigkeit F négligence *f*

Fahrlehrer(in) M(F) moniteur, -trice *m,f* d'auto-école

Fährmann M passeur *m*

Fahrplan M **1** horaire *m* **2** *umg* *(Programm)* programme *m* **fahrplanmäßig** **A** ADJ *Zug, Bus* régulier; *Ankunft, Abfahrt* prévu (selon l'horaire) **B** ADV selon l'horaire **Fahrpraxis** F pratique *f* de la conduite **Fahrpreis** M prix *m* du transport **Fahrpreisanzeiger** M *im Taxi* compteur *m* **Fahrpreiserhöhung** F augmentation *f* du prix du billet, du ticket **Fahrpreisermäßigung** F réduction *f* du prix du billet, du ticket **Fahrprüfung** F examen *m* du permis de conduire **Fahrrad** N bicyclette *f*; vélo *m*

Fahrradanhänger M remorque *f* pour bicyclette **Fahrraddiebstahl** M vol *m* de bicyclette **Fahrradfahrer(in)** M(F) cycliste *m/f* **Fahrradhändler** M marchand *m* de cycles **Fahrradkeller** M garage *m* à vélos **Fahrradkette** F chaîne *f* (de vélo, bicyclette) **Fahrradklingel** F sonnette *f* (de bicyclette) **Fahrradlampe** F phare *m* (de bicyclette) **Fahrradsattel** M selle *f* de vélo **Fahrradständer** M *am Rad* béquille *f*; *Gestell* râtelier *m* à bicyclettes **Fahrradtour** F balade *f* à vélo; randonnée *f* à bicyclette **Fahrradträger** M AUTO porte-vélo *m* **Fahrradverleih** M location *f* de vélos **Fahrradweg** M piste *f* cyclable

Fahrschein M billet *m*; *für U-Bahn* ticket *m* (*oft a. für Bus, Straßenbahn*) **Fahrscheinautomat** M distributeur *m* de billets **Fahrscheinentwerter** M composteur *m*

Fährschiff N ferry-boat *m*

Fahrschule F auto-école *f* **Fahrschüler(in)** M(F) élève *m/f* d'auto-école **Fahrspur** F voie *f*; file *f* **Fahrstil** M style *m* de conduite **Fahrstreifen** M voie *f*; file *f* **Fahrstuhl** M ascenseur *m* **Fahrstunde** F leçon *f* de conduite

Fahrt F **1** (*Reise*) voyage *m*; *kurze* trajet *m*; *im Taxi* course *f*; (*Spazierfahrt*) promenade *f*; **~ ins Blaue** excursion *f* à l'aventure; **auf der ~ nach ...** en allant à ...; **gute ~!** bon voyage!; *bei e-r Autofahrt* bonne route! **2** (*Fahren*) marche *f*; (*Geschwindigkeit*) vitesse *f*; allure *f*; **wir hatten freie ~** nous avons bien roulé **3** *fig umg* **in ~ kommen** se dégeler; (*wütend werden*) s'énerver; *umg* **in ~ sein** être lancé; (*aufgebracht sein*) *umg* être fumace, furax

Fährte F trace *f*; piste *f*; *fig* **auf der falschen ~ sein** être sur une fausse piste; faire fausse route

Fahrtenbuch N AUTO carnet *m* de route **Fahrtenschreiber** M TECH tachygraphe *m*; appareil enregistreur de vitesse **Fahrtenschwimmer** M nageur expérimenté (*30 minutes de nage libre et saut de 3 m*)

Fahrtkosten PL frais *mpl* de transport **Fahrtkostenpauschale** F prime *f* forfaitaire de transport **Fahrtkostenzuschuss** M prime *f* de transport

Fahrtrichtung F sens *m* de la marche

fahrtüchtig ADJ *Person* en état de conduire; *Fahrzeug* en état de marche

Fahrtwind M vent *m*; air *m*

Fahrverbot N interdiction *f* de conduire **Fahrverhalten** N *des Fahrers* comportement *m* au volant; conduite *f*; *des Fahrzeugs* qualités *fpl*; (*Straßenlage*) tenue *f* de route

Fahrwasser N *fig* **in ein politisches ~ kommen** prendre une tournure politique

Fahrweise F façon *f* de conduire; conduite *f* **Fahrwerk** N → Fahrgestell **Fahrzeit** F durée *f* du trajet, du voyage

Fahrzeug N véhicule *m* **Fahrzeugbrief** M → Kraftfahrzeugbrief **Fahrzeughalter** M ADMIN détenteur *m* du véhicule **Fahrzeugkolonne** F colonne *f* de véhicules **Fahrzeugpapiere** NPL papiers *mpl* du véhicule

Faible N faible *m*; **ein ~ für j-n, etw haben** avoir un faible pour qn, pour qc

fair ADJ fair-play (❗ unveränderlich); loyal; **~er Handel** commerce *m* équitable; **~ sein (gegenüber)** être fair-play (avec)

Fairness F fair-play *m*

Fäkalien PL matières fécales

Fakir M fakir *m*

Fakt N *od* M fait *m* **faktisch** ADJ effectif

Faktor M facteur *m*

Faktum N fait *m*

Faktura F *bes österr* HANDEL facture *f*

Fakultät F faculté *f*; **juristische ~** la faculté de droit

fakultativ ADJ facultatif

Falafel F *od* N GASTR falafel *m*

Falke M ZOOL, POL faucon *m*

Falkner M fauconnier *m*

Fall M **1** (*Vorkommnis*) cas *m* (*a.* JUR, MED); **in diesem ~(e)** dans ce cas; **im schlimmsten ~(e)** au pire; **auf jeden ~, auf alle Fälle** en tout cas; de toute façon; **auf keinen ~** en aucun cas; **für alle Fälle** à tout °hasard; **für den ~, dass ...** au cas où ... (*+ Konditional*); **von ~ zu ~ (entscheiden)** (décider) selon, suivant le cas; **gesetzt den ~, dass ...** supposons que ... (*+ subj*); **(nicht) der ~ sein** (ne pas) être le cas **2** (*Sturz*) chute *f* (*a. fig*); *geh* **zu ~ kommen** tomber; *geh fig* **zu ~ bringen** *Regierung* provoquer la chute de; *Antrag* faire échouer **3** GRAM cas *m*

Fallbeil N guillotine *f*; couperet *m*

Falle F **1** piège *m* (*a. fig*); *fig* **j-m e-e ~ stellen** tendre un piège à qn; **in die ~ gehen** tomber dans le piège, *fig* le panneau **2** *umg* (*Bett*) *umg* pieu *m*

fallen VI **1** *zu Boden* tomber; **~ lassen** laisser tomber; **sich ~ lassen** se détendre **2** *im Krieg* mourir à la guerre; tomber **3** *Preise, Kurse* baisser; *Thermometer* baisser; descendre **4** *Festung* être pris **5** (*wegfallen*) tomber; être supprimé

6 *Schuss* partir; SPORT *Tor* être marqué 7 *Wort* être lâché 8 *Entscheidung* être pris 9 JUR **an j-n ~** revenir à qn 10 *(treffen)* **auf j-n, etw ~** tomber sur qn, qc; *Wahl, Verdacht* se porter sur qn 11 *zeitlich* **auf e-n Sonntag** *etc* **~** tomber un dimanche, *etc* (! ohne Präposition) 12 **in dieselbe Kategorie ~** rentrer dans la même catégorie

fällen VT 1 *Baum* abattre 2 *Entscheidung* prendre

fallend ADJT tombant; *Preise, Kurse, Barometer* en baisse; *Tendenz* à la baisse

fallenlassen VR → fallen 1

fällig ADJ *Gebühr, Steuer* exigible; *Zinsen* payable; **(am …) ~ werden** échoir (le …)

Fälligkeit F échéance *f*

Fallobst N fruits tombés **Fallrohr** N tuyau *m* de descente **Fallrückzieher** M FUSSBALL coup de pied retourné

falls KONJ si (+ *ind*); au cas où … (+ *Konditional*); **~ nicht** sinon

Fallschirm M parachute *m*; **mit dem ~ abspringen** sauter en parachute

Fallschirmabsprung M saut *m* en parachute **Fallschirmjäger** M parachutiste *m* **Fallschirmspringen** N parachutisme *m* **Fallschirmspringer(in)** M(F) parachutiste *m/f*

Fallstrick M traquenard *m* (*a. fig*) **Fallstudie** F étude *f* de cas **Falltür** F trappe *f*

falsch A ADJ faux (*a. pej Person*); *Adresse, Mittel, Richtung, Tür* mauvais B ADV *singen* faux; *aussprechen, schreiben, verstehen* mal; *machen* mal; de travers; *Uhr* **~ gehen** ne pas être juste *od* à l'heure; **~ parken** être en stationnement interdit; TEL **(ich bin) ~ verbunden** c'est une erreur

Falschaussage F JUR fausse déposition

fälschen VT *durch Nachahmung* contrefaire; *durch Änderung* falsifier; truquer

Fälscher(in) M(F) faussaire *m/f* **Fälscherbande** F bande *f* de faussaires

Falschfahrer M automobiliste *m* roulant à contresens **Falschgeld** N fausse monnaie **Falschheit** F fausseté *f*

fälschlich A ADJ faux; *(irrtümlich)* erroné B ADV faussement; *(irrtümlich)* par erreur **fälschlicherweise** ADV → fälschlich

Falschmeldung F fausse nouvelle **Falschparker(in)** M(F) automobiliste *m/f* en stationnement interdit **Falschspieler(in)** M(F) tricheur, -euse *m,f*

Fälschung F *durch Nachahmung* contrefaçon *f*; *durch Änderung* falsification *f*; *von Kunstwerken* faux *m* **fälschungssicher** ADJ infalsifiable

Faltblatt N dépliant *m* **Faltboot** N canot pliant

Falte F 1 *(Kleiderfalte)* pli *m*; *ungewollte* faux pli; *(Kräuselfalte)* fronce *f*; **~n werfen** faire des plis 2 *(Hautfalte)* ride *f*; **die Stirn in ~n ziehen** *od* **legen** *nachdenklich* plisser le front; *aus Ärger* froncer les sourcils

falten VT plier; *Hände* joindre

faltenlos ADJ *Kleid* sans plis; *Haut* sans rides **Faltenrock** M jupe plissée **Faltenwurf** M KUNST draperie *f*; MODE drapé *m*

Falter M ZOOL papillon *m*

faltig ADJ *(zerknittert)* froissé; *Haut* ridé

Falz M *e-s Papierbogens* pli *m*; *e-s Buchs* onglet *m*

falzen VT *Papier* plier

familiär ADJ 1 *(zwanglos)* familier 2 *(Familien…)* familial; de famille

Familie F famille *f*; **e-e ~ gründen** fonder une famille; *hum* **das kommt in den besten ~n vor** cela arrive dans les meilleures familles

Familienalbum N album *m* de famille **Familienangehörige(r)** M/F(M) membre *m* de la famille; parent(e) *m(f)* **Familienangelegenheit** F affaire *f* de famille **Familienanschluss** M accueil *m* dans une famille **Familienbesitz** M bien(s) *m(pl)* de famille **Familienbetrieb** M entreprise familiale **Familienbuch** N livret *m* de famille **Familienfeier** F fête *f* de famille **familienfeindlich** ADJ contre la famille **Familienfoto** N photo *f* de famille **familienfreundlich** ADJ *Politik, Maßnahme* en faveur des familles; *Preise* pour les familles **Familiengrab** N caveau *m* de famille

Familienkreis M **im engsten ~** dans la plus stricte intimité

Familienleben N vie *f* de famille, familiale **Familienminister(in)** M(F) *in Deutschland* ministre *m/f* des Affaires familiales **Familienmitglied** N membre *m* de la famille **Familienname** M nom *m* de famille **Familienoberhaupt** N chef *m* de famille **Familienpackung** F HANDEL paquet familial **Familienplanung** F planning familial **Familienpolitik** F politique familiale **Familienstammbuch** N livret *m* de famille **Familienstand** M ADMIN état civil; situation *f* de famille **Familientragödie** F drame familial, de famille **Familientreffen** N réunion de famille **Familienunternehmen** N → Familienbetrieb **Familienvater** M père *m* de famille

famos *umg* ADJ épatant; *umg* chouette

Fan M fan *m/f*; *e-s Sportlers* supporter *m*

Fanal *geh* N flambeau *m*

Fanatiker(in) M(F) fanatique *m/f* **fanatisch** ADJ fanatique **Fanatismus** M fanatisme *m*

Fanclub M fan-club *m*; club *m* de fans

fand → finden

Fanfare F fanfare *f*
Fang M 1 *(Fischfang)* prise *f (a. fig)*; pêche *f*; *(Beute)* capture *f* 2 *pl* **Fänge** *e-s Raubvogels* serres *fpl*
Fangarm M ZOOL tentacule *m*
Fangemeinde F fan-club *m*
fangen A VT *Person, Tier, Ball* attraper; *Tier a.* capturer; *Fische* prendre; **Fangen spielen** jouer à chat B VR **sich (wieder) ~** se reprendre *(a. fig)*
Fangfrage F question *f* piège; **(j-m) e-e ~ stellen** poser une colle (à qn)
Fangopackung F enveloppement *m* (à base) de boues minérales
Fangschaltung F TEL dispositif *m* de localisation d'une *bzw.* des communication(s) téléphonique(s)
Fanklub M club *m* de fans
Fantasie F 1 *(Einbildungskraft, Vorstellungskraft)* imagination *f*; *(Einfallsreichtum)* fantaisie *f* 2 *meist pl (Vorstellung)* **~n** visions *fpl*; rêveries *fpl* **fantasielos** ADJ dépourvu d'imagination **Fantasielosigkeit** F manque *m* d'imagination
fantasieren VI 1 rêver (**von** de); *abs* fantasmer; s'abandonner à son imagination 2 *im Fieber* divaguer; délirer 3 *(Unsinn reden) umg* débloquer; *umg* délirer
fantasievoll ADJ plein d'imagination
fantastisch ADJ 1 fantastique; romanesque; fantaisiste 2 *(unwirklich)* invraisemblable; incroyable; rocambolesque 3 *umg (großartig) umg* formidable; fantastique
Fantasy F LITERATUR, FILM fantastique *m*
Faradaykäfig M ELEK cage *f* de Faraday
Farbband N ruban *m* encreur **Farbbild** N photo *f* (en) couleur(s) **Farbdruck** M impression *f* en couleurs; chromotypographie *f* **Farbdrucker** M imprimante *f* couleur
Farbe F 1 couleur *f (a. fig)*; *des Gesichts a.* teint *m*; *fig* **~ bekennen** jouer cartes sur table 2 *zum Anstreichen* peinture *f*
farbecht ADJ grand teint (❗ unveränderlich)
färben A VT 1 colorer; *Gewebe, Haar* teindre; **blau ~** colorer, teindre en bleu 2 *fig Bericht* déformer B VR **sich (rot) ~** se colorer (de rouge)
farbenblind ADJ daltonien **Farbenblindheit** F daltonisme *m* **farbenfroh** ADJ coloré; °haut en couleurs **Farbenlehre** F théorie *f* des couleurs **farbenprächtig** ADJ aux couleurs magnifiques
Farbfernsehen N télévision *f* en couleurs **Farbfernseher** *umg* M *umg* télé *f* couleur **Farbfernsehgerät** N téléviseur *m* couleur **Farbfilm** M film *m* en couleurs; FOTO pellicule *f* (en) couleurs **Farbfilter** M *od* N OPT, FOTO filtre, écran coloré **Farbfleck** M tache *f* de couleur **Farbfoto** N photo *f* (en) couleur(s) **Farbfotografie** F photographie *f* (en) couleur(s)
farbig ADJ *(bunt), Hautfarbe* de couleur; *Glas, fig* coloré
Farbige(r) M/F(M) homme *m*, femme *f* de couleur
Farbkasten M boîte *f* de couleurs **Farbkombination** F combinaison *f* de couleurs **Farbkontrast** M opposition *f* de couleurs; contraste *m* des couleurs **Farbkopie** F copie *f* en couleurs **Farbkopierer** M (photo)copieur *m* couleur
farblich A ADJ des couleurs B ADV **etw ~ abstimmen** accorder les couleurs de qc
farblos ADJ incolore; sans couleur *(a. fig)* **Farbskala** F échelle *f*, gamme *f* de couleurs **Farbstift** M crayon *m* de couleur **Farbstoff** M matière colorante; colorant *m* **Farbton** M teinte *f* **Farbtupfen** M, **Farbtupfer** *umg* M tache *f* de couleur
Färbung F *Vorgang* teinture *f*; *Eigenschaft* coloration *f*; teinte *f (a. fig)*
Farce F farce *f (a. fig)*
Farm F ferme *f*; *in Amerika* ranch *m* **Farmer(in)** M(F) fermier, -ière *m,f*
Farn M fougère *f* **Farnkraut** N → Farn
Fasan M faisan *m*
Faschierte(s) N *österr* °hachis *m*
Fasching M carnaval *m* **Faschingsball** M bal *m* de carnaval
Faschismus M fascisme *m* **Faschist(in)** M(F) fasciste *m/f* **faschistisch** ADJ fasciste
faseln *umg pej* VT *u.* VI radoter; *umg* dérailler
Faser F fibre *f*
faserig ADJ fibreux; *Fleisch* filandreux
fasern VI *von Stoff* s'effilocher
Faserschreiber M → Filzschreiber
Fass N 1 tonneau *m*; barrique *f (etwa 225 l)*; *meist für Wein a.* fût *m*; *für Heringe* baril *m*; **Bier** *n* **vom ~** (bière *f*) pression *f* 2 *fig* **ein ~ ohne Boden** un gouffre; **das schlägt dem ~ den Boden aus** c'est le comble
Fassade F façade *f (a. fig)* (❗ Schreibung mit -ç-)
fassbar ADJ *(wahrnehmbar)* perceptible *(a. fig)*; *(begreifbar)* concevable
Fassbier N (bière *f*) pression *f*
Fässchen N tonnelet *m*; barillet *m*
fassen A VT 1 *(greifen)* prendre; saisir; *Verbrecher* arrêter 2 → einfassen 3 *Gefäß, Raum* (pouvoir) contenir 4 *Entschluss, Vertrauen, Vorsatz* prendre; *Plan* concevoir; *Mut* reprendre 5 *(glauben)* **etw nicht ~ können** ne pas pouvoir croire qc; **es ist nicht zu ~!** c'est incroyable! B VI *(greifen) Schraube* mordre; **in etw** *(akk)* **~** mettre la main dans qc; **an etw** *(akk)* **~** toucher qc C VR 1 **sich**

(wieder) ~ se ressaisir; *(sich beruhigen)* se calmer **2** → kurzfassen

Fasson F façon *f*; *fig* **nach s-r ~** à sa guise

Fassung F **1** *e-r Glühbirne* douille *f*; *e-r Brille, e-s Edelsteins* monture *f* **2** *e-s Textes* version *f* **3** *(Selbstbeherrschung)* contenance *f*; **die ~ bewahren** faire bonne contenance; **die ~ verlieren** perdre contenance; **j-n aus der ~ bringen** décontenancer qn

fassungslos ADJ décontenancé; stupéfait

Fassungsvermögen N contenance *f*; capacité *f*

fast ADV presque; *vor Zahlen a.* près de; **~ nichts** pratiquement rien; **ich wäre ~ gefallen** j'ai failli tomber (! die Konstruktion mit „faillir" wird bei Verben fast immer verwendet)

fasten V/I jeûner; ne rien manger

Fasten N jeûne *m* **Fastenkur** F cure *f* d'amaigrissement par le jeûne **Fastenzeit** F carême *m*

Fastfood N **1** *Gastronomie* fast-food *m*; restauration *f* rapide **2** *Mahlzeit* repas *m* rapide **Fastfoodkette** F chaîne *f* de restauration rapide **Fastfoodrestaurant** N fast-food *m*

Fastnacht F *(Karneval)* carnaval *m*; *(Fastnachtsdienstag)* mardi gras **Fastnachtsdienstag** M mardi gras

Faszination F fascination *f* **faszinieren** V/T fasciner

fatal ADJ **1** *(misslich)* fâcheux **2** *(verhängnisvoll)* fatal; **~e Folgen haben** avoir des conséquences graves

Fatalismus M fatalisme *m* **fatalistisch** ADJ fataliste

Fata Morgana F mirage *m*

Fatzke *umg pej* M poseur *m*; fat *m*

fauchen V/I **1** *Katze, Tiger* feuler **2** *fig Person* grogner

faul ADJ **1** *Person* paresseux; *sl* **~er Sack** *umg* cossard *m* **2** *Früchte, Ei* pourri **3** *umg pej* **~e Ausrede** mauvaise excuse; **~er Kompromiss** compromis boiteux; **da ist etwas ~** c'est louche

Fäule F pourriture *f*

faulen V/I pourrir; *Wasser* croupir

faulenzen V/I paresser; *pej umg* flemmarder **Faulenzer(in)** M(F) *pej* paresseux, -euse *m,f*; fainéant(e) *m(f)* **Faulenzerei** F *pej* fainéantise *f*

Faulheit F paresse *f*; *plus fort* fainéantise *f*

faulig ADJ *Wasser* croupi; *Geruch* putride; *Obst* pourri

Fäulnis F pourriture *f*

Faulpelz *umg* M → Faulenzer(in) **Faultier** N **1** ZOOL paresseux *m* **2** *umg* → Faulenzer(in)

Faun M MYTH, *fig* faune *m*

Fauna F faune *f*

Faust F **1** poing *m*; **j-m mit der ~ drohen** montrer le poing à qn **2** *fig* **mit der ~ auf den Tisch hauen** taper du poing sur la table; *umg* **das passt wie die ~ aufs Auge** *(passt nicht)* ça vient comme un cheveu sur la soupe; *(passt genau)* ça va parfaitement ensemble; **etw auf eigene ~ tun** faire qc de son propre chef

Faustball M SPORT balle *f* au poing

Fäustchen N *fig* **sich** *(dat)* **ins ~ lachen** rire sous cape

faustdick **A** ADJ gros comme le poing; *umg Lüge* gros comme une maison **B** *umg* ADV **er hat es ~ hinter den Ohren** c'est un malin, un rusé

fausten V/T *Torhüter* dégager du poing

faustgroß ADJ gros comme le poing **Fausthandschuh** M moufle *f*

Fäustling M moufle *f*

Faustrecht N loi *f* du plus fort **Faustregel** F règle générale **Faustschlag** M coup *m* de poing

Fauteuil M *österr* fauteuil *m*

Fauxpas M impair *m*; faux pas; **e-n ~ begehen** faire, commettre un impair

Favorit(in) M(F) favori, -ite *m,f*

Fax N fax *m*; télécopie *f*

Faxanschluss M fax *m*

faxen V/T faxer

Faxen *umg* FPL *(Albereien)* clowneries *fpl*; *(Grimassen)* singeries *fpl*

Faxgerät N télécopieur *m*; fax *m* **Faxnummer** F numéro *m* de télécopieur, de fax

Fazit N résultat *m*; bilan *m*; **das ~ (aus etw) ziehen** faire le bilan (de qc)

FC M ABK IN ZSSGN (Fußballclub) F.C. *m* (football club)

FCKW ABK (Fluorchlorkohlenwasserstoffe) CFC *mpl* (chlorofluorocarbones)

FDP F ABK (Freie Demokratische Partei) F.D.P. *m (parti libéral allemand)*

F-Dur N fa *m* majeur

Feber M *österr* (mois *m* de) février *m*; → Januar

Februar M (mois *m* de) février *m*; → Januar

fechten V/I **1** faire de l'escrime (**mit dem Degen** à l'épée) **2** *geh fig (kämpfen)* se battre (**für, gegen** pour, contre)

Fechten N escrime *f*

Fechter(in) M(F) escrimeur, -euse *m,f*

Feder F **1** *(Vogelfeder)* plume *f*; *(Hutfeder)* plumet *m*; *fig* **sich mit fremden ~n schmücken** se parer des plumes du paon; *umg fig* **dabei ~n lassen** y laisser des plumes; *umg* **noch in den ~n liegen** *umg* être encore au lit **2** *(Schreibfeder)* plume *f*; **zur ~ greifen** prendre la plume **3** TECH ressort *m*

Federball M *Ball u. Spiel* volant *m*; badminton

Feder — la plume

Feder — le ressort

m **Federballschläger** M raquette *f* de volant, de badminton **Federbett** N couette *f*; *kleines* édredon *m* **Federboa** F MODE boa *m* **federführend** ADJT compétent; responsable
Federführung F **die ~ (bei** *od* **in etw** [*dat*]**) haben** avoir la responsabilité (de qc); **unter der ~ von** sous la responsabilité de
Federgewicht N SPORT poids *m* plume **Federhalter** M porte-plume *m* **Federkernmatratze** F matelas *m* à ressorts **federleicht** ADJ léger comme une plume
Federlesen N **nicht viel ~s machen** ne pas y aller par quatre chemins
Federmäppchen N trousse *f* (d'écolier); *aus Holz od Metall* plumier *m*
federn A VT *Matratze* mettre des ressorts à; *Auto* **gut gefedert** avec une bonne suspension B VI faire ressort
federnd ADJT qui fait ressort; *Gang, Bewegung* élastique
Federschmuck M parure *f* de plumes **Federung** F suspension *f* **Federvieh** *umg* N volaille *f* **Federweiße(r)** M vin bourru **Federzeichnung** F dessin *m* à la plume
Fee F fée *f*; **gute, böse ~** bonne, mauvaise fée
Feedback N feed-back *m*
Fegefeuer N purgatoire *m*
fegen A VT 1 *mit Besen* balayer; *Schornstein* ramoner 2 **etw vom Tisch ~** envoyer valser qc; *fig* balayer qc d'un revers de main B VI *Schnellzug etc* passer en trombe; *Wind* **über die Ebene ~** balayer la plaine
Fehlalarm M fausse alerte **Fehlanzeige** F *umg* (*nichts*) **~!** néant! **Fehlbesetzung** F THEAT mauvaise distribution (des rôles) **Fehlbetrag** M déficit *m* **Fehlbildung** F MED malformation *f* **Fehldiagnose** F erreur *f* de diagnostic **Fehleinschätzung** F erreur *f* d'appréciation
fehlen VI u. V/UNPERS 1 (*mangeln, nicht da sein*) manquer; *Person a.* être absent; **mir ~ fünfzig Euro** il me manque cinquante euros; **es fehlt ihm nicht an Talent** (*dat*) il ne manque pas de talent 2 (*nötig sein*) manquer; **ihr ~ noch zwei Punkte** *zum Gewinn* il lui manque encore deux points; **es hätte nicht viel gefehlt, und ich wäre gefallen** j'ai failli tomber; *iron* **das fehlte gerade noch!** il ne manquait plus que ça! 3 **du fehlst mir** tu me manques 4 *gesundheitlich* **fehlt Ihnen etwas?** ça ne va pas?; vous n'êtes pas bien? 5 *geh* **weit gefehlt!** il n'en est rien; pas du tout!
Fehlen N manque *m*; défaut *m*; (*Abwesenheit*) absence *f*
fehlend ADJT manquant; absent
Fehlentscheidung F mauvaise décision
Fehler M 1 (*Verstoß*) faute *f* (*a. moralischer,* SPORT); (*Irrtum*) erreur *f* (*a.* MATH); **e-n ~ machen** faire une erreur 2 (*Mangel*) défaut *m*; vice *m*
Fehleranalyse F analyse *f* d'erreurs **fehlerfrei** ADJ 1 sans faute(s); correct 2 (*ohne Mangel*) sans défaut(s) **fehlerhaft** ADJ 1 plein de fautes 2 TECH défectueux **fehlerlos** → fehlerfrei **Fehlermeldung** F signalement *m* d'une erreur **Fehlerquelle** F source *f* d'erreur(s) **Fehlerquote** F pourcentage *m* d'erreurs **Fehlersuche** F *beim Reparieren* détection *f* d'anomalies; IT détection *f* d'erreurs
Fehlfarbe F 1 *Zigarre* cigare *m* de second choix 2 (*fehlende Spielkarte*) carte manquante (dans la couleur demandée); (*Farbe, die nicht Trumpf ist*) couleur *f* qui n'est pas atout
Fehlgeburt F fausse couche; **e-e ~ haben** faire une fausse couche
Fehlgriff M mauvais choix; erreur *f* **Fehlinterpretation** F interprétation erronée; mauvaise interprétation **Fehlinvestition** F mauvais investissement **Fehlkalkulation** F mauvais calcul **Fehlkauf** M mauvaise affaire; mauvais achat **Fehlkonstruktion** F construction défectueuse
Fehlleistung F PSYCH **(freudsche) ~** acte manqué; *beim Schreiben od Sprechen* lapsus *m*
Fehlpass M mauvaise passe **Fehlplanung** F (exemple *f* de) mauvaise planification **Fehlschlag** M échec *m*
fehlschlagen VI échouer; rater
Fehlstart M faux départ **Fehltritt** M 1 (*Tritt daneben*) faux pas 2 *moralischer* écart *m* de conduite **Fehlurteil** N erreur *f* de jugement **Fehlzündung** F AUTO raté *m*
Feier F 1 *private* fête *f* 2 *e-s Gedenktages* célébration *f*; *oft hum* **zur ~ des Tages** en l'honneur de ce grand jour
Feierabend M fin *f* de la journée de travail; ~

Feiertage in Frankreich

le 1er janvier	**le jour de l'An**	Neujahrstag
mars/avril	**Pâques** (*immer ohne Artikel!*)	Ostern
le 1er mai	**la Fête du Travail**	Tag der Arbeit
le 8 mai	**le Jour de la Victoire** (der Siegestag)	Ende des 2. Weltkriegs
mai	**l'Ascension**	Christi Himmelfahrt
mai/juin	**la Pentecôte**	Pfingsten
le 14 juillet	**la fête nationale**	französischer Nationalfeiertag (1789: Eroberung der Bastille)
le 15 août	**l'Assomption**	Mariä Himmelfahrt
le 1er novembre	**la Toussaint**	Allerheiligen
le 11 novembre	**l'Armistice** (der Waffenstillstand)	Ende des 1. Weltkriegs
le 25 décembre	**Noël** (*immer ohne Artikel!*)	Weihnachten

LANDESKUNDE

machen finir de travailler; **nach ~** après le travail

feierlich ADJ solennel **Feierlichkeit** F 1 *e-r Veranstaltung* solennité *f* 2 *Vorgang* cérémonie *f*

feiern A VT **j-n, etw ~** fêter qn, qc; *festlich* **etw ~** célébrer qc B VI faire une fête

Feierstunde F cérémonie *f*

Feiertag M jour férié, de fête; **gesetzlicher, kirchlicher ~** fête légale, religieuse; **schöne ~e!** (passez de) bonnes fêtes!

Feiertagszuschlag M prime *f*, indemnité *f* de jour férié

feig(e) ADJ lâche

Feige F figue *f*

Feigenbaum M figuier *m* **Feigenblatt** N feuille *f* de figuier; KUNST, *fig* feuille de vigne **Feigenkaktus** M BOT raquette *f*; figuier *m* de Barbarie

Feigheit F lâcheté *f*

Feigling M lâche *m/f*; *umg* **sei kein ~!** *umg* ne te dégonfle pas!

Feile F lime *f*

feilen VT 1 limer; **sich** (*dat*) **die Fingernägel ~** se limer les ongles 2 *fig* **an e-m Text ~** peaufiner un texte

feilschen VI *pej* **um etw ~** marchander qc

Feilspäne MPL, **Feilstaub** M limaille *f*

fein A ADJ 1 fin (*a. Sand, Sinne, Haar, Papier, Regen*); *Unterschied, Humor* subtil 2 (*edel*) exquis; fin; **alles nur vom Feinsten** tout ce qu'il y *a.* de meilleur 3 (*vornehm*) distingué 4 *umg* (*nett*) *umg* sympa 5 *umg* (*schön*) **~!** parfait!; **e-e ~e Sache** *umg* un truc formidable B ADV 1 finement; *mahlen* fin 2 (*gut*) bien; *umg* **sie ist ~ heraus** elle s'en est bien tirée

Feinabstimmung F TECH syntonisation *f* de précision; réglage minutieux

Feind M ennemi *m*; **sich** (*dat*) **j-n zum ~(e) machen** se faire un ennemi de qn; **zum ~ überlaufen** passer à l'ennemi

Feind = ennemi

Wird anders geschrieben als englisch „enemy".

FEHLERQUELLEN

Feindbild N idée *f* qu'on se fait de l'adversaire; *plus fort* cliché *m* de l'ennemi **Feindin** F ennemie *f*

feindlich A ADJ (*des Feindes*) ennemi; (*feindselig*) hostile B ADV **j-m ~ gesinnt sein** être hostile à qn

Feindschaft F hostilité *f*; inimitié *f*; **in ~** (*dat*) **leben mit** vivre en inimitié avec

feindselig ADJ hostile **Feindseligkeit** F hostilité *f*

feinfühlig ADJ sensible

Feingebäck N pâtisseries *fpl* **Feingefühl** N tact *m*; délicatesse *f* **Feingehalt** M *e-s Metalls* titre *m* **Feingold** N or fin

Feinheit F finesse *f* (*a. fig*); *pl* **die ~en** les finesses *fpl*; les subtilités *fpl*

feinkörnig ADJ *Sand* fin; FOTO à grain fin

Feinkost F épicerie fine **Feinkostgeschäft** N épicerie fine; traiteur *m*

Feinmechaniker M mécanicien *m* de précision **feinporig** ADJ aux pores fins **Feinripp** M TEX tricot *m* à côtes fines **Feinschme-**

cker(in) M(F) gourmet *m* (! bei **gourmet** gibt es nur die Maskulinform) **Feinschmeckerlokal** N restaurant *m* gastronomique **Feinstaub** M poussière fine **Feinstrumpfhose** F collant fin **Feinwäsche** F lingerie fine **Feinwaschmittel** N lessive *f* pour tissus délicats

feist ADJ *pej* gras; obèse

feixen *umg* VI ricaner

Felchen M ZOOL corégone *m*; féra *m*

F

Feld N **1** *(Land)* campagne *f*; **auf freiem ~(e)** en rase campagne **2** *(Acker)* champ *m* **3** *(umgrenztes Gebiet, Sportfeld)* terrain *m*; SPORT *(Mannschaftsfeld)* peloton *m* **4** *(Schlachtfeld)* champ *m* **5** *fig* **das ~ räumen** battre en retraite; *geh* **gegen etw zu ~e ziehen** lancer une campagne contre qc **6** *e-s Formulars, Brettspiels* case *f* **7** PHYS, IT champ *m* **8** *fig (Bereich)* domaine *m*; **das ist ein weites ~** c'est un vaste sujet

Feldarbeit F travaux *mpl* des champs **Feldbett** N lit *m* de camp **Feldflasche** F gourde *f* **Feldforschung** F travaux *mpl* sur le terrain **Feldhase** M lièvre commun **Feldherr** M général *m* **Feldhockey** N °hockey *m* sur gazon **Feldjäger** MPL police *f* militaire **Feldmarschall** M feld-maréchal *m* **Feldmaus** F campagnol *m* **Feldsalat** M mâche *f*; doucette *f* **Feldspieler** M joueur *m* **Feldstecher** M OPT jumelles *fpl* **Feldverweis** M SPORT expulsion *f*

Feld-Wald-und-Wiesen-... *umg* IN ZSSGN quelconque

Feldwebel M MIL sergent-chef *m*; *umg fig pej* adjudant *m* **Feldweg** M chemin (rural) **Feldzug** M campagne *f* (*a. fig*)

Felgaufschwung M TURNEN rétablissement *m* avec tour d'appui

Felge F **1** TECH jante *f* **2** TURNEN tour *m* d'appui

Felgenbremse F frein *m* sur jante

Fell N **1** *lebender Tiere* poil *m*; *toter Tiere* peau *f*; *e-s Pferds* robe *f*; *von Pelztieren* fourrure *f*; **mit ~ gefüttert** fourré **2** *umg fig* **ein dickes ~ haben** être insensible; **j-m das ~ über die Ohren ziehen** *umg* plumer qn; *umg* rouler qn

Fels M rocher *m*; *fig* **fest wie ein ~** solide comme un roc; **wie ein ~ in der Brandung stehen** ne pas se laisser impressionner

Felsblock M, **Felsbrocken** M bloc *m* de roche

Felsen M rocher *m*

felsenfest **A** ADJ inébranlable **B** ADV fermement; **~ an etw** *(akk)* **glauben** croire dur comme fer à qc; **von etw ~ überzeugt sein** être convaincu fermement de qc

Felsenküste F côte rocheuse **Felsenriff** N récif *m*; écueils *mpl*

felsig ADJ rocheux

Felsmalerei F peinture *f* rupestre **Felsmassiv** N massif rocheux **Felsschlucht** F ravin *m*; gorge *f* **Felsspalte** F crevasse *f* **Felsvorsprung** M promontoire rocheux; saillie rocheuse **Felswand** F paroi rocheuse **Felszeichnungen** FPL dessins *mpl* rupestres

feminin ADJ **1** *(weiblich)* féminin (*a.* GRAM) **2** *pej (unmännlich)* efféminé

Femininform F GRAM forme féminine **Femininum** N GRAM féminin *m*

Feminismus M féminisme *m* **Feministin** F féministe *f* **feministisch** ADJ féministe

Fenchel M fenouil *m* **Fencheltee** M tisane *f* de fenouil

Feng-Shui N feng-shui *m*

Fenster N fenêtre *f* (*a.* IT, *e-s Briefumschlags*); *großes* baie vitrée; *e-r Kirche* vitrail *m*; AUTO glace *f*; *umg fig* **das Geld zum ~ hinauswerfen** jeter l'argent par les fenêtres (! Plural); *umg fig* **weg vom ~ sein** *umg* ne plus être dans le coup

Fensterbank F, **Fensterbrett** N rebord *m* de la fenêtre **Fensterbriefumschlag** M enveloppe *f* à fenêtre **Fensterflügel** M battant *m* de fenêtre; vantail *m* **Fensterglas** N verre *m* à vitres **Fensterheber** M AUTO lève-glace *m* **Fensterladen** M volet *m* **Fensterleder** N peau *f* de chamois

fensterln VI *südd, österr* rendre visite à sa bien-aimée en grimpant par une échelle

Fensterplatz M coin *m* fenêtre **Fensterputzer** M laveur *m* de carreaux **Fensterrahmen** M châssis *m* de fenêtre **Fensterscheibe** F vitre *f*; carreau *m* **Fenstersims** M rebord *m* de la fenêtre

Ferien PL vacances *fpl*; **die großen ~** les grandes vacances; **~ haben** être en vacances

Ferienarbeit F job *m* de vacances **Feriendorf** N village *m* de vacances **Feriengast** M vacancier, -ière *m,f*; *im Sommer* estivant(e) *m(f)* **Ferienhaus** N résidence *f* secondaire; *auf dem Land a.* maison *f* de campagne; *gemietetes* location *f* **Ferienheim** N maison *f*, *für Kinder a.* colonie *f* de vacances **Ferienjob** M job *m* de vacances **Ferienklub** M club *m* de vacances **Ferienkolonie** F colonie *f* de vacances **Ferienkurs** M cours *m* de vacances **Ferienlager** N colonie *f*, camp *m* de vacances **Ferienort** M lieu *m* de vacances; *größerer* ville *f* touristique **Ferienparadies** N paradis *m* pour les vacanciers, pour les vacances **Ferienpläne** MPL projets *mpl* de vacances **Ferienreise** F voyage *m* touristique **Ferienstimmung** F atmosphère *f*, ambiance *f* de vacances **Ferientag** M jour *m* de vacances

Ferienwoche F semaine *m* de vacances, de congé **Ferienwohnung** F location *f* **Ferienzeit** F (époque *f* des) vacances *fpl*

Ferkel N **1** ZOOL porcelet *m*; goret *m* **2** *umg pej* petit cochon; **du altes ~!** *umg* vieux cochon!

Fermate F MUS point *m* d'orgue

Ferment N ferment *m* **Fermentation** F fermentation *f* **fermentieren** V/T faire fermenter

fern **A** ADJ *räumlich, zeitlich* lointain; éloigné; **~e Länder** *npl* pays lointains **B** ADV loin (**von** de); **von ~** de loin; → fernhalten, fernliegen **C** *geh* PRÄP loin de

Fernabfrage F TEL télédemande *f* téléphonique **Fernbedienung** F télécommande *f*

fernbleiben *geh* V/I être absent (**dem Unterricht** aux cours); **unerlaubt ~** manquer sans autorisation

ferne *geh* ADV **von ~** de loin

Ferne F lointain *m*; **in der ~** au loin; **aus der ~** de loin; **in weiter ~** tout au loin; **das liegt noch in weiter ~** nous en sommes encore loin

ferner ADV **1** (*außerdem*) de plus; en outre; *umg* **das kommt unter „~ liefen"** ça n'est pas bien important; c'est accessoire **2** *geh* (*künftig*) à l'avenir

Fernfahrer M routier *m* **Fernflug** M vol *m* long-courrier **Ferngas** N gaz (transporté) à grande distance **ferngelenkt** ADJT téléguidé (*a. fig*) **Ferngespräch** N TEL communication interurbaine **ferngesteuert** ADJT téléguidé (*a. fig*) **Fernglas** N jumelles *fpl*

fernhalten *geh* **A** V/T **j-n von j-m, etw ~** tenir qn à l'écart de qn, qc **B** V/R **sich von j-m, etw ~** se tenir à l'écart de qn, qc

Fernheizung F chauffage urbain **Fernkopierer** M fax *m*; télécopieur *m* **Fernkurs(us)** M cours *m* par correspondance **Fernlaster** *umg* M, **Fernlastzug** M poids lourd **Fernleihe** F **1** *Dienststelle* service *m* de prêt à distance **2** *Leihverkehr* prêt *m* à distance **Fernlenkung** F → Fernsteuerung **Fernlicht** N AUTO feux *mpl* de route; phares *mpl*

fernliegen *geh* V/I être loin; **es liegt mir fern zu** (+ *inf*) je suis loin de (+ *inf*)

Fernmeldeamt N bureau *m* des télécommunications **Fernmeldesatellit** M satellite *m* de télécommunications **Fernmeldetechnik** F technique *f* des télécommunications **Fernmeldeturm** M tour-relais *f* de télécommunication **Fernmeldewesen** N télécommunications *fpl*

fernmündlich ADJ *u.* ADV par téléphone

Fernost l'Extrême-Orient *m*; **in ~** en Extrême-Orient

fernöstlich ADJ d'Extrême-Orient

Fernreise F voyage *m* dans un pays lointain **Fernrohr** N longue-vue *f*; ASTRON télescope *m* **Fernruf** M *auf Briefköpfen* téléphone *m* **Fernschreiben** N télex *m* **Fernschreiber** M télex *m*; téléscripteur *m*

Fernsehabend M soirée *f* télé **Fernsehansager(in)** M(F) présentateur, -trice *m,f* de la télévision **Fernsehanstalt** F chaîne *f* de télévision **Fernsehantenne** F antenne *f* de télévision **Fernsehapparat** M téléviseur *m*; poste *m* de télévision **Fernsehaufnahme** F prise *f* de vue(s) pour la télévision **Fernsehauftritt** M passage *m* à la télé **Fernsehbericht** M reportage télévisé **Fernsehbild** N image (télévisée) **Fernsehdiskussion** F débat télévisé **Fernsehempfang** M réception *f*

fernsehen V/I regarder la télévision

Fernsehen N télévision *f*; **im ~ übertragen** téléviser; retransmettre à la télévision

Fernseher *umg* M *umg* télé *f*

Fernsehfilm M téléfilm *m* **Fernsehgebühren** FPL redevance *f* pour la télévision **Fernsehgerät** N → Fernsehapparat **Fernsehkamera** F caméra *f* de télévision **Fernsehlotterie** F loto *m* avec tirage en direct à la télévision **Fernsehprogramm** N **1** *Sendungen, Heft* programme *m* de télévision **2** *Kanal* chaîne *f* **Fernsehrechte** NPL droits *mpl* d'antenne **Fernsehreihe** F série *f* d'émissions (ayant le même thème) **Fernsehreportage** F reportage télévisé, à la télévision **Fernsehreporter(in)** M(F) reporter *m*, journaliste *m/f* à la télévision **Fernsehsender** M émetteur *m* de télévision **Fernsehsendung** F émission *f* de télévision **Fernsehserie** F série télévisée **Fernsehshow** F show télévisé **Fernsehspiel** N téléfilm *m* **Fernsehspot** M spot télévisé **Fernsehstudio** N studio *m* de télévision **Fernsehtechniker** M technicien *m* de télévision **Fernsehturm** M tour *f* de télévision **Fernsehübertragung** F retransmission *f* par télévision; télédiffusion *f* **Fernsehwerbung** F publicité télévisée **Fernsehzeitschrift** F programme *m* de télévision **Fernsehzuschauer(in)** M(F) téléspectateur, -trice *m,f*

Fernsicht F vue *f*; **e-e gute ~ haben** voir très loin

Fernsprecher ADMIN M téléphone *m* **Fernsprechnetz** N réseau *m* téléphonique **Fernsprechteilnehmer** M abonné *m* du téléphone

fernsteuern V/T téléguider (*a. fig*)

Fernsteuerung F télécommande *f*; téléguidage *m* (*a. fig*) **Fernstraße** F grand axe rou-

F

tier **Fernstudium** N cours *mpl* par correspondance **Fernüberwachung** F télésurveillance *f* **Fernunterricht** M cours *mpl* par correspondance; téléenseignement *m* **Fernverkehr** M trafic *m* à grande distance **Fernwärme** F chauffage urbain **Fernweh** *geh* N nostalgie *f* des pays lointains, du voyage **Fernzug** M train *m* de grande ligne

Ferse F talon *m*; *fig* **j-m (dicht) auf den ~n sein** être aux trousses de qn

F

fertig ADJ **1** (*bereit*) prêt (**zu, für** à); **das Essen ist ~!** à table! **2** (*zu Ende*) fini; terminé; **ich bin (mit meiner Arbeit) ~** j'ai fini mon travail; **schon ~!** ça y est!; **~ bringen** (*beenden*) arriver à finir; → fertigbringen; **~ machen** (*beenden*) finir; faire; (*bereit machen*) faire; préparer; **sich ~ machen (für, zu)** se préparer (pour); → fertigmachen; **~ stellen** achever; finir; *fig* **mit j-m, etw ~ werden** venir à bout de qn, qc **3** *umg* (*erschöpft*) *umg* à plat; *umg* crevé, *umg* claqué

Fertigbauweise F préfabrication *f*

fertigbringen V/T **es ~ zu** (+ *inf*) arriver à (+ *inf*); être capable de (+ *inf*); → fertig 2

fertigen V/T fabriquer

Fertiggericht N plat cuisiné **Fertighaus** N maison préfabriquée **Fertigkeit** F **1** (*Geschicklichkeit*) adresse *f* **2** (*Fähigkeit*) habileté *f*; capacité *f*

fertigmachen *umg* V/T **1** (*zermürben*) user **2** (*deprimieren*) démoraliser **3** (*erledigen*) *umg* démolir **4** (*zusammenschlagen*) *umg* casser la figure à **5** (*zurechtweisen*) *umg* engueuler **6** (*beenden, bereit machen*) → fertig 2

Fertigprodukt N produit fini

fertigstellen V/T achever; finir

Fertigstellung F achèvement *m* **Fertigteil** N élément préfabriqué

Fertigung F fabrication *f*; production *f*; *maschinelle* usinage *m*

fertigwerden V/I → fertig 2

fesch ADJ **1** *umg bes österr* (*hübsch*) coquet **2** *österr* (*nett*) gentil

Fessel F **1** liens *mpl*; (*Ketten*) chaînes *fpl*; **j-m ~n anlegen** → fesseln **2** *fig* entrave *f* **3** ANAT **~n** *pl* attaches *fpl*

Fesselballon M ballon captif

fesseln V/T **1** attacher, ligoter (**an** [+ *akk*] à); *Tier* entraver **2** *fig* **j-n ~** captiver qn; **ans Bett gefesselt sein** être cloué au lit

fesselnd ADJT captivant

fest **A** ADJ **1** (*nicht weich*) ferme; *Masse* compact **2** (*nicht flüssig*) solide; **~ werden** se solidifier **3** (*haltbar*) solide; *Faden* fort; *Stoff, Knoten* serré **4** (*kräftig*) ferme; *Schlaf* profond **5** (*unveränderlich*) fixe, permanent; stable; *Regel* établi; *Umrisse* net **6** *Wohnsitz, Anstellung, Preise, Einkommen* fixe **7** (*umstößlich*) ferme; *Termin* fixe **B** ADV **1** fermement; solidement; *Schraube* **~ anziehen** serrer à fond; *Gegenstand* **~ anbringen** fixer **2** *fig glauben* fermement; *vereinbaren* définitivement; *versprechen* formellement; **(mit j-m) ~ befreundet sein** être très ami(s) (avec qn)

Fest N fête *f* (*a. Feiertag, Party*); **ein ~ feiern** faire une fête; **(ein) frohes ~!** joyeuse fête!; **man muss die ~e feiern, wie sie fallen** toutes les occasions sont bonnes pour faire la fête

Festakt M cérémonie *f*

festbeißen V/R *Hund* **sich in etw** (*dat*) **~** mordre qc sans lâcher prise; *fig* **sich an e-m Problem ~** s'acharner sur un problème

Festbeleuchtung F (grandes) illuminations

festbinden V/T attacher (**an** [+ *dat*] à)

Festessen N festin *m*; banquet *m*; *am Heiligabend, zu Silvester* réveillon *m*

festfahren V/I u. V/R **sich ~** être bloqué; *fig* **festgefahren sein** *Sache* être au point mort; *Person* s'encroûter (**in** [+ *dat*] dans)

festfrieren V/I être pris dans la glace

Festgeld N FIN dépôt *m* à terme **Festhalle** F salle *f* des fêtes

festhalten **A** V/T **1** retenir (**am Arm** par le bras) **2** (*gefangen halten*) détenir **3** (*fixieren*) fixer; (*konstatieren*) retenir, noter (**dass** que) **B** V/I **an etw** (*dat*) **~** rester fidèle à qc **C** V/R **sich ~** s'accrocher (**an** [+ *dat*] à)

festigen V/T (*u.* V/R **sich ~**) s')affermir (*a. fig*); *fig Freundschaft* renforcer; (se) consolider; (se) stabiliser

Festiger M fixateur *m*

Festigkeit F fermeté *f* (*a. fig*); TECH résistance *f* **Festigung** F consolidation *f*

Festival N festival *m*

festklammern V/R **sich an j-m, etw ~** se cramponner à qn, qc

festkleben V/T *u.* V/I coller (**an etw** [*dat*] à qc)

festklemmen V/T bloquer; coincer

Festkörper M PHYS (corps *m*) solide *m* **Festland** N **1** *Gegensatz: Insel* continent *m* **2** *Gegensatz: Meer* terre *f* ferme

festlegen **A** V/T fixer; *Kapital* immobiliser; *vertraglich* stipuler **B** V/R **sich (auf etw** [*akk*]) **~** s'engager (à qc)

festlich **A** ADJ de fête; (*feierlich*) solennel **B** ADV **~ begehen** fêter; célébrer; **~ gekleidet** endimanché

Festlichkeit F **1** (*Fest*) festivité *f* **2** *e-r Veranstaltung* solennité *f*

festliegen V/I *Datum* être fixé; *Schiff, Kapital* être immobilisé

festmachen **A** V/T **1** *Gegenstand* **~** (**an** [+ *dat*]) fixer (à); attacher (à); SCHIFF amarrer (à) **2** *fig Termin* fixer **B** V/I SCHIFF s'amarrer (**an** [+

dat] à)

Festmahl *geh* N festin *m*; banquet *m* **Festmeter** M *od* N mètre *m* cube

festnageln V/T clouer (**an** [+ *dat*] à); *umg fig* **j-n** (**auf etw** [*akk*]) **~** coincer qn (sur qc)

festnähen V/T coudre

Festnahme F arrestation *f*

festnehmen V/T arrêter; appréhender

Festnetz N TEL réseau *m* fixe **Festplatte** F IT disque dur **Festplattenspeicher** F IT mémoire *f* à disque dur **Festpreis** M prix *m* fixe

Festrede F discours solennel **Festredner** M orateur *m* de la fête **Festsaal** M salle *f* des fêtes

festsaugen V/R **sich ~** (**an** [+ *dat*]) *Tier* se fixer par succion (sur)

festschnallen V/T (*u.* V/R) **~** (**an** [+*dat*]) fixer (à, sur); (**sich**) **~** (**an** [+*dat*]) (s')attacher (à, sur)

festschrauben V/T visser

Festschrift F (livre *m* en) hommage *m*

festsetzen A V/T *Preis, Frist etc* fixer B V/R **sich ~** *Schmutz* se déposer **festsitzen** V/I 1 (*gut halten*) tenir bien 2 (*klemmen*) être coincé 3 *Fahrzeug, fig* être en panne; rester bloqué

Festspeicher M IT mémoire morte

Festspiele NPL festival *m* **Festspielhaus** N théâtre *m* du festival

feststehen V/I être certain; être (bien) établi; **so viel steht fest** … ce qui est certain, c'est que …

Feststellbremse F frein *m* à main

feststellen V/T 1 TECH bloquer; caler 2 *Tatsache, Tod, Irrtum, Echtheit* constater; établir; *Ursache* déterminer; (*nachsehen*) vérifier (**ob** si)

Feststellschraube F vis *f* de blocage **Feststelltaste** F *e-s Computers, e-r Schreibmaschine* touche *f* de verrouillage des majuscules

Feststellung F constatation *f*; (*Ermittlung*) établissement *m*

Festtag M jour *m* de fête

festtreten V/T *Erde* fouler; *auf dem Boden* écraser

Festung F MIL forteresse *f*; (*befestigter Ort*) place forte

Festungsanlage F fortification(s) *f(pl)* **Festungswall** M rempart *m*

festverzinslich ADJ à revenu fixe

Festzelt N tente *f* **Festzug** M cortège *m*

Feta M GASTR feta *f*

Fete *umg* F fête *f*; boum *f*

Fetisch M fétiche *m* (*a. fig*) **Fetischismus** M fétichisme *m* (*a. fig*) **Fetischist(in)** M(F) fétichiste *m/f*

fett A ADJ 1 *Nahrung, Haut, Haar* gras 2 *pej Person* gros 3 (*üppig*) gros; **~e Jahre** *npl* années *fpl* d'abondance 4 *Jugendsprache* (*hervorragend*) *umg* cool (❗ unveränderlich); **voll ~** *umg* trop bien B ADV *essen* gras; **~ gedruckt** imprimé en caractères gras

Fett N graisse *f*; (*Speisefett*) *a.* matières grasses; *am Fleisch* gras *m*; BIOCHEMIE **die ~e** les lipides *mpl*; *umg fig* **sein ~ (ab)bekommen** se faire moucher

Fettablagerung F dépôt *m* de graisse; capiton *m* **Fettabsaugung** F MED liposuccion *f*

fettarm A ADJ peu gras; *Käse, Joghurt* allégé; maigre; *Milch* écrémé B ADV **~ essen** ne pas manger gras

Fettauge N *der Suppe* **~n** PL yeux *mpl*

fetten V/T *u.* V/I graisser

Fettfleck(en) M tache *f* de graisse **Fettgehalt** M teneur *f* en matières grasses **fetthaltig** ADJ gras

fettig ADJ gras

fettleibig *geh* ADJ obèse **Fettleibigkeit** *geh* F obésité *f*

Fettnäpfchen N *umg hum* **ins ~ treten** mettre les pieds dans le plat

Fettpolster N bourrelet *m* de graisse

fettreich A ADJ gras B ADV *essen* très gras

Fettsack *sl pej* M *umg* gros lard **Fettsäure** F acide gras **Fettschicht** F couche *f* de graisse **Fettsucht** F adipose *f* **Fettwanst** *umg* M *umg* gros lard **Fettwulst** M bourrelet *m* de graisse

Fetus M BIOL fœtus *m*

Fetzen M morceau *m*; bout *m*; lambeau *m* (*a. fig*); *e-s Gesprächs* bribes *fpl*; *umg* (**arbeiten**,) **dass die ~ fliegen** (travailler) avec rage

fetzig *umg* ADJ *umg* qui déménage

feucht ADJ humide; *Hände, Hitze* moite; *Boden, Gras a.* mouillé

Feuchtbiotop N *od* M biotope *m* humide

feuchtfröhlich ADJ *umg hum* **~er Abend** soirée bien arrosée et gaie

Feuchtigkeit F humidité *f*; *der Haut* moiteur *f* **Feuchtigkeitscreme** F crème hydratante

feuchtkalt ADJ froid et humide **feuchtwarm** ADJ chaud et humide

feudal ADJ 1 HIST féodal 2 *umg* (*luxuriös*) luxueux; *umg* sélect

Feudalismus M féodalisme *m*

Feuer N 1 feu *m*; *kurz aufloderndes* flambée *f*; (*Brand*) incendie *m*; **~!** au feu!; **~ (an)machen** faire du feu; allumer le feu; **~ fangen** prendre feu; s'enflammer (*a. fig*); **j-m ~ geben** donner du feu à qn; **~ speien** cracher du feu 2 *fig* **dafür lege ich meine Hand ins ~** j'en mettrais ma main au feu; **für j-n durchs ~ gehen** se jeter au feu pour qn; **mit dem ~ spielen** jouer avec le feu 3 MIL feu *m*; (*Schusslinie*) tir *m*; *Befehl* **~!** feu!; **das ~ eröffnen, einstellen** ouvrir,

Feuilleton ≠ feuilleton

Als Erstes schaue ich mir das **Feuilleton** an. — Tout d'abord, je regarde **la rubrique culture**.

En ouvrant le journal, je lis d'abord le **feuilleton**. — Wenn ich die Zeitung aufschlage, lese ich als Erstes den **Fortsetzungsroman**.

FALSCHE FREUNDE

cesser le feu 4 *fig (Schwung)* ardeur *f*; fougue *f*; *umg* **~ und Flamme für j-n, etw sein** être tout feu tout flamme pour qn, qc

Feueralarm M alerte *f* au feu **feuerbeständig** ADJ résistant au feu; ignifuge **Feuerbestattung** F incinération *f* **Feuereifer** M zèle ardent

feuerfest ADJ *Glas, Porzellan* à feu; *Schüssel, Form* résistant *od* allant au feu; **~e Form** plat *m* à gratin

feuergefährlich ADJ inflammable **Feuergefecht** N combat *m*; coups *mpl* de feu **Feuerland** N la Terre de Feu **Feuerleiter** F *am Haus* échelle *f* de secours; *der Feuerwehr* grande échelle **Feuerlöscher** M extincteur *m* **Feuermelder** M avertisseur *m* d'incendie

feuern A VT 1 *umg (werfen)* jeter; *umg* balancer 2 *umg (entlassen) umg* virer; *umg* vider; **gefeuert werden** *umg* se faire virer, vider B VI 1 *mit Holz, Kohle* chauffer 2 MIL faire feu, tirer (**auf** [+ *akk*] sur)

Feuerprobe F épreuve *f* du feu; *fig* **die ~ bestehen** passer le test

feuerrot ADJ rouge feu (❗ unveränderlich); *Gesicht* écarlate

Feuerschlucker *umg* M avaleur *m* de feu **Feuerstein** M pierre *f* à briquet **Feuerstelle** F foyer *m* **Feuertaufe** F baptême *m* du feu *(a. fig)*

Feuerung F 1 *(Heizen), Anlage* chauffage *m* 2 *(Heizmaterial)* combustible *m*

Feuerversicherung F assurance *f* incendie **Feuerwache** F caserne *f* de pompiers **Feuerwaffe** F arme *f* à feu

Feuerwehr F (sapeurs-)pompiers *mpl*; **die ~ alarmieren** appeler les pompiers

Feuerwehrauto N voiture *f* de pompiers **Feuerwehrhaus** N caserne *f* de pompiers **Feuerwehrleiter** F échelle *f* d'incendie, de pompiers **Feuerwehrleute** PL (sapeurs-)pompiers *mpl* **Feuerwehrmann** M (sapeur-)pompier *m* **Feuerwehrschlauch** M tuyau *m* d'incendie

Feuerwerk N feu *m* d'artifice *(a. fig)* **Feuerwerkskörper** M pièce *f* d'artifice **Feuerzangenbowle** F *punch à base de vin rouge et de rhum servi chaud et flambé* **Feuerzeug** N briquet *m*

Feuilleton N rubrique *f* culture

feurig ADJ *Person, Temperament* ardent; *Rede, Blick* enflammé; *Liebhaber, Pferd* fougueux

Fez *umg* M *(Spaß, Unsinn) umg* rigolade *f*; **~ machen** *umg* rigoler; *umg* faire le fou

ff. ABK (folgende [Seiten]) (et pages) suivantes

FF ABK (französischer Franc *bzw.* französische Francs) HIST FF (franc[s] français)

FH F ABK → Fachhochschule

Fiaker M *österr* 1 *(Kutsche)* fiacre *m* 2 *(Kutscher)* cocher *m* de fiacre

Fiasko N fiasco *m*

Fibel F abécédaire *m*

ficht → fechten

Fichte F épicéa *m*

Fick *vulgär* M *vulgär* baise *f* **ficken** *vulgär* VT *u.* VI *vulgär* baiser (**j-n** *od* **mit j-m** qn)

fickerig ADJ *regional* nerveux

fidel *umg* ADJ gai; joyeux

Fidschi N les (îles *fpl*) Fidji *fpl*

Fieber N fièvre *f (a. fig)*; **~ haben** avoir de la fièvre, de la température; **(bei j-m) ~ messen** prendre la température (de qn)

fieberfrei ADJ sans fièvre; *Kranker* **~ sein** ne plus avoir de fievre

fieberhaft ADJ fiévreux; fébrile *(beide a. fig)* **Fieberkurve** F courbe *f* de température

fiebern VI 1 avoir de la fièvre, de la température 2 *fig* **vor Aufregung** *(dat)* **~** être dans un état d'excitation fébrile

fiebersenkend ADJT fébrifuge **Fieberthermometer** N thermomètre médical

fiebrig ADJ fébrile; fiévreux *(beide a. fig)*

Fiedel F *hum* violon *m* **fiedeln** VI *hum od pej* gratter du violon

fiel → fallen

fiepen VI *Hund* couiner

fies *umg* ADJ *umg* dégueulasse; *umg* vache; *Trick, Typ* sale **Fiesling** *umg pej* M *umg* sale type *m*; *umg* salaud *m*

Fifa, FIFA F ABK (Fédération internationale de football association, Internationaler Fußballverband) FIFA *f*

Figur F 1 SPORT, KUNST, MATH figure *f* 2 *(Schachfigur)* pièce *f* 3 *(Körperwuchs)* taille *f*; **sie hat e-e gute ~** elle est bien faite; *fig* **e-e gute, schlechte ~ machen** faire bonne, piètre figure 4 *(Person, Romanfigur)* personnage *m* 5 *(kleine*

Statue) statuette *f*
figürlich ADJ figuré
Fiktion F fiction *f* **fiktiv** ADJ fictif
Filet N filet *m* **Filetsteak** N steak *m*, bifteck *m* dans le filet
Filiale F succursale *f* **Filialleiter(in)** M(F) directeur, -trice *m,f* de succursale
Film M **1** FOTO pellicule *f* **2** *(Kinofilm), TV* film *m* **3** *Branche* cinéma *m*; *umg* **er ist beim ~** il est dans le cinéma **4** *(dünne Schicht)* pellicule *f*; film *m*
Filmarchiv N cinémathèque *f*; filmothèque *f* **Filmatelier** N studio *m* de cinéma **Filmaufnahme** F prise *f* de vue
Filmemacher(in) M(F) cinéaste *m/f*
filmen **A** VT filmer **B** VI tourner; faire du cinéma
Filmfestival N, **Filmfestspiele** NPL festival *m* de cinéma **Filmindustrie** F industrie *f* du cinéma **Filmkamera** F caméra *f* **Filmkritik** F **1** *Beurteilung* critique *f* de cinéma **2** *koll* critiques *mpl* de cinéma **Filmkritiker(in)** M(F) critique *m* de cinéma **Filmkulisse** F décors *mpl* (d'un film) **Filmmusik** F musique *f* de film **Filmpreis** M prix *m* de cinéma **Filmpremiere** F première *f* (d'un film) **Filmproduzent(in)** M(F) producteur, -trice *m,f* (de cinéma) **Filmregisseur(in)** M(F) réalisateur, -trice *m,f*
Filmriss M *umg fig* **e-n ~ haben** avoir un trou
Filmrolle F rôle *m* dans un film **Filmschauspieler(in)** M(F) acteur, -trice *m,f* de cinéma **Filmstar** M vedette *f*, star *f* de cinéma (! beide Übersetzungen sind feminin, auch für Männer) **Filmstudio** N studio *m* de cinéma **Filmtheater** N cinéma *m* **Filmverleih** M société *f* de distribution de films **Filmvorführer** M projectionniste *m* **Filmvorschau** F bande-annonce *f*
Filter M, TECH *meist* N filtre *m* *(a. fig)*
Filterkaffee M café *m* filtre
filtern VT filtrer *(a. fig)*
Filterpapier N papier-filtre *m* **Filtertüte** F filtre *m* en papier **Filterzigarette** F cigarette *f* à bout filtre
filtrieren VT filtrer
Filz M **1** feutre *m* **2** *umg (Kungelei) umg* magouillage *m*
filzen **A** *umg* VT *(durchsuchen)* fouiller **B** VI (se) feutrer
Filzhut M (chapeau *m* de) feutre *m* **Filzlaus** F ZOOL morpion *m* **Filzpantoffel** M pantoufle *f* de feutre **Filzschreiber** M, **Filzstift** M crayon-feutre *m*; stylo-feutre *m*; feutre *m*
Fimmel *umg* M manie *f*; **e-n ~ haben** *umg* être toqué
Finale N **1** MUS final(e) *m* **2** *(Endspiel)* finale *f*
Finalist(in) M(F) finaliste *m/f*
Finanz... IN ZSSGN *meist* financier; des finances **Finanzamt** N *Gebäude* perception *f*; *Behörde* fisc *m* **Finanzbeamte(r)** M, **Finanzbeamtin** F percepteur *m*; receveur *m* des contributions **Finanzberater(in)** M(F) conseiller, -ère *m,f* financier, -ière **Finanzbericht** M rapport financier, de trésorerie **Finanzbuchhalter(in)** M(F) comptable *m/f* (en comptabilité financière *od* générale) **Finanzbuchhaltung** F comptabilité financière *od* générale
Finanzen FPL finances *fpl*
Finanzexperte M, **Finanzexpertin** F expert financier
finanziell **A** ADJ financier (! Endung); **~e Sorgen haben** avoir des problèmes d'argent **B** ADV financièrement; sur le plan financier; **~ unterstützen** aider financièrement; *Institution etc* subventionner
finanzieren VT financer **Finanzierung** F financement *m*
Finanzierungskosten PL frais *mpl* de financement **Finanzierungsmittel** NPL moyens *mpl* de financement **Finanzierungsplan** M plan *m*, programme *m* de financement
finanzkräftig ADJ économiquement fort
Finanzlage F état *m* des finances **Finanzminister** M ministre *m* des Finances **Finanzministerium** N ministère *m* des Finances **Finanzpolitik** F politique financière **finanzschwach** ADJ économiquement faible **Finanzspritze** *umg* F injection *f* de capitaux
Findelkind N enfant *m/f* trouvé(e)
finden **A** VT **1** *(auffinden, herausfinden, vorfinden)* trouver; **Arbeit ~** trouver du travail **2** **den Tod ~** trouver la mort; **Freude daran ~ zu** *(+ inf)* trouver du plaisir à *(+ inf)* **3** *(beurteilen)* trouver (**dass** que); **etw gut ~** trouver qc bien; **wie ~ Sie das?** comment trouvez-vous cela? **B** VI **nach Hause ~** trouver le chemin de la maison; *fig* **zu sich selbst ~** trouver sa voie **C** V/R **sich ~** se trouver; **das wird sich schon alles ~** tout finira par s'arranger
Finder M personne *f* qui a trouvé **Finderlohn** M récompense *f* (pour un objet trouvé)
findig ADJ ingénieux
Finesse F **1** *(Trick)* ruse *f*; *(Raffinesse)* astuce *f*; *umg* combine *f* **2** *in der Ausstattung* raffinement *m*; **mit allen ~n** sophistiqué
fing → fangen
Finger M **1** doigt *m*; **der kleine ~** le petit doigt; l'auriculaire *m*; **~ weg!** bas les mains, *umg* les pattes!; **~ breit** doigt *m* **2** *mit präp*

umg fig **j-m auf die ~ klopfen** taper sur les doigts à qn; **j-m auf die ~ sehen** avoir qn à l'œil (*a. fig*); *fig* **sich** (*dat*) **etw aus den ~n saugen** inventer qc; **sich** (*dat*) **in den ~ schneiden** se couper le doigt; *umg fig umg* se mettre le doigt dans l'œil; **mit ~n auf j-n zeigen** montrer qn du doigt (*a. fig*); *umg fig* **sich** (*dat*) **die ~ danach lecken** *umg* s'en lécher les doigts; *umg fig* **j-n um den (kleinen) ~ wickeln** mener qn par le bout du nez **3** *mit Verb umg fig* **keinen ~ krumm machen, rühren** ne pas lever le petit doigt; *fig* **sich** (*dat*) **die ~ nicht schmutzig machen** ne pas se salir les mains; *fig* **sich** (*dat*) **die ~ verbrennen** être échaudé

Fingerabdruck M empreinte digitale; **genetischer ~** empreinte génétique

Fingerbreit M *Abstand* doigt *m* **Fingerfarben** FPL couleurs *fpl* aux doigts **fingerfertig** ADJ habile de ses doigts **Fingerfertigkeit** F dextérité *f* **Fingerhakeln** N *sport populaire variante du bras de fer pratiquée avec le doigt du milieu* **Fingerhandschuh** M gant *m* à doigts **Fingerhut** M **1** MODE dé *m* (à coudre) **2** BOT digitale *f* **Fingerkuppe** F bout *m* du doigt

fingern V/I tripoter (**an etw** [*dat*] qc)

Fingernagel M ongle *m* **Fingerspitze** F bout *m* du doigt **Fingerspitzengefühl** N doigté *m*; tact *m* **Fingerübung** F MUS exercice *m* de doigté

fingieren V/T simuler; **fingiert** *Rechnung* faux; fictif

Finish N SPORT finish *m*

finit ADJ GRAM *Verbform* conjugué

Fink M pinson *m*

Finne M, **Finnin** F Finlandais(e) *m(f)* **finnisch** ADJ finlandais; *Sprache, Kultur* finnois

Finnland N la Finlande

finster **A** ADJ sombre (*a. fig*); obscur (*a. Blick, Gedanken*); **im Finstern** dans l'obscurité **B** ADV **~ dreinschauen** regarder d'un air sombre

Finsternis F obscurité *f*

Finte F feinte *f*

Firewall F IT pare-feu *m* (! unveränderlich)

Firlefanz *umg* M **1** (*Unsinn*) bêtises *fpl*; sottises *fpl* **2** (*wertlose Gegenstände*) fanfreluches *fpl*

firm ADJ **in etw** (*dat*) **~ sein** être fort, *umg* calé en qc

Firma F entreprise *f*; maison *f*; **~ X** établissements *mpl* X

Firmament *poet* N *poet* firmament *m*

firmen V/T KATH confirmer

Firmeninhaber(in) M(F) propriétaire *m/f* d'une entreprise **Firmenname** M raison sociale **Firmenschild** N enseigne *f* **Firmensitz** M siège social **Firmensprecher(in)** M(F) porte-parole *m* d'une entreprise **Firmenstempel** M cachet *m*, tampon *m* d'une entreprise **Firmenverzeichnis** N annuaire *m* du commerce **Firmenwagen** M voiture *f* de fonction **Firmenzeichen** N marque *f* (de fabrique); logo *m*

firmieren V/I HANDEL **~ als ...** avoir comme raison sociale ...

Firmling M KATH confirmand(e) *m(f)* **Firmung** F KATH confirmation *f*

Firn M névé *m*

Firnis M vernis *m*

First M faîte *m*

First Lady F première dame; **Frankreichs ~** la première dame de France

fis, Fis N MUS fa *m* dièse

Fisch M poisson *m*; ASTROL **~e** Poissons *mpl*; **stumm wie ein ~ sein** être muet comme une carpe; *umg* **weder ~ noch Fleisch sein** n'être ni chair ni poisson; *umg* **das sind kleine ~e** c'est *od* ce sont des broutilles

Fischbesteck N couvert *m* à poisson **Fischbrötchen** N sandwich *m* au poisson

fischen V/T *u.* V/I **1** pêcher **2** *fig* **etw aus etw ~** enlever qc de qc; **im Trüben ~** pêcher en eau trouble

Fischer M pêcheur *m* **Fischerboot** N barque *f* de pêche **Fischerdorf** N village *m* de pêcheurs

Fischerei F pêche *f* **Fischereihafen** M port *m* de pêche

Fischernetz N filet *m* de pêche

Fischfang M pêche *f* **Fischfilet** N filet *m* de poisson **Fischfrikadelle** F croquette *f* de poisson **Fischfutter** N nourriture *f* pour poisson(s) **Fischgericht** N (plat *m* de) poisson *m* **Fischgeruch** M odeur *f* de poisson, *frischer Seefische a.* de marée **Fischgeschäft** N poissonnerie *f* **Fischgräte** F arête *f* de poisson **Fischgrätenmuster** N chevron *m* **Fischgründe** MPL pêcheries *fpl* **Fischhändler(in)** M(F) poissonnier, -ière *m,f* **Fischkonserve** F conserve *f* de poisson **Fischkopf** *umg pej* M *meist* PL (*Norddeutsche[r]*) Allemand(e) *m(f)* du Nord **Fischkutter** M chalutier *m* **Fischmarkt** M marché *m* aux poissons **Fischmehl** N farine *f* de poisson **Fischmesser** N couteau *m* à poisson **Fischotter** M loutre *f* **Fischreiher** M °héron cendré **Fischrestaurant** N restaurant *m* de fruits de mer et de poisson **Fischschwanz** M queue *f* de poisson **Fischschwarm** M banc *m* de poissons **Fischstäbchen** NPL bâtonnet *mpl* de poisson **Fischsterben** N mort *f* des poissons **Fischsuppe** F soupe *f* de poisson **Fischvergif-**

tung F intoxication *f* par le poisson **Fischzucht** F pisciculture *f*
Fisimatenten *umg* PL **~ machen** faire des manières
Fiskus M fisc *m*
Fisole F *österr* °haricot vert
Fistel F MED fistule *f* **Fistelstimme** F voix *f* de fausset
fit ADJ en forme; bien entraîné; **sich ~ halten** s'entraîner pour rester en forme; **j-n ~ machen** remettre qn en forme; *fig* **ein Unternehmen für etw ~ machen** préparer une entreprise à qc
Fitness F (pleine) forme **Fitnesscenter** N institut *m*, centre *m* de remise en forme **Fitnessraum** M salle *f* de musculation **Fitnessstudio** N → Fitnesscenter **Fitnesstraining** N entraînement *m* de remise en forme
Fittich *poet* M aile *f*; *umg fig* **j-n unter s-e ~e nehmen** prendre qn sous son aile
fix A ADJ 1 *(fest)* fixe *(a.* HANDEL); **~es Gehalt** (traitement *m*) fixe *m*; **~e Kosten** *pl* frais *mpl* fixes; *fig* **e-e ~e Idee** une idée fixe 2 *umg (schnell)* rapide; **~ und fertig** *(vorbereitet)* fin prêt; *(erschöpft) umg* crevé; *umg* claqué B ADV vite; *umg* **(nun mal) ein bisschen ~!** dépêche-toi!; *umg* et que ça saute!
fixen V/I se piquer; *sl* se shooter
Fixer(in) M(F) *sl* camé(e) *m(f)*
fixieren V/T 1 *(festlegen)* fixer *(a.* FOTO) 2 *(anschauen)* fixer (son regard sur) 3 PSYCH **fixiert sein auf** *(+ akk)* faire une fixation sur
Fixierung F fixation *f (a.* PSYCH)
Fixkosten PL HANDEL frais *mpl* fixes **Fixstern** M étoile *f* fixe
Fixum N HANDEL fixe *m*
Fjord M fjord *od* fiord *m*
FKK ABK (Freikörperkultur) naturisme *m*; nudisme *m* **FKK-Anhänger(in)** M(F) naturiste *m/f*; nudiste *m/f* **FKK-Strand** M plage *f* de nudistes
flach A ADJ 1 *Gelände, Dach, Teller, Absatz* plat; *Küste, Gebäude, Stirn* bas; *Gewässer* peu profond; *Ball* au ras du sol; *Atmung* faible; **die ~e Hand** le plat de la main 2 *fig Unterhaltung* plat; superficiel B ADV **sich ~ hinlegen** se mettre à plat; s'allonger
Flachbildschirm M écran plat **Flachdach** N toit plat, en terrasse
Fläche F surface *f (a.* MATH); *berechnete* superficie *f*; *(Seitenfläche)* face *f*
Flächenberechnung F calcul *m* des surfaces **Flächenbrand** M nappe *f* de feu **flächendeckend** ADJT global **Flächeninhalt** M superficie *f*; surface *f* **Flächenmaß** N mesure *f* de surface **Flächennutzungsplan** M plan *m* d'occupation des sols **Flächenstilllegung** F mise *f* en jachère
flachfallen *umg* V/I tomber à l'eau
Flachküste F côte plate **Flachland** N pays plat
Flachmann *umg* M *(Taschenflasche)* flasque *f (genre de gourde)*
Flachs M 1 BOT lin *m* 2 *umg (Scherz)* blague *f*
flachsen *umg* V/I *umg* rigoler
flackern V/I vaciller
Fladen M 1 GASTR galette *f* 2 *(Kuhfladen)* bouse *f* (de vache) **Fladenbrot** N *pain rond et plat (sans mie, à pâte non-levée)*
Flagge F drapeau *m*; *(Nationalflagge) a.* couleurs *fpl*; SCHIFF pavillon *m*; **unter französischer ~ fahren** battre pavillon français; naviguer sous le pavillon français; **die ~ streichen** baisser pavillon; *fig* **~ zeigen** annoncer la couleur
flaggen V/I pavoiser
Flaggschiff N vaisseau *m* amiral; *fig* produit *m* phare
Flair N *(besondere Note)* note *f*; touche *f*; *(Atmosphäre)* ambiance *f*
Flakon N *od* M flacon *m*
flambieren V/T GASTR flamber
Flame M, **Flämin** F Flamand(e) *m(f)*
Flamenco M MUS flamenco *m*
Flamingo M flamant *m* (rose)
flämisch ADJ flamand
Flamme F 1 flamme *f*; **in ~n aufgehen** être la proie des flammes; **in ~n stehen** être en flammes 2 *(Brennstelle)* feu *m*; **auf kleiner ~ kochen** faire mijoter 3 *umg iron (Geliebte) umg* béguin *m*
flammend ADJT flamboyant; *fig Rede, Appell* enflammé; *Rot* ardent
Flammenmeer *geh* N mer *f* de flammes **Flammenwerfer** M lance-flammes *m*
Flandern N la Flandre; les Flandres *fpl*
Flanell M flanelle *f* (! feminin) **Flanellhemd** N chemise *f* de flanelle **Flanellhose** F pantalon *m* de flanelle
flanieren V/I flâner; se balader
Flanke F 1 *(Seite)* flanc *m (a.* MIL) 2 FUSSBALL centre *m*
flanken V/T *u.* V/I FUSSBALL centrer
flankieren V/T flanquer; *fig* **~de Maßnahmen** *fpl* mesures *fpl* complémentaires
Flansch M bride *f*
flapsig *umg* ADJ *(ungezwungen)* désinvolte; *(flegelhaft)* goujat; mufle
Fläschchen N petite bouteille; PHARM flacon *m*; *für Säuglinge* biberon *m*
Flasche F 1 bouteille *f*; *für Säuglinge* biberon *m*; **e-e ~ Wein** une bouteille de vin; **in ~n** *(akk)* **füllen** mettre en bouteilles; *fig* **zur ~ greifen**

(se mettre à) boire, *umg* picoler **2** *umg fig (Feigling) umg* dégonflé *m*; trouillard *m*; *(Dussel) umg* cloche *f*; gourde *f*; *(Versager) umg* minable *m/f*
Flaschenbier N bière *f* en bouteille(s) **Flaschenbürste** F goupillon *m* **Flaschengärung** F fermentation *f* en bouteille **Flaschengestell** N casier *m* à bouteilles **Flaschenhals** M goulot *m*; *fig* goulot *m* d'étranglement **Flaschenkind** N enfant élevé au biberon **Flaschenkorb** M panier *m* à bouteilles **Flaschenkürbis** M BOT gourde *f*; calebasse *f* **Flaschenmilch** F lait *m* en bouteille(s) **Flaschenöffner** M ouvre-bouteille *m*; décapsuleur *m* **Flaschenpfand** N consigne *f* **Flaschenpost** F bouteille *f* à la mer **Flaschenreiniger** M → Flaschenbürste **Flaschenverschluss** M bouchon *m* **Flaschenwein** M vin *m* en bouteille **flaschenweise** ADV par bouteilles **Flaschenzug** M TECH palan *m*
Flatrate F IT forfait *m* accès Internet illimité
Flatter *umg* **die ~ machen** *umg* se tirer; *umg* se barrer; *umg* se casser
flatterhaft ADJ inconstant
flattern VI **1** *Vogel* voleter; *fig* **j-m auf den Tisch ~** *umg* atterrir sur le bureau de qn **2** *Fahne, Kleider, Haare* flotter (**im Winde** au vent) **3** *fig Herz* palpiter; **j-s Nerven ~** *umg* qn a les nerfs en pelote
flau ADJ **1** *Wind* faible **2** *(übel)* mal à l'aise; **mir ist (ganz) ~** j'ai mal au cœur **3** HANDEL stagnant; *Börse* terne
Flaum M duvet *m*
Flaumfeder F duvet *m* **flaumig** ADJ duveteux
Flausch M TEX frise *f* **flauschig** ADJ en *od* de frise; moelleux
Flausen *umg* FPL **~ im Kopf haben** ne penser qu'à des bêtises
Flaute F **1** SCHIFF calme plat *(a. fig)*; accalmie *f* **2** HANDEL période creuse; marasme *m*
fläzen *umg* V/R **sich (in e-n Sessel, aufs Bett) ~** se vautrer (dans un fauteuil, sur son lit)
Flechte F **1** MED dartre *f* **2** BOT lichen *m*
flechten V/T *Haar, Korb, Kranz* tresser; **Zöpfe ~** faire des nattes
Fleck M **1** tache *f (a. fig)*; **blauer ~** bleu *m*; **~e geben** faire des taches; tacher **2** *(Ort, Stelle)* endroit *m*; **nicht vom ~ kommen** ne pas avancer (d'un pouce); **sich nicht vom ~ rühren** ne pas bouger
Fleckchen N coin *m*; **ein schönes ~ Erde** un coin ravissant
Flecken M **1** → Fleck **2** *(Ortschaft)* village *m*
Fleckentferner M, **Fleckenwasser** N détachant *m* **fleckig** ADJ taché; *Gesicht, Obst a.* tavelé
Fledermaus F chauve-souris *f*
Fleece N TEX laine *f* polaire **Fleecejacke** F veste *f* en laine polaire
Flegel M mufle *m*; goujat *m* **Flegelei** F muflerie *f*; goujaterie *f*
flegelhaft ADJ de mufle; de goujat **Flegeljahre** NPL âge ingrat
flehen VI supplier (**zu j-m** qn); implorer (**zu j-m** qn; **bei j-m um etw** qn de faire qc)
flehentlich *geh* ADV instamment; **~ bitten** prier instamment; supplier
Fleisch N **1** BIOL chair *f*; *(Fruchtfleisch) a.* pulpe *f*; GASTR viande *f*; **~ fressend** carnivore **2** *fig* **j-m in ~ und Blut übergehen** passer dans les habitudes de qn; *geh* **sein eigen(es) ~ und Blut** la chair de sa chair; **sich** *(dat)* **ins eigene ~ schneiden** se faire du tort à soi-même
Fleischbrühe F bouillon *m* de viande; *kräftige* consommé *m*
Fleischer M boucher *m*; *bes für Schweinefleisch u. Wurstwaren* charcutier *m* **Fleischerei** F boucherie *f*; *für Schweinefleisch u. Wurstwaren* charcuterie *f*
fleischfarben ADJ couleur chair (❗ unveränderlich); BOT carné **fleischfressend** ADJT carnivore
Fleischgericht N plat *m* de viande **Fleischhauer** M, **Fleischhauerei** F *österr* → Metzger, Metzgerei **fleischig** ADJ charnu **Fleischkäse** M *pâté à base de viande de porc hachée* **Fleischklopfer** M GASTR battoir *m* à viande **Fleischkloß** M **1** GASTR boulette *f* de viande (°hachée) **2** *pej (Dicke[r])* mastodonte *m* **Fleischklößchen** N, **Fleischküchle** N, *österr* **Fleischla(i)berl** N boulette *f* de viande °hachée **fleischlich** ADJ charnel **fleischlos** ADJ sans viande **Fleischpflanzerl** N boulette *f* de viande °hachée **Fleischsalat** M salade *f* de saucisse à la mayonnaise **Fleischtomate** F (grosse) tomate (charnue) **Fleischvergiftung** F intoxication *f* par la viande **Fleischwaren** FPL viande *f* et charcuterie *f* **Fleischwolf** M °hachoir *m* (à viande) **Fleischwunde** F blessure *f*; plaie *f* **Fleischwurst** F cervelas *m*
Fleiß M application *f*; *beharrlicher* assiduité *f*; *(Eifer)* zèle *m*; *sprichw* **ohne ~ kein Preis** on n'a rien sans peine
fleißig **A** ADJ *(arbeitsam)* appliqué; travailleur; *(eifrig)* assidu **B** ADV avec application; assidûment; **~ üben** s'exercer avec application; **~ lernen** bien travailler
flektieren V/T *Substantiv, Adjektiv* décliner; *Verb* conjuguer
flennen *umg* VI *umg* chialer

fletschen VT **die Zähne ~** montrer les dents
Fleurop® F Fleurop Interflora® *f*
flexibel ADJ *Material, Person, Bestimmung* flexible (*a. fig*); *fig a.* souple
Flexibilität F flexibilité *f* (*a. fig*); *fig a.* souplesse *f*
Flexion F GRAM flexion *f*
Flexionsendung F GRAM élément flexionnel
flicht → flechten
flicken VT *Kleidung* racommoder; rapiécer; *Schlauch* réparer
Flicken M *für Kleidung* pièce *f*; *für Schläuche* rustine *f* **Flickwerk** N *pej umg* rafistolage *m* **Flickzeug** N nécessaire *m* pour réparer les pneus
Flieder M lilas *m* **fliederfarben** ADJ lilas (! unveränderlich) **Fliederstrauch** M lilas *m*
Fliege F 1 ZOOL mouche *f*; *fig* **zwei ~n mit e-r Klappe schlagen** faire d'une pierre deux coups; *fig* **keiner ~ etw zuleide tun** ne pas faire de mal à une mouche; *umg* **mach die ~!** *umg* dégage!; *umg* tire-toi! 2 (*Querbinder*) nœud *m* papillon

Fliege — la mouche

Fliege — le nœud papillon

fliegen A VT 1 *Flugzeug* piloter; *Personen, Waren* transporter en avion 2 *Strecke* faire B VI 1 *Vogel, Insekt*, FLUG voler; **(mit dem Flugzeug) ~** prendre l'avion; aller en avion (**nach Paris** à Paris) 2 *Ball, Pfeil* voler; *umg Gegenstände* **durch die Luft ~** voler; **durchs** *od* **aus dem Fenster ~** passer par la fenêtre; **die Bücher flogen in die Ecke** *umg* il, elle, *etc* a balancé les livres dans un coin 3 *umg* (*entlassen werden*) *umg* se faire virer; **von der Schule ~** être renvoyé de l'école 4 *umg* (*fallen*) tomber; *fig* **durch die Prüfung ~** *umg* être collé, recalé (à l'examen) 5 *umg* **auf j-n, etw ~** *umg* adorer qn, qc
Fliegen N vol *m*
fliegend ADJT volant; **~e Untertasse** soucoupe volante; **~er Händler** marchand ambulant
Fliegendreck M chiures *fpl* de mouches **Fliegenfänger** M papier *m* tue-mouches **Fliegengewicht** N, **Fliegengewichtler** M SPORT poids *m* mouche **Fliegengitter** N toile *f* métallique, grillage *m* contre les mouches **Fliegenklatsche** F tapette *f* **Fliegenpilz** M amanite *f* tue-mouches
Flieger M 1 (*Pilot*) pilote *m*; aviateur *m* (*a.* MIL) 2 *umg* (*Flugzeug*) avion *m* **Fliegeralarm** M alerte aérienne
Fliegerei F aviation *f*
Fliegerhorst M base aérienne **Fliegerjacke** F blouson *m* d'aviateur
fliehen A *geh* VT fuir B VI s'enfuir, *Gefangener* s'évader (**aus** de); **vor j-m, etw ~** fuir devant qn, qc; **ins Ausland ~** s'enfuir à l'étranger
fliehend ADJT *Stirn, Kinn* fuyant
Fliehkraft F force *f* centrifuge
Fliese F carreau *m*; *größere* dalle *f*; **mit ~n auslegen** carreler
fliesen VT carreler
Fliesenleger M carreleur *m*
Fließband N chaîne *f* (de montage); **am ~ arbeiten** travailler à la chaîne
Fließbandarbeit F travail *m* à la chaîne
fließen VI couler; ELEK circuler; passer; *Geld* affluer; *Verkehr* être fluide; **~ in** (+ *akk*) *Fluss* se jeter dans; **~ durch** traverser
fließend A ADJT courant; *fig Grenzen* pas fixe B ADVL *sprechen* couramment
Fließheck N AUTO arrière profilé
Flimmerkiste F *umg hum umg* télé *f*
flimmern VI *Stern* scintiller; *Bild* trembler; *Luft* vibrer; **es flimmert mir vor den Augen** j'ai des éblouissements
flink A ADJ (*behände*) leste; *Person a.* agile; *Bewegung* alerte; *Person, Bewegung, Gang* rapide; vif B ADV avec agilité
Flinte F fusil *m*; *fig* **die ~ ins Korn werfen** jeter le manche après la cognée
Flipper M, **Flipperautomat** M flipper *m*
flippern *umg* VI jouer au flipper
flippig *umg* ADJ (*verrückt*) *umg* jeté; (*ausgefallen*) excentrique
Flirt M flirt *m*
flirten VI flirter
Flittchen *umg pej* N (petite) coureuse
Flitter M paillettes *fpl*; clinquant *m* (*a. fig*) **Flitterkram** *umg pej* M clinquant *m* **Flitterwo-**

chen FPL lune *f* de miel
Flitz(e)bogen *umg* M *fig* **gespannt sein wie ein ~(, ob …)** être très curieux (de savoir si …)
flitzen *umg* V/I filer; *umg* foncer
Flitzer *umg* M *Auto* bolide *m*
flocht → flechten
Flocke F 1 *von Schnee, Wolle* flocon *m* 2 *von Staub pl* **~n** moutons *mpl*
flockig ADJ floconneux
F
flog → fliegen
floh → fliehen
Floh M puce *f*; *umg fig* **j-m e-n ~ ins Ohr setzen** mettre, fourrer une idée dans la tête de qn
Flohmarkt M (marché *m* aux) puces *fpl*
Flop *umg* M *umg* bide *m*; **ein totaler ~ sein** *umg* faire un bide
Flor M 1 *(Blumenflor)* profusion *f* de fleurs 2 *bei Samt, Teppichen* poil *m* 3 *(Trauerflor)* crêpe *m* de deuil
Flora F flore *f*
Florenz N Florence
Florett N fleuret *m* **Florettfechter(in)** M(F) fleurettiste *m/f*
Florida N la Floride
florieren V/I être florissant, prospère; prospérer
Florist(in) M(F) fleuriste *m/f*
Floskel F formule toute faite; *abgedroschene* cliché *m*
floss → fließen
Floß N radeau *m*
Flosse F 1 ZOOL nageoire *f*; *beim Hai* aileron *m* 2 *(Schwimmflosse)* palme *f* 3 *umg (Hand) umg* paluche *f*; *umg* patte *f*
flößen V/T flotter
Flößer M flotteur *m* de bois
Floßfahrt F descente *f* d'un fleuve en radeau
Flöte F flûte *f*; **~ spielen** jouer de la flûte
flöten A V/T 1 MUS jouer à la flûte 2 *fig* susurrer B V/I 1 MUS jouer de la flûte 2 *Amsel* siffler 3 *fig* susurrer
flötengehen *umg* V/I *umg* être fichu
Flötenspieler(in) M(F), **Flötist(in)** M(F) joueur, -euse *m,f* de flûte; flûtiste *m/f*
flott A ADJ 1 *umg (rasch)* rapide; *Musik* entraînant; *Gang* allègre 2 *umg (schick)* qui a de l'allure; *(attraktiv)* qui a de la classe 3 *(lebenslustig)* fringant 4 **wieder ~ sein** *Schiff* être à flot; *umg Fahrzeug* être à nouveau en état de marche; → flottmachen B *umg* ADV vite; **~ gekleidet sein** avoir de l'allure
Flotte F flotte *f* **Flottenstützpunkt** M base navale
flottmachen V/T *Schiff* mettre à flot; *umg Auto* dépanner
Flöz N BERGBAU couche *f*; filon *m*
Fluch M 1 *(Verwünschung)* malédiction *f* 2 *Kraftwort* juron *m*
fluchen V/I jurer; **auf j-n, etw ~** pester contre qn, qc
Flucht[1] F *(Fliehen)* fuite *f* (**vor** [+ *dat*] devant [*a. fig*]; **aus** de); *aus e-m Gefängnis a.* évasion *f*; **auf der ~** pendant la fuite; en fuyant; **auf der ~ sein** être en fuite; **die ~ ergreifen** prendre la fuite; s'enfuir; **j-n in die ~ schlagen** mettre qn en fuite; *fig* **die ~ nach vorn** la fuite en avant
Flucht[2] F 1 *(Fluchtlinie)* alignement *m* 2 *geh von Räumen* enfilade *f*
fluchtartig ADV précipitamment **Fluchtauto** N voiture *f* des fugitifs
flüchten A V/I **(vor j-m, etw) ~** s'enfuir (devant qn, qc); fuir (qn, qc *od* devant qn, qc); *Gefangene a.* s'évader (de qn, qc) B V/R **sich in etw** *(akk)*, **zu j-m ~** se réfugier dans qc, chez qn
Fluchtgefahr F risque *m* de fuite, d'évasion **Fluchthelfer(in)** M(F) passeur, -euse *m,f* **Fluchthilfe** F assistance *f* à une personne voulant passer illégalement une frontière
flüchtig A ADJ 1 *Verbrecher* en fuite; fugitif 2 *Gedanke, Eindruck, Berührung* fugitif 3 *(oberflächlich)* superficiel 4 CHEM volatil B ADV 1 *(hastig)* rapidement; à la va-vite 2 *(beiläufig)* en passant 3 *(oberflächlich)* superficiellement
Flüchtigkeitsfehler M faute *f* d'inattention
Flüchtling M réfugié(e) *m(f)* **Flüchtlingsfamilie** F famille *f* de réfugiés **Flüchtlingslager** N camp *m* de réfugiés **Flüchtlingsstrom** M afflux *m* de réfugiés
Fluchtlinie F BAU alignement *m* **Fluchtplan** M plan *m* d'évasion **Fluchtversuch** M tentative *f* d'évasion, de fuite **Fluchtweg** M *zum Notausgang* parcours *m* à accomplir pour arriver à une sortie de secours
Flug M vol *m*; **auf dem ~ nach …** en allant à … en avion; **im ~e (fangen)** (attraper) au vol; **die Zeit vergeht (wie) im ~(e)** le temps passe (si) vite
Flugabwehr F défense antiaérienne; DCA *f* **Flugabwehrrakete** engin antiaérien
Flugangst F peur *f* de prendre l'avion **Flugbahn** F trajectoire *f* **Flugbegleiter(in)** M(F) steward *m*; hôtesse *f* (de l'air) **Flugblatt** N tract *m* **Flugdauer** F durée *f* de vol
Flügel M 1 aile *f* (*a.* ZOOL, FLUG, BAU, POL, MIL, SPORT, *fig*); *fig* **j-m die ~ stutzen** rogner les ailes à qn; *umg fig* **die ~ hängen lassen** être découragé; *geh Freude, Liebe* **j-m ~ verleihen** donner des ailes à qn 2 *e-s Fensters* battant *m*; *e-s Altars* volet *m* 3 MUS piano *m* à queue

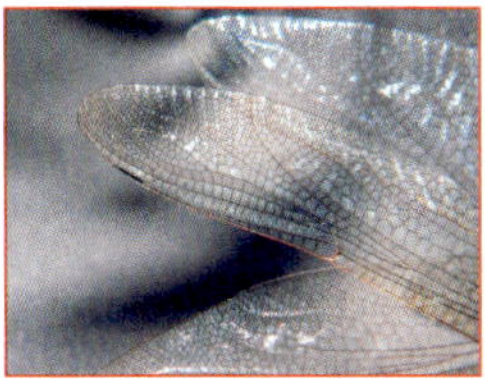

Flügel — l'aile (f)

Flügel — l'aile (f)

Flügel — le piano à queue

flügellahm ADJ **1** *Vogel* blessé à l'aile **2** *fig Person* découragé; *Unternehmen* qui bat de l'aile

Flügelmutter F TECH papillon *m* **Flügelschlag** M coup *m*, battement *m* d'ailes **Flügelschraube** F TECH vis *f* à papillon **Flügelspannweite** F *e-s Vogels* envergure *f* **Flügelstürmer** M ailier *m* **Flügeltür** F porte *f* à deux battants

Fluggast M passager, -ère *m,f*

flügge ADJ capable de voler; *fig* **~ sein** voler de ses propres ailes

Fluggeschwindigkeit F vitesse *f* de vol **Fluggesellschaft** F compagnie aérienne

Flughafen M aéroport *m* **Flughafenbus** M bus *m bzw.* navette *f* (transportant les passagers à l'aéroport) **Flughafengebühr** F taxe *f* d'aéroport

Flughöhe F altitude *f* de vol **Flugkapitän** M commandant *m* de bord **Flugkörper** M missile *m* **Fluglärm** M bruits *mpl* de circulation aérienne **Fluglehrer** M moniteur *m* d'aviation **Fluglinie** F ligne aérienne **Fluglotse** M contrôleur *m* de la navigation aérienne; aiguilleur *m* du ciel

Flugobjekt N **unbekanntes ~** objet volant non identifié

Flugpersonal N personnel volant, navigant **Flugplan** M horaire *m* **Flugplatz** M aérodrome *m* **Flugreise** F voyage *m* en avion

flugs ADV vite; en vitesse

Flugschein M **1** (*Ticket*) billet *m* d'avion **2** *für Piloten* brevet *m* de pilote **Flugschreiber** M FLUG enregistreur *m* de vol **Flugsicherheit** F sécurité aérienne **Flugsicherung** F contrôle *m* de la navigation aérienne **Flugsimulator** M simulateur *m* de vol **Flugsteig** M porte *f* (d'embarquement) **Flugstrecke** F itinéraire *m*; route aérienne **Flugstunde** F heure *f* de vol **Flugticket** N billet *m* d'avion **Flugverkehr** M trafic aérien

Flugzeug N avion *m*; **im ~** dans l'avion

Flugzeugabsturz M accident *m* d'avion; crash *m* **Flugzeugbesatzung** F équipage *m* d'avion **Flugzeugentführer** M pirate *m* de l'air **Flugzeugentführung** F détournement *m* d'avion **Flugzeughalle** F °hangar *m* (d'avions, d'aviation) **Flugzeugindustrie** F industrie *f* aéronautique **Flugzeugkatastrophe** F catastrophe aérienne **Flugzeugträger** M porte-avions *m* **Flugzeugunglück** N accident *m* d'avion

Fluktuation F fluctuation *f*

Flunder F flet *m*

flunkern *umg* V/I raconter des histoires

Flunsch *umg* M moue *f*; **e-n ~ ziehen** faire la moue

Fluor N fluor *m* **Fluorchlorkohlenwasserstoff** M chlorofluorocarbone *m*

fluoreszieren V/I être fluorescent

Flur[1] M *e-r Wohnung* entrée *f*; vestibule *m*; (*Gang*) couloir *m*

Flur[2] F *geh* (*Feldflur*) champs *mpl*; *fig* **allein auf weiter ~** tout seul

Flurschaden M dégât(s) causé(s) aux champs

Fluse F petit poil; peluche *f*; *umg* pluche *f* **Flusensieb** N *e-r Waschmaschine etc* filtre *m*

Fluss M **1** rivière *f*; (*Strom*) fleuve *m*; **an e-m ~ liegen** être au bord d'un fleuve **2** *fig der Rede, des Verkehrs* flux *m*; **etw in ~** (*akk*) **bringen** amorcer qc; **im ~ sein** (*sich ändern*) changer sans cesse; (*im Gange sein*) être en cours

flussabwärts ADV en aval **Flussarm** M bras *m* de rivière **flussaufwärts** ADV en amont **Flussbett** N lit *m* de rivière, de fleuve **Flussdiagramm** N IT ordinogramme *m*

flüssig **A** ADJ **1** liquide; *Gas* liquéfié; **~ machen** fondre **2** FIN liquide; disponible; *umg* **ich bin im Augenblick nicht ~** *umg* je suis à sec; → flüssigmachen **3** *fig Stil* aisé; coulant; fluide (*a. Verkehr*) **B** ADV *schreiben, sprechen* avec aisance

Flüssiggas N gaz liquéfié **Flüssigkeit** F **1** liquide *m* **2** *fig* fluidité *f*; *des Stils a.* aisance *f* **Flüssigkeitsmenge** F quantité *f* de liquide **Flüssigkristallanzeige** F affichage *m* à cristaux liquides **Flüssigkristallbildschirm** M écran *m* à cristaux liquides; écran *m* LCD

flüssigmachen V/T *Kapital* réaliser

Flüssigseife F savon *m* liquide

Flusskrebs M écrevisse *f* **Flusslauf** M cours *m* d'une rivière **Flussmündung** F embouchure *f* **Flusspferd** N hippopotame *m* **Flussufer** N rive *f*; bord *m* de la rivière; *steiles* berge *f*

flüstern VT *u.* VI chuchoter (**j-m ins Ohr** à l'oreille de qn)

Flüsterpropaganda F bouche à oreille *m*

Flüsterton M **im ~** en chuchotant

F

Flut F **1** (*Gezeit*) marée montante *bzw.* °haute; flux *m*; **die ~ setzt ein** la mer commence à monter **2** *geh* (*Wassermasse*) **~(en)** flots *mpl* **3** *fig von Worten etc* flot *m*; *von Tränen a.* torrent *m*

fluten *geh* VI (s'é)couler; *fig* **in etw** (*akk*) **~** *Menschenmenge* affluer dans qc; *Licht* inonder qc

Flutlicht N lumière *f* des projecteurs; **bei ~ spielen** jouer en nocturne, à *od* sous la lumière des projecteurs

Flutlichtanlage F éclairage (extérieur) aux projecteurs, à haute intensité lumineuse **Flutlichtbeleuchtung** F éclairage *m* par projecteurs **Flutlichtscheinwerfer** M projecteur *m* (à haute intensité lumineuse) **Flutlichtspiel** N SPORT match *m* en nocturne

flutschen *umg* VI **1** (*gleiten*) **j-m aus der Hand ~** glisser des mains de qn **2** *Arbeit* aller comme sur des roulettes

Flutwelle F raz-de-marée *m*

f-Moll N fa *m* mineur

focht → fechten

Fock F (voile *f* de) misaine *f*; *beim Segelboot* foc *m*

Föderalismus M fédéralisme *m* **föderalistisch** ADJ fédéraliste **Föderation** F fédération *f*

Fohlen N poulain *m*

Föhn M **1** (*Haartrockner*) sèche-cheveux *m* **2** *Wind* fœhn *m*

föhnen VT sécher au sèche-cheveux; **sich** (*dat*) **die Haare ~** se sécher les cheveux (au sèche-cheveux)

Föhre F BOT pin *m* sylvestre

Folge F **1** (*Aufeinanderfolge*) suite *f*; série *f*; TV, RADIO épisode *m*; **in rascher ~** coup sur coup; **in der ~** par la suite **2** (*Resultat*) conséquence *f*; suite *f*; *e-r Krankheit* séquelle *f*; **etw zur ~ haben** entraîner qc; avoir qc pour conséquence; **die ~ davon ist, dass …** il en résulte que … **3** **e-r Sache** (*dat*) **~ leisten** suivre qc; *e-r Aufforderung, Anordnung* obtempérer à qc; *e-r Vorladung* se rendre à qc; *e-r Einladung* répondre à qc

folgen VI **1** (*nachfolgen*) **j-m, e-r Sache ~** suivre qn, qc; **auf j-n, etw ~** succéder à qn, qc; **wie folgt** comme suit **2** (*resultieren*) **~ aus** résulter de; **daraus folgt(, dass…)** il en résulte (que …); il s'ensuit (que …) **3** (*sich richten nach*) suivre **4** *geistig* suivre; **können Sie ~?** vous me suivez?; vous y êtes? **5** (*gehorchen*) obéir (**j-m** à qn)

folgend ADJT suivant; **im Folgenden** ci-après; dans ce qui suit; **das Folgende** ce qui suit

folgendermaßen ADV de la manière suivante

folgenschwer ADJ lourd de conséquences; grave; **e-e ~e Entscheidung** une décision lourde de conséquences

folgerichtig ADJ logique

folgern VT conclure (**aus** de)

Folgerung F conclusion *f*; **aus etw ~en ziehen** tirer des conséquences de qc

Folgeschaden M dommages indirects

Folgezeit F suite *f*; **in der ~** par la suite; (*künftig*) à l'avenir

folglich KONJ *u.* ADV par conséquent; en conséquence

folgsam ADJ obéissant; docile

Folie F **1** (*Metallfolie*) feuille *f* **2** (*Plastikfolie*) (film *m*) plastique *m* **3** (*Arbeitsfolie*) transparent *m* **Folienkartoffeln** FPL GASTR pommes *fpl* de terre en papillotes

Folk M MUS (musique *f*) folk *m*

Folklore F folklore *m* (! maskulin) **folkloristisch** ADJ folklorique

Folksänger(in) M(F) chanteur, -euse *m,f* de folk **Folksong** M chanson *f* folk

Folter F torture *f* (*a.* HIST, *fig*); *fig* **j-n auf die ~ spannen** mettre qn à la torture

Folterinstrument N instrument *m* de torture **Folterkammer** F chambre *f* de torture

foltern VT torturer (*a. geh fig*)

Folterung F torture *f*

Fon[1] N → Phon

Fon[2] ABK (Telefon) tél.; Tel

Fön® → Föhn

Fond M (*Hintergrund*), *e-s Autos* arrière *m*

Fonds M FIN fonds *m*

Fondue F *od* N (*Käsefondue*) fondue (savoyarde); (*Fleischfondue*) fondue bourguignonne **Fondueqabel** F fourchette *f* à fondue **Fondueopf** M caquelon *m*

Fontäne F jet *m* d'eau

Football M football américain

foppen VT mystifier; taquiner

forcieren VT *Arbeit* accélérer; pousser; *Anstrengungen, Entwicklung* forcer

Förderband N tapis roulant

Förderer M, **Förderin** F protecteur, -trice *m,f*

Förderkurs M SCHULE cours *m* de soutien *od* de rattrapage

förderlich ADJ **e-r Sache** (*dat*) **~ sein** être utile, profitable à qc

fordern VT **1** (*verlangen*) **etw von j-m ~** demander qc à qn; *plus fort* exiger qc de qn; *bes Recht* revendiquer qc auprès de qn; **~, dass** exiger que *(+ subj)* **2** *(Leistung abverlangen)* exiger le maximum de

fördern VT **1** *Bodenschätze* extraire **2** *Beziehungen, Künstler* encourager; *Sportler* sponsoriser; *Kunst* protéger; *Wissenschaft, Entwicklung* promouvoir; *Schüler* pousser; *Verdauung* aider; favoriser

Förderschule M *etwa* établissement scolaire spécialisé pour enfants °handicapés *bzw.* inadaptés **Förderstufe** F SCHULE classes *fpl* d'orientation

Forderung F **1** *(Verlangen)* exigence *f*; *rechtmäßige* revendication *f* **(nach** de) **2** HANDEL, JUR créance *f*; **e-e ~ an j-n haben** avoir une créance sur qn

Förderung F **1** *von Bodenschätzen* extraction *f* **2** *von Talenten, Beziehungen* encouragement *m*; *der Kunst* protection *f*; *der Wissenschaft a.* promotion *f*; *durch e-n Sponsor* sponsoring *m*

Förderunterricht M cours *m* de soutien

Forelle F truite *f*; GASTR **~ blau** truite au bleu; **~ nach Müllerinart** truite (à la) meunière

Form F **1** *(Gestalt, Darstellungsweise)* forme *f* *(a.* GRAM, JUR); **~en** *pl e-r Frau* formes *fpl*; **in ~ von** *od + gen* sous, en forme de; **feste ~en annehmen** prendre forme; se concrétiser **2** *(Umgangsform)* **in aller ~** en bonne et due forme; dans les formes; **der ~ halber** pour la forme; **die ~ wahren** (y) mettre les formes **3** *bes* SPORT forme *f*; **in ~** *(dat)* **sein** être en forme; **in guter, schlechter ~ sein** avoir une bonne, mauvaise condition physique **4** *(Gussform, Kuchenform)* moule *m*

formal **A** ADJ formel **B** ADV quant à la forme

Formaldehyd M formaldéhyde *m*

Formalität F formalité *f*

Format N **1** *e-s Bilds etc* format *m (a.* IT) **2** *fig* envergure *f*; classe *f*; **~ haben** avoir de l'envergure, de la classe

formatieren VT IT formater **Formatierung** F IT formatage *m*

Formation F formation *f*

formbar ADJ plastique; malléable *(a. fig)* **formbeständig** ADJ indéformable **Formblatt** N ADMIN formulaire *m*

Formel F formule *f* (! Endung); MOTORSPORT **~ 1** formule 1

Formel-1-Fahrer M pilote *m* de formule 1 **Formel-1-Wagen** M voiture *f* de formule 1

formell **A** ADJ formel **B** ADV selon les formes, les règles

Formelsammlung F *bes* MATH recueil *m* de formules

formen VT former *(a. fig)*; façonner; modeler

Formenlehre F morphologie *f*

Formfehler M JUR vice *m* de forme **Formgebung** F façonnage *m*

formieren VT *(u.* VR) **(sich ~** se) former

...förmig IN ZSSGN *meist* en forme de ...

förmlich **A** ADJ *(formgerecht)* dans les formes; *pej* formaliste; cérémonieux **B** ADV **1** *(formgerecht)* dans les formes **2** *(buchstäblich)* littéralement **Förmlichkeit** F JUR formalité *f*; *pej* cérémonie *f*

formlos ADJ *Gebilde, Körper* informe; *Antrag* informel; *Begrüßung* sans façons **Formsache** F formalité *f* **formschön** ADJ qui a une belle forme **Formtief** N méforme *f*

Formular N formulaire *m*; **ein ~ ausfüllen** remplir un formulaire

formulieren VT formuler; exprimer; énoncer **Formulierung** F manière *f* d'exprimer; énonciation *f*

formvollendet ADJT parfait **Formvorschrift** F JUR prescription *f* de forme

forsch ADJ énergique; décidé

forschen VI **nach etw, j-m ~** rechercher qc, qn; **(nach etw) ~** *wissenschaftlich* faire des recherches (sur qc)

forschend ADJT *Blick* scrutateur

Forscher(in) M(F) chercheur, -euse *m,f*; *(Entdecker)* explorateur, -trice *m,f* **Forschung** F recherche *f* (scientifique)

Forschungsabteilung F service *m*, département *m* études et recherche **Forschungsarbeit** F travail *m* de recherche **Forschungsauftrag** M mission *f* de recherche(s) **Forschungsgebiet** N domaine *m*, champ *m* de recherches, d'investigations **Forschungsreaktor** M réacteur expérimental **Forschungsreise** F expédition *f* scientifique **Forschungssatellit** M satellite *m* d'observation **Forschungssemester** N semestre consacré à des recherches

Forst M forêt *f*

Förster M garde forestier

Forsthaus N maison forestière **Forstrevier** N zone forestière **Forstwirtschaft** F sylviculture *f* **forstwirtschaftlich** ADJ sylvicole; d'économie forestière

Forsythie F forsythia *m*

fort ADV **1** *(weg)* parti; absent; pas là; **~ mit dir!** va-t'en! **2** **in e-m ~** sans arrêt; sans cesse; **und so ~** et ainsi de suite

Fort N MIL fort *m*

fortan *geh* ADV **1** *(von nun an)* désormais; dorénavant **2** *(seitdem)* dès lors

Fortbestand M maintien *m*; BIOL continuité *f*

fortbestehen VI se maintenir; se perpétuer **fortbewegen** **A** VT éloigner; écarter **B** VR **sich ~** se déplacer

Fortbewegung F locomotion *f* **Fortbewegungsmittel** N moyen *m* de locomotion

fortbilden **A** V/T assurer la formation continue de **B** V/R **sich ~** se perfectionner

Fortbildung F formation continue **Fortbildungskurs** M cours *m(pl)* de formation continue

fortbleiben V/I ne pas (re)venir

fortbringen V/T **1** **j-n ~** emmener qn **2** **etw ~** emporter qc

Fortdauer F continuation *f*; *von Regen, Kälte, Fieber* persistance *f*

fortdauern V/I continuer; durer; *Kälte, Regen* persister

fortdauernd ADJT continuel; *Kälte, Regen, Fieber* persistant

fortfahren V/I **1** *(wegfahren)* partir (en voiture, etc) **2** *(weitermachen)* continuer (**mit etw** qc)

fortfliegen V/I **1** s'envoler (**nach** pour) **2** *(fortgeblasen werden)* être emporté (par le vent)

fortführen V/T **1** *(wegführen)* emmener **2** *(weiterführen)* continuer

Fortführung F continuation *f* **Fortgang** M **1** *(Weggang)* départ (définitif) **2** *(Fortsetzung)* continuation *f*; poursuite *f*

fortgehen V/I **1** *(weggehen)* s'en aller, partir (**von** de) **2** *(weitergehen)* continuer

fortgeschritten ADJT avancé

Fortgeschrittene(r) M/F(M) étudiant(e) *m(f)* avancé(e); non débutant(e) *m(f)*; **Französischkurs für ~** cours de français pour élèves avancés

Fortgeschrittenenkurs M cours supérieur

fortgesetzt ADJT continu

Fortkommen N *im Beruf* avancement *m*

fortlaufen V/I se sauver; **von zu Hause ~** s'enfuir de chez soi

fortlaufend **A** ADJT continu; *Bemühungen* suivi **B** ADVL d'une façon continue, suivie; **~ nummeriert** *a.* numéroté consécutivement

fortmachen *umg* V/R **sich ~** s'en aller; *umg* débarrasser le plancher

fortmüssen V/I devoir partir *od* s'en aller; *Dinge* devoir disparaître

fortpflanzen V/R **sich ~** **1** BIOL se reproduire **2** PHYS se propager

Fortpflanzung F **1** BIOL reproduction *f* **2** PHYS propagation *f* **Fortpflanzungstrieb** M instinct reproducteur

fortschaffen V/T enlever; *(verschwinden lassen)* faire disparaître **fortschicken** V/T *Person* renvoyer **fortschleichen** V/I (*u.* V/R **sich ~**) s'esquiver **fortschreiben** V/T mettre à jour **fortschreiten** V/I *Krankheit* progresser; *Zeit, Arbeit* avancer

fortschreitend ADJT progressif

Fortschritt M progrès *m*; **~e machen** faire des progrès; progresser; *Arbeit* avancer

fortschrittlich ADJ progressiste; *Idee* avancé; *Lösung* moderne

fortschwemmen V/T emporter; *plus fort* entraîner; **fortgeschwemmt werden** être emporté par le(s) courant(s)

fortschwimmen V/I *Person* s'éloigner à la nage; *Gegenstand* être emporté (par le courant)

fortsetzen V/T (*u.* V/R) **(sich ~)** continuer; (se) poursuivre

Fortsetzung F **1** continuation *f* **2** *e-s Texts* suite *f*; **~ folgt** à suivre; la suite au prochain numéro

Fortsetzungsroman M roman-feuilleton *m*

fortstehlen V/R **sich ~** s'esquiver **forttragen** V/T emporter

fortwährend **A** ADJT continuel **B** ADVL continuellement; **er klagt ~** il n'arrête pas de se plaindre

fortwollen V/I vouloir s'en aller, partir

Forum N **1** HIST, *(öffentliche Aussprache)* forum *m* **2** *(Kreis interessierter Personen)* cercle *m* **3** *(Ort, Gelegenheit für Erörterungen)* tribune *f*

Fossil N fossile *m* *(a. fig)*

Foto N photo *f*; **auf dem ~** en photo; **ein ~ von j-m, etw machen** prendre qn, qc en photo

Fotoalbum N album *m* de photos **Fotoapparat** M appareil *m* photo(graphique) **Fotoatelier** N atelier *m* de photographe **Fotoausrüstung** F équipement *m* photographique **Fotofinish** N SPORT photo-finish *f*

fotogen ADJ photogénique (! Endung)

Fotogeschäft N magasin *m* de photographie

Fotograf(in) M(F) photographe *m/f* **Fotografie** F photo(graphie) *f* *(a. Verfahren)*

fotografieren **A** V/T photographier; prendre en photo **B** V/I prendre une photo; *als Hobby* faire de la photo

fotografisch ADJ photographique

Fotohandy N (téléphone *m*) portable *m* avec appareil photo intégré

Fotokopie F photocopie *f* **fotokopieren** V/T photocopier **Fotokopierer** *umg* M, **Fotokopiergerät** N photocopieur *m*; photocopieuse *f*

Fotolabor N laboratoire *m* photographique **Fotomodell** N modèle *m* **Fotomontage** F photomontage *m* (! maskulin) **Fotopapier** N papier *m* photographique **Fotoreporter(in)** M(F) reporter *m/f* photographe **Fotosafari** F safari-photo *m* **Fotosatz** M

TYPO photocomposition *f* **Fotosynthese** F BIOCHEMIE photosynthèse *f* **Fototasche** F sac *m* pour appareil photo **Fotozelle** F cellule *f* photo-électrique

Fötus M → Fetus

Fotze *vulgär* F (*Vulva*) *vulgär* con *m*; *Schimpfwort sl* conasse *f*

Foul N faute *f* (**an** [+ *dat*] contre) **Foulelfmeter** M penalty dû à une faute

foulen V/T commettre une faute contre

Foxterrier M ZOOL fox-terrier *m* **Foxtrott** M fox-trot *m*

Foyer N foyer *m*

FPÖ F ABK (Freiheitliche Partei Österreichs) F.P.Ö. *m* (*parti libéral autrichien de tendance nationaliste*)

Fr. ABK (Frau) Mme *od* Mme

Fracht F **1** *Ladung* chargement *m*; *e-s Flugzeugs* fret *m*; *e-s Schiffs* cargaison *f* **2** (*Frachtkosten*) frais *mpl* de transport; *für Schiffs- u. Luftfracht* fret *m*

Frachtbrief M lettre *f* de voiture; SCHIFF connaissement *m*

Frachtenbahnhof M *österr* gare *f* de marchandises

Frachter M cargo *m* **Frachtgut** N marchandises *fpl* en régime ordinaire **Frachtkosten** PL frais *mpl* de transport **Frachtraum** M soute *f* **Frachtschiff** N cargo *m*

Frack M habit *m*; frac *m*; **im ~** en habit

Frage F **1** question *f*; interrogation *f* (*a.* GRAM); **ohne ~** sans aucun doute; **(j-m** *od* **an j-n) e-e ~ stellen** poser une question (à qn) **2** (*Angelegenheit*) problème *m*; **in ~ kommen, stellen** → infrage

Die Frage, ob …

Die Frage, ob … wird im Französischen mit dem Infinitiv **de savoir** wiedergegeben:

Die Frage, ob er kommt, kann ich nicht beantworten.	**La question de savoir s'il** vient, je ne peux pas y répondre.
Die Frage, ob alles in Ordnung ist, beschäftigt meine Mutter.	**La question de savoir si** tout est en ordre préoccupe ma mère.

FEHLERQUELLEN

Fragebogen M questionnaire *m*

fragen **A** V/T *u.* V/I demander; **j-n etw** *od* **nach etw ~** demander qc à qn; **j-n (nach j-m, etw) ~** (*ausfragen*) interroger, questionner qn (sur qn, qc); **nach j-m ~** (*j-n sprechen wollen*) demander qn (à qn); (*sich nach j-m erkundigen*) demander des nouvelles de qn **B** V/R **sich ~** se demander **C** V/UNPERS **es fragt sich, ob …** on se demande si …; reste à savoir si …

fragend **A** ADJT interrogateur **B** ADVL **j-n ~ ansehen** interroger qn du regard

Fragepronomen N pronom interrogatif **Fragesatz** M proposition interrogative **Fragestellung** F (façon *f* de formuler la) question *f*; problème *m* **Fragestunde** F *im Parlament* heure *f* d'interpellations **Frage-und-Antwort-Spiel** N jeu *m* de questions et de réponses **Fragewort** N interrogatif *m* **Fragezeichen** N GRAM, *fig* point *m* d'interrogation

fraglich ADJ **1** (*unsicher*) douteux; **es ist ~, ob …** on se demande si …; reste à savoir si … **2** (*betreffend*) en question

fraglos ADV incontestablement

Fragment N fragment *m* **fragmentarisch** ADJ fragmentaire

fragwürdig ADJ **1** (*problematisch*) problématique; (*zweifelhaft*) douteux **2** (*zwielichtig*) louche

Fraktion F **1** POL groupe *m* parlementaire **2** (*Sondergruppe*) groupe *m*

Fraktionsführer(in) → Fraktionsvorsitzende(r) **Fraktionssitzung** F réunion *f* de groupe parlementaire **Fraktionsvorsitzende(r)** M/F(M) président(e) *m(f)* de groupe parlementaire **Fraktionszwang** M discipline *f* de vote

Fraktur F **1** MED fracture *f* **2** TYPO gothique *f*; *umg* **mit j-m ~ reden** dire à qn ses quatre vérités

Franc M HIST *Währung* franc *m*; **französischer, belgischer ~** franc français, belge

Franchise N, **Franchising** N WIRTSCH franchisage *m*; franchising *m*

frank ADV **~ und frei** franchement; sans ambages; carrément

Franke M **1** (*Bewohner von Franken*) Franconien *m* **2** HIST Franc *m*

Franken[1] N GEOG la Franconie

Franken[2] M *Währung* franc *m* suisse

Frankfurt N Francfort **Frankfurter** **A** ADJ de Francfort **B** **1** *m* Francfortois *m* **2** *f Wurst* saucisse *f* de Francfort

frankieren V/T affranchir **Frankierung** F affranchissement *m*

fränkisch ADJ **1** (*des heutigen Frankens*) franconien **2** *Sprache* francique **3** HIST franc

franko ADV HANDEL franco

frankophil ADJ francophile

Frankreich N la France

Franse F MODE frange *f*

Franz M François *m*

Franzbranntwein M PHARM alcool camphré (pour frictions)

Franziskaner M franciscain *m*

▶ In Frankreich wird nicht nur Französisch gesprochen …

Neben der Landessprache Französisch haben sich in verschiedenen Gebieten Frankreichs bis zum heutigen Tag sogenannte Regionalsprachen erhalten:

Bretonisch	**le breton**	*in der Bretagne*
Flämisch	**le flamand**	*im Nordosten Frankreichs*
Elsässisch	**l'alsacien**	*im Elsass*
Korsisch	**le corse**	*auf Korsika*
Okzitanisch	**l'occitan**	*im Süden Frankreichs*
Katalanisch	**le catalan**	*an der Grenze zu Spanien*
Baskisch	**le basque**	*im Baskenland*

LANDESKUNDE

F

Franzose M Français *m*
Französin F Française *f*
französisch A ADJ français; de France; POL *in zssgn* franco-…; **~es Bett** grand lit; **~-deutsch** *Wörterbuch etc* français-allemand; *Beziehungen, Grenze etc* franco-allemand; **auf Französisch** en français B ADV **~ sprechen, verstehen** parler français, comprendre le français; **~ essen** dîner à la française
Französisch N *Sprache, Schulfach* français *m*; **auf, in ~** en français; **~ lernen** apprendre le français; **fließend ~ sprechen** parler couramment français; **sie ist gut in ~** elle est bonne en français
Französische N *Sprache* **das ~** le français; **aus dem ~n** du français; **ins ~, im ~n** en français
Französisch-Guayana N la Guyane française
Französischlehrer(in) M(F) professeur *m/f* de français **französischsprachig** ADJ *Mensch, Land* de langue française; francophone; *Literatur* d'expression française **Französischstunde** F cours *m* de français **Französischunterricht** M enseignement *m* du français; *Schulstunde* cours *m* de français
frappant ADJ frappant **frappieren** V/T frapper
Fräse F 1 *Werkzeug* fraise *f* 2 *Maschine* fraiseuse *f*
fräsen V/T *u.* V/I fraiser
fraß → fressen
Fraß M 1 *umg pej (Essen) umg* tambouille *f* 2 *(Tiernahrung)* nourriture *f*
Fratz *umg* M *umg* petit(e) môme *m/f*; **süßer ~** gamin(e) *m(f)* adorable
Fratze F 1 *(hässliches Gesicht)* figure grimaçante, grotesque 2 *umg (Grimasse)* grimace *f*; **j-m ~n schneiden** faire des grimaces à qn
frau INDEF PR *oft hum* on *(lorsqu'il s'agit de femmes)*; **hier kann ~ sich wohlfühlen** ici on se sent bien; ici la femme que l'on est peut se sentir bien
Frau F 1 femme *f (a. Ehefrau)*; **zur ~ nehmen** épouser 2 *vor Namen* Madame; *Anrede* **~ X!** Madame!; *in Briefen* **Sehr geehrte ~ X, …** Madame, …; **Liebe ~ X, …** Chère Madame, …
Frauchen *umg* N *e-s Hundes* maîtresse *f*
Frauenarzt M, **Frauenärztin** F gynécologue *m/f* **Frauenbeauftragte** F déléguée *f* à la condition féminine **Frauenberuf** M métier féminin **Frauenbewegung** F mouvement *m* féministe **Frauenchor** M chorale *f*, KIRCHE chœur *m* de femmes **frauenfeindlich** ADJ misogyne **Frauenhaus** N centre *m* d'accueil pour femmes battues **Frauenheilkunde** F gynécologie *f* **Frauenheld** M *umg* tombeur *m*; homme *m* à femmes **Frauenkrankheit** F, **Frauenleiden** N affection *f* gynécologique **Frauenquote** F pourcentage *m* de postes occupés par des femmes **Frauenrechtlerin** F féministe *f* **Frauenstimme** F voix *f* de femme **Frauenzeitschrift** F revue féminine **Frauenzimmer** *umg pej* N bonne femme
Fräulein N 1 demoiselle *f* 2 *vor Familiennamen* Mademoiselle *f*; *Anrede* **~ X!** Mademoiselle (X)!; *umg für Kellnerinnen* **~!** Madame!; *in Briefen* **Sehr geehrtes ~ X, …** Mademoiselle, …; **Liebes ~ X, …** Chère Mademoiselle, …
fraulich ADJ féminin
…freak *umg* M *umg* accro *m/f* de; *umg* mordu(e) *m(f)* de
Freak *umg* M *umg* accro *m/f*; *umg* mordu(e) *m(f)*
frech A ADJ 1 *(unverschämt)* insolent, impertinent, effronté (**zu j-m** envers, avec qn); **ganz schön ~ sein** *umg* avoir du culot 2 *Kleidung, Frisur* coquin B ADV avec impertinence
Frechdachs *umg oft hum* M petit(e) impertinent(e)
Frechheit F insolence *f*; impertinence *f*; effronterie *f*; **die ~ haben zu** (+ *inf*) avoir l'audace

de (+ *inf*)

Freesie F BOT freesia *m*

Freeware F IT freeware *m*

Fregatte F frégate *f*

frei **A** ADJ **1** (*unabhängig*) libre; *Volk, Leben, Person a.* indépendant **2** (*nicht angestellt*) indépendant; free-lance; **~er Beruf** profession libérale **3** *Verbrecher* en liberté; **~ bekommen** → freibekommen A; **~ lassen** → freilassen **4** (*tolerant*) libéral; **~e Liebe** amour *m* libre **5** *Straße etc* libre; **~es Gelände** terrain *m* vague **6** (*unbesetzt*) *Platz etc* libre; **den Weg ~ machen** dégager la voie; **~ halten** *Platz* réserver; **Einfahrt ~ halten!** sortie de voitures! **7** (*ungehindert*) libre; **~er Blick** vue dégagée; **~ legen** → freilegen **8** (*nicht beeinträchtigt*) **~ von (Fehlern** *etc*) sans (fautes, *etc*); **sich von etw ~ machen** s'affranchir de qc **9** (*verfügbar*) *Zeit, Telefonleitung* libre; (*arbeitsfrei, schulfrei*) de congé; **ein ~er Nachmittag** un(e) après-midi (de) libre, de congé; **sich** (*dat*) **e-n Tag ~ nehmen** prendre un jour de congé; → freibekommen, freigeben, freihaben *etc* **10** (*unentgeltlich*) gratuit; libre **11** (*ohne Hilfsmittel*) libre; *Rede* sans notes **12** CHEM libre; *Gas, Wärme* **~ werden** se dégager **13** SPORT démarqué **14** *beim Arzt* **machen Sie sich bitte ~!** déshabillez-vous, s'il vous plaît! **B** ADV librement; **~ herumlaufen** *Tier, Verbrecher* être en liberté; **~ sprechen** *ohne Konzept* parler sans notes; **~ erfunden** inventé de toutes pièces; **~ stehend** (*alleinstehend*) isolé; **~ nach Goethe** d'après Goethe

Freibad N piscine *f* en plein air

freibekommen **A** V/T **j-n ~** obtenir la libération de qn; **e-n Tag ~** avoir un jour de congé **B** *umg* V/I avoir congé

Freiberufler(in) M(F) personne *f* travaillant à son compte; ADMIN non-salarié(e) *m(f)* **freiberuflich** ADJ qui travaille à son compte; *Journalist, Fotograf* free-lance **Freibetrag** M montant exonéré **Freibier** N bière gratuite **Freibrief** M carte blanche (**für** pour)

Freiburg N *in der Schweiz* Fribourg; **~ im Breisgau** Fribourg-en-Brisgau

Freie(s) N **im Freien** en plein air; **ins Freie gehen** aller dehors; sortir

Freier M *e-r Prostituierten umg* micheton *m*

Freiexemplar N exemplaire gratuit; spécimen *m*

Freifrau F baronne *f*

freigeben V/T **1** *Gefangene, Vertragspartner, Preise, Weg* libérer; *Preise, Wechselkurse* débloquer; *Presseartikel* autoriser la publication de; *Film* **freigegeben ab 18 Jahren** interdit aux moins de 18 ans; **für den Verkehr ~** ouvrir à la circulation **2** **j-m (e-n Tag) ~** donner (un jour de) congé à qn

freigebig ADJ généreux (**gegenüber** avec)

Freigebigkeit F générosité *f* **Freigehege** N parc animalier **Freigepäck** N franchise *f* de bagages

freihaben *umg* V/T u. V/I avoir congé; *in der Dienststelle* ne pas être de service; **zwei Tage ~** avoir deux jours de congé

freihalten V/T **1** **j-n ~** tout payer à qn **2** → frei A 6

Freihandelszone F zone *f* de libre-échange

freihändig ADJ *u.* ADV à main levée; *Rad fahren* sans tenir le guidon

Freihandzeichnen N, **Freihandzeichnung** F dessin *m* à main levée

Freiheit F liberté *f*; **dichterische ~** licence *f* poétique; **wieder in ~** (*dat*) **sein** *Gefangener* être relâché; *Tier* être remis en liberté; **sich** (*dat*) **die ~ nehmen, etw zu tun** prendre la liberté de faire qc

freiheitlich **A** ADJ libéral **B** ADV **~ gesinnt sein** être libéral

Freiheitsberaubung F séquestration *f* **Freiheitsdrang** M soif *f*, désir *m* de liberté **Freiheitskampf** M lutte *f* de libération **Freiheitskämpfer** M combattant *m* pour la liberté **Freiheitsliebe** F amour *m* de la liberté **Freiheitsstatue** F *im Hafen von New York* statue *f* de la liberté

Freiheitsstrafe F peine *f* de prison; **j-n zu drei Jahren ~ verurteilen** condamner qn à trois ans de prison

freiheraus ADV franchement

Freiherr M baron *m*

Freikarte F billet gratuit, de faveur

freikaufen **A** V/T racheter **B** V/R **sich ~** racheter sa liberté

Freikirche F Église indépendante de l'État

freikommen V/I **aus e-m Griff ~** se libérer d'une prise; **aus dem Gefängnis ~** sortir de prison

Freikörperkultur F naturisme *m*; nudisme *m* **Freilandgemüse** N légumes *mpl* de plein champ

freilassen V/T *Gefangenen* libérer; relâcher; JUR relaxer; *Tier* remettre en liberté; relâcher; **gegen Kaution ~** relâcher sous caution

Freilassung F libération *f*; mise *f* en liberté; JUR relaxation *f* **Freilauf** M TECH roue *f* libre

freilaufen V/R SPORT **sich ~** se démarquer

freilegen V/T mettre au jour; dégager

freilich ADV **1** (*allerdings*) à vrai dire; cependant **2** *bes südd* (*selbstverständlich*) bien sûr

Freilichtbühne F théâtre *m* en plein air **Freilichtmuseum** N écomusée *m*

Freilos N billet de loterie gratuit

freimachen A VT Post affranchir B VR **sich ~** 1 (sich freie Zeit nehmen) se libérer 2 → frei A 8, 14
Freimaurer M franc-maçon *m*
freimütig A ADJ franc B ADV franchement
freinehmen VT **sich** (dat) **e-n Tag ~** prendre un jour de congé, de vacances
freischaffend ADJT indépendant
Freischärler M franc-tireur *m*
freischwimmen VR **sich ~** passer son brevet de natation
Freischwimmer M nageur *m* qui possède le brevet de natation; *umg* **den ~ machen** passer son brevet de natation
freisetzen VT 1 PHYS, CHEM dégager; libérer 2 (entlassen) licencier
Freisprechanlage F, **Freisprecheinrichtung** F téléphone *m*, installation *f* téléphonique mains libres
freisprechen VT JUR acquitter; *fig* **j-n von e-m Verdacht ~** laver qn d'un soupçon
Freispruch M acquittement *m* **Freistaat** M État *m* libre
freistehen A VI (leer stehen) être inoccupé B V/UNPERS **es steht Ihnen frei zu** (+ inf) vous êtes libre de (+ inf)
freistehend ADJT (leer stehend) libre
freistellen VT 1 **j-m ~, etw zu tun** laisser qn libre de faire qc 2 **~ (von)** exempter (de) 3 (entlassen) licencier
Freistil M 1 SCHWIMMEN nage *f* libre 2 RINGEN lutte *f* libre **Freistoß** M coup franc **Freistunde** F SCHULE heure *f* (de) libre **Freitag** M vendredi *m*; → Montag **freitags** ADV le vendredi; tous les vendredis **Freitod** M suicide *m* **Freitreppe** F perron *m*; escalier extérieur **Freiübungen** FPL gymnastique *f* **Freiumschlag** M enveloppe timbrée **Freiwild** N *fig* proie *f*
freiwillig A ADJ volontaire; *Dienst, Hilfe* bénévole; (freigestellt) facultatif B ADV volontairement; **sich ~ melden (zu)** se proposer (pour)
Freiwillige(r) M/F(M) volontaire *m/f*; MIL engagé *m* **Freizeichen** N TEL 1 (Wählton) tonalité *f* 2 (Freiton) tonalité *f* signalisant que la ligne est libre
Freizeit F 1 loisir(s) *m(pl)*; temps *m* libre; **in der ~** pendant mes, *etc* loisirs 2 (Ferienfreizeit) camp *m* de vacances
Freizeitangebot N activités *fpl* de loisir **Freizeitbeschäftigung** F activité *f* de loisir; distraction *f* **Freizeitgestaltung** F organisation *f* des loisirs **Freizeithemd** N chemise *f* sport **Freizeitindustrie** F industrie *f* des loisirs **Freizeitkleidung** F tenue sport, décontractée **Freizeitpark** M parc *m* de loisirs
Freizeitwert M **e-n hohen ~ haben** offrir une large gamme de loisirs
Freizeitzentrum N centre socioculturel; *für Jugendliche* Maison *f* des jeunes
freizügig ADJ 1 (großzügig) généreux (a. finanziell); *Auslegung* large 2 (gewagt) osé; *Einstellung* libre **Freizügigkeit** F 1 générosité *f* 2 liberté *f*
fremd ADJ 1 (ausländisch) étranger 2 (e-s anderen) d'autrui; **~e Gelder** *npl* capitaux *mpl* d'emprunt 3 (unbekannt) étranger; **j-m ~ sein** être étranger à qn; **in e-r Stadt ~ sein** ne pas connaître une ville; **ich bin hier ~** je ne suis pas d'ici
fremdartig ADJ étrange
Fremde *geh* F **die ~** l'étranger *m*; **in der, in die ~** à l'étranger
Fremde(r) M/F(M) 1 (Auswärtige[r]) étranger, -ère *m,f*; (Unbekannte[r]) inconnu(e) *m(f)* 2 (Besucher[in]) visiteur *m*; touriste *m/f*
fremdeln, *schweiz* **fremden** VI *Kind* avoir peur des étrangers
fremdenfeindlich ADJ xénophobe
Fremdenführer(in) M(F) guide *m* **Fremdenhass** M xénophobie *f* **Fremdenlegion** F Légion étrangère **Fremdenverkehr** M tourisme *m* **Fremdenverkehrsamt** N syndicat *m* d'initiative; office *m* du tourisme **Fremdenzimmer** N chambre *f* (à louer)
fremdgehen *umg* VI être infidèle
Fremdherrschaft F domination étrangère **Fremdkapital** N capitaux empruntés, étrangers **Fremdkörper** M MED corps étranger; *fig* élément étranger **fremdländisch** ADJ étranger; exotique **Fremdsprache** F langue étrangère **Fremdspracheninstitut** N école *f* de langues **Fremdsprachenkorrespondent(in)** M(F) secrétaire *m/f* bilingue *bzw.* trilingue **Fremdsprachenunterricht** M enseignement *m* des langues étrangères **fremdsprachig** ADJ *Mensch, Land* de langue étrangère; *Text, Unterricht* en langue étrangère **fremdsprachlich** ADJ *Wort* d'une langue étrangère; *Unterricht* des langues étrangères **Fremdwort** N mot étranger, d'origine étrangère **Fremdwörterbuch** N dictionnaire *m* de mots d'origine étrangère (et de mots savants)
frenetisch ADJ frénétique
Frequenz F fréquence *f* (a. MED, PHYS)
Fresko N MAL fresque *f*
Fressalien *umg* FPL *umg* bouffe *f*
Fresse *sl* F (Mund, Gesicht) *umg* gueule *f*; **j-m die ~ polieren** *umg* casser la gueule à qn; **halt die ~!** *umg* (ferme) ta gueule!
fressen A VT u. VI 1 *von Tieren* manger 2 *sl von Menschen umg* bouffer; *umg fig* **j-n gefressen ha-**

ben *umg* avoir qn dans le nez; *umg hum* **j-n zum Fressen gernhaben** adorer qn **3** *umg fig (verschlingen) umg* bouffer **4** *Rost, Säure* ronger *(a. fig)* (**an etw** *[dat]* qc) **B** VR **sich durch, in etw** *(akk)* **~** pénétrer dans qc; *Rost* ronger qc

Fressen N **1** *der Tiere* nourriture *f* **2** *sl pej umg* bouffe *f*; *umg* **ein gefundenes ~** une aubaine

Fresserei *sl pej* F *umg* bouffe *f*; *Art des Essens* gloutonnerie *f*

Fresskorb *umg* M *zur Verpflegung* panier *m* de pique-nique; *als Geschenk* corbeille garnie de victuailles **Fressnapf** M écuelle *f* **Fresspaket** *umg* N colis *m* de victuailles, de bonnes choses **Fresssack** M *pej* goinfre *m*; glouton *m* **Fresssucht** F boulimie *f*

Frettchen N ZOOL furet *m*

Freude F joie *f*, plaisir *m* (**an** *[+ dat]* de); **vor ~** *(dat)* de joie; **zu meiner großen ~** à ma grande joie; **an etw** *(dat)* **~ haben** prendre plaisir à qc; aimer qc; **j-m mit etw ~ machen** *od* **bereiten** faire plaisir à qn avec qc

Freudenfest N fête *f* **Freudenhaus** N maison close, de tolérance **Freudenmädchen** N fille *f* de joie **Freudenschrei** M cri *m* de joie **Freudensprung** M saut *m* **Freudentag** M jour *m* de joie

Freudentanz M **e-n ~ aufführen** danser de joie

Freudentaumel M joie délirante; allégresse *f* **Freudentränen** FPL larmes *fpl* de joie

freudestrahlend ADJT *u.* ADVL rayonnant de joie; épanoui

freudig **A** ADJ joyeux; *Nachricht* heureux; bon; **~es Ereignis** *(Geburt)* heureux événement **B** ADV avec joie

freudlos ADJ sans joie; triste; *Leben a.* morne

freudsch ADJ freudien

freuen **A** V/T **es freut mich zu** *(+ inf)* je suis content, heureux de *(+ inf)*; **es freut mich, dass** je suis content, heureux que *(+ subj)*; **das freut mich** j'en suis content, heureux; cela me fait plaisir **B** V/R **sich** (**über etw** *[akk]*, **an etw** *[dat]*) **~** être content, heureux, se réjouir (de qc); **sich auf etw** *(akk)* **~** se réjouir de qc; **ich freue mich darauf** je m'en réjouis à l'avance; **sich (darüber) ~, dass** se réjouir que *(+ subj)*; être content, heureux que *(+ subj)*

Freund M **1** ami *m*; *umg* copain *m*; **gute**, *umg* **dicke ~e sein** être très amis **2** *(Geliebter)* petit ami; *umg* copain *m* **3** *(Anhänger)* amateur *m*; **kein ~ von etw sein** ne pas aimer qc

Freundchen N *drohend* **pass auf, ~!** gare à toi, mon petit ami!

Freundeskreis M (cercle *m* d')amis *mpl*
Freundin F **1** amie *f*; *umg* copine *f* **2** *(Geliebte)* petite amie; *umg* copine *f*

freundlich ADJ **1** *Person* aimable, gentil (**zu j-m** avec qn); **so ~ sein zu** *(+ inf)* avoir la gentillesse, l'amabilité de *(+ inf)*; **bitte recht ~!** souriez, s'il vous plaît! **2** *Dinge* agréable; *Empfang, Ton* aimable; *Atmosphäre* sympathique; *Wohnung, Miene* accueillant; *Wetter* beau

freundlicherweise ADV aimablement

Freundlichkeit F amabilité *f*; gentillesse *f*; **die ~ haben zu** *(+ inf)* avoir la gentillesse, l'amabilité de *(+ inf)*

Freundschaft F amitié *f*; **mit j-m ~ schließen** se lier d'amitié avec qn

freundschaftlich ADJ amical

Freundschaftsbesuch M visite amicale **Freundschaftsdienst** M service *m* d'ami **Freundschaftspreis** M prix *m* d'ami **Freundschaftsspiel** N match amical

Frevel *geh* M *(Missetat)* méfait *m*; REL sacrilège *m*

Friede M → Frieden

Frieden M paix *f*; **~ schließen** faire la paix (**mit j-m** avec qn); **um des lieben ~s willen** pour avoir la paix; de guerre lasse; *umg* **lass mich in ~!** laisse-moi tranquille!; *umg* fiche-moi la paix!

Friedensbemühungen FPL efforts *mpl* en faveur de la paix **Friedensbewegung** F mouvement *m* pacifiste **Friedensforschung** F études *fpl* sur la paix **Friedensinitiative** F **1** *Bemühungen* initiative *f* pour la paix **2** *Gruppe* mouvement *m* pacifiste **Friedenskonferenz** F conférence *f* de paix **Friedensnobelpreis** M prix *m* Nobel de la paix **Friedenspfeife** F calumet *m* de la paix **Friedenspolitik** F politique *f* de paix **Friedensprozess** M processus *m* de paix **Friedensschluss** M conclusion *f* de la paix **Friedenstaube** F colombe *f* de la paix **Friedenstruppe** F forces *fpl* de maintien de la paix **Friedensverhandlungen** FPL négociations *fpl* de paix **Friedensvertrag** M traité *m* de paix **Friedenszeit** F temps *m* de paix

friedfertig ADJ pacifique; paisible **Friedfertigkeit** F caractère *m* pacifique, paisible

Friedhof M cimetière *m*

friedlich ADJ **1** *(ohne Krieg)* pacifique; **auf ~em Wege** pacifiquement **2** *Charakter, Landschaft* paisible; calme; **sei doch ~!** garde ton calme!; ne t'énerve pas!

friedliebend ADJT pacifique

Friedrich M Frédéric *m*; HIST **~ der Große** Frédéric le Grand; *umg hum* **s-n ~ Wilhelm unter etw** *(akk)* **setzen** apposer sa signature au bas de qc

frieren **A** V/T **mich friert, es friert mich** j'ai froid **B** V/I **1** *Lebewesen* avoir froid; **ich friere**

F

sie friert — elle a froid

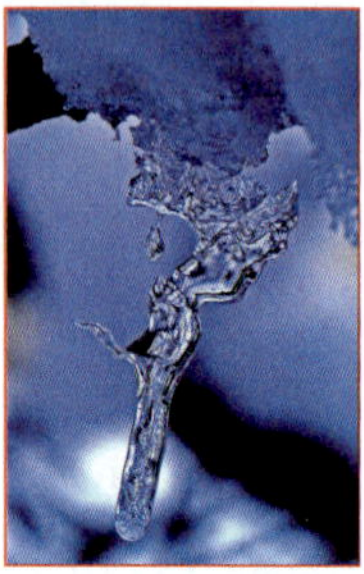

es friert — il gèle

an den Händen j'ai froid aux mains 2 *(gefrieren)* *Boden, Wasser* geler C V/UNPERS *(gefrieren)* **es friert** il gèle

Fries M frise *f*

Friese M, **Friesin** F Frison, -onne *m,f* **friesisch** ADJ frison **Friesland** N la Frise

frigid(e) ADJ frigide **Frigidität** F frigidité *f*

Frikadelle F boulette *f* de viande °hachée

Frikassee N fricassée *f* (! feminin)

Frisbee® N, **Frisbeescheibe** F frisbee® *m*

frisch A ADJ 1 frais *(a. Lebensmittel, Wunde, Farbe, Teint, Eindruck)*; *Wäsche* propre; *Blume* qu'on vient de cueillir; **mit ~en Kräften** avec une nouvelle énergie; **sich ~ machen** faire un brin de toilette 2 *(kühl)* frais; **es ist ~** il fait frais B ADV fraîchement; **~ gebügelt** qu'on vient de repasser; **~ gebacken** *Brot* frais; qui sort du four; → frischgebacken; **~ gestrichen!** peinture fraîche!

Frische F fraîcheur *f*; **geistige ~** jeunesse *f* d'esprit; *umg* **bis morgen in alter ~!** à demain!

Frischfleisch N viande fraîche

frischgebacken *umg fig* ADJT *Ingenieur etc* frais émoulu; **das ~e Ehepaar** les jeunes mariés *mpl*

Frischgemüse N légumes frais **Frischhaltebeutel** M sachet *m* fraîcheur **Frischhaltefolie** F film *m* plastique **Frischhaltepackung** F emballage *m* fraîcheur (pour aliments) **Frischkäse** M fromage frais **Frischling** M marcassin *m* **Frischluft** F air frais

frischmachen V/R → frisch A 1

Frischmilch F lait frais

Friseur M coiffeur *m* **Friseursalon** M salon *m* de coiffure

Friseuse F coiffeuse *f*

frisieren A V/T 1 *Haare* coiffer 2 *umg fig Zahlen, Bilanz* maquiller; *Motor* gonfler B V/R **sich ~** se coiffer

Frisiersalon M salon *m* de coiffure

Frisör M → Friseur

frisst → fressen

Frist F délai *m*; **innerhalb e-r ~ von acht Tagen** dans les °huit jours; **innerhalb der ~** dans les délais; **in kürzester ~** dans les plus brefs délais; **j-m e-e ~ setzen** fixer un délai à qn

fristen V/T **ein kümmerliches Dasein ~** vivoter; mener une existence misérable

fristgemäß, **fristgerecht** ADJ *u.* ADV dans les délais fixés **fristlos** ADJ *u.* ADV sans préavis

Fristverlängerung F prolongation *f* de délai

Frisur F coiffure *f*

Frittate F *österr* GASTR lamelle *f* de crêpes **Frittatensuppe** F *österr* consommé *m* aux lamelles de crêpes

Fritte *umg* F GASTR frite *f* **Frittenbude** *umg* F snack *m*; friterie *f*

Fritteuse F friteuse *f*

frittieren V/T frire

frivol ADJ *Geschichte, Blick* coquin; *Unterhaltung, Geschichte* léger; leste *(a. Witz)* **Frivolität** F caractère *m* leste; légèreté *f*

Frl. ABK (Fräulein) Mlle *od* Mlle

froh ADJ 1 *(erfreut)* content, heureux (**über** [+ *akk*] de); *(fröhlich)* joyeux; **~ sein zu** (+ *inf*) *bzw.* **dass ...** être content, heureux de (+ *inf*) *bzw.* que ... (+ *subj*); **sie kann ~ sein, dass ...** elle peut s'estimer heureuse que ... (+ *subj*) 2 *(Freude bringend)* joyeux; *Nachricht* bon; **~es Fest!** bonne fête!; **~e Ostern!** joyeuses Pâques!; bonnes fêtes de Pâques!

fröhlich ADJ joyeux; *(lustig)* gai; *von Natur aus* jovial **Fröhlichkeit** F gaieté *f*; *Charakterzug* jovialité *f*

Frohnatur F heureuse nature **Frohsinn** M bonne humeur; enjouement *m*

fromm ADJ pieux; *iron* **~er Wunsch** vœu pieux

Frömmigkeit F piété *f*; dévotion *f*

Fron F HIST, *geh fig* corvée *f*

Fronleichnam Fête-Dieu *f* **Fronleichnamsprozession** F procession *f* de la Fête-Dieu

Front F front *m* (a. METEO, *fig*); BAU façade *f*; **an der ~** au front; *fig* **gegen j-n, etw ~ machen** faire front à qn, qc; *fig* **die ~en haben sich verhärtet** on note de part et d'autre un durcissement de la situation

frontal ADJ *u.* ADV de front

Frontalangriff M MIL, *fig* attaque *f* de front **Frontalunterricht** M *cours traditionnel où l'enseignant fait face à sa classe* **Frontalzusammenstoß** M collision frontale

Frontantrieb M traction *f* avant **Frontwechsel** M *fig* changement *m* d'opinion; volte-face *f*

fror → frieren

Frosch M ZOOL grenouille *f*; *umg fig* **e-n ~ im Hals haben** avoir un chat dans la gorge; *umg* **sei kein ~!** allez, ne fais pas de manières!
Froschlaich M frai *m* de grenouille **Froschmann** M homme-grenouille *m* **Froschperspektive** F 1 FOTO contre-plongée *f* 2 *fig* point *m* de vue de l'humble spectateur **Froschschenkel** M cuisse *f* de grenouille
Frost M gelée *f*; *andauernder* gel *m*; **bei ~** quand il gèle; **es herrscht ~** il a gelé
frostbeständig ADJ résistant au gel
Frostbeule F engelure *f*
frösteln V/T u. V/I **ich fröst(e)le, mich fröstelt, es fröstelt mich** je frissonne; j'ai des frissons
Frostgefahr F risque *m* de gelée
frostig ADJ glacial; *fig Empfang* glacial; froid
Frostschaden M dégâts causés par le gel **Frostschutzmittel** N antigel *m*
Frottee N *od* M tissu *m* éponge **Frottee(hand)tuch** N serviette *f* éponge
frottieren V/T (u. V/R) (**sich ~** se) frotter; (se) frictionner
Frotzelei *umg* F taquinerie(s) *f(pl)*
frotzeln *umg* V/I se moquer (**über j-n, etw** de qn, qc)
Frucht F fruit *m* (*a. fig*); **Früchte tragen** porter des, *fig* ses fruits; **~ bringend** fructueux
fruchtbar ADJ AGR fertile; BIOL fécond (*a. fig Idee, Autor, Arbeit*); *Zusammenarbeit* fructueux; *fig Schriftsteller* **(sehr) ~** prolifique; **~ machen** fertiliser; *fig* **etw ~ machen für** faire profiter de qc à
Fruchtbarkeit F fécondité *f*; fertilité *f* (*beide a. fig*) **Fruchtbecher** M 1 *Eisbecher* coupe *f* de glace aux fruits 2 BOT cupule *f* **Fruchtblase** F MED poche *f* des eaux **Fruchtbonbon** N *od* M bonbon *m* aux fruits
Früchtchen *umg pej* N **ein sauberes ~** *umg* un drôle de coco
Früchtebrot N *etwa* gâteau *m* aux fruits séchés
Fruchteis N glace *f* aux fruits
fruchten V/I porter ses fruits; **etw ~** servir à qc; **(bei j-m) nichts ~** ne servir à rien (avec qn)
Fruchtfleisch N pulpe *f*; chair *f* **Fruchtfliege** F mouche *f* du vinaigre
Fruchtgeschmack M goût *m* de fruit(s); **mit ~** fruité
fruchtig ADJ fruité
Fruchtknoten M BOT ovaire *m* **fruchtlos** ADJ (*vergeblich*) infructueux; (*unergiebig*) stérile; sans résultat **Fruchtpresse** F presse-fruits *m* **Fruchtsaft** M jus *m* de fruits **Fruchtsäure** F acide contenu dans les fruits **Fruchtwasser** N liquide *m* amniotique **Fruchtwasseruntersuchung** F MED amniocentèse *f* **Fruchtzucker** M fructose *m*
früh A ADJ *Obst, Jahreszeit, Altern* précoce; *Tod* prématuré; **das ~e Mittelalter** le haut Moyen Âge B ADV tôt; de bonne heure; **von ~ bis spät** du matin au soir; **zu ~ kommen** arriver trop tôt
Früh F *österr* → Frühe
Frühaufsteher(in) M(F) lève-tôt *m*; **~ sein** être matinal, du matin
Frühchen *umg* N (*zu früh geborenes Kind*) prématuré(e) *m(f)*; enfant prématuré
Frühe F **in der ~** de bonne heure; de bon matin; **in aller ~** de grand matin
früher A ADJ 1 (*vergangen*) passé; **in ~en Zeiten** autrefois 2 (*ehemalig*) ancien (! steht immer vor dem Substantiv: unser früheres Haus = notre ancienne maison); ex-; **ihr ~er Mann** son ex-mari B ADV 1 (*eher*) plus tôt; *fig* **~ oder später** tôt *ou* tard 2 (*einst*) autrefois
Früherkennung F MED dépistage *m* précoce
frühestens ADV au plus tôt
Frühgeburt F *Entbindung* accouchement prématuré; *Kind* prématuré(e) *m(f)* **Frühgemüse** N primeurs *fpl* **Frühgeschichte** F protohistoire *f* **Frühgottesdienst** M premier service religieux, divin **Frühgymnastik** F gymnastique matinale **Frühherbst** M début *m* de l'automne
Frühjahr N printemps *m*; **im ~** au printemps
Frühjahrskollektion F MODE collection *f* de printemps **Frühjahrsmüdigkeit** F fatigue *f* (survenant au printemps) **Frühjahrsputz** M nettoyage *m* de printemps
Frühkartoffel F pomme *f* de terre nouvelle
Frühling M printemps *m*; *fig* renouveau *m*; **im ~** au printemps
Frühlingsanfang M début *m* du printemps **frühlingshaft** ADJ printanier **Frühlingsrolle** F pâté impérial **Frühlingssuppe** F potage printanier **Frühlingstag** M jour *m* de printemps
Frühmesse F première messe (du matin) **frühmorgens** ADV de bon, grand matin **Frühnebel** M brume matinale; brouillard matinal **frühreif** ADJ précoce (*a. fig*) **Frührente** F *wegen Krankheit* retraite anticipée; *im Vorruhestand* préretraite *f* **Frührentner(in)** M(F) *durch Krankheit* invalide *m/f* du travail; *im Vorruhestand* préretraité(e) *m(f)* **Frühschicht** F *Arbeit* poste *m* du matin; *Arbeiter* équipe *f* du matin **Frühschoppen** M rencontre conviviale (dominicale) où on prend un pot, un apéritif **Frühsport** M sport matinal **Frühstadium** N débuts *mpl*; premier stade
Frühstück N petit-déjeuner *m* **frühstücken** V/I prendre son petit-déjeuner

F

Das französische Frühstück

Das **Frühstück** fällt in Frankreich eher spärlich aus. Die meisten Franzosen beginnen den Tag mit einem Milchkaffee, **un café au lait**, und einem Butterbrot mit Marmelade, **une tartine**. In Cafés bekommt man zum Kaffee ein Blätterteighörnchen, **un croissant**, oder auch ein Schokoladenbrötchen, **un pain au chocolat**. Ein reichhaltiges Frühstücksbüfett gibt es nur in den Hotels der gehobenen Klasse.

LANDESKUNDE

Frühstücksbrettchen N planche *f* **Frühstücksbüfett** N buffet *m* de petit-déjeuner **Frühstücksei** N œuf à la coque (servi au petit-déjeuner) **Frühstücksfernsehen** N programme matinal de télévision (d'informations) **Frühstückspause** F pause *f* du petit-déjeuner **Frühstücksspeck** M bacon *m*

frühzeitig A ADJ 1 *(rechtzeitig)* à temps 2 *(vorzeitig)* précoce; prématuré B ADV 1 *(rechtzeitig)* à temps 2 *(vorzeitig)* tôt

Frust *umg* M frustration *f*

frusten *umg* V/T frustrer

Frustration F frustration *f* **frustrieren** V/T frustrer **frustrierend** ADJT frustrant

frz. ABK (französisch) français

Fuchs M 1 ZOOL, *Pelz* renard *m*; *umg fig* **alter ~** vieux renard; *umg fig* **schlauer ~** fin renard; malin *m*; *hum* **wo sich ~ und Hase gute Nacht sagen** dans un coin perdu; *umg* dans un bled 2 *Pferd* alezan *m*

Fuchsbau M tanière *f* du renard

fuchsen *umg* V/T *umg* turlupiner; agacer

Fuchsie F fuchsia *m*

Füchsin F renarde *f*

Fuchsjagd F chasse *f* au renard **Fuchspelz** M renard *m* **fuchsrot** ADJ roux; poil de carotte **Fuchsschwanz** M 1 ZOOL queue *f* de renard 2 *Säge* (scie *f*) égoïne *f*

fuchsteufelswild *umg* ADJ furieux; *umg* furibard; **~ werden** *a.* se fâcher tout rouge

Fuchtel *umg* F **unter j-s ~** *(dat)* **stehen** être sous la coupe de qn

fuchteln *umg* V/I gesticuler; **mit etw ~** agiter qc

Fuffziger M *regional* billet *m* de cinquante; *umg fig* **falscher ~** *(unaufrichtige Person) umg* faux jeton

Fug mit ~ und Recht à juste titre; à bon droit

Fuge F 1 BAU joint *m*; *fig* **aus den ~n geraten** se disloquer 2 MUS fugue *f*

fügen A V/T 1 *(setzen)* **etw auf etw** *(akk)* **~** poser qc sur qc; **etw an etw** *(akk)* **~** ajouter qc à qc 2 *geh (zusammenfügen)* assembler; joindre; *fig* **fest gefügte Ordnung** ordre établi B V/R **sich ~** 1 *(gehorchen)* obéir; se soumettre (**e-m Befehl** à un ordre) 2 **sich in sein Schicksal ~** se résigner à son sort

fügsam ADJ docile

Fügung F *des Schicksals* arrêt *m* du destin; *(Zusammentreffen)* coïncidence *f*; **glückliche ~** heureuse coïncidence; **durch Gottes ~** par la volonté de Dieu

fühlbar A ADJ 1 *(berührbar)* tangible *(a. fig)*; *(wahrnehmbar)* sensible 2 *fig Unterschied, Verbesserung* notable; *Fortschritt, Preiserhöhung* sensible B ADV sensiblement

fühlen A V/T sentir; *lebhaft* ressentir; **j-n etw ~ lassen** faire sentir qc à qn B V/I *(Gefühl haben)* réagir à des sensations; **nach etw ~** chercher qc à tâtons; **mit j-m ~** être de tout cœur avec qn C V/R **sich geschmeichelt** *etc* **~** se sentir flatté, *etc*; **sich als Held ~** se prendre pour un °héros; → wohlfühlen

Fühler M 1 *von Insekten* antenne *f*; *umg fig* **s-e ~ ausstrecken** tâter le terrain 2 *(Sensor)* capteur *m*

Fühlung F → Kontakt

fuhr → fahren

Fuhre F 1 *(Wagenladung)* charretée *f* 2 *(Transport)* transport *m*

führen A V/T 1 *(begleiten)* mener (**bei** *od* **an der Hand** par la main); conduire; *Blinden* guider 2 *(bringen)* mener; amener; **was führt Sie zu mir?** qu'est-ce qui vous amène ici? 3 *(leiten)* diriger; MIL *a.* commander; *Unternehmen a.* gérer; *Geschäft, Haushalt a.* tenir; *Touristen* guider; **die Geschäfte ~** gérer les affaires 4 *Gespräch* tenir; *Verhandlungen, Leben* mener; **ein Telefongespräch ~** téléphoner 5 *(tragen)* avoir; **s-e Papiere mit sich** *(dat)* **~** avoir ses papiers sur soi 6 *Namen, Titel* porter 7 *Kasse* tenir; *Buch, Tagebuch, Liste* tenir (**über** [+ *akk*] sur) 8 *Waffe, Pinsel, Feder, Kamera* manier 9 HANDEL *Artikel* avoir; vendre B V/I 1 *räumlich* mener (**nach, zu** à); *Tür* **auf die** *od* **zur Straße ~** (s')ouvrir, donner sur la rue; **durch etw ~** traverser qc; **zu etw ~** *a.* aboutir à qc *(a. fig)* 2 SPORT **(mit 1:0) ~** mener (par un à zéro) 3 *fig* **das führt zu nichts** cela ne mène à rien C V/R **sich gut, schlecht ~** se conduire bien, mal

führend ADJT *Person* de premier plan; *im Sport* qui mène; *Unternehmen* **~ sein in** (+ *dat*) être le numéro un, le leader dans

Führer M 1 *e-r Gruppe* chef *m*; dirigeant *m* 2 *für Touristen* guide *m* (*Person u. Buch*)

Führerausweis M *schweiz* → Führerschein

Führerhaus N cabine *f* **Führerin** F 1 *e-r Gruppe* chef *m*; dirigeante *f* 2 *für Touristen* guide *f* **führerlos** ADJ *u.* ADV *Fahrzeug* sans conduc-

teur; *Flugzeug* sans pilote; *Land, Gruppe* sans chef
Führerschein M permis *m* de conduire; **~ auf Probe** permis (de conduire) probatoire; **den ~ machen** passer son permis (de conduire)
Führerscheinentzug M retrait *m* du permis de conduire
Fuhrpark M parc *m* (de véhicules)
Führung F **1** *für Touristen* visite guidée **2** *e-r Gruppe, e-s Betriebs, Staats* direction *f*; MIL commandement *m*; **unter der ~ von** sous la direction de **3** SPORT avantage *m*; avance *f*; **in ~** (*dat*) **liegen** *in e-m Rennen, in der Tabelle* être en tête; *im Spiel* mener (**mit 1:0** [par] 1 à 0); **in ~** (*akk*) **gehen** prendre la tête **4** *von Verhandlungen, Geschäften* conduite *f*; *von Geschäften, e-s Haushalts a.* gestion *f*; *e-s Titels* port *m* **5** (*Verhalten*) conduite *f*
Führungskraft F cadre supérieur; manager *m* **Führungsspitze** F direction *f*; dirigeants *mpl* **Führungsstil** M style *m* de direction **Führungstor** N, **Führungstreffer** M but *m* qui donne l'avantage **Führungszeugnis** N certificat *m* de bonnes vie et mœurs
Fuhrunternehmen N entreprise *f* de transport **Fuhrwerk** N charrette *f*
Fülle F abondance *f*; (*Haarfülle*) épaisseur *f*; (*Körperfülle*) embonpoint *m*; (*Klangfülle*) volume *m*
füllen **A** VT remplir (**mit** de); GASTR farcir; **in etw** (*akk*) **~** verser dans qc **B** VR **sich ~** se remplir (**mit** de)
Füller M, **Füllfederhalter** M stylo *m* (à encre) **Füllgewicht** N poids net à l'emballage
füllig ADJ *Figur* replet; *Haar* bouffant
Füllung F **1** *Aktion* remplissage *m* **2** *von Polstern* rembourrage *m* **3** *e-s Zahns* plombage *m* **4** GASTR farce *f* **5** (*Türfüllung*) panneau *m*
Fummel *umg* M *umg* fringues *fpl*
fummeln *umg* VI **1** **an, in etw** (*dat*) **~** tripoter qc **2** *sexuell umg* peloter qn
Fund M objet trouvé; *glücklicher* trouvaille *f*
Fundament N **1** BAU fondations *fpl*; **das ~ legen** faire, jeter les fondations **2** *fig* base *f*
fundamental ADJ fondamental **Fundamentalismus** M REL intégrisme *m*; POL extrémisme *m* **Fundamentalist(in)** M(F) REL intégriste *m/f*; POL extrémiste *m/f* **fundamentalistisch** ADJ REL intégriste; POL extrémiste
Fundamt N, **Fundbüro** N bureau *m* des objets trouvés **Fundgrube** F *fig* mine *f*
Fundi *umg* M/F BRD extrémiste *m/f*; jusqu'au-boutiste *m/f* (dans le parti des Verts)
fundiert ADJT *Kritik* fondé; *Argument* solide; *Wissen* approfondi
fündig ADJ **~ werden** découvrir un gisement exploitable; *fig* trouver qc
Fundort M endroit *m* où un objet a été trouvé; ARCHÄOLOGIE site *m* archéologique **Fundsache** F objet trouvé
Fundus M (*Grundstock*) fonds *m*
fünf NUM cinq; *umg fig* **~(e) gerade sein lassen** passer sur qc; → acht
Fünf F **1** *Zahl* cinq *m* **2** (*Schulnote*) *in Frankreich etwa* six *m*, sept *m*, °huit *m* (sur vingt)
fünf... → **acht...**
Fünfeck N pentagone *m* **fünfeckig** ADJ pentagonal
fünfeinhalb NUM cinq et demi
Fünfer M **1** *umg* pièce *f* de cinq cents **2** (*Fünf*) cinq *m*; → Fünf
fünferlei ADJ de cinq sortes, espèces différentes
Fünfeuroschein M billet *m* de cinq euros
fünffach **A** ADJ quintuple; → achtfach **B** ADV cinq fois plus; au quintuple **Fünffache(s)** N quintuple *m* **fünfhundert** NUM cinq cent(s) **fünfjährig** ADJ (*fünf Jahre alt*) (âgé) de cinq ans; (*fünf Jahre lang*) de cinq ans; qui dure cinq ans **Fünfjährige(r)** M/F(M) garçon *m*, fille *f* de cinq ans
Fünfkampf M pentathlon *m*; **moderner ~** pentathlon moderne
Fünfkämpfer M pentathlonien *m* **Fünfling** M quintuplé(e) *m(f)*
fünfmal ADV cinq fois **fünfstellig** ADJ de *od* à cinq chiffres
Fünfsternehotel N palace *m*; hôtel *m* catégorie luxe
fünft ADV **zu ~** à cinq; **zu ~ sein** être cinq
Fünftagewoche F semaine *f* de cinq jours
fünftausend NUM cinq mille
fünfte NUM cinquième; → achte
Fünftel N cinquième *m*
fünftens ADV cinquièmement
fünfzehn NUM quinze; **etwa, rund ~ (Personen)** une quinzaine (de personnes); → acht
fünfzig NUM cinquante; **etwa, rund ~ (Personen)** une cinquantaine (de personnes); **etwa, rund ~ (Jahre alt) sein** avoir la cinquantaine; → achtzig
Fünfzig F cinquante *m*
fünfziger ADJ **die ~ Jahre** NPL les années *fpl* cinquante
Fünfziger *umg* M **1** *Geldschein* billet *m* de cinquante **2** *Münze* pièce *f* de cinquante cents
fünfzigjährig ADJ (*fünfzig Jahre alt*) (âgé) de cinquante ans; (*fünfzig Jahre lang*) de cinquante ans; qui dure cinquante ans **Fünfzigjährige(r)** M/F(M) quinquagénaire *m/f*; homme *m*, femme *f* de cinquante ans
Fünfzimmerwohnung F appartement *m*

de cinq pièces
fungieren VI ~ **als** faire fonction de
Funk M radio *f*; **über ~** *(akk)* par radio
Funkamateur M radioamateur *m*
Fünkchen N → Funke 2
Funke M **1** étincelle *f* (*a. fig*); **~n sprühen** jeter des étincelles **2** *fig* **kein ~ Ehrgeiz** *etc* pas la moindre ambition, *etc*; **ein ~n Hoffnung** une lueur d'espoir

F

funkeln VI étinceler; *Augen* **vor Freude** *(dat)* **~** pétiller de joie
funkelnagelneu *umg* ADJ flambant neuf
funken **A** VT transmettre, émettre par radio **B** *umg fig* V/UNPERS **es hat gefunkt** *(es hat Krach gegeben) umg* ça a bardé; *(sie haben sich verliebt)* ça a fait tilt; **es hat bei ihr gefunkt** *umg* elle a pigé
Funken M → Funke
Funker M (opérateur *m*) radio *m*
Funkfrequenz F fréquence *f* de radio **Funkgerät** N (poste *m*) émetteur-récepteur *m* **Funkgespräch** N conversation *f* radiotéléphonique **funkgesteuert** ADJT radioguidé **Funkhaus** N maison *f* de la radio **Funkloch** N zone *f* °hors réseau **Funkmeldung** F → Funkspruch **Funknetz** N réseau *m* de stations de radio **Funksprechgerät** N talkie-walkie *m* **Funkspruch** M message *m* radio **Funkstille** F interruption *f* des émissions radio **Funkstreife** F (patrouille *f* de) policiers *mpl* en voiture radio **Funkstreifenwagen** M voiture *f* de radio de la police **Funktaxi** N radio-taxi *m* **Funktelefon** N radiotéléphone *m*
Funktion F fonction *f*; **in s-r ~ als ...** en sa fonction de ...
funktional ADJ fonctionnel
Funktionär M permanent *m*
funktionell ADJ fonctionnel
funktionieren VI fonctionner
funktionsfähig ADJ qui fonctionne **Funktionstaste** F touche *f* de fonction
Funkturm M tour émettrice de radio **Funkuhr** F *öffentliche* horloge radiopilotée; *Armbanduhr* montre radiopilotée; *Wanduhr* pendule radiopilotée **Funkverbindung** F liaison *f* radio **Funkverkehr** M radiocommunications *fpl* **Funkwecker** M réveil radiopiloté
Funzel *umg* F *umg* loupiote *f*
für PRÄP **1** *Ziel, Bestimmung* pour; **das ist ~ dich** c'est pour toi; **~ sich** *(allein)* (tout) seul; **das ist e-e Sache ~ sich** c'est une chose à part **2** *umg (gegen)* **~ den Husten** pour la toux **3** *Preis* pour; **~ zehn Euro** pour dix euros **4** *Vergleich* pour; **er ist groß ~ sein Alter** il est grand pour son âge **5** *(zugunsten)* en faveur de; pour; **~ j-n, etw sein** être pour qn, qc; **das Für und Wider** le pour et le contre **6** *Zeitpunkt, Zeitspanne* pour; **~ ein Jahr** pour un an **7** *(an j-s Stelle)* pour
Fürbitte F intercession *f*; **bei j-m ~ einlegen** intercéder auprès de qn
Furche F AGR sillon *m*
Furcht F crainte *f*, peur *f* (**vor** [+ *dat*] de); **~ haben** avoir peur (**vor j-m, etw** de qn, qc); **j-m ~ einflößen** faire peur à qn; **~ einflößend, ~ erregend** effrayant; intimidant; **aus ~ vor Strafe** par crainte de la punition
furchtbar **A** ADJ **1** *(schrecklich)* terrible; affreux; **das ist ja ~!** mais c'est terrible, affreux! **2** *umg (unangenehm)* épouvantable; atroce; *(groß, stark)* terrible **B** ADV terriblement; affreusement; *umg* **~ schwierig** terriblement difficile; *umg* **~ dumm** très bête
fürchten **A** VT craindre; *plus fort* redouter; **ich fürchte, es ist zu spät** *od* **dass es zu spät ist** je crains qu'il (ne) soit trop tard **B** V/R **sich (vor j-m, etw) ~** avoir peur (de qn, qc)
fürchterlich → furchtbar
furchterregend ADJT effrayant; intimidant **furchtlos** ADJ intrépide
füreinander ADV l'un(e) pour l'autre *bzw.* les un(e)s pour les autres
Furie F MYTH, *fig* furie *f*
Furnier N placage *m*
furnieren VT plaquer; **Eiche furniert** en chêne plaqué
Furore ~ machen faire fureur
fürs = für das
Fürsorge F *staatliche* assistance *f*; *(Sozialhilfe)* aide sociale; *liebevolle* sollicitude *f*
fürsorglich **A** ADJ plein de sollicitude **B** ADV avec sollicitude
Fürsprache F intercession *f*; **bei j-m für j-n ~ einlegen** intercéder auprès de qn en faveur de qn
Fürsprecher(in) M(F) avocat(e) *m(f)*
Fürst M prince *m*
Fürstentum N principauté *f*; **das ~ Monaco** la principauté de Monaco
Fürstin F princesse *f*
fürstlich **A** ADJ princier (*a. fig*); *fig Pracht, Gehalt, Trinkgeld* royal **B** ADV princièrement; comme un prince; *bewirten* royalement
Furt F gué *m*
Furunkel M *od* N furoncle *m*
Fürwort N pronom *m*
Furz *sl* M *umg* pet *m*; **e-n ~ lassen** *sl* lâcher un pet
furzen *umg* VI *umg* péter
Fusel *umg* M *umg* tord-boyaux *m*
Fusion F fusion *f*
fusionieren VI fusionner
Fuß M **1** ANAT pied *m* (*a. e-r Lampe, e-s Möbel-*

stücks); von Tieren patte *f*; **bei ~!** au pied!; **mit nackten Füßen** nu-pieds; pieds nus; **zu ~ gehen** aller à pied **2** *fig* **stehenden ~es** sur-le-champ; *geh* **j-m zu Füßen liegen** être aux pieds de qn; **auf eigenen Füßen stehen** être indépendant; *Jugendlicher* voler de ses propres ailes; **(festen) ~ fassen** arriver, réussir à s'imposer; *Unternehmen* prendre pied; **j-n auf freien ~ setzen** relâcher qn; JUR relaxer qn; **auf großem ~ leben** vivre sur un grand pied; mener grand train **3** *e-s Bergs* pied *m*; **am ~** (+ *gen*) au pied de **4** *Längenmaß* pied *m*

Fußabdruck M empreinte *f* de pied **Fußabstreifer** M (*Fußmatte*) paillasson *m*; (*Rost*) décrottoir *m* **Fußangel** F piège *m* à mâchoires (pour hommes); *fig* chausse-trap(p)e *f* **Fußbad** N bain *m* de pieds

Fußball M **1** *Ball* ballon *m* de football **2** *Spiel* football *m*; **~ spielen** jouer au football

Fußballanhänger(in) M(F) amateur *m* de, fervent(e) *m(f)* du football

Fußballen M (éminence formée sur la) plante antérieure du pied

Fußballer(in) *umg* M(F) → Fußballspieler(in)

Fußballfan M supporter *m* de football, *umg* de foot **Fußballmannschaft** F équipe *f* de football **Fußballmeister** M champion *m* de football, *umg* de foot **Fußballmeisterschaft** F championnat *m* de football, *umg* de foot **Fußballplatz** M terrain *m* de football **Fußballschuh** M chaussure *f* de football, *umg* de foot **Fußballspiel** N match *m* de football **Fußballspieler(in)** M(F) joueur, -euse *m,f* de football; footballeur, -euse *m,f* **Fußballtor** N but *m* de football **Fußballtoto** N *od* M loto sportif **Fußballtrainer** M entraîneur *m* de football **Fußballverband** M fédération *f*, association *f* de football **Fußballverein** M club *m* de football **Fußballweltmeisterschaft** F Coupe *f* du monde de football

Fußbett N assise *f* du pied (dans des chaussures)

Fußboden M plancher *m* **Fußbodenbelag** M revêtement *m* de sol **Fußbodenheizung** F chauffage *m* par le sol, le plancher

Fußbremse F frein *m* à pied

Fussel F peluche *f*

fusselig ADJ pelucheux; *umg fig* **sich** (*dat*) **den Mund ~ reden** *umg* perdre sa salive

fusseln VI pelucher

füßeln *umg* VI faire du pied (**mit j-m** à qn)

Fußende N pied *m* (du lit)

Fußgänger(in) M(F) piéton *m* **Fußgängerüberweg** M passage *m* pour piétons **Fußgängerzone** F zone piétonne, piétonnière

Fußgelenk N articulation *f* du pied

fußhoch **A** ADJ °haut d'un pied **B** ADV **das Wasser steht ~** on a de l'eau jusqu'aux chevilles

Fußkettchen N *Schmuck* chaînette *f* autour du pied **Fußknöchel** M cheville *f* **fußkrank** ADJ qui a mal aux pieds; qui a des problèmes de pied(s) **Fußleiste** F plinthe *f* **Fußmarsch** M marche *f* (à pied) **Fußmatte** F paillasson *m* **Fußnagel** M ongle *m* (d'un orteil) **Fußnote** F note *f* au bas de la page **Fußpfad** M sentier *m* **Fußpflege** F soins *mpl* des pieds **Fußpfleger(in)** M(F) pédicure *m/f* **Fußpilz** M mycose *f* du pied **Fußraste** F *am Motorrad etc* repose-pied *m* **Fußreflexzonenmassage** F massage *m* des zones réflexes (des pieds) **Fußsohle** F plante *f* du pied **Fußspur** F trace *f* de pas

Fußstapfen M empreinte *f* de pas; *fig* **in j-s ~** (*akk*) **treten** marcher sur les traces de qn

Fußtritt M coup *m* de pied **Fußvolk** N *pej* piétaille *f* **Fußweg** M sentier *m*

Futon M futon *m*

futsch *umg* ADJ (*kaputt*) *umg* fichu; *sl* foutu; (*weg*) perdu

Futter[1] N *für Tiere* nourriture *f*; (*Viehfutter*) fourrage *m*; **~ geben** donner à manger

Futter[2] N MODE doublure *f*

Futteral N étui *m*; gaine *f*

Futterkrippe F mangeoire *f*

futtern *umg* VT u. VI *umg* bouffer

füttern[1] VT **1** *Tier, Person* donner à manger à **2** *fig Computer* **mit Daten ~** alimenter en données

füttern[2] VT MODE doubler (**mit** de); *mit Pelz* fourrer

Futternapf M écuelle *f* **Futterneid** M jalousie *f* (*a. umg fig*) **Futtertrog** M auge *f*; mangeoire *f*

Fütterung F *des Viehs* alimentation *f*; **die ~ der Raubtiere** le repas des fauves

Futur N GRAM futur *m*; **zweites ~** futur antérieur

futuristisch ADJ futuriste

G

G, g N 1 G, g *m* 2 MUS sol *m*
g ABK (Gramm) g
G 8 N ABK (achtjähriges Gymnasium) *enseignement secondaire allemand en huit ans (au lieu de neuf)*
gab → geben
Gabe F 1 *geh (Spende)* don *m*; **milde ~** aumône *f* 2 *geh (Geschenk)* présent *m* 3 *(Begabung)* don *m*
Gabel F 1 *(Essgabel)* fourchette *f* 2 *(Mistgabel, Fahrradgabel, Astgabel)* fourche *f*; *(Telefongabel)* support *m* **Gabelbissen** M amuse-gueule *m*; *(Heringshappen)* filet *m* de hareng mariné (dans du vinaigre, *etc*) **Gabelfrühstück** N lunch *m*
gabeln V/R **sich ~** bifurquer
Gabelstapler M chariot élévateur **Gabelung** F bifurcation *f* **Gabelzinke** F dent *f* de fourche(tte)
Gabentisch M table *f* des cadeaux
gackern V/I 1 *Huhn* caqueter 2 *umg fig (kichern)* glousser
gaffen V/I *pej* regarder bouche bée **Gaffer** M *pej* badaud *m*
Gag M gag *m*
Gage F cachet *m*
gähnen V/I bâiller
Gala F 1 *Kleidung* tenue *f* de gala 2 *Veranstaltung* gala *m* **Galaabend** M soirée *f* de gala **Galadiner** N dîner *m* de gala
galant ADJ galant
Galapagosinseln FPL îles *fpl* Galapagos
Galavorstellung F (soirée *f* de) gala *m*
Galaxie F galaxie *f*
Galeere F galère *f*
Galerie F ARCH, *(Kunstgalerie)* galerie *f*
Galerist(in) M(F) galeriste *m/f*
Galgen M potence *f*; gibet *m* **Galgenfrist** F dernier sursis **Galgenhumor** M humour *m* macabre **Galgenvogel** *umg* M *Person* gibier *m* de potence
Galionsfigur F figure *f* de proue *(a. fig)*
Galle F 1 *Flüssigkeit* bile *f*; *fig* **mir läuft die ~ über** la moutarde me monte au nez 2 *(Gallenblase)* vésicule *f* biliaire
galle(n)bitter ADJ très amer
Gallenblase F vésicule *f* biliaire **Gallenkolik** F colique *f* hépatique **Gallenstein** M calcul *m* biliaire
Gallert N gelée *f* **gallertartig** ADJ gélatineux
Gallien N HIST la Gaule **Gallier(in)** M(F) Gaulois(e) *m(f)* **gallisch** ADJ gaulois
Galopp M galop *m*; **im ~** au galop *(a. fig)*
galoppieren V/I galoper
galoppierend ADJT *fig* galopant
Galopprennbahn F hippodrome (aménagé pour courses au galop) **Galopprennen** N course *f* au galop
galt → gelten
Gamasche F guêtre *f*
Gameboy® M Gameboy® *m od f*
gammelig *umg* ADJ 1 *Person* débraillé 2 *Nahrungsmittel* pourri
Gammellook *umg* M look (sciemment) négligé
gammeln *umg* V/I 1 *Person umg* glander 2 *Nahrungsmittel* pourrir **Gammler** *umg* M beatnik *m*; *umg* glandeur *m*
Gamsbart M touffe *f* de poils de chamois *(ornant un chapeau tyrolien)*
Gämse F chamois *m*
gang das ist ~ und gäbe c'est tout à fait courant
Gang M 1 *(Gehen)* marche *f*; **in ~ bringen** *Maschine* mettre en marche; actionner; *Gespräch* entamer; **in ~ kommen** *Maschine* se mettre en marche; *fig* démarrer 2 *(Verlauf)* cours *m*; *von Geschäften* marche *f*; **im ~(e) sein** être en cours; **in vollem ~e sein** battre son plein; **s-n (gewohnten) ~ gehen** suivre son cours 3 *(Gehweise)* démarche *f*; allure *f* 4 *(Besorgung)* démarche *f*; *(Rundgang)* tour *m* 5 *(Flur)* couloir *m* *(a. im Zug, Bus, Flugzeug)*; *im Kino, Theater* allée *f*; **auf dem ~** dans le couloir 6 *unterirdischer* souterrain *m*; galerie *f*; BERGBAU filon *m*; veine *f* 7 GASTR plat *m* 8 AUTO vitesse *f*; **den ersten ~ einlegen** passer en première
Gangart F allure *f*
Gängelband N **j-n am ~ führen** tenir qn en laisse
gängeln *umg pej* V/T commander; régenter

▶ **Gage ≠ gage**

Die **Gage** dieses Schauspielers ist noch nicht sehr hoch.	Le **cachet** de cet acteur n'est pas encore très élevé.
Pour ce jeu, il faut laisser un **gage**.	Für dieses Spiel muss man ein **Pfand** hinterlegen.

FALSCHE FREUNDE

Gallien

Spätestens seit der Lektüre unseres ersten Asterix-Bandes wissen wir, dass Asterix, Obelix und Majestix keine Franzosen, sondern Gallier waren – und dass die Hauptstadt zur damaligen Zeit noch nicht *Paris*, sondern *Lutetia* (**Lutèce**) hieß.
Im Altertum war *Gallia* (frz. **la Gaule**) die Bezeichnung für die Regionen, die im Osten vom Rhein und den Alpen, im Süden vom Mittelmeer, im Westen von den Pyrenäen und im Norden von der Atlantik- und Kanalküste begrenzt wurden. Im Jahre 60 v. Chr., also zur Zeit Cäsars, setzte sich Gallien aus den drei Teilen **la Gaule Belgique**, **la Gaule Celtique** und **l'Aquitaine** zusammen. Der heutige **Midi de la France** von Toulouse über Nîmes bis nach Marseille war bereits römische Provinz mit der Hauptstadt Narbonne. Gallien war von den sogenannten Festlandkelten bewohnt, deren Sprache mit dem heutigen Französisch nichts gemein hatte. Erst ab dem Jahr 52 v. Chr., nachdem der Gallierfürst Vercingetorix die berühmte Schlacht von Alesia gegen Cäsar verloren hatte, konnte sich das Vulgärlateinische (das Latein, so wie es das Volk sprach) in ganz Gallien ausbreiten. Von einer französischen Sprache kann man erst ab dem 9. Jahrhundert nach Christi Geburt sprechen. Das zu dieser Zeit gesprochene Französisch nennt man *Altfranzösisch* (**l'ancien français**).

LANDESKUNDE

gängig ADJ **1** (*üblich*) courant **2** *Produkt, Artikel* qui se vend bien
Gangschaltung F *im Auto* changement *m* de vitesse; *am Fahrrad* dérailleur *m*
Gangster M gangster *m* **Gangsterbande** F gang *m* **Gangsterboss** *umg* M *umg* caïd *m*; chef *m* de gang **Gangsterbraut** *umg* F *umg* nana *f* de gangster
Gangway F SCHIFF, FLUG passerelle *f*
Ganove *umg* M malfaiteur *m*; voyou *m*; *umg* malfrat *m*
Gans F oie *f*; *fig* **dumme ~** dinde *f*; *umg* cruche *f*; *umg* bécasse *f*
Gänseblümchen N pâquerette *f* **Gänsebraten** M oie rôtie **Gänsebrust** F poitrine *f* d'oie; GASTR blanc *m* d'oie **Gänsefüßchen** *umg fig* NPL guillemets *mpl*
Gänsehaut F *fig* chair *f* de poule; **e-e ~ bekommen** avoir la chair de poule
Gänsekeule F cuisse *f* d'oie **Gänsekiel** M plume *f* d'oie (*servant à écrire*) **Gänseleber** F foie *m* d'oie **Gänseleberpastete** F foie gras
Gänsemarsch M **im ~** en file indienne; à la queue leu leu
Gänserich M jars *m*
Gänseschmalz N graisse *f* d'oie **Gänsewein** *umg hum* M eau *f*; *umg* flotte *f*
ganz **A** ADJ **1** (*gesamt*) tout; entier; **das ~e Brot** tout le pain; **die ~e Welt** le monde entier; **~ Paris** tout Paris; **in ~ Frankreich** dans toute la France **2** (*vollständig*) entier; **ein ~es Brot** un pain entier **3** *umg* (*unversehrt*) intact; entier; **etw wieder ~ machen** réparer, refaire qc **4** *umg* (*alle*) **die ~en Leute** tout le monde **B** ADV **1** (*vollkommen*) entièrement; complètement; **ein Buch ~ lesen** lire un livre en entier; **er ist ~ der Vater** c'est tout à fait son père; *umg* c'est son père tout craché **2** *verstärkend* tout; *plus fort* tout à fait; *meist bei Verben* entièrement; **sie ist ~ gerührt** elle est tout émue; **~ wie du willst** *od* **meinst** c'est comme tu veux; **~ und gar** tout à fait; absolument; **~ und gar nicht** pas du tout **3** *einschränkend* assez; pas mal; **die Bezahlung ist ~ gut** on est pas mal payé
Ganze(s) N tout *m*; ensemble *m*; *umg* **aufs Ganze gehen** aller droit au but; risquer le tout pour le tout; **es geht ums Ganze** tout est en jeu
ganzheitlich ADJ global
Ganzheitsmedizin F *approche globale du malade*
ganzjährig **A** ADJ qui dure (toute) une année **B** ADV (pendant) toute l'année; **~ geöffnet** ouvert toute l'année
Ganzkörpermassage F massage *m* de tout le corps
gänzlich ADV totalement; entièrement
ganzmachen *umg* V/T → ganz A 3
ganztägig **A** ADJ qui dure toute la journée **B** ADV **~ geöffnet** ouvert toute la journée
ganztags ADV (pendant) toute la journée **Ganztagsbeschäftigung** F poste *m*, emploi *m* à plein temps **Ganztagsschule** F *école avec des cours le matin et l'après-midi* (! in Frankreich gibt es nur Ganztagsschulen und meist haben die Schüler nur einen schulfreien Nachmittag in der Woche)
gar[1] ADJ GASTR à point; (assez) cuit
gar[2] ADV **1** (*überhaupt*) **~ nicht** pas du tout; **~ niemand** absolument personne; **~ nichts** rien du tout **2** *verstärkend* **~ zu bescheiden** beaucoup trop modeste; **~ zu gern würde ich** (+ *inf*) j'aimerais tellement (+ *inf*); **oder ~** ou même

G

Garage F garage *m* (! maskulin)
Garageneinfahrt F entrée *f* d'un, de garage; *Aufschrift a.* sortie *f* de véhicule **Garagenstellplatz** M box *m* **Garagentor** N porte *f* de garage **Garagenwagen** M voiture peu utilisée, garée en permanence dans un garage
Garant M garant *m* (**für** de)
Garantie F *vom Hersteller, fig* garantie *f*; **mit, ohne ~** avec, sans garantie; **darauf habe ich noch ~** c'est encore sous garantie; **ein Jahr ~ haben** être garanti un an; *fig* **die ~ für etw übernehmen** se porter garant de qc; *umg* **das ist unter ~ gelogen!** c'est sûrement des mensonges!
Garantiefrist F délai *m* de garantie
garantieren A VT (**j-m**) **etw ~** garantir qc (à qn) B VI **für j-n, etw ~** se porter garant de qn, qc
garantiert ADV *umg fig* **das ist ~ gelogen** c'est sûrement des mensonges
Garantieschein M bon *m* de garantie
Garantiezeit F délai *m* de garantie; **die ~ für meine Uhr ist abgelaufen** je n'ai plus de garantie sur ma montre; ma montre n'est plus sous garantie
Garaus M **j-m den ~ machen** donner le coup de grâce à qn
Garbe F AGR, MIL gerbe *f*
Gardasee der ~ le lac de Garde
Garde F garde *f* (*a. fig*)
Gardenie F gardénia *m*
Garderobe F 1 (*Kleider*) garde-robe *f* 2 (*Kleiderablage*) vestiaire *m*; (*Flurgarderobe*) portemanteau *m* 3 (*Umkleideraum e-s Künstlers*) loge *f*
Garderobenfrau F dame *f* du vestiaire **Garderobenmarke** F, **Garderobennummer** F numéro *m* de vestiaire **Garderobenständer** M portemanteau *m*
Gardine F rideau *m*; *umg hum fig* **hinter schwedischen ~n** *umg* à l'ombre
Gardinenpredigt *umg* F *umg* savon *m*; **j-m e-e ~ halten** *umg* passer un savon à qn
Gardinenring M anneau *m* de rideau **Gardinenstange** F tringle *f* à rideaux
garen VT cuire (à point)
gären A VI fermenter B V/UNPERS *fig* **es gärt im Volk** le peuple est en effervescence
Garn N fil *m*
Garnele F crevette *f*
garnieren VT garnir (**mit** de) **Garnierung** F garniture *f*
Garnison F garnison *f*
Garnitur F 1 (*Satz zusammengehöriger Dinge*) assortiment *m*; (*Wäschegarnitur*) parure *f*; (*Möbelgarnitur*) ensemble *m* 2 *umg fig* **die erste ~** l'élite *f*
Garnrolle F bobine *f* de fil **Garnspule** F can(n)ette *f*
garstig ADJ (*böse*) méchant; (*abscheulich*) répugnant; affreux
Garten M jardin *m*; **botanischer, zoologischer ~** jardin botanique, zoologique; **im ~ arbeiten** jardiner
Gartenarbeit F jardinage *m* **Gartenbau** M horticulture *f* **Gartencenter** N jardinerie *f* **Gartenerde** F terreau *m* **Gartenfest** N (grande) fête dans un jardin; garden-party *f* **Gartengerät** N outil *m* de jardinage **Gartengrill** M barbecue *m* **Gartenhäuschen** N cabane *f* (de jardin) **Gartenlaube** F tonnelle *f* **Gartenlokal** N restaurant *m*, café *m* avec jardin **Gartenmöbel** NPL meubles *mpl* de jardin **Gartenparty** F → Gartenfest **Gartenschau** F exposition *f* horticole **Gartenschere** F sécateur *m* **Gartenschlauch** M tuyau *m* d'arrosage **Gartenstadt** F cité-jardin *f* **Gartenstuhl** M chaise *f* de jardin **Gartentisch** M table *f* de jardin **Gartenwirtschaft** F → Gartenlokal **Gartenzaun** M clôture *f* de jardin **Gartenzwerg** M nain *m* de jardin
Gärtner(in) M(F) jardinier, -ière *m,f*; (*Gartenbautreibende[r]*) horticulteur, -trice *m,f* **Gärtnerei** F établissement *m* horticole
Gärung F fermentation *f*
Garzeit F (temps *m* de) cuisson *f*
Gas N 1 CHEM, *im Haushalt* gaz *m* 2 AUTO **~ geben** accélérer (*a. umg fig*); *umg* appuyer sur le champignon; **das ~ wegnehmen** lever le pied 3 *umg* (*Gaspedal*) accélérateur *m*
Gasexplosion F explosion *f* de gaz **Gasfeuerzeug** N briquet *m* à gaz **Gasflamme** F flamme *f* du gaz **Gasflasche** F bouteille *f* de gaz **gasförmig** ADJ gazeux **Gasgeruch** M odeur *f* de gaz **Gashahn** M robinet *m* à gaz **Gasheizung** F chauffage *m* au gaz **Gasherd** M gazinière *f*; cuisinière *f* à gaz **Gaskammer** F chambre *f* à gaz **Gaskocher** M réchaud *m* à gaz **Gasleitung** F canalisation *f* de gaz; (*Überlandgasleitung*) gazoduc *m* **Gasmaske** F masque *m* à gaz
Gasometer M gazomètre *m*
Gaspedal N accélérateur *m* **Gasrohr** N tuyau *m* à gaz
Gässchen N ruelle *f*
Gasse F 1 rue étroite; ruelle *f* 2 (*Durchgang*) passage *m* **Gassenhauer** *umg* M rengaine *f*; chanson *f*, refrain *m* populaire
Gassi *umg* (**mit dem Hund**) **~ gehen** sortir le chien
Gast M 1 *eingeladener* invité(e) *m(f)*; hôte *m*; *beim Essen a.* convive *m/f*; (*Besucher*) visiteur, -euse *m,f*; **ein ungebetener ~** un(e) intrus(e); **bei j-m zu**

~ **sein** être l'invité(e) de qn **2** *e-s Restaurants, e-s Hotels* client(e) *m(f)*
Gastarbeiter(in) *oft neg!* M(F) travailleur, -euse *m,f* immigré(e) **Gastdozent(in)** M(F) professeur *m/f* (d'enseignement supérieur) invité(e)
Gästebuch N livre *m* d'hôtes **Gästehandtuch** N essuie-mains *m* (pour invités) **Gäste-WC** N deuxième W.-C. *m* **Gästezimmer** N chambre *f* d'ami(s)
Gastfamilie F famille *f* d'accueil **gastfreundlich** ADJ hospitalier **Gastfreundschaft** F hospitalité *f* **Gastgeber(in)** M(F) hôte, -esse *m,f* **Gastgeschenk** N cadeau *m* (d'un invité à son hôte) **Gasthaus** N, **Gasthof** M auberge *f* **Gasthörer(in)** M(F) auditeur, -trice *m,f* libre
gastieren V/I se produire, jouer (en tournée)
Gastkonzert N concert *m* (lors d'une tournée) **Gastland** N pays *m* d'accueil
gastlich ADJ accueillant; hospitalier **Gastlichkeit** F hospitalité *f*
Gastmannschaft F visiteurs *mpl*; équipe visiteuse **Gastprofessor** M professeur invité **Gastrecht** N (droit *m* d')hospitalité *f* **Gastredner(in)** M(F) conférencier, -ière invité(e)
Gastritis F gastrite *f*
Gastronom M restaurateur *m* **Gastronomie** F **1** *Gewerbe* restauration *f* **2** *(Kochkunst)* gastronomie *f*
Gastspiel N représentation *f* d'acteur(s), *etc* en tournée **Gastspielreise** F tournée *f* **Gaststätte** F restaurant *m*; *(Landgaststätte)* auberge *f* **Gaststube** F salle *f* de restaurant **Gastvorlesung** F *cours donné par un professeur invité* **Gastwirt(in)** M(F) restaurateur, -trice *m,f*; *(Gastwirt u. Hotelbesitzer)* hôtelier, -ière *m,f* **Gastwirtschaft** F (petit) restaurant; *auf dem Land* auberge *f*
Gasuhr F compteur *m* à gaz **Gasverbrauch** M consommation *f* de gaz **Gasvergiftung** F intoxication *f* par le gaz **Gaswerk** N usine *f* à gaz **Gaszähler** M compteur *m* à gaz **Gaszufuhr** F admission *f*, arrivée *f* des gaz
Gatte *geh* M époux *m*
Gatter N *e-r Einzäunung* barrière *f*, porte *f* à claire-voie
Gattin *geh* F épouse *f*
Gattung F BIOL, KUNST genre *m* **Gattungsname** M BOT, ZOOL nom *m* générique; GRAM nom commun
GAU M ABK (größter anzunehmender Unfall) accident majeur
Gaudi *umg* F *bes südd, österr* plaisir *m*; amusement *m*
Gaukler M saltimbanque *m*; bateleur *m*
Gaul M *pej umg* canasson *m*; *sprichw* **e-m geschenkten ~ schaut man nicht ins Maul** à cheval donné on ne regarde pas les dents
Gaumen M ANAT palais *m* **Gaumenkitzel** *geh* M régal *m*
Gauner M **1** *pej* escroc *m* **2** *umg fig (gerissener Mensch)* rusé *m* **Gaunerei** F escroquerie *f* **Gaunersprache** F argot *m* du milieu
Gazastreifen POL **der ~** la bande de Gaza
Gaze F TEX gaze *f*
Gazelle F gazelle *f*
G-Dur N sol *m* majeur
Geächtete(r) M/F(M) proscrit(e) *m(f)*
geadert, **geädert** ADJT veiné; *Blatt* nervuré
geartet ADJ **anders ~** différent; **so ~ sein, dass …** être de nature à (+ *inf*)
geb. ABK (geboren[e]) né(e)
Gebäck N petits gâteaux; *ohne Füllung* gâteaux secs
Gebälk N charpente *f*
geballt ADJT concentré *(a. fig)*
gebar → gebären
Gebärde F geste *m*
gebärden V/R **sich ~** se comporter (**wie toll** comme un fou furieux)
Gebärdensprache F langage par gestes, gestuel
Gebaren N comportement *m*
gebären V/T donner naissance à *(a. fig)*; mettre au monde; **geboren werden** naître; **er ist am … geboren** il est né le …
gebärfähig ADJ *Frau* **im ~en Alter** en âge de procréer
Gebärmutter F utérus *m* **Gebärmutterhals** M col *m* de l'utérus **Gebärmutterkrebs** M cancer *m* de l'utérus
gebauchpinselt *umg hum* ADJT **sich ~ fühlen** se sentir flatté
Gebäude N **1** bâtiment *m*; *großes* immeuble *m* **2** *fig geistiges* échafaudage *m* **Gebäudekomplex** M ensemble *m* de bâtiments **Gebäudereinigung** F **1** *Aktion* nettoyage *m* (de bureaux) **2** *Betrieb* entreprise *f* de nettoyage **Gebäudeversicherung** F assurance immobilière
Gebeine *geh* NPL ossements *mpl*
Gebell N aboiement(s) *m(pl)*
geben **A** V/T **1** donner; *(reichen, weitergeben) a.* passer; TEL **~ Sie mir bitte Herrn X!** vous pouvez me passer Monsieur X, s'il vous plaît?; *umg fig* **es j-m ~** donner à qn ce qu'il mérite; *mit Worten* dire à qn ses quatre vérités; *sprichw* **Geben ist seliger denn Nehmen** il y a plus de bonheur à donner qu'à recevoir **2** *fig Antwort, Auskunft, Beispiel* donner; *Versprechen, Kredit, Rabatt, Fest* faire **3** KARTENSPIEL donner *(a. abs)* **4**

G

(*ergeben*) faire; **10 durch 2 gibt 5** 10 divisé par 2 fait *od* égale 5 **5** THEAT jouer **6** (*hervorbringen*) faire **7** (*äußern*) **etw von sich** (*dat*) **~** dire, proférer qc **8** **viel auf etw** (*akk*) **~** faire grand cas de qc; **viel darum ~ zu** (+ *inf*) donner cher pour (+ *inf*) **9** (*hinzugeben*) ajouter; mettre **B** V/R **1** **sich ungezwungen ~** se montrer naturel **2** (*nachlassen*) se calmer; **das wird sich schon ~** ça va s'arranger **C** V/UNPERS **es gibt ...** il y a ...; **es gibt Regen** on aura de la pluie; il va pleuvoir; **das gibt es nicht** cela n'existe pas; *umg* **das gibts doch nicht!** *umg* pas possible!; **was gibt es?** qu'y a-t-il?; qu'est-ce qu'il y a?; **was gibt es zu essen, im Fernsehen?** qu'est-ce qu'il y a à manger, à la télé?; *umg* **was es nicht alles gibt!** on en voit, des choses!

gebenedeit ADJ REL béni

Gebet N prière *f*; *fig* **j-n ins ~ nehmen** mettre qn sur la sellette

Gebetbuch N livre *m* de prières

gebeten PPERF → bitten

Gebetsteppich M tapis *m* de prières

gebiert → gebären

Gebiet N **1** GEOG région *f*; territoire *m* **2** *fig* domaine *m*; **auf diesem ~** dans ce domaine

gebieten *geh* V/T *u.* V/I commander; **über etw, j-n ~** régner sur qc, qn

Gebieter(in) *geh* M(F) maître, -esse *m,f* (**über** [+ *akk*] de) **gebieterisch** *geh* ADJ impérieux

Gebietsanspruch M revendication territoriale

Gebilde N (*Gegenstand*) chose *f*; objet *m*; POL entité *f*

gebildet ADJT cultivé **Gebildete(r)** M/F(M) personne cultivée

Gebinde N (*Blumengebinde*) gerbe *f*; (*Bund*) botte *f*

Gebirge N (chaîne *f* de) montagnes *fpl*

gebirgig ADJ montagneux

Gebirgsbach M torrent *m* **Gebirgsdorf** N village *m* de montagne **Gebirgskette** F chaîne *f* de montagnes **Gebirgsmassiv** N massif montagneux **Gebirgspass** M col *m* **Gebirgszug** M chaîne *f* de montagnes

Gebiss N dentition *f*; dents *fpl*; (**künstliches**) **~** dentier *m*

gebissen PPERF → beißen

Gebläse N AUTO ventilateur *m*; TECH soufflerie *f*

geblasen PPERF → blasen

geblieben PPERF → bleiben

geblümt ADJT à fleurs

gebogen **A** PPERF → biegen **B** ADJT *Schnabel, Nase, Hörner* recourbé; *Linie, Gegenstand* courbe

gebongt *umg* ADJ (**ist**) **~!** *umg* d'acc!; *umg* c'est bon!

geboren **A** PPERF → gebären **B** ADJT né; *Mädchenname* **~e X** née X; *fig* **der ~e Redner** un orateur-né

geborgen **A** PPERF → bergen **B** ADJT en sécurité; à l'abri **Geborgenheit** F sécurité *f*

geborsten PPERF → bersten

Gebot N **1** REL commandement *m*; **die Zehn ~e** les dix commandements; le décalogue **2** *bei Versteigerung* offre *f*; *höheres* enchère *f* **3** *fig* **es ist ein ~ der Vernunft zu** (+ *inf*) la raison nous impose de (+ *inf*)

geboten **A** PPERF → bieten, gebieten **B** ADJT qui s'impose; requis; **Vorsicht ist ~** la prudence s'impose

Gebr. ABK (Gebrüder) HANDEL frères

gebracht PPERF → bringen

gebrannt PPERF → brennen

gebraten PPERF → braten

Gebräu N *pej* breuvage *m*; mixture *f*

Gebrauch M **1** usage *m*; emploi *m* (*a. e-s Wortes, e-r List*); **von etw ~ machen** se servir de, faire usage de qc; employer qc; *von e-m Recht* user de qc; **etw in** *od* **im ~ haben** se servir de qc; utiliser qc; **vor ~ schütteln** agiter avant usage **2** (*Brauch*) coutume *f*

gebrauchen V/T **1** (*benutzen*) employer; utiliser; **das ist nicht zu ~** c'est inutilisable; *Person, Sache* **zu nichts zu ~ sein** n'être bon à rien **2** *umg* **das kann ich gut ~** cela me sera très utile

gebräuchlich ADJ courant; *Wort a.* usité; **nicht mehr ~ sein** ne plus être employé

Gebrauchsanleitung F, **Gebrauchsanweisung** F mode *m* d'emploi **gebrauchsfertig** ADJ prêt à l'emploi **Gebrauchsgegenstand** M objet *m* d'usage courant

gebraucht ADJT usagé; (*aus zweiter Hand*) d'occasion

Gebrauchtwagen M voiture *f* d'occasion **Gebrauchtwagenhändler** M marchand *m* de voitures d'occasion

Gebrechen *geh* N infirmité *f*

gebrechlich ADJ décrépit **Gebrechlichkeit** F décrépitude *f*

gebrochen **A** PPERF → brechen **B** ADJT **1** *seelisch* brisé **2** *Lichtstrahl* réfracté; *Linie, fig Stimme* brisé **3** *Sprache* mauvais **C** ADVL **~ Englisch sprechen** parler un mauvais anglais

Gebrüder PL frères *mpl*; HANDEL **~ Meyer** Meyer frères

Gebrüll N **1** *e-s Rindes* mugissement(s) *m(pl)*; *e-s Löwen* rugissement(s) *m(pl)* **2** (*Geschrei*) °hurlements *mpl* **3** (*Grölen*) braillements *mpl*

Gebühr F **1** *oft pl* **~en** taxe(s) *f(pl)*; (*Fernsehgebühr, Rundfunkgebühr*) redevance *f*; (*Straßenbenutzungsgebühr*) péage *m*; (*Postgebühr*) tarif *m* **2** **über ~** ex-

cessivement; outre mesure
gebühren *geh* **A** VT **j-m ~** être dû à qn **B** V/UNPERS *u.* V/R **es gebührt sich nicht (für j-n) zu** (+ *inf*) ce n'est pas à moi, lui *etc* de (+ *inf*)
gebührend **A** ADJT (*zukommend*) dû (**j-m** à qn); (*angemessen*) convenable **B** ADVL comme il convient; *geh* dûment
Gebühreneinheit F TEL unité *f* **Gebührenerhöhung** F augmentation *f* de tarif, de taxe(s) **gebührenfrei** **A** ADJ exempt de taxe(s) **B** ADV franco (de port) **Gebührenordnung** F tarif *m* **gebührenpflichtig** ADJ payant; *Straße* à péage **Gebührenrechnung** F *e-s Rechtsanwalts* note *f* d'honoraires **Gebührensatz** M taux *m* des taxes, des droits
gebunden **A** PPERF → binden **B** ADJT **1** CHEM fixé; TYPO relié; *Preise* imposé **2** *fig* lié; **an** (+ *akk*) **~** *an Regeln* soumis à; *an s-e Familie* attaché à
Geburt F **1** naissance *f*; **bei s-r ~** à sa naissance; **von ~ an blind** aveugle de naissance; **er ist von ~ Franzose** il est Français de naissance **2** (*Entbindung*) accouchement *m*; *umg fig* **das war e-e schwere ~** *umg* c'était laborieux
Geburtenkontrolle F contrôle *m* des naissances **Geburtenregelung** F régulation *f* des naissances **Geburtenrückgang** M baisse *f* de la natalité; dénatalité *f* **geburtenschwach** ADJ à faible natalité **geburtenstark** ADJ à forte natalité **Geburtenüberschuss** M excédent *m* des naissances **Geburtenziffer** F (taux *m* de) natalité *f*
gebürtig ADJ de naissance; natif (**aus** de); **(ein) ~er Deutscher sein** être Allemand de naissance
Geburtsanzeige F faire-part *m* de naissance **Geburtsdatum** N date *f* de naissance **Geburtsfehler** M malformation congénitale **Geburtshaus** N maison natale **Geburtshelfer(in)** M(F) accoucheur, -euse *m,f*; obstétricien, -ienne *m,f* **Geburtsjahr** N année *f* de naissance **Geburtsname** M nom *m* de jeune fille **Geburtsort** M lieu *m* de naissance **Geburtsstadt** F ville natale **Geburtsstunde** F heure *f* de naissance
Geburtstag M anniversaire *m*; (*Geburtsdatum*) date *f* de naissance; **sie hat heute ~** aujourd'hui, c'est son anniversaire; **herzlichen Glückwunsch zum ~!** bon anniversaire!
Geburtstagsfeier F fête *f* d'anniversaire **Geburtstagsgeschenk** N cadeau *m* d'anniversaire **Geburtstagskarte** F carte *f* d'anniversaire **Geburtstagskind** N *hum* personne *f* qui fête son anniversaire **Geburtstagskuchen** M gâteau *m* d'anniversaire **Geburtstagstorte** F → Geburtstagskuchen **Geburtstagsüberraschung** F surprise (faite à qn pour son anniversaire) **Geburtstagswünsche** MPL *der Gratulanten* souhaits *mpl* (à l'occasion d'un anniversaire)
Geburtsurkunde F acte *m* de naissance **Geburtsvorbereitungskurs** M cours *m* de préparation à l'accouchement
Gebüsch N buissons *mpl*
Gecko M ZOOL gecko *m*
gedacht PPERF → denken, gedenken
Gedächtnis N **1** mémoire *f*; **aus dem ~** de mémoire; **j-m etw ins ~ (zurück)rufen** rappeler qc à qn **2** (*Andenken*) mémoire *f*; souvenir *m*; **zum ~ an j-n, etw** à la mémoire de qn, qc
Gedächtnislücke F trou *m* de mémoire **Gedächtnisschwund** M perte *f* de (la) mémoire; amnésie *f* **Gedächtnisstütze** F pense-bête *m*
gedämpft ADJT *Geräusch* assourdi; étouffé; *Farbe* doux; *Licht* tamisé; *Stimmung* refroidi; **mit ~er Stimme** à mi-voix
Gedanke M (*Überlegung*) pensée *f*; (*Einfall, Idee*) idée *f*; **der bloße ~ daran** rien que d'y penser; **j-s ~n lesen** lire dans les pensées de qn; **j-n auf andere ~n bringen** changer les idées à qn; *umg* **auf dumme ~n kommen** faire des bêtises; **in ~n** (*im Geiste*) mentalement; par la, en pensée; **in ~n versunken sein** être plongé dans ses pensées; **mit dem ~n spielen zu** (+ *inf*) caresser l'idée de (+ *inf*); **sich** (*dat*) **über etw** (*akk*) **~n machen** réfléchir à, reconsidérer qc; **sich** (*dat*) **um j-n, etw ~n machen** (*sich sorgen*) se faire du souci pour qn, qc
Gedankenaustausch M échange *m* d'idées, de vues **Gedankenfreiheit** F liberté *f* de pensée **Gedankengang** M raisonnement *m*
gedankenlos ADJ irréfléchi; inconsidéré **Gedankenlosigkeit** F **1** (*Zerstreutheit*) distraction *f* **2** (*Unüberlegtheit*) irréflexion *f*; inconscience *f*
Gedankensprung M coq-à-l'âne *m* **Gedankenstrich** M tiret *m* **Gedankenübertragung** F transmission *f* de pensée **gedankenverloren** ADJT *u.* ADVL perdu dans mes, *etc* pensées
gedanklich ADJ mental
Gedärm N *meist* PL **~e** intestins *mpl*; *e-s Tieres* boyaux *mpl*
Gedeck N **1** couvert *m* **2** (*Menü*) menu *m*
Gedeih M **auf ~ und Verderb** pour le meilleur et pour le pire
gedeihen VI **1** *Pflanze, Kind* pousser bien; se développer bien; *Wirtschaft* prospérer **2** (*fortschreiten*) progresser
gedenken *geh* VI **1** **j-s, e-r Sache ~** évoquer

G

la mémoire de qn, le souvenir de qc **2** **etw zu tun ~** compter faire qc; avoir l'intention de faire qc

Gedenken *geh* N mémoire *f* (**an j-n** de qn); souvenir *m* (**an etw** [*akk*] de qc); **zum ~ an j-n, etw** à la mémoire de qn, qc

Gedenkfeier F commémoration *f* **Gedenkgottesdienst** M messe *f* commémorative **Gedenkminute** F minute *f* de silence **Gedenkmünze** F médaille commémorative **Gedenkstätte** F lieu commémoratif **Gedenkstunde** F cérémonie commémorative **Gedenktafel** F plaque commémorative **Gedenktag** M (jour *m*) anniversaire *m*

G

Gedicht N poème *m*; **ein ~ aufsagen** réciter une poésie, un poème; *umg fig* **das war ein ~!** c'était divin!

Gedichtinterpretation F interprétation *f* d'un poème **Gedichtsammlung** F recueil *m* de poèmes; anthologie *f* de poésie **Gedichtzyklus** M cycle *m* (de poèmes)

gediegen ADJ **1** *Metall* pur **2** *Möbel, Kleidung* de bonne qualité **3** *Kenntnisse* solide

gedieh → gedeihen

gediehen PPERF → gedeihen

Gedränge N cohue *f*; bousculade *f*; *fig zeitlich* **ins ~ kommen** être bousculé

gedrängt **A** ADJT (*bündig*) concis; *Stundenplan* serré **B** ADVL **dicht ~ stehen, sitzen** être serrés

gedroschen PPERF → dreschen

gedrückt ADJT *seelisch* abattu; *Stimmung* pesant

gedrungen **A** PPERF → dringen **B** ADJT *Gestalt* trapu

Gedudel *umg pej* N *umg* scie *f*; rengaine *f*

Geduld F patience *f*; **~ haben** avoir de la patience; **mit j-m ~ haben** être patient avec qn; **die ~ verlieren** perdre patience; s'impatienter; **mit s-r ~ am Ende sein** être à bout de patience; **nur ~!** patience!

gedulden V/R **sich ~** patienter **geduldig** ADJ patient

Geduldsfaden M *umg* **mir reißt der ~** ma patience est à bout

Geduldsprobe F **j-n auf e-e ~ stellen** mettre la patience de qn à l'épreuve

Geduld(s)spiel N (jeu *m* de) patience *f*

gedurft PPERF → dürfen

geeignet ADJT *Augenblick, Maßnahme* approprié; convenable; *Person* apte (**für** à); *Bewerber* **~ sein** convenir (**für** pour)

Gefahr F danger *m*; (*Wagnis*) risque *m*; **in ~** (*dat*) **sein** être en danger; **außer ~ sein** être °hors de danger; **auf eigene ~** à mes, *etc* risques et périls; **j-n, etw in ~** (*akk*) **bringen** mettre qn, qc en danger; **auf die ~ hin, alles zu verlieren** au risque de tout perdre; **~ laufen zu** (+ *inf*) courir le risque de (+ *inf*); risquer de (+ *inf*); **sich in ~** (*akk*) **begeben** s'exposer à un danger

gefährden V/T *Person* mettre en danger; *Pläne, Frieden, Sicherheit* compromettre; **(ernstlich) gefährdet sein** *Personen* être (sérieusement) en danger; *Pläne, Frieden etc* être compromis

Gefährdung F danger *m*; *der Sicherheit* atteinte *f* (+ *gen* à); (*Bedrohung*) menace *f* (+ *gen* pour)

gefahren PPERF → fahren

Gefahrenherd M foyer *m* de troubles **Gefahrenquelle** F source *f* de danger **Gefahrenzone** F zone dangereuse **Gefahrenzulage** F indemnité *f* de risques

gefährlich ADJ dangereux; *plus fort* périlleux; *fig hum* **er könnte mir ~ werden** il ne me déplaît pas

gefahrlos ADJ sans danger; sans risque

Gefährt *geh* N véhicule *m*

Gefährte *geh* M, **Gefährtin** *geh* F compagnon *m*, compagne *f*

Gefälle N **1** *e-s Geländes, Gewässers* pente *f* **2** *fig* (*Unterschied*) écart *m*

gefallen[1] **A** V/I plaire (**j-m** à qn); **wie gefällt Ihnen ...?** comment trouvez-vous ...?; **mir gefällt es in Leipzig** j'aime beaucoup Leipzig; *umg* **die Sache gefällt mir nicht** *umg* il y a du louche là-dedans **B** V/R *umg* **sich** (*dat*) **alles ~ lassen** se laisser toujours faire; *umg* **sich** (*dat*) **nichts ~ lassen** ne pas se laisser faire; *pej* **sich** (*dat*) **in e-r Rolle ~** se (com)plaire dans un rôle

gefallen[2] PPERF → fallen, gefallen[1]

Gefallen[1] M (*Gefälligkeit*) service *m*; faveur *f*; **j-m e-n ~ tun** rendre un service à qn

Gefallen[2] N **~ an etw** (*dat*) **finden** trouver (du) plaisir à (faire) qc; **aneinander ~ finden** se plaire

Gefallene(r) M (soldat *m*) mort *m* pour la patrie

gefällig ADJ **1** *Person* serviable; obligeant **2** *Anblick* agréable; plaisant **3** **sonst noch etwas ~?** et avec cela?

Gefälligkeit F **1** (*Hilfsbereitschaft*) obligeance *f* **2** (*Gefallen*) service *m*; faveur *f*

gefälligst *umg* ADV **machen Sie ~ die Tür zu!** vous ne pourriez pas fermer cette porte?; **halt ~ den Mund!** fais-moi le plaisir de te taire!; tais-toi, je t'en prie!

gefangen **A** PPERF → fangen **B** ADJT prisonnier; (*in Haft*) détenu; **~ halten** *Häftling* détenir; *Geisel* séquestrer; *Tier* enfermer; *geh fig* (*begeistern*) captiver; **~ nehmen** faire prisonnier, -ière; capturer; *geh fig* (*begeistern*) captiver

Gefangene(r) M/F(M) prisonnier, -ière *m,f* (*a. Kriegsgefangene*[*r*]); (*Inhaftierte*[*r*]) détenu(e) *m(f)* **Gefangenenaustausch** M échange *m* de prisonniers **Gefangenenlager** N camp *m* de prisonniers **Gefangenentransport** M convoi *m* de prisonniers

Gefangennahme F MIL capture *f*; *von Geiseln* prise *f*

Gefangenschaft F captivité *f* (*a. e-s Tiers*); **in ~ geraten** être fait prisonnier

Gefängnis N prison *f*; **ins ~ kommen** aller en prison; **im ~ sein** *od* **sitzen** être en prison; **j-n zu zwei Jahren ~ verurteilen** condamner qn à deux ans de prison; **darauf steht ~** c'est puni de prison

Gefängnisarzt M, **Gefängnisärztin** F médecin *m* pénitentiaire **Gefängnisaufseher(in)** M(F) gardien, -ienne *m,f* de prison **Gefängnisdirektor(in)** M(F) directeur, -trice *m,f* de prison **Gefängnisinsasse** M, **Gefängnisinsassin** F détenu(e) *m(f)* **Gefängniskleidung** F uniforme *m* (de détenu[e]) **Gefängnismauer** F mur *m* de prison **Gefängnisstrafe** F peine *f* de prison **Gefängniswärter(in)** M(F) gardien, -ienne *m,f* de prison **Gefängniszelle** F cellule *f* (de prison)

Gefasel *umg pej* N radotage *m*

Gefäß N 1 (*Behälter*) récipient *m* 2 ANAT vaisseau *m* **Gefäßchirurgie** F chirurgie *f* vasculaire **gefäßerweiternd** ADJT vasodilatateur **Gefäßkrankheit** F maladie *f* vasculaire

gefasst ADJT 1 (*beherrscht*) impassible (**angesichts** [+ *gen*] devant); calme 2 **auf etw** (*akk*) **~ sein** s'attendre à qc

gefäßverengend ADJT vasoconstricteur **Gefäßverengung** F vasoconstriction *f* **Gefäßverkalkung** F artériosclérose *f*

Gefecht N combat *m*; **außer ~ setzen** mettre °hors de combat (*a. fig*)

gefeit ADJ **gegen etw ~ sein** être à l'abri de qc; être immunisé contre qc

gefestigt ADJT *Person, Charakter* stable

Gefieder N plumage *m* **gefiedert** ADJ 1 ZOOL emplumé 2 BOT penné

Geflecht N 1 *aus Draht, Holz* treillis *m*; *aus Bändern* enlacement *m* 2 *fig aus Linien, Adern* réseau *m*

gefleckt ADJ tacheté; moucheté; **rot ~** avec des taches rouges

geflissentlich A ADJ intentionnel B ADV intentionnellement; **etw ~ übersehen** passer sur qc intentionnellement, exprès

geflochten PPERF → flechten

geflogen PPERF → fliegen

geflohen PPERF → fliehen

geflossen PPERF → fließen

Geflügel N volaille *f* **Geflügelhaltung** F aviculture *f*; élevage *m* de volailles **Geflügelhändler(in)** M(F) marchand(e) *m(f)* de volaille(s) **Geflügelhandlung** F commerce *m* de volaille(s) **Geflügelpest** F peste *f* aviaire **Geflügelsalat** M salade *f* de volaille **Geflügelschere** F cisailles *fpl* à volaille

Geflüster N chuchotements *mpl*

gefochten PPERF → fechten

Gefolge N suite *f*

Gefolgschaft F partisans *mpl*; **j-m die ~ verweigern** refuser de suivre qn

gefragt ADJT *Ware, Person* demandé; **sehr ~ sein** être très demandé

gefräßig ADJ *Tier* vorace; *Mensch* glouton **Gefräßigkeit** F voracité *f*; gloutonnerie *f*

Gefreite(r) M caporal *m*

gefressen PPERF → fressen

gefrieren V/I geler

Gefrierfach N compartiment congélateur; freezer *m* **gefriergetrocknet** ADJT lyophilisé **Gefriergut** N aliments congelés, surgelés; surgelés *mpl*

Gefrierpunkt M PHYS point *m* de congélation; (*Nullpunkt*) zéro *m*; **unter dem ~** au-dessous de zéro

Gefrierschrank M, **Gefriertruhe** F congélateur *m*

gefroren PPERF → frieren, gefrieren

Gefrorene(s) N *österr* glace *f*

Gefüge N structure *f*; **soziales ~** structures sociales

gefügig ADJ docile

Gefühl N 1 (*Sinneswahrnehmung*) sensation *f*; **kein ~ mehr in den Füßen haben** ne plus sentir ses pieds 2 *seelisch* sentiment *m*; **mit gemischten ~en** avec des sentiments mitigés 3 (*Gespür*) sens *m* (**für** de); (*Intuition*) intuition *f*; **sich auf sein ~ verlassen** se fier à son intuition 4 (*Ahnung*) sentiment *m*; **ich habe das ~, dass ...** j'ai le sentiment, l'impression que ...

gefühllos ADJ insensible (**gegenüber** à) **Gefühllosigkeit** F insensibilité *f*

Gefühlsausbruch M explosion *f* de sentiments **gefühlsbetont** ADJT *Mensch* sentimental; *Reaktion* affectif **Gefühlsduselei** *umg pej* F sensiblerie *f* **Gefühlsleben** N vie affective; sentiments *mpl* **gefühlsmäßig** ADV par intuition; intuitivement **Gefühlsregung** F émotion *f*

Gefühlssache F **das ist ~** c'est une question de doigté

gefühlvoll A ADJ sensible B ADV avec âme

gefüllt ADJT *mit Fleisch* farci; *Bonbons, Gebäck* fourré

Gefummel *umg pej* N tripotage *m*; *umg* trifouillage *m*; *sexuell umg* pelotage *m*

gefunden PPERF → finden

gefürchtet ADJT *Feind etc* redouté

gegen – contre oder vers?

Man muss **gegen** die Drogen kämpfen.	Il faut lutter **contre** les drogues.	**gegen (= nicht für) → contre**
Ich habe nichts **gegen** ihn.	Je n'ai rien **contre** lui.	
Er wird **gegen** 23 Uhr ankommen.	Il va arriver **vers** 23 heures.	**gegen (= etwa um) → vers**

FEHLERQUELLEN

G

gefüttert ADJT *Kleidungsstück, Briefumschlag* doublé; *mit Pelz* fourré
Gegacker N **1** *von Hühnern* caquetage *m* **2** *umg fig (Gekicher)* gloussements *mpl*
gegangen PPERF → gehen
gegeben **A** PPERF → geben **B** ADJT donné; **unter den ~en Umständen** dans ces conditions; **etw als ~ voraussetzen** supposer que qc est un fait établi
gegebenenfalls ADV le cas échéant
Gegebenheit F fait *m*; donnée *f*
gegen **A** PRÄP **1** *räumlich, fig* contre; **~ j-n, etw sein** être contre qn, qc **2** *(im Austausch für)* contre; en échange de; **~ Barzahlung** au comptant **3** *(im Vergleich zu)* comparé à; par rapport à **4** *Richtungsangabe, zeitlich* vers; **~ sieben Uhr** vers (les) sept heures **B** ADV *vor Zahlen* près de; à peu près
Gegenangebot N offre faite en retour; **ein ~ machen** offrir qc, autre chose en retour
Gegenangriff M MIL, SPORT, *fig* contre-attaque *f* **Gegenanzeige** F MED contre-indication *f* **Gegenargument** N parade *f*; objection *f* **Gegenbeispiel** N exemple *m* (démontrant le) contraire
Gegenbesuch M visite (faite en retour); **j-m e-n ~ machen** rendre sa visite à qn
Gegenbewegung F mouvement contraire (*a.* MUS), opposé; POL réaction *f*
Gegenbeweis M preuve *f* du contraire; **den ~ antreten** fournir la preuve du contraire
Gegend F région *f*; *schöne* site *m*; *(Stadtviertel)* quartier *m*; *(Fleckchen)* coin *m*; **in der ~ von Paris** dans la région parisienne
Gegendarstellung F autre version *f* des faits **Gegendemonstration** F contre-manifestation *f*
gegeneinander ADV l'un(e) contre l'autre *bzw.* les un(e)s contre les autres
gegeneinanderhalten V/T **1** appuyer l'un contre l'autre **2** *fig (vergleichen)* comparer **gegeneinanderprallen** V/I se heurter; entrer en collision
Gegenfahrbahn F voie opposée **gegenfinanzieren** V/T financer (en réduisant des dépenses et en augmentant des impôts) **Gegenforderung** F revendication *f* en retour; compensation exigée; HANDEL créance *f* en contrepartie
Gegenfrage F question posée en retour; **e-e ~ stellen** poser une question en retour; **mit e-r ~ antworten** répondre par une question à une question
Gegengewicht N contrepoids *m*; **ein ~ zu etw bilden** contrebalancer qc
Gegengift N contrepoison *m*; antidote *m* **Gegenkandidat(in)** M(F) candidat(e) *m(f)* adverse
Gegenleistung F contrepartie *f*; **als ~** en contrepartie
Gegenlicht N contre-jour *m*; **im ~** à contre-jour
Gegenlichtaufnahme F photo *f* à contre-jour
Gegenliebe F **wenig ~ finden, auf wenig ~ stoßen** être mal reçu
Gegenmaßnahme F contre-mesure *f*; POL *a.* mesure *f* de rétorsion **Gegenmittel** N antidote *m* **Gegenpartei** F JUR partie *f* adverse; POL parti opposant **Gegenpol** M *fig* contraire *m* **Gegenprobe** F contre-épreuve *f* **Gegenrichtung** F sens *m* inverse
Gegensatz M **1** *(Kontrast)* contraste *m*; *(Gegenteil)* contraire *m*; *(Widerspruch)* opposition *f*; **im ~ zu** contrairement à **2** *(Meinungsverschiedenheit)* **Gegensätze** *pl* divergences *fpl*
gegensätzlich ADJ contraire; opposé; *Meinungen* divergent
Gegenschlag M MIL, *fig* riposte *f*; **zum ~ ausholen** passer à la contre-attaque (*a. fig*)
Gegenseite F côté opposé; JUR, *fig* partie *f* adverse
gegenseitig ADJ **1** *(wechselseitig)* réciproque; mutuel **2** *(beidseitig)* commun
Gegenseitigkeit F réciprocité *f*; **auf ~ beruhen** être réciproque
Gegenspieler(in) M(F) adversaire *m/f* **Gegensprechanlage** F interphone® *m*
Gegenstand M **1** *(Ding)* objet *m* **2** *fig (Thema)* sujet *m*; *e-r Verhandlung, e-s Vertrags, der Kritik* objet *m*; **zum ~ haben** avoir pour objet, sujet
gegenständlich ADJ concret; KUNST figuratif
gegenstandslos ADJ **1** *Frage, Reklamation* sans

objet; injustifié **2** KUNST non-figuratif

gegensteuern VI **1** AUTO contrebraquer **2** *fig* rectifier le cours

Gegenstimme F **1** *bei e-r Wahl* voix *f* contre; **ohne ~** à l'unanimité **2** *(gegenteilige Meinung)* avis *m* contraire

Gegenstück N **1** *(Entsprechung)* pendant *m* **2** *(Gegenteil)* contraire *m*

Gegenteil N contraire *m*; **(ganz) im ~** (bien) au contraire; *Stimmung* **ins ~ umschlagen** changer brusquement du tout au tout; **das ~ ist der Fall** c'est le contraire

gegenteilig ADJ contraire

Gegentor N, **Gegentreffer** M but marqué par l'adversaire

gegenüber **A** PRÄP **1** *örtlich* en face de; vis-à-vis de **2** *(in Bezug auf)* envers; à l'égard de; vis-à-vis de; **mir ~** envers moi; à mon égard **3** *(im Vergleich zu)* par rapport à **B** ADV en face; vis-à-vis; **das Haus ~** la maison d'en face

Gegenüber N vis-à-vis *m*

gegenüberliegen VI **e-r Sache** *(dat)* **~** être en face de qc; faire face à qc

gegenüberliegend ADJT d'en face

gegenübersitzen VI *u.* VR **j-m, sich ~** être assis en face de qn, l'un en face de l'autre

gegenüberstehen VI *u.* VR **1** *räumlich* **j-m ~** être en face de qn; **sich ~** être en face l'un(e) de l'autre **2** *fig* **e-r Sache** *(dat)* **ablehnend, wohlwollend ~** être défavorable, favorable à qc; **großen Problemen ~** être confronté à de graves problèmes

gegenüberstellen VT opposer (**j-m, e-r Sache** à qn, qc); confronter (avec qn, qc; *a.* JUR)

Gegenüberstellung F confrontation *f* (*a.* JUR)

gegenübertreten VI **~** (+ *dat*) faire face à (*a. fig*)

Gegenuhrzeigersinn M **im ~** en sens inverse des aiguilles d'une montre

Gegenverkehr M circulation *f* en sens inverse **Gegenvorschlag** M contre-proposition *f*

Gegenwart F **1** *(jetzige Zeit)* présent *m* (*a.* GRAM) **2** *(Anwesenheit)* présence *f*; **in s-r ~** en sa présence

gegenwärtig **A** ADJ **1** *(jetzig)* actuel; présent **2** *geh (erinnerlich)* **das ist mir nicht ~** je ne m'en souviens pas **B** ADV à l'heure actuelle

Gegenwartsform F GRAM forme *f* du présent **Gegenwartskunst** F art contemporain **Gegenwartsliteratur** F littérature contemporaine

Gegenwehr F résistance *f*; **~ leisten** opposer une résistance; **keine ~ leisten** ne pas opposer de résistance

Gegenwert M équivalent *m* (**in** [+ *dat*] en) **Gegenwind** M vent *m* contraire, SCHIFF debout

gegenzeichnen VT contresigner

Gegenzug M **1** SCHACH *etc, fig* riposte *f*; *fig* **im ~** en contrepartie **2** BAHN train *m* (venant) en sens inverse

gegessen PPERF → essen

geglichen PPERF → gleichen

geglitten PPERF → gleiten

geglommen PPERF → glimmen

Gegner(in) M(F) adversaire *m/f* (*a.* SPORT); MIL ennemi(e) *m(f)*; POL opposant(e) *m(f)*

gegnerisch ADJ adverse (*a.* SPORT); MIL *a.* ennemi

Gegnerschaft F **1** *Haltung* antagonisme *m* **2** *(die Gegner)* adversaires *mpl*

gegolten PPERF → gelten

gegoren PPERF → gären

gegossen PPERF → gießen

gegriffen PPERF → greifen

Gehabe N *pej* manières *fpl*

gehabt ADJT **wie ~** comme d'habitude

Gehackte(s) N viande °hachée

Gehalt[1] M **1** CHEM teneur *f* (**an** [+ *dat*] en) **2** *gedanklicher* substance *f*

Gehalt[2] N *von Angestellten* salaire *m*; *von Beamten* traitement *m*

gehalten PPERF → halten

gehaltlos ADJ **1** *Nahrung* sans valeur nutritive **2** *fig* superficiel

Gehaltsabrechnung F bulletin *m* de salaire **Gehaltsbescheinigung** F attestation (délivrée par l'employeur) du salaire versé **Gehaltsempfänger(in)** M(F) salarié(e) *m(f)* **Gehaltserhöhung** F augmentation *f* de salaire *bzw.* de traitement **Gehaltsforderung** F revendication salariale **Gehaltsgruppe** F catégorie *f* de salaires *bzw.* de traitements **Gehaltskonto** N compte en banque (utilisé par l'employeur pour verser un salaire) **Gehaltskürzung** F diminution *f* de salaire **Gehaltsvorstellung** F, **Gehaltswunsch** M prétentions *fpl* **Gehaltszahlung** F paiement *m* du salaire *bzw.* du traitement **Gehaltszulage** F prime *f*

gehaltvoll ADJ substantiel (*a. fig*)

gehandikapt ADJT °handicapé

gehangen PPERF → hängen

geharnischt ADJ *Protest* énergique; *Antwort, Brief* cinglant

gehässig ADJ méchant; °haineux **Gehässigkeit** F méchanceté *f* (*a. Äußerung*); °hargne *f*

gehauen PPERF → hauen

gehäuft **A** ADJT **ein ~er Löffel …** une bonne cuillerée de … **B** ADVL en grande quantité; *(häufig)* souvent

G

Gehäuse N **1** *e-r Uhr etc* boîtier *m*; TECH carter *m* **2** *(Schneckengehäuse)* coquille *f* **3** *von Obst* trognon *m*
gehbehindert ADJT à mobilité réduite
Gehege N enclos *m*; *im Tierpark* enceinte *f*; *fig* **j-m ins ~ kommen** marcher sur les brisées de qn
geheim ADJ *(verborgen)* secret; *(vertraulich)* confidentiel; **streng ~** ultrasecret; top secret (! unveränderlich); **im Geheimen** en secret; **~ halten** tenir secret; **etw vor j-m ~ halten** cacher qc à qn

G

Geheimagent(in) M(F) agent secret **Geheimdienst** M services secrets **Geheimfach** N compartiment *m bzw.* tiroir *m* (à) secret **Geheimgang** M passage secret; *unterirdischer* passage souterrain secret
geheimhalten V/T → geheim
Geheimhaltung F secret *m*; **strikte ~** la plus grande discrétion
Geheimnis N **1** secret *m*; **vor j-m keine ~se haben** ne pas avoir de secrets pour qn; **ein ~ aus etw machen** faire un mystère de qc; **ein offenes ~** un secret de Polichinelle; **darin liegt das ganze ~** c'est là tout le secret **2** *unergründliches* mystère *m*; **die ~se des Meeres** les mystères de l'océan
Geheimniskrämer(in) *umg* M(F) cachottier, -ière *m,f* **Geheimniskrämerei** *umg* F cachotteries *fpl* **geheimnisumwittert** ADJT entouré de mystères
geheimnisvoll **A** ADJ mystérieux **B** ADV **~ tun** faire des mystères
Geheimnummer F numéro secret; *e-r Scheckkarte* code confidentiel **Geheimpolizei** F police secrète **Geheimratsecken** *umg hum* FPL tempes dégarnies **Geheimrezept** N secret *m* **Geheimschrift** F écriture secrète, chiffrée; chiffre *m* **Geheimsprache** F langage secret, codé **Geheimtipp** M *umg* tuyau *m* **Geheimwaffe** F arme secrète **Geheimzahl** F code confidentiel
gehemmt ADJT *Person* complexé

gehen

A transitives Verb　B intransitives Verb
C unpersönliches Verb

— A transitives Verb —

Weg faire (à pied)

— B intransitives Verb —

1 *(sich begeben)* aller (**zu j-m** chez qn); *zu Fuß a.* marcher; *(nicht fahren etc)* aller à pied; **in ein Gebäude ~** entrer dans un bâtiment; **durch e-e Straße ~** passer par une rue; **auf die andere Seite ~** traverser; aller, passer de l'autre côté; **nach rechts, links ~** aller, prendre à droite, gauche **2** *(weggehen)* s'en aller; partir; *(abfahren) Bus, Zug* partir; *geh* **von j-m ~** *(sterben)* quitter qn **3** *fig* **j-m bis an die Schulter ~** arriver à l'épaule de qn; *Schaden* **in die Tausende ~** se chiffrer par milliers; **in sich** *(akk)* **~** faire un retour sur soi-même; *umg* **j-n ~ lassen** *(in Ruhe lassen)* laisser qn tranquille; **sich ~ lassen** se laisser aller; *umg* **mit j-m ~** *(ein Liebespaar sein)* sortir avec qn; *Fenster* **nach Norden ~** donner au nord; **vor sich ~** se passer; **das geht nicht** c'est impossible; *umg* **geh nicht an meine Sachen!** ne touche pas à mes affaires! **4** *(hineinpassen)* **in etw** *(akk)* **~** entrer, tenir dans qc **5** *(funktionieren)* marcher; fonctionner **6** *(läuten) Telefon, Klingel* sonner **7** *Geschäft* marcher; aller; *Ware* se vendre **8** *Teig* lever **9** *umg (so gerade angehen) umg* être potable; **das Wetter geht ja noch, aber …** le temps, passe encore, mais …

— C unpersönliches Verb —

1 *(ergehen)* **wie geht es Ihnen?** comment allez-vous?; *umg* **wie gehts?** ça va?; **es geht** ça va; *wie hast du geschlafen?* - **es geht (so)** moyennement; pas mal **2** *(möglich sein)* **es geht** c'est possible; ça marche; **es wird schon ~!** ça va s'arranger! **3** **es geht nichts über** (+ *akk*) rien ne vaut … **4** *Maßstab* **nach j-m ~** dépendre de qn; **wenn es nach mir ginge** si ça dépendait de moi **5** *(sich handeln)* **~ um** s'agir de; **ihm geht es nur ums Geld** il n'y a que l'argent qui l'intéresse

Gehen N marche *f* (*a.* SPORT)
gehenlassen V/T *u.* V/R → gehen B 3
Geher(in) M(F) SPORT marcheur, -euse *m,f*
geheuer ADJ **nicht (ganz) ~** *(verdächtig)* suspect; *(unheimlich)* inquiétant; **hier ist es nicht (ganz) ~** ce n'est pas très rassurant ici; *(hier spukt es)* la maison, *etc* est °hantée; **ihm ist nicht (ganz) ~ zumute** il a un sentiment de malaise
Geheul N **1** °hurlement(s) *m(pl)* **2** *umg pej umg* pleurnicheries *fpl*
Gehgips M plâtre *m* de marche **Gehhilfe** F appareil *m* orthopédique aidant à la marche
Gehilfe M aide *m*; *(Ladengehilfe, Schreibgehilfe)* commis *m*
Gehilfin F aide *f*
Gehirn N *Organ* cerveau *m*; *Substanz, fig* cervelle *f* **Gehirnblutung** F hémorragie cérébrale **Gehirnerschütterung** F commotion cérébrale **Gehirnhälfte** F hémisphère cérébral **Gehirnhautentzündung** F méningite *f* **Gehirnschlag** M (attaque *f* d')apoplexie *f* **Gehirntumor** M tumeur cérébrale **Gehirnwäsche** F lavage *m* de cerveau

gehoben A PPERF → heben B ADJT 1 *Stil* soutenu 2 *Stimmung* gai; *Stellung* élevé; *Güter* **für den ~en Bedarf** de luxe
Gehöft N ferme *f*
geholfen PPERF → helfen
Gehölz N bosquet *m*
Gehör N 1 *Sinn* ouïe *f*; MUS oreille *f*; **ein gutes ~ haben** avoir l'ouïe fine; MUS avoir de l'oreille 2 *geh* **j-m, e-r Sache ~ schenken** prêter l'oreille à qn, qc; **(kein) ~ finden** (ne pas) réussir à se faire entendre (**bei j-m** par qn)
gehorchen V/I obéir (*a. fig Beine*); **aufs Wort ~** obéir au doigt et à l'œil
gehören A V/I 1 *als Besitz* **j-m ~** appartenir, être à qn 2 *als Teil* **zu etw, j-m ~** faire partie de qc, qn; **das gehört nicht hierher** cela n'a rien à voir (avec ça) 3 (*erforderlich sein*) **dazu gehört Mut** *etc* il faut du courage, *etc* pour cela 4 (*am Platze sein*) être à sa place; être rangé; **wo gehört das hin?** où faut-il ranger cela?; **du gehörst ins Bett** tu devrais être au lit B V/UNPERS *u.* V/R **es gehört sich zu** (+ *inf*) il faut (+ *inf*); **das gehört sich (nicht)** cela (ne) se fait (pas); **wie es sich gehört** comme il faut
Gehörgang M conduit auditif
gehörig A ADJ 1 *als Besitz* appartenant 2 *als Teil* **zu etw ~** qui fait partie de qc 3 (*gebührend*) convenable; dû 4 *umg* (*tüchtig, kräftig*) bon; grand; *umg* sacré B *umg* ADV (*gebührend, kräftig*) comme il faut; (*enorm*) *umg* drôlement
gehörlos ADJ sourd; déficient auditif
Gehörlosenschule F école *f* pour les sourds
gehörnt ADJT 1 ZOOL à cornes; cornu 2 *fig hum Ehemann umg* cocu
gehorsam A ADJ obéissant B ADV avec obéissance; docilement
Gehorsam M obéissance *f*
Gehörsinn M ouïe *f*
Gehsteig M trottoir *m*
Gehtnichtmehr *umg* N **bis zum ~** jusqu'à l'écœurement
Gehweg M trottoir *m*
Geier M vautour *m*; *umg* **weiß der ~!** aucune idée!
Geifer M (*Speichel*) bave *f*; *wutschäumender* écume *f* **geifern** V/I baver; *fig vor Wut* écumer de rage
Geige F violon *m*; *fig* **die erste ~ spielen** tenir le premier rôle
geigen A V/T jouer au violon B V/I jouer du violon
Geigenbauer M luthier *m* **Geigenkasten** M étui *m* à violon
Geiger(in) M(F) violoniste *m/f*
Geigerzähler M compteur *m* Geiger
geil ADJ 1 (*lüstern*) lubrique; **er ist ~ auf sie** elle l'excite 2 *Jugendsprache* (*toll*) *umg* cool (! unveränderlich); *umg* génial
Geisel F otage *m* **Geiselbefreiung** F libération *f* des otages **Geiseldrama** N prise *f* d'otages dramatique **Geiselgangster** M preneur *m* d'otages **Geiselnahme** F prise *f* d'otages **Geiselnehmer** M preneur *m* d'otages
Geisha F geisha *f*
Geiß F *südd, österr, schweiz* (*Ziege*) chèvre *f* **Geißbock** M *südd, österr, schweiz* bouc *m*
Geißel F *geh fig* fléau *m* **geißeln** V/T 1 (*züchtigen*) flageller 2 *geh fig* (*anprangern*) fustiger
Geist M 1 *e-s Menschen, Werkes, e-r Zeit* esprit *m*; (*Verstand*) intelligence *f*; *geh, umg fig* **s-n ~ aufgeben** rendre l'âme; **etw im ~(e) vor sich** (*dat*) **sehen** se représenter, s'imaginer qc; *umg* **j-m auf den ~ gehen** taper sur les nerfs à qn 2 *Mensch* esprit *m*; *hum* **ein unruhiger ~ sein** ne pas tenir en place; **hier scheiden sich die ~er** sur cette question les avis diffèrent 3 (*Hausgeist, Naturgeist*) esprit *m*; (*Gespenst*) revenant *m*; **der Heilige ~** le Saint-Esprit
Geisterbahn F train *m* fantôme **Geisterfahrer(in)** M(F) automobiliste *m/f* roulant à contresens sur une autoroute **geisterhaft** ADJ fantomatique
Geisterhand F **wie von ~** comme animé, poussé, *etc* par une main invisible
geistern V/I rôder, errer (**durch** dans); *fig Idee* **durch etw ~** °hanter qc
Geisterstadt F ville morte **Geisterstunde** heure *f* des revenants
geistesabwesend ADJ absent; distrait **Geistesabwesenheit** F absence *f*; distraction *f*
Geistesblitz *umg* M trait *m* de génie **Geistesgegenwart** F présence *f* d'esprit **geistesgegenwärtig** A ADJ qui a de la présence d'esprit B ADV avec (de la) présence d'esprit **Geistesgeschichte** F histoire *f* des idées **geistesgestört** ADJT atteint de troubles mentaux; déséquilibré **Geistesgestörte(r)** M/F(M) aliéné(e) *m(f)* **Geisteshaltung** F mentalité *f* **geisteskrank** ADJ malade mental; aliéné **Geisteskranke(r)** M/F(M) malade *m/f* mental(e); aliéné(e) *m(f)* **Geisteskrankheit** F maladie, aliénation mentale **Geisteswissenschaften** FPL lettres *fpl* et sciences humaines **Geisteswissenschaftler(in)** M(F) étudiant(e) *m(f)*, spécialiste *m/f* en lettres et sciences humaines **Geisteszustand** M état mental
geistig A ADJ (*verstandesmäßig*) intellectuel; PSYCH mental; (*spirituell*) spirituel; **~e Arbeit** travail intellectuel B ADV **~ behindert** °handi-

G

capé mental; ~ **unbeweglich** borné
geistlich ADJ spirituel; (*religiös*) religieux; (*kirchlich*) ecclésiastique; *Musik* sacré; **der ~e Stand** le clergé
Geistliche(r) M ecclésiastique *m* **Geistlichkeit** F clergé *m*
geistlos ADJ dénué d'esprit **geistreich** ADJ (*klug-witzig*) spirituel; fin; plein d'esprit; (*tiefgründig*) profond **geisttötend** ADJT abrutissant
Geiz M avarice *f*
geizen V/I **mit etw ~** lésiner sur qc; **mit Komplimenten** *etc* **~** être avare de compliments, *etc*

G

Geizhals M avare *m* **geizig** ADJ avare **Geizkragen** *umg* M grippe-sou *m*; *umg* radin *m*
Gejammer *umg* N lamentations *fpl*; *umg* jérémiades *fpl*
Gejohle *umg* N beuglement *m*
gekannt PPERF → kennen
Gekicher *umg pej* N ricanement *m*
Gekläff *umg* N glapissement *m*
Geklapper *umg pej* N *von Geschirr, e-r Schreibmaschine* cliquetis *m*; *von Störchen* craquètement *m*; claquement *m* de bec; *der Zähne, Absätze* claquement *m*
Geklimper *umg pej* N pianotage *m*
geklungen PPERF → klingen
Geknatter *umg pej* N *e-s Motorrads* pétarade *f*
geknickt *umg fig* ADJT démoralisé; déprimé
gekniffen PPERF → kneifen
Geknister N *des Feuers* crépitement *m*; *des Papiers* froissement *m*
gekommen PPERF → kommen
gekonnt **A** PPERF → können **B** ADJT parfait; (*geschickt*) habile
gekränkt ADJT vexé; offensé
Gekreisch(e) N *von Menschen, Möwen* cris perçants; *bei Streit* criaillements *mpl*; *e-r Säge* grincement *m*
Gekritzel *umg pej* N griffonnage(s) *m(pl)*; gribouillage(s) *m(pl)*
gekrochen PPERF → kriechen
gekünstelt ADJ maniéré
Gel N gel *m*
Gelaber *umg pej* N bavardage *m*
Gelächter N rires *mpl*; **schallendes ~** éclats *mpl* de rire; **in ~ ausbrechen** éclater de rire
gelackmeiert *umg hum* ADJ **ich bin ~** *od* **der Gelackmeierte** *umg* je me suis fait avoir, rouler
geladen **A** PPERF → laden[1], laden[2] **B** *umg* ADJT **~ sein** être furieux (**auf** [+ *akk*] contre)
Gelage N orgie *f*; (*Trinkgelage*) beuverie *f*
gelähmt ADJT paralysé
Gelähmte(r) M/F(M) paralytique *m/f*; paralysé(e) *m(f)*
Gelände N terrain *m* (*a.* MIL) **Geländefahrzeug** N (véhicule *m*) tout-terrain *m* **geländegängig** ADJ *Fahrzeug* tout-terrain
Geländer N balustrade *f*; *e-r Treppe* rampe *f*
Geländereifen M pneu *m* tout terrain **Geländeritt** M cross-country *m* équestre **Geländespiel** N grand jeu (de plein air) **Geländesport** M sport *m* en terrain varié **Geländeübung** F MIL (exercice *m* de) grandes manœuvres **Geländewagen** N (véhicule *m*) tout-terrain *m*
gelang → gelingen
gelangen V/I parvenir, arriver, accéder (**zu, nach** à); **zu Reichtum ~** faire fortune
gelassen **A** PPERF → lassen **B** ADJT (*ruhig*) calme; (*gleichmütig*) flegmatique **C** ADVL avec calme
Gelassenheit F (*Ruhe*) calme *m*; (*Gleichmut*) flegme *m*
Gelatine F gélatine *f*
gelaufen PPERF → laufen
geläufig ADJ courant; (*vertraut*) familier; **das ist mir (nicht) ~** je (ne) connais (pas) bien
gelaunt ADJ **gut, schlecht ~ sein** être de bonne, mauvaise humeur
Geläut N *von Glocken* carillon *m*; sonnerie *f*
gelb ADJ jaune; *Verkehrsampel* orange (! unveränderlich); **~ werden** devenir jaune; jaunir; *Ampel* passer à l'orange
Gelb N (couleur *f*) jaune *m*; **die Ampel steht auf ~** le feu est à l'orange
Gelbe(s) N jaune *m*; *umg* **das ist nicht das Gelbe vom Ei** *umg* ce n'est pas génial
Gelbfieber N fièvre *f* jaune **Gelbkörperhormon** N progestérone *f* **gelblich** ADJ jaunâtre **Gelbsucht** F jaunisse *f* **Gelbwurst** F *etwa* cervelas *m*
Geld N **1** argent *m*; **großes ~** (gros) billet(s) *m(pl)*; **kleines ~** monnaie *f*; *umg fig* **j-m das ~ aus der Tasche ziehen** voler, *umg* plumer qn; *umg fig* **im ~ schwimmen**, *umg* **~ wie Heu haben** *umg* être plein aux as; *umg* **ins ~ gehen** coûter cher; **zu ~ kommen** s'enrichir; **etw zu ~ machen** vendre qc; *Wertpapiere* réaliser qc; **sein ~ wert sein** valoir son prix **2** *meist pl* **~er** (*Mittel*) fonds *mpl*
Geldadel M °hauts milieux de la finance
Geldangelegenheit F affaire *f*, question *f* d'argent **Geldanlage** F placement *m* **Geldanleihe** F emprunt *m* (d'argent) **Geldanweisung** F mandat *m* **Geldausgabe** F dépense (d'argent, financière) **Geldautomat** M distributeur *m* de billets; guichet *m* automatique **Geldbetrag** M somme *f* (d'argent); montant *m* **Geldbeutel** M, **Geldbörse** F porte-monnaie *m*; bourse *f* **Geldbuße** F amende *f* **Geldeinwurf** M *bei Automaten* fente *f* (pour la pièce de monnaie) **Geldgeber**

M bailleur *m* de fonds **Geldgier** F rapacité *f*; cupidité *f* **geldgierig** ADJ rapace; cupide
Geldhahn M *umg* **j-m den ~ abdrehen** *od* **zudrehen** couper les vivres à qn
Geldinstitut N établissement financier **Geldmangel** M manque *m* d'argent **Geldmittel** NPL fonds *mpl* **Geldquelle** F ressources *fpl*; (*Einkommensquelle*) source *f* de revenu **Geldschein** M billet *m* de banque **Geldschrank** M coffre-fort *m* **Geldsorgen** FPL soucis d'argent, financiers, matériels **Geldspende** F don *m* en argent **Geldstrafe** F amende *f* **Geldstück** N pièce *f* de monnaie **Geldsumme** F somme *f* d'argent **Geldtransport** M transport *m* de fonds **Geldumtausch** M change *m* **Geldverschwendung** F gaspillage *m* d'argent **Geldwäsche** *umg fig* F blanchiment *m* de l'argent **Geldwechsel** M change *m* **Geldwechsler** M *Automat* changeur *m* de monnaie
Gelee N *od* M gelée *f*; **in ~** en gelée; en aspic
gelegen A PPERF → liegen B ADJT 1 *örtlich* situé; **am Wald ~** situé au bord de la forêt 2 (*passend*) convenable; *zeitlich a.* opportun; **das kommt (mir) gerade ~** cela tombe bien; cela m'arrange 3 → liegen
Gelegenheit F occasion *f*; **bei ~** à l'occasion; **bei passender ~** en temps et lieu; **bei dieser ~** à cette occasion; **bei nächster ~** à la première occasion; **~ haben zu** (+ *inf*) avoir l'occasion de (+ *inf*); **j-m ~ geben zu** (+ *inf*) fournir à qn l'occasion de (+ *inf*)
Gelegenheitsarbeit F travail occasionnel; petit boulot **Gelegenheitsjob** M petit boulot **Gelegenheitskauf** M occasion *f*
gelegentlich A ADJ occasionnel B ADV (*ab und zu*) de temps en temps; (*bei Gelegenheit*) à l'occasion
gelehrig ADJ docile
Gelehrsamkeit *geh* F érudition *f*
gelehrt ADJT savant; érudit **Gelehrte(r)** M/F(M) érudit(e) *m(f)*; savant *m*
Geleit *geh* N escorte *f*; JUR **j-m freies ~ zusichern** assurer la protection de qn (pour se rendre en un lieu); **j-m das letzte ~ geben** accompagner qn à sa dernière demeure
geleiten *geh* V/T accompagner; *offiziellen Gast,* MIL escorter
Geleitschutz M escorte *f*
Gelenk N ANAT, TECH articulation *f*; TECH *a.* joint *m* **Gelenkbus** M autobus articulé
gelenkig ADJ souple **Gelenkigkeit** F souplesse *f*
gelernt ADJT (*von Beruf*) de métier
gelesen PPERF → lesen[1], lesen[2]
Geliebte(r) M/F(M) 1 *außerehelich* amant *m*, maîtresse *f* 2 *geh* bien-aimé(e) *m(f)*; *Anrede* mon amour *m*
geliefert ADJT *umg* **~ sein** *umg* être fichu
geliehen PPERF → leihen
gelieren V/I se gélifier
Gelierzucker M sucre gélifiant; gélisuc® *m*
gelinde ADV **~ gesagt** pour ne pas dire plus
gelingen V/I réussir; **etw gelingt j-m (gut)** qn réussit qc; **es gelingt mir, etw zu tun** je réussis, j'arrive à faire qc
Gelingen N réussite *f*; succès *m*; **gutes ~!** bonne chance!
gelitten PPERF → leiden
gellen V/I retentir
gellend ADJT perçant; strident
geloben *geh* V/T promettre solennellement; **ich habe mir gelobt zu** (+ *inf*) j'ai fait le vœu de (+ *inf*)
Gelöbnis *geh* N promesse solennelle; vœu *m*
gelockt ADJT *Haar* bouclé
gelogen PPERF → lügen
gelöst ADJT *fig* décontracté; détendu
gelt INT *südd, österr* °hein?
gelten A V/T (*wert* sein) valoir; **s-e Ansicht gilt viel** son avis compte pour beaucoup B V/I 1 (*gültig sein*) être valable; *Gesetz, Recht, Regelung, Preise* être en vigueur; **das gilt nicht** (*ist gegen die Spielregel*) cela ne vaut pas; (*zählt nicht*) cela ne compte pas; **etw ~ lassen** admettre qc 2 (*gehalten werden*) **~ als, für** être considéré comme; *Person a.* passer pour 3 **~ für** (*sich beziehen auf*) valoir pour 4 **j-m ~** (*j-n betreffen*) s'adresser à qn C V/UNPERS (*darauf ankommen*) **es gilt zu** (+ *inf*) il s'agit de (+ *inf*)
geltend ADJT 1 *Recht, Gesetz, Preise* en vigueur 2 **etw ~ machen** faire valoir qc; *Einfluss* exercer qc; *Bedenken, Argument* invoquer qc
Geltung F 1 (*Gültigkeit*) validité *f*; **(keine) ~ (für etw, j-n) haben** (ne pas) être valable (pour qc, qn) 2 (*Wirkung*) valeur *f*; **etw zur ~ bringen** mettre qc en valeur; **zur ~ kommen** être mis en valeur; **sich** (*dat*) **~ verschaffen** s'imposer
Geltungsbedürfnis N besoin *m* de se faire remarquer **Geltungsbereich** M champ *m* d'application **Geltungsdauer** F durée *f* de validité **Geltungssucht** F manie *f* de se faire remarquer
Gelübde *geh* N vœu *m*; **ein ~ ablegen** faire un vœu
gelungen A PPERF → gelingen B ADJT (*ansprechend*) réussi
gemach *geh* INT doucement!
Gemach *geh* N pièce *f*; *pl* **die Gemächer** les appartements *mpl*
gemächlich ADJ tranquille

Gemahl(in) *geh* M(F) époux *m*, épouse *f*
Gemälde N tableau *m*; peinture *f*; *auf Leinwand a.* toile *f* **Gemäldeausstellung** F exposition *f* de tableaux, de peinture **Gemäldegalerie** F musée *m* de peinture **Gemäldesammlung** F collection *f* de tableaux
gemasert ADJT *Holz etc* veiné
gemäß A ADJ *(entsprechend)* conforme (+ *dat* à) B PRÄP selon; *bes* ADMIN, JUR conformément à
gemäßigt ADJT modéré; *Klima(zone)* tempéré
Gemäuer *geh* N murailles *fpl*
Gemecker *umg pej* N rouspétance *f*
gemein ADJ 1 *Person, Bemerkung* méchant; *Gesinnung* ignoble; abject; *Trick* sale; **~er Kerl** sale type *m*; *umg* **das ist ~!** *umg* c'est vache! 2 ZOOL, BOT commun 3 *geh (gewöhnlich)* commun; ordinaire; **der ~e Mann** l'homme *m* du peuple
Gemeinde F 1 ADMIN commune *f* 2 *(Kirchengemeinde)* paroisse *f*; *beim Gottesdienst* fidèles *mpl* 3 *(Gemeinschaft Gleichgesinnter)* communauté *f*
Gemeindehaus N maison *f* des œuvres paroissiales **Gemeindehelfer(in)** M(F) diacre *m* **Gemeindemitglied** N paroissien, -ienne *m,f* **Gemeindeordnung** F statuts *mpl* de la commune; législation administrative communale **Gemeinderat** M 1 *Gremium* conseil municipal 2 *Person* conseiller municipal **Gemeindesaal** M salle paroissiale **Gemeindeschwester** F infirmière rétribuée par une paroisse *bzw.* une commune **Gemeindeverwaltung** F administration *f* de la commune; municipalité *f* **Gemeindezentrum** N foyer municipal
gemeingefährlich ADJ *Handlung* qui constitue un danger public; *Person* qui est un danger public
Gemeingut *geh* N bien commun; *fig* patrimoine commun; *Redensart* **(zum) ~ werden** se répandre
Gemeinheit F 1 méchanceté *f* 2 *(Eigenschaft, Handlung) umg* vacherie *f*
gemeinhin ADV communément **gemeinnützig** ADJ d'utilité publique **Gemeinplatz** M lieu commun
gemeinsam A ADJ 1 *(gemeinschaftlich)* commun; *Werk* collectif; *Konto* joint 2 **sie hat mit mir ~, dass sie gern kocht** nous avons en commun d'aimer faire la cuisine B ADV en commun; ensemble
Gemeinsamkeit F 1 *Eigenschaft* point commun 2 *(Verbundenheit)* communauté *f*
Gemeinschaft F 1 *Gruppe* communauté *f*; **die Europäische ~** la Communauté européenne 2 *(Verbundensein)* solidarité *f*; **eheliche ~** union conjugale
gemeinschaftlich A ADJ (en) commun B ADV en commun
Gemeinschaftsanschluss M TEL ligne commune **Gemeinschaftsantenne** F antenne collective **Gemeinschaftsarbeit** F 1 *Vorgang* travail *m* d'équipe 2 *Ergebnis* projet commun **Gemeinschaftsgefühl** N esprit *m* communautaire **Gemeinschaftsgeist** M esprit *m* de solidarité **Gemeinschaftskasse** F caisse commune **Gemeinschaftsküche** F cuisine commune **Gemeinschaftskunde** F instruction *f* civique **Gemeinschaftsleben** N vie *f* communautaire; vie *f* de groupe **Gemeinschaftspraxis** F cabinet médical en association **Gemeinschaftsproduktion** F coproduction *f* **Gemeinschaftsraum** M salle commune **Gemeinschaftsschule** F école interconfessionnelle
Gemeinsinn M sens *m* civique **gemeinverständlich** ADJ *u.* ADV à la portée de tous
Gemeinwesen N communauté *f*; *(Staat)* chose publique **Gemeinwohl** N bien, intérêt public
Gemenge N 1 *(Gemisch)* mélange *m* (*a.* CHEM) 2 *(Menschengewühl)* cohue *f*
gemessen A PPERF → messen B ADJT *Haltung* grave; *geh* **~en Schrittes** d'un pas mesuré; **in ~em Abstand** à (une) distance respectueuse
Gemetzel N massacre *m*
gemieden PPERF → meiden
Gemisch N mélange *m* (*a.* AUTO)
gemischt ADJT *Klasse, Chor,* SPORT mixte; *Abendgesellschaft etc* mélangé; *Gesamtgesellschaft* mêlé; *Eis* panaché; *Salat* composé
gemocht PPERF → mögen
gemolken PPERF → melken
Gemse → Gämse
Gemurmel N murmures *mpl*
Gemüse N légume(s) *m(pl)*; *umg fig hum* **junges ~** *umg* de la jeunesse
Gemüsebeet N carré *m* de légumes **Gemüseeintopf** M potée *f* de légumes **Gemüsegarten** M (jardin *m*) potager *m* **Gemüsehändler(in)** M(F) marchand(e) *m(f)* de légumes **Gemüsesuppe** F potage *m* aux légumes
gemusst PPERF → müssen
gemustert ADJT à dessins; *(mit eingewebtem Muster)* façonné
Gemüt N nature *f*; tempérament *m*; **ein kindliches ~** une âme d'enfant; **das ist etwas fürs ~** c'est émouvant, touchant; **sich** *(dat)* **etw zu ~e führen** *(essen, trinken)* savourer qc; *Film* voir,

Buch lire qc; *(beherzigen)* tenir compte de qc; **die ~er haben sich erhitzt** les esprits se sont échauffés

gemütlich A ADJ 1 *Wohnung* accueillant; *Lokal, Umgebung* intime; *Essen, Beisammensein* convivial; *(bequem)* confortable; *Stimmung, Abend* sympathique 2 *(umgänglich)* facile à vivre 3 *Tempo* tranquille B ADV 1 *(bequem)* comfortablement; *(ruhig)* tranquillement; **es sich** *(dat)* **~ machen** s'installer confortablement 2 *(gemächlich)* sans se presser

Gemütlichkeit F 1 *e-r Wohnung* caractère accueillant; *e-s Lokals* intimité *f*; *(Bequemlichkeit)* confort *m*; *(Zwanglosigkeit)* convivialité *f* 2 *(Umgänglichkeit)* bon caractère 3 *(Gemächlichkeit)* **in aller ~** sans se presser

gemütskrank ADJ atteint de troubles mentaux **Gemütsmensch** *umg* M nature *f* placide

Gemütsruhe F tranquillité *f* d'esprit; **in aller ~** en toute tranquillité

Gemütsverfassung F, **Gemütszustand** M état *m* d'âme

Gen N BIOL gène *m*

genannt PPERF → nennen

genas → genesen

genau A ADJ 1 *(exakt)* exact; *Angaben* précis; *Übersetzung a.* fidèle; **die ~e Zeit** l'heure exacte 2 *(sorgfältig)* précis; **(peinlich) ~** méticuleux 3 *(streng)* strict 4 *(ausführlich)* détaillé B ADV 1 *(exakt)* exactement; **~ um fünf Uhr** à cinq heures précises; **~ gehen** *Uhr* être à l'heure 2 *(sorgfältig)* avec précision; **~ hinsehen** regarder de (très) près; **etw ~ nehmen** *wörtlich* prendre qc au pied de la lettre 3 *(streng)* strictement; **~ genommen** strictement parlant 4 *(ausführlich)* **etw ~ berichten** faire un rapport, récit détaillé de qc 5 *verstärkend* exactement; *mit Verben* très bien; *als Ausruf* **(ja,) ~!** c'est tout à fait ça!; **ganz ~!** absolument! 6 *(eben, gerade)* (tout) juste

Genauigkeit F 1 *(Exaktheit)* précision *f*; exactitude *f* 2 *(Sorgfalt)* minutie *f*; méticulosité *f*

genauso ADV → ebenso

Genbank F banque *f* de génotypes

Gendarm M HIST gendarme *m* **Gendarmerie** F HIST gendarmerie *f*

Genealogie F généalogie *f*

genehm *geh* ADJ **j-m ~ sein** convenir à qn

genehmigen V/T A V/T *Einreise, Veranstaltung* autoriser; *bes* ADMIN *Antrag* approuver B *umg* V/R **sich** *(dat)* **etw ~** s'offrir, se payer qc; **sich** *(dat)* **einen ~** s'accorder un petit verre

Genehmigung F autorisation *f*; *bes* ADMIN approbation *f*; agrément *m*

geneigt ADJT 1 *Gelände, Fläche* incliné 2 **~ sein, etw zu tun** être disposé à faire qc

Genera PL → Genus

General M général *m*

Generalbevollmächtigte(r) M/F(M) fondé *m* de pouvoir ayant procuration générale **Generaldirektor** M (président-)directeur général; P.D.G. *m* **Generalkonsulat** N consulat général **Generalprobe** F répétition générale **Generalsekretär** M secrétaire général **Generalstab** M MIL état-major *m* **Generalstreik** M grève générale **generalüberholen** V/T faire une révision générale de **Generalversammlung** F assemblée générale **Generalvertreter** M agent général **Generalvollmacht** F procuration générale

Generation F génération *f*

Generationskonflikt M conflit *m* des générations **Generationsproblem** N problème *m* de génération **Generationsunterschied** M différence *f* de génération

Generator M ELEK génératrice *f*; générateur *m*

generell ADJ général

genesen *geh* V/I guérir, se rétablir **(von** de) **Genesende(r)** M/F(M) convalescent(e) *m(f)*

Genesung *geh* F guérison *f*; convalescence *f*; rétablissement *m* **Genesungsprozess** M processus *m* de guérison

Genetik F génétique *f* **genetisch** ADJ génétique

Genf N Genève

Genfer ADJ genevois; de Genève; **der ~ See** le lac Léman

Genforschung F recherche *f* génétique

genial ADJ génial; *Künstler, Idee a.* de génie **Genialität** F génie *m*

Genick N nuque *f*; **sich** *(dat)* **das ~ brechen** se rompre, se casser le cou *(a. fig)*

Genickschuss M balle *f* dans la nuque

Genie N génie *m*

genieren V/R **sich ~** se sentir gêné **(vor j-m** devant qn); **sich ~, etw zu tun** être gêné de faire qc

genießbar ADJ consommable; *(essbar)* mangeable; *(noch trinkbar)* buvable

genießen V/T 1 *geh (essen)* manger; *(trinken)* boire; *umg fig* **er ist heute nicht zu ~** *umg* il est imbuvable aujourd'hui 2 *fig* jouir de *(a. Vertrauen, Ruf)*; *mit Behagen* savourer; prendre plaisir à; **sein Leben ~** profiter de la vie

Genießer M jouisseur *m*; *(Feinschmecker)* gourmet *m*; **er ist ein richtiger ~** c'est un bon vivant

genießerisch A ADJ de jouisseur B ADV en jouisseur; avec délice, plaisir

Genitalbereich M parties génitales

Genitalien PL parties génitales
Genitiv M génitif *m* **Genitivobjekt** N complément *m* d'objet au génitif
Genius M génie *m*
Genmais M maïs *m* transgénique **Genmanipulation** F manipulations *fpl* génétiques **genmanipuliert** ADJT génétiquement modifié
Genom N BIOL génome *m*
genommen PPERF → nehmen
genormt ADJT normalisé; standardisé
genoss → genießen
G
Genosse M, **Genossin** F camarade *m/f*
genossen PPERF → genießen
Genossenschaft F coopérative *f*
Genre N genre *m*
Gentechnik F génie *m*, ingénierie *f* génétique
gentechnisch A ADJ génétique B ADV **~ verändert** génétiquement modifié; transgénique
Gentechnologie F → Gentechnik **Gentest** M test *m* génétique **Gentherapie** F thérapie *f* génique
Genua N Gênes
genug ADV assez; *(ausreichend)* suffisant; suffisamment; **~ Geld haben** avoir assez d'argent; **es ist ~** c'est assez; cela suffit; **mehr als ~ (sein)** (suffire) largement; *umg fig* **von etw ~ haben** en avoir assez de qc; *umg* en avoir plein le dos de qc; **~ (davon)!** cela suffit!
Genüge *geh* F **zur ~** *(ausreichend)* suffisamment; *(reichlich)* abondamment
genügen VI 1 *(ausreichen)* suffire; **das genügt mir** ça me suffit; **es genügt zu** *(+ inf)* il suffit de *(+ inf)* 2 *(entsprechen)* **e-r Sache** *(dat)* **(nicht) ~** (ne pas) satisfaire à qc
genügend A ADJT suffisant B ADVL suffisamment; assez; **~ Geld** suffisamment, assez d'argent
genügsam A ADJ peu exigeant; content de peu; *im Trinken* sobre; *im Essen a.* frugal B ADV **~ leben** se contenter de peu
Genugtuung F satisfaction *f*; **es ist mir e-e ~ zu** *(+ inf)* je suis (très) satisfait de *(+ inf)*
Genus N genre *m*
Genuschel *umg pej* N **hör auf mit deinem ~!** arrête de manger tes mots!
Genuss M 1 *von Ess-, Trinkbarem* consommation *f* 2 *(Wohlbehagen)* plaisir *m*; jouissance *f*; **mit ~** avec délectation 3 *fig* **in den ~ e-r Sache** *(gen)* **kommen** bénéficier de qc
genüsslich A ADJ voluptueux B ADV voluptueusement; avec délectation
Genussmittel N denrée *f* de luxe **Genusssucht** F hédonisme *m* **genusssüchtig** ADJ jouisseur; hédoniste
genverändert ADJT → gentechnisch
Geodreieck® N équerre *f*
Geograf → Geograph
Geografie → Geographie
geografisch → geographisch
Geograph M géographe *m* **Geographie** F géographie *f* **geographisch** ADJ géographique
Geologe M géologue *m* **Geologie** F géologie *f* **geologisch** ADJ géologique **Geometrie** F géométrie *f* **geometrisch** ADJ géométrique
geordnet ADJT *fig* en ordre; réglé; **in ~en Verhältnissen leben** mener une vie réglée
Georgien N la Géorgie
Gepäck N bagages *mpl* **Gepäckabfertigung** F 1 *Schalter* guichet *m* d'enregistrement des bagages 2 *Vorgang* enregistrement *m* des bagages **Gepäckablage** F porte-bagages *m* **Gepäckannahme** F → Gepäckabfertigung, Gepäckaufbewahrung **Gepäckaufbewahrung** F consigne *f* **Gepäckausgabe** F 1 *Schalter* (guichet *m* de la) consigne *f* 2 *Vorgang* remise *f* des bagages **Gepäckkontrolle** F contrôle *m* des bagages **Gepäcknetz** N filet *m* d'un porte-bagages **Gepäckraum** M compartiment *m* à bagages **Gepäckschalter** M guichet *m* des bagages **Gepäckschein** M bulletin *m* d'enregistrement **Gepäckschließfach** N (casier *m* de) consigne *f* automatique **Gepäckstück** N bagage *m* **Gepäckträger** M 1 *Person* porteur *m* 2 *am Fahrrad etc* porte-bagages *m* **Gepäckwagen** M fourgon *m* (à bagages)
Gepard M guépard *m*
gepfeffert ADJT *umg fig Rechnung* salé; *Preise* excessif
gepfiffen PPERF → pfeifen
gepflegt A ADJT 1 *Person, Äußeres, Kleidung* soigné; *Park, Garten* bien entretenu; *Haus* bien tenu 2 *Unterhaltung* cultivé; *Essen, Getränke* de choix; *Lokal, Hotel* de (grande) classe B ADVL **sich ~ ausdrücken** s'exprimer en termes choisis; **~ essen gehen** aller dans un bon restaurant
Gepflogenheit *geh* F habitude *f*; coutume *f*
gepierct ADJT qui a un piercing; **gepierct sein** avoir un piercing
geplagt ADJT **er ist ein ~er Mann** il a la vie dure; il est bien à plaindre
Geplänkel N MIL, *fig* escarmouche(s) *f(pl)*
Geplapper *umg* N *e-s Kindes* babillage *m*; *pej* bavardage *m*
Geplauder *geh* N causerie *f*
Gepolter N *(Dröhnen)* fracas *m*; *(Radau)* vacarme *m*
gepriesen PPERF → preisen

gepunktet ADJ *Stoff* à pois
gequält ADJT *Lächeln* tendu; forcé
Gequatsche *umg pej* N papotage *m*; cancans *mpl*
Gequengel *umg pej* N *umg* pleurnicheries *fpl*
gequollen PPERF → quellen[1]
gerade A ADJ 1 *Linie, Straße, Nase etc* droit; **~ biegen** redresser; **(sich) ~ halten** (se) tenir droit; **~ stehen** se tenir droit 2 *Zahl* pair B ADV 1 *(genau)* juste(ment); précisément; **~ (in dem Augenblick), als …** juste, précisément au moment où … 2 *(im Moment)* justement; **ich wollte ~ gehen** j'étais sur le point de partir; **er ist ~ angekommen** il vient (juste[ment]) d'arriver 3 *(knapp)* juste; **~ so viel, dass …** juste assez pour (+ *inf*) 4 *(ausgerechnet)* justement; **warum ~ ich?** et pourquoi justement moi? 5 *(besonders)* précisément; **nicht ~ leicht** *etc* pas précisément facile, *etc* 6 *umg (erst recht)* **nun, jetzt ~!** maintenant raison de plus!
Gerade F 1 MATH droite *f* 2 SPORT ligne droite 3 BOXEN direct *m*
geradeaus ADV tout droit
geradebiegen V/T 1 redresser 2 *umg fig* arranger **geradehalten** V/T (u. V/R) **(sich ~)** (se) tenir droit
geradeheraus ADV franchement
geradeso ADV **~ groß wie** (juste) aussi grand que
geradestehen V/I 1 se tenir droit 2 *fig* **für j-n, etw ~** prendre la responsabilité pour qn, de qc
geradewegs ADV directement; tout droit **geradezu** ADV vraiment; tout simplement
Geradheit F *(Offenheit)* franchise *f*; droiture *f*
geradlinig A ADJ 1 rectiligne 2 *fig (aufrichtig)* droit B ADV *verlaufen* en ligne droite **Geradlinigkeit** F 1 disposition *f* rectiligne 2 *fig (Aufrichtigkeit)* droiture *f*; franchise *f*
gerammelt *umg* ADVL **~ voll** bondé; plein à craquer
Gerangel *umg* N bagarre *f* (**um** pour; *a. fig*)
Geranie F géranium *m*
gerann → gerinnen
gerannt PPERF → rennen
Geraschel N froissement *m*
gerät → geraten[1]
Gerät N 1 *(Haushaltsgerät)* ustensile *m*; *(Werkzeug, Gartengerät)* outil *m*; **elektrische ~e** appareils *mpl* électriques 2 *koll* outillage *m* 3 *(Radiogerät, Fernsehgerät)* poste *m* 4 *pl* **~e** *(Turngerät)* agrès *mpl*
geraten[1] V/I 1 *(zufällig gelangen)* tomber, arriver (par °hasard); **an j-n ~** tomber sur qn; **außer sich** *(akk od dat)* **~** *vor Zorn* sortir de ses gonds; *vor Ärger* se fâcher tout rouge; *vor Freude* ne pas se sentir de joie; **unter ein Auto ~** passer sous une voiture 2 **(gut) ~** réussir; **schlecht ~** rater; **ihm gerät alles** tout lui réussit 3 **nach dem Vater ~** ressembler à son père
geraten[2] A PPERF → raten, geraten[1] B ADJT *(ratsam)* **es für ~ halten zu** (+ *inf*) juger bon, utile de (+ *inf*)
Geräteraum M *für Sportgeräte* salle *f* des appareils **Geräteschuppen** M remise *f* (à outils) **Geräteturnen** N exercices *mpl* aux agrès **Geräteübung** F exercice *m* aux agrès **Gerätewagen** M voiture *f* d'outillage
Geratewohl N **aufs ~** au hasard; au petit bonheur (la chance)
Gerätschaften FPL outillage *m*
Geratter *umg* N *e-s Zuges* roulement *m*
geraucht, **geräuchert** ADJT fumé
geraum *geh* ADJ **seit ~er Zeit** depuis (assez) longtemps
geräumig ADJ spacieux **Geräumigkeit** F caractère spacieux; espace *m*
Geräusch N bruit *m* **geräuscharm** ADJ qui fait peu de bruit **geräuschempfindlich** ADJ sensible au bruit **Geräuschkulisse** F 1 *(Hintergrundgeräusch)* fond *m* sonore 2 THEAT bruitage *m* **geräuschlos** ADJ silencieux **Geräuschlosigkeit** F absence *f* de bruit; silence *m*; *e-s Geräts, e-r Maschine* fonctionnement silencieux **Geräuschpegel** M niveau *m* sonore **geräuschvoll** ADJ bruyant
gerben V/T tanner
Gerber M tanneur *m*
Gerbera F gerbera *m*
Gerberei F tannerie *f*
gerecht A ADJ 1 *Richter, Urteil, Strafe, Note etc* juste 2 *(gerechtfertigt)* justifié; *Zorn* légitime; **e-e ~e Sache** une cause juste 3 *Lohn, Entschädigung* juste; **j-m, e-r Sache ~ werden** apprécier qn, qc à sa juste valeur; *e-r Aufgabe* venir à bout de qc; *Wünschen* satisfaire à qc B ADV avec justice; équitablement
gerechterweise ADV pour être juste
gerechtfertigt ADJT justifié
Gerechtigkeit F justice *f*; *geh* **~ walten lassen** être juste; *geh* **j-m, e-r Sache ~ widerfahren lassen** rendre justice à qn, qc
Gerechtigkeitssinn M sens *m* de la justice
Gerede *umg pej* N bavardage(s) *m(pl)*; *leeres* verbiage *m*; *umg* blabla(bla) *m*; *(Klatsch)* cancans *mpl*; **ins ~ kommen** faire jaser
geregelt ADJT réglé
gereizt ADJT irrité **Gereiztheit** F irritation *f*
Geriatrie F gériatrie *f* **geriatrisch** ADJ gériatrique
Gericht[1] N JUR tribunal *m*; *(Gerichtshof)* cour *f* de justice; REL **das Jüngste ~** le Jugement dernier; **vor ~** *(akk)* **gehen** aller en justice; **vor**

G

~ (*dat*) **stehen** être jugé; **vor** ~ (*dat*) **erscheinen** comparaître en justice; *geh* **über j-n ~ halten** *od* **zu ~ sitzen** juger qn; *fig* **mit j-m (scharf** *od* **hart) ins ~ gehen** faire le procès de qn

Gericht² N GASTR plat *m*; (*Spezialität*) spécialité *f*

gerichtlich A ADJ judiciaire; *Medizin* légal B ADV par voie de justice; **gegen j-n ~ vorgehen** poursuivre qn en justice

Gerichtsakten FPL dossier *m* judiciaire **Gerichtsbarkeit** F juridiction *f* **Gerichtsbeschluss** M décision *f* judiciaire **Gerichtsdolmetscher(in)** M(F) interprète *m/f* auprès des tribunaux **Gerichtsferien** PL vacations *fpl* (des tribunaux) **Gerichtsgebäude** N palais *m* de justice **Gerichtsgebühren** FPL droits *mpl* de justice **Gerichtshof** M cour *f* de justice **Gerichtskosten** PL frais *mpl* de justice **Gerichtsmedizin** F médecine légale **Gerichtsmediziner(in)** M(F) médecin *m* légiste **gerichtsmedizinisch** ADJ médicolégal **Gerichtsordnung** F règlement *m* de procédure **Gerichtsreporter(in)** M(F) chroniqueur, -euse *m,f* judiciaire **Gerichtssaal** M salle *f* d'audience; prétoire *m* **Gerichtsstand** M tribunal compétent **Gerichtstermin** M jour *m* d'audience **Gerichtsurteil** N jugement *m* du tribunal **Gerichtsverfahren** N procédure *f* judiciaire **Gerichtsverhandlung** F audience *f* **Gerichtsvollzieher** M huissier *m* de justice

gerieben PPERF → reiben

gering ADJ peu (de); *Anzahl, Menge, Einkommen* petit; *Kenntnisse* limité; *Unterschied, Abstand, Höhe* faible; *Summe, Preis* insignifiant; **von ~em Wert** de peu de valeur; **~ achten, ~ schätzen** mépriser; dédaigner

geringachten V/T → gering

geringer ADJ moindre; *Stellung* inférieur (**als** à); *Summe* moins élevé; **kein Geringerer als ...** ... en personne

geringfügig A ADJ peu important (*a. Summe*); (*unerheblich*) insignifiant; *Summe, Unterschied* minime; *Fehler, Unterschied a.* léger B ADV légèrement

Geringfügigkeit F insignifiance *f*; **das Verfahren wegen ~ einstellen** rendre un non-lieu (pour insuffisance de charges)

geringschätzen V/T → gering

geringschätzig A ADJ méprisant; dédaigneux B ADV avec mépris, dédain **Geringschätzung** F mépris *m*; dédain *m*

geringste ADJ (le, la) moindre; **nicht das Geringste** absolument rien; rien du tout; **nicht im Geringsten** pas le moins du monde

gerinnen V/I *Blut* (se) coaguler; *Milch* cailler; tourner

Gerinnsel N MED caillot *m* **Gerinnung** F MED coagulation *f*; *von Milch* caillage *m* **Gerinnungsfaktor** M MED facteur *m* de coagulation **Gerinnungsmittel** N MED coagulant *m*

Gerippe N 1 ANAT squelette *m* 2 *fig* (*Gliederung*) structure *f*

gerippt ADJ *Stoff* côtelé

gerissen A PPERF → reißen B *umg* ADJT (*schlau*) rusé; *umg* roublard

geritten PPERF → reiten

geritzt ADJT *umg* **ist ~!** *umg* ça baigne!

Germ M *od* F *südd, österr* levure *f*

Germane M, **Germanin** F Germain(e) *m(f)* **germanisch** ADJ germanique (*a.* LING); germain

Germanist(in) M(F) germaniste *m/f* **Germanistik** F (études *fpl* de) langue, (de) littérature et (de) civilisation allemandes

Germknödel M *südd, österr: grosse boule de pâte levée fourrée à la confiture de prune*

gern(e) ADV 1 (*mit Vergnügen*) volontiers; *Antwort* **~(e)!** *a.* avec plaisir!; **~ geschehen!** (il n'y a) pas de quoi!; **etw ~(e) tun** aimer faire qc; **etw ~ mögen, essen** aimer qc; **~ gesehen sein** *Gast* être le bienvenu; → gernhaben 2 *Wunsch* **ich hätte ~(e) ...** je voudrais ...; **ich möchte ~ ins Kino gehen** j'aimerais bien aller au cinéma 3 (*ohne Weiteres*) **das glaube ich ~(e)** je le crois volontiers; **du kannst ~(e) dableiben!** tu peux rester, si tu veux!

Gernegroß *umg* M vantard *m*

gerngesehen ADJT → gern(e) 1

gernhaben V/T 1 **etw ~** aimer qc 2 **j-n ~** aimer (bien) qn

gerochen PPERF → riechen

Geröll N éboulis *m*

geronnen PPERF → gerinnen, rinnen

Gerontologie F gérontologie *f*

Gerste F orge *f* **Gerstenkorn** N MED orgelet *m* **Gerstensaft** M *hum* bière *f*

Gerte F badine *f*

gertenschlank ADJ élancé; svelte

Geruch M 1 odeur *f* 2 (*Geruchssinn*) odorat *m* **geruchlos** ADJ sans odeur; inodore

Geruchsbelästigung F gêne causée par de mauvaises odeurs; nuisances olfactives **Geruchsnerv** M nerf olfactif **Geruchsorgan** N organe olfactif **Geruchssinn** M odorat *m* **Geruchsstoff** M substance perçue par l'odorat

Gerücht N bruit *m*; rumeur(s) *f(pl)*; **ein ~ verbreiten, in die Welt setzen** faire courir, répandre un bruit; **es geht das ~, dass ...** le bruit court que ...

Gerüchteküche *umg pej* F officine *f* de fausses nouvelles

gerufen PPERF → rufen

geruhen *geh, iron* VI **~, etw zu tun** daigner faire qc

gerührt ADJT *seelisch* touché; ému

geruhsam ADJ tranquille; calme

Gerümpel N *pej* bric-à-brac *m*; vieilleries *fpl*

Gerundium N GRAM gérondif *m*

Gerundiv N GRAM participe futur passif

gerungen PPERF → ringen

Gerüst N **1** BAU échafaudage *m* **2** *fig e-s Aufsatzes* structure *f*; *e-s Romans* cadre *m*

Ges, ges N MUS sol *m* bémol

gesalzen **A** PPERF → salzen **B** ADJT → gepfeffert

gesammelt ADJT *innerlich* recueilli

Gesamtansicht F vue d'ensemble, générale **Gesamtauflage** F tirage (global) **Gesamtausgabe** F (édition *f* des) œuvres complètes **Gesamtbetrag** M (montant *m*) total *m* **Gesamtbevölkerung** F (la) population dans son ensemble **gesamtdeutsch** ADJ concernant toute l'Allemagne, *bes* HIST l'Allemagne de l'Est et de l'Ouest

gesamte ADJ total; global; **der, die, das ~ ...** tout le, toute la ...; l'ensemble de ...

Gesamteindruck M impression générale, d'ensemble **Gesamtergebnis** N résultat global, total; SPORT classement général **Gesamtgewicht** N poids total

Gesamtheit F totalité *f*; ensemble *m*; **... in ihrer ~** ... dans leur ensemble

Gesamthochschule F *forme nouvelle d'université permettant aux étudiants une formation multidisciplinaire* **Gesamtkosten** PL totalité *f* des frais **Gesamtkunstwerk** N œuvre *f* d'art qui réunit plusieurs genres, pluriforme **Gesamtlänge** F longueur totale **Gesamtnote** F note globale **Gesamtschaden** M totalité *f* des dommages **Gesamtschule** F *établissement scolaire regroupant collège et lycée* (! das französische Schulsystem ist anders als in Deutschland gegliedert: Alle Schüler gehen bis zur 9. Klasse aufs **collège** und bei guten Noten anschließend 3 Jahre aufs **lycée**) **Gesamtsieger** M vainqueur final **Gesamtsumme** F somme totale **Gesamtumsatz** M chiffre d'affaires global **Gesamtwerk** N *e-s Künstlers* œuvre *m* **Gesamtwert** M valeur totale, globale **Gesamtwertung** F classement général **Gesamtzahl** F nombre total; total *m*

Gesamtzusammenhang M **etw im ~ betrachten** voir qc dans son ensemble

gesandt PPERF → senden

Gesandte(r) M/F(M) DIPL ministre *m* plénipotentiaire

Gesandtschaft F légation *f*

Gesang M chant *m* **Gesangbuch** N livre *m* de cantiques **Gesangverein** M (société *f*) chorale *f*

Gesäß N derrière *m*; fesses *fpl* **Gesäßtasche** F poche *f* revolver

gesch. ABK (geschieden) divorcé

geschaffen PPERF → schaffen

geschafft ADJT *umg* **~ sein** *umg* être crevé

Geschäft N **1** (*wirtschaftliche Tätigkeit*) affaire *f*; (*Handel*) marché *m*; **dunkle ~e** affaires *fpl* louches; **ein ~ abschließen** conclure une affaire, un marché; **mit j-m ein ~, ~e machen** faire une, des affaire(s) avec qn **2** (*Profit, Absatz*) bonnes affaires; *weitS.* profit *m*; **(mit etw) ein gutes ~ machen** gagner beaucoup d'argent (avec qc) **3** (*Laden*) magasin *m* **4** *fig* (*Aufgabe*) tâche *f*; travail *m*; **sein ~ verstehen** connaître son métier **5** *umg, kinderspr* (*Notdurft*) **kleines, großes ~** petite, grosse commission; **sein ~ verrichten** faire ses besoins

Geschäftemacher M affairiste *m* **Geschäftemacherei** F affairisme *m*

geschäftig ADJ affairé; actif **Geschäftigkeit** F affairement *m*; activité *f*

geschäftlich **A** ADJ **1** d'affaires (*a. Verabredung, Beziehungen*); *Erfolg etc* en affaires **2** *fig* (*unpersönlich*) impersonnel **B** ADV pour affaires; **~ unterwegs** en voyage d'affaires

Geschäftsabschluss M conclusion *f* d'une affaire **Geschäftsaufgabe** F cessation *f* de commerce

Geschäftsbedingungen FPL **allgemeine ~** conditions (générales) de vente

Geschäftsbereich M ressort *m*; **Minister** *m* **ohne ~** ministre *m* sans portefeuille

Geschäftsbericht M rapport *m* de gestion **Geschäftsbeziehungen** FPL relations commerciales **Geschäftsbrief** M lettre *f* d'affaires **Geschäftseröffnung** F ouverture *f* d'un commerce, d'un magasin **geschäftsfähig** ADJ JUR ayant la capacité d'accomplir des actes juridiques **Geschäftsfrau** F femme *f* d'affaires

Geschäftsfreund M relation *f* d'affaires; **mein ~ bei VW** mon correspondant chez Volkswagen

geschäftsführend ADJT qui gère les affaires; *Direktor* général **Geschäftsführer(in)** M(F) gérant(e) *m(f)* **Geschäftsführung** F **1** gestion *f* (d'affaires) **2** *Personen* direction *f* **Geschäftsgebaren** N comportement *m* en affaires **Geschäftshaus** N maison *f* de commerce; immeuble *m* de bureaux **Geschäftsinhaber(in)** M(F) propriétaire *m/f* d'un magasin, d'une entreprise **Geschäftsjahr** N exercice *m*

Geschäftskosten PL **auf ~** aux frais de la maison, de l'entreprise

Geschäftslage F **1** situation des affaires, commerciale **2** *Gegend* **das ist e-e sehr gute ~** ce magasin est très bien situé

Geschäftsleben N (vie *f* des) affaires *fpl*; **sich aus dem ~ zurückziehen** se retirer des affaires

Geschäftsleitung F → Geschäftsführung

Geschäftsmann M homme *m* d'affaires

Geschäftsordnung F règlement intérieur

Geschäftspartner(in) M(F) partenaire *m/f* en affaires; *(Teilhaber[in])* associé(e) *m(f)* **Geschäftsräume** MPL local *m* à usage commercial **Geschäftsreise** F voyage *m* d'affaires **geschäftsschädigend** ADJT qui constitue un préjudice (commercial) **Geschäftsschädigung** F préjudice (commercial) **Geschäftsschluss** M fermeture *f* des magasins, des bureaux **Geschäftssinn** M sens *m* des affaires **Geschäftssitz** M siège social **Geschäftsstelle** F *(Büro)* agence *f*; *e-s Gerichts* greffe *m* **Geschäftsstraße** F rue commerçante **geschäftstüchtig** ADJ (bon) commerçant; habile, doué en affaires **Geschäftstüchtigkeit** F habileté *f*, talent *m* en affaires **Geschäftsübernahme** F reprise *f* d'un commerce, d'une affaire **geschäftsunfähig** ADJ JUR qui n'a pas la capacité d'accomplir des actes juridiques **Geschäftsverbindung** F relation commerciale **Geschäftsverkehr** M mouvement *m* des affaires; relations *fpl* d'affaires **Geschäftsviertel** N quartier *m* des affaires **Geschäftszeit** F heures *fpl* d'ouverture **Geschäftszweig** M secteur commercial

geschah → geschehen

geschehen VI se passer; arriver; se produire; **als wäre nichts ~** comme si de rien n'était; **was auch ~ mag** quoi qu'il arrive; **was soll damit ~?** que faut-il en faire?; **es muss etwas ~** il faut faire quelque chose; **es geschieht dir nichts** on ne te fera pas de mal; **das geschieht ihm (ganz) recht** c'est bien fait pour lui; **es ist um ihn ~** c'en est fait de lui

Geschehen *geh* N événements *mpl*

gescheit ADJ *(klug)* intelligent; *(vernünftig)* raisonnable; sensé; **ich kann daraus nicht ~ werden** je n'y comprends rien

Geschenk N cadeau *m*; **j-m ein ~ machen** faire un cadeau à qn

Geschenkartikel MPL cadeaux *mpl* **Geschenkband** N ruban *m* (pour paquet-cadeau) **Geschenkgutschein** M chèque-cadeau *m* **Geschenkpackung** F paquet-cadeau *m* **Geschenkpapier** N papier-cadeau *m*

Geschichte F **1** *(Entwicklung)*, *Schulfach* histoire *f*; **~ machen, in die ~ eingehen** entrer dans l'histoire **2** *(Erzählung)* histoire *f*; *(Märchen)* conte *m* **3** *umg fig (Angelegenheit)* histoire *f*; affaire *f*; *iron* **das ist ja e-e schöne ~!** c'est une sale affaire!; nous voilà dans de beaux draps!; *iron* **schöne ~n machen** en faire de belles

geschichtlich **A** ADJ historique **B** ADV sur le plan historique; *erklären etc* historiquement

Geschichtsatlas M atlas *m* historique **Geschichtsbewusstsein** N prise *f* de conscience historique **Geschichtsbild** N **1** représentation *f* (que l'on a, se fait) de l'histoire **2** KUNST tableau *m*, peinture *f* historique **Geschichtsbuch** N livre *m* d'histoire **Geschichtsforschung** F recherches *fpl* historiques **Geschichtslehrer(in)** M(F) professeur *m* d'histoire **Geschichtsschreibung** F historiographie *f* **Geschichtsstudium** N études *fpl* d'histoire **Geschichtsstunde** F cours *m* d'histoire **Geschichtsunterricht** M enseignement *m* de l'histoire **Geschichtszahl** F date *f* d'histoire, historique

Geschick N *(Geschicklichkeit)* habileté *f*

Geschicke *geh* NPL *(Entwicklung)* destin *m*

Geschicklichkeit F habileté *f*; adresse *f*; *(Fingerfertigkeit)* dextérité *f* **Geschicklichkeitsprüfung** F épreuve *f* d'habileté **Geschicklichkeitsspiel** N jeu *m* d'adresse

geschickt ADJ *(gewandt)* habile, adroit (**im Nähen** *etc* en couture, *etc*)

geschieden **A** PPERF → scheiden **B** ADJT *Eheleute* divorcé; **ihr ~er Mann** son ex-mari; **s-e ~e Frau** son ex-femme

Geschiedene(r) M/F(M) divorcé(e) *m(f)*

geschieht → geschehen

geschienen PPERF → scheinen

Geschirr N **1** *(Tafelgeschirr)* vaisselle *f*; **(das) ~ spülen** faire, laver la vaisselle **2** *von Zugtieren* °harnais *m*

Geschirrschrank M buffet *m* **Geschirrspüler** M, **Geschirrspülmaschine** F lave-vaisselle *m* **Geschirrspülmittel** N produit *m* vaisselle **Geschirrtuch** N torchon *m*

geschissen PPERF → scheißen

geschlafen PPERF → schlafen

geschlagen **A** PPERF → schlagen **B** ADJT **e-e ~e Stunde** une heure entière

geschlaucht ADJT *umg* **~ sein** *umg* être crevé

Geschlecht N **1** BIOL sexe *m*; *hum* **das schwache, starke ~** le sexe faible, fort **2** GRAM genre *m* **3** *(Familie)* famille *f*; *(Herrschergeschlecht)* dynastie *f* **4** *(Geschlechtsteil)* sexe *m*

Geschlechterrolle F rôle sexuel **geschlechtlich** ADJ sexuel **Geschlechtsakt** M acte sexuel **geschlechtskrank** ADJ atteint d'une maladie sexuellement transmissible, d'une maladie vénérienne **Geschlechtskrankheit** F maladie *f* sexuellement transmissible; MST *f*; maladie vénérienne **Geschlechtsleben** N vie sexuelle **geschlechtslos** ADJ BIOL, *fig* asexué

Geschlechtsmerkmal N **(primäres, sekundäres) ~** caractère sexuel (primaire, secondaire)

Geschlechtsorgane NPL *bei der Frau* organes génitaux; *beim Mann* parties génitales **geschlechtsreif** ADJ ayant atteint la maturité sexuelle **Geschlechtsreife** F maturité sexuelle **geschlechtsspezifisch** ADJ propre à un sexe **Geschlechtsteil** N sexe *m* **Geschlechtstrieb** M instinct sexuel **Geschlechtsumwandlung** F changement *m* de sexe **Geschlechtsverkehr** M rapports sexuels; relations sexuelles **Geschlechtswort** N article *m*

geschlichen PPERF → schleichen

geschliffen A PPERF → schleifen[1] B ADJT *Stil etc* poli; *Manieren, Sprache* raffiné

geschlossen A PPERF → schließen B ADJT fermé (*a. Abteilung, Vokal*); *Reihe, Front* serré C ADVL (*alle[s] zusammen*) en bloc; (*einstimmig*) à l'unanimité; **~ hinter j-m stehen** faire bloc derrière qn

geschlungen PPERF → schlingen

Geschmack M goût *m* (*a. Geschmackssinn, fig*); **nach meinem ~** à *od* de mon goût; **das ist nicht mein ~** ça ne me plaît pas; **(e-n guten) ~ haben** *Person* avoir du goût; *Essen* avoir bon goût; **an etw** (*dat*) **~ finden** prendre goût à qc; **auf den ~ kommen** y prendre goût; *umg hum* **(die) Geschmäcker sind verschieden** chacun son goût; **über ~ lässt sich nicht streiten** des goûts et des couleurs on ne discute pas

geschmacklich A ADJ de goût B ADV quant au goût

geschmacklos ADJ 1 GASTR sans goût; insipide 2 *fig Person* qui manque de goût; *Dinge, Handlung* de mauvais goût; **es wäre ~ zu** (+ *inf*) ce serait un manque de goût de (+ *inf*)

Geschmacklosigkeit F 1 (*Taktlosigkeit*) mauvais goût 2 *Bemerkung* remarque *f* de mauvais goût

Geschmacksfrage F affaire *f* de goût **geschmacksneutral** ADJ sans goût défini **Geschmacksrichtung** F 1 *von Eis etc* parfum *m* 2 (*Vorliebe*) goût *m*

Geschmack(s)sache F **das ist ~** c'est une affaire, une question de goût

Geschmackssinn M (sens *m* du) goût *m* **Geschmacksstoff** M agent *m* de sapidité **Geschmacksverirrung** F faute *f* de goût **Geschmacksverstärker** M exhausteur *m* (de goût)

geschmackvoll A ADJ de bon goût B ADV avec goût

geschmeidig ADJ souple **Geschmeidigkeit** F souplesse *f*

Geschmiere *umg* N *geschriebenes* gribouillage *m*; *gemaltes* barbouillage *m*

geschmissen PPERF → schmeißen

geschmolzen PPERF → schmelzen

Geschnatter N 1 *e-r Ente* nasillement(s) *m(pl)*; *e-r Gans* cris *mpl* 2 *umg pej* caquetage *m*; jacasseries *fpl*

Geschnetzelte(s) N GASTR émincé *m*

geschnitten PPERF → schneiden

geschoben PPERF → schieben

gescholten PPERF → schelten

Geschöpf N créature *f*

geschoren PPERF → scheren[1]

Geschoss[1] N, *österr* **Geschoß**[1] N MIL, *fig* projectile *m*

Geschoss[2] N, *österr* **Geschoß**[2] N BAU étage *m*

geschossen PPERF → schießen

geschraubt ADJT *Stil* maniéré; *Sprache* affecté

Geschrei N cris *mpl*; *e-r Menge* clameurs *fpl*; **mit lautem ~** à grands cris; **ein großes ~ erheben** pousser les °hauts cris

geschrieben PPERF → schreiben

geschrie(e)n PPERF → schreien

geschritten PPERF → schreiten

geschunden PPERF → schinden

Geschütz N pièce *f* d'artillerie; *fig* **schweres ~ auffahren** employer les grands moyens

Geschwader N SCHIFF, FLUG escadre *f*

Geschwafel *umg* N radotage *m*

Geschwätz *umg pej* N bavardage *m*; *leeres* verbiage *m*; *endloses* radotage *m*

geschwätzig ADJ *pej* bavard **Geschwätzigkeit** F *pej* volubilité *f*

geschweige KONJ **~ (denn)** et encore moins

geschwiegen PPERF → schweigen

geschwind ADV *bes südd* rapidement; pour quelques instants

Geschwindigkeit F vitesse *f*; allure *f*; **mit großer** *od* **hoher ~** à grande vitesse; à vive allure

Geschwindigkeitsbegrenzung F, **Geschwindigkeitsbeschränkung** F limitation *f* de vitesse **Geschwindigkeitskontrolle** F contrôle *m* de vitesse **Geschwindigkeitsrausch** M griserie *f* de la vitesse **Geschwindigkeitsrekord** M

G

record *m* de vitesse **Geschwindigkeitsüberschreitung** F excès *m* de vitesse
Geschwister NPL frère(s) *m(pl)* et sœur(s) *f(pl)* (! im Französischen muss immer genau angegeben werden, wie viele Brüder und Schwestern es sind, z. B.: ich habe drei Geschwister = „j'ai un frère et deux sœurs" oder „j'ai deux frères et une sœur" etc) **geschwisterlich** ADJ fraternel **Geschwisterpaar** N frère *m* et sœur *f*
geschwollen A PPERF → schwellen B ADJT 1 MED enflé 2 *fig pej* ampoulé; grandiloquent C ADVL *fig pej* avec grandiloquence
geschwommen PPERF → schwimmen
geschworen PPERF → schwören **Geschworene(r)** M/F(M) juré *m*
Geschworenenbank F banc *m* des jurés **Geschworenengericht** N → Schwurgericht
Geschwulst F tumeur *f*
geschwunden PPERF → schwinden
geschwungen A PPERF → schwingen B ADJT courbe *(a. Linie)*
Geschwür N ulcère *m*
gesehen PPERF → sehen
Geselchte(s) N *südd, österr* viande fumée
Geselle M 1 *(Handwerksgeselle)* ouvrier qualifié 2 *(Kerl)* gaillard *m*
gesellen V/R **sich zu j-m ~** se joindre à qn
Gesellenbrief M certificat *m* d'aptitude professionnelle; CAP *m* **Gesellenprüfung** F (examen *m* du) CAP *m* **Gesellenstück** N ouvrage *m* à exécuter pour l'obtention d'un CAP
gesellig A ADJ *Person* sociable; *Beisammensein* convivial B ADV **~ zusammensitzen** passer une soirée conviviale
Geselligkeit F sociabilité *f*; **die ~ lieben** aimer la compagnie
Gesellschaft F 1 POL, HIST société *f*; **die vornehme ~** la haute société 2 *(Vereinigung)* association *f*; *bes* HANDEL société *f* 3 *(geladener Kreis)* réunion *f*; *(Abendgesellschaft)* soirée *f*; **geschlossene ~** réunion privée 4 *(Beisammensein)* compagnie *f*; **j-m ~ leisten** tenir compagnie à qn; **sich in schlechter, guter ~ befinden** se trouver en mauvaise, bonne compagnie
Gesellschafter M 1 HANDEL associé *m*; **stiller ~** commanditaire *m* 2 **ein glänzender ~ sein** être brillant en société
gesellschaftlich ADJ social; *Leben, Beziehungen, Verpflichtungen* mondain
Gesellschaftsform F POL, JUR forme *f* de société **Gesellschaftskritik** F critique *f* de la société **Gesellschaftskritiker(in)** M(F) observateur, -trice *m,f* critique de la société **gesellschaftskritisch** ADJ qui critique la société **Gesellschaftslehre** F 1 SCHULE instruction *f* civique 2 *(Soziologie)* sociologie *f* **Gesellschaftsordnung** F ordre social **Gesellschaftsreise** F voyage collectif **Gesellschaftsschicht** F couche sociale **Gesellschaftsspiel** N jeu *m* de société **Gesellschaftssystem** N système social **Gesellschaftstanz** M danse *f* de salon
Gesellschaftswissenschaft F sociologie *f*; **die ~en** les sciences sociales
gesessen PPERF → sitzen
Gesetz N loi *f*; *fig* **es ist ein ungeschriebenes**

Gesellschaft – la société

Jugendliche	**les jeunes** *m/pl*	Lebensstandard	**le niveau de vie**
Alte	**les personnes** *f/pl* **âgées**	illegale Einwanderer	**les sans-papiers** *m/pl*
Senioren	**le troisième âge**	Benachteiligte	**les déshérités** *m/pl*
Jugend	**la jeunesse**	verarmt	**appauvri**
Alter	**la vieillesse**	Außenseiter(in)	**un(e) marginal(e)** *m(f)*
der / die Obdachlose	**le / la sans-abri, le / la SDF (sans domicile fixe)**	Ausgrenzung	**l'exclusion** *f*
		ausgrenzen	**exclure**
Arbeitsloser	**le chômeur**	sich in einer heiklen Lage befinden	**se trouver dans une situation précaire**
Arbeiterklasse	**la classe ouvrière**		
Bürgertum	**la bourgeoisie**	Sozialhilfe	**l'aide sociale**
Mittelschicht	**les classes moyennes**	j-n entmutigen	**décourager qn**
wohlhabendes Milieu	**le milieu aisé**	Probleme haben	**avoir des problèmes**
		soziale Kluft	**la fracture sociale**
Lebensbedingungen	**les conditions** *f/pl* **de vie**		

WORTFELDER

~, dass … il est tacitement admis que …; **nach dem ~** d'après la loi; **ein ~ verabschieden** voter une loi

Gesetzbuch N Code *m*; **Bürgerliches ~** Code civil

Gesetzentwurf M projet *m* de loi

Gesetzesänderung F amendement législatif **Gesetzeshüter** M *oft iron* pandore *m* **Gesetzesinitiative** F initiative législative, des lois

Gesetzeskraft F force *f* de loi; **~ erhalten** acquérir force de loi

Gesetzeslücke F lacune *f* dans (le texte d')une loi **Gesetzesnovelle** F loi additionnelle **Gesetzessammlung** F recueil *m* de lois **Gesetzestext** M texte de loi, législatif **Gesetzesvorlage** F proposition *f*, projet *m* de loi

gesetzgebend ADJT législatif **Gesetzgeber** M législateur *m* **Gesetzgebung** F législation *f*

gesetzlich **A** ADJ légal; *Erbe* légitime **B** ADV légalement; par la loi; **~ geschützt** protégé par la loi

gesetzlos ADJ sans loi; déréglé **Gesetzlosigkeit** F absence *f* de lois **gesetzmäßig** ADJ **1** JUR légal; *(rechtmäßig)* légitime **2** *(regelmäßig)* régulier

gesetzt ADJT *(besonnen)* posé; *Alter* mûr

gesetzwidrig ADJ illégal **Gesetzwidrigkeit** F **1** illégalité *f* **2** *(Rechtsbruch)* action illégale

gesichert ADJT protégé; assuré; **e-e ~e Existenz** une existence assurée

Gesicht N **1** ANAT figure *f*; visage *m*; **mitten ins ~** en pleine figure; **ein trauriges ~ machen** avoir l'air triste; **er machte ein langes ~** son visage s'allongea; **~er schneiden** faire des grimaces; *umg* **er strahlt übers ganze ~** son visage rayonne; *fig* **sein wahres ~ zeigen** montrer son vrai visage; **j-m etw (glatt) ins ~ sagen** dire qc à qn en face; **etw zu ~ bekommen** voir qc; *fig* **das ~ verlieren, wahren** perdre, sauver la face **2** *e-r Stadt, e-s Landes* aspect *m*; physionomie *f*

Gesichtsausdruck M air *m*; mine *f* **Gesichtscreme** F crème *f* pour le visage **Gesichtsfarbe** F teint *m* (du visage) **Gesichtsfeld** N champ visuel **Gesichtshälfte** F côté *m* (du visage) **Gesichtskontrolle** *umg hum* F sélection *f* à l'entrée **Gesichtskreis** M horizon *m* *(a. fig)* **gesichtslos** ADJ sans personnalité **Gesichtsmaske** F masque *m* **Gesichtspartie** F partie *f* du visage **Gesichtspflege** F soins *mpl* du visage

Gesichtspunkt M point *m* de vue; angle *m*; aspect *m*; **unter diesem ~** sous, de ce point de vue

Gesichtsverlust M **ohne ~** sans perdre la face

Gesichtswasser N lotion *f* pour le visage **Gesichtswinkel** M angle visuel **Gesichtszüge** MPL traits *mpl* (du visage)

Gesindel N racaille *f*

gesinnt ADJ **feindlich ~** hostile; **demokratisch ~** démocrate; → gutgesinnt

Gesinnung F convictions *fpl*; opinions *fpl*; **niedrige ~** bassesse *f*

Gesinnungsgenosse M personne *f* qui partage les mêmes idées (politiques); *pej* acolyte *m* **gesinnungslos** ADJ sans caractère **Gesinnungswandel** M volte-face *f*

gesittet ADJ bien élevé; civilisé

Gesöff *umg* N bibine *f*

gesoffen PPERF → saufen

gesogen PPERF → saugen

gesondert **A** ADJT séparé **B** ADVL à part; séparément

gesonnen PPERF → sinnen

gesotten PPERF → sieden

Gespann N **1** attelage *m* **2** *fig* couple *m*; tandem *m*

gespannt **A** ADJT **1** *Atmosphäre, Verhältnis, Beziehungen, Lage* tendu **2** **~ sein** être curieux, impatient (**auf** [+ *akk*] de savoir, connaître …); **ich bin ~, ob …** je suis curieux de savoir si … **B** ADVL *zuhören* avec une attention soutenue; *verfolgen* avec grand intérêt

Gespenst N **1** *(Geist)* fantôme *m*; *fig* **~er sehen** se faire des idées **2** *geh fig* spectre *m*

Gespensterstunde F heure *f* des revenants

gespenstisch ADJ *(geisterhaft)* fantomatique; *(beunruhigend)* inquiétant; *(unheimlich)* sinistre

gesperrt **A** ADJT **1** barré; interdit; **~ für LKW** interdit aux poids lourds **2** TYPO espacé **B** ADVL TYPO **etw ~ drucken** espacer qc

gespie(e)n PPERF → speien

gesponnen PPERF → spinnen

Gespött N risée *f*; **j-n zum ~ machen** tourner qn en dérision; **sich zum ~ machen** se rendre ridicule

Gespräch N **1** *(Unterhaltung)* conversation *f*; entretien *m*; **mit j-m ein ~ (über etw, j-n) führen** avoir une conversation, un entretien avec qn (à propos de qc, qn); **mit j-m im ~ sein** être en pourparlers avec qn; **das ~ auf etw** *(akk)* **bringen** amener la conversation sur qc **2** TEL communication *f* (téléphonique); **ein ~ für Sie!** un appel pour vous!

gesprächig ADJ bavard; loquace **Gesprächigkeit** F loquacité *f*

gesprächsbereit ADJ prêt à discuter **Ge-**

sprächsbereitschaft F bonne volonté (à discuter de qc)
Gesprächsdauer F TEL durée *f* d'une communication **Gesprächsfetzen** M fragment *m* (d'une conversation); *pl* bribes *fpl* de conversation **Gesprächsgebühr** F taxe *f* de communication **Gesprächsgegenstand** M sujet *m*, thème *m* de conversation **Gesprächskreis** M groupe *m* (de discussion) **Gesprächsleiter(in)** M(F) responsable *m/f* dans un groupe de discussion **Gesprächspartner(in)** M(F) interlocuteur, -trice *m,f*; TEL correspondant(e) *m(f)* **Gesprächspause** F interruption *f*, pause *f* (dans une discussion) **Gesprächsrunde** F table ronde **Gesprächsstoff** M sujet(s) *m(pl)* de conversation **Gesprächsteilnehmer(in)** M(F) participant(e) *m(f)* **Gesprächsthema** N sujet *m* de conversation **Gesprächstherapie** F psychothérapie *f* par entretien
gesprächsweise ADV (tout) en conversant; **etw ~ erwähnen** mentionner qc au cours d'une conversation
gespreizt ADJT *fig pej* affecté
gesprochen PPERF → sprechen
gesprossen PPERF → sprießen
gesprungen PPERF → springen
Gespür N flair *m*; instinct *m* (**für** de)
gest. ABK (gestorben) décédé
Gestagen N hormone *f* gestagène
Gestalt F **1** *(äußere Erscheinung)* forme *f*; **in (der) ~ von** sous la forme de; **(feste) ~ annehmen** prendre forme, corps **2** *(Person)* personnage *m* **3** *(Körperbau)* taille *f*; stature *f*
gestalten **A** VT *Leben, Freizeit* organiser; *(anordnen)* arranger; *(e-e Form geben)* donner une forme à; *Produkt a.* dessiner; *schöpferisch* créer; réaliser; *(formen)* former **B** V/R **sich ~** *(sich darbieten)* se présenter
gestalterisch ADJ créateur
Gestaltung F *des Lebens, der Freizeit, e-s Abends* organisation *f*; *e-s Raumes* décoration *f*; *(Konzeption)* conception *f*; *schöpferische* réalisation *f*
Gestammel N balbutiement *m*
gestand → gestehen
gestanden **A** PPERF → stehen, gestehen **B** ADJT *(routiniert)* chevronné; **ein ~er Mann** un homme fait
geständig ADJ **~ sein** avouer; faire des aveux
Geständnis N aveu *m*; JUR aveux *mpl*; **ein ~ ablegen** faire des aveux
Gestank M puanteur *f*
gestatten VT permettre (**dass** que + *subj*); **~ Sie e-e Frage?** vous permettez que je vous pose une question?
Geste F geste *m* (! maskulin)
Gesteck N composition florale
gestehen VT *u.* VI avouer; **offen gestanden, ...** (à parler) franchement ...
Gestein N roche *f*
Gesteinsbrocken M rocher *m* **Gesteinsschicht** F couche rocheuse
Gestell N **1** TECH bâti *m*; carcasse *f* **2** *(Brillengestell)* monture *f* **3** *(Regal)* étagère *f*; *(Wäschegestell)* étendoir *m*; *(Bock)* chevalet *m*
gestelzt ADJT *fig Stil* maniéré; *Sprache* affecté
gestern ADV hier; **~ Abend** hier soir; **~ vor e-r Woche** il y a eu huit jours hier; *umg fig* **ich bin nicht von ~** *umg* je ne suis pas né d'hier
gestiefelt ADJ botté; **der Gestiefelte Kater** le Chat botté
gestiegen PPERF → steigen
Gestik F gestes *mpl*
gestikulieren VI gesticuler
Gestirn N astre *m*
gestoben PPERF → stieben
gestochen **A** PPERF → stechen **B** ADJT *Handschrift* très net **C** ADVL **~ scharf** très net
gestohlen PPERF → stehlen
gestorben PPERF → sterben
gestört ADJT *fig* **ein ~es Verhältnis zu etw haben** être brouillé avec qc; **geistig ~** dérangé
gestoßen PPERF → stoßen
Gestotter *umg* N bégaiement *m*
gestreift ADJ rayé
gestrichen **A** PPERF → streichen **B** ADJT *Löffel* ras
gestrig ADJ d'hier; **am ~en Tage** hier
gestritten PPERF → streiten
Gestrüpp N **1** broussailles *fpl* **2** *fig* maquis *m*
gestunken PPERF → stinken
Gestüt N °haras *m*
Gesuch N demande *f*; requête *f*
gesucht ADJT *(geziert, gefragt)* recherché
Gesumm N *von Bienen* bourdonnement *m*; *(Singen)* fredonnement *m*
gesund ADJ **1** *Person* en bonne santé; *Organ, Klima, Kost, fig Wirtschaft* sain; *Klima a.* salubre; *Herz* solide; *Schlaf, Appetit* bon; **wieder ~ werden** guérir; se rétablir; **~ und munter sein** être plein de santé; **bleib ~!** fais bien attention à toi!; **Salat ist sehr ~** la salade, c'est bon pour la santé; → gesundschreiben **2** *(vernünftig)* sain
gesunden VI guérir; *fig Wirtschaft* se redresser
Gesundheit F santé *f*; *des Klimas* salubrité *f*; **~!** *beim Niesen* à vos *bzw.* tes souhaits!; **bei bester ~ sein** être en parfaite santé; **auf j-s ~** *(akk)* **trinken** boire à la santé de qn
gesundheitlich **A** ADJ de santé **B** ADV **wie geht es ~?** comment va la santé?
Gesundheitsamt N service *m* de l'hygiène

publique **Gesundheitsapostel** M *hum umg* fana *m* de la santé **Gesundheitsattest** N certificat *m* (sur l'état) de santé **gesundheitsbewusst** **A** ADJ soucieux de sa, *etc* santé **B** ADV *leben* sainement **gesundheitsfördernd** ADJT salubre **Gesundheitspflege** F (soins *mpl* d')hygiène *f* **Gesundheitspolitik** F politique *f* en matière de santé publique **Gesundheitsreform** F *réforme du système de sécurité sociale* **Gesundheitsschaden** M problèmes *mpl* de santé **gesundheitsschädlich** ADJ nuisible à la santé; *Klima* insalubre **Gesundheitswesen** N santé publique **Gesundheitszeugnis** N certificat *m* de santé **Gesundheitszustand** M état *m* de santé

gesundschreiben VT *Arzt* **j-n ~** délivrer un certificat de guérison à qn

gesundschrumpfen *umg* **A** VT dégraisser les effectifs de **B** VR **sich ~** procéder à un dégraissage d'effectifs

Gesundung *geh* F guérison *f*; *fig* assainissement *m*

gesungen PPERF → singen

gesunken PPERF → sinken

getan PPERF → tun

getigert ADJ tigré

Getöse N fracas *m*; vacarme *m*

getragen **A** PPERF → tragen **B** ADJT *Musik* solennel

Getrampel *umg pej* N piétinement *m*; *vor Freude, Wut* trépignement *m*

Getränk N boisson *f*

Getränkeausschank M débit *m* de boissons **Getränkeautomat** M distributeur *m* de boissons **Getränkedose** F canette *f* **Getränkeindustrie** F industrie *f* des boissons **Getränkekarte** F carte *f* des boissons **Getränkemarkt** M débit *m* de boissons **Getränkestand** M buvette *f*

Getratsch(e) *umg pej* N commérages *mpl*; racontars *mpl*

getrauen VR **sich ~, etw zu tun** oser faire qc

Getreide N céréales *fpl* **Getreideanbau** M cultures céréalières **Getreideart** F céréale *f* **Getreideernte** F moisson *f* **Getreidefeld** N champ *m* de céréales **Getreideland** N **1** pays (producteur) de céréales **2** *(Ackerland)* champs *mpl* de céréales **Getreidesilo** M *od* N, **Getreidespeicher** M silo *m* à céréales

getrennt **A** ADJT séparé **B** ADVL séparément; *schreiben* en deux mots; **~ leben** *Eheleute* être séparés

Getrenntschreibung F **die ~ von …** l'obligation *f* d'écrire … en deux mots

getreten PPERF → treten

getreu **A** ADJ *Bericht, geh Person* fidèle **B** PRÄP fidèle à

Getriebe N **1** AUTO boîte *f* de vitesses **2** *fig der Großstadt etc* agitation *f*

getrieben PPERF → treiben

Getriebeöl N huile *f* de graissage, lubrifiante **Getriebeschaden** M boîte de vitesses défectueuse

getroffen PPERF → treffen

getrogen PPERF → trügen

getrost ADV en toute tranquillité

getrunken PPERF → trinken

Getto N ghetto *m* **Gettoblaster** M ghetto-blaster *m*

Getue *umg pej* N manières *fpl*; chichis *mpl*

Getümmel N cohue *f*; *im Kampf* mêlée *f*

getupft ADJ moucheté; *Stoff* à pois

Getuschel *umg pej* N chuchotements *mpl*; *umg* messes basses

geübt ADJT expérimenté; *Auge, Ohr* exercé; **in etw** *(dat)* **~ sein** être entraîné à (faire) qc

GEW F ABK (Gewerkschaft Erziehung und Wissenschaft) *syndicat national des enseignants en Allemagne*

Gewächs N **1** *(Pflanze)* plante *f* **2** *(Weinsorte)* cru *m* **3** MED excroissance *f*

gewachsen **A** PPERF → wachsen[1] **B** ADJT **j-m ~ sein** être de taille à se mesurer avec qn; **e-r Sache** *(dat)* **~ sein** être à la hauteur de qc

Gewächshaus N serre *f*

gewagt ADJT **1** *(kühn)* risqué **2** *(freizügig)* osé **gewählt** **A** ADJT recherché **B** ADVL *sich ausdrücken* en termes choisis

Gewähr F garantie *f*; **für etw ~ leisten** garantir qc; **ohne ~** sous toutes réserves

gewähren **A** VT **1** *(zugestehen)* accorder; **j-m Einlass ~** permettre à qn d'entrer **2** *(bieten)* offrir **B** VI **j-n ~ lassen** laisser faire qn

gewährleisten VT garantir **Gewährleistung** F garantie *f*

Gewahrsam M **1** *(Polizeigewahrsam)* garde *f* à vue **2** *(Obhut)* garde *f*; **etw in ~** *(akk)* **nehmen** exercer la garde de qc

Gewährsmann M informateur *m* fiable

Gewalt F **1** *(Kraftanwendung, Zwang)* force *f*; *meist unrechtmäßige* violence *f*; *fig* **mit aller ~** à tout prix; à toute force; **mit ~ öffnen** *Tür etc* forcer; **~ anwenden** recourir à la force *bzw.* à la violence; *geh* **j-m ~ antun** violenter qn **2** *(Machtbefugnis)* pouvoir *m*; **j-n, etw in s-e ~ bringen** s'emparer de qn, qc; **sich in der ~ haben** se maîtriser; **die ~ über etw** *(akk)* **verlieren** perdre le contrôle de qc **3** *geh (elementare Kraft)* violence *f*; JUR **höhere ~** (cas *m* de) force majeure

Gewaltakt M acte *m* de violence **Gewaltanwendung** F recours *m* à la violence **ge-**

G

waltbereit ADJ prêt à user de violence **Gewaltenteilung** F séparation *f* des pouvoirs **gewaltfrei** ADJ non-violent; POL pacifique **Gewaltherrschaft** F tyrannie *f*; despotisme *m*

gewaltig A ADJ 1 *(riesig)* énorme; *Bauwerk a.* monumental 2 *(eindrucksvoll)* impressionnant 3 *(mächtig)* puissant B *umg* ADV *(sehr)* énormément; extrêmement

Gewaltkur *umg* F traitement de choc, radical **gewaltlos** A ADJ non-violent B ADV sans violence **Gewaltlosigkeit** F non-violence *f* **Gewaltmarsch** M marche forcée

gewaltsam A ADJ *Tod* violent; *Trennung, Vertreibung* forcé B ADV par la force; de force; *Tür etc* ~ **öffnen** forcer

Gewalttat F (acte *m* de) violence *f*; JUR voie *f* de fait **Gewalttäter** M auteur *m* de violences; *(Verbrecher)* criminel *m* **gewalttätig** ADJ violent **Gewalttätigkeit** F violence *f* **Gewaltverbrechen** N crime *m*; *(Bluttat)* crime de sang **Gewaltverbrecher** M criminel *m* **Gewaltverzicht** M engagement *m* à ne pas recourir à la force

Gewand *geh* N robe *f*; habit *m*; *fig* **im neuen ~** sous un nouvel aspect

gewandt A PPERF → wenden B ADJ *(geschickt)* habile; *körperlich* leste; agile; *Umgangsformen, Stil* aisé **Gewandtheit** F habileté *f*; *körperliche* agilité *f*; *der Umgangsformen* aisance *f*

gewann → gewinnen

Gewäsch *umg pej* N bavardage *m*; radotage *m*

gewaschen PPERF → waschen

Gewässer N eaux *fpl*; **stehende, fließende ~** eaux stagnantes, courantes

Gewässerbelastung F pollution *f* des eaux **Gewässerkunde** F hydrologie *f* **Gewässerschutz** M mesures *fpl* contre la pollution des eaux

Gewebe N TEX, BIOL, *fig* tissu *m* **Gewebeprobe** F prélèvement *m* de tissu

Gewehr N fusil *m* **Gewehrkolben** M crosse *f* (d'un fusil) **Gewehrkugel** F balle *f* (de fusil) **Gewehrlauf** M canon *m* (d'un fusil)

Geweih N ZOOL bois *mpl*

Gewerbe N 1 *(Tätigkeit)* métier *m*; **ein ~ betreiben** exercer un métier 2 *(gewerbliche Wirtschaft)* activité artisanale, commerciale; industrie *f*

Gewerbeaufsicht F, **Gewerbeaufsichtsamt** N (service *m* de l')inspection *f* du travail **Gewerbegebiet** N zone industrielle **Gewerbeordnung** F code *m* de législation commerciale et du travail **Gewerbeschein** M licence *f* **Gewerbesteuer** F taxe professionnelle **Gewerbetreibende(r)** M/F(M) commerçant(e) *m(f)*

gewerblich A ADJ industriel; commercial; *Räume* professionnel; **für ~e Zwecke** pour usage professionnel B ADV **~ tätig sein** exercer une activité commerciale

gewerbsmäßig ADJ professionnel; JUR **~e Unzucht** prostitution *f*

Gewerkschaft F syndicat *m* **Gewerkschaft(l)er** M syndicaliste *m*

gewerkschaftlich A ADJ syndical B ADV **~ organisiert sein** être syndiqué

Gewerkschaftsarbeit F syndicalisme *m* **Gewerkschaftsbund** M centrale syndicale **Gewerkschaftsführer** M leader syndical **Gewerkschaftsfunktionär** M responsable syndical **Gewerkschaftsmitglied** N syndiqué(e) *m(f)*

gewesen PPERF → sein[1]

gewichen PPERF → weichen[2]

Gewicht N poids *m* (*a. fig*); **ein ~ von fünf Kilo haben** peser cinq kilos; *fig* **(großes) ~ haben** avoir du poids; *fig* **e-r Sache** *(dat)* **~ beimessen** accorder de l'importance à qc; *fig* **ins ~ fallen** être important; avoir de l'importance

gewichten V/T évaluer

Gewichtheben N haltérophilie *f* **Gewichtheber** M haltérophile *m*

gewichtig ADJ 1 *hum (schwer)* pesant 2 *Frage, Gründe* important; *Argument* de poids

Gewichtsabnahme F diminution *f* de poids **Gewichtsangabe** F déclaration *f* de poids

▶ Gewichtsangaben

100 Gramm Räucherlachs	**100 grammes <u>de</u> saumon fumé**
200 Gramm Schinken	**200 grammes <u>de</u> jambon**
ein halbes Pfund Butter	**250 grammes <u>de</u> beurre**
ein Pfund Erdbeeren	**une livre <u>de</u> fraises**
ein Kilo Tomaten	**un kilo <u>de</u> tomates**
eineinhalb Kilo Äpfel	**un kilo et demi <u>de</u> pommes**
ein Liter Milch	**un litre <u>de</u> lait**

FEHLERQUELLEN

Gewichtsklasse F SPORT, HANDEL catégorie *f* de poids **Gewichtskontrolle** F vérification *f* du poids **Gewichtsverlagerung** F **1** déplacement *m* de poids **2** *fig* déplacement *m* du centre d'intérêt **Gewichtsverlust** M perte *f* de poids **Gewichtszunahme** F augmentation *f* de poids

gewieft *umg* ADJ *umg* débrouillard

gewiesen PPERF → weisen

gewillt ADJ **~ sein, etw zu tun** être disposé à faire qc

Gewimmel N grouillement *m*

Gewimmer N gémissement(s) *m(pl)*

Gewinde N filetage *m* **Gewindebohrer** M taraud *m*

Gewinn M **1** HANDEL bénéfice *m*; profit *m*; **~ bringen** rapporter (un bénéfice); **~ bringend** → gewinnbringend; **aus etw ~ ziehen** tirer profit de qc **2** *(Preis)* gain *m* **3** *fig (Nutzen)* avantage *m*; profit *m*; **ein Buch mit ~ lesen** tirer profit de sa lecture

Gewinnanteil M part *f* de bénéfice **Gewinnbeteiligung** F participation *f* aux bénéfices **gewinnbringend** ADJT HANDEL lucratif; rentable *(a. fig)*; *fig* avantageux **Gewinnchance** F chance *f* de gagner

gewinnen **A** V/T **1** gagner *(a.* SPORT, *fig)*; *Preis a.* remporter; **j-n für e-e Sache ~** gagner qn à une cause **2** TECH extraire, tirer (**aus** de) **B** V/I gagner (**bei, in** [+ *dat*] à; **an Präzision** [*dat*] en précision); **bei näherem Kennenlernen ~** gagner à être connu

gewinnend ADJT *Lächeln* engageant; *Wesen* charmant; avenant

Gewinner(in) M(F) gagnant(e) *m(f)*

Gewinnliste F liste *f* des numéros gagnants *bzw.* des gains **Gewinnlos** N billet gagnant **Gewinnnummer** F numéro gagnant **Gewinnspanne** F marge *f* bénéficiaire **Gewinnstreben** N recherche *f*, amour *m* du gain **Gewinnsucht** F avidité *f*; âpreté *f* au gain **Gewinnung** F TECH extraction *f*; *(Erzeugung)* production *f* **Gewinnzahl** F numéro gagnant

Gewirr N **1** *von Fäden, Gassen etc* enchevêtrement *m* **2** *fig von Straßen, Vorschriften* dédale *m*; *von Stimmen* confusion *f*

gewiss **A** ADJ **1** *(nicht näher bestimmt)* certain *(vorangestellt)*; **ein ~er Herr Bauer** un certain monsieur Bauer **2** *(sicher)* sûr; **der Erfolg ist uns ~** notre succès est assuré **B** ADV certainement; sûrement; **(aber) ~!** (mais) bien sûr!

Gewissen N conscience *f*; **ein gutes, reines ~ haben** avoir bonne conscience; **ruhigen ~s, mit gutem ~** la conscience tranquille; **j-m ins ~ reden** faire appel à la conscience de qn; **etw auf dem ~ haben** avoir qc sur la conscience; **j-n auf dem ~ haben** être responsable de la mort, de la ruine, *etc* de qn

gewissenhaft ADJ consciencieux; scrupuleux **Gewissenhaftigkeit** F assiduité *f* **gewissenlos** ADJ *u.* ADV sans scrupules **Gewissenlosigkeit** F absence *f* de scrupules

Gewissensbisse MPL remords *mpl*; **sich** *(dat)* **wegen etw ~ machen** avoir mauvaise conscience d'avoir fait qc

Gewissensentscheidung F choix moral **Gewissensfrage** F cas *m* de conscience **Gewissensfreiheit** F liberté *f* de conscience **Gewissensgründe** MPL raisons morales **Gewissenskonflikt** M cas *m* de conscience **Gewissensnot** F dilemme moral

gewissermaßen ADV en quelque sorte; pour ainsi dire

Gewissheit F certitude *f*; **sich** *(dat)* **über etw** *(akk)* **~ verschaffen** s'assurer de qc

Gewitter N orage *m (a. fig)*

gewittern V/UNPERS **es gewittert** il fait de l'orage

Gewitterneigung F tendances orageuses **Gewitterregen** M pluie *f* d'orage **Gewitterwolke** F nuage orageux

gewittrig ADJ orageux

gewitzt ADJ rusé; malin

gewoben PPERF → weben

gewogen **A** PPERF → wiegen[1] **B** ADJT *geh* **j-m ~ sein** être bien disposé envers qn

gewöhnen **A** V/T **j-n an j-n, etw ~** habituer qn à qn, qc **B** V/R **sich an j-n, etw ~** s'habituer à qn, qc

Gewohnheit F habitude *f*; **aus ~** par habitude; **sich** *(dat)* **etw zur ~ machen** prendre l'habitude de (faire) qc

gewohnheitsmäßig **A** ADJ habituel **B** ADV par habitude **Gewohnheitsrecht** N droit coutumier **Gewohnheitssache** F question *f* d'habitude

Gewohnheitstier N **ein ~ sein** être esclave de ses habitudes

Gewohnheitstrinker M buveur invétéré **Gewohnheitsverbrecher** M récidiviste *m*

gewöhnlich **A** ADJ **1** *(normal)* ordinaire; *(gewohnt)* habituel **2** *pej (ordinär)* vulgaire; commun **B** ADV **1** *(meist)* **(für) ~** d'habitude; **wie ~** comme d'habitude **2** *pej (ordinär)* d'une façon vulgaire, commune

gewohnt ADJ **1** habituel **2** **etw** *(akk)* **~ sein** être habitué à qc; avoir l'habitude de qc; **wie ~** comme d'habitude

gewöhnt ADJT **an etw, j-n ~ sein** être habitué, fait à qc, qn

G

Gewöhnung F accoutumance *f* (**an** [+ *akk*] à)
Gewölbe N **1** *Decke* voûte *f* **2** *Raum* cave voûtée
gewölbt ADJT *Stirn etc* bombé; *Decke* voûté
gewonnen PPERF → gewinnen
geworben PPERF → werben
geworden PPERF → werden
geworfen PPERF → werfen
gewrungen PPERF → wringen
Gewühl N *e-r Menschenmenge* cohue *f*; **sich ins ~ stürzen** se mêler à la foule
gewunden **A** PPERF → winden **B** ADJT *Fluss* sinueux; *Pfad* tortueux; *Stil* contourné
gewunken *umg* PPERF → winken
Gewürz N épice *f*; condiment *m* **Gewürzgurke** F cornichon *m* **Gewürzmischung** F assortiment *m*, mélange *m* d'épices **Gewürznelke** F clou *m* de girofle
gewusst PPERF → wissen
gez. ABK (gezeichnet) signé
gezackt, **gezahnt**, **gezähnt** ADJT denté; *ungleichmäßig* dentelé
Gezänk N *pej* disputes continuelles
Gezeiten PL marée *f* **Gezeitenkraftwerk** N usine marémotrice **Gezeitenwechsel** M renversement *m* de marée
Gezeter N *pej* vociférations *fpl*
gezielt **A** ADJT précis **B** ADVL de manière précise; **j-n ~ ansprechen** cibler qn
geziert ADJT *pej* affecté; maniéré
gezogen PPERF → ziehen
Gezwitscher N gazouillement *m*
gezwungen **A** PPERF → zwingen **B** ADJT *Lächeln etc* forcé; contraint
gezwungenermaßen ADV forcément; **etw ~ tun** être forcé de faire qc
ggf. ABK (gegebenenfalls) le cas échéant
Ghana N le Ghana
Ghetto N ghetto *m*
Ghostwriter M *umg* nègre *m*
gibt → geben
Gicht F MED goutte *f* **Gichtknoten** M nodosité goutteuse
Giebel M ARCH pignon *m* **Giebelfenster** N fenêtre *f* de pignon
Gier F désir ardent (**nach** de); avidité *f*; (*Geldgier*) cupidité *f*; (*Fressgier*) gloutonnerie *f*
gierig **A** ADJ avide (**nach** de); (*geldgierig*) cupide; âpre au gain; *im Essen* glouton **B** ADV avec avidité; *essen* avec voracité
gießen **A** V/T **1** *Flüssigkeit* verser; *Blumen* arroser; **etw über etw** (*akk*) **~** (*verschütten*) renverser qc sur qc **2** TECH couler **B** V/UNPERS *umg* **es gießt** il pleut à verse
Gießer M fondeur *m*
Gießerei F fonderie *f*

G

Gießkanne F arrosoir *m* **Gießkannenprinzip** N *fig hum* saupoudrage *m*
Gift N poison *m*; *tierisches* venin *m*; *umg fig* **du kannst ~ darauf nehmen, dass …** *umg* je parie n'importe quoi que …; *fig* **das ist ~ für ihn** c'est très mauvais pour lui
Giftblatt *umg* N SCHULE (*Zeugnis*) bulletin *m* (scolaire) **Giftgas** N gaz *m* toxique **giftgrün** ADJ vert criard (! unveränderlich)
giftig ADJ **1** toxique; *Tier* venimeux; *Pflanze* vénéneux **2** *umg fig* venimeux
Giftmischer(in) *umg* M(F) empoisonneur, -euse *m,f* **Giftmord** M empoisonnement *m* **Giftmörder(in)** M(F) empoisonneur, -euse *m,f* **Giftmüll** M déchets *mpl* toxiques **Giftmülltransport** M transport *m* de déchets toxiques **Giftnudel** *umg pej* F *Person* personne médisante; vraie teigne **Giftpfeil** M flèche empoisonnée **Giftpilz** M champignon vénéneux **Giftschlange** F serpent venimeux **Giftschrank** M armoire *f* aux poisons **Giftspinne** F araignée venimeuse **Giftstachel** M dard venimeux **Giftstoff** M substance *f* toxique **Giftwolke** F nuage *m* toxique **Giftzahn** M crochet *m* à venin **Giftzettel** M → Giftblatt **Giftzwerg** *umg pej* M vraie teigne
Gigabyte N giga-octet *m*
Gigant M MYTH, *fig* géant *m* **gigantisch** ADJ gigantesque (! Endung); *Unternehmen* géant; *Erfolg* fabuleux
Gilde F guilde *f*
gilt → gelten
Gin M gin *m*
ging → gehen
Ginster M genêt *m*
Gipfel M **1** (*Berggipfel*) sommet *m* **2** *fig* (*Höhepunkt*) sommet *m*; apogée *m* **3** *fig pej* comble *m*; *umg* **das ist (doch) der ~!** c'est le comble, le bouquet! **4** POL sommet *m*
Gipfelgespräch N POL entretien(s) *m(pl)* au sommet **Gipfelkonferenz** F POL conférence *f* au sommet **Gipfelkreuz** N croix *f* (au sommet d'une montagne)
gipfeln V/I **in etw** (*dat*) **~** culminer dans qc
Gipfelpunkt M **1** (*höchster Punkt*) point culminant **2** *fig* (*Höhepunkt*) sommet *m*; apogée *m*
Gipfeltreffen N rencontre *f* au sommet
Gips M MINER gypse *m*; TECH, MED plâtre *m*; **den Arm in ~ haben** avoir le, un bras dans le plâtre
Gipsabdruck M (moulage *m* en) plâtre *m*
Gipsbein *umg* N jambe plâtrée
gipsen V/T plâtrer (*a.* MED)
Gipsfigur F plâtre *m* **Gipsverband** M plâtre *m*

Giraffe F girafe *f*
Girlande F guirlande *f*
Girokonto N compte courant
Gis, gis N MUS sol *m* dièse
Gischt M *od* F écume *f*; embruns *mpl*
Gitarre F guitare *f*
Gitarrist(in) M(F) guitariste *m/f*
Gitter N *(Fenstergitter, Absperrgitter)* grille *f*; *(Drahtgitter)* grillage *m*; *(Holzgitter)* treillis *m*; *umg fig* **hinter ~n sitzen** être sous les verroux
Gitterbett N lit *m* à barreaux **Gitterfenster** N fenêtre grillagée **gitterförmig** ADJ *u.* ADV en forme de grille, de grillage **Gitternetz** N *auf Landkarten* quadrillage *m* **Gitterrost** M grille *f* **Gitterstab** M, **Gitterstange** F barreau *m* de grille **Gittertor** N porte grillagée, à claire-voie **Gitterzaun** M clôture *f* à claire-voie; treillis *m*; treillage *m*
Glace F *schweiz (Speiseeis)* glace *f*
Gladiator M HIST gladiateur *m*
Gladiole F glaïeul *m*
Glanz M **1** éclat *m (a. von Perlen, Augen)*; *vom Haar, von Metall* brillant *m*; *e-s Stoffes a.* lustre *m* **2** *geh fig* splendeur *f*
glänzen V/I briller *(a. fig)*
glänzend **A** ADJT **1** brillant **2** *fig* brillant; *Zeugnis, Ergebnis a.* excellent; *Idee* lumineux **B** ADVL *(glanzvoll)* brillamment; **mir geht es ~** je vais très bien
Glanzleistung F brillante performance *(a. iron)* **glanzlos** ADJ sans éclat; terne **Glanzpapier** F papier glacé **Glanzpunkt** M apogée *m* **Glanzstück** N **1** *(Glanzleistung)* brillante performance **2** *(wertvolles Stück)* joyau *m* **glanzvoll** ADJ brillant; splendide **Glanzzeit** F temps *m* de splendeur
Glas N **1** *Material* verre *m*; *Aufschrift* **Vorsicht, ~!** fragile! **2** *(Trinkglas)* verre *m*; *(Marmeladenglas)* pot *m*; *(Einmachglas)* bocal *m*; **aus e-m ~ trinken** boire dans un verre; *fig* **zu tief ins ~ geguckt haben** avoir bu un coup de trop **3** *(Brillenglas)* verre *m* **4** *(Fernglas, Opernglas)* jumelles *fpl*
Glasauge N œil *m* de verre **Glasbläser** M souffleur *m* de verre
Gläschen N petit verre
Glasdach N toit en verre, vitré; verrière *f*
Glaser M vitrier *m*
Glaserei F vitrerie *f*
gläsern ADJ **1** en, de verre **2** *Blick* vitreux
Glasfaser F fibre *f* optique; *zur Isolierung* fibre *f* de verre **Glasfaserkabel** N câble *m* optique
Glashaus N serre *f*; *sprichw* **wer im ~ sitzt, soll nicht mit Steinen werfen** mieux vaut balayer devant sa porte (avant de critiquer)
Glashütte F verrerie *f*; cristallerie *f*
glasieren V/T GASTR glacer; KERAMIK vernisser
glasig ADJ vitreux *(a. fig)*
glasklar[1] ADJ *(klar wie Glas)* clair comme du cristal
glasklar[2] ADJ *fig (deutlich)* clair comme de l'eau de roche
Glaskugel F boule *f* de verre; *e-r Wahrsagerin* boule *f* de cristal **Glasmalerei** F peinture *f* sur verre
Glasnost F glasnost *f*
Glasnudel F vermicelle chinois **Glasplatte** F panneau *m*, plaque *f* de verre **Glasreiniger** M *Mittel* produit *m* à vitres **Glasscheibe** F vitre *f*; carreau *m* **Glasscherbe** F morceau *m*, débris *m* de verre; *e-r Flasche* tesson *m* **Glasschneider** M *Instrument* coupe-verre *m* **Glassplitter** M éclat *m* de verre **Glastür** F porte vitrée
Glasur F **1** *von Keramik* vernis *m* **2** GASTR glaçage *m*
Glaswaren FPL verrerie *f*
glatt **A** ADJ **1** *Oberfläche, Haar, Haut etc* lisse; *Papier, Wasserfläche* uni **2** *Rechnung, Betrag* rond **3** *Straße, Pflaster* glissant **4** *pej Person* mielleux; trop poli **5** *(ohne Zwischenfall)* sans encombre **6** *umg (eindeutig)* vrai; pur (et simple) **B** ADV **1** *(ohne Komplikationen)* sans problèmes **2** *umg (rückhaltlos)* carrément **3** *umg* **das habe ich ~ vergessen** je l'ai carrément oublié
Glätte F caractère *m*, aspect *m* lisse; *der Fahrbahn* état glissant
Glatteis N verglas *m*; *fig* **j-n aufs ~ führen** entraîner qn sur un terrain glissant
glätten **A** V/T **1** *Haar, Papier* lisser; *Zettel, Geldschein* défroisser **2** *schweiz (bügeln)* repasser **B** V/R **sich ~** *Meer, Wellen* se calmer
glattgehen *umg* V/I marcher, aller comme sur des roulettes
glattweg *umg* ADV carrément
Glatze F calvitie *f*; **e-e ~ haben, bekommen** être, devenir chauve
Glatzkopf M **1** *Kopf* crâne *m*, tête *f* chauve **2** *umg Mensch* chauve *m* **glatzköpfig** ADJ chauve
Glaube M **1** *(religiöse Überzeugung)* foi *f*, croyance *f* (**an** [+ *akk*] en); **der ~ an Gott** la croyance en Dieu **2** *(innere Gewissheit)* foi *f* (**an** [+ *akk*] en); **in gutem ~n handeln** agir de bonne foi; **j-m ~n schenken** croire qn; **j-n im ~n lassen, dass ...** laisser croire à qn que ...
glauben **A** V/T croire; **ich glaube es Ihnen** je vous crois; je le crois; **ich kann es kaum ~!** j'ai de la peine à le croire! **B** V/I croire (**an j-n, etw** en qn, à qc); **ich glaube, ja** je crois que oui; *umg fig* **dran ~ müssen** *bei Unangenehmem umg*

G

▶ glauben

Bei **glauben** muss man verschiedene Konstruktionen auseinanderhalten:

croire qn / qc :	j-m / etwas glauben:
Il ne croit même pas ses amis.	Er glaubt nicht einmal seinen Freunden.
Je ne crois pas ce que tu dis.	Ich glaube nicht, was du sagst.
croire en qn / à qc :	an j-n / etwas glauben:
Tu crois **à** l'amitié ?	Glaubst du an die Freundschaft?
Je crois **en** mes amis.	Ich glaube an meine Freunde.
croire en Dieu :	an Gott glauben:
Il ne croit pas **en** Dieu.	Er glaubt nicht an Gott.

FEHLERQUELLEN

y passer; (*sterben*) *umg* y rester
Glauben M → Glaube
Glaubensbekenntnis N REL Credo *m*; *fig* credo *m* **Glaubensfreiheit** F liberté *f* du culte **Glaubensgemeinschaft** F communauté religieuse **Glaubensrichtung** F tendance religieuse
Glaubersalz N CHEM sel *m* de Glauber
glaubhaft A ADJ crédible; vraisemblable; (*überzeugend*) convaincant B ADV avec vraisemblance; (*überzeugend*) d'une façon convaincante
gläubig ADJ REL croyant; **~ sein** *a.* avoir la foi
Gläubige(r) M/F(M) REL fidèle *m/f*; croyant(e) *m(f)*
Gläubiger(in) M(F) HANDEL créancier, -ière *m,f*
glaubwürdig A ADJ digne de foi B ADV de façon crédible **Glaubwürdigkeit** F crédibilité *f*
Glaukom N MED glaucome *m*
gleich A ADJ 1 même; égal (*a.* MATH); (*ähnlich*) pareil; (*identisch*) identique; (*gleichwertig*) équivalent; **vier mal drei (ist) ~ zwölf** quatre fois trois égalent douze; **das Gleiche gilt für …** c'est pareil, la même chose pour …; **Gleiches mit Gleichem vergelten** rendre la pareille 2 *umg* (*gleichgültig*) égal B ADV 1 *zeitlich* (*sofort*) tout de suite; **bis ~!** à tout à l'heure!; **(ich komme) ~!** (j'arrive) tout de suite!; **~ darauf, danach** aussitôt après; **~ heute** dès aujourd'hui; aujourd'hui même 2 *räumlich* juste; **~ daneben** juste à côté 3 (*genauso*) de la même façon, manière; *vergleichend* aussi; **~ schnell** aussi rapide, vite (**wie** que); **~ bleiben** rester le *bzw.* la même; *Temperatur, Preise* rester constant; *umg* **das bleibt sich ~** cela revient au même; **~ bleibend** constant; **~ gesinnt sein** avoir les mêmes idées, intérêts, opinions C *Partikel in Fragesätzen* déjà; **wie heißt er doch ~?** comment s'appelle-t-il déjà?
gleichalt(e)rig ADJ du même âge **gleichartig** ADJ (*von gleicher Art*) de même nature, sorte; (*ähnlich*) similaire; *Fall* analogue **gleichbedeutend** ADJT équivalent; synonyme **gleichberechtigt** ADJT égal en droits **Gleichberechtigung** F égalité *f* des droits; émancipation *f*
gleichbleiben V/I → gleich B 3
gleichbleibend ADJT constant
gleichen A V/I **j-m, e-r Sache ~** ressembler à qn, qc B V/R **sich** (*dat*) **~** se ressembler
gleichermaßen ADV de la même manière, façon
gleichfalls ADV également; **danke ~!** merci, (à) vous aussi!
gleichförmig ADJ (*einheitlich*) uniforme (*a.* PHYS); (*monoton*) monotone **gleichgeschlechtlich** ADJ homosexuel
Gleichgewicht N équilibre *m* (*a. fig*); **aus dem ~ kommen** perdre l'équilibre; **aus dem ~ bringen** déséquilibrer; **im ~** en équilibre
Gleichgewichtssinn M sens *m* de l'équilibre **Gleichgewichtsstörung** F trouble *m* de l'équilibre **Gleichgewichtsübung** F exercice *m* d'équilibre
gleichgültig A ADJ 1 (*teilnahmslos*) indifférent (**gegenüber** à) 2 (*mitleidslos*) insensible (à) 3 (*egal*) indifférent; égal; **das ist mir ~** cela m'est égal, indifférent; **~, zu welcher Zeit** à n'importe quelle heure; **~, was du machst** quoi que tu fasses B ADV avec indifférence; *zuschauen* d'un air indifférent
Gleichgültigkeit F indifférence *f* (**gegenüber** envers)
Gleichheit F égalité *f* **Gleichheitszei-**

chen N signe *m* égal
gleichkommen V/I **j-m, e-r Sache ~** égaler qn, qc
gleichmachen V/T rendre égal; niveler
Gleichmacherei F *pej* nivellement *m*
gleichmäßig ADJ *Bewegung* uniforme; (*regelmäßig*) régulier **Gleichmäßigkeit** F uniformité *f*; régularité *f* **Gleichmut** M égalité *f* d'humeur; *meist pej* impassibilité *f* **gleichmütig** ADJ d'humeur égale; *meist pej* impassible **gleichnamig** ADJ du même nom; *Brüche* du même dénominateur **Gleichnis** N parabole *f* **gleichrangig** A ADJ de la même importance B ADV sur le même niveau, plan **Gleichrichter** M ELEK redresseur *m* **gleichsam** *geh* ADV pour ainsi dire; en quelque sorte
gleichschalten V/T POL, *fig* mettre au pas
gleichschenk(e)lig ADJ MATH isocèle
Gleichschritt M pas cadencé
gleichseitig ADJ MATH équilatéral
gleichsetzen V/T mettre sur le même plan; indentifier (**mit** à)
Gleichstand M égalité *f* (de points *bzw.* de buts)
gleichstellen V/T **j-n (mit) j-m ~** mettre qn au même niveau que qn
Gleichstellung F mise *f* sur un pied d'égalité; *soziale* assimilation *f* **Gleichstrom** M courant continu
gleichtun V/T **es j-m ~** faire comme qn
Gleichung F équation *f*
gleichwertig ADJ équivalent; *Gegner* de force égale; de même niveau **gleichwink(e)lig** ADJ MATH équiangle; isogone
gleichwohl *geh* ADV néanmoins; pourtant
gleichzeitig A ADJ simultané B ADV simultanément; en même temps **Gleichzeitigkeit** F simultanéité *f*
gleichziehen V/I **mit j-m ~** SPORT, *fig* rattraper qn; *sozial* atteindre le même niveau que qn
Gleis N 1 voie (ferrée); rails *mpl*; (*Bahnsteig*) quai *m*; *Zug* **auf ~ acht einlaufen** entrer en gare au quai °huit 2 *fig* **j-n aus dem ~ werfen** bouleverser l'existence de qn; **sich in ausgefahrenen ~en bewegen** suivre les sentiers battus
Gleitboot N hydroglisseur *m*
gleiten V/I 1 glisser; *fliegend* planer; **über etw** (*akk*) **~** *mit den Händen* passer les mains sur qc; **j-m aus den Händen ~** glisser des mains de qn 2 *umg Arbeitnehmer* prendre un jour, *etc* de libre (*dans le cadre d'un horaire à la carte*)
gleitend ADJT *Preise, Lohnskala* mobile; **~e Arbeitszeit** horaire *m* à la carte, mobile, variable
Gleitflug M vol plané; **im ~** en vol plané
Gleitflugzeug N planeur *m* **Gleitmittel** N lubrifiant *m* **Gleitschirm** M parapente *m* **Gleitschirmfliegen** N parapente *m* **Gleitschirmflieger(in)** M(F) parapentiste *m/f* **Gleitschutz** M AUTO antidérapant *m* **Gleittag** M jour *m* de libre **Gleitzeit** F 1 *umg System* horaire *m* à la carte, mobile, variable 2 (*Gleitzeitspanne*) plage *f* mobile
Gletscher M glacier *m* **Gletscherbrand** M coup *m* de soleil (dû à la réflexion du soleil sur la neige) **Gletscherbrille** F lunettes *fpl* de protection °haute montagne **Gletscherspalte** F crevasse *f*
glibb(e)rig ADJ *regional* (*glitschig*) glissant; (*schleimig*) gluant
glich → gleichen
Glied N 1 ANAT membre *m*; (*Fingerglied, Zehenglied*) phalange *f* 2 (*Penis*) membre (viril) 3 (*Mitglied*) membre *m* 4 MIL rang *m* 5 *e-r Kette* maillon *m*; chaînon *m*
gliedern A V/T (*unterteilen*) diviser (**in** [+ *akk*] en); (*anordnen*) agencer; (*strukturieren*) structurer B V/R **sich ~** se diviser (en)
Gliederpuppe F poupée articulée **Gliederschmerz** M douleurs rhumatismales **Gliedertier** N ZOOL articulé *m*
Gliederung F (*Unterteilung*) division *f*; (*Anordnung*) agencement *m*; (*Struktur*) structure *f*; *e-s Buches, Aufsatzes* plan *m*
Gliedmaßen FPL membres *mpl*
glimmen V/I rougeoyer
Glimmer M mica *m*
Glimmstängel *umg* M *umg* clope *f*; *umg* sèche *f*
glimpflich A ADJ 1 (*nicht schlimm*) sans conséquences graves; *Folgen* pas trop graves 2 *Urteil* clément B ADV **~ davonkommen** s'en tirer à bon compte; **~ ausgehen** se terminer sans trop de dégâts
glitschig ADJ glissant
glitt → gleiten
glitzern V/I scintiller
Glitzern N scintillement *m*
global ADJ 1 (*weltweit*) mondial; universel 2 (*umfassend*) global; général **Globalisierung** F mondialisation *f*
Globetrotter M globe-trotter *m*
Globus M globe *m* (terrestre)
Glöckchen N clochette *f*
Glocke F 1 cloche *f*; (*Klingel*) sonnette *f*; *umg fig* **etw an die große ~ hängen** crier qc sur les toits; claironner qc 2 (*Käseglocke*) cloche *f*
Glockenblume F campanule *f* **Glockengeläut** N sonnerie *f* des cloches; *festliches a.* carillon *m* **Glockengießer** M fondeur *m* de cloches **Glockenrock** M jupe *f* à godets
Glockenschlag M *umg* **mit dem ~** à l'heure tapante, précise

Glockenspiel N 1 *auf Rathaustürmen etc* carillon *m* 2 *Musikinstrument* glockenspiel *m* **Glockenstuhl** M (partie supérieure d'un) clocher *m* **Glockenturm** M clocher *m*
Glöckner M sonneur *m* (de cloches); carillonneur *m*
glomm → glimmen
Glorienschein M auréole *f*; gloire *f*
glorreich ADJ glorieux
Glossar N glossaire *m*
Glosse F 1 *in Presse, Rundfunk etc* commentaire *m* 2 *(spöttische Bemerkung)* commentaire moqueur

G

Glotze *umg* F *umg* télé *f*; *umg* téloche *f*
glotzen *umg pej* V/I faire des yeux ronds
Glück N *(Glücklichsein)* bonheur *m*; *(Glücksfall)* chance *f*; *(Schicksal)* fortune *f*; **viel ~!** bonne chance!; **auf gut ~** au petit bonheur; **zum ~** heureusement; par bonheur; **zu meinem ~** heureusement pour moi; **~ bringend** qui porte bonheur; **(es ist) ein ~, dass ...** (c'est) une chance que ... *(+ subj)*; **~ haben** avoir de la chance; **j-m viel ~ wünschen** souhaiter bonne chance à qn
Glucke F *(Bruthenne)* couveuse *f*; *fig (Mutter)* mère *f* poule
glucken V/I *Henne* glousser
glücken V/I réussir; **etw ist mir geglückt** j'ai réussi à faire qc
gluckern V/I glouglouter
glücklich A ADJ heureux; *Lösung, Ende a.* bon B ADV 1 **~ verheiratet** heureux en ménage 2 *(erfolgreich, gut)* bien 3 *(schließlich)* finalement
glücklicherweise ADV heureusement
Glücksbringer M porte-bonheur *m*
glückselig ADJ rayonnant (de bonheur) **Glückseligkeit** F félicité *f*; béatitude *f*
Glücksfall M coup *m* de chance **Glücksgöttin** F Fortune *f* **Glückskäfer** M → Marienkäfer **Glückskind** N *umg* veinard *m* **Glücksklee** M trèfle *m* porte-bonheur; trèfle *m* à quatre feuilles **Glückspfennig** M pfennig *m* porte-bonheur **Glückspilz** *umg* M *umg* veinard *m* **Glückssache** F question *f* de chance **Glücksspiel** N jeu *m* de hasard **Glücksspieler** M joueur *m*
Glückssträhne F période *f* de chance; **e-e ~ haben** être dans une bonne passe
Glückstag M jour *m* de chance
glückstrahlend ADJT *u.* ADVL rayonnant de bonheur
Glückstreffer M coup *m* de chance **Glückszahl** F chiffre *m* porte-bonheur
Glückwunsch M félicitations *fpl* (**zu** pour); **herzlichen ~ zum Geburtstag!** bon anniversaire!
Glückwunschkarte F carte *f* de félicitations
Glühbirne F ampoule *f*
glühen V/I 1 *Metall, Kohlen* être incandescent; **(rot) ~** rougeoyer 2 *fig Himmel etc* être embrasé; *Sonne* brûler; *Gesicht* être rouge, en feu; *Augen* briller; *geh* **vor Begeisterung ~** brûler d'enthousiasme
glühend A ADJT 1 *Metall, Kohlen* incandescent 2 *fig Sonne* ardent; *Gesicht* rouge; en feu 3 *fig (begeistert)* fervent; *Liebe* passionné; *Hass* violent B ADVL 1 **~ heiß** brûlant; *Wetter* torride 2 *fig* **j-n ~ verehren** adorer qn
Glühlampe F lampe *f* à incandescence; ampoule *f* **Glühwein** M vin chaud **Glühwürmchen** *umg* N ver luisant
Glukose F glucose *m*
Glut F 1 *(Holzglut, Kohlenglut)* braise *f*; *(Hitze)* chaleur *f* torride 2 *geh fig* ardeur *f* **Gluthitze** F chaleur *f* torride; fournaise *f* **glutrot** ADJ embrasé
Glyzerin N glycérine *f*
GmbH F ABK (Gesellschaft mit beschränkter Haftung) SARL *f*
g-Moll N MUS sol *m* mineur
Gnade F grâce *f*; **um ~ bitten** demander grâce; **keine ~ kennen** être impitoyable; **~ vor Recht ergehen lassen** user de clémence
gnaden V/I **(dann) gnade mir, dir** *etc* **Gott!** malheur à moi, toi, *etc!*
Gnadenakt M acte *m*, mesure *f* de clémence **Gnadenfrist** F délai *m* de grâce **Gnadengesuch** N recours *m* en grâce **gnadenlos** ADJ sans pitié **Gnadenstoß** M coup *m* de grâce *(a. fig)*
gnädig A ADJ *(milde)* clément; indulgent; *pej (gönnerhaft)* protecteur; *Anrede geh* **~e Frau!** Madame! B ADV avec clémence, indulgence
Gnom M gnome *m*
Gnu N gnou *m*
Gobelin M *echter* gobelin *m*; *(Wandteppich)* tapisserie *f*
Gockel M *südd* coq *m*
Gokart M kart *m* **Gokartrennen** N course *f* de karting
Gold N or *m*; *fig* **~ wert sein** valoir son pesant d'or
Goldader F filon *m* d'or
Goldauflage F **mit ~** (en) plaqué or
Goldbarren M lingot *m* d'or **Goldbarsch** M sébaste *m*
golden ADJ 1 *(aus Gold)* en or 2 *(goldfarben)* doré
Golden Goal N FUSSBALL but *m* en or
Goldfisch M poisson *m* rouge **Goldfüllung** F plombage *m* en or **goldgelb** ADJ jaune d'or **Goldgräber** M chercheur *m* d'or **Goldgrube** F mine *f* d'or *(a. fig)* **Goldhamster**

M °hamster (doré)
goldig ADJ *Kind, Tier* adorable; *Kind a.* mignon
Goldkette F chaîne *f* en or **Goldklumpen** M pépite *f* **Goldkrone** F couronne *f* en or (*a. am Zahn*) **Goldlack** M BOT giroflée *f* jaune **Goldmedaille** F médaille *f* d'or **Goldmine** F mine *f* d'or **Goldmünze** F pièce *f* d'or **Goldrand** M *e-r Tasse* filet, *e-r Brille* cercle, bord doré **Goldrausch** M HIST, *fig* ruée *f* vers l'or **Goldregen** M 1 BOT cytise *m* 2 *beim Feuerwerk etwa* bouquet *m* 3 *fig* (*Reichtum*) manne *f* **goldrichtig** *umg* A ADJ très juste B INT *umg* impeccable! **Goldschmied(in)** M(F) orfèvre *m/f*
Goldschnitt M dorure *f* sur tranche; **ein Buch mit ~** un livre doré sur tranche
Goldstück N 1 (*Goldmünze*) pièce *f* d'or 2 *umg hum Person* perle *f*
Goldwaage F trébuchet *m*; **jedes Wort auf die ~ legen** *e-s anderen* prendre tout au pied de la lettre; *s-e eigenen Worte* peser ses mots
Goldwährung F monnaie-or *f* **Goldzahn** M dent *f* en or
Golf[1] M GEOG golfe *m*
Golf[2] N SPORT golf *m*
Golfball M balle *f* de golf
Golfer(in) M(F) golfeur, -euse *m,f*
Golfplatz M terrain *m* de golf **Golfschläger** M club *m* **Golfspieler(in)** M(F) joueur, -euse *m,f* de golf; golfeur, -euse *m,f*
Golfstaat M pays *m* du golfe Persique **Golfstrom** M Gulf Stream *m*
Gondel F 1 SCHIFF gondole *f* 2 FLUG nacelle *f*; *e-r Seilbahn* cabine *f*
Gong M gong *m*

Gondel — la gondole

Gondeln — les cabines (fpl)

gongen VI *Person* frapper un coup de gong; **es gongt** le gong retentit
Gongschlag M coup *m* de gong
gönnen A VT **j-m etw ~** ne pas envier qc à qn; **ich gönne ihm s-n Erfolg** je suis content pour lui qu'il ait réussi B VR **sich** (*dat*) **etw ~** s'accorder qc
Gönner(in) M(F) protecteur, -trice *m,f*; (*Wohltäter[in]*) bienfaiteur, -trice *m,f* **gönnerhaft** ADJ *pej* protecteur **Gönnermiene** F *pej* air protecteur
Goodwill M 1 (*Wohlwollen*) bonne volonté 2 (*guter Ruf*) bonne réputation **Goodwillreise** F, **Goodwilltour** F visite *f* d'amitié
gor → gären
Gör N, **Göre** F *nordd, meist pej* 1 *Mädchen umg* gosse *f* 2 *freche* (petite) chipie
Goretex® N TEX goretex® *m*
Gorgonzola M *Käse* gorgonzola *m*
Gorilla M gorille *m* (*a. umg fig*)
Gosche(n) *umg südd, österr* F *umg* gueule *f*
Gospel N *od* M, **Gospelsong** M gospel *m*
goss → gießen
Gosse F caniveau *m*; *fig pej* **in der ~ landen** *od* **enden** tomber dans le ruisseau
Gote M HIST PL **die ~n** les Goths *mpl*
Gotik F 1 *Stil* gothique *m* 2 *Epoche* époque *f* gothique
gotisch ADJ gothique
Gott M 1 REL Dieu *m*; **der liebe ~** le bon Dieu; *umg fig* **in ~es Namen!** soit!; **an ~ glauben** croire en Dieu; **ach (du lieber) ~!, mein ~!** mon Dieu!; **großer ~!** grand Dieu!; **grüß ~!** bonjour! *bzw.* bonsoir!; **um ~es willen!** pour l'amour de Dieu!; **~ behüte** *od* **bewahre!** Dieu m'en garde!; **~ weiß wie, wo** *etc* Dieu sait comment, où, *etc* 2 MYTH dieu *m*; **er singt wie ein junger ~** il chante divinement (bien); *umg* **das wissen die Götter** Dieu seul le sait
Gotterbarmen N **zum ~** à faire pitié
Götterspeise F GASTR *entremets à base de gélatine*
Gottesanbeterin F ZOOL mante religieuse **Gottesdienst** M service (religieux); PROT culte *m*; KATH messe *f* **gottesfürchtig** ADJ (très) pieux **Gotteshaus** *geh* N maison *f* de Dieu; église *f* **Gotteslästerung** F blasphème *m* **Gottesmutter** F mère *f* de Dieu **Gottessohn** M fils *m* de Dieu
Gottheit F divinité *f*
Göttin F déesse *f*
göttlich ADJ divin (*a. fig*)
gottlos ADJ impie; irréligieux; (*atheistisch*) athée
Gottvater M Dieu *m* le Père
gottverdammt *sl* ADJT maudit; *plus fort* sacré **gottverlassen** ADJT *Ort* perdu **Gottver-**

trauen N confiance *f* en Dieu
Götze M, **Götzenbild** N idole *f*
Gouverneur M gouverneur *m*
Grab N tombe *f*; *geh* **zu ~e tragen** enterrer (*a. fig*); *fig* (**sich** [*dat*]) **sein eigenes ~ schaufeln** causer sa propre ruine; *umg fig* **sich im ~(e) herumdrehen** se retourner dans sa tombe; *umg* **schweigen wie ein ~** être muet comme une tombe; *umg fig* **das bringt mich noch ins ~** ça me tuera
graben A VT *u.* VI creuser B VR **sich in etw** (*akk*) **~** s'enfoncer dans qc
G
Graben M fossé *m* (*a.* GEOL, *fig*); *im Ozean* fosse *f*; MIL tranchée *f*
Grabesstille F silence *m* de mort **Grabesstimme** F voix sépulcrale
Grabfund M objet(s) trouvé(s) dans un tombeau **Grabinschrift** F épitaphe *f* **Grabkammer** F chambre *f* funéraire **Grabmal** N tombeau *m* **Grabpflege** F entretien *m* de tombe(s) **Grabplatte** F pierre tombale **Grabrede** F discours *m* funèbre **Grabschändung** F profanation *f* de sépulture **Grabstätte** F sépulture *f* **Grabstein** M pierre tombale
gräbt → graben
Grabung F fouilles *fpl*
Grad M 1 *Maßeinheit*, GEOG, *fig* degré *m*; **bei (plus) zehn ~** à dix degrés; **bei minus zwanzig ~** à moins vingt degrés; *Verbrennungen, Gleichung* **ersten, zweiten ~es** du premier, second degré; **im höchsten ~e** au plus °haut point; extrêmement; **bis zu e-m gewissen ~e** jusqu'à un certain point 2 MIL grade *m*; **akademischer ~** grade universitaire
Gradeinteilung F graduation *f* **Gradmesser** M indicateur *m*
graduell ADJ graduel **graduiert** ADJT diplômé
Graecum N *examen de grec ancien exigé pour les études de théologie, philosophie, etc*
Graf M comte *m*
Graffiti PL graffiti *mpl*; *aufgesprühte a.* tags *mpl*
Grafik F 1 *Technik, Kunst* arts *mpl* graphiques 2 *Kunstwerk* gravure *f*; estampe *f* 3 *Schaubild* graphique *m* **Grafiker(in)** M(F) dessinateur, -trice *m,f* **Grafikkarte** F carte *f* graphique **Grafikprogramm** N grapheur *m*
Gräfin F comtesse *f*
grafisch ADJ graphique
Grafit → Graphit
gräflich ADJ du comte
Grafologe *etc* → Graphologe
Grafschaft F comté *m*
Gral M **der (Heilige) ~** le (Saint-)Graal
Gralshüter M gardien *m* du Graal **Gralsritter** M chevalier *m* du Graal **Gralssage** F légende *f* du Graal
Gramm N gramme *m*
Grammatik F grammaire *f* (! Endung)
grammatikalisch ADJ grammatical
Grammatikregel F règle grammaticale, de grammaire
grammatisch ADJ grammatical
Grammophon® N phonographe *m*
Granat M MINER grenat *m* **Granatapfel** M grenade *f*
Granate F obus *m*; (*Handgranate*) grenade *f*
Granatsplitter M éclat *m* d'obus
Grandhotel N palace *m*
grandios ADJ grandiose
Grand Prix M Grand prix
Granit M granit(e) *m*
Granne F BOT barbe *f*
grantig *umg südd, österr* ADJ grincheux; bourru; °hargneux
Granulat N granulés *mpl*
Grapefruit F pamplemousse *m*
Graphik *etc* → Grafik
Graphit M graphite *m*
Graphologe M, **Graphologin** F graphologue *m/f* **Graphologie** F graphologie *f* **graphologisch** ADJ graphologique
grapschen *umg* A VT empoigner; prendre B VI **nach etw ~** (faire un mouvement rapide pour) prendre qc
Grapscher *umg* M *umg* peloteur *m*
Gras N 1 herbe *f*; *t/t* graminée *f*; *umg fig* **das ~ wachsen hören** se croire plus malin que les autres; *umg fig* **über etw** (*akk*) **~ wachsen lassen** passer l'éponge sur qc; *umg fig* **ins ~ beißen** *umg* claquer; *umg* passer l'arme à gauche 2 *Drogenjargon umg* marie-jeanne *f*; *weitS. umg* °hasch *m*
grasbedeckt ADJT couvert d'herbe **Grasbüschel** N touffe *f* d'herbe
grasen VI paître
grasgrün ADJ vert-pré (! unveränderlich)
Grashalm M brin *m* d'herbe **Grashüpfer** *umg* M sauterelle *f* **Grasnarbe** F (couche *f* d')herbe *f*
grassieren VI *Krankheit* sévir; *Mode* faire fureur; *Gerücht* courir; *Missstände* régner
grässlich ADJ atroce; horrible; affreux
Grat M 1 *e-s Bergs* arête *f* 2 TECH bavure *f*
Gräte F arête *f*
Gratifikation F gratification *f*
Gratin N GASTR gratin *m*
gratis ADV gratuitement; gratis **Gratisprobe** F échantillon gratuit
Grätsche F saut *m* jambes écartées
grätschen A VT *Beine* écarter B VI sauter jam-

bes écartées
Gratulant(in) M(F) personne *f* présentant ses félicitations à qn **Gratulation** F félicitations *fpl*
gratulieren VI **j-m zu etw ~** féliciter qn de qc; **j-m zum Geburtstag ~** souhaiter à qn un bon anniversaire; **(ich) gratuliere!** (mes) félicitations!
Gratwanderung F *fig* difficile exercice *m* d'équilibre; **sich auf e-r ~ befinden** être sur la corde raide
grau ADJ gris (*a. fig Markt*); **in ~er Vorzeit** dans la nuit des temps; **~ werden** *Haare, Mensch* grisonner; **~ meliert** grisonnant; **der Himmel ist ~ in ~** il fait gris; le temps est gris
Grau N gris *m*; *fig* (*Trostlosigkeit*) grisaille *f* **graublau** ADJ gris bleu (❗ unveränderlich) **Graubrot** N pain bis
Graubünden N les Grisons *mpl*
Gräuel *geh* M **1** (*Gräueltat*) atrocité *f* **2** (*etw Abstoßendes*) horreur *f*; **er ist mir ein ~** je ne peux pas le sentir; **das ist mir ein ~** j'ai horreur de cela
Gräuelmärchen N atrocités inventées **Gräueltat** F atrocité *f*
grauen[1] VI **der Morgen graut** le jour se lève
grauen[2] V/UNPERS **es graut mir, mir graut vor** (*+ dat*) j'ai horreur de; **davor graut mir** *a.* cela me fait horreur
Grauen N horreur *f* (**vor** [*+ dat*] de); épouvante *f*; **ein Bild des ~s** un spectacle horrible
grauenhaft, **grauenvoll** ADJ horrible; épouvantable (*beide a. umg fig*)
grauhaarig ADJ aux cheveux gris; gris
gräulich ADJ **1** *Farbe* grisâtre **2** (*grässlich*) atroce; horrible; affreux
graumeliert ADJT grisonnant
Graupe F *meist* PL orge mondé
Graupel F *meist* PL grésil *m*
graupeln V/UNPERS **es graupelt** il tombe du grésil; il grésille
Graupelschauer M giboulée *f*
Graus M **es ist ein ~ mit ihr** avec elle, c'est l'horreur; *umg hum* **o ~!** horreur!
grausam ADJ **1** (*brutal*) cruel **2** (*schrecklich*), *umg fig* terrible; horrible; atroce **Grausamkeit** F **1** *Wesensart* cruauté *f* **2** *Tat* (acte *m* de) cruauté *f*
grausen → grauen[2]
Grausen N horreur *f*
grausig → grauenhaft
Grauzone F **in der ~ zwischen Legalität und Illegalität** à la limite de la légalité et de l'illégalité
Graveur M graveur *m*
gravieren VT graver (**in** [*+ akk*] dans)
gravierend ADJT *Irrtum, Fehler* grave; *Unterschiede* gros; *Probleme* sérieux
Gravierung F **1** (*eingravierte Verzierung*) illustration, date, *etc* gravée **2** *Tätigkeit* gravure *f*
Gravitation F gravitation *f*
Gravitationsfeld N champ *m* de gravitation **Gravitationsgesetz** N loi *f* de la gravitation
Gravur F → Gravierung
Grazie F **1** grâce *f* **2** **die drei ~n** les trois Grâces *fpl*
grazil ADJ gracile
graziös ADJ gracieux
Greifarm M TECH bras *m* **Greifbagger** M excavateur *m* à benne preneuse
greifbar ADJ **1** *Ware* disponible; **etw ~ haben** avoir qc à portée de la main; **in ~er Nähe** à portée de la main **2** *fig* (*konkret*) tangible; (*deutlich*) concret; *Vorteil* palpable
greifen **A** VT **1** (*ergreifen*) saisir; prendre; *fig* **zum Greifen nahe** à portée de la main **2** (*schätzen*) **das ist mir zu hoch gegriffen** c'est trop (°haut, élevé) **B** VI **1** **in die Tasche ~** porter la main à la poche; **nach etw ~** (chercher à) prendre, saisir qc; *fig* **um sich ~** se propager; *geh* **zu etw ~** prendre qc; avoir recours à qc **2** *fig Maßnahme etc* être opérant **3** TECH avoir prise
Greifer M TECH grappin *m* **Greifvogel** M rapace *m*; oiseau *m* de proie **Greifzange** F pince *f*
greis *geh* ADJ très âgé
Greis M vieillard *m*
Greisenalter N vieillesse *f*; grand âge **greisenhaft** ADJ *Aussehen* de vieillard; *Verhalten* sénile
Greisin F vieille femme
grell ADJ **1** *Licht* cru; éblouissant; *Farbe* voyant; *pej* (*schrill*) criard **2** *Ton, Stimme* perçant **grellrot** ADJ d'un rouge très vif, *pej* criard
Gremium N comité *m*; commission *f*
Grenada N la Grenade
Grenzbeamte(r) M agent *m* des douanes **Grenzbereich** M **1** (*Grenzgebiet*) zone frontalière **2** *fig* limites *fpl* **Grenzbewohner(in)** M(F) frontalier, -ière *m,f* **Grenzbezirk** M zone frontalière **grenzdebil** M **1** MED débile léger **2** *umg pej* (*sehr dumm*) *umg* limite débile
Grenze F **1** *e-s Landes* frontière *f*; **die ~ zu Frankreich** la frontière avec la France **2** *e-s Grundstücks, e-r Gemeinde* limite *f* **3** *fig* limite(s) *f(pl)*; bornes *f(pl)*; **sich in ~n** (*dat*) **halten** être limité; *Leistungen a.* être moyen; **alles hat s-e ~n** il y a des limites à tout
grenzen VI **an etw** (*akk*) **~** confiner à qc; *fig* friser qc; confiner à qc
grenzenlos **A** ADJ (*uneingeschränkt*) sans limites; illimité (*a. Macht, Geduld, Vertrauen*); *Bewunderung*

sans bornes; *pej* (*maßlos*) démesuré **B** ADV infiniment

Grenzenlosigkeit F immensité *f*

Grenzfall M cas *m* limite **Grenzgänger** M frontalier *m* **Grenzgebiet** M région frontalière **Grenzkonflikt** M conflit frontalier, de frontière **Grenzkontrolle** F contrôle *m* à la frontière **Grenzlinie** F ligne *f* de démarcation **Grenzpfahl** M poteau *m* frontière **Grenzposten** M **1** *Person* garde-frontière *m* **2** *Stelle* poste *m* frontière **Grenzstadt** F ville frontière, frontalière **Grenzstein** M borne *f* **Grenzstreitigkeit** F différend frontalier **Grenzübergang** M **1** *Stelle* poste *m* frontière **2** *Aktion* passage *m* de la frontière **grenzüberschreitend** ADJT au-delà des frontières **Grenzverkehr** M trafic frontalier **Grenzverlauf** M tracé *m* de la frontière **Grenzverletzung** F violation *f* de frontière **Grenzwert** M **1** (*äußerster Wert*) valeur *f* limite **2** MATH limite *f* **Grenzzwischenfall** M incident *m* de frontière

Greuel *etc* → Gräuel

Grieben FPL rillons *mpl* **Griebenschmalz** N *saindoux contenant des rillons*

Grieche M, **Griechin** F Grec *m*, Grecque *f*

Griechenland N la Grèce

griechisch ADJ grec **griechisch-orthodox** ADJ orthodoxe grec **griechisch-römisch** ADJ gréco-romain

Griesgram M grincheux *m*; grognon *m* **griesgrämig** ADJ grincheux; grognon

Grieß M semoule *f* **Grießbrei** M (bouillie *f* de) semoule *f* **Grießklößchen** N quenelle *f* à la semoule **Grießmehl** N semoule *f* **Grießnockerl** N *österr* quenelle *f* de semoule **Grießpudding** M entremets *m* à base de semoule

griff → greifen

Griff M **1** *e-r Tür, e-s Degens, Hebels, Koffers etc* poignée *f*; *e-s Topfes* anse *f*; *e-s Werkzeugs, Messers* manche *m* **2** (*Handgriff*) geste *m*; SPORT prise *f*; **mit e-m ~ holte sie ein Glas Marmelade aus dem Regal** (d'un geste,) elle attrapa un pot de confiture sur le rayon **3** *fig* **(mit j-m, etw) e-n guten ~ tun** avoir la main heureuse (en choisissant qn, qc); **etw im ~ haben** (*gut können*) avoir l'habitude de (faire) qc; (*unter Kontrolle haben*) maîtriser qc; **etw in den ~ bekommen** apprendre à faire qc

griffbereit ADJ à portée de la main

Griffel M **1** (*Schreibgriffel*) crayon *m* d'ardoise **2** BOT style *m* **Griffelkasten** M plumier *m*

griffig ADJ **1** (*handlich*) maniable **2** *Reifen etc* antidérapant **3** *Stoff* qui a de la tenue

Griffloch N MUS perce *f* **Griffwechsel** M TURNEN changement *m* de prise

Grill M *Gerät* gril *m*; (*Grillrost*) gril *m*; barbecue *m*

Grille F ZOOL grillon *m*

grillen **A** V/T faire griller **B** V/I faire un barbecue

Grillfest N, **Grillparty** F barbecue *m* **Grillplatz** M emplacement aménagé pour un barbecue **Grillrestaurant** N restaurant spécialisé en grillades **Grillrost** M grille *f* (d'un gril) **Grillzange** F pincette *f* (pour barbecue)

Grimasse F grimace *f*; **~n schneiden** faire des grimaces

grimmig ADJ **1** (*zornig*) furibond **2** *fig Kälte* terrible

Grind M (*Wundschorf*) escarre *f*

grinsen V/I ricaner

Grinsen N ricanement *m*

grippal ADJ grippal; **~er Infekt** infection grippale

Grippe F grippe *f* **Grippeepidemie** F épidémie *f* de grippe **Grippeimpfung** F vaccination *f* contre la grippe **grippekrank** ADJ grippé **Grippevirus** N *od* M virus grippal **Grippewelle** F épidémie *f* de grippe

Grips *umg* M *umg* jugeote *f*; **s-n ~ anstrengen** *umg* se creuser les méninges

Grislibär, **Grizzlybär** M grizzly *m*

grob **A** ADJ **1** *Gewebe, Gesichtszüge* grossier; *Feile, Faser, Sand* gros **2** *Fehler, Irrtum* grossier; grave; *Lüge* gros **3** *Person* grossier; rude (**zu** avec) **4** (*ungefähr*) *Skizze* grossier; *Schätzung* approximatif; **in ~en Umrissen** *od* **Zügen** en gros; grosso modo **B** ADV **1** *zerkleinern etc* grossièrement **2** (*schwerwiegend*) gravement **3** *mit Worten* grossièrement; *körperlich* avec rudesse **4** (*ungefähr*) en gros

Grobeinstellung F réglage grossier

Grobheit F grossièreté *f*

Grobian M *pej* mufle *m*; goujat *m*; malotru *m*

grobkörnig ADJ à gros grains **grobschlächtig** ADJ *Gestalt* lourd; maladroit; *Gesichtszüge* grossier

Grog M grog *m*

groggy ADJ groggy

grölen *umg pej* V/T *u.* V/I beugler; *umg* brailler

Groll *geh* M rancune *f*; *plus fort* rancœur *f*

grollen *geh* V/I **1** **j-m ~** garder rancune à qn (**wegen etw** de qc) **2** *Donner* gronder

Grönland N le Groenland

Gros N gros *m*

Groschen M **1** HIST *österr* groschen *m* **2** *umg* HIST (*Zehnpfennigstück*) pièce *f* de dix pfennigs **3** *umg fig* **der ~ ist gefallen** *umg* il, *etc* a pigé

Groschenroman M roman *m* de quatre sous

groß A ADJ 1 *Ausmaße, Menge, Bedeutung* grand (*a. fig*); *im Volumen oft* gros; **wie ~ ist ...?** combien mesure ...?; **sie ist 1,70 m ~** elle fait, mesure 1,70 m; **im Großen und Ganzen** en gros; dans l'ensemble 2 (*älter*) **mein ~er Bruder** mon grand frère; *von Kindern* **das ist unser Großer** c'est notre aîné 3 (*erwachsen*) grand; **Groß und Klein** petits et grands; **die Großen** les grands *mpl*; les grandes personnes; **~ werden** grandir B ADV **~ angelegt** *Plan etc* de grande envergure; **j-n ~ ansehen** regarder qn avec de grands yeux; *umg* **~ ausgehen** sortir sans regarder à la dépense; *umg* faire la tournée des grands-ducs; *umg* **etw ~ feiern** faire une grande fête pour qc; → großschreiben

Großabnehmer M acheteur *m* en gros **Großaktionär** M gros actionnaire **Großalarm** M alerte générale **großangelegt** ADJT → groß B **Großangriff** M attaque *f* de grande envergure **großartig** A ADJ grandiose; magnifique B ADV magnifiquement; à merveille **Großaufnahme** F gros plan **Großauftrag** M grosse commande **Großbank** F grande banque **Großbaustelle** F grand chantier

Großbritannien N la Grande-Bretagne

Großbuchstabe M majuscule *f*; TYPO capitale *f*

Größe F 1 *Eigenschaft* grandeur *f* (*a. fig*); *im Volumen oft* grosseur *f*; (*Ausmaße*) dimensions *fpl*; taille *f* (*a. Körpergröße*) 2 *e-s Kleidungsstücks* taille *f*; (*Schuhgröße, Handschuhgröße, Hutgröße*) pointure *f*; (*Format*) format *m*; **ich habe ~ 42** je fais du 42; *bei Schuhen a.* je chausse du 42 3 MATH, PHYS grandeur *f*; **unbekannte ~** inconnue *f* (*a. fig*) 4 *fig Person* sommité *f*; *im Sport etc* as *m*

Größen

die Kleidergröße	=	**la taille**
die Schuhgröße	=	**la pointure**

Übrigens: Wer in Frankreich ein Kleidungsstück kauft, sollte bei der Größe achtgeben, denn die deutschen und die französischen Konfektionsgrößen stimmen nicht überein: So entspricht z. B. die deutsche Damengröße 38 der französischen 40, die deutsche 40 entspricht der französischen 42 usw.

LANDESKUNDE

Großeinkauf M achat *m* en gros; **e-n ~ machen** faire tous ses achats, toutes ses courses en même temps

Großeltern PL grands-parents *mpl*

Größenordnung F ordre *m* de grandeur; **in e-r ~ von 30%** de l'ordre de 30%

großenteils ADV en grande partie

Größenunterschied M différence *f* de grandeur *od* de taille **Größenverhältnis** N proportion *f* **Größenwahn** M folie *f* des grandeurs; mégalomanie *f* **größenwahnsinnig** ADJ mégalomane

größer ADJ 1 plus grand; **~ machen** *Schrift, Loch etc* agrandir; **~ werden** *Lebewesen, Unzufriedenheit* grandir; *Familie, Firma, Stadt* s'agrandir; *Arbeitslosigkeit, Schulden, Bevölkerung* augmenter 2 (*ziemlich groß*) assez grand; *Summe* assez gros

Großfahndung F vaste opération *f* de recherches policières **Großfamilie** F grande famille **großflächig** ADJ à grande surface; sur une grande surface **Großflughafen** M aéroport *m* (international) **Großformat** N grand format **Großgrundbesitzer** M grand propriétaire terrien **Großhandel** M commerce *m* de *od* en gros **Großhändler** M grossiste *m* **Großhandlung** F magasin *m* de gros **großherzig** *geh* ADJ magnanime **Großherzog(in)** M(F) grand-duc *m*, grande-duchesse *f* **Großhirn** N cerveau *m* **Großhirnrinde** F écorce cérébrale **Großindustrie** F grande, grosse industrie **Großindustrielle(r)** M grand industriel

Grossist M HANDEL grossiste *m*

Großkapitalist M gros capitaliste **Großkatze** F grand félin **Großkonzern** M grand consortium **großkotzig** *umg pej* ADJ *umg* crâneur **Großkundgebung** F manifestation *f* monstre **Großmacht** F grande puissance **Großmama** *umg* F mamie *f*; bonne-maman *f* **Großmarkt** M *e-r Stadt* °halles *fpl*; (*Verbrauchermarkt*) hypermarché *m* **Großmaul** *umg* N *umg* grande gueule **Großmut** F magnanimité *f* **großmütig** ADJ magnanime **Großmutter** F grand-mère *f* **Großneffe** M petit-neveu *m* **Großnichte** F petite-nièce *f* **Großonkel** M grand-oncle *m* **Großpapa** *umg* M papi *od* papy *m*; grand-papa *m* **Großraum** M agglomération *f* **Großraumabteil** N BAHN voiture *f* à couloir central, sans compartiments; *in Frankreich a.* voiture *f* corail **Großraumbüro** N grand bureau aménagé pour plusieurs postes de travail **Großraumflugzeug** N gros-porteur *m*

großräumig A ADJ 1 (*viel Platz bietend*) spacieux 2 (*große Gebiete betreffend*) vaste B ADV **etw ~ umfahren** faire un grand détour autour de qc

Großraumlimousine F monospace *m od f*

Großrechner M gros ordinateur **Großreinemachen** N nettoyage *m* en grand

großschreiben VT *Wort* écrire avec une majuscule

Großschreibung F emploi *m* des majuscules **großspurig** ADJ fanfaron **Großstadt** F grande ville **Großstädter(in)** M(F) habitant(e) *m(f)* d'une grande ville **großstädtisch** ADJ d'une grande ville **Großstadtmensch** M habitant(e) *m(f)* d'une grande ville **Großstadtverkehr** M circulation *f*, trafic *m* d'une grande ville **Großtante** F grand-tante *f* **Großtat** F exploit *m*; prouesse *f*

größte ADJ le plus grand

Großteil M grande partie; **zum ~** en majeure partie

G

größtenteils ADV pour la plupart; en majeure partie **größtmöglich** ADJ le plus grand possible

Großunternehmen N grande entreprise **Großvater** M grand-père *m* **Großveranstaltung** F grande réunion **Großverdiener** M gros salaire **Großwetterlage** F situation météorologique générale **Großwild** N gros gibier **Großwildjagd** F chasse *f* aux grands animaux **Großwildjäger** M chasseur *m* (de gros gibier)

großziehen V/T élever

großzügig ADJ **1** (*freigebig*) généreux; (*tolerant*) large d'esprit **2** (*weiträumig*) vaste; spacieux **Großzügigkeit** F **1** (*Freigebigkeit*) générosité *f*; largesse *f*; (*Toleranz*) largeur *f* d'esprit **2** (*Weiträumigkeit*) caractère spacieux

grotesk ADJ grotesque

Grotte F grotte *f*

grottenschlecht *sl* ADJ *sl* nul à chier

grub → graben

Grübchen N fossette *f*

Grube F **1** fosse *f* **2** BERGBAU mine *f*

Grübelei F ruminations *fpl*

grübeln V/I ruminer (**über etw** [*akk*] qc)

Grubenarbeiter M mineur *m* **Grubengas** N grisou *m* **Grubenlampe** F lampe *f* de mineur **Grubenunglück** N catastrophe minière

Grübler(in) M(F) méditatif, -ive *m,f*

grüezi INT *schweiz* (*guten Morgen, Tag*) bonjour; (*guten Abend*) bonsoir

Gruft F caveau *m*

Grufti M *Jugendsprache umg* croulant(e) *m(f)*

grün ADJ **1** vert (*a. Salat, Tee, Obst*); *fig* (*unerfahren*) inexpérimenté; novice; *fig* **~es Licht für etw geben** donner le feu vert à qc; **~ werden** devenir vert; *Natur* reverdir; *umg fig* **sich ~ und blau ärgern** se fâcher tout rouge; *umg* **j-n ~ und blau schlagen** *umg* tabasser qn; *umg fig* **j-m nicht ~ sein** ne pas porter qn dans son cœur **2** ÖKOL, POL vert; *umg* écolo; **der Grüne Punkt** *label sur l'emballage qui en garantit la reprise et le recyclage*

Grün N **1** *Farbe* vert *m*; **die Ampel steht auf ~** le feu est au vert; *umg* **das ist dasselbe in ~** c'est du pareil au même; *umg* c'est kif-kif **2** *Pflanzen* verdure *f*

Grünanlagen FPL espaces verts

Grund M **1** (*Untergrund, Hintergrund*) fond *m* **2** *e-s Gewässers, Gefäßes* fond *m*; SCHIFF **auf ~ laufen** (s')échouer; *fig* **e-r Sache** (*dat*) **auf den ~ gehen** aller au fond des choses; *fig* **von ~ auf** de fond en comble; à fond; *geh* **im ~e s-s Herzens** au fond de son cœur; **im ~e (genommen)** au fond **3** (*Erdboden*) sol *m*; **~ und Boden** terres *fpl*; terrain *m*; *fig* **sich in ~ und Boden schämen** mourir de honte **4** (*Vernunftgrund*) raison *f*; (*Beweggrund*) motif *m*; (*Ursache*) cause *f*; **~ haben zu** (+ *inf*) avoir lieu, des raisons de (+ *inf*); **das ist kein ~ zur Aufregung** il n'y a pas de quoi s'affoler; **und zwar aus gutem ~(e)** et pour cause; **ohne ~** sans raison; sans cause; **auf ~ von** (*wegen*) en raison de; (*kraft*) en vertu de; **aus welchem ~?** pour quelle raison?

Grundanstrich M première couche (de peinture); fond *m* **Grundausbildung** F MIL instruction *f* militaire (de base) **Grundausstattung** F équipement *m* de base **Grundbedeutung** F sens premier, primitif **Grundbegriff** M notion fondamentale; **~e** *pl* rudiments *mpl*; éléments *mpl* **Grundbesitz** M propriété foncière **Grundbesitzer** M propriétaire foncier, terrien

Grundbuch N *etwa* registre *m* du bureau des hypothèques **Grundbuchamt** N *etwa* bureau *m* (de conservation) des hypothèques **Grundbuchauszug** M *etwa* extrait *m* du registre du bureau des hypothèques **Grundbucheintragung** F *etwa* inscription *f* au registre du bureau des hypothèques

grundehrlich ADJ foncièrement honnête

gründen **A** V/T fonder; créer; **etw auf etw** (*akk*) **~** baser qc sur qc **B** V/R **sich auf etw** (*akk*) **~** se baser, se fonder sur qc

Gründer(in) M(F) fondateur, -trice *m,f*

Grunderwerb(s)steuer F droits *mpl* de mutation

grundfalsch ADJ absolument faux

Grundfarbe F **1** *Farbenlehre* couleur *f* primaire **2** (*Grundierung*) fond *m*; apprêt *m* **Grundfläche** F *e-r Wohnung* surface *f*; MATH base *f* **Grundgebühr** F taxe *f* de base **Grundgedanke** M idée fondamentale **Grundgehalt** N salaire *m*, traitement *m* de base **Grundgesetz** N loi fondamentale; (*Verfassung*) constitution *f*

grundieren V/T passer la première couche sur **Grundierung** F **1** *Tätigkeit* application *f* de la première couche **2** *Ergebnis* première couche **Grundkapital** N capital social **Grundkenntnisse** FPL connaissances *fpl* de base **Grundkurs** M *in der Oberstufe* cours *m* de base

Grundlage F base *f*; *e-r Theorie etc* fondement *m*; **auf der ~ von** sur la base de; **jeder ~** *(gen)* **entbehren** être dénué de tout fondement

grundlegend ADJ fondamental

gründlich A ADJ *Person, Arbeit* minutieux; *Kenntnisse* solide; *Untersuchung* approfondi B ADV 1 à fond; minutieusement 2 *umg (gehörig)* complètement; *umg* à fond **Gründlichkeit** F *(Sorgfalt)* minutie *f*; soin *m*; *e-r Arbeit* qualité *f*

Grundlinie F 1 MATH base *f* 2 SPORT ligne *f* de fond **grundlos** A ADJ sans fondement; gratuit B ADV sans raison **Grundmauer** F mur *m* de fondation **Grundnahrungsmittel** N aliment *m* de base

Gründonnerstag M jeudi saint

Grundpfeiler M *fig* pilier *m* **Grundprinzip** N principe fondamental **Grundrechenart** F, **Grundrechnungsart** F opération fondamentale de l'arithmétique **Grundrecht** N droit fondamental **Grundregel** F règle fondamentale **Grundriss** M 1 plan *m* 2 *Lehrbuch* précis *m* (+ *gen* de)

Grundsatz M principe *m* **Grundsatzdebatte** F, **Grundsatzdiskussion** F discussion *f* de principe **Grundsatzentscheidung** F décision *f* de principe **Grundsatzerklärung** F déclaration *f* de principe **Grundsatzfrage** F question *f* de principe

grundsätzlich A ADJ 1 *(grundlegend)* fondamental 2 *(prinzipiell)* de principe B ADV 1 fondamentalement 2 *(aus Prinzip)* par principe 3 *(im Prinzip)* en principe

Grundsatzprogramm N programme limité à ses grandes lignes **Grundsatzrede** F discours *m* (exposant des principes) **Grundsatzurteil** N JUR jugement *m* qui fait jurisprudence

Grundschuld F dette foncière; *(Hypothek)* hypothèque *f* **Grundschule** F école *f* primaire **Grundschüler(in)** M(F) écolier, -ière *m,f* **Grundschullehrer(in)** M(F) instituteur, -trice *m,f* **Grundstein** M première pierre **Grundsteinlegung** F pose *f* de la première pierre **Grundstellung** F TURNEN position normale, fixe; FECHTEN position *f* en garde **Grundsteuer** F impôt foncier **Grundstock** M base *f* **Grundstoff** M 1 CHEM corps *m* simple 2 *(Rohstoff)* matière première **Grundstück** N terrain *m* **Grundstücksmakler** M agent immobilier **Grundstücksspekulation** F spéculation foncière **Grundstudium** N premier cycle d'études universitaires **Grundstufe** F SCHULE premier cycle de lycée (comprenant la 5ᵉ, 6ᵉ et 7ᵉ année de scolarité) **Grundtendenz** F tendance fondamentale **Grundton** M 1 MUS son fondamental 2 MAL ton dominant 3 *fig* ton général **Grundübel** N source *f* de tous les maux **Grundüberzeugung** F conviction fondamentale **Grundübung** F exercice *m* de base **Grundumsatz** M métabolisme basal

Gründung F fondation *f*

Gründungsjahr N année *f* de fondation **Gründungsmitglied** N membre fondateur

grundverkehrt ADJ absolument faux **grundverschieden** ADJ radicalement différent

Grundversorgung F *mit Vorräten* approvisionnement *m*, ravitaillement *m* avec des aliments de base; *mit Strom, Wasser* distribution *f*; *von Kranken, Kindern* soins *mpl* élémentaires; *(Altersgrundversorgung)* retraite *f* de base **Grundvoraussetzung** F condition impérative **Grundwasser** N nappe *f* phréatique **Grundwasserspiegel** M niveau *m* de la nappe phréatique **Grundwort** N GRAM mot déterminé **Grundwortschatz** M vocabulaire *m* de base **Grundzahl** F nombre cardinal **Grundzug** M caractéristique *f*

Grüne(r) M/F(M) POL membre *m* du parti écologiste allemand; **die Grünen** les Verts *mpl*

Grüne(s) N 1 *Farbe* vert *m* 2 *(Natur)* nature *f*; **im Grünen** dans la nature

Grünfink M verdier *m* **Grünfläche** F espace vert **Grüngürtel** M ceinture verte **Grünkern** M (grain *m* de) blé vert **Grünkohl** M chou vert **grünlich** ADJ verdâtre **Grünpflanze** F plante verte **Grünschnabel** M *pej* blanc-bec *m* **Grünspan** M vert-de-gris *m* **Grünspecht** M piver **Grünstreifen** M *e-r Straße* terre-plein central

grunzen VI grogner

Grünzeug *umg* N verdure *f*

Gruppe F groupe *m* (! maskulin); *(Kategorie)* catégorie *f*

Gruppenarbeit F travail *m* en groupe **Gruppenbild** N photo *f* de groupe **Gruppendynamik** F PSYCH dynamique *f* de groupe **gruppendynamisch** ADJ PSYCH de dynamique de groupe **Gruppenfoto** N → Gruppenbild **Gruppenführer(in)** M(F), **Gruppenleiter(in)** M(F) chef *m* de groupe **Gruppenmitglied** N membre *m* d'un groupe, d'une équipe, *etc* **Gruppenreise** F voyage organisé **Gruppensex** M échangisme *m* **Gruppentherapie** F thérapie *f*

de groupe **Gruppenunterricht** M enseignement *m* par groupes **gruppenweise** ADV par groupes
gruppieren VT (u. VR) (**sich ~** se) grouper **Gruppierung** F groupement *m; in e-r Partei* fraction *f*
Gruselfilm M film *m* d'épouvante
grus(e)lig ADJ qui donne le frisson
gruseln VT u. VI **mir** *od* **mich gruselt** cela me donne le frisson; je frissonne d'épouvante
Gruseln N frisson *m;* épouvante *f*
Gruß M **1** *Wort, Geste* salut *m* **2** *Briefschluss* **mit freundlichen Grüßen** sincères salutations; *förmlicher* veuillez agréer, chère Madame *bzw.* cher Monsieur, l'expression de mes sentiments distingués; **(mit) herzliche(n) Grüße(n)** amitiés; je vous *bzw.* je t'embrasse; **viele Grüße** meilleurs souvenirs (**aus Berlin** de Berlin) **3** *aufgetragener* bonjour *m; unter Vertrauten* amitiés *fpl;* **j-m von j-m Grüße bestellen** *od* **ausrichten** donner le bonjour à qn de la part de qn; **e-n schönen ~ von mir!** donne-lui le bonjour de ma part!
grüßen **A** VT dire bonjour à; saluer; *südd* **grüß (dich) Gott!** bonjour! *bzw.* bonsoir!; *umg* **grüß dich!** salut!; **~ Sie ihn von mir!** donnez-lui le bonjour de ma part! **er lässt Sie ~** il vous donne le bonjour **B** VI dire bonjour
Grütze F **1** gruau *m;* **rote ~** *gelée à base de fruits rouges* **2** *umg fig (Verstand)* cervelle *f; umg* jugeote *f*
Guatemala N le Guatemala
gucken *umg* **A** VT *Fernsehen, Film* regarder **B** VI **1** regarder, *umg* zieuter (**auf etw** [+ *akk*], **nach etw, nach j-m** qc, qn); **guck mal!** regarde! **2** *(hervorsehen)* dépasser (**aus** de) **3** **böse, freundlich ~** avoir l'air méchant, aimable
Guckloch N trou *m* (pour regarder qc); *in e-r Tür etc* judas *m*
Guerillakrieg M guérilla *f*
Gugelhupf M *südd, österr* kouglof *m*
Guillotine F guillotine *f*
Guinea N la Guinée
Guinea-Bissau N la Guinée-Bissau
Gulasch N *od* M goulache *od* goulasch *f od m* **Gulaschkanone** F MIL *hum* (cuisine *f*) roulante *f* **Gulaschsuppe** F soupe *f* de goulache
Gulden M HIST florin *m*
Gülle F *südd, schweiz* purin *m*
Gully M *od* N bouche *f* d'égout
gültig ADJ valable; JUR *a.* valide; *Geld* qui a cours
Gültigkeit F validité *f;* **~ haben** être valable
Gültigkeitsdauer F durée *f,* période *f* de validité
Gummi[1] N *od* M *Material* caoutchouc (vulcanisé)
Gummi[2] M **1** *(Radiergummi)* gomme *f* **2** *umg (Kondom) umg* capote anglaise
Gummi[3] *umg* N *(Gummiband)* élastique *m*
gummiartig ADJ caoutchouteux
Gummiball M balle *f, großer* ballon *m* de caoutchouc **Gummiband** N élastique *m* **Gummibärchen** N ourson *m* en gomme gélifiée **Gummibaum** M caoutchouc *m* **Gummiboot** N canot *m* pneumatique
gummieren VT gommer
Gummihandschuh M gant *m* de caoutchouc **Gummiknüppel** M matraque *f* (en caoutchouc) **Gummiparagraph** *umg* M loi *f* élastique **Gummipuppe** F poupée *f* en caoutchouc **Gummireifen** M pneu (-matique) *m* **Gummiring** M *auf Einmachgläsern* caoutchouc *m; Büroartikel* élastique *m* **Gummischlauch** M tuyau *m* en *od* de caoutchouc **Gummischuh** M chaussure *f* en caoutchouc **Gummischürze** F tablier *m* en caoutchouc **Gummisohle** F semelle *f* de caoutchouc **Gummistiefel** M botte *f* en caoutchouc **Gummistrumpf** M bas *m* à varices **Gummitier** N *Spielzeug* animal *m* en caoutchouc **Gummizelle** F cabanon *m* **Gummizug** M MODE (bande *f*) élastique *m*
Gunst F faveur(s) *f(pl);* **zu s-n ~en** en sa faveur
günstig **A** ADJ favorable (**für** à); *Zeitpunkt, Wetter a.* propice; *Angebot, Preis* avantageux **B** ADV favorablement; *kaufen* à un prix avantageux; **sich ~ auswirken** avoir des effets favorables
Gurgel F gorge *f*
gurgeln VI **1** *(spülen)* se gargariser **2** *(blubbern)* gargouiller
Gürkchen N cornichon *m*
Gurke F concombre *m; kleine* cornichon *m;* **saure ~** cornichon au vinaigre
Gurkenhobel M râpe *f* (à concombre) **Gurkensalat** M salade *f* de concombres
gurren VI roucouler
Gurt M *(Riemen)* sangle *f; (Sicherheitsgurt)* ceinture *f*
Gürtel M ceinture *f; umg fig* **den ~ enger schnallen** *umg* se serrer la ceinture
Gürtellinie F ceinture *f;* **ein Schlag unter die ~** un coup bas (*a. umg fig*)
Gürtelreifen M pneu *m* à carcasse radiale **Gürtelrose** F MED zona *m* **Gürtelschlaufe** F passant *m* de ceinture **Gürtelschnalle** F boucle *f* de ceinture **Gürteltasche** F (sac *m*) banane *f* **Gürteltier** N tatou *m*
Gurtmuffel *umg* M *personne qui n'aime pas mettre de ceinture de sécurité en voiture* **Gurtstraffer** M AUTO rétracteur *m* de ceinture de

sécurité
Guru M gourou *m* (*a. fig*)
GUS ABK (Gemeinschaft Unabhängiger Staaten) **die ~** la CEI
Guss M 1 TECH fonte *f*; *fig* **wie aus e-m ~** sans défaut; impeccable 2 *umg* (*Regenguss*) ondée *f*; averse *f* 3 GASTR glaçage *m*
Gussbeton M béton coulé **Gusseisen** N fonte *f* **gusseisern** ADJ en fonte **Gussform** F moule *m* **Gussstahl** M acier fondu
gut A ADJ 1 bon; *prädikativ* (*gut gemacht etc*) bien; *Wetter* beau; **~e zehn Minuten** dix bonnes minutes; **die ~e alte Zeit** le bon vieux temps; **Gut und Böse** le bien et le mal; **zu j-m ~ sein** être bon pour qn; **seien Sie so ~ und …** veuillez …; *Mittel* **für** *od* **zu, gegen etw ~ sein** être bon pour *od* à, contre qc; **es wird noch alles ~ werden** tout s'arrangera; **mir ist nicht ~** je ne me sens pas bien; **es ist ~** *od* **wie ~, dass du gekommen bist** heureusement que tu es venue; **es wäre ~, wenn …** ce serait bien de (+ *inf*); *umg* **~ (so)!** bien!; **(also** *od* **nun) ~!** bon!; bien!; soit!; *umg* **lassen wir es ~ sein!** restons-en là! 2 *Schulnote* → Zwei; **sehr ~** → Eins B ADV 1 bien; *bei Zeitangaben* **~ zehn Jahre** dix bonnes années; **vor ~ zehn Jahren** il y a, cela fait bien dix ans 2 *Wendungen mit Verben* **~ gehen** *Geschäft* bien marcher; (*gut ausgehen*) se terminer bien; bien finir; (*gut verlaufen*) se passer bien; **es geht ihm ~** *gesundheitlich* il va bien; *geschäftlich* ses affaires vont bien; **etw ~ können** savoir bien faire qc; *umg* **mach's ~!** *umg* salut!; → guttun 3 *mit ppr* **~ aussehend** beau; **~ gehend** *Geschäft* prospère; florissant 4 *mit pperf* **~ bezahlt** bien payé; **~ erhalten** en bon état; *umg Person* **~ gebaut** bien bâti; **~ gelaunt** de bonne humeur; **~ gemeint** qui part d'une bonne intention; **~ situiert** fortuné; aisé 5 *mit adv umg* **~ und gern** au moins; **so ~ wie alles, nichts** presque tout, rien
Gut N 1 (*Besitz*) bien *m* (*a. fig*) 2 (*Landgut*) domaine *m*; (*Gutshof*) ferme *f* 3 (*Transportgut*) marchandise(s) *f(pl)*
Gutachten N expertise *f* **Gutachter** M expert *m*
gutartig ADJ 1 *Tier* inoffensif; pas méchant (de nature) 2 MED bénin **gutaussehend** ADJT beau **gutbezahlt** ADJT bien payé
gutbürgerlich A ADJ bourgeois B ADV **~ essen** manger de la cuisine bourgeoise
Gutdünken N **nach (meinem** *etc*) **~** comme bon me, *etc* semble
Gute(s) N 1 bien *m*; **(j-m) Gutes tun** faire du bien (à qn); **des Guten zu viel tun** exagérer; **das ist des Guten zu viel** c'en est trop; **sein Gutes haben** avoir du bon; **j-m etw im Guten sagen** dire qc à qn en toute amitié, gentiment 2 **alles Gute!** bonne chance!
Güte F 1 *e-r Person* bonté *f*; *umg* **ach du meine ~!** mon Dieu! 2 *e-r Ware* qualité *f*; **erster ~** de première qualité
Güteklasse F catégorie *f*
Gutenachtgeschichte F histoire (*lue à un enfant au moment du coucher*) **Gutenachtkuss** M baiser *m* pour dire bonne nuit
Güterbahnhof M gare *f* de marchandises **Gütergemeinschaft** F communauté *f* de biens
guterhalten ADJT en bon état
Gütertrennung F séparation *f* de biens **Güterverkehr** M trafic *m* de marchandises **Güterwagen** M wagon *m* de marchandises **Güterzug** M train *m* de marchandises
Gütesiegel N, **Gütezeichen** N label *m* de qualité
gutgebaut *umg* ADJT *Person* bien bâti
gutgehen V/I u. V/UNPERS → gut B 2
gutgehend ADJT → gut B 3 **gutgelaunt** ADJ de bonne humeur **gutgemeint** ADJT qui part d'une bonne intention
gutgesinnt ADJ **j-m ~ sein** être bien disposé à l'égard de qn
gutgläubig ADJ u. ADV de bonne foi **Gutgläubigkeit** F bonne foi
guthaben V/T **ich habe bei ihm zehn Euro gut** il me doit dix euros
Guthaben N avoir *m*
gutheißen V/T approuver
gütig A ADJ bon B ADV avec bonté
gütlich A ADJ (à l')amiable B ADV 1 à l'amiable 2 **sich an etw** (*dat*) **~ tun** se régaler de qc
gutmachen V/T *Fehler* réparer; *Versäumtes, Verlust* rattraper
gutmütig ADJ bon enfant; bonhomme **Gutmütigkeit** F bonhomie *f*
Gutsbesitzer(in) M(F) propriétaire *m/f* d'un domaine
Gutschein M bon *m* (**für, auf** [+ *akk*] pour)
gutschreiben V/T **j-m e-n Betrag ~** créditer (le compte de) qn d'une somme
Gutschrift F 1 *Betrag* crédit *m* 2 *Bescheinigung* avis *m* de crédit
Gutshaus N manoir *m* **Gutsherr(in)** M(F) propriétaire *m/f* d'un domaine **Gutshof** M ferme *f* (d'un domaine)
gutsituiert ADJ → situiert
guttun V/I faire du bien
guttural ADJ PHON guttural
gutwillig A ADJ (plein) de bonne volonté B ADV de bon gré
Guyana N la Guyana
Gymnasialbildung F études *fpl* secondaires

▶ Gymnasium ≠ gymnase

Die Schüler von 16 bis 18 Jahren gehen aufs **Gymnasium.**	Les élèves de 16 à 18 ans vont au **lycée.**
Dans notre école, on fait de l'escalade dans le **gymnase.**	Auf unserer Schule findet Kletterunterricht in der **Sporthalle** statt.

FALSCHE FREUNDE ◀

Gymnasiallehrer(in) M(F) professeur *m* de lycée **Gymnasialunterricht** M enseignement *m* secondaire

Gymnasiast(in) M(F) lycéen, -éenne *m,f*

Gymnasium N lycée *m* (❗ in Frankreich bezeichnet man nur die letzten drei Klassen als **lycée**, bis zur neunten Klasse heißt die Schulform **collège**); **achtjähriges ~** *enseignement secondaire allemand en huit ans (au lieu de neuf)*; **humanistisches, altsprachliches ~** lycée classique (avec dominantes latin et grec); **mathematisch-naturwissenschaftliches ~** lycée moderne (avec dominantes sciences et mathématiques); **neusprachliches ~** lycée moderne (avec deux langues vivantes obligatoires)

Gymnastik F gymnastique *f* **Gymnastikanzug** M justaucorps *m*; body *m* **Gymnastiklehrer(in)** M(F) professeur *m/f* de gymnastique **Gymnastikstunde** F cours *m* de gymnastique

gymnastisch ADJ de gymnastique

Gynäkologe M, **Gynäkologin** F gynécologue *m/f* **Gynäkologie** F gynécologie *f* **gynäkologisch** ADJ gynécologique

Gyros N GASTR gyros *m*

H

H, h N 1 H, h *m* 2 MUS si *m*

h ABK (hora) *(Stunde, Uhrzeit: Uhr)* h

ha[1] ABK (Hektar) ha

ha[2] INT *Überraschung, Triumph* ah!

Haar N *(Haupthaar)* cheveu *m*; *(Körperhaar)*, ZOOL, BOT, *e-s Pinsels* poil *m*; *koll* **das ~** les cheveux; **blonde ~e** *od* **blondes ~ haben** avoir les cheveux blonds; **sich** *(dat)* **aufs ~ gleichen** se ressembler comme deux gouttes d'eau; **um ein ~ wäre er ums Leben gekommen** il s'en est fallu d'un rien qu'il n'échappe à la mort; *umg fig* **ein ~ in der Suppe finden** trouver à critiquer, à redire; **j-m kein ~ krümmen** ne pas toucher (à) un cheveu de qn; *umg* **kein gutes ~ an j-m, etw lassen** ne dire que du mal de qn, qc; *hum* **~e auf den Zähnen haben** ne pas se laisser marcher sur les pieds; **sich** *(dat)* **in die ~e geraten** *od umg* **kriegen** s'empoigner; *umg* se voler dans les plumes; **sich** *(dat)* **in den ~en liegen** se battre; *umg* **an den ~en herbeigezogen** tiré par les cheveux; **sich** *(dat)* **(vor Verzweiflung) die ~e raufen** s'arracher les cheveux (de désespoir); *umg* **dabei stehen einem die ~e zu Berge** cela (vous) fait dresser les cheveux sur la tête

Haaransatz M racine *f* des cheveux; *als Linie* naissance *f* des cheveux **Haarausfall** M chute *f* des cheveux **Haarband** N ruban *m* dans les cheveux; serre-tête *m* **Haarbürste** F brosse *f* à cheveux **Haarbüschel** N touffe *f* de cheveux *bzw.* de poils

haaren VI *Tier* perdre ses poils

Haaresbreite F **um ~** de peu; de justesse

Haarfarbe F couleur *f* des cheveux **Haarfärbemittel** N teinture *f* capillaire **Haarfestiger** M fixateur *m* **Haargarn** N TEX fil *m* de poil animal **Haargel** N gel *m* (capillaire) **haargenau** *umg* ADJ très exact, précis **Haargummi** N élastique *m* (pour les cheveux)

haarig ADJ 1 *Körperteil* poilu 2 *umg (heikel)* délicat

Haarklammer F pince *f* à cheveux

haarklein ADV par le menu

Haarklemme F pince *f* à cheveux **Haarlack** M laque *f* **Haarnadel** F épingle *f* à cheveux **Haarnadelkurve** F virage *m* en épingle à cheveux **Haarnetz** N résille *f*; filet *m* **Haaröl** N huile *f* capillaire **Haarriss** M TECH fissure très fine

haarscharf ADV 1 *(klar)* très nettement; *(genau)* avec une extrême précision 2 *(ganz dicht, nah)* de justesse; de peu

Haarschleife F nœud *m* (dans les cheveux) **Haarschnitt** M coupe *f* de cheveux **Haarsieb** N tamis très fin

Haarspalterei F *pej* chinoiseries *fpl*; **das ist doch ~!** c'est couper les cheveux en quatre

Haarspange F barrette *f* **Haarspitze** F pointe *f* (d'un cheveu) **Haarspray** N *od* M laque *f* **Haarsträhne** F mèche *f* (de cheveux) **haarsträubend** ADJT **1** *(entsetzlich)* monstrueux **2** *(unerhört)* inouï; *(unglaublich)* absurde **Haarteil** N postiche *m* **Haartrockner** M sèche-cheveux *m* **Haarwäsche** F shampooing *m* **Haarwaschmittel** N shampooing *m* **Haarwasser** N lotion *f* capillaire **Haarwuchs** M **1** *Vorgang* pousse *f* des cheveux **2** *(Haare)* cheveux *mpl; bei Tieren, am Körper* poils *mpl* **Haarwuchsmittel** N produit *m* capillaire **Haarwurzel** F racine *f* d'un cheveux, *bei Tieren, am Körper* d'un poil

Hab *geh* **~ und Gut** N biens *mpl*

haben **A** VT avoir; *(besitzen) a.* posséder; **e-e Stunde hat sechzig Minuten** une heure fait soixante minutes; **wir ~ heute Montag, den 1. April** aujourd'hui nous sommes lundi, le 1er avril; **wir ~ Sommer** nous sommes en été; **da hast du Geld** tiens, voilà de l'argent; *umg* **was hast du (denn)?** mais qu'est-ce que tu as?; **das kann ich nicht ~** je ne supporte pas ça; *umg* **da ~ wirs!** *(das war zu erwarten)* ça y est!; *(so ist es also)* nous y voilà!; **ich habs** *(gefunden)* j'ai trouvé; je l'ai; **es gut ~** avoir la vie belle; *umg* **das werden wir gleich ~** ça ne sera pas long; HANDEL **zu ~ sein** être en vente; **sie, er ist noch zu ~** elle, il est encore libre; *umg* **man hat jetzt wieder kurze Röcke** la mode est de nouveau aux jupes courtes; **ich habe zu** *(+ inf)* j'ai à, je dois, il me faut *(+ inf)*; **ich habe zu tun** j'ai à faire; *umg* **es am Magen ~** avoir des problèmes d'estomac; *fig* **es in sich** *(dat)* **~** être très difficile; **nichts von etw ~** ne pas profiter de qc; **etw vor sich** *(dat)* **~** être à la veille de qc; *weiter entfernt* avoir qc en perspective **B** V/AUX avoir; *bei reflexiver Konstruktion* être **C** *umg* V/R **hab dich nicht so!** ne fais pas tant de façons, de manières!; **damit hat sichs** c'est tout; c'est fini

Haben N HANDEL avoir *m*; crédit *m* **Habenseite** F HANDEL côté *m* avoir, crédit **Habenzinsen** MPL intérêts créditeurs

Habgier F cupidité *f* **habgierig** ADJ cupide

habhaft ADJ **j-s, e-r Sache ~ werden** se saisir de qn, qc

Habicht M autour *m*

Habilitation F doctorat *m* d'État **habilitieren** VI (u. VR) **(sich ~)** passer un doctorat d'État

Habseligkeiten FPL affaires *fpl*

Habsucht F → Habgier **habsüchtig** →habgierig

Hachse F **1** GASTR jarret *m* **2** *umg hum pl* **~n** *umg* pattes *fpl*

Hackbeil N couperet *m* **Hackbraten** M rôti *m* de viande °hachée **Hackbrett** N **1** GASTR °hachoir *m* **2** MUS tympanon *m*

Hacke[1] F AGR °houe *f*; *(Gartenhacke)* binette *f*

Hacke[2] F *nordd (Absatz, Ferse)* talon *m*

hacken **A** VT GASTR °hacher; GARTEN biner; **Holz ~** casser du bois **B** VI **1** GARTEN biner **2** *Vogel* **nach j-m, etw ~** donner des coups de bec à qn, qc

Hacker M IT pirate *m*

Hackfleisch N viande °hachée; *umg* **aus j-m ~ machen** *umg* casser la figure à qn

Hackklotz M billot *m* **Hackmesser** N °hachoir *m*

Häcksel N *od* M AGR paille °hachée; foin °haché

häckseln VT *Heu, Stroh* °hacher

Hacksteak N steak °haché

Hafen M port *m* *(a. fig)* **Hafenanlagen** FPL

H

▶ Rund ums Haar

dunkle Haare	**les cheveux foncés**
blonde Haare	**les cheveux blonds**
graue Haare	**les cheveux gris**
lockiges Haar	**les cheveux bouclés**
krauses Haar	**les cheveux frisés**
der Pony	**la frange**
die Strähne	**la mèche**
die Locke	**la boucle**
die Dauerwelle	**la permanente**
Sie hat lange Haare.	**Elle a les cheveux longs.**
Er hat kurzes Haar.	**Il a les cheveux courts.**
ein blondes Mädchen	**une jeune fille aux cheveux blonds**

WORTFELDER

installations *fpl* portuaires **Hafenarbeiter** M docker *m* **Hafenbecken** N bassin *m* portuaire **Hafeneinfahrt** F entrée *f* du port **Hafengebühren** FPL taxe *f* portuaire **Hafenkneipe** F bistro(t) *m* d'un port **Hafenmeister** M capitaine *m* de port **Hafenpolizei** F police *f* portuaire, du port **Hafenrundfahrt** F tour *m* du port en bateau **Hafenstadt** F ville *f* portuaire **Hafenviertel** N quartier *m* du port

Hafer M avoine *f*; *umg fig* **ihn sticht der ~** il ne se sent plus

Haferbrei M bouillie *f* d'avoine **Haferflocken** FPL flocons *mpl* d'avoine **Hafergrütze** F gruau *m* d'avoine **Hafermehl** N farine *f* d'avoine **Haferschleim** M crème *f* d'avoine

H

Haff N GEOG °haff *m*

Haft F détention *f*; emprisonnement *m*; **in ~** en détention

Haftanstalt F maison *f* d'arrêt

haftbar ADJ responsable; **j-n für etw ~ machen** rendre qn responsable de qc

Haftbefehl M mandat *m* d'arrêt

haften[1] VI (*festhaften*) adhérer (**an** [+ *dat*] à); (*kleben*) coller (à); *Makel* **an j-m ~** (pour)suivre qn; **im Gedächtnis ~** être gravé dans la mémoire

haften[2] VI JUR **für j-n, etw ~** être responsable de qn, qc

Haftentlassung F mise *f* en liberté

haftfähig ADJ JUR incarcérable

Haftfähigkeit F JUR **die ~ des Angeklagten wurde bestätigt** rien ne s'opposa à l'incarcération de l'accusé

Häftling M détenu(e) *m(f)*; prisonnier, -ière *m,f*

Haftnotiz F post-it® *m*

Haftpflicht F responsabilité civile **haftpflichtig** ADJ responsable **Haftpflichtversicherung** F assurance *f* (de) responsabilité civile

Haftrichter(in) M(F) juge *m* de l'application des peines

Haftschale F OPT verre *m* de contact

Haftstrafe F détention *f*

Haftung[1] F TECH adhérence *f*

Haftung[2] F JUR responsabilité *f* (**für** de)

Hafturlaub M permission *f* de sortie

Hagebutte F fruit *m* de l'églantier; gratte-cul *m*

Hagel M grêle *f* (*a. fig*) **Hagelkorn** N grêlon *m*

hageln V/UNPERS **es hagelt** il grêle; *fig* **es hagelt Schläge** les coups pleuvaient

Hagelschauer M averse *f* de grêle

hager ADJ maigre; *Gesicht* émacié; *Arme, Beine* grêle

haha INT °ha, °ha!

Hahn — le coq

Hahn — le robinet

Häher M ZOOL geai *m*

Hahn M 1 ZOOL coq *m*; *umg* **danach kräht kein ~** personne ne s'en soucie; *umg* **~ im Korb sein** avoir (toute) une cour (autour de soi); *pej* être le coq du village 2 (*Wasserhahn, Gashahn*) robinet *m* 3 *e-r Schußwaffe* chien *m*

Hähnchen N poulet *m*

Hahnenfuß M BOT renoncule *f* **Hahnenkamm** M ZOOL crête *f* d'un coq **Hahnenkampf** M combat *m* de coqs

Hai M, **Haifisch** M requin *m*

Hain *poet* M bosquet *m*; bois *m* **Hainbuche** F charme *m*

Haiti N Haïti

Häkchen N 1 (*kleiner Haken*) crochet *m* 2 *auf e-r Liste* signe *m*

Häkelarbeit F ouvrage *m* au crochet **Häkeldecke** F couverture *f* au crochet **Häkelmuster** N point *m* de crochet

häkeln A VT faire au crochet B VI faire du crochet

Häkelnadel F crochet *m*

haken A VT **etw an etw** (*akk*) **~** accrocher qc à qc B VI (*klemmen*) se coincer

Haken M 1 crochet *m* (*a. zum Aufhängen, beim Schreiben*); (*Kleiderhaken*) patère *f*; (*Angelhaken*) hameçon *m* 2 BOXEN **linker, rechter ~** crochet *m* du gauche, du droit 3 *umg fig* (*Schwierigkeit*) °hic *m*; *umg* os *m*; **die Sache hat e-n ~** il y a un °hic, *umg* un os

hakenförmig A ADJ en forme de crochet; crochu B ADV **~ gebogen** crochu

Hakenkreuz N *im Nationalsozialismus* croix gammée **Hakennase** F nez crochu

halb **A** ADJ demi; la moitié de; **ein ~es Brot** la moitié d'un pain; un demi-pain; **e-e ~e Stunde** une demi-heure; **es ist ~ vier** il est trois heures et demie; **das ist nichts Halbes und nichts Ganzes** cela n'est ni fait ni à faire **B** ADV à moitié; à demi; **~ automatisch** semi-automatique; **~ fertig** à moitié terminé; **~ leer, voll** à moitié vide, plein; **~ nackt** à moitié, à demi nu; **~ offen** entrouvert; **~ verhungert** à moitié mort de faim; **~ so groß** deux fois moins grand; **~ so viel (wie)** moitié moins (que); la moitié (de); **es ist ~ so schlimm** *od umg* **wild** ce n'est pas si grave; **~ und ~** *Mischung* moitié, moitié; **~ ..., ~ ...** moitié ..., moitié ...

halbamtlich ADJ officieux **halbautomatisch** ADJ semi-automatique **Halbbildung** F vernis *m* de culture **halbbitter** ADJ *Schokolade* noir extra fin **Halbblut** N *Pferd* demi-sang *m*; *Mensch* métis *m* **Halbbruder** M demi-frère *m* **Halbdunkel** N demi-obscurité *f*; pénombre *f* **Halbedelstein** M pierre fine

halbe-halbe *umg* ADV **mit j-m ~ machen** *umg* faire, partager moitié-moitié avec qn

halber PRÄP à *od* pour cause de

Halbfabrikat N HANDEL demi-produit *m*; semi-produit *m* **halbfertig** ADJ à moitié terminé **halbfett** ADJ *Käse* allégé; *Druck* demi-gras **Halbfinale** N demi-finale *f* **Halbgefrorene(s)** N GASTR parfait *m*; crème glacée **Halbgeschwister** PL demi-frère(s) *m(pl)* et demi-sœur(s) *f(pl)* **Halbgott** M demi-dieu *m* **Halbheit** F demi-mesure *f* **halbherzig** ADJ *u.* ADV sans conviction **halbhoch** **A** ADJ pas très °haut **B** ADV à mi-°hauteur

halbieren V/T partager en deux (parties égales)

Halbinsel F presqu'île *f*; *große* péninsule *f* **Halbjahr** N semestre *m* **Halbjahreszeugnis** N bulletin *m* du premier semestre **halbjährig** ADJ de six mois **halbjährlich** **A** ADJ semestriel **B** ADV semestriellement; *bezahlen, erscheinen* tous les six mois **Halbkreis** M demi-cercle *m* **Halbkugel** F hémisphère *m* **halblang** ADJ mi-long **halblaut** ADJ *u.* ADV à mi-voix **halbleer** ADJ à moitié vide

Halbleinen N toile métisse; métis *m*; *Buch* **in ~ gebunden** en demi-reliure toile

Halbleiter M semi-conducteur *m* **halbmast** ADV en berne **Halbmesser** M MATH rayon *m* **Halbmond** M **1** ASTRON premier *bzw.* dernier quartier (de lune) **2** *fig Form* croissant *m* **halbnackt** ADJ à moitié, à demi nu **halboffen** ADJ entrouvert **halboffiziell** ADJ semi-officiel **Halbpension** F demi-pension *f* **halbrund** ADJ semi-circulaire **Halbschatten** M pénombre *f* **Halbschlaf** M demi-sommeil *m* **Halbschuh** M chaussure basse **Halbschwergewicht** N BOXEN poids mi-lourd **Halbschwester** F demi-sœur *f* **halbseiden** ADJ **1** mi-soie **2** *fig Methoden, Person* douteux; *Person, Milieu* louche **halbseitig** **A** ADJ *Anzeige* sur une demi-page **B** ADV *gesperrt* d'un côté **Halbstarke(r)** *umg pej* M *umg* loubard *m* **Halbstiefel** M bottillon *m*; bottine *f* **halbstündig** ADJ d'une demi-heure **halbstündlich** ADV toutes les demi-heures **halbtägig** ADJ d'une demi-journée **halbtags** ADV à mi-temps

Halbtagsarbeit F, **Halbtagsbeschäftigung** F (travail *m* à) mi-temps *m* **Halbtagskraft** F employé(e) *m(f)* à mi-temps

Halbton M **1** MUS demi-ton *m* **2** MAL demi-teinte *f* **halbtrocken** ADJ *Wein* demi-sec **halbverhungert** ADJT à moitié mort de faim **Halbvokal** M semi-voyelle *f* **halbvoll** ADJ à moitié plein **Halbwahrheit** F demi-vérité *f* **Halbwaise** F orphelin(e) *m(f)* de père *bzw.* de mère **halbwegs** ADV passablement; à peu près **Halbwelt** F demi-monde *m* **Halbwertszeit** F NUKL demi-vie *f*; période *f* **Halbwissen** N connaissances superficielles **halbwüchsig** ADJ adolescent **Halbwüchsige(r)** M/F(M) adolescent(e) *m(f)* **Halbzeit** F mi-temps *f* **Halbzeitpfiff** M coup *m* de sifflet de mi-temps

Halde F BERGBAU terril *m*; *fig* **auf ~ liegen** rester invendu; *fig* **auf ~ produzieren** produire trop

half → helfen

Hälfte F moitié *f*; **zur ~ fertig** *etc* à moitié terminé, *etc*; **um die ~ teurer** (de) moitié plus cher; **Kinder zahlen die ~** les enfants payent demi-tarif; *umg hum* **meine bessere ~** ma moitié; SPORT **die gegnerische ~** la moitié de terrain adverse

Halfter[1] N *od* M *für Pferde* licou *m*

Halfter[2] F *od* N *für Pistolen* gaine *f*

Hall M bruit *m*; son *m*; (*Widerhall*) écho *m*

Halle F (*Saal*) (grande) salle; (*Empfangshalle, Bahnhofshalle, Schalterhalle; Messehalle*) °hall *m*; (*Sporthalle*) salle *f* (omnisports); (*Werkhalle*) atelier *m*

halleluja INT REL alléluia!

hallen V/I résonner; *plus fort* retentir

Hallenbad N piscine couverte **Hallenhandball** M °handball *m* en salle **Hallensport** M sport *m* en salle **Hallenturnen** N gymnastique *f* dans le gymnase

hallo INT **1** *Zuruf* °hep!; °hé!; *aus der Ferne* ohé! **2** *umg Gruß umg* salut! **3** TEL allô!

Hallo N cris *mpl* (de joie); **mit großem ~** à grands cris

Hallodri *umg südd, österr* M *umg* (petit) rigolo *m*

Halloween N halloween *f*
Halluzination F hallucination *f*
Halm M *(Getreidehalm)* tige *f*; *(bes Grashalm)* brin *m*
Halma N *Brettspiel* °halma *m* **Halmabrett** N échiquier *m* du halma
Halogen N halogène *m* **Halogenlampe** F lampe *f* halogène **Halogenscheinwerfer** M phare *m* halogène
Hals M 1 ANAT cou *m*; *(Kehle)* gorge *f*; *Fleisch* **vom ~** dans le collier; *umg* **etw in den falschen ~ kriegen** *(sich verschlucken)* avaler qc de travers; *fig (falsch verstehen)* prendre qc de travers; **j-m um den ~ fallen** sauter au cou de qn; **sich** *(dat)* **den ~ brechen** se casser le cou; *umg* **j-n, etw auf dem** *od* **am ~ haben** avoir qn, qc sur les bras; *umg* **sich** *(dat)* **j-n, etw vom ~(e) schaffen** se débarrasser de qn, qc; *umg* **es hängt mir zum ~(e) heraus** *umg* j'en ai ras le bol, marre; **aus vollem ~(e)** à gorge déployée; *umg* **~ über Kopf** précipitamment; *umg* **er hat sich ~ über Kopf in sie verliebt** il a eu le coup de foudre pour elle; *umg* **mir steht das Wasser bis zum ~** je suis à bout, *umg* au fond du trou; *a. finanziell umg* je suis dans le pétrin 2 *(Flaschenhals)* col *m*; goulot *m*; *(Knochenhals)* col *m*; *e-r Geige* manche *m*
Halsabschneider *umg* M voleur *m*; bandit *m* **Halsausschnitt** M encolure *f* **Halsband** N collier *m* **halsbrecherisch** ADJ périlleux; casse-cou (! unveränderlich) **Halsentzündung** F inflammation *f* de la gorge **Halskette** F collier *m* **Halskrause** F 1 MODE collerette *f*; fraise *f* 2 ZOOL *bei Vögeln* fraise *f*
Hals-Nasen-Ohren-Arzt M, **Hals-Nasen-Ohren-Ärztin** F oto-rhino-laryngologiste *m/f*
Halsschlagader F carotide *f*
Halsschmerzen MPL mal *m* de gorge; **~ haben** avoir mal à la gorge
Halsschmuck M collier *m*
halsstarrig A ADJ entêté B ADV avec entêtement **Halsstarrigkeit** F entêtement *m*
Halstuch N foulard *m*
Hals- und Beinbruch INT bonne chance!
Halsweh *umg* N → Halsschmerzen **Halswirbel** M vertèbre cervicale
halt[1] INT stop!; MIL °halte!
halt[2] ADV *südd, österr, schweiz (nun einmal)* **das ist ~ so** eh bien, c'est comme ça; *verstärkend* **dann gehe ich ~ nach Hause** alors je rentre chez moi
Halt M 1 *(Stütze)* appui *m*; *beim Bergsteigen* **~ haben** avoir prise; **den ~ verlieren** perdre l'équilibre 2 *fig* appui *m*; soutien *m*; **innerer ~** soutien moral 3 *(Anhalten)* arrêt *m*; **~ machen** → haltmachen
haltbar ADJ 1 *Material, Kleidung* solide; résistant 2 *Lebensmittel* qui se conserve (bien); **mindestens ~ bis ...** à consommer de préférence avant le ... 3 *fig These* soutenable
Haltbarkeit F 1 *von Material* solidité *f*; résistance *f* 2 *von Lebensmitteln* (durée *f* de) conservation *f* **Haltbarkeitsdatum** N date *f* limite de conservation
Haltegriff M poignée *f* **Haltelinie** F *auf der Straße* ligne *f* d'arrêt, de stop

halten

A transitives Verb | B intransitives Verb
C reflexives Verb

— A transitives Verb —

1 *(festhalten)* tenir; *in e-r bestimmten Lage* tenir; **den Kopf unter Wasser ~** tenir la tête sous l'eau 2 *Schuss, Elfmeter* arrêter 3 *Tier, Fahrzeug* avoir 4 *(beibehalten) Ton, Takt, Standard, Vorsprung, Gleichgewicht* garder; *Geschwindigkeit, Position* maintenir 5 *These etc* **sich nicht ~ lassen** ne pas être soutenable 6 *(zurückhalten)* **j-n ~** retenir qn; **er war nicht mehr zu ~** on ne pouvait plus le tenir 7 *Wort, Versprechen* tenir; *Gebot* observer 8 *in e-m bestimmten Zustand* tenir; *Essen* **warm ~** tenir au chaud 9 *(verfahren)* **ich halte es damit so** moi, je fais comme ça; **wie haltet ihr es mit ...?** comment faites-vous avec ...? 10 *(behandeln)* traiter; **j-n streng ~** traiter qn sévèrement 11 *(abhalten)* faire; *Rede, Ansprache, Predigt a.* prononcer; *Gottesdienst* célébrer; **Unterricht ~** faire cours, la classe 12 *(einschätzen)* **etw, j-n für etw, j-n ~** considérer qc, qn comme qc, qn; *fälschlicherweise* prendre qc, qn pour qc, qn; **ich halte ihn für klug** je le crois intelligent; *umg* **wofür ~ Sie mich eigentlich?** pour qui me prenez-vous?; **es für gut ~ zu** *(+ inf) bzw.* **dass ...** trouver, juger, croire bon de *(+ inf) bzw.* que ... *(+ subj)* 13 *(urteilen)* **viel von j-m ~** estimer beaucoup qn; **viel von etw ~** penser beaucoup de bien de qc; **nichts von etw ~** ne penser aucun bien de qc; **was ~ Sie davon?** qu'en pensez-vous?

— B intransitives Verb —

1 *(Halt haben) Seil, Farbe, Brücke etc* tenir 2 *Kleidung, Gerät, Freundschaft* durer; *Kleidung* **lange ~** *a.* faire de l'usage 3 *(anhalten)* s'arrêter; **Halten verboten!** défense de s'arrêter! 4 **an sich** *(akk)* **~** se retenir 5 **zu j-m ~** être du côté de qn

— C reflexives Verb —

sich ~ 1 *(sich behaupten, bleiben) Regierung* se maintenir au pouvoir; *Wetter, Preise, Kurse etc* se

▶ für … halten

1. mit Substantiv

Ich halte ihn für einen guten Präsidenten.	Je le **considère comme** un bon président.	halten für (*persönliche Meinung*)	**considérer comme**
Ich hatte ihn für einen guten Freund gehalten.	Je l'avais **pris pour** un bon ami.	halten für (*irrtümlich*)	**prendre pour**

2. mit Adjektiv

Ich halte ihn für unfähig.	Je le **crois incompétent**.	halten für	**croire** *oder* **juger**
Ich halte ihn für fähig, dieses Problem zu lösen.	Je le **juge capable** de résoudre ce problème.		

FEHLERQUELLEN

maintenir **2** *Körperhaltung* **sich aufrecht ~** se tenir droit; *stehend* se tenir debout **3** (*sich bewähren*) **sich gut, tapfer ~** se comporter bien, courageusement **4** (*bleiben*) **sich rechts, links ~** tenir sa droite, sa gauche **5** **sich an j-n, etw ~** s'en tenir à qn, qc **6** *Lebensmittel* se conserver; se garder; *umg fig* **sie hat sich gut gehalten** *umg* elle est bien conservée

Halteplatz M *für Taxis* station *f* **Haltepunkt** M point *m* d'arrêt

Halter M **1** (*Fahrzeughalter*) détenteur *m*; (*Tierhalter*) propriétaire *m* **2** TECH support *m* **Halterin** F (*Fahrzeughalterin*) détentrice *f*; (*Tierhalterin*) propriétaire *f*

Halterung F support *m*

Haltesignal N signal *m* d'arrêt **Haltestelle** F arrêt *m*

Halteverbot N **1** *Verkehrszeichen* **absolutes, eingeschränktes ~** arrêt, stationnement interdit **2** *Zone* (zone *f* d')arrêt interdit

Halteverbotsschild N panneau *m* d'arrêt interdit

haltlos ADJ **1** *Person* instable **2** *Verdacht, Behauptung* sans fondement; injustifié **Haltlosigkeit** F **1** instabilité *f* **2** absence *f* de fondement

haltmachen V/I s'arrêter; *um zu rasten* faire (une) °halte; *fig* **vor nichts ~** ne reculer devant rien

Haltung F **1** (*Körperhaltung*) tenue *f*; position *f* (*a. von Körperteilen*); (*Positur*) posture *f*; **e-e aufrechte ~ haben** se tenir droit **2** (*Einstellung*) attitude *f* **3** (*Fassung*) contenance *f*; **~ bewahren** garder bonne contenance **4** (*Tierhaltung*) élevage *m*

Haltungsfehler M mauvaise position, attitude; MED attitude vicieuse **Haltungsnote** F SPORT note *f* d'attitude, de tenue **Haltungsschaden** M déformation *f* pathologique (du squelette)

Halunke M escroc *m*; *hum* canaille *f*; coquin *m*

Hämatom N MED hématome *m*

Hamburg N °Hambourg

Hamburger M GASTR °hamburger *m*

hämisch ADJ méchant; *Ton, Worte* fielleux

Hammel M mouton *m* **Hammelfleisch** N mouton *m* **Hammelkeule** F gigot *m* de mouton

Hammer M **1** marteau *m* (*a.* ANAT, SPORT); *fig* **unter den ~ kommen** être vendu aux enchères **2** *umg fig* **ein dicker ~** (*Fehler*) une grosse bourde; **das war vielleicht ein ~!** *Überraschung* tu parles d'une surprise!; *Unverschämtheit umg* quel sale coup!

hämmern **A** V/T marteler **B** V/I **1** *mit dem Hammer* donner des coups de marteau **2** *fig* (*schlagen*) taper; *Herz* battre fort; *gegen die Tür* tambouriner

Hammerwerfen N lancer *m* du marteau **Hammerwerfer** M lanceur *m* de marteau

Hammondorgel F orgue *m* °Hammond

Hämorr(ho)iden FPL hémorroïdes *fpl*

Hampelmann M pantin *m* (*a. umg fig pej*)

hampeln *umg* V/I *umg* gigoter

Hamster M °hamster *m* **Hamsterkauf** M (achat *m* de) réserves *fpl*

hamstern V/T *u.* V/I faire des réserves (**etw** de qc)

Hand F **1** main *f* (*a.* FUSSBALL) **2** *Wendungen mit adj u. num* **aus erster ~** de première main; *umg* **in festen Händen sein** être casé; **die flache, hohle ~** le plat, creux de la main; **freie ~ haben** avoir carte blanche; **j-m freie ~ lassen** laisser le champ libre à qn; **e-e glückliche ~ haben** avoir la main heureuse; **bei j-m in guten Händen sein** être en bonnes mains chez qn; **von langer ~ vorbereitet** préparé de longue date; **linker, rechter ~** à gauche, à droite; *umg* **zwei linke Hände haben** être la maladresse en personne; **die öffentliche ~** les pouvoirs publics; *fig* **j-s rechte ~ sein** être le bras droit de qn; **mit vollen Händen ausgeben** dépenser sans compter; **mir sind die Hände gebunden** j'ai les mains liées; **eine ~ voll** une poignée (de); **alle Hände voll zu tun haben** avoir du travail par-dessus la tête; **eine ~ breit** une largeur de la main **3** *mit subst* **~ und Fuß haben** tenir debout; **weder ~ noch Fuß haben** n'avoir ni queue ni tête; *umg* **die Hände über dem Kopf zusammenschlagen** lever les bras au ciel; **die Hände in den Schoß legen** rester les bras croisés; **bei etw die Hände im Spiel haben** être mêlé à qc; avoir trempé dans qc **4** *mit Verben* **j-m die ~ geben** *od* **drücken** *od* **schütteln** serrer la main à qn; *sprichw* **e-e ~ wäscht die andere** un (petit) service en vaut un autre **5** *mit präp* **an ~ von** à l'aide de; **j-n an die** *od geh* **bei der ~ nehmen** prendre qn par la main; **(klar) auf der ~ liegen** être évident; tomber sous le sens; **etw aus der ~ geben** *(weggeben)* donner qc; *(aufgeben)* abandonner qc; **etw aus der ~ legen** poser qc; **etw bei der** *od* **zur ~ haben** *Gegenstand, Mittel* avoir qc sous la main; *Antwort* avoir qc tout prêt; **j-m etw in die ~ drücken** mettre qc dans la main de qn; **~ in ~ gehen** aller, marcher la main dans la main; *fig* aller de pair; **j-n in der ~ haben** tenir qn sous sa coupe; **etw in der ~ halten** tenir qc à la main; **in die Hände klatschen** frapper dans ses mains; *fig* **etw in die ~ nehmen** prendre qc en main; **mit der ~ schreiben** écrire à la main; **(bei j-m) um j-s ~ anhalten** demander la main de qn (à qn); **unter der ~** en sous-main; **etw unter der ~ erfahren** apprendre qc de manière non officielle; **von ~ zu ~** de main en main; **etw von ~ bedienen** commander, actionner qc à la main; **von der ~ in den Mund leben** vivre au jour le jour; **das ist nicht von der ~ zu weisen** ce n'est pas impossible; *auf Briefen* **zu Händen von ...** à l'attention de ...

Handarbeit F **1** *(manuelle Arbeit)* travail manuel; **das ist ~** c'est fait (à la) main **2** *fertiges Werk* ouvrage fait (à la) main **3** *(Nadelarbeit)* travaux *mpl* d'aiguille; *umg Schulfach* couture *f*

Handaufheben N **durch ~ abstimmen** voter à main levée

Handball M **1** *Sportart* °handball *m* **2** *Ball* ballon *m* de handball

Handballen M → Ballen

Handballer(in) M(F), **Handballspieler(in)** M(F) °handballeur *m*; joueur, -euse *m,f* de handball

Handbesen M balayette *f* **Handbetrieb** M actionnement *m* à la main **Handbewegung** F geste *m* de la main **Handbrause** F douchette *f* **Handbreit** F largeur *f* de la main **Handbremse** F frein *m* à main **Handbuch** N manuel *m*

Händchen N petite main; *umg* **~ halten** se tenir par la main; *umg* **ein ~ für etw haben** avoir le coup de main pour qc

Handcreme F crème *f* pour les mains

Händedruck M poignée *f* de main **Händeklatschen** N applaudissements *mpl*

Handel M **1** WIRTSCH commerce *m*, négoce *m*, *illegaler* trafic *m* (**mit** de); **~ treiben** faire du commerce; **im ~ sein** être dans le commerce **2** *(Geschäft)* marché *m* **3** *(Vereinbarung)* marché *m*

Händel *geh* MPL querelle *f*; **mit j-m ~ haben** se quereller avec qn

handeln **A** V/T *Aktie* **zu 50 Euro gehandelt werden** être coté à 50 euros **B** V/I **1** *(sich verhalten, eingreifen)* agir **2** *(Handel treiben)* faire du commerce; **mit etw ~** faire le commerce de qc **3** *(feilschen)* marchander (**um etw** qc); *fig* **er lässt (nicht) mit sich** *(dat)* **~** on (ne) peut (pas) discuter avec lui **4** *Buch etc* **von etw ~** traiter de qc **C** V/UNPERS **es handelt sich um ...** il s'agit de ...; **es handelt sich darum, dass ...** *(es ist wichtig)* l'important c'est que ...; *(es geht um)* il s'agit de (+ *inf*)

Handeln N *(Vorgehen)* action *f*; procédés *mpl*; **zum ~ entschlossen** décidé à agir

Handelsabkommen N accord commercial **Handelsattaché** M attaché commercial **Handelsbank** F banque *f* de commerce commerce **Handelsbeschränkungen** FPL restrictions commerciales **Handelsbeziehungen** FPL relations commerciales

Handelsbilanz F **1** *e-s Landes* balance commerciale; **passive, aktive ~** balance commerciale déficitaire, excédentaire **2** *e-r Firma* bilan commercial

handelseinig ADJ **(mit j-m) ~ sein, werden** être, tomber d'accord (avec qn)

Handelsembargo N embargo *m* (économique) **Handelsfirma** F maison *f* de commerce **Handelsflotte** F flotte *f* de commerce

Handelsgesellschaft F société commerciale; **offene ~** société en nom collectif

Handelsgesetzbuch N code *m* de commerce **Handelshafen** M port *m* de commerce **Handelskammer** F chambre *f* de commerce **Handelskette** F chaîne *f* de distribution **Handelsklasse** F catégorie *f* **Handelskorrespondenz** F correspondance commerciale **Handelsmacht** F puissance commerciale **Handelsmarine** F marine marchande **Handelsmarke** F marque *f* de commerce **Handelsname** M nom commercial **Handelspartner** M partenaire commercial **Handelsplatz** M place commerciale et financière **Handelsrecht** N droit commercial **Handelsregister** N registre *m* du commerce **Handelsschiff** N navire *m* de commerce **Handelsschranken** FPL barrières commerciales **Handelsschule** F école commerciale **Handelsspanne** F marge commerciale **Handelssperre** F embargo *m* **handelsüblich** ADJ en usage dans le commerce; *Format, Bezeichnung* commercial **Handelsvertreter(in)** M(F) représentant(e) *m(f)* de commerce; VRP *m* **Handelsvertretung** F représentation commerciale; POL mission commerciale **Handelsvolumen** N volume *m* des échanges commerciaux **Handelsware** F article *m* de commerce **Handelsweg** M voie commerciale **Handelswert** M valeur marchande **Handelszentrum** N capitale commerciale

händeringend ADVL *fig* désespérément **Händeschütteln** N poignées *fpl* de main **Händetrockner** M sèche-mains *m*

Handfeger M balayette *f* **Handfertigkeit** F dextérité *f*; habileté manuelle **handfest** ADJ *Beweis etc* solide; palpable; *Mahlzeit* consistant; *Streit, Skandal* gros; *Prügelei* sérieux; *Lüge* grossier **Handfeuerlöscher** M extincteur *m* (à main) **Handfeuerwaffe** F arme portative **Handfläche** F paume *f* **handgearbeitet** ADJT fait (à la) main **handgeknüpft** ADJT noué à la main

Handgelenk N poignet *m*; *umg fig* **etw aus dem ~ schütteln (können)** faire qc sans peine, avec facilité

handgemacht ADJT fait (à la) main

Handgemenge N mêlée *f* **Handgepäck** N bagages *mpl* à main **handgeschrieben** ADJT écrit à la main; manuscrit **handgestrickt** ADJT tricoté (à la) main **handgewebt** ADJT tissé (à la) main **Handgranate** F grenade *f* à main

handgreiflich ADJ **1** *(offensichtlich)* évident; palpable **2** *(tätlich)* **~ werden** en venir aux mains

Handgreiflichkeit F **es kam zu ~en** on en vint aux mains

Handgriff M **1** *Bewegung* geste *m*; **mit wenigen ~en** en deux temps (et) trois mouvements **2** *an Geräten, Koffern* poignée *f*

Handhabe F **e-e ~ gegen j-n haben** avoir une arme contre qn

handhaben VT **1** *Werkzeug, Gerät* manier; manipuler **2** *Vorschrift etc* appliquer **Handhabung** F **1** maniement *m*; manipulation *f* **2** application *f*

Handheld M *od* N IT assistant *m* électronique

Handicap N SPORT, *fig* °handicap *m*

Handikap → Handicap

Handkante F tranchant *m* de la main **Handkoffer** M valise *f* **Handkurbel** F manivelle *f* **Handkuss** M baisemain *m* **Handlanger** M **1** *(Helfer)* manœuvre *m* **2** *fig pej* homme *m* de main (**für** de) **Handlauf** M *am Treppengeländer* main courante

Händler(in) M(F) marchand(e) *m(f)*; *(Kaufmann)* commerçant(e) *m(f)*

Handlesekunst F chiromancie *f* **handlich** ADJ *Gegenstand, Format, Auto* maniable; *Buch* d'un format pratique; *(leicht zu handhaben)* facile à manier **Handlinie** F ligne *f* de la main

Handlung F **1** *(Tat)* acte *m*; **strafbare ~** délit *m* **2** *e-s Romans etc* action *f*

handlungsfähig ADJ capable d'agir; JUR ayant la capacité d'exercice **Handlungsfähigkeit** F capacité *f*; JUR capacité *f* d'exercice **Handlungsfreiheit** F liberté *f* d'action **Handlungsspielraum** M marge *f* de manœuvre **handlungsunfähig** ADJ incapable (d'agir); JUR incapable **Handlungsvollmacht** F procuration commerciale **Handlungsweise** F manière *f* d'agir; *(Vorgehen)* procédés *mpl*

Handmixer M mixeur *m*

Hand-out N information *f*; documentation *f*

Handpflege F manucure *f* **Handpuppe** F marionnette *f* à gaine **Handreichung** F service *m*; aide *f* **Handrücken** M dos *m* de la main

Handschelle F menotte *f*; **j-m ~n anlegen** passer les menottes à qn

Handschlag M poignée *f* de main; **etw durch ~ bekräftigen** confirmer qc en topant dans la main de qn; *umg fig* **keinen ~ tun** *umg* ne pas en fiche (une rame)

Handschrift F **1** *(Schriftzüge)* écriture *f* **2** *fig* griffe *f* **3** *Schriftwerk* manuscrit *m*

Handschriftendeutung F graphologie *f*

handschriftlich **A** ADJ écrit à la main; manuscrit **B** ADV **etw ~ hinzufügen** (r)ajouter qc à la main

Handschuh M gant *m*; *(Fausthandschuh)* moufle *f* **Handschuhfach** N boîte *f* à gants; vide-poches *m* **Handschuhgröße** F pointure *f* (de gants)

Handspiegel M miroir *m* à main **Handspiel** N FUSSBALL main *f*

Handstand M appui tendu; **e-n ~ machen** faire l'arbre

Handsteuerung F commande manuelle **Handstreich** M *bes* MIL coup *m* de main

Handtasche F sac *m* à main **Handteller** M paume *f* (de la main)
Handtuch N serviette *f* (de toilette); **das ~ werfen** jeter l'éponge (*a. fig*)
Handtuchhalter M porte-serviettes *m*
Handumdrehen N **im ~** en un tour de main
handverlesen ADJT trié à la main; *fig* trié sur le volet **Handvoll** F poignée *f* **Handwaffe** F arme *f* de main **Handwagen** M voiture *f* à bras **handwarm** ADJ *u.* ADV à température moyenne **Handwaschbecken** N petit lavabo **Handwäsche** F lessive *f* à la main
Handwerk N métier *m* (*a. fig*); *koll* artisanat *m*; **sein ~ verstehen** connaître son métier (*a. fig*); **j-m ins ~ pfuschen** empiéter sur le domaine de qn; **j-m das ~ legen** mettre fin aux activités de qn
Handwerker M artisan *m* **handwerklich** ADJ artisanal
Handwerksbetrieb M entreprise artisanale **Handwerkskammer** F chambre *f* des métiers **Handwerksmeister** M maître *m* artisan **Handwerkszeug** N 1 outils *mpl* 2 *fig* outils *mpl* de travail
Handwurzel F ANAT carpe *m*
Handy N (téléphone *m*) portable *m* **Handynummer** F numéro *m* de (téléphone) portable
Handzeichen N signe *m* de la main **Handzettel** M tract *m*
Hanf M chanvre *m*
Hang M 1 (*Neigung*) penchant *m* (**zu** à, pour); tendance *f* (à) 2 (*Abhang*) pente *f*
Hangar M FLUG °hangar *m*
Hängebacke F joue pendante; bajoue *f* **Hängebauch** M *umg* (grosse) bedaine **Hängeboden** M soupente *f* **Hängebrücke** F pont suspendu **Hängelampe** F suspension *f*
hangeln VI (*u.* VR **sich ~**) avancer en suspension
Hängematte F °hamac *m*
hängen A VT 1 (*aufhängen*) suspendre (**an** [+ *akk*] à); *Kleider* **in den Schrank ~** pendre dans l'armoire 2 *mit Haken, Nagel* accrocher (**an** [+ *akk*] à) 3 (*hängen lassen*) laisser pendre (**ein Bein ins Wasser** une jambe dans l'eau) 4 (*erhängen*) pendre; *fig* **mit Hängen und Würgen** de justesse; *umg* ric-rac B VI 1 (*herunterhängen*) pendre; **~ bleiben** *an e-m Haken* rester accroché (**an** [+ *dat*] à); (*haften bleiben*) rester collé, attaché (à); **~ lassen** (*vergessen*) laisser; *Arme, Flügel* laisser pendre 2 (*befestigt sein*) être accroché, suspendu (**an** [+ *dat*] à); **das Bild hängt schief** le tableau penche, est penché 3 (*festhängen*) être, rester accroché (**mit etw an etw** [*dat*] par qc à qc); *fig* **an j-m, etw ~** être attaché, tenir à qn, qc; *fig Verdacht* **an j-m ~ bleiben** poursuivre qn; *fig* **davon ist nicht viel ~ geblieben** il n'en est pas resté grand-chose 4 *umg fig* (*sich aufhalten*) **am Telefon ~** être pendu au téléphone; **vor dem Fernseher ~** rester (collé) devant la télé 5 (*erhängt sein*) être pendu 6 (*abhängen*) **an j-m, etw ~** dépendre de qn, qc 7 *umg bei e-r schwierigen Sache* être arrêté, bloqué; **~ bleiben** *beim Sprechen* avoir un trou; *umg fig* **j-n ~ lassen** *umg* laisser qn dans le pétrin; **sich ~ lassen** se laisser aller C VR **sich an j-n, etw ~** (*festhalten*) s'accrocher à qn, qc; *emotional* se raccrocher à qn, qc
hängenbleiben VI → hängen B 1, 3, 7 **hängenlassen** VT *u.* VR → hängen B 1, 3, 7
Hängepartie F SCHACH partie ajournée **Hängepflanze** F plante retombante **Hängeschrank** M élément suspendu
Hannover N °Hanovre
Hans M Jean *m*; **~ im Glück** Jeannot *m* la Chance; *umg fig* veinard *m*
Hansaplast® N sparadrap *m*; tricostéril® *m*
Hansdampf *umg* M **(ein) ~ in allen Gassen sein** être partout à la fois
Hanse F HIST **die ~** la Hanse
hanseatisch ADJ °hanséatique
hänseln VT taquiner
Hansestadt F ville *f* °hanséatique
Hanswurst M (*Dummkopf*) clown *m*; (*Kasper*) guignol *m*
Hantel F haltère *m* **Hantelübung** F exercice *m* avec des haltères
hantieren VI **mit etw ~** manipuler qc
hapern V/UNPERS 1 (*nicht klappen*) **es hapert mit etw** il y a qc qui cloche, qui ne marche pas dans qc 2 (*mangeln*) **es hapert an etw** (*dat*) il manque qc
Häppchen N (*Bissen*) petite bouchée; (*Kanapee*) canapé *m*; (*Appetithäppchen*) amuse-gueule *m*
Happen M bouchée *f*; **e-n ~ essen** manger un petit morceau
Happening N °happening *m*
happig *umg* ADJ exagéré
happy *umg* ADJ heureux
Happy-End N °happy end *m od f*
Happy Hour F °happy hour *f*
Harass M *schweiz* 1 (*Getränkekasten*) caisse *f* 2 (*Lattenkiste*) cageot *m*; *kleinerer* cagette *f*
Härchen N petit cheveu *bzw.* poil
Hardcover N livre *m* à couverture rigide **Hardtop** N *od* M 1 *Dach* °hard-top *m* 2 *Wagen* cabriolet *m* avec °hard-top **Hardware** F matériel *m*; °hardware *m*
Harem M °harem *m* (*a. fig hum*)

Harfe F °harpe *f*
Harke F râteau *m*
harken VT râtisser
Harlekin M arlequin *m*
harmlos A ADJ *Tier, Mensch, Medikament* inoffensif; *Vergnügen* innocent; *Mittel, Bemerkung, Kritik, Vorfall, Witz* anodin; *Verletzung, Unfall* sans gravité; *Krankheit* bénin B ADV **~ aussehen** *Lebewesen* avoir l'air inoffensif; *Sache* avoir l'air anodin
Harmlosigkeit F caractère inoffensif, anodin; *e-s Medikaments* innocuité *f*
Harmonie F MUS, *fig* harmonie *f* **Harmonielehre** F MUS (théorie *f* de l')harmonie *f*
harmonieren VI *Personen* s'entendre (**mit** avec); *Farben etc* s'accorder (avec)
harmonisch ADJ MUS, *fig* harmonieux
harmonisieren VT MUS, *fig* harmoniser
Harn M urine *f* **Harnblase** F vessie *f* **Harndrang** M besoin *m* d'uriner
Harnisch M HIST armure *f*; *fig* **j-n in ~ bringen** faire sortir qn de ses gonds
Harnleiter M uretère *m* **Harnröhre** F urètre *m* **Harnsäure** F acide *m* urique **harntreibend** ADJT diurétique **Harnwege** MPL voies *fpl* urinaires
Harpune F °harpon *m*
Harsch M neige tôlée
hart A ADJ *Material* dur (*a. fig: Arbeit, Droge, Kampf, Wasser, Worte, Zeiten, Mensch*); *Winter* rigoureux; *Los, Schicksal* cruel; *Kritik, Maßnahmen, Strafe, Urteil* sévère; *Währung* fort; *Aufprall* violent; **~ zu j-m sein** être dur avec qn; **~ werden** *Material* durcir; *Person* se durcir; devenir dur B ADV 1 *schlagen, aufprallen* violemment; *fig* (*schwer, streng*) durement; **~ gefroren** gelé; **~ gekocht** *Ei* dur; **~ arbeiten** travailler dur; *fig* **~ bleiben** ne pas céder; **~ durchgreifen** prendre des mesures énergiques, sévères; *Unglück, Krankheit* **j-n ~ treffen** éprouver qn durement, cruellement; **wenn es ~ auf ~ geht** en cas de coup dur 2 **~ an** (*dicht*) tout près de; **~ an der Grenze des Erlaubten** à la limite de ce qui est permis
Härte F 1 *des Materials* dureté *f* (*a. fig*); *e-s Urteils, e-r Maßnahme* sévérité *f*; rigueur *f*; *e-s Aufpralls* violence *f* 2 *e-r Person* dureté *f* (**gegenüber j-m** envers qn); (*Zähigkeit, Ausdauer*) endurance *f* 3 *unbillige, unsoziale* (grave) inégalité *f* 4 *Jugendsprache* **das ist die ~!** *positiv umg* (c'est) génial, super!; *negativ umg* c'est une horreur!
Härtefall M cas *m* (difficile) (*a. umg fig Person*); **sozialer ~** cas social
Härtegrad M *des Wassers* degré *m* hydrotimétrique
härten A VT durcir; *Metall* tremper B VI (se) durcir
Härtetest M 1 TECH test *m* de dureté 2 *fig* épreuve *f*
Hartfaserplatte F panneau *m* en fibre dure **hartgefroren** ADJT gelé **hartgekocht** ADJT *Ei* dur **Hartgeld** N pièces *fpl* de monnaie **hartgesotten** ADJT (*unnachgiebig*) dur; (*abgebrüht*) insensible; *umg* dur à cuire **Hartgummi** M *od* N ébonite *f*
hartherzig ADJ *Person* dur; insensible; *Verhalten* impitoyable; **~ sein** avoir le cœur dur
Hartholz N bois dur **Hartkäse** M fromage *m* à pâte pressée **Hartmetall** N alliage dur
hartnäckig A ADJ *Person, Widerstand, Vorurteil, Schnupfen etc* tenace; *Person, Widerstand a.* obstiné; *Kälte* persistant B ADV avec obstination; *Kälte, Gerücht* **sich ~ halten** persister
Hartnäckigkeit F (*Zähigkeit*) opiniâtreté *f*; (*Beharrlichkeit*) ténacité *f*; (*Eigensinn*) obstination *f*; *e-r Krankheit* persistance *f*
Hartplatz M SPORT terrain *m* en dur **Hartweizen** M blé dur **Hartweizengrieß** M semoule *f* de blé dur **Hartwurst** F saucisson sec
Harz N résine *f*
harzig ADJ résineux
Hasch *umg* N *umg* °hasch *m*
Haschee N °hachis *m*
haschen[1] *geh* A VT (*fangen*) attraper B VI **nach etw, j-m ~** chercher à attraper qc, qn
haschen[2] *umg* VI (*Haschisch rauchen*) fumer du haschisch
Häscher *liter* M sbire *m*
Hascherl *umg* N *südd, österr* **armes ~!** pauvre petit(e)!
Haschisch M *od* N °ha(s)chi(s)ch *m*
Hase M lièvre *m*; (*Stallhase*) lapin *m*; *umg fig* **ein alter ~** un vieux routier; *umg* **da liegt der ~ im Pfeffer** voilà le hic; *umg* **wissen, wie der ~ läuft** *umg* connaître la musique; *umg hum* **mein Name ist ~** je n'en sais rien
Haselnuss F noisette *f* **Hasel(nuss)strauch** M noisetier *m*; coudrier *m*
Hasenbraten M lièvre rôti **Hasenfuß** M *fig pej* poule mouillée **Hasenkeule** F cuisse *f* de lièvre **Hasenpfeffer** M GASTR civet *m* de lièvre
hasenrein ADJ **nicht (ganz) ~** louche
Hasenrücken M GASTR râble *m* de lièvre
Hasenscharte F bec-de-lièvre *m*
Hass M °haine *f* (**gegen, auf** [+ *akk*] de)
hassen VT détester; °haïr
hasserfüllt A ADJT °haineux B ADVL **j-n ~ anblicken** regarder qn avec °haine
hässlich ADJ 1 (*nicht schön*) laid; vilain; **~ aussehen** être laid 2 *fig* (*gemein*) détestable; *Wort* vilain 3 *fig* (*unangenehm*) affreux
Hässlichkeit F laideur *f*; *fig* atrocité *f*; horreur

f
Hassliebe F °haine-passion *f*
hast → haben
Hast F *(Eile)* °hâte *f*; *(Überstürzung)* précipitation *f*; **ohne ~** tranquillement
hasten VI se hâter; se presser
hastig A ADJ précipité; *Bewegung* brusque B ADV à la hâte; précipitamment; **nicht so ~!** pas si vite!
hat → haben
hätscheln VT *(liebkosen)* cajoler; *(verwöhnen)* gâter; choyer *(a. fig Künstler)*
hatschi INT atchoum!
hatte → haben

Hattrick M SPORT coup *m* du chapeau
Hatz F *fig (Hetzjagd)* chasse *f* (**auf** [+ *akk*] à)
Hau *umg* M **e-n ~ (weg)haben** *umg* être cinglé, givré
Haube F 1 bonnet *m*; coiffe *f (a. Schwesternhaube)*; *umg hum* **j-n unter die ~ bringen** marier, *umg* caser qn 2 ZOOL °huppe *f* 3 *(Motorhaube)* capot *m* 4 *(Trockenhaube)* casque *m* de coiffeur

Haube — le bonnet

(Motor)Haube — le capot

Hauch M *(Atemhauch, Lufthauch)* souffle *m (a. fig)*; *(dünne Schicht)* fine couche; *Zartes, Duftiges* **ein ~ von …** un soupçon de …
hauchdünn ADJ *Schicht, Scheibe* très fin; *Gewebe, Vorsprung* minime; *Mehrheit* très faible
hauchen VT *u.* VI souffler; *fig Worte* susurrer
hauchfein ADJ très fin
Hauchlaut M son expiré; **mit ~ (aus)sprechen** aspirer
hauchzart ADJ très fin; *Gewebe a. geh* arachnéen, -enne
Haudegen M **(alter) ~** (vieux) baroudeur
Haue F 1 *umg (Prügel) umg* raclée *f* 2 *südd, österr (Hacke)* °houe *f*
hauen A VT 1 SKULP **in Stein** *(akk)* **~** tailler dans la pierre 2 *umg (hineinhauen)* **Löcher ins Eis ~** faire des trous dans la glace 3 *umg (schlagen)* battre; frapper; *umg* taper 4 *umg (schleudern)* **etw irgendwohin ~** *umg* balancer qc quelque part B *umg* VI 1 *(schlagen)* frapper; *umg* cogner 2 *(stoßen)* **(mit etw) gegen etw ~** se cogner (qc) contre qc C VR **sich ~** *(sich schlagen)* se battre
Hauer M 1 BERGBAU piqueur *m*; °haveur *m* 2 *des Keilers* défense *f*
Häufchen N petit tas; **wie ein ~ Elend aussehen** avoir l'air d'une pauvre petite chose
häufeln VT mettre en tas; GARTEN butter
Haufen M 1 *(Berg)* tas *m*; *meist wirrer* amas *m*; *sehr großer* monceau *m*; *umg* **j-n über den ~ rennen, fahren** renverser qn; *umg* **j-n über den ~ schießen** abattre qn; *umg* **über den ~ werfen** *Pläne* bousculer; *umg* chambarder 2 *umg (Kothaufen)* crotte *f* 3 *umg (große Menge)* **ein ~ …** un *od* des tas de …; **ein ~ Geld** beaucoup d'argent 4 *(Menschenhaufen)* tas *m* de gens; foule *f*
häufen A VT entasser (**auf** [+ *akk*] sur) B VR **sich ~** 1 *(sich anhäufen)* s'entasser 2 *fig Fälle* se multiplier
haufenweise *umg* ADV *umg* en masse; **~ Geld verdienen** *umg* gagner un argent fou
Haufenwolke F cumulus *m*
häufig A ADJ fréquent B ADV souvent; fréquemment
Häufigkeit F fréquence *f*
Häuflein N → Häufchen
Häufung F *von Fällen* multiplication *f*
Haupt *geh* N 1 *(Kopf)* tête *f*; **erhobenen ~es** (la) tête °haute 2 *fig (Führer)* chef *m*
Hauptabnehmer M HANDEL premier client **Hauptakzent** M 1 PHON accent principal 2 *fig* accent *m* **Hauptaltar** M maître-autel *m* **hauptamtlich** A ADJ *Tätigkeit* professionnel B ADV à titre professionnel **Hauptangeklagte(r)** M/F(M) principal(e) accusé(e) *m(f)* **Hauptanklagepunkt** M principal chef d'accusation **Hauptanschluss** M TEL ligne principale **Hauptanteil** M majeure partie **Hauptarbeit** F gros *m* du travail **Hauptargument** N argument principal **Hauptattraktion** F principale attraction; clou *m*
Hauptaugenmerk N **sein ~ auf etw** *(akk)* **richten** faire principalement attention à qc
Hauptausgang M sortie principale **Hauptbahnhof** M gare centrale **Hauptbelastungszeuge** M principal témoin à charge **Hauptberuf** M profession (régulière, principale) **hauptberuflich** A ADJ pro-

fessionnel **B** ADV à titre professionnel **Hauptbeschäftigung** F occupation, activité principale **Hauptbestandteil** M élément, composant, constituant principal **Hauptdarsteller(in)** M(F) FILM, THEAT acteur *m*, actrice *f* principal(e) **Haupteingang** M entrée principale

Häuptelsalat M *südd, österr* laitue *f*

Haupterbe M, **Haupterbin** F héritier, -ière *m,f* principal(e) **Hauptfach** N STUDIUM, SCHULE matière principale **Hauptfehler** M principal défaut; (*Irrtum*) erreur principale **Hauptfigur** F personnage principal (*a. fig*); *fig a.* protagoniste *m/f* **Hauptfilm** M grand film **Hauptgang** M GASTR plat principal **Hauptgebäude** N bâtiment principal **Hauptgedanke** M idée principale, maîtresse **Hauptgericht** N GASTR plat principal **Hauptgeschäft** N **1** *Gebäude* maison *f* mère **2** (*Hauptumsatz*) plus grosses ventes **Hauptgeschäftsstelle** F bureau principal; agence principale **Hauptgewinn** M gros lot **Hauptgrund** M raison principale **Haupthahn** M TECH robinet principal **Hauptinteresse** N principal intérêt **Hauptkasse** F caisse principale **Hauptlast** F charge principale (*a. fig*)

Häuptling M chef *m* de tribu

Hauptmahlzeit F repas principal **Hauptmann** M MIL capitaine *m* **Hauptmerkmal** N caractère principal **Hauptmieter(in)** M(F) locataire *m/f* principal(e) **Hauptmotiv** N principal mobile **Hauptnahrung** F nourriture principale **Hauptnenner** M MATH dénominateur commun **Hauptniederlassung** F établissement principal **Hauptort** M **1** (*Zentrum*) centre *m* **2** ADMIN *e-s Departements, Arrondissements* chef-lieu *m*; *e-s Kantons* capitale cantonale

Hauptperson F personnage principal; **sie will immer die ~ sein** elle veut toujours avoir le premier rôle

Hauptportal N portail central; grand portail **Hauptpost** F, **Hauptpostamt** N poste centrale **Hauptproblem** N problème-clé *m* **Hauptquartier** N MIL grand quartier général **Hauptredner(in)** M(F) principal orateur **Hauptreisezeit** F pleine saison (des voyages, du tourisme)

Hauptrolle F premier rôle; **die ~ spielen** *Person, fig* jouer le rôle principal

Hauptsache F principal *m*; *umg* **~, du bist hier** l'essentiel, c'est que tu sois là (❗ subjonctif)

hauptsächlich **A** ADJ principal **B** ADV surtout

Hauptsaison F pleine saison **Hauptsatz** M (proposition) principale *f* **Hauptschalter** M ELEK commutateur principal **Hauptschlagader** F aorte *f* **Hauptschlüssel** M passe-partout *m* **Hauptschulabschluss** M certificat *m* de fin d'études primaires

Hauptschuld F faute principale; **die ~ an etw** (*dat*) **tragen** être le principal fautif, responsable de qc

Hauptschule F *école de fin de scolarité* (*cycle d'enseignement primaire long*) (❗ In Frankreich gibt es diesen Schultyp nicht. Alle Schüler gehen bis zur neunten Klasse gemeinsam auf eine Schule, le collège) **Hauptschüler(in)** M(F) *élève de la 5ᵉ à la 9ᵉ ou 10ᵉ* (*österr 8ᵉ*) *année préparant le certificat de fin d'études primaires* **Hauptschullehrer(in)** M(F) *professeur enseignant dans le cycle d'enseignement primaire long* **Hauptseminar** N UNIVERSITÄT séminaire *m* de deuxième cycle **Hauptsendezeit** F heure(s) *f(pl)* de grande écoute **Hauptsitz** M siège *m* **Hauptspeicher** M IT mémoire centrale **Hauptstadt** F capitale *f* **Hauptstraße** F rue principale; grand-rue *f* **Hauptstrecke** F EISENBAHN grande ligne **Hauptstudium** N second cycle d'études universitaires **Haupttätigkeit** F principale occupation, activité **Hauptteil** M (*wichtigster Teil*) partie principale; (*größter Teil*) majeure partie **Hauptthema** N sujet principal **Haupttreffer** M LOTTERIE gros lot **Haupttribüne** F tribune principale **Hauptunterschied** M principale différence; différence essentielle **Hauptursache** F cause principale **Hauptverantwortliche(r)** M/F(M) responsable *m/f* (principal[e], en chef) (**für** pour, de) **Hauptverhandlung** F JUR débats *mpl* **Hauptverkehr** M majeure partie de la circulation **Hauptverkehrsstraße** F rue *f* *bzw.* route *f* à grande circulation; (grande) artère **Hauptverkehrszeit** F heures *fpl* de pointe, d'affluence **Hauptversammlung** F *e-r AG* assemblée générale **Hauptverwaltung** F administration centrale **Hauptwache** F commissariat principal **Hauptwohnsitz** M résidence principale **Hauptwort** N nom *m*; substantif *m* **Hauptzeuge** M, **Hauptzeugin** F principal témoin **Hauptziel** N principal but; objectif principal **Hauptzweck** M principal but

hau ruck INT oh! °hisse!

Haus N **1** *Gebäude* maison *f* (*a.* ASTROL, *Firma, Hotel*); **aus dem ~ gehen** sortir (de chez soi); HANDEL **frei ~** franco à domicile; **ins ~ liefern** livrer à domicile; **nach ~e, zu ~e** à la maison; chez soi; **nach ~e gehen** rentrer à la maison, chez soi; **zu ~e bleiben** rester à la maison, chez soi **2** *fig umg* **j-m das ~ einrennen** *umg* assiéger qn; **aus gutem ~e sein** être de bonne famille; *umg* **j-m ins ~ stehen** (bientôt) tomber sur qn; *umg* pendre au nez de qn; **von ~ aus Lehrer sein** être professeur à l'origine **3** *(Theater)* théâtre *m*; **volles, leeres ~** salle *f* comble, vide; **vor vollem ~ spielen** jouer à bureaux fermés **4** *(Parlament)* Chambre *f* **5** *(Schneckenhaus)* coquille *f*

Hausangestellte(r) M/F(M) employé(e) *m(f)* de maison **Hausanzug** M costume *m*, tenue *f* d'intérieur **Hausapotheke** F pharmacie (familiale) **Hausarbeit** F **1** *im Haushalt* travaux ménagers **2** *für die Schule* devoirs *mpl* **3** *im Studium* mémoire *m* **Hausarrest** M **1** JUR résidence surveillée **2** *für Kind* privation *f* de sortie **Hausarzt** M, **Hausärztin** F médecin *m* de famille **Hausaufgabe** F devoir *m* **hausbacken** ADJ *pej* terre-à-terre; *Frau a. umg* popote **Hausbar** F bar *m* de salon **Hausbau** M construction *f* d'une maison **Hausbesetzer(in)** M(F) squatte(u)r *m* **Hausbesetzung** F squat *m* **Hausbesitzer(in)** M(F) propriétaire *m/f* (d'une maison) **Hausbesuch** M *e-s Arztes* visite *f* **Hausbewohner(in)** M(F) habitant(e) *m(f)* de la maison; *(Mieter[in])* locataire *m/f* **Hausboot** N péniche *f* (servant d'habitation)

Häuschen N **1** *(kleines Haus)* maisonnette *f*; *umg* **(ganz) aus dem ~ sein** être dans tous ses états; *vor Freude* être fou de joie **2** *umg (Toilette) umg* petit coin

Hausdetektiv M surveillant *m* (de magasin) **Hausdiener** M garçon *m* de service **Hausdrache(n)** *umg pej* M mégère *f*; dragon *m* **Hauseigentümer(in)** M(F) propriétaire *m/f* (d'une maison) **Hauseinfahrt** F porte cochère **Hauseingang** M entrée *f* (de la maison)

hausen *umg* V/I **1** *(wohnen) umg* crécher **2** *(wüten)* **übel, schlimm ~** saccager tout

Häuserblock M pâté *m* de maisons **Häuserfront** F front *m* **Häusermeer** N mer *f*, océan *m* de maisons **Häuserreihe** F rangée *f* de maisons

Hausflur M vestibule *m*; entrée *f* **Hausfrau** F femme *f* au foyer; ménagère *f*

Hausfrauenart F GASTR **nach ~** bonne femme

Hausfreund M **1** ami *m* de la maison **2** *hum (Liebhaber)* amant (attitré) **Hausfriedensbruch** M violation *f* de domicile

Hausgebrauch M **für den ~** à usage domestique; *fig* pour mon, ton, *etc* usage personnel **Hausgeburt** F accouchement *m* à la maison, à domicile **Hausgehilfin** F aide-ménagère *f*; bonne *f*; *Beruf* employée *f* de maison **hausgemacht** ADJT *Lebensmittel* (fait) maison; *fig* maison (❗ **maison** allein ist unveränderlich: hausgemachte Kuchen = des gâteaux (faits) maison) **Hausgemeinschaft** F (communauté *f* d')habitants *mpl* d'un immeuble

Haushalt M **1** *privater* foyer *m*; ménage *m*; **ein ~ mit fünf Personen** une famille de cinq personnes; **(j-m) den ~ führen** tenir le ménage (de qn) **2** *öffentlicher* budget *m*

haushalten V/I économiser (**mit etw** qc) *(a. fig)*

Haushälterin F gouvernante *f*

Haushaltsabfälle MPL ordures ménagères **Haushaltsartikel** M article *m* de ménage **Haushaltsausschuss** M ADMIN commission *f* du budget **Haushaltsbuch** N carnet *m* de dépenses (ménagères) **Haushaltsbudget** N budget *m* de la maison, du ménage **Haushaltsdebatte** F discussion *f* budgétaire

Haushaltsführung F gestion *f* de la maison; *finanzielle* gestion *f* budgétaire; **doppelte ~** entretien *m* de deux ménages

Haushaltsgeld N argent *m* du ménage **Haushaltsgerät** N appareil ménager **Haushaltshilfe** F aide-ménagère *f* **Haushaltsjahr** N ADMIN exercice *m*; année *f* budgétaire **Haushaltskasse** F **1** caisse *f* du ménage **2** *Geld* argent *m* du ménage **Haushaltsmittel** NPL fonds *mpl* budgétaires **Haushaltsplan** M budget *m* **Haushaltsvorstand** M chef *m* de famille **Haushaltswaren** FPL articles ménagers

Hausherr M **1** *(Familienoberhaupt)* maître *m* de maison; *(Gastgeber)* hôte *m* **2** *(Besitzer)* propriétaire *m* **Hausherrin** F *(Familienoberhaupt)* maîtresse *f* de maison; *(Gastgeberin)* hôtesse *f*

haushoch **A** ADJ de la hauteur d'une maison; *fig Überlegenheit* écrasant; *Niederlage, Sieg* immense **B** ADV *fig gewinnen* °haut la main; **j-m ~ überlegen sein** être supérieur à qn et de loin; écraser qn

Haushund M chien *m* domestique

hausieren V/I **mit etw ~ gehen** colporter qc *(a. fig pej)*

Hausierer M colporteur *m*

Hauskatze F chat *m* domestique **Hauskleid** N robe *f* d'intérieur **Hauslehrer(in)** M(F) précepteur, -trice *m,f*

häuslich **A** ADJ **1** *(das Haus betreffend)* domestique; *Arbeiten a.* à la maison; *Angelegenheit* privé **2** *Person* casanier **B** ADV *umg* **sich ~ bei j-m niederlassen** s'installer chez qn

Hausmacherart F GASTR **nach ~** maison

Hausmann M homme *m* au foyer **Haus-**

mannskost F cuisine *f* maison **Hausmarke** F *umg (bevorzugtes Getränk)* boisson préférée; *in e-m Lokal* marque *f* maison **Hausmeister(in)** M(F) concierge *m/f* **Hausmitteilung** F *in e-r Firma* note *f* de service; *unter Kollegen* note *f*; *für Kunden* circulaire *f* (d'information) **Hausmittel** N remède *m* de bonne femme **Hausmüll** M ordures ménagères **Hausmusik** F musique (jouée) en famille **Hausnummer** F numéro *m* (de la maison) **Hausordnung** F règlement intérieur **Hausputz** M nettoyage *m* (de la maison) **Hausrat** M mobilier *m* et ustensiles *mpl* de ménage **Hausratversicherung** F assurance mobilière **Hausrecht** N droit *m* du maître de la maison **Haussammlung** F collecte *f* à domicile **Hausschlüssel** M clé *f* de la maison **Hausschuh** M pantoufle *f* **Hausschwein** N cochon *m*

Hausse F WIRTSCH °hausse *f*

Haussegen M *umg hum* **bei ihnen hängt der ~ schief** *umg* le torchon brûle

Hausstand M foyer *m* **Hausstauballergie** F allergie *f* à la poussière domestique **Haustelefon** N téléphone intérieur **Haustier** N animal *m* domestique **Haustür** F porte *f* d'entrée

Hausverbot N interdiction *f* d'entrer; **~ haben** ne pas avoir le droit d'entrer; **j-m ~ erteilen** interdire à qn l'entrée

Hausverwalter(in) M(F) gérant(e) *m(f)* (d'un immeuble) **Hausverwaltung** F gérance *f* d'un immeuble **Hauswart** M concierge *m* **Hauswirt(in)** M(F) propriétaire *m/f* (d'une maison) **Hauswirtschaft** F économie *f* domestique; *Lehrfach* enseignement ménager **hauswirtschaftlich** ADJ ménager **Hauswirtschaftslehrerin** F professeur *f* d'enseignement ménager **Hauswirtschaftsleiterin** F intendante *f*; économe *f* **Hauswirtschaftsmeisterin** F diplômée *f* d'économie domestique **Hauswirtschaftsschule** F école ménagère

Hauszelt N (tente *f*) canadienne *f*

Haut F **1** peau *f* (*a. von Obst, auf der Milch*) **2** *Wendungen mit subst umg fig* **mit ~ und Haar(en)** tout entier; entièrement; *umg* **nur noch ~ und Knochen sein** n'avoir plus que la peau et les os **3** *mit adj umg fig* **auf der faulen ~ liegen** flemmarder; *umg* tirer sa flemme; **mit heiler ~ davonkommen** s'en tirer (sans une égratignure) **4** *mit präp* **nass bis auf die ~** trempé jusqu'aux os; *umg* **aus der ~ fahren** sortir de ses gonds; *umg* **niemand kann aus s-r ~ heraus** on ne se refait pas; *umg* **sich in s-r ~ wohl, nicht wohl fühlen** être bien, mal dans sa peau; *umg* **ich möchte nicht in s-r ~ stecken** je ne voudrais pas être à sa place **5** *mit Verb* **sich s-r ~** *(gen)* **wehren** défendre sa peau

Hautabschürfung F éraflure *f*; écorchure *f* **Hautarzt** M, **Hautärztin** F dermatologue *m/f* **Hautausschlag** M éruption cutanée **Hautcreme** F crème *f* pour la peau

häuten **A** V/T *Tier* dépouiller **B** V/R **sich ~** muer

hauteng ADJ collant; moulant

Hautevolee F *oft pej umg* gratin *m*; haute volée

Hautfarbe F couleur *f* de (la) peau **hautfreundlich** ADJ doux pour la peau **Hautkontakt** M contact *m* physique **Hautkrankheit** F maladie *f* de (la) peau **hautnah** **A** ADJ **1** *(sehr nah)* immédiat **2** *umg fig (anschaulich, packend)* prenant; saisissant **B** ADV **1** *(sehr nah)* de tout, très près **2** *umg fig* de façon prenante, saisissante **Hautpflege** F soins *mpl* de la peau **Hautpilz** M MED champignon *m* **Hautreizung** F irritation *f* de la peau **Hautschere** F ciseaux *mpl* à peau **hautschonend** ADJT qui protège la peau **Hauttransplantation** F greffe *f* de (la) peau **Hautunreinheit** F impureté *f* de la peau

Havanna F *Zigarre* °havane *m*

Havarie F **1** SCHIFF, FLUG avarie *f* **2** *an Maschinen* dommage *m*

Hawaii N (les îles *fpl*) Hawaï

Haxe F *südd* → Hachse

Hbf. ABK (Hauptbahnhof) gare centrale

H-Dur N si *m* majeur

he *umg* INT **1** *Zuruf* °hé! **2** *bei Empörung* °hé!; *bei Verwunderung* °holà!

Hebamme F sage-femme *f*

Hebebühne F AUTO pont élévateur

Hebel M levier *m*; *umg fig* **alle ~ in Bewegung setzen** mettre tout en œuvre; *umg fig* **am längeren ~ sitzen** être en position de force

Hebelarm M bras *m* de levier **Hebelwirkung** F effet *m* de levier

heben **A** V/T **1** *(hochheben) Last, Person* soulever; *(nach oben bewegen), Arm, Hand, Kopf etc* lever; *umg* **einen ~** boire un coup **2** *gesunkenes Schiff* relever; *Schatz* déterrer **3** *fig Niveau, Ansehen* améliorer; *Stimmung* faire monter **B** V/R **sich ~** **1** *Vorhang etc* se lever **2** *fig Niveau, Stimmung* s'améliorer

hebräisch ADJ hébraïque; *m a.* hébreu

Hebung F **1** *e-s Schiffes* relevage *m*; *e-s Schatzes* déterrement *m* **2** GEOL soulèvement *m* **3** *fig des Niveaus* élévation *f*; *des Ansehens, der Stimmung* amélioration *f*

hecheln V/I *Hund* °haleter

Hecht M brochet *m*; *umg fig* **ein toller ~** *umg* un type, mec super

hechten VI plonger; faire un plongeon **Hechtsprung** M TURNEN saut *m* de carpe; SCHWIMMEN plongeon *m*

Heck N arrière *m*; SCHIFF *a.* poupe *f* **Heckantrieb** M traction *f* arrière

Hecke F °haie *f*

Heckenrose F *Strauch* églantier *m*; *Blüte* églantine *f* **Heckenschere** F sécateur *m* **Heckenschütze** M tireur embusqué

Heckfenster N lunette *f* arrière **Heckflosse** F AUTO bé(c)quet *m* **Heckklappe** F AUTO °hayon *m* **Heckmotor** M moteur *m* arrière **Heckscheibe** F lunette *f*, vitre *f* arrière

Heer N armée *f* (*a. fig*)

Heeresleitung F (°haut) commandement des armées; état-major *m*

Heerschar F REL **die himmlischen ~en** l'armée *f* céleste; *umg fig* **ganze ~en von …** une armée, une foule de …

Hefe F levure *f*; *zum Backen* levure *f* de boulanger

Hefebrot N pain *m* à la levure de boulanger **Hefegebäck** N pâtisseries *fpl*, petits gâteaux fait(e)s avec une pâte levée **Hefekuchen** M gâteau fait avec une pâte levée **Hefepilz** M levure *f* **Hefeteig** M pâte levée **Hefeteilchen** N *regional* petit gâteau, pâtisserie *f* fait(e) avec une pâte levée **Hefezopf** M *genre de brioche en forme de natte tressée*

Heft[1] N **1** (*Schreibheft*) cahier *m* **2** *e-r Zeitschrift* numéro *m* **3** *bes schweiz* (*Zeitschrift*) revue *f*

Heft[2] *geh* N *e-s Messers* manche *m*; *fig* **das ~ in der Hand haben** tenir les commandes

Heftchen N **1** (*Block*) carnet *m* **2** *oft pej* (*Comicheftchen, Romanheftchen etc*) revue *f*

heften VT **1** *mit Reißzwecken* fixer, *mit Heftklammern* agrafer (**an** [+ *akk*] à) **2** MODE faufiler **3** *Buch* **geheftet** broché **4** **den Blick auf j-n, etw ~** fixer, attacher son regard sur qn, qc

Hefter M **1** (*Heftmaschine*) agrafeuse *f* **2** → Schnellhefter **Heftfaden** M, **Heftgarn** N faufil *m*

heftig ADJ *Schmerzen, Gewitter, Kritik* violent; *Verlangen* ardent; *Regen* fort; *Schnupfen* gros; *Person* **~ werden** s'emporter

Heftigkeit F violence *f*

Heftklammer F agrafe *f* **Heftmaschine** F BÜRO agrafeuse *f* **Heftpflaster** N pansement adhésif; sparadrap *m* **Heftzwecke** F punaise *f*

hegen VT **1** *Wild* protéger; *Pflanzen* soigner; *geh Menschen* prendre soin de; **etw ~ und pflegen** prendre grand soin de qc **2** *fig Zweifel, Verdacht, Hoffnung, Plan* nourrir

Hehl N *od* M **kein(en) ~ aus etw machen** ne pas dissimuler, cacher qc

Hehler M receleur *m*

Hehlerei F recel *m*

heia *kinderspr* **~ machen** faire dodo

Heia *kinderspr* F, **Heiabett** *kinderspr* N *kinderspr* dodo *m*; **in die Heia gehen** aller au dodo

Heide[1] M REL païen *m*

Heide[2] F **1** GEOG lande *f* **2** BOT bruyère *f*

Heidekraut N bruyère *f* **Heidelandschaft** F (paysage *m* de) landes *fpl*

Heidelbeere F myrtille *f*

Heidenangst *umg* F peur bleue; *umg* frousse *f* (**vor** [+ *dat*] de) **Heidenarbeit** *umg* F travail *m* énorme; *umg* boulot *m* monstre **Heidengeld** *umg* N argent, *umg* fric fou **Heidenlärm** *umg* M *umg* boucan *m* du diable **Heidenspaß** *umg* M plaisir fou **Heidenspektakel** *umg* M → Heidenlärm

Heidentum N paganisme *m*; *Personen* païens *mpl*

Heidin F REL païenne *f*

heidnisch ADJ païen

Heidschnucke F ZOOL mouton *m* des Landes de Lüneburg

heikel ADJ délicat

heil ADJ *Person* indemne; sain et sauf; *Sache* intact; *fig* **die ~e Welt** un monde intact; *verletzter Arm* **wieder ~ sein** être guéri; **etw ~ überstehen** sortir indemne de qc

Heil N REL, *fig* salut *m*; **sein ~ in der Flucht suchen** chercher son salut dans la fuite

Heiland M REL Sauveur *m* (! großgeschrieben)

Heilanstalt F maison *f* de santé **Heilbad** N station thermale **heilbar** ADJ guérissable; curable **Heilbarkeit** F curabilité *f* **Heilbehandlung** F traitement *m* thérapeutique

Heilbutt M flétan *m*

heilen VT *u.* VI guérir (**von** de)

Heilerde F terre médicamenteuse **Heilfasten** N jeûne *m* thérapeutique

heilfroh *umg* ADJ très content, heureux; *umg* vachement content

Heilgymnastik F gymnastique corrective

heilig **A** ADJ **1** saint; **der ~e Paulus** saint Paul; **der Heilige Abend** la veille, le soir de Noël; **die Heiligen Drei Könige** *mpl* les Rois *mpl* mages **2** (*geweiht, geh fig unantastbar*) sacré; **~es Feuer** feu sacré; **mein Schlaf ist mir ~** le sommeil, pour moi c'est sacré; **ihm ist nichts ~** il ne respecte rien **B** ADV → heilighalten, heiligsprechen

Heiligabend M veille *f*, soir *m* de Noël

Heilige(r) M/F(M) saint(e) *m(f)*; *umg iron* **ein komischer Heiliger** un drôle de paroissien

Heiligenbild N image sainte **Heiligenschein** M auréole *f* (*a. fig*); nimbe *m*

Heiligkeit F sainteté *f*; **Seine ~** *(Papst)* Sa Sainteté
heiligsprechen V/T canoniser
Heiligsprechung F canonisation *f* **Heiligtum** N sanctuaire *m*
Heilkraft F vertu *f* thérapeutique **Heilkräuter** NPL herbes médicinales; simples *mpl* **Heilkunde** F médecine *f*
heillos A ADJ terrible; incroyable; **ein ~es Durcheinander** un désordre incroyable; *fig* une terrible confusion B ADV terriblement
Heilmethode F méthode curative; thérapie *f* **Heilmittel** N remède *m*; *(Arznei)* médicament *m* **Heilpädagoge** M, **Heilpädagogin** F éducateur, -trice *m,f* spécialisé(e), *in e-r Einrichtung a.* dans un institut médico-éducatif **Heilpädagogik** F pédagogie curative, spéciale **Heilpflanze** F plante médicinale **Heilpraktiker(in)** M(F) praticien, -ienne *m,f* de médecines parallèles **Heilquelle** F source *f* d'eau thermale
heilsam ADJ salutaire
Heilsarmee F Armée *f* du Salut
Heilschlaf M cure *f* de sommeil **Heilstätte** F maison *f* de santé; *für Lungenkranke a.* sanatorium *m*
Heilung F guérison *f* **Heilungsprozess** M processus *m* de guérison
Heilwasser N eau minérale **Heilwirkung** F effet *m* thérapeutique
heim ADV à la maison
Heim N 1 *(Zuhause)* chez-soi *bzw.* chez-moi, *etc m*; foyer *m* 2 *(Kinderheim, Studentenheim)* foyer *m*; *(Altersheim)* maison *f* de retraite; *(Obdachlosenheim)* asile *m* de nuit
Heimarbeit F travail *m* à domicile **Heimarbeiter(in)** M(F) travailleur, -euse *m,f* à domicile
Heimat F patrie *f*; *(Heimatland)* pays (natal); *e-r Spezialität* lieu *m* d'origine; **in meiner ~** dans mon pays
Heimatdichter(in) M(F) écrivain *m* du terroir **Heimatfilm** M film *m* régionaliste (sentimental) **Heimathafen** M port *m* d'attache **Heimatkunde** F *Schulfach* géographie *f* et culture *f* d'une région **Heimatland** N pays natal **heimatlich** ADJ de mon, ton, *etc* pays **heimatlos** ADJ sans patrie; apatride **Heimatmuseum** N musée local, régional **Heimatort** M lieu *m* d'origine **Heimatroman** M roman *m* régionaliste **Heimatstadt** F ville natale **Heimatverein** M association *f* folklorique **Heimatvertriebene(r)** M/F(M) personne déplacée
heimbringen V/T 1 *Person* raccompagner 2 *Sache* ramener
Heimchen N 1 ZOOL grillon *m* domestique 2 *umg pej* **~ (am Herd)** brave (petite) ménagère
Heimcomputer M micro-ordinateur *m*
heimelig ADJ douillet; où l'on est bien
Heimerziehung F éducation *f* en foyer
heimfahren A V/T **j-n ~** ramener qn chez soi B V/I rentrer chez soi
Heimfahrt F (voyage *m* de) retour *m*; **auf der ~** au retour; en rentrant
heimfinden V/I trouver le chemin pour rentrer
Heimgang *geh fig geh* décès *m*
heimgehen V/I 1 rentrer chez soi 2 *geh fig (sterben)* décéder
heimisch ADJ 1 *Bevölkerung, Industrie, Produkte etc* du pays; local; *Pflanze, Tier* indigène 2 *(vertraut)* familier; **sich ~ fühlen** se sentir chez soi; **~ werden** s'acclimater
Heimkehr F retour *m* (chez soi, au pays); **bei s-r ~** en rentrant; à son retour
heimkehren V/I rentrer
Heimkehrer M 1 personne *f* qui revient 2 *(Kriegsheimkehrer)* rapatrié *m*
Heimkind N enfant *m* vivant dans un foyer, (placé) en foyer
heimkommen V/I rentrer; revenir **heimlaufen** V/I rentrer chez soi à pied; *schnell* courir à la maison, chez soi
Heimleiter(in) M(F) directeur, -trice *m,f* du foyer, de l'asile de nuit, *etc* **Heimleitung** F direction *f* du foyer, de l'asile de nuit, *etc*
heimleuchten V/I *umg fig* **j-m ~** dire ses quatre vérités, son fait à qn
heimlich A ADJ secret; *(heimlich u. illegal)* clandestin B ADV *tun etc* en secret; secrètement; *umg* **~, still und leise** *umg* en douce
Heimlichkeit F secret *m*; **in aller ~** dans le plus grand secret
Heimlichtuerei F cachotterie(s) *f(pl)*
heimmüssen V/I **ich muss heim** il faut que je rentre *(subj)*
Heimniederlage F SPORT défaite *f* à domicile **Heimplatz** M place *f* en foyer **Heimrecht** N SPORT droit *m* de jouer sur son propre terrain
Heimreise F voyage *m* de retour; **auf der ~** au retour; en rentrant
Heimsieg M SPORT victoire *f* à domicile **Heimspiel** N SPORT match *m* à domicile
heimsuchen V/T *Krieg, Epidemie* éprouver; *Katastrophe, Seuche etc* frapper; affliger; *Geister* °hanter
Heimsuchung F *(Schicksalsprüfung)* épreuve *f*; *(Geißel)* fléau *m*
Heimtrainer M °home-trainer *m*; vélo *m* d'appartement **Heimtücke** F *e-r Person* sournoiserie *f*; *e-r Krankheit* caractère insidieux; *plus*

fort traîtrise *f* **heimtückisch** ADJ *Person, Handlung* sournois; *Krankheit* insidieux; *plus fort* traître **Heimvorteil** M SPORT avantage *m* de jouer sur son terrain **heimwärts** ADV (*nach Hause*) chez soi; (*in die Heimat*) vers son pays

Heimweg M chemin *m* du retour; **sich auf den ~ machen** prendre le chemin du retour

Heimweh N mal *m* du pays; *fig* nostalgie *f* (**nach** de); **~ haben** avoir le mal du pays

Heimwerker M bricoleur *m*

heimzahlen V/T **es j-m ~** rendre la pareille à qn; **das werde ich dir ~!** tu me le paieras!

Heinrich M Henri *m*

Heinzelmännchen N lutin *m*

Heirat F mariage *m*

H

Heirat = mariage

Wird anders geschrieben als englisch „marriage".

FEHLERQUELLEN

heiraten A V/T épouser; se marier avec B V/I se marier

Heiratsantrag M demande *f* en mariage; **j-m e-n ~ machen** demander qn en mariage

Heiratsanzeige F 1 (*Heiratsannonce*) annonce matrimoniale 2 (*Vermählungsanzeige*) faire-part *m* de mariage **heiratsfähig** ADJ en âge de se marier; ADMIN nubile **Heiratsschwindler** M escroc *m* au mariage **Heiratsurkunde** F acte *m* de mariage; *Abschrift* extrait *m* de mariage **Heiratsvermittler(in)** M(F) agent matrimonial **Heiratsvermittlung** F agence matrimoniale **Heiratsversprechen** N promesse *f* de mariage

heiser ADJ enroué **Heiserkeit** F enrouement *m*

heiß A ADJ 1 (très) chaud; (*kochend heiß*) bouillant; (*glühend heiß*) brûlant; *Klima* torride; **mir ist ~** j'ai chaud; **~ laufen** TECH chauffer; **~ machen** (faire) chauffer 2 *fig Wunsch, Liebe* ardent; *Kampf, Diskussion* acharné; passionné 3 (*aufreizend*) excitant; *Musik, Rhythmus* chaud; *umg* d'enfer; *umg* **ein ~er Typ** *umg* un mec cool 4 *umg fig heikel* chaud; délicat; *Thema* brûlant 5 *umg fig Tipp etc* sûr; **auf e-r ~en Spur sein** être sur une piste brûlante 6 *umg Person* **(ganz) ~ auf etw** (*akk*) **sein** *umg* être un mordu de qc B ADV 1 (très) chaud 2 *fig* **j-n ~ und innig lieben** adorer qn; *umg* **es ging ~ her** *umg* ça chauffait, bardait; **~ ersehnt** ardemment désiré; **~ geliebt** ardemment aimé; **~ umstritten** ardemment disputé

heißblütig ADJ 1 (*leicht aufbrausend*) qui a le sang chaud 2 (*feurig*) ardent; *Liebhaber* fougueux

heißen A V/I 1 (*den Namen haben*) s'appeler; **wie ~ Sie?** comment vous appelez-vous?; quel est votre nom? 2 (*bedeuten*) signifier; vouloir dire; **was soll das (denn) ~?** qu'est-ce que cela veut dire?; **das will nichts ~** cela ne veut rien dire; **was** *od* **wie heißt „Haus" auf Französisch?** comment dit-on «Haus» en français?; *erklärend, berichtigend* **das heißt** c'est-à-dire B V/UNPERS 1 **es heißt, (dass) …** on dit que …; il paraît que … 2 **da heißt es aufgepasst** c'est là qu'il s'agit de faire attention 3 (*geschrieben stehen*) **es heißt an dieser Stelle …** il est dit à cet endroit …

heißersehnt ADJT ardemment désiré **heißgeliebt** ADJT ardemment aimé

Heißhunger M *umg* fringale *f* (**auf** [+ *akk*] de; *a. fig*)

heißlaufen V/I → heiß A 1

Heißluft F air chaud **Heißluftballon** M ballon *m* à air chaud; montgolfière *f* **Heißluftherd** M four *m* à chaleur tournante

heißmachen V/T → heiß A 1

Heißmangel F machine *f* à repasser; repasseuse *f* **heißumstritten** ADJT ardemment disputé **Heißwasserbereiter** M chauffe-eau *m*

heiter ADJ 1 *Wetter* beau; *Himmel* serein 2 *Person, Wesen* gai; enjoué 3 *Szene, Geschichte* amusant; *umg iron* **das kann ja ~ werden!** *umg* ça promet!

Heiterkeit F (*Fröhlichkeit*) gaieté *f*; (*Belustigung*) hilarité *f*

heizbar ADJ qui peut être chauffé; *Heckscheibe* chauffant **Heizdecke** F couverture chauffante

heizen V/T u. V/I chauffer

Heizer M chauffeur *m*

Vorsicht beim Heiraten und Verheiraten!

Er hat seine Freundin **geheiratet**.	Il **s'est marié avec** son amie. Il a **épousé** son amie.	**jemanden heiraten:** se marier avec qn, épouser qn
Monsieur Khadra hat seine Tochter mit einem Nachbarn **verheiratet**.	Monsieur Khadra a **marié** sa fille à un voisin.	**jemanden mit jemandem verheiraten:** marier qn à qn

FEHLERQUELLEN

Heizfläche F surface *f* de chauffe **Heizkessel** M chaudière *f* **Heizkissen** N coussin électrique, chauffant **Heizkörper** M radiateur *m* **Heizkosten** PL frais *mpl* de chauffage **Heizkraftwerk** N centrale *f* thermique **Heizlüfter** M radiateur soufflant **Heizmaterial** N combustible(s) *m(pl)* **Heizofen** M radiateur *m* **Heizöl** N fuel *m*; mazout *m* **Heizperiode** F période *f* de chauffage **Heizplatte** F 1 *(Kochplatte)* plaque *f* électrique 2 *(Warmhalteplatte)* chauffe-plats *m* **Heizstrahler** M radiateur (électrique) rayonnant

Heizung F chauffage *m*

Heizungsanlage F installation *f* de chauffage **Heizungskeller** M chaufferie *f* **Heizungsmonteur** M installateur *m* (de chauffage); chauffagiste *m*

Hektar N *od* M hectare *m*

Hektik F agitation *f*

hektisch ADJ *Person* énervé; nerveux; *Leben* trépidant; *Bewegung* nerveux; *Betriebsamkeit* fiévreux

Hektoliter M *od* N hectolitre *m*

helau INT *im Karneval* °hourra!

Held M °héros *m* (*a. Romanheld, fig*)

Heldenepos N épopée *f* **heldenhaft** ADJ héroïque **Heldenmut** M héroïsme *m* **heldenmütig** ADJ héroïque **Heldensage** F légende *f* héroïque **Heldentat** F prouesse *f*; *iron* exploit *m* **Heldentenor** M fort ténor *m* **Heldentum** N héroïsme *m*

Heldin F héroïne *f*

helfen V/I 1 *(behilflich sein)* **j-m ~** aider qn (**bei der Arbeit** dans son travail); **j-m in den, aus dem Mantel ~** aider qn à mettre, ôter son manteau; **sich** *(dat)* **zu ~ wissen** savoir se débrouiller; **sich** *(dat)* **nicht mehr zu ~ wissen** ne plus savoir quoi *od* que faire; **ich kann mir nicht ~, (aber) ich muss lachen** je ne peux pas m'empêcher de rire; **dem Kranken ist nicht mehr zu ~** on ne peut plus rien faire pour le malade; *umg fig* **ihm ist nicht zu ~** c'est un cas désespéré; *drohend umg* **dir werde ich ~!** attends un peu que je t'aide! 2 *(nützen) Mittel, Maßnahme* servir; *Medikament* **gegen** *od* **bei Zahnschmerzen ~** être bon pour, contre le mal de dents; **das hilft nichts** cela ne sert à rien; **es hilft alles nichts**, *wir müssen gehen* il n'y a rien à faire

Helfer(in) M(F) aide *m/f*; **ein freiwilliger ~** un aide bénévole

Helfershelfer M *pej* acolyte *m*

Helikopter M hélicoptère *m*

Helium N hélium *m*

hell A ADJ 1 *(nicht dunkel)* clair; (*a. Farbe, Stimme, Klang*); *Bier, Tabak* blond; *(leuchtend)* lumineux; *Stern* brillant; **es wird ~** il commence à faire jour 2 *fig Person* intelligent; **ein ~er Kopf** un esprit lucide 3 *umg fig Begeisterung, Freude* (le plus) complet; *Freude a.* parfait; **s-e ~e Freude an etw** *(dat)* **haben** être très content de voir qc; **in ~er Verzweiflung** complètement désespéré B ADV **~ leuchten** *Lampe* éclairer bien; **~ klingen** rendre un son clair

hellauf ADV **~ begeistert sein** être très, complètement enthousiaste

hellblau ADJ bleu clair (! unveränderlich)

hellblond ADJ blond clair (! unveränderlich)

Helle(s) *umg* N bière blonde

Heller M *fig* **auf ~ und Pfennig** au centime près

hellgrün ADJ vert clair (! unveränderlich)

hellhäutig ADJ à, qui a la peau claire **hellhörig** ADJ 1 *Wohnung* sonore 2 *Person* attentif

Helligkeit F clarté *f*; *e-r Lichtquelle*, TV luminosité *f*

Helligkeitsregler M ELEK variateur *m* de lumière

helllicht ADJ **am ~en Tag(e)** en plein jour

hellrot ADJ rouge clair (! unveränderlich)

hellsehen V/I **~ können** avoir le don de double vue

Hellseher(in) M(F) voyant(e) *m(f)*

hellseherisch ADJ **~e Fähigkeiten** don *m* de double vue, de voyance

hellsichtig ADJ *(scharf blickend)* lucide; *(weitblickend)* clairvoyant **hellwach** ADJ 1 tout à fait éveillé 2 *umg fig (aufgeweckt)* éveillé; malin

Helm M MIL, *(Schutzhelm)* casque *m*; HIST °heaume *m*

Hemd N *(Oberhemd)* chemise *f*; *(Unterhemd)* maillot *m* de corps

Hemdbluse F chemisier *m* **Hemdblusenkleid** N robe *f* chemisier

Hemdsärmel M manche *f* de chemise; **in ~n** en bras de chemise

hemdsärmelig ADJ 1 en bras de chemise 2 *umg fig (leger)* décontracté

Hemisphäre F hémisphère *m*

hemmen V/T 1 *Bewegung, fig* freiner; TECH, *Entwicklung, Prozess* arrêter; *fig (behindern)* entraver 2 PSYCH inhiber

Hemmnis N obstacle *m*, entrave *f* (**für** à, pour)

Hemmschuh M *fig* frein *m* (**für** pour)

Hemmung F 1 *(Verlangsamung)* ralentissement *m*; freinage *m* 2 PSYCH inhibition *f* 3 *pl* **~en** *(Gehemmtheit)* complexes *mpl*; **~en haben** avoir des complexes; *(Bedenken haben)* avoir des scrupules

hemmungslos A ADJ déchaîné; *(skrupellos)* sans scrupules B ADV sans retenue; *(skrupellos)* sans scrupules **Hemmungslosigkeit** F

manque *m* de retenue; (*Skrupellosigkeit*) absence *f* de scrupules
Hendl N *bayrisch, österr* poulet *m*; GASTR poulet rôti
Hengst M étalon *m*
Henkel M anse *f* **Henkelkorb** M panier *m* à anse(s)
henken *geh* V/T pendre
Henker M bourreau *m*; *sl* **weiß der ~!** *umg* j'en sais rien!
Henkersmahlzeit F dernier repas d'un condamné; *fig hum* dernier (bon) repas
Henna F *od* N °henné *m*
Henne F poule *f*

H

Heparin N MED héparine *f*
Hepatitis F hépatite *f*; **~ A, B** hépatite (virale) A, B
her ADV **1** (*hierher*) par ici; **~ zu mir!** (viens *bzw.* venez) ici!; **~ damit!** donne(z)-le(-moi)!; **von ... ~** (du côté) de ...; **von weit ~** de loin; **wo ist er ~?** d'où est-il, vient-il?; **hinter j-m ~ sein** être aux trousses de qn; *verliebt* courir après qn; **hinter e-r Sache ~ sein** être à la poursuite, recherche de qc **2** *Zeit* **von früher ~** d'autrefois; **es ist (schon) lange ~(, dass ...)** il y a, cela fait (déjà) longtemps (que ...); **das ist ein Jahr ~** cela fait un an; il y a un an **3** *fig* **von der Form** *etc* **~** du point de vue de la forme, *etc*; *fig* **damit ist es nicht weit ~** ce n'est pas extraordinaire
herab *geh* ADV **von oben ~** d'en °haut; *fig* **sie sah ihn von oben ~ an** elle le regarda de haut, avec dédain
herabblicken *geh* V/I regarder vers le bas; **von etw ~** regarder du haut de qc; **auf die Stadt ~** regarder la ville en bas; *fig* **auf j-n ~** regarder qn de haut
herabhängen V/I pendre
herablassen **A** *geh* V/T faire descendre; *Jalousien* baisser **B** V/R *fig* **sich ~, etw zu tun** s'abaisser à faire qc; *auf e-e Bitte hin* condescendre à faire qc
herablassend **A** ADJT condescendant **B** ADVL avec condescendance
herabsehen V/I → herabblicken
herabsetzen V/T **1** *Preis, Ware* baisser; *Geschwindigkeit* réduire; **zu herabgesetztem Preis** à prix réduit **2** *fig Leistung, Person* déprécier
Herabsetzung F **1** *der Preise etc* réduction *f* **2** *fig* dépréciation *f*
herabsteigen *geh* → hinuntersteigen **herabstürzen** *geh* → hinunterstürzen **herabwürdigen** V/T déprécier
Herabwürdigung F dépréciation *f*
Heraldik F héraldique *f*
heran ADV **nur ~!** approche(z) donc!; **(dicht) an etw** (*akk*) **~** tout près de qc
heranbilden V/T (*u.* V/R) (**sich ~** se) former
heranfahren V/I **an etw, j-n ~** s'approcher de qc, qn; **rechts ~** serrer à droite
heranführen V/T **j-n an etw** (*akk*) **~** amener qn à qc; *fig* initier qn à qc
herangehen V/I **1** **an etw, j-n ~** s'approcher de qc, qn **2** *fig* **an ein Problem** *etc* **~** aborder un problème, *etc*
herankommen V/I **1** **an etw, j-n ~** s'approcher de qc, qn; **die Dinge an sich** (*akk*) **~ lassen** laisser venir **2** **an etw** (*akk*) **~** (*heranreichen*) atteindre qc; *fig* (*bekommen*) avoir accès à qc **3** *fig* **an j-n ~** (*Kontakt aufnehmen*) approcher qn; (*j-m gleichkommen*) égaler qn
heranlassen V/T **1** **j-n, etw an j-n, etw ~** laisser qn, qc approcher *bzw.* toucher qn, qc **2** *fig* **niemand(en) an sich** (*akk*) **~** être inaccessible (à tous)
heranmachen *umg* V/R **sich an etw** (*akk*) **~** (*in Angriff nehmen*) s'attaquer à qc; **sich an j-n ~** accoster qn
heranreichen V/I **1** **an etw** (*akk*) **~** atteindre qc **2** *fig* **an j-n, etw ~** égaler qn, qc
heranreifen V/I mûrir (*a. Plan etc*); **zur Künstlerin ~** devenir une véritable artiste
heranrücken **A** V/T **etw an etw, j-n ~** approcher qc de qc, qn **B** V/I **an etw, j-n ~** s'approcher de qc, qn; **er rückte näher an sie heran** il se rapprocha d'elle
herantasten V/R **sich an** (+ *akk*) **~** s'approcher à tâtons de; *fig an ein Problem* aborder prudemment
herantreten V/I **1** **(an j-n, etw) ~** s'approcher (de qn, qc) **2** *fig* **an j-n (mit e-r Bitte) ~** s'adresser à qn (pour demander qc)
heranwachsen V/I grandir **Heranwachsende(r)** M/F(M) adolescent(e) *m(f)*; JUR personne *f* entre 18 et 21 ans
heranwagen V/R **sich an j-n, etw ~** oser s'approcher de qn, qc; **sich an e-e Aufgabe ~** se risquer à entreprendre une tâche
heranziehen **A** V/T **1** *Gegenstand* rapprocher **2** *zu Zahlungen* mettre à contribution; *zu e-r Arbeit* faire appel à; *Fachmann* consulter **3** *Tier, Kind* élever; *Pflanze* faire pousser **4** *Beleg, Material* se servir de **B** V/I s'approcher
herauf ADV **hier, da ~!** par ici!; par là!; **von unten ~** d'en bas
heraufarbeiten → hocharbeiten **heraufbeschwören** V/T *Erinnerungen* évoquer; *Gefahr* provoquer **heraufkommen** V/I monter **heraufsetzen** V/T *Preis etc* augmenter; majorer **heraufsteigen** V/I monter (**auf** [+ *akk*] sur) **heraufziehen** **A** V/T monter **B** V/I *Gewitter, Unheil* approcher

heraus ADV dehors; **von innen ~** de l'intérieur; **aus e-m Gefühl des Mitleids ~** par pitié; *umg* **~ damit!** donne(z)-le!; montre(z)-le!; **~ sein** *(draußen sein)* être sorti; *(entfernt sein)* être enlevé; *Blüten* être sorti; *Buch* être paru, sorti; *(ausgesprochen sein)* être dit

herausarbeiten VT 1 *aus Stein, Holz* sculpter 2 *fig Gedanken, Unterschiede* faire ressortir; mettre en relief

herausbekommen VT 1 *Nagel, Fleck* arriver à enlever 2 *Geheimnis* découvrir; **etw aus j-m ~** arracher qc à qn 3 *Lösung* (parvenir à) trouver 4 **Sie bekommen zehn Euro heraus** je vous rends dix euros 5 *Wort umg* (pouvoir) sortir

herausbilden V/R **sich ~** se former

herausbringen VT 1 *(nach außen bringen)* apporter 2 *(veröffentlichen)* sortir; *fig* **etw, j-n groß ~** mettre qc, qn en vedette 3 *Wort umg* (pouvoir) sortir 4 *umg* → herausbekommen

herausfahren A VT 1 *Fahrzeug, Person* sortir 2 SPORT *Sieg, Platz, Zeit* obtenir B VI 1 sortir (**aus** de) 2 *umg fig Wort* échapper

herausfallen VI tomber (**aus** de) **herausfiltern** VT filtrer *(a. fig)* **herausfinden** A VT découvrir B VI trouver la sortie (**aus** de)

herausfischen *umg* VT pêcher (**aus** dans); **sich** *(dat)* **das Beste ~** prendre le meilleur

Herausforderer M SPORT, *fig* challenger *m*

herausfordern A VT 1 **j-n ~** *(provozieren)* provoquer qn; SPORT défier qn 2 *Kritik, Widerspruch* provoquer B VI **zu etw ~** *zum Protest* provoquer qc

herausfordernd ADJ provocant **Herausforderung** F défi *m (a.* SPORT); *(Provokation)* provocation *f*

Herausgabe F 1 *e-s Besitzes* restitution *f*; remise *f*; *e-r Geisel* libération *f* 2 *e-r Zeitschrift* publication *f*; *e-s Buches a.* édition *f*

herausgeben A VT 1 *(herausreichen)* passer (au dehors) 2 *Besitz* restituer; remettre; *Gefangenen* livrer; *Geisel* libérer 3 *Zeitschrift* publier; *Buch, Text a.* éditer 4 *Wechselgeld* rendre B VI *als Wechselgeld* rendre la monnaie

Herausgeber(in) M(F) *e-s Buches* éditeur *m*; *e-r Zeitschrift* directeur, -trice *m,f* de la publication

herausgehen VI 1 *nach außen* sortir; *fig* **aus sich** *(dat)* **~** sortir de sa réserve 2 *Nagel, Korken* sortir; *Fleck* partir

herausgreifen VT prendre (au hasard) (**aus** parmi)

heraushaben *umg* VT 1 *Nagel etc* être arrivé à faire sortir 2 *(herausgefunden haben)* savoir; avoir trouvé *(a. Lösung)* 3 *(beherrschen)* **etw ~** savoir s'y prendre

heraushalten A VT 1 *(nach außen halten)* tendre au dehors 2 *umg fig (nicht verwickeln)* tenir à l'écart (**aus** de); ne pas mêler (à) B V/R *umg* **sich aus etw ~** ne pas se mêler de qc

heraushängen A VT *Schild etc* suspendre; accrocher B VI *aus e-m Fenster* pendre (**aus** par); *aus der Tasche* sortir (de)

herausheben A VT 1 (faire) sortir 2 *fig* faire ressortir B V/R **sich ~** se détacher; *Gegenstände a.* ressortir

heraushelfen VI **j-m aus etw ~** aider qn à sortir de qc; *fig* **j-m aus e-r Verlegenheit ~** tirer qn d'embarras

herausholen VT 1 *aus e-r Tasche etc* sortir 2 *umg fig Antwort* **aus j-m ~** tirer de qn; arracher à qn; *Gewinn* **aus etw ~** tirer de qc; **das Letzte aus sich** *(dat)* **~** tirer le maximum de soi-même

heraushören VT percevoir

herauskehren VT *Eigenschaft* montrer; faire voir; **den Vorgesetzten ~** jouer ostensiblement son rôle de chef

herauskommen VI 1 *aus e-m Raum, Land etc* sortir (**aus** de); *fig* **aus dem Lachen nicht ~** ne plus, pas pouvoir s'arrêter de rire 2 *umg Resultat* **bei etw ~** résulter de qc; **was kommt (bei der Aufgabe) heraus?** quel est ton, *etc* résultat?; *fig* **auf dasselbe ~** revenir au même; **dabei kommt nichts heraus** cela ne mène, ne sert à rien 3 *umg Verborgenes* se savoir 4 *Neuerscheinung etc* sortir; **mit e-m neuen Produkt ~** sortir, lancer un nouveau produit; *umg fig Künstler, Produkt etc* **groß ~** être lancé

herauskriegen *umg* VT → herausbekommen **herauskristallisieren** V/R **sich ~** *fig* se cristalliser; se préciser **herauslaufen** VI 1 sortir (en courant) 2 *(herausfließen)* couler (**aus** de)

herauslesen VT **etw aus etw ~** *aus e-m Text* deviner qc à la lecture de qc; *aus e-m Blick* lire qc dans, sur qc

herauslocken VT 1 attirer; *Person* faire sortir 2 *Geheimnis* arracher; *Geld* soutirer **herausmachen** *umg* A VT enlever *(a. Fleck)* B V/R **sich ~** (bien) se développer

herausmüssen *umg* VI 1 **er muss heraus** il faut qu'il sorte; *(aufstehen müssen)* **sie muss früh heraus** elle doit se lever tôt 2 **der Zahn muss heraus** il faut arracher la dent

herausnehmen A VT **etw (aus etw) ~** retirer qc (de qc); *umg* **j-m den Blinddarm ~** enlever l'appendice à qn B *umg* V/R **sich** *(dat)* **etw ~** se permettre de faire qc

herauspauken *umg* VT **j-n (aus e-r Sache) ~** tirer qn de qc

herausplatzen *umg* VI *vor Lachen* éclater de rire; **mit e-r Neuigkeit ~** crier une nouvelle

herausputzen VT *(u.* V/R **sich ~)** bien (s')habiller; *Frau* (s')habiller coquettement; (se) pomponner

herausragen VI 1 **aus etw ~** dépasser (de) qc; *Gebäude a.* dominer qc 2 *fig* **über etw, j-n ~** être supérieur à qc, qn

herausragend ADJT *fig* excellent; éminent

herausreden V/R **sich ~** s'en tirer par de belles paroles

herausreißen VT *Haare, Pflanze* arracher; *Fliesen etc* enlever; **j-n aus s-r Arbeit, dem Schlaf ~** tirer qn de son travail, de son sommeil

herausrücken *umg* A VT (*hergeben*) donner; **wieder ~** rendre B VI **mit etw ~** donner qc; sortir qc; **mit der Sprache ~** s'expliquer; (*gestehen*) lâcher le morceau

H

herausrutschen VI 1 glisser, sortir (**aus** de) 2 *umg fig Wort etc* échapper **herausschinden** *umg* VT *Vorteil, Gewinn* tirer; *Geld, Zeit* gagner

herausschlagen A VT 1 *Nagel etc* faire sortir 2 *umg fig Geld, Zeit* gagner; *Vorteil* **aus, bei etw ~** tirer de qc B VI *Flammen* jaillir, sortir (**aus** de)

herausschneiden VT couper, *Verzierung, Muster* découper (**aus** dans, de); *schlechte Stelle* enlever

herausspringen VI 1 (**aus etw, aus dem Fenster**) **~** sauter (de qc, par la fenêtre) 2 (*sich lösen*) sortir; *Sicherung* sauter 3 *umg fig als Gewinn etc* rapporter

herausstellen A VT 1 *nach draußen* sortir; mettre dehors 2 *fig* (*hervorheben*) mettre en évidence, relief B V/R **sich ~** s'avérer (**als wahr, falsch** vrai, faux)

herausstrecken VT tendre (**aus, zu** par); **j-m die Zunge ~** tirer la langue à qn

herausstreichen VT 1 (*wegstreichen*) barrer 2 (*hervorheben*) faire valoir; souligner

herausstürzen VI (*herauseilen*) sortir précipitamment (**aus** de)

heraussuchen VT chercher (**aus** dans, parmi, au milieu de)

herauswachsen VI sortir (**aus** de); **er ist aus s-n Kleidern herausgewachsen** ses vêtements ne lui vont plus

herauswagen V/R **sich ~** oser sortir **herauswaschen** VT *Fleck* laver **herauswerfen** → hinauswerfen **herauswirtschaften** VT *Gewinn* économiser (**aus** sur)

herausziehen A VT *aus dem Wasser etc* retirer, sortir (**aus** de); *Schublade* tirer; *Nagel, Zahn* arracher B VI **aus der Stadt ~** quitter la ville

herb ADJ 1 *im Geschmack* âpre; *Wein* sec 2 *fig Enttäuschung* amer; *Schönheit, Wesen* austère; *Kritik* sévère

Herbarium N herbier *m*

herbei ADV **~!** venez!; approchez!

herbeieilen VI accourir **herbeiführen** VT *Ereignis, Niederlage, Tod* causer; provoquer; *Entscheidung* entraîner **herbeikommen** VI (s')approcher; venir **herbeilaufen** VI accourir **herbeirufen** VT appeler; *Taxi* °héler **herbeischaffen** VT *Gegenstände* apporter; *Beweismaterial* procurer; fournir **herbeisehnen** VT → herbeiwünschen **herbeiströmen** VI affluer **herbeiwünschen** VT souhaiter la venue de

herbemühen *geh* A VT **j-n ~** prier qn de venir B V/R **sich ~** se donner la peine de venir

Herberge F 1 (*Unterkunft*) gîte *m* 2 (*Jugendherberge*) auberge *f* de (la) jeunesse

Herbergseltern PL parents *mpl* aubergistes **Herbergsmutter** F mère *f* aubergiste **Herbergsvater** M père *m* aubergiste

herbestellen VT faire venir **herbeten** VT *fig pej* réciter (machinalement) **herbitten** VT prier de venir **herbringen** VT *Sache* apporter; *Person, Sache* amener

Herbst M automne *m*; **im ~** en automne

Herbstanfang M début *m* de l'automne **Herbstferien** PL vacances *fpl* d'automne **Herbstkollektion** F collection *f* d'automne **Herbstlaub** N feuilles *fpl* d'automne **herbstlich** ADJ de l'automne; *bes Wetter* d'automne **Herbsttag** M jour *m* d'automne **Herbstzeitlose** F colchique *m*

Herd M 1 (*Küchenherd*) cuisinière *f*; fourneau *m* 2 *fig e-r Krankheit, e-s Erdbebens* foyer *m*

Herde F troupeau *m*

Herdentier N 1 animal *m* grégaire 2 *fig pej* mouton *m* (de Panurge) **Herdentrieb** M instinct *m* grégaire

Herdplatte F plaque (chauffante)

herein ADV **~!** entrez!; **hier ~!** entrez (par) ici!; **von draußen ~** du dehors; **zum Fenster ~** par la fenêtre

hereinbekommen *umg* VT *Ware, Sender* recevoir

hereinbitten VT **j-n ~** prier qn d'entrer

hereinbrechen VI *Wassermassen* faire irruption; *Nacht* tomber; *Unwetter, Unheil* s'abattre (**über etw, j-n** sur qc, qn)

hereinbringen VT apporter; *Person, Tier* **mit ~** amener

hereinfallen VI 1 *Licht* entrer 2 *umg fig* → reinfallen **hereinführen** VT introduire **hereinholen** VT 1 *Person* faire entrer; *Sache* rentrer 2 *fig Aufträge* aller prendre **hereinkommen** VI 1 entrer 2 *umg fig Waren* arriver; *Geld* rentrer **hereinkriegen** *umg* VT → hereinbekommen **hereinlassen** VT faire *bzw.* laisser entrer

hereinlegen VT *umg fig* **j-n ~** *umg* rouler qn

hereinplatzen *umg* VI entrer à l'improviste

hereinrufen VT **j-n ~** appeler qn

hereinschneien VI *umg fig* **bei j-m ~** *umg* débarquer chez qn
hereinsehen VI **1** **zum Fenster ~** regarder par la fenêtre **2** *umg fig* **bei j-m ~** passer voir qn
hereinspazieren *umg* VI entrer; **hereinspaziert!** entrez donc
hereinströmen VI *Luft, Gas* entrer; pénétrer; *Wasser* entrer à flots; *Menschen* affluer **hereinstürzen** VI *Person in e-n Raum* entrer précipitamment; faire irruption (*a. Wasser*) **hereintragen** VT rentrer, apporter (**in** [+ *akk*] dans)
hereinwinken VT **j-n ~** faire signe à qn d'entrer
herfahren **A** VT *Sache* apporter (en voiture, *etc*); *Sache, Person* amener (en voiture, *etc*) **B** VI **1** *nach hier* venir (en voiture, *etc*) **2** **vor j-m ~** précéder qn; rouler devant qn; **hinter j-m ~** suivre qn
Herfahrt F **auf der ~** en venant (ici)
herfallen VI **über j-n ~** se jeter sur qn; assaillir qn; **über etw** (*akk*) **~** se jeter sur qc; *fig pej* critiquer (férocement), déchirer qc
herfinden VI trouver (qn, qc, le chemin de qc)
herführen **A** VT amener; **was führt dich her?** qu'est-ce qui t'amène? **B** VI *Weg, Spur* mener, conduire ici
Hergang M déroulement *m*
hergeben VT **1** (*reichen*) donner **2** **(wieder) ~** redonner; rendre **3** (*weggeben*) donner; *fig* **sich für etw ~** se prêter à qc
hergebracht ADJT traditionnel
hergehen **A** VI **vor j-m ~** marcher devant qn; **(dicht) hinter j-m ~** suivre qn (de près) **B** *umg* V/UNPERS **gestern ging es hoch her** *bei e-m Fest umg* ça donnait hier soir; **es geht heiß her** *umg* ça chauffe; *umg* ça barde
hergelaufen ADJT venu on ne sait d'où
herhaben *umg* VT **wo hat sie das her?** où a-t--elle pris, *umg* pêché cela?; *Idee, Ausdruck* où a-t--elle entendu cela?
herhalten **A** VT tendre **B** VI **als etw ~ müssen** *Person, Gegenstand* servir de qc
herholen VT aller chercher; *fig* **weit hergeholt** tiré par les cheveux
herhören VI écouter
Hering M **1** *ZO* °hareng *m*; *umg hum* **wie die ~e** serrés comme des sardines, *umg* comme des °harengs **2** (*Zeltpflock*) piquet *m* (de tente)
Heringsfilet N filet *m* de hareng **Heringssalat** M salade *f* de harengs (saurs) **Heringsschwarm** M banc *m* de harengs
herjagen VT **j-n vor sich** (*dat*) **~** chasser qn devant soi
herkommen VI **1** (*herbeikommen*) venir (ici) **2** (*abstammen*) **~ von** venir de
herkömmlich ADJ traditionnel
herkriegen *umg* VT se procurer; **wo hat sie das hergekriegt?** *umg* où a-t-elle pêché ça?
Herkunft F origine *f*; *e-r Ware a.* provenance *f*
Herkunftsland N pays *m* d'origine
herlaufen VI **1** (*herbeilaufen*) venir; accourir **2** **vor j-m ~** courir devant qn; **hinter j-m ~** courir derrière, *a. fig* après qn
herleiten **A** VT *logisch* déduire (**aus, von** de); *Recht* tirer, faire découler (de); *Wort* dériver (de) **B** VR **sich aus, von etw ~** *Wort* dériver, *Recht* découler, provenir de qc
hermachen *umg* VR **sich über etw** (*akk*) **~** se jeter, se précipiter sur qc; *über e-e Arbeit* s'attaquer à qc; **sich über j-n ~** se jeter sur qn
Hermelin[1] N *Tier* hermine *f*
Hermelin[2] M *Pelz* hermine *f*
hermetisch ADJ hermétique
hernach ADV après; ensuite
hernehmen VT (*beschaffen*) prendre
Heroin N héroïne *f* (**!** feminin) **heroinsüchtig** ADJ héroïnomane
heroisch ADJ héroïque
Herpes M MED herpès *m*
Herr M **1** monsieur *m* (*a. vor Familiennamen, Titeln*) (**!** der Plural lautet **messieurs**); SPORT **die Abfahrt der Herren** la descente hommes; **~ X** monsieur X; **der ~ Direktor** monsieur le directeur; *Anrede* **~ X!** Monsieur (X)!; **~ Doktor!** MED docteur!; **meine ~en** Messieurs **2** (*Gebieter*), *e-s Tiers* maître *m*; **der ~ des Hauses** le maître de maison; **~ im Hause sein** être maître chez soi; **sein eigener ~ sein** être son propre maître; *geh* **aus aller ~en Länder** des quatre coins du monde; **~ über etw, j-n sein** être maître de qc, qn; **~ der Lage sein** être maître de la situation; **e-r Sache, j-s ~ werden** se rendre maître de qc, qn **3** (*Gott*) **der ~** le Seigneur **4** (*Tanzpartner*) cavalier *m*
Herrchen *umg* N *e-s Hundes* maître *m*
Herrenabend M soirée *f* entre hommes
Herrenausstatter M magasin *m* de prêt--à-porter masculin
Herrenbegleitung F **in ~** (*dat*) **sein** être accompagné (d'un homme)
Herrenbekleidung F prêt-à-porter masculin **Herrenbesuch** M visite *f* d'un homme **Herrendoppel** N SPORT double *m* messieurs **Herreneinzel** N SPORT simple *m* messieurs **Herrenfriseur** M coiffeur *m* pour hommes **Herrenhaus** N manoir *m* **herrenlos** ADJ abandonné; *Tier a.* sans maître **Herrenmode** F mode masculine **Herrenrad** N vélo *m* (d')homme **Herrentoilette** F toilettes *fpl* pour hommes

Herrgott *umg* M **der ~** le Seigneur; *sl* **~ (noch mal)!** *sl* bon Dieu!
Herrgottsfrühe F **in aller ~** de grand matin
herrichten VT **1** *(bereitstellen)* préparer **2** **wieder ~** remettre en état
Herrin F maîtresse *f*
herrisch **A** ADJ autoritaire **B** ADV **~ auftreten** être (très) autoritaire
herrlich ADJ magnifique
Herrlichkeit F **1** *(Herrlichsein)* splendeur *f*; magnificence *f*; **die ~ Gottes** la gloire de Dieu **2** *(herrliche Sache)* merveille *f*
Herrschaft F **1** domination *f* **(über** [+ *akk*] sur); *im Staat* pouvoir *m*; **unter j-s ~** *(dat)* **stehen** être sous la domination de qn; **die ~ über sein Fahrzeug verlieren** perdre le contrôle de son véhicule **2** *pl* **meine ~en!** Mesdames et Messieurs!; *umg* Messieurs Dames!; **die ~en sind nicht zu Hause** monsieur et madame sont sortis
herrschaftlich ADJ **1** *Schloss etc* seigneurial **2** *fig Wohnung* somptueux
herrschen VI **1** *Herrscher, Person* régner **(über** [+ *akk*] sur) **2** *fig* régner; **es herrscht …** *oft* il y a …; **es herrscht starker Verkehr** il y a beaucoup de circulation; **es herrscht Frieden** la paix règne
herrschend ADJT **1** POL au pouvoir; dirigeant **2** *fig Meinung* dominant; *Ordnung* établi; **die augenblicklich ~e Stimmung** l'atmosphère qui règne en ce moment
Herrscher(in) M(F) **1** POL souverain(e) *m(f)*; *(Monarch)* monarque *m* **2** *fig* maître *m*
Herrschsucht F besoin *m* de domination
herrschsüchtig ADJ dominateur
herrufen VT **1** **j-n ~** appeler qn **2** **etw hinter j-m ~** crier qc à qn
herrühren VI **von j-m, etw ~** (pro)venir de qn, qc
hersagen VT réciter; *gedankenlos* débiter
hersehen VI **1** regarder **2** **hinter j-m ~** suivre qn des yeux
herstammen VI **wo stammt er her?** d'où est-il originaire?; **wo stammt dieses Zitat her?** d'où vient cette citation?
herstellen VT **1** *(platzieren)* mettre **2** *(produzieren)* fabriquer **3** *Verbindung, Gleichgewicht* établir; **wieder ~** *Frieden, Gesundheit* rétablir
Hersteller M fabricant *m* **Herstellerfirma** F maison productrice
Herstellung F **1** fabrication *f* **2** *fig von Beziehungen etc* établissement *m*
Herstellungskosten PL frais *mpl* de fabrication **Herstellungsverfahren** N procédé *m* de fabrication
Hertz N PHYS °hertz *m*
herüber ADV de ce côté-ci; *Richtung* vers ici
herüberkommen VI **1** *hierher* venir **2** **über etw** *(akk)* **~** passer (par-dessus) qc
herüberreichen **A** VT **j-m etw ~** passer qc à qn **B** VI *(sich erstrecken)* s'étendre jusqu'ici
herum ADV **um … ~** autour de *(a. bei Zahlenangaben)*; **richtig, verkehrt ~** (tourné) du bon, du mauvais côté; *Richtung* dans le bon, mauvais sens; **im Kreis ~** en rond; en cercle; **~ sein** *umg (vorbei sein)* être fini, passé, terminé; **(immer) um j-n ~ sein** s'occuper sans arrêt de qn
herumalbern *umg* VI dire, faire des sottises, âneries; *umg* débloquer; *nur im Verhalten umg* faire l'imbécile
herumärgern *umg* VR **sich mit etw, j-m ~** avoir du fil à retordre avec qc, qn
herumblättern VI **in etw** *(dat)* **~** feuilleter qc
herumbrüllen *umg* VI *umg* gueuler
herumdoktern *umg* VI **an e-r Krankheit ~** essayer de soigner une maladie tant bien que mal
herumdrehen **A** VT tourner; *Verkehrtliegendes* retourner **B** **sich ~** se retourner **(zu j-m** vers qn)
herumdrücken *umg* VR **1** **sich um etw ~** *um e-e Aufgabe etc* se dérober à qc **2** **sich in Lokalen, auf der Straße ~** traîner (dans) les cafés, dans la rue
herumerzählen *umg* VT **etw (überall) ~** (aller) raconter qc (partout, à tout le monde)
herumfahren **A** VT promener en voiture, *etc* **B** VI **1** **um etw ~** contourner qc; *ganz herum* faire le tour de qc; **um die Straßenecke ~** tourner le coin de la rue **2** *ziellos* circuler **3** *Person vor Schreck etc* se retourner brusquement
herumfuchteln *umg* VI **mit etw (vor j-s Nase** [*dat*]**) ~** agiter qc (sous le nez de qn)
herumführen **A** VT **1** **j-n um etw ~** *um ein Hindernis* faire contourner qc à qn; *ganz herum* faire faire le tour de qc à qn **2** **j-n in e-r Stadt ~** guider qn dans une ville **B** VI *Weg etc* **um etw ~** contourner qc; *ganz herum* faire le tour de qc
herumfummeln *umg* VI **an etw, j-m ~** tripoter qc, qn
herumgammeln *umg* VI *Personen* (passer son temps à) traîner
herumgehen VI **1** **um etw ~** *um ein Hindernis* contourner qc; *um e-e Statue etc* faire le tour de qc **2** *ziellos* marcher; se promener **3** *(die Runde machen)* faire le tour **4** *(herumgereicht werden)* circuler; faire le tour **5** *umg Zeit* passer
herumhacken *umg* VI *fig* **auf j-m ~** attaquer, critiquer qn constamment
herumhängen *umg* VI *fig (herumlungern)* traîner; *umg* glander
herumhorchen *umg* VI **(überall) ~** écouter

(partout)
herumirren VI errer
herumkommandieren *umg* VT **j-n ~** mener qn à la baguette
herumkommen VI **1** *um e-e Ecke* tourner (le coin de la rue) **2** *umg in e-m Land* circuler; *in der Welt* voyager **3** *umg fig* **um etw ~** *um e-e Strafe, Aufgabe umg* passer au travers de qc; **wir werden nicht darum ~ zu** (+ *inf*) on ne peut pas faire autrement que de (+ *inf*)
herumkriegen *umg* VT **1** *Zeit* passer; tuer **2** *(überreden)* faire céder; *umg* emberlificoter; *sexuell umg* avoir
herumlaufen VI **1** *ziellos* courir; *(gehen)* se promener **2** **um etw ~** faire le tour de qc **3** *umg fig* **barfuß, im Bademantel ~** se promener nu-pieds, en peignoir
herumliegen VI *umg Gegenstände* traîner; *Papier a.* être éparpillé
herumlungern *umg* VI traîner; *umg* glander
herumpfuschen *umg* VI **an etw** *(dat)* **~** mal réparer, mal faire qc
herumplagen VR, **herumquälen** VR *umg* **sich mit etw herumplagen, herumquälen** se donner beaucoup de mal avec qc; *umg* **sich mit j-m herumplagen, herumquälen** avoir du mal avec qn
herumreden *umg* VI **um etw ~** tourner autour du pot
herumreichen VT faire passer, circuler
herumreißen VT AUTO **das Steuer ~** donner un brusque coup de volant
herumreiten VI *umg fig* **(immer) auf etw** *(dat)* **~** insister sur qc; *auf Prinzipien* être à cheval sur qc
herumschlagen *umg* VR **sich mit j-m ~** se battre avec qn; **sich mit Problemen ~** se débattre avec des problèmes
herumschnüffeln VI *umg fig umg* fouiner (**in** [+ *dat*] dans); *umg* fourrer son nez (dans)
herumsitzen VI **1** **um etw, j-n ~** être assis autour de qc, qn **2** *umg* **(untätig) ~** rester assis sans rien faire
herumsprechen VR **sich ~** se savoir; s'ébruiter
herumstehen VI **1** **um etw, j-n ~** faire cercle autour de qc, qn **2** *umg* **(untätig) ~** rester là sans rien faire
herumstöbern *umg* VI **in etw** *(dat)* **~** (far)fouiller dans qc
herumstochern *umg* VI *mit e-m Stock* fouiller (**in** [+ *dat*] dans); **im Essen ~** jouer avec sa fourchette; *fig* picorer; **in den Zähnen ~** se curer les dents
herumstreiten *umg* VR **sich mit j-m ~** se disputer avec qn
herumtollen VI faire le fou
herumtrampeln VI **1** **auf etw** *(dat)* **~** piétiner qc **2** *umg fig* **auf j-s Gefühlen ~** mettre la sensibilité de qn à rude épreuve
herumtreiben *umg* VR **sich ~** traîner
Herumtreiber *umg* M **1** vagabond *m* **2** *fig* traîneur *m*
herumwühlen VI **in etw** *(dat)* **~** fouiller dans qc
herumzeigen *umg* VT er partout, à tout le monde
herunter ADV en bas; vers le bas; **~ (da)!** descends *bzw.* descendez (de là)!; **~ sein** *umg fig wirtschaftlich* être ruiné; *gesundheitlich* être dans un sale état
herunterbekommen VT **1** *Essen* arriver à avaler **2** *Gegenstand* arriver à descendre
herunterbrennen VI **1** *Feuer* **~ lassen** laisser presque s'éteindre **2** *Haus* brûler entièrement; *Kerze* brûler jusqu'au bout **3** *Sonne* brûler
herunterbringen VT descendre **herunterdrücken** VT **1** *Taste* appuyer sur; *Türklinke* baisser **2** *Preise, Fieber* faire baisser
herunterfallen VI tomber (**von** de); **mir ist die Gabel heruntergefallen** j'ai laissé tomber ma fourchette
heruntergehen VI **1** *(nach unten gehen)* descendre **2** *Preise, Temperatur, Fieber* baisser
heruntergekommen ADJT *moralisch, beruflich* tombé bien bas; *im Aussehen* négligé; *Gebäude* délabré
herunterhandeln VT **den Preis ~** faire baisser le prix (**um** de)
herunterhängen VI pendre **herunterhauen** → runterhauen **herunterholen** VT descendre (**von** de) **herunterklappen** VT rabattre
herunterkommen VT **1** *(nach unten kommen)* descendre **2** *fig (verkommen)* se clochardiser; *moralisch, beruflich* tomber bien bas; *Gebäude* se dégrader; *Unternehmen* baisser; décliner **3** *umg fig* **vom Alkohol ~** *umg* décrocher
herunterladen VT IT télécharger; transférer
herunterlassen VT faire *bzw.* laisser descendre; *Autofenster, Jalousien, Hose* baisser **herunterleiern** *umg pej* VT *Gedicht* débiter
heruntermachen *umg* VT **1** *(herabsetzen)* **j-n ~** démolir qn; *umg* descendre qn; **etw ~** *umg* descendre qc **2** *(zurechtweisen)* remettre à sa place; *(zusammenstauchen)* *umg* engueuler
herunternehmen VT descendre; **die Arme ~** baisser les bras
herunterputzen *umg* VT *umg* sonner les cloches à **herunterrutschen** VI glisser (jusqu'en bas); *Hose* glisser; descendre **herunterschalten** VI *beim Fahrzeug* rétrograder

H

herunterschrauben VT *fig* **s-e Ansprüche ~** en rabattre
heruntersehen VI → herabblicken **herunterspielen** *umg* VT **1** *Musikstück* jouer d'une traite **2** *fig Angelegenheit* dédramatiser; *Risiken etc* minimiser **heruntertragen** VT descendre **herunterwirtschaften** *umg* VT couler; ruiner **herunterwürgen** VT avaler avec peine
hervor *geh* ADV **~ mit euch!** sortez de là!
hervorbringen VT produire (*a. Laut*); *Land e-n Künstler etc* engendrer
hervorgehen VI **~ aus** (*stammen von*) sortir de; *als Folge* résulter, s'ensuivre de; *Kinder aus e-r Ehe* être issu, né de; **aus etw als Sieger ~** sortir vainqueur de qc; **daraus geht hervor, dass …** il en résulte que …
hervorheben VT (*herausstellen*) faire ressortir; (*betonen*) souligner; TYPO mettre en relief **Hervorhebung** F mise *f* en évidence, en relief **hervorholen** VT sortir (**aus** de) **hervorkehren** VT *Eigenschaft etc* montrer; faire voir **hervorkommen** VI sortir (**aus** de) **hervorlocken** VT inciter à sortir
hervorragen VI **1** *aus dem Wasser etc* sortir (**aus** de); *aus e-r Menge* dépasser (**aus etw** qc); BAU faire saillie **2** *fig Leistung* **aus etw ~** être supérieur à qc
hervorragend **A** ADJ excellent; remarquable; *bes Qualität* supérieur **B** ADV à la perfection
hervorrufen VT *fig Gefühl* faire naître; *bes Gelächter, Ärger* provoquer; *bes Bewunderung, Interesse, Ärger, Unruhe* susciter; *Eindruck* donner **hervorstechen** VI se faire remarquer; sauter aux yeux
hervortreten VI **1** **hinter etw** (*dat*) **~** sortir de (derrière) qc **2** *Muskeln* saillir; *Augen* être globuleux **3** (*zum Vorschein kommen*) apparaître
hervortun VR **sich mit, als etw ~** se distinguer par, comme qc
hervorwagen VR **sich ~** oser sortir (**aus** de)
hervorzaubern VT faire apparaître comme par enchantement
herwagen VR **sich ~** oser venir
Herweg M **auf dem ~** en venant (ici)
Herz N **1** cœur *m* (*a. fig, Spielkarte*) **2** *Wendungen mit adj* **von ganzem ~en** de tout mon, *etc* cœur; **mit ganzem ~en bei der Sache sein** mettre tout son cœur à l'ouvrage; **schweren ~ens** le cœur gros **3** *mit subst* **das ~ auf dem rechten Fleck haben** avoir bon cœur; **j-n, etw auf ~ und Nieren prüfen** (vouloir) voir ce que vaut qn, qc; **ein ~ und e-e Seele sein** être comme les deux doigts de la main; **s-m ~en e-n Stoß geben** faire un effort (sur soi-même) **4** *mit Verben* **j-m sein ~ ausschütten** s'épancher auprès de qn; confier sa peine à qn; **alles, was das ~ begehrt** tout ce que l'on désire; *geh* **j-m das ~ brechen** briser le cœur à qn; **sich** (*dat*) **ein ~ fassen** prendre son courage à deux mains; **ein ~ für Tiere haben** aimer les animaux; **mein ~ hängt an** (*+ dat*) je suis très attaché à; **j-s ~ höherschlagen lassen** enthousiasmer qn **5** *mit präp* **das liegt mir am ~en** cela me tient à cœur; **etw, j-d ist mir ans ~ gewachsen** je suis très attaché à qc, qn; **j-m etw ans ~ legen** confier qc à qn; **etw auf dem ~en haben** avoir qc sur le cœur; **Hand aufs ~!** dis-moi franchement; **j-n in sein ~ geschlossen haben** aimer qn de tout cœur; **etw nicht übers ~ bringen** ne pas avoir le cœur de faire qc; **das kommt von ~en** c'est de bon cœur; **sich** (*dat*) **etw zu**

Hervorhebung im Satz

C'est François **qui** m'a aidé(e).	**François** hat mir geholfen.	Im Deutschen kann man jeden Satzteil durch entsprechende Betonung hervorheben: **Er** fliegt nach Amerika (nicht seine Mutter). Er **fliegt** nach Amerika (er fährt nicht mit dem Schiff). Er fährt nach **Amerika** (und nicht nach Australien).
C'est Nathalie **que** j'aime.	Ich liebe **Nathalie.**	
C'est nous **qui avons** causé l'accident.	**Wir** haben den Unfall verursacht.	Dies ist im Französischen nicht möglich. Hier hebt man einzelne Satzteile mit **c'est**… **qui** bzw. **c'est**… **que** hervor.
C'est moi **qui suis** allé à Paris.	**Ich** bin nach Paris gefahren.	Mit **c'est**… **qui** wird das Subjekt (Wer? Was?), mit **c'est**… **que** das direkte Objekt (Wen? Was?) hervorgehoben.
		Achten Sie auf die Angleichung des Verbs!

SPRACHGEBRAUCH

~en nehmen prendre qc à cœur
Herzanfall M crise *f* cardiaque **Herzass** N as *m* de cœur **Herzbeschwerden** FPL troubles *mpl* cardiaques **Herzbube** M valet *m* de cœur **Herzchirurg(in)** M(F) chirurgien *m* cardiologue **Herzdame** F dame *f* de cœur
herzeigen *umg* V/T montrer
Herzensangelegenheit F affaire *f* de cœur **Herzensbrecher** M bourreau *m* des cœurs **herzensgut** ADJ qui a un cœur d'or
Herzenslust F **nach ~** à cœur joie
Herzenswunsch M plus cher désir
herzerfrischend ADJT frais; *Art, Lachen* spontané **herzergreifend** *geh* ADJT poignant; émouvant **Herzfehler** M *angeborener* malformation *f* cardiaque; *erworbener* lésion *f* cardiaque **Herzflimmern** N MED fibrillation *f* **herzförmig** ADJ en forme de cœur
herzhaft **A** ADJ **1** *(kräftig)* vigoureux; *Lachen, Gähnen* grand **2** *(nahrhaft)* consistant; *im Geschmack* bien épicé **B** ADV **~ gähnen** bâiller comme une carpe; **~ schmecken** avoir un goût relevé
herziehen **A** V/T **etw hinter sich** *(dat)* **~** traîner qc derrière soi **B** V/I **1** *(umziehen)* (venir) s'installer (ici) **2** *umg fig* **über j-n ~** casser du sucre sur le dos de qn
herzig ADJ mignon; gentil
Herzinfarkt M infarctus *m* du myocarde **Herzkammer** F ventricule *m* **Herzklappe** F valvule *f* (du cœur) **Herzklappenfehler** M MED lésion *f* valvulaire
Herzklopfen N palpitations *fpl*; **mit ~** le cœur battant; **ich habe ~** j'ai le cœur qui bat
Herzkönig M roi *m* de cœur **herzkrank** ADJ cardiaque **Herzkranke(r)** M/F(M) cardiaque *m/f* **Herzkranzgefäße** NPL vaisseaux *mpl* coronaires **Herz-Kreislauf-Erkrankung** F maladie *f* cardio-vasculaire
herzlich **A** ADJ *(freundschaftlich)* cordial; *(warm)* chaleureux *(a. Empfang, Worte, Ton, Beifall)*; **~en Dank!** un grand merci (**für** pour)! **B** ADV **1** cordialement; chaleureusement; **~ willkommen!** soyez le *bzw.* la bienvenu(e)!; **j-m ~ danken** remercier qn beaucoup, de tout cœur **2** *umg (sehr)* **~ gern** très, bien volontiers; **~ wenig** très, bien peu
Herzlichkeit F cordialité *f* **herzlos** ADJ sans cœur **Herzlosigkeit** F manque *m* de cœur **Herz-Lungen-Maschine** F cœur-poumon artificiel **Herzmassage** F massage *m* cardiaque **Herzmuskel** M myocarde *m*
Herzog(in) M(F) duc *m*, duchesse *f*
Herzogtum N duché *m*
Herzoperation F opération *f* cardiaque, du cœur **Herzrhythmusstörungen** FPL arythmie *f* cardiaque **Herzschlag** M **1** *(Puls)* pulsation *f*; *(Herzklopfen)* battement(s) *m(pl)* de cœur **2** *(Herzversagen)* crise *f* cardiaque **Herzschrittmacher** M stimulateur *m* cardiaque; pacemaker *m* **Herzschwäche** F insuffisance *f* cardiaque **Herzspezialist(in)** M(F) cardiologue *m/f* **Herzstillstand** M arrêt *m* cardiaque **Herzstück** N cœur *m* **Herztod** M mort *f* par arrêt cardiaque **Herztöne** MPL bruits *mpl* du cœur **Herztransplantation** F, **Herzverpflanzung** F greffe *f* du cœur; transplantation *f* cardiaque **Herzversagen** N crise *f* cardiaque **herzzerreißend** **A** ADJT déchirant **B** ADVL à vous déchirer le cœur
Hesse M °Hessois *m*
Hessen N la Hesse
Hessin F °Hessoise *f*
hessisch ADJ de (la) Hesse; °hessois
Hetero *Jargon* M *umg* hétéro *m*
heterogen ADJ hétérogène **Heterosexualität** F hétérosexualité *f* **heterosexuell** ADJ hétérosexuel
Hetze F **1** *(Eile)* course (continuelle); bousculade *f* **2** *(Hetzreden)* propos incendiaires, °haineux (**gegen** contre)
hetzen **A** V/T **1** **die Hunde auf j-n ~** lâcher les chiens sur qn; **die Polizei auf j-n ~** lancer la police à la recherche de qn **2** *(antreiben)* bousculer **B** V/I **1** *pej* **gegen j-n ~** tenir des propos incendiaires contre qn **2** *(eilen)* courir **C** V/R **sich ~** *(sich beeilen)* se depêcher
Hetzjagd F **1** *auf Wild* chasse *f* à courre **2** *fig (Hast)* course *f*; bousculade *f* **Hetzkampagne** F campagne *f* de diffamation **Hetzschrift** F écrit *m* polémique, incendiaire (**gegen** contre)
Heu N foin *m*
Heuboden M grenier *m* à foin; fenil *m*
Heuchelei F hypocrisie *f*
heucheln **A** V/T feindre; simuler **B** V/I faire l'hypocrite
Heuchler(in) M(F) hypocrite *m/f* **heuchlerisch** ADJ hypocrite
heuen V/I *regional* faire les foins
heuer ADV *südd, österr, schweiz* cette année
Heuer F SCHIFF paie *f* de marin
Heuernte F fenaison *f*; récolte *f* des foins
Heuhaufen M meule *f*, tas *m* de foin
heulen V/I **1** *Sirene, Tier, Wind, Motor* °hurler **2** *umg (weinen)* pleurer; *plus fort* °hurler; *umg* **es ist zum Heulen** c'est à pleurer
Heuler M **1** ZOOL bébé *m* phoque **2** *umg (tolles Ding)* **das ist der (absolute) ~!** c'est génial, super!
Heulsuse *umg* F pleurnicheuse *f*

H

heurig ADJ *südd, österr, schweiz* de cette année
Heurige(r) M *österr* vin nouveau
Heuschnupfen M rhume *m* des foins **Heuschober** M *südd, österr* 1 *Haufen* meule *f* de foin 2 *Scheune* fenil *m* **Heuschrecke** F sauterelle *f*
heute ADV aujourd'hui; **~ in acht Tagen** aujourd'hui en °huit; **~ vor vierzehn Tagen** il y a aujourd'hui quinze jours; **bis ~** jusqu'à aujourd'hui; *weitS.* jusqu'à présent; **von ~ auf morgen** du jour au lendemain
heutig ADJ d'aujourd'hui; (*gegenwärtig*) actuel; **der ~e Tag** cette journée
heutzutage ADV de nos jours

H

Hexadezimalsystem N MATH, IT système hexadécimal
Hexe F sorcière *f* (*a. fig pej*)
hexen V/I être sorcier; *umg* **ich kann doch nicht ~!** mais je ne peux pas faire plus vite!
Hexenjagd F chasse *f* aux sorcières (*a. fig* **auf** [+ *akk*] contre) **Hexenkessel** M *fig* enfer *m* **Hexenmeister** M sorcier *m* **Hexenschuss** M lumbago *m* **Hexenverbrennung** F supplice *m* du feu (infligé aux sorcières) **Hexenverfolgung** F chasse *f* aux sorcières
Hexerei F sorcellerie *f*; **das ist doch keine ~** cela n'est pas sorcier
Hibiskus M BOT hibiscus *m*
Hickhack *umg* N *od* M tiraillements *mpl* (**um** à propos de)
hieb → hauen
Hieb M coup *m*; *umg pl* **~e** (*Schläge*) coups *mpl*
hieb- und stichfest ADJ *Alibi, Beweis* solide; à toute épreuve; en béton
hielt → halten
hier ADV ici; *fig* (*in diesem Punkt*) là; **~ (nimm)!** tiens!; prends!; **~ oben** *etc* ici; **von ~ aus** d'ici; **von ~ an** *räumlich* à partir d'ici; *zeitlich* à partir de là; **~ und da** par-ici, par-là (*a. zeitlich*); **dies Buch ~** ce livre-ci; *umg* **der, die, das ~** celui-ci, celle-ci, ceci; **~ ist, sind ...** voici, voilà ...; **~ bin ich!** me voici!; me voilà!; TEL **~ ist Müller** c'est Monsieur Müller à l'appareil; **~ sein** être ici, là; → hierbehalten, hierbleiben, hierlassen
hieran ADV à cela; **im Anschluss ~** après cela
Hierarchie F °hiérarchie *f* **hierarchisch** ADJ °hiérarchique
hierauf ADV 1 *räumlich* là-dessus; *zeitlich a.* après cela; (*infolgedessen*) après quoi 2 *fig* à cela
hieraus ADV de cela; de là; **~ folgt, dass ...** il en résulte que ...
hierbehalten V/T garder (ici)
hierbei ADV 1 (*was das angeht*) à ce sujet 2 *zeitlich* en même temps; (*bei dieser Gelegenheit*) à cette occasion
hierbleiben V/I rester ici
hierdurch ADV 1 *räumlich* par ici 2 *ursächlich* par ce moyen
hierfür ADV pour cela
hierher ADV ici; par ici; **bis ~ und nicht weiter** jusque-là et pas plus; **~ gehören** *Gegenstand* être à sa place (ici); *fig* **das gehört nicht ~** cela n'a rien à faire ici
hierhin ADV ici; **bis ~** jusque-là; jusqu'ici
hierin ADV 1 *räumlich* là-dedans 2 *fig* en cela
hierlassen V/T laisser ici
hiermit ADV 1 avec cela (*a. fig einverstanden sein*) 2 ADMIN **~ teile ich Ihnen mit, dass ...** par la présente je vous fais savoir que ...
hiernach ADV 1 *zeitlich* après cela 2 (*demgemäß*) d'après cela, (*demzufolge*) par conséquent
Hieroglyphe F hiéroglyphe *m*
hierüber ADV là-dessus (*a. fig u. geh zeitlich*); **~ ist nichts bekannt** à ce sujet, on ne sait rien
hierum ADV 1 *räumlich* autour de cela; (*hierherum*) par ici 2 *fig* (*um diese Sache*) de cela
hierunter ADV 1 *räumlich* là-dessous 2 *unter e-r Menge* parmi eux 3 *fig* **was verstehen Sie ~?** qu'entendez-vous par là?
hiervon ADV de cela; *unbetont* en
hiervor ADV 1 *räumlich* devant cela; là-devant 2 *fig* de cela; en
hierzu ADV 1 (*zu diesem Zweck*) pour cela 2 (*hinzu*) **~ kommt noch ...** ajoutez à cela ... 3 (*diesbezüglich*) à ce sujet
hierzulande ADV ici; dans ce pays
hiesig ADJ d'ici; **die ~e Gegend** cette région
hieß → heißen
hieven V/T SCHIFF, *fig* °hisser
Hi-Fi-Anlage F chaîne *f* °hi-fi
high *umg* ADJ **~ sein** *von Drogen umg* planer; *umg* être défoncé
Highlife *umg* N grande vie; **~ machen** faire la fête
Highlight N moment, temps fort
High Society F °haute société
Hightech-... IN ZSSGN °high-tech (! unveränderlich)
hihi(hi) INT °hi, °hi, °hi!
Hilfe F 1 (*Hilfeleistung*) aide *f*; **Erste ~** *Kenntnis, Technik* secourisme *m*; *am Unfallort* premiers soins; **j-m ~ leisten** prêter assistance, porter secours à qn; **mit ~ von** *Sache* à l'aide de; *Person* avec l'aide de; **j-n um ~ bitten** demander de l'aide à qn; **um ~ rufen** appeler au secours; **(zu) ~!** au secours!; **sich ~ suchend an j-n wenden** demander de l'aide à qn; **j-m zu ~ kommen, eilen** venir, voler au secours de qn; **etw zu ~ nehmen** s'aider de qc 2 FIN aide (financière) 3 (*Hilfskraft*) aide *m/f*

Hilfeleistung F aide *f*; assistance *f*; **unterlassene ~** non-assistance *f* à personne en danger
Hilferuf M appel *m* au secours
Hilfestellung F *beim Turnen* aide *f*; **j-m ~ geben** aider qn
hilflos ADJ (*schutzlos*) désarmé; (*ratlos*) désemparé; (*verwirrt*) en désarroi; (*in Not*) en détresse **Hilflosigkeit** F (*Not*) détresse *f*; (*Ratlosigkeit*) perplexité *f*
hilfreich *geh* ADJ 1 (*hilfsbereit*) serviable; secourable 2 (*nützlich*) utile
Hilfsaktion F secours *mpl* (**für** pour, à) **Hilfsarbeiter(in)** M(F) manœuvre *m* **hilfsbedürftig** ADJ qui a besoin d'aide **hilfsbereit** ADJ serviable **Hilfsbereitschaft** F serviabilité *f* **Hilfsdienst** M service *m* d'aide, d'assistance, de secours **Hilfsfonds** M fonds *m* de secours **Hilfskraft** F aide *m/f*; auxiliaire *m/f* **Hilfsmaßnahme** F mesure *f* d'aide; secours *m* **Hilfsmittel** N FIN aide (financière); *zur Arbeit* outil *m* de travail **Hilfsmotor** M moteur *m* auxiliaire **Hilfsorganisation** F organisation *f* d'aide humanitaire **Hilfsverb** N (verbe *m*) auxiliaire *m* **Hilfswerk** N œuvre *f* de bienfaisance, d'assistance
hilft → helfen
Himalaja der ~ l'Himalaya *m*
Himbeere F framboise *f*
Himbeereis N glace *f* à la framboise **Himbeergeist** M framboise *f* **Himbeermarmelade** F confiture *f* de framboise(s) **Himbeersirup** M sirop *m* de framboise(s) **Himbeerstrauch** M framboisier *m*
Himmel M ciel *m* (*a.* REL, *fig*) (! der Plural lautet **cieux**); **am ~** dans le ciel; REL **im ~** au ciel; *umg* **aus heiterem ~** sans prévenir; **unter freiem ~** en plein air; **in den ~ kommen** aller au ciel; **um ~s willen!** au nom du ciel!; *umg* (**ach,**) **du lieber ~!** mon Dieu!; *umg* (**das**) **weiß der ~!** Dieu seul le sait; *umg* **im siebten ~ sein** être au septième ciel; être aux anges; **~ und Hölle in Bewegung setzen** remuer ciel et terre; **das schreit zum ~** c'est révoltant; *umg* **das stinkt zum ~** c'est un véritable scandale
himmelangst *umg* ADV **mir ist ~** j'ai une peur terrible, *umg* une de ces frousses
Himmelbett N lit *m* à baldaquin **himmelblau** ADJ bleu ciel (! unveränderlich)
Himmelfahrt F (**Christi**) ~ l'Ascension *f*; **Mariä ~** l'Assomption *f*
Himmelfahrtskommando N mission *f* suicide, kamikaze **Himmelfahrtsnase** *umg hum* F nez retroussé
Himmelreich N royaume *m* des cieux **Himmelschlüssel** M BOT primevère *f* **himmelschreiend** ADJ *Ungerechtigkeit* criant; *Dummheit, Unsinn* sans nom
Himmelskörper M corps *m* céleste **Himmelskunde** F astronomie *f*
Himmelsrichtung F point cardinal; *fig* **aus allen ~en** de toutes les directions
himmelweit ADJ *Unterschied* énorme
himmlisch ADJ 1 REL céleste 2 *umg fig* (*großartig*) divin; sublime
hin ADV 1 *räumlich* **nach Süden ~** vers le sud; **~ und zurück** aller et retour; **~ und her gehen** aller et venir; *umg* **wo ist sie ~?** où est-elle allée?; **dieses ewige Hin und Her** cet éternel va-et-vient 2 *zeitlich* **gegen Abend ~** vers le soir; **~ und wieder** de temps en temps; *umg* **nach langem Hin und Her** après bien des discussions; **es ist noch einige Zeit ~, bis ...** on a encore un peu de temps avant que ... (+ *subj*) 3 *fig* **~ sein** *umg* (*unbrauchbar sein*) *umg* être fichu; *sl* (*tot sein*) être *umg* clamsé, *sl* crevé; **~ und her überlegen** peser le pour et le contre; **~ und her gerissen werden** être ballotté, tiraillé (**zwischen** [+ *dat*] entre); *umg* **von j-m, etw ganz ~ sein** (*hingerissen sein*) *umg* être emballé par qn, qc; *umg* **dann ist unsere Ruhe ~** après c'en est fini de notre tranquillité
hinab → hinunter
hinauf ADV en °haut; **dort ~!** par là!; monte(z) là!; **~ haben wir drei Stunden gebraucht** pour monter nous avons mis trois heures; **bis zum Gipfel ~** jusqu'au sommet
hinauffahren V/T *u.* V/I monter **hinaufgehen** V/I monter (*a. fig*)
hinaufklettern V/T *u.* V/I **etw** (*akk*) *od* **auf etw** (*akk*) **~** grimper sur qc
hinaufsteigen V/I (**auf etw** [*akk*]) **~** monter (sur qc)
hinaus ADV 1 *räumlich* dehors; **~!** sors *bzw.* sortez (d'ici)!; dehors!; **hier ~** par ici; par là; **zum Fenster ~** par la fenêtre 2 *zeitlich* **auf Monate ~** pour des mois; **über den ersten April ~** au-delà du premier avril
hinausbegleiten V/T raccompagner **hinausbringen** V/T *Sache* sortir; mettre dehors; *zu j-m* apporter (dehors); *Person* raccompagner
hinausekeln *umg* V/T **j-n ~** dégoûter, écœurer qn (jusqu'à ce qu'il parte)
hinausfahren A V/T sortir (en voiture) B V/I 1 (*nach draußen fahren*) sortir (**aus** de) 2 (*wegfahren*) partir (**nach** à) **hinausfliegen** V/I 1 *Vogel etc* s'envoler; sortir 2 *umg fig bes am Arbeitsplatz* être mis, *umg* flanqué à la porte; *bes aus e-m Lokal* se faire jeter, *umg* vider
hinausgehen V/I 1 *Person* sortir (**aus** de); aller dehors 2 *Fenster, Tür* **auf den Hof ~** donner sur la cour 3 *fig* **über etw** (*akk*) **~** dépasser qc
hinausjagen V/T chasser

hinauslaufen VI 1 *Person* sortir (en courant) 2 *fig* **auf etw** (*akk*) **~** aboutir à qc; **das läuft auf dasselbe hinaus** cela revient au même

hinauslehnen VR **sich ~** se pencher au dehors

hinausragen VI **über j-n, etw ~** dépasser qn, (de) qc; dominer qn, qc (*a. fig*)

hinausschieben VT 1 *aus e-m Raum* sortir (**aus** de); pousser dehors 2 *zeitlich* reporter; remettre (à plus tard) **hinausschmeißen** *umg* VT → hinauswerfen **hinausstehlen** VR **sich ~** s'éclipser

hinauswachsen VI **über etw** (*akk*) **~** dépasser qc; *fig* **über j-n ~** surpasser qn; **über sich** (*akk*) **selbst ~** se surpasser

hinauswagen VR **sich ~** oser sortir

hinauswerfen VT 1 *Gegenstand* jeter (dehors) 2 *umg fig* **j-n ~** *bes am Arbeitsplatz* mettre, *umg* flanquer qn à la porte; *bes Mieter, Gast* jeter, *umg* vider qn

hinauswollen VI 1 *umg* vouloir sortir 2 *fig* **auf etw** (*akk*) **~** vouloir en venir à qc; **hoch ~** avoir de grandes ambitions

hinausziehen A VT 1 (*nach draußen ziehen*) sortir; tirer 2 **es zieht ihn in die Natur hinaus** il est attiré par la nature 3 (*verzögern*) retarder B VI 1 sortir (**aus** de) 2 **aufs Land ~** s'installer à la campagne C VR **sich ~** (*sich verzögern*) être retardé

hinauszögern A VT retarder B VR **sich ~** être retardé

hinbekommen *umg* VT 1 (*schaffen*) **es ~** y arriver 2 **etw wieder ~** réussir à réparer qc

hinbiegen *umg* VT arranger

hinblättern *umg* VT *umg* raquer; **(j-m) etw ~** *umg* allonger qc (à qn)

Hinblick M **im** *od* **in ~ auf** (+ *akk*) (*in Anbetracht*) compte tenu de; (*in Bezug auf*) en ce qui concerne

hinbringen VT *Person* (y) emmener; *Sache* apporter

hindenken VI **wo denkst du hin!** tu n'y penses pas!

hinderlich ADJ gênant; **j-m, e-r Sache ~ sein** gêner qn, qc

hindern VT 1 **j-n (daran) ~, etw zu tun** empêcher qn de faire qc 2 (*behindern*) gêner (**j-n bei der Arbeit** qn dans son travail)

Hindernis N obstacle *m* **Hindernislauf** M LEICHTATHLETIK steeple *m* **Hindernisrennen** N PFERDESPORT course *f* d'obstacles; steeple-chase *m*

Hinderungsgrund M (cause *f*, motif *m* d')empêchement *m*; **das ist (für mich) kein ~** ce n'est pas un problème, une raison (pour moi)

hindeuten VI **auf etw** (*akk*) **~** montrer qc du doigt; *fig* indiquer qc

Hindu M Hindou *m*

Hinduismus M hindouisme *m*

hinduistisch ADJ hindou

hindurch ADV 1 *räumlich* **durch etw ~** à travers qc; **hier ~** par ici; par là 2 *zeitlich* durant; pendant; **das ganze Jahr ~** (pendant) toute l'année

hindurchgehen VI **durch etw ~** *Schuss, Person, Weg* traverser qc; *umg* (*passen*) passer par qc

hindürfen *umg* VI pouvoir y aller; avoir la permission d'y aller; **nicht ~** ne pas devoir y aller; ne pas avoir la permission d'y aller

hinein ADV 1 *räumlich* dedans; **nur ~!** entre(z) donc!; **hier ~!** entre(z) (par) ici, là!; **in etw** (*akk*) **~** dans qc 2 *zeitlich* **bis in den Mai ~** jusqu'en mai

hineinbeißen VI mordre dedans; **in etw** (*akk*) **~** mordre dans qc

hineinbekommen VT **etw (in etw** [*akk*]**) ~** parvenir, arriver à (faire) rentrer qc (dans qc)

hineindenken VR **sich in j-n, in j-s Lage ~** se mettre à la place de qn

hineinfahren A VT *Fahrzeug, Dinge* rentrer (**in** [+ *akk*] dans); **j-n in die Stadt ~** conduire qn en ville B VI **in etw** (*akk*) **~** entrer dans qc; *in e-e Straße* s'engager dans qc

hineinfinden VR *fig* **sich in etw** (*akk*) **~** se familiariser avec qc

hineinfressen VT *Zorn, Ärger* **in sich** (*akk*) **~** ravaler

hineingehen VI 1 (*eintreten*) entrer (**in** [+ *akk*] dans) 2 *fig* (*Platz finden*) tenir (*dans*)

hineingeraten VI **in etw** (*akk*) **~** tomber dans qc

hineininterpretieren VT **etw in e-n Text ~** voir dans un texte des choses qui n'y sont pas

hineinknien VR *fig* **sich in e-e Arbeit ~** s'atteler à un travail

hineinkommen VI 1 (*hineingelangen*) entrer (**in** [+ *akk*] dans) 2 *umg* (*hineinsollen*) entrer; se mettre; *bes* GASTR venir s'ajouter; être mis

hineinkriegen *umg* → hineinbekommen

hineinlaufen VI 1 *Person* entrer (en courant) (**in** [+ *akk*] dans); **in ein Auto ~** se faire accrocher par une voiture 2 *Flüssigkeit* **in etw** (*akk*) **~** couler dans qc

hineinlegen VT **etw in etw** (*akk*) **~** mettre qc dans qc (*a. fig Gefühl*)

hineinpassen VI (r)entrer (**in** [+ *akk*] dans)

hineinreden VI *fig* **j-m in s-e Angelegenheiten ~** se mêler des affaires de qn

hineinstecken VT 1 **etw in etw** (*akk*) **~** mettre qc dans qc 2 *umg* **Geld in etw** (*akk*) **~** placer

de l'argent dans qc
hineinsteigern VR **sich in s-n Zorn ~** s'abandonner à la colère
hineinversetzen VR **sich in j-n, in j-s Lage ~** se mettre à la place de qn
hineinwachsen VI *fig* **in e-e Aufgabe ~** se faire à une tâche
hineinwerfen VT **etw in etw** *(akk)* **~** jeter qc dans qc; **e-n Blick in etw** *(akk)* **~** jeter un coup d'œil dans qc
hineinwollen *umg* VI vouloir entrer
hineinziehen A VT *fig* **j-n in etw** *(akk)* **~** entraîner qn dans qc B VI entrer (**in** [+ *akk*] dans)
hinfahren A VT *Person* y conduire; *Lasten* transporter à un endroit, chez qn, *etc* B VI y aller (en voiture, *etc*)
Hinfahrt F aller *m*; **auf der ~** à l'aller
hinfallen VI tomber (*Gegenstand* par terre)
hinfällig ADJ 1 (*ungültig*) annulé 2 (*gebrechlich*) affaibli; *Greis* décrépit
hinfinden VI trouver son chemin **hinfliegen** VI 1 *mit dem Flugzeug* y aller en avion 2 *umg fig* (*hinfallen*) s'étaler
Hinflug M (vol *m*) aller *m*; **auf dem ~** à l'aller
hinführen A VT y conduire B VI *Weg* **~ zu** mener, conduire à; *fig* **wo soll das ~?** où cela va-t-il nous mener?
hing → hängen
Hingabe F 1 (*Aufopferung*) dévouement *m* 2 (*Leidenschaft*) passion *f*
hingeben VR 1 **sich e-r Sache** *(dat)* **~** s'adonner à qc; **sich der Hoffnung ~, dass …** nourrir l'espoir que … 2 *sexuell* **sich j-m ~** se donner à qn
Hingebung F dévouement *m*
hingebungsvoll A ADJ 1 (*aufopfernd*) dévoué 2 (*leidenschaftlich*) passionné B ADV 1 avec dévouement 2 avec passion
hingegen KONJ par contre; au contraire
hingehen VI 1 *an e-n Ort* y aller; **~ zu** aller à, vers, *in j-s Haus* chez; **wo gehst du hin?** où vas-tu? 2 *zeitlich* passer; s'écouler 3 (*durchgehen*) **das mag diesmal noch ~** (cela) passe encore pour cette fois
hingehören VI être à sa place; **wo gehört das hin?** où faut-il mettre cela?
hingeraten VI *umg* passer; **wo sind wir denn hier ~?** *umg* mais où est-ce que l'on a atterri?
hingerissen ADJT → hinreißen
hinhalten VT 1 **j-m etw ~** tendre qc à qn 2 *fig* **j-n ~** (*warten lassen*) faire attendre qn; (*ablenken*) amuser qn
Hinhaltetaktik F temporisation *f*; tactique *f* dilatoire
hinhauen *umg* A VT 1 *Arbeit* bâcler 2 (*hinschmeißen*) *umg* balancer B VI *fig* (*klappen, richtig sein*) marcher; *umg* coller C VR **sich ~** s'allonger; (*schlafen gehen*) *umg* aller au pieu
hinhocken VR **sich ~** s'asseoir; se poser
hinhören VI écouter
Hinkebein *umg* N 1 *Bein* jambe raide 2 *Person* boiteux, -euse *m,f*
Hinkelstein M menhir *m*
hinken VI 1 boiter; *fig Vergleich* être boiteux; **leicht ~** boitiller 2 **über die Straße ~** traverser la rue en boitant
hinknien VI (*u.* VR **sich ~**) se mettre à genoux; s'agenouiller
hinkommen VI 1 (*kommen*) venir (**zu etw** à qc; **zu j-m** chez qn); **wie kommt man hin?** comment peut-on y aller?; *fig* **wo kämen wir hin, wenn …?** où irions-nous si …? 2 **wo ist meine Tasche hingekommen?** *umg* où est passé mon sac? 3 *umg* (*hingehören*) être à sa place; **wo kommt das hin?** où faut-il mettre cela? 4 *umg* (*auskommen*) **mit etw ~** avoir assez de qc 5 *umg* (*stimmen*) être juste; correspondre
hinkriegen → hinbekommen
hinlänglich A ADJ suffisant B ADV suffisamment; **~ bekannt** assez connu
hinlegen A VT 1 poser; mettre; **j-m etw ~** mettre qc à qn 2 *umg* (*bezahlen*) allonger 3 *umg* (*mustergültig ausführen*) exécuter B VR **sich ~** s'allonger; *ins Bett* se coucher
hinlenken VT 1 diriger (**zu** vers, sur) 2 *fig* **das Gespräch auf etw** *(akk)* **~** amener la conversation sur qc
hinmachen *umg* VI **da hat ein Hund hingemacht** un chien a fait là; **überall ~** faire partout
hinmüssen *umg* VI devoir y aller; **ich muss unbedingt hin** il faut que j'y aille absolument
hinnehmen VT (*dulden*) supporter; (*akzeptieren*) accepter
hinpassen *umg* VI être à sa place (*a. Personen, Worte*); **das Bild passt hier nicht hin** ce tableau ne fait, va pas bien ici
hinreichend A ADJT suffisant B ADVL suffisamment
Hinreise F aller *m*; **auf der ~** à l'aller
hinreißen VT 1 (*begeistern*) enthousiasmer; **von etw, j-m hingerissen sein** être enthousiasmé, ravi par qc, qn 2 **sich zu e-r Bemerkung ~ lassen** se laisser aller, entraîner à faire une remarque
hinreißend ADJT superbe; ravissant
hinrichten VT **j-n ~** exécuter qn
Hinrichtung F exécution (capitale)
hinschaffen VT (y) transporter; **wo haben sie es hingeschafft?** où l'ont-ils transporté?
hinschauen *bes südd* → hinsehen **hinschicken** VT envoyer (**zu** à, chez) **hinschlagen**

VI 1 (schlagen) frapper 2 umg (hinfallen) umg s'étaler **hinschleppen** A VT traîner (**zu** vers, à) B VR **sich ~** se traîner (**zu** vers, à) (a. fig sich hinziehen) **hinschmeißen** umg → hinwerfen **hinschreiben** VT écrire

hinsehen VI regarder; **ich kann (gar) nicht ~** je ne peux pas voir ça; **bei genauerem Hinsehen** en (y) regardant de plus près

hinsein → hin

hinsetzen A VT Sache mettre; poser; Person asseoir B VR **sich ~** s'asseoir

Hinsicht F **in dieser ~** à cet égard; **in jeder ~** à tous égards; **in politischer ~** du point de vue politique

H

hinsichtlich PRÄP en ce qui concerne; quant à

Hinspiel N SPORT match m aller

hinstellen A VT 1 an e-e Stelle mettre; (abstellen) déposer 2 fig **etw, j-n als etw ~** présenter qc, qn comme qc B VR **sich ~** an e-e Stelle se mettre; **sich hinten ~** se mettre derrière

hinten ADV à l'arrière; derrière; in e-r Reihe en arrière; (im Hintergrund) au fond; (am Ende) à la fin; **~ im Saal** au fond de la salle; **weiter ~** plus loin (a. in e-m Buch); **von ~** par, de derrière; umg **j-n am liebsten von ~ sehen** se passer volontiers de (la présence de) qn; **~ stehen** in e-m Raum se trouver, être au fond; in e-r Reihe se trouver, être à la fin

hintendrauf umg ADV à l'arrière; derrière; **j-m ein paar ~ geben** donner une fessée à qn

hintenherum ADV 1 räumlich par derrière 2 umg fig bekommen en sous-main; erfahren d'une façon détournée

hintenüber ADV en arrière; à la renverse

hinter PRÄP Lage, Richtung derrière; Reihenfolge après; **gleich ~ Köln** tout de suite après Cologne; **~ j-m, etw stehen** être derrière qn, qc (a. fig); **etw ~ sich** (akk) **bringen** venir à bout de qc; **etw ~ sich** (dat) **haben** Arbeit etc en avoir fini, terminé avec qc; Operation etc avoir subi qc; umg **~ etw** (akk) **kommen** (entdecken) découvrir qc; (verstehen) comprendre, saisir qc

Hinterachse F im Auto pont m arrière **Hinterausgang** M sortie f de derrière **Hinterbacke** umg F fesse f **Hinterbänkler** M député m des derniers rangs

Hinterbein N patte f de derrière; umg fig **sich auf die ~e stellen** ruer dans les brancards

Hinterbliebene(r) M/F(M) survivant(e) m(f); **die trauernden Hinterbliebenen** la famille (du défunt)

hinterbringen VT **j-m etw ~** rapporter qc à qn

hintere ADJ de derrière; bes Körperteile postérieur; dernier; **die ~n Reihen** fpl les derniers rangs

hintereinander ADV 1 räumlich l'un(e) derrière l'autre 2 zeitlich l'un(e) après l'autre; **viermal ~** quatre fois de suite

Hintereingang M entrée f de derrière **hinterfragen** VT remettre en question **Hintergedanke** M arrière-pensée f **hintergehen** VT tromper; duper

Hintergrund M fond m (a. MAL, THEAT); Perspektive arrière-plan m; **im ~** à l'arrière-plan; fig **sich im ~ halten, im ~ bleiben** rester dans l'ombre; pl **Hintergründe** fig arrière-plan m

hintergründig ADJ Lächeln énigmatique; Humor subtil

Hintergrundinformation F information f sur les dessous (**über** [+ akk] de) **Hintergrundmusik** F musique f de fond

Hinterhalt M embuscade f; guet-apens m; **in e-n ~ locken** attirer dans une embuscade

hinterhältig ADJ sournois

Hinterhand F 1 ZOOL arrière-main f 2 fig **etw in der ~ haben** avoir qc en réserve

hinterher ADV 1 zeitlich après (coup); fig **mit, in etw** (dat) **~ sein** être en retard dans qc 2 räumlich derrière (a. Rangfolge) 3 fig **(sehr) ~ sein, dass …** être très attentif à ce que … (+ subj)

hinterherhinken VI être à la traîne (a. fig)

hinterherlaufen VI **j-m, e-r Sache ~** courir après qn, qc (a. umg fig)

hinterherspionieren VI **j-m ~** espionner qn; suivre qn pour l'espionner

Hinterhof M arrière-cour f

Hinterkopf M occiput m; umg **etw im ~ haben** avoir qc en tête; umg **etw im ~ behalten** ne pas perdre de vue qc

Hinterland N arrière-pays m

hinterlassen VT laisser; testamentarisch léguer **Hinterlassenschaft** F héritage m

hinterlegen VT déposer

Hinterlegung F dépôt m; **gegen ~ von** moyennant le dépôt de

Hinterlist F perfidie f **hinterlistig** perfide

hinterm umg = **hinter dem**

Hintermann M 1 **mein ~** la personne derrière moi 2 fig (Drahtzieher) personne f qui tire les ficelles

Hintermannschaft F SPORT défense f

hintern umg = **hinter den**

Hintern umg M derrière m; umg postérieur m; fesses fpl; **j-m den ~ versohlen** donner une fessée à qn; **j-n** od **j-m in den ~ treten** botter le derrière, les fesses de qn; fig **j-m in den ~ kriechen** lécher les bottes de qn; umg faire de la lèche à qn

Hinterrad N roue f arrière **Hinterradantrieb** M traction f arrière

hinterrücks ADV par derrière

hinters *umg* = **hinter das**
Hinterschinken M jambon *m* **Hinterseite** F derrière *m* **Hintersinn** M double sens *m*; *bei Äußerungen* sous-entendu *m* **hintersinnig** ADJ à double sens; ambigu **Hintersitz** M siège *m* arrière
hinterste ADJ dernier; **in der ~n Reihe** au dernier rang
Hinterteil *umg* N (*Gesäß*) derrière *m*
Hintertreffen N **ins ~ geraten** perdre du terrain
hintertreiben V/T *Reform, Gesetz* empêcher; *Pläne* contrecarrer
Hintertreppe F escalier(s) *m(pl)* de service **Hintertür** F porte *f* de derrière
Hintertürchen N *fig* **sich** (*dat*) **ein ~ offen halten** se ménager une porte de sortie
Hinterwäldler M *umg* plouc *m*
hinterziehen V/T détourner; soustraire; **Steuern ~** frauder le fisc
Hinterzimmer N pièce *f* de derrière
hintun *umg* V/T (y) mettre
hinüber ADV de l'autre côté; **über** (+ *akk*) **~** par-dessus; *umg* **~ sein** (*kaputt, verdorben*) *umg* être fichu; (*tot*) *umg* avoir passé l'arme à gauche; (*bewusstlos*) *umg* être dans les vapes
hinüberfahren **A** V/T **j-n, etw über den Fluss ~** faire passer le fleuve à qn, qc **B** V/I (**über e-n Fluss, e-e Brücke**) **~** traverser (un fleuve, un pont); **~ zu, nach …** aller à …
hinübergehen V/I *über e-e Straße, Brücke etc* traverser (**über etw** [*akk*] qc); **auf die andere Seite ~** aller de l'autre côté
hinüberkommen V/I **1** *auf die andere Seite* passer de l'autre côté **2** *über ein Hindernis* passer par-dessus **3** *umg* (*besuchen*) **zu j-m ~** venir voir qn
hinüberreichen **A** V/T **j-m etw ~** passer qc à qn **B** V/I (*sich erstrecken*) s'étendre (**bis** jusqu'à)
hinübersteigen V/I **über etw** (*akk*) **~** passer par-dessus qc
hinüberwechseln V/I passer (**zu** à); **zu e-r anderen Partei ~** changer de parti
hin- und hergehen V/I *im Zimmer* marcher de long en large; *nervös* faire les cent pas
Hin- und Rückfahrt F aller (et) retour *m* **Hin- und Rückflug** M vol *m* aller (et) retour **Hin- und Rückweg** M aller (et) retour *m*
hinunter ADV en bas; vers le bas; **dort ~!** (descends *bzw.* descendez) par là!; **~ ging die Fahrt sehr schnell** pour descendre le voyage a été très rapide; **bis ins Tal ~** jusque dans la vallée
hinunterfahren V/T *u.* V/I descendre **hinunterfallen** → herunterfallen **hinuntergehen** V/I descendre **hinunterschlucken** V/T **1** avaler **2** *umg fig Ärger* ravaler; *Enttäuschung, Kritik* encaisser
hinunterspringen V/I sauter en bas; **von etw ~** sauter du haut de qc
hinunterspülen V/T **1** *im Ausguss, WC* faire partir **2** *umg Bissen etc* faire descendre; *fig Kummer, Ärger* noyer
hinuntersteigen V/T *u.* V/I descendre; **den Berg ~** descendre de la montagne
hinunterstürzen **A** V/T **1** *Person* précipiter (**von** du haut de) **2** *umg fig Getränk umg* descendre; *umg* siffler **B** V/I (*hinunterfallen*) tomber (**von** du haut de) **C** V/R **sich ~** se jeter en bas; **sich von e-m Turm ~** se jeter du haut d'une tour
hinunterwerfen V/T jeter (en bas); *unabsichtlich* faire tomber **hinunterwürgen** V/T avaler avec peine
hinwagen V/R **sich ~** oser, se risquer à y aller
hinweg ADV **1** *geh* **~ (mit dir)!** va-t'en! **2** *räumlich* **über etw** (*akk*) **~** par-dessus qc; *fig* **über unsere Köpfe** *od* **uns ~** sans s'occuper de nous **3** *zeitlich* **über Jahre ~** des années durant
Hinweg M aller *m*; **auf dem ~** à l'aller
hinweggehen V/I (*nicht beachten*) **über etw** (*akk*) **~** passer outre à, sur qc
hinweghelfen V/I **j-m über etw** (*akk*) **~** aider qn à surmonter qc
hinwegkommen V/I **über etw** (*akk*) **~** surmonter qc; **ich komme darüber nicht hinweg** je ne m'en remets pas
hinwegsehen V/I (*unbeachtet lassen*) **über etw** (*akk*) **~** fermer les yeux, passer sur qc
hinwegsetzen V/R **sich über etw** (*akk*) **~** ne pas tenir compte de qc
hinwegtäuschen V/T **j-n über etw** (*akk*) **~** empêcher qn de voir qc; **das täuscht darüber hinweg, dass …** cela masque le fait que …
hinwegtrösten V/T **j-n über etw** (*akk*) **~** consoler qn de qc
Hinweis M **1** (*Mitteilung*) indication *f*; précision *f* **2** ADMIN **unter ~ auf** (+ *akk*) en se référant à **3** (*Anzeichen*) indication *f* (sur)
hinweisen **A** V/T **j-n auf etw** (*akk*) **~** faire remarquer qc à qn **B** V/I **auf etw** (*akk*) **~** indiquer, signaler qc; **ich weise darauf hin, dass …** je fais remarquer que …
hinweisend ADJT GRAM démonstratif
Hinweisschild N panneau indicateur **Hinweistafel** F tableau indicateur
hinwenden V/R **sich zu j-m ~** se tourner vers qn (*a. fig*); *fig* **nicht wissen, wo man sich ~ soll** ne pas savoir à qui s'adresser
hinwerfen **A** V/T **1** jeter (par terre) **2** *umg Arbeit etc umg* envoyer promener **B** V/R **sich ~** se jeter par terre
hinwollen *umg* V/I vouloir y aller; **wo willst du**

hin? où vas-tu?
Hinz M *umg pej* ~ **und Kunz** Pierre et Paul
hinziehen A V/T 1 **etw zu sich** *(dat)* ~ tirer qc vers soi; *fig* **ich fühle mich zu ihm hingezogen** je me sens attiré par lui 2 *(in die Länge ziehen)* faire traîner en longueur B V/I *(umziehen)* s'y installer C V/R **sich** ~ 1 *(sich in die Länge ziehen)* traîner en longueur 2 *räumlich* s'étendre (**bis nach** jusqu'à)
hinzielen V/I **auf etw** *(akk)* ~ viser, tendre à qc
hinzu ADV en plus
hinzufügen V/T ajouter (**zu** à)
hinzukommen V/I 1 *(sich anschließen)* s'y joindre 2 *überraschend* survenir 3 *Dinge* (venir) s'y ajouter; **es kommt noch hinzu, dass ...** ajoutez à cela que ...
hinzusetzen V/T ajouter **hinzuzählen** V/T ajouter **hinzuziehen** V/T *Arzt etc* avoir recours à
Hiobsbotschaft F nouvelle désastreuse; très mauvaise nouvelle
Hip-Hop M MUS °hip-hop *m*
hipp, hipp, hurra! INT °hip °hip °hip! °hourra!
Hippie M °hippie *m/f*
Hirn N 1 *Organ* cerveau *m* 2 *Substanz*, GASTR, *fig* cervelle *f*
Hirngespinst N chimère *f* **Hirnhautentzündung** F méningite *f* **hirnlos** ADJ *pej* sans cervelle; écervelé **hirnrissig** *umg* ADJ *umg* cinglé; *umg* fêlé; *Idee* de fou **Hirntod** M mort cérébrale **Hirntumor** M tumeur *f* au cerveau **hirnverbrannt** *umg* ADJT → hirnrissig
Hirsch M cerf *m* **Hirschbraten** M rôti *m* de cerf **Hirschgeweih** N bois *mpl* de cerf **Hirschkäfer** M cerf-volant *m* **Hirschkalb** N faon *m* **Hirschkuh** F biche *f*
Hirse F mil *m*; millet *m* **Hirsebrei** M bouillie *f* de millet
Hirt M berger *m*
Hirte M 1 *geh* → Hirt 2 REL pasteur *m*; **der Gute** ~ le Bon Pasteur
Hirtenbrief M lettre pastorale **Hirtenhund** M chien *m* de berger
His, his N MUS si *m* dièse
Hisbollah F °Hezbollah *m*
hissen V/T °hisser
Histamin N MED histamine *f*
Historiker(in) M(F) historien, -ienne *m,f* **historisch** ADJ historique
Hit *umg* M 1 MUS *umg* tube *m* 2 *fig* succès *m*; *(Mode)* mode *f*
Hitliste F, **Hitparade** F °hit-parade *m*
Hitze F chaleur *f* *(a. fig)* **bei dieser** ~ par cette chaleur; **etw bei schwacher ~ kochen** cuire qc à feu doux; (faire) mijoter qc; **in der ~ des Gefechts** dans le feu de l'action
hitzebeständig ADJ réfractaire **Hitzebläschen** N bouton *m* de chaleur **hitzeempfindlich** ADJ sensible à la chaleur
hitzefrei ADJ SCHULE ~ **haben** avoir congé à cause de la chaleur
Hitzeperiode F période *f* de (grande) chaleur; *bes im Sommer* canicule *f* **Hitzewallung** F MED bouffée *f* de chaleur **Hitzewelle** F vague *f* de chaleur
hitzig ADJ *Temperament* chaud; ardent; *(erregt)* excité; *Debatte* passionné; âpre
Hitzkopf M tête brûlée; excité *m* **Hitzschlag** M coup *m* de chaleur
HIV N ABK (human immunodeficiency virus) HIV *m* **HIV-infiziert** ADJT infecté par le HIV **HIV-negativ** ADJ séronégatif **HIV-positiv** ADJ séropositif **HIV-Virus** M *od* N virus *m* HIV
Hl. ABK (Heilige[r]) S^t^ *bzw.* S^te^
H-Milch F lait *m* UHT
h-Moll N MUS si *m* mineur
HNO-Arzt M, **HNO-Ärztin** F *umg* oto-rhino *m/f*; ORL *m/f*
Hoax M IT hoax *m*
hob → heben
Hobby N °hobby *m*; violon *m* d'Ingres **Hobbygärtner(in)** M(F) jardinier, -ière *m,f* amateur **Hobbykoch** M, **Hobbyköchin** F cuisinier, -ière *m,f* amateur **Hobbyraum** M atelier *m* (de bricolage)
Hobel M rabot *m* **Hobelbank** F établi *m* de menuisier
hobeln V/T *u.* V/I raboter

hoch

A Adjektiv B Adverb

— A Adjektiv —

1 *(von großer Höhe)* °haut; **zwei Meter ~ sein** avoir deux mètres de haut; **wie ~ ist der Montblanc?** quelle est la hauteur, l'altitude du mont Blanc?; *umg fig* **das ist mir zu ~** *umg* c'est trop calé pour moi; ça me dépasse 2 *(in großer Höhe)* °haut; élevé; *fig* **im hohen Norden** dans le Grand Nord 3 *wert- u. mengenmäßig Alter, Geschwindigkeit, Kunst* grand; *Preis, Kosten, Verlust, Zahl, Gehalt, Zinsen, Miete, Gewicht* élevé; *Preis, Lohn, Niveau, Ansehen, Temperatur, Präzision* °haut; *Gehalt, Konzentration* °haut; fort; *Gehalt, Niederlage, Gewinn, Betrag, Zinsen* gros; *Fieber, Summe* fort; *Strafe* sévère; **hohe Ansprüche stellen** être très exigeant (**an j-n** avec qn); **wie ~ ist die Summe?** à combien se monte, s'élève la somme? 4 *Rangfolge: Beamter, Würdenträger etc* °haut; *Posten, Rang* élevé; *Offizier* de haut rang 5

MUS *Ton* aigu; *Stimme* °haut; *Note* **das hohe C** le do six 6 MATH **vier ~ fünf** quatre puissance cinq; **vier ~ zwei** *meist* quatre au carré; **vier ~ drei** *meist* quatre au cube

— B Adverb —

1 (*in großer Höhe*) en °haut; **~ oben** (**auf** [+ *dat*]) tout en °haut (de); **~ erhobenen Hauptes** la tête °haute; → hochgewachsen 2 (*nach oben*) **Hände ~!** °haut les mains!; **etw ~ in die Luft werfen** lancer qc °haut dans l'air, très °haut 3 *wert- u. mengenmäßig* très; *mit adj u. pperf:* **~ angesehen** très estimé; **~ begabt** surdoué; **~ dotiert** bien rémunéré; **~ entwickelt** *Völker, Land* très développé; *Technik* sophistiqué; **~ geachtet** très estimé; **~ qualifiziert** °hautement qualifié; **~ verschuldet** surendetté; → hochempfindlich, hochgestellt, hochstehend, hochzivilisiert; *mit Verben:* **~ gewinnen** SPORT gagner °haut la main; remporter une grande victoire; **~ verlieren** SPORT essuyer une lourde défaite; **etw ~ und heilig versprechen** promettre qc solennellement; **etw ~ und heilig versichern** jurer ses grands dieux que …; *umg* **wenn es ~ kommt** tout au plus 4 *singen* °haut

Hoch N 1 METEO anticyclone *m* 2 (*Hochruf*) vivat *m*; **ein ~ der** *od* **auf die Köchin!** vive la cuisinière!

Hochachtung F grande estime (**vor** [+ *dat*] pour); *Briefschluss* **mit vorzüglicher ~** veuillez agréer, Monsieur *bzw.* Madame, l'assurance de ma considération distinguée

hochachtungsvoll ADV *Briefschluss* veuillez agréer, Monsieur *bzw.* Madame, l'expression de mes salutations distinguées **Hochadel** M °haute noblesse **hochaktuell** ADJ très actuel **Hochalpen** PL °hautes Alpes **hochalpin** ADJ des °hautes Alpes; alpin **Hochaltar** M maître-autel *m* **Hochamt** N grand-messe *f* **hochangesehen** ADJT très estimé **hochanständig** ADJ très honnête **Hochantenne** F antenne aérienne

hocharbeiten V/R **sich ~** réussir, parvenir à force de travail (**zu** à devenir)

hochauflösend ADJT TV °haute définition (! unveränderlich) **Hochbahn** F métro aérien

Hochbau M *Sektor* bâtiment *m*; **Hoch- und Tiefbau** bâtiment et travaux publics; génie civil

hochbegabt ADJ surdoué **Hochbegabte(r)** M/F(M) surdoué(e) *m(f)* **Hochbegabtenförderung** F *bourses accordées aux élèves extrêmement doués*

hochbetagt ADJ très âgé; *poet* chargé d'ans

Hochbetrieb M activité *f* intense; **es herrscht ~** (*es sind viele Leute da*) il y a un monde fou

Hochburg F *fig* fief *m* **hochdeutsch** ADJ allemand standard; °haut allemand

Hochdruck M 1 METEO °hautes pressions 2 *umg fig* **mit** *od* **unter ~ arbeiten** travailler d'arrache-pied 3 MED hypertension *f*

Hochdruckgebiet N → Hoch 1 **Hochebene** F °haut plateau

hochempfindlich ADJ *Messinstrument* très sensible; *Film* ultrasensible **hochentwickelt** ADJT → hoch B 3 **hocherfreut** ADJT ravi, enchanté (**über** [+ *akk*] de) **hochexplosiv** ADJ très explosif (*a. fig*)

hochfahren V/I 1 monter (*a. fig* **nach Hamburg** à Hambourg) 2 *fig erschrocken* se dresser en sursaut; *aufbrausend* s'emporter

Hochfinanz F °haute finance **hochfliegend** ADJT *fig* ambitieux; *Pläne a.* vaste

Hochform F grande forme; **in ~ sein** être en pleine forme

Hochformat N format vertical; format *m* à la française **Hochfrequenz** F °haute fréquence **Hochfrisur** F cheveux relevés **Hochgarage** F parking *m* à étages **hochgeachtet** ADJT très estimé **hochgebildet** ADJT très, extrêmement cultivé **Hochgebirge** N °haute montagne **Hochgebirgstour** F course *f*, randonnée *f* en °haute montagne **Hochgefühl** N euphorie *f*; ivresse *f*; délice *m*

hochgehen V/I 1 *Person, Ballon* monter; *Vorhang* se lever 2 *umg* (*explodieren*) sauter; **etw ~ lassen** faire sauter qc 3 *fig Preise* monter 4 *umg* (*wütend werden*) *umg* s'emballer; monter sur ses grands chevaux 5 *Spionagenetz etc* être démantelé

Hochgenuss M délice *m* **hochgeschlossen** ADJT *Kleid* montant **Hochgeschwindigkeitszug** M train *m* à grande vitesse; TGV *m* **hochgesteckt** ADJT *Haar* relevé **hochgestellt** ADJT *fig* °haut placé **hochgestochen** *umg pej* ADJT prétentieux; *Ausdrucksweise* ampoulé **hochgewachsen** ADJT de haute taille

Hochglanz M poli *m*; **etw auf ~ bringen** *Auto etc* polir, faire briller, astiquer qc

hochgradig A ADJ fort; intense B ADV à un °haut degré

hochhackig ADJ à talons °hauts

hochhalten V/T 1 lever; *im Augenblick* tenir levé 2 *fig* **j-s Andenken ~** tenir qn en grande estime

Hochhaus N tour *f*; immeuble *m*

hochheben V/T *Last* soulever; *Hand, Arm* lever

hochintelligent ADJ très intelligent **hochinteressant** ADJ très intéressant

hochjubeln *umg* V/T chanter les louanges de

hochkant ADV debout; *umg* **j-n ~ hinauswerfen** *umg* flanquer qn carrément à la porte
hochkarätig ADJ 1 *Diamant etc* de fort carat; très pur 2 *fig Person* extrêmement compétent; *Politiker, Manager a.* d'envergure
hochklappen V/T relever **hochklettern** *umg* V/I grimper
hochkommen *umg* V/I 1 *(heraufkommen)* monter 2 *aus dem Magen* revenir; *fig* **es kommt mir hoch, wenn ich das sehe** je suis écœuré quand je vois ça 3 *fig wirtschaftlich etc* prospérer; **wieder ~** *Land* se redresser; *Kranker* se remettre; se rétablir 4 *fig beruflich* réussir; faire son chemin

H

Hochkonjunktur F conjoncture *f* très favorable; boom *m*
hochkrempeln V/T *Ärmel* retrousser
hochkriegen *umg* V/T *Arm* arriver à, pouvoir lever; *Koffer* arriver à, pouvoir soulever; *sl* **keinen (mehr) ~** *sl* ne plus pouvoir bander
Hochland N °hauts plateaux
hochleben V/I **j-n, etw ~ lassen** porter un toast à (la santé de) qn, à qc; **er lebe hoch!, hoch soll er leben!** vive X!
Hochleistungssport M sport *m* de compétition, de haut niveau **hochmodern** ADJ ultramoderne **Hochmoor** N marais *m* (de montagne) **Hochmut** M orgueil *m*; °hauteur *f* **hochmütig** ADJ orgueilleux; °hautain **hochnäsig** ADJ arrogant **Hochnäsigkeit** F arrogance *f* **Hochnebel** M couche de brouillard élevée
hochnehmen V/T 1 *(anheben)* soulever; *Kind* prendre sur le bras 2 *umg fig (verspotten) umg* faire marcher
Hochofen M °haut fourneau **Hochparterre** N rez-de-chaussée surélevé **hochprozentig** ADJ *Getränk* fortement alcoolisé; très fort **hochqualifiziert** ADJT °hautement qualifié
hochragen V/I s'élever; se dresser **hochrechnen** V/T estimer
Hochrechnung F estimation *f*
hochreißen V/T *Arme, Gewicht* lever brusquement
hochrot ADJ *Gesicht* cramoisi; écarlate
Hochruf M vivat *m*; *pl* **~e** *e-r Menge a.* acclamations *fpl*
Hochsaison F pleine saison
hochschaukeln *umg* A V/T monter en épingle B V/R **sich (gegenseitig) ~** s'exciter mutuellement
hochschlagen A V/T *Kragen* relever B V/I *Flammen* s'élever; *Wasser, Wellen* se soulever **hochschnellen** V/I faire un bond **hochschrauben** V/T faire monter *(a. fig)*

Hochschulabschluss M diplôme *m* universitaire; **mit ~** diplômé de l'université
Hochschule F établissement *m* d'enseignement supérieur; *(Universität)* université *f* **Hochschüler(in)** M(F) étudiant(e) *m(f)* **Hochschullehrer(in)** M(F) professeur *m* d'université **Hochschulreife** F baccalauréat *m* **Hochschulstudium** N études *fpl* universitaires
hochschwanger ADJ en état de grossesse avancée
Hochsee F °haute mer; large *m* **Hochseefischerei** F pêche °hauturière; grande pêche **Hochseejacht** F yacht *m* de croisière
Hochseil N corde *f* (raide) **Hochseilakt** M numéro *m* de funambule
Hochsicherheitstrakt M quartier *m* de haute sécurité **Hochsitz** M JAGD affût perché **Hochsommer** M plein été **hochsommerlich** ADJ de plein été
Hochspannung F 1 ELEK °haute tension 2 *fig* grande tension **Hochspannungsleitung** F ligne *f* à °haute tension **Hochspannungsmast** M pylône *m*
hochspielen V/T monter en épingle
Hochsprache F langue cultivée, standard
hochspringen V/I sauter, bondir (**vor Freude** de joie); **an j-m ~** sauter sur qn
Hochspringer(in) M(F) sauteur, -euse *m,f* en °hauteur **Hochsprung** M saut *m* en °hauteur
höchst ADV extrêmement; très
Höchstalter N âge *m* maximum, limite
Hochstapelei F imposture *f*
hochstapeln V/I commettre une imposture
Hochstapler(in) M(F) imposteur *m*
Höchstbetrag M (somme *f*) maximum *m* **Höchstbietende(r)** M le plus offrant **Höchstdauer** F durée *f* maximum **Höchstdosis** F dose *f* maximum
höchste ADJ le plus °haut *(a. Ausmaß, Rang)*; le plus élevé; TECH, PHYS, HANDEL, ADMIN maximum; **das ~ Gut** le bien le plus précieux; **auf ~r Ebene** au plus °haut niveau
hochstehend ADJT *fig* d'un °haut niveau
höchstenfalls ADV tout au plus
höchstens ADV 1 tout au plus; au maximum 2 *(bestenfalls)* au mieux 3 *(außer)* sauf; excepté
Höchstfall M **im ~** tout au plus; au maximum
Höchstgeschwindigkeit F **(zulässige) ~** vitesse *f* limite
Höchstgrenze F plafond *m*; maximum *m*
Hochstimmung F bonne humeur; euphorie *f*; **in ~ sein** *Personen* être de très bonne humeur
Höchstleistung F SPORT meilleure perfor-

mance (*a. fig*); record *m*; *e-s Motors* puissance *f* maximum **Höchstmaß** N maximum *m* (**an** [+ *dat*] de) **höchstmöglich** ADJ maximum **höchstpersönlich** ADV en personne **Höchstpreis** M prix *m* maximum, plafond **Höchstsatz** M taux *m* maximum **Höchststand** M niveau *m* maximum **Höchststrafe** F peine maximale
Hochstuhl M *für Kinder* chaise °haute
höchstwahrscheinlich ADV très probablement
Höchstwert M valeur *f* maximum
höchstzulässig ADJ maximum autorisé
Hochtechnologie F technologie *f* de pointe
Hochtour F **auf ~en laufen** TECH tourner à plein régime; *fig* battre son plein
hochtourig ADJ à grande vitesse de régime **hochtrabend** ADJT grandiloquent **hochverdient** ADJT *Person* de grand mérite; *Erfolg* bien mérité **hochverehrt** ADJT très honoré **Hochverrat** M °haute trahison **hochverschuldet** ADJT surendetté **hochverzinslich** ADJ produisant des intérêts élevés
Hochwald M (°haute) futaie
Hochwasser N 1 *e-s Flusses* crue *f*; (*Überschwemmung*) inondation *f*; **~ führen** être en crue 2 (*höchster Flutstand*) marée °haute
Hochwassergefahr F danger *m* de crue, d'inondation **Hochwasserkatastrophe** F inondation *f* catastrophique; grave(s) inondation(s) *f(pl)* **Hochwassermarke** F marque *f* indiquant la hauteur de la (plus grande) crue **Hochwasserschaden** M dégâts causés par l'inondation **Hochwasserstand** M niveau *m* de la crue
hochwerfen V/T jeter en °haut, en l'air; *Arme* lever brusquement
hochwertig ADJ de qualité supérieure; *Nahrungsmittel* riche **Hochwild** N gros gibier **hochwirksam** ADJ très efficace
Hochwürden *Anrede* (**Euer** *od* **Eure**) **~** mon Père; monsieur le Curé, l'Abbé
Hochzahl F exposant *m*
Hochzeit F mariage *m*; **silberne, goldene, diamantene ~** noces *fpl* d'argent, d'or, de diamant
Hochzeitsfeier F célébration *f* du mariage; noce *f* **Hochzeitsgeschenk** N cadeau *m* de mariage **Hochzeitsgesellschaft** F noce *f* **Hochzeitskleid** N robe *f* de mariée **Hochzeitskutsche** F calèche *f* des mariés *bzw.* pour le mariage **Hochzeitsmarsch** M MUS marche nuptiale **Hochzeitsnacht** F nuit *f* de noces **Hochzeitspaar** N mariés *mpl* **Hochzeitsreise** F voyage *m* de noces
Hochzeitstag M 1 (*Tag der Hochzeit*) jour *m* du mariage, de la noce 2 *Jahrestag* anniversaire *m* de mariage
hochziehen A V/T 1 *Last* monter; *Fahne etc* °hisser; *Jalousie, Hose* remonter; relever; *Vorhang* lever; *Schultern, Augenbrauen* °hausser 2 *Flugzeug* redresser B V/R **sich an etw** (*dat*) **~** se hisser à qc
hochzivilisiert ADJT °hautement civilisé
Hocke F position accroupie; (*Hocksprung*) saut groupé; **in die ~ gehen** s'accroupir
hocken A V/I 1 (*kauern*) être accroupi 2 *umg* (*sitzen*) être assis B V/R **sich ~** *südd* (*sich setzen*) s'asseoir
Hocker M tabouret *m*
Höcker M bosse *f*
Hockey N °hockey *m* **Hockeyplatz** M terrain *m* de hockey **Hockeyschläger** M crosse *f* de hockey **Hockeyspieler(in)** M(F) °hockeyeur, -euse *m,f*
Hoden M testicule *m* **Hodensack** M scrotum *m*; bourses *fpl*
Hof M 1 *e-s Hauses etc* cour *f*; **auf dem ~** dans la cour 2 (*Bauernhof*) ferme *f* 3 (*Fürstenhof*) cour *f*; **bei** *od* **am ~e** à la cour 4 **e-r Frau den ~ machen** faire la cour à une femme 5 ASTRON °halo *m*

Hof — la ferme

Hof — la cour

Hofdame F dame *f* d'honneur
hoffen V/T u. V/I espérer (**dass** que; **zu gewinnen** gagner); **auf etw** (*akk*) **~** espérer qc; **~ wir das Beste!** espérons!; **das will ich ~** j'espère bien
hoffentlich ADV j'espère *bzw.* espérons que ...; *Antwort* **~!** espérons-le! *bzw.* je l'espère!; **~ nicht!** espérons *bzw.* j'espère que non!
Hoffnung F espoir *m* (**auf** [+ *akk*] de, en); espérance *f*; **die ~ haben zu** (+ *inf*) avoir l'espoir de (+ *inf*); **sich** (*dat*) **~(en) machen** espérer; **mach dir keine ~en!** ne te fais pas d'illusions!; **j-m ~en machen, dass ...** donner à qn l'espoir que ...; **es besteht ~, dass er überlebt** il a des chances de survivre, de s'en sortir

H

hoffnungslos A ADJ sans espoir; désespéré; *fig* **ein ~er Fall** un cas désespéré B ADV sans espoir; **~ verliebt** éperdument amoureux
Hoffnungslosigkeit F désespoir *m* **Hoffnungsschimmer** M lueur *f* d'espoir **Hoffnungsträger(in)** M(F) espoir *m* **hoffnungsvoll** ADJ 1 (*zuversichtlich*) confiant; optimiste 2 (*vielversprechend*) qui promet (beaucoup)
Hofhund M chien *m* de garde
hofieren *geh* V/T courtiser; faire la cour à
Hofknicks M (profonde) révérence
höflich A ADJ poli; courtois B ADV poliment
Höflichkeit F politesse *f*; **aus ~** par politesse
Höflichkeitsbesuch M visite *f* de courtoisie **Höflichkeitsfloskel** F, **Höflichkeitsformel** F formule *f* de politesse
Höfling M courtisan *m* (*a. fig pej*)
Hofnarr M fou *m* du roi **Hofrat** M *österr* conseiller *m* de la cour **Hofstaat** M cour *f*
hohe → hoch
Höhe F 1 *Ausdehnung, Lage* °hauteur *f*; *über dem Meeresspiegel*, FLUG altitude *f*; **auf gleicher ~ (mit)** à la même °hauteur (que); **auf halber ~** à mi-hauteur; *e-r Straße etc* à mi-côte; SCHIFF **auf der ~ von** à la hauteur de; **in die ~ ragen** s'élever (vers le ciel); **in die ~ werfen** jeter en l'air, en °haut 2 (*Anhöhe*) °hauteur *f*; *fig* **die ~n und Tiefen des Lebens** les °hauts *mpl* et les bas *mpl* de la vie 3 MATH, ASTRON, MUS °hauteur *f*; AKUSTIK **~n und Bässe** aigu *m* et grave *m* 4 *e-r Summe etc* montant *m*; *Betrag* **in ~ von** d'un montant de; se montant à 5 *fig* (*Gipfel*) sommet *m*; faîte *m*; **auf der ~ s-s Ruhms** au faîte, au sommet de sa gloire; *umg* **ich bin heute nicht ganz auf der ~** aujourd'hui, je ne me sens pas tout à fait bien; *umg* **das ist (doch) die ~!** c'est le comble!
Hoheit F 1 (*Souveränität*) souveraineté *f* (**über** [+ *akk*] sur) 2 *Titel* altesse *f*; **(Eure) ~** Votre Altesse
hoheitlich ADJ de souveraineté
Hoheitsgebiet N territoire national **Hoheitsgewässer** NPL eaux territoriales
Höhenangst F peur *f* de l'altitude; acrophobie *f* **Höhenflug** M *fig* envolée *f* **Höhenkrankheit** F mal *m* d'altitude **Höhenlage** F altitude *f* **Höhenluft** F air *m* des montagnes **Höhenmesser** M altimètre *m* **Höhenruder** N FLUG gouvernail *m* de profondeur **Höhensonne®** F lampe *f* à bronzer, à rayons ultraviolets **Höhenunterschied** M différence *f* de niveau **höhenverstellbar** ADJ à hauteur variable **Höhenzug** M chaîne *f* de montagnes
Hohepriester M BIBEL grand prêtre
Höhepunkt M *e-s Festes, Dramas, e-r Karriere, der Macht, des Ruhms* point culminant; *e-r Epoche, Karriere, der Macht, des Ruhms a.* apogée *m*; *e-r Krankheit, Krise* paroxysme *m*; (*Orgasmus*) orgasme *m*; **auf dem ~ der Diskussion** au plus fort de la discussion
höher A ADJ plus °haut, plus élevé (**als** que); *Stockwerk, Temperatur, Geschwindigkeit* supérieur (**als** à); **fünf Meter ~ sein als** avoir cinq mètres de plus que B ADV plus °haut; **~ bewerten** mieux noter; → höhergestellt
höhergestellt ADJT (plus) °haut placé
hohl A ADJ creux (*a. fig*) B ADV **~ klingen** sonner creux
Höhle F 1 GEOL caverne *f*; grotte *f* 2 *wilder Tiere* tanière *f*; *fig* **sich in die ~ des Löwen wagen** se jeter dans la gueule du loup 3 *pej* (*Wohnung*) bouge *m*; trou *m* 4 (*Augenhöhle*) orbite *f*
Höhlenforscher(in) M(F) spéléologue *m/f* **Höhlenforschung** F spéléologie *f* **Höhlenmalerei** F peinture *f* rupestre **Höhlenmensch** M homme *m* des cavernes **Höhlenzeichnung** F dessin *m* rupestre
Hohlkopf *umg* M imbécile *m/f* **Hohlkörper** M corps creux **Hohlkreuz** N MED lordose *f* **Hohlmaß** N mesure *f* de capacité (*a. Gefäß*) **Hohlraum** M cavité *f*; vide *m* **Hohlraumversiegelung** F AUTO injection *f* d'anticorrosif dans les parties creuses **Hohlsaum** M ourlet *m* à jours **Hohlspiegel** M miroir *m* concave **Hohlweg** M chemin creux
Hohn M dérision *f*; sarcasme *m*; *fig* **das ist der reinste ~** c'est une pure dérision
höhnisch A ADJ sarcastique B ADV **~ lachen, grinsen** ricaner
Hokuspokus M 1 (*Zauberei*) tour *m* de passe-passe 2 (*Zauberformel*) abracadabra *m* 3 *pej* (*Drum und Dran*) fourbi *m*
Holding F, **Holdinggesellschaft** F °holding *m*
holen A V/T 1 (*hingehen u. herbringen*) aller chercher; (*abholen*) venir chercher; **etw aus der Tasche** *etc* **~** sortir qc de son sac, *etc* 2 *umg fig Preis, Medaille etc umg* décrocher; *Punkte* remporter; marquer; *umg fig* **bei ihm ist nichts zu ~** il n'y a rien à en tirer B *umg* V/R **sich** (*dat*) **etw ~** prendre qc; *Krankheit* attraper qc
Holland N la Hollande
Holländer(in) M(F) °Hollandais(e) *m(f)*
holländisch ADJ °hollandais
Hollandrad N bicyclette °hollandaise
Hölle F enfer *m*; **in die ~ kommen** aller en enfer; **zur ~ damit!** au diable tout cela!; *umg* **j-m die ~ heißmachen** rendre la vie dure à qn; **j-m das Leben zur ~ machen** rendre la vie impossible à qn; *umg* **da war die ~ los** c'était l'enfer, *umg* infernal

Höllenangst *umg* F **e-e ~ haben** avoir une peur terrible
Höllenlärm *umg* M *umg* boucan *m* du diable **Höllenmaschine** *umg* F machine infernale
Höllenqual *umg* F supplice infernal; **~en ausstehen** souffrir mille morts
Höllentempo *umg* N **in** *od* **mit e-m ~ fahren** aller, rouler à un train d'enfer
höllisch A ADJ 1 *(der Hölle)* de l'enfer 2 *fig Schmerzen etc* atroce 3 *umg fig (groß) Angst* affreux; *Lärm, Tempo umg* infernal; d'enfer B *umg* ADV atrocement; *umg* diablement; **man muss dabei ~ aufpassen** il faut (y) faire extrêmement attention
Hollywoodschaukel F balancelle *f*
Holm M 1 *e-r Leiter* montant *m* 2 *am Barren* barre *f*
Holocaust M holocauste *m*
Hologramm N hologramme *m* **Holographie** F holographie *f*
holp(e)rig ADJ 1 *Weg* cahoteux; *Straßenpflaster* inégal 2 *Verse* raboteux; *Stil* rocailleux; *Fremdsprache* hésitant
holpern V/I *Wagen* cahoter
holterdiepolter *umg* ADV précipitamment (et à grand bruit)
Holunder M sureau *m* **Holunderbeere** F baie *f* de sureau
Holz N bois *m*; **aus ~** de, en bois; **~ verarbeitend** de transformation du bois; *fig* **aus dem gleichen, aus anderem ~ geschnitzt sein** être, ne pas être de la même trempe
Holzbein N jambe *f* de bois **Holzbläser** M joueur *m* d'un instrument à vent en bois
hölzern ADJ 1 de, en bois 2 *fig (steif)* raide; contraint
Holzfäller M bûcheron *m* **holzfrei** ADJ *Papier* sans fibres de bois **Holzhacker** M *bes österr* bûcheron *m* **Holzhammer** M maillet *m* **Holzhammermethode** *umg* F manière forte **Holzhaus** N maison *f* de, en bois
holzig ADJ *Gemüse, Obst* filandreux
Holzklotz M 1 bloc *m* de bois; *(Hackklotz)* billot *m* 2 *Spielzeug* cube *m* en bois **Holzkohle** F charbon *m* de bois **Holzkohlengrill** M barbecue *m* à charbon de bois **Holzkopf** *umg pej* M *umg* taré(e) *m(f)*; *umg* demeuré(e) *m(f)* **Holzleim** M colle *f* à bois **Holzleiste** F baguette *f* de bois **Holzofenbrot** N pain cuit au feu de bois **Holzscheit** M bûche *f* **Holzschnitt** M gravure *f* sur bois **Holzschnitzer** M sculpteur *m* sur bois **Holzschnitzerei** F sculpture *f* sur bois **Holzschuh** M sabot *m* **Holzschutzmittel** N produit *m* de traitement du bois **Holzspielzeug** N jouet(s) *m(pl)* en bois **Holzsplitter** M éclat *m* de bois; *in der Haut* écharde *f* **Holzstoß** M pile *f* de bois **Holztäfelung** F lambris *m*; boiserie *f* **Holztreppe** F escalier *m* de, en bois
Holzweg M *fig* **auf dem ~ sein** faire fausse route
Holzwolle F fibre *f* de bois **Holzwurm** M ver *m* du bois
Homebanking N banque *f* à domicile **Homepage** F IT *(Startseite)* page *f* d'accueil; *(offizielle Website)* site Web (officiel); *persönliche* page personnelle **Hometrainer** M °home-trainer *m*; vélo *m* d'appartement
Homo *umg* M *umg* homo *m* **Homo-Ehe** *umg* F *association enregistrée administrativement de couples homosexuels (assimilée au mariage)*; *in Frankreich etwa* pacs *m*
homogen ADJ homogène
Homöopath(in) M(F) homéopathe *m/f* **Homöopathie** F homéopathie *f* **homöopathisch** ADJ *Mittel* homéopathique; *Arzt* homéopathe
Homosexualität F homosexualité *f* **homosexuell** ADJ homosexuel **Homosexuelle(r)** M/F(M) homosexuel, -elle *m,f*
Honduras N le Honduras
Honig M miel *m*; *umg* **j-m ~ ums Maul schmieren** passer de la pommade à qn
Honigbiene F abeille *f* (mellifique) **Honigkuchen** M pain *m* d'épice
Honiglecken *umg* N **das ist kein ~** *umg* ce n'est pas de la tarte, du gâteau
Honigmelone F *variété de melon très sucrée* **honigsüß** ADJ 1 sucré comme le miel 2 *fig pej* mielleux
Honorar N honoraires *mpl*
Honoratioren PL notables *mpl*
honorieren V/T 1 *(bezahlen)* **etw ~** verser des honoraires pour qc; rétribuer qc 2 *fig (würdigen)* apprécier
Hooligan M °houligan *m*
Hopfen M °houblon *m*; *umg* **bei ihm ist ~ und Malz verloren** on ne peut rien en tirer
hopp INT °hop!; **~, ~!** allez, °hop!
hoppeln V/I *Kaninchen* sauter
hoppla INT °hop là!
hops A INT °hop! B *umg* ADJ **~ sein** *(verloren sein)* être perdu; *(kaputt sein) umg* être fichu
hopsa(sa) *kinderspr* INT °hop!
hopsen *umg* V/I sautiller *(a. pej beim Tanzen)*; sauter; gambader
Hopser *umg* M saut *m*; gambade *f*
hopsgehen *umg* V/I *(verloren gehen)* se perdre; *(sterben) sl* clamser; *(kaputtgehen)* se casser **hopsnehmen** *umg* V/T *(festnehmen) umg* choper; *umg* épingler

hörbar ADJ audible; perceptible **hörbehindert** ADJT malentendant **Hörbuch** N livre-cassette *m*
horchen V/I écouter (**an der Tür** à la porte)
Horde F (*Schar*) °horde *f*; *von Kindern a.* bande *f*
hören A V/T 1 (*vernehmen*) entendre; **j-n kommen ~** entendre qn venir; **ich habe ihn sagen ~, dass …** je l'ai entendu dire que … 2 (*anhören*) écouter; **die Zeugen ~** entendre les témoins; **das lässt sich ~** voilà qui s'appelle parler 3 (*erfahren*) **ich habe gehört, dass …** j'ai entendu dire que …; **etwas von j-m ~** avoir des nouvelles de qn; **lass mal etwas von dir ~!** donne-nous de tes nouvelles à l'occasion B V/I 1 (*verstehen*) entendre; **schlecht, schwer ~** entendre mal; être dur d'oreille; *umg* **dabei vergeht einem Hören und Sehen** c'est à vous couper le souffle 2 (*zuhören*) écouter; **ich höre** je vous écoute; *vorwurfsvoll umg* **(na) hör mal!** dis donc! 3 (*gehorchen*) **auf j-n ~** écouter qn; *plus fort* obéir à qn; *umg* **nicht ~ wollen** ne pas vouloir écouter, obéir 4 (*heißen*) **auf den Namen Felix ~** s'appeler Félix 5 (*erfahren*) **von j-m ~** avoir des nouvelles de qn; **Sie werden (noch) von mir ~!** vous aurez de mes nouvelles!

hören: écouter oder entendre?

Hier muss man zwischen bewusstem Hinhören (Zuhören) und zufälligem Hören (Wahrnehmen) unterscheiden:

Radio hören	**écouter la radio**
ein komisches Geräusch hören	**entendre un bruit étrange**

FEHLERQUELLEN

Hörensagen N **vom ~** par ouï-dire; de réputation
Hörer M 1 *Person* auditeur *m* 2 (*Telefonhörer*) combiné *m* **Hörerin** F auditrice *f* **Hörerpost** F courrier *m* des auditeurs **Hörerschaft** F RADIO auditeurs *mpl*; *e-r Vorlesung* auditoire *m* **Hörerwünsche** MPL souhaits *mpl* des auditeurs
Hörfehler M 1 erreur *f* de compréhension 2 MED défaut *m* de l'ouïe **Hörfunk** M radio *f* **Hörgerät** N prothèse auditive **Hörgeräteakustiker** M audioprothésiste *m* **hörgeschädigt** ADJT malentendant
hörig ADJ *fig* esclave; *bes sexuell* dépendant; **er ist ihr ~** il lui est entièrement soumis (*a. sexuell*)
Hörigkeit F *fig* esclavage *m*; *sexuelle* dépendance *f*; soumission *f*
Horizont M horizon *m* (*a. fig*); **am ~** à l'horizon; **s-n ~ erweitern** élargir son horizon; **das geht über s-n ~** cela le dépasse
horizontal ADJ horizontal
Horizontale F horizontale *f*
Hormon N hormone *f* (! feminin) **Hormonbehandlung** F traitement hormonal **Hormonhaushalt** M équilibre hormonal **Hormonpräparat** N produit *m* à base d'hormones **Hormonspiegel** M taux d'hormone(s), hormonal
Hörmuschel F *am Telefon* écouteur *m*
Horn N 1 ZOOL corne *f*; *umg fig* **sich** (*dat*) **die Hörner abstoßen** jeter sa gourme; *umg fig* **s-m Ehemann Hörner aufsetzen** *umg* faire son mari cocu 2 *Material* corne *f* 3 MUS cor *m*; *umg fig* **in das gleiche ~ stoßen** être du même avis

Horn — la corne

Horn — le cor

Hornbrille F lunettes *fpl* d'écaille
Hörnchen N *Gebäck* croissant *m*
Hörnerv M nerf auditif
Hornhaut F 1 (*verhärtete Haut*) callosité *f* 2 *am Auge* cornée *f*
Hornisse F frelon *m*
Hornist(in) M(F) MUS corniste *m/f*
Hornochse *umg* M imbécile *m/f*; *umg* andouille *f*
Horoskop N horoscope *m*
horrend ADJ exorbitant
Hörrohr N 1 *Hörgerät* cornet *m* acoustique 2 (*Stethoskop*) stéthoscope *m*
Horror M horreur *f*; **e-n ~ vor etw** (*dat*) **haben** avoir horreur de qc
Horrorfilm M film *m* d'épouvante

Horrortrip *umg* M *im Drogenrausch umg* trip *m; umg* défonce *f; fig* **das war der reinste ~** c'était l'horreur, l'enfer
Hörsaal M amphithéâtre *m* **Hörspiel** N pièce *f* radiophonique
Horst M 1 *(Vogelhorst)* aire *f* 2 *(Fliegerhorst)* base aérienne
Hörsturz M MED perte *f* passagère de l'audition
Hort M 1 *geh (sicherer Ort)* refuge *m;* asile *m* 2 *(Kinderhort)* garderie *f*
horten V/T *Waren* stocker; *Geld* thésauriser
Hortensie F hortensia *m*
Hörtest M test auditif **Hörvermögen** N capacité auditive
Hörweite F portée *f* de la voix; **in, außer ~** à, °hors de portée de la voix
Höschen N 1 *(kurze Hose)* culotte *f* 2 *Damenslip* slip *m*
Hose F 1 *lange* pantalon *m; kurze* culotte *f; (kurze Sommerhose)* short *m;* **in die ~ machen** faire dans sa culotte 2 *umg fig* **(sich** *[dat]***) (vor Angst) in die ~(n) machen** *umg* faire dans sa culotte; **die ~n anhaben** *Frau* porter la culotte; **die ~n runterlassen** jouer cartes sur tables; **in die ~(n) gehen** *umg* foirer; **hier ist tote ~** *umg* c'est mort ici
Hosenanzug M tailleur-pantalon *m* **Hosenaufschlag** M revers *m* de pantalon **Hosenbein** N jambe *f* de pantalon
Hosenboden M fond *m* de culotte; *umg fig* **sich auf den ~ setzen** s'accrocher; *umg* bosser
Hosenbügel M cintre *m* pour pantalon **Hosenbund** M ceinture *f* de pantalon **Hosenklammer** F pince *f* (de pantalon) **Hosenrock** M jupe-culotte *f* **Hosenscheißer** *sl* M *(Feigling) umg* dégonflé *m; sl* foireux, -euse *m,f* **Hosenschlitz** M braguette *f* **Hosentasche** F poche *f* de pantalon **Hosenträger** MPL bretelles *fpl*
Hospital N hôpital *m*
Hospitalismus M MED hospitalisme *m*
hospitieren V/I **(bei j-m) ~** assister au cours (de qn)
Hospiz N hospice *m*
Hostess F hôtesse *f*
Hostie F hostie *f*
Hotdog M *od* N °hot-dog *m*
Hotel N hôtel *m* **Hotelbar** F bar *m* d'un *bzw.* de l'hôtel **Hotelboy** M groom *m* **Hoteldetektiv** M détective *m* d'hôtel *bzw.* de l'hôtel **Hoteldieb** M rat *m* d'hôtel **Hoteldirektor(in)** M(F) directeur, -trice *m,f* d'hôtel **Hotelfach** N hôtellerie *f* **Hotelfachschule** F école d'hôtellerie, hôtelière **Hotelführer** M guide *m* des hôtels **Hotelgast** M client(e) *m(f)* d'un hôtel **Hotelhalle** F °hall *m* de l'hôtel
Hotelier M hôtelier *m*
Hotelkette F chaîne hôtelière **Hotelportier** M portier *m* de l'hôtel **Hotelschiff** N péniche-hôtel *f* **Hotelverzeichnis** N liste *f* des hôtels **Hotelzimmer** N chambre *f* d'hôtel
Hotline F ligne directe; assistance *f* téléphonique
Hrsg. ABK (Herausgeber) éditeur
HTML F ABK (Hypertext Mark-up Language) IT HTML *m*
hu INT *zum Erschrecken* °hou!; *bei Angst* brrr!
hü INT *(vorwärts)* °hue!
Hub M *e-s Kolbens* course *f* **Hubraum** M cylindrée *f*
hübsch A ADJ 1 *Frau etc* joli; **sich ~ machen** se faire belle 2 *umg (ziemlich groß) umg* joli B ADV *umg* **sei ~ artig!** sois bien sage!; **das werde ich ~ bleiben lassen** je m'en garderai bien
Hubschrauber M hélicoptère *m* **Hubschrauberlandeplatz** M héliport *m*
huch INT *Schrecken* °hou!
Hucke F *umg* **j-m die ~ vollhauen** *umg* flanquer une volée, une raclée à qn
huckepack *umg* ADV **~ tragen, nehmen** porter, prendre sur son dos
Huckepackverkehr M transport multimodal
hudeln *umg bes südd, österr* V/I bâcler **(bei etw** qc); **nur nicht ~!** doucement!
Huf M sabot *m*
Hufeisen N fer *m* (à cheval) **hufeisenförmig** ADJ en (forme de) fer à cheval **Huflattich** M tussilage *m* **Hufschmied** M maréchal-ferrant *m*
Hüfte F °hanche *f*
Hüftgelenk N articulation *f* de la hanche **Hüftgürtel** M, **Hüfthalter** M gaine *f*
hüfthoch ADV **~ im Wasser stehen** être dans l'eau jusqu'à la taille
Hüfthose F pantalon *m* taille basse
Huftier N ongulé *m*
Hüftumfang M, **Hüftweite** F tour *m* de hanches
Hügel M colline *f;* monticule *m;* coteau *m; kleiner* butte *f* **Hügelgrab** N tumulus *m*
hüg(e)lig ADJ vallonné
Hugenotte M, **Hugenottin** F °huguenot(e) *m(f)*
Huhn N 1 ZOOL poule *f; junges,* GASTR poulet *m;* **gebratenes ~** poulet rôti; *umg* **da lachen ja die Hühner** c'est tout simplement ridicule 2 *umg fig* **ein dummes ~** une dinde; une oie
Hühnchen N poulet *m; fig* **mit j-m ein ~ zu**

rupfen haben avoir un compte à régler avec qn
Hühnerauge N MED cor *m*; œil-de-perdrix *m* **Hühneraugenpflaster** N coricide adhésif **Hühnerbrühe** F bouillon *m* de poule **Hühnerei** N œuf *m* de poule **Hühnerfarm** F élevage *m* de poulets **Hühnerfrikassee** N fricassée *f* de poulet **Hühnerhof** M basse-cour *f* **Hühnerklein** N abattis *mpl* de poulet **Hühnerleiter** F échelle *f* de poulailler **Hühnerpest** F peste *f* aviaire **Hühnerstall** M poulailler *m* **Hühnerstange** F perchoir *m*; juchoir *m* **Hühnersuppe** F potage *m* à base de bouillon de poule **Hühnerzucht** F élevage *m* de poules
huhu INT **1** *umg Zuruf* °hou! °hou! **2** *Erschrecken* °hou!
hui INT **1** *bruit du vent* **2** *schnelle Bewegung* °hop!
Hülle F **1** *(Umhüllung)* enveloppe *f*; *über Kleidung* °housse *f*; *(Plattenhülle)* pochette *f*; *(Ausweishülle)* étui *m*; *geh* **die sterbliche ~** *geh* la dépouille mortelle **2** *fig* **in ~ und Fülle** en abondance
hüllen V/T **j-n, etw in etw** *(akk)* **~** envelopper qn, qc dans qc; *fig* **sich in Schweigen ~** garder le silence
hüllenlos ADJ *hum (nackt)* en costume d'Ève *bzw.* d'Adam
Hülse F **1** BOT cosse *f* **2** *e-r Patrone* douille *f* **3** *(Filmhülse)* boîte *f*
Hülsenfrüchte FPL légumes secs
human ADJ humain
Humanismus M humanisme *m*
Humanist M humaniste *m* *(a. fig)*
humanistisch **A** ADJ humaniste; *Gymnasium, Studium* classique **B** ADV **~ gebildet** qui a fait des études classiques
humanitär ADJ humanitaire **Humanität** F humanité *f*
Humanmedizin F médecine *f* **Humanmediziner(in)** M(F) médecin *m*
Humbug *umg pej* M *umg* fumisterie *f*; bluff *m*
Hummel F bourdon *m*
Hummer M °homard *m* **Hummercocktail** M salade *f* de homard **Hummergabel** F fourchette *f* à °homard **Hummerkrabbe** F bouquet *m*; crevette *f* rose
Humor M humour *m*; **(Sinn für) ~ haben** avoir (le sens) de l'humour; **etw mit ~ nehmen** *od* **tragen** prendre qc avec humour
humorig ADJ plein d'humour
Humorist M humoriste *m*
humoristisch ADJ humoristique
humorlos ADJ sans humour **humorvoll** ADJ plein d'humour
humpeln V/I boiter; *mit Richtungsangabe* aller en boitant
Humpen M °hanap *m*
Humus M humus *m* **Humusboden** M, **Humuserde** F terreau *m*
Hund M **1** ZOOL chien *m*; **Vorsicht, bissiger ~!** chien méchant!; **wie ~ und Katze leben** vivre comme chien et chat; *umg* **bekannt sein wie ein bunter ~** être connu comme le loup blanc; *umg fig* **da liegt der ~ begraben** *umg* voilà le hic; *umg* **vor die ~e gehen** *umg* crever; *sl* être foutu; *umg* **auf den ~ gekommen sein** *moralisch* être tombé bien bas; *umg* **das ist ein dicker ~!** *(grober Fehler) umg* c'est une grosse boulette!; *(Unverschämtheit)* quel culot, *umg* toupet!; *umg* **damit kann man keinen ~ hinter dem Ofen hervorlocken** cela n'attire personne; *sprichw* **~e, die bellen, beißen nicht** *sprichw* chien qui aboie ne mord pas **2** *umg pej Person* **ein blöder ~** un imbécile; *sl* un enfoiré; **ein feiger ~** *umg* un dégonflé; **ein gemeiner ~** *umg* une vache; *sl* un salaud
hundeelend *umg* ADJ *u.* ADV **mir ist ~, ich fühle mich ~** je suis malade comme un chien
Hundefutter N nourriture *f* pour chiens **Hundegebell** N aboiement(s) *m(pl)* **Hundehalsband** N collier *m* de chien **Hundehütte** F niche *f*
hundekalt *umg* ADJ **es ist ~** il fait un froid de canard, de chien
Hundeklo *umg* N toilettes *fpl* pour chiens **Hundekorb** M, **Hundekörbchen** N corbeille *f* de chien **Hundekot** M crotte *f* de chien **Hundekuchen** M biscuit(s) *m(pl)* pour chiens **Hundeleben** *umg fig* N vie *f* de chien **Hundeleine** F laisse *f* **Hundemarke** F plaque *f* d'identité **hundemüde** *umg* ADJ *umg* crevé **Hunderasse** F race *f* de chiens
hundert NUM cent; → Hundert[1] 1, 2
Hundert[1] N **1** *Menge* cent *m* **etwa, rund ~ (Personen)** une centaine (de personnes) **2** *Einheit* cent *m*; centaine *f*; **~e** *pl (mehrere Hundert)* des centaines *fpl*; **vier** *etc* **vom ~** quatre, *etc* pour cent **zu ~en** par centaines; **es geht in die ~e** cela se chiffre par centaines
Hundert[2] F *Zahl* cent *m*
hunderteins NUM cent un
Hunderter M **1** MATH centaine *f* **2** *umg Geldschein* billet *m* de cent
Hundertjahrfeier F (fête *f* du) centenaire *m* **hundertjährig** ADJ *Person* centenaire; *Dinge* séculaire; *(hundert Jahre lang)* de cent ans; qui dure cent ans; *Jubiläum* centenaire **Hundertjährige(r)** M/F(M) centenaire *m/f* **hundertmal** ADV cent fois **Hundertmeterlauf** M course *f* de cent mètres **hundertpro** *umg* ADV à cent pour cent **hundertprozentig** ADJ *u.* ADV à cent pour cent *(a. umg fig)* **Hun-**

dertschaft F unité *f* de cent …
hundertste NUM centième; **vom Hundertsten ins Tausendste kommen** s'éloigner du sujet
hundertstel ADJ centième
Hundertstel N centième *m* **Hundertstelsekunde** F centième *m* de seconde
hunderttausend NUM cent mille (! unveränderlich)
Hundesalon M boutique *f* de toilettage **Hundeschlitten** M traîneau tiré par des chiens **Hundesteuer** F taxe *f* sur les chiens **Hundewetter** *umg* N temps *m* de chien **Hundezucht** F élevage *m* de chiens **Hundezwinger** M chenil *m*
Hündin F chienne *f* **hündisch** ADJ *fig* servile
hundsgemein *umg* ADJ *umg* vache **hundsmiserabel** *umg* ADJ 1 *(sehr schlecht) umg* minable; nul 2 *(hundeelend)* malade comme un chien **Hundstage** MPL canicule *f*
Hüne M géant *m*
Hünengrab N tombe *f* mégalithique **hünenhaft** ADJ gigantesque
Hunger M faim *f* (**auf** [+ *akk*], *fig* **nach** de); **(keinen) ~ haben** (ne pas) avoir faim; **großen ~ haben** *umg* avoir très faim; **~ haben wie ein Bär** *od* **Wolf** avoir une faim de loup; *umg* avoir la dent; **~ bekommen** (commencer à) avoir faim; **~ leiden** souffrir de la faim; **vor ~ sterben** mourir de faim
Hungergefühl N sensation *f* de faim **Hungerjahr** N année *f* de famine **Hungerkur** F diète absolue **Hungerleider** *umg pej* M *umg* crève-la-faim *m* **Hungerlohn** M salaire *m* de misère
hungern V/I 1 *(Hunger leiden)* ne pas manger à sa faim; souffrir de la faim; *freiwillig* jeûner 2 *fig* **nach etw ~** avoir faim, soif de qc
Hungersnot F famine *f*; disette *f*
Hungerstreik M grève *f* de la faim; **in den ~ treten** faire la grève de la faim
Hungertod M mort *f* par inanition
hungrig ADJ 1 qui a faim; *plus fort* affamé; **~ machen** donner faim; **~ sein** avoir faim (**auf** [+ *akk*] de) 2 *geh fig* avide (**nach** de)
Hunne M °Hun *m*
Hunni *umg* M *(100 Euro)* billet *m* de cent euros
Hupe F klaxon® *m*; avertisseur *m*
hupen V/I klaxonner
hupfen *südd, österr* → hüpfen; *umg* **das ist gehupft wie gesprungen** c'est bonnet blanc et blanc bonnet
hüpfen V/I sauter; *fig Herz* bondir, sauter (de joie)
Hupkonzert *umg hum* N concert *m* de klaxons **Hupsignal** N coup *m* de klaxon **Hupverbot** N interdiction *f* de klaxonner
Hürde F 1 SPORT °haie *f* 2 *fig* obstacle *m*; **e-e ~ nehmen** franchir un obstacle
Hürdenlauf M course *f* de haies **Hürdenläufer(in)** M(F) coureur, -euse *m,f* de haies
Hure F *pej sl* putain *f*
Hurensohn M *Schimpfwort sl* fils *m* de pute
hurra INT °hourra!
Hurraruf M °hourra *m*
Hurrikan M °hurricane *m*
hurtig ADJ *(schnell)* rapide; prompt; *(flink u. gewandt)* leste; alerte
husch INT **und ~ war sie weg** et °hop! la voilà partie; **~, ~(, ins Bett)!** vite! vite! (au lit!)
huschen V/I 1 se glisser rapidement; **über etw** *(akk)* **~** passer rapidement qc 2 *fig Schatten, Licht* passer
hüsteln V/I toussoter
husten A V/T *Blut etc* cracher; *umg fig* **ich werde dir was ~** *umg* tu peux toujours courir B V/I 1 tousser 2 *umg fig* **auf etw** *(akk)* **~** *umg* se moquer de qc comme de l'an quarante
Husten M toux *f*; **~ haben** tousser
Hustenanfall M quinte *f*, accès *m* de toux **Hustenbonbon** N bonbon *m* contre, pour la toux **Hustenreiz** M envie *f* de tousser **Hustensaft** M sirop *m* contre la toux **hustenstillend** ADJT qui calme la toux **Hustentropfen** MPL gouttes *fpl* contre la toux
Hut[1] M chapeau *m*; **(vor j-m) den ~ ziehen** saluer (qn) d'un coup de chapeau; *umg fig* tirer son chapeau à qn; *umg fig* **s-n ~ nehmen (müssen)** (devoir) rendre son tablier; *umg fig* **~ ab!** *umg* chapeau!; *umg fig* **zwei Dinge unter e-n ~ bringen** concilier deux choses; *umg fig* **das ist (doch) ein alter ~** *umg* c'est de l'histoire ancienne; *umg fig* **damit habe ich nichts am ~** *umg* ce n'est pas ma tasse de thé, mon truc; *umg fig* **das kannst du dir an den ~ stecken!** *umg* tu peux te le mettre (là) où je pense!; *umg fig* **da geht einem (ja) der ~ hoch!** c'est trop fort!
Hut[2] *geh* F **auf der ~ sein** être sur ses gardes; prendre garde (**vor** [+ *dat*] à)
Hutablage F porte-chapeaux *m*
hüten A V/T garder *(a. fig Bett, Geheimnis)* B V/R **sich vor j-m, etw ~** se garder de qn, qc; **sich ~, etw zu tun** se garder de faire qc; *umg* **ich werde mich ~!** je m'en garderai bien!
Hüter(in) M(F) gardien, -ienne *m,f*; *hum* **die Hüter des Gesetzes** les représentants *mpl* de l'ordre
Hutgeschäft N chapellerie *f* **Hutmacher(in)** M(F) chapelier, -ière *m,f* **Hutnadel** F épingle *f* à chapeau **Hutschachtel** F carton *m* à chapeau(x)

H

Hutschnur *umg fig* F **das geht (mir) über die ~!** c'est trop fort!
Hütte F **1** *(einfache Behausung)* cabane *f*; °hutte *f*; *kleine, elende* cahute *f*; *(Eingeborenenhütte)* case *f*; *(Berghütte)* refuge *m* **2** *fig pej (Haus) umg* bicoque *f* **3** TECH usine *f* métallurgique
Hüttenkäse M *fromage blanc à gros caillots*; cottage® *m* **Hüttenschuh** M *chausson tricoté à semelle de cuir souple*
hutz(e)lig *umg* ADJ ratatiné
Hutzelmännchen N petit nain; *fig* petit vieux
Hyäne F hyène *f*; *fig* requin *m*; vautour *m*
Hyazinthe F jacinthe *f*
hybrid ADJ BIOL, *fig* hybride
Hybridantrieb M TECH système *m* de propulsion hybride; **Auto** *n* **mit ~** voiture *f* hybride
Hydrant M bouche *f* d'incendie
Hydrat N CHEM hydrate *m*
Hydraulik F hydraulique *f* **hydraulisch** ADJ hydraulique
Hydrokultur F culture *f* hydroponique
Hydrolyse F CHEM hydrolyse *f*
Hygiene F hygiène *f* **hygienisch** ADJ hygiénique
Hygrometer N hygromètre *m*
Hymne F hymne *m* (! maskulin)
Hype M **1** *(Werbung)* battage *m* publicitaire **2** *(Täuschung)* bluff *m*
hyperaktiv ADJ hyperactif
Hyperbel F hyperbole *f*
hyperkorrekt ADJ hypercorrect
Hyperlink M IT hyperlien *m*
hypermodern ADJ ultramoderne **hypersensibel** ADJ hypersensible
Hypertext M IT hypertexte *m*
Hypertonie F *(Bluthochdruck)* hypertension *f*
Hypnose F hypnose *f*; **unter ~ stehen** être sous hypnose; **j-n in ~** *(akk)* **versetzen** hypnotiser qn
hypnotisch ADJ hypnotique **Hypnotiseur** M hypnotiseur *m* **hypnotisieren** V/T hypnotiser
Hypochonder M hypocondriaque *m* **hypochondrisch** ADJ hypocondriaque
Hypotenuse F hypoténuse *f*
Hypothek F hypothèque *f (a. fig)*; **e-e ~ aufnehmen** prendre une hypothèque; **mit e-r ~ belasten** hypothéquer *(a. fig)*
Hypothekenbank F banque *f* hypothécaire **Hypothekendarlehen** N prêt *m* hypothécaire, sur hypothèque(s) **hypothekenfrei** ADJ libre d'hypothèques **Hypothekenzinsen** MPL intérêts *mpl* hypothécaires
Hypothese F hypothèse *f* **hypothetisch** ADJ hypothétique
Hypotonie F *(niedriger Blutdruck)* hypotension *f*
Hysterie F hystérie *f*
Hysteriker(in) M(F) hystérique *m/f*
hysterisch ADJ hystérique; **~er Anfall** crise *f* d'hystérie
Hz ABK (Hertz) Hz (hertz)

I

I, i N I, i *m*
i INT *Abscheu* pouah!; ah!; *umg* **~ bewahre!**, *umg* **~ wo!** *umg* pensez-vous!
i. A. ABK (im Auftrag) p.o.
iah INT *Esel* °hi-han!
iberisch ADJ ibérique; **die Iberische Halbinsel** la péninsule Ibérique
IC® M ABK (Intercity®) train *m* rapide intervilles
ICE® M ABK (Intercityexpress®) *etwa* TGV *m*
ich PERS PR je *bzw.* j'; *betont* moi; **~ bin es!** c'est moi!; **hier bin ~!** me voici!; me voilà!
Ich N moi *m*
ichbezogen ADJ égocentrique **Icherzähler** M narrateur *m* à la première personne
Ichform F **in der ~ (schreiben)** (écrire) à la première personne
Icon N IT icone *m*; icône *f*
ideal **A** ADJ idéal **B** ADV **~ gelegen** situé à un endroit idéal
Ideal N idéal *m*
Idealfall M cas idéal; idéal *m*; **im ~** dans le meilleur des cas
Idealfigur F corps parfait **Idealgewicht** N poids idéal
idealisieren V/T idéaliser
Idealismus M idéalisme *m* **Idealist(in)** M(F) idéaliste *m/f* **idealistisch** ADJ idéaliste
Idee F **1** idée *f*; **e-e fixe ~** une idée fixe; **e-e ~ haben** avoir une idée; **er kam auf die ~ zu** *(+ inf)* il lui vint (à) l'idée de *(+ inf)*; il eut l'idée de *(+ inf)* **2** *(Kleinigkeit)* rien *m*; soupçon *m*; **e-e ~ Zucker** un soupçon de sucre
ideell ADJ idéal
ideenreich ADJ *Werk* riche en idées; *Person* plein d'idées; inventif **Ideenreichtum** M abondance *f* d'idées
Identifikation F identification *f* **identifizierbar** ADJ identifiable
identifizieren **A** V/T identifier **B** V/R **sich mit etw, j-m ~** s'identifier à qc, qn
Identifizierung F identification *f*
identisch ADJ identique (**mit** à)

Identität F identité *f*
Ideologie F idéologie *f* **ideologisch** ADJ idéologique
Idiom N idiome *m*
Idiomatik F locutions *fpl*, tournures *fpl*, expressions *fpl* idiomatiques
idiomatisch ADJ idiomatique; **~e Redewendung** locution *f*, tournure *f*, expression *f* idiomatique
Idiot M *umg pej*, MED idiot *m*; *umg* **so ein ~!** quel idiot!
Idiotenhang, Idiotenhügel *umg hum* M montagne *f* à vaches **idiotensicher** *umg hum* ADJ (d'utilisation) simple, facile
Idiotie F *umg pej*, MED idiotie *f*
Idiotin F *umg pej*, MED idiote *f* **idiotisch** ADJ *umg pej* idiot
Idol N idole *f* (! feminin)
i. d. R. ABK (in der Regel) en règle générale
Idyll N tableau *m* idyllique
Idylle F **1** *Gedicht* idylle *f* **2** *fig* tableau *m* idyllique
idyllisch **A** ADJ idyllique **B** ADV **~ gelegen** situé dans un paysage idyllique
Igel M °hérisson *m* **Igelschnitt** *umg hum* M (coupe *f* en) brosse *f*
igitt(igitt) INT *umg* pouah!; *umg* be(u)rk!
Iglu M *od* N igloo *od* iglou *m*
Ignorant(in) M(F) ignorant(e) *m(f)* **Ignoranz** F ignorance *f*
ignorieren V/T **j-n ~** ignorer qn; **etw ~** ne pas tenir compte de qc
IHK F ABK (Industrie- und Handelskammer) C.C.I. *f* (Chambre de commerce et d'industrie)
ihm PERS PR (*dat de* er, es) lui; *unverbunden* à lui
ihn PERS PR (*akk de* er) le *bzw.* l' (! vor Vokal und stummem h: **l'**); *nach präp, unverbunden* lui
ihnen PERS PR leur; *nach präp* eux *bzw.* elles; *unverbunden* à eux *bzw.* à elles
Ihnen PERS PR (*dat de* Sie) vous; *unverbunden* à vous
ihr[1] PERS PR (*dat de* sie) lui; *nach präp* elle; *unverbunden* à elle
ihr[2] PERS PR (*nominatif* PL *de* du) vous; *in der Anrede mit folgendem subst* vous autres
ihr[3] POSS PR **A** ADJT **1** son *bzw.* sa (! vor Vokal und stummem h wird **sa** zu **son**); *bei mehreren Besitzern* leur; **~e Tante** sa *bzw.* leur tante; **~e Kinder** ses *bzw.* leurs enfants **2** *in der Anrede* **Ihr** votre; *pl* **Ihre** vos **3** **Ihre Majestät** Sa Majesté; *Briefschluss* **Ihr Peter Kunz** bien à vous, Peter Kunz **B** SUBST **der, die, das ~e** le sien, la sienne; *bei mehreren Besitzern* le, la leur; *in der Anrede* **der, die, das Ihre** le, la vôtre
ihrer *geh* PERS PR (*gen de* sie) d'elle; *pl* d'eux *bzw.* d'elles; **ich gedenke ~** je pense à elle *bzw.* à eux *bzw.* à elles
Ihrer *geh* PERS PR (*gen de* Sie) de *bzw.* à vous
ihrerseits ADV de sa, *pl* de leur part; de son, *pl* de leur côté; *in der Anrede* **Ihrerseits** de votre part, côté
ihresgleichen PRON son *bzw.* sa semblable *bzw.* ses semblables; son pareil *bzw.* sa pareille *bzw.* ses pareil(le)s; *pl* leur(s) pareil(s) *bzw.* leur(s) pareille(s); *in der Anrede* **Ihresgleichen** votre pareil(le) *bzw.* vos pareil(le)s
ihretwegen ADV **1** (*wegen ihr*) à cause d'elle; (*wegen ihnen*) à cause d'eux *bzw.* d'elles; *in der Anrede* **Ihretwegen** à cause de vous **2** (*ihr zuliebe*) pour elle; (*ihnen zuliebe*) pour eux *bzw.* elles; *in der Anrede* **Ihretwegen** pour vous **3** (*von ihr aus*) quant à elle; (*von ihnen aus*) quant à eux *bzw.* elles; *in der Anrede* **Ihretwegen** quant à vous
ihretwillen ADV **um ~** (par égard) pour elle *bzw.* eux *bzw.* elles
ihrige *geh* POSS PR → ihr[3] B
Ikone F icône *f*
illegal ADJ illégal
illegitim ADJ illégitime
Illusion F illusion *f*
illusorisch ADJ illusoire
Illustration F illustration *f*; **zur ~** pour illustrer
Illustrator(in) M(F) illustrateur, -trice *m,f* **illustrieren** V/T illustrer (*a. fig*) **Illustrierte** F revue *f*; illustré *m*; magazine *m*
Iltis M putois *m*
im = **in dem**
Image N image *f* (de marque) **Imageverlust** M atteinte *f* à l'image de marque
imaginär ADJ imaginaire
Imam M imam *m*
Imbiss M casse-croûte *m*; *vornehmer* lunch *m*; collation *f* **Imbissbude** *umg* F, **Imbissstand** M buvette *f* **Imbissstube** F snack (-bar) *m*
Imitation F imitation *f* **imitieren** V/T imiter
Imker M apiculteur *m*
Imkerei F apiculture *f*
immanent ADJ immanent
Immatrikulation F inscription *f* (à la faculté) **immatrikulieren** V/R **sich ~** s'inscrire (à la fac, l'université)
immens ADJ immense; *Summe, Leistung* énorme
immer ADV toujours; *vor komp meist* de plus en plus; **~ noch** toujours; encore; **noch ~ nicht** toujours pas; **~ wenn …** toutes les fois que …; (à) chaque fois que …; **~ wieder** tout le temps; **~ besser** de mieux en mieux; **~ mehr** de plus en plus; **~ weniger** de moins en moins; **~ schlimmer** de pire en pire; **wer, was, wo es auch ~ sein mag** qui, quoi, où que ce soit
immerfort ADV continuellement; toujours

immer: nicht immer toujours?

Immer wenn es klingelt, bellt der Hund.	**Chaque fois qu**'on sonne, le chien aboie.	**immer wenn**	→ **chaque fois que**
Es regnet **immer noch.**	Il pleut **toujours.**	**immer noch**	→ **toujours / encore**
Der Transport wird **immer** gefährlicher.	Le transport devient **de plus en plus** dangereux.	**immer** (+ *Komparativ*)	→ **de plus en plus / toujours plus**
Die Autos fahren **immer** schneller.	Les voitures roulent **toujours plus vite.**		
Die Jugendlichen lesen **immer weniger.**	Les jeunes lisent **de moins en moins.**	**immer weniger**	→ **de moins en moins / toujours moins**

FEHLERQUELLEN

Immergrün N BOT pervenche *f*

immerhin ADV après tout (❗ oft vorangestellt mit Komma: **après tout, ...**); **das ist ~ etwas** c'est toujours ça de gagné, de pris; *einräumend* **~!** tout de même!

immerzu ADV toujours; constamment

Immigrant(in) M(F) immigré(e) *m(f)*; immigrant(e) *m(f)* **Immigration** F immigration *f* **immigrieren** V/I immigrer

Immission F ÖKOL nuisance *f*

Immobilie F bien immeuble, immobilier

Immobilienfonds M fonds immobilier **Immobilienmakler(in)** M(F) agent immobilier

immun ADJ **1** POL qui jouit de l'immunité parlementaire **2** MED, *fig* **gegen etw ~ sein** être immunisé contre qc

immunisieren V/T immuniser (**gegen** contre) **Immunität** F MED immunité *f* (**gegen** contre); POL immunité parlementaire; DIPL immunité diplomatique **Immunologie** F MED immunologie *f*

Immunschwäche F MED déficience *f* immunitaire **Immunsystem** N MED système *m* immunitaire

Imperativ M GRAM (mode *m*) impératif *m*

Imperfekt N GRAM imparfait *m*

Imperialismus M impérialisme *m* **imperialistisch** ADJ impérialiste

Imperium N HIST, *fig* empire *m*

impertinent ADJ impertinent; insolent

impfen V/T vacciner (**gegen** contre)

Impflokal N lieu *m* de vaccination **Impfpass** M carnet *m* de vaccinations **Impfpflicht** F vaccination *f* obligatoire **Impfschein** M certificat *m* de vaccination **Impfschutz** M protection assurée par un vaccin **Impfstoff** M vaccin *m*

Impfung F vaccination *f*

Implantat N MED implant *m* **Implantation** F MED implantation *f* **implantieren** V/T MED implanter

implodieren V/I imploser **Implosion** F implosion *f*

imponieren V/I **j-m (mit etw) ~** impressionner qn (par qc)

imponierend ADJ imposant

Import M importation *f* **Importeur** M importateur *m* **importieren** V/T importer (*a.* IT)

imposant ADJ imposant

impotent ADJ impuissant (*a. fig*) **Impotenz** F impuissance *f* (*a. fig*)

imprägnieren V/T *Stoff* imperméabiliser; *Holz* imprégner (**mit** de) **Imprägnierung** F *von Stoff* imperméabilisation *f*; *von Holz* imprégnation *f*

Impressionismus M impressionnisme *m* **Impressionist** M impressionniste *m* **impressionistisch** ADJ impressionniste

Impressum N TYPO mention *f* des responsables de l'édition et du contenu; PRESSE ours *m*

improvisieren V/T *u.* V/I improviser

Impuls M PHYS, PSYCH, *fig* impulsion *f* (❗ Endung)

impulsiv ADJ impulsif

imstande ADJ **~ sein, etw zu tun** être capable de faire qc; *umg* **er ist ~ und ...** il est bien capable de (+ *inf*)

in[1] PRÄP **1** *Lage* à; (*innerhalb*) dans; en (*a. bei weiblichen Ländernamen, Erdteilen*); *bei Straßennamen unübersetzt*; **~ Rom** à Rome; **~ Dänemark** au Danemark; **~ Deutschland** en Allemagne; **~ ganz Europa** dans toute l'Europe; **~ der Stadt** en ville; **der Beste ~ der Klasse** le meilleur de la classe; **~ meinem Zimmer** dans ma chambre; **im Französischen** en français; **er ist gut ~ Mathematik** il est bon, fort en maths **2** *Richtung* à; en; **~s Ausland** à l'étranger; **~ die Stadt fahren** aller en ville **3** *auf die Frage wann?, auf die Frage bis wann?* en; dans; à; pendant; **~ drei Tagen** dans trois jours; **~ den Ferien** pendant les

▶ in (bei Ortsangaben): à, à la, au, aux oder en?

à:		
Städte	**à Paris, à Berlin** *aber:* **en ville**	in Paris, in Berlin in der Stadt
à la, au, aux:		
männliche Ländernamen	**au Danemark** **au Canada**	in Dänemark in Kanada
Ländernamen im Plural	**aux Pays-Bas** **aux États-Unis**	in den Niederlanden in den USA
Gebäude	**à la banque** **au musée**	in der Bank im Museum
en:		
weibliche Ländernamen	**en Belgique** **en France**	in Belgien in Frankreich
männliche Ländernamen, die mit Vokal beginnen	**en Afghanistan** **en Iran**	in Afghanistan im Iran

FEHLERQUELLEN ◀

vacances; ~ **meinem ganzen Leben** de toute ma vie 4 *Art u. Weise* en; à; de; ~ **strengem Ton** d'un ton sévère; ~ **dieser Farbe** de, dans cette teinte

in² ADJ *umg* (*in Mode*) ~ **sein** *umg* être branché, «in»

in... IN ZSSGN *zur Bezeichnung des Gegenteils* in... **inaktiv** ADJ inactif

inakzeptabel *geh* ADJ inacceptable

Inbegriff M incarnation *f*

inbegriffen ADJ *u.* ADV (y) compris; **Bedienung** ~ service compris

Inbetriebnahme F ADMIN mise *f* en service

Inbrunst *geh* F ferveur *f*; ardeur *f* **inbrünstig** *geh* A ADJ fervent; ardent B ADV avec ferveur, ardeur

indem KONJ 1 (*während*) pendant que; tandis que; *bei gleichem Subjekt* en (+ *ppr*) 2 (*dadurch, dass*) en (+ *ppr*)

Inder(in) M(F) Indien, -ienne *m,f*

Index M 1 WIRTSCH, MATH indice *m* 2 (*Verzeichnis*) index *m*

Indianer(in) M(F) Indien, -ienne *m,f* (d'Amérique) **Indianerhäuptling** M chef indien **Indianerreservat** N réserve *f* d'Indiens **Indianerstamm** M tribu *f* d'Indiens

indianisch ADJ indien

Indien N l'Inde *f*

Indikation F MED indication *f*

Indikativ M GRAM (mode *m*) indicatif *m*

indirekt ADJ indirect

indisch ADJT indien

indiskret ADJ indiscret **Indiskretion** F indiscrétion *f*

indiskutabel ADJ inacceptable

indisponiert *geh* ADJ indisposé

Individualist(in) M(F) individualiste *m/f* **Individualität** F individualité *f* **individuell** ADJ individuel **Individuum** N individu *m*

Indiz N indice *m* (**für** de) (*a.* JUR)

Indizienbeweis M JUR preuve *f* par indices

Indochina N l'Indochine *f* **indogermanisch** ADJ indo-européen

Indonesien N l'Indonésie *f* **indonesisch**

▶ Die Relativpronomen in der indirekten Frage

Je ne sais pas	**ce qui**	t'intéresse.	was	**Subjekt:** Sache
Je voudrais savoir	**ce que**	tu vas faire.	was	**direktes Objekt:** Sache
Je voudrais savoir	**qui**	m'accompagnera.	wer	**Subjekt:** Person
Je voudrais savoir	**qui**	tu as informé.	wen	**direktes Objekt:** Person

FEHLERQUELLEN ◀

ADJ indonésien
Indossament N FIN endos(sement) *m* **Indossant** M FIN endosseur *m*
Induktion F ELEK, BIOL, LOGIK induction *f* **Induktionsstrom** M ELEK courant induit
industrialisieren V/T industrialiser **Industrialisierung** F industrialisation *f*
Industrie F industrie *f*; **verarbeitende ~** industrie de transformation
Industrie... IN ZSSGN industriel **Industrieabwässer** NPL eaux industrielles usées **Industrieanlage** F installation industrielle; usine *f* **Industriebetrieb** M entreprise industrielle **Industriegebiet** N *e-s Lands* région industrielle; *e-r Stadt* zone industrielle **Industriegelände** N terrain industriel **Industriekauffrau** F, **Industriekaufmann** M agent technico-commercial **Industrieland** N pays industriel
industriell ADJ industriel
Industrielle(r) M industriel *m*
Industriemesse F foire industrielle **Industriemüll** M déchets industriels **Industrienorm** F norme industrielle **Industriepark** M zone industrielle **Industriespionage** F espionnage industriel **Industriestaat** M État industriel **Industriestadt** F ville industrielle **Industrie- und Handelskammer** F Chambre *f* de commerce et d'industrie **Industriezeitalter** N époque industrielle **Industriezweig** M secteur industriel
ineffektiv ADJ inefficace
ineinander ADV l'un(e) dans l'autre; *pl* les un(e)s dans les autres; → ineinanderfließen, ineinanderfügen, ineinandergreifen, ineinanderschieben
ineinanderfließen V/I se confondre; *Flüssigkeiten, Farben* se mélanger **ineinandergreifen** V/I *Zahnräder* s'engrener; *fig* s'enchaîner **ineinanderschieben** V/T **A** V/T faire entrer l'un dans l'autre; emboîter; *mit Gewalt* télescoper **B** V/R **sich ~** s'emboîter
infam ADJ infâme
Infanterie F MIL infanterie *f* **Infanterist** M MIL fantassin *m*
infantil ADJ infantile (*a. fig*)
Infarkt M infarctus *m*
Infekt M infection *f*; **grippaler ~** infection grippale
Infektion F **1** (*Ansteckung*) contagion *f* **2** *umg* (*Entzündung*) infection *f*
Infektionsgefahr F danger *m* de contagion **Infektionsherd** M foyer *m* d'infection **Infektionskrankheit** F maladie infectieuse
infektiös ADJ infectieux
Inferno *geh* N enfer *m* (*a. fig*)
Infiltration F infiltration *f* (*a. fig*) **infiltrieren** V/T POL s'infiltrer dans
Infinitesimalrechnung F MATH calcul infinitésimal
Infinitiv M GRAM (mode *m*) infinitif *m* **Infinitivendung** F terminaison *f*, désinence *f* de l'infinitif **Infinitivsatz** M proposition infinitive
infizieren **A** V/T infecter; contaminer **B** V/R **sich (mit etw) ~** attraper qc
in flagranti *geh* ADV en flagrant délit
Inflation F inflation *f* **inflationär** ADJ inflationniste **Inflationsrate** F taux *m* d'inflation
Info *umg* N feuille *f* d'information
infolge PRÄP par suite de **infolgedessen** ADV par conséquent
Infopost F *im Postverkehr* imprimé *m*
Informant(in) M(F) informateur, -trice *m,f*
Informatik F informatique *f* **Informatiker(in)** M(F) informaticien, -ienne *m,f*
Information F **1** information *f*, renseignement *m* (**über** [+ *akk*] sur); **zu Ihrer ~** pour votre information **2** *Stand* stand *m* d'information
Informationsaustausch M échange *m* d'informations **Informationsblatt** N journal *m* d'information **Informationsbüro** N agence *f* d'information **Informationsfluss** M circulation *f* de l'information **Informationsmaterial** N documentation *f* **Informationsquelle** F source *f* (d'une information) **Informationsstand** M **1** *Stelle* stand *m* d'information **2** (*Kenntnisstand*) niveau *m* d'information **Informationszentrum** N centre *m* d'information
informativ ADJ instructif
informieren **A** V/T **~** (**über** [+ *akk*]) informer (de, sur); renseigner (sur) **B** V/R **sich ~** s'informer (de, sur); se renseigner (sur)
Infostand *umg* M → Information
Infothek F stand *m* d'information (*équipé d'un ordinateur à la disposition du public*)
infrage ADV **~ kommen** entrer en ligne de compte; **(das) kommt nicht ~!** (il n'en est) pas question!; **es kommt nicht ~, dass ...** il n'est pas question que ...; **etw ~ stellen** remettre qc en question, en cause
infrarot ADJ infrarouge **Infrarotstrahler** M radiateur *m* à infrarouge
Infraschall M AKUSTIK infrason *m* **Infrastruktur** F infrastructure *f*
Infusion F perfusion *f* (! Vorsilbe)
Ing. ABK → Ingenieur(in)
Ingenieur(in) M(F) ingénieur *m/f* **Ingenieurbüro** N bureau *m* d'ingénieurs
Ingwer M gingembre *m*

Inhaber(in) M(F) *e-s Geschäfts* propriétaire *m/f*; *e-r Wohnung* occupant(e) *m(f)*; *e-s Amts, Titels, Passes, Kontos* titulaire *m/f*; HANDEL *e-s Wechsels, Schecks* porteur *m*; détenteur, -trice *m,f* (*a. e-s Rekords*) **Inhaberpapier** N FIN titre *m* au porteur

inhaftieren V/T emprisonner **Inhaftierte(r)** M/F(M) détenu(e) *m(f)* **Inhaftierung** F emprisonnement *m*

inhalieren A V/T inhaler B V/I faire des inhalations

Inhalt M 1 *e-s Gefäßes* contenu *m* 2 (*Gehalt*) contenu *m*; (*Wortlaut*) *a.* teneur *f* 3 (*Flächeninhalt*) superficie *f*; aire *f*; (*Rauminhalt*) volume *m*; capacité *f* 4 (*Inhaltsverzeichnis*) table *f* des matières

inhaltlich A ADJ du contenu B ADV quant au contenu

Inhaltsangabe F *e-r Erzählung* résumé *m*; sommaire *m* **inhaltslos** ADJ sans fond; creux **Inhaltsverzeichnis** N table *f* des matières

inhuman ADJ inhumain

Initiale F initiale *f*

Initiative F 1 initiative *f*; **die ~ ergreifen** prendre l'initiative 2 → Bürgerinitiative

Initiator M promoteur *m*

Injektion F MED injection *f*

Injektionsnadel F aiguille *f* hypodermique **Injektionsspritze** F seringue *f* hypodermique, à injections

injizieren V/T injecter

Inka M Inca *m*

Inkasso N FIN encaissement *m* **Inkassobüro** N bureau *m* d'encaissement **Inkassovollmacht** F procuration *f* pour encaisser de l'argent

inkl. ABK → inklusive

inklusive ADV *u.* PRÄP (y) compris

inkognito ADV incognito

inkompatibel ADJ incompatible (*a.* IT)

inkompetent ADJ incompétent

inkonsequent ADJ inconséquent **Inkonsequenz** F inconséquence *f*

Inkontinenz F MED incontinence *f*

inkorrekt ADJ *Auskunft* inexact; *Satz, Kleidung, Verhalten* incorrect

Inkrafttreten N entrée *f* en vigueur

Inkubationszeit F période *f* d'incubation

Inland N intérieur *m* du pays; **im ~** à l'intérieur du pays

Inlandflug M vol intérieur

inländisch ADJ du pays; indigène

Inlandsabsatz M débouchés *mpl* sur le marché intérieur **Inlandsmarkt** M marché intérieur, national

Inlett N °housse *f* d'édredon *bzw.* de couette

Inliner M, **Inlineskate** M roller *m*

inlineskaten V/I faire du roller

Inlineskater(in) M(F) rolleur, -euse *m,f*

innehaben V/T *Amt* occuper; *Rekord* détenir **innehalten** V/I s'arrêter

innen ADV à l'intérieur; **nach ~** à l'intérieur; *aufgehen* vers l'intérieur; **von ~** de l'intérieur

Innen... IN ZSSGN *meist* intérieur **Innenansicht** F vue intérieure **Innenarchitektur** F architecture *f* d'intérieur **Innenarchitekt(in)** M(F) architecte *m/f* d'intérieur **Innenaufnahme** F FOTO, FILM intérieur *m* **Innenausstattung** F aménagement intérieur **Innenbahn** F SPORT piste intérieure; LEICHTATHLETIK couloir intérieur **Innenbeleuchtung** F éclairage intérieur **Innendienst** M service intérieur, interne **Inneneinrichtung** F aménagement (intérieur) **Innenfläche** F surface intérieure **Innenhof** M cour intérieure **Innenleben** N vie intérieure **Innenminister(in)** M(F) ministre *m* de l'Intérieur **Innenministerium** N ministère *m* de l'Intérieur **Innenpolitik** F politique intérieure **innenpolitisch** ADJ de (la) politique intérieure **Innenraum** M intérieur *m*; *im Auto* habitacle *m* **Innenseite** F côté intérieur; *e-s Stoffs* envers *m* **Innenspiegel** M rétroviseur intérieur **Innenstadt** F centre *m* (de la) ville **Innentasche** F poche intérieure **Innentemperatur** F température intérieure **Innenwand** F cloison *f*

innerbetrieblich ADJ interne (à l'entreprise) **innerdeutsch** ADJ interallemand

innere ADJ intérieur; interne (*a.* MED)

Innere(s) N intérieur *m*; centre *m*; *fig e-s Menschen* for intérieur; dedans *m*

Innereien FPL abats *mpl*

innerhalb PRÄP *u.* ADV 1 *örtlich* à l'intérieur (de); (au-de)dans (de) 2 *zeitlich* en; **~ kurzer Zeit** en peu de temps

innerlich A ADJ (*innen befindlich*) intérieur; interne (*a.* MED) B ADV *fig* dans mon, ton, *etc* for intérieur **innerstädtisch** ADJ local

innerste ADJ le plus profond; intime

Innerste(s) N partie la plus interne, profonde; âme *f*; cœur *m*; **im Innersten des Landes** au cœur du pays; **in s-m Innersten** dans son for intérieur

innert PRÄP *schweiz, österr* → innerhalb 2

innewohnen *geh* V/I **e-r Sache** (*dat*) **~** être inhérent, immanent à qc

innig A ADJ 1 (*tief empfunden*) cordial; *Freundschaft* sincère; *Wunsch* ardent 2 (*sehr eng*) intime; **ein ~es Verhältnis zu j-m haben** être très lié avec qn B ADV **sich ~ lieben** s'aimer tendrement

Innovation F innovation *f* **innovativ** ADJ innovateur (❗ Endung)

Innung F corporation *f*; corps *m* de métier

inoffizziell A ADJ non officiel; *(halbamtlich)* officieux B ADV de manière non officielle; *(halbamtlich)* officieusement
inoperabel ADJ MED inopérable
inopportun *geh* ADJ inopportun
in petto *umg* **etw ~ haben** avoir qc en réserve
in puncto PRÄP **~ Kleidung** en ce qui concerne l'habillement
Input M *od* N IT entrée *f*
Inquisition F HIST Inquisition *f*
ins = **in das**
Insasse M, **Insassin** F *e-s Autos* occupant(e) *m(f)*; *e-s Zuges* voyageur, -euse *m,f*; *e-s Flugzeuges* passager, -ère *m,f*; *e-s Heims* pensionnaire *m/f*; *e-s Gefängnisses* détenu(e) *m(f)* **Insassenversicherung** F assurance *f* des personnes transportées
insbesond(e)re ADV en particulier; spécialement
Inschrift F inscription *f*
Insekt N insecte *m*
Insektenfresser MPL insectivores *mpl* **Insektengift** N insecticide *m* **Insektenkunde** F entomologie *f* **Insektenspray** N *od* M bombe *f* insecticide **Insektenstich** M piqûre *f* d'insecte
Insektizid N insecticide *m*
Insel F île *f*; *kleine* îlot *m* (*a. fig Sprachinsel*); *(Verkehrsinsel)* îlot directionnel; refuge *m* **Inselbewohner(in)** M(F) insulaire *m/f* **Inselgruppe** F archipel *m*; groupe *m* d'îles **Inselstaat** M État *m* insulaire
Inserat N annonce *f* **Inserent(in)** M(F) annonceur, -euse *m,f* **inserieren** V/I mettre, faire passer une annonce
insgeheim ADV en secret; secrètement
insgesamt ADV en tout; au total
Insider M initié *m*
insofern A ADV sur ce point B KONJ **~, als ...** dans la mesure où ...
insolvent ADJ insolvable **Insolvenz** F insolvabilité *f*
insoweit → insofern
in spe ADJ futur *(vorangestellt)*
Inspekteur M MIL inspecteur *m*
Inspektion F inspection *f* (*a. Behörde*); TECH révision *f*; **das Auto muss zur ~** il faut faire réviser la voiture
Inspektor(in) M(F) 1 *Beamter* fonctionnaire *m/f* des cadres moyens 2 *Prüfer(in)* inspecteur, -trice *m,f*
Inspiration F inspiration *f*
inspirieren V/T **j-n ~** inspirer qn; **sich von etw, j-m ~ lassen** s'inspirer de qc, qn
Inspizient M THEAT régisseur *m* **inspizieren** V/T inspecter

instabil ADJ instable
Installateur M *(Heizungsinstallateur)* installateur *m* de chauffage **Installation** F installation *f* (*a.* IT) **installieren** V/T installer (*a.* IT) **Installierung** F installation *f* (*a.* IT)
instand ADV **~ halten** maintenir en bon état; entretenir; **~ setzen** remettre en bon état; réparer
Instandhaltung F entretien *m*; maintien *m* en bon état **Instandhaltungskosten** PL frais *mpl* d'entretien
inständig ADJ instant; **~e Bitte** demande pressante, instante
Instandsetzung F remise *f* en (bon) état; réparation *f*
Instanz F 1 *(Stelle für Entscheidungen)* autorité *f* 2 JUR instance *f*; **in erster ~** en première instance
Instinkt M instinct *m* **instinktiv** ADJ instinctif
instinktlos A ADJ *Verhalten* qui manque de tact; *Äußerung* grossier B ADV *sich verhalten* sans tact; *sich äußern* grossièrement
Institut N *(Forschungsinstitut)* institut *m* (**für** de); *(Lehranstalt) a.* école *f*; institution *f* **Institution** F institution *f* (*a. fig*) **institutionell** ADJ institutionnel
instruieren V/T (*u.* V/R) (**sich ~** s')instruire, (s')informer (**über** [+ *akk*] de)
Instruktion F instruction *f*; MIL consigne *f*
instruktiv ADJ instructif
Instrument N instrument *m* (*a. fig*); **ein ~ spielen** jouer d'un instrument
Instrumentalmusik F musique instrumentale
Instrumentenbrett N tableau *m* de bord **Instrumentenflug** M FLUG vol *m* aux instruments
Insuffizienz F MED insuffisance *f*
Insulaner(in) M(F) insulaire *m/f*
Insulin® N insuline *f* (! feminin)
inszenieren V/T 1 THEAT, FILM, *fig* mettre en scène 2 *pej* manigancer **Inszenierung** F 1 THEAT, FILM, *fig* mise *f* en scène 2 *pej* manigances *fpl*
intakt ADJ intact; *Landschaft* resté intact; *Wirtschaft* sain
Intarsie F marqueterie *f*
integer ADJ intègre
Integral N MATH intégrale *f* **Integralhelm** M casque intégral **Integralrechnung** F calcul intégral
Integration F intégration *f* **integrieren** V/T intégrer **Integrität** F intégrité *f*
Intellekt M intellect *m* **intellektuell** ADJ intellectuel **Intellektuelle(r)** M/F(M) intellec-

tuel, -elle *m,f*
intelligent ADJ intelligent
Intelligenz F 1 intelligence *f*; **künstliche ~** intelligence artificielle 2 *(geistig führende Schicht)* intellectuels *mpl*; intelligentsia *f*
Intelligenzbestie *umg* F *umg* cerveau *m* **Intelligenzquotient** M quotient intellectuel **Intelligenztest** M test *m* d'intelligence
Intendant(in) M(F) THEAT directeur, -trice *m, f*; RADIO, TV directeur, -trice *m,f* général(e)
Intensität F intensité *f*
intensiv A ADJ *(stark)* intense; *(angestrengt)* intensif B ADV intensivement; intensément; **~ nachdenken** réfléchir intensément
intensivieren V/T intensifier **Intensivierung** F intensification *f*
Intensivkurs M cours intensif **Intensivstation** F service *m* de réanimation
inter... IN ZSSGN inter... **interaktiv** ADJ interactif **Intercity®** M *etwa* train *m* rapide intervilles **Intercityexpresszug** M *etwa* TGV *m*
interessant A ADJ intéressant B ADV d'une manière, façon intéressante
interessanterweise ADV **~ wurde diese Frage ausgeklammert** curieusement, cette question n'a pas été abordée
Interesse N intérêt *m*; **aus ~** par intérêt; **für** *od* **an etw** *(dat)* **~ haben** s'intéresser à qc; **es liegt in deinem ~ zu** *(+ inf)* il est de ton intérêt de *(+ inf)*

Interesse = intérêt

Wird anders geschrieben als englisch „interest".

FEHLERQUELLEN

interessehalber ADV par curiosité; par simple intérêt **interesselos** ADJ sans intérêt **Interesselosigkeit** F manque *m* d'intérêt
Interessenausgleich M conciliation *f* d'intérêts contraires **Interessengebiet** N domaine auquel on s'intéresse **Interessengemeinschaft** F 1 *von Personen* communauté *f* d'intérêts 2 WIRTSCH groupement *m* d'intérêt économique **Interessengruppe** F groupement *m* d'intérêts; *bes* POL groupe *m* de pression; lobby *m* **Interessenkonflikt** M conflit *m* d'intérêts
Interessent(in) M(F) personne *f* qui s'intéresse à qc; amateur *m*; **e-n Interessenten für etw finden** trouver qn qui s'intéresse à qc
interessieren A V/T intéresser; **es interessiert mich, ob ...** je voudrais bien savoir si ... B V/R **sich für etw, j-n ~** s'intéresser à qc, qn
interessiert A ADJT **an etw** *(dat)* **~ sein** s'intéresser à qc B ADVL **~ zuschauen** regarder avec intérêt
Interface N IT interface *f*
Interferenz F PHYS, OPT, LING interférence *f*
Interimslösung F solution *f* provisoire **Interimsregierung** F gouvernement *m* provisoire, intérimaire
Interjektion F GRAM interjection *f*
interkontinental ADJ intercontinental **Interkontinentalrakete** F missile intercontinental
Intermezzo N THEAT, MUS, *fig* intermède *m*; MUS *a.* intermezzo *m*
intern ADJ interne
Interna PL affaires *fpl* internes
Internat N internat *m*
international ADJ international
Internationale F POL, *Lied* Internationale *f*
Internatsschule F internat *m*; pensionnat *m* **Internatsschüler(in)** M(F) élève *m/f* d'internat
Internet N Internet *m* (! großgeschrieben,

Internet-Begriffe

Browser	**le navigateur**
chatten	**chatter**
Cyberspace	**le cybermonde**
E-Mail *(Nachricht)*	**l'e-mail** *m* [imɛl]
(Einrichtung)	**le courrier électronique**
E-Mail-Adresse	**l'adresse** *f* **e-mail**
herunterladen	**télécharger**
Homepage	**la page d'accueil**
Internet	**Internet** *m*
im Internet surfen	**naviguer sur Internet**
Internetprovider	**le fournisseur d'accès**
Internetsurfer(in)	**l'internaute** *m,f*
Modem	**le modem**
Netz	**le Net**
offline	**hors ligne**
online	**en ligne**
Onlinedienst	**le service en ligne**
Passwort	**le mot de passe**
Server	**le serveur**
Suchmaschine	**le moteur de recherche**
surfen	**naviguer**
Web	**le Web, la Toile**
Website	**le site Web**

WORTFELDER

oft ohne Artikel); **per, über das ~** via Internet **Internetadresse** F adresse *f* Internet **Internetanschluss** M connexion *f* Internet **Internetauftritt** M *Vertretensein* présence *f* sur Internet; *(Homepage)* page *f* d'accueil **Internetauktion** F vente *f* aux enchères sur Internet **Internetcafé** N cybercafé *m* **Internetnutzer(in)** M(F) internaute *m/f* **Internetportal** N portail *m* Internet **Internetprovider** M fournisseur *m* d'accès (à Internet) **Internetsurfer(in)** M(F) internaute *m/f* **Internetzugang** M accès *m* à Internet

internieren VT MIL interner **Internierte(r)** M/F(M) interné(e) *m(f)* (politique) **Internierung** F internement *m* **Internierungslager** N camp *m* d'internement

Internist(in) M(F) (médecin *m*) spécialiste *m/f* des maladies internes

interparlamentarisch ADJ interparlementaire

Interpol F ABK (Internationale kriminalpolizeiliche Organisation) Interpol *m*

Interpret(in) M(F) interprète *m/f* **Interpretation** F interprétation *f*; *(Textinterpretation)* explication *f* (de texte) **interpretieren** VT THEAT, MUS interpréter; SCHULE expliquer

Interpunktion F ponctuation *f*

Interrailkarte F EISENBAHN carte *f* Inter-Rail

Interregio M *in Deutschland* train interrégional

Interrogativpronomen N pronom, *adjektivisches* adjectif interrogatif

Intervall N intervalle *m* **Intervallschaltung** F ELEK contact *m* pour balayage intermittent **Intervalltraining** N SPORT entraînement fractionné

intervenieren *geh* VI intervenir **Intervention** F intervention *f*

Interview N interview *f* (! feminin) **interviewen** VT interviewer **Interviewer(in)** M(F) interviewer *m*; intervieweur, -euse *m,f*; MARKTFORSCHUNG enquêteur, -euse *m,f*

Intifada F POL intifada *f*

intim ADJ intime **Intimbereich** M sexe *m*; *beim Mann* parties *fpl* (génitales); *bei der Frau* organes génitaux

Intimität F **1** *(Innigkeit)* intimité *f* **2** *(Vertraulichkeit)* **~en austauschen** échanger des confidences **3** *pl* **~en** *(sexuelle Handlungen)* rapports *mpl* (intimes)

Intimleben N vie *f* intime **Intimsphäre** F intimité *f* **Intimspray** M *od* N déodorant *m* intime

intolerant ADJ intolérant (**gegenüber** envers) **Intoleranz** F intolérance *f* (envers)

Intonation F MUS, PHON intonation *f*

Intranet N Intranet *m*

intransitiv ADJ GRAM intransitif

intravenös ADJ MED intraveineux

Intrigant(in) M(F) intrigant(e) *m(f)* **Intrige** F intrigue *f* **intrigieren** VI intriguer (**gegen** contre)

introvertiert ADJ introverti **Introvertiertheit** F introversion *f*

Intuition F intuition *f* **intuitiv** ADJ intuitif

intus *umg* ADV **etw ~ haben** *(begriffen) umg* avoir pigé qc; *(im Gedächtnis)* retenir qc; *(verzehrt)* avoir avalé qc; **e-n ~ haben** *umg* être éméché

Invalide M invalide *m* **Invalidität** F invalidité *f*

Invasion F invasion *f (a. fig)*

Inventar N **1** *(Einrichtungsgegenstände)* mobilier *m* **2** *Verzeichnis* inventaire *m*

Inventur F HANDEL inventaire *m*; **~ machen** faire son inventaire

Inversion F inversion *f* **Inversionswetterlage** F METEO inversion *f* thermique

investieren VT investir, *Geld a.* placer (**in** [+ *akk*] dans)

Investition F investissement *m* **Investitionskosten** PL frais *mpl* d'investissement

Investmentfonds M fonds commun de placement **Investmentgesellschaft** F société *f* d'investissement **Investmentpapier** N, **Investmentzertifikat** N certificat *m* d'investissement

Investor M investisseur *m*

inwendig **A** ADJ intérieur **B** ADV à l'intérieur; au-dedans; *fig* intérieurement; *umg* **etw in- und auswendig kennen** connaître qc comme sa poche

inwiefern, inwieweit **A** ADV *fragend* dans quelle mesure **B** KONJ jusqu'à quel point; dans quelle mesure

Inzest M inceste *m*

Inzucht F consanguinité *f*; ZOOL croisement *m* entre individus apparentés

inzwischen ADV **1** *(seitdem)* entre-temps; depuis **2** *(währenddessen)* pendant ce temps-là; *(bis dahin)* d'ici-là

IOK N ABK (Internationales Olympisches Komitee) CIO *m*

Ion N PHYS, CHEM ion *m*

ionisieren VT PHYS, CHEM ioniser

I-Punkt M point *m* sur le i

IQ M ABK (Intelligenzquotient) QI *m*

Irak N *od* **der ~** l'Irak *od* l'Iraq *m*; **im ~** en Irak *od* Iraq

Iraker(in) M(F) Irakien, -ienne *od* Iraquien, -ienne *m,f* **irakisch** ADJ irakien *od* iraquien

Iran N *od* **der ~** l'Iran *m*; **im ~** en Iran

Iraner(in) M(F) Iranien, -ienne *m,f* **iranisch**

ADJ iranien

irdisch ADJ terrestre; REL de ce monde; (*diesseitig*) d'ici-bas

Ire M Irlandais *m*

irgend ADV **1** *umg* **~ so ein Dummkopf** un imbécile quelconque **2** (*irgendwie*) **wenn du ~ kannst ...** si tu as la moindre possibilité ...

irgendein INDEF PR **A** ADJT **~ Buch** n'importe quel livre; un livre quelconque; **ohne ~ Hilfsmittel** sans aucune aide **B** SUBST quelqu'un; (*gleichgültig wer*) n'importe qui

irgendetwas INDEF PR quelque chose; (*gleichgültig was*) n'importe quoi **irgendjemand** INDEF PR quelqu'un; (*gleichgültig wer*) n'importe qui **irgendwann** ADV un jour; (*gleichgültig wann*) n'importe quand **irgendwas** *umg* → irgendetwas

irgendwelche INDEF PR PL quelconques; *bei verneintem Sinn* aucun(e)s; **ohne ~ Kosten** sans aucun frais

irgendwer → irgendjemand **irgendwie** n'importe comment **irgendwo** ADV quelque part; (*gleichgültig wo*) n'importe où **irgendwoher** ADV (de) quelque part **irgendwohin** ADV quelque part; (*gleichgültig wohin*) n'importe où

Irin F Irlandaise *f*

Iris F ANAT, BOT iris *m* (❗ maskulin)

irisch ADJ irlandais

Irland N l'Irlande *f*

Irokese M, **Irokesin** F Iroquois(e) *m(f)*

Irokesenschnitt M *Frisur* coiffure *f* à l'iroquois

Ironie F ironie *f*

ironisch ADJ ironique; **~ werden** faire de l'ironie

irr → irre

irrational ADJ irrationnel

irre **A** ADJ **1** fou (❗ Femininform: **folle**, Maskulinform vor Vokal oder stummem h: **fol**); MED *a.* aliéné; dément; (*verwirrt*) dérangé **2** *umg* (*groß, toll*) *umg* dément; *umg* dingue; *umg* super (❗ unveränderlich) **B** *umg* ADV *umg* vachement; **~ komisch** *umg* vachement drôle

Irre F **j-n in die ~ führen** égarer qn

Irre(r) M/F(M) fou *m*, folle *f*; MED *a.* aliéné(e) *m(f)*; dément(e) *m(f)*; *umg* **ein armer Irrer** un pauvre fou

irreal ADJ irréel

irreführen V/T induire en erreur; tromper; **sich durch etw ~ lassen** se laisser prendre à qc

irreführend ADJT trompeur

irregulär ADJ irrégulier

irrelevant ADJ insignifiant (**für** pour); sans importance (pour)

irremachen V/T déconcerter

irren **A** V/I **1** (*umherirren*) errer **2** *geistig* se tromper; *sprichw* **Irren ist menschlich** *sprichw* l'erreur est humaine **B** V/R **sich ~** se tromper (**im Datum** de date, **in j-m** sur le compte de qn); **wenn ich mich nicht irre** si je ne me trompe; sauf erreur de ma part

Irrenanstalt F *pej*, **Irrenhaus** N *pej* maison *f* de fous

irreparabel ADJ irréparable; MED *Schäden* irréversible

irrewerden V/I **an j-m, etw ~** ne plus comprendre qn, qc

Irrfahrt F odyssée *f* **Irrgarten** M labyrinthe *m*; dédale *m* **Irrglaube(n)** M idée fausse; REL hétérodoxie *f*; hérésie *f*

irrig ADJ *Ansicht* erroné

Irritation F confusion *f*; trouble *m*; MED irritation *f*

irritieren V/T **1** (*verwirren*) déconcerter; troubler **2** (*ärgern*) irriter

Irrläufer M *Brief etc* envoi égaré **Irrlehre** F doctrine erronée, hétérodoxe; hérésie *f* **Irrlicht** N feu follet **Irrsinn** M folie *f*

irrsinnig **A** ADJ **1** (de) fou; **ein ~er Gedanke** une idée insensée, de fou **2** *umg fig* terrible **B** *umg* ADV terriblement; *umg* vachement

Irrsinnige(r) M/F(M) fou *m*, folle *f*

Irrtum M erreur *f*; (*Versehen*) méprise *f*; **im ~ sein** être dans l'erreur; se tromper; **e-n ~ begehen** faire, commettre une erreur; HANDEL **~ vorbehalten** sauf erreur

irrtümlich **A** ADJ erroné **B** ADV par erreur

Irrweg M fausse voie **Irrwisch** M *a. fig Person* feu follet

Ischias N *od* M sciatique *f* **Ischiasnerv** M nerf *m* sciatique

ISDN N ABK (Integrated Services Digital Network) RNIS *m*

Islam M islam *m*

islamisch ADJ islamique

Islamist(in) M(F) islamiste *m/f* **islamistisch** ADJ islamiste

Island N l'Islande *f*

Isländer(in) M(F) Islandais(e) *m(f)* **isländisch** ADJ islandais

Isolation F isolement *m* (*a.* ELEK, POL); (*Wärmeisolation, Schallisolation*) isolation *f*; (*Isoliermaterial*) isolant *m*

Isolierband N ruban isolant; chatterton *m* **isolieren** V/T isoler **Isolierkanne** F thermos® *m* **Isoliermaterial** N isolant *m*; matière isolante **Isolierschicht** F couche isolante **Isolierstation** F MED service *m* des contagieux **Isolierung** F → Isolation

Isomatte F natte isolante (aluminisée)

Isotop N isotope *m*
Israel N Israël *m*
Israeli M, F Israélien, -ienne *m,f* **israelisch** ADJ israélien
Israelit(in) M(F) Israélite *m/f* **israelitisch** ADJ israélite
isst → essen
ist → sein[1]
Istbestand M quantité réelle
Isthmus M isthme *m*
IT F ABK (*Informationstechnologie*) informatique *f*; technologie *f* de l'information
Italien N l'Italie *f*
Italiener(in) M(F) Italien, -ienne *m,f* **italienisch** ADJ italien
Italienisch N *Sprache, Schulfach* italien *m*; **auf, in ~** en italien; **~ lernen** apprendre l'italien; **sie ist gut in ~** elle est bonne en italien
Italowestern M western-spaghetti *m*
i-Tüpfelchen N point *m* sur le i; **bis aufs ~ (genau)** jusque dans les moindres détails
i. V. ABK (in Vertretung) par intérim
IWF M ABK (Internationaler Währungsfonds) FMI *m*

J

J, j N J, j *m*
ja ADV *u.* KONJ **1** *als Antwort* oui; **~ sicher!** bien sûr!; **~ doch!, aber ~!** mais oui!, *widersprechend a.* mais si! **2** *feststellend* **das ist ~ furchtbar** mais c'est terrible; **du weißt ~** tu sais bien **3** *verstärkend* **~ sogar** et même; voire (même); **tu das ~ nicht!** ne fais surtout pas cela! **4** *einleitend* **~, wer kommt denn da!** tiens, qui est-ce qui arrive là! **5** *int umg* **~ zum Donnerwetter!** mais sapristi!
Ja N oui *m*; **das ~** le oui; **mit ~ antworten** répondre affirmativement; **zu etw ~ sagen** consentir à qc; **mit ~ stimmen** voter pour
Jacht F yacht *m* **Jachthafen** M port *m* de plaisance **Jachtklub** M yacht-club *m*
Jacke F veste *f*; (*Herrenjacke*) *a.* veston *m*; *sportliche* blouson *m*; *umg fig* **das ist ~ wie Hose** *umg* c'est kif-kif
Jackenkleid N tailleur *m* robe **Jackentasche** F poche *f* de veste
Jacketkrone F MED couronne *f* (en) céramique; jaquette *f*
Jackett N veston *m*; veste *f*
Jade M *od* F MINER jade *m*

Jagd F chasse *f* (**auf** [+ *akk*] de, à); **auf die ~ gehen** aller à la chasse; **~ machen auf** (+ *akk*) faire la chasse à (*a. fig*); *fig* pourchasser; *fig* **die ~ nach dem Glück** la course au bonheur
Jagdgewehr N fusil *m* de chasse **Jagdhorn** N cor *m* de chasse **Jagdhund** M chien *m* de chasse **Jagdhütte** F pavillon *m* de chasse **Jagdrevier** N (terrain *m* de) chasse *f*; chasse gardée **Jagdsaison** F saison *f* de la chasse **Jagdschein** M permis *m* de chasse **Jagdunfall** M accident *m* de chasse **Jagdwurst** F *saucisse fumée à l'ail* **Jagdzeit** F saison *f* de la chasse
jagen **A** V/T **1** chasser; **Hasen ~** chasser le lièvre **2** (*wegjagen*) chasser (**aus** de) **3** (*verfolgen*) poursuivre; pourchasser **B** V/I **1** chasser; aller à la chasse **2** *fig* aller, courir à toute vitesse; **nach Glück ~** courir après le bonheur **C** V/R *fig* **sich ~** *Ereignisse* se bousculer; *Nachrichten* se suivre rapidement
Jäger M chasseur *m* (*a.* MIL, FLUG) **Jägerlatein** N gasconnades *fpl* **Jägerschnitzel** N GASTR escalope *f* chasseur
Jaguar M jaguar *m*
jäh *geh* ADJ **1** (*plötzlich*) subit; soudain; brusque **2** (*steil*) abrupt; raide; à pic
jählings *geh* ADV soudain(ement)
Jahr N **1** *als Einheit* an *m*; *Dauer* année *f*; **ein halbes ~** six mois; **im ~, pro ~** par an; **~ für ~** tous les ans; chaque année; **seit ~en** depuis des années **2** *kalendarisch* **das ~ 1945** l'année 1945; **das neue ~** la nouvelle année; **im ~(e) 1948** en 1948; **in diesem ~, dieses ~** cette année **3** *Alter* **mit fünfzig ~en** à cinquante ans; **zwanzig ~e alt sein** avoir vingt ans; être âgé de vingt ans; **in den besten ~en sein** être dans la force de l'âge
jahraus ADV **~, jahrein** tous les ans
Jahrbuch N annuaire *m*
jahrelang **A** ADJ (qui dure) des années; **~e Erfahrung** des années d'expérience **B** ADV pendant des années; (*seit Jahren*) depuis des années
jähren V/R **heute jährt sich der Tag, an dem …** voilà aujourd'hui un an que …
Jahresabonnement N abonnement annuel, d'un an **Jahresabschluss** M HANDEL bilan *m* de fin d'année **Jahresanfang** M commencement *m*, début *m* de l'année **Jahresausgleich** M STEUER péréquation annuelle **Jahresbeginn** M → Jahresanfang **Jahresbeitrag** M cotisation annuelle **Jahresbestleistung** F SPORT record annuel
Jahresdurchschnitt M moyenne annuelle; **im ~** en moyenne par an

Jahreseinkommen N revenu(s) annuel(s) **Jahresende** N fin *f* d(e l)'année **Jahresgehalt** N salaire annuel **Jahreshälfte** F moitié *f* de l'année **Jahreshauptversammlung** F assemblée générale annuelle **Jahreskarte** F carte annuelle **Jahresring** M *im Holz* cerne *m* **Jahresrückblick** M rétrospective *f* (de l'année écoulée) **Jahrestag** M (jour *m*) anniversaire *m* **Jahresurlaub** M congé annuel **Jahreswagen** M *voiture achetée au rabais par une personne travaillant dans une usine d'automobiles et revendue au bout d'un an*

Jahreswechsel M **mit den besten Wünschen zum ~!** avec mes *bzw.* nos meilleurs vœux pour le nouvel an, pour la nouvelle année!

Jahreswende F **die ~** la fin de l'année; **zur ~** en fin d'année

Jahreszahl F année *f* **Jahreszeit** F saison *f* **jahreszeitlich** ADJ saisonnier

Jahrgang M **1** *von Personen* année *f*; MIL classe *f*; **er ist ~ 1950** il est né en 1950 **2** *von Wein* année *f*; millésime *m* **3** *e-r Zeitschrift* année *f*

Jahrhundert N siècle *m*; **im 17. ~** au XVIIe siècle

jahrhundertealt ADJ séculaire **jahrhundertelang** **A** ADJ qui a duré des siècles **B** ADV pendant des siècles

Jahrhundertwende F **die ~** la fin du siècle; **zur ~** en fin de siècle

jährlich **A** ADJ annuel **B** ADV par an; tous les ans

Jahrmarkt M foire *f*; kermesse *f* **Jahrmarktsbude** F stand *m* de foire **Jahrtausend** N millénaire *m* **Jahrtausendfeier** F (fête *f* du) millénaire *m* **Jahrtausendwende** F tournant *m* du millénaire **Jahrzehnt** N période *f* de dix ans; décennie *f* **jahrzehntelang** **A** ADJ qui a duré des dizaines d'années **B** ADV pendant des dizaines d'années

Jähzorn M **1** *Anfall* accès *m* de colère **2** *als Eigenschaft* irascibilité *f* **jähzornig** ADJ colérique; irascible

Jakob M Jacques *m*; BIBEL Jacob *m*

Jakobiner M HIST Jacobin *m*

Jakobsmuschel F ZOOL, GASTR coquille *f* Saint-Jacques

Jalousie F store vénitien

Jamaika N la Jamaïque

Jambus M METRIK ïambe *od* iambe *m*

Jammer M **1** *(Elend)* misère *f*; détresse *f*; **es ist ein ~** c'est lamentable; *umg* ça fait pitié **2** *(Wehklagen)* plaintes *fpl*

Jammerlappen *umg* M *umg* chiffe molle

jämmerlich **A** ADJ **1** *(ärmlich, bedauernswert)* lamentable; pitoyable **2** *pej (schlecht)* lamentable **B** ADV **1** *(erbärmlich)* lamentablement **2** *(übermäßig)* **~ frieren** avoir terriblement froid **3** *(schlecht)* **~ abschneiden** avoir des résultats lamentables

jammern V/I **1** *(laut klagen)* gémir **2** **~ (über** [+ *akk*]**)** *(sich beklagen)* se lamenter (sur); se plaindre (de)

jammerschade ADJ *umg* **es ist ~** c'est vraiment, très dommage (**um** pour)

Janker M *veste bavaroise en laine feutrée*

Jänner M *österr* → Januar

Januar M (mois *m* de) janvier *m*; **im (Monat) ~** en janvier; au mois de janvier; **der 1. ~** le premier janvier; le Jour de l'An; **heute ist der 5. ~** aujourd'hui, c'est le cinq janvier; nous sommes le cinq janvier; **am 14. ~** le quatorze janvier; **Berlin, den 11. ~ 2007** Berlin, le onze janvier 2007

Japan N le Japon

Japaner(in) M(F) Japonais(e) *m(f)* **japanisch** ADJ japonais; du Japon

Jargon M jargon *m*; *pej a.* argot *m*

Jasager(in) M(F) homme *m*, femme *f* qui dit oui à tout

Jasmin M jasmin *m* **Jasmintee** M thé *m* au jasmin

Jastimme F POL voix *f* pour; oui *m*

jäten V/T *u.* V/I sarcler

Jauche F purin *m* **Jauchegrube** F fosse *f* à purin

jauchzen V/I pousser des cris de joie; exulter

jaulen V/I glapir *(a. fig)*

Jause F *österr* casse-croûte *m*

jawohl ADV oui!; certainement!

Jawort N consentement *m* au mariage; **j-m sein ~ geben** consentir à épouser qn

Jazz M MUS jazz *m* **Jazzband** F orchestre *m* de jazz **Jazzmusik** F musique *f* de jazz

je **A** ADV **1** *zeitlich* jamais; **haben Sie ~ so etwas gehört?** avez-vous jamais entendu une chose pareille? **2** *vor Mengenangaben* **~ zwei und zwei** deux par deux; **die kosten ~ e-n Euro** c'est un euro la pièce; **in Schachteln zu ~ zwanzig Stück** par paquets de vingt **3** *(pro)* **~ Einwohner** par habitant **4** **~ nach** *Größe, Alter etc* selon; suivant **B** KONJ *mit komp* **~ …, desto** *od* **um so …** plus …, plus …; **~ mehr, desto besser** plus il y en a, mieux ça vaut **C** INT **ach ~!, o~!** mon Dieu!

Jeans F(PL) jean *m od* jeans *mpl* **Jeansjacke** F veste *f* en jean **Jeansstoff** M jean *m*

jede, jeder, jedes INDEF PR **A** ADJT **1** *aus e-r Menge* chaque **2** *(alle)* tout **3** *mit Zeitangaben (immer)* tout; *(häufig, immer wieder)* chaque; *(bald, sofort) a.* d'un … à l'autre; **~n Augenblick** à tout moment; **~n Tag, mit ~m Tag** chaque jour; tous les jours **4** *mit Zahlenangaben* **~s dritte Haus** une maison sur trois **5** *nach „ohne"* aucun; nul; **ohne ~n Zweifel** sans aucun doute **B** SUBST **1** *(der einzelne)* chacun(e); **~r von uns** chacun de nous **2** *generalisierend* **~r, der** quiconque; **~r spricht davon** tout le monde en parle

jedenfalls ADV de toute façon

jedermann INDEF PR tout le monde

jederzeit ADV à tout moment

jedesmal → Mal²

jedoch KONJ pourtant; cependant

Jeep® M jeep® *f*

jegliche, jeglicher, jegliches → jede

jeher ADV **von ~** de tout temps

jemals ADV jamais

jemand INDEF PR **1** *affirmativ u. in Fragen* quelqu'un; **~ anders** quelqu'un d'autre **2** *bei verneintem Sinn* personne

Jemen N *od* **der ~** le Yemen

jene, jener, jenes DEM PR **A** ADJT ce ...-là (cet ...-là), cette ...-là, *pl* ces ...-là (! die Form **cet ...-là** steht vor Vokal oder stummem h); **~ Leute** *pl* ces gens-là **B** SUBST celui-là *m*, celle-là *f*; *mpl* ceux-là; *fpl* celles-là; **~s** cela

jenseits **A** ADV de l'autre côté **B** PRÄP au-delà de; **~ des Rheins** outre-Rhin

Jenseits N REL **das ~** l'au-delà *m*; l'autre monde *m*; **im ~** dans l'au-delà

Jerusalem N Jérusalem

Jesuit M jésuite *m* **Jesuitenorden** M ordre *m* des jésuites

Jesus M Jésus *m*; **~ Christus** Jésus-Christ *m*

Jesuskind N enfant *m* Jésus

Jet M *Flugzeug* jet *m*

Jetlag M effets *mpl* du décalage horaire **Jetset** M jet-set *m od f*

jetten *umg* VI voyager en jet

jetzig ADJ actuel

jetzt ADV maintenant; **eben ~** à l'instant (même); **bis ~** jusqu'à présent; **von ~ an, ab** à partir de maintenant; désormais

jeweilig ADJ **1** *zeitlich* du moment; de l'époque **2** *(zugehörig, zugewiesen)* respectif

jeweils ADV (à) chaque fois

Jh. ABK (Jahrhundert) s. (siècle)

JH ABK (Jugendherberge) A.J. (auberge de jeunesse)

jiddisch ADJ yiddish

Jiu-Jitsu N SPORT jiu-jitsu *m*

Job M **1** *umg* job *m*; *umg* boulot *m* **2** IT tâche *f*; travail *m*

jobben *umg* VI *vorübergehend umg* faire des petits boulots; *länger umg* bosser

Jobbörse F bourse *f* de l'emploi **Jobsharing** N partage *m* d'un travail, d'un emploi

Joch N AGR, *fig* joug *m* **Jochbein** N ANAT os *m* malaire

Jockei → Jockey

Jockey M jockey *m*

Jod N iode *m*

jodeln VT *u.* VI jodler *od* iodler

jodhaltig ADJ iodé

Jodler M **1** *Gesang* tyrolienne *f* **2** *Person* chanteur *m* de tyrolienne

Jodsalz N sel iodé **Jodtinktur** F teinture *f* d'iode

Joga M *od* N yoga *m*

joggen VI faire du jogging; jogger **Jogger(in)** M(F) joggeur, -euse *m,f*

Jogging N jogging *m* **Jogginganzug** M jogging *m*

Jog(h)urt M *od* N yaourt *od* yog(h)ourt *m* **Jog(h)urtbecher** M pot *m* de yaourt *od* yog(h)ourt

Johanna F HIST **die heilige ~** Jeanne d'Arc

Johannes M BIBEL **~ der Täufer** saint Jean-Baptiste

Johannisbeere F **Rote ~** groseille *f* rouge; **Schwarze ~** cassis *m*

johlen VI °hurler

Joint *umg* M *umg* joint *m*

Joint Venture N WIRTSCH joint venture *f*

Jo-Jo N *Spiel* yo-yo *m*

Joker M joker *m*

Jolle F *Segelboot* bateau *m* à voile; *Beiboot* canot *m*

Jongleur M jongleur *m* **jonglieren** VT *u.* VI jongler

Joppe F veste *f*

Jordan M **der ~** le Jourdain

Jordanien N la Jordanie **Jordanier(in)** M(F) Jordanien, -ienne *m,f* **jordanisch** ADJ jordanien

Jot N j *m*; lettre *f* j

Joule N PHYS joule *m*

Journal N journal *m* **Journalismus** M journalisme *m* **Journalist(in)** M(F) journaliste *m/f*

journalistisch **A** ADJ journalistique **B** ADV **~ tätig sein** travailler dans le journalisme

jovial ADJ *(leutselig)* aimable; affable; *(wohlwollend)* bienveillant

Joystick M IT manette *f*; manche *m* à balai

jr. ABK (junior) fils

Jubel M allégresse *f*; **in ~** *(akk)* **ausbrechen** exulter

Jubeljahr N jubilé *m*; *fig* **alle ~e einmal** très rarement

jubeln VI exulter

Jubilar(in) M(F) celui, celle qui fête un anniversaire important, un jubilé, *etc*

Jubiläum N anniversaire *m*; **fünfzigjähriges**

~ cinquantenaire *m*; jubilé *m*

jubilieren *geh* VI pousser des cris de joie

juchzen *umg* → jauchzen

jucken A VT, VI *u.* V/UNPERS 1 *physisch* démanger; **es juckt (mich)** cela me démange; **ihm juckt der Kopf** il a la tête qui le démange 2 **der Stoff juckt sie** le tissu la gratte 3 *umg fig (verlocken)* **es juckt mich, das zu probieren** cela me tente d'essayer; *(interessieren)* **denkst du, das juckt mich?** *umg* si tu crois que ça m'intéresse! B *umg* VR **sich ~** *(sich kratzen)* se gratter

Juckpulver N poil *m* à gratter **Juckreiz** M démangeaison *f*

Jude M juif *m*

Judenstern M étoile juive **Judentum** N REL judaïsme *m*; *koll* juifs *mpl* **Judenverfolgung** F persécution *f* des juifs

Jüdin F juive *f* **jüdisch** ADJ juif; HIST, REL judaïque

Judo N judo *m*

Jugend F 1 *Lebensalter* jeunesse *f*; **von ~ an, auf** dès ma, ta, *etc* jeunesse 2 *koll* jeunesse *f*; adolescents *mpl*

Jugendamt N service *m* d'aide sociale à l'enfance **Jugendarbeitslosigkeit** F chômage *m* des jeunes **Jugendarrest** M détention spéciale pour délinquants mineurs **Jugendaustausch** M échange *m* de jeunes **Jugendbuch** N livre *m* pour la jeunesse **Jugenderinnerungen** FPL souvenirs *mpl* de jeunesse **jugendfrei** ADJ *Film* autorisé aux mineurs **Jugendfreund(in)** M(F) ami(e) *m(f)* d'enfance **jugendgefährdend** ADJT qui représente un danger moral pour la jeunesse **Jugendgericht** N tribunal *m* pour les mineurs **Jugendgruppe** F groupe *m* de jeunes **Jugendheim** N foyer *m*, maison *f* de jeunes **Jugendherberge** F auberge *f* de jeunesse **Jugendherbergsausweis** M carte *f* des auberges de jeunesse **Jugendkriminalität** F délinquance *f* juvénile **Jugendlager** N camp *m* de jeunesse **Jugendleiter(in)** M(F) moniteur, -trice *m,f* d'enfants

jugendlich A ADJ jeune; juvénile B ADV **~ aussehen** avoir l'air jeune; faire jeune

Jugendliche(r) M/F(M) adolescent(e) *m(f)*; *koll* **die Jugendlichen** *meist* les jeunes *mpl*; **Jugendlichen ist der Zutritt verboten** interdit aux moins de dix-huit ans

Jugendliebe F amour *m* de jeunesse **Jugendmannschaft** F SPORT équipe *f* de jeunes **Jugendrichter** M juge *m* pour enfants **Jugendschutz** M protection *f* des mineurs **Jugendschutzgesetz** N loi *f* sur la protection des mineurs **Jugendstil** M KUNST, ARCH art nouveau **Jugendstrafanstalt** F centre *m* d'éducation surveillée **Jugendstrafe** F condamnation pénale pour mineurs **Jugendstrafrecht** N droit pénal des délinquants mineurs **Jugendstreich** M fredaine *f* de jeunesse **Jugendsünde** F péché *m* de jeunesse **Jugendtraum** M rêve *m* de jeunesse **Jugendzeit** F (années *fpl* de) jeunesse *f* **Jugendzentrum** N maison *f* des jeunes

Jugoslawe M HIST Yougoslave *m* **Jugoslawien** N HIST la Yougoslavie **Jugoslawin** F HIST Yougoslave *f* **jugoslawisch** ADJ HIST yougoslave

juhu INT °hourra!; *umg* youpi!

Ju-Jutsu N SPORT ju-jitsu *m*

Juli M (mois *m* de) juillet *m*; → Januar

Jumbojet M jumbo-jet *m*; gros porteur

jun. ABK (junior) junior

jung A ADJ 1 *Lebensalter* jeune; **die ~en Leute** les jeunes *mpl*; **Jung und Alt** jeunes et vieux 2 *(seit Kurzem, neu)* **die ~en Eheleute** les jeunes mariés 3 GASTR **~e Erbsen** petits pois extra-fins B ADV **~ heiraten** se marier jeune; **~ aussehen** avoir l'air jeune; faire jeune; **sich ~ fühlen** se sentir jeune

Junge M garçon *m*; **dummer ~** nigaud *m*; *umg* **schwerer ~** mauvais garçon

Junge(s) N *e-s Tieres* petit *m*; **Junge** *pl* **werfen** mettre bas; faire des petits

jungenhaft ADJ gamin **Jungenstreich** M polissonnerie *f*

jünger ADJ 1 plus jeune; *bei Verwandtschaftsbezeichnungen* cadet; **mein ~er Bruder** mon (frère) cadet; **sie ist ein Jahr ~ als ich** elle a un an de moins que moi 2 *(relativ jung)* assez jeune 3 *zeitlich* **~en Datums** de date récente

Jünger(in) M(F) REL, *fig* disciple *m/f*

Jungfer F *pej* **alte ~** vieille fille

Jungfernfahrt F voyage inaugural **Jungfernhäutchen** N hymen *m*

Jungfrau F 1 vierge *f*; REL **die Heilige ~** la (Sainte) Vierge; HIST **die ~ von Orléans** Jeanne d'Arc; la pucelle d'Orléans 2 ASTROL Vierge *f*

jungfräulich ADJ virginal; *fig* vierge **Junggeselle** M célibataire *m*

Junggesellenbude *umg* F *umg* piaule *f* de vieux garçon **Junggesellenwohnung** F garçonnière *f*

Junggesellin F célibataire *f*

Jüngling *geh* M adolescent *m*

jüngst *geh* ADV *(neulich)* tout dernièrement, récemment

jüngste ADJ 1 le plus jeune; **unser Jüngster** notre petit dernier 2 *(letzte)* dernier; le plus récent

Jungtier N jeune bête *f* **Jungunternehmer(in)** M(F) jeune chef *m* d'entreprise **Jung-**

verheiratete PL jeunes mariés *mpl*
Juni M (mois *m* de) juin *m*; → Januar
junior ADJ *im Verhältnis zum Vater* junior; HANDEL fils
Junior M *(Sohn)* junior *m*; HANDEL fils *m* du patron **Juniorchef** M HANDEL fils *m* du patron
Juniorenmannschaft F SPORT équipe *f* junior
Juniorpartner M HANDEL (jeune) associé *m* *(non majoritaire dans une affaire)*
Junkfood N *umg* malbouffe *f*
Junkie *Jargon* M junkie *m/f*
Junkmail F IT spam *m*; pourriel *m*
Junta F junte *f*
Jupe M *schweiz (Rock)* jupe *f*
Jura[1] *Studienfach* (le) droit *m*; **~ studieren** faire des études de droit
Jura[2] M **1** GEOL jurassique *m* **2** GEOG Jura *m*
Jurastudent(in) M(F) étudiant(e) *m(f)* en droit **Jurastudium** N études *fpl* de droit
Jurist(in) M(F) juriste *m/f*; *Student* étudiant(e) *m(f)* en droit
juristisch ADJ juridique; de droit; **~e Fakultät** faculté *f* de droit
Juror(in) M(F) membre *m* d'un *bzw.* du jury
Jury F jury *m* (! maskulin)
Jus N *bes österr, schweiz* → Jura[1]
just *liter, hum* ADV juste(ment)
justieren V/T **1** *Werkstück* ajuster **2** *Messgerät* régler
Justiz F justice *f* **Justizbeamte(r)** M fonctionnaire *m*, officier *m* de justice; *höherer a.* magistrat *m* (judiciaire) **Justizgebäude** N palais *m* de justice **Justizirrtum** M erreur *f* judiciaire **Justizminister** M ministre *m* de la Justice; *in Frankreich a.* Garde *m* des Sceaux **Justizministerium** N ministère *m* de la Justice **Justizmord** M condamnation (à mort) d'un innocent **Justizvollzugsanstalt** F ADMIN établissement *m* pénitentiaire
Jute F jute *m* **Jutetasche** F sac *m* de jute
Juwel N joyau *m*; bijou *m* *(beide a. fig)*; *(Edelstein)* pierre précieuse; *von e-r Person* perle *f*
Juwelier M bijoutier *m*; joaillier *m* **Juweliergeschäft** N bijouterie *f*
Jux *umg* M *umg* blague *f*

K

K

K, k N K, k *m*
Kabarett N *Ensemble* chansonniers *mpl*; *Bühne* théâtre *m* de chansonniers; *Show* spectacle *m* de chansonniers **Kabarettist(in)** M(F) chansonnier, -ière *m,f* **kabarettistisch** ADJ de chansonniers
Kabarettprogramm N revue *f* de chansonniers
kabbeln *umg* V/R **sich ~** *umg* se chamailler
Kabel N câble *m* **Kabelanschluss** M réseau câblé **Kabelbrand** M incendie *m* d'origine électrique
Kabelfernsehen N télévision *f* par câble; **~ haben** être abonné au câble
Kabeljau M cabillaud *m*
Kabelschacht M puits *m* à câbles **Kabeltrommel** F tambour *m* de câble
Kabine F cabine *f*; FLUG *a.* carlingue *f*; *(Wahlkabine)* isoloir *m*
Kabinett N **1** *Raum* cabinet *m*; POL ministère *m* **2** *Wein* vin *m* de vendange sélectionnée
Kabinettsbeschluss M décision ministérielle **Kabinettsliste** F liste *f* des ministres **Kabinettsmitglied** N membre *m* du ministère **Kabinettssitzung** F conseil *m* des ministres
Kabis M *südd, schweiz* chou blanc
Kabrio(lett) → Cabrio
Kabuff *umg, a. pej* N *umg* cagibi *m*; réduit *m*
Kachel F carreau *m* (de faïence)
kacheln V/T carreler
Kachelofen M poêle *m* de faïence
Kacke *sl* F *sl* merde *f*
kacken *sl* V/I *sl* chier
Kadaver M cadavre *m*
Kader M cadre *m*; SPORT sélection *f*
Kadett M MIL élève *m* officier
Kadi M *umg fig (Richter)* juge *m*; **zum ~ laufen** faire un procès
Kadmium N cadmium *m*
Käfer M **1** ZOOL insecte *m*; coléoptère *m* **2** *umg (VW) umg* coccinelle *f*
Kaff *umg pej* N *umg* trou *m*; *umg* bled *m*
Kaffee M café *m*; **~ mit Milch** café au lait; *im Lokal* (café) crème *m*; *umg fig* **das ist kalter ~** *umg* c'est du réchauffé; **~ trinken** prendre du café; *am Nachmittag* prendre le café
Kaffeeautomat M distributeur *m* de café **Kaffeebohne** F grain *m* de café **Kaffee-Ernte** F cueillette *f* du café **Kaffee-**

Käfer — le coléoptère

Käfer — la coccinelle

fahrt F 1 *Ausflug* excursion *f* avec pause café 2 *Werbefahrt* excursion *f* (avec pause café) organisée à des fins publicitaires **Kaffeefilter** M filtre *m* à café **Kaffeegeschirr** N → Kaffeeservice

Kaffeehaus N *bes österr* café *m* (typiquement viennois) *(établissement)*

Kaffeekanne F cafetière *f* **Kaffeeklatsch** *umg* M *(commérages lors d'une) réunion de dames prenant le café ou le thé* **Kaffeekränzchen** N 1 *Treffen*: *réunion d'un petit groupe de femmes se rencontrant régulièrement pour prendre le café et bavarder* 2 *Frauen*: *petit groupe de femmes se rencontrant régulièrement pour prendre le café et bavarder* **Kaffeelöffel** M cuillère *f* à café **Kaffeemaschine** F cafetière *f* électrique **Kaffeemühle** F moulin *m* à café **Kaffeepause** F pause *f* café **Kaffeesahne** F crème *f* à café **Kaffeesatz** M marc *m* de café **Kaffeeservice** N service *m* à café **Kaffeesorte** F sorte *f* de café **Kaffeestrauch** M caféier *m* **Kaffeetafel** F table mise pour le café **Kaffeetasse** F tasse *f* à café

Käfig M cage *f* **Käfighaltung** F élevage industriel

kahl ADJ *Kopf* chauve; *Baum, Landschaft, Wand* nu; dénudé

Kahlkopf M 1 *Kopf* tête *f* chauve 2 *umg Person* chauve *m* **kahlköpfig** ADJ chauve **Kahlschlag** M blanc-étoc *m*; *fig* coupe *f* sombre

Kahn M 1 *(Boot)* barque *f*; *(Lastkahn)* péniche *f* 2 *umg pej (Schiff)* rafiot *m*

Kahnfahrt F promenade *f* en barque

Kai M quai *m*

Kaiman M ZOOL caïman *m*

Kaimauer F mur *m* du quai

Kairo N Le Caire

Kaiser M empereur *m*

Kaiseradler M ZOOL aigle impérial

Kaiserin F impératrice *f*

Kaiserkrone F couronne impériale **kaiserlich** ADJ impérial **Kaiserreich** N empire *m* **Kaiserschmarren** M *österr, südd*: *plat sucré composé d'une crêpe épaisse coupée en morceaux mélangés à des raisins secs* **Kaiserschnitt** M césarienne *f*

Kajak M kayak *m* **Kajakfahrer(in)** M(F) kayakiste *m/f*

Kajal N khôl *m* **Kajalstift** M crayon *m* khôl

Kajüte F SCHIFF cabine *f*

Kakadu M cacatoès *m*

Kakao M cacao *m*; *Getränk a.* chocolat *m*; *umg fig* **j-n durch den ~ ziehen** *umg* se payer la tête de qn

Kakaobaum M cacaoyer *m*; cacaotier *m* **Kakaobohne** F fève *f* de cacao **Kakaobutter** F beurre *m* de cacao **Kakaopulver** N cacao *m* en poudre

Kakerlake F cafard *m*; blatte *f*

Kaki F BOT kaki *m*

Kaktee F cactus *m*

Kaktus M cactus *m* **Kaktusfeige** F figue *f* de Barbarie

Kalauer M calembour *m*

Kalb N veau *m*

kalben V/I vêler

Kalbfleisch N veau *m*

Kalbsbraten M rôti *m* de veau **Kalbsbries** N ris *m* de veau **Kalbsbrust** F poitrine *f* de veau **Kalbsfilet** N filet *m* de veau **Kalbsfrikassee** N fricassée *f* de veau **Kalbshachse** F, *südd* **Kalbshaxe** F jarret *m* de veau **Kalbskotelett** N côte(lette) *f* de veau **Kalbsleber** F foie *m* de veau **Kalbsleberwurst** F saucisse *f* de foie de veau (à tartiner) **Kalbsleder** N veau *m* **Kalbsmedaillon** N médaillon *m* de veau **Kalbsnierenbraten** M rognonnade *f* **Kalbsschnitzel** N escalope *f* de veau

Kaleidoskop N kaléidoscope *m*

kalendarisch ADJ conforme au calendrier

Kalender M calendrier *m*; *(Taschenkalender)* agenda *m*; *fig* **im ~ rot anstreichen** marquer d'une pierre blanche

Kalenderblatt N feuille *f* de calendrier **Kalenderjahr** N année civile **Kalenderspruch** M dicton *m* de calendrier **Kalenderwoche** F semaine *f* (de l'année)

Kali N potasse *f*

Kaliber N calibre *m* (*a. umg fig*)
Kalif M calife *m*
Kalifornien N la Californie
Kalium N potassium *m*
Kalk M chaux *f*; (*Kalkstein*) calcaire *m* **Kalkablagerung** F dépôt *m* calcaire
kalken V/T *Wand* blanchir à la chaux **kalkhaltig** ADJ calcaire **Kalkmangel** M MED manque *m* de calcium **Kalksandstein** M grès *m* calcaire **Kalkstein** M calcaire *m*
Kalkül *geh* N *od* M calcul *m*
Kalkulation F HANDEL, *fig* calcul(s) *m(pl)* **kalkulierbar** ADJ prévisible **kalkulieren** V/T *u.* V/I calculer
Kalmar M *Tintenfisch* cal(a)mar *m*
Kalorie F calorie *f*
kalorienarm ADJ pauvre en calories **kalorienbewusst** A ADJ qui tient compte de la valeur calorique des aliments B ADV en faisant attention à la valeur calorique des aliments **Kaloriengehalt** M valeur *f* calorique **kalorienreich** ADJ riche en calories

K

kalt A ADJ froid (*a. fig*); *Speisen etc* **~ werden** se refroidir; **es ist ~** il fait froid; **mir ist ~** j'ai froid; **~e Füße haben** avoir froid aux pieds B ADV **~ duschen** se doucher à l'eau froide; *Getränk* **~ stellen** mettre au frais; **~ lächelnd** cyniquement; → kaltlassen
Kaltblüter M animal *m* à sang froid **kaltblütig** A ADJ (*ruhig*) qui garde son sang-froid; *pej* qui est sans scrupules B ADV (*ruhig*) avec sang-froid; *pej* froidement **Kaltblütigkeit** F sang-froid *m* (*a. pej*)
Kälte F froid *m*; (*Gefühlskälte*) froideur *f* **kältebeständig** ADJ résistant au froid **Kälteeinbruch** M arrivée subite du froid **kälteempfindlich** ADJ sensible au froid; *Person* frileux **Kältegefühl** N sensation *f* de froid **Kältewelle** F vague *f* de froid
Kaltfront F METEO front froid **kaltherzig** ADJ insensible; froid **kaltlächelnd** ADJ/T cyniquement
kaltlassen V/T **das lässt mich kalt** cela me laisse froid
Kaltluft F air froid **Kaltluftfront** F METEO front froid
kaltmachen *umg* V/T **j-n ~** *umg* refroidir qn; *umg* descendre qn
Kaltmiete F loyer *m* sans charges **Kaltschale** F *soupe de fruits servie froide* **kaltschnäuzig** *umg* ADJ insensible; froid **Kaltschnäuzigkeit** *umg* F insensibilité *f*; froideur *f* **Kaltstart** M AUTO démarrage *m* à froid; IT redémarrage *m* à froid
kaltstellen V/T 1 → kalt B 2 *umg fig* **j-n ~** mettre qn sur une voie de garage

Kalzium N calcium *m*
kam → kommen
Kambodscha N le Cambodge **Kambodschaner(in)** M(F) Cambodgien, -ienne *m,f* **kambodschanisch** ADJ cambodgien
Kamel N 1 ZOOL chameau *m* 2 *umg pej* (*Dummkopf*) *umg* ballot *m* **Kamelhaar** N poil *m* de chameau
Kamelie F camélia *m*
Kameltreiber M 1 chamelier *m* 2 *umg pej* (*Araber*) *umg* bougnoule *m*
Kamera F FILM, TV caméra *f*; (*Fotoapparat*) appareil *m* photo **Kameraassistent(in)** M(F) assistant(e)-cameraman *m(f)*
Kamerad(in) M(F) camarade *m/f* **Kameradschaft** F camaraderie *f* **kameradschaftlich** A ADJ de camarade B ADV en camarade
Kamerafrau F cadreuse *f* **Kameramann** M cadreur *m*; cameraman *m*
Kamerun N le Cameroun
Kamikaze M kamikaze *m* **Kamikazefahrer** *umg* M kamikaze *m* du volant
Kamille F camomille *f* **Kamillentee** M (infusion *f* de) camomille *f*
Kamin M **(offener) ~** cheminée *f*
Kaminfeger M *bes südd* ramoneur *m* **Kaminfeuer** N feu *m* de cheminée **Kamingespräch** N *bes* POL entretien *m* au coin du feu
Kamm M 1 (*Haarkamm*) peigne *m*; **alles über e-n ~ scheren** mettre tout dans le même sac 2 *des Hahns etc* crête *f* 3 (*Gebirgskamm, Wellenkamm*) crête *f*
kämmen V/T (*u.* V/R **sich ~** se) peigner
Kammer F 1 *Raum* petite pièce 2 JUR, POL, TECH, (*Verband*) chambre *f* 3 ANAT ventricule *m* **Kammerdiener** M valet *m* de chambre **Kammerjäger** M spécialiste chargé des opérations de déparasitage **Kammermusik** F musique *f* de chambre **Kammerorchester** N orchestre *m* de chambre **Kammersänger(in)** M(F) 1 *Titel*: *titre de distinction accordé à un(e) excellent(e) chanteur (-euse) d'opéra* 2 (*Kammermusiker[in]*) chanteur, -euse *m,f* de musique de chambre **Kammerspiel** N, **Kammerspiele** PL (petit) théâtre **Kammerton** M MUS la *m* normal; diapason *m* **Kammerzofe** F femme *f* de chambre
Kammgarn N *Garn* laine peignée; *Gewebe* peigné *m*
Kampagne F campagne *f*
Kampf M MIL, SPORT combat *m*; *fig meist* lutte *f* (**ums Dasein** pour la vie, l'existence); **j-m, e-r Sache den ~ ansagen** déclarer la guerre à qn, qc
Kampfabstimmung F POL vote âprement disputé **Kampfansage** F *fig* déclaration *f* de

guerre **kampfbereit** ADJ prêt au combat
kämpfen VI combattre (**gegen j-n** qn, contre qn); se battre (**gegen** contre); *fig* lutter (**gegen** contre; **für, um** pour; **mit sich** avec soi-même); **für e-e Idee ~** se battre pour une idée; **mit dem Schlaf ~** lutter contre le sommeil; **mit den Tränen ~** être au bord des larmes
Kampfer M camphre *m*
Kämpfer(in) M(F) (*Kämpfende[r]*), MIL combattant(e) *m(f)*; *fig* (*Kämpfernatur*) battant(e) *m(f)* **kämpferisch** ADJ combatif (*a. fig*)
kampferprobt ADJT aguerri
Kampfflugzeug N avion *m* de combat **Kampfgas** N gaz *m* de combat **Kampfgeist** M esprit combatif **Kampfgericht** N SPORT jury *m* **Kampfhahn** M **1** coq *m* de combat **2** *umg fig umg* bagarreur, -euse *m,f* **Kampfhandlung** F action *f* militaire **Kampfhund** chien *m* de combat **Kampfkraft** F combativité *f* **kampflos** ADJ *u.* ADV sans résistance **kampflustig** ADJ combatif **Kampfmaßnahme** F mesure *f* de lutte; action *f* **Kampfrichter** M arbitre *m*; juge *m* **Kampfsport** M sport *m* de combat **Kampfstoffe** MPL *Gase* gaz *mpl* de combat **Kampftruppen** FPL troupes combattantes, de combat **kampfunfähig** ADJ °hors de combat
kampieren VI camper
Kanada N le Canada
Kanadier(in) M(F) Canadien, -ienne *m,f* **kanadisch** ADJ canadien; du Canada
Kanal M **1** canal *m* (*a.* ANAT, TV, *fig*) (! der Plural lautet **canaux**); *umg fig* **den ~ voll haben** (*es satthaben*) *umg* en avoir marre; (*betrunken sein*) *umg* être bourré **2** (*Abwasserkanal*) égout *m* **3** GEOG **der ~** la Manche
Kanalarbeiter M égoutier *m* **Kanaldeckel** M plaque *f* d'égout
Kanalinseln FPL **die ~** les îles *fpl* Anglo-Normandes
Kanalisation F (*Stadtentwässerung*) égouts *mpl*; *mit Hausanschlüssen* tout-à-l'égout *m*
kanalisieren VT *Fluss, fig* canaliser; *Stadt* établir les égouts de, dans
Kanaltunnel M tunnel *m* sous la Manche **Kanalüberquerung** F traversée *f* de la Manche
Kanaren PL **die ~** les Canaries *fpl*
Kanarienvogel M canari *m*; serin *m*
kanarisch ADJ canarien; **die Kanarischen Inseln** *fpl* les (îles *fpl*) Canaries *fpl*
Kandare F mors *m*; *fig* **j-n an die ~ nehmen** serrer la bride à qn
Kandidat(in) M(F) candidat(e) *m(f)* **Kandidatenliste** F liste *f* de(s) candidats
Kandidatur F candidature *f* (**auf** [+ *akk*] à)
kandidieren VI se porter candidat (**für** à)
kandiert ADJT confit
Kandis M, **Kandiszucker** M sucre *m* candi
Känguru N kangourou *m*
Kaninchen N lapin *m* **Kaninchenbau** M terrier *m* de lapin **Kaninchenfell** N peau *f* de lapin **Kaninchenstall** M clapier *m*
Kanister M bidon *m*
kann → können
Kännchen N petit pot; *im Café* **ein ~ Kaffee** *une cafetière de deux tasses*
Kanne F pot *m*; (*Gießkanne*) arrosoir *m*
Kannibale M, **Kannibalin** F cannibale *m/f* **kannibalisch** ADJ de cannibale(s) **Kannibalismus** M cannibalisme *m*
kannte → kennen
Kanon M canon *m*
Kanone F **1** MIL canon *m* **2** *fig* SPORT *etc* as *m*; crack *m* **3** *umg* (*Revolver*) *umg* pétard *m* **4** *umg* **unter aller ~** au-dessous de tout
Kanonenboot N canonnière *f* **Kanonenfutter** *umg* N *umg* chair *f* à canon **Kanonenkugel** F boulet *m* de canon
Kantate F cantate *f*
Kante F *e-s Gegenstands* bord *m*; *e-s Steins, Balkens,* MATH arête *f*; *umg fig* **etwas auf die hohe ~ legen** mettre de l'argent de côté
Kanten M *nordd* (*Brotkanten*) entame *f*
Kantholz N bois équarri **kantig** ADJ à arête vive; *Gesicht* anguleux
Kantine F cantine *f*
Kantinenessen N repas *m* de cantine
Kanton M canton *m* **Kantonsregierung** F *schweiz* Conseil *m* d'État
Kanu N canoë *m*; **~ fahren** faire du canoë
Kanufahrer(in) M(F) canoéiste *m/f*
Kanüle F canule *f*
Kanute M canoéiste *m*
Kanzel F **1** KIRCHE chaire *f* **2** (*Pilotenkanzel*) cockpit *m*
Kanzlei F POL chancellerie *f*; *e-s Anwalts* cabinet *m*; *e-s Notars* étude *f*
Kanzler M POL chancelier *m*; *e-r Hochschule etwa* directeur administratif **Kanzleramt** N **1** *Posten* fonctions *fpl* de chancelier **2** *Dienststelle* chancellerie *f* **Kanzlerin** F POL chancelière *f* **Kanzlerkandidat(in)** M(F) candidat(e) *m(f)* à la chancellerie
Kap N GEOG cap *m*
Kapazität F **1** (*Fassungs-, Leistungsvermögen*) capacité *f* **2** (*Könner*) sommité *f*
Kapelle F **1** KIRCHE chapelle *f* **2** MUS orchestre *m*
Kapellmeister M chef *m* d'orchestre
Kaper F câpre *f*
kapern VT *Schiff* capturer

Kapelle — la chapelle

Kapelle — l'orchestre (m)

kapieren *umg* VT *u.* VI *umg* piger
kapillar ADJ MED capillaire
kapital ADJ capital; **ein ~er Hirsch** un superbe cerf
Kapital N *bestimmtes* capital *m*; (*unbestimmte Summen*) capitaux *mpl*; fonds *mpl*; *fig* **aus etw ~ schlagen** tirer profit de qc
Kapitalanlage F placement *m* **Kapitaleinkünfte** FPL revenus *mpl* du capital *bzw.* des capitaux **Kapitalerhöhung** F augmentation *f* de capital **Kapitalertrag(s)steuer** F impôt *m* sur le revenu du capital **Kapitalflucht** F fuite *f* de capitaux **Kapitalgeber** M bailleur *m* de fonds **Kapitalgesellschaft** F société *f* de capitaux
kapitalisieren VT capitaliser **Kapitalisierung** F capitalisation *f*
Kapitalismus M capitalisme *m* **Kapitalist(in)** M(F) capitaliste *m/f* **kapitalistisch** ADJ capitaliste
kapitalkräftig ADJ disposant de capitaux **Kapitalmarkt** M marché financier
Kapitalverbrechen N crime capital
Kapitän M SCHIFF, SPORT capitaine *m*; (*Flugkapitän*) commandant *m* de bord **Kapitänspatent** N brevet *m* de capitaine
Kapitel N chapitre *m*; *fig* **das ist ein ~ für sich** c'est toute une affaire; *fig* **das ist ein anderes ~** c'est une autre histoire
Kapitell N ARCH chapiteau *m*
Kapitelüberschrift F titre *m* de chapitre
Kapitulation F capitulation *f* (*a. fig*) **kapitulieren** VI capituler (**vor** [+ *dat*] devant; *a. fig*)
Kaplan M vicaire *m*; (*Hauskaplan*) chapelain *m*
Kappe F **1** (*Mütze*) bonnet *m* (*a. Narrenkappe*); *umg* **etw auf s-e ~ nehmen** prendre qc sous son bonnet **2** (*Verschlusskappe*) capuchon *m* (*a. e-s Füllers*) **3** TECH chape *f*
kappen VT (*abschneiden*) couper; *fig Ausgaben* réduire

Käppi N casquette *f*; MIL calot *m*
Kapriole F cabriole *f*
kapriziös ADJ capricieux
Kapsel F capsule *f* **Kapselriss** M MED déchirure *f* d'une capsule articulaire
kaputt *umg* ADJ **1** (*entzwei*) *umg* cassé; *umg* foutu; *Ehe* brisé; **~ machen** *Sachen* casser **2** (*erschöpft*) *umg* crevé
kaputtgehen *umg* VI **1** *Sachen* s'abîmer; *feste Gegenstände* se casser **2** *Tier, Pflanze* crever **3** *Beziehungen* se défaire **4** *Menschen* se détruire **kaputtkriegen** *umg* VT (arriver à) casser **kaputtlachen** *umg* VR **sich ~** *umg* se fendre la gueule; mourir de rire
kaputtmachen *umg* VT **1** *Sachen* casser **2** *fig* **das macht einen (ganz) kaputt** cela me, te, *etc* tue
Kapuze F capuchon *m*
Kapuziner M REL capucin *m* **Kapuzinerkresse** F capucine *f*
Karabiner M carabine *f* **Karabinerhaken** M mousqueton *m*
Karacho *umg* N **mit ~** à toute vitesse; AUTO *umg* à fond la caisse; *umg* à pleins tubes
Karaffe F carafe *f*
Karambolage *umg* F (*Zusammenstoß*) collision *f*; (*Massenkarambolage*) carambolage *m*
Karamell M caramel *m* **Karamellbonbon** M *od* N caramel *m* **Karamellpudding** M *etwa* crème *f* au caramel
Karaoke N karaoké *m*
Karat N carat *m*
Karate N karaté *m* **Karateschlag** M coup *m* de karaté
...karätig ADJ IN ZSSGN à ... carats
Karawane F caravane *f* **Karawanenstraße** F route *f* de caravanes
Kardanantrieb M transmission *f* par cardan **Kardangelenk** N joint *m* de cardan **Kardanwelle** F arbre *m* de transmission

Kappe — le bonnet

die (Verschluss)Kappe — le capuchon

Kardinal M cardinal *m*
Kardinalfehler M erreur fondamentale **Kardinalzahl** F nombre cardinal
Kardiogramm N cardiogramme *m* **Kardiologe** M, **Kardiologin** F cardiologue *m/f*
Karenzzeit F délai *m* de carence
Karfiol M *österr* chou-fleur *m*
Karfreitag M Vendredi saint
karg A ADJ *Lohn* maigre; *Boden* pauvre; *Mahl* frugal B ADV **~ bemessen** compté avec parcimonie
kärglich ADJ → karg
Karibik die ~ *Meer* la mer des Caraïbes; *Inseln* les Antilles *fpl*
karibisch ADJ caraïbe
kariert ADJT *Papier* quadrillé; *Stoff* à carreaux; **blau-weiß ~** à carreaux bleu(s) et blanc(s)
Karies F carie *f*
Karikatur F caricature *f* **Karikaturist(in)** M(F) caricaturiste *m/f* **karikieren** VT caricaturer
kariös ADJ carié
karitativ ADJ charitable
Karl M Charles *m*; **~ der Große** Charlemagne *m*; **~ V.** Charles Quint
Karma N REL karma *m*
Karmeliter(in) M(F) carme *m*, carmélite *f*
Karneval M carnaval *m*; **~ feiern** fêter le carnaval
Karnevalist M animateur *m* du carnaval
karnevalistisch ADJ carnavalesque
Karnevalsgesellschaft F société *f*, réunion *f*, association *f* carnavalesque **Karnevalskostüm** N costume *m* de carnaval **Karnevalsorden** M décoration *f* carnavalesque **Karnevalsprinz(essin)** M(F) prince *m*, princesse *f* du carnaval **Karnevalssitzung** F soirée *f* de carnaval (*avec chansons, danses, etc*) **Karnevalsverein** M *association destinée à perpétuer la tradition du carnaval* **Karnevalszug** M cortège *m* de *od* du carnaval
Karnickel N *regional* → Kaninchen
Kärnten N la Carinthie
Karo N carreau *m* **Karoass** N *Spielkarte* as *m* de carreau
Karomuster N **mit ~** à carreaux
Karosse F carrosse *m* **Karosserie** F carrosserie *f* **Karosseriebau** M carrosserie *f*
Karotin N BIOCHEMIE carotène *m*
Karotte F carotte *f*
Karpfen M carpe *f* **Karpfenteich** M étang *m* de carpes
Karre F 1 (*Gefährt*) charrette *f*; *kleine* carriole *f*; (*Gepäckkarre*) chariot *m*; (*Schubkarre*) brouette *f*; *umg fig* **die ~, den Karren aus dem Dreck ziehen** remettre les choses en ordre; *umg fig* **j-m**

Karos — les carreaux (mpl)

Karo — le carreau

an die ~, den Karren fahren attaquer qn rudement; rentrer dans le lard à qn 2 *umg* (*Auto*) *umg* bagnole *f*
Karree N carré *m*
Karren M **j-n vor s-n ~ spannen** se servir de qn pour arriver à ses fins; →Karre
Karriere F carrière *f*; **~ machen** faire carrière
Karrierefrau F femme *f* qui fait carrière; *pej* carriériste *f* **Karrieremacher** M *pej* carriériste *m*
Karsamstag M samedi saint
Karst M GEOL karst *m*
Karte F carte *f*; (*Speisekarte*) *a.* menu *m*; *für Zug, Flugzeug, Kino, Theater* billet *m*; *für Bus, U-Bahn* ticket *m*; FUSSBALL **die Gelbe, Rote ~** le carton jaune, rouge; **nach der ~ essen** manger à la carte; **~n spielen** jouer aux cartes; **gute, schlechte ~n haben** avoir du jeu, ne pas avoir de jeu; *fig* **sich** (*dat*) **nicht in die ~n sehen lassen** cacher son jeu; *fig* **mit offenen ~n spielen** jouer cartes sur table; *fig* **die ~n auf den Tisch legen** découvrir son jeu; **alles auf e-e ~ setzen** mettre tous ses œufs dans le même panier; **j-m die ~n legen** tirer les cartes à qn
Kartei F fichier *m* **Karteikarte** F fiche *f* **Karteikasten** M fichier *m* **Karteileiche** F *hum* 1 *Karte*: *fiche au contenu devenu caduc* 2 *Person*: *membre enregistré mais qui n'existe que sur le papier*
Kartell N cartel *m* **Kartellamt** N office *m* des cartels
Kartenhaus N château *m* de cartes; **einstürzen wie ein ~** s'écrouler comme un château de cartes

Karte — la carte

Karte — le billet

Karte — la carte

Karte — le menu

Kartenkunststück N tour *m* de cartes **Kartenlegen** N cartomancie *f* **Kartenleger(in)** M(F) tireur, -euse *m,f* de cartes **Kartenspiel** N jeu *m* de cartes; *Einzelspiel* partie *f* de cartes **Kartenspieler(in)** M(F) joueur, -euse *m,f* de cartes **Kartenständer** M support *m* (pour cartes de géographie) **Kartentelefon** N téléphone *m* à cartes **Kartenverkauf** M vente *f* de billets **Kartenvorverkauf** M location *f*

K

Karthago N HIST Carthage

Kartoffel F pomme *f* de terre **Kartoffelauflauf** M gratin *m* de pommes de terre **Kartoffelbrei** M purée *f* de pommes de terre **Kartoffelchips** MPL chips *fpl* **Kartoffelgratin** N → Kartoffelauflauf **Kartoffelkäfer** M doryphore *m* **Kartoffelklöße** MPL, *südd* **Kartoffelknödel** MPL quenelles *fpl* de pommes de terre **Kartoffelpuffer** M *genre de galette de pommes de terre râpées* **Kartoffelpüree** N → Kartoffelbrei **Kartoffelsalat** M salade *f* de pommes de terre **Kartoffelstock** M *schweiz* → Kartoffelbrei **Kartoffelsuppe** F soupe *f* de pommes de terre

Kartograph(in) M(F) cartographe *m/f*

Karton M carton *m*

kartoniert ADJ/T *Buch* cartonné

Karussell N manège *m*; **~ fahren** faire un tour de manège

Karwoche F semaine sainte

Karzinom N MED carcinome *m*

Kasachstan N le Kazakhstan

Kaschemme *umg pej* F bouge *m*

kaschieren V/T cacher; dissimuler

Kaschmir M TEX cachemire *m* **Kaschmirschal** M châle *m* de cachemire

Käse M **1** fromage *m* **2** *umg pej* (*Unsinn*) âneries *fpl* **Käseblatt** *umg pej* N *umg* feuille *f* de chou **Käsebrot** N tartine *f* de fromage **Käsebrötchen** N sandwich *m* au fromage **Käseecke** F portion *f* de fromage fondu **Käsefondue** N fondue *f*

Käsefüße *umg pej* MPL **~ haben** puer des pieds

Käsegebäck N biscuit *m* au fromage **Käseglocke** F cloche *f* à fromage **Käsekuchen** M gâteau *m* au fromage blanc **Käsemesser** N couteau *m* à fromage **Käseplatte** F plateau *m* de fromages

Kaserne F caserne *f*

kasernieren V/T caserner

Käsestange F allumette *f* au fromage

käseweiß, **käsig** *umg* ADJ (*blass*) blanc comme un linge; (*nicht braun*) *umg* blanc comme un cachet d'aspirine

Kasino N **1** (*Offizierskasino*) mess *m* **2** (*Spielkasino*) casino *m*

Kaskoversicherung F (*Vollkaskoversicherung*) assurance *f* tous risques

Kasper M **1** (*Puppe*) guignol *m* **2** *umg fig* guignol *m*

Kasper(le)theater N guignol *m*

Kaspisch ADJ **das ~e Meer** la mer Caspienne

Kassa F *österr* → Kasse **Kassageschäft** N HANDEL opération *f* au comptant

Kasse F caisse *f* (*a. Krankenkasse*); **~ machen** faire sa caisse; **gemeinsame, getrennte ~ machen** faire bourse commune, à part; **(gut) bei ~ sein** être en fonds; **knapp bei ~ sein** ne pas être en fonds; *umg* **j-n zur ~ bitten** présenter la facture à qn

Kasseler N, **Kasseler Rippenspeer** M *od* N GASTR côte de porc salée et fumée

Kassenabschluss M arrêté *m* de caisse **Kassenarzt** M, **Kassenärztin** F médecin conventionné **Kassenbeleg** M bon *m* de caisse **Kassenbericht** M relevé *m* de caisse **Kassenbestand** M encaisse *f* **Kassenbon** M ticket *m* de caisse **Kassenbuch** N livre *m* de caisse **Kassenerfolg** M film *m*, pièce *f* à succès **Kassenpatient(in)** M(F) patient(e) *m(f)* affilié(e) obligatoirement à une caisse (d'assurance) **Kassenprüfung** F vérification *f* de caisse **Kassenraum** M caisse *f* **Kassenschalter** M guichet *m* de la caisse **Kassenschlager** *umg* M article-vedette *m* **Kassenschluss** M fermeture *f* de caisse **Kassenstunden** FPL heures *fpl* d'ouverture (de la caisse)

Kassensturz *umg* M **~ machen** faire l'état de sa caisse

Kassenwart M trésorier *m* **Kassenzettel** M ticket *m* de caisse

Kasserolle F casserole *f*

Kassette F 1 *Behälter* coffret *m* (*a. für Bücher, Schallplatten*) 2 (*Tonbandkassette, Videokassette*) cassette *f*

Kassettendeck N platine *f* à cassettes **Kassettenrekorder** M lecteur *m* de cassettes

kassieren A V/T 1 *Geld* encaisser 2 *umg fig* (*einstecken müssen*) encaisser; *umg fig* (*wegnehmen*) retirer B V/I (*abkassieren*) encaisser

Kassierer(in) M(F) caissier, -ière *m,f*

Kastagnette F castagnette *f*

Kastanie F 1 (*Rosskastanie*) marron *m* (d'Inde); *Baum* marronnier *m* 2 (*Edelkastanie*) châtaigne *f*; GASTR marron *m*; *Baum* châtaignier *m*; *umg* **für j-n die ~n aus dem Feuer holen** tirer les marrons du feu pour qn

Kastanienbaum M → Kastanie **kastanienbraun** ADJ marron (! unveränderlich); *Haare* châtain

Kästchen N coffret *m*; *auf Formularen etc* case *f*

Kaste F caste *f*

kasteien V/R **sich ~** se mortifier

Kasten M 1 *Behälter* boîte *f*; *größerer* caisse *f* (*a. Bierkasten*); *umg* (*Briefkasten*) boîte *f* aux lettres 2 *österr, schweiz* (*Schrank*) armoire *f* 3 *umg pej* (*Auto*) *umg* caisse *f*; (*Haus*) bloc *m* (de béton); (*Radio, Fernseher*) *umg* engin *m*; *umg* **etwas auf dem ~ haben** *umg* être calé

Kastenbrot N *pain cuit dans un moule rectangulaire* **Kastenwagen** M fourgonnette *f*

Kastrat M castrat *m* **Kastration** F castration *f*

Kästchen — le coffret

Kästchen — la case

kastrieren V/T castrer

Kasus M GRAM cas *m* **Kasusendung** F terminaison *f*, désinence *f* qui marque le cas

Kat *umg* M ABK (Katalysator) catalyseur *m*; pot *m* catalytique

Katakombe F catacombe *f*

Katalog M catalogue *m* **katalogisieren** V/T cataloguer

Katalysator M catalyseur *m* (*a.* CHEM, *fig*); AUTO *a.* pot *m* catalytique; **geregelter ~** catalyseur réglé

Katalysatorwagen M voiture *f* à pot catalytique, à catalyseur

Katalyse F CHEM catalyse *f*

Katamaran M *od* N catamaran *m*

Katapult M *od* N catapulte *f* **katapultieren** V/T catapulter

Katarr(h) M catarrhe *m*

Kataster M *od* N cadastre *m* **Katasteramt** N cadastre *m*

katastrophal ADJ catastrophique (! Endung) **Katastrophe** F catastrophe *f*

Katastrophenalarm M alerte *f* à la catastrophe **Katastropheneinsatz** M intervention *f* des secours en cas de catastrophe **Katastrophengebiet** N région sinistrée **Katastrophenschutz** M 1 *Organisation* organisme chargé des mesures à prendre en cas de catastrophe 2 *Aktionen* mesures préventives pour empêcher une catastrophe

Katauto *umg* N voiture *f* à pot catalytique, à catalyseur

Katechet(in) M(F) catéchiste *m*, (dame *f*) catéchiste *f* **Katechismus** M (livre *m* de) catéchisme *m* **Katechist** M catéchiste *m* (indigène)

Kategorie F catégorie *f* **kategorisch** ADJ catégorique

Kater M 1 ZOOL chat *m*; matou *m* 2 *umg fig* **e-n ~ haben** *umg* avoir la gueule de bois

Katerfrühstück N *petit-déjeuner à base de hareng mariné que l'on prend lorsqu'on a la gueule de bois* **Katerstimmung** *umg* F *umg* gueule *f* de bois

Katharsis F catharsis *f*

Katheder N *od* M chaire *f*

Kathedrale F cathédrale *f*

Kathete F MATH côté *m* de l'angle droit

Katheter M MED sonde *f*

Kathode F cathode *f*

Katholik(in) M(F) catholique *m/f*

katholisch ADJ catholique

Katholizismus M catholicisme *m*

Katz F *umg* **~ und Maus mit j-m spielen** jouer au chat et à la souris avec qn; *umg* **für die ~** *umg* pour des prunes

K

katzbuckeln VI *pej* faire des courbettes (**vor** [+ *dat*] devant)

Kätzchen N chaton *m* (*a.* BOT)

Katze F chat *m*; *weibliche* chatte *f*; *umg* **die ~ im Sack kaufen** acheter les yeux fermés; *umg* **die ~ aus dem Sack lassen** *umg* abattre son jeu; *umg* **wie die ~ um den heißen Brei herumgehen** *umg* tourner autour du pot

Katzenauge N *umg* (*Rückstrahler*) catadioptre *m*

Katzenbuckel M dos *m* de chat; **e-n ~ machen** faire le gros dos

Katzenfell N peau *f* de chat **Katzenhai** M roussette *f*; chat *m* de mer **Katzenjammer** *umg* M *umg* (coup *m* de) déprime *f*

Katzensprung *umg* M **es ist nur ein ~ (von hier)** c'est à deux pas d'ici

Katzentisch *umg hum* M petite table (*où mangent les enfants*)

Katzenwäsche *umg* F toilette *f* de chat; **~ machen** faire une toilette de chat

K

Kauderwelsch N charabia *m*; (*Mischsprache*) sabir *m*

kauen VT *u.* VI mâcher; **an den Nägeln ~** se ronger les ongles

kauern A VI être accroupi B VR **sich ~** s'accroupir

Kauf M achat *m*; **zum ~ anbieten** mettre en vente; *fig* **etw in ~ nehmen** être prêt à accepter qc

kaufen VT 1 acheter (**von j-m** à qn; **für j-n** à, pour qn; **bei j-m** chez qn) 2 *umg* **j-n ~** (*bestechen*) acheter qn

Käufer(in) M(F) acheteur, -euse *m,f*; *bei Grundstücken etc* acquéreur *m* **Käuferschicht** F catégorie *f* d'acheteurs

Kauffrau F 1 (*Geschäftsfrau*) commerçante *f* 2 (*kaufmännische Angestellte*) employée *f* de commerce **Kaufhaus** N grand magasin **Kaufhausdetektiv** M détective *m* de grand magasin **Kaufinteresse** N intention *f* d'acheter, d'acquérir **Kaufkraft** F pouvoir *m* d'achat **Kaufladen** M *a. Spielzeug* épicerie *f* **Kaufleute** PL commerçants *mpl*

käuflich A ADJ 1 à vendre; **~e Liebe** prostitution *f* 2 *pej* vénal B ADV **etw ~ erwerben** acheter qc

Kaufmann M 1 (*Geschäftsmann*) commerçant *m*; (*Großhändler*) négociant *m* 2 (*kaufmännischer Angestellter*) employé *m* de commerce

kaufmännisch ADJ commercial; **~er Angestellter** employé *m* de commerce

Kaufpreis M prix *m* d'achat **Kaufrausch** M frénésie *f* de consommation **Kaufvertrag** M contrat *m* de vente

Kaufzwang M obligation *f* d'achat; *Schild* **kein ~** entrée libre

Kaugummi M *od* N chewing-gum *m*

Kaulquappe F têtard *m*

kaum ADV à peine; ne ... guère; **es ist ~ zu glauben** c'est à peine croyable; **es besteht ~ Hoffnung** il n'y a guère d'espoir; *Antwort* **wohl ~, ich glaube ~** je ne le pense guère; **~ hatte er es gesagt, als ...** il avait à peine dit cela que ...

kausal ADJ *geh*, GRAM causal

Kausalität F causalité *f*

Kausalkette F enchaînement *m* logique **Kausalsatz** M GRAM (proposition *f*) causale *f* **Kausalzusammenhang** M lien causal

Kautabak M tabac *m* à chiquer

Kaution F caution *f*; **e-e ~ stellen** verser une caution

Kautschuk M caoutchouc *m*

Kauz M 1 ZOOL chouette *f* 2 *umg fig* **ein komischer ~** *umg* un drôle de zèbre

kauzig ADJ bizarre

Kavalier M homme galant; gentleman *m*; **~ sein** être galant; **~ am Steuer** conducteur courtois

Kavaliersdelikt N peccadille *f*

Kavallerie F cavalerie *f*

Kaviar M caviar *m*

KB ABK (Kilobyte) Ko (kilo-octet)

keck ADJ 1 (*frech*) °hardi; effronté 2 (*flott*) *Hut etc* coquet

Keeper M *österr* gardien *m* de but

Kefir M kéfir *od* képhir *m*

Kegel M 1 KEGELSPIEL quille *f* 2 MATH, (*Bergkegel*) cône *m* 3 (*Lichtkegel*) faisceau *m* 4 *umg* **mit**

Kegel — les quilles (fpl)

Kegel — le cône

kein(e)

Vorsicht bei der Übersetzung von **kein(e)**:

Aucun passager **n**'a survécu à l'accident. Kein Mitfahrer hat den Unfall überlebt.	**kein** als Teil des Subjekts wird mit **aucun**(e)… **ne** übersetzt.
Pas un seul passager **n**'a survécu à l'accident.	Alternative: **pas un**(e) **seul**(e)… **ne**
Il **n**'a **pas de** chance. Er hat kein Glück. Elle **n**'a **pas** eu **de** difficultés. Sie hat keine Schwierigkeiten gehabt.	In Verbindung mit einem direkten Objekt: **pas de**…
Elle **n**'a eu **aucune** difficulté. Sie hat keine Schwierigkeit gehabt.	oder verstärkend **ne**… **aucun**(e)

FEHLERQUELLEN

Kind und ~ *umg* avec toute la smala

Kegelabend M soirée *f* de jeu de quilles **Kegelbahn** F piste *f* de quilles **Kegelbruder** M copain *m* au jeu de quilles **kegelförmig** ADJ conique **Kegelklub** M club *m* de joueurs de quilles

kegeln V/I jouer aux quilles

Kegeln N jeu *m* de quilles

Kegelschnitt M (section *f*) conique *f* **Kegelstumpf** M tronc *m* de cône

Kegler(in) M(F) joueur, -euse *m,f* de quilles

Kehle F gorge *f*; *fig* **es schnürt mir die ~ zu** j'en ai la gorge serrée; *umg fig* **etw in die falsche ~ bekommen** prendre qc de travers; **aus voller ~** à pleine gorge

Kehlkopf M larynx *m* **Kehlkopfentzündung** F laryngite *f* **Kehlkopfkrebs** M cancer *m* du larynx

Kehraus M fin *f* (d'une fête); *Tanz* dernière danse

Kehre F 1 *(Kurve)* virage *m* 2 TURNEN saut latéral dorsal

kehren[1] V/T *u.* V/I *(fegen)* balayer

kehren[2] A V/T *(wenden)* tourner; **das Oberste zuunterst ~** mettre tout sens dessus dessous B V/R **sich nicht an etw** *(akk)* **~** ne faire aucun cas de qc; *fig* **in sich** *(akk)* **gekehrt** pensif; songeur

Kehricht M *od* N 1 *geh (Zusammengekehrtes)* balayures *fpl* 2 *schweiz (Müll)* ordures *fpl*

Kehrmaschine F balayeuse *f*

Kehrreim M refrain *m*

Kehrschaufel F pelle *f* à ordures

Kehrseite F 1 *(Rückseite)* revers *m*; *e-s Stoffes* envers *m* *(a. fig Schattenseite)*; *fig* **die ~ der Medaille** le revers de la médaille 2 *hum (Gesäß) umg* postérieur *m*

kehrtmachen V/I faire demi-tour; *rasch* faire volte-face

Kehrtwendung F MIL, *fig* volte-face *f*

Kehrwert M MATH nombre *m* inverse

keifen V/I criailler; *umg* glapir

Keil M *zum Spalten* coin *m*; *zum Unterlegen* cale *f* **Keilabsatz** M semelle compensée

Keile *umg* F *umg* raclée *f*; volée *f*

keilen *umg* V/R **sich ~** se battre

Keiler M sanglier *m* (mâle)

Keilerei *umg* F bagarre *f*; rixe *f*

keilförmig ADJ en (forme de) coin

Keilhose F (pantalon *m*) fuseau *m* **Keilriemen** M courroie *f* **Keilschrift** F écriture *f* cunéiforme

Keim M BIOL, MED, *fig* germe *m*; **etw im ~ ersticken** étouffer qc dans l'œuf

Keimblatt N 1 BOT cotylédon *m* 2 ANAT feuillet *m* embryonnaire **Keimdrüse** F glande sexuelle; gonade *f*

keimen V/I germer; *fig a.* naître

keimfrei ADJ aseptique; *Nahrungsmittel* stérilisé **Keimling** M embryon *m* **keimtötend** ADJT stérilisant; antiseptique **Keimzelle** F 1 BIOL gamète *m* 2 *fig* foyer *m*; source *f*

kein INDEF PR 1 *adjt* ne … pas de; *ohne Verb* pas de; *bei „sein"* pas un(e) *od* des; **ich habe ~e Zeit** je n'ai pas le temps; **~ anderer als X** nul autre que X 2 *subst* aucun(e) … ne; *plus fort* nul, nulle …ne; personne … ne; **~e** *auf Fragebogen* néant; **ich habe ~en** *als Antwort* je n'en ai pas; **~er weiß es** personne ne le sait

keinerlei ADJ ne … aucun

keinesfalls ADV (ne + *Verb*) en aucun cas

keineswegs ADV (ne + *Verb*) pas du tout, absolument pas

keinmal ADV pas une (seule) fois

Keks M biscuit *m*; gâteau sec; *umg* **das, der geht mir auf den ~!** *umg* cela, il me casse les pieds

Kelch M BOT, *(Messkelch)* calice *m* *fig* **der ~ ist an**

K

uns vorübergegangen nous l'avons échappé belle
Kelchblatt N BOT sépale *m*
Kelle F **1** *(Schöpfkelle)* louche *f* **2** *(Maurerkelle)* truelle *f* **3** *des Verkehrspolizisten etwa* bâton blanc
Keller M cave *f*
Kellerassel F ZOOL cloporte *m* **Kellerbar** F cave *f*
Kellerei F caves *fpl*
Kellerfenster N soupirail *m* **Kellergeschoss** N sous-sol *m* **Kellergewölbe** N voûtes *fpl* de la cave **Kellertheater** N théâtre *m* en sous-sol **Kellertreppe** F escalier *m* de la cave **Kellertür** F porte *f* de la cave **Kellerwohnung** F appartement *m* en sous-sol
Kellner M garçon *m*
Kellnerin F serveuse *f*
kellnern *umg* V/I travailler comme serveur, serveuse
Kelte M Celte *m*
Kelter F pressoir *m*
keltern V/T presser
keltisch ADJ celtique *od* celte
Kenia N le Kenya
Kenianer(in) M(F) Kenyan(e) *m(f)* **kenianisch** ADJ kenyan
kennen V/T *(u.* V/R **sich ~** se) connaître; **~ lernen** → kennenlernen
kennenlernen **A** V/T faire la connaissance de; *drohend* **du wirst mich noch ~!** tu vas voir de quel bois je me chauffe! **B** V/R **sich ~** faire connaissance
Kenner(in) M(F) connaisseur, -euse *m,f* (**von** en)
Kennerblick M coup d'œil *m* connaisseur; **mit ~** en connaisseur
kenntlich ADJ reconnaissable (**an** [+ *dat*] à); **~ machen** marquer
Kenntnis F **1** connaissance *f* (**in** [+ *dat*] en); **einige ~se im Italienischen haben** avoir quelques notions d'italien **2** **~ von etw haben** avoir connaissance de qc; **etw zur ~ nehmen** prendre acte de qc; **j-n von etw in ~ setzen** informer qn de qc; *geh* **das entzieht sich meiner ~** je n'en ai pas connaissance
Kenntnisnahme F ADMIN **mit der Bitte um ~** pour information
Kenntnisstand M niveau *m* de connaissances
Kennwort N *für Eingeweihte* mot *m* de passe; *bei Zeitungseinsendungen* (mot *m*) code *m* **Kennzahl** F indice *m*
Kennzeichen N **1** *(Merkmal)* caractéristique *f*; *(Erkennungsmerkmal)* signe *m* de reconnaissance; *Pass* **besondere ~** signes particuliers **2** AUTO numéro *m* d'immatriculation
kennzeichnen V/T marquer; *beschreibend* caractériser **kennzeichnend** ADJT typique (**für** de) **Kennziffer** F indice *m*
kentern V/I chavirer
Keramik F céramique *f* **keramisch** ADJ céramique
Kerbe F entaille *f*; encoche *f*; *umg fig* **in dieselbe ~ hauen** *umg* enfoncer le clou
Kerbel M cerfeuil *m*
kerben V/T encocher
Kerbholz *umg fig* N **etw auf dem ~ haben** avoir commis un méfait
Kerker M cachot *m*
Kerl *umg* M *umg* type *m*; *umg* gars *m*; **blöder ~** idiot *m*; **kleiner ~** *umg* petit bonhomme
Kern M **1** *von Steinobst* noyau *m*; *von Kernobst* pépin *m*; *von Nüssen* amande *f* **2** *fig* cœur *m*; **der harte ~** le noyau (dur); **zum ~ der Sache kommen** entrer dans le vif du sujet; **in ihm steckt ein guter ~** il a un bon fond **3** *(Atomkern)* noyau *m*; *(Reaktorkern)* cœur *m*
Kernbrennstoff M combustible *m* nucléaire **Kernenergie** F énergie *f* nucléaire **Kernexplosion** F explosion *f* nucléaire **Kernforschung** F recherche *f* nucléaire **Kernfrage** F question principale, cruciale **Kernfusion** F fusion *f* nucléaire **Kerngehäuse** N BOT trognon *m*
kerngesund ADJ en parfaite santé
kernig ADJ **1** *Obst* à pépins **2** *fig Person* vigoureux; robuste; *umg Spruch* cru
Kernkompetenz F compétence *f* clé
Kernkraft F énergie *f* nucléaire **Kernkraftbefürworter(in)** M(F) partisan *m* du nucléaire **Kernkraftgegner(in)** M(F) antinucléaire *m/f* **Kernkraftwerk** N centrale *f* nucléaire
kernlos ADJ sans pépins
Kernobst N fruits *mpl* à pépins **Kernphysik** F physique *f* nucléaire **Kernphysiker(in)** M(F) atomiste *m/f* **Kernpunkt** M point essen-

Kerze — la bougie

Kerze — la chandelle

K

tiel **Kernreaktion** F réaction *f* nucléaire **Kernreaktor** M réacteur *m* nucléaire **Kernschmelze** F fusion *f* du cœur (du réacteur) **Kernseife** F savon *m* de Marseille **Kernspaltung** F fission *f* nucléaire **Kernspintomographie** F MED RMN *f* (résonance magnétique nucléaire) **Kernstück** N partie essentielle; cœur *m* **Kerntechnik** F technique *f* nucléaire **Kernwaffe** F arme *f* nucléaire **Kernwaffenversuch** M essai *m* nucléaire **Kernzeit** F ARBEITSRECHT plage *f* fixe

Kerosin N kérosène *m*

Kerze F bougie *f* (*a. Zündkerze*); chandelle *f* (*a.* SPORT); *in der Kirche* cierge *m*

kerzengerade ADJ *u.* ADV tout droit

Kerzenhalter M bougeoir *m* **Kerzenleuchter** M chandelier *m*

Kerzenlicht N lumière *f* de bougie(s); **bei ~ essen** dîner aux chandelles

Kerzenschein M lueur *f* de bougie(s) **Kerzenständer** M chandelier *m*

kess ADJ 1 (*frech*) déluré; (*unverfroren*) °hardi 2 (*flott*) **ein ~es Mädchen** une fille qui a du chien

Kessel M 1 (*Wasserkessel*) bouilloire *f* 2 (*Dampfkessel, Heizkessel*) chaudière *f* 3 GEOG cuvette *f*

Kesselfleisch N *regional* GASTR poitrine de porc bouillie (*préparée après l'abattage d'un cochon*) **Kesselpauke** F MUS timbale *f* **Kesselstein** M tartre *m* **Kesseltreiben** N *fig* poursuite acharnée (**gegen** contre)

Ket(s)chup M *od* N ketchup *m*

Kettcar® M kart *m* (pour enfants)

Kette F 1 chaîne *f* (*a.* TECH, GEOG, *fig*); (*Fessel*) **~n** *pl* fers *mpl*; **e-e ~ bilden** faire la chaîne; **e-e ~ von Ereignissen** une suite d'événements 2 *Schmuck: aus Metall* chaîne *f*; *aus Perlen, Edelsteinen* collier *m* 3 (*Ladenkette, Hotelkette*) chaîne *f*

ketten VT attacher (**an** [+ *akk*] à); *fig* **j-n an sich ~** s'attacher qn

Kettenbrief M chaîne *f* **Kettenfahrzeug** N véhicule *m* à chenille **Kettenglied** N chaînon *m* **Kettenhund** M chien *m* de garde (attaché) **Kettenraucher(in)** M(F) grand(e) fumeur, -euse *m,f* **Kettenreaktion** F réaction *f* en chaîne (*a. fig*) **Kettensäge** F scie *f* à chaîne

Ketzer(in) M(F) hérétique *m/f* (*a. fig*)

Ketzerei F hérésie *f* (*a. fig*)

ketzerisch ADJ hérétique (*a. fig*)

keuchen VI °haleter (*a. fig*)

Keuchhusten M coqueluche *f*

Keule F 1 *Waffe* massue *f* 2 *vom Hasen, Huhn* cuisse *f*; *vom Hammel* gigot *m*; *vom Wild* cuissot *m*

keusch ADJ chaste

Keyboard N MUS orgue *m* électronique; IT clavier *m*

Kfz N ABK (Kraftfahrzeug) véhicule *m* automobile

Kfz... IN ZSSGN → **Kraftfahrzeug...** **Kfz-Brief** *etc* → Kraftfahrzeugbrief *etc* **Kfz-Werkstatt** F garage *m* auto

kg ABK (Kilogramm) kg

KG F ABK → Kommanditgesellschaft

khakifarben ADJ kaki (! unveränderlich, Schreibweise)

Kibbuz M kibboutz *m*

Kichererbse F pois *m* chiche

kichern VI ricaner; *verstohlen* rire sous cape

Kick *umg* M 1 FUSSBALL coup *m* 2 (*Nervenkitzel*) grand frisson

Kickboard N trottinette *f*

kicken *umg* A VT **den Ball ins Tor ~** envoyer le ballon dans le but B VI jouer au foot(ball)

Kicker *umg* M footballeur *m*

kidnappen VT kidnapper **Kidnapper(in)** M(F) kidnappeur, -euse *m,f*

Kiebitz M 1 ZOOL vanneau *m* 2 *umg* (*Zuschauer*) spectateur *m*

Kiefer[1] M ANAT mâchoire *f*

Kiefer[2] F BOT pin *m*

Kieferchirurgie F chirurgie *f* dentaire **Kieferhöhle** F sinus *m* maxillaire **Kieferhöhlenentzündung** F inflammation *f* des sinus maxillaires

Kiefernzapfen M pomme *f* de pin

Kieferorthopädie F orthodontie *f*

Kieker *umg* M **j-n auf dem ~ haben** (*beobachten*)

Kiefer — le pin

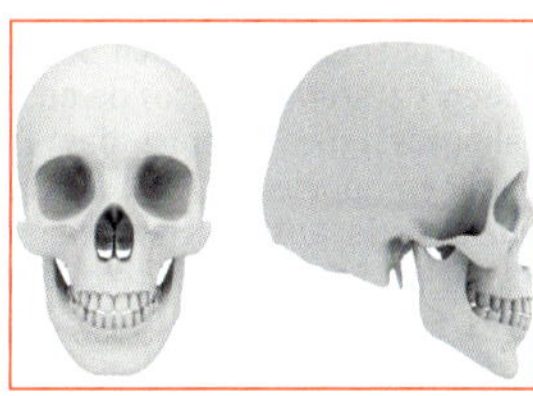

Kiefer — la mâchoire

umg avoir qn à l'œil; *(kritisieren)* avoir qn dans le collimateur

Kiel[1] M SCHIFF quille *f*

Kiel[2] M *(Federkiel)* tuyau *m* de plume

kieloben ADV la quille en l'air; **~ liegen** avoir la quille en l'air

Kielwasser N sillage *m*; *fig* **in j-s ~** *(dat)* **schwimmen, segeln** marcher dans le sillage de qn

Kiemen FPL branchies *fpl*

Kiepe F °hotte *f*

Kies M **1** gravier(s) *m(pl)*; *grober* cailloux *mpl* **2** *umg fig (Geld) umg* fric *m*

Kiesel M galet *m*; caillou *m* **Kieselerde** F silice *f* **Kieselsäure** F acide *m* silicique **Kieselstein** M galet *m*; caillou *m*

Kiesgrube F gravière *f* **Kiesweg** M chemin recouvert de gravier(s)

kiffen *Jargon* VI *umg* fumer de l'herbe

kikeriki *kinderspr* INT cocorico!

Kiki M *Jugendsprache pej* **1** *(überflüssiges Zeug)* fanfreluches *fpl* **2** *(Unsinn)* bêtises *fpl*

K

Kilimandscharo der ~ le Kilimandjaro

killekille *kinderspr* INT guili-guili

killen *umg* VT *umg* descendre

Killer *umg* M tueur *m* à gages

Kilo N kilo *m* **Kilobit** N kilobit *m* **Kilobyte** N kilo-octet *m* **Kilogramm** N kilogramme *m* **Kilohertz** N kilohertz *m* **Kilojoule** N kilojoule *m* **Kilokalorie** F kilocalorie *f*

Kilometer M kilomètre *m* **Kilometergeld** N, **Kilometerpauschale** F indemnité *f* kilométrique **Kilometerstand** M kilométrage *m* **Kilometerstein** M borne *f* kilométrique

kilometerweit ADV à des kilomètres; **~ fahren** faire des kilomètres

Kilometerzähler M compteur *m* kilométrique **Kilowatt** N kilowatt *m* **Kilowattstunde** F kilowattheure *f*

Kimme F cran *m* de mire

Kimono M kimono *m*

Kind N enfant *m/f*; **kleines ~** petit(e) enfant; **j-n an ~es statt annehmen** adopter qn; *umg* **kein ~ von Traurigkeit sein** *umg* ne pas engendrer la mélancolie; **von ~ auf, an** depuis *od* dès l'enfance; *umg* **sich bei j-m lieb ~ machen** s'attirer les grâces de qn; *umg* **~er, ~er!** allons les, mes enfants!; **das ~ beim Namen nennen** appeler un chat un chat; **das ~ mit dem Bade ausschütten** jeter le bébé avec l'eau du bain; *sprichw* **gebranntes ~ scheut das Feuer** *sprichw* chat échaudé craint l'eau froide

Kindbettfieber N fièvre puerpérale

Kindchen N petit enfant; *Anrede* mon petit, ma petite

Kinderarbeit F travail *m* des enfants **Kinderarzt** M pédiatre *m* **Kinderärztin** F pédiatre *f* **Kinderausweis** M carte *f* d'identité d'enfant **Kinderbeihilfe** F *österr* allocations familiales **Kinderbesteck** N couvert *m* d'enfant **Kinderbetreuung** F garderie *f* **Kinderbett** N lit *m* d'enfant **Kinderbuch** N livre *m* pour enfants **Kinderchor** M chorale *f* d'enfants **Kinderdorf** N village *m* d'enfants

Kinderei F enfantillage *m*

Kinderermäßigung F réduction *f* (pour) enfant(s) **Kindererziehung** F éducation *f* des enfants **Kinderfahrrad** N vélo *m* d'enfant **kinderfeindlich** ADJ hostile aux enfants **Kinderfest** N fête *f* d'enfants **Kinderfilm** M film *m* pour enfants **Kinderfrau** F bonne *f* d'enfants **Kinderfreibetrag** M STEUERWESEN part *f* enfants **kinderfreundlich** ADJ *Mensch* qui aime les enfants; *Möbel, Hotel* adapté aux enfants **Kindergarten** M jardin *m* d'enfants; *in Frankreich* école maternelle **Kindergärtnerin** F jardinière *f* d'enfants; institutrice *f* d'école maternelle **Kindergeld** N allocations familiales **Kindergottesdienst** M PROT culte *m*, KATH messe *f* pour les enfants **Kinderheim** N maison *f*, foyer *m* d'enfants **Kinderhort** M garderie *f* **Kinderkarussell** N manège *m* pour enfants **Kinderklinik** F, **Kinderkrankenhaus** N hôpital *m*, clinique *f* pour enfants

Kinderkrankheit F maladie infantile; *fig pl* **~en** défauts *mpl* de jeunesse

Kinderkrippe F crèche *f* **Kinderladen** M **1** *Geschäft* magasin *m* pour enfants **2** *Kindergarten* crèche parentale **Kinderlähmung** F poliomyélite *f* **kinderleicht** *umg* ADJ enfantin; simple comme bonjour **kinderlieb** ADJ qui aime les enfants **Kinderlied** N chanson enfantine **kinderlos** ADJ sans enfants **Kinderlosigkeit** F absence *f* d'enfants **Kindermädchen** N bonne *f* d'enfants **Kinderpornographie** F pornographie *f* à caractère pédophile **Kinderpuder** M talc *m* pour bébés **kinderreich** ADJ qui a beaucoup d'enfants; *Familie* nombreux **Kinderschänder** M délinquant sexuel *(qui abuse d'enfants)* **Kinderschar** F bande *f* d'enfants **Kinderschreck** M croque-mitaine *m*

Kinderschuh M chaussure *f* d'enfant; *fig* **noch in den ~en stecken** n'en être quà ses débuts

Kindersendung F émission *f* pour enfants **kindersicher** ADJ conforme aux normes de sécurité pour enfants **Kindersitz** M siège *m* pour enfant **Kinderspiel** N jeu *m* d'enfant (*a. fig*) **Kinderspielplatz** M terrain *m* de jeux **Kinderspielzeug** N jouet *m* d'enfant

Kinderstube F *fig* **e-e gute, schlechte ~ haben** être bien, mal élevé

Kinderstunde F RADIO, TV émission enfantine **Kindertagesstätte** F garderie *f* **Kinderteller** M 1 *Teller* assiette *f* d'enfant 2 *Portion im Restaurant* portion *f*, menu *m* enfant **Kinderwagen** M poussette *f*; landau *m* **Kinderzimmer** N chambre *f* d'enfant(s)

Kindesalter N enfance *f*

Kindesbeine NPL **von ~n an** dès ma, ta, *etc* plus tendre enfance

Kindesmissbrauch M violences sexuelles sur enfant **Kindesmisshandlung** F sévices, mauvais traitements infligés à un enfant **Kindestötung** F infanticide *m*

kindgemäß ADJ adapté à l'enfant

Kindheit F enfance *f*; **von ~ an** dès l'enfance

kindisch A ADJ puéril; *im Alter* gâteux; **sei nicht ~!** ne fais pas l'enfant! B ADV **sich ~ benehmen** faire l'enfant; *pej* être puéril

kindlich ADJ enfantin; d'enfant; *im Verhältnis zu den Eltern* filial

Kindskopf M *umg fig pej* niais *m*; nigaud *m*

Kind(s)taufe F baptême *m*

Kindstod M **plötzlicher ~** mort subite du nourrisson

kinetisch ADJ cinétique

King *umg* M *umg* chef *m*

Kinkerlitzchen *umg* PL (*Nichtigkeiten*) futilités *fpl*; (*Albernheiten*) niaiseries *fpl*

Kinn N menton *m* **Kinnhaken** M crochet *m* à la mâchoire; uppercut *m* **Kinnlade** F mâchoire inférieure

Kino N cinéma *m* **Kinofilm** M film *m* **Kinokarte** F billet *m* de cinéma **Kinokasse** F caisse *f* de cinéma **Kinoleinwand** F écran *m* de cinéma **Kinoplakat** N affiche *f* de cinéma **Kinoprogramm** N programme *m* de cinéma **Kinoreklame** F 1 *im Kino* publicité *f* au cinéma 2 *für Filme* publicité *f* pour un film **Kinosaal** M salle *f* de cinéma **Kinowerbung** F publicité *f* au cinéma

Kiosk M kiosque *m*

Kipferl N *österr* croissant *m*

Kippe F 1 (*Müllkippe*) décharge *f* 2 *umg* **auf der ~ stehen** *Unternehmen* être sur le point de faire faillite, sur la corde raide; (*ungewiss sein*) être incertain 3 *umg* (*Zigarettenkippe*) *umg* mégot *m*

kippen A VT 1 (*neigen, stürzen*) faire basculer 2 (*schütten*) verser; *umg* **einen ~** *umg* s'en jeter un 3 *umg* (*zurückziehen*) supprimer; (*absetzen*) renverser B VI basculer; ÖKOL **der See ist gekippt** l'équilibre biologique du lac est rompu

Kippfenster N fenêtre basculante **Kippschalter** M interrupteur *m* à bascule

Kir M *Getränk* kir *m*; **~ royal** kir royal

Kirche F 1 *Gebäude* KATH église *f*; PROT temple *m*; **die ~ im Dorf lassen** garder tout son bon sens 2 *Institution* Église *f* (! hier großgeschrieben) 3 (*Gottesdienst*) service (religieux); **in die ~ gehen** aller à l'église

Kirchenasyl N accueil *m* de réfugiés dans une église **Kirchenbuch** N registre paroissial **Kirchenchor** M chœur (paroissiale) **Kirchendiener** M sacristain *m* **Kirchenfenster** N vitrail *m* **Kirchengemeinde** F paroisse *f* **Kirchenglocke** F cloche *f* **Kirchenjahr** N année *f* liturgique **Kirchenlied** N cantique *m* **Kirchenmusik** F musique sacrée, religieuse **Kirchenschiff** N nef *f* **Kirchensteuer** F impôt destiné à l'Église **Kirchentag** M congrès *m* de l'Église **Kirchentür** F portail *m* d'église

Kirchgang M **beim ~** en allant à l'église

Kirchgänger(in) M(F) personne *f* qui va à l'église; *regelmäßiger* pratiquant(e) *m(f)* **Kirchhof** M cimetière *m*

kirchlich A ADJ de l'Église; **~e Trauung** mariage religieux B ADV **sich ~ trauen lassen** se marier à l'église

Kirchturm M clocher *m* **Kirchturmuhr** F horloge *f* du clocher **Kirchweih** F kermesse *f*

Kirmes F kermesse *f* **Kirmesbude** F baraque foraine

Kirschbaum M cerisier *m* **Kirschblüte** F fleur *f* de cerisier; *Zeit* floraison *f* de cerisiers

Kirsche F cerise *f*; *Baum* cerisier *m*; **mit ihm ist nicht gut ~n essen** c'est un mauvais coucheur

Kirschkern M noyau *m* de cerise **Kirschkuchen** M tarte *f* aux cerises **Kirschlikör** M liqueur *f* de cerises **kirschrot** ADJ (rouge) cerise (! unveränderlich) **Kirschsaft** M jus *m* de cerises **Kirschtorte** F tarte *f* aux cerises **Kirschwasser** N kirsch *m*

Kissen N coussin *m*; (*Kopfkissen*) oreiller *m* **Kissenbezug** M °housse *f* de coussin; (*Kopfkissenbezug*) taie *f* d'oreiller **Kissenschlacht** *umg* F *umg* bataille *f* de polochons

Kiste F 1 *größere* caisse *f*; *kleinere* boîte *f* 2 *umg* (*Auto*) *umg* bagnole *f*; *umg* caisse *f*; (*Flugzeug*) coucou *m*; (*Fernseher*) *umg* télé *f*

Kitsch M kitsch *m*

kitschig ADJ kitsch (! unveränderlich)

Kitt M mastic *m*

Kittchen *umg* N *sl* taule *f*; **ins ~ kommen** *sl* aller en taule

Kittel M 1 (*Arbeitskittel*) blouse *f* 2 (*Bluse*) chemi-

sier *m* **Kittelschürze** F blouse *f* sans manches
kitten V/T mastiquer; *fig* cimenter
Kitz N (*Rehkitz*) faon *m*; (*Ziegenkitz*) chevreau *m*; chevrette *f*
Kitzel M **1** (*Reiz*) attrait *m* **2** (*Kitzeln*) chatouillement *m*
kitz(e)lig ADJ chatouilleux; *fig Frage, Angelegenheit* délicat
kitzeln V/T *u.* V/I chatouiller
Kitzler M ANAT clitoris *m*
Kiwi F BOT kiwi *m*
KKW N ABK (Kernkraftwerk) centrale *f* nucléaire
Klacks *umg* M **1** (*Klecks*) giclée *f*; **ein ~ Sahne** un peu de chantilly **2** *fig* broutille *f*; rien *m*; **das ist nur ein ~** c'est une babiole
Kladde F cahier *m* de brouillon
kladderadatsch INT patatras!
klaffen V/I être béant; **e-e ~de Wunde** une plaie béante; **in der Wand klafft ein Riss** il y a une fente béante dans le mur
kläffen V/I glapir
Kläffer M *pej* roquet *m*
Klage F plainte *f*; JUR *a.* action *f*; JUR **~ erheben** intenter une action (**gegen j-n** contre qn); **~ führen über** (+ *akk*) se plaindre de; **keinen Grund zur ~ haben** ne pas avoir à se plaindre
Klagelied N complainte *f*; *fig* **ein ~ anstimmen** se répandre en lamentations
Klagemauer F *in Jerusalem* mur *m* des Lamentations
klagen V/I **1** se plaindre (**über** [+ *akk*] de) **2** STRAFRECHT porter plainte; ZIVILRECHT intenter une action (**auf** [+ *akk*] en; **gegen** contre; **wegen** pour)
Kläger(in) M(F) JUR plaignant(e) *m(f)*; *im Zivilprozess* demandeur, -eresse *m,f*
Klageschrift F JUR mémoire *m*
Klageweg M JUR **auf dem ~** par introduction d'action
kläglich ADJ (*beklagenswert*) lamentable; (*bemitleidenswert*) pitoyable
klaglos ADV sans se plaindre
Klamauk *umg* M (*Lärm*) *umg* boucan *m*; *pej* THEAT comédie bouffonne
klamm ADJ *Wäsche* froid et humide; *Finger* engourdi; gourd
Klammer F **1** (*Wäscheklammer*) pince *f* à linge; (*Haarklammer*) pince *f* (à cheveux); (*Zahnklammer*) appareil *m* dentaire; (*Heftklammer*) agrafe *f*; (*Büroklammer*) trombone *m* **2** TYPO *runde* parenthèse *f*; **eckige ~** crochet *m*; **(etw) in ~n (setzen)** (mettre qc) entre parenthèses **3** MATH parenthèse *f*
Klammeraffe M ZOOL atèle *m*; IT ar(r)obase *f*; ar(r)obas *m* **Klammerausdruck** M MATH expression *f* entre parenthèses
klammern **A** V/T *mit Heftmaschine* agrafer; *mit Büroklammer* attacher; *Wunde* fermer au moyen d'agrafes **B** V/R **sich an j-n, etw ~** s'accrocher à qn, qc (*a. fig*)
klammheimlich *umg* ADJ secret
Klamotte *umg* F **1** *pl* **~n** (*Kleider*) *umg* fringues *fpl* **2** *pej* THEAT farce *f*
Klampfe F *umg hum* MUS guitare *f*
klang → klingen
Klang M son *m*; *e-s Radios etc* sonorité *f*
Klangfarbe F timbre *m* **Klangfülle** F sonorité *f* **klanglich** ADV au point de vue (du) son *bzw.* (de la) sonorité **klanglos** ADJ *Stimme* sourd **klangvoll** ADJ sonore; *Titel, Name* qui sonne bien
Klappbett N lit pliant **Klappdeckel** M couvercle *m* à charnière
Klappe F **1** TECH clapet *m*; ANAT, BIOL valvule *f*; *e-r Trompete etc* clé *f*; *e-s Briefumschlages,* (*Taschenklappe*) rabat *m*; *umg* **~ zu, Affe tot** l'affaire est close **2** FILM claquette *f* **3** *sl* (*Mund*) *sl* gueule *f*; **halt die ~!** *umg* ferme-la!; *umg* **e-e große ~ haben** *sl* avoir une grande gueule
klappen **A** V/T **nach oben ~** relever; **nach unten ~** rabattre **B** *umg* V/I (*gelingen*) bien marcher; *umg* coller; **es wird schon ~** ça ira; ça va marcher
Klappentext M texte *m* de présentation
Klapper F crécelle *f*; *für Kinder* °hochet *m*
klapperdürr *umg* ADJ maigre comme un clou
Klappergestell *umg* N *umg* squelette ambu-

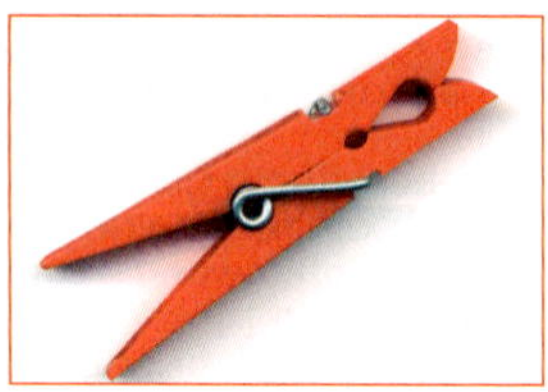

Klammer — la pince à linge

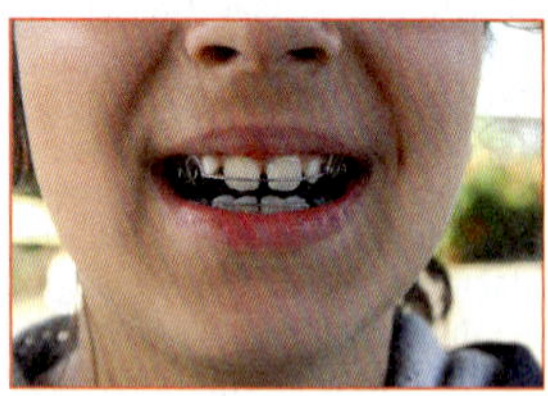

Klammer — l'appareil (m) dentaire

K

lant; *hum Fahrzeug* vieux clou *m*; *umg* vieille bagnole

klapperig ADJ branlant (*a. fig*)

Klapperkasten *umg* M, **Klapperkiste** *umg* F (*altes Fahrzeug*) vieux clou

klappern V/I *Geschirr, Schreibmaschine* cliqueter; *Storch* craqueter; *Fensterladen, Absätze* claquer

Klapperschlange F serpent *m* à sonnettes **Klapperstorch** *umg kinderspr* M cigogne *f*

Klappfenster N vasistas *m* **Klappmesser** N couteau pliant **Klapprad** N bicyclette pliante

klapprig ADJ branlant (*a. fig*)

Klappsitz M siège *m* rabattable; (*Notsitz*) strapontin *m* **Klappstuhl** M chaise pliante **Klapptisch** M table pliante

Klaps *umg* M **1** (*leichter Schlag*) tape *f* **2** **e-n ~ haben** *umg* être un peu fêlé

Klapsmühle *umg pej* F maison *f* de fous

klar **A** ADJ **1** clair (*a. Flüssigkeit, Himmel, Stimme, Blick*); *Glas a.* transparent; *Wasser, Luft* pur **2** (*deutlich*) net; (*offenbar*) évident; **das ist mir ~** je le comprends bien; **sich** (*dat*) **über etw** (*akk*) **im Klaren sein** se rendre (bien) compte de qc; *umg* **(na) ~!** bien sûr!; *umg* **alles ~?** tout est clair? **B** ADV nettement; **~ und deutlich** nettement; **sich** (*dat*) **über etw** (*akk*) **~ werden** commencer à comprendre qc; → klarsehen

Kläranlage F station *f* d'épuration **Klärbecken** N bassin *m* d'épuration

Klare(r) M (verre *m* d')eau-de-vie *f*

klären **A** V/T **1** *Unklarheiten* éclaircir; *Problem* élucider; *Situation* clarifier; *Frage* tirer au clair **2** *Flüssigkeiten* épurer **B** V/R **sich ~** s'éclaircir

klargehen *umg* V/I se passer bien; *umg* **das geht klar** ça ne fait pas de problème

Klarheit F clarté *f*; *fig a.* netteté *f*; **sich** (*dat*) **über etw** (*akk*) **~ verschaffen** s'informer au sujet de qc

Klarinette F clarinette *f* **Klarinettist(in)** M(F) clarinettiste *m/f*

klarkommen V/I *umg* **mit j-m nicht ~** ne pas (bien) s'entendre avec qn; *umg* **kommst du klar?** *umg* tu t'en sors?

klarmachen V/T **1** *umg* **j-m etw ~** expliquer qc à qn; *umg* **sich** (*dat*) **etw ~** se rendre compte de qc **2** SCHIFF appareiller

klarsehen V/I *fig* voir clair

Klarsichtfolie F film transparent **Klarsichtpackung** F emballage transparent **Klarspüler** M, **Klarspülmittel** N produit *m* de rinçage

klarstellen V/T **etw ~** tirer qc au clair

Klartext M texte déchiffré *bzw.* non chiffré; *fig* **im ~** en clair

Klärung F **1** *von Unklarheiten* éclaircissement *m*; *e-s Problems* élucidation *f* **2** *von Flüssigkeiten* épuration *f*

Klärwerk N station *f* d'épuration

klasse *umg* **A** ADJ *umg* super (❗ unveränderlich); *umg* chouette; **(das ist) ~!** *umg* c'est super! **B** ADV *umg* super bien

Klasse F classe *f* (*a.* SCHULE, BIOL, SOZIOLOGIE, BAHN, FLUG); (*Güteklasse*) qualité *f*; SPORT catégorie *f*; **Fahrkarte** *f* **erster, zweiter ~** billet *m* de première, de seconde (classe); SCHULE **in der ersten ~ sein** être au cours élémentaire première année; *umg* **das ist (ganz) große ~!** *umg* c'est super!

Klassenarbeit F contrôle *m*; *umg* **e-e ~ in Mathe schreiben** *umg* faire un contrôle de maths

Klassenausflug M sortie *f* scolaire **Klassenbeste(r)** M/F(M) premier, -ière *m,f* de la classe **Klassenbewusstsein** N conscience *f* de classe **Klassenbuch** N cahier *m* de classe **Klassenfahrt** F voyage *m* scolaire **Klassenfeind** M ennemi *m* de classe **Klassengesellschaft** F société *f* de classes **Klassenkamerad(in)** M(F) camarade *m/f* de classe **Klassenkampf** M lutte *f* des classes **Klassenkonferenz** F *conseil réunissant les enseignants et délégués d'une classe, qui traite de sujets concernant celle-ci ou certains de ses élèves* **Klassenlehrer(in)** M(F) professeur principal **klassenlos** ADJ sans classes **Klassenlotterie** F loterie *f* par classes **Klassenspiegel** M plan *m* de la classe **Klassensprecher(in)** M(F) délégué(e) *m(f)* de classe **Klassentreffen** N réunion *f* d'anciens élèves **Klassenunterschied** M différence *f* entre les classes

Klassenziel N **er hat das ~ nicht erreicht** il n'a pas réussi à passer (dans la classe supérieure)

Klassenzimmer N (salle *f* de) classe *f*

Klasseweib *umg* N *umg* femme *f* super

klassifizieren V/T classer **Klassifizierung** F classification *f*

Klassik F classicisme *m* **Klassiker** M (auteur *m*) classique *m*

klassisch ADJ classique

Klassizismus M classicisme *m* **klassizistisch** ADJ classique

Klatsch *umg* M *umg* ragot(s) *m(pl)* **Klatschbase** *umg* F commère *f*

Klatsche F (*Fliegenklatsche*) tapette *f*

klatschen **A** V/T *Takt* battre; **etw an die Wand ~** faire claquer qc contre le mur **B** V/I **1** *Geräusch* battre (**gegen etw** contre qc); fouetter (**gegen etw** qc); *Segel im Wind* claquer **2** (*applaudieren*) applaudir **3** *umg* (*reden*) *umg* faire des ragots (**über j-n** sur qn)

K

Klavier ≠ clavier

Sie spielt gerne **Klavier.**	Elle aime jouer du **piano.**
Avec le nouvel ordinateur, je reçois aussi un nouveau **clavier.**	Mit dem neuen Computer erhalte ich auch eine neue **Tastatur.**

FALSCHE FREUNDE

Klatschgeschichte *umg* F *umg* ragot *m* **Klatschmohn** M coquelicot *m* **klatschnass** *umg* ADJ trempé jusqu'aux os **Klatschspalte** *umg* F rubrique *f* des ragots mondains **Klatschweib** *umg pej* N commère *f*

Klaue F 1 *(Kralle)* griffe *f*; *der Raubvögel* serre *f*; *fig* **in j-s ~n** *(akk)* **geraten** tomber sous la griffe de qn 2 *umg pej (Handschrift) umg* écriture *f* de cochon

klauen *umg* V/T *u.* V/I *umg* faucher

Klausel F clause *f*

Klaustrophobie F claustrophobie *f*

Klausur F 1 REL, *fig* clôture *f* 2 *(Prüfungsarbeit)* épreuve écrite (d'examen universitaire) **Klausurtagung** F réunion *f* à huis clos

Klaviatur F clavier *m*

Klavier N piano *m* **Klavierauszug** M partition *f* pour piano **Klavierbauer** M facteur *m* de pianos **Klavierbegleitung** F accompagnement *m* au piano **Klavierhocker** M tabouret *m* de piano **Klavierkonzert** N *Komposition* concerto *m* pour piano; *Veranstaltung* récital *m* de piano **Klavierlehrer(in)** M(F) professeur *m* de piano **Klaviermusik** F piano *m* **Klavierspieler(in)** M(F) pianiste *m/f* **Klavierstimmer** M accordeur *m* **Klavierstück** N morceau *m* de piano **Klavierstunde** F leçon *f* de piano **Klavierunterricht** M cours *mpl* de piano

Klebeband N ruban adhésif **Klebebindung** F TYPO reliure *f* sans couture **Klebefolie** F film adhésif

kleben A V/T coller (**an**, **auf** [+*akk*] sur); *umg* **j-m eine ~** *umg* en coller une à qn B V/I 1 *(festkleben)* coller (**an** [+*dat*] à) 2 *umg* **~ bleiben** *in der Schule* (devoir) redoubler

Kleber *umg* M colle *f*

Klebestift M bâton *m* de colle **Kleb(e)streifen** M ruban adhésif

klebrig ADJ collant

Klebstoff M colle *f*

Kleckerfritze *umg* M petit sale; *umg* petit cochon **Kleckerkram** *umg pej* M broutilles *fpl* **Kleckerliese** *umg* F petite sale; *umg* petite cochonne

kleckern *umg* V/I faire des taches (**auf** [+ *akk*] sur)

kleckerweise *umg* ADV petit à petit

Klecks M tache *f*; *(Tintenklecks)* pâté *m*; *(Senfklecks)* giclée *f*

klecksen V/I faire des taches; *Schreibfeder* cracher

Klee M trèfle *m* **Kleeblatt** N 1 BOT feuille *f* de trèfle 2 *fig* trio *m*

Kleid N 1 *(Damenkleid)* robe *f* 2 *meist pl* **~er** vêtements *mpl*

kleiden A V/T 1 *(stehen)* habiller; **dieser Anzug kleidet ihn gut** ce costume lui va bien 2 **etw in Worte ~** trouver les mots pour exprimer qc B V/R **sich ~** s'habiller

Kleiderbügel M cintre *m* **Kleiderbürste** F brosse *f* à habits **Kleiderhaken** M patère *f*; portemanteau *m* **Kleidersack** M sac *m* de vêtements **Kleidersammlung** F collecte *f* de vieux vêtements **Kleiderschrank** M armoire *f*; (armoire-)penderie *f* **Kleiderständer** M portemanteau *m*

kleidsam ADJ seyant; qui va bien

Kleidung F vêtements *mpl*

Kleidungsstück N vêtement *m*

Kleie F AGR son *m*

klein A ADJ 1 *Ausmaße, Menge, Bedeutung* petit; *(klein u. zierlich)* menu; *Buchstabe* minuscule; **verschwindend ~** minime; *fig* **der ~e Mann** les petites gens; *umg beim Bezahlen* **haben Sie es ~?** vous avez de la monnaie?; **~, aber fein** petit, mais raffiné 2 *Alter* petit; **mein ~er Bruder** mon petit frère; **von ~ auf** dès l'enfance B ADV **ein ~ wenig** un petit peu; *Muster* **~ kariert** à petits carreaux; **~ schneiden** couper en petits morceaux; GASTR °hacher; *umg* **~ anfangen** débuter modestement

Kleinaktionär M petit actionnaire **Kleinanzeige** F petite annonce **Kleinarbeit** F travail méticuleux **Kleinasien** N l'Asie Mineure **Kleinbetrieb** M petite entreprise **Kleinbildkamera** F appareil *m* photo format 24x36 **Kleinbuchstabe** M minuscule *f* **kleinbürgerlich** ADJ de la petite bourgeoisie **Kleinbus** M minibus *m*

kleiner ADJ 1 plus petit; *(geringer)* moindre; **~ werden** diminuer 2 *(ziemlich klein)* assez petit

Kleinfamilie F famille *f* parents-enfants **Kleinformat** N petit format **Kleingärtner** M jardinier amateur

Kleingedruckte(s) N *fig* **das Kleingedruck-**

Kleidung

der Anorak	**l'anorak** *m*
der BH	**le soutien-gorge**
die Bluse	**le chemisier**
das Hemd	**la chemise**
die Hose	**le pantalon**
die Jeans	**le jean** *oder* **les jeans**
das Kleid	**la robe**
der Mantel	**le manteau**
der Minirock	**la minijupe**
der Pullover	**le pull-over**
der Rock	**la jupe**
der Slip	**le slip**
die Socken	**les chaussettes** *f/pl*
die Strumpfhose	**le collant**
das T-Shirt	**le tee-shirt** (*pl:* **les tee-shirts**)
die Weste	**le gilet**
sich anziehen	**s'habiller**
sich ausziehen	**se déshabiller**
einen Pullover anziehen	**mettre un pull-over**
das Hemd ausziehen	**enlever la chemise**

WORTFELDER

te les petits caractères
Kleingeld N monnaie *f; umg iron* **das nötige ~ haben** avoir l'argent nécessaire
Kleinhandel M commerce *m* de détail **Kleinhirn** N cervelet *m*
Kleinholz N petit bois; *umg* **aus etw ~ machen** réduire qc en miettes; *umg* **aus j-m ~ machen** °hacher qn menu comme chair à pâté
Kleinigkeit F **1** (*Bagatelle*) rien *m*; bagatelle *f* **2** (*ein wenig*) **e-e ~** un petit quelque chose
kleinkariert ADJT **1** *umg* (*engstirnig*) borné **2** *Muster* à petits carreaux
Kleinkind N petit enfant **Kleinkram** *umg* M babioles *fpl* **Kleinkrieg** M *fig* petite guerre
kleinkriegen *umg* V/T **j-n, etw ~** venir à bout de qn, qc
Kleinkunstbühne F petit théâtre de cabaret; *etwa* café-théâtre *m* **Kleinlaster** *umg* M camionnette *f*
kleinlaut ADJ penaud; **~ werden** baisser le ton
kleinlich ADJ (*übergenau*) pointilleux; (*engstirnig*) borné; (*nicht großzügig*) mesquin
Kleinod *geh* N joyau *m* (*a. fig*)
kleinschneiden V/T → klein B **kleinschreiben** V/T *Wort* écrire avec une minuscule
Kleinschreibung F emploi *m* des minuscules **Kleinstaat** M petit État **Kleinstadt** F petite ville **kleinstädtisch** ADJ de petite ville; provincial
kleinste ADJ le plus petit; (*geringste*) le moindre; **bis ins Kleinste** jusque dans les moindres détails
Kleintransporter M petit camion; camionnette *f*
Kleinvieh N petit bétail; *umg* **~ macht auch Mist** tout est bon à prendre
Kleinwagen M petite voiture, cylindrée
kleinwüchsig ADJ de petite taille; MED anormalement petit
Kleister M colle *f* d'amidon
Klematis F BOT clématite *f*
Klementine F clémentine *f*
Klemme F **1** TECH pince *f* **2** ELEK borne *f* **3** *umg fig* **in der ~ sein** *umg* être dans le pétrin; **j-m aus der ~ helfen** tirer qn d'embarras
klemmen **A** V/T coincer **B** V/I se coincer; **die Schublade klemmt** le tiroir coince **C** V/R **sich** (*dat*) **die Finger in der Tür ~** se coincer les doigts dans la porte; *umg fig* **sich hinter etw** (*akk*) **~** s'atteler à qc
Klempner M (*Installateur*) plombier *m*
Kleopatra F Cléopâtre *f*
Kleptomane M kleptomane *od* cleptomane *m* **Kleptomanie** F kleptomanie *od* cleptomanie *f* **Kleptomanin** F kleptomane *od* cleptomane *f*
Klerus M clergé *m*
Klette F **1** BOT bardane *f* **2** *umg fig Person umg* crampon *m*; *umg* **wie e-e ~ an j-m hängen** ne pas lâcher, quitter qn d'une semelle
Klettergerüst N portique *m*
klettern V/I grimper (**auf** [+ *akk*] sur)
Kletterpartie F exercice *m* d'escalade; *umg Wanderung* randonnée *f* en montagne avec escalade **Kletterpflanze** F plante grimpante **Kletterrose** F rosier grimpant **Kletterstange** F TURNEN perche *f* **Kletterwand** F SPORT espaliers *mpl*
Klettverschluss® M (bande *f*) velcro® *m*
klick INT clic!; clic-clac!; *umg fig* **da machte es bei mir ~** ça a fait tilt
klicken V/I faire clic; IT cliquer (**auf** [+*akk*] sur)
Klient(in) M(F) client(e) *m(f)*
Klima N climat *m* (*a. fig*)
Klimaänderung F changement *m* de climat
Klimaanlage F climatisation *f*; **mit ~** climatisé

K

Klimaerwärmung F réchauffement *m* climatique **Klimaforschung** F climatologie *f* **Klimakatastrophe** F catastrophe *f* climatique
Klimakterium N MED ménopause *f*
Klimaschutz M protection *f* du climat
klimatisch A ADJ climatique B ADV du point de vue du climat **klimatisieren** V/T climatiser **Klimatologie** F climatologie *f*
Klimawandel M changement *m* climatique **Klimawechsel** M changement *m* de climat **Klimazone** F zone *f* climatique
Klimbim *umg* M *umg* tralala *m*
Klimmzug M traction *f* (à la barre fixe)
klimpern V/I 1 **mit etw ~** faire tinter qc 2 *umg pej auf dem Klavier* pianoter
Klinge F lame *f*
Klingel F sonnette *f* **Klingelbeutel** M KIRCHE corbeille *f* pour faire la quête **Klingelknopf** M bouton *m* de sonnette
klingeln A V/I sonner B V/UNPERS **es klingelt** on sonne
Klingeln N sonnerie *f* **Klingelton** M *beim Handy* sonnerie *f* **Klingelzeichen** N coup *m* de sonnette
klingen V/I *Glocke, Metall, Glas* tinter; *Stimme* résonner; **das klingt schon besser** c'est déjà mieux; **das klingt, als ob** ... on dirait que ...
Klinik F *private* clinique *f*; *öffentliche* hôpital *m* **Klinikum** N centre hospitalier universitaire
klinisch A ADJ clinique B ADV **~ tot** cliniquement mort
Klinke F poignée *f* de porte
Klinker M clinker *m*
klipp ADV *umg* **~ und klar** très clairement
Klippe F écueil *m* (*a. fig*)
klirren V/I *Ketten, Waffen* cliqueter; *Fensterscheiben* vibrer; *Gläser* s'entrechoquer; **~de Kälte** froid *m* de canard
Klischee N cliché *m* (*a. fig*) **klischeehaft** ADJ stéréotypé **Klischeevorstellung** F cliché *m*; image stéréotypée
Klitoris F clitoris *m*
klitschnass *umg* ADJ trempé jusqu'aux os
klitzeklein *umg* ADJ tout petit
Klo *umg* N toilettes *fpl*; waters *mpl*; *umg* petit coin; **aufs ~ müssen** avoir envie d'aller aux toilettes
Kloake F cloaque *m*
Kloben M (*Holzkloben*) bûche *f* **klobig** ADJ *Gegenstand* massif; *fig Person* lourdaud
Klobrille *umg* F lunette *f* des W.-C. **Klobürste** *umg* F balayette *f* (à W.-C.) **Klodeckel** *umg* M couvercle *m* (de la cuvette) des W.-C. **Klofrau** *umg* F *umg* dame *f* pipi
Klon M clone *m*
klonen V/T cloner
klönen *umg nordd* V/I bavarder; causer
Klopapier *umg* N papier *m* hygiénique
klopfen A V/T *Teppich* battre; *Fleisch* attendrir B V/I *an die Tür etc* frapper (**an** [+ *akk*] à); *Herz* battre; *Motor* cogner C V/UNPERS **es klopft** on frappe
Klöppel M 1 *e-r Glocke* battant *m* 2 TEX fuseau *m*
klöppeln V/I faire de la dentelle aux fuseaux
Klops M boulette *f*
Klosett N cabinets *mpl*
Kloß M (grosse) quenelle; (*bes Fleischkloß*) boulette *f*
Kloster N monastère *m*; couvent *m* **Klosterbruder** M frère lai, convers **Klosterkirche** F église *f* du monastère
klösterlich ADJ du monastère; du couvent; monastique (*a. fig*)
Klosterschule F école conventuelle
Klotz M 1 (*Holzklotz*) bloc *m* de bois; bille *f*; (*Hackklotz*) billot *m*; *umg* **j-m ein ~ am Bein sein** être un fardeau, un boulet pour qn 2 *fig Person* lourdaud *m*
klotzig ADJ massif
Klub M 1 club *m* 2 *österr* POL groupe *m* parlementaire
Klubhaus N club *m* **Klubkamerad(in)** M(F) camarade *m/f* de club **Klubmitglied** N membre *m* d'un club **Klubobfrau** F, **Klubobmann** M *österr* président(e) *m(f)* de groupe parlementaire
Kluft[1] F (*Spalte*) crevasse *f* (**zwischen** [+ *dat*] entre); *fig* fossé *m* (entre)
Kluft[2] F 1 *uniformähnliche* uniforme *m* 2 *umg* (*Kleidung*) *umg* fringues *fpl*
klug ADJ (*intelligent*) intelligent; (*weise*) sage; **aus ihm werde ich nicht ~** je ne le comprends pas; **ich kann daraus nicht ~ werden** je n'y comprends rien; *sprichw* **der Klügere gibt nach** c'est le plus sage qui cède
klugerweise ADV sagement; **~ etw gemacht haben** avoir bien fait de faire qc
Klugheit F intelligence *f*; (*Weisheit*) sagesse *f* **Klugscheißer** *sl* M personne *f* qui se veut plus intelligente que les autres, qui a toujours raison; *umg* donneur *m* de leçons
klumpen V/I *Soße* faire des grumeaux
Klumpen M morceau *m*; (*Erdklumpen*) motte *f*; *in Soßen* grumeau *m*
Klumpfuß M pied bot
klumpig ADJ grumeleux
Klüngel M *pej* clique *f*
Klunker *umg* F *od* M *umg* caillou *m*
km ABK (Kilometer) km
km/h ABK (Kilometer pro Stunde) km/h
knabbern V/T *u.* V/I grignoter (**an etw** [*dat*] qc)

Knabe *geh* M (jeune) garçon *m; umg* **alter ~!** mon vieux!
Knabenchor M chorale *f* de (jeunes) garçons **knabenhaft** ADJ d'adolescent
Knackarsch *umg* M 1 *(straffer Po) umg* beau petit cul 2 *fig Mann umg* mec *m* avec un beau petit cul; *Frau umg* nana *f* avec un beau petit cul
Knäckebrot N pain suédois
knacken A VT 1 *Nuss* casser 2 *umg Geldschrank* forcer; *Auto* cambrioler; *Kode* découvrir B VI craquer

eine Nuss knacken — casser une noix

ein Auto knacken — cambrioler une voiture

Knacker M *umg* **alter ~** *umg* vieux schnock *od* schnoque
knackfrisch *umg* ADJ frais à croquer
Knacki *umg* M *sl* taulard *m*
knackig *umg* ADJ 1 *Apfel etc* croquant 2 *fig (attraktiv)* à croquer
Knacklaut M PHON coup *m* de glotte **Knackpunkt** *umg* M point crucial
Knacks *umg* M *(Knacken)* craquement *m; (Riss)* fêlure *f;* **e-n ~ haben** *Geschirr etc* être fêlé; *gesundheitlich* avoir un problème de santé; *Ehe, Freundschaft* être ébranlé
Knackwurst F *etwa* saucisse *f* de Francfort
Knall M 1 *e-s Sprengkörpers* explosion *f; e-s Schusses* détonation *f; e-r Peitsche, Tür* claquement *m; bei e-m Zusammenstoß* choc *m* 2 *umg* **~ und Fall** *od* **~ auf Fall** brusquement; *umg* **e-n ~ haben** *umg* être cinglé, marteau
Knallbonbon M *od* N bonbon *m* à pétard **Knalleffekt** *umg* M effet *m* de surprise
knallen A VT *Tür* claquer; *umg* **j-m eine ~** *umg* en flanquer une à qn B VI *Schuss, Knallkörper* péter; *detonieren* détoner; *Tür, Peitsche* claquer; *Korken* sauter; *umg* **gegen etw** *(akk)* **~** se heurter violemment contre qc; **es knallte zweimal** il y a eu deux détonations; *umg* **setz dich, oder es knallt!** *umg* assieds-toi ou ça va barder!
knalleng *umg* ADJ *umg* moulant
Knaller *umg* M 1 *(Knallkörper)* pétard *m* 2 *(Riesenüberraschung) umg* bombe *f;* sensation *f;* → *a.* Knüller 3 *pej (Knallkopf)* idiot *m; umg* dingue *m*
Knallerbse F bombe algérienne; *weitS.* pétard *m*
Knallerei *umg* F *(Gewehrknallerei), von Feuerwerk* détonations *fpl; von Türen, Peitschen* claquements *mpl*
Knallfrosch M pétard *m* **Knallgas** N gaz détonant **knallgrün** *umg* ADJ d'un vert éclatant **knallhart** *umg* ADJ *Bursche, Film* brutal; *Geschäft* très dur **knallig** *umg* ADJ *Farben* éclatant **Knallkopf** *umg* M idiot *m; umg* dingue *m* **Knallkörper** M pétard *m* **knallrot** *umg* ADJ d'un rouge éclatant, *umg* pétant **knallvoll** *umg* ADJ bondé; plein comme un œuf
knapp ADJ *u.* ADV 1 *Lebensmittel, Geld* rare; *Zeit* limité; *Vorräte* **~ werden** se raréfier 2 *(wenig)* juste; *Stil* concis; **~ hinter der Linie** juste derrière la ligne 3 *(eng)* étroit; serré 4 *(gerade noch)* tout juste; de justesse; **~ bemessen sein** être calculé très juste; *Zeit* être limité, compté; *umg* **…, und nicht zu ~!** *umg* … et comment!
Knappheit F *der Vorräte, des Geldes, der Zeit* manque *m* (**an** [+ *dat*] de); *von Lebensmitteln a.* pénurie *f* (de); *des Stils* concision *f*
knapsen *umg* VI économiser (**mit** sur)
Knarre *umg* F *umg* flingue *m*
knarren VI *Tür, Bett, Äste* grincer; *Diele* craquer
Knast *umg* M *sl* taule *f* **Knastbruder** *umg* M *sl* taulard *m*
Knatsch *umg* M *umg* grabuge *m*
knattern VI *Motorrad* pétarader; *Gewehr* crépiter
Knäuel M *od* N 1 *Garn, Wolle* pelote *f* 2 *von Menschen* mêlée *f*
Knauf M *e-s Schwerts, e-s Stocks* pommeau *m; e-r Tür* bouton *m*
knauserig *umg* ADJ *umg* radin
knausern *umg* VI *umg* être radin; **mit etw ~** être avare de qc
knautschen A VT froisser B VI se froisser **Knautschlack(leder)** M(N) cuir verni fripé **Knautschzone** F zone *f* déformable
Knebel M bâillon *m*
knebeln VT bâillonner (*a. fig*)
Knecht M valet *m*

knechten *geh* VT asservir
Knechtschaft *geh* F servitude *f*
kneifen **A** VT pincer; **j-n**, *a. v/i* **j-m in den Arm ~** pincer le bras de qn **B** *umg* VI *(sich drücken)* *umg* se dégonfler (**vor** [+ *dat*] devant)
Kneifer M pince-nez *m* **Kneifzange** F tenailles *fpl*
Kneipe *umg* F *umg* bistro(t) *m*; café *m*
Kneippkur F cure *f* hydrothérapique Kneipp
Knete *umg* F **1** *(Knetmasse)* pâte *f* à modeler **2** *umg (Geld) umg* fric *m*
kneten VT *Teig etc* pétrir
Knetgummi N *od* M pâte *f* à modeler **Knetmasse** F pâte *f* à modeler
Knick M *Papier, Stoff* pli *m*; *Straße, Metall* coude *m*
knicken **A** VT *Papier* plier; *Zweige* briser **B** VI plier; *Zweige* se casser
knick(e)rig *umg* ADJ *umg* radin
Knicks M révérence *f*
knicksen VI faire une révérence
Knie N **1** genou *m*; **auf die ~ fallen** se mettre à genoux *(a. fig)*; **j-n auf ~n bitten** supplier qn à genoux; *umg* **er bekam weiche ~** ses genoux se dérobaient sous lui; *umg fig* **etw übers ~ brechen** expédier qc; *umg* **j-n übers ~ legen** donner une fessée à qn; *geh* **j-n in die ~ zwingen** briser la résistance de qn **2** *e-s Flusses, Rohres* coude *m*
Kniebeuge F flexion *f* de genoux **Kniebundhose** F knickers *mpl*
Kniefall M **e-n ~ vor j-m machen** tomber aux genoux de qn
kniefrei ADJ laissant voir le(s) genou(x) **Kniegelenk** N articulation *f* du genou **Kniekehle** F jarret *m*; creux *m* du genou **knielang** ADJ descendant jusqu'aux genoux
knien **A** VI être à genoux **B** VR **sich ~** s'agenouiller; *umg* **sich in die Arbeit ~** se plonger dans son travail
Kniescheibe F rotule *f* **Knieschoner** M, **Knieschützer** M genouillère *f* **Kniestrumpf** M chaussette (montante) **knietief** ADJ *u.* ADV jusqu'aux genoux
kniff → kneifen
Kniff M **1** *(Kneifen)* pincement *m* **2** *(Trick)* truc *m* **3** *im Stoff* pli *m*
kniff(e)lig ADJ délicat; épineux
Knigge M guide *m* des bonnes manières
Knilch *umg* M *umg* (sale) mec *m*
knipsen *umg* **A** VT **1** *Fahrkarte* poinçonner **2** FOTO photographier **B** VI FOTO prendre une photo
Knirps M *umg (kleiner Junge) umg* marmot *m*; *umg* môme *m*
knirschen VI *Schnee, Sand* crisser
knistern VI *Feuer* pétiller; *Seide* froufrouter; *Papier* produire un froissement
Knitterfalte F (faux) pli *m*
knitterfest, **knitterfrei** ADJ *Stoff* infroissable
knittern **A** VT froisser **B** VI se froisser
Knobelbecher M **1** *(Würfelbecher)* cornet *m* à dés; gobelet *m* **2** *umg Soldatensprache* botte (courte)
knobeln VI **1** *mit Würfeln* jouer aux dés **2** *umg (überlegen)* cogiter (**an** [+ *dat*] sur)
Knoblauch M ail *m* **Knoblauchbutter** F beurre *m* à l'ail **Knoblauchknolle** F tête *f* d'ail **Knoblauchpresse** F presse-ail *m* **Knoblauchsalz** N sel aromatisé à l'ail **Knoblauchzehe** F gousse *f* d'ail
Knöchel M *am Fuß* cheville *f*; *am Finger* jointure *f* du doigt **knöchellang** ADJ *Rock* (descendent) jusqu'à la cheville **knöcheltief** ADJ *u.* ADV jusqu'aux chevilles
Knochen M os *m*; *umg* **sich bis auf die ~ blamieren** se rendre parfaitement ridicule
Knochenarbeit *umg* F *umg* travail *m* d'Hercule **Knochenbau** M ossature *f* **Knochenbruch** M fracture *f* **Knochengerüst** N squelette *m* **knochenhart** *umg* ADJ *umg* dur comme du bois **Knochenhaut** F périoste *m* **Knochenhautentzündung** F périostite *f* **Knochenmark** N moelle osseuse, des os **Knochenmehl** N poudre *f* d'os **Knochenmühle** *umg* F bagne *m* **Knochenschwund** M atrophie *f* des os **Knochensplitter** M éclat *m* d'os **knochentrocken** *umg* ADJ très sec
knochig ADJ osseux
Knock-out, **Knockout** M knock-out *m*
Knödel M *bes südd, österr* → Kloß
Knöllchen N *umg fig (Strafzettel)* papillon *m*; *umg* contredanse *f*
Knolle F BOT tubercule *m*
Knollenblätterpilz M amanite *f* **Knollennase** F nez *m* en patate
Knopf M bouton *m*
Knopfdruck M **auf ~** en appuyant sur un bouton
knöpfen VT boutonner
Knopfloch N boutonnière *f* **Knopfzelle** F pile *f* bouton
Knorpel M cartilage *m*
knorp(e)lig ADJ cartilagineux
knorrig ADJ noueux; *fig* bourru
Knospe F *(Baumknospe)* bourgeon *m*; *(Blütenknospe)* bouton *m*
knospen VI *Baum* bourgeonner; *Blume* boutonner
knoten VT *(zusammenknoten)* nouer; *abs* faire un nœud

Knoten M 1 nœud *m* (*a.* BOT, SCHIFF, *fig*) 2 *Frisur* chignon *m* 3 MED nodosité *f*; (*Lymphknoten*) ganglion *m*
Knotenpunkt M (*Verkehrsknotenpunkt*) carrefour *m*; (*Eisenbahnknotenpunkt*) nœud *m* ferroviaire
Knöterich M BOT renouée *f*
Know-how N savoir-faire *m*
knuffen V/T **j-n ~** donner un petit coup, une bourrade à qn
Knülch *umg* M → Knilch
knülle *umg* ADJ (*betrunken*) *umg* rond; *umg* paf (! unveränderlich)
knüllen V/T *Papier* froisser; chiffonner
Knüller *umg* M article *m*, film *m*, *etc* à succès
knüpfen V/T nouer (*a. fig*); **Bedingungen an etw** (*akk*) **~** mettre des conditions à qc
Knüppel M 1 gourdin *m*; (*Polizeiknüppel*) matraque *f*; *umg* **j-m ~ zwischen die Beine werfen** mettre des bâtons dans les roues à, de qn 2 FLUG manche *m* (à balai); AUTO levier *m* de vitesse
knüppeldick *umg* ADV **es kam ~** *umg* on a (sacrément) morflé, dégusté
Knüppelschaltung F AUTO vitesses *fpl* au plancher
knurren V/I 1 *Hund*, *fig* gronder 2 *Magen* gargouiller
knusprig ADJ croustillant
Knute F knout *m* (*fouet constitué de plusieurs lanières de cuir*); **unter j-s ~** sous la domination de qn
knutschen *umg* V/I *umg* se bécoter **Knutscherei** *umg* F *umg* fricassée *f* de museaux **Knutschfleck** *umg* M suçon *m*
k. o. ABK (knock-out) ADJ *u.* ADV K.-O.; **j-n ~ schlagen** mettre qn K.-O.; *umg fig* **~ sein** *umg* être sur les rotules
K. o. ABK (Knock-out) M K.-O. *m*
Koala M koala *m*
Koalition F coalition *f*
Koalitionspartei F parti *m* de coalition **Koalitionspartner** M partenaire *m* de coalition **Koalitionsregierung** F gouvernement *m* de coalition
Kobalt N cobalt *m* **Kobaltblau** N bleu *m* de cobalt
Kobold M lutin *m*
Kobra F cobra *m*
Koch M cuisinier *m*; *sprichw* **viele Köche verderben den Brei** *sprichw* trop de cuisiniers gâtent la sauce
Kochbeutel M sachet *m* de cuisson; **Reis** *m* **im ~** riz *m* en sachet
Kochbuch N livre *m* de cuisine
kochen A V/T *Speisen* faire cuire; (*garen*) cuire; *Wäsche* faire bouillir; **Tee, Kaffee, Essen ~** faire du thé, du café, le repas; **was kochst du heu-**

kochen — bouillir

kochen — faire la cuisine

te? qu'est-ce que tu fais à manger aujourd'hui? B V/I 1 *Flüssigkeit*, *fig* bouillir; *Speisen* cuire; **~d heiß** bouillant; **er kochte vor Wut** il bouillait de rage 2 *Person* faire la cuisine; cuisiner
Kochen N *von Speisen* cuisson *f*; (*Sieden*) ébullition *f*
Kocher M réchaud *m*
Köcher M *für Pfeile* carquois *m*; *für Fernglas etc* étui *m*
kochfertig ADJ prêt à cuire **kochfest** ADJ *Textilien* qui peut bouillir **Kochgelegenheit** F (utilisation *f* de la) cuisine possible **Kochgeschirr** N gamelle *f*
Köchin F cuisinière *f*
Kochkunst F art *m* culinaire; cuisine *f* **Kochkurs(us)** M cours *m* de cuisine **Kochlöffel** M cuillère *f* en bois **Kochmütze** F toque *f* (de cuisinier) **Kochnische** F coin *m* cuisine; cuisinette *f* **Kochplatte** F *e-s Herdes* plaque *f* électrique; (*Kocher*) réchaud *m* **Kochrezept** N recette *f* de cuisine **Kochsalz** N sel *m* **Kochsalzlösung** F solution *f* de chlorure de sodium **Kochtopf** M faitout *m*; *aus Gusseisen* cocotte *f*; *größer* marmite *f* **Kochwäsche** F lessive *f* à 95°
Kode M code *m*
Köder M appât *m* (*a. fig*) **ködern** V/T appâter (**mit** avec; *a. fig*)
kodieren V/T coder **Kodierung** F codage *m*
Koedukation F éducation *f* mixte; mixité *f*
Koeffizient M coefficient *m*
Koexistenz F coexistence *f*
Koffein N caféine *f*
koffeinfrei ADJ décaféiné

K

Koffer ≠ coffre

Packe nicht zu viele Schuhe in deinen **Koffer**. — Ne mets pas trop de chaussures dans ta **valise**.

Tu ne peux pas mettre le réfrigérateur dans le **coffre**, il n'y a pas assez de place. — Du kannst den Kühlschrank nicht in den **Kofferraum** tun, da ist nicht genug Platz.

FALSCHE FREUNDE

Koffer M (*Handkoffer*) valise *f*; (*großer Reisekoffer*) malle *f*; **s-e ~ packen** faire ses valises; *fig* plier bagage

Kofferkuli M caddie® *m* **Kofferradio** N radio portative **Kofferraum** M AUTO coffre *m*

Kognak M cognac *m*

Kohl M **1** BOT chou *m* **2** *umg pej* bêtises *fpl*

Kohldampf *umg* M **~ haben** *umg* avoir la dent

Kohle F **1** charbon *m*; (*Steinkohle*) °houille *f*; **(wie) auf glühenden ~n sitzen** être sur des charbons ardents **2** *umg* (*Geld*) *umg* fric *m*

Kohlenbergbau M exploitation *f* de la houille, du charbon **Kohlendioxid** N *t/t*, **Kohlendioxyd** N gaz *m* carbonique **Kohlenhändler** M marchand *m* de charbon; charbonnier *m* **Kohlenhydrat** N hydrate *m* de carbone **Kohlenmonoxid** N *t/t*, **Kohlenmonoxyd** N oxyde *m* de carbone **Kohlenrevier** N région °houillère

Kohlensäure F CHEM acide *m* carbonique; *in Getränken* gaz *m* carbonique; *Mineralwasser* **ohne ~** non gazeuse

Kohlenstaub M poussière *f* de charbon **Kohlenstoff** M carbone *m* **Kohlenwasserstoff** M hydrocarbure *m*

Kohleofen M poêle *m* à charbon **Kohlepapier** N papier *m* carbone **Kohlestift** M fusain *m* **Kohletablette** F pastille *f* de charbon **Kohlezeichnung** F dessin *m* au fusain

Kohlkopf M chou *m* **Kohlmeise** F mésange charbonnière **kohlrabenschwarz** *umg* ADJ noir comme (du) jais **Kohlrabi** M chou-rave *m* **Kohlroulade** F chou farci **Kohlrübe** F rutabaga *m* **kohlschwarz** ADJ noir comme (du) jais **Kohlsprossen** FPL *österr* chou *m* de Bruxelles **Kohlweißling** M ZOOL piéride *f* du chou

Koitus M coït *m*

Koje F **1** SCHIFF couchette *f* **2** *umg hum* (*Bett*) *umg* pieu *m*

Kojote M coyote *m*

Kokain N cocaïne *f* (**!** feminin)

kokeln *umg* VI jouer avec du feu

kokett ADJ coquet

kokettieren VI **1** **mit j-m ~** faire du charme à qn **2** *fig* **mit etw ~** jouer avec qc; **mit s-m Alter ~** jouer de son âge

Kokon M cocon *m*

Kokosfett N graisse *f* de coco **Kokosflocken** FPL flocons *mpl* de coco **Kokosmilch** F lait *m* de coco **Kokosnuss** F noix *f* de coco **Kokospalme** F cocotier *m* **Kokosraspel** PL noix *f* de coco râpée

Koks M **1** (*Kohlenkoks*) coke *m* **2** *Jargon* (*Kokain*) *umg* coke *f* **koksen** *Jargon* VI *umg* sniffer de la coke

Kolben M **1** TECH piston *m* **2** (*Destillierkolben*) alambic *m* **3** *am Gewehr* crosse *f* **4** (*Maiskolben*) épi *m* **5** *umg* (*dicke Nase*) *umg* pif *m* **Kolbenhirse** F BOT millet *m* à grappes **Kolbenhub** M course *f* du *od* de piston **Kolbenring** M TECH segment *m* de piston

Kolibri M colibri *m*

Kolik F colique *f*

Kollaborateur M *bes* POL collaborateur *m*

kollaborieren VI *bes* POL collaborer (*mit* avec)

Kollaps M MED collapsus *m*

Kolleg N cours *m* (à l'université)

Kollege M (*Arbeitskollege*) collègue *m*; (*Fachkollege*) confrère *m*; (*Amtskollege*) homologue *m*

kollegial **A** ADJ de collègue; de confrère; **~es Verhältnis** bons rapports entre collègues **B** ADV en collègue; en confrère

Kollegin F (*Arbeitskollegin*) collègue *f*; (*Fachkollegin*) consœur *f*; (*Amtskollegin*) homologue *f*

Kollegium N (*Lehrerkollegium*) professeurs *mpl*

Kollegmappe F porte-documents *m* **Kollegstufe** F *etwa* classes *fpl* de lycée

Kollekte F KIRCHE quête *f* **Kollektion** F collection *f*

kollektiv ADJ collectif

Kollektiv N (*Gemeinschaft*) collectivité *f*; (*Team*) équipe *f* **Kollektiveigentum** N propriété collective **Kollektivwirtschaft** F économie *f* collectiviste

Kollektor M ELEK collecteur *m*

Koller *umg* M crise *f* de rage; **e-n ~ kriegen** *umg* piquer une crise

kollidieren *geh* VI entrer en collision (**mit** avec); *zeitlich* tomber en même temps (que); *fig* être incompatible (avec)

Kollier N collier *m*

Kollision F collision *f* (*a. fig*); *fig a.* conflit *m*

Kollisionskurs M **auf ~ gehen** jouer la politique du pire

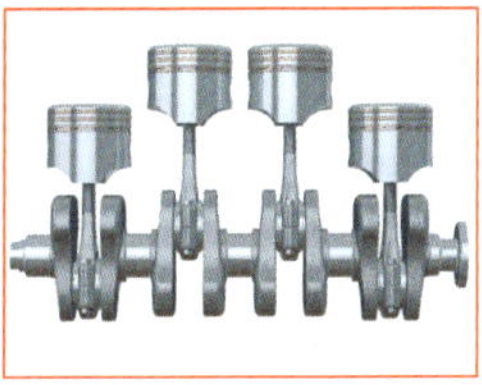

Kolben — le piston

Kolben — l'alambic (m)

Kolben — l'épi (m)

Kolloquium N colloque *m*
Köln N Cologne
Kölner ADJ de Cologne
kölnisch ADJ de Cologne **Kölnischwasser** N eau *f* de Cologne
kolonial ADJ colonial
Kolonialismus M colonialisme *m*
Kolonialmacht F puissance coloniale **Kolonialzeit** F époque coloniale
Kolonie F colonie *f* **Kolonisation** F colonisation *f* **kolonisieren** VT coloniser
Kolonne F colonne *f* (*a.* MIL); (*Wagenkolonne*) file *f*; (*Arbeitskolonne*) équipe *f*; **~ fahren** rouler les uns derrière les autres
Koloratur F MUS vocalise *f* **Koloratursängerin** F (chanteuse *f*) colorature *f*
kolorieren VT colorier
Kolorit N MAL, *fig* coloris *m*
Koloss M colosse *m* (*a. fig*)
kolossal ADJ 1 colossal 2 *umg fig umg* monstre; *umg* bœuf (! unveränderlich)
kolportieren *geh* VT colporter
Kolumbien N la Colombie
Kolumne F TYPO colonne *f*; *e-r Zeitung* chronique *f* **Kolumnentitel** M TYPO titre courant **Kolumnist(in)** M(F) *e-r Zeitung* chroniqueur, -euse *m,f*
Koma N MED coma *m*; **im ~ liegen** être dans le coma
Kombi M commerciale *f*; break *m*
Kombination F combinaison *f* (! Endung); *Herrenanzug* ensemble *m*; (*gedankliche Verknüpfung*) déduction *f*
Kombinationsgabe F perspicacité *f* **Kombinationsschloss** N cadenas *m* à combinaisons
kombinieren VT combiner (**mit** avec); *fig gedanklich* déduire
Kombiwagen M → Kombi
Kombüse F SCHIFF cuisine *f* de bord
Komet M comète *f*
kometenhaft ADJ *fig* fulgurant
Komfort M confort *m*; **mit allem ~** avec tout le confort
komfortabel ADJ confortable

Komik F comique *m* (! maskulin)
Komiker(in) M(F) 1 *Schauspieler(in)* comique *m/f* 2 (*Unterhalter[in]*) amuseur, -euse *m,f*
komisch ADJ 1 (*lustig*) comique 2 (*seltsam*) drôle; bizarre; **ein ~er Einfall** une drôle d'idée
komischerweise *umg* ADV **~ sagt man ...** ce qui est drôle c'est qu'on dit ...
Komitee N comité *m*
Komma N virgule *f*; **drei ~ fünf** trois virgule cinq
Kommafehler M faute *f* de virgule
Kommandant M commandant *m* **Kommandantur** F bureau *m* du commandant **Kommandeur** M commandant *m*; chef *m* **kommandieren** VT *u.* VI commander
Kommanditgesellschaft F société *f* en commandite
Kommando N 1 (*Befehl, Befehlsgewalt*) commandement *m* 2 *Abteilung* commando *m* **Kommandobrücke** F passerelle *f* de commandement **Kommandokapsel** F RAUMFAHRT module *m* de commande **Kommandozentrale** F poste central de commandement

kommen

A intransitives Verb B unpersönliches Verb

— A intransitives Verb —

1 venir; (*ankommen*) arriver; **in e-n Laden ~** entrer dans un magasin; **aus e-m Haus ~** sortir d'une maison; **ich komme ja schon!** j'arrive!; **da kommt er ja!** le voilà! 2 (*gelangen*) **durch e-e Stadt ~** passer par une ville; **wie komme ich zum Bahnhof?** quel est le chemin de la gare? 3 *mit pperf*: **gelaufen ~** venir, arriver en courant 4 *fig* (*erreichen*) **wie weit bist du mit deiner Arbeit gekommen?** où en es-tu de ton travail? 5 (*e-n Platz bekommen*) **die Vase kommt auf den Tisch** le vase se met sur la table 6 (*eintreten*) **ich habe es ~ sehen** je l'ai vu venir; **was auch ~ mag** quoi qu'il arrive; *umg* **das musste ja so ~** *umg* ça n'a pas raté 7 **auf etw** (*akk*) **~** (*den Einfall*

K

haben) trouver qc; avoir l'idée de qc; **ich komme nicht auf s-n Namen** son nom m'échappe; **wie ~ Sie darauf?** qu'est-ce qui vous a donné cette idée? **8** **j-n ~ lassen** faire venir qn; **sich** *(dat)* **etw ~ lassen** faire venir qc; *fig* **auf j-n nichts ~ lassen** ne pas tolérer que l'on dise du mal de qn **9** **auf j-n ~** *(j-m zufallen)* revenir à qn **10** *(stammen)* **aus Berlin ~** être (originaire) de Berlin **11** **von etw ~** *(herrühren)* venir de qc; provenir de qc; **das kommt davon** voilà ce que c'est! **12** **(wieder) zu sich** *(dat)* **~** revenir à soi **13** *Unheil etc* **über j-n ~** frapper qn **14** **um etw ~** *(etw verlieren)* perdre qc **15** **zu etw ~** *(Zeit finden)* trouver le temps de faire qc **16** *umg* **komm, gib her!** allez, donne! **17** *umg (kosten)* revenir à; coûter

— **B** unpersönliches Verb —

(sich ergeben) **daher kommt es, dass ...** de là vient que ...; **wie kommt es, dass ...?** comment se fait-il que ... *(+ subj)*?; **es kam zu e-r Schießerei** il y a eu des coups de feu

K

Kommen N venue *f*; arrivée *f*; **das ~ und Gehen** les allées et venues *fpl*; le va-et-vient

kommend ADJT *(nächste)* prochain; *(künftig)* à venir; futur

Kommentar M commentaire *m* **kommentarlos** ADV sans commentaire **kommentieren** V/T commenter

Kommerz M *pej* commerce *m*; négoce *m*

kommerziell ADJ commercial

Kommilitone M, **Kommilitonin** F camarade *m/f* d'études

Kommiss *umg* M *umg* régiment *m*

Kommissar(in) M(F) *(Polizei)* inspecteur *m* de police; ADMIN, POL commissaire *m*

Kommissariat N commissariat *m*; *österr (Polizeirevier)* commissariat *m* de police

kommissarisch ADJ intérimaire

Kommission F commission *f*

Kommissionsgeschäft N HANDEL commission *f* **Kommissionsware** F marchandise *f* en commission

Kommode F commode *f*

kommunal ADJ communal **Kommunalpolitik** F politique communale **Kommunalwahl** F élection municipale

Kommune F commune *f*

Kommunikation F communication *f*

Kommunikationsmittel NPL moyens *mpl* de communication **Kommunikationsschwierigkeiten** FPL difficultés *fpl* de communication **Kommunikationswissenschaft** F sciences *fpl* de la communication **Kommunikationszentrum** N centre *m* de rencontre

Kommunion F KATH communion *f*; **zur ~ gehen** (aller) communier

Kommunionkind N premier, -ière communiant(e) *m(f)* **Kommunionkleid** N aube *f (de communion)* **Kommunionunterricht** M enseignement religieux qui prépare à la communion

Kommuniqué N communiqué *m*

Kommunismus M communisme *m* **Kommunist(in)** M(F) communiste *m/f* **kommunistisch** ADJ communiste

kommunizieren V/T **1** *geh*, PHYS communiquer **2** KATH communier

Komödiant(in) M(F) comédien, -ienne *m,f (a. fig)*; *pej* cabotin(e) *m(f)*

Komödie F comédie *f (a. fig)*; *fig* **~ spielen** jouer la comédie

Kompagnon M HANDEL associé *m*

kompakt ADJ compact

Kompaktanlage F MUS minichaîne *f*

Kompanie F MIL compagnie *f*

Komparativ M comparatif *m*

Komparse M, **Komparsin** F figurant(e) *m(f)*

Kompass M boussole *f* **Kompassnadel** F aiguille aimantée

kompatibel ADJ compatible (**mit** avec; *a.* IT)

Kompatibilität F compatibilité *f* (**mit** avec; *a.* IT)

Kompensation F compensation *f* **Kompensationsgeschäft** N WIRTSCH opération *f* de compensation **kompensieren** V/T compenser (**durch, mit** par)

kompetent ADJ compétent

Kompetenz F compétence *f* **Kompetenzbereich** M domaine *m* de compétence

Komplementärfarbe F couleur *f* complémentaire

komplett ADJ **1** complet **2** *umg* **das ist ~er Wahnsinn** *umg* c'est absolument dingue

komplex ADJ complexe

Komplex M **1** *(Gebäudekomplex, Fragenkomplex)* ensemble *m*; *(Industriekomplex, Gebäudekomplex a)* complexe *m* **2** PSYCH complexe *m*

Komplikation F complication *f*

Kompliment N compliment *m*

Komplize M complice *m*

komplizieren V/T compliquer

kompliziert ADJT compliqué

Komplizin F complice *f*

Komplott N complot *m*; **ein ~ schmieden** tramer un complot

Komponente F *(Bestandteil)* composant *m*; *fig (Aspekt)* composante *f* **komponieren** V/T *u.* V/I composer **Komponist(in)** M(F) compositeur, -trice *m,f* **Komposition** F composition *f*

Kompost M compost *m* **Komposthaufen**

M compost *m*
kompostieren VT mettre en compost
Kompott N compote *f*
Kompresse F compresse *f* **Kompression** F compression *f* **Kompressor** M compresseur *m*
komprimieren VT comprimer; IT compacter **Komprimierung** F compression *f* (*a.* IT); IT compactage *m*
Kompromiss M compromis *m* (**zwischen** [+ *dat*] entre); **e-n ~ schließen** faire un compromis
kompromissbereit ADJ prêt à (faire) un compromis **Kompromissbereitschaft** F esprit *m* de compromis **kompromisslos** ADJ intransigeant **Kompromisslösung** F solution *f* de compromis **Kompromissvorschlag** M proposition *f* de compromis
kompromittieren VT (*u.* VR) (**sich ~** se) compromettre
Kondensation F condensation *f*
Kondensator M condensateur *m* **kondensieren** A VT condenser B VI se condenser
Kondensmilch F lait concentré (! in Frankreich ist Kondensmilch meist gesüßt) **Kondensstreifen** M traînée *f* de condensation **Kondenswasser** N eau *f* de condensation
Kondition F 1 SPORT condition *f*; **keine ~ haben** manquer d'entraînement 2 HANDEL *meist pl* **~en** conditions *fpl*
Konditional M GRAM (mode *m*) conditionnel *m* **Konditionalsatz** M (proposition *f*) conditionnelle *f*
Konditionsschwäche F mauvaise forme (physique) **Konditionstraining** N entraînement *m* pour se mettre en forme
Konditor M pâtissier *m* **Konditorei** F pâtisserie *f*
kondolieren VI **j-m ~** présenter ses condoléances à qn (**zu** pour)
Kondom N préservatif *m*
Kondor M ZOOL condor *m*
Konfekt N confiserie *f*; (*Pralinen*) chocolats *mpl*
Konfektion F (vêtements *mpl* de) confection *f*; prêt-à-porter *m* **Konfektionsgröße** F taille *f*
Konferenz F conférence *f*; (*Lehrerkonferenz*) conseil *m* de classe **Konferenzdolmetscher(in)** M(F) interprète *m/f* de conférence **Konferenzraum** M salle *f* de conférence **Konferenzschaltung** F multiplex *m* **Konferenzteilnehmer(in)** M(F) participant(e) *m(f)* à une conférence **Konferenztisch** M table *f* de conférence **Konferenzzimmer** N salle *f* de conférence
konferieren VI conférer (**über** [+ *akk*] de qc)
Konfession F religion *f*; confession *f*
konfessionell ADJ confessionnel
konfessionslos ADJ sans religion
Konfetti N confettis *mpl*
Konfiguration F configuration *f* (*a.* IT)
Konfirmand(in) M(F) PROT confirmand(e) *m(f)* **Konfirmation** F confimation *f* **konfirmieren** VT confirmer
konfiszieren VT confisquer
Konfitüre F confiture *f*
Konflikt M conflit *m*; **mit dem Gesetz in ~ geraten sein** avoir des problèmes avec la justice
konfliktfrei ADJ non conflictuel **konfliktgeladen** ADJT conflictuel **konfliktscheu** ADJ qui fuit les conflits **Konfliktsituation** F situation conflictuelle
konform A ADJ conforme (**mit** à) B ADV **mit j-m, etw ~ gehen** être d'accord avec qn, qc
konformgehen VI → konform B
Konformismus M conformisme *m*
Konfrontation F confrontation *f*; POL affrontement *m* **konfrontieren** VT confronter (**mit j-m** avec qn; **mit etw** à qc)
konfus ADJ (*verworren*) confus; *Person* dérouté
Kongo der ~ le Congo
Kongress M congrès *m* **Kongresshalle** F palais *m* des congrès **Kongressteilnehmer(in)** M(F) congressiste *m/f* **Kongresszentrum** N centre *m* de congrès
kongruent ADJ MATH coïncident **Kongruenz** F MATH, *fig* coïncidence *f*; GRAM accord *m*
K.-o.-Niederlage F K.-O. *m*
Konifere F conifère *m*
König M roi *m* (*a. Spielkarte, Schachfigur, fig*)
Königin F reine *f* (*a.* ZOOL) **Königinmutter** F reine *f* mère **Königinpastete** F bouchée *f* à la reine
königlich A ADJ royal; de *bzw.* du roi B ADV *umg* **sich ~ amüsieren** s'amuser comme un fou
Königreich N royaume *m*
Königshaus N maison royale **Königskrone** F couronne royale **Königssohn** M fils *m* de roi; prince *m* **Königstiger** M ZOOL tigre royal **Königstochter** F fille *f* de roi; princesse *f* **Königstreue(r)** M royaliste *m*
Königtum N royauté *f*
konisch ADJ conique
Konjugation F conjugaison *f* (! Endung)
Konjugationstabelle F tableau *m* de conjugaison
konjugieren VT conjuguer
Konjunktion F conjonction *f* (*a.* ASTRON)
Konjunktiv M GRAM (mode *m*) subjonctif *m*

Konjunktur F conjoncture *f* **Konjunkturanstieg** M conjoncture ascendante; accroissement *m* de l'activité économique; reprise conjoncturelle **Konjunkturaufschwung** M essor *m* économique **konjunkturbedingt** **A** ADJ déterminé par les fluctuations de la conjoncture **B** ADV en fonction de la situation économique **Konjunkturbericht** M rapport *m* sur la situation économique
konjunkturell ADJ conjoncturel
Konjunkturkrise F crise conjoncturelle, de l'activité économique **Konjunkturlage** F situation *f* de l'économie; conjoncture *f* **Konjunkturpolitik** F politique *f* conjoncturelle **Konjunkturrückgang** M récession *f* **Konjunkturschwankung** F fluctuation *f* de la conjoncture **Konjunkturspritze** *umg* F mesure *f* de relance (économique) **Konjunkturumschwung** M renversement *m* de la conjoncture
konkav ADJ concave
konkret ADJ concret
konkretisieren V/T concrétiser; (*näher ausführen*) préciser
Konkubine F concubine *f*
Konkurrent(in) M(F) concurrent(e) *m(f)*; compétiteur, -trice *m,f*
Konkurrenz F concurrence *f*; **außer ~** °hors concours; **j-m ~ machen** faire concurrence à qn; **das ist unsere ~** c'est notre concurrent
konkurrenzfähig ADJ compétitif **Konkurrenzkampf** M concurrence *f* **konkurrenzlos** ADJ défiant toute concurrence **Konkurrenzunternehmen** N entreprise concurrente
konkurrieren V/I **mit j-m (um etw) ~** être en concurrence, rivaliser avec qn (pour obtenir qc)
Konkurs M faillite *f*; **in ~ gehen, ~ machen** faire faillite
Konkursmasse F actif *m* de la faillite **Konkursverfahren** N procédure *f* de faillite **Konkursverwalter** M syndic *m*
können **A** V/AUX *de mode* **1** (*vermögen*) pouvoir; **man kann nie wissen** on ne sait jamais **2** (*beherrschen*) savoir; **schwimmen ~** savoir nager **3** (*dürfen*) pouvoir; *sl* **du kannst mich mal!** *umg* tu peux (toujours) courir! **4** (*möglich sein*) **es kann sein, dass ...** il se peut que ... (+ *subj*); **das kann nicht sein** c'est impossible **5** (*Grund haben*) **das kann man wohl sagen!** ça, on peut le dire; *umg* **ich kann dir sagen!** je t'assure! **B** V/T u. V/I **1** (*vermögen*) pouvoir; **ich kann nicht mehr!** je n'en peux plus!; **ich kann nicht anders** je ne peux pas faire autrement; **so gut ich kann** de mon mieux **2** (*beherrschen*) savoir; **er kann etwas** il est capable; **er kann Englisch** il sait l'anglais; (*sprechen*) il parle anglais **3** **ich kann nichts dafür** je n'y peux rien

können: pouvoir oder savoir?

savoir wird verwendet, wenn es sich um etwas Erlerntes handelt, **pouvoir**, wenn die äußeren Umstände es zulassen:

savoir lire	lesen können (*weil man es gelernt hat*)
pouvoir lire	lesen können (*weil z. B. die Schrift groß genug ist*)

FEHLERQUELLEN

Können N savoir(-faire) *m*
Könner(in) M(F) personne *f* très capable; as *m*
konnte → können
Konsens *geh* M consensus *m*
konsequent ADJ **1** (*folgerichtig*) logique; conséquent **2** (*beharrlich*) résolu
Konsequenz F **1** (*Folgerichtigkeit*) logique *f* **2** (*Folge*) conséquence *f*; **die ~en aus etw ziehen** tirer les conséquences de qc
konservativ ADJ conservateur (! Endung) **Konservative(r)** M/F(M) conservateur, -trice *m,f* (! Endung) **Konservatorium** N Conservatoire *m*
Konserve F conserve *f* **Konservenbüchse** F, **Konservendose** F boîte *f* de conserve
konservieren V/T conserver **Konservierung** F conservation *f* **Konservierungsmittel** N, **Konservierungsstoff** M conservateur *m*; agent *m* de conservation
Konsistenz F consistance *f*
Konsole F console *f*
konsolidieren V/T consolider
Konsonant M consonne *f* **konsonantisch**

Konkurs ≠ concours

Dieser Betrieb hat **Konkurs** gemacht.	Cette entreprise a fait **faillite**.
Pour entrer dans cette grande école, il faut passer un **concours**.	Um auf diese „Grande école" zu kommen, muss man eine **Aufnahmeprüfung** machen.

FALSCHE FREUNDE

ADJ consonantique **Konsortium** N consortium *m*
Konspiration F conspiration *f* **konspirativ** ADJ conspirateur **konspirieren** V/I conspirer (**gegen** contre)
konstant ADJ constant
Konstante F constante *f* (*a. fig*)
konstatieren *geh* V/T constater
Konstellation F ASTRON position *f*; *fig* situation *f*
konstituieren V/T (*u.* V/R) (**sich ~** se) constituer **Konstitution** F constitution *f* **konstitutionell** ADJ constitutionnel
konstruieren V/T construire; *fig* inventer
Konstruktion F construction *f*
Konstruktionsbüro N bureau *m* d'études **Konstruktionsfehler** M défaut *m* de construction
konstruktiv ADJ constructif
Konsul M consul *m*
Konsulat N consulat *m*
Konsultation *geh* F consultation *f* **konsultieren** *geh* V/T consulter
Konsum M consommation *f* **Konsument(in)** M(F) consommateur, -trice *m,f*
Konsumgesellschaft F société *f* de consommation **Konsumgüter** NPL biens *mpl* de consommation
konsumieren V/T consommer
Kontakt M 1 contact *m* (**mit** avec); **mit j-m ~ aufnehmen** prendre contact avec qn 2 ELEK plot *m*
Kontaktabzug M FOTO planche *f* de contact **Kontaktadresse** F adresse *f* d'une personne à contacter **Kontaktanzeige** F annonce *f* pour recherche de contacts **Kontaktaufnahme** F prise *f* de contact **kontaktfreudig** ADJ liant **Kontaktlinse** F lentille *f* de contact **Kontaktmann** M agent *m* de liaison
Kontamination F contamination *f* **kontaminieren** V/T contaminer
Konter M SPORT contre *m*
Konterfei N *geh, hum* portrait *m*
kontern V/T *u.* V/I riposter (à; *a. fig*)
Konterrevolution F contre-révolution *f*
Kontext M contexte *m*
Kontinent M continent *m* **kontinental** ADJ continental
Kontingent N contingent *m* (**an** [+ *dat*] en, de) **kontingentieren** V/T contingenter
kontinuierlich *geh* ADJ continu **Kontinuität** *geh* F continuité *f*
Konto N compte *m* **Kontoabschluss** M arrêté *m* de compte **Kontoauszug** M relevé *m* de compte **Kontoeröffnung** F ouverture *f* d'un compte **Kontoführung** F tenue *f* de compte **Kontoführungsgebühr** F frais *mpl* de tenue de compte **Kontoinhaber(in)** M(F) titulaire *m/f* d'un compte **Kontokorrent** N compte courant **Kontonummer** F numéro *m* de compte **Kontostand** M état *m* de compte
kontra PRÄP, ADV contre
Kontra N contre *m*; **j-m ~ geben** KARTENSPIEL contrer qn; *umg fig* riposter vertement à qn
Kontrabass M contrebasse *f*
Kontrahent(in) M(F) adversaire *m/f* **Kontraindikation** F MED contre-indication *f*
Kontrakt M contrat *m*
Kontrapunkt M MUS contrepoint *m*
konträr *geh* ADJ contraire
Kontrast M contraste *m* **kontrastieren** *geh* V/I contraster (**mit** avec)
Kontrastmittel N MED produit *m* de contraste **kontrastreich** ADJ riche en contrastes (*a. fig*)
Kontrollabschnitt M coupon *m* de contrôle
Kontrolle F contrôle *m*; **etw unter ~** (*dat*) **haben** être maître de qc; contrôler qc; **außer ~ geraten** échapper au contrôle
Kontrolleur M contrôleur *m*
Kontrollfunktion F fonction *f* de contrôle **Kontrollgang** M ronde *f*
kontrollieren V/T contrôler
Kontrolllampe F lampe *f* témoin **Kontrollpunkt** M poste *m*, point *m* de contrôle **Kontrollschild** N AUTO *schweiz* plaque *f* d'immatriculation **Kontrollturm** M tour *f* de contrôle **Kontrollzentrum** N centre *m* de contrôle
Kontroverse *geh* F controverse *f*
Kontur F contour *m* **Konturenstift** M crayon *m* à lèvres
Konvention F convention *f*
Konventionalstrafe F JUR dédit *m*
konventionell ADJ conventionnel
Konversation F conversation *f* **Konversationslexikon** N encyclopédie *f*
konvertierbar ADJ convertible **konvertieren** A V/T FIN, IT convertir B V/I REL se convertir (**zu** à)
konvex ADJ convexe
Konvoi M convoi *m*; **im ~ fahren** rouler en convoi
Konzentrat N (produit *m*) concentré *m*
Konzentration F concentration *f*
Konzentrationsfähigkeit F capacité *f* de concentration **Konzentrationslager** N camp *m* de concentration **Konzentrati-**

onsschwäche F baisse *f* de concentration
konzentrieren V/T (u. V/R) (**sich ~** se) concentrer (**auf** [+ *akk*] sur) **konzentriert** **A** ADJT concentré **B** ADVL avec concentration
Konzept N **1** (*Rohfassung*) brouillon *m* **2** (*Plan*) plan *m*; idée *f*; **aus dem ~ kommen** perdre le fil; **j-n aus dem ~ bringen** faire perdre le fil à qn
Konzeption F conception *f*
Konzeptpapier N papier *m* brouillon
Konzern M groupe *m*; trust *m*
Konzert N *Veranstaltung* concert *m*; *e-s Solisten* récital *m*; *Musikstück* concerto *m* **Konzertabend** M concert *m* (ayant lieu le soir) **Konzertagentur** F agence *f* de concerts **Konzertflügel** M piano *m* de concert
konzertiert ADJT **~e Aktion** action concertée
Konzertkarte F billet *m*, place *f* de concert **Konzertmeister** M premier violon **Konzertreise** F tournée *f* **Konzertsaal** M salle *f* de concert

K

Konzession F (*Zugeständnis*) concession *f*; HANDEL licence *f*
konzessiv ADJ GRAM concessif **Konzessivsatz** M GRAM proposition concessive
Konzil N concile *m* **konziliant** *geh* ADJ conciliant
konzipieren *geh* V/T concevoir
Kooperation F coopération *f* **kooperativ** ADJ coopératif **kooperieren** V/I coopérer
Koordinate F coordonnée *f* (! Endung) **Koordinatenkreuz** N MATH repère cartésien **Koordinatensystem** N système *m* de coordonnées
Koordination F coordination *f* **koordinieren** V/T coordonner (! Endung)
Kopenhagen N Copenhague
Kopernikus M Copernic *m*
Kopf M **1** ANAT, *fig* tête *f*; (*Person*) esprit *m*; personne *f*; *e-s Briefs* en-tête *m*; *e-s Nagels etc* tête *f*; *e-s Tisches* °haut *m*; *e-r Münze* face *f*; (*Kohlkopf*) chou *m*; (*Salatkopf*) salade *f* **2** *Wendungen mit adj u. adv* **ein kluger ~** une personne intelligente; **(um) e-n ~ größer sein als j-d** avoir une tête de plus que qn; **~ hoch!** courage! **3** *mit subst* **~ an ~** coude à coude; **von ~ bis Fuß** de la tête aux pieds; **~ und Kragen riskieren** risquer sa vie; **mit dem ~ durch die Wand wollen** vouloir l'impossible **4** *mit präp* **nicht auf den ~ gefallen sein** avoir du plomb dans la cervelle; *umg* **sein ganzes Geld auf den ~ hauen** *umg* claquer tout son fric; **auf dem ~ stehen** *Bild etc* être à l'envers; **alles auf den ~ stellen** mettre tout sens dessus dessous; **das geht mir nicht aus dem ~** cela ne me sort pas de la tête; **sich** (*dat*) **etw aus dem ~ schlagen** s'ôter qc de la tête, de l'esprit; **sich** (*dat*) **etw durch den ~ gehen lassen** réfléchir à *od* sur qc; **im ~ rechnen** calculer de tête; *umg* **nicht (ganz) richtig im ~ sein** *umg* avoir un grain; **sich** (*dat*) **etw in den ~ setzen** se mettre qc dans la tête; **das will mir nicht in den ~ (gehen)** *umg* je n'arrive pas à me mettre ça dans la tête; **pro ~** par personne; par tête; **die Arbeit wächst mir über den ~** je suis débordé de travail; **j-n vor den ~ stoßen** choquer, brusquer qn; **5** *mit Verben* **den ~ hängen lassen** être découragé, déprimé; *umg* **den ~ hinhalten müssen** *umg* porter le chapeau; *umg* trinquer (**für** pour); **den ~ kosten** coûter la vie; **den ~ schütteln** secouer la tête; **ich weiß nicht, wo mir der ~ steht** je ne sais pas où donner de la tête; **j-m den ~ verdrehen** tourner la tête à qn; **den ~ verlieren** perdre la tête; **j-m den ~ waschen** laver la tête à qn; *umg fig* passer un savon à qn; **sich** (*dat*) **den ~ (über etw** [*akk*]**) zerbrechen** se casser la tête (sur qc); → kopfstehen
Kopf-an-Kopf-Rennen N course *f* (au) coude à coude **Kopfarbeit** F travail intellectuel **Kopfbahnhof** M gare *f* terminus **Kopfball** M FUSSBALL tête *f* **Kopfballtor** N but (marqué) de la tête **Kopfbedeckung** F coiffure *f*; chapeau *m*; *hum* couvre-chef *m* **Kopfbewegung** F mouvement *m* de la tête
Köpfchen N *umg* **~ haben** être intelligent
köpfen V/T **1** *j-n* décapiter **2** **(den Ball) ~** faire une tête
Kopfende N tête *f*; *des Bettes* chevet *m* **Kopfgeld** N prime *f* **Kopfgeldjäger** M chasseur *m* de primes **Kopfhaut** F cuir chevelu **Kopfhörer** M casque *m*
...köpfig ADJ IN ZSSGN à ... têtes; **e-e vierköpfige Familie** une famille de quatre personnes
Kopfkissen N oreiller *m* **Kopfkissenbezug** M taie *f* d'oreiller **Kopflaus** F pou *m*
kopflos **A** ADJ *fig* (*unüberlegt*) irréfléchi; (*gedankenlos*) écervelé; (*in Panik*) affolé **B** ADV de manière irréfléchie
Kopfnicken N °hochement *m* de tête (*zustimmend* en signe d'approbation) **Kopfnote** F SCHULE *etwa* note *f* de vie scolaire **Kopfnuss** *umg* F **1** (*Schlag*) petit coup contre la tête; *etwa* chiquenaude *f* **2** (*Denkaufgabe*) casse-tête *m*
Kopfrechnen N calcul mental **Kopfsalat** M laitue *f*
kopfscheu ADJ **j-n ~ machen** effaroucher qn
Kopfschmerzen MPL maux *mpl* de tête; **~ haben** avoir mal à la tête
Kopfschmuck M parure *f* de la tête
Kopfschuss M balle *f* dans la tête; *umg fig* **e-n ~ haben** *umg* être un peu fêlé

Kopfschütteln N °hochement *m* de tête (*verneinend* en signe de refus) **kopfschüttelnd** ADVL en °hochant, en secouant la tête **Kopfsprung** M plongeon *m* **Kopfstand** M poirier *m*
kopfstehen V/I avoir la tête en bas; *umg fig* être sens dessus dessous
Kopfsteinpflaster N pavé *m* **Kopfstimme** F MUS voix *f* de tête; fausset *m* **Kopfstoß** M FUSSBALL tête *f*; BOXEN coup *m* de tête **Kopfstütze** F repose-tête *m* **Kopftuch** N foulard *m* **kopfüber** ADV la tête la première **Kopfverletzung** F blessure *f* à la tête **Kopfweh** *umg* N → Kopfschmerzen
Kopfzerbrechen N **j-m (großes) ~ machen** donner (bien) du souci à qn
Kopie F **1** copie *f* (*a. Abschrift, Nachbildung, Fotokopie*) **2** *fig* imitation *f*
kopieren V/T copier (*a. fig*)
Kopierer *umg* M, **Kopiergerät** N photocopieur *m*; photocopieuse *f* **Kopierpapier** N papier *m* pour photocopieur
Kopilot(in) M(F) copilote *m/f*
Koppel[1] F (*Weide*) pâturage *m*
Koppel[2] N MIL ceinturon *m*
koppeln V/T **1** TECH, ELEK coupler (**an** [+ *akk*] à); RAUMFAHRT amarrer (à) **2** *fig* associer (à)
Kopp(e)lung F **1** TECH, ELEK couplage *m*; RAUMFAHRT amarrage *m* **2** *fig* association *f* (**an** [+ *akk*] à)
Koproduktion F coproduction *f* **Koproduzent(in)** M(F) coproducteur, -trice *m,f*
kopulieren V/I copuler
Koralle F corail *m*
Korallenbank F banc *m* de coraux **Korallenfischer** M pêcheur *m* de corail; corailleur *m* **Korallenriff** N récif *m* de corail
Koran M Coran *m*
Korb M **1** *ohne Henkel* corbeille *f*; (*Henkelkorb, Einkaufskorb, Basketballkorb*) panier *m*; (*Tragkorb*) °hotte *f* **2** *fig* refus *m*; **j-m e-n ~ geben** éconduire qn; **e-n ~ bekommen** essuyer un refus
Korbball M *sport proche du basket-ball*
Körbchen N *beim BH* bonnet *m*
Korbflasche F bouteille clissée; *große* bonbonne *f* **Korbmacher** M vannier *m* **Korbmöbel** NPL meubles *mpl* en rotin, *aus Weide* en osier **Korbwaren** FPL (articles *mpl* de) vannerie
Kord M velours côtelé
Kordel F cordon *m*
Kordhose F pantalon *m* en velours côtelé
Korea N la Corée
Koreaner(in) M(F) Coréen, -éenne *m,f* **koreanisch** ADJ coréen
Korfu N Corfou
Koriander M coriandre *f*
Korinthe F raisin *m* de Corinthe
Kork M liège *m* **Korkeiche** F chêne-liège *m*
Korken M bouchon *m* **Korkenzieher** M tire-bouchon *m*
Kormoran M ZOOL cormoran *m*
Korn[1] N **1** (*Getreide*) céréales *fpl*; *gedroschenes* grain(s) *m(pl)* **2** (*einzelnes Getreidekorn, Sandkorn, Salzkorn etc*) grain *m* **3** (*Samenkorn*) graine *f* **4** *an Handfeuerwaffen* guidon *m*; **j-n aufs ~ nehmen** avoir qn dans le collimateur; **etw aufs ~ nehmen** attaquer qc

Korn — les céréales (fpl)

Korn — les graines (fpl)

Korn[2] *umg* M (*Kornbranntwein*) eau-de-vie *f* de grain
Kornblume F bleuet *m*
Körnchen N petit grain; *fig* **ein ~ Wahrheit** un brin de vérité
Kornfeld N champ *m* de blé
körnig ADJ granuleux
Kornkammer F *fig* grenier *m* à blé
Koronargefäß N ANAT vaisseau *m* coronaire
Körper M corps *m* (*a. fig, vom Wein*); GEOMETRIE solide *m*; **am ganzen ~ zittern** trembler de tout son corps
Körperbau M constitution *f*; stature *f* **Körperbeherrschung** F maîtrise *f* du corps **körperbehindert** ADJT °handicapé (physique) **Körperbehinderte(r)** M/F(M) °handicapé(e) *m(f)* (physique) **Körperfunktion** F fonction (corporelle, physiologique) **Körpergeruch** M odeur corporelle **Körpergewicht** N poids *m* **Körpergröße** F taille

f **Körperhaar** N poil m **Körperhaltung** F maintien m; tenue f **Körperkontakt** M contact physique **körperlich** ADJ physique **Körperpflege** F soins corporels **Körperpuder** M talc m **Körperschaft** F corps m **Körpersprache** F langage m du corps **Körperteil** M partie f du corps **Körpertemperatur** F température f du corps **Körperverletzung** F JUR coups et blessures mpl **Körperwärme** F chaleur f du corps

Korps N MIL, DIPL corps m

korpulent ADJ corpulent

korrekt ADJ *Auskunft etc* exact; *Satz, Verhalten, Kleidung* correct **Korrektheit** F *(Genauigkeit)* exactitude f; *(korrektes Verhalten)* correction f

Korrektor(in) M(F) correcteur, -trice m,f

Korrektur F correction f; ~ **lesen** corriger les épreuves

Korrekturband N ruban correcteur **Korrekturfahne** F TYPO épreuve f **Korrekturtaste** F touche f de correction **Korrekturzeichen** N signe m de correction

Korrespondent(in) M(F) 1 *e-r Zeitung* correspondant(e) m(f) 2 *e-r Firma* correspondancier, -ière m,f **Korrespondenz** F correspondance f **korrespondieren** V/I 1 correspondre (**mit** avec) 2 *geh (entsprechen)* correspondre (à)

Korridor M couloir m (a. fig); corridor m

korrigieren V/T corriger

korrodieren A V/T corroder B V/I se corroder **Korrosion** F corrosion f **Korrosionsschutz** M anticorrosif m

korrumpieren V/T corrompre

korrupt ADJ corrompu

Korruption F corruption f

Korse M Corse m

Korsett N corset m

Korsika N la Corse **Korsin** F Corse f **korsisch** ADJ corse

Korso M *(Umzug)* corso m

Kortison N cortisone f (! feminin)

Koryphäe F génie m

koscher ADJ GASTR kascher *od* casher (! unveränderlich); *umg fig* **nicht ~** louche

K.-o.-Schlag M K.-O. m; knock-out m

Koseform F diminutif m **Kosename** M petit nom; diminutif m **Kosewort** N mot m tendre; terme m d'affection

K.-o.-Sieg M victoire f par knock-out

Kosinus M cosinus m

Kosmetik F soins mpl de beauté **Kosmetikabteilung** F rayon m (des) cosmétiques **Kosmetikartikel** M produit m de beauté; cosmétique m **Kosmetikerin** F esthéticienne f **Kosmetikindustrie** F industrie f des cosmétiques **Kosmetikkoffer** M vanity-case m **Kosmetiksalon** M institut m de beauté **Kosmetiktasche** F trousse f de maquillage

Kosmetikum N produit m de beauté **kosmetisch** ADJ cosmétique

kosmisch ADJ cosmique

Kosmonaut(in) M(F) cosmonaute m/f

Kosmopolit M cosmopolite m **kosmopolitisch** ADJ cosmopolite

Kosmos M cosmos m

Kosovo **der** *od* **das ~** le Kosovo

Kost F nourriture f; **(freie) ~ und Logis haben** être logé et nourri

kostbar ADJ précieux (a. fig) **Kostbarkeit** F objet précieux

kosten[1] A V/T *(probieren)* goûter; *bes Wein* déguster B V/I **von etw ~** goûter à, de qc

kosten[2] V/T *(e-n Preis haben)* coûter (a. fig); **viel (Geld) ~** coûter cher; **wie viel, was kostet das?** combien ça coûte?; **das lasse ich mir etwas ~** je suis prêt à y mettre le prix; **koste es, was es wolle** à tout prix; coûte que coûte

Kosten PL coût m; *(Kostenaufwand)* frais mpl; **auf ~ von** aux frais de; *fig* aux dépens de; **auf s-e ~ kommen** trouver son compte (**bei etw** à qc); **~deckend, sparend** → kostendeckend, kostensparend

Kostenaufwand M frais mpl **Kostendämpfung** F réduction f des coûts **kostendeckend** ADJ/T couvrant les frais; rentable **Kostenersparnis** F économie f (de frais) **Kostenerstattung** F remboursement m des frais **Kostenexplosion** F explosion f des coûts **Kostenfaktor** M facteur m de coût(s) **Kostenfrage** F question f de prix **kostengünstig** ADJ avantageux **kostenintensiv** ADJ coûteux **kostenlos** ADJ gratuit **Kosten-Nutzen-Analyse** F analyse f coûts-avantages

kostenpflichtig A ADJ payant B ADV *Fahrzeug* **~ abschleppen** mettre en fourrière

Kostenpunkt M coût m; prix m **Kostenrechnung** F calcul m des frais **Kostensenkung** F diminution f des frais, coûts **kostensparend** ADJ/T qui épargne des dépenses; qui fait faire des économies **Kostenstelle** F centre m d'imputation des charges; section f des frais **Kostenvoranschlag** M devis m

Kostgeld N pension f

köstlich A ADJ *Speise* délicieux; *Anekdote, Witz* savoureux B ADV *sich amüsieren* merveilleusement bien; **das schmeckt ~** c'est délicieux

Köstlichkeit F *Sache* délice m

Kostprobe F 1 morceau m, petit bout (pour y goûter) 2 *fig* échantillon m **kostspielig** ADJ coûteux

Kostüm ≠ costume

Martine mag keine Hosen, sie bevorzugt **Kostüme**.	Martine n'aime pas les pantalons, elle préfère les **tailleurs**.
Pour son mariage, Marc a mis son nouveau **costume**.	Zu seiner Hochzeit hat Marc seinen neuen **Anzug** angezogen.

FALSCHE FREUNDE

Kostüm N MODE tailleur *m*; THEAT, *Verkleidung* costume *m* **Kostümball** M, **Kostümfest** N bal costumé

kostümieren V/T (*u.* V/R) (**sich ~** se) costumer (**als** en)

Kostümprobe F répétition *f* en costume **Kostümverleih** M location *f* de costumes

K.-o.-System N SPORT (système *m* d')élimination directe

Kot M excréments *mpl*; *von Tieren a.* crotte *f*

Kotangens M MATH cotangente *f*

Kotelett N GASTR côtelette *f*; *größeres a.* côte *f* **Koteletten** PL (*Backenbart*) favoris *mpl*

Köter *umg pej* M *umg* cabot *m*

Kotflügel M AUTO aile *f*

Kotzbrocken *sl* M *sl* bâton merdeux

Kotze *sl* F *sl* dégueulis *m*

kotzen *sl* V/I *umg* dégobiller; *sl* dégueuler; **es ist zum Kotzen!** *umg* merde alors!

kotzübel ADJ *sl* **mir ist ~** *sl* j'ai envie de dégueuler

Krabbe F (*Krebs*) crabe *m* (! maskulin); (*Garnele*) crevette *f*

Krabbelalter N âge *m* où un enfant marche à quatre pattes **Krabbelgruppe** F garderie parentale pour les enfants (entre six et quinze mois)

krabbeln V/I *Kind* marcher à quatre pattes; *Insekt* courir

Krach M 1 (*Lärm*) bruit *m*; *Personen a.* vacarme *m*; *umg* boucan *m*; *plötzlicher, starker* fracas *m*; **~ machen** faire du bruit 2 *umg* (*Streit*) dispute *f*; querelle *f*; **mit j-m ~ haben** être brouillé avec qn; **mit j-m ~ anfangen** se brouiller avec qn; **~ schlagen** faire un esclandre

krachen V/I 1 (*a. v/unpers*) faire du bruit; *Eis, Balken, Zwieback* craquer; *Holz etc im Feuer, Schuss* éclater; *Knallkörper* péter; *umg* **auf der Autobahn hat es wieder gekracht** *umg* ça a encore cartonné sur l'autoroute; *umg* **..., sonst krachts!** *umg* ... sinon, ça va barder! 2 (*zusammenstürzen*) *Eis, Balken* s'effondrer (avec fracas) 3 *umg Fahrzeug* **gegen etw ~** s'écraser contre qc

Kracher *umg* M pétard *m*

Kracherl N *österr* limonade *f*

krächzen V/I *Rabe, Krähe* croasser; *Papagei* crier; *Person* parler d'une voix rauque

Krad N *bes* MIL moto *f* **Kradfahrer(in)** M(F) motocycliste *m/f*

kraft PRÄP en vertu de

Kraft F 1 force *f* (*a.* PHYS); (*Lebenskraft*) vigueur *f*; *fig* puissance *f*; *fig* **treibende ~** moteur *m*; **aus eigener ~** tout seul; **mit letzter ~** avec mes, tes, *etc* dernières forces; **mit vereinten Kräften** tous ensemble; **wieder zu Kräften kommen** reprendre des forces; **das geht über meine Kräfte** c'est au-dessus de mes forces; **was in meinen Kräften steht** ce qui est en mon pouvoir 2 JUR, POL **in ~ treten, sein** entrer, être en vigueur; **außer ~ setzen** déclarer sans effet; *Gesetz* abroger 3 (*Arbeitskraft*) collaborateur, -trice *m,f*

Kraftakt M grand effort physique; *fig* tour *m* de force **Kraftanstrengung** F (grand) effort **Kraftaufwand** M efforts *mpl* **Kraftausdruck** M gros mot **Kraftbrühe** F consommé *m*

Kräfteverhältnis N proportion *f* des forces

Kraftfahrer(in) M(F) ADMIN conducteur, -trice *m,f*; (*Autofahrer*) automobiliste *m/f*

Kraftfahrzeug N véhicule *m* automobile **Kraftfahrzeugbrief** M *document établi lors de la mise en circulation d'un véhicule et qui suit ses propriétaires successifs* **Kraftfahrzeugkennzeichen** N numéro *m* d'immatriculation **Kraftfahrzeugmechaniker** M mécanicien *m* de véhicules automobiles **Kraft-**

Kostüm — le costume

Kostüm — le tailleur

K

fahrzeugschein M carte grise **Kraftfahrzeugsteuer** F impôt *m* sur les véhicules automobiles; vignette *f* (automobile) **Kraftfahrzeugversicherung** F assurance *f* automobile

Kraftfeld N PHYS champ *m* de force **Kraftfutter** N AGR aliments concentrés

kräftig A ADJ *Person* fort; vigoureux; *Nahrung* substantiel; *Mahlzeit umg* solide; *Schluck* grand; *Farbton* vif B ADV *(stark)* vigoureusement; *(sehr)* fortement; *Körper* **~ gebaut sein** être robuste; *beim Essen* **~ zulangen** se servir largement

kräftigen V/T fortifier

kraftlos ADJ sans force; faible

Kraftprobe F épreuve *f* de force **Kraftprotz** *umg* M gros bras **Kraftrad** N ADMIN motocyclette *f* **Kraftstoff** M carburant *m* **kraftstrotzend** ADJT plein de vigueur **Kraftverkehr** M ADMIN circulation *f* automobile **Kraftverschwendung** F gaspillage *m* d'énergie **kraftvoll** ADJ vigoureux **Kraftwagen** M ADMIN (voiture *f*) automobile *f* **Kraftwerk** N centrale *f* (électrique) **Kraftwort** N gros mot

Kragen M col *m*; **j-n beim ~ packen** saisir qn au collet; **es geht ihm an den ~** ça va aller mal pour lui; *umg* **mir platzt gleich der ~** *umg* je vais piquer une crise; *umg* je vais exploser

Kragenweite F encolure *f*; *umg fig* **das ist meine ~** c'est mon genre

Krähe F corneille *f*; *sprichw* **e-e ~ hackt der anderen kein Auge aus** *sprichw* les loups ne se mangent pas entre eux

krähen V/I *Hahn* chanter

Krähenfüße *umg* MPL *an den Augen* pattes-d'oie *fpl*

Krake M pieuvre *f*

krakeelen *umg pej* V/I *umg* faire du boucan; *umg* gueuler

krak(e)lig *umg pej* ADJ griffonné; *Schrift* tremblé

krakeln *umg pej* V/I griffonner

Kralle F griffe *f* (*a. fig pej*); *der Raubvögel* serre *f*

krallen A V/T 1 *(mit den Krallen packen)* saisir avec les griffes 2 **s-e Finger um etw ~** serrer qc entre ses doigts B V/R **sich an j-n, etw ~** s'agripper à qn, qc; **ihre Nägel krallten sich ins Kissen** elle enfonça ses ongles dans l'oreiller

Kram *umg* M 1 *(Zeug) umg* fourbi *m*; *umg* bataclan *m* 2 *(Angelegenheit)* affaires *fpl*; **das passt mir nicht in den ~** cela ne m'arrange pas; **mach doch deinen ~ alleine!** débrouille-toi tout seul!

kramen *umg* V/I **in etw** *(dat)* **~** fouiller dans qc

Kramladen *umg pej* M bazar *m*

Krampe F crampon *m*

Krampf M 1 MED crampe *f* 2 *umg (Unsinn) umg* foutaise *f*

Krampfader F varice *f*

krampfartig ADJ spasmodique

krampfen V/T *(u.* V/R **sich ~** se) crisper; **sich um, in etw** *(akk)* **~** s'agripper à qc

krampfhaft A ADJ 1 MED convulsif 2 *fig Bemühungen etc* laborieux B ADV *fig* laborieusement; **sich ~ bemühen** se donner un mal fou **(zu** [+ *inf*] pour [+ *inf*])

krampflösend, **krampfstillend** ADJT antispasmodique

Kran M TECH grue *f* **Kranführer** M grutier *m*

Kranich M ZOOL grue *f*

krank ADJ *u.* ADV malade (**vor Eifersucht** de jalousie); **~ werden** tomber malade

Kranke(r) M/F(M) malade *m/f*

kränkeln V/I être maladif

kranken V/I **an etw** *(dat)* **~** souffrir de qc

kränken V/T blesser; vexer

Krankenbesuch M visite *f* à un malade **Krankenbett** N lit *m* de malade **Krankenblatt** N dossier *m* médical **Krankengeld** N indemnité journalière **Krankengymnast(in)** M(F) kinésithérapeute *m/f* **Krankengymnastik** F kinésithérapie *f*

Krankenhaus N hôpital *m*; **j-n in ein ~ einliefern** hospitaliser qn; **im ~ liegen** être à l'hôpital; être hospitalisé

krankenhausreif *umg* ADJ **j-n ~ schlagen** *umg* démolir qn; envoyer qn à l'hôpital

Krankenkasse, *österr* **Krankenkassa** F caisse *f* (de) maladie **Krankenpflege** F soins infirmiers **Krankenpfleger** M infirmier *m* **Krankenpflegerin** F aide soignante **Krankenschein** M feuille *f* de maladie **Krankenschwester** F infirmière *f*

Krankenstand M taux *m* de malades; *österr* **im ~ sein** être en congé de maladie

Krankentransport M transport *m* d'un malade *bzw.* de malades

Krankenversicherung F assurance *f* maladie; **private ~** assurance maladie privée

Krankenwagen M ambulance *f* **Krankenzimmer** N chambre *f* de malade *bzw.* d'hôpital

krankfeiern *umg* V/I pratiquer l'absentéisme

krankhaft ADJ maladif *(a. fig)*

Krankheit F maladie *f*

Krankheitsbild N tableau *m* clinique **Krankheitserreger** M agent *m* pathogène **krankheitshalber** ADV pour cause de maladie **Krankheitsverlauf** M déroulement *m* de la maladie

kranklachen *umg* V/R **sich ~** mourir de rire **(über** [+ *akk*] à propos de); *umg* se fendre la gueule

kränklich ADJ maladif
krankmelden V/R **sich ~** se faire porter malade
Krankmeldung F avis *m* d'arrêt maladie
krankschreiben V/T **j-n ~** mettre qn en arrêt de travail
Kränkung F vexation *f*
Kranwagen M camion-grue *m*
Kranz M couronne *f*
Kränzchen N *fig* petit cercle (de dames)
Kranzniederlegung F dépot *m* de couronne
Krapfen M beignet *m*
krass A ADJ *Unterschied* gros; *Gegensatz* vif; *Fehler* grossier; *Irrtum, Widerspruch* flagrant; *bes Jugendsprache* **(voll) ~** *(toll) umg* super cool (! unveränderlich); *(schlimm) umg* dégueu (! unveränderlich) B ADV *sich ausdrücken* crûment
Krater M cratère *m* **Kraterlandschaft** F paysage *m* volcanique **Kratersee** M lac *m* de cratère
Kratzbürste *umg* F personne *f* revêche **kratzbürstig** *umg* ADJ revêche
Krätze F MED gale *f*
kratzen A V/T 1 gratter; *(schaben)* racler; *mit Krallen, Fingernägeln* griffer 2 *(hineinkratzen)* graver 3 *(wegkratzen)* gratter; *stärker* racler 4 *umg (stören)* déranger; **das kratzt mich nicht** ça me laisse froid B V/I *(jucken, brennen)* gratter C V/R **sich ~** se gratter (**am Kopf** la tête)
Kratzer M *auf der Haut* égratignure *f*; *an Möbeln* rayure *f*
kratzig ADJ *Stoff* rêche; *Stimme* rauque
Kratzwunde F égratignure *f*
Kraul N *(Freistil)* crawl *m*
kraulen[1] V/T *Haar, Hund etc* gratter doucement
kraulen[2] V/I SCHWIMMSPORT nager le crawl
kraus ADJ *Haar* crépu; frisé (a. BOT); *pej (wirr)* embrouillé; → krausziehen
Krause F 1 *(Halskrause)* collerette *f*; fraise *f* 2 *im Haar* chevelure crépue
kräuseln V/T (u. V/R) **(sich ~)** *Haar, Faser* friser; *Stoff* (se) froncer; *Wasserfläche* (se) rider
Kraushaar N cheveux crépus
krausziehen V/T **die Stirn ~** froncer les sourcils
Kraut N 1 BOT herbe *f*; *umg* **dagegen ist kein ~ gewachsen** il n'y a pas de remède à cela 2 *von Kartoffeln etc* fanes *fpl*; **ins ~ schießen** monter en graine; *fig* se propager rapidement; *fig* **hier sieht es aus wie ~ und Rüben** c'est un vrai bazar 3 *bes südd, österr* chou *m*
Kräuterbutter F beurre *m* aux fines herbes **Kräuteressig** M vinaigre *m* aux fines herbes **Kräuterkäse** M fromage *m* aux fines herbes **Kräuterlikör** M liqueur *f* aux herbes **Kräutertee** M tisane *f*
Krautsalat M salade *f* de chou **Krautwickel** M *bes südd, österr* chou farci
Krawall M 1 *(Aufruhr)* bagarre *f*; *stärker* émeute *f* 2 *umg (Lärm)* tapage *m*; chahut *m* **Krawallmacher** *umg* M casseur *m*
Krawatte F cravate *f*
Krawattenknoten M nœud *m* de cravate **Krawattenmuffel** *umg* M *personne qui n'aime pas les cravates* **Krawattennadel** F épingle *f* de cravate
kraxeln *umg bes südd, österr* V/I grimper
Kreation F MODE création *f* **kreativ** ADJ créatif **Kreativität** F créativité *f* **Kreatur** F créature *f*
Krebs M 1 *(Krebstier)* crustacé *m*; *(Flusskrebs)* écrevisse *f*; *(Krabbe)* crabe *m* 2 MED cancer *m*; **~ erregend, ~ erzeugend** cancérigène 3 ASTROL Cancer *m*

Krebs — le crabe

Krebs — le Cancer

Krebserkrankung F maladie cancéreuse **krebserregend, krebserzeugend** ADJT cancérigène **Krebsforschung** F cancérologie *f* **Krebsfrüherkennung** F dépistage *m* précoce du cancer **Krebsgeschwulst** F tumeur cancéreuse **Krebsgeschwür** N ulcère cancéreux; *fig* chancre *m* **krebskrank** ADJ cancéreux **Krebskranke(r)** M/F(M) cancéreux, -euse *m,f* **Krebsleiden** N cancer *m* **krebsrot** ADJ rouge comme une écrevisse **Krebstiere** NPL crustacés *mpl* **Krebsvorsorge** F dépistage *m* du cancer **Krebsvorsorgeuntersuchung** F examen *m* de dépistage du cancer **Krebszelle** F cellule cancéreuse

Kredit M crédit *m* (*a. fig*); **auf ~** à crédit; **j-m e-n ~ gewähren** accorder un crédit à qn; **e-n ~ aufnehmen** recourir, avoir recours à un crédit
Kreditabteilung F service *m* des crédits **Kreditantrag** M demande *f* de crédit **Kreditgeber** M prêteur *m* **Kredithai** *umg pej* M requin *m* de la finance **Kreditinstitut** N établissement *m* de crédit **Kreditkarte** F carte *f* de crédit **Kreditkauf** M achat *m* à crédit **Kreditnehmer** M emprunteur *m* **kreditwürdig** ADJ solvable **Kreditzinsen** MPL taux *m* d'intérêts de l'emprunt
Kredo N KATH Credo *m*; *geh fig* credo *m*
Kreide F **1** craie *f* (*a.* GEOL); **bei j-m in der ~ stehen** avoir une ardoise chez qn **2** (*Kreidezeit*) crétacé *m*
kreidebleich ADJ blanc comme un linge **Kreidefelsen** M falaise *f* de craie **kreideweiß** ADJ blanc comme un linge **Kreidezeichnung** F dessin *m* au pastel **Kreidezeit** F crétacé *m*
kreieren V/T créer
Kreis M **1** MATH, *fig* cercle *m*; **im kleinen ~(e)** dans l'intimité; **im engsten ~e** dans la plus stricte intimité; **in politischen ~en** dans les milieux politiques; **weite ~e der Bevölkerung** une grande partie de la population; **die Affäre zieht immer weitere ~e** l'affaire prend des proportions; **sich im ~(e) drehen** tourner en rond (*a. fig*) **2** ADMIN canton *m*
Kreisabschnitt M segment *m* de cercle **Kreisausschnitt** M secteur *m* circulaire **Kreisbahn** F orbite *f*
kreischen V/I *Mensch* pousser des cris perçants; *Möwe, Papagei* crier; *Säge* grincer; *Reifen* crisser
Kreisdurchmesser M diamètre *m* du cercle
Kreisel M **1** *Kinderspielzeug* toupie *f* **2** *umg* (*Kreisverkehr*) sens *m* giratoire; rond-point *m*
kreisen V/I tourner (**um** autour de); *Raubvogel, Flugzeug* décrire des cercles; *Flasche* circuler à la ronde; *Blut* circuler; *fig* **um etw ~** *Diskussion, Gedanken* tourner autour de qc
Kreisfläche F superficie *f* du cercle **kreisförmig** ADJ circulaire
Kreislauf M **1** (*Blutkreislauf*) circulation *f* **2** *der Natur, des Wassers* cycle *m* **3** *der Wirtschaft* circuit *m* **Kreislaufkollaps** M collapsus *m* **Kreislaufstörungen** FPL troubles *mpl* circulatoires **Kreislaufversagen** N arrêt *m* circulatoire
kreisrund ADJ rond **Kreissäge** F scie *f* circulaire
Kreißsaal M salle *f* d'accouchement
Kreisstadt F chef-lieu *m* de canton **Kreistag** M POL conseil *m* de canton **Kreisumfang** M circonférence *f* **Kreisverkehr** M sens *m* giratoire **Kreisverwaltung** F administration *f* du canton **Kreiswehrersatzamt** N bureau *m* du service national
Krem F → Creme
Krematorium N crématorium *m*
Kreml M **der ~** le Kremlin
Krempe F bord *m*
Krempel *umg pej* M *umg* fourbi *m*; *umg* bataclan *m*
Kren M *österr* raifort *m*
krepieren V/I **1** *Geschoss* éclater **2** *umg Tier* crever; *sl Mensch* crever (**an** [+ *dat*] de)
Krepp M crêpe *m*
Krepppapier N papier *m* crépon **Kreppsohle** F semelle *f* (de) crêpe
Kresse F cresson *m*
Kreta N la Crète
kreuz ADV **~ und quer** dans tous les sens
Kreuz N **1** croix *f*; **das Rote ~** la Croix-Rouge; **ans ~ schlagen** mettre en croix; crucifier; **zu ~e kriechen** courber l'échine; *umg* **es ist ein ~ mit ihm** c'est la croix et la bannière avec lui **2** ANAT reins *mpl*; *umg fig* **j-n aufs ~ legen** *umg* avoir qn; *Frau sl* se taper qn **3** *Spielkartenfarbe* trèfle *m* **4** MUS dièse *m*
Kreuzbein N ANAT sacrum *m* **Kreuzchen** N petite croix
kreuzen **A** V/T croiser (*a. Straße, Beine,* BIOL **mit** avec) **B** V/I SCHIFF croiser; **(gegen den Wind) ~** louvoyer **C** V/R **sich ~** se croiser
Kreuzer M SCHIFF yacht *m* (de croisière); MIL croiseur *m*
Kreuzfahrer M HIST croisé *m* **Kreuzfahrt** F SCHIFF croisière *f*

Kreisel — la toupie

Kreisel — le rond-point

Kreuz — la croix

Kreuz — le trèfle

Kreuz — la croix

Kreuzfeuer N *fig* **ins ~ (der Kritik) geraten** être pris sous les feux de la critique; **im ~ der Kritik stehen** être la cible des critiques
Kreuzgang M cloître *m*
kreuzigen VT crucifier **Kreuzigung** F crucifixion *f*
kreuzlahm *umg* ADJ éreinté
Kreuzotter F vipère (commune) **Kreuzritter** M HIST croisé **Kreuzschlitzschraube** F vis *f* cruciforme **Kreuzschlitzschraubenzieher** M tournevis *m* cruciforme **Kreuzschlüssel** M clé *f* en croix **Kreuzspinne** F épeire *f* diadème **Kreuzstich** M MODE point *m* de croix
Kreuzung F 1 *von Linien, Straßen* croisement *m*; *von Straßen a.* carrefour *m*; intersection *f* 2 BIOL croisement *m*; *Ergebnis* hybride *m*
Kreuzverhör N contre-interrogatoire *m*; **j-n ins ~ nehmen** soumettre qn à un interrogatoire serré
Kreuzweg M REL chemin *m* de croix
kreuzweise ADV en croix; *sl* **er kann mich (mal) ~!** *sl* je lui dis merde!
Kreuzworträtsel N mots croisés **Kreuzzeichen** N KIRCHE signe *m* de (la) croix **Kreuzzug** M croisade *f* (*a. fig*)
kribb(e)lig *umg* ADJ nerveux
kribbeln VI *u.* V/UNPERS picoter; **es kribbelt mir in der Nase** j'ai des picotements dans le nez; *fig* **es kribbelt mir in den Fingern** (**zu** + *inf*) cela me démange (de + *inf*)
kriechen VI ramper (*a. fig* **vor j-m** devant qn); *umg* (*langsam fahren*) avancer comme une tortue
Kriecher *umg pej* M *umg* lèche-bottes *m* **kriecherisch** ADJ *pej* rampant; servile
Kriechspur F voie réservée aux véhicules lents **Kriechtier** N reptile *m*
Krieg M guerre *f* (**gegen** contre); **der Kalte ~** la guerre froide; **im ~** pendant la guerre; **~ führen** faire la guerre (**gegen** à); **~ führend** belligérant; **den ~ erklären** déclarer la guerre (*a. fig*); **in den ~ ziehen** partir à la guerre
kriegen *umg* A VT (*bekommen*) avoir; recevoir; *Geld a.* toucher; *Flüchtende, Krankheit* attraper; **Hunger ~** commencer à avoir faim; **er kriegt es mit mir zu tun** il aura affaire à moi; **du kriegst gleich eine!** tu veux une claque?; → bekommen B V/R **sich ~** *Liebespaar* être réunis
Krieger M guerrier *m* **Kriegerdenkmal** N monument *m* aux morts **kriegerisch** ADJ belliqueux **Kriegerwitwe** F veuve *f* de guerre
Kriegsausbruch M commencement *m* de la guerre
Kriegsbeil N *hum* **das ~ begraben** enterrer la hache de guerre
Kriegsberichterstatter M correspondant *m* de guerre **Kriegsbeschädigte(r)** M mutilé *m* de guerre **Kriegsdienst** M service *m* militaire **Kriegsdienstverweigerer** M objecteur *m* de conscience **Kriegserklärung** F déclaration *f* de guerre (**an** [+ *akk*] à)
Kriegsfall M **im ~** en cas de guerre
Kriegsfilm M film *m* de guerre **Kriegsfolgen** FPL séquelles *fpl* de la guerre
Kriegsfuß M *hum* **mit j-m auf (dem) ~ stehen** être sur le pied de guerre avec qn; *hum* **mit etw auf (dem) ~ stehen** être brouillé avec qc
Kriegsgebiet N zone *f* d'action (militaire) **Kriegsgefahr** F danger *m* de guerre **Kriegsgefangene(r)** M prisonnier *m* de guerre **Kriegsgefangenschaft** F captivité *f* **Kriegsgegner** M 1 (*Feind*) adversaire *m* 2 (*Pazifist*) pacifiste *m* **Kriegsgericht** N conseil *m* de guerre **Kriegsgräber** NPL tombes *fpl* de soldats **Kriegskamerad** M compagnon *m* d'armes **Kriegsmaterial** N matériel *m* de guerre **Kriegsopfer** N victime *f* de guerre
Kriegspfad M *hum* **auf dem ~ sein** être sur le sentier de la guerre
Kriegsrat M *hum* **~ halten** tenir (un) conseil

de guerre
Kriegsschauplatz M théâtre *m* des opérations **Kriegsschiff** N navire *m* de guerre **Kriegsspielzeug** N jouet(s) guerrier(s) **Kriegsteilnehmer** M *Soldat* combattant *m*; *Land* belligérant *m* **Kriegsverbrechen** N crime *m* de guerre **Kriegsverbrecher** M criminel *m* de guerre **Kriegsveteran** M ancien combattant
Kriegszustand M état *m* de guerre; **im ~** en guerre
Krim die ~ la Crimée
Krimi *umg* M *umg* polar *m*
Kriminalbeamte(r) M fonctionnaire *m* de la police judiciaire **Kriminalfall** M affaire criminelle **Kriminalfilm** M film policier
kriminalistisch ADJ criminalistique **Kriminalität** F criminalité *f*; *bes in sozialer Hinsicht* délinquance *f*
Kriminalkommissar(in) M(F) inspecteur *m* de police **Kriminalpolizei** F police *f* judiciaire **Kriminalroman** M roman policier
kriminell ADJ criminel **Kriminelle(r)** M/F(M) criminel, -elle *m,f*
Krimsekt M (vin *m*) mousseux *m* de Crimée
Krimskrams *umg* M babioles *fpl*; bricoles *fpl*
Kringel M **1** *(Kreis)* petit rond **2** *Gebäck: pâtisserie de forme ronde*
kringeln V/R **sich ~** *Haare* frisotter; *umg* **sich ~ vor Lachen** se tordre de rire
Kripo F ABK (Kriminalpolizei) P.J. *f*
Krippe F **1** *(Futterkrippe)* mangeoire *f* **2** *(Weihnachtskrippe, Kinderkrippe)* crèche *f* **Krippenfigur** F personnage *m* de crèche; *aus der Provence* santon *m* **Krippenspiel** N crèche vivante
Krise F crise *f*
kriseln V/UNPERS **es kriselt** il y a des problèmes
krisenanfällig ADJ sensible aux crises; fragile **Krisengebiet** N région *f* en crise **Krisenherd** M foyer *m* de crise **Krisenmanagement** N gestion *f* de crise **Krisenstab** M état-major *m* de crise
Kristall[1] M MINER cristal *m*
Kristall[2] N *Glas* cristal *m*; *Gegenstände* cristaux *mpl*
kristallisieren V/I cristalliser
kristallklar ADJ *Wasser, Stimme, Ton* cristallin **Kristallkugel** F boule *f* de cristal **Kristallleuchter** M lustre *m* en cristal **Kristallzucker** M sucre cristallisé
Kriterium N critère *m* (**für** de)
Kritik F critique *f* (**an** [+ *dat*] de); *umg* **unter aller ~** au-dessous de tout; **an etw, j-m ~ üben** critiquer qc, qn
Kritiker(in) M(F) critique *m/f*
kritiklos **A** ADJ qui manque d'esprit critique **B** ADV sans critiquer
kritisch **A** ADJ critique **B** ADV **etw ~ betrachten** considérer qc d'un œil critique
kritisieren V/T critiquer
Kritzelei *umg* F griffonnage *m*
kritzeln *umg* V/T *u.* V/I griffonner
Kroate M Croate *m* **Kroatien** N la Croatie **Kroatin** F Croate *f* **kroatisch** ADJ croate
kroch → kriechen
Krokant M nougatine *f*
Krokette F croquette *f*
Krokodil N crocodile *m* **Krokodilstränen** *umg* FPL larmes *fpl* de crocodile
Krokus M crocus *m*
Krone F **1** couronne *f* (*a. Zahnkrone, Währung, fig*); **die ~ der Schöpfung** le couronnement de la création; **das setzt allem die ~ auf** c'est le comble; *umg* **einen in der ~ haben** *umg* avoir un petit verre dans le nez **2** *(Wellenkrone)* crête *f*; *(Baumkrone)* cime *f*
krönen V/T couronner (*a. fig*); **j-n zum Kaiser ~** couronner qn empereur
Kronerbe M, **Kronerbin** F héritier, -ière *m,f* de la couronne **Kronjuwelen** NPL joyaux *mpl* de la couronne **Kronkolonie** F colonie *f* de la Couronne **Kronkorken** M capsule *f* **Kronleuchter** M lustre *m* **Kronprinz** M prince héritier, royal **Kronprinzessin** F princesse royale
Krönung F couronnement *m* (*a. fig*)
Kronzeuge M, **Kronzeugin** F témoin principal (à charge)
Kropf M **1** MED goitre *m* **2** *bei Vögeln* jabot *m*

(Futter)Krippe — la mangeoire

Krippe — la crèche

kross ADJ *nordd* croustillant
Krösus M *hum* **ein ~ sein** être riche comme Crésus
Kröte F 1 ZOOL crapaud *m* 2 *umg fig pl* **~n** *umg* fric *m* **Krötenwanderung** F migration *f* de crapauds
Krücke F 1 *Gehhilfe* béquille *f*; **an ~n** *(dat)* **gehen** marcher avec des béquilles 2 *umg pej (Versager) umg* minable *m*; *umg* nul *m*
Krückstock M canne *f*
Krug M *(bes Tonkrug)* cruche *f*; *(Bierkrug)* chope *f*
Krume F *(Brotkrume)* mie *f*
Krümel M miette *f*
krümelig ADJ qui s'émiette; *(bröckelig)* friable
krümeln VI *Brot* s'émietter; *Person* faire des miettes
krumm A ADJ 1 *(gebogen)* courbe; *(verbogen)* tordu *(a. Nase, Stange, Baumstamm)*; *(alterskrumm)* courbé; *Rücken* voûté; *Wirbelsäule* dévié; **~e Beine** *npl* jambes torses 2 *umg fig* **~e Touren** *fpl* tripotages *mpl*; *umg* **ein ~es Ding drehen** faire qc de louche B ADV *wachsen* de travers; **~ biegen** tordre; → krummlegen, krummnehmen
krummbiegen VT tordre
krümmen A VT courber B VR **sich ~** se tordre
krummlachen *umg* VR **sich ~** *umg* se fendre la gueule; mourir de rire **krummlegen** *umg* VR **sich ~** *umg* se décarcasser **krummnehmen** *umg* VR prendre qc de travers
Krümmung F courbure *f (a. der Wirbelsäule)*; *e-s Flusses* coude *m*
Krupp M MED croup *m*
Krüppel M estropié(e) *m(f)*; **j-n zum ~ schlagen** estropier qn
Kruste F croûte *f*
Krustentiere NPL crustacés *mpl*
Kruzifix N crucifix *m*
Krypta F crypte *f*
Kuba N Cuba
Kubaner(in) M(F) Cubain(e) *m(f)* **kubanisch** ADJ cubain; de Cuba
Kübel M *(Eimer)* seau *m*; *(Kasten)* bac *m (a. für Pflanzen)*; *(Holzkübel)* baquet *m*; *umg* **es gießt wie aus ~n** il pleut à seaux
Kubik... IN ZSSGN ... cube **Kubikmeter** M *od* N mètre *m* cube **Kubikzahl** F cube *m* (d'un nombre) **Kubikzentimeter** M *od* N centimètre *m* cube
kubisch ADJ cubique
Kubismus M cubisme *m* **kubistisch** ADJ cubiste
Küche F cuisine *f (a. Kochkunst)*; **kalte ~** repas froids
Kuchen M gâteau *m*; *(Obstkuchen)* tarte *f* **Kuchenblech** N plaque *f* (à pâtisserie)
Küchenchef M chef *m* (cuisinier) **Küchendienst** M corvée *f* de cuisine **Küchenfee** *umg hum* F *hum* cordon-bleu *m*
Kuchenform F moule *m* à gâteau **Kuchengabel** F fourchette *f* à gâteau
Küchenhandtuch N essuie-mains *m* **Küchenhilfe** F aide-cuisinière *f* **Küchenmaschine** F robot (ménager) **Küchenmesser** N couteau *m* de cuisine **Küchenpersonal** N personnel *m* de cuisine
Kuchenplatte F *Geschirr* plat *m* à gâteau
Küchenschabe F blatte *f*; cafard *m* **Küchenschrank** M placard *m* de cuisine
Kuchenteig M pâte *f* (à gâteau) **Kuchenteller** M assiette *f* à dessert
Küchentisch M table *f* de cuisine **Küchenwaage** F balance *f* de cuisine **Küchenzettel** M menu *m* (pour la semaine)
kuckuck INT coucou!
Kuckuck M 1 ZOOL coucou *m*; *umg* **zum ~ (noch mal)!** *umg* nom d'une pipe!; **(das) weiß der ~!** va savoir! 2 *umg fig (Pfandsiegel)* scellés *mpl*
Kuckucksei N *fig* cadeau empoisonné **Kuckucksuhr** F coucou *m*
Kuddelmuddel *umg* M *od* N *umg* embrouillamini *m*
Kufe F *(Schlittenkufe, Flugzeugkufe)* patin *m*; *(Schlittschuhkufe)* lame *f*
Küfer M 1 *südd, schweiz* tonnelier *m* 2 *(Weinküfer)* caviste *m*; maître *m* de chai
Kugel F 1 *(runder Körper)* boule *f*; *umg* **e-e ruhige ~ schieben** *umg* se la couler douce 2 MATH sphère *f* 3 *(Gewehrkugel, Pistolenkugel)* balle *f*; *(Kanonenkugel)* boulet *m* 4 *beim Kugelstoßen* poids *m*
Kugelblitz M METEO boule *f* de feu **kugelförmig** ADJ sphérique **Kugelgelenk** N TECH joint *m* à rotule **Kugelhagel** M grêle *f* de balles **Kugellager** N roulement *m* à billes
kugeln A VI rouler comme une boule B VR **sich ~** se rouler
kugelrund ADJ (tout) rond **Kugelschreiber** M stylo *m* (à) bille **kugelsicher** ADJ à l'épreuve des balles; *Weste* pare-balles (! unveränderlich) **Kugelstoßen** N lancer *m* du poids **Kugelstoßer(in)** M(F) lanceur, -euse *m,f* de poids
Kuh F ZOOL vache *f*; REL, *umg fig* **heilige ~** vache sacrée; *umg pej* **dumme ~** *umg* crétine *f*
Kuhdorf *umg pej* N *umg* bled *m* **Kuhfladen** M bouse *f* de vache **Kuhglocke** F cloche *f* de vache; clarine *f* **Kuhhandel** *umg pej* M marchandage *m*
Kuhhaut F *umg* **das geht auf keine ~!** c'est

K

inouï, incroyable!
kühl **A** ADJ frais; *fig* froid; ~ **werden** se rafraîchir **B** ADV *(abweisend)* froidement; ~ **lagern** conserver au frais
Kühlaggregat N groupe *m* frigorifique **Kühlbox** F glacière *f*
Kühle F fraîcheur *f*; *fig* froideur *f*
kühlen V/T *Lebensmittel* réfrigérer; *Getränk* rafraîchir; *Sekt* frapper
Kühler M **1** AUTO radiateur *m* **2** *(Sektkühler)* seau *m* à glace **Kühlergrill** M AUTO calandre *f* **Kühlerhaube** F capot *m*
Kühlhaus N entrepôt *m* frigorifique **Kühlmittel** N AUTO liquide *m* de refroidissement **Kühlraum** M chambre frigorifique **Kühlschrank** M réfrigérateur *m*; frigidaire *m* **Kühltasche** F sac *m* isotherme **Kühltheke** F vitrine *f* frigorifique **Kühltruhe** F congélateur *m* **Kühlung** F TECH refroidissement *m*; *von Lebensmitteln* réfrigération *f* **Kühlwagen** M wagon *m* (*Lastwagen* camion *m*) frigorifique **Kühlwasser** N eau *f* de refroidissement
Kuhmilch F lait *m* de vache
kühn ADJ °hardi; *plus fort* audacieux; *(verwegen)* téméraire
Kühnheit F °hardiesse *f*; *plus fort* audace *f*; *(Verwegenheit)* témérité *f*
Kuhstall M étable *f* (à vaches)
k. u. k. *österr* HIST ABK (kaiserlich und königlich) impérial et royal; **die ~ Monarchie** l'empire austro-hongrois
Küken N **1** ZOOL poussin *m* **2** *umg fig (kleines Kind) umg* mioche *m/f*
Kukuruz M *österr* maïs *m*
kulant ADJ *Kaufmann* arrangeant; *Haltung* accommodant **Kulanz** F bonne volonté
Kuli[1] M *(Arbeiter)* coolie *m* (*a. fig*)
Kuli[2] *umg* M *(Kugelschreiber)* stylo *m* (à bille)
kulinarisch ADJ culinaire
Kulisse F THEAT décors *mpl*; *fig* décor *m*; *fig* **hinter den ~n** dans les coulisses
kullern *umg* V/I rouler
Kult M culte *m*; **mit etw, j-m e-n ~ treiben** rendre un culte à qc, à qn
Kultfigur F idole *f* **Kultfilm** M film *m* culte **Kulthandlung** F cérémonie cultuelle
kultig ADJ *Jugendsprache* mythique; culte
kultivieren V/T cultiver (*a. fig*)
kultiviert **A** ADJ/T *Person* évolué; *Benehmen* élégant; *(gepflegt)* soigné **B** ADV/L **~ speisen** faire un repas gastronomique; **sich ~ benehmen** avoir de bonnes manières
Kultur F **1** *e-r Gesellschaft* civilisation *f*; *(persönliche Bildung)* culture *f*; *(Lebensart)* savoir-vivre *m* **2** AGR, BIOL culture *f*
Kulturamt N *e-r Stadt etc* service culturel **Kulturattaché** M attaché culturel **Kulturaustausch** M échange(s) culturel(s) **Kulturbanause** M *pej hum* personne *f* sans culture générale **Kulturbeilage** F *e-r Zeitung* supplément culturel **Kulturbetrieb** M vie culturelle **Kulturbeutel** M trousse *f* de toilette **Kulturdenkmal** N monument *m* historique
kulturell ADJ culturel
Kulturepoche F époque culturelle **Kulturerbe** N héritage culturel **Kulturfilm** M (film *m*) documentaire *m* **Kulturgeschichte** F histoire *f* de la civilisation **Kulturgut** N patrimoine culturel **Kulturkreis** M sphère culturelle; culture *f* **Kulturlandschaft** F paysage domestiqué; *fig* vie culturelle **kulturlos** ADJ inculte **Kulturlosigkeit** F absence *f* de culture **Kulturmagazin** N magazine culturel **Kulturpessimismus** M pessimisme *m* à l'égard de la civilisation **Kulturpflanze** F plante cultivée **Kulturpolitik** F politique culturelle **Kulturraum** M aire culturelle **Kulturrevolution** F révolution culturelle **Kulturschock** M SOZIOLOGIE choc *m* des cultures **Kulturstufe** F degré *m* de civilisation **Kulturtasche** F trousse *f* de toilette **Kulturvolk** N peuple civilisé **Kulturzentrum** N centre culturel
Kultusminister(in) M(F) ministre *m/f* des Affaires culturelles; *in Frankreich* ministre *m/f* de l'Éducation nationale
Kümmel M **1** *Pflanze, Gewürz* carvi *m* **2** *Branntwein* kummel *m*
Kummer M chagrin *m*; souci(s) *m(pl)*; **j-m ~ machen** donner du souci à qn
Kummerkasten *umg* M *boîte aux lettres où l'on dépose, dans une école, une entreprise, ses suggestions, ses réclamations, etc*
kümmerlich ADJ **1** *(schwächlich)* chétif **2** *(arm)* pauvre **3** *pej (nicht ausreichend)* maigre
kümmern **A** V/T **das kümmert mich nicht** je ne m'en soucie pas; **was kümmert dich das?** qu'est-ce que cela peut te faire? **B** V/R **sich um j-n, etw ~** s'occuper de qn, qc; **sich darum ~, dass …** veiller à ce que … (+ *subj*)
kummervoll ADJ plein de chagrin
Kumpan *umg pej* M acolyte *m*
Kumpel M **1** BERGWERK mineur *m* **2** *umg (Kamerad) umg* copain *m* **kumpelhaft** ADJ familier
kündbar ADJ *Vertrag* résiliable; *Stellung* dont le contrat peut être résilié; *Wohnung* dont le bail peut être résilié; *Arbeitnehmer, Mieter* congédiable
Kunde M client *m*
Kundenberatung F conseil *m* au client **Kundendienst** M service *m* après-vente

Kundenfang M *pej* racolage commercial **Kundenkarte** F *e-s Geschäfts* carte *f* de fidélité; *e-r Bank* carte *f* badge **Kundenkartei** F fichier *m* clients **Kundenkreis** M clientèle *f* **Kundenstamm** M clientèle fixe, habituelle

Kundgebung F manifestation *f*

kundig ADJ connaisseur; expert; *geh* **e-r Sache** *(gen)* **~ sein** être connaisseur en qc

kündigen A VT *Vertrag* résilier; **s-e Stellung ~** donner sa démission; **s-e Wohnung ~** donner son congé à son propriétaire B VI **j-m ~** *e-m Arbeitnehmer* licencier qn; *e-m Mieter* donner congé à qn

Kündigung F *e-s Vertrags* résiliation *f*; *durch den Arbeitgeber* licenciement *m*; *durch den Arbeitnehmer* démission *f*; MIETRECHT congé *m*

Kündigungsfrist F ARBEITSRECHT délai *m* de préavis; MIETRECHT préavis *m* **Kündigungsgrund** M motif *m* de licenciement **Kündigungsschreiben** N lettre *f* de licenciement **Kündigungsschutz** M protection *f* contre les licenciements abusifs

Kundin F cliente *f*

Kundschaft F clientèle *f*

kundtun *geh* VT faire connaître, *Meinung* manifester; professer

künftig A ADJ futur B ADV à l'avenir

Kunst F art *m*; **die bildende ~** les arts plastiques; **die schönen Künste** les beaux-arts; **brotlose ~ sein** ne pas nourrir son homme; *umg fig* **das ist keine ~** *umg* ce n'est pas sorcier; **mit s-r ~ am Ende sein** être au bout de son latin

Kunstakademie F école *f* des beaux-arts **Kunstauktion** F vente *f* aux enchères d'objets d'art **Kunstausstellung** F exposition *f* d'œuvres d'art **Kunstbanause** M *pej* ignorant *m* en matière d'art **Kunstband** M livre *m* d'art **Kunstdarm** M peau *f* (de saucisson) artificielle **Kunstdenkmal** N monument (classé) **Kunstdiebstahl** M vol *m* d'œuvres d'art **Kunstdruck** M gravure *f*; reproduction *f* **Kunstdünger** M engrais *m* chimique **Kunsteis** N glace artificielle **Kunsteisbahn** F patinoire *f* **Kunsterziehung** F *Schulfach* dessin *m* **Kunstexperte** M, **Kunstexpertin** F expert(e) *m(f)* en matière d'art **Kunstfaser** F fibre *f* synthétique **Kunstfehler** M MED faute médicale **kunstfertig** ADJ habile; adroit **Kunstfertigkeit** F habileté *f*; adresse *f* **Kunstflug** M acrobatie aérienne **Kunstform** F forme *f* artistique **Kunstgegenstand** M objet *m* d'art **kunstgerecht** ADV dans les règles de l'art **Kunstgeschichte** F histoire *f* de l'art **Kunstgewerbe** N arts décoratifs **Kunstgriff** M artifice *m*; truc *m* **Kunsthandel** M commerce *m* d'art **Kunsthändler(in)** M(F) marchand(e) *m(f)* d'art **Kunsthandlung** F magasin *m* d'objets d'art **Kunsthandwerk** N artisanat *m* d'art **Kunstherz** N cœur artificiel **Kunsthistoriker(in)** M(F) historien, -ienne *m,f* d'art **Kunsthonig** M miel artificiel **Kunstleder** N similicuir *m*; skaï® *m*

Künstler(in) M(F) artiste *m/f*

künstlerisch A ADJ artistique B ADV artistiquement; **~ wertvoll sein** avoir une valeur artistique

Künstlerkolonie F colonie *f* d'artistes **Künstlername** M pseudonyme *m* **Künstlerpech** *umg hum* N petit malheur **Künstlerwerkstatt** F atelier *m* d'artiste

künstlich ADJ artificiel

Kunstlicht N lumière *f* artificielle **Kunstliebhaber(in)** M(F) amateur *m* d'art **Kunstmaler(in)** M(F) artiste *m/f* peintre **Kunstmarkt** M marché *m* de l'art **Kunstpause** F silence éloquent **Kunstrasen** M gazon artificiel **Kunstrichtung** F tendance *f* de l'art **Kunstsammler(in)** M(F) collectionneur, -euse *m,f* d'art **Kunstsammlung** F collection *f* d'objets d'art **Kunstschätze** MPL trésors *mpl* artistiques **Kunstschmied** M ferronnier *m* (d'art) **Kunstseide** F rayonne *f*; soie artificielle **Kunstsprache** F langue artificielle **Kunstspringen** N plongeons *mpl* de tremplin **Kunstspringer(in)** M(F) plongeur, -euse *m,f* au tremplin **Kunststoff** M (matière *f*) plastique *m*

kunststopfen VT u. VI MODE stopper

Kunststück N *(Glanzleistung)* tour *m* de force; *(Geschicklichkeitskunststück)* tour *m* d'adresse; *(Zauberkunststück)* tour *m* de prestidigitation; *umg* **das ist kein ~** *umg* ce n'est pas sorcier

Kunststudent(in) M(F) étudiant(e) *m(f)* des beaux-arts **Kunsttischler** M ébéniste *m* **Kunstturnen** N gymnastique *f* artistique **Kunstturner(in)** M(F) gymnaste *m/f* artistique **Kunstverstand** M connaissances *fpl* en matière d'art **kunstvoll** A ADJ fait avec art B ADV avec art **Kunstwerk** N œuvre *f* d'art **Kunstwort** N mot formé artificiellement

kunterbunt A ADJ 1 *(bunt)* bariolé 2 *(abwechslungsreich)* varié B ADV *(durcheinander)* pêle-mêle

Kupfer N cuivre *m* **Kupferblech** N feuille *f* de cuivre; cuivre laminé **Kupferdraht** M fil *m* de cuivre **Kupferkessel** M chaudron *m* en cuivre

kupfern ADJ de, en cuivre

kupferrot ADJ cuivré **Kupferstich** M gravu-

K

re *f* sur cuivre
kupieren VT *Schwanz* écourter; *Ohr, Pflanze* tailler
Kupon M → Coupon
Kuppe F **1** *(Fingerkuppe)* bout *m* **2** *(Bergkuppe)* dôme *m*

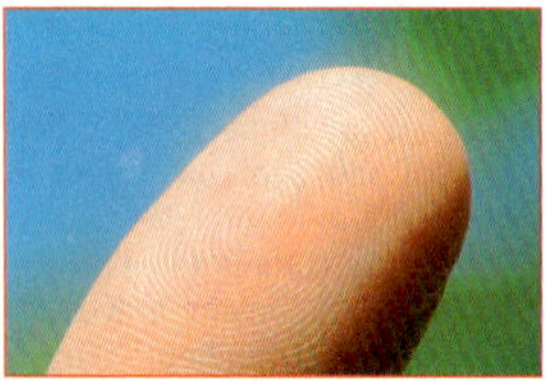

Kuppe — le bout

Kuppe — le dôme

Kuppel F *innere* coupole *f*; *äußere* dôme *m* **Kuppeldach** N dôme *m*; toit *m* en coupole
Kuppelei F proxénétisme *m*
kuppeln **A** VT **etw an etw** *(akk)* **~** *Anhänger etc* atteler qc à qc **B** VI AUTO *(einkuppeln)* embrayer; *(auskuppeln)* débrayer
Kuppler(in) M(F) *pej* entremetteur, -euse *m,f*
Kupplung F **1** *(Anhängerkupplung)* coupleur *m* **2** AUTO embrayage *m*; **die ~ treten** débrayer; **die ~ kommen lassen** embrayer
Kupplungspedal N pédale *f* d'embrayage
Kur F cure *f*; **e-e ~ machen** faire une cure
Kür F TURNEN exercices *mpl* libres; EISKUNSTLAUF figures *fpl* libres
Kuratorium N conseil *m* d'administration
Kurbad N station thermale; ville *f* d'eaux
Kurbel F manivelle *f*
kurbeln VI tourner la manivelle
Kurbelwelle F vilebrequin *m*
Kürbis M **1** BOT courge *f*; *großer* potiron *m* **2** *umg fig (Kopf) umg* citron *m* **Kürbiskern** M graine *f* de courge
Kurde M, **Kurdin** F Kurde *m/f* **kurdisch** ADJ kurde
Kurfürst M HIST Électeur *m*
Kurgast M curiste *m/f* **Kurhaus** N établissement thermal **Kurhotel** N hôtel thermal
Kurie F KATH curie *f*
Kurier M coursier *m* **Kurierdienst** M messagerie *f* (rapide)
kurieren VT guérir (**von** de; *a. fig*)
kurios ADJ curieux; bizarre **Kuriosität** F **1** *Eigenschaft* singularité *f* **2** *Gegenstand* curiosité *f* **Kuriosum** *geh* N *Gegenstand* curiosité *f*; *Sachverhalt* fait curieux
Kurklinik F clinique *f* d'une station thermale **Kurkonzert** N concert *m* pour les curistes **Kurort** M *mit Heilquellen* station thermale; *(Luftkurort)* station *f* climatique **Kurpackung** F *für die Haare* masque *m* capillaire **Kurpark** M parc *m* d'une station thermale **Kurpfuscher(in)** M(F) *pej* charlatan *m* **Kurpfuscherei** F *pej* charlatanisme *m* **Kurpromenade** F promenade *f* d'une station thermale
Kurs M **1** SCHIFF route *f*; FLUG cap *m* *(a. fig)*; *e-r Rennstrecke* parcours *m*; POL orientation *f*; **~ nehmen auf** *(+ akk)* mettre le cap sur; **den ~ halten** maintenir sa route, *fig* son cap; **den ~ ändern** changer de route, *fig* de cap **2** *(Lehrgang)* cours *m*; **an e-m ~ teilnehmen** suivre un cours **3** BÖRSE cours *m*; **zum ~ von** au cours de; **hoch im ~ stehen** être bien coté; *fig* avoir la cote (**bei** chez)
Kursaal M casino *m*
Kursänderung F SCHIFF changement *m* de route, FLUG, *fig* de cap **Kursanstieg** M °hausse *f* des cours **Kursbuch** N indicateur *m* des chemins de fer
Kurschatten *umg hum* M: *personne de l'autre sexe avec qui on sympathise pendant la durée d'une cure*
Kürschner M fourreur *m*
Kursgewinn M *Wertpapiere* bénéfice *m* sur le cours; *Devisen* bénéfice *m* de change
kursieren VI *Geld* circuler; *Gerücht* courir
kursiv TYPO **A** ADJ italique **B** ADV en italique
Kursivschrift F TYPO italique *m*
Kurskorrektur F changement *m* d'orientation *(a. fig)* **Kursleiter(in)** M(F) professeur *m* **Kursrückgang** M baisse *f* des cours **Kursschwankung** F fluctuation *f* des cours **Kurssystem** N SCHULE système *m* de cours **Kursteilnehmer(in)** M(F) participant(e) *m(f)* au cours **Kurswagen** M EISENBAHN voiture directe **Kurswechsel** M changement *m* d'orientation, de cap **Kurswert** M *e-r Aktie* cote *f* (d'une action) **Kurszettel** M cote *f* (de la bourse)
Kurtaxe F taxe *f* de séjour
Kurve F **1** *e-r Straße* virage *m*; **hier macht die Straße e-e scharfe ~** ici il y a un virage serré; **in der ~** dans le virage; **in die ~ gehen** prendre le virage; *umg fig* **die ~ nicht kriegen** *umg*

ne pas y arriver; *umg fig* **die ~ kratzen** *umg* filer; *unbemerkt* s'éclipser **2** MATH, STATISTIK courbe *f* **3** *umg pl* **~n** rondeurs *fpl*

kurven VI **1** *Fahrzeug* virer; **um die Ecke ~** prendre le prochain tournant **2** *umg* **durch etw ~** sillonner qc

Kurvendiskussion F MATH étude *f* de courbes **Kurvenlage** F AUTO tenue *f* en virage **Kurvenlineal** N pistolet *m* (à dessin) **kurvenreich** ADJ **1** *Straße* sinueux **2** *umg Frau* aux formes rondes

Kurverwaltung F service administratif d'une station thermale

kurz **A** ADJ **1** *räumlich* court **2** *zeitlich* court; *Begegnung, Aussprache* bref; **in ~er Zeit** en peu de temps; **vor Kurzem** il y a peu de temps; récemment; **bis vor Kurzem** il y a encore peu de temps **B** ADV brièvement; **~ vorher** peu de temps avant; **~ darauf, danach** peu après; **es ist ~ vor drei (Uhr)** il est près de trois heures; **es ist ~ nach fünf (Uhr)** il est cinq heures passées; **~ hinter Paris** un peu après Paris; **~ und bündig** sans détour; **~ (und gut)** bref; *umg* **~ und schmerzlos** sans histoires; *fig* **~ angebunden sein** se montrer brusque, sec; **bei etw zu ~ kommen** ne pas avoir son compte de qc; *umg* **mach's ~!** sois bref!; → kurzfassen, kurzhalten, kurztreten

Kurzarbeit F chômage partiel

kurzarbeiten VI être en chômage partiel

Kurzarbeiter M chômeur partiel **kurzärm(e)lig** ADJ à manches courtes **kurzatmig** ADJ qui a le souffle court; MED dyspnéique **kurzbeinig** ADJ *Tier* court sur pattes **Kurzbericht** M bref compte rendu **Kurzbiographie** F biographie succinte

Kürze F **1** *zeitlich* brièveté *f*; **in ~** sous peu; **in aller ~** en peu de mots **2** *räumlich* peu *m* de longueur

Kürzel N STENOGRAFIE signe *m*; *(Abkürzung)* abréviation *f*

kürzen VT **1** *Kleid, Text* raccourcir (**um** de); *Text a.* abréger; *Ausgaben, Löhne* réduire, diminuer (de) **2** MATH simplifier

kürzer ADJ *u.* ADV plus court; **~ machen** raccourcir; **den Kürzeren ziehen** tirer le mauvais numéro; → kürzertreten

kurzerhand ADV sans hésiter

kürzertreten VI *(sparen)* réduire ses dépenses; *(sich schonen)* se ménager

kürzeste ADJ le plus court; **in ~r Zeit** dans les plus brefs délais

kurzfassen VR **sich ~** être bref

Kurzfassung F version abrégée **Kurzfilm** M court métrage

kurzfristig ADJ *u.* ADV à court terme; **etw ~ absagen** décommander qc peu de temps avant

Kurzgeschichte F nouvelle *f* **kurzhaarig** ADJ *Tier* à poils ras

kurzhalten VT **j-n ~** serrer la vis à qn; donner peu d'argent à qn

kurzlebig ADJ éphémère *(a. fig)*

kürzlich ADV récemment; **erst ~** tout récemment

kurzmachen VT *umg* **mach's kurz!** sois bref!

Kurzmeldung F, **Kurznachrichten** FPL flash *m* (d'information) **Kurzparker** M personne *f* qui stationne pour une courte durée **Kurzparkzone** F zone bleue **Kurzreferat** N exposé *m* de courte durée

kurzschließen VT ELEK court-circuiter

Kurzschluss M ELEK court-circuit *m* **Kurzschlusshandlung** F action irréfléchie

Kurzschrift F sténographie *f* **Kurzschuljahr** N année scolaire raccourcie

kurzsichtig ADJ MED myope; *fig Person, Politik* imprévoyant; *Politik* à courte vue **Kurzsichtigkeit** F MED myopie *f*; *fig* imprévoyance *f*

Kurzstrecke F SPORT petite, courte distance **Kurzstreckenflug** M vol *m* court-courrier **Kurzstreckenlauf** M course *f* de vitesse **Kurzstreckenrakete** F missile *m* à courte portée **Kurzstunde** F SCHULE heure de cours raccourcie

kurzum ADV bref

Kürzung F **1** *e-s Kleids, Texts* raccourcissement *m*; *der Ausgaben* réduction *f*; diminution *f* **2** MATH simplification *f*

Kurzurlaub M petites vacances **Kurzwaren** FPL mercerie *f* **kurzweilig** ADJ divertissant **Kurzwelle** F onde courte **Kurzwort** N abréviation *f* **Kurzzeitgedächtnis** N mémoire *f* à court terme

kusch(e)lig ADJ *Stoff* douillet; *Kissen, Wolle* moelleux

kuscheln **A** VI se blottir l'un contre l'autre **B** VR **sich ~** se blottir (**an** [+ *akk*] contre; **in** [+ *akk*] dans)

Kuscheltier N (animal *m* en) peluche *f* **kuschelweich** ADJ doux; moelleux

kuschen VI *Hund* se coucher; *umg fig* **(vor j-m) ~** *umg* s'écraser (devant qn)

Kusine → Cousine

Kuss M baiser *m*; **j-m e-n ~ geben** donner un baiser à qn; embrasser qn

Küsschen N petit baiser; *umg* bise *f*

kussecht ADJ *Lippenstift* qui tient

küssen **A** VT embrasser; **j-m die Hand ~** baiser la main de qn **B** VR **sich ~** s'embrasser

Kusshand F **j-m e-e ~ zuwerfen** envoyer un baiser à qn; *umg fig* **mit ~** avec le plus grand plaisir

Küste F *Ufer* côte *f*; *Gebiet* littoral *m*
Küstenfischerei F pêche côtière **Küstengewässer** NPL eaux territoriales **Küstenschifffahrt** F cabotage *m* **Küstenstraße** F route côtière **Küstenstrich** M littoral *m* **Küstenwacht** F service *m* de surveillance des côtes
Küster M sacristain *m*
Kutsche F 1 *offene* calèche *f*; *prächtige* carrosse *m*; HIST diligence *f* 2 *umg* (*altes Auto*) *umg* bagnole *f*
Kutscher M cocher *m*
kutschieren A VT **j-n ~** conduire qn (en calèche, *etc*) B VI 1 *mit e-r Kutsche* rouler en calèche, en carrosse 2 *umg* **durch Frankreich ~** parcourir la France
Kutte F froc *m*
Kutteln FPL GASTR tripes *fpl*
Kutter M SCHIFF cotre *m*; (*Fischkutter*) chalutier *m*
Kuvert N enveloppe *f*
Kuvertüre F GASTR couverture *f*
Kuwait N le Koweït
kW ABK (Kilowatt) kW
kWh ABK (Kilowattstunde) kWh
Kybernetik F cybernétique *f* **kybernetisch** ADJ cybernétique
kyrillisch ADJ cyrillique
KZ NABK (Konzentrationslager) camp *m* de concentration **KZ-Häftling** M prisonnier, -ière *m,f* d'un camp de concentration

L

L

L, l N L, l *m*
l ABK (Liter) l
Label N 1 (*Warenetikett*) label *m* 2 (*Schallplattenfirma*) marque *f* de disque
Labello® M stick labial
labern *umg pej* A VT **dummes Zeug ~** débiter des âneries B VI *umg* jacter; causer
labil ADJ *Person, Charakter, Gleichgewicht* instable; *Gesundheitszustand* précaire **Labilität** F instabilité *f*
Labor N laboratoire *m* **Laborant(in)** M(F) laborantin(e) *m(f)* **Laboratorium** N laboratoire *m*
laborieren VI *umg* **an etw** (*dat*) **~** travailler à qc; *umg* **an e-r Krankheit ~** être travaillé par une maladie
Laborversuch M expérience *f* de laboratoire

Laden — la boutique

Laden — le volet

Labrador M ZOOL labrador *m*
Labyrinth N labyrinthe *m*; dédale *m* (*beide a. fig*)
Lachanfall M (crise *f* de) fou rire; **er bekam e-n ~** il a été pris de fou rire
Lache[1] *umg* F (*Gelächter*) (façon *f* de) rire *m*
Lache[2] F (*Pfütze*) flaque *f* (d'eau)
lächeln VI sourire (**über** [+ *akk*] de)
Lächeln N sourire *m*
lachen A VT **Tränen ~** rire aux larmes; **da gibt es nichts zu ~** il n'y a pas de quoi rire; **er hat nichts zu ~** pour lui la vie est dure; *umg* **das wäre doch gelacht, wenn ...** *umg* ce serait la meilleure, si ... B VI rire (**über** [+ *akk*] de); **schallend ~** éclater de rire; *umg* **dass ich nicht lache!** laissez-moi rire!; **du hast gut ~** tu peux rire; **der ~de Dritte** un troisième larron C *umg* V/R → kaputtlachen, kranklachen, krummlachen, schieflachen
Lachen N rire *m*; **in lautes ~ ausbrechen** éclater de rire; **sich vor ~ nicht halten können** être écroulé (de rire); **sich vor ~ biegen** se tordre de rire
Lacher M rieur *m*; **die ~ auf s-r Seite haben** avoir les rieurs de son côté
Lacherfolg M **ein ~ sein, e-n ~ haben** faire rire (tout le monde)
lächerlich ADJ ridicule; **sich ~ machen** se rendre ridicule; **j-n ~ machen** tourner qn en ridicule; **etw ins Lächerliche ziehen** tourner qc en ridicule
Lächerlichkeit F ridicule *m*; (*Kleinigkeit*) bagatelle *f*; **der ~ preisgeben** tourner en ridicule

Lachfältchen N patte-d'oie *f* **Lachgas** N gaz hilarant **lachhaft** ADJ ridicule **Lachkrampf** M fou rire

Lachs M saumon *m* **Lachsersatz** M succédané *m* de saumon **lachsfarben**, **lachsrot** ADJ saumon (❗ unveränderlich) **Lachsschinken** M filet *m* de porc fumé

Lack M *farbloser* vernis *m*; *farbiger* laque *f*; (*Autolack*) peinture *f* **Lackaffe** *umg* M *umg* gommeux *m* **Lackfarbe** F laque *f*; peinture laquée, brillante; émail *m*

lackieren V/T laquer; *Holz* vernir; *Auto* peindre; (**sich** [*dat*]) **die Nägel ~** se vernir les ongles

Lackierer M peintre *m* au pistolet **Lackiererei** F atelier *m* de peinture **Lackierung** F (*Lack*) laque *f*; (*Lackieren*) laquage *m*

Lackleder N (cuir *m*) verni *m*

Lackmuspapier N papier *m* de tournesol

Lackreiniger M polish *m* **Lackschaden** M peinture abîmée **Lackschicht** F → Lackierung **Lackschuhe** MPL chaussures vernies

Ladebühne F plate-forme *f* de chargement **Ladefläche** F surface *f* de chargement **Ladegerät** N ELEK chargeur *m*

Ladehemmung F enrayage *m*; *fig hum* **~ haben** être dur à la détente

laden[1] V/T 1 MIL, ELEK, IT charger 2 (*beladen*) charger; *Waren* charger (**auf** [+ *akk*] sur); *auf Schiff* embarquer 3 *fig* **e-e Schuld auf sich** (*akk*) **~** se rendre coupable d'une faute

laden[2] V/T 1 (*einladen*) inviter; **geladene Gäste** *mpl* invités *mpl* 2 **vor Gericht ~** citer en justice

Laden M 1 boutique *f*; *größerer* magasin *m* 2 *fig umg* **den ~ dichtmachen** *umg* fermer boutique; *umg* **den ~ schmeißen** *umg* faire marcher l'affaire 3 (*Fensterladen*) volet *m*

Ladenbesitzer(in) M(F) propriétaire *m/f*, patron, -onne *m,f* d'un magasin **Ladendieb(in)** M(F) voleur, -euse *m,f* à l'étalage **Ladendiebstahl** M vol *m* à l'étalage **Ladeneinrichtung** F mobilier *m*, installation *f* de magasin **Ladenfront** F rangée *f* de boutiques **Ladenhüter** *umg* M *umg* rossignol *m* **Ladeninhaber(in)** M(F) → Ladenbesitzer(in) **Ladenkasse** F caisse enregistreuse **Ladenkette** F chaîne *f* de magasins **Ladenmiete** F loyer *m* de magasin **Ladenpassage** F galerie marchande **Ladenpreis** M prix *m* de vente **Ladenschild** N enseigne *f* **Ladenschluss** M fermeture *f* des magasins **Ladenschlussgesetz** N *BRD* loi *f* fixant l'heure de fermeture des magasins **Ladentisch** M comptoir *m*

Laderampe F rampe *f* de chargement **Laderaum** M SCHIFF, FLUG soute *f*; SCHIFF *a.* cale *f* **Ladezeit** F SCHIFF (e)starie *f*; ELEK durée *f* de charge

lädieren V/T endommager (*a. fig*); abîmer; *Haut* blesser légèrement

Ladung F 1 (*Fracht*) charge *f*; (*Wagenladung*) chargement *m*; *e-s Schiffes* cargaison *f* 2 *e-r Feuerwaffe*, ELEK charge *f* 3 JUR citation *f* 4 *umg* (*Menge*) tas *m*; **e-e ~ Touristen** une cargaison, fournée de touristes

lag → liegen

Lage F 1 *räumlich*, *fig* situation *f*; position *f*; *e-s Gebäudes* exposition *f*; *e-r Stadt* site *m*; *umg* **die ~ peilen** tâter le terrain; **versetzen Sie sich in meine ~** mettez-vous à ma place; **in der ~ sein, zu** (+ *inf*) être en mesure de (+ *inf*); **nach ~ der Dinge** en l'état actuel des choses 2 SCHWIMMSPORT **4x100 m ~n** 4x100 m quatre nages 3 MUS registre *m* 4 (*Schicht*) couche *f*; GEOL strate *f* 5 *umg* **~** (*Runde*) **Bier** tournée *f* de bière

Lagebericht M exposé *m* de la situation **Lagebesprechung** F analyse *f* de la situation **Lageplan** M plan *m* topographique

Lager N 1 *liter* (*Bett*) couche *f* 2 MIL, POL, (*Zeltlager*), *fig* camp *m* 3 (*Warenlager*) magasin *m*; dépôt *m*; **auf ~ haben** avoir en stock; *umg fig* **etw auf ~ haben** avoir qc en réserve 4 GEOL gisement *m* 5 TECH coussinet *m*; palier *m*

Lagerbestand M stock *m*; **den ~ aufnehmen** faire l'inventaire

Lagerbier N bière *f* de garde **lagerfähig** ADJ qui se conserve **Lagerfeuer** N feu *m* de camp **Lagerhalle** F entrepôt *m* **Lagerhaltung** F stockage *m*; magasinage *m* La-

Lager — le camp

Lager — le magasin

L

gerkosten PL frais *mpl* de stockage **Lagerleiter** M chef *m* de camp
lagern A VT 1 *(hinlegen)* coucher; étendre (par terre) 2 *Waren* emmagasiner; stocker B VI 1 *(ruhen)* être couché, étendu 2 *Waren* être en magasin; *Wein* être en cave 3 *(kampieren)* camper 4 *fig* **dieser Fall ist anders gelagert** c'est un cas différent
Lagerobst N fruits *mpl* de garde **Lagerraum** M → Lagerhalle **Lagerschuppen** M °hangar *m* **Lagerstätte** F GEOL gisement *m* **Lagerung** F 1 *(Einlagern)* stockage *m* 2 *e-s Körperteils* position *f* **Lagerverwalter** M magasinier *m*
Lagune F lagune *f*
lahm ADJ 1 *(gelähmt)* paralysé 2 *umg (energielos)* mou; *umg* gnangnan; *(schleppend)* languissant; *(langweilig)* barbant; → lahmlegen
Lahmarsch *sl* M *umg* mollasson, -onne *m,f*
lahmarschig *sl* ADJ *umg* mollasson, -onne
lahmen VI boiter; traîner la jambe
lähmen VT 1 MED paralyser; **halbseitig gelähmt** hémiplégique 2 *fig* paralyser; **vor Schreck wie gelähmt** comme paralysé de terreur
lahmlegen VT paralyser
Lähmung F MED, *fig* paralysie *f*; **halbseitige ~** hémiplégie *f*
Lähmungserscheinungen FPL signes *mpl* avant-coureurs de la paralysie
Laib M **~ Brot** miche *f* de pain; **~ Käse** meule *f* de fromage
Laich M frai *m* **laichen** VI frayer **Laichplatz** M frayère *f*
Laie M 1 REL laïque *od* laïc *m* 2 *(Uneingeweihter)* profane *m*; *pej* amateur *m*; **blutiger ~** parfait profane
laienhaft ADJ de profane; *pej* d'amateur
Laienprediger M prédicateur *m* laïque **Laienrichter** M JUR *(Geschworener)* juré *m*; *(Beisitzer) etwa* assesseur *m* non juriste **Laienschauspieler** M comédien *m* amateur **Laienspielgruppe** F troupe *f* de théâtre amateur
Lakai M laquais *m* (*a. fig*)
Lake F saumure *f*
Laken N drap *m* de lit
lakonisch ADJ laconique
Lakritze F réglisse *f*
Laktose F CHEM lactose *m*
lala *umg* **so ~** *(einigermaßen) umg* comme ci, comme ça; *umg* couci-couça
lallen VT *u.* VI balbutier
Lama[1] N ZOOL lama *m*
Lama[2] M REL lama *m*
Lamelle F ELEK, TECH lame *f*; lamelle *f* (*a.* BOT)
lamentieren *umg pej* VI se lamenter; gémir
Lametta N lamelles *fpl* d'argent *bzw.* d'or
Lamm N agneau *m* **Lammbraten** M rôti *m* d'agneau **Lammfell** N peau *f* d'agneau **Lammfleisch** N (viande *f* d')agneau *m* **lammfromm** ADJ doux comme un agneau **Lammkeule** F gigot *m* d'agneau **Lammkotelett** N côte(lette) *f* d'agneau **Lammrücken** M GASTR selle *f* d'agneau
Lampe F lampe *f*
Lampenfieber N *umg* trac *m*; **~ haben** *umg* avoir le trac
Lampenschirm M abat-jour *m*
Lampion M lampion *m*
lancieren *geh* VT lancer (*a.* HANDEL)
Land N 1 *(Festland)* terre *f*; **~ in Sicht!** terre!; **an ~ gehen** débarquer; *umg fig* **(sich** *[dat]***) etw an ~ ziehen** *umg* décrocher qc; **(wieder) ~ sehen** arriver au bout du tunnel 2 *(Boden)* terre *f*; sol *m*; **unbebautes ~** terre inculte 3 *(Grundstück)* terre *f*; terrain *m*; **ein Stück ~** un bout de terrain; un lopin de terre 4 **flaches ~** pays plat 5 *Gegensatz zur Stadt* campagne *f*; **auf dem ~ wohnen**, *österr* **am ~ wohnen** habiter (à) la campagne; **aufs ~ ziehen** aller vivre à la campagne 6 POL pays *m*; *(Bundesland)* land *m*; **außer ~es sein** être °hors du pays; *fig Zeit* **ins ~ gehen** s'écouler 7 BIBEL **das Heilige ~** la Terre sainte; **das Gelobte ~** la Terre promise
Landammann M *schweiz* président *m* du Conseil d'État **Landarbeiter(in)** M(F) ouvrier, -ière *m,f* agricole **Landarzt** M médecin *m* de campagne **Landbesitz** M propriété foncière **Landbevölkerung** F population rurale
Landeanflug M phase *f* d'approche **Landebahn** F piste *f* d'atterrissage **Landeerlaubnis** F permission *f* d'atterrir **Landefähre** F *(Mondlandefähre)* module *m* lunaire
landeinwärts ADV vers l'intérieur du pays
Landeklappe F FLUG volet *m*
landen A VT 1 MIL mettre à terre; FLUG poser 2 *umg* **e-n Treffer ~** réussir un coup B VI 1 SCHIFF accoster 2 FLUG atterrir (**auf** [+ *dat*] sur) 3 *umg fig Person, Brief umg* atterrir; **im Gefängnis ~** *umg* échouer en prison
Landenge F isthme *m*
Landeplatz M FLUG terrain *m* d'atterrissage; SCHIFF débarcadère *m*
Länder → Land
Ländereien PL terres *fpl*
Länderkampf M 1 SPORT compétition internationale 2 → Länderspiel **Länderkunde** F géographie *f* **Länderspiel** N FUSSBALL match international
Landesfarben FPL couleurs nationales **Lan-**

Aus welchem Land kommen Sie?

Wenn Sie ausdrücken wollen, **wo** Sie wohnen, **woher** Sie kommen, **wohin** Sie gehen, müssen Sie im Französischen einige Besonderheiten beachten:

Wo? Wohin?

nach / in Frankreich nach / in England nach / in Dänemark in den / in die USA	**en France** *(f)* **en Angleterre** *(f)* **au Danemark** *(m)* **aux États-Unis** *(m/pl)*	Auf die Frage wo? bzw. wohin? steht bei femininen Ländernamen **en** ohne Artikel. Bei maskulinen Ländernamen steht **au**, bei Ländern im Plural **aux**.

Woher?

aus Deutschland aus Frankreich aus Japan aus den Niederlanden	**d'Allemagne** **de France** **du Japon** **des Pays-Bas**	Auf die Frage woher? steht bei femininen Ländernamen **de** ohne Artikel. Bei maskulinen Ländernamen steht **du** und bei Ländern im Plural **des**.

FEHLERQUELLEN

desgrenze F frontière nationale; *innerhalb der BRD* limite *f* du land **Landeshauptfrau** F, **Landeshauptmann** M *österr* chef *m* de l'administration d'une province **Landeshauptstadt** F capitale *f* **Landesinnere(s)** N intérieur *m* du pays **Landeskunde** F géographie *f* et civilisation *f* d'un pays **Landesregierung** F gouvernement *m* (du pays), *BRD* du land **Landessprache** F langue nationale **Landestracht** F costume national **landesüblich** ADJ d'usage dans le pays **Landesverrat** M trahison *f* **Landesverräter(in)** M(F) traître *m*, traîtresse *f* à son pays

Landeswährung F unité *f* monétaire du pays; **in ~** en monnaie nationale

landesweit ADJ à l'échelon du land *bzw.* du pays, national

Landflucht F exode rural **Landfriedensbruch** M troubles apportés à l'ordre public **Landgericht** N tribunal *m* de grande instance **Landgut** N domaine rural **Landhaus** N maison *f* de campagne **Landkarte** F carte *f* (géographique) **Landkreis** M ADMIN *etwa* district *m* **landläufig** ADJ courant **Landleben** N vie *f* à la campagne

ländlich ADJ rural; de la campagne; *(bäurisch)* campagnard

Landluft F air *m* de la campagne **Landmine** F mine *f* terrestre **Landrat** M **1** *BRD etwa* sous-préfet *m* **2** *schweiz* Grand Conseil **Landratte** *umg* F *Person umg* terrien *m* **Landregen** M pluie persistante

Landschaft F paysage *m (a. fig)*

landschaftlich ADV **~ schön** pittoresque

Landschaftsaufnahme F (photo *f* de) paysage *m* **Landschaftsbild** N MAL paysage *m* **Landschaftsgärtner** M jardinier *m* paysagiste **Landschaftsmaler** M (peintre *m*) paysagiste *m* **Landschaftspflege** F conservation *f* et aménagement *m* des espaces naturels **Landschaftsschutz** M sauvegarde *f* des paysages **Landschaftsschutzgebiet** N site protégé

Landschulheim N classe verte

Landsitz M propriété *f* à la campagne; *(Herrensitz)* manoir *m*

Landsmann M, **Landsmännin** F compatriote *m/f*; **was ist er für ein ~?** de quel pays est-il?

Landstraße F route départementale **Landstreicher(in)** M(F) vagabond(e) *m(f)* **Landstreitkräfte** FPL MIL forces *fpl* terrestres **Landstrich** M contrée *f* **Landtag** M *BRD u. österr* parlement *m* d'un land

Landung F **1** FLUG atterrissage *m* **2** SCHIFF accostage *m* **Landungsbrücke** F SCHIFF débarcadère *m*

Landurlaub M SCHIFF permission *f* de (descendre à) terre **Landvermessung** F arpentage *m*

Landweg M voie *f* de terre; **auf dem ~(e)** par voie de terre

Landwein M vin *m* de pays **Landwirt** M agriculteur *m*; exploitant *m* (agricole) **Landwirtschaft** F agriculture *f* **landwirtschaftlich** ADJ agricole **Landwirtschaftskammer** F chambre *f* d'agriculture **Landwirtschaftsminister** M ministre *m*

de l'Agriculture **Landwirtschaftsministerium** N ministère *m* de l'Agriculture

Landzunge F langue *f* de terre

lang A ADJ 1 *räumlich* long; **20 Meter ~** long de 20 mètres; **gleich ~ sein** avoir la même longueur; *fig* **~ und breit** longuement; en détail 2 *zeitlich* **~e Zeit** longtemps B ADV longtemps; **ein Jahr ~** pendant une année, un an; → lange

langärm(e)lig ADJ à manches longues **langatmig** ADJ qui a des longueurs; *Buch, Vortrag* assommant; *Bericht, Rede* verbeux **langbeinig** ADJ qui a les jambes longues

lange ADV 1 *zeitlich* longtemps; **wie ~ (noch)?** combien de temps?; **wie ~ sind Sie schon hier?** depuis quand êtes-vous ici?; **er braucht ~ um zu** (+ *inf*) il est long, lent à (+ *inf*); **schon ~** depuis longtemps; **so ~, wie ...** tant que ...; **er ist noch ~ nicht fertig** il est loin d'avoir terminé, *zum Ausgehen* d'être prêt 2 (*bei Weitem*) **das ist (noch) ~ nicht alles** (et) ce n'est pas tout; **er ist ~ nicht so klug wie sie** il est loin d'être aussi intelligent qu'elle

Länge F 1 *räumlich* longueur *f*; long *m*; **e-e ~ von drei Metern haben** avoir trois mètres de long; **der ~ nach** en longueur; dans le sens de la longueur 2 (*Körperlänge*) taille *f* 3 *zeitlich* durée *f*; **sich in die ~ ziehen** traîner en longueur 4 GEOG longitude *f* 5 SPORT longueur *f*

langen *umg* A VT (*darreichen*) passer; **j-m e-e ~** *umg* flanquer une gifle à qn B VI 1 (*ausreichen*) suffire (**für** pour); **das langt bis morgen** *Vorrat* avec ça on ira, tiendra jusqu'à demain; **jetzt langt es mir aber!** j'en ai assez maintenant! 2 ([*er*]*reichen*) atteindre

Längengrad M degré *m* de longitude **Längenkreis** M méridien *m* **Längenmaß** N mesure *f* de longueur

länger ADJ *u.* ADV 1 *räumlich* plus long; **~ machen** allonger; MODE rallonger; **~ werden** s'allonger 2 *zeitlich* plus longtemps; (*ziemlich lang*) assez longtemps; **~e Zeit** quelque temps; **ein Tag ~** un jour de plus

Lang(e)weile F ennui *m*; **~ haben** s'ennuyer

Langfinger M *hum umg* chapardeur *m* **langfristig** ADJ *u.* ADV à long terme

langgehen *umg* → entlanggehen; **wissen, wos langgeht** s'y connaître; **ich werd ihm (schon) zeigen, wos langgeht** je vais lui apprendre à vivre

langhaarig ADJ aux cheveux longs; *Tier* à poil long **langjährig** ADJ qui existe depuis des années; *Freundschaft* de longue date; *Erfahrung* long; *Freund* vieux **Langlauf** M ski *m* de fond **Langläufer(in)** M(F) skieur, skieuse *m,f* de fond **Langlaufloipe** F piste *f* de ski de fond **Langlaufski** M ski *m* de fond **langlebig** ADJ BIOL qui vit longtemps; HANDEL durable **Langlebigkeit** F BIOL longévité *f*; HANDEL solidité *f*

länglich ADJ allongé; oblong

Langmut *geh* F patience *f*; *geh* longanimité *f* **langmütig** *geh* ADJ patient

längs A PRÄP le long de B ADV dans le sens de la longueur

Längsachse F axe longitudinal

langsam A ADJ 1 lent; **~er werden** ralentir; (*sich verlangsamen*) se ralentir 2 (*allmählich*) graduel B ADV 1 lentement; doucement; **~ aber sicher** lentement mais sûrement; **immer ~!** doucement!; **~er fahren** ralentir 2 (*allmählich*) petit à petit

Langsamkeit F lenteur *f*

Langschläfer(in) M(F) lève-tard *m/f*

Langspielplatte F trente-trois tours *m*

Längsrichtung F sens de la longueur, longitudinal **Längsschnitt** M coupe longitudinale

längst ADV 1 (*schon lange*) depuis longtemps 2 (*bei Weitem*) **er ist ~ nicht so klug wie ...** il est loin d'être aussi intelligent que ...; **das ist (noch) ~ nicht alles** (et) ce n'est pas tout(, loin de là)

längste ADJ le plus long

längstens ADV au plus tard

langstielig ADJ 1 *Geräte* à manche long; **~es Glas** verre *m* à pied 2 *Blume* à tige longue

Langstreckenflug M vol *m* long-courrier **Langstreckenflugzeug** N (avion *m*) long-courrier *m* **Langstreckenlauf** M course *f* de fond **Langstreckenläufer(in)** M(F) coureur, -euse *m,f* de fond **Langstreckenrakete** F fusée *f* à longue portée

Languste F langouste *f*

langweilen VT (*u.* VR **sich ~**) s')ennuyer

Langweiler(in) *umg* M, F *umg* raseur, -euse *m,f*

langweilig ADJ ennuyeux; **mir ist es ~** je m'ennuie

Langwelle F grandes ondes **langwierig** ADJ de longue haleine (*a. Arbeit*); *Verhandlungen* laborieux **Langwierigkeit** F longue durée

Langzeitarbeitslose(r) M/F(M) chômeur, -euse *m,f* de longue durée **Langzeitarbeitslosigkeit** F chômage *m* de longue durée **Langzeitgedächtnis** N mémoire *f* à long terme **Langzeitstudie** F observation *f* de longue durée **Langzeitwirkung** F effet *m* à long terme

Lanze F lance *f*

Laos N le Laos

lapidar *geh* ADJ *geh* lapidaire
Lapislazuli M MINER lapis(-lazuli) *m*
Lappalie F bagatelle *f*; *plus fort* (un) rien
Lappe M Lapon *m*
Lappen M 1 *(Wischlappen)* chiffon *m*; *umg fig* **das ist mir durch die ~ gegangen** *umg* cela m'est passé sous le nez 2 *umg (Geldschein)* billet *m*
läppern V/R *umg* **das läppert sich** *umg* cela finit par faire
Lappin F Lapon(n)e *f*
läppisch *umg* ADJ ridicule; *Person a.* niais
Lappland N la Laponie
Laptop M (ordinateur *m*) portable *m*
Lärche F BOT mélèze *m*
Lärm M bruit *m*; *(Gepolter)* vacarme *m*; *(Krach)* tapage *m*; *fig* **viel ~ um nichts** beaucoup de bruit pour rien
Lärmbekämpfung F lutte *f* contre le bruit
Lärmbelästigung F pollution *f* sonore
lärmempfindlich ADJ sensible au(x) bruit(s)
lärmen V/I faire du bruit, du vacarme **lärmend** ADJT bruyant
Lärmpegel M niveau *m* sonore **Lärmschutz** M protection *f* contre le bruit **Lärmschutzwall** M, **Lärmschutzwand** F mur *m* antibruit
Larve F 1 ZOOL larve *f* 2 *(Maske)* masque *m*
las → lesen[1], lesen[2]
Lasagne PL GASTR lasagnes *fpl*
lasch A ADJ 1 *(kraftlos)* mou (! Femininform: **molle**, Maskulinform vor Vokal oder stummem h: **mol**) 2 *(wirkungslos)* inefficace 3 *(nicht streng)* laxiste B ADV *handhaben etc* avec laxisme
Lasche F *an Schuhen* languette *f*; MODE patte *f*; languette *f*
Laser M laser *m* **Laserdruck** M IT impression *f* laser **Laserdrucker** M IT imprimante *f* laser **Lasermedizin** F médecine *f* au laser **Lasershow** F spectacle *m* laser **Laserstrahl** M rayon *m* laser **Lasertechnik** F technique *f* laser **Laserwaffe** F arme *f* laser
lassen A V/AUX *de mode* 1 *(zulassen)* laisser; **j-n etw tun ~** laisser faire qc à qn 2 *(veranlassen)* faire; **j-n etw tun ~** faire faire qc à qn; **den Arzt holen ~** envoyer chercher le médecin; **ich lasse ihn grüßen** saluez-le de ma part 3 **lass(t) uns gehen!** partons! B V/T 1 *(überlassen)* **j-m etw ~** laisser, céder qc à qn 2 *(zubilligen) sie ist bescheiden* **das muss man ihr ~** il faut le reconnaître 3 *(unterlassen)* ne pas faire; renoncer à; **lass das!** arrête! 4 *(zurücklassen)* laisser; abandonner; *fig* **j-n weit hinter sich** *(dat)* **~** distancer qn 5 *an e-n Ort* laisser aller; **j-n ins Haus ~** laisser entrer qn C V/I *(ablassen)* **von etw ~** renoncer à qc D V/R *Stoff* **sich gut waschen ~** se laver bien; être facile à laver; **das lässt sich nicht beschreiben** c'est indescriptible
lässig A ADJ *umg* cool; *(unbekümmert) a.* nonchalant; *Kleidung a.* décontracté; *Haltung a.* désinvolte B ADV 1 avec nonchalance, désinvolture; **~ gekleidet** habillé de manière décontractée 2 *umg (mühelos)* facilement
Lässigkeit F *(Unbekümmertheit)* nonchalance *f*; décontraction *f*; *der Haltung* désinvolture *f*
Lasso M *od* N lasso *m*
Last F 1 *(Traglast)* charge *f*; *fig* poids *m*; **j-m zur ~ fallen** être à charge à qn; **j-m etw zur ~ legen** accuser qn de qc; imputer qc à qn; **zu j-s ~en gehen** être à la charge de qn; HANDEL **zu j-s ~en** au débit de qn 2 *e-s Schiffes* cargaison *f*; fret *m* 3 **~en** *(Abgaben)* charges publiques
Lastauto N camion *m*; poids lourd
lasten V/I peser; **auf etw** *(dat)* **schwer ~** peser d'un grand poids sur qc; **auf dem Unternehmen ~ schwere Schulden** la firme est grevée de lourdes dettes; *fig Verantwortung* **auf j-s Schultern** *(dat)* **~** peser sur les épaules de qn
Lastenaufzug M monte-charge *m* **Lastenausgleich** M péréquation *f* des charges
Laster[1] N *(schlechte Neigung)* vice *m*
Laster[2] *umg* M → Lastwagen
lasterhaft ADJ *Leben* dissolu; *Person* immoral
Lästermaul *umg* N *umg* mauvaise langue
lästern V/I **über j-n ~** médire de qn; dénigrer qn
lästig ADJ *(aufdringlich)* importun; *(unangenehm)* ennuyeux; *(unbequem)* gênant; *(störend)* fatigant; **j-m ~ werden, fallen** importuner qn
lästigfallen V/I → lästig
Lastkahn M péniche *f*; chaland *m* **Lastkraftwagen** M ADMIN → Lastwagen
Last-Minute... IN ZSSGN de dernière minute **Last-Minute-Angebot** N offre *f* de dernière minute **Last-Minute-Flug** M vol *m* de dernière minute **Last-Minute-Urlaub** M vacances *fpl* de dernière minute
Lastschrift F FIN note *f* de débit **Lastschriftverfahren** N FIN (système *m* de) prélèvement *m* automatique **Lasttier** N bête *f* de somme **Lastwagen** M camion *m*; poids lourd **Lastwagenfahrer** M conducteur *m* de camion; camionneur *m* **Lastzug** M camion *m* à remorque
Lasur F vernis *m*
Latein N *Sprache, Schulfach* le latin; **~ lernen** apprendre le latin; **sie ist gut in ~** elle est bonne en latin; *fig* **mit s-m ~ am Ende sein** ne plus savoir quoi faire; y perdre son latin
Lateinamerika N l'Amérique latine **lateinamerikanisch** ADJ latino-américain

L

▶ laufen mit Richtungsangabe

laufen bzw. **rennen** mit Richtungsangabe wird oft nicht mit **courir**, sondern mit anderen Verben und dem Zusatz **en courant** übersetzt:

Sie lief über die Brücke.	**Elle a traversé le pont (en courant).**
Wir laufen durch den Wald.	**Nous traversons la forêt (en courant).**
Er ist nach Hause gerannt.	**Il est rentré en courant.**
Sie mussten zum Bahnhof rennen.	**Ils ont dû aller à la gare en courant.**

SPRACHGEBRAUCH ◀

lateinisch ADJ latin; **~e Schrift** caractères romains

Lateinisch N latin *m*; **auf, in ~** en latin

latent ADJ latent

Laterne F *(Straßenlaterne)* réverbère *m*; *(Handlaterne)* lanterne *f* **Laternenpfahl** M (poteau *m* de) réverbère *m*

Latex M latex *m*

Latinum N *niveau de connaissances du latin correspondant à plusieurs années d'études*

Latrine F latrines *fpl*

latschen *umg* VI marcher; *(schlendern) umg* se balader; déambuler

Latschen *umg* M *(Schuh) umg* pompe *f*; *umg* godasse *f*; *(Hausschuh) umg* savate *f*

Latte F *(Holzstange)* latte *f*; SPORT barre *f*; *umg fig* **lange ~** *umg* asperge *f*

Lattenkiste F caisse *f* à claire-voie; cageot *m* **Lattenrost** M claie *f* **Lattenzaun** M palissade *f*

Latz M **1** *e-r Schürze, für Kinder* bavette *f*; *sl* **j-m e-e vor den ~ knallen** *umg* flanquer un coup à qn **2** *(Hosenlatz)* pont *m* (de pantalon)

Lätzchen N bavette *f*

Latzhose F *modische, (Kinderlatzhose)* salopette *f*; *(Arbeitslatzhose)* bleu *m* de travail

lau ADJ tiède *(a. fig)*; attiédi; *Luft, Wetter* doux

Laub N feuillage *m*; feuilles *fpl* **Laubbaum** M (arbre *m*) feuillu *m*

Laube F *(Gartenlaube)* tonnelle *f*

Laubfrosch M rainette *f* **Laubsäge** F scie *f* à découper **Laubwald** M forêt *f* de feuillus

Lauch M poireau *m*

Laudatio F discours *m* à la louange d'une personnalité importante; **die ~ auf j-n halten** prononcer un discours à la louange de qn

Lauer F *umg* **auf der ~ sein, liegen** être aux aguets

lauern *umg* VI **auf etw, j-n ~** guetter qc, qn

Lauf M **1** *(Laufen)* course *f* *(a.* SPORT*)* **2** *fig (Fortgang)* cours *m*; **im ~e der Zeit** avec le temps; **den Dingen ihren ~ lassen** laisser les choses suivre leur cours; **s-n Tränen freien ~ lassen** donner libre cours à ses larmes; **im ~e des Monats** dans le courant du mois **3** *(Flusslauf)* cours *m* **4** *e-s Gewehrs* canon *m* **5** *der Jagdtiere, Hunde* jambe *f*

Laufbahn F carrière *f*

Laufbursche M garçon *m* de courses

laufen **A** VT *Strecke* faire, parcourir (**in e-r Stunde** en une heure); SPORT courir **B** VI **1** *(rennen)* courir; *(gehen)* aller (à pied); **in ein Auto ~** °heurter une voiture; **j-m in die Arme ~** tomber sur qn; **das Kind lernt ~** l'enfant apprend à marcher; **~ lassen** *Täter absichtlich* relâcher, *unabsichtlich umg* laisser filer **2** *umg* **die Sache ist ge~** l'affaire est décidée **3** *(gültig sein)* être valable, valide **4** *Rad* tourner; *Maschine, Motor* fonctionner; marcher; *umg* **das Geschäft läuft gut, schlecht** les affaires vont bien, mal **5** *Film* passer; *Verhandlungen* être en cours **6** *(fließen)* couler **7** *(verlaufen)* **durch, über etw** *(akk)* **~** passer par qc **C** V/UNPERS **es läuft sich hier gut** on marche sans peine ici

laufend **A** ADJT *Jahr, Monat, Geschäfte, Ausgaben* courant; *Arbeiten, Untersuchung* en cours; **~e Nummer** numéro *m* de série; **auf dem Laufenden sein** être au courant; **j-n (über etw** [*akk*]**) auf dem Laufenden halten** tenir qn au courant (de qc) **B** ADVL régulièrement; constamment

laufenlassen VT → laufen B 1

Läufer M **1** SPORT coureur *m*; FUSSBALL demi *m* **2** SCHACH fou *m* **3** *(schmaler Teppich)* tapis *m*; *(Tischläufer)* chemin *m* de table

Lauferei *umg* F **viel ~ mit etw haben** *umg* devoir courir beaucoup *od* partout pour qc

Läuferin F SPORT coureuse *f*

Lauffeuer N *fig* **wie ein ~** comme une traînée de poudre

lauffreudig ADJ SPORT qui aime courir **Laufgitter** N *für Kinder* parc *m*

läufig ADJ *Hündin* en chaleur

Laufkran M grue roulante; pont roulant **Laufkundschaft** F clientèle *f* de passage

Laufmasche F maille filée, qui file; **ihr Strumpf hat e-e ~** son bas a filé

Laufpass M *umg* **j-m den ~ geben** *umg* larguer

qn

Laufschritt M **im ~** au pas de course

Laufstall M parc *m* (à bébé) **Laufsteg** M podium *m* **Laufwerk** N TECH, *der Uhr* mécanisme *m*; IT lecteur *m*

Laufzeit F FIN, JUR durée *f* (de validité); **ein Kredit mit dreimonatiger ~** un crédit de 3 mois

Laufzettel M note *f*, fiche *f* de marche à suivre

Lauge F 1 CHEM solution alcaline 2 *für die Wäsche* lessive *f*

Laugenbrezel F bretzel *m*

Laune F *(Stimmung)* humeur *f*; *(Einfall)* caprice *m*; **(bei) guter, schlechter ~ sein, gute, schlechte ~ haben** être de bonne, mauvaise humeur; **bei ~** de bonne humeur; **~n haben** faire des caprices; être lunatique

launenhaft ADJ capricieux; *Mensch a.* lunatique; *Wetter* instable **launig** ADJ plein d'humour; amusant **launisch** ADJ capricieux; lunatique

Laus F pou *m*; *umg fig* **ihm ist e-e ~ über die Leber gelaufen** *umg* il est de mauvais poil

Lausbube *umg* M espiègle *m*; galopin *m*

Lauschangriff M opération *f* de mise sur écoute

lauschen V/I 1 *(zuhören)* écouter 2 *(horchen)* être aux écoutes; **an der Tür ~** écouter aux portes

lauschig ADJ *Ort* retiré; tranquille; **~es Plätzchen** charmant petit coin

Lausebengel *umg* M, **Lausejunge** *umg* M (mauvais) garnement *m*; vaurien *m*; petit voyou

lausen V/T (u. V/R) **(sich ~** s')épouiller; *umg fig* **ich denk, mich laust der Affe** *umg* j'en suis baba, sur le cul

Läufer — les coureurs (mpl)

Läufer — le fou

lausig *umg* A ADJ *(schäbig) umg* minable; *(widerwärtig) umg* sale B ADV *umg* bougrement

laut[1] A ADJ *Stimme*, MUS fort; *Geräusch, Kind* bruyant; **~ werden** *Stimmen* s'élever; *fig Nachricht* se répandre B ADV fort; °haut; *(geräuschvoll)* bruyamment; **~ lesen** lire à voix °haute

laut[2] PRÄP d'après

Laut M son *m*; **keinen ~ von sich geben** ne pas émettre le moindre son

Laute F MUS luth *m*

lauten V/I être; s'énoncer; **wie lautet die Antwort?** quelle est la réponse?

läuten V/T, V/I, V/UNPERS sonner; **es, j-d läutet** *an der Tür* on sonne; **es läutet Mittag** midi sonne; *fig* **ich habe ~ hören, dass …** j'ai entendu dire que …

lauter[1] *geh* ADJ *Metalle, fig* pur

lauter[2] ADV *(nichts als, nur)* ne … que; rien que; **das sind ~ Lügen** il n'y a que des mensonges

läutern *geh* V/T (u. V/R) **sich ~** s')épurer **Läuterung** F *geh fig* purification *f*

lauthals ADV à gorge déployée; *protestieren* bruyamment

Lautlehre F phonétique *f*

lautlos ADJ silencieux

Lautmalerei F t/t onomatopée *f*

Lautschrift F transcription *f* phonétique

Lautsprecher M °haut-parleur *m* **Lautsprecheranlage** F enceinte *f* acoustique **Lautsprecherbox** F baffle *m* **Lautsprecherwagen** M voiture *f* à °haut-parleur

lautstark ADJ bruyant

Lautstärke F volume *m* (sonore); *der Stimme* puissance vocale; **mit voller ~** *Radio* à plein volume

Lautstärkeregler M régulateur *m* du volume (sonore) **Lautverschiebung** F LING mutation *f* consonantique

lautwerden V/I → laut[1] A

lauwarm ADJ → lau

Lava F lave *f* **Lavastrom** M coulée *f* de lave

Lavendel M lavande *f*

lavieren V/I SCHIFF louvoyer *(a. fig)*; *fig* biaiser

Lawine F avalanche *f*

lawinenartig ADJ *u.* ADV comme une avalanche *(a. fig)*; *fig* **~ zunehmen, anwachsen** faire boule de neige

Lawinengefahr F risque *m* d'avalanche

lax ADJ relâché; laxiste

Layout N maquette *f*

Lazarett N hôpital *m* militaire

LCD-Anzeige F affichage *m* à cristaux liquides **LCD-Bildschirm** M écran *m* LCD; écran *m* à cristaux liquides

L

leasen VT acheter en crédit-bail, en leasing
Leasing N leasing *m*; crédit-bail *m* **Leasingfirma** F société *f* de leasing
leben **A** VT vivre; **sein eigenes Leben ~** vivre sa vie **B** VI **1** vivre; *(am Leben sein)* être en vie; **von s-r Hände Arbeit ~** vivre de son travail; **leb(e) wohl!** adieu!; **es lebe die Freiheit!** vive la liberté! **2** *(wohnen)* vivre; **er lebt in Paris** *(dat)* il vit à Paris **3** **nur für j-n, etw ~** ne vivre que pour qn, qc **C** V/R **hier lebt es sich gut** il fait bon vivre ici
Leben N **1** vie *f*; **sich** *(dat)* **das ~ nehmen** mettre fin à ses jours; **j-n das ~ kosten** coûter la vie à qn; **j-m das ~ retten** sauver la vie à qn; **am ~ sein** être en vie; vivre; **keiner blieb am ~** aucun n'a survécu; **aus dem ~ gegriffen** pris sur le vif; **etw für sein ~ gern tun** adorer faire qc; **etw ins ~ rufen** donner naissance à qc; **mit dem ~ davonkommen** en réchapper; avoir la vie sauve; **j-m nach dem ~ trachten** en vouloir à la vie de qn; **ums ~ kommen** trouver la mort (**bei e-m Unfall** dans un accident); *umg* **nie im ~!** jamais de la vie!; **mein ganzes ~ lang** toute ma vie; **Kampf** *m* **auf ~ und Tod** combat *m* à mort; **es geht um ~ und Tod** c'est une question de vie ou de mort **2** *(Lebhaftigkeit)* vie *f*; vivacité *f*; entrain *m*; **~ in etw** *(akk)* **bringen** animer qc
lebend ADJT vivant
Lebende(r) M/F(M) vivant(e) *m(f)*
Lebendgewicht N poids vif
lebendig ADJ *u.* ADV vivant; vif; **bei ~em Leibe begraben werden** être enterré vivant; **bei ~em Leibe verbrannt werden** être brûlé vif; **in j-m ~ werden** *Gefühle* naître chez qn; *Erinnerungen* remonter en qn
Lebendigkeit F vivacité *f*
Lebensabend M vieux jours **Lebensabschnitt** M période *f* de la vie **Lebensalter** N âge *m* **Lebensangst** F peur *f* de vivre **Lebensanschauung** F conception *f* de la vie **Lebensarbeitszeit** F (durée *f* de la) vie active **Lebensart** F **1** *(Lebensweise)* manière *f* de vivre **2** *(Benehmen)* savoir-vivre *m*
Lebensaufgabe F tâche *f* de toute une vie; **sich** *(dat)* **etw zur ~ machen** se consacrer tout entier à qc
Lebensbedingungen FPL conditions *fpl* de vie **lebensbedrohend** ADJT qui menace la vie **lebensbejahend** ADJT optimiste **Lebensbereich** M sphère *f* **Lebensdauer** F durée *f* de la vie; longévité *f*; *e-s Geräts* durée *f* de vie
Lebensende N fin *f*; **bis an mein ~** jusqu'à ma mort
Lebenserfahrung F expérience *f* de la vie, du monde **Lebenserinnerungen** FPL mémoires *fpl* **Lebenserwartung** F espérance *f* de vie **lebensfähig** ADJ viable **Lebensform** F forme *f* de vie **Lebensfreude** F joie *f* de vivre **lebensfroh** ADJ heureux de vivre
Lebensgefahr F danger *m* de mort; **unter ~** au péril de ma (sa, *etc*) vie; **für j-n besteht ~** qn est en danger de mort
lebensgefährlich ADJ très dangereux
Lebensgefährte M compagnon *m* **Lebensgefährtin** F compagne *f*
Lebensgeister MPL **j-s ~ wecken** faire reprendre ses esprits à qn
Lebensgemeinschaft F communauté *f* de vie **Lebensgeschichte** F biographie *f* **lebensgroß** ADJ grandeur nature
Lebensgröße F grandeur *f* nature; **in voller ~** grandeur nature; *hum* en chair et en os
Lebenshaltungskosten PL coût *m* de la vie **Lebensinhalt** M raison *f* de vivre **Lebensjahr** N année *f* **Lebenskraft** F vitalité *f*; vigueur *f* **Lebenskünstler** M bon vivant **Lebenslage** F situation *f* (de la vie) **lebenslang** **A** ADJ qui dure toute une vie **B** ADV la vie durant **lebenslänglich** ADJ JUR à perpétuité **Lebenslauf** M vie *f*; *schriftlicher* curriculum vitae *m*; CV *m* **Lebenslust** F joie *f* de vivre **lebenslustig** ADJ qui aime la vie, vivre
Lebensmittel NPL aliments *mpl*; denrées *fpl* alimentaires; vivres *mpl* **Lebensmittelabteilung** F rayon *m* (d')alimentation **Lebensmittelgeschäft** N épicerie *f*; (magasin *m* d')alimentation *f* **Lebensmittelgesetz** N loi *f* sur les denrées alimentaires **Lebensmittelhändler** M épicier *m* **Lebensmittelindustrie** F industrie *f* agro-alimentaire **Lebensmittelvergiftung** F intoxication *f* alimentaire
lebensmüde ADJ dégoûté de la vie; *geh* las de vivre **lebensnah** ADJ proche de la vie; près de la réalité **lebensnotwendig** ADJ vital **Lebenspartner(in)** M(F) compagnon, compagne *m,f*
Lebenspartnerschaft F **(eingetragene) ~** partenariat civil enregistré
Lebensqualität F qualité *f* de la vie **Lebensraum** M espace vital **Lebensretter(in)** M(F) sauveteur *m* **Lebensstandard** M niveau *m* de vie **Lebensstil** M style *m*, genre *m* de vie **lebenstüchtig** ADJ capable de s'organiser **Lebensumstände** PL conditions *fpl* de vie **lebensunfähig** ADJ non viable
Lebensunterhalt M subsistance *f*; **s-n ~ verdienen** gagner sa vie

Lebensversicherung F assurance *f* vie **Lebenswandel** M vie *f*; conduite *f*; mœurs *fpl* **Lebensweise** F **1** mode *m* de vie **2** *(Gewohnheiten)* mœurs *fpl* **Lebenswerk** N œuvre *f* (de toute une vie) **lebenswert** ADJ digne d'être vécu **lebenswichtig** ADJ vital

Lebenszeichen N signe *m* de vie; **kein ~ von sich geben** ne pas donner signe de vie *(a. fig)*

Lebenszeit F durée *f* de la vie; **auf ~** *Haft* à perpétuité; *Amt* à vie

Leber F foie *m* (a. GASTR); *umg fig* **frei, frisch von der ~ weg reden** parler à cœur ouvert, franchement

Leberfleck M grain *m* de beauté; MED nævus *m* **Leberkäse** M *sorte de pain de viande* **Leberknödel** M boulette *f*, quenelle *f* de foie **Leberknödelsuppe** F *südd, österr: bouillon avec, comme garniture, des boulettes de foie* **Leberpastete** F pâté *m* de foie **Lebertran** M huile *f* de foie de morue **Leberwurst** F pâté *m* de foie *(sous forme de saucisson)* **Leberzirrhose** F MED cirrhose *f*

Lebewesen N être vivant; BIOL organisme *m*

Lebewohl *geh* N adieu *m*; **j-m ~ sagen** dire adieu à qn

lebhaft **A** ADJ vif *(a. Diskussion, Fantasie, Beifall, Erinnerung, Interesse, Farbe)*; *Kind* vivant; *Unterhaltung, Streit* animé; *Verkehr* intense; *Handel* actif **B** ADV vivement; **sich ~ an j-n erinnern** garder un souvenir très vivant de qn

Lebhaftigkeit F vivacité *f*

Lebkuchen M pain *m* d'épice

leblos ADJ sans vie; inanimé

Lebzeiten FPL **zu s-n ~** de son vivant

lechzen *geh* V/I **nach Wasser ~** mourir de soif; *fig* **nach etw ~** être assoiffé de qc

leck ADJ **~ sein** *Behälter* fuir; *Schiff* faire eau

Leck N *e-s Behälters* fuite *f*; *e-s Schiffs* voie *f* d'eau

lecken[1] V/I *Behälter* fuir; *Schiff* faire eau

lecken[2] V/T u. V/I *mit der Zunge* lécher; **an etw** *(dat)* **~** lécher qc; *sl* **leck mich!** *sl* va te faire foutre!

lecker ADJ délicieux; appétissant *(a. Person)* **Leckerbissen** M régal *m (a. fig)*

Leckerei F **1** → Leckerbissen **2** *(Süßigkeit)* sucrerie *f*; friandise *f*

Leder N **1** cuir *m*; *weiches* peau *f* **2** *umg (Fußball)* ballon *m* **3** *umg* **gegen j-n, etw vom ~ ziehen** déblatérer contre qn, qc

Lederhandschuh M gant *m* de peau **Lederhose** F culotte *f* de peau; *lange* pantalon *m* de cuir **Lederjacke** F blouson *m*, veste *f* de cuir

ledern ADJ de cuir; *Haut* tanné; *Fleisch* coriace

Lederschuh M chaussure *f* de cuir **Ledersessel** M fauteuil *m* de cuir **Ledersohle** F semelle *f* de cuir **Lederwaren** FPL articles *mpl* de maroquinerie **Lederwarengeschäft** N maroquinerie *f*

ledig ADJ *(unverheiratet)* célibataire

Ledige(r) M/F(M) célibataire *m/f*

lediglich ADV seulement; purement

Lee F SCHIFF côté *m* sous le vent

leer **A** ADJ **1** vide; *Blatt, Seite* blanc; *umg* **~ machen** vider **2** *fig Worte* creux; *Versprechungen* vain; *Blick* vide **B** ADV **~ ausgehen** rester les mains vides; **~ stehen** être vide; **~ stehend** *adjt Zimmer, Haus* inoccupé

Leere F vide *m (a. fig)*

leeren **A** V/T vider; **den Briefkasten ~** faire la levée **B** V/R **sich ~** se vider

Leergewicht N poids *m* à vide **Leergut** N bouteilles consignées

Leerlauf M **1** *Auto* point mort **2** *fig* passage *m* à vide; phase improductive

leermachen *umg* V/T vider

leerstehend ADJT → leer B

Leertaste F barre *f* d'espacement **Leerung** F vidage *m*; *des Briefkastens* levée *f*

Lefze F babine *f*

legal ADJ légal **legalisieren** V/T légaliser **Legalität** F légalité *f*

Legasthenie F dyslexie *f* **Legastheniker(in)** M(F) dyslexique *m/f*

Legebatterie F batterie *f* d'élevage **Legehenne** F poule pondeuse

legen **A** V/T mettre; poser; placer; *Leitung, Rohre, Fußboden* poser; *Eier* pondre; **etw an s-n Platz ~** remettre qc à sa place **B** V/R **sich ~** *Person* se coucher; s'étendre; *Wind* tomber; *Zorn* se calmer; **sich ins Bett, sich schlafen ~** (aller) se coucher; **das legt sich mir schwer auf die Seele** ça me pèse

legendär ADJ légendaire

Legende F légende *f*

leger ADJ décontracté

Leggings PL caleçon *m*

legieren V/T TECH allier **Legierung** F alliage *m*

Legion F légion *f (a. fig)* **Legionär** M légionnaire *m*

Legislative F pouvoir législatif **Legislaturperiode** F législature *f*

legitim ADJ légitime **Legitimation** F légitimation *f* **legitimieren** **A** V/T légitimer **B** V/R **sich ~** justifier de son identité

Leguan M iguane *m*

Lehm M (terre *f*) glaise *f* **Lehmboden** M sol glaiseux **Lehmhütte** F cabane *f* en torchis **lehmig** ADJ glaiseux

Lehne F *(Rückenlehne)* dossier *m*; *(Seitenlehne)* bras m; accoudoir m

lehnen A VT appuyer (**an etw** [akk] od **gegen etw** contre qc) B VI u. VR **an etw** (dat) **~, sich an etw** (akk) **~** s'appuyer contre qc; **sich aus dem Fenster ~** se pencher par la fenêtre

Lehnstuhl M fauteuil m

Lehnwort N LING emprunt m

Lehramt N poste m d'enseignant; **höheres ~** professorat m

Lehramtskandidat(in) M(F) ADMIN professeur m/f stagiaire; candidat(e) m(f) à un poste dans l'enseignement secondaire

Lehranstalt F ADMIN établissement m scolaire **Lehrbeauftragte(r)** M(F) chargé m de cours **Lehrberuf** M 1 (Beruf des Lehrers) profession f d'enseignant; enseignement m 2 (Ausbildungsberuf) profession f exigeant un apprentissage **Lehrbetrieb** M e-r Universität cours mpl **Lehrbuch** N manuel m; cours m; méthode f

Lehre F 1 (Lehrmeinung) doctrine f; théorie f 2 (Belehrung) leçon f; **lassen Sie sich das e-e ~ sein!** que cela vous serve de leçon! 3 (Lehrzeit) apprentissage m; **in die ~ gehen** faire un, son apprentissage

lehren VT enseigner; **j-n etw ~** apprendre qc à qn

Lehrer(in) M(F) enseignant(e) m(f); (Gymnasiallehrer) professeur m/f; (Grundschullehrer) instituteur, -trice m,f **Lehrerausbildung** F formation f des enseignants **Lehrerkollegium** N personnel enseignant **Lehrerkonferenz** F etwa conseil m de classe **Lehrermangel** M pénurie f d'enseignants **Lehrerzimmer** N salle f des professeurs

Lehrfach N 1 → Lehramt 2 matière f **Lehrgang** M cours m; kurzer stage m **Lehrgangsteilnehmer(in)** M(F) participant(e) m(f) à un cours

Lehrgeld N **~ zahlen** apprendre qc à ses dépens

Lehrjahr N année f d'apprentissage **Lehrkraft** F → Lehrer(in) **Lehrling** M apprenti(e) m(f) **Lehrmädchen** N apprentie f **Lehrmeister** M 1 maître m d'apprentissage 2 fig maître m **Lehrmethode** F méthode f d'enseignement **Lehrmittel** NPL matériel m pédagogique **Lehrplan** M programme m scolaire **Lehrprobe** F etwa leçon f test **lehrreich** ADJ instructif **Lehrsatz** M thèse f; MATH théorème m; REL dogme m **Lehrstelle** F place f d'apprenti **Lehrstoff** M programme m **Lehrstuhl** M chaire f (**für** de) **Lehrvertrag** M contrat m d'apprentissage **Lehrwerkstatt** F atelier m d'apprentissage **Lehrzeit** F apprentissage m

Leib M geh (Körper) corps m; geh (Bauch) ventre m; **etw am eigenen ~ erfahren, spüren** apprendre qc à ses dépens; umg **j-m zu ~e rücken** °harceler qn; **mit ~ und Seele** corps et âme; umg **sich** (dat) **j-n vom ~e halten** tenir qn à distance; umg **bleib mir damit vom ~e!** laisse-moi tranquille, en paix avec ça!

Leibarzt M médecin personnel **Leibeigene(r)** M/F(M) serf, serve m,f **Leibeigenschaft** F servage m

leiben VI **das ist er, wie er leibt und lebt** c'est lui tout craché

Leibeserziehung F éducation f physique

Leibeskräfte FPL **aus ~n** de toutes mes, etc forces

Leibgericht N plat préféré

leibhaftig ADJ (zu Fleisch geworden) incarné; (selbst) en personne; en chair et en os; **der Leibhaftige** le diable

leiblich ADJ 1 (körperlich) corporel; physique; **~e Genüsse** mpl jouissances matérielles 2 (blutsverwandt) **~e Eltern** parents mpl biologiques; vrais parents; **sein ~er Sohn** son vrai fils

Leibrente F rente viagère

Leibschmerzen MPL **~ haben** avoir mal au ventre

Leibspeise F plat préféré **Leibwache** F gardes mpl du corps **Leibwächter** M garde m du corps

Leiche F cadavre m; corps m; fig **über j-s ~ gehen** passer sur le corps de qn; umg **nur über meine ~!** umg tant que je serai vivant, il n'en est pas question!

Leichenbeschauer M médecin m légiste **Leichenbestatter** M ordonnateur m des pompes funèbres **leichenblass** ADJ blême **Leichenhalle** F funérarium m **Leichenschänder** M viol(at)eur m de cadavres **Leichenschauhaus** N morgue f **Leichenschmaus** M hum repas m d'enterrement **Leichenstarre** F rigidité f cadavérique **Leichenverbrennung** F crémation f **Leichenwagen** M corbillard m **Leichenzug** geh M cortège m funèbre

Leichnam geh M corps m; cadavre m

leicht A ADJ 1 im Gewicht léger (a. fig: Speise, Schlag, Strafe, Fehler, Kleidung, MED, METEO); **~es Mädchen** fille légère 2 (einfach) facile; geh aisé; **~ zu** (+ inf) facile à (+ inf); **es ist ganz ~** c'est tout simple B ADV légèrement; (einfach) facilement; aisément; (schnell) facilement; **~ entzündlich** (facilement) inflammable; **~ gekleidet** vêtu légèrement; **~ verdaulich** digeste; **~ verderblich** périssable; **~ verletzt** légèrement blessé; **~ verständlich** facile à comprendre; **es ~ haben** avoir la belle vie; **das ist ~er gesagt als**

getan c'est plus facile à dire qu'à faire; **er wird ~ böse** il se fâche facilement; **es könnte ~ sein, dass …** il se pourrait bien que … (+ *subj*); **~er machen** *Last* alléger; *fig* faciliter; **j-m etw ~ machen** faciliter qc à qn; **sich** (*dat*) **die Arbeit ~ machen** se faciliter la tâche; **sich** (*dat*) **e-e Entscheidung nicht ~ machen** ne pas prendre une décision à la légère; **es sich** (*dat*) **~ machen** ne pas se compliquer la vie; → leichtfallen, leichtnehmen

Leichtathlet(in) M(F) athlète *m/f* **Leichtathletik** F athlétisme *m* **Leichtbauweise** F construction légère

leichtentzündlich ADJ (facilement) inflammable

Leichter M SCHIFF allège *f*

leichtfallen V/I **es fällt mir leicht zu** (+ *inf*) il m'est facile de (+ *inf*); **das fällt ihm leicht** cela n'est pas difficile pour lui

leichtfertig A ADJ (*unüberlegt*) irréfléchi; (*leichtsinnig*) léger; (*oberflächlich*) frivole B ADV à la légère **Leichtfertigkeit** F légèreté *f*; frivolité *f* **leichtfüßig** ADJ leste; agile **leichtgekleidet** ADJT vêtu légèrement **Leichtgewicht** N, **Leichtgewichtler** M SPORT poids léger **leichtgläubig** ADJ crédule **Leichtgläubigkeit** F crédulité *f* **leichthin** ADV à la légère

Leichtigkeit F 1 facilité *f*; **mit ~** facilement; aisément; °haut la main 2 *e-r Bewegung* légèreté *f*

leichtlebig ADJ insouciant

leichtmachen V/T u. V/R → leicht B

Leichtmetall N métal léger

leichtnehmen V/T prendre à la légère; **nehmen Sie es leicht!** *umg* ne vous en faites pas!

Leichtöl N huile légère

Leichtsinn M 1 → Leichtfertigkeit 2 (*Unvorsichtigkeit*) inconscience *f* **leichtsinnig** ADJ 1 (*leichtfertig*) léger 2 (*unvorsichtig*) inconscient

leichtverdaulich ADJ digeste **leichtverderblich** ADJ périssable **leichtverletzt** ADJT légèrement blessé **leichtverständlich** ADJ facile à comprendre

leid ADJ **etw ~ werden** se lasser de qc; **ich bin es ~ zu** (+ *inf*) je suis las de (+ *inf*); → leidtun

Leid N (*Kummer*) chagrin *m*; (*Schmerz*) souffrance *f*; douleur *f*; **j-m ein ~ zufügen** faire du mal à qn; **j-m sein ~ klagen** confier ses peines à qn; → leidtun

leiden A V/T 1 (*ertragen*) souffrir 2 (*gernhaben*) **j-n, etw ~ können** aimer (bien) qn, qc; **j-n, etw nicht ~ können** ne pas pouvoir souffrir qn, qc B V/I souffrir (**an, unter** [+ *dat*] de)

Leiden N (*Qual*) souffrance *f*; MED mal *m*; affection *f*

leidend ADJT souffrant

Leidenschaft F passion *f*; **Spielen ist s-e ~** il a la passion du jeu

leidenschaftlich A ADJ passionné B ADV **etw ~ gern tun** adorer faire qc

leidenschaftslos ADJ u. ADV sans passion

Leidensgenosse M, **Leidensgenossin** F compagnon *m*, compagne *f* d'infortune

Leidensgeschichte F REL Passion *f*; *fig* **j-s ~** le calvaire, toutes les misères de qn

Leidensweg M *fig* calvaire *m*

leider ADV malheureusement; °hélas; **~ muss ich Sie verlassen** il faut malheureusement que je vous quitte

leidgeprüft ADJT éprouvé **leidig** ADJ fâcheux; (*verwünscht*) maudit **leidlich** A ADJ passable B ADV passablement; *umg* pas trop mal

Leidtragende(r) M/F(M) victime *f*; **der Leidtragende bei etw sein** faire les frais de qc

leidtun A V/I **das tut mir (sehr) leid** j'en suis (très) navré; **er tut mir leid** il me fait pitié; je le plains B V/UNPERS **es tut mir leid, dass …** *od* **zu** (+ *inf*) je suis désolé que … (+ *subj*) *od* de (+ *inf*); je regrette que … (+ *subj*) *od* de (+ *inf*)

Leidwesen N **zu meinem (großen) ~** à mon grand regret

Leier F MUS lyre *f*; *umg pej* **es ist immer die alte ~** c'est toujours la même chanson, rengaine

Leierkasten M orgue *m* de Barbarie

leiern *umg* V/T u. V/I 1 **nach oben, unten ~** lever, baisser (au moyen d'une manivelle) 2 (*aufsagen*) psalmodier

Leiharbeit F travail *m* intérimaire **Leiharbeiter(in)** M(F) intérimaire *m/f* **Leihbibliothek** F, **Leihbücherei** F bibliothèque *f* de prêt

leihen V/T 1 (*verleihen*) prêter 2 (*entleihen*) emprunter; (**sich** [*dat*]) **etw von j-m ~** emprunter qc à qn

Leihgabe F prêt *m* **Leihgebühr** F frais *mpl*

▶ leihen: emprunter oder prêter?

leihen kann im Deutschen sowohl „ausleihen" als auch „verleihen" bedeuten.
Im Französischen muss man sehr genau unterscheiden, ob man etwas ausleiht (**emprunter**), oder ob man etwas verleiht (**prêter**):

Ich habe mir Geld von Marie geliehen.
J'ai emprunté de l'argent à Marie.

Ich habe Jean mein Auto geliehen.
J'ai prêté ma voiture à Jean.

FEHLERQUELLEN

de location **Leihhaus** N mont-de-piété *m* **Leihmutter** F mère porteuse **Leihwagen** M voiture *f* de location **leihweise** ADV à titre de prêt

Leim M colle (forte); glu *f*; *umg* **aus dem ~ gehen** se disloquer (*a. fig*); *umg fig* **j-m auf den ~ gehen** *umg* se faire avoir par qn

leimen V/T coller; *umg fig* **j-n ~** *umg* avoir qn

Leine F corde *f*; *für Hunde* laisse *f*; *Hund* **an der ~ führen** tenir en laisse

Leinen N lin *m*; *Gewebe* toile *f*; *Buch* **in ~** relié (en) toile

Leinöl N huile *f* de lin **Leinsamen** M graine *f* de lin **Leintuch** N drap *m* de lit **Leinwand** F **1** *Gewebe* toile *f* (*a.* MAL) **2** (*Kinoleinwand*) écran *m*

leise **A** ADJ (*kaum hörbar*) bas; *Musik* doux; *Geräusch, fig Zweifel* léger; **mit ~r Stimme** à voix basse **B** ADV bas; *sagen a.* à voix basse; *sprechen a.* doucement

Leiste F **1** (*Sockelleiste*) plinthe *f*; (*Zierleiste*) baguette *f* **2** ANAT aine *f*

leisten **A** V/T **1** (*vollbringen*) faire **2** (*liefern*) produire; rendre **B** *umg* V/R **sich** (*dat*) **etw ~** (*gönnen*) se payer, s'offrir qc; (*erlauben*) se permettre qc

Leisten M forme *f*; *umg* **alles über e-n ~ schlagen** mettre tout dans le même sac

Leistenbruch M °hernie inguinale

Leistung F **1** (*Geleistetes*) performance *f* (*a.* SPORT); travail *m*; (*Ergebnis*) résultat *m* (*a.* SCHULE) **2** *e-s Unternehmens, Arbeiters, e-r Maschine* rendement *m*; TECH puissance *f* **3** (*Zahlung*) prestation *f*

Leistungsdruck M *bei der Arbeit* obligation *f* de rendement; SPORT, SCHULE obligation *f* de réussir; pression *f* **leistungsfähig** ADJ performant; *Person a.* efficace; *Motor* puissant **Leistungsfähigkeit** F *e-s Arbeiters* productivité *f*; *e-r Person, e-s Unternehmens* efficacité *f*; *e-s Autos* performance *f* **leistungsgerecht** ADJ proportionnel au rendement, SCHULE aux résultats obtenus; *Bezahlung* adéquat **Leistungsgesellschaft** F société basée sur la compétition, la réussite **Leistungsgrenze** F *e-r Person* les limites *fpl* de qn **Leistungskontrolle** F SCHULE contrôle *m* des connaissances **Leistungskurs** M matière optionnelle à programme renforcé (❗ im französischen Schulsystem gibt es keine Leistungskurse, sondern nur bestimmte Fachkombinationen in der Abschlussklasse, der **terminale**) **Leistungskurve** F courbe *f* de puissance **leistungsorientiert** ADJ fondé sur le principe de la réussite **Leistungsprinzip** N principe *m* de compétitivité **Leistungsprüfung** F SCHULE contrôle *m* des connaissances; examen *m* **leistungsschwach** ADJ peu performant; *Schüler* faible **Leistungssport** M sport *m* de compétition **Leistungsstand** M niveau *m* de productivité **leistungsstark** ADJ (très) performant; *Schüler* fort **Leistungssteigerung** F accroissement *m* du rendement **Leistungstest** M test *m* **Leistungsträger** M moteur *m*, pilier *m* d'une équipe **Leistungsvermögen** N → Leistungsfähigkeit **Leistungszulage** F prime *f* de rendement

Leitartikel M éditorial *m* **Leitbild** N modèle *m*

leiten V/T **1** (*[hin]führen*) conduire; **sich von etw ~ lassen** se laisser guider par qc **2** *Amt, Unternehmen, Schule, Orchester* diriger; *Verhandlung* présider **3** PHYS conduire

leitend ADJT **1** (*führend*) directeur (*a. fig*); *bei Berufen* en chef; **~e Stellung** position dirigeante, de cadre; **~er Angestellter** cadre supérieur **2** PHYS **(nicht) ~** (non-)conducteur

Leiter[1] M PHYS conducteur *m*

Leiter[2] F échelle *f* (*a. fig*)

Leiter(in) M(F) *e-s Unternehmens, e-r Schule* directeur, -trice *m,f*; *e-r Abteilung* chef *m*; *e-r Filiale* gérant(e) *m(f)*; *e-s Orchesters* chef *m* d'orchestre; *e-r Versammlung* président(e) *m(f)*

Leitersprosse F échelon *m* **Leiterwagen** M chariot *m* à ridelles

Leitfaden M guide *m*; précis *m* **leitfähig** ADJ PHYS conducteur **Leitfähigkeit** F PHYS conductivité *f* **Leitgedanke** M idée directrice, générale **Leithammel** M *fig pej* meneur *m* **Leitlinie** F *auf Straßen* ligne blanche; *fig* ligne directrice **Leitmotiv** N leitmotiv *m* (*a. fig*) **Leitplanke** F glissière *f* de sécurité **Leitsatz** M principe (directeur) **Leitspruch** M maxime *f*

Leitung F **1** *e-s Betriebs* direction *f*; *e-r Filiale* gestion *f*; *e-r Versammlung* présidence *f*; *Orchester* **unter der ~ von** sous la direction de; **die ~ von etw haben** être à la tête de qc **2** PHYS conduction *f* **3** *für Wasser, Gas,* ELEK conduite *f*; (*Kabel*) câble *m*; *unterirdisch* canalisation *f*; **direkte ~** ligne directe **4** TEL ligne *f*; *umg fig* **e-e lange ~ haben** *umg* être dur à la détente

Leitungsmast M pylône *m* **Leitungsnetz** N *für Gas, Wasser* canalisation *f*; ELEK réseau *m*; TEL réseau *m* téléphonique **Leitungswasser** N eau *f* du robinet

Leitwährung F monnaie *f*, devise *f* de référence **Leitzins** M taux directeur

Lektion F leçon *f*; *fig* **j-m e-e ~ erteilen** faire la leçon à qn

Lektor(in) M(F) lecteur, -trice *m,f*

Lektüre F lecture *f*

Lemming M lemming *m*
Lende F 1 ANAT **~n** *pl* reins *mpl* 2 → Lendenstück
Lendengegend F ANAT région *f* lombaire **lendenlahm** ADJ brisé; rompu; *fig* faible; sans énergie **Lendenschurz** M pagne *m* **Lendenstück** N GASTR filet *m*; *vom Rind* aloyau *m*; *vom Kalb* longe *f* **Lendenwirbel** M vertèbre *f* lombaire
lenkbar ADJ TECH manœuvrable; *Person* maniable
lenken V/T *Auto* conduire; *Flugzeug* piloter; *Rakete* téléguider; *Menschen, Staat* diriger; **die Blicke auf sich** (*akk*) **~** être le point de mire
Lenker M 1 (*Fahrer*) conducteur *m*; chauffeur *m* 2 *am Fahrrad* guidon *m* **Lenkrad** N volant *m* **Lenkradschaltung** F changement *m* de vitesse au volant **Lenkradschloss** N antivol *m* **Lenksäule** F AUTO colonne *f* de direction **Lenkstange** F guidon *m* **Lenkung** F *e-s Autos* direction *f*; *fig* (*Ausrichtung*) orientation *f*
Lenz *poet* M printemps *m*
Leopard M léopard *m*
Lepra F lèpre *f* **Leprakranke(r)** M/F(M) lépreux, -euse *m,f*
Lerche F alouette *f*
lernbar ADJ qui s'apprend; qu'on peut apprendre **lernbegierig** ADJ avide d'apprendre; studieux **lernbehindert** ADJ inadapté (mental) **Lernbehinderte(r)** M/F(M) inadapté(e) mental(e) **Lerneifer** M désir *m* d'apprendre
lernen V/T *u.* V/I apprendre; *abs a.* travailler; **lesen, Französisch, e-n Beruf ~** apprendre à lire, le français, un métier; *fig* **aus etw ~** tirer la leçon de qc
Lerner(in) M(F) apprenant(e) *m(f)* **lernfähig** ADJ capable d'apprendre **Lernmittel** NPL fournitures *fpl* scolaires **Lernmittelfreiheit** F gratuité *f* du matériel scolaire **Lernprozess** M apprentissage *m*
Lernschwäche F **e-e ~ haben** avoir du mal à apprendre
Lernsoftware F didacticiel *m* **Lernspiel** N jeu éducatif **Lernstoff** M programme *m* (d'étude) **Lernziel** N objectif *m* pédagogique
Lesart F version *f* **lesbar** ADJ lisible
Lesbe *umg* F, **Lesbierin** F lesbienne *f* **lesbisch** ADJ lesbien
Lese F (*Weinlese*) vendanges *fpl*
Lesebrille F lunettes *fpl* pour lire **Lesebuch** N livre *m* de lecture **Lesegerät** N IT lecteur *m*
lesen[1] A V/T *Text* lire (*a.* IT); **genau ~** lire de près; **flüchtig ~** parcourir; REL **die Messe ~** dire la messe B V/R **sich leicht ~ lassen** être facile à lire
lesen[2] V/T 1 (*sammeln*) **Trauben ~** vendanger; **Ähren ~** glaner 2 (*verlesen*) trier
lesenswert ADJ qui mérite d'être lu
Leseprobe F extrait *m* de texte
Leser(in) M(F) lecteur, -trice *m,f*
Leseratte *umg* F grand(e) lecteur (lectrice); *umg* fana *m/f* de lecture
Leserbrief M 1 lettre *f* de lecteur 2 *pl* **~e** *Rubrik* courrier *m* des lecteurs
Lese-Rechtschreib-Schwäche F PSYCH, MED dyslexie *f*
leserlich ADJ lisible **Leserschaft** F lecteurs *mpl*
Lesesaal M salle *f* de lecture **Lesestoff** M lecture *f* **Lesezeichen** N marque-page *m*; signet *m*
Lesung F lecture *f* (*a.* POL)
Lethargie F léthargie *f*
Lette M, **Lettin** F Letton, -onne *m,f* **lettisch** ADJ letton **Lettland** N la Lettonie
Letzt zu guter ~ en fin de compte
letzte A ADJ dernier; (*vorig*) passé; **~n Endes** au bout du compte; finalement; **in ~r Zeit** ces derniers temps B SUBST **der, die Letzte** le dernier, la dernière; **das Letzte** la dernière chose; la fin; **der Letzte des Monats** le dernier du mois; **bis aufs Letzte** totalement; **bis zum Letzten** jusqu'au bout; *umg pej* **das ist doch das Letzte!** c'est au-dessous de tout!
letztendlich ADV en fin de compte
letztens ADV dernièrement; l'autre jour
letztere ADJ (SUBST **der Letztere**) dernier
letztgenannt ADJT cité en dernier; **der Letztgenannte** ce dernier
letztlich ADV en fin de compte
Leuchtboje F bouée lumineuse **Leuchtdiode** F diode électroluminiscente
Leuchte F lampe *f*; *umg fig* **er ist keine große ~** *umg* ce n'est pas une lumière
leuchten V/I *Sonne* luire; *Licht, Augen, Gesicht* briller (**vor Freude** [*dat*] de joie); **j-m ~** éclairer qn
leuchtend ADJT lumineux; *Farben, fig* vif; éclatant; **ein ~es Beispiel** un exemple éclatant
Leuchter M (*Kerzenleuchter*) chandelier *m*; *mehrarmiger* candélabre *m*; (*Kronleuchter*) lustre *m*
Leuchtfarbe F couleur phosphorescente, fluo(rescente) **Leuchtfeuer** N SCHIFF balise *f* (*a.* FLUG) **Leuchtgas** N gaz *m* d'éclairage **Leuchtkäfer** M ver luisant **Leuchtkraft** F pouvoir éclairant; ASTRON luminosité *f* **Leuchtkugel** F balle traçante **Leuchtpistole** F pistolet *m* lance-fusées **Leuchtrakete** F fusée éclairante **Leuchtreklame** F enseigne lumineuse **Leuchtröhre** F tube fluorescent **Leuchtschrift** F inscription lumineuse **Leuchtstift** M surligneur *m* **Leucht-**

turm M phare *m* **Leuchtturmwärter** M gardien *m* de phare **Leuchtzifferblatt** N cadran lumineux

leugnen V/T nier; **es lässt sich nicht ~, dass … on** ne peut nier que … (+ *ind*)

Leukämie F leucémie *f*

Leukoplast® N sparadrap *m*

Leute PL gens *mpl bzw. fpl*; monde *m*; personnes *fpl*; **alle ~** tout le monde; tous les gens; **es waren viele ~ da** il y avait beaucoup de monde; **20 ~** 20 personnes; **die kleinen ~** les petites gens; **die feinen ~** les gens bien; *iron* le beau monde; *umg* **unter die ~ bringen** divulguer

Leutnant M sous-lieutenant *m*

Leviten PL *umg* **j-m die ~ lesen** faire la morale à qn

lexikalisch ADJ lexical

Lexikon N dictionnaire *m* encyclopédique; (*Konversationslexikon*) encyclopédie *f*

lfd. ABK (laufend) courant

Liane F liane *f*

Libanese M, **Libanesin** F Libanais(e) *m(f)* **libanesisch** ADJ libanais

Libanon der ~ le Liban

L

Libelle F ZOOL libellule *f* (! Endung)

liberal ADJ libéral **liberalisieren** V/T libéraliser **Liberalismus** M libéralisme *m* **Liberalität** F libéralisme *m*

Libero M libéro *m*

Libido F libido *f*

Libretto N MUS livret *m*

Libyen N la Libye **Libyer(in)** M(F) Libyen, -enne *m,f* **libysch** ADJ libyen

licht ADJ 1 *geh* (*hell*) lumineux 2 *Haar* clairsemé 3 **~e Höhe** °hauteur *f* de l'ouverture; **~e Weite** *e-r Tür, e-s Fensters* écartement *m*

Licht N 1 lumière *f*; (*Helle*) clarté *f*; (*Tageslicht*) jour *m*; **~ machen, das ~ anmachen** faire de, allumer la lumière; **das ~ ausmachen** éteindre la lumière; **etw gegen das ~ halten** tenir qc à contre-jour; *geh* **das ~ der Welt erblicken** *geh* voir le jour 2 *fig* lumière *f*; *umg* **da ging mir ein ~ auf** tout à coup, j'ai vu clair; ça a fait tilt; **etw ans ~ bringen** mettre qc au (grand) jour; dévoiler qc; **ans ~ kommen** éclater au grand jour; **j-n hinters ~ führen** tromper qn 3 (*Kerze*) bougie *f*; (*Kirchenlicht*) cierge *m*; *umg fig* **er ist kein großes ~** → Leuchte

Lichtanlage F installation *f* d'éclairage **lichtbeständig** ADJ résistant à la lumière **Lichtbild** N photo *f* (d'identité) **Lichtbildervortrag** M conférence *f* avec projection de diapositives **Lichtblick** M éclaircie *f*; rayon *m* de soleil **lichtdurchlässig** ADJ translucide **lichtecht** ADJ *Stofffarben* grand teint (! unveränderlich) **lichtempfindlich** ADJ sensible

lichten[1] A V/T *Wald* éclaircir B V/R **sich ~** s'éclaircir (*a. fig*)

lichten[2] V/T **den Anker ~** lever l'ancre

lichterloh ADV **~ brennen** flamber; être en flammes

Lichtermeer N océan *m* de lumières **Lichtfilter** M filtre (coloré) **Lichtgeschwindigkeit** F vitesse *f* de la lumière

Lichtgriffel M crayon *m* optique **Lichthof** M 1 cour vitrée 2 FOTO °halo *m*

Lichthupe F appel *m* de phare; **die ~ betätigen** faire un appel de phare

Lichtjahr N année-lumière *f* **Lichtkegel** M faisceau lumineux **Lichtmaschine** F dynamo *f* **Lichtorgel** F batterie *f* de projecteurs (réglée sur la musique) **Lichtquelle** F source lumineuse **Lichtschacht** M puits *m* de lumière **Lichtschalter** M interrupteur *m* **Lichtschein** M lueur *f* **lichtscheu** ADJ qui craint le jour **Lichtschranke** F barrage *m* photo-électrique **Lichtschutzfaktor** M indice *m* de protection (solaire) **Lichtstärke** F intensité lumineuse **Lichtstrahl** M rayon lumineux **lichtundurchlässig** ADJ opaque

Lichtung F clairière *f*

Lichtverhältnisse NPL (conditions *fpl* d')éclairage *m*

Lid N paupière *f* **Lidschatten** M ombre *f*, fard *m* à paupières **Lidstrich** M (trait *m* d')eye-liner *m*

lieb ADJ (*teuer*) cher; (*geliebt*) chéri; (*freundlich, artig*) gentil; *Brief* **Lieber Herr X, …** Cher Monsieur, …; *iron* **das ~e Geld** le maudit argent; **das ist ~ von dir!** c'est gentil de ta part; **es wäre mir ~, wenn …** j'aimerais que … (+ *subj*); **j-n, etw ~ gewinnen** s'attacher à qn, qc; **~ haben** (bien) aimer

liebäugeln V/I **mit etw ~** convoiter, lorgner qc; **mit e-r Reise ~** caresser l'idée de faire un voyage

Liebchen N bien-aimée *f*; *pej* maîtresse *f*

Liebe F 1 amour *m* (**zu j-m, etw** pour qn, de qc); (*Zuneigung*) affection *f*; **aus ~ zu s-r Mutter** par amour pour sa mère; **in ~** affectueusement; **~ auf den ersten Blick** coup *m* de foudre 2 (*geliebte Person*) amour *m*; **meine große ~** l'amour de ma vie

liebebedürftig ADJ qui a besoin d'amour **Liebelei** F amourette *f*

lieben A V/T aimer; (*mögen*) bien aimer; **j-n ~** *sexuell* faire l'amour avec qn; **es ~, etw zu tun** aimer faire qc B V/R **sich ~** *sich selbst od einander* s'aimer; *sexuell* faire l'amour

liebend A ADJT aimant; **die Liebenden** les amants *mpl* B ADVL **ich möchte ~ gern …** j'ai-

merais beaucoup …
liebenswert ADJ charmant; agréable
liebenswürdig ADJ aimable; gentil; **das ist sehr ~ von Ihnen** c'est très aimable *od* gentil à vous
liebenswürdigerweise ADV par amabilité, gentillesse **Liebenswürdigkeit** F amabilité *f*; gentillesse *f*
lieber ADV plus volontiers; *(eher)* plutôt; **ich trinke ~ Wein als Bier** j'aime mieux le vin que la bière; je préfère le vin à la bière; **das ist mir ~** j'aime mieux cela; **bleiben wir ~ hier!** restons plutôt ici
Liebe(r) M/F(M) **mein Lieber!** mon cher!; **meine Liebe!** ma chère!
Liebesabenteuer N, **Liebesaffäre** F aventure amoureuse **Liebesbeziehung** F liaison (amoureuse) **Liebesbrief** M lettre *f* d'amour **Liebeserklärung** F déclaration *f* (d'amour) **Liebesgedicht** N poème *m* d'amour **Liebesgeschichte** F histoire *f* d'amour **Liebesheirat** F mariage *m* d'amour **Liebeskummer** M chagrin *m* d'amour **Liebesleben** N vie amoureuse **Liebeslied** N chanson *f* d'amour
Liebesmüh(e) F **verlorene ~(e)** peine perdue
Liebespaar N couple *m* d'amoureux **Liebesroman** M roman *m* d'amour **Liebesspiel** N jeu *m* érotique **Liebesszene** F scène *f* d'amour **liebestoll** ADJ fou d'amour
liebevoll ADJ aimant; tendre
liebgewinnen V/T → lieb **liebhaben** V/T (bien) aimer
Liebhaber M **1** *(Geliebter)* amant *m* **2** *e-r Sache* amateur *m* **Liebhaberei** F violon *m* d'Ingres
Liebhaberin F *e-r Sache* amateur *m*
Liebhaberpreis M prix *m* d'amateur **Liebhaberstück** N pièce *f* de collection **Liebhaberwert** M valeur affective
liebkosen *geh* V/T caresser **Liebkosung** *geh* F caresse *f*
lieblich ADJ *Duft* suave; *Wein, Geschmack* moelleux; *Gegend* charmant
Liebling M **1** préféré(e) *m(f)*; *e-s Publikums umg* coqueluche *f* **2** *Kosename* chéri(e) *m(f)*
Lieblings… IN ZSSGN favori **Lieblingsthema** N sujet favori
lieblos **A** ADJ sans amour; *(hartherzig)* dur; *(gefühllos)* sans cœur **B** ADV sans amour; sans cœur; **etw ~ behandeln** traiter qc sans soin
Liebschaft F liaison *f*
liebste **A** ADJ favori **B** ADV **am ~n würde ich** *(+ inf)* je préférerais *(+ inf)*
Liebste(r) M/F(M) → Geliebte(r)
Liechtenstein N le Liechtenstein
Lied N chanson *f*; *(Kunstlied)* lied *m*; *(Kirchenlied)* chant *m*; *umg* **es ist immer dasselbe** *od* **das alte ~** c'est toujours la même chanson; **davon kann ich ein ~ singen** je suis payé pour le savoir
Liederabend M récital *m* de chant **Liederbuch** N recueil *m* de chansons
liederlich ADJ **1** *(unordentlich)* désordonné; *(nachlässig)* négligent; *Arbeit* mal fait; bâclé **2** *Leben(swandel)* dissolu
Liedermacher(in) M(F) auteur-compositeur *m*, auteur-compositrice *f*
lief → laufen
Lieferant M fournisseur *m*
lieferbar ADJ disponible; livrable
Lieferbedingungen FPL conditions *fpl* de livraison **Lieferfirma** F fournisseur *m* **Lieferfrist** F délai *m* de livraison **Liefergarantie** F garantie *f* de livraison **Lieferkosten** PL frais *mpl* de livraison
liefern V/T **1** fournir; livrer **2** **j-m e-e Schlacht ~** livrer bataille à qn
Lieferrückstand M retard(s) *m(pl)* de livraison **Lieferschein** M bon *m* de livraison **Lieferschwierigkeiten** FPL difficultés *fpl* de livraison **Liefertermin** M date *f* de livraison **Lieferung** F livraison *f* **Liefervertrag** M contrat *m* de livraison **Lieferverzug** M retard *m* de livraison **Lieferwagen** M camionnette *f*; voiture *f* de livraison **Lieferzeit** F → Lieferfrist
Liege F *(Sofa)* divan *m*; *(Gartenliege)* chaise longue
liegen V/I **1** *(in der Horizontalen sein)* être couché **2** *(sich befinden)* se trouver; être; **es ~ viele Bücher auf dem Tisch** il y a beaucoup de livres sur la table; *Fahrzeug* **gut auf der Straße ~** avoir une bonne tenue de route; *fig* **die Entscheidung liegt bei ihm** c'est à lui de décider; **~ bleiben** *am Boden, im Bett* rester couché; *Arbeit* rester en suspens; *Schnee* tenir; *(nicht verkauft werden)* ne pas se vendre; *(nicht abgeholt werden)* rester en souffrance; **unterwegs ~ bleiben** *Auto* tomber en panne; **~ lassen** laisser; *(vergessen)* oublier; *Arbeit* laisser qc de côté, *umg* en plan **3** *(gelegen sein)* être situé; *Stadt* **am Fluss ~** être sur le fleuve; **nach Süden ~** être exposé au sud; **das Zimmer liegt zur Straße** la chambre donne sur la rue **4** *(vorhanden sein)* **es liegt Schnee** il y a de la neige **5** *(wichtig sein)* **mir liegt daran, dass … od zu** *(+ inf)* … je tiens à ce que … *(+ subj)* *od* à *(+ inf)*; **es ist ihr viel daran gelegen** elle y tient beaucoup **6** *(zurückzuführen sein)* **an j-m, etw ~** tenir à qn, qc; **daran soll es nicht ~!** qu'à cela ne tienne!
liegenbleiben V/I → liegen 2

liegend ADJT couché
liegenlassen V/T → liegen 2
Liegenschaften FPL biens immobiliers
Liegeplatz M SCHIFF mouillage *m* **Liegesitz** M *im Auto* siège *m* couchette **Liegestuhl** M chaise longue **Liegestütz** M traction *f*; *umg* pompe *f* **Liegewagen** M wagon-couchettes *m* **Liegewiese** F pelouse autorisée pour le repos
lieh → leihen
lies! → lesen[1], lesen[2]
ließ → lassen
Lift M 1 *(Fahrstuhl)* ascenseur *m* 2 *(Sessellift)* télésiège *m*; *(Schlepplift)* téléski *m* **Liftboy** M liftier *m*; garçon *m* d'ascenseur

Lift — l'ascenseur (m)

(Sessel)Lift — le télésiège

liften V/T faire un lifting de; *umg* **sich ~ lassen** se faire faire un lifting
Liga F ligue *f*; SPORT division *f*
light ADJ allégé
liieren V/R **er ist mit ihr liiert** il a une liaison avec elle
Likör M liqueur *f*
lila ADJ lilas; *(dunkellila)* violet; *(helllila)* mauve
Lila N (couleur *f*) lilas *m*; *(Dunkellila)* violet *m*; *(Helllila)* mauve *m*
Lilie F lys *od* lis *m*
Liliputaner(in) M(F) lilliputien, -ienne *m,f*
Limette F citron vert
Limit N limite *f* **limitieren** V/T limiter (**auf** [+ *akk*] à)
Limo *umg* F ABK, **Limonade** F limonade *f*
Limone F limon *m*
Limousine F berline *f*; conduite intérieure
Linde F tilleul *m*
Lindenblütentee M infusion *f* de tilleul
lindern V/T soulager
Linderung F soulagement *m*
lindgrün ADJ (vert) tilleul (! unveränderlich)
Lineal N règle *f*
linear ADJ linéaire
Linguist(in) M(F) linguiste *m/f* **Linguistik** F linguistique *f* **linguistisch** ADJ linguistique
Linie F ligne *f* (*a. Buslinie etc*, MIL, *fig*); *(Familienzweig) a.* branche *f*; *umg* **auf die (schlanke) ~ achten** surveiller sa ligne; *fig* **auf der ganzen ~** sur toute la ligne; *fig* **in erster, zweiter ~** en premier, second lieu
Linienblatt N feuille *f* de papier réglé **Linienbus** M bus *m* de ligne **Linienflug** M vol régulier **Linienflugzeug** N, **Linienmaschine** F avion *m* de ligne **Liniennetz** N réseau *m* **Linienrichter** M FUSSBALL juge *m* de touche; TENNIS juge *m* de ligne **linientreu** ADJ *pej* fidèle à la ligne (du parti) **Linienverkehr** M service régulier (de transport)
lin(i)ieren V/T régler; ligner **Lin(i)ierung** F réglage *m*
link *umg* ADJ louche; douteux
Link M *od* N IT lien *m*
linke ADJ gauche (*a. fig*, POL); **~ Seite** côté *m* gauche; gauche *f*; *e-s Stoffes* envers *m*
Linke F 1 *(linke Seite, Hand)* gauche *f*; **zur ~n** à gauche 2 BOXEN gauche *f* 3 POL **die ~** la gauche
Linke(r) M/F(M) POL homme *m*, femme *f* de gauche; *plus fort* gauchiste *m/f*
linken *umg* V/T *umg* rouler; gruger
linkisch ADJ gauche; maladroit
links ADV à gauche (**von** de); *von Stoffen* à l'envers; POL **~ stehen** être de gauche; *umg* **j-n ~ liegen lassen** ignorer qn
Linksabbieger M personne *f bzw.* véhicule *m* tournant à gauche **Linksabbiegerspur** F couloir *m* de gauche **Linksaußen** M SPORT ailier *m* gauche **linksbündig** ADJ justifié à gauche **Linksdrehung** F rotation *f* à gauche **Linksextremismus** M extrémisme *m* de gauche **Linksextremist(in)** M(F) extrémiste *m/f* de gauche **linksextremistisch** ADJ d'extrême gauche **Linkshänder(in)** M(F) gaucher, -ère *m,f* **linkshändig** A ADJ gaucher B ADV de la main gauche **linksherum** ADV à gauche **Linkskurve** F virage *m* à gauche **Linkspartei** F parti *m* de gauche **linksradikal** ADJ d'extrême gauche **Linksruck** M POL glissement *m* à gauche **linksseitig** ADJ du côté gauche **Linksverkehr** M circulation *f* à gauche
Linoleum N linoléum *m* **Linolschnitt** M linogravure *f*
Linse F BOT, OPT lentille *f*; *des Auges* cristallin *m*
Linsensuppe F soupe *f* aux lentilles
Lippe F lèvre *f*; *umg fig* **e-e ~ riskieren** *umg* ouvrir sa grande gueule; **sie konnte kein Wort über die ~n bringen** elle n'a pas pu pronon-

Linsen — les lentilles (fpl)

Linse — la lentille

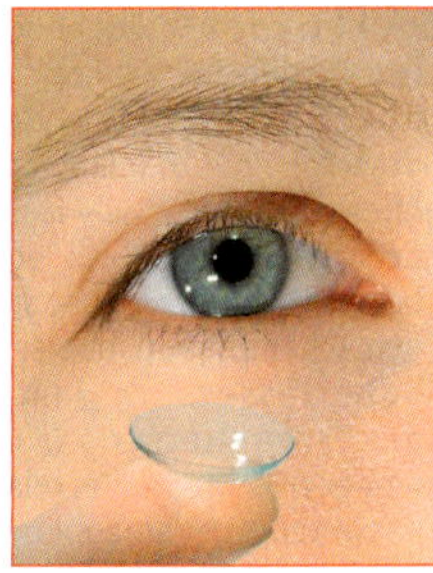

(Kontakt)Linse — la lentille

cer un seul mot
Lippenbekenntnis N *pej* déclaration *f* peu sincère **Lippenstift** M rouge *m* à lèvres
liquid ADJ FIN liquide; *(solvent)* solvable **Liquidation** F FIN, JUR liquidation *f*; *(Arztrechnung)* note *f* d'honoraires **liquidieren** V/T HANDEL liquider *(a. fig töten)* **Liquidität** F liquidité(s) *f(pl)*
lispeln V/I zézayer
Lissabon N Lisbonne
List F ruse *f*; astuce *f*; *umg* **mit ~ und Tücke** à grand renfort d'astuce
Liste F liste *f*; **auf die schwarze ~ setzen** mettre sur la liste noire
Listenpreis M prix *m* de catalogue
listig ADJ rusé; astucieux
Litanei F litanie *f (a. fig)*
Litauen N la Lituanie **Litauer(in)** M(F) Lituanien, -ienne *m,f* **litauisch** ADJ lituanien
Liter M *od* N litre *m*; **ein ~ Wein** un litre de vin
literarisch ADJ littéraire
Literat(in) M(F) homme *m*, femme *f* de lettres
Literatur F littérature *f* (! mit **tt**); **schöne ~** belles-lettres *fpl*
Literaturgeschichte F histoire *f* de la littérature **Literaturkritik** F critique *f* littéraire **Literaturkritiker** M critique *m* littéraire **Literaturpreis** M prix *m* littéraire **Literaturverzeichnis** N bibliographie *f* **Literaturwissenschaft** F lettres *fpl*
literweise ADV par litres; **sie trinkt ~ Milch** elle boit des litres de lait
Litfaßsäule F colonne *f* Morris
Lithographie F lithographie *f*
Litschi F BOT litchi *m*
litt → leiden
Liturgie F liturgie *f*
Litze F *(Tresse)* galon *m*; *(Drahtseil)* toron *m*
live ADV, ADJ TV, RADIO en direct
Livesendung F émission *f* en direct
Livree F livrée *f*
Lizenz F licence *f (a.* JUR); **in ~** sous licence
Lizenzausgabe F édition publiée avec l'autorisation de ... **Lizenzinhaber** M détenteur *m* d'une licence; HANDEL *a.* concessionnaire *m* **Lizenznehmer** M cessionnaire *m* **Lizenzvertrag** M contrat *m* de licence
Lkw M ABK → Lastwagen **Lkw-Fahrer** M → Lastwagenfahrer **Lkw-Maut** F péage *m* pour poids lourds
Lob N louange *f*; éloge *m*; **j-m ~ spenden** faire l'éloge de qn; **für etw ~ ernten** recevoir des éloges pour qc
Lobby F lobby *m*
loben V/T faire des compliments à (**für etw** sur qc); faire l'éloge de
lobend **A** ADJT élogieux **B** ADVL *erwähnen* en termes élogieux
lobenswert ADJ louable; méritoire
Lobhudelei F adulation *f* (**auf** [+ *akk*] de)
löblich → lobenswert
Loblied N panégyrique *m*; *fig* **ein ~ auf j-n, etw singen** chanter les louanges de qn, qc
Lobrede F éloge *m*
Loch N **1** trou *m*; *umg* **auf dem letzten ~ pfeifen** être au bout du rouleau **2** *umg (Behausung)* taudis *m* **3** *umg (Gefängnis) umg* trou *m*; *sl* taule *f*
lochen V/T *Fahrkarte, Schriftstück* perforer; poinçonner
Locher M perforatrice *f*
löch(e)rig ADJ troué
löchern *umg* V/T **j-n ~** *umg* tanner qn
Lochkarte F carte perforée **Lochstickerei** F broderie anglaise **Lochstreifen** M bande perforée **Lochzange** F *für Leder* emporte-pièce *m*; *für Fahrscheine* pince *f* (à poinçonner)
Locke F boucle *f*
locken V/T **1** *(ködern)* appâter **2** *fig (anlocken)* attirer; *(verlocken)* séduire; tenter

Lockenkopf M tête bouclée **Lockenwickler** M rouleau *m*; bigoudi *m*
locker A ADJ 1 *Seil, Gewebe, Knoten* lâche; *Schraube* desserré; *Zahn* branlant; *Boden* meuble; **~ machen** → lockern; *Seil* **~ lassen** relâcher 2 *Person* décontracté 3 *fig Sitten* léger; *Moral, Disziplin* relâché B ADV *Schraube* **~ sitzen** être desserré; **etw ~ handhaben** manier qc de façon libérale
lockerlassen *umg* VI **nicht ~** insister
lockermachen *umg* VT *Geld umg* lâcher
lockern A VT *Zügel, Seil* relâcher; *Schraube, Knoten* desserrer; *Boden* ameublir; *Muskeln, fig Bestimmungen* assouplir B VR **sich ~** *Griff, Seil* se relâcher (*a. Disziplin*); *Schraube* se desserrer **Lockerung** F relâchement *m*; *e-r Schraube* desserrage *m* **Lockerungsübung** F exercice *m* d'assouplissement
lockig ADJ bouclé
Lockmittel N appât *m* (*a. fig*) **Lockruf** M appel *m* **Lockung** *geh* F séduction *f*; (*Versuchung*) tentation *f* **Lockvogel** M 1 JAGD appeau *m* 2 *fig* personne *f* qui attire qn dans un piège
Loden M loden *m* **Lodenmantel** M manteau *m* en loden
lodern VI *Flammen* monter; *Feuer* brûler; flamboyer (*a. fig*)
Löffel M 1 cuiller *f*; cuillère *f*; *Maßangabe* cuillerée *f* 2 *des Hasen, umg des Menschen* oreille *f* **Löffelbiskuit** N *od* M boudoir *m*
löffeln VT manger à la cuiller
löffelweise ADV par cuillerées
log → lügen
Logarithmentafel F table *f* de logarithmes **Logarithmus** M logarithme *m*
Logbuch N journal *m* de bord
Loge F loge *f*
Loggia F loggia *f*
Logik F logique *f*
Logis N logement *m*
logisch A ADJ logique B ADV logiquement **logischerweise** ADV logiquement
Logistik F logistique *f* **logistisch** ADJ logistique
logo *umg* ADJ **~!** évidemment!
Logo M *od* N logo *m*
Logopäde M, **Logopädin** F orthophoniste *m/f* **Logopädie** F orthophonie *f*
Lohn M 1 (*Arbeitslohn*) salaire *m* 2 (*Belohnung*) récompense *f*; **zum ~ für** en récompense de
Lohnabbau M réduction *f* des salaires **Lohnabrechnung** F feuille *f* de paie **Lohnanspruch** M *Anrecht* droit *m* au salaire; *Forderung* revendication salariale, de salaire **Lohnanstieg** M °hausse *f*, montée *f* des salaires **Lohnarbeit** F travail salarié **Lohnausfall** M perte *f* de salaire
Lohnausgleich M **bei vollem ~** sans diminution de salaire
Lohnbuchhalter M payeur-comptable *m* **Lohnbuchhaltung** F comptabilité *f* des salaires **Lohnbüro** N bureau *m* de paie **Lohnempfänger(in)** M(F) salarié(e) *m(f)*
lohnen A VT 1 **j-m etw ~** récompenser qn de qc (**mit etw** par qc) 2 **es lohnt die Mühe** cela vaut la peine B VR **sich ~** (*einträglich sein*) être payant; (*der Mühe wert sein*) valoir la peine; *umg* valoir le coup
lohnend ADJT profitable; (*einträglich*) rentable; payant
Lohnerhöhung F augmentation *f* de salaire **Lohnforderung** F revendication salariale
Lohnfortzahlung F **~ im Krankheitsfall** maintien *m* du paiement du salaire en cas de maladie
Lohngruppe F catégorie salariale **Lohnkosten** PL coûts salariaux; charges salariales **Lohnnebenkosten** PL charges sociales **Lohnpfändung** F saisie-arrêt *f* sur le salaire **Lohnsteuer** F impôt *m* sur le(s) salaire(s) **Lohnsteuerjahresausgleich** M remboursement annuel du trop-perçu (fiscal) **Lohnsteuerkarte** F *carte avec la catégorie d'imposition du contribuable salarié* **Lohnstopp** M blocage *m* des salaires **Lohnstreifen** M, **Lohnzettel** M bulletin *m* de salaire, paie
Loipe F piste *f* de ski de fond
Lok F → Lokomotive
lokal ADJ local
Lokal N restaurant *m*; café *m*
Lokalanästhesie F MED anesthésie locale **Lokalanzeiger** M, **Lokalblatt** N journal local **Lokalfernsehen** N télévision (privée) locale
lokalisieren VT localiser
Lokalkolorit N couleur locale **Lokalnachrichten** FPL informations locales; *e-r Zeitung* chronique locale **Lokalpatriotismus** M esprit *m* de clocher **Lokalradio** N radio locale **Lokalredakteur** M correspondant local **Lokalsender** M RADIO radio locale; TV télévision (privée) locale **Lokalteil** M chronique locale **Lokaltermin** M JUR descente *f* sur les lieux
Lokalverbot N **~ haben, bekommen** se voir interdire l'accès d'un établissement
Lokalzeitung F → Lokalanzeiger
Lokführer M mécanicien *m*
Lokomotive F locomotive *f* **Lokomotivführer** M mécanicien *m*
Lokus *umg* M *umg* petit coin
London N Londres **Londoner(in)** M(F) Lon-

donien, -ienne *m,f*
Longdrink M long drink *m*
Longe F REITEN longe *f*
Look M look *m*
Looping M FLUG looping *m*
Lorbeer M laurier *m*; *fig* **~en ernten** cueillir des lauriers; *umg fig* **sich auf s-n ~en ausruhen** se reposer sur ses lauriers
Lorbeerblatt N feuille *f* de laurier **Lorbeerkranz** M couronne *f* de laurier
Lore F wagonnet *m* (à bascule)
los A ADJ *u.* ADV 1 (*ab*) détaché 2 **etw, j-n ~ sein** être débarrassé de qc, qn 3 **was ist ~?** qu'est-ce qu'il y a?; qu'est-ce qui se passe?; **was ist denn mit dir ~?** *umg* qu'est-ce qui t'arrive? B INT **~!** (*ab*) allons!; allez!; **~, ~!** (*schnell, schnell*) allez, °hop!
Los N 1 (*Losen*) sort *m*; **etw durchs ~ entscheiden** tirer qc au sort 2 (*Lotterielos*) billet *m* de loterie; *fig* **das große ~ ziehen** gagner le gros lot 3 *geh* (*Schicksal*) sort *m*; **ein schweres ~ haben** avoir une vie difficile
lösbar ADJ soluble
losbekommen V/T parvenir à détacher **losbinden** V/T détacher **losbrechen** A V/T détacher B V/I se détacher; *Gewitter* éclater; *Sturm, Jubel* se déchaîner
Löschblatt N (papier) buvard *m*
löschen[1] V/T 1 *Licht, Feuer* éteindre; **den Durst ~** désaltérer; **s-n Durst ~** se désaltérer 2 *Text, Eintrag, Tonband*, IT effacer
löschen[2] V/T SCHIFF décharger
Löschfahrzeug N autopompe *f* **Löschmannschaft** F pompiers *mpl* **Löschpapier** N (papier) buvard *m* **Löschtaste** F touche *f* d'effacement **Löschwasser** N eau *f* (pour éteindre le feu) **Löschzug** M autopompes *fpl*
lose A ADJ 1 → locker 2 *Blätter* volant; *Ware* en vrac 3 *umg Sitten* léger; **~ Reden** *fpl* propos *mpl* (très) libres B ADV lâchement; **~ binden** nouer sans serrer
Loseblattsammlung F édition *f* à feuille(t)s mobiles
Lösegeld N rançon *f*
loseisen *umg* A V/T 1 **j-n von j-m ~** détacher qn de qn; **j-n von etw ~** arracher qn à qc 2 **etw bei j-m ~** soutirer qc à qn B V/R **sich ~** se libérer
losen V/I **(um etw)** tirer (qc) au sort
lösen A V/T 1 (*loslösen*) détacher; enlever 2 *Geschnürtes* défaire; *Bremse, Schraube* desserrer 3 *Aufgabe, Rätsel* résoudre 4 *Vertrag* résilier; *Verlobung* annuler 5 CHEM dissoudre (**in** [+ *dat*] dans) 6 *Husten, Krampf* faire disparaître 7 *Fahrkarte* prendre B V/R **sich ~** 1 (*sich loslösen*) se détacher (*a. fig* **von j-m** de qn) 2 (*sich lockern*) se desserrer (*a. Bremse*) 3 CHEM se dissoudre (**in** [+ *dat*] dans) 4 *Husten, Krampf* disparaître
Losentscheid M (décision *f* par) tirage *m* au sort
losfahren V/I (*abfahren*) partir; **auf** (+ *akk*) **~** (*zufahren*) foncer sur
losgehen V/I 1 *umg* → lösen 2 *Gewehr, Schuss* partir 3 **auf j-n ~** foncer sur qn; (*angreifen*) prendre qn à partie 4 *umg* (*anfangen*) commencer 5 (*weggehen*) partir; s'en aller
loskommen V/I 1 *umg* (*wegkommen*) partir 2 **von etw ~** (*loswerden*) se défaire de qc; **von j-m ~** se détacher de qn
loskriegen *umg* V/T → losbekommen
loslassen V/T 1 *Gegenstand, Tier* lâcher 2 *Häftling* relâcher 3 *umg pej* (*ansetzen*) **j-n auf j-n, etw ~** lâcher qn sur qn, qc
loslegen *umg* V/I s'y mettre; *umg* démarrer
löslich ADJ soluble (**in** [+ *dat*] dans)
loslösen A V/T → lösen B V/R **sich ~** → lösen
losmachen V/T (*u.* V/R **sich ~** se) détacher; *fig* **sich ~ von** se dégager de
losplatzen V/I *umg* pouffer de rire
losreißen A V/T arracher B V/R **sich ~** s'arracher (**von etw** à qc, **von j-m** des bras de qn); *Tier* se détacher (de)
lossagen V/R **sich ~ von** renoncer à; se désolidariser de
losschießen *umg* V/I 1 **auf j-n ~** (*losstürzen*) se précipiter sur qn 2 *fig* **na, schieß mal los!** (*erzähle*) *umg* vas-y!
losschlagen V/I MIL attaquer; **auf j-n ~** taper sur qn
losschnallen V/T (*u.* V/R) **(sich) ~** (se) détacher
Losung F MIL mot *m* de passe; (*Parole*) mot *m* d'ordre
Lösung F 1 CHEM solution *f* 2 MATH, *fig, e-s Rätsels* solution *f* (**für** de) 3 *e-s Vertrags* annulation *f*; *e-r Verlobung* rupture *f*
Lösungsmittel N solvant *m*
loswerden V/T se débarrasser de
losziehen *umg* V/I partir
Lot N BAU fil *m* à plomb; SCHIFF sonde *f*; MATH perpendiculaire *f*; **das ~ fällen** abaisser la perpendiculaire; *fig* **wieder ins ~ bringen** remettre en ordre; **nicht im ~** pas d'aplomb (*a. fig*)
löten V/T souder; braser
Lothringen N la Lorraine **Lothringer(in)** M(F) Lorrain(e) *m(f)* **lothringisch** ADJ lorrain
Lotion F lotion *f*
Lötkolben M fer *m* à souder **Lötlampe** F lampe *f* à souder
Lotos M lotus *m* **Lotosblume** F (fleur *f* de) lotus *m* **Lotossitz** M position *f* du lotus
lotrecht ADJ vertical; perpendiculaire

Lotse M SCHIFF pilote *m* (*a. fig*) **lotsen** V/T SCHIFF piloter (*a. fig*)
Lötstelle F soudure *f*; brasure *f*
Lotterie F loterie *f* **Lotteriegewinn** M lot *m*; gain *m* à la loterie **Lotterielos** N billet *m* de loterie; numéro *m* **Lotteriespiel** N loterie *f*; *fig a.* entreprise °hasardeuse
Lotterleben N *pej* **ein ~ führen** mener une vie déréglée, de bohème; *plus fort* mener une vie dissolue, de débauche
Lotto N loto *m*; **~ spielen** jouer au loto
Lottoschein M bulletin *m* de loto **Lottozahlen** FPL numéros gagnants
Löwe M lion *m*; ASTROL Lion *m*
Löwenanteil M part *f* du lion **Löwenmähne** F crinière *f* (*a. fig*) **Löwenmaul** N, **Löwenmäulchen** N BOT gueule-de-loup *f* **Löwenzahn** M BOT pissenlit *m*; dent-de-lion *f*
Löwin F lionne *f*
loyal ADJ loyal **Loyalität** F loyauté *f*
LP F ABK (Langspielplatte) trente-trois tours *m*
LSD N LSD *m*
lt. ABK (laut) d'après
Luchs M lynx *m*; **er passt auf wie ein ~** rien ne lui échappe
Lücke F lacune *f*; vide *m* (*beide a. fig*); *in e-r Mauer* brèche *f*; (*Parklücke*) place *f* (de parking, pour se garer)
Lückenbüßer *umg* M *umg* bouche-trou *m* **lückenhaft** ADJ incomplet; *Gedächtnis* défaillant **lückenlos** ADJ sans lacunes; complet **Lückentext** M texte *m* à trous
lud → laden[1], laden[2]
Luder N *umg Schimpfwort umg* garce *f*; **sie ist ein kleines ~** c'est une coquine
Ludwig M Louis *m*
Luft F **1** air *m*; **in die ~ fliegen** sauter **2** (*Atem*) souffle *m*; **(tief) ~ holen** respirer (profondément); **keine ~ bekommen** étouffer; *umg* **(frische) ~ schnappen** prendre l'air, le frais **3** *fig* **aus der ~ gegriffen** fantaisiste; **es liegt etw in der ~** il y a qc qui se prépare; *umg* **s-m Ärger** *etc* **~ machen** laisser libre cours à sa colère, *etc*; *umg* **die ~ ist rein** il n'y a pas de danger; *umg* **es ist dicke ~** il y a de l'orage dans l'air; *umg* **er ist ~ für mich** il n'existe pas pour moi; *umg* **j-n an die (frische) ~ setzen** mettre, *umg* flanquer qn à la porte
Luftangriff M raid aérien **Luftaufnahme** F vue aérienne **Luftballon** M ballon *m* **Luftbefeuchter** M humidificateur *m* **Luftbild** N vue aérienne **Luftblase** F bulle *f* d'air **Luftbrücke** F pont aérien
Lüftchen N souffle *m*
luftdicht ADJ hermétique; étanche **Luftdruck** M PHYS pression *f* atmosphérique; *e-s Reifens* pression de gonflage **luftdurchlässig** ADJ perméable à l'air
lüften V/T *Zimmer, Kleider* aérer; *Hut, Schleier* soulever; *fig Geheimnis* dévoiler
Lüfter M ventilateur *m*
Luftfahrt F navigation aérienne; (*Luftfahrttechnik*) aéronautique *f* **Luftfahrtgesellschaft** F compagnie aérienne
Luftfeuchtigkeit F humidité *f* de l'air **Luftfilter** M *od* N filtre *m* à air **Luftfracht** F fret aérien **luftgekühlt** ADJT refroidi par air **luftgetrocknet** ADJT séché à l'air **Luftgewehr** N carabine *f* à air comprimé **Lufthoheit** F souveraineté aérienne **Lufthülle** F atmosphère *f*
luftig ADJ *Raum* bien aéré; *Kleidung* léger
Luftkissenfahrzeug N aéroglisseur *m* **Luftkorridor** M FLUG couloir aérien **Luftkühlung** F TECH refroidissement *m* par air **Luftkurort** M station *f* climatique
luftleer ADJ vide d'air; **~er Raum** vide *m*
Luftlinie F **500 km ~** 500 km à vol d'oiseau
Luftloch N FLUG trou *m* d'air **Luftmangel** M manque *m* d'air **Luftmasche** F maille *f* en l'air **Luftmassen** FPL masses *fpl* d'air **Luftmatratze** F matelas *m* pneumatique **Luftpirat** M pirate *m* de l'air
Luftpost F poste aérienne; **mit, per ~** par avion
Luftpostbrief M lettre *f* par avion **Luftpumpe** F pompe *f* à air; *für Fahrrad* à bicyclette **Luftraum** M espace aérien **Luftreinhaltung** F protection *f* (de la pureté) de l'air **Luftrettungsdienst** M secours *m* d'urgence par hélicoptère **Luftröhre** F trachée (-artère) *f* **Luftröhrenschnitt** M trachéotomie *f* **Luftschacht** M gaine *f* d'aération **Luftschicht** F couche *f* d'air **Luftschiff** N dirigeable *m* **Luftschifffahrt** F aérostation *f* **Luftschlange** F serpentin *m*
Luftschlösser NPL **~ bauen** bâtir des châteaux en Espagne
Luftschutz M défense passive **Luftschutzbunker** M, **Luftschutzkeller** M, **Luftschutzraum** M abri antiaérien
Luftspieg(e)lung F mirage *m* **Luftsprung** M saut *m*; cabriole *f* **Luftstreitkräfte** FPL forces aériennes **Luftstrom** M, **Luftströmung** F courant *m* (d'air) **Lufttemperatur** F température *f* de l'air
Lüftung F *von Kleidern, Zimmern* aération *f*; TECH aérage *m*
Lüftungsanlage F installation *f* d'aérage, d'aération **Lüftungsklappe** F clapet *m* de ventilation **Lüftungsschacht** M → Luftschacht

Luftveränderung F changement *m* d'air **Luftverkehr** M trafic aérien **Luftverschmutzung** F pollution *f* atmosphérique, de l'air **Luftwaffe** F armée *f* de l'air

Luftweg M **auf dem ~** par avion

Luftwege MPL ANAT voies *fpl* respiratoires **Luftwiderstand** M résistance *f* de l'air **Luftzufuhr** F amenée *f* d'air **Luftzug** M courant *m* d'air

Lug ~ und Trug purs mensonges

Lüge F mensonge *m*; **j-n ~n strafen** convaincre qn de mensonge

lugen V/I guetter; **aus etw ~** dépasser de qc

lügen V/I mentir; *umg* **er lügt wie gedruckt** il ment comme il respire

Lügendetektor M détecteur *m* de mensonge **Lügenmärchen** N mensonge *m*

Lügner(in) M(F) menteur, -euse *m,f*

Luke F (*Dachluke*) lucarne *f*; SCHIFF écoutille *f*

lukrativ ADJ lucratif

lukullisch *geh* ADJ somptueux

Lulatsch M *umg* **langer ~** *umg* (grande) perche

Lümmel M **1** *pej* (*Flegel*) mufle *m*; goujat *m* **2** *umg* (*Bengel*) garnement *m* **lümmelhaft** ADJ *pej* grossier; malpoli

lümmeln *umg* V/R **sich in e-n Sessel ~** *umg* s'étaler dans un fauteuil

Lump M canaille *f*

lumpen *umg* V/R **sich nicht ~ lassen** bien faire les choses

Lumpen M **1** (*Lappen*) chiffon *m* **2** *pl pej* (*zerlumpte Kleider*) guenilles *fpl* **Lumpengesindel** N, **Lumpenpack** N racaille *f* **Lumpensammler** M chiffonnier *m*

lumpig ADJ *pej* (*kümmerlich*) misérable; minable; (*niederträchtig*) sordide

Lunch M lunch *m* **Lunchpaket** N panier-repas *m*

Lunge F poumon *m* (*oft pl*); FLEISCHEREI mou *m*; **eiserne ~** poumon d'acier; *umg fig* **sich** (*dat*) **die ~ aus dem Hals schreien** s'époumoner

Lungen... IN ZSSGN *oft* pulmonaire **Lungenbraten** M *österr* filet *m* de bœuf **Lungenembolie** F MED embolie *f* pulmonaire **Lungenentzündung** F pneumonie *f* **Lungenflügel** M poumon *m* **lungenkrank** ADJ malade des poumons **Lungenkrebs** M cancer *m* du poumon

Lungenzug M **e-n ~ machen** avaler la fumée

Lunte F mèche *f*; *umg fig* **~ riechen** éventer la mèche

Lupe F loupe *f*; *umg fig* **unter die ~ nehmen** examiner sous toutes les coutures

lupenrein ADJ *Edelstein* de la plus belle eau; *fig* irréprochable

lupfen *südd, schweiz, österr*, **lüpfen** V/T soulever

Lupine F lupin *m*

Lurch M amphibien *m*

Lurex® N lurex® *m*

Lust F **1** (*Neigung*) envie *f*; **~ haben zu** (+ *inf*) avoir envie de (+ *inf*); **er hat zu nichts ~** rien ne le tente; **~ auf etw** (*akk*) **haben** avoir envie de qc **2** (*Freude*) plaisir *m*; **mit ~ und Liebe arbeiten** avoir du cœur à l'ouvrage **3** (*sinnliche Begierde*) désir *m*

Lüster M lustre *m* **Lüsterklemme** F ELEK domino *m*

lüstern ADJ lubrique

lustig **A** ADJ **1** (*fröhlich*) gai; joyeux **2** (*komisch*) amusant; drôle **3** **sich über j-n, etw ~ machen** se moquer de qn, qc **B** ADV gaiement; joyeusement

Lüstling M satyre *m*; *umg* chaud lapin

lustlos ADJ sans entrain; *Börse, fig* terne **Lustlosigkeit** F manque *m* d'entrain; apathie *f* **Lustmolch** *umg hum* M → Lüstling **Lustmord** M meurtre *m* avec viol **Lustmörder** M auteur *m* d'un meurtre avec viol

Lustprinzip N PSYCH principe *m* de plaisir; **nach dem ~ leben** vivre selon le principe de plaisir

Lustschloss N château *m* de plaisance **Lustspiel** N comédie *f* **lustvoll** ADJ voluptueux

lutschen V/T u. V/I sucer (**an etw** [*dat*] qc) **Lutscher** M sucette *f*

Lüttich N Liège

Luv F SCHIFF côté *m* du vent

Luxemburg N *Staat* le Luxembourg; *Stadt* Luxembourg **Luxemburger(in)** M(F) Luxembourgeois(e) *m(f)* **luxemburgisch** ADJ luxembourgeois

luxuriös ADJ luxueux (! Endung)

Luxus M luxe *m* **Luxusartikel** M article *m* de luxe **Luxusausführung** F modèle *m*

luxuriös ≠ luxurieux, luxurieuse

Sie haben eine **luxuriöse** Wohnung in Saint-Tropez gemietet.	Ils ont loué un appartement **luxueux** à Saint-Tropez.
Elle écrit des lettres **luxurieuses** à son amant.	Sie schreibt **wollüstige** Briefe an ihren Geliebten.

FALSCHE FREUNDE

Lyrik – la poésie

Gedicht	**le poème**	Reim	**la rime**
Dichter	**le poète**	sich reimen (mit)	**rimer (avec)**
lyrisch	**lyrique**	Klang	**la sonorité**
eine melancholische, glückliche, romantische, feindliche Atmosphäre schaffen	**créer une atmosphère mélancolique, heureuse, romantique, hostile**	klangvoll	**sonore**
		Sammlung	**le recueil**
		Fabel	**la fable**
Stimmung, Gemütsverfassung	**l'état** *m* **d'âme**	Sonett	**le sonnet**
		Ballade	**la ballade**
Gefühl	**le sentiment**	Strophe	**la strophe**
seinen Gefühlen Ausdruck verleihen	**exprimer ses sentiments**	Vers, Zeile	**le vers**
		Refrain	**le refrain**
Bild	**l'image** *f*	Dreizeiler	**le tercet**
bildhafter Ausdruck	**l'expression imagée**	Vierzeiler	**le quatrain**
Metapher	**la métaphore**	Rhythmus	**le rythme**
Symbol	**le symbole**	Zeilensprung	**l'enjambement** *m*

WORTFELDER

M

de luxe **Luxusdampfer** M paquebot *m* de luxe **Luxushotel** N hôtel *m* de luxe; palace *m* **Luxussteuer** F taxe *f* de luxe

Luzern N Lucerne

Lymphdrüse F → Lymphknoten

Lymphe F lymphe *f* **Lymphgefäß** N vaisseau *m* lymphatique **Lymphknoten** M ganglion *m* lymphatique

lynchen VT lyncher **Lynchjustiz** F lynchage *m*

Lyrik F poésie *f* (lyrique) **Lyriker(in)** M(F) poète *m* **lyrisch** ADJ lyrique

M

M, m N M, m *m*

m ABK (Meter) m

Maas **die ~** la Meuse

Maat M SCHIFF (second) maître

Machart F MODE façon *f*; coupe *f* **machbar** ADJ réalisable; faisable

Mache *umg* F *umg* frime *f*; **etw in der ~ haben** être occupé à faire qc

machen

A transitives Verb
B intransitives Verb
C reflexives Verb

— A transitives Verb —

1 *(herstellen, erledigen, ausführen)* faire; *Komma, Punkt etc* mettre; **noch einmal ~** refaire; **(sich** *[dat]***) etw ~ lassen** (se) faire faire qc; **was macht er?** *beruflich* que fait-il dans la vie?; *(wie geht es ihm)* comment va-t-il?; **sie macht es nicht unter 90 Euro** *(dat)* elle prend au moins 90 euros; *umg* **~ wir!** entendu!; d'accord!; *umg* **(da ist) nichts zu ~** (il n'y a) rien à faire; **es so ~, dass …** faire en sorte que … *(+ subj)*; **er lässt alles mit sich ~** on fait de lui ce qu'on veut 2 *mit adj* rendre; **j-n glücklich ~** rendre qn heureux 3 *(ergeben)* **was** *od* **wie viel macht das?** combien cela fait-il?; *umg* ça fait combien?; **2 mal 2 macht 4** 2 fois 2 font 4 4 *(verursachen)* donner; **Durst ~** donner soif 5 *umg (in Ordnung bringen)* **das Zimmer ~** faire la chambre 6 *(schaden)* **das macht nichts!** cela ne fait rien! 7 *mit präp* **etw aus** *bzw.* **mit etw ~** faire qc de *bzw.* avec qc; **das ist wie für Sie gemacht** on dirait que c'est fait (exprès) pour vous

— B intransitives Verb —

1 faire; *umg* **lass mich nur ~** laisse-moi (donc) faire 2 *umg (sich beeilen)* **schnell ~** se dépêcher; se presser; **ich muss ~, dass ich nach Hause komme** je dois me dépêcher de rentrer à la maison; **(nun) mach schon!** dépêche-toi! 3 *mit adj (ändern)* rendre; **nervös ~** rendre nerveux; **das macht müde** ça fatigue 4 *umg (s-e Notdurft verrichten)* **ins Bett ~** *umg* faire au lit 5 *umg* **auf vornehm ~** faire l'élégant

— C reflexives Verb —

1 *Person* **sich ~** *umg* (*sich entwickeln*) progresser; **sich hübsch ~** se faire beau *bzw.* belle **2** *Sache* **sich gut ~** faire un bon effet; faire bien; **wenn es sich ~ lässt** si c'est possible **3** *mit präp* **ich mache mir nichts daraus** (*mag nicht gern*) je n'y tiens pas; (*nehme es leicht*) ça m'est égal; *umg* **mach dir nichts draus!** ne t'en fais pas! **4** **sich** (*dat*) **ein paar schöne Stunden ~** passer un bon moment

Machenschaften FPL machinations *fpl*

Macher M battant *m*

Machete F machette *f*

Macho *umg* M macho *m*

Macht F pouvoir *m*; *bes* POL, *fig* puissance *f*; *gesetzmäßige* autorité *f*; (*Kraft*) force *f*; **die ~ der Gewohnheit** la force de l'habitude; **die ~ ergreifen** prendre le pouvoir; **an der ~ sein** être au pouvoir; **mit aller ~** de toute ma, ta, sa, *etc* force; **sie tut alles, was in ihrer ~ steht** elle fait tout son possible

Machtbefugnis F pouvoir *m*; autorité *f* **Machtbereich** M ressort *m*; compétence *f* **Machtergreifung** F prise *f* du pouvoir **Machthaber** M dirigeant *m*

mächtig **A** ADJ **1** *bes* POL puissant **2** (*sehr groß*) immense; énorme; *umg* **~en Hunger haben** *umg* crever de faim **3** **e-r Sprache** (*gen*) **~ sein** maîtriser une langue **B** ADV *umg* (*sehr*) *umg* vachement; **~ schreien** crier très fort

Machtkampf M lutte *f* pour le pouvoir

machtlos ADJ impuissant; **dagegen ist man ~** on ne peut rien y faire

Machtlosigkeit F impuissance *f*; faiblesse *f* **Machtmissbrauch** M abus *m* de pouvoir **Machtpolitik** F politique *f* de force **Machtprobe** F épreuve *f* de force **Machtstreben** N aspirations *fpl* à la puissance; recherche *f* du pouvoir; course *f* au pouvoir **Machtübernahme** F prise *f* de pouvoir **Machtverhältnisse** NPL structures *fpl* du pouvoir; rapports *mpl* de force **machtvoll** ADJ puissant **Machtwechsel** M changement *m* de pouvoir

Machtwort N acte *m* d'autorité; **ein ~ sprechen** faire acte d'autorité

Machwerk N *pej* ouvrage minable

Macke *umg* F **1** (*Tick*) tic *m*; manie *f* **2** (*Fehler*) défaut *m*

Macker M *pej umg* mec *m*

Madagaskar N Madagascar

Mädchen N **1** fille *f* **2** (*Dienstmädchen*) bonne *f*; *fig* **~ für alles** bonne *f* à tout faire

mädchenhaft ADJ de jeune fille **Mädchenhandel** M traite *f* des blanches **Mädchenname** M **1** *Vorname* nom *m* de fille **2** *von verheirateten Frauen* nom *m* de jeune fille **Mädchenschule** F école *f* de (jeunes) filles

Made F asticot *m*; ver *m*; *umg* **wie die ~ im Speck leben** vivre comme un coq en pâte

Mädel *umg* N fille *f*

madig ADJ plein de vers; *Obst* véreux

madigmachen *umg fig* VT **etw, j-n ~** *umg* dénigrer qc, qn

Madonna F Vierge *f*; *Bild, Statue a.* madone *f*

Mafia F maf(f)ia *f* **Mafiamethoden** FPL méthodes mafieuses

Mafioso M membre *m* de la mafia *od* maffia; mafieux *od* maffieux *m*

mag → mögen

Magazin N **1** (*Lager*) dépôt *m* **2** *Zeitschrift*, TV, RADIO magazine *m* **3** *e-r Waffe, für Filme* magasin *m*

Magd F servante *f*

Magen M estomac *m*; **den ~ auspumpen** faire un lavage d'estomac (**j-m** à qn); **auf nüchternen ~** à jeun; **schwer im ~ liegen** peser sur l'estomac; rester sur l'estomac (*a. fig*); *umg* **diese Geschichte liegt mir im ~** je n'ai toujours pas digéré cette histoire; *umg* **mir knurrt der ~** *umg* j'ai des gargouillis dans l'estomac

Magenbeschwerden FPL troubles *mpl* gastriques **Magenbitter** M liqueur amère; amer *m* **Magenblutung** F gastrorragie *f* **Magengeschwür** N ulcère *m* d'estomac **Magengrube** F creux *m* de l'estomac

Magenknurren N gargouillement *m*, *umg* gargouillis *m* (de l'estomac); **~ haben** avoir l'estomac creux

Magenkrampf M crampe *f* d'estomac **Magenkrebs** M cancer *m* de l'estomac **Magensaft** M suc *m* gastrique **Magensäure** F acidité *f* gastrique **Magenschleimhaut** F muqueuse *f* de l'estomac **Magenschleimhautentzündung** F gastrite *f*

Magenschmerzen MPL maux *mpl* d'estomac; **~ haben** avoir mal à l'estomac

Magensonde F sonde *f* pour l'estomac **Magenspiegelung** F gastroscopie *f* **Magenspülung** F lavage *m* d'estomac **Magenverstimmung** F indigestion *f*

mager ADJ maigre (*a. Kost*, TYPO); *fig Ergebnis* maigre (*vorangestellt*); **~(er) werden** maigrir; **~es Fleisch** maigre *m*

Magermilch F lait écrémé **Magerquark** M fromage blanc maigre **Magersucht** F anorexie *f* **magersüchtig** ADJ anorexique **Magersüchtige(r)** M/F(M) anorexique *m/f*

Magie F magie *f*

Magier M magicien *m*

magisch ADJ magique

Magister M **1** *Titel* maîtrise *f* **2** *Titelinhaber* titu-

laire *m/f* d'une maîtrise
Magistrat M municipalité *f*; autorités municipales
Magma N magma *m*
Magnat M magnat *m*
Magnesium N magnésium *m*
Magnet M aimant *m* (*a. fig*) **Magnetbahn** F train *m* à sustentation magnétique **Magnetband** N bande *f* magnétique **Magnetfeld** N champ *m* magnétique
magnetisch ADJ magnétique (*a. fig*)
Magnetismus M magnétisme *m*
Magnetkarte F carte *f* magnétique **Magnetnadel** F aiguille aimantée **Magnetschwebebahn** F train *m* à sustentation magnétique **Magnetstreifen** M piste *f* magnétique
Magnolie F magnolia *m*
Mahagoni N acajou *m*
Mähdrescher M moissonneuse-batteuse *f*
mähen V/T *Gras* faucher; *Rasen* tondre; *Getreide* moissonner
Mahl *geh* N repas *m*; *feierliches* festin *m*; banquet *m*
mahlen V/T moudre **Mahlwerk** N rouage *m* (d'un moulin)
Mahlzeit F repas *m*; *umg* **~!** *umg* salut!
Mähmaschine F *für Gras* faucheuse *f*; *für Getreide* moissonneuse *f*
Mahnbescheid M sommation *f* de paiement; rappel *m*
Mähne F crinière *f* (*a. fig hum*)
mahnen V/T **1** **j-n zu etw ~, j-n ~, etw zu tun** exhorter qn à qc, à faire qc; **j-n an etw** (*akk*), **wegen etw ~** rappeler qc à qn; **j-n wegen e-r Schuld ~** réclamer le paiement d'une dette à qn **2** HANDEL **j-n ~** adresser un rappel à qn
Mahngebühr F frais *mpl* de sommation **Mahnmal** N monument *m* **Mahnschreiben** N → Mahnung
Mahnung F **1** (*Ermahnung*) exhortation *f*; (*Warnung*) avertissement *m* **2** (*Erinnerung*) rappel *m*; HANDEL *a.* sommation *f*
Mahnverfahren N JUR procédure *f* d'avertissement, de mise en demeure, de sommation **Mahnwache** F protestation silencieuse
Mai M (mois *m* de) mai *m*; **der Erste ~** le Premier mai; →Januar
Maibaum M arbre *m* de mai **Maibowle** F punch froid aromatisé (*à la reine des bois*) **Maifeier** F fête *f* du Premier mai **Maiglöckchen** N BOT muguet *m* **Maikäfer** M °hanneton *m*
Mail F IT mail *m*
Mailand N Milan
Mailbox F IT boîte *f* aux lettres
mailen IT **A** V/T **j-m etw ~** envoyer qc à qn par e-mail **B** V/I **j-m ~** envoyer un e-mail à qn
Mailing N mailing *m* **Mailingliste** F IT liste *f* de diffusion
Mailserver M IT serveur *m* de messagerie (électronique)
Mainz N Mayence
Mais M maïs *m* **Maiskolben** M épi *m* de maïs **Maismehl** N farine *f* de maïs
Maison(n)ette F, **Maison(n)ettewohnung** F duplex *m*
Majestät F majesté *f*; *Anrede* **(Eure) ~** Sire *bzw.* Madame
majestätisch ADJ majestueux **Majestätsbeleidigung** F crime *m* de lèse-majesté
Majonäse → Mayonnaise
Major M *der Infanterie, Luftwaffe* commandant *m*; *der Kavallerie, Artillerie* chef *m* d'escadron
Majoran M marjolaine *f*
makaber ADJ macabre
Makel *geh* M tache *f* **makellos** ADJ sans tache, défaut; (*tadellos*) impeccable
mäkeln V/I *pej* **an etw** (*dat*) **~** ergoter sur qc
Make-up N maquillage *m* **Make-up-Entferner** M démaquillant *m*
Makkaroni PL macaronis *mpl*
Makler(in) M(F) courtier, -ière *m,f*; (*Immobilienmakler*) agent immobilier **Maklergebühr** F, **Maklerprovision** F courtage *m*
Makrele F ZOOL maquereau *m*
Makro N IT macro *f*
makro..., Makro... IN ZSSGN macro...
Makrobiotik F macrobiotique *f* **makrobiotisch** ADJ macrobiotique **Makrokosmos** M macrocosme *m*
Makrone F GASTR macaron *m*
Makulatur F TYPO papier *m* de rebut
mal ADV **1** MATH fois; **zwei ~ fünf ist zehn** deux fois cinq (font) dix; *Fläche, Format* **fünf ~ neun** cinq sur neuf **2** *umg* (*einmal*) **denken Sie ~ ...** figurez-vous que ...; **nicht ~** même pas **3** **guck ~!** regarde!; **zeig ~!** fais voir!
Mal[1] N *auf der Haut* marque *f*; (*Muttermal*) envie *f*
Mal[2] N *zeitlich* fois *f*; **jedes ~ (, wenn)** chaque fois (que); **zum ersten, letzten ~** pour la première, dernière fois; **mit e-m ~** tout à *od* d'un coup; **von ~ zu ~** de plus en plus
Malaria F paludisme *m*; malaria *f*
Malaysia N la Malaysia
Malbuch N album *m* à colorier
Malediven PL **die ~** les îles *fpl* Maldives
malen V/T *u.* V/I peindre (**auf** [+ *akk*] sur)
Maler M (*Anstreicher*) peintre *m*; *Künstler* (artiste *m*) peintre *m*
Malerei F peinture *f* (*a. Gemälde*)

Malerin F peintre *m* **malerisch** ADJ pittoresque **Malerpinsel** M brosse *f* (à peindre)
Malkasten M boîte *f* de couleurs
Mallorca N (l'île *f* de) Majorque
malnehmen V/T *u.* V/I multiplier (**mit** avec)
Maloche *umg* F *umg* boulot (dur) **malochen** *umg* V/I *umg* boulonner; *umg* bosser; *umg* trimer
Malta N (l'île *f* de) Malte
Malve F mauve *f*
Malz N malt *m* **Malzbier** N bière *f* de malt
Malzeichen N signe *m* de multiplication
Malzkaffee M café *m* de malt
Mama *umg* F maman *f* (! Endung)
Mambo M *od* F *Tanz* mambo *m*
Mami *umg* F maman *f*
Mammographie F mammographie *f*
Mammut N ZOOL mammouth *m* **Mammutbaum** M sequoia *m* **Mammutsitzung** F séance *f* interminable, *umg* marathon **Mammutunternehmen** N entreprise *f* gigantesque; géant *m* **Mammutveranstaltung** F *Konzert* concert *m* gigantesque; *Demonstration* manifestation *f* monstre
mampfen *umg* V/T *u.* V/I *umg* bouffer
man INDEF PR on; **~ kann nie wissen** on ne sait jamais; **so etwas tut ~ nicht** ça ne se fait pas; GASTR **~ nehme …** prendre …
Management N management *m*
managen V/T **1** *Sportler* être manager de; *Künstler* être (l')impresario de **2** *umg* (*zustande bringen*) arranger; organiser; (*bewältigen*) gérer
Manager(in) M(F) manager *m*; *e-s Künstlers* imprésario *od* impresario *m*; agent *m* (artistique) **Managerkrankheit** F troubles *mpl* circulatoires dus au stress
manch INDEF PR **A** ADJT plus d'un(e); **~e** *pl* nombre de; bien des; **~ einer** certaines personnes; **~es Mal** bien des fois; **~er reiche Mann** plus d'un riche **B** SUBST il en est qui; bien des choses; **~e** (**Leute**) certains; quelques personnes
mancherlei INDEF PR **A** ADJT divers **B** SUBST toutes sortes de choses
manchmal ADV quelquefois; parfois
Mandant(in) M(F) client(e) *m(f)*
Mandarine F mandarine *f*
Mandat N mandat *m*
Mandel F **1** BOT amande *f* **2** ANAT amygdale *f* **Mandelblüte** F fleur *f* d'amandier; *Blütezeit* floraison *f* des amandiers **Mandelentzündung** F amygdalite *f* **mandelförmig** ADJ en amande **Mandelmilch** F lait *m* d'amandes; GASTR *a.* orgeat *m* **Mandeloperation** F ablation *f* des amygdales; *t/t* amygdalectomie *f* **Mandelsplitter** MPL amandes effilées
Mandoline F mandoline *f*
Manege F piste *f*

Manga N *od* M *Comic* manga *m*
Mangan N manganèse *m*
Mangel[1] F (*Wäschemangel*) repasseuse *f*; *umg fig* **j-n in die ~ nehmen** *umg* cuisiner qn
Mangel[2] M **1** (*Fehlen*) manque *m* (**an** [+ *dat*] de); *an Lebensmitteln a.* pénurie *f* (de); **aus ~ an** faute de **2** (*Fehler*) défaut *m*; vice *m*
Mangelberuf M profession *f* où on manque de personnel qualifié **Mangelerscheinung** F MED (symptôme *m* de) carence *f* **mangelhaft** ADJ **1** (*fehlerhaft*) défectueux; (*unzureichend*) insuffisant **2** *Schulnote* → Fünf
mangeln[1] V/T *Wäsche* repasser (avec une machine)
mangeln[2] V/UNPERS (*fehlen*) manquer; faire défaut; **es mangelt an Geld** (*dat*) on manque d'argent; **es mangelt mir an nichts** je ne manque de rien; j'ai tout ce qu'il (me) faut; **~de Sorgfalt** négligence *f*
mangels PRÄP faute de
Mangelware F marchandise *f* rare; *fig* **… ist, sind ~** on manque de …
Mangelwäsche F linge *m* à repasser
Mango F mangue *f*
Mangold M BOT b(l)ette *f*
Manie F manie *f*
Manier F **1** (*Art u. Weise*) manière *f* **2** (*Benehmen*) **~en** *pl* manières *fpl*; façons *fpl*; **keine ~en haben** manquer de manières
manierlich ADJ **1** qui se tient bien; poli **2** *umg fig* convenable
Manifest N manifeste *m* **manifestieren** V/R **sich ~** se manifester
Maniküre F manucure *f* (*Pflege u. Person*)
maniküren V/T faire la manucure à
Manipulation F manipulation *f* **manipulieren** V/T manipuler
manisch ADJ maniaque **manisch-depressiv** ADJ maniacodépressif
Manitu M Manitou *m*
Manko N **1** (*Mangel*) manque *m* **2** (*Nachteil*) inconvénient *m*
Mann M **1** (*Person männlichen Geschlechts*) homme *m*; **alter ~** vieillard *m*; vieux *m*; **ein gemachter ~** un homme arrivé; **schwarzer ~** (*Kinderschreck*) croque-mitaine *m*; **s-n ~ stehen** faire ses preuves; **~ gegen ~ kämpfen** combattre corps à corps; **von ~ zu ~** d'homme à homme; *sprichw* **ein ~, ein Wort** *etwa sprichw* chose promise, chose due; *umg* (**mein lieber**) **~!** *umg* eh bien, mon vieux! **2** (*Ehemann*) mari *m* **3** (*Mensch*) homme *m*; **der ~ auf der Straße** l'homme de la rue; *umg* **an den ~ bringen** *Ware* placer; *Frau umg* caser **4** *Zählgröße*, SCHIFF tête *f*; personne *f*; **pro ~** par tête; **alle ~ an Deck!** tout le monde sur le pont!; **~ über Bord!** un homme à la

M

mer!
Männchen N 1 *(kleiner Mann)* petit homme; *gezeichnetes* bonhomme *m* 2 ZOOL mâle *m* 3 *Hund* **~ machen** faire le beau
Manndeckung F SPORT marquage *m*; **~ spielen** marquer son adversaire
Mannequin N mannequin *m*
Männerberuf M métier *m* d'homme **Männerchor** M chœur *m* d'hommes **Männerfreundschaft** F amitié *f* entre hommes **Männerstimme** F voix *f* d'homme
mannhaft ADJ *(mutig)* brave; *(unerschrocken)* viril
Männlein N petit homme
männlich ADJ 1 BOT, ZOOL mâle 2 GRAM, *Vorname, Wesen etc* masculin 3 *(zum Mann geworden)* viril **Männlichkeit** F virilité *f (a. fig)*
Mannsbild *umg* N *umg* gaillard *m*
Mannschaft F 1 SPORT équipe *f* 2 FLUG, SCHIFF équipage *m* 3 MIL hommes *mpl* (de troupe); soldats *mpl* 4 *umg (Arbeitsmannschaft)* équipe *f*
Mannschaftsaufstellung F SPORT composition *f* de l'équipe **Mannschaftsführer** M SPORT capitaine *m* (de l'équipe) **Mannschaftsgeist** M esprit *m* d'équipe **Mannschaftskapitän** M SPORT capitaine *m* **Mannschaftsspiel** N SPORT jeu *m* d'équipe **Mannschaftssport** M sport *m* d'équipe **Mannschaftswagen** M camion *m* pour le transport des troupes *bzw.* des policiers **Mannschaftswertung** F SPORT classement *m* par équipe
mannshoch ADJ à hauteur d'homme **mannstoll** *umg* ADJ nymphomane
Mannweib N virago *f*
Manometer N 1 PHYS manomètre *m* 2 *umg* **~!** *umg* ben alors!; *bei Entsetzen umg* aïe!
Manöver N manœuvre *f (a. fig)* **Manöverkritik** F *fig* bilan *m* critique
manövrieren V/T *u.* V/I manœuvrer **manövrierunfähig** ADJ désemparé
Mansarde F mansarde *f*
Manschette F *am Hemd* manchette *f*; *umg fig* **~n haben** *umg* avoir la trouille
Manschettenknopf M bouton *m* de manchette
Mantel M 1 *Kleidung* manteau *m*; *fig* voile *m* 2 *e-s Kabels* gaine *f*; *e-s Reifens* enveloppe *f*; *e-s Geschosses* chemise *f* **Manteltarif** M, **Manteltarifvertrag** M ARBEITSRECHT convention collective *(réglant les conditions de travail, la durée de travail, les congés, etc)* **Manteltasche** F poche *f* de manteau
manuell ADJ manuel **Manufaktur** F manufacture *f* **Manuskript** N manuscrit *m* (! Endung); *e-r Rede etc* texte *m*

Mäppchen N *(Schreibmäppchen)* trousse *f* (d'écolier)
Mappe F 1 *(Aktenmappe)* serviette *f*; *(Schulmappe)* cartable *m*; sac *m* (d'écolier) 2 *(Sammelmappe)* chemise *f*; *(Zeichenmappe)* carton *m*
Maracuja F *Frucht* maracuja *m*
Marathon M, **Marathonlauf** M marathon *m* **Marathonläufer(in)** M(F) coureur, -euse *m,f* de marathon **Marathonsitzung** F séance *f* marathon
Märchen N 1 conte *m* (de fées) 2 *fig (Lüge)* histoire(s) *f(pl)* **Märchenbuch** N livre *m* de contes **Märchenerzähler(in)** M(F) conteur, -euse *m,f* **Märchenfee** F fée *f* d'un conte **Märchengestalt** F personnage *m* d'un, de conte de fées **märchenhaft** ADJ 1 que l'on dirait tiré d'un conte de fées; *(zauberhaft)* féerique 2 *(sagenhaft)* fabuleux; fantastique **Märchenland** N *fig* pays enchanteur **Märchenprinz** M prince charmant *(a. fig)* **Märchenschloss** N château *m* féerique **Märchenstunde** F TV émission *f* de contes de fées **Märchenwelt** F monde *m* féerique; *fig* monde irréel
Marder M martre *f*
Margarine F margarine *f*
Margerite F BOT marguerite *f*
Maria F Marie *f (a.* REL*)*; REL **(die Jungfrau) ~** la (Sainte) Vierge; la Vierge Marie
Marienbild N madone *f*; Vierge *f* **Marienkäfer** M coccinelle *f* **Marienkult** M culte marial; marianisme *m* **Marienverehrung** F adoration *f* de la Vierge
Marihuana N marijuana *f*
Marille F *österr* abricot *m* **Marillenknödel** M *österr*: *boule de pomme de terre, de mie de pain ou de semoule fourrée à l'abricot, bouillie et servie chaude comme dessert*
Marinade F marinade *f*
Marine F marine *f* **marineblau** ADJ (bleu) marine (! unveränderlich) **Marineoffizier** M officier *m* de marine **Marinestützpunkt** M base navale
marinieren V/T (faire) mariner
Marionette F marionnette *f (a. fig)*; *fig* fantoche *m*
Marionettenregierung F gouvernement *m* fantoche **Marionettentheater** N théâtre *m* de marionnettes
Mark[1] F HIST *Währung* mark *m*; **Deutsche ~** mark allemand; deutsche mark *m*; *umg fig* **keine müde ~** pas un centime
Mark[2] N 1 ANAT, BOT moelle *f*; *(Fruchtmark)* pulpe *f*; *fig* **bis ins ~** jusqu'à la moelle; *Geräusch* **j-m durch ~ und Bein gehen** faire frissonner qn 2 GASTR coulis *m*; *(Tomatenmark)* concentré *m* de

tomates
markant ADJ marquant; *Gesicht(szug)* marqué
Marke F 1 *(Markierung)* marque *f*; repère *m* 2 *(Briefmarke)* timbre(-poste) *m*; *(Spielmarke)* jeton *m*; *(Essensmarke)* ticket *m*; *(Gebührenmarke)* timbre *m* 3 HANDEL marque *f* 4 *umg* **das ist vielleicht e-e ~!** *umg* c'est un drôle de numéro!
Markenartikel M produit *m* de marque **Markenbutter** F beurre *m* de qualité **Markenfabrikat** N produit *m* de marque **Markenname** M nom *m* de marque **Markenschutz** M protection *f* des marques de fabrique **Markenware** F produits *mpl* de marque **Markenzeichen** N 1 HANDEL marque *f* (de fabrique); griffe *f* 2 *fig* trait *m* caractéristique
Marker M *Stift* marqueur *m*
markerschütternd ADJT *Schrei* déchirant; perçant
Marketing N marketing *m*
markieren V/T 1 *(kennzeichnen)* marquer 2 *umg (vortäuschen)* simuler; faire; **den starken Mann ~** *umg* jouer les gros durs
Markierung F 1 *(Markieren)* marquage *m*; repérage *m* 2 *(Kennzeichen)* marque *f*; repère *m* **Markierungslinie** F marquage *m*; tracé *m*
markig ADJ *fig* énergique; vigoureux
Markise F store *m*
Markklößchen N boulette *f* de moelle **Markklößchensuppe** F soupe *f* aux boulettes de moelle **Markknochen** M os *m* à moelle
Markstück N HIST pièce *f* d'un mark
Markt M marché *m*; *(Jahrmarkt, Viehmarkt)* foire *f*; *(Absatzmarkt)* débouché *m*; **der Gemeinsame ~** le Marché commun; **auf den ~ bringen** commercialiser; lancer
Marktabsprache F entente *f* (illicite) de producteurs **Marktanalyse** F analyse *f* du (*bzw.* des) marché(s) **Marktanteil** M part *f* de marché **marktbeherrschend** ADJT qui est numéro un sur, domine le marché **Marktbeherrschung** F domination *f* du marché **Marktbeobachtung** F observation *f* des tendances du marché **Marktbericht** M cours *m* du marché **Marktentwicklung** F évolution *f* du marché **Marktforscher** M prospecteur *m* (de marchés) **Marktforschung** F étude *f* de marché **Marktfrau** F marchande *f* **marktführend** ADJT qui domine le marché **Marktführer** M leader *m* sur le marché **Markthalle** F marché couvert; °halle *f* **Marktlage** F situation *f*, condition *f* du marché **Marktlücke** F créneau *m* **Marktplatz** M place *f* du marché **Marktschreier** M vendeur *m* à la criée **marktschreierisch** ADJ tapageur **Marktstand** M étal *m* **Marktstudie** F étude *f* du marché **Markttag** M jour *m* de marché **Marktwert** M valeur marchande
Marktwirtschaft F économie *f* de marché; **freie ~** économie libérale; **soziale ~** économie sociale de marché
Marmelade F confiture *f* **Marmeladenglas** N pot *m* de confiture

Marmelade ≠ marmelade

die Marmelade = **la confiture**
la marmelade = das Mus, das Kompott

FALSCHE FREUNDE

Marmor M marbre *m* **Marmorkuchen** M gâteau marbré **Marmorplatte** F plaque *f* de marbre **Marmorsäule** F colonne *f* de marbre **Marmorstatue** F statue *f* de *od* en marbre; marbre *m*
marode ADJ pourri
Marokkaner(in) M(F) Marocain(e) *m(f)* **marokkanisch** ADJ marocain
Marokko N le Maroc
Marone F marron *m*
Marotte F marotte *f*
Mars M ASTRON **(der) ~** Mars
marsch INT **~!** allons! en route!; *umg* **~ ins Bett!** allez, allez! au lit!
Marsch M MUS, MIL, *fig* marche *f* (! feminin)
Marschall M maréchal *m*
Marschbefehl M ordre *m* de marche **marschbereit** ADJ prêt à partir **Marschflugkörper** M missile *m* de croisière **Marschgepäck** N bagages *mpl* de route
marschieren V/I marcher
Marschkolonne F colonne *f*, groupe *m* de marche **Marschmusik** F musique *f* militaire **Marschrichtung** F direction *f* (de marche); *fig* ligne *f* de conduite **Marschroute** F itinéraire *m*; *fig* ligne *f* de conduite **Marschtempo** N allure *f*, cadence *f*, vitesse *f* (de marche) **Marschverpflegung** F vivres *mpl* de route
Marsmensch M Martien *m*
Marter *geh* F torture *f*
martern *geh* V/T torturer; *seelisch* tourmenter **Marterpfahl** M poteau *m* de torture **Marterwerkzeug** N instruments *mpl* de torture
martialisch *geh* ADJ martial
Martinsfest N la Saint-Martin **Martinsgans** F GASTR oie *f* de la Saint-Martin **Martinshorn** N avertisseur *m* à deux tons *(de la police, etc)*
Märtyrer(in) M(F) martyr(e) *m(f)*
Martyrium N martyre *m*
Marxismus M marxisme *m* **Marxist(in)** M(F)

marxiste *m/f* **marxistisch** ADJ marxiste
März M (mois *m* de) mars *m*; → Januar
Marzipan N pâte *f* d'amandes **Marzipankartoffel** F *sucrerie à la pâte d'amandes en forme de petite pomme de terre*
Mascara F mascara *m*; fard *m* pour cils
Masche F **1** (*Schlinge*) maille *f* (*a. fig*) **2** *umg* (*Trick*) *umg* combine *f* **3** **die neueste ~** la dernière mode
Maschendraht M grillage *m*
Maschine F **1** machine *f* **2** (*Schreibmaschine*) machine *f* (à écrire); **etw mit der ~ schreiben** taper qc à la machine; dactylographier qc **3** *umg* (*Motorrad*) *umg* machine *f*; (*Motor*) *umg* moulin *m*; (*Auto*) *umg* grosse bagnole; (*Flugzeug*) appareil *m*
maschinell **A** ADJ mécanique **B** ADV **~ hergestellt** fait à la machine
Maschinenbau M construction *f* mécanique; *Lehrfach* mécanique *f* **Maschinenbauingenieur(in)** M(F) ingénieur mécanicien **Maschinenfabrik** F atelier *m* de constructions mécaniques **maschinengeschrieben** ADJT tapé à la machine; dactylographié **Maschinengewehr** N mitrailleuse *f* **maschinenlesbar** ADJ lisible, exploitable par (un) ordinateur **Maschinenpark** M parc *m* de machines **Maschinenpistole** F mitraillette *f* **Maschinenraum** M, **Maschinensaal** M salle *f* des machines **Maschinenschaden** M avarie *f* de machine **Maschinenschlosser** M ajusteur *m* mécanicien **maschinenwaschbar** ADJ lavable en machine
Maschinerie F machinerie *f*; *fig* machine *f*
maschineschreiben → Maschine 2
Maser F veine *f*
Masern PL rougeole *f*
Maserung F veines *fpl*
Maske F **1** masque *m* (*a. fig*, MED) (! maskulin); **die ~ fallen lassen** se démasquer (*a. fig*) **2** THEAT maquillage *m* **3** IT grille *f* d'écran
Maskenball M bal masqué **Maskenbildner(in)** M(F) maquilleur, -euse *m,f*
Maskerade F mascarade *f*
maskieren V/T (*u.* V/R) (**sich ~** se) masquer (*a. fig*); (*verkleiden*) (se) déguiser (**als** en)
Maskierung F déguisement *m*
Maskottchen N mascotte *f*; porte-bonheur *m*
maskulin ADJ masculin
Maskulinform F GRAM forme masculine
Maskulinum N GRAM masculin *m*
Masochismus M masochisme *m* **Masochist(in)** M(F) masochiste *m/f* **masochistisch** ADJ masochiste

maß → messen
Maß[1] N **1** (*Maßeinheit, Größe*) mesure *f*; **~ nehmen** prendre les mesures (**bei** de); **nach ~** sur mesure; *fig* **mit zweierlei ~ messen** avoir deux poids, deux mesures; **das ~ ist voll!** la coupe est pleine! **2** (*Verhältnis*) proportions *fpl* **3** (*Ausmaß*) dimension *f*; **in hohem ~(e)** grandement; dans une large mesure; **in höchstem ~(e)** au plus °haut degré; **in dem ~(e) wie …** dans la mesure où … **4** *fig* (*Grenzen*) bornes *fpl*; (*Mäßigung*) modération *f*; **alles mit, in ~en** avec mesure; *geh* **über alle, die ~en** extrêmement; **~ halten** → maßhalten
Maß[2] F *südd, österr* (*Liter*) litre *m* (de bière)
Massage F massage *m* (! maskulin) **Massagegerät** N masseur *m* **Massageinstitut** N cabinet *m* de travail d'un masseur **Massageöl** N huile *f* de massage **Massagesalon** M établissement *m* de massage thaïlandais **Massagestab** M vibromasseur *m*
Massai M/F Mas(s)aï *m/f*
Massaker N massacre *m* **massakrieren** V/T massacrer
Maßanzug M costume *m* sur mesure
Maßarbeit F travail *m* sur mesure; *umg fig* **das war ~** *umg* c'était du sur mesure
Masse F **1** (*formloser Stoff*) masse *f*; **undefinierbare ~** substance *f* indéfinissable **2** (*Menge*) masse *f*, quantité *f* (**an** [+ *dat*], **von** de); *umg* **e-e (ganze) ~ Bücher** *umg* un tas de livres **3** (*Menschenmasse*) foule *f*; **die breite ~** la masse **4** PHYS, ELEK, JUR masse *f*
Maßeinheit F unité *f* de mesure
Massenabfertigung F *pej* **das ist die reinste ~** *umg* c'est l'usine, une véritable usine; *beim Arzt a.* c'est soigner les malades en série; *in der Mensa a.* c'est de la restauration en série
Massenandrang M affluence *f* **Massenarbeitslosigkeit** F chômage généralisé **Massenartikel** M article *m* de série **Massenaufgebot** N mise en action massive (**an** [+ *dat*] de) **Massenbewegung** F mouvement *m* de masse **Massendemonstration** F manifestation *f* de masse **Massenentlassung** F licenciement collectif **Massenerhebung** F levée *f* en masse **Massenfabrikation** F fabrication *f* en grande série **Massenflucht** F exode *m* **Massengesellschaft** F civilisation *f* de masse **Massengrab** N fosse commune **massenhaft** ADJ *u. umg* ADV en masse **Massenhinrichtung** F exécutions *fpl* en masse **Massenhysterie** F hystérie collective **Massenkarambolage** F collision *f* en chaîne **Massenkundgebung** F manifestation *f* **Massenmedien** NPL mass media *mpl* **Massen-**

mord M massacre *m* **Massenmörder(in)** M(F) tueur, -euse *m,f* **Massenproduktion** F fabrication *f* en grande série **Massenpsychose** F psychose collective **Massensport** M sport *m* populaire **Massensterben** N hécatombe *f* **Massenstreik** M grève massive, *plus fort* générale **Massentierhaltung** F élevage industriel **Massentourismus** M tourisme *m* de masse **Massentransport** M transport collectif, de masse **Massenveranstaltung** F manifestation *f*, concert *m*, spectacle *m*, *etc* qui attire une foule de participants *bzw.* spectateurs **Massenverhaftung** F arrestation massive, en masse **Massenvernichtungswaffen** FPL armes *fpl* de destruction massive **Massenwahn** M → Massenhysterie **Massenware** F marchandise fabriquée en série **massenweise** ADV massivement; en masse

Masseur(in) M(F) masseur, -euse *m,f* **Masseuse** F 1 masseuse *f* 2 *Prostituierte* femme *f* qui pratique le massage thaïlandais

Maßgabe F *geh* **nach ~** (+ *gen*) conformément à

maßgebend ADJ *Faktor* déterminant; (*entscheidend*) décisif; *Person, Buch* qui fait autorité; *Kreise* autorisé

maßgeblich A ADJ décisif; autorisé B ADV de manière décisive; **~ an etw** (*dat*) **beteiligt sein** jouer un rôle de premier plan dans qc

maßgerecht ADJ qui a les mesures prescrites

maßgeschneidert ADJT sur mesure; *fig* adapté

maßhalten V/I garder la mesure; **im Essen ~** manger avec modération

massieren V/T masser (*a.* MIL)

massig A ADJ massif B *umg* ADV (*viel*) en masse; **er hat ~ Geld** *umg* il a plein de fric

mäßig ADJ 1 *Wind, Geschwindigkeit* modéré; *im Essen a.* frugal; *Einkommen* modeste 2 (*mittelmäßig*) médiocre

mäßigen *geh* V/T (*u.* V/R **sich ~** se) modérer

Mäßigung F modération *f*

massiv A ADJ 1 *Metalle, Holz* massif 2 *Kritik, Drohung* violent; *Forderung* extrême; *Druck* énorme B ADV **~ gebaut** construit en dur

Massiv N massif *m* **Massivbauweise** F construction *f* en dur

Maßkrug M chope *f* à bière (d'un litre)

maßlos A ADJ extrême; *Übertreibung, Ansprüche* démesuré; *Ehrgeiz* sans bornes B ADV excessivement; **sie übertreibt ~** elle exagère terriblement

Maßlosigkeit F démesure *f*; excès *m*

Maßnahme F mesure *f*; **~n treffen, ergreifen** prendre des mesures

maßregeln V/T **j-n ~** chapitrer qn

Maßstab M 1 (*Norm*) norme *f*; critère *m*; **e-n anderen ~ anlegen** appliquer un autre critère; **j-n, etw zum ~ nehmen** prendre qn, qc pour modèle 2 *auf Landkarten, fig* échelle *f*; **im ~ 1:100** à l'échelle de 1/100

maßstab(s)gerecht, maßstab(s)getreu ADJ *u.* ADV à l'échelle

maßvoll ADJ *Mensch, Forderung* modéré; *Urteil* mesuré

Mast[1] M SCHIFF, (*Fahnenmast*) mât *m*; (*Telegrafenmast*) poteau *m*; (*Hochspannungsmast*) pylône *m*

Mast[2] F AGR engraissement *m*

Mastbaum M SCHIFF mât *m* **Mastdarm** M rectum *m*

mästen V/T engraisser

Master M *akademischer Grad* master *m*

masturbieren V/I se masturber

Match N match *m* **Matchball** M balle *f* de match **Matchsack** M sacoche *f*

Material N 1 (*Stoff*) matière *f*; (*Bau-, Werkstoff*) matériau(x) *m(pl)* 2 (*Ausrüstung*) matériel *m* 3 (*Unterlagen*) matériel *m*; matériaux *mpl* **Materialausgabe** F distribution *f* de matériel **Materialermüdung** F fatigue *f* du matériel **Materialfehler** M défaut *m* technique

Materialismus M matérialisme *m* **Materialist(in)** M(F) matérialiste *m/f* **materialistisch** ADJ matérialiste

Materialkosten PL frais *mpl* de matériel **Materialprobe** F prélèvement *m* de matière **Materialprüfung** F essai *m*, contrôle *m*, examen *m* des matériaux **Materialschaden** M dégât matériel

Materie F matière *f*

materiell A ADJ 1 *Hilfe, Vorteil* matériel 2 *pej Person* matérialiste B ADV **~ eingestellt sein** être matérialiste

Matetee M maté *m*

Mathe *umg* F *umg* maths *fpl* (! Plural) **Mathematik** F mathématiques *fpl* (! Plural) **Mathematiker(in)** M(F) mathématicien, -ienne *m,f* **mathematisch** ADJ mathématique

Matjes M, **Matjeshering** M jeune °hareng mariné dans du sel

Matratze F matelas *m* **Matratzenlager** N matelas *m(pl)* à même le sol

Matriarchat N matriarcat *m*

Matrix F matrice *f* **Matrixdrucker** M imprimante matricielle

Matrize F *für die Schreibmaschine* stencil *m*

Matrone F matrone *f*

Matrose M matelot *m* (*a.* MIL); marin *m* **Matrosenmütze** F béret marin

Matsch *umg* M 1 *(breiige Masse)* bouillie *f* 2 *(Schlamm)* boue *f*; gadoue *f* 3 *(Schneematsch)* neige fondue, fondante

matschig *umg* ADJ 1 *(breiig) umg* en marmelade; *Frucht* blet 2 *(schlammig)* boueux; *Weg a.* détrempé; couvert de gadoue 3 *durch Schnee* couvert de neige fondante

matt ADJ 1 *(erschöpft)* épuisé; *(schwach)* faible *(a. fig Lächeln etc)* 2 *(glanzlos)* mat; *(trübe)* terne; *Farben a.* pâle; mat; *Glas* dépoli 3 SCHACH mat; **j-n ~ setzen** faire qn mat

Matte F *(Flechtwerk)* natte *f* (❗ mit **n**); *(Fußmatte, Strohmatte)* paillasson *m*; SPORT tapis *m*; *umg fig* **auf der ~ stehen** être à pied d'œuvre

Matterhorn das ~ le mont Cervin

Mattglas N verre mat, dépoli

Mattigkeit F fatigue *f*; lassitude *f*

Mattscheibe F TV petit écran; *umg fig* **~ haben** *umg* avoir un passage à vide

mattsetzen V/T → matt 3

Matura F *österr, schweiz* baccalauréat *m*

Mätzchen *umg* N 1 *(Unsinn)* bêtise *f* 2 *(Tricks)* blague *f*; **keine ~!** pas de blague!

Mauer F mur *m* *(a. geh fig)*; *koll* muraille *f*; **die Chinesische ~** la Muraille de Chine

Mauerblümchen N jeune fille *f*, femme *f* qui fait tapisserie

mauern A V/T maçonner B V/I SPORT bétonner

Mauersegler M ZOOL martinet *m* **Mauerstein** M pierre taillée **Mauerwerk** N maçonnerie *f*; murs *mpl*

Maul N 1 *bei Tieren* gueule *f*; *der Pferde* bouche *f* 2 *sl (Mund) umg* gueule *f*; *umg* bec *m*; **das ~ aufreißen, ein großes ~ haben** *umg* être fort en gueule; **halts ~!** *umg* (ferme) ta gueule!; *umg* ferme-la!; **j-m das ~ stopfen** *umg* clouer le bec à qn

maulen *umg pej* V/I grogner; *(schmollen) umg* faire la gueule; *(schimpfen) umg* râler

Maulesel M (petit) mulet **maulfaul** *umg* ADJ peu loquace **Maulheld** *umg* M *umg* grande gueule; *umg* fort *m* en gueule

Maulkorb M muselière *f*; *fig* **j-m e-n ~ anlegen** museler qn

Maultier N mulet *m*; mule *f* **Maul- und Klauenseuche** F fièvre aphteuse **Maulwurf** M ZOOL, *fig* taupe *f* **Maulwurfshügel** M taupinière *f*

Maurer M maçon *m* **Maurerkelle** F truelle *f*

Mauretanien N la Mauritanie

maurisch ADJ maure *od* more

Mauritius N l'île *f* Maurice

Maus F 1 ZOOL souris *f* *(a.* IT*)*; *umg fig* **weiße Mäuse sehen** avoir des hallucinations; *umg* **e-e graue ~** un personnage falot 2 *umg pl* **Mäuse** *(Geld) umg* fric *m*

Maus — la souris

Maus — la souris

mauscheln *umg* V/I *umg* magouiller

Mäuschen N 1 souriceau *m* 2 *umg fig Kosewort umg* petit chou

mäuschenstill *umg* ADJ **es ist ~** on entendrait voler une mouche

Mausefalle F souricière *f* **Mauseloch** N trou *m* de souris

Mauser F ZOOL mue *f*

mausern V/R **sich ~** 1 ZOOL muer 2 *umg fig* faire peau neuve; **sich zum Schriftsteller ~** se transformer en écrivain

mausetot *umg* ADJ raide mort

Mausklick M IT clic *m* (de la souris); **per ~** en un clic de souris

Mausoleum N mausolée *m*

Mauspad N tapis *m* (de souris)

Maustaste F bouton *m* (de souris); **linke, rechte ~** bouton gauche, droit de la souris

Maut F, **Mautgebühr** F *bes österr* péage *m* **Mautstelle** F *bes österr* péage *m* **Mautstraße** F *bes österr* route *f* à péage

Max strammer ~ *œuf sur le plat sur du jambon et du pain*

Maxi-CD F maxi CD *m*

maximal A ADJ maximum; maximal B ADV au maximum **Maximalforderung** F exigence *f* maximum **Maximalgeschwindigkeit** F vitesse maximale; vitesse *f* limite; limite *f* de vitesse

Maxime F maxime *f*

Maximum N maximum *m* (**an** [+ *dat*] de)

Maxisingle F 45 tours *m* double durée

Mayonnaise F mayonnaise *f*
Mazedonien N la Macédoine
Mäzen M mécène *m*
MB ABK (Megabyte) Mo *m*
MdB ABK (Mitglied des Bundestags) membre *m* du Bundestag
m. E. ABK (meines Erachtens) à mon avis
Mechanik F mécanique *f* **Mechaniker** M mécanicien *m* **mechanisch** ADJ mécanique; *fig* machinal **Mechanismus** M mécanisme *m*
meckern VI 1 *Ziege* bêler 2 *umg fig (nörgeln) umg* râler
Mecklenburg-Vorpommern N le Mecklembourg-Poméranie-Occidentale
Medaille F médaille *f* **Medaillon** N médaillon *m* (*a.* GASTR)
medial ADJ SPIRITISMUS médiumnique;
Mediation F médiation *f* **Mediator(in)** M(F) médiateur, -trice *m,f*
Medien PL → Medium **Mediendesigner(in)** M(F) infographiste *m/f* **Medienereignis** N événement *m* médiatique **Medienforschung** F recherches *fpl* sur les médias **Mediengestalter(in)** M(F) réalisateur, -trice *m,f* médias **Medienkonzern** M groupe *m* de communication **Medienlandschaft** F paysage *m* médiatique **Medienpolitik** F politique *f* des médias **Medienverbund** M 1 *beim Unterrichten* combinaison *f* de plusieurs supports pédagogiques 2 HANDEL groupe *m* de communication **medienwirksam** ADJ médiatique
Medikament N médicament *m* (**gegen** contre)
medikamentös A ADJ médicamenteux B ADV **~ behandeln** soigner avec des médicaments
Meditation F méditation *f* **Meditationsübung** F exercice *m* de méditation
meditativ ADJ méditatif
mediterran ADJ méditerranéen
meditieren VI méditer (**über** [+ *akk*] sur)
medium ADJ GASTR à point
Medium N 1 média *m*; **elektronische Medien** médias électroniques; **die Neuen Medien** les nouveaux médias 2 ESOTERIK médium *m* 3 *(Träger)* véhicule *m*
Medizin F 1 *(Heilkunde)* médecine *f* 2 *(Arznei)* médicament *m* (**gegen** contre) **Medizinball** M médecine-ball *m* **Mediziner(in)** M(F) 1 *(Arzt)* médecin *m*; *(Ärztin)* femme *f* médecin 2 *(Medizinstudent[in])* étudiant(e) *m(f)* en médecine **medizinisch** ADJ de médecine; *(ärztlich)* médical **Medizinmann** M guérisseur *m* **Medizinstudent(in)** M(F) étudiant(e) *m(f)* en médecine **Medizinstudium** N études *fpl* de médecine
Meer N mer *f*; *fig a.* océan *m*; **am ~** au bord de la mer
Meerblick M **mit ~** avec vue sur la mer
Meerbusen M golfe *m* **Meerenge** F détroit *m*
Meeresbiologie F océanographie *f* biologique **Meeresboden** M fond *m* de la mer **Meeresfrüchte** FPL fruits *mpl* de mer **Meeresgrund** M fond *m* de la mer
Meeresspiegel M niveau *m* de la mer; **über, unter dem ~** au-dessus, au-dessous du niveau de la mer
Meerrettich M raifort *m* **Meersalz** N sel marin **Meerschweinchen** N cochon *m* d'Inde; *Versuchstier* cobaye *m* **Meerwasser** N eau *f* de mer
Mega... IN ZSSGN méga... **Megabyte** N méga-octet *m* **Megafon** N mégaphone *m* **Megahertz** N mégahertz *m* **Megastar** M mégastar *f* **Megawatt** N mégawatt *m*
Mehl N 1 farine *f* 2 *(pulverförmiger Stoff)* poudre *f*
mehlig ADJ farineux *(a. Frucht)*
Mehlschwitze F GASTR roux *m* **Mehlspeise** F entremets *m* (à base de farine, *österr* sucré) **Mehltau** M *Pflanzenkrankheit* mildiou *m* **Mehlwurm** M ver *m* de farine
mehr A INDEF PR 1 plus; *vor subst* plus de; **etwas ~** un peu plus; **noch ~** (...) encore plus (de ...); **~ oder weniger** plus ou moins 2 *in Vergleichen* plus; *vor subst* plus de; **~ als zwanzig Euro** plus de vingt euros; **~ als nötig** plus qu'il ne faut; **um so ~, als** d'autant plus que 3 *nachgestellt* de plus; **fünf Euro ~** cinq euros de plus B ADV 1 *(in größerem Maß, eher)* plus; davantage; **wenn Sie ~ darüber wissen wollen** si vous voulez en savoir davantage 2 **nicht ~** ne ... plus; **nichts ~** (ne ...) plus rien
Mehr N plus *m* (**an** [+ *dat*] de); augmentation *f* (de)
Mehrarbeit F surcroît *m* de travail **Mehrausgaben** FPL dépenses *fpl* supplémentaires **mehrbändig** ADJ en plusieurs volumes **Mehrbelastung** F surcharge *f*; charge *f* supplémentaire **mehrdeutig** ADJ ambigu **Mehreinnahme** F excédent *m* de recettes
mehren *geh* VT (*u.* VR **sich ~** se) multiplier; augmenter
mehrere INDEF PR plusieurs (**von ihnen** d'entre eux); *(verschiedene)* divers
Mehrerlös M, **Mehrertrag** M surplus *m* de bénéfices
mehrfach A ADJ multiple B ADV à différentes reprises **Mehrfachschalter** M commutateur *m* multiple **Mehrfachsteckdose** F

prise *f* multiple **Mehrfachstecker** M fiche *f* multiple

Mehrfamilienhaus N maison *f* où habitent plusieurs familles **mehrfarbig** ADJ à plusieurs couleurs; polychrome **mehrgeschossig** ADJ à plusieurs étages

Mehrheit F majorité *f*; **mit großer, knapper ~** avec une large, courte majorité; **in der ~ sein** être en majorité

mehrheitlich ADV en majorité

Mehrheitsaktionär(in) M(F) actionnaire *m/f* majoritaire **Mehrheitsbeschluss** M décision *f* majoritaire **mehrheitsfähig** ADJ susceptible d'obtenir la majorité **Mehrheitsverhältnisse** NPL positions *fpl* majoritaires **Mehrheitswahlrecht** N scrutin *m* majoritaire

mehrjährig ADJ de plusieurs années **Mehrkosten** PL frais *mpl* supplémentaires; surcoût *m* **mehrmalig** ADJ répété; (*häufig*) fréquent **mehrmals** ADV plusieurs fois **Mehrparteiensystem** N pluripartisme *m* **mehrseitig** ADJ de plusieurs pages **mehrsilbig** ADJ de plusieurs syllabes **mehrsprachig** ADJ *Text* plurilingue; *Person* polyglotte **mehrstellig** ADJ *Zahl* à plusieurs chiffres **mehrstimmig** ADJ MUS à plusieurs voix; polyphonique **mehrstöckig** ADJ à plusieurs étages **mehrstündig** ADJ de plusieurs heures **mehrtägig** ADJ de plusieurs jours **Mehrteiler** M TV feuilleton *m* **mehrteilig** ADJ en plusieurs parties **Mehrverbrauch** M consommation *f* supplémentaire; augmentation *f*, dépassement *m* de consommation **Mehrwegflasche** F bouteille consignée **Mehrwegverpackung** F emballage consigné **Mehrwert** M plus-value *f*; STEUERWESEN valeur ajoutée **Mehrwertsteuer** F taxe *f* à la valeur ajoutée; TVA *f* **Mehrzahl** F **1** (*Mehrheit*) la plupart **2** GRAM pluriel *m*

Mehrzweck... IN ZSSGN polyvalent **Mehrzweckhalle** F salle polyvalente

meiden V/T éviter; fuir

Meile F mille *m*; HIST *in Frankreich* lieue *f* **Meilenstein** M *fig* étape importante

meilenweit ADV *gehen* pendant des kilomètres; *umg fig* **~ davon entfernt sein zu** (+ *inf*) être à cent lieues de (+ *inf*)

Meiler M (*Kohlenmeiler*) meule *f*; (*Atommeiler*) pile *f* atomique

mein POSS PR **A** ADJT mon *bzw.* ma (❗ vor Vokal und stummem h wird **ma** zu **mon**); **e-r ~er Freunde** (l')un de mes amis **B** SUBST **der, die, das Meine** le mien *bzw.* la mienne; *geh* **die Meinen** les miens; ma famille

Meineid M parjure *m*; **e-n ~ leisten** faire un faux serment

meinen **A** V/T **1** (*denken*) penser; **~, dass …** être d'avis que … (+ *ind*); penser que … (+ *ind*); **was meinst du dazu?** qu'en penses-tu? **2** (*sagen wollen*) entendre, vouloir dire (**mit** par); **damit sind Sie gemeint** c'est à vous que cela s'adresse; **wie ~ Sie das?** que voulez-vous dire par là? **3** (*gesinnt sein*) **es gut mit j-m ~** vouloir du bien à qn; **ich habe es gut gemeint** je croyais bien faire **4** (*sagen*) dire **B** V/I penser; **~ Sie?** croyez-vous?; **wie du meinst** comme tu veux

meiner *geh* PERS PR de moi; **gedenke ~** souviens-toi de moi

meinerseits ADV de ma part; de mon côté; **ganz ~** tout le plaisir est pour moi

meinesgleichen PRON mon *bzw.* ma pareil(le), semblable *bzw.* mes semblables *bzw.* pareil(le)s

meinetwegen ADV **1** (*wegen mir*) à cause de moi **2** (*mir zuliebe*) pour moi **3** (*von mir aus*) quant à moi; **~!** soit!

meinige *liter* POSS PR → mein

Meinung F opinion *f*; avis *m*; **meiner ~ nach** à mon avis; selon moi; **ich bin der ~, dass …** je suis d'avis que …; **s-e ~ sagen** exprimer, manifester son opinion; **j-m s-e** *od* **die ~ sagen** dire à qn ses quatre vérités; **s-e ~ ändern** changer d'avis; **geteilter ~ sein** avoir des avis différents; **j-s ~ sein** être de l'avis de qn; **mit j-m einer ~ sein** être du même avis que qn

Meinungsäußerung F manifestation *f* d'une opinion **Meinungsaustausch** M échange *m* de vues **Meinungsbildung** F prise *f* de position; *von außen* formation *f* de l'opinion *f* **Meinungsforscher(in)** M(F) sondeur, -euse *m,f* **Meinungsforschung** F sondage *m* d'opinion **Meinungsforschungsinstitut** N institut *m* d(e sondage de l)'opinion publique **Meinungsfreiheit** F liberté *f* d'opinion **Meinungsumfrage** F sondage *m* d'opinion **Meinungsumschwung** M revirement *m* (d'opinion) **Meinungsverschiedenheit** F différend *m*; désaccord *m*

Meise F mésange *f*; *umg fig* **e-e ~ haben** *umg* être dingue

Meißel M ciseau *m*

meißeln V/T tailler au ciseau; *Statue* sculpter

meist ADV la plupart du temps; le plus souvent; (*gewöhnlich*) d'ordinaire

meistbietend ADVL **~ verkaufen** vendre au plus offrant

Meistbietende(r) M/F(M) le plus offrant; dernier enchérisseur

meiste ADJ u. INDEF PR la plupart de(s); *bei Abstrakta* *a.* le plus de; **die ~n** la plupart; **das ~** le plus; **am ~n** le plus

meistens, **meistenteils** ADV → meist

Meister M **1** *im Handwerk* maître *m*; (*Werkmeister*) contremaître *m*; *umg* **s-n ~ machen** passer son brevet de maîtrise **2** SPORT champion *m* **3** *fig* (*Könner*) *umg* as *m*; *umg* champion *m* **4** *Künstler* **die alten ~** les maîtres anciens **5** *umg Anrede umg* patron *m*; *umg* chef *m*

Meisterbrief M brevet *m* de maîtrise **meisterhaft** **A** ADJ magistral **B** ADV à la perfection

Meisterin F **1** *im Handwerk* patronne *f* **2** SPORT championne *f* **3** *fig* (*Könnerin*) *umg* championne *f*

Meisterleistung F performance *f* (de champion) **meisterlich** → meisterhaft

meistern V/T venir à bout de; maîtriser

Meisterprüfung F *im Handwerk* examen *m* de maîtrise **Meisterschaft** F **1** (*Können*) maîtrise *f* **2** SPORT championnat *m* **Meisterschaftsspiel** N match *m* de championnat **Meisterschaftstitel** M titre *m* de champion **Meisterschüler(in)** M(F) élève *m/f* d'un(e) professeur, d'un(e) artiste célèbre **Meisterstück** N chef-d'œuvre *m* (*a. fig*) **Meistertitel** M SPORT titre *m* de champion **Meisterwerk** N chef-d'œuvre *m* (*a. fig*)

Mekka N **1** *Stadt* La Mecque **2** *fig* la Mecque (**für** de)

Melancholie F mélancolie *f* **melancholisch** ADJ mélancolique

Melange F *österr* café *m* au lait

Melanom N MED mélanome *m*

Melanzani PL *österr* aubergines *fpl*

melden **A** V/T **j-m etw ~** annoncer qc à qn; rapporter qc à qn; *umg* **du hast hier nichts zu ~** tu n'as rien à dire dans cette affaire **B** V/R **sich ~** se présenter (**bei** chez); TEL répondre; SCHULE lever le doigt; (*von sich hören lassen*) se manifester; **sich auf ein Inserat ~** répondre à une annonce; **meldet euch mal wieder!** faites-nous *bzw.* faites-moi signe!

meldepflichtig ADJ soumis à déclaration **Meldeschluss** M clôture *f* des déclarations, SPORT des inscriptions

Meldung F **1** (*Zeitungsmeldung, Radiomeldung*) information *f*; (*Nachricht*) nouvelle *f*; message *m* (*a.* IT) **2** (*Anmeldung*) inscription *f* **3** (*Wortmeldung*) (demande *f* d')intervention *f*

meliert ADJT *Stoff, Wolle* chiné; *Haar* (**grau**) ~ grisonnant

Melisse F mélisse *f*

melken V/T traire

Melodie F air *m*; mélodie *f*

melodiös, **melodisch** ADJ (*klangvoll*) mélodieux; (*e-e Melodie enthaltend*) mélodique

Melodram(a) N mélodrame *m* **melodramatisch** ADJ mélodramatique

Melone F **1** BOT melon *m* **2** *umg Hut* (chapeau *m*) melon *m*

Membran F membrane *f*

Memoiren PL mémoires *mpl*

Memorandum N mémoire *m*; mémorandum *m*

Menge F **1** (*Anzahl*) quantité *f* **2** (*Vielzahl*) masse *f*; *umg* tas *m*; **e-e ganze ~ …** beaucoup de …; *umg* **jede ~ …** *umg* des masses de … **3** (*Menschenmenge*) foule *f* **4** MATH ensemble *m*

mengen V/T *Zutaten* mélanger

Mengenangabe F indication *f* de quantités **Mengeneinheit** F unité *f* de quantité **Mengenlehre** F théorie *f* des ensembles **mengenmäßig** **A** ADJ quantitatif **B** ADV quantitativement **Mengenrabatt** M rabais *m* de quantité

Meningitis F MED méningite *f*

Meniskus M ménisque *m*

Menopause F ménopause *f*

Menorca N Minorque

Mensa F restaurant *m* universitaire; *umg* resto U *m*

Mensch M *Gattung* homme *m*; être humain; *einzelner a.* individu *m*; personne *f*; *pl* **~en** *a.* gens *mpl*; **~en verachtend** inhumain; **jeder ~** chacun; tout le monde; **kein ~** personne; *umg* **~, das gibts doch nicht!** *umg* c'est pas vrai!

Menschenaffe M singe *m* anthropoïde **Menschenalter** N âge *m* d'homme **Menschenansammlung** F, **Menschenauflauf** M attroupement *m* **Menschenbild** N conception *f* de l'homme **Menschenfresser** M cannibale *m*; *im Märchen* ogre *m* **Menschenfreundlichkeit** F philanthropie *f*

Menschengedenken N **seit ~** de mémoire d'homme

Menschengestalt F **in ~** sous une forme humaine

Menschenhandel M trafic *m* des hommes **Menschenjagd** F chasse *f* à l'homme **Menschenkenntnis** F connaissance *f* des hommes; psychologie *f* **Menschenkette** F chaîne humaine

Menschenleben N vie humaine; **viele ~ kosten** faire de nombreuses victimes

menschenleer ADJ désert **Menschenmenge** F foule *f*

menschenmöglich ADJ **ich werde alles Menschenmögliche tun** je ferai tout mon possible

Menschenraub M rapt *m* **Menschenrechte** NPL droits *mpl* de l'homme **Menschenrechtsorganisation** F organisation *f* de défense des droits de l'homme **Menschenrechtsverletzung** F atteinte *f* aux droits de l'homme **menschenscheu** ADJ peu sociable; sauvage **Menschenschlag** M (sorte *f* de) gens *mpl*; race *f*

Menschenseele F âme *f*; **es war keine ~ da** il n'y avait pas âme qui vive; *umg* il n'y avait pas un chat

Menschenskind *umg* INT **~(er)!** *umg* ça alors!; *umg* nom d'un chien, d'une pipe!

menschenunwürdig ADJ indigne **menschenverachtend** ADJT inhumain

Menschenverstand M **der gesunde ~** le bon sens

Menschenwürde F dignité humaine **menschenwürdig** ADJ humain

Menschheit F humanité *f*

menschlich ADJ **1** humain; (*human*) *a.* tolérant **2** *umg fig* (*annehmbar*) acceptable **Menschlichkeit** F humanité *f*

Menstruation F MED règles *fpl* **menstruieren** VI MED avoir ses règles

mental ADJ mental **Mentalität** F mentalité *f*

Menthol N menthol *m*

Menü N GASTR, IT menu *m*

Menuett N menuet *m*

Meridian M méridien *m*

Merino M, **Merinoschaf** N mérinos *m* **Merinowolle** F laine *f* mérinos

Merkblatt N notice *f*

merken **A** VT **etw ~** s'apercevoir de qc; remarquer qc; **der Fehler ist kaum zu ~** le défaut est à peine perceptible; **er ließ mich ~, dass ...** il m'a fait sentir que ...; *umg iron* **du merkst aber auch alles!** *umg* tu as enfin pigé! **B** VR **sich** (*dat*) **etw ~** retenir qc; **das werde ich mir ~** *um es heimzuzahlen* je m'en souviendrai; **~ Sie sich** (*dat*), **dass ...** sachez que ...

merklich **A** ADJ sensible; perceptible; (*sichtbar*) visible; (*deutlich*) notable **B** ADV sensiblement

Merkmal N (*Kennzeichen*) caractéristique *f*; signe distinctif, caractéristique; (*Anzeichen*) indice *m*; **besondere ~e** signes particuliers

Merkur M ASTRON **(der) ~** Mercure

merkwürdig ADJ curieux; étrange **Merkzettel** M feuille *f* de notes; pense-bête *m*

meschugge *umg* ADJ *umg* cinglé

messbar ADJ mesurable

Messbecher M verre, gobelet gradué

Messdiener M KATH enfant *m* de chœur

Messe[1] F KATH, MUS messe *f*

Messe[2] F HANDEL foire *f*; salon *m*

Messebesucher(in) M(F) visiteur, -euse *m,f* de la foire **Messegelände** N parc *m* des expositions **Messehalle** F pavillon *m* (d'une exposition) **Messekatalog** M catalogue *m* de la foire *od* de l'exposition

messen **A** VT mesurer; TECH jauger **ge~ an** (+ *dat*) comparé à **B** VI (*groß sein*) avoir; *Person a.* mesurer; faire; **er misst 1,80 m** il mesure 1,80 *m* **C** VR **sich mit j-m ~** se mesurer à *od* avec qn

Messeneuheit F nouveauté présentée à la foire

Messer[1] N couteau *m*; **ein Kampf bis aufs ~** un combat à outrance, à mort; *fig* **j-n ans ~ liefern** livrer qn au bourreau; *fig* **auf des ~s Schneide stehen** ne tenir qu'à un fil

Messer[2] M → Messgerät

Messergebnis N mesure *f*

Messerheld M → Messerstecher **Messerklinge** F lame *f* de couteau **Messerrücken** M dos *m* d'un couteau

messerscharf ADJ tranchant; *fig Verstand* pénétrant; *Kritik* incisif

Messerspitze F pointe *f* de couteau; **e-e ~ Zimt** une pincée de cannelle

Messerstecher M voyou *m* qui a le couteau facile **Messerstecherei** F rixe *f* au couteau **Messerstich** M coup *m* de couteau **Messerwerfer(in)** M(F) lanceur, -euse *m,f* de couteaux

Messestadt F ville *f* de foires *bzw.* d'expositions **Messestand** M stand *m*

Messezeit F **zur ~** pendant la durée de la foire

Messfehler M erreur *f* de mesure **Messfühler** M TECH capteur *m* **Messgefäß** N CHEM éprouvette graduée; burette *f* **Messgenauigkeit** F précision *f* de mesure **Messgerät** N instrument *m* de mesure **Messglas** N → Messgefäß

Messias REL **der ~** le Messie

Messing N laiton *m*; cuivre *m* jaune **Messingdraht** M fil *m* de laiton **Messingrohr** N tube *m* en laiton **Messingschild** N plaque *f* en cuivre (jaune)

Messinstrument N → Messgerät **Messkelch** M KATH calice *m* **Messlatte** F mire *f*; *fig* critère *m* **Messopfer** N KATH sacrifice *m* de la messe **Messstab** M jalon *m* **Messtechnik** F métrologie *f* **Messung** F mesurage *m*; TECH jaugeage *m* **Messverfahren** N procédé *m*, méthode *f* de mesure **Messwein** M KATH vin *m* de messe **Messwert** M valeur mesurée **Messzylinder** M éprouvette graduée

MESZ ABK (mitteleuropäische Sommerzeit) heure *f* d'été de l'Europe centrale

Metall N métal *m*; **~ verarbeitend** métallurgique

Metallarbeiter M métallurgiste *m* **Metall-**

bearbeitung F travail *m* des métaux
metallen ADJ de métal; *(metallisch)* métallique
metallic ADJ métallisé (❗ Endung) **Metalliclackierung** F peinture métallisée
Metallindustrie F industrie *f* métallurgique; métallurgie *f*
metallisch ADJ métallique
Metallurgie F métallurgie *f*
Metamorphose F métamorphose *f*
Metapher F métaphore *f* (❗ Endung) **metaphorisch** ADJ métaphorique
Metaphysik F métaphysique *f* **metaphysisch** ADJ métaphysique
Metastase F métastase *f*
Meteor M météore *m* **Meteorit** M météorite *m od f*
Meteorologe M météorologue *m*; météorologiste *m* **Meteorologie** F météorologie *f* **meteorologisch** ADJ météorologique
Meter M *od* N mètre *m*; **vier ~ breit** quatre mètres de large
meterdick ADJ (de plus) d'un mètre d'épaisseur **meterhoch** ADJ (de plus) d'un mètre de haut **meterlang** ADJ (de plus) d'un mètre de longueur **Metermaß** N mètre *m* **Meterware** F marchandise *f* au mètre
Methadon N méthadone *f*
Methode F méthode *f* **Methodik** F méthodologie *f* **methodisch** ADJ méthodique
Metier N métier *m*
Metrik F métrique *f* **metrisch** ADJ métrique
Metro F métro *m* (❗ maskulin)
Metronom N métronome *m*
Metropole F métropole *f*
Metrum N *Versmaß* mètre *m*
Mett N *regional* viande hachée (de porc)
Mette F KATH matines *fpl*
Mettwurst F *saucisse (fumée) de porc ou de bœuf*
Metzger M boucher *m*; *(Schweinemetzger)* charcutier *m*
Metzgerei F boucherie *f*; *(Schweinemetzgerei)* charcuterie *f*
Meuchelmord M assassinat *m*
Meute F meute *f (a. fig)* **Meuterei** F mutinerie *f* **Meuterer** M mutin *m* **meutern** V/I **1** se mutiner (**gegen** contre) **2** *umg fig umg* râler (contre)
Mexikaner(in) M(F) Mexicain(e) *m(f)* **mexikanisch** ADJ mexicain
Mexiko N **1** *Land* le Mexique **2** **~ (Stadt)** Mexico
MEZ ABK (mitteleuropäische Zeit) heure *f* de l'Europe centrale
Mezzosopran M mezzo-soprano *m*
MG N ABK (Maschinengewehr) mitrailleuse *f*

miau INT miaou!
miauen V/I miauler
mich PERS PR *(akk de* ich*)* me *bzw.* m'; *unverbunden* moi
mick(e)rig *umg* ADJ *umg* riquiqui (❗ unveränderlich)
Mickymaus F Mickey *m*
Midlife-Crisis F crise *f* de la quarantaine *bzw.* cinquantaine
mied → meiden
Mieder N *Unterbekleidung* corset *m*; gaine *f*; *Oberbekleidung* corselet *m* **Miederhöschen** N gaine-culotte *f* **Miederwaren** FPL gaines *fpl* et corsets *mpl*
Mief *umg* M air vicié; odeur *f* de renfermé
miefen *umg* V/I *umg* schlinguer *od* chelinguer
Miene F mine *f*; *(Ausdruck)* air *m*; **ohne e-e ~ zu verziehen** sans broncher; **gute ~ zum bösen Spiel machen** faire contre mauvaise fortune bon cœur
Mienenspiel N jeu *m* de physionomie
mies *umg* ADJ *umg* minable; *Mensch umg* moche; **sich ~ fühlen** se sentir mal; → miesmachen
Miese *umg* PL *beim Kartenspiel* points *mpl* en moins; *auf dem Konto* **in den ~n sein** être dans le rouge
Miesepeter *umg* M *umg* (vieux) bougon *m*
miesmachen *umg* V/T *(schlechtmachen) umg* descendre; *umg* esquinter; **j-m etw ~** dégoûter qn de qc
Miesmacher *umg* M rabat-joie *m* **Miesmuschel** F moule *f*
Mietausfall M perte *f* de loyer **Mietauto** N voiture *f* de location
Miete F *(Wohnungsmiete)* loyer *m*; **zur ~ wohnen** être locataire (**bei j-m** de qn)
Mieteinnahme F revenu locatif
mieten V/T louer
Mieter(in) M(F) locataire *m/f* **Mieterhöhung** F augmentation *f*, majoration *f* de loyer
Mieterschutz M défense *f* des locataires
mietfrei ADV (avec logement) gratuit
Mietkauf M location-vente *f* **Mietpartei** F colocataire *m/f* **Mietrecht** N législation *f* des baux
Mietshaus N immeuble locatif
Mietspiegel M barème *m* des loyers **Mietverhältnis** N location *f* **Mietvertrag** M bail *m*; contrat *m* de location **Mietwagen** M voiture *f* de location **Mietwohnung** F appartement loué *bzw.* à louer
Mieze F **1** *umg (Katze)* minet, -ette *m,f*; *umg* minou *m* **2** *umg (Mädchen) umg* nana *f*; *umg* nénette *f* **Miezekatze** *kinderspr* F → Mieze 1
Migräne F migraine *f*
Migrant(in) M(F) SOZIOLOGIE migrant(e) *m(f)*

M

Migration F SOZIOLOGIE, BIOL migration *f*
Migrationshintergrund M *Person* **mit ~** issu de l'immigration
Mikado N mikado *m*
Mikro *umg* N micro *m*
mikro…, Mikro… IN ZSSGN micro(-)…
Mikrobe F microbe *m*
Mikrobiologie F microbiologie *f* **Mikrochemie** F microchimie *f* **Mikrochip** M IT puce *f* **Mikrocomputer** M micro-ordinateur *m* **Mikroelektronik** F micro-électronique *f* **Mikrofaser** F TEX microfibre *f* **Mikrofilm** M microfilm *m*
Mikrofon N microphone *m* **Mikrokosmos** M microcosme *m*
Mikroorganismus M micro-organisme *m* **Mikrophon** N → Mikrofon **Mikropille** F *zur Empfängnisverhütung* pilule minidosée **Mikroprozessor** M microprocesseur *m*
Mikroskop N microscope *m* **mikroskopisch** ADJ microscopique
Mikrowelle(nherd) M/F(M) (four *m* à) micro-ondes *m*
Milbe F acarien *m*
Milch F lait *m* **Milchbar** F milk-bar *m* **Milchbrei** M bouillie *f* au lait **Milchbrötchen** N petit pain au lait **Milchdrüse** F glande *f* mammaire **Milcheiweiß** N protéine *f* du lait **Milchflasche** F bouteille *f* à lait; *für den Säugling* biberon *m* **Milchgebiss** N dents *fpl* de lait **Milchglas** N TECH verre dépoli
milchig ADJ laiteux
Milchkaffee M café *m* au lait; *im Lokal a.* café *m* crème; *umg* crème *m* **Milchkännchen** N petit pot à lait **Milchkanne** F bidon *m* à lait **Milchkuh** F vache *f* à lait **Milchmädchenrechnung** *umg* F mauvais calcul **Milchmann** *umg* M laitier *m* **Milchmixgetränk** N milk-shake *m* **Milchprodukte** NPL produits laitiers **Milchpulver** N lait *m* en poudre **Milchreis** M riz *m* au lait **Milchsäure** F acide *m* lactique **Milchschokolade** F chocolat *m* au lait **Milchstraße** F ASTRON Voie lactée **Milchsuppe** F soupe *f* au lait **Milchtüte** F brique *f* de lait **Milchzahn** M dent *f* de lait **Milchzucker** M lactose *m*
mild A ADJ 1 *Licht, Luft, Seife, Klima* doux; *Kaffee, Tabak* léger; *Klima a.* clément; *Essen* peu épicé 2 *Worte, Kritik* peu sévère; *Richter, Urteil* clément; *Strafe* léger B ADV **~ gewürzt** peu épicé
milde → mild
Milde F douceur *f*; clémence *f*
mildern V/T *Schmerz* adoucir; *Worte, Kritik* modérer; *Strafe* atténuer; JUR **~de Umstände** *mpl* circonstances atténuantes
mildtätig ADJ charitable; bienfaisant **Mildtätigkeit** F charité *f*; bienfaisance *f*
Milieu N milieu *m* (*a.* BIOL, *fig*) **milieubedingt** ADJ/T conditionné par le milieu **milieugeschädigt** ADJ/T victime *f* de son environnement **Milieustudie** F étude *f* d'un milieu
militant ADJ militant
Militär[1] N armée *f*; **zum ~ gehen** entrer dans l'armée
Militär[2] M militaire *m*
Militärakademie F École *f* militaire **Militärarzt** M, **Militärärztin** F médecin *m* des armées **Militärbündnis** N alliance *f* militaire **Militärdienst** M service *m* (militaire) **Militärdiktatur** F dictature *f* militaire **Militärexperte** M expert *m* en *od* des questions militaires **Militärflugzeug** N avion *m* militaire **Militärgefängnis** N prison *f* militaire **Militärgeistliche(r)** M aumônier *m* (militaire) **Militärgericht** N tribunal *m* militaire
militärisch ADJ militaire
Militarismus M militarisme *m* **militaristisch** ADJ militariste
Militärjunta F junte *f* militaire **Militärkapelle** F musique *f* militaire **Militärmacht** F puissance *f* militaire **Militärpolizei** F police *f* militaire **Militärputsch** M putsch *m*; coup *m* d'État militaire **Militärregierung** F gouvernement *m* militaire **Militärstützpunkt** M base *f* militaire
Military F REITSPORT concours complet
Militärzeit F (temps *m* de) service *m* militaire
Miliz F milice *f*
Millennium N millénaire *m*
Milliardär(in) M(F) milliardaire *m/f*
Milliarde F milliard *m* (! maskulin)
Millibar N millibar *m* **Milligramm** N milligramme *m* **Milliliter** M *od* N millilitre *m*
Millimeter M *od* N millimètre *m* **Millimeterarbeit** *umg* F travail *m* de précision **Millimeterpapier** N papier millimétré
Million F million *m* (! maskulin)
Millionär(in) M(F) millionnaire *m/f*
Millionenauflage F **in ~** en un million *bzw.* en plusieurs millions d'exemplaires
Millionenerbschaft F héritage *m* de plusieurs millions **millionenfach** A ADJ *Auflage* de plusieurs millions B ADV par millions; en millions **Millionengeschäft** N affaire *f* d'un million *bzw.* de plusieurs millions **Millionengewinn** M 1 *Ertrag* profit *m* d'un million *bzw.* de plusieurs millions 2 *im Lotto* lot *m* d'un million *bzw.* de plusieurs millions
Millionenheer N **ein ~ von …** un million *bzw.* des millions de …

Millionenhöhe F **in ~** de plusieurs millions **Millionenkredit** M crédit *m* d'un million *bzw.* de plusieurs millions **Millionenschaden** M dommage *m* d'un million *bzw.* de plusieurs millions **millionenschwer** *umg* ADJ *umg* qui pèse des millions; *Person a.* multimillionnaire **Millionenstadt** F ville *f* d'un million *bzw.* de plusieurs millions d'habitants

millionste ADJ millionième

Millionstel N millionième *m*

Milz F ANAT rate *f* **Milzbrand** M charbon *m*

Mime *geh* M acteur *m* **mimen** V/T *Gefühl etc* feindre **Mimik** F mimique *f*

Mimose F 1 BOT mimosa *m* (! maskulin) 2 *fig* sensitif, -ive *m,f*

mimosenhaft ADJ hypersensible

Min. ABK (Minute[n]) mn

Minarett N minaret *m*

minderbemittelt ADJ peu fortuné; *umg pej* **er ist geistig ~** *umg* il est limité, débile

mindere ADJ moindre; *Wert* inférieur

Minderheit F minorité *f* **Minderheitenschutz** M protection *f* des minorités **Minderheitsregierung** F gouvernement *m* de (la) minorité

minderjährig ADJ mineur **Minderjährige(r)** M/F(M) mineur(e) *m(f)* **Minderjährigkeit** F minorité *f*

mindern V/T (*u.* V/R **sich ~**) diminuer; (se) réduire; *Preis* rabaisser; *Wert* (se) déprécier **Minderung** F diminution *f*; *der Preise* réduction *f*; *des Wertes* dépréciation *f*

minderwertig ADJ inférieur; HANDEL de mauvaise qualité **Minderwertigkeit** F infériorité *f*; HANDEL mauvaise qualité **Minderwertigkeitsgefühl** N sentiment *m* d'infériorité **Minderwertigkeitskomplex** M complexe *m* d'infériorité

Minderzahl F minorité *f*

Mindest... IN ZSSGN minimum (! unveränderlich); minimal **Mindestalter** N âge *m* minimum **Mindestanforderung** F exigence *f* minimum **Mindestarbeitszeit** F durée de travail minimale **Mindestbesteuerung** F taux minimal d'imposition **Mindestbetrag** M (somme *f*) minimum *m*

mindeste ADJ le moindre; *subst* **das Mindeste** le moins; **nicht im Mindesten** nullement

Mindesteinkommen N revenu *m* minimum

mindestens ADV au moins; au minimum

Mindestforderung F exigence minimale **Mindestgebot** N enchère *f* minimum **Mindestgeschwindigkeit** F vitesse *f* minimum **Mindestgewicht** N poids *m* minimum **Mindesthaltbarkeitsdatum** N date *f* limite de conservation **Mindestlohn** M salaire *m* minimum **Mindestmaß** N (strict) minimum *m* (**an** [+ *dat*] de) **Mindestpreis** M prix *m* minimum, plancher **Mindeststrafe** F peine *f* minimum **Mindestwert** M valeur *f* minimum

Mine F (*Bergwerk*, MIL, *Bleistiftmine, Kugelschreibermine*) mine *f*

Minenfeld N terrain miné; *im Wasser* eaux minées **Minenleger** M *Schiff* mouilleur *m* de mines; *Panzer* char *m* poseur de mines **Minenräumboot** N, **Minensuchboot** N dragueur *m* de mines **Minensuchgerät** N (appareil) détecteur *m* de mines

Mineral N 1 *Stoff* minéral *m* 2 *südd, österr* → Mineralwasser **Mineraldünger** M engrais minéraux

Mineralien NPL minéraux *mpl*

Mineralogie F minéralogie *f*

Mineralöl N huile minérale **Mineralölgesellschaft** F société pétrolière **Mineralölindustrie** F industrie pétrolière **Mineralölsteuer** F impôt *m* sur les huiles minérales

Mineralquelle F source *f* d'eau minérale **Mineralsalz** N sel minéral **Mineralstoff** M substance minérale **Mineralwasser** N eau minérale

Mini *umg* M minijupe *f*

mini..., Mini... IN ZSSGN mini...

Miniatur F miniature *f*

Minibar F minibar *m* **Minibus** M minibus *m* **Minidisc®** F IT minidisque *m* **Minigolf** N golf *m* miniature **Minijob** M *umg* mini-job *m* **Minikleid** N minirobe *f*

minimal A ADJ minime; minimal B ADV très légèrement; à peine **Minimalforderung** F exigence *f* minimum

Minimum N minimum *m* (**an** [+ *dat*] de)

Minipille *umg* F minipilule *f*; pilule minidosée **Minirock** M minijupe *f* **Minislip** M cache-sexe *m*

Ministeramt N poste ministériel

Minister(in) M(F) ministre *m* (**für** de)

Ministerialrat M, **Ministerialrätin** F *in Frankreich etwa* administrateur civil

ministeriell ADJ ministériel

Ministerium N ministère *m*

Ministerkonferenz F conférence interministérielle **Ministerposten** M ministère *m*; portefeuille *m* (ministériel) **Ministerpräsident(in)** M(F) 1 Premier ministre 2 *e-s deutschen Bundeslandes* président(e) *m(f)* du Conseil (des ministres) **Ministerrat** M conseil *m* des ministres

Ministrant M KATH enfant *m* de chœur

Minna F *umg* **die grüne ~** *umg* le panier à sa-

M

lade; *umg* **j-n zur ~ machen** mettre qn plus bas que terre
Minnelied N chanson *f* d'amour **Minnesänger** M ménestrel *m*
Minorität F minorité *f*
minus ADV moins
Minus N 1 HANDEL déficit *m* 2 *fig* (*Nachteil*) °handicap *m*
Minuspol M pôle négatif **Minuspunkt** M mauvais point **Minuszeichen** N signe *m* moins
Minute F minute *f*; **auf die ~** à la minute; **in letzter ~** à la dernière minute
minutenlang A ADJ de plusieurs minutes B ADV pendant plusieurs minutes
Minutenzeiger M aiguille *f* des minutes; grande aiguille
minuziös ADJ minutieux
Minze F menthe *f*
Mio. ABK (Million[en]) million(s)
mir PERS PR (*dat de* ich) me *bzw.* m'; *nach präp* moi; *betont* à moi; *umg* **~ nichts, dir nichts** tout de go
Mirabelle F mirabelle *f*
Mischbatterie F robinet mélangeur **Mischbrot** N pain bis **Mischehe** F mariage *m* mixte
mischen A V/T 1 (*vermischen*) mêler, mélanger (**mit** à, avec) 2 RADIO, TV mixer 3 *Karten* battre B V/R 1 (*sich vermischen*) **sich ~** se mélanger; se mêler 2 (*sich einmischen*) **sich in etw** (*akk*) **~** se mêler de qc 3 **sich unters Volk ~** se mêler à la foule
Mischform F mélange *m* **Mischfutter** N fourrage *m* mixte **Mischgemüse** N jardinière *f*; macédoine *f* de légumes **Mischkalkulation** F calcul *m* de rentabilité mixte **Mischling** M métis *m*; BIOL hybride *m*
Mischmasch *umg* M *umg* salade *f*; *umg* méli-mélo *m* (! unveränderlich)
Mischpult N pupitre *m* de mixage
Mischung F mélange *m* (*a. fig*) **Mischungsverhältnis** N dosage *m*
Mischwald M forêt *f* mixte
miserabel ADJ (*jämmerlich*) *umg* minable; (*armselig*) piètre; *Wetter* pourri; affreux; **ich fühle mich ~** je me sens très mal; *umg* je suis mal fichu
Misere F situation *f* déplorable; *finanzielle* détresse *f*
Mispel F nèfle *f*
Miss F (*Schönheitskönigin*) miss *f*; **die amtierende ~ Germany** l'actuelle Miss Allemagne
missachten V/T 1 (*gering schätzen*) dédaigner 2 (*nicht beachten*) ne pas respecter
Missachtung F 1 (*Geringschätzung*) dédain *m* 2 (*Nichtbeachtung*) non-respect *m*; **unter ~** (+ *gen*) au mépris de
Missbehagen N malaise *m*; déplaisir *m*
Missbildung F malformation *f*
missbilligen V/T désapprouver; réprouver
Missbilligung F désapprobation *f*; réprobation *f* **Missbrauch** M abus *m*; *e-s Medikaments a.* usage abusif
missbrauchen V/T 1 (*übermäßig gebrauchen*) abuser de 2 *j-n für eigene Zwecke* profiter de 3 *geh* (*vergewaltigen*) abuser de
missdeuten V/T mal interpréter
Missdeutung F fausse interprétation
missen *geh* V/T se passer de
Misserfolg M échec *m*
Missernte F mauvaise récolte
Missetäter(in) *geh* M(F) malfaiteur *m*
missfallen *geh* V/I **j-m ~** déplaire à qn
Missfallen N mécontentement *m* (**über** [+ *akk*] au sujet de); **j-s ~ erregen** provoquer le mécontentement de qn
Missfallensäußerung F expression *f* de mécontentement
missgebildet ADJT mal formé **Missgeburt** F enfant mal formé(e) **Missgeschick** N 1 (*Unglück*) malchance *f* 2 (*ärgerlicher Vorfall*) mésaventure *f*
missglücken V/I *Versuch* ne pas réussir; *Plan* échouer; *Kuchen* rater; **es ist ihm missglückt** il n'a pas réussi
missgönnen V/T **j-m etw ~** envier qc à qn
Missgriff M erreur *f*; faute *f*
misshandeln V/T maltraiter **Misshandlung** F mauvais traitements; sévices *mpl*
Mission F mission *f*
Missionar(in) M(F) missionnaire *m/f* **missionarisch** A ADJ missionnaire B ADV comme (un *bzw.* une) missionnaire **missionieren** V/T évangéliser
Missklang M 1 MUS dissonance *f* 2 *fig* désaccord *m*
Misskredit M **j-n in ~ bringen** discréditer qn; jeter le discrédit sur qn
misslang → misslingen
misslich ADJ fâcheux
misslingen V/I → missglücken
Missmanagement N mauvais management; mauvaise gestion
missmutig ADJ de mauvaise humeur; morose
missraten V/I → missglücken
Missstand M abus *m* **Missstimmung** F mauvaise ambiance
misst → messen
Misston M son faux; dissonance *f*; *fig* fausse note
misstrauen V/I **j-m, e-r Sache ~** se méfier de qn, qc

Misstrauen N méfiance *f* (**gegen** à l'égard de)
Misstrauensantrag M motion *f* de censure
Misstrauensvotum N vote *m* de défiance
misstrauisch ADJ méfiant (**gegenüber** à l'égard de)
Missverhältnis N disproportion *f*
missverständlich ADJ qui prête à (des) malentendus; équivoque **Missverständnis** N **1** malentendu *m* **2** (*Streitigkeit*) désaccord *m*
missverstehen V/T mal comprendre
Misswahl F élection *f* d'une miss
Misswirtschaft F mauvaise gestion
Mist M **1** AGR fumier *m* **2** *umg* (*Unsinn*) *umg* conneries *fpl*; *umg* **~ bauen** *umg* faire des conneries **3** *umg* (*Schund*) *umg* saloperie *f*; *fig* **so ein ~!** *umg* zut alors!
Mistel F gui *m*
Mistgabel F fourche *f* à fumier **Misthaufen** M (tas *m* de) fumier *m* **Mistkäfer** M bousier *m* **Mistkerl** *sl* M *umg* salaud *m* **Mistkübel** M *österr* poubelle *f* **Miststück** *sl* N *umg* ordure *f*; *Frau umg* salope *f* **Mistvieh** *sl* N **1** *Tier umg* sale bête *f* **2** *Mensch umg* ordure *f*; *Mann a. umg* fumier *m* **Mistwetter** *umg* N *umg* temps *m* de chien
mit **A** PRÄP **1** (*zusammen mit, in Begleitung von*) avec; **komm ~ mir** viens avec moi; **~ j-m gehen** accompagner qn **2** *Inhalt* de; **ein Teller ~ Obst** une assiette de fruits **3** *Mittel* avec; de; par; à; en; **~ Bleistift schreiben** écrire au crayon; **~ e-m Tritt** d'un coup de pied; **~ der Post®** par la poste **4** *begleitender Umstand* à; *Art und Weise* avec; en; à, par; **~ Tränen in den Augen** les larmes aux yeux; **~ lauter Stimme** à °haute voix **5** *zeitlich, Alter* à; **~ jedem Tag** de jour en jour **B** ADV (*neben anderen*) en; y; **~ dabei sein** en être; y assister; **~ dazugehören** en faire partie; *umg* **~ zu den besten Schülern zählen** figurer parmi les meilleurs élèves
Mitangeklagte(r) M/F(M) coaccusé(e) *m(f)*
Mitarbeit F collaboration *f*; SCHULE **mündliche ~** participation orale; **unter ~** (*dat*) **von …** en collaboration avec …
mitarbeiten V/I **1** **an etw** (*dat*) **~** collaborer à qc **2** *im Unterricht* participer
Mitarbeiter(in) M(F) collaborateur, -trice *m,f*
Mitarbeiterstab M cercle *m*, équipe *f* de collaborateurs **Mitbegründer(in)** M(F) cofondateur, -trice *m,f*
mitbekommen V/T **1** (*erhalten*) recevoir; (*mitnehmen*) emporter **2** *umg* (*verstehen*) *umg* piger
mitbenutzen V/T utiliser en commun
mitbestimmen **A** V/T influencer **B** V/I *bei e-r Entscheidung* participer; *im Betrieb* prendre part à la gestion
Mitbestimmung F participation *f*; *im Betrieb* cogestion *f* **Mitbestimmungsrecht** N droit *m* de participation; *im Betrieb* droit *m* de cogestion (du personnel) **Mitbewerber(in)** M(F) concurrent(e) *m(f)* **Mitbewohner(in)** M(F) colocataire *m/f*
mitbringen V/T **1** *Person, Sache* (r)amener; *Dinge* (r)apporter **2** *fig Fähigkeiten* être doué de; *Voraussetzungen, Zeit* avoir
Mitbringsel N petit cadeau; *e-r Reise* souvenir *m* **Mitbürger(in)** M(F) concitoyen, -enne *m,f*
mitdenken V/I (**bei etw**) **~** *beim Zuhören* suivre qc attentivement; *bei der Arbeit* participer activement (à qc)
mitdürfen V/I *umg* (**mit j-m**) **~** pouvoir aller, partir, sortir avec qn, accompagner qn

▶ mitbringen und mitnehmen

Je nachdem, ob Personen oder Sachen befördert werden, benutzt man die Komposita von **mener** (bei Personen) oder **porter** (bei Sachen):

amener qn j-n mitbringen / mitnehmen	**apporter qc** etwas herbeibringen / mitbringen
ramener qn j-n zurückbringen	**rapporter qc** etwas wiederbringen / zurückbringen
emmener qn j-n mitnehmen	**emporter qc** etwas mitnehmen / wegtragen

Tu peux **emmener** mon père ?	Kannst du meinen Vater mitnehmen?
Si tu veux, tu peux **amener** tes copains.	Wenn du willst, kannst du deine Freunde mitbringen.
Marc va **ramener** tes parents à la gare.	Marc wird deine Eltern mit zum Bahnhof nehmen.
Tu peux **m'apporter** mes gants ?	Kannst du mir meine Handschuhe bringen?
Tu peux **emporter** les déchets ?	Kannst du den Abfall mitnehmen?

FEHLERQUELLEN ◀

M

Miteigentümer(in) M(F) copropriétaire *m/f*
miteinander ADV l'un(e) avec l'autre *bzw.* les un(e)s avec les autres; *(gemeinsam)* ensemble
Miteinander N vie commune
Miterbe M, **Miterbin** F cohéritier, -ière *m,f*
miterleben V/T **1** *(mitmachen)* participer à; vivre **2** *(sehen)* assister à; voir
Mitesser M MED comédon *m*; point noir
mitfahren V/I **mit j-m ~** accompagner qn
Mitfahrgelegenheit F place *f* dans une voiture *(pour un certain trajet)* **Mitfahrzentrale** F organisme *m* d'auto-stop
mitfühlen **A** V/T compatir à **B** V/I **mit j-m ~** prendre part à la tristesse, la peine, *etc* de qn
mitfühlend ADJT compatissant
mitführen V/T *Gepäck, Güter* porter; transporter; *von Flüssen* charrier
mitgeben V/T **j-m etw ~** donner qc à qn
Mitgefangene(r) M/F(M) codétenu(e) *m(f)*
Mitgefühl N sympathie *f*; compassion *f*
mitgehen V/I **1** **(mit j-m) ~** aller avec qn; accompagner qn; *umg* **etw ~ lassen** *umg* faucher qc **2** *Zuhörer* **begeistert ~** être enthousiasmé
mitgenommen *umg* ADJT *Möbel umg* esquinté; *Buch, Kleid umg* bousillé; *(erschöpft) umg* vanné; *umg* crevé
Mitgift F dot *f* **Mitgiftjäger** M coureur *m* de dot
Mitglied N membre *m*; adhérent(e) *m(f)* **Mitgliederversammlung** F assemblée générale
Mitgliedsausweis M carte *f* (de membre)
Mitgliedsbeitrag M cotisation *f*
Mitgliedschaft F affiliation *f*
Mitgliedskarte F carte *f* (de membre) **Mitgliedsland** N, **Mitgliedsstaat** M État *m* membre
mithaben *umg* V/T avoir apporté, emporté
mithalten V/I *im Tempo* suivre le rythme (**mit** de); *bei e-m Wettbewerb* **~ können** tenir le coup
mithelfen V/I coopérer (**bei** à); prêter son concours, son assistance (à)
Mithilfe F concours *m*; assistance *f*
mithören V/T **1** *zufällig* entendre par °hasard **2** *(auch anhören)* écouter **3** *(abhören)* intercepter
Mitinhaber(in) M(F) associé(e) *m(f)*; codétenteur, -trice *m,f*
mitkämpfen V/I prendre part au combat
mitkommen V/I **1** **(mit j-m) ~** venir avec qn **2** *fig geistig* suivre; *in der Schule* pouvoir suivre
mitkriegen *umg* V/T →mitbekommen
Mitläufer(in) M(F) *pej* suiveur, -euse *m,f*; mouton *m* **Mitlaut** M consonne *f*
Mitleid N pitié *f*; **mit j-m ~ haben** avoir pitié de qn; **aus ~ mit** par pitié pour; **~ erregend** pitoyable
Mitleidenschaft F **etw in ~ ziehen** *(beschädigen)* endommager qc; *Medikament* affecter qc; **j-n in ~ ziehen** affecter qn
mitleiderregend ADJT pitoyable
mitleidig **A** ADJ compatissant **B** ADV avec pitié
mitmachen **A** V/T **1** *(teilnehmen)* prendre part (**bei** à); *Mode, Lehrgang* suivre **2** *umg (miterledigen) umg* se taper aussi **3** *umg (erleiden)* subir; *umg* se taper; *umg* **das mache ich nicht mit** *umg* je ne marche pas **B** V/I **1** y être; **bei etw ~** prendre part à qc **2** *umg (funktionieren)* **nicht mehr ~** *umg* flancher; **meine Beine machen nicht mehr mit** *umg* mes jambes n'en peuvent plus
Mitmensch M prochain *m*
mitmischen *umg* V/I **bei etw ~** participer à qc; *pej* se mêler de qc
Mitnahme F **die ~ von Hunden ist nicht gestattet** les chiens ne sont pas admis
Mitnahmepreis M prix emporté, à emporter; **zum ~ von ...** au prix emporté de ...
mitnehmen V/T **1** *Sache* prendre; emporter; *Person* emmener; *Pizza etc* **zum Mitnehmen** à emporter **2** *Krankheit* éprouver; *(entkräften)* épuiser
Mitra F mitre *f*
mitrechnen V/I *(hinzurechnen)* ajouter; **mitgerechnet** y compris; **nicht mitgerechnet** non compris
mitreden **A** V/T *fig* **ein Wort mitzureden haben** avoir voix au chapitre **B** V/I prendre part à la conversation
Mitreisende(r) M/F(M) compagnon *m*, compagne *f* de voyage
mitreißen V/T emporter; *fig (begeistern)* entraîner
mitreißend ADJT *Redner* captivant; *Spiel* passionnant; *Musik* entraînant
mitsamt PRÄP avec
mitschicken V/T **etw (mit etw) ~** envoyer qc avec (qc); *im Brief* joindre qc (à qc)
mitschleppen *umg* V/T *Schweres umg* trimbal(l)er; *(mitnehmen) umg* traîner **mitschneiden** V/T enregistrer
Mitschnitt M enregistrement *m*
mitschreiben **A** V/T **etw ~** prendre qc en note **B** V/I prendre des notes
Mitschuld F complicité *f* (**an** [+ *dat*] dans) **mitschuldig** ADJ complice (**an** [+ *dat*] de) **Mitschüler(in)** M(F) camarade *m/f* d'école, de classe
mitsingen **A** V/T **etw ~** chanter aussi qc **B** V/I **(mit j-m) ~** chanter avec qn
mitspielen V/I **1** participer au jeu; jouer *(a.* SPORT, THEAT) **2** *Gründe* entrer en jeu **3** *fig* **j-m übel ~** jouer un mauvais, sale tour à qn

Mitspieler(in) M(F) partenaire *m/f*; *e-r Mannschaft* membre *m* de l'équipe **Mitspracherecht** N participation *f* **Mitstreiter(in)** M(F) compagnon *m*, compagne *f* d'armes, de lutte

Mittag M midi *m* (! immer ohne **le**); **am, über ~** à midi; **morgen ~** demain (à) midi; **(zu) ~ essen** déjeuner

Mittagessen N déjeuner *m*

mittags ADV à midi; **es ist 12 Uhr ~** il est midi

Mittagshitze F chaleur *f* de midi **Mittagspause** F pause *f* de midi; heure *f* du déjeuner **Mittagsruhe** F, **Mittagsschlaf** M sieste *f*

Mittagszeit F (heure *f* de) midi *m*; **um die ~** à midi

Mittäter(in) M(F) complice *m/f*

Mitte F milieu *m*; *(Mittelpunkt)* centre *m* (*a.* POL); **in der ~** au milieu; **~ Januar** (à la) mi-janvier; **sie ist ~ dreißig** elle a dans les 35 ans; **in unserer ~** parmi nous; *umg fig* **ab durch die ~!** *umg* débarrasse-moi *bzw.* débarassez-moi le plancher!

mitteilen V/T **j-m etw ~** communiquer qc à qn

mitteilsam ADJ communicatif **Mitteilung** F communication *f*; *amtliche* avis *m* **Mitteilungsbedürfnis** N besoin *m* de s'épancher

Mittel N **1** *(Hilfsmittel)* moyen *m*; **mit allen ~n** par tous les moyens; **~ und Wege finden zu** (+ *inf*) trouver le moyen de (+ *inf*); **(nur) ~ zum Zweck sein** (n')être (qu')un moyen pour atteindre le but **2** *pl (Geldmittel)* moyens *mpl*; **öffentliche ~** fonds publics **3** *zur Reinigung, Pflege* produit *m*; *(Heilmittel)* remède *m* (**gegen** à) **4** MATH, METEO moyenne *f*; **im ~** en moyenne

Mittelalter N Moyen Âge *m* **mittelalterlich** ADJ médiéval; moyenâgeux

Mittelamerika N l'Amérique centrale

mittelbar ADJ indirect

Mittelding *umg* N chose *f* intermédiaire, compromis *m* (**zwischen** [+ *dat*] entre)

Mitteleuropa N l'Europe centrale **Mitteleuropäer(in)** M(F) habitant(e) *m(f)* d'Europe centrale

mitteleuropäisch ADJ d(e l')Europe centrale; **~e Zeit** → MEZ

Mittelfeld N FUSSBALL milieu *m* du terrain **Mittelfeldspieler** M FUSSBALL milieu *m* de terrain **Mittelfinger** M majeur *m* **mittelfristig** ADJ à moyen terme **Mittelgebirge** N moyenne montagne **Mittelgewicht** N, **Mittelgewichtler** M SPORT poids moyen **mittelgroß** ADJ de taille moyenne **Mittelklasse** F classe moyenne **Mittelklassewagen** M voiture *f* de classe moyenne **Mittellinie** F ligne médiane; *auf der Straße* ligne blanche; FUSSBALL ligne *f* de milieu **mittellos** ADJ sans moyens, ressources **Mittelmaß** N moyenne *f*; *pej* médiocrité *f* **mittelmäßig** ADJ médiocre **Mittelmäßigkeit** F médiocrité *f*

Mittelmeer das ~ la (mer) Méditerranée

Mittelmeerklima N climat méditerranéen **Mittelmeerländer** NPL pays méditerranéens **Mittelmeerraum** M bassin *m* de la Méditerranée

Mittelohrentzündung F otite *f*

Mittelpunkt M centre *m* (*a. fig*); **im ~ stehen** être au centre de l'intérêt

mittels PRÄP à l'aide de

Mittelscheitel M raie *f* au milieu **Mittelschule** F *schweiz* lycée *m*

Mittelsmann M intermédiaire *m*

Mittelstand M classe moyenne

Mittelstreckenlauf M course *f* de demi-fond **Mittelstreckenrakete** F fusée *f* de portée moyenne

Mittelstreifen M *der Autobahn* bande médiane **Mittelstück** N morceau *m* du milieu **Mittelstufe** F SCHULE *etwa* premier cycle (! in Frankreich nicht drei, sondern vier Klassen: 6.-9. Die 10. Klasse zählt zum „second cycle".) **Mittelstürmer** M avant-centre *m*

Mittelweg M *fig* moyen terme; compromis *m*; **der goldene ~** le juste milieu

Mittelwelle F onde moyenne **Mittelwert** M (valeur) moyenne *f* **Mittelwort** N GRAM participe *m*

mitten ADV **1** *räumlich* **~ in, auf, unter** (+ *dat*, *mouvement* + *akk*) au (beau) milieu de; **~ durch** à travers; **~ unter ihnen** parmi eux **2** *zeitlich* **~ in der Nacht, im Winter** en pleine nuit, en plein hiver

mittendrin ADV au (beau) milieu

mittendurch ADV tout au travers

Mitternacht F minuit *m* (! immer ohne **le**)

Mittler M médiateur *m*

mittlere ADJ **1** *(in der Mitte befindlich)* du milieu; TECH, GEOG médian **2** *(dazwischenliegend)* du milieu; *fig* intermédiaire **3** *(durchschnittlich)* moyen; **~n Alters** entre deux âges; d'un certain âge

mittlerweile ADV en attendant

Mittsommer M (période *f* du) solstice *m* d'été **Mittsommernacht** F nuit *f* du solstice d'été

Mittwoch M mercredi *m*; → Montag **mittwochs** ADV le mercredi; tous les mercredis

mitunter ADV de temps en temps

mitverantwortlich ADJ coresponsable (**für** de) **Mitverantwortung** F coresponsabilité

M

f
mitwirken VI **1** **bei, an etw ~** collaborer, participer à qc **2** THEAT jouer
Mitwirkende(r) M/F(M) participant(e) *m(f)*
Mitwirkung F concours *m* **Mitwisser(in)** M(F) complice *m/f*; *e-s Geheimnisses* dépositaire *m/f*
Mitwisserschaft F complicité *f*
mitzählen VT *u.* VI compter
Mix *umg* M mélange *m*
Mixbecher M shaker *m*
mixen VT *Getränk* mélanger; TV, RADIO mixer
Mixer M **1** *Person* barman *m* **2** *Gerät* mixe(u)r *m*
Mixgetränk N boisson (mélangée)
Mixtur F mixture *f*
mm ABK (Millimeter) mm
MMS F ABK (Multimedia Messaging Service) TEL *Nachricht* MMS *m*; **j-m e-e ~ schicken** envoyer un (message) MMS à qn
Mob M *pej* populace *f*
mobben VT °harceler sur le lieu de travail
Mobbing N °harcèlement moral
Möbel N meuble *m* **Möbelausstellung** F exposition *f* de meubles; *Messe a.* salon *m* de l'ameublement **Möbelfabrik** F fabrique *f* de meubles **Möbelgeschäft** N magasin *m* d'ameublement **Möbelhändler** M marchand *m* de meubles **Möbelindustrie** F industrie *f* du meuble, de l'ameublement **Möbellager** N entrepôt *m* de meubles **Möbelpacker** M déménageur *m* **Möbelpolitur** F produit *m* d'entretien pour meubles **Möbelschreiner** M menuisier *m* (en meubles); ébéniste *m* **Möbelspediteur** M déménageur *m* **Möbelspedition** F entreprise *f* de déménagement et de transport de meubles **Möbelstoff** M tissu *m* d'ameublement **Möbelstück** N meuble *m* **Möbeltischler** M menuisier *m* en meubles; ébéniste *m* **Möbelwagen** M camion *m* de déménagement
mobil ADJ **1** (*beweglich*) mobile; MIL **~ machen** mobiliser **2** *umg* (*rüstig*) alerte
Mobile N mobile *m*
Mobilfunk M radiotéléphonie *f*
Mobiliar N mobilier *m* **mobilisieren** VT mobiliser (*a. fig*, MIL) **Mobilisierung** F mobilisation *f* **Mobilität** F mobilité *f*
Mobilmachung F mobilisation *f* **Mobiltelefon** N téléphone *m* mobile
möblieren VT meubler **Möblierung** F ameublement *m*
mochte, möchte → mögen
modal ADJ modal **Modalität** F modalité *f*
Modalsatz M proposition adverbiale de manière **Modalverb** N (verbe *m*) auxiliaire *m* de mode; verbe *m* de modalité
Mode F mode *f*; **(in) ~ sein** être à la mode; **aus der ~ kommen** passer de mode; **mit der ~ gehen** suivre la mode
Modeartikel M article *m* de mode; nouveauté *f* **Modeausdruck** M expression *f* à la mode, *umg* branchée **Modeberuf** M métier *m* à la mode, très demandé, prisé **modebewusst** ADJ qui suit la mode; *umg* branché **Modedesigner(in)** M(F) styliste *m/f* de mode **Modefarbe** F couleur *f*, coloris *m* à la mode **Modegeschäft** N magasin *m* de modes
Modehaus N atelier *m* de couture; **die großen Modehäuser** la haute couture
Modeheft N, **Modejournal** N journal *m* de mode **Modekrankheit** F maladie *f* à la mode
Model N modèle *m*
Modell N HANDEL, TECH, MAL, *fig* modèle *m*; (*Bauart*) type *m*; (*verkleinerte Nachbildung*) maquette *f*; **(j-m) ~ stehen** poser (pour qn)
Modellbau M modélisme *m* **Modellbauer** M modéliste *m* **Modelleisenbahn** F chemin *m* de fer miniature **Modellflugzeug** N maquette *f* d'avion
modellieren VT modeler **Modellierholz** N ébauchoir *m*; spatule *f* à modeler **Modelliermasse** F pâte *f* à modeler
Modellkleid N modèle *m*
Modem N modem *m*
Modenschau F défilé *m* de mode
Moder M pourri *m*
Moderation F présentation *f*
Moderator(in) M(F) présentateur, -trice *m,f*; animateur, -trice *m,f* **moderieren** VT présenter
moderig ADJ pourri; moisi
modern[1] VI pourrir
modern[2] ADJ moderne; (*modisch*) à la mode
Moderne F *Epoche* temps *mpl* modernes; *Kunst-*

Moderation ≠ modération

Die **Moderation** der neuen Sendung war nicht wirklich sensationell.	La **présentation** de la nouvelle émission n'était pas vraiment sensationnelle.
En ce qui concerne votre façon de traiter les gens, il faudrait plus de **modération**.	Was Ihren Umgang mit den Menschen anbelangt, wäre mehr **Mäßigung** angesagt.

FALSCHE FREUNDE

richtung moderne *m* **modernisieren** VT moderniser **Modernisierung** F modernisation *f*

Modeschmuck M bijoux *mpl* (de) fantaisie **Modeschöpfer(in)** M(F) grand couturier; créateur, -trice *m,f* de mode **Modetanz** M danse *f* à la mode **Modetrend** M tendance *f* de la mode **Modewort** N mot *m* à la mode, du jour **Modezeichner(in)** M(F) modéliste *m/f* **Modezeitschrift** F journal *m* de mode

modifizieren VT modifier **Modifizierung** F modification *f*

modisch ADJ à la mode

modrig ADJ pourri; moisi

Modul N IT, TECH module *m*

modulieren VT moduler

Modus M GRAM, *fig* mode *m*

Mofa N cyclomoteur *m*; mobylette® *f* **Mofafahrer(in)** M(F) cyclomotoriste *m/f*

Mogelei *umg* F tricherie *f*

mogeln *umg* VI tricher

Mogelpackung F emballage trompeur

mögen A V/AUX *de mode* 1 *Möglichkeit* (se) pouvoir; **das mag sein** cela se peut; peut-être; **sie mochte zwölf sein** elle pouvait avoir douze ans; **mag sein, dass ...** il se peut que ... (+ *subj*); **wo er wohl sein mag?** où peut-il bien être?; **... und wie sie alle heißen ~** ... ou autres 2 *einräumend, verallgemeinernd* **was man auch immer sagen mag** quoi que l'on dise; **wie sie auch sein ~ ...** quels qu'ils soient ...; **mag er auch noch so reich sein ...** si riche qu'il soit ... 3 *geh Wunsch* **möge dieser Tag ...** puisse ce jour ... 4 (*gern mögen*) aimer; (*wünschen*) vouloir; désirer; **lieber ~** aimer mieux; préférer; **ich möchte gern etwas essen** je voudrais bien manger qc; **ich möchte so gern** (+ *inf*) j'aimerais tant (+ *inf*) B VT **j-n, etw ~** aimer qn, qc; **was möchten Sie?** que désirez-vous? C VI vouloir (bien); **ich mag nicht** je n'ai pas envie; **ich möchte nach Hause** je voudrais rentrer à la maison

möglich ADJ possible; (*etwaig*) éventuel; **er verkauft alles Mögliche** il vend de tout; **alles Mögliche tun, um zu** (+ *inf*) employer toutes sortes de moyens pour (+ *inf*); **so schnell, gut** *etc* **wie ~** le plus vite, le mieux, *etc* possible

möglicherweise ADV peut-être

Möglichkeit F possibilité *f*; (*möglicher Fall*) éventualité *f*; (*Gelegenheit*) occasion *f*; **nach ~** si possible; **es besteht die ~, dass ...** il est possible que ... (+ *subj*)

möglichst A ADV 1 (*so viel wie möglich*) autant que possible 2 (*wenn möglich*) si possible 3 (*so ... wie möglich*) le plus *bzw.* moins ... possible B SUBST **ich werde mein Möglichstes tun** je ferai de mon mieux

Mohair M mohair *m*

Mohammed M *Prophet* Mahomet *m*

Mohammedaner(in) *neg!* M(F) musulman(e) *m(f)* **mohammedanisch** *neg!* ADJ musulman

Mohn M 1 BOT pavot *m*; (*Klatschmohn*) coquelicot *m* 2 *auf Gebäck* graines *fpl* de pavot **Mohnblume** F → Mohn

Mohn — le coquelicot

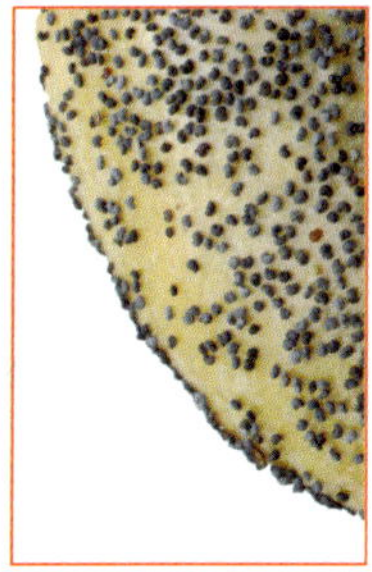

Mohn — les graines (fpl) de pavot

Möhre F carotte *f*

Mohrenkopf M GASTR tête *f* de nègre

Mohrrübe F *nordd* carotte *f*

Mokassin M mocassin *m*

Mokick N vélomoteur *m*

mokieren V/R **sich über j-n, etw ~** se moquer de qn, qc

Mokka M moka *m* **Mokkalöffel** M cuillère *f* à moka **Mokkatasse** F tasse *f* à moka

Molch M ZOOL triton *m*

Moldawien N la Moldavie

Mole F môle *m* (! maskulin); jetée *f*

Molekül N molécule *f* **molekular** ADJ moléculaire

Molke F petit-lait *m*

Molkerei F laiterie *f* **Molkereiprodukt** N produit laitier

Moll N mode, ton mineur

mollig *umg* A ADJ 1 (*mollig weich*) douillet; (*angenehm warm*) bien chaud; agréable 2 (*rundlich*) rondelet B ADV **~ warm** bien chaud

Molotowcocktail M cocktail *m* Molotov

Moment[1] M (*Augenblick*) moment *m*; instant *m*; **im ~** pour l'instant; *umg* **~ mal!** attends *bzw.* attendez un peu!

Moment[2] N 1 (*Umstand*) facteur *m* 2 PHYS moment *m*

momentan ADJ (*vorübergehend*) momentané; (*gegenwärtig*) actuel

Momentaufnahme F instantané *m*

M

Monaco N Monaco
Mona Lisa F MAL la Joconde
Monarch(in) M(F) monarque *m* **Monarchie** F monarchie *f* **monarchistisch** ADJ monarchiste
Monat M mois *m*; **im ~ Mai** au mois de mai; **pro ~, im ~** par mois; **sie ist im fünften ~** elle est enceinte de quatre mois (! anders als bei uns zählt man in Frankreich nur die abgeschlossenen Monate)
monatelang ADJ *u.* ADV des mois durant
monatlich A ADJ mensuel; **~e Zahlung** mensualité *f* B ADV (*jeden Monat*) tous les mois; (*im Monat*) par mois; *zahlen* par mensualités
Monatsanfang M début *m* de mois **Monatsbeitrag** M cotisation mensuelle **Monatsbericht** M rapport mensuel, du mois **Monatsbinde** F serviette *f* hygiénique **Monatsblutung** F règles *fpl* **Monatseinkommen** N revenu mensuel **Monatsende** N fin *f* de mois **Monatsgehalt** N salaire mensuel **Monatskarte** F carte (d'abonnement) mensuelle **Monatslohn** M salaire mensuel **Monatsmiete** F loyer mensuel **Monatsrate** F mensualité *f* **Monatsverdienst** M revenu mensuel
Mönch M moine *m*
Mönchskloster N monastère *m* (d'hommes) **Mönchskutte** F froc *m* **Mönchsorden** M ordre *m* monastique
Mond M lune *f*; ASTRON Lune *f* (! der Mond ist im Französischen weiblich, dafür ist die Sonne männlich: **le soleil**); *umg fig* **hinter dem ~ leben** retarder (sur son temps)
mondän ADJ mondain
Mondaufgang M lever *m* de la lune **Mondfinsternis** F éclipse *f* de Lune **Mondgesicht** N *hum* visage tout rond; *umg* bouille ronde **Mondkalb** *umg* N *umg* ballot *m*; *umg* taré *m* **Mondkrater** M cratère *m* lunaire **Mondlandefähre** F module *m* lunaire **Mondlandschaft** F paysage *m* lunaire **Mondlandung** F alunissage *m* **Mondlicht** N clair *m* de lune **Mondphase** F phase *f* de la Lune **Mondschein** M clair *m* de lune **Mondsichel** F croissant *m* (de lune) **Mondsonde** F sonde *f* lunaire **mondsüchtig** ADJ somnambule **Mondsüchtige(r)** M/F(M) somnambule *m/f* **Mondumlaufbahn** F orbite *f* lunaire **Monduntergang** M coucher *m* de la lune **Mondwechsel** M ASTRON changement *m* de lune; phase *f* de la lune; *t/t* lunaison *f*
Monegasse M, **Monegassin** F Monégasque *m/f* **monegassisch** ADJ monégasque
Moneten *umg* PL *umg* fric *m*
Mongole M, **Mongolin** F Mongol(e) *m(f)*
Mongolei die ~ la Mongolie
mongolisch ADJ mongol
Mongolismus *neg!* M MED mongolisme *m* **mongoloid** *neg!* ADJ mongolien
monieren V/T critiquer
Monitor M IT écran *m*; PHYS, MED moniteur *m*
mono ADV en mono
mono..., Mono... IN ZSSGN mono...
monogam ADJ monogame **Monogamie** F monogamie *f*
Monogramm N monogramme *m* **Monographie** F monographie *f*
Monokel N monocle *m*
Monokultur F AGR monoculture *f*
Monolog M monologue *m*
Monopol N monopole *m* (**auf** [+ *akk*] de) **Monopolstellung** F position *f*, situation *f* de monopole
Monopoly® N monopoly® *m*
monoton ADJ monotone **Monotonie** F monotonie *f*
Monster N monstre *m*
Monstranz F ostensoir *m*
monströs ADJ monstrueux
Monstrum N monstre *m*
Monsun M mousson *f*
Montag M lundi *m*; **am ~** le lundi; **jeden ~** tous les lundis; **letzten ~** lundi dernier; **heute ist ~, der 5. Oktober** nous sommes le lundi 5 octobre; *umg* **(e-n) blauen ~ machen** *umg* se faire porter pâle le lundi
Montage F montage *m* (*a.* TECH, FOTO, FILM) (! maskulin) **Montageband** N chaîne *f* de montage **Montagehalle** F °hall *m* de montage
Montagmittag M lundi *m* (à) midi
montags ADV le lundi; tous les lundis
Montanindustrie F industrie *f* du charbon et de l'acier
Montenegro N le Monténégro
Monteur M monteur *m*; installateur *m* **montieren** V/T (*zusammenbauen*) monter; (*anschließen*) installer
Montur *umg* F *umg* attirail *m*; **in voller ~** °harnaché de pied en cap
Monument N monument *m* **monumental** ADJ monumental
Moonboots MPL moonboots *mpl*
Moor N (*Sumpf*) marais *m*; (*Torfmoor*) tourbière *f* **Moorbad** N bain *m* de boue
Moos N 1 BOT mousse *f* 2 *umg* (*Geld*) *umg* fric *m*
moosgrün ADJ vert mousse (! unveränderlich)
Moped N vélomoteur *m* **Mopedfahrer(in)** M(F) vélomotoriste *m/f*
Mopp M balai *m* à franges

Mops M 1 *Hund* carlin *m* 2 *umg fig umg* petit(e) gros, grosse
mopsen *umg* V/T *umg* faucher; *umg* piquer
Moral F 1 *(Sittenlehre)* morale *f*; *(Sittlichkeit)* moralе *f*; moralité *f*; **doppelte ~** morale hypocrite 2 *e-r Geschichte* morale *f* 3 *(seelische Verfassung)* moral *m*
Moralapostel M *pej* moralisateur *m*
moralisch ADJ moral **Moralist** M moraliste *m*
Moralpredigt F sermon *m*; **j-m e-e ~ halten** faire un sermon à qn
Morast M bourbe *f* **morastig** ADJ bourbeux
Morchel F morille *f*
Mord M meurtre *m* (**an** [+ *dat*] de); **e-n ~ begehen** commettre un meurtre; *umg* **das gibt ~ und Totschlag** *umg* ça va barder
Mordanklage F **unter ~ stehen** être inculpé, sous l'inculpation de meurtre
Mordanschlag M attentat *m* (**auf** [+ *akk*] contre) **Morddrohung** F menace *f* de mort
morden V/T *u.* V/I assassiner
Mörder(in) M(F) meurtrier, -ière *m,f* **mörderisch** *umg* ADJ terrible; *umg* d'enfer; *Hitze, Kälte* mortel; *Kälte a. umg* de chien; *umg* de canard; *Geschwindigkeit* infernal
Mordfall M affaire *f* de meurtre **Mordinstrument** N instrument *m* du crime **Mordkommission** F *etwa* brigade criminelle **Mordprozess** M procès *m* du crime, du meurtre
Mords... *umg* IN ZSSGN *umg* extraordinaire; *pej umg* monstre **Mordsangst** *umg* F *umg* trouille *f* monstre **Mordsarbeit** *umg* F travail fou
Mordsärger *umg* M **das gibt einen ~** *umg* ça va barder
mordsgefährlich *umg* ADJ *umg* vachement dangereux **Mordsglück** *umg* N *umg* bol *m* d'enfer **Mordshunger** *umg* M *umg* faim *f* de loup **Mordslärm** *umg* M *umg* boucan *m* (d'enfer) **mordsmäßig** *umg* ADJ *umg* dingue **Mordsschreck** *umg* M *umg* trouille *f* épouvantable **Mordsspaß** *umg* M plaisir fou **Mordsstimmung** *umg* F *umg* ambiance *f* d'enfer, dingue, du tonnerre **Mordswut** *umg* F *umg* rogne *f* terrible
Mordverdacht M **unter ~** (*dat*) **stehen** être soupçonné de meurtre
Mordversuch M tentative *f* d'assassinat, de meurtre **Mordwaffe** F arme *f* du crime
morgen ADV *(am nächsten Tag)* demain; **~ früh** demain matin; **~ in acht Tagen** demain en huit; **bis ~!** à demain!
Morgen M matin *m*; *(Vormittag)* matinée *f*; **am ~** le matin; **am frühen ~** de bon matin; **e-s (schönen) ~s** un (beau) matin; **am nächsten ~** le lendemain matin; **heute ~** ce matin; **guten ~!** bonjour!
Morgenandacht F prières *fpl* du matin
Morgendämmerung F aube *f*; petit jour
morgendlich ADJ du matin; matinal
Morgenessen N *schweiz* petit-déjeuner *m*
Morgengrauen N aube *f*; **im ~** à l'aube
Morgenland N Orient *m*; Levant *m* **Morgenmantel** M peignoir *m* **Morgenmuffel** *umg* M personne *f* qui est de mauvaise humeur le matin **Morgenpost** F distribution *f*, courrier *m* du matin **Morgenrock** M peignoir *m* **Morgenrot** N aurore *f*
morgens ADV le matin; **um acht Uhr ~** à huit heures du matin; **von ~ bis abends** du matin au soir
Morgenstunde F heure matinale; *sprichw* **Morgenstund hat Gold im Mund** le monde appartient à ceux qui se lèvent tôt
Morgenzeitung F journal *m* du matin
morgig ADJ de demain
Mormone M, **Mormonin** F mormon(e) *m(f)*
Morphium N morphine *f* **morphiumsüchtig** ADJ morphinomane
morsch ADJ pourri *(a. fig)*
Morsealphabet N alphabet *m* morse
morsen V/T télégraphier en morse
Mörser M mortier *m*
Morsezeichen N signal *m* en morse
Mörtel M mortier *m*
Mosaik N mosaïque *f* *(a. fig)* (! feminin) **Mosaikstein** M pièce *f* de mosaïque *(a. fig)*
Moschee F mosquée *f*
Moschus M musc *m*
Möse *vulgär* F *vulgär* con *m*
Mosel **die ~** la Moselle
mosern *umg* V/I *umg* râler
Moskau N Moscou
Moskito M moustique *m* **Moskitonetz** N moustiquaire *f*
Moslem M musulman *m* **moslemisch** ADJ musulman **Moslime** F musulmane *f*
Most M 1 *(Obstsaft)* moût *m* 2 *südd (Apfelmost)* cidre *m*
Mostrich M *bes nordostdeutsch* moutarde *f*
Motel N motel *m*
Motiv N 1 *(Beweggrund)* motif *m*; *für Verbrechen* mobile *m* 2 MUS, MAL motif *m*
Motivation F motivation *f*
motivieren V/T motiver
Moto-Cross N motocross *m*
Motor M moteur *m* *(a. fig)* **Motorboot** N bateau *m*, canot *m* à moteur **Motorhaube** F capot *m*
motorisch ADJ MED moteur
motorisieren V/T motoriser **Motorisie-**

M

rung F motorisation *f*
Motorjacht F yacht *m* à moteur **Motoröl** N huile *f* moteur **Motorpumpe** F motopompe *f*
Motorrad N moto *f*; motocyclette *f* **Motorradfahrer(in)** M(F) motocycliste *m/f* **Motorradrennen** N course *f* motocycliste **Motorradsport** M sport *m* motocycliste; motocyclisme *m*
Motorraum M compartiment *m* moteur **Motorroller** M scooter *m* **Motorsäge** F scie *f* à moteur **Motorschaden** M panne *f* de moteur **Motorsport** M sport automobile, motocycliste, *etc* **Motorwäsche** F nettoyage *m* du moteur
Motte F mite *f*
Mottenkugel F boule *f* de naphtaline **Mottenloch** N trou *m* de mite **Mottenpulver** N (poudre *f*) antimite *m* **mottenzerfressen** ADJT mité
Motto N devise *f*
motzen *umg* VI *umg* râler
Mountainbike N vélo *m* tout-terrain; VTT *m* **Mountainbiker(in)** M(F) vététiste *m/f*
Möwe F mouette *f*; *große* goéland *m*
Mozartkugel F *bouchée de cholocat fourrée de praliné et de pâte d'amandes*
Mozzarella M GASTR mozzarella *f*
MP F ABK (Maschinenpistole) mitraillette *f*
MP3 ABK (Moving Pictures Experts Group Layer 3) MP3 *m* **MP3-Player** M baladeur *m* MP3
Mrd. ABK (Milliarde[n]) milliard(s)
MS 1 (*multiple Sklerose*) sclérose *f* en plaques 2 (*Motorschiff*) bateau *m* à moteur
MS-Kranke(r) M/F(M) personne atteinte de sclérose en plaques
MTA F ABK (medizinisch-technische Assistentin) assistante, auxiliaire médicale
mtl. ABK → monatlich
Mücke F moustique *m*; cousin *m*; *umg* **aus e-r ~ e-n Elefanten machen** se faire une montagne de qc
Mückenstich M piqûre *f* de moustique
Muckis *umg hum* PL muscles *mpl*; (*Bizeps*) *umg* biscoteaux *mpl*
Mucks M *umg* **keinen ~ sagen** *umg* ne pas ouvrir le bec; ne (pas) piper mot
mucksen *umg* VR **sich nicht ~** ne (pas) piper mot
mucksmäuschenstill → mäuschenstill
müde ADJ 1 (*erschöpft*) fatigué; **~ sein** être fatigué; (*schläfrig sein*) avoir sommeil; **~ werden** se fatiguer 2 (*überdrüssig*) **e-r Sache** (*gen*) **~ sein** être las de qc; **er wird nicht ~ zu** (+ *inf*) il ne se lasse pas de (+ *inf*)
Müdigkeit F fatigue *f*
Müesli N *schweiz* → Müsli
Muff M manchon *m*
Muffe F 1 TECH manchon *m* 2 *umg* **(vor etw, j-m) ~(n) haben** *umg* avoir la trouille (de qn, qc)
Muffel *umg* M grincheux *m*
muff(e)lig *umg* ADJ grincheux
Muffensausen *umg* N *umg* trouille *f*; **~ haben** *umg* avoir la trouille
muffig A ADJ 1 *Geruch* de renfermé 2 *umg* → muff(e)lig B ADV **~ riechen** sentir le renfermé
muh INT meuh!
Mühe F peine *f*; mal *m*; effort *m*; **mit Müh und Not** à grand-peine; **sich** (*dat*) **~ geben zu** (+ *inf*) s'efforcer de (+ *inf*); **sich** (*dat*) **(mit etw) ~ geben** se donner de la peine (pour qc); **sich** (*dat*) **die ~ machen zu** (+ *inf*) se donner la peine de (+ *inf*); **keine ~ scheuen** ne pas ménager sa peine; **die Sache ist der ~** (*gen*) **wert** la chose en vaut la peine
mühelos ADV sans peine; facilement
mühen V/R **sich ~ (, etw zu tun)** se donner du mal (pour faire qc); s'efforcer (de faire qc)
mühevoll ADJ pénible
Mühle F 1 moulin *m*; *Fabrik* minoterie *f* 2 *Brettspiel* marelle *f* 3 *umg fig Auto umg* bagnole *f*; *Flugzeug umg* coucou *m*
Mühlespiel N jeu *m* de la marelle
Mühlhausen N Mulhouse
Mühlrad N roue *f* de moulin **Mühlstein** M meule *f* (de moulin)
mühsam ADJ, **mühselig** *geh* ADJ pénible; (*ermüdend*) fatigant
Mukoviszidose F MED mucoviscidose *f*
Mulatte M, **Mulattin** F mulâtre, -esse *m,f*
Mulch M GARTEN couverture *f* (d'herbe sèche, *etc*); *aus Rinde* écorce *f* de pin broyée; *aus Stroh* paillis *m*
mulchen VI u. VT GARTEN **(den Boden) ~** couvrir le sol d'herbe sèche, *etc*; *mit Stroh* pailler
Mulde F creux *m*
Mull M gaze *f*
Müll M déchets *mpl*; (*Hausmüll*) ordures (ménagères); **etw in den ~ werfen** jeter qc à la poubelle
Müllabfuhr F enlèvement *m* des ordures; *städtische* service *m* de voirie **Müllbeutel** M sac *m* poubelle
Mullbinde F bande *f* de gaze
Müllcontainer M conteneur *m* pour ordures ménagères **Mülldeponie** F décharge (publique) **Mülleimer** M poubelle *f* **Müllentsorgung** F (collecte *f* et) traitement *m* des ordures *bzw.* des déchets
Müller(in) M(F) meunier, -ière *m,f*
Müllfahrer M éboueur *m* **Müllhalde** F dé-

charge *f* **Müllkippe** F décharge (municipale) **Müllmann** M éboueur *m; umg* boueux *m* **Müllsack** M sac *m* poubelle **Müllschlucker** M vide-ordures *m* (! unveränderlich) **Mülltonne** F poubelle *f* **Mülltrennung** F tri sélectif des ordures *bzw.* des déchets **Mülltüte** F → Müllsack **Müllverbrennung** F incinération *f* des ordures ménagères **Müllverbrennungsanlage** F usine *f* d'incinération des ordures ménagères **Müllverwertung** F récupération *f*, recyclage *m* des ordures ménagères **Müllwagen** M benne *f* à ordures

mulmig *umg* ADJ *Situation* qui sent le roussi; **mir ist ~** je me sens mal

Multi *umg* M multinationale *f*

multi…, Multi… IN ZSSGN multi…

multifunktional ADJ polyvalent **multikulti** *umg* ADJ multiculturel **multikulturell** ADJ multiculturel **multilateral** ADJ multilatéral

Multimedia… IN ZSSGN multimédia (! unveränderlich)

multimedial ADJ multimédia (! unveränderlich)

Multimediaprodukt N produit *m* multimédia **Multimediashow** F spectacle *m* multimédia

Multimillionär(in) M(F) multimillionnaire *m/f* **multinational** ADJ multinational

Multiple-Choice-Frage F question *f* à choix multiple **Multiple-Choice-Fragebogen** M questionnaire *m* à choix multiple; QCM *m* **Multiple-Choice-Test** M test *m* avec des questions à choix multiple

Multiplikand M MATH multiplicande *m* **Multiplikation** F multiplication *f* **Multiplikationszeichen** N signe *m* de (la) multiplication **Multiplikator** M multiplicateur *m* **multiplizieren** V/T multiplier (**mit** par)

Multivitaminsaft M jus (de fruits) multivitaminé

Mumie F momie *f* **Mumifizierung** F momification *f*

Mumm *umg* M *(Mut) umg* cran *m*; *(Kraft)* punch *m*

Mumpitz *umg* M *umg* foutaise *f*

Mumps M oreillons *mpl*

München N Munich

Mund M bouche *f*; *umg* **halt den ~!** *umg* ferme-la!; *umg* boucle-la!; *umg* **den ~ voll nehmen** faire l'important; *umg* se faire mousser; *umg* **nicht auf den ~ gefallen sein** *umg* ne pas avoir la langue dans sa poche; **in aller ~e sein** être dans toutes les bouches; *umg fig Worte etc* **in den ~ nehmen** *umg* utiliser qc; **j-m etw in den ~ legen** faire dire qc à qn; **j-m nach dem ~(e) reden** passer de la pommade à qn; **von ~ zu ~** de bouche à oreille

Mundart F dialecte *m*; patois *m*

Munddusche F hydropulseur *m*

münden V/I **in etw** *(akk)* **~** *Fluss* se jeter dans qc; *Weg, Gespräch* déboucher sur qc

mundfaul *umg* ADJ *umg* pas très bavard; peu loquace **mundgeblasen** ADJT *Glas* soufflé

Mundgeruch M **(schlechter) ~** mauvaise haleine; **~ haben** avoir mauvaise haleine

Mundharmonika F harmonica *m* (! maskulin)

mündig ADJ **1** majeur; **~ werden** devenir majeur **2** *fig* responsable

mündlich **A** ADJ verbal; oral *(a. Examen)* **B** ADV de vive voix

Mundpflege F hygiène *f* buccale *bzw.* dentaire **Mundpropaganda** F bouche *m* à oreille **Mundraub** M JUR vol *m* de denrées alimentaires **Mundschutz** M MED masque *m*; *Boxen* protège-dents *m* **Mundstück** N *e-r Zigarette* bout *m*; *e-s Blasinstruments* embouchure *f*; *e-r Oboe* bec *m*

mundtot ADJ **j-n ~ machen** museler qn

Mündung F **1** *e-s Flusses* embouchure *f* **2** *e-s (Geschütz) Rohres* bouche *f*; *e-r Feuerwaffe* gueule *f*

Mundwasser N eau *f* dentifrice

Mundwerk *umg* N **ein loses ~ haben** *umg* avoir la langue bien pendue

Mundwinkel M commissure *f* des lèvres

Mund-zu-Mund-Beatmung F bouche-à-bouche *m*

Munition F munitions *fpl* (! Plural) **Munitionslager** N dépôt *m* de munitions

munkeln *umg* V/T *u.* V/I **man munkelt, dass …** on chuchote que …

Münster N cathédrale *f*

munter ADJ **1** *(fröhlich)* allègre; *(lebhaft)* vif; plein d'entrain; *(mobil)* alerte **2** *(wach)* éveillé **Muntermacher** *umg* M excitant *m*

Münzautomat M distributeur *m* (automatique)

Münze F **1** pièce *f* (de monnaie); *pl* **~n** *a.* monnaie *f*; **bare ~** argent comptant *(a. fig)*; *fig* **j-m etw mit gleicher ~ heimzahlen** rendre la monnaie de sa pièce à qn **2** *(Gedenkmünze)* médaille *f*

Münzeinwurf M fente *f* pour les pièces

münzen V/T *fig* **das ist auf mich gemünzt** c'est moi qui suis visé

Münzfernsprecher M téléphone *m* à pièces **Münzsammlung** F collection *f* de médailles **Münztankstelle** F distributeur *m* automatique d'essence **Münztelefon** N téléphone *m* à pièces **Münzwechsler** M changeur *m* de monnaie

Muräne F ZOOL murène *f*

mürbe ADJ 1 *Fleisch* tendre; *Teig* friable; *Apfel* farineux 2 *Gewebe* mûr 3 *fig* (*zermürbt*) épuisé; → mürbemachen

mürbemachen VT *umg fig* **j-n ~** *umg* avoir qn à l'usure

Mürb(e)teig M pâte brisée

Murks *umg* M travail bâclé; **~ machen** *a.* bâcler son travail

Murmel F bille *f*

murmeln VT *u.* VI murmurer

Murmeltier N marmotte *f*; *umg* **schlafen wie ein ~** *umg* dormir comme un loir

murren VI grogner

mürrisch ADJ grincheux; (*brummig*) grognon; (*unfreundlich*) renfrogné

Mus N *aus Obst* compote *f*; marmelade *f*; (*Püree*) purée *f*

Muschel F 1 ZOOL coquillage *m*; (*Miesmuschel*) moule *f*; *Schale* coquille *f* 2 TEL (*Hörmuschel*) écouteur *m*; (*Sprechmuschel*) microphone *m* **Muschelbank** F banc *m* de moules **muschelförmig** ADJ en forme de coquille

Muschel — le coquillage

Muschel — l'écouteur (m)

Muschi *umg* F 1 *kinderspr* (*Katze*) minou *m* 2 *umg e-r Frau umg* chatte *f*

Muse F muse *f*; **die leichte ~** la musique légère

Museum N musée *m*

Museumspädagoge M, **Museumspädagogin** F responsable *m/f* des activités pédagogiques dans un musée **museumsreif** *umg iron* ADJ qui a valeur d'antiquité **Museumswärter(in)** M(F) gardien, -ienne *m,f* de musée

Musical N comédie musicale

Musik F musique *f*; **~ machen** faire de la musique

musikalisch ADJ 1 (*Musik betreffend*) musical 2 (*begabt für Musik*) musicien

Musikalität F 1 *e-r Person* sens *m* de la musique 2 *e-r Sache* musicalité *f*

Musikant(in) M(F) musicien, -ienne (ambulant[e])

Musikbegleitung F **mit ~** avec de la musique

Musikbox F juke-box *m*

Musiker(in) M(F) musicien, -ienne *m,f*

Musikerziehung F éducation musicale **Musikfestspiele** NPL festival *m* de musique **Musikhochschule** F conservatoire *m* (de musique) **Musikinstrument** N instrument *m* de musique **Musikkapelle** F orchestre *m* **Musikkassette** F cassette *f* audio **Musiklehrer(in)** M(F) professeur *m* de musique **Musiksaal** M salle *f* de musique **Musikschule** F école *f* de musique **Musikstück** N morceau *m* de musique **Musikstunde** F leçon *f* de musique **Musikunterricht** M leçons *fpl* de musique **Musikwissenschaft** F musicologie *f*

musisch ADJ *Person* artiste; *Veranlagung* d'artiste; **die ~en Fächer** la musique et les beaux-arts

musizieren VI faire de la musique

Muskat M, **Muskatnuss** F (noix *f* de) muscade *f*

Muskel M muscle *m* **Muskelfaser** F fibre *f* musculaire **Muskelfaserriss** M déchirure *f* musculaire

Muskelkater *umg* M courbature(s) *f(pl)*; **~ haben** avoir des courbatures; être courbatu(ré)

Muskelkrampf M crampe *f* **Muskelpaket** *umg* N, **Muskelprotz** *umg* M *umg* balèze *m* **Muskelriss** M déchirure *f* musculaire **Muskelschwäche** F faiblesse *f* musculaire **Muskelschwund** M atrophie *f* musculaire **Muskelzerrung** F claquage *m* d'un muscle

Muskulatur F musculature *f* **muskulös** ADJ musclé (! Endung)

Müsli N mu(e)sli *m*

Muslim → Moslem

muss → müssen

Muss N impératif *m*; must *m*

Muße *geh* F loisir *m*; **mit ~** tranquillement; sans se presser

müssen A V/AUX *de mode* 1 *Person* devoir; (*gezwungen sein*) être obligé de (+ *inf*); **man muss** (+ *inf*) il faut (+ *inf*); il est nécessaire de (+ *inf*); **sie muss schlafen** il faut qu'elle dorme; **ich weiß schon, was ich tun muss** je sais ce que j'ai à faire; **er muss es nicht wissen** il n'a pas besoin de le savoir; **wir ~ Ihnen leider mitteilen, dass …** nous avons le regret de vous faire savoir que …; **er muss bald kommen** il ne va pas tarder à venir; **sie müsste es ihm sagen** elle devrait (le) lui dire; **Urlaub müsste man haben!** ce qu'il nous faut, ce sont des vacances! **2** *Sache* **sein ~** falloir; être nécessaire; **es muss sein** c'est nécessaire; il le faut; **wenn es sein muss** s'il le faut **B** VI **1** *(gehen müssen)* devoir aller; **ich muss nach Hause** je dois rentrer, il faut que je rentre (à la maison) **2** *umg zur Toilette* **ich muss mal** il faut que j'aille aux toilettes, *umg* au petit coin

Mußestunde F moment *m* de loisir

müßig ADJ **1** *(tatenlos)* oisif **2** *(zwecklos)* vain

musste → müssen

Mustang M mustang *m*

Muster N **1** *(Vorlage)* modèle *m* (**für** de); *(Schnittmuster)* patron *m* **2** *e-s Stoffs etc* motif *m* **3** *(Warenmuster)* échantillon *m* **4** *fig (Vorbild)* modèle *m* (**an** [+ *dat*] de)

Musterbeispiel N exemple *m* type (**für** de) **Musterbetrieb** M entreprise *f* modèle

Musterexemplar N modèle *m*; **ein ~ von Ehemann** un mari modèle

Mustergatte M mari *m* modèle **mustergültig**, **musterhaft** ADJ exemplaire **Musterhaus** N maison *f* témoin **Musterknabe** M enfant *m* modèle **Musterkoffer** M boîte *f* à échantillons **Musterkollektion** F collection *f* (de modèles)

mustern VT **1** *(betrachten)* examiner; toiser **2** *Rekrut* **gemustert werden** passer le conseil de révision

Musterschüler(in) M(F) élève *m/f* modèle **Musterung** F **1** *(Prüfung)* examen *m* **2** *von Rekruten* révision *f* **Musterungsbescheid** M MIL convocation *f* au conseil de révision **Musterwohnung** F appartement *m* témoin

Mut M courage *m*; **j-m ~ machen, zusprechen** encourager qn; **den ~ verlieren, sinken lassen** perdre courage; **s-n ganzen ~ zusammennehmen** prendre son courage à deux mains; **nur ~!** courage!

Mutation F BIOL mutation *f*

mutieren VI BIOL subir une *bzw.* des mutation(s)

mutig ADJ courageux

mutlos ADJ découragé **Mutlosigkeit** F découragement *m*

mutmaßen VT présumer; supposer; conjecturer **mutmaßlich** ADJ présumé *(a. Täter)*; supposé **Mutmaßung** F présomption *f*, supposition *f*, conjecture *f* (**über** [+ *akk*] sur)

Mutprobe F épreuve *f* de courage

Mutter[1] F *(Kindesmutter)* mère *f*; **sie wird ~** elle attend un bébé; **e-e werdende ~** une future mère; *umg* **wie bei ~n** comme chez nous

Mutter[2] F TECH écrou *m*

Mutterboden M terreau *m* **Mutterbrust** F sein *m* de la mère

Mütterchen N **ein altes ~** une petite vieille

Muttererde F terre végétale **Muttergesellschaft** F WIRTSCH société *f* mère **Muttergottes** F (Sainte) Vierge **Mutterhaus** N HANDEL maison *f* mère **Mutterinstinkt** M instinct maternel **Mutterkomplex** M besoin *m* de materner **Mutterkuchen** M placenta *m*

Mutterland N **1** *(Kolonialstaat)* métropole *f*; **das französische ~** la France métropolitaine **2** *(Heimat)* patrie *f*

Mutterleib M ventre *m* de la mère

mütterlich ADJ maternel

mütterlicherseits ADV *Verwandte* du côté maternel; *Großeltern* maternel

Mutterliebe F amour maternel **Muttermal** N envie *f* **Muttermilch** F lait maternel **Muttermörder(in)** M(F) parricide *m/f* **Muttermund** M ANAT (partie saillante du) col *m* de l'utérus; *t/t* museau *m* de tanche **Mutterpass** M carnet *m* de maternité **Mutterschaft** F maternité *f*

Mutterschaftsgeld N allocations *fpl* (de) maternité **Mutterschaftsurlaub** M congé *m* de maternité

Mutterschutz M protection maternelle et infantile; *umg* **sie ist im ~** elle est en congé (de) maternité

mutterseelenallein ADJ tout seul

Muttersöhnchen N *pej* fils *m* à sa maman **Muttersprache** F langue maternelle **Muttersprachler(in)** M(F) LING locuteur natif; **französischer ~** personne *f* dont la langue maternelle est le français

Muttertag M fête *f* des mères **Muttertier** N mère *f*

Mutti *kinderspr* F maman *f*

mutwillig **A** ADJ volontaire **B** ADV de propos délibéré

Mütze F *mit Schirm* casquette *f*; *ohne Schirm* bonnet *m*

MwSt. ABK (Mehrwertsteuer) TVA *f*

Myrrhe F myrrhe *f*

Myrte F myrte *m*

mysteriös ADJ mystérieux

Mystik F mystique *f* **Mystiker(in)** M(F) mystique *m/f* **mystisch** ADJ mystique

mythisch ADJ mythique

Mythologie F mythologie *f* **mythologisch** ADJ mythologique

Mythos M mythe *m*

N

N[1], **n** N N, n *m*
N[2] ABK (Nord[en]) N. (nord)
na *umg* INT *auffordernd, beschwichtigend* allons!; *neugierig* eh bien!; *nachgebend* **~ gut, ~ schön** bon, si tu veux *od* si vous voulez; *erstaunt* **~ so was!** ça alors (, par exemple)!; *herausfordernd* **~ und?** et alors?; *resignierend* **~, dann nicht!** tant pis!; **~, wie gehts?** alors, ça va?; **~ warte!** attends un peu!; **~ und ob!** et comment!; **~ endlich!** ah, enfin!; ce n'est pas trop tôt!
Nabe F moyeu *m*
Nabel M nombril *m* **Nabelschnur** F cordon ombilical
nach A PRÄP 1 *Richtung* à; vers; pour; *vor Ländernamen* en, *bei näherer Bestimmung* dans; *vor maskulinen Ländernamen* au; **~ Frankreich** en France; **~ Kanada** au Canada; **~ Berlin** *Post* à (destination de) Berlin; *Zug, Flugzeug* à destination de Berlin; pour Berlin; **~ dieser Seite** de ce côté; **~ Osten (zu)** vers l'est; **~ links, rechts** à gauche, à droite; **~ oben, unten** vers le haut, le bas; **~ oben gehen** monter; **~ unten gehen** descendre; **~ vorn, hinten** vers le devant, l'arrière 2 *zeitlich* après; au bout de; **~ e-r halben Stunde** au bout d'une demi-heure; **es ist zwanzig (Minuten) ~ zehn** il est dix heures vingt 3 *Reihenfolge, Ordnung* après; **der Größe ~** par rang de taille; **bitte, ~ Ihnen!** après vous, je vous prie! 4 *(gemäß)* à; d'après; selon; suivant; conformément à (*a.* JUR); **ihrem Aussehen ~** à en juger par sa mine; **s-r Form ~** suivant *od* par *od* étant donné sa forme B ADV **~ und ~** peu à peu; petit à petit; **~ wie vor** toujours; **mir ~!** suivez-moi!
nachäffen V/T singer **nachahmen** V/T imiter; copier (*a.* KUNST)
Nachahmung F imitation *f*; *Produkt* contrefaçon *f*
nacharbeiten V/T *Versäumtes* (travailler à) rattraper
Nachbar M voisin *m*
Nachbar... IN ZSSGN *meist* voisin **Nachbargrundstück** N terrain attenant, adjacent **Nachbarhaus** N maison voisine **Nachbarin** F voisine *f* **Nachbarland** N pays voisin **nachbarlich** ADJ 1 *(benachbart)* voisin 2 *(dem Nachbarn gehörend)* du voisin **Nachbarort** M localité voisine
Nachbarschaft F 1 *(Nähe)* voisinage *m*; **in der ~** près d'ici 2 *(Nachbarn)* voisinage *m*; voisins *mpl* 3 *(nachbarliche Beziehungen)* relations *fpl* de voisinage, entre voisins
Nachbarschaftshilfe F aide *f* entre voisins
Nachbau M réplique *f*; imitation *f*; copie *f* **Nachbeben** N dernières secousses **Nachbehandlung** F traitement consécutif; MED *a.* suivi (médical)
nachbereiten V/T *Lernstoff* revoir; approfondir
Nachbereitung F *des Lernstoffs* approfondissement *m*
nachbessern V/T retoucher
Nachbesserung F retouche *f*
nachbestellen V/T *u.* V/I faire, passer une nouvelle commande (de) **nachbeten** *umg* V/T répéter machinalement **nachbezahlen** V/T payer en supplément **nachbilden** V/T reproduire
Nachbildung F réplique *f*; reproduction *f*
nachblicken V/I **j-m ~** suivre qn des yeux
Nachblutung F hémorragie *f* secondaire
nachdatieren V/T antidater
nachdem KONJ 1 *zeitlich* après que ... (+ *ind*); *bei gleichem Subjekt* après (+ *inf passé*) 2 **je ~ (wie)** selon que ... (+ *ind*); suivant que ... (+ *ind*); **je ~!** *umg* c'est selon!; ça dépend!
nachdenken V/I réfléchir (**über etw** [*akk*] à, sur qc)
Nachdenken N réflexion *f*; méditation *f*
nachdenklich ADJ pensif; songeur; **das machte mich sehr ~** cela m'a donné à, m'a fait réfléchir
Nachdruck[1] M *(Bestimmtheit)* insistance *f*; **auf etw** *(akk)* **~ legen** insister, mettre l'accent sur qc
Nachdruck[2] M TYPO réimpression *f*; *(Abdruck)* reproduction *f*
nachdrucken V/T réimprimer; *(abdrucken)* reproduire
nachdrücklich A ADJ énergique; insistant B ADV *verlangen etc* expressément; avec énergie; avec force
nachdunkeln V/I devenir plus foncé; foncer
Nachdurst *umg* M soif *f*, envie *f* de boire (après la consommation d'alcool)
nacheifern V/I **j-m ~** imiter qn; être l'émule de qn
nacheinander ADV 1 *(hintereinander)* l'un après l'autre; **zweimal ~** deux fois de suite 2 *reflexiv* **sich ~ sehnen** avoir la nostalgie l'un de l'autre
nachempfinden V/T 1 →nachfühlen 2 KUNST *etc* s'inspirer de **nacherzählen** V/T répéter (en d'autres termes); SCHULE raconter
Nacherzählung F récit *m*; SCHULE compte rendu
Nachfahr(e) M descendant *m*
nachfahren V/I **j-m ~** suivre qn (en voiture,

etc)
nachfärben VT reteindre **nachfassen** *umg* VI (re)demander des précisions
Nachfeier F célébration *f* d'une fête après coup
nachfeiern VT célébrer plus tard, après coup
Nachfolge F succession *f*
nachfolgend ADJ suivant; **das Nachfolgende** la suite
Nachfolger(in) M(F) successeur *m* **Nachforderung** F demande *f*, exigeance *f* supplémentaire
nachforschen VI (**e-r Sache** *[dat]*) **~** faire des recherches (sur qc)
Nachforschung F recherche *f*; **~en über j-n, etw anstellen** faire des recherches sur qn, qc
Nachfrage F HANDEL demande *f* (**nach** de); **nach diesem Artikel herrscht e-e große ~** cet article est très demandé
nachfragen VI 1 *(sich erkundigen)* s'informer (**nach** de) 2 *(wiederholt fragen)* insister (pour savoir)
Nachfrist F prolongation *f* du délai
nachfühlen VT **j-m etw ~ können** comprendre (par sympathie) les sentiments de qn
nachfüllen VT *Behälter* remplir; *Wasser etc* remettre
Nachfüllpackung F recharge *f*
nachgeben VI 1 *Ast, Damm etc* céder 2 *fig* céder (+ *dat* à) 3 BÖRSE fléchir
Nachgebühr F surtaxe *f* **Nachgeburt** F arrière-faix *m*
nachgehen VI 1 **j-m ~** suivre qn 2 *e-r Tätigkeit* vaquer à; *e-m Vorfall, Problem* s'occuper de; *e-m Beruf* exercer 3 *Uhr* retarder (**5 Minuten** de 5 minutes)
nachgemacht ADJT imité; *(unecht)* faux; *(künstlich)* factice; *(gefälscht)* contrefait **nachgeordnet** ADJT ADMIN subordonné
Nachgeschmack M arrière-goût *m*; *fig* **e-n bitteren ~ hinterlassen** laisser un goût amer
nachgiebig ADJ 1 *Material* flexible 2 *Person* conciliant; arrangeant **Nachgiebigkeit** F 1 flexibilité *f* 2 caractère conciliant
nachgießen A VT *Getränk* resservir; reverser B VI **j-m ~** resservir à boire à qn
nachgrübeln VI (**über etw** *[akk]*) **~** se creuser la tête (au sujet de qc)
nachgucken *umg* VI → nachsehen **nachhaken** *umg* VI (re)demander des précisions; insister pour savoir
nachhaltig ADJ durable *(a. Entwicklung)*
nachhause ADV → Haus 1
Nachhauseweg M **auf dem ~** sur le chemin du retour
nachhelfen VI **e-r Sache** *(dat)* **~** (faire) avancer qc; **j-m ~** aider qn
nachher ADV plus tard; après (cela); **bis ~!** à tout à l'heure!
Nachhilfe F cours particuliers **Nachhilfelehrer(in)** M(F) professeur particulier **Nachhilfeschüler(in)** M(F) élève *m/f* particulier, -ière **Nachhilfestunden** FPL, **Nachhilfeunterricht** M cours particuliers
Nachhinein **im ~** après coup
Nachholbedarf M retard *m*, manque *m* à combler; **den ~ decken** combler le retard, le manque
nachholen VT *Versäumtes* rattraper; *Zeit* récupérer
Nachhut F arrière-garde *f (a. fig)* **Nachimpfung** F rappel *m* (de vaccination); revaccination *f*
nachjagen VI *fig* **e-r Sache** *(dat)* **~** rechercher qc; *umg* courir après qc
Nachklang M résonance *f*; *fig* souvenir *m*; écho *m* **Nachkomme** M descendant *m*
nachkommen VI 1 *(später kommen)* rejoindre qn 2 *(folgen können)* suivre *(a. fig)* 3 *geh e-m Befehl* se conformer, obéir à; *e-r Forderung* céder, donner suite à; *e-m Wunsch* accéder à; *s-n Verpflichtungen* s'acquitter de
Nachkommenschaft F descendants *mpl*
Nachkömmling M petit dernier **Nachkriegs...** IN ZSSGN d'après-guerre **Nachkriegsjahre** NPL années *fpl* d'après-guerre **Nachkriegszeit** F (époque *f* d')après-guerre *m* **Nachkur** F postcure *f*
Nachlass M 1 *(Hinterlassenschaft)* succession *f*; *literarischer* œuvres *fpl* posthumes 2 *(Ermäßigung)* réduction *f*; rabais *m*
nachlassen A VT (**vom Preis**) **etw ~** faire une remise de qc (sur le prix) B VI *Hitze, Regen, Kräfte, Begeisterung* diminuer; *Lärm, Zorn, Sturm* s'apaiser; *Fieber, Schmerz* se calmer; *Nachfrage, Gedächtnis* faiblir; *Leistung, Kräfte, Sehvermögen* baisser; *Eifer, Aufmerksamkeit* se relâcher
nachlässig ADJ négligent **Nachlässigkeit** F négligence *f*
Nachlassverwalter M exécuteur *m* testamentaire
nachlaufen VI **j-m, e-r Sache ~** courir après qn, qc
Nachlese F 1 *(Weinnachlese)* grappillage *m* 2 *fig* sélection *f*
nachlesen VT lire **nachliefern** VT livrer, fournir plus tard **nachlösen** VT u. VI se faire délivrer (un supplément)
nachmachen VT 1 *(nachahmen)* imiter (**j-m etw** qc de qn); copier; *umg* **das soll mir (erst mal) einer ~!** fais-en, faites-en donc autant!

N

2 (*fälschen*) contrefaire 3 (*später machen*) faire plus tard
nachmalen VT copier **nachmessen** VT mesurer une seconde fois
Nachmieter(in) M(F) nouveau, nouvelle locataire *m/f*
Nachmittag M après-midi *m od f*; **am ~** (dans) l'après-midi; **heute ~** cet après-midi; **morgen, gestern ~** demain, hier après-midi
nachmittags ADV (dans) l'après-midi; *mit Uhrzeit* de l'après-midi **Nachmittagsunterricht** M classes *fpl*, cours *mpl* de l'après-midi **Nachmittagsvorstellung** F matinée *f*
Nachnahme F **per ~** contre remboursement
Nachnahmegebühr F droit *m* de remboursement **Nachnahmesendung** F envoi *m* contre remboursement
Nachname M nom *m* de famille
nachplappern VT **etw ~** répéter qc comme un perroquet
Nachporto N surtaxe *f*
nachprüfbar ADJ vérifiable
nachprüfen VT contrôler; vérifier
Nachprüfung F 1 (*Überprüfung*) examen *m*; contrôle *m*; vérification *f*; révision *f* 2 SCHULE session *f* de rattrapage, de remplacement
N
nachrechnen VT recompter; *abs* vérifier un calcul
Nachrede F **üble ~** diffamation *f*
nachreichen VT fournir plus tard
Nachricht F 1 nouvelle *f*; (*Mitteilung*) information *f*; (*Botschaft*) message *m*; **~ von etw erhalten** avoir des nouvelles de qc; **j-m von etw ~ geben** informer, aviser qn de qc 2 RADIO, TV *pl* **~en** journal *m*; informations *fpl*; actualités *fpl*
Nachrichtenagentur F agence *f* de presse **Nachrichtendienst** M 1 *Agentur* agence *f* d'informations 2 (*Geheimdienst*) service *m* de renseignements **Nachrichtenmagazin** N magazine *m* d'actualités **Nachrichtensatellit** M satellite *m* de télécommunications **Nachrichtensendung** F informations *fpl* **Nachrichtensperre** F censure *f* **Nachrichtensprecher(in)** M(F) speaker *m*, speakerine *f* **Nachrichtentechnik** F technique *f* de télécommunication; télécommunications *fpl* **Nachrichtenübermittlung** F transmission *f* des nouvelles, des informations, des renseignements **Nachrichtenwesen** N service *m* de(s) renseignements
nachrücken VI avancer (*a. fig*); MIL suivre
Nachruf M nécrologie *f*
nachrufen VT **j-m etw ~** crier qc après qn
Nachruhm M gloire *f* posthume
nachrüsten A VT TECH équiper ultérieurement (**mit** de) B VI MIL augmenter le potentiel militaire
Nachrüstung F 1 MIL augmentation *f* du potentiel militaire 2 TECH équipement *m* supplémentaire (**mit** en, avec)
nachsagen VT 1 (*wiederholen*) répéter 2 **j-m etw ~** dire qc de qn
Nachsaison F arrière-saison *f*; TOURISMUS **in der ~** °hors saison
Nachsatz M 1 GRAM second membre (de la proposition) 2 *in Briefen* post-scriptum *m*
nachschauen VI → nachsehen **nachschenken** VT resservir **nachschicken** VT *Brief* faire suivre
Nachschlag M deuxième portion *f*; supplément *m*
nachschlagen A VT *u.* VI *Wort* chercher; **in e-m Buch ~** consulter un livre B VI **j-m ~** tenir de qn
Nachschlagewerk N ouvrage *m* de référence **Nachschlüssel** M fausse clé **Nachschrift** F post-scriptum *m* **Nachschub** M MIL ravitaillement *m*
nachsehen A VT 1 (*prüfen*) vérifier 2 *a. v/i* **in e-m Buch ~** chercher, vérifier dans un livre (**etw** qc) 3 **j-m etw ~** passer qc à qn B VI 1 **j-m ~** (*hinterhersehen*) suivre qn des yeux 2 **~, ob …** (aller) voir si …
Nachsehen N **das ~ haben** en être pour ses frais
nachsenden VT *Post* faire suivre
Nachsendung F réexpédition *f* (par « faire suivre »)
Nachsicht F indulgence *f*; **~ haben, üben** montrer de l'indulgence (**mit j-m** pour qn)
nachsichtig ADJ indulgent (**mit** pour)
Nachsilbe F suffixe *m*
nachsitzen VI être en retenue; *umg* être collé
Nachsitzen N retenue *f*; *umg* colle *f* **Nachsommer** M fin *f* de l'été **Nachsorge** F suivi médical **Nachspann** M FILM générique *m* de fin **Nachspeise** F dessert *m* **Nachspiel** N THEAT, *fig* épilogue *m*; (*Konsequenzen*) conséquences *fpl*
nachspielen A VT MUS rejouer B VI SPORT jouer les arrêts de jeu
Nachspielzeit F SPORT arrêts *mpl* de jeu
nachspionieren VI **j-m ~** épier, espionner qn
nachsprechen VT *u.* VI **j-m (etw) ~** répéter (qc) après qn
nächstbeste ADJ **der ~ …** *in der Qualität* le meilleur … après; (*beliebig*) le premier … venu
nächste A ADJ *Entfernung, Beziehung* plus proche; *Weg* plus court; *Zeit, Reihenfolge* prochain; **aus ~r**

Nähe de tout près; **das ~ Mal, ~s Mal** la prochaine fois; **in ~r Zeit** prochainement; **die ~ Straße rechts** la première rue à droite; **am ~n Tag** le lendemain; le jour suivant; **der Nächste, bitte!** le suivant, S.V.P.! **B** ADV **am ~n** le plus près, proche; **j-m, e-r Sache am ~n kommen** s'approcher le plus de qn, qc

Nächste(r) *geh* M prochain *m*

nachstehen V/I **j-m in nichts ~** ne le céder en rien à qn

nachstehend ADJT suivant; **im Nachstehenden** ci-dessous; **das Nachstehende** ce qui suit

nachstellen **A** V/T **1** GRAM placer après; postposer **2** *Uhr* retarder **3** *(regulieren)* régler **B** V/I **j-m ~** poursuivre qn

Nächstenliebe F amour *m* du prochain

nächstens ADV *(demnächst)* prochainement; *(beim nächsten Mal)* la prochaine fois

nächstliegend ADJT **1** le plus proche **2** *fig* le plus simple, évident

nächstmöglich ADJ **der ~e Termin** la première date possible

Nacht F nuit *f*; **bei ~, in der ~**, *geh* **des ~s** (pendant) la nuit; de nuit; *geh* nuitamment; **bei ~ und Nebel** *(heimlich)* secrètement; **über ~** pendant la nuit; *fig* du jour au lendemain; **über ~ bleiben** passer la nuit; **gute ~!** bonne nuit!; **es ist ~** il fait nuit; **es wird ~** la nuit tombe; **heute ~** cette nuit; **morgen, gestern ~** dans la nuit de demain, d'hier

Nachtarbeit F travail *m* de nuit **Nachtasyl** N asile *m* de nuit **Nachtbar** F boîte *f* de nuit **nachtblind** ADJ t/t héméralope **Nachtcreme** F crème *f* de nuit

Nachtdienst M service *m* de nuit; **~ haben** être de nuit

Nachteil M désavantage *m*; inconvénient *m*; *(Schaden)* préjudice *m*; **er ist im ~** il est désavantagé; **die Sache hat e-n ~** cette affaire a, présente un inconvénient; **zum ~ von** au détriment de

nachteilig **A** ADJ désavantageux **B** ADV **sich ~ auswirken für** être préjudiciable à

nächtelang ADJ *u.* ADV (pendant) des nuits entières

Nachtessen N *südd, schweiz* → Abendessen **Nachteule** *umg hum* F couche-tard *m/f*; *(Nachtschwärmer)* noctambule *m/f* **Nachtfalter** M papillon *m* de nuit **Nachtflug** M vol *m* de nuit **Nachtfrost** M gelée *f* nocturne **Nachtgespenst** N fantôme *m* **Nachthemd** N chemise *f* de nuit

Nachtigall F rossignol *m*

Nachtisch M dessert *m*

Nachtklub M boîte *f* de nuit **Nachtlager** N coucher *m*; lit *m* **Nachtleben** N vie *f* nocturne

nächtlich ADJ nocturne

Nachtlicht N veilleuse *f* **Nachtlokal** N boîte *f* de nuit **Nachtmahl** N *österr* → Abendessen **Nachtportier** M veilleur *m* (de nuit) **Nachtquartier** N coucher *m*; lit *m*

Nachtrag M *zu e-m Buch* supplément *m*; *zum Staatshaushalt* additif *m*

nachtragen V/T **1** *(hinterhertragen)* **j-m etw ~** porter qc derrière qn **2** *(später eintragen)* ajouter **3** *fig* **j-m etw ~** garder rancune, en vouloir à qn de qc

nachtragend ADJT rancunier

nachträglich **A** ADJ *(später folgend)* ultérieur; *(ergänzend)* supplémentaire **B** ADV plus tard; après coup

nachtrauern V/I **j-m, e-r Sache ~** déplorer la perte de qn, qc

Nachtruhe F repos *m* nocturne, de nuit

nachts ADV (dans) la nuit; *mit Uhrzeit* du soir *bzw.* du matin

Nachtschicht F *Arbeit* poste *m* de nuit; *Arbeiter* équipe *f* de nuit; **~ haben** être de nuit

nachtschlafend ADJT **zu ~er Zeit** quand tout le monde dort

Nachtschwärmer(in) M(F) noctambule *m/f* **Nachtschwester** F infirmière *f* de nuit **Nachtspeicherofen** M accumulateur *m* **Nachtstrom** M courant *m* de nuit **Nachttarif** M tarif *m* de nuit **Nachttisch** M table *f* de nuit, de chevet **Nachttischlampe** F lampe *f* de chevet **Nachttopf** M pot *m* de chambre **Nachttresor** M dépôt *m* de nuit

Nacht-und-Nebel-Aktion F action, opération, intervention brutale (et arbitraire); *der Polizei a.* descente *f* surprise

Nachtwache F **1** *Dienst* veille *f*, garde *f* de nuit; **bei j-m ~ halten** veiller qn **2** *Person* garde *m/f*

Nachtwächter M veilleur *m* de nuit **nachtwandeln** V/I être somnambule **Nachtwanderung** F promenade *f* nocturne **Nachtzug** M train *m* de nuit

Nachuntersuchung F examen (médical) de contrôle

nachvollziehbar ADJ compréhensible

nachvollziehen V/T *Gedanken etc* suivre; comprendre

nachwachsen V/I **(wieder) ~** repousser; se reproduire

nachwachsend ADJT *Rohstoff* renouvelable

Nachwahl F élection *f* complémentaire **Nachwehen** FPL MED tranchées utérines; *fig* séquelles *fpl*

Nachweis M *(Beweis)* preuve *f*, justification *f* (**über** [+ *akk*] de); *(Beleg)* certificat *m* **nachweis-**

bar A ADJ démontrable; CHEM décelable B ADV comme on peut le démontrer

nachweisen VT 1 *(beweisen)* prouver; *Fehler* montrer 2 CHEM déceler

nachweislich A ADJ prouvé B ADV comme on peut le prouver

Nachwelt F postérité *f*

nachwirken VI **(lange) ~** avoir un effet durable; *fig* avoir des répercussions

Nachwirkung F répercussions *fpl*; contrecoup *m* **Nachwort** N épilogue *m*

Nachwuchs M 1 *(junge Generation)* jeunes *mpl*; *in e-m Beruf* relève *f* 2 *umg (Kinder)* progéniture *f*; enfant(s) *m(pl)* **Nachwuchskraft** F nouvelle recrue (dans une entreprise) **Nachwuchsspieler(in)** M(F) jeune joueur *m*, jeune joueuse *f*; *meist pl a.* jeunes espoirs *mpl*

nachzahlen VT 1 *(später zahlen)* payer plus tard 2 *a. abs (zuzahlen)* payer un supplément (de) **nachzählen** VT (re)compter

Nachzahlung F paiement ultérieur

nachziehen A VT 1 *(hinterherziehen)* traîner après soi; *Fuß* traîner 2 *(nachzeichnen)* retracer; *Augenbrauen* refaire au crayon 3 *Schraube* resserrer B VI 1 *(hinterherziehen)* **j-m ~** suivre qn 2 *umg (mithalten)* suivre; en faire autant

Nachzügler(in) M(F) retardataire *m/f*; traînard(e) *m(f)*

Nackedei *umg hum* M *Kind* enfant nu

Nacken M nuque *f* **Nackenhaar** N cheveux *mpl* de la nuque **Nackenrolle** F traversin *m* **Nackenstütze** F repose-tête *m* **Nackenwirbel** M vertèbre cervicale

nackt ADJ nu; **sich ~ ausziehen** se mettre nu; **~ baden** se baigner nu

Nacktbadestrand M plage *f* de nudistes **Nacktfoto** N photo *f* de nu **Nacktheit** F nudité *f* **Nacktkultur** F nudisme *m* **Nacktschnecke** F limace *f* **Nackttänzerin** F danseuse nue

Nadel F *(Nähnadel, Kompassnadel)*, BOT, MED aiguille *f*; *(Stecknadel, Haarnadel, Schmucknadel)* épingle *f*; *(Tonabnehmernadel)* saphir *m*

Nadelbaum M conifère *m* **Nadeldrucker** M IT imprimante matricielle **Nadelkissen** N pelote *f* (d'épingles, d'aiguilles) **Nadelöhr** N trou *m* d'aiguille; chas *m* **Nadelspitze** F pointe *f* d'(une) aiguille, d'(une) épingle **Nadelstich** M piqûre *f* (d'épingle, d'aiguille); *e-r Näharbeit* point *m*; *fig* coup *m* d'épingle **Nadelstreifen** M rayure *f* **Nadelstreifenanzug** M costume *m* à rayures **Nadelwald** M forêt *f* de conifères

Nagel M 1 *(Fingernagel, Zehennagel)* ongle *m*; *umg* **sich** *(dat)* **etw unter den ~ reißen** faire main basse sur qc 2 *(Metallnagel)* clou *m*; pointe *f*; *umg*

Nägel — les clous (mpl)

Nägel — les ongles (mpl)

etw an den ~ hängen renoncer à qc; *Studium, Beruf* abandonner qc; *umg fig* **den ~ auf den Kopf treffen** mettre le doigt dessus; *fig* **Nägel mit Köpfen machen** ne pas faire les choses à moitié

Nagelbett N lit *m* de l'ongle **Nagelbettentzündung** F panaris *m* **Nagelbrett** N planche *f* à clous **Nagelbürste** F brosse *f* à ongles **Nagelfeile** F lime *f* à ongles **Nagelhaut** F peau *f* de l'ongle **Nagelhautentferner** M émollient *m* (pour cuticule)

Nägelkauen N habitude *f* de se ronger les ongles

Nagellack M vernis *m* à ongles **Nagellackentferner** M dissolvant *m*

nageln VT clouer

nagelneu *umg* ADJ flambant neuf

Nagelreiniger M cure-ongles *m* **Nagelschere** F ciseaux *mpl* à ongles **Nagelzange** F pince *f* à ongles

nagen VI ronger (**an etw** *[dat]* qc; *a. fig*)

nagend ADJT *fig Zweifel* rongeant

Nager M, **Nagetier** N (animal) rongeur *m* **Nagezahn** M incisive *f*

nah → nah(e)

Nahaufnahme F plan rapproché

nah(e) A ADJ proche *(a. Verwandte)*; **~(e) am** *od* **beim Bahnhof** près de la gare B ADV près; **von Nahem** de près; **von ~ und fern** de près et de loin; **~(e) verwandt sein mit** être proche parent de; **ich war ~(e) daran zu** *(+ inf)* j'ai failli *(+ inf)*; **j-m zu ~e treten** froisser qn; → nahebringen, nahegehen, nahekommen *etc*

Nähe F proximité *f (a. von Zeit, Verwandtschaft)*;

ganz in der ~ tout près d'ici; **in s-r ~** près de lui; **aus der ~** de près
nahebei ADV tout près
nahebringen V/T **j-m etw ~** faire comprendre qc à qn
nahegehen V/I **j-m ~** toucher qn
nahekommen A V/I **der Wahrheit** *(dat) etc* **~** approcher de la vérité, *etc* B V/R **sich ~** se rapprocher (l'un de l'autre)
nahelegen V/T **j-m etw ~** suggérer qc à qn
naheliegen V/I **das liegt nahe** c'est facile à comprendre, à concevoir
naheliegend ADJT *Gedanke* concevable; **aus ~en Gründen** pour des raisons faciles à comprendre, à concevoir
nahen *geh* V/I (s')approcher
nähen V/T coudre (**an** [+ *akk*] à); MED recoudre
näher A ADJ plus proche; *Weg* plus court; **~e Einzelheiten** plus amples détails *mpl* B ADV plus près; **etw ~ ausführen** expliquer qc en détail; **~ kommen** *räumlich* s'approcher; → näherbringen, näherkommen
näherbringen V/T *Personen* **einander ~** rapprocher; **j-m etw ~** faire mieux comprendre qc à qn
Nähere(s) N précisions *fpl*; plus amples détails *mpl*
Naherholungsgebiet N zone *f* d'excursion, de promenade (à proximité d'une grande ville)
Näherin F couturière *f*
näherkommen A V/I 1 **jetzt kommen wir der Sache** *(dat)* **schon näher** ça se précise 2 *räumlich* → näher B B V/R **durch dieses Ereignis sind sie sich nähergekommen** cet événement les a rapprochés
nähern V/R **sich (j-m, e-r Sache) ~** (s')approcher (de qn, qc)
nahestehen V/I **j-m ~** être lié avec qn
nahestehend ADJT proche; intime
nahezu ADV à peu près; presque
Nähfaden M, **Nähgarn** N fil *m* à coudre
Nahkampf M corps-à-corps *m*
Nähkasten M boîte *f* à ouvrage
nahm → nehmen
Nähmaschine F machine *f* à coudre **Nähnadel** F aiguille *f*
Nahost le Proche-Orient; *weitS.* le Moyen-Orient **Nahostkonflikt** M conflit *m* du Moyen-Orient
Nährboden M milieu *m*, *fig* bouillon *m* de culture
nähren A V/T nourrir *(a. fig)* B V/I être nourrissant
nahrhaft ADJ nourrissant
Nährlösung F *für Hydrokultur* engrais *m* liquide; MED liquide *m* de renutrition; *zur Bakterienzucht* bouillon *m* de culture **Nährstoff** M substance nutritive
Nahrung F 1 nourriture *f*; **flüssige ~** aliments *mpl* liquides 2 *fig* **e-r Sache** *(dat)* **neue ~ geben** alimenter qc
Nahrungsaufnahme F alimentation *f* **Nahrungsergänzungsmittel** N supplément nutritionnel **Nahrungskette** F chaîne *f* alimentaire **Nahrungsmittel** N produit *m* alimentaire
Nährwert M valeur nutritive
Nähseide F soie *f* à coudre; soie torse
Naht F *(Kleidernaht)* couture *f*; *(Schweißnaht)* soudure *f*; MED suture *f*; *umg fig* **aus den** *od* **allen Nähten platzen** *Person* être énorme; *Raum* être plein à craquer; *Institution* craquer; exploser
nahtlos ADJ *u.* ADV sans couture; TECH sans soudure; *fig* sans problème; *zeitlich* sans interruption
Nahtstelle F 1 → Naht 2 *fig* charnière *f*
Nahverkehr M trafic local, de banlieue **Nahverkehrszug** M train *m* de banlieue
Nähzeug N nécessaire *m* de couture
Nahziel N but, objectif immédiat
naiv ADJ naïf; ingénu
Naivität F naïveté *f*; ingénuité *f*
Name M nom *m*; *(Ruf) a.* renom *m*; **wie ist Ihr ~?** quel est votre nom?; **j-n bei** *od* **mit ~n nennen** nommer qn; appeler qn par son nom; **dem ~n nach kennen** connaître de nom; **im ~n** *(+ gen)* au nom de; **unter falschem ~n** sous un nom d'emprunt
Namen M → Name **Namengedächtnis** N mémoire *f* des noms **Namenliste** F liste nominale, des noms **namenlos** ADJ 1 sans nom; anonyme 2 *(unsagbar)* indicible
namens A ADV du nom de; nommé B PRÄP ADMIN au nom de
Namensänderung F changement *m* de nom **Namensnennung** F mention *f* d'un *bzw.* de son nom **Namenspatron** M (saint) patron **Namensschild** N 1 *an Türen* plaque *f* 2 *an Kleidung* badge *m*; *auf Tischen* écriteau *m* **Namenstag** M fête *f* **Namensvetter** M homonyme *m*
namentlich A ADJ nominal B ADV *(mit Namen)* nommément; *fig (besonders)* spécialement
namhaft ADJ *(bedeutend)* notable; considérable; *(berühmt)* renommé
Namibia N la Namibie
nämlich ADV 1 *(und zwar)* soit; à savoir 2 *begründend* en effet; **er war ~ krank** il faut dire qu'il était malade
nannte → nennen
nanu INT ça alors(, par exemple)!

N

Napalm N napalm *m* **Napalmbombe** F bombe *f* au napalm
Napf M jatte *f*; écuelle *f* **Napfkuchen** M kouglof *m*
Nappa N, **Nappaleder** N cuir *m* souple; nappa *m*
Narbe F cicatrice *f* (*a. fig*)
narbig ADJ marqué de cicatrices
Narkose F narcose *f*; anesthésie *f*; **in ~** (*dat*) sous anesthésie
Narkosearzt M, **Narkoseärztin** F anesthésiste *m/f* **Narkosemittel** N narcotique *m*
Narkotikum N narcotique *m*
narkotisch ADJ narcotique **narkotisieren** V/T anesthésier
Narr M (*Tor*) sot *m*; (*Hofnarr*) fou *m*; **j-n zum ~en halten** se jouer, se moquer de qn
narren *geh* V/T **j-n ~** berner qn; (*täuschen*) abuser qn
Narrenfreiheit F **sie hat bei ihm ~** avec lui, elle peut faire ce qu'elle veut
narrensicher *umg* ADJ *Handhabung* simple; facile; *Gerät* d'utilisation simple, facile
Närrin F sotte *f*
närrisch ADJ **1** (*verrückt*) fou (! Femininform: **folle**, Maskulinform vor Vokal oder stummem h: **fol**) (**nach** de) **2** (*karnevalistisch*) carnavalesque; du carnaval
Narzisse F narcisse *m* (! maskulin); *gelbe* jonquille *f*
Narzissmus M narcissisme *m* **Narzisst** M narcissique *m* **narzisstisch** ADJ narcissique
NASA F ABK (National Aeronautics and Space Administration, Nationale Luft- und Raumfahrtbehörde [der USA]) NASA *f*
nasal ADJ PHON nasal
Nasal M, **Nasallaut** M PHON nasale *f* (! feminin)
naschen V/T u. V/I (**von**) **etw ~** manger qc par gourmandise; *heimlich* goûter secrètement de qc; *abs* **gern ~** aimer les friandises; être gourmand
Nascherei F **1** (*Naschen*) grignotage *m* **2** (*Süßigkeit*) *meist pl* **~en** friandises *fpl*; sucreries *fpl*
naschhaft ADJ friand; gourmand **Naschkatze** F gourmand(e) *m(f)*
Nase F **1** ANAT, *fig* (*Flugzeugnase etc*) nez *m*; **in die ~ steigen** monter au nez; **aus der ~ bluten** saigner du nez; **mir läuft die ~** j'ai le nez qui coule **2** (*Geruchssinn*) nez *m*; odorat *m*; *vom Hund, fig* flair *m*; **e-e feine ~ haben** avoir le nez fin, creux **3** *fig umg* **immer der ~ nach** tout droit devant soi; *umg* **auf die ~ fallen** *umg* se casser la gueule; *umg* **j-m etw auf die ~ binden** (*glauben machen*) faire croire qc à qn; (*erzählen*) mettre qn au courant de qc; **j-n an der ~ herumführen** duper qn; faire marcher qn; *umg* **j-m auf der ~ herumtanzen** se moquer, se jouer de qn; *umg* **man muss ihm alles, jedes Wort aus der ~ ziehen** il faut lui tirer les vers du nez; on doit lui arracher les mots; *umg* **j-m etw unter die ~ reiben** jeter qc à la figure de qn; *umg Bus* **j-m vor der ~ wegfahren** passer sous le nez de qn; *umg* **j-m etw vor der ~ wegschnappen** enlever, souffler qc au nez, à la barbe de qn; *umg* **die ~ voll haben** *umg* en avoir plein le dos, ras le bol; *umg* **s-e ~ in alles stecken** *umg* fourrer son nez partout; *umg* (*Person*) **pro ~** par tête de pipe
naselang ADV *umg* **alle ~** à tout bout de champ
näseln V/I nasiller
Nasenbein N os nasal
Nasenbluten N saignement *m* de nez; **~ haben** saigner du nez
Nasenflügel M aile *f* du nez
Nasenlänge F PFERDERENNEN **um e-e ~ gewinnen** gagner d'une tête; *fig* **sie ist mir immer um e-e ~ voraus** elle a toujours une longueur d'avance sur moi
Nasenloch N narine *f* **Nasenring** M anneau *m* (passé par le nez) **Nasenrücken** M arête *f* du nez **Nasenscheidewand** F cloison nasale **Nasenschleim** M morve *f* **Nasenschleimhaut** F muqueuse *f* nasale **Nasenspitze** F bout *m* du nez **Nasenspray** M *od* N spray nasal **Nasentropfen** MPL gouttes nasales
Nashorn N rhinocéros *m* **naslang** → naselang
nass ADJ mouillé; (*feucht*) humide; (*ganz durchnässt*) trempé; (*regenreich*) pluvieux; **~ machen** mouiller; **~ werden** se mouiller
Nässe F humidité *f*
nässen V/I *Wunde* suinter
nasskalt ADJ froid et humide
nassmachen V/T mouiller
Nassrasur F rasage *m* au rasoir mécanique **Nasszelle** F salle *f* d'eau
Nastuch N *schweiz, südd* mouchoir *m*
Natel® N *schweiz* (téléphone *m*) portable *m*
Nation F nation *f*
national ADJ national **Nationalelf** F équipe nationale de football **Nationalfarben** FPL couleurs nationales **Nationalfeiertag** M fête nationale **Nationalflagge** F drapeau national **Nationalgericht** N plat national **Nationalheld(in)** M(F) °héros national, °héroïne nationale **Nationalhymne** F hymne national
Nationalismus M nationalisme *m* **nationalistisch** ADJ nationaliste

Nationalität F nationalité *f*
Nationalmannschaft F équipe nationale **Nationalpark** M parc national **Nationalrat** M *schweiz, österr* 1 *Gremium* Conseil national 2 *Mitglied* Membre *m* du Conseil national **Nationalsozialismus** M national-socialisme *m* **Nationalsozialist(in)** M(F) national-socialiste *m/f* **nationalsozialistisch** ADJ national-socialiste **Nationalspieler(in)** M(F) international(e) *m(f)* **Nationalversammlung** F assemblée nationale
NATO, **Nato** F ABK (North Atlantic Treaty Organization) OTAN *f*
Natostaat M État *m* membre de l'OTAN
Natrium N sodium *m*
Natron N bicarbonate *m* de soude
Natter F couleuvre *f*
Natur F nature *f*; *(Wesen)* a. naturel *m*; *(Charakter)* caractère *m*; **in der freien ~** en pleine nature; **von ~ (aus)** de *od* par nature; naturellement; **es liegt in der ~ der Sache** c'est dans la nature des choses
Naturalien PL denrées *fpl*; **in ~** *(dat)* **(be)zahlen** payer en nature
Naturalismus M naturalisme *m* **naturalistisch** ADJ naturaliste
naturbelassen ADJT naturel; non traité **Naturbursche** M homme *m* plein de naturel **Naturdenkmal** N site classé
Naturell N naturel *m*
Naturereignis N, **Naturerscheinung** F phénomène naturel **Naturfaser** F fibre naturelle **Naturfilm** M documentaire *m* sur la nature **Naturforscher(in)** M(F) naturaliste *m/f* **Naturfreund(in)** M(F) ami(e) *m(f)* de la nature **naturgemäß** ADJ naturel **Naturgeschichte** F histoire naturelle **Naturgesetz** N loi *f* de la nature; loi naturelle **naturgetreu** A ADJ d'après nature B ADV fidèlement **Naturgewalt** F force naturelle **Naturheilkunde** F médecines naturelles **Naturheilmittel** N remède naturel **Naturheilverfahren** N naturothérapie *f* **Naturkatastrophe** F catastrophe naturelle **Naturkost** F alimentation naturelle **Naturkostladen** M magasin *m* de produits naturels **Naturkunde** F science *f* de la nature; *Unterrichtsfach* sciences naturelles **Naturlehrpfad** M sentier *m* écologique
natürlich A ADJ naturel B ADV naturellement; **~!** bien sûr!
Natürlichkeit F naturel *m*
Naturpark M parc régional **Naturprodukt** N produit naturel **naturrein** ADJ (purement) naturel; *Saft, Honig etc* pur **Naturschätze** MPL richesses naturelles **Naturschauspiel** N spectacle *m* de la nature
Naturschutz M protection *f* de la nature; **unter ~** *(dat)* **stehen** être protégé
Naturschützer M écologiste *m* **Naturschutzgebiet** N réserve naturelle
Naturtalent N don, talent inné; **sie ist ein ~** elle est très douée
naturtrüb ADJ non filtré **naturverbunden** ADJT près, proche de la nature **Naturvolk** N peuple primitif
Naturwissenschaften FPL sciences naturelles **Naturwissenschaftler(in)** M(F) scientifique *m/f* **naturwissenschaftlich** ADJ des sciences naturelles
Naturwunder N merveille *f* de la nature
Naturzustand M état *m* de nature; **im ~** à l'état naturel
Nautik F art *m* nautique **nautisch** ADJ nautique
Navigation F navigation *f*
Navigationsgerät N appareil *m* de navigation; AUTO système *m* de navigation **Navigationssystem** N système *m* de navigation
navigieren V/I naviguer
Nazi M nazi *m*
nazistisch ADJ nazi
NC M ABK (Numerus clausus) numerus clausus *m*; sélection *f*
n. Chr. ABK (nach Christus) apr. J.-C.
Neandertaler M Néandert(h)alien *m*
Neapel N Naples
Nebel M brouillard *m*; *bes* SCHIFF brume *f*; **bei ~** par temps de brouillard
Nebelbank F nappe *f* de brouillard **Nebelhorn** N corne *f* de brume
nebelig ADJ brumeux
Nebelkrähe F corneille mantelée, grise **Nebelscheinwerfer** M (phare *m*) antibrouillard *m* **Nebelschlussleuchte** F (feu *m* arrière) antibrouillard *m* **Nebelwand** F rideau *m* de brouillard
neben PRÄP 1 *Lage, Richtung* à côté de; près de 2 *(verglichen mit)* à côté de 3 *(außer)* à part; sans compter
nebenan ADV à côté; **das Haus ~** la maison d'à côté
Nebenanschluss M TEL poste *m* (secondaire) **Nebenarbeit** F travail *m*, activité *f* annexe **Nebenarm** M *e-s Flusses* bras *m* secondaire **Nebenausgaben** FPL dépenses *fpl* accessoires; extras *mpl* **Nebenausgang** M sortie latérale **Nebenbedeutung** F signification *f* secondaire
nebenbei ADV 1 *(beiläufig)* en passant; *(zusätzlich)* accessoirement; **~ gesagt** soit dit en passant 2 *(außerdem)* en outre; de plus

Nebenberuf M activité *f*, profession *f* annexe **nebenberuflich** A ADJ extra-professionnel B ADV en dehors de la profession (régulière) **Nebenbeschäftigung** F activité *f* annexe **Nebenbuhler(in)** M(F) rival(e) *m(f)* **Nebeneffekt** M effet *m* secondaire

nebeneinander ADV 1 *örtlich* l'un à côté de l'autre; côte à côte; *gehen, fahren* de front; **~ bestehen** coexister; → nebeneinanderlegen, nebeneinandersetzen, nebeneinanderstellen 2 *zeitlich* simultanément

nebeneinanderlegen, **nebeneinandersetzen**, **nebeneinanderstellen** V/T placer, mettre l'un à côté de l'autre; juxtaposer

Nebeneingang M entrée latérale **Nebeneinkünfte** PL, **Nebeneinnahmen** FPL revenus *mpl* annexes; à-côtés *mpl* **Nebenerscheinung** F phénomène *m* accessoire **Nebenfach** N matière *f* secondaire **Nebenfluss** M affluent *m* **Nebengebäude** N annexe *f*; bâtiment attenant **Nebengeräusch** N RADIO bruit *m* parasite; friture *f* (*a.* TEL) **Nebengleis** N voie *f* secondaire **Nebenhandlung** F épisode *m* **Nebenhaus** N maison voisine, d'à côté **nebenher** ADV à côté; (*außerdem*) en outre; de plus **Nebenjob** *umg* M *umg* boulot *m* supplémentaire **Nebenkläger(in)** M(F) partie civile **Nebenkosten** PL (*zusätzliche Kosten*) faux frais; *bei Mieten* charges *fpl* **Nebenmann** M voisin *m* **Nebenprodukt** N sous-produit *m* **Nebenraum** M pièce voisine, d'à côté **Nebenrolle** F rôle *m* secondaire

Nebensache F accessoire *m*; à-côté *m*; **das ist völlig ~** c'est tout à fait accessoire

nebensächlich ADJ accessoire

Nebensaison F basse saison **Nebensatz** M (proposition) subordonnée *f* **Nebenstelle** F 1 (*Filiale*) succursale *f* 2 TEL poste *m* supplémentaire **Nebenstraße** F rue *f* secondaire; (*Seitenstraße*) rue latérale **Nebentisch** M table voisine, d'à côté **Nebenverdienst** M revenu *m* supplémentaire **Nebenwirkung** F effet *m* accessoire; PHARM effet *m* secondaire **Nebenzimmer** N pièce voisine, d'à côté

neblig ADJ brumeux

Necessaire N nécessaire *m*; trousse *f*

necken V/T (*u.* V/R **sich ~** se) taquiner; (s')agacer **neckisch** ADJ taquin; (*drollig*) drôle; (*schelmisch*) espiègle

nee *umg* → nein

Neffe M neveu *m*

Negation F négation *f* **negativ** ADJ négatif

Negativ N FOTO négatif *m*

Neger(in) *neg!* M(F) Noir(e) *m(f)*; *pej* nègre *m*, négresse *f* **Negerkuss** M GASTR tête-de-nègre *f*

negieren V/T nier

Negligé → Negligee

Negligee N déshabillé *m*

nehmen A V/T prendre (*a. fig*; **von etw** de qc; **aus etw** dans qc); (*annehmen*) recevoir; accepter; (*wegnehmen*) prendre; ôter; *Hindernis* sauter; **j-m die Hoffnung ~** enlever à qn ses espoirs; **da, ~ Sie!** tenez!; *Rezept* **man nehme ...** prendre ...; *umg* **wie mans nimmt** c'est selon; **streng genommen** à vrai dire; **etw an sich** (*akk*) **~** prendre, garder qc (jusqu'à nouvel ordre); *Gefundenes* empocher qc; **etw auf sich** (*akk*) **~** assumer qc; se charger de qc; **etw zu sich** (*dat*) **~** *Essen, Trinken* prendre, manger *bzw.* boire qc; **er ist hart im Nehmen** BOXEN il encaisse bien (les coups); *fig* il encaisse bien B V/R **sich** (*dat*) **etw ~** prendre qc; **das lasse ich mir nicht ~** je n'en démords pas; **er ließ es sich nicht ~ zu** (+ *inf*) il a insisté pour (+ *inf*)

Neid M envie *f*; jalousie *f*; *umg* **vor ~ platzen** crever d'envie, de jalousie; *umg* **das muss ihm der ~ lassen** on ne peut pas lui contester, enlever, ôter cela

neiden *geh* V/T **j-m etw ~** envier qc à qn

Neider M envieux *m*; jaloux *m*; **viele ~ haben** faire bien des envieux

neiderfüllt ADJT plein d'envie **Neidhammel** *umg* M envieux, -ieuse *m,f*; jaloux, -ouse *m,f* **neidisch** ADJ jaloux; envieux **neidlos** ADV sans envie

Neige *geh* F reste *m*; (*letzte Tropfen*) fond *m* (de bouteille); **zur ~ gehen** tirer, toucher à sa fin; *Tag* décliner

neigen A V/T pencher; incliner; *Kopf a.* baisser B V/I **zu etw ~** (*tendieren*) pencher pour qc; *zu Übergewicht, Übertreibungen* avoir tendance à qc; **dazu ~ zu** (+ *inf*) être enclin à (+ *inf*); incliner à (+ *inf*); **er neigt zu Erkältungen** il est sujet aux rhumes C V/R **sich ~** *Zweige* s'incliner; *Mauer, Baum* pencher; *Ebene* aller en pente; *geh Tag* décliner; *Person* **sich (nach vorn) ~** se pencher (en avant)

Neigung F 1 *Lage* inclinaison *f*; pente *f* 2 *fig* (*Vorliebe*) penchant *m* (**zu** pour, à); (*Tendenz*) tendance *f* (à); **die ~ haben zu** (+ *inf*) avoir tendance à (+ *inf*) 3 (*Zuneigung*) inclination *f* (**für** pour)

Neigungswinkel M angle *m* d'inclinaison

nein ADV non

Nein N non *m*; **~ sagen** dire non (*a. fig*); **mit ~ stimmen** voter non

Neinstimme F non *m*

Nektar M 1 MYTH, BOT, *fig* nectar *m* 2 *Fruchtgetränk* boisson *f* aux fruits

Nektarine F nectarine *f*; brugnon *m*

Nelke — l'œillet (m)

Nelken — les clous (mpl) de girofle

Nelke F 1 BOT œillet *m* 2 *(Gewürznelke)* (clou *m* de) girofle *m*

nennen A VT 1 nommer; appeler; *(benennen)* dénommer; *(bezeichnen als)* qualifier de; *spottend* traiter de; **nach j-m genannt werden** porter le nom de qn; **das nenne ich e-n Helden!** voilà ce qui s'appelle un °héros! 2 *Namen, Grund* donner; *Grund, Preis* indiquer; *(anführen)* citer; mentionner B VR **sich ~** se nommer; s'appeler; *umg* **und so was nennt sich mein Freund!** et ça se dit mon ami!

nennenswert ADJ notable

Nenner M dénominateur *m*; **gemeinsamer ~** dénominateur commun *(a. fig)*

Nennung F mention *f*

Nennwert M valeur nominale

neo…, **Neo…** IN ZSSGN *oft* néo…

Neofaschismus M néofascisme *m* **neofaschistisch** ADJ néofasciste

Neologismus M LING néologisme *m*

Neon N néon *m*

Neonazi M néonazi *m*

Neonlicht N lumière *f* au néon **Neonreklame** F publicité *f* au néon **Neonröhre** F tube *m* au néon

Nepal N le Népal

Nepp *umg* M *umg* arnaque *f*

neppen *umg* VT *umg* arnaquer

Nerv M nerf *m*; **schwache, starke ~en haben** avoir les nerfs fragiles, solides; **die ~en verlieren** perdre la maîtrise de soi; **mit den ~en am Ende**, *umg* **fertig sein** être à bout de nerfs; **die ~en behalten** garder son calme, son sang-froid; *umg* **sie geht mir auf die ~en, sie tötet mir den ~** elle me tape sur les nerfs, *umg* sur le système; *umg* **der hat (vielleicht) ~en!** *umg* il ne manque pas d'air!

nerven *umg* VT **j-n ~** taper sur les nerfs à qn; *abs* **das nervt!** *umg* ça m'énerve!

Nervenarzt M, **Nervenärztin** F neurologue *m/f* **nervenaufreibend** ADJT énervant **nervenberuhigend** ADJT apaisant **Nervenbündel** *umg* N paquet *m* de nerfs **Nervenentzündung** F névrite *f* **Nervengas** N gaz *m*, substance *f* neuroplégique **Nervenheilanstalt** F hôpital *m* psychiatrique **Nervenkitzel** *umg* M sensations fortes **Nervenklinik** F clinique *f* neurologique **nervenkrank** ADJ malade des nerfs **Nervenkrieg** *umg* M guerre *f* des nerfs **Nervenkrise** F 1 crise *f* de nerfs 2 MED névralgie *f* **Nervensäge** *umg* F *umg* casse-pieds *m* (! unveränderlich) **Nervenschmerz** M névralgie *f* **Nervenschwäche** F faiblesse *f* des nerfs **Nervenstrang** M cordon nerveux

Nervensystem N système nerveux; **vegetatives ~** système neuro-végétatif

Nervenzentrum N centre nerveux **Nervenzusammenbruch** M dépression nerveuse

nervig ADJ *Hand, Arm* nerveux; *umg (aufreibend)* tuant

nervlich A ADJ nerveux B ADV nerveusement

nervös ADJ nerveux; **~ machen** rendre nerveux; *plus fort* énerver

Nervosität F nervosité *f*

nervtötend ADJT énervant; tuant

Nerz M ZOOL, *Pelz* vison *m* **Nerzmantel** M manteau *m* de vison

Nessel F ortie *f*; *umg fig* **sich in die ~n setzen** se mettre, *umg* se fourrer dans un guêpier

Nesselfieber N, **Nesselsucht** F urticaire *f*

Nessessär N → Necessaire

Nest N 1 *(Vogelnest, Diebesnest)* nid *m*; *umg* **sich ins gemachte ~ setzen** faire un riche mariage 2 *umg pej (Dorf)* *umg* trou *m*; *umg* bled *m*

Nestbeschmutzer M *pej* personne *f* qui crache dans la soupe

nesteln VI **an etw** *(dat)* **~** tripoter qc

Nesthäkchen N benjamin(e) *m(f)*; petit(e) dernier, -ière **Nestwärme** F chaleur *f* du foyer familial

nett ADJ 1 *(freundlich)* gentil (**zu j-m** avec qn); **sei so ~ und mach die Tür zu!** sois gentil, ferme la porte 2 *(reizend)* charmant; mignon; *(angenehm)* sympathique; agréable 3 *(hübsch)* joli 4 *umg (beträchtlich)* joli; *umg iron a.* beau

netterweise ADV gentiment; aimablement

netto ADV net

Nettobetrag M somme nette **Nettoeinkommen** N revenu net **Nettogewicht** N poids net **Nettogewinn** M bénéfice net **Nettolohn** M salaire net **Nettopreis** M prix *m* °hors taxes **Nettoverdienst** M gain net

Netz N 1 *(Fischernetz, Einkaufsnetz, Haarnetz, Tennisnetz, Tornetz)* filet *m;* *(Spinnennetz)* toile *f* (d'araignée); **j-m ins ~ gehen** donner, tomber dans le piège de qn *(a. fig)* 2 *(Straßennetz, Eisenbahnnetz, Telefonnetz,* IT *etc)* réseau *m;* ELEK *a.* secteur *m; fig* **soziales ~** protection sociale

Netzanschluss M ELEK raccordement *m* **Netzball** M TENNIS balle *f* au filet, qui a touché le filet **Netzbetrieb** M ELEK branchement *m* sur le secteur; alimentation *f* secteur **netzbetrieben** ADJT ELEK branché sur le secteur **Netzgerät** N ELEK adaptateur *m* **Netzhaut** F rétine *f* **Netzhemd** N chemise *f* en cellular **Netzschalter** M interrupteur *m* **Netzspannung** F tension *f* (du) réseau, (du) secteur **Netzstecker** M fiche *f* de prise de courant **Netzstrumpf(hose)** M(F) bas *m(pl)* résille **Netzwerk** N réseau *m* **Netzwerkadministrator(in)** M(F) IT administrateur, -trice *m,f* (de) réseau

neu A ADJ nouveau (❗ Femininform: **nouvelle**, Maskulinform im Singular vor Vokal oder stummem h: **nouvel**, Maskulinform im Plural: **nouveaux**); *(neu gemacht)* neuf; *(kürzlich geschehen)* récent; **~este Mode** dernière mode; **~este Nachrichten** dernières nouvelles; **~eren Datums** de fraîche date; **das ist mir ~** c'est nouveau pour moi; **aufs Neue, von Neuem** à *od* de nouveau; *umg* **der, die Neue** le nouveau, la nouvelle; **was gibt es Neues?** qu'y a-t-il *od* quoi de nouveau, de neuf?; **weißt du schon das Neueste?** tu connais la nouvelle? B ADV nouvellement; récemment; **etw ~ einrichten** refaire qc à neuf; **ein Restaurant ~ eröffnen** ouvrir un nouveau restaurant; **~ ordnen** réorganiser

N

Neuankömmling M nouveau venu, nouvelle venue **Neuanschaffung** F nouvelle acquisition **neuartig** ADJ nouveau; d'un nouveau genre **Neuauflage** F nouvelle édition; réédition *f (a. fig)*

Neubau M nouvelle construction; *im Bau befindlicher* maison *f*, immeuble *m* en construction; *eben fertiggestellter* maison neuve; immeuble neuf **Neubaugebiet** N nouveaux quartiers **Neubauwohnung** F appartement neuf

Neubearbeitung F nouvelle édition revue et mise à jour **Neubeginn** M nouveau départ; recommencement *m* **Neubildung** F 1 formation (nouvelle); BIOL régénération *f* 2 LING néologisme *m* **Neueinstellung** F embauche *f;* nouvel engagement **Neuentwicklung** F innovation *f;* nouveauté *f*

neuerdings ADV depuis peu

Neuerer M novateur *m*

Neueröffnung F ouverture *f* **Neuerscheinung** F nouveauté *f*

Neuerung F innovation *f*

Neufassung F nouvelle version

Neufundland N Terre-Neuve *f*

neugeboren ADJT nouveau-né; **sich wie ~ fühlen** se sentir tout ragaillardi

Neugeborene(s) N nouveau-né *m* **Neugestaltung** F réorganisation *f* **Neugier** F, **Neugierde** F curiosité *f*

neugierig ADJ curieux (**auf** [+ *akk*] de); **ich bin ~, ob ...** je suis curieux de voir si ...

Neugründung F (nouvelle) fondation

Neuguinea N la Nouvelle-Guinée

Neuheit F nouveauté *f*

Neuigkeit F nouvelle *f*

Neujahr N jour *m* de l'An; nouvel an

Neujahrsbotschaft F message *m* de nouvel an **Neujahrsgruß** M vœux *mpl* (de bonne année) **Neujahrsnacht** F nuit *f* de la Saint-Sylvestre **Neujahrstag** M jour *m* de l'An

Neuland N *fig* nouveau domaine; **~ betreten** s'aventurer en terrain vierge

neulich ADV récemment; l'autre jour

Neuling M novice *m/f*

neumodisch ADJ à la (dernière) mode

Neumond M nouvelle lune

neun NUM neuf; *beim Kegeln* **alle ~e!** strike!; → acht

Neun F neuf *m; umg* **ach, du grüne ~e!** *umg* il ne manquait plus que ça!

neun..., Neun... → **acht..., Acht...**

Neuner M neuf *m*

neunerlei ADJ de neuf sortes, espèces différentes

neunfach A ADJ neuf fois; → achtfach B ADV neuf fois (plus) **Neunfache(s)** N neuf fois la quantité, la somme, *etc* **neunhundert** NUM neuf cent(s) **neunjährig** ADJ *(neun Jahre alt)* (âgé) de neuf ans; *(neun Jahre lang)* de neuf ans; qui dure neuf ans **neunmal** ADV neuf fois **neunmalklug** ADJ *iron* qui se croit toujours très malin

neunt ADV **zu ~** à neuf; **zu ~ sein** être neuf

neuntausend NUM neuf mille

neunte NUM neuvième; → achte

Neuntel N neuvième *m*

neuntens ADV neuvièmement

neunzehn NUM dix-neuf; → acht

neunzig NUM quatre-vingt-dix; *Belgien, schweiz*

nonante; → achtzig
Neunzig F quatre-vingt-dix *m*
neunziger ADJ **die ~ Jahre** NPL les années *fpl* quatre-vingt-dix
neunzigjährig ADJ (*neunzig Jahre alt*) (âgé) de quatre-vingt-dix ans; (*neunzig Jahre lang*) de quatre-vingt-dix ans; qui dure quatre-vingt-dix ans
Neuordnung F réorganisation *f*
Neuralgie F névralgie *f* **neuralgisch** ADJ névralgique (*a. geh fig Punkt*)
Neureg(e)lung F nouvelle réglementation **neureich** ADJ parvenu **Neureiche(r)** M/F(M) nouveau riche *m*, nouvelle riche *f*; parvenu(e) *m(f)*
Neurochirurgie F neurochirurgie *f* **Neurodermitis** F névrodermite *f* **Neurologe** M, **Neurologin** F neurologue *m/f* **neurologisch** ADJ neurologique
Neurose F névrose *f* **Neurotiker(in)** M(F) névrosé(e) *m(f)* **neurotisch** ADJ névrosé; névrotique
Neuschnee M neige fraîche
Neuseeland N la Nouvelle-Zélande **Neuseeländer(in)** M(F) Néo-Zélandais(e) *m(f)* **neuseeländisch** ADJ néo-zélandais
neusprachlich ADJ de(s) langues vivantes
neutral ADJ neutre (*a.* CHEM) **neutralisieren** V/T neutraliser (*a.* CHEM) **Neutralität** F neutralité *f*
Neutron N neutron *m*
Neutronenbombe F bombe *f* à neutrons
Neutrum N GRAM neutre *m*
Neuverschuldung F POL endettement *m* budgétaire supplémentaire **Neuwagen** M voiture neuve **Neuwahl** F nouvelle élection **neuwertig** ADJ à l'état neuf; comme neuf **Neuzeit** F temps *mpl* modernes; époque contemporaine, actuelle **neuzeitlich** ADJ moderne **Neuzugang** M 1 *im Krankenhaus* arrivée *f* 2 *von Waren* nouvel arrivage; *e-r Bibliothek* nouvelle acquisition
Newsgroup F IT groupe *m*, forum *m* de discussion **Newsletter** M IT newsletter *f*
Nicaragua N le Nicaragua
nicht ADV ne … pas; *umg* pas; *vor Infinitiv* ne pas; *ohne Verb* pas; **~ ein einziger** pas un seul; **~, dass** … ce n'est pas que … (*+ subj*); **~?, ~ wahr?** n'est-ce pas?; **~ so schön wie** … moins beau que …; … **auch ~** … non plus; **~ rostend** inoxydable
Nicht… IN ZSSGN *oft* non *od* non-… **Nichtangriffspakt** M pacte *m* de non-agression **Nichtbeachtung** F non-respect *m*
Nichte F nièce *f*
nichtehelich ADJ né hors mariage **Nichteinhaltung** F *e-s Vertrages* violation *f* **Nichteinmischung** F non-intervention *f* **Nichterfüllung** F non-exécution *f*; non-accomplissement *m*
Nichterscheinen N absence *f*; **~ vor Gericht** non-comparution *f*
nichtig ADJ 1 JUR nul; de nulle valeur 2 *fig* (*nichtssagend*) futile **Nichtigkeit** F 1 JUR nullité *f* 2 *fig* (*Belanglosigkeit*) futilité *f* 3 (*Bagatelle*) rien *m*
nichtöffentlich ADJ non public; *Sitzung* à °huis clos
Nichtraucher M non-fumeur *m*; *Schild a.* défense de fumer; **ich bin ~** je ne fume pas
Nichtraucherabteil N compartiment *m* non-fumeurs **Nichtrauchergesetz** N décret *m* antitabac **Nichtraucherzone** F zone *f*, espace *m* non-fumeurs
nichts INDEF PR rien; *mit Verb* ne … rien; **~ and(e)res** rien d'autre; **~ ahnend** qui ne se doute de rien; **~ sagend** → nichtssagend; *umg* **~ da!** *umg* pas de ça!; *umg* **~ wie hin!** vite, allons-y!; *umg* **~ wie weg!** *umg* tirons-nous!; *umg* filons!; *umg* **für ~ und wieder ~** pour rien; **ich hatte ~ als Scherereien** je n'ai eu que des ennuis
Nichts N 1 néant *m*; **(wie) aus dem ~ auftauchen** surgir du néant; **er steht vor dem ~** il se retrouve sans rien 2 *pej* (*Mensch*) minable *m/f*
nichtsahnend ADJT → nichts
Nichtschwimmer(in) M(F) non-nageur, -euse *m,f*
nichtsdestotrotz *umg hum* ADV, **nichtsdestoweniger** ADV néanmoins
Nichtsesshafte(r) M/F(M) personne *f* sans domicile fixe; SDF *m/f*; nomade *m/f*
Nichtsnutz M bon *m*, propre *m* à rien; vaurien *m* **nichtsnutzig** ADJ qui ne vaut rien
nichtssagend ADJT insignifiant; *Worte* vide de sens; futile
Nichtstuer(in) M(F) fainéant(e) *m(f)* **Nichtstun** N inaction *f*; oisiveté *f*
Nichtvorhandensein N absence *f* **Nichtwähler** M abstentionniste *m*
Nichtzutreffende(s) N **Nichtzutreffendes streichen** rayer les mentions inutiles
Nickel N nickel *m* **Nickelbrille** F lunettes *fpl* à monture de métal
nicken V/I faire un signe de (la) tête; *zustimmend* faire un signe de tête affirmatif
Nickerchen *umg* N somme *m*; *umg* roupillon *m*; **ein ~ machen** faire un petit somme; *umg* piquer un roupillon
Nicki M pull *m* en velours **Nickituch** N bandana *f*
nie ADV jamais; *mit Verb* ne … jamais; **~ und nimmer!** jamais de la vie!; **~ wieder, ~ mehr** plus

jamais; **noch ~ da gewesen** sans précédent
nieder ADV à bas (**mit den Verrätern!** les traîtres!)
niederbrennen A VT réduire en cendres B VI être détruit par un incendie **niederbrüllen** VT conspuer; °huer
niederdeutsch ADJ de l'Allemagne du Nord
niederdrücken VT 1 *Taste, Knopf* appuyer sur; *Hebel* abaisser 2 *fig* accabler; déprimer
niedere ADJ 1 *im Rang, Wert* bas; petit; inférieur; *Gesinnung* ignoble; bas 2 BIOL inférieur
Niedergang *geh* M déclin *m*; décadence *f* **niedergedrückt** ADJT abattu; accablé
niedergehen VI *Gewitter, Regenguss* s'abattre; *Flugzeug* descendre
niedergeschlagen ADJT abattu; déprimé; (*entmutigt*) découragé **Niedergeschlagenheit** F abattement *m*; découragement *m*
niederknien VI s'agenouiller; **vor j-m ~** tomber à genoux devant qn
niederkommen *geh* VI accoucher (**mit** de)
Niederkunft *geh* F accouchement *m* **Niederlage** F défaite *f*
Niederlande NPL **die ~** les Pays-Bas *mpl* **Niederländer(in)** M(F) Néerlandais(e) *m(f)* **niederländisch** ADJ néerlandais
niederlassen V/R **sich ~** 1 *geh* (*sich setzen*) s'asseoir; *Vögel* se poser 2 (*ansässig werden*) s'installer
Niederlassung F 1 (*Sichniederlassen*) installation *f* 2 HANDEL succursale *f*; *e-r Bank* agence *f*
niederlegen VT 1 déposer 2 *fig Waffen* mettre bas; **sein Amt ~, die Arbeit ~** se démettre 3 **etw schriftlich ~** mettre qc par écrit
Niederlegung F *e-s Kranzes* dépôt *m*; *e-s Amts* démission *f*
niedermachen VT massacrer **niedermetzeln** VT massacrer
niederprasseln VI *Regen* crépiter; *fig Kritik etc* **auf j-n ~** pleuvoir sur qn
niederreißen VT *Gebäude* démolir
Niedersachsen N la Basse-Saxe
niederschießen VT abattre
Niederschlag M 1 METEO *meist pl* **Niederschläge** précipitations *fpl*; **radioaktiver ~** retombées radioactives 2 *fig* **s-n ~ finden in** (+ *dat*) se manifester dans 3 CHEM précipité *m*
niederschlagen A VT 1 (*zu Boden schlagen*) assommer 2 *Aufstand* réprimer 3 *Augen* baisser B V/R **sich ~** 1 CHEM se déposer; (se) précipiter 2 *fig* (*sichtbar werden*) se manifester (**in** [+ *dat*] dans)
niederschlagsarm ADJ peu pluvieux **niederschlagsfrei** ADJ sans pluie, précipitations **Niederschlagsmenge** F régime *m* des pluies; pluviosité *f* **niederschlagsreich** ADJ pluvieux
niederschmettern VT terrasser (*a. fig*)
niederschmetternd ADJT bouleversant
niederschreiben VT mettre par écrit
Niederschrift F *Vorgang* rédaction *f*; (*Geschriebenes*) compte rendu; JUR procès-verbal *m* **Niederspannung** F basse tension
niederstechen VT blesser, (*erstechen*) tuer d'un coup de couteau **niederstrecken** *geh* VT assommer; terrasser
Niedertracht F bassesse *f*; infamie *f* **niederträchtig** ADJ bas; ignoble; infâme
Niederung F terrain bas; *fig pl* **~en** bas-fonds *mpl*
niederwerfen *geh* VT A *Gegner* terrasser; *fig* (*besiegen*) vaincre; *Aufstand* réprimer B V/R **sich ~** se jeter à terre; **sich vor j-m ~** se jeter aux pieds de qn
niedlich ADJ mignon
niedrig A ADJ bas (*a. rang-, wert-, zahlungsmäßig, fig*); **~er als etw** inférieur à qc B ADV *räumlich, fig* bas
Niedrigkeit F bassesse *f* (*a. der Gesinnung*) **Niedriglohn** M bas salaire **Niedriglohnland** N pays *m* à faibles revenus, à bas salaires **Niedrigpreis** M bas prix
niemals → nie
niemand INDEF PR *Subjekt* personne; *beim Verb* personne ... ne; *Objekt* ne ... personne; **es war ~ da** il n'y avait personne; **~ ander(e)s** personne d'autre; nul autre; **~ mehr** plus personne
Niemandsland N no man's land *m*
Niere F 1 ANAT rein *m*; *umg fig* **das geht mir an die ~n** ça me bouleverse 2 GASTR rognon *m*
Nierenbecken N bassinet *m* **Nierenbeckenentzündung** F pyélite *f* **Nierenentzündung** F néphrite *f* **nierenförmig** ADJ *Tisch, Schale etc* °haricot (! unveränderlich); rognon (! unveränderlich) **Nierenkolik** F colique *f* néphrétique **Nierenleiden** N maladie *f* des reins, rénale **Nierenschale** F MED °haricot *m* **Nierenstein** M calcul rénal **Nierentransplantation** F greffe *f* de *bzw.* du rein
nieseln V/UNPERS bruiner
Nieselregen M bruine *f*; crachin *m*
niesen VI éternuer
Niespulver N poudre *f* à éternuer
Niete[1] F 1 LOTTERIE billet, numéro perdant 2 *umg fig* (*Versager*) *umg* minable *m*; nullité *f*
Niete[2] F TECH rivet *m*
nieten VT river; riveter
Nigeria N le Nigeria
Nihilismus M nihilisme *m* **Nihilist(in)** M(F) nihiliste *m/f* **nihilistisch** ADJ nihiliste
Nikolaus M *Gestalt* Saint-Nicolas *m* **Nikolaustag** M Saint-Nicolas *f*

Nikotin N nicotine *f* (! feminin) **nikotinarm** ADJ dénicotinisé **nikotinfrei** ADJ exempt de, sans nicotine; dénicotinisé **Nikotingehalt** M teneur *f* en nicotine **nikotinhaltig** ADJ nicotineux
Nil der ~ le Nil
Nilpferd N hippopotame *m*
Nimbus M auréole *f* (*a. fig*)
Nimmerwiedersehen *umg* N **auf ~ verschwinden** *umg* disparaître de la circulation
nimmt → nehmen
Nippel M 1 TECH raccord *m* 2 *umg* (*Brustwarze*) *umg* téton *m*
nippen V/I (**an etw** [*dat*]) ~ boire (qc) à petits coups; *umg* siroter (qc)
Nippes PL bibelots *mpl*
nirgends, nirgendwo ADV *mit Verb* ne… nulle part; *ohne Verb* nulle part
Nirwana N nirvâna *m*
Nische F niche *f*
Nisse F ZOOL lente *f*
nisten V/I nicher; faire son nid **Nistkasten** M nichoir *m* **Nistplatz** M lieu *m* de nidification
Nitrat N nitrate *m*
Nitroglyzerin N nitroglycérine *f*
Niveau N niveau *m*; **~ haben** avoir un certain niveau; **kein ~ haben** *Artikel, Film* être d'un niveau médiocre; *Person* être nul; **das ist unter meinem ~** ce n'est pas de mon niveau
niveaulos ADJ sans valeur intellectuelle
nivellieren V/T niveler **Nivellierung** F nivellement *m*
nix *umg* → nichts
Nixe F ondine *f*
Nizza N Nice
nobel ADJ 1 *geh* (*edel*) noble 2 *umg* (*freigebig*) généreux 3 *umg* (*luxuriös*) de luxe; *Haus, Einrichtung etc* élégant; chic (! unveränderlich)
Nobelherberge F hôtel *m* de luxe **Nobelkarosse** *umg* F *umg* super voiture *f*
Nobelpreis M prix *m* Nobel **Nobelpreisträger(in)** M(F) lauréat(e) *m(f)* du prix Nobel
noch A ADV 1 (*bisher*) encore; **~ nicht** (ne…) pas encore; **~ nie** (ne…) jamais encore; **kaum ~** à peine 2 (*nicht später als*) encore; **~ heute** aujourd'hui même, encore 3 (*später*) **er kommt ~** il va venir 4 (*zusätzlich*) encore; **es sind nur ~ fünf Minuten** il n'y a, il ne reste plus que cinq minutes; *umg* **~ und ~** tant et plus 5 *Vergleich* **zwölf oder ~ mehr** douze ou même plus; **man kann ~ so vorsichtig sein** on a beau être prudent; **wenn er auch ~ so reich wäre** quelque *od* si riche qu'il soit B KONJ → weder
nochmalig ADJ nouveau
nochmals ADV encore une fois
Nockenwelle F arbre *m* à cames
Nockerl N *bes österr* quenelle *f*; **Salzburger ~n** soufflé *m* à la vanille
Nofretete F HIST Néfertiti *f*
Nomade M nomade *m*
Nomadenleben N vie *f* nomade **Nomadenvolk** N peuple *m* nomade
Nomadin F nomade *f*
Nomen N GRAM nom *m*; substantif *m*
nominal ADJ WIRTSCH, GRAM nominal
Nominativ M GRAM nominatif *m*
nominell ADJ nominal
nominieren V/T désigner; SPORT sélectionner
No-Name-Produkt N article *m* sans marque
Nonne F religieuse *f*; sœur *f* **Nonnenkloster** N couvent *m* de femmes
Nonsens M non-sens *m*
nonstop ADV en non-stop **Nonstopflug** M vol *m* sans escale
nonverbal ADJ non verbal
Noppe F TEX nope *f*
Nord M nord *m* **Nordafrika** N l'Afrique *f* du Nord **Nordafrikaner(in)** M(F) Nord-Africain(e) *m(f)* **nordafrikanisch** ADJ nord-africain **Nordamerika** N l'Amérique *f* du Nord **Nordamerikaner(in)** M(F) Américain(e) *m(f)* du Nord **nordamerikanisch** ADJ d(e l)'Amérique du Nord **Nordatlantikpakt** M Pacte *m* atlantique **norddeutsch** ADJ d(e l)'Allemagne du Nord **Norddeutschland** N l'Allemagne *f* du Nord
Norden M nord *m*; *e-s Lands, e-r Stadt* Nord *m*; **im ~** (**von**) au nord (de)
Nordeuropa N l'Europe septentrionale, du Nord
Nordic Walking N SPORT marche *f* nordique
Nordirland N l'Irlande *f* du Nord
nordisch ADJ nordique
Nordkap N cap *m* Nord **Nordkorea** N la Corée du Nord **Nordküste** F côte nord, septentrionale
nördlich A ADJ du nord; septentrional; *Breite* boréal B ADV au nord (**von** de)
Nordlicht N aurore boréale **Nordost(en)** M nord-est *m*
nordöstlich A ADJ du nord-est B ADV au nord-est (**von** de)
Nordpol M pôle *m* Nord
Nordrhein-Westfalen N la Rhénanie-du-Nord-Westphalie
Nordsee F mer *f* du Nord **Nordseite** F (côté *m*) nord *m* **Nordwand** F *e-s Bergs* face *f* nord **nordwärts** ADV vers le nord; au nord **Nord-**

N

west(en) M nord-ouest *m*
nordwestlich A ADJ du nord-ouest B ADV au nord-ouest (**von** de)
Nordwind M vent *m* du nord
Nörgelei F ronchonnement *m*; critiques *fpl*
nörgeln V/I *umg* râler; ronchonner
Nörgler(in) M(F) *umg* râleur, -euse *m,f*
Norm F norme *f* (*a.* TECH)
normal ADJ normal; *umg* **er ist nicht (ganz) ~** *umg* il est piqué, cinglé
Normalbenzin N essence *f* ordinaire
normalerweise ADV normalement
Normalfall M cas normal; **im ~** normalement
Normalgewicht N poids normal
normalisieren V/T (*u.* V/R **sich ~** se) normaliser
Normalisierung F normalisation *f*
Normalität F normalité *f*
Normalnull N niveau moyen de la mer
Normalsterbliche(r) M **der ~, ein ~r** Monsieur Tout-le-monde
Normalverbraucher M consommateur moyen **Normalzustand** M état normal
Normandie **die ~** la Normandie
normen V/T, **normieren** V/T normaliser; standardiser
Norwegen N la Norvège **Norweger(in)** M(F) Norvégien, -ienne *m,f* **norwegisch** ADJ norvégien
Nostalgie F nostalgie *f*
nostalgisch ADJ nostalgique; *Mode, Musik* rétro (! unveränderlich)
Not F 1 (*Notwendigkeit*) nécessité *f*; besoin *m*; **wenn ~ am Mann ist** en cas de nécessité; **aus der ~ e-e Tugend machen** faire de nécessité vertu; **zur ~** à la rigueur; → nottun 2 (*Notlage*) détresse *f*; **in ~** (*dat*) **sein** être dans la détresse 3 (*Mühe*) peine *f*; **mit knapper ~** de justesse; **s-e liebe ~ mit etw, j-m haben** avoir bien du mal avec qc, qn 4 (*Mangel*) pénurie *f*; (*Elend*) misère *f*; **in ~** (*akk*) **geraten** tomber dans la misère; **~ leiden, in ~** (*dat*) **sein** être, se trouver dans la misère, le besoin; **~ leidend** nécessiteux; *plus fort* miséreux
Notar(in) M(F) notaire *m/f* **Notariat** N 1 *Amt* notariat *m* 2 *Büro* étude *f* de notaire
notariell A ADJ notarié B ADV **~ beglaubigt** notarié
Notarzt M, **Notärztin** F médecin *m* d'urgence **Notarztwagen** M unité mobile hospitalière **Notaufnahme** F *im Krankenhaus* service *m* des urgences **Notaufnahmelager** N camp *m*, centre *m* d'accueil **Notausgang** M sortie *f* de secours **Notausstieg** M FLUG sortie *f* de secours **Notbehelf** M pis-aller *m*; expédient *m* **Notbeleuchtung** F éclairage *m* de secours, *im Theater, Kino etc* de sûreté; veilleuse *f*
Notbremse F signal *m* d'alarme; **die ~ ziehen** tirer le signal d'alarme; *fig* donner, sonner l'alarme
Notdienst M (service *m* de) garde *f*; **~ haben** être de garde
notdürftig A ADJ (*knapp*) à peine suffisant; (*behelfsmäßig*) provisoire B ADV provisoirement; sommairement; **~ bekleidet** à peine vêtu
Note F 1 DIPL, MUS note *f*; **ganze ~** ronde *f*; **halbe ~** blanche *f*; **nach ~n singen** chanter sur partition 2 SCHULE, SPORT note *f*; point *m* 3 *schweiz* (*Banknote*) billet *m* (de banque) 4 *fig* (*Eigenart*) cachet *m*; (*Gepräge*) note *f*

Noten — les notes (fpl)

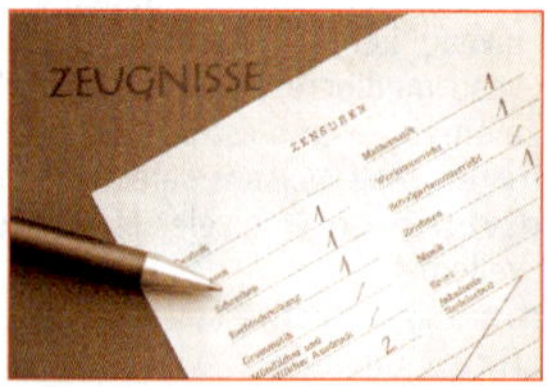

Noten — les notes (fpl)

Notebook N (petit ordinateur) portable *m*
Notenbank F banque *f* d'émission **Notenblatt** N partition *f* **Notendurchschnitt** M moyenne *f* (des notes) **Notengebung** F notation *f*; évaluation *f* **Notenhals** M queue *f* **Notenheft** N cahier *m* de musique **Notenkopf** M tête *f* d'une note **Notenlinie** F ligne *f* **Notenpapier** N papier *m* à musique **Notenschlüssel** M MUS clé *f* **Notenständer** M pupitre *m* (à musique)
Notfall M urgence *f*; cas *m* de besoin; **im ~** en cas de besoin; (*wenn es nicht anders geht*) à la rigueur; **für den ~** en cas de besoin
notfalls ADV en cas de besoin; (*wenn es nicht anders geht*) à la rigueur; (*schlimmstenfalls*) au pire
notgedrungen ADV contraint et forcé
Notgroschen M réserve *f*; (petites) économies

Notiz ≠ notice

Ich möchte Sie bitten, sich **Notizen** zu machen.	Je vous prie de prendre des **notes**.
Pour comprendre le fonctionnement de cette cafetière, il faut lire la **notice**.	Um das Funktionieren dieser Kaffeemaschine zu verstehen, muss man die **Bedienungsanleitung** lesen.

FALSCHE FREUNDE

notieren A VT 1 **(sich** *[dat]*) **etw ~** noter qc 2 BÖRSE coter B VI BÖRSE être coté
Notierung F BÖRSE cotation *f*; cours *m*
nötig ADJ nécessaire; **es ist ~ zu** (+ *inf*) il faut (+ *inf*); **es ist ~, dass …** il faut que … (+ *subj*); **wenn ~** si besoin est; **etw ~ haben** avoir besoin de qc; *fig* **das habe ich (doch) nicht ~** je n'ai pas besoin de ça; *umg* **du hast es gerade ~** *umg* tu ne manques pas d'air!; **das wäre doch nicht ~ gewesen!** *Geschenke etc* vous n'auriez pas dû!
nötigen VT 1 *(zwingen)* **j-n ~, etw zu tun** obliger, contraindre qn à faire qc 2 *geh (dringend bitten)* inviter; prier; **sich ~ lassen** se faire prier
Nötigung F coercition *f*; contrainte *f* (*a.* JUR)
Notiz F 1 *(schriftlicher Vermerk)* note *f*; **sich** *(dat)* **~en machen** prendre des notes 2 *(Zeitungsnotiz)* entrefilet *m* 3 **von etw ~ nehmen** prendre note de qc; **keine ~ von etw nehmen** ne tenir nul compte de qc
Notizblock M bloc-notes *m* **Notizbuch** N carnet *m* **Notizzettel** M fiche *f*
Notlage F situation *f* difficile; détresse *f*; embarras *m* **notlanden** VI faire un atterrissage forcé **Notlandung** F atterrissage forcé **notleidend** ADJT nécessiteux; *plus fort* miséreux **Notlösung** F expédient *m*; pis-aller *m* **Notlüge** F pieux mensonge
notorisch ADJ notoire
Notruf M appel *m* d'urgence **Notrufnummer** F numéro *m* d'urgence **Notrufsäule** F poste *m* d'appel d'urgence **Notrutsche** F FLUG toboggan *m* **notschlachten** VT abattre **Notschlachtung** F abattage forcé, d'urgence **Notsignal** N signal *m* de détresse, d'alarme **Notsitz** M strapontin *m* **Notstand** M état *m* d'urgence **Notstandsgebiet** N région sinistrée **Notstromaggregat** N groupe *m* (électrogène), génératrice *f* de secours **Nottaufe** F KATH ondoiement *m*; PROT baptême *m* d'urgence
nottun *geh* V/UNPERS être nécessaire; **es tut not, dass …** il faut que … (+ *subj*)
Notunterkunft F logement *m* provisoire
notwassern VI faire un amerrissage forcé **Notwasserung** F amerrissage forcé
Notwehr F légitime défense *f*; **aus ~** en état de légitime défense
notwendig ADJ nécessaire **Notwendigkeit** F nécessité *f*
Notzeit F **in ~en** *(dat)* en temps de crise
Notzucht F viol *m*
Nougat M *od* N praliné *m*
Novelle F 1 *(Erzählung)* nouvelle *f* 2 POL, JUR loi *f* dérogatoire; amendement *m*
November M (mois *m* de) novembre *m*; → Januar
Novität F nouveauté *f*
Novize M, **Novizin** F KATH *u. fig* novice *m/f*
Novum N nouveauté *f*; fait nouveau
Nr. ABK (Nummer) N°
Nu M **im ~** en un rien de temps; en un clin d'œil
Nuance F nuance *f* (*a. fig*)
nüchtern ADJ 1 *(mit leerem Magen)* à jeun 2 *(nicht betrunken)* à jeun; **~ werden** se dégriser 3 *fig Mensch, Kritik* objectif; *Stil* sobre
nuckeln *umg* VI **an etw** *(dat)* **~** sucer qc
Nudel F 1 GASTR nouille *f*; *(Fadennudel)* vermicelle *m*; **~n** *pl a.* pâtes *fpl* 2 *umg fig* **ulkige ~** *umg* fille marrante
Nudelholz N rouleau *m* à pâtisserie **Nudelsalat** M salade *f* de pâtes, de nouilles **Nudelsuppe** F potage *m* au vermicelle
Nudismus M nudisme *m* **Nudist(in)** M(F) nudiste *m/f*
Nugat → Nougat
nuklear ADJ nucléaire **Nuklearkrieg** M → Atomkrieg **Nuklearmedizin** F médecine *f* nucléaire **Nuklearwaffe** F arme *f* nucléaire
null A NUM zéro (❗ unveränderlich); **~ Komma zwei** zéro virgule deux; **für ~ und nichtig**

Notrufnummern

Die folgenden **Notrufnummern** gelten in ganz Frankreich und sind gebührenfrei. Sie können von allen Telefonzellen aus ohne Telefonkarte angewählt werden:

15	Notarzt	**le SAMU** [samy]
17	Polizei	**la police**
18	Feuerwehr	**les pompiers**

LANDESKUNDE

erklären déclarer nul et non avenu; **~ Grad** zéro degré; **~ Fehler** zéro faute **B** *umg* ADJ **~ Ahnung (von)** aucune idée (de)

Null F zéro *m*; *umg fig* **Ergebnis gleich ~** (au) résultat: zéro; *umg* **in ~ Komma nichts** *umg* en moins de deux; *umg* **er ist e-e ~** *umg* c'est un zéro

Nullachtfünfzehn-... *umg pej* IN ZSSGN quelconque; ordinaire; commun

Null-Bock-Generation *umg* F *umg* bof-génération *f*

Nulldiät F régime *m* sans calories; jeûne complet **Nulllösung** F option *f* zéro

Nullpunkt M zéro *m*; *umg fig* **auf dem ~ sein** avoir le moral à zéro

Nullrunde F gel *m* des salaires

Nulltarif M gratuité *f*; **zum ~** à titre gratuit; *umg* gratis

Nullwachstum N croissance *f* zéro

numerisch ADJ numérique

Numerus clausus M numerus clausus *m*

Nummer F numéro *m* (*a. Zeitungsnummer etc*); (*Rückennummer*) dossard *m*; (*Größe*) pointure *f*; (*Vorführung*) numéro *m*; *umg* (*Musikstück*) morceau *m*; *umg* **er ist e-e komische ~** *umg* c'est un (drôle de) numéro

nummerieren V/T numéroter **Nummerierung** F numérotage *m*

N

Nummernschild N plaque *f* minéralogique, d'immatriculation

nun ADV **1** (*jetzt*) maintenant; **von ~ an** dorénavant; désormais **2** *unbetont* **~ (ja)** enfin; **~, was sagen Sie dazu?** eh bien! qu'en dites-vous?; *bei Folgerungen* **~ (aber)** or; **was ~?** alors?; **~ denn!, ~ gut!** eh bien!; soit!

nunmehr *geh* ADV à présent; maintenant; (*von jetzt an*) désormais

nur ADV **1** *ausschließend* ne ... que; *ohne Verb meist* seul; seulement; **~ aus Eitelkeit** par pure vanité; **nicht ~ ..., sondern auch** non seulement ..., mais aussi; **~ gut, dass ...** (+ *ind*) heureusement que ... (+ *ind*); **alle, ~ er nicht** tous excepté *od* sauf lui; **... ~, dass ...** sauf que... **2** *in Wunschsätzen* **alles, ~ das nicht!** tout sauf ça, mais pas ça!; **dass er ~ nicht kommt!** mais qu'il ne vienne pas! **3** *ermunternd* **~ zu** vas-y!; allez-y!; **~ keine Angst!** n'aie *bzw.* n'ayez pas peur!; **geh ~!** va donc! **4** *warnend* **er soll ~ kommen!** qu'il (y) vienne!; **warte ~, ...!** attends un peu, ...! **5** *fragend, zweifelnd* donc; **was soll ich ~ sagen?** qu'est-ce que vous voulez que je vous dise? **6** *verallgemeinernd* **so viel ich ~ kann** (au)tant que je peux **7** *mit „zu", steigernd* **ich weiß es ~ zu gut** je ne le sais que trop (bien); **~ zu sehr** que trop

Nürnberg N Nuremberg

nuscheln *umg* V/I bredouiller; manger ses mots

Nuss F (*Walnuss*) noix *f*; (*Haselnuss*) noisette *f*; *fig* **e-e harte ~** un casse-tête

Nussbaum M noyer *m* (*a. Holz*) **nussbraun** ADJ brun noyer (❗ unveränderlich) **Nussknacker** M casse-noix *m*; *für Haselnüsse* casse-noisettes *m* **Nussschale** F coquille *f* de noix (*a. fig*) **Nussschokolade** F chocolat *m* aux noisettes

Nüster F naseau *m*

Nut F rainure *f*

Nutte *sl* F *sl* putain *f*

Nutzanwendung F utilisation *f*; application *f*

nutzbar ADJ (*brauchbar*) utilisable; *Boden, Wald, Ölvorkommen* exploitable; **etw ~ machen** exploiter qc

nutzbringend ADJT profitable; FIN productif

nütze ADJ **zu etw ~ sein** servir à qc; **zu nichts ~ sein** ne servir à rien

Nutzeffekt M rendement *m*; TECH efficacité *f*

nutzen → **nützen**

Nutzen M **1** (*Nützlichkeit*) utilité *f*; **von ~ sein** être utile **2** (*Gewinn*) profit *m*; **~ aus etw ziehen** tirer profit, parti de qc **3** (*Vorteil*) avantage *m*; **zum ~ von** dans l'intérêt de

nützen **A** V/T **1** AGR, TECH utiliser; exploiter **2** *Gelegenheit etc* profiter de **B** V/I **(j-m [zu etw]) ~** servir, être utile (à qn [pour qc]); **was nützt es, dass ...?** à quoi bon (+ *inf*)?; **nichts ~** ne servir à rien

Nutzer(in) M(F) ADMIN usager *m*; IT utilisateur, -trice *m,f*

Nutzfahrzeug N véhicule *m* utilitaire

Nutzfläche F surface *f* utile; **landwirtschaftliche ~** surface cultivable

Nutzgarten M jardin potager **Nutzholz** N bois *m* de construction **Nutzlast** F charge *f* utile

nützlich ADJ utile; **sich ~ machen** se rendre utile

Nützlichkeit F utilité *f*

nutzlos ADJ inutile; vain **Nutzlosigkeit** F inutilité *f* **Nutznießer(in)** M(F) bénéficiaire *m/f*; JUR usufruitier, -ière *m,f* **Nutzpflanze** F plante *f* utile

Nutzung F (*Benutzung*) utilisation *f*; *des Bodens* exploitation *f*

Nutzungsrecht N **das ~ (an etw** [*dat*]**)** le droit *m* de jouissance (sur qc)

Nutzwert M valeur *f* d'usage

Nylon® N nylon® *m* **Nylonstrumpf** M bas *m* nylon

Nymphe F MYTH, *fig* nymphe *f*

Nymphomanin F nymphomane *f*

O

O[1], **o** N O, o *m*
O[2] ABK (Ost[en]) E.
o INT oh!; **~ ja, nein!** oh oui, non!; **~ doch!** mais si!; **~ Gott!** mon Dieu!
o. a. ABK (oben angeführt) (mentionné) ci-dessus
o. Ä. ABK (oder Ähnliche[s]) *etwa* etc.
Oase F oasis *f* (*a. fig*)
ob KONJ si; **~ er noch da ist?** je me demande s'il est encore là; **~ … oder …** que … (*+ subj*) ou que … (*+ subj*); **und ~!** et comment!
OB M ABK (Oberbürgermeister) maire *m*
o. B. ABK MED (ohne Befund) résultat négatif
Obacht F **~!** attention!; **~ geben** faire attention (**auf** [*+ akk*] à)
ÖBB FPL ABK (Österreichische Bundesbahnen) chemins de fer autrichiens
Obdach *geh* N abri *m* **obdachlos** ADJ sans abri; (*nicht sesshaft*) sans domicile fixe **Obdachlose(r)** M/F(M) sans-abri *m/f*; (*Nichtsesshafte[r]*) sans domicile fixe *m/f*; SDF *m/f* **Obdachlosenasyl** N foyer *m* d'accueil et d'hébergement pour sans-abri **Obdachlosigkeit** F manque *m* d'abri
Obduktion F autopsie *f*
obduzieren V/T faire l'autopsie de; autopsier
O-Beine *umg* NPL jambes arquées
oben ADV (*hoch oben*) en °haut (**auf** [*+ akk ou dat*] de); (*auf der Oberfläche*) à la surface; *auf e-r Liste* en tête; *auf Kisten* **~!** °haut; **~ auf dem Berg** au sommet de la montagne; **~ erwähnt** susmentionné; **~ genannt** susnommé; **links, rechts ~** en °haut à gauche, à droite; **auf Seite 10 ~** en °haut de la page 10; *umg* **~ ohne** seins nus
obenan ADV en première position; *auf e-r Liste* en tête
obenauf ADV **1** dessus; (*an der Oberfläche*) à la surface **2** *fig* **~ sein** *umg* être en pleine forme
obendrein ADV de plus
Oben-ohne-Bedienung F serveuse *f* aux seins nus
Ober M garçon *m*; **Herr ~!** garçon!; Monsieur!
Ober… IN ZSSGN *räumlich* supérieur; GEOG °haut; *Rang* (en) chef **Oberarm** M bras *m* **Oberarzt** M, **Oberärztin** F médecin-chef *m* **Oberaufsicht** F surveillance générale **Oberbefehl** M commandement *m* suprême (**über** [*+ akk*] de) **Oberbefehlshaber** M commandant *m* en chef **Oberbegriff** M terme *m* générique **Oberbekleidung** F vêtements *mpl* **Oberbett** N couette *f* **Oberbürgermeister** M maire *m* **obercool** *umg* ADJ *umg* super cool (❗ unveränderlich) **Oberdeck** N SCHIFF pont supérieur
obere ADJ supérieur (*a. Schul-, Gesellschaftsklasse, Stockwerk*); *örtlich* d'en °haut; (*darüberliegend*) de dessus
Oberfeldwebel M sergent-chef *m*
Oberfläche F (*Außenseite*) surface *f*; (*Flächenausdehnung*) superficie *f*; *fig* **an der ~ bleiben** rester à la surface des choses
oberflächlich **A** ADJ superficiel (*a. fig*); *Person a.* léger **B** ADV *behandeln* superficiellement; *kennen* vaguement
Oberflächlichkeit F **1** caractère superficiel **2** (*Leichtfertigkeit*) légèreté *f* **Oberförster** M garde forestier d'un district **obergärig** ADJ à fermentation °haute **Obergefreite(r)** M caporal-chef *m* **Obergeschoss**, *österr* **Obergeschoß** N étage (supérieur) **Obergrenze** F plafond *m*
oberhalb PRÄP au-dessus de
Oberhand F **die ~ haben** avoir le dessus; **die ~ (über j-n) gewinnen** prendre le dessus (sur qn); l'emporter (sur qn)
Oberhaupt N chef *m*
Oberhaus N POL *in England* **das ~** la Chambre des lords
Oberhaut F épiderme *m* **Oberhemd** N chemise *f* **Oberherrschaft** F (*bestimmende Gewalt*) souveraineté *f*; (*Überlegenheit*) suprématie *f* **Oberhoheit** F souveraineté *f*
Oberin F **1** → Oberschwester **2** KATH (Mère *f*) supérieure *f*
oberirdisch ADJ à la surface du sol; en surface; ELEK aérien
Oberkante F bord supérieur **Oberkellner** M maître *m* d'hôtel **Oberkiefer** M mâchoire supérieure **Oberkommando** N °haut commandement (**über** [*+ akk*] de)
Oberkörper M buste *m*; torse *m*; **den ~ frei machen** se mettre torse nu
Oberlauf M *e-s Flusses* cours supérieur **Oberleder** N empeigne *f* **Oberlehrer** M *fig pej* pédant *m* **Oberleitung** F caténaire *f* **Oberleutnant** M lieutenant *m* **Oberlicht** N **1** *Licht* lumière *f* d'en °haut **2** *Fenster* vasistas *m* **Oberliga** F FUSSBALL quatrième division *f* **Oberlippe** F lèvre supérieure
Obermaterial N **~ Leder** dessus *m* cuir
Oberprima F *in Deutschland regional* neuvième année *f* de l'enseignement secondaire **Oberprimaner(in)** M(F) *in Deutschland regional* élève *m/f* de neuvième année de l'enseignement secondaire
Obers N *österr* crème *f* Chantilly

Oberschenkel M cuisse *f* **Oberschenkelhalsbruch** M fracture *f* du col du fémur **Oberschicht** F classes supérieures (de la société) **Oberschule** *umg* F lycée *m* **Oberschwester** F infirmière *f* (en) chef **Oberseite** F dessus *m*; côté supérieur **Obersekunda** F *in Deutschland regional* septième année *f* de l'enseignement secondaire **Obersekundaner(in)** M(F) *in Deutschland regional* élève *m/f* de septième année de l'enseignement secondaire
Oberst M colonel *m*
Oberstaatsanwalt M procureur *m* de la République **Oberstadtdirektor** M chef *m* des services de l'administration municipale
oberste ADJ le plus °haut; *Schublade etc* du haut; *Stockwerk* dernier; *Rang* le plus élevé; *Ziel* premier; *Gewalt* suprême
Oberstleutnant M lieutenant-colonel *m*
Oberstudiendirektor M *etwa* proviseur *m* **Oberstudienrat** M, **Oberstudienrätin** F professeur *m* de lycée
Oberstufe F SCHULE *etwa* second cycle **Oberteil** N *od* M partie supérieure; dessus *m*; *von Kleidungsstücken* °haut *m* **Obertertia** F *in Deutschland regional* cinquième année *f* de l'enseignement secondaire **Obertertianer(in)** M(F) *in Deutschland regional* élève *m/f* de cinquième année de l'enseignement secondaire
Oberwasser N *fig* ~ **bekommen** prendre le dessus
Oberweite F tour *m* de poitrine
obgleich *geh* → obwohl
Obhut *geh* F garde *f*; protection *f*; **j-n in s-e ~ nehmen** prendre qn sous sa protection, sa garde
obig ADJ mentionné ci-dessus
Objekt N 1 objet *m* 2 (*Immobilie*) bien immobilier 3 GRAM complément *m* (d'objet)
objektiv ADJ objectif
Objektiv N OPT objectif *m*
Objektivität F objectivité *f*
Objektschutz M protection *f* militaire des bâtiments, installations, *etc* **Objektträger** M *des Mikroskops* porte-objet *m*; lame *f*
Oblate F 1 KIRCHE hostie *f* 2 GASTR *etwa* gaufrette *f*
Obligation F HANDEL obligation *f* **obligatorisch** ADJ obligatoire
Obmann M, **Obmännin** F 1 *e-s Vereins, Kampfgerichts* président(e) *m(f)* 2 (*Schiedsmann*) tiers arbitre *od* tiers-arbitre *m* 3 *in e-m Betrieb* délégué(e) *m(f)* du personnel
Oboe F °hautbois *m*
Obrigkeit F autorité(s) *f(pl)*
obschon *geh* → obwohl

O

Observatorium N observatoire *m* **observieren** V/T surveiller
obsessiv ADJ obsessif
obskur ADJ obscur
Obst N fruits *mpl* **Obstanbau** M, **Obstbau** M culture fruitière **Obstbaum** M arbre fruitier **Obsternte** F récolte *f*, cueillette *f* (des fruits) **Obstessig** M vinaigre *m* de fruits **Obstgarten** M verger *m* **Obsthändler(in)** M(F) marchand(e) *m(f)* de fruits; fruitier, -ière *m,f* **Obstkonserven** FPL conserves *fpl* de fruits **Obstkorb** M panier *m* à fruits **Obstkuchen** M tarte *f* (aux fruits)
Obstler M eau-de-vie *f* (de fruits)
Obstmesser N couteau *m* à dessert **Obstplantage** F plantation *f* d'arbres fruitiers **Obstpresse** F pressoir *m* à fruits **Obstsaft** M jus *m* de fruits **Obstsalat** M salade *f* de fruits **Obstschale** F 1 (*Haut*) peau *f* 2 *leere Schüssel* coupe *f* à fruits; *gefüllte* coupe *f* de fruits **Obsttorte** F → Obstkuchen **Obstwasser** N eau-de-vie *f* (de fruits)

Obstschale — la peau

Obstschale — la coupe de fruits

obszön ADJ obscène **Obszönität** F obscénité *f*
Obus M trolleybus *m*
obwohl KONJ quoique, bien que (+ *subj*)
Ochs M *südd, österr, schweiz* → Ochse
Ochse M bœuf *m* (*a. umg Person*)
ochsen *umg* V/I *umg* potasser; *umg* bûcher
Ochsenmaulsalat M museau *m* de bœuf à la vinaigrette **Ochsenschwanzsuppe** F oxtail *m* **Ochsenzunge** F langue *f* de bœuf
Ocker M *od* N *Farbe* ocre *m* **ockerfarben**,

ockergelb ADJ ocre (! unveränderlich)
öde ADJ 1 *(menschenleer)* désert 2 *(unbebaut)* inculte 3 *fig (langweilig)* ennuyeux
Öde F 1 désert *m*; solitude *f* 2 *fig (Eintönigkeit)* grisaille *f*; monotonie *f*
Ödem N œdème *m*
oder KONJ 1 ou; *(sonst)* sinon; **~ aber** ou bien 2 *in Fragen* n'est-ce pas?
Ödipuskomplex M PSYCH complexe *m* d'Œdipe
Ödland N terrain *m*, terre *f* inculte
Odyssee *geh* F odyssée *f*
OECD F ABK (Organisation für wirtschaftliche Zusammenarbeit und Entwicklung) OCDE *f*
Ofen M *(Heizofen)* poêle *m*; *(Backofen)* four *m*; *(Herd, Fabrikofen, Schmelzofen)* fourneau *m*; *umg* **jetzt ist der ~ aus** *umg* c'est foutu
ofenfrisch ADJ tout chaud; qui sort du four **Ofenheizung** F chauffage *m* par poêle **Ofenrohr** N tuyau *m* de poêle
offen A ADJ 1 *(geöffnet)* ouvert *(a. Hemd, Kragen, Wunde)*; *Schuhe, Gelände* découvert; **halb ~** *Tür* entrouvert; **~e See** °haute mer; large *m*; **~er Wein** vin *m* en carafe; **auf ~er Straße** en pleine rue; **mit ~em Mund** *(erstaunt)* bouche bée; **das Geschäft hat, ist ~** le magasin est ouvert 2 *fig (freimütig)* ouvert; franc; **~es Wesen** ouverture *f* d'esprit 3 *Stelle* vacant 4 *(unentschieden)* ouvert; en suspens 5 *Rechnung etc* non réglé B ADV 1 **~ bleiben, lassen** *Tür etc* rester, laisser ouvert; *fig* → offenbleiben, offenlassen; **~ stehen** *Tür etc* être ouvert; *fig* → offenstehen 2 *(sichtbar)* ouvertement 3 *(freimütig)* franchement; **~ gesagt, gestanden** à vrai dire; franchement
offenbar A ADJ manifeste; évident; **~ werden** se manifester (**in** [+ *dat*], **durch** par) B ADV 1 *(anscheinend)* apparemment 2 *(offensichtlich)* visiblement
offenbaren *geh* V/T (u. V/R) (**sich ~** se) manifester; (se) révéler (*a.* REL); *Geheimnis* (se) découvrir; **sich j-m ~** ouvrir son cœur à qn
Offenbarung F REL, *fig* révélation *f*
Offenbarungseid M serment *m* déclaratoire d'insolvabilité
offenbleiben V/I *fig Frage* rester en suspens; *Wunsch* ne pas être réalisé; *Tür etc* → offen B 1
Offenheit F franchise *f*; sincérité *f*
offenherzig ADJ 1 franc; ouvert; *(aufrichtig)* sincère; *(mitteilsam)* expansif 2 *umg fig* très décolleté **offenkundig** ADJ manifeste; évident; *Tatsache* notoire; *Irrtum* flagrant
offenlassen V/T *fig Frage* laisser en suspens; *Tür etc* → offen B 1
offensichtlich A ADJ manifeste; évident B ADV de toute évidence; visiblement
offensiv ADJ offensif
Offensive F offensive *f*; **in die ~ gehen** passer à l'offensive *(a. fig)*
offenstehen V/I 1 *Stelle* être vacant 2 *Rechnung* ne pas être payé, réglé 3 *fig* **j-m ~** être ouvert à qn; *(zugänglich sein)* être accessible à qn; **es steht ihr offen zu** (+ *inf*) elle est libre de (+ *inf*) 4 *Tür etc* → offen B 1
öffentlich A ADJ public; **~e Bekanntmachung** avis *m* au public B ADV en public; publiquement; **~ bekannt machen** rendre public
Öffentlichkeit F *(Publikum)* public *m*; *(Öffentlichsein)* publicité *f*; **an die ~ bringen** divulguer; **mit etw an die ~ gehen, treten** publier qc; **unter Ausschluss der ~** à huis clos
Öffentlichkeitsarbeit F relations publiques
öffentlich-rechtlich ADJ de droit public
offerieren V/T offrir
Offerte F HANDEL offre *f*
offiziell ADJ officiel
Offizier M officier *m*
Offizierskasino N mess *m* des officiers
offline IT °hors ligne; déconnecté **Offlinebetrieb** M mode *m* °hors ligne
öffnen A V/T u. V/I ouvrir; *Flasche mit Kronenverschluss* décapsuler; *Zugekorktes* déboucher; **ein wenig ~** entrouvrir B V/R **sich ~** s'ouvrir (**j-m, e-r Sache** à qn, qc)
Öffner M *(Büchsenöffner)* ouvre-boîte *m*; *(Flaschenöffner)* ouvre-bouteille *m*; décapsuleur *m*
Öffnung F 1 *(Öffnen)* ouverture *f*; *e-r Flasche mit Korken* débouchage *m* 2 *(offene Stelle)* ouverture *f*; orifice *m* 3 POL ouverture *f*
Öffnungszeiten FPL heures *fpl* d'ouverture
Offroadfahrzeug N véhicule *m* tout-terrain
Offsetdruck M TYPO offset *m*
oft ADV souvent; **wie ~?** combien de fois?
öfter ADV *komp* 1 *abs* **~** *od geh* **des Öfteren** assez souvent 2 **~ als** plus souvent que
öfters ADV assez souvent
oftmals ADV souvent; maintes fois
OG ABK (Obergeschoss) étage (supérieur)
oh INT oh!; ah!
OHG F ABK (offene Handelsgesellschaft) société *f* en nom collectif
Ohm N ELEK ohm *m*
ohne A PRÄP sans; *umg* **das ist nicht (ganz) ~** *(nicht schlecht)* cela n'est pas mal; *(das hat es in sich)* *umg* c'est pas de la tarte B KONJ **~ dass …** sans que … (+ *subj*); **~ etw zu nehmen** sans rien prendre
ohnegleichen ADJ sans pareil **ohnehin** ADV de toute façon
Ohnmacht F 1 MED évanouissement *m*; **in ~**

(*akk*) **fallen** s'évanouir **2** (*Machtlosigkeit*) impuissance *f*
ohnmächtig **A** ADJ **1** MED évanoui; **~ werden** s'évanouir **2** (*machtlos*) impuissant **B** ADV **sie musste ~ zusehen, wie …** impuissante, elle vit …
oho INT °ho! °ho!; *umg* **klein, aber ~!** *umg* petit, mais super!
Ohr N **1** oreille *f*; **gute, schlechte ~en haben** bien, mal entendre; **j-m etw ins ~ flüstern** dire qc à l'oreille de qn; **es ist mir zu ~en gekommen, dass …** j'ai appris que … **2** *fig* **die ~en spitzen** *Tier* dresser les oreilles; *umg Person* dresser l'oreille; *umg* **sich aufs ~ legen** (aller) se coucher; *umg* piquer un somme; *umg* **j-m ein paar hinter die ~en geben** *umg* frotter les oreilles à qn; *umg* **schreib dir das hinter die ~en!** tiens-le-toi pour dit!; **j-m (mit etw) in den ~en liegen** casser les oreilles à qn (avec qc); *umg* **j-n übers ~ hauen** *umg* rouler qn; *umg* **bis über beide ~en (in j-n) verliebt sein** être amoureux fou (de qn); *umg* **viel um die ~en haben** *umg* être débordé; *umg* **j-m etw um die ~en hauen** jeter qc à la figure de qn; **ich bin ganz ~** je suis tout ouïe; *umg* **halt die ~en steif!** *umg* courage!
Öhr N chas *m*
Ohrenarzt M, **Ohrenärztin** F oto-rhino-laryngologiste *m/f*; *umg* oto-rhino *m/f* **ohrenbetäubend** ADJT assourdissant **Ohrenentzündung** F otite *f* **Ohrensausen** N bourdonnement *m* d'oreilles **Ohrenschmalz** N cérumen *m* **Ohrenschmaus** M régal *m* pour les oreilles
Ohrenschmerzen MPL maux *mpl* d'oreille(s); **ich habe ~** j'ai mal aux oreilles
Ohrenschützer MPL *starre* protège-oreilles *m*; *flexible* serre-tête *m* **Ohrensessel** M fauteuil *m* à oreilles **Ohrenzeuge** M, **Ohrenzeugin** F témoin *m* auriculaire
Ohrfeige F gifle *f* (*a. fig*)
ohrfeigen V/T gifler
Ohrhörer M oreillette *f* **Ohrklipp** M clip *m* **Ohrläppchen** N lobe *m* de l'oreille **Ohrmuschel** F pavillon *m* de l'oreille
Ohropax® N boules *fpl* Quies®
Ohrring M boucle *f* d'oreille **Ohrstecker** M boucle *f* d'oreille (pour oreilles percées) **Ohrwurm** M **1** ZOOL perce-oreille *m* **2** *umg fig* scie *f*; rengaine *f*
oje(mine) INT oh! là là!
o. k., O. K. *umg* ABK → okay
okay *umg* INT d'accord!; O.K.!
Okay *umg* N accord *m*; **sein ~ zu etw geben** donner son accord pour qc
okkult ADJ occulte
Okkultismus M occultisme *m*
Okkupation F occupation *f*
Öko… IN ZSSGN écologique; *Nahrungsmittel* biologique; *umg* bio **Ökobauer** M agriculteur *m* biologique **Ökobilanz** F écobilan *m* **Ökohaus** N maison *f* écologique **Ökolabel** N écolabel *m* **Ökoladen** M magasin *m* de produits biologiques, *umg* de produits bio **Ökologe** M, **Ökologin** F écologiste *m/f* **Ökologie** F écologie *f* **ökologisch** ADJ écologique
Ökonomie F économie *f* **ökonomisch** ADJ économique
Ökosiegel N écolabel *m* **Ökosteuer** F écotaxe *f* **Ökosystem** N écosystème *m*
Oktan N CHEM octane *m* **Oktanzahl** F indice *m* d'octane
Oktave F MUS octave *f*
Oktober M (mois *m* d')octobre *m*; → Januar
Oktoberfest N Fête *f* de la bière
ökumenisch ADJ œcuménique
Okzident *geh* M Occident *m*
Öl N (*Speiseöl, Motorenöl*) huile *f*; (*Heizöl*) mazout *m*; fuel *m*; (*Erdöl*) pétrole *m*; AUTO **das ~ wechseln** faire la vidange; *fig* **~ ins Feuer gießen** jeter de l'huile sur le feu
Ölbaum M olivier *m* **Ölbild** N → Ölgemälde **Ölbohrung** F forage *m* de pétrole
Oldie *umg* M vieux succès (*Film* de l'écran, *Lied* de la chanson)
Öldruck M AUTO pression *f* d'huile
Oldtimer M voiture ancienne
Oleander M laurier-rose *m*
ölen V/T huiler
Ölfarbe F peinture *f* à l'huile **Ölfeld** N champ *m* pétrolifère **Ölfilm** M film *m* d'huile **Ölfilter** M *od* N filtre *m* à huile **Ölgemälde** N (peinture *f* à l')huile *f*
Ölgötze *umg pej* M **(dastehen) wie ein ~** (rester planté là) comme une souche
Ölheizung F chauffage *m* au mazout
ölig ADJ **1** huileux **2** *fig pej* mielleux
oliv ADJ olive (**!** unveränderlich)
Olive F olive *f*
Olivenbaum M olivier *m* **Olivenhain** M oliveraie *f* **Olivenöl** N huile *f* d'olive
olivgrün ADJ vert olive (**!** unveränderlich)
Öljacke F ciré *m* **Ölkännchen** N, **Ölkanne** F burette *f* **Ölkrise** F crise *f* du pétrole **Öllampe** F lampe *f* à huile **Ölleitung** F pipe-line *m*; oléoduc *m* **Ölmalerei** F peinture *f* à l'huile **Ölmessstab** M jauge *f* d'huile **Ölofen** M poêle *m* à mazout **Ölpest** F marée noire **Ölquelle** F puits *m* de pétrole **Ölsardine** F sardine *f* à l'huile **Ölscheich** *umg* M magnat *m* du pétrole; *umg* émir *m* **Ölspur** F traces *fpl* d'huile **Ölstand** M niveau *m* d'huile

Öltank M cuve *f* à mazout **Öltanker** M pétrolier *m* **Ölteppich** M nappe *f* de pétrole
Ölung F huilage *m*; graissage *m*; KATH **Letzte ~** extrême-onction *f*
Ölvorkommen N gisement *m* de pétrole **Ölwanne** F AUTO carter *m* inférieur
Ölwechsel M vidange *f*; **e-n ~ machen (lassen)** faire (faire) une vidange
Olymp M MYTH Olympe *m*
Olympiade F Jeux *mpl* olympiques
Olympiadorf N village *m* olympique **Olympiamannschaft** F équipe *f* olympique **Olympiasieg** M victoire *f* olympique **Olympiasieger(in)** M(F) champion, -ionne *m,f* olympique **Olympiastadion** N stade *m* olympique **Olympiateilnehmer(in)** M(F) athlète *m/f* olympique
olympisch ADJ olympique; **Olympische Spiele** *npl* Jeux *mpl* olympiques
Ölzeug N ciré *m* (de marin) **Ölzweig** M rameau *m* d'olivier
Oma *umg* F *umg* mamie *f*; *umg* mémé *f* (*a. alte Frau*)
Omelett N omelette *f*
Omen N présage *m*; augure *m*
Omi *umg kinderspr* F *umg* mémé *f*; *umg* mamie *f*
ominös ADJ de mauvais augure; (*bedenklich*) suspect
Omnibus M autobus *m*; (*Reisebus*) autocar *m*
Omnibus... IN ZSSGN → **Bus...**
Omnibushaltestelle F arrêt *m* d'autobus **Omnibuslinie** F ligne *f* d'autobus
onanieren V/I se masturber
One-Night-Stand M aventure *f* d'une nuit
Onkel M oncle *m*; *kinderspr* **der ~ Doktor** le docteur
Onkologe M, **Onkologin** F cancérologue *m/f* **Onkologie** F cancérologie *f*
online IT en ligne
Onlineauktion F vente *f* aux enchères en ligne **Onlinebanking** N banque *f* en ligne **Onlinebetrieb** M mode connecté; opération *f* en ligne **Onlinedienst** M service *m* en ligne **Onlinekauf** M achat *m* en ligne **Onlineshop** M boutique *f* en ligne **Onlineshopping** N shopping *m* en ligne **Onlineverkauf** M vente *f* en ligne
Onyx M MINER onyx *m*
OP M ABK → Operationssaal
Opa *umg* M *umg* papi *m*; *umg* pépé *m* (*a. alter Mann*)
Opal M opale *f*
OPEC F ABK (Organisation der Erdöl exportierenden Länder) OPEP *f*
Open-Air... en plein air **Open-Air-Festival** N festival *m* en plein air

Oper F opéra *m*; (*Opernhaus*) Opéra *m*
operabel ADJ MED opérable
Operation F opération *f* (*a.* MIL, MATH)
Operationsnarbe F cicatrice *f* d'opération **Operationssaal** M salle *f* d'opération **Operationsschwester** F infirmière *f* (de la salle) d'opération **Operationstisch** M table *f* d'opération
operativ **A** ADJ **1** MED opératoire; *Eingriff* chirurgical **2** MIL opérationnel **B** ADV MED **~ entfernen** pratiquer l'ablation de; enlever
Operator(in) M(F) IT opérateur, -trice *m,f*
Operette F opérette *f*
operieren **A** V/T MED opérer (**an** [+*dat*] de); **sich ~ lassen** se faire opérer **B** V/I MED, *fig* opérer; MIL manœuvrer
Opernarie F air *m* d'opéra **Opernball** M bal *m* de l'Opéra **Opernführer** M guide *m* d'opéra **Opernglas** N jumelles *fpl* de théâtre **Opernhaus** N Opéra *m* **Opernkomponist** M compositeur *m* d'opéras **Opernsänger(in)** M(F) chanteur, -euse *m,f* d'opéra
Opfer N **1** REL sacrifice *m* (*a. fig*); (*Opfergabe*) offrande *f*; **große ~ für etw bringen** faire de grands sacrifices pour qc **2** (*Geschädigter*) victime *f*; **j-m, e-r Sache zum ~ fallen** être la victime de qn, de qc
opferbereit ADJ prêt à se sacrifier, à se dévouer **Opferbereitschaft** F esprit *m* de sacrifice; abnégation *f*; dévouement *m*
Opfergabe F offrande *f* **Opferlamm** N *umg fig* victime (innocente)
opfern **A** V/T REL sacrifier (*a. fig*) **B** V/R **sich (für j-n, etw) ~** se sacrifier (pour qn, à qc; *a. fig*)
Opferstock M tronc *m* **Opfertier** N animal immolé **Opferung** F sacrifice *m*
Opi *umg kinderspr* M *umg* pépé *m*; *umg* papi *od* papy *m*
Opiat N opiacé *m*
Opium N opium *m* (*a. fig*) **Opiumhöhle** F fumerie *f* d'opium **Opiumpfeife** F pipe *f* à opium **opiumsüchtig** ADJ opiomane
Opossum N ZOOL opossum *m*
opponieren V/I s'opposer (**gegen** à)
opportun *geh* ADJ opportun
Opportunismus M opportunisme *m* **Opportunist(in)** M(F) opportuniste *m/f* **opportunistisch** ADJ opportuniste
Opposition F opposition *f* **Oppositionsführer(in)** M(F) chef *m* de l'opposition **Oppositionspartei** F parti *m* d'opposition
optieren V/I opter (**für** pour)
Optik F **1** *Lehre* optique *f* **2** *e-s Geräts* système *m* optique **3** (*Eindruck*) aspect *m* **Optiker(in)** M(F) opticien, -ienne *m,f*
optimal **A** ADJ optimal; optimum (! unver-

änderlich) **B** ADV de manière optimale **optimieren** VT optim(al)iser
Optimismus M optimisme *m* **Optimist(in)** M(F) optimiste *m/f* **optimistisch** **A** ADJ optimiste **B** ADV avec optimisme
Optimum N optimum *m*
Option F JUR, HANDEL option *f* (**für** pour; **auf** [+ *akk*] sur)
optisch ADJ optique; **~e Täuschung** illusion *f* d'optique
opulent ADJ opulent; somptueux
Opus N œuvre *f*; MUS opus *m*
Orakel N oracle *m* (*a. fig*)
oral ADJ oral
orange ADJ orange (❗ unveränderlich)
Orange F orange *f*
Orangeade F orangeade *f*
Orangenbaum M oranger *m* **Orangenhaut** F MED cellulite *f*; peau *f* d'orange **Orangensaft** M jus *m* d'orange **Orangenschale** F écorce *f* d'orange
Orang-Utan M orang-outan(g) *m*
Oratorium N MUS oratorio *m*
Orchester N orchestre *m* **Orchestergraben** M fosse *f* d'orchestre **Orchestermusik** F musique orchestrale
Orchidee F orchidée *f*
Orden M **1** (*Mönchsorden etc*) ordre *m*; **in e-n ~ eintreten** entrer en religion **2** (*Auszeichnung*) décoration *f*; **j-m e-n ~ verleihen** décorer qn
Ordensbruder M religieux *m* **Ordensschwester** F religieuse *f* **Ordenstracht** F habit (religieux) **Ordensverleihung** F distribution *f* d'un ordre; décoration *f*
ordentlich **A** ADJ **1** (*ordnungsliebend*) ordonné **2** (*anständig*) convenable; **~e Leute** *pl umg* des gens *mpl* bien **3** *Mitglied, Professor* titulaire **4** *umg* (*ganz gut*) convenable; **e-e ~e Leistung** un bon travail **5** *umg* (*reichlich*) abondant; **e-e ~e Tracht Prügel** *umg* une bonne raclée **B** ADV **1** (*geordnet*) de manière ordonnée; (*sorgfältig*) soigneusement **2** (*anständig*) convenablement **3** *umg* (*ganz gut*) bien **4** *umg* (*reichlich*) copieusement
Order F HANDEL, MIL ordre *m*
ordern VT *u.* VI HANDEL commander
Ordinalzahl F nombre ordinal
ordinär ADJ *pej* vulgaire
Ordinariat N **1** KATH ordinariat *m* **2** *an Hochschulen* charge *f* de professeur titulaire **Ordinarius** M professeur *m* titulaire d'une chaire (**für** de) **Ordination** F *österr* (*Sprechstunde*) heures *fpl* de consultation; (*Arztpraxis*) cabinet médical
ordnen VT **1** mettre de l'ordre dans; ranger; *nach Größe etc* classer (**nach** par) **2** (*regeln*) régler
Ordner M **1** *Person* membre *m* du service d'ordre **2** (*Aktenordner*) classeur *m*
Ordnung F **1** ordre *m*; *vorgeschriebene* règle *f*; règlement *m*; **in ~ halten** tenir en ordre; **in ~ bringen** (*aufräumen*) ranger; *fig* (*regeln*) régler; *Papiere etc* **in ~ sein** être en règle; **es ist alles wieder in ~** tout s'est arrangé; *umg* **(das geht) in ~!** parfait!; d'accord!; *umg* ça marche!; **ich finde es nicht in ~, dass** je ne trouve pas ça bien que (*+subj*); *umg* **er ist in ~** *umg* il est bien; **der ~ halber** pour que tout soit en règle; pour que les formes soient respectées **2** (*Reihenfolge*) suite *f*; (*Grad*) rang *m*
Ordnungsamt N *services municipaux chargés de délivrer les passeports et les déclarations de séjour, d'autoriser les manifestations, etc* **Ordnungsdienst** M service *m* d'ordre **ordnungsgemäß** **A** ADJ réglementaire **B** ADV en bonne et due forme **ordnungshalber** ADV pour la bonne forme **Ordnungshüter** M *hum* gendarme *m* **Ordnungsliebe** F goût *m* de l'ordre **ordnungsliebend** ADJT ordonné **Ordnungssinn** M sens *m* de l'ordre **Ordnungsstrafe** F amende *f* **ordnungswidrig** ADJ irrégulier **Ordnungswidrigkeit** F infraction *f*; contravention *f* **Ordnungszahl** F nombre ordinal
Oregano M origan *m*
ORF M ABK (Österreichischer Rundfunk) radio et télévision autrichiennes
Organ N **1** ANAT, (*Nachrichtenorgan*), *fig* organe *m* **2** *umg* (*Stimme*) voix *f*; **sie hat ein lautes ~** elle parle fort
Organbank F banque *f* d'organes **Organempfänger(in)** M(F) receveur, -euse *m,f* (d'organe)
Organisation F organisation *f*
Organisationskomitee N comité organisateur **Organisationstalent** N qualités *fpl* d'organisateur

O

ordinär ≠ ordinaire

Die Jugendlichen bedienen sich häufig einer **ordinären** Sprache.	Les jeunes ont souvent un langage **vulgaire**.
Ce n'est pas un reproche **ordinaire**.	Das ist kein **alltäglicher** Vorwurf.

FALSCHE FREUNDE

Organisator M, **Organisatorin** F organisateur, -trice *m,f* **organisatorisch** A ADJ d'organisation B ADV sur le plan de l'organisation

organisch ADJ organique

organisieren A V/T 1 organiser 2 *umg* (*beschaffen*) **etw ~** se procurer qc B V/R **sich ~** s'organiser; **gewerkschaftlich organisiert** syndiqué

Organismus M BIOL, *fig* organisme *m*

Organist(in) M(F) organiste *m/f*

Organizer M assistant *m* électronique

Organspende F don *m* (d'organe) **Organspender(in)** M(F) donneur, -euse *m,f* (d'organe) **Organspenderausweis** M carte *f* de donneur (d'organe) **Organtransplantation** F transplantation *f* d'un organe

Orgasmus M orgasme *m*

Orgel F orgue *m* **Orgelbauer** M facteur *m* d'orgues **Orgelkonzert** N récital *m* d'orgue

Orgelpfeife F tuyau *m* d'orgue; *hum* **wie die ~n** par rang de taille

Orgie F orgie *f*; **e-e ~ feiern** faire une orgie

Orient der ~ l'Orient *m*; **der Vordere ~** le Proche-Orient

Orientale M, **Orientalin** F Oriental(e) *m(f)* **orientalisch** ADJ oriental

orientieren A V/T 1 (*ausrichten*) orienter (**nach Süden** au sud) 2 (*in Kenntnis setzen*) renseigner (**über** [+ *akk*] sur) B V/R **sich ~** 1 *räumlich* s'orienter 2 (*sich informieren*) se renseigner (sur) 3 **sich an etw, j-m ~** prendre qc, qn comme modèle

Orientierung F 1 orientation *f*; **die ~ verlieren** perdre l'orientation 2 (*Information*) **zur ~** à titre d'information

Orientierungshilfe F point *m* de repère **orientierungslos** ADJ désorienté **Orientierungspunkt** M (point *m* de) repère *m* **Orientierungssinn** M sens *m* de l'orientation **Orientierungsstufe** F SCHULE classes *fpl* d'orientation

Orientteppich M tapis *m* d'Orient

Origami N origami *m*

original A ADJ original; (*ursprünglich*) d'origine B ADV **~ französische Spitze** véritable dentelle française; **etw ~ übertragen** diffuser qc en direct

Original N original *m* (*a. Person*); (*Originalurkunde*) minute *f* **Originalausgabe** F édition originale; première édition **Originalbeleg** M pièce originale; original *m* **Originalfassung** F version originale **Originalgemälde** N tableau original **originalgetreu** ADJ fidèle à l'original

Originalität F originalité *f*

Originalton M **die Reden** *fpl* **von X im ~** l'enregistrement original des discours de X; **~ Christine** dixit Christine

Originalübertragung F émission *f* en direct **Originalverpackung** F emballage *m* d'origine

originell ADJ original

Orkan M ouragan *m*

orkanartig ADJ tempétueux; *Sturm* violent; **~er Beifall** tonnerre *m*, tempête *f* d'applaudissements

Ornament N ornement *m* **ornamental** ADJ ornemental

Ornat M robe *f*

Ornithologe M, **Ornithologin** F ornithologiste *m/f* **Ornithologie** F ornithologie *f* **ornithologisch** ADJ ornithologique

Ort M lieu *m*; endroit *m*; (*Ortschaft*) localité *f*; **an ~ und Stelle** sur place; **an ~ und Stelle sein** être à l'endroit convenu; *fig* **vor ~** (*an Ort und Stelle*) sur place

Örtchen *umg* N **(stilles) ~** (*WC*) *umg* petit coin

orten V/T localiser; repérer

orthodox ADJ orthodoxe

Orthografie → Orthographie

orthografisch → orthographisch

Orthographie F orthographe *f*

orthographisch ADJ orthographique; **~er Fehler** faute *f* d'orthographe

Orthopäde M, **Orthopädin** F orthopédiste *m* **Orthopädie** F orthopédie *f* **orthopädisch** ADJ orthopédique

örtlich A ADJ local (*a. Betäubung, Niederschläge*) B ADV **~ begrenzen** localiser; circonscrire; MED **~ betäuben** pratiquer une anesthésie locale

Örtlichkeit F *meist* PL **~en** lieux *mpl*

Ortsangabe F indication *f* du lieu **ortsansässig** ADJ local **Ortsansässige(r)** M/F(M) résident(e) *m(f)* **Ortsausgang** M sortie *f* de la localité **Ortsbeschreibung** F topographie *f* **Ortsbestimmung** F 1 GRAM complément (circonstanciel) de lieu 2 (*Lokalisierung*) localisation *f* **Ortsbezeichnung** F nom *m* de *od* du lieu

Ortschaft F endroit *m*; localité *f*; **geschlossene ~** agglomération *f*

Ortseingang M entrée *f* de la localité **ortsfremd** ADJ étranger **ortsgebunden** ADJT lié, attaché au lieu; stationnaire **Ortsgespräch** N TEL communication urbaine **Ortskenntnis** F connaissance *f* des lieux **ortskundig** ADJ connaissant les lieux **Ortsname** M nom *m* de lieu **Ortsnetz** N TEL réseau urbain **Ortsschild** N panneau *m* (d'entrée *bzw.* de sortie) d'agglomération **Ortstarif** M TEL tarif urbain **Ortsteil** M quartier *m* **ortsüblich** ADJ selon l'usage local **Orts-**

O

verkehr M trafic local **Ortswechsel** M changement *m* de lieu **Ortszeit** F heure locale **Ortszulage** F, **Ortszuschlag** M indemnité *f* de résidence
Ortung F repérage *m*
Öse F MODE œillet *m*
Ossi *umg* M *surnom des Allemands de l'Est*
Ost M est *m* **Ostasien** N l'Asie orientale **Ostblock** *neg!* M HIST bloc *m* de l'Est **ostdeutsch** ADJ d(e l)'Allemagne de l'Est **Ostdeutschland** N l'Allemagne *f* de l'Est
Osten M est *m*; POL **der ~** l'Est; **der Ferne ~** l'Extrême-Orient; **der Mittlere ~** le Moyen-Orient; **der Nahe ~** le Proche-Orient; **im ~ (von)** à l'est (de); **von ~** de l'est
Osteoporose F ostéoporose *f*
Osterei N œuf *m* de Pâques **Osterferien** PL vacances *fpl* de Pâques **Osterfest** N Pâques *m od fpl* **Osterglocke** F BOT jonquille *f* **Osterhase** M lapin *m* de Pâques (! einen Osterhasen wie bei uns kennt man in Frankreich nicht)
Osterinsel die ~ l'île *f* de Pâques
Osterlamm N agneau pascal
österlich ADJ pascal
Ostermontag M lundi *m* de Pâques
Ostern N Pâques *m od fpl*; **an ~** *od* **zu ~** à Pâques; **frohe** *od* **fröhliche ~!** joyeuses Pâques!
Österreich N l'Autriche *f* **Österreicher(in)** M(F) Autrichien, -ienne *m,f* **österreichisch** ADJ autrichien; POL *in zssgn* austro-…
Ostersonntag M dimanche *m* de Pâques
Osterweiterung F *der EU, der Nato* élargissement *m* à l'Est
Osterwoche F (*Karwoche*) semaine sainte; *nach Ostern* semaine *f* de Pâques
Osteuropa N l'Europe de l'Est **osteuropäisch** ADJ de l'Europe de l'Est **Ostküste** F côte est, orientale
östlich A ADJ d(e l)'est; oriental B ADV à l'est; **~ von** à l'est de
Östrogen N œstrogène *m*
Ostsee F (mer *f*) Baltique *f* **Ostseite** F (côté *m*) est *m* **ostwärts** ADV vers l'est **Ostwind** M vent *m* d'est
O-Ton M → Originalton
Otter[1] F (*Viper*) vipère *f*
Otter[2] M (*Fischotter*) loutre *f*
out *umg* ADJ **~ sein** être passé de mode
Outdoorjacke F veste *f* outdoor
outen A V/T révéler l'homosexualité de B V/R **sich ~** révéler son homosexualité
Outfit N (*Kleidung*) tenue *f*; *umg* fringues *fpl*; (*Ausrüstung*) équipement *m*
Outing N SOZIOLOGIE outing *m*
Output M *od* N 1 WIRTSCH production totale d'une entreprise 2 IT sortie *f* **Outsider** M *bes* SPORT outsider *m*
outsourcen V/T WIRTSCH externaliser
Outsourcing N WIRTSCH externalisation *f*
Ouvertüre F MUS ouverture *f*
oval ADJ ovale
Oval N ovale *m*
Ovation *geh* F ovation *f*
Overall M *ohne Ärmel* salopette *f*; *mit Ärmeln* combinaison *f*; (*Arbeitsoverall*) bleu *m* (de travail)
overdressed ADJ trop bien habillé
Overheadfolie F transparent *m* **Overheadprojektor** M rétroprojecteur *m*
ÖVP F ABK (Österreichische Volkspartei) parti populaire autrichien
Ovulation F ovulation *f*
Oxid N *t/t*, **Oxyd** N oxyde *m* **Oxidation** F oxydation *f* **oxidieren** V/I s'oxyder
Ozean M océan *m* **Ozeandampfer** M transatlantique *m*
Ozeanien N l'Océanie *f* **ozeanisch** ADJ océanien
Ozelot M ZOOL, *Pelz* ocelot *m*
Ozon N ozone *m* **Ozonalarm** M alerte *f* à l'ozone **ozonhaltig** ADJ ozoné **Ozonloch** N trou *m* dans la couche d'ozone **Ozonschicht** F couche *f* d'ozone **Ozonwert** M taux *m* d'ozone

P

P, p N P, p *m*
paar INDEF PR **ein ~** (*einige*) quelques; **ein ~ hundert Bücher** quelques centaines de livres; **ein ~ verließen den Saal** quelques-uns ont quitté la salle; **ein ~ Mal** quelques fois
Paar N 1 *bei Sachen* paire *f*; **ein ~ Schuhe** une paire de chaussures 2 *Personen, Tiere* couple *m*
paaren V/R **sich ~** s'accoupler, s'apparier (**mit** avec); *fig* s'allier, s'associer (à, avec)
Paarlauf M patinage *m* par couple(s) **Paarreim** M METRIK rime plate
Paarung F accouplement *m* (*a. fig*)
Paarungszeit F *der Säugetiere* rut *m*; *der Vögel* pariade *f*
paarweise ADJ *u.* ADV par paires; par couples; par deux
Pacht F bail *m*; *e-s Geschäfts* gérance *f*
pachten V/T prendre à bail; *Geschäft* prendre en gérance libre; *umg* **er tut, als hätte er die**

Weisheit für sich gepachtet il se comporte comme s'il avait, possédait la science infuse

Pächter(in) M(F) gérant *m*; locataire *m/f*

Pachtung F (prise *f* à) ferme *f*; bail *m*

Pachtvertrag M (contrat *m* de) bail *m*

Pack[1] M (*Packen*) paquet *m*; (*Bündel*) liasse *f*

Pack[2] N *umg pej* (*Gesindel*) racaille *f*

Päckchen N petit paquet; **ein ~ Zigaretten** un paquet de cigarettes; *fig* **jeder hat sein ~ zu tragen** chacun porte sa croix

Packeis N banquise *f*

packen A VT 1 *Koffer, Paket* faire; *Waren* emballer; (*hineinpacken*) faire entrer (**in** [+ *akk*] dans) 2 (*ergreifen*) saisir (*a. fig*) 3 *fig* (*fesseln*) captiver 4 *umg Examen umg* décrocher B VI (*Koffer packen*) faire ses valises, bagages

Packen M gros paquet

packend ADJT captivant; prenant

Packer(in) M(F) emballeur, -euse *m,f*

Packerl N *österr* 1 (*Packung*) paquet *m* 2 (*Postpaket*) colis postal; (*Päckchen*) petit paquet 3 (*Getränkeverpackung*) brique® *f*

Packesel M âne *m* de bât; *umg fig* bête *f* de somme **Packpapier** N papier *m* d'emballage; (papier *m*) kraft *m*

Packung F 1 HANDEL paquet *m* 2 MED enveloppement *m* **Packungsbeilage** F notice *f*

Pädagoge M, **Pädagogin** F pédagogue *m/f* **Pädagogik** F pédagogie *f* **pädagogisch** ADJ pédagogique

Paddel N pagaie *f* **Paddelboot** N (*Kanu*) canoë *m*; (*Kajak*) kayak *m*

paddeln VI pagayer

pädophil ADJ pédophile

Paella F GASTR paella *f*

paffen *umg* A VT fumer B VI fumer; *umg* cloper

Page M page *m*; *im Hotel* chasseur *m*; groom *m* **Pagenkopf** M cheveux coupés à la Jeanne d'Arc

Pagode F pagode *f*

Paillette F MODE paillette *f*

Paket N paquet *m*; (*Postpaket*) colis postal **Paketannahme** F réception *f* (des colis postaux) **Paketausgabe** F délivrance *f*, remise *f* (des colis postaux) **Paketdienst** M messagerie *f*; service *m* de livraison (de colis) **Paketkarte** F bulletin *m* d'expédition **Paketpost** F service *m* des colis postaux **Paketschalter** M guichet *m* des colis postaux **Paketsendung** F colis (postal) **Paketzustellung** F distribution *f* des colis

Pakistan N le Pakistan

Pakistaner(in) M(F), **Pakistani** M, F Pakistanais(e) *m(f)* **pakistanisch** ADJ pakistanais

Pakt M pacte *m*; accord *m*; **e-n ~ (mit j-m) schließen** faire, conclure un pacte (avec qn)

Paläontologe M, **Paläontologin** F paléontologue *m/f* **Paläontologie** F paléontologie *f*

Palast M palais *m*; *fig* hôtel *m*; palace *m*

Palästina N la Palestine

Palästinenser(in) M(F) Palestinien, -ienne *m, f* **palästinensisch** ADJ palestinien

Palatschinke F *österr* crêpe *f*

Palaver *umg* N palabres *fpl* **palavern** *umg* VI palabrer; tenir des palabres

Palette F palette *f* (*a.* TECH); *fig* (*Vielfalt*) gamme *f*; éventail *m*

paletti ADJ *umg* **alles ~** *umg* tout baigne

Palisade F palissade *f*

Palisander M, **Palisanderholz** N palissandre *m*

Palme F palmier *m*; *umg fig* **j-n auf die ~ bringen** mettre qn en rage; pousser qn à bout

Palmenhain M palmeraie *f*

Palm(en)herzen NPL GASTR cœurs *mpl* de palmier

Palmsonntag M dimanche *m* des Rameaux

Palmtop M assistant *m* électronique

Palmwedel M, **Palmzweig** M palme *f*

Pampa F pampa *f*; *umg fig* **in der ~** (*weitab von jeglicher Zivilisation*) en pleine brousse

Pampe F 1 (*Brei*) bouillie *f*; magma *m* 2 (*Matsch*) gadoue *f*

Pampelmuse F pamplemousse *m* (! maskulin); grape-fruit *m*

Pampers® *umg* PL couches-culottes *fpl*

Pamphlet N pamphlet *m*

pampig *umg* ADJ (*dreist*) *umg* gonflé; (*unfreundlich*) désagréable

Panade F GASTR panure *f*

Panama N le Panama

panaschieren VI POL *bei der Wahl* panacher

Panda M, **Pandabär** M ZOOL panda *m*

Paneel N lambris *m*; panneau *m*

Panflöte F flûte *f* de Pan

panieren VT paner **Paniermehl** N panure *f*; chapelure *f*

Panik F panique *f*; **in ~** (*akk*) **geraten** *umg* paniquer; **es brach e-e ~ aus** il y a eu panique; *umg* **nur keine ~!** surtout, pas de panique!

Panikmache *umg pej* F alarmisme *m* **Panikstimmung** F (climat *m* de) panique *f*; affolement *m*

panisch ADJ panique

Panne F panne *f* (*a. fig*); **e-e ~ haben** avoir une, tomber en panne

Pannendienst M (service *m* de) dépannage *m*

Panorama N panorama *m* **Panoramastraße** F route *f* panoramique

panschen *umg pej* VT *Wein* frelater; *umg* trafiquer

Pansen M ZOOL panse *f*

Pant(h)er M panthère *f* (! feminin)

Pantoffel M pantoufle *f*; mule *f*; *umg fig* **er steht unter dem ~** c'est sa femme qui porte la culotte

Pantoffelheld *umg pej* M mari gouverné, mené par sa femme **Pantoffelkino** *umg hum* N petit écran **Pantoffeltierchen** N BIOL paramécie *f*

Pantomime F pantomime *f*

pantomimisch A ADJ pantomimique B ADV **~ darstellen** mimer

pantschen → panschen

Panzer M 1 *(Rüstung)* cuirasse *f* 2 ZOOL cuirasse *f*; carapace *f* 3 MIL char *m* d'assaut; blindé *m* **Panzerabwehr** F défense *f* antichars **Panzerfaust** F lance-roquettes *m* antichar; bazooka *m* **Panzerglas** N verre *m* pare-balles

panzern VT armer d'une cuirasse; cuirasser; blinder

Panzerschrank M coffre-fort *m* **Panzerung** F blindage *m* **Panzerwagen** M véhicule, engin blindé

Papa *umg kinderspr* M papa *m*

Papagallo M (jeune) dragueur italien

Papagei M perroquet *m*

Papamobil N papamobile *f*

Paparazzo M paparazzi *m*

Papaya F papaye *f*

Paperback N livre (de poche) cartonné

Papi *umg kinderspr* M papa *m*

Papier N 1 papier *m*; **zu ~ bringen** mettre, jeter sur le papier; écrire; *sprichw* **~ ist geduldig** le papier souffre tout 2 *pl* **~e** *(Ausweise)* papiers *mpl* 3 *(Wertpapier)* titre *m*; valeur *f*; effet *m*

Papierfabrik F papeterie *f* **Papierfetzen** M chiffon *m* de papier **Papiergeld** N papier-monnaie *m*; billets *mpl* de banque **Papierhandtuch** N serviette *f* jetable, en papier **Papierkorb** M corbeille *f* à papier **Papierkram** *umg* M *umg* paperasses *fpl* **Papierkrieg** *umg* M paperasserie *f* **Papiermesser** N coupe-papier *m* **Papierrolle** F rouleau *m* de papier **Papierschlange** F serpentin *m* **Papierschnitzel** N *od* M rognure *f* de papier **Papierserviette** F serviette *f* en papier **Papiertaschentuch** N mouchoir *m* en papier **Papiertüte** F *kleinere* sachet *m*, *größere* sac *m*, *dreieckige* cornet *m* en papier

Papille F ANAT papille *f*

papp *umg* INT **nicht mehr ~ sagen können** être gavé (comme une oie)

Pappbecher M gobelet *m* en carton **Pappdeckel** M carton *m*

Pappe F carton *m*; *dünne* carte *f*; *umg* **das ist nicht von ~** *umg* ce n'est pas de la petite bière, pas piqué des vers

Pappel F peuplier *m*

pappen *umg* VT *u.* VI coller (**an, auf** [*v/t: + akk bzw. v/i: + dat*] à, sur)

Pappenheimer M *umg* **s-e ~ kennen** connaître son monde

Pappenstiel M *umg* **das ist kein ~** ce n'est pas rien, une bagatelle

papperlapapp INT taratata!; à d'autres!

pappig ADJ *(breiig)* pâteux; *(klebrig)* poisseux; collant

Pappkarton M carton *m*; boîte *f* en carton **Pappmaschee** N carton-pâte *m*; papier mâché **Pappschachtel** F carton *m*; boîte *f* en carton

Pappschnee M neige collante

Pappteller M assiette *f* en carton

Paprika M *Schote* poivron *m*; *Gewürz* piment *m*; paprika *m* **Paprikaschnitzel** N escalope *f* au paprika **Paprikaschote** F poivron *m*

Paprika — le poivron

Paprika — le paprika

Papst M pape *m* (*a. fig*)

päpstlich ADJ du pape; pontifical; *fig* **~er sein als der Papst** être plus royaliste que le roi

Papyrus M papyrus *m*

Parabel F parabole *f*

Parabolantenne F antenne *f* parabolique **Parabolspiegel** M miroir *m*, réflecteur *m* parabolique

Parade F 1 MIL défilé *m*, parade *f* (militaire); revue *f* 2 SPORT parade *f* **Paradebeispiel** N exemple éclatant

Paradeiser M österr tomate *f*
Paradies N paradis *m* (*a. fig*) **paradiesisch** ADJ du paradis; paradisiaque (*a. fig*) **Paradiesvogel** M **1** ZOOL paradisier *m*; oiseau *m* de paradis **2** *fig* oiseau *m* exotique
Paradigma N paradigme *m*
paradox ADJ paradoxal
Paradox N paradoxe *m*
paradoxerweise ADV paradoxalement
Paraffin N paraffine *f*
Paragliding N parapente *m*
Paragraph M paragraphe *m*; JUR article *m*; titre *m*
Paragraph(en)zeichen N paragraphe *m*
Paraguay N le Paraguay
parallel **A** ADJ parallèle (**mit, zu** à) **B** ADV **~ laufen** être parallèle
Parallele F parallèle *f*; *fig* parallèle *m* (! maskulin)
Parallelität F parallélisme *m*
Parallelklasse F classe *f* parallèle
Parallelogramm N parallélogramme *m*
Parallelstraße F rue *f* parallèle
Paralympics PL Jeux *mpl* olympiques °handisports
Parameter M MATH paramètre *m* (*a. fig*)
paramilitärisch ADJ paramilitaire
Paranoia F MED paranoïa *f* **paranoid** ADJ paranoïde
Paranuss F noix *f*, châtaigne *f* du Brésil **Parapsychologie** F parapsychologie *f*
Parasit M parasite *m* (*a. fig pej*)
parat ADJ prêt; **etw ~ haben** avoir qc tout prêt
Paravent M *od* N paravent *m*
Pärchen N (jeune) couple *m*; *umg pej* petit couple
Parcours M PFERDESPORT parcours *m*
Pardon M *od* N (*Verzeihung*) pardon *m*; (*Begnadigung*) grâce *f*; **kein(en) ~ kennen** être impitoyable, implacable
Parfum N, **Parfüm** N parfum *m*
Parfümerie F parfumerie *f*
parfümieren V/T (*u.* V/R) (**sich ~** se) parfumer
Parfümzerstäuber M vaporisateur *m* (à parfum)
Paria M paria *m* (*a. fig*)
parieren **A** V/T SPORT parer **B** *umg* V/I (*gehorchen*) obéir; s'exécuter
Paris N Paris **Pariser** *umg* M (*Kondom*) *umg* capote (anglaise) **Pariser(in)** M(F) Parisien, -ienne *m,f*
Park M parc *m*
Parka M parka *f od m*
Park-and-ride-Platz M parc *m* de liaison
Parkanlagen FPL parc *m*; espace vert **Parkbank** F banc public **Parkbucht** F emplacement *m* (pour voitures) **Parkdeck** N niveau *m* (dans un parking couvert)
parken **A** V/T garer **B** V/I se garer; **Parken verboten!** stationnement interdit!
Parkett N parquet *m*; THEAT orchestre *m*; parterre *m* **Parkett(fuß)boden** M parquet *m*; parquetage *m*
Parkgebühr F taxe *f* de stationnement **Parkgelegenheit** F parking *m* **Parkhaus** N parking couvert
parkieren *schweiz* → parken
Parkinsonkrankheit F, **parkinsonsche Krankheit** **die Parkinsonkrankheit, parkinsonsche Krankheit** la maladie de Parkinson
Parkkralle F sabot *m* de Denver **Parklücke** F créneau *m* **Parkplatz** M **1** *für viele Autos* parking *m*; parc *m* de stationnement **2** (*Parkmöglichkeit*) place *f* (pour se garer) **Parkscheibe** F disque *m* (de stationnement) **Parkschein** M ticket *m* de stationnement **Parkscheinautomat** M horodateur *m* **Parkstreifen** M bande *f* de stationnement **Parksünder** *umg* M contrevenant(e) *m(f)* aux règles du stationnement **Parkuhr** F parcmètre *m*
Parkverbot N interdiction *f*, défense *f* de stationner; **im ~ stehen** être en stationnement interdit
Parlament N parlement *m*; **Europäisches ~** Parlement européen
Parlamentarier(in) M(F) parlementaire *m/f* **parlamentarisch** ADJ parlementaire
Parlamentsbeschluss M vote *m* du parlement **Parlamentsgebäude** N parlement *m* **Parlamentsmitglied** N membre *m* du parlement **Parlamentssitzung** F séance *f* du parlement **Parlamentswahlen** FPL élections (législatives)
Parmaschinken M jambon *m* de Parme
Parmesan M, **Parmesankäse** M parmesan *m*
Parodie F parodie *f* (**auf** [+ *akk*] de) **parodieren** V/T parodier; faire une parodie de **Parodist(in)** M(F) parodiste *m/f* **parodistisch** ADJ parodique
Parodontose F MED maladie parodontale
Parole F **1** slogan *m*; mot *m* d'ordre **2** MIL mot *m* de passe
Paroli N **j-m ~ bieten** tenir tête à qn

Parole ≠ parole

die Parole = **le mot d'ordre**
la parole = das Wort

FALSCHE FREUNDE

partout ≠ partout

Ich mag ihn **partout** nicht.	Je ne l'aime **absolument** pas.
La police a cherché la jeune fille **partout**.	Die Polizei hat das junge Mädchen **überall** gesucht.

FALSCHE FREUNDE

Part M MUS partie *f*; THEAT, FILM *etc* rôle *m*

Partei F 1 POL, *(Gruppe)* parti *m*; **für, gegen j-n ~ ergreifen** prendre parti pour, contre qn 2 JUR partie *f*; **die vertragschließenden ~en** les parties contractantes

Parteichef(in) M(F) chef *m*, leader *m* de parti **Parteifreund(in)** M(F) camarade *m/f* de parti **Parteiführung** F direction *f* d'un *bzw.* du parti

parteiisch ADJ partial

Parteikongress M congrès *m* d'un *bzw.* du parti **parteilos** ADJ sans parti; indépendant; sans étiquette **Parteilose(r)** M/F(M) sans-parti *m/f*; *im Parlament* non-inscrit(e) *m(f)* **Parteimitglied** N membre *m*, adhérent *m* (du, d'un parti) **Parteipolitik** F politique *f* de parti **parteipolitisch** ADJ qui concerne la politique du parti; inspiré par les intérêts du parti **Parteiprogramm** N programme *m* d'un *bzw.* du parti **Parteispende** F somme *f* d'argent destinée au financement d'un parti **Parteitag** M congrès *m* du parti **Parteivorsitzende(r)** M/F(M) président(e) *m(f)* d'un *bzw.* du parti **Parteivorstand** M comité directeur d'un *bzw.* du parti **Parteizugehörigkeit** F appartenance *f* à un *bzw.* au parti

Parterre N rez-de-chaussée *m* **Parterrewohnung** F (logement *m* au) rez-de-chaussée *m*

Partie F 1 *beim Spiel* partie *f* 2 *(Heiratsmöglichkeit)* parti *m*; **e-e gute ~** un beau parti; **mit von der ~ sein** être de la partie

partiell ADJ partiel

Partikel N *od* F particule *f* **Partikelfilter** M *bei Dieselmotoren* filtre *m* à particules

Partisan(in) M(F) partisan *m*

partitiv ADJ GRAM partitif; **~er Artikel** article partitif

Partitur F MUS partition *f*

Partizip N GRAM participe *m*; **~ Präsens, Perfekt** participe présent, passé

Partner(in) M(F) partenaire *m/f*; *(Lebensgefährte)* compagnon *m*, compagne *f*; HANDEL partenaire *m/f*; associé(e) *m(f)*

Partnerlook M vêtements assortis (homme et femme); **im ~** en vêtements assortis (homme et femme)

Partnerschaft F association *f*; partenariat *m* **partnerschaftlich** ADJ *Beziehung* d'égal à égal; *Zusammenarbeit* de bonnes relations de partenaire à partenaire *bzw.* de collègue à collègue

Partnerstadt F ville jumelée (**von** *od* [+ *gen*] à)

Partnertausch M échange *m* de partenaires; échangisme *m*; partie carrée **Partnerwahl** F choix *m* d'un(e) partenaire

partout *umg* ADV à tout prix; absolument

Party F fête *f*; *umg* boum *f* **Partykeller** M cave *f* *(aménagée pour les soirées dansantes)* **Partylöwe** M habitué *m* des soirées; play-boy *m* qui fréquente les soirées dansantes **Partyservice** M traiteur *m* (livrant à domicile)

Parzelle F parcelle *f*, lot *m* de terrain

Pascha M pacha *m* *(a. fig pej)*

Pass M 1 *(Bergpass)* col *m* 2 *(Reisepass)* passeport *m* 3 SPORT passe *f*

Pass — le col

Pass — le passeport

passabel ADJ acceptable; passable

Passage F 1 *(Durchgang, -fahrt)* passage *m* (! maskulin); *überdachte* galerie *f*; passage couvert 2 *(Abschnitt)* passage *m* (! maskulin)

Passagier M passager *m*; **blinder ~** passager clandestin

Passagierflugzeug N avion *m* (de ligne)

commercial(e) **Passagierliste** F liste *f* des passagers **Passagierschiff** N paquebot *m; für Übersee* transatlantique *m*
Passah(fest) N(N) pâque (juive)
Passant(in) M(F) passant(e) *m(f)*; piéton, -onne *m,f*
Passat M alizé *m*
Passbild N photo *f* d'identité
passé, passee ADJ **das ist passé, passee** *(vorbei, vergangen)* c'est passé; *(überlebt)* c'est démodé, dépassé
passen A VT *Ball* **zu j-m ~** passer à qn B VI 1 *Ersatzteil, Schlüssel* **auf etw** *(akk)*, **zu etw ~** aller sur, avec qc; **in etw** *(akk)* **~** aller dans qc 2 *Kleidung* aller bien (**j-m** à qn) 3 *(harmonieren)* **~ zu** convenir à; s'accorder avec; être assorti à 4 *(genehm sein)* convenir; arranger; aller; **dieser Termin passt mir nicht** cette date ne me convient, ne m'arrange, ne me va pas; *umg* **das könnte dir so ~!** *umg* c'est ça, et quoi encore?!; *umg* et ta sœur! 5 KARTENSPIEL passer *(a. fig)*; FUSSBALL **zu j-m ~** faire une passe à qn
passend ADJT *Ersatzteil, Schlüssel* bon, bonne; *Kleidung* qui va bien; juste; seyant; *(harmonierend)* assorti; propre; convenable; *Zeitpunkt* opportun; *umg* **haben Sie es ~?** vous avez la monnaie?; pouvez-vous faire l'appoint?
Passepartout N, *schweiz* M passe-partout *m*
Passfoto N photo *f* d'identité
passierbar ADJ *Straße* praticable
passieren A VT *Fluss, Grenze* passer; *Ort* passer par B VI *(geschehen)* se passer; arriver; **bei dem Unfall ist mir nichts passiert** je suis sorti indemne de, je n'ai rien eu dans cet accident
Passierschein M laissez-passer *m*; permis *m*
Passion F passion *f*; REL Passion *f* **passioniert** ADJ passionné
passiv ADJ passif; **~es Wahlrecht** éligibilité *f*
Passiv N GRAM passif *m*; voix, forme passive; **im ~ stehen** être au passif
Passiva PL HANDEL passif *m*
Passivität F passivité *f*
Passivrauchen N tabagisme passif
Passkontrolle F contrôle *m* des passeports **Passstraße** F col *m*
Passus M passage *m*
Passwort N IT mot *m* de passe
Paste F pâte *f*
Pastell N MAL pastel *m* **Pastellfarbe** F (couleur *f* à) pastel *m* **Pastellton** M ton (de) pastel
Pastete F *(Blätterteigpastete)* vol-au-vent *m*; bouchée *f* à la reine; *(Leberpastete)* pâté *m*
pasteurisieren VT pasteuriser **Pasteurisierung** F pasteurisation *f*
Pastille F pastille *f*
Pastor M PROT pasteur *m*; KATH curé *m*
Pastorin F femme *f* pasteur
Patchwork N MODE patchwork *m* **Patchworkfamilie** F famille recomposée
Pate M parrain *m*
Patenkind N filleul(e) *m(f)* **Patenonkel** M parrain *m* **Patenschaft** F parrainage *m* **Patensohn** M filleul *m*
patent *umg* ADJ *umg* formidable; *Person a. umg* épatant
Patent N brevet *m* (d'invention); **ein ~ anmelden** déposer un brevet (**auf** [+ *akk*] pour)
Patentamt N office *m* des brevets (d'invention); *in Frankreich* Institut national de la propriété industrielle; **das Europäische ~** l'Office européen des brevets
Patentante F marraine *f*
Patentanwalt M ingénieur-conseil *m* (en propriété industrielle) **patentfähig** ADJ brevetable
patentieren VT breveter
Patentlösung F solution *f* passe-partout; panacée (universelle)
Patentochter F filleule *f*
Patentrecht N législation *f* sur les brevets **Patentschutz** M protection *f* des inventions, de la propriété industrielle **Patenturkunde** F brevet *m* d'invention **Patentverschluss** M fermeture brevetée, de sûreté
Pater M (révérend) père *m*
Paternoster M *Aufzug* ascenseur (continu)
pathetisch ADJ emphatique; pompeux
Pathologie F pathologie *f* **pathologisch** ADJ pathologique
Pathos N pathos *m*; emphase *f*
Patience F patience *f*; réussite *f*; **e-e ~ legen** faire une patience, une réussite
Patient(in) M(F) malade *m/f*; patient(e) *m(f)*; client(e) *m(f)*
Patientenverfügung F JUR: *volontés rédigées par une personne prévoyant les limites des actes médicaux qu'elle accepte de subir en cas de perte d'autonomie intellectuelle*
Patin F marraine *f*
Patina F patine *f*
Patriarch M patriarche *m* **patriarchalisch** ADJ patriarcal
Patriot(in) M(F) patriote *m/f* **patriotisch** ADJ patriotique **Patriotismus** M patriotisme *m*
Patron M 1 patron *m* 2 *umg fig* **ein übler ~** une canaille, *umg* fripouille
Patrone F cartouche *f*
Patronin F patronne *f*
Patrouille F patrouille *f*
patrouillieren VI patrouiller
Patsche *umg* F 1 *(Hand) umg* patte *f*; *umg* palu-

P

che *f* 2 **in der ~ sitzen** *umg* être dans le pétrin; **j-m aus der ~ helfen** tirer qn d'affaire
patschen *umg* VI claquer; *umg* faire floc
patsch(e)nass *umg* ADJ *umg* trempé comme une soupe
Patschhändchen *umg kinderspr* N menotte *f*
Patt N SCHACH pat *m*; *fig* situation bloquée
Pattsituation F situation bloquée
patzen *umg* VI *umg* faire une gaffe; *umg* gaffer **Patzer** *umg* M *umg* gaffe *f* **patzig** *umg* ADJ impoli; *umg* mal embouché; insolent
Pauke F grosse caisse; timbale *f*; *umg* **mit ~n und Trompeten durchfallen** *umg* (se) ramasser une veste; *umg fig* **auf die ~ hauen** *(angeben)* frimer; se la jouer; *(feiern)* *umg* faire la bringue
pauken *umg* VT u. VI *umg* bosser; *umg* bûcher; *v/i* bachoter
Paukenschlag M coup *m* de timbale
Pauker *umg* M *(Lehrer)* *umg* prof *m*
Paukerei *umg* F *(intensives Lernen)* bachotage *m*
Pausbacken FPL joues rebondies **pausbäckig** ADJ joufflu
pauschal A ADJ forfaitaire; global *(a. fig)* B ADV à forfait; globalement *(a. fig)*; *fig* en bloc
Pauschalbetrag M montant global, forfaitaire; *Zahlung* paiement *m* unique
Pauschale F somme globale, forfaitaire; forfait *m*
pauschalisieren VI u. VT (trop) généraliser; mettre dans la même catégorie
Pauschalpreis M prix global, à forfait **Pauschalreise** F voyage organisé **Pauschalurlaub** M vacances organisées **Pauschalurteil** *pej* N jugement global, sans nuances, indifférencié **Pauschalzahlung** F paiement *m* forfaitaire
Pause F 1 pause *f*; **e-e ~ machen** faire une pause; **~ haben, machen** faire la pause 2 SCHULE récréation *f*; *kurze* interclasse *m* 3 THEAT entracte *m*
Pausenbrot N casse-croûte *m*; *in der Schule, nachmittags* goûter *m* **Pausenfüller** *umg* M intermède *m*; interlude *m* **pausenlos** A ADJ continuel B ADV sans arrêt, interruption, cesse; continuellement **Pausenstand** M SPORT score *m* à la mi-temps **Pausenzeichen** N 1 MUS pause *f* 2 RADIO indicatif *m*
pausieren VI faire une pause
Pauspapier N papier-calque *m*; *(Kohlepapier)* papier *m* carbone
Pavian M babouin *m*
Pavillon M pavillon *m*
Paybackkarte F HANDEL carte *f* de fidélité
Pay-TV N chaîne cryptée, à péage
Pazifik der ~ le Pacifique
pazifisch ADJ du Pacifique; **der Pazifische Ozean** l'océan *m* Pacifique
Pazifismus M pacifisme *m* **Pazifist(in)** M(F) pacifiste *m/f* **pazifistisch** ADJ pacifiste
PC M ABK (Personal Computer) micro *m*; PC *m*; **am ~ arbeiten** travailler sur PC
PDS F ABK (Partei des Demokratischen Sozialismus) P.D.S. *m* (Parti du socialisme démocratique)
Pech N 1 poix *f* 2 *(Unglück)* malchance *f*; *umg* guigne *f*; déveine *f* **pechschwarz** *umg* ADJ noir comme (du) jais, *umg* du cirage **Pechsträhne** F série noire **Pechvogel** M malchanceux *m*
Pedal N pédale *f* (! feminin)
Pedant(in) M(F) (esprit *m*) mesquin *m*, tatillon *m* **pedantisch** ADJ tatillon; mesquin; pointilleux
Pediküre F 1 *(Fußpflege)* soins *mpl* des pieds 2 *(Fußpflegerin)* pédicure *f*
Peeling N peeling *m*; gommage *m* **Peelingcreme** F crème exfoliante
Peep-Show F peep-show *m*
Pegel M 1 *Gerät* échelle *f* d'étiage 2 *(Pegelstand)* niveau *m* des eaux **Pegelstand** M niveau *m* des eaux
peilen VT *Wassertiefe* sonder; mesurer; *Richtung* relever
peinigen *geh* VT mettre au supplice; tourmenter
peinlich A ADJ embarrassant; gênant; fâcheux; désagréable; **dieses Versehen war ihm ~** il était confus de sa méprise B ADV **~ genau** méticuleux
Peinlichkeit F 1 *Eigenschaft* caractère *m* pénible, désagréable 2 *Sache* chose, situation gênante
Peitsche F fouet *m*
peitschen A VT fouetter; *bes als Strafe* donner

penibel ≠ pénible

Was seine Kleidung anbelangt, ist er sehr **penibel**.	En ce qui concerne ses vêtements, il est très **méticuleux**.
Ce type est vraiment **pénible**, il m'agace.	Dieser Typ ist wirklich **nervig**, er geht mir auf den Geist.

FALSCHE FREUNDE

des coups de fouet (**j-n** à qn) **B** VI *Schüsse* claquer; éclater; *Regen* **gegen die Fensterscheiben ~** fouetter les vitres
Peitschenhieb M coup *m* de fouet
Pekinese M *Hunderasse* pékinois *m*
Peking N Pékin **Pekingente** F GASTR canard laqué
Pelikan M pélican *m*
Pelle F *regional* **1** *von Kartoffeln, Obst* pelure *f*; *umg* **j-m auf die ~ rücken** *umg* se coller contre qn; *umg* **j-m nicht von der ~ gehen** *umg* coller aux fesses, aux baskets, *sl* au cul de qn **2** *(Wurstpelle)* peau *f*
pellen VT *regional* peler; *Kartoffeln* éplucher; *Eier* écaler
Pellkartoffel F pomme *f* de terre en robe des champs, de chambre
Pelz M **1** *der Tiere* peau *f*; pelage *m*; poil *m* **2** *umg* **sich** *(dat)* **die Sonne auf den ~ scheinen lassen** *umg* se rôtir au soleil **3** *Bekleidungsstück* fourrure *f*
pelzig ADJ *Zunge* pâteux
Pelzjacke F veste *f* de fourrure **Pelzkragen** M col *m* de fourrure **Pelzmantel** M manteau *m* de fourrure **Pelzmütze** F bonnet *m* de fourrure
Pendant N pendant *m* (**zu** de)
Pendel N pendule *m*; *e-r Uhr* balancier *m*
pendeln VI **1** *Gegenstand* se balancer **2** *Zug, Person* faire la navette
Pendeluhr F pendule *f* **Pendelverkehr** M trafic *m* de va-et-vient; *mit dem Zug* (service *m* de) navette *f*
Pendler M *aus e-m Vorort* banlieusard *m*; **~ sein** faire la navette
penetrant ADJ *Geruch* pénétrant; fort; *pej Person* gênant
peng INT pif!; paf!; vlan!
penibel ADJ méticuleux (à l'excès)
Penis M pénis *m*
Penizillin N pénicilline *f*
Pennäler *umg* M *umg* potache *m*
Pennbruder *umg* M clochard *m*; *umg* clodo *m*; *umg* cloche *f*
Penne *umg* F *umg* bahut *m*; *umg* boîte *f*
pennen *umg* VI *umg* roupiller; *umg* pioncer
Penner(in) *umg pej* M(F) *(Stadtstreicher)* clochard(e) *m(f)*; *umg* clodo *m*
Pension F **1** *(Ruhegehalt)* pension *f*; retraite *f* **2** *(Ruhestand)* retraite *f*; **in ~ gehen** prendre sa retraite **3** *(Unterkunft u. Verpflegung, Gästehaus)* pension *f*
Pensionär(in) M(F) pensionné(e) *m(f)*; retraité(e) *m(f)*
pensionieren VT mettre à la retraite; **pensioniert** à la, en retraite; retraité
Pensionierung F (mise *f* à la) retraite *f*
Pensionsanspruch M droit *m* à une pension, à la retraite **pensionsberechtigt** ADJT ayant droit à la retraite **Pensionsgast** M pensionnaire *m*
Pensum N **1** tâche *f*; devoir *m* **2** *(Lehrstoff)* programme *m* (scolaire)
Pentagon das ~ *in den USA* le Pentagone
Penthouse N (étage *m*) attique *m*
Pep *umg* M pep *m*; entrain *m*
Peperoni F piment *m*
Pepita M *od* N pied-de-poule *m*
per PRÄP par; **~ Schiff** par bateau; **mit j-m ~ du sein** tutoyer qn; HANDEL **~ Stück** la pièce
perfekt ADJ **1** parfait; accompli **2** *(abgemacht)* conclu; réglé
Perfekt N GRAM passé composé
Perfektion F perfection *f* **perfektionieren** VT perfectionner **Perfektionismus** M perfectionnisme *m* **Perfektionist(in)** M(F) perfectionniste *m/f* **perfektionistisch** ADJ perfectionniste
perforieren VT perforer
Pergament N parchemin *m* **Pergamentpapier** N papier-parchemin *m*; papier sulfurisé
Periode F **1** période *f* **2** BIOL règles *fpl*; menstruation *f*
Periodensystem N CHEM classification *f* périodique
periodisch ADJ périodique
peripher **A** ADJ périphérique (*a.* IT); *fig* secondaire; accessoire **B** ADV à la périphérie; *fig* accessoirement
Peripherie F *e-r Stadt* périphérie *f*; IT matériel *m* périphérique **Peripheriegerät** N IT périphérique *m*
Perle F **1** perle *f*; *umg fig* **~n vor die Säue werfen** jeter des perles aux cochons, pourceaux **2** *(Sektperle)* bulle *f*; *(Schweißperle)* goutte (lette) *f*

Pensionär ≠ pensionnaire

Bald wird man erst mit 67 Jahren **Pensionär** sein.	Bientôt, on ne sera **retraité** qu'à l'âge de 67 ans.
Les **pensionnaires** habitent dans cette partie du lycée.	Die **Internatsschüler** wohnen in diesem Teil des Gymnasiums.

FALSCHE FREUNDE

P

perlen VI 1 *Sekt etc* pétiller 2 *Tränen, Schweiß* perler
Perlenkette F collier *m* de perles **Perlenschmuck** M parure *f* de perles **Perlenschnur** F rang *m* de perles **Perlentaucher** M pêcheur *m* de perles
Perlhuhn N pintade *f* **Perlmutt** N, **Perlmutter** F *od* N nacre *f*
Perlon® N perlon® *m*
Perlwein M vin mousseux **Perlzwiebel** F petit oignon blanc
permanent A ADJ permanent B ADV en permanence
Perpetuum mobile N mouvement perpétuel
perplex *umg* ADJ (*verwirrt*) confus; perplexe; (*verblüfft*) *umg* soufflé
Perron M *schweiz* quai *m* (de gare)
Perser M 1 *Bewohner* Persan *m* 2 → Perserteppich **Perserin** F Persane *f* **Perserkatze** F (chat *m*) persan *m* **Perserteppich** M tapis persan
Persien N la Perse
Persiflage F persiflage *m* (**auf** [+ *akk*] de)
persisch ADJ persan; (*altpersisch*) perse; **der Persische Golf** le golfe Persique
Person F 1 personne *f* (*a.* GRAM); **ich für meine ~** quant à moi; pour ma part; **in ~** en personne; **er ist Gärtner und Chauffeur in e-r ~** il fait fonction de jardinier et chauffeur à la fois 2 THEAT, *in Romanen* personnage *m* 3 *pej* (*Frau*) **e-e freche ~** une insolente
Personal N personnel *m*; (*Angestellte*) employés *mpl* **Personalabbau** M réduction *f*, compression *f* de personnel **Personalabteilung** F service *m* du personnel **Personalakte** F dossier personnel **Personalausweis** M carte *f* d'identité **Personalbogen** M fiche signalétique, individuelle **Personalchef(in)** M(F) chef *m* du personnel
Personal Computer M ordinateur personnel
Personalien PL identité *f*; **j-s ~** (*akk*) **aufnehmen, feststellen** relever, prendre, établir l'identité de qn
Personalkosten PL coûts salariaux; frais *mpl* de personnel **Personalpolitik** F politique *f*, gestion *f* du personnel **Personalpronomen** N GRAM pronom personnel
Personalunion F **zwei Funktionen in ~ ausüben** cumuler deux fonctions
Persönchen N petit bout de femme
personell ADJ de *bzw.* du personnel
Personenaufzug M ascenseur *m* **Personenbeschreibung** F signalement *m* **Personengedächtnis** N mémoire *f* des personnes, des visages **Personenkontrolle** F contrôle *m* d'identité **Personenkraftwagen** M ADMIN voiture *f* de tourisme **Personenkreis** M ADMIN catégorie *f* (de personnes); (un) certain public **Personenkult** M culte *m* de la personnalité **Personenschaden** M dommage corporel **Personenschutz** M sécurité rapprochée **Personenverkehr** M trafic *m*, service *m* (des) voyageurs **Personenwaage** F balance *f*; pèse-personne *m* **Personenwagen** M voiture *f* de tourisme **Personenzug** M train *m* de voyageurs
personifizieren VT personnifier; **personifiziert** personnifié; en personne; incarné
persönlich A ADJ personnel (*a.* GRAM); *Anspielung, Frage* désobligeant; individuel; **(j-m gegenüber) ~ werden** faire des remarques désobligeantes à qn B ADV en personne; **etw ~ nehmen** prendre qc pour soi
Persönlichkeit F personnalité *f*; *bedeutende* personnage *m*
Persönlichkeitsspaltung F PSYCH dédoublement *m* de la personnalité **Persönlichkeitstest** M test *m* de personnalité
Perspektive F perspective *f* (*a. fig*) **perspektivisch** A ADJ *Zeichnung* en perspective; *Wirkung* de perspective B ADV en perspective
Peru N le Pérou **Peruaner(in)** M(F) Péruvien, -ienne *m,f* **peruanisch** ADJ péruvien
Perücke F perruque *f*
pervers ADJ pervers
Perversion F perversion *f*
pesen *umg* VI *umg* galoper
Pessar N MED pessaire *m*
Pessimismus M pessimisme *m* **Pessimist(in)** M(F) pessimiste *m/f* **pessimistisch** A ADJ pessimiste B ADV avec pessimisme
Pest F peste *f* (*a. fig*); *umg* **j-n, etw wie die ~ hassen** °haïr qn, qc comme la peste; *umg* **wie die ~ stinken** empester
Pestizid N pesticide *m*
Peter M Pierre *m*; **Schwarzer ~** *Kartenspiel* pouilleux *m*; *fig* **j-m den schwarzen ~ zuschieben** faire porter la responsabilité, *umg* le chapeau à qn
Petersilie F persil *m*
Petition F pétition *f*; requête *f*
Petri Heil INT bonne pêche!
Petroleum N pétrole *m* **Petroleumlampe** F lampe *f* à pétrole
Petrus M saint Pierre; *hum* **wenn ~ mitspielt** si le beau temps est de la partie
Petticoat M jupon (amidonné)
Petze *Schülersprache pej* F *umg* rapporteur, -euse *m,f*; cafard(e) *m(f)*

petzen *umg pej* VI rapporter; cafarder; *umg* cafter
Pfad M sentier *m*
Pfadfinder(in) M(F) scout *m*; guide *f*; éclaireur, -euse *m,f*
Pfaffe *umg pej* M *umg* curaillon *m*; *umg* cureton *m*
Pfahl M pieu *m*; (*Pfosten*) poteau *m*; (*Ramm-, Grundpfahl*) pilotis *m* **Pfahlbau** M construction *f* sur pilotis
Pfalz die ~ le Palatinat
Pfand N gage *m*; (*Flaschenpfand*) consigne *f*; **als ~ geben** donner, mettre en gage; **als ~ nehmen** prendre en gage; **diese Flasche kostet (kein) ~** cette bouteille (n')est (pas) consignée
pfänden VT saisir
Pfandflasche F bouteille consignée
Pfändung F saisie *f*
Pfanne F poêle *f*; *umg fig* **j-n in die ~ hauen** *umg* éreinter, *umg* démolir, *umg* esquinter qn
Pfannkuchen M (*Eierkuchen*) crêpe *f*; (*Krapfen*) beignet *m*
Pfarramt N 1 *Amt* KATH cure *f*; PROT pastorat *m* 2 *Gebäude* KATH cure *f*; presbytère *m*; PROT maison *f* du pasteur **Pfarrbezirk** M paroisse *f*
Pfarre F, **Pfarrei** F paroisse *f*
Pfarrer M KATH curé *m*; PROT pasteur *m*; ministre *m* **Pfarrerin** F pasteur *m*
Pfarrgemeinderat M KATH conseil paroissial **Pfarrhaus** N KATH cure *f*; presbytère *m*; PROT maison *f* du pasteur **Pfarrkirche** F église paroissiale
Pfau M paon *m*
Pfauenauge N *Schmetterling* paon *m*
Pfd. ABK (Pfund) livre(s) *f(pl)*
Pfeffer M poivre *m*; **schwarzer, weißer ~** poivre gris, blanc; *umg* **er soll hingehen** *od* **bleiben, wo der ~ wächst!** qu'il aille au diable!
Pfefferkorn N grain *m* de poivre **Pfefferkuchen** M pain *m* d'épice
Pfefferminz menthe *f* **Pfefferminzbonbon** M *od* N bonbon *m* à la menthe
Pfefferminze F menthe *f* **Pfefferminztee** M (infusion *f* de) menthe *f*
Pfeffermühle F moulin *m* à poivre
pfeffern VT 1 GASTR, *fig* poivrer 2 *umg* (*werfen*) *umg* balancer; *umg* flanquer
Pfefferschote F poivron *m* **Pfeffersteak** N steak *m* au poivre **Pfefferstreuer** M poivrier *m*; poivrière *f*
Pfeife F 1 (*Trillerpfeife*) sifflet *m*; MUS fifre *m*; (*Orgelpfeife*) tuyau *m* (d'orgue); *fig* **nach j-s ~ tanzen** faire les quatre volontés de qn; *fig* **alles tanzt nach s-r ~** tous lui obéissent à la baguette 2 (*Tabakspfeife*) pipe *f*; **~ rauchen** fumer la pipe 3 *umg pej* zéro *m*; *umg* nullard(e) *m(f)*
pfeifen A VT *Lied, Foul* siffler; *leise* siffloter B VI *Wind, Geschosse, Tiere* siffler; *Schiedsrichter* donner le coup de sifflet; *umg* **auf etw** (*akk*) **~** *umg* se ficher de qc
Pfeifenkopf M 1 tête *f*, fourneau *m* de pipe 2 *umg pej* zéro *m*; *umg* nullard(e) *m(f)* **Pfeifenraucher** M fumeur *m* de pipe
Pfeifkonzert N concert *m* de (coups de) sifflets **Pfeifton** M sifflement *m*
Pfeil M flèche *f*; **~ und Bogen** arc et flèche; **e-n ~ abschießen** décocher une flèche, un trait
Pfeiler M pilier *m* (*a. fig*); (*Brückenpfeiler*) pile *f*; (*Wandpfeiler*) pilastre *m*
Pfeilrichtung F sens *m* de la flèche **pfeilschnell** ADJ rapide comme une flèche, l'éclair **Pfeilspitze** F pointe *f* de la flèche
Pfennig M HIST pfennig *m*; *umg fig* **keinen ~ (Geld) haben** n'avoir pas, être sans le sou
Pfennigabsatz M talon *m* aiguille
pferchen VT parquer (**in** [+ *akk*] dans)
Pferd N 1 cheval *m*; **zu ~e** à cheval; *umg fig* **mit ihm kann man ~e stehlen** avec lui j'irais *bzw.* on irait jusqu'au bout du monde; *umg* **keine zehn ~e ...** il n'y a rien, pas de puissance au monde qui ... (*+subj*) *od* capable de ... (*+inf*); *umg* **ich denk, mich tritt ein ~!** *umg* ça me scie!; *umg* j'en suis sur le cul 2 *Turngerät* cheval *m* d'arçons
Pferdeapfel M crottin *m* de cheval **Pferdefleisch** N (viande *f* de) cheval *m*
Pferdefuß M *fig* **die Sache hat e-n ~** l'affaire présente un inconvénient; *umg* il y a un os

Pferd — le cheval

Pferd — le cheval d'arçons

P

Pferdegebiss *umg* N dents *fpl* de cheval **Pferdehändler** M marchand *m* de chevaux **Pferdekoppel** F parc *m* à chevaux **Pferderasse** F race chevaline **Pferderennbahn** F hippodrome *m*; turf *m* **Pferderennen** N course *f* de chevaux **Pferdeschwanz** M queue *f* de cheval (*a. Frisur*) **Pferdesport** M sports *mpl* équestres **Pferdestall** M écurie *f* **Pferdestärke** F TECH cheval-vapeur *m* **Pferdezucht** F élevage *m* de(s) chevaux **Pferdezüchter(in)** M(F) éleveur, -euse *m,f* de chevaux

pfiff → pfeifen

Pfiff M 1 (*Pfeifen*) sifflement *m*; *auf e-r Pfeife* coup *m* de sifflet 2 *umg* (*Reiz*) chic *m*; pep *m*; **mit ~** avec un petit je-ne-sais-quoi

Pfifferling M chanterelle *f*; girolle *f*; *umg* **das ist keinen ~ wert** *umg* cela ne vaut pas un clou

pfiffig ADJ astucieux; futé; malin

Pfiffikus *umg* M (petit) malin; *umg* débrouillard(e) *m(f)*; *umg* finaud *m*

Pfingsten N *od* PL la Pentecôte; **an** *od* **zu ~** à la Pentecôte

Pfingstferien PL vacances *fpl* de la Pentecôte **Pfingstfest** N (fête *f* de) la Pentecôte **Pfingstmontag** M lundi *m* de Pentecôte **Pfingstrose** F pivoine *f* **Pfingstsonntag** M dimanche *m* de Pentecôte; la Pentecôte

Pfirsich M pêche *f* **Pfirsichbaum** M pêcher *m*

Pflanze F plante *f*

pflanzen V/T planter (**in** [+ *akk*] dans)

Pflanzenfett N graisse végétale **Pflanzenfresser** M *t/t* herbivore *m* **Pflanzenkunde** F botanique *f* **Pflanzenmargarine** F margarine végétale **Pflanzenöl** N huile végétale **Pflanzenschutzmittel** N insecticide *m*; pesticide *m*; produit *m* phytosanitaire

pflanzlich ADJ végétal

Pflanzung F plantation *f*

Pflaster N 1 → Heftpflaster 2 (*Straßenpflaster*) pavé *m*; *umg fig* **Paris ist ein teures ~** la vie est chère à Paris

pflastern V/T paver

Pflasterstein M pavé *m*

Pflaume F 1 prune *f*; **getrocknete ~** pruneau *m* 2 (*Versager*) *umg pej umg* nouille *f*

Pflaumenbaum M prunier *m* **Pflaumenkuchen** M tarte *f* aux prunes **Pflaumenmus** N marmelade *f* de prunes

Pflege F *e-r Person, des Körpers* soins *mpl*; (*Unterhaltung*) entretien *m*; maintenance *f*; **in ~ nehmen** se charger de; *Kind a.* prendre en nourrice

pflegebedürftig ADJ qui exige, réclame des soins; *Person a.* dépendant

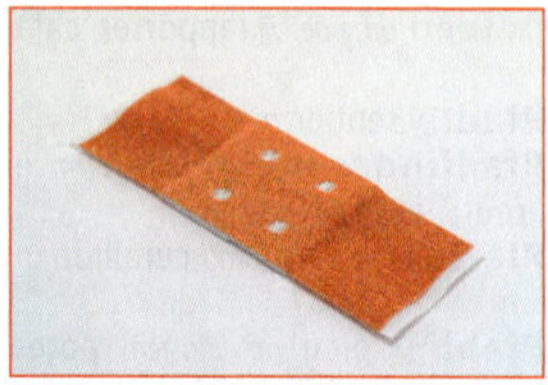

Pflaster — le pansement

Pflaster — le pavé

Pflegedienst M 1 TECH, AUTO service *m* d'entretien 2 MED service *m* de soins pour personnes dépendantes; **ambulanter ~** service de soins à domicile

Pflegeeltern PL parents nourriciers **Pflegefall** M personne dépendante *bzw.* grabataire **Pflegegeld** N prestation *f* dépendance **Pflegeheim** N (*Altenpflegeheim*) maison de retraite médicalisée; hospice *m* **Pflegekind** N enfant *m* en nourrice, en garde **pflegeleicht** ADJ d'entretien facile **Pflegemutter** F nourrice *f*; mère nourricière

pflegen A V/T 1 soigner; donner des soins à; (*unterhalten*) entretenir; **sie pflegte ihn gesund** elle l'a soigné, lui a donné des soins jusqu'à sa guérison 2 *Künste, Freundschaft* cultiver 3 **etw zu tun ~** avoir l'habitude, avoir coutume de faire qc B V/R **sich ~** se soigner

Pflegenotstand M manque *m* de personnel soignant **Pflegepersonal** N personnel soignant

Pfleger(in) M(F) garde-malade *m/f*; infirmier, -ière *m,f*

Pflegesohn M, **Pflegetochter** F enfant *m* en nourrice, en garde **Pflegevater** M père nourricier **Pflegeversicherung** F assurance-dépendance *f*

Pflicht F 1 devoir *m*; obligation *f*; **s-e ~ tun, erfüllen** faire, remplir, accomplir son devoir; **es ist meine ~, zu** (+ *inf*) il est de mon devoir de (+ *inf*); **die ~ ruft** le devoir nous appelle; *geh* **j-n in die ~ nehmen** engager qn 2 SPORT exercices imposés; *beim Eiskunstlauf* figures imposées

Pflichtbeitrag M cotisation *f* obligatoire

Pflichtbesuch M visite *f* de politesse **pflichtbewusst** ADJ conscient de son devoir **Pflichtbewusstsein** N sens *m*, conscience *f* du devoir **Pflichterfüllung** F accomplissement *m* de son devoir **Pflichtfach** N matière *f* obligatoire **Pflichtgefühl** N sens *m* du devoir **pflichtgemäß** ADJ conforme au devoir; comme le devoir l'exige **Pflichtteil** M *od* N JUR réserve (légale, héréditaire) **Pflichtübung** F 1 SPORT exercice imposé 2 *fig* obligation *f* **pflichtversichert** ADJT soumis à l'assurance obligatoire **Pflichtversicherung** F assurance *f* obligatoire **Pflichtverteidiger(in)** M(F) JUR avocat(e) commis(e) d'office

Pflock M piquet *m*

pflücken VT cueillir

Pflug M charrue *f*

pflügen VT labourer (*a. abs*)

Pforte F porte *f* (*a. fig*)

Pförtner M concierge *m*; portier *m* **Pförtnerhaus** N loge *f* de concierge

Pförtnerin F concierge *f*; *in Klöstern* sœur portière

Pförtnerloge F loge *f* de concierge

Pfosten M poteau *m* (*a.* SPORT); (*Türpfosten*) jambage *m*

Pfötchen N petite patte *f*; **gib ~!** donne la patte!

Pfote F patte *f* (*a. umg fig*)

Pfropf M bouchon *m*; (*Blutpfropf*) caillot *m*

pfropfen VT 1 *umg* (*hineinstopfen*) fourrer, bourrer (**in** [+ *akk*] dans); **gepfropft voll** bondé 2 *Baum* greffer

Pfropfen M bouchon *m*

pfui INT **~** (*umg* **Teufel** *od* **Spinne**)! pouah!; be(u)rk!; **~ rufen** °huer

Pfund N 1 *Gewicht* livre *f*; demi-kilo *m* 2 *Währung* livre *f* 3 *geh* **mit s-m ~e wuchern** faire valoir son talent

Pfundskerl *umg* M *umg* type épatant; *umg* chic type

pfundweise ADV à la livre; par livres

Pfusch *umg* M 1 bâclage *m*; *umg* bousillage *m*; travail bâclé 2 *österr* (*Schwarzarbeit*) travail *m* (au) noir

pfuschen *umg* VI *umg* bâcler; *umg* bousiller

Pfuscher *umg* M *umg* bousilleur *m* **Pfuscherei** *umg* F bâclage *m*; *umg* bousillage *m*

Pfütze F flaque *f* (d'eau); *größere* mare *f*

PH F ABK (Pädagogische Hochschule) *institut universitaire de formation des professeurs d'école*

Phallus *geh* M phallus *m* **Phallussymbol** N symbole *m* phallique

Phänomen N phénomène *m* **phänomenal** ADJ phénoménal

Phantasie *usw* → Fantasie

Phantom N (*Trugbild*) chimère *f*; vision *f*; (*Gespenst*) fantôme *m* **Phantombild** N portrait *m* robot **Phantomschmerz** M douleur *f* (dans un membre) fantôme

Pharao M HIST pharaon *m* (! Endung)

Pharisäer M BIBEL, *fig* pharisien *m*

Pharmaindustrie F industrie *f* pharmaceutique **Pharmakologie** F pharmacologie *f* **Pharmakonzern** M grand groupe pharmaceutique **Pharmareferent(in)** M(F) visiteur, -euse médical(e) **pharmazeutisch** ADJ pharmaceutique **Pharmazie** F pharmacie *f*

Phase F phase *f*; *fig a.* stade *m*; degré *m*; PSYCHOANALYSE **anale, genitale, orale ~** phase anale, génitale, orale

Philatelie F philatélie *f* **Philatelist** M philatéliste *m*

Philharmonie F philharmonie *f*; *Gebäude* salle *f* de concert (de l'orchestre philharmonique)

Philharmoniker M membre *m* d'un orchestre philharmonique; **die Wiener ~** l'orchestre philharmonique de Vienne

Philippinen PL **die ~** les Philippines *fpl*

Philippiner(in) M(F) Philippin(e) *m(f)* **philippinisch** ADJ philippin

Philologe M, **Philologin** F philologue *m/f* **Philologie** F philologie *f* **philologisch** ADJ philologique

Philosoph(in) M(F) philosophe *m/f* **Philosophie** F philosophie *f*

philosophieren VI philosopher (**über** [+ *akk*] sur)

philosophisch ADJ philosophique

phlegmatisch ADJ flegmatique

Phobie F phobie *f*

Phon N PHYS phone *m*

Phonetik F phonétique *f* **phonetisch** ADJ phonétique

Phönix M MYTH phénix *m*; *geh* **wie ein ~ aus der Asche steigen** renaître de ses cendres

Phosphat N phosphate *m* **phosphatfrei** ADJ sans phosphate **phosphathaltig** ADJ phosphaté

Phosphor M phosphore *m*

Photo → Foto **Photosynthese** F BIOCHEMIE photosynthèse *f* **Photozelle** F cellule *f* photo-électrique

Phrase F phrase *f*; *umg* **~n dreschen** faire des phrases

pH-Wert M CHEM pH *m*

Physalis F BOT physalis *m*

Physik F physique *f*

physikalisch ADJ physique

Physiker(in) M(F) physicien, -ienne *m,f* **Physikum** N examen *m* de physique, chimie et bio-

logie *(après deux ans d'études de médecine en Allemagne)*
Physiologie F physiologie *f* **physiologisch** ADJ physiologique
Physiotherapeut(in) M(F) physiothérapeute *m/f* **Physiotherapie** F physiothérapie *f*
physisch ADJ physique
Pi N MATH pi *m*; *umg* **~ mal Daumen** *umg* au pifomètre
Pianist(in) M(F) pianiste *m/f*
piano ADV MUS piano
Piano N MUS piano *m*
picheln *umg* VI *umg* picoler
Pickel M 1 *(Spitzhacke)* pioche *f*; pic *m*; *(Eispickel)* piolet *m* 2 MED (petit) bouton; pustule *f*
pick(e)lig ADJ boutonneux
picken VT *u.* VI 1 donner des coups de bec (à); picorer; picoter 2 *umg österr* coller
Pickerl *umg österr* N 1 *(Aufkleber)* autocollant *m* 2 *zur Autobahnbenutzung: péage autoroute sous la forme d'une vignette*
Picknick N pique-nique *m* **picknicken** VI pique-niquer **Picknickkorb** M panier *m* à pique-nique
picobello *umg* ADJ *umg* impec (! unveränderlich); *umg* nickel (! unveränderlich)
pieken *umg* VT *u.* VI piquer **piekfein** *umg* ADJ *umg* chic (! unveränderlich); tiré à quatre épingles; *umg* bien sapé
pieksen *umg* → pieken
piep INT **~, ~!** cui-cui!
Piep M *umg* **keinen ~ sagen** *umg* ne pas ouvrir le bec; *umg* ne pas moufter
piepe, piepegal ADJ *umg* **das ist mir piepe, piepegal** *umg* je m'en balance; *umg* je m'en fiche
piepen VI *Küken* piauler; piailler; *kleine Vögel* pépier; *umg* **bei dir piepts wohl?** *umg* ça ne va pas la tête!; t'es pas un peu malade!
Piepen *umg* PL *(Geld)* *umg* fric *m*; *sl* flouse *od* flouze *m*; *(Euro)* **30 ~** 30 euros
Piepmatz *kinderspr* M oiseau *m*
piepsen VI 1 *Maus* chicoter; *Person* parler d'une petite voix grêle 2 → piepen
Piepser *umg* M *(Kleinempfänger)* *umg* bip-bip *m*
piepsig *umg* ADJ **~e Stimme** petite voix grêle, aigue
Piepton M bip *m* sonore
Pier M *od* F SCHIFF môle *m*; appontement *m*
piercen VT **j-n ~** faire un piercing à qn; **sich ~ lassen** se faire faire un piercing
Piercing N piercing *m*
piesacken *umg* VT *umg* asticoter
pieseln *umg* A V/UNPERS *(nieseln)* bruiner B VI *(urinieren)* *umg* faire pipi
Pietät F respect *m*; piété *f* **pietätlos** ADJ sans respect
Pigment N pigment *m* **Pigmentfleck** M tache pigmentée
Pik[1] N *Spielkartenfarbe* pique *m*
Pik[2] M *umg* **e-n ~ auf j-n haben** avoir une dent contre qn
pikant ADJ épicé; piquant *(a. fig)*; *(frivol)* salé
Pikass N *Spielkarte* as *m* de pique
Pike F pique *f*; **von der ~ auf lernen** commencer en bas de l'échelle
piken *umg* VT *u.* VI piquer
pikiert ADJT vexé (**über etw** *[akk]* par qc)
Pikkolo *umg* M *Sekt* mini-bouteille *f* de mousseux **Pikkoloflöte** F piccolo *m*
piksen *umg* VT *u.* VI piquer
Piktogramm N pictogramme *m*
Pilger(in) M(F) pèlerin *m*, femme *f* pèlerin **Pilgerfahrt** F pèlerinage *m*
pilgern VI 1 aller en, faire un pèlerinage; **nach … ~** faire le pèlerinage de … 2 *umg fig* marcher
Pille F pilule *f*; **sie nimmt die ~** elle prend la pilule; *umg* **die ~ danach** la pilule du lendemain; *fig* **das war e-e bittere ~ für ihn** il a dû avaler la pilule
Pillenknick *umg* M dénatalité, chute de la natalité (due à l'emploi de la pilule)
Pilot(in) M(F) pilote *m*, femme *f* pilote; aviateur, -trice *m,f* **Pilotfilm** M film-pilote *m* **Pilotprojekt** N projet-pilote *m* **Pilotsendung** F émission-pilote *f*
Pils N pils *f* (! feminin)
Pilz M 1 champignon *m* (! deutsch „Champignon" heißt auf Französisch: **champignon de Paris**); **wie ~e aus der Erde schießen** pousser comme des champignons 2 *umg (Pilzinfektion)* mycose *f*
Pilzinfektion F mycose *f* **Pilzkultur** F culture *f* de champignons **Pilzvergiftung** F empoisonnement *m*, intoxication *f* par les champignons
Pimmel *sl* M *sl* bit(t)e *f*; *sl* queue *f*
PIN F ABK (persönliche Identifikationsnummer) BANK code confidentiel
Pinakothek F pinacothèque *f*
pingelig *umg* ADJ *umg* pinailleur
Pingpong N ping-pong *m* (! unveränderlich)
Pinguin M pingouin *m*
Pinie F pin *m* pignon, parasol
Pinienkern M pignon *m*
pink ADJ rose
Pink N rose *m*
Pinkel M *umg* **ein feiner ~** un dandy
pinkeln *umg* VI *umg* faire pipi
Pinkelpause *umg* F *umg* arrêt-pipi *m*; *umg*

°halte-pipi *f*
pinnen *umg* VT fixer à l'aide de punaises, de broquettes (**an, auf** [+ *akk*] à)
Pinnwand F panneau *m* d'affichage (en liège, *etc*)
Pinscher M pinscher *m*
Pinsel M pinceau *m*; (*Anstreicherpinsel*) brosse *f*
pinseln VT peindre
Pinselstrich M coup *m* de pinceau, de brosse; (*Pinselführung*) touche *f*; brosse *f*
Pin-up-Girl N pin-up *f*
Pinzette F pince *f*
Pionier M MIL soldat *m* du génie; sapeur *m*; *fig* pionnier *m* **Pionierarbeit** F travail *m* de pionnier
Pipapo N *umg* **mit allem ~** *umg* avec tout le tralala
Pipeline F pipe-line *od* pipeline *m*
Pipette F pipette *f*
Pipi *kinderspr* N pipi *m*; **~ machen** faire pipi
Pipifax *umg pej* M futilités *fpl*; broutille *f*; rien *m*
Pirat M pirate *m*
Piratenschiff N (bateau *m*) pirate *m* **Piratensender** M radio-pirate *f*
Piraterie F piraterie *f* (*a.* HANDEL)
Pirouette F pirouette *f*
Pirsch F chasse *f* (à l'approche); **auf die ~ gehen** aller chasser
Pisse *sl* F *sl* pisse *f*
pissen *sl* VI *sl* pisser
Pissoir N urinoir *m*
Pistazie F pistache *f*
Piste F piste *f*; *umg* **auf die ~ gehen** *umg* faire la tournée des boîtes
Pistenraupe F ratrac® *m*
Pistole F pistolet *m*; *fig* **j-m die ~ auf die Brust setzen** mettre le couteau sur, sous la gorge à qn; **wie aus der ~ geschossen** sans hésitation
Pitbull M ZOOL pitbull *m*
pitschnass *umg* ADJ *umg* trempé (comme une soupe)
Pixel N IT, TV pixel *m*
Pizza F pizza *f* **Pizzabäcker** M personne *f* qui fait les pizzas; pizzaïolo *m*
Pizzeria F pizzeria *f*
Pkw M ABK (Personenkraftwagen) voiture *f* de tourisme
Placebo N PHARM placebo *m* **Placeboeffekt** M effet *m* placebo
Plackerei *umg* F corvée *f*; *umg* galère *f*
plädieren VI JUR plaider (une cause) (*a. fig*; **für** pour; **gegen** contre)
Plädoyer N JUR plaidoirie *f*; plaidoyer *m* (*a. fig*); *des Staatsanwalts* réquisitoire *m*
Plage F **1** tourment *m*; peine *f* **2** (*Landplage*) fléau *m*
plagen **A** VT tourmenter; tracasser **B** VR **sich (mit etw) ~** peiner (sur qc); *umg* s'esquinter (à faire qc)
Plagiat N plagiat *m*
Plakat N affiche *f*; **~e (an)kleben** coller, poser des affiches
plakatieren **A** VT faire connaître par voie d'affiches **B** VI afficher; poser, coller des affiches
plakativ ADJ (*wie ein Plakat wirkend*) comme (sur) une affiche; (*einprägsam*) voyant
Plakatwerbung F publicité *f* par (voie d')affiches
Plakette F plaquette *f*; (*Abzeichen*) badge *m*; insigne *m*
Plan M plan *m*; (*Absicht*) dessein *m*; (*Vorhaben*) *a.* projet *m*; (*Fahrplan*) horaire *m*; **Pläne schmieden** faire des projets; **alles läuft nach ~** tout se déroule comme prévu; **auf dem ~ stehen** être prévu, programmé, au programme; **j-n auf den ~ rufen** provoquer l'intervention de qn
Plane F bâche *f*
planen VT *abs* faire des projets; *Reise, Arbeit* projeter; WIRTSCH planifier; (*vorsehen*) prévoir; **wie geplant** comme prévu

planen ≠ planer

Wir **planen** eine Reise nach Spanien.	Nous **projetons** un voyage en Espagne.
Les montgolfières **planent** au-dessus des nuages.	Die Heißluftballons **schweben** über den Wolken.

FALSCHE FREUNDE

Planet M planète *f* (! feminin) **Planetarium** N planétarium *m*
planieren VT aplanir; égaliser; niveler **Planierraupe** F bulldozer *m*
Planke F planche *f*
Plänkelei F escarmouche *f* (*a. fig*)
Plankton N plancton *m*
planlos ADJ *u.* ADV sans méthode; (*aufs Geratewohl*) au hasard **planmäßig** ADJ *u.* ADV comme prévu; méthodique(ment); *Abfahrt, Ankunft* prévu; *Zug* régulier **Planquadrat** N carré *m* du plan directeur
Planschbecken N pataugeoire *f*
planschen *umg* VI barboter
Planstelle F poste *m* budgétaire
Plantage F plantation *f*
Planung F planification *f*; programmation *f*; plan *m*; **in der ~ sein** être en projet
Planwagen M voiture à bâche, bâchée
Planwirtschaft F économie dirigée, planifiée

Plappermaul *umg* N jacasseur, -euse *m,f*; moulin *m* à paroles
plappern *umg* VT u. VI babiller; *pej* jacasser
plärren *umg* VI *umg* brailler; *Kind umg* piailler
Plasma N plasma *m*
Plastik[1] F 1 *Kunst* plastique *f* 2 *Werk* sculpture *f*
Plastik[2] N (*Kunststoff*) (matière *f*) plastique *m* **Plastikbecher** M gobelet *m* en plastique **Plastikbeutel** M → Plastiktasche **Plastikbombe** F (bombe *f* au) plastic *m* **Plastikflasche** F bouteille *f* en plastique **Plastikfolie** F feuille *f* de plastique **Plastikgeld** N monnaie *f* électronique **Plastiktasche** F, **Plastiktüte** F sac *m*, sachet *m* de, en plastique
plastisch ADJ 1 plastique; *Film* en relief 2 *fig* qui a du relief
Platane F platane *m* (! maskulin)
Plateau N plateau *m* **Plateauschuh** M chaussure *f* à semelle compensée **Plateausohle** F semelle compensée
Platin N platine *m* **platinblond** ADJ (blond) platiné
Platine F TECH platine *f*
Plato M PHIL Platon *m*
platonisch ADJ 1 de Platon 2 *fig Liebe* platonique
platsch INT plouf!
platschen VI 1 faire plouf; claquer 2 battre, fouetter (**an, auf, gegen etw** [*akk*] qc)
plätschern VI gargouiller; *kleine Wellen* clapoter; (*planschen*) barboter
platt ADJ 1 (*flach*) plat; *Reifen* à plat; *umg* **e-n Platten haben** avoir un pneu à plat, crevé; *umg* avoir crevé 2 (*geistlos*) plat; banal 3 *umg vor Staunen* ébahi; *umg* épaté; *umg* sidéré
Platt N bas allemand **plattdeutsch** ADJ bas allemand
Platte F 1 *aus Metall, Glas* plaque *f*; *aus Stein* dalle *f*; carreau *m*; *aus Blech* lame *f* 2 *zum Servieren* plat *m*; **kalte ~** plat de viande froide, de charcuterie; assiette anglaise 3 (*Schallplatte*) disque *m* 4 (*Druckplatte*) planche *f* (d'imprimerie) 5 (*Tischplatte*) dessus *m* (de table) 6 (*Kochplatte*) plaque *f* (électrique) 7 *umg* (*Glatze*) calvitie *f*

Platten — les plats (mpl)

Platte — le disque

Plattenbau M (immeuble) préfabriqué *m* **Plattenhülle** F pochette *f* de disque **Plattenspieler** M tourne-disque *m*; platine *f* (tourne-disque)
Plattform F plate-forme *f* (*a. fig*) **Plattfuß** M 1 pied plat 2 *umg fig am Reifen* crevaison *f*; pneu à plat, crevé
Platz M 1 (*Sitzplatz*) place *f*; **~ nehmen** prendre place; s'asseoir 2 (*Sportplatz*) terrain *m* (de sport); (*Tennisplatz*) court *m*; **vom ~ stellen** expulser 3 *in e-r Stadt* place *f*; *runder* rond-point *m* 4 (*Ort*) endroit *m*; lieu *m*; (*Stelle*) emplacement *m*; **(nicht) an s-m ~ sein** (ne pas) être à sa place; *fig* **fehl am ~e sein** être déplacé 5 (*Stellung*) place *f*; poste *m*; **den zweiten ~ belegen** prendre, obtenir la deuxième place 6 (*Raum*) place *f*; espace *m*; **j-m ~ machen** faire place à qn; **~ raubend** encombrant; **~ sparend** peu encombrant
Platzangst F 1 *umg* claustrophobie *f* 2 PSYCH agoraphobie *f* **Platzanweiser(in)** M(F) placeur *m*; ouvreuse *f*
Plätzchen N *Gebäck* gâteau sec; biscuit *m*
platzen VI 1 crever; *mit Getöse* éclater (*a. Reifen*); exploser 2 *umg fig Vorhaben* tomber à l'eau; *umg* avorter 3 **vor Neugier ~** *umg* mourir de curiosité; **vor Wut ~** exploser (de colère)
platzieren A VT placer B VR SPORT **sich ~ als …** se classer …
Platzierung F classement *m*
Platzkarte F billet *m* de réservation, de location **Platzkonzert** N concert *m* en plein air **Platzmangel** M manque *m* de place, d'espace **Platzpatrone** F cartouche *f* à blanc **platzraubend** ADJT encombrant **Platzregen** M averse *f*; ondée *f* **Platzreservierung** F réservation *f* de place **platzsparend** ADJT peu encombrant **Platzverweis** M SPORT expulsion *f* **Platzvorteil** M avantage *m* du terrain **Platzwechsel** M changement *m* de place **Platzwette** F pari (mutuel) sur un cheval placé **Platzwunde** F plaie (ouverte); déchirure *f*
plaudern VI causer; bavarder
Plausch M *regional* (brin *m* de) causette *f*
plausibel ADJ plausible; vraisemblable; **j-m etw ~ machen** faire comprendre qc à qn
Play-back N play-back *m*
Playboy M play-boy *m*
Plazenta F PHYSIOLOGIE placenta *m*
pleite *umg* ADJ en faillite; **~ sein** être en faillite;

P

Plätze — les places (fpl)

Platz — le terrain (de sport)

Platz — la place

fig **ich bin ~** *(habe kein Geld mehr) umg* je suis fauché, à sec; → pleitegehen

Pleite *umg* F 1 FIN faillite *f*; banqueroute *f*; *umg* déconfiture *f*; **~ machen** faire faillite, banqueroute; → pleitegehen 2 *fig* échec *m*; *umg* bide *m*

pleitegehen V/I faire faillite, banqueroute

plemplem *umg* ADJ *umg* zinzin (! unveränderlich); *umg* cinglé

Plenarsaal M (grande) salle de réunion

Plenum N assemblée plénière; plénum *m*

Plissee N plissé *m* **Plisseerock** M jupe plissée

PLO F ABK (Palestine Liberation Organization) OLP *f*

Plombe F 1 *(Bleisiegel)* plomb *m* 2 *(Zahnfüllung)* plombage *m*; obturation *f* **plombieren** V/T plomber; *Zahn a.* obturer

plötzlich A ADJ subit; soudain; *(unerwartet)* imprévu; inattendu B ADV subitement; soudain; tout à coup

plump ADJ 1 *(dick), Lüge, Fälschung* grossier 2 *(schwerfällig)* lourd; balourd; pesant 3 *(ungeschickt)* maladroit **Plumpheit** F grossièreté *f*; lourdeur *f*; balourdise *f*; maladresse *f*

plumps INT *auf den Boden* pouf!; *ins Wasser* plouf!; ploc!; floc!

plumpsen *umg* V/I *auf den Boden* faire pouf; *ins Wasser* faire plouf

Plumpsklo *umg* N cabinets *mpl* rudimentaires (avec fosse d'aisances)

Plunder *umg* M *umg* vieilleries *fpl*; bazar *m*

Plünd(e)rer M pillard *m*; pilleur *m*; *bes* MIL maraudeur *m*

plündern V/T piller; dépouiller; *Stadt* saccager; mettre à sac **Plünderung** F pillage *m*; (mise *f* à) sac *m*; saccage *m*

Plural M pluriel *m* **Pluralbildung** F formation *f* du pluriel **Pluralendung** F terminaison *f* du pluriel **Pluralform** F (forme *f* du) pluriel *m*

Pluralismus M pluralisme *m* **pluralistisch** ADJ pluraliste

plus ADV plus

Plus N 1 *(Überschuss)* surplus *m*; excédent *m* 2 MATH plus *m* 3 *fig (Vorteil)* avantage *m*; plus *m*

Plüsch M peluche *f* **Plüschtier** N animal *m* en peluche

Pluspol M pôle positif **Pluspunkt** M bon point

Plusquamperfekt N GRAM plus-que-parfait *m*

Pluszeichen N signe *m* plus

Pluto ASTRON **(der) ~** Pluton

Plutonium N plutonium *m*

PLZ ABK (Postleitzahl) code postal

Pneu M *bes schweiz* pneu *m*

Po *umg* M derrière *m*; *umg* postérieur *m*

Pöbel M *pej* populace *f*

pöbeln *umg* V/I lancer des provocations; faire de la provocation

pochen *geh* V/I 1 *(klopfen)* frapper (**an** [+ *akk*], **gegen** à, contre); *Herz* battre; palpiter 2 *fig* **auf etw** *(akk)* **~** faire valoir qc

pochieren V/T GASTR pocher

Pocken PL variole *f* **Pockenschutzimpfung** F vaccination *f* antivariolique

Podest M *od* N 1 *(Podium)* estrade *f* 2 *(Treppenabsatz)* palier *m*

Podium N estrade *f*; *(Rednerpodium)* tribune *f* **Podiumsdiskussion** F débat *m* en public

Poesie F poésie *f* **Poesiealbum** N album *m* de poésies

Poet *geh, hum* M poète *m* **poetisch** ADJ poétique

pofen *umg* V/I *umg* pioncer; *umg* roupiller

Pointe F bon mot, trait *m* de la fin

Pokal M coupe *f* **Pokalfinale** N finale *f* de la coupe **Pokalsieger(in)** M(F) vainqueur *m* de coupe **Pokalspiel** N match *m* de coupe

Pökelfleisch N viande salée

pökeln V/T saler

Poker N *od* M poker *m* *(a. fig)*

Pokerface N visage *m*, personne *f* impassible

pokern V/I jouer au poker

Pol M pôle *m*; *fig* **der ruhende ~** la source d'équilibre

polar ADJ polaire

Polarexpedition F expédition *f* polaire **Polarforscher** M explorateur *m* des régions

polaires
Polarkreis M cercle *m* polaire; **nördlicher, südlicher ~** cercle polaire arctique, antarctique
Polarlicht N aurore *f* polaire **Polarmeer** N océan glacial **Polarnacht** F nuit *f* polaire **Polarstern** M Étoile *f* polaire
Pole M Polonais *m*
Polemik F polémique *f* **polemisch** ADJ polémique
polemisieren V/I polémiquer (**gegen j-n** contre qn)
Polen N la Pologne
Polente *umg* F *umg* poulets *mpl*; *umg* flics *mpl*
Poleposition F *beim Autorennen* pole position *f*
Police F police *f* (d'assurance)
Polier M contremaître *m*
polieren V/T *Möbel* faire briller, reluire; *Metalle* fourbir
Poliklinik F policlinique *f*
Polin F Polonaise *f*
Polio F MED polio *f*
Politesse F contractuelle *f*
Politik F politique *f*
Politiker(in) M(F) homme *m*, femme *f* politique
Politikum N fait *m* politique; **ein ~ sein, zum ~ werden** être politisé
Politikwissenschaft F sciences *fpl* politiques; politologie *f*
politisch **A** ADJ politique **B** ADV **~ korrekt** politiquement correct
Politologe M, **Politologin** F politologue *m/f* **Politologie** F politologie *f*; sciences *fpl* politiques
Politur F **1** (*Glanz*) poli *m*; (*Schutzschicht*) vernis *m* **2** *Mittel* vernis *m*; enduit *m*
Polizei F police *f* **Polizeiaktion** F opération *f* de police; rafle *f* **Polizeiaufgebot** N déploiement *m* de (forces de) police **Polizeiauto** N voiture *f* de police **Polizeibeamte(r)** M, **Polizeibeamtin** F fonctionnaire *m/f* de (la) police; policier *m* **Polizeidienststelle** F commissariat *m* (de police) **Polizeidirektion** F direction *f* de la police **Polizeieinsatz** M intervention *f* de la police **Polizeieskorte** F escorte policière **Polizeifunk** M radio *f* de la police **Polizeigewahrsam** M garde *f* à vue **Polizeihund** M chien policier **Polizeikontrolle** F contrôle *m* de (la) police
polizeilich **A** ADJ de (la) police; policier **B** ADV par la police
Polizeipräsident M préfet *m* de police **Polizeipräsidium** N préfecture *f* de police **Polizeirevier** N commissariat *m* de police, de quartier **Polizeischutz** M protection policière **Polizeistaat** M État, régime policier **Polizeistreife** F patrouille *f* de police **Polizeistunde** F heure *f* de fermeture (des cafés, des restaurants, *etc*) **Polizeiwache** F poste *m* de police
Polizist(in) M(F) agent *m* de police; gardien *m* de la paix
Polka F polka *f*
Pollen M BOT pollen *m* **Pollenflug** M pollinisation *f* par le vent **Pollenflug-Vorhersage** F bulletin *m* allergo-pollinique
polnisch ADJ polonais
Polo N SPORT polo *m* **Polohemd** N polo *m* **Polospiel** N polo *m*
Polster N **1** (*Polsterung*) rembourrage *m*; capitonnage *m* **2** (*Polsterauflage*) garniture *f*; (*Kissen*) coussin *m* **3** *fig* réserves *fpl* **Polstergarnitur** F salon (capitonné) **Polstermöbel** NPL meubles capitonnés
polstern V/T rembourrer; capitonner
Polstersessel M siège rembourré, capitonné
Polsterung F **1** rembourrage *m*; capitonnage *m* **2** *Auflage* coussin *m*
Polterabend M *joyeuse fête où l'on casse de la vaisselle à la veille des noces*
poltern V/I *Sache* faire du bruit (en tombant, en roulant); *Person* faire du tapage
Polyester M polyester *m*
Polygamie F polygamie *f*
Polygon N MATH polygone *m*
Polynesien N la Polynésie
Polyp M **1** ZOOL, MED polype *m* **2** *umg* (*Polizist*) *umg* flic *m*
Pomade F pommade *f*
Pommes *umg* PL frites *fpl*
Pommes frites PL (pommes) frites *fpl*
Pomp M pompe *f*; faste *m*
pompös ADJ pompeux

P

Politesse ≠ politesse

In dieser Zone muss man sich vor den **Politessen** hüten.	Dans cette zone, il faut se méfier des **contractuelles**.
Ce jeune homme manque de **politesse**.	Diesem jungen Mann fehlt es an **Höflichkeit**.

FALSCHE FREUNDE

Poncho M poncho *m*
Pony[1] N ZOOL poney *m*
Pony[2] M *Frisur* (coiffure *f* à) frange *f*
Pool M 1 (*Swimmingpool*) piscine *f* 2 WIRTSCH pool *m* **Poolbillard** N billard américain
Pop M → Popmusik
Pop-Art F pop'art *m*
Popcorn N sl-corn *m*
Popel *umg* M *umg* crotte *f* (de nez); morve (séchée)
sl(e)lig ADJ (*armselig*) pitoyable; *umg* minable; (*gewöhnlich*) petit ... de rien du tout
popeln *umg* VI **(in der Nase) ~** se fourrer les doigts dans le nez
Popfestival N festival *m* sl **Popgruppe** F groupe *m* sl **Popkonzert** N concert *m* sl **Popmusik** F musique *f* sl
Popo *umg* M derrière *m*; *umg* postérieur *m*
Popsänger(in) M(F) chanteur, -euse *m,f* sl **Popstar** M star *f* de la sl
populär ADJ populaire
Popularität F popularité *f*
Pore F pore *m* (❗ maskulin)
Porno *umg* M *umg* porno *m* **Pornofilm** M film *m* porno **Pornographie** F pornographie *f* **pornographisch** ADJ pornographique **Pornoheft** N revue *f* porno
porös ADJ poreux
Porree M poireau *m*
Portal N portail *m* (*a.* IT)
Portemonnaie N porte-monnaie *m*
Portier M concierge *m*; portier *m*
Portion F portion *f*; *umg fig* **e-e halbe ~** une demi-portion
portionieren VT diviser en parts, en portions
Porto N port *m*
portofrei A ADJ franc de port B ADV franco (de port); port payé
Porträt N portrait *m*
porträtieren VT faire le portrait de
Portugal N le Portugal
Portugiese M, **Portugiesin** F Portugais(e) *m(f)* **portugiesisch** ADJ portugais
Portwein M porto *m*
Porzellan N porcelaine *f*
Posaune F trombone *m* **posaunen** VI jouer du trombone
Posaunist M (joueur *m* de) trombone *m*
Pose F pose *f*
posieren VI poser; prendre une pose
Position F 1 position *f*; *berufliche a.* poste *m*; situation *f* 2 HANDEL poste *m*
positionieren VT positionner (*a.* WIRTSCH)
positiv ADJ positif; (*bejahend*) *a.* affirmatif
Possessivpronomen N GRAM (adjectif *m* bzw. pronom *m*) possesif *m*
Post® F 1 (*Postdienste*) poste *f*; (*Postamt*) (bureau *m* de) poste *f* 2 (*Postsendung*) courrier *m*; **elektronische ~** courrier électronique; **mit gleicher, getrennter ~** par le même courrier, par courrier séparé
postalisch ADJ postal
Postamt N (bureau *m* de) poste *f* **Postanschrift** F adresse postale **Postanweisung** F mandat postal **Postauto** N voiture *f* des postes **Postbank** F service *m* bancaire de la poste **Postbeamte(r)** M, **Postbeamtin** F employé(e) *m(f)* des postes; postier, -ière *m,f* **Postbote** M, **Postbotin** F facteur, -trice *m,f*; ADMIN préposé(e) *m(f)* **Posteingang** M courrier *m* arrivé, reçu
Posten M 1 (*Stellung*) poste *m*; emploi *m* 2 (*Warenposten*) lot *m*; (*Rechnungsposten*) poste *m* 3 (*Wachtposten*) sentinelle *f fig* **auf verlorenem ~ kämpfen, stehen** défendre une position, cause perdue; *umg* **nicht auf dem ~ sein** ne pas être dans son assiette; *umg* ne pas être d'attaque
Poster N *od* M poster *m*
Postfach N boîte postale **Postgeheimnis** N secret postal **Postgiroamt** N service *m* de virement postal **Postgirokonto** N compte courant postal **Postkarte** F carte postale **Postkutsche** F diligence *f* **postlagernd** ADJT *u.* ADVL poste restante **Postleitzahl** F code postal
Pöstler(in) M(F) *schweiz* facteur, -trice *m,f*
postmodern ADJ postmoderne **Postmoderne** F époque *f* postmoderne
Postomat M *schweiz* distributeur *m* (automatique) de billets
Postpaket N colis postal **Postschalter** M guichet *m* (de la poste) **Postsendung** F envoi postal **Postsparbuch** N livret *m* de caisse d'épargne postale **Poststempel** M cachet *m* de la poste **Postvermerk** M indication *f* de service
Postweg M **auf dem ~** par la poste; par voie postale
postwendend ADVL 1 par retour du courrier 2 *fig* tout de suite; immédiatement
Postwertzeichen N ADMIN timbre-poste *m* **Postwurfsendung** F envoi *m* en nombre
potent ADJ 1 *Liebhaber* viril 2 (*finanzstark*) qui a de gros moyens
Potenz F 1 MATH puissance *f* 2 (*Manneskraft*) virilité *f*; puissance sexuelle **Potenzial** N potentiel *m* (**an** [+ *dat*] de) **potenziell** ADJ PHYS potentiel; *fig* virtuel **potenzieren** VT MATH élever à la nième puissance
Pott *umg regional* M (*Topf*) pot *m*; (*Nachttopf*) pot *m*

(de chambre); **mit etw zu ~(e) kommen** venir à bout de qc
potthässlich *umg* ADJ *umg* laid, moche comme un pou
Pottsau *sl* F *sl* dégueulasse *m/f* **Pottwal** M cachalot *m*
Poularde F poularde *f*; *über 1200 g a.* poulet *m*
Poulet N *schweiz* poulet rôti
Power *umg* F énergie *f* **Powerfrau** *umg* F battante *f*
powern *umg* V/I *bei der Arbeit etc umg* foncer
Powidl M *österr* GASTR mousse *f* de pruneaux
PR ABK (Public Relations) relations publiques
Präambel F préambule *m*
Pracht F magnificence *f*; somptuosité *f*; splendeur *f* **Prachtexemplar** *umg* N superbe exemplaire *m*
prächtig ADJ magnifique; somptueux; splendide; *Wetter* superbe; *(großartig) umg* formidable
Prachtkerl *umg* M *umg* type épatant, formidable **Prachtstraße** F avenue *f* magnifique, de luxe **Prachtstück** *umg* N superbe exemplaire *m* **prachtvoll** → prächtig
Prädikat N **1** GRAM verbe *m* **2** *(Zensur)* mention *f*
prädikativ ADJ GRAM **~es Adjektiv** adjectif *m* attribut
Prädikatsnomen N GRAM attribut *m* du sujet; prédicat *m*
Präferenz F préférence *f*; traitement préférentiel
Präfix N LING préfixe *m*
Prag N Prague
prägen V/T TECH estamper; TEX, *Papier* gaufrer; *fig* donner son empreinte à; *Wort* créer; **Münzen ~** battre monnaie
pragmatisch ADJ pragmatique
prägnant ADJ *(treffend)* frappant; *(knapp)* concis; dense
Prägung F TECH estampage *m*; TEX gaufrage *m*; *fig* empreinte *f*; *e-s Worts* création *f*
prähistorisch ADJ préhistorique
prahlen V/I se vanter (**mit** de) **Prahlerei** F vantardise *f*; fanfaronnade *f* **Prahlhans** *umg* M frimeur *m*; fanfaron *m*; *umg* crâneur *m*
praktikabel ADJ praticable **Praktikant(in)** M(F) stagiaire *m/f*
Praktiken FPL pratiques *fpl* **Praktikum** N stage *m*
praktisch **A** ADJ pratique; **~er Arzt** généraliste *m*; omnipraticien *m* **B** ADV **1** pratiquement; dans la *od* en pratique **2** *fig (quasi)* pratiquement; pour ainsi dire
praktizieren V/T pratiquer
Praline F chocolat *m*; crotte *f* de, en chocolat
prall ADJ ferme et élastique; *Körperteile* rebondi; dodu; **in der ~en Sonne** en plein soleil
prallen V/I cogner, °heurter (**gegen, auf, an etw** *[akk]* qc)
Prämie F prix *m*; prime *f*
prämieren, prämiieren V/T accorder un prix, une prime à; *Aussteller* primer; **präm(i)iert** couronné
Prämisse F prémisse *f*
Pranger V/I M pilori *m*; **j-n an den ~ stellen** mettre, clouer qn au pilori *(a. fig)*
Pranke F **1** ZOOL patte *f* **2** *umg (große Hand) umg* grosse patte; *umg* battoir *m*
Präparat N préparation *f* (pharmaceutique)
präparieren V/T préparer
Präposition F GRAM préposition *f*
Prärie F prairie *f*
Präsens N GRAM présent *m*
präsent ADJ présent; **etw (nicht) ~ haben** (n')avoir (pas) qc présent à l'esprit
Präsent N présent *m*; cadeau *m* **präsentieren** V/T *(u.* V/R*)* (**sich ~** se) présenter
Präsentierteller M *umg* **auf dem ~ sitzen** être exposé aux regards de tous
Präsentkorb M panier-cadeaux *m*
Präsenz F présence *f* **Präsenzbibliothek** F bibliothèque *f* de consultation sur place **Präsenzdienst** M *österr* service *m* militaire
Präservativ N préservatif *m*
Präsident(in) M(F) président(e) *m(f)* **Präsidentschaft** F présidence *f* **Präsidentschaftskandidat(in)** M(F) candidat(e) *m(f)* à la présidence

Die Präsidenten der V. Republik (seit 1958)

Charles de Gaulle	1958 – 1969
Georges Pompidou	1969 – 1974
Valéry Giscard d'Estaing	1974 – 1981
François Mitterrand	1981 – 1995
Jacques Chirac	1995 – 2007
Nicolas Sarkozy	seit 2007

LANDESKUNDE

präsidieren V/I présider
Präsidium N **1** *(Vorsitz)* présidence *f* **2** *(Vorstand)* comité directeur **3** *(Polizeipräsidium)* préfecture *f* (de police)
prasseln V/I *Regen* tomber dru; tambouriner; *Feuer* crépiter; pétiller
prassen V/I bambocher; mener joyeuse vie; *(schlemmen) umg* faire la bombe; *umg* faire ripaille
Präteritum N GRAM prétérit *m*

Praxis F 1 (*nicht Theorie*) pratique *f*; (*Erfahrung*) expérience *f*; **in die ~ umsetzen** mettre en pratique 2 (*Arztpraxis, Anwaltspraxis*) cabinet *m*
Praxisgebühr F MED frais *mpl* de consultation **praxisnah** ADJ fondé sur la pratique **praxisorientiert** ADJ axé sur la pratique
Präzedenzfall M précédent *m*; **e-n ~ schaffen** créer un précédent
präzis(e) ADJ précis; exact
präzisieren V/T préciser
Präzision F précision *f* **Präzisionsarbeit** F travail *m* de précision
predigen V/T u. V/I prêcher **Prediger** M prédicateur *m*
Predigt F sermon *m* (*a. fig*); PROT *a.* prêche *m*; **e-e ~ halten** prononcer un sermon; PROT faire un prêche
Preis M 1 HANDEL prix *m*; **um jeden ~** à tout prix; coûte que coûte; **zum halben ~** à moitié prix 2 *Auszeichnung* prix *m*; prime *f*; (*Belohnung*) récompense *f*; **der Große ~ von …** le Grand Prix de …
Preisabsprache F entente *f* sur les prix **Preisänderung** F modification *f* du *bzw.* des prix **Preisangabe** F indication *f* de *bzw.* du prix **Preisanstieg** M °hausse *f*, montée *f* des prix **Preisausschreiben** N concours *m* **preisbewusst** ADJ qui a conscience des prix **Preisbindung** F fixation *f*, imposition *f* des prix **Preisdifferenz** F écart *m*, différence *f* de prix
Preiselbeere F airelle *f* rouge
preisen *geh* V/T vanter; louer; **sich glücklich ~ (können)** (pouvoir) s'estimer heureux
Preiserhöhung F augmentation *f* des prix **Preisermäßigung** F réduction *f*; rabais *m* **Preisfrage** F 1 (*Preisaufgabe*) question *f* de concours 2 (*Geldfrage*) question *f* de prix
preisgeben *geh* V/T 1 (*aufgeben*) abandonner 2 (*verraten*) trahir 3 (*ausliefern*) livrer (+ *dat* à)
Preisgefälle N disparité *f* des prix **preisgekrönt** ADJT couronné; primé **Preisgericht** N jury *m* **Preisgestaltung** F fixation *f* des prix
Preisgrenze F **obere ~** limite supérieure des prix; prix *m* plafond; **untere ~** limite inférieure des prix; prix *m* plancher
preisgünstig ADJ → preiswert **Preislage** F catégorie *f* de prix **Preis-Leistungs-Verhältnis** N rapport *m* qualité-prix **preislich** ADV en ce qui concerne le(s) prix **Preisliste** F prix courants; liste *f* des prix; tarif *m* **Preisnachlass** M remise *f*; rabais *m*; réduction *f* **Preispolitik** F politique *f* des prix **Preisrätsel** N jeu-concours *m* **Preisrichter(in)** M(F) juge *m/f* (de concours) **Preisrückgang** M recul *m*, baisse *f* des prix **Preisschild** N étiquette *f* **Preissenkung** F réduction *f*, baisse *f* des prix **Preisspanne** F marge *f*, différence *f* de prix **Preissteigerung** F augmentation *f* des prix **Preisträger(in)** M(F) lauréat(e) *m(f)* **Preistreiberei** F °hausse illicite, abusive des prix **Preisunterschied** M différence *f*, écart *m* de prix **Preisvergleich** M comparaison *f* des prix **Preisverleihung** F remise *f* d'un prix **preiswert** ADJ (à) bon marché; avantageux
prekär *geh* ADJ précaire
prellen V/T 1 *Ball* faire rebondir 2 MED meurtrir; contusionner 3 *fig* (*betrügen*) tromper; duper; **j-n um etw ~** frustrer qn de qc
Prellung F MED meurtrissure *f*; contusion *f*
Premier M Premier ministre
Premiere F première *f* **Premierenpublikum** N public *m* de première
Premierminister(in) M(F) Premier ministre
Prepaidkarte F carte prépayée
preschen V/I *umg* foncer; **nach vorne ~** se précipiter en avant
Presse F 1 (*Zeitungswesen*) presse *f* 2 TECH presse *f*; (*Fruchtpresse*) pressoir *m*
Presseagentur F agence *f* de presse **Presseamt** N service *m* de presse **Presseausweis** M carte *f* de presse **Presseball** M bal *m* de la presse **Pressebericht** M reportage *m* **Pressechef** M chef *m* du service de presse **Presseempfang** M réception *f* de la presse **Presseerklärung** F déclaration *f* à la presse **Pressefotograf** M reporter *m* photographe **Pressefreiheit** F liberté *f* de la presse **Pressegesetz** N loi *f* sur la presse **Pressekampagne** F campagne *f* de presse **Pressekonferenz** F conférence *f* de presse **Pressemeldung** F, **Pressemitteilung** F information *f* par la presse
pressen V/T 1 (*drücken*) presser; serrer 2 (*zusammenpressen*) comprimer 3 *Frucht* presser; pressurer; *Saft* extraire
Pressenotiz F entrefilet *m* **Pressereferent** M attaché *m* de presse **Pressespiegel** M revue *f* de (la) presse **Pressesprecher** M attaché *m* de presse; porte-parole *m*
pressieren V/I *bes südd, österr, schweiz* presser; être urgent, pressant
Pressluft F air comprimé **Pressluftbohrer** M perforatrice *f* à air comprimé **Presslufthammer** M marteau *m* pneumatique, piqueur
Prestige N prestige *m* **Prestigefrage** F question *f* de prestige **Prestigeverlust** M perte *f* de prestige
Preuße M, **Preußin** F Prussien, -ienne *m,f*

Preußen N HIST la Prusse **preußisch** ADJ prussien
prickeln V/I (*kribbeln*) picoter; *Getränk* pétiller
prickelnd ADJT picotant; pétillant; *fig* excitant
Priel M filet *m* d'eau (*dans les fonds sablonneux*)
pries → preisen
Priester(in) M(F) prêtre, -esse *m,f* **Priesterseminar** N (grand) séminaire **Priesterweihe** F ordination *f*; prêtrise *f*
prima *umg* **A** ADJ *umg* formidable; *umg* épatant; chouette; **ein ~ Kerl** *umg* un chic type; **das ist ~!** c'est génial, *umg* super **B** *umg* ADV parfaitement; superbement; *umg* super (bien)
Primaballerina F première danseuse; danseuse étoile
primär **A** ADJ primaire **B** ADV en priorité; en premier lieu
Primararzt M, **Primarärztin** F *österr* médecin-chef *m*
Primärenergie F énergie *f* primaire
Primarlehrer(in) M(F) *schweiz* instituteur, -trice *m,f*
Primärliteratur F œuvres *fpl* (littéraires, philosophiques)
Primarschule F *schweiz* école *f* primaire **Primarstufe** F (enseignement *m*) primaire *m*
Primaten MPL ZOOL primates *mpl*
Primel F primevère *f*
Primetime F TV prime time *m*
primitiv ADJ primitif (*a. pej*) **Primitivität** F caractère primitif
Primus M premier *m* (d'une classe)
Primzahl F nombre premier
Printe F GASTR (langue *f* de) pain *m* d'épices
Printmedien NPL presse écrite
Prinz M prince *m*
Prinzenpaar N prince *m* et princesse *f* (de carnaval)
Prinzessin F princesse *f*
Prinzip N principe *m*; **im ~** en principe; **aus ~** par principe
prinzipiell **A** ADJ de principe **B** ADV par, en principe
Priorität F priorité *f*; **~en setzen** fixer des priorités
Prise F **e-e ~ Salz** une pincée de sel
Prisma N prisme *m*
Pritsche F lit *m* de camp; *im Gefängnis* bat-flanc *m*
privat **A** ADJ privé; particulier; (*persönlich*) personnel **B** ADV à titre privé, personnel; **j-n ~ sprechen** parler à qn en privé; avoir un entretien personnel avec qn; **~ versichert** couvert par une assurance privée
Privatadresse F adresse privée, personnelle **Privatangelegenheit** F affaire personnelle, particulière, privée **Privataudienz** F audience particulière **Privatbesitz** M propriété privée **Privatbesuch** M visite privée **Privatdetektiv** M détective (privé) **Privatdozent** M *in Deutschland* privat-docent *od* privat-dozent *m*; *etwa* chargé *m* de cours **Privateigentum** N propriété privée **Privatfahrzeug** N véhicule particulier **Privatfernsehen** N chaîne (de télévision) privée **Privatflugzeug** N avion particulier **Privatgespräch** N conversation, TEL communication privée **Privatinitiative** F initiative privée
privatisieren V/T privatiser; transférer au secteur privé; dénationaliser **Privatisierung** F privatisation *f*
Privatklinik F clinique (privée) **Privatleben** N vie privée **Privatlehrer** M personne *f* qui donne des cours particuliers **Privatmann** M particulier *m* **Privatpatient(in)** M(F) MED client(e) privé(e) **Privatperson** F personne privée **Privatsache** F affaire personnelle **Privatschule** F école privée, *konfessionelle* libre **Privatsekretär(in)** M(F) secrétaire privé(e), particulier (-ière) **Privatsender** M **1** chaîne (de télévision) privée **2** (station *f* de) radio privée, libre **Privatsphäre** F vie privée; intimité *f* **Privatstunde** F leçon particulière; cours particulier **Privatunterricht** M leçons particulières; cours particuliers **Privatvergnügen** *umg* N plaisir (particulier) **privatversichert** ADJT → privat B **Privatversicherung** F assurance privée **Privatwagen** M voiture particulière **Privatwirtschaft** F économie privée; secteur privé **Privatwohnung** F domicile personnel
Privileg N privilège *m* **privilegiert** ADJT privilégié
pro PRÄP par; **1000 Stück ~ Stunde** 1000 unités à l'heure
Pro **(das) ~ und (das) Kontra** le pour et le contre
pro... IN ZSSGN pro...
Probe F **1** (*Prüfung*) test *m*; essai *m*; *fig a.* épreuve *f*; (*Beweis*), MATH preuve *f*; **zur** *od* **auf ~** à l'essai; **j-n auf die ~ stellen** mettre qn à l'épreuve **2** THEAT répétition *f* **3** (*kleine Menge*) échantillon *m*; spécimen *m*
Probealarm M exercice *m* d'alerte **Probefahrt** F essai *m*
proben V/T *u.* V/I THEAT répéter
probeweise ADJ *u.* ADV à l'essai; à titre d'essai
Probezeit F période *f* d'essai
probieren V/T *u.* V/I **1** (*versuchen*) essayer **2** *Speisen* goûter; *Wein* déguster

probiotisch ADJ *bes Joghurt* probiotique
Problem N problème *m* **Problematik** F caractère *m* problématique; problèmes *mpl* **problematisch** ADJ problématique
Problembewusstsein N conscience *f* de l'existence d'un problème, de problèmes **Problemkind** N enfant *m* difficile, à problèmes **problemlos** A ADJ qui ne pose pas de problème(s); *Kind* facile B ADV *verlaufen etc* sans accroc **Problemstellung** F données *fpl* du problème; problématique *f*
Produkt N produit *m* (*a.* MATH); (*Ergebnis*) résultat *m*
Produktion F production *f*; fabrication *f*
Produktionsassistent M assistant *m* de production **Produktionsausfall** M perte *f* de production **Produktionskosten** PL coût *m* de la production **Produktionsleiter** M chef *m* de production **Produktionsmittel** NPL moyens *mpl* de production **Produktionsrückgang** M recul *m*, baisse *f* de la production **Produktionssteigerung** F augmentation *f* de la production
produktiv ADJ productif **Produktivität** F productivité *f*
Produktmanager M chef *m* de produit **Produktpalette** F gamme *f* de produits **Produktpiraterie** F piraterie commerciale
Produzent(in) M(F) producteur, -trice *m,f* **produzieren** V/T produire
Prof. ABK (Professor) professeur (d'université)
profan ADJ profane
professionell ADJ professionnel
Professor(in) M(F) (femme *f*) professeur *m* (d'université)
Professur F chaire *f* (de professeur) (**für** de)
Profi *umg* M *umg* pro *m*
Profi... IN ZSSGN professionnel **Profifußball** M football professionnel
Profil N 1 profil *m*; (*Reifenprofil*) sculptures *fpl*; **im ~** de profil 2 *fig* caractère *m*; (forte) personnalité
profilieren V/R **sich ~** s'imposer
Profilneurose F obsession *f* de la réussite (professionnelle); **e-e ~ haben** être obsédé par son image de marque
Profilreifen M pneu *m* à sculptures **Profilsohle** F semelle crantée, à relief antidérapant
Profit M profit *m*; gain *m*; bénéfice *m* **Profitgier** F avidité *f*; âpreté *f* au gain
profitieren V/I **~ bei, von** profiter de
pro forma pour la forme; pro forma
Prognose F pronostic *m* (*a.* MED); prévision *f*
Programm N programme *m*; TV, RADIO chaîne *f* **Programmänderung** F changement *m* de programme **programmgemäß** ADJ *u.* ADV suivant le programme; comme prévu **Programmgestaltung** F programmation *f* **Programmheft** N programme *m* **Programmhinweis** M annonce *f* du, concernant le programme
programmierbar ADJ programmable **programmieren** V/T programmer **Programmierer(in)** M(F) programmeur, -euse *m,f*
Programmiersprache F langage *m* de programmation
Programmierung F programmation *f*
Programmkino N *etwa* ciné-club *m* **Programmplanung** F programmation *f* **Programmregler** M TECH programmateur *m* **Programmsteuerung** F TECH commande *f* à programme **Programmtaste** F *e-r Waschmaschine* sélecteur *m* **Programmübersicht** F RADIO, TV grille *f* des programmes **Programmvorschau** F KINO prochains films; RADIO, TV prochaines émissions **Programmzeitschrift** F magazine *m* de radiotélévision
progressiv ADJ 1 (*fortschrittlich*) progressiste 2 (*fortschreitend*) progressif
Projekt N projet *m* **Projektgruppe** F équipe chargée d'élaborer un projet
Projektion F projection *f*
Projektleiter(in) M(F), **Projektmanager(in)** M(F) chef *m* de projet
Projektor M projecteur *m*
Projektplanung F ingénierie *f* **Projektwoche** F SCHULE semaine *f* d'activités éducatives interdisciplinaires
projizieren V/T projeter (**auf** [+ *akk*] sur)
Proklamation F proclamation *f* **proklamieren** V/T proclamer
Pro-Kopf-Einkommen N revenu *m* par tête **Pro-Kopf-Verbrauch** M consommation individuelle
Prokura F procuration *f*
Prokurist(in) M(F) fondé(e) *m(f)* de pouvoir
Prolet M *pej* rustre *m* **Proletariat** N prolétariat *m* **Proletarier** M prolétaire *m* **proletarisch** ADJ prolétarien; prolétaire
Prolog M prologue *m*
Promenade F promenade *f*
Promenadendeck N pont-promenade *m* **Promenadenmischung** F *hum* bâtard *m*
Prometheus M MYTH Prométhée *m*
Promi *umg* M/F ABK (Prominente[r]) *umg* VIP *m/f* (! unveränderlich)
Promille N 1 (*Tausendstel*) pour mille 2 *umg pl* alcoolémie *f*; **2,5 ~** 2 grammes 5 d'alcoolémie, d'alcool dans le sang

Promillegrenze F taux légal d'alcoolémie
prominent ADJ éminent; de premier plan
Prominente(r) M/F(M) personnalité *f* de premier plan; célébrité *f* **Prominenz** F *koll* personnalités marquantes; célébrités *fpl*
Promotion F promotion *f* (au grade de docteur)
promovieren V/I passer son doctorat (**über** [+ *akk*] sur)
prompt A ADJ prompt; immédiat B ADV promptement; immédiatement; *umg* (*erwartungsgemäß*) (comme de) bien entendu
Pronomen N GRAM pronom *m*
Propaganda F propagande *f*
propagieren V/T faire de la propagande pour; (*verbreiten*) propager
Propangas N propane *m*
Propeller M hélice *f*
Prophet(in) M(F) prophète *m*, prophétesse *f* (*a. fig*) **prophetisch** ADJ prophétique
prophezeien V/T prophétiser; (*voraussagen*) prédire **Prophezeiung** F prophétie *f*; prédiction *f*
Prophylaxe F prophylaxie *f*
Proportion F proportion *f* **proportional** ADJ proportionnel (**zu** à)
Proporz M représentation proportionnelle
proppenvoll *umg* ADJ *umg* plein à craquer
Prosa F prose *f*
prosaisch ADJ *geh fig* prosaïque; terre à terre
Prosecco M Prosecco *m*
Proseminar N cours *m*, séminaire *m* de premier cycle
prosit INT à votre santé!; ~ **Neujahr!** bonne année!
Prosit N toast *m*; **ein ~ der** (*dat*) *od* **auf die Gastgeberin!** à la santé de la maîtresse de maison!
Prospekt M prospectus *m*; *gefalteter* dépliant *m*
prost *umg* → prosit
Prostata F prostate *f*
Prostituierte F prostituée *f* **Prostitution** F prostitution *f*
Protagonist(in) M(F) *a. fig* protagoniste *m/f*
protegieren V/T protéger; patronner
Protein N BIOCHEMIE protéine *f*
Protektion F protection *f*; patronage *m*
Protest M protestation *f*; **aus ~ (gegen)** en signe de protestation (contre); **(gegen etw) ~ einlegen** protester (contre qc)
Protestaktion F campagne *f* de protestation
Protestant(in) M(F) protestant(e) *m(f)* **protestantisch** ADJ protestant
Protestbewegung F mouvement *m* de protestation; contestation *f* **Protestgeschrei** N °huées *fpl*
protestieren V/I protester (**gegen** contre)
Protestkundgebung F meeting *m*, manifestation *f* de protestation **Protestmarsch** M marche *f* de protestation **Protestwelle** F vague *f* de protestation(s)
Prothese F prothèse *f*; (*Zahnprothese*) prothèse *f* dentaire; dentier *m*
Protokoll N 1 procès-verbal *m*; **ein ~ aufnehmen** dresser un procès-verbal; **(das) ~ führen** rédiger le procès-verbal; **etw zu ~ geben** faire inscrire qc au procès-verbal 2 DIPL protocole *m*
Protokollführer(in) M(F) rédacteur, -trice *m, f* du procès-verbal
protokollieren V/T dresser, rédiger le procès-verbal
Proton N PHYS NUKL proton *m*
Prototyp M prototype *m*
protzen *umg* V/I faire étalage (**mit etw** de qc); *umg* frimer
protzig *umg* ADJ prétentieux; (*luxuriös*) d'un luxe provocant
provenzalisch ADJ provençal
Proviant M provisions *fpl* (de voyage)
Provider M IT fournisseur *m* (d'accès)
Provinz F province *f* **provinziell** ADJ provincial
Provinzler *umg pej* M provincial *m* **Provinznest** *umg pej* N *umg* bled *m*; *umg* trou *m* **Provinzstadt** F ville *f* de province
Provision F commission *f*
Provisionsbasis F **auf ~ arbeiten** travailler à la commission
provisorisch ADJ provisoire
Provisorium N provisoire *m*; solution *f* provisoire
provokant ADJ provocant; provocateur
Provokation F provocation *f* **provokativ** ADJ provocant; provocateur
provozieren A V/T provoquer B V/I faire de la provocation
Prozedur F opération *f* (de longue haleine)
Prozent N 1 (*Hundertstel*) pour cent (! getrennt geschrieben) 2 *umg pl* **~e** (*Gewinnanteil*) pourcentage *m*; tant *m* pour cent; (*Rabatt*) réduction *f*; remise *f*
Prozentpunkt M point *m* **Prozentrechnung** F calcul *m* des pourcentages **Prozentsatz** M pourcentage *m*; taux *m*
prozentual A ADJ (exprimé) en pourcentage; proportionnel B ADV selon un pourcentage; proportionnellement
Prozentzeichen N symbole *m* du pourcentage
Prozess M 1 JUR procès *m*; **e-n ~ gegen j-n**

anstrengen intenter un procès à qn; **e-n ~ führen** être en procès (**gegen j-n** avec qn); **j-m den ~ machen** traduire qn en justice; *umg* **mit j-m, etw kurzen ~ machen** en finir rapidement, vivement avec qn, qc **2** (*Verfahren*) procédé *m*
prozessieren VI intenter, faire un procès (**mit, gegen** à)
Prozession F procession *f*
Prozesskosten PL frais *mpl* de procès; dépens *mpl*
Prozessor M IT processeur *m*
prüde ADJ prude
prüfen VT examiner; TECH essayer; contrôler; (*nachprüfen*) vérifier; **j-n ~** (**in** [+ *dat*]) faire passer à qn un examen (en, de); **etw auf s-e Genauigkeit ~** vérifier, contrôler l'exactitude de qc
Prüfer(in) M(F) examinateur, -trice *m,f*; TECH, HANDEL contrôleur, -euse *m,f*; inspecteur, -trice *m,f* **Prüfling** M candidat(e) *m(f)* (à un examen)
Prüfstand M banc *m* d'essai; *fig* **auf dem ~ stehen** être au banc d'essai
Prüfung F examen *m*; TECH contrôle *m*; essai *m*; test *m*; (*Nachprüfung*) vérification *f*; **mündliche ~** (examen) oral *m*; épreuve orale; **schriftliche ~** (examen) écrit *m*; épreuve écrite
Prüfungsamt N office *m*, service *m* des examens **Prüfungsangst** F peur *f* (d'un examen) **Prüfungsarbeit** F épreuve écrite; *Hausarbeit etwa* dissertation *f* **Prüfungsaufgabe** F sujet *m* d'examen **Prüfungsausschuss** M *bei Examen* jury *m*; commission *f* d'examen; HANDEL, TECH *etc* commission *f* de contrôle, de vérification **Prüfungsergebnis** N résultat *m* de l'examen **Prüfungsfach** N matière *f* d'examen **Prüfungsfrage** F question *f* d'examen **Prüfungskandidat(in)** M(F) candidat(e) *m(f)* (à un examen) **Prüfungskommission** F jury *m*; commission *f* d'examen **Prüfungsordnung** F règlement *m* des examens **Prüfungstermin** M jour *m*, date *f* de l'examen **Prüfungsthema** N sujet *m* d'examen
Prügel M **1** (*Knüppel*) (gros) bâton *m*; gourdin *m* **2** *pl* **~ bekommen, beziehen** recevoir une volée, *umg* raclée
Prügelei F bagarre *f*; rixe *f*
Prügelknabe M bouc *m* émissaire; tête *f* de Turc
prügeln **A** VT **j-n ~** donner des coups (de bâton) à qn; battre qn; *umg* donner une raclée à qn **B** VR **sich ~** se battre
Prügelstrafe F (peine *f* de la) bastonnade *od* bâtonnade *f*
Prunk M pompe *f*; apparat *m*; faste *m*
prunken VI étaler un grand faste; briller; **mit etw ~** faire étalage, montre de qc
Prunkstück N (le plus) bel objet; (la plus) belle pièce; le plus beau fleuron; *fig* joyau *m*
prunkvoll ADJ fastueux; pompeux
prusten *umg* VI s'ébrouer; **vor Lachen ~** pouffer (de rire)
PS N ABK **1** (*Pferdestärke*) ch **2** (*Postskript[um]*) P.-S.
Psalm M psaume *m*
Psalter M psautier *m*
Pseudo... IN ZSSGN pseudo...
Pseudonym N pseudonyme *m*; nom *m* d'emprunt; *e-s Schriftstellers a.* nom *m* de plume
pst INT **1** (*Ruhe!*) chut! **2** (*he!*) psitt!; pst!
Psyche F psychisme *m*; psyché *f*
Psychiater(in) M(F) psychiatre *m/f* **Psychiatrie** F psychiatrie *f* **psychiatrisch** ADJ psychiatrique
psychisch ADJ psychique
Psychoanalyse F psychanalyse *f* **Psychoanalytiker** M psychanalyste *m* **psychoanalytisch** ADJ psychanalytique **Psychodrama** N psychodrame *m* **Psychologe** M, **Psychologin** F psychologue *m/f* **Psychologie** F psychologie *f* **psychologisch** ADJ psychologique **Psychopath** M psychopathe *m* **psychopathisch** ADJ psychopathique **Psychopharmakon** N psychotrope *m*
Psychose F psychose *f*
psychosomatisch ADJ psychosomatique
Psychoterror M terrorisme *m* psychologique **Psychotherapeut** M psychothérapeute *m* **Psychotherapie** F psychothérapie *f* **Psychothriller** M thriller *m*
pubertär ADJ pubertaire **Pubertät** F puberté *f*
Publicity F publicité *f* (*faite autour de qn*)
publicityscheu ADJ qui fuit la publicité
Public Relations PL relations publiques
publik ADJ public; **~ machen** rendre public; publier
Publikation F publication *f*
publikmachen VT → publik
Publikum N public *m*
Publikumserfolg M succès *m* auprès du public **Publikumsliebling** M personne aimée du public; coqueluche *f* **Publikumsmagnet** M grosse attraction
publizieren VT publier
Publizistik F journalisme *m*
Puck M palet *m*
Pudding M flan *m* **Puddingpulver** N préparation *f* pour flan
Pudel M caniche *m* **Pudelmütze** F bonnet *m* de laine **pudelnackt** *umg* ADJ nu comme un ver **pudelnass** *umg* ADJ trempé comme

une soupe, jusqu'aux os

pudelwohl ADJ *umg* **sich ~ fühlen** se sentir bien dans sa peau

Puder M poudre *f* **Puderdose** F boîte *f* de *od* à poudre; poudrier *m*

pudern V/T poudrer

Puderquaste F °houppette *f* **Puderzucker** M sucre *m* glace

Puff[1] *umg* M *(Stoß)* coup *m*; tape *f*; bourrade *f*

Puff[2] *sl* M *od* N *(Bordell) sl* bordel *m*

puffen *umg* V/T donner une tape, une bourrade à

Puffer M TECH amortisseur *m*; EISENBAHN tampon *m* **Pufferzone** F zone *f* tampon

Puffmutter *sl* F *umg* maquerelle *f* **Puffreis** M riz soufflé

puh INT pouah!; be(u)rk!

pulen *umg nordd* **A** V/T défaire; *Erbsen etc* écosser **B** V/I tripoter

Pulk M groupe *m*; rassemblement *m*

Pulle *umg* F bouteille *f*; *fig* **volle ~** *umg* à pleins tubes

Pulli *umg* M *umg* pull *m*

Pullover M pull-over *m*; *dicker* chandail *m*

Pullunder M débardeur *m*

Puls M pouls *m*; **j-m den ~ fühlen** tâter, prendre le pouls à qn

Pulsader F artère *f*; **sich** *(dat)* **die ~n aufschneiden** s'ouvrir les veines

Pulsfrequenz F PHYSIOLOGIE fréquence *f* du pouls

pulsieren V/I *(schlagen)* battre; *Blut* circuler; **~des Leben** vie *f*, animation *f* intense

P

Pulsschlag M pouls *m*; pulsation *f* **Pulsschlagader** F artère radiale

Pult N pupitre *m*

Pulver N poudre *f*

Pulverfass N baril *m* de poudre; *fig* **auf e-m ~ sitzen** être assis sur un volcan

pulv(e)rig ADJ pulvérulent; poudreux

pulverisieren V/T pulvériser

Pulverkaffee M café soluble (instantané) **Pulverschnee** M (neige *f*) poudreuse *f*

Puma M puma *m*

Pummelchen *umg* N enfant potelé, dodu; *a. Frau umg* petite boulotte

pumm(e)lig *umg* ADJ potelé; grassouillet

Pump *umg* M **auf ~** à crédit

Pumpe F pompe *f*

pumpen V/T **1** pomper **2** *umg (borgen)* **j-m etw ~** prêter qc à qn; **etw von j-m ~** emprunter qc à qn; *Geld a. umg* taper qn de qc

Pumpernickel M pumpernickel *m*

Pumps M escarpin *m*

Punchingball M punching-ball *m*

Punk M punk *m* **Punker(in)** M(F) punk *m/f*

Punkrock M punk *m*

Punkt M point *m (a. fig)*; *e-s Vertrags* article *m*; **~ für ~** point par point; **der springende ~** le point décisif; **schwacher, wunder ~** point faible, sensible; **toter ~** point mort; impasse *f*; **etw auf den ~ bringen** formuler, dégager l'essentiel de qc; **~ ein Uhr, ~ zwölf** (à) une heure juste, (à) midi juste; *umg* **ohne ~ und Komma reden** parler sans s'arrêter, sans discontinuer; *umg* **nun mach aber e-n ~!** ça va!; ça suffit!; (en voilà) assez!

punkten V/I **1** *Sportler* mettre des points **2** *Kampfrichter* noter

punktförmig ADJ ponctuel **punktgenau** **A** ADJ exact **B** ADV pile

Punktgewinn M *bes* SPORT points marqués

punktgleich SPORT **A** ADJ à égalité de points **B** ADV ex æquo **Punktgleichheit** F SPORT égalité *f* de points

punktieren V/T **1** pointiller; **punktierte Linie** pointillé *m* **2** MED ponctionner

Punktion F MED ponction *f*

pünktlich **A** ADJ ponctuel; exact; **~ sein** être à l'heure **B** ADV **~ kommen** venir à l'heure

Pünktlichkeit F ponctualité *f*; exactitude *f*

Punktniederlage F SPORT défaite *f* aux points **Punktrichter(in)** M(F) SPORT pointeur, -euse *m,f* **Punktsieg** M SPORT victoire *f* aux points **Punktspiel** N SPORT match *m* aux points **Punktsystem** N système *m* par points

punktuell ADJ ponctuel

Punktverlust M SPORT perte *f* de points **Punktwertung** F SPORT pointage *m*; classement *m* par points **Punktzahl** F nombre *m* de(s) points; SPORT score *m*

Punsch M punch *m*

Pupille F pupille *f*

Püppchen N petite poupée; *fig (Mädchen)* poupée *f*

Puppe F **1** *Spielzeug* poupée *f* **2** *(Marionette)* marionnette *f*; pantin *m*; *fig* **die ~n tanzen lassen** *(feiern) umg* faire la noce, la foire **3** *(Schaufensterpuppe, Schneiderpuppe)* mannequin *m* **4** ZOOL chrysalide *f*; nymphe *f* **5** *umg (Mädchen) umg* nénette *f*; *umg* nana *f*

Puppenhaus N maison *f* de poupée **Puppenküche** F cuisine *f* de poupée **Puppenspiel** N (jeu *m* de) marionnettes *fpl* **Puppenspieler** M montreur *m* de marionnettes **Puppenstube** F maison *f* de poupée **Puppentheater** N théâtre *m* de marionnettes **Puppenwagen** M voiture *f* de poupée(s)

Pups *umg* M *umg* pet *m*

pupsen *umg* V/I *umg* lâcher un pet; *umg* péter

pur ADJ pur *(a. fig)*

Puppe — la poupée

Puppe — la marionnette

Puppe — la chrysalide

Püree N purée *f*
pürieren VT réduire en purée **Pürierstab** M presse-purée *m* (! unveränderlich)
Purist(in) M(F) puriste *m/f*
puritanisch ADJ puritain
Purpur M *Farbstoff* pourpre *f*; *Farbton* pourpre *m* **purpurrot** ADJ pourpre
Purzelbaum M culbute *f*; *umg* galipette *f*; **e-n ~ schlagen** faire une culbute, *etc*
purzeln *umg* VI tomber; *umg* dégringoler
Puste *umg* F souffle *m*; haleine *f*; **außer ~ sein** être °hors d'haleine; **mir geht die ~ aus** je suis essoufflé
Pusteblume *umg* F dent-de-lion *f*; pissenlit *m*
Pustekuchen M *umg* **(ja) ~!** *umg* tintin!
Pustel F MED pustule *f*
pusten *umg* VT *u.* VI souffler
Pute F **1** ZOOL dinde *f* **2** *umg pej* **dumme ~** dinde *f*
Putenbrust F blanc *m* de dinde **Putenschnitzel** N escalope *f* de dinde
Puter M dindon *m* **puterrot** ADJ cramoisi
Putsch M putsch *m*
putschen VI faire un putsch
Putschist M putschiste *m*
Putte F putto *m*; angelot *m*
putten VT *u.* VI GOLF putter **Putter** M GOLF putter *m*
Putz M enduit *m*; crépi *m*; *umg fig* **auf den ~ hauen** *(feiern)* faire la fête, *umg* la nouba; *(angeben) umg* crâner; frimer
putzen VT nettoyer; *Brille* essuyer; *Gemüse, Salat* éplucher; **sich** *(dat)* **die Nase ~** se moucher; **~ gehen** faire des ménages
Putzfimmel *umg* M manie *f* de la propreté **Putzfrau** F, **Putzhilfe** F femme *f* de ménage
putzig *umg* ADJ mignon
Putzkolonne F service *m* de nettoyage **Putzlappen** M chiffon *m*, torchon *m* (à nettoyer) **Putzmittel** N produit *m* de nettoyage, d'entretien **putzmunter** *umg* ADJ plein d'entrain; *umg* en pleine forme
puzzeln VI faire un puzzle
Puzzle N, **Puzzlespiel** N puzzle *m* (*a. fig*)
PVC N ABK (Polyvinylchlorid) PVC *m*
Pygmäe M pygmée *m*
Pyjama M pyjama *m*
Pyramide F pyramide *f*
pyramidenförmig ADJ pyramidal
Pyrenäen PL **die ~** les Pyrénées *fpl*
Pyromane M, **Pyromanin** F pyromane *m/f*
Pythagoras M Pythagore *m*
Python F *od* M, **Pythonschlange** F python *m*

Q

Q, q N Q, q *m*
Quacksalber M *pej* charlatan *m*
Quader M **1** MATH parallélépipède *m* rectangle **2** BAU pierre *f* de taille
Quadrant M MATH quart *m* de cercle; quadrant *m*
Quadrat N carré *m* (*a.* MATH); **drei im ~** 3 au carré
quadratisch ADJ carré; **~e Gleichung** équation *f* du second degré
Quadratkilometer M kilomètre carré **Quadratlatschen** *umg* PL **1** *(große Füße) umg* grands panards **2** *(große Schuhe) umg* croquenots *mpl*; *umg* godillots *mpl* **Quadratmeter** M *od* N mètre carré **Quadratwurzel** F racine carrée (**aus** de) **Quadratzahl** F (nombre) carré *m* **Quadratzentimeter** M

od N centimètre carré
Quadriga F quadrige *m*
Quadrophonie F tétraphonie *f*
quak INT *Frosch* coa!; *Ente* couin!
quaken V/I *Frosch* coasser; *Ente* cancaner; faire couin, couin
quäken V/I *Stimme, Radio* glapir; *Kleinkind umg* piailler
Qual F tourment *m*; torture *f*; supplice *m*; **die ~ der Wahl** l'embarras *m* du choix; **für j-n e-e ~ sein** être un supplice pour qn
quälen A V/T tourmenter; (*foltern*) torturer; (*belästigen*) °harceler B V/R **sich ~** souffrir le martyre; être au supplice; (*sich abmühen*) se donner bien du mal, de la peine
quälend ADJ qui tourmente; *Sorgen* obsédant; lancinant; *Schmerz* atroce
Quälerei F supplice *m*; torture *f*
Quälgeist *umg* M *umg* casse-pieds *m*
Qualifikation F qualification *f*; (*Befähigung*) aptitude *f*; compétence *f* **Qualifikationsrunde** F SPORT tour *m* de qualification
qualifizieren V/T (*u.* V/R) (**sich [für etw] ~** se) qualifier (pour qc)
Qualität F qualité *f*
qualitativ ADJ qualitatif
Qualitätsarbeit F travail *m* de qualité **qualitätsbewusst** ADJ conscient de la qualité **Qualitätserzeugnis** N produit *m* de choix **Qualitätsgarantie** F garantie *f* de qualité **Qualitätskontrolle** F contrôle *m* de (la) qualité **Qualitätsmanagement** N management *m* de la qualité **Qualitätssicherung** F assurance *f* qualité **Qualitätsunterschied** M différence *f* de qualité
Qualle F méduse *f*
Qualm M fumée épaisse; nuage *m*, bouffées *fpl* de fumée
qualmen A *umg* V/T (*rauchen*) *umg* griller B V/I 1 répandre une fumée épaisse 2 *umg* (*rauchen*) *umg* fumer comme un pompier, une locomotive
qualvoll ADJ très douloureux; cruel
Quanten *umg* PL *umg* (grands) panards *mpl*
Quantensprung M saut *m* quantique **Quantentheorie** F théorie *f* quantique, des quanta
Quantität F quantité *f*
quantitativ ADJ quantitatif
Quantum N portion *f*, part *f* (**an** [+ *dat*] de)
Quarantäne F quarantaine *f*
Quark M 1 fromage blanc 2 *umg fig* → Quatsch **Quarkspeise** F dessert *m* à base de fromage blanc
Quarta F *in Deutschland regional* troisième, *österr* quatrième année de l'enseignement secondaire
Quartal N trimestre *m* **Quartalsäufer** *umg* M *personne qui a des crises d'ivrognerie*
Quartaner(in) M(F) *in Deutschland regional* élève *m/f* de troisième, *österr* de quatrième année de l'enseignement secondaire
Quarte F MUS quarte *f*
Quartett N 1 MUS quatuor *m* 2 *fig* bande *f* des quatre 3 *jeu de cartes qui consiste à réunir des carrés*
Quartier N logement *m*; MIL *a.* quartiers *mpl*; **~ beziehen** loger (**bei j-m** chez qn)
Quarz M quartz *m* **Quarzuhr** F montre *f* à quartz
quasi ADV pour ainsi dire; *umg* quasiment
quasseln *umg* V/I *u.* V/T jacasser
Quasselstrippe *umg* F 1 *pej Person umg* moulin *m* à paroles 2 *hum* (*Telefon*) *umg* bigophone *m*
Quaste F 1 (*Puderquaste*) °houppe(tte) *f* 2 (*Troddel*) gland *m*; pompon *m*
Quatsch *umg* M bêtise(s) *fpl*; *umg* connerie(s) *f(pl)*; **das ist ~!** *umg* c'est de la foutaise!
quatschen *umg* A V/T *umg* sortir B V/I 1 (*klatschen*) papoter; cancaner 2 (*dumm reden*) dire des sottises, âneries; *umg* déconner
Quatschkopf *umg* M (*Schwätzer*) *umg* moulin *m* à paroles; (*Dummkopf*) crétin *m*
Quecksilber N mercure *m*
Quell *poet* M source *f* (*a. fig*)
Quelle F source *f* (*a. fig*); fontaine *f*; (*Ursprung*) origine *f*; *umg fig* **an der ~ sitzen** être bien placé (pour obtenir, savoir, *etc* qc)
quellen[1] V/I *Wasser etc* jaillir; couler
quellen[2] A V/T *Erbsen* faire gonfler B V/I *Erbsen, Holz* gonfler; *Karton* (se) gondoler
Quellenangabe F indication *f* des sources; référence *f*
Quellwasser N eau *f* de source
Quengelei *umg* F *umg* pleurnicheries *fpl*; (*Nörgelei*) *umg* ronchonnements *mpl*

Quartier ≠ quartier

Für diese Nacht müssen wir ein **Quartier** suchen.	Pour cette nuit, il nous faut chercher un **logement**.
Dans ce **quartier**, tu ne trouveras pas de supermarché.	In diesem Viertel wirst du keinen **Supermarkt** finden.

FALSCHE FREUNDE

quittieren ≠ quitter

Ich möchte Sie höflichst bitten, diese Rechnung zu **quittieren.**	Je vous prie de bien vouloir **acquitter** cette facture.
Je vous prie de bien vouloir **quitter** le restaurant.	Ich möchte Sie höflichst bitten, das Restaurant zu **verlassen.**

FALSCHE FREUNDE

queng(e)lig *umg* ADJ *umg* pleurnichard; *umg* grognon; *(nörgelnd) umg* ronchonneur

quengeln *umg* V/I *umg* pleurnicher; *(nörgeln) umg* ronchonner

quer ADV *(schräg)* de travers; *(von e-r Längsachse abweichend)* en travers (de); **~ durch, ~ über** *(+ akk)* à travers; → querlegen

Querachse F axe transversal **Querbalken** M traverse *f* **Querdenker** M non-conformiste *m*

Quere F **j-m in die ~ kommen** contrecarrer, contrarier les projets, desseins de qn

Quereinsteiger(in) M(F) *im Studium, beruflich* personne *f* qui change de cap

querfeldein ADV à travers champs **Querfeldeinrennen** N cyclo-cross *m*

Querflöte F flûte traversière **Querformat** N format *m* oblong **Querkopf** *umg* M *umg* cabochard(e) *m(f)* **Querlatte** F barre transversale; SPORT barre *f*; transversale *f*

querlegen V/R *umg fig* **sich ~** se buter; se braquer

Querpass M SPORT transversale *f* **Querschiff** N ARCH transept *m* **Querschläger** M MIL ricochet *m* **Querschnitt** M **1** section, coupe (transversale) **2** *Ansicht* vue *f* en coupe; profil *m* **3** *fig (Überblick)* aperçu *m*

querschnitt(s)gelähmt ADJ/T paraplégique **Querschnitt(s)gelähmte(r)** M/F(M) paraplégique *m/f* **Querschnitt(s)lähmung** F paraplégie *f*

Querstraße F rue transversale **Quersumme** F somme *f* des chiffres d'un nombre **Quertreiber** *umg* M intrigant *m*; empêcheur *m* de danser en rond

Querulant(in) M(F) *pej umg* râleur, -euse *m,f*

Querverbindung F liaison transversale; *fig* lien *m* **Querverweis** M *in e-m Text* renvoi *m* (**auf** [+ *akk*] à)

quetschen V/T **1** *(pressen)* presser; pressurer; *zu Brei* écraser **2** MED meurtrir; contusionner **3** **sich** *(dat)* **die Finger ~** se coincer les doigts

Quetschkommode *umg* F accordéon *m*

Quetschung F contusion *f*; meurtrissure *f*

Queue N BILLARD queue *f* (de billard)

quicklebendig *umg* ADJ vif; alerte

quieken V/I pousser des petits cris (aigus); *umg* couiner

quietschen V/I *Tür, Bremse* grincer **quietschvergnügt** *umg* ADJ gai comme un pinson; tout joyeux

quillt → quellen[1]

Quinta F *in Deutschland regional* deuxième, *österr* cinquième année de l'enseignement secondaire

Quintaner(in) M(F) *in Deutschland regional* élève *m/f* de deuxième, *österr* de cinquième année de l'enseignement secondaire

Quinte F MUS quinte *f*

Quintessenz *geh* F quintessence *f*

Quintett N MUS quintette *m*

Quirl M **1** GASTR batteur *m* **2** *umg fig* tourbillon *m*

quirlen V/T battre

quirlig ADJ remuant

quitt *umg* ADJ quitte; **nun sind wir ~** nous voilà quittes

Quitte F coing *m*

quittieren V/T *Rechnung* acquitter; **den Dienst ~** quitter ses fonctions

Quittung F **1** quittance *f*, reçu *m* (**über** [+ *akk*] pour) **2** *fig* réponse *f*

Quittungsblock M carnet *m* de quittances

Quiz N quiz *m*; jeu *m* de questions-réponses **Quizmaster** M animateur, -trice *m,f* (de jeux télévisés *etc*) **Quizsendung** F émission *f* de jeux (radiophoniques *bzw.* télévisés); quiz *m*

quoll → quellen[1]

Quote F quota *m*; contingent *m*

Quotenregelung F contingentement *m* des postes réservés aux femmes

Quotient M quotient *m*

R

R, r N R, r *m*

Rabatt M remise *f*; réduction *f*; rabais *m*

Rabauke *umg* M vandale *m*; mufle *m*

Rabbi M rabbin *m*

Rabbiner M rabbin *m*
Rabe M corbeau *m*
Rabenmutter F mère dénaturée; marâtre *f* **rabenschwarz** ADJ noir comme un corbeau, comme (du) jais **Rabenvater** M père dénaturé; mauvais père
rabiat ADJ 1 (*gewalttätig*) violent; (*roh*) brutal 2 (*wütend*) furieux
Rache F vengeance *f*; **aus ~ für etw** pour se venger de qc; **(an j-m, für etw) ~ nehmen** se venger (de qn, de qc); **~ schwören** jurer de se venger
Racheakt M acte *m* de vengeance
Rachen M 1 ANAT gorge *f*; gosier *m*; *t/t* pharynx *m* 2 ZOOL gueule *f* (*a. fig*)
rächen A VT venger B VR 1 **sich ~** se venger (**an j-m, für etw** de qn, de qc); **sich für etw an j-m ~** se venger de qc sur qn 2 *fig* **das wird sich ~** cela se paiera
Rächer M vengeur *m*
Rachgier F soif *f* de vengeance **rachgierig** ADJ vindicatif
Rachitis F rachitisme *m*
Rachsucht F soif *f* de vengeance **rachsüchtig** ADJ vindicatif
rackern *umg* VI *umg* trimer
Rad N 1 roue *f*; *fig* **das fünfte ~ am Wagen sein** être la cinquième roue du carrosse; **unter die Räder kommen** *e-s Autos* se faire écraser; *umg fig* aller à sa perte; sombrer 2 (*Fahrrad*) bicyclette *f*; vélo *m*; **(mit dem) ~ fahren** faire du vélo; *in e-e bestimmte Richtung* aller à bicyclette, en vélo; *umg fig pej* **~ fahren** *umg* faire de la lèche 3 SPORT, *Pfau* **ein ~ schlagen** faire la roue
Radar N *od* M radar *m* **Radarfalle** *umg* F contrôle-radar (non signalé) **Radargerät** N (appareil *m*) radar *m* **Radarkontrolle** F contrôle-radar *m* **Radarschirm** M écran *m* radar
Radau *umg* M *umg* boucan *m*; *umg* raffut *m*; chahut *m*; potin *m*
Raddampfer M bateau *m* (à vapeur) à aubes

Rad — la roue

Rad — le vélo

radebrechen VI (*u.* VT) **(e-e Sprache) ~** ânonner, baragouiner une langue; parler petit nègre
radeln *umg* VI → Rad
Rädelsführer M instigateur *m*; meneur *m*
rädern VT 1 HIST rouer 2 *fig* **wie gerädert sein** être rompu (de fatigue), *umg* vanné, *umg* crevé
radfahren → Rad 2
Radfahrer(in) M(F) 1 cycliste *m/f* 2 *umg pej umg* lèche-bottes *m* **Radfahrweg** M piste *f* cyclable
Radi M *österr, südd* radis blanc
Radicchio M salade *f* de Trévise
radieren VT effacer (à la gomme); gommer **Radiergummi** M gomme *f* **Radierung** F (gravure *f* à l')eau-forte *f*
Radieschen N (petit) radis
radikal ADJ radical; POL extrémiste
Radikale(r) M/F(M) POL extrémiste *m/f*
radikalisieren VT radicaliser **Radikalismus** M extrémisme *m*
Radikalkur F MED, *fig* cure radicale
Radio N radio *f* (! feminin); **im ~** à la radio; **~ hören** écouter la radio
radioaktiv ADJ radioactif **Radioaktivität** F radioactivité *f*
Radioapparat M, **Radiogerät** N récepteur *m* radio; (poste *m* de) radio *f*
Radiologie F radiologie *f*
Radioprogramm N programme *m* de radio **Radiorekorder** M radiocassette *m od f* **Radiosender** M station *f* de radio **Radiosendung** F émission *f* radiophonique **Radiowecker** M radioréveil *m*
Radium N radium *m*
Radius M MATH rayon *m*
Radkappe F enjoliveur *m*; chapeau *m* de roue
Radler *umg* M 1 cycliste *m* 2 →Radlermaß **Radlerhose** F MODE cycliste *m* **Radlermaß** F *Getränk* panaché *m*
Radrennbahn F vélodrome *m* **Radrennen** N course *f* cycliste **Radrennfahrer(in)** M(F) coureur *m* cycliste **radschlagen** VI → Rad 3 **Radsport** M cyclisme *m* **Radtour** F tour *m* en vélo **Radwanderung** F randonnée *f* à bicyclette; cyclotourisme *m* **Radweg** M piste *f* cyclable
raffen VT 1 **(an sich** [*akk*]**) ~** emporter; enlever 2 *Kleid* relever; retrousser
Raffgier F cupidité *f*; *plus fort* rapacité *f*
Raffinade F sucre raffiné
Raffinerie F raffinerie *f*
Raffinesse F 1 ruse *f*; astuce *f* 2 *in der Ausstattung* raffinement *m*; subtilités *fpl*
raffinieren VT raffiner
raffiniert ADJT 1 *Plan* ingénieux; astucieux;

Mensch rusé; fin **2** *(verfeinert)* raffiné
Rafting N rafting *m*
Rage *umg* F colère *f*; rage *f*; **j-n in ~ bringen** mettre qn en rage
ragen V/I **aus etw ~** surgir de qc; se dresser au-dessus de qc; **in etw** *(akk)* **~** *vertikal* se dresser, s'élever dans qc
Ragout N ragoût *m*
Rahm M **1** crème *f* (du lait) **2** → Schlagsahne
rahmen V/T encadrer
Rahmen M **1** *(Bilderrahmen)* cadre *m*; encadrement *m*; *(Fensterrahmen)* châssis *m* **2** *(Fahrradrahmen)* cadre *m*; *(Autorahmen)* châssis *m* **3** *fig* cadre *m*; **im ~ bleiben** ne pas sortir du cadre; **aus dem ~ fallen** sortir de l'ordinaire
Rahmenabkommen N accord-cadre *m*; contrat-cadre *m* **Rahmenbedingungen** FPL conditions générales **Rahmenerzählung** F récit-cadre *m* **Rahmenhandlung** F action *f* d'un récit-cadre **Rahmenprogramm** N programme-cadre *m*
räkeln → rekeln
Rakete F fusée *f*; MIL missile *m*; roquette *f*
Raketenabwehrsystem N système *m* antimissile
Rallye F rallye *m*
RAM N ABK IT (random access memory) mémoire vive
rammen V/T **1** **etw in etw** *(akk)* **~** enfoncer qc dans qc **2** *Fahrzeug* rentrer dans; tamponner; *von hinten* emboutir; **(seitlich) ~** prendre en écharpe
Rampe F rampe *f*
Rampenlicht N **im ~ (der Öffentlichkeit) stehen** être en vedette, au premier plan, sur le devant de la scène
ramponieren *umg* V/T abîmer; *umg* esquinter
Ramsch M **1** *pej (Plunder) umg* camelote *f*; *umg* saloperie *f* **2** HANDEL (marchandise *f* de) rebut *m* **Ramschladen** *umg pej* M bazar *m*
ran *umg* ADV **(jetzt aber) ~!** on y va!; allez!; vas-y!; **~ an die Arbeit!** au boulot!; → heran
Rand M **1** *(Grenze)* bord *m*; *(Waldrand)* lisière *f*; *(Stadtrand)* périphérie *f*; abords *mpl*; banlieue *f*; *(Wundrand)* bords *mpl*; lèvres *fpl*; **bis an den** *od* **zum ~** à ras bord(s); **am ~e erwähnen** faire remarquer en passant; **am ~e der Verzweiflung sein** être au (bord du) désespoir **2** *(Einfassung)* bordure *f*; *(Brillenrand)* bord *m*; *(Buchrand, Heftrand)* marge *f*; *(Augenrand)* cerne *m*; *umg* **außer ~ und Band sein** être déchaîné **3** *fig* **mit etw zu ~e kommen** → zurande
Randale *umg* F bagarre *f*; *mit Sachbeschädigung umg* casse *f* **randalieren** V/I provoquer une bagarre; *umg* faire de la casse **Randalierer** M *umg* bagarreur *m*; casseur *m*
Randbemerkung F note marginale; annotation *f* (en marge); *fig* remarque *f* **Randgebiet** N **1** *e-r Stadt* banlieue *f*; périphérie *f*; abords *mpl* **2** *e-r Wissenschaft* domaine *m* annexe
Randgruppe F groupe marginal; frange *f*; **(soziale) ~n** marginaux *mpl*
randlos ADJ *Brille* non cerclé **Randstreifen** M accotement *m* **Randstück** N *(Anschnitt)* entame *f*; *bei Brot* croûton *m* **randvoll** ADJ plein à ras bord(s)
rang → ringen
Rang M **1** *(Stellung)* rang *m*; *(Stand)* classe *f*; condition *f*; MIL grade *m*; **ersten ~es** de premier ordre; **alles, was ~ und Namen hat** tous les gens très connus; **j-m den ~ ablaufen** supplanter, évincer, éclipser qn **2** THEAT balcon *m*; galeries *fpl* **3** *pl* **Ränge** *e-s Stadions* gradins *mpl*
Range F polisson *m*
rangehen *umg* V/I *umg* ne pas avoir froid aux yeux; *bei der Arbeit umg* abattre du boulot
Rangelei *umg* F *umg* bagarre *f*
rangeln *umg* V/I se bagarrer
Rangfolge F °hiérarchie *f*
Rangierbahnhof M gare *f* de triage
rangieren **A** V/T *Fahrzeug* manœuvrer; BAHN trier **B** V/I *fig* se placer (**vor** [+ *dat*] devant; **hinter** [+ *dat*] derrière)
Rangiergleis N voie *f* de triage
Rangliste F classement *m* (*a.* SPORT) **Rangordnung** F °hiérarchie *f*; ordre *m* hiérarchique
ranhalten V/R *umg* **sich ~** se dépêcher; *umg* se grouiller; *(sich anstrengen) umg* s'accrocher
rank ADJ **~ und schlank** svelte
Ranke F BOT vrille *f*; *der Weinrebe* sarment *m*
ranken **A** V/I donner des vrilles, *Reben* des sarments **B** V/R **sich um etw ~** s'entortiller, s'enrouler autour de qc; *fig* être tissé autour de qc
ranklotzen *umg* V/I s'y mettre (sérieusement); y aller à bras raccourcis
rankriegen *umg* V/T **j-n mit etw ~** *mit e-r Arbeit* (arriver à) refiler qc à qn; **j-n ~** *(j-n verantwortlich machen)* (arriver à) rejeter la responsabilité sur qn; *(j-n dazu bringen, für den Schaden aufzukommen)* (arriver à) faire payer à qn les pots cassés
ranlassen *umg* V/T **j-n ~** *(heranlassen)* laisser qn (s')approcher; *fachlich* laisser qn faire ses preuves; *sexuell* (accepter de) coucher avec qn
ranmachen *umg* V/R **sich an j-n ~** *umg* draguer qn
rann → rinnen
rannte → rennen
Ranzen M cartable *m*; sac *m* d'écolier, d'école
ranzig ADJ rance; ranci; **~ werden** rancir
Rap M MUS rap *m*
rapid(e) ADJ rapide

Rapmusik F musique *f* rap
Rappe M cheval noir
Rappel *umg* M lubie *f*; *umg* toquade *f*; **den ~ kriegen** *umg* flipper
rappeln *umg* V/I u. V/UNPERS (*klappern*) claquer; *Wecker* sonner
rappelvoll *umg* ADJ *umg* plein à craquer
rappen V/I MUS rapper
Rappen M *schweiz* centime *m*
Rapper(in) M(F) MUS rappeur, -euse *m,f*
Rapport M rapport *m*
Raps M colza *m* **Rapsöl** N huile *f* de colza
Rapunzel F BOT mâche *f*; doucette *f*
rar ADJ rare **Rarität** F rareté *f*; (objet *m* de) curiosité *f*
rasant *umg* **A** ADJ *Tempo* vertigineux; *umg* dingue; *Wagen, Frau* qui a de la classe **B** ADV à une vitesse folle, vertigineuse; **~ fahren** *umg* rouler à fond la caisse
rasch **A** ADJ prompt; rapide; *Bewegung* preste **B** ADV vite; rapidement
rascheln V/I *Papier, Stoff* faire un (léger) bruit; *Seide* froufrouter
rasen V/I **1** (*eilen*) aller à toute vitesse, à une vitesse folle; *Auto a. umg* foncer; **das Auto raste gegen e-n Baum** la voiture s'est écrasée contre un arbre **2** **vor Wut ~** tempêter; être °hors de soi; se déchaîner
Rasen M gazon *m*; (*Rasenplatz*) pelouse *f* (*a.* SPORT)
rasend **A** ADJT **1** *Geschwindigkeit* fou; vertigineux **2** (*wütend*) fou; furieux; fou furieux; (*wahnsinnig*) forcené; frénétique; **~ werden** enrager; **j-n ~ machen** rendre qn fou, *umg* dingue **3** *Schmerz* violent; *Beifall* frénétique; **~e Zahnschmerzen** *mpl* rage *f* de dents **B** *umg* ADVL follement; **etw ~ gern tun** adorer faire qc
Rasenmäher M tondeuse *f* à gazon **Rasenplatz** M pelouse *f* (*a.* SPORT) **Rasenspiele** NPL jeux *mpl* sur gazon, en plein air **Rasensport** M sport *m* sur gazon **Rasensprenger** M arroseur *m*
Raser *umg* M *umg* mordu *m* de la vitesse; *Autofahrer a.* fou *m* du volant
Raserei F **1** (*Wüten*) rage *f*; colère folle; fureur *f* **2** *umg* (*schnelles Fahren*) vitesse folle
Rasierapparat M rasoir *m* mécanique; **elektrischer ~** rasoir électrique
Rasiercreme F crème *f* à raser
rasieren V/T (u. V/R) (**sich ~** se) raser
Rasierer *umg* M rasoir *m* (électrique) **Rasierklinge** F lame *f* de rasoir **Rasiermesser** N rasoir *m* à main **Rasierpinsel** M blaireau *m* **Rasierschaum** M mousse *f* à raser **Rasierseife** F savon *m* à barbe **Rasierwasser** N (lotion *f*) après-rasage *m*; after-shave *m* **Rasierzeug** N nécessaire *m* à raser
Räson F **j-n zur ~ bringen** mettre qn à la raison; raisonner qn
Raspel F râpe *f*
raspeln V/T râper
Rasse F race *f* **Rassehund** M chien *m* de race
Rassel F (*Klapper*) crécelle *f*; *für Kinder* °hochet *m*
rasseln V/I **1** faire un bruit de ferraille; (*klirren*) cliqueter **2** *Fahrzeug* rouler avec un grand bruit **3** *umg* **durchs Examen ~** échouer; *umg* se faire étendre (à un examen)
Rassen... IN ZSSGN racial **Rassendiskriminierung** F discrimination raciale **Rassenhass** M °haine raciale; racisme *m* **Rassentrennung** F ségrégation raciale **Rassenunruhen** FPL émeutes raciales
Rassepferd N cheval *m* de race
rassig ADJ *Pferd* fringant; fougueux; *Frau* qui a de la classe
Rassismus M racisme *m* **Rassist(in)** M, (F) raciste *m/f* **rassistisch** ADJ raciste
Rast F repos *m*; pause *f*; *bes* MIL °halte *f*
Rasta M rasta *m* **Rastafari** M rastafari *m* **Rastalocken** FPL dreadlocks *fpl*
rasten V/I se reposer; faire une °halte
Raster N **1** TV mire *f*; grille *f*; réseau *m* **2** *fig* schéma *m*; trame *f* **Rasterfahndung** F *der Polizei: recherches assistées par ordinateur établissant une trame afin de cerner le cercle des suspects*
Rasthaus N → Raststätte **rastlos** ADJ sans relâche; sans répit; sans trêve ni repos; infatigable **Rastplatz** M étape *f*; °halte *f*; *an Autobahnen* aire *f* (de repos) **Raststätte** F restaurant *m* (d'autoroute); relais routier; restoroute® *m*
Rasur F rasage *m*
Rat M **1** (*Ratschlag*) conseil *m*; avis *m*; **auf j-s ~** (*akk*) **(hin)** sur le(s) conseil(s) de qn; **j-m e-n ~ geben** donner (un) conseil à qn; conseiller qn; **j-n um ~ fragen** demander conseil à qn; consulter qn; (**sich** [*dat*]) **keinen ~ mehr wissen** ne plus savoir que faire, quoi faire; **j-n zu ~e ziehen** consulter qn; prendre l'avis de qn **2** *Gremium* conseil *m*; *Mitglied* conseiller *m*
Rate F **1** (*Prozentsatz*) taux *m*; (*Verhältnisanteil*) quote-part *f* **2** (*Teilzahlung*) versement *m*; (*Monatsrate*) mensualité *f*; **in ~n** (*dat*) **zahlen** payer par versements échelonnés
raten V/T u. V/I **1** (*empfehlen*) conseiller; donner un (bon) conseil (à); **j-m etw** *od* **zu e-r Sache ~** conseiller, recommander qc à qn; **j-m ~, etw zu tun** conseiller à qn de faire qc **2** (*erraten*) deviner; **rate mal!** devine!; *umg iron* **dreimal darfst du ~** tu sais très bien de qui *od*

de quoi il s'agit; *umg* **das rätst du nie!** je te le donne en mille!

Ratenzahlung F paiement *m* par acomptes, à tempérament

Ratespiel N devinette *f*; énigme *f*

Ratgeber M 1 *Person* conseiller *m* 2 *Buchtitel* guide *m* pratique

Ratgeberin F conseillère *f*

Rathaus N hôtel *m* de ville; *in kleineren Orten* mairie *f*

ratifizieren V/T ratifier **Ratifizierung** F ratification *f*

Ration F ration *f*; **eiserne ~** réserve *f* de vivres

rational ADJ rationnel (*a.* MATH)

rationalisieren V/T rationaliser **Rationalisierung** F rationalisation *f*

Rationalismus M rationalisme *m*

rationell ADJ rationnel

rationieren V/T rationner **Rationierung** F rationnement *m*

ratlos ADJ embarrassé; perplexe **Ratlosigkeit** F embarras *m*; perplexité *f*

rätoromanisch ADJ **die ~e Sprache, das Rätoromanische** le rhéto-roman; *schweiz* le romanche

ratsam ADJ opportun; indiqué; conseillé; recommandé

ratschen *umg bes südd, österr* V/I bavarder; papoter

Ratschlag M conseil *m*

Rätsel N énigme *f* (*a. fig*); (*Rätselspiel*) devinette *f* **rätselhaft** ADJ énigmatique; mystérieux **Rätselheft** N magazine *m* de jeux, devinettes, mots croisés, *etc*

rätseln V/I (**über etw** [*akk*]) **~** se creuser la tête (sur qc)

Rattan N rotin *m* **Rattanmöbel** NPL meubles *mpl* en rotin

Ratte F rat *m*

Rattenfänger M *fig* enjôleur *m* **Rattengift** N mort-aux-rats *f* **Rattenschwanz** M *umg fig* (*endlose Folge*) série *f*, cascade *f* (**von** de)

rattern V/I 1 *Maschinengewehr* crépiter; *Motor* pétarader 2 *Wagen* rouler avec fracas

Ratzefummel *umg hum* M gomme *f*

ratzekahl *umg* ADV **alles ~ aufessen** *umg* liquider les restes; ne pas faire de restes

ratzfatz *umg* ADV *umg* à la vitesse grand V; en un rien de temps

rau ADJ 1 (*uneben*) rude; *Wolle, Stoff* rêche; bourru; *Fläche* rugueux; raboteux; âpre; *Haut* très sec; rêche; *Hände* (*aufgesprungen*) gercé 2 *Klima* rude; âpre 3 *Stimme* rauque; enroué; *Kehle* sec; enflammé 4 *Gegend* sauvage 5 *fig Ton, Mensch* bourru; revêche; *Sitten* rude 6 *umg* **in ~en Mengen** *umg* en masse; en (grande) quantité

Raub M (*Rauben*) vol *m*; (*Straßenraub*) brigandage *m*; pillage *m*; (*Menschenraub*) enlèvement *m*; *geh* **ein ~ der Flammen werden** être la proie des flammes

Raubdruck M édition *f* pirate

raubeinig *umg* ADJ bourru; dur; rude

rauben V/T voler; faire main basse sur; *fig* **j-m etw ~** *Schlaf, Hoffnung* priver qn de qc

Räuber M voleur *m*; (*Straßenräuber*) brigand *m*; *plus fort* bandit *m*; pillard *m* **Räuberbande** F bande *f* de brigands, de voleurs

Räuberleiter F **e-e ~ machen** faire la courte échelle

Raubfisch M poisson carnassier, vorace **Raubkatze** F félidé *m* **Raubkopie** F copie *f* pirate **Raubmord** M vol *m* et meurtre *m*; crime crapuleux **Raubmörder** M auteur *m* d'un vol et meurtre **Raubpressung** F édition *f* pirate de disques **Raubritter** M chevalier pillard **Raubtier** N carnassier *m*; fauve *m* **Raubtierhaus** N ménagerie *f* de fauves **Raubtierkäfig** M cage *f* aux fauves **Raubüberfall** M attaque *f*, agression *f* à main armée; °hold-up *m* **Raubvogel** M oiseau *m* de proie; rapace *m* **Raubzug** M expédition *f* de pillage; razzia *f*

Rauch M fumée *f*; *fig* **sich in ~ auflösen** se dissiper, s'évanouir en fumée

Rauchbombe F bombe *f* fumigène

rauchen V/T, V/I, V/UNPERS fumer; **Rauchen verboten!** défense de fumer!

Raucher(in) M(F) fumeur, -euse *m,f*

Räucheraal M anguille fumée

Raucherabteil N compartiment *m* fumeurs **Raucherbein** N artérite *f* des membres inférieurs **Raucherhusten** M toux *f*, bronchite *f* (chronique) du fumeur

Räucherlachs M saumon fumé

räuchern V/T *Fisch, Fleisch* fumer

Räucherspeck M lard fumé **Räucherstäbchen** N bâtonnet *m* d'encens

Rauchfleisch N viande fumée

rauchfrei ADJ sans fumée; *a. auf Schildern* **~e Zone** *für Nichtraucher* (espace *m*) non fumeurs

rauchig ADJ (*voller Rauch*) enfumé; *Stimme* rauque

Rauchmelder M détecteur *m* de fumée **Rauchsäule** F colonne *f* de fumée **Rauchverbot** N défense *f*, interdiction *f* de fumer **Rauchvergiftung** F intoxication *f* par la fumée **Rauchwolke** F nuage *m* de fumée **Rauchzeichen** N signal *m* de *od* par fumée

räudig ADJ galeux

rauf *umg* → herauf, hinauf

Raufasertapete F papier *m* ingrain

Raufbold M bagarreur *m*; batailleur *m*

raufen VI (u. VR **sich ~**) se bagarrer; se battre
Rauferei F rixe *f*; bagarre *f*
rauflustig ADJ bagarreur; batailleur
rauh → rau
Rauhaardackel M teckel *m* à poil dur
Rauheit F rudesse *f*; âpreté *f*
Raum M 1 espace *m*; (*Ausdehnung*) étendue *f*; *fig* **etw im ~ stehen lassen** laisser qc en suspens 2 (*Räumlichkeit*) local *m*; *e-r Wohnung* pièce *f* 3 (*Gebiet*) région *f*
Raumausstatter(in) M(F) décorateur, -trice *m,f* **Raumdeckung** F SPORT défense *f* de zone
räumen VT 1 (*wegschaffen*) enlever; déblayer; HANDEL *Lager* liquider; → beiseiteräumen 2 (*an e-n Ort schaffen*) ranger; mettre 3 (*frei machen*) vider; débarrasser; *Wohnung* quitter; *Polizei* (*leer machen*) évacuer
Raumfähre F navette spatiale **Raumfahrer(in)** M(F) astronaute *m/f*; cosmonaute *m/f*
Raumfahrt F astronautique *f*; navigation spatiale **Raumfahrtbehörde** F agence spatiale **Raumfahrttechnik** F technique *f* de navigation spatiale
Räumfahrzeug N engin *m* de déblaiement
Raumflug M vol spatial; mission spatiale **Rauminhalt** M volume *m*; cubage *m*; capacité *f* **Raumkapsel** F capsule spatiale
räumlich ADJ de *od* dans l'espace; OPT stéréoscopique; (*dreidimensional*) à trois dimensions
Räumlichkeit F local *m*; **~en** *pl* (*Räume*) locaux *mpl*
Raummaß N mesure *f* de volume **Raummeter** M *od* N stère *m* **Raumordnung** F aménagement *m* du territoire **Raumpflegerin** F femme *f* de ménage **Raumschiff** N vaisseau, véhicule spatial **Raumsonde** F sonde spatiale **Raumstation** F station spatiale, orbitale **Raumtemperatur** F température ambiante
Räumung F 1 (*Wegschaffen*) enlèvement *m* 2 HANDEL *e-s Lagers* liquidation *f* 3 *der Polizei* évacuation *f*; (*Zwangsräumung*) expulsion *f*
Räumungsarbeiten FPL travaux *mpl* de déblaiement **Räumungsklage** F JUR demande *f* d'expulsion **Räumungsverkauf** M liquidation totale des stocks
raunen VT murmurer; chuchoter
Raunen N murmure *m*; chuchotement *m*; **ein ~ ging durch die Menge** un murmure parcourut la foule
Raupe F ZOOL, TECH chenille *f* **Raupenfahrzeug** N véhicule *m* à chenilles
Raureif M givre *m*
raus *umg* → heraus, hinaus; **~ (mit dir)!** dehors!; *umg* tire-toi!; *umg* casse-toi!; **Nazis ~!** les nazis dehors!
Rausch M (*Betrunkenheit*) ivresse *f* (*a. fig*); **e-n ~ haben** être ivre, soûl; **s-n ~ ausschlafen** cuver son vin
rauscharm ADJ TECH avec réducteur de bruit
rauschen VI 1 *Blätter* frémir; *geh* bruire; *Wind geh* bruire; *Brandung* mugir; *Bach* murmurer; TECH faire un bruit de fond 2 (*sich schnell bewegen*) passer en trombe
Rauschen N frémissement *m*; *geh* bruissement *m*; mugissement *m*; murmure *m*; bruit *m* de fond
rauschend ADJT *Beifall* retentissant; *Fest* magnifique
Rauschgift N stupéfiant *m*; drogue *f*; **~ nehmen** se droguer
Rauschgifthandel M trafic *m* de stupéfiants, de (la) drogue **Rauschgifthändler** M trafiquant *m* de drogue **rauschgiftsüchtig** ADJ toxicomane **Rauschgiftsüchtige(r)** M/F(M) toxicomane *m/f*; drogué(e) *m(f)*
rausfliegen *umg* VI *umg* se faire virer **rauskriegen** *umg* VT 1 (*erfahren*) apprendre 2 *Rätsel* trouver
räuspern VR **sich ~** se racler la gorge
rausschmeißen *umg* VT *umg* virer; *umg* flanquer à la porte, dehors
Rausschmeißer *umg* M *umg* videur *m* **Rausschmiss** *umg* M *umg* vidage *m*
Raute F losange *m*
rautenförmig ADJ en losange; *t/t* rhombique
Rave M *Party* rave *f* **Raver(in)** M(F) raveur, -euse *m,f*
Ravioli PL GASTR ravioli *mpl*
Razzia F rafle *f*; descente *f* de police
Reagenzglas N éprouvette *f*
reagieren VI réagir, répondre (**auf** [+ *akk*] à)
Reaktion F réaction *f* (*a.* CHEM, POL); réflexe *m*; *fig* réponse *f* (**auf** [+ *akk*] à)
reaktionär ADJ réactionnaire **Reaktionär(in)** M(F) réactionnaire *m/f*
reaktionsfähig ADJ en mesure de réagir **Reaktionsfähigkeit** F réactivité *f*; *weitS.* réflexes *mpl* **reaktionsschnell** ADJ qui réagit rapidement **Reaktionsvermögen** N réactivité *f*
reaktivieren VT réactiver
Reaktor M réacteur *m*; pile *f* atomique **Reaktorunfall** M accident *m* nucléaire
real ADJ effectif; réel
Realeinkommen N revenus réels
Realisation F réalisation *f* **realisierbar** ADJ réalisable **realisieren** VT réaliser **Realisierung** F réalisation *f*
Realismus M réalisme *m* **Realist(in)** M(F) réaliste *m/f* **realistisch** ADJ réaliste **Realität**

F réalité *f*
Reallohn M salaire réel, effectif **Realschule** F *etwa* collège *m*
Rebe F vigne *f*
Rebell(in) M(F) rebelle *m/f*
rebellieren V/I se rebeller (**gegen** contre)
Rebellion F rébellion *f*
rebellisch ADJ rebelle (**gegen** à)
Rebhuhn N perdrix *f*
Rebsorte F cépage *m* **Rebstock** M cep *m*, pied *m* de vigne
Receiver M RADIO récepteur *m*
rechen V/T ratisser
Rechen M râteau *m*
Rechenart F type *m* d'opération arithmétique **Rechenaufgabe** F problème *m* d'arithmétique **Rechenexempel** N problème *m* de calcul **Rechenfehler** M erreur *f*, faute *f* de calcul **Rechenmaschine** F machine *f* à calculer **Rechenoperation** F opération *f* arithmétique
Rechenschaft F **j-m (über etw** [*akk*]) **~ schuldig sein** être obligé de rendre (des) compte(s), raison à qn (de qc); **(j-m) ~ über etw** (*akk*) **ablegen** rendre compte, raison de qc (à qn); **j-n (für etw) zur ~ ziehen** demander des comptes, raison à qn (de qc)
Rechenschaftsbericht M compte rendu
Rechenschieber M règle *f* à calcul(er) **Rechenzentrum** N centre *m* de calcul
Recherche F recherches *fpl*; **~n über e-n Fall, über j-n anstellen** faire des recherches sur un cas, sur qn
recherchieren V/T faire des recherches sur
rechnen **A** V/T *u.* V/I **1** MATH calculer; faire un calcul; (*zählen*) compter; **von heute an gerechnet** à compter d'aujourd'hui **2** (*veranschlagen*) **er rechnet 50 Euro die Stunde** il compte 50 euros de l'heure; **alles in allem gerechnet** tout compte fait **3** (*einbeziehen*) compter; **er rechnet mich zu seinen Freunden** il me compte parmi ses amis **4** (*erwarten*) **mit etw ~** s'attendre à qc; tabler sur qc **5** (*sich verlassen*) **auf j-n ~** compter, tabler sur qn **B** V/R **sich ~** être rentable
Rechnen N calcul *m* (*a.* SCHULE)
Rechner M calculateur *m*; (*Computer*) ordinateur *m* **rechnergesteuert** ADJT assisté, contrôlé par ordinateur **rechnerisch** ADJ *u.* ADV par voie de calcul **rechnerunterstützt** ADJT assisté par ordinateur
Rechnung F **1** (*Rechnen*) calcul *m* **2** (*Abrechnung*) compte *m*; *an Firmen* facture *f*; *an Privatleute* note *f*; *im Restaurant* addition *f*; **das geht auf meine ~** c'est moi qui règle la note, qui paie; (laissez!) c'est pour moi; **etw in ~ stellen** facturer qc **3** *fig* **Ihre ~ geht nicht auf** votre calcul est faux
Rechnungsbetrag M montant *m* de la facture *bzw.* note **Rechnungshof** M Cour *f* des comptes **Rechnungsprüfer(in)** M(F) commissaire *m/f* aux comptes **Rechnungswesen** N comptabilité *f*
recht[1] **A** ADJ (*richtig*) juste; (*wirklich*) vrai; (*geeignet*) propre; (*gelegen*) opportun; **alles, was ~ ist, aber …** tout ce que vous voulez, mais …; **~ so!** très bien!; bravo!; à la bonne heure!; **das ist mir ~** c'est bon, d'accord; cela m'arrange **B** ADV (*richtig*) bien; (*angebracht*) comme il faut; (*gelegen*) à point; à propos; (*sehr*) *vor adj u. adv* très; fort; bien; *vor Verben* beaucoup; bien; **~ herzliche Grüße (an** [*+ akk*] **…)!** (mes) amitiés (à …)!; **es j-m ~ machen** contenter qn; **Sie kommen gerade ~** vous venez, arrivez à point; vous tombez bien; **ganz ~!** c'est bien cela!; très bien!; parfaitement!
recht[2] SUBST **~ haben** avoir raison; **~ behalten** avoir finalement raison; **j-m ~ geben** donner raison à qn
Recht N **1** (*Anspruch*) droit *m* (**auf** [*+ akk*] à); (*Befugnis*) faculté *f*; **mit welchem ~?** de quel droit?; à quel titre?; **mit, zu ~** à bon droit; à juste titre; avec raison; **im ~ sein** être dans son droit; **~ haben, behalten, geben** → recht[2] **2** (*Gerechtigkeit*) justice *f*; **sein ~ bekommen** obtenir justice **3** (*Gesamtheit der Gesetze*) droit *m*; **~ sprechen** rendre la justice; **von ~s wegen** de par la loi
rechte ADJ droit; POL de droite; **~ Seite** côté droit; droite *f*; *e-s Stoffes* endroit *m*
Rechte F **1** (*rechte Hand, Seite*) droite *f*; **zur ~n** à droite **2** BOXEN droit *m* **3** POL **die ~** la droite
Rechte(r) M/F(M) **1** → Richtige(r) **2** POL homme *m*, femme *f* de droite
Rechte(s) N **nach dem Rechten sehen** veiller à ce que tout soit en ordre *bzw.* tout se passe bien
Rechteck N rectangle *m* **rechteckig** ADJ rectangulaire
rechtens **es ist ~** c'est de droit
rechtfertigen V/T (*u.* V/R **sich ~** se) justifier (**wegen** de)
Rechtfertigung F justification *f*
rechthaberisch ADJ qui veut toujours avoir raison; ergoteur **rechtlich** ADJ légal; juridique **rechtlos** ADJ sans droits
rechtmäßig ADJ légal; légitime **Rechtmäßigkeit** F légalité *f*; légitimité *f*
rechts ADV à droite (**von** de); *von Stoffen* à l'endroit; POL **~ stehen** être de droite
Rechtsabbieger M personne *f bzw.* véhicule *m* tournant à droite **Rechtsabbiegerspur**

F file *f* de droite
Rechtsabteilung F JUR service *m*, section *f* juridique; bureau *m* du contentieux **Rechtsanspruch** M (prétention fondée en) droit *m* (**auf** [+ *akk*] à); droit *m* légitime **Rechtsanwalt** M, **Rechtsanwältin** F avocat(e) *m(f)*; *Anrede* Maître *m*
Rechtsaußen M SPORT ailier droit
Rechtsbeistand M avocat-conseil *m*; conseil *m* juridique **Rechtsbeugung** F contournement *m* de la loi, de la législation **Rechtsbruch** M violation *f* du droit
rechtsbündig ADJ TYPO justifié à droite
rechtschaffen ADJ honnête; loyal; probe **Rechtschaffenheit** F honnêteté *f*; loyauté *f*; probité *f*
Rechtschreibfehler M faute *f* d'orthographe **Rechtschreibprogramm** N IT correcteur *m* orthographique **Rechtschreibreform** F réforme *f* de l'orthographe **Rechtschreibschwäche** F dysorthographie *f*; *weitS.* dyslexie *f* **Rechtschreibung** F orthographe *f*
Rechtsextremismus M extrémisme *m* de droite **Rechtsextremist(in)** M(F) extrémiste *m/f* de droite **rechtsextremistisch** ADJ d'extrême droite
Rechtsfrage F question *f* de droit **Rechtsgelehrte(r)** M/F(M) jurisconsulte *m*; juriste *m/f* **Rechtsgrundlage** F base *f*, fondement *m* juridique **rechtsgültig** ADJ valide
Rechtshänder(in) M(F) droitier, -ière *m,f* **rechtshändig** A ADJ droitier B ADV de la main droite
rechtsherum ADV à droite
rechtskräftig ADJ qui a force de chose jugée; *Urteil* exécutoire **rechtskundig** ADJ qui connaît le droit

R

Rechtskurve F virage *m* à droite
Rechtslage F situation *f* juridique
Rechtsmittel N JUR recours *m*; **ein ~ einlegen** former un recours
Rechtsnachfolger M ayant cause *m* **Rechtspfleger(in)** M(F) greffier, -ière *m,f* à attributions juridictionnelles
Rechtsprechung F jurisprudence *f*
rechtsradikal ADJ d'extrême droite **Rechtsruck** M POL glissement *m* à droite
Rechtsschutz M protection *f* juridique **Rechtsschutzversicherung** F assurance *f* protection juridique
Rechtsstaat M État *m* de droit **Rechtsstreit** M litige *m*; *weitS.* procès *m*
Rechtsverkehr M circulation *f* à droite
Rechtsvertreter M représentant légal; mandataire *m*
Rechtsweg M voie *f* de droit, judiciaire; **den ~ beschreiten** avoir recours à la justice, aux tribunaux
rechtswidrig ADJ illégal **Rechtswidrigkeit** F illégalité *f* **Rechtswissenschaft** F (science *f* du) droit *m*
rechtwink(e)lig ADJ rectangle
rechtzeitig A ADJ opportun B ADV à temps; en temps voulu
Reck N TURNEN barre *f* fixe
recken A V/T *Glieder* étirer; *Hals* allonger B V/R **sich ~** s'étirer
Reckstange F TURNEN barre *f* (fixe) **Reckübung** F exercice *m* à la barre fixe
Recorder M (*Kassettenrecorder*) magnétophone *m*; (*Videorecorder*) magnétoscope *m*
recycelbar ADJ ÖKOL recyclable **recyceln** V/T ÖKOL recycler **Recycling** N ÖKOL recyclage *m* **Recyclingpapier** N papier recyclé
Redakteur(in) M(F) rédacteur, -trice *m,f*; *e-r Zeitung a.* journaliste *m/f*
Redaktion F rédaction *f* **redaktionell** ADJ rédactionnel
Redaktionsschluss M date *f* *od* heure *f* limite (de bouclage d'une édition)
Rede F 1 (*Reden*) parole *f*; propos *m*; GRAM **(in)direkte ~** discours (in)direct; **danach kam die ~ auf** (+ *akk*) on aborda ensuite; on en vint ensuite à parler de; **das ist nicht der ~ wert** cela ne vaut pas la peine d'en parler; **es ist die ~ davon, dass …** il est question que … (+ *subj*) *od* de (+ *inf*); **davon kann keine ~ sein** il ne peut en être question; **j-m (für etw) ~ und Antwort stehen** répondre (de qc), donner des explications (sur qc) à qn; **j-n (wegen etw) zur ~ stellen** demander une explication à qn (de qc); **langer** *od* **der langen ~ kurzer Sinn** (enfin) bref; pour résumer; en un mot 2 (*Ansprache*) discours *m*; *kürzere* allocution *f*; **e-e ~ halten** prononcer, faire un discours
Redefreiheit F liberté *f* de parole **redegewandt** ADJ éloquent **Redegewandtheit** F éloquence *f*; élocution aisée
reden A V/T *u.* V/I (*sprechen*) parler (**über** [+ *akk*], **von** de; **mit** à, avec); (*sagen*) dire; (*e-e Rede halten*) faire, prononcer un discours; **mit sich** (*dat*) **~ lassen** ne pas être intransigeant; **viel von sich** (*dat*) **~ machen** faire parler beaucoup de soi; **du hast gut ~** tu en parles à ton aise; **sie ~ nicht mehr miteinander** ils ne se parlent plus B V/R **sich heiser ~** s'enrouer (à force de parler)
Reden N *sprichw* **~ ist Silber, Schweigen ist Gold** *sprichw* la parole est d'argent, mais le silence est d'or; **das ~ fällt ihm schwer** il parle difficilement; il a de la peine à parler

Redensart F tournure *f*; façon *f* de parler; **sprichwörtliche ~** dicton *m*
Redewendung F expression *f*; tournure *f*; LING locution *f*
redigieren V/T rédiger
redlich A ADJ honnête; intègre B ADV **sich ~ bemühen** faire des efforts sincères
Redlichkeit F honnêteté *f*; intégrité *f*
Redner(in) M(F) orateur *m* (! bei **orateur** gibt es nur die Maskulinform); *(Vortragsredner)* conférencier, -ière *m,f* **Rednerbühne** F tribune *f* **Rednerpult** N pupitre *m*
redselig ADJ loquace; causeur; disert **Redseligkeit** F loquacité *f*
redundant ADJ LING, IT, *t/t* redondant **Redundanz** F redondance *f*
reduzieren V/T (u. V/R) (**sich ~** se) réduire (**auf** [+ *akk*] à)
Reede F SCHIFF rade *f*
Reeder M armateur *m*
Reederei F compagnie *f* maritime
reell ADJ 1 *Preis* honnête; convenable; correct; *Firma* de confiance 2 *(wirklich)* réel 3 MATH **~e Zahlen** *fpl* nombres réels
Referat N 1 *(Vortrag)* conférence *f*; exposé *m*; **ein ~ halten** → referieren 2 *(Abteilung)* section *f*; service *m*
Referendar(in) M(F) *(Lehramtsreferendar)* professeur *m* stagiaire; JUR juriste *m/f* stagiaire
Referendariat N stage *m* *(préparant au deuxième examen d'État en Allemagne)*
Referendum N référendum *m*
Referent(in) M(F) 1 *(Vortragende[r])* conférencier, -ière *m,f* 2 *e-r Abteilung* responsable *m/f* d'un service, d'une section
Referenz F référence *f*; recommandation *f*
referieren V/T u. V/I faire une conférence, un exposé (**über** [+ *akk*] sur)
reflektieren V/T *Licht* réfléchir
Reflektor M réflecteur *m*
Reflex M PHYS reflet *m*; *fig*, MED réflexe *m* **reflexartig** ADJ automatique; *weitS.* naturel **Reflexbewegung** F (mouvement *m*) réflexe *m* **Reflexhandlung** F automatisme *m*
reflexiv ADJ GRAM réfléchi; pronominal **Reflexivpronomen** N GRAM pronom réfléchi
Reflexzonenmassage F massage *m* des zones réflexes
Reform F réforme *f*
Reformation F HIST REL **die ~** la Réforme; la Réformation
Reformator M *a.* HIST REL réformateur *m*
reformbedürftig ADJ qui nécessite une réforme **Reformbestrebungen** FPL tendances réformatrices **Reformer(in)** M(F) réformateur, -trice *m,f* **Reformhaus** N magasin *m* de produits diététiques
reformieren V/T réformer **reformiert** ADJ *bes schweiz* REL réformé **Reformierte(r)** M/F(M) *bes schweiz* REL réformé(e) *m(f)*
Reformkost F aliments *mpl*, produits *mpl* diététiques **Reformpolitik** F politique *f* de réformes, réformatrice **Reformstau** M gel *m* des réformes
Refrain M refrain *m*
Regal N étagère *f*; rayon *m*; rayonnage *m* **Regalbrett** N rayon *m*; étagère *f* **Regalwand** F (grande) étagère
Regatta F régates *fpl*
rege ADJ *(rüstig)* actif; *(lebhaft)*, *Fantasie* vif; *geistig* agile; *Verkehr* intense; *Nachfrage* fort; grand
Regel F 1 *(Vorschrift)* règle *f*; règlement *m*; *(Norm)* norme *f*; **in der ~** normalement; habituellement; en règle générale; **es ist die ~, dass** ... il est de règle que ... *(+ subj)*; *umg* **nach allen ~n der Kunst** dans, selon (toutes) les règles de l'art 2 MED règles *fpl*
regelbar ADJ réglable **Regelfall** M cas normal **regellos** ADJ sans règle; *(unordentlich)* déréglé; désordonné
regelmäßig ADJ régulier; *Briefwechsel* suivi **Regelmäßigkeit** F régularité *f*
regeln V/T régler; *durch Verordnungen* réglementer
regelrecht A ADJ 1 conforme aux règles; dans les règles; correct 2 *fig (wirklich)* véritable; vrai B ADV vraiment
Regelstudienzeit F durée maximale autorisée des études universitaires
Regelung F règlement *m*; *gesetzliche* réglementation *f*; TECH, WIRTSCH régulation *f*
Regelverstoß M infraction *f* aux règles
regelwidrig ADJ contraire à la règle; irrégulier **Regelwidrigkeit** F irrégularité *f*
regen *geh* V/R **sich ~** 1 *(sich bewegen)* remuer; bouger; se mouvoir 2 *Gefühle* s'éveiller; naître; *Gewissen* se faire sentir
Regen M pluie *f*; **bei ~** par temps de pluie; **im**

Vorsicht bei reflexiven Verben!

Achtung: **Reflexive Verben (les verbes pronominaux)** bilden im Französischen – im Gegensatz zum Deutschen – das **passé composé** immer mit **être**.

Je me suis trompé(e).	Ich habe mich geirrt.
Elles se sont dépêchées.	Sie haben sich beeilt.

FEHLERQUELLEN

R

Reflexiv im Deutschen, aber nicht im Französischen

Einige reflexive Verben im Deutschen sind **im Französischen nicht reflexiv:**

sich bewegen	**bouger** Niemand hat sich bewegt. Personne n'a bougé.
sich verändern	**changer** Sie hat sich sehr verändert. Elle a beaucoup changé.
sich fürchten vor	**craindre** Sie fürchten sich vor der Arbeitslosigkeit. Ils craignent le chômage.
sich verringern	**diminuer** Die Zahl der Drogenabhängigen hat sich verringert. Le nombre de toxicomanes a diminué.
sich verschlechtern	**empirer** Die Situation der Einwanderer hat sich verschlechtert. La situation des immigrés a empiré.
sich schämen	**avoir honte** Ihr solltet euch schämen, einen Einwanderer anzugreifen. Vous devriez avoir honte d'attaquer un immigré.
sich beteiligen	**participer** Viele Jugendliche beteiligen sich an der Demonstration gegen Rassismus. Beaucoup de jeunes participent à la manifestation contre le racisme.
sich gedulden	**patienter** Auf dem Rathaus muss man sich gedulden. À la mairie, il faut patienter.
sich weigern	**refuser** Sie haben sich geweigert, den Diebstahl zu gestehen. Ils ont refusé d'avouer le vol.
sich bedanken	**remercier** Sie haben sich beim Bürgermeister für seine Hilfe bedankt. Ils ont remercié le maire de son aide.
sich die Freiheit nehmen	**prendre la liberté de** Sie haben sich die Freiheit genommen, nicht zur Schule zu gehen. Ils ont pris la liberté de ne pas aller à l'école.

FEHLERQUELLEN

R

~ sous la pluie

regenarm ADJ avec peu de pluie

Regenbogen M arc-en-ciel *m* **Regenbogenfarben** FPL couleurs *fpl* de l'arc-en-ciel **Regenbogenpresse** F presse *f* du cœur

Regeneration F régénération *f* **regenerativ** ADJ *Energie* renouvelable **regenerieren** V/T (*u.* V/R) (**sich** ~ se) régénérer

Regenfälle MPL chutes *fpl* de pluie **Regenguss** M ondée *f*; averse *f* **Regenjacke** F (veste *f*) imperméable *m* **Regenmantel** M imperméable *m* **regenreich** ADJ pluvieux **Regenrinne** F gouttière *f*

Regensburg N Ratisbonne

Regenschauer M averse *f*; ondée *f* **Regenschirm** M parapluie *m*

Regent(in) M(F) (*Herrscher[in]*) souverain(e) *m(f)*; (*Stellvertreter[in]*) régent(e) *m(f)*

Regentag M jour pluvieux, de pluie **Regentropfen** M goutte *f* de pluie

Regentschaft F régence *f*

Regenumhang M cape *f* de pluie

Regie ≠ régie

Coline Serreau führt **Regie**.	C'est Coline Serreau qui s'occupe de la **mise en scène**.
Mathieu, tu peux venir dans la **régie**, s'il te plaît ?	Mathieu, kannst du mal in den **Regieraum** kommen?

FALSCHE FREUNDE

Regenwald M **(tropischer) ~** forêt tropicale **Regenwasser** N eau *f* de pluie **Regenwetter** N temps pluvieux, de pluie **Regenwolke** F nuage *m* de pluie **Regenwurm** M ver *m* de terre; lombric *m* **Regenzeit** F saison *f* des pluies

Reggae M MUS reggae *m*

Regie F 1 THEAT, FILM mise *f* en scène; FILM, TV *a.* réalisation *f*; **(bei etw) ~ führen** faire la mise en scène (de qc); **unter der ~ von ...** sous la direction (artistique et technique) de ... 2 *(Verwaltung)* régie *f*; **in eigener ~** à son propre compte

Regieanweisung F indication *f* scénique **Regieassistent(in)** M(F) assistant(e) *m(f)* (du réalisateur, du metteur en scène)

regieren A V/T 1 gouverner; diriger 2 GRAM régir B V/I *Minister* gouverner; *Regierung, Partei* être au pouvoir; *König* régner; **über j-n, etw ~** régner sur qn, qc; gouverner qn, qc

Regierung F gouvernement *m*; *(Regierungszeit e-s Monarchen)* règne *m*; **an die ~ kommen** arriver, parvenir au pouvoir

Regierungsbeamte(r) M, **Regierungsbeamtin** F fonctionnaire *m/f* du gouvernement **Regierungsbezirk** M *division administrative la plus importante d'un land* **Regierungsbildung** F formation *f* du gouvernement **Regierungschef** M chef *m* du gouvernement **Regierungserklärung** F déclaration gouvernementale, ministérielle **Regierungskoalition** F coalition gouvernementale **Regierungskrise** F crise gouvernementale, ministérielle **Regierungspartei** F parti au pouvoir, gouvernant **Regierungspräsident(in)** M(F) *BRD* chef *m* d'un « Regierungsbezirk »; *etwa* préfet *m* **Regierungsrat** M 1 *titre de haut fonctionnaire dans l'administration allemande* 2 *schweiz* (membre *m* du) Conseil *m* d'État **Regierungssitz** M siège *m* du gouvernement **Regierungssprecher(in)** M(F) porte-parole *m* du gouvernement **regierungstreu** ADJ loyal (envers le gouvernement) **Regierungsumbildung** F remaniement ministériel **Regierungswechsel** M changement *m* de gouvernement

Regiestuhl M fauteuil *m* de metteur en scène

Regime N régime *m*; système *m* politique **Regimekritiker(in)** M(F) dissident(e) *m(f)*

Regiment N 1 *(Herrschaft)* gouvernement *m* 2 MIL régiment *m*

Region F région *f*

regional ADJ régional

Regionalbahn F train régional *(desservant les gares des petites villes)* **Regionalexpress** M train *m* express *(desservant régulièrement les grandes gares d'une région et circulant toutes les heures)* **Regionalliga** F FUSSBALL troisième division *f* **Regionalprogramm** N TV, RADIO programme régional **Regionalzug** M train régional

Regisseur(in) M(F) THEAT, FILM metteur *m* en scène; FILM, TV *a.* réalisateur, -trice *m,f*

Register N 1 *(Verzeichnis)* registre *m*; ADMIN rôle *m* 2 *e-s Buches* index *m*; répertoire *m* 3 MUS registre *m*; *fig* **alle ~ ziehen** mettre tout en œuvre; employer tous les moyens

registrieren V/T 1 *(eintragen)* enregistrer 2 *fig* saisir; retenir; constater

Registrierkasse F caisse enregistreuse **Registrierung** F enregistrement *m*

reglementieren V/T réglementer

Regler M TECH régulateur *m*

reglos ADJ immobile; inerte

Regisseur ≠ régisseur

Für diesen Film haben wir einen neuen **Regisseur** engagiert.	Pour ce film, nous avons engagé un nouveau **metteur en scène**.
Nathalie, tu peux venir voir le **régisseur**, s'il te plaît ?	Nathalie, kannst du bitte einmal zum **Aufnahmeleiter** kommen?

FALSCHE FREUNDE

R

regnen VI/UNPERS pleuvoir; **es regnet** il pleut
regnerisch ADJ pluvieux
Regress M JUR recours *m* **Regressanspruch** M droit *m* de recours **regresspflichtig** ADJ civilement responsable
regulär ADJ *(vorschriftsmäßig)* régulier; *(normal)* habituel
regulierbar ADJ réglable; ajustable
regulieren VT TECH régler; *Verkehr, Fluss* régulariser; *(einstellen)* ajuster **Regulierung** F réglage *m*; régulation *f*; régularisation *f*; ajustage *m*
Regung F *(Bewegung)* mouvement *m*; *(Gefühlsregung)* sentiment (naissant); *(Gemütsregung)* émotion *f*
regungslos ADJ immobile; inerte
Reh N chevreuil *m*
Rehabilitation F **1** MED rééducation *f* **2** JUR, *fig* réhabilitation *f* **Rehabilitationszentrum** N centre *m* de rééducation
rehabilitieren VT JUR, *fig* réhabiliter
Rehazentrum *umg* N centre *m* de rééducation
Rehbock M chevreuil *m* **Rehbraten** M rôti *m* de chevreuil **Rehkeule** F cuissot *m* de chevreuil **Rehkitz** N faon *m* **Rehrücken** M selle *f* de chevreuil
Reibach *umg* M **bei etw (e-n) ~ machen** *umg* se sucrer dans qc
Reibe F, **Reibeisen** N râpe *f*
Reibekuchen M → Kartoffelpuffer
reiben **A** VT frotter; frictionner; GASTR râper **B** V/R **sich ~** se frotter; **sich** *(dat)* **die Hände ~** se frotter les mains *(a. fig)*; *fig* se réjouir; *fig* **sich an j-m ~** se frotter à qn; chercher querelle à qn
Reibereien FPL frictions *fpl* (**mit** avec)
Reibung F **1** *(Reiben)* frottement *m*; friction *f* *(a.* PHYS) **2** *fig pl* **~en** frictions *fpl*
reibungslos ADJ *u.* ADV sans difficultés, accrocs, anicroches **Reibungsverlust** M perte *f* par frottement **Reibungswärme** F chaleur produite par frottement
reich **A** ADJ riche (**an** [+ *dat*] en); fortuné; *Ernte* abondant; *fig Wissen* étendu; **~ machen** enrichir; **~ werden** s'enrichir; faire fortune **B** ADV *(sehr)* très; **~ geschmückt** richement décoré; très orné
Reich N **1** POL, HIST empire *m*; **das Dritte ~** le IIIᵉ Reich **2** *fig* REL, *der Träume* royaume *m*; *der Tiere, Pflanzen* règne *m*; **das ~ Gottes** le royaume de Dieu
Reiche(r) M/F(M) (homme *m*) riche *m*; femme *f* riche
reichen **A** VT **1** *(geben)* donner; tendre; *(herüberreichen)* passer; **j-m die Hand ~** tendre la main à qn **2** *geh (servieren)* servir; présenter **B** VI **1** *(sich erstrecken)* **~ (bis)** aller (jusqu'à); *in der Fläche* s'étendre (jusqu'à); **er reicht mir nicht bis ans Kinn** il ne m'arrive pas au menton **2** *(langen)* être suffisant; suffire; **das reicht** cela suffit; c'est assez; **jetzt reichts (mir) aber!** j'en ai assez!; *umg* j'en ai marre
reichgeschmückt ADJT → reich B **reichhaltig** ADJ riche; abondant; *Mahlzeit* riche; *Angebot etc* varié
reichlich **A** ADJ copieux; abondant **B** ADV **1** copieusement; largement **2** *umg (ziemlich)* très
reichmachen VT enrichir
Reichsstadt F HIST ville impériale **Reichstag** M *1867-1945* Reichstag *m*; *bis 1806* Diète *f* d'Empire
Reichtum M richesse *f* (**an** [+ *dat*] en); *(Vermögen)* fortune *f*; *(Fülle)* abondance *f*; *(Vielfalt)* (grande) variété
Reichweite F portée *f* *(a. fig)*; **etw in ~ haben** avoir qc à portée de main
reif mûr *(a. fig)*; *(voll entwickelt), Käse* fait; **~ werden** mûrir; *umg* **e-e ~e Leistung** une belle performance; *umg* **er ist ~ für die Klapsmühle** il est bon pour l'asile; **die Zeit ist ~ für Investitionen** c'est le moment d'investir
Reif¹ M *poet (Fingerreif)* anneau *m*; *(Armreif)* bracelet *m*; *(Haarreif)* serre-tête *m*
Reif² M *(gefrorener Tau)* gelée blanche; *(Raureif)* givre *m*
Reife F maturité *f* *(a. fig)*; **mittlere ~** *etwa* brevet *m* d'études du premier cycle
reifen VI mûrir *(a. fig)*; *geh* **zum Manne ~** atteindre l'âge mûr
Reifen M **1** *Spielzeug, Sportgerät* cerceau *m* **2** → Reif¹ **3** *(Autoreifen, Fahrradreifen)* pneu *m* **Reifendruck** M pression *f* des pneus **Reifenpanne** F crevaison *f* **Reifenprofil** N sculptures *fpl* **Reifenschaden** M pneu endommagé **Reifenwechsel** M changement *m* de pneu
Reifeprüfung F baccalauréat *m* **Reifezeugnis** N diplôme *m* du baccalauréat
Reifglätte F (léger) verglas
reiflich ADJ mûr; approfondi; **nach ~er Überlegung** après mûre réflexion; tout bien considéré
Reigen M ronde *f*
Reihe F **1** *hintereinander* file *f*; *nebeneinander* rangée *f*; rang *m*; *(Folge, Anzahl)* suite *f*; série *f* *(a.* MATH); succession *f*; **e-e ~ von Jahren** plusieurs années *fpl*; **e-e ~ von Unfällen** une série d'accidents; **sich in e-r ~ aufstellen** s'aligner; *fig* **aus der ~ tanzen** ne pas faire comme les autres; faire bande à part; **in Reih und Glied** en rangs **2** *(Reihenfolge)* tour *m*; **wer ist an der ~?** à qui le tour?; **außer der ~** avant son tour;

R

der ~ nach l'un après l'autre; à tour de rôle; **der ~ nach erzählen** raconter dans l'ordre

reihen **A** VT **1** *Perlen* enfiler **2** MODE froncer **B** VR **sich an etw** *(akk)* **~** suivre qc (immédiatement)

Reihenfolge F suite *f*; *(Ordnung)* ordre *m* **Reihenhaus** N maison mitoyenne **Reihenschaltung** F ELEK couplage *m*, montage *m* en série **Reihenuntersuchung** F MED examen *m* de dépistage (collectif et obligatoire) **reihenweise** ADV par rangs, files, séries

Reiher M °héron *m*

reihern *umg* VI *sl* gerber

reihum ADV en faisant le tour; **etw ~ gehen lassen** faire passer qc

Reiki N Reiki *m*

Reim M rime *f*; **darauf kann ich mir keinen ~ machen** je n'y comprends rien

reimen VT (*u.* VR **sich ~**) rimer (**auf** [+ *akk*] en)

Reimschema N agencement *m* des rimes **Reimwort** N rime *f*

rein[1] **A** ADJ **1** *(unvermischt)* pur; *Wein, Saft* naturel; **~e Seide, Wolle** pure soie, laine **2** *(sauber)* propre; net; *Luft, Wasser, Klang* pur; **~ machen** nettoyer; **etw ins Reine schreiben** mettre qc au propre **3** *fig* **e-e Sache ins Reine bringen** tirer qc au clair; régler qc; **mit j-m ins Reine kommen** régler ses problèmes avec qn **4** *umg* **das ist der ~ste Wahnsinn** c'est de la folie pure **B** ADV **1** *(ausschließlich)* purement; uniquement **2** *umg* *(ganz, völlig)* absolument; tout à fait; **~ gar nichts** absolument rien; rien de rien

rein[2] *umg* → herein, hinein

Reineclaude F BOT reine-claude *f*

Reinemachefrau F femme *f* de ménage

Reinemachen N nettoyage *m*

Reinerlös M, **Reinertrag** M produit net

Reinfall *umg* M échec *m*; fiasco *m*; *Film, Reise etc umg* bide *m*; **glatter ~** fiasco complet

reinfallen *umg fig* VI *umg* tomber dans le panneau; *umg* se faire avoir (**mit etw** avec qc; **auf j-n** par qn); *umg* se faire rouler (**auf j-n** par qn)

Reingewinn M bénéfice net **Reinhaltung** F *der Umwelt* protection *f*

reinhauen *umg* **A** VT **j-m e-e ~** *umg* casser la gueule à qn **B** VI *beim Essen* dévorer

Reinheit F pureté *f*; *(Sauberkeit)* netteté *f*; propreté *f*; *(Klarheit)* clarté *f*

reinigen VT nettoyer; *Wasser, Luft*, REL purifier; TECH, *fig* épurer; *von Schmutz* décrasser; *Schuhe* décrotter; *von Flecken* détacher; **chemisch ~** nettoyer à sec

Reinigung F **1** nettoyage *m*; épuration *f* *(a. fig)*; purification *f* **2** *Betrieb* pressing *m*; **chemische ~** nettoyage *m* à sec

Reinigungsmilch F lait démaquillant **Reinigungsmittel** N nettoyant *m*

Reinkarnation F réincarnation *f*

Reinkultur F bouillon *m* de culture; *fig* **in ~** par excellence; cent pour cent

reinlegen *umg* VT *umg* rouler; *umg* avoir

reinlich ADJ propre **Reinlichkeit** F propreté *f*

reinmachen VT nettoyer

reinrassig ADJ de race pure

reinreißen, reinreiten *umg* VT **j-n reinreißen, reinreiten** entraîner qn dans sa ruine; mettre qn sur la paille

reinriechen VI *umg* **in etw** *(akk)* **~** se faire une idée de qc; se familiariser avec qc

Reinschrift F copie *f* au net, au propre

reinwaschen VT (*u.* VR) (**sich ~** se) blanchir

reinwürgen *umg fig* VT **j-m e-e** *od* **eins ~** tracasser qn; mettre à qn des bâtons dans les roues

reinziehen *umg* VT **sich** *(dat)* **etw ~** *Essen, Getränk umg* s'enfiler, s'envoyer qc; **sich** *(dat)* **e-n Film ~** *umg* se faire une toile

Reis M riz *m* **Reisbrei** M riz *m* au lait

Reise F voyage *m*; *(Geschäftsreise)* déplacement *m*; **e-e ~ machen** faire un voyage; **auf ~n gehen, e-e ~ antreten** partir en voyage; **auf ~n sein** être en voyage

Reiseandenken N souvenir *m* (de voyage) **Reiseapotheke** F pharmacie *f* de voyage **Reisebegleiter(in)** M(F) compagnon *m*, compagne *f* de voyage **Reisebekanntschaft** F personne rencontrée en voyage **Reisebüro** N agence *f* de voyages **Reisebus** M car *m* de tourisme **reisefertig** ADJ prêt à partir (en voyage) **Reisefieber** N fièvre *f* du départ **Reiseführer** M *Buch, Mensch* guide *m* **Reiseführerin** F guide *f* **Reisegepäck** N bagages *mpl* **Reisegepäckversicherung** F assurance-bagages *f* (disparus) **Reisegesellschaft** F, **Reisegruppe** F groupe *m* d'un voyage (organisé) **Reisekoffer** M malle *f*; *kleiner* valise *f* **Reisekosten** PL frais *mpl* de voyage, HANDEL de déplacement **Reisekostenabrechnung** F remboursement *m* des frais de déplacement **Reiseland** N pays *m* touristique **Reiseleiter(in)** M(F) guide *m/f*; accompagnateur, -trice *m,f* **Reiseleitung** F **1** *Tätigkeit* organisation *f* du voyage **2** → Reiseleiter(in) **reiselustig** ADJ qui aime beaucoup les voyages

reisen VI *ohne Zielangabe* voyager; *mit Zielangabe* aller, faire un voyage, se rendre (**nach** à *bzw.* en); *(abreisen)* partir (**nach** pour); **durch ein Land ~** traverser un pays

Reisende(r) M/F(M) voyageur, -euse *m,f*; *(Fahrgast)* passager, -ère *m,f*; *(Urlaubsreisende[r])* touris-

R

te *m/f*; (*Handlungsreisende[r]*) voyageur, -euse *m,f* de commerce
Reisepass M passeport *m* **Reiseprospekt** M prospectus *m*, dépliant *m* touristique **Reiseroute** F itinéraire *m* **Reiserücktrittsversicherung** F assurance *f* annulation **Reiseruf** M *Rundfunk* message personnel **Reisescheck** M chèque *m* de voyage; traveller's chèque *m* **Reisetasche** F sac *m* de voyage **Reiseveranstalter** M tour-opérateur *m*; voyagiste *m* **Reiseverkehr** M trafic *m* (de) voyageurs; *durch Urlaubsreisen* circulation *f* de départs en vacances **Reisewecker** M réveil *m* de voyage **Reisewelle** F grands départs (en vacances)
Reisewetter N (beau) temps *m* pour voyager **Reisewetterbericht** M bulletin *m* météo pour les vacanciers
Reisezeit F période *f* pour voyager; (*Urlaubszeit*) période *f* de vacances **Reiseziel** N destination *f*
Reisfeld N rizière *f*
Reisig N brindilles *fpl*
Reiskorn N grain *m* de riz
Reißaus M **~ nehmen** s'enfuir; prendre ses jambes à son cou; *umg* détaler
Reißbrett N planche *f* à dessin **Reißbrettstift** M punaise *f*
reißen A V/T 1 (*wegreißen*) tirer (fortement); entraîner; arracher; **etw an sich** (*akk*) **~** tirer qc à soi; *fig* s'emparer de qc; **j-n zu Boden ~** renverser (violemment) qn; **sich** (*dat*) **die Kleider vom Leibe ~** arracher ses vêtements; **sie riss den Wagen, das Lenkrad nach rechts** elle donna un brusque coup de volant à droite 2 *Raubtiere* (chasser et) tuer B V/I 1 **an etw** (*dat*) **~** tirer violemment sur qc 2 *Schnur* (se) rompre; *Stoff, Papier* se déchirer; (*Löcher bekommen*) se trouer C V/R *fig* **sich um etw, j-n ~** s'arracher qc, qn; se disputer qc, qn; **sich nicht um etw ~** *Auftrag* ne pas se battre pour qc
Reißen N 1 (*Zerreißen*) déchirement *m*; rupture *f* 2 MED tiraillements *mpl*
reißend ADJT *Tiere* féroce; *Fluss* impétueux; rapide; *Schmerz* qui donne des élancements; *Ware* **~en Absatz finden** se vendre comme des petits pains
Reißer *umg* M livre *m*, film *m* à suspense **reißerisch** ADJ qui fait sensation
reißfest ADJ indéchirable **Reißleine** F corde *f* de décrochage **Reißnagel** M punaise *f* **Reißverschluss** M fermeture *f* éclair®, à glissière; zip® *m* **Reißwolf** M déchiqueteur *m* **Reißzahn** M canine *f* **Reißzwecke** F punaise *f*
Reiswaffel F galette *f* de riz **Reiswein** M saké *m*
Reitbahn F manège *m*
reiten A V/T monter B V/I monter à cheval; *als Sport* faire du cheval, de l'équitation; *irgendwohin* aller à cheval; **auf e-m Pferd ~** être à cheval; aller à cheval
Reiten N équitation *f*
Reiter(in) M(F) cavalier, -ière *m,f*
Reithose F culotte *f* de cheval **Reitlehrer(in)** M(F) professeur *m* d'équitation **Reitpeitsche** F cravache *f* **Reitpferd** N cheval *m* de selle; monture *f* **Reitschule** F école *f* d'équitation; manège *m* **Reitsport** M sport *m* hippique; hippisme *m* **Reitstall** M écurie *f* **Reitstiefel** M botte *f* d'équitation **Reitstunde** F heure *f*, cours *m* d'équitation **Reitturnier** N concours *m* hippique **Reitunterricht** M cours *mpl* d'équitation **Reitweg** M allée, piste cavalière
Reiz M 1 BIOL excitation *f*; stimulus *m* 2 (*Anziehungskraft*) attrait *m*; *e-r Sache a.* intérêt *m*; charme *m*; **weibliche ~e** charmes féminins; **e-n (großen) ~ auf j-n ausüben** attirer, intéresser (beaucoup) qn
reizbar ADJ irritable; excitable **Reizbarkeit** F irritabilité *f*; excitabilité *f*
reizen V/T 1 (*erregen*), MED exciter; *plus fort* irriter; (*ärgern*) agacer; (*anregen*) stimuler; (*herausfordern*) provoquer; **in gereiztem Ton** d'un ton irrité 2 (*anziehen*) attirer; (*locken*) tenter; **das kann mich nicht ~** cela ne me tente, ne m'attire pas 3 *beim Skat* demander
reizend ADJT (*anziehend*) ravissant; séduisant; charmant; (*goldig*) mignon
Reizgas N gaz irritant **Reizhusten** M toux sèche **Reizklima** N climat stimulant **reizlos** ADJ sans attrait, charme; fade **Reizschwelle** F seuil *m* d'excitation **Reizthema** N sujet délicat à aborder, explosif **Reizüberflutung** F *durch Massenmedien, Werbung etc* sollicitation excessive; matraquage *m*
Reizung F MED excitation *f*; *bes* (*Hautreizung*) irritation *f*
reizvoll ADJ 1 plein de charme, d'attrait 2 (*interessant*) intéressant; attrayant **Reizwäsche** F dessous affriolants, sexy **Reizwort** N expression *f*, mot *m* déclenchant de vives réactions
rekapitulieren V/T récapituler
rekeln V/R **sich ~** s'étirer; *behaglich* se prélasser
Reklamation F réclamation *f*
Reklame F publicité *f*; réclame *f*
reklamieren V/T *u.* V/I réclamer (*a.* SPORT)
rekonstruieren V/T reconstituer (*a. fig*)
Rekonstruktion F reconstitution *f* (*a. fig*)
Rekonvaleszent(in) M(F) convalescent(e)

R

m(f)

Rekord M record m (**in** [+ dat] de) (a. fig); **e-n ~ aufstellen, halten** établir, détenir un record

Rekordbesuch M chiffre m record de visiteurs **Rekordergebnis** N résultat m record **Rekordernte** F récolte f record **Rekordgeschwindigkeit** F vitesse f record **Rekordhalter(in)** M(F) détenteur, -trice m,f du record; recordman m, recordwoman f **Rekordjahr** N année f record **Rekordzeit** F temps m record

Rekrut M MIL conscrit m; recrue f (! feminin)

rekrutieren V/T (u. V/R) (**sich ~**) MIL, fig (se) recruter (**aus** dans, parmi)

rektal ADJ MED rectal

Rektor(in) M(F) e-r Hochschule recteur m; e-r Schule directeur, -trice m,f

Relais N ELEK relais m

Relation F rapport m

relativ ADJ relatif **relativieren** V/T donner une valeur relative à; relativiser

Relativität F relativité f (a. PHYS) **Relativitätstheorie** F théorie f de la relativité

Relativpronomen N pronom relatif **Relativsatz** M (proposition f) relative f

relaxen umg V/I (entspannen) se détendre; **relaxed** décontracté

relevant ADJ important; Bemerkung pertinent (**für** pour); Information utile

Relief N relief m

Religion F religion f; (Konfession) confession f; Schulfach instruction religieuse

Religionsbekenntnis N confession f (de foi) **Religionsfreiheit** F liberté religieuse, du culte **Religionsgemeinschaft** F communauté religieuse **Religionslehrer(in)** M(F) professeur m/f d'instruction religieuse **Religionsunterricht** M instruction religieuse **Religionswissenschaft** F science f des religions; théologie f **Religionszugehörigkeit** F (appartenance f à une) confession f

religiös ADJ religieux; (fromm) pieux; (gläubig) croyant

Religiosität F religiosité f; piété f

Relikt N vestige m

Reling F bastingage m; rambarde f

Reliquie F relique f **Reliquienschrein** M reliquaire m; châsse f

Remake N FILM remake m

remis ADV **~ spielen** faire match nul

Remis N match nul

Remittende F BUCHHANDEL (exemplaire m) invendu m; ZEITUNGSHANDEL **~n** bouillons mpl

Remmidemmi umg N umg raffut m; umg boucan m; umg ramdam m

Remoulade F, **Remouladensoße** F rémoulade f

rempeln umg V/T bousculer; FUSSBALL etc charger

Ren N renne m

Renaissance F Stil, Epoche Renaissance f; fig renaissance f; renouveau m

Rendezvous N rendez-vous (amoureux)

Rendite F (taux m de) rendement m

Reneklode F BOT reine-claude f

renitent ADJ réfractaire; récalcitrant

Rennbahn F (Pferderennbahn) champ m de course; hippodrome m; (Radrennbahn) vélodrome m; piste f; (Autorennbahn) autodrome m; circuit m automobile **Rennboot** N °hors-bord m

rennen V/I courir; (vorwärtsstürzen) se précipiter; s'élancer; **gegen etw ~** se heurter, se cogner contre qc; °heurter, cogner qc

Rennen N course f; **das ~ machen** (a. fig) gagner (la course)

Renner umg M article m qui se vend beaucoup, marche bien

Rennfahrer M coureur m (automobile, motocycliste, cycliste); pilote m de course **Rennpferd** N cheval m de course **Rennplatz** M champ m de course; hippodrome m **Rennrad** N vélo m de course **Rennsport** M course f; (Pferderennsport) sport m hippique; turf m **Rennstrecke** F parcours m; (Rundstrecke) circuit m **Rennwagen** M voiture f de course; bolide m

Renommee N réputation f; renom m; renommée f

renommiert ADJT renommé, fameux (**wegen** pour)

renovieren V/T rénover; remettre à neuf **Renovierung** F rénovation f; remise f à neuf

rentabel ADJ rentable; lucratif; de bon rapport

Rentabilität F rentabilité f; bon rendement, rapport

Rente F (gesetzliche Altersrente) assurance f, pension f vieillesse; Geldbetrag, Zustand retraite f; (Kapitalrente) rente f; umg **in ~ gehen, sein** prendre sa retraite, être à la retraite

Rentenalter N âge m de la retraite **Rentenanspruch** M droit m à une (pension de) retraite, à une pension **Rentenfonds** fonds m d'obligations **Rentenreform** F réforme f (du régime) des retraites **Rentenversicherung** F assurance f vieillesse

Rentier N ZOOL renne m

rentieren V/R **sich ~** rapporter; être rentable; fig (sich lohnen) valoir la peine

Rentner(in) M(F) retraité(e) m(f)

reparabel ADJ réparable

R

Reparatur F réparation *f* (! Endung) (**an** [+ *dat*] de); *für Autos a.* dépannage *m* **reparaturanfällig** ADJ peu fiable; fragile **Reparaturarbeiten** FPL travaux *mpl* de réparation **reparaturbedürftig** ADJ qui a besoin d'être réparé **Reparaturwerkstatt** F atelier *m* de réparations; *für Autos a.* service *m* de dépannage; garage *m*

reparieren V/T réparer; *Auto a.* dépanner

Repertoire N répertoire *m* (*a. fig*)

Repetitorium N *cours particuliers assurant une préparation aux examens*

Reportage F reportage *m* (! maskulin)

Reporter(in) M(F) reporter *m*; (femme *f*) reporter *m*

Repräsentant(in) M(F) représentant(e) *m(f)* **Repräsentation** F représentation *f* **repräsentativ** ADJ représentatif (**für** de) **repräsentieren** A V/T représenter B V/I remplir ses obligations officielles

Repressalie F représailles *fpl*

Reproduktion F reproduction *f* **reproduzieren** V/T reproduire

Reptil N reptile *m*

Republik F république *f*

Republikaner(in) M(F) 1 (*Republikanhänger*) républicain(e) *m(f)* 2 *BRD* membre *m* du parti républicain

republikanisch ADJ républicain

Requiem N requiem *m*

Requisit N 1 THEAT accessoire *m* 2 *fig* chose *f* nécessaire

resch ADJ *österr* 1 (*knusprig*) croustillant 2 *umg* (*lebhaft*) fringant

Reservat N réserve *f*

Reserve F 1 (*Zurückhaltung*) réserve *f*; retenue *f*; *umg* **j-n aus der ~ locken** *umg* faire sortir qn de sa réserve, de sa coquille 2 (*Vorrat*) réserve *f* (*a.* MIL, SPORT); **stille ~n** réserves cachées, occultes

Reservebank F SPORT banc *m* des remplaçants **Reservekanister** M *für Benzin* jerrycan *m* **Reserveoffizier** M officier *m* de réserve **Reserverad** N roue *f* de rechange, de secours **Reservereifen** M pneu *m* de rechange **Reservespieler(in)** M(F) remplaçant(e) *m(f)* **Reservetank** M réservoir *m* de secours

reservieren V/T réserver; retenir; **e-n Platz, ein Zimmer ~** *a.* faire une réservation

reserviert ADJT réservé (*a. fig*)

Reservierung F réservation *f*

Reservist M réserviste *m*

Reservoir N réservoir *m* (*a. fig*)

Residenz F résidence *f* **Residenzstadt** F résidence *f*; (*Hauptstadt*) capitale *f*

residieren V/I résider

R

Resignation F résignation *f*

resignieren V/I se résigner

resistent ADJ résistant (**gegen** contre)

resolut ADJ résolu; déterminé

Resolution F résolution *f*

Resonanz F 1 PHYS, MUS résonance *f* 2 *fig* écho *m* (**auf** [+ *akk*] à) **Resonanzboden** M MUS table *f* d'harmonie

Resopal® N formica® *m*

resozialisieren V/T réinsérer **Resozialisierung** F réinsertion sociale

Respekt M respect *m*; **vor j-m, etw ~ haben** avoir du respect pour qn, qc; **sich** (*dat*) **~ verschaffen** se faire respecter

respektabel ADJ respectable

respektieren V/T respecter

respektlos ADJ sans respect; irrespectueux **Respektlosigkeit** F manque *m* de respect; irrespect *m*

Respektsperson F personnage *m* respectable

respektvoll ADJ respectueux

Ressort N ressort *m*; département *m*

Ressource F WIRTSCH, FIN ressources *fpl*

Rest M 1 reste *m* (*a.* MATH); restant *m*; *fig* (*Spur*) vestige *m*; *umg fig* **j-m den ~ geben** donner le coup de grâce à qn 2 *pl* **~e** (*Speiserest*) restes *mpl*

Restalkohol M résidu *m* d'alcool (dans le sang)

Restaurant N restaurant *m*

Restaurator(in) M(F) restaurateur, -trice *m,f* **restaurieren** V/T restaurer **Restaurierung** F restauration *f*

Restbestand M *an Waren* reste *m* du stock **Restbetrag** M restant *m*; reliquat *m*

Resteessen *umg* N repas composé de restes **Resteverwertung** F utilisation *f* des restes

Restguthaben N restant *m* de compte; reliquat *m* d'un avoir

restlich ADJ restant; qui reste

restlos ADV totalement; *umg* **~ glücklich** comblé

Restmüll M déchets *mpl* non recyclables **Restposten** M fin *f* de série **Restrisiko** N risque *m* non évaluable

Resturlaub M **ich habe noch drei Tage ~** il me reste encore trois jours de vacances

Resultat N résultat *m*

resultieren V/I **aus etw ~** résulter de qc; **daraus resultiert, dass …** il en résulte que

Resümee N résumé *m* **resümieren** V/T résumer

Retorte F cornue *f*; alambic *m*; *umg fig* **aus der ~** factice

Retortenbaby *umg* N bébé-éprouvette *m*

Retourkutsche *umg* F *in Worten* réponse *f*, *a.*

Handlung riposte *f* du tac au tac
Retrospektive F rétrospective *f*
retten A VT sauver (**aus, vor** [+ *dat*] de); (*befreien*) délivrer; *umg* **bist du noch zu ~?** *umg* ça va pas la tête? B VR **sich ~** échapper (**aus, vor** [+ *dat*] à)
rettend ADJT qui sauve; *Einfall* salutaire
Retter(in) M(F) (*Lebensretter*) sauveteur *m*; *fig* sauveur *m* (! bei beiden Übersetzungen gibt es nur die Maskulinform)
Rettich M radis (noir)
Rettung F 1 sauvetage *m* (*a. fig*); *fig* **letzte ~** (*Heil*) salut *m*; planche *f* de salut 2 *österr* → Rettungsdienst, Rettungswagen
Rettungsaktion F opération *f* de sauvetage **Rettungsanker** M *fig* planche *f* de salut **Rettungsboje** F bouée (lumineuse) **Rettungsboot** N canot *m* de sauvetage **Rettungsdienst** M service *m* de sauvetage **Rettungshubschrauber** M hélicoptère *m* de sauvetage **Rettungsinsel** F radeau *m* pneumatique **Rettungsmannschaft** F équipe *f* de secours; sauveteurs *mpl* **Rettungsring** M 1 bouée *f* de sauvetage 2 *umg hum* (*Fettwulst*) bourrelet(s) *m(pl)* autour de la taille **Rettungsschwimmer(in)** M(F) sauveteur *m* **Rettungsversuch** M tentative *f* de sauvetage **Rettungswagen** M ambulance *f* **Rettungsweste** F gilet *m* de sauvetage
retuschieren VT retoucher
Reue F repentir *m* (**über** [+ *akk*] de); *bes* REL contrition *f*; pénitence *f*
reuen *geh* VT, V/UNPERS **es reut mich, das getan zu haben** je regrette d'avoir fait cela
reuevoll *geh*, **reuig** *geh*, **reumütig** A ADJ repentant B ADV le cœur contrit
Reuse F nasse *f*
Revanche F revanche *f*
revanchieren VR **sich (bei j-m) ~** *positiv u. negativ* rendre la pareille (à qn); *negativ* prendre sa revanche (sur qn); **sich bei j-m für etw ~** *positiv u. negativ* revaloir qc à qn
Revers N MODE revers *m*
revidieren VT réviser
Revier N 1 (*Jagdrevier*) chasse *f* 2 (*Polizeirevier*) commissariat *m* (de police, de quartier) 3 ZOOL territoire *m* 4 *fig* (*Bereich*) domaine *m*
Revision F révision *f*; JUR pourvoi *m* en cassation; **~ einlegen, in die ~ gehen** se pourvoir, aller en cassation
Revolte F révolte *f*
revoltieren VI **(gegen j-n, etw) ~** se révolter (contre qn, qc)
Revolution F révolution *f*; **die Französische ~** la Révolution (française) (! in diesem Fall immer großgeschrieben)
revolutionär ADJ révolutionnaire
Revolutionär(in) M(F) révolutionnaire *m/f*
revolutionieren VT révolutionner
Revoluzzer M *pej* révolutionnaire *m*; *umg* anar *m*
Revolver M revolver *m* **Revolverblatt** *umg* N journal *m bzw.* revue *f* à sensation, à scandale **Revolverheld** M *pej* individu *m* toujours prêt à dégainer
Revue F revue *f*; *fig* **~ passieren lassen** passer en revue
Rezensent(in) M(F) critique *m*; auteur *m* d'une critique littéraire, *etc* **rezensieren** VT faire la critique de **Rezension** F critique *f*; compte rendu
Rezept N 1 GASTR recette *f* 2 MED ordonnance *f* 3 *umg fig* remède *m* (**gegen** pour)
rezeptfrei ADJ *u.* ADV sans ordonnance; en vente libre
Rezeption F réception *f*
rezeptpflichtig ADJ délivré seulement sur ordonnance
Rezession F récession *f*
reziprok ADJ réciproque
Rezitativ N MUS récitatif *m* **rezitieren** VT réciter
R-Gespräch N TEL P.C.V. *m*
Rhabarber M rhubarbe *f*
Rhapsodie F MUS rhapsodie *f*
Rhein **der ~** le Rhin
rheinisch ADJ rhénan; du Rhin
Rheinland **das ~** la Rhénanie
Rheinländer(in) M(F) Rhénan(e) *m(f)*
Rheinland-Pfalz N la Rhénanie-Palatinat
Rhesusfaktor M MED facteur *m* rhésus
Rhetorik F rhétorique *f* **rhetorisch** ADJ de rhétorique; rhétorique
Rheuma N rhumatisme(s) *m(pl)*; **zu ~ neigen** être sujet aux rhumatismes
Rheumatiker(in) M(F) rhumatisant(e) *m(f)* **rheumatisch** ADJ rhumatismal **Rheumatismus** M rhumatisme *m*
Rhinozeros N rhinocéros *m*
Rhododendron M *od* N rhododendron *m*
Rhodos N Rhodes
Rhombus M losange *m*
Rhönrad N SPORT roue vivante
rhythmisch ADJ rythmique
Rhythmus M rythme *m*
Ribisel F *österr* groseille *f*
richten A VT 1 (*in die richtige Stellung bringen*) disposer; (ar)ranger; (*gerade richten*) redresser; TECH dresser 2 (*lenken*) diriger, orienter (**auf** [+ *akk*], **gegen** sur, vers); *Blick* porter (**auf** [+ *akk*] sur); tourner (vers); *Fernrohr, Gewehr* braquer (**auf** [+

akk] sur); *Bitte, Brief, Frage* adresser (**an** [+ *akk*] à); *Aufmerksamkeit, Bemühungen* porter, concentrer (**auf** [+ *akk*] sur); *Wut, Anklage* diriger (**gegen** contre); *Gedanken* tourner, diriger (**auf** [+ *akk*] vers) **3** (*in Ordnung bringen*) mettre en ordre; ranger; (*ausbessern*) réparer **4** *Mahlzeit* préparer **5** JUR **j-n ~** juger qn **B** V/R **1 sich nach etw ~** se conformer à qc; suivre qc; (*abhängen von*) dépendre de qc; **ich werde mich danach ~** j'agirai en conséquence; **sich nach j-m ~** se régler sur qn; suivre qn **2 sich auf etw** (*akk*) **~** *Blicke, Aufmerksamkeit* se fixer, se concentrer sur qc; **sich gegen j-n ~** *Wut etc* se porter contre qn; *Worte, Kritik* viser qn **C** V/I JUR **über j-n ~** juger qn

Richter(in) M(F) juge *m/f*; magistrat(e) *m(f)* du siège

richterlich ADJ judiciaire

Richterskala F échelle *f* de Richter

Richterspruch M sentence *f*; verdict *m*

Richtfest N *fête célébrant la fin du gros œuvre* **Richtfunk** M radio *f* relais **Richtgeschwindigkeit** F vitesse maximale conseillée

richtig **A** ADJ (*nicht falsch*) juste; correct; bon; (*genau*) exact; (*geeignet*) propre; opportun; (*echt, wirklich*) vrai; véritable; **~!** c'est ça!; c'est juste!; **der ~e Weg** le bon chemin; **er ist ein ~er Idiot** c'est un parfait imbécile, *umg* un con fini **B** ADV **~ rechnen** calculer juste; **~ gehen** *Uhr* être à l'heure; donner l'heure exacte; **~ gehend** *Uhr* juste; (*ausgesprochen*) → richtiggehend A 1, B; **(es) für ~ halten zu** (+ *inf*) juger bon, à propos de (+ *inf*); → richtigstellen

Richtige(r) M/F(M) homme *m*, femme *f* qu'il faut, idéal(e); *iron* **an den Richtigen geraten** bien tomber

Richtige(s) N **das Richtige für uns** ce qu'il nous faut; **nichts Richtiges gelernt haben** ne pas avoir appris grand-chose

richtiggehend **A** ADJ/T **1** (*ausgesprochen*) vrai; véritable **2** *Uhr* → richtig B **B** ADV/L vraiment

Richtigkeit F justesse *f*; (*Genauigkeit*) exactitude *f*; **damit hat es s-e ~** c'est exact, vrai

richtigstellen V/T (*berichtigen*) rectifier; mettre au point

Richtigstellung F rectification *f*; mise *f* au point

Richtlinie F directive *f* **Richtmikrofon** N microphone directionnel **Richtpreis** M prix indicatif, conseillé **Richtschnur** F *fig* ligne directrice

Richtung F **1** direction *f*; sens *m*; **in ~ …** en direction, dans la direction de …; **nach allen ~en** en tous sens; dans toutes les directions; **in entgegengesetzter ~** en sens inverse; **die Züge aus ~ …** les trains en provenance de …, venant de …; **ein erster Schritt in ~ (auf den) Frieden** un premier pas vers la paix; *umg fig* **die ~ stimmt** on est, ils sont, *etc* sur la bonne voie **2** *fig* (*Tendenz*) tendance *f*; courant *m*

Richtungsänderung F changement *m* de direction; *fig*, POL coup *m* de barre **Richtungspfeil** M flèche *f* d'orientation **Richtungswechsel** M → Richtungsänderung

richtungweisend ADJ/T qui ouvre, montre la voie; pilote

Richtwert M valeur indicative, de base

Ricke F ZOOL chevrette *f*

rieb → reiben

riechen **A** V/T sentir; *umg fig* **etw nicht ~ können** ne pas pouvoir deviner qc; *umg fig* **j-n nicht ~ können** ne pas pouvoir sentir, supporter qn; *umg* avoir qn dans le nez **B** V/I sentir (**nach, an etw** [*dat*] qc); **gut, schlecht ~** sentir bon, mauvais; **aus dem Mund ~** avoir mauvaise haleine

Riecher *umg* M **e-n guten ~ (für etw) haben** avoir du flair (pour qc)

Ried N marécage (couvert de roseaux)

rief → rufen

riefeln V/T canneler

Riege F SPORT section *f*

Riegel M **1** verrou *m*; *fig* **e-r Sache** (*dat*) **e-n ~ vorschieben** mettre un terme, le holà à qc **2** (*Schokoladenriegel*) barre *f*

Riemen M **1** courroie *f*; *langer, schmaler* lanière *f*; (*Tragriemen, Gewehrriemen*) bretelle *f*; *umg fig* **sich am ~ reißen** *umg* se prendre par la main **2** (*Ruder*) rame *f*; aviron *m*

Riese M géant *m*

rieseln V/I *Sand, Tropfen* couler; *Wasser* ruisseler

Riesen… IN ZSSGN gigantesque; géant **Riesenbaby** *umg* N *umg* gros patapouf **Riesenerfolg** *umg* M succès fou, *umg* bœuf; énorme succès *m* **riesengroß** → riesig **Riesenhunger** *umg* M faim *f* de loup **Riesenrad** N grande roue **Riesenschlange** F boa *m*; python *m*

Riesenschritt M **mit ~en** à pas de géant

Riesenslalom M slalom géant

riesig **A** ADJ **1** géant; colossal; gigantesque; énorme **2** *umg* (*hervorragend*) *umg* super; *umg* génial **B** *umg* ADV terriblement; énormément; **ich habe mich ~ gefreut** ça m'a fait terriblement plaisir

Riesling M *Wein* riesling *m*

riet → raten

Riff N récif *m*

rigoros ADJ rigoureux; (*streng*) sévère

Rigorosum N oral *m* du doctorat

Rikscha F pousse-pousse *m*

R

Rille F rainure *f*; cannelure *f*; *der Schallplatte* sillon *m*
Rind N 1 ZOOL bovin *m* 2 *(Rindfleisch)* bœuf *m*
Rinde F *(Baumrinde)* écorce *f*; *(Brotrinde, Käserinde)* croûte *f*
Rinderbraten M rôti *m* de bœuf **Rinderfilet** N filet *m* de bœuf **Rindergulasch** N goulasch *od* goulache *m od f* (de bœuf) **Rinderleber** F foie *m* de génisse **Rinderlende** F aloyau *m* **Rinderschmorbraten** M bœuf braisé, en daube **Rinderwahn(sinn)** M maladie *f* de la vache folle **Rinderzucht** F élevage bovin **Rinderzunge** F langue *f* de bœuf
Rindfleisch N bœuf *m* **Rindfleischsuppe** F consommé *m* *(à base de viande de bœuf)*
Rindsleder N cuir *m* de bœuf
Rindvieh N 1 bovin *m* 2 *umg fig (Dummkopf)* imbécile *m/f*; *umg* andouille *f*
Ring M 1 anneau *m*; *Schmuck*, TECH bague *f*; *(Trauring)* alliance *f* 2 *um die Augen* cerne *m* 3 BOXEN ring *m*; TURNEN **~e** *pl* anneaux *mpl* 4 *(Straße)* périphérique *m*
Ringbuch N classeur *m* (à anneaux)
Ringelblume F BOT souci *m*
ringeln V/R **sich ~** s'enrouler (**um etw** autour de qc); *Haare* boucler
Ringelnatter F couleuvre *f* à collier **Ringelreihen** M ronde (enfantine) **Ringelspiel** N *österr* → Karussell **Ringeltaube** F (pigeon *m*) ramier *m*; palombe *f*
ringen A V/T **die Hände ~** se tordre les mains B V/I 1 *(kämpfen)* SPORT, *fig* lutter (**mit** contre) 2 *fig* se débattre (**mit** contre); **nach Atem ~** respirer avec peine; *plus fort* suffoquer
Ringen N SPORT, *fig* lutte *f* (**um** pour)
Ringer M lutteur *m*
Ringfinger M annulaire *m* **ringförmig** ADJ annulaire **Ringkampf** M lutte *f* **Ringkämpfer** M lutteur *m* **Ringrichter** M arbitre *m*
rings ADV (tout) autour (**um** de) **ringsherum** ADV tout autour; *(auf allen Seiten)* de tous côtés
Ringstraße F boulevard extérieur
ringsum, **ringsumher** → ringsherum
Rinne F *(Abflussrinne)* rigole *f*; *in der Straße* caniveau *m*; *(Dachrinne)* gouttière *f*
rinnen V/I 1 *(langsam fließen)* couler (lentement); *Regen, Tränen, Blut a.* ruisseler 2 *südd (undicht sein)* fuir
Rinnsal N ruisselet *m*; filet *m* d'eau **Rinnstein** M caniveau *m*
Rippchen N GASTR côtelette *f*
Rippe F 1 ANAT côte *f* 2 BAU, BOT nervure *f*; *(Schokoladenrippe)* barre *f*
Rippenbruch M MED fracture *f* des côtes
Rippenfell N ANAT plèvre *f* **Rippenfellentzündung** F MED pleurésie *f*
Rippenspeer M *od* N **(Kasseler) ~** *côtelette de porc salée et fumée*
Risiko N risque *m*; **auf eigenes ~** à mes, tes, *etc* risques et périls
Risikobereitschaft F goût *m* du risque **Risikofaktor** M facteur *m* de risque **Risikogruppe** F groupe *m* à risque(s) **Risikokapital** N capital-risque *m* **risikoreich** ADJ risqué; plein de risques **Risikoschwangerschaft** F grossesse *f* à risque(s)
riskant ADJ risqué; osé
riskieren V/T risquer (, **dass** que [+ *subj*], de [+ *inf*])
Rispe F BOT panicule *f*
riss → reißen
Riss M *im Gewebe, Papier* déchirure *f* *(a. Hautriss, Muskelriss)*; *durch Hängenbleiben* accroc *m*; *tiefer* crevasse *f*; fissure *f* *(a. fig)*; *durch Kälteeinwirkung* gerçure *f*; *in Holz* fente *f*; *in Porzellan, Ton* fêlure *f*; *in Lack* craquelure *f*; *(Mauerriss)* lézarde *f*; **~e bekommen** se déchirer; se fendre; se fissurer; se fêler; se lézarder; *fig Freundschaft* en prendre un coup
rissig ADJ crevassé; *Haut a.* gercé; fêlé; fissuré; craquelé; lézardé
Rist M *(Fußrücken)* cou-de-pied *m*; *(Handrücken)* dos *m* de la main
ritt → reiten
Ritt M tour *m*, promenade *f* à cheval; chevauchée *f*
Ritter M chevalier *m* *(a. e-s Ordens)*; **j-n zum ~ schlagen** armer qn chevalier
ritterlich ADJ chevaleresque; *fig* galant; courtois **Ritterlichkeit** F *fig* courtoisie *f*; galanterie *f*
Ritterorden M ordre *m* de chevalerie **Ritterrüstung** F armure *f* **Ritterschlag** M accolade *f* **Rittersporn** M BOT pied-d'alouette *m* **Rittertum** N chevalerie *f*
rittlings ADV **~ sitzen** être à califourchon, à cheval
Ritual N rituel *m* **rituell** ADJ rituel
Ritus M rite *m*
Ritz M 1 *(Schramme)* rayure *f*; *in der Haut* égratignure *f*; éraflure *f* 2 → Ritze
Ritze F (petite) fente; fissure *f*
Ritzel N TECH pignon *m*
ritzen A V/T 1 rayer; *Haut* égratigner; érafler 2 *(einritzen)* graver (**in** [+ *akk*] dans) B V/R **sich ~** s'égratigner; s'érafler
Rivale M, **Rivalin** F rival(e) *m(f)*
rivalisieren V/I **(mit j-m) ~** rivaliser (avec qn)
Rivalität F rivalité *f*
Riviera **die ~** *französische* la Côte d'Azur; *italie-*

R

nische la Riviera
Rizinusöl N huile *f* de ricin
RNS F ABK BIOL (Ribonukleinsäure) ARN *m* (acide ribonucléique)
Roastbeef N rosbif *m*
Robbe F phoque *m*
robben VI ramper
Robbenfang M chasse *f* aux phoques **Robbenfänger** M chasseur *m* de phoques
Robe F (*festliches Kleid*) robe *f* de soirée; (*Richterrobe*) robe *f*
Robin Hood M HIST Robin *m* des Bois
Roboter M robot *m* **Robotertechnik** F robotique *f*
robust ADJ robuste **Robustheit** F robustesse *f*
roch → riechen
Rochade F SCHACH roque *m*
röcheln VI râler
Röcheln N râle *m*
Rochen M ZOOL raie *f*
Rock[1] M 1 (*Damenrock*) jupe *f* 2 (*Jackett*) veston *m*; veste *f* 3 *schweiz* (*Kleid*) robe *f*
Rock[2] M MUS rock *m*

Rock — la jupe

Rock — le rock

R

Rock and Roll M *Musik u. Tanz* rock (and roll) *m*
Rockband F groupe *m* rock
rocken VI 1 *Musik machen* jouer du rock 2 *tanzen* danser le rock
Rocker M *umg* loubard *m* **Rockerbande** F *umg* bande *f* de loubards
Rockgruppe F groupe *m* de rock **Rockmusik** F musique *f* rock **Rocksänger(in)** M(F) chanteur, -euse *m,f* rock; rocker, -euse *m,f*
Rockzipfel M pan *m* d'habit; basque *f*; **an Mutters ~ hängen** être toujours pendu aux basques de sa mère
Rodel M *südd, österr* luge *f* **Rodelbahn** F piste *f* de luge
rodeln VI faire de la luge
Rodelschlitten M luge *f*
roden VT défricher
Rodler(in) M(F) lugeur, -euse *m,f*
Rodung F défrichement *m*; défrichage *m*
Rogen M œufs *mpl* de poissons
Roggen M seigle *m* **Roggenbrot** N pain *m* de seigle
roh ADJ 1 (*ungekocht*) cru 2 (*nicht bearbeitet*) brut 3 *fig Person* brutal; barbare; rude; *Verhalten* barbare; rude; *Gewalt* brutal
Rohbau M gros œuvre
Rohkost F crudités *fpl*
Rohheit F 1 *Benehmen* rudesse *f* 2 (*Rücksichtslosigkeit*), *Handlung* brutalité *f*; barbarie *f*
Rohling M 1 *Person* brute *f* 2 *CD* CD *m* vierge
Rohmaterial N matière première **Rohöl** N pétrole brut
Rohr N 1 TECH tuyau *m*; *kleineres* tube *m*; (*Leitungsrohr*) conduite *f*; conduit *m*; (*Geschützrohr*) canon *m* 2 (*Schilfrohr*) roseau *m* 3 *südd, österr* (*Backrohr*) four *m* **Rohrbruch** M rupture *f* de tuyau
Röhrchen N *für Medikamente* tube *m*; *beim Alkoholtest* **ins ~ blasen** *umg* souffler dans le ballon
Rohrdommel F ZOOL butor *m*
Röhre F 1 TECH (*Leitungsröhre*) conduite *f*; conduit *m*; tuyau *m*; ELEK tube *m* 2 (*Backröhre*) four *m*; *umg fig* **in die ~ gucken** *umg* faire tintin 3 RADIO lampe *f* 4 *umg* (*Fernseher*) *umg* télé *f*; *umg* téloche *f*
röhren VI 1 *Hirsch* bramer 2 *Motor* °hurler
röhrenförmig ADJ tubulaire **Röhrenpilz** M bolet *m*
Rohrleitung F tuyau *m*; conduit *m*; conduite *f* **Rohrpost** F (système *m* de courrier acheminé par) pneumatique *m*
Rohrspatz M *umg* **schimpfen wie ein ~** pester; fulminer; tempêter
Rohrstock M canne *f* de jonc **Rohrzange** F pince *f* multiprise **Rohrzucker** M sucre *m* de canne
Rohstoff M matière première **Rohstoffmangel** M pénurie *f* de matières premières
Rokoko N rococo *m*
Rollbahn F FLUG piste *f* **Rollbraten** M épaule roulée
Rolle F 1 TECH (*Walze*) rouleau *m*; *beim Flaschenzug* poulie *f*; *unter Möbeln* roulette *f* 2 (*Zusammengerolltes, Schriftrolle*) rouleau *m*; (*Spule, Garnrolle*) bobine *f*; *an der Angel* moulinet *m* 3 THEAT, *fig* rôle *m* (! maskulin); **e-e ~ spielen** jouer un rôle (*a. fig*); *fig* **aus der ~ fallen** avoir une réaction déplacée; *umg* gaffer 4 TURNEN roulé-boulé *m*; roulade *f*
rollen A VT rouler; (*wickeln*) enrouler; **das R ~** rouler les r B VI rouler; *Räder* tourner; **etw ins**

Rollen bringen faire rouler, *fig* démarrer qc
Rollenspiel N jeu *m* de rôles **Rollentausch** M échange *m* de rôles **Rollenverhalten** N SOZIOLOGIE comportement spécifique lié à un rôle **Rollenverteilung** F 1 THEAT distribution *f* des rôles 2 SOZIOLOGIE attribution *f* de rôles spécifiques
Roller M *für Kinder* trottinette *f*; patinette *f*; (*Motorroller*) scooter *m*
Rollerskate M patin *m* à roulettes **Rollerskater(in)** M(F) patineur, -euse *m,f* (à roulettes)
Rollfeld N FLUG aire *f* d'atterrissage et de décollage
Rolli *umg* M pull *m* à col roulé
Rollkragen M col roulé **Rollkragenpullover** M pull-over *m* à col roulé **Rollladen** M volet roulant **Rollmops** M GASTR rollmops *m*
Rollo N store *m* (enrouleur)
Rollschinken M jambon fumé roulé **Rollschrank** M classeur *m* à rideau
Rollschuh M patin *m* à roulettes; **~ laufen** faire du patin à roulettes
Rollschuhläufer(in) M(F) patineur, -euse *m,f* à roulettes
Rollsplitt M gravillons *mpl*; gravier *m* **Rollstuhl** M fauteuil roulant **Rollstuhlfahrer(in)** M(F) handicapé(e) *m(f)* (dans un fauteuil roulant) **Rolltreppe** F escalier roulant, mécanique; escalator *m*
Rom N Rome; *sprichw* **alle Wege führen nach ~** *sprichw* tous les chemins mènent à Rome
ROM N ABK IT (read-only memory) mémoire morte
Roma MPL Tsiganes *mpl*; Rom *mpl*
Roman M roman *m* **Romanfigur** F personnage *m* de roman **Romanheld(in)** M(F) °héros *m*, héroïne *f* de roman
Romanik F ARCH roman *m* **romanisch** ADJ ARCH, *Sprache* roman; *Land, Volk, Kultur* latin
Romanist(in) M(F) *Student(in)* étudiant(e) *m(f)* en langues romanes; *Wissenschaftler(in)* romaniste *m/f* **Romanistik** F (études *fpl* des) langues, (des) littératures et (des) civilisations romanes
Romanschriftsteller(in) M(F) romancier, -ière *m,f*
Romantik F romantisme *m* **Romantiker** M romantique *m* (*a. fig*) **romantisch** ADJ romantique (*a. fig*)
Romanze F idylle *f*; aventure amoureuse
Römer M 1 *Bewohner* Romain *m* 2 *Weinglas* verre *m* à pied (*réservé au vin blanc*) **Römerbrief** M BIBEL Épître *f* aux Romains
Römerin F Romaine *f*
Römertopf® M cocotte *f* en terre allant au four
römisch ADJ romain **römisch-katholisch** ADJ catholique; romain
röm.-kath. → römisch-katholisch
Rommé N *Kartenspiel* rami *m*
röntgen V/T radiographier; faire une radio de
Röntgenaufnahme F, **Röntgenbild** N radio(graphie) *f* **Röntgenfilm** M film *m* radiographique **Röntgengerät** N appareil *m* de radiographie **Röntgenologie** F radiologie *f* **Röntgenstrahlen** MPL rayons *mpl* X **Röntgenuntersuchung** F examen *m* radiographique; radioscopie *f*; *umg* radio *f*
rosa ADJ rose
Rosa N (couleur *f*) rose *m*
rosafarben, **rosafarbig**, **rosarot** ADJ rose
rösch ADJ *südd* croustillant
Röschen N petite rose
Rose F 1 BOT rose *f* 2 MED érysipèle *m*
rosé ADJ rose
Rosé M *Wein* rosé *m*
Rosenkohl M chou *m* de Bruxelles **Rosenkranz** M REL chapelet *m* **Rosenkrieg** M (*Ehekrieg*) guerre *f* sans merci **Rosenmontag** M lundi gras **Rosenmontagszug** M *défilé de chars lors du carnaval le lundi gras* **Rosenpaprika** M paprika (fort) **Rosenquarz** M quartz *m* hyalin rose **Rosenschere** F sécateur *m* **Rosenstock** M rosier *m*
Rosette F (*Bandschleife*), BOT rosette *f*; ARCH rosace *f*
Roséwein M rosé *m*
rosig A ADJ 1 (*rosa*) (de) rose 2 *fig* rose; *Zukunft, Lage* brillant B ADV **uns geht es nicht gerade ~** ça n'est pas vraiment tout rose
Rosine F raisin sec; *umg* **(große) ~n im Kopf haben** voir trop grand
Rosinenbrot N pain *m* aux raisins secs
Rosmarin M romarin *m*
Ross *geh* N cheval *m* **Rosshaar** N crin *m* **Rosskastanie** F *Baum* marronnier *m* d'Inde; *Frucht* marron *m* d'Inde **Rosskur** *umg* F remède *m* de cheval
Rost[1] M *auf Eisen* rouille *f*
Rost[2] M 1 (*Bratrost*) gril *m* 2 (*Gitter*) grille *f*; claie *f*
Rostbraten M grillade *f* **Rostbratwurst** F saucisse grillée
rostbraun ADJ rouille (! unveränderlich)
rosten V/I (se) rouiller
rösten V/T *Kaffee* torréfier; *Brot, Kastanien* griller; *Kartoffeln* rissoler; faire sauter
Rostfleck M tache *f* de rouille **rostfrei** ADJ sans rouille; (*nicht rostend*) inoxydable
Rösti PL GASTR röstis *mpl*; pommes de terre sautées

R

Rost — la rouille

Rost — le gril

rostig ADJ rouillé
Röstkartoffeln FPL pommes de terre rissolées, sautées
Rostlaube *umg* F *umg* bagnole toute rouillée **Rostschutzmittel** N (agent *m*) antirouille *m*
rot ADJ rouge (*a.* POL); *Bart, Haar* roux; *Lippen* vermeil; (*hochrot*) rubicond; *fig* **der ~e Faden** le fil conducteur; l'idée directrice; **das Rote Meer** la mer Rouge; **~ werden** rougir; **~ glühend** porté, chauffé au rouge
Rot N rouge *m*; **die Ampel steht auf, zeigt ~** le feu est au rouge; *Auto* **bei ~ durchfahren** passer au rouge; brûler, *umg* griller un feu rouge
Rotation F rotation *f*
Rotbarsch M sébaste *m* **rotblond** ADJ blond roux (! unveränderlich) **rotbraun** ADJ rouge brun (! unveränderlich) **Rotbuche** F °hêtre *m* pourpre
Röte F rouge *m*
Röteln PL rubéole *f*
röten V/R **sich ~** rougir
Rotfuchs M 1 *Fuchs* renard (commun) 2 *Pferd* (cheval) alezan *m*
rotglühend ADJT → rot
rot-grün ADJ POL **~e Koalition** coalition *f* entre les Verts et les sociaux-démocrates (allemands)
rothaarig ADJ (aux cheveux) roux; rousse **Rothaut** *umg* F Peau-Rouge *m* **Rothirsch** M cerf (commun)
rotieren V/I 1 tourner, pivoter (sur son axe) 2 *umg fig* (*hektisch sein*) *umg* paniquer
Rotkäppchen N le Petit Chaperon rouge
Rotkehlchen N ZOOL rouge-gorge *m* **Rotkohl** M, *südd, österr* **Rotkraut** N chou *m* rouge
rötlich ADJ rougeâtre; *Haar* roussâtre
Rotlicht N lumière *f* rouge; *der Ampel* feu *m* rouge **Rotlichtbezirk** *umg* M, **Rotlichtviertel** *umg* N quartier *m* des prostituées
rotsehen *umg* V/I voir rouge
Rotstift M crayon *m* rouge; *fig* **den ~ ansetzen** faire des coupes (dans un budget, *etc*)
Rötung F rougeur *f*
Rotwein M vin *m* rouge **Rotweinglas** N verre *m* à vin rouge **Rotwild** N cerfs *mpl* et chevreuils *mpl*
Rotz M morve *f*; *umg* **~ und Wasser heulen** *umg* pleurer comme un veau, comme une madeleine
Rotzbengel *umg* M *umg* petit morveux; galopin *m*; *Schimpfwort umg* espèce *f* de morveux
rotzen *sl* V/I (*Schleim hochziehen*) renifler; (*sich schnäuzen*) se moucher bruyamment; (*ausspucken*) cracher
Rotzfahne *sl* F *sl* tire-jus *m*
rotzfrech, **rotzig** *umg* ADJ *umg* gonflé; culotté
Rotznase F 1 *sl* nez morveux 2 *umg fig umg* morveux, -euse *m,f*
Rouge N rouge *m* à joues
Roulade F GASTR roulade *f*; *vom Kalb* paupiette *f*
Roulett N, **Roulette** N roulette *f*; **russisches Roulett, Roulette** roulette *f* russe
Route F itinéraire *m*; route *f* **Routenplaner** M atlas routier électronique
Router M IT routeur *m*
Routine F 1 (*Erfahrung*) expérience *f*, habitude *f* (**in etw** [*dat*] de qc) 2 (*Gewohnheit*) routine *f* **routinemäßig** ADJ habituel; de routine **Routineuntersuchung** F contrôle habituel, automatique
routiniert ADJT expérimenté; habile
Rowdy M vandale *m*; casseur *m*
Rubbellos *umg* N billet *m* de loterie à gratter
rubbeln V/I *u.* V/T frotter; *beim Glücksspiel* gratter
Rübe F 1 BOT betterave *f*; **Rote ~** betterave *f* rouge; *südd* **Gelbe ~** carotte *f* 2 *umg fig* (*Kopf*) *umg* caboche *f*; *umg* cafetière *f*
Rubel M rouble *m*; *umg* **der ~ rollt** *umg* le fric rentre
Rübenkraut N *regional* marmelade *f* de mélasse
rüber *umg* ADV → herüber, hinüber
rüberbringen *umg* V/T (*vermitteln können*) faire passer **rüberkommen** *umg* V/I (*verstanden werden*) passer
Rübezahl M *ogre célèbre dans les contes alle-*

mands
Rubin M rubis *m*
Rübkohl M *schweiz* chou-rave *m*
Rubrik F *(Zeitungsrubrik)* rubrique *f*; *(Klasse)* catégorie *f*
Ruck M saccade *f*; *(Stoß)* secousse *f*; (à-)coup *m*; *umg fig* **sich** *(dat)* **e-n ~ geben** faire un effort
Rückansicht F vue arrière *od* de derrière
Rückantwort F réponse *f*; **Postkarte mit ~** carte-réponse *f*
ruckartig A ADJ saccadé B ADV par saccades, secousses
Rückbesinnung F retour *m* (**auf** [+ *akk*] à)
rückbezüglich ADJ GRAM réfléchi
Rückblende F FILM retour *m* en arrière; flashback *m* **Rückblick** M rétrospective *f* (**auf** [+ *akk*] sur, de) **rückblickend** ADVL rétrospectivement **rückdatieren** V/T antidater
ruckeln *umg* V/I *Fahrzeug* donner des secousses, des saccades
rucken V/I avancer par à-coups
rücken A V/T *(verrücken)* déplacer; *(bewegen)* remuer; bouger; **den Tisch ans Fenster ~** approcher la table de la fenêtre B V/I *vorwärts* (s')avancer; *näher* (s')approcher; *zur Seite* se pousser; *fig* **an j-s Stelle** *(akk)* **~** prendre la place de qn
Rücken M 1 *e-s Menschen, Tieres* dos *m*; GASTR selle *f*; *von Wild* râble *m*; **es lief mir eiskalt über den ~** *od* **den ~ hinunter** cela me donna froid dans le dos; *fig* **j-m den ~ stärken** encourager, épauler, appuyer, soutenir qn; *fig* **j-m, e-r Sache den ~ kehren** tourner le dos à qn, qc; *fig* **hinter j-s ~** *(dat)* derrière le dos, à l'insu de qn; *fig* **j-m in den ~ fallen** tirer dans le dos de qn 2 *(Handrücken, Messerrücken, Buchrücken etc)* dos *m*; *(Gebirgsrücken)* crête *f*
Rückendeckung F 1 MIL couverture *f* de l'arrière 2 *fig* appui *m*; soutien *m*; **j-m ~ geben** aider, soutenir qn
rückenfrei ADJ décolleté dans le dos **Rückenlage** F position couchée sur le dos; *beim Schwimmen* planche *f* **Rückenlehne** F dossier *m*; dos *m* **Rückenmark** N moelle épinière **Rückenmark(s)anästhesie** F péridurale *f* **Rückenmuskulatur** F muscles du dos, dorsaux **Rückennummer** F dossard *m* **Rückenschmerzen** MPL mal *m* au dos **Rückenschwimmen** N nage *f* sur le dos **Rückenstärkung** F soutien (moral); encouragement *m* **Rückenwind** M vent *m* dans le dos; vent *m* arrière **Rückenwirbel** M vertèbre dorsale
rückerstatten V/T restituer; rembourser **Rückerstattung** F restitution *f*; remboursement *m*
Rückfahrkarte F, **Rückfahrschein** M billet *m* de retour; *Hin- u. Rückfahrt* (billet *m* d')aller et retour *m* **Rückfahrscheinwerfer** MPL feux *mpl* de recul **Rückfahrt** F retour *m* **Rückfall** M 1 MED rechute *f* 2 *(Zurückfallen)* retour *m* (**in** [+ *akk*] à) 3 JUR récidive *f*
rückfällig ADJ *Straftäter* récidiviste; *Suchtkranker* qui rechute; **~ werden** récidiver; rechuter
Rückfallquote F *von Straftätern* taux *m* de récidive; *von Suchtkranken* taux *m* de rechute
Rückfenster N glace *f* arrière **Rückflug** M vol *m* (de) retour **Rückfluss** M reflux *m* **Rückfrage** F demande *f* de précisions **rückfragen** V/I demander des précisions **Rückführung** F *von Flüchtlingen* rapatriement *m* **Rückgabe** F restitution *f*; remise *f*; *von Leergut* retour *m*; *beim Fußball* passe *f* en arrière **Rückgang** M recul *m*; baisse *f*; *der Geschäfte* récession *f*; régression *f*; *(Abnahme)* diminution *f*
rückgängig ADJ **~ machen** *Entscheidung* revenir sur; HANDEL annuler
Rückgeld N monnaie *f* (à rendre *bzw.* rendue) **Rückgewinnung** F TECH récupération *f*
Rückgrat N épine dorsale; colonne vertébrale; échine *f*; *fig* **~ haben** être ferme; avoir le courage de ses opinions
Rückgrat(s)verkrümmung F scoliose *f*
Rückhalt M soutien *m*; appui *m* **rückhaltlos** ADV sans réserve
Rückhand F SPORT revers *m* **Rückkauf** M rachat *m* **Rückkaufsrecht** N droit *m* de rachat; JUR *a.* clause *f* de réméré **Rückkehr** F retour *m*; *ins Haus* rentrée *f* **Rückkopp(e)lung** F ELEK rétroaction *f*; feed-back *m* **Rücklage** F WIRTSCH (fonds *m* de) réserve *f*; *(Ersparnisse)* économies *fpl* **Rücklauf** M retour *m*; *von Flüssigkeiten* reflux *m*; *beim Tonband* retour *m* rapide (arrière)
rückläufig ADJ *(sinkend)* en baisse; **~e Entwicklung** régression *f*
Rücklicht N *e-s Autos, Fahrrads* feu *m* arrière
rücklings ADV en arrière; *(von hinten)* par derrière; *fallen* à la renverse
Rückmeldung F 1 *an der Universität* réinscription *f* 2 *(Feedback)* feed-back *m* **Rücknahme** F 1 reprise *f*; retrait *m* 2 *fig e-s Verbots* levée *f*; *e-r Behauptung* rétractation *f*; *e-r Beleidigung* retrait *m* **Rückpass** M passe *f* en arrière **Rückporto** N port *m* de retour
Rückreise F (voyage *m* de) retour *m* **Rückreiseverkehr** M retour *m* des vacanciers; grands retours (de vacances)
Rückruf M 1 TEL rappel *m* 2 HANDEL mise *f* °hors circuit de produits **Rückrufaktion** F campagne *f* de mise °hors circuit (de produits)
Rucksack M sac *m* à dos **Rucksacktou-**

R

rist(in) M(F) *umg* routard(e) *m(f)*
Rückschau F rétrospective *f* **Rückschlag** M *fig* revers *m*; échec *m* **Rückschluss** M conclusion *f* (a posteriori); déduction *f* **Rückschritt** M pas *m* en arrière; régression *f* **rückschrittlich** ADJ réactionnaire; rétrograde **Rückseite** F *e-r Seite, Münze* revers *m*; (*hintere Seite*) derrière *m*; face *f* arrière; dos *m*; *e-s Blattes* verso *m* **Rücksendung** F renvoi *m*; retour *m*
Rücksicht F égards *mpl*; considération *f*; **(keine) ~ auf j-n, etw nehmen** (*beachten*) (ne pas) tenir compte de qn, qc; (*schonen*) (ne pas) ménager qn, qc; **mit ~ auf** (+ *akk*) eu égard à; **mit ~ darauf, dass …** vu que …; **ohne ~ auf** (+ *akk*) … sans égard, considération pour …
Rücksichtnahme F égards *mpl*; considération *f*
rücksichtslos A ADJ 1 (*verantwortungslos*) sans égards, ménagements; *Verhalten* brutal 2 (*schonungslos*) impitoyable B ADV brutalement; sans égards, ménagements **Rücksichtslosigkeit** F manque *m* d'égards **rücksichtsvoll** ADJ plein d'égards; délicat
Rücksitz M *beim Auto, Motorrad* siège *m* arrière **Rückspiegel** M rétroviseur *m* **Rückspiel** N SPORT match *m* retour
Rücksprache F entretien *m*; **mit j-m ~ halten, nehmen** conférer avec qn
Rückstand M 1 arriéré *m*; reste *m* 2 (*Rest*), CHEM résidu *m* 3 (*Zurückbleiben*) retard *m*; **(mit etw) im ~ sein** être en retard (dans qc); **er ist mit seiner Miete zwei Monate im ~** il doit deux mois de loyer
rückständig ADJ 1 (*rückschrittlich*) rétrograde; arriéré 2 (*unterentwickelt*) sous-développé; *wirtschaftlich* en retard 3 *Gelder* arriéré
Rückstau M 1 TECH retenue *f* 2 *im Verkehr* bouchon *m* **Rückstoß** M TECH réaction *f*; *von Waffen* (choc *m* de) recul *m* **Rückstrahler** M réflecteur *m*; catadioptre *m* **Rücktaste** F touche *f* de retour arrière
Rücktritt M 1 *vom e-m Amt* démission *f*; départ *m*; retraite *f*; *von e-m Vertrag* résiliation *f*; dénonciation *f*; **s-n ~ erklären** donner sa démission; démissionner 2 *beim Fahrrad* rétropédalage *m*
Rücktrittbremse F frein *m* à rétropédalage
Rücktrittserklärung F *vom Amt* annonce *f* d'une démission **Rücktrittsgesuch** N offre *f* de démission **Rücktrittsrecht** N droit *m* de résiliation
rückvergüten V/T rembourser; ristourner **Rückvergütung** F remboursement *m*; ristourne *f* **rückversichern** V/R **sich ~** (*sich vergewissern*) vérifier **Rückversicherung** F 1 *fig* vérification *f* 2 JUR réassurance *f* **Rückwand** F paroi *f*, partie *f* arrière **rückwärtig** ADJ arrière; de *od* à l'arrière
rückwärts ADV en arrière; TURNEN **Rolle ~** roulade *f* arrière; → rückwärtsfahren, rückwärtsgehen
rückwärts… *mit Verben* à reculons
rückwärtsfahren V/I faire marche arrière
Rückwärtsgang M AUTO marche *f* arrière
rückwärtsgehen V/I aller, marcher à reculons; *fig* (*Rückschritte machen*) aller à reculons
Rückweg M (chemin *m* du) retour *m*; **auf dem ~** au retour
ruckweise ADV par saccades; par secousses; par à-coups
rückwirkend A ADJT rétroactif B ADVL **~ vom …** à dater du …
Rückwirkung F 1 (*Auswirkung*) répercussion *f* (**auf** [+ *akk*] sur) 2 (*Gültigkeit*) effet rétroactif
Rückzahlung F remboursement *m*
Rückzieher M 1 FUSSBALL retourné *m* 2 *umg fig* **e-n ~ machen** revenir sur sa décision; faire machine arrière
ruck, zuck *umg* ADV *umg* en cinq sec
Rückzug M retraite *f*; **den ~ antreten** battre en retraite (*a. fig*)
Rucola M, **Rucolasalat** M roquette *f*
rüde ADJ grossier
Rüde M (chien *m*, *etc*) mâle *m*
Rudel N *von Wölfen, Kindern* bande *f*; *von Hirschen, Rehen* °harde *f*
Ruder N SCHIFF rame *f*; aviron *m*; (*Steuer*) gouvernail *m*; *bei Ruderbooten* barre *f*; *fig* **am ~ sein** être à, tenir la barre; *fig* **ans ~ kommen** prendre la barre, le pouvoir; *fig* **aus dem ~ laufen** ne plus être contrôlable
Ruderboot N canot *m*; barque *f* **Ruderer** M, **Ruderin** F rameur, -euse *m,f*
rudern V/T *u.* V/I ramer; SPORT faire de l'aviron; *fig* **mit den Armen ~** agiter, *beim Gehen* balancer les bras
Rudern N canotage *m*; SPORT aviron *m*
Ruderregatta F régate *f* (à l'aviron) **Rudersport** M aviron *m*
rudimentär ADJ *geh* (*nicht voll ausgebildet*), BIOL rudimentaire
Ruf M 1 (*Schrei*) cri *m* (*a. e-s Tiers*) 2 (*Forderung*) demande *f* (**nach** de); **der ~ nach Freiheit** l'appel *m* à la liberté 3 (*Ernennung*) nomination *f*; **e-n ~ an die Universität … erhalten** recevoir une offre de nomination à l'université de … 4 (*Leumund*) réputation *f*; renom *m*; renommée *f*; **e-n guten, hervorragenden ~ genießen** jouir d'une bonne, excellente réputation; **e-n schlechten ~ haben** avoir mauvaise réputation; **j-n, etw in schlechten ~ bringen** décrier, dénigrer qn, qc

rufen A VT 1 *(ausrufen)* crier 2 *(herbeirufen)* appeler; **j-n ~ lassen** faire venir qn; **wie gerufen kommen** arriver à point (nommé); tomber bien B VI crier *(a. Tiere)*; **nach j-m ~** appeler qn

Rüffel *umg* M réprimande *f*; *umg* savon *m*

Rufmord M atteinte calomnieuse à la réputation de qn **Rufname** M prénom usuel **Rufnummer** F numéro *m* de téléphone **Rufsäule** F borne *f* d'appel

Rufweite F **in, außer ~** à, °hors de portée de la voix

Rugby N rugby *m* **Rugbyspieler** M rugbyman *m*

Rüge F réprimande *f*; blâme *m*; **j-m e-e ~ erteilen** réprimander qn

rügen VT **j-n ~** réprimander qn

Ruhe F 1 *innere* tranquillité *f*; *(Stille, Gelassenheit)* calme *m*; *(Friede)* paix *f*; *(Erholung)* repos *m*; **wohlverdiente ~** repos bien gagné; *fig* **die ewige ~** le repos éternel; **lass mich in ~!** laisse-moi tranquille!; **er lässt sich nicht aus der ~ bringen** il ne perd jamais son sang-froid; *umg* **die ~ weghaben** *umg* être cool; **(die) ~ bewahren** garder son calme, son sang-froid; *umg* **immer mit der ~!** du calme!; doucement! 2 *(Schweigen)* silence *m*; **~!** silence!; du calme! 3 *(Ruhestand)* **sich zur ~ setzen** se retirer

ruhebedürftig ADJ qui a besoin de repos **Ruhegehalt** N, **Ruhegeld** N (pension *f* de) retraite *f*; pension *f* **ruhelos** ADJ sans repos; toujours en mouvement; agité; *(unruhig)* inquiet **Ruhelosigkeit** F agitation continuelle; inquiétude *f*

ruhen VI 1 *(ausruhen)* se reposer; prendre du repos 2 *geh (schlafen)* dormir; faire un somme 3 *geh von Toten* **hier ruht …** ici repose …; ci-gît …; **ruhe in Frieden!** repose en paix 4 *fig Verhandlung, Arbeit* être suspendu, arrêté 5 *(liegen)* **~ auf** *(+ dat)* reposer, être posé sur; *fig* reposer sur; *Blicke* s'arrêter, se fixer sur

Ruhepause F pause *f*; moment *m* de repos **Ruheraum** M pièce *f* où on peut se reposer

Ruhestand M retraite *f*; **im ~** à la, en retraite; retraité; **in den ~ versetzen** mettre à la retraite; **in den ~ treten, gehen** prendre sa retraite; se retirer

Ruhestätte *geh* F *fig* **letzte ~** dernière demeure

Ruhestörer(in) M(F) personne *f* faisant du tapage

Ruhestörung F atteinte *f* à la tranquillité publique; **nächtliche ~** tapage *m* nocturne

Ruhetag M jour *m* de repos

ruhig A ADJ 1 tranquille; calme *(a. See, Börse)*; *(friedlich)* paisible; *Atmung* régulier; *Hand* sûr 2 *(still)* silencieux B ADV 1 tranquillement; calmement; *(ohne Zwischenfälle)* sans incidents; *(gelassen)* avec calme; **sich ~ verhalten** se tenir tranquille; **~ stellen** *Arm, Bein* immobiliser 2 *umg (getrost)* sans problèmes; **du könntest ~ (ein)mal** *(+ inf)* tu ferais bien de *(+ inf)*

ruhigstellen VT *Arm, Bein* immobiliser

Ruhm M gloire *f*; célébrité *f*

rühmen A VT célébrer; glorifier; vanter; **j-n wegen etw ~** faire l'éloge de qn pour qc B VR **sich e-r Sache** *(gen)* **~** se vanter, se glorifier de qc

rühmenswert ADJ digne d'éloges; glorieux; louable

rühmlich ADJ glorieux; louable

ruhmreich, ruhmvoll ADJ glorieux

Ruhr F MED dysenterie *f*

Rührei N œufs brouillés

rühren A VT 1 *(bewegen)* mouvoir; remuer; bouger 2 *(umrühren)* remuer 3 *(in Rührung versetzen)* toucher; attendrir; émouvoir B VI 1 *(umrühren)* remuer 2 **das rührt daher, dass …** cela vient de ce que … C VR **sich ~** se remuer; bouger

rührend ADJT touchant *(a. iron)*; émouvant

Ruhrgebiet das ~ la Ruhr

rührig ADJ actif; dynamique **rührselig** ADJ sentimental; *pej* larmoyant

Rührteig M GASTR pâte à gâteau de consistance molle

Rührung F émotion *f*; attendrissement *m*

Ruin M ruine *f*; perte *f*; **er steht vor dem ~** il est au bord de la ruine

Ruine F ruine *f*

ruinieren VT *(u.* VR*)* **(sich ~** se) ruiner

ruinös ADJ ruineux

rülpsen *umg* VI *umg* roter **Rülpser** *umg* M *umg* rot *m*

rum *umg* → herum

Rum M rhum *m*

Rumäne M, **Rumänin** F Roumain(e) *m(f)* **Rumänien** N la Roumanie **rumänisch** ADJ roumain

Rumba M *od* F *Tanz* rumba *f*

rumgammeln *umg* VI traîner; *umg* glander

rumhängen *umg* VI traîner; **immer bei j-m ~** *umg* être toujours fourré chez qn

rumkommen *umg* VI voyager; **viel ~** beaucoup voyager; *umg* bourlinguer

rumkriegen *umg* VT 1 *Zeit* tuer 2 *(überreden)* persuader; *umg* manœuvrer

Rumkugel F chocolat fourré au rhum

rumlungern *umg* VI traîner; *plus fort umg* ne rien foutre

rummachen *umg* VI **an etw ~** *umg* tripoter qc; **an j-m ~** *umg* peloter qn

Rummel *umg* M 1 *(Betrieb)* *umg* foire *f*; *(Lärm)*

umg boucan *m*; (*Reklamerummel*) bruit *m*; battage *m*; **e-n großen ~ um etw machen** *umg* faire tout un plat de qc **2** (*Jahrmarkt*) foire *f*; fête foraine

Rummelplatz M champ *m* de foire

rumoren VI faire du tapage, du bruit; *umg* **es rumort in meinem Bauch** *umg* mon ventre gargouille

Rumpelkammer *umg* F débarras *m*; *umg* cagibi *m*

rumpeln *umg* VI **1** (*poltern*) faire du tapage **2** *Fahrzeug* cahoter

Rumpelstilzchen N *personnage d'un conte de fées allemand (dont le nom doit rester secret afin de garder son pouvoir magique)*

Rumpf M ANAT tronc *m*; (*Schiffsrumpf*) coque *f*; carcasse *f*; (*Flugzeugrumpf*) fuselage *m* **Rumpfbeuge** F GYMNASTIK flexion *f* du tronc

rümpfen VT **die Nase ~** faire la moue; (**über etw** [*akk*]) **die Nase ~** faire le *bzw.* la dégoûté(e) (à propos de qc)

Rumpsteak N romsteck *m*

rums *umg* INT boum!

Rumtopf M GASTR fruits (marinés) dans du rhum

rumtreiben *umg* V/R **sich ~** traîner

Rumtreiber(in) *umg* M(F) personne *f* qui traîne dans les rues, les cafés, *etc*; (*Streuner[in]*) vagabond(e) *m(f)*

Run M ruée *f* (**auf** [+ *akk*] sur)

rund **A** ADJ rond (*a. Zahl*); (*abgerundet*) arrondi; (*kreisförmig*) circulaire; (*kugelförmig*) sphérique; (*dicklich*) rondelet; *Gesicht* plein; joufflu; *Backen* rebondi; plein **B** ADV **1** **~ um etw** tout autour de qc **2** *fig* **alles ~ ums Haus, Kochen** tout ce qui concerne la maison, la cuisine **3** *umg* (*etwa*) environ; en chiffres ronds

Rundbau M rotonde *f* **Rundblick** M panorama *m* **Rundbogen** M ARCH (arc *m* en plein) cintre *m* **Rundbrief** M circulaire *f*

Runde F **1** (*Rundgang*) ronde *f*; **die ~ machen** *Gerücht* faire le tour **2** (*Gesellschaft*) compagnie *f*; cercle *m*; (*Tischrunde*) tablée *f*; **in die ~ blicken** jeter un coup d'œil circulaire **3** *bei Getränken* tournée *f* **4** *beim Laufen, Rennen* tour *m*; *beim Spielen* partie *f*; manche *f*; BOXEN round *m*; reprise *f*; *umg fig* (**mit etw**) **über die ~n kommen** *umg* s'en tirer (avec qc)

runden VT (*u.* V/R) (**sich ~** s')arrondir

runderneuern VT *Reifen* rechaper **Rundfahrt** F circuit *m* (touristique); tour *m* **Rundflug** M circuit aérien **Rundfrage** F (petite) enquête

Rundfunk M **1** (*Hörfunk*) radio(diffusion) *f*; **im ~** à la radio **2** *Einrichtung, Gebäude* station *f* de radiodiffusion; radio *f*

Rundfunkansprache F allocution radiodiffusée, à la radio **Rundfunkanstalt** F station *f* de radiodiffusion **Rundfunkdurchsage** F message radiodiffusé, radio **Rundfunkgebühr** F redevance *f* radio **Rundfunkgerät** N poste *m*, appareil *m* de radio **Rundfunkhörer(in)** M(F) auditeur, -trice *m,f* (de la radio) **Rundfunkprogramm** N *Sendung* programme *m* des émissions radio(phoniques) **Rundfunkreportage** F radioreportage *m* **Rundfunkreporter(in)** M(F) radioreporter *m/f* **Rundfunksender** M (poste *m*) émetteur *m* de radio **Rundfunksendung** F émission *f* radiophonique, de radio **Rundfunksprecher(in)** M(F) speaker *m*, speakerine *f* à la radio **Rundfunkstation** F station *f* radiophonique; station émettrice de radiodiffusion **Rundfunkübertragung** F retransmission *f* radiophonique

Rundgang M tour *m*; *e-s Wächters* ronde *f*

rundgehen *umg* V/UNPERS **es geht rund** (*es ist viel los*) c'est le coup de feu; (*es geht hoch her*) il y a de l'ambiance; ça y va; ça donne

rundheraus ADV franchement; tout net

rundherum ADV **1** (*ringsum*) tout autour (**um** de); à la ronde **2** (*völlig*) parfaitement; **~ glücklich** parfaitement heureux

rundlich ADJ arrondi; *Person* rondelet; *bes Kind* potelé **Rundreise** F tour *m*; circuit *m*; périple *m* **Rundruf** M *durch Telefon, Funk* message *m* **Rundschreiben** N circulaire *f* **Rundstück** N *nordd* petit pain

rundum → rundherum

Rundung F rondeur *f*; rond *m*

Rundwanderweg M circuit *m* pédestre (qui ramène au point de départ)

rundweg *umg* ADV tout net; *umg* carrément

Rundweg M circuit *m* pédestre

Rune F rune *f*

Runkelrübe F betterave fourragère

runter *umg* → herunter, hinunter

runterhauen VT *umg* **j-m e-e ~** *umg* flanquer une gifle à qn

runterholen **A** *umg* VT descendre **B** V/R *sl* **sich** (*dat*) **e-n ~** *sl* se branler

runterkriegen *umg* VT **1** *Gegenstand* (arriver à) descendre **2** *Essen, Trinken* (arriver à) avaler **3** (*wegkriegen*) (arriver à) enlever; se débarrasser de

runterputzen VT *umg* **j-n ~** *umg* descendre qn en flèche; *umg* incendier qn

Runzel F ride *f*

runz(e)lig ADJ ridé; **~ werden** se rider

runzeln VT (*u.* V/R) (**sich ~** se) rider; froncer; **die Stirn ~** froncer les sourcils

Rüpel M mufle *m*; malotru *m*
Rüpelei F grossièreté *f*; muflerie *f*
rüpelhaft ADJ grossier; mufle
rupfen V/T *Unkraut* arracher; *Geflügel* plumer; *umg fig* **j-n ~** *umg* plumer, tondre qn
Rupie F roupie *f*
ruppig ADJ *Person, Benehmen* grossier; *Ton* brusque **Ruppigkeit** F grossièreté *f*
Ruprecht M *regional* **Knecht ~** père Fouettard
Rüsche F MODE ruche *f*
Ruß M suie *f*
Russe M Russe *m*
Rüssel M 1 (*Elefantenrüssel, Insektenrüssel*) trompe *f*; *des Schweins* groin *m* 2 *umg fig* (*Nase*) *umg* pif *m*
rußen V/I fumer
Rußfilter M AUTO filtre *m* à particules
rußig ADJ couvert de suie
Russin F Russe *f*
russisch ADJ russe; GASTR **~e Eier** *npl* œufs *mpl* à la russe
Russisch N *Sprache, Schulfach* russe *m*; **auf, in ~** en russe; **~ lernen** apprendre le russe; **sie ist gut in ~** elle est bonne en russe
Russland la Russie **Russlanddeutsche(r)** M/F(M) Allemand(e) *m(f)* de souche né(e) en Russie
Rußpartikelfilter M AUTO filtre *m* à particules
rüsten A V/I MIL armer; **zum Krieg ~** faire des préparatifs de guerre B V/R *geh* **sich ~ (zu)** se préparer (à, pour)
Rüster F BOT orme *m*
rüstig ADJ robuste; (*noch rüstig*) vert; gaillard
rustikal ADJ *Möbel* de style rustique; *Essen* campagnard
Rüstung F 1 (*Aufrüstung*) armements *mpl* 2 (*Ritterrüstung*) armure *f*
Rüstungsindustrie F industrie *f* d'armement **Rüstungskontrolle** F contrôle *m* des armements **Rüstungsstopp** M arrêt *m* du processus d'armement **Rüstungswettlauf** M course *f* aux armements
Rute F 1 (*Gerte*) verge *f*; baguette *f* 2 (*Schwanz*) queue *f* 3 (*Angelrute*) canne *f* à pêche
Rutsch M 1 (*Erdrutsch*) glissement *m*; éboulement *m*; *umg fig* **in e-m ~** d'un (seul) coup 2 *umg* **guten ~ (ins neue Jahr)!** bonne année!
Rutschbahn F glissoire *f*; toboggan *m*
Rutsche F toboggan *m*
rutschen V/I glisser; *Auto* déraper; *Erdreich* s'ébouler; (*herunterrutschen*) *Person* se laisser glisser; *umg* **rutsch mal ein Stück!** pousse-toi!
rutschfest ADJ antidérapant **rutschig** ADJ glissant **Rutschpartie** *umg* F glissades *fpl*
rütteln A V/T secouer B V/I **an etw** (*dat*) **~** secouer qc; *fig* **daran ist nicht zu ~** c'est définitif

S

S[1], **s** N S, s *m*
S[2] ABK 1 (*Süd[en]*) S. (sud) 2 HIST (*Schilling*) schilling
s ABK (Sekunde) s
s. ABK (siehe) v. (voir, voyez)
S. ABK (Seite) p.
Saal M salle *f*
Saar **die ~** la Sarre
Saarbrücken N Sarrebruck
Saarland **das ~** la Sarre
Saarländer(in) M(F) Sarrois(e) *m(f)* **saarländisch** ADJ sarrois
Saat F 1 (*Säen*) semailles *fpl* 2 (*Saatgut*) semence(s) *f(pl)*
Saatgut N semences *fpl*
Sabbat M sabbat *m* **Sabbatjahr** N année *f* sabbatique
sabbern *umg* V/I baver
Säbel M sabre *m*
säbeln *umg pej* V/I (mal) couper
Sabotage F sabotage *m* (! maskulin) **Sabotageakt** M acte *m* de sabotage
Saboteur(in) M(F) saboteur, -euse *m,f* **sabotieren** V/T saboter
Saccharin N saccharine *f*
Sachbearbeiter(in) M(F) responsable *m/f* (d'un dossier); personne compétente **Sachbeschädigung** F détérioration *f* volontaire
sachbezogen A ADJ approprié; pertinent B ADV à propos **Sachbuch** N livre spécialisé
sachdienlich ADJ ADMIN pertinent; *Hinweis* utile
Sache F 1 (*Ding*) chose *f*; *fig* **~n** *pl* (*Habseligkeiten*) affaires *fpl*; *umg* **mach keine ~n!** ne fais pas d'histoires! 2 (*Angelegenheit*) affaire *f*; question *f*; **es ist beschlossene ~, dass …** il est convenu, il a été décidé que … (+ *ind*); **das ist so e-e ~** c'est délicat; c'est difficile à dire; **ganz bei der ~ sein** être très concentré; **nicht bei der ~ sein** être distrait; **zur ~ kommen** (en) venir au fait; **das tut nichts zur ~** cela ne change rien à l'affaire, à la question; **mit j-m gemeinsame ~ machen** faire cause commune avec qn 3 (*Anliegen*) cause *f*; **in eigener ~** pro domo; en son propre nom 4 JUR affaire *f*; cause *f*; *fig* **in ~n …** en matière de … 5 *umg* (*Stundenkilometer*) **mit hundert ~n** à cent à l'heure
Sachertorte F GASTR gâteau viennois au chocolat
Sachfrage F question *f* de fond, de fait

sachfremd ADJ impropre; inadéquat **Sachgebiet** N domaine *m;* matière *f* **sachgemäß, sachgerecht** ADJ *Verpackung, Behandlung* adéquat; convenable; *Darstellung, Bericht* objectif; conforme aux faits **Sachkenntnis** F connaissance *f* de la matière, des faits; compétence *f* **Sachkunde** F 1 *(Sachkenntnis)* compétence *f* 2 *Schulfach etwa* activités *fpl* d'éveil **sachkundig** ADJ expert; compétent **Sachlage** F état *m* de choses, de fait; situation *f*

sachlich ADJ objectif; **~ sein** s'en tenir aux faits

sächlich ADJ GRAM neutre

Sachlichkeit F objectivité *f*

Sachregister N index *m;* répertoire *m* **Sachschaden** M dégâts matériels

Sachse M Saxon *m*

Sachsen N la Saxe **Sachsen-Anhalt** N la Saxe-Anhalt

Sächsin F Saxonne *f*

sächsisch ADJ saxon

Sachspende F don *m* (en nature)

sacht(e) ADV doucement; *(allmählich)* pas à pas; peu à peu

Sachverhalt M → Sachlage **Sachverstand** M compétence(s) *f(pl)* **sachverständig** ADJ compétent; expert **Sachverständige(r)** M/F(M) expert *m* **Sachverständigengutachten** N expertise *f;* rapport *m* d'expert(s)

Sachwert M valeur réelle; **~e** *pl* biens réels

Sachwissen N connaissances *fpl;* savoir *m* **Sachzwang** M force *f* des choses; contrainte *f* (due aux circonstances)

Sack M 1 sac *m;* **der gelbe ~** le sac jaune pour les emballages recyclables; *umg* **mit ~ und Pack** avec armes et bagages; *umg* avec ses cliques et ses claques 2 *sl (Hodensack) sl* couilles *fpl*

sacken V/I s'affaisser

Sackgasse F voie *f* sans issue; cul-de-sac *m;* impasse *f (a. fig)* **Sackhüpfen** N course *f* en sac **Sackkarre** F diable *m*

Sadismus M sadisme *m* **Sadist(in)** M(F) sadique *m/f* (! Endung) **sadistisch** ADJ sadique (! Endung)

Sadomasochismus M sadomasochisme *m* **Sadomasochist(in)** M(F) sadomasochiste *m/f* **sadomasochistisch** ADJ sadomasochiste

säen V/T semer; *fig* **dünn gesät** rare

Safari F safari *m* (! maskulin)

Safe M *od* N coffre-fort *m; e-r Bank a.* coffre *m*

Safran M safran *m* **safrangelb** ADJ safran

Saft M 1 *Getränk, von Früchten* jus *m* 2 BOT sève *f;* *fig* **ohne ~ und Kraft sein** manquer de force, de vigueur 3 *(Fleischsaft)* jus *m;* **im eigenen ~ (schmoren)** (cuire, mijoter) dans son jus 4 PHARM sirop *m* 5 *umg (Strom) umg* jus *m*

saftig ADJ 1 juteux; *Wiese* gras 2 *umg fig Preis, Rechnung umg* salé

Saftladen *umg pej* M *umg* sale boîte *f*

saftlos ADJ *fig* **saft- und kraftlos** sans force

Saftpresse F presse-fruits *m*

Saga F saga *f*

Sage F légende *f*

Säge F scie *f* **Sägeblatt** N lame *f* de scie **Sägefisch** M poisson-scie *m* **Sägemehl** N sciure *f* (de bois)

sagen A V/T 1 *(mitteilen)* dire (**zu** à; **über** [+ *akk*] de); **so etwas sagt man nicht** cela ne se dit pas; **was ich (noch) ~ wollte** à propos; pour en revenir à notre question; **was Sie nicht ~!** pas possible!; *umg* vous m'en direz tant!; **wie gesagt** comme je l'ai dit; je le répète; *umg* **na, wer sagts denn!** alors, tu vois! 2 *(befehlen)* commander; **er hat hier nichts zu ~** il n'a pas d'ordre à donner ici; **sie hat das Sagen** c'est elle qui commande; **lassen Sie sich** *(dat)* **das gesagt sein!** tenez-le-vous pour dit! 3 *(bedeuten)* signifier; **das hat nichts zu ~** ça ne veut rien dire 4 *(meinen)* dire; **was sagst du dazu?** qu'est-ce que tu en dis?; **was wollen Sie damit ~?** que voulez-vous dire par là? B V/I dire; **wenn ich so ~ darf** si j'ose dire; si j'ose m'exprimer ainsi; **unter uns gesagt** soit dit entre nous; de vous à moi; **sag mal, …** dis-moi *(umg* un peu), …; *umg* **sag bloß!** *umg* ne me dis pas!; ce n'est pas vrai!

sägen A V/T scier B V/I *umg (schnarchen)* ronfler

sagenhaft A ADJ légendaire *(a. fig)*; *umg fig (toll)* fabuleux; formidable B *umg* ADV *(sehr)* terriblement **sagenumwoben** ADJ légendaire

Sägespäne MPL copeaux *mpl* **Sägewerk** N scierie *f*

sah → sehen

Sahara die ~ le Sahara (! maskulin)

Sahne F crème *f* **Sahnebonbon** M *od* N caramel *m* **Sahnequark** M fromage blanc avec 40% de matières grasses **Sahnetorte** F gâteau *m* à la crème

sahnig ADJ crémeux

Saibling M ZOOL omble *m*

Saison F saison *f* **Saisonarbeiter(in)** M(F) (travailleur) saisonnier *m;* travailleuse saisonnière **saisonbedingt** ADJT saisonnier

Saite F MUS corde *f; fig* **andere ~n aufziehen** changer de ton

Saiteninstrument N instrument *m* à cordes

Sake M *Reiswein* saké *m*

Sakko M *od* N veston *m*

sakral ADJ sacré

Sakrament N sacrement *m*
Sakrileg N sacrilège *m*
Sakristei F sacristie *f*
Salamander M salamandre *f* (! feminin)
Salami F salami *m* (! maskulin)
Salat M GASTR salade *f* (! feminin); *(Kopfsalat)* laitue *f*; **gemischter ~** salade mixte, composée; **grüner ~** salade verte; *(Kopfsalat)* laitue *f*; **ein Kopf ~** une (tête de) salade; *umg fig* **da haben wir den ~!** nous voilà dans de beaux draps!

Salat — la laitue

Salat — la salade

Salatbesteck N couvert *m*, service *m* à salade **Salatblatt** N feuille *f* de salade **Salatgurke** F concombre *m* **Salatkopf** M (tête *f* de) salade *f* **Salatschleuder** F essoreuse *f* à salade **Salatschüssel** F saladier *m* **Salatsoße** F sauce *f* de salade; vinaigrette *f*
Salbe F pommade *f*; onguent *m*
Salbei M sauge *f*
salben V/T oindre **Salbung** F onction *f* **salbungsvoll** ADJ *pej* onctueux; mielleux
Saldo M solde *m* (de compte); **per ~** pour solde
Säle → Saal
Saline F saline *f*
Salm M ZOOL saumon *m*
Salmiak M *od* N sel ammoniac **Salmiakgeist** M ammoniaque *f*
Salmonelle F salmonelle *f*
salomonisch *geh* ADJ **~es Urteil** jugement *m* de Salomon, sage
Salon M salon *m*; *für Schönheitspflege a.* institut *m*
salonfähig ADJ présentable; sortable; *Witz* **nicht ~** inconvenant; indécent
salopp ADJ **1** décontracté; *pej* négligé; *(lässig)* libre; désinvolte **2** *Ausdruck* familier
Salpeter M salpêtre *m*
Salto M saut périlleux; **~ mortale** saut *m* de la mort
Salut M salut *m*; **~ schießen** saluer par des coups de canon
salutieren V/I saluer
Salve F salve *f* *(a. fig)*
Salz N sel *m* *(a.* CHEM*)*
salzarm **A** ADJ pauvre en sel **B** ADV avec peu de sel; peu salé **Salzbergwerk** N mine *f* de sel (gemme); saline *f* **Salzbrezel** F bretzel *m*
Salzburg N Salzbourg
salzen V/T saler
Salzgebäck N petits gâteaux salés **Salzgewinnung** F saliculture *f*; *von Meersalz a.* saunage *m* **Salzgurke** F cornichon *m* au sel **salzhaltig** ADJ salin **Salzhering** M hareng salé
salzig ADJ **1** *(gesalzen)* salé **2** *(Salz enthaltend)* salin
Salzkartoffel F pomme *f* de terre à l'anglaise **salzlos** ADJ *u.* ADV sans sel **Salzsäure** F acide *m* chlorhydrique **Salzstange** F baguette salée; stick *m* **Salzstreuer** M salière *f* **Salzwasser** N eau salée
Samariter M **der Barmherzige ~** le bon Samaritain
Samen M **1** BOT semence *f*; AGR graine *f* **2** *(Sperma)* sperme *m* **3** *fig (Keim)* germe *m*
Samenbank F banque *f* du sperme **Samenerguss** M éjaculation *f* **Samenflüssigkeit** F liquide séminal; sperme *m* **Samenkorn** N grain *m*; graine *f* **Samenleiter** M canal déférent **Samenspende** F don *m* de sperme **Samenspender** M donneur *m* de sperme **Samenzelle** F spermatozoïde *m*
Sämereien FPL semences *fpl*; graines *fpl*
sämig ADJ velouté; épais
Sammelband M recueil *m* **Sammelbecken** N réservoir *m*; *fig* réceptacle *m* **Sammelbegriff** M (nom *m*) collectif *m* **Sammelbestellung** F commande groupée **Sammelbüchse** F boîte *f* à collecte(s) **Sammelmappe** F chemise *f*
sammeln **A** V/T **1** *Pilze, Holz* ramasser **2** *(anhäufen)* amasser; accumuler; rassembler *(a. Kräfte)* **3** *(e-e Sammlung anlegen)* collectionner **4** *Geld, Spenden* collecter **B** V/I faire une collecte (**für** pour) **C** V/R **sich ~** **1** *(zusammenkommen)* s'assembler; *(sich anhäufen)* s'amasser **2** *fig (sich konzentrieren)* se concentrer
Sammelplatz M lieu *m* de rassemblement; rendez-vous *m*
Sammelsurium *umg pej* N ramassis *m*
Sammler(in) M(F) collectionneur, -euse *m,f*

Sammlerstück N pièce *f* de collection **Sammlerwert** M valeur *f* de collection
Sammlung F **1** *wohltätige* collecte *f*; quête *f* **2** *von Kunstwerken, Briefmarken* collection *f* **3** *(Zusammenstellung)* rassemblement *m*; *(Aufsatzsammlung)* recueil *m* **4** *fig (Konzentration)* recueillement *m*; concentration *f*
Samowar M samovar *m*
Sampler M *etwa* compilation *f* multichanteurs
Samstag M samedi *m*; →Montag
samstags ADV le samedi; tous les samedis
samt **A** ADV **~ und sonders** tous sans exception **B** PRÄP avec; accompagné de
Samt M velours *m*
samten ADJ **1** *(aus Samt)* de velours **2** *(wie Samt)* velouté
Samthandschuh M *fig* **j-n mit ~en anfassen** prendre des gants avec qn
sämtlich INDEF PR tout; **~e** *pl* tous ensemble; **~e Werke** *npl* **von X** les œuvres complètes de X
samtweich ADJ velouté
Sanatorium N maison *f* de repos, de santé
Sand M sable *m*; *fig* **j-m ~ in die Augen streuen** jeter de la poudre aux yeux de qn; *fig* **im ~e verlaufen** finir en queue de poisson; *umg fig* **etw in den ~ setzen** rater, *umg* louper qc; *umg* **... gibt es wie ~ am Meer** ce ne sont pas les ... qui manquent
Sandale F sandale *f*
Sandalette F sandalette *f*
Sandbank F banc *m* de sable; *in e-m Fluss* ensablement *m* **Sandburg** F château *m* de sable **Sanddorn** M BOT hippophaé *m*; argousier *m*
Sandelholz N (bois *m* de) santal *m*
Sandförmchen N *für Kinder* moule *m* à sable **Sandhaufen** M tas *m* de sable
sandig ADJ sableux; sablonneux
Sandkasten M bac *m* à sable **Sandkorn** N grain *m* de sable **Sandkuchen** M *etwa* biscuit *m* de Savoie **Sandmann** M, **Sandmännchen** N marchand *m* de sable **Sandpapier** N papier *m* de verre; papier émeri **Sandsack** M sac *m* de sable **Sandstein** M grès *m* **Sandstrand** M plage *f* de sable **Sandsturm** M tempête *f* de sable
sandte → senden
Sanduhr F sablier *m*
Sandwich M *od* N sandwich *m*
Sandwüste F désert *m* de sable
sanft ADJ **1** doux *(a. fig)*; **~e Geburt** accouchement *m* sans violence **2** *(leicht)* léger **3** *Person* tendre; *(ruhig)* tranquille
Sänfte F chaise *f* à porteurs; litière *f*
Sanftheit F douceur *f*

S

sang → singen
Sänger(in) M(F) chanteur, -euse *m,f*
sanglos ADV *umg* **sang- und klanglos** sans tambour ni trompette
sanieren V/T *Stadtviertel, Wirtschaft, Unternehmen* assainir; *Altbau* réhabiliter; *Finanzen* redresser **Sanierung** F assainissement *m*; réhabilitation *f*; redressement *m*
sanierungsbedürftig ADJ *Gebäude* qui a besoin d'être réhabilité; *Firma* en difficultés (financières) **Sanierungsmaßnahmen** FPL mesures *fpl* d'assainissement, HANDEL *a.* de redressement **Sanierungsplan** M plan *m*, projet *m* d'assainissement, HANDEL *a.* de redressement
sanitär ADJ sanitaire
Sanitäter M secouriste *m*; MIL infirmier *m*
Sanitätsdienst M service *m* de santé **Sanitätswagen** M ambulance *f*
sank → sinken
Sankt ADJ saint
Sanktion F sanction *f*
sanktionieren V/T sanctionner **Sanktionierung** F sanction *f*
San Marino N (république *f* de) Saint-Marin
sann → sinnen
Sansibar N Zanzibar
Sanskrit N sanscrit *od* sanskrit *m*
Saphir M saphir *m*
Sardelle F anchois *m*
Sardellenpaste F pâte *f* d'anchois
Sardine F sardine *f*
Sardinien N la Sardaigne
Sarg M cercueil *m*; bière *f* **Sargnagel** M **1** clou *m* de cercueil **2** *umg hum (Zigarette) umg* clope *f*; *umg* sèche *f* **Sargträger** M porteur *m*
Sari M sari *m*
Sarkasmus M sarcasme *m* **sarkastisch** ADJ sarcastique
Sarkophag M sarcophage *m*
saß → sitzen
Satan M **1** BIBEL Satan *m* **2** *umg pej fig* diable *m*
satanisch ADJ de Satan; satanique
Satellit M satellite *m*
Satellitenbild N photo *f* (retransmise par) satellite **Satellitenfernsehen** N télévision *f* par satellite **Satellitenfoto** N photo *f* satellite **Satellitenschüssel** *umg* F antenne *f* parabolique **Satellitenstaat** M État *m* satellite **Satellitenstadt** F ville *f* satellite **Satellitentelefon** N téléphone *m* satellite **Satellitenübertragung** F diffusion *f*, retransmission *f* par satellite
Satin M satin *m*
Satire F satire *f* **Satiriker(in)** M(F) auteur *m* satirique **satirisch** ADJ satirique

satt **A** ADJ **1** rassasié; *fig* **ich bin es ~ zu** (+ *inf*) j'en ai assez de (+ *inf*); **danke, ich bin ~** non merci, je n'ai plus faim **2** *fig Farben* intense; soutenu; *Klang* plein **B** ADV **1** **sich ~ essen** se rassasier; manger à sa faim; **~ machen** rassasier; *fig* → sattbekommen, satthaben **2** *umg* **Kaviar, Sonne ~** *umg* du caviar à gogo, du soleil à volonté
sattbekommen VT *umg fig* **etw, j-n ~** en avoir assez de qc, qn
Sattel M selle *f*; *fig* **fest im ~ sitzen** être bien en selle
sattelfest ADJ **~ sein** être imbattable, *umg* incollable, *umg* calé (**in** [+ *dat*] en)
satteln VT seller
Sattelschlepper M semi-remorque *m* **Satteltasche** F sacoche *f*
sattessen VR → satt B 1
satthaben VT *umg fig* **etw, j-n ~** en avoir assez de qc, qn
sättigen **A** **1** *geh* rassasier (**mit** de) (*a. fig*) **2** CHEM, PHYS saturer (**mit** de) **B** VI *Nahrungsmittel* être nourrissant, substantiel
sättigend ADJT nourrissant; substantiel **Sättigung** F *fig* saturation *f* (**mit** de)
Sattler M sellier *m*
sattmachen VT rassasier
sattsam *geh* ADV amplement; à satiété
Saturn M ASTRON (**der**) **~** Saturne
Satz M **1** GRAM phrase *f*; proposition *f* **2** *Teil e-s Musikstücks* mouvement *m* **3** TYPO composition *f* **4** (*zusammengehörige Gegenstände*) jeu *m*; série *f* **5** SPORT set *m* **6** (*Sprung*) saut *m*; bond *m* **7** (*Bodensatz*) dépôt *m*; lie *f*; (*Kaffeesatz*) marc *m* **8** (*Tarif*) taux *m*
Satzaussage F GRAM verbe *m* (d'une proposition) **Satzball** M balle *f* de set **Satzbau** M GRAM construction *f* (de la phrase) **Satzergänzung** F GRAM complément *m* **Satzgefüge** N GRAM phrase *f* complexe **Satzgegenstand** M GRAM sujet *m* **Satzglied** N GRAM membre *m* de phrase **Satzlehre** F GRAM syntaxe *f* **Satzmelodie** F mélodie *f*, intonation *f* de la phrase **Satzspiegel** M TYPO *e-r Seite* format *m* utile d'une page **Satzteil** M → Satzglied
Satzung F statuts *mpl*
Satzzeichen N signe *m* de ponctuation
Sau F **1** ZOOL truie *f*; *bes südd* (*Schwein*) cochon *m*; *sl* **das ist unter aller ~** c'est au-dessous de tout; *sl* **j-n zur ~ machen** *umg* engueuler qn comme du poisson pourri; *umg* **die ~ rauslassen** *umg* s'éclater **2** *sl fig* (*schmutziger Mensch*) *umg* cochon, -onne *m,f*; (*gemeiner Mensch*) *umg* salaud *m*; *umg* salope *f*
sauber **A** ADJ **1** propre (*a. Wäsche*); net; *Umwelt* non pollué **2** *fig* (*anständig*) honnête **3** *Schrift, Arbeit* soigné; *iron* **~e Arbeit** du beau travail; *umg* du propre **B** ADV **~ machen** nettoyer
Sauberkeit F propreté *f* (*a. fig*); netteté *f*
säuberlich ADV (**fein**) **~** soigneusement; avec soin
saubermachen VT nettoyer
Saubermann M *meist iron* (*Moralapostel*) frère prêcheur; moraliste *m*
säubern VT **1** nettoyer **2** *fig* épurer; purger **Säuberung** F nettoyage *m*; *fig* épuration *f*; purge *f*
Säuberungsaktion F POL épuration *f*; purge *f*; MIL, *der Polizei* (opération *f* de) nettoyage *m*
saublöd(e) *sl* ADJ *sl* très con
Saubohne F fève *f*
Saudi M, **Saudi-Araber(in)** M(F) Saoudien, -ienne *m,f* **Saudi-Arabien** N l'Arabie *f* Saoudite **saudi-arabisch** ADJ saoudien
saudumm *sl* ADJ *sl* très con
sauer **A** ADJ **1** acide (*a. Frucht*, CHEM); *unangenehm* aigre; *Milch* tourné; **saurer Regen** pluies *fpl* acides **2** *umg* (*verärgert*) fâché (**auf j-n** contre qn) **B** ADV **1** GASTR **~ einlegen** mariner dans du vinaigre **2** *umg* **~ reagieren** *umg* se mettre en rogne (**auf** [+ *akk*] à cause de)
Sauerampfer M oseille *f* **Sauerbraten** M rôti *m* de bœuf mariné
Sauerei *sl pej* F *sl* saloperie *f*; *umg* cochonnerie *f*
Sauerkirsche F griotte *f* **Sauerkraut** N choucroute *f*
säuerlich ADJ **1** acidulé; *Wein* aigrelet; *Obst* acide; aigrelet **2** (*missmutig*) renfrogné
Sauermilch F lait caillé
Sauerrahm M *etwa* crème *f* aigre
Sauerstoff M oxygène *m* **Sauerstoffflasche** F bouteille *f* d'oxygène **Sauerstoffgerät** N inhalateur *m* d'oxygène **Sauerstoffmangel** M manque *m* d'oxygène **Sauerstoffmaske** F masque *m* à oxygène **Sauerstoffzelt** N tente *f* à oxygène **Sauerstoffzufuhr** F oxygénation *f*; alimentation *f* en oxygène
Sauerteig M levain *m*
Saufbruder *sl pej* M *umg* poivrot *m*; *umg* soûlard *m*
saufen VT u. VI **1** *Tier* boire **2** *sl Mensch umg* picoler; **~ wie ein Loch** *sl* boire comme un trou
Säufer *sl pej* M *sl* soûlard *m*; *umg* poivrot *m*; *umg* soiffard *m*
Sauferei *sl* F beuverie *f*; *umg* soûlerie *f*
Säuferin *sl pej* F *sl* soûlarde *f*
Saufgelage *sl* N beuverie *f*; *umg* soûlerie *f* **Saufkumpan** M compagnon *m* de beuverie
säuft → saufen
saugen **A** VT u. VI **1** **an etw** (*dat*) **~** sucer qc;

S

den Saft aus e-r Orange ~ sucer une orange **2** *Säuglinge, Tierjunge* téter **3** → staubsaugen **4** TECH aspirer **B** VR **sich voll Wasser ~** s'imbiber, s'imprégner d'eau

säugen VT allaiter

Sauger M **1** *(Schnuller)* sucette *f*; *an der Milchflasche* tétine *f* **2** *umg (Staubsauger)* aspirateur *m*

Säugetier N mammifère *m*

saugfähig ADJ absorbant **Saugfähigkeit** F capacité *f* d'absorption; pouvoir absorbant

Saugglocke F MED ventouse obstétricale

Säugling M nourrisson *m*; poupon *m*

Säuglingsnahrung F nourriture *f*, aliments *mpl* pour bébés **Säuglingsschwester** F puéricultrice *f* **Säuglingsstation** F service *m* des nouveaux-nés **Säuglingssterblichkeit** F mortalité *f* infantile

Saugnapf M ventouse *f* (*a.* ZOOL) **Saugrüssel** M suçoir *m*; trompe *f*

saugut *umg* ADJ *umg* super (! unveränderlich)

Sauhaufen *sl* M *sl* bande *f* de cons

saukalt *umg* ADJ glacial; polaire; **es ist ~** il fait un froid de canard, de chien

Sauklaue *sl* F *umg* écriture *f* de cochon

Säule F **1** BAU colonne *f* **2** *fig* pilier *m*

Säulenordnung F BAU ordre architectural; **dorische, ionische, korinthische ~** ordre dorique, ionique, corinthien

Saum M **1** MODE ourlet *m* **2** *geh (Waldsaum)* lisière *f*; orée *f*

saumäßig *sl* **A** ADJ **1** *pej umg* cochonné **2** *(sehr groß)* **ein ~es Glück haben** *umg* avoir une veine de pendu, de cocu **B** ADV **1** *pej umg* comme un cochon **2** *(sehr) umg* drôlement; *umg* vachement

säumen VT MODE ourler; border (*a. geh fig*)

säumig *geh* ADJ retardataire; *Zahler* mauvais

Sauna F sauna *m* (! maskulin); **in die ~ gehen** aller au sauna

Säure F **1** *Geschmack* acidité *f*; *unangenehme* aigreur *f* **2** CHEM acide *m*

säurebeständig ADJ résistant aux acides **Säuregehalt** M teneur *f* en acide; acidité *f*

Saure-Gurken-Zeit *umg* F morte-saison *f*

Säuremantel M film *m* acide (de l'épiderme)

Saurier M saurien *m* fossile

Saus M **in ~ und Braus leben** mener la grande vie

säuseln **A** VT *fig* susurrer **B** VI *Blätter* bruire; frémir; *Wind* murmurer; chuchoter

sausen VI **1** *Geschoss* siffler **2** *Mensch* filer; foncer; *Auto, Zug* passer en trombe; foncer

Sauseschritt M *umg hum* **im ~** au pas de charge; en coup de vent

Saustall M porcherie *f* (*a. umg pej fig*)

sauteuer *sl* ADJ *umg* vachement cher; **~ sein** *a. umg* coûter la peau des fesses

Sauwetter *sl* N temps *m* de chien

sauwohl ADV *sl* **sich ~ fühlen** *umg* se sentir vachement bien (dans sa peau)

Savanne F savane *f*

Saxofon → Saxophon

Saxophon N saxophone *m*

SB-... IN ZSSGN ABK (Selbstbedienung) libre-service; self-service

S-Bahn F RER *m* **S-Bahn-Station** F station *f* de RER

SBB ABK (Schweizerische Bundesbahnen) C.F.F. *mpl* (Chemins de fer fédéraux)

SB-Laden M, **SB-Markt** M self-service *m*; libre-service *m* **SB-Restaurant** N (restaurant *m*) self-service *m*; *umg* self *m* **SB-Tankstelle** F station *f* self-service, libre-service

SC ABK (Sportclub) club sportif

Scampi PL langoustines *fpl*; GASTR *a.* scampi *mpl*

scannen VI *u.* VT scanner

Scanner M scanner *m*

Schabe F blatte *f*; cafard *m*

schaben VT racler; gratter

Schaber M grattoir *m*; racloir *m*

Schabernack M tour *m*; niche *f*; farce *f*; **j-m e-n ~ spielen** jouer un bon tour à qn

schäbig ADJ **1** *(abgenutzt)* usé; râpé; élimé; *(ärmlich)* minable; miteux **2** *(gemein, kleinlich)* mesquin; sordide

Schablone F **1** modèle *m*; *(Malschablone)* pochoir *m* **2** *fig* cliché *m*; stéréotype *m*

schablonenhaft **A** ADJ stéréotypé **B** ADV de façon stéréotypée; sur le même schéma

Schach M échecs *mpl*; **~!** échec au roi!; **~ spielen** jouer aux échecs; **~ bieten** faire échec; *umg fig* **in ~ halten** tenir en échec

Schachbrett N échiquier *m* **Schachbrettmuster** N (décoration *f* en) damier *m* **Schachcomputer** M jeu *m* d'échecs électronique

schachern VI *pej* marchander (**um etw** qc)

Schachfeld N case *f* d'échiquier **Schachfigur** F pièce *f* (d'un jeu d'échecs)

schachmatt ADJ échec et mat

Schachpartie F partie *f* d'échecs **Schachspiel** N **1** (jeu *m* d')échecs *mpl* **2** *(Schachpartie)* partie *f* d'échecs

Schacht M **1** BERGBAU puits *m* **2** *(Aufzugsschacht)* cage *f*; *(Luftschacht)* canal *m* d'aération

Schachtel F **1** boîte *f*; carton *m*; **e-e ~ Zigaretten** un paquet de cigarettes **2** *umg pej* **alte ~** *umg* vieille toupie

Schachturnier N tournoi *m* d'échecs

Schachzug M coup *m*; *fig* **ein geschickter ~**

S

une manœuvre, un coup habile
schade ADJ **(das ist [sehr]) ~!** c'est (bien) dommage!; **wie ~ (, dass …)!** quel dommage (que … + *subj*); **~ drum!** tant pis!; **es ist ~ um ihn** dommage pour lui; *Dinge* **zu ~ für etw sein** être trop beau pour qc
Schädel M **1** ANAT crâne *m* **2** *umg* (*Kopf*) cigare *m* **Schädelbasisbruch** M MED fracture *f* de la base du crâne **Schädelbruch** M fracture *f* du crâne **Schädeldecke** F ANAT voûte crânienne
schaden V/I **j-m, e-r Sache ~** nuire à qn, qc; *umg* **das schadet (gar) nichts** ça ne fait rien (du tout)
Schaden M **1** *an Sachen* dommage *m*; *durch Unwetter, Feuer* dégâts *mpl*; VERSICHERUNG sinistre *m* **2** *für Personen, fig* (*Nachteil*) préjudice *m*; **zu ~ kommen** se faire du mal; se blesser
Schadenersatz M dommages-intérêts *mpl*; réparation *f*; **(j-m für etw) ~ leisten** indemniser (qn de qc)
Schadenersatzanspruch M droit *m* à dédommagement, aux *od* à des dommages-intérêts **Schadenersatzforderung** F demande *f* d'indemnisation, de dommages-intérêts
Schadenfreiheitsrabatt M VERSICHERUNGSWESEN bonus *m* **Schadenfreude** F joie maligne; malin plaisir **schadenfroh** ADJ qui se réjouit du malheur des autres
Schadensbegrenzung F limitation *f* des dommages **Schadensfall** M sinistre *m*
schadhaft ADJ défectueux
schädigen V/T nuire à; faire du tort à
Schädigung F (*Schädigen*) atteinte *f* (+ *gen* à); (*Schaden*) dommage *m*; MED lésion *f*
schädlich ADJ nuisible; *für die Gesundheit* malsain; nocif **Schädlichkeit** F nocivité *f*
Schädling M plante *f*, insecte *m* nuisible; parasite *m*
Schädlingsbekämpfung F lutte *f* antiparasitaire **Schädlingsbekämpfungsmittel** N pesticide *m*
Schadstoff M polluant *m*; (*Giftstoff*) (substance *f*) toxique *m* **schadstoffarm** ADJ peu polluant **Schadstoffausstoß** M émissions polluantes **Schadstoffbelastung** F taux *m*, degré *m* de pollution **schadstofffrei** ADJ non polluant
Schaf N **1** mouton *m*; (*Mutterschaf*), *fig*, BIBEL brebis *f*; **~e** *koll* ovins *mpl*; *fig* **das schwarze ~ sein** être la brebis galeuse **2** *umg fig* (*Dummkopf*) *umg* andouille *f*
Schafbock M bélier *m*
Schäfchen N **1** (*kleines Schaf*) petit mouton; *umg* **sein(e) ~ ins Trockene bringen** *umg* faire son beurre **2** *umg* (*Schutzbefohlene*) ouailles *fpl*
Schäfchenwolke F mouton *m*
Schäfer M berger *m*
Schäferhund M **(Deutscher) ~** berger (allemand)
Schäferin F bergère *f*
Schäferstündchen N rendez-vous amoureux, galant
Schaffell N peau *f* de mouton
schaffen **A** V/T **1** *Werk, Arbeitsplatz, Bedürfnis*, REL créer; *Werk a.* produire; **Ordnung ~** mettre de l'ordre (**in** [*dat*] dans) **2** **es ~, etw zu tun** réussir, arriver à faire qc; **er hat es geschafft** (*beendet*) il a terminé; (*erreicht*) il y est arrivé **3** **damit habe ich nichts zu ~** je n'ai rien à voir avec cela **4** *umg* (*erschöpfen*) *umg* crever; *umg* claquer **B** V/I **1** **j-m zu ~ machen** donner bien du mal à qn; **sich** (*dat*) **(unbefugt) an etw** (*dat*) **zu ~ machen** toucher à qc **2** *südd* (*arbeiten*) *umg* bosser
Schaffen N création *f*; **das geistige ~** le travail intellectuel; *hum* **frohes ~!** bon courage!
Schaffensdrang M désir ardent de créer *od* de faire qc; élan créateur **Schaffenskraft** F puissance, énergie créatrice
Schaffner(in) M(F) (*Bahnschaffner[in]*) contrôleur, -euse *m,f*; (*Straßenbahnschaffner[in]*) receveur, -euse *m,f*
Schaffung F création *f*
Schafgarbe F BOT millefeuille *f* **Schafherde** F troupeau *m* de moutons **Schafhirt** M berger *m* **Schafkälte** F *période de mauvais temps, souvent à la mi-juin*
Schafott N échafaud *m*
Schafpelz M peau *f* de mouton
Schafskäse M fromage *m* de brebis
Schafstall M bergerie *f*
Schaft M *e-r Lanze, Fahne* °hampe *f*; (*Stiefelschaft*) tige *f*; (*Gewehrschaft*) fût *m* **Schaftstiefel** M botte *f* à tige °haute
Schafwolle F laine *f* de mouton **Schafzucht** F élevage *m* de moutons **Schafzüchter** M éleveur *m* de moutons
Schah M schah *od* chah *m*
Schakal M chacal *m*
schäkern V/I **1** (*scherzen*) taquiner (**mit j-m** qn) **2** (*flirten*) *hum* batifoler; flirter
schal ADJ fade (*a. fig*); insipide; (*abgestanden*) éventé
Schal M écharpe *f*; (*Seidenschal*) foulard *m*
Schälchen N (*Schüsselchen*) (petite) coupe; petit bol
Schale F **1** *von Früchten, Gemüse* peau *f*; *von Orangen, Zitronen* écorce *f*; *abgeschält* épluchure *f*; pelure *f*; *von Nüssen* coque *f*; coquille *f*; (*Eierschale*) coquille *f* **2** *der Krebse* carapace *f*; *der Muscheln* co-

Schale — la peau

Schale — le bol

quille *f* **3** (*Gefäß*) coupe *f*; bol *m*; (*Waagschale*) plateau *m* **4** *umg* **sich in ~ werfen** se mettre sur son trente et un

schälen **A** VT *Obst, Kartoffeln* peler; éplucher; *Hülsenfrüchte, Eier* écaler **B** VR **sich ~** *Haut* peler

Schalensitz M *im Auto* baquet *m*

Schalk M espiègle *m*

Schall M son *m* **schalldämmend** ADJT insonorisant **Schalldämpfer** M silencieux *m* **schalldicht** ADJ insonore; insonorisé

schallen VI retentir **schallend** ADJT *Ohrfeige* retentissant; *Stimme, Lachen* éclatant

Schallgeschwindigkeit F vitesse *f* du son

Schallmauer F mur *m* du son; **die ~ durchbrechen** franchir le mur du son

Schallplatte F disque *m* **Schallschutz** M isolation *f* acoustique, phonique; insonorisation *f* **Schallwelle** F onde *f* sonore

Schalotte F échalote *f*

schalt → schelten

schalten **A** VT ELEK mettre en circuit; monter **B** VI **1** **auf „aus" ~** mettre sur «arrêt» **2** AUTO changer de vitesse; **in den ersten Gang ~** passer en première **3** *geh* **frei ~ und walten (können)** disposer librement **4** *umg fig* (*begreifen*) *umg* piger

Schalter M **1** ELEK commutateur *m*; interrupteur *m* **2** (*Postschalter, Fahrkartenschalter*) guichet *m* **Schalterbeamte(r)** M guichetier *m* **Schalterhalle** F, **Schalterraum** M °hall *m* des guichets **Schalterschluss** M fermeture *f* du (*od* des) guichet(s) **Schalterstunden** FPL ouverture *f* du (*od* des) guichet(s)

Schaltgetriebe N boîte *f* de vitesses mécanique **Schaltjahr** N année *f* bissextile **Schaltkasten** M ELEK boîte *f*, coffret *m* de distribution, de couplage **Schaltknüppel** M levier *m* de changement de vitesse **Schaltkreis** M ELEK circuit *m* **Schaltplan** M ELEK schéma *m* de montage, de circuit **Schaltpult** N pupitre *m* de commande **Schalttafel** F tableau *m* de commande **Schalttag** M jour *m* intercalaire **Schaltuhr** F minuteur *m*

Schaltung F **1** ELEK montage *m*; **integrierte ~** circuit intégré **2** (*Gangschaltung*) changement *m* de vitesse

Scham F **1** *Gefühl* °honte *f*; pudeur *f* **2** ANAT région pubienne

Schamane M chaman *m*

Schambehaarung F poils *mpl* du pubis

schämen VR **sich (für** *od* **wegen etw) ~** avoir °honte, être °honteux (de qc); **schäm dich!** tu n'as pas °honte!

Schamgefühl N °honte *f*; pudeur *f* **Schamhaar(e)** N(PL) poils *mpl* du pubis **schamhaft** ADJ pudique **Schamlippen** FPL ANAT lèvres *fpl* (de la vulve) **schamlos** ADJ **1** sans pudeur **2** (*unverschämt*) impudent; éhonté **Schamlosigkeit** F **1** impudeur *f* **2** (*Unverschämtheit*) impudence *f*

schamponieren VT shampouiner

Schampus *umg* M champagne *m*

schamrot ADJ rouge de honte; **~ werden** rougir de honte

Schamröte F rouge *m* (de la honte); **j-m die ~ ins Gesicht treiben** faire rougir qn de honte

Schande F °honte *f*; *geh* ignominie *f*; **j-m (keine) ~ machen** (ne pas) faire °honte à qn; **es ist e-e (wahre) ~** c'est une (véritable) °honte

schänden VT *Ruf* déshonorer; *Grab, sexuell* violer; (*entweihen*) profaner

Schandfleck M souillure *f*; tare *f*

schändlich ADJ (*verwerflich*) °honteux; déshonorant; *Verbrechen* odieux; (*empörend*) scandaleux

Schändung F violation *f*; profanation *f*; *sexuelle* viol *m*

Schanghai N Chang-hai *od* Shanghai

Schanze F (*Sprungschanze*) tremplin *m*

Schanzenrekord M SKISPORT record *m* de saut au tremplin

Schar F bande *f*; foule *f*; *von Vögeln* volée *f*; **in ~en** (*dat*) en masse; en foule

Scharade F charade *f*

scharen **A** VT **um sich ~** rassembler autour de soi; rallier **B** VR **sich um j-n ~** se rallier autour de qn

scharenweise ADV en foule; en masse

scharf **A** ADJ **1** (*schneidend*) tranchant; coupant; *Zähne, Nägel, Krallen* acéré; *Kante* vif; *Kurve* serré **2**

S

Gegensätze (bien) tranché; *Umrisse, Foto* net **3** *Brille, Fernglas* fort **4** *Speisen* épicé; *Senf* fort **5** *Kontrolle* sévère; rigoureux; *Protest* vif; *Kritik* caustique; *Worte* cinglant **6** *Gehör* fin; *Verstand* pénétrant; subtil; *Auge* perçant; *Blick* pénétrant **7** *Wind* cinglant **8** *Munition* pour tir réel; *Sprengkörper* amorcé **9** **das ~e S** le «ß» (en allemand) **10** *umg (geil)* *umg* allumé; **auf etw** *(akk)* **~ sein** avoir très envie de qc; **auf j-n ~ sein** *umg* avoir envie de qn **11** *Hund* méchant **B** ADV **1** *(genau)* **~ (ein)stellen** mettre au point; **~ bewachen** surveiller de près; **~ nachdenken** se concentrer **2** *(stark)* **~ bremsen** freiner brutalement; **~ würzen** épicer fortement

Scharfblick M clairvoyance *f*; *plus fort* perspicacité *f*

Schärfe F **1** *e-s Messers* acuité *f* **2** *von Speisen* goût relevé, épicé **3** *(Deutlichkeit)* netteté *f*; précision *f* **4** FOTO netteté *f* **5** *des Verstandes* pénétration *f*; *des Gehörs, der Augen* acuité (auditive, visuelle) **6** *(Strenge)* sévérité *f*; rigueur *f*; *e-r Diskussion* âpreté *f* **7** *(Bissigkeit)* causticité *f*; acrimonie *f*

schärfen V/T aiguiser *(a. fig)*; affûter; affiler

scharfkantig ADJ à arête(s) vive(s); à angle(s) vif(s) **Scharfmacher** *umg* M agitateur *m*; provocateur *m* **Scharfrichter** M bourreau *m* **Scharfschütze** M tireur *m* d'élite **scharfsichtig** ADJ clairvoyant; *plus fort* perspicace **Scharfsinn** M finesse *f* d'esprit; subtilité *f*; sagacité *f* **scharfsinnig** ADJ fin; subtil

scharfstellen V/T mettre au point

scharfzüngig ADJ caustique

Scharia F REL charia *f*

Scharlach M MED scarlatine *f*

Scharlatan M charlatan *m*

Scharnier N charnière *f*

Schärpe F écharpe *f*

scharren **A** V/T creuser en grattant **B** V/I gratter (**in der Erde** le sol)

Scharte F brèche *f*; *fig* **e-e ~ auswetzen** réparer une faute

Schaschlik M *od* N GASTR brochette *f*

schassen *umg* V/T *umg* virer

Schatten M ombre *f (a. fig)*; **im ~** à l'ombre; **e-n ~ werfen** faire de l'ombre; *fig* **j-n, etw in den ~ stellen** éclipser qn, qc; *fig* **niemand kann über s-n ~ springen** personne ne peut sortir de sa peau

Schattenboxen N shadow-boxing *m*

Schattendasein N **ein ~ führen** vivre dans l'ombre

Schattenkabinett N cabinet *m* fantôme **Schattenmorelle** F griotte *f* **Schattenseite** F côté *m* de l'ombre; *fig* envers *m*; revers *m* de la médaille **Schattenspiel** N ombres chinoises

schattieren V/T MAL ombrer; nuancer; dégrader

Schattierung F **1** MAL répartition *f* des ombres; dégradé *m* **2** *fig* nuance *f*; ton *m*; POL tendance *f*

schattig ADJ ombragé

Schatulle F coffret *m*

Schatz M **1** trésor *m (a. fig)* **2** *umg Kosewort* (mon) trésor **3** *(hilfsbereiter Mensch)* ange *m*

schätzen V/T **1** *(abschätzen)* estimer; apprécier; évaluer **2** *(achten)* estimer; apprécier; *umg (annehmen)* penser

Schatzgräber M chercheur *m* de trésors **Schatzinsel** F île *f* au trésor **Schatzkammer** F trésor *m* **Schatzmeister** M trésorier *m* **Schatzsuche** F chasse *f* au(x) trésor(s)

Schätzung F estimation *f*; appréciation *f*; évaluation *f* **schätzungsweise** ADV approximativement; à peu près

Schau F **1** *(Ausstellung)* exposition *f*; *fig* **etw zur ~ stellen** faire étalage de qc **2** *(Vorführung)* (grand) spectacle; revue *f*; **j-m die ~ stehlen** voler la vedette à qn

Schaubild N graphique *m*

Schauder *geh* M frisson *m*; *fig (Entsetzen)* horreur *f* **schauderhaft** *umg* ADJ horrible; affreux

schaudern V/I frissonner (**vor** *[+ dat]* de); *(beben)* frémir; **mir** *od* **mich schaudert** *od* **es schaudert mich** je frémis, frissonne

schauen V/I **1** regarder; **schau, schau!** tiens, tiens! **2** *fig* **nach j-m, etw ~** s'occuper de qn, qc; **auf etw** *(akk)* **~** veiller à qc

Schauer M **1** *(Schauder)* frisson *m* **2** *(Regenschauer)* averse *f*; ondée *f*

schauerartig ADJ **~e Regenfälle** MPL averses *fpl*

Schauergeschichte F histoire *f* à faire frémir

schauerlich ADJ **1** épouvantable; effroyable; terrifiant **2** *umg fig (fürchterlich)* abominable; affreux

Schauermärchen *pej* N **j-m ~ erzählen** raconter des horreurs à qn

schauern → schaudern

Schaufel F pelle *f* **Schaufellader** M TECH pelleteuse *f*

schaufeln V/T pelleter; *Grab* creuser; *Schnee* enlever (à la pelle)

Schaufenster N vitrine *f* **Schaufensterauslage** F étalage *m* **Schaufensterbummel** M lèche-vitrines *m* **Schaufensterdekoration** F décoration *f* d'étalage **Schaufensterpuppe** F mannequin *m* **Schaufensterscheibe** F glace *f* de (la) vitrine

Schaukampf M BOXEN démonstration *f*

Schaukasten M vitrine *f*

Scheibe — la tranche

Scheibe — la vitre

Scheibe — le CD

Schaukel F balançoire *f*

schaukeln A VT *(schwingen)* balancer; *(wiegen)* bercer B VI 1 se balancer 2 *Schiff* rouler

Schaukelpferd N cheval *m* à bascule **Schaukelstuhl** M fauteuil *m* à bascule

Schaulauf M, **Schaulaufen** N EISLAUF gala *m* de patinage artistique, de danse sur glace

Schaulust F curiosité *f* **schaulustig** ADJ curieux **Schaulustige(r)** M badaud *m*

Schaum M écume *f*; *(Bierschaum, Seifenschaum)* mousse *f*; *Eiweiß* **zu ~ schlagen** battre en neige

Schaumbad N bain *m* (de) mousse

schäumen VI écumer *(a. fig)*; *Bier, Sekt, Seife* mousser

Schaumfestiger M mousse coiffante, de coiffage **Schaumgummi** M caoutchouc *m* mousse

schaumig ADJ écumeux; *Getränk, Speise* mousseux

Schaumkrone F **das Meer hat ~n** la mer moutonne

Schaumparty F *in e-r Disko etc* soirée *f* mousse **Schaumreiniger** M mousse *f* de nettoyage **Schaumschläger** M *umg* frimeur *m* **Schaumstoff** M mousse *f* **Schaumwein** M (vin) mousseux *m*

Schauplatz M scène *f*; théâtre *m* **Schauprozess** *pej* M grand procès politique; *geh* simulacre *m* de procès

S

schaurig ADJ 1 *(unheimlich)* à faire frémir; épouvantable; macabre 2 *umg (grässlich)* abominable; affreux

Schauspiel N 1 *(Bühnenstück)* pièce *f* de théâtre; *Gattung* drame *m* 2 *geh fig* spectacle *m* **Schauspieler(in)** M(F) acteur, -trice *m,f*; comédien, -ienne *m,f (a. fig)* **Schauspielerei** F 1 *Beruf* métier *m* d'acteur 2 *umg pej* comédie *f* **schauspielern** VI *fig pej* jouer la comédie **Schauspielführer** M guide *m* de pièces de théâtre **Schauspielhaus** N théâtre *m* **Schauspielschule** F école *f* d'art dramatique **Schauspieltruppe** F troupe *f* de comédiens; troupe théâtrale

Schausteller(in) M(F) forain(e) *m(f)* **Schautafel** F tableau, panneau explicatif **Schauturnen** N démonstration *f* de gymnastique

Scheck M chèque *m* (**über** [+ *akk*] de) **Scheckbetrüger(in)** M(F) émetteur, -trice *m/f* de chèque(s) sans provision *bzw.* falsifié(s) **Scheckbuch** N, **Scheckheft** N chéquier *m*; carnet *m* de chèques

scheckig ADJ tacheté; *Pferd* pie

Scheckkarte F carte *f* bancaire

scheel *umg* ADJ envieux; **j-n ~ ansehen** regarder qn de travers

scheffeln *umg pej* VT **Geld ~** ramasser beaucoup d'argent

Scheibe F 1 *runde* disque *m*; *kleine* rondelle *f*; *(Schießscheibe)* cible *f* 2 *von Brot, Wurst, Obst etc* tranche *f*; *(Obstscheibe, Wurstscheibe) a.* rondelle *f* 3 *(Fensterscheibe)* vitre *f*; carreau *m*; *vom Auto, Schaufenster* glace *f* 4 *umg (CD)* CD *m* (! maskulin, unveränderlich); *(Schallplatte)* disque *m*

Scheibenbremse F frein *m* à disque **Scheibenkleister** *umg* M **~!** *umg* mince!; *umg* miel! **Scheibenwaschanlage** F lave-glace *m* **Scheibenwischer** M essuie-glace *m*

Scheich M cheik(h) *m*

Scheide F 1 *e-s Schwerts* fourreau *m* 2 ANAT vagin *m*

scheiden A VT **e-e Ehe ~** prononcer un divorce; **geschieden werden** être divorcé; **sich (von j-m) ~ lassen** divorcer (de, d'avec qn) B VI *geh* s'en aller; partir; **aus dem Dienst, Amt ~** quitter le service, son poste

Scheideweg M *fig* **am ~ stehen** être à la croisée des chemins

Scheidung F divorce *m*; **die ~ einreichen** demander le divorce

Scheidungsanwalt M, **Scheidungsanwältin** F avocat(e) *m(f)* spécialisé(e) dans les affaires de divorce **Scheidungsgrund** M cause *f bzw.* motif *m* du divorce **Scheidungsklage** F demande *f*, action *f* en divorce **Scheidungsprozess** M instance *f* en divorce **Scheidungsurteil** N jugement *m* de divorce

Schein[1] M 1 *(Bescheinigung)* certificat *m* 2 *(Geldschein)* billet *m* 3 HOCHSCHULE unité *f* de valeur

Schein[2] M 1 *(Lichtschein)* lumière *f*; *(Schimmer)* lueur *f* 2 *(Anschein)* apparence *f*; **den (äußeren) ~ wahren** sauver les apparences; **(nur) zum ~** pour la forme; **der ~ trügt** les apparences sont trompeuses

Scheinasylant(in) *umg pej* M(F) faux demandeur, fausse demandeuse d'asile

scheinbar A ADJ apparent B ADV en apparence

Scheinehe F mariage fictif, blanc

scheinen V/I 1 *Sonne* briller; luire; **die Sonne scheint** *a.* il fait (du) soleil; il y a du soleil; **der Mond scheint** il y a clair de lune 2 *(den Anschein haben)* sembler; avoir l'air de; paraître; **mir scheint, (dass) …** il me semble que … *(+ ind od subj)*; **wie es scheint** à ce qu'il semble, paraît

Scheinfirma F société fictive **Scheingeschäft** N transaction, opération fictive **scheinheilig** ADJ hypocrite **Scheinheiligkeit** F hypocrisie *f* **Scheinschwangerschaft** F grossesse nerveuse

scheinselbstständig ADJ **~ sein** être un(e) faux, fausse indépendant(e)

scheintot ADJ en état de mort apparente

Scheinwerfer M projecteur *m*; AUTO phare *m* **Scheinwerferlicht** N lumière *f* des projecteurs, AUTO des phares

Scheiß *sl* M *sl* connerie(s) *f(pl)*; **erzähl keinen ~!** *umg* tu déconnes!

Scheiß… *sl* IN ZSSGN *sl* de merde; *sl* putain de … **Scheißdreck** *sl* M *sl* merde *f*

Scheiße *sl* F *sl* merde *f*; **~ bauen** *sl* faire des conneries

scheißegal *sl* ADJ **das ist mir ~** *umg* je m'en fous complètement

scheißen *sl* V/I *sl* chier; *fig* **auf etw** *(akk)* **~** *umg* se foutre complètement de qc

scheißfreundlich *sl* ADJ mielleux; *Person* **~ sein** être tout sucre, tout miel

Scheißhaus *sl* N *sl* chiottes *fpl* **Scheißkerl** *sl* M *sl* salaud *m*

Scheit N bûche *f*

Scheitel M 1 *der Frisur* raie *f* 2 **vom ~ bis zur Sohle** de pied en cap

scheiteln V/T **das Haar ~** faire la raie

Scheitelpunkt M sommet *m*; ASTRON zénith *m*

Scheiterhaufen M bûcher *m*

scheitern V/I échouer; *Person* subir un échec

Scheitern N échec *m*; insuccès *m*; **zum ~ verurteilt** voué, condamné à l'échec

Schelle F 1 *(Glöckchen)* grelot *m*; clochette *f* 2 *(Klingel)* sonnette *f* 3 TECH collier *m*

schellen V/I *u.* V/UNPERS sonner; **es schellt** on sonne

Schellenbaum M chapeau chinois

Schellfisch M aiglefin *od* églefin *m*

Schelm M farceur, -euse *m,f*; espiègle *m/f*; **kleiner ~** petit(e) coquin(e)

schelmisch ADJ farceur; espiègle

Schelte *geh* F réprimande *f*; **~ bekommen** être réprimandé

schelten V/T *u.* V/I 1 *geh od südd* **j-n, mit j-m ~** réprimander qn; gronder qn 2 *geh* **j-n e-n Dummkopf ~** traiter qn d'imbécile

Schema N 1 *(Muster)* modèle *m*; *umg pej* **nach ~ F** sur le même moule, modèle 2 *(grafische Darstellung)* schéma *m*

schematisch ADJ schématique

Schemel M tabouret *m*

schemenhaft ADJ vague; fantomatique

Schenke F débit *m* de boissons

Schenkel M 1 *(Oberschenkel)* cuisse *f* 2 *e-s Winkels* côté *m*

schenken V/T 1 **j-m etw ~** offrir qc à qn; faire cadeau de qc à qn; **etw zu Weihnachten geschenkt bekommen** recevoir qc pour Noël; *fig* **mir ist im Leben nichts geschenkt worden** la vie ne m'a pas fait de cadeaux; *billige Ware umg* **das ist ja geschenkt!** c'est donné! 2 *geh* **j-m, e-r Sache Aufmerksamkeit ~** prêter (son) attention à qn, qc

Schenkung F donation *f*

scheppern *umg* V/I cliqueter; faire un bruit de ferraille

Scherbe F morceau *m* (d'un verre, pot cassé); *von Glas, Ton a.* tesson *m*; **~n** *pl a.* débris *mpl (a. fig)*; *sprichw* **~n bringen Glück** *etwa* à quelque chose, malheur est bon

Schere F 1 ciseaux *mpl*; *(Blechschere)* cisailles *fpl*; **e-e ~** une paire de ciseaux 2 *der Krebse* pince *f*

scheren[1] V/T *Schafe, Haare* tondre

scheren[2] V/R 1 **sich (nicht) um etw, j-n ~** (ne pas) s'occuper, se soucier de qc, de qn 2 *umg* **sich ~** *(wegscheren) umg* filer

Scherenschnitt M silhouette *f*

Scherereien *umg* FPL ennuis *mpl*; contrariétés *fpl*; tracasseries *fpl*

Scherz M plaisanterie *f*; farce *f*; blague *f*; **~ beiseite!** trêve de plaisanterie!; **aus, im, zum ~** pour rire; pour plaisanter; **s-n ~, s-e ~e mit j-m treiben** se jouer de qn

Scherzartikel M attrape *f*; *pl* farces et attrapes *fpl*

scherzen V/I plaisanter; badiner; **damit ist nicht zu ~** on ne plaisante pas avec ça

Scherzfrage F devinette *f* **scherzhaft** ADJ plaisant

scheu ADJ timide; *(menschenscheu)* farouche; *Pferd* ombrageux; *Pferd* **~ machen** effaroucher

S

Schere — les ciseaux (mpl)

Schere — la pince

Scheu F 1 (*scheues Wesen*) timidité *f* 2 (*Ehrfurcht*) crainte *f*, appréhension *f* (**vor** [+ *dat*] de)
scheuchen VT chasser; *umg* **j-n aus dem Haus ~** chasser qn de la maison
scheuen A VT reculer devant B VI *Pferd* s'effaroucher C VR **sich ~, etw zu tun** hésiter à faire qc; craindre de faire qc
Scheuerbürste F brosse *f* (à récurer) **Scheuerlappen** M serpillière *f*
scheuern A VT 1 *Töpfe* récurer; *Fußboden* frotter 2 *umg* **j-m eine ~** donner une claque, une gifle à qn B VI frotter; gratter C VR **sich wund ~** s'écorcher
Scheuerpulver N poudre *f* à récurer **Scheuertuch** N serpillière *f*
Scheuklappe F œillère *f* (*a. fig*)
scheumachen VT effaroucher
Scheune F grange *f*
Scheunendrescher M *umg* **er frisst wie ein ~** *umg* il bouffe comme quatre, comme un ogre
Scheusal N monstre *m*
scheußlich ADJ 1 (*hässlich*) °hideux; horrible; affreux 2 (*schrecklich*) horrible; *Verbrechen a.* atroce; *Wetter a.* épouvantable
Schi → Ski
Schicht F 1 couche *f*; *dünne* film *m* 2 GEOL strate *f* 3 (*Gesellschaftsschicht*) couche sociale 4 (*Arbeitszeit*) poste *m*; équipe *f*; **~ arbeiten** faire les trois-°huit; travailler par roulement
Schichtarbeit F travail posté, par roulement **Schichtarbeiter(in)** M(F) travailleur, -euse *m,f* posté(e)
Schichtdienst M → Schichtarbeit; **im ~ arbeiten** travailler par roulement; *in drei Schichten* faire les trois-°huit
schichten VT empiler
Schichtwechsel M relève *f* (des équipes)
schick A ADJ chic (! unveränderlich); élégant B ADV avec chic
Schick M chic *m*
schicken A VT envoyer; (*verschicken*) expédier; **etw an j-n** *od* **j-m etw ~** *a.* adresser qc à qn B VR 1 *a. v/unpers* (*geziemen*) **sich ~ (für)** convenir (à); **das schickt sich nicht** cela ne se fait pas; *geh* c'est inconvenant 2 **sich in etw** (*akk*) **~** se résigner à qc
Schickeria *umg* F *umg* gratin *m*; *umg* crème *f*
Schickimicki *umg pej* M minet *m*
Schicksal N sort *m*; (*höhere Macht*) *a.* destin *m*; *e-s einzelnen* destinée *f*; **j-n s-m ~ überlassen** abandonner qn à son sort; *umg* **(das ist) ~** c'est le destin
schicksalhaft ADJ fatal; fatidique
Schicksalsschlag M revers *m* de fortune
Schiebedach N toit ouvrant
schieben A VT pousser; *in den Mund, in die Tasche* mettre; glisser B VI *umg mit Waren* trafiquer; *umg* fricoter C VR **sich zwischen etw** (*akk*) **(und etw** [*akk*]**) ~** se glisser entre qc (et qc); → vorwärtsschieben
Schieber *umg pej* M trafiquant *m*; *umg* fricoteur *m*
Schiebetür F porte coulissante
Schieblehre F pied *m* à coulisse
Schiebung *umg* F 1 *mit Waren* trafic *m* illicite (**mit** de) 2 (*Mogelei*) *umg* triche *f*; **(das ist) ~!** *umg* c'est de la triche!
schied → scheiden
Schiedsgericht N JUR tribunal arbitral; SPORT comité *m* d'arbitrage **Schiedsmann** M arbitre *m*
Schiedsrichter(in) M(F) arbitre *m* **Schiedsrichterassistent** M arbitre *m* assistant **Schiedsrichterball** M entre-deux *m* **Schiedsrichterbeleidigung** F injure *f* à l'encontre d'un arbitre **Schiedsrichterentscheidung** F décision *f* de l'arbitre
Schiedsspruch M sentence arbitrale **Schiedsstelle** F autorité *f* d'arbitrage **Schiedsurteil** N sentence arbitrale **Schiedsverfahren** N procédure *f* d'arbitrage
schief A ADJ 1 (*schräg*) oblique; (*geneigt*) incliné; penché 2 *fig Bild* faux; *Vergleich, Argumentation* boiteux B ADV 1 de travers; **~ hängen** pencher d'un côté; **~ stehen** pencher; être incliné, penché 2 *umg fig* **j-n ~ ansehen** regarder qn de travers; → schiefgehen, schiefgewickelt, schieflachen, schieflaufen *etc*

Schienen — les rails (mpl)

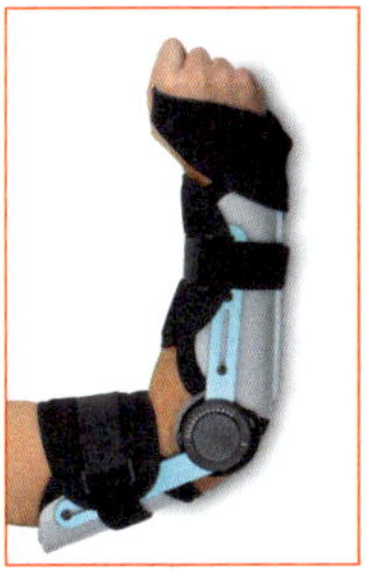
Schiene — l'éclisse (f)

Schiefer M MINER schiste *m; zum Dachdecken* ardoise *f* **Schieferdach** N toit *m* d'ardoise **Schiefergebirge** N montagnes schisteuses **Schiefertafel** F SCHULE ardoise *f*
schiefgehen *umg fig* V/I aller de travers; tourner mal
schiefgewickelt *umg fig* ADJT **~ sein** se mettre, se fourrer le doigt dans l'œil
schieflachen *umg* V/R **sich ~** *umg* se fendre la pêche, la pipe; *umg* s'en payer une tranche **schieflaufen** *umg fig* V/I aller de travers; tourner mal **schiefliegen** *umg fig* V/I être à côté de la plaque
schielen V/I loucher; *umg fig* **nach etw ~** lorgner, guigner qc; loucher sur qc
schien → scheinen
Schienbein N tibia *m* **Schienbeinschützer** M protège-tibia *m*
Schiene F 1 BAHN rail *m* 2 *(Laufschiene)* glissière *f* 3 MED éclisse *f*; attelle *f*
schienen V/T MED éclisser
Schienenbus M automotrice *f*; autorail *m* **Schienenfahrzeug** N véhicule *m* sur rails **Schienennetz** N réseau *m* ferroviaire
schier A ADJ pur B ADV *(fast)* presque; **~ unmöglich** pratiquement impossible
Schießbefehl M ordre *m* de tirer
Schießbudenfigur *umg fig* F **wie e-e ~ aussehen** avoir l'air grotesque, l'air d'un clown
Schießeisen *umg* N *umg (Revolver)* pétard *m*; *(Revolver, Pistole) umg* feu *m*; *(Revolver, Pistole, Gewehr) umg* flingue *m*
schießen A V/T 1 *Kugel, Pfeil* tirer 2 FUSSBALL tirer; **das 1:0 ~** marquer le premier but 3 *umg* **ein paar Fotos ~** faire quelques photos B V/I 1 *mit e-r Schusswaffe* tirer (**auf j-n, etw** sur qn, qc); faire feu; **scharf ~** tirer à balles; *umg* **das ist zum Schießen** *umg* c'est tordant 2 FUSSBALL tirer; shooter 3 *fig (sich schnell bewegen)* se précipiter; **aus etw ~** *Blut, Wasser* jaillir de qc; *Preise* **in die Höhe ~** monter en flèche; **das Blut schoss ihm ins Gesicht** le sang lui monta au visage 4 *Pflanzen, Kinder* pousser rapidement
Schießerei F échange *m* de coups de feu; fusillade *f*
Schießhund M *umg* **aufpassen wie ein ~** être aux aguets
Schießpulver N poudre *f* (à canon) **Schießscharte** F meurtrière *f* **Schießscheibe** F cible *f* **Schießsport** M tir (sportif) **Schießstand** M (stand *m* de) tir *m* **Schießübung** F exercice *m* de tir
Schiff N 1 bateau *m*; *großes* navire *m*; bâtiment *m*; *(Passagierschiff)* paquebot *m*; 2 *(Kirchenschiff)* nef *f*
schiffbar ADJ navigable
Schiffbau M construction navale
Schiffbruch M naufrage *m*; **~ erleiden** faire naufrage *(a. fig)*
schiffbrüchig ADJ naufragé **Schiffbrüchige(r)** M/F(M) naufragé(e) *m(f)*
Schiffchen N 1 *(kleines Schiff)* petit bateau 2 *e-r Nähmaschine* navette *f*
schiffen *sl* A V/I *sl* pisser B V/UNPERS **es schifft** *umg* il flotte
Schiffer M capitaine *m* d'un navire; *(Binnenschiffer)* batelier *m*; marinier *m* **Schifferklavier** N accordéon *m*
Schifffahrt F navigation *f*
Schifffahrtsgesellschaft F compagnie *f* maritime, de navigation **Schifffahrtslinie** F route *f*, ligne *f* maritime **Schifffahrtsweg** M voie *f* navigable; *(Route)* route *f* maritime

Schiff — le paquebot

(Kirchen)Schiff — la nef

Schiffsarzt M médecin *m* de bord **Schiffsbauch** *umg* M cale *f* **Schiffsbesatzung** F équipage *m* (d'un navire)
Schiffschaukel F balançoire *f* (en forme de nacelle)
Schiffsdeck N pont *m* **Schiffsfahrt** F traversée *f*; *Ausflug* tour *m* en bateau **Schiffsjunge** M mousse *m* **Schiffskoch** M cuisinier *m* de bord; coq *m* **Schiffsladung** F cargaison *f* **Schiffsreise** F voyage *m* en bateau; *(Kreuzfahrt)* croisière *f* **Schiffsschraube** F hélice *f* **Schiffstaufe** F baptême *m* d'un *bzw.* du navire **Schiffsverkehr** M *auf Flüssen* trafic fluvial; *auf See* trafic *m* maritime
Schiit M chiite *m* **schiitisch** ADJ chiite
Schikane F 1 *(Quälerei)* tracasserie *f*; brimade *f* 2 *umg fig (Raffinesse)* **mit allen ~n** avec tous les extras
schikanieren V/T faire des tracasseries à; brimer
schikanös ADJ vexatoire
Schild[1] M 1 *(Schutzschild)* bouclier *m*; *fig* **etw im ~e führen** méditer un coup; *umg* mijoter qc 2 *(Wappenschild)* écusson *m*
Schild[2] N *(Tafel, Verkehrsschild)* panneau *m*; *(Hinweisschild)* écriteau *m*; *(Ladenschild)* enseigne *f*; *(Namensschild, Türschild)* plaque *f*; *(Preisschild)* étiquette *f*

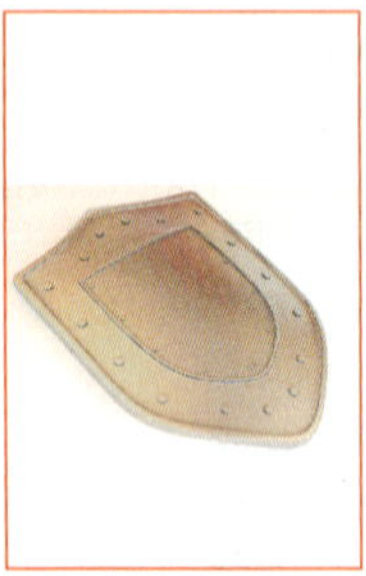
Schild — le bouclier

Schild — le panneau

Schilddrüse F glande *f* thyroïde
Schilddrüsenüberfunktion F hyperthyroïdie *f* **Schilddrüsenunterfunktion** F hypothyroïdie *f*
schildern V/T décrire; (dé)peindre **Schilderung** F description *f*
Schilderwald *umg pej* M forêt *f* de panneaux
Schildkröte F tortue *f* **Schildkrötensuppe** F potage *m* à la tortue **Schildlaus** F cochenille *f* **Schildpatt** N écaille *f*
Schilf N, **Schilfrohr** N roseau *m*
schillern V/I chatoyer; miroiter
schillernd ADJT *Farbe* changeant; *Begriff, Person* ambigu
Schilling M HIST schilling *m*
schilt → schelten
Schimmel[1] M *Belag* moisi *m*; moisissure *f*
Schimmel[2] M ZOOL cheval blanc
schimmelig ADJ moisi
schimmeln V/I moisir
Schimmelpilz M (champignon *m* de) moisissure *f*
Schimmer M *(Schein)* lueur *f*; (faible) lumière *f*; *(Glanz)* reflets *mpl*; *umg fig* **keinen blassen ~ von etw haben** ne pas avoir la moindre idée de qc
schimmern V/I (re)luire; *Gold* briller
schimmlig → schimmelig
Schimpanse M chimpanzé *m*
schimpfen A V/T **j-n e-n Dummkopf ~** traiter qn d'imbécile B V/I pester (**auf** *od* **über etw, j-n** contre qc, qn); **mit j-m ~** gronder qn
Schimpfkanonade *umg* F bordée *f* d'injures, d'insultes **Schimpfname** M nom injurieux **Schimpfwort** N injure *f*
Schindel F bardeau *m* **Schindeldach** N toit *m* de bardeaux
schinden A V/T 1 *(quälen)* éreinter 2 *umg* **Zeit ~** tirer des heures B V/R *umg* **sich ~** s'éreinter; *umg* se crever
Schinderei F travail *m* de chien; corvée *f*
Schinken M 1 GASTR jambon *m*; **roher ~** jambon cru; **gekochter ~** jambon cuit, blanc 2 *umg fig Buch umg* pavé *m*; *Gemälde umg* croûte *f*
Schinkenbrot N tartine (garnie) de jambon **Schinkenröllchen** N *etwa* cornet *m* de jambon **Schinkenspeck** M lard *m* maigre **Schinkenwurst** F *grosse saucisse avec des petits morceaux de jambon*
Schippe F 1 *(Schaufel)* pelle *f* 2 **~n** *n Spielkartenfarbe* pique *m*
schippen V/T pelleter; **Schnee ~** enlever la neige (à la pelle)
Schiri M SPORT *Jargon* arbitre *m*
Schirm M *(Regenschirm)* parapluie *m*; *(Sonnenschirm)* parasol *m*
Schirmherr(in) M(F) protecteur, -trice *m,f* **Schirmherrschaft** F patronage *m*; parrainage *m* **Schirmmütze** F casquette *f* **Schirmständer** M porte-parapluies *m*
schiss → scheißen
Schiss M *sl* **~ haben** *umg* avoir la trouille, la frousse, les jetons
Schiwa M REL Shiva *m*
schizophren ADJ schizophrène **Schizophrenie** F schizophrénie *f*
Schlabberlatz *umg* M, **Schlabberlätzchen** *umg* N bavoir *m* **Schlabberlook** M *Jargon* mode *f* ample

S

schlabbern *umg* **A** VT *Tier* laper **B** VI **1** *beim Essen* baver **2** *Kleider umg* pendouiller
Schlacht F bataille *f*; **die ~ bei, von …** la bataille de …; **sich** *(dat)* **e-e ~ liefern** se livrer bataille
schlachten VT tuer; abattre
Schlachtenbummler M SPORT supporter *m*
Schlachter M *nordd* boucher *m*
Schlächter M *fig* bourreau *m*
Schlachterei F *nordd* boucherie *f*
Schlachtfeld N champ *m* de bataille **Schlachtfest** N jour *m* où l'on tue le porc **Schlachthaus** N, **Schlachthof** M abattoir(s) *m(pl)* **Schlachtplan** M MIL, *fig* plan *m* de bataille **Schlachtplatte** F *plat à base de boudins et de poitrine de porc (souvent garni de choucroute)* **Schlachtschiff** N MIL cuirassé *m* d'escadre
Schlachtung F abattage *m*
Schlachtvieh N animaux *mpl* de boucherie
Schlacke F scories *fpl*; *(Hochofenschlacke)* laitier *m*
schlackern VI *Kleider* flotter; **mit den Armen, Beinen ~** balancer les bras, les jambes
Schlaf M sommeil *m*; **aus dem ~ auffahren, hochfahren** se réveiller en sursaut; **j-n aus dem ~ reißen** tirer qn de son sommeil; **im ~** en dormant; *fig* **etw im ~ können** pouvoir faire qc les yeux fermés
Schlafanzug M pyjama *m* **Schlafanzughose** F pantalon *m* de pyjama
Schläfchen N petit somme; *(Mittagsschläfchen)* sieste *f*
Schlafcouch F canapé-lit *m*
Schläfe F tempe *f*
schlafen VI **1** dormir; **tief und fest ~** dormir profondément, à poings fermés; **mit j-m ~** *umg* coucher avec qn; **~ gehen** (aller) se coucher **2** *umg fig (nicht aufpassen)* dormir
Schlafengehen N coucher *m*; **vor dem ~** avant de se coucher
Schlafenszeit F **es ist ~** il est l'heure de (*od* d'aller) se coucher
Schläfer M **1** dormeur *m* **2** *Terrorist* agent dormant **Schläferin** F dormeuse *f*
schlaff **A** ADJ **1** *Seil* lâche; *Haut* flasque; *(weich)* mou (❗ Femininform: **molle**, Maskulinform vor Vokal oder stummem h: **mol**); **~ werden** se relâcher **2** *fig Person* mou (❗ Femininform: **molle**, Maskulinform vor Vokal oder stummem h: **mol**); sans énergie, vigueur **B** ADV *fig* sans force, vigueur
Schlaffi *umg* M *umg* mou *m*; *umg* mollasson *m*
Schlafgelegenheit F endroit *m* où dormir; lit *m* **Schlafkrankheit** F maladie *f* du sommeil **Schlaflied** N berceuse *f*
schlaflos ADJ éveillé; MED insomniaque; **~e Nacht** nuit blanche; **~e Nächte haben** avoir des insomnies
Schlaflosigkeit F insomnie *f* **Schlafmittel** N somnifère *m* **Schlafmütze** *umg* F **1** *(Langschläfer)* lève-tard *m* **2** *(Tranfunzel)* endormi(e) *m(f)* **schlafmützig** *umg* ADJ endormi; dans la lune
schläfrig ADJ somnolent; **~ sein** avoir sommeil; **~ werden** avoir envie de dormir
Schlafsaal M dortoir *m* **Schlafsack** M sac *m* de couchage **Schlafsofa** N canapé-lit *m* **Schlafstadt** F cité-dortoir *f*; ville-dortoir *f* **Schlafstörungen** FPL troubles *mpl* du sommeil
schläft → schlafen
Schlaftablette F comprimé *m* pour dormir; somnifère *m* **schlaftrunken** *geh* ADJ (encore) tout endormi; ensommeillé **Schlafwagen** M wagon-lit *m* **Schlafwagenabteil** N compartiment *m* de wagon-lit; sleeping *m* **schlafwandeln** VI être somnambule **Schlafwandler(in)** M(F) somnambule *m/f* **Schlafzimmer** N chambre *f* à coucher **Schlafzimmerblick** *umg hum* M regard de vamp, aguichant
Schlag M **1** *(Hieb)* coup *m* (*a.* BOXEN, TENNIS, *fig*); *(Klaps)* tape *f*; **Schläge bekommen** recevoir des coups; *fig* **~ auf ~** coup sur coup; *fig* **ein ~ ins Gesicht** une gifle; *fig* **ein ~ ins Wasser** un coup d'épée dans l'eau; *umg fig* **auf e-n ~** d'un (seul) coup; tout d'un coup **2** *(Schicksalsschlag)* coup *m* **3** *Geräusch* coup *m*; bruit *m*; **~ zehn Uhr** sur le coup de dix heures **4** *(Stromschlag)* décharge *f*; **e-n ~ bekommen** recevoir une décharge (électrique) **5** *umg (Schlaganfall)* attaque *f* (d'apoplexie); **wie vom ~ gerührt** *od* **getroffen sein** *umg* être sidéré **6** *(Herzschlag)* battement *m*; *(Pulsschlag)* pulsation *f* **7** *(Menschenschlag)* espèce *f* **8** *umg (Portion)* portion *f* **9** *österr (Schlagsahne)* crème fouettée
Schlagabtausch M SPORT échange *m* de coups; *fig* joute *f* oratoire **Schlagader** F artère *f* **Schlaganfall** M attaque *f* d'apoplexie **schlagartig** **A** ADJ subit; soudain; *Bewegung* brusque **B** ADV tout à coup; subitement **Schlagbaum** M barrière *f* **Schlagbohrer** M, **Schlagbohrmaschine** F perceuse *f* à percussion
Schlägel M *(Trommelschlägel)* baguette *f*
schlagen **A** VT **1** *einmal* frapper (**j-n ins Gesicht** qn au visage); *mehrmals* battre; frapper; taper sur; *(e-n Klaps geben)* taper; **j-m etw aus der Hand ~** faire tomber qc des mains de qn; **e-n Nagel in die Wand ~** planter, enfon-

S

cer un clou dans le mur; **die Hände vors Gesicht ~** enfoncer sa tête dans ses mains; **zu Boden ~** assommer; terrasser **2** *Holz* couper; abattre **3** *Sahne, Eier* fouetter; battre **4** *Falten, Rad* faire **5** **etw in Papier** *(akk)* **~** envelopper qc dans du papier **6** **ein Bein übers andere ~** croiser les jambes **7** *(besiegen)* battre; SCHACHSPIEL prendre **8** *Uhr* sonner; **es hat (gerade) zwölf Uhr geschlagen** midivient de sonner **B** VI **1** *(hauen)* frapper; **nach j-m ~** porter un coup à qn; **um sich ~** se débattre **2** *Herz, Puls* battre **3** *Uhr, Glocke* sonner **4** *(aufprallen)* **gegen** *od* **an etw** *(akk)* **~** cogner contre qc; °heurter qc; *Regen* fouetter (contre) qc; *Wellen* battre qc **5** *Flammen* **aus etw ~** jaillir de qc; *Blitz* **in etw** *(akk)* **~** tomber sur qc **6** **nach j-m ~** *(ähneln)* ressembler à qn **7** **j-m auf den Magen ~** se porter sur l'estomac de qn **C** V/R **sich mit j-m (um etw) ~** se battre avec qn (pour [avoir] qc); **sich tapfer ~** se battre vaillamment

schlagend ADJT *Beweis* concluant; *Argument* pertinent; massue; percutant

Schlager M **1** MUS chanson *f* à succès; *umg* tube *m* **2** *(Verkaufsschlager)* succès *m* de vente

Schläger M **1** *pej* brute *f*; *(Raufbold)* bagarreur *m* **2** *(Federballschläger, [Tisch]Tennisschläger)* raquette *f*; *([Eis]Hockeyschläger)* crosse *f*; *(Golfschläger)* club *m*

Schlägerei F rixe *f*; bagarre *f*

Schlagermusik F musique *f* de variété

Schlägermütze *umg* F casquette *f* (de voyou, de mauvais garçon)

Schlagersänger(in) M(F) chanteur, -euse *m,f* à succès **Schlagerwettbewerb** M concours *m* de chansons

schlagfertig **A** ADJ prompt à la riposte **B** ADV **~ antworten** riposter; répondre du tac au tac

Schlagfertigkeit F esprit *m* d'à-propos, de repartie **Schlaginstrument** N instrument *m* à percussion **Schlagkraft** F MIL combativité *f*; *fig* efficacité *f* **schlagkräftig** ADJ MIL puissant; *Argument* massue (! unveränderlich) **Schlagloch** N trou *m*; nid-de-poule *m* **Schlagobers** N *österr*, **Schlagrahm** M *südd* → Schlagsahne **Schlagring** M coup-de-poing (américain) **Schlagsahne** F crème fouettée, Chantilly; Chantilly *f*

Schlagseite F SCHIFF gîte *f*; **~ haben** donner de la bande, de la gîte

Schlagstock M matraque *f* **Schlagwort** N **1** *(Parole)* slogan *m*; *(Gemeinplatz)* cliché *m* **2** *e-s Verzeichnisses* mot-clé *m* **Schlagzeile** F manchette *f*; gros titre **Schlagzeug** N batterie *f* **Schlagzeuger** M batteur *m*

schlaksig *umg* ADJ *umg* dégingandé

Schlamassel *umg* M *od* N embarras *m*; *umg* pétrin *m*

Schlamm M *in Gewässern* vase *f*; *(aufgeweichte Erde)* boue *f*

schlammig ADJ *(Schlamm enthaltend)* limoneux; *(morastig)* boueux; bourbeux

Schlammlawine F coulée *f* de boue

Schlampe *umg* F *(ungepflegte Frau)* *umg* cochonne *f*; *(Flittchen)* *umg* traînée *f*

schlampen *umg* VI bâcler **Schlamperei** *umg* F *(Nachlässigkeit)* négligence *f*; bâclage *m*; bousillage *m*; *(Unordentlichkeit)* désordre *m* **schlampig** *umg* ADJ *(ungepflegt)* négligé; débraillé; *Arbeit* bâclé; bousillé

schlang → schlingen

Schlange F **1** ZOOL serpent *m*; *(Giftschlange)* vipère *f* *(a. fig pej)* **2** *von Menschen* queue *f*; *von Autos* file *f*; **~ stehen** faire la queue

Schlange — le serpent

Schlange — la queue

schlängeln V/R **sich ~** *Weg, Fluss* serpenter; *Weg a.* faire des lacets; *Fluss a.* décrire des méandres; *Tier* ramper; *fig* se glisser

Schlangenbeschwörer(in) M(F) charmeur, -euse *m,f* de serpents **Schlangenbiss** M morsure *f* de serpent **Schlangengift** N venin *m* de serpent **Schlangenleder** N (peau *f* de) serpent *m*

Schlangenlinie F ligne serpentine; **in ~n fahren, gehen** zigzaguer

Schlangenmensch M homme *m* serpent; contorsionniste *m*

schlank ADJ *Person, Taille* mince; *Taille a.* fin; *Person, Gestalt* svelte; *Gestalt, Wuchs* élancé; *fig* WIRTSCH dégraissé; *Kleidung* **~ machen** amincir

Schlankheit F minceur *f*; sveltesse *f*
schlankmachen VT *Kleidung* amincir
Schlankmacher *umg* M produit amincissant
schlapp ADJ 1 *(abgespannt)* fatigué; fourbu; → schlappmachen 2 *umg (ohne Energie)* mou (! Femininform: **molle**, Maskulinform vor Vokal oder stummem h: **mol**); avachi; amorphe
Schlappe F échec *m*; revers *m*; défaite *f*
Schlappen *umg* M pantoufle *f*; babouche *f*
Schlapphut M chapeau mou (à large bord)
schlappmachen *umg* VI *umg* flancher
Schlappohr *umg* N oreille pendante **Schlappschwanz** M *umg* dégonflé *m*; *umg* lavette *f*
Schlaraffenland N Pays *m* de cocagne
schlau ADJ 1 *(gewitzt)* astucieux; *(listig)* rusé; malin; futé 2 *umg* **aus etw, j-m nicht ~ werden** ne pas comprendre qc, qn, saisir qc
Schlauberger *umg* M finaud *m*; fine mouche; futé *m*
Schlauch M 1 tuyau *m*; *(Fahrradschlauch, Autoschlauch)* chambre *f* à air 2 *umg* **auf dem ~ stehen** *umg* ne rien piger
Schlauchboot N canot *m* pneumatique
schlauchen *umg* VT *umg* crever
schlauchlos ADJ *Reifen* sans chambre à air **Schlauchwagen** M dévidoir *m* sur chariot, à roues
Schläue F *(Klugheit)* astuce *f*; *(Gerissenheit)* ruse *f*
schlauerweise ADV astucieusement; **sie hat ~ den Zug genommen** elle a (vraiment) bien fait de prendre le train
Schlaufe F *am Gürtel* passant *m*; *am Skistock, Schirm* dragonne *f*
Schlaufuchs *umg* M → Schlauberger **Schlauheit** F → Schläue **Schlaukopf** *umg* M, **Schlaumeier** *umg* M → Schlauberger
Schlawiner *umg* M 1 *(Gauner)* *umg* roublard *m* 2 *(Schlingel)* (petit) coquin; garnement *m*
schlecht A ADJ 1 mauvais; *Arbeit* mal fait; *Luft* pollué; **(das ist) nicht ~!** ce n'est pas mal! 2 *Ware* de mauvaise qualité 3 *Zeiten* dur; *Spaß* de mauvais goût 4 *(ungenießbar)* **~ werden** se gâter 5 *(böse)* méchant 6 **mir ist ~** je me sens mal; j'ai mal au cœur B ADV 1 mal; **~ bezahlt** mal payé; **~ gelaunt** de mauvaise humeur; **~ verstehen** comprendre mal; → schlechtmachen 2 *(schlimm)* **es sieht ~ aus** c'est inquiétant; **es geht ihm ~** *geschäftlich* ses affaires vont mal; **~er werden** se détériorer; empirer; **immer ~er** de mal en pis 3 *(kaum)* **das kann ich ~ sagen** je suis incapable de le dire *od* de l'affirmer; **morgen geht es ~** demain ça ne me convient pas *od* ne m'arrange pas 4 *(krank)* **~ aussehen** avoir mauvaise mine; **es geht ihm ~** il ne va pas bien 5 **mehr ~ als recht** tant bien que mal
schlechtbezahlt ADJT mal payé
schlechtgehen V/UNPERS → schlecht B 2, 4
schlechtgelaunt ADJ de mauvaise humeur
schlechthin ADV 1 + *adj* absolument 2 + *subst* par excellence
Schlechtigkeit F méchanceté *f*; bassesse *f*
schlechtmachen VT **j-n, etw ~** médire de, dire du mal de qn, qc
Schlechtwetterfront F front *m* des intempéries **Schlechtwettergeld** N indemnité *f* de mauvais temps **Schlechtwetterperiode** F période *f* de mauvais temps **Schlechtwetterzone** F zone *f* de mauvais temps
schlecken *südd, österr* A VT *Eis* lécher; sucer; *Milch* laper B VI 1 **an etw** *(dat)* **~** lécher qc 2 *(naschen)* manger des sucreries
Schleckermaul *umg hum* N gourmand(e) *m(f)*
Schlegel M *(Hühnerschlegel)* cuisse *f* (de poulet)
Schlehe F prunelle *f*
schleichen A VI 1 *heimlich* se glisser, se couler (**in** [+ *akk*] dans); *leise* aller, marcher à pas de loup; **heimlich aus etw ~** sortir furtivement de qc 2 *(langsam fahren)* se traîner B VR **sich ~** se glisser; **sich heimlich aus etw ~** sortir furtivement de qc
schleichend ADJT *Gift* lent; *Krankheit* insidieux; *Inflation* rampant **Schleichweg** M petit chemin; *(Abkürzung)* raccourci *m* **Schleichwerbung** F publicité clandestine
Schleie F ZOOL tanche *f*
Schleier M voile *m* (*a. fig*) **Schleiereule** F effraie *f*
schleierhaft *umg* ADJ mystérieux; **das ist mir ~** c'est un mystère pour moi
Schleierkraut N BOT gypsophile *f* **Schleiertanz** M danse *f* du voile **Schleierwolke** F cirrostratus *m*
Schleife F 1 *(Bandschleife, Haarschleife)* nœud *m* 2 *e-s Flusses* boucle *f*; méandre *m*; FLUG boucle *f* 3 IT boucle *f*
schleifen[1] VT 1 *(schärfen)* aiguiser; affûter; affiler 2 *(glätten)* poncer; polir; *Edelsteine* tailler 3 MIL *(drillen)* **j-n ~** dresser qn
schleifen[2] A VT 1 *(nachziehen)* traîner (*a. umg fig*) 2 MIL, *Festung etc* démanteler; raser B VI traîner (**auf dem Boden** par terre); *umg fig* **etw ~ lassen** négliger qc
schleifenlassen VT → schleifen[2] B
Schleiflack M vernis *m* à poncer, à polir **Schleifmaschine** F ponceuse *f* **Schleifmittel** N (produit *m*) abrasif *m* **Schleifpapier** N papier *m* émeri **Schleifspur** F trace

S

Schleife — le nœud

Schleife — la boucle

f (de frottement) **Schleifstein** M pierre *f* à aiguiser; *drehbarer* meule *f*

Schleim M 1 MED mucosité(s) *f(pl)*; glaire *f*; *der Nase a.* morve *f*; **~ aushusten, auswerfen** expectorer 2 GASTR crème *f* (d'avoine)

schleimen VI *fig pej umg* faire de la lèche

Schleimer(in) *umg* M(F) *umg* lèche-bottes *m*

Schleimhaut F muqueuse *f*

schleimig ADJ 1 glaireux; muqueux; *Fisch etc* visqueux 2 *fig pej* doucereux

schleimlösend ADJT MED expectorant **Schleimscheißer** *sl* M *sl* lèche-cul *m*

schlemmen VI festoyer; faire bombance

Schlemmer(in) M(F) gourmand(e) *m(f)* **Schlemmerlokal** N restaurant *m* gastronomique

schlendern VI flâner

Schlendrian *umg pej* M laisser-aller *m*; train-train *m*

schlenkern VI **mit etw ~** balancer qc; **mit den Armen ~** balancer les bras

Schleppe F traîne *f*

schleppen A VT 1 *(hinterherziehen)* traîner *(a. fig)*; SCHIFF, AUTO remorquer 2 *(mühsam tragen)* porter avec peine B VR **sich ~** *(mühsam gehen)* se traîner; *fig (sich hinziehen)* (se) traîner

schleppend ADJT lent; *Tonfall* traînant; *Unterhaltung*, HANDEL languissant

Schlepper M 1 AGR tracteur *m*; SCHIFF remorqueur *m* 2 *umg pej (Kundenwerber)* rabatteur *m*; *(Fluchthelfer)* passeur *m* **Schlepplift** M téléski *m*; remonte-pente *m* **Schleppnetz** N chalut *m*

Schlepptau N remorque *f*; **ins ~ nehmen** prendre en remorque

Schlesien N la Silésie **Schlesier(in)** M(F) Silésien, -ienne *m,f* **schlesisch** ADJ de (la) Silésie; silésien

Schleswig-Holstein N le Schleswig-Holstein

Schleuder F 1 *Wurfgerät* fronde *f*; lance-pierres *m* 2 *(Wäscheschleuder)* essoreuse *f* **Schleudergang** M *der Waschmaschine* essorage *m* **Schleudergefahr** F *Verkehrszeichen* chaussée glissante

schleudern A VT 1 *mit der Hand* jeter; lancer; projeter; *mit der Schleuder* tirer (au lance-pierres); *Auto* **aus e-r Kurve geschleudert werden** sortir d'un virage 2 *Wäsche* essorer B VI *Auto* déraper; **ins Schleudern kommen** *Auto* déraper; *umg fig Person* perdre le contrôle de la situation

Schleuderpreis *umg* M prix sacrifié **Schleudersitz** M siège *m* éjectable

schleunigst ADV 1 *(schnell)* au plus vite 2 *(sofort)* sur-le-champ; immédiatement

Schleuse F 1 *e-s Flusses* écluse *f* 2 *(Luftschleuse)* sas *m*

schleusen VT 1 *Schiff* écluser 2 *fig* **j-n durch die Stadt ~** piloter, guider qn à travers la ville; **etw ins Ausland ~** faire passer qc clandestinement à l'étranger

Schleusenkammer F sas *m* (d'écluse) **Schleusentor** N (porte *f* d')écluse *f* **Schleusenwärter** M éclusier *m*

schlich → schleichen

Schliche MPL manœuvres *fpl*; ruses *fpl*; **hinter j-s ~** *(akk)*, **j-m auf die ~ kommen** déjouer les manœuvres de qn

schlicht A ADJ simple; *Wesen, Kleidung a.* modeste B ADV simplement

schlichten VT *Streit* régler; *durch Schiedsspruch* arbitrer **Schlichter(in)** M(F) médiateur, -trice *m,f*; *durch Schiedsspruch* arbitre *m* **Schlichtheit** F simplicité *f* **Schlichtung** F règlement *m*; médiation *f*; conciliation *f*; *durch Schiedsspruch* arbitrage *m*

Schlichtungsstelle F organisme *m*, office *m* de conciliation **Schlichtungsverfahren** N procédure *f* de conciliation, d'arbitrage

schlichtweg ADV tout simplement

Schlick M vase *f*

schlief → schlafen

Schliere F 1 TECH *in Glas etc* paille *f* 2 *(Schmutzschliere)* trace *f* (de saleté); salissure *f*

Schließe F *e-s Gürtels* boucle *f*

schließen A VT 1 *(zumachen)* fermer; **mit geschlossenen Füßen** à pieds joints 2 **j-n in die Arme ~** prendre, serrer qn dans ses bras 3 *(beenden)* terminer; *Versammlung* clore; *Sitzung* lever 4 *(abschließen) Vertrag* conclure; *Bündnis, Ehe, Freundschaft* contracter; *Frieden* faire 5 *(folgern)* conclure (**aus** de) **B** VI 1 *Tür, Fenster, Dose* **(leicht, nicht richtig) ~** fermer (facilement, mal) 2 *Geschäft, Unternehmen* fermer 3 *(enden)* se terminer 4 *(folgern)* conclure; **auf etw** *(akk)* **~ lassen** dénoter qc; **von sich** *(dat)* **auf andere ~** juger autrui d'après soi-même **C** VR **sich ~** se fermer

Schließfach N *der Post®* boîte postale; *der Bank* coffre *m*; *am Bahnhof* consigne *f* automatique

schließlich ADV 1 *(endlich)* finalement; en fin de compte; enfin 2 *(immerhin)* après tout

Schließmuskel M sphincter *m*

Schließung F fermeture *f*; *e-r Versammlung* clôture *f*

schliff → schleifen[1]

Schliff M 1 *e-s Edelsteins* taille *f* 2 *(Politur)* poli *m*; *(Schärfe)* fil *m* 3 *fig (Manieren)* politesse raffinée; savoir-vivre *m*; **e-r Sache** *(dat)* **den letzten ~ geben** fignoler, peaufiner qc

schlimm **A** ADJ 1 *(schlecht) Lage, Nachricht, Gedanken* mauvais 2 *(böse) Mensch, Charakter* méchant; *Kind, Wort* vilain 3 *(schwer) Lage, Fehler, Krankheit* grave; *Zeit* difficile; **das ist nicht so ~** ce n'est pas si grave que ça 4 *umg Wunde* vilain; mauvais 5 *komp* pire; **und was (noch) ~er ist** et qui pis est; **~er werden** empirer 6 *sup* **das Schlimmste ist, dass …** le pire est que … **B** ADV 1 mal; **~ dran sein** être en mauvaise posture 2 **~er** pire; **um so ~er!** c'est encore pire

schlimmstenfalls ADV à la rigueur; en mettant les choses au pire

Schlinge F 1 *(Schlaufe)* boucle *f*; *sich zusammenziehende* nœud coulant 2 *zum Tierfang* collet *m*; lacet *m* 3 MED écharpe *f*

Schlingel M galopin *m*; garnement *m*

schlingen **A** VT **etw um etw ~** enrouler qc autour de qc; **zu e-m Knoten ~** nouer **B** VI dévorer; engloutir **C** VR **sich um etw ~** s'entortiller, s'enrouler, s'enlacer autour de qc

schlingern VI rouler

Schlingpflanze F plante grimpante

Schlips *umg* M cravate *f*; *umg fig* **j-m auf den ~ treten** *umg* marcher sur les pieds de qn

Schlitten M 1 traîneau *m*; *(Rodelschlitten)* luge *f*; **~ fahren** aller en traîneau; *(rodeln)* faire de la luge; *umg fig* **mit j-m ~ fahren** *umg* en faire baver à qn 2 *umg (Auto) umg* caisse *f*

Schlittenfahrt F promenade *f* en traîneau **Schlittenhund** M chien *m* de traîneau

schlittern VI *([aus]gleiten)* glisser; *mit Anlauf* faire des glissades

Schlittschuh M patin *m* (à glace); **~ laufen** patiner

Schlittschuhbahn F patinoire *f*; piste *f* de patinage **Schlittschuhlaufen** N patinage *m* **Schlittschuhläufer(in)** M(F) patineur, -euse *m,f*

Schlitz M fente *f (a. e-s Kleids, Rocks)*; *(Hosenschlitz)* braguette *f* **Schlitzauge** N œil bridé **schlitzäugig** ADJ qui a les yeux bridés **Schlitzohr** *umg* N *umg* roublard *m*

schlohweiß ADJ blanc comme (la) neige

schloss → schließen

Schloss N 1 *(Türschloss)* serrure *f*; *(Vorhängeschloss)* cadenas *m*; *umg* **hinter ~ und Riegel** sous les verrous 2 *Gebäude* château *m*

Schloss — le cadenas

Schloss — le château

Schlosser M serrurier *m* **Schlosserei** F serrurerie *f*

Schlossgarten M jardin *m* du château **Schlossherr(in)** M(F) châtelain(e) *m(f)*

Schlosshund M *umg* **heulen wie ein ~** *umg* pleurer comme un veau, une Madeleine

Schlosspark M parc *m* du château **Schlossplatz** M place *f*, esplanade *f* du château

Schlot M cheminée *f*; *umg* **rauchen wie ein ~** fumer comme un pompier

schlottern VI *Knie* flageoler; *vor Angst, Kälte* trembler (**vor** *[+ dat]* de); *Kleider* flotter

Schlucht F gorge(s) *f(pl)*; ravin *m*

schluchzen VI sangloter

Schluchzen N sanglots *mpl*

Schluchzer M sanglot *m*

Schluck M gorgée *f*; **ein ~ Wasser** une gorgée d'eau; **ein ~ Kaffee** une goutte de café

Schluckauf M °hoquet *m*

Schluckbeschwerden FPL troubles *mpl* de la déglutition; **~ haben** *a.* avoir du mal à avaler

Schlückchen N goutte *f*

schlucken **A** VT 1 avaler; déglutir 2 *umg (verbrauchen)* engloutir; *Öl, Benzin umg* bouffer 3 *umg (glauben)* avaler; *umg* gober 4 *(einstecken)* avaler 5 *umg Schall, Licht, Firma* absorber **B** VI avaler; déglutir

Schlucker M *umg* **armer ~** pauvre diable *m*

S

Schluckimpfung F vaccination *f* par voie orale **Schluckreflex** M réflexe *m* de la déglutition **Schluckspecht** *umg hum* M *umg* soiffard(e) *m(f)* **schluckweise** ADV par, à petites gorgées

schlud(e)rig *umg* **A** ADJ *Arbeit* bâclé; bousillé; *Kleidung* débraillé **B** ADV **~ arbeiten** bâcler son travail

schludern *umg* V/I bâcler (**bei etw** qc)

schlug → schlagen

Schlummer *geh* M (petit) somme

schlummern *geh* V/I sommeiller (*a. fig*)

Schlumpf M *Comicfigur* schtroumpf *m*

Schlund M **1** ANAT gosier *m* **2** ZOOL gueule *f* **3** *geh fig* gouffre *m*

schlüpfen V/I se glisser, se couler (**in** [+ *akk*] dans); **aus dem Ei ~** sortir de l'œuf; éclore; **in den, aus dem Mantel ~** enfiler, enlever son manteau

Schlüpfer M culotte *f*

Schlupfloch N **1** *von Tieren* trou *m*; *von Räubern* repaire *m* **2** *fig* lacune *f*

schlüpfrig ADJ **1** (*glatt*) glissant **2** *fig pej* scabreux; grivois

Schlupfwinkel M repaire *m*

schlurfen V/I traîner les pieds

schlürfen V/T *geräuschvoll* boire bruyamment; *genussvoll* boire à petits coups; *umg* siroter

Schluss M **1** (*Ende*) fin *f*; *e-r Debatte* clôture *f*; **zum ~** à la fin; pour terminer; **~ damit!** (en voilà) assez!; ça suffit!; **(mit etw) ~ machen** (en) finir (avec qc); *umg* **mit j-m ~ machen** rompre avec qn **2** (*Folgerung*) conclusion *f*; **Schlüsse aus etw ziehen** tirer des conclusions de qc; **daraus ziehe ich den ~, dass …** j'en conclus que …

Schlussabstimmung F vote, scrutin final **Schlussakkord** M accord final **Schlussakt** M dernier acte **Schlussakte** F communiqué, acte final **Schlussbemerkung** F remarque finale; conclusion *f* **Schlussbericht** M rapport final, de clôture **Schlussbestimmung** F disposition finale

Schlüssel M **1** (*Türschlüssel*) clé *od* clef *f* (*a. fig*, MUS, TECH) (**zu** de) **2** (*Verteilerschlüssel*) barème *m*

Schlüsselanhänger M porte-clés *m* **Schlüsselbein** N clavicule *f* **Schlüsselblume** F primevère *f*; coucou *m* **Schlüsselbund** M *od* N trousseau *m* de clés **Schlüsseldienst** M clé-minute *m* **Schlüsselerlebnis** N PSYCH expérience *f* clé **Schlüsseletui** N porte-clés *m* **schlüsselfertig** ADJ *Gebäude* clés en main **Schlüsselfigur** F personnage *m* clé **Schlüsselfrage** F question *f* clé **Schlüsselkind** *umg* N enfant livré à lui-même (, *quand ses parents travaillent*) **Schlüsselloch** N trou *m* de la serrure **Schlüsselposition** F position *f* clé **Schlüsselroman** M roman *m* à clé **Schlüsselstellung** F position *f*, poste *m* clé **Schlüsselübergabe** F remise *f* des clés **Schlüsselwort** N mot *m* clé; code *m*

Schlussergebnis N résultat final, définitif **Schlussfeier** F fête *f*, cérémonie *f* de clôture

schlussfolgern V/T déduire, conclure (**aus** de) **Schlussfolgerung** F conclusion *f*, déduction *f* (**aus** de)

schlüssig ADJ **1** *Argument* concluant; *Beweis* probant **2** **sich** (*dat*) **~ sein** être décidé; **sich** (*dat*) **~ werden** se résoudre (**etw zu tun** à faire qc)

Schlusskapitel N dernier chapitre **Schlussleuchte** F feu *m* arrière **Schlusslicht** N **1** AUTO feu *m* arrière **2** *umg fig* lanterne *f* rouge **Schlusspfiff** M coup *m* de sifflet final **Schlusspunkt** M point final (*a. fig*)

Schlussstrich M *fig* **e-n ~ unter etw** (*akk*) **ziehen** mettre un point final à qc

Schlussverkauf M soldes *mpl*

Schmach *geh* F °honte *f*; *geh* ignominie *f*; *geh* opprobre *m*

schmachten *geh* V/I languir (**nach etw** après qc)

schmachtend ADJT *Blicke* langoureux

schmächtig ADJ chétif; fluet

Schmachtlocke *umg* F accroche-cœur *m*

schmackhaft ADJ savoureux; *umg fig* **j-m etw ~ machen** essayer de persuader qn de faire qc

schmal ADJ **1** (*eng*) étroit **2** (*dünn*) *Glieder, Gestalt* fluet; frêle; *Hände* effilé; *Hüften, Lippen* mince; *Gesicht* fin

schmälern V/T diminuer; réduire; *Ansehen* rabaisser

Schmalfilm M film *m* super-huit **Schmalfilmkamera** F caméra *f* super-huit

Schmalhans *umg* M **bei j-m ist ~ Küchenmeister** chez qn il n'y a pas grand-chose à se mettre sous la dent

Schmalspurakademiker(in) *umg pej* M(F) personne *f* qui a fait des études universitaires très courtes **Schmalspurausbildung** F formation *f* au rabais

Schmalz[1] N GASTR graisse fondue; (*Schweineschmalz*) saindoux *m*

Schmalz[2] *umg pej* M sentimentalité *f*

Schmalzbrot N tartine *f* au saindoux

schmalzig *umg pej* ADJ (très) sentimental; à l'eau de rose

Schmand M *regional* GASTR crème épaisse

Schmankerl N *bayrisch, österr a. fig* régal *m*

schmarotzen V/I BOT, ZOOL, *Person* vivre en parasite; *Person a.* laisser toujours payer les au-

tres
Schmarotzer M BOT, ZOOL parasite *m* (*a. fig pej*); *fig pej a.* pique-assiette *m*
Schmarren M 1 *südd, österr* GASTR omelette sucrée 2 *umg* (*Unsinn*) *umg* ânerie *f*; connerie *f*
schmatzen V/I faire du bruit en mangeant
Schmaus M régal *m*; festin *m*
schmausen V/I se régaler; *umg* se taper la cloche
schmecken A V/T (*wahrnehmen*) sentir le goût de; (*probieren*) goûter B V/I **(gut) ~** avoir bon goût; être bon; **nach etw ~** avoir un goût de qc; **mir schmeckt es** je trouve que c'est bon; **lasst es euch ~!** bon appétit!
Schmeichelei F flatterie *f*
schmeichelhaft ADJ flatteur
schmeicheln V/I **j-m ~** flatter qn
Schmeichler(in) M(F) flatteur, -euse *m,f*
schmeichlerisch ADJ flatteur
schmeißen *umg* A V/T 1 (*werfen*) jeter; lancer; *umg* flanquer 2 (*abbrechen*) *umg* laisser en plan; *umg* lâcher 3 **e-e Runde ~** payer une tournée B V/I **mit Geld um sich ~** *umg* faire valser l'argent
Schmeißfliege F mouche bleue
Schmelze F fonte *f*
schmelzen A V/T (faire) fondre B V/I 1 *Eis etc* fondre 2 *fig Vermögen etc* se dissiper
Schmelzkäse M fromage fondu **Schmelzofen** M four(neau) *m* de fusion **Schmelzpunkt** M point *m* de fusion **Schmelztiegel** M creuset *m* (*a. fig*) **Schmelzwärme** F chaleur *f* de fusion **Schmelzwasser** N *der Schneeschmelze* eaux *fpl* de la fonte des neiges **Schmelzzeit** F temps *m*, durée *f* de fusion
Schmerbauch *umg* M *umg* panse *f*; *umg* bedaine *f*
Schmerz M 1 douleur *f*; **~en im Kreuz haben** avoir des douleurs dans les reins; avoir mal aux reins 2 (*Kummer*) chagrin *m*; peine *f*
schmerzempfindlich ADJ sensible à la douleur
schmerzen V/I *u.* V/T 1 *körperlich* faire mal (à); **mir schmerzt der Kopf** j'ai mal à la tête 2 (*bekümmern*) faire de la peine (à); chagriner
Schmerzensgeld N pretium doloris *m*
Schmerzensschrei M cri *m* de douleur
schmerzerfüllt ADJT accablé de douleur
Schmerzforschung F sophrologie *f*
schmerzfrei ADJ sans douleur; *Person* **~ sein** ne plus avoir de douleurs
Schmerzgefühl N sensation *f* de douleur
Schmerzgrenze F *fig* **die ~ ist erreicht** c'est la limite absolue
schmerzhaft ADJ douloureux **Schmerzklinik** F clinique *f* sophrologique **schmerzlich** ADJ *Ereignis, Verzicht* douloureux; affligeant; *Pflicht, Aufgabe* pénible; *Verlust* sensible
schmerzlindernd ADJT calmant
schmerzlos ADJ *Operation* indolore; *Geburt* sans douleurs **Schmerzmittel** N analgésique *m*
schmerzstillend ADJT analgésique
Schmerztablette F analgésique *m*
schmerzverzerrt ADJT contracté par la douleur
Schmetterball M smash *m*
Schmetterling M papillon *m* **Schmetterlingsstil** M brasse *f* papillon
schmettern A V/T 1 (*schleudern*) jeter, lancer avec violence 2 *Lied* chanter à pleine voix B V/I 1 **gegen etw ~** °heurter violemment qc 2 TENNIS *etc* smasher 3 MUS retentir
Schmied M forgeron *m*
Schmiede F forge *f* **schmiedeeisern** ADJ en fer forgé
schmieden V/T 1 forger 2 *fig* **Pläne ~** faire des projets
schmiegen V/R **sich an j-n ~** se blottir contre qn; *Kleid* **sich an j-s Körper** (*akk*) **~** être moulant
schmiegsam ADJ flexible; souple
Schmiere F 1 (*Fett*) graisse *f*; (*fettiger Schmutz*) crasse poisseuse 2 *umg pej* THEAT troupe *f* médiocre, de cabotins 3 *umg* **(bei etw) ~ stehen** faire le guet, *umg* le pet (pendant qc)
schmieren V/T 1 (*verstreichen*) étaler (**auf etw** [*akk*] sur qc); **Butter aufs Brot ~** beurrer du pain 2 TECH lubrifier; *mit Fett* graisser; *umg* **das läuft** *od* **geht wie geschmiert** *umg* ça va, marche comme sur des roulettes; *umg* ça baigne 3 *umg fig* (*bestechen*) *umg* graisser la patte à; *umg* arroser 4 *umg* (*unsauber schreiben*) gribouiller 5 *umg* **j-m e-e ~** *umg* flanquer une gifle à qn
Schmierenkomödiant(in) M(F) *pej* cabotin(e) *m(f)* **Schmierentheater** N *pej Theatertruppe* troupe *f* médiocre, de cabotins; *fig* (*Posse*) farce *f*
Schmiererei *umg* F gribouillage *m*
Schmierfett N graisse *f* **Schmierfink** *umg* M 1 (*Schmutzfink*) *umg* cochon *m* 2 *beim Schreiben* gribouilleur *m* **Schmiergeld** *umg pej* N pot-de-vin *m*; dessous-de-table *m*
schmierig ADJ 1 (*fettig*) graisseux 2 (*klebrig*) poisseux 3 *fig pej Person* visqueux
Schmierkäse M *regional* fromage *m* à tartiner **Schmiermittel** N lubrifiant *m* **Schmieröl** N huile *f* de graissage **Schmierpapier** N papier *m* (pour) brouillon **Schmierseife** F savon noir
schmilzt → schmelzen
Schminke F fard *m*
schminken V/T (*u.* V/R **sich ~** se) maquiller; (se) farder

Schminkkasten M boîte *f* de fard
schmirgeln VT poncer
Schmirgelpapier N papier *m* émeri
schmiss → schmeißen
Schmiss M *(Narbe)* balafre *f*; estafilade *f*
schmissig *umg* ADJ entraînant; enlevé
Schmöker *umg* M (gros) bouquin; *umg* pavé *m*
schmökern *umg* VI bouquiner
schmollen VI bouder
Schmollmund M moue boudeuse; **e-n ~ machen** faire la moue
Schmollwinkel M **sich in den ~ zurückziehen** aller bouder dans son coin
schmolz → schmelzen
Schmorbraten M daube *f*; *(Rinderschmorbraten)* bœuf *m* en daube
schmoren VT u. VI 1 GASTR cuire à l'étouffée 2 *umg fig* **in der Sonne ~** rôtir au soleil
Schmortopf M cocotte *f*; daubière *f*
Schmu *umg* M **~ machen** *umg* truander; *beim Spiel* tricher
schmuck ADJ *(hübsch)* joli; pimpant; *(sauber)* propret
Schmuck M 1 *(Schmuckstücke)* bijoux *mpl*; joyaux *mpl* 2 *(Zierde)* ornement *m*
schmücken VT 1 *(u. v/r* **sich***)* **~ (mit)** (s')orner (de); (se) parer (de) 2 *(verzieren)* garnir; décorer (**mit** de)
Schmuckgeschäft N bijouterie *f* **Schmuckkästchen** N écrin *m* **schmucklos** ADJ sans ornements; *(schlicht)* sobre **Schmuckstück** N bijou *m* *(a. fig)*; joyau *m*
Schmuckwaren FPL (articles *mpl* de) bijouterie *f*; joaillerie *f*
schmudd(e)lig *umg pej* ADJ négligé; sale
Schmuggel M contrebande *f*
schmuggeln A VT **etw ~** faire la contrebande de qc B VI faire de la contrebande
Schmuggelware F (marchandise *f* de) contrebande *f*
Schmuggler(in) M(F) contrebandier, -ière *m,f* **Schmugglerbande** F bande *f* de contrebandiers
schmunzeln VI sourire (**über** [+ *akk*] de)
Schmus *umg* M baratin *m*
Schmusekatze *umg* F (petite) câline
schmusen *umg* VI faire (un) câlin; **mit j-m ~** faire (un) câlin, *umg* des mamours à qn; câliner qn
Schmutz M saleté *f* *(a. fig)*; *(Straßenschmutz)* boue *f*; *auf der Haut, auf Gegenständen* crasse *f*; *fig* **j-n, etw in den ~ ziehen** traîner qn dans la boue; dénigrer qc
schmutzabweisend ADJT non salissant; *Textilien* (traité) anti-taches
schmutzen VI se salir; être salissant
Schmutzfink *umg* M *(Dreckfink, obszöner Mensch)* *umg* cochon *m* **Schmutzfleck** M salissure *f*
schmutzig ADJ 1 *(unsauber)* sale; malpropre; *(voller Schmutz)* crasseux; boueux; *plus fort* crotté; **~ werden** se salir 2 *fig Worte, Witze* ordurier; *(unflätig)* obscène 3 *fig Geschäft* malhonnête
Schmutzschicht F couche *f* de crasse **Schmutzwasser** N eaux sales, usées **Schmutzzulage** F indemnité *f* pour travaux salissants
Schnabel M bec *m* *(a. fig e-r Kanne, umg fig Mund)*
schnäbeln VI *Vögel* se becqueter
Schnabeltasse F tasse *f* à bec
schnabulieren *umg* VT se délecter de; savourer
Schnake F moustique *m*; cousin *m*
Schnalle F boucle *f*
schnallen VT 1 boucler; **etw enger, weiter ~** serrer, relâcher qc 2 *umg fig (begreifen) umg* piger
schnalzen VI **mit der Zunge ~** faire claquer sa langue
Schnäppchen N (belle) occasion; **ein ~ machen** faire une trouvaille
Schnäppchenjagd *umg* F chasse *f* aux bonnes affaires
schnappen A VT 1 *Tier* **etw ~** °happer, attraper qc 2 *umg Diebe umg* pincer; *umg* épingler B VI 1 **die Tür schnappt ins Schloss** la porte se ferme (en faisant entendre un déclic) 2 *Tier* **nach etw ~** chercher à °happer, à attraper qc; **nach j-m ~** chercher à mordre qn
Schnappschloss N serrure *f* à ressort **Schnappschuss** M instantané *m*
Schnaps M eau-de-vie *f*; schnaps *m* **Schnapsbrennerei** F distillerie *f* **Schnapsflasche** F bouteille *f* à, *volle* d'eau-de-vie **Schnapsglas** N verre *m* à liqueur; petit verre **Schnapsidee** *umg* F idée saugrenue **Schnapsnase** *umg* F *umg* nez *m* de poivrot **Schnapszahl** *umg hum* F *nombre composé de plusieurs chiffres identiques*
schnarchen VI ronfler
schnarren VI faire un bruit de crécelle
schnattern VI 1 *Gans* criailler; *Ente* nasiller 2 *umg fig (schwatzen)* bavarder; jacasser
schnauben VI respirer, souffler bruyamment; *Pferd* s'ébrouer
schnaufen VI souffler bruyamment
Schnauzbart M moustache *f*
Schnäuzchen *umg* N *a. fig* petit museau
Schnauze F 1 *von Tieren* museau *m*; gueule *f* 2 *umg e-s Autos* avant *m*; *e-s Flugzeugs* nez *m* 3 *sl (Mund) umg* gueule *f*; **(halt die) ~!** *umg* (ferme) ta gueule!; **die ~ (von etw) voll haben** *umg* en avoir marre, plein le dos (de qc)
schnauzen *umg* VI *umg* gueuler

S

schnäuzen V/R **sich ~, sich** *(dat)* **die Nase ~** se moucher

Schnauzer M 1 *Hund* schnauzer *m* 2 *umg (Schnurrbart)* moustache *f*

Schnecke F 1 *mit Haus* escargot *m (a.* GASTR); *(Nacktschnecke)* limace *f*; *umg* **j-n zur ~ machen** *umg* secouer les puces à qn 2 *Gebäck* petit pain aux raisins

schneckenförmig ADJ en spirale; à vis; *t/t* hélicoïdal

Schneckenfraß M dommage fait par les limaces **Schneckenhaus** N coquille *f* d'escargot

Schneckentempo N *umg* **im ~** comme un escargot; d'un pas de tortue

Schnee M 1 neige *f*; *umg fig* **~ von gestern** de l'histoire ancienne 2 GASTR *(Eischnee)* blancs d'œufs battus en neige; **zu ~ schlagen** battre en neige 3 *Jargon (Kokain) sl* neige *f*

Schneeball M boule *f* de neige **Schneeballschlacht** F bataille *f* de boules de neige **Schneeballsystem** N système *m* boule de neige **schneebedeckt** ADJT couvert de neige; enneigé **Schneebesen** M GASTR fouet *m* **schneeblind** ADJ atteint, frappé d'ophtalmie des neiges **Schneebrett** N corniche *f* de neige; neige *f* en surplomb **Schneebrille** F lunettes *fpl* de ski **Schneedecke** F couche *f* de neige; neiges *fpl* **Schneefall** M chute *f* de neige **Schneeflocke** F flocon *m* de neige **Schneegestöber** N rafale *f*, tourmente *f* de neige **Schneeglätte** F neige verglacée **Schneeglöckchen** N perce-neige *m* **Schneegrenze** F 1 GEOG limite *f* des neiges éternelles 2 METEO limite *f* des chutes de neige **Schneehaufen** M tas *m* de neige **Schneekanone** F canon *m* à neige **Schneeketten** FPL chaînes *fpl*

Schneekönig M *umg* **sich freuen wie ein ~** être heureux comme un roi

Schneelandschaft F paysage (couvert) de neige **Schneeleopard** M léopard *m*, panthère *f* des neiges; *t/t* once *f* **Schneemann** M bonhomme *m* de neige **Schneemassen** FPL neiges *fpl* **Schneematsch** M neige fondante **Schneepflug** M chasse-neige *m* **Schneeregen** M neige fondue **Schneeschauer** M giboulée *f* de neige **Schneeschmelze** F fonte *f* des neiges **schneesicher** ADJ *Gebiet* skiable **Schneesturm** M tempête *f* de neige **Schneetreiben** N rafales *fpl* de neige **Schneeverhältnisse** NPL (conditions *fpl* d')enneigement *m* **Schneeverwehung** F congère *f* **Schneewehe** F congère *f* **schneeweiß** ADJ blanc comme (la) neige

Schneewittchen N Blanche-Neige *f*

Schneid *umg* M *umg* cran *m*; **j-m den ~ abkaufen** couper son élan, enlever son courage à qn

Schneidbrenner M TECH chalumeau *m*

Schneide F tranchant *m*; fil *m*

schneiden A V/T *u.* V/I 1 couper; *(abschneiden)* trancher; *Bäume, Hecken* tailler; **in Scheiben ~** couper en tranches; *Kleid* **eng, weit geschnitten** serré; ample 2 *Film* découper 3 *Kurve* couper; *ein anderes Fahrzeug* faire une queue de poisson à 4 *umg fig* **j-n ~** ignorer qn; éviter qn B V/R **sich ~** 1 *(sich verletzen)* se couper 2 *Linien* se couper 3 *umg fig* **sich (gewaltig) ~** se mettre le doigt dans l'œil

schneidend ADJT *Kälte* mordant; *Stimme* tranchant; *Wind* cinglant

Schneider M tailleur *m*; *umg fig* **wir sind aus dem ~** le plus dur est passé

Schneiderei F atelier *m* de couture

Schneiderin F couturière *f*

schneidern A V/T confectionner; coudre B V/I faire de la couture

Schneiderpuppe F mannequin *m*; poupée *f* de tailleur

Schneidersitz M position assise en tailleur *od* à la turque; **im ~** en tailleur; à la turque

Schneidezahn M (dent *f*) incisive *f*

schneidig ADJ *umg* plein de cran; fringant

schneien V/UNPERS neiger; **es schneit** il neige

Schneise F percée *f*

schnell A ADJ rapide; *Erwiderung, Bewegung* prompt B ADV rapidement; vite; promptement; **~ fahren** rouler vite; *umg* **~ machen** se dépêcher; **nicht so ~!** pas si vite!; doucement!

Schnellbahn F RER *m*

Schnelle F 1 → Schnelligkeit 2 *umg* **auf die ~** à la va-vite

schnellen V/I **aus dem Wasser ~** *Fisch* faire un bond hors de l'eau; **in die Höhe ~** *Person* bondir; faire un bond *(a. fig Preise)*

Schnellfeuergewehr N fusil *m* à tir rapide **Schnellhefter** M chemise *f* (avec relieur)

Schnelligkeit F vitesse *f*; rapidité *f*

Schnellimbiss M fast-food *m*; snack(-bar) *m* **Schnellkochtopf** M autocuiseur *m*

schnelllebig ADJ *Zeit* trépidant

Schnellreinigung F nettoyage *m* express **Schnellschuss** *umg fig* M travail, livre, *etc* fait à la va-vite

schnellstens ADV au plus vite

Schnellstraße F voie *f* express

Schnellverfahren N 1 JUR procédure *f* sommaire 2 *fig* **im ~** rapidement; en vitesse

Schnellzug M (train *m*) rapide *m*

Schnepfe F bécasse *f*

schneuzen → schnäuzen

Schnickschnack *umg* M 1 *wertloser* babioles *fpl* 2 *(Geschwätz) umg* blabla(bla) *m*

schniefen VI renifler

Schnippchen N *umg* **j-m ein ~ schlagen** faire la nique à qn

schnippeln *umg* VT (dé)couper en petits morceaux

schnippen A VT envoyer d'une chiquenaude B VI **mit den Fingern ~** faire claquer ses doigts

schnippisch ADJ impertinent

Schnipsel M *od* N petit morceau

schnitt → schneiden

Schnitt M 1 *(Haarschnitt)* coupe *f*; taille *f (a. für Bäume)*; *umg fig* **e-n** *od* **s-n ~ bei etw machen** faire de gros bénéfices, *umg* bénefs sur qc 2 *(Schnittwunde)* coupure *f*; *tiefer* entaille *f* 3 *(Einschnitt)* incision *f* 4 MODE *(Machart)* coupe *f*; *(Schnittmuster)* patron *m* 5 FILM découpage *m*; montage *m* 6 MATH intersection *f*; **der goldene ~** MATH la section en moyenne et extrême raison; ARCH, KUNST le nombre d'or; la section dorée 7 *umg (Durchschnitt)* moyenne *f*; **im ~** en moyenne

Schnittblume F fleur coupée **Schnittbohne** F °haricot vert (coupé)

Schnittchen N (petite) tartine de fromage, jambon, *etc*

Schnitte F 1 *(Scheibe)* tranche *f* 2 *(bestrichene Brotschnitte)* tartine *f*

schnittfest ADJ ferme **Schnittfläche** F coupe *f*

schnittig ADJ élégant; *Auto* racé

Schnittkäse M fromage *m* en tranches **Schnittlauch** M ciboulette *f*; civette *f* **Schnittmenge** F MATH intersection *f* **Schnittmuster** N MODE patron *m* **Schnittpunkt** M (point *m* d')intersection *f* **Schnittstelle** F interface *f* **Schnittwunde** F coupure *f*; *tiefe* entaille *f*

Schnitzel N 1 GASTR escalope *f* 2 *(Schnipsel)* petit morceau; bout *m* **Schnitzeljagd** F jeu *m* de piste

schnitzen VT *u.* VI sculpter (**aus Holz** sur bois)

Schnitzer M 1 *(Holzschnitzer)* sculpteur *m* sur bois 2 *umg (Fehler)* bévue *f*; *umg* gaffe *f* **Schnitzerei** F sculpture *f* sur bois

schnodd(e)rig *umg* ADJ *(lässig)* désinvolte; *(respektlos)* insolent; impertinent

schnöde *geh* A ADJ *(verachtenswert)* sordide; *Eifersucht* bas; **~r Mammon** vil argent B ADV *geh* ignominieusement

Schnorchel M 1 *bei U-Booten* schnorchel *m* 2 SPORT tuba *m*

schnorcheln VI faire de la plongée avec tuba

Schnörkel M 1 *beim Schreiben* fioriture *f*; enjolivure *f* 2 BAU ornement *m* (baroque) **schnörkelig** ADJ plein, chargé de fioritures; baroque; *Schrift* orné

schnorren *umg* VT *u.* VI mendier; **etw bei** *od* **von j-m ~** *umg* taper qn de qc

Schnorrer(in) *umg* M(F) *umg pej* mendigot(e) *m(f)*; *umg* tapeur, -euse *m,f*

Schnösel *umg* M jeune arrogant, impertinent; bêcheur *m*

Schnuckelchen *umg* N **(mein) ~** mon petit lapin, chou, coco

schnuck(e)lig *umg* ADJ mignon; *umg* craquant; joli *(a. Sache)*

Schnucki *umg* N → Schnuckelchen

schnüffeln A VT *Drogenjargon* sniffer B VI 1 renifler, *Tier a.* flairer (**an etw** [*dat*] qc) 2 *umg fig (spionieren)* fureter; *umg* fouiner

Schnüffler *umg* M 1 fureteur *m*; fouineur *m* 2 *von Drogen* sniffeur *m*

Schnuller M sucette *f*

Schnulze *umg pej* F chanson *f*, film *m* très sentimental(e)

schnupfen VT *Tabak* priser

Schnupfen M rhume *m*; **e-n ~ haben** être enrhumé; **e-n ~ bekommen** s'enrhumer; attraper un rhume

Schnupfenmittel N remède *m* contre le rhume **Schnupfenspray** N *od* M spray nasal

Schnupftabak M tabac *m* à priser

schnuppe ADJ *umg* **das ist mir (total) ~** je m'en moque (complètement); *umg* je m'en balance

schnuppern VT *u.* VI **etw ~** *od* **an etw** *(dat)* **~** renifler qc

Schnur F *(Bindfaden)* ficelle *f*; *(Kordel)* cordon *m*; *(Kabel)* fil *m*

Schnürchen N *umg* **wie am ~ gehen** aller, marcher comme sur des roulettes

schnüren VT *(zusammenbinden)* lier, serrer avec un cordon; *mit Bindfaden* ficeler; *Schuhe* lacer

schnurgerade ADJ *u.* ADV tout droit

schnurlos ADJ **~es Telefon** téléphone *m* sans fil

Schnurrbart M moustache *f*

schnurren VI ronronner

Schnürriemen M lacet *m* **Schnürschuh** M chaussure *f*, soulier *m* à lacets **Schnürsenkel** M lacet *m* **Schnürstiefel** M bottine *f* à lacet; chaussure *f*, soulier *m* montant(e) à lacet

schnurstracks *umg* ADV 1 *(geradeaus)* tout droit 2 *(sofort)* sur-le-champ

schnurz → schnuppe

Schnute *umg* F 1 *(Mund) umg* (petit) museau 2 **e-e ~ ziehen** faire la moue

schob → schieben
Schock M choc *m*; **e-n ~ erleiden** recevoir un choc; **unter ~ stehen** être en état de choc
schocken *umg* V/T choquer
Schocker *umg* M livre-choc *m*, film-choc *m*, *etc*
schockieren V/T choquer
Schockwirkung F effet *m* de choc
schofel, **schof(e)lig** *umg* ADJ mesquin; chiche
Schöffe M juré *m*
Schöffenamt N fonction *f* de juré **Schöffenbank** F *etwa* banc *m* du jury **Schöffengericht** N *tribunal formé d'un magistrat et de deux jurés*
Schöffin F *etwa* assesseur *m* non juriste
Schoko *umg* F chocolat *m*
Schokolade F chocolat *m* (*a. Trinkschokolade*)
schokolade(n)braun ADJ chocolat (❗ unveränderlich)
Schokolade(n)eis N glace *f* au chocolat **Schokolade(n)figur** F figurine *f* en chocolat **Schokolade(n)guss** M glaçage *m* au chocolat **Schokolade(n)hase** M lapin *m* en chocolat **Schokolade(n)keks** M, **Schokolade(n)plätzchen** N pastille *f* de chocolat **Schokolade(n)pudding** M flan *m*, crème *f* au chocolat **Schokolade(n)raspel** MPL chocolat râpé
Schokolade(n)seite *umg* F beau(x), bon(s) côté(s); côté flatteur; **sich von s-r ~ zeigen** se faire voir sous son meilleur jour
Schokolade(n)soße F sauce *f* au chocolat **Schokolade(n)streusel** MPL *od* NPL chocolat pailleté, en granulés **Schokolade(n)torte** F gâteau *m* au chocolat
Schokoriegel M barre *f* de chocolat
scholl → schallen
Scholle[1] F 1 (*Erdscholle*) motte *f* (de terre); glèbe *f* (*a. fig*) 2 (*Eisscholle*) glaçon *m*
Scholle[2] F ZOOL plie *f*; carrelet *m*
Scholli *umg* **mein lieber ~!** *umg* ben, mon vieux!
schon A ADV 1 (*bereits*) déjà; **~ morgen** dès demain; **~ heute** aujourd'hui même; **~ wieder** encore 2 (*allein, nur*) **(allein) ~ der Gedanke daran** rien que d'y penser 3 (*sogar*) même; **~ für drei Euro** à partir de trois euros 4 (*inzwischen*) **~ (mal)** toujours B *Partikel* 1 *verstärkend* **du wirst ~ sehen!** tu verras bien! 2 (*ohnehin*) **das ist ~ teuer genug** c'est déjà assez cher comme ça 3 *einräumend* **das ist ~ wahr, aber …** c'est bien vrai, mais …; **~ gut!** allons, allons! 4 *beruhigend* **er wird ~ kommen** il va bien finir par arriver; *umg* **es wird ~ wieder (werden)** ça s'arrangera 5 *umg* (*endlich*) **nun komm ~!** allez, viens!; mais viens! 6 *abwertend* **was weißt du ~ (davon)!** mais qu'est-ce que tu en sais, toi?
schön A ADJ beau (❗ Femininform: **belle**, Maskulinform vor Vokal oder stummem h: **bel**); *Leben, Zeiten a.* agréable; bon; *Wetter* **wieder ~ werden** se remettre au beau; *umg* **j-n, etw ~ machen** embellir qn, qc; *umg* **sich ~ machen** se faire beau *bzw.* belle; **das Schöne daran ist, dass …** ce qu'il y a de bien (*umg* avec ça), c'est que …; **in ~ster Ordnung** en bon ordre; *iron* **das wäre ja noch ~er!** ce serait le comble, le pompon, le bouquet!; *umg* **(alles) gut und ~, aber …** tout cela est bien beau, mais …; **das ist ~ von Ihnen** c'est bien de votre part B ADV bien; **~ warm, weich** tout chaud, moelleux; *umg* **er ist (ganz) ~ dumm, dass er …** il est vraiment bête de (+ *inf*); *umg* **er hat uns ganz ~ angelogen** il nous a joliment menti C *umg Partikel verstärkend* **sei ~ artig!** sois bien sage!; **bleib ~ sitzen!** reste assis!
Schonbezug M °housse *f*
Schöne F belle *f*; beauté *f*
schonen A V/T ménager; (*verschonen*) épargner B V/R **sich ~** se ménager
schonend A ADJ/T plein d'égards B ADV/L avec ménagement; **etw ~ behandeln** ménager qc
Schoner M SCHIFF goélette *f*
Schönfärberei F présentation flatteuse
Schonfrist F délai *m* de grâce
Schöngeist M bel esprit
schöngeistig ADJ esthétique; **~e Literatur** belles-lettres *fpl*
Schönheit F beauté *f* (*a. schöne Person, Sache*)
Schönheitschirurg(in) M(F) spécialiste *m/f* de chirurgie esthétique **Schönheitschirurgie** F chirurgie *f* esthétique **Schönheitsfarm** F *établissement spécialisé dans les soins esthétiques* **Schönheitsfehler** M petit défaut; imperfection *f*; *fig* inconvénient *m* **Schönheitsfleck** M mouche *f* **Schönheitsideal** N idéal *m* de (la) beauté **Schönheitskönigin** F reine *f* de beauté **Schönheitsoperation** F opération *f* de chirurgie esthétique **Schönheitspflege** F soins *mpl* esthétiques, de beauté **Schönheitsreparatur** F réparation locative **Schönheitssinn** M sens *m* esthétique, du beau **Schönheitswettbewerb** M concours *m* de beauté
Schonkost F régime *m*
Schönling M *pej* bellâtre *m*
schönmachen V/T *u.* V/R → schön A
schönreden V/I *pej* **j-m ~** flatter, *geh* flagorner qn
Schonung F 1 (*schonende Behandlung*) ménagement *m*; (*Rücksichtnahme*) égards *mpl* 2 *im Wald* plant *m* d'arbres

schonungslos **A** ADJ *(rücksichtslos)* sans ménagement; *(erbarmungslos)* impitoyable **B** ADV sans ménagement; *(erbarmungslos)* sans pitié

Schönwetterlage F, **Schönwetterperiode** F période *f* de beau temps **Schönwetterwolke** F cumulus *m*

Schonzeit F (durée *f* de la) fermeture *f*; **es ist ~** la chasse est fermée

Schopf M *(Haarschopf)* cheveux *mpl*; *wirrer* tignasse *f*; *der Vögel* °huppe *f*; *fig* **die Gelegenheit beim ~(e) packen** saisir la balle au bond; sauter sur l'occasion

schöpfen V/T **1** puiser (**aus** à, dans, *fig* dans) **2** *geh* **(frische) Luft ~** prendre l'air; *fig* **neue Hoffnung ~** reprendre espoir

Schöpfer M *(Erschaffer)* créateur *m*; auteur *m*; *(Gott)* Créateur *m* **Schöpferin** F créatrice *f*; auteur *m* **schöpferisch** ADJ créateur; créatif

Schöpfkelle F, **Schöpflöffel** M louche *f*

Schöpfung F **1** BIBEL Création *f* **2** *geh (Werk)* création *f*; œuvre *f* **Schöpfungsgeschichte** F Genèse *f*

Schoppen M chopine *f*; **ein ~ Wein** un quart *bzw.* un demi-litre de vin

schor → scheren[1]

Schorf M *e-r Wunde* croûte *f*

Schorle F *mélange soit de vin soit de jus de pommes et d'eau minérale gazeuse*

Schornstein M cheminée *f* **Schornsteinfeger** M ramoneur *m*

schoss → schießen

Schoß M **1** giron *m*; *Kind* **auf den ~ nehmen** prendre sur ses genoux; *fig* **im ~e der Familie** au sein de la famille; *fig* **j-m in den ~ fallen** tomber du ciel à qn **2** *geh (Mutterleib)* sein *m*

Schoßhund M, **Schoßhündchen** N bichon, -onne *m,f*

Schössling M BOT pousse *f*

Schote F cosse *f*; gousse *f*

Schott N SCHIFF cloison *f* étanche

Schotte M Écossais *m*

Schottenmuster N écossais *m* **Schottenrock** M jupe écossaise

Schotter M **1** *(Geröll)* pierraille *f* **2** STRASSENBAU empierrement *m*; EISENBAHN ballast *m*

Schottin F Écossaise *f* **schottisch** ADJ écossais; d'Écosse **Schottland** N l'Écosse *f*

schraffieren V/T °hachurer **Schraffierung** F °hachures *fpl*

schräg **A** ADJ **1** *Linie, Wand* oblique; *(geneigt)* penché; incliné **2** *umg fig Musik, Vorstellungen* insolite; *plus fort* excentrique; *umg* **ein ~er Vogel** *umg* un drôle d'oiseau **B** ADV de *od* en biais; **~ über die Straße gehen** *a.* traverser la rue en diagonale; **den Kopf ~ halten** avoir la tête penchée *od* inclinée (de côté); **~ gegenüber (von)** presque en face (de)

Schräge F *Fläche* plan incliné; *e-r Wand* inclinaison *f*

Schräglage F position inclinée, oblique; *e-s Schiffs* bande *f* **Schrägstrich** M barre *f* oblique

schrak → schrecken

Schramme F éraflure *f*; égratignure *f*; *auf Möbeln* rayure *f*

schrammen **A** V/T érafler; égratigner **B** V/R **sich** *(dat)* **die Hand ~** s'égratigner, s'érafler la main (**an etw** *[dat]* avec qc)

Schrank M armoire *f*; *(Wandschrank)* placard *m*; *(Geschirrschrank)* buffet *m*

Schranke F **1** *(Eisenbahnschranke, Zollschranke)* barrière *f* *(a. fig)* **2** *fig (Grenze)* borne *f*; limite *f*; **j-n in s-e ~n (ver)weisen** remettre qn à sa place

schrankenlos ADJ *(unbeschränkt)* sans bornes, limites; *(zügellos)* effréné **Schrankenwärter** M garde-barrière *m*

Schrankkoffer M malle *f* porte-habits **Schranktür** F porte *f* d'armoire **Schrankwand** F éléments muraux

Schraubdeckel M couvercle *m* à visser

Schraube F **1** TECH vis *f*; *umg fig* **bei ihm ist e-e ~ locker** *umg* il est fêlé; il a un grain **2** *(Schiffsschraube)* hélice *f* **3** SPORT tire-bouchon *m*

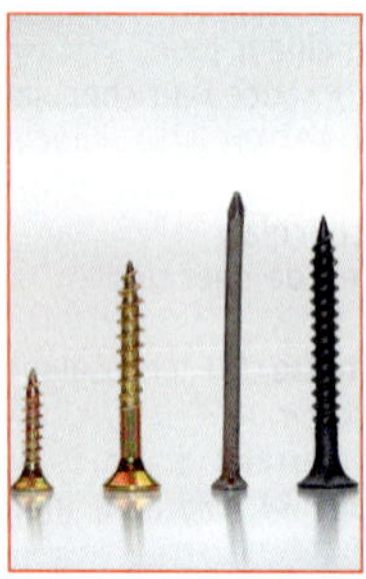

Schrauben — les vis (fpl)

Schraube — l'hélice (f)

schrauben **A** V/T **1** *(anschrauben, festschrauben)* visser (**an etw** *[akk]* à, sur qc) **2** *(abschrauben)* dévisser (**von** de) **3** *fig* **in die Höhe ~** (faire) monter; augmenter **B** V/R **sich in die Höhe ~** *Flugzeug* prendre de la hauteur

Schraubendreher M tournevis *m* **Schraubenschlüssel** M clé *f* (à écrous) **Schraubenzieher** M tournevis *m*

Schraubstock M étau *m* **Schraubverschluss** M fermeture *f* à vis **Schraubzwin-**

ge F serre-joint(s) *m*
Schrebergarten M jardin ouvrier
Schreck M peur *f*; frayeur *f*; **e-n ~ bekommen** s'effrayer; avoir peur; **j-m e-n ~ einjagen** faire peur à qn; effrayer qn; *umg* **ach du (mein) ~!** bonté divine!; grand Dieu!
schrecken A *geh* V/T effrayer B V/I (*aufschrecken*) sursauter (de peur) C V/R *österr* **sich ~** s'effrayer (**vor** [+ *dat*] de)
Schrecken M 1 (*Schreck*) frayeur *f*; (*Entsetzen*) épouvante *f*; terreur *f*; (*Angst*) peur *f*; *hum* **lieber ein Ende mit ~ als ein ~ ohne Ende** il vaut mieux en finir tout de suite; **mit dem ~ davonkommen** s'en tirer avec, en être quitte pour la peur 2 *geh* (*Schrecklichkeit*) horreur *f*; **ein Bild des ~s** une vision de cauchemar 3 *fig* (*gefürchtete Person*) terreur *f*
Schreckensherrschaft F régime *m*, règne *m* de la terreur **Schreckensschrei** M cri *m* d'horreur, de terreur
Schreckgespenst N spectre *m*
schreckhaft ADJ craintif; émotif
schrecklich A ADJ 1 terrible; (*erschreckend*) effrayant; (*entsetzlich*) terrifiant; épouvantable; *Anblick, Unfall* affreux; **wie ~!** quelle horreur! 2 *umg* **ein ~er Mensch** un type désagréable, antipathique 3 *umg fig* (*sehr groß*) terrible B ADV *umg fig* (*sehr*) terriblement; **~ viel Geld** énormément d'argent
Schreckschraube *umg* F chipie *f*; °harpie *f*; mégère *f* **Schreckschuss** M coup tiré en l'air (pour faire peur) **Schreckschusspistole** F pistolet *m* d'alarme **Schrecksekunde** F temps *m* de réaction
Schrei M cri *m*; *umg fig* **der letzte ~** le dernier cri
Schreibblock M bloc-notes *m*
Schreibe *umg* F (*Schreibstil*) façon *f*, manière *f* d'écrire
schreiben V/T u. V/I 1 écrire (**j-m** *od* **an j-n** à qn, **über etw** [*akk*] sur qc); *Rechnung* dresser; établir; *Wort* **mit ss ~** écrire avec deux s; **richtig, falsch ~** orthographier correctement, mal; **die Zeitung schreibt ...** on lit dans le journal ... 2 *geh* **man schrieb das Jahr 1918** on était en 1918
Schreiben N (*Brief*) lettre *f*; (*Schriftstück*) écrit *m*
Schreiber(in) M(F) auteur *m*
schreibfaul ADJ qui n'aime pas trop écrire
Schreibfehler M faute *f* d'orthographe
schreibgeschützt ADJT protégé contre l'écriture **Schreibheft** N cahier *m* **Schreibkraft** F dactylo(graphe) *f* **Schreibmappe** F nécessaire *m* à correspondance
Schreibmaschine F machine *f* à écrire; **mit der ~ schreiben** écrire, taper à la machine
Schreibmaschinenpapier N papier *m* (pour) machine (à écrire) **Schreibpapier** N papier *m* pour écrire **Schreibschrift** F écriture manuscrite **Schreibschutz** M IT protection *f* contre l'écriture
Schreibtisch M bureau *m* **Schreibtischgarnitur** F accessoires de bureau (coordonnés) **Schreibtischlampe** F lampe *f* de bureau **Schreibtischsessel** M fauteuil *m* de bureau **Schreibtischtäter** M cerveau *m* (d'une bande, *etc*); organisateur *m* (d'un crime de guerre, *etc*)
Schreibung F graphie *f*; (*Rechtschreibung*) orthographe *f*
Schreibunterlage F sous-main *m*
Schreibwaren FPL articles *mpl* de papeterie
Schreibwarengeschäft N papeterie *f*
Schreibwarenhändler(in) M(F) papetier, -ière *m,f* **Schreibwarenhandlung** F, **Schreibwarenladen** M papeterie *f*
Schreibweise F → Schreibung **Schreibzeug** N crayons *mpl*, stylos *mpl*, *etc*
schreien V/T u. V/I crier (*a. Tier*); pousser des cris; (*ausrufen*) s'écrier; *Esel* braire; *Eule* °hululer; **nach etw ~** réclamer qc à grands cris; *umg* **das ist zum Schreien!** *umg* c'est crevant!
schreiend ADJT *Farbe* criard; *Ungerechtigkeit* criant **Schreihals** *umg* M *umg* braillard(e) *m(f)*
Schreikrampf M cris convulsifs; **e-n ~ bekommen** (commencer à) pousser des cris hystériques
Schrein *geh* M *für Reliquien* reliquaire *m*; châsse *f*
Schreiner(in) M(F) menuisier, -ière *m,f*
Schreinerei F menuiserie *f*
schreiten *geh* V/I 1 marcher; **im Zimmer auf und ab ~** arpenter la pièce 2 *fig* **zu etw ~** passer, procéder à qc
schrickt → schrecken
schrie → schreien
schrieb → schreiben
Schrieb *umg* M *umg* bafouille *f*
Schrift F 1 (*Handschrift*) écriture *f* 2 (*Buchstabensystem*) alphabet *m*; **in arabischer ~** en caractères arabes 3 TYPO caractères *mpl*; lettres *fpl* 4 (*Schriftstück*) écrit *m*; (*Werk*) ouvrage *m*; **die Heilige ~** l'Écriture (sainte)
Schriftart F caractère *m* **Schriftbild** N *individuelles* graphisme *m*; TYPO typographie *f*
Schriftdeutsch N allemand écrit **Schriftführer(in)** M(F) secrétaire *m/f* **Schriftgelehrte(r)** M BIBEL scribe *m*; docteur *m* de la Loi **Schriftgrad** M, **Schriftgröße** F TYPO corps *m* (d'un caractère)
schriftlich A ADJ écrit; **die ~e Prüfung**, *umg* **das Schriftliche** les épreuves écrites; l'écrit *m* B ADV par écrit; *umg fig* **das kann ich dir ~ geben** tu peux y compter absolument; je te le

certifie
Schriftprobe F spécimen *m* d'écriture; TYPO spécimen *m* (de caractères) **Schriftrolle** F HIST rouleau *m* de parchemin, *etc* **Schriftsatz** M 1 TYPO composition *f* 2 JUR mémoire *m* **Schriftsetzer** M typographe *m* **Schriftsprache** F langue écrite **Schriftsteller(in)** M(F) écrivain *m*; homme *m*, femme *f* de lettres **Schriftstellerei** F métier *m*, profession *f* d'écrivain, d'homme de lettres **schriftstellerisch** A ADJ littéraire B ADV comme écrivain **Schriftstück** N pièce *f*; document *m* **Schrifttum** N littérature *f* **Schriftverkehr** M, **Schriftwechsel** M correspondance *f* **Schriftzeichen** N caractère *m*
schrill ADJ *Stimme, Ton, Schrei* aigu; perçant; strident (*a. Lachen*)
schrillen V/I rendre un son aigu, strident, perçant
Schrimps MPL crevettes *fpl*
schritt → schreiten
Schritt M 1 pas *m* (*a. Tanzschritt*); *fig* **den ersten ~ machen** faire le premier pas; **auf ~ und Tritt** à chaque pas; **~ für ~** pas à pas; *Auto* **(im) ~ fahren** rouler au pas; **mit schnellen ~en** d'un pas pressé; *fig* **mit etw ~ halten** suivre le rythme de qc; *fig* **mit der Entwicklung ~ halten** rester dans la course 2 *Entfernung* pas *m*; **nur ein paar ~(e) von hier entfernt** à deux pas d'ici 3 *fig* (*Maßnahme*) démarche *f*; mesure *f* 4 *e-r Hose* entrejambes *m*
Schrittgeschwindigkeit F **(mit) ~ fahren** rouler, aller au pas
Schrittmacher M 1 → Herzschrittmacher 2 RADSPORT entraîneur *m* 3 *fig* pionnier *m*
Schritttempo N **(im) ~ fahren** rouler au pas
schrittweise A ADJ progressif; lent B ADV pas à pas; progressivement
schroff ADJ 1 *Felsen* escarpé; abrupt 2 *Wesen* brusque; rude; *Ton* cassant; sec 3 (*unvermittelt*) brusque
schröpfen *umg* V/T saigner
Schrot M *od* N 1 (*Bleischrot*) (grenaille *f* de) plomb *m* 2 (*Getreideschrot*) blé, grain concassé 3 *fig* **ein Mann von echtem ~ und Korn** un homme (de) bien
schroten V/T concasser
Schrotflinte F fusil *m* de chasse **Schrotkugel** F plomb *m* (de chasse) **Schrotladung** F charge *f* de plomb
Schrott M 1 ferraille *f*; *von Maschinen, Autos* casse *f*; **e-n Wagen zu ~ fahren** *umg* casser une voiture 2 *umg* (*wertloses Zeug*) *umg* camelote *f*
Schrotthändler M ferrailleur *m* **Schrotthaufen** M tas *m* de ferraille (*a. fig Auto*) **Schrottplatz** M casse *f*; parc *m* à ferraille **schrottreif** ADJ bon pour la ferraille, la casse **Schrottwert** M prix *m* de la casse
schrubben V/T frotter (avec un balai-brosse); lessiver
Schrubber M balai-brosse *m*
Schrulle F lubie *f*; marotte *f*
schrullig ADJ bizarre; maniaque
schrump(e)lig *umg* ADJ ridé; ratatiné
schrumpeln *umg* V/I se rider; se ratatiner
schrumpfen V/I 1 se rétrécir (*a.* TECH); *Früchte* se rider; se ratatiner 2 *fig* (*abnehmen*) diminuer; *Einnahmen* s'amenuiser; *Kapital* s'amoindrir
Schrumpfkopf M tête réduite
Schub M 1 (*Schubkraft*) poussée *f* 2 *fig Personen etc* groupe *m*; *umg* fournée *f* 3 (*Krankheitsschub*) poussée *f*
Schubfach N tiroir *m* **Schubkarre(n)** M/F(M) brouette *f* **Schubkraft** F poussée *f* **Schublade** F tiroir *m*
Schubs *umg* M poussée *f*
schubsen *umg* V/T pousser; bousculer
schubweise ADV (*in Gruppen*) par (petits) groupes; *umg* par fournées; (*nach u. nach*) peu à peu; MED par poussées
schüchtern ADJ timide **Schüchternheit** F timidité *f*
schuf → schaffen
Schuft M canaille *f*; *umg* fripouille *f*
schuften *umg* V/I *umg* trimer; *umg* turbiner **Schufterei** *umg* F travail fou, *umg* dingue
Schuh M chaussure *f*; soulier *m*; **hohe ~e** chaussures montantes; **sich** (*dat*) **die ~e anziehen (ausziehen)** se (dé)chausser; mettre (enlever) ses chaussures; *umg fig* **j-m etw in die ~e schieben** mettre qc sur le dos de qn; *umg fig* **sie weiß, wo ihn der ~ drückt** elle sait où le bât blesse, chez lui
Schuhabsatz M talon *m* **Schuhanzieher** M chausse-pied *m* **Schuhbürste** F brosse *f* à chaussures **Schuhcreme** F cirage *m* **Schuhgeschäft** N magasin *m* de chaussures
Schuhgröße F pointure *f*; **~ 39 haben** chausser, faire du 39; **welche ~ haben Sie?** quelle pointure faites-vous?
Schuhkarton M carton *m*, boîte *f* à chaussures **Schuhlöffel** M chausse-pied *m* **Schuhmacher** M cordonnier *m* **Schuhmacherei** F cordonnerie *f* **Schuhplattler** M *danse folklorique tyrolienne, bavaroise* **Schuhputzer** M cireur *m* **Schuhriemen** M *regional* lacet *m* **Schuhschachtel** F carton *m*, boîte *f* à chaussures **Schuhschrank** M placard *m* **Schuhsohle** F semelle *f* **Schuhspanner** M embauchoir *m* **Schuhspitze** F bout *m*

S

(de chaussure) **Schuhwerk** N chaussures *fpl*
Schukostecker® M ELEK fiche *f* avec terre
Schulabgänger(in) M(F) élève *m/f* ayant terminé sa scolarité **Schulabschluss** M diplôme *m* de fin d'études **Schulamt** N *etwa* inspection *f* académique **Schulanfang** M *nach den Ferien* rentrée *f* (scolaire, des classes); *am Morgen* début *m* des (heures de) cours **Schulanfänger(in)** M(F) enfant *m/f* nouvellement scolarisé(e) **Schulangst** F peur *f* de l'école **Schularbeit** F 1 (*Hausaufgabe*) devoir *m* 2 *österr* → Klassenarbeit **Schulaufgabe** F 1 (*Hausaufgabe*) devoir *m* 2 *in Bayern* → Klassenarbeit **Schulausflug** M excursion *f* scolaire
Schulbank F banc *m* d'école; *umg* **die ~ drücken** user ses fonds de culotte sur les bancs de l'école
Schulbeginn M → Schulanfang **Schulbeispiel** N exemple *m* classique, typique (**für** de) **Schulbesuch** M fréquentation *f* scolaire; scolarité *f* **Schulbibliothek** F bibliothèque *f* (de l'école); *in Frankreich a.* centre *m* de documentation et d'information **Schulbildung** F formation *f* scolaire **Schulbrot** N casse-croûte *m*; *in der Schule, nachmittags* goûter *m* **Schulbuch** N livre *m*, manuel *m* scolaire; livre *m* de classe **Schulbuchverlag** M maison *f* d'édition de livres, manuels scolaires **Schulbus** M car *m* de ramassage scolaire **Schulchor** M chorale *f* (d'une *bzw.* de l'école)
Schuld F 1 (*Geldschuld*) dette *f*; **~en machen** faire, contracter des dettes; **bei j-m 1000 Euro ~en haben** devoir 1000 euros à qn; *geh* **ich stehe** *od* **bin tief in Ihrer ~** je vous suis infiniment obligé 2 (*Verantwortlichkeit*) faute *f*; responsabilité *f*; (*Unrecht*) tort *m*; culpabilité *f* (*a.* JUR); **wer hat ~?, wessen ~ ist es?** à qui la faute?; **an etw** (*dat*) **~ haben** *od* **schuld sein** être responsable de qc; **es ist meine ~, ich habe ~** c'est (de) ma faute; **ich bin schuld daran, dass …** c'est par ma faute que …; **j-m die ~ für etw geben** rendre qn responsable de qc; **die ~ auf j-n schieben, j-m die ~ zuschieben** rejeter la faute sur qn
Schuldbekenntnis N aveu *m* **schuldbewusst** ADJ qui se sent coupable; *Miene* contrit **Schuldbewusstsein** N conscience *f* de sa (propre) faute *od* culpabilité
schulden V/T **j-m etw ~** devoir qc à qn (*a. fig*)
Schuldenberg *umg* M montagne *f* de dettes **Schuldenerlass** M remise *f* de dettes **schuldenfrei** ADJ sans dettes; *Haus* non hypothéqué **Schuldenlast** F (poids *m* des) dettes *fpl*
Schuldfähigkeit F JUR responsabilité pénale; **verminderte ~** responsabilité atténuée
Schuldfrage F question *f* de culpabilité, de responsabilité **Schuldgefühl** N sentiment *m* de culpabilité **Schuldgeständnis** N aveu *m* **schuldhaft** ADJ coupable; fautif
Schuldienst M enseignement *m*
schuldig ADJ 1 coupable; fautif; (*verantwortlich*) responsable; **für ~ erklären, ~ sprechen** déclarer coupable; **sich e-s Verbrechens ~ machen** se rendre coupable d'un crime; **j-m etw ~ sein** devoir qc à qn (*a. fig*); **j-m etw ~ bleiben** avoir encore une dette auprès de qn; être encore redevable à qn de qc 2 *geh* (*gebührend*) dû
Schuldige(r) M/F(M) coupable *m/f*
Schuldigkeit F devoir *m*; **nur s-e (Pflicht und) ~ tun** ne faire que son devoir
schuldigsprechen V/T déclarer coupable
Schuldkomplex M PSYCH complexe *m* de culpabilité
schuldlos ADJ **an etw** (*dat*) **~ sein** ne pas être coupable de qc
Schuldner(in) M(F) débiteur, -trice *m,f*
Schuldschein M titre *m* de créance; *privatrechtlicher* reconnaissance *f* de dette **Schuldspruch** M verdict *m* de culpabilité **Schuldverschreibung** F FIN obligation *f* **Schuldzuweisung** F accusation *f*
Schule F 1 école *f*; (*Unterricht*) cours *mpl*; classe *f*; **höhere ~** collège *m*; lycée *m*; **in die** *od* **zur ~ gehen** aller à l'école, en cours *bzw.* en classe; **in die ~ kommen** (*eingeschult werden*) être scolarisé 2 *fig* école *f* **~ machen** faire école
schulen V/T *Person* former; *Fähigkeit, Auge, Ohr* exercer
Schulenglisch N anglais *m* scolaire
Schüler M 1 élève *m* 2 *fig* élève *m*; (*Anhänger*) disciple *m* **Schüleraustausch** M échange *m* scolaire **Schülerausweis** M carte *f* d'identité scolaire
Schülerin F 1 élève *f* 2 *fig* élève *f*; (*Anhängerin*) disciple *f*
Schülerkarte F *Bus etc* carte *f* (d'abonnement pour scolaires); THEAT billet *m* de faveur, de réduction, à prix réduit pour élèves **Schülerlotse** M élève chargé de faire traverser les autres élèves devant une école **Schülermitverwaltung** F 1 *Tätigkeit* participation *f* des élèves à la vie administrative des établissements scolaires 2 *Gremium etwa* délégués *mpl* de classe **Schülerschaft** F (tous les) élèves **Schülersprache** F argot *m* scolaire **Schülerstreich** M tour *m* (de collégien) **Schülerstreik** M grève *f* des élèves **Schülervertretung** F représentants *mpl* des élèves **Schülerzeitung** F journal *m* des élèves
Schulfach N discipline *f*; matière *f* **Schul-**

feier F fête *f* scolaire, de l'école **Schulferien** PL vacances *fpl* scolaires **Schulfest** N → Schulfeier **Schulfranzösisch** N français *m* scolaire

schulfrei ADJ *Tag* de congé; **heute ist ~** il n'y a pas cours *bzw.* classe aujourd'hui

Schulfreund(in) M(F) camarade *m/f* d'école **Schulfunk** M radio *f* scolaire **Schulgebäude** N bâtiment *m* scolaire; école *f*

Schulgelände N (enceinte *f* de l')établissement *m* scolaire; **auf dem ~** dans tout l'établissement scolaire

Schulgeld N frais *mpl* de scolarité **Schulgesetz** N loi *f* scolaire **Schulgottesdienst** M office religieux scolaire **Schulhaus** N école *f* **Schulheft** N cahier *m* d'écolier **Schulhof** M cour *f* de l'école

schulisch ADJ scolaire

Schuljahr N **1** *Zeitraum* année *f* scolaire **2** *Klasse* classe *f* **Schuljunge** M écolier *m* **Schulkamerad(in)** M(F) camarade *m/f* d'école **Schulkind** N écolier, -ière *m,f* **Schulkindergarten** M école maternelle **Schulklasse** F classe *f* **Schulkonferenz** F *conseil réunissant élèves, parents d'élèves et enseignants d'un établissement* **Schullandheim** N *etwa* classe verte **Schulleiter(in)** M(F) directeur, -trice *m,f* (d'école); *e-s Gymnasiums* proviseur *m* **Schulleitung** F direction *f* (d'un établissement scolaire) **Schulmädchen** N écolière *f* **Schulmappe** F cartable *m*; sac *m* d'école **Schulmedizin** F médecine officielle **Schulmeister** M **1** *umg hum* maître *m* d'école **2** *pej* pédant *m* **Schulorchester** N orchestre *m* d'une école, d'un lycée, *etc* **Schulordnung** F règlement intérieur d'une école **Schulpflicht** F enseignement *m*, scolarité *f* obligatoire **schulpflichtig** ADJ soumis à l'enseignement obligatoire; *Kind* en âge d'aller à l'école **Schulpsychologe** M, **Schulpsychologin** F psychologue *m/f* scolaire **Schulranzen** M cartable *m* **Schulrat** M, **Schulrätin** F *etwa* inspecteur, -trice *m,f* (de l'enseignement) primaire **Schulräume** MPL locaux *mpl* scolaires **Schulrecht** N droit *m* scolaire **Schulreform** F réforme *f* scolaire **Schulsachen** FPL affaires *fpl* (de cours, *für die Grundschule* d'école) **Schulschiff** N navire-école *m* **Schulschluss** M sortie *f* des classes **Schulspeisung** F restauration *f* scolaire; demi-pension *f* **Schulsport** M sport *m* scolaire **Schulsprecher(in)** M(F) délégué(e) *m(f)* des élèves **Schulstress** M stress *m* scolaire **Schulstunde** F heure *f* de cours *bzw.* de classe **Schulsystem** N système *m* scolaire, d'enseignement **Schultafel** F tableau (noir) **Schultag** M jour *m* de classe, d'école **Schultasche** F → Schulranzen

Schulter F épaule *f*; **breite ~n haben** être large d'épaules; **~ an ~** coude à coude (*a. fig*); **mit den ~n zucken** °hausser les épaules; **j-m die kalte ~ zeigen** battre froid à qn; **etw auf die leichte ~ nehmen** prendre qc à la légère

Schulterblatt N omoplate *f* **schulterfrei** ADJ *Kleid* qui dégage les épaules **Schultergurt** M bretelle *f* **schulterlang** ADJ *Haar* qui tombe sur les épaules

schultern V/T mettre sur l'épaule

Schulterpolster N épaulette *f* **Schulterriemen** M bretelle *f* **Schultertasche** F sac *m* en bandoulière; sacoche *f* **Schulterwurf** M RINGEN tombé *m*

Schultüte F *gros cornet de sucreries offert aux enfants pour leur premier jour de classe* **Schultyp** M type *m* d'établissement scolaire

Schulung F **1** *e-r Person* formation *f* **2** → Lehrgang

Schulunterricht M enseignement *m* scolaire **Schulversagen** N échec *m* scolaire **Schulverwaltung** F administration *f* des établissements scolaires **Schulwanderung** F → Schulausflug **Schulwechsel** M changement *m* d'établissement (scolaire) **Schulweg** M chemin *m* de l'école **Schulwesen** N enseignement *m* **Schulwissen** N savoir *m*, connaissances *fpl* scolaire(s) **Schulzahnarzt** M dentiste *m* scolaire **Schulzeit** F scolarité *f* **Schulzentrum** N complexe *m* scolaire **Schulzeugnis** N bulletin *m* scolaire **Schulzimmer** N salle *f* de cours *bzw.* classe

schummeln *umg* V/I tricher

schumm(e)rig *umg* ADJ *Licht* faible; pâle; *Raum* sombre

Schund M *pej umg* camelote *f*; *plus fort umg* saleté *f*; *Roman, Film* œuvre *f* minable; mauvais roman, film

schunkeln V/I se balancer (*bras dessus, bras dessous au rythme d'une musique*)

Schuppe F ZOOL, BOT écaille *f*; *auf dem Kopf* pellicule *f*

schuppen **A** V/T *Fisch* écailler **B** V/R **sich ~** *Haut* se desquamer

Schuppen M **1** *für Wagen, Geräte* remise *f* **2** *umg* (*Lokal*) boîte *f*

Schuppenflechte F psoriasis *m*

Schur F tonte *f*

schüren V/T attiser (*a. fig*)

schürfen **A** V/T *Gold etc* extraire **B** V/I BERGBAU fouiller **C** V/R **sich ~, sich** (*dat*) **die Haut ~** s'écorcher; s'érafler

Schürfwunde F écorchure *f*

S

Schürhaken M tisonnier *m*

Schurke M canaille *f*; crapule *f*

Schurwolle F laine *f* vierge

Schurz M tablier *m* (de cuir); (*Lendenschurz*) pagne *m*

Schürze F tablier *m*

schürzen V/T *Rock* trousser

Schürzenjäger *umg* M coureur *m* de jupons

Schuss M 1 coup *m* (de feu, de canon, *etc*) (**auf** [+ *akk*] sur); **e-n ~ abgeben** tirer un coup (de feu); **fünf ~ Munition** cinq balles *fpl*; *umg fig* **ein ~ in den Ofen** *umg* un bide; *umg fig* **der ~ ging nach hinten los** cela a produit l'effet contraire; *umg fig* **er ist keinen ~ Pulver wert** il ne vaut pas la corde pour le pendre; *umg fig* **weit(ab) vom ~ sein** être loin du danger 2 *Menge* goutte *f*; doigt *m*; **ein ~** *Rum, Whisky etc* une rasade de; *Essig* un filet de; **ein(e) Cola mit ~** un coca avec un peu de cognac, de rhum, *etc* 3 *Drogenjargon* shoot *m* 4 SKISPORT **~ fahren** descendre (en) schuss 5 FUSSBALL tir *m* (**aufs Tor** au but); shoot *m* 6 *umg* **gut in ~** en bon état; *umg* **in ~ bringen** mettre en train, sur pied

Schussel *umg* M étourneau *m*; tête *f* de linotte

Schüssel F *flache* plat *m*; (*Salatschüssel*) saladier *m*; (*Suppenschüssel*) soupière *f*

schusselig *umg* ADJ écervelé; étourdi **Schusseligkeit** *umg* F étourderie *f*

Schussfahrt F SKISPORT schuss *m*

Schusslinie F ligne *f* de tir; *fig* **in die ~ geraten** devenir la cible de la critique

Schussverletzung F blessure *f* par balle **Schusswaffe** F arme *f* à feu **Schusswechsel** M échange *m* de coups de feu

Schuster M cordonnier *m*

Schutt M décombres *mpl*; (*Bauschutt*) gravats *mpl*; **~ abladen verboten!** défense de déposer des ordures!; *geh* **in ~ und Asche liegen** être complètement détruit

Schuttabladeplatz M décharge *f*

Schüttelfrost M frissons *mpl*

schütteln A V/T secouer; *Gefäß* agiter; **der Ekel schüttelte mich** je tremblais de dégoût B V/UNPERS **es schüttelt mich vor Kälte** je tremble, frissonne de froid C V/R **sich ~** se secouer; **sich vor Lachen ~** se tordre de rire

schütten A V/T *Flüssigkeit* verser (**in** [+ *akk*] dans); *Sand* jeter; mettre B V/R **sich** (*dat*) **Saft über die Hose ~** renverser du jus sur son pantalon C V/UNPERS *umg* **es schüttet** il tombe des cordes

schütter ADJ clairsemé

Schuttplatz M décharge *f*

Schutz M protection *f* (**vor** [+ *dat*] contre); (*Obhut*) sauvegarde *f*; (*Zuflucht*) abri *m*; refuge *m*; **zum ~e** (+ *gen*) pour protéger le *bzw.* la *bzw.* les …; **j-n (vor j-m, etw) in ~ nehmen** défendre qn (contre qn, qc); **vor j-m, etw ~ suchen** chercher (un) refuge contre qn, qc; chercher (un) abri contre qc; **im ~(e) der Nacht** à la faveur de la nuit

Schutzanstrich M enduit protecteur, de protection **Schutzanzug** M vêtement protecteur, de protection **schutzbedürftig** ADJ qui a besoin de protection **Schutzblech** N garde-boue *m* **Schutzbrief** M AUTO assurance *f* multirisque **Schutzbrille** F lunettes *fpl* de protection

Schütze M 1 tireur *m*; (*Torschütze*) marqueur *m*; *im Schützenverein* membre *m* d'un club de tir 2 ASTROL Sagittaire *m*

Schütze — le marqueur

Schütze — le Sagittaire

schützen A V/T protéger (**vor etw, j-m** contre *od* de qc, qn); (*bewahren*) garantir (de qc, qn); *durch Vorsicht* préserver (de qc); *Bürger, Leben* sauvegarder; **vor Nässe, Licht ~!** tenir à l'abri de l'humidité, de la lumière B V/I **das schützt vor Kälte** cela protège du *od* contre le froid C V/R **sich (vor etw, j-m) ~** se protéger (contre *od* de qc, qn)

Schützenbruder M membre *m* d'un *bzw.* du même club de tir **Schützenfest** N 1 *fête organisée par un club de tir avec concours de tir* 2 *fig* SPORT festival *m* de buts

Schutzengel M ange gardien

Schützengraben M tranchée *f*

Schützenhilfe *umg* F soutien *m*; **j-m ~ geben** épauler qn

Schützenkönig M champion *m* de tir (*lors de la fête des clubs de tir*) **Schützenverein** M club *m* de tir

Schutzfilm M couche *f* de protection **Schutzgebühr** F contribution *f* symbolique **Schutzgeld** N argent *m* du racket **Schutzgelderpressung** F racket *m* **Schutzgitter** N grille *f* de protection **Schutzgott** M, **Schutzgöttin** F dieu *m*, déesse *f* tutélaire **Schutzhandschuh** M gant protecteur **Schutzheilige(r)** M/F(M) patron, -onne *m,f* **Schutzhelm** M casque (protecteur) **Schutzherr(in)** M(F) protecteur, -trice *m,f* **Schutzherrschaft** F protectorat *m* **Schutzhülle** F °housse *f* **Schutzhütte** F refuge *m*; abri *m* **Schutzimpfung** F vaccination préventive

Schützin F tireuse *f*

Schutzkleidung F vêtements *mpl* de protection

Schützling M protégé(e) *m(f)*

schutzlos ADJ sans protection, défense

Schutzmann *umg* M agent *m* (de police) **Schutzmaßnahme** F mesure *f* de protection **Schutzpatron(in)** M(F) patron, -onne *m,f* **Schutzschicht** F couche protectrice **Schutzschild** M bouclier *m* **Schutzumschlag** M couvre-livre *m*

schwabb(e)lig *umg* ADJ *Körperteil* flasque; *Pudding* gélatineux

schwabbeln *umg* VI ballotter

Schwabe M Souabe *m*

schwäbeln VI parler le dialecte souabe; (*mit schwäbischem Akzent sprechen*) avoir l'accent souabe

Schwaben N la Souabe

Schwäbin F Souabe *f* **schwäbisch** ADJ souabe

schwach A ADJ 1 faible; (*kraftlos*) frêle; défaillant; **~ werden** s'affaiblir; *fig* (*schwanken*) *umg* flancher; (*nachgeben*) craquer 2 (*schlecht*) faible; *Gedächtnis, Augen* mauvais; *Herz* faible; *Motor* peu puissant; *Brille* pas fort; *fig Film, Buch, Ergebnis* médiocre; *Schüler* faible; *umg fig* **das ist aber ein ~es Bild!** c'est bien décevant 3 (*gering*) faible (*a. Puls, Atem*); **schwächer werden** *Stimme, Ton* s'affaiblir; faiblir; *Atem, Puls* ralentir 4 *Getränk* pas fort; *Kaffee, Tee* léger; *Gift* faible 5 GRAM régulier B ADV 1 faiblement; **sich nur ~ wehren** ne se défendre qu'à moitié 2 (*schlecht*) assez mal 3 (*gering*) peu; **~ besucht sein** avoir attiré peu de visiteurs; *Ausstellung etc* être peu fréquenté

Schwäche F 1 faiblesse *f* (*a. fig*); (*Kraftlosigkeit*) défaillance *f* 2 (*schwache Seite*) point *m* faible 3 (*Vorliebe*) faible *m* (**für** pour)

Schwächeanfall M malaise *m*; défaillance *f*; faiblesse *f*

schwächeln *umg* VI donner des signes de faiblesse

schwächen VT affaiblir (*a. fig*)

Schwachheit F faiblesse *f*

Schwachkopf *umg* M *umg* abruti *m*

schwächlich ADJ faible; *gesundheitlich* fragile; (*kränklich*) chétif **Schwächling** M *pej* mauviette *f*

Schwachpunkt M défaut *m*; point *m* faible **Schwachsinn** M 1 MED débilité mentale 2 *umg* (*Unsinn*) âneries *fpl* **schwachsinnig** ADJ MED, *umg* (*unsinnig*) débile **Schwachstelle** F point *m* faible **Schwachstrom** M courant *m* (à) basse tension

Schwächung F affaiblissement *m*

schwachwerden VI → schwach A 1

Schwaden M nuage *m*

schwadronieren VI *pej* pérorer

schwafeln *umg* VT *u.* VI radoter

Schwager M beau-frère *m*

Schwägerin F belle-sœur *f*

Schwalbe F 1 ZOOL hirondelle *f*; *sprichw* **e-e ~ macht noch keinen Sommer** *sprichw* une hirondelle ne fait pas le printemps 2 *fig* FUSSBALL simulation *f*

Schwalbennest N nid *m* d'hirondelle

Schwall M flot *m* (*a. fig*)

schwamm → schwimmen

Schwamm M 1 ZOOL, (*Putzschwamm*) éponge *f*; *umg fig* **~ drüber!** passons l'éponge! 2 *südd, österr* (*Pilz*) champignon *m*

Schwammerl *bayrisch* M, *österr* N champignon *m*

schwammig ADJ 1 spongieux 2 *fig* (*aufgedunsen*) bouffi 3 *fig pej* (*unklar*) flou; vague

Schwammtuch N carré *m* vaisselle

Schwan M cygne *m*; *umg hum* **mein lieber ~!** *erstaunt* eh bien, mon vieux!; *drohend* (toi, mon vieux,) tu vas voir!

schwand → schwinden

schwanen *umg* VI **mir schwant etwas** j'ai le pressentiment de qc

schwang → schwingen

schwanger ADJ enceinte (**von j-m** de qn); **sie ist im sechsten Monat ~** elle est enceinte de cinq mois (! anders als bei uns zählt man in Frankreich nur die abgeschlossenen Monate)

Schwangere F femme enceinte

Schwangerenberatung F consultation *f* de maternité

schwängern VT mettre, rendre enceinte

Schwangerschaft F grossesse *f*

Schwangerschaftsabbruch M interruption *f* volontaire de grossesse; IVG *f* **Schwangerschaftsgymnastik** F gymnastique prénatale **Schwangerschaftsstreifen**

M vergeture *f* **Schwangerschaftstest** M test *m* de grossesse
Schwank M 1 THEAT farce *f* 2 *(lustige Geschichte)* histoire *f* drôle
schwanken V/I 1 *(wanken)* vaciller; tituber; chanceler; *Boot, Zweig* se balancer 2 *Preise, Temperatur* varier 3 *fig (zögern)* hésiter
schwankend ADJT 1 vacillant; chancelant *(beide a. fig)* 2 *(unentschlossen)* indécis; hésitant
Schwankung F 1 vacillement *m (a. fig)* 2 *(Veränderung)* variation *f*; oscillation *f*; *der Preise a.* fluctuation *f*
Schwanz M queue *f (a. sl fig Penis)*; *umg fig* **den ~ einziehen** en rabattre; *umg fig* **j-m auf den ~ treten** marcher sur les pieds de qn; *umg fig* **kein ~** pas un chat
schwänzeln V/I *Hund* remuer la queue
schwänzen *umg* V/T *umg* sécher
Schwanzfeder F plume *f* de la queue **Schwanzflosse** F nageoire caudale
schwappen V/I **(hin und her) ~** clapoter; **aus etw ~** déborder de qc
Schwarm M 1 *von Bienen, Kindern* essaim *m*; *von Insekten, Personen* nuée *f*; *von Vögeln* volée *f*; vol *m*; *von Fischen* banc *m* 2 *umg fig (Angebetete[r]) umg* béguin *m*; coqueluche *f*
schwärmen V/I 1 *Bienen* essaimer 2 *Insekten, Vögel* voler; **für j-n, etw ~** s'enthousiasmer pour qn, qc; **von etw ~** s'extasier sur qc
Schwärmerei F enthousiasme *m* (**für** pour)
schwärmerisch ADJ 1 *(überschwänglich)* exalté; *(zu gefühlsbetont)* romanesque 2 *(begeistert)* enthousiaste
Schwarte F 1 *(Speckschwarte)* couenne *f*; *umg fig (Haut)* peau *f* 2 *umg Buch umg* gros bouquin; pavé *m*
schwarz ADJ 1 noir *(a. Hautfarbe, fig)*; **das Schwarze Meer** la mer Noire; **~ werden** se noircir; **mir wurde ~ vor den Augen** j'ai eu un éblouissement; *umg da kann er warten,* **bis er ~ wird** *umg* jusqu'à la saint-glinglin; **~ auf weiß** noir sur blanc 2 *(illegal)* illégal; *Kasse, Markt* noir 3 *umg fig (konservativ)* conservateur 4 → schwarzärgern, schwarzmalen, schwarzsehen *etc*
Schwarz N noir *m*; couleur noire **Schwarzafrika** N l'Afrique noire **Schwarzarbeit** F travail *m* au noir
schwarzarbeiten V/I travailler au noir
Schwarzarbeiter M travailleur *m* au noir
schwarzärgern *umg* V/R **sich ~** *umg* être furax, furibard
Schwarzbrot N pain noir
Schwarze(r) M/F(M) *(Schwarzhäutige[r])* Noir(e) *m(f)*
Schwarze(s) N 1 *Farbe* noir *m*; **ins Schwarze treffen** mettre dans le mille; faire mouche *(a. fig)* 2 **das kleine Schwarze** la petite robe noire
Schwärze F noir *m*
schwärzen V/T noircir
schwarzfahren V/I voyager sans billet; resquiller
Schwarzfahrer(in) M(F) voyageur, -euse *m,f* sans billet; resquilleur, -euse *m,f* **Schwarzgeld** N argent *m* sale **schwarzhaarig** ADJ aux cheveux noirs **Schwarzhandel** M marché noir; trafic *m* (**mit** de) **Schwarzhändler** M trafiquant *m* **Schwarzhörer** M auditeur *m* qui n'a pas payé sa redevance
schwärzlich ADJ noirâtre
schwarzmalen V/I voir tout en noir; être pessimiste
Schwarzmarkt M marché noir
schwarzsehen V/I 1 TV resquiller; regarder la télévision sans payer sa redevance 2 *(pessimistisch sein)* voir tout en noir; être pessimiste
Schwarzseher M 1 pessimiste *m* 2 TV téléspectateur *m* qui n'a pas payé sa redevance; resquilleur *m*
Schwarzwald **der ~** la Forêt-Noire
Schwarzwälder ADJ **~ Kirschtorte** gâteau *m* forêt-noire
schwarzweiß ADJ noir et blanc
Schwarzweißfernsehgerät N téléviseur noir et blanc **Schwarzweißfilm** M FOTO pellicule *f* en noir et blanc; KINO film *m* en noir et blanc **Schwarzweißfoto(grafie)** N(F) photo(graphie) *f* en noir et blanc
schwarzwerden V/I → schwarz 1
Schwarzwurzel F salsifis *m*
Schwatz *umg* M *umg* causette *f*
schwatzen, schwätzen V/T *u.* V/I bavarder *(a. pej)*; papoter; *pej* jaser (**über** [+ *akk*] de, sur)
Schwätzer(in) M(F) *pej* bavard(e) *m(f)*
schwatzhaft ADJ *pej* bavard
Schwebe F **in der ~ sein** être en suspens
Schwebebahn F *(Hängebahn)* monorail suspendu; *(Seilschwebebahn)* téléférique *m* **Schwebebalken** M poutre horizontale
schweben V/I 1 *in der Luft* planer; *im Wasser* flotter; *im Raum* être suspendu 2 *fig* **in Gefahr** *(+ dat)* **~** être en danger; JUR **~des Verfahren** procès pendant, en suspens
Schwede M, **Schwedin** F Suédois(e) *m(f)* **Schweden** N la Suède **schwedisch** ADJ suédois
Schwefel M soufre *m* **schwefelhaltig** ADJ sulfureux
schwef(e)lig ADJ sulfureux
schwefeln V/T soufrer
Schwefelsäure F acide *m* sulfurique

Schweif M *geh (Schwanz)* queue *f (a. fig e-s Kometen)*
schweifen *geh* VI *Blick* errer; **s-e Gedanken ~ lassen** laisser vagabonder sa pensée
Schweigegeld N pot-de-vin *m* (pour acheter le silence de qn) **Schweigemarsch** M marche silencieuse **Schweigeminute** F minute *f* de silence
schweigen VI se taire (**über etw** *[akk]* sur qc); *fig (verstummen)* se taire; cesser; **die ~de Mehrheit** la majorité silencieuse; **ganz zu ~ von …** sans parler de …
Schweigen N silence *m*; *(Nichtredenwollen)* mutisme *m*; **zum ~ bringen** faire taire; réduire au silence; **sein ~ brechen** rompre le silence
Schweigepflicht F secret professionnel
schweigsam ADJ silencieux; taciturne
Schwein N **1** cochon *m*; porc *m* (*a.* GASTR) **2** *umg fig (schmutziger, unanständiger Mensch) umg* cochon, -onne *m,f*; *(gemeiner Mensch) sl* salaud *m* **3** *umg (Mensch)* **kein ~** personne; pas un chat; **armes ~** *umg* pauvre type **4** *umg (Glück) umg* veine *f*; **~ haben** *umg* avoir du pot, de la veine
Schweinebauch M poitrine *f* de porc **Schweinebraten** M rôti *m* de porc **Schweinefilet** N filet *m* de porc **Schweinefleisch** N porc *m*
Schweinegeld *umg* N **ein ~ verdienen** gagner gros, un argent fou
Schweinehirt M porcher *m*
Schweinehund *sl* M *sl* salaud *m*; *umg hum* **ich kann meinen inneren ~ nicht überwinden** je n'arrive pas à me dominer
Schweinepest F peste porcine
Schweinerei *umg* F **1** *(Schmutz) umg* cochonnerie *f* **2** *fig (Gemeinheit) umg* saloperie *f*; *umg* vacherie *f* **3** *(Zote, unanständige Handlung) umg* cochonnerie *f*
Schweineschmalz N saindoux *m* **Schweineschnitzel** N escalope *f* de porc **Schweinestall** M porcherie *f* (*a. fig*) **Schweinezucht** F élevage *m* de porcs
Schweinigel *umg* M *a. fig umg* cochon *m*
schweinisch *umg* ADJ *umg* cochon
Schweinsgalopp *umg hum* M **im ~** au galop; *fig* à la va-vite
Schweinshachse, *südd* **Schweinshaxe** F jambonneau *m* **Schweinsleder** N peau *f* de porc
Schweiß M sueur *f* (*a. fig*); **in ~ gebadet sein** être en nage; **ihm steht der ~ auf der Stirn** la sueur perle, coule sur son front
Schweißausbruch M transpiration abondante **Schweißband** N **1** *im Hut* cuir intérieur **2** *am Arm* bracelet *m* **Schweißbrenner** M chalumeau *m* **Schweißdrüse** F glande *f* sudoripare
schweißen VT souder
Schweißer M soudeur *m*
Schweißfuß M **Schweißfüße haben** transpirer des pieds
schweißgebadet ADJT baigné de sueur; en nage **Schweißgerät** N poste *m* de soudage **Schweißgeruch** M odeur *f* de transpiration, de sueur **Schweißnaht** F TECH soudure *f* **Schweißperle** F goutte *f* de sueur **schweißtreibend** ADJT qui fait transpirer
Schweiz die (deutsche, französische) ~ la Suisse (allemande, romande)
Schweizer[1] M Suisse *m*
Schweizer[2] ADJ suisse; **~ Käse** fromage *m* suisse; *(Emmentaler)* emmenthal *m*
schweizerdeutsch ADJ suisse-allemand **Schweizergarde** F *des Papstes* garde *f* suisse
Schweizerin F Suisse *od* Suissesse *f* **schweizerisch** ADJ suisse
Schwelbrand M feu couvant (sous la cendre)
schwelen VI couver (*a. fig*)
schwelgen VI **1** *im Essen, Trinken* se régaler (**in** *[+ dat]* de) **2** *fig* **in etw** *(dat)* **~** se complaire dans qc
Schwelle F seuil *m* (*a. fig*); *(Bahnschwelle)* traverse *f*
schwellen **A** *geh* VT *Segel etc* gonfler **B** VI → anschwellen
Schwellenangst F appréhension *f* **Schwellenland** N pays nouvellement industrialisé
Schwellkörper M corps caverneux, érectile
Schwellung F enflure *f*
Schwemme F surplus *m*, excès *m* (**an** *[+ dat]* de)
schwemmen VT *(anschwemmen)* déposer; *(fortschwemmen)* emporter
Schwengel M *(Pumpenschwengel)* bras *m*; *(Glockenschwengel)* battant *m*
Schwenk M **1** *(Umschwung)* virage *m* **2** FILM, TV panoramique *m* **schwenkbar** ADJ orientable; tournant **Schwenkbraten** M grillade *f*
schwenken **A** VT **1** *Hut, Fahne* agiter; TECH faire pivoter; *Kamera* tourner; orienter **2** *(spülen)* rincer **B** VI **nach links ~** tourner vers la gauche
schwer **A** ADJ **1** *im Gewicht* lourd (*a. fig*); *Motorrad, Gepäck* gros; **zwei Kilo ~ sein** peser deux kilos **2** *(schwierig)* difficile; *(anstrengend)* fatigant; *(hart)* dur; rude; *Arbeit* pénible **3** *(schlimm)* grave; *Verbrechen* capital; *Schicksal* cruel; *Strafe* sévère; lourd; *Zeiten* dur; difficile; *Enttäuschung, Gewitter, Schnupfen* gros; *Schock* dur; *fig Speise* lourd **B** ADV **1** lourdement; **~ beladen** lourdement chargé;

~ **tragen, heben** porter, soulever qc de lourd **2** *(schwierig)* difficilement; **es ~ (mit j-m, etw) haben** avoir du mal (avec qn, qc); **es j-m ~ machen** rendre la tâche *od* la situation difficile à qn; **es sich** *(dat)* **~ machen** se compliquer la vie; **~ verdaulich** indigeste *(a. fig)*; → schwerfallen, schwernehmen **3** *(mühsam)* difficilement; avec peine; **~ arbeiten** travailler dur; → schwertun **4** *(ernstlich)* gravement; **~ krank** gravement, sérieusement malade; **~ beschädigt** très endommagé; **~ verletzt, verwundet** grièvement blessé; **~ behindert** → schwerbehindert **5** *(sehr)* beaucoup; énormément; **~ bewaffnet** armé jusqu'aux dents; **~ bestrafen** punir sévèrement; *umg* **~ aufpassen** *umg* faire très attention; *umg* **sie ist ~ in Ordnung** *umg* elle est vachement bien

Schwerarbeit F travail *m* de force **Schwerarbeiter** M travailleur *m* de force **Schwerathletik** F *(Gewichtheben)* haltérophilie *f*; *(Ringen)* lutte *f*; *(Boxen)* boxe *f*

schwerbehindert ADJT invalide; **~ sein** être un invalide (du travail), un infirme civil

Schwerbehinderte(r) M/F(M) grand(e) invalide *m/f* (du travail); infirme civil **Schwerbehindertenausweis** M ADMIN carte *f* d'invalidité **schwerbeladen** ADJT lourdement chargé **schwerbeschädigt** ADJT très endommagé **schwerbewaffnet** ADJT armé jusqu'aux dents

Schwere F **1** PHYS pesanteur *f*; gravité *f* **2** *fig der Verantwortung* poids *m*; *e-r Krankheit, e-s Verbrechens* gravité *f* **schwerelos** ADJ en état d'apesanteur **Schwerelosigkeit** F apesanteur *f*

Schwerenöter *umg hum* M bourreau *m* des cœurs

schwerfallen V/I **j-m ~** être difficile à qn; **es fällt mir schwer zu** *(+ inf)* j'ai du mal à *(+ inf)*; il m'est difficile de *(+ inf)*; il m'en coûte de *(+ inf)*

schwerfällig ADJ lourd; lourdaud; pesant **Schwerfälligkeit** F lourdeur *f*; pesanteur *f*

Schwergewicht N **1** SPORT, *Person* poids lourd **2** *fig* accent *m* **schwergewichtig** ADJ massif **Schwergewichtler** M poids lourd **schwerhörig** ADJ malentendant; dur d'oreille **Schwerhörige(r)** M/F(M) personne *f* qui est dure d'oreille **Schwerhörigkeit** F surdité partielle **Schwerindustrie** F industrie lourde **Schwerkraft** F pesanteur *f* **schwerkrank** ADJ → schwer B 4

schwerlich *geh* ADV avec peine; difficilement; ne … guère

schwermachen V/T → schwer B 2

Schwermetall N métal lourd **Schwermut** F mélancolie *f* **schwermütig** ADJ mélancolique

schwernehmen V/T prendre au tragique, trop au sérieux

Schwerpunkt M **1** PHYS centre *m* de gravité **2** *fig* accent *m*; point principal **schwerpunktmäßig** **A** ADJ sélectif **B** ADV d'une façon sélective; sur des points précis

Schwert N épée *f* **Schwertfisch** M espadon *m* **Schwertlilie** F BOT iris *m*

Schwertransport M convoi exceptionnel

schwertun V/R *umg* **sich (mit etw) ~** avoir des difficultés (avec qc)

Schwerverbrecher(in) M(F) grand(e) criminel, -elle *m,f* **schwerverdaulich** ADJ → schwer B 2 **schwerverletzt** ADJT grièvement blessé **Schwerverletzte(r)** M/F(M) grand(e) blessé(e) *m(f)* **schwerverwundet** ADJT grièvement blessé **Schwerverwundete(r)** M/F(M) grand(e) blessé(e) *m(f)* **schwerwiegend** ADJT grave; (très) sérieux

Schwester F **1** sœur *f* **2** *(Krankenschwester)* infirmière *f* **3** *(Ordensschwester)* religieuse *f*; sœur *f*

schwesterlich ADJ de *od* d'une sœur

Schwesternschülerin F élève infirmière **Schwesternwohnheim** N foyer *m* d'infirmières

schwieg → schweigen

Schwiegereltern PL beaux-parents *mpl* **Schwiegermutter** F belle-mère *f* **Schwiegersohn** M gendre *m* **Schwiegertochter** F belle-fille *f* **Schwiegervater** M beau-père *m*

Schwiele F callosité *f*; durillon *m* **schwielig** ADJ calleux

schwierig ADJ difficile; *Problem* ardu; épineux; *(heikel)* délicat; *(verwickelt)* compliqué

Schwierigkeit F difficulté *f*; **~en bekommen, in ~en** *(akk)* **geraten** avoir des difficultés

Schwierigkeitsgrad M degré *m* de difficulté

Schwimmbad N piscine *f* **Schwimmbagger** M drague flottante **Schwimmbecken** N bassin *m*; piscine *f* **Schwimmblase** F ZOOL vessie *f* natatoire

schwimmen **A** V/T nager **B** V/I **1** *Lebewesen* nager; **~ gehen** aller nager **2** *Dinge* flotter **3** *umg fig (unsicher sein)* nager

Schwimmen N natation *f*

Schwimmer M **1** *Mensch* nageur *m* **2** *der Angel*, TECH flotteur *m* **Schwimmerbecken** N bassin *m* des nageurs **Schwimmerin** F nageuse *f*

Schwimmflosse F SPORT palme *f* **Schwimmhalle** F piscine couverte **Schwimmhaut** F ZOOL palmure *f* **Schwimmlehrer(in)** M(F) professeur *m* de natation **Schwimmreifen** M bouée *f*

Schwimmsport M natation *f* **Schwimmverein** M club *m* de natation **Schwimmweste** F gilet *m* de sauvetage
Schwindel M 1 MED vertige *m*; (*Schwindelanfall*) étourdissement *m*; **~ erregend** vertigineux (*a. fig*) 2 *umg* (*Betrug*) escroquerie *f*
Schwindelanfall M étourdissement *m*
Schwindelei F 1 (*Unwahrheiten*) histoires *fpl*; *umg* bobards *mpl* 2 (*Betrug*) escroquerie *f*
schwindelerregend ADJT vertigineux (*a. fig*) **schwindelfrei** ADJ qui n'est pas sujet au vertige
schwindelig ADJ **leicht ~ werden** être sujet à des vertiges; **mir ist** *od* **wird (es) ~** j'ai le vertige; j'ai un étourdissement; je suis pris de vertige
schwindeln A *umg* V/T *u.* V/I raconter des histoires, *umg* des bobards B V/UNPERS **mir** *od* **mich schwindelt** j'ai le vertige; **~de Höhe** °hauteur vertigineuse
schwinden *geh* V/I diminuer; décroître; *Interesse* baisser; *Einnahmen* s'amenuiser; *Macht* s'affaiblir; *Kräfte* décliner
Schwindler(in) M(F) 1 (*Lügner[in]*) menteur, -euse *m,f* 2 (*Betrüger[in]*) escroc *m*
schwindlig → schwindelig
Schwindsucht F phtisie *f* **schwindsüchtig** ADJ tuberculeux; phtisique
Schwinge *geh* F aile *f* (*a. fig*)
schwingen A V/T *hin u. her* balancer; *Fahne* agiter; *Keule* brandir B V/I *hin u. her, Pendel* osciller; se balancer; *Saite* vibrer C V/R **sich über die Mauer ~** sauter par-dessus le mur; **sich auf sein Fahrrad ~** enfourcher sa bicyclette; *Vogel* **sich in die Luft ~** prendre son essor; s'envoler
Schwinger M BOXEN swing *m*
Schwingtür F porte battante
Schwingung F PHYS vibration *f*; oscillation *f* (*a.* ELEK)
Schwippschwager *umg* M beau-frère *m* par alliance **Schwippschwägerin** *umg* F belle-sœur *f* par alliance
Schwips *umg* M **e-n ~ haben** *umg* être éméché, pompette
schwirren V/I *Pfeil, Kugel* siffler; *Insekt* bourdonner; **mir schwirrte alles Mögliche durch den Kopf** mille choses me passaient par la tête
schwitzen V/I 1 *Mensch* transpirer; *plus fort* suer 2 *Wand* suinter; *Fenster* être couvert de buée
Schwitzkasten M RINGEN prise *f* de tête; **j-n in den ~ nehmen** faire une prise de tête à qn
schwofen *umg* V/I *umg* guincher; aller au dancing
schwoll → schwellen
schwören V/T *u.* V/I 1 JUR jurer (*a. fig*); *abs* prêter serment 2 *fig* **auf etw, j-n ~** ne jurer que par qc, qn
Schwuchtel *umg pej* F *umg* tante *f*; *umg* tantouse *f*
schwul *umg* ADJ *umg* pédé; gay
schwül ADJ lourd; étouffant; **es ist ~** il fait lourd
Schwule(r) *umg* M gay *m*; *umg pej* pédé *m*
Schwüle F chaleur étouffante; temps lourd
Schwulität *umg* F **in ~en sein** *umg* être dans le pétrin; être dans l'embarras
schwülstig ADJ *Stil* pompeux; emphatique; *Architektur* surchargé (d'ornements)
schwumm(e)rig *umg* ADJ **mir ist (ganz) ~** (*unwohl*) *umg* je me sens patraque; (*benommen*) j'ai la tête qui tourne
Schwund M diminution *f*; MED atrophie *f*; HANDEL perte *f* de poids
Schwung M 1 *Bewegung* élan *m*; lancée *f*; **~ holen** prendre son élan 2 *fig* (*Elan*) entrain *m*; élan *m*; allant *m*; *umg* **etw in ~ bringen** donner une impulsion à qc; lancer qc; *umg* **in ~ kommen** *Unternehmen* prendre son essor; *Person* se mettre en train 3 *umg* (*Menge*) *Papier, Bücher* pile *f*; tas *m*; *Leute* groupe *m*; bande *f*
schwunghaft ADJ florissant **schwunglos** ADJ *Person* qui manque d'entrain, d'élan; *Rede* terne **schwungvoll** ADJ plein d'entrain; *Musik a.* entraînant; *Rede* plein de verve
schwupp(diwupp), **schwups** INT paf!
Schwur M serment *m* **Schwurgericht** N cour *f* d'assises
Science-Fiction F science-fiction *f* **Science-Fiction-Roman** M roman *m* de science-fiction
Scrabble® N scrabble® *m*
scrollen IT A V/T faire défiler B V/I défiler
sechs NUM six; → acht
Sechs F 1 *Zahl* six *m* 2 *Schulnote* insuffisant; *in Frankreich etwa* zéro *m*, un *m*, deux *m*, trois *m*, quatre *m* (sur vingt)
sechs..., **Sechs...** → **acht...**, **Acht...**
Sechseck N hexagone *m* **sechseckig** ADJ hexagonal
Sechser M six *m*; → Sechs
sechserlei ADJ de six sortes, espèces différentes
sechsfach A ADJ sextuple; → achtfach B ADV six fois (plus) **Sechsfache(s)** N sextuple *m* **sechshundert** NUM six cent(s) **sechsjährig** ADJ (*sechs Jahre alt*) (âgé) de six ans; (*sechs Jahre lang*) de six ans; qui dure six ans
Sechsling M un(e) des sextuplé(e)s; *pl* **~e** sextuplé(e)s *m(f) pl*
sechsmal ADV six fois **sechsstellig** ADJ de *od* à six chiffres
sechst ADV **zu ~** à six; **zu ~ sein** être six

S

Sechstagerennen N six-jours *mpl*
sechstausend NUM six mille
sechste NUM sixième; → achte
Sechstel N sixième *m*
sechstens ADV sixièmement
sechzehn NUM seize; → acht
sechzig NUM soixante; **etwa, rund ~ (Personen)** une soixantaine (de personnes); **etwa, rund ~ (Jahre alt) sein** avoir la soixantaine; → achtzig
Sechzig F soixante *m*
sechziger ADJ **die ~ Jahre** NPL les années *fpl* soixante
sechzigjährig ADJ (*sechzig Jahre alt*) (âgé) de soixante ans; (*sechzig Jahre lang*) de soixante ans; qui dure soixante ans
Secondhandkleidung F vêtements *mpl* d'occasion, de seconde main **Secondhandladen** M magasin *m* (de vêtements) d'occasion
SED F ABK HIST (Sozialistische Einheitspartei Deutschlands) Parti socialiste unifié de la RDA
Sediment N sédiment *m*
See[1] M (*Binnensee*) lac *m*
See[2] F 1 (*Meer*) mer *f*; **in ~ stechen** appareiller; prendre la mer; **an die ~ fahren** aller au bord de la mer *od* à la mer; **an der ~** au bord de la mer; **auf (hoher) ~** en (pleine, °haute) mer 2 (*Seegang*) mer *f*; **schwere** *od* **raue ~** grosse mer
Seebad N station *f* balnéaire **Seebär** M *umg fig* loup *m* de mer **Seebeben** N séisme sous-marin **Seebestattung** F dispersion *f* des cendres en mer; immersion *f* d'une urne funéraire (en °haute mer)

See — le lac

See — la mer

Seeblick M **mit ~** avec vue sur le lac *bzw.* la mer
Seefahrt F 1 navigation *f* maritime 2 (*Schiffsreise*) voyage *m* en bateau **Seefisch** M poisson *m* de mer
Seegang M °houle *f*; **schwerer** *od* **hoher ~** grosse mer
Seegras N BOT zostère *f*; *als Polstermaterial* crin végétal **Seehafen** M port *m* maritime **Seehecht** M colin *m*; merlu *m* **Seehund** M phoque *m* **Seeigel** M oursin *m* **Seekarte** F carte marine **Seeklima** N climat *m* maritime **seekrank** ADJ qui a le mal de mer **Seekrankheit** F mal *m* de mer **Seelachs** M lieu (noir)
Seele F âme *f* (*a. fig*); **e-e treue ~** un(e) fidèle; **er ist e-e ~ von Mensch** c'est un brave type; **aus tiefster ~** du fond du cœur; **Sie sprechen mir aus der ~** c'est exactement ce que je pense; **das tut mir in der ~ weh** cela me fait mal au cœur
Seelenfriede(n) M paix *f* de l'âme **Seelenheil** N salut *m* (de l'âme)
Seelenruhe F **in aller ~** en toute tranquillité
seelenruhig ADV imperturbablement; en toute tranquillité **Seelenverwandtschaft** F affinités *fpl*; sympathie *f* (de deux âmes) **Seelenwanderung** F réincarnation *f*
Seeleute PL marins *mpl*; gens *mpl* de mer
seelisch A ADJ moral; (*psychisch*) psychique B ADV **~ bedingt** qui a des causes psychologiques
Seelöwe M lion *m* de mer; otarie *f*
Seelsorge F aide, assistance spirituelle **Seelsorger** M prêtre *m*; PROT pasteur *m*; SCHULE, MIL aumônier *m* **seelsorgerisch** ADJ *Betreuung* spirituel
Seeluft F air marin, de la mer **Seemacht** F puissance *f* maritime **Seemann** M marin *m* **seemännisch** ADJ de marin
Seemannsgarn N histoires *fpl* de marin; **~ spinnen** raconter des histoires
Seemannsknoten M nœud *m* de marin
Seemeile F mille marin **Seemöwe** F mouette *f* **Seenot** F détresse *f* **Seenotrettungsdienst** M service *m* de sauvetage en mer **Seenotruf** M appel *m* de détresse **Seenotzeichen** N signal *m* de détresse **Seepferd** N, **Seepferdchen** N hippocampe *m* **Seeräuber** M pirate *m* **Seerecht** N droit *m* maritime **Seereise** F voyage *m* en mer **Seerose** F nénuphar *m* **Seesack** M sac *m* de marin **Seeschifffahrt** F navigation *f* maritime **Seeschlacht** F bataille navale **Seestern** M étoile *f* de mer **Seestreitkräfte** FPL forces navales; marine *f* **Seetang** M goé-

mon *m*; varech *m* **seetüchtig** ADJ en état de naviguer **Seeufer** N bord *m* du lac **Seevogel** M oiseau *m* de mer **Seeweg** M route *f*, voie *f* maritime **Seewind** M vent *m* du large **Seezeichen** N signal *m* maritime **Seezunge** F sole *f*

Segel N voile *f*; **die ~ streichen** amener les voiles; *geh fig* baisser pavillon (**vor** [+ *dat*] devant)

Segelboot N bateau *m* à voiles **Segelfliegen** N vol *m* à voile **Segelflieger(in)** M(F) pilote *m* de planeur; vélivole *m/f* **Segelflug(-sport)** M vol *m* à voile **Segelflugzeug** N planeur *m* **Segeljacht** F voilier *m*; yacht *m* à voiles

segeln V/I *Segelschiff* naviguer; SPORT faire de la voile; **~ nach** faire voile sur

Segelohren *umg* NPL *umg* oreilles *fpl* en feuille de chou **Segelregatta** F régate *f* de voiliers **Segelschiff** N bateau *m* à voiles; voilier *m* **Segelsport** M voile *f* **Segeltuch** N toile *f* (à voiles)

Segen M 1 REL bénédiction *f*; **den ~ über j-n, etw sprechen** donner sa bénédiction à qn, qc 2 *geh fig* richesses *fpl*; *des Himmels* don *m* 3 (*Glück*) bonheur *m*; chance *f*; **(j-m) ~ bringen** porter bonheur (à qn)

segensreich ADJ heureux; prospère; *Erfindung* utile; profitable **Segenswünsche** MPL bénédictions *fpl*

Segler M 1 *Person* navigateur *m* sur voilier 2 *Schiff* voilier *m* **Seglerin** F navigatrice *f* sur voilier

Segment N segment *m*

segnen V/T 1 REL bénir 2 *fig* **mit etw gesegnet sein** être doté de qc; avoir le bonheur d'avoir qc; *geh* **im gesegneten Alter von 90 Jahren** à l'âge vénérable de 90 ans

Segnung F 1 REL bénédiction *f* 2 *fig* **~en** *pl* bienfaits *mpl*

Sehbeteiligung F TV taux *m* d'écoute

S

sehen A V/T 1 voir; (*ansehen*) regarder; (*treffen*) voir; **zu ~ sein** se voir; être visible; (*ausgestellt sein*) être exposé, montré; **er sieht es gern, wenn man ihn bedient** il aime être servi; **ich habe sie kommen (ge)sehen** je l'ai vue venir; *umg fig* **ich kann ihn nicht mehr ~** *umg* je ne peux plus le sentir; *umg* **da sieht man (es) mal wieder!** (*ich habe es doch gleich gesagt*) c'est bien ce que je vous *bzw.* t'avais dit 2 *mit lassen* **sich ~ lassen** se montrer; se faire voir; **sich ~ lassen können** être présentable; *umg* **lass mal ~!** mais fais voir!; montre (donc)! 3 *mit pperf* **gern bei j-m gesehen sein** être bien vu, être le *bzw.* la bienvenu(e) chez qn; **menschlich gesehen** du point de vue humain B V/I 1 voir; **gut, schlecht ~** voir bien, mal; avoir une bonne, mauvaise vue; **sieh doch!** mais, regarde!; *umg* **sieh mal einer an!** *umg* voyez-moi ça!; **na, siehst du** tu vois!; **(und) siehe da, ...** et voilà que ...; *Verweis* **siehe ...** voir ... 2 *mit präp* **auf etw** (*akk*) **~** regarder qc; **aus dem Fenster ~** regarder par la fenêtre; **in den Spiegel ~** se regarder dans la glace; **nach etw, j-m ~** *sorgend* s'occuper de qc, qn C V/R **sich ~** se voir; **sie sah sich schon als Filmstar** elle se voyait déjà vedette de cinéma

Sehen N vue *f*; vision *f*; **j-n vom ~ kennen** connaître qn de vue

sehenlassen V/R → sehen A 2

sehenswert ADJ qui vaut la peine d'être vu; qui est à voir **Sehenswürdigkeit** F curiosité *f*; attraction *f* touristique

Sehfehler M défaut *m* de la vue; trouble visuel **Sehkraft** F vue *f*

Sehne F 1 ANAT tendon *m* 2 MATH, *e-s Bogens* corde *f*

sehnen V/R **sich nach etw ~** désirer ardemment qc; aspirer à qc; **sich nach j-m ~** s'ennuyer de qn

Sehnenscheidenentzündung F tendinite *f*

Sehnerv M nerf *m* optique

sehnig ADJ *Fleisch* filandreux; *Arm, Gestalt* nerveux

sehnlich ADJ *Wunsch* ardent; *Erwartung* impatient **Sehnsucht** F désir ardent, intense (**nach** de) **sehnsüchtig** ADJ plein de désir; (*ungeduldig*) impatient

sehr ADV *vor Adjektiv, Adverb* très; bien; fort; *vor Verb* beaucoup; bien; **~ viel** beaucoup; bien; **so ~, dass ...** à ce point que ...; **wie ~** à quel point; combien

Sehschwäche F insuffisance visuelle **Sehstörung** F trouble visuel **Sehtest** M test visuel **Sehvermögen** N vue *f*; acuité visuelle

sei → sein[1]

seicht ADJ 1 *Wasser* bas; peu profond 2 *fig* creux; superficiel; *Unterhaltung* banal

Seide F soie *f*

Seidel N chope *f*

seiden ADJ 1 (*aus Seide*) de *od* en soie 2 (*seidig*) soyeux

Seidenbluse F chemisier *m* en soie **Seidenmalerei** F peinture *f* sur soie **seidenmatt** ADJ *Foto* mat **Seidenpapier** N papier *m* de soie **Seidenraupe** F ver *m* à soie **Seidenstraße** F route *f* de la soie **Seidenstrumpf** M bas *m* de soie **Seidentuch** N foulard *m* en *od* de soie

seidig ADJ soyeux

Seife F savon *m*

Seifenblase F bulle *f* de savon (*a. fig*) **Seifen-**

kistenrennen *umg* N course *f* de caisses à savon **Seifenlauge** F lessive *f* **Seifenoper** F *pej* série (télévisée) mélo **Seifenpulver** N savon *m* en poudre **Seifenschale** F porte--savon *m* **Seifenschaum** M mousse *f* de savon **Seifenwasser** N eau savonneuse

seihen V/T passer; filtrer

Seil N corde *f*; *starkes* câble *m*

Seilbahn F *(Standseilbahn)* funiculaire *m*; *(Drahtseilbahn)* téléphérique *m*

seilhüpfen V/I sauter à la corde

Seilschaft F **1** cordée *f* **2** *fig pej* clique *f*

seilspringen V/I sauter à la corde

Seilspringen N saut *m* à la corde **Seiltanz** M danse *f* sur la corde raide

seiltanzen V/I danser sur la corde raide

Seiltänzer(in) M(F) funambule *m/f*; danseur, -euse *m,f* de corde **Seilwinde** F treuil *m* à câble **Seilzug** M palan *m*

sein[1] **A** V/I **1** être; **ich bin's!** c'est moi!; **sie ist Französin** elle est française **2** *(bestehen)* être; exister; **wenn sie nicht gewesen wäre ...** si elle n'avait pas été là ...; sans elle ...; *umg* **ist was?** il y a quelque chose qui ne va pas? **3** *(sich befinden)* se trouver **4** *Zeitangabe* être; **morgen ist Mittwoch** demain c'est mercredi **5** *(stattfinden)* se faire; avoir lieu; **muss das ~?** est-ce vraiment nécessaire?; *umg* **~ lassen** ne pas faire; laisser (tomber); *umg* **lass das ~!** arrête! **6** *(bedeuten)* signifier; **was soll das ~?** qu'est-ce que cela signifie? **wie dem auch sei** quoi qu'il en soit **7** *(ergeben)* faire; **fünf und zwei sind sieben** cinq et deux font sept **8** *(stammen)* **von, aus ... ~** venir de ...; être originaire de ... **9** *Empfinden umg* **mir ist nicht nach Feiern** je n'ai pas la tête à m'amuser **B** V/UNPERS **1** *bei Witterungsangaben* faire; **es ist schön** il fait beau **2** *Zeitangabe* être; **es war an e-m Freitag** c'est arrivé, c'était un vendredi **3** **was darf es ~?** *im Geschäft* que désirez--vous?; **das wär's!** voilà!; *beim Einkaufen* c'est tout!; **wie wäre es, wenn Sie die Arbeit machten?** et si vous faisiez le travail (qu'en dites-vous)? **C** V/AUX **1** *zur Bildung zusammengesetzter Zeiten* être; avoir; **wir sind gegangen** nous sommes partis; **sie ist gelaufen** elle a couru **2** *mit zu + inf* **das Haus ist zu verkaufen** la maison est à vendre; **er ist nicht zu sprechen** on ne peut pas lui parler

sein[2] POSS PR **A** ADJT son *bzw.* sa (**!** vor Vokal und stummem h wird **sa** zu **son**); **einer ~er Freunde** (l')un de ses amis; **mein und ~ Bruder** mon frère et le sien **B** SUBST **der, die, das Seine** le sien *bzw.* la sienne; *geh* **die Seinen** les siens; sa famille; **das Seine dazu beitragen** y apporter sa contribution

Sein N être *m*; *(Dasein)* existence *f*

seiner *geh* PERS PR *(gen de* er, es) de lui

seinerseits ADV de sa part; de son côté **seinerzeit** ADV à cette époque(-là)

seinesgleichen PRON son pareil *bzw.* sa pareille *bzw.* ses pareil(le)s; son *bzw.* sa *bzw.* ses semblable(s); **das sucht ~** c'est sans égal; ça reste inégalé

seinetwegen ADV **1** *(wegen ihm)* à cause de lui **2** *(ihm zuliebe)* pour lui **3** *(von ihm aus)* quant à lui

seinige POSS PR → sein[2] B

seinlassen V/T → sein[1] A 5

Seismograph M sismographe *m* **Seismologe** M, **Seismologin** F sismologue *od* séismologue *m/f*

seit **A** PRÄP depuis; *(von ... an)* à partir de; **~ Langem, Kurzem** depuis longtemps, peu; **~ zehn Tagen ist er verreist** il y a dix jours qu'il est parti **B** KONJ depuis que

seitdem **A** ADV depuis (ce temps-là) **B** KONJ depuis que

Seite F **1** *Körperteil* côté *m*; flanc *m (a. e-s Tieres)*; **~ an ~** côte à côte; **j-m zur ~ stehen** soutenir qn; être aux côtés de qn **2** *e-s Gegenstandes* côté *m*; **zur ~ gehen** *od* **treten** s'écarter; faire place; **auf** *od* **von beiden ~n** de part et d'autre; des deux côtés; **etw zur ~ legen** mettre qc de côté; *umg* **etw auf die ~ legen** *(sparen)* mettre qc de côté **3** *(Aspekt)* côté *m*; aspect *m*; *Angelegenheit* **von allen ~n betrachten** examiner sous toutes ses faces, sous tous ses aspects; **auf der einen ~ ..., auf der anderen (~) ...** d'une part ..., d'autre part ... **4** *(Richtung)* sens *m*; **nach allen ~n** de tous côtés; dans tous les sens; **von allen ~n** de toutes parts; de tous côtés **5** *(Eigenschaft)* côté *m*; *umg* **schwache, starke ~** faible *m*; fort *m*; **sich von s-r besten ~ zeigen** se montrer sous son meilleur jour **6** *(Partei)* côté *m*; parti *m*; **auf j-s ~** *(dat)* **sein** *od* **stehen** être du côté, du parti de qn; **auf ~n** *(+ gen)* du côté de; **von ~n** *(+ gen)* du côté de; de la part de **7** *(Buchseite, Zeitungsseite)* page *f*; **auf ~ 102** à la page 102; TEL **Gelbe ~n**® *etwa* pages *fpl* jaunes

Seitenairbag M airbag latéral **Seitenansicht** F vue latérale, de côté; profil *m* **Seitenausgang** M sortie latérale **Seitenblick** M regard *m* de côté, en coin **Seiteneingang** M entrée latérale, sur le côté

Seiteneinsteiger M **er ist ein ~** il n'a pas eu un parcours professionnel, politique, *etc* classique

Seitenflügel M *e-s Gebäudes* aile *f*; annexe *f*; *e-s Altars* volet *m* **Seitenhalbierende** F MATH médiane *f* **Seitenhieb** M *fig* coup *m* de griffe; flèche *f* (**auf** [+ *akk*] à) **Seitenlage** F position latérale **seitenlang** ADJ (long) de plusieurs

S

pages; *umg pej umg* qui a des pages et des pages **Seitenlinie** F 1 FUSSBALL touche *f*; TENNIS ligne *f* de côté 2 GENEALOGIE ligne collatérale **Seitennummerierung** F pagination *f*
seitens PRÄP ADMIN de la part de; du côté de
Seitenscheitel M raie *f* de côté **Seitenschiff** N *e-r Kirche* nef latérale **Seitensprung** M *fig* infidélité *f*; escapade *f* **Seitenstechen** N, **Seitenstiche** MPL point *m* de côté **Seitenstraße** F rue latérale, transversale **Seitenstreifen** M accotement *m* **seitenverkehrt** ADJ à l'envers **Seitenwechsel** M SPORT changement *m* de camp, côté **seitenweise** ADV 1 *(seitenlang)* des pages (et des pages) 2 *(Seite für Seite)* page par page **Seitenwind** M vent *m* de côté **Seitenzahl** F 1 *Anzahl* nombre *m* de pages 2 *einzelne* numéro *m* de la page
seither ADV depuis (lors)
seitlich A ADJ latéral; de côté B ADV sur le côté; **~ von etw gelegen** situé à côté de qc
seitwärts ADV 1 *(zur Seite)* de côté 2 *(auf der Seite)* à côté; sur le côté
sek., **Sek.** ABK (Sekunde) s (seconde)
Sekret N sécrétion *f*
Sekretär M *Möbel* secrétaire *m*
Sekretär(in) M(F) secrétaire *m/f*
Sekretariat N secrétariat *m*
Sekt M vin mousseux
Sekte F secte *f*
Sektflasche F *leere* bouteille *f* à champagne; *volle* bouteille *f* de vin mousseux **Sektfrühstück** N petit-déjeuner *m* au vin mousseux **Sektglas** N verre *m* à champagne
Sektion F 1 *(Abteilung)* section *f* 2 MED autopsie *f*
Sektkellerei F cave *f* à vins mousseux, *(Champagnerkellerei)* à champagne **Sektkorken** M bouchon *m* de champagne **Sektkübel** M, **Sektkühler** M seau *m* à champagne
Sektor M 1 WIRTSCH, MATH, MIL secteur *m* 2 *fig* domaine *m*
sekundär ADJ secondaire **Sekundärliteratur** F littérature *f* critique; *zu e-m Autor* littérature *f* sur les œuvres d'un auteur
Sekundarschule F *schweiz* collège *m*
Sekundarstufe F **~ I** collège *m*; **~ II** lycée *m*
Sekunde F seconde *f* (a. MATH, MUS); *Uhr* **auf die ~ genau gehen** marcher à la seconde près
Sekundenbruchteil M fraction *f* de seconde **Sekundenkleber** M colle *f* à prise rapide **sekundenlang** ADJ u. ADV pendant des secondes **Sekundenschlaf** M *beim Autofahren* micro-sommeil *m*
Sekundenschnelle F **in ~** en une fraction de seconde
Sekundenzeiger M trotteuse *f*; aiguille *f* des secondes
selbe DEM PR même; **zur ~n Zeit** en même temps
selber *umg* DEM PR → selbst
selbst A DEM PR *(persönlich)* même; *(in eigener Person)* en personne; *(ohne fremde Hilfe)* tout seul; **ich ~** moi-même; **sie ist die Güte ~** elle est la bonté même; **von ~** de soi-même; tout seul; **~ gebacken** *Kuchen* (fait à la) maison; *Brot* de ménage; **~ gemacht** qu'on a fait soi-même; *Wurst, Marmelade* (fait à la) maison B ADV *(sogar)* même; **~ wenn** ... même si ...
Selbstachtung F respect *m*, estime *f* de soi-même
selbständig → selbstständig
Selbstauslöser M déclencheur *m* automatique **Selbstbedienung** F libre-service *m* **Selbstbedienungsladen** M self-service *m*; libre-service *m* **Selbstbedienungsrestaurant** N (restaurant *m*) libre-service *m*; self-service *m* **Selbstbefriedigung** F masturbation *f* **Selbstbeherrschung** F maîtrise *f* de soi **Selbstbestätigung** F valorisation *f* de soi(-même) **Selbstbestimmung** F libre disposition *f* de soi(-même); POL autodétermination *f* **Selbstbeteiligung** F *bei Versicherung* franchise *f*; *bei Krankenversicherung* ticket *m* modérateur **selbstbewusst** ADJ sûr de soi; conscient de sa propre valeur **Selbstbewusstsein** N confiance *f* en soi; sentiment *m* de sa propre valeur **Selbstbildnis** N autoportrait *m* **Selbstbräuner** M autobronzant *m* **Selbstdisziplin** F autodiscipline *f* **Selbsterhaltungstrieb** M instinct *m* de conservation **Selbsterkenntnis** F connaissance *f* de soi(-même) **selbstgefällig** A ADJ content de soi; suffisant; fat B ADV avec suffisance **Selbstgefälligkeit** F fatuité *f*; suffisance *f* **selbstgerecht** ADJT *geh* infatué de soi(-même), de ses mérites
Selbstgespräch N monologue *m*; **~e führen** parler tout seul; monologuer
Selbstheilungskräfte FPL forces naturelles de guérison **selbstherrlich** ADJ autoritaire; impérieux
Selbsthilfe F effort personnel **Selbsthilfegruppe** F groupe *m* d'entraide
Selbstjustiz F justice *f* que l'on se fait à soi-même; **~ üben** se faire justice
Selbstklebefolie F feuille *f* de plastique autocollante **selbstklebend** ADJT autocollant **Selbstkontrolle** F autocontrôle *m*; *(Zurückhaltung)* retenue *f* **Selbstkostenpreis** M prix coûtant, de revient **Selbstkritik** F autocritique *f* **selbstkritisch** ADJ critique vis-à-vis

de soi-même **Selbstlaut** M voyelle *f* **Selbstlerner** M auto-apprenant *m* **selbstlos** ADJ désintéressé; altruiste **Selbstmitleid** N *pej* apitoiement *m* sur son propre sort
Selbstmord M suicide *m*; ~ **begehen** se suicider; se tuer
Selbstmordanschlag M, **Selbstmordattentat** N attentat *m* suicide **Selbstmordattentäter(in)** M(F) kamikaze *m/f* **Selbstmorddrohung** F menace *f* de suicide **Selbstmörder(in)** M(F) suicidé(e) *m(f)* **selbstmörderisch** ADJ suicidaire **Selbstmordgedanke** M pensée *f* suicidaire **selbstmordgefährdet** ADJT suicidaire **Selbstmordkandidat(in)** M(F) *umg* candidat(e) *m(f)* au suicide; personne *f* suicidaire **Selbstmordkommando** N opération-suicide *f* **Selbstmordrate** F taux *m* de suicides **Selbstmordversuch** M tentative *f* de suicide **Selbstporträt** N autoportrait *m*
selbstredend ADVL bien sûr **selbstsicher** A ADJ sûr de soi; *Haltung* plein d'assurance B ADV avec assurance **Selbstsicherheit** F assurance *f*
selbstständig A ADJ *(eigenständig)* autonome; *(unabhängig)*, *beruflich* indépendant; *beruflich* ~ **sein** être, travailler à son compte; **sich ~ machen** se mettre à son compte B ADV ~ **handeln** agir en toute indépendance, de sa propre initiative
Selbstständige(r) M/F(M) travailleur, -euse *m, f* indépendant(e) **Selbstständigkeit** F indépendance *f* **Selbstsucht** F égoïsme *m* **selbstsüchtig** ADJ égoïste **selbsttätig** ADJ automatique **Selbsttäuschung** F illusion *f*; aveuglement *m* **Selbstüberwindung** F effort *m* sur soi-même
Selbstverpflegung F *im Urlaub* **mit** ~ sans pension
selbstverschuldet ADJT dû à sa propre faute **Selbstversorger** M personne *f* qui pourvoit elle-même à ses besoins
selbstverständlich A ADJ naturel; **das ist** ~ cela va de soi B ADV naturellement; évidemment; bien entendu
Selbstverständlichkeit F évidence *f*; **das ist e-e** ~ cela va de soi; c'est bien naturel
Selbstverständnis N idée *f* que l'on a de soi-même
Selbstversuch M expérimentation *f* sur soi (-même); **im** ~ en expérimentant sur soi (-même)
Selbstverteidigung F autodéfense *f* **Selbstvertrauen** N confiance *f* en soi **Selbstverwaltung** F autogestion *f* **Selbstverwirklichung** F épanouissement *m* de sa personnalité **Selbstwertgefühl** N conscience *f* de sa propre valeur; amour-propre *m* **selbstzufrieden** ADJ content de soi **Selbstzweck** M fin *f* en soi **Selbstzweifel** M doute *m* de soi
Selen N sélénium *m*
selig ADJ 1 *(glücklich)* très heureux; ravi 2 REL bienheureux; → seligsprechen 3 *(gestorben)* défunt
Seligkeit F grand bonheur; béatitude *f* (*a.* REL)
seligsprechen V/T béatifier
Seligsprechung F béatification *f*
Sellerie M *od* F céleri *m*
selten A ADJ rare B ADV 1 rarement; **höchst** ~ presque jamais; **es kommt ~ vor, dass ...** il est rare que ... (+ *subj*) *bzw.* de (+ *inf*) 2 *(sehr, besonders)* exceptionnellement; ~ **schön** *Mädchen* d'une rare beauté
Seltenheit F rareté *f*
Selterswasser N eau *f* de Seltz
seltsam ADJ étrange; curieux; *(wunderlich)* bizarre
seltsamerweise ADV curieusement
Semantik F sémantique *f* **semantisch** ADJ sémantique
Semester N semestre *m* **Semesterferien** PL vacances *fpl* universitaires
Semikolon N point-virgule *m*
Seminar N *Institut* institut *m*; *Lehrveranstaltung* séminaire *m* **Seminararbeit** F exposé (écrit) pour un séminaire *bzw.* cours **Seminarschein** M unité *f* de valeur
Semmel F petit pain; *umg* **weggehen wie warme ~n** se vendre comme des petits pains
Semmelbrösel MPL, *österr* NPL chapelure *f* **Semmelknödel** M quenelle *f* (à base de pain)
sen. ABK (senior) père
Senat M Sénat *m*
Senator M sénateur *m*
Sendeanstalt F office *m* de radiodiffusion et télévision **Sendebereich** M, **Sendegebiet** N zone *f* d'émission **Sendeleiter** M producteur *m* **Sendemast** M pylône émetteur
senden V/T 1 *geh (schicken)* envoyer 2 RADIO, TV diffuser; TELEKOMMUNIKATION émettre
Sendepause F RADIO, TV pause *f*; *umg fig* **er hat gerade** ~ pour l'instant il est muet
Sender M émetteur *m*
Senderaum M studio *m* (d'émission) **Sendereihe** F série *f* d'émissions
Sendersuchlauf M recherche *f* automatique des stations
Sendeschluss M fin *f* des émissions **Sende-**

zeit F heures *fpl* d'antenne; *e-r Sendung* tranche *f* horaire
Sendung F 1 *(Gesandtes)* envoi *m* 2 *geh (Auftrag)* mission *f* 3 RADIO, TV émission *f*; *Jargon* **auf ~ sein** être sur l'antenne
Senegal N *od* **der ~** le Sénégal
Senf M moutarde *f*; *umg fig* **s-n ~ dazugeben** *umg* y mettre son grain de sel
Senfgas N gaz *m* moutarde; ypérite *f* **Senfgurke** F gros cornichon aux graines de moutarde **Senfsoße** F sauce *f* (à la) moutarde
sengen A V/T roussir; brûler B V/I brûler; **~d** *Hitze* torride
senil ADJ sénile **Senilität** F sénilité *f*
senior ADJ **Herr L. ~** monsieur L. père
Senior M 1 HANDEL père *m* 2 SPORT senior *m* 3 *(Ältester)* doyen *m* 4 *(älterer Mensch)* personne âgée; *pl* **die ~en** *a.* le troisième âge
Seniorenheim N maison *f* de retraite **Seniorenpass** M carte *f* vermeil
Seniorin F 1 HANDEL mère *f* 2 SPORT senior *f* 3 *(Älteste)* doyenne *f* 4 *(ältere Frau)* femme âgée
Senkblei N fil *m* à plomb
Senke F dépression *f* (de terrain); affaissement *m*
senken A V/T 1 *Kopf* baisser; incliner; *Augen, Stimme* baisser 2 *fig Preis* baisser; *Kosten* diminuer; *Steuern* réduire; *Niveau* abaisser; *Fieber* faire baisser B V/R **sich ~** s'abaisser *(a. Boden)*; *Gebäude* s'affaisser
Senkfuß M pied *m* à voûte plantaire affaissée
senkrecht ADJ vertical; MATH perpendiculaire (**zu** à, sur)
Senkrechte F *(senkrechte Linie)* verticale *f*; MATH perpendiculaire *f*
Senkrechtstarter M 1 FLUG avion *m* à décollage vertical 2 *umg Person* personne *f* qui (a) fait une carrière fulgurante
Senkung F 1 *(Senken)* abaissement *m*; *des Bodens* affaissement *m* 2 *der Preise, Steuern* baisse *f*; réduction *f*
Senner(in) M(F) *bayrisch, österr* AGR alpagiste *m/f* **Sennhütte** F chalet *m* d'alpage
Sensation F sensation *f*
sensationell ADJ sensationnel; à sensation
Sensationsmeldung F nouvelle sensationnelle **Sensationspresse** F presse *f* à sensation, à scandales **Sensationsprozess** M procès *m* à sensation
Sense F faux *f*; *umg* **jetzt ist ~!** terminé!; maintenant, ça suffit!
Sensenmann *liter fig* M *(Tod) liter* camarde *f*
sensibel ADJ sensible **sensibilisieren** V/T sensibiliser (**für** à) **Sensibilität** F sensibilité *f*
Sensor M capteur *m*; détecteur *m* **Sensortaste** F touche sensitive
sentimental ADJ sentimental **Sentimentalität** F sentimentalité *f*
separat A ADJ séparé; particulier B ADV à part
Separatist M séparatiste *m* **separatistisch** ADJ séparatiste
Sepia F 1 ZOOL seiche *f* 2 MAL sépia *f*
September M (mois *m* de) septembre *m*; → Januar
Sequenz F séquence *f*
Serbe M, **Serbin** F Serbe *m/f* **Serbien** N la Serbie **serbisch** ADJ serbe
serbokroatisch ADJ serbo-croate
Serenade F sérénade *f*
Serie F 1 série *f* *(a. fig)*; **in ~ gehen** être fabriqué en série 2 TV feuilleton *m*; série *f*
seriell ADJ IT séquentiel
Serienkiller *umg* M serial killer *m* **serienmäßig** ADJ *u.* ADV en série **Serienmörder** M tueur *m* en série; serial killer *m* **Serienproduktion** F production *f* en série **serienreif** ADJ prêt pour la fabrication en série **Serientäter** M multirécidiviste *m*; homme *m* qui a commis des infractions en série
seriös ADJ sérieux
Seriosität F sérieux *m*
Serpentine F 1 *(Windung)* lacet *m* 2 *(Serpentinenstraße)* route *f* en lacets
Serum N sérum *m*
Server M IT serveur *m*
Service[1] N *(Geschirr)* service *m*
Service[2] M *od* N 1 *(Bedienung, Kundendienst)* service *m* 2 TENNIS service *m*
servieren V/T 1 *(auftragen)* servir (**j-m etw** qc à qn) 2 TENNIS servir
Serviererin F, *schweiz* **Serviertochter** serveuse *f*
Servierwagen M table roulante
Serviette F serviette *f* (de table) **Serviettenring** M rond *m* de serviette
Servobremse F servofrein *m* **Servolenkung** F direction assistée **Servomotor** M servomoteur *m*
servus INT *südd, österr* salut!
Sesam M sésame *m* **Sesambrötchen** N petit pain au sésame **Sesamöl** N huile *f* de sésame
Sessel M fauteuil *m*; *österr* chaise *f* **Sesselbahn** F, **Sessellift** M télésiège *m*
sesshaft ADJ sédentaire; **~ werden** s'établir
Set N *od* M 1 *(Satz)* assortiment *m* 2 *(Platzdeckchen)* set *m*
setzen A V/T 1 *Gegenstand* mettre; poser (**auf den Boden** par terre); *Kind, Kranken* asseoir; *bei Tisch* **j-n neben j-n ~** placer qn à côté de qn 2 *Pflanze* planter 3 *Segel* °hisser; *Denkmal* ériger

S

4 TYPO composer 5 *(schreiben)* *Punkt, Komma* mettre 6 *bei Wetten* miser (**auf** [+ *akk*] sur) B VI 1 *beim Wetten* miser (**auf** [+ *akk*] sur) 2 **über e-n Graben ~** sauter, franchir un fossé; **über e-n Fluss ~** traverser, passer une rivière C V/R **sich ~** 1 *(Platz nehmen)* s'asseoir (**auf e-n Stuhl** sur une chaise; **zu j-m** à côté de qn); se mettre (**in e-n Sessel** dans un fauteuil); **sich ins Auto ~** monter en voiture 2 *feste Bestandteile* se déposer

Setzer(in) M(F) TYPO compositeur, -trice *m,f*; typographe *m/f*

Setzling M *Pflanze* plant *m*

Seuche F épidémie *f*

Seuchenbekämpfung F lutte *f* contre les épidémies **Seuchengebiet** N région contaminée **Seuchengefahr** F danger *m* d'épidémie **Seuchenherd** M foyer *m* d'épidémie *bzw.* de l'épidémie

seufzen VI *u.* VT soupirer

Seufzer M soupir *m*

Sex *umg* M 1 *(dargestellte Sexualität)* sexe *m* 2 *(Geschlechtsverkehr)* rapports sexuels

Sex-Appeal M sex-appeal *m*

Sexbombe *umg* F *umg* femme *f* très sexy **Sexfilm** M film *m* érotique, *plus fort* porno (-graphique)

Sexismus M sexisme *m* **Sexist(in)** M(F) sexiste *m/f* **sexistisch** ADJ sexiste

Sexparty F *umg* partouze *f* **Sexshop** M sex-shop *m* **Sexstar** M idole sexuelle

Sexta F *in Deutschland regional* première, *österr* sixième année *f* de l'enseignement secondaire

Sextaner(in) M(F) *in Deutschland regional* élève *m/f* de première, *österr* de sixième année de l'enseignement secondaire

Sextant M sextant *m*

Sextett N sextuor *m*

Sextourismus *umg* M tourisme sexuel, de la prostitution **Sextourist** *umg* M touriste *m* sexuel

Sexualdelikt N délit sexuel **Sexualerziehung** F éducation sexuelle **Sexualhormon** N hormone sexuelle

Sexualität F sexualité *f*

Sexualkunde F éducation sexuelle **Sexualkundeunterricht** M cours *m* d'éducation sexuelle **Sexualleben** N vie sexuelle **Sexualmord** M meurtre *m* avec viol; crime *m* à mobile sexuel **Sexualmörder** M auteur *m* d'un meurtre avec viol; criminel *m* à mobile sexuel **Sexualobjekt** N objet sexuel **Sexualpartner** M partenaire sexuel **Sexualtrieb** M instinct sexuel **Sexualverbrechen** N délit sexuel **Sexualverbrecher** M délinquant sexuel **Sexualwissenschaft** F sexologie *f*

sexuell ADJ sexuel

sexy *umg* ADJ *umg* sexy (! unveränderlich)

Seychellen PL **die ~** les Seychelles *fpl*

sezieren VT disséquer

sfr., *schweiz* **sFr.** ABK (Schweizer Franken) FS (franc suisse)

SGML F ABK (Standard Generalized Mark-up Language) IT SGML *m*

Shakehands N *zwischen zwei Personen* poignée *f* de main; *zwischen mehreren Personen* échange *m* de poignées de mains

Shampoo N, **Shampoon** N shampo(o)ing *m*

Shareware F IT shareware *m*

Sheriff M shérif *m* **Sheriffstern** M étoile *f* de shérif

Sherry M sherry *m*; xérès *m*

Shetlandpony N poney *m* des îles Shetland

Shifttaste F touche *f* de majuscule

Shit M *od* N *Jargon* °hasch *m*

shoppen VI faire du shopping; **~ gehen** aller faire du shopping, les magasins

Shopping N shopping *m*

Shorts PL short *m* (! Singular)

Show F show *m* **Showgeschäft** N show-business *m* **Showmaster** M animateur m

Shredder M 1 *für Autowracks etc* broyeuse *f* 2 *für Holz, Papier etc* broyeur *m*

Shrimps MPL crevettes *fpl*

Shuttle M, **Shuttlebus** M navette *f*

siamesisch ADJ **~e Zwillinge** MPL frères siamois *bzw.* sœurs siamoises

Siamkatze F (chat) siamois *m*

Sibirien N la Sibérie **sibirisch** ADJ sibérien

sich PERS PR A *3. Person sg, dat u. akk* se; *mit präp* lui *bzw.* elle; *unpersönlich* soi; **an (und für) ~** en fait; au fond; **etw von ~** *(dat)* **aus tun** faire qc par soi-même; *passivisch* **in diesem Bett schläft es ~ gut** on dort bien dans ce lit B *3. Person pl, dat u. akk* 1 *reflexiv* se; *mit präp* eux *bzw.* elles; **sie bleiben für ~** ils restent entre eux 2 *reziprok* se

Sichel F 1 *Werkzeug* faucille *f* 2 *(Mondsichel)* croissant *m*

sicher A ADJ 1 *(gewiss)* sûr; certain; **sich** *(dat)* **s-r Sache** *(gen)* **~ sein** être sûr de son fait; **der Erfolg ist uns ~** notre succès est assuré 2 *(nicht gefährdet) Erfolg, Zukunft, Stellung* assuré; *Person* **vor j-m, etw ~ sein** être à l'abri de qn, qc 3 *(zuverlässig)* sûr; infaillible; **aus ~er Quelle** de bonne source 4 *(nicht gefährlich)* sûr; pas dangereux 5 *(selbstbewusst)* sûr de soi; **ein ~es Auftreten haben** avoir de l'assurance B ADV 1 *(gewiss)* sûrement; certainement; **(aber) ~!** bien sûr!; **er wird ~ kommen** il viendra sûrement, à coup sûr 2 *(gefahrlos)* en (toute) sécurité 3 **~ Auto**

S

Sichel — la faucille

Sichel — le croissant

fahren bien conduire 4 ~ **auftreten** avoir de l'assurance

sichergehen VI s'(en) assurer; **um sicherzugehen** pour être sûr de son fait

Sicherheit F 1 *(Gewissheit)* certitude *f*; **mit (einiger) ~** avec (quelque) certitude 2 *(Schutz)* sûreté *f*; sécurité *f*; **in ~** *(akk)* **bringen** mettre à l'abri, en lieu sûr 3 *(Selbstsicherheit)* assurance *f* 4 HANDEL garantie *f*; *(Bürgschaft)* caution *f*

Sicherheitsabstand M distance *f* de sécurité **Sicherheitsbeauftragte(r)** M/F(M) responsable *m/f* de la sécurité **Sicherheitsbestimmung** F règle *f*, consigne *f* de sécurité **Sicherheitsbindung** F *am Ski* fixation *f* de sécurité

Sicherheitsdienst M **privater ~** police privée

Sicherheitsfaktor M coefficient *m* de sécurité **Sicherheitsglas** N verre *m* de sécurité **Sicherheitsgurt** M *im Auto, Flugzeug* ceinture *f* de sécurité **sicherheitshalber** ADV pour plus de sûreté **Sicherheitskontrolle** F contrôle *m* de sécurité **Sicherheitskopie** F sauvegarde *f* **Sicherheitslücke** F IT faille *f* de sécurité **Sicherheitsmaßnahme** F mesure *f* de sécurité, de sûreté **Sicherheitsnadel** F épingle *f* de sûreté, de nourrice **Sicherheitsrat** M *der UNO* Conseil *m* de sécurité **Sicherheitsschloss** N serrure *f* de sûreté **Sicherheitsventil** N soupape *f* de sûreté **Sicherheitsverschluss** M fermoir *m* de sûreté **Sicherheitsvorkehrung** F mesure *f* de sûreté, de sécurité **Sicherheitsvorschriften** FPL consignes *fpl* de sécurité

sicherlich ADV sûrement; certainement

sichern A VT 1 *(sicherstellen)* assurer; *(gewährleisten)* garantir; *Frieden, Position* consolider 2 *Schusswaffe* mettre le cran de sûreté à 3 *(schützen)* protéger, garantir (**vor** [+ *dat*], **gegen** de, contre) 4 IT sauvegarder B VR **sich** *(dat)* **etw ~** s'assurer qc

sicherstellen VT 1 *(gewährleisten)* assurer; garantir 2 *(beschlagnahmen)* confisquer; saisir

Sicherung F 1 *(Schutz)* préservation *f*, sauvegarde *f* (**vor** [+ *dat*], **gegen** contre) 2 TECH (arrêt *m* de) sûreté *f*; *an Schusswaffen* cran *m* de sûreté 3 ELEK fusible *m*; plomb *m* 4 IT sauvegarde *f*

Sicherungsdiskette F disquette *f* de sauvegarde **Sicherungskasten** M boîte *f* à fusibles **Sicherungskopie** F sauvegarde *f*

Sicht F 1 vue *f*; *(Sichtverhältnisse)* visibilité *f*; **in ~** en vue; **in ~ kommen** apparaître; **heute ist gute, klare ~** aujourd'hui on a une bonne visibilité 2 *(Betrachtungsweise)* vue *f*; façon *f* de voir; **auf kurze, lange ~** à court, long terme; **aus meiner ~** à mon avis

sichtbar ADJ 1 visible 2 *(offenkundig)* apparent; évident

sichten VT 1 *Papiere, Beweismaterial* examiner; parcourir (des yeux) 2 *(erblicken)* apercevoir; repérer

sichtlich A ADJ visible B ADV visiblement; **~ erfreut** visiblement content

Sichtverhältnisse NPL (conditions *fpl* de) visibilité *f* **Sichtvermerk** M visa *m*

Sichtweite F visibilité *f*; **außer, in ~** °hors de, en vue

sickern VI suinter

Sideboard N buffet (bas)

sie PERS PR *3. Person* A SG F 1 *Nominativ* elle *(a. unverbunden)* 2 *akk* la (! vor Vokal und stummem h: **l'**) B PL 1 *Nominativ* ils *bzw.* elles; *unverbunden* eux *bzw.* elles 2 *akk* les

Sie PERS PR *Anrede* vous; **j-n mit ~ anreden** dire vous à qn; vouvoyer qn

Sieb N GASTR passoire *f*; *grobes* crible *m*; *feineres* tamis *m*

sieben[1] VT 1 *Mehl, Sand etc* tamiser 2 *fig Personen* trier

sieben[2] NUM sept; → acht

Sieben F sept *m*

sieben…, Sieben… → **acht…, Acht…**
Siebenbürgen N la Transylvanie
Siebener M sept *m*
siebenerlei ADJ de sept sortes, espèces différentes
siebenfach A ADJ septuple; → achtfach B ADV sept fois (plus) **Siebenfache(s)** N septuple *m* **siebenhundert** NUM sept cent(s) **siebenjährig** ADJ *(sieben Jahre alt)* (âgé) de sept ans; *(sieben Jahre lang)* de sept ans; qui dure sept ans
Siebenkampf M heptathlon *m* **siebenmal** ADV sept fois **Siebenmeilenstiefel** MPL bottes *fpl* de sept lieues **Siebensachen** *umg* FPL *umg* barda *m*; affaires *fpl* **Siebenschläfer** M 1 ZOOL loir *m* 2 *Tag* 27 juin **siebenstellig** ADJ de *od* à sept chiffres
siebentausend NUM sept mille
siebente → siebte
siebt ADV **zu ~** à sept; **zu ~ sein** être sept
siebte NUM septième; → achte
Siebtel N septième *m*
siebtens ADV septièmement
siebzehn NUM dix-sept; → acht
siebzig NUM soixante-dix; *Belgien, schweiz* septante; → achtzig
Siebzig F soixante-dix *m*; *Belgien, schweiz* septante *m*
siebziger ADJ **die ~ Jahre** NPL les années *fpl* soixante-dix
siebzigjährig ADJ *(siebzig Jahre alt)* (âgé) de soixante-dix ans; *(siebzig Jahre lang)* de soixante-dix ans; qui dure soixante-dix ans
siedeln VI s'établir
sieden VI bouillir
Siedepunkt M point *m* d'ébullition
Siedler M colon *m*
Siedlung F 1 *(Ansiedlung)* colonie *f* 2 *(Wohngebiet)* lotissement *m*; cité *f*
Sieg M victoire *f* (**über** [+ *akk*] sur)
Siegel N cachet *m*; *amtliches* sceau *m*; JUR scellé *m* **Siegelring** M chevalière *f*
siegen VI gagner; triompher; **über j-n ~** remporter la victoire sur qn; l'emporter sur qn
Sieger(in) M(F) vainqueur *m*; SPORT *a.* gagnant(e) *m(f)*
Siegerehrung F remise *f* des prix *bzw.* des médailles **Siegermannschaft** F équipe victorieuse, gagnante **Siegerpodest** N podium *m* **Siegerpokal** M coupe *f* du vainqueur **Siegerurkunde** F titre *m* de vainqueur
siegessicher ADJ sûr de la victoire, de triompher **Siegestreffer** M but décisif
siegreich ADJ victorieux; vainqueur; SPORT *a.* gagnant
sieht → sehen
Siesta F sieste *f*; **~ halten** faire la sieste
siezen V/T vouvoyer; dire vous (**j-n** à qn)
Signal N signal *m* **Signalfarbe** F couleur très voyante
signalisieren V/T 1 signaler 2 *(zu verstehen geben)* **j-m etw ~** faire comprendre qc à qn
Signalton M *e-s Anrufbeantworters* bip *m* sonore
Signatur F 1 *e-s Künstlers* signature *f* 2 *(Bibliothekssignatur)* cote *f*
signieren V/T signer; *Autor* dédicacer
Silbe F syllabe *f*; *fig* **etw mit keiner ~ erwähnen** ne pas faire la moindre allusion à qc
Silbenrätsel N charade *f* **Silbentrennung** F division *f* (des mots) en syllabes
Silber N 1 *Farbe, Metall* argent *m* 2 *(Tafelsilber)* argenterie *f*
Silberbesteck N couvert *m* en, d'argent **Silberblick** *umg* M *umg* coquetterie *f* dans l'œil **Silberdistel** F chardon argenté **Silberfischchen** N *Insekt* poisson *m* d'argent **silbergrau** ADJ gris argenté (! unveränderlich) **Silberhochzeit** F noces *fpl* d'argent **Silbermedaille** F médaille *f* d'argent
silbern ADJ 1 *(aus Silber)* d'argent 2 *(silberfarben)* argenté
Silberstreif(en) M *fig* **ein ~(en) am Horizont** une lueur d'espoir
Silberzwiebel F petit oignon (au vinaigre)
silbrig ADJ argenté
Silhouette F silhouette *f*
Silikon N silicone *f*
Silo M *od* N silo *m*
Silvester M *od* N la Saint-Sylvestre **Silvesternacht** F nuit *f* de la Saint-Sylvestre
Simbabwe N le Zimbabwe
simpel ADJ 1 *(einfach)* simple 2 *oft pej (schlicht)* banal 3 *pej (einfältig)* simplet
Sims M *od* N *(Fenstersims, Kaminsims)* rebord *m*; BAU corniche *f*
simsen *umg* A V/T *(per SMS mitteilen)* envoyer par texto®, par SMS; **j-m etw ~** envoyer qc à qn par texto®, par SMS B V/I *(e-e SMS senden)* **(j-m) ~** envoyer un texto®, un SMS (à qn)
Simulant(in) M(F) simulateur, -trice *m,f* **Simulation** F simulation *f* **Simulator** M simulateur *m*
simulieren A V/T simuler (*a.* TECH); feindre B V/I feindre d'être malade; simuler une maladie
simultan ADJ simultané **Simultandolmetschen** N traduction simultanée; interprétariat simultané **Simultandolmetscher(in)** M(F) interprète simultané(e)
Sinfonie F symphonie *f* **Sinfoniekonzert** N concert *m* symphonique **Sinfonieorchester** N orchestre *m* symphonique

sinfonisch ADJ symphonique
Singapur N Singapour
singen VT u. VI **1** chanter; **j-n in den Schlaf ~** endormir qn en chantant **2** *umg vor der Polizei* parler; *umg* se mettre à table
Single[1] F *CD, Schallplatte* quarante-cinq tours *m*; single *m* (! maskulin)
Single[2] M *(Alleinstehende[r])* personne seule
Singsang M chant *m* monotone
Singular M singulier *m* **Singularform** F (forme *f* du) singulier *m*
Singvogel M oiseau chanteur
sinken VI **1** *Sonne* baisser; décliner; *Schiff* couler; sombrer; **auf den** *od* **zu Boden ~** s'affaisser **2** *Thermometer* descendre; *Temperatur* baisser; tomber; *Preise* baisser; diminuer **3** *fig Hoffnung, Laune* s'évanouir; *moralisch* **tief gesunken sein** être tombé bien bas
Sinn M **1** *(Wahrnehmungsfähigkeit)* sens *m*; **der sechste ~** le sixième sens; **die fünf ~e** les cinq sens; *umg* **s-e fünf ~e beisammenhaben** avoir toute sa tête **2** *geh pl (Bewusstsein)* **nicht bei ~en sein, von ~en sein** ne pas avoir toute sa tête **3** *(Verständnis)* sens *m*; **~ für etw haben** avoir le sens de qc **4** *(Geist, Gesinnung)* esprit *m*; **in j-s ~e** *(dat)* **handeln** agir dans le sens de qn; **sich** *(dat)* **etw aus dem ~ schlagen** s'ôter qc de l'esprit; **etw im ~(e) haben** avoir qc en tête; **es kam mir in den ~, dass …** il me vint à l'idée, à l'esprit que … **5** *(Bedeutung)* sens *m*; *e-s Wortes, Satzes etc* signification *f*; acception *f*; **im eigentlichen, engeren, übertragenen ~(e)** au sens propre, strict, figuré; **im weiteren ~(e)** par extension; au sens large; *umg* **~ machen** être logique **6** *(Zweck)* sens *m*; **der ~ des Lebens** le sens de la vie; **ohne ~ und Verstand** sans rime ni raison; **keinen ~ haben**, *umg* **machen** ne pas avoir de sens
Sinnbild N symbole *m* **sinnbildlich** ADJ symbolique
sinnen *geh* VI songer; réfléchir; **auf etw** *(akk)* **~** songer, rêver à qc; méditer qc
sinnentstellend ADJT déformant le sens
Sinneseindruck M sensation *f* **Sinnesorgan** N organe *m* des sens **Sinnestäuschung** F illusion *f* des sens; *krankhafte* hallucination *f* **Sinneswahrnehmung** F perception sensorielle **Sinneswandel** M changement *m* d'attitude
sinngemäß **A** ADJ conforme au sens **B** ADV **etw ~ wiedergeben** redonner le sens général de qc
sinnieren VI **(über etw** *[akk]***) ~** méditer (sur qc)
sinnig ADJ *meist iron* fin; intelligent
sinnigerweise ADV *meist iron* intelligemment; **~ hat sie ihm alles erzählt** c'est fin, elle est allée tout lui raconter
sinnlich ADJ **1** *Mund, Liebe, Mensch* sensuel **2** *(wahrnehmbar)* sensoriel **Sinnlichkeit** F sensualité *f*
sinnlos **A** ADJ **1** *(unsinnig)* absurde; *plus fort* insensé **2** *(zwecklos)* inutile **3** *(maßlos)* insensé; démesuré **B** ADV **~ betrunken** ivre mort
Sinnlosigkeit F **1** absurdité *f* **2** inutilité *f*
Sinnspruch M maxime *f*; sentence *f*
sinnverwandt ADJ synonyme **sinnvoll** ADJ **1** *(vernünftig)* raisonnable; sage **2** *(e-n Sinn ergebend)* judicieux; *(zweckmäßig)* utile **3** *(mit Sinn erfüllt) Arbeit* qui a un sens
Sinologe M, **Sinologin** F sinologue *m/f* **Sinologie** F sinologie *f*
Sintflut F BIBEL Déluge *m*; *umg* **nach uns die ~!** après nous le déluge!
sintflutartig ADJ *Regenfälle* diluvien
Sinti MPL **~ und Roma** MPL Tziganes *od* Tsiganes *mpl*
Sinus M MATH sinus *m* **Sinuskurve** F MATH sinusoïde *f*
Siphon M siphon *m*
Sippe F parenté *f*; tribu *f*; clan *m* *(a. pej)*
Sippschaft F *pej* **1** *(Verwandte)* clan *m* **2** *(Gesindel)* clique *f*
Sirene F sirène *f*
Sirup M *(Fruchtsirup)* sirop *m*; *(Zuckerrübensirup)* mélasse *f*
Sisal M BOT, TEX sisal *m*
Sisyphusarbeit F tâche *f* interminable; *weitS.* travail *m* de Romain
Sitte F **1** *(Brauch)* coutume *f*; usage *m*; **~n** *pl* mœurs *fpl*; **~n und Gebräuche** us *mpl* et coutumes **2** *(Moral)* **(gute) ~n** *pl* (bonnes) mœurs **3** *(Benehmen) pl* **~n** manières *fpl*
Sittenlehre F morale *f*; éthique *f* **Sittenpolizei** F brigade mondaine **Sittenrichter** M moralisateur *m* **sittenstreng** ADJ de mœurs austères; puritain **Sittenstrolch** *umg* M satyre *m* **sittenwidrig** ADJ **1** *(ungesetzlich)* illicite **2** *(unmoralisch)* immoral
Sittich M perruche *f*
sittlich ADJ moral **Sittlichkeit** F moralité *f*; (bonnes) mœurs
Sittlichkeitsverbrechen N crime *m* contre les mœurs **Sittlichkeitsverbrecher** M auteur *m* d'un crime contre les mœurs
sittsam *geh* ADJ *(tugendhaft)* sage; vertueux; *(keusch)* pudique
Situation F situation *f*
Situationskomik F comique *m* de situation
situiert ADJ **gut ~** fortuné; aisé; **gut ~ sein** vivre, être dans l'aisance
Sitz M **1** *(Stelle, Sitzplatz, Regierungssitz)* siège *m*; *e-r*

Firma siège social; *im Kino, Theater* place *f* 2 *Kleidung* **e-n guten ~ haben** aller bien 3 *(Sitzhaltung)* position assise
Sitzbank F banquette *f*; banc *m* **Sitzblockade** F sit-in *m* **Sitzecke** F banc *m* d'angle (et fauteuils assortis)
sitzen VI 1 être assis (**auf e-m Stuhl, in e-m Sessel** sur une chaise, dans un fauteuil); *Vögel* être perché 2 *fig* **~ bleiben** *umg Schüler* redoubler une classe; *umg* **auf e-r Ware ~ bleiben** ne pas réussir à vendre sa marchandise; *umg* **~ lassen** *(im Stich lassen)* planter là; *(nicht heiraten) umg* plaquer; **etw nicht auf sich** *(dat)* **~ lassen** ne pas encaisser qc; *umg* **er hat e-n ~** *umg* il a bu un coup de trop 3 *Firma* avoir son siège; *Regierung, Behörden* siéger 4 *Kleidung* aller bien 5 *umg Hieb* toucher (juste) *(a. fig)*; *Bemerkung* porter juste; *Geübtes* **das muss ~** ça doit être parfait 6 *Nagel, Brett* **fest, locker ~** bien, mal tenir 7 *umg (eingesperrt sein)* être en prison
sitzenbleiben VI → sitzen 2
Sitzenbleiber(in) *umg pej* M(F) redoublant(e) *m(f)*
sitzenlassen VT → sitzen 2
Sitzfleisch N *umg hum* **kein ~ haben** *umg* avoir la bougeotte
Sitzgelegenheit F siège *m*; place *f* **Sitzgruppe** F ensemble *m* fauteuils et canapé; salon *m* **Sitzhaltung** F position assise **Sitzheizung** F siège chauffant **Sitzkissen** N coussin *m* **Sitzmöbel** N siège *m* **Sitzordnung** F disposition *f* des places **Sitzplatz** M place assise **Sitzpolster** N coussin *m*; *e-s gepolsterten Stuhls* siège *m* **Sitzreihe** F rang *m* **Sitzstreik** M grève *f* sur le tas
Sitzung F 1 séance *f* *(a. fig)* 2 IT session *f*
Sitzungsperiode F session *f* **Sitzungsprotokoll** N procès-verbal *m* de la séance **Sitzungssaal** M, **Sitzungszimmer** N salle *f* des séances
Sitzverteilung F *im Parlament* répartition *f* des sièges
sixtinisch ADJ **die Sixtinische Kapelle** la chapelle Sixtine
Sizilianer(in) M(F) Sicilien, -ienne *m,f* **sizilianisch** ADJ sicilien
Sizilien N la Sicile
Skala F graduation *f*; *fig*, MUS, *(Farbskala)* gamme *f*
Skalp M scalp *m*
Skalpell N scalpel *m*
skalpieren VT scalper
Skandal M scandale *m*; esclandre *m* **Skandalgeschichte** F histoire scandaleuse; affaire corsée
skandalös ADJ scandaleux
Skandalpresse F *pej* presse *f* à scandales **Skandalprozess** M procès scandaleux **skandalumwittert** ADJ qui attire le scandale
skandieren VT scander
Skandinavien N la Scandinavie **Skandinavier(in)** M(F) Scandinave *m/f* **skandinavisch** ADJ scandinave
Skat M *jeu de cartes allemand* **Skatbruder** *umg* M joueur *m* de skat
Skateboard N skate(-board) *m*; planche *f* à roulettes; **~ fahren** faire du skate(-board)
skateboarden VI faire du skate(-board)
skaten VI 1 *(Skateboard fahren)* faire du skate (-board) 2 *(inlineskaten)* faire du roller

skaten — faire du skate

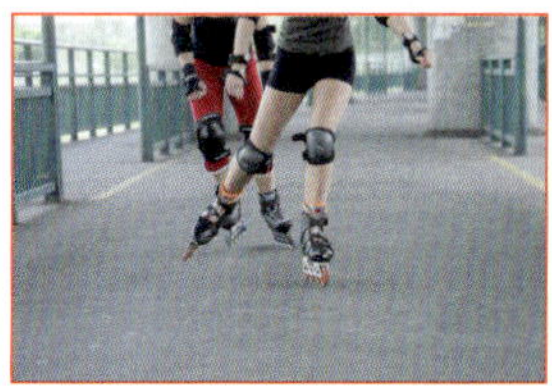

skaten — faire du roller

Skater(in) M(F) 1 *(Skateboardfahrer[in])* skateur, -euse *m,f* 2 *(Inline-Skater[in])* patineur, -euse *m,f* (en ligne)
Skelett N squelette *m* *(a. fig)*
Skepsis F scepticisme *m* **Skeptiker(in)** M(F) sceptique *m/f* **skeptisch** ADJ sceptique
Sketch M sketch *m*
Ski M ski *m*; **~ laufen** *od* **fahren** faire du ski; skier; **auf ~ern** à *od* en skis
Skiakrobatik F ski *m* artistique **Skianzug** M combinaison *f* de ski **Skibindung** F fixation *f* de ski **Skibob** M ski-bob *m*; véloski *m* **Skibrille** F lunettes *fpl* de ski **Skifahrer(in)** M(F) skieur, skieuse *m,f* **Skifliegen** N saut *m* à skis **Skigebiet** N domaine *m* skiable **Skigymnastik** F gymnastique *f* pour le ski **Skihaserl** N *hum südd, österr Frau* jeune skieuse *f*; *Kind* petit skieur, petite skieuse **Skihose** F

S

pantalon *m* de ski **Skihütte** F chalet *m* de ski **Skikurs** M cours *m* de ski **Skilager** N classe *f* de neige **Skilanglauf** M ski *m* de fond **Skilauf(en)** M(N) ski *m* **Skiläufer(in)** M(F) skieur, skieuse *m,f* **Skilehrer(in)** M(F) moniteur, -trice *m,f* de ski **Skilift** M remontée *f* mécanique

Skin(head) M skin(head) *m*

Skioverall M combinaison *f* de ski **Skipiste** F piste *f* de ski

Skipper M SCHIFF skipper *m*

Skischuh M chaussure *f* de ski **Skischule** F école *f* de ski **Skisport** M ski *m* **Skispringen** N saut *m* à skis **Skispringer(in)** M(F) sauteur, -euse *m,f* à skis **Skistiefel** M chaussure *f* de ski **Skistock** M bâton *m* de ski **Skiträger** M *am Auto* porte-skis *m* **Skiverleih** M location *f* de skis **Skiwachs** N fart *m* **Skiwandern** N ski *m* de randonnée **Skizirkus** M **1** *Gebiet* espace *m* de ski **2** *Veranstaltungen* compétitions *fpl* (de ski)

Skizze F esquisse *f*; *Zeichnung a.* croquis *m*; (*Entwurf*) ébauche *f*

Skizzenblock M bloc *m* de *bzw.* à croquis **Skizzenbuch** N album *m* de *bzw.* à croquis

skizzieren V/T esquisser (*a. fig*); ébaucher

Sklave M esclave *m* (*a. fig*)

Sklavenhandel M commerce *m*, trafic *m* des esclaves **Sklavenhändler** M marchand *m* d'esclaves

Sklaverei F esclavage *m*

Sklavin F esclave *f* (*a. fig*) **sklavisch** ADJ d'esclave; servile

Sklerose F **multiple ~** sklérose *f* en plaques

Skoliose F MED scoliose *f*

Skonto M *od* N HANDEL escompte *m*

Skorbut M scorbut *m*

Skorpion M **1** ZOOL scorpion *m* **2** ASTROL Scorpion *m*

Skript N **1** (*Manuskript*) manuscrit *m* **2** *e-r Vorlesung* notes *fpl* **3** (*Filmskript*) scénario *m*; RADIO, TV script *m*

Skrupel M scrupule *m* **skrupellos** ADJ *u.* ADV

Skorpion — le scorpion

Skorpion — le Scorpion

sans scrupules **Skrupellosigkeit** F absence *f* de scrupules

Skulptur F sculpture *f*

skurril ADJ grotesque; bizarre

S-Kurve F virage *m* en S

Skyline F silhouette *f* (d'une ville)

Slalom M slalom *m*

Slang M argot *m*; (*Jargon*) jargon *m*

Slapstick M gag *m*

Slash M TYPO slash *m*; barre *f* oblique

Slawe M, **Slawin** F Slave *m/f* **slawisch** ADV slave

Slawist(in) M(F) *Student(in)* étudiant(e) *m(f)* en langues slaves; *Wissenschaftler(in)* slaviste *m/f* **Slawistik** F (études *fpl* des) langues, (des) littératures et (des) civilisations slaves

Slip M slip *m* **Slipeinlage** F protège-slip *m*

Slogan M slogan *m*

Slowake M, **Slowakin** F Slovaque *m/f*

Slowakei **die ~** la Slovaquie

S

so und seine Übersetzungen

Warum war er so unvorsichtig?	Pourquoi est-ce qu'il a été **si** imprudent ?	**so** (*vor Adjektiv + Adverb*)	→ **si**
Das hat sich so abgespielt: Nicole wurde von einem Auto umgefahren.	Cela s'est passé **ainsi** : Nicole a été renversée par une voiture.	**so** (= *auf diese Weise*)	→ **ainsi**
Sie hat so geschrien, dass ihre Mutter den Arzt gerufen hat.	Elle a **tant** crié que sa mère a appelé le médecin.	**so** (**sehr**)	→ **tant**

FEHLERQUELLEN

slowakisch ADJ slovaque
Slowene M, **Slowenin** F Slovène *m/f* **Slowenien** N la Slovénie **slowenisch** ADJ slovène
Slum M bidonville *m*
SM *Jargon* M ABK (Sadomasochismus) *umg* sadomaso *m*
Smaragd M émeraude *f*
Smiley N IT smiley *m*
Smog M smog *m* **Smogalarm** M alerte *f* au smog
Smoking M smoking *m*
SMS ABK (Short Message Service) **1** F *Nachricht* SMS *m*; **j-m e-e ~ schicken** envoyer un SMS à qn **2** M *Dienst* SMS *m*
SMV F ABK → Schülermitverwaltung
Snack M casse-croûte *m* **Snackbar** F snack-bar *m*
Snob M snob *m*
Snobismus M snobisme *m* **snobistisch** ADJ *pej* snob
Snowboard N *Brett* surf *m*; *Sport* snowboard *m*; surf *m* des neiges **Snowboarder(in)** M(F) snowboardeur, -euse *m,f* **Snowboardfahren** N snowboard *m*; surf *m* des neiges

so

A Adverb
B Konjunktion
C Partikel

— A Adverb —

1 (*in dieser Weise*) ainsi; comme cela, *umg* ça; **~ ist es!** *umg* c'est (bien comme) ça!; **~ oder ~** d'une manière ou d'une autre; **~ genannt** → sogenannt; **das kam ~: …** voici comment la chose s'est passée: … **2** (*derartig*) tel; pareil; *umg* **~ e-r, e-e, eins** *Gegenstand umg* un, une comme ça; **~ ein Dummkopf!** quel imbécile! **3** *mit adj, adv* si; tellement; tant; **~ groß** grand comme ça; **~ sehr** tant; tellement; **~ viel** autant; **doppelt ~ viel** deux fois plus; **~ wenig** (tout) aussi peu; **ich kann es ~ wenig wie du** j'en suis aussi incapable que toi; *umg* **~ weit sein** être prêt; **es geht ihm ~ weit ganz gut** il va assez bien; **ich bin nicht ~ dumm, das zu glauben** je ne suis pas assez bête pour le croire **4** *umg* (*ungefähr*) à peu près **5** (*unverändert, in demselben Zustand*) tel(s) quel(s); **die Dinge ~ lassen, wie sie sind** laisser les choses telles quelles **6** *umg* **das schaffe ich auch ~** *umg* je vais y arriver comme ça; *umg* (*umsonst*) **das bekommen Sie ~** c'est gratuit **7** *bei Zitaten* **…, ~ der Minister …** … d'après le ministre, …; **~ lauteten s-e Worte** telles furent ses paroles **8** *heißt sie nicht Margret* **oder ~ ähnlich?** ou quelque chose comme ça? **9** *erstaunt* **~?** vraiment?; *meist iron* **~, ~!** ah! ah! tu vois! *bzw.* vous voyez! **10** *Vergleich* **~ wie …, ~ …** de même que …, de même …; ainsi que …, ainsi …; **~ weit wie möglich** dans la mesure de mon, *etc* possible; → möglich

— B Konjunktion —

1 *geh* (*wenn*) si **2** → sodass

— C Partikel —

1 **~ ziemlich** assez bien; à peu près; pas trop mal; **ich habe das nur ~ gesagt** j'ai dit cela sans trop y réfléchir **2** *Aufforderung* **~ hör doch!** (mais) écoute donc!

s. o. ABK (siehe oben) v. ci-dessus, plus °haut
sobald KONJ dès que; aussitôt que
Söckchen N socquette *f*
Socke F chaussette *f*; *umg* **sich auf die ~n machen** *umg* filer; *umg* **von den ~n sein** *umg* être épaté
Sockel M *e-r Säule* socle *m*; *e-r Statue* piédestal *m*; *e-s Gebäudes* base *f*
Soda[1] F *od* N CHEM soude *f*
Soda[2] N (*Sodawasser*) soda *m*; eau (minérale) gazeuse
sodann *geh* ADV ensuite; puis
sodass KONJ **…, ~ …** de *od* en sorte, de manière, de façon que … (*konsekutiv*: *ind*; *final*: *subj*)
Sodawasser N → Soda[2]
Sodbrennen N brûlures *fpl* d'estomac
Sodom *geh* N BIBEL **~ und Gomorrha** Sodome et Gomorrhe; *fig* lieu *m* de débauche
Sodomie F rapports sexuels avec les animaux; zoophilie *f*
soeben ADV à l'instant; tout à l'heure; **~ etw getan haben** venir de faire qc
Sofa N canapé *m*
sofern KONJ (*falls*) si; pourvu que (+ *subj*); (*insoweit*) dans la mesure où
soff → saufen
sofort ADV tout de suite; immédiatement; **ich bin ~ fertig** je suis prêt dans un instant
Sofortbildkamera F polaroïd® *m* **Soforthilfe** F aide immédiate **sofortig** ADJ immédiat; prompt **Sofortmaßnahme** F mesure *f* d'urgence
Softeis N glace *f* à l'italienne
Softie *umg* M tendre *m*
Software F logiciel *m*; software *m* **Softwareingenieur** M ingénieur *m* (en) software **Softwarepaket** N progiciel *m*
sog → saugen
Sog M **1** *e-s Flusses, Schiffs* remous *mpl*; TECH aspiration *f* **2** *fig* attrait *m*
sogar ADV même
sogenannt ADJT soi-disant (! unveränderlich); prétendu

S

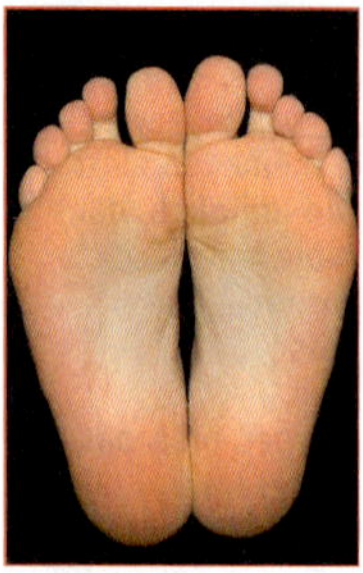

Sohlen — les plantes (fpl) des pieds

Sohlen — les semelles (fpl)

sogleich *geh* → sofort
Sohle F 1 *(Fußsohle)* plante *f* (du pied); *fig* **auf leisen ~n** à pas feutrés; à pas de loup 2 *(Schuhsohle)* semelle *f*; *(Einlegesohle)* semelle intérieure 3 *(Talsohle)* fond *m*
Sohn M fils *m*; BIBEL **der verlorene ~** l'enfant *m* prodigue
Sohnemann *umg* M *umg* fiston *m*
Soja F *Pflanze* soja *m* **Sojabohne** F (graine *f* de) soja *m* **Sojaöl** N huile *f* de soja **Sojasoße** F sauce *f* au soja **Sojasprossen** MPL pousses *fpl* de soja
Sokrates M Socrate *m*
solange KONJ aussi longtemps que; tant que
solar ADJ solaire
Solaranlage F panneaux *mpl* solaires **Solarbatterie** F pile *f* solaire **Solarenergie** F énergie *f* solaire **Solarheizung** F chauffage *m* solaire
Solarium N solarium *m*
Solarkollektor M capteur *m* solaire **Solarkraftwerk** N centrale *f* solaire
Solarplexus M plexus *m* solaire
Solartechnik F solaire *m* **Solarzelle** F pile *f* solaire
solch DEM PR 1 *adjt* tel; pareil; **ein ~er** *od* **~ ein Mensch** un tel homme; un homme pareil; **ich hätte ~e Lust, ihn zu sehen** j'aimerais tellement le voir; **die Philosophie als ~e** la philosophie en tant que telle 2 *subst* **er hat schon ~e** *Briefmarken etc* il en a déjà
Sold M MIL solde *f*
Soldat M soldat *m*; militaire *m*; *auf Zeit* engagé *m* **Soldatenfriedhof** M cimetière *m* militaire **Soldatin** F femme *f* soldat
Söldner M mercenaire *m*
Sole F saumure *f*
Solei N *œuf cuit et conservé dans de l'eau salée*
solid → solide
Solidargemeinschaft F communauté *f* solidaire
solidarisch ADJ solidaire; **sich mit j-m ~ erklären** se déclarer solidaire de qn; se solidariser avec qn
solidarisieren V/R **sich (mit j-m) ~** se solidariser (avec qn)
Solidarität F solidarité *f* **Solidaritätszuschlag** M contribution *f* de solidarité
solide ADJ 1 *(haltbar)* solide *(a. fig)* 2 *Unternehmen* sérieux 3 *Lebenswandel* réglé; *Mensch* rangé; sérieux
Solist(in) M(F) soliste *m/f*
Soll N 1 HANDEL doit *m*; **~ und Haben** le débit et le crédit 2 *(Plansoll)* objectif *m* de production; **sein ~ erfüllen** atteindre son objectif de production
sollen A V/AUX *de mode* 1 *Auftrag, Aufforderung* devoir; **du sollst arbeiten** tu dois travailler; **er soll kommen** il faut, je veux qu'il vienne 2 *Pflicht* devoir; *Notwendigkeit* il faut que … *(+ subj)*; il faut *(+ inf)* 3 *Rat, Erwartung* **das hätte er nicht tun ~** il n'aurait pas dû faire cela; **er soll lieber mehr lernen** il vaudrait mieux qu'il travaille plus; **man sollte ihn bestrafen** il faudrait le punir 4 *Ratlosigkeit* **was soll ich nur tun?** que (dois-je) faire?; que veux-tu *bzw.* voulez-vous que je fasse?; **wie soll das (nur** *od* **bloß) weitergehen?** que va-t-on devenir? 5 *Absicht* **soll das für mich sein?** c'est pour moi?; **was soll das heißen?** qu'est-ce cela veut dire? 6 *Vermutung* **man sollte doch meinen, dass …** il me semble pourtant que …; **sollte es möglich sein?** serait-ce possible? 7 *Fall* **wenn es regnen sollte …** s'il venait à pleuvoir …; **sollte dies der Fall sein …** s'il en était ainsi …; si c'était le cas … 8 *Gerücht* **sie soll sehr krank sein** on dit, prétend qu'elle est très malade; **er soll abgereist sein** il serait parti; il est parti, dit-on 9 *Schicksal* **es sollte ganz anders kommen, als er dachte** ça s'est passé bien autrement qu'il ne l'avait pensé B V/I *u.* V/T **der Brief soll auf die Post®** il faut porter cette lettre à la poste; **was soll das?** qu'est-ce que cela signifie?; pourquoi tout ça?; **soll ich?** d'accord?; je peux?; *umg* **was solls?** tant pis!; *umg* bof!
Sollzinsen MPL intérêts débiteurs
solo ADJ *u.* ADV 1 MUS en soliste 2 *umg* (tout) seul
Solo N MUS solo *m* **Solosänger(in)** M(F) soliste *m/f* **Solotänzer(in)** M(F) danseur, -euse *m,f* étoile
Solothurn N Soleure
solvent ADJ solvable
Somalia N la Somalie
somit ADV donc; par conséquent; ainsi
Sommer M été *m*; **im ~** en été

Sommerabend M soir *m*, soirée *f* d'été **Sommeranfang** M début *m* de l'été **Sommerfahrplan** M horaire *m* d'été **Sommerfell** N pelage *m* d'été **Sommerferien** PL grandes vacances **Sommerfest** N fête *f* d'été **Sommerfrische** F villégiature *f* **Sommerhalbjahr** N semestre *m* d'été **Sommerkleid** N 1 MODE robe *f* d'été 2 ZOOL pelage *m* d'été; *bei Vögeln* plumage *m* d'été **sommerlich** ADJ d'été; de l'été; estival **Sommerloch** *umg* N période creuse (en été); *umg* calme plat **Sommermonat** M mois *m* d'été **Sommernacht** F nuit *f* d'été **Sommerolympiade** F Jeux *mpl* olympiques d'été **Sommerpause** F vacances *fpl* d'été; THEAT relâche estivale **Sommerreifen** M pneu *m* standard **Sommerschlussverkauf** M soldes *mpl*, *inkorr fpl* d'été **Sommersemester** N semestre *m* d'été **Sommerskigebiet** N région *f* de ski d'été

Sommerspiele NPL **die Olympischen ~** les Jeux *mpl* olympiques d'été

Sommersprossen FPL taches *fpl* de rousseur **Sommertag** M jour *m* d'été **Sommerurlaub** M → Sommerferien

Sommerzeit F 1 *Jahreszeit* été *m* 2 *Uhrzeit* heure *f* d'été; **auf ~** (*akk*) **umstellen** passer à l'heure d'été

Sonate F sonate *f*

Sonde F sonde *f*

Sonder... IN ZSSGN *meist* spécial; extraordinaire **Sonderabgabe** F taxe *f* extraordinaire **Sonderanfertigung** F fabrication *f*, exécution *f* °hors série, spéciale

Sonderangebot N offre spéciale; **im ~** en promotion

Sonderausführung F modèle *m* °hors série

Sonderausgabe F 1 TYPO édition spéciale 2 FIN dépense *f* extraordinaire; STEUERWESEN **~n** *pl* charges *fpl* déductibles du revenu

sonderbar ADJ (*ungewöhnlich*) singulier; (*befremdend*) étrange; (*wunderlich*) bizarre

Sonderbeauftragte(r) M/F(M) mandataire spécial(e); chargé(e) *m(f)* de mission **Sonderbeilage** F *e-r Zeitung* supplément (spécial) **Sonderberichterstatter** M envoyé spécial **Sonderbestimmung** F disposition spéciale; *in e-m Vertrag* clause spéciale **Sonderfall** M cas particulier, spécial **Sondergenehmigung** F autorisation spéciale

sondergleichen ADV sans pareil

Sonderkommando N unité spéciale

sonderlich A ADJ 1 (*sonderbar*) étrange; bizarre 2 *Verneinung* **kein ~er Unterschied** pas de différence notable, considérable B ADV **nicht ~** pas particulièrement

Sonderling M original *m* **Sondermarke** F timbre *m* de collection **Sondermaschine** F vol spécial **Sondermodell** N modèle spécial **Sondermüll** M déchets *mpl* dangereux

sondern KONJ mais

Sondernummer F numéro spécial **Sonderpädagoge** M, **Sonderpädagogin** F → Sonderschullehrer(in) **Sonderpädagogik** F *etwa* éducation spéciale **Sonderpreis** M prix exceptionnel **Sonderrabatt** M rabais *m*, remise *f* spécial(e) **Sonderrecht** N privilège *m* **Sonderschule** F établissement *m* scolaire pour enfants handicapés ou inadaptés **Sonderschüler(in)** M(F) élève *m/f* d'un établissement d'éducation spécialisée **Sonderschullehrer(in)** M(F) *etwa* éducateur, -trice spécialisé(e) **Sondertarif** M tarif spécial, exceptionnel **Sonderurlaub** M congé spécial; MIL permission spéciale **Sonderwunsch** M souhait particulier **Sonderzug** M train spécial

sondieren V/T sonder

Sondierungsgespräch N entretien *m* préparatoire, préliminaire

Sonett N sonnet *m*

Song M chanson *f*

Sonnabend M *bes nordd* samedi *m*; → Montag

sonnabends ADV *bes nordd* le samedi; tous les samedis

Sonne F soleil *m* (! maskulin); ASTRON Soleil *m* (! als Stern immer großgeschrieben)

sonnen V/R **sich ~** prendre un bain de soleil

Sonnenanbeter(in) M(F) *hum* fanatique *m/f* du soleil, du bronzage **Sonnenaufgang** M lever *m* du soleil **Sonnenbad** N bain *m* de soleil **sonnenbaden** V/I prendre un bain de soleil **Sonnenbank** F solarium *m* **Sonnenbestrahlung** F ensoleillement *m* **Sonnenblende** F 1 FOTO visière *f* 2 *im Auto* pa-

S

Sonett ≠ sonnette

Für morgen müsst ihr dieses **Sonett** lernen. — Vous devez apprendre ce **sonnet** pour demain.

Tu n'a pas entendu la **sonnette** ? — Hast du die **Klingel** nicht gehört?

FALSCHE FREUNDE

re-soleil *m* **Sonnenblume** F tournesol *m* **Sonnenblumenkern** M graine *f* de tournesol **Sonnenblumenöl** N huile *f* de tournesol **Sonnenbrand** M coup *m* de soleil **Sonnenbrille** F lunettes *fpl* de soleil (! Plural) **Sonnencreme** F crème *f* solaire **Sonnendach** N store *m* **Sonnendeck** N SCHIFF pont supérieur **Sonneneinstrahlung** F insolation *f* **Sonnenenergie** F énergie *f* solaire **Sonnenfinsternis** F éclipse *f* de Soleil **Sonnenfleck** M tache *f* solaire **sonnengebräunt** ADJT bronzé **sonnenhungrig** ADJ fanatique du soleil **Sonnenhut** M chapeau *m* de soleil

sonnenklar ADJ *umg fig* clair comme le jour

Sonnenkollektor M capteur *m* solaire **Sonnenkönig** M HIST Roi-Soleil *m* **Sonnenlicht** N lumière *f* du soleil **Sonnenöl** N huile *f* solaire **Sonnenschein** M soleil *m* **Sonnenschirm** M *zum Tragen* ombrelle *f*; *für Garten* parasol *m* **Sonnenschutz** M protection *f* contre le soleil **Sonnenschutzmittel** N produit *m* solaire **Sonnensegel** N 1 (*Schutzdach*) store *m* 2 RAUMFAHRT panneau *m* solaire **Sonnenseite** F côté exposé au soleil; *fig* bon côté **Sonnenstich** M insolation *f* **Sonnenstrahl** M rayon *m* de soleil **Sonnenstudio** N institut *m* de bronzage **Sonnensystem** N système *m* solaire **Sonnenuhr** F cadran *m* solaire **Sonnenuntergang** M coucher *m* du soleil

sonnig ADJ 1 *Wetter, Tag* ensoleillé 2 *fig* (*heiter*) enjoué; (*unbeschwert*) heureux; insouciant

Sonntag M dimanche *m*; **Weißer ~** jour *m* de la première communion; → Montag

sonntags ADV le dimanche; tous les dimanches **Sonntagsfahrer** M *pej* conducteur *m* du dimanche

Sonntagskind N enfant né le dimanche; *fig* **er ist ein ~** il est né coiffé

S

sonst ADV 1 (*außerdem*) par ailleurs; **~ nichts** rien d'autre; rien de plus; *umg* **~ was** quelque chose d'autre; *umg* **~ wie** d'une autre manière; *umg* **~ wo** ailleurs; **haben Sie ~ noch Fragen?** à part ça, avez vous d'autres questions? 2 (*gewöhnlich*) d'habitude; (*bei anderen Gelegenheiten*) en d'autres cas; **wie ~** comme d'habitude 3 (*andernfalls*) sinon 4 **wer (denn) ~?** qui d'autre?

sonstig ADJ autre; **„Sonstiges"** «Divers»

sooft KONJ 1 (*jedesmal, wenn*) **~ du kommst** toutes les fois que tu viendras 2 (*wie oft auch immer*) **~ Sie wollen** autant de fois, tant que vous voudrez

Sopran M soprano *m* **Sopranistin** F soprano *m*

Sorbinsäure F CHEM acide *m* sorbique

Sorge F 1 souci *m*; **j-m ~n machen** donner des soucis à qn; **sich** (*dat*) **~n machen** se faire du souci (**wegen** *od* **um** pour) 2 (*Unruhe*) inquiétude *f*; **(um etw, j-n) in ~** (*dat*) **sein** se faire du souci (pour qc, qn) 3 **dafür ~ tragen, dass ...** veiller à ce que ... (+ *subj*)

sorgen A VI 1 **für j-n ~** prendre soin de qn; **für etw ~** veiller à qc; (*sich kümmern um*) s'occuper de qc; avoir, prendre soin de qc; (*vorsorgen*) pourvoir à qc; **dafür ~, dass ...** veiller à ce que ... (+ *subj*) 2 (*bewirken*) causer B V/R **sich ~** se faire du souci (**um** pour)

Sorgenfalten FPL rides dues aux soucis **sorgenfrei** ADJ *u.* ADV sans souci **Sorgenkind** N enfant *m* qui donne des soucis **sorgenvoll** ADJ soucieux

Sorgerecht N droit *m* de garde; **das ~ für ein Kind haben** avoir la garde d'un enfant; **ihr wurde das ~ für die Kinder zugesprochen** elle a eu la garde des enfants

Sorgfalt F soin *m*; **~ auf etw** (*akk*) **verwenden** apporter du soin à qc

sorgfältig ADJ soigneux **Sorgfältigkeit** F application *f*

sorglos ADJ 1 (*unbekümmert*) sans souci; insouciant 2 (*nicht sorgfältig*) négligent **Sorglosigkeit** F 1 insouciance *f* 2 négligence *f*

sorgsam ADJ soigneux

Sorte F 1 (*Art*) sorte *f*; espèce *f* (*a. pej von Personen*); (*Marke*) marque *f* 2 FIN **~n** *pl* devises *fpl*

sortieren V/T trier; classer; **nach Größe, Farben ~** trier, classer par grandeur, par couleurs

Sortiment N assortiment *m* **Sortimentsbuchhandlung** F librairie *f*

SOS N SOS *m*

sosehr KONJ **~ ... (auch)** bien que ... (+ *subj*)

SOS-Kinderdorf N village *m* d'enfants (*organisme à but humanitaire spécialisé dans l'aide à l'enfance*)

SOS-Ruf M SOS *m*

Soße F sauce *f*

Soßenlöffel M cuillère *f* à sauce **Soßenschüssel** F saucière *f*

sott → sieden

Soufflé N GASTR soufflé *m*

Souffleur M, **Souffleuse** F souffleur, -euse *m,f* **soufflieren** V/T *u.* V/I souffler

Soul M, **Soulmusik** F (musique *f*) soul *m*

Sound M son *m*; sonorité *f* **Soundkarte** F IT carte *f* son

soundso *umg* A ADV **~ oft** tant de fois; **~ viel** tant B ADJ **Herr, Frau Soundso** Monsieur Untel, Madame Une telle

Soundtrack M bande *f* sonore

Souterrain N sous-sol *m* **Souterrainwohnung** F appartement *m* au sous-sol

Souvenir N souvenir *m*

souverän A ADJ 1 POL souverain 2 *fig* supérieur B ADV *siegen* de main de maître
Souverän M souverain *m* **Souveränität** F souveraineté *f*
soviel KONJ autant que (+ *subj*); → so
soweit KONJ autant que (+ *subj*); → so
sowenig KONJ si peu que ... (+ *subj*); →so
sowie KONJ 1 (*als auch*) ainsi que; aussi bien que 2 (*sobald*) dès que
sowieso ADV en tout cas; de toute façon; *umg* **das ~!** ça, c'est certain!
sowjetisch ADJ HIST soviétique
Sowjetunion HIST **die ~** l'Union *f* Soviétique
sowohl KONJ **~ ... als auch ...** non seulement ... mais aussi *od* encore ...
sozial A ADJ social B ADV **~ denken** avoir l'esprit civique
Sozialabbau M démontage social **Sozialabgaben** FPL charges sociales **Sozialamt** N bureau *m* d'aide sociale **Sozialarbeiter(in)** M(F) assistant(e) *m(f)* social(e) **Sozialdemokrat(in)** M(F) social-démocrate *m/f* **Sozialdemokratie** F social-démocratie *f* **sozialdemokratisch** ADJ social-démocrate **Sozialfall** M cas social **Sozialhilfe** F aide sociale **Sozialhilfeempfänger(in)** M(F) bénéficiaire *m/f* de l'aide sociale
sozialisieren V/T socialiser **Sozialisierung** F socialisation *f*
Sozialismus M socialisme *m* **Sozialist(in)** M(F) socialiste *m/f* **sozialistisch** ADJ socialiste
sozialkritisch ADJ critique envers la société
Sozialkunde F instruction *f* civique **Sozialleistungen** FPL prestations sociales; *e-s Betriebs* avantages sociaux **Sozialpädagoge** M, **Sozialpädagogin** F *etwa* assistant(e) social(e) (*avec un diplôme du troisième cycle*) **Sozialpädagogik** F *etwa* animation socio-éducative **Sozialplan** M plan social **Sozialpolitik** F politique sociale **Sozialprodukt** N produit national **Sozialstaat** M État social **Sozialversicherung** F Sécurité sociale **Sozialwohnung** F HLM *m od f*
Soziologe M, **Soziologin** F sociologue *m/f* **Soziologie** F sociologie *f* **soziologisch** ADJ sociologique
Sozius M 1 HANDEL associé *m* 2 (*Soziussitz*) tan-sad *m*
sozusagen ADV pour ainsi dire
Spaceshuttle M navette spaciale
Spachtel M *od* F spatule *f*
spachteln V/T 1 *Gips, Farbe* colmater, boucher à la spatule 2 *umg a. v/i* (*essen*) s'empiffrer (**etw** de qc)
Spagat M *od* N SPORT grand écart
Spag(h)etti PL spaghetti *mpl* **Spag(h)ettifresser** *sl pej* M *sl* rital *m* **Spag(h)ettiträger** M MODE bretelle fine
spähen V/I guetter (**aus dem Fenster** par la fenêtre; **nach j-m, etw** qn, qc)
Spalier N 1 AGR espalier *m*; WEIN treille *f* 2 *fig von Menschen* °haie *f*; **~ stehen** faire, former la haie
Spalt M fente *f*; *kleiner* fissure *f*; (*Türspalt*) entrebâillement *m*; → Spaltbreit
Spaltbreit M **die Tür e-n ~ öffnen** entrouvrir, entrebâiller la porte
Spalte F 1 → Spalt 2 TYPO colonne *f*
spalten A V/T 1 *Holz* fendre 2 NUKL désintégrer 3 *fig* diviser; *Partei a.* scinder B V/R **sich ~** 1 se fendre 2 *Partei* se diviser; se scinder
Spaltung F 1 CHEM scission *f*; NUKL fission *f* 2 *fig* division *f*; *e-r Partei* scission *f*
Spam M *od* N IT spam *m* **Spamfilter** M IT anti-spam *m*; filtre *m* spam **Spam-Mail** F IT spam *m*; pourriel *m*
spammen V/I IT spammer
Spammer M IT spammeur *m*
Spamming N IT spamming *m*
Span M copeau *m*; (*Feilspan*) limaille *f*
Spanferkel N cochon *m* de lait
Spange F (*Haarspange*) barrette *f*; (*Zahnspange*) appareil *m*; (*Armspange*) bracelet *m*
Spaniel M épagneul *m*
Spanien N l'Espagne *f* **Spanier(in)** M(F) Espagnol(e) *m(f)*
spanisch ADJ espagnol; *umg* **das kommt mir ~ vor** ça me semble bizarre
Spanisch N *Sprache, Schulfach* espagnol *m*; **auf, in ~** en espagnol; **~ lernen** apprendre l'espagnol; **sie ist gut in ~** elle est bonne en espagnol
spann → spinnen
Spann M cou-de-pied *m*
Spannbetttuch N drap-°housse *m*
Spanne F 1 (*Unterschied*) écart *m* 2 (*Zeitspanne*) espace *m* de temps 3 HANDEL marge *f*
spannen A V/T 1 (*dehnen*) tendre; *Waffe* armer 2 (*befestigen*) tendre 3 TECH fixer (**in den Schraubstock** dans l'étau); *e-n Bogen Papier* **in die Schreibmaschine ~** mettre, glisser dans la machine à écrire 4 *umg* (*merken*) *umg* piger B V/I *Kleidung* serrer; être trop juste C V/R **sich ~** *Seil, Muskeln* se tendre
spannend ADJT captivant; passionnant; palpitant
Spanner M 1 TECH, (*Hosenspanner*) tendeur *m*; (*Schuhspanner*) embauchoir *m* 2 *umg fig* (*Voyeur*) voyeur *m*
Spannkraft F élasticité *f* (*a. fig*) **Spannlaken** N drap-°housse *m*
Spannung F 1 TECH, ELEK tension *f*; ELEK *a.*

voltage *m*; **unter ~** (*dat*) **stehen** être sous tension **2** *fig* (*gespannte Aufmerksamkeit*) attention soutenue; **mit ~ erwarten** attendre avec impatience **3** *in e-m Film etc* suspense *m* **4** PSYCH, *fig* (*gespanntes Verhältnis*) tension *f*

Spannungsgebiet N zone *f* de tension; point chaud **spannungsgeladen** ADJT tendu **Spannungsmesser** M voltmètre *m* **Spannungsprüfer** M ELEK indicateur *m* de tension

Spannweite F **1** *e-s Vogels, Flugzeugs* envergure *f* **2** BAU portée *f*

Spanplatte F panneau *m* d'aggloméré

Sparbrief M *certificat de compte d'épargne* **Sparbuch** N livret *m* de caisse d'épargne **Sparbüchse** F, **Spardose** F tirelire *f*

sparen **A** V/T **1** (*zurücklegen*) épargner **2** (*einsparen*) économiser **3** *fig Zeit* épargner; *Kräfte* économiser **B** V/I **1** (*zurücklegen*) épargner **2** (*einsparen*) faire des économies; économiser; **an allem ~** économiser sur tout

Sparer(in) M(F) épargnant(e) *m(f)*

Spargel M asperge *f* **Spargelcremesuppe** F velouté *m* d'asperges **Spargelmesser** N coupe-asperges *m* **Spargelspitze** F pointe *f* d'asperge **Spargelsuppe** F potage *m* aux pointes d'asperges **Spargelzeit** F saison *f* des asperges

Sparguthaben N (dépôt *m* sur un) compte *m* d'épargne **Sparkasse** F caisse *f* d'épargne **Sparkonto** N compte *m* d'épargne

spärlich **A** ADJ *Vegetation, Mittel* peu abondant; *Ergebnis, Ernte* maigre; *Haar* clairsemé; *Lohn* modeste **B** ADV peu

Sparmaßnahme F mesure *f* d'économie

Sparren M BAU chevron *m*

sparsam **A** ADJ **1** *Person* économe **2** (*wirtschaftlich*) économique **3** *fig Einrichtung* modeste; *Dekoration* simple; *Beleuchtung* restreint; *Bewegung* limité **B** ADV avec économie; **~ leben** vivre simplement; **~ mit etw umgehen** économiser qc (*a. fig*)

Sparsamkeit F (sens *m* de l')économie *f*; **aus ~** par économie

Sparschwein N tirelire *f* **Sparstrumpf** M *hum* bas *m* de laine

spartanisch ADJ spartiate (*a. fig*)

Sparte F **1** (*Abteilung*) section *f*; (*Gebiet*) domaine *m* **2** (*Rubrik*) rubrique *f*

Spaß M, *österr a.* **Spass** M **1** (*Vergnügen*) plaisir *m*; amusement *m*; **viel ~!** amuse-toi *bzw.* amusez-vous bien!; **ein teurer ~** une fantaisie qui coûte cher; **~ an etw** (*dat*) **haben** apprécier, aimer qc; **~ machen** faire plaisir **2** (*Scherz*) plaisanterie *f*; blague *f*; **~ machen** plaisanter; **aus, zum ~** pour plaisanter, rire; **(keinen) ~ verstehen** (ne pas) comprendre la plaisanterie

spaßen V/I plaisanter; badiner; blaguer; **damit ist nicht zu ~** il ne faut pas plaisanter, badiner avec ces choses-là; **nicht mit sich** (*dat*) **~ lassen** ne pas plaisanter

spaßeshalber ADV pour rire, plaisanter

spaßig ADJ amusant; (*drollig*) drôle

Spaßmacher M → Spaßvogel **Spaßverderber** M trouble-fête *m/f* **Spaßvogel** M farceur *m*; blagueur *m*

Spastiker(in) M(F) °handicapé(e) *m(f)* moteur

spastisch **A** ADJ °handicapé moteur; *t/t* spastique **B** ADV **~ gelähmt** paralysé spastique

spät **A** ADJ (*spät eintretend*) tardif; (*zeitlich fortgeschritten*) avancé; **das ~e Mittelalter** la fin du Moyen Âge; **es ist, wird ~** il est, se fait tard; **wie ~ ist es?** quelle heure est-il? **B** ADV tard; **zu ~ kommen** être en retard

spätabends ADV tard dans la soirée

Spätdienst M garde *f* (*service recouvrant la tranche horaire de* 15^{00}*-*23^{00}); **~ haben** être de garde

Spatel M spatule *f*

Spaten M bêche *f*

später **A** ADJ **1** (*danach kommend*) postérieur **2** (*zukünftig*) futur **B** ADV plus tard; **bis ~!** à tout à l'heure

spätestens ADV au plus tard

Spätfolgen FPL séquelles *fpl* **Spätherbst** M arrière-saison *f*; fin *f* de l'automne **Spätlese** F **1** *Lese* vendanges tardives **2** *Wein* vin *m* de vendanges tardives **Spätnachrichten** FPL dernières nouvelles **Spätschaden** M dommage *m* à long terme **Spätschalter** M guichet *m* de nuit **Spätschicht** F *Arbeit* poste *m* de l'après-midi; *Arbeiter* équipe *f* de l'après-midi **Spätsommer** M fin *f* de l'été **Spätvorstellung** F dernière séance

Spatz M moineau *m*; *umg* **das pfeifen die ~en von den Dächern** cela court les rues; c'est un secret de Polichinelle

Spätzle PL GASTR *pâtes fraîches typiques de la Souabe*

spazieren V/I **1** (*herumgehen*) aller et venir **2** **~ fahren** se promener; **j-n ~ fahren** promener qn; **~ gehen** (aller) se promener; faire une promenade

Spazierfahrt F promenade *f* **Spaziergang** M promenade *f* **Spaziergänger(in)** M(F) promeneur, -euse *m,f* **Spazierstock** M canne *f* **Spazierweg** M sentier *m*

SPD F ABK (Sozialdemokratische Partei Deutschlands) S.P.D. *m* (Parti social-démocrate allemand)

Specht M ZOOL pic *m*

Speck M lard *m* (*a. umg beim Menschen*); *umg* **~ ansetzen** grossir

speckig ADJ crasseux
Speckschwarte F couenne *f* de lard **Speckstreifen** M, **Speckwürfel** M lardon *m*
Spediteur M transporteur *m*; (*Möbelspediteur*) déménageur *m* **Spedition** F entreprise *f* de transport; (*Möbelspedition*) entreprise *f* de déménagement
Speditionsfirma F entreprise *f* de transport; (*Möbelspeditionsfirma*) entreprise *f* de déménagement **Speditionskaufmann** M *etwa* agent *m* d'une entreprise de transport
Speer M javelot *m* **Speerwerfen** N (lancement *m* du) javelot *m*
Speiche F 1 TECH rayon *m* 2 ANAT radius *m*

Speichen — les rayons (mpl)

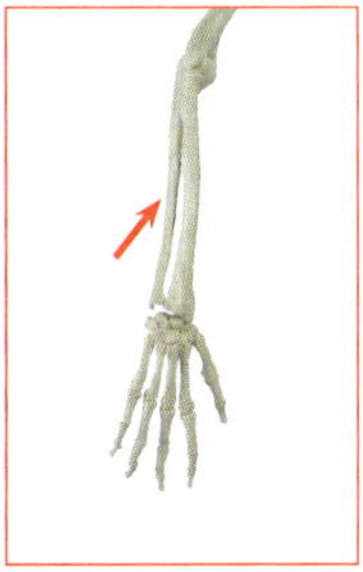
Speiche — le radius

Speichel M salive *f* **Speichellecker** M *pej* lèche-bottes *m*
Speicher M 1 (*Lagerhaus*) entrepôt *m* 2 (*Dachboden*) grenier *m* 3 IT mémoire *f* **Speicherkapazität** F capacité *f* de stockage, IT *a.* de mémoire **Speicherkarte** F carte *f* à mémoire **Speicherleistung** F → Speicherkapazität **Speichermedien** NPL moyens *mpl* d'enregistrement
speichern V/T 1 *Waren* emmagasiner; *Vorräte* entreposer; stocker 2 *Wärme* emmagasiner; *Strom* accumuler 3 *Informationen* enregistrer; IT *Daten* mémoriser; *Text* sauvegarder
Speicherplatz M IT espace *m* de mémoire
Speicherung F 1 *von Waren* emmagasinage *m*; stockage *m* 2 *von Wärme* emmagasinage *m*; *von Strom* accumulation *f* 3 *von Informationen* enregistrement *m*; IT *von Daten* mémorisation *f*; *von Texten* sauvegarde *f*
speien *geh* V/T *u.* V/I 1 (*spucken*) cracher 2 (*sich übergeben*) vomir
Speise F 1 *geh* (*Nahrung*) nourriture *f* 2 (*Gericht*) mets *m*; plat *m* **Speiseeis** N glace *f* **Speisekammer** F cellier *m* **Speisekarte** F carte *f*; menu *m*
speisen A V/T 1 *geh* (*essen*) manger 2 TECH alimenter B *geh* V/I manger; prendre son repas
Speiseöl N huile *f* de table **Speisepilz** M champignon *m* comestible **Speiseplan** M liste *f* des menus **Speisequark** M fromage blanc **Speiseröhre** F ANAT œsophage *m* **Speisesaal** M salle *f* à manger; *in Internaten, Klöstern* réfectoire *m* **Speisewagen** M *im Zug* wagon-restaurant *m* **Speisezimmer** N salle *f* à manger
speiübel ADJ **mir ist ~** je me sens très mal; j'ai envie de vomir
Spektakel[1] *umg* M 1 (*Lärm*) *umg* raffut *m*; *umg* boucan *m* 2 (*Streit*) bagarre *f*
Spektakel[2] N (*Schauspiel*) spectacle *m*
spektakulär ADJ spectaculaire
Spektralanalyse F analyse spectrale, du spectre **Spektralfarbe** F couleur *f* du spectre
Spektrum N 1 PHYS spectre *m* 2 *fig* (*Vielfalt*) éventail *m*; diversité *f*
Spekulant(in) M(F) spéculateur, -trice *m,f* **Spekulation** F spéculation *f*
Spekulatius M *biscuit sablé épicé, de formes diverses*
spekulativ ADJ spéculatif
spekulieren V/I 1 *umg fig* **auf etw** (*akk*) **~** compter sur qc 2 HANDEL spéculer (**mit** sur); **an der Börse ~** jouer à la Bourse 3 (*mutmaßen*) spéculer (**über** [+ *akk*] sur)
Spelunke F *pej* bouge *m*
Spelze F *des Getreidekorns* balle *f*
spendabel *umg* ADJ généreux; large
Spende F don *m*
spenden V/T 1 *als Spende* donner; faire don de (*a. Organ*) 2 *Sakramente* administrer; *geh fig Schatten* donner; *Wärme* dispenser; **Beifall ~** applaudir;

Spektakel ≠ spectacle

Die Delegierten machen ein furchtbares **Spektakel**.	Les délégués font un **boucan** terrible.
La mise en scène de Tartuffe était un **spectacle** sensationnel.	Die Aufführung des Tartuffe war eine sensationelle **Vorstellung**.

FALSCHE FREUNDE

S

(j-m) **Trost ~** consoler (qn)
Spendenaktion F collecte *f* **Spendenaufruf** M appel *m* à la générosité **Spendenbescheinigung** F reçu *m* de don **Spendenkonto** N compte *m* (*où adresser ses dons*)
Spender(in) M(F) donateur, -trice *m,f*; (*Organ-, Blutspender[in]*) donneur, -euse *m,f*
spendieren *umg* V/T **j-m etw ~** offrir, payer qc à qn
Spendierhosen FPL *umg hum* **die ~ anhaben** être très généreux
Spengler M *südd, österr, schweiz* → Klempner
Sperber M ZOOL épervier *m*
Sperenzchen PL *umg* **~ machen** donner du fil à retordre; faire du (des) chichi(s)
Sperling M moineau *m*
Sperma N sperme *m*
sperrangelweit *umg* ADV **die Tür stand ~ offen** la porte était grande ouverte
Sperrbezirk M zone interdite
Sperre F 1 *auf e-r Straße* barrage *m*; barrière *f*; barricade *f* 2 (*Bahnsteigsperre*) portillon *m*; (*Kontrolle*) contrôle *m* 3 TECH arrêt *m*; blocage *m* 4 (*Sperrfrist*), SPORT suspension *f* 5 HANDEL embargo *m*
sperren A V/T 1 *Zugang* barrer; *Straße* interdire à la circulation 2 TECH arrêter 3 *Gas, Strom* couper; *Urlaub* annuler; supprimer; *Konto* bloquer; *Sportler, Zahlungen* suspendre; **e-n Scheck ~** faire opposition à un chèque 4 **in den Keller ~** enfermer dans la cave B V/R **sich ~** (*sich sträuben*) résister (**gegen** à)
Sperrfrist F période *f* de suspension; délai *m* d'attente **Sperrgebiet** N zone interdite **Sperrholz** N contreplaqué *m*
sperrig ADJ encombrant
Sperrmüll M encombrants *mpl* **Sperrsitz** M THEAT fauteuil *m* d'orchestre; *im Kino* loge *f*; *im Zirkus* place *f* de devant **Sperrstunde** F → Polizeistunde
Sperrung F 1 *e-r Straße* barrage *m* 2 *von Gas, Strom* coupure *f* 3 *fig* FIN blocage *m*; *e-s Schecks* opposition *f*; *von Zahlungen* suspension *f*
Sperrvermerk M *im Sparbuch etc* indication *f* d'une restriction; *bei e-r Bewerbung etc* **~e werden berücksichtigt** toute discrétion assurée
Spesen PL frais *mpl* (de représentation *bzw.* de déplacement) **Spesenkonto** N, **Spesenrechnung** F note *f* de frais
Spezi[1] M *umg südd, österr* (*Kumpel*) *umg* pote *m*
Spezi®[2] *umg* N *boisson à base de coca-cola et de limonade*
Spezial… IN ZSSGN *meist* spécial **Spezialfall** M cas spécial, particulier **Spezialgebiet** N spécialité *f* **Spezialgeschäft** N magasin spécialisé
spezialisieren V/R **sich** (**auf etw** [*akk*]) **~** se spécialiser (dans qc)
Spezialist(in) M(F) spécialiste *m/f* (**für** de) **Spezialität** F spécialité *f*
Spezialitätenrestaurant N restaurant *m* de spécialités
Spezialslalom M slalom spécial
speziell ADJ spécial; particulier
Spezies F BOT, ZOOL espèce *f*
spezifisch ADJ spécifique **spezifizieren** V/T spécifier; détailler
Sphäre F sphère *f*
sphärisch ADJ sphérique
Sphinx F MYTH Sphinx *m*; KUNST, *fig* sphinx *m*
spicken A V/T 1 GASTR (entre)larder 2 *umg fig Rede* **gespickt mit …** farci, truffé de … B *umg* V/I (*abschreiben*) copier, *umg* pomper (**bei j-m** sur qn)
Spickzettel *umg* M *sl* pompe *f*; antisèche *f*
spie → speien
Spiegel M 1 miroir *m* (*a. fig*); glace *f*; *fig* **im ~ der Presse** aux yeux de la presse 2 (*Wasserspiegel*) surface *f*; (*Wasserstand*) niveau *m* 3 (*Alkoholspiegel, Blutzuckerspiegel*) taux *m*
Spiegelbild N reflet *m* (*a. fig*) **spiegelbildlich** ADJ inversé **Spiegelei** N œuf *m* sur le plat **spiegelglatt** ADJ *Wasseroberfläche* lisse; *Straße* verglacé
spiegeln A V/T refléter B V/I 1 (*glänzen*) briller; miroiter 2 (*wie ein Spiegel wirken*) réfléchir C V/R **sich ~** se refléter (*a. fig*)
Spiegelreflexkamera F (appareil *m*) reflex *m* **Spiegelschrank** M armoire *f* à glace **Spiegelschrift** F écriture *f* spéculaire, en miroir
Spiegelung F 1 *von Licht* réverbération *f*; PHYS réflexion *f* 2 (*Spiegelbild*) reflet *m*
spiegelverkehrt ADJ inversé
Spiel N 1 jeu *m* (*a. fig der Farben, Muskeln*); **sein ~ mit j-m treiben** jouer un (petit) jeu avec qn 2 THEAT, MUS jeu *m* 3 (*Wettspiel*) partie *f*; (*Glücksspiel, Gesellschaftsspiel*) jeu *m*; *fig* **mit j-m leichtes ~ haben** avoir beau jeu avec qn 4 SPORT match *m*; partie *f*; (*Spielweise*) jeu *m* 5 *fig, mit präp* **aufs ~ setzen** mettre en jeu; risquer; **auf dem ~ stehen** être en jeu; **j-n aus dem ~ lassen** tenir qn à l'écart; **etw aus dem ~ lassen** laisser qc de côté; **mit im ~ sein** être en jeu 6 TECH jeu *m*
Spielart F 1 BOT, ZOOL variété *f* 2 *fig* forme *f*; aspect *m* **Spielautomat** M machine *f* à sous **Spielball** M 1 SPORT balle *f*; TENNIS balle *f* de jeu; BILLARD bille *f* (rouge) 2 *fig* jouet *m* **Spielbank** F casino *m* **Spieldose** F boîte *f* à musique
Spielekonsole F → Spielkonsole

Spiel — le jeu

Spiel — le jeu

Spiel — le jeu

Spiel — le match

spielen A V/T 1 jouer (a. SPORT, MUS, THEAT); *Film, Schallplatte* passer; **Karten, Tennis, Cowboy ~** jouer aux cartes, au tennis, au cow-boy; **Geige, Klavier ~** jouer du violon, du piano; **den Hamlet ~** jouer le rôle d'Hamlet; *umg fig* **was wird hier gespielt?** qu'est-ce qu'il se passe? 2 *(vorgeben)* **den Kranken ~** jouer au malade; faire le malade; **mit gespieltem Ernst** avec un sérieux feint B V/I 1 jouer (a. SPORT, MUS, THEAT); **mit Puppen, auf der Gitarre, dem Klavier ~** jouer à la poupée, de la guitare, du piano; **um etw ~** jouer qc; **um Geld ~** jouer pour de l'argent 2 *Handlung* se passer; se dérouler 3 *fig* **s-e Muskeln, Beziehungen ~ lassen** faire jouer ses muscles, ses relations

spielend ADVL avec aisance; sans peine

spielenlassen V/T → spielen B 3

Spieler(in) M(F) joueur, -euse *m,f*

Spielerei F 1 *(Leichtigkeit)* jeu *m* (d'enfant) 2 *(Zeitvertreib)* passe-temps *m*; **e-e ~ mit Zahlen** un jeu de chiffres 3 *(Herumspielen)* enfantillage *m* 4 *(Schnickschnack)* bricole *f*

spielerisch ADJ 1 *(leicht)* enjoué; insouciant; **mit ~er Leichtigkeit** avec aisance 2 SPORT *(spieltechnisch)* concernant le jeu

Spielfeld N SPORT terrain *m*; TENNIS court *m* **Spielfilm** M film *m*; long métrage **Spielführer** M SPORT capitaine *m* **Spielgefährte** M, **Spielgefährtin** F camarade *m/f* de jeu **Spielgeld** N 1 *(Spieleinsatz)* enjeu *m* 2 *(Spielzeuggeld)* argent *m* pour jouer **Spielhälfte** F 1 *des Spielfelds* camp *m* 2 *(Halbzeit)* mi-temps *f* **Spielhalle** F maison *f* de jeux **Spielhölle** *umg pej* F tripot *m* **Spielkamerad(in)** M(F) camarade *m/f* de jeu **Spielkarte** F carte *f* à jouer **Spielkasino** N casino *m* **Spielkonsole** F IT console *f* de jeux (vidéo) **Spielleiter** M 1 THEAT, FILM metteur *m* en scène 2 TV présentateur *m* **Spielmacher** M SPORT meneur *m* de jeu **Spielmannszug** M fifres *mpl* et tambours *mpl* **Spielmarke** F jeton *m*

Spielminute F minute *f* (de jeu); **in der letzten ~** dans la dernière minute de jeu

Spielothek F 1 *(Spielverleih)* maison *f* de location de jeux; ludothèque *f* 2 → Spielhalle

Spielpause F repos *m* **Spielplan** M THEAT répertoire *m*; (programme *m* des) spectacles *mpl* **Spielplatz** M terrain *m* de jeux **Spielraum** M 1 TECH jeu *m*; tolérance *f* 2 *fig* liberté *f* (d'action); marge *f* (a. FIN) **Spielregel** F règle *f* du jeu **Spielsachen** FPL jouets *mpl* **Spielstand** M score *m* **Spielstein** M pion *m* **Spielstraße** F *rue à vitesse limitée dans un quartier résidentiel* **Spielsucht** F passion *f* du

▶ spielen: jouer de oder jouer à?

Bei Musikinstrumenten heißt es **jouer de**:

Sie spielt Gitarre.	**Elle joue de la guitare.**
Er spielt Klavier.	**Il joue du piano.**

Bei Sportarten oder Spielen heißt es **jouer à**:

Er spielt Basketball.	**Il joue au basket-ball.**
Sie spielt Schach.	**Elle joue aux échecs.**

Bei Sportarten wird oft auch **faire de** verwendet:

Sie spielt Tennis.	**Elle fait du tennis.**
Spielst du Golf?	**Tu fais du golf ?**

FEHLERQUELLEN

jeu **Spieltisch** M table *f* de jeu; *im Kasino* tapis vert **Spieluhr** F boîte *f* à musique **Spielverderber(in)** M(F) trouble-fête *m/f*; rabat-joie *m/f* (! unveränderlich) **Spielwaren** FPL jouets *mpl* **Spielwarengeschäft** N magasin *m* de jouets **Spielwarenhändler** M marchand *m* de jouets **Spielzeit** F 1 THEAT saison *f* 2 SPORT durée *f* du match **Spielzeug** N jouet(s) *m(pl)* **Spielzeugeisenbahn** F train *m* miniature

Spieß M 1 *Waffe* pique *f*; *umg fig* **den ~ umdrehen** renvoyer la balle 2 *(Bratspieß)* broche *f*; *kleinerer* brochette *f*; **am ~** à la broche 3 *umg* MIL *umg* juteux *m*

Spießbürger(in) M(F) *pej* petit-bourgeois *m*, petite-bourgeoise *f* **spießbürgerlich** ADJ *pej* (de) petit-bourgeois

spießen V/T **etw auf etw ~** piquer qc dans qc; **etw in etw** *(akk)* **~** enfoncer qc dans qc

Spießer *umg pej* M petit-bourgeois *m*; *umg* beauf *m*

spießig ADJ *pej* petit-bourgeois

Spießrute F **~n laufen** HIST passer par les verges; *fig* passer sous les regards curieux et hostiles

Spikes PL 1 SPORT (chaussures *fpl* à) pointes *fpl* 2 *Autoreifen* pneus *mpl* à clous **Spikesreifen** M pneu *m* à clous

Spinat M BOT épinard *m*; GASTR épinards *mpl*

Spind M *od* N casier *m*; placard *m*

Spindel F fuseau *m*

spindeldürr ADJ maigre comme un clou

Spinett N MUS épinette *f*

Spinne F araignée *f*

spinnefeind *umg* **(mit) j-m ~ sein** *umg* ne pas pouvoir blairer qn

spinnen A V/T 1 filer 2 *fig Intrigen* tramer B V/I 1 filer 2 *umg fig (verrückt sein)* être fou, *umg* cinglé; **du spinnst wohl!** *umg* ça va pas la tête!

Spinnennetz N toile *f* d'araignée

Spinner(in) M(F) 1 *Beruf* fileur, -euse *m,f* 2 *umg pej umg* cinglé(e) *m(f)*

Spinnerei F 1 *(Spinnen), Betrieb* filature *f* 2 *umg pej* folies *fpl*

spinnert *umg, bes südd* ADJ *umg* toqué; *umg* cinglé

Spinnrad N rouet *m* **Spinnwebe** F fil *m* d'araignée

Spion M 1 *(Agent)* espion *m* 2 *in der Tür* judas *m*

Spionage F espionnage *m* **Spionageabwehr** F 1 *Tätigkeit* contre-espionnage *m* 2 *(Spionageabwehrdienst)* service *m* de contre-espionnage

spionieren V/I faire de l'espionnage; *fig* mettre son nez partout

Spionin F espionne *f*

Spirale F 1 spirale *f* *(a. fig)* 2 *(Pessar)* stérilet *m*

Spiralfeder F ressort *m* en spirale **spiralförmig** ADJ en spirale

Spiritismus M M spiritisme *m* **Spiritist(in)** M(F) spirite *m/f* **spiritistisch** ADJ spirite

Spirituosen FPL spiritueux *mpl*

Spiritus M alcool *m* à brûler **Spirituskocher** M réchaud *m* à alcool

Spital N *bes österr, schweiz* hôpital *m*

spitz A ADJ 1 pointu; *Winkel* aigu; *Gesicht* effilé 2 *fig Bemerkung* cinglant; mordant; *Schrei* perçant B ADV en pointe

Spitz M *Hund* loulou *m*

Spitzbart M bouc *m* **Spitzbube** M *hum Mann* filou *m*; *Junge* petit filou **spitzbübisch** ADJ coquin

spitze *umg* → klasse

Spitze F 1 pointe *f* *(a. Haarspitze)*; *e-s Turms a.* flèche *f*; sommet *m*; *(Schuhspitze, Fingerspitze, Nasenspitze)* bout *m*; *e-s Baums* cime *f*; *e-s Bergs, Dreiecks* sommet *m*; *fig* **die Dinge auf die ~ treiben** pousser les choses à l'extrême 2 *fig e-s Zugs, e-r Firma* tête *f*; SPORT **an der ~ liegen** *od* **stehen** être en tête 3 *fig (Bosheit)* pointe *f* 4 *Gewebe* dentelle *f* 5 *(Spitzengruppe)* groupe *m* de tête 6 *umg* **einsame ~ sein** *umg* être super

Spitzel M indicateur *m*

spitzen V/T *Bleistift* tailler

Spitzenbluse F blouse *f* de dentelle

Spitzenerzeugnis N produit *m* de qualité supérieure, de première qualité, de grande classe **Spitzengeschwindigkeit** F vitesse *f* de pointe **Spitzengruppe** F SPORT peloton *m*, *e-r Tabelle* groupe *m* de tête **Spitzenkandidat(in)** M(F) tête *f* de liste

Spitzenklasse F classe supérieure; élite *f*; **ein Hotel der ~** un hôtel de grande classe; *umg* **~ sein** *umg* être super

Spitzenkraft F personne °hautement qualifiée **Spitzenleistung** F *e-s Arbeiters* rendement *m* maximum; SPORT performance *f* **Spitzenpolitiker** M personnalité *f* politique de premier plan **Spitzenposition** F position *f* de leader **Spitzenprodukt** N → Spitzenerzeugnis **Spitzenqualität** F qualité exceptionnelle, supérieure **Spitzenreiter** M SPORT leader *m*; FUSSBALL équipe *f* de tête; *fig, in der Hitparade* numéro un *m*; leader *m* **Spitzenspiel** N match *m* vedette **Spitzensportler** M champion *m* **Spitzenstellung** F position (très) élevée **Spitzentechnologie** F technologie *f* de pointe **Spitzenverdiener(in)** M(F) gros salaire **Spitzenwert** M valeur *f* maximum

Spitzer M taille-crayon *m*

spitzfindig ADJ tatillon; chicanier **Spitzfin-**

▶ Sport

Egal ob Sommer oder Winter: **Sport** macht Spaß und hält fit!

Fußball spielen	**jouer au football**
Tennis spielen	**jouer au tennis**
inlineskaten	**faire du roller**
schwimmen gehen	**aller nager**
segeln	**faire de la voile**
joggen	**faire du jogging**
Rad fahren	**faire du vélo**
wandern	**faire des randonnées**
reiten	**faire du cheval**
Ski fahren	**faire du ski**
Schlittschuh laufen	**patiner**

WORTFELDER ◀

digkeit F ergotage *m*; chicanerie *f*
Spitzhacke F pic *m*; pioche *f* **Spitzkohl** M chou *m* à feuilles lisses (*se terminant en pain de sucre*)
spitzkriegen *umg* VT découvrir
Spitzname M sobriquet *m*; surnom *m*
spitzwink(e)lig ADJ à angle aigu
Spleen M lubie *f*; **e-n ~ haben** être dérangé
Splint M goupille fendue
Spliss M *der Haarspitzen* fourche *f*; **~ haben** avoir les cheveux fourchus
Splitt M gravillon *m*
splitten VT **1** WIRTSCH diviser **2** POL panacher
Splitter M (*Holzsplitter, Glassplitter, Granatsplitter*) éclat *m*; *in der Haut* écharde *f*
splitterfasernackt *umg hum* ADJ tout nu; nu comme un ver **Splittergruppe** F petit groupe; groupuscule *m*
splittern VI **1** (*zerbrechen*) voler en éclats; *Holz* se fendre **2** (*Splitter bilden*) se fendiller
splitternackt *umg* ADJ tout nu; nu comme un ver
Splitting N STEUERWESEN système de péréquation fiscale des revenus d'un couple marié
SPÖ F ABK (Sozialdemokratische Partei Österreichs) parti social-démocrate d'Autriche
Spoiler M spoiler *m*
sponsern VT sponsoriser
Sponsor M sponsor *m*
spontan ADJ spontané **Spontanität** F spontanéité *f*
sporadisch ADJ sporadique
Spore F BOT spore *f*
Sporn M éperon *m*; **e-m Pferd die Sporen geben** éperonner un cheval

Sport M sport *m*; **~ treiben** faire du sport
Sportabzeichen N brevet sportif **Sportanzug** M tenue *f* de sport **Sportart** F sport *m* **Sportartikel** M article *m* de sport **Sportarzt** M, **Sportärztin** F médecin *m* spécialiste de médecine sportive; *bei e-r Veranstaltung* médecin *m* soigneur **Sportausrüstung** F équipement *m* de sport **Sportbeilage** F *e-r Zeitung* supplément sportif **Sportbekleidung** F vêtements *mpl* de sport; habillement sportif **Sportfest** N fête *f* du Sport **Sportflugzeug** N avion *m* de tourisme **Sportfreund** M **1** (*Sportliebhaber*) sportif *m*; amateur *m* de sport **2** (*Sportkamerad*) camarade *m* de sport **Sportgeist** M esprit sportif **Sportgerät** N appareil *m* de gymnastique **Sportgeschäft** N magasin *m* d'articles de sport **Sporthalle** F salle *f* omnisports **Sporthochschule** F institut *m* universitaire de formation des professeurs d'éducation physique **Sporthotel** N hôtel *m* avec complexe sportif **Sportjournalist(in)** M(F) chroniqueur, -euse *m,f* de sport; journaliste sportif, -ive **Sportlehrer(in)** M(F) professeur *m* d'éducation physique
Sportler(in) M(F) sportif, -ive *m,f*
sportlich ADJ sportif; *Kleidung* sport (❗ unveränderlich)
Sportmedizin F médecine *f* du sport, sportive **Sportplatz** M terrain *m* de sport **Sportrad** N vélo *m* de sport **Sportredakteur(in)** M(F) rédacteur, -trice sportif, -ive **Sportreportage** F reportage sportif **Sportreporter(in)** M(F) reporter sportif **Sportschuh** M **1** (*Turnschuh*) chaussure *f* de sport **2** (*sportlicher Schuh*) chaussure *f* sport **Sportsendung** F

(émission *f* des) sports *mpl*; émission sportive **Sportsgeist** M esprit sportif **Sportskanone** *umg* F *umg* crack *m*; as *m* **Sportsmann** M sportif *m*

Sportstadion N stade *m* **Sportstudent(in)** M(F) étudiant(e) *m(f)* en sports **Sporttaucher(in)** M(F) plongeur, -euse *m,f* sous-marin(e) **Sportteil** M *e-r Zeitung* rubrique sportive; page(s) sportive(s) **Sporttrikot** N maillot *m* de sport **Sportunfall** M accident *m* de sport **Sportunterricht** M éducation *f* physique **Sportveranstaltung** F rencontre, manifestation sportive **Sportverein** M club sportif **Sportverletzung** F blessure *f* de sport **Sportwagen** M **1** *Auto* voiture *f* de sport **2** *Kinderwagen* poussette *f*

Spot M spot *m*

Spott M moquerie *f*; **s-n ~ mit etw, j-m treiben** se moquer de qc, qn

spottbillig *umg* **A** ADJ très bon marché (! unveränderlich) **B** ADV pour une bouchée de pain

spötteln V/I se moquer (**über** [+ *akk*] de)

spotten V/I se moquer (**über** [+ *akk*] de)

Spötter(in) M(F) moqueur, -euse *m,f*; railleur, -euse *m,f*

spöttisch ADJ moqueur; railleur

Spottpreis M prix *m* dérisoire; **für e-n ~** pour une bouchée de pain

sprach → sprechen

Sprachatlas M atlas *m* linguistique **sprachbegabt** ADJ doué pour les langues **Sprachbegabung** F don *m* des langues **sprachbehindert** ADJT atteint de troubles de la parole *od* du langage

Sprache F langue *f*; (*Ausdrucksweise*) langage *m*; (*Rede*) parole *f*; (*Sprachstil*) style *m*; (*Redeweise*) parler *m*; **in französischer ~** en français; **die ~ auf etw, j-n bringen** mettre, amener la conversation sur qc, qn; **etw zur ~ bringen** mettre qc en discussion; *umg* **heraus mit der ~!** *umg* accouche!

Sprachenschule F école *f* de langues **Sprachenstudium** N études *fpl* de(s) langues

Spracherkennung F IT reconnaissance vocale **Sprachfamilie** F famille *f* linguistique **Sprachfehler** M défaut *m* de prononciation **Sprachführer** M guide *m* de conversation

Sprachgebiet N **das französische, deutsche ~** les pays *mpl* de langue française, allemande

Sprachgebrauch M usage *m* **Sprachgefühl** N sens *m* de la langue

Sprachkenntnisse FPL connaissances *fpl* de la langue *bzw.* des langues; **ihre französischen ~** ses connaissances en *od* de français; *weitS.* son français

Sprachkurs M cours *m* de langue **Sprachlabor** N laboratoire *m* de langues **Sprachlehre** F grammaire *f*

sprachlich ADJ qui concerne la langue; linguistique **sprachlos** ADJ (*wortlos*) muet; (*verblüfft*) stupéfait; sans voix **Sprachrohr** N *fig* porte-parole *m* **Sprachstörung** F troubles *mpl* de la parole, du langage **Sprachübung** F exercice *m* de langue

Sprachunterricht M enseignement *m* des langues; **französischer ~** cours *mpl* de français

Sprachwissenschaft F linguistique *f* **Sprachwissenschaftler(in)** M(F) linguiste *m/f* **sprachwissenschaftlich** ADJ linguistique

sprang → springen

Spray M *od* N aérosol *m*; spray *m* **Spraydose** F bombe *f* **sprayen** V/T vaporiser; *Graffiti umg* bomber; taguer **Sprayer(in)** M(F) tagueur, -euse *m,f*

Sprechanlage F interphone *m* **Sprechblase** F bulle *f* **Sprechchor** M THEAT chœur parlé; *fig* chœur *m*

sprechen **A** V/T *u.* V/I **1** parler (**zu j-m** à qn; **mit j-m** avec qn; **von** *od* **über** [+ *akk*] de); *Urteil* prononcer; rendre; *Wahrheit, Gebet, Gedicht* dire; **über Politik, Kunst ~** *a.* parler politique, art; **auf etw, j-n zu ~ kommen** en venir à parler de qc, qn; **gut, schlecht von j-m ~** dire du bien, du mal de qn; **sie ist schlecht** *od* **nicht gut auf**

Sprache – langue, langage oder parole?

Er spricht sechs Sprachen.	Il parle six **langues.**	**Sprache** (*einer Nation*)	**la langue**
Es ist schwierig, die Sprache der Jugendlichen zu verstehen.	Il est difficile de comprendre **le langage** des jeunes.	**Sprache** (= *Sprechweise*)	**le langage**
Er hat die Sprache bei einem Verkehrsunfall verloren.	Il a perdu **la parole** dans un accident de la route.	**Sprache** (= *Sprechvermögen*)	**la parole**

FEHLERQUELLEN

S

mich zu ~ il ne faut pas lui parler de moi **2** **j-n ~** parler à qn; **(für j-n) zu ~ sein** recevoir (qn); **kann ich bitte Frau Klausmann ~?** je voudrais parler à Mme Klausmann **3** *fig* **das spricht für, gegen ihn** cela joue en sa faveur, contre lui; **was spricht (denn) dafür, dagegen?** quel en est (donc) l'avantage, l'inconvénient? **B** V/R **sich ~** se parler; **wir ~ uns noch!** nous nous reverrons *od* retrouverons!

Sprecher(in) M(F) personne *f* qui parle; (*Wortführer[in]*) porte-parole *m*; RADIO, TV speaker, speakerine *m,f*; (*Erzähler[in]*) narrateur, -trice *m,f*

Sprechfunk M radiotéléphonie *f* **Sprechfunkgerät** N radiotéléphone *m*; *tragbares* talkie-walkie *m* **Sprechgesang** M récitatif *m* **Sprechpuppe** F poupée parlante

Sprechstunde F heures *fpl* de consultation; **~ haben** consulter; donner des consultations

Sprechstundenhilfe *neg!* F secrétaire médicale **Sprechweise** F manière *f* de parler; élocution *f* **Sprechzeit** F **1** *e-s Arztes, Anwalts* heure(s) *f(pl)* de consultation **2** (*Redezeit*) temps *m* de parole **Sprechzimmer** N cabinet *m* de consultation

spreizen V/T *Beine, Finger* écarter; *Flügel* déployer

Spreizfuß M pied tourné en dehors

Sprengel M **1** *e-s Pfarrers* paroisse *f*; *e-s Bischofs* diocèse *m* **2** *österr* (*Verwaltungsbezirk*) circonscription *f*

sprengen V/T **1** **(in die Luft) ~** faire sauter; *mit Dynamit* dynamiter **2** *Tür, Schloss* faire sauter **3** *Ketten* rompre; *fig Versammlung* disperser; *Bank* faire sauter **4** *Garten, Straße* arroser; *Wäsche* humecter

Sprengkopf M ogive *f* **Sprengkraft** F force explosive **Sprengladung** F charge explosive **Sprengsatz** M charge explosive **Sprengstoff** M explosif *m* **Sprengstoffanschlag** M attentat *m* au plastic; plasticage *od* plastiquage *m* **Sprengung** F destruction *f* par explosif; *mit Dynamit* dynamitage *m*

sprenkeln V/T moucheter; tacheter

Spreu F balle *f*; *fig* **die ~ vom Weizen trennen** séparer le bon grain de l'ivraie

spricht → sprechen

Sprichwort N proverbe *m* **sprichwörtlich** ADJ proverbial (*a. fig*)

sprießen V/I *Pflanze* pousser; sortir de terre; *Bart* pousser

Springbrunnen M fontaine *f*; jet *m* d'eau

springen **A** V/T *Sprung* exécuter; *Entfernung, Höhe, Rekord* sauter **B** V/I **1** sauter (**über etw** qc) (*a. fig*, SPORT); bondir; *Ampel* **auf Rot ~** passer au rouge; *umg fig* **100 Euro ~ lassen** *umg* se fendre de 100 euros **2** *Porzellan, Glas* se fêler; se fissurer; **gesprungene Lippen** *fpl* lèvres gercées

springenlassen V/T → springen B 1

Springer M **1** SPORT sauteur *m*; SCHWIMMSPORT plongeur *m* **2** *Schachfigur* cavalier *m* **3** *in e-r Firma* personne *f* qui fait partie du personnel volant

Springerin F **1** SPORT sauteuse *f*; SCHWIMMSPORT plongeuse *f* **2** *in e-r Firma* personne *f* qui fait partie du personnel volant; *als Sekretärin* secrétaire volante

Springflut F grande marée **Springform** F GASTR moule *m* démontable **Springmesser** N couteau *m* à cran d'arrêt **Springpferd** N sauteur *m* **Springreiten** N jumping *m* **Springrollo** N store *m* à enrouler **Springseil** N corde *f* à sauter **Springstunde** F (*freie Zwischenstunde*) heure libre, creuse

Sprinkleranlage F installation *f* d'arrosage

Sprint M sprint *m* **sprinten** V/I sprinter **Sprinter(in)** M(F) sprinter, -euse *m,f*

Sprit *umg* M **1** (*Benzin*) essence *f*; *umg* jus *m* **2** (*Schnaps*) *umg* gnôle *f*

Spritze F **1** (*Injektionsspritze*) seringue *f* **2** (*Injektion*) piqûre *f*; **j-m e-e ~ geben** faire une piqûre à qn

spritzen **A** V/T **1** *Garten* arroser (**mit** de); *Obst* traiter; **j-n nass ~** arroser qn; **j-m Soße auf die Kleider ~** éclabousser de sauce les vêtements de qn **2** MED injecter **3** (*lackieren*) peindre au pistolet **B** V/I **1** **mit Wasser ~** lancer de l'eau **2** *Blut, Wasser, Fett* gicler **3** *umg* (*Rauschgift spritzen*) *umg* se shooter

Spritzer M **1** (*Farbspritzer*) éclaboussure *f* **2** (*kleine Menge*) quelques gouttes *fpl* (de ...)

spritzig ADJ *Person* pétillant; (*geistreich*) spirituel; *Vorstellung* vivant; animé; *Auto* nerveux; *Wein* pétillant

Spritzlackierung F peinture *f* au pistolet **Spritzpistole** F pistolet *m* **Spritztour** *umg* F *umg* virée *f*

spröde ADJ **1** *Material* cassant; *Haut, Haar, Lippen* sec **2** *fig Person* revêche; *Thema* rébarbatif

spross → sprießen

Spross M **1** BOT pousse *f* **2** *geh* (*Nachkomme*) descendant *m*

Sprosse F **1** *e-r Leiter* échelon *m*; barreau *m* **2** *e-s Fensters* croisillon *m*

Sprossenwand F SPORT espaliers *mpl*

Sprössling *umg hum* M *umg* rejeton *m*

Sprotte F ZOOL sprat *m*; **Kieler ~n** sprats fumés

Spruch M **1** (*Wahlspruch*) devise *f*; (*Sinnspruch*) adage *m*; (*Bibelspruch*) verset *m* **2** (*Schiedsspruch*) décision *f* **3** *umg pej* **Sprüche klopfen** *od* **machen** *umg* être fort en gueule; **das sind doch nur Sprüche!** c'est du vent!

Spruchband N banderole *f*; calicot *m*
Sprücheklopfer *umg pej* M *umg* grande gueule
spruchreif ADJ **(noch nicht) ~ sein** (ne pas encore) être au point
Sprudel M eau gazeuse
sprudeln V/I **1** *(heraussprudeln)* jaillir (**aus** de) **2** *(aufwallen)* bouillonner **3** *Getränk* pétiller
Sprudelwasser N eau gazeuse
Sprühdose F bombe *f*
sprühen **A** V/T *Funken* faire; jeter; *Flüssigkeit* pulvériser **B** V/I *Funken* jaillir; *Wasser, Regen* gicler; **von** *od* **vor Geist, Witz** *(dat)* **~** pétiller d'esprit, de malice
Sprühflasche F bombe *f*; *kleinere, bes für Parfüm* atomiseur *m*; vaporisateur *m* **Sprühpflaster** N pansement *m* liquide **Sprühregen** M bruine *f*; pluie fine **Sprühverband** M → Sprühpflaster
Sprung M **1** saut *m*; bond *m*; SCHWIMMSPORT plongeon *m*; **zum ~ ansetzen** prendre son élan; *umg fig* **keine großen Sprünge machen können** ne pas pouvoir faire des folies; *umg* **auf dem ~ sein** être sur le point de partir; *umg* **nur auf e-n ~ bei j-m vorbeikommen** ne faire qu'un saut chez qn; *umg* **j-m auf die Sprünge helfen** mettre qn sur la voie **2** *in Glas, Porzellan* fêlure *f*; fissure *f*
Sprungbrett N tremplin *m (a. fig)* **Sprungfeder** F ressort *m* **Sprunggelenk** N ANAT articulation *f* de la cheville; *bei Tieren* jarret *m* **Sprunggrube** F SPORT fosse *f* (de réception); sautoir *m*
sprunghaft **A** ADJ **1** *Person* versatile **2** *(schnell)* très rapide; *Preisanstieg* vertigineux **B** ADV **~ ansteigen** faire un bond
Sprungschanze F SKISPORT tremplin *m* **Sprungtuch** N toile *f* de sauvetage **Sprungturm** M SCHWIMMSPORT plongeoir *m*
Spucke F *umg* salive *f*; **ihm blieb die ~ weg** *umg* il en est resté baba
spucken V/T *u.* V/I cracher
Spucknapf M crachoir *m*
Spuk M apparition *f* de fantômes; *fig* horreur *f*; monstruosité *f*
spuken **A** V/UNPERS **es spukt (in diesem Haus)** il y a des revenants (dans cette maison); cette maison est °hantée **B** V/I *Gedanke* **in j-s Kopf** *(dat)* **~** °hanter qn
Spülbecken N évier *m* **Spülbürste** F brosse *f* (pour la vaisselle)
Spule F bobine *f*; *e-r Nähmaschine* canette *f*
Spüle F évier *m*
spulen V/T *Film, Garn* embobiner; *Film a., Tonband* enrouler
spülen **A** V/T **1** *Wäsche, Mund* rincer **2** *Geschirr* laver; faire **3** **etw ans Ufer ~** jeter qc sur le rivage **B** V/I **1** *Geschirr* laver, faire la vaisselle **2** *am WC* tirer la chasse d'eau
Spüllappen M lavette *f* **Spülmaschine** F lave-vaisselle *m* **Spülmittel** N produit *m* (pour la) vaisselle **Spültuch** N lavette *f* **Spülung** F **1** *(Scheidenspülung, Magenspülung)* lavage *m* **2** *beim WC* chasse *f* d'eau **Spülwasser** N eau *f* de vaisselle
Spulwurm M ascaride *m*
Spund M **1** *e-s Fasses* bonde *f* **2** *umg* **junger ~** *umg* petit jeune, jeunot
Spundloch N bonde *f* **Spundwand** F palplanches *fpl*
Spur F **1** *(Fußspur, Blutspur, Bremsspur,* JAGD, *fig)* trace *f*; *(Fährte,* SKISPORT, *fig)* piste *f*; *(Reifenspur)* ornière *f*; **j-m, e-r Sache auf die ~ kommen** dépister qn, qc **2** *e-r Verletzung* marque *f*; *e-r alten Kultur* traces *fpl* **3** *(kleine Menge)* **e-e ~ Salz** un soupçon, une pincée de sel; *umg* **keine** *od* **nicht die ~!** pas du tout! **4** AUTO parallélisme *m* **5** TECH → Spurweite **6** *(Fahrspur)* voie *f*; file *f*; **die ~ wechseln** déboîter **7** *e-s Tonbands etc* piste *f*
spürbar ADJ sensible; perceptible; *(beträchtlich)* considérable
spuren **A** V/T *Loipe* tracer **B** *umg fig* V/I marcher droit
spüren V/T *(fühlen)* sentir; *(wahrnehmen)* s'apercevoir de; **etw zu ~ bekommen** ressentir qc; **von Mitleid war nichts zu ~** il n'y avait pas la moindre pitié
Spurenelemente NPL oligo-éléments *mpl* **Spurensicherung** F *Tätigkeit* relevé *m* des empreintes
Spürhund M limier *m (a. fig)*; *(Polizeispürhund)* chien policier
spurlos ADV sans laisser de traces
Spürsinn M *e-s Hundes* flair *m*; *fig e-r Person* intuition *f*
Spurt M sprint *m*
spurten V/I sprinter
Spurwechsel M déboîtement *m* **Spurweite** F écartement *m*
sputen V/R **sich ~** se dépêcher
Squash N squash *m*
Sri Lanka N le Sri Lanka
SS[1] ABK (Sommersemester) semestre *m* d'été
SS[2] F ABK HIST (Schutzstaffel) SS *f*; *meist* SS *mpl*
SSV M ABK (Sommerschlussverkauf) soldes *mpl* d'été
St. ABK **1** *(Sankt)* S^t **2** *(Stück)* pièce *f*
Staat M **1** POL État *m* (! in dieser Bedeutung immer großgeschrieben; **l'état** kleingeschrieben bedeutet „der Zustand"); **die ~en** *(USA)* les États-Unis *mpl*; **von ~s wegen** pour rai-

son d'État **2** **damit kannst du keinen ~ machen** avec ça tu ne peux pas épater la galerie; **in vollem ~** en grande toilette, tenue
Staatenbund M confédération *f* **staatenlos** ADJ apatride
staatlich **A** ADJ de l'État; *Schule, Einrichtung, Behörde* public **B** ADV par l'État; **~ geprüft** diplômé; breveté
Staatsaffäre *umg* F **e-e ~ aus etw machen** *umg* faire tout un plat, toute une histoire de qc
Staatsakt M cérémonie officielle **Staatsangehörige(r)** M/F(M) ressortissant(e) *m(f)*
Staatsangehörigkeit F nationalité *f*; **doppelte ~** double nationalité
Staatsanwalt M, **Staatsanwältin** F procureur *m* (❗ bei **procureur** gibt es nur die Maskulinform) **Staatsanwaltschaft** F ministère public; parquet *m* **Staatsbegräbnis** N obsèques nationales **Staatsbesuch** M visite officielle
Staatsbürger(in) M(F) citoyen, -enne *m,f*; **er ist deutscher ~** il est de nationalité allemande
staatsbürgerlich ADJ civique **Staatsbürgerschaft** F nationalité *f* **Staatschef** M chef *m* d'État **Staatsdienst** M service public **Staatsempfang** M réception officielle
Staatsexamen N *etwa* diplôme *m* d'État; **erstes ~** *examen et diplôme clôturant les études du 2ᵉ cycle*; **zweites ~** *für das Lehramt an Gymnasien etwa* CAPES *m*
Staatsform F régime *m*; système gouvernemental **Staatsgast** M invité(e) *m(f)* officiel, -ielle **Staatsgebiet** N territoire national **Staatsgeheimnis** N secret *m* d'État (*a. umg fig*) **Staatsgewalt** F autorité publique **Staatsgrenze** F frontière *f* **Staatshaushalt** M budget *m* de l'État **Staatskasse** F Trésor public
Staatskosten PL **auf ~** aux frais de l'État
Staatsmann M homme *m* d'État **staatsmännisch** ADJ d'homme d'État **Staatsoberhaupt** N chef *m* d'État **Staatspräsident** M président *m* de la République **Staatsschuld(en)** F(PL) dette publique **Staatssekretär(in)** M(F) secrétaire *m/f* d'État **Staatsstreich** M coup *m* d'État **Staatstrauer** F deuil national **Staatsverschuldung** F endettement *m* de l'État
Stab M **1** (*Stock*) bâton *m*; *dünner* baguette *f*; (*Eisenstab*) barre *f*; (*Gitterstab*) barreau *m*; STABHOCHSPRUNG perche *f*; (*Staffelstab*) témoin *m*; *geh* **den ~ über j-n brechen** jeter la pierre à qn **2** MIL état-major *m* **3** (*Mitarbeiterstab*) équipe *f*
Stäbchen N bâtonnet *m*; baguette *f* (*a. Essstäbchen*)
Stabhochspringer(in) M(F) sauteur, -euse *m,f* à la perche **Stabhochsprung** M saut *m* à la perche
stabil ADJ *Gleichgewicht, Wirtschaft* stable; (*haltbar*), *Gesundheit* robuste; (*nicht wacklig*) solide
stabilisieren V/T (*u.* V/R) (**sich ~** se) stabiliser **Stabilisierung** F stabilisation *f* **Stabilität** F stabilité *f*
Stablampe F torche *f* électrique **Stabreim** M allitération *f*
Stabsarzt M médecin-capitaine *m* **Stabsoffizier** M officier supérieur
stach → stechen
Stachel M **1** BOT épine *f* **2** *von Insekten* aiguillon *m*; dard *m*; *vom Igel* piquant *m* **Stachelbeere** F groseille *f* à maquereau **Stacheldraht** M (fil *m* de fer) barbelé *m* **Stacheldrahtzaun** M °haie *f* de barbelés
stach(e)lig ADJ BOT, ZOOL épineux; *Igel a.* °hérissé; *Bart* piquant (*a.* ZOOL)
Stachelschwein N porc-épic *m*
Stadel M *südd, schweiz, österr* grange *f*
Stadion N stade *m*
Stadium N phase *f*; stade *m*
Stadt F **1** ville *f*; **die ~ Berlin** la ville de Berlin **2** (*Stadtverwaltung*) municipalité *f*
Stadt... IN ZSSGN → städtisch **Stadtarchiv** N archives municipales **stadtauswärts** ADV en sortant de la ville **Stadtautobahn** F autoroute urbaine **Stadtbahn** F RER *m* **Stadtbewohner(in)** M(F) habitant(e) *m(f)* d'une *bzw.* de la ville; citadin(e) *m(f)* **Stadtbezirk** M arrondissement *m* **Stadtbibliothek** F bibliothèque municipale **Stadtbummel** M tour *m*, promenade *f* en ville
Städtchen N petite ville
Stadtdirektor M *BRD in einigen Ländern* responsable *m* de l'organisation des services municipaux
Städtebau M urbanisme *m*
stadteinwärts ADV direction centre ville
Städtepartnerschaft F jumelage *m*
Städter(in) M(F) citadin(e) *m(f)*
Stadtflucht F désertion *f*, évasion *f* des villes **Stadtführer** M guide *m* de la ville **Stadtgarten** M jardin municipal, public **Stadtgebiet** N territoire *m* de la ville
Stadtgespräch N **1** TEL communication urbaine **2** *fig* **das ist ~** toute la ville en parle
Stadthalle F salle municipale; *oft a.* salle polyvalente
städtisch ADJ de (la) ville; *bes* ADMIN municipal; (*urban*) citadin; urbain; des villes
Stadtkämmerer M administrateur *m* des finances municipales **Stadtkasse** F **1** *Finanzen* budget *m* de la ville **2** *Behörde* service *m* des

S

finances municipales **Stadtkern** M centre *m* (de la ville) **Stadtmauer** F rempart(s) *m(pl)* **Stadtmitte** F centre *m* (de la) ville **Stadtplan** M plan *m* d'une ville **Stadtrand** M périphérie *f* **Stadtrat** M **1** *Gremium* conseil municipal **2** *Person* conseiller municipal **Stadtrundfahrt** F visite guidée (en bus); tour *m* de ville **Stadtstaat** M ville-État *f* **Stadtstreicher(in)** M(F) clochard(e) *m(f)* **Stadtteil** M quartier *m* **Stadttor** N porte *f* de la ville **Stadtverkehr** M circulation urbaine **Stadtverordnete(r)** M/F(M) conseiller, -ère municipal(e) **Stadtverwaltung** F municipalité *f* **Stadtviertel** N quartier *m* **Stadtwerke** NPL services municipaux d'électricité, de gaz et d'eau **Stadtzentrum** N centre *m* (de la) ville

Staffel F **1** FLUG escadrille *f* **2** *(Staffellauf)* (course *f* de) relais *m*

Staffelei F chevalet *m*

Staffellauf M (course *f* de) relais *m* **Staffelläufer(in)** M(F) relayeur, -euse *m,f*

staffeln V/T (*u.* V/R) (**sich** ~ s')échelonner **Staffelung** F échelonnement *m*

Stagnation F stagnation *f* **stagnieren** V/I stagner; être stagnant

stahl → stehlen

Stahl M acier *m*; **aus** ~ en acier; **Nerven aus** ~ **haben** avoir des nerfs à toute épreuve

Stahlarbeiter M ouvrier *m* métallurgiste **Stahlbau** M *Technik, Gebäude* construction *f* métallique **Stahlbeton** M béton armé **stahlblau** ADJ bleu acier (! unveränderlich) **Stahlblech** N tôle *f* d'acier

stählen *geh* V/T aguerrir; *Körper* endurcir **stählern** ADJ d'acier (*a. fig*)

stahlgrau ADJ gris acier (! unveränderlich) **stahlhart** ADJ d'acier (*a. fig*) **Stahlhelm** M casque *m* d'acier **Stahlindustrie** F industrie *f* sidérurgique **Stahlrohr** N tube *m* d'acier **Stahlwerk** N aciérie *f* **Stahlwolle** F paille *f* de fer

stak → stecken

Stakkato N MUS staccato *m*

staksen *umg* V/I marcher les jambes raides **staksig** *umg* ADJ raide

Stalagmit M stalagmite *f*

Stalaktit M stalactite *f*

Stall M **1** *(Kuhstall)* étable *f*; *(Pferdestall)* écurie *f*; *(Schweinestall)* porcherie *f*; *(Hühnerstall)* poulailler *m*; *(Kaninchenstall)* clapier *m*; *(Schafstall)* bergerie *f* **2** *(Rennstall)* écurie *f*

Stallungen FPL *für Pferde* écuries *fpl*; *für Kühe* étables *fpl*

Stamm M **1** *(Baumstamm)* tronc *m* **2** *(Personalstamm)* personnel permanent **3** *(Volksstamm)* tribu *f* **4** *(Geschlecht)* famille *f*; lignée *f*; race *f* **5** LING radical *m*

Stammaktie F action *f* de capital **Stammbaum** M arbre *m* généalogique; *von Tieren* pedigree *m* **Stammbuch** N livret *m* de famille

stammeln V/T *u.* V/I bégayer; balbutier

stammen V/I ~ **(aus, von)** *(kommen, hervorgehen)* sortir (de); *(beheimatet sein)* être originaire (de); *(herkommen)* provenir (de) *(a. Dinge)*; *(datieren)* dater (de); remonter (à); **dieser Vorschlag stammt von Felix** c'est Félix qui a eu cette idée; c'est une idée de Félix

Stammformen FPL GRAM temps premiers, primitifs **Stammgast** M habitué(e) *m(f)* **Stammhalter** M *hum* héritier *m* **Stammhirn** N ANAT zone *f* du cerveau sans le cortex

stämmig ADJ trapu

Stammkneipe *umg* F café, bistrot habituel **Stammkunde** M, **Stammkundin** F habitué(e) *m(f)*; client(e) *m(f)* fidèle **Stammlokal** N bistrot, restaurant habituel **Stammplatz** M place habituelle **Stammtisch** M *Tisch* table *f* des habitués; *(Stammtischrunde)* groupe *m* des habitués; *Treffen* réunion *f* des habitués **Stammwähler** M électeur *m* fidèle **Stammzelle** F BIOL, MED cellule *f* souche **Stammzellenforschung** F recherche *f* sur les cellules souches

stampfen **A** V/T **1** *Erde* tasser; *mit Ramme* damer **2** *Kartoffeln, Kraut* écraser **3** *Rhythmus* battre **4** *fig* **etw aus dem Boden** ~ créer qc de toutes pièces **B** V/I **1** *mit den Füßen* piétiner; trépigner; *Pferd* piaffer; **mit dem Fuß auf die Erde** ~ frapper le sol du pied **2** *(sich stampfend fortbewegen)* marcher à pas lourds

Stampfer M GASTR pilon *m*

stand → stehen

Stand M **1** *(Stehen)* station *f* debout; **Sprung** *m* **aus dem** ~ saut *m* sans élan; *umg fig* **aus dem** ~ **(heraus)** au pied levé; spontanément; *fig* **e-n schweren** ~ **haben** être dans une situation difficile, délicate **2** *(Standort)* place *f*; emplacement *m* **3** *(Marktstand)* étal *m*; *(Ausstellungsstand, Informationsstand)* stand *m* **4** *(Wasserstand)* niveau *m*; *(Barometerstand)* °hauteur *f*; *der Papiere, Aktien* cours *m*; cote *f* **5** SPORT *(Spielstand)* score *m* **6** *fig (Zustand)* état *m*; niveau *m*; **der** ~ **der Dinge** l'état *m* des choses; **etw auf den neuesten** ~ **bringen** mettre qc à jour **7** *gesellschaftlich* classe *f*; condition *f*; *(Beruf)* profession *f*; HIST **der dritte** ~ le tiers état **8** *(Familienstand)* situation *f* de famille **9** **außer ~e** → außerstande; **im ~e** → imstande; **in** ~ → instand; **zu ~e** → zustande

Standard M standard *m* **Standardausführung** F type *m*, modèle *m* standard **stan-**

dardisieren VT standardiser **Standardisierung** F standardisation *f*
Standarte F fanion *m*; MIL étendard *m*
Standbein N *fig* **das Antiquitätengeschäft ist ihr zweites ~** le magasin d'antiquités est sa deuxième béquille
Standbild N statue *f*; *kleines* statuette *f*
Stand-by N stand-by *m* **Stand-by-Ticket** N billet *m* stand-by
Ständchen N (*Abendständchen*) sérénade *f*; **j-m ein ~ bringen** donner une sérénade à qn
Ständer M 1 (*Gestell*) support *m*; (*Kleiderständer*) portemanteau *m*; (*Kerzenständer*) chandelier *m*; *am Fahrrad* béquille *f* 2 *sl* **e-n ~ haben, kriegen** *sl* bander
Ständerat M *schweiz* 1 *Gremium* Conseil *m* des États 2 *Mitglied* membre *m* du Conseil des États
Standesamt N bureau *m* de l'état civil **standesamtlich** ADJ d'état civil; *Trauung* civil **Standesbeamte(r)** M officier *m* de l'état civil **standesgemäß** ADJ conforme au rang; selon son rang, état **Standesunterschied** M différence *f* de classe (sociale), de rang (social)
standfest ADJ 1 stable; fixe 2 *fig* ferme; résolu **Standfestigkeit** F stabilité *f*; *fig* fermeté *f*
Standgericht N cour martiale
standhaft A ADJ ferme; inébranlable B ADV **~ bleiben** rester ferme
Standhaftigkeit F fermeté *f*
standhalten VI tenir bon; ne pas céder; **j-m, e-r Sache ~** résister à qn, qc
ständig A ADJ constant; continuel; *Lärm* ininterrompu; *Mitglied, Ausschuss* permanent; *Wohnsitz* fixe B ADV constamment; (*immer*) toujours; sans cesse
Standlicht N feux *mpl* de position **Standort** M 1 position *f* (*a.* SCHIFF, *fig*); place *f*; *e-s Betriebs* emplacement *m*; site *m* 2 MIL garnison *f*
Standpauke *umg* F sermon *m*; **j-m e-e ~ halten** *umg* passer un savon à qn
Standpunkt M point *m* de vue; avis *m*; **den ~ vertreten** *od* **auf dem ~ stehen, dass …** être d'avis que … (*+ subj*)
standrechtlich A ADJ d'après la loi martiale B ADV **~ erschießen** passer par les armes
Standspur F bande *f* d'arrêt d'urgence
Standuhr F horloge *f*; pendule *f*
Stange F 1 (*Holzstange*) perche *f*; (*Eisenstange*) tige *f*; barre *f*; (*Metallstange, Gardinenstange*) tringle *f*; (*Fahnenstange*) °hampe *f*; (*Vogelstange*) perchoir *m*; *umg* **Kleider** *npl* **von der ~** vêtements *mpl* de confection; prêt-à-porter *m*; *umg* **e-e (schöne) ~ Geld** beaucoup d'argent; *umg* pas mal de fric; *umg fig* **j-m die ~ halten** prendre parti pour qn; *umg fig* **bei der ~ bleiben** persévérer; tenir bon 2 *von Lakritze, Zimt* bâton *m*; (*Stange Zigaretten*) cartouche *f*
Stängel M BOT tige *f*
Stangenbrot N baguette *f* **Stangenspargel** M (tiges *fpl* d')asperges *fpl*
stank → stinken
stänkern *umg* VI *umg* râler; *umg* rouspéter
Stanniol N feuille *f* d'aluminium, d'argent
stanzen VT *Blech* poinçonner; (*prägen*) estamper
Stapel M 1 pile *f* 2 SCHIFF **vom ~ laufen** être lancé; être mis à l'eau
Stapellauf M lancement *m*; mise *f* à l'eau
stapeln VT (u. VR) (**sich ~** s')empiler
stapelweise ADV en tas; en pile
stapfen VI marcher à pas lourds, lourdement
Star[1] M ZOOL étourneau *m*; sansonnet *m*
Star[2] M MED **(grauer) ~** cataracte *f*; **grüner ~** glaucome *m*
Star[3] M FILM, THEAT *etc* star *f*; vedette *f*; étoile *f* (! alle Übersetzungen sind feminin, auch wenn Männer gemeint sind) **Starallüren** FPL airs *mpl* de star **Staranwalt** M, **Staranwältin** F avocat(e) *m(f)* célèbre, très connu(e), en vue

Star — l'étourneau (m)

Star — la star

starb → sterben
stark A ADJ 1 (*kraftvoll, fest*) fort (*a. fig*); *körperlich* robuste; vigoureux; solide (*a. Nerven, Herz*); puissant (*a. Motor,* TECH); → starkmachen 2 *Kaffee, Tee, Tabak* fort 3 (*dick*) épais; gros; (*beleibt*) corpulent 4 (*intensiv*) fort; *Verkehr* grand; intense; *Kälte* intense; *Hitze, Erkältung, Esser* gros; *Interesse, Hunger, Durst, Trinker, Raucher* grand 5 *Verb* fort 6 (*zahlen-*

mäßig groß) **1000 Mann ~** fort de mille hommes **7** *Jugendsprache* **(echt) ~** *umg* super (! unveränderlich); *umg* génial **B** ADV fort(ement); *(viel)* beaucoup; très; **~ rauchen** fumer beaucoup; **~ regnen** pleuvoir très fort
Starkbier N bière forte
Stärke F **1** *(Kraft)* force *f (a. Willensstärke, Lichtstärke)*; vigueur *f*; solidité *f (a. von Nerven, Herz)*; *e-s Motors, e-r Armee, der Gefühle* puissance *f* **2** *(Dicke)* épaisseur *f*; grosseur *f* **3** *(Intensität)* force *f*; *des Windes, Regens* violence *f*; *des Verkehrs etc* intensité *f* **4** *zahlenmäßige* nombre *m* **5** *fig (starke Seite)* (point) fort *m* **6** *(Wäschestärke)* amidon *m*; GASTR fécule *f*
stärken **A** VT **1** *Gesundheit etc* fortifier **2** *fig* renforcer; fortifier **3** *Wäsche* amidonner; empeser **B** VR **sich ~** se restaurer
stärker → stark
starkmachen *umg* VR **sich für j-n, etw ~** soutenir qn, qc à fond
stärkste → stark
Starkstrom M courant *m* (à) haute tension
Stärkung F **1** *der Gesundheit* affermissement *m*; *der Position, Macht* renforcement *m*; affermissement *m* **2** *(Imbiss)* collation *f*
Starlet(t) N starlette *f*
starr ADJ *(unbeweglich, steif)* raide; rigide *(a. fig Gesetz)*; *Blick* fixe; *Gesichtsausdruck* figé; **~ vor Schreck** *(dat)* glacé d'épouvante
Starre F rigidité *f*; raideur *f*
starren VI **1** **auf, in etw** *(akk)* **~** regarder fixement qc **2** **vor Schmutz** *(dat)* **~** disparaître sous la saleté
Starrheit F raideur *f*; rigidité *f (a. fig von Gesetzen)*; *des Blicks* fixité *f* **starrköpfig** ADJ entêté; obstiné **Starrsinn** M entêtement *m*; obstination *f* **starrsinnig** ADJ entêté; obstiné
Start M départ *m (a.* SPORT, *fig)*; FLUG décollage *m*; *e-s Motors, fig* démarrage *m*; *fig* **an den ~ gehen** prendre le départ
Startbahn F piste *f* de décollage, d'envol **startbereit** ADJ prêt au départ; *Flugzeug* prêt à décoller **Startblock** M LEICHTATHLETIK starting-block *m*
starten **A** VT *Rakete, Offensive* lancer; *Motor, Computer* mettre en marche; *Auto* faire démarrer; *Reise* commencer **B** VI partir; SPORT prendre le départ; *Rakete* être lancé; *Flugzeug* décoller; *Motor* démarrer; partir
Starter M AUTO démarreur *m* **Starterlaubnis** F **1** FLUG autorisation *f* de décoller **2** SPORT autorisation *f* de participer **Startflagge** F SPORT pavillon *m*, fanion *m* de départ **Startgeld** N SPORT **1** *des Teilnehmers* droits *mpl* de participation **2** *des Veranstalters* prime *f* de match
Starthilfe F **1** *(Unterstützung)* aide financière **2** *beim Auto* **j-m ~ geben** aider qn à démarrer sa voiture
Starthilfekabel N câble *m* de démarrage **Startkapital** N capital *m* de départ **startklar** → startbereit
Startloch N SPORT trou *m* de départ; *fig* **in den Startlöchern sitzen** être sur le point de faire qc
Startnummer F SPORT dossard *m* **Startrampe** F rampe *f* de lancement
Startschuss M SPORT signal *m* de départ; *fig* **den ~ zu** *od* **für etw geben** donner le feu vert à qc
Startseite F IT page *f* d'accueil
Start-und-Lande-Bahn F piste *f* de décollage et d'atterrissage
Start-up N, **Start-up-Unternehmen** N WIRTSCH start-up *f* (! feminin, unveränderlich)
Startverbot N **1** FLUG interdiction *f* de décoller **2** SPORT suspension *f* **Startzeichen** N signal *m* de départ
Stasi *umg* F HIST *DDR* Service *m* de la sûreté intérieure de l'État (*police politique de l'ancienne RDA*)
Statement N *meist* POL déclaration *f*
Statik F statique *f*
Station F **1** *(Haltestelle)* station *f* **2** *(Funkstation, Sendestation, Forschungsstation)* station *f* **3** *im Krankenhaus* service *m* **4** *(Zwischenstation)* étape *f*; °halte *f*; **in Paris ~ machen** faire °halte, s'arrêter à Paris
stationär **A** ADJ **1** *(ortsfest)* fixe **2** *Behandlung* hospitalier **B** ADV **j-n ~ behandeln** garder qn en hospitalisation
stationieren VT *Raketen* déployer; *Truppen* baser **Stationierung** F déploiement *m*
Stationsarzt M, **Stationsärztin** F médecin *m* responsable d'un service hospitalier **Stationsschwester** F surveillante *f* **Stationsvorsteher** M chef *m* de gare
statisch ADJ statique
Statist(in) M(F) figurant(e) *m(f) (a. fig)*
Statistik F statistique *f* **Statistiker(in)** M(F) statisticien, -ienne *m,f* **statistisch** ADJ statistique
Stativ N FOTO pied *m*
statt **A** PRÄP à la place de; au lieu de; *geh* **an Kindes ~ annehmen** adopter **B** KONJ → anstatt
stattdessen ADV au lieu de cela
Stätte *geh* F lieu *m*
stattfinden VI avoir lieu; se passer
stattgeben VI ADMIN **e-m Antrag ~** donner suite à une requête

Statthalter M HIST gouverneur *m*
stattlich ADJ *Person* d'un aspect imposant; *Gebäude etc* imposant; majestueux; *Summe, Vermögen* important; considérable
Statue F statue *f*
Statur F stature *f*; taille *f*; **von kleiner ~** de petite taille
Status M état *m*; *rechtlicher* statut *m*; situation *f***Statussymbol** N marque *f* de standing
Status quo *geh* M statu quo *m*
Statut N statut *m*
Stau M 1 *(Verkehrsstau)* bouchon *m*; embouteillage *m* 2 *von Flüssigkeiten* engorgement *m*
Staub M poussière *f*; **~ saugen** passer l'aspirateur; **~ wischen** épousseter les meubles, *etc*; *umg* **sich aus dem ~(e) machen** *umg* filer; *umg* se sauver; s'éclipser
stauben V/I faire de la poussière
Staubflocke F flocon *m* de poussière **Staubgefäß** N BOT étamine *f*
staubig ADJ couvert de poussière; poussiéreux
Staublappen M chiffon *m* à poussière **staubsaugen** V/I (*u.* V/T) passer l'aspirateur (sur) **Staubsauger** M aspirateur *m* **Staubschicht** F couche *f* de poussière **Staubtuch** N chiffon *m* à poussière **Staubwedel** M plumeau *m* **Staubwolke** F nuage *m* de poussière
Staudamm M barrage *m*
Staude F plante herbacée vivace
stauen A V/T *Wasser* retenir; *Fluss* endiguer; *Blut* empêcher de circuler B V/R **sich ~** *Wasser* s'amasser; *Menschenmenge* s'entasser; *Hitze* s'accumuler; *Verkehr* former un bouchon; *Blut* ne pas circuler
Staugefahr F risque *m* de bouchon
staunen V/I **(über etw, j-n) ~** s'étonner (de qc, qn); être étonné (de qc, qn); *advl* **~d** avec étonnement; *umg* **da staunst du, was?** *umg* ça te sidère, hein?
Staunen N étonnement *m*; **j-n in ~** *(akk)* **versetzen** étonner qn; **ich komme aus dem ~ nicht (mehr) heraus** je n'en reviens pas
Stauraum M espace *m* de rangement **Stausee** M lac *m* de retenue
Stauung F 1 *von Wasser* accumulation *f*; *e-s Flusses* endiguement *m*; *(Blutstauung)* congestion passive 2 → Stau
Std. ABK (Stunde) h
Steak N steak *m*; bifteck *m* **Steakhaus** N grill-room *m*; grill *m*
stechen A V/T 1 *Insekt, Dorn, mit Nadel* piquer (*a. abs*); **j-n mit e-m Messer ~** donner un coup de couteau à qn 2 *Spargel* couper; *Torf* extraire 3 KARTENSPIEL prendre B V/I 1 *Sonne* être brûlant; taper 2 **mit etw in etw** *(akk)* **~** enfoncer, planter qc dans qc 3 SPORT se départager 4 *(die Stechuhr betätigen)* pointer 5 KARTENSPIEL couper C V/R **sich** *(dat od akk)* **in den Finger ~** se piquer le doigt
Stechen N SPORT épreuve finale
stechend ADJT *Blick* perçant; *Schmerz* lancinant; *Geruch* âcre
Stechkarte F carte *f* de pointage **Stechmücke** F moustique *m* **Stechpalme** F °houx *m* **Stechuhr** F pointeuse *f*
Steckbrief M avis *m* de recherche **steckbrieflich** ADV par avis de recherche **Steckdose** F prise *f* de courant
stecken A V/T 1 **etw durch etw ~** glisser, passer qc à travers *od* par qc; **etw in etw** *(akk)* **~** mettre, faire entrer qc dans qc; *(hineinstopfen)* fourrer qc dans qc; *umg* **j-n ins Gefängnis ~** *umg* flanquer qn en prison 2 *(befestigen)* **etw an etw** *(akk)* **~** fixer, attacher, *mit e-r Nadel* épingler qc à qc B V/I être; se trouver; **an etw** *(dat)* **~** être fixé, attaché à qc; **in etw** *(dat)* **~** *Pfahl, Stange* être enfoncé dans qc; **~ bleiben** rester bloqué, enfoncé (**in etw** [*dat*] dans qc); *Fahrzeug a.* ne plus pouvoir avancer; *(verbleiben)* rester; *umg fig beim Reden* ne plus trouver ses mots; **den Schlüssel ~ lassen** laisser la clé sur la porte; **der Schlüssel steckt (im Schloss)** la clé est dans la serrure; *umg* **wo hast du nur gesteckt?** *umg* où étais-tu passé?; *umg fig* **wer steckt dahinter?** qui est derrière?
Stecken M *bes südd* bâton *m*
steckenbleiben V/I → stecken B
Steckenpferd N dada *m* (*a. fig*)
Stecker M ELEK fiche *f*
Steckling M bouture *f*
Stecknadel F épingle *f*; *umg fig* **e-e ~ im Heuhaufen suchen** chercher une aiguille dans une botte de foin
Steg M 1 *(kleine Brücke, Bootssteg)* passerelle *f* 2 *an Saiteninstrumenten* chevalet *m*
Stegreif M **aus dem ~** au pied levé; *Rede* **aus dem ~ halten** improviser
Stehaufmännchen N *Spielzeug* poussah *m*; *umg fig* personne *f* qui retombe toujours sur ses pieds **Stehempfang** M réception *f*; cocktail *m*

stehen

A intransitives Verb B unpersönliches Verb
C reflexives Verb

— A intransitives Verb —

1 *(aufrecht stehen)* être, se tenir debout; **~ bleiben** rester debout; *fig* **das Geschäft steht**

S

und fällt mit ihm toute l'affaire repose sur lui **2** *(sich befinden)* être (**am Fenster** à la fenêtre); se trouver; **~ bleiben** *(zurückgelassen werden)* être oublié; *(unverändert bleiben)* rester; *(keine Fortschritte machen)* ne pas progresser; **wo sind wir ~ geblieben?** où en sommes-nous (restés)?; **~ lassen** laisser; *Speise* ne pas toucher à; *(vergessen)* laisser; oublier; *umg* **sich** *(dat)* **e-n Bart ~ lassen** se laisser pousser la barbe; **alles ~ und liegen lassen** quitter tout; tout laisser tomber **3** *(sein)* être; **so wie die Dinge ~** dans ces circonstances, conditions; au point où nous en sommes; **wie steht das Spiel?** où en est le match, la partie?; **das Spiel steht 2 zu 3** le score est de 2 à 3 **4** GRAM **das Adverb steht hinter dem Verb** l'adverbe se met après le verbe; **der Konjunktiv steht nach folgenden Verben** les verbes suivants régissent le subjonctif **5** FIN **wie steht der Dollar?** quel est le cours du dollar?; **die Aktien ~ auf ...** *(dat)* les actions sont à ... **6** *Kleider, Farben etc* **j-m gut, schlecht ~** aller bien, mal à qn **7** *(geschrieben stehen)* être écrit; **~ lassen** *Fehler* laisser passer; **was steht auf dem Plakat?** qu'est-ce qu'il y a d'écrit sur l'affiche? **8** *Signal etc* **auf „Halt" ~** être à l'arrêt; *Ampel* **auf Rot ~** être au rouge; *Zeiger* **auf 3 Uhr ~** marquer 3 heures **9** **darauf steht Gefängnis** c'est puni de prison **10** *(stillstehen) Maschine, Uhr* être arrêté; **~ bleiben** s'arrêter *(a. Uhr)* **11** *fig* **zu j-m ~** soutenir qn; être du côté de qn; **wie stehst du dazu?** qu'en penses-tu? **12** **für etw ~** *(gewährleisten)* garantir qc; *(stellvertretend sein)* représenter qc **13** *umg* **auf etw** *(akk)* **~** *umg* être fana de qc; **auf j-n ~** *umg* en pincer pour qn

— **B** unpersönliches Verb —

1 **wie steht's um ihn?** comment va-t-il?; **wie steht's mit Ihrer Gesundheit?** comment va la santé? **2** **es steht zu befürchten, dass ...** il est à craindre que ... *(+ subj)*

— **C** reflexives Verb —

sich gut, schlecht mit j-m ~ être bien, mal avec qn; être en bons, mauvais termes avec qn

stehenbleiben V/I → stehen A 1, 2, 10 **stehenlassen** V/T → stehen A 2, 7

Stehimbiss M snack-bar *m (où l'on consomme debout)* **Stehkneipe** F bar *m* **Stehlampe** F lampadaire *m* **Stehleiter** F échelle *f* double

stehlen **A** V/T u. V/I **(j-m etw) ~** voler (qc à qn); *umg* **er kann mir gestohlen bleiben** *umg* je me fiche pas mal de lui **B** V/R **sich aus dem Haus ~** sortir furtivement de la maison

Stehplatz M place *f* debout **Stehpult** N pupitre *m* (pour écrire debout) **Stehvermögen** N endurance *f*

Steiermark die ~ la Styrie

steif **A** ADJ **1** raide; rigide; *vor Kälte* engourdi; *Gelenk* ankylosé; *Kragen* empesé; *umg Penis* raide; en érection; **~ werden** se raidir; *Glieder* s'engourdir; **Sahne ~ schlagen** battre la crème **2** *fig im Benehmen* guindé; *(gezwungen)* contraint; *(förmlich)* cérémonieux **3** *Brise* fort **B** ADV *umg* **~ und fest behaupten, dass ...** *umg* soutenir mordicus que ... *(+ ind)*

steifschlagen V/T → steif A 1

Steigbügel M étrier *m*

Steige F *südd für Obst* cageot *m*

steigen V/I **1** *(hinaufsteigen)* monter; *Flugzeug* prendre de la hauteur; monter; *Nebel, Ballon* s'élever; *(klettern)* grimper; **auf etw** *(akk)* **~** monter sur qc; *österr (treten)* marcher sur qc; **auf e-n Berg ~** escalader une montagne; **ins Auto, in den Zug, ins Flugzeug, aufs Fahrrad, Pferd ~** monter en voiture, dans le train, dans l'avion, à vélo, à cheval; **aus dem Auto, Zug, Flugzeug, vom Fahrrad, Pferd ~** descendre de (la) voiture, de train, de l'avion, de vélo, de cheval; **über die Mauer ~** passer par-dessus le mur **2** *(ansteigen)* monter (**auf** [+ *akk*] à; **um** de); *Temperatur* s'élever (**auf** [+ *akk*] à; **um** de) **3** *umg* **eine Party steigt** il y a une soirée

steigern **A** V/T **1** *Preise* augmenter; faire monter; *Ansprüche, Chancen, Tempo* augmenter; *Leistung, Produktion* élever; augmenter; *Furcht, Spannung* intensifier **2** GRAM mettre au comparatif *bzw.* superlatif **B** V/R **sich ~** *Preise* s'élever; monter; *Tempo, Ansprüche, Chancen* s'accroître; augmenter; *Furcht, Spannung* s'intensifier; *Leistung, Produktion* s'élever

Steigerung F **1** augmentation *f*; *der Furcht, Spannung* intensification *f*; *(Leistungssteigerung)* amélioration *f* **2** GRAM degrés *mpl* de comparaison

Steigung F montée *f*; inclinaison *f*

steil **A** ADJ escarpé; abrupt; raide; *Karriere* en flèche; fulgurant **B** ADV **~ ansteigen** *Kurve* monter en flèche; *Weg* monter à pic

Steilhang M pente raide, escarpée **Steilküste** F falaise *f* **Steilpass** M FUSSBALL passe *f* en chandelle **Steilwand** F *im Gebirge* paroi *f*, versant *m* à pic

Stein M pierre *f*; *(Kieselstein)* galet *m*; *kleinerer* caillou *m*; *im Steinobst* noyau *m*; *(Spielstein)* pion *m*; MED calcul *m* **mir fällt ein ~ vom Herzen** me voilà soulagé d'un grand poids; *fig* **j-m ~e in den Weg legen** mettre des bâtons dans les roues à qn; *fig* **den ~ ins Rollen bringen** mettre l'affaire en train, en branle; *umg fig* **bei j-m e-n ~ im Brett haben** être dans les

S

petits papiers de qn
steinalt *umg* ADJ *umg* vieux comme le monde
Steinbock M 1 ZOOL bouquetin *m* 2 ASTROL Capricorne *m* **Steinboden** M *im Haus* dallage *m*; carrelage *m* **Steinbruch** M carrière *f* **Steinbutt** M turbot *m*

Steinbock — le bouquetin

Steinbock — le Capricorne

Steinchen N petite pierre; caillou *m*
steinern ADJ 1 de, en pierre 2 *fig Gesicht* de marbre
Steingarten M *etwa* jardin alpin **Steingut** N faïence *f*; grès *m*
steinhart ADJ dur comme (la) pierre
steinig ADJ pierreux; caillouteux
steinigen VT lapider **Steinigung** F lapidation *f*
Steinkohle F °houille *f* **Steinmarder** M fouine *f* **Steinmetz** M tailleur *m* de pierre(s) **Steinobst** N fruits *mpl* à noyau **Steinpilz** M cèpe *m* **steinreich** *umg* ADJ richissime **Steinschlag** M chute *f* de pierres **Steinschleuder** F fronde *f*; lance-pierres *m* **Steinzeit** F âge *m* de pierre **Steinzeitmensch** M homme *m* préhistorique
Steiß M 1 (*Steißbein*) coccyx *m* 2 (*Gesäß*) fesses *fpl*
Steißbein N coccyx *m* **Steißlage** F MED présentation *f* par le siège
Stelldichein N rendez-vous *m*
Stelle F 1 (*Ort*) place *f*; lieu *m*; (*bestimmter Bereich*) endroit *m*; *fig* **e-e schwache ~** un point faible; **A an die ~ von B setzen** substituer A à B; **an j-s ~** (*akk*) **treten** prendre la place de qn; **auf der ~** sur-le-champ; tout de suite; *fig* **auf der ~ treten, nicht von der ~ kommen** piétiner; ne pas avancer; **zur ~ sein** être présent 2 (*Arbeitsstelle*) place *f*; emploi *m*; poste *m*; **e-e freie ~** un poste vacant 3 (*Behörde, Dienststelle*) service(s) *m(pl)* administratif(s) 4 *in e-m Schrift-, Musikstück* passage *m* 5 *in e-r Reihenfolge* lieu *m*; rang *m*; **an erster ~ stehen** venir en premier lieu; SPORT **an vierter ~ liegen** être en quatrième place, position 6 (*Dezimalstelle*) décimale *f*; **diese Zahl hat drei ~n** ce nombre a trois chiffres
stellen A VT 1 (*setzen, legen*) mettre; poser; placer; (*aufrecht stellen*) mettre debout; *in e-r bestimmten Ordnung* ranger; disposer 2 *Verbrecher, Wild* arrêter 3 *Aufgabe* imposer; donner; *Bedingungen* mettre; poser 4 *Ersatzmann, Bürgen* fournir; **j-m etw ~** mettre qc à la disposition de qn 5 *Radio* **leiser, lauter ~** baisser, monter; *umg* mettre moins, plus fort; **den Wecker auf sieben Uhr ~** mettre le réveil à sept heures 6 **gut, schlecht gestellt sein** vivre à l'aise, modestement; **ganz auf sich** (*akk*) **gestellt** sans (l')aide, (l')appui de personne B VR 1 **sich ~** (*nicht setzen*) se mettre debout; (*sich hinstellen*) se mettre; **sich auf die Zehenspitzen ~** se dresser sur la pointe des pieds; *fig* **sich vor j-n ~** prendre la défense de qn; *fig* **sich hinter j-n ~** se mettre du côté de qn; *fig* **sich gegen j-n ~** s'opposer à qn 2 **sich dumm, tot, taub ~** faire l'idiot, le mort, la sourde oreille *od* le sourd 3 **sich (der Polizei) ~** se livrer (à la police); **sich zum Kampf, der Kritik ~** faire face à l'ennemi, à la critique 4 **sich mit j-m gut ~** se mettre bien avec qn
Stellenabbau M suppression *f* d'emplois **Stellenangebot** N offre *f* d'emploi **Stellenanzeige** F annonce *f* d'offre d'emploi **Stellenausschreibung** F avis *m* de vacance d'un poste; mise *f* au concours d'un poste **Stellenbörse** F bourse *f* de l'emploi **Stellengesuch** N demande *f* d'emploi **Stellenmarkt** M marché *m* du travail, de l'emploi **Stellensuche** F recherche *f* d'un emploi, d'un travail **stellenweise** ADV par endroits; METEO localement **Stellenwert** M 1 MATH valeur *f* 2 *fig* importance *f*
Stellfläche F place *f* **Stellplatz** M place *f* de parking **Stellschraube** F vis *f* de réglage
Stellung F 1 (*Haltung, Position*) position *f* (*a.* MIL, *fig*); (*Körperhaltung*) *a.* pose *f*; posture *f*; **die ~ der Frau in der Gesellschaft** la place de la femme dans la société 2 (*Einstellung*) position *f*; **~ nehmen** prendre position (**zu** sur) 3 (*Anstellung*) place *f*; poste *m*; emploi *m*
Stellungnahme F 1 (*Meinung*) prise *f* de position 2 *Äußerung* avis *m*; commentaire *m*
stellvertretend ADJT remplaçant; adjoint; **~er Vorsitzender** vice-président *m*

S

Stellungnahme – la prise de position

zustimmen, begrüßen	**approuver**
Er stimmt der Auffassung von Jacques zu.	**Il approuve l'opinion de Jacques.**
Ablehnung	**le refus**
einverstanden sein mit	**être d'accord avec**
gegen etwas protestieren	**protester contre qc**
etwas anfechten	**contester qc**
der Meinung sein, dass	**être d'avis que** (+ *Indikativ*)
einer Sache sicher sein	**être sûr de qc**
es ist wahrscheinlich, dass	**il est probable que** (+ *Indikativ*)
es ist offensichtlich, dass	**il est évident que** (+ *Indikativ*)
den Eindruck haben, dass	**avoir l'impression que** (+ *Indikativ*)
finden, dass	**trouver que** (+ *Indikativ*)
persönlich (*adv*)	**personnellement**
meiner Meinung nach	**à mon avis**
was mich betrifft	**pour ma part**
was mich anbelangt	**de mon côté**
etwas fantastisch / interessant / amüsant finden	**trouver qc formidable / intéressant / amusant**
etwas verabscheuen	**détester qc**
gewöhnlich	**banal**
langweilig	**ennuyeux, ennuyeuse**
unangenehm	**désagréable**
Das überrascht mich.	**Ça m'étonne.**
Das ist nichts wert.	**Ça ne vaut rien.**
Das ist mir egal.	**Ça m'est égal.**
etwas wertschätzen	**apprécier qc**
empfinden	**ressentir**
Ich empfinde seinen Brief als Beleidigung.	**Je ressens sa lettre comme un affront.**
hässlich finden	**ne pas trouver beau**
scheußlich	**affreux, affreuse**
sonderbar	**étrange**
unwahrscheinlich	**invraisemblable**

WORTFELDER

Stellvertreter(in) M(F) adjoint(e) *m(f)*; remplaçant(e) *m(f)*; suppléant(e) *m(f)* **Stellvertretung** F remplacement *m* **Stellwerk** N EISENBAHN poste *m* d'aiguillage
Stelze F échasse *f*
Stemmeisen N ciseau *m* de menuisier
stemmen **A** V/T **1** *Gewicht, Last* soulever **2** (*drücken*) appuyer (**gegen** contre) **B** V/R **sich gegen etw ~** s'appuyer contre qc; *fig* résister, s'opposer à qc
Stempel M **1** *Instrument, Abdruck, (Poststempel)* cachet *m*; *bei Edelmetallen* poinçon *m* **2** *fig* empreinte *f* **3** BOT pistil *m*
Stempelkissen N tampon (encreur)
stempeln V/T (*u.* V/I) timbrer; *Briefmarke* oblitérer; *Edelmetall* poinçonner
Stengel → Stängel
Steno *umg* F (*Stenografie*) sténo *f* **Stenografie** F sténographie *f* **stenografieren** **A** V/T prendre en sténo **B** V/I sténographier **Stenotypistin** F sténodactylo *f*
Steppdecke F couette *f*
Steppe F steppe *f*
steppen[1] V/T MODE piquer
steppen[2] V/I *tanzen* faire des claquettes
Steppjacke F blouson *m*, veste *f* matelassé(e)
Steppke *umg regional* M *umg* gosse *m*
Stepptanz M claquettes *fpl* **Stepptänzer(in)** M(F) danseur, -euse *m,f* à claquettes
Sterbebett N lit *m* de mort **Sterbefall** M décès *m* **Sterbehilfe** F euthanasie *f*
sterben V/I mourir (**an**, *umg fig* **vor** [+ *dat*] de); *umg fig* **sie ist für mich gestorben** je ne veux plus entendre parler d'elle; **im Sterben liegen** être mourant; agoniser
Sterbensangst F peur bleue
sterbenselend ADJ *umg* malade à crever
sterbenskrank ADJ **1** malade à en mourir **2** *fig umg* malade à crever **sterbenslangweilig** ADJ ennuyeux à mourir; mortellement ennuyeux
Sterbensseele F **keine ~** absolument personne; pas âme qui vive
Sterbenswort N, **Sterbenswörtchen** N **kein Sterbenswort, Sterbenswörtchen sagen** ne pas dire un traître mot
Sterbesakramente NPL derniers sacrements **Sterbeurkunde** F acte *m* de décès
sterblich ADJ mortel
Sterbliche(r) M/F(M) mortel, -elle *m,f*; **ein ge-**

wöhnlicher Sterblicher un simple mortel
Sterblichkeit F mortalité *f*
stereo ADV en stéréo
Stereoanlage F chaîne *f* stéréo, °hi-fi **Stereoaufnahme** F enregistrement *m* stéréo **stereotyp** ADJ *fig* stéréotypé
steril ADJ stérile (*a. fig*) **Sterilisation** F stérilisation *f* **sterilisieren** V/T stériliser **Sterilisierung** F stérilisation *f* **Sterilität** F stérilité *f* (*a. fig*)
Sterlingsilber N argent fin
Stern M étoile *f* (*a. fig*); ASTRON *a.* astre *m*; *Restaurant* **mit drei ~en** trois étoiles; **das steht noch in den ~en** ce n'est pas pour demain; *umg fig* **~e sehen** en voir trente-six chandelles; *Unternehmen* **unter keinem guten ~ stehen** ne pas être placé sous une bonne étoile
Sternbild N constellation *f* **Sternchen** N **1** TYPO astérisque *m* **2** (*Filmsternchen*) starlette *f* **Sterndeuter(in)** M(F) astrologue *m/f*
Sternenbanner N bannière étoilée **sternenklar** ADJ étoilé
Sternfahrt F rallye *m* **sternhagelvoll** *umg* ADJ *umg* bourré **sternklar** ADJ étoilé **Sternkunde** F astronomie *f* **Sternschnuppe** F étoile filante **Sternsinger** M *regional: enfant déguisé en roi mage qui va de maison en maison et chante pour fêter l'Épiphanie* **Sternstunde** *geh* F heure *f* de gloire **Sternwarte** F observatoire *m* **Sternzeichen** N signe *m* (du zodiaque)
stet *geh* ADJ (*andauernd*) incessant; continuel; permanent; (*gleichbleibend*) constant
Stethoskop N stéthoscope *m*
stetig ADJ (*kontinuierlich*) continu (*a.* MATH); (*beständig*) incessant

Stempel — le cachet

Stempel — le pistil

Sternzeichen

Widder	**le Bélier**
Stier	**le Taureau**
Zwillinge	**les Gémeaux** *m/pl*
Krebs	**le Cancer**
Löwe	**le Lion**
Jungfrau	**la Vierge**
Waage	**la Balance**
Skorpion	**le Scorpion**
Schütze	**le Sagittaire**
Steinbock	**le Capricorne**
Wassermann	**le Verseau**
Fische	**les Poissons** *m/pl*

Sternzeichen werden im Französischen immer großgeschrieben.

Welches Sternzeichen bist du?	**Tu es de quel signe ?**
Ich bin (ein) Löwe.	**Je suis Lion.**
Ich bin (ein) Fisch.	**Je suis Poissons.**

WORTFELDER

stets *geh* ADV toujours
Steuer[1] N SCHIFF barre *f*; AUTO volant *m*; AUTO **sich ans** *od* **hinters ~ setzen** prendre le volant; *fig* **das ~ fest in der Hand haben** avoir les choses bien en main
Steuer[2] F FIN impôt *m*; ADMIN, JUR contribution *f*; *auf Waren* taxe *f*; **~n zahlen** payer des impôts; **etw von der ~ absetzen** déduire qc de l'impôt
Steuerberater(in) M(F) conseiller, -ère *m,f* fiscal(e) **Steuerbescheid** M avis *m* d'imposition
Steuerbord N tribord *m*
Steuereinnahmen FPL recettes fiscales **Steuererhöhung** F augmentation *f* des impôts **Steuererklärung** F déclaration *f* d'impôt(s) **Steuerermäßigung** F réduction *f* d'impôt(s) **Steuerfahndung** F enquête fiscale; détection *f* des fraudes fiscales **Steuerflucht** F évasion fiscale **steuerfrei** ADJ exempt, exonéré d'impôt **Steuerfreibetrag** M montant exempt d'impôts; abattement *m* à la base **Steuergelder** NPL impôts *mpl* **Steuerhinterziehung** F fraude fiscale **Steuerkarte** F → Lohnsteuerkarte **Steuerklasse** F catégorie *f*, tranche *f* d'imposition
Steuerknüppel M FLUG manche *m* à balai

steuerlich A ADJ fiscal B ADV **~ absetzbar** déductible du revenu
Steuermann M timonier *m*; *e-s Ruderboots* barreur *m*
steuern A VT AUTO conduire; FLUG piloter; SCHIFF gouverner; piloter; TECH commander; *fig Prozess, Meinung* manœuvrer; *Gespräch* conduire B VI SCHIFF piloter; *(fahren)* faire route (**nach** vers)
Steueroase *umg* F, **Steuerparadies** *umg* N paradis fiscal **steuerpflichtig** ADJ imposable; soumis à l'impôt **Steuerpflichtige(r)** M/F(M) contribuable *m/f*
Steuerrad N AUTO volant *m*; SCHIFF roue *f* du gouvernail
Steuerrecht N droit fiscal **Steuerreform** F réforme fiscale **Steuersatz** M taux *m* d'imposition **Steuerschuld** F dette fiscale **Steuersenkung** F réduction *f* d'impôts
Steuerung F 1 *Handlung* AUTO, FLUG pilotage *m*; TECH commande *f* 2 *Mechanismus* TECH commande *f*; AUTO direction *f*
Steuerungstaste F IT touche *f* de contrôle
Steuervergünstigung F avantage fiscal; faveur fiscale **Steuervorauszahlung** F acompte provisionnel d'impôts; paiement anticipé d'impôts **Steuervorteil** M avantage fiscal **Steuerzahler(in)** M(F) contribuable *m/f*
Steward M steward *m*
Stewardess F hôtesse *f* de l'air
StGB N ABK (Strafgesetzbuch) code pénal
stibitzen *umg* VT *umg* chiper; *umg* faucher
Stich M 1 *(Nadelstich, Insektenstich)* piqûre *f* 2 *(Messerstich)* coup *m* (de couteau) 3 **j-n im ~ lassen** *(ohne Hilfe lassen)* délaisser qn; *(fallen lassen)* laisser tomber qn; *(verlassen)* abandonner qn; **sein Gedächtnis ließ ihn im ~** sa mémoire l'a trahi 4 MODE point *m* 5 *Schmerz* point *m*; élancement *m*; *fig* **es gab ihr einen ~ (ins Herz)** cela lui a donné, fait un coup au cœur 6 *fig (boshafte Bemerkung)* pique *f*; pointe *f* 7 *(Kupferstich, Stahlstich)* gravure *f* 8 KARTENSPIEL pli *m*; levée *f* 9 *umg* **e-n ~ haben** *Wein* être piqué; *Milch* être aigre; *Person* avoir un grain; *Farbe* **e-n ~ ins Blaue haben** tirer sur le bleu
Stichelei *umg pej* F coup *m* d'épingle; piques *fpl*
sticheln *umg pej* VI lancer, envoyer des piques (**gegen** à)
Stichflamme F jet *m* de flamme **Stichfrage** F question *f* subsidiaire
stichhaltig ADJ solide; concluant; valable **Stichhaltigkeit** F bien-fondé *m*
Stichling M ZOOL épinoche *f*
Stichprobe F contrôle ponctuel; STATISTIK échantillon *m* **Stichsäge** F scie sauteuse
sticht → stechen
Stichtag M jour fixé **Stichwahl** F (scrutin *m* de) ballottage *m*
Stichwort N 1 *im Wörterbuch* entrée *f* 2 THEAT réplique *f* 3 *zusammenfassendes* note *f* **Stichwortverzeichnis** N index *m*
Stichwunde F blessure (faite avec une arme pointue)
sticken VT *u.* VI broder
Sticker M autocollant *m*
Stickerei F broderie *f*
stickig ADJ étouffant; suffocant
Stickoxid, **Stickoxyd** N oxyde *m* d'azote **Stickstoff** M azote *m*
stieben *geh* VI jaillir
Stiefbruder M demi-frère *m*
Stiefel M botte *f* **Stiefelette** F bottillon *m*; bottine *f*
stiefeln *umg* VI marcher (à grandes enjambées, à grands pas)
Stiefeltern PL beau-père *m* et belle-mère *f* **Stiefgeschwister** PL demi-frères *mpl* et demi-sœurs *fpl* **Stiefkind** N 1 beau-fils *m bzw.* belle-fille *f* 2 *fig* laissé(e) *m(f)* pour compte **Stiefmutter** F belle-mère *f* **Stiefmütterchen** N BOT pensée *f*
stiefmütterlich ADJ *fig pej* **j-n, etw ~ behandeln** négliger qn, qc
Stiefschwester F demi-sœur *f* **Stiefsohn** M beau-fils *m* **Stieftochter** F belle-fille *f* **Stiefvater** M beau-père *m*
stieg → steigen
Stiege F escalier (étroit)
Stieglitz M chardonneret *m*
stiehlt → stehlen
Stiel M 1 *an e-m Werkzeug* manche *m*; *e-r Pfanne* queue *f* 2 *(Stängel)* tige *f*; *e-r Frucht, e-s Blattes* queue *f*
Stielauge N *umg fig* **~n machen** lorgner
Stielkamm M peigne *m* à manche
stier ADJ *Blick* fixe
Stier M 1 ZOOL taureau *m* 2 ASTROL Taureau *m*
stieren VI **auf etw** *(akk)* **~** regarder fixement qc
Stierkampf M corrida *f*; course *f* de taureaux **Stierkämpfer** M torero *m* **Stiernacken** M *fig* cou *m* de taureau
stieß → stoßen
Stift[1] M 1 *(Schreibstift)* crayon *m* 2 TECH *(Bolzen)* goujon *m*; *(Drahtstift)* pointe *f* 3 *umg fig (Lehrling)* *umg* arpète *m/f*
Stift[2] N 1 REL maison religieuse; *(Privatschule)* institution religieuse 2 *österr (Kloster)* couvent *m*
stiften VT 1 *Kloster, Schule* fonder; établir; *Orden,*

S

Stier — le taureau

Stier — le Taureau

Sekte créer 2 *Geld* faire une donation, un don de; *Preis* fonder 3 (*schaffen*) susciter; *Frieden* rétablir; *Zwietracht* semer

Stifter(in) M(F) fondateur, -trice *m,f*; (*Spender*) donateur, -trice *m,f*

Stiftskirche F (église) collégiale *f*

Stiftung F *Handlung* donation *f*; *Institution* fondation *f*

Stiftzahn M dent (artificielle) à pivot

Stil M style *m*; (*Art*) *a.* manière *f* **Stilblüte** F perle *f* **Stilbruch** M rupture *f* de style; *fig* incohérence *f* **Stilebene** F *bes* LING niveau *m* de langue

Stilett N stylet *m*

stilisieren VT styliser

stilistisch A ADJ stylistique B ADV au point de vue (du) style

still ADJ (*ruhig*) tranquille; calme; (*friedlich*) paisible; (*schweigsam*) silencieux; *Hoffnung* secret; **der Stille Ozean** l'océan *m* Pacifique; **~es Wasser** eau minérale non gazeuse; eau plate; **im Stillen** secrètement; **~ sitzen** rester tranquille; ne pas bouger; **seid ~!** silence!; taisez-vous!; **es wurde ~** il se fit un silence

Still-BH M soutien-gorge *m* d'allaitement

Stille F (*Schweigen*) silence *m*; (*Ruhe*) tranquillité *f*; calme *m*; (*Friede*) paix *f*; repos *m*; **in der ~ der Nacht** dans le silence de la nuit; **in aller ~** *Hochzeit, Beisetzung* dans la plus stricte intimité

stillen A VT 1 *Säugling* allaiter; *im Moment* donner le sein à 2 *Blutung* arrêter 3 *Schmerz* apaiser; calmer; *Durst* étancher; *Hunger, Neugier* assouvir; *Verlangen* satisfaire B VI allaiter; *im Moment* donner le sein au bébé

stillhalten VI ne pas bouger; se tenir tranquille

Stillleben nature morte

stilllegen VT *Betrieb* fermer; *Eisenbahnstrecke* supprimer

Stilllegung F *e-s Betriebs* fermeture *f*; *e-r Eisenbahnstrecke* suppression *f*

Stillschweigen N silence *m*; **(über etw, j-n) ~ bewahren** garder le silence (sur qc, qn)

stillschweigend A ADJT 1 (*wortlos*) muet 2 *Abmachung* tacite B ADVL 1 (*stumm*) sans mot dire; en silence 2 **etw ~ übergehen** passer qc sous silence

stillsitzen VI → still

Stillstand M arrêt *m*; **zum ~ bringen** *Maschine, Blutung* arrêter; *Verkehr* paralyser

stillstehen VI 1 (*anhalten*) s'arrêter; *Maschine* être arrêté; *Verkehr* être paralysé 2 (*sich nicht rühren*) ne pas bouger; MIL **stillgestanden!** garde-à-vous!

Stillzeit F période *f* d'allaitement

Stilmittel N procédé *m* de style **Stilmöbel** NPL meubles *mpl* de style **Stilrichtung** F style *m* **stilvoll** A ADJ de bon goût B ADV avec goût

Stimmabgabe F vote *m*; scrutin *m* **Stimmband** N corde vocale **stimmberechtigt** ADJT qui a (le) droit de vote, de voter **Stimmberechtigte(r)** M/F(M) personne *f* qui a (le) droit de vote, de voter

Stimmbruch M mue *f*; **im ~ sein** muer

Stimme F 1 voix *f* (*a.* MUS, *fig*); **mit lauter, leiser ~** à voix °haute, basse 2 (*Wahlstimme*) voix *f*; suffrage *m*; vote *m*; **s-e ~ abgeben** voter (**für** pour) 3 (*Meinung*) avis *m*; opinion *f*; **die kritischen ~n in der Öffentlichkeit** l'opinion critique du public

stimmen A VT 1 *Instrument* accorder; **höher, tiefer ~** °hausser, baisser le ton de 2 *fig* **j-n traurig ~** attrister qn; **das stimmte mich nachdenklich** cela m'a donné à réfléchir B VI 1 (*richtig sein*) être juste, exact; **da stimmt etwas nicht** il y a qc qui ne va pas, qui cloche; *umg* **bei ihm stimmt etwas nicht** il est bizarre; *beim Bezahlen umg* **stimmt so!** gardez la monnaie! 2 (*wahr sein*) être vrai 3 POL **für, gegen j-n ~** voter pour, contre qn

Stimmengewirr N brouhaha *m*

Stimmengleichheit F partage *m* des voix; **bei ~** s'il y a partage

Stimmenmehrheit F majorité *f* des voix

Stimmenthaltung F abstention *f* **Stimmgabel** F diapason *m*

stimmhaft ADJ sonore

stimmig ADJ harmonieux; *Argumentation* logique; juste

Stimmlage F MUS registre *m* **stimmlos** ADJ

sourd **Stimmrecht** N droit *m* de vote

Stimmung F 1 *(Gemütsverfassung, Laune)* humeur *f*; *(seelische Verfassung)* moral *m*; **(in) guter, schlechter ~ sein** être de bonne, mauvaise humeur; **in ~ kommen** s'animer; se mettre en train 2 *(Atmosphäre) e-s Bildes* atmosphère *f*; *e-r Gruppe, e-s Fests* ambiance *f*

Stimmungsbarometer *umg* N **das ~ steigt** l'atmosphère devient de plus en plus gaie; **das ~ steht auf null** *umg* le moral est à zéro

Stimmungskanone *umg* F boute-en-train *m* **Stimmungsmache** *umg pej* F bourrage *m* de crâne **Stimmungsumschwung** M saute *f* d'humeur; *in der Bevölkerung* revirement *m* d'opinion (publique) **stimmungsvoll** ADJ plein d'ambiance; MAL, *Gedicht* évocateur

Stimmzettel M bulletin *m* (de vote)

Stimulans *geh* N MED, *fig* stimulant *m* **stimulieren** V/T stimuler

Stinkbombe F boule puante

Stinkefinger *umg* M *etwa* bras *m* d'honneur; **j-m den ~ zeigen** *etwa* faire un bras d'honneur à qn

stinken V/I 1 *pej* puer, empester (**nach etw** qc); **es stinkt** ça pue; ça sent très mauvais 2 *umg fig* **diese Arbeit stinkt mir** *umg* j'en ai marre, ras le bol de ce travail; *umg* **mir stinkts!** *umg* j'en ai ras le bol!

stinkfaul *umg* ADJ *umg* très flemmard; *umg* très cossard **stinkfein** *sl* ADJ *umg* super élégant

stinkig *sl* ADJ 1 *(stinkend)* puant *(a. fig widerwärtig)* 2 *fig* de mauvaise humeur; *umg* de mauvais poil; *plus fort* en rogne

Stinkkäse *umg* M fromage *m* qui sent très fort

stinklangweilig *umg* ADJ *umg* rasoir (! unveränderlich); *umg* assommant; *sl* chiant **stinknormal** *umg* ADJ *umg* hypernormal **stinkreich** *umg* ADJ *umg* plein aux as **stinksauer** *sl* ADJ *umg* fou furieux (! nur bei maskulinen Substantiven), *umg* furax (! unveränderlich) (**auf j-n** contre qn)

Stinkstiefel *sl* M *umg* type odieux **Stinktier** N mouffette *f*

Stinkwut *umg* F **e-e ~ haben** *umg* être furax, en rogne (**auf j-n** contre qn)

Stipendiat(in) M(F) boursier, -ière *m,f* **Stipendium** N bourse *f*

Stippvisite *umg* F visite *f* éclair

stirbt → sterben

Stirn F front *m*; **die ~ runzeln** froncer les sourcils; *fig* **j-m, e-r Sache die ~ bieten** faire face, faire front, tenir tête à qn, qc

Stirnband N bandeau *m*; serre-tête *m* **Stirnhöhle** F sinus frontal **Stirnhöhlenentzündung** F sinusite *f* **Stirnrunzeln** N froncement *m* de(s) sourcils

stob → stieben

stöbern *umg* V/I **in etw** *(dat)* **~** *umg* (far)fouiller, *umg* fouiner dans qc

stochern V/I **in etw** *(dat)* **~** piquer dans qc; **im Feuer ~** tisonner le feu; **in den Zähnen ~** se curer les dents

Stock[1] M 1 *(Stab)* bâton *m*; *(Zeigestock, Taktstock)* baguette *f*; *(Spazierstock)* canne *f*; *(Skistock)* bâton *m* de ski; *([Eis]Hockeyschläger)* crosse *f*; **am ~ gehen** marcher avec une canne; *umg fig (erschöpft sein) umg* être complètement crevé 2 *(Rosenstock)* pied *m*; *(Rebstock)* cep *m* (de vigne) 3 *fig* **über ~ und Stein** par monts et par vaux

Stock[2] M *(Stockwerk)* étage *m*

stockbesoffen *umg* ADJT *umg* complètement bourré

stockdunkel *umg* ADJ **es ist ~** il fait noir comme dans un four

Stöckelschuh M chaussure *f* à talon aiguille; **~e** des talons *mpl* aiguilles

stocken V/I *(stillstehen)* s'arrêter *(a. Herz, Atem)*; *Verkehr* se ralentir; *Gespräch, Verhandlungen* s'interrompre; *beim Sprechen* hésiter; **ihm stockte der Atem** il en eut la respiration, le souffle coupé(e)

Stockente F colvert *m* **stockfinster** →stockdunkel **Stockfisch** M morue séchée; stockfisch *m* **stockkonservativ** *umg* ADJ très conservateur; *plus fort umg* réac (! unveränderlich) **stocknüchtern** *umg* ADJ très sobre **stocksauer** *umg* ADJ *umg* fou furieux (! nur bei maskulinen Substantiven), *umg* furax (! unveränderlich) (**auf j-n** contre qn) **stocksteif** *umg* ADJ raide comme un piquet

Stockung F arrêt *m*; *des Verkehrs, der Produktion* ralentissement *m*; paralysie *f*; *der Verhandlungen* interruption *f*

Stockwerk N étage *m*

Stoff M 1 *(Gewebe)* étoffe *f*; tissu *m* 2 CHEM, PHYS substance *f* 3 *(Werkstoff)* matériau *m* 4 *(Thema)* matière *f*; sujet *m* *(a. Gesprächsstoff)*; *(Lehrstoff)* programme *m* 5 *umg (Rauschgift) sl* dope *f*; *(Alkohol)* alcool *m*

Stoffballen M rouleau *m* de tissu

Stoffel *umg pej* M balourd *m*; lourdaud *m*

stoff(e)lig *umg pej* ADJ balourd; lourdaud

Stoffrest M reste *m* **Stofftier** N (animal *m* en) peluche *f*

Stoffwechsel M métabolisme *m* **Stoffwechselkrankheit** F troubles *mpl* du métabolisme

stöhnen V/I gémir (**vor Schmerz** de douleur); *(sich beklagen)* se plaindre (**über** [+ *akk*] de)

Stöhnen N gémissement *m*

stoisch ADJ 1 PHIL stoïcien 2 *fig* stoïque

S

Stola F châle *m; aus Pelz, e-s Priesters* étole *f*
Stollen M 1 BERGBAU galerie *f* 2 *(unterirdischer Gang)* galerie souterraine 3 *an Sportschuhen* crampon *m* 4 GASTR gâteau *m* de Noël
stolpern V/I faire un faux pas; trébucher (**über etw** *[akk]* sur qc); *fig* **über ein Wort ~** buter sur un mot; **er ist über diese Affäre gestolpert** *umg* il s'est cassé la figure dans cette affaire
stolz ADJ 1 fier (**auf** *[+ akk]* de) 2 *fig (stattlich)* imposant; majestueux 3 *umg fig Summe umg* coquet; *Preis umg* joli
Stolz M fierté *f*; **er ist der ~ s-s Vaters** il est, fait la fierté de son père
stolzgeschwellt *geh* ADJT **mit ~er Brust** la poitrine gonflée d'orgueil
stolzieren V/I parader; se pavaner
stop INT stop!
Stop-and-go-Verkehr M circulation *f* en accordéon
stopfen A V/T 1 MODE repriser; raccommoder 2 *(hineinstopfen)* **etw in etw** *(akk)* **~** fourrer qc dans qc 3 *Loch* boucher 4 *(füllen) Pfeife* bourrer; *umg* **gestopft voll** plein à craquer B V/I 1 MED constiper 2 *umg (sättigen) umg* bourrer
Stopfgarn N coton *m* à repriser **Stopfnadel** F aiguille *f* à repriser
stopp INT stop!
Stopp M 1 *(Anhalten)* stop *m* 2 *(Unterbrechung)* blocage *m*
Stoppball M SPORT amorti *m*
Stoppel F *(Feldstoppel)* chaume *m*; *(Bartstoppel)* poil *m* raide **Stoppelbart** *umg* M barbe *f* de plusieurs jours **Stoppelfeld** N chaume *m*
stopp(e)lig ADJ *Feld* couvert de chaumes; *Kinn* mal rasé
stoppen A V/T 1 *(anhalten)* stopper; arrêter 2 *mit der Stoppuhr* chronométrer B V/I stopper; s'arrêter
Stopper M 1 *am Rollschuh etc* tampon *m* frein; butée *f* frein 2 *Fußballspieler* stoppeur *m*
Stopplicht N AUTO feu *m* stop **Stoppschild** N panneau *m* stop **Stoppstraße** F rue *f*, route *f* avec obligation d'arrêt **Stopptaste** F touche *f* d'arrêt **Stoppuhr** F chronomètre *m* **Stoppzeichen** N signal *m* d'arrêt; stop *m*
Stöpsel M 1 *(Verschluss)* bouchon *m*; tampon *m*; *e-r Badewanne* bonde *f* 2 ELEK fiche *f*
Stör M ZOOL esturgeon *m*
störanfällig ADJ fragile; peu résistant
Storch M cigogne *f* **Storchennest** N nid *m* de cigogne
Store M voilage *m*
stören A V/T 1 *Person, Veranstaltung* déranger; *(belästigen)* gêner; **lassen Sie sich nicht ~!** ne vous dérangez pas (pour moi)! 2 *Ruhe, Frieden, Beziehung* troubler; *Unterricht* perturber 3 RADIO, TEL brouiller 4 *(missfallen)* déplaire B V/I déranger; **störe ich?** je vous *bzw.* te dérange?; **bitte nicht ~!** prière de ne pas déranger C V/R *umg* **sich an etw, j-m ~** désapprouver qc, qn
störend ADJT *u.* ADVL gênant; **~ wirken** déranger; gêner
Störenfried M gêneur *m*; importun *m*
Störfall M NUKL incident *m*
stornieren V/T *Auftrag, Reise* annuler; FIN contre-passer **Stornierung** F annulation *f*; contre-passation *f*
Storno M *od* N annulation *f*
störrisch ADJ *Person* entêté; têtu *(a. Esel)*; *fig Haar* rebelle
Störung F 1 dérangement *m*; **verzeihen Sie die ~** excusez-moi de vous déranger 2 TECH perturbation *f*; dérangement *m*; *(Betriebsstörung)* incident *m* technique; METEO perturbation *f*; RADIO parasites *mpl* 3 MED *pl* **~en** troubles *mpl*
Störungsstelle F TEL (service *m* des) réclamations *fpl* et dérangements *mpl*
Story F 1 *e-s Films, e-s Romans* histoire *f* 2 *umg Journalistenjargon* article *m* 3 *(Geschichte)* histoire *f*
Stoß M 1 coup *m*; **j-m e-n ~ versetzen** porter un coup à qn 2 *(Erschütterung)* choc *m*; secousse *f (a. Erdstoß)*; *(Ruck)* cahot *m* 3 *(Haufen)* pile *f*; tas *m*; *von Papieren, Briefen* liasse *f*
Stoßdämpfer M amortisseur *m*
Stößel M pilon *m*
stoßen A V/T 1 *(anstoßen)* pousser; *heftig* °heurter; choquer; cogner; *(anrempeln)* bousculer; **j-n in die Rippen ~** donner une bourrade à qn 2 SPORT *Kugel* lancer 3 **j-m das Messer in die Brust ~** donner à qn un coup de couteau dans la poitrine 4 *(zerstoßen)* piler; broyer; concasser B V/I 1 *(grenzen)* **an etw** *(akk)* **~** être attenant, contigu à qc 2 **gegen** *od* **an etw** *(akk)* **~** se cogner, se heurter, buter contre qc; **mit dem Fuß gegen etw ~** °heurter, buter du pied contre qc 3 **auf j-n, etw ~** tomber sur qn, qc; rencontrer (par °hasard) qn, qc; **auf Schwierigkeiten** *(akk)* **~** rencontrer des, se heurter à des difficultés 4 **zu j-m ~** (re)joindre qn C V/R **sich ~** se heurter; se cogner; **sich an etw** *(dat)* **~** se heurter, se cogner contre qc; *fig* désapprouver qc
stoßfest ADJ antichoc (! unveränderlich)
Stoßgebet N prière instante **Stoßseufzer** M profond soupir **Stoßstange** F pare-chocs *m*
stößt → stoßen
Stoßtrupp M unité *f* de choc **Stoßverkehr** M (circulation *f* aux) heures *fpl* de pointe **stoßweise** ADV 1 *(in Stapeln)* par piles, tas 2

S

(*ruckweise*) par saccades; par à-coups **Stoßzahn** M ZOOL défense *f* **Stoßzeit** F heures *fpl* de pointe

stottern V/T *u.* V/I bégayer

Stövchen N réchaud *m*

Str. ABK (Straße) rue

Strafanstalt F ADMIN établissement *m* pénitentiaire; prison *f* **Strafantrag** M **1** *des Staatsanwalts* réquisitoire *m* **2** *des Klägers* plainte *f* **Strafanzeige** F plainte *f* **Strafarbeit** F punition *f* **Strafbank** F SPORT banc *m* de pénalisation

strafbar ADJ punissable; répréhensible; *plus fort* criminel; **sich ~ machen** encourir une peine

Strafbefehl M procès-verbal *m* de contravention

Strafe F punition *f*; *bes* JUR peine *f*; sanction (pénale); (*Geldstrafe*) amende *f*; (*Züchtigung*) châtiment *m*; **zur ~ (für …)** en punition (de …); **etw unter ~** (*akk*) **stellen** frapper qc d'une peine

strafen V/T punir; (*züchtigen*) châtier; **ein ~der Blick** un regard réprobateur, plein de reproches

Straferlass M remise *f* de peine

straff **A** ADJ **1** *Seil* (fortement) tendu; raide; *Haut* ferme **2** *fig Organisation, Führungsstil* rigoureux; rigide **B** ADV **~ spannen** tendre fortement

straffällig ADJ ADMIN passible de sanction; **~ werden** encourir une peine

straffen **A** V/T **1** tendre; raidir; *Haut* raffermir **2** *Text* condenser **B** V/R **sich ~** *Seil* se tendre; *Körper* se raidir

straffrei **A** ADJ impuni **B** ADV **~ ausgehen** rester impuni

Straffreiheit F impunité *f* **Strafgefangene(r)** M détenu *m*; prisonnier *m* **Strafgesetz** N loi pénale **Strafgesetzbuch** N code pénal

sträflich **A** ADJ impardonnable **B** ADV d'une façon impardonnable

Sträfling M bagnard *m*; forçat *m*; (*Gefangener*) prisonnier *m*

Strafmandat N contravention *f* **Strafmaß** N peine *f* **Strafminute** F exclusion *f* temporaire d'une minute; EISHOCKEY minute *f* de prison **Strafporto** N surtaxe *f* **Strafpredigt** *umg* F sermon *m* **Strafprozess** M procès pénal **Strafpunkt** M (point *m* de) pénalisation *f* **Strafraum** M surface *f* de réparation **Strafrecht** N droit pénal

strafrechtlich **A** ADJ pénal **B** ADV **j-n ~ verfolgen** engager des poursuites pénales contre qn

Strafregister N casier *m* judiciaire **Strafrichter(in)** M(F) juge pénal **Strafstoß** M penalty *m* **Straftat** F délit *m* **Straftäter** M délinquant *m* **Strafverfahren** N procédure pénale **strafversetzen** V/T déplacer, muter par mesure disciplinaire **Strafverteidiger** M avocat *m* (spécialisé en droit pénal) **Strafvollzug** M régime *m* pénitentiaire **Strafzettel** *umg* M contravention *f*

Strahl M **1** (*Lichtstrahl*, OPT) rayon *m*; PHYS faisceau *m* **2** *e-r Flüssigkeit* jet *m*

strahlen V/I **1** *Gestirn* rayonner (*a. fig*); (*glänzen*) resplendir (*a. fig*); **~d weiß** d'un blanc étincelant; **~der Sonnenschein** soleil radieux **2** *fig* (*lächeln*) être rayonnant; **vor Glück, Freude ~** rayonner de bonheur, de joie **3** PHYS rayonner; NUKL irradier

Strahlenbehandlung F radiothérapie *f* **Strahlenbelastung** F exposition *f* aux radiations, NUKL à l'irradiation **strahlenförmig** **A** ADJ rayonné **B** ADV *angeordnet* en rayons **Strahlenschutz** M radioprotection *f* **Strahlentherapie** F radiothérapie *f* **strahlenverseucht** ADJT irradié

Strahler M **1** (*Heizstrahler*) radiateur *m* **2** (*Lichtstrahler*) spot *m* **Strahlung** F **1** PHYS rayonnement *m*; émission *f* (de rayons) **2** NUKL irradiation *f*

Strähnchen N *im Haar* mèche *f*; **sich** (*dat*) **~ machen lassen** se faire faire un balayage

Strähne F mèche *f* (de cheveux)

strähnig ADJ *Haar* raide et gras

straight *Jugendsprache* **A** ADJ (*normal*) normal; correct **B** ADV (*zielgerichtet*) *umg* directos

stramm **A** ADJ **1** (*straff*) (fortement) tendu; *Kleider* serré **2** (*kräftig*) robuste; solide **3** *Haltung* rigide **B** ADV **1** **~ sitzen** *Kleidung* être serré; serrer; → strammstehen **2** *umg* **~ marschieren** marcher d'un bon pas

strammstehen V/I être au garde-à-vous

Strampelanzug M, **Strampelhöschen** N grenouillère *f*

strampeln V/I **1** *Baby* se trémousser; *umg* gigoter **2** *umg beim Radfahren* pédaler **3** *umg fig* (*sich anstrengen*) *umg* se décarcasser; *umg* ramer

Strand M (*Badestrand*) plage *f*; (*Sandstrand*) grève *f*; **am ~** sur, à la plage

Strandbad N plage *f* **Strandcafé** N *etwa* café *m* de la plage

stranden V/I SCHIFF (s')échouer; *fig* échouer

Strandgut N épaves *fpl* **Strandkorb** M grand fauteuil de plage (en osier) **Strandpromenade** F promenade *f*

Strang M **1** (*Seil*) corde *f*; *umg* **über die Stränge schlagen** dépasser les bornes; *fig* **am selben ~ ziehen** avoir, suivre le même objectif **2** *von Garn* écheveau *m*

strangulieren V/T étrangler

Strapaze F fatigue *f*
strapazieren VT *Haut, Kleidung* abîmer; *Geduld, Nerven* mettre à l'épreuve **strapazierfähig** ADJ robuste; solide
strapaziös ADJ fatigant; épuisant
Straps *umg* M 1 *(Strumpfhalter)* jarretelle *f* 2 *(Hüftgürtel)* porte-jarretelles *m*
Strass M strass *m*
Straßburg N Strasbourg
Straße F 1 rue *f*; *(Landstraße, Fahrstraße)* route *f*; **auf der ~** dans la rue; **über die ~ gehen** traverser la rue; *umg* **j-n auf die ~ setzen** *Arbeiter umg* flanquer qn à la porte; mettre qn sur le pavé; *Mieter* jeter, mettre qn à la rue; *umg* **auf der ~ liegen** *od* **sitzen** *(arbeitslos sein)* chômer; être sur le pavé *(a. keine Wohnung haben)*; *umg* **auf die ~ gehen** *(demonstrieren)* descendre dans la rue 2 *(Meerenge)* détroit *m*; **~ von Dover** pas *m* de Calais
Straßenbahn F tram(way) *m* **Straßenbahnhaltestelle** F arrêt *m* du tram(way) **Straßenbahnlinie** F ligne *f* de tram(way)
Straßenbau M construction *f* des routes **Straßenbenutzungsgebühr** F péage *m* **Straßencafé** N café *m* (avec terrasse) **Straßenecke** F coin *m* de (la) rue **Straßenfeger** M 1 *bes nordd Person* balayeur *m* 2 *umg hum Fernsehsendung* film *m*, feuilleton *m* à succès **Straßenfest** N fête *f* de quartier **Straßenglätte** F route glissante **Straßengraben** M fossé *m* **Straßenhändler** M marchand ambulant; camelot *m* **Straßenkampf** M combat *m* de rue **Straßenkarte** F carte routière **Straßenkehrer** M balayeur *m* **Straßenkind** N enfant *m* des rues **Straßenkreuzer** *umg* M *umg* grosse bagnole **Straßenkreuzung** F carrefour *m*; croisement *m* **Straßenlaterne** F réverbère *m* **Straßenmusikant** M musicien ambulant **Straßenname** M nom *m* de rue **Straßenrand** M bord *m* de la route **Straßenreinigung** F nettoyage *m* des rues **Straßenschild** N plaque *f* de rue **Straßenschlacht** F combat *m* de rue **Straßenseite** F *e-r Straße* côté *m* de la rue; *e-s Hauses* côté *m* rue **Straßensperre** F barrage routier **Straßenüberführung** F passerelle *f* **Straßenunterführung** F passage souterrain **Straßenverhältnisse** NPL état *m* des routes **Straßenverkauf** M vente *f* (de plats) à emporter **Straßenverkehr** M circulation routière; trafic routier **Straßenverkehrsamt** N *etwa* service *m* des Mines **Straßenverkehrsordnung** F code *m* de la route **Straßenzustand** M état *m* des routes
Stratege M stratège *m* **Strategie** F stratégie *f* **strategisch** ADJ stratégique
Stratosphäre F stratosphère *f*
sträuben A VT *Haare, Federn, Fell* dresser; °hérisser B VR **sich ~** 1 *Haare, Federn, Fell* se dresser; se hérisser 2 *fig* regimber; résister (**gegen** à)
Strauch M arbuste *m*; *großer* arbrisseau *m*
straucheln *geh* VI 1 *(stolpern)* trébucher 2 *fig (auf die schiefe Bahn geraten)* se perdre
Strauß[1] M ZOOL autruche *f*
Strauß[2] M *(Blumenstrauß)* bouquet *m*

Strauße — les autruches (fpl)

Strauß — le bouquet

Straußenei N œuf *m* d'autruche **Straußenfeder** F plume *f* d'autruche
Strebe F contre-fiche *f*
streben VI 1 *(trachten)* **nach etw ~** s'efforcer d'atteindre qc; aspirer à qc 2 *räumlich* **zu** *od* **nach etw ~** s'orienter vers qc
Streben N tendance *f* (**nach** à); aspiration *f* (vers); quête *f* (de)
Streber(in) M(F) *pej* arriviste *m/f*; *in der Schule umg* bûcheur, -euse *m,f*; *umg* bosseur, -euse *m,f*; *sl* polar *m*
strebsam ADJ ambitieux; *(eifrig)* zélé; *(fleißig)* appliqué
Strecke F 1 *(Entfernung)* distance *f*; *zurückzulegende* trajet *m*; parcours *m*; *umg fig* **auf der ~ bleiben** *Person* rester sur le carreau; *Plan umg* louper; rater 2 *(Eisenbahnlinie)* ligne *f*; **auf freier ~** en rase campagne 3 SPORT parcours *m* 4 **zur ~ bringen** *Wild* abattre; *fig Person* vaincre; abattre
strecken A VT 1 *(gerade machen)* étendre; *(dehnen)* tendre; allonger 2 **die Hände durch das Gitter ~** tendre les mains à travers la grille

S

3 *Vorräte* faire durer; *Sauce* allonger **B** V/R **sich ~** s'étirer; s'étendre; s'allonger

Streckennetz N EISENBAHN réseau *m* de lignes **streckenweise** ADV 1 *räumlich* par-ci, par-là; par endroits 2 *zeitlich* par moments

Streetworker(in) M(F) éducateur, -trice *m,f* de rues

Streich M 1 *geh (Schlag)* coup *m*; *liter* **auf e-n ~** d'un seul coup 2 *(Schabernack)* tour *m*; **ein dummer, lustiger ~** un sale, bon tour; **j-m e-n ~ spielen** jouer un tour à qn

Streicheleinheiten *umg hum* FPL gestes affectueux d'approbation, d'encouragement

streicheln V/T *u.* V/I caresser

streichen **A** V/T 1 *(anstreichen)* peindre; **frisch gestrichen!** attention, peinture fraîche! 2 *(bestreichen)* enduire (**mit** de) 3 *Butter, Creme* mettre (**auf** [+ *akk*] sur) 4 *(ausstreichen)* radier, rayer (**von der Liste** de la liste); *(durchstreichen)* barrer; *(tilgen)* supprimer; *Auftrag* annuler **B** V/I 1 (**mit der Hand**) **über etw** *(akk)* **~** passer la main sur qc 2 *(anstreichen)* peindre 3 *(umherstreichen)* errer; rôder (**um etw herum** autour de qc)

Streicher M musicien *m* jouant d'un instrument à cordes

Streichholz N allumette *f* **Streichholzschachtel** F boîte *f* d'allumettes

Streichinstrument N instrument *m* à cordes **Streichkäse** M fromage *m* à tartiner **Streichquartett** N quatuor *m* à cordes

Streichung F 1 *im Text* rature *f* 2 *(Wegfall)* suppression *f*

Streichwurst F *etwa* pâté *m*

Streife F ronde *f*; patrouille *f*

streifen **A** V/T 1 *(berühren)* effleurer; frôler; **sein Blick streifte mich** son regard m'effleura, me frôla 2 *fig Thema* effleurer 3 *Ärmel* **in die Höhe ~** retrousser 4 → abstreifen **B** V/I *(umherstreifen)* vagabonder; flâner

Streifen M 1 *(Stoffstreifen, Papierstreifen)* bande *f*; *(Metallstreifen)* lamelle *f*; languette *f*; ruban *m*; *(Speckstreifen)* tranche *f* 2 *Muster* bande *f*; *im Stoff* raie *f*; rayure *f* 3 *umg (Filmstreifen)* bande *f*

Streifendienst M patrouille *f* **Streifenwagen** M voiture *f* de police

Streifschuss M éraflure *f* **Streifzug** M randonnée *f*; excursion *f*; *fig* incursion *f*

Streik M grève *f*; **in den ~ treten** se mettre en grève

Streikbrecher M briseur *m* de grève

streiken V/I 1 faire grève; être en grève 2 *umg fig Gerät umg* être en panne; **ich streike** *umg* je ne marche plus

Streikende(r) M/F(M) gréviste *m/f*

Streikgeld N indemnités *fpl* de grève **Streikkasse** F caisse *f* de solidarité pour grévistes **Streikleitung** F comité *m* de grève **Streikposten** M piquet *m* de grève **Streikrecht** N droit *m* de grève **Streikwelle** F vague *f* de grèves

Streit M querelle *f* (**über** [+ *akk*] au sujet de); *(Zank)* altercation *f*; démêlé *m*; *(Meinungsstreit)* différend *m*; controverse *f*; *(Wortstreit)* dispute *f*; *(Konflikt)* conflit *m*; JUR litige *m*; procès *m*; **mit j-m ~ anfangen** s'attaquer à qn; **mit j-m in ~ geraten** se fâcher avec qn

streiten **A** V/I 1 *(zanken)* (**mit j-m über etw** [*akk*]) **~** se batailler, se disputer (avec qn au sujet de qc) 2 *poet (kämpfen)* lutter; combattre **B** V/R **sich mit j-m** (**über etw** [*akk*]) **~** se quereller avec qn (au sujet de qc); **sich um etw ~** se disputer qc

Streiterei F querelles *fpl*; *umg* chamailleries *fpl*

Streitfall M litige *m* **Streitfrage** F différend *m*; point litigieux **Streitgespräch** N débat *m*; discussion *f*

streitig ADJ **j-m etw ~ machen** disputer, contester qc à qn

Streitigkeiten FPL querelles *fpl*; conflits *mpl* **Streitkräfte** FPL, **Streitmacht** F forces (armées); armée *f* **Streitpunkt** M point litigieux **streitsüchtig** ADJ querelleur

streng **A** ADJ 1 *Lehrer, Eltern, Erziehung* sévère; *Untersuchung, Person a.* rigoureux; *Sitten* austère; *Blick* dur; sévère 2 *Regeln, Prinzipien* strict; *Diät* sévère 3 *Kälte, Winter* rigoureux 4 *Geruch* âcre; *Geschmack* âpre 5 *Stil* austère; *Kleid* strict; sobre; *Frisur* sévère **B** ADV **~ genommen** à proprement parler; **~ verboten** strictement, rigoureusement interdit; **j-n ~ bestrafen** punir sévèrement qn; **j-n ~ bewachen** surveiller étroitement qn; **~ riechen** sentir fort

Strenge F 1 sévérité *f*; rigueur *f*; *der Sitten* austérité *f*; *des Blicks* dureté *f*; sévérité *f* 2 *der Kälte* rigueur *f* 3 *des Geruchs* âcreté *f*; *des Geschmacks* âpreté *f* 4 *des Stils* austérité *f*

strengstens ADV rigoureusement; strictement; **~ verboten** rigoureusement interdit

Stress M stress *m*; **unter ~** *(dat)* **stehen** *umg* être stressé

stressen *umg* V/T *umg* stresser

stressig *umg* ADJ *umg* stressant

Stresssituation F *umg* situation stressante

Stretch M stretch *m* **Stretchhose** F pantalon *m* (en) stretch

Stretching N SPORT stretching *m*

streuen V/T *Kies, Sand etc* répandre (**auf** [+ *akk*] sur); **Zucker auf den Kuchen ~** saupoudrer le gâteau de sucre; **Blumen auf den Weg ~** parsemer, joncher le chemin de fleurs; *bei Glatteis* (**die Straße**) **~** sabler la route

Streuer M *(Salzstreuer)* salière *f*; *(Pfefferstreuer)* poivrière *f*; *(Streudose)* saupoudreuse *f*

S

Streufahrzeug N sableuse *f*
streunen VI *Person* vagabonder; *Tier* errer; *Hund* **~d** errant
Streusalz N sel *m* **Streusand** M sable *m*
Streusel M *od* N *grain de pâte sablée* **Streuselkuchen** M *gâteau recouvert de petits grains de pâte sablée*
strich → streichen
Strich M **1** (*Linie*) trait *m*; (*Querstrich*) barre *f*; *auf e-r Skala* degré *m*; *umg fig* **j-m e-n ~ durch die Rechnung machen** *umg* gâcher, saboter, bousiller les projets de qn; *fig* **unter dem ~** tout compte fait **2** (*Bürstenstrich, Pinselstrich*) coup *m* **3** *e-s Fells, Gewebes* sens *m*; **gegen den ~** *Fell* à contre-poil; à rebrousse-poil; *fig* à rebours; *umg* **das geht mir gegen den ~** *passt mir nicht umg* ça ne me va, convient pas; *ist mir lästig umg* ça me casse les pieds; *stört mich umg* ça me chiffonne; *umg* **nach ~ und Faden** à tour de bras **4** **der ~** (*Prostitution*) *umg* le trottoir; *umg* le tapin; *Gegend* le quartier chaud; **auf den ~ gehen** *umg* faire le trottoir, le tapin; *umg* tapiner
stricheln VT °hachurer; **gestrichelt** *Linie* discontinu
Stricher *sl* M prostitué (homosexuel)
Strichjunge *umg* M jeune prostitué (homosexuel) **Strichkode** M code-barres *m* **Strichmädchen** *umg* N fille (publique) **Strichmännchen** N petit bonhomme (dessiné) **Strichpunkt** M point-virgule *m* **strichweise** ADV par endroits (*bes* METEO) **Strichzeichnung** F dessin *m* au trait
Strick M corde *f*; *fig* **j-m e-n ~ aus etw drehen** retourner l'action, les paroles de qn contre lui; *umg fig* **wenn alle ~e reißen** au pire
Strickbündchen N bord-côtes *m*
stricken VT *u.* VI tricoter
Strickgarn N fil *m* à tricoter **Strickjacke** F veste tricotée; cardigan *m* **Strickleiter** F échelle *f* de corde **Strickmaschine** F machine *f* à tricoter **Strickmuster** N (*Vorlage*) patron *m*; *fig hum* formule *f* **Stricknadel** F aiguille *f* à tricoter **Strickzeug** N tricot *m*
striegeln VT étriller; panser
Strieme F, **Striemen** M zébrure *f*
strikt **A** ADJ rigoureux; strict **B** ADV **~ gegen etw sein** être absolument contre qc
String M **1** *umg* (*Stringtanga*) string *m* **2** (*Zeichenkette*) chaîne *f* de caractères
Stringtanga M tanga *m*
Strip *umg* M (*Striptease*) strip-tease *m*
Strippe *umg* F fil *m* (téléphonique); **j-n an der ~ haben** *umg* avoir qn au bout du fil
strippen *umg* VI faire du strip-tease
Stripper(in) *umg* M(F) strip-teaseur, -euse *m,f*
Striptease M *od* N strip-tease *m* **Stripteaselokal** N strip-tease *m* **Stripteasetänzer(in)** M(F) strip-teaseur, -euse *m,f*
stritt → streiten
strittig ADJ (*umstritten*) litigeux; (*bestreitbar*) discutable; contestable
Stroh N paille *f*; (*Dachstroh*) *a.* chaume *m* **Strohballen** M balle *f* de paille **strohblond** ADJ blond comme les blés **Strohdach** N toit *m* de chaume **strohdumm** *umg* ADJ *umg* con comme un balai **Strohfeuer** N *fig* feu *m* de paille
Strohhalm M brin *m* de paille; fétu *m*; *zum Trinken* paille *f*; *fig* **sich an e-n ~ klammern** se cramponner à une bouée de sauvetage
Strohhut M chapeau *m* de paille **Strohmann** M homme *m* de paille; prête-nom *m* **Strohwitwe** F, **Strohwitwer** M *umg hum* célibataire *m/f*; *umg* veuf, veuve *m,f*
Strolch M **1** *pej* (*Lump*) voyou *m* **2** *umg hum* (*Schlingel*) *umg* canaille *f*
Strom M **1** (*Fluss*) fleuve *m*; *fig* flot *m*; *von Tränen* torrent *m*; **es regnet in Strömen** il pleut à verse, à torrents; **der Wein, das Blut floss in Strömen** le vin, le sang coulait à flots **2** (*Strömung*) courant *m*; *fig* **mit dem ~ schwimmen** suivre le courant; *fig* **gegen den ~ schwimmen** nager à contre-courant **3** ELEK courant *m*; **unter ~** (*dat*) **stehen** être sous tension (*a. fig*)
stromabwärts ADV en aval **stromaufwärts** ADV en amont
Stromausfall M panne *f* de courant
strömen VI **1** *Regen, Wasser* couler (à flots); **~der Regen** pluie battante **2** *Menschenmenge* affluer (**in** [+ *akk*] dans, **nach** vers)
Stromkabel N câble *m* (électrique) **Stromkreis** M circuit *m* **Stromleitung** F câble *m*, fil *m* (électrique)
stromlinienförmig ADJ aérodynamique; caréné
Stromnetz N réseau *m* électrique **Stromquelle** F source *f* de courant **Stromschlag** M décharge *f* électrique **Stromschnelle** F rapide *m* (d'un fleuve) **Stromstärke** F intensité *f* du courant **Stromstoß** M impulsion *f*
Strömung F courant *m* (*a.* METEO, *fig*)
Stromverbrauch M consommation *f* d'électricité **Stromzähler** M compteur *m* électrique
Strophe F strophe *f*
strotzen VI **von** *od* **vor etw** (*dat*) **~** regorger de qc; être plein de qc; **vor** *od* **von Kraft, Gesundheit ~** déborder de force, de santé
strubb(e)lig ADJ ébouriffé
Strudel M **1** (*Wasserstrudel*) tourbillon *m* (*a. fig*) **2** GASTR strudel *m*
Struktur F structure *f*

strukturell ADJ structurel **strukturieren** V/T structurer
Strukturwandel M changement structurel, de structure
Strumpf M (*Damenstrumpf*) bas *m*; (*Socke*) chaussette *f* **Strumpfband** N jarretière *f* **Strumpfhalter** M jarretelle *f* **Strumpfhose** F collant *m* **Strumpfmaske** F cagoule *f*
Strunk M (*Gemüsestrunk*) trognon *m*; (*Baumstrunk*) souche *f*
struppig ADJ °hérissé
Struwwelpeter M Pierre l'Ébouriffé
Stube F 1 pièce *f*; **die gute ~** le salon 2 MIL chambrée *f*
Stubenarrest M privation *f* de sortie; **~ haben** être privé de sortie
Stubenhocker *umg pej* M *umg* pantouflard *m*; casanier *m* **stubenrein** ADJ 1 *Tier* propre 2 *fig hum Witz* convenable
Stuck M stuc *m*
Stück N 1 pièce *f*; *abgetrenntes* morceau *m*; *abgesprungenes* éclat *m*; *e-r Sammlung* pièce *f*; *von Land, Papier, Schnur, e-s Wegs* bout *m*; **ein ~ Fleisch, Kuchen, Seife** un morceau de viande, gâteau, savon; **in ~e gehen** se briser; **in ~e reißen, schneiden, schlagen** déchirer, couper, mettre en morceaux; **am** *od* **im ~** en un seul morceau; *umg fig* **in e-m ~** (*ununterbrochen*) sans arrêt; **ein hartes ~ Arbeit** un dur travail; **zwei Euro das ~** deux euros (la) pièce; *fig* **aus freien ~en** de son plein gré; *umg fig* **große ~e auf j-n halten** faire grand cas de qn 2 *umg* **das ist (ja) ein starkes ~!** *umg* (ça,) c'est gonflé!; *umg* c'est un peu fort (de café)! 3 THEAT pièce *f* 4 MUS morceau *m* 5 *Vieh* tête *f* 6 *umg* (*Person*) **ein freches ~** *umg* un(e) sacré(e) culotté(e)
Stückchen N petit morceau; *von Schokolade* carré *m*
Stückgut N colis *m* **Stücklohn** M salaire *m* aux pièces **Stückpreis** M prix *m* à l'unité **stückweise** ADV (*einzeln*) morceau par morceau; à la pièce; HANDEL au détail **Stückwerk** N bricolage *m* (*a. fig*) **Stückzahl** F nombre *m* de pièces
Student M étudiant *m* (**der Medizin** en médecine)
Studentenausweis M carte *f* d'étudiant **Studentenbude** *umg* F *umg* piaule *f* d'étudiant **Studentenfutter** N quatre mendiants *mpl* **Studentenstadt** F cité *f* universitaire **Studentenverbindung** F corporation étudiante **Studentenwerk** N *etwa* CROUS *m* **Studentenwohnheim** N cité *f* universitaire
Studentin F étudiante *f* **studentisch** ADJ estudiantin; d'étudiant(s)
Studie F étude *f*
Studienabbrecher(in) M(F) personne *f* ayant interrompu ses études **Studienabschluss** M diplôme *m* **Studienaufenthalt** M séjour *m* d'études **Studienberatung** F orientation *f* universitaire **Studiendirektor** M professeur *m* de lycée titularisé **Studienfach** N matière *f*; spécialité *f* **Studienfahrt** F voyage *m* d'études **Studiengang** M filière *f* **Studiengebühren** FPL droits *mpl* universitaires **Studienplatz** M place *f* à l'université **Studienrat** M, **Studienrätin** F professeur *m* de lycée titularisé **Studienreferendar** M professeur *m* stagiaire **Studienreise** F voyage *m* d'études **Studienzeit** F (années *fpl* d')études *fpl*
studieren A V/T *an der Hochschule* faire des études de; (*untersuchen*) étudier B V/I faire des, ses études; être étudiant
Studierende(r) M/F(M) étudiant(e) *m(f)* **Studierte(r)** *umg* M/F(M) homme *m*, femme *f* qui a fait des, ses études
Studio N 1 studio *m*; *e-s Künstlers a.* atelier *m* 2 (*Fernsehstudio, Filmstudio*) studio *m* **Studiomusiker(in)** M(F) musicien, -ienne *m,f* d'un studio d'enregistrement
Studium N 1 (*Hochschulstudium*) études *fpl* 2 (*Forschung*) étude(s) *f(pl)*; **Studien** (**über etw** [*akk*]) **betreiben** se livrer à l'étude (de qc)
Stufe F 1 *e-r Treppe* marche *f*; degré *m* 2 *fig* (*Rang*) degré *m*; échelon *m*; rang *m*; (*Niveau*) niveau *m*; **j-n mit j-m auf e-e** *od* **auf die gleiche ~ stellen** mettre qn au niveau de qn 3 *bei Pumpen, Turbinen, Raketen* étage *m* 4 GEOL, *im Gelände* terrasse *f*
Stufenbarren M SPORT barres *fpl* asymétriques
stufenlos ADV TECH sans paliers; **~ verstellbar** réglable par degrés
stufenweise A ADJ graduel; progressif B ADV graduellement; progressivement
stufig A ADJ *Hang, Gelände* en terrasses; *Haar* (en) dégradé B ADV *Haar* **~ geschnitten** coupé en dégradé
Stuhl M 1 chaise *f*; **der Heilige ~** le Saint-Siège; **der elektrische ~** la chaise électrique; *fig* **zwischen zwei Stühlen sitzen** se trouver, être assis entre deux chaises; *fig* **j-m den ~ vor die Tür setzen** mettre qn à la porte; *umg* **das hat mich fast vom ~ gehauen** ça m'a renversé 2 (*Stuhlgang*) selles *fpl*
Stuhlbein N pied *m* de chaise
Stuhlgang M selles *fpl*; **~ haben** aller à la selle
Stuhllehne F dos(sier) *m* de chaise

Stulle F *nordd* tartine *f*
stülpen VT **etw auf etw** *(akk)* **~** mettre qc sur qc; **nach außen ~** retourner vers l'extérieur
stumm ADJ muet *(a. fig,* LING*)*; *(schweigsam)* silencieux
Stummel M *(Bleistiftstummel, Kerzenstummel)* bout *m*; *(Zigarrenstummel, Zigarettenstummel) umg* mégot *m* **Stummelschwanz** M queue coupée
Stummfilm M film muet
Stümper(in) M(F) *umg* bousilleur, -euse *m,f*
Stümperei F bousillage *m*
stümperhaft A ADJ bousillé B ADV **~ ausgeführt** mal fait
stümpern VI bousiller
stumpf ADJ 1 *Messer, Schere* émoussé 2 *Nadel, Degen* sans pointe; *Winkel* obtus; *Kegel* tronqué; *Nase* épaté 3 *Haar, Metall, Farbe* terne 4 *fig Sinne* émoussé; *Mensch* abruti; insensible; *Blick* terne; atone
Stumpf M *(Baumstumpf)* souche *f*; *(Kerzenstumpf)* bout *m*; *(Armstumpf, Beinstumpf)* moignon *m*; *(Zahnstumpf)* chicot *m*; **mit ~ und Stiel ausrotten** exterminer
Stumpfsinn M 1 *e-s Menschen* abrutissement *m*; *geh* hébétude *f* 2 *e-r Arbeit etc* stupidité *f* **stumpfsinnig** ADJ 1 *Mensch, Blick* hébété 2 *Arbeit* abrutissant; stupide **stumpfwink(e)lig** ADJ obtusangle
Stunde F 1 heure *f*; **e-e halbe ~** une demi-heure; **e-e ~ lang** une heure durant; **zur ~** à l'heure qu'il est; **in e-r schwachen, stillen ~** dans un moment de faiblesse, tranquillité; **ihre letzte ~ ist gekommen, hat geschlagen** sa dernière heure est arrivée, a sonné 2 *(Unterrichtsstunde)* cours *m*; leçon *f*
stunden VT **j-m e-e Summe ~** accorder à qn un délai de paiement
Stundengeschwindigkeit F vitesse *f* horaire
Stundenkilometer M kilomètre-heure *m*; **zehn ~** dix kilomètres à l'heure
stundenlang A ADJ qui dure des heures (entières) B ADV pendant des heures **Stundenlohn** M salaire *m* horaire **Stundenplan** M emploi *m* du temps; horaire *m* **stundenweise** ADV à l'heure; par heure **Stundenzeiger** M aiguille *f* des heures
stündlich ADV 1 *(jede Stunde)* toutes les heures 2 *(in der Stunde)* **dreimal ~** trois fois par heure 3 *(jeden Augenblick)* à chaque instant; d'un instant à l'autre
Stundung F délai *m* de paiement
Stunk *umg* M bagarre *f*; **~ machen** chercher la bagarre
Stuntgirl N cascadeuse *f* **Stuntman** M cascadeur *m*

stupide ADJ stupide; *Person a.* borné
Stups *umg* M légère bourrade
stupsen *umg* VT pousser légèrement; donner une légère bourrade à
Stupsnase F nez retroussé
stur A ADJ *(eigensinnig)* entêté; têtu; *(unbeirrbar)* obstiné B ADV obstinément
Sturheit F entêtement *m*
Sturm M 1 tempête *f (a. fig)* 2 *fig der Gefühle* tumulte *m*; **ein ~ der Entrüstung** une explosion d'indignation 3 SPORT attaque *f* 4 MIL assaut *m* (**auf** [+ *akk*] de); **~ läuten** *od* **klingeln** sonner le tocsin; **etw im ~ nehmen** prendre qc d'assaut; **gegen etw ~ laufen** se rebeller contre qc
Sturmangriff M assaut *m* **Sturmbö** F rafale *f*
stürmen A VT 1 *(im Sturm nehmen)* prendre … d'assaut 2 *fig Geschäfte* se précipiter sur *bzw.* dans B VI 1 SPORT attaquer 2 *fig (rennen)* courir; s'élancer C V/UNPERS **es stürmt** il y a de la tempête
Stürmer(in) M(F) avant *m*
Sturmflut F raz *m* de marée
sturmfrei ADJ *hum* **heute Abend haben wir e-e ~e Bude** ce soir on peut faire ce qu'on veut (dans l'appartement)
stürmisch A ADJ 1 *Wetter* orageux 2 *fig (ungestüm)* impétueux; *Auseinandersetzung* tumultueux; *Protest* violent; *Beifall* frénétique 3 *fig (rasant)* extrêmement, très rapide B ADV *begrüßen* avec enthousiasme
Sturmlauf M assaut *m* **Sturmschaden** M dégâts causés par la tempête **Sturmspitze** F SPORT avant-centre *m* **Sturmtief** N zone *f* de basse pression avec tempête **Sturmwarnung** F avis *m* de tempête
Sturz M 1 *(Fall)* chute *f (a. fig)* 2 *e-r Regierung* renversement *m* 3 *(Preissturz, Temperatursturz)* chute *f* 4 BAU linteau *m*
Sturzbach M torrent *m*
stürzen A VT 1 faire tomber; précipiter (**j-n in e-n Abgrund** qn dans un abîme) 2 *Regierung, Minister* renverser 3 *Gefäß etc* renverser B VI 1 *(fallen)* tomber, faire une chute (**vom Fahrrad** de bicyclette); **schwer, unglücklich ~** faire une mauvaise chute, une chute malencontreuse 2 *(rennen)* se précipiter, se jeter, s'élancer (**auf die Straße, nach draußen** dans la rue, dehors) C VR **sich auf etw, j-n ~** se précipiter, s'élancer, se jeter sur qc, qn; **sich aus dem Fenster ~** se jeter par la fenêtre
Sturzflug M (vol *m* en) piqué *m* **Sturzhelm** M casque *m*
Stuss *umg* M *sl* connerie(s) *f(pl)*
Stute F jument *f*
Stütze F *(Halt), fig* appui *m*; soutien *m*; *(Ständer)*,

fig support *m*
stutzen[1] VT *Hecke, Bart* tailler; *Flügel* rogner; *Schwanz* écourter
stutzen[2] VI (*innehalten*) s'arrêter court; rester interdit
Stutzen M (*Rohransatz*) tubulure *f*; (*Einfüllstutzen*) raccord *m* (de pompe)
stützen A VT (*abstützen, unterstützen*) soutenir (*a. fig*); *mit Balken* étayer (*a. fig*) B **sich auf etw** (*akk*) **~** s'appuyer sur qc (*a. fig*)
stutzig ADJ **~ werden** être intrigué; **~ machen** intriguer
Stützkorsett N corset *m* orthopédique **Stützmauer** F mur *m* de soutènement **Stützpfeiler** M pilier *m* de soutien **Stützpunkt** M base *f* (*a. fig*) **Stützrad** N stabilisateur *m* **Stützstrumpf** M bas *m* à varices
StVO F ABK (Straßenverkehrsordnung) code *m* de la route
stylen VT *Frisur, Person* donner un look, style à
Styling N (création *f* d'un) style, *e-r Person a.* (d'un) look
Stylist(in) M(F) styliste *m/f*
Styropor® N polystyrène *m*
s. u. ABK (siehe unten) v. ci-dessous, plus bas
subaltern ADJ subalterne
Subjekt N 1 GRAM sujet *m* 2 *pej* individu *m*
subjektiv ADJ subjectif **Subjektivität** F subjectivité *f*
Subkontinent M sous-continent *m* **Subkultur** F contre-culture *f*
Substantiv N nom *m*; substantif *m* **substantivisch** ADJ substantif
Substanz F substance *f*; *umg fig* **j-m an die ~ gehen** *umg* vider qn
substanziell ADJ substantiel
subtil ADJ subtil
subtrahieren VT soustraire (**von** de) **Subtraktion** F soustraction *f*
Subtropen PL régions subtropicales **subtropisch** ADJ subtropical
Subunternehmer(in) M(F) sous-traitant *m*
Subvention F subvention *f* **subventionieren** VT subventionner
subversiv ADJ subversif
Suchaktion F recherches *fpl*; *im Gelände* battue *f* **Suchautomatik** F RADIO recherche *f* automatique
Suche F recherche *f*; quête *f*; **auf der ~ nach** à la recherche de; **auf die ~ nach j-m, etw gehen, sich auf die ~ nach j-m, etw machen** aller à la recherche de qn, qc; se mettre en quête de qn, qc
suchen A VT 1 chercher; *intensiv* rechercher; (*sammeln*) ramasser; *umg fig* **du hast da nichts zu ~** tu n'as rien à faire ici 2 (*sich bemühen um*) chercher (*a. Hilfe, Schutz*); *j-s Freundschaft, Gesellschaft* rechercher; **Rat bei j-m ~** demander conseil à qn; consulter qn 3 *geh* (*versuchen*) **~ zu** (+ *inf*) chercher à (+ *inf*); tenter de (+ *inf*) B VI **nach etw, j-m ~** rechercher qc, qn; être à la recherche de qc, qn
Sucher M FOTO viseur *m*
Sucherei *umg* F recherche *f* sans fin
Suchhund M → Spürhund **Suchlauf** M TV, RADIO recherche *f* automatique **Suchmaschine** F IT moteur *m* de recherche
Sucht F manie *f* (**nach** de); (*exzessives Verlangen*) passion *f* (de); (*Arzneimittelsucht, Drogensucht*) toxicomanie *f* **Suchtgefahr** F risque *m* de toxicomanie
süchtig ADJ 1 (*arzneimittelsüchtig, drogensüchtig*) toxicomane; **~ machen** rendre dépendant 2 *fig* (*versessen*) avide (**nach** de)
Süchtige(r) M/F(M) toxicomane *m/f*
suchtkrank ADJ toxicomane **Suchtkranke(r)** M/F(M) toxicomane *m/f* **Suchtmittel** N drogue *f*; stupéfiant *m*
Suchtrupp M équipe *f* de sauvetage
Sud M 1 GASTR bouillon *m* 2 (*Extrakt*) décoction *f*
Süd M sud *m* **Südafrika** N l'Afrique *f* du Sud **Südafrikaner(in)** M(F) Sud-Africain(e) *m(f)* **südafrikanisch** ADJ sud-africain **Südamerika** N l'Amérique *f* du Sud **Südamerikaner(in)** M(F) Sud-Américain(e) *m(f)* **südamerikanisch** ADJ sud-américain
Sudan der ~ le Soudan
süddeutsch ADJ de l'Allemagne du Sud **Süddeutschland** N l'Allemagne *f* du Sud
sudeln *umg* VI gribouiller
Süden M sud *m*; *e-s Lands, e-r Stadt* Sud *m*; **im ~** (**von**) au sud (de)
Südeuropa N l'Europe du Sud, méridionale **südeuropäisch** ADJ européen du Sud; de l'Europe du Sud, méridionale **Südfrankreich** N le Midi **Südfranzose** M, **Südfranzösin** F Méridional(e) *m(f)* **südfranzösisch** ADJ du Midi; méridional **Südfrüchte** FPL fruits tropicaux **Südkorea** N la Corée du Sud **Südküste** F côte méridionale **Südländer(in)** M(F) méridional(e) *m(f)* **südländisch** ADJ méridional
südlich A ADJ du sud; méridional; *Breite* austral B ADV au sud (**von** de)
Sudoku N sudoku *m*
Südost(en) M sud-est *m*
südöstlich A ADJ du sud-est B ADV au sud-est (**von** de)
Südpol M pôle *m* Sud **Südsee** F Pacifique *m* sud; mers *fpl* du Sud **Südseite** F (côté *m*) sud *m* **Südstaaten** MPL *in Amerika* États *mpl* du Sud

Südtirol N le Tyrol du Sud **südwärts** ADV vers le sud; au sud **Südwest(en)** M sud-ouest *m*
südwestlich **A** ADJ du sud-ouest **B** ADV au sud-ouest (**von** de)
Südwind M vent *m* du sud
Sueskanal M canal *m* de Suez
Suff *sl* M *umg* soûlographie *f*; **im ~** *umg* bien bourré
süffig *umg* ADJ gouleyant
süffisant ADJ *pej* suffisant
Suffix N LING suffixe *m*
suggerieren V/T suggérer **Suggestion** F suggestion *f*
suggestiv ADJ suggestif **Suggestivfrage** F question *f* à la réponse implicite
suhlen V/R **sich ~** se vautrer
Sühne *geh* F expiation *f*
sühnen *geh* **A** V/T **1** (*büßen*) expier **2** (*bestrafen*) punir **B** V/I **für etw ~** expier qc
Suite F suite *f*
sukzessiv ADJ successif
sukzessive ADV successivement
Sulfat N sulfate *m*
Sulfid N sulfure *m*
Sulfonamid N sulfamide *m*
Sultan M sultan *m* **Sultanat** N sultanat *m*
Sultanine F raisin *m* de Smyrne
Sülze F GASTR **1** *Speise* viande *f bzw.* poisson *m* en aspic; (*Schweinskopfsülze*) fromage *m* de tête **2** (*Aspik*) aspic *m*
summarisch ADJ sommaire
summa summarum *geh* ADV en tout et pour tout
Summe F somme *f*
summen **A** V/T *Melodie* fredonner **B** V/I *Biene* bourdonner; *Motor* ronronner
Summer M sonnerie *f*
summieren V/R **sich ~** s'accumuler
Sumo N SPORT sumo *m* **Sumoringer** M (lutteur *m* de) sumo *m*
Sumpf M marais *m*; marécage *m*; *fig* bas-fonds *mpl* **Sumpfgebiet** N marécages *mpl*; marais *mpl*
sumpfig ADJ marécageux
Sund M détroit *m*
Sünde F péché *m*
Sündenbekenntnis N confession *f* **Sündenbock** *umg* M bouc *m* émissaire **Sündenfall** M REL chute *f*
Sünder(in) M(F) pécheur *m*, pécheresse *f*
sündhaft **A** ADJ **1** *geh* coupable; REL pécheur **2** *umg fig Preis umg* faramineux **B** *umg* ADV **~ teuer** *umg* horriblement cher; °hors de prix
sündig ADJ **1** REL pécheur **2** (*lasterhaft*) immoral
sündigen V/I pécher
Sunnit M sunnite *m* **sunnitisch** ADJ sunnite
super *umg* ADJ *umg* super (❗ unveränderlich)
Super *umg* N *Benzin umg* super *m*
super... *umg* IN ZSSGN ultra(-)...
Superbenzin N supercarburant *m*
Super-GAU *umg* M catastrophe *f* nucléaire
superklug ADJ *iron* **~ sein** se croire malin
Superlativ M superlatif *m*
superleicht *umg* ADJ hyperfacile **Supermacht** F superpuissance *f* **Supermann** *umg* M *umg* superman *m* **Supermarkt** M supermarché *m* **supermodern** *umg* ADJ ultramoderne **superschnell** *umg* ADJ hyperrapide **Superstar** *umg* M *umg* superstar *f*
Süppchen N soupe *f*; *umg fig* **sein eigenes ~ kochen** ne s'occuper que de ses petites affaires
Suppe F **1** GASTR soupe *f*; *feinere* potage *m*; *umg fig* **die ~ auslöffeln müssen** payer les pots cassés **2** *umg fig* (*starker Nebel*) purée *f* de pois
Suppenfleisch N pot-au-feu *m* **Suppengrün** N légumes verts pour la soupe **Suppenhuhn** N poule *f*; *Gericht* poule *f* au pot **Suppenkelle** F louche *f* **Suppenlöffel** M cuiller *od* cuillère *f* à soupe **Suppenschüssel** F soupière *f* **Suppentasse** F tasse *f* à consommé **Suppenteller** M assiette creuse **Suppenterrine** F soupière *f* **Suppentopf** M marmite *f* **Suppenwürfel** M cube *m* de bouillon
Surfbrett N *fürs Windsurfen* planche *f* à voile; *fürs Wellenreiten* (planche *f* de) surf *m*
surfen V/I (*windsurfen*) faire de la planche à voile; (*wellenreiten*) faire du surf; surfer; **im Internet ~** surfer, naviguer sur Internet
Surfer(in) M(F) (*Windsurfer*) véliplanchiste *m/f*; (*Wellenreiter[in]*) surfeur, -euse *m,f*; (*Internetsurfer*) internaute *m/f*
Surrealismus M surréalisme *m* **surrealistisch** ADJ surréaliste
surren V/I **1** (*summen*) *Insekt* bourdonner; *Motor* ronronner **2** (*schwirren*) fendre l'air en sifflant
Sushi N GASTR sushi *m*
suspekt ADJ suspect
suspendieren V/T suspendre (**vom Dienst** de ses fonctions) **Suspendierung** F suspension *f*
süß **A** ADJ **1** doux; (*gezuckert*), *Duft, Geschmack* sucré **2** *fig Lächeln, Worte* doux; *Kind* mignon; gentil; (*lieblich*) suave **B** ADV **1** **~ schmecken, riechen** avoir un goût sucré, une odeur sucrée **2** *fig* joliment
Süße F douceur *f*; *im Duft* odeur sucrée; *im Geschmack* goût sucré
süßen V/T sucrer

Süßholz N réglisse *m*; *umg fig* **~ raspeln** *umg* faire du plat; conter fleurette
Süßigkeit F *meist* PL sucrerie *f*
süßlich ADJ douceâtre (*a. fig pej*); *fig pej* doucereux
süßsauer A ADJ 1 aigre-doux 2 *umg fig Gesicht* mi-figue, mi-raisin B ADV **~ lächeln** sourire jaune
Süßspeise F entremets *m* **Süßstoff** M édulcorant *m*; sucrette® *f* **Süßwaren** FPL sucreries *fpl* **Süßwarengeschäft** N confiserie *f* **Süßwasser** N eau douce **Süßwasserfisch** M poisson *m* d'eau douce
SV F ABK (Schülervertretung) représentants *mpl* des élèves
Sweatshirt N sweat-shirt *m*
Swimmingpool M piscine *f*
Symbiose F symbiose *f*
Symbol N symbole *m*; IT icône *f*
Symbolcharakter M **~ haben** avoir un caractère symbolique, de symbole
Symbolfigur F symbole *m* **Symbolik** F symbolique *f* **symbolisch** ADJ symbolique **symbolisieren** V/T symboliser **Symbolleiste** F IT barre *f* d'outils
Symmetrie F symétrie *f* **Symmetrieachse** F axe *m* de symétrie
symmetrisch ADJ symétrique
Sympathie F sympathie *f*; **für j-n ~ empfinden** éprouver de la sympathie pour qn
Sympathiekundgebung F manifestation *f* de soutien **Sympathieträger(in)** M(F) personne *f* qui rallie toutes les sympathies
Sympathisant(in) M(F) sympathisant(e) *m(f)*
sympathisch ADJ sympathique; **sie ist mir ~** elle m'est sympathique
sympathisieren V/I sympathiser (**mit** avec)
Symphonie F → Sinfonie
Symposion N, **Symposium** N symposium *m*; congrès *m*
Symptom N MED, *fig* symptôme *m* **symptomatisch** ADJ symptomatique (**für** de)
Synagoge F synagogue *f*
Synapse F BIOL synapse *f*
synchron ADJ synchrone **Synchronisation** F TECH synchronisation *f*; *e-s Films* doublage *m* **synchronisieren** V/T TECH synchroniser; *Film* doubler **Synchronisierung** F → Synchronisation
Synchronschwimmen N natation synchronisée **Synchronsprecher(in)** M(F) doubleur, -euse *m,f*
Syndrom N syndrome *m*
Synergie F synergie *f* (*a.* WIRTSCH)
Synkope F MUS syncope *f*
Synode F synode *m*
synonym ADJ synonyme
Synonym N synonyme *m*
syntaktisch ADJ syntaxique
Syntax F syntaxe *f*
Synthese F synthèse *f* (**aus, von, zwischen** [+ *dat*] de)
Synthesizer M MUS synthétiseur *m*
synthetisch ADJ synthétique
Syphilis F syphilis *f*
Syrer(in) M(F) Syrien, -ienne *m,f* **Syrien** N la Syrie **syrisch** ADJ syrien
System N système *m* (*a.* POL, PHYS, BIOL, IT); POL *a.* régime *m*; **~ haben** être méthodique, systématique
Systematik F systématique *f* **systematisch** ADJ systématique **systematisieren** V/T systématiser
Systemfehler M IT erreur *f* de système **Systemkritiker(in)** M(F) critique *m* du système **Systemzwang** M contraintes *fpl* du système
Szenario N THEAT, FILM, *fig* POL scénario *m*
Szene F 1 THEAT scène *f*; *fig* **sich in ~ setzen** se pavaner 2 *fig* (*Auseinandersetzung*) scène *f*; **j-m e-e ~ machen** faire une scène à qn 3 *umg fig* **die ~** les milieux branchés; **die politische ~** les milieux politiques
Szenegänger(in) M(F) *Jargon* personne branchée; branché(e) *m(f)* **Szenekneipe** F café, bistrot branché **Szenelokal** N café, restaurant branché **Szenenwechsel** M changement *m* de décor
Szenerie F 1 THEAT décors *mpl* 2 *fig* cadre *m*
szenisch A ADJ scénique B ADV scéniquement

T

T, t N T, t *m*
Tabak M tabac *m* **Tabakindustrie** F industrie *f* du tabac **Tabakladen** M (bureau *m* de) tabac *m* **Tabakpflanze** F tabac *m* **Tabaksteuer** F impôt *m* sur le tabac **Tabakwaren** FPL tabacs *mpl*
tabellarisch ADJ *u.* ADV sous forme de tableau
Tabelle F 1 (*Übersicht*) barème *m*; tableau *m*; table *f* 2 SPORT classement *m*
Tabellenform F **in ~** sous forme de tableau
Tabellenführer M leader *m* du classement **Tabellenkalkulation** F, **Tabellenkalkulationsprogramm** N tableur *m* **Tabellenstand** M SPORT classement *m*

▶ Tablette ≠ tablette

Sie müssen drei **Tabletten** pro Tag nehmen. — Vous devez prendre trois **comprimés** par jour.

J'aime le chocolat. Je m'en suis acheté cinq **tablettes**. — Ich liebe Schokolade. Ich habe mir fünf **Tafeln** gekauft.

FALSCHE FREUNDE

tabellieren VT présenter sous forme de tableau
Tabernakel N *od* M tabernacle *m*
Tablett N plateau *m*
Tablette F comprimé *m*; cachet *m*
tabu ADJ tabou
Tabu N tabou *m*
tabuisieren VT rendre tabou
Tabula rasa ~ **machen** faire table rase
Tabulator M tabulateur *m* **Tabulortaste** F touche *f* de tabulation
Tacheles *umg* **mit j-m ~ reden** dire son fait à qn (sans prendre de gants); dire ses quatre vérités à qn
Tacho *umg* M, **Tachometer** M *od* N compteur *m* de vitesse
Tadel M 1 blâme *m* (*a.* SCHULE); (*Rüge*) réprimande *f* 2 *geh* **ohne ~** irréprochable
tadellos A ADJ 1 (*ohne Fehler*) impeccable; irréprochable; parfait 2 *umg* (*großartig*) merveilleux B ADV 1 *Kleidung* ~ **sitzen** aller parfaitement 2 *umg* (*großartig*) à merveille
tadeln VT 1 (*missbilligen*) réprouver; désapprouver 2 (*rügen*) réprimander; **j-n wegen etw ~** reprocher qc à qn; blâmer qn de qc
Taekwondo N taekwondo *m*
Tafel F 1 (*Informationstafel*) panneau *m*; tableau *m*; (*Gedenktafel*) plaque commémorative 2 SCHULE tableau (noir) 3 **e-e ~ Schokolade** une tablette, une plaque de chocolat 4 *geh* (*Tisch*) table *f*
tafeln *geh* VI festoyer; faire bonne chère, un festin
täfeln VT lambrisser
Tafelsilber N argenterie *f*
Täfelung F lambris *m*
Tafelwasser N eau minérale
Taft M taffetas *m*
Tag[1] M 1 *punktuelle Zeitangabe* jour *m*; **~ für ~** jour après jour; **am folgenden ~, am ~ darauf** le lendemain; le jour d'après, suivant; **am ~ davor** *od* **zuvor** la veille; le jour précédent; **e-s (schönen) ~es** un (beau) jour; **was ist heute für ein ~?** quel jour sommes-nous aujourd'hui?; *fig* **in den ~ hinein leben** vivre au jour le jour 2 *in s-m Verlauf* journée *f*; **den ganzen ~ (über)** toute la journée; **den lieben langen ~** toute la sainte journée; *fig* **schwarzer ~** jour sombre; **e-n schlechten ~ haben** être dans un, son mauvais jour; **guten ~!** bonjour! 3 *Gegensatz: Nacht* **am, bei ~(e** *geh*) de jour; (pendant) le jour; pendant la journée; **es ist ~** il fait jour; **es wird ~** le jour se lève; **~ und Nacht** nuit et jour 4 *fig* **an den ~ bringen** mettre au jour; révéler; **an den ~ kommen** se révéler; éclater au grand jour 5 **~ der offenen Tür** journée *f* portes ouvertes; **der Jüngste ~** le jour du Jugement dernier 6 BERGBAU **über ~e** à ciel ouvert; **unter ~e** au fond 7 → Tage
Tag[2] N IT balise *f*
tagaktiv ADJ ZOOL diurne
tagaus ADV **~, tagein** jour après jour
Tage PL 1 (*Lebenszeit*) **auf s-e alten ~** sur ses vieux jours; **in unseren ~n** de nos jours 2 *umg* (*Menstruation*) **sie hat ihre ~** elle a ses règles
Tagebau M exploitation *f* à ciel ouvert **Tagebuch** N journal *m* (intime)
tagelang A ADJ qui dure des jours entiers, des journées entières B ADV des jours entiers; des journées entières
tagen VI *Versammlung* siéger
Tagesablauf M déroulement *m* d'une journée

Tafel — le tableau

Tafeln Schokolade — les tablettes (fpl) de chocolat

Tagesanbruch M pointe *f* du jour; aube *f*; **bei ~** à la pointe du jour
Tagesausflug M excursion *f* d'une journée **Tagescreme** F crème *f* de jour **Tagesdecke** F couvre-lit *m*; dessus-de-lit *m* **Tagesfahrt** F voyage *m*, excursion *f* d'une journée **Tagesform** F SPORT condition *f* du jour **Tagesgericht** N plat *m* du jour **Tagesgeschehen** N actualité quotidienne **Tagesgespräch** N nouvelle *f* du jour **Tageskarte** F carte *f*, billet *m* valable pour la journée; *im Restaurant* menu *m* du jour **Tageskasse** F bureau *m* de location
Tageslicht N (lumière *f* du) jour *m*; **bei ~** en plein jour; *fig* **ans ~ kommen** se révéler; éclater au grand jour
Tageslichtprojektor M rétroprojecteur *m* **Tagesmutter** F nourrice *f*; assistante maternelle
Tagesordnung F ordre *m* du jour; **auf der ~ stehen** figurer à l'ordre du jour; *fig* **an der ~ sein** être à l'ordre du jour
Tagesordnungspunkt M point *m* de l'ordre du jour **Tagesschau** F TV journal télévisé
Tageszeit F moment *m* de la journée; **zu jeder ~** à toute heure

Die Tageszeiten

morgens ...	**le** matin...
nachmittags ...	l'après-midi...
abends ...	**le** soir...
nachts ...	**la** nuit...
aber:	**mais** :
mittags ...	à midi...
um Mitternacht ...	à minuit...
Es ist zwei Uhr morgens.	Il est deux heures **du** matin.
Es ist elf Uhr abends.	Il est onze heures **du** soir.

FEHLERQUELLEN

Tageszeitung F (journal) quotidien *m*
tageweise ADV à la journée
taghell ADJ clair comme en plein jour; **es ist ~** il fait grand jour
Tagliatelle PL GASTR tagliatelles *fpl*
täglich A ADJ quotidien; journalier; de tous les jours; de chaque jour B ADV 1 (*jeden Tag*) tous les jours; chaque jour 2 (*pro Tag*) par jour
tags ADV 1 **~ zuvor** la veille; le jour précédent; **~ darauf** le lendemain; le jour d'après, suivant 2 (*am Tag*) de jour; (pendant) le jour
Tagschicht F équipe *f* de jour; **~ haben** être de jour
tagsüber ADV pendant la journée
tagtäglich A ADJ quotidien; journalier B ADV tous les jours
Tagung F congrès *m* **Tagungsteilnehmer(in)** M(F) participant(e) *m(f)* à un congrès; congressiste *m/f*
Tai-Chi N SPORT taï chi *m*
Taifun M typhon *m*
Taiga F GEOG taïga *f*
Taille F taille *f*; MODE **auf ~ gearbeitet** cintré
tailliert ADJT cintré
Taiwan N Taïwan
Takelage F gréement *m*
Takt M 1 MUS mesure *f*; **den ~ schlagen** battre la mesure; **aus dem ~ kommen** perdre la mesure 2 (*rhythmischer Bewegungsablauf*) rythme *m*; cadence *f*; **im ~** en cadence 3 → Taktgefühl
Taktgefühl N tact *m*; délicatesse *f*
taktieren V/I recourir à une tactique (habile); manœuvrer (habilement)
Taktik F tactique *f* **Taktiker** M tacticien *m* **taktisch** ADJ tactique
taktlos A ADJ qui manque de tact B ADV sans tact **Taktlosigkeit** F 1 (*taktlose Art*) manque *m* de tact 2 *Handlung* indélicatesse *f*
Taktstock M baguette *f* (de chef d'orchestre)
taktvoll A ADJ plein de tact B ADV avec tact
Tal N vallée *f*; *poet u. in Namen* val *m*; **kleines ~** vallon *m*
Talar M robe *f*; *bes der Professoren* toge *f*
Talbrücke F viaduc *m*
Talent N 1 *Eigenschaft* don *m*, talent *m* (**zu** de) 2 *Person* talent *m*
talentiert ADJ talentueux
Taler M HIST thaler *m*
Talfahrt F 1 descente *f* 2 WIRTSCH (période *f* de) récession *f*; **die ~ des Dollars** la baisse, *plus fort* chute du dollar
Talg M 1 *tierischer* suif *m* 2 (*Haartalg*) sébum *m* **Talgdrüse** F glande sébacée
Taliban PL talibans *mpl*
Talisman M talisman *m*; porte-bonheur *m*
Talkessel M cuvette *f*; cirque *m*
Talkmaster M animateur *m* d'un débat télévisé **Talkshow** F débat télévisé
Talmud M REL Talmud *m*
Talsohle F 1 GEOG fond *m* de vallée 2 *fig* WIRTSCH creux *m* (de la vague) **Talsperre** F barrage *m* **Talstation** F station inférieure, dans la vallée
Tamburin N tambourin *m*
Tampon M tampon *m*
Tamtam *umg pej* N **~ machen** faire du tamtam (**um** à propos de)

Tandem N tandem *m*
Tang M goémon *m*; varech *m*
Tanga M tanga *m* **Tangaslip** M (slip *m*) tanga *m*
Tangente F tangente *f* **tangieren** V/T 1 être tangent à 2 *geh fig* affecter
Tango M tango *m*
Tank M réservoir *m* (*a.* AUTO); citerne *f*
Tanke *umg* F (*Tankstelle*) *umg* pompe *f*
tanken V/T *u.* V/I (**Benzin**) ~ prendre de l'essence; *fig* **neue Kräfte ~** reprendre des forces
Tanker M pétrolier *m* **Tankfüllung** F AUTO contenu *m* d'un *bzw.* du réservoir **Tanksäule** F pompe *f* (à essence); distributeur *m* d'essence **Tankstelle** F station-service *f* **Tankwagen** M camion-citerne *m* **Tankwart** M pompiste *m*
Tanne F sapin *m*
Tannenbaum M sapin *m*; (*Weihnachtsbaum*) arbre *m* de Noël **Tannengrün** N rameaux *mpl* de sapin **Tannennadel** F aiguille *f* de sapin **Tannenzapfen** M pomme *f* de pin **Tannenzweig** M rameau *m* de sapin
Tante F tante *f*
Tante-Emma-Laden M petite épicerie du coin
Tantieme F tantième *m*; **~n** *e-s Autors* droits *mpl* d'auteur
Tanz M 1 danse *f* (*a. Musikstück*) 2 *Veranstaltung* bal *m*
Tanzbein *umg* N **das ~ schwingen** danser
tänzeln V/I *Person* sautiller; *Pferd* piaffer
tanzen V/T *u.* V/I danser
Tänzer(in) M(F) 1 danseur, -euse *m,f* 2 (*Tanzpartner[in]*) cavalier, -ière *m,f*
Tanzfläche F piste *f* de danse **Tanzkapelle** F orchestre *m* de danse **Tanzkurs** M cours *m* de danse **Tanzlehrer(in)** M(F) professeur *m* de danse **Tanzlokal** N dancing *m* **Tanzmusik** F musique *f* de danse **Tanzorchester** N orchestre *m* de danse **Tanzpartner(in)** M(F) cavalier, -ière *m,f* **Tanzsaal** M salle *f* de danse **Tanzschritt** M pas *m* de danse **Tanzschule** F école *f* de danse **Tanzschüler(in)** M(F) élève *m/f* d'une école de danse **Tanzstunde** F *Kurs* cours *m* de danse **Tanztee** M thé dansant
Tapet *umg* N **etw aufs ~ bringen** *umg* mettre qc sur le tapis
Tapete F papier peint
Tapetenwechsel *umg* M changement *m* de décor
tapezieren tapisser **Tapezierer** M tapissier *m* (décorateur)
tapfer ADJ (*unerschrocken*) brave; vaillant; (*mutig*) courageux **Tapferkeit** F bravoure *f*; vaillance *f*; courage *m*
tappen V/I 1 (*stapfen*) marcher d'un pas maladroit; **durchs Zimmer ~** traverser la pièce en marchant à tâtons 2 (*tastend greifen*) tâtonner; **nach dem Schalter ~** chercher l'interrupteur à tâtons
tapsig *umg* ADJ maladroit; pataud
Tara F tare *f*
Tarantel F tarentule *f*; *fig* **wie von der ~ gestochen** comme mordu, piqué de la tarentule
Tarif M 1 (*Gebühr*) tarif *m* 2 (*Lohntarif, Gehaltstarif*) grille *f* (des salaires) **Tarifabkommen** N accord *m*, convention *f* tarifaire **Tarifabschluss** M accord *m* sur la (nouvelle) convention collective **Tarifautonomie** F autonomie *f* des partenaires sociaux **Tariferhöhung** F augmentation *f*, majoration *f* de tarif; relèvement *m* tarifaire, de tarif **Tarifgruppe** F catégorie *f* d'une grille de salaires **Tarifkommission** F commission *f* négociant la convention collective **Tarifkonflikt** M conflit *m* à propos des négociations sur la convention collective
tariflich ADJ 1 (*die Gebühren betreffend*) tarifaire 2 (*den Lohn- u. Gehaltstarif betreffend*) relatif à la convention collective
Tariflohn M salaire conventionnel **Tarifparteien** FPL, **Tarifpartner** MPL partenaires sociaux **Tarifpolitik** F politique *f* en matière de convention collective **Tarifrunde** F, **Tarifverhandlungen** FPL négociations *fpl* sur la convention collective **Tarifvertrag** M convention collective **Tarifzone** F *der öffentlichen Verkehrsmittel* zone *f*
Tarnanzug M vêtement *m* de camouflage
tarnen V/T (*u.* V/R **sich ~** se) camoufler (**als** en)
Tarnfarbe F couleur *f*, peinture *f* de camouflage **Tarnung** F camouflage *m*
Tartanbahn F piste *f* en *od* de tartan
Tasche F 1 *zum Tragen* sac *m* 2 *an Kleidungsstücken* poche *f*; **etw aus eigener ~ bezahlen** payer qc de sa poche; *umg fig* **j-n in die ~ stecken** mettre qn dans sa poche; *fig* **j-m auf der ~ liegen** vivre aux crochets de qn; *umg fig* **sich** (*dat*) **in die eigene ~ lügen** se faire des illusions; *umg* se raconter des histoires (à soi-même)
Taschenbuch N livre *m* de poche **Taschendieb** M pickpocket *m*; voleur *m* à la tire **Taschengeld** N argent *m* de poche **Taschenkalender** M agenda *m*; calendrier *m* de poche **Taschenlampe** F lampe *f* de poche **Taschenmesser** N couteau *m* de poche; canif *m* **Taschenrechner** M calculette *f*; calculatrice *f* (de poche) **Taschenspiegel** M miroir *m* de poche **Taschentuch** N mou-

Tasche — le sac

Tasche — la poche

choir *m* **Taschenuhr** F montre *f* de poche

Tässchen N petite tasse

Tasse F tasse *f*; **e-e ~ Kaffee** une tasse de café; *umg fig* **nicht alle ~n im Schrank haben** *umg* avoir une case en moins, vide

Tastatur F clavier *m*

Taste F touche *f*

tasten A VI tâtonner; **nach etw ~** chercher qc à tâtons B V/R → vorwärtstasten

Tasteninstrument N instrument *m* à clavier **Tastentelefon** N téléphone *m* à touches

Tastsinn M toucher *m*

tat → tun

Tat F 1 action *f*; acte *m*; **gute ~** bonne action; *geh* **zur ~ schreiten** passer à l'action, aux actes 2 (*Straftat*) délit *m*; acte criminel; **auf frischer ~ ertappen** prendre sur le fait, en flagrant délit 3 **in der ~** en effet; effectivement

Tatar N GASTR (steak *m*) tartare *m*

Tatbestand M faits *mpl* (*a.* JUR); état *m* de faits

Tatendrang M besoin *m* d'activité, d'agir **tatenlos** ADV sans rien faire

Täter(in) M(F) auteur *m* (! bei **auteur** gibt es nur die Maskulinform); coupable *m/f*

Tathergang M cours *m* des événements; déroulement *m* des faits

tätig ADJ 1 (*berufstätig*) actif; **~ sein als, in** (+ *dat*) travailler comme, dans; **~ werden** entrer en action 2 *Vulkan* en activité

tätigen VT *Geschäft* réaliser; effectuer; *Einkäufe* faire

Tätigkeit F 1 (*Aktivität*) activité *f* 2 (*Beruf*) activité *f*; fonction *f* 3 (*In-Betrieb-Sein*) fonctionnement *m*

Tatkraft F énergie *f*; allant *m* **tatkräftig** ADJ actif; (*schwungvoll*) dynamique; énergique

tätlich ADJ **~ werden** se livrer à des voies de fait (**gegen j-n** sur qn)

Tätlichkeiten FPL voies *fpl* de fait

Tatmotiv N mobile *m* (d'un crime) **Tatort** M lieux *mpl* du crime

tätowieren VT tatouer **Tätowierung** F tatouage *m*

Tatsache F fait *m*; **~ ist, dass ...** le fait est que...; *umg* **~?** c'est vrai?; **j-n vor vollendete ~n stellen** mettre qn devant le fait accompli

tatsächlich A ADJ (*wirklich*) réel; effectif; (*wahr*) vrai; véritable B ADV (*in Wirklichkeit*) en réalité; (*wirklich*) réellement; **~?** vraiment?

tätscheln VT tapoter

Tattergreis *umg pej* M *umg* vieux fossile; *umg pej* vieux gâteux

tatterig ADJ tremblotant

Tattoo M *od* N tatouage *m*

tattrig ADJ tremblotant

Tatverdacht M soupçons *mpl* (pesant sur l'auteur présumé du crime); **unter ~ stehen** être soupçonné du crime

tatverdächtig ADJ suspect **Tatwaffe** F arme *f* du crime

Tatze F patte (*a. umg Hand*)

Tau[1] M METEO rosée *f*

Tau[2] N SCHIFF cordage *m*; câble *m*

taub ADJ 1 (*ohne Gehör*) sourd; **auf e-m Ohr ~ sein** être sourd d'une oreille 2 *Gliedmaßen* engourdi 3 *Blüte, Gestein* stérile; *Ähre, Nuss* vide

Taube F 1 ZOOL pigeon *m* 2 *poet*, BIBEL, POL colombe *f*

Taube(r) M/F(M) sourd(e) *m(f)*

Taubenschlag M pigeonnier *m*; colombier *m*; *umg fig* **das ist der reinste ~** on entre ici comme dans un moulin

Taubheit F 1 (*Gehörlosigkeit*) surdité *f* 2 *der Gliedmaßen* engourdissement *m* **taubstumm** ADJ sourd-muet **Taubstumme(r)** M/F(M) sourd-muet *m*, sourde-muette *f* **Taubstummensprache** F langage *m* des sourds-muets

tauchen A VT plonger, tremper (**in** [+ *akk*] dans) B VI plonger; **nach Perlen ~** pêcher des perles

Tauchen N plongée *f*

Taucher(in) M(F) plongeur, -euse *m,f*; *mit Taucheranzug* scaphandrier *m* **Taucheranzug** M scaphandre *m* **Taucherbrille** F lunettes *fpl* de plongée

Tauchsieder M thermoplongeur *m* **Tauchsport** M plongée sous-marine

Tauchstation F *umg fig* **auf ~ gehen** (*sich ver-*

stecken) se terrer

tauen A VT *(zum Tauen bringen)* faire fondre B VI fondre C V/UNPERS **es taut** c'est le dégel

Taufbecken N fonts baptismaux

Taufe F baptême *m*; *fig* **aus der ~ heben** fonder; créer

taufen VT baptiser; **katholisch getauft sein** être baptisé catholique; **er ist auf den Namen … getauft** son nom de baptême est …

Taufkleid N robe *f* de baptême

Täufling M enfant *m bzw.* personne *f* qui reçoit le baptême

Taufpate M parrain *m* **Taufpatin** F marraine *f*

taufrisch ADJ 1 humide, frais de rosée 2 *fig* frais comme une rose

Taufschein M extrait *m* de baptême

taugen VI 1 *(geeignet sein)* être bon (**zu** à); être apte (à); convenir (à) 2 *(wert sein)* valoir

Taugenichts M vaurien *m*; propre *m/f* à rien

tauglich ADJ 1 *(brauchbar)* bon (**zu** à); apte (à) 2 MIL bon pour le service; apte au service

Taumel M 1 *(Schwindel)* vertige *m* 2 *(Überschwang)* ivresse *f*; enivrement *m*

taumeln VI 1 chanceler; tituber 2 tituber (**zum Bett** jusqu'à son, *etc* lit)

Tausch M échange *m*; troc *m* (*a.* HANDEL); **im ~ gegen …** en échange de …

tauschen A VT **~ (gegen)** échanger (contre); changer (contre); HANDEL troquer (contre) B VI **mit j-m ~** faire un échange avec qn

täuschen A VT 1 *(hintergehen)* tromper; *geh* abuser; *(irreführen)* mystifier; **wenn mich nicht alles täuscht …** si je ne me trompe …; sauf erreur de ma part … 2 SPORT, *Gegner* feinter B VI 1 *(trügerisch sein)* être trompeur; tromper 2 SPORT feinter C VR **sich ~** se tromper (**in** [+ *dat*] sur); faire erreur

täuschend A ADJT trompeur B ADVL **j-m ~ ähnlich sehen** ressembler à qn à s'y méprendre

Tauschgeschäft N, **Tauschhandel** M troc *m*

Täuschung F 1 *(Irreführung)* tromperie *f*; mystification *f*; *des Gegners* feinte *f* 2 *(falscher Eindruck)* illusion *f* 3 *(Selbsttäuschung)* erreur *f*; illusion *f* **Täuschungsmanöver** N feinte *f* (*a. fig*)

tausend NUM mille; **~ Dank** mille mercis; **~ und aber~** des mille et des cents

Tausend[1] N 1 *Einheit* mille *m*; **(fünf) vom ~** (cinq) pour mille 2 **~e** *pl (Unmengen)* des milliers *mpl*; **zu ~en** par milliers; → Hundert[1]

Tausend[2] F *Zahl* mille *m*

Tausender M 1 MATH mille *m* 2 *umg Geldschein* billet *m* de mille

Tausendfüß(l)er M mille-pattes *m* **tausendjährig** ADJ millénaire **tausendmal** ADV mille fois **Tausendsas(s)a** M *umg* diable *m* d'homme **tausendste** NUM millième **tausendstel** ADJ millième **Tausendstel** N millième *m*

Tauwetter N dégel *m* (*a. fig*, POL)

Tauziehen N 1 SPORT lutte *f* à la corde 2 *fig* tiraillements *mpl*

Taxameter M taximètre *m*; compteur *m* (de taxi)

Taxcard F *schweiz* télécarte *f*

Taxe F 1 *(Gebühr)* taxe *f* 2 *(geschätzter Preis)* valeur estimée 3 → Taxi

Taxi N taxi *m*

taxieren VT 1 *Wert* estimer; évaluer 2 *umg (kritisch prüfen)* jauger

Taxifahrer(in) M(F) chauffeur *m* de taxi **Taxistand** M station *f* de taxis

Tb(c) F ABK (Tuberkulose) tuberculose *f*

Teakholz N (bois *m* de) teck *m*

Team N équipe *f* **Teamarbeit** F travail *m* en équipe *od* d'équipe **Teamchef** M SPORT chef *m* d'équipe **Teamgeist** M esprit *m* d'équipe **Teamwork** N → Teamarbeit

Technik F 1 technique *f*; **auf dem neuesten Stand der ~** conforme, conformément aux techniques les plus modernes 2 *(Ausrüstung)* équipements *mpl* 3 *(Funktionsweise)* fonctionnement *m*

Techniker(in) M(F) technicien, -ienne *m,f*

technisch A ADJ technique B ADV **~ begabt** doué pour la technique; **~ unmöglich** matériellement impossible

Techno N *od* M (musique *f*) techno *f*

Technokrat M technocrate *m* **Technologie** F technologie *f* **Technologiepark** M parc *m* scientifique **technologisch** ADJ technologique

Techtelmechtel *umg* N amourette *f*; flirt *m*

TED M ABK (Teledialog) *ordinateur stockant les données provenant d'une enquête par téléphone auprès des téléspectateurs*

Teddy M, **Teddybär** M ours *m* en peluche; *kinderspr* nounours *m*

Tee M *(schwarzer Tee)* thé *m*; *(Kräutertee)* infusion *f*; tisane *f*; **~ trinken** boire *bzw.* prendre du thé

Teebeutel M sachet *m* de thé **Tee-Ei** N œuf *m* à thé **Teegebäck** N petits gâteaux secs **Teeglas** N verre *m* à thé **Teekanne** F théière *f* **Teekessel** M bouilloire *f* **Teeküche** F petite cuisine **Teelicht** N bougie *f* pour chauffe-plats **Teelöffel** M petite cuillère

Teenager M, **Teenie** M teenager *m/f*; adolescent(e) *m(f)*

Teer M goudron *m*

teeren VT goudronner
Teesieb N passe-thé *m*; passoire *f* à thé **Teestrauch** M théier *m* **Teestube** F salon *m* de thé **Teetasse** F tasse *f* à thé **Teetrinker** M buveur *m* de thé **Teewagen** M table roulante
Teich M étang *m*
Teig M pâte *f*
teigig ADJ pâteux; *fig Gesicht* empâté
Teigwaren FPL pâtes *fpl* alimentaires
Teil 1 *m e-s Ganzen* partie *f*; *aus e-r Teilung hervorgehend* portion *f*; **der größte ~ der Menschen** la plupart des hommes; **zum ~** en partie; partiellement; **zum großen ~** en grande partie; **zum größten ~** pour une bonne part; pour la plupart 2 *m od n (Anteil)* part *f*; **zu gleichen ~en** à parts égales; **ich für mein(en) ~** quant à moi; pour ma part 3 *n (Einzelteil, Stück)* partie *f*; pièce *f*; HANDEL **jedes ~ 5 Euro** 5 euros (la) pièce 4 *m od n (Beitrag)* part *f*; contribution *f*
teilbar ADJ divisible (*a.* MATH); partageable **Teilbetrag** M montant partiel
Teilchen N 1 *(kleines Stück)* petite partie 2 NUKL particule *f* 3 *Gebäck* petit gâteau
teilen A VT 1 *(zerteilen)* partager; diviser; MATH **durch 2 ~** diviser par 2 2 *(aufteilen)* partager; **etw unter sich** *(dat)* **~** se partager qc 3 *fig j-s Ansicht, Schicksal* partager; *j-s Leid, Freude* prendre part à B VR 1 **sich** *(dat)* **etw mit j-m ~** se partager qc avec qn 2 *(auseinandergehen)* **sich ~** se diviser; *Weg* bifurquer
Teiler M MATH diviseur *m*
Teilerfolg M succès partiel
teilhaben VI avoir, prendre part (**an** [+ *dat*] à)
Teilhaber(in) M(F) associé(e) *m(f)* **Teilkaskoversicherung** F *assurance automobile couvrant plusieurs dégâts* **Teilmenge** F MATH sous-ensemble *m* **teilmöbliert** ADJT partiellement meublé
Teilnahme F 1 *aktive, passive* participation *f* (**an etw** [*dat*] à qc) 2 *(Anwesenheit)* assistance *f*; présence *f* 3 *fig (Anteilnahme)* intérêt *m*; sympathie *f*
Teilnahmebedingungen FPL conditions *fpl* de participation **Teilnahmebescheinigung** F certificat *m* d'assiduité
teilnahmslos ADJ indifférent; *plus fort* apathique **Teilnahmslosigkeit** F indifférence *f*; *plus fort* apathie *f* **teilnahmsvoll** ADJ compatissant
teilnehmen VI 1 *(beiwohnen)* en être; y participer; **an etw** *(dat)* **~** assister, être présent, prendre part à 2 *fig* **an j-s Freude, Leid ~** prendre part à la joie, à la douleur de qn
Teilnehmer(in) M(F) 1 participant(e) *m(f)*; *an e-m Wettkampf* concurrent(e) *m(f)* 2 → Fernsprechteilnehmer **Teilnehmerliste** F liste *f* des participants
teils ADV en partie; *wie fühlst du dich? umg* **~, ~** *umg* comme ci, comme ça
Teilstrecke F tronçon *m*; section *f* **Teilstück** N section *f*
Teilung F 1 division *f* (*a.* MATH, BIOL) 2 *(Aufteilung)* partage *m*
Teilungsartikel M GRAM article partitif **Teilungszeichen** N MATH signe *m* de la division
teilweise A ADJ partiel B ADV partiellement; en partie
Teilzahlung F paiement échelonné
Teilzeitarbeit F travail *m* à temps partiel **teilzeitbeschäftigt** ADJT employé à temps partiel **Teilzeitbeschäftigte(r)** M/F(M) employé(e) *m(f)* à temps partiel **Teilzeitbeschäftigung** F travail *m*, activité *f* à temps partiel **Teilzeitjob** *umg* M *umg* boulot *m* à temps partiel **Teilzeitkraft** F travailleur, -euse *m,f* à temps partiel
Tein N théine *f*
Teint M teint *m*
Tel. ABK (Telefon) tél. (téléphone)
Telearbeit F télétravail *m* **Telearbeiter(in)** M(F) télétravailleur, -euse *m,f*
Telefax N *Kopie* télécopie *f*; fax *m*; *Gerät* télécopieur *m* **Telefaxgerät** N télécopieur *m*
Telefon N téléphone *m*; **ans ~ gehen** aller (répondre) au téléphone
Telefonanlage F installation *f* téléphonique **Telefonanruf** M appel *m* téléphonique; coup *m* de téléphone **Telefonanschluss** M branchement *m*, raccordement *m* téléphonique **Telefonapparat** M → Telefon
Telefonat N → Telefongespräch
Telefonauskunft F renseignements *mpl* (téléphoniques) **Telefonbanking** N transactions *fpl* bancaires télématiques **Telefonbuch** N annuaire *m* (du téléphone) **Telefongebühr(en)** F(PL) taxe *f* téléphonique **Telefongespräch** N conversation *f*, communication *f* téléphonique **Telefonhörer** M récepteur *m*; combiné *m*
Telefonie F téléphonie *f*
telefonieren VI téléphoner (**mit j-m** à qn); donner un coup de téléphone (à qn); **nach Paris ~** téléphoner à Paris
telefonisch A ADJ téléphonique B ADV par téléphone
Telefonist(in) M(F) téléphoniste *m/f*; standardiste *m/f*
Telefonkabel N câble *m* téléphonique **Telefonkabine** F *schweiz* cabine *f* téléphonique **Telefonkarte** F télécarte *f* **Telefonkonferenz** F téléconférence *f* **Telefonleitung**

F ligne *f* téléphonique **Telefonnetz** N réseau *m* téléphonique **Telefonnummer** F numéro *m* de téléphone **Telefonrechnung** F note *f* de téléphone **Telefonseelsorge** F *etwa* S.O.S. Amitié **Telefonsex** *umg* M *etwa* téléphone *m* rose **Telefonverbindung** F communication *f* téléphonique **Telefonwertkarte** F *österr* télécarte *f* **Telefonzelle** F cabine *f* téléphonique **Telefonzentrale** F standard *m*

▶ Telefonnummern

Französische **Telefonnummern** sind zehnstellig und beginnen immer mit einer Null; die ersten beiden Ziffern stehen für die Region:

01	**Paris/Île de France**
02	**région Nord-Ouest**
03	**région Nord-Est**
04	**région Sud-Est et Corse**
05	**région Sud-Ouest**

Innerhalb des Landes wird bei Stadt- und Ferngesprächen immer die komplette zehnstellige Nummer gewählt.
Bei Gesprächen aus dem Ausland wird nach der Landesvorwahl (0033 für Frankreich) die Null weggelassen.

LANDESKUNDE ◀

telegen ADJ télégénique
Telegraf M télégraphe *m*
Telegrafie F télégraphie *f* **telegrafieren** V/T *u.* V/I télégraphier (**j-m** à qn; **nach** à)
telegrafisch A ADJ télégraphique B ADV par télégramme; *Geld* **~ anweisen** envoyer par mandat télégraphique
Telegramm N télégramme *m* **Telegrammstil** M style *m* télégraphique
Telekolleg N cours télévisés (*permettant d'obtenir un diplôme dans le cadre de la formation continue*)
Telekom F service *m* des télécommunications
Telekommunikation F télécommunications *fpl*
Telemark M, **Telemarkschwung** M SKISPORT Télémark *m*
Telenovela F télénovela *od* telenovela *f*
Teleobjektiv N FOTO téléobjectif *m*
Telepathie F télépathie *f*
Teleshopping N téléachat *m*
Teleskop N télescope *m*
Telespiel N jeu *m* vidéo
Telex N télex *m*

Teller M assiette *f*; **flacher, tiefer ~** assiette plate, creuse
Tellergericht N plat (*servi sur une assiette*)
Tellerrand M *fig* **nicht über den eigenen ~ hinausschauen** ne pas voir plus loin que le bout de son nez
Tellerwärmer M chauffe-assiettes *m*
Tellerwäscher M plongeur *m*; *fig* **vom ~ zum Millionär** du plongeur au millionnaire
Tempel M temple *m*
Temperament N 1 (*Wesensart*) tempérament *m* 2 (*Schwung*) entrain *m*; **~ haben** être plein de vie, d'entrain; *umg* **sein ~ ist mit ihm durchgegangen** il s'est laissé emporter
temperamentlos ADJ sans ressort; sans entrain **temperamentvoll** ADJ plein d'entrain
Temperatur F température *f*; *Person* **(erhöhte) ~ haben** avoir, faire de la température
Temperaturabfall M chute *f* de température **Temperaturanstieg** M °hausse *f* de température **Temperaturrückgang** M baisse *f* de température **Temperaturschwankung** F variation *f*, fluctuation *f* de température **Temperatursturz** M chute *f* de température **Temperaturunterschied** M différence *f*, écart *m* de température
temperieren V/T rendre agréable la température de; *Wein* chambrer
Tempo[1] N 1 (*Geschwindigkeit*) vitesse *f*; allure *f*; train *m*; (*Rhythmus*) rythme *m*; cadence *f* (*alle a.* SPORT); **mit hohem ~** *fahren* à toute allure; *umg* **(nun aber) ~!** allez, vite!; en vitesse! 2 MUS tempo *m*; mouvement *m*
Tempo®[2] *umg* N → Tempotaschentuch
Tempolimit N limitation *f* de vitesse
Temporalsatz M GRAM subordonnée temporelle
temporär ADJ temporaire
Temposünder(in) M(F) conducteur, -trice *m,f* en infraction pour excès de vitesse
Tempotaschentuch® *umg* N mouchoir *m* en papier
Tempus N GRAM temps *m* (du verbe)
Tendenz F tendance *f* (**zu etw** à qc); BÖRSE **steigende, fallende** *od* **rückläufige ~** tendance à la hausse, baisse
tendenziell ADJ de tendance; **e-e ~e Verbesserung** une tendance à l'amélioration
tendieren V/I avoir une tendance, tendre (**zu** à)
Teneriffa N Tenerife *od* Ténériffe
Tenne F aire *f* (de battage)
Tennis N tennis *m* **Tennisball** M balle *f* de tennis **Tennishalle** F court couvert **Ten-**

T

nisklub M club *m* de tennis **Tennismatch** N match *m* de tennis **Tennismeisterschaft** F championnat *m* de tennis **Tennispartner(in)** M(F) partenaire *m/f* de tennis **Tennisplatz** M court *m* de tennis **Tennisschläger** M raquette *f* (de tennis) **Tennisschuhe** MPL chaussures *fpl* de tennis **Tennisspiel** N match *m*, partie *f* de tennis **Tennisspieler(in)** M(F) joueur, -euse *m,f* de tennis **Tennisturnier** N tournoi *m* de tennis

Tenor[1] M MUS ténor *m*

Tenor[2] M (*Inhalt*) teneur *f*; idée générale

Tensid N détersif *m*

Teppich M tapis *m* (*a. fig*); *umg fig* **auf dem ~ bleiben** rester les pieds sur terre; *umg fig* **etw unter den ~ kehren** occulter qc

Teppichboden M moquette *f* **Teppichklopfer** M tapette *f*

Termin M **1** (*vereinbarter Tag*) date *f*; (*vereinbarte Zeit*) rendez-vous *m*; **sich** (*dat*) **e-n ~ geben lassen** prendre (un) rendez-vous **2** JUR audience *f*

Terminal N *od* M **1** IT terminal *m* **2** FLUG terminal *m*; aérogare *f*

termingemäß, **termingerecht** ADV dans les délais **Termingeschäft** N opération *f* à terme **Terminkalender** M agenda *m*

Terminologie F terminologie *f*

Terminus M terme *m*; **~ technicus** terme technique

Terminverlängerung F prolongation *f*, prorogation *f* d'un délai

Termite F termite *m* **Termitenhügel** M termitière *f*

Terpentin N térébenthine *f*

Terrain N terrain *m* (*a. fig*)

Terrakotta F terre cuite

Terrarium N terrarium *m*

Terrasse F terrasse *f* **terrassenförmig** ADJ *u.* ADV en terrasse(s)

Terrazzo M terrazzo *m*

Terrier M ZOOL terrier *m*

Terrine F soupière *f*

territorial ADJ territorial

Territorialgewässer NPL eaux territoriales **Territorialhoheit** F souveraineté territoriale

Territorium N territoire *m*

Terror M **1** (*Entsetzen, Schreckensherrschaft*) terreur *f*; (*Ausübung von Terror*) terrorisme *m* **2** *umg fig* drame *m*; **~ machen** *umg* faire tout un cirque

Terrorakt M acte *m* de terrorisme **Terroranschlag** M attentat *m* terroriste **Terrorherrschaft** F régime *m* de terreur

terrorisieren V/T terroriser

Terrorismus M terrorisme *m* **Terrorist(in)** M(F) terroriste *m/f* **terroristisch** ADJ terroriste

Terrorszene F milieux *mpl* terroristes **Terrorwelle** F vague *f* de terrorisme

tertiär ADJ tertiaire

Tertiär N GEOL tertiaire *m*

Terz F MUS tierce *f*

Terzett N trio *m* (de chant)

Tesafilm® M ruban adhésif; scotch® *m*

Tessin das ~ le Tessin

Test M test *m*

Testament N **1** JUR testament *m* **2** REL **Altes, Neues ~** Ancien, Nouveau Testament

testamentarisch **A** ADJ testamentaire **B** ADV par testament

Testamentseröffnung F ouverture *f* de *od* du testament **Testamentsvollstrecker(in)** M(F) exécuteur, -trice *m,f* testamentaire **Testamentsvollstreckung** F exécution *f* de *od* du testament

Testbild N mire *f* (de réglage)

testen V/T tester

Testflug M vol *m* d'essai **Testfrage** F question-test *f*

Testosteron N MED testostérone *f*

Testperson F sujet *m* d'expérience; cobaye *m* **Testpilot** M pilote *m* d'essai **Testreihe** F batterie *f*, série *f* de tests **Teststrecke** F piste *f*, parcours *m* d'essai **Testverfahren** N méthode *f*, procédé *m* de test

Tetanus M tétanos *m* **Tetanusschutzimpfung** F vaccination *f* antitétanique

Tetraeder N MATH tétraèdre *m*

teuer **A** ADJ **1** (*kostspielig*) cher; coûteux; **furchtbar ~** °hors de prix; **wie ~ (ist das)?** combien cela coûte-t-il, vaut-il?; **teurer werden** *a.* renchérir **2** *geh* (*geschätzt*) cher; **teure Freunde!** chers amis!; *hum* **meine Teuerste!** ma très chère! **B** ADV cher; *fig a.* chèrement; **~ bezahlen** payer cher; *fig* **das wird ihn ~ zu stehen kommen** il le payera cher; *fig* **~ erkauft** *Sieg* chèrement acquis

Teuerung F °hausse *f* des prix; renchérissement *m* **Teuerungsrate** F taux *m* de renchérissement

Teufel M diable *m*; *umg* **armer ~** *bedauernswerter* pauvre diable, bougre; *mittelloser* pauvre °hère; miséreux *m*; *umg* **wie der ~** comme un diable; **der ~ ist los** *umg* c'est la panique; *umg* **hol dich der ~, der ~ soll dich holen!** que le diable t'emporte!; *umg* **weiß der ~** Dieu seul le sait!; *umg* **auf ~ komm raus** à tout prix; *umg* **in ~s Küche kommen** *umg* se fourrer dans un guêpier; *umg* **j-n zum ~ jagen** envoyer qn au diable; *umg* **scher dich zum ~!** va te faire foutre!; **wo zum ~ ...?** où diable ...?

Teufelsaustreibung F exorcisation *f*; exorcisme *m* **Teufelsbraten** *umg* M (*Teufelskerl*) diable *m* d'homme; (*Nichtsnutz*) scélérat *m*; suppôt *m* de Satan **Teufelskerl** *umg* M diable *m* d'homme **Teufelskreis** M cercle vicieux **Teufelsweib** *umg* N *a. pej* diablesse *f* **Teufelszeug** N *umg* chose, boisson, *etc* infernale, diabolique

teuflisch A ADJ 1 (*bösartig*) diabolique 2 (*groß*) terrible; épouvantable; infernal B *umg* ADV diablement; terriblement

Text M 1 (*Geschriebenes*) texte *m*; *umg fig* **weiter im ~!** continuez! 2 (*Liedtext*) paroles *fpl*

Textanalyse F LING analyse *f* de texte **Textaufgabe** F MATH devoir *m*; problème *m* **Textbaustein** M IT module *m* **Textbuch** N THEAT livret *m*

texten V/I (*u.* V/T) 1 MUS composer les paroles (de) 2 WERBUNG rédiger le texte (de)

Texter M 1 MUS parolier *m* 2 → Werbetexter

Texterfassung F IT saisie *f* (d'un texte) **Textgestaltung** F rédaction *f*

textil ADJ textile

Textilfaser F fibre *f* textile

Textilien PL textiles *mpl*

Textilindustrie F (industrie *f*) textile *m*

Textinterpretation F interprétation *f* de texte **Textmarker** M surligneur *m* **Textstelle** F passage *m* **Textverarbeitung** F traitement *m* de texte

Thailand N la Thaïlande **Thailänder(in)** M(F) Thaïlandais(e) *m(f)* **thailändisch** ADJ thaïlandais

Theater N 1 *Gebäude* théâtre *m* 2 (*Vorstellung*) spectacle *m*; **ins ~ gehen** aller au théâtre, au spectacle 3 *umg fig* **so ein ~!** quel cinéma!; quelle comédie!

Theaterabonnement N abonnement *m* au théâtre **Theateraufführung** F représentation théâtrale; spectacle *m* **Theaterbesuch** M sortie *f* au théâtre **Theaterbesucher(in)** M(F) spectateur, -trice *m,f* **Theaterkarte** F billet *m* de théâtre **Theaterkasse** F caisse *f* (du théâtre) **Theaterkritiker(in)** M(F) critique *m* de théâtre **Theaterstück** N pièce *f* (de théâtre)

theatralisch ADJ théâtral

Theke F comptoir *m*; bar *m*

Thema N 1 *e-s Artikels, Vortrags etc* sujet *m*; (*Gesprächsthema, Aufsatzthema*) thème *m* 2 MUS thème *m*; motif *m*

Thematik F thématique *f*

thematisch ADJ thématique

thematisieren V/T prendre pour sujet, thème

Themenstellung F manière *f*, façon *f* de poser un sujet *bzw.* des sujets

Themse **die ~** la Tamise

Theologe M, **Theologin** F théologien, -ienne *m,f* **Theologie** F théologie *f* **theologisch** ADJ théologique

Theoretiker(in) M(F) théoricien, -ienne *m,f* (! Endung) **theoretisch** ADJ théorique (! Endung) **Theorie** F théorie *f*

Therapeut(in) M(F) thérapeute *m/f* **therapeutisch** ADJ thérapeutique **Therapie** F thérapie *f*

Thermalbad N *Ort* station thermale; (*Kuranstalt*) établissement thermal **Thermalquelle** F source thermale **Thermalwasser** N eau thermale

Therme F 1 source thermale; *pl* **~n** (*Bäder*) thermes *mpl* 2 TECH chauffe-eau *m*

Thermik F ascendance *f* thermique **thermisch** ADJ thermique

Thermohose F pantalon *m* thermo

Thermometer N thermomètre *m*

Thermosflasche® F (bouteille *f*) thermos® *m od f* **Thermoskanne®** F cafetière *f bzw.* verseuse *f* isotherme

Thermostat M thermostat *m*

Thesaurus M LING trésor *m*

These F thèse *f*

Thora F REL Torah *od* Thora *f*

Thorax M ANAT thorax *m*

Thriller M film *m bzw.* roman *m* à suspense

Thrombose F thrombose *f*

Thron M trône *m* **Thronbesteigung** F accession *f*, avènement *m* au trône

thronen V/I trôner (*a. iron*)

Thronerbe M, **Thronerbin** F héritier, -ère *m,f* du trône **Thronfolge** F succession *f* au trône **Thronfolger(in)** M(F) héritier, -ière *m,f* du trône

Thunfisch M thon *m*

Thüringen N la Thuringe

Thymian M thym *m*

Tibet N le Tibet

tibetisch ADJ tibétain; du Tibet

Tick M 1 MED tic *m* 2 *umg* (*wunderliche Eigenart*) tic *m*; manie *f*; **e-n ~ haben** avoir un grain 3 *umg* **e-n ~ höher** un tout petit peu plus °haut

ticken V/I 1 *Uhr* faire tic tac 2 *umg fig* **du tickst wohl nicht richtig** *umg* tu n'es pas un peu fêlé, cinglé, givré?

Ticket N (*Flugticket, Zugticket, Eintrittskarte*) billet *m*; (*Fahrschein*) ticket *m*

ticktack INT tic tac!

Tie-Break M *od* N tie-break *m*

tief A ADJ 1 *Ausdehnung* profond; **der Teich ist 6 m ~** l'étang a 6 m de profondeur 2 *Wölbung* profond; **~es Tal** vallée profonde 3 *auf e-r Skala,*

T

Temperatur, Ton, Niveau bas; **~e Stimme** voix *f* grave **4** *(weit im Innern)* profond; **im ~sten Winter, Afrika** au cœur de l'hiver, de l'Afrique **5** *(intensiv)* profond; *fig* **~er Schlaf** profond sommeil **B** ADV **1** *nach unten* **~ graben** creuser profondément; **sich ~ verbeugen** faire une profonde révérence; **~ hinunterreichen** descendre (très) bas; *nach innen* **~ eindringen** pénétrer profondément; *Augen* **~ liegend** enfoncé **2** *(weit unten)* **~ unten** tout en bas; *(weit innen)* **~ im Wald** au fond des bois; **bis ~ in den Winter** jusqu'au cœur de l'hiver **3** *(nicht hoch) Ort* **~ liegen** être situé à basse altitude; **~ liegend** bas; **sehr ~ fliegen** voler très bas **4** *Glocke* **~ klingen** rendre un son grave; **etwas ~er singen** chanter un peu plus bas **5** *(sehr)* **~ atmen** respirer profondément; **~ beeindrucken** faire une profonde impression sur; **~ betrübt** profondément affligé; **~ greifend, ~ schürfend** profond; **~ verschneit** enseveli sous la neige

Tief N METEO dépression *f (a. fig)*; zone *f* de basse pression

Tiefbau M travaux publics **Tiefbauamt** N *etwa* (service *m* des) ponts *mpl* et chaussées *fpl* **tiefblau** ADJ bleu profond, intense **Tiefdruck** M **1** METEO basses pressions **2** TYPO héliogravure *f* **Tiefdruckgebiet** N → Tief

Tiefe F **1** *nach unten, innen* profondeur *f (a. fig)* **2** *(Innerstes)* fond *m*; cœur *m* **3** *(Hintergrund)* fond *m* **4** *e-s Tons* gravité *f*

Tiefebene F plaine basse

Tiefenpsychologie F psychologie *f* de l'inconscient **Tiefenschärfe** F FOTO profondeur *f* de champ **Tiefenwirkung** F **1** OPT effet *m* de relief **2** MED action *f* en profondeur

Tiefflug M (vol *m* en) rase-mottes *m* **Tiefgang** M SCHIFF tirant *m* d'eau; *fig* bon niveau intellectuel **Tiefgarage** F parking souterrain **tiefgekühlt** ADJT surgelé; congelé **tiefgründig** ADJ profond **Tiefkühlfach** N → Gefrierfach **Tiefkühlkost** F produits surgelés **Tiefkühltruhe** F congélateur *m* **Tieflader** M remorque *f*, wagon *m* à plate-forme surbaissée **Tiefland** N plaine *f* **Tiefpunkt** M *fig* creux *m* (de la vague); dépression *f* **Tiefschlag** M BOXEN coup bas **tiefschwarz** ADJ noir profond **Tiefsee** F grands fonds **Tiefsinn** M profondeur *f* d'esprit; *(Trübsinn)* mélancolie *f* **tiefsinnig** ADJ profond **Tiefstand** M niveau le plus bas, très bas

tiefstapeln V/I être trop modeste

Tiefstwert M valeur minimale; minimum *m*; METEO température minimale

Tiegel M **1** GASTR poêlon *m* **2** *(Schmelztiegel)* creuset *m*

Tier N **1** animal *m*; *Gegensatz: Mensch* bête *f* **2** *umg fig* **hohes ~** *umg* gros bonnet; *umg* grosse légume; *umg* huile *f*

Tierart F espèce animale **Tierarzt** M, **Tierärztin** F vétérinaire *m/f*

Tierchen N petit animal; petite bête; *umg* **jedem ~ sein Pläsierchen** *umg* à chacun son dada, sa marotte

Tierfreund M ami *m* des animaux **Tiergarten** M jardin *m* zoologique; zoo *m* **Tierhalter** M ADMIN détenteur *m*, propriétaire *m* d'un animal, d'animaux **Tierhaltung** F possession *f* d'un animal, d'animaux; AGR élevage *m* de bétail **Tierhandlung** F animalerie *f* **Tierheilkunde** F → Tiermedizin **Tierheim** N fourrière *f*

tierisch **A** ADJ **1** *(vom Tier)* animal **2** *fig (tierhaft)* bestial; brutal **3** *umg (sehr groß)* monstrueux; abominable **B** *umg* ADV *(sehr) umg* vachement

Tierkreiszeichen N signe *m* du zodiaque **Tierkunde** F zoologie *f* **tierlieb** ADJ qui aime les animaux **Tierliebe** F amour *m* des animaux **Tiermedizin** F médecine *f* vétérinaire **Tierpark** M jardin *m* zoologique; zoo *m* **Tierpfleger(in)** M(F) gardien, -ienne *m,f* d'animaux **Tierquäler(in)** M(F) personne *f* qui tourmente les animaux **Tierquälerei** F cruauté *f* envers les animaux **Tierreich** N règne animal **Tierschutz** M protection *f* des animaux **Tierschützer(in)** M(F) membre *m(f)* d'une association de protection *bzw.* de défense des animaux **Tierschutzverein** M société protectrice des animaux; SPA *f* **Tierversuch** M expérimentation animale **Tierwärter(in)** M(F) → Tierpfleger(in) **Tierwelt** F monde, règne animal **Tierzucht** F élevage *m* d'animaux; *t/t* zootechnie *f*

Tiger(in) M(F) tigre *m*, tigresse *f*

tigern *umg* V/I *umg* **durch die Stadt ~** trotter d'un bout à l'autre de la ville

Tilde F tilde *m*

tilgen V/T **1** *geh (auslöschen)* effacer; supprimer; *(streichen)* rayer; radier **2** *Schuld* amortir; *Hypothek* purger; *Kredit* rembourser **Tilgung** F **1** effaçage *od* effacement *m*; radiation *f* **2** amortissement *m*; purge *f*; remboursement *m*

Tilgungsrate F **jährliche ~** annuité *f* d'amortissement

Tilsiter M *ou* ADJ **~ (Käse** M**)** tilsit *m*

timen V/T calculer; minuter

Timing N minutage *m*

Tinktur F teinture *f*

Tinnef *umg* M pacotille *f*; *umg* camelote *f*

Tinnitus M MED acouphène *m*

Tinte F encre *f*; *umg fig* **in der ~ sitzen** *umg* être dans le pétrin, dans de beaux draps

Tintenfass N encrier *m* **Tintenfisch** M seiche f **Tintenkiller®** M effaceur m **Tintenklecks** M tache f d'encre **Tintenstrahldrucker** M imprimante f à jet d'encre

Tipp M 1 *umg* (*Hinweis*) *umg* tuyau m; **j-m e-n ~ geben** *umg* tuyauter qn 2 *beim Wetten* pari m

tippen A VT 1 *umg* (*Maschine schreiben*) *umg* taper à la machine 2 *Zahl* jouer B VI 1 (*leicht berühren*) **an etw** (*akk*), **gegen etw ~** toucher qc du bout du doigt 2 LOTTO *etc* jouer; (*setzen auf*) **~ (auf** [+ *akk*]) parier (sur); miser (sur) 3 (*vermuten*) parier (**auf** [+ *akk*] sur)

Tippfehler *umg* M faute f de frappe **Tippschein** M bulletin m

Tippse *umg pej* F dactylo f

tipptopp *umg* A ADJ (*sauber*) *umg* impec; *fig* épatant B ADV de façon épatante

Tirol N le Tyrol **Tiroler(in)** M(F) Tyrolien, -ienne m,f **Tirolerhut** M chapeau tyrolien

Tisch M 1 table f; *fig* POL **runder ~** table ronde; **den ~ decken** mettre la table, le couvert; **den ~ abdecken** desservir, débarrasser (la table); *fig* **reinen ~ machen** faire table rase; *umg fig* **etw unter den ~ fallen lassen** passer qc sous silence; escamoter qc; *umg fig Problem* **vom ~ sein** être réglé; *umg* **j-n über den ~ ziehen** *umg* avoir qn; *fig* **am grünen ~, vom grünen ~ aus** d'un point de vue, de façon bureaucratique, technocratique 2 *geh* (*Mahlzeit*) **bei ~ sitzen** être à table; **vor (nach) ~** avant (après) le repas; **bitte zu ~!** à table!; **zu ~ gehen** passer à table

Tischbein N pied m de table **Tischdame** F voisine f de table **Tischdecke** F nappe f **Tischfußball** M baby-foot m **Tischgebet** N bénédicité m **Tischgespräch** N propos *mpl* de table **Tischherr** M voisin m de table **Tischkante** F bord m de table **Tischkarte** F carton m (de table) **Tischlampe** F lampe f (de table)

Tischler M menuisier m

Tischlerei F menuiserie f

tischlern A VT travailler; menuiser B VI faire de la menuiserie

Tischmanieren FPL **gute ~ haben** savoir se tenir à table

Tischnachbar(in) M(F) voisin(e) m(f) de table **Tischplatte** F dessus m de table **Tischrede** F discours m de banquet

Tischtennis N tennis m de table; ping-pong m **Tischtennisball** M balle f de ping-pong **Tischtennisplatte** F table f de ping-pong **Tischtennisschläger** M raquette f de ping-pong

Tischtuch N nappe f

Titan[1] N CHEM titane m

Titan[2] M MYTH titan m

Titel M 1 *e-r Person* titre m (*a.* SPORT); **akademischer ~** titre universitaire 2 (*Überschrift, Buchtitel, Musiktitel*) titre m

Titelanwärter(in) M(F) prétendant(e) m(f) à un titre, au titre; SPORT *a.* challenger m **Titelbild** N *e-s Buchs* frontispice m; *e-r Zeitschrift* couverture f **Titelblatt** N (page f de) titre m **Titelgeschichte** F article m qui fait la une; **Titelheld** M personnage principal **Titelkampf** M match m qui met un titre en jeu **Titelrolle** F rôle m (du personnage) principal **Titelseite** F *e-r Zeitschrift* couverture f; *e-r Zeitung* première page **Titelsong** M chanson f titre d'un album **Titelverteidiger(in)** M(F) défenseur m du titre

Titte *sl* F *umg* nichon m

titulieren VT *meist iron* donner le titre de … (**j-n** à qn); (*bezeichnen*) qualifier (**als** de)

tja INT eh bien!

Toast M 1 GASTR toast m 2 (*Trinkspruch*) toast m

Toastbrot N pain m de mie

toasten VT GASTR griller

Toaster M grille-pain m

Tobak *umg* M **das ist starker ~** c'est un comble; *umg* c'est fort de café

toben VI 1 *vor Wut* être en rage; tempêter 2 (*lärmen*) être déchaîné 3 **die Kinder sind durch den Garten getobt** les enfants ont fait les fous, folâtré dans le jardin 4 *Wind* se déchaîner; être déchaîné (*a. Meer*); faire rage (*a. Schlacht*)

Tobsucht F folie furieuse **tobsüchtig** ADJ fou furieux **Tobsuchtsanfall** M accès m de folie furieuse, de fureur

Tochter F 1 fille f 2 WIRTSCH filiale f **Tochtergesellschaft** F filiale f

Tod M 1 (*Lebensende*) mort f; (*Todesfall*) décès m; **e-s gewaltsamen, natürlichen ~es sterben** mourir de mort violente, naturelle; **mit dem ~(e) ringen** lutter avec la mort; être à l'agonie 2 *verstärkend umg* **auf den ~ nicht leiden können** °haïr à mort; **zu ~e betrübt** profondément affligé; *umg* **sich zu ~e langweilen, schämen** mourir d'ennui, de honte

todernst *umg* ADJ *umg* sérieux comme un pape

Todesangst F 1 angoisse f de la mort 2 *fig* (*große Angst*) frayeur mortelle; **Todesängste ausstehen** être dans des transes mortelles

Todesanzeige F avis m de décès; *in der Zeitung* annonce f nécrologique **Todesfall** M décès m

Todesfolge F JUR **Körperverletzung mit ~** coups et blessures ayant entraîné la mort

Todesgefahr F danger m de mort **Todesjahr** N année f de la mort (de qn) **Todeskampf** M agonie f **todesmutig** ADJ bravant

T

la mort **Todesnachricht** F nouvelle *f* de la mort (de qn) **Todesopfer** N mort *m*; victime *f*
Todesqualen FPL tourments *mpl* de la mort; *fig* **~ ausstehen** souffrir mille morts
Todesschütze M auteur *m* d'un *bzw.* du coup de feu mortel **Todesspirale** F SPORT spirale *f* dehors avant; spirale *f* de la mort **Todesstoß** M coup mortel **Todesstrafe** F peine capitale, de mort **Todestag** M 1 jour *m* de la mort 2 *Jahrestag* anniversaire *m* de la mort (de qn) **Todesursache** F cause *f* de (la) mort **Todesurteil** N arrêt *m* de mort; sentence capitale **Todesverachtung** F mépris *m* de la mort **Todeszelle** F cellule *f* des condamnés à mort
Todfeind(in) M(F) ennemi(e) *m(f)* mortel, -elle **todkrank** ADJ à l'article de la mort; à l'agonie **todlangweilig** *umg* ADJ *umg* rasoir (! unveränderlich)
tödlich ADJ *Krankheit, Gefahr* mortel; *Ausgang, Irrtum geh* fatal
todmüde ADJ mort de fatigue **todschick** *umg* ADJ très chic (! unveränderlich) **todsicher** *umg* A ADJ absolument sûr B ADV sans aucun doute **Todsünde** F péché mortel **todunglücklich** *umg* ADJ malheureux comme les pierres
Tofu M GASTR tofu *m*
Tohuwabohu N chaos *m*; *umg* tohu-bohu *m*
Toilette F 1 *(WC)* W.-C. *mpl*; toilettes *fpl*; **auf die ~ gehen** aller aux toilettes, cabinets 2 *(Körperpflege)* toilette *f*
Toilettenartikel MPL articles *mpl* de toilette **Toilettenfrau** F préposée *f* aux toilettes; dame *f* pipi **Toilettenpapier** N papier *m* hygiénique
toi, toi, toi INT **~!** *(alles Gute)* bonne chance!; *(unberufen)* touchons *bzw.* je touche du bois!
tolerant ADJ tolérant **Toleranz** F tolérance *f* **tolerieren** V/T tolérer
toll A ADJ 1 *umg (großartig) umg* super; *umg* formidable; *umg* épatant; *umg* génial 2 *umg (stark) umg* infernal; terrible; dément; **es herrschte ein ~es Gedränge** il y avait un monde fou 3 *umg (unerhört)* fou; *umg* dingue; **e-e ~e Geschichte** une histoire dingue B ADV 1 *umg (großartig)* formidablement; **das hat er ~ gemacht** il s'est débrouillé comme un chef 2 *umg (heftig)* follement; terriblement; **es zu ~ treiben** aller trop loin
tollen V/I 1 s'amuser follement; folâtrer; faire le(s) fou(s) 2 **die Kinder sind durch den Garten getollt** les enfants ont folâtré dans le jardin
tollkühn ADJ téméraire
Tollpatsch M lourdaud *m*; pataud *m*; *umg* empoté *m* **tollpatschig** ADJ lourdaud; pataud; *umg* empoté
Tollwut F MED rage *f* **tollwütig** ADJ MED enragé
Tölpel M balourd *m*; rustre *m*; malotru *m* **tölpelhaft** → tollpatschig
Tomate F tomate *f*; *umg hum* **treulose ~** *umg* lâcheur, -euse *m,f*
Tomatencremesuppe F velouté *m* de tomates **Tomatenket(s)chup** M *od* N ketchup *m* **Tomatenmark** N concentré *m* de tomates **Tomatensaft** M jus *m* de tomates **Tomatensalat** M salade *f* de tomates **Tomatensoße** F sauce *f* tomate **Tomatensuppe** F soupe *f* à la tomate
Tombola F tombola *f*
Tomographie F tomographie *f*
Ton[1] M 1 GEOL argile *f* 2 TÖPFEREI (terre *f*) glaise *f*
Ton[2] M 1 *(Tonhöhe)* ton *m*; MUS, *fig* **den ~ angeben** donner le ton 2 FILM, TV, TECH son *m* 3 *(Benehmen, Umgangston)* ton *m*; **es gehört zum guten ~** (+ *inf*) il est de bon ton de (+ *inf*); **ich verbitte mir diesen ~!** je ne vous permets pas de me parler sur ce ton! 4 *umg (Äußerung)* mot *m*; *umg* **große Töne spucken** se donner de grands airs; **keinen ~ herausbringen** être incapable de sortir un mot; **hast du Töne?** c'est incroyable! 5 *(Farbton)* ton *m*; teinte *f* 6 *(Betonung)* accent *m* (tonique)
Tonabnehmer M tête *f* de lecture; lecteur *m* **tonangebend** ADJT qui donne le ton **Tonarm** M bras *m* (de lecture) **Tonart** F tonalité *f*; *fig* ton *m* **Tonaufnahme** F prise *f* de son; enregistrement *m* sonore **Tonband** N 1 *Band* bande *f* magnétique 2 *umg Gerät* magnétophone *m* **Tonbandgerät** N magnétophone *m*
tönen A V/T teinter; **das Haar ~** faire un rinçage B V/I 1 *(klingen)* sonner; résonner; retentir 2 *umg (prahlen)* se vanter; faire le fanfaron
Toner M toner *m*; *für Kopierer* encre *f*
Tonerde F **essigsaure ~** acétate *m* d'aluminium
tönern ADJ de (terre) glaise; d'argile
Tonfall M intonation *f*; *(Akzent)* accent *m* **Tonfolge** F suite *f*, succession *f* de sons; mélodie *f* **Tongefäß** N vase *m* de terre **Tonhöhe** F °hauteur tonale
Tonic N tonic *m* (water)
Toningenieur M ingénieur *m* du son **Tonkopf** M tête *f* de lecture; lecteur *m* **Tonlage** F registre *m* **Tonleiter** F MUS gamme *f* **tonlos** ADJ atone **Tonmeister** M ingénieur *m* du son
Tonnage F tonnage *m*

T

Tonne F 1 *Maß, Gefäß* tonne *f* 2 *(Registertonne)* tonneau *m* 3 *umg fig (dicke Person) umg* grosse dondon

tonnenweise ADV 1 par tonnes 2 *umg (in großen Mengen)* en masse; par tonneaux

Tonspur F piste *f* sonore **Tonstörung** F brouillage *m* sonore

Tonsur F tonsure *f*

Tontaube F pigeon artificiel **Tontaubenschießen** N ball-trap *m* **Tontechniker(in)** M(F) preneur *m* de son **Tonträger** M support *m* de son

Tönung F coloration *f*; *der Haare* rinçage *m*

Tonwiedergabe F reproduction *f* sonore; *e-s Radios* musicalité *f*

Tool N IT outil *m* **Toolbox** F IT boîte *f* à outils

Top N MODE °haut *m*

TOP M ABK (Tagesordnungspunkt) point *m* de l'ordre du jour

topaktuell ADJ *Informationen* d'une actualité brûlante; *Mode, Produkt* dernier cri (! unveränderlich)

Topas M topaze *f*

Topf M 1 *(tiefes Gefäß)* pot *m* 2 *(Kochtopf)* casserole *f*; *(Henkeltopf)* fait-tout *od* faitout *m*; marmite *f*; *fig* **alles in e-n ~ werfen** mettre tout dans le même sac 3 *(Nachttopf)* pot *m* de chambre; *umg hum (Toilette) umg* petit coin

Topfblume F fleur *f* en pot **Topfdeckel** M couvercle *m* de pot

Topfen M *österr* fromage blanc **Topfenstrudel** M *österr, südd* strudel *m* au fromage blanc

Töpfer(in) M(F) potier, -ière *m,f*

Töpferei F 1 *Handwerk* poterie *f* 2 *Werkstatt* (atelier *m* de) poterie *f*

töpfern A V/T fabriquer B V/I faire de la poterie

Töpferscheibe F tour *m* de potier **Töpferware** F poterie *f*

topfit ADJ en pleine forme

Topflappen M manique *f*

Topform F pleine forme

Topfpflanze F plante *f*, fleur *f* en pot **Topfreiniger** M tampon *m* à récurer **Topfschlagen** N *Kinderspiel: variante de colin-maillard où il faut trouver un pot caché à l'aide d'une cuillère*

Tophit M MUS *umg* tube *m*

Topinambur M F BOT topinambour *m*

Topmanagement N cadres dirigeants, supérieurs **Topmanager** M, **Topmanagerin** F manager *m* au plus °haut niveau; top manager *m* **Topmodel** N mannequin-vedette *m*

Topographie F topographie *f*

toppen *umg* V/T *(übertreffen) Person* battre; *Sache* dépasser; **das ist nicht zu ~!** on ne peut pas mieux faire!

topsecret ADJ top secret (! unveränderlich)

Tor N 1 porte *f* (*a. Stadttor*); portail *m* 2 SPORT but *m* 3 SLALOM porte *f*

Tor — la porte

Tor — le but

Torbogen M porche *m*; arceau *m* **Torchance** F SPORT chance *f*, occasion *f* de marquer un but **Tordifferenz** F SPORT score *m*; *mehrerer Spiele* goal-average *m* **Toreinfahrt** F porte cochère

Torero M torero *m*

Toresschluss M *fig* **kurz vor ~** au dernier moment; à la dernière minute

Torf M tourbe *f* **Torfmoor** N tourbière *f*

Torhüter M → Torwart **Torjäger** M buteur *m*

töricht *geh* ADJ sot; insensé

torkeln *umg* V/I tituber; zigzaguer

Torlatte F barre (transversale) **Torlinie** F ligne *f* de but **torlos** ADJ sans but **Tormann** M → Torwart

Törn M SCHIFF *(Segeltörn)* tour *m* (en voilier)

Tornado M tornade *f* (! feminin)

Tornister M 1 *regional (Schulranzen)* sac *m* (d'écolier); cartable *m* (à bretelles) 2 MIL, HIST (°havre)sac *m*

torpedieren V/T MIL, *fig* torpiller

Torpedo M MIL torpille *f*

Torpfosten M poteau *m* **Torraum** M SPORT surface *f* de but

Torschlusspanik F **~ bekommen** être pris de panique à l'idée de ne plus pouvoir y arriver; **aus ~ heiraten** se marier par peur de

ne plus trouver de mari, femme
Torschütze M marqueur *m* de but
Torso M SKULP torse *m*; *geh fig* fragment *m*
Törtchen N tartelette *f*
Torte F gâteau *m*; (*flache Obsttorte*) tarte *f*
Tortenboden M fond *m* de tarte **Tortenguss** M gelée *f* de fruits pour pâtisserie **Tortenheber** M, **Tortenschaufel** F pelle *f* à gâteau
Tortur F torture *f*
Torwart M gardien *m* de but
tosen V/I *Meer* mugir; *Wildbach* gronder; **das Tosen der Brandung** le mugissement de la mer; **~der Beifall** applaudissements *mpl* frénétiques
tot ADJ 1 *Lebewesen* mort (*a. fig*); **das Tote Meer** la mer Morte; **~ geboren** mort-né; **Tot Geglaubte(r)** *m/f(m)* prétendu(e) mort(e) *m(f)*; **sich ~ stellen** faire le mort 2 *poet* (*menschenleer*) mort; désert 3 ÖKOL mort 4 *Kapital* improductif; *Sprache* mort
total A ADJ total B *umg* ADV complètement
totalitär ADJ totalitaire
Totaloperation F ablation totale; *der Gebärmutter* (hystérectomie) totale *f* **Totalschaden** M dommage intégral; perte totale
totarbeiten *umg* V/R **sich ~** se tuer au travail
totärgern *umg* V/R **sich ~** étouffer, suffoquer de rage
Tote(r) M/F(M) mort(e) *m(f)*
Totem N totem *m* **Totempfahl** M totem *m*
töten V/T tuer (*a. fig Gefühl*); **getötet werden** être tué; se faire tuer
totenblass, **totenbleich** ADJ pâle comme la mort
Totenglocke F glas *m* **Totengräber** M fossoyeur *m* **Totenhemd** N suaire *m*; linceul *m* **Totenkopf** M tête *f* de mort **Totenkult** M culte *m* des morts **Totenmaske** F masque *m* mortuaire **Totenmesse** F messe *f* des morts **Totenschädel** M tête *f* de mort **Totenschein** M certificat *m* de décès **Totensonntag** M PROT jour *m*, fête *f* des morts **Totenstarre** F rigidité *f* cadavérique
totenstill ADJ **es war ~** il régnait un silence de mort
Totenstille F silence *m* de mort **Totenwache** F veillée *f* funèbre
totfahren V/T écraser
Totgeburt F (enfant) mort-né *m* **Totgeglaubte(r)** M/F(M) présumé(e) mort(e) *m(f)* **Totgesagte(r)** M/F(M) prétendu(e) mort(e) *m(f)*
totkriegen *umg* V/T **nicht totzukriegen sein** *Person* être infatigable; *Sache* être inusable, *umg* increvable
totlachen *umg* V/R **sich ~** mourir de rire; *umg* se fendre la gueule
Toto N *od* M loto sportif
totschießen V/T abattre, tuer d'un coup de feu
Totschlag M homicide *m* involontaire
totschlagen V/T assommer; tuer; *fig* **die Zeit ~** tuer le temps
Totschläger M 1 *Person* meurtrier *m* 2 *Waffe* matraque *f*; casse-tête *m*
totschweigen V/T passer sous silence **tottreten** V/T écraser du pied
Tötung F homicide *m*; *e-s Tiers* abattage *m*
Touch M touche *f*; teinte *f*; pointe *f*
Touchscreen M écran *m* tactile
Toupet N postiche *m*
toupieren V/T *Haar* crêper
Tour F 1 (*Ausflug*) excursion *f*; randonnée *f* 2 TECH tour *m* (! maskulin; **la tour** bedeutet „der Turm"); **auf ~en kommen** prendre de la vitesse; atteindre son régime; *fig* (*angeregt werden*) se mettre en train; *fig* **auf vollen ~en laufen** marcher à plein régime (*a. fig*); *umg fig* **j-n auf ~en bringen** animer qn; mettre qn en train; *umg* **in e-r ~** sans cesse; sans répit 3 *umg fig* **auf die feine, vornehme ~** d'une façon distinguée; **er hat mir die ~ vermasselt** *umg* il m'a cassé la baraque
Tourenrad N vélo *m* de tourisme **Tourenwagen** M voiture *f* grand tourisme (pour rallyes)
Tourismus M tourisme *m* **Tourist(in)** M(F) touriste *m/f* **Touristenklasse** F classe *f* touriste **Touristik** F tourisme *m* **touristisch** ADJ touristique
Tournee F tournée *f*; **auf ~ gehen** partir en tournée
Tower M FLUG tour *f* de contrôle
Toxikologe M, **Toxikologin** F toxicologue *m/f* **Toxikologie** F toxicologie *f*
toxisch ADJ toxique
Trab M trot *m*; **im ~ (reiten)** (aller) au trot, au grand trot; *umg* **j-n auf ~ bringen** secouer, aiguillonner qn
Trabant M satellite *m* **Trabantenstadt** F ville *f* satellite
traben V/I trotter (*a. umg von Menschen*); aller au trot
Trabrennbahn F champ *m* de courses, hippodrome *m* (réservé aux courses de trot) **Trabrennen** N course *f* de trot
Tracht F 1 (*Volkstracht*) costume folklorique (régional) 2 *umg* **~ Prügel** correction *f*; volée *f* (de coups)
trachten *geh* V/I **nach etw ~** aspirer, viser, tendre à qc
Trachtenanzug M costume folklorique, ré-

T

gional
trächtig ADJ ZOOL pleine
Tradition F tradition *f*
traditionell ADJ traditionnel
traditionsbewusst ADJ traditionaliste
traf → treffen
Trafik F *österr* bureau *m* de tabac
Trafo M *(Transformator)* transformateur *m*; *umg* transfo *m*
Tragbahre F civière *f*; brancard *m*
tragbar ADJ **1** *(transportabel)* portable; portatif **2** *Kleidung* mettable **3** *fig (erträglich)* supportable; tolérable
Trage F → Tragbahre
träge ADJ *(lustlos)* indolent; inerte *(a.* PHYS*)*; mou; *(langsam)* lent; *(faul)* paresseux
Tragegriff M poignée *f* de transport **Tragegurt** M bretelle *f*; courroie *f*
tragen **A** VT **1** *(transportieren)* porter; **bei sich** *(dat)* **~** avoir sur soi **2** *(stützen, belastbar sein)* supporter; soutenir; BAU **~de Wand** mur porteur; *fig* **~de Rolle** rôle principal, capital **3** *(ertragen)* supporter; subir **4** *Kosten, Folgen, Risiko* supporter; prendre à sa charge **5** *Kleidung; Schmuck, Frisur* porter; **getragene Kleidung** vêtements usagés **6** *Titel, Namen, Datum, Unterschrift* porter **7** *(Frucht bringen)* porter, donner (des fruits); produire **8** *mit Abstrakta* **die Schuld an etw** *(dat)* **~** être la cause de qc; **(voll) zum Tragen kommen** jouer (à plein) **B** VI **1** *Eis* porter **2** *Stimme* **weit ~** porter loin **3** *(trächtig sein)* porter **4** *fig* **schwer an etw** *(dat)* **~** *od* **zu ~ haben** être accablé par qc **C** V/R **1** *Kleidung* **sich gut ~** être agréable à porter **2** **sich mit der Absicht ~, zu** *(+ inf)* avoir l'intention de *(+ inf)*
Träger M **1** *an Kleidung* bretelle *f* **2** BAU support *m*; poutre *f*
Träger(in) M(F) **1** *(Lastenträger)* porteur, -euse *m, f (a. e-s Titels)*; *e-s Amts* titulaire *m/f* **2** ADMIN organisme *m* ([+ *gen*] responsable de)
Trägerkleid N robe *f* à bretelles **trägerlos** ADJ *Kleidung* sans bretelles **Trägerrakete** F fusée porteuse
Tragetasche F sac *m* (en plastique)
tragfähig ADJ capable de porter; solide *(a. fig Mehrheit)* **Tragfläche** F FLUG aile *f*; voilure *f* **Tragflügelboot** N hydrofoil *m*
Trägheit F *(Lustlosigkeit)* indolence *f*; inertie *f (a.* PHYS*)*; *(Faulheit)* paresse *f*
Tragik F tragique *m*
tragikomisch ADJ tragi-comique
Tragikomödie F tragi-comédie *f*
tragisch **A** ADJ tragique; *umg* **das ist (doch) nicht so ~** ce n'est (quand même) pas si grave **B** ADV *umg* **etw ~ nehmen** prendre qc au tragique
Traglast F charge *f*; fardeau *m*
Tragödie F tragédie *f*
Tragweite F portée *f (a. fig)*
Trainer(in) M(F) SPORT entraîneur, -euse *m,f*
trainieren **A** VT **j-n ~** entraîner qn; **Fußball ~** s'entraîner au football **B** VI s'entraîner
Training N entraînement *m*
Trainingsanzug M survêtement *m* **Trainingslager** N camp *m* d'entraînement **Trainingslauf** M course *f* d'entraînement **Trainingsspiel** N match *m* d'entraînement **Trainingszeit** F temps réalisé à l'entraînement
Trakt M ARCH aile *f*
traktieren VT maltraiter; **j-n mit Fußtritten ~** donner des coups de pied à qn
Traktor M tracteur *m*
trällern VT *u.* VI fredonner
Tram F *südd, schweiz* tram *m* **Trambahn** F *südd, schweiz* tram(way) *m*
Trampel *umg* M lourdaud(e) *m(f)*; pataud(e) *m(f)*
trampeln *umg* **A** VT **j-n zu Tode ~** piétiner qn à mort **B** VI *(mit den Füßen treten)* trépigner
Trampelpfad M sentier battu **Trampeltier** N **1** ZOOL chameau *m* **2** *umg fig* → Trampel
trampen VI faire de l'auto-stop; *umg* faire du stop
Tramper(in) M(F) auto-stoppeur, -euse *m,f*
Trampolin N trampoline *m*
Tran M **1** huile *f* (de baleine, *etc*) **2** *umg fig* **im ~ sein** *umg* être dans les vapes, le cirage
Trance F transe *f*
tranchieren VT découper **Tranchiermesser** N couteau *m* à découper
Träne F larme *f*; **ihr kommen die ~n** elle se met à pleurer; **j-m keine ~ nachweinen** ne pas regretter, déplorer le départ de qn; **zu ~n gerührt** ému, touché aux larmes
tränen VI **meine Augen ~, mir ~ die Augen** j'ai les yeux qui larmoient
Tränendrüse F glande lacrymale
tränenerstickt ADJT **mit ~er Stimme** avec des larmes dans la voix
Tränengas N gaz *m* lacrymogène **tränenüberströmt** ADJT noyé de larmes
Tranfunzel *umg* F **1** *(trübes Licht)* lumignon *m* **2** *fig Mensch umg* lambin(e) *m(f)*; *umg* veau *m*
tranig ADJ **1** *Geschmack* qui a un goût d'huile de poisson **2** *umg fig (träge) umg* lambin
trank → trinken
Tränke F abreuvoir *m*
tränken VT **1** *Tier* abreuver; donner à boire à; faire boire **2** *(sich vollsaugen lassen)* imbiber, imprégner (**mit** de)

trans…, Trans… IN ZSSGN trans…
Transaktion F transaction *f* **transatlantisch** ADJ transatlantique
Transfer M transfert *m* **transferieren** V/T transférer
Transformator M transformateur *m* **transformieren** V/T transformer **Transfusion** F transfusion (sanguine)
Transistor M transistor *m* **Transistorradio** N transistor *m*
Transit M transit *m*
transitiv ADJ transitif
Transitverkehr M trafic *m* de transit
transparent ADJ transparent
Transparent N banderole *f*; pancarte *f*
Transparenz F transparence *f* (*a. fig*)
transpirieren V/I transpirer
Transplantat N greffon *m*; transplant *m* **Transplantation** F transplantation *f*; greffe *f* **transplantieren** V/T transplanter
Transport M transport *m*
transportabel ADJ transportable
Transporter M AUTO camionnette *f*; fourgon *m*; FLUG avion *m* de transport
Transporteur M transporteur *m*
transportfähig ADJ transportable
transportieren V/T transporter
Transportkosten PL frais *mpl* de transport **Transportmittel** N moyen *m* de transport **Transportschaden** M avarie *f* de transport **Transportunternehmer** M entrepreneur *m* de transport; transporteur *m* **Transportversicherung** F assurance-transport *f* **Transportweg** M voie *f* de transport
transsexuell ADJ transsexuel
transsibirisch ADJ transsibérien; **die Transsibirische Eisenbahn** le Transsibérien
Transvestit M travesti *m*; *umg* travelo *m*
Trapez N SPORT, MATH trapèze *m* **Trapezkünstler(in)** M(F) trapéziste *m/f*
trappeln V/I trottiner
Trara *umg* N **viel ~ (um etw) machen** faire beaucoup d'histoires (pour qc)
Trasse F *geplante* tracé *m*; *bestehende* ligne *f*
trat → treten
Tratsch *umg* M *umg* ragots *mpl*; *umg* commérages *mpl*
tratschen *umg* V/I cancaner
Traualtar *geh* M **j-n zum ~ führen** mener qn à l'autel; épouser qn
Traube F **1** (*Weintraube*) raisin *m*; grappe *f* (de raisin) **2** *fig* (*große Menge*) grappe *f*; (*Menschentraube*) grappe humaine
Traubensaft M jus *m* de raisin **Traubenzucker** M glucose *m* (! maskulin)
trauen[1] V/T *Brautpaar* marier; **sich ~ lassen** se marier
trauen[2] **A** V/I **j-m, e-r Sache ~** faire confiance à qn; avoir confiance en qn, en *od* dans qc; **s-n Augen, Ohren nicht ~** ne pas en croire ses yeux, ses oreilles **B** V/R **sich** (*akk*) **~ zu** (+ *inf*) oser (+ *inf*)
Trauer F **1** *Gefühl* tristesse (profonde); affliction *f*; *um Tote* deuil *m*; *in Todesanzeigen* **in tiefer, stiller ~** (profonds) regrets **2** (*Trauerkleidung*) deuil *m*; **~ tragen** porter le deuil
Trauerakt M cérémonie *f* funèbre **Traueranzeige** F faire-part *m* de décès **Trauerarbeit** F travail *m* de deuil **Trauerfall** M deuil *m* **Trauerfeier** F funérailles *fpl* **Trauerflor** M crêpe *m* (de deuil) **Trauergottesdienst** M service *m* funèbre **Trauerkleidung** F (vêtements *mpl* de) deuil *m* **Trauerkloß** *umg* M *umg* rabat-joie *m*; *umg* éteignoir *m* **Trauermarsch** M marche *f* funèbre
trauern V/I être affligé; **um j-n ~** pleurer (la mort, la perte de) qn; **um** *od* **über etw ~** s'affliger de qc
trauernd ADJT endeuillé; en deuil
Trauerrand M **mit ~** encadré de noir
Trauerrede F discours *m* funèbre
Trauerspiel N tragédie *f*; *umg fig* **das ist ja ein ~!** c'est lamentable!
Trauerweide F saule pleureur **Trauerzug** M cortège *m* funèbre
Traufe F gouttière *f*; *umg fig* **vom Regen in die ~ kommen** tomber de mal en pis
träufeln V/T verser goutte à goutte
Traum M rêve *m* (*a. fig*); *geh* songe *m*; **e-n ~ haben** faire un rêve; *umg* **das fällt mir nicht im ~ ein** loin de moi cette idée; **ein ~ von e-m Haus** une maison de rêve
Trauma N traumatisme *m* **traumatisch** ADJ MED, PSYCH traumatique **traumatisieren** V/T traumatiser
Traumberuf *umg* M **mein, sein** *etc* **~** le métier de mes, ses, *etc* rêves
Traumdeutung F interprétation *f* des rêves
träumen **A** V/T rêver (**dass** que); **etw Schönes ~** faire un beau rêve **B** V/I **1** *im Schlaf, fig* (*Wünsche haben*) rêver (**von** de) **2** (*vor sich hin träumen*) rêver; rêvasser; **mit offenen Augen ~** rêver les yeux ouverts **C** V/R **das hätte ich mir nie ~ lassen!** j'étais loin d'y penser!
Träumer(in) M(F) rêveur, -euse *m,f*; *fig* utopiste *m/f*
Träumerei F rêverie *f*
träumerisch ADJ rêveur
Traumfabrik F **die ~ Hollywood** les studios *mpl* de Hollywood
Traumfrau *umg* F femme idéale; **meine, seine ~** la femme de ma, sa vie

T

traumhaft ADJ 1 (*wie im Traum*) comme un rêve; de rêve 2 *umg* (*sehr schön*) fantastique; merveilleux; de rêve
Traummann *umg* M homme idéal; **mein, ihr ~** l'homme de ma, sa vie
Traumtänzer *pej* M songe-creux *m*
Traumwelt F monde *m* imaginaire
traurig ADJ 1 (*betrübt*) triste (**über** [+ *akk*] de); *plus fort* affligé; **~ werden** s'attrister; **~ machen** attrister 2 (*betrüblich*) attristant; *plus fort* affligeant 3 (*kläglich*) pitoyable; piteux
Traurigkeit F tristesse *f*
Trauring M alliance *f* **Trauschein** M acte *m* de mariage
Trauung F (cérémonie *f* du) mariage *m*; **kirchliche, standesamtliche ~** mariage religieux, civil
Trauzeuge M témoin *m* (de mariage)
Travellerscheck M traveller's chèque *m*; chèque *m* de voyage
Travestie F parodie *f*
Treck M convoi *m*
Trecker M tracteur *m*
Treff *umg* M 1 (*Begegnung*) rencontre *f*; (*Verabredung*) rendez-vous *m* 2 → Treffpunkt
treffen A V/T 1 *Ziel* toucher; frapper; atteindre; **nicht ~** manquer; **j-n am Bein ~** toucher qn à la jambe 2 (*begegnen*) rencontrer 3 (*herausfinden*) **den richtigen Ton ~** trouver le ton juste; **es gut ~, getroffen haben** avoir de la chance; **er ist gut getroffen** *auf e-m Foto* son portrait est bien réussi 4 (*erschüttern*) **das hat mich tief getroffen** cela m'a touché, affecté profondément 5 (*ereilen*) **j-n ~** *Fluch, Schicksal, Unglück* frapper qn; **dich trifft keine Schuld** tu n'y es pour rien; ce n'est pas (de) ta faute B V/I 1 *Schuss* toucher la cible; *Schütze* **er hat getroffen!** il a touché juste! 2 **auf j-n, etw** (*akk*) **~** rencontrer qn, qc; tomber sur qn, qc C V/R 1 (*begegnen*) **sich ~** se rencontrer; **sich mit j-m ~** rencontrer qn 2 **das trifft sich gut** cela tombe bien
Treffen N (*Begegnung*) rencontre *f* (*a.* POL; SPORT); (*Verabredung*) rendez-vous *m*; (*Zusammenkunft*) réunion *f*
treffend ADJT *Antwort, Ausdruck etc* juste; approprié; pertinent
Treffer M 1 *beim Schießen, fig* coup réussi 2 BALLSPIELE but *m* 3 *Los* billet gagnant
Treffpunkt M (lieu *m* de) rendez-vous *m*; lieu *m* de rencontre
treffsicher ADJ 1 *im Schießen* qui a la main sûre, l'œil juste 2 *fig Bemerkung* bien senti **Treffsicherheit** F 1 justesse *f*, précision *f* de *od* du tir 2 *fig* justesse *f*; précision *f*
Treibeis N glaces flottantes
treiben A V/T 1 *in e-e Richtung* pousser; chasser 2 (*drängen*) **j-n zu etw ~** pousser qn à (faire) qc; **j-n in den Tod ~** pousser qn à la mort; **j-n zum Äußersten ~** pousser qn à bout 3 *Pfahl* **in die Erde ~** enfoncer (dans le sol); *Tunnel* **in den Berg ~** creuser, percer dans la montagne 4 BOT donner; **Blüten ~** produire, donner des fleurs; fleurir 5 *Gewerbe* exercer; *Sport, Musik, Hobby* pratiquer; **was treibst du?** qu'est-ce que tu fais? 6 *mit ‚es'* **treib es nicht zu weit!** n'exagère pas; *umg* **es mit j-m ~** *umg* coucher avec qn B V/I 1 **im Wind ~** dériver au gré du vent; **auf dem Wasser ~** flotter à la dérive; *fig* **die Dinge ~ lassen** laisser faire, aller les choses 2 *Pflanze* pousser
Treiben N 1 (*Geschäftigkeit*) agitation *f*; animation *f* 2 *pej* agissements *mpl*
treibenlassen V/T → treiben B 1
Treiber M 1 JAGD rabatteur *m* 2 IT drive(u)r *m*
Treibgas N *in Spraydosen* (gaz *m*) propulseur *m*
Treibgut N épaves *fpl* (de mer) **Treibhaus** N serre *f* **Treibhauseffekt** M effet *m* de serre **Treibhauspflanze** F plante *f* de serre (chaude) **Treibholz** N bois flottant **Treibjagd** F battue *f* **Treibsand** M sables mouvants **Treibstoff** M carburant *m*
Trekking N TOURISMUS trekking *m* **Trekkingbike** N, **Trekkingrad** N VTC *m* (❗ unveränderlich); vélo *m* tout chemin
Trema N tréma *m*
Tremolo N MUS trémolo *m*
Trend M (*Tendenz*) tendance *f* (**zu** à); (*Mode*) mode *f*
trendig *umg* ADJ dans le vent
Trendsetter M 1 *Person* initiateur *m* de nouvelles tendances; *in der Mode* lanceur *m* de mode(s) 2 *Sache* produit *m* qui annonce une nouvelle mode, un progrès technique **Trendwende** F revirement *m*
trendy *umg* ADJ *umg* branché
trennbar ADJ séparable
trennen A V/T 1 (*abtrennen*) séparer; (*loslösen*) détacher; **Müll ~** trier les ordures 2 *Naht* défaire; *Angenähtes* découdre 3 *Personen, Sachen* séparer (**von** de) 4 (*unterscheiden*) séparer; distinguer 5 (*dazwischenliegen*) séparer; *fig* **uns ~ Welten** des mondes nous séparent 6 TEL couper 7 *Wort in Silben* couper B V/R **sich ~** se séparer (**von j-m, etw** de qn, de qc); **sie ~ sich als Freunde** ils se quittent, se séparent bons amis; SPORT **sich unentschieden ~** se séparer sur un match nul
Trennkost F régime dissocié
Trennung F 1 (*Trennen, Getrenntsein*) séparation *f* 2 (*Unterscheidung*) distinction *f* 3 *von Silben, e-s Wortes* division *f*
Trennungslinie F ligne *f* de séparation

T

Tresor ≠ trésor

Die wichtigen Dokumente muss man in den **Tresor** legen.	Les documents importants, il faut les mettre dans un **coffre-fort**.
Les pirates avaient découvert un **trésor**.	Die Piraten hatten einen **Schatz** gefunden.

FALSCHE FREUNDE

Trennungsschmerz M douleur *f* de la séparation **Trennungsstrich** M TYPO tiret *m* **Trennungszeichen** N GRAM, TYPO division *f*

Trennwand F cloison *f*

treppab ADV en descendant l'escalier **treppauf** ADV en montant l'escalier

Treppe F escalier *m*; *(Freitreppe)* perron *m*; **auf der ~** dans l'escalier

Treppenabsatz M palier *m* **Treppengeländer** N rampe *f* **Treppenhaus** N cage *f* d'escalier

Tresen M comptoir *m*

Tresor M coffre-fort *m*

Tresse F galon *m*

Trester M marc *m*

Tretboot N pédalo *m*

treten A VT 1 *(e-n Tritt geben)* donner un coup de pied à; *Ball* botter; **j-n auf den Fuß ~** marcher sur le pied de qn 2 *(betätigen)* actionner, faire marcher avec le(s) pied(s) B VI 1 *(sich begeben)* se mettre; se placer; **~ Sie näher!** approchez!; *zu e-m Besucher* entrez!; **~ an** *(+ akk) Fenster etc* s'approcher de; s'avancer vers; **ins Zimmer ~** entrer dans la pièce 2 **auf etw** *(akk)* **~** marcher sur qc; **j-m auf den Fuß ~** marcher sur le pied de qn; **in e-e Pfütze ~** marcher dans une flaque (d'eau) 3 *Tränen* **in die Augen ~** venir aux yeux; **mit j-m in Briefwechsel ~** entrer en correspondance avec qn

Treter *umg* MPL *umg* pompes *fpl*; *umg* godasses *fpl*

Tretmine F mine *f* antipersonnel **Tretmühle** *umg pej* F (morne) routine *f*; train-train *m* **Tretroller** M trottinette *f*

treu ADJ fidèle; **sich, e-r Sache** *(dat)* **~ bleiben** rester fidèle à soi-même, à qc; **zu ~en Händen übergeben** remettre en mains sûres

Treue F 1 *(Verlässlichkeit)* fidélité *f*; *(Pflichttreue)* loyauté *f*; **eheliche ~** fidélité conjugale; **j-m die ~ halten** rester fidèle à qn 2 *(Genauigkeit)* conformité *f*; fidélité *f*

Treuhänder M (administrateur *m*) fiduciaire *m* **treuhänderisch** à titre fiduciaire

treuherzig A ADJ candide; ingénu B ADV avec candeur

treulos ADJ infidèle; déloyal

Triangel M MUS triangle *m*

Triathlon N triathlon *m*

Tribunal N tribunal *m*

Tribüne F tribune *f*

Tribut M HIST, *fig* tribut *m*; *fig* **e-r Sache** *(dat)* **~ zollen** payer tribut à qc

Trichine F trichine *f*

Trichter M entonnoir *m* *(a. Bombentrichter,* GEOG) **trichterförmig** ADJ en (forme d')entonnoir

Trick M truc *m*; *umg* combine *f* **Trickaufnahme** F trucage *od* truquage *m* **Trickbetrüger(in)** M(F) auteur *m* d'une combine frauduleuse; escroc *m* **Trickfilm** M dessins animés

tricksen *umg* VT *umg* goupiller

trieb → treiben

Trieb M 1 *innerer* impulsion *f*; PSYCH pulsion *f*; *angeborener* instinct *m* 2 BOT pousse *f*

Triebfeder F *fig* mobile *m* **triebhaft** ADJ pulsionnel (*a.* PSYCH); instinctif **Triebtäter** M, **Triebverbrecher** M maniaque sexuel **Triebwagen** M autorail *m* **Triebwerk** N FLUG réacteur *m*

triefen VI ruisseler (**von** de); *umg fig pej* **von** *od* **vor etw** *(dat)* **~** déborder de qc; **~d nass** trempé; dégoulinant

Trier N Trèves

triezen *umg* VT **j-n ~** agacer, *umg* asticoter qn

triftig ADJ valable; pertinent

Trigonometrie F trigonométrie *f*

Trikolore F drapeau *m* tricolore

Trikot[1] M *od* N *Gewebe* tricot *m*

Trikot[2] N *Kleidungsstück* maillot *m*

Trikotwerbung F publicité *f* sur les maillots

Triller M trille *m*

trillern VI faire des trilles; *Lerche* grisoller

Trillerpfeife F sifflet *m* à roulette

Trillion F trillion *m*

Trilogie F trilogie *f*

Trimester N trimestre *m*

Trimm-dich-Pfad M parcours *m* de santé

trimmen A VT 1 SPORT entraîner 2 *umg* **etw auf alt ~** donner à qc l'aspect du vieux *od* de l'ancien 3 *Hund* toiletter B VR **sich ~** s'entraîner

trinkbar ADJ buvable

trinken A VT boire; *Kaffee, Tee a.* prendre; **was möchten Sie ~?** qu'est-ce que vous prenez?; **e-n ~** boire un coup B VI 1 **aus der Flasche ~**

boire à (même) la bouteille; **aus e-m Glas ~** boire dans un verre **2** *(alkoholsüchtig sein)* boire
Trinken N boire *m; (Trunksucht)* ivrognerie *f*
Trinker(in) M(F) buveur, -euse *m,f;* alcoolique *m/f*
trinkfest ADJ qui supporte (bien) l'alcool **Trinkgelage** N beuverie *f* **Trinkgeld** N pourboire *m* **Trinkglas** N verre *m* (à boire) **Trinkhalle** F buvette *f* **Trinkhalm** M paille *f* **Trinkschale** F bol *m* **Trinkspruch** M toast *m*

Trinkgeld

In französischen Lokalen bekommt man die Rechnung meistens auf einem Tellerchen serviert. In dieses legt man das Geld, das die Bedienung dann abholt. Nachdem sie das Wechselgeld gebracht hat, kann man ein **Trinkgeld** in dem Tellerchen liegen lassen – falls man mit Essen und Service zufrieden war!

LANDESKUNDE

Trinkwasser N eau *f* potable **Trinkwasseraufbereitung** F traitement *m* de l'eau (destinée à la distribution publique) **Trinkwasserversorgung** F approvisionnement *m* en eau potable
Trio N MUS, *fig* trio *m*
Trip M **1** *umg (Reise)* voyage *m* **2** *Jargon (Drogenrausch) umg* trip *m; sl* défonce *f* **3** *umg* trip *m; umg* **auf dem religiösen** *etc* **~ sein** faire sa crise religieuse, *etc*
trippeln VI trottiner
Tripper M blennorragie *f*
trist ADJ triste; morne
tritt → treten
Tritt M **1** *(Aufsetzen des Fußes)* pas *m* **2** *(Gleichschritt)* pas *m;* **~ fassen** se mettre au pas; **aus dem ~ kommen** perdre la cadence **3** *(Fußtritt)* coup *m* de pied; **j-m e-n ~ versetzen** donner un coup de pied à qn **4** → Trittleiter
Trittbrett N marchepied *m* **Trittbrettfahrer** M *fig pej* personne *f* qui prend le train en marche **Trittleiter** F escabeau *m*
Triumph M triomphe *m* (**über** [+ *akk*] sur)
triumphal ADJ triomphal
Triumphbogen M arc *m* de triomphe
triumphieren VI triompher (**über** [+ *akk*] de)
Triumphzug M marche, entrée triomphale *(a. fig)*
trivial ADJ banal; plat **Trivialität** F banalité *f;* platitude *f*
Trivialliteratur F littérature *f* de gare
trocken **A** ADJ **1** *(nicht nass)* sec *(a. Haut, Haar);* **im Trockenen** à l'abri; au sec; *umg fig* **auf dem Trockenen sitzen** *umg* être à sec **2** *Wetter, Klima* sec; *Boden* aride **3** **~es Brot** *(ohne Beilage)* (du) pain sec **4** *Wein* sec; *Sekt, Champagner* brut **5** *fig Stil* sec; *Thema* aride; **er hat e-n ~en Humor** c'est un pince-sans-rire **B** ADV **~ aufbewahren** tenir, conserver au sec; **sich ~ rasieren** se raser au rasoir électrique
Trockendock N cale sèche; bassin *m* de radoub **Trockeneis** N neige *f* carbonique; anhydride *m* carbonique solide **Trockenfutter** N AGR fourrage sec **Trockenhaube** F casque *m* **Trockenhefe** F levain sec **Trockenheit** F *(Dürreperiode)* sécheresse *f; e-r Landschaft* aridité *f (beide a. fig)*
trockenlegen VT **1** *Sumpf* assécher; mettre à sec **2** *Baby* changer
Trockenobst N fruits secs **Trockenraum** M séchoir *m* **Trockenübung** F entraînement *m* en salle; *fig* galop *m* d'essai **Trockenzeit** F saison sèche
trocknen VT *(u.* VI*)* sécher
Trockner M → Händetrockner, Wäschetrockner
Troddel F °houppe *f*
Trödel *umg* M bric-à-brac *m*
Trödelei *umg* F lenteur *f; umg* lambinerie *f*
Trödelladen M (boutique *f* de) brocanteur *m;* brocante *f* **Trödelmarkt** M foire *f* à la brocante
trödeln *umg* VI traîner (**bei der Arbeit** dans son travail); *umg* lambiner; *umg* traînailler
Trödler(in) *umg* M(F) **1** *(Händler)* brocanteur, -euse *m,f* **2** *pej (Bummler) umg* lambin(e) *m(f)*
trog → trügen
Trog M auge *f; (Futtertrog) a.* mangeoire *f*
Trojaner M IT cheval *m* de Troie
trollen VR *umg* **sich ~** *umg* filer
Trommel F MUS tambour *m; (Waschmaschinentrommel)* tambour *m; (Wickeltrommel)* enrouleur *m; (Revolvertrommel)* barillet *m* **Trommelbremse** F frein *m* à tambour **Trommelfell** N tympan *m* **Trommelfeuer** N feu roulant *(a. fig)*
trommeln **A** VT battre **B** VI battre le tambour; tambouriner *(a. fig)*
Trommelschlägel M, **Trommelstock** M baguette *f* de tambour **Trommelwirbel** M roulement *m* de tambour
Trommler(in) M(F) tambour *m*
Trompete F trompette *f*
trompeten **A** VT jouer à la trompette **B** VI jouer de la trompette; *Elefant* barrir
Trompeter(in) M(F) trompettiste *m/f*
Tropen PL tropiques *mpl* (! Endung); **in den ~** sous les tropiques
Tropenausrüstung F équipement tropical

T

Tropenhelm M casque colonial **Tropeninstitut** N institut *m* de médecine tropicale **Tropenklima** N climat tropical **tropentauglich** ADJ apte à supporter le climat tropical **Tropentauglichkeit** F aptitude *f* à supporter le climat tropical

Tropf[1] *umg* M *Person* nigaud *m*; **armer ~** pauvre bougre *m*

Tropf[2] M MED goutte-à-goutte *m*; **am ~ hängen** être sous perfusion

Tröpfchen N gouttelette *f* **Tröpfcheninfektion** F infection transmise par les sécrétions des voies respiratoires **tröpfchenweise** ADV goutte à goutte

tröpfeln A VT → tropfen B VI → tropfen C *umg* V/UNPERS **es tröpfelt** il tombe des gouttes (de pluie)

tropfen A VT verser goutte à goutte B VI 1 couler goutte à goutte (**in** [+ *akk*] dans; **aus, von** de) 2 *Flüssigkeit, Hahn, Wäsche* goutter

Tropfen M 1 goutte *f*; **es regnet dicke ~** il pleut à grosses gouttes; **das ist ein ~ auf den heißen Stein** c'est une goutte d'eau dans la mer 2 PHARM **~** *pl* gouttes *fpl* 3 *umg* (*Alkohol*) **ein guter, edler ~** une bonne bouteille

Tropfenfänger M attrape-gouttes *m* **Tropfenform** F forme *f* de goutte **tropfenförmig** ADJ en forme de goutte **tropfenweise** ADV goutte à goutte **Tropfenzähler** M compte-gouttes *m*

Tropfflasche F flacon *m* compte-gouttes **Tropfinfusion** F perfusion *f*; goutte-à--goutte *m* **tropfnass** ADJT trempé **Tropfstein** M *herabhängender* stalactite *f*; *vom Boden aufsteigender* stalagmite *f* **Tropfsteinhöhle** F grotte *f* (de stalactites *bzw.* de stalagmites)

Trophäe F trophée *m* (! maskulin)

tropisch ADJ tropical (! Endung)

Trosse F (°h)aussière *f*

Trost M consolation *f*; réconfort *m*; **j-m ~ zusprechen** consoler qn; *umg* **du bist wohl nicht (ganz, recht) bei ~!** *umg* tu déraillles!

trösten A VT consoler; réconforter (**mit etw** par qc); **~de Worte** *npl* paroles *fpl* de consolation B VR **sich ~** se consoler (**mit dem Gedanken, dass ...** à la pensée que ... *od* de [+ *inf*])

tröstlich ADJ consolant; réconfortant

trostlos ADJ *Anblick, Zustand, Wetter* désolant; (*öde*) triste; morne; désolé; *Kindheit* malheureux **Trostlosigkeit** F *e-r Gegend* tristesse *f*; *e-s Zustandes* caractère désolant **Trostpflaster** N *hum* petite consolation **Trostpreis** M prix *m* de consolation **trostreich** ADJ réconfortant

Trott M 1 *Gangart* petit trot 2 *umg pej* (*Routine*) train-train *m*; **in den alten ~ verfallen** retrouver son petit train-train

Trottel *umg* M *umg* gourde *f*; idiot(e) *m(f)* **trottelig** *umg* ADJ *umg* gâteux

trotten *umg* VI marcher d'un pas lourd

Trottoir N *regional* trottoir *m*

trotz PRÄP malgré; en dépit de; **~ alle(de)m** malgré tout (cela)

Trotz M esprit contrariant; obstination *f*; **j-m, e-r Sache zum ~** en dépit de qn, de qc

trotzdem ADV quand même; tout de même

trotzen VI 1 *geh* (*widerstehen*) **j-m, e-r Sache ~** braver, affronter, défier qn, qc 2 (*schmollen*) faire la mauvaise tête; bouder

trotzig ADJ entêté; obstiné

Trotzkopf M esprit obstiné; *Kind* petit(e) obstiné(e) **Trotzphase** F phase *f* d'opposition, du « non » **Trotzreaktion** F réaction *f* de défi

Trouble *umg* M embêtements *mpl*; *umg* emmerdes *fpl*

trüb(e) ADJ 1 *Flüssigkeit* trouble 2 *Glas, Spiegel* terni; *Licht* sans éclat; *Augen* terne 3 *Wetter* sombre; gris; **es ist ~(e)** il fait gris 4 *fig Stimmung, Aussichten, Zeiten* sombre; *Gedanken* noir

Trubel M agitation *f*; tumulte *m*; tohu-bohu *m*

trüben A VT 1 (*trübe machen*) troubler; (*glanzlos machen*) ternir 2 (*beeinträchtigen*) troubler; gâter B VR **sich ~** *Flüssigkeit* se troubler; *Glas, Silber, Spiegel* se ternir; *Blick* se brouiller

Trübsal *geh* F affliction *f*; *umg* **~ blasen** broyer du noir

trübselig ADJ *Stimmung* triste; mélancolique; morose; *Gegend* morne; *Wetter* gris **Trübsinn** M tristesse *f*; *plus fort* mélancolie *f* **trübsinnig** ADJ triste; mélancolique; morne

Trübung F 1 (*Getrübtsein*) état *m* trouble 2 (*Trübwerden*) opacification *f*; METEO assombrissement *m* 3 (*Beeinträchtigung*) détérioration *f*; dégradation *f*

Truck M camion *m*; poids lourd

Trucker M routier *m*; camionneur *m*

trudeln VI FLUG faire la vrille; **ins Trudeln kommen** tomber en vrille

Trüffel F truffe *f* **Trüffelleberpastete** F pâté *m* de foie gras truffé

trug → tragen

Trugbild N mirage *m*; illusion *f*

trügen A VT tromper; abuser; **wenn mich nicht alles trügt** si je ne m'abuse B VI être trompeur

trügerisch ADJ trompeur; illusoire

Trugschluss M conclusion fausse

Truhe F coffre *m*

Trümmer PL débris *mpl*; *von Bauwerken* ruines *fpl*; décombres *mpl*; **in ~n liegen** être en ruines

Trümmerhaufen M amas *m* de décombres

(*a. fig*)

Trumpf M atout *m* (*a. fig*); **~ (aus)spielen** jouer atout; *fig* **alle Trümpfe in der Hand haben** avoir tous les atouts en main; *fig* **~ sein** (*gefragt sein*) être demandé *od* en faveur; (*Mode sein*) être en vogue, dans le vent

Trumpfkarte F atout *m* (*a. fig*)

trunken *geh* ADJ ivre (**vor, von** de); **vor Freude ~** ivre de joie

Trunkenbold M ivrogne *m*

Trunkenheit F ivresse *f*; ADMIN ébriété *f*; **~ am Steuer** conduite *f* en état d'ivresse, ADMIN d'ébriété

Trupp M troupe *f*; bande *f*; (*Arbeitstrupp*) brigade *f*; MIL détachement *m*

Truppe F 1 (*militärischer Verband*) troupe *f* 2 MIL (*Streitkräfte*) troupes *fpl* 3 THEAT, ZIRKUS troupe *f*; compagnie *f*

Truppentransport M transport *m* de *bzw.* des troupes; convoi *m* militaire **Truppenübung** F manœuvre *f*; exercice *m* **Truppenübungsplatz** M champ *m* de manœuvres

Truthahn M dindon *m*; *junger* dindonneau *m*; GASTR dinde *f* **Truthenne** F dinde *f*

Tsatsiki M *od* N GASTR tzaziki *m*

Tschador M tchador *m*

Tscheche M, **Tschechin** F Tchèque *m/f* **Tschechien** N la République tchèque **tschechisch** ADJ tchèque

Tschetschenien N la Tchétchénie

tschüs *umg* INT *umg* salut! (*formule d'adieu*)

Tsetsefliege F mouche *f* tsé-tsé

T-Shirt N tee-shirt *m*

Tsunami M tsunami *m*

Tuba F MUS tuba *m*

Tube F tube *m* (! maskulin); *umg fig* **auf die ~ drücken** *umg* appuyer sur le champignon

Tuberkulose F tuberculose *f*

Tuch N 1 TEX drap *m* 2 (*Kopftuch, Halstuch*) foulard *m*; (*Umschlagtuch*) châle *m*; (*Schultertuch*) fichu *m* 3 (*Staubtuch*) chiffon *m* 4 *umg fig* **das ist ein rotes ~ für mich** quand je vois ça, je vois rouge

Tuchfühlung F **auf ~** coude à coude; **auf ~ bleiben** rester en contact (étroit) (**mit j-m** avec qn)

tüchtig A ADJ 1 (*gut, leistungsfähig*) bon; efficace; (*fähig*) capable; (*fleißig*) travailleur 2 *umg* (*gehörig*) *Portion, Tracht Prügel* bon B *umg* ADV (*viel*) beaucoup; bien; **~ essen** manger copieusement

Tüchtigkeit F efficacité *f*; capacité(s) *f(pl)*; valeur *f*

Tücke F 1 (*Hinterhältigkeit*) perfidie *f*; malignité *f*; **die ~ des Objekts** la malignité des choses 2 (*verborgene Gefahr*) vice, défaut caché

tuckern V/I *Motor* faire teuf-teuf

tückisch ADJ *Person* perfide; sournois; *Sache* traître

Tuffstein M tuf *m*

tüfteln *umg* V/I bricoler (**an etw** [*dat*] qc); **an e-m Problem ~** essayer de résoudre un problème

Tüftler *umg* M (*Denker*) fignoleur *m*; (*Bastler*) bricoleur (minutieux)

Tugend F vertu *f* **tugendhaft** ADJ vertueux

Tüll M tulle *m*

Tülle F *e-r Kanne* bec *m*

Tulpe F tulipe *f* (*a. Glas*)

Tulpenzwiebel F oignon *m* de tulipe

tummeln V/R **sich ~** 1 (*herumtollen*) s'ébattre 2 (*sich beeilen*) se dépêcher

Tummelplatz M 1 (*beliebter Aufenthaltsort*) lieu *m* de prédilection; *für Kinder* terrain *m* de jeu 2 *fig* terrain *m* d'action

Tumor M tumeur *f* (! feminin)

Tümpel M mare *f*

Tumult M 1 (*Lärm*) tumulte *m* 2 (*Aufruhr*) agitation *f*; *plus fort* émeute *f*

tumultartig ADJ tumultueux

tun A V/T 1 (*machen*) faire; **das tut man nicht** cela ne se fait pas; **was (ist zu) ~?** que faire?; **damit ist es nicht getan** cela ne suffit pas; **du tust** *bzw.* **tätest gut daran, zu** (+ *inf*) tu ferais bien de (+ *inf*); *umg* **es ~** (*koitieren*) faire la chose 2 (*arbeiten*) faire; **(etw) zu ~ haben** avoir (qc) à faire 3 (*antun*) faire; **der Hund tut (dir) nichts** le chien ne (te) fera rien 4 **zu ~ haben** (*zu schaffen haben*) avoir affaire (**mit j-m, etw** à, avec qn, qc); **etw zu ~ haben** (*Bezug haben*) avoir qc à faire, à voir (**mit j-m, etw** avec qn, qc); **damit habe ich nichts zu ~** cela ne me concerne pas 5 *umg* (*bringen*) mettre 6 *umg* (*ausreichen*) suffire; **das tut es auch** cela fera aussi l'affaire 7 *umg* **es (nicht mehr) ~** (*funktionieren*) (ne plus) marcher 8 **er bekommt es mit mir zu ~!** il aura affaire à moi!; **es mit der Angst zu ~ bekommen** prendre peur B V/I **so ~, als ob …** (+ *subj*) faire semblant de (+ *inf*); **er tut nur so** il fait semblant; **~ Sie doch nicht so!** ne prenez pas ces airs-là! C *umg* V/R **es tut sich etw** il se passe qc

Tun N action *f*

Tünche F 1 *Farbe* badigeon *m* 2 *fig pej Oberfläche* vernis *m*

tünchen V/T badigeonner

Tundra F toundra *f*

tunen V/T AUTO régler; bricoler

Tuner M tuner *m*; syntoniseur *m*

Tunesien N la Tunisie **Tunesier(in)** M(F) Tunisien, -ienne *m,f* **tunesisch** ADJ tunisien

Tunfisch M thon *m*

Turm — la tour

Turm — le plongeoir

Turm — la tour

Tunichtgut M vaurien *m*
Tunika F tunique *f*
Tunke F sauce *f*
tunken V/T tremper (**in** [+ *akk*] dans)
tunlichst ADV 1 (*möglichst*) autant que possible 2 (*unbedingt*) absolument
Tunnel M tunnel *m*
tunneln V/T *Jargon* FUSSBALL faire un petit pont à
Tunte *umg* F *umg* tante *f* **tuntig** *umg pej* ADJ *bes von Homosexuellen* (*feminin*) *umg* de tante
Tüpfelchen N point *m*; *fig* **das ~ auf dem i** la dernière touche
tüpfeln V/T moucheter
tupfen V/T 1 (*betupfen*) tamponner 2 (*tüpfeln*) moucheter
Tupfen M pois *m*; point *m*
Tupfer M 1 MED tampon *m* 2 *umg* → Tupfen
Tür F 1 porte *f*; (*Autotür, Zugtür*) portière *f*; **~ an ~ wohnen** habiter l'un à côté de l'autre; **von ~ zu ~ gehen** faire du porte-à-porte 2 *fig* **e-r Sache** (*dat*) **~ und Tor öffnen** ouvrir (toute grande) la porte à qc; *umg* **offene ~en einrennen** enfoncer des portes ouvertes; *umg* **mit der ~ ins Haus fallen** mettre les pieds dans le plat; *umg* **j-n vor die ~ setzen** mettre, *umg* flanquer qn à la porte; **Weihnachten steht vor der ~** Noël approche; *umg* **zwischen ~ und Angel** entre deux portes
Türangel F gond *m*
Turban M turban *m*
Turbine F turbine *f* **turbinengetrieben** ADJT mû par turbine
Turbo M (*Turbolader*) turbo *m*; AUTO turbo *f* **Turbolader** M turbocompresseur *m* **Turbomotor** M moteur *m* turbo; turbomoteur *m*
turbulent ADJ tumultueux; *Versammlung a.* °houleux; *Leben a.* agité
Turbulenz F PHYS turbulence *f*
Türdrücker M 1 (*Klinke*) poignée *f* de porte 2 → Türöffner **Türgriff** M poignée *f* (de porte)
Türke M Turc *m*
Türkei **die ~** la Turquie
türken *umg* V/T falsifier; truquer
Türkin F Turque *f*
türkis ADJ turquoise (! unveränderlich)
Türkis M turquoise *f*
türkisch ADJ turc; **~er Honig** *etwa* nougat *m*
türkisfarben ADJ (couleur) turquoise (! unveränderlich)
Türklinke F poignée *f* de porte; bec-de-cane *m* **Türknauf** M bouton *m* de porte
Turm M 1 ARCH tour *f* (*a.* SCHACH); (*Kirchturm*) clocher *m* 2 (*Sprungturm*) plongeoir *m*
Turmbau M BIBEL **der ~ zu Babel** la tour de Babel
Türmchen N tourelle *f*
türmen[1] V/T (*u.* V/R) (*stapeln*) (**sich ~** s')entasser; (s')amonceler; (s')empiler
türmen[2] *umg* V/I (*weglaufen*) *umg* se barrer; *umg* se tailler
Turmfalke M crécerelle *f* **turmhoch** ADJ très °haut; gigantesque **Turmspringen** N plongeons *mpl* de haut vol **Turmspringer(in)** M(F) plongeur, -euse *m,f* de haut vol **Turmuhr** F horloge *f*
Turnbeutel M sac *m* de sport
turnen A V/T *Übung* faire; exécuter B V/I 1 faire de la gymnastique; **am Barren ~** faire des barres parallèles 2 *umg* (*klettern*) grimper (**über** [+ *akk*] sur)
Turnen N gymnastique *f*; (*Turnunterricht*) éducation *f* physique
Turner(in) M(F) gymnaste *m/f*
Turnfest N fête *f* de gymnastique **Turngeräte** NPL agrès *mpl* **Turnhalle** F gymnase *m* **Turnhose** F short *m*
Turnier N tournoi *m*; (*Reitturnier*) concours *m*
Turnlehrer(in) M(F) professeur *m* d'éducation physique, de gymnastique **Turnschuh** M tennis *m*; *knöchelhoher* basket *f* **Turnschuhgeneration** F génération *f* en baskets

Turnstunde F cours *m* de gymnastique **Turnübung** F exercice *m* de gymnastique **Turnunterricht** M éducation *f* physique
Turnus M roulement *m* **turnusmäßig** ADJ *u.* ADV par roulement; à tour de rôle
Turnverein M club *m* de gymnastique **Turnzeug** N affaires *fpl* de gymnastique
Türöffner M système *m* d'ouverture automatique d'une porte **Türöffnung** F baie *f*, embrasure *f* (de porte) **Türpfosten** M montant *m* de porte **Türrahmen** M encadrement *m* de porte **Türschild** N plaque *f* de porte **Türschloss** N serrure *f* **Türschnalle** F *österr* → Türklinke **Türschwelle** F seuil *m* **Türspalt** M fente *f* de la porte **Türsteher** M portier *m*
turteln V/I *Verliebte* roucouler
Turteltaube F tourterelle *f*
Tusch M fanfare *f*
Tusche F encre *f* de Chine
tuscheln V/I *u.* V/T chuchoter
tuschen A V/I MAL teinter avec de l'encre de Chine B V/R **sich** (*dat*) **die Wimpern ~** se farder les cils
Tuschzeichnung F lavis *m*
Tusse *umg* F, **Tussi** F 1 (*Mädchen, Frau*) *umg* nana *f* 2 (*Freundin, Ehefrau*) *umg* meuf *f*
Tüte F sac *m*; *kleine* sachet *m*; *spitze* cornet *m*; *umg fig* **das kommt nicht in die ~!** non! rien à faire!
tuten V/I corner; *Signalhorn* retentir
TÜV M ABK (Technischer Überwachungsverein) contrôle *m* technique; *umg* **sein Auto durch** *od* **über den ~ bringen** faire passer le contrôle technique à sa voiture
TÜV-Plakette F *plaquette servant de certificat de contrôle technique d'un véhicule*
Tweed M tweed *m*
Twen M personne *f* qui a entre vingt et trente ans
Twinset N *od* M TEX twin-set *m*
Twist M *Tanz* twist *m*
Typ M 1 (*Menschentyp*) type *m*; *umg* **sie ist nicht mein ~** ce n'est pas mon genre 2 *umg* (*Mann*) *umg* mec *m* 3 TECH type *m*; modèle *m*
Type F 1 TYPO lettre *f*, caractère *m* (d'imprimerie); type *m* 2 *umg fig umg* type *m*
Typhus M (fièvre *f*) typhoïde *f*; (*Flecktyphus*) typhus *m* exanthématique **Typhusimpfung** F vaccination *f* antityphoïdique
typisch A ADJ typique (**für** de) B ADV **~ deutsch, Mann** typiquement allemand, masculin
Typographie F typographie *f*
Tyrann M tyran *m*
Tyrannei F tyrannie *f*
tyrannisch ADJ tyrannique **tyrannisieren** V/T tyranniser

U

U, u N U, u *m*
u. ABK (und) et
u. a. ABK (unter anderem) entre autres
UB F ABK (Universitätsbibliothek) B.U. *f* (bibliothèque universitaire)
U-Bahn F métro *m* (! maskulin) **U-Bahnhof** M, **U-Bahn-Station** F station *f* de métro
übel A ADJ 1 (*schlecht*) mauvais 2 (*verwerflich*) **e-e üble Geschichte** *umg* une sale histoire; **ein übler Bursche** *umg* un sale type 3 **mir ist, wird ~** j'ai mal au cœur *od* envie de vomir B ADV 1 (*schlecht*) mal; **~ riechen** sentir mauvais; **~ riechend** malodorant; *umg* **nicht ~!** pas mal! 2 **j-n ~ zurichten** *umg* massacrer qn; **etw ~ nehmen** prendre qc de travers; **j-m etw ~ nehmen** en vouloir à qn de qc
Übel N mal *m*; **zu allem ~** pour comble de malheur; **das kleinere ~** le moindre mal; **von ~ sein** être nuisible
Übelkeit F mal *m* au cœur; nausée(s) *f(pl)*
übelnehmen V/T → übel B 2
übelriechend ADJ malodorant
Übeltäter(in) M(F) coupable *m/f*
üben A V/T 1 (s')exercer, s'entraîner à; *Musikstück, Szene* étudier; **mit geübter Hand** d'une main experte 2 *geh* **Geduld ~** faire preuve de patience B V/I faire des exercices
über A PRÄP 1 *räumlich Lage* (*oberhalb*) au-dessus de; (*auf*) sur; par-dessus; **Nebel liegt ~ dem Tal** le brouillard s'étend sur la vallée 2 *räumlich Richtung* (*oberhalb von*) au-dessus de; (*auf*) sur; **~ etw (hinweg)** par-dessus qc 3 (*via*) par; via 4 *Rangfolge* supérieur à; au-dessus de; **~ j-m stehen** être supérieur à *od* le supérieur de qn 5 *Ausdehnung* au-dessus de; au-delà de; plus de; plus que 6 *mit Abstrakta* **~ alles** par-dessus tout; **es geht nichts ~ …** il n'y a rien de tel que … 7 *zeitlich* pendant; durant; **den ganzen Tag ~** (pendant) toute la journée 8 (*bei, während*) **~ der Arbeit einschlafen** s'endormir sur son travail 9 (*betreffs*) **ein Buch ~ …** un livre sur …; **ein Scheck ~ …** un chèque de … 10 (*mittels*) par; **~ e-n Bekannten** *von etw erfahren* par (l'intermédiaire d')un ami 11 *Häufung* **Fehler ~ Fehler** faute sur faute B ADV 1 (*mehr als*) plus de; au-dessus de; **~ dreißig Jahre alt sein** avoir plus de trente ans 2 (*völlig*) **~ und ~** tout (à fait); entièrement; complètement
überall ADV (*an allen Orten*) partout; (*bei jeder Ge-

legenheit) toujours; *(auf allen Gebieten)* dans tous les domaines
überallher ADV de partout **überallhin** ADV partout
Überalterung F vieillissement *m*
Überangebot N offre *f* excédentaire; excédent *m* (**an** [+ *dat*] de)
überängstlich ADJ très anxieux
überanstrengen V/T (*u.* V/R) (**sich ~** se) surmener **Überanstrengung** F surmenage *m*
überarbeiten A V/T *Text* remanier B V/R **sich ~** se surmener **Überarbeitung** F *e-s Textes* remaniement *m*
überaus *geh* ADV extrêmement
überbacken V/T (faire) gratiner
überbeanspruchen V/T 1 *Mensch* surmener 2 TECH *Material* soumettre à une contrainte excessive **Überbeanspruchung** F 1 surmenage *m* 2 contrainte excessive
Überbein N MED exostose *f*
überbelegt ADJT *Raum, Haus* surpeuplé **überbelichten** V/T surexposer **überbetonen** V/T trop insister sur **überbewerten** V/T surestimer; surévaluer
überbieten V/T 1 *bei e-r Auktion* **j-n, etw ~** enchérir sur qn, qc; **j-n um hundert Euro ~** offrir cent euros de plus que qn 2 *fig* surpasser; dépasser; *Rekord* battre; **diese Frechheit ist nicht zu ~** c'est une effronterie sans pareille
Überbleibsel *umg* N 1 reste(s) *m(pl)* 2 *e-r Kultur* vestiges *mpl*
überblenden V/T FILM, RADIO, TV faire un fondu enchaîné de **Überblendung** F FILM, RADIO, TV fondu enchaîné
Überblick M 1 *(Aussicht)* vue *f* d'ensemble (**über** [+ *akk*] de) 2 *(Kurzdarstellung)* aperçu *m*, exposé *m* (sommaire) (de) 3 *fig* vue *f* d'ensemble (de *od* sur); **sich** *(dat)* **e-n ~ verschaffen** se faire une idée d'ensemble (de); **den ~ verlieren** ne plus s'y retrouver
überblicken V/T *Gegend* embrasser du regard; *fig* saisir la portée de
überbringen V/T **j-m etw ~** remettre qc à qn
Überbringer(in) M(F) porteur, -euse *m,f*
überbrücken V/T *Gegensätze* concilier; *Zeit* passer **Überbrückung** F *von Gegensätzen* conciliation *f*; *e-s Zeitraums* transition *f*; soudure *f*
Überbrückungsgeld N allocation *f* temporaire **Überbrückungskredit** M crédit-relais *m*; prêt *m* de dépannage
überbuchen V/T *Hotel, Flug* surbooker **Überbuchung** F surbooking *m*
überdachen V/T couvrir d'un toit; **überdacht** couvert
überdauern V/T **etw ~** survivre à qc
überdecken V/T (re)couvrir; *fig* masquer
überdehnen V/T distendre
überdenken V/T réfléchir à *od* sur; *Probleme* **(nochmals) ~** repenser; reconsidérer
überdies ADV en outre; de plus
überdimensional ADJ démesuré; surdimensionné
Überdosis F dose excessive; surdose *f*; *an Drogen* overdose *f*
überdrehen V/T *Gewinde* faire foirer **überdreht** *umg fig* ADJT exalté; excentrique
Überdruck M surpression *f* **Überdruckventil** N soupape *f* de sûreté *od* sécurité
Überdruss M dégoût *m*; satiété *f*; **bis zum ~** à satiété
überdrüssig ADJ **e-r Sache** *(gen)* **~ sein** être las, dégoûté de qc
überdurchschnittlich A ADJ au-dessus de la moyenne B ADV plus … que la moyenne
Übereifer M excès *m* de zèle **übereifrig** ADJ trop zélé
übereignen V/T **j-m etw ~** transmettre, transférer qc à qn
übereilen V/T **etw ~** précipiter qc
übereilt A ADJT précipité; °hâtif; *(unbedacht)* inconsidéré B ADVL **~ handeln** agir avec précipitation, sans réfléchir
übereinander ADV l'un sur l'autre; → übereinanderlegen, übereinanderliegen, übereinanderschlagen
übereinanderlegen V/T mettre l'un sur l'autre; superposer **übereinanderliegen** V/I être mis les uns sur les autres; superposer **übereinanderschlagen** V/T *Beine* croiser
übereinkommen V/I se mettre d'accord (**mit j-m** avec qn); **wir sind darin übereingekommen, dass …** nous avons convenu que …
Übereinkommen N, **Übereinkunft** F accord *m* (**über** [+ *akk*] de); convention *f* (sur); arrangement *m*
übereinstimmen V/I 1 *(sich gleichen)* concorder; être en harmonie (**mit etw** avec qc) 2 *(e-r Meinung sein)* **mit j-m (in etw** [*dat*]**) ~** être d'accord avec qn (sur qc)
übereinstimmend A ADJT concordant; conforme; **nach ~er Meinung** de l'avis unanime B ADVL à l'unanimité
Übereinstimmung F concordance *f* (**mit** avec); accord *m* (avec); **etw in ~** *(akk)* **mit etw bringen** faire concorder, accorder qc avec qc; **in ~ mit** conformément à
überempfindlich ADJ hypersensible (**gegen** à) **Überempfindlichkeit** F hypersensibilité *f*
überfahren V/T 1 *Mensch, Tier* écraser 2 *Signal* brûler; griller
Überfahrt F traversée *f* (**über** [+ *akk*] de); *über*

U

e-n Fluss passage *m* (de)
Überfall M 1 MIL, *(Raubüberfall)* attaque *f*; agression *f*; **bewaffneter ~** attaque *f* à main armée 2 *umg fig hum* visite-surprise *f*
überfallen V/T 1 attaquer par surprise; assaillir *(a. auf der Straße)*; *Bank* attaquer 2 *fig* **j-n mit (s-n) Fragen ~** assaillir qn de questions
überfällig ADJ en retard (sur l'horaire)
Überfallkommando *umg* N police *f* secours
überfliegen V/T survoler *(a. Text)*
überfließen V/I déborder
überflügeln V/T **j-n ~** surpasser, devancer qn
Überfluss M (sur)abondance *f*, *(Fülle)* profusion *f* (**an** [+ *dat*] de); **im ~** en abondance, à profusion; **im ~ vorhanden sein** (sur)abonder; **zu allem ~** pour comble (de malheur, de malchance)
überflüssig ADJ superflu; inutile; **ich komme mir hier ~ vor** j'ai l'impression d'être de trop ici
überfluten V/T inonder; submerger
Überflutung F inondation *f*; submersion *f*; *durch e-e Menschenmenge* envahissement *m*
überfordern V/T **j-n, etw ~** trop exiger de qn, qc; trop demander à qn, qc; **sich überfordert fühlen** se sentir dépassé, débordé; **er ist überfordert** il est dépassé
überfragt ADJT **da bin ich ~** je suis incapable de répondre
Überfremdung *neg!* F envahissement *m* par les étrangers
überfrieren V/I se (re)couvrir (d'une mince couche) de glace; **~de Nässe** brouillard verglaçant
überführen V/T 1 *Leiche* transférer 2 **j-n e-s Verbrechens ~** convaincre qn d'un crime
Überführung F 1 *(Transport)* transfert *m* 2 *e-s Verbrechers* preuve *f* de culpabilité 3 *(Brücke)* passage (à niveau) supérieur; *(Fußgängerüberführung)* passerelle *f*
überfüllt ADJ *Saal, Bus* comble; bondé; *Straße* encombré; *Klasse* surchargé
Überfüllung F encombrement *m*; **wegen ~ geschlossen** complet
überfüttern V/T suralimenter
Übergabe F 1 remise *f*, transmission *f* (**an** [+ *akk*] à); *(Amtsübergabe)* passation *f* 2 MIL reddition *f*
Übergang M 1 passage *m* (**über** [+ *akk*] de) 2 *(Wechsel)* passage *m* (**von** … **zu** … de … à …); transition *f* (**von** … **zu** … entre … et …)
Übergangsbestimmungen FPL dispositions *fpl* transitoires **übergangslos** ADJ sans transition **Übergangslösung** F solution *f* transitoire, provisoire **Übergangsregierung** F gouvernement *m* de transition **Übergangsstadium** N stade *m* transitoire, de transition **Übergangszeit** F 1 période *f* de transition 2 *(Herbst bzw. Frühling)* demi-saison *f*
übergeben A V/T 1 *Gegenstand* remettre; transmettre *(a. Amt, Angelegenheit)* 2 MIL rendre; livrer B V/R **sich ~** vomir; rendre
übergehen[1] V/I 1 **~ zu** passer à; **dazu ~, etw zu tun** se mettre à faire qc 2 *Besitz* **auf j-n ~** passer, se transmettre à qn; **in Privatbesitz ~** devenir propriété privée 3 *(sich verwandeln)* **~ in** (+ *akk*) se changer, se transformer en; **in Fäulnis, Verwesung ~** entrer en putréfaction; **die Augen gingen ihm über** il a été très étonné
übergehen[2] V/T 1 *Dinge* passer sur; **etw mit Stillschweigen ~** passer qc sous silence 2 *Person* omettre; oublier
übergeordnet ADJT supérieur; GRAM *Satz* principal **Übergepäck** N excédent *m* de bagages **übergeschnappt** *umg* ADJT timbré; *umg* siphonné; *umg* cinglé
Übergewicht N 1 *bei Dingen* excédent *m* de poids; *bei Personen* excès *m* de poids; embonpoint *m* 2 *fig* prépondérance *f*; prédominance *f* 3 *umg* **~ bekommen, kriegen** perdre l'équilibre
übergießen V/T arroser (**mit** de)
überglücklich ADJ extrêmement heureux
übergreifen V/I *Feuer* **~ auf etw** (*akk*) envahir, gagner qc; se communiquer à qc
Übergriff M empiètement *m* (**auf** [+ *akk*] sur)
übergroß ADJ très grand; *(gewaltig)* énorme **Übergröße** F grande taille
überhaben *umg* V/T **etw ~** avoir assez de qc; *umg* en avoir plein le dos de qc
überhandnehmen V/I augmenter, s'accroître excessivement; *Unkraut, Ungeziefer* proliférer
Überhang M 1 *von Felsen* surplomb *m* 2 *(Warenüberhang)* excédent *m*; surplus *m*
überhängen[1] V/T **(j-m) etw ~** mettre qc sur les épaules (de qn)
überhängen[2] V/I *Felsen* surplomber
Überhangmandat N POL mandat *m* supplémentaire
überhäufen V/T **~ (mit)** couvrir (de); *mit Geschenken* combler (de); *mit Vorwürfen, Fragen, Arbeit* accabler (de)
überhaupt ADV 1 *(im Allgemeinen)* généralement; en général 2 *(schließlich)* somme toute; après tout 3 *(außerdem)* d'ailleurs; du reste 4 **~ nicht** pas du tout; nullement *(beide mit* ne *beim Verb)* 5 *(eigentlich)* à vrai dire; **was willst du ~?** qu'est-ce que tu veux, au juste?
überheblich ADJ présomptueux; arrogant **Überheblichkeit** F présomption *f*; arro-

gance *f*
überhitzen VT trop chauffer; surchauffer (*a. fig*)
überhöht ADJT *Preis, Geschwindigkeit* excessif
überholen VT **1** *im Straßenverkehr* doubler; dépasser **2** *fig* surpasser; devancer **3** TECH réviser
Überholmanöver N (manœuvre *f* de) dépassement *m* **Überholspur** F file *f* de dépassement
überholt ADJT dépassé; démodé
Überholverbot N interdiction *f* de dépasser, de doubler **Überholvorgang** M (manœuvre *f* de) dépassement *m*
überhören VT ne pas entendre (par inattention); *absichtlich* ne pas vouloir entendre
Über-Ich N PSYCH surmoi *m*
überirdisch ADJ supraterrestre
überkandidelt *umg* ADJ *umg* loufoque; *plus fort umg* braque
überkleben VT **etw mit etw ~** coller qc sur qc
überkochen VI déborder (en bouillant); *umg fig* s'échauffer; *umg* bouillir
überkommen VT *Gefühl* **j-n ~** s'emparer de qn; saisir, prendre qn
überkompensieren VT surcompenser
überkreuzen **A** VT croiser; **die Beine ~** croiser les jambes **B** VR *Linien* **sich ~** se croiser
überladen VT surcharger (*a. fig*)
überlagern **A** VT recouvrir; PHYS interférer avec **B** VR **sich ~** se superposer; interférer (*a. fig*)
Überlandbus M (auto)car *m* **Überlandleitung** F ELEK ligne *f* à haute tension
Überlänge F *Film* **mit ~** d'une durée exceptionnelle
überlappen VT (*u.* VR) (**sich ~** se) recouvrir partiellement
überlassen VT **1** (*geben, verkaufen*) laisser; céder **2** **ich überlasse es Ihnen zu** (+ *inf*) je vous laisse le soin de (+ *inf*); **das überlasse ich Ihnen** je m'en remets à vous; **sich** (*dat*) **selbst ~ sein** être livré à soi-même
überlasten VT surcharger (*a. fig* **mit** de) **Überlastung** F surcharge *f*; TEL *a.* encombrement *m*
Überlauf M TECH trop-plein *m*; déversoir *m*
überlaufen[1] VI **1** *Gefäß, Flüssigkeit* déborder **2** MIL **zum Feind ~** passer à l'ennemi
überlaufen[2] V/UNPERS **es überlief mich (heiß und) kalt** cela m'a donné le frisson, des sueurs froides
überlaufen[3] ADJT assiégé (**von j-m** par qn); *Gegend* envahi; très *od* trop fréquenté; *Arztpraxis, Beruf* encombré
Überläufer M transfuge *m* (*a. fig*)
Überlaufventil N soupape *f* de trop-plein
überleben **A** VT **j-n, etw ~** survivre à qn, qc; **sie überlebt uns noch alle** elle nous enterrera tous; *fig* **du wirst es ~** tu n'en mourras pas **B** VR **sich überlebt haben** être dépassé
Überleben N survie *f* **Überlebende(r)** M/F(M) survivant(e) *m(f)*; *e-r Katastrophe* rescapé(e) *m(f)*
Überlebenschancen FPL chances *fpl* de survie
überlebensgroß ADJ plus grand que nature
Überlebenstraining N expérience *f* de survie
überlegen[1] **A** VT **etw ~** réfléchir à *od* sur qc; **es sich** (*dat*) **anders ~** changer d'avis; **ich werde es mir ~** j'y réfléchirai **B** VI réfléchir
überlegen[2] ADJ supérieur; (*souverän*) souverain; **j-m ~ sein** être supérieur à qn
Überlegenheit F supériorité *f*
überlegt **A** ADJT bien réfléchi, pesé **B** ADVL avec réflexion
Überlegung F **1** réflexion *f*; considération *f*; **ohne ~** sans réfléchir **2** *meist pl* (*Gedankengang*) raisonnement *m*
überleiten VI passer (**zu** à)
Überleitung F passage *m*
überlesen VT **1** (*flüchtig durchlesen*) parcourir **2** (*übersehen*) sauter; passer
überliefern VT transmettre **Überlieferung** F tradition *f*
überlisten VT duper; tromper
überm *umg* = **über dem**
Übermacht F supériorité *f* **übermächtig** ADJ **1** *Gegner* trop puissant **2** *Gefühl* très fort; violent
übermalen VT recouvrir; repeindre
übermannen VT *Gefühle* s'emparer de; saisir; *Schlaf* prendre
Übermaß N excès *m* (**an** [+ *dat*] de); **im ~** à l'excès
übermäßig **A** ADJ démesuré; excessif **B** ADV trop
Übermensch M surhomme *m* **übermenschlich** ADJ surhumain
übermitteln VT transmettre; *Meldung* communiquer **Übermittlung** F transmission *f*; communication *f*
übermorgen ADV après-demain
übermüdet ADJ épuisé; surmené **Übermüdung** F épuisement *m*; surmenage *m*
Übermut M pétulance *f* **übermütig** ADJ pétulant
übern *umg* = **über den**
übernächste ADJ **an der ~n Haltestelle** à deux arrêts d'ici; **~s Jahr** d'ici *od* dans deux

ans; **am ~n Tag** le surlendemain
übernachten VI passer la nuit; coucher
übernächtig ADJ *österr* → übernächtigt
übernächtigt ADJ **~ sein** être fatigué (d'avoir veillé)
Übernachtung F nuit *f* (à l'hôtel, chez qn); TOURISTIK nuitée *f*; **~ und Frühstück** chambre *f* et petit déjeuner
Übernahme F *von Kosten, Verantwortung, e-s Falls* prise *f* en charge; *e-r Idee* adoption *f*; *(Amtsübernahme)* entrée *f* en fonction; *(Geschäftsübernahme)* reprise *f* (d'un commerce)
übernatürlich ADJ surnaturel
übernehmen A VT 1 *Lieferung* prendre en charge 2 FIN *Kosten* prendre en charge; assumer; *Hypothek* reprendre 3 *als Nachfolger: Arbeit, Aufgabe* prendre en charge; *Erbe*, JUR *Fall, Geschäft, Belegschaft* reprendre 4 *Verpflichtung* assumer; *Verantwortung a.* prendre (sur soi) 5 *(in die Hand nehmen) Amt, Aufgabe* assumer; *Leitung, Vorsitz* prendre; *Fall, Arbeit* se charger de 6 *Macht, Kommando* prendre 7 *Standpunkt* adopter B VR **sich ~** se surmener (**bei** à)
überordnen VT donner la priorité à
überparteilich ADJ indépendant (de tout parti politique); neutre **Überproduktion** F surproduction *f*
überprüfen VT réviser; contrôler; *(nachprüfen)* vérifier **Überprüfung** F révision *f*; contrôle *m*; vérification *f*
überqualifiziert ADJT surqualifié
überquellen VI déborder (**von** de; *a. fig*)
überquer ADV *bes österr* en croix
überqueren VT *Fläche* traverser; *Linie* franchir **Überquerung** F traversée *f*; franchissement *m*
überragen VT *an Größe* dépasser; *(sich erheben über)* surmonter; *fig* surpasser (**an** [+ *dat*] en)
überragend ADJT éminent
überraschen VT surprendre (**bei etw** en train de faire qc); *(unvorbereitet treffen)* prendre à l'improviste; **vom Regen überrascht werden** être surpris par la pluie
überraschend A ADJT surprenant B ADVL par surprise; à l'improviste **Überraschung** F surprise *f*
Überraschungsangriff M MIL attaque-surprise *f*; attaque *f* par surprise **Überraschungseffekt** M effet *m* de surprise **Überraschungsmoment** N facteur *m* surprise **Überraschungstor** N but *m* surprise
überreden VT **j-n zu etw ~** persuader qn de faire qc
Überredung F persuasion *f* **Überredungskunst** F don *m* de persuasion
überregional ADJ *Zentrum* interrégional; **die ~e Presse** la presse nationale
überreich ADJ extrêmement riche
überreichen VT **j-m etw ~** remettre, *feierlich* présenter qc à qn
überreichlich ADJ surabondant
Überreichung F remise *f*; présentation *f*
überreif ADJ trop mûr; *bes Birne* blet
überreizen VT surexciter **überrennen** VT *Feind* culbuter
Überrest M *meist* PL reste(s) *m(pl)*; *geh* **die sterblichen ~e** les cendres *fpl*
Überrollbügel M arceau *m* de sécurité
überrollen VT 1 *Mensch, Tier* écraser (*a. fig*) 2 **etw ~** passer sur qc
überrumpeln VT surprendre; prendre à l'improviste
überrunden VT 1 SPORT prendre un tour d'avance sur; doubler 2 *fig* surpasser
übers *umg* = **über das**
übersät ADJ parsemé (**mit** de)
übersättigen VT *fig Person* saturer (**mit** de); CHEM sursaturer **Übersättigung** F satiété *f*; dégoût *m*; CHEM sursaturation *f* (*a. fig*)
Überschallflugzeug N avion *m* supersonique **Überschallgeschwindigkeit** F vitesse *f* supersonique
überschatten VT ombrager; *fig* assombrir
überschätzen VT (*u.* VR) (**sich ~** se) surestimer **Überschätzung** F surestimation *f*
überschaubar ADJ → übersehbar **überschauen** VT → übersehen
überschäumen VI déborder (**vor** [+ *dat*] de; *a. fig*)
überschlafen VT **etw ~** laisser passer la nuit sur qc
Überschlag M 1 estimation approximative 2 TURNEN culbute *f*
überschlagen A VT 1 *(grob abschätzen)* estimer, évaluer approximativement 2 *Seiten* sauter B VR **sich ~** 1 *Fahrzeug* se retourner; capoter; *Auto a.* faire un tonneau 2 *Ereignisse* se précipiter 3 *Stimme* dérailler; se fausser
überschnappen *umg* VI *umg* dérailler
überschneiden VR **sich ~** 1 *räumlich* se croiser 2 *zeitlich* coïncider 3 *inhaltlich* (se) chevaucher **Überschneidung** F 1 intersection *f*; croisement *m* 2 coïncidence *f* 3 chevauchement *m*
überschreiben VT 1 HANDEL reporter; JUR transcrire 2 *Text* intituler
überschreiten VT 1 *Grenze* franchir; *Frist, Geschwindigkeit* dépasser; *Anzahl* excéder; *Maß* passer 2 *Befugnisse* outrepasser
Überschrift F titre *m*
überschuldet ADJ surendetté

Überschuss M excédent *m*; surplus *m* **überschüssig** ADJ excédentaire
überschütten V/T *mit Geschenken* combler (de); *mit Vorwürfen* accabler (de)
Überschwang M exubérance *f*
überschwänglich ADJ excessif; débordant
überschwappen *umg* V/I *Gefäß, Flüssigkeit* déborder
überschwemmen V/T inonder; noyer; *völlig* submerger (*alle a. fig*) **Überschwemmung** F inondation *f* (*a. fig*); submersion *f*
Überschwemmungsgebiet N région inondée **Überschwemmungskatastrophe** F inondation(s) *f(pl)* catastrophique(s); sinistre causé par les inondations
überschwenglich → überschwänglich
Übersee **in, nach ~** outre-mer; **aus, von ~** d'outre-mer
Überseehafen M grand port maritime **Überseehandel** M commerce *m* d'outre-mer **überseeisch** ADJ d'outre-mer
übersehbar ADJ *Zeitraum* (dé)limité; (*abschätzbar*) calculable; *Lage* clair
übersehen V/T 1 *Gelände* embrasser d'un coup d'œil 2 *Sachlage* avoir une vue d'ensemble de; *Ausmaß* mesurer l'ampleur de 3 (*nicht bemerken*) ne pas voir; *mit Absicht* ignorer; **das habe ich ~** cela m'a échappé
übersenden V/T envoyer; expédier **Übersendung** F envoi *m*; expédition *f*
übersetzen[1] (*hinüberfahren*) A V/T faire passer sur l'autre rive B V/I passer (en bateau) sur l'autre rive; traverser
übersetzen[2] V/T *in e-e andere Sprache* traduire (**aus** de; **in** [+ *akk*] en)
Übersetzer(in) M(F) traducteur, -trice *m,f* **Übersetzung** F 1 traduction *f* (**aus** de; **in** [+ *akk*] en); SCHULE *in die Muttersprache* version *f*; *in e-e fremde Sprache* thème *m* 2 TECH multiplication *f*; *beim Fahrrad* développement *m*
Übersetzungsbüro N bureau *m* de traduction **Übersetzungsfehler** M faute *f* de traduction **Übersetzungsübung** F exercice *m* de traduction
Übersicht F 1 coup *m* d'œil (**über** [+ *akk*] sur); vue *f* d'ensemble (de) (*a. fig*); **die ~ verlieren** ne plus s'y retrouver 2 (*Darstellung*) aperçu *m*, précis *m* (de); (*Zusammenfassung*) résumé *m*; sommaire *m*
übersichtlich ADJ 1 *Darstellung etc* clair; net 2 *Gelände* dégagé
Übersichtskarte F carte *f* à grande échelle; *von Bahn-, Bus-, Fluglinien* carte *f* schématique des lignes **Übersichtsplan** M plan *m* d'ensemble **Übersichtstafel** F tableau *m* synoptique

übersiedeln V/I aller s'établir (**nach** *e-m Land* en *od* à, *e-r Stadt* à)
übersinnlich ADJ surnaturel
überspannt ADJT 1 *Person* exalté; excentrique 2 *Idee* exagéré
überspielen V/T 1 *Schwächen* masquer; dissimuler 2 *Kassette* repiquer
überspitzen V/T outrer; exagérer; **überspitzt dargestellt** représenté de manière outrée
überspringen[1] V/I 1 *Funke* jaillir; sauter 2 *fig* **~ auf** (+ *akk*) se communiquer à
überspringen[2] V/T *Hindernis* sauter (*a. fig auslassen*)
überstehen[1] V/I *räumlich* faire saillie; dépasser
überstehen[2] V/T *Operation* supporter; *Gefahr* échapper à; *Krise* surmonter; *Krankheit* réchapper de; (*überleben*) survivre à **übersteigen** V/T 1 *Mauer* escalader; *Hindernis* franchir 2 *fig Erwartungen, Kräfte* dépasser **übersteuern** A V/T ELEK surmoduler B V/I AUTO survirer **überstimmen** V/T mettre en minorité **überstrahlen** V/T éclipser **überstrapazieren** V/T (*überanstrengen*) éreinter; surmener; *Geduld* abuser de **überstreichen** V/T peindre par-dessus (**mit** avec)
überstreifen V/T passer; enfiler **überströmen** V/I déborder (**vor** [+ *dat*] de) **überstülpen** V/T mettre
Überstunde F heure *f* supplémentaire; **~n machen** faire des heures supplémentaires
überstürzen A V/T précipiter; *Entscheidung a.* brusquer; **überstürzt abreisen** partir précipitamment B V/R **sich ~** *Ereignisse* se précipiter
übertariflich ADJ dépassant le niveau fixé par la convention collective
überteuert ADJ excessivement cher **übertönen** V/T *Lärm etc* couvrir; dominer
Übertopf M cache-pot *m*
Übertrag M BUCHFÜHRUNG report *m*
übertragbar ADJ 1 *Besitz, Recht* transmissible, transférable, JUR *a.* cessible (**auf** [+ *akk*] à); **nicht ~** incessible 2 MED transmissible; contagieux 3 (*anwendbar*) applicable
übertragen[1] A V/T 1 *Besitz, Recht* transmettre, transférer, JUR *a.* céder (**j-m, auf j-n** à qn); *Befugnisse, Vollmacht* déléguer 2 (*übersetzen*) traduire (**in** [+ *akk*] en) 3 (*eintragen*) reporter 4 MED *Krankheit* transmettre (**auf** [+ *akk*] à); *Blut* transfuser 5 RADIO, TV retransmettre; diffuser B V/R **sich ~** *Krankheit* se transmettre, *fig Erregung* se communiquer (**auf** [+ *akk*] à)
übertragen[2] ADJT *Wort* **in ~er Bedeutung** au (sens) figuré
Übertragung F 1 *e-s Besitzes, Rechtes* transmission *f*; transfert *m*; JUR *a.* cession *f*; *von Befugnissen, der Vollmacht* délégation *f* 2 (*Übersetzung*) tra-

U

duction *f* **3** MED, *e-r Krankheit* transmission *f*; *von Blut* transfusion **4** RADIO, TV retransmission *f*; diffusion *f*
Übertragungsfehler M erreur *f* de report **Übertragungswagen** M voiture *f* de reportage
übertreffen V/T **1** *Personen* surpasser (**in** *od* **an** [+*dat*] en); être supérieur à **2** *Hoffnungen* dépasser
übertreiben V/T exagérer; *in e-m Bericht* grossir **Übertreibung** F exagération *f*
übertreten[1] V/I **1** SPORT mordre sur la ligne **2** (*wechseln*) **zu j-m ~** se ranger du côté de qn; **zum Islam ~** se convertir à l'islam
übertreten[2] V/T *Gesetz, Vorschrift* enfreindre; transgresser **Übertretung** F infraction *f*; transgression *f*
übertrieben ADJT exagéré; excessif
Übertritt M passage *m* (**zu** à); REL conversion *f* (à)
übertrumpfen V/T surcouper; *fig* surpasser **übertünchen** V/T badigeonner; *fig* masquer **übervölkern** V/T surpeupler **Übervölkerung** F surpeuplement *m*; surpopulation *f*
übervorteilen V/T tromper; duper **überwachen** V/T surveiller; contrôler **Überwachung** F surveillance *f*; contrôle *m*
überwältigen V/T **1** *Gegner* vaincre; maîtriser **2** *fig* (*beeindrucken*) vivement impressionner; subjuguer **3** → überkommen
überwältigend ADJT **1** *Anblick* grandiose; *Erfolg* foudroyant; *iron* **nicht (gerade) ~** *umg* pas terrible, fameux **2** *Mehrheit* écrasant
überwechseln V/I passer (**von ... zu ...** de ... à ...)
überweisen V/T **1** *Geld* virer; transférer **2** MED **j-n zu e-m Facharzt ~** adresser qn à un spécialiste
Überweisung F **1** *von Geld* virement *m* (**auf ein Konto** sur un compte); transfert *m* **2** MED *e-s Patienten* recommandation *f* (**zu** à)
Überweisungsauftrag M ordre *m*, mandat *m* de virement **Überweisungsformular** N formule *f* de virement **Überweisungsschein** M *formulaire par lequel un médecin adresse un malade à un collègue*
überwerfen[1] V/T **(j-m) etw ~** jeter qc sur les épaules (de qn)
überwerfen[2] V/R **sich mit j-m ~** se brouiller avec qn
überwiegen V/I prédominer; être prépondérant
überwiegend **A** ADJT prépondérant; **~e Mehrheit** forte majorité **B** ADVL principalement; essentiellement; surtout
überwinden **A** V/T *Bedenken, Misstrauen* vaincre; *Hindernis, Schwierigkeit* surmonter; *Angst, Ekel* dominer **B** V/R **sich ~** faire un effort sur soi-même (**etw zu tun** pour faire qc)
Überwindung F **nach ~** *vieler Schwierigkeiten* après avoir surmonté; **das hat mich viel ~ gekostet** cela m'a coûté
überwintern V/I (*Winterschlaf halten*) hiberner; *Vieh, Truppen* hiverner **überwuchern** V/T envahir
Überzahl F majorité *f*; **in der ~ sein** être en majorité, plus nombreux
überzählig ADJ en excédent; en trop; en surnombre; *Personal a.* surnuméraire
überzeichnen V/T *Porträt* charger
überzeugen **A** V/T **j-n von etw ~** convaincre, persuader qn de qc **B** V/I être convaincant **C** V/R **sich von etw ~** se convaincre de qc
überzeugend ADJT convaincant; persuasif
überzeugt ADJT convaincu; **(sehr) von sich ~ sein** être (très) imbu de soi-même
Überzeugung F (*Überzeugtsein*) conviction *f*; (*Ansicht*) convictions *fpl*; **der ~ sein, dass ...** être convaincu que ...
Überzeugungskraft F pouvoir *m* de persuasion
überziehen[1] V/T **1** *Mantel* mettre; **(rasch) ~** enfiler **2** *umg* **j-m eins ~** *umg* flanquer une raclée à qn
überziehen[2] **A** V/T **1** (*bedecken*) (re)couvrir (**mit** de); *Bett* **frisch ~** changer les draps **2** FIN *Konto* mettre à découvert; **sein Konto um 80 Euro ~** avoir un découvert de 80 euros **3** *zeitlich* dépasser le temps, la durée de **B** V/I **(um 5 Minuten) ~** dépasser (de 5 minutes) le temps de parole, la durée d'une émission **C** V/R **sich ~** *Himmel* se couvrir (**mit** de)
Überziehung F *e-s Kontos* découvert *m* **Überziehungskredit** M crédit *m* à découvert
überzogen ADJ (*übertrieben*) exagéré **überzüchtet** ADJT **1** BIOL dégénéré **2** *fig Motor* supersophistiqué
Überzug M couverture *f*; TECH revêtement *m*; couche *f*
üblich ADJ courant; usuel; (*gewöhnlich*) habituel; normal; **das ist so ~** c'est l'usage; cela se fait; **wie ~** comme d'habitude
U-Boot N sous-marin *m*; submersible *m*
übrig ADJ de reste; restant; **das, alles Übrige** le reste; **die, alle Übrigen** les autres; **~ sein** rester; être de reste; **ich habe Geld ~** il me reste de l'argent; **im Übrigen** du reste; **~ bleiben** rester; être de reste; *fig* **es blieb mir nichts anderes ~, als zu** (+ *inf*) il ne me restait plus qu'à (+ *inf*); **~ lassen** laisser
übrigbleiben V/I → übrig
übrigens ADV du reste; d'ailleurs
übrighaben V/T *fig* **etw ~ für** avoir de la

U

sympathie pour; **nichts ~ für** n'avoir aucune sympathie pour

übriglassen VT → übrig

Übung F 1 entraînement *m*; pratique *f*; **aus der ~ kommen** perdre l'habitude 2 MIL, SCHULE, SPORT exercice *m*

Übung = exercice

Wird anders geschrieben als englisch „exercise".

FEHLERQUELLEN

Übungsarbeit F, **Übungsaufgabe** F exercice *m* **Übungsbuch** N livre *m* d'exercices **Übungsgelände** N terrain *m* d'entraînement, d'exercice; MIL *a.* champ *m* de manœuvre **Übungshang** M *für Skifahrer* pente *f* d'entraînement **Übungsheft** N cahier *m* d'exercices, de brouillon(s)

Übungssache F **das ist ~** c'est une question d'entraînement

u. d. M. ABK (unter dem Meeresspiegel) au-dessous du niveau de la mer

ü. d. M. ABK (über dem Meeresspiegel) au-dessus du niveau de la mer

UEFA ABK (Union européenne de football association, Europäischer Fußballverband) **die ~** l'UEFA *f* **UEFA-Cup** M, **UEFA-Pokal** M coupe *f* de l'UEFA

Ufer N bord *m*; *e-s Flusses, Sees a.* rive *f*; **über die ~ treten** déborder; sortir de son lit

Uferböschung F berge *f* **Uferpromenade** F promenade *f* (le long d'un fleuve, d'un lac); quai *m* **Uferstraße** F quai *m*

Ufo N ABK (unbekanntes Flugobjekt) ovni *m*

Uganda N l'Ouganda *m*

U-Haft F détention préventive, provisoire

Uhr F 1 *(Armbanduhr, Taschenuhr)* montre *f*; *(Standuhr, Turmuhr)* horloge *f*; *(Wanduhr)* pendule *f*; **meine ~ geht richtig** ma montre est à l'heure; *umg* **rund um die ~** vingt-quatre heures sur vingt-quatre 2 *bei Zeitangaben* heure *f*; **wie viel ~ ist es?** quelle heure est-il?; **um wie viel ~?** à quelle heure?; **es ist ein, vier ~** il est une heure, quatre heures; **acht ~ dreißig** °huit heures trente

Uhrarmband N bracelet *m* (de montre)

Uhrenvergleich M réglage *m* des montres

Uhrmacher(in) M(F) horloger, -ère *m,f* **Uhrwerk** N mouvement *m*, rouages *mpl* d'une montre, *etc* **Uhrzeiger** M aiguille *f* de montre

Uhrzeigersinn M **im, entgegen dem ~** dans le sens, en sens inverse des aiguilles d'une montre

Uhrzeit F heure *f*; **nach der ~ fragen** demander l'heure; **haben Sie die genaue ~?** avez-vous l'heure exacte?

Uhu M ZOOL grand-duc *m*

Ukraine die ~ l'Ukraine *f*

UKW ABK (Ultrakurzwelle) FM *f*

Ulk M plaisanterie *f*; farce *f*; blague *f* **ulkig** *umg* ADJ drôle

Ulme F BOT orme *m*

ultimativ A ADJ en, sous forme d'ultimatum B ADV **j-n ~ auffordern, etw zu tun** exiger impérativement de qn qu'il fasse qc

Ultimatum N ultimatum *m*; **ein ~ stellen** adresser un ultimatum (**j-m** à qn)

Ultrakurzwelle F 1 PHYS, RADIO *Welle* onde ultracourte 2 RADIO *Bereich* modulation *f* de fréquence; → UKW

ultramarin ADJ outremer **Ultramarin** N outremer *m*

Ultraschall M ultrason *m* **Ultraschallgerät** N appareil *m* ultrasonique **Ultraschalltherapie** F thérapie *f* par ultrasons; *t/t* ultrasonothérapie *f* **Ultraschalluntersuchung** F échographie *f* **Ultraschallwelle** F onde *f* ultrasonore

ultraviolett ADJ ultraviolet

um A PRÄP 1 *örtlich* **~ … (herum)** autour de …; **ein Graben läuft ~ die Stadt** un fossé entoure la ville; **~ sich schauen** regarder autour de soi 2 *zeitlich ungefähr* vers; *bestimmt* à; **~ elf (Uhr)** à onze heures; **~ die Mittagszeit (herum)** vers midi 3 *(für) Preis* pour; de; **nicht ~ alles in der Welt** pour rien au monde *(mit* ne *beim Verb)* 4 *Unterschied, Abstand* de; **~ die Hälfte größer** plus grand de moitié; **~ sechs Euro billiger** de six euros de moins B KONJ 1 *Zweck* **~ zu** *(+ inf)* pour *(+ inf)*; afin de *(+ inf)* 2 *Folge* pour; **es ist zu spät, ~ zu** *(+ inf)* il est trop tard pour *(+ inf)* 3 → umso C ADV 1 *(etwa)* autour de; dans les 2 *(vorüber)* **~ sein** *Zeit* être passé, révolu

umändern VT changer; transformer; modifier **umarbeiten** VT *Garderobe* transformer (**zu** en); *Buch* remanier; *gänzlich* refondre

umarmen VT prendre dans ses bras; enlacer; *plus fort* étreindre; **~** *und küssen* embrasser **Umarmung** F étreinte *f*; *bes zur Begrüßung* embrassade *f*

Umbau M transformation *f* *(a. fig)*

umbauen[1] *(anders bauen)* A VT transformer (**zu** en) B VI faire des transformations

umbauen[2] VT *(durch Bauen einschließen)* entourer (de bâtiments)

umbenennen VT débaptiser; rebaptiser

umbesetzen VT **e-n Ministerposten ~** changer l'affectation d'un poste de ministre; THEAT **die Rollen ~** changer la distribution des rôles

umbestellen VT **j-n ~** modifier le rendez-vous avec qn; **etw ~** modifier la commande

U

de qc
umbetten VT *Kranken* changer de lit **umbiegen** VT replier; *(krümmen)* recourber **umbilden** VT réorganiser; *Regierung* remanier
Umbildung F réorganisation *f*; remaniement *m*
umbinden VT *Krawatte, Schürze* mettre **umblättern** VI (u. VT) tourner **umblicken** VR → umsehen
umbrechen VT TYPO mettre en pages
umbringen A VT tuer; *(ermorden)* assassiner B VR **sich ~** se suicider
Umbruch M 1 *(Umwälzung)* bouleversement *m* 2 TYPO mise *f* en pages
umbuchen VT 1 *Reise, Flug* modifier la réservation de 2 FIN passer, transférer d'un compte à un autre
Umbuchung F 1 *e-r Reise, e-s Fluges* modification *f* de réservation 2 FIN transfert *m* d'un compte à un autre
umdatieren VT modifier la date de **umdenken** VI modifier sa façon de penser **umdisponieren** VI modifier ses projets
umdrehen A VT retourner; *Schlüssel* tourner B VI → umkehren C VR **sich ~** se (re)tourner
Umdrehung F *um e-e Achse* rotation *f*; *e-s Motors* tour *m* **Umdrehungszahl** F nombre *m* de tours
umeinander ADV *(gegenseitig)* l'un pour l'autre
umfahren[1] VT *(überfahren)* renverser
umfahren[2] VT *(um … herumfahren)* faire le tour de; contourner; SCHIFF *Kap* doubler
umfallen VI 1 tomber; se renverser; **tot ~** tomber mort 2 *umg pej (s-e Meinung ändern) umg* retourner sa veste; tourner casaque
Umfang M 1 *(äußerer Kreisumfang)* circonférence *f*; tour *m*; MATH *a.* périmètre *m* 2 *(Ausdehnung, Größe)* étendue *f (a. Stimmumfang)*; *e-s Buches* volume *m* 3 *fig (Ausmaß)* étendue *f*; envergure *f*; ampleur *f*; **in großem ~** dans une large mesure; **in vollem ~** dans toute son étendue, ampleur
umfangreich ADJ volumineux; *Wissen, Studien* étendu; vaste; ample
umfassen VT *fig* englober; comprendre; comporter **umfassend** ADJT *Kenntnisse* étendu; vaste
Umfeld N environnement *m*; **das soziale ~** l'environnement, le milieu social
umformen VT 1 transformer (**in** [+ *akk*], **zu** en); remodeler 2 ELEK convertir (**in** [+ *akk*] en)
Umformer M ELEK convertisseur *m*
Umfrage F enquête *f*; sondage *m*
umfüllen VT transvaser (**in** [+ *akk*] dans) **umfunktionieren** VT transformer (**in** [+ *akk*], **zu** en)
Umgang M 1 fréquentations *fpl*; rapports *mpl*; relations *fpl*; **mit j-m ~ haben, pflegen** avoir, entretenir des relations avec qn; fréquenter qn 2 *mit Werkzeug, Geld, Menschen* maniement *m* (**mit** de)
umgänglich ADJ sociable; agréable; liant
Umgangsformen FPL **gute ~ haben** avoir du savoir-vivre, de bonnes manières
Umgangssprache F langage familier **umgangssprachlich** ADJ familier
umgarnen VT **j-n ~** attirer, prendre qn dans ses filets
umgeben VT (u. VR) (**sich ~** s'entourer (**mit** de)
Umgebung F 1 alentours *mpl*; environs *mpl*; **unmittelbare ~** voisinage *m* 2 *(Milieu)* entourage *m*; milieu *m*; **in s-r gewohnten ~ sein** être dans son environnement
umgehen[1] VI 1 *Gerücht* courir; circuler; *Krankheit, Angst* se répandre 2 *Gespenst* **in e-m Haus ~** °hanter une maison 3 **mit etw ~** *Gegenstand* manipuler qc; *Werkzeug* se servir de qc; *Geld* manier qc; **er kann nicht mit Geld ~** il ne sait pas gérer son budget 4 *(behandeln)* **mit j-m umzugehen verstehen** savoir s'y prendre avec qn
umgehen[2] VT *(um … herumgehen)* contourner *(a. fig Gesetz)*; faire le tour de; *Schwierigkeit* éluder; esquiver
umgehend A ADJ immédiat B ADV immédiatement
Umgehung F contournement *m* **Umgehungsstraße** F route *f*, voie *f* de contournement; rocade *f*
umgekehrt A ADJT renversé; *(entgegengesetzt)* inverse; contraire; **im ~en Fall(e)** à l'inverse B ADVL inversement; **und ~** et vice versa
umgestalten VT 1 *Raum, Park* transformer 2 *fig* refondre; réorganiser
Umgestaltung F 1 transformation *f* 2 *fig* refonte *f*; réorganisation *f*
umgewöhnen VR **sich ~** changer d'habitudes; prendre de nouvelles habitudes
umgraben VT retourner; bêcher **umgruppieren** VT regrouper; grouper autrement
umhaben *umg* VT *Tuch, Uhr* porter
Umhang M pèlerine *f*; cape *f*
umhängen VT 1 *Mantel* mettre sur les épaules 2 *Bild* suspendre, accrocher ailleurs
Umhängetasche F sac *m* à bandoulière
umhauen VT 1 abattre à coups de hache 2 *umg fig (verblüffen)* renverser; *(fertigmachen) Hitze umg* tuer
umhegen *geh* VT dorloter
umher ADV çà et là; par-ci, par-là
umher… IN ZSSGN → **herum…**
umhergehen VI aller çà et là; déambuler **umherirren** VI errer; vagabonder **umherstreifen** VI, **umherziehen** VI rôder; vaga-

U

bonder
umhinkönnen VI **ich kann nicht umhin zu** (+ *inf*) je ne peux m'empêcher de (+ *inf*)
umhören VR **sich ~** se renseigner à droite et à gauche (**nach etw** sur qc)
umhüllen VT envelopper, recouvrir (**mit etw** de qc)
umjubeln VT **j-n ~** acclamer, fêter qn
Umkehr F retour *m* (*a. fig*)
umkehrbar ADJ réversible
umkehren A VT 1 (*umstülpen, wenden*) retourner 2 (*ins Gegenteil verkehren*) renverser B VI retourner en arrière; rebrousser chemin
umkippen A VT renverser B VI 1 se renverser; culbuter; basculer 2 *umg fig Stimmung* basculer 3 *umg fig* (*ohnmächtig werden*) *umg* tomber dans les pommes 4 ÖKOL **der See ist umgekippt** l'équilibre biologique du lac est rompu
umklammern VT étreindre; *fest* se cramponner à **Umklammerung** F étreinte *f*
umklappen VT rabattre
Umkleidekabine F cabine *f* (*im Kaufhaus* d'essayage, *zum Baden* de bain)
umkleiden *geh* VR **sich ~** se changer; changer de vêtements
Umkleideraum M vestiaire *m*
umknicken VI (**mit dem Fuß**) **~** se fouler le pied
umkommen VI 1 (**bei etw**) **~** périr, mourir (dans qc) 2 *umg fig* **vor Hitze** (*dat*) **~** *umg* crever de chaud
Umkreis M environs *mpl*; alentours *mpl*; **im ~ von zehn Metern** dans un rayon de dix mètres
umkreisen VT tourner autour de (*a. fig*)
umkrempeln VT *Ärmel* retrousser; *umg fig* changer complètement
umladen VT transborder
Umlage F contribution *f*
umlagern VT assiéger (*a. fig*)
Umland N environs *mpl*
Umlauf M 1 ASTRON révolution *f* 2 ADMIN (*Rundschreiben*) circulaire *f* 3 (*Kreislauf, Zirkulation*) circulation *f*; **im ~ sein** être en circulation; circuler; *nur Geld* avoir cours; **in ~ bringen** mettre en circulation; *nur Geld* émettre; *Falschgeld* écouler; *Gerücht* faire courir
Umlaufbahn F ASTRON orbite *f*
Umlaut M LING voyelle infléchie; inflexion *f* (vocalique)
umlegen VT 1 *Kette* mettre (autour de son cou) 2 *Kragen* rabattre; plier; *Hebel* manœuvrer 3 (*zum Liegen bringen*) coucher; (*fällen*) abattre 4 *umg fig* (*ermorden*) abattre; *umg* descendre 5 *Termin* remettre (**auf** [+ *akk*] à) 6 *Kosten* répartir (**auf** [+ *akk*] entre)
umleiten VT *Fluss, Verkehr* détourner; *Verkehr a.* dévier
Umleitung F détournement *m*; déviation *f*
umlernen VI 1 (*sich umstellen*) changer de méthode; (*umdenken*) changer sa façon de penser 2 (*umschulen*) se recycler
umliegend ADJ environnant
Umluft F TECH air pulsé
ummauern VT entourer d'un mur, de murs
ummelden A VT **sein Auto ~** changer de plaque d'immatriculation B VR **sich ~** faire une déclaration de changement de domicile
ummodeln VT modifier; transformer
Umnachtung *geh* F **geistige ~** aliénation mentale; folie *f*
umorganisieren VT réorganiser **umorientieren** VR **sich ~** se réorienter **umpacken** VT *Koffer* refaire **umpflanzen** VT transplanter **umpflügen** VT labourer **umpolen** VT ELEK inverser les pôles de **umprogrammieren** VT IT reprogrammer **umquartieren** VT loger ailleurs
umrahmen VT encadrer; *fig* **e-e Feier musikalisch ~** donner un cadre musical à une cérémonie
umranden VT border; encadrer **Umrandung** F bordure *f*; encadrement *m*
umräumen VT ranger, disposer autrement; *Zimmer* changer la disposition de
umrechnen VT *Währung, Maße* convertir (**in** [+ *akk*] en)
Umrechnungsfaktor M facteur *m*, coefficient *m* de conversion **Umrechnungskurs** M taux *m* de change **Umrechnungstabelle** F table *f* de conversion **Umrechnungsverhältnis** N taux *m* de conversion
umreißen[1] VT (*zu Boden reißen*) renverser
umreißen[2] VT (*darstellen*) esquisser
umrennen VT renverser (en courant)
umringen VT entourer
Umriss M contour(s) *m(pl)*; silhouette *f*; (*Skizze*) ébauche *f*; esquisse *f* (*beide a. fig*); **etw in groben ~en schildern** esquisser qc
umrühren VT remuer; brasser
umrüsten VT TECH **~** (**auf** [+ *akk*]) adapter (à)
ums = **um das**
umsägen VT *Baum* scier
umsatteln *umg fig* VI se reconvertir (**auf** [+ *akk*] dans)
Umsatz M chiffre *m* d'affaires **Umsatzbeteiligung** F participation *f* au chiffre d'affaires **Umsatzprämie** F prime *f* sur le chiffre d'affaires **Umsatzprovision** F commission *f* sur le chiffre d'affaires **Umsatzrückgang** M baisse *f* du chiffre d'affaires **Umsatzsteigerung** F augmentation *f* du chiffre d'affaires **Umsatzsteuer** F impôt *m* sur le chiffre

d'affaires
umsäumen *geh* VT border
umschalten A VT 1 ELEK commuter 2 *Maschine* inverser la marche de B VI RADIO changer de poste; TV changer de chaîne; RADIO, TV **wir schalten um nach Berlin** nous passons l'antenne à Berlin
Umschalttaste F touche *f* de majuscule
umschauen → umsehen
umschichten VT 1 *Gegenstände* changer la disposition de 2 *Finanzmittel* redistribuer; répartir autrement
Umschichtung F 1 *von Gegenständen* disposition (différente) 2 WIRTSCH *von Mitteln* répartition différente 3 *(Umstrukturierung)* restructuration *f*
umschiffen VT *Klippe, Insel* contourner; *Kap* doubler
Umschlag M 1 *(Briefumschlag)* enveloppe *f*; pli *m*; *(Buchumschlag)* jaquette *f*; couverture *f* 2 MED compresse *f*; **feuchter ~** enveloppement *m* 3 *(Güterumschlag)* transbordement *m* 4 MODE revers *m*
umschlagen A VT 1 *Kragen* rabattre; *Ärmel* retrousser 2 *Buchseite* tourner 3 HANDEL transborder B VI *Wetter, Meinung* (se) changer (subitement); *Wind, Glück* tourner; **in Gewalt** *(akk)* **~** dégénérer en violence
Umschlaghafen M port *m* de transbordement **Umschlagplatz** M lieu *m*, centre *m* de transbordement
umschließen VT 1 *(umgeben)* entourer 2 *(beinhalten)* renfermer
umschlingen VT **eng umschlungen** étroitement enlacés
umschmeißen *umg* VT → umwerfen **umschnallen** VT *Gürtel* boucler; *Degen* ceindre
umschreiben[1] VT 1 *Text* récrire 2 *Besitz* transférer (**auf** [+ *akk*] à)
umschreiben[2] VT *(anders ausdrücken)* exprimer par une périphrase **Umschreibung** F périphrase *f*; circonlocution *f*
Umschrift F LING **phonetische ~** transcription *f* phonétique
umschulden VT rééchelonner; convertir **Umschuldung** F rééchelonnement *m* d'une, de la dette
umschulen A VT 1 *Schulkind* envoyer à une autre école 2 *Berufstätige* recycler; reconvertir B VI se recycler, se reconvertir (**auf** [+ *akk*] dans le métier de)
Umschulung F 1 changement *m* d'école 2 reconversion *f*; recyclage *m*
umschütten VT *Glas* renverser
umschwärmen VT 1 *Insekten* voltiger autour de 2 *fig* **j-n ~** adorer qn
Umschweife PL **ohne ~** sans ambages; sans détour(s)
umschwenken VI *fig* changer d'opinion; faire volte-face
Umschwung M *fig* changement subit, brusque; POL renversement *m*
umsegeln VT faire le tour de ... en voilier
Umseg(e)lung F *e-r Klippe, e-s Kaps* passage *m*; HIST périple *m*
umsehen VR 1 **sich ~** regarder autour de soi; **sich an e-m Ort ~** explorer un lieu 2 **sich ~** *(zurücksehen)* se retourner (**nach j-m** sur qn) 3 **sich nach Arbeit ~** (re)chercher du travail
umseitig ADJ *u.* ADV au verso
umsetzen A VT 1 *an e-e andere Stelle* changer de place; déplacer; *Pflanzen* transplanter; *auf e-n anderen Arbeitsplatz* affecter à un autre (poste de) travail 2 *(anders setzen)* mettre, disposer autrement 3 **(in die Tat) ~** mettre en pratique; réaliser 4 *Waren* vendre B VR **sich ~** *(den Platz wechseln)* changer de place
Umsetzung F 1 *(Versetzen)* changement *m* de place; *(Umpflanzung)* transplantation *f* 2 *(Umwandlung)* conversion *f* (*a.* HANDEL), transformation *f* (**in** [+*akk*] en); MUS, *künstlerisch* transposition *f* 3 *(Verwirklichung)* mise *f* en pratique; réalisation *f*; mise *f* en œuvre
Umsicht F circonspection *f*; prudence *f* **umsichtig** A ADJ circonspect; prudent B ADV avec circonspection, réflexion
umsiedeln A VT *Personen* déplacer; transplanter B VI se transplanter (**nach Frankreich** en France)
Umsiedler M personne déplacée **Umsiedlung** F transfert *m*, déplacement *m* (de population); transplantation *f*
umso KONJ **~ größer** d'autant plus grand; **~ mehr** d'autant plus
umsonst ADV 1 *(kostenlos)* gratuitement; pour rien; gratis 2 *(vergebens)* en vain
umsorgen VT **j-n ~** entourer qn de ses soins
umspannen VT 1 **mit den Händen, Armen ~** étreindre avec ses mains, dans ses bras 2 *fig (beinhalten)* embrasser
Umspannwerk N ELEK station *f*, poste *m* de transformation
umspielen VT FUSSBALL dribbler
umspringen VI 1 *Ampel* **von ... auf** (+ *akk*) **~** passer de ... à 2 *umg pej* **mit j-m grob ~** traiter qn de façon cavalière
umspulen VT rembobiner
Umstand M 1 *(Gegebenheit)* circonstance *f*; *(Tatsache)* fait *m*; **die näheren Umstände** les détails *mpl*; **unter Umständen** le cas échéant; **unter allen Umständen** en tout cas; **in anderen Umständen sein** être enceinte 2 *meist pl* **Um-**

stände *(Förmlichkeiten)* cérémonies *fpl*; *(Gehabe)* façons *fpl*; **ohne Umstände** sans façon, cérémonies; **j-m Umstände machen** causer du dérangement à qn; **das macht keine Umstände** ça ne dérange pas

umständehalber ADV en raison des, par suite des circonstances

umständlich ADJ **1** *a. Person* compliqué **2** *(unpraktisch)* incommode **3** *(übergenau)* trop minutieux

Umstandsbestimmung F GRAM complément circonstanciel **Umstandskleid** N robe *f* de grossesse **Umstandskleidung** F vêtement *m* de grossesse **Umstandskrämer** *umg pej* M personne vétilleuse, pointilleuse, qui complique les choses inutilement **Umstandswort** N GRAM adverbe *m*

umstehend → umseitig

umsteigen V/I **1** changer (de train, de voiture, etc) **2** *umg fig* **~ auf** (+ *akk*) *Studium* se réorienter vers; **~ von … auf** (+ *akk*) passer de … à

umstellen¹ **A** V/T **1** *Möbel* placer, disposer autrement **2** *(anders ordnen)* changer l'ordre de **3** *Hebel* manœuvrer; *Uhr* changer l'heure de **4** **etw ~ auf** (+ *akk*) adapter qc à **B** V/I *(übergehen zu)* **~ auf** (+ *akk*) passer à; WIRTSCH se reconvertir dans **C** V/R **sich ~** s'adapter (**auf** [+ *akk*] à)

umstellen² V/T *Verbrecher, Haus* entourer; cerner

Umstellung F **1** *(das Sichumstellen)* changement *m* **2** *von Möbeln* changement *m* de place **3** WIRTSCH **~** (**auf** [+ *akk*]) réadaptation *f* (à); reconversion *f* (en) **4** *(Anpassung)* **~** (**auf** [+ *akk*]) adaptation *f* (à); *(Einführung)* adoption *f* (de)

umstimmen V/T **j-n ~** faire changer qn d'avis

umstoßen V/T **1** renverser **2** *fig Plan* bouleverser

umstritten ADJT controversé; contesté

Umwelt – l'environnement

Umwelt	**l'environnement** *m*
Umweltschutz	**l'écologie** *f*
Umweltschützer	**l'écologiste** *m*
sich engagieren	**s'engager**
Engagement	**l'engagement** *m*
aus Überzeugung handeln	**agir avec conviction**
Trinkwasser	**l'eau** *f* **potable**
Umweltverschmutzung	**la pollution**
verschmutzen	**polluer**
Ökosystem	**l'écosystème** *m*
Verseuchung	**la contamination**
Zerstörung	**la destruction**
Verschwinden	**la disparition**
Auspuffgase	**les gaz** *m/pl* **d'échappement**
saurer Regen	**les pluies** *f/pl* **acides**
Waldsterben	**la mort des forêts**
Spraydose	**la bombe aérosol**
Ozonschicht	**la couche d'ozone**
Treibhauseffekt	**l'effet** *m* **de serre**
Erwärmung der Erdatmosphäre	**le réchauffement de l'atmosphère**
bedrohen	**menacer**
Abfälle	**les déchets** *m/pl*
Hausmüll	**les ordures ménagères**
Mülltrennung	**le tri des ordures**
Mülldeponie	**la décharge**
wiederverwertbar	**recyclable**
wiederverwerten	**recycler**
Müllverwertungsanlage	**l'usine** *f* **de traitement des déchets**
Kompostierung	**le compostage**
Müllverbrennungsanlage	**l'usine** *f* **d'incinération des déchets**
natürliche Ressourcen	**les ressources naturelles**
verschwenden	**gaspiller**
Verschwendung	**le gaspillage**
Kohlendioxidausstoß	**l'émission** *f* **de gaz carbonique**
ein giftiger Stoff	**un produit toxique**
Umweltzerstörung	**la destruction de l'environnement**
Schäden	**les dégâts** *m/pl*
Rodung	**le déboisement**
abholzen	**déboiser**
erschließen	**aménager**
aufforsten	**reboiser**
renaturieren	**renaturer**

WORTFELDER

umstrukturieren VT restructurer; réorganiser
umstülpen VT 1 *Eimer* renverser 2 *Taschen* retourner
Umsturz M révolution *f*; subversion *f*
umstürzen A VT renverser B VI se renverser; verser; *Baum* s'abattre
Umstürzler M révolutionnaire *m*
umtaufen VT *umg fig* rebaptiser
Umtausch M échange *m*; *(Geldumtausch)* change *m*; ... **sind vom ~ ausgeschlossen** ... ne sont ni repris ni échangés
umtauschen VT échanger (**gegen** contre); *Geld* changer (**in** [+ *akk*] en)
Umtauschfrist F délai *m* d'échange **Umtauschrecht** N droit *m* d'échange
umtopfen VT GARTEN dépoter; rempoter
Umtrunk M *umg* pot *m*
umtun *umg* VR **sich nach etw, j-m ~** être à la recherche de qc, qn
umverteilen VT redistribuer; répartir autrement
Umverteilung F redistribution *f*; nouvelle répartition
umwälzen VT TECH faire circuler
umwälzend ADJT *fig* révolutionnaire **Umwälzpumpe** F TECH pompe *f* de circulation **Umwälzung** F *fig* bouleversement *m*
umwandeln VT changer, CHEM, PHYS, *fig* transformer (**in** [+ *akk*] en); *Strafe* commuer (**in** [+ *akk*] en); **sie war wie umgewandelt** elle était (comme) métamorphosée
Umwandlung F changement *m*, CHEM, PHYS, *fig* transformation *f* (**in** [+ *akk*] en); *e-r Strafe* commutation *f*
umwechseln VT *Geld* changer
Umweg M détour *m* (*a. fig*); **auf ~en** indirectement; de biais; **auf dem ~ über** (+ *akk*) par le biais de
Umwelt F environnement *m*
Umwelt... IN ZSSGN de l'environnement; écologique; éco- **Umweltbedingungen** FPL conditions *fpl* de l'environnement **Umweltbelastung** F nuisance(s) *f(pl)*; pollution *f* de l'environnement **Umweltbewegung** F écologisme *m*; mouvement *m* écologiste **umweltbewusst** ADJ respectueux de l'environnement **Umwelteinfluss** M influence *f* de l'environnement **Umweltfaktor** M facteur *m* écologique **umweltfeindlich** ADJ polluant; nuisible à l'environnement **Umweltforschung** F écologie *f* **umweltfreundlich** ADJ *Auto, Verpackung* non polluant; *Produkt, Vorrichtung* antipollution; *Maßnahme* écologique **Umweltgift** N polluant *m* toxique **Umweltkatastrophe** F catastrophe *f* écologique **Umweltkriminalität** F délits *mpl* d'atteinte à l'environnement **Umweltminister(in)** M(F) ministre *m* de l'Environnement **Umweltministerium** N ministère *m* de l'Environnement **Umweltpapier** N papier recyclé **Umweltpolitik** F politique *f* de l'environnement **Umweltschäden** MPL dégâts causés à l'environnement **umweltschädlich** ADJ polluant; nuisible à l'environnement **umweltschonend** ADJT écologique **Umweltschutz** M écologie *f*; protection *f* de l'environnement **Umweltschützer(in)** M(F) écologiste *m/f*; *umg* écolo *m/f* **Umweltsünder** *umg* M pollueur *m* **Umwelttechnik** F techniques *fpl* antipollution **Umweltverschmutzer** M pollueur *m* **Umweltverschmutzung** F pollution *f* (de l'environnement) **umweltverträglich** ADJ non polluant **Umweltverträglichkeit** F caractère non polluant **Umweltzeichen** N label vert **Umweltzerstörung** F destruction *f* de l'environnement, des milieux naturels
umwenden A VT tourner B VR **sich ~** se retourner
umwerben VT courtiser (*a. fig*)
umwerfen VT renverser (*a. fig*)
umwerfend *umg fig* ADJT renversant
umwickeln VT envelopper, entourer (**mit** de)
umzäunen VT entourer d'une clôture
umziehen A VT **j-n ~** changer les vêtements de qn B VR **sich ~** se changer C VI déménager (**in** [+ *akk*] dans; **nach** à, en)
umzingeln VT encercler; cerner
Umzug M 1 déménagement *m* 2 *(Festzug)* cortège *m*
UN ABK (United Nations) *(Vereinte Nationen)* PL **die ~** les Nations Unies
unabänderlich ADJ *Gesetz* invariable; *Entschluss* irrévocable; *Schicksal* inévitable
unabdingbar ADJ indispensable

Umzug — le déménagement

Umzug — le cortège

U

unabhängig A ADJ indépendant (**von** de); **von j-m ~ sein** ne pas dépendre de qn B ADV **~ von …** indépendamment de …

▶ unabhängig = indépendant

Wird anders geschrieben als englisch „independent".

FEHLERQUELLEN

Unabhängigkeit F indépendance *f* **Unabhängigkeitsbewegung** F mouvement *m* indépendantiste **Unabhängigkeitserklärung** F HIST déclaration *f* d'indépendance
unabkömmlich ADJ indisponible
unablässig ADJ continuel; perpétuel
unabsehbar ADJ *fig Folgen* imprévisible; incalculable
unabsichtlich A ADJ non intentionnel; involontaire B ADV sans intention
unabwendbar ADJ inévitable
unachtsam ADJ (*unaufmerksam*) inattentif; (*zerstreut*) distrait **Unachtsamkeit** F inattention *f*; distraction *f*
unähnlich ADJ dissemblable
unanfechtbar ADJ inattaquable
unangebracht ADJ déplacé **unangefochten** ADJ incontesté **unangemeldet** ADJ *Gast* inattendu; *Demonstration* sans préavis **unangemessen** ADJ inadéquat; *Ausdruck a.* impropre
unangenehm ADJ désagréable; (*peinlich*) gênant; **es ist mir sehr ~, dass** il m'est très désagréable de (+ *inf*); **~ werden** devenir (très) désagréable
unangetastet ADJ intact; **etw ~ lassen** ne pas toucher à qc
unangreifbar ADJ inattaquable (*a. fig*) **unannehmbar** ADJ inacceptable; irrecevable
Unannehmlichkeit F désagrément *m*; ennui *m*; **~en bekommen** avoir des ennuis, des désagréments
unansehnlich ADJ 1 (*unschön*) disgracieux; (*hässlich*) laid 2 *durch Abnutzung* défraîchi; **~ werden** se défraîchir
unanständig ADJ *Witz* inconvenant; indécent (*a. Personen, Verhalten*) **Unanständigkeit** F inconvenance *f*; indécence *f*
unantastbar ADJ inviolable; intangible
unappetitlich ADJ peu ragoûtant; (*unsauber*) pas très propre
Unart F mauvaise habitude; (*ungehöriges Betragen*) inconvenance *f* **unartig** ADJ *Kind* vilain; mal élevé
unästhetisch ADJ inesthétique **unaufdringlich** ADJ discret **unauffällig** ADJ discret; *Äußeres* effacé
unauffindbar ADJ introuvable
unaufgefordert ADV sans y avoir été invité; de son propre chef
unaufhaltsam ADJ qu'on ne peut arrêter; irrésistible **unaufhörlich** A ADJ continuel; incessant B ADV sans cesse **unauflösbar** ADJ indissoluble
unaufmerksam ADJ inattentif; (*zerstreut*) distrait **Unaufmerksamkeit** F inattention *f*; distraction *f*
unaufrichtig ADJ hypocrite; dissimulé
unaufschiebbar ADJ qu'on ne peut remettre, différer; (*dringend*) pressant; urgent
unausbleiblich ADJ inévitable
unausgefüllt ADJ *Leben* vide
unausgeglichen ADJ mal équilibré **Unausgeglichenheit** F 1 *der Bilanz* déséquilibre *m* 2 *des Charakters* manque *m* d'équilibre
unausgegoren ADJ *fig pej* pas encore mûr
unausgewogen ADJ mal équilibré
unauslöschlich *geh* ADJ *Eindruck* indélébile; ineffaçable **unausrottbar** ADJ indéracinable **unaussprechlich** ADJ *fig Glück, Elend* inexprimable; indicible **unausstehlich** ADJ insupportable; odieux **unausweichlich** ADJ inévitable
unbändig ADJ 1 *Temperament* indomptable 2 *Freude* exubérant; effréné; *Zorn, Gelächter* fou
unbarmherzig ADJ impitoyable
unbeabsichtigt ADJ involontaire
unbeachtet A ADJ inaperçu; ignoré B ADV **~ lassen** ne pas faire attention à
unbeanstandet A ADJ incontesté B ADV sans contestation, opposition
unbeantwortet ADJ **~ bleiben** rester sans réponse
unbearbeitet ADJ non travaillé; brut **unbeaufsichtigt** ADJ non surveillé; sans surveillance **unbebaut** ADJ 1 AGR inculte; non cultivé 2 *Baugelände* non bâti **unbedacht** ADJ inconsidéré; (*unüberlegt*) irréfléchi **unbedarft** ADJ naïf; inexpérimenté **unbedenklich** ADJ *u.* ADV sans risque, danger **unbedeutend** ADJ peu important; insignifiant; *Einzelheit* négligeable
unbedingt A ADJ *Vertrauen, Zuverlässigkeit* absolu B ADV (*auf jeden Fall*) en tout cas; à tout prix; absolument
unbefahrbar ADJ *Straße* impraticable
unbefangen A ADJ 1 (*unparteiisch*) impartial 2 (*natürlich*) naturel; (*ungehemmt*) *umg* sans complexes B ADV 1 sans parti pris 2 avec naturel; *umg* sans complexes **Unbefangenheit** F 1 impartialité *f* 2 naturel *m*

U

unbefleckt *geh fig* ADJ sans tache; *(rein)* pur; *(jungfräulich)* vierge; KATH **die Unbefleckte Empfängnis** l'Immaculée Conception

unbefriedigend ADJ peu satisfaisant **unbefriedigt** ADJ insatisfait *(a. sexuell)*; mécontent **unbefristet** ADJ de durée illimitée; *Streik* illimité

unbefugt A ADJ non autorisé; **Zutritt für Unbefugte verboten!** entrée interdite à toute personne étrangère au service B ADV sans autorisation

unbegabt ADJ sans talent; peu doué

unbegreiflich ADJ incompréhensible; inconcevable

unbegrenzt A ADJ illimité B ADV sans limites, bornes **unbegründet** ADJ non fondé; injustifié

Unbehagen N embarras *m*; malaise *m*

unbehaglich A ADJ 1 incommode 2 *fig* embarrassé B ADV **sich ~ fühlen** se sentir mal à l'aise

unbehandelt ADJ *Lebensmittel, Infektion* non traité **unbehelligt** ADJ *u.* ADV sans être importuné

unbeherrscht A ADJ 1 *Person* qui ne sait pas se maîtriser 2 *Reaktion* incontrôlé B ADV sans aucune maîtrise, aucun contrôle **Unbeherrschtheit** F manque *m* de maîtrise (de soi)

unbeholfen ADJ maladroit; gauche; *(plump)* lourd **Unbeholfenheit** F maladresse *f*; gaucherie *f*; *(Plumpheit)* lourdeur *f*

unbeirrbar ADJ *(u.* ADV*)* inébranlable(ment); imperturbable(ment) **unbeirrt** ADV sans se laisser détourner, déconcerter

unbekannt A ADJ inconnu (**j-m** à, de qn); ignoré; **das ist mir ~** je l'ignore; je n'en sais rien; JUR **Anzeige** *f* **gegen Unbekannt (erstatten)** (déposer une) plainte contre X B ADV **~ verzogen** parti sans laisser d'adresse

Unbekannte(r) M/F(M) inconnu(e) *m(f)*; MATH **Unbekannte** *f* inconnue *f*

unbekleidet ADJ nu **unbekümmert** ADJ insouciant **unbelastet** ADJ 1 *fig (sorgenfrei)* sans soucis 2 *fig (ohne Schuld)* non fautif 3 FIN *Grundstück* non grevé d'hypothèques

unbelehrbar ADJ incorrigible

unbeleuchtet ADJ 1 non éclairé 2 *Fahrzeug* tous feux éteints **unbelichtet** ADJ FOTO non exposé, impressionné

unbeliebt ADJ qui n'est pas aimé; *Vorgesetzter, Kollege* impopulaire (**bei** auprès de, parmi) **Unbeliebtheit** F impopularité *f*

unbemannt ADJ RAUMFAHRT non habité; SCHIFF sans équipage

unbemerkt ADV sans être remarqué; **~ bleiben** passer inaperçu

unbenommen ADJ **es ist, bleibt Ihnen ~ zu** (+ *inf*) vous serez toujours libre de (+ *inf*); libre à vous de (+ *inf*)

unbenutzt ADJ inutilisé; inemployé; *(neu)* neuf **unbeobachtet** A ADJ qui n'est pas observé, surveillé B ADV sans que personne y prête attention

unbequem ADJ 1 *Sessel, Haltung* incommode; inconfortable 2 *fig (lästig) Frage* embarrassant; gênant; *Mensch* pas commode; difficile; **ein ~er Autor** un auteur dérangeant

Unbequemlichkeit F incommodité *f*; manque *m* de confort

unberechenbar ADJ 1 incalculable; imprévisible 2 *(sprunghaft)* déconcertant

unberechtigt ADJ 1 *Person* non autorisé 2 *Forderung* non fondé **unberechtigterweise** ADV sans autorisation; sans justification

unberücksichtigt ADJ **etw ~ lassen** ne pas tenir compte de qc

unberührt ADJ intact; *Mädchen, Natur* vierge; **von etw ~ bleiben** ne pas être touché par qc

unbeschadet PRÄP sans préjudice de; *(trotz)* malgré **unbeschädigt** ADJ non endommagé; intact **unbeschäftigt** ADJ inoccupé; désœuvré **unbescheiden** ADJ qui manque de modestie; présomptueux; *Forderung* exagéré **unbescholten** ADJ intègre; JUR sans antécédents judiciaires **unbeschrankt** ADJ *Bahnübergang* non gardé **unbeschränkt** ADJ illimité

unbeschreiblich A ADJ indescriptible; *(außerordentlich)* extraordinaire B ADV *(sehr)* extrêmement; infiniment

unbeschrieben ADJ *Blatt, Seite* blanc; vierge **unbeschwert** ADJ *Gewissen* net; *(sorglos)* sans souci

unbesehen ADV sans examen (préalable); sans l'avoir vu

unbesetzt ADJ *Stelle, Posten* vacant; *Schalter* fermé

unbesiegbar ADJ invincible

unbesiegt ADJ invaincu

unbesonnen ADJ inconsidéré; irréfléchi; *(leichtsinnig)* étourdi; léger **Unbesonnenheit** F 1 *Eigenschaft* irréflexion *f*; *(Leichtsinn)* étourderie *f* 2 *Handlung* étourderie *f*

unbesorgt ADJ sans souci; **seien Sie ~!** soyez tranquille, sans inquiétude!

unbespielt ADJ *Kassette* vierge **unbeständig** ADJ *Mensch* inconstant; *(labil)* instable *(a. Wetter)*; *in der Leistung* irrégulier **unbestätigt** ADJ *Nachricht* non confirmé **unbestechlich** ADJ 1 incorruptible 2 *fig* intègre **unbestimmt** ADJ 1 *(nicht festgelegt)* indéterminé *(a.* MATH*)*; indéfini

U

(*a.* GRAM); vague **2** (*unsicher*) incertain
unbestreitbar ADJ incontestable; indéniable
unbestritten ADJ incontesté
unbeteiligt **A** ADJ **1** (*passiv*) étranger (**an** [+ *dat*] à); **ein Unbeteiligter** une personne non concernée, non impliquée **2** (*gleichgültig*) indifférent **B** ADV avec indifférence
unbetont ADJ inaccentué; atone **unbeträchtlich** ADJ peu considérable
unbeugsam ADJ *Wille, Stolz* inflexible
unbewacht ADJ *Person* non surveillé; *Parkplatz* non gardé **unbewaffnet** ADJ non armé; sans armes **unbewältigt** ADJ *Vergangenheit* non assumé
unbeweglich **A** ADJ (*nicht zu bewegen*) immobile; *Feiertag* fixe; *Gesicht* impassible; (*steif*) raide; *geistig* qui manque de souplesse **B** ADV **~ dastehen** se tenir immobile
Unbeweglichkeit F immobilité *f*
unbewegt ADJ *Gesicht* impassible
unbeweisbar ADJ sans preuve(s); indémontrable
unbewiesen ADJ non prouvé, démontré
unbewohnbar ADJ inhabitable
unbewohnt ADJ inhabité; (*leer stehend*) vide **unbewusst** ADJ inconscient
unbezahlbar ADJ **1** (*unerschwinglich*) °hors de prix; *Preis* inabordable **2** *fig* (*unersetzlich*) **~ sein** valoir de l'or; *fig hum* **du bist einfach ~!** tu es impayable!
unbezahlt ADJ *Rechnung* impayé; non réglé; *Arbeit* non rémunéré, rétribué
unbezähmbar ADJ indomptable **unbezwingbar** ADJ invincible
unblutig **A** ADJ non sanglant (*a.* MED *Eingriff*) **B** ADV sans effusion de sang
unbrauchbar ADJ inutilisable **unbürokratisch** ADJ *u.* ADV sans paperasserie, formalités **unchristlich** ADJ peu chrétien; indigne d'un chrétien
und KONJ et; *bei negativer Verbindung* ne … ni … ni; **kein Brot ~ kein Geld haben** n'avoir ni pain ni argent; **~ so weiter** et ainsi de suite; et cetera; **(immer) größer ~ größer** de plus en plus grand; **lauf hin ~ sag es ihm!** cours le lui dire!; *umg* **der ~ Angst haben!** lui, avoir peur!
Undank M ingratitude *f* **undankbar** ADJ ingrat (**gegenüber j-m** envers qn) **Undankbarkeit** F ingratitude *f*
undatiert ADJ non daté; sans date
undefinierbar ADJ indéfinissable
undemokratisch ADJ antidémocratique
undenkbar ADJ inimaginable; impensable
undeutlich ADJ **1** indistinct (*a. Aussprache*); *Schrift* peu lisible; illisible **2** *fig* (*ungenau*) confus; vague; indistinct
undicht ADJ *Fenster* qui joint mal; *Fass, Dach* non étanche; **e-e ~e Stelle** une fuite (*a. fig*)
Unding N **das ist ein ~** c'est une absurdité, un non-sens
undiszipliniert ADJ indiscipliné **unduldsam** ADJ intolérant
undurchdringlich ADJ impénétrable (*a. fig*) **undurchführbar** ADJ impraticable; infaisable
undurchlässig ADJ *für Wasser* imperméable; *für Luft* hermétique **undurchsichtig** ADJ **1** opaque **2** *fig Charakter* impénétrable; *Geschäfte* trouble; louche
uneben ADJ inégal; *Fläche* raboteux; *Gelände a.* accidenté **unecht** ADJ **1** *Schmuck* faux; en simili; *Haar* postiche **2** (*vorgetäuscht*) simulé; faux **unehelich** ADJ illégitime; naturel **unehrenhaft** *geh* ADJ déshonorant
unehrlich ADJ malhonnête; déloyal; (*unaufrichtig*) de mauvaise foi **Unehrlichkeit** F malhonnêteté *f*; déloyauté *f*
uneigennützig **A** ADJ désintéressé; altruiste **B** ADV avec désintéressement **uneingeschränkt** **A** ADJ illimité; *Macht* absolu **B** ADV sans restriction **uneinheitlich** ADJ qui manque d'unité; hétérogène
uneinig ADJ en désaccord (**mit j-m** avec qn; **in** [+ *dat*], **über** [+ *akk*] sur) **Uneinigkeit** F désaccord *m*
uneinnehmbar ADJ *Festung* imprenable; inexpugnable
uneins ADJ → uneinig **unempfänglich** ADJ insensible, inaccessible (**für** à)
unempfindlich ADJ **1** insensible (**gegenüber** à) **2** *fig* (*gleichgültig*) impassible; *Stoff* résistant **Unempfindlichkeit** F insensibilité *f* (*a. fig*)
unendlich **A** ADJ infini (*a. fig*, MATH); (*unermesslich*) immense **B** ADV **~ klein** infiniment petit; infinitésimal
Unendlichkeit F **1** infinité *f*; immensité *f* **2** *fig umg, geh* (*Ewigkeit*) éternité *f*
unentbehrlich ADJ indispensable (**für j-n, etw** à qn, qc)
unentgeltlich ADJ gratuit; bénévole
unentrinnbar *geh* ADJ inévitable; inéluctable
unentschieden **A** ADJ **1** indécis; *Frage a.* en suspens; (*noch schwebend*) pendant **2** SPORT nul **B** ADV SPORT **~ spielen** faire match nul
Unentschieden N SPORT égalité *f* de points; match nul
unentschlossen ADJ irrésolu; indécis **Unentschlossenheit** F irrésolution *f*; indécision *f*
unentschuldbar ADJ inexcusable
unentschuldigt **A** ADJ *Fehlen* non excusé **B** ADV **~ fehlen** être absent sans excuse

U

unentwegt A ADJ 1 *(beharrlich)* inébranlable 2 *(ständig)* continuel B ADV 1 *(beharrlich)* inlassablement 2 *(ständig)* sans cesse
unentwirrbar ADJ *a. fig* inextricable
unerbittlich ADJ inexorable; *(erbarmungslos)* impitoyable
unerfahren ADJ inexpérimenté; sans expérience **Unerfahrenheit** F inexpérience *f*
unerfindlich *geh* ADJ inexplicable
unerforscht ADJ inexploré **unerfreulich** A ADJ peu réjouissant; désagréable B ADV de façon désagréable, déplaisante
unerfüllbar ADJ *Wunsch* irréalisable
unerfüllt ADJ *Leben* non rempli; *Wunsch* irréalisé
unergiebig ADJ improductif *(a. fig)*
unergründlich ADJ insondable; impénétrable
unerheblich ADJ insignifiant
unerhört ADJ 1 *(unglaublich)* inouï 2 *(sehr groß)* inouï; extraordinaire
unerkannt ADV sans être reconnu; **~ bleiben** rester ignoré
unerklärlich ADJ inexplicable **unerlässlich** ADJ indispensable
unerlaubt A ADJ non autorisé; illicite; *(illegal)* illégal B ADV sans autorisation **unerledigt** ADJ *Arbeit* inachevé; en souffrance; *Post* (qui reste) à faire
unermesslich ADJ immense; énorme **unermüdlich** A ADJ infatigable; inlassable B ADV inlassablement **unerreichbar** ADJ °hors d(e l)'atteinte (**für** de); inaccessible (à)
unerreicht ADJ inégalé; sans égal
unersättlich ADJ *a. fig* insatiable
unerschlossen ADJ *(nicht verwertet)* inexploité; *(unerforscht)* inexploré
unerschöpflich ADJ inépuisable
unerschrocken ADJ intrépide
unerschütterlich ADJ inébranlable; imperturbable **unerschwinglich** ADJ *Waren* °hors de prix; *Preise* exorbitant **unersetzlich** ADJ irremplaçable; *Verlust* irréparable **unerträglich** ADJ insupportable; intolérable
unerwähnt ADJ non mentionné; **etw ~ lassen** passer qc sous silence
unerwartet A ADJ inattendu; *(unverhofft)* inespéré B ADV à l'improviste; **das kommt für mich ~** je ne m'y attendais pas
unerwidert ADJ **~ bleiben** rester sans réponse; **~e Liebe** amour non partagé
unerwünscht ADJ indésirable
UNESCO ABK (United Nations Educational, Scientific and Cultural Organization, Organisation der Vereinten Nationen für Erziehung, Wissenschaft u. Kultur) **die ~** l'Unesco *f*
unfähig ADJ 1 incapable (**zu** de) 2 *pej* incompétent **Unfähigkeit** F 1 incapacité *f* (**zu** de) 2 *pej* incompétence *f*
unfair ADJ déloyal (**gegenüber** envers)
Unfall M accident *m* **Unfallarzt** M médecin *m* du SAMU, du service des urgences **Unfallflucht** F délit *m* de fuite **Unfallfolgen** FPL séquelles *fpl* d'un, de l'accident **unfallfrei** ADJ *u.* ADV sans accident **Unfallgefahr** F risque *m* d'accident(s) **Unfallkrankenhaus** N centre *m*, clinique *f* de traumatologie **Unfallmeldung** F déclaration *f* d'accident **Unfallopfer** N victime *f* (d'un accident) **Unfallort** M lieu *m* de l'accident **Unfallstation** F service *m* des urgences; SAMU *m* **Unfallstatistik** F statistique *f* des accidents **Unfallstelle** F lieu *m* de l'accident **Unfalltod** M mort accidentelle **Unfallursache** F cause *f* d'un accident **Unfallversicherung** F assurance *f* contre les accidents **Unfallwagen** M 1 *(Rettungswagen)* ambulance *f* 2 *(durch e-n Unfall beschädigter Wagen)* voiture accidentée
unfassbar ADJ 1 incompréhensible 2 *(unglaublich)* inconcevable; incroyable **unfehlbar** ADJ infaillible; *Instinkt* sûr **Unfehlbarkeit** F infaillibilité *f* **unfein** ADJ *Benehmen* peu délicat; indélicat; peu raffiné **unfertig** ADJ 1 inachevé 2 *fig (unreif)* immature
unflätig *geh pej* ADJ ordurier
unförmig ADJ *(formlos)* informe; *(missgestaltet)* difforme; mal fait **unfrankiert** ADJ non affranchi; en port dû **unfrei** ADJ 1 *Volk, Person* qui n'est pas libre 2 *(gehemmt) umg* inhibé; complexé 3 *(unfrankiert)* en port dû **unfreiwillig** ADJ 1 *(unbeabsichtigt)* involontaire 2 *(erzwungen)* forcé
unfreundlich A ADJ peu aimable; désobligeant; maussade *(a. Wetter)*; *(feindselig)* inamical; *(abweisend)* rébarbatif; *Haus, Stadt* inhospitalier B ADV de manière, façon peu aimable, inamicale, désobligeante **Unfreundlichkeit** F caractère *m* revêche, maussade; *Verhalten* manières peu aimables, désobligeantes
Unfriede(n) M discorde *f*
UN-Friedenstruppen FPL troupes *fpl* de l'ONU, des Nations Unies
unfruchtbar ADJ stérile; infécond; infertile *(alle a. fig)* **Unfruchtbarkeit** F stérilité *f*; infécondité *f*; infertilité *f*
Unfug M bêtise *f*; JUR **grober ~** acte *m* provoquant un trouble de l'ordre public; **~ treiben** faire des bêtises
Ungar(in) M(F) °Hongrois(e) *m(f)* **ungarisch** ADJ °hongrois
Ungarn N la Hongrie

U

ungastlich ADJ inhospitalier (*a. fig*)
ungeachtet *geh* PRÄP malgré; en dépit de **ungeahnt** ADJ insoupçonné; inattendu **ungebeten** ADJ non invité **ungebildet** ADJ inculte; illettré **ungeboren** ADJ (encore) à naître **ungebräuchlich** ADJ inusité; rare **ungebraucht** ADJ inutilisé **ungebrochen** ADJ *fig* non abattu **ungebührlich** *geh* ADJ peu convenable; inconvenant **ungebunden** ADJ *Person* libre (de tout lien); (*ledig*) célibataire **ungedeckt** ADJ 1 FIN à découvert; *Scheck* sans provision 2 MIL sans protection; (à) découvert; SPORT démarqué
Ungeduld F impatience *f*
ungeduldig ADJ impatient; ~ **werden** s'impatienter
ungeeignet ADJ *Sachen* impropre (**zu, für** à); *Person* inapte (à); *Augenblick* inopportun
ungefähr A ADJ approximatif B ADV à peu près; environ; ~ **dreißig** une trentaine (de); **so** ~ plus ou moins
ungefährlich ADJ sans danger; non dangereux (**für** pour); (*harmlos*) inoffensif **ungefragt** ADV sans avoir été interrogé; sans en avoir été prié
ungehalten *geh* ADJ ~ **sein** être fâché, irrité (**über j-n, etw** contre qn, de qc)
ungeheizt ADJ non chauffé **ungehemmt** A ADJ 1 qui n'est pas entravé 2 (*ohne Hemmungen*) sans complexe B ADV 1 sans entraves 2 sans complexe
ungeheuer A ADJ énorme; monstrueux B ADV extrêmement; énormément
Ungeheuer N monstre *m* (*a. fig*)
ungeheuerlich ADJ *pej* monstrueux; (*empörend*) révoltant **Ungeheuerlichkeit** F monstruosité *f*; *a. Äußerung* infamie *f*
ungehindert A ADJ libre B ADV sans (en) être empêché; librement **ungehobelt** ADJ *fig* grossier **ungehörig** ADJ *Betragen* inconvenant; *Bemerkung* fâcheux **ungehorsam** ADJ désobéissant
Ungehorsam M désobéissance *f*
ungeklärt ADJ 1 non éclairci; obscur; *Ursache* inexpliqué 2 *Abwässer* non traité
ungekündigt ADJ **in ~er Stellung sein** être encore, toujours en poste
ungekünstelt ADJ sans affectation **ungekürzt** A ADJ *Text* non abrégé; complet; *Ausgabe a.* intégral; *Film* en version intégrale B ADV en entier **ungeladen** ADJ 1 *Waffe* non chargé 2 *Gast* non invité
ungelegen ADJ *Zeitpunkt* indu; inopportun; *Besuch* importun; **j-m ~ kommen** déranger qn
Ungelegenheit F **j-m ~en bereiten** importuner, déranger qn
ungelernt ADJ *Arbeiter* non qualifié **ungelogen** *umg* ADV sans mentir
ungemein A ADJ énorme; extraordinaire B ADV extrêmement
ungemütlich ADJ *Ort* peu accueillant; *Wetter* vilain; *umg* ~ **werden** *Person* devenir désagréable
ungenannt ADJ qui n'est pas nommé; anonyme; ~ **bleiben** rester anonyme
ungenau A ADJ 1 inexact; imprécis 2 *Erinnerung, Vorstellung* vague; flou B ADV 1 sans précision 2 *arbeiten* sans soin **Ungenauigkeit** F inexactitude *f*; imprécision *f*
ungeniert ADJ *u.* ADV sans-gêne (! unveränderlich)
ungenießbar ADJ 1 *Speise* immangeable; *Getränk* imbuvable; *Pilz* non comestible 2 *umg fig* insupportable; *umg* imbuvable **ungenügend** ADJ 1 insuffisant; *Leistung* peu satisfaisant 2 *Schulnote* → Sechs
ungenutzt, ungenützt A ADJ inutilisé B ADV *Gelegenheit* **ungenutzt, ungenützt lassen** laisser passer
ungepflegt ADJ négligé
ungerade ADJ *Zahl* impair
ungerecht ADJ injuste **ungerechtfertigt** ADJ non justifié; injustifié **Ungerechtigkeit** F injustice *f*
ungeregelt ADJ non réglé; *Leben* déréglé **ungereimt** ADJ *fig pej* illogique; confus
ungern ADV à contrecœur; **ich tue das ~** je ne le fais pas volontiers
ungerührt A ADJ impassible B ADV sans émotion **ungesalzen** ADJ non salé **ungesättigt** ADJ CHEM non saturé
ungeschehen ADJ **das lässt sich nicht (mehr) ~ machen** ce qui est fait est fait
Ungeschicklichkeit F maladresse *f*; gaucherie *f* **ungeschickt** ADJ maladroit; inhabile; (*linkisch*) gauche **ungeschliffen** ADJ 1 TECH non taillé; brut 2 *fig pej* impoli; grossier **ungeschminkt** ADJ sans fard (*a. fig*)
ungeschoren ADJ *u.* ADV *fig* **j-n ~ lassen** épargner qn; ~ **davonkommen** s'en tirer sans dommage
ungeschrieben ADJ *fig* **ein ~es Gesetz** une règle établie
ungeschützt ADJ 1 non protégé 2 *gegen Wind u. Wetter* non abrité **ungesellig** ADJ insociable **ungesetzlich** ADJ illégal **Ungesetzlichkeit** F illégalité *f* **ungesittet** ADJ grossier **ungestört** A ADJ non troublé B ADV en paix; sans être dérangé **ungestraft** ADJ impuni
ungestüm *geh* ADJ impétueux; fougueux; (*heftig*) véhément
ungesund ADJ 1 malsain (*a. fig*); *Luft, Wohnung*

U

insalubre; **Rauchen ist ~** fumer nuit à la santé **2** *Aussehen* maladif
ungeteilt ADJ **1** non divisé, partagé **2** *fig Zustimmung* unanime **ungetrübt** ADJ serein; *Glück a.* sans nuage
Ungetüm N monstre *m*
ungeübt ADJ qui manque d'exercice, d'entraînement; non exercé **ungewaschen** ADJ non lavé
ungewiss ADJ incertain; **j-n (über etw** [*akk*]**) im Ungewissen lassen** laisser qn dans l'incertitude (au sujet de qc)
Ungewissheit F incertitude *f*
ungewöhnlich **A** ADJ extraordinaire; inhabituel; (*seltsam*) étrange; singulier **B** ADV **~ schön** d'une beauté peu commune, extraordinaire
ungewohnt ADJ *Anblick, Umgebung, Arbeit* inhabituel; inaccoutumé **ungewollt** ADJ non voulu; involontaire **ungezählt** ADJ non compté
Ungeziefer N vermine *f*
ungezogen ADJ mal élevé; (*frech*) insolent; impertinent **ungezügelt** ADJ sans frein; effréné
ungezwungen **A** ADJ *Benehmen* non affecté; non guindé; simple; *Unterhaltung* naturel **B** ADV sans contrainte, affectation **Ungezwungenheit** F aisance *f* (des manières)
ungläubig ADJ **1** incrédule; sceptique **2** REL incroyant; infidèle **Ungläubige(r)** M/F(M) REL incroyant(e) *m(f)*; infidèle *m/f*
unglaublich ADJ incroyable; (*unerhört*) inouï
unglaubwürdig ADJ *Geschichte* incroyable; *Zeuge* peu digne de foi
ungleich ADJ **1** *Kampf, Bedingungen* inégal **2** (*verschieden*) différent; (*unähnlich*) dissemblable **Ungleichgewicht** N déséquilibre *m* **ungleichmäßig** ADJ inégal; irrégulier
Unglück N malheur *m*; *im Leben a.* adversité *f*; (*Pech*) malchance *f*; (*Unfall*) accident *m*; (*Zugunglück, Flugzeugunglück*) catastrophe *f*; *durch Naturkatastrophe* calamité *f*; **j-n ins ~ stürzen** précipiter qn dans le malheur; **(j-m) ~ bringen** porter malheur (à qn); **zu allem ~** pour comble de malheur
unglücklich **A** ADJ **1** malheureux; *Person a.* malchanceux; **(sich) ~ machen** (se) rendre malheureux **2** (*ungünstig*) malencontreux; (*verhängnisvoll*) funeste; fatal **B** ADV (*ungünstig*) mal; **~ verliebt sein** éprouver un amour non partagé
unglücklicherweise ADV malheureusement; malencontreusement **unglückselig** ADJ (*verhängnisvoll*) funeste; désastreux
Unglücksfall M accident *m* **Unglücksrabe** *umg* M malchanceux, -euse *m,f* **Unglückstag** M jour *m* de malheur; jour *m* néfaste
Ungnade F **(bei j-m) in ~** (*akk*) **fallen** tomber en disgrâce (auprès de qn)
ungnädig ADJ sans bienveillance
ungültig ADJ non valable; *Fahrkarte, Pass* périmé; *Geld* qui n'a pas, plus cours; *Stimme*, JUR nul; **für ~ erklären** annuler; JUR invalider
Ungültigkeit F JUR nullité *f*
Ungunsten PL **zu j-s ~** au préjudice, détriment, désavantage de qn
ungünstig ADJ *Wetter, Bescheid* défavorable; *Urteil, Lage* désavantageux; **im ~sten Falle** au pire
ungut ADJ **ich habe ein ~es Gefühl dabei** ça ne me dit rien qui vaille; **nichts für ~!** ne m'en veuillez pas!
unhaltbar ADJ **1** *Zustand* insupportable **2** *Argument* insoutenable **3** SPORT *Ball* imparable
unhandlich ADJ peu maniable
Unheil N grand malheur; calamité *f*; **~ anrichten** causer de grands malheurs
unheilbar ADJ incurable; inguérissable **unheilvoll** ADJ funeste; *Entwicklung* néfaste
unheimlich **A** ADJ **1** sinistre; (*Angst einflößend*) inquiétant; *plus fort* angoissant; **das ist mir ~** ça me donne le frisson **2** *umg* (*außerordentlich*) énorme; *umg* terrible **B** ADV *umg* (*sehr*) énormément; *umg* terriblement
unhöflich ADJ impoli **Unhöflichkeit** F impolitesse *f*
Unhold M **1** *im Märchen* esprit malin **2** *fig Mensch* monstre *m*
unhörbar ADJ imperceptible (à l'oreille); inaudible
unhygienisch ADJ peu hygiénique
uni ADJ (*einfarbig*) uni
Uni *umg* F *umg* fac *f*
UNICEF ABK (United Nations International Children's Emergency Fund, Weltkinderhilfswerk der Vereinten Nationen) **die ~** l'UNICEF *m*
Uniform F uniforme *m* (! maskulin); tenue *f*
uniformiert ADJT en uniforme
Unikat N seul et unique exemplaire
Unikum N *umg Mensch umg* numéro *m*; *umg* phénomène *m*
uninteressant ADJ peu, non intéressant; sans intérêt **uninteressiert** ADJ indifférent; détaché
Union F union *f*; **Europäische ~** Union européenne
Universalerbe M, **Universalerbin** F légataire universel, -elle
universell ADJ universel
Universität F université *f*
Universitäts... IN ZSSGN universitaire **Universitätsbibliothek** F bibliothèque *f* uni-

versitaire, de l'université **Universitätsklinik** F clinique *f* universitaire **Universitätsprofessor(in)** M(F) professeur *m/f* d'université **Universitätsstadt** F ville *f* universitaire **Universitätsstudium** N études *fpl* universitaires

Universum N univers *m*

Unke F ZOOL crapaud *m*

unken V/I prédire le pire

unkenntlich ADJ méconnaissable

Unkenntlichkeit F **bis zur ~ entstellt** complètement défiguré

Unkenntnis F ignorance *f*; **in ~ der Gefahr** dans l'ignorance du danger

unklar ADJ **1** *Angaben* imprécis; *Geräusch, Umrisse* indistinct **2** (*ungewiss*) incertain; vague; **j-n im Unklaren lassen** laisser qn dans le vague, l'incertitude (**über etw** [*akk*] au sujet, à propos de qc) **3** (*unerklärlich*) inexplicable

Unklarheit F imprécision *f*; manque *m* de précision; (*Unverständlichkeit*) manque *m* de clarté; (*Ungewissheit*) incertitude *f*; **~en beseitigen** donner des éclaircissements, des précisions

unklug ADJ pas très intelligent **unkollegial** ADJ qui ne se fait pas entre collègues **unkompliziert** ADJ peu compliqué; (*einfach*) simple **unkontrollierbar** ADJ incontrôlable **unkontrolliert** ADJ incontrôlé **unkonventionell** ADJ non conventionnel **unkonzentriert** ADJ déconcentré; inattentif **unkorrekt** ADJ incorrect

Unkosten PL frais *mpl*; (*Ausgaben*) dépenses *fpl*; JUR dépens *mpl*; *umg* **sich in ~** (*akk*) **stürzen** se mettre en frais

Unkostenvergütung F remboursement *m* des frais

Unkraut N mauvaise(s) herbe(s) **Unkrautvertilgungsmittel** N herbicide *m*

unkritisch ADJ *Bericht* non critique **unkultiviert** ADJ *Person* barbare; *Benehmen* fruste; primitif **unkündbar** ADJ *Vertrag* non résiliable; *Person* inamovible; *Stellung* permanent

unlängst ADV dernièrement; récemment

unlauter ADJ JUR **~er Wettbewerb** concurrence déloyale

unleserlich ADJ illisible **unliebsam** ADJ désagréable; fâcheux **unliniert** ADJ non ligné **unlogisch** ADJ illogique

unlösbar ADJ *Problem* insoluble

Unlust F ennui *m*

unmanierlich **A** ADJ qui n'a pas de bonnes manières, de savoir-vivre **B** ADV **~ essen** ne pas savoir se tenir (convenablement) à table

unmaßgeblich ADJ sans (aucune) importance; *Urteil* incompétent

unmäßig ADJ immodéré (*a. im Genuss*); démesuré; (*übertrieben*) excessif

Unmenge F quantité *f*, nombre *m* énorme (**von, an** [+ *dat*] de)

Unmensch M monstre *m*; (*Rohling*) brute *f* **unmenschlich** ADJ **1** *Tat* monstrueux; inhumain (*a. Bedingungen*); barbare; cruel **2** *umg Anstrengung* surhumain **Unmenschlichkeit** F inhumanité *f*; barbarie *f*

unmerklich ADJ insensible; imperceptible

unmissverständlich **A** ADJ clair; non équivoque **B** ADV sans équivoque

unmittelbar **A** ADJ *Nachfolger, Nähe* immédiat; *Kontakt, Vorgesetzter* direct **B** ADV **1** **~ vor** (+ *dat bzw. akk*) *räumlich* à deux pas de; **~ bevorstehen** être imminent **2** (*direkt*) directement; **~ zum Ziel führen** mener droit au but

unmöbliert ADJ non meublé; sans meubles

unmodern ADJ passé de mode; démodé

unmöglich **A** ADJ impossible (*a. umg fig Person, Benehmen, Kleidung*); **sich ~ machen** se rendre impossible **B** *umg* ADV **ich kann es ~ tun** il m'est impossible de le faire; *pej* **sich ~ benehmen** se conduire de façon impossible

Unmögliche(s) N impossible *m*; **Unmögliches leisten** faire l'impossible

Unmöglichkeit F impossibilité *f*; **ein Ding der ~** une chose impossible, infaisable

unmoralisch ADJ immoral **unmotiviert** ADJ sans motif; gratuit **unmündig** ADJ **1** JUR mineur **2** *fig* qui n'est pas adulte; (*unreif*) immature

unmusikalisch ADJ **~ sein** ne pas être musicien

Unmut *geh* M mauvaise humeur

unnachahmlich ADJ inimitable **unnachgiebig** ADJ inflexible **unnachsichtig** ADJ sévère; sans indulgence

unnahbar ADJ inaccessible; inabordable

unnatürlich **A** ADJ **1** (*künstlich*) non naturel; artificiel **2** (*gekünstelt*) peu naturel; affecté; guindé **B** ADV (*gekünstelt*) d'une façon peu naturelle, affectée **unnormal** ADJ anormal **unnötig** ADJ inutile; superflu **unnötigerweise** ADV inutilement **unnütz** ADJ inutile; vain; superflu

UNO ABK (United Nations Organization, Organisation der Vereinten Nationen) **die ~** l'ONU *f*

unordentlich ADJ **1** *Zimmer* en désordre; *Arbeit* peu soigné **2** *Person* désordonné; (*nachlässig*) peu soigneux

Unordnung F désordre *m*; (*Durcheinander*) fouillis *m*; **in ~** (*akk*) **bringen** mettre en désordre (*a. fig*); **in ~** (*akk*) **geraten** se désorganiser

unorthodox ADJ peu, non orthodoxe **unparteiisch** **A** ADJ impartial **B** ADV sans parti

pris **Unparteiische(r)** M/F(M) SPORT arbitre *m* **unpassend** ADJ *Zeitpunkt* mal choisi; inopportun; *Bemerkung* incongru; déplacé **unpassierbar** ADJ *Straße* impraticable
unpässlich ADJ indisposé
unpersönlich ADJ impersonnel (*a.* GRAM)
unplugged® ADJ, ADV unplugged
unpolitisch ADJ non politique; apolitique **unpopulär** ADJ impopulaire **unpraktisch** ADJ pas (très) pratique; *Person a.* maladroit **unproduktiv** ADJ improductif **unproportioniert** ADJ disproportionné
unpünktlich ADJ **1** (*verspätet*) en retard **2** (*nie pünktlich*) *Person* pas très ponctuel **Unpünktlichkeit** F inexactitude *f*
unqualifiziert ADJ *Arbeit, Arbeitskraft* non qualifié **unrasiert** ADJ non rasé **unrealistisch** ADJ irréaliste
unrecht[1] *geh* **A** ADJ mauvais; *Zeitpunkt* inopportun; **zur ~en Zeit** mal à propos **B** ADV **~ handeln** agir mal
unrecht[2] SUBST **~ haben** avoir tort; **j-m ~ geben** donner tort à qn; **j-m ~ tun** faire du tort à qn
Unrecht N **1** injustice *f*; tort *m*; **im ~ sein** avoir tort; **zu ~** à tort; injustement; **nicht zu ~** non sans raison **2** **~ haben, geben, tun** → unrecht[2]
unrechtmäßig ADJ illégitime
unredlich *geh* ADJ malhonnête; déloyal
unregelmäßig ADJ irrégulier **Unregelmäßigkeit** F irrégularité *f*
unreif ADJ qui n'est pas mûr (*a. fig*); *Frucht a.* vert; *Person a.* immature **Unreife** F manque *m* de maturité (*a. fig*); *fig* immaturité *f*
unrein ADJ **1** (*schmutzig*) malpropre; sale; *Haut* qui présente des impuretés; *Wasser* impur (*a. fig*, REL) **2** **ins Unreine schreiben** écrire au brouillon
unrentabel ADJ pas rentable
unrettbar ADV **~ verloren sein** être condamné
unrichtig ADJ (*falsch*) faux; incorrect; (*ungenau*) inexact
Unruhe F **1** (*Besorgnis*) inquiétude *f*; (*Nervosität*) nervosité *f* **2** (*Trubel*) agitation *f*; (*Lärm*) bruit *m* **3** (*Unfrieden*) **~n** *pl* troubles *mpl*; désordres *mpl*; **~ stiften** provoquer des troubles
Unruheherd M foyer *m* de troubles **Unruhestifter** M *pej* fauteur *m* de troubles; perturbateur *m*
unruhig ADJ **1** (*besorgt*) inquiet; **~ werden** s'inquiéter **2** (*ruhelos*) agité (*a. Meer, Leben*); *Zeit a.* troublé; (*nervös*) nerveux **3** (*laut*) bruyant
unrühmlich ADJ peu glorieux
uns PERS PR (*dat et akk de* wir) (à) nous

unsachgemäß **A** ADJ inapproprié; incorrect **B** ADV de façon inappropriée **unsachlich** ADJ non objectif; subjectif
unsagbar, **unsäglich** *geh* ADJ *Leid, Freude geh* indicible
unsanft ADV sans douceur **unsauber** ADJ **1** (*schmutzig*) malpropre **2** (*nachlässig*) qui n'est pas soigné **3** (*nicht präzise*) imprécis; *Klang* qui n'est pas juste **4** (*unlauter*) *Geschäft* malhonnête; sale
unschädlich ADJ *Mittel* inoffensif; anodin; **~ machen** mettre °hors d'état de nuire
unscharf ADJ *Bild* flou; imprécis **Unschärfe** F flou *m*; imprécision *f*
unschätzbar ADJ inestimable
unscheinbar ADJ insignifiant
unschicklich *geh* ADJ inconvenant
unschlagbar ADJ imbattable
unschlüssig ADJ irrésolu; indécis; (**sich** [*dat*]) **~ sein** hésiter
Unschlüssigkeit F irrésolution *f*; indécision *f*
unschön ADJ qui n'est pas beau; *Haus, Gegend, Benehmen* laid; *Lage, Erfahrung* désagréable
Unschuld F **1** innocence *f*; *bes* JUR non-culpabilité *f* **2** (*Jungfräulichkeit*) virginité *f*
unschuldig **A** ADJ **1** (*schuldlos*) innocent (**an etw** [*dat*] de qc); *bes* JUR non coupable **2** (*sexuell unberührt*) vierge **B** ADV **~ verurteilt werden** être condamné à tort
Unschuldige(r) M/F(M) innocent(e) *m(f)*
Unschuldslamm N *iron* innocent(e) *m(f)* **Unschuldsmiene** F air innocent
unschwer ADV facile; sans difficulté
unselb(st)ständig ADJ **1** *Mensch in s-m Tun* qui dépend trop des autres; peu autonome **2** ADMIN **~e Arbeit** travail salarié
Unselb(st)ständigkeit F manque *m* d'indépendance, d'initiative; (*Abhängigkeit*) dépendance *f*
unselig *geh* ADJ funeste
unser **A** POSS PR **1** *adjt* (*f et pl* **~e**) notre; *pl* nos **2** *subst* **der, die, das ~e** le *bzw.* la nôtre; *geh* **die Unser(e)n, Unsren** *pl* les nôtres **B** *geh* PERS PR (*gen de* wir) de nous; **in ~ aller Namen** en notre nom à tous
unsereiner, **unsereins** *umg* INDEF PR nous autres; des gens comme nous **unsererseits** ADV de notre côté; de notre part **unseresgleichen** PRON des gens comme nous
unseretwegen ADV → unsertwegen
unseriös ADJ douteux; louche
unsertwegen ADV **1** (*wegen uns*) à cause de nous **2** (*uns zuliebe*) pour nous **3** (*von uns aus*) en ce qui nous concerne; quant à nous
unsicher **A** ADJ **1** (*gefahrvoll*) peu sûr; dange-

reux; *umg fig hum* **Paris ~ machen** aller à Paris pour bien s'amuser **2** *(nicht selbstsicher)* qui manque d'assurance; **j-n ~ machen** troubler qn **3** *(ungewiss)* peu sûr; incertain **4** *(unzuverlässig) Methode, Gedächtnis* non fiable; *Quelle* douteux **B** ADV **~ fahren** manquer d'assurance au volant

Unsicherheit F **1** *(Gefährlichkeit)* insécurité *f* **2** *(Unsichersein)* manque *m* de sûreté; manque *m* d'assurance **3** *(Ungewissheit)* incertitude *f*; *der Existenz, Lage* précarité *f* **4** *(Unklarheit)* incertitude *f*

Unsicherheitsfaktor M (élément *m* d')incertitude *f*; *weitS.* chose *f* imprévisible

unsichtbar ADJ invisible

Unsinn M **1** non-sens *m*; ineptie *f*; absurdité *f*; **das ist blanker ~** c'est complètement absurde **2** *(Unfug)* bêtises *fpl*; âneries *fpl*; **~ machen, reden** faire, dire des bêtises

unsinnig ADJ insensé; absurde

Unsitte F mauvaise habitude

unsittlich ADJ immoral **unsolide** ADJ *Mensch* peu sérieux *(a. Firma)*; *Lebenswandel a.* déréglé **unsozial** ADJ antisocial **unsportlich** ADJ **1** pas sportif **2** → unfair

unsre → unser

unsrerseits → unsererseits

unsresgleichen → unseresgleichen

unsrige *geh* POSS PR **der, die, das ~, die Unsrigen** → unser

unsterblich **A** ADJ immortel **B** *umg* ADV **~ verliebt** éperdument amoureux

Unsterblichkeit F immortalité *f*

unstet *geh* ADJ *Mensch* inconstant; versatile; *Leben, Blick* errant

unstillbar ADJ *Verlangen* insatiable

Unstimmigkeit F *(Uneinigkeit)* désaccord *m*; *(Fehler)* erreur *f* **unstreitig** ADJ *u.* ADV sans contredit **Unsumme** F somme énorme **unsympathisch** ADJ peu sympathique; antipathique **unsystematisch** ADJ peu systématique, méthodique **untad(e)lig** ADJ irréprochable **Untat** *geh* F forfait *m*

untätig ADJ inactif; *(müßig)* oisif; désœuvré **Untätigkeit** F *augenblickliche* inaction *f*; *dauernde* inactivité *f*

U

untauglich ADJ inapte (**zu, für** à)

unteilbar ADJ indivisible

unten ADV en bas; *auf Kisten* **~!** bas!; **da ~** là en bas; **rechts ~** en bas à droite; **nach ~** vers le bas; **von ~** d'en bas; **weiter ~** plus bas; **auf Seite 10 ~** en bas de la page 10; **~ erwähnt** mentionné ci-dessous

unter **A** PRÄP **1** *räumlich Lage* sous; *(unterhalb)* au-dessous de; **~ dem Schrank hervorkommen** sortir de dessous l'armoire **2** *räumlich Richtung* sous **3** *(unterhalb e-r Grenze)* au-dessous de; **Kinder ~ acht Jahren** enfants de moins, au-dessous de huit ans **4** *Unterordnung* **~ j-m stehen** venir après qn; **etw ~ sich** *(dat)* **haben** *Betrieb etc* avoir la direction de qc; **~ Karl dem Großen** sous Charlemagne **5** *Art u. Weise* à; sous; dans; **~ großen Schmerzen** avec, dans de grandes douleurs **6** *mit Verbalsubstantiv (durch)* **~ Verwendung von etw** en employant qc **7** *(zwischen) Lage* parmi; entre; **~ Freunden** entre amis; **~ uns (gesagt)** entre nous; **~ anderem** entre autres; **~ den Zuschauern** parmi les spectateurs **B** ADV *(weniger als)* moins de

Unterabteilung F subdivision *f* **Unterarm** M avant-bras *m* **Unterart** F BIOL sous-espèce *f*; variété *f* **unterbelichtet** ADJT FOTO sous-exposé **Unterbelichtung** F FOTO sous-exposition *f*

unterbesetzt ADJ **~ sein** être en sous-effectif

unterbewerten V/T sous-évaluer

unterbewusst ADJ subconscient **Unterbewusstsein** N subconscient *m*

unterbezahlt ADJ *Arbeit, Arbeitskraft* sous-payé; mal payé

unterbieten V/T **1** **j-n, die Konkurrenz ~** vendre moins cher que qn, que la concurrence **2** *bes* SPORT *Rekord* battre

unterbinden V/T *(verhindern)* empêcher; *(beenden)* faire cesser **unterbleiben** V/I *(nicht geschehen)* ne pas avoir lieu; *(nicht wieder eintreten)* ne plus se reproduire

Unterbodenschutz M AUTO protection *f* du dessous de caisse

unterbrechen V/T **1** interrompre; *Arbeit, Diskussion a.* suspendre **2** *Leitung* couper; *Strom a.* déconnecter **Unterbrechung** F interruption *f* *(a.* ELEK*)*; *zeitweilige* suspension *f* **unterbreiten** *geh* V/T *Plan, Vorschlag* présenter; soumettre

unterbringen V/T **1** *(verstauen)* mettre; ranger **2** *(beherbergen)* héberger; loger **3** *(in Obhut geben)* mettre **4** *umg (e-e Stellung verschaffen)* placer; caser **Unterbringung** F hébergement *m*; logement *m*

unterbuttern *umg* V/T **sich nicht ~ lassen** ne pas se laisser faire

Unterdeck N SCHIFF pont inférieur

unterderhand → Hand

unterdessen ADV entre-temps

Unterdruck M TECH dépression *f*

unterdrücken V/T **1** *Gefühl etc* réprimer; retenir; refouler; *Lachen* étouffer **2** *Aufstand* réprimer; *Personengruppen* opprimer **Unterdrücker** M oppresseur *m* **Unterdrückung** F **1** *e-s Gefühls* refoulement *m* **2** *e-s Volkes* oppression *f*; *e-s Aufstands* répression *f*

untere ADJ inférieur; bas; *(darunterliegend)* d'en

bas; **der ~ Teil** la partie inférieure; **die ~n Klassen** *fpl e-r Schule* les petites classes
untereinander ADV **1** *(räumlich)* l'un(e) au-dessous de l'autre **2** *(miteinander)* entre eux (nous, *etc*)
unterentwickelt ADJ **1** *wirtschaftlich* sous-développé **2** *körperlich, geistig* retardé (dans son développement) **unterernährt** ADJ sous-alimenté **Unterernährung** F sous-alimentation *f*
Unterfangen *geh* N entreprise *f* **unterfordern** V/T exiger trop peu de; *Arbeit a.* être trop facile pour **Unterführung** F passage souterrain
Unterfunktion F MED fonctionnement déficient; **~ der Schilddrüse** hypothyroïdie *f*
Untergang M **1** *(Sonnenuntergang, Monduntergang)* coucher *m* **2** *e-s Schiffs* naufrage *m* **3** *fig (Zugrundegehen)* ruine *f*; naufrage *m*; *e-s Reichs* décadence *f*
Untergebene(r) M/F(M) subordonné(e) *m(f)*; subalterne *m/f*
untergehen V/I **1** *Sonne, Mond* se coucher **2** *im Wasser, Schiff* couler; sombrer; *Mensch* se noyer **3** *fig (zugrunde gehen)* décliner; périr; sombrer
untergeordnet ADJ **1** subordonné (*a.* GRAM) **2** *(zweitrangig)* secondaire
Untergeschoss, *österr* **Untergeschoß** N sous-sol *m* **Untergewicht** N manque *m*, insuffisance *f* de poids
untergliedern V/T (sub)diviser (**in** [+ *akk*] en)
untergraben V/T *Autorität* saper
Untergrenze F limite inférieure
Untergrund M **1** MAL fond *m* **2** BAU sol *m* d'infrastructure **3** *fig*, POL clandestinité *f* **Untergrundbahn** F métro *m* **Untergrundbewegung** F mouvement clandestin **Untergrundorganisation** F organisation clandestine
Untergruppe F sous-groupe(ment) *m*
unterhaken *umg* V/T **j-n ~** prendre le bras de qn; **untergehakt** bras dessus, bras dessous
unterhalb PRÄP au-dessous de
Unterhalt M **1** *(Instandhaltung[skosten])* entretien *m* **2** *(Lebensunterhalt)* subsistance *f*; entretien *m*; **für j-s ~ aufkommen** subvenir aux besoins de qn **3** *(Unterhaltszahlung)* pension *f* alimentaire
unterhalten **A** V/T **1** *Person (versorgen)* entretenir; subvenir aux besoins de **2** *(instand halten)* entretenir **3** *Beziehungen* entretenir **4** *Gäste* divertir; amuser; distraire **B** V/R **1** **sich mit j-m (über etw** [*akk*]**) ~** s'entretenir avec qn (de qc) **2** *(amüsieren)* **sich ~** s'amuser; se divertir; **wir haben uns gut ~** nous nous sommes bien amusés
unterhaltsam ADJ amusant; divertissant
Unterhaltsanspruch M droit *m* à une pension alimentaire **unterhaltsberechtigt** ADJT à charge **Unterhaltsforderung** F créance *f* alimentaire **Unterhaltsklage** F demande *f* de pension alimentaire; action *f* alimentaire **Unterhaltskosten** PL frais *mpl* d'entretien **Unterhaltspflicht** F obligation *f* alimentaire; devoir *m* d'entretien
unterhaltspflichtig ADJ **~ sein** avoir le devoir d'entretien
Unterhaltszahlung F (paiement *m* de la) pension *f* alimentaire
Unterhaltung F **1** *(Pflege, Erhaltung)* entretien *m* **2** *(Gespräch)* entretien *m*; conversation *f* **3** *(Vergnügen)* divertissement *m*; amusement *m*; distraction *f*
Unterhaltungselektronik F électronique *f* de loisir **Unterhaltungsliteratur** F littérature divertissante, récréative **Unterhaltungsmusik** F musique légère **Unterhaltungsprogramm** N programme *m* de divertissement **Unterhaltungssendung** F émission *f* de variétés
Unterhändler M négociateur *m*
Unterhaus N POL *in England* **das ~** la Chambre basse *od* des communes
Unterhemd N *(Herrenunterhemd)* maillot *m*, tricot *m* de corps; *(Damenunterhemd)* chemise *f*; caraco *m*
unterhöhlen V/T miner (*a. fig*); saper; creuser
Unterholz N sous-bois *m* **Unterhose** F *(Herrenunterhose)* caleçon *m*; *(Damenunterhose)* (petite) culotte; *(Slip)* slip *m* **unterirdisch** **A** ADJ souterrain **B** ADV sous terre
unterjochen V/T asservir
unterjubeln *umg* V/T **j-m etw ~** refiler qc à qn
Unterkante F bord inférieur
unterkellert ADJT muni d'une cave
Unterkiefer M mâchoire inférieure
unterkommen V/I **1** *(Unterkunft finden)* trouver à se loger **2** *umg (Stellung finden)* trouver un emploi
Unterkörper M partie inférieure du corps
unterkriegen *umg* V/T **sich nicht ~ lassen** ne pas se laisser abattre; **lass dich nicht ~!** tiens bon!
unterkühlt ADJT **1** MED en état d'hypothermie **2** *fig pej* froid **Unterkühlung** F MED hypothermie *f*
Unterkunft F hébergement *m*; logement *m*; gîte *m*; **~ und Verpflegung** le vivre et le couvert
Unterlage F **1** support *m*; base *f*; *(untere Schicht)* couche (inférieure); *(Gummiunterlage)* alaise *od* alèse *f*; *(Schreibunterlage)* sous-main *m* **2** *pl* **~n** *(Belege, Papiere)* documents *mpl*; dossier *m*

Unterlass M **ohne ~** sans cesse, relâche
unterlassen V/T s'abstenir de; *(versäumen)* omettre **Unterlassung** F abstention *f* (a. JUR); *(Versäumnis)* omission *f*
Unterlauf M *e-s Flusses* cours inférieur
unterlaufen A V/T *fig Bestimmungen* (con)tourner B V/I **mir ist ein Fehler ~** je me suis trompé(e)
unterlegen[1] V/T *(unter … legen)* mettre, placer (des)sous
unterlegen[2] V/T *fig* **etw mit Musik ~** donner un fond musical à qc
unterlegen[3] A PPERF → unterliegen B ADJ **j-m (zahlenmäßig) ~ sein** être inférieur (en nombre) à qn
Unterlegene(r) M/F(M) vaincu(e) *m(f)* **Unterlegenheit** F infériorité *f*
Unterleib M bas-ventre *m*; abdomen *m*
unterliegen V/I 1 *(besiegt werden)* succomber; avoir le dessous; **j-m ~** être vaincu, battu par qn 2 *e-r Bestimmung, Steuer* être soumis à; *e-r Schwankung* être sujet à
Unterlippe F lèvre inférieure
unterm *umg* = **unter dem**
untermalen V/T **mit Musik ~** donner un fond sonore à
Untermalung F **musikalische ~** musique *f* de fond; KINO, RADIO, TV fond *m* sonore
untermauern V/T *fig* étayer (**mit** de)
untermengen V/T mêler; incorporer
Untermiete F **bei j-m zur ~ wohnen** être sous-locataire de *od* chez qn
Untermieter(in) M(F) sous-locataire *m/f*
unterminieren V/T MIL, *fig* miner; saper
untermischen V/T mêler
untern *umg* = **unter den**
unternehmen V/T entreprendre; faire; *(eingreifen)* **etwas ~** faire quelque chose; intervenir
Unternehmen N *(Vorhaben, Firma)* entreprise *f* **Unternehmensberater(in)** M(F) conseil *m* *od* conseiller, -ère *m,f* en gestion d'entreprise **Unternehmensform** F forme *f* d'entreprise **Unternehmensführung** F gestion *f* (de l'entreprise) **Unternehmer(in)** M(F) entrepreneur, -euse *m,f* **Unternehmung** F → Unternehmen
Unternehmungsgeist M esprit *m* d'entreprise, d'initiative **unternehmungslustig** ADJ entreprenant
Unteroffizier M sous-officier *m*
unterordnen A V/T subordonner (+ *dat* à) B V/R **sich ~** se soumettre (**e-r Sache, j-m** à qc, à qn)
Unterordnung F subordination *f*; soumission *f*
Unterprima F *in Deutschland regional* °huitième année *f* de l'enseignement secondaire **Unterprimaner(in)** M(F) *in Deutschland regional* élève *m/f* de huitième année de l'enseignement secondaire
unterprivilegiert ADJ défavorisé
Unterredung F entretien *m*
Unterricht M cours *m(pl)*; *in der Grundschule* classe *f*; *Tätigkeit* enseignement *m*; **~ geben** enseigner; donner des cours; **~ nehmen** prendre des cours, des leçons; **im ~** en classe
unterrichten A V/T 1 *(lehren)* **etw ~** enseigner qc; donner, faire des cours de qc; **j-n in etw** *(dat)* **~** enseigner qc à qn 2 *(informieren)* **j-n über etw** *(akk)*, **von etw ~** informer qn de qc B V/I enseigner (**an** [+ *dat*] à); donner, faire des cours C V/R **sich über etw** *(akk)* **~** s'informer de qc
Unterrichtsfach N matière *f*; discipline *f*
unterrichtsfrei ADJ sans enseignement, cours, classe; **~ haben** ne pas avoir (de) cours; ne pas avoir classe
Unterrichtsgegenstand M matière *f* (à enseigner, d'enseignement) **Unterrichtsmethode** F méthode *f* d'enseignement **Unterrichtsstoff** M (contenu *m* du) programme *m* **Unterrichtsstunde** F cours *m*; classe *f*
Unterrichtung F information *f*
Unterrock M jupon *m*
unters *umg* = **unter das**
untersagen V/T → verbieten
Untersatz M → Untersetzer; *umg hum* **fahrbarer ~** *umg* bagnole *f*
unterschätzen V/T sous-estimer
unterscheiden A V/T distinguer; discerner; *(den Unterschied hervorheben)* différencier B V/I faire une différence, une distinction (**zwischen** [+ *dat*] entre) C V/R **sich ~** se distinguer, différer (**durch** par; **von** de) **Unterscheidung** F distinction *f*; discernement *m*; différenciation *f* **Unterscheidungsmerkmal** N marque distinctive; signe distinctif
Unterschenkel M jambe *f* **Unterschicht** F classes inférieures (de la société)
unterschieben V/T *Kissen, Stuhl* glisser dessous
Unterschied M 1 *(das Unterscheidende)* différence *f*; **feiner ~** nuance *f*; **im ~ zu** à la différence de 2 *(Unterscheidung)* distinction *f*; **ohne ~** sans distinction; indistinctement
unterschiedlich ADJ différent; *(verschieden[artig])* divers; *(uneinheitlich)* variable
unterschiedslos ADV indistinctement
unterschlagen V/T 1 *(veruntreuen)* soustraire; détourner 2 *Nachricht* cacher; dissimuler; *Brief* intercepter **Unterschlagung** F 1 soustraction *f*; détournement *m* 2 *e-s Testaments* suppression *f*; *von Briefen* interception *f*; *e-r Nachricht* dis-

U

simulation *f*
Unterschlupf M (*Zufluchtsort*) refuge *m*; abri *m*; (*Versteck*) cache *f*; cachette *f*
unterschlüpfen *umg* VI trouver un abri, un refuge (**bei j-m** chez qn)
unterschreiben VT **1** signer **2** *umg fig* souscrire à **unterschreiten** VT rester inférieur à
Unterschrift F signature *f* **Unterschriftenliste** F liste *f* de signatures **Unterschriftenmappe** F chemise *f* pour les pièces, le courrier à signer **Unterschriftensammlung** F pétition *f* **unterschriftsberechtigt** ADJ autorisé à signer
unterschwellig ADJ subconscient; *bes* PSYCH subliminal
Unterseeboot N → U-Boot
Unterseite F dessous *m*
Untersekunda F *in Deutschland regional* sixième année de l'enseignement secondaire **Untersekundaner(in)** M(F) *in Deutschland regional* élève *m/f* de sixième année de l'enseignement secondaire
Untersetzer M *für Schüsseln* dessous-de-plat *m*; *für Gläser* dessous-de-verre *m*
untersetzt ADJ *Gestalt* trapu; râblé
unterspülen VT miner; saper
Unterstand M abri *m* (*a.* MIL)
unterste ADJ le plus bas; **das ~ Fach** le rayon du bas
unterstehen **A** VI **j-m ~** être subordonné à qn **B** VR **sich ~, etw zu tun** avoir l'audace de faire qc
unterstellen[1] **A** VT **1** *unter etw* mettre dessous **2** *zum Schutz* mettre à l'abri; *Wagen* remiser **B** VR **sich ~** se mettre à l'abri
unterstellen[2] VT **1** (*unterordnen*) subordonner à **2** *fig* **j-m böse Absichten ~** faire un procès d'intention à qn **3** (*annehmen*) présumer; supposer
Unterstellung F (*falsche Behauptung*) insinuation *f*
unterstreichen VT souligner (*a. fig*) **Unterstreichung** F soulignage *m*; *fig* insistance *f* (+ *gen* sur)
Unterstufe F SCHULE *etwa* premier cycle (❗ in Frankreich nicht drei, sondern vier Klassen: 6.–9.)
unterstützen VT *Person, Antrag* appuyer; soutenir; *Personen* secourir (*a. finanziell*); aider; assister; *finanziell* subventionner **Unterstützung** F **1** (*das Unterstützen*) appui *m*; soutien *m*; *von Personen* secours *m* (*a. finanzielle*); (*Hilfe*) aide *f*; assistance *f* **2** *finanzielle* subvention *f*; subside *m*; *soziale* allocation *f*
untersuchen VT **1** *Beschaffenheit, Funktion*, MED examiner; *wissenschaftlich* étudier; CHEM analyser **2** *Ursachen* rechercher; *Fall* examiner **3** (*überprüfen*) vérifier; contrôler **Untersuchung** F **1** examen *m*; *wissenschaftliche* recherche *f*; étude *f*; CHEM analyse *f* **2** *von Ursachen* recherche *f*; enquête *f* **3** (*Überprüfung*) vérification *f*; contrôle *m*
Untersuchungsausschuss M commission *f* d'enquête **Untersuchungsergebnis** N résultat *m* de l'enquête, de l'analyse, *etc* **Untersuchungsgefangene(r)** M/F(M) détenu(e) *m(f)* provisoire **Untersuchungsgefängnis** N maison *f* d'arrêt **Untersuchungshaft** F détention *f* provisoire **Untersuchungskommission** F → Untersuchungsausschuss **Untersuchungsrichter** M juge *m* d'instruction **Untersuchungszimmer** N *beim Arzt* salle *f* d'auscultation
Untertan M sujet *m*
Untertasse F soucoupe *f*; **fliegende ~** soucoupe volante
untertauchen **A** VT plonger; immerger **B** VI **1** plonger **2** *fig in der Menge* disparaître; **untergetaucht sein** se cacher
Unterteil N *od* M partie inférieure; bas *m*; dessous *m*
unterteilen VT (sub)diviser (**in** [+ *akk*] en) **Unterteilung** F (sub)division *f*
Untertertia F *in Deutschland regional* quatrième année *f* de l'enseignement secondaire **Untertertianer(in)** M(F) *in Deutschland regional* élève *m/f* de quatrième année de l'enseignement secondaire
Untertitel M sous-titre *m* **Unterton** M *fig* nuance *f*; teinte *f*; pointe *f*
untertreiben VI minimiser l'importance des choses **Untertreibung** F propos très réservés, en dessous de la vérité; (*Euphemismus*) euphémisme *m* **untertunneln** VT percer un tunnel sous
untervermieten VT sous-louer **unterversichert** ADJ/T assuré insuffisamment; sous-assuré
unterwandern VT s'infiltrer dans; POL noyauter **Unterwanderung** F infiltration *f*; noyautage *m*
Unterwäsche F linge *m* de corps; sous-vêtements *mpl*; (*Damenunterwäsche*) dessous *mpl*; lingerie *f*
Unterwasseraufnahme F photo sous-marine **Unterwasserkamera** F appareil photo *m*, caméra *f* sous-marin(e) **Unterwassermassage** F massage *m* sous l'eau
unterwegs ADV **1** (*sich auf dem Wege befindend*) en chemin; chemin faisant **2** (*während der Reise*) en cours de route **3** (*außer Haus*) dehors; **vier**

Tage ~ sein être parti quatre jours
unterweisen *geh* VT instruire (**in** [+ *dat*] dans)
Unterweisung F instruction *f*
Unterwelt F 1 MYTH enfers *mpl* 2 (*Verbrecherwelt*) milieu *m*; pègre *f*
unterwerfen VT (*u.* VR) (**sich ~** se) soumettre
Unterwerfung F asservissement *m*, soumission *f* (**unter** [+ *akk*] à)
unterwürfig ADJ *pej* servile; obséquieux **Unterwürfigkeit** F *pej* servilité *f*; obséquiosité *f*
unterzeichnen VT signer **Unterzeichnung** F signature *f*
unterziehen[1] VT *Kleidung* mettre par-dessous
unterziehen[2] A VT **j-n, etw e-r Sache** (*dat*) **~** soumettre qn, qc à qc B VR **sich e-r Sache** (*dat*) **~** se soumettre à qc; **sich e-r Operation ~** subir une opération
Untiefe F bas-fond *m*; °haut-fond *m*
Untier N monstre *m*
untragbar ADJ insupportable (*a. finanziell*); intolérable **untrennbar** ADJ inséparable
untreu ADJ infidèle (*a. fig*); **j-m ~ werden** être infidèle à qn; **s-n Prinzipien ~ werden** s'écarter de ses principes
Untreue F infidélité *f*
untröstlich ADJ inconsolable; désolé
untrüglich ADJ infaillible
Untugend F mauvaise habitude
untypisch ADJ non typique, caractéristique (**für** de)
unüberbrückbar ADJ *Gegensätze* inconciliable; insurmontable **unüberhörbar** ADJ *fig Warnungen* clair; sans équivoque
unüberlegt ADJ irréfléchi; inconsidéré
unübersehbar ADJ 1 (*offenkundig*) manifeste; patent 2 (*sehr groß*) immense **unübersetzbar** ADJ intraduisible
unübersichtlich ADJ 1 *Darstellung* pas très, peu clair; confus; compliqué 2 *Kurve* à mauvaise *bzw.* sans visibilité
unübertrefflich ADJ insurpassable; inégalable **unübertroffen** ADJ inégalé **unüberwindlich** ADJ insurmontable; invincible
unüblich ADJ pas très, peu courant
unumgänglich ADJ indispensable; inévitable
unumschränkt ADJ *Herrscher* absolu **unumstößlich** ADJ *Entschluss* irrévocable; indiscutable **unumstritten** ADJ incontesté
unumwunden ADV sans détour
ununterbrochen A ADJ ininterrompu B ADV sans interruption
unveränderlich ADJ invariable; immuable; (*beständig*) constant; fixe **unverändert** ADJ inchangé **unverantwortlich** ADJ *Person* irresponsable; *Verhalten* impardonnable; inexcusable **unveräußerlich** *geh* ADJ *Recht* inaliénable **unverbesserlich** ADJ incorrigible
unverbindlich A ADJ 1 (*nicht verpflichtend*) qui n'engage à rien 2 (*zurückhaltend*) réservé B ADV 1 sans engagement 2 de façon réservée
unverbleit ADJ *Benzin* sans plomb
unverblümt A ADJ (tout) cru B ADV carrément; franchement
unverbraucht ADJ *Kräfte* intact; frais **unverdächtig** ADJ non suspect **unverdaulich** ADJ indigeste (*a. fig*) **unverdaut** ADJ 1 non digéré 2 *fig* mal assimilé, *umg* digéré **unverdient** ADJ 1 *Lob* immérité 2 *Strafe* injuste **unverdorben** ADJ *fig* non corrompu, dépravé; (*rein*) pur; innocent **unverdrossen** ADV sans se lasser **unverdünnt** ADJ *Flüssigkeit* non dilué; *Getränk* non coupé; pur **unvereinbar** ADJ imcompatible, inconciliable (**mit** avec)
unverfälscht ADJ 1 (*ursprünglich*) naturel; authentique 2 *Wein* non frelaté **unverfänglich** ADJ inoffensif, anodin **unverfroren** ADJ insolent; effronté **Unverfrorenheit** F insolence *f*; effronterie *f* **unvergänglich** ADJ impérissable; immortel **Unvergänglichkeit** F immortalité *f* **unvergessen** ADJ qu'on n'oublie pas **unvergesslich** ADJ inoubliable
unvergleichlich ADJ incomparable; sans pareil
unverhältnismäßig ADV excessivement; démesurément **unverheiratet** ADJ célibataire **unverhofft** A ADJ inespéré; inattendu; (*unvorhergesehen*) imprévu B ADV à l'improviste **unverhohlen** ADJ non dissimulé; (*offen*) franc **unverkäuflich** ADJ 1 (*nicht absetzbar*) invendable 2 (*nicht zum Verkauf bestimmt*) pas à vendre
unverkennbar ADJ manifeste; évident
unverletzt ADJ sans blessure(s); indemne
unvermeidbar, **unvermeidlich** ADJ inévitable; inéluctable
unvermindert ADJ constant **unvermittelt** ADJ soudain; brusque **Unvermögen** N incapacité *f*; impuissance *f* **unvermutet** A ADJ inopiné; inattendu B ADV à l'improviste
Unvernunft F manque *m* de raison; déraison *f* **unvernünftig** ADJ déraisonnable **unveröffentlicht** ADJ inédit; non publié
unverrichtet ADJT **~er Dinge zurückkehren** rentrer, revenir bredouille
unverschämt A ADJ 1 *Person, Benehmen* insolent; effronté; impertinent 2 *umg* (*sehr groß*) extraordinaire; inouï; *bes Preis* exorbitant B ADV 1 avec insolence 2 *umg* (*sehr*) démesurément **Unverschämtheit** F insolence *f*; effronterie *f*; impertinence *f*

unverschuldet ADJ *(ohne eigene Schuld)* sans qu'il y ait de ma, ta, *etc* faute **unversehens** ADV à l'improviste **unversehrt** ADJ 1 *(unbeschädigt)* non endommagé; intact 2 *(unverletzt)* indemne; *(wohlbehalten)* sain et sauf **unversöhnlich** ADJ irréconciliable *(a. fig)* **unverstanden** ADJ incompris; *(verkannt)* méconnu

unverständlich ADJ incompréhensible; inintelligible; **es ist mir ~, wie ...** je ne comprends pas comment ...

Unverständlichkeit F *geh* inintelligibilité *f*; *geh* incompréhensibilité *f*; *fig* obscurité *f*

Unverständnis N manque *m* de compréhension; incompréhension *f*

unversucht ADJ **nichts ~ lassen** tenter l'impossible; épuiser tous les moyens

unverträglich ADJ 1 *(nicht vereinbar)*, MED, PHARM incompatible 2 *(nicht bekömmlich)* indigeste 3 *Person* peu accommodant **Unverträglichkeit** F 1 *(Unvereinbarkeit)*, MED, PHARM incompatibilité *f* 2 *(Unbekömmlichkeit)* caractère *m* indigeste 3 *e-r Person* mauvais caractère

unverwechselbar ADJ qu'on ne peut confondre **unverwundbar** ADJ invulnérable **unverwüstlich** ADJ 1 *Material* inusable; *Maschine a.* indestructible 2 *fig Humor* imperturbable; *Gesundheit* inaltérable; *Mensch* d'une résistance à toute épreuve **unverzeihlich** ADJ impardonnable; inexcusable **unverzichtbar** ADJ indispensable **unverzinslich** ADJ FIN sans intérêt

unverzüglich A ADJ immédiat B ADV sans délai

unvollendet ADJ inachevé **unvollkommen** ADJ *Mensch, Arbeit* imparfait **Unvollkommenheit** F *des Menschen, e-r Arbeit* imperfection *f*; *(Fehlerhaftigkeit)* défectuosité *f* **unvollständig** ADJ incomplet **Unvollständigkeit** F état incomplet (de qc)

unvorbereitet A ADJ non préparé; improvisé B ADV 1 *(ohne Vorbereitung)* sans préparation 2 *(unversehens)* à l'improviste; au dépourvu

unvoreingenommen ADJ non prévenu; sans préjugé **Unvoreingenommenheit** F absence *f* de préjugés

unvorhergesehen ADJ imprévu

unvorhersehbar ADJ imprévisible

unvorsichtig ADJ imprudent **Unvorsichtigkeit** F imprudence *f*

unvorstellbar A ADJ inimaginable B ADV *(sehr)* énormément; infiniment

unvorteilhaft ADJ désavantageux; *(ungünstig)* défavorable

unwahr ADJ faux

Unwahrheit F contrevérité *f*; mensonge *m*; **die ~ sagen** mentir

unwahrscheinlich ADJ 1 invraisemblable; improbable 2 *umg unerhört* incroyable **Unwahrscheinlichkeit** F invraisemblance *f*; improbabilité *f*

unwegsam ADJ *Gelände* impraticable

unweigerlich ADJ inévitable; inéluctable

unweit A PRÄP non loin de B ADV **~ von** non loin de

Unwesen N **an e-m Ort sein ~ treiben** sévir dans un lieu

unwesentlich A ADJ non essentiel; *(nebensächlich)* secondaire B ADV *a. vor komp (wenig)* un (tout) petit peu **Unwetter** N *(Gewitter)* orage *m*; *(Sturm)* tempête *f* **unwichtig** ADJ peu important; *(belanglos)* insignifiant

unwiderlegbar ADJ irréfutable **unwiderruflich** ADJ irrévocable **unwiderstehlich** ADJ irrésistible

unwiederbringlich *geh* A ADJ *Verlust* irréparable B ADV **~ verloren** perdu à jamais, sans retour

Unwille *geh* M dépit *m*; *(Entrüstung)* indignation *f* **unwillig** A ADJ irrité; fâché B ADV à contrecœur

unwillkommen ADJ *(ungelegen)* qui tombe mal; *Besuch* importun; *(unerwünscht)* indésirable **unwillkürlich** ADJ instinctif; *(ungewollt)* involontaire; machinal

unwirklich ADJ irréel **unwirksam** ADJ inefficace **Unwirksamkeit** F inefficacité *f*

unwirsch ADJ brusque

unwirtlich ADJ inhospitalier

unwirtschaftlich ADJ improductif; non rentable

Unwissen N ignorance *f*

unwissend ADJ ignorant **Unwissenheit** F ignorance *f* **unwissenschaftlich** ADJ non scientifique **unwissentlich** ADV sans s'en rendre compte; sans le savoir

unwohl ADV **mir ist ~, ich fühle mich ~** *körperlich* je ne me sens pas bien; *(unbehaglich)* je suis mal à l'aise

Unwohlsein N indisposition *f*

Unwucht F TECH déséquilibre *m*; *der Räder a.* balourd *m*

Unzahl F **e-e ~ von ...** une multitude de ...

unzählbar, **unzählig** ADJ innombrable

Unze F once *f*

unzeitgemäß ADJ inactuel; démodé

unzerbrechlich ADJ incassable **unzerkaut** ADJ non mâché

unzerstörbar ADJ indestructible **unzertrennlich** ADJ inséparable

unzivilisiert ADJ *pej* non civilisé

U

Unzucht F impudicité *f*; JUR attentat *m* à la pudeur **unzüchtig** ADJ impudique; obscène
unzufrieden ADJ mécontent (**mit** de) **Unzufriedenheit** F mécontentement *m*
unzugänglich ADJ 1 *Ort* inaccessible (**für** à) 2 *fig Person* renfermé **unzulänglich** *geh* ADJ insuffisant **Unzulänglichkeit** F insuffisance *f* **unzulässig** ADJ inadmissible; *(verboten)* interdit **unzumutbar** ADJ qui ne peut être exigé **unzurechnungsfähig** ADJ JUR irresponsable (de ses actes) **Unzurechnungsfähigkeit** F JUR irresponsabilité *f* **unzureichend** ADJ insuffisant **unzusammenhängend** ADJ incohérent; décousu **unzustellbar** ADJ *Postvermerk* destinataire inconnu à l'adresse indiquée
unzutreffend ADJ inexact; non pertinent; **Unzutreffendes bitte streichen!** prière de rayer, biffer les mentions inutiles
unzuverlässig ADJ *Mensch* sur qui on ne peut compter; *Gedächtnis* infidèle; *Nachrichtenquelle* peu sûr; douteux **Unzuverlässigkeit** F *e-s Menschen* manque *m* de sérieux, de fiabilité; *des Gedächtnisses* infidélité *f*
unzweckmäßig ADJ *(ungeeignet)* inadéquat; impropre; inapproprié; *(unpraktisch)* pas pratique; *(unpassend)* inopportun **Unzweckmäßigkeit** F caractère *m* impropre, inadéquat **unzweideutig** ADJ non équivoque **unzweifelhaft** ADJ indubitable
Update N IT mise *f* à jour
Upload M IT téléchargement *m*
uploaden V/T IT télécharger
üppig ADJ *Vegetation* luxuriant; exubérant; *Haarwuchs* abondant; *Mahl* plantureux; copieux; *Körperformen* opulent; plantureux
Urabstimmung F *bei Streik* vote *m* (sur la grève)
Urahn(e) M(F) ancêtre *m/f*; **die ~en** *pl* les aïeux *mpl*, ancêtres *mpl*
uralt ADJ 1 *(sehr alt)* très vieux 2 *(e-r alten Zeit angehörend)* très ancien; vieux comme le monde; *Brauch* immémorial
Uran N uranium *m* **uranhaltig** ADJ uranifère
uraufführen V/T THEAT représenter pour la première fois; créer **Uraufführung** F première *f*
urbar ADJ **~ machen** défricher; mettre en culture
Urbarmachung F défrichage *m*; défrichement *m*; mise *f* en culture
Urbevölkerung F premiers habitants; autochtones *mpl* **Urbild** N archétype *m*; original *m*; prototype *m*
ureigen ADJ personnel, -elle; **unsere ~sten Interessen** nos intérêts les plus personnels

Ureinwohner(in) M(F) autochtone *m/f*; *bes Australiens* aborigène *m/f*; *pl* **die ~** les premiers habitants
Urenkel(in) M(F) arrière-petit-fils *m*; arrière--petite-fille *f*; *pl* arrière-petits-enfants *mpl* **urgemütlich** *umg* ADJ *Ort* extrêmement confortable; *Stimmung* extrêmement agréable **Urgeschichte** F préhistoire *f* **urgeschichtlich** ADJ préhistorique **Urgestein** N roche primitive **Urgroßeltern** PL arrière-grands-parents *mpl*; bisaïeuls *mpl* **Urgroßmutter** F arrière-grand-mère *f*; bisaïeule *f* **Urgroßvater** M arrière-grand-père *m*; bisaïeul *m*
Urheber(in) M(F) auteur *m* **Urheberrecht** N droit *m* d'auteur
urheberrechtlich ADV **~ geschützt** tous droits d'auteur réservés
Urheberschaft F paternité *f*
urig ADJ *Mensch* naturel; nature (! unveränderlich); *Lokal* vrai; authentique
Urin M urine *f* (! Endung, feminin)
urinieren V/I uriner
Urinstinkt M instinct fondamental **Urknall** M big bang *m*
urkomisch ADJ extrêmement drôle
Urkunde F document *m*; acte *m*; titre *m* **Urkundenfälschung** F falsification *f* de document; JUR faux *m* en écriture
urkundlich A ADJ documentaire; authentique B ADV **~ belegen** documenter
Urlaub M *(Ferien)* vacances *fpl*; *von der Arbeit* congé *m*; MIL permission *f*; **in ~ fahren** partir en vacances; **~ haben, auf** *od* **in** *od* **im ~ sein** être en vacances, en congé
Urlauber(in) M(F) vacancier, -ière *m,f*; touriste *m/f*
Urlaubsanschrift F adresse *f* de vacances
Urlaubsanspruch M **~ haben** avoir droit à un congé, MIL à une permission
Urlaubsantrag M demande *f* de congé **Urlaubsfoto** N photo *f* de vacances **Urlaubsgeld** N prime *f* de vacances **Urlaubsort** M lieu *m* de vacances **Urlaubsparadies** N lieu de séjour, de vacances enchanteur **Urlaubspläne** MPL projets *mpl* de vacances
urlaubsreif *umg* ADJ **~ sein** avoir besoin de vacances
Urlaubsreise F voyage *m* de vacances **Urlaubsreisende(r)** M/F(M) vacancier, -ière *m, f* **Urlaubssperre** F ARBEITSRECHT interdiction *f* de prendre ses congés; MIL suspension *f* des permissions **Urlaubstag** M jour *m* de vacances, de congé **Urlaubswoche** F semaine *f* de vacances, de congé **Urlaubszeit** F période *f* des vacances
Urlaut M son primitif **Urmensch** M premier

Endlich Urlaub!

campen	**faire du camping**
die Ferien	**les vacances** *f/pl*
die Ferienwohnung	**la location**
das Flugticket	**le billet d'avion**
das Fremdenverkehrsbüro	**l'office** *m* **du tourisme**
das Hotel	**l'hôtel** *m*
die Kreuzfahrt	**la croisière**
die Pauschalreise	**le voyage organisé**
das Reisebüro	**l'agence** *f* **de voyage**
der Reisebus	**le car**
die Reiseroute	**l'itinéraire** *m*
die Sehenswürdigkeiten	**les curiosités** *f/pl* **touristiques**
der Tourismus	**le tourisme**
der Tourist	**le touriste**
die Touristin	**la touriste**
das Wohnmobil	**le camping-car**

WORTFELDER

homme; homme primitif, préhistorique **Urmutter** F mère *f* de l'humanité

Urne F urne *f*

Urnenbeisetzung F dépôt *m* d'une urne funéraire **Urnenfriedhof** M columbarium *m* **Urnengang** M POL vote *m* **Urnengrab** N tombe *f* à urne(s)

Urologe M, **Urologin** F urologue *m/f* **Urologie** F urologie *f*

Uroma *umg* F *umg* arrière-grand-maman *f* **Uropa** *umg* M *umg* arrière-grand-papa *m*

urplötzlich ADJ soudain; subit

Ursache F cause *f*; (*Grund*) motif *m*; raison *f*; **keine ~!** (il n'y a) pas de quoi!; je vous en prie!

ursächlich ADJ causal; **~er Zusammenhang** relation *f* de causalité

Urschrei M PSYCH cri primal **Urschrift** F original *m*; *e-r Urkunde* minute *f*

Ursprung M origine *f*; (*Herkunft*) provenance *f*; **s-n ~ in etw** (*dat*) **haben** provenir de qc; tirer son origine de qc

ursprünglich A ADJ 1 (*anfänglich*) premier; initial; originel (*a. Bedeutung*) 2 (*echt, natürlich*) naturel; vrai B ADV (*anfangs*) à l'origine; (*zuerst*) d'abord

Ursprungsland N pays *m* d'origine **Ursprungszeugnis** N certificat *m* d'origine

Urteil N 1 (*Bewertung, Meinung*) jugement *m*; opinion *f*; avis *m*; **sich** (*dat*) **ein ~ (über etw, j-n) bilden** se faire une opinion (sur qc, qn) 2 JUR (*Urteilsspruch*) jugement *m*; *e-s höheren Gerichtshofes* arrêt *m*; *e-s Geschworenengerichts* sentence *f*; *der Geschworenen* verdict *m*; **ein ~ fällen** rendre un jugement; **das ~ lautet auf** (+ *akk*) … c'est une sentence, un verdict de …

urteilen V/I juger (**über etw, j-n** de qc, qn); porter un jugement (sur qc, qn); **nach ihrer Miene zu ~,** … à en juger par sa mine …; **~ Sie selbst** jugez vous-même; à vous de juger

Urteilsbegründung F attendus *mpl*, motifs *mpl* (d'un jugement) **urteilsfähig** ADJ capable de juger, de discernement **Urteilsfähigkeit** F jugement *m*; (*Unterscheidungsvermögen*) discernement *m* **Urteilsspruch** M → Urteil **Urteilsverkündung** F prononcé *m* du jugement **Urteilsvermögen** N → Urteilsfähigkeit

Urtext M (texte) original *m*

urtümlich ADJ 1 (*ursprünglich*) naturel; vrai 2 (*urweltlich*) primitif; préhistorique

Uruguay N l'Uruguay *m*

Urenkel M descendant *m* de la quatrième génération; *umg* arrière-arrière-petit-fils *m* **Ururgroßmutter** F trisaïeule *f* **Ururgroßvater** M trisaïeul *m*

Urvertrauen N confiance fondamentale **Urvieh** *umg hum* N *umg* phénomène *m*; original(e) *m(f)* **Urwald** M forêt *f* vierge

urwüchsig ADJ 1 (*ursprünglich*) primitif 2 (*natürlich*) naturel

Urzeit F temps primitifs, préhistoriques; *fig* **seit ~en** depuis des temps immémoriaux

Urzustand M état primitif, initial

USA ABK (United States of America) **die ~** PL les U.S.A. *mpl*

USB M ABK (Universal Serial Bus) IT USB *m*

Usbekistan N l'Ouzbékistan *m*

USB-Stick M IT clé *f* USB

US-Dollar M dollar U.S. *m*

User(in) M(F) IT utilisateur, -trice *m,f*

Usus *umg* M **das ist hier so ~** c'est l'usage, l'habitude ici

usw. ABK (und so weiter) etc.

Utensilien NPL ustensiles *mpl*; affaires *fpl*

Uterus M ANAT utérus *m*

Utopie F utopie *f*

utopisch ADJ utopique

u. U. ABK (unter Umständen) éventuellement; le cas échéant

UV ABK (ultraviolett) UV (ultraviolet)

u. v. a. (m.) ABK (und viele[s] andere [mehr]) et beaucoup, bien d'autres (choses)

UV-Lampe F lampe *f* à bronzer (aux rayons ultraviolets) **UV-Strahlen** MPL rayons ultraviolets **UV-Strahlung** F rayons *mpl* cosmi-

ques
Ü-Wagen M ABK (Übertragungswagen) RADIO, TV voiture *f* de reportage

V

V[1], **v** N V, v *m*
V[2] ABK (Volt) V (volt)
Vagabund M vagabond *m* **vagabundieren** VI vagabonder; errer
vage ADJ vague
Vagina F ANAT vagin *m* (! Endung, maskulin)
vaginal ADJ ANAT vaginal
vakant ADJ vacant; libre
Vakuum N PHYS, *fig* vide *m* **vakuumverpackt** ADJT emballé sous vide **Vakuumverpackung** F emballage *m* sous vide
Valentinstag M la Saint-Valentin
Valenz F valence *f*
Valuta F FIN monnaie étrangère; devise *f*
Vamp M vamp *f*
Vampir M vampire *m*
Vandale → Wandale
Vanille F vanille *f* **Vanilleeis** N glace *f* à la vanille **Vanillegeschmack** M goût *m* (de) vanille **Vanillepudding** M *etwa* flan *m* à la vanille **Vanillesauce** F sauce *f* à la vanille **Vanilleschote** F gousse *f* de vanille **Vanillesoße** F sauce *f* à la vanille **Vanillestange** F gousse *f* de vanille **Vanillezucker** M sucre vanillé
Vanillin N vanilline *f*
variabel ADJ variable
Variable F MATH variable *f*
Variante F variante *f*
Variation F MUS, MATH, *fig* variation *f* (**über** [+ *akk*], **zu** sur)
Varieté → Varietee
Varietee N music-hall *m*; *Aufführung* spectacle *m* de variétés
variieren VT u. VI varier
Vasall M HIST vassal *m*
Vase F vase *m* (! maskulin; **la vase** bedeutet „der Schlamm")
Vaseline F vaseline *f*
Vater M 1 père *m*; **wie der ~, so der Sohn** tel père, tel fils; *hum* **~ Staat** l'État *m* 2 REL **der Heilige ~** le Saint-Père
Vaterfigur F père *m*; *fig* **er ist e-e ~ für mich** je le considère comme un père
Vaterhaus N maison paternelle **Vaterland** N patrie *f* **Vaterlandsliebe** F amour *m* de la patrie; patriotisme *m* **Vaterlandsverräter** M *pej* traître *m* à sa patrie, son pays
väterlich A ADJ paternel B ADV comme un père **väterlicherseits** ADV du côté paternel; *Großvater* paternel
vaterlos ADJ orphelin de père
Vaterschaft F *bes* JUR paternité *f* **Vaterschaftsklage** F JUR action *f* en recherche de paternité **Vaterschaftstest** M test *m* de paternité **Vaterstadt** *geh* F ville natale **Vatertag** M fête *f* des pères
Vaterunser N REL Notre Père *m*
Vati *kinderspr* M *kinderspr* papa *m*
Vatikan **der ~** le Vatican **Vatikanstadt** F cité *f* du Vatican
V-Ausschnitt M col *m*, décolleté *m* en V
v. Chr. ABK (vor Christus) av. J.-C.
Veganer(in) M(F) végétalien, -ienne *m,f*
Vegetarier(in) M(F) végétarien, -ienne *m,f* **vegetarisch** ADJ végétarien
Vegetation F végétation *f* **vegetativ** ADJ BIOL végétatif **vegetieren** VI *pej* végéter; vivoter
vehement ADJ véhément **Vehemenz** F véhémence *f*
Vehikel N *von e-m Auto* guimbarde *f*; *umg* (vieille) bagnole *f*
Veilchen N 1 BOT violette *f* 2 *umg (blaues Auge)* œil poché, au beurre noir **veilchenblau** ADJ violet
Vektor M PHYS, MATH vecteur *m* **Vektorrechnung** F calcul vectoriel
Velo N *schweiz* vélo *m*
Velours M TEX velours *m* **Veloursleder** N daim *m*
Vene F ANAT veine *f*
Venedig N Venise *f*
Venenentzündung F MED phlébite *f*
Venezuela N le Venezuela
Ventil N 1 TECH soupape *f*; *e-s Reifens* valve *f* 2 MUS piston *m* 3 *fig* dérivatif *m*
Ventilation F ventilation *f* **Ventilator** M ventilateur *m*
Venus F ASTRON, MYTH Vénus *f*
verabreden A VT convenir (**etw** de qc); **~, dass …** décider de (+ *inf*) *bzw.* que … (*meist* + *Futur*) B VR **sich ~** fixer un rendez-vous; **mit j-m verabredet sein** avoir rendez-vous avec qn (! **rendez-vous** bedeutet ganz allgemein „Verabredung")
Verabredung F 1 *(Treffen)* rendez-vous *m* 2 → Vereinbarung
verabreichen VT donner; *Medizin* administrer **verabscheuen** VT détester; *plus fort, geh* exé-

crer
verabschieden A VT 1 *Gäste* dire au revoir à 2 *(entlassen)* fêter officiellement le départ de B VR **sich ~** prendre congé (**von** *od* **bei j-m** de qn) **Verabschiedung** F 1 *von Gästen* remerciements *mpl* (au départ) 2 *(Entlassung)* mise *f* en congé
verachten VT mépriser; dédaigner **verächtlich** A ADJ 1 *(geringschätzig)* méprisant; dédaigneux 2 *(Verachtung verdienend)* méprisable B ADV avec dédain **Verachtung** F mépris *m*; dédain *m*
veralbern VT rendre ridicule
verallgemeinern VT généraliser **Verallgemeinerung** F généralisation *f*
veralten VI vieillir; se démoder **veraltet** ADJT vieilli; *(überholt)* suranné
Veranda F véranda *f*
veränderlich ADJ variable; changeant; *Wetter* instable **Veränderlichkeit** F variabilité *f*; instabilité *f*
verändern A VT changer; modifier; transformer B VR **sich ~** 1 changer (! ohne **se**); se modifier; se transformer 2 *beruflich* changer d'emploi **Veränderung** F changement *m*; transformation *f*; *teilweise* modification *f*; *berufliche* changement d'emploi
verängstigt ADJT effrayé; apeuré
verankern VT ancrer *(a. fig)* **Verankerung** F 1 ancrage *m (a. fig)* 2 *(Halterung)* fixation *f*; attache *f*
veranlagen VT FIN **j-n ~** imposer qn
veranlagt ADJT prédisposé (**für** à); **praktisch ~ sein** avoir le sens pratique
Veranlagung F 1 *(Talent, Neigung)* talent *m* (**für** pour); (pré)disposition *f* (**für** à) *(a.* MED*)* 2 FIN établissement *m* de l'assiette de l'impôt
veranlassen VT 1 **j-n zu etw ~** amener, déterminer qn à qc 2 **etw ~** ordonner qc; faire faire qc; **wir werden alles Weitere ~** nous nous chargerons du reste
Veranlassung F 1 *(Grund)* cause *f* (**zu etw** de qc); *(Anlass)* sujet *m*; matière *f*; *(Beweggrund)* motif *m*; **wir haben keinerlei ~ zu** (+ *inf*) nous n'avons aucune raison, aucun motif de (+ *inf*) 2 *(Initiative)* impulsion *f*; instigation *f*; initiative *f*; **auf j-s ~** *(akk)* (**hin**) sur l'ordre, l'intervention de qn
veranschaulichen VT illustrer; concrétiser **Veranschaulichung** F illustration *f*; concrétisation *f* **veranschlagen** VT estimer, évaluer (**mit** à)
veranstalten VT *Fest, Ausstellung* organiser; *Umfrage* faire; mener **Veranstalter(in)** M(F) organisateur, -trice *m,f* **Veranstaltung** F 1 *(das Veranstalten)* organisation *f* 2 *(Sportveranstaltung, Kulturveranstaltung)* manifestation *f*; SPORT *a.* rencontre *f*; *(Abendveranstaltung)* soirée *f*
verantworten A VT **etw ~** répondre de qc; prendre, assumer la responsabilité de qc B VR **sich für etw ~** se justifier de qc (**vor j-m** auprès de qn)
verantwortlich ADJ responsable (**für** de); **j-n für etw ~ machen** rendre qn responsable de qc
Verantwortliche(r) M/F(M) responsable *m/f* **Verantwortlichkeit** F responsabilité *f*
Verantwortung F responsabilité *f*; **die ~ tragen** porter la responsabilité, être responsable (**für** de); **etw auf eigene ~ tun** prendre le risque de faire qc; **die ~ für etw übernehmen** se porter garant de qc
verantwortungsbewusst ADJ conscient de ses responsabilités **Verantwortungsbewusstsein** N conscience *f* de ses responsabilités **Verantwortungsgefühl** N sens *m* des responsabilités **verantwortungslos** ADJ irresponsable; léger **Verantwortungslosigkeit** F irresponsabilité *f*; légèreté *f* **verantwortungsvoll** ADJ 1 *Aufgabe* de responsabilité 2 *Person* responsable
veräppeln *umg* VT **j-n ~** *umg* mettre qn en boîte
verarbeiten VT 1 *(als Material verwenden)* employer, utiliser (**zu etw** à qc); *(bearbeiten)* transformer; travailler; IT traiter; **gut, schlecht verarbeitet** d'une bonne, mauvaise finition 2 *psychisch, geistig* assimiler 3 *Nahrung* assimiler; digérer
Verarbeitung F 1 *(Verwendung)* emploi *m*; *(Bearbeitung)* transformation *f* 2 *(geistige Bewältigung)* assimilation *f* 3 *der Nahrung* assimilation *f*; digestion *f* 4 *(Verarbeitungsqualität)* finition *f*
verärgern VT irriter; fâcher **Verärgerung** F irritation *f*
verarmen VI s'appauvrir *(a. fig)* **Verarmung** F appauvrissement *m (a. fig)*
verarschen *sl* VT **j-n ~** *umg* se payer la gueule, poire de qn
verarzten *umg* VT soigner **verästeln** VR **sich ~** se ramifier *(a. fig)* **Verästelung** F ramification *f (a. fig)* **verätzen** VT brûler à l'acide **verausgaben** VR **sich ~** *physisch* se dépenser; s'épuiser **veräußern** VT *bes* JUR aliéner; *(verkaufen)* vendre **Veräußerung** F *bes* JUR aliénation *f*; *(Verkauf)* vente *f*
Verb N GRAM verbe *m*
verbal ADJ *geh*, GRAM verbal
Verband M 1 MED pansement *m*; bandage *m* 2 *(Zusammenschluss)* fédération *f*; union *f*; *(Verein)* association *f*; *(Gewerkschaftsverband, Arbeitgeberverband)* syndicat *m* 3 MIL formation *f*; unité *f*

Verband(s)kasten M boîte *f* à pansements; *im Auto* mallette *f* de secours **Verband(s)material** N (nécessaire *m* à) pansements *mpl* **Verband(s)mull** M gaze *f* hydrophile, à pansement **Verband(s)päckchen** N compresse *f* aseptique **Verband(s)zeug** N (nécessaire *m* à) pansements *mpl*

verbannen V/T bannir (*a. fig*); exiler **Verbannte(r)** M/F(M) banni(e) *m(f)*; exilé(e) *m(f)* **Verbannung** F bannissement *m*; exil *m*

verbarrikadieren V/T (u. V/R) (**sich ~** se) barricader

verbauen A V/T 1 **j-m die Aussicht ~** masquer, boucher la vue de qn (par une construction) 2 *Material* utiliser dans la construction B V/R *fig* **sich** (*dat*) **die Zukunft ~** gâcher son avenir

verbeamten V/T **j-n ~** titulariser qn

Verbeamtung F *e-r Person* titularisation *f*

verbeißen V/R 1 *bes Hund* **sich in etw** (*akk*) **~** s'acharner sur qc (*a. fig*) 2 **sich** (*dat*) **das Lachen nicht ~ können** ne pouvoir s'empêcher de rire

verbergen V/T 1 cacher (**j-n, etw vor j-m** qn, qc à qn); dissimuler (*a. Tränen*) 2 **j-m etw ~** (*verheimlichen*) dissimuler qc à qn

verbessern A V/T 1 *qualitativ* améliorer; rendre meilleur; (*vervollkommnen*) perfectionner 2 *Fehler* (*berichtigen*) corriger B V/R **sich ~** 1 *qualitativ* s'améliorer 2 (*sich korrigieren*) se corriger; *beim Sprechen* se reprendre 3 *bes beruflich* trouver une meilleure place, situation

Verbesserung F 1 amélioration *f*; perfectionnement *m* 2 correction *f* **Verbesserungsvorschlag** M proposition *f* pour l'amélioration, le perfectionnement (**für etw** de qc)

verbeugen V/R **sich ~** s'incliner (**vor j-m** devant qn)

Verbeugung F révérence *f*

verbeulen V/T bosseler; cabosser **verbiegen** V/T (u. V/R) (**sich ~** se) tordre; (se) déformer; *bes Rad* (se) voiler

verbiestert *umg* ADJT 1 (*verwirrt*) confus 2 (*verärgert*) irrité; fâché

verbieten V/T 1 (*untersagen*) défendre, interdire ([**j-m**] **etw** qc [à qn]); *amtlich a.* prohiber; **Rauchen verboten** défense de fumer 2 *Partei, Buch* interdire; *Buch a.* proscrire

verbilligen A V/T diminuer, réduire le prix de B V/R **sich ~** devenir moins cher

verbilligt ADJT à prix réduit

verbinden A V/T 1 *Wunde* panser 2 **j-m die Augen ~** bander les yeux de qn 3 (*zusammenfügen*) joindre; réunir; assembler; **Drähte miteinander ~** joindre, relier des fils les uns aux autres 4 *Verkehrswege, Städte* relier; (ré)unir 5 ELEK raccorder; connecter; brancher; TEL passer (**mit j-m** qn); **ich verbinde (Sie)** je vous passe la communication; je vous le *od* la passe; **Sie sind falsch verbunden** vous avez fait un mauvais numéro 6 (*verknüpfen*) combiner (**mit** à) 7 **mit Kosten verbunden sein** entraîner des frais, dépenses 8 (*e-e Beziehung herstellen*) unir; lier 9 **was ~ Sie mit diesem Wort?** à quoi ce mot vous fait-il penser? 10 *geh* **ich bin Ihnen dafür sehr verbunden** je vous en suis très obligé B V/R **sich ~** 1 (*sich vermengen*) se mélanger; CHEM se combiner (**mit** à) 2 (*ein Bündnis schließen*) s'unir; s'associer 3 (*erinnern an*) **damit verbindet sich die Vorstellung ...** cela évoque, rappelle ...

verbindlich A ADJ 1 (*bindend*) obligatoire; **für j-n ~ sein** lier, engager qn 2 (*liebenswürdig*) obligeant; courtois B ADV **etw ~ zusagen** promettre qc fermement

Verbindlichkeit F 1 *von Gesetzen* caractère *m* obligatoire 2 (*Höflichkeit*) obligeance *f* 3 HANDEL **~en** *pl* engagements *mpl*

Verbindung F 1 *zwischen Personen* contact *m*; liaison *f*; (*Bündnis*) alliance *f*; *menschliche* (*Beziehung*) relation *f* (*a.* HANDEL); rapport *m*; **in ~** (*dat*) **bleiben mit ...** rester en contact avec ...; **sich in ~** (*akk*) **setzen** prendre contact (**mit** avec); **mit j-m in ~** (*dat*) **stehen** avoir des *od* être en contact avec qn; **mit j-m ~ aufnehmen** prendre contact avec qn 2 *zwischen Dingen* lien *m* 3 (*Verkehrsverbindung*) voie *f* de communication; **e-e direkte ~ nach ...** une ligne directe avec ... 4 TEL, TELEKOMMUNIKATION communication *f* 5 *studentische* corporation étudiante 6 TECH jonction *f*; raccordement *m*; (*Verbindungsstück*) raccord *m* 7 CHEM combinaison *f* (*Vorgang u. Ergebnis*); *nur Ergebnis* composé *m* (chimique)

Verbindungsgang M galerie *f* de communication; couloir *m* **Verbindungskabel** N câble *m* de jonction, de raccord(ement) **Verbindungslinie** F ligne *f* de communication **Verbindungsmann** M homme *m*, agent *m* de liaison **Verbindungsschnur** F cordon *m* de branchement, de raccordement **Verbindungsstecker** M fiche *f* de connexion, de raccordement **Verbindungsstelle** F TECH point *m* de jonction, de raccordement **Verbindungsstraße** F voie *f* de raccordement, de jonction **Verbindungsstück** N raccord *m* **Verbindungstür** F porte *f* de communication

verbissen ADJT 1 *Widerstand* acharné; opiniâtre 2 **ein ~es Gesicht machen** avoir un air obstiné, têtu

V

Verbissenheit F acharnement *m*; opiniâtreté *f*
verbitten V/R **sich** *(dat)* **etw ~** ne pas tolérer qc; **ich verbitte mir diesen Ton!** je vous interdis de me parler sur ce ton!
verbittert ADJT aigri; amer **Verbitterung** F aigreur *f*; amertume *f*
verblassen V/I 1 *Tinte, Schrift* pâlir; *Stoff* passer; se faner 2 *fig Erinnerung* s'effacer
Verbleib *geh* M *(Aufenthaltsort)* lieu *m* de séjour; *e-r Sache* endroit *m* (où se trouve qc)
verbleiben V/I 1 **sie waren so verblieben, dass …** ils avaient convenu de *(+ inf)* 2 *geh od* ADMIN *(bleiben)* rester; demeurer 3 *Briefschluss:* **mit besten Grüßen verbleibe ich Ihr …** veuillez agréer, Monsieur *bzw.* Madame, mes meilleures salutations
verbleichen V/I pâlir; se faner
verbleit ADJT *Benzin* contenant du plomb
verblenden V/T *(irreführen)* aveugler **Verblendung** F aveuglement *m*
verblöden *umg* V/I s'abêtir; s'abrutir **Verblödung** *umg* F abêtissement *m*; abrutissement *m*
verblüffen V/T *u.* V/I stupéfier; ahurir; abasourdir; ébahir; **verblüfft** *a.* stupéfait; **sie verblüffte mit ihrer Leistung** elle a eu, obtenu des résultats stupéfiants
verblüffend ADJT stupéfiant; ahurissant; renversant **Verblüffung** F stupéfaction *f*; ahurissement *m*
verblühen V/I se faner
verbluten V/I perdre tout son sang *(a. fig)*
verbocken *umg* V/T **etw ~** gâcher qc
verbogen ADJ tordu; déformé
verbohren V/R *umg fig* **sich in etw** *(akk)* **~** s'obstiner dans qc
verbohrt *umg pej* ADJT obstiné **Verbohrtheit** *umg pej* F obstination *f*
verborgen A PPERF → verbergen B ADJT caché; **im Verborgenen** en cachette; **es ist Ihnen sicher nicht ~ geblieben, dass …** vous n'êtes pas sans savoir que …
Verbot N défense *f*; interdiction *f*; *amtlich a.* prohibition *f* (+ *gen*, **von, zu** de)
verboten A PPERF → verbieten B ADVL *umg* **~ aussehen** *umg* avoir une touche pas possible
Verbotsschild N panneau *m* d'interdiction
verbraten *umg* V/T *(ausgeben) umg* claquer
Verbrauch M consommation *f* (**an** [+ *dat*] de); **zum alsbaldigen ~ bestimmt** à consommer frais, immédiatement
verbrauchen V/T consommer; *(aufbrauchen)* épuiser
Verbraucher(in) M(F) consommateur, -trice *m,f* **verbraucherfeindlich** ADJ qui n'est pas dans l'intérêt des consommateurs **verbraucherfreundlich** ADJ dans l'intérêt des consommateurs **Verbrauchermarkt** M *etwa* hypermarché *m* **Verbraucherschutz** M défense *f* du consommateur
verbraucht ADJT *fig, Kräfte* épuisé; *Mensch* usé; *Luft* vicié; confiné
verbrechen V/T 1 *umg hum* **was hat er denn schon wieder verbrochen?** *umg* qu'est-ce qu'il a encore fabriqué? 2 *umg hum, Kunstwerk, Gedicht* commettre
Verbrechen N crime *m* (**an** [+ *dat*], **gegen** contre); **ein ~ begehen** commettre, perpétrer un crime
Verbrechensbekämpfung F lutte *f* contre la délinquance, la criminalité
Verbrecher(in) M(F) criminel, -elle *m,f* **Verbrecherbande** F bande *f*, association *f* de malfaiteurs; gang *m* **verbrecherisch** ADJ criminel **Verbrecherjagd** F chasse *f* à l'homme
verbreiten A V/T répandre; *Nachricht, Krankheit a.* propager B V/R **sich ~** se répandre; se propager **verbreitern** V/T *(u.* V/R) **(sich ~** s')élargir **Verbreitung** F propagation *f*; *von Nachrichten a.* diffusion *f*
verbrennen A V/T brûler; *Abfälle, Leichen* incinérer B V/I brûler; **es riecht verbrannt** ça sent le brûlé C V/R **sich ~** se brûler (**mit** avec); **er hat sich die Hand verbrannt** il s'est brûlé la main
Verbrennung F 1 *(Verbrennen)* combustion *f*; *(Leichenverbrennung)* crémation *f*; incinération *f* (*a. von Abfällen*) 2 *Verletzung* brûlure *f*
Verbrennungsmotor M moteur *m* à explosion **Verbrennungsofen** M *für Leichen* four *m* crématoire; *für Abfälle* incinérateur *m*
verbringen V/T *Zeit, Ferien* passer; **s-e Zeit mit etw ~** passer son temps à (faire) qc
verbrüdern V/R **sich ~** fraterniser (**mit j-m** avec qn) **Verbrüderung** F fraternisation *f*
verbrühen A V/T échauder B V/R **sich ~** s'ébouillanter; s'échauder
verbuchen V/T FIN, HANDEL comptabiliser; **auf e-m Konto ~** inscrire sur un compte; *fig* **e-n Erfolg (für sich) ~** obtenir, remporter un succès
verbuddeln *umg* V/T enterrer; enfouir **verbummeln** *umg pej* V/T *Zeit* gaspiller
verbunden PPERF → verbinden
verbünden V/R **sich ~** s'allier (**mit** à *od* avec)
Verbundenheit F solidarité *f* (**mit** avec)
Verbündete(r) M/F(M) allié(e) *m(f)*; coalisé(e) *m(f)* **Verbundglas** N verre sandwich, feuilleté
verbürgen V/R **sich für j-n, etw ~** cautionner qn, qc; se porter garant pour qn, de qc

V

verbürgt ADJT **1** *Nachricht* authentique; de source sûre **2** *Rechte* garanti
verbüßen V/T *Strafe* purger
Verbüßung F **nach ~ der Strafe ...** après avoir purgé ma, sa, *etc* peine ...
verchromt ADJT chromé
Verdacht M soupçon *m*; suspicion *f*; **~ schöpfen** (commencer à) avoir des soupçons; **in ~ geraten** se rendre suspect; **j-n wegen etw in** *od* **im ~ haben** soupçonner qn de qc; MED **es besteht ~ auf Meningitis** *(akk)* on craint une méningite
verdächtig ADJ suspect; *Angelegenheit* douteux; **sich ~ machen** éveiller les soupçons; **das kommt mir ~ vor** ça me paraît louche
Verdächtige(r) M/F(M) suspect(e) *m(f)*
verdächtigen V/T **j-n ~** suspecter, (faire) soupçonner qn
Verdächtigung F suspicion *f*; soupçon *m*
Verdachtsmoment N *bes* JUR indice *m*
verdammen V/T maudire; REL damner; réprouver
verdammt *umg* **A** INT **~ (noch mal), ~ und zugenäht!** *umg* zut (alors)!; *umg* mince (alors)!; *umg* nom d'une pipe, *umg* d'un chien! **B** ADJT **1** *umg* sacré; *umg* fichu (❗ beide stehen immer **vor** dem Substantiv); **~er Mist** *sl* merde! **2** *(groß) umg* sacré (❗ steht immer **vor** dem Substantiv); *umg* terrible; **(ein) ~es Glück** *umg* une sacrée chance **C** ADVL *(sehr) umg* vachement; *umg* drôlement; **das schmeckt ~ gut** *umg* c'est vachement bon
verdampfen V/T (*u.* V/I) (s')évaporer; PHYS (se) vaporiser **Verdampfer** M TECH évaporateur *m* **verdanken** V/T **j-m etw ~** devoir qc à qn **verdattert** *umg* ADJ ahuri **verdauen** V/T *u.* V/I digérer *(a. fig)*
verdaulich ADJ digestible; digeste; **schwer ~ sein** être indigeste
Verdauung F digestion *f*
Verdauungsapparat M appareil digestif **Verdauungsbeschwerden** FPL troubles digestifs; indigestion *f* **Verdauungsorgan** N organe *m* de la digestion **Verdauungsschnaps** M digestif *m* **Verdauungsspaziergang** M promenade digestive **Verdauungsstörungen** FPL troubles digestifs; indigestion *f* **Verdauungstrakt** M appareil digestif
Verdeck N capote *f* **verdecken** V/T couvrir; *(dem Blick entziehen)* masquer; cacher
verdenken V/T **j-m etw nicht ~ (können)** ne pas (pouvoir) en vouloir à qn de qc
verderben **A** V/T **1** gâter; abîmer; *moralisch* corrompre; dépraver **2** **j-m die Freude ~** gâter, gâcher la joie de qn **3** **es mit niemandem ~ wollen** vouloir rester en bons termes avec tout le monde **B** V/I *Lebensmittel* s'abîmer; se gâter **C** V/R **sich** *(dat)* **die Augen ~** s'abîmer la vue, les yeux; **sich** *(dat)* **den Magen ~** se faire une indigestion
Verderben N perte *f*; ruine *f*; **j-n ins ~ stürzen** perdre qn; **ins ~ rennen** courir à sa perte
verderblich ADJ **1** *Ware* périssable **2** *Einfluss* pernicieux; funeste
verdeutlichen V/T expliciter; *(erklären)* expliquer **Verdeutlichung** F explicitation *f*; *(Erklärung)* explication *f*
verdichten **A** V/T PHYS condenser; comprimer **B** V/R **sich ~** **1** PHYS se condenser *(a. fig)*; se comprimer **2** *Nebel* s'épaissir **3** *fig Verdacht* se préciser
Verdickung F épaississement *m*; renflement *m*
verdienen V/T **1** *Geld* gagner; *abs* **gut ~** gagner bien sa vie **2** *Lob, Strafe* mériter
Verdiener M personne *f* gagnant de l'argent
Verdienst[1] M *(Einkommen)* salaire *m*; *(Gewinn)* gain *m*; profit *m*
Verdienst[2] N *(Leistung)* mérite *m*; **es ist sein ~, dass ...** son mérite, c'est que ...
Verdienstausfall M perte *f* de salaire; manque *m* à gagner **Verdienstbescheinigung** F attestation *f*, relevé *m* de salaire **Verdienstkreuz** N *etwa* ordre *m* du mérite **Verdienstmöglichkeit** F possibilité *f* de gain **Verdienstorden** M ordre *m* du mérite **Verdienstspanne** F marge *f* bénéficiaire, de bénéfice **verdienstvoll** ADJ **1** *Tat* méritoire **2** *Person* de mérite
verdient ADJT **1** *(verdienstvoll)* de mérite; **sich um j-n, etw ~ machen** faire beaucoup pour qn, qc **2** *(gerechtfertigt)* mérité
verdientermaßen ADV selon ses, tes, *etc* mérites
verdonnern *umg* V/T condamner (**zu** à)
verdoppeln **A** V/T doubler; *fig Bemühungen* redoubler **B** V/R **sich ~** doubler (❗ ohne **se**)
Verdopp(e)lung F doublement *m*; *fig* redoublement *m*
verdorben PPERF → verderben
verdorren V/I se dessécher
verdrängen V/T **1** *Wasser* déplacer **2** *aus e-r Stellung* évincer; déloger **3** *([schrittweise] ersetzen)* supplanter; remplacer **4** PSYCH refouler
Verdrängung F **1** déplacement *m* **2** éviction *f* **3** remplacement *m* **4** refoulement *m* **Verdrängungswettbewerb** M HANDEL concurrence acharnée *(pour évincer les concurrents)*
verdreckt *umg pej* ADJT (très) sale; crasseux; *umg* crado (❗ unveränderlich)
verdrehen V/T **1** tordre; *Augen* rouler **2** *umg*

V

pej Tatsachen déformer
verdreht *umg pej* ADJT 1 *Ansichten* saugrenu 2 *Person* fou
verdreifachen V/T (u. V/R) **(sich ~)** tripler
verdreschen *umg* V/T *umg* flanquer une raclée à
verdrießen *geh* V/T contrarier **verdrießlich** ADJ de mauvaise humeur; maussade; renfrogné
verdrossen A PPERF → verdrießen B ADJT *(mürrisch)* maussade; de mauvaise humeur; renfrogné C ADVL à contrecœur; de mauvaise grâce **Verdrossenheit** F (mauvaise) humeur; morosité *f*
verdrücken *umg* A V/T avaler; engloutir; *umg* engouffrer B V/R **sich ~** *umg* se tirer; *umg* se barrer
Verdruss M dépit *m*; ennui(s) *m(pl)*
verduften V/I *umg (sich entfernen) umg* s'évaporer; s'éclipser
Verdummung F abêtissement *m*; abrutissement *m*
verdunkeln A V/T obscurcir; assombrir B V/R **sich ~** s'obscurcir; s'assombrir *(a. fig Gesichtsausdruck)*
Verdunk(e)lung F 1 obscurcissement *m*; assombrissement *m* 2 LUFTSCHUTZ black-out *m* 3 JUR *von Tatbeständen* dissimulation *f*; camouflage *m*
verdünnen V/T *Flüssigkeit* diluer **Verdünner** M CHEM diluant *m* **verdünnisieren** *umg* V/R **sich ~** s'évaporer **Verdünnung** F dilution *f*
verdunsten V/I s'évaporer **Verdunstung** F évaporation *f*
verdursten V/I mourir de soif
verdüstern V/T (u. V/R) **(sich ~** s')assombrir *(a. fig)*; (s')obscurcir
verdutzt ADJ ébahi; pantois
verebben V/I diminuer peu à peu; décroître
veredeln V/T AGR, GARTEN greffer; TECH (r)affiner; *Rohstoffe* transformer
Vered(e)lung F AGR, GARTEN greffe *f*; greffage *m*; TECH (r)affinage *m*; transformation *f*
verehren V/T 1 *geh (bewundern)* admirer; **verehrte Anwesende!** Mesdames et Messieurs! 2 REL *(anbeten)* vénérer 3 *hum* **j-m etw ~** faire cadeau, présent de qc à qn
Verehrer(in) M(F) 1 *(Bewunderer[in])* admirateur, -trice *m,f* 2 *hum (Liebhaber)* soupirant *m*; amoureux *m*
Verehrung F 1 *(Bewunderung)* admiration *f* 2 *(Anbetung)* culte *m*; vénération *f*
vereidigen V/T **j-n ~** assermenter qn; faire prêter serment à qn (**auf etw** *[akk]* sur qc)
vereidigt ADJT assermenté; juré **Vereidigung** F prestation *f* de serment

Verein M association *f*; *kleinerer* cercle *m*; club *m*; **eingetragener ~** association déclarée
vereinbar ADJ compatible, conciliable (**mit** avec)
vereinbaren V/T 1 **etw ~** convenir de qc (**mit j-m** avec qn); *Termin* fixer 2 **sich nicht mit etw ~ lassen** ne pas être compatible avec qc
vereinbart ADJT convenu; **zum ~en Zeitpunkt** à l'heure convenue, dite, fixée; **wie ~** comme convenu
Vereinbarung F convention *f*; accord *m*; **e-e ~ treffen** conclure un accord (**über etw** *[akk]* sur qc); **nach ~** *beim Arzt* sur rendez-vous
vereinbarungsgemäß ADV comme convenu
vereinen *geh* V/T u. V/R → vereinigen
vereinfachen V/T simplifier **Vereinfachung** F simplification *f*
vereinheitlichen V/T uniformiser; standardiser **Vereinheitlichung** F uniformisation *f*; standardisation *f*
vereinigen A V/T réunir (**mit** à); unir (à *od* avec); associer (à) B V/R **sich ~** se réunir (**mit** avec); s'unir (avec); s'associer (à *od* avec); *Flüsse* confluer (avec); se (re)joindre; *fig Anmut mit Geist* s'allier (à)
vereinigt ADJT uni; **(die) Vereinigte(n) Arabische(n) Emirate** *npl* (les) Émirats arabes unis; **(die) Vereinigte(n) Staaten** *mpl* **(von Amerika)** (les) États-Unis *mpl* (d'Amérique)
Vereinigung F 1 *(das Vereinigen)* réunion *f*; union *f*; association *f* 2 *(Zusammenschluss)* association *f*; union *f*
vereinnahmen V/T 1 HANDEL encaisser 2 *fig (völlig beanspruchen)* monopoliser; **j-n (für sich) ~** accaparer qn; *hum* réquisitionner qn
vereinsamen V/I devenir solitaire; s'isoler **Vereinsamung** F isolement *m*; solitude *f*
Vereinskamerad(in) M(F) camarade *m/f* de club **Vereinskasse** F caisse *f* de l'association **Vereinsleben** N vie associative **Vereinslokal** N lieu *m* de rencontre du club, de l'association **Vereinsvorsitzende(r)** M président *m* de l'association, de la société **Vereinsvorstand** M direction *f*, comité directeur de l'association, de la société
vereint ADJT uni; **mit ~en Kräften** tous ensemble
vereinzelt A ADJT isolé; *(vereinzelt auftretend)* sporadique B ADVL *(zeitlich)* de temps en temps; *(örtlich)* çà et là **vereisen** A V/T MED insensibiliser (par le froid) B V/I *Straßen* se couvrir de verglas; FLUG givrer **vereist** ADJT *Straßen* verglacé **vereiteln** V/T *j-s Pläne* déjouer; faire échouer **vereitern** V/I suppurer **vereitert** ADJ purulent **Vereiterung** F suppuration *f*;

(*Geschwür*) abcès *m*
verekeln VT **j-m etw ~** dégoûter qn de qc
verenden VI *bes Tiere* mourir; crever
verengen VT (u. VR) (**sich ~** se) rétrécir; (se) resserrer **Verengung** F rétrécissement *m*; resserrement *m*
vererben A VT 1 *Besitz* laisser, léguer (**j-m etw** qc à qn) 2 BIOL transmettre (qc à qn) B VR **sich ~** BIOL se transmettre héréditairement (**auf j-n** à qn) **Vererbung** F BIOL hérédité *f*
verewigen VR *umg* **sich ~** laisser des traces de son passage
Verf. ABK (Verfasser) auteur
verfahren[1] A VT *Benzin* dépenser en trajets B VI (*vorgehen*) procéder; agir (**mit j-m** envers qn) C VR **sich ~** se tromper de chemin, de route
verfahren[2] *umg* ADJ **~e Situation** impasse *f*; **völlig ~ sein** être au point mort
Verfahren N 1 (*Vorgehen*) procédé *m*; manière *f* d'agir 2 (*Arbeitsweise*) méthode *f*; TECH, CHEM procédé *m* 3 JUR procédure *f*
Verfall M 1 *baulich* dégradation *f*; délabrement *m*; *fig körperlich* dépérissement *m* 2 *fig e-s Reiches, e-r Kultur* déclin *m*; **sittlicher ~** déchéance morale
verfallen VI 1 *baulich* tomber en ruine; se délabrer; *fig körperlich* dépérir 2 *fig Reich, Kultur* être en déclin; *Sitten* être décadent 3 *Fahrkarten* se périmer; *Pass* expirer 4 **j-m, e-r Sache ~** devenir l'esclave de qn, qc; **dem Alkohol ~** sombrer dans l'alcool 5 **auf etw** (*akk*) **~** s'aviser de qc; avoir l'idée de qc 6 **in etw** (*akk*) **~** (re)tomber dans qc
Verfallsdatum N date *f* de péremption
verfälschen VT 1 *Nahrungsmittel* falsifier; *Getränke a.* frelater 2 *Wahrheit* dénaturer; altérer; *Text* falsifier
verfangen VR **sich ~** s'empêtrer, s'embrouiller (**in** [+ *dat*] dans) (*a. fig*)
verfänglich ADJ *Frage, Situation* embarrassant; *Brief* compromettant
verfärben VR **sich ~** changer de couleur
Verfärbung F 1 *Vorgang* changement *m* de couleur; altération *f* de la couleur 2 *Resultat* couleur changée, altérée
verfassen VT écrire; *Text a.* rédiger; *Gedicht a.* composer
Verfasser(in) M(F) auteur *m*; femme *f* auteur
Verfassung F 1 POL Constitution *f* 2 (*Zustand*) état *m*; *körperliche* condition *f*; forme *f*; *seelische* disposition *f*; moral *m*; **in guter ~ sein** être en bonne condition; être en forme
Verfassungsänderung F révision constitutionnelle, de la Constitution **Verfassungsbeschwerde** F recours constitutionnel **Verfassungseid** M serment *m* à la Constitution **verfassungsfeindlich** ADJ hostile à la Constitution; subversif **Verfassungsgericht** N cour constitutionnelle **verfassungsmäßig** ADJ constitutionnel
Verfassungsschutz M **Bundesamt** *n* **für ~** BRD Office fédéral pour la protection de la Constitution
verfassungswidrig ADJ anticonstitutionnel; contraire à la Constitution
verfaulen VI pourrir; se putréfier; **verfault** pourri
verfechten VT *Ansicht, Meinung* soutenir; se faire le champion de; *Recht* défendre **Verfechter(in)** M(F) défenseur *m*; avocat(e) *m(f)*
verfehlen VT 1 *Person, Zug, Ziel* manquer; rater; *Weg* se tromper de 2 *fig Zweck* manquer; *Thema* ne pas traiter **verfehlt** ADJT (*falsch*) faux; (*unangebracht*) inopportun **Verfehlung** F manquement *m*
verfeinden VR **sich ~** se brouiller, se fâcher (**mit j-m** avec qn)
verfeindet ADJT hostile; ennemi; **sie sind miteinander ~** ils se son brouillés
verfeinern VT (u. VR) (**sich ~**) *Sitten, Geschmack* (s')affiner; ([*sich*] *verbessern*) (s')améliorer; **verfeinert** *Sitten, Geschmack* raffiné
verfestigen VT (u. VR) (**sich ~** se) solidifier
verfeuern VT 1 *Holz* consommer; brûler 2 *Munition* épuiser
verfilmen VT *Roman* porter à l'écran **Verfilmung** F adaptation *f* cinématographique
verfilzen VI *Wolle* se feutrer; *Haare* s'emmêler **verfilzt** ADJT *Wolle* feutré; *Haare* embroussaillé; emmêlé
verfinstern VT (u. VR) (**sich ~** s')obscurcir; (s')assombrir (*a. fig Gesicht*); ASTRON (s')éclipser
verflachen VI *fig Gespräch* devenir superficiel; tomber dans la platitude
verflechten VT 1 *Bänder* entrelacer; entremêler (*a. fig*) 2 (**eng**) **verflochten sein** avoir des liens étroits
Verflechtung F entrelacement *m*; WIRTSCH interpénétration *f*; interdépendance *f*
verfliegen A VI 1 (*vorbeigehen*) *Zeit, Zorn* passer 2 (*sich verflüchtigen*) *Duft* se dissiper B VR **sich ~** FLUG s'égarer
verfließen VI *Farben, fig Begriffe* (**ineinander**) **~** s'interpénétrer; se fondre; se mélanger
verflixt *umg* → verdammt
verflossen A PPERF → verfließen B ADJT passé; *umg* **ihr ~er Freund** *umg* son ex-copain
verfluchen VT maudire (*a. fig*); **ich verfluche den Tag, an dem …** maudit soit le jour où …
verflucht *umg* → verdammt
verflüchtigen VR **sich ~** 1 CHEM se volatiliser 2 *Geruch etc* se dissiper

V

verflüssigen VT (u. VR) (**sich ~** se) liquéfier; *Dampf* (se) condenser
verfolgen VT 1 *(einzuholen versuchen)* poursuivre; *plus fort* pourchasser; traquer (*a.* JAGD); **j-n auf Schritt und Tritt ~** ne pas quitter qn d'une semelle 2 *(bedrängen)* poursuivre; °harceler; persécuter; **dieser Gedanke verfolgt mich** cette idée m'obsède, me poursuit 3 *fig politische Gegner etc* persécuter 4 *Spur, Weg* suivre (*a. fig Gedankengang*) 5 *fig Absicht, Ziel* poursuivre; **e-e Sache weiter ~** suivre qc; *(aufmerksam beobachten)* suivre; observer
Verfolger M *e-s Flüchtenden* poursuivant *m* **Verfolgergruppe** F SPORT groupe *m*, peloton *m* de poursuivants
Verfolgte(r) M/F(M) POL persécuté(e) *m(f)*
Verfolgung F *e-s Flüchtenden* poursuite *f* (*a. fig e-r Absicht*); *politische* persécution *f*; **die ~ aufnehmen** se lancer à la poursuite
Verfolgungsjagd F poursuite effrénée; *mit Autos umg* rodéo *m* **Verfolgungsrennen** N RADSPORT poursuite *f* **Verfolgungswahn** M PSYCH délire *m*, manie *f* de la persécution
verformen VT (u. VR) (**sich ~** se) déformer **Verformung** F TECH déformation *f* **verfrachten** VT 1 *Waren* charger 2 *umg Gepäck, hum Person umg* caser **verfranzen** *umg* VR **sich ~** *umg* se paumer **verfremden** VT *in der Kunst* donner un caractère artificiel, étrange
verfressen *umg pej* ADJT glouton; goinfre **verfroren** ADJ frileux **verfrüht** ADJ prématuré
verfügbar ADJ disponible **Verfügbarkeit** F disponibilité *f*
verfügen A VT ADMIN *(anordnen)* ordonner; arrêter; décréter B VI **über j-n, etw** *(akk)* **~** disposer de qn, qc
Verfügung F 1 ADMIN *(Anordnung)* ordonnance *f*; décret *m* 2 *(Disposition)* disposition *f* (*a.* JUR); **j-m etw zur ~ stellen** mettre qc à la disposition de qn; **j-m zur ~ stehen** être à la disposition de qn
verführen VT **j-n ~** séduire qn; *(verleiten)* **j-n zu etw ~** inciter, entraîner qn à qc
Verführer(in) M(F) séducteur, -trice *m,f* (*a. sexuell*) **verführerisch** ADJ 1 *(verlockend)* tentant; séduisant 2 *(sehr reizvoll)* séducteur; séduisant
Verführung F séduction *f*; *bes* JUR **~ Minderjähriger** détournement *m* de mineurs
Verführungskunst F art *m* de séduire, de la séduction
verfünffachen A VT quintupler B VR **sich ~** quintupler
verfüttern VT donner comme fourrage (**an** [+ *akk*] à) **Vergabe** F attribution *f*; adjudication *f*; *e-s Auftrags* passation *f*
vergackeiern *umg* VT **j-n ~** se jouer, se moquer de qn
vergällen VT 1 CHEM dénaturer 2 *fig Freude* gâter; gâcher; *Leben* empoisonner **vergammeln** *umg* VI *Lebensmittel* pourrir; *Person* se clochardiser **vergammelt** ADJT *Lebensmittel* pourri; *Gebäude* délabré; *Person, Kleidung* débraillé
vergangen A PPERF → vergehen B ADJT *Zeit* passé; écoulé; **~e Woche** la semaine passée, dernière
Vergangenheit F passé *m* (*a.* GRAM); temps passé **Vergangenheitsbewältigung** F prise *f* de conscience du passé; *plus fort* maîtrise *f* du passé
vergänglich ADJ éphémère **Vergänglichkeit** F caractère *m* éphémère
vergasen VT *Menschen* gazer; *Ungeziefer* fumiger **Vergaser** M AUTO carburateur *m*
vergaß → vergessen
vergeben VT 1 *geh (verzeihen)* pardonner (**j-m etw** qc à qn); *Sünden* remettre 2 *(geben)* (**an j-n**) **~** donner (à qn); *Preis, Stelle* attribuer (à qn); *Auftrag* passer (à qn) 3 *bes* SPORT *Chance* laisser passer 4 **sich** *(dat)* **etw, nichts ~** perdre, ne pas perdre la face
vergebens A ADJ **es war ~** ça n'a servi à rien B ADV en vain; vainement; inutilement
vergeblich A ADJ (en) vain; inutile, infructueux B ADV → vergebens
Vergebung *geh* F *(Verzeihung)* pardon *m*; *der Sünden* rémission *f*
vergegenwärtigen VR **sich** *(dat)* **etw ~** se représenter qc
vergehen A VI 1 *Zeit* passer; s'écouler 2 *Schmerz etc* passer; diminuer; *Schönheit* s'évanouir; s'effacer; **davon ist mir der Appetit vergangen** ça m'a coupé l'appétit 3 *fig* **vor** (+ *dat*) **~** mourir de ... B VR *sexuell* **sich an j-m ~** abuser de qn
Vergehen N faute *f*; JUR délit *m*; *geringfügiges* infraction *f*
vergelten VT rendre; **Gleiches mit Gleichem ~** rendre la pareille
Vergeltung F revanche *f*; **~ üben** prendre sa revanche
Vergeltungsmaßnahme F (mesure *f* de) représailles *fpl*, rétorsion *f* **Vergeltungsschlag** M représailles *fpl*
vergessen A VT oublier; *fig* **j-m etw nie ~** *(dankbar sein)* revaloir qc à qn; *(böse sein)* ne pas pardonner qc à qn; *umg* **vergiss es!** *umg* laisse tomber! B VR **sich ~** s'emporter
Vergessenheit F oubli *m*; **in ~ geraten** tomber dans l'oubli
vergesslich ADJ oublieux; distrait **Vergesslichkeit** F oubli *m*; distraction *f*
vergeuden VT gaspiller **Vergeudung** F

V

gaspillage *m*
vergewaltigen VT violer; violenter; *fig* faire violence à **Vergewaltiger** M violeur *m* **Vergewaltigung** F viol *m*; *fig* violence *f* (+ *gen* faite à)
vergewissern V/R **sich e-r Sache** (*gen*) **~** s'assurer de qc
vergießen VT répandre; *Blut, Tränen* verser
vergiften VT (*u.* V/R) (**sich ~** s')empoisonner (*a. fig*); MED (s')intoxiquer **Vergiftung** F 1 (*das Vergiften*) empoisonnement *m* (*a. fig*) 2 *Erkrankung* intoxication *f*
vergilben VI *Papier* jaunir
Vergissmeinnicht N BOT myosotis *m*
vergittert ADJT grillagé
verglasen VT vitrer **Verglasung** F vitrage *m*
Vergleich M 1 comparaison *f*; parallèle *m*; **e-n ~ ziehen** établir une comparaison, un parallèle; **im ~ mit, zu** comparé à … 2 JUR transaction *f*
vergleichbar ADJ comparable (**mit** à)
vergleichen A VT comparer (**mit** à, avec); **das ist (doch gar) nicht zu ~** ce n'est pas (du tout) comparable B V/R JUR **sich mit j-m ~** conclure une transaction avec qn
vergleichend ADJT comparatif
Vergleichsform F GRAM degré *m* de comparaison **Vergleichsmöglichkeit** F éléments *mpl* de comparaison **Vergleichsverfahren** N règlement *m* judiciaire **vergleichsweise** ADV comparativement **Vergleichswert** M valeur *f* de référence **Vergleichszeitraum** M période *f* de référence, correspondante
verglimmen VI s'éteindre peu à peu **verglühen** VI *Satellit* se désagréger
vergnügen V/R **sich mit etw ~** s'amuser, se divertir à *od* avec qc
Vergnügen N plaisir *m*; amusement *m*; (*Zerstreuung*) distraction *f*; divertissement *m*; **mit (dem größten) ~** avec (le plus grand) plaisir; **viel ~!** amusez-vous bien!; *iron* je vous souhaite bien du plaisir!; **mit wem habe ich das ~ (zu sprechen)?** à qui ai-je l'honneur?; **es ist mir ein ~** c'est un plaisir pour moi; *umg* **ein teures ~** un plaisir qui coûte cher
vergnüglich ADJ amusant; plaisant
vergnügt ADJT gai; enjoué
Vergnügung F amusement *m*; divertissement *m*
Vergnügungsausschuss M comité *m* des fêtes **Vergnügungspark** M parc *m* d'attractions **Vergnügungsreise** F voyage *m* d'agrément **Vergnügungssteuer** F taxe *f* sur les spectacles et divertissements **Vergnügungssucht** F goût *m* des plaisirs **vergnügungssüchtig** ADJ avide de plaisirs **Vergnügungsviertel** N quartier *m* des boîtes de nuit
vergolden VT dorer (*a. fig*) **Vergoldung** F dorure *f*
vergönnt ADJT **es war mir nicht ~ zu** (+ *inf*) je n'ai pas eu le plaisir de (+ *inf*)
vergöttern VT adorer; *pej* idolâtrer
vergraben A VT enterrer; enfouir B V/R **sich ~** *Tiere* se terrer (**in** [+ *dat ou akk*] dans); *umg fig* **sich in s-e Bücher ~** se plonger dans ses livres
vergrämen VT mécontenter; *plus fort* fâcher **vergrämt** ADJT *Gesicht* rongé de chagrin
vergraulen *umg* VT **j-n ~** faire fuir qn (en étant désagréable)
vergreifen V/R 1 **sich im Ton ~** mal choisir ses mots 2 **sich an fremdem Eigentum ~** se saisir des biens d'autrui 3 **sich an j-m ~** porter la main sur qn
vergriffen ADJT *Buch* épuisé
vergrößern A VT 1 (*erweitern*) agrandir (*a. Geschäft*) 2 (*vermehren*) accroître; augmenter 3 OPT grossir; FOTO agrandir B V/R **sich ~** s'agrandir (*a. Geschäft, Familie*); *Kapital* s'accroître; augmenter **Vergrößerung** F 1 agrandissement *m* 2 accroissement *m*; augmentation *f* 3 FOTO agrandissement *m*; OPT grossissement *m* **Vergrößerungsglas** N loupe *f*; verre grossissant
vergucken *umg* V/R (*verlieben*) **sich in j-n ~** s'enticher de qn
Vergünstigung F faveur *f*; *steuerliche, soziale* avantage *m*
vergüten VT 1 *Arbeit* payer; rémunérer 2 **j-m etw ~** *Auslagen* rembourser qn de qc; *Verlust(e)* dédommager, indemniser qn de qc
Vergütung F 1 paiement *m*; rémunération *f* 2 remboursement *m*; dédommagement *m* 3 *Summe* indemnité *f*
verh. ABK (verheiratet) marié
verhaften VT arrêter; appréhender **Verhaftete(r)** M/F(M) personne *f* en état d'arrestation **Verhaftung** F arrestation *f*; JUR prise *f* de corps **Verhaftungswelle** F vague *f* d'arrestations
verhallen VI *Ton* se perdre; expirer
verhalten[1] V/R **sich ~** 1 (*sich benehmen*) se conduire, se comporter (**gegen j-n, j-m gegenüber** avec qn, envers qn); **sich ruhig ~** se tenir tranquille 2 (*beschaffen sein*) **wie verhält sich die Sache?** où en est l'affaire?
verhalten[2] ADJT 1 *Freude* contenu; *Groll* rentré 2 **mit ~er Stimme** à mi-voix 3 *Fahrweise* sans agressivité; *Kritik* mesuré; modéré
Verhalten N conduite *f*; comportement *m*; at-

titude *f*; (*Vorgehen*) manière *f* d'agir
Verhaltensforschung F éthologie *f* **verhaltensgestört** ADJ qui présente des troubles du comportement **Verhaltensmaßregeln** FPL instructions *fpl*; directives *fpl* **Verhaltensstörung** F trouble *m* du comportement **Verhaltensweise** F comportement *m*
Verhältnis N 1 (*Größenverhältnis*) rapport *m*; proportion *f*; **im ~ zu** en proportion de; par rapport à; **im ~ 1 zu 3** dans un rapport de 1 à 3; **in keinem ~ stehen (zu)** être disproportionné (à, avec) 2 (*Beziehung*) rapports *mpl*; relations *fpl*; **ein gutes ~ zu j-m haben** avoir de bons rapports avec qn 3 *umg* (*Liebesverhältnis*) liaison *f* 4 **~se** *pl* situation *f*; conditions *fpl*; (*Umstände*) circonstances *fpl*; **über s-e ~se leben** vivre au-dessus de ses moyens
verhältnismäßig ADJ relatif; proportionnel **Verhältniswahl** F vote, scrutin proportionnel **Verhältniswahlrecht** N représentation proportionnelle; proportionnelle *f* **Verhältniswort** N GRAM préposition *f*
verhandeln A VT JUR **e-n Fall ~** *strafrechtlich* juger; *zivilrechtlich* entendre une cause B VI **über etw** (*akk*) **~** négocier qc; (*beraten*) débattre (de) qc
Verhandlung F 1 *bes* POL, HANDEL négociation *f*; discussion *f*; **~en** *pl a.* pourparlers *mpl* 2 JUR audience *f*; débats *mpl*
Verhandlungsbasis F base *f* des négociations, des discussions; **~ 3000 Euro** 3000 euros à débattre
verhandlungsbereit ADJ prêt à négocier **Verhandlungsbereitschaft** F volonté *f* de négocier **Verhandlungsgeschick** N habileté *f* à négocier, à mener des négociations **Verhandlungspause** F suspension *f* d'audience **Verhandlungssaal** M salle *f* d'audience **Verhandlungsschluss** M clôture *f* des débats **Verhandlungstag** M jour *m* d'audience, des débats **Verhandlungstermin** M date fixée pour l'audience, pour les débats
Verhandlungstisch M table *f* de négociations; *fig* **sich an den ~ setzen** engager des négociations
verhangen ADJ *Himmel* nuageux; gris
verhängen VT *Fenster* recouvrir (**mit** de); *Strafe* prononcer (**über j-n** contre qn)
Verhängnis N fatalité *f*; malheur *m*; **j-m zum ~ werden** être fatal à qn
verhängnisvoll ADJ fatal; funeste
verharmlosen VT minimiser **Verharmlosung** F minimisation *f*
verhärmt ADJ rongé par les soucis
verharren VI 1 (*innehalten*) rester; demeurer 2 (*beibehalten*) **in etw** (*dat*) **~** persister dans qc
verhärten VR **sich ~** se durcir (*a. fig*, MED) **Verhärtung** F 1 *fig* endurcissement *m*; *der Fronten* durcissement *m* 2 MED induration *f*
verhaspeln *umg* VR **sich ~** *beim Sprechen* s'embrouiller
verhasst ADJ odieux; détesté; **sich bei j-m ~ machen** se faire °haïr de qn
verhätscheln VT *Kind* dorloter; *umg* chouchouter
verhauen *umg* A VT 1 **j-n ~** *umg* flanquer une raclée à qn; rosser qn 2 *Aufsatz umg* louper B VR **sich ~** (*sich irren*) *umg* se gourer
verheben VR **sich ~** se faire un tour de reins
verheddern *umg* VR **sich ~** *Fäden* s'emmêler; s'embrouiller; **sich in etw** (*dat*) **~** s'empêtrer dans qc; *fig beim Sprechen* **sich ~** s'embrouiller
verheerend ADJT dévastateur; *Folgen* catastrophique; *umg* (*scheußlich*) horrible
verhehlen *geh* VT **man kann nicht ~, dass ...** il faut bien avouer que ...
verheilen VI *Wunde* se fermer; (se) guérir
verheimlichen VT cacher, dissimuler (**j-m etw, etw vor j-m** qc à qn)
verheiraten A VT marier (**mit** avec, à) B VR **sich ~** se marier (**mit j-m** avec qn)
verheiratet ADJT marié **Verheiratete(r)** M/F(M) marié(e) *m(f)*; homme marié, femme mariée
verheißen *geh* VT promettre **Verheißung** F promesse *f* **verheißungsvoll** ADJ plein de promesses; prometteur
verheizen VT 1 brûler; utiliser comme moyen de chauffage 2 *umg* MIL **j-n ~** utiliser qn comme chair à canon
verhelfen VI **j-m zu etw ~** aider qn à obtenir qc
verherrlichen VT glorifier; faire l'apologie de **Verherrlichung** F glorification *f*; apologie *f*
verheult *umg* ADJ gonflé, rougi par les larmes
verhexen VT ensorceler; envoûter; *umg fig* **es ist wie verhext!** *umg* c'est la poisse!; tout va de travers!
verhindern VT empêcher; *Unglück* prévenir **Verhinderung** F empêchement *m*
verhöhnen VT tourner en dérision; railler
verhohnepipeln *umg* VT ridiculiser
verhökern *umg* VT brader; bazarder
Verhör N interrogatoire *m*
verhören A VT **j-n ~** interroger qn B VR **sich ~** mal entendre
verhüllen VT voiler (*a. fig*) **verhüllend** ADJT LING euphémique **verhundertfachen** VT (*u.* VR) (**sich ~**) centupler

verhungern VI mourir de faim; **ganz verhungert aussehen** avoir l'air affamé; *umg fig* **am Verhungern sein** *umg* crever de faim
verhunzen *umg pej* VT *Landschaft, Stadtbild* abîmer; *Gedicht* estropier **verhüten** VT (*verhindern*) empêcher; *Unglück* prévenir
Verhüterli *umg hum* N *umg* capote (anglaise)
Verhütung F 1 empêchement *m*; (*Vorbeugung*) prévention *f* 2 (*Empfängnisverhütung*) contraception *f*
Verhütungsmaßnahme F mesure préventive **Verhütungsmittel** N contraceptif *m*
verhutzelt *umg* ADJ ratatiné
verifizieren VT vérifier
verinnerlichen VT intérioriser
verirren VR **sich ~** s'égarer; se perdre; se fourvoyer **Verirrung** F égarement *m*
verjagen VT chasser (**aus, von** de)
verjähren VI JUR se prescrire; **verjährt** prescrit
Verjährung F JUR prescription *f* **Verjährungsfrist** F JUR délai *m* de prescription
verjubeln *umg* VT *umg* claquer
verjüngen A VT rajeunir (*a. Personal*) B VR **sich ~** *Säule* s'amincir; s'effiler **Verjüngung** F 1 rajeunissement *m* 2 amincissement *m*
Verjüngungskur F cure *f* de rajeunissement, de jouvence **Verjüngungsmittel** N produit rajeunissant
verjuxen *umg* VT *umg* claquer
verkabeln VT TV câbler; **verkabelt sein** être câblé
Verkabelung F TV câblage *m*
verkalken VI 1 MED se calcifier 2 *umg fig* (*geistig altern*) devenir gâteux, *umg* gaga 3 *Waschmaschine etc* s'entartrer
verkalkt ADJT *fig* 1 MED sclérosé (*a. fig*); *Person a.* gâteux; *umg* gaga 2 *Waschmaschine* entartré
verkalkulieren VR **sich ~** (*falsch beurteilen*) se tromper; *umg* se gourer
Verkalkung F 1 MED calcification *f* 2 *umg fig pej* sénilité *f*; gâtisme *m* 3 *e-r Waschmaschine etc* entartrage *m*
verkannt A PPERF → verkennen B ADJT méconnu **verkappt** ADJ déguisé; camouflé
verkatert *umg* ADJ **~ sein** avoir mal aux cheveux; *umg* avoir la gueule de bois
Verkauf M 1 vente *f*; (*Absatz*) débit *m*; écoulement *m*; **zum ~ stehen** être à vendre 2 *Abteilung* service *m* des ventes
verkaufen A VT vendre; (*absetzen*) écouler; placer; **j-m etw ~, etw an j-n ~** vendre qc à qn B VR **sich (gut, schlecht) ~** *Ware* se vendre (bien, mal)
Verkäufer(in) M(F) vendeur, -euse *m,f*
verkäuflich ADJ (*zum Verkauf geeignet*) vendable; (*zum Verkauf bestimmt*) à vendre; **leicht ~** de vente facile; facile à vendre
Verkaufserlös M produit *m* de la vente **Verkaufsleiter** M chef *m*, directeur *m* de(s) vente(s)
verkaufsoffen ADJ **~er Sonntag** dimanche *m* où les magasins restent ouverts
Verkaufspreis M prix *m* de vente **Verkaufsschlager** M succès commercial
Verkehr M 1 (*Straßenverkehr*) circulation *f*; *bes starker a.* trafic *m*; **stockender ~** ralentissement(s) *m(pl)*; **dem ~ übergeben** ouvrir à la circulation; **öffentlicher ~** transports publics 2 (*Geldverkehr, Güterverkehr*) circulation *f*; (*Handelsverkehr*) trafic commercial; **aus dem ~ ziehen** retirer de la circulation; *umg fig* **j-n aus dem ~ ziehen** mettre qn °hors d'état de nuire 3 (*Kontakt*) rapports *mpl*; relations *fpl*; (*Umgang*) commerce *m* 4 (*Geschlechtsverkehr*) rapports sexuels; **mit j-m ~ haben** avoir des rapports sexuels avec qn
verkehren A VI 1 *Bahn, Bus* circuler (**zwischen** [+ *dat*] entre); *regelmäßig* desservir 2 **in e-m Haus ~** fréquenter une maison 3 **mit j-m ~** fréquenter qn; avoir des rapports, des relations avec qn 4 *sexuell* **mit j-m ~** avoir des rapports sexuels avec qn B VR **sich ins Gegenteil ~** se transformer en son contraire
Verkehrsampel F feux *mpl* (de signalisation) **Verkehrsamt** N office *m* du tourisme
verkehrsberuhigt ADJT **~e Zone** zone (résidentielle) à vitesse limitée
Verkehrschaos N embouteillages *mpl* (monstres) **Verkehrsdelikt** N infraction *f* au code de la route **Verkehrsdichte** F densité *f* du trafic **Verkehrsdurchsage** F message *m* routier **Verkehrserziehung** F enseignement *m* du code de la route (à l'école) **Verkehrsfunk** M radioguidage *m* **verkehrsgünstig** ADJ *Lage* à proximité des transports en commun **Verkehrshindernis** N obstacle *m* (à la circulation) **Verkehrsinsel** F refuge *m* (pour piétons) **Verkehrsknotenpunkt** M *Straße* nœud routier; *weitS.* plaque tournante **Verkehrskontrolle** F contrôle *m* de police **Verkehrslärm** M bruit(s) *m(pl)* de la circulation **Verkehrsmeldung** F message *m* routier **Verkehrsminister(in)** M(F) ministre *m* des Transports **Verkehrsministerium** N ministère *m* des Transports
Verkehrsmittel N moyen *m* de transport; **öffentliche ~** *npl* transports *mpl* en commun, publics
Verkehrsnetz N réseau *m* de voies de com-

munication **Verkehrsopfer** N victime *f* de la circulation **Verkehrsordnung** F code *m* de la route; règlement *m* de la circulation **Verkehrspolizei** F police routière, de la route **Verkehrspolizist(in)** M(F) agent *m* de la circulation **Verkehrsregel** F règle *f* de la circulation **verkehrsreich** ADJ *Straße* fréquenté; à grande circulation **Verkehrsschild** N panneau *m* de signalisation (routière) **Verkehrssicherheit** F sécurité *f* sur la route **Verkehrsstörung** F interruption *f* du trafic **Verkehrssünder** M contrevenant *m* au code de la route **Verkehrsteilnehmer** M usager *m* de la route **Verkehrsüberwachung** F surveillance *f* de la circulation **Verkehrsunfall** M accident *m* de la route, de la circulation **Verkehrsverbindung** F voie *f* de communication **Verkehrsverbund** M WIRTSCH groupement *m* (interrégional, intercommunal) d'entreprises de transports en commun **verkehrswidrig** ADJ en infraction au code de la route **Verkehrszählung** F comptage *m* des voitures

Verkehrszeichen N → Verkehrsschild; **die ~** la signalisation routière

verkehrt A ADJ faux; **der ~e Weg** le mauvais chemin B ADV de travers; **es ~ anfangen** s'y prendre mal, de travers

verkeilen A VT caler B VR **sich ~** s'imbriquer, s'encastrer (**in** [+ *akk*] dans)

verkennen VT *Person* méconnaitre; *Situation* se tromper sur

Verkettung F *fig* enchaînement *m*

verklagen VT **j-n ~** intenter une action (judiciaire) contre qn (**wegen etw** pour *od* en qc); **j-n auf Schadenersatz ~** poursuivre qn en dommages-intérêts

Verklagte(r) M/F(M) défendeur *m*, défenderesse *f*

verklappen VT déverser (dans la mer) **Verklappung** F déversement *m* (dans la mer)

verklären VT (*u.* VR) (**sich ~** se) transfigurer; *fig, Gesicht* (s')illuminer; (s')éclairer

verklärt ADJ transfiguré; *fig, Gesicht a.* serein; *plus fort* ravi

verklausulieren VT formuler de façon incompréhensible

verkleben A VT 1 coller 2 (*zukleben*) boucher à la colle B VI (*aneinanderkleben*) coller; être collé

verklebt ADJ (*klebrig*) collant

verkleiden VT 1 (*a. v/r* **sich ~** se) déguiser (**als** en); (se) travestir (en) 2 TECH, BAU revêtir (**mit** de); *mit Holz* lambrisser **Verkleidung** F 1 (*das Verkleiden*) travestissement *m*; (*Kostüm*) déguisement *m*; costume *m* 2 TECH, BAU revêtement *m*; *mit Holz* boiserie *f*

verkleinern A VT 1 (*kleiner machen*) rapetisser; réduire; (*verringern*) diminuer 2 *fig Bedeutung* minimiser B VR **sich ~** 1 (*kleiner werden*) rapetisser; se réduire 2 (*sich verringern*) diminuer **Verkleinerung** F rapetissement *m*; réduction *f*; diminution *f* (*a. fig*)

Verkleinerungsform F GRAM diminutif *m*

verklemmt ADJ PSYCH inhibé; *umg* coincé

verklickern *umg* VT **j-m etw ~** expliquer qc à qn (en détail)

verklingen VI *Ton* expirer **verkloppen** *umg* VT (*verprügeln*) *umg* tabasser; *umg* filer une trempe à

verknacken *umg* VT **j-n zu drei Monaten Gefängnis ~** *umg* coller, *umg* flanquer trois mois de prison à qn

verknacksen *umg* VR **sich** (*dat*) **den Fuß ~** se fouler le pied

verknallen *umg* VR **sich in j-n ~** *umg* se toquer de qn; *umg* **in j-n verknallt sein** être fou, *umg* toqué de qn

Verknappung F pénurie *f* (+ *gen* de); rareté *f*

verkneifen *umg* VR **sich** (*dat*) **etw ~** *Lachen* réprimer qc; *Bemerkung* se retenir de faire qc; **sich** (*dat*) **~, etw zu tun** se passer de faire qc

verkniffen A PPERF → verkneifen B ADJ *pej Gesicht, Miene* pincé

verknöchert ADJ *umg fig Mensch* encroûté

verknoten VT (*u.* VR) (**sich ~** se) nouer **verknüpfen** VT 1 *Fäden* lier (**mit** à); nouer 2 *fig* (*verbinden*) lier (**mit** à); combiner (avec); associer (à) **Verknüpfung** F *fig* lien *m*; (*Assoziierung*) association *f*; (*Verkettung*) enchaînement *m*

verkohlen A *umg* VT **j-n ~** monter un bateau à qn; *umg* se payer la tête de qn B VI se carboniser

verkommen[1] VI 1 *Besitz* être laissé à l'abandon; *Gebäude* se délabrer 2 *Mensch* déchoir; tomber dans la déchéance

verkommen[2] ADJ 1 *Besitz* laissé à l'abandon; *Gebäude* délabré 2 *Mensch* tombé bien bas

verkomplizieren VT rendre plus compliqué

verkorksen *umg* VR **sich** (*dat*) **den Magen ~** *umg* se détraquer l'estomac

verkorkst *umg* ADJ **e-e ~e Angelegenheit** *umg* une affaire mal emmanchée; **e-n ~en Magen haben** *umg* avoir l'estomac barbouillé

verkörpern VT incarner (*a.* THEAT); personnifier

verköstigen VT nourrir

verkrachen *umg* VR **sich mit j-m ~** se brouiller avec qn

verkracht ADJ *Student etc* raté; **er ist e-e ~e Existenz** c'est un raté

verkraften VT supporter

verkrampfen VR **sich ~** se crisper; se contracter **verkrampft** ADJT crispé; tendu
verkratzen VT *Person, Haut, mit Dornen* égratigner; *Möbel, Auto, Platte* rayer *(a. Glas)*; érafler; *mit Fingernägeln, Krallen* griffer; **völlig verkratzt** *Person* tout égratigné; *Sache* tout rayé, éraflé
verkriechen VR **sich ~** *Tiere, fig Mensch* se terrer **(in** [+ *akk, dat*] dans) **verkrümeln** *umg* VR **sich ~** *umg* filer (à l'anglaise); *umg* s'évaporer
verkrümmt ADJ déformé; *Wirbelsäule* dévié **Verkrümmung** F déformation *f*; *der Wirbelsäule* déviation *f*
verkrüppelt ADJ *Mensch* estropié; *Bäume* rabougri
verkrusten VI se couvrir d'une croûte; s'encroûter
verkühlen VR *regional* **sich ~** prendre froid
verkümmern VI *Pflanzen, Menschen* s'étioler; se rabougrir *(beide a. fig)*; dépérir; *Glieder, Organe* s'atrophier *(a. fig Talent)*
verkünden VT annoncer *(a. fig)*; *öffentlich* proclamer; *Gesetz* promulguer; *Urteil* prononcer **verkündigen** *geh* VT 1 → verkünden 2 *Evangelium* annoncer; *(verbreiten)* prêcher **Verkündung** F 1 *des Urteils* prononcé *m*; prononciation *f* 2 *(Bekanntgabe)* annonce *f*; *öffentliche* proclamation *f*; *e-s Gesetzes* promulgation *f*
verkuppeln VT *fig pej* **zwei Personen miteinander ~** jouer les entremetteurs (entre deux personnes)
verkürzen A VT *Länge* raccourcir **(um** de); *Zeitdauer* écourter; abréger; réduire B VR **sich ~** *Länge, Zeit* se raccourcir; se réduire C VI SPORT **auf 2:3 ~** réduire l'écart de 2 à 3
Verladebahnhof M gare *f* de chargement, d'embarquement **Verladebühne** F plateforme *f* de chargement, *bes* SCHIFF d'embarquement **Verladekran** M grue *f* (de chargement, *bes* SCHIFF d'embarquement)
verladen VT 1 charger **(auf** [+ *akk*] sur); *bes* SCHIFF embarquer 2 *umg* **j-n ~** *umg* rouler qn
Verlag M maison *f* d'édition; éditions *fpl*; **dieses Buch erscheint im ~ ...** ce livre paraît chez ...
verlagern A VT *Gewicht* déplacer *(a. fig)* B VR **sich ~** *Gewicht,* METEO *Hoch, Tief* se déplacer *(a. fig)* **Verlagerung** F déplacement *m*
Verlagsprogramm N ensemble *m* des publications (d'une maison d'édition) **Verlagswesen** N édition *f*
verlangen A VT demander; requérir; *plus fort* exiger; *sein Recht* réclamer; revendiquer; **das ist zu viel verlangt** c'est trop demander; *als Gegenleistung* **30 Euro ~** demander 30 euros B *geh* VI **nach etw ~** désirer vivement qc; avoir grande envie de qc; **nach j-m ~** réclamer qn

Verlangen N 1 *(Forderung)* demande *f*; exigence *f*; *e-s Rechts* réclamation *f*; **auf ~** sur demande 2 *(Sehnsucht)* désir *m*, envie *f* **(nach etw** de qc)
verlängern A VT 1 *Kleidung* (r)allonger; *Strecke, Zeitraum* prolonger **(um** de); **verlängertes Wochenende** long week-end 2 *Pass, Vertrag* proroger **(um** de); renouveler (pour) 3 *Sauce* allonger B VR **sich ~** 1 *(länger werden)* s'allonger 2 *Gültigkeit, Zeit* se prolonger **(um** de)
Verlängerung F 1 rallongement *m*; prolongement *m* 2 renouvellement *m*; prorogation *f* 3 *(Verlängerungsstück)* rallonge *f* 4 SPORT *(nachgespielte Zeit)* prolongations *fpl*
Verlängerungskabel N, **Verlängerungsschnur** F ELEK rallonge *f* **Verlängerungsstück** N rallonge *f*
verlangsamen VT *(u.* VR) **(sich ~** se) ralentir
Verlass M **es ist (kein) ~ auf ihn** on (ne) peut (pas) compter sur lui
verlassen[1] A VT 1 *Ort* quitter; *für immer* déserter 2 *(im Stich lassen)* abandonner; délaisser B VR **sich auf j-n, etw ~** compter sur qn, qc; **ich verlasse mich darauf** j'y compte bien
verlassen[2] ADJT abandonné; *bes Personen* délaissé; *Haus a.* inhabité; *Gegend a.* désert
verlässlich ADJ sur qui, quoi on peut compter; sûr; fiable **Verlässlichkeit** F fiabilité *f*
Verlaub *liter* M **mit ~ (gesagt)** avec votre permission; sauf votre respect
Verlauf M 1 *(Hergang)* cours *m*; marche *f*; *(Entwicklung)* déroulement *m*; évolution *f*; **im weiteren ~** par la suite; **glücklicher ~** heureuse issue; **e-n guten ~ nehmen** tourner bien 2 *e-r Straße, Grenze* tracé *m*
verlaufen A VI 1 *(vor sich gehen)* se passer; se dérouler 2 *(sich entwickeln)* se développer; évoluer 3 *Grenze* passer 4 *Farben* **(ineinander) ~** se fondre B VR **sich ~** 1 *Menschenmenge* se disperser 2 *(sich verirren)* s'égarer; se perdre
verlaust ADJ pouilleux
verlautbaren VT ADMIN *(bekannt geben)* publier; porter à la connaissance du public
Verlautbarung F **amtliche ~** communiqué officiel
verlauten VI s'ébruiter; **wie verlautet** à ce qu'on dit
verleben VT 1 *Ferien* passer 2 *umg Geld* gaspiller
verlebt ADJ **~ aussehen** avoir le visage marqué, ravagé
verlegen[1] A VT 1 *an einen anderen Ort* déplacer; *Wohnsitz, Patienten* transférer 2 *Termin* différer; remettre **(auf** [+ *akk*] à) 3 *Gleise, Leitungen, Fliesen, Teppich* poser 4 *(veröffentlichen)* éditer; publier 5 *(an die falsche Stelle legen)* égarer B VR **sich ~ auf** (+ *akk*) *Malerei, Musik* s'adonner, se consacrer à

V

verlegen[2] ADJ **1** *(befangen)* embarrassé; gêné; **~ machen** embarrasser **2** **nie um e-e Antwort ~ sein** avoir réponse à tout
Verlegenheit F embarras *m (a. finanziell)*; gêne *f*; **j-n in ~** *(akk)* **bringen** mettre qn dans l'embarras; **j-m aus der ~ helfen** tirer qn d'embarras
Verlegenheitslösung F *(Ausweg)* expédient *m*; *(Notbehelf)* pis-aller *m* (! unveränderlich); *(Provisorium)* solution *f* de fortune
Verleger(in) M(F) éditeur, -trice *m,f*
Verlegung F **1** *an e-n anderen Ort* déplacement *m*; transfert *m* **2** *e-s Termins* report *m*; ajournement *m* **3** *von Gleisen, Leitungen, Fliesen* pose *f*
verleiden V/T **j-m etw ~** dégoûter qn de qc
Verleih M **1** location *f*; *von Filmen a.* distribution *f* **2** *(Verleihfirma)* distributeur *m* **verleihen** V/T **1** prêter; *für Geld* louer **(j-m, an j-n** à qn**)** **2** *fig Kraft, Nachdruck, Würde* donner; conférer **3** *Amt, Titel* conférer; *Rechte* concéder; *Preis, Orden* décerner **Verleihung** F **1** prêt *m*; *für Geld* louage *m*; location *f* **2** *e-s Amts, Titels, Preises* attribution *f*; *e-s Preises a.* remise *f*; *e-s Rechts* concession *f*
verleiten V/T **j-n zu etw ~** inciter, entraîner, pousser qn à (faire) qc
verlernen V/T **etw ~** désapprendre qc; oublier qc
verlesen **A** V/T lire (à °haute voix) **B** V/R **sich ~** se tromper en lisant
verletzbar ADJ vulnérable **Verletzbarkeit** F vulnérabilité *f* **verletzen** **A** V/T **1** *(Verletzung zufügen)* blesser; léser **2** *(kränken)* blesser; offenser; froisser **3** *(verstoßen gegen) Anstand* offenser; *Pflicht* manquer à; *Gesetz, Grenze* violer **B** V/R **sich ~** se blesser **(an** [+ *dat*] à**)** **verletzend** ADJT blessant; offensant **verletzlich** ADJ vulnérable **Verletzte(r)** F(M) blessé(e) *m(f)* **Verletzung** F **1** *(Wunde)* blessure *f*; lésion *f* **2** *(Kränkung)* blessure *f*; offense *f*; froissement *m* **3** *e-s Gesetzes, der Grenzen* violation *f*
verleugnen V/T nier; **das lässt sich nicht ~** c'est indéniable; **sich ~ lassen** faire dire qu'on est absent
Verleugnung F reniement *m (a.* BIBEL*)*; désaveu *m*
verleumden V/T calomnier; diffamer **Verleumder(in)** M(F) calomniateur, -trice *m,f*; diffamateur, -trice *m,f* **verleumderisch** ADJ calomniateur; détracteur **Verleumdung** F calomnie *f*; diffamation *f*
Verleumdungskampagne F campagne *f* de calomnies **Verleumdungsklage** F JUR plainte *f* en diffamation
verlieben V/R **sich in j-n ~** tomber amoureux de qn; s'éprendre de qn
verliebt ADJT **~ (in** [+ *akk*]**)** amoureux (de); épris (de)
Verliebte(r) M/F(M) amoureux, -euse *m,f* **Verliebtheit** F fait *m* d'être amoureux
verlieren **A** V/T perdre *(a. Haare, Blätter, Prozess, Wette)*; *Reifen* **Luft ~** perdre de l'air; *umg* **er hat hier nichts verloren** il n'a rien à faire ici **B** V/I perdre; **an Boden ~** perdre du terrain; **an Wert ~** perdre de sa valeur **C** V/R **sich ~** se perdre; disparaître *(bes Gefühle)*; **sich aus den Augen ~** se perdre de vue; **sich in Einzelheiten** *(dat)* **~** se perdre, se noyer dans les détails
Verlierer(in) M(F) perdant(e) *m(f)*
Verlies N oubliettes *fpl*
verlinken IT **A** V/T mettre en lien **B** V/I **auf etw** *(akk)* **~** créer un lien vers qc
verloben V/R **sich ~** se fiancer **(mit** à *od* avec**)** **verlobt** ADJT fiancé **Verlobte(r)** M/F(M) fiancé(e) *m(f)* **Verlobung** F fiançailles *fpl*
Verlobungsanzeige F faire-part *m* de fiançailles; *in e-r Zeitung* annonce *f* de fiançailles **Verlobungsring** M bague *f* de fiançailles; *(Trauring) a.* alliance *f*
verlocken V/T inviter, inciter **(zu etw** à qc**)** **verlockend** ADJT tentant; *Idee* séduisant; *Angebot* alléchant **Verlockung** F attrait *m*; tentation *f*; séduction *f*
verlogen ADJ *pej* **1** *Person* faux; menteur **2** *Moral* faux **Verlogenheit** F **1** *e-r Person* fausseté *f*; penchant *m* au mensonge **2** *von Moral* duplicité *f*; hypocrisie *f*
verloren **A** PPERF → verlieren **B** ADJT **1** **etw ~ geben** considérer qc comme perdu; **~ gehen** se perdre; *Briefe a.* s'égarer; **meine Brieftasche ist ~ gegangen** j'ai perdu mon portefeuille **2** BIBEL **der ~e Sohn** l'enfant *m* prodigue **3** GASTR **~e Eier** *npl* œufs pochés
verlorengeben V/T, **verlorengehen** V/I → verloren B 1
verlöschen V/I *Licht* s'éteindre *(a. fig)*
verlosen V/T tirer au sort **Verlosung** F tirage *m* (au sort); *Veranstaltung a.* tombola *f*
verlottern *umg pej* V/I *Mensch* mal tourner; *Sachen* être laissé à l'abandon
Verlust M perte *f*; *von Rechten a.* déchéance *f*; **e-n ~ erleiden** éprouver, subir une perte; **mit ~ verkaufen** vendre à perte
Verlustgeschäft N HANDEL transaction *f*, opération *f* à perte **Verlustmeldung** F (transmission *f* de l')état *m* des pertes **verlustreich** ADJ **1** HANDEL déficitaire **2** *Schlacht* sanglant; *Angriff* coûteux
vermachen V/T **j-m etw ~** laisser par testament, léguer qc à qn
Vermächtnis N JUR legs *m (a. fig)*; testament *m*

vermählen *geh* VR **sich mit j-m ~** épouser qn
Vermählung *geh* F mariage *m*
vermaledeit *umg* ADJT maudit
vermarkten VT commercialiser **Vermarktung** F commercialisation *f*
vermasseln *umg* VT 1 **j-m etw ~** gâcher qc à qn 2 *Prüfung umg* louper; rater
vermehren A VT 1 augmenter; accroître; *zahlenmäßig* multiplier 2 BIOL propager B VR **sich ~** 1 augmenter; s'accroître; se multiplier 2 BIOL se multiplier; se propager **Vermehrung** F 1 augmentation *f*; accroissement *m*; multiplication *f* 2 BIOL propagation *f*; multiplication *f*
vermeidbar ADJT évitable; **dieser Fehler wäre ~ gewesen** on aurait pu éviter cette faute
vermeiden VT éviter; *plus fort* fuir; **das ist nicht zu ~** c'est inévitable
vermeintlich ADJ prétendu; présumé
vermengen VT mêler (**mit** avec); mélanger
Vermerk M *bes* ADMIN note *f*; mention *f* **vermerken** VT noter; prendre note de
vermessen[1] VT mesurer; *Land* arpenter
vermessen[2] *geh* ADJ présomptueux **Vermessenheit** F présomption *f*
Vermessung F mesurage *m*; arpentage *m* **Vermessungsingenieur** M *etwa* géomètre-expert *m*
vermiesen *umg* VT **j-m etw ~** dégoûter qn de qc
vermieten VT *Haus, Autos* louer; donner, mettre en location (**j-m** *od* **an j-n** à qn) **Vermieter(in)** M(F) loueur, -euse *m,f*; *e-r Wohnung* propriétaire *m/f* **Vermietung** F location *f*; louage *m*
vermindern A VT diminuer; réduire; amoindrir B VR **sich ~** diminuer; se réduire **Verminderung** F diminution *f*; réduction *f*; amoindrissement *m*
verminen VT miner
vermischen VT (u. VR) (**sich ~** se) mêler; (se) mélanger (**mit** à *od* avec) **Vermischung** F mélange *m*
vermissen VT 1 *(das Fehlen bemerken)* ne pas retrouver; *von Personen* remarquer l'absence de 2 *(schmerzlich entbehren)* ressentir, regretter l'absence de; **wir ~ dich sehr** tu nous manques beaucoup
vermisst ADJT disparu **Vermisste(r)** M/F(M) disparu(e) *m(f)* **Vermisstenanzeige** F déclaration *f* de disparition
vermitteln A VT 1 *Stelle, Geschäft* procurer (**j-m** à qn) 2 *Treffen* arranger 3 *Bild, Eindruck* donner; *Kenntnisse* transmettre; communiquer 4 TEL **ein Gespräch ~** établir une communication téléphonique B VI servir de médiateur (**bei, in** [+ *dat*] dans; **zwischen** [+ *dat*] entre)
Vermittler(in) M(F) 1 *zwischen Parteien* médiateur, -trice *m,f*; *(Schlichter)* conciliateur, -trice *m,f* 2 *e-s Geschäfts* intermédiaire *m/f* **Vermittlerrolle** F 1 *zwischen Parteien* rôle *m* de médiateur 2 *bei e-m Geschäft* rôle *m* d'intermédiaire
Vermittlung F 1 *(helfendes Eingreifen)* entremise *f*; médiation *f* 2 *(Schlichtung)* conciliation *f* 3 *von Wissen* transmission *f*; communication *f* 4 TEL central *m* (téléphonique)
Vermittlungsausschuss M commission *f*, comité *m* de médiation, de conciliation **Vermittlungsgebühr** F commission *f*
vermöbeln *umg* VT *(verhauen) umg* flanquer une raclée à
vermodern VI pourrir; se décomposer; se putréfier
Vermögen N 1 *(Besitz)* fortune *f*; biens *mpl* 2 *geh (Fähigkeit)* faculté *f*; capacité *f* **vermögend** ADJ fortuné; aisé
Vermögensaufstellung F état *m*, inventaire *m* des biens **Vermögenslage** F situation financière, de fortune **Vermögenssteuer** F impôt *m* sur la fortune **Vermögensverhältnisse** NPL situation financière **Vermögensverwalter** M administrateur *m* de biens **Vermögenswerte** MPL valeurs *fpl* de *od* en capital
vermögenswirksam ADJ FIN **~e Leistungen** FPL *prestations (de l'employeur) contribuant à la formation d'un capital pour le(s) salarié(s)*; *in Frankreich etwa* plan *m* d'épargne d'entreprise
vermummen VT (u. VR **sich ~**) *([sich] verkleiden)* (se) masquer; (se) déguiser; *([sich] warm anziehen)* (s')emmitoufler **Vermummung** F *bei Demonstrationen* port *m* de cagoules, *etc* **Vermummungsverbot** N *interdiction du port de cagoules, etc*
vermurksen *umg* VT gâcher
vermuten VT présumer; supposer; se douter de **vermutlich** A ADJ présumé B ADV probablement **Vermutung** F présomption *f*; supposition *f*; conjecture *f* (**über** [+ *akk*] sur)
vernachlässigen VT négliger **Vernachlässigung** F négligence *f*
vernageln VT clouer **vernähen** VT *Faden* arrêter; *Wunde* coudre **vernarben** VI se cicatriser
vernarrt ADJT **in j-n, etw ~ sein** adorer qn, qc
vernaschen VT 1 dépenser en friandises 2 *umg sexuell* **j-n ~** *umg* s'envoyer, *umg* se taper qn
vernebeln VT entourer d'un nuage de fumée
vernehmbar *geh* ADJ perceptible (à l'oreille); audible **vernehmen** VT 1 *geh (hören)* entendre; *(erfahren)* apprendre 2 JUR *e-n Zeugen* entendre

Vernehmen N **dem ~ nach** à ce qu'on dit
vernehmlich ADJ *Stimme* distinct; intelligible **Vernehmung** F JUR *von Zeugen* audition *f* **vernehmungsfähig** ADJ *Angeklagter* en état d'être interrogé; *Zeuge* en état de déposer
verneigen *geh* V/R **sich ~** s'incliner **Verneigung** F inclination *f*
verneinen V/T **1** *Frage* répondre négativement à; *abs a.* dire (que) non **2** *(negieren, ablehnen)* nier **verneinend** ADJT négatif; LING *a.* privatif **Verneinung** F *e-r Frage* réponse négative; GRAM négation *f*
Verneinungspartikel F LING élément *m* de la négation
vernetzen V/T interconnecter; **Computer ~** mettre des ordinateurs en réseau; **vernetztes Denken** raisonnement *m*, approche *f* interdisciplinaire; **global vernetzt** *Welt* en réseau; *Wirtschaft, Strukturen* interconnecté
Vernetzung F *t/t* interconnexion *f*
vernichten V/T *Feind, Stadt* écraser; anéantir; *(zerstören)* détruire; *(ausrotten)* exterminer
vernichtend **A** ADJT **1** destructeur; *Niederlage* écrasant **2** *fig Kritik* impitoyable; *Blick* foudroyant **B** ADVL MIL, SPORT **~ schlagen** écraser
Vernichtung F anéantissement *m* (*a. fig*); écrasement *m*; destruction *f*; extermination *f*
verniedlichen V/T minimiser **Verniedlichung** F minimisation *f*
Vernissage *geh* F *e-r Ausstellung* vernissage *m*
Vernunft F raison *f*; **j-n (wieder) zur ~ bringen** (r)amener qn à la raison; **~ annehmen** entendre raison
Vernunftehe F mariage *m* de raison
vernünftig **A** ADJ **1** raisonnable; *(überlegt)* sensé; judicieux; sage **2** *umg (ordentlich)* convenable; acceptable **B** ADV **1** **~ argumentieren** raisonner juste **2** *umg (ordentlich)* comme il faut
veröden **A** V/T MED *Krampfadern* scléroser **B** V/I **1** *Landschaft* devenir désert **2** *Städte, Häuser* se dépeupler
veröffentlichen V/T publier **Veröffentlichung** F publication *f*
verordnen V/T **1** MED ordonner; prescrire **2** ADMIN ordonner; décréter **Verordnung** F MED ordonnance *f* (*a.* ADMIN); ADMIN décret *m*
verpachten V/T donner à bail; affermer **Verpächter(in)** M(F) bailleur *m*, bailleresse *f* **Verpachtung** F location *f* à bail; affermage *m*
verpacken V/T emballer; empaqueter **Verpackung** F emballage *m*; empaquetage *m* **Verpackungsmaterial** N matériel *m* d'emballage
verpassen V/T **1** *Zug, Gelegenheit, Person* manquer; rater **2** *umg (geben)* administrer; *umg* flanquer; *umg* **j-m eins ~** *umg* flanquer un coup, un gnon à qn
verpatzen *umg* V/T *umg* louper; bousiller **verpennen** *umg* **A** V/T *Tag umg* passer à pioncer, roupiller **B** V/I se réveiller trop tard **verpesten** V/T *pej, Luft* empester; empoisonner (*a. fig*)
verpetzen *umg* V/T *umg* cafarder; caf(e)ter
verpfänden V/T mettre en gage; engager
verpfeifen *umg pej* V/T *umg* balancer; donner; dénoncer (**bei** à)
verpflanzen V/T transplanter **Verpflanzung** F transplantation *f*
verpflegen V/T nourrir; alimenter **Verpflegung** F alimentation *f*; *(Nahrung)* alimentation *f*; nourriture *f*; vivres *mpl*
verpflichten **A** V/T **1** **j-n zu etw ~** obliger, engager qn à qc; **j-m (zu Dank) verpflichtet sein** être l'obligé de qn **2** *Schauspieler, Sportler* engager **B** V/R **sich zu etw ~** s'engager à qc
Verpflichtung F **1** *(Pflicht)* obligation *f*; engagement *m*; *(Obliegenheit)* charge *f*; *moralische* devoir *m*; **e-e ~ eingehen** prendre un engagement **2** *meist pl* **~en** *(Schulden)* obligations *fpl*; engagements *mpl*
verpfuschen *umg* V/T bousiller; *fig Leben, Karriere* gâcher
verpissen *sl* V/R **sich ~** *sl* foutre le camp; **verpiss dich!** *a. sl* va te faire foutre!
verplanen V/T *Zeit* programmer; *Gelder* attribuer (**für** à) **verplappern** *umg pej* V/R **sich ~** laisser échapper un secret (en bavardant) **verplempern** *umg* V/T *Geld, Zeit* gaspiller **verplomben** V/T plomber
verpönt ADJT vu d'un mauvais œil; mal vu
verprassen V/T *Geld* gaspiller à faire la fête **verprügeln** V/T rouer de coups; rosser; passer à tabac **verpuffen** V/I **1** TECH déflagrer **2** *fig, Wirkung* se perdre (en fumée) **Verpuffung** F TECH déflagration *f* **verpulvern** *umg* V/T *Geld* jeter par les fenêtres **verpuppen** V/R ZOOL **sich ~** se transformer en chrysalide
Verputz M crépi *m* **verputzen** V/T **1** *Fassade* crépir **2** *umg (aufessen)* engloutir; *umg* engouffrer
verqualmt *umg* ADJT enfumé **verquirlen** V/T GASTR mélanger; battre **verquollen** ADJ *Holz, Augen* gonflé; *Augen a.* bouffi **verrammeln** *umg* V/T *Tür* barricader **verramschen** *umg pej* V/T *Waren* brader; bazarder
Verrat M trahison *f*; *(Niedertracht)* traîtrise *f*; **~ an j-m, etw begehen** trahir qn, qc
verraten **A** V/T **1** *Geheimnis, Komplizen* trahir; livrer; *umg hum* **kannst du mir den Grund ~?** je peux savoir pourquoi? **2** *(im Stich lassen) Freunde* trahir; *Ideale* renier **3** *(erkennen lassen)* trahir; dénoter **B** V/R **sich (durch einen Blick) ~** se trahir (par un regard)

V

Verräter(in) M(F) traître, -esse *m,f* **verräterisch** ADJ traître
verrauchen VI *fig Zorn* se dissiper; passer **verräuchert** ADJ *Zimmer, Kneipe* enfumé
verrechnen A VT 1 *(ausgleichen)* compenser; *Summe* déduire (**mit etw** de qc) 2 *(gutschreiben)* porter au crédit de qn B VR **sich ~** se tromper dans ses calculs *(a. fig)*
Verrechnung F *(Ausgleich)* compensation *f*; *Scheck* **nur zur ~** à porter en compte
Verrechnungsscheck M chèque barré
verrecken *sl* VI *umg* crever **verregnet** ADJT pluvieux; *Fest* arrosé **verreiben** VT étendre (en frottant) **verreisen** VI partir, aller en voyage **verreißen** VT THEAT éreinter; démolir
verrenken VR 1 → ausrenken 2 *umg* **sich ~** se contorsionner; faire des contorsions **Verrenkung** F 1 MED luxation *f* 2 *(Verbiegen des Körpers)* contorsion(s) *f(pl)*
verrennen VR **sich ~** 1 *in s-n Gedanken, Handlungen* se fourvoyer 2 *(starr festhalten)* s'obstiner, s'entêter (**in** [+ *akk*] dans) **verrichten** VT *Arbeit, Aufgabe* faire; exécuter; accomplir **verriegeln** VT verrouiller
verringern A VT diminuer; réduire B VR **sich ~** diminuer **Verringerung** F diminution *f*; réduction *f*
verrinnen VI *geh Zeit* s'écouler; s'enfuir
Verriss M démolissage *m*; THEAT éreintement *m*
verrohen VI devenir grossier, brutal **verrosten** VI (se) rouiller *(a. fig)* **verrotten** VI 1 *(verfaulen)* (se) pourrir 2 *(verfallen)* se délabrer **verrucht** *liter* ADJ infâme; scélérat **verrücken** VT déplacer
verrückt *umg* ADJ 1 *(geistesgestört)* fou (! Femininform: **folle**, Maskulinform vor Vokal oder stummem h: **fol**); *(übergeschnappt)* détraqué; **du bist wohl ~!** *umg* tu déraille s!; *umg* tu es cinglé!; **mach dich nicht ~!** ne t'affole pas!; **ich werd ~!** les bras m'en tombent!; **wie ~ arbeiten** travailler d'arrache-pied, comme un fou; → verrücktspielen 2 *(überspannt, ungewöhnlich) Einfall, Person* fou; *umg* cinglé; *umg* dingue; *nur Sache* insensé; bizarre; *nur Einfall* absurde 3 *(begierig)* **nach j-m, etw, auf etw** *(akk)* **ganz ~ sein** être fou de qn, qc
Verrückte(r) *umg* M/F(M) fou *m*, folle *f (a. fig)*; *umg* cinglé(e) *m(f)*; détraqué(e) *m(f)* **Verrücktheit** F folie *f (a. fig)*
verrücktspielen VI 1 *Person umg* déménager; perdre la tête 2 *Gerät, Wetter* se détraquer
Verrücktwerden N *umg* **das ist zum ~** c'est à devenir fou
Verruf M **in ~ bringen** discréditer; **in ~ kommen** tomber en discrédit
verrufen ADJT de mauvaise réputation; *Ort, Lokal a.* mal famé
verrühren VT mêler, mélanger en remuant
verrußt ADJT couvert, encrassé de suie
verrutschen VI glisser; se déplacer
Vers M 1 METRIK vers *m*; *hum* **~e schmieden** composer des vers 2 *(Strophe)* couplet *m*; strophe *f*; *(Bibelvers)* verset *m*
versachlichen VT objectiver; *Diskussion* dépassionner
versacken *umg* VI 1 *(versinken)* sombrer; couler à pic 2 *fig* → versumpfen 2 u. 3
versagen A *geh* VT *(nicht gewähren)* **j-m etw ~** refuser qc à qn B VI *Stimme, Kräfte* manquer (**j-m** à qn); *Schusswaffe* rater; *Bremse* lâcher; *Motor* rester en panne; *Person* ne pas remplir sa tâche
Versagen N **menschliches, technisches ~** défaillance *f* humaine, technique
Versager(in) M(F) *Person* raté(e) *m(f)*; fruit sec
versalzen VT 1 GASTR trop saler 2 *umg fig (verderben)* gâcher
versammeln A VT (r)assembler; réunir B VR **sich ~** s'assembler **Versammlung** F assemblée *f*; réunion *f*; *politische a.* meeting *m*
Versammlungsfreiheit F liberté *f* de réunion **Versammlungsverbot** N interdiction *f* de se réunir
Versand M 1 *(das Versenden)* expédition *f*; envoi *m* 2 *Abteilung* service *m* d'expédition **Versandabteilung** F service *m* d'expédition **Versandbuchhandel** M vente *f* de livres sur catalogue
versanden VI s'ensabler
versandfertig ADJ prêt à être expédié, pour l'expédition; *Waren* **~ machen** préparer l'expédition de
Versandhandel M vente *f* par correspondance **Versandhaus** N maison *f* de vente par correspondance **Versandhauskatalog** M catalogue *m* de vente par correspondance **Versandkosten** PL frais *mpl* d'expédition **Versandtasche** F enveloppe matelassée
Versatzamt N *bes österr* crédit municipal
versauen *sl* VT *umg* cochonner; *umg* saloper; **sie hat uns den ganzen Abend versaut** elle nous a gâché toute notre soirée
versauern VI *umg fig* s'encroûter
versaufen *sl* VT **sein Geld ~** dépenser son argent à boire; *umg* boire tout son argent
versäumen VT 1 *Zug, Termin* manquer *(a. Unterricht)*; rater 2 *Pflicht* manquer à; **~, etw zu tun** manquer, négliger de faire qc
Versäumnis N négligence *f*; omission *f*; oubli *m*

V

verschachern *pej* VT se débarrasser de
verschachtelt ADJT *Satz* (de structure) compliqué; **~e Straßen** *fpl* rues, ruelles enchevêtrées
verschaffen A VT **j-m etw ~** procurer qn de qc B V/R **sich** (*dat*) **etw ~** se procurer qc; *iron* **was verschafft mir die Ehre?** qu'est-ce qui me vaut cet honneur?
verschalen VT BAU coffrer **Verschalung** F coffrage *m*
verschämt ADJ timide; gêné **verschandeln** *umg* VT déparer; enlaidir; défigurer **verschanzen** V/R MIL, *fig* **sich ~** se retrancher (**hinter etw** [*dat*] derrière qc)
verschärfen A VT *Strafe, Lage* aggraver; *Gegensätze* accentuer; renforcer (*a. Kontrolle, Bestimmungen*) B V/R **sich ~** *Gegensätze* s'accentuer; se renforcer (*a. Kontrolle*); *Lage* s'aggraver **Verschärfung** F aggravation *f*; renforcement *m*
verscharren VT enfouir; enterrer **verschätzen** V/R **sich ~** se tromper dans son estimation, ses calculs (**in etw** [*dat*] au sujet de qc)
verschaukeln *umg* VT **j-n ~** *umg* mener qn en bateau
verscheiden *geh* VI expirer; *geh* trépasser **verschenken** VT donner en cadeau; faire cadeau de (*a. fig*) **verscherbeln** *umg* VT bazarder
verscherzen V/R **sich** (*dat*) **etw ~** perdre qc par sa faute
verscheuchen VT *Tiere* effaroucher; chasser (*a. fig, Sorgen*)
verscheuern *umg* VT bazarder
verschicken VT 1 → versenden 2 *zur Kur* envoyer
verschieben A VT 1 *räumlich* déplacer (**um** de) 2 *zeitlich* remettre (**auf** [+ *akk*] à); reporter (à); différer; ajourner; décaler (**um** de) 3 *umg Waren, Waffen* faire le trafic de B V/R **sich ~** 1 (*räumlich*) se déplacer; (*verrutschen*) glisser 2 (*zeitlich*) être remis, reporté; être décalé (**um** de); être différé, ajourné **Verschiebung** F 1 déplacement *m* 2 remise *f*; report *m*; décalage *m*
verschieden A ADJ 1 différent; *Meinungen a.* divergent; **~ sein** *a.* différer; varier 2 *nur im pl* **~e** divers; (*mehrere*) *a.* plusieurs B ADV d'une manière différente; **~ groß** d'une taille différente
verschiedenartig ADJ (*unterschiedlich*) d'espèce, de nature différente; (*vielfältig*) varié **Verschiedene(s)** N différentes, diverses choses; *Zeitungsrubrik* faits divers
verschiedenerlei ADJ de différentes espèces; différents **Verschiedenheit** F différence *f*; dissemblance *f*; *der Meinungen* divergence *f*; (*Vielfältigkeit*) variété *f*; diversité *f* **verschiedentlich** ADV à plusieurs, diverses, différentes reprises
verschießen VT 1 (*als Munition verwenden*) tirer; *Pfeile* décocher 2 (*verbrauchen*) épuiser 3 FUSSBALL **den Elfmeter ~** rater son penalty
verschiffen VT transporter par eau (**nach** à) **verschimmeln** VI moisir **verschlafen**[1] A VT 1 *Tag* passer à dormir 2 *Termin* se réveiller trop tard pour; *umg fig* (*vergessen*) oublier B VI se réveiller trop tard **verschlafen**[2] ADJT (*schlaftrunken*) mal réveillé; encore tout endormi
Verschlag M appentis *m*; réduit *m*
verschlagen[1] VT 1 *Seite im Buch* perdre 2 *Ball* mal prendre 3 **j-m den Atem ~** couper le souffle à qn; **j-m die Sprache ~** laisser qn pantois 4 **es hat ihn nach London ~** il s'est retrouvé à Londres
verschlagen[2] ADJT *pej* sournois; cauteleux **Verschlagenheit** F *pej* sournoiserie *f*
verschlammen VI s'envaser; devenir boueux
verschlampen *umg pej* VT (*verlieren, verlegen*) **etw ~** perdre, *umg* paumer qc
verschlechtern A VT détériorer; aggraver; *Lage a.* dégrader B V/R **sich ~** 1 se détériorer; s'aggraver; se dégrader; empirer 2 *finanziell* être moins bien payé **Verschlechterung** F détérioration *f*; aggravation *f*; dégradation *f*
verschleiern VT voiler; *fig a.* dissimuler; camoufler
verschleimt ADJT MED plein de, obstrué par des mucosités
Verschleiß M usure *f* **verschleißen** A VT user B VI (*u.* V/R **sich ~**) s'user **Verschleißerscheinung** F signe *m* d'usure
verschleppen VT 1 *Menschen* déporter; déplacer 2 *Seuche* répandre 3 *Krankheit* traîner (en ne la soignant pas); *Prozess* faire traîner en longueur; retarder **Verschleppung** F 1 *von Menschen* déportation *f*; déplacement *m* 2 (*Verzögerung*) retardement *m*
verschleudern VT 1 (*billig verkaufen*) vendre à vil prix 2 *pej* (*verschwenden*) gaspiller
verschließbar ADJ qui ferme (à clé)
verschließen A VT 1 (*abschließen*) fermer à clé 2 (*zumachen*) fermer; *Öffnung* obturer; boucher; *fig* **die Augen vor etw** (*dat*) **~** fermer les yeux devant qc 3 (*wegschließen*) enfermer B V/R **sich j-m, e-r Sache ~** se fermer, se refuser à qn, qc
verschlimmbessern *umg hum* VT rendre pire en voulant mieux faire
verschlimmern A VT rendre pire; aggraver B V/R **sich ~** s'aggraver; empirer **Verschlimmerung** F aggravation *f*
verschlingen A VT avaler; engloutir; dévo-

V

rer *(a. fig Geld, Buch)* **B** VR **sich ineinander ~** s'entrelacer; s'enlacer
verschlissen **A** PPERF → verschleißen **B** ADJT *bes Stoff, Kleider* usé; râpé; élimé
verschlossen **A** PPERF → verschließen **B** ADJT **1** *Person* renfermé; peu communicatif **2** *Tür* fermé (à clé); clos *(a. Brief)*; *fig* **hinter ~en Türen** à huis clos
Verschlossenheit F *e-s Menschen* caractère renfermé; extrême réserve *f*
verschlucken **A** VT avaler *(a. fig Silben, Wörter)* **B** VR **sich ~** avaler de travers
verschlungen **A** PPERF → verschlingen **B** ADJT *Ornamente* entrelacé; enlacé; *Wege* sinueux; tortueux *(beide a. fig)*
Verschluss M fermeture *f*; *an e-m Schmuckstück* fermoir *m*; FOTO obturateur *m*; **unter ~** sous clé
verschlüsseln VT coder; chiffrer
Verschlusskappe F capuchon *m* **Verschlusslaut** M occlusive *f* **Verschlusssache** F document secret, confidentiel
verschmähen *geh* VT dédaigner; faire fi de **verschmelzen** **A** VT TECH, *fig* fondre (**mit** avec); *nur fig* unir (à) **B** VI *fig* se fondre; s'unir
verschmerzen VT **etw ~** se consoler de qc
verschmieren VT **1** *Öffnung* boucher; *Fugen* jointoyer **2** *(schmutzig machen)* salir; *Papier, Wand* barbouiller **3** *(verwischen) Farbe* effacer
verschmitzt **A** ADJ astucieux; futé **B** ADV **~ lächeln** sourire d'un air malicieux
verschmust *umg* ADJ câlin; caressant
verschmutzen **A** VT salir; encrasser; *Umwelt* polluer **B** VI se salir; s'encrasser **Verschmutzung** F encrassement *m*; *der Umwelt* pollution *f*
verschnaufen VI(u. VR) **(sich ~)** reprendre haleine; souffler **Verschnaufpause** F pause *f*, °halte *f* pour souffler, reprendre son souffle
verschneit ADJT enneigé **Verschnitt** M *(Mischung)* mélange *m*; *bes Wein a.* coupage *m* **verschnörkelt** ADJT orné, chargé de fioritures **verschnupft** ADJT enrhumé; *umg fig* vexé; fâché **verschnüren** VT *Paket* ficeler **verschollen** ADJ disparu
verschonen VT épargner; ménager; **j-n mit etw ~** épargner qc à qn
verschönern VT embellir **Verschönerung** F embellissement *m*
verschossen ADJT *umg* **in j-n ~ sein** être entiché de qn; en pincer pour qn
verschrammen VT érafler; égratigner **verschränken** VT *Arme* croiser **verschrauben** VT visser; boulonner
verschreiben **A** VT **1** *Medikament* ordonner, prescrire (**j-m** à qn) **2** *(verbrauchen) Papier* consommer **B** VR **sich ~** **1** *(etw falsch schreiben)* faire une faute d'orthographe; écrire de travers **2** **sich e-r Sache** *(dat)* **~** se donner, se consacrer, se vouer à qc
verschreibungspflichtig ADJ PHARM délivré sur ordonnance
verschrie(e)n ADJ décrié (**wegen** pour); **als Geizhals ~ sein** passer pour (un) avare
verschroben ADJ bizarre; excentrique **verschrotten** VT mettre à la ferraille, à la casse **Verschrottung** F mise *f* à la ferraille; *von Autos* casse *f* **verschrumpeln** *umg* VI se ratatiner; se racornir **verschüchtern** VT intimider
verschulden **A** VT **etw ~** être, se rendre responsable de qc **B** VR **sich ~** s'endetter
Verschulden N faute *f* **verschuldet** ADJT endetté **Verschuldung** F endettement *m*
verschütten VT **1** *Flüssigkeit* répandre **2** *Menschen, Häuser* ensevelir **Verschüttete(r)** M/F(M) personne ensevelie
verschwägert ADJT **~ sein** être parent par alliance
verschweigen VT **etw ~** taire qc (**j-m** à qn); cacher qc (à qn)
verschwenden VT gaspiller *(a. fig Kräfte, Zeit)*; *Geld a.* dilapider **Verschwender(in)** M(F) gaspilleur, -euse *m,f*; dépensier, -ière *m,f*
verschwenderisch **A** ADJ **1** prodigue (**mit** de); gaspilleur; dépensier; dilapidateur **2** *(üppig)* **in ~er Fülle** à profusion **B** ADV à profusion; avec prodigalité
Verschwendung F gaspillage *m*; dissipation *f*; dilapidation *f* **Verschwendungssucht** F prodigalité *f* **verschwendungssüchtig** ADJ prodigue
verschwiegen **A** PPERF → verschweigen **B** ADJT **1** *Person* discret **2** *Ort* secret; caché
Verschwiegenheit F discrétion *f*; **unter dem Siegel der ~** sous le sceau du secret
verschwimmen VI *Umrisse* s'estomper; devenir flou; *vor den Augen* se brouiller
verschwinden VI **1** disparaître; **etw ~ lassen** escamoter qc **2** *umg (sich davonmachen) umg* filer; décamper; **verschwinde!** *umg* tire-toi! **3** *umg* **ich muss mal ~** il faut que j'aille au petit coin
Verschwinden N disparition *f*
verschwindend ADVL **~ klein** infiniment petit
verschwitzen VT **1** *Kleidung* mouiller de sueur **2** *umg fig (vergessen)* oublier **verschwollen** ADJT bouffi **verschwommen** **A** PPERF → verschwimmen **B** ADJT **1** *Umrisse,* FOTO flou **2** *fig Vorstellungen* confus; vague; nébuleux
verschwören VR **sich gegen j-n, etw ~** com-

V

ploter, conspirer, se conjurer contre qn, qc
Verschwörer(in) M(F) conspirateur, -trice *m, f*; comploteur *m*; conjuré(e) *m(f)* **Verschwörung** F conspiration *f*; complot *m*; conjuration *f*
versehen A VT 1 **j-n, etw mit etw ~** pourvoir, munir qn, qc de qc 2 *Amt* remplir; *Dienst a.* accomplir B VR 1 *(versorgen)* **sich mit etw ~** se pourvoir, se munir de qc 2 **sich ~** *(sich irren)* se tromper; se méprendre 3 **ehe man sich's versieht** avant qu'on ait le temps de dire ouf
Versehen N erreur *f*; méprise *f*; **aus ~** → versehentlich **versehentlich** ADV par mégarde, inadvertance, méprise
Versehrte(r) M/F(M) invalide *m/f*; mutilé(e) *m(f)* **Versehrtensport** M °handisport *m*
verselbstständigen VR **sich ~** devenir autonome, indépendant; *Diskussion a.* s'éloigner de son sujet
versenden VT envoyer; expédier **Versendung** F envoi *m*; expédition *f*
versengen VT brûler; *bes Sonnenhitze* griller; *beim Bügeln* roussir
versenken VT 1 *im Wasser* immerger; *Schiff* couler 2 *in e-e Grube etc* descendre; *in die Erde* enterrer
Versenkung F 1 *in Wasser* immersion *f*; *in e-e Vertiefung* descente *f*; enfoncement *m* 2 *umg fig* **in der ~ verschwinden** disparaître
versessen ADJT **auf etw, j-n ~ sein** être fou de qc, qn; **ganz darauf ~ sein, etw zu tun** brûler de faire qc
versetzen A VT 1 *räumlich* déplacer; changer de place 2 *Beamte* muter; déplacer 3 *Schüler* **versetzt werden** passer (dans la classe supérieure) 4 *(in e-n anderen Zustand)* mettre; **j-n in Angst (und Schrecken) ~** faire peur à qn; effrayer qn 5 **j-m e-n Schlag, Stoß ~** donner, porter, *plus fort* assener un coup à qn 6 **etw ~** *(verpfänden)* engager qc; mettre qc en gage; *umg (verkaufen)* monnayer qc 7 *umg* **j-n ~** *(vergeblich warten lassen)* faire faux bond à qn B VR **sich in j-n** (*od* **j-s Lage**) **~** se mettre à la place de qn
Versetzung F 1 *räumlich* déplacement *m*; changement *m* de place 2 *von Beamten* mutation *f*; changement *m* de poste 3 *von Schülern* passage *m* (dans la classe supérieure) **Versetzungszeugnis** N bulletin *m* scolaire de troisième trimestre
verseuchen VT infecter; contaminer (*a. radioaktiv*) **Verseuchung** F infection *f*; contamination *f*
Versform F **in ~** en vers
Versfuß M pied *m*
Versicherer M assureur *m*
versichern A VT 1 *(vertraglich absichern)* assurer (**gegen** contre; **bei** auprès de); **sein Leben ~** s'assurer sur la vie; prendre, contracter une assurance vie 2 *(beteuern)* assurer (**j-m etw** qn de qc); **eidesstattlich ~** affirmer sous (la foi du) serment B VR **sich ~** s'assurer (**gegen** contre); prendre, contracter une assurance
Versicherte(r) M/F(M) assuré(e) *m(f)* **Versichertenkarte** F *(Krankenversichertenkarte)* carte *f* d'assuré(e) social(e); *in Frankreich a.* carte Vitale
Versicherung F 1 assurance *f* (**gegen** contre); **e-e ~ abschließen** prendre, contracter une assurance 2 *(Beteuerung)* affirmation *f*; **eidesstattliche ~** affirmation *f* sous (la foi du) serment 3 *(Gesellschaft)* compagnie *f* d'assurances
Versicherungsagent M courtier *m*, agent *m* d'assurances **Versicherungsanspruch** M droit *m* à l'assurance **Versicherungsantrag** M demande *f* d'assurance **Versicherungsbedingungen** FPL conditions *fpl* d'assurance **Versicherungsbeginn** M date à laquelle le contrat d'assurance prend effet **Versicherungsbeitrag** M prime *f* d'assurance **Versicherungsbetrug** M escroquerie *f* à l'assurance **Versicherungsfall** M sinistre *m* **Versicherungsgesellschaft** F compagnie *f* d'assurances **Versicherungskarte** F AUTO carte verte **Versicherungsmakler** M courtier *m* d'assurances **Versicherungsnehmer(in)** M(F) assuré(e) *m(f)* **Versicherungspflicht** F obligation *f* de s'assurer **versicherungspflichtig** ADJ assujetti à l'assurance **Versicherungspolice** F police *f* d'assurance **Versicherungsprämie** F prime *f* d'assurance **Versicherungsschein** M police *f* d'assurance **Versicherungsschutz** M couverture *f* de l'assurance **Versicherungssumme** F montant assuré **Versicherungsträger** M organisme assureur **Versicherungsumfang** M étendue *f* de l'assurance **Versicherungsvertrag** M contrat *m* d'assurance **Versicherungsvertreter** M courtier *m*, agent *m* d'assurances
versickern VI s'infiltrer (**in etw** *[dat]* dans qc)
versieben *umg* VT 1 *(verderben)* gâcher; (faire) rater 2 *(verlieren) umg* paumer
versiegeln VT 1 *Brief, Paket* cacheter 2 *gerichtlich* sceller; mettre sous scellés **Versiegelung** F 1 *(das Versiegeln) e-s Briefes* apposition *f* d'un cachet, d'un sceau; *gerichtliche* apposition *f* des scellés 2 *(Siegel)* sceau *m*; JUR scellés *mpl*
versiegen *geh* VI (se) tarir; s'épuiser (*beide a. fig*)
versiert ADJ expérimenté; chevronné; **in etw** (*dat*) **~ sein** être versé, expert dans qc

versifft *sl* ADJ *umg* crado; *umg* crade
versilbern V/T **1** argenter **2** *umg fig (zu Geld machen)* monnayer
versinken V/I **1** s'enfoncer *(a. in e-m Sessel)*; *im Sand, Schlamm a.* s'enliser; *Schiff* sombrer; couler **2** *fig* **in den Boden ~** rentrer sous terre
versinnbildlichen V/T symboliser
Version F version *f*
versklaven V/T rendre esclave *(a. fig)*; asservir **Versklavung** F asservissement *m*
Verslehre F métrique *f*
verslumen V/I se transformer en bidonville
Versmaß N mètre *m*
versnobt ADJ *pej* (devenu) snob
versoffen *sl* **A** PPERF → **versaufen** **B** ADJT *pej Person* ivrogne; **~e Stimme** *umg* voix *f* d'ivrogne
versohlen *umg* V/T **j-n ~** rosser qn; *umg* tanner le cuir à qn
versöhnen V/T *u.* V/R **(sich ~** se) réconcilier **(mit** avec) **versöhnlich** ADJ **1** *(zur Versöhnung bereit)* conciliant; accommodant **2** *(tröstlich)* réjouissant **Versöhnung** F réconciliation *f*
versonnen ADJ rêveur; songeur
versorgen V/T **1** **j-n mit etw ~** pourvoir, munir qn de qc; fournir qc à qn; *mit Vorräten* approvisionner qn en *od* de qc; ravitailler qn **2** TECH, *Körper, Organe* alimenter **(mit** en); **mit Strom ~** alimenter en électricité **3** *Familie* entretenir **4** *Haushalt, Kranke* s'occuper de; prendre soin de
Versorgung F **1** fourniture *f* **(mit** de); *mit Vorräten* approvisionnement *m*; ravitaillement *m* **2** *mit Strom, Gas* alimentation *f* **3** *e-r Familie* entretien *m* **4** *von Kranken, Kindern etc* soins *mpl* (+ *gen* donnés à)
Versorgungsanspruch M droit *m* à une rente, à une pension **Versorgungsausgleich** M JUR *partage des droits à la retraite acquis par les deux conjoints (jusqu'à la date du divorce)* **Versorgungslage** F situation *f* de l'approvisionnement **Versorgungslücke** F insuffisance *f* de l'approvisionnement **Versorgungsnetz** N réseau *m*; ELEK secteur *m*
verspachteln V/T **1** TECH *Risse, Fugen* mastiquer; boucher avec du mastic **2** *umg (aufessen) umg* bouffer; *umg* boulotter
verspannen V/R **sich ~** MED se contracter **Verspannung** F contracture *f*
verspäten V/R **sich ~** se mettre en retard; être en retard
verspätet **A** ADJT tardif **B** ADVL en retard
Verspätung F retard *m*; **e-e Stunde ~** une heure de retard; **~ haben** être en retard
verspeisen *geh* V/T manger; consommer
verspekulieren V/R **sich ~** **1** *umg (etw falsch einschätzen)* faire un mauvais calcul **2** FIN, BÖRSE faire une mauvaise spéculation, de mauvaises affaires
versperren V/T *Straße, Weg* barrer; obstruer; barricader; *Aussicht* masquer; boucher
verspielen **A** V/T perdre au jeu; *fig Chance, Recht* perdre **B** V/I *fig* perdre; *umg* **bei j-m verspielt haben** *umg* être grillé auprès de qn
verspielt ADJT *Kind, Hund* joueur
verspotten V/T se moquer de; railler
versprechen **A** V/T **1** promettre **(j-m etw** qc à qn); **j-m ~, etw zu tun** promettre à qn de faire qc **2** *fig* promettre; **das Wetter verspricht gut zu werden** le temps est prometteur **B** V/R **1** **sich ~** se tromper en parlant; faire un lapsus **2** **sich** *(dat)* **viel von etw ~** attendre beaucoup de qc
Versprechen N promesse *f*; **sein ~ nicht halten** manquer à sa promesse
Versprecher M lapsus *m* **Versprechung** F promesse *f*
verspritzen V/T *Wasser* faire jaillir; *Gift* lancer
versprühen V/T pulvériser; vaporiser **verspüren** V/T (res)sentir; éprouver
verstaatlichen V/T nationaliser; étatiser **Verstaatlichung** F nationalisation *f*; étatisation *f*
Verstädterung F urbanisation *f*
Verstand M **1** *(Denkvermögen)* intelligence *f*; PHIL intellect *m*; *(Begriffsvermögen)* entendement *m*; **scharfer ~** esprit pénétrant **2** *(Vernunft)* raison *f*; bon sens; **den ~ verlieren** perdre la raison; **er ist nicht recht bei ~** il n'a pas toute sa tête; **das geht über meinen ~** cela me dépasse
verstandesmäßig ADJ rationnel; logique **Verstandesmensch** M intellectuel, -elle *m,f*; cérébral(e) *m(f)*
verständig ADJ **1** *(vernünftig)* raisonnable; sensé; sage **2** *(gescheit)* intelligent; judicieux
verständigen **A** V/T **j-n von etw** *(akk)* **~** informer qn de qc **B** V/R **1** **sich mit j-m ~** s'entendre, tomber d'accord avec qn **(über etw** *[akk]* sur qc) **2** **sich ~** *in e-r Sprache* se faire comprendre
Verständigung F **1** *(Benachrichtigung)* information *f* **2** *(Übereinkunft)* entente *f*; accord *m* **3** *sprachliche* compréhension *f* **4** *akustische* audibilité *f*; réception *f*
Verständigungsschwierigkeiten FPL *sprachliche* difficultés *fpl* de compréhension
verständlich ADJ **1** *(deutlich)* intelligible; **sich ~ machen** se faire comprendre, entendre **2** *(begreiflich)* compréhensible; **j-m etw ~ machen** expliquer, faire comprendre qc à qn
verständlicherweise ADV ce qui est bien compréhensible, concevable

Verständlichkeit F intelligibilité *f*; clarté *f*

Verständnis N 1 compréhension *f*; **(kein) ~ für j-n, etw haben** (ne pas) comprendre qn, qc; **wir bitten um Ihr ~** nous vous demandons de bien vouloir nous excuser 2 *(das Verstehen)* compréhension *f*; **zum besseren ~** pour mieux (vous) faire comprendre

verständnislos ADJ incompréhensif **Verständnislosigkeit** F manque *m* de compréhension **verständnisvoll** ADJ compréhensif; plein de compréhension

verstärken A VT 1 *Mauer* renforcer; fortifier 2 *zahlenmäßig* augmenter; renforcer 3 *Druck* augmenter; renforcer; accroître 4 *fig Eindruck* renforcer; confirmer; *Zweifel* augmenter; accroître B VR **sich ~** *Druck, Schmerzen* augmenter; s'accroître; *Zweifel* se renforcer

Verstärker M RADIO amplificateur *m* **Verstärkeranlage** F installation *f* d'amplification

Verstärkung F 1 *(Stabilisierung)* renforcement *m* 2 *zahlenmäßige* renforcement *m* (des effectifs); *(hinzukommende Personen)* renforts *mpl* 3 *(Intensivierung)* augmentation *f*; accroissement *m*

verstauben VI se couvrir de poussière **verstaubt** ADJT poussiéreux *(a. fig)*; *nur fig pej* démodé

verstauchen VR **sich** *(dat)* **den Fuß ~** se faire une entorse au pied

Verstauchung F entorse *f*; foulure *f*

verstauen VT mettre, placer, caser (**in** [+ *dat ou akk*] dans)

Versteck N cachette *f*; cache *f*; **~ spielen** jouer à cache-cache *(a. fig)*

verstecken VT *(u.* VR*)* (**sich ~** se) cacher (**vor j-m** à qn); *fig* **sich hinter etw** *(dat)* **~** se retrancher derrière qc

Versteckspiel N (jeu *m* de) cache-cache *m (a. fig)*

versteckt ADJT 1 caché; dissimulé 2 *fig (geheim)* secret 3 *fig (indirekt)* **~e Anspielungen** *fpl* insinuations *fpl*; mots couverts; **~er Vorwurf** reproche indirect

verstehen A VT 1 *akustisch* entendre; comprendre; **schlecht zu ~ sein** être à peine audible 2 *(begreifen)* comprendre; concevoir; saisir; **Französisch ~** comprendre le français 3 *(deuten)* entendre; comprendre; **~ Sie mich nicht falsch!** entendons-nous bien!; **j-m etw zu ~ geben** faire comprendre qc à qn 4 *(Verständnis haben)* comprendre 5 *(gut können)* savoir; connaître; **ich verstehe nichts davon** je ne m'y connais pas; je n'y comprends rien B VR 1 **sich mit j-m gut ~** bien s'entendre avec qn 2 **das versteht sich von selbst** cela va sans dire; cela va de soi 3 **sich auf etw** *(akk)* **~** s'y connaître en qc

versteifen A VT MODE entoiler; *Glieder* raidir B VI *Gelenke* se raidir C VR 1 **sich ~** *Gelenke* se raidir 2 *fig* **sich auf etw** *(akk)* **~** s'obstiner dans qc

versteigen VR *geh fig* **sich zu etw ~** aller jusqu'à faire qc

versteigern VT vendre aux enchères **Versteigerung** F vente *f*, mise *f* aux enchères

versteinern VI *Holz etc* (se) pétrifier; *Pflanzen, Tiere* se fossiliser; *fig* **wie versteinert dastehen** rester comme pétrifié, médusé

Versteinerung F 1 *(das Versteinern)* fossilisation *f*; pétrification *f* 2 *(zu Stein Gewordenes)* fossile *m*

verstellbar ADJ réglable; ajustable

verstellen A VT 1 *(anders einstellen)* régler 2 *(falsch stellen) Uhr* dérégler 3 *(von der Stelle rücken)* déplacer; changer de place 4 **j-m den Weg ~** barrer le chemin à qn 5 *Stimme* déguiser B VR **sich ~** jouer la comédie; simuler

versterben *geh* VI décéder

versteuern VT **etw ~** payer l'impôt sur qc; **zu ~des Einkommen** revenu(s) *m(pl)* imposable(s)

verstiegen ADJT *(überspannt)* excentrique; bizarre

verstimmen VT 1 *Instrument* désaccorder 2 *fig* **j-n ~** mettre qn de mauvaise humeur; fâcher qn

verstimmt ADJT 1 **das Klavier ist ~** le piano (s')est désaccordé 2 *fig* **~ sein** être de mauvaise humeur; être fâché

Verstimmung F *fig* mauvaise humeur

verstockt ADJ *pej* obstiné; entêté; buté

verstohlen ADJ *Blick* furtif; dérobé

verstopfen A VT 1 boucher; *Rohre a.* engorger 2 *Straßen* encombrer; embouteiller B VI *Rohre* se boucher

Verstopfung F MED constipation *f*; **an ~ leiden** être constipé

verstorben *geh* ADJT *geh* défunt; ADMIN décédé **Verstorbene(r)** *geh* M/F(M) *geh* défunt(e) *m(f)*

verstört ADJ effaré; *plus fort* bouleversé; *Miene* °hagard

Verstoß M **~ (gegen)** faute *f* (contre); *gegen ein Gesetz* infraction *f* (à)

verstoßen A VT chasser; expulser B VI **gegen etw ~** manquer à qc; ne pas respecter qc; **gegen die guten Sitten ~** être contraire aux bonnes mœurs

verstrahlen VT *radioaktiv* irradier; contaminer (par rayonnement radioactif) **Verstrahlung** F contamination radioactive

Verstrebung F contre-fiche *f*

verstreichen A VT *(verteilen)* étendre; *Butter*

étaler; (*zustreichen*) boucher **B** *geh* VI *Zeit* passer; s'écouler; **e-e Frist ~ lassen** laisser expirer un délai
verstreuen VT éparpiller; disperser **verstreut** ADJT (*vereinzelt*) dispersé; éparpillé
verstricken *geh fig* **A** VT **j-n in etw** (*akk*) **~** impliquer qn dans qc **B** VR **sich in etw** (*akk*) **~** s'empêtrer dans qc
verstümmeln VT mutiler (*a. fig*); estropier **Verstümmelung** F mutilation *f* (*a. fig*)
verstummen VI **1** *geh Person* devenir muet; se taire **2** *geh Geräusch, fig Protest* cesser; s'arrêter
Versuch M **1** essai *m*; tentative *f*; **das kommt auf e-n ~ an** on peut toujours essayer **2** (*Experiment*) expérience *f* (**mit** avec; **an** [+ *dat*] sur)
versuchen VT **1** essayer; (*sich bemühen*) tenter; tâcher; **sein Glück ~** tenter sa chance; **es mit j-m ~** faire un essai avec qn; **versuchs doch!** essaie voir! **2** *a. v/i* **(von) etw ~** (*kosten*) essayer qc; goûter à qc
Versuchsanordnung F conditions requises, préparatifs requis pour une expérience **Versuchsanstalt** F station *f* d'essai **Versuchsballon** M ballon-sonde *m*; ballon *m* d'essai (*a. fig*) **Versuchsgelände** N terrain *m* d'essai **Versuchskaninchen** N *fig* cobaye *m* **Versuchsperson** F sujet *m* (d'étude, d'expérience) **Versuchsreihe** F série *f* de tests, d'essais, d'expériences **Versuchsstadium** N stade *m* d'essai **Versuchstier** N animal *m* de laboratoire **versuchsweise** ADV à titre d'essai; à titre expérimental
Versuchszweck M **zu ~en** en vue d'expériences
versucht ADJT JUR **~e Bestechung** tentative *f* de corruption
Versuchung F tentation *f*; **in ~** (*akk*) **führen** tenter; **in ~ kommen zu** (+ *inf*) être tenté de (+ *inf*)
versumpfen VI **1** ÖKOL se transformer en marais; devenir marécageux **2** *umg fig* (*verwahrlosen*) tomber bien bas **3** *umg* (*lange feiern*) *umg* faire la bringue, la noce
versündigen *geh* VR **sich an j-m, etw ~** pécher contre qn, qc
versunken **A** PPERF → **versinken** **B** ADJT *fig* **~ in** (+ *akk*) *Anblick, Gedanken* absorbé dans, par
versüßen **A** VT *fig* adoucir; édulcorer **B** VR **sich** (*dat*) **das Leben ~** se rendre la vie plus douce
vertäfeln VT boiser; lambrisser
Vertäf(e)lung F boiserie *f*; lambris *m*
vertagen **A** VT **~** (**auf** [+ *akk*]) ajourner (à); remettre (à) **B** VR **sich ~** ajourner, remettre les débats, la séance **Vertagung** F ajournement *m*; renvoi *m*, remise *f* **vertäuen** VT amarrer **vertauschen** VT **1** (*austauschen*) (é)changer, troquer (**mit** contre) **2** (*verwechseln*) prendre l'un pour l'autre; confondre
verteidigen **A** VT (*u.* VR **sich ~** se) défendre (*a.* JUR) **B** VI SPORT être en défense; défendre **Verteidiger(in)** M(F) défenseur *m*; JUR *a.* avocat plaidant; FUSSBALL arrière *m* **Verteidigung** F défense *f* (*a.* JUR, SPORT)
Verteidigungsminister M ministre *m* de la Défense (nationale) **Verteidigungsministerium** N ministère *m* de la Défense (nationale) **Verteidigungsrede** F JUR plaidoirie *f*; *fig* plaidoyer *m*
verteilen **A** VT **1** (*austeilen*) distribuer (**an** [+ *akk*] à) **2** (*aufteilen, zuweisen*) partager, répartir (**auf** [+ *akk*], **unter** [+ *akk*] entre) **B** VR **sich ~** **1** (*sich aufteilen*) se répartir; se partager (**auf** [+ *akk*], **unter** [+ *akk*] entre) **2** (*sich verstreuen*) se répartir; *Personen* se disperser
Verteiler M **1** ELEK, HANDEL distributeur *m* **2** ADMIN liste *f* des destinataires **Verteilerkasten** M ELEK boîte *f* de distribution **Verteilerschlüssel** M ADMIN clé *f*, base *f* de répartition
Verteilung F **1** (*Ausgabe*) distribution *f* (**an** [+ *akk*] à) **2** (*Aufteilung*) partage *m* (**auf** [+ *akk*], **unter** [+ *akk*] entre); répartition *f*
vertelefonieren *umg* VT *Geld, Zeit* dépenser en coups de téléphone
verteuern **A** VT rendre plus cher **B** VR **sich ~** devenir plus cher; augmenter; renchérir **Verteuerung** F augmentation *f* (des prix); renchérissement *m*
verteufeln VT condamner **verteufelt** *umg* **A** ADJT satané **B** ADVL (*sehr*) *umg* diablement; *umg* bougrement
vertiefen **A** VT rendre plus profond (**um** de); approfondir (*a. fig*) **B** VR *fig* **sich in etw** (*akk*) **~** se plonger dans qc
Vertiefung F **1** *Handlung* approfondissement *m* **2** (*tiefere Stelle*) creux *m*; renfoncement *m*; *im Gelände* dépression *f*; (*Hohlraum*) cavité *f*
vertikal ADJ vertical **Vertikale** F verticale *f*
vertilgen VT **1** (*vernichten*) exterminer; tuer; détruire **2** *umg* (*verzehren*) ingurgiter; *umg* engouffrer **vertippen** *umg* VR **sich ~** faire une faute de frappe
vertonen VT mettre en musique; adapter **Vertonung** F adaptation musicale
vertrackt *umg* ADJ embrouillé
Vertrag M contrat *m*; *zwischen Staaten* traité *m*; **e-n ~ (ab)schließen** faire, conclure un contrat; **j-n unter ~ nehmen** engager qn (par contrat); **bei j-m unter ~ stehen** être engagé par qn (sous contrat)

vertragen A VT (*aushalten*) supporter; **sie verträgt keinen Fisch** le poisson ne lui réussit pas; *umg* **ich könnte e-n Schluck ~** je prendrais bien un petit verre B VR **sich ~** 1 *Personen* s'entendre, s'accorder (**mit j-m** avec qn) 2 *Sachen, Farben* être compatible (**mit** avec); aller ensemble
vertraglich A ADJ contractuel B ADV par contrat; **~ vereinbart** prévu par le, dans le contrat
verträglich ADJ 1 *Person* conciliant; accommodant 2 *Speisen* **(leicht) ~** digeste; digestible; *Medikament* **gut ~** bien toléré
Vertragsabschluss M passation *f*, conclusion *f* d'un contrat; POL conclusion *f* d'un traité **Vertragsänderung** F modification *f* du contrat **Vertragsbruch** M rupture *f* de contrat; POL violation *f* d'un traité
vertragsbrüchig ADJ **~ werden** rompre un *bzw.* le contrat; POL violer un *bzw.* le traité
Vertragsentwurf M projet *m* de contrat **Vertragsgegenstand** M objet *m* du contrat **vertragsgemäß** A ADJ conforme au contrat; contractuel B ADV conformément au contrat *bzw.* au traité **Vertragshändler** M concessionnaire *m* **Vertragspartner** M contractant *m* **Vertragsrecht** N législation *f* en matière de contrats **Vertragsstrafe** F peine conventionnelle; dédit *m* **Vertragswerkstatt** F AUTO garage agréé **vertragswidrig** ADJ contraire au contrat, POL au traité
vertrauen VI **j-m ~** avoir confiance en qn; **auf j-n, etw ~** se fier à qn, qc; faire confiance à qn, qc
Vertrauen N 1 confiance *f*; **~ haben** avoir confiance (**in** [+ *akk*] *od* **zu** en, *wenn Artikel folgt* dans); **~ erweckend** qui inspire confiance; **im ~ auf** (+ *akk*) confiant en 2 **im ~ (gesagt)** en confidence; (soit dit) entre nous; **j-n ins ~ ziehen** mettre qn dans la confidence
vertrauenerweckend ADJT qui inspire confiance
Vertrauensarzt M médecin-conseil *m* **Vertrauensbeweis** M preuve *f* de confiance **Vertrauensbruch** M abus *m* de confiance
Vertrauensfrage F POL **die ~ stellen** poser la question de confiance
Vertrauensfrau F *der Gewerkschaft* déléguée syndicale **Vertrauenslehrer(in)** M(F) professeur chargé des problèmes relationnels **Vertrauensmann** M homme *m* de confiance; *der Gewerkschaft* délégué syndical **Vertrauensperson** F personne *f* de confiance **Vertrauenssache** F affaire *f*, question *f* de confiance **vertrauensselig** ADJ trop confiant; crédule **Vertrauensstellung** F place *f*, poste *m* de confiance **Vertrauensverhältnis** N rapports *mpl* de confiance **vertrauensvoll** A ADJ confiant; plein de confiance B ADV en toute confiance **vertrauenswürdig** ADJ fiable; digne de (toute) confiance
vertraulich ADJ 1 confidentiel; **streng ~** strictement confidentiel 2 (*vertraut*) intime; familier
Vertraulichkeit F 1 *e-r Mitteilung* caractère confidentiel 2 *im Verhalten* intimité *f*; familiarité *f*; *bes gegenüber Frauen* **~en** *pl* privautés *fpl*
verträumt ADJT 1 *Person* rêveur; perdu dans ses rêves 2 *Ort* idyllique
vertraut ADJ 1 *Beziehung* intime; **mit j-m ~ sein** être intime avec qn 2 (*bekannt*) familier; **mit etw ~ sein** connaître qc à fond; **sich mit etw ~ machen** se familiariser avec qc
Vertraute(r) M/F(M) confident(e) *m(f)*; intime *m/f*; familier *m* **Vertrautheit** F intimité *f*; familiarité *f*
vertreiben A VT 1 chasser (*a. fig Sorgen, Kummer*); **j-n aus s-r Heimat ~** expulser qn de son pays 2 HANDEL distribuer; diffuser B VR **sich** (*dat*) **die Zeit mit etw ~** passer son temps à faire qc
Vertreibung F expulsion *f* (**aus** de)
vertretbar ADJ 1 *Standpunkt* défendable 2 *Kosten, Risiko* raisonnable
vertreten A VT 1 (*vorübergehend ersetzen*) remplacer; ADMIN suppléer 2 *ein Land, e-e Gattung etc* représenter 3 (*für e-e Firma verkaufen*) représenter 4 (*eintreten für*) soutenir; défendre; *vor Gericht* **j-n ~** plaider la cause de qn; **j-s Sache ~** prendre fait et cause pour qn 5 **die Ansicht ~, dass …** être d'avis que … (+ *subj*) 6 *bes* JUR **etw zu ~ haben** répondre de qc B VR *umg* **sich** (*dat*) **die Beine ~** se dégourdir les jambes
Vertreter(in) M(F) 1 (*Interessenvertreter[in]*) représentant(e) *m(f)*; POL *gewählte(r)* délégué(e) *m(f)* 2 (*Handelsvertreter[in]*) représentant(e) *m(f)*, voyageur *m* (de commerce); agent commercial 3 (*Stellvertreter[in]*) remplaçant(e) *m(f)*; ADMIN suppléant(e) *m(f)* 4 (*Verfechter*) défenseur *m*
Vertretung F 1 (*Stellvertretung*) remplacement *m*; ADMIN suppléance *f*; **in ~** par délégation 2 *Person* remplaçant(e) *m(f)*; ADMIN suppléant(e) *m(f)* 3 *e-s Landes* représentation *f*; HANDEL agence *f*
Vertretungsstunde F SCHULE heure *f* de remplacement **vertretungsweise** ADV en remplacement (**für** de)
Vertrieb M HANDEL distribution *f*; *von Büchern a.* diffusion *f*
Vertriebene(r) M/F(M) personne déplacée; expulsé(e) *m(f)*
Vertriebsabteilung F service des ventes, commercial **Vertriebsleiter** M chef *m*

des ventes
vertrimmen *umg* VT **j-n ~** *umg* flanquer une raclée, *umg* filer une trempe à qn
vertrinken VT **sein Geld ~** dépenser son argent à boire
vertrocknen VI se dessécher
vertrödeln *umg pej* VT **die Zeit ~** perdre, gâcher son temps
vertrösten VT **j-n ~** demander à qn de patienter (**auf** [+ *akk*] jusqu'à)
vertrottelt *umg* ADJT gâteux; *umg* ramolli
vertun A VT dissiper; gaspiller B *umg* VR **sich ~** *umg* se gourer
vertuschen VT *Fehler* cacher; dissimuler; *Skandal* étouffer
verübeln VT **j-m etw ~** en vouloir à qn de qc
verüben VT *Verbrechen* commettre; JUR perpétrer **verulken** VT se moquer de
verunglimpfen *geh* VT dénigrer **Verunglimpfung** *geh* F dénigrement *m*
verunglücken VI 1 avoir un accident; **tödlich ~** se tuer dans un accident 2 *umg fig (missglücken)* rater
Verunglückte(r) M/F(M) accidenté(e) *m(f)*; victime *f* (d'un accident)
verunreinigen VT *Wasser, Luft* polluer **Verunreinigung** F pollution *f*
verunsichern VT insécuriser; *(verwirren)* déconcerter; désorienter **Verunsicherung** F insécurité *f*; *(Verwirrung)* désorientation *f*
verunstalten VT défigurer; déparer; *(hässlich machen)* enlaidir
veruntreuen VT *Gelder* détourner **Veruntreuung** F détournement *m*; malversation *f*
verursachen VT causer; *Schmerzen, Aufregung* produire; provoquer; *Kosten* entraîner **Verursacherprinzip** N ÖKOL principe *m* pollueur-payeur
verurteilen VT 1 JUR condamner (**zu** à) 2 *(missbilligen)* condamner; réprouver **Verurteilte(r)** M/F(M) condamné(e) *m(f)* **Verurteilung** F condamnation *f* (*a.* JUR)
vervielfachen VT (*u.* VR) (**sich ~** se) multiplier (*a. fig*)
vervielfältigen VT FOTO, TYPO reproduire; faire des copies de **Vervielfältigung** F reproduction *f*
vervierfachen A VT quadrupler B VR **sich ~** quadrupler
vervollkommnen VT (*u.* VR) (**sich ~** se) perfectionner **Vervollkommnung** F perfectionnement *m*
vervollständigen VT compléter **Vervollständigung** F complément *m*; *weitS.* enrichissement *m*
verw. ABK (verwitwet) veuf

verwachsen[1] VI **miteinander ~** s'enchevêtrer (en poussant)
verwachsen[2] ADJT 1 *fig* **mit j-m, etw ~ sein** être étroitement lié, attaché à qn, qc 2 *(missgestaltet)* contrefait; difforme
verwackelt ADJT *Bild* bougé
verwählen VR **sich ~** se tromper de numéro
verwahren A VT (bien) garder (*a. Kind*); *(wegschließen)* mettre sous clé B VR **sich gegen etw ~** protester contre qc
verwahrlosen VI se clochardiser; *bes Kinder* être négligé; être laissé à l'abandon **verwahrlost** ADJT négligé; (laissé) à l'abandon **Verwahrlosung** F clochardisation *f*; *bes von Kindern* négligence *f*; abandon *m*
Verwahrung F garde *f*; dépôt *m*; **etw in ~ (***akk***) geben** donner qc en garde; mettre qc en dépôt
verwaist ADJT 1 orphelin 2 *geh fig Haus, Platz* abandonné; délaissé
verwalten VT *Behörde* administrer; *Vermögen, Haus* gérer **Verwalter(in)** M(F) administrateur, -trice *m,f*; *(Hausverwalter[in])* gérant(e) *m(f)*; *(Gutsverwalter[in])* régisseur *m*; intendant(e) *m(f)*
Verwaltung F administration *f*; gestion *f*
Verwaltungsangestellte(r) M/F(M) employé(e) *m(f)* de l'administration **Verwaltungsapparat** M appareil administratif **Verwaltungsbeamte(r)** M, **Verwaltungsbeamtin** F fonctionnaire *m/f* de l'administration; *in Frankreich a.* agent administratif **Verwaltungsbezirk** M district *m*; circonscription administrative **Verwaltungsdirektor** M directeur administratif **Verwaltungsgebäude** N bâtiment administratif **Verwaltungsgebühr** F taxe *f* **Verwaltungsgericht** N tribunal administratif **Verwaltungskosten** PL frais *mpl* d'administration, de gestion
verwandeln A VT 1 *(verändern)* changer (**in** [+ *akk*] en); transformer (en); *fig* **sie ist wie verwandelt** elle a tout à fait changé 2 SPORT **e-n Strafstoß ~** transformer un penalty B VI SPORT **zum 2:0 ~** porter le score à 2 à 0 C VR **sich ~** se transformer
Verwandlung F changement *m*; transformation *f*; MYTH, *fig*, ZOOL métamorphose *f* **Verwandlungskünstler** M mime *m* (qui incarne plusieurs personnages)
verwandt[1] PPERF → verwenden
verwandt[2] ADJ 1 parent (**mit** de); **er ist mit mir ~** (lui et moi,) nous sommes parents 2 *fig, Anschauungen etc* apparenté
Verwandte(r) M/F(M) parent(e) *m(f)*; **die Verwandten** *pl* → Verwandtschaft
Verwandtschaft F 1 *(Verwandtsein)* parenté *f*

(*a. fig*) 2 **die ~** (*die Verwandten*) la parenté; la famille
verwandtschaftlich ADJ de parent **Verwandtschaftsgrad** M degré *m* de parenté **Verwandtschaftsverhältnis** N parenté *f*
verwanzt ADJ plein, infesté de punaises
verwarnen V/T donner un avertissement à
verwarnen V/T 1 (*e-e Verwarnung erteilen*) donner un avertissement à 2 SPORT avertir
Verwarnung F avertissement *m* (*a.* SPORT); **gebührenpflichtige ~** contravention *f*
verwaschen ADJ 1 (*ausgewaschen*) délavé; décoloré 2 *Farben* pâle; délavé
verwässern V/T 1 mettre trop d'eau dans 2 *fig* délayer
verwechseln V/T confondre (**mit** avec); **er hat sie miteinander verwechselt** il a pris l'un(e) pour l'autre; **sie sehen sich zum Verwechseln ähnlich** ils se ressemblent à s'y méprendre
Verwechs(e)lung F 1 confusion *f* 2 (*Vertauschung*) échange *m* involontaire
verwegen ADJ téméraire; audacieux **Verwegenheit** F témérité *f*; audace *f*
verwehen V/T 1 (*wegtragen*) *vom Wind* emporter 2 *Spur* effacer
verwehren V/T **j-m etw ~** interdire, défendre qc à qn
verweichlicht ADJT amolli; *Männer a.* efféminé **Verweichlichung** F amollissement *m*
verweigern A V/T refuser (**j-m etw** qc à qn); **den Wehrdienst ~** être objecteur de conscience B V/I *Pferd* refuser (l'obstacle)
Verweigerung F refus *m*
verweilen *geh* V/I 1 (*stehen bleiben*) s'arrêter; rester; demeurer 2 (*sich aufhalten*) séjourner (**bei j-m** chez qn)
verweint ADJ **~e Augen haben, ~ aussehen** avoir les yeux gonflés de larmes
Verweis M 1 (*Rüge*) réprimande *f*; ADMIN, SCHULE avertissement *m*; **j-m e-n ~ erteilen** réprimander qn 2 (*Hinweis*) renvoi *m*
verweisen V/T 1 *a. v/i* **~ auf** (*+ akk*) renvoyer à 2 **j-n ~ an** (*+ akk*) (r)envoyer, adresser qn à 3 **(von) der Schule ~** renvoyer qn de l'école, du lycée, *etc*; **j-n des Landes ~** expulser qn (du territoire); SPORT **s-e Gegner auf die Plätze ~** devancer ses adversaires
verwelken V/I se faner; se flétrir
verwendbar ADJ utilisable **Verwendbarkeit** F utilité *f* pratique
verwenden A V/T 1 (*benutzen*) employer, utiliser (**für, zu** à; **als** comme); *Methode, Technik a.* appliquer 2 (*aufwenden*) *Zeit, Mühe* consacrer (**auf** [*+ akk*] à) B *geh* V/R **sich für j-n ~** intervenir, intercéder pour qn (**bei j-m** auprès de qn)
Verwendung F emploi *m*; utilisation *f*; **keine ~ für etw haben** ne pas savoir quoi faire de qc
Verwendungsmöglichkeit F possibilité *f* d'utilisation **Verwendungszweck** M emploi prévu; *auf Schecks etc* motif *m* du paiement
verwerfen A V/T rejeter (*a.* JUR *Klage*); repousser B V/R **sich ~** *Holz* gauchir; se déjeter **verwerflich** *geh* ADJ répréhensible; condamnable
verwertbar ADJ utilisable **verwerten** V/T utiliser; *Erfindung* exploiter; mettre à profit **Verwertung** F utilisation *f*; exploitation *f*; mise *f* à profit
verwesen V/I se décomposer; se putréfier **Verwesung** F décomposition *f*; putréfaction *f*
verwetten V/T **Geld ~** perdre de l'argent en pariant
verwickeln A V/T **j-n in etw** (*akk*) **~** engager, impliquer qn dans qc B V/R 1 *Garn etc* **sich ~** s'emmêler; s'enchevêtrer 2 *fig* **sich in Widersprüche ~** s'empêtrer dans des contradictions
verwickelt ADJT *Angelegenheit* compliqué; embrouillé **Verwicklung** F implication *f*
verwildern V/I 1 *Haustier* (re)devenir sauvage 2 *Garten* être (laissé) à l'abandon; être négligé **verwildert** ADJT 1 *Haustier* (re)devenu sauvage 2 *Garten* inculte; abandonné
verwirklichen A V/T réaliser B V/R **sich ~** 1 se réaliser; s'accomplir 2 **sich (selbst) ~** se réaliser (dans la vie)
Verwirklichung F réalisation *f*
verwirren A V/T 1 *Fäden* embrouiller; enchevêtrer; *Haare* emmêler 2 *fig* **j-n ~** rendre qn confus; troubler, déconcerter qn B V/R **sich ~** *Fäden* s'embrouiller; s'enchevêtrer; *Haar* s'emmêler
verwirrend ADJT troublant; déconcertant **verwirrt** ADJT confus; *Person a.* troublé; déconcerté
Verwirrung F confusion *f*; trouble *m*; **~ stiften** provoquer la confusion; **in ~ geraten** s'embrouiller; se troubler
verwischen V/T (*u.* V/R) (**sich ~** s')effacer (*a. fig*); *Unterschiede* (s')atténuer; (s')estomper **verwittern** V/I s'éroder, s'effriter (sous l'influence de l'air)
verwitwet ADJ veuf
verwöhnen V/T gâter; choyer **verwöhnt** ADJT 1 gâté; choyé 2 (*anspruchsvoll*) exigeant; difficile (à contenter)
verworren ADJ confus
verwundbar ADJ vulnérable (*a. fig*) **Verwundbarkeit** F vulnérabilité *f* (*a. fig*)
verwunden V/T blesser (*a. fig Gefühle etc*); **schwer verwundet** grièvement blessé

verwunderlich ADJ étonnant; surprenant; **es ist nicht ~, dass …** rien d'étonnant (à ce) que … *(+subj)*
verwundern V/T étonner; surprendre; **es verwundert mich, dass …** je suis étonné, surpris que … *(+ subj)*
Verwunderung F étonnement *m*; surprise *f*
Verwundete(r) M/F(M) blessé(e) *m(f)* **Verwundung** F blessure *f*
verwunschen ADJ enchanté
verwünschen V/T maudire **Verwünschung** F malédiction *f*
verwurzelt ADJ *fig* **tief ~ sein in** *(+ dat)* être profondément enraciné dans
verwüsten V/T ravager; dévaster **Verwüstung** F ravage *m*; dévastation *f*
verzagen *geh* V/I perdre courage; se décourager **verzagt** ADJT découragé; abattu **verzählen** V/R **sich ~** se tromper en comptant **verzahnt** ADJT TECH endenté; engrené (**mit etw** dans qc)
verzapfen V/T *umg fig* **Unsinn ~** débiter des bêtises, des âneries
verzärteln V/T bichonner; dorloter
verzaubern V/T enchanter *(a. fig)*; ensorceler; **~ in** *(+ akk)* métamorphoser en
Verzauberung F enchantement *m (a. fig)*; ensorcellement *m*
verzehnfachen V/T (u. V/R) (**sich ~** se) décupler
Verzehr M consommation *f* **verzehren** *geh* **A** V/T consommer **B** V/R *fig* **sich ~** se consumer, se ronger, se miner (**vor** [+ *dat*] de)
verzeichnen V/T **1** *(falsch zeichnen)* mal dessiner **2** *(festhalten)* noter; prendre note de; ADMIN enregistrer; **verzeichnet sein** figurer (**auf** [+ *dat*] sur; **in** [+ *dat*] dans) **3** *fig Erfolg* **zu ~ haben** pouvoir enregistrer
Verzeichnis N *(Liste)* liste *f*; relevé *m*; *(Register)* registre *m*; répertoire *m (a. IT)*
verzeihen V/T pardonner (**j-m etw** qc à qn); *(entschuldigen)* excuser; **~ Sie!** pardon!; pardonnez-moi!; excusez-moi!
verzeihlich ADJ pardonnable; excusable
Verzeihung F pardon *m*; **~!** pardon!; excusez-moi!; **j-n um ~ bitten** demander pardon à qn
verzerren **A** V/T **1** *Bild, Ton* déformer *(a. fig Tatsachen)*; distordre **2** *Gesichtszüge* (dis)tordre; crisper **B** V/R **sich ~** *Gesichtszüge* se décomposer; se crisper; se convulser **Verzerrung** F **1** *e-s Bildes, Tons* déformation *f (a. fig der Tatsachen)*; distorsion *f* **2** *der Gesichtszüge* décomposition *f*
verzetteln V/R **sich ~** s'éparpiller
Verzicht M **~** (**auf** [+ *akk*]) renoncement *m*, renonciation *f* (à); résignation *f*; abandon *m* (de); JUR renonciation (à); désistement *m* (de)

verzichten V/I (**auf etw** [*akk*]) **~** renoncer (à qc); JUR *a.* se désister (de qc)
verziehen **A** V/T **1** **das Gesicht ~** grimacer; faire la grimace **2** *(schlecht erziehen)* gâter; mal élever **B** V/I déménager (**nach** à) **C** V/R **sich ~** **1** TECH se voiler; se fausser; *Holz* se déjeter; gauchir **2** *Gewitter, Rauch* disparaître; se dissiper **3** *umg (sich davonmachen)* s'en aller; *umg* se tirer; *umg* filer
verzieren V/T orner; décorer *(a. GASTR)*; ornementer **Verzierung** F **1** *(das Verzieren)* décoration *f*; ornementation *f* **2** *(Schmuck)* décoration *f (a. GASTR)*; ornement *m (a. BAU, RHET)*; enjolivement *m*
verzinsen **A** V/T rémunérer **B** V/R **sich ~** rapporter des intérêts; **sich mit 6% ~** rapporter six pour cent
Verzinsung F rapport *m*; intérêts *mpl*; rémunération *f*
verzogen ADJT **1** *(schlecht erzogen)* gâté **2** *Holz* déjeté; gauchi
verzögern **A** V/T **1** *(aufschieben)* retarder **2** *(verlangsamen)* ralentir *(a. TECH)* **B** V/R **sich ~** être retardé (**um** de) **Verzögerung** F **1** *(Aufschub)* retardement *m*; remise *f*; renvoi *m* **2** *(Verlangsamung)* ralentissement *m*; PHYS décélération *f*
verzollen V/T dédouaner; payer des droits de douane sur; **haben Sie etw zu ~?** avez-vous qc à déclarer?
verzückt ADJT ravi; extasié; en extase
Verzückung F ravissement *m*; extase *f*; **in ~ geraten** s'extasier; tomber en extase
Verzug M retard *m*; délai *m*; **in ~ sein** être en retard (**mit** de); **in ~ geraten** se mettre en retard (**mit** dans)
Verzugszinsen MPL intérêts *mpl* moratoires
verzweifeln V/I désespérer (**an j-m, etw** de qn, qc); *abs* se désespérer
verzweifelt ADJT désespéré
Verzweiflung F désespoir *m*; **j-n zur ~ bringen** mettre qn au désespoir; désespérer qn
verzweigen V/R **sich ~** se ramifier *(a. fig)* **Verzweigung** F ramification *f (a. fig)*
verzwickt *umg* ADJ compliqué; inextricable
Vesper F **1** KATH vêpres *fpl* **2** *a. n südd (Imbiss)* casse-croûte *m*; *für Kinder* goûter *m*
vespern *bes südd* **A** V/T **etw ~** manger qc (comme casse-croûte); *bes Kinder* manger qc au goûter **B** V/I manger son casse-croûte; casse-croûter; *bes Kinder* goûter
Vesuv GEOG **der ~** le Vésuve
Veteran M vétéran *m (a. fig)*
Veterinär M vétérinaire *m* **Veterinärmedizin** F médecine *f* vétérinaire
Veto N veto *m*; **(s)ein ~ einlegen** mettre, op-

viel: nicht immer beaucoup?

Ich habe in den Ferien viele Bücher gelesen.	J'ai lu **beaucoup de** livres pendant les vacances.	**viel(e)**	→ **beaucoup de**
Er kennt sehr viele Leute, aber er lädt sie nie ein.	Il connaît **bien des** gens, mais ne les invite jamais.	**sehr viel(e)**	→ **bien du / bien de la / bien des**
Es waren so viele Menschen dort, dass man die Bühne nicht sehen konnte.	Il y avait **tellement de / tant de** gens qu'on ne pouvait pas voir la scène.	**so viel(e)**	→ **tellement de / tant de**
Er hat zu viel Eis gegessen.	Il a mangé **trop de** glace.	**zu viel(e)**	→ **trop de**

FEHLERQUELLEN

poser son veto (**gegen** à)
Vetorecht N droit *m* de veto
Vetter M cousin *m*
Vetternwirtschaft F *pej* népotisme *m*
v-förmig, V-förmig ADJ en V; **v-förmige, V-förmige Anordnung** disposition *f* en V
vgl. ABK (vergleiche) v. (voir); cf. (confer)
VHS F ABK (Volkshochschule) université *f* populaire
via PRÄP **~ Paris** par, via Paris
Viadukt M *od* N viaduc *m*
Viagra® N PHARM viagra® *m*
Vibration F vibration *f*
Vibrator M vibrateur *m*
vibrieren V/I vibrer (*a. Stimme*)
Video N vidéo *f* (❗ feminin)
Video... IN ZSSGN vidéo...; vidéo (❗ unveränderlich, wenn nachgestellt) **Videoaufnahme** F, **Videoaufzeichnung** F enregistrement *m* vidéo **Videoband** N bande *f* vidéo **Videoclip** M vidéoclip *m* **Videofilm** M film *m* vidéo **Videogerät** N magnétoscope *m* **Videokamera** F caméscope *m*; caméra *f* vidéo **Videokassette** F vidéocassette *f*; cassette *f* vidéo **Videokonferenz** F visioconférence *f*; vidéoconférence *f* **Videorecorder** M magnétoscope *m* **Videospiel** N jeu *m* vidéo **Videotechnik** F technique *f* vidéo **Videotext** M vidéographie *f*
Videothek F vidéothèque *f*
Videoüberwachung F vidéosurveillance *f*
Viech *umg* N bête *f*; *kleines* bestiole *f*
Vieh N 1 *koll* bétail *m*; bestiaux *mpl* 2 *umg* (*Tier*) bête *f* **Viehbestand** M cheptel *m* **Viehfutter** N fourrage *m* **Viehhaltung** F élevage *m* (de bétail) **Viehhändler** M marchand *m* de bestiaux **Viehmarkt** M marché *m* aux bestiaux **Viehtransporter** M bétaillère *f* **Viehwaggon** M wagon *m* à bestiaux **Viehzucht** F élevage *m* (de bétail, de bestiaux) **Viehzüchter** M éleveur *m* (de bétail, de bestiaux)
viel A INDEF PR 1 *adjt* beaucoup de; bien du *bzw.* de la *bzw.* des; *subst* beaucoup; **~es** bien des, beaucoup de choses; **sehr ~e ...** un grand nombre de ...; **~e hundert (Menschen)** des centaines *fpl* (de personnes); **~e sind gekommen** beaucoup sont venus; ils sont venus nombreux 2 *adjt* beaucoup de; *subst* beaucoup; **das ~e Geld** tout cet argent; **in ~em** à beaucoup d'égards; **um ~es größer** (de) beaucoup plus grand B ADV 1 (*bei Weitem*) beaucoup; bien; **nicht ~ anders als** pas très différent de 2 *mit zu* **~ zu viel** beaucoup trop; **~ zu wenig** beaucoup trop peu 3 (*oft, häufig*) beaucoup; souvent; **~ beschäftigt** très affairé, occupé; **~ sagend** significatif; **~ versprechend** prometteur
vielbeschäftigt ADJT très affairé, occupé
vieldeutig ADJ ambigu; équivoque **Vieleck** N polygone *m* **Vielehe** F polygamie *f*
vielerlei ADJ 1 toutes sortes de choses 2 divers
vielfach A ADJ multiple; **auf ~en Wunsch** à la demande générale B ADV souvent; fréquemment
Vielfache(s) N multiple *m*; **ein ~s von ...** un multiple de ...
Vielfalt F multiplicité *f*; (*Mannigfaltigkeit*) diversité *f*; variété *f*
vielfältig ADJ multiple; (*mannigfaltig*) divers; varié
Vielfraß M 1 ZOOL glouton *m* 2 *umg fig Mensch* glouton *m*; goinfre *m*
vielleicht A ADV 1 peut-être 2 (*ungefähr*) à peu près; environ B *Partikel* 1 (*etwa, eventuell*) par °hasard; **glauben Sie ~ ...?** croyez-vous par °hasard ...?; **kannst du mir ~ einmal helfen?** tu pourrais m'aider un peu? 2 (*wirklich*) **sie waren ~ überrascht!** qu'est-ce qu'ils étaient surpris!

vielleicht – peut-être

Vielleicht hat **mein Vater** recht. **Vielleicht** hat **er** recht.	**Peut-être que** mon père a raison. **Peut-être qu'il a** raison. **Peut-être a-t-il** raison.	Nach satzeinleitendem **peut-être** steht entweder **que** oder die Inversion des Subjektpronomens.
Vielleicht hat **mein Vater** diesen Brief gelesen.	Peut-être **que** mon père **a lu** cette lettre. Peut-être **mon père a-t-il lu** cette lettre.	Ist das Subjekt ein Nomen, so steht nach **peut-être** entweder **que** oder die absolute Frageform, das heißt, das Subjekt (**mon père**) wird in der Inversion noch einmal durch das Subjektpronomen (**il**) aufgegriffen.

FEHLERQUELLEN

vielmals ADV bien des fois; **ich bitte ~ um Entschuldigung** mille pardons!; **danke ~!** merci bien!; merci beaucoup!
vielmehr ADV *u.* KONJ **1** *(genauer gesagt)* plutôt **2** *(im Gegenteil)* au contraire
vielsagend ADJT significatif **vielschichtig** ADJ *fig* complexe
vielseitig ADJ **1** *(auf vielen Gebieten einsetzbar)* polyvalent **2** *(an vielem interessiert)* d'une grande ouverture d'esprit; très ouvert **3** *(umfassend)* étendu; vaste **Vielseitigkeit** F polyvalence *f*
vielsprachig ADJ polyglotte **vielstimmig** ADJ à plusieurs voix; polyphonique **vielversprechend** ADJT prometteur
Vielvölkerstaat M État multinational, plurinational **Vielweiberei** F polygamie *f* **Vielzahl** F multitude *f*; multiplicité *f*; pluralité *f*
vier NUM quatre; *umg* **auf allen ~en** à quatre pattes; *umg* **alle ~e von sich** *(dat)* **strecken** se laisser choir; s'affaler; → acht
Vier F **1** *Zahl* quatre *m* **2** *Schulnote* passable; *in Frankreich etwa* dix *m* (sur vingt)
Vierbeiner M quadrupède *m*; *(Hund)* chien *m* **vierbeinig** ADJ *Möbel* à quatre pieds; *Tier* à quatre pattes **Vierbettzimmer** N chambre *f* à quatre lits **vierblättrig** ADJ *Kleeblatt* à quatre feuilles **vierdimensional** ADJ à quatre dimensions **Viereck** N quadrilatère *m*; *(Quadrat)* carré *m* **viereckig** ADJ quadrangulaire; *(quadratisch)* carré
viereinhalb NUM quatre et demi
Vierer M **1** RUDERN canot *m* à quatre rameurs; quatre *m* **2** *südd, österr, schweiz (Vier)* quatre *m*; → Vier **Viererbob** M bobsleigh *m* à quatre
viererlei ADJ quatre sortes, espèces de ...; quatre ... différents
vierfach **A** ADJ quadruple; → achtfach **B** ADV quatre fois (plus) **Vierfarbendruck** M TYPO impression *f* en quatre couleurs; *t/t* quadrichromie *f* **vierhändig** ADJ, ADV MUS à quatre mains **vierhundert** NUM quatre cent(s)
vierjährig ADJ *(vier Jahre alt)* (âgé) de quatre ans; *(vier Jahre lang)* de quatre ans; qui dure quatre ans **Vierjährige(r)** M/F(M) garçon *m*, fille *f* de quatre ans
Vierkantschlüssel M clé carrée
Vierling M un(e) *m(f)* des quadruplé(e)s; *pl* **~e** quadruplé(e)s *m(f)pl*
viermal ADV quatre fois **viermalig** ADJ répété quatre fois
Viermaster M SCHIFF quatre-mâts *m*
Vierradantrieb M traction *f* quatre roues motrices; **ein Wagen mit ~** une quatre-quatre; une 4 x 4
vierschrötig ADJ carré; trapu **viersilbig** ADJ quadrisyllabique **vierspurig** ADJ *Straße* à quatre voies **vierstellig** ADJ *Zahl* de *od* à quatre chiffres **Viersternehotel** N (hôtel *m*) quatre-étoiles *m*
viert ADV **zu ~** à quatre; **zu ~ sein** être quatre
Viertakter M, **Viertaktmotor** M moteur *m* à quatre temps
viertausend NUM quatre mille
vierte NUM quatrième
vierteilen V/T HIST écarteler
viertel ADJ **ein ~ Meter** un quart de mètre
Viertel N **1** quart *m*; **ein ~ Wein** un quart de vin; **(ein) ~ vor eins** une heure moins le quart; **(ein) ~ nach eins** une heure et *od* un quart **2** *(Stadtviertel)* quartier *m*
Viertelfinale N quart *m* de finale **Vierteljahr** N trimestre *m*; trois mois *mpl* **vierteljährlich** ADJ trimestriel **Viertelliter** M *od* N quart *m* de litre
vierteln V/T partager en quatre
Viertelnote F noire *f* **Viertelpause** F soupir *m* **Viertelpfund** N quart *m* (de livre) **Viertelstunde** F quart *m* d'heure
viertens ADV quatrièmement
viertürig ADJ à quatre portes, *Auto a.* portières

Vierviertelтakt

Vierviertelttakt M MUS mesure *f* à quatre temps
Vierwaldstätter See **der ~** le lac des Quatre-Cantons
vierzehn NUM quatorze; **~ Tage** quinze jours; une quinzaine; → acht
vierzehntägig ADJ de quinze jours
Vierzeiler M quatrain *m* **vierzeilig** ADJ à *od* de quatre lignes
vierzig NUM quarante; → achtzig
Vierzig F quarante *m*
vierziger ADJ **die ~ Jahre** NPL les années *fpl* quarante
vierzigjährig ADJ (*vierzig Jahre alt*) (âgé) de quarante ans; (*vierzig Jahre lang*) de quarante ans; qui dure quarante ans **Vierzigjährige(r)** M/F(M) quadragénaire *m/f*; homme *m*, femme *f* de quarante ans **Vierzigstundenwoche** F semaine *f* de quarante heures
Vierzimmerwohnung F appartement *m* de quatre pièces
Vierzylinder *umg* M (voiture *f* à) quatre cylindres *f*
Vietnam N le Viêt-nam
Vietnamese M, **Vietnamesin** F Vietnamien, -ienne *m,f* **vietnamesisch** ADJ vietnamien
Vignette F (*Autobahnvignette*) *vignette* (*annuelle ou hebdomadaire de péage autoroutier*)
Vikar M KIRCHE vicaire *m*
viktorianisch ADJ victorien
Villa F villa *f*
Villenviertel N quartier *m* résidentiel
violett ADJ violet
Violine F violon *m* (! Endung)
Violinkonzert N 1 *Musikstück* concerto *m* pour violon 2 *Veranstaltung* récital *m* de violon **Violinschlüssel** M clé *f* de sol
Violoncello N MUS violoncelle *m*
VIP F ABK (very important person) (*sehr wichtige Person*) VIP *m*
Viper F vipère *f*
Viren → Virus **Virenschutzprogramm** N, **Virensuchprogramm** N programme *m* antivirus
Virologe M, **Virologin** F virologiste *m/f*; virologue *m/f*
virtuell ADJ virtuel
virtuos A ADJ qui fait preuve de virtuosité B ADV avec virtuosité
Virtuose M, **Virtuosin** F virtuose *m/f* **Virtuosität** F virtuosité *f*
Virus M *od* N virus *m*; IT virus informatique **Virusforschung** F virologie *f* **Virusinfektion** F infection virale **Viruskrankheit** F virose *f*

Visa → Visum
Visage *umg pej* F *umg* gueule *f*; *umg* tronche *f*
Visagist(in) M(F) visagiste *m/f*
vis-a-vis, vis-à-vis A PRÄP vis-à-vis de; en face de B ADV vis-à-vis; en face
Visier N 1 *am Gewehr* °hausse *f* 2 *am Helm* visière *f*
Vision F vision *f*
visionär ADJ visionnaire
Visite F visite *f*
Visitenkarte F carte *f* (de visite)
Viskose F TEX viscose *f*
visuell ADJ visuel
Visum N visa *m* (! Endung)
vital ADJ 1 (*lebenswichtig*) vital 2 (*voller Lebenskraft*) tonique; plein de vitalité **Vitalität** F vitalité *f*
Vitamin N vitamine *f* (! Endung, feminin); *umg hum* **~ B** (*Beziehungen*) *umg* piston *m*
vitaminarm ADJ pauvre en vitamines **Vitamingehalt** M teneur *f* en vitamines **vitaminhaltig** ADJ vitaminé **Vitaminmangel** M carence *f* en vitamines **vitaminreich** ADJ riche en vitamines **Vitaminstoß** M forte dose de vitamines; vitaminothérapie *f* à fortes doses **Vitamintablette** F comprimé *m* de vitamines
Vitrine F vitrine *f*
Vize *umg* M numéro *m/f* deux **Vizekanzler** M vice-chancelier *m* **Vizepräsident** M vice-président *m* **Vizeweltmeister(in)** M(F) vice-champion, -ionne *m,f* du monde
Vlies N toison *f*
V-Mann M → Verbindungsmann
Vogel M 1 oiseau *m* 2 *umg fig* **komischer ~** drôle *m* de coco, *umg* de pistolet 3 *umg fig iron* **den ~ abschießen** *umg* décrocher la timbale; **e-n ~ haben** avoir un grain; *umg* être cinglé, fêlé; **j-m den ~ zeigen** se toucher le front (pour dire à qn qu'il est cinglé) (! in Frankreich ist das „Vogelzeigen" nicht üblich)
Vogelbauer N *od* M cage *f* (d'oiseau) **Vogelbeere** F sorbe *f* **Vogelflug** M vol *m* (des oiseaux) **Vogelfutter** N graines *fpl* pour les oiseaux **Vogelgrippe** F grippe *f* aviaire **Vogelkäfig** M cage *f*; *großer* volière *f* **Vogelkunde** F ornithologie *f*
vögeln *vulgär* V/T *u.* V/I (**j-n** *od* **mit j-m**) **~** *sl* baiser ([avec] qn)
Vogelnest N nid *m* d'oiseau
Vogelperspektive F **aus der ~** à vol d'oiseau
Vogelscheuche F épouvantail *m* (*a. fig*) **Vogelspinne** F mygale *f* **Vogelstimme** F cri *m* (d'un oiseau)
Vogerlsalat M *österr* mâche *f*; doucette *f*
Vogesen PL **die ~** les Vosges *fpl*

Voicemail F TEL boîte vocale
Vokabel F mot *m* (d'une langue étrangère); **~n lernen** apprendre du vocabulaire
Vokabelheft N carnet *m* de vocabulaire **Vokabeltest** M test *m* de vocabulaire
Vokabular N vocabulaire *m*
Vokal M voyelle *f*
Volk N 1 (*Volksstamm*) peuple *m*; **das ~ der Kurden** le peuple kurde 2 (*Bevölkerung*) peuple *m*; population *f*; *e-s Landes a.* nation *f*; **ein Mann aus dem ~** un homme du peuple 3 *umg* (*Gruppe von Menschen*) monde *m*; foule *f*; **viel ~** beaucoup de gens, de monde 4 (*Bienenvolk*) colonie *f*
Völkchen N *fig* **ein lustiges ~** une joyeuse société; une troupe joyeuse
Völkerball M SPORT ballon prisonnier **Völkerkunde** F ethnologie *f* **Völkerkundler** M ethnologue *m* **Völkermord** M génocide *m* **Völkerrecht** N droit international public; droit *m* des gens **Völkerrechtler** M spécialiste *m* du, de droit international **völkerrechtlich** ADJ de droit international **Völkerverständigung** F entente *f* entre les, rapprochement *m* des peuples **Völkerwanderung** F 1 migration *f* des peuples 2 HIST grandes invasions
Volksabstimmung F plébiscite *m*; référendum *m* **Volksaufstand** M insurrection *f* (populaire) **Volksbefragung** F POL consultation *f* populaire **Volksbegehren** N POL initiative *f* populaire **Volksbelustigung** F divertissement *m* populaire; *Fest* réjouissances publiques **Volksentscheid** M → Volksabstimmung **Volksfest** N fête *f* populaire **Volksgruppe** F groupe *m* ethnique; ethnie *f* **Volksheld** M °héros national **Volkshochschule** F université *f* populaire **Volkskunde** F études *fpl* de culture régionale **Volkslied** N chanson *f* populaire, folklorique
Volksmund M **im ~** dans le langage populaire
Volksmusik F musique *f* populaire, folklorique **Volksrepublik** F république *f* populaire **Volksschule** F *österr*, HIST *BRD* → Hauptschule **Volkssport** M sport *m* populaire **Volksstamm** M tribu *f*; peuplade *f* **Volkstanz** M danse *f* populaire, folklorique **Volkstheater** N théâtre *m* populaire **Volkstracht** F costume national, folklorique **Volkstrauertag** M jour *m* de deuil national allemand **volkstümlich** ADJ populaire; *Brauch, Lied, Tanz a.* folklorique **Volksverdummung** *umg pej* F (politique *f* d')abêtissement général **Volksvertreter(in)** M(F) représentant(e) *m(f)* du peuple; (femme *f*) député *m*
Volksvertretung F représentation du peuple, nationale; parlement *m* **Volkswirt(in)** M(F) économiste *m/f* **Volkswirtschaft** F 1 (*Wirtschaft e-s Landes*) économie nationale 2 → Volkswirtschaftslehre **volkswirtschaftlich** ADJ d'économie politique; économique **Volkswirtschaftslehre** F économie *f* politique **Volkszählung** F recensement *m* de la population
voll A ADJ 1 (*gefüllt*) plein, rempli (**von** de); **war es sehr ~?** y avait-il beaucoup de monde?; **~(er) Wasser** plein d'eau; **aus dem Vollen schöpfen** puiser, dépenser largement; *umg* **~ sein** (*satt*) avoir le ventre plein; (*betrunken*) être soûl, *umg* bourré 2 (*bedeckt mit*) **~(er) Flecken** plein, couvert de taches 3 *von Körperformen* arrondi; replet; *Backen, Brüste* rebondi 4 *Stimme* plein; sonore; *Aroma* riche; *Haar* abondant; dru; épais 5 (*vollständig*) complet; entier; **den ~en Fahrpreis bezahlen** payer (le) plein tarif; **der Mond ist ~** c'est (la) pleine lune; **in ~er Fahrt** à toute vitesse; en pleine vitesse; **in ~er Blüte** tout en fleur(s); **mit ~em Recht** à juste titre; à bon droit 6 **~e zwei Wochen** deux semaines entières; **~e acht Tage** °huit jours pleins; **zur ~en Stunde** à l'heure pleine B ADV **~ und ganz** pleinement; entièrement; tout à fait; **~ verantwortlich** pleinement, entièrement responsable; *umg fig* **j-n nicht für ~ nehmen** ne pas prendre qn au sérieux; → vollgießen, volllaufen, vollmachen *etc*
vollauf ADV largement; entièrement
vollautomatisch ADJ entièrement automatique **Vollbad** N bain *m* **Vollbart** M barbe *f* **Vollbeschäftigung** F plein emploi
Vollbesitz M **im ~ s-r geistigen Kräfte** en pleine possession de ses facultés
Vollblut N, **Vollblutpferd** N pur sang
Vollblutpolitiker M homme *m* politique à cent pour cent; **ein ~ sein** avoir la politique dans le sang
Vollbremsung F freinage *m* à bloc; **e-e ~ machen** freiner à mort; piler
vollbringen *geh* V/T accomplir; *Leistung* réaliser; BIBEL **es ist vollbracht!** tout est accompli!
vollbusig ADJ à la poitrine généreuse
Volldampf *umg* M **mit ~** à toute vapeur
Völlegefühl N pesanteur *f*, lourdeur *f* d'estomac
vollenden V/T (par)achever; accomplir
vollendet ADJT (*vollkommen*) accompli; parfait
vollends ADV entièrement; tout à fait
Vollendung F 1 achèvement *m*; accomplissement *m* 2 (*Vollkommenheit*) perfection *f*; parachèvement *m*; **mit, nach ~ des 60. Lebensjahres** à soixante ans révolus

voller → voll
Völlerei F *pej* goinfrerie *f*; gloutonnerie *f*
Volleyball M volley-ball *m* **Volleyballspieler(in)** M(F) joueur, -euse *m,f* de volley-ball
vollführen V/T faire; *Kunststück* exécuter
Vollgas N **mit ~** à pleins gaz (*a. fig*); **~ geben** accélérer à fond; *umg* appuyer sur le champignon
vollgießen V/T remplir à ras bord
Vollidiot *umg pej* M parfait idiot
völlig A ADJ (*gänzlich*) entier; total; (*vollständig*) complet B ADV (*gänzlich*) entièrement; totalement; (*vollständig*) complètement; (*ganz und gar*) tout à fait
volljährig ADJ majeur; **~ werden** atteindre sa majorité
Volljährigkeit F majorité *f*
Vollkaskoversicherung F AUTO assurance *f* tous risques
vollkommen ADJ 1 (*perfekt*) parfait; (*vollendet*) achevé; consommé 2 (*vollständig*) → völlig
Vollkommenheit F perfection *f*
Vollkornbrot N pain complet
volllabern *umg pej* V/T **j-n ~** *umg* soûler qn (de paroles)
volllaufen V/I **etw ~ lassen** remplir qc; *umg fig* **sich ~ lassen** *umg* se soûler la gueule
vollmachen *umg* V/T *Gefäß* remplir (**mit** de); *fig* **um das Maß vollzumachen** pour faire bonne mesure
Vollmacht F pouvoir *m* (*a. Urkunde*); plein(s) pouvoir(s); mandat *m*; JUR procuration *f* (*a. Urkunde*); **j-m ~ erteilen** donner procuration à qn
Vollmilch F lait entier, non écrémé **Vollmilchschokolade** F chocolat *m* au lait
Vollmond M pleine lune; **es ist ~, wir haben ~** c'est la pleine lune; **bei ~** par la, au moment de la pleine lune
vollmundig ADJ *Wein etc* bien en bouche; corsé
Vollnarkose F anesthésie générale
vollpacken V/T *Wagen* charger (**mit** de); *Koffer* remplir (**mit** de)
Vollpension F pension complète
vollpumpen V/T *umg fig* **j-n mit etw ~** bourrer qn de qc
vollsaugen V/R **sich ~** s'imbiber (**mit** de)
vollschlagen V/R *umg* **sich** (*dat*) **den Bauch ~** *umg* s'empiffrer; *umg* s'en mettre plein la lampe
vollschlank ADJ bien en chair; (*rundlich*) *a.* rondelet; potelé
vollschmieren *umg* V/T barbouiller; (*beschmutzen*) salir **vollschreiben** V/T *Seite* remplir complètement
Vollsperrung F fermeture (totale) à la circulation
vollspritzen V/T éclabousser
vollständig A ADJ complet; (*ganz*) entier; total; (*ungekürzt*) intégral B ADV en entier; (*ganz u. gar*) tout à fait
Vollständigkeit F intégralité *f*; intégrité *f*; **der ~ halber** pour compléter (qc)
vollstopfen *umg* A V/T remplir, bourrer (**mit** de) (*a. fig*) B V/R **sich ~ (mit)** se bourrer (de) (*a. fig*)
vollstrecken V/T JUR exécuter; mettre à exécution **Vollstreckung** F exécution *f* (*a.* JUR) **Vollstreckungsbefehl** M mandat *m*, ordre *m* d'exécution
volltanken V/T **das Auto ~** faire le plein (d'essence); **bitte ~!** le plein, s'il vous plaît!;
Volltreffer M coup *m* en plein dans le mille, qui fait mouche (*beide a. fig*) **volltrunken** ADJ ivre mort **Vollversammlung** F assemblée plénière **Vollwaise** F orphelin(e) *m(f)* de père et (de) mère **Vollwaschmittel** N lessive *f* (utilisable à) toutes (les) températures
vollwertig ADJ qui a toute sa valeur
Vollwert... IN ZSSGN *Nahrung* complet **Vollwertkost** F aliments complets
vollzählig A ADJ complet; **~ sein** être au grand complet B ADV **sie sind ~ erschienen** ils sont tous venus
vollziehen A V/T (*verwirklichen*) effectuer; (*ausführen*) exécuter B V/R **sich ~** se faire; s'effectuer
Vollzug M 1 exécution *f*; accomplissement *m* 2 → Strafvollzug
Vollzugsanstalt F établissement *m* pénitentiaire **Vollzugsbeamte(r)** M, **Vollzugsbeamtin** F fonctionnaire *m/f* de l'administration pénitentiaire
Volontär(in) M(F) stagiaire *m/f*
Volontariat N 1 *Stelle* poste *m* de stagiaire (*surtout dans l'édition*) 2 *Zeit* stage *m* (*surtout dans l'édition*)
volontieren V/I faire un stage (**bei** chez, auprès de)
Volt N volt *m*
Volumen N volume *m*
voluminös ADJ volumineux
vom = **von dem**
von PRÄP 1 *örtlich* de; **vom Land** de la campagne; **ich komme ~ meiner Mutter** je viens de chez ma mère; **~ Leipzig ab, an …** à partir de Leipzig …; **~ … bis …** de … à …; *Sie fahren nach Paris?* **ich komme ~ da** j'en viens; **~ Osten nach Westen** de l'est à l'ouest; **~ oben** d'en °haut; **~ oben nach unten** de haut en bas; **~ links nach rechts** de gauche à droite 2 *zeitlich* de;

dès; depuis; à partir de; **~ ... an**, *umg* **~ ... ab** depuis ...; dès ...; **~ morgen an** à partir de, dès demain; **~ ... bis ...** de ... à ... **3** *Herkunft* de; *Ursache, beim Passiv* par; de; **ein Gedicht ~ ...** un poème de ...; **vom langen Warten** par une longue attente; *instrumental* **~ Hand (gefertigt)** fait main **4** *Eigenschaft, Maß* de; *Kind* **~ zehn Jahren** de dix ans **5** *statt gen* de **6** *Teil e-s Ganzen* de; **e-r ~ uns** l'un de nous, d'entre nous; **acht ~ zehn Kindern** °huit enfants *mpl* sur dix **7** (*vonseiten*) de la part de; à; **das ist sehr freundlich ~ Ihnen** c'est bien aimable à vous, de votre part **8** *Adelsbezeichnung* de

voneinander ADV l'un de l'autre

vonnöten ADJ **~ sein** être nécessaire

vonseiten PRÄP de la part de; du côté de

vonstattengehen V/I avoir lieu

Voodoo M vaudou *m* **Voodookult** M culte *m* vaudou

vor **A** PRÄP **1** *Lage, Richtung* devant; (*in Richtung auf*) *a.* avant; **~ dem Haus** devant la maison; **das letzte Haus ~ dem Wald** la dernière maison avant la forêt **2** *zeitlich* avant; *mit Angabe vergangener Zeit* il y a; **~ Sonnenaufgang** avant l'aurore; **fünf (Minuten) ~ vier (Uhr)** quatre heures moins cinq; **~ acht Tagen** il y a huit jours **3** *Rang* avant; **~ allem** avant tout **4** (*in Gegenwart von*) devant; **~ j-s Augen** sous les yeux de qn **5** *Ursache* de; **~ Freude** de joie **B** ADV **~ und zurück** en avant et en arrière

vorab ADV par anticipation; à l'avance

Vorabend M veille *f* (*a. fig*) **Vorahnung** F pressentiment *m*

voran ADV en tête; en avant; devant

vorangehen V/I **1** *räumlich* marcher devant (**j-m** qn); marcher en tête **2** *Arbeit* avancer **3** *zeitlich* **e-r Sache** (*dat*) **~** devancer, précéder qc

vorankommen V/I avancer

Vorankündigung F préavis *m*; **ohne ~** sans prévenir; sans avertissement

Voranmeldung F préavis *m*

voranstellen V/T mettre, placer en tête (+ *dat* de) **vorantreiben** V/T faire avancer; activer

Vorarbeit F **~ (zu)** travaux *mpl* préliminaires, travail *m* préparatoire (à, pour)

vorarbeiten **A** V/T **e-n (freien) Tag ~** faire des heures supplémentaires pour prendre un jour de congé **B** V/I faire les travaux préparatoires **C** V/R **sich ~** se frayer un chemin; *fig* avancer

Vorarbeiter(in) M(F) contremaître, -esse *m,f*; chef *m* d'équipe

voraus **A** PRÄP **j-m, s-r Zeit (weit) ~ sein** être (très) en avance sur qn, son époque **B** ADV **im Voraus** d'avance; à l'avance

vorausahnen V/T pressentir **vorausberechnen** V/T calculer, évaluer d'avance **vorausbezahlen** V/T payer d'avance **vorauseilen** V/I prendre les devants **vorausfahren** V/I prendre les devants

vorausgehen V/I **1** aller, marcher devant (**j-m** qn) **2** **e-r Sache** (*dat*) **~** précéder qc

voraushaben V/T **j-m etw ~** avoir sur qn l'avantage de qc

vorausplanen V/T planifier

Voraussage F prédiction *f*; pronostics *mpl*

voraussagen V/T prédire; pronostiquer

vorausschauend ADV/ADJ avec prévoyance

vorausschicken V/T **1** envoyer par *od* à l'avance **2** *fig* **e-e Bemerkung ~** faire une remarque préliminaire

voraussehen V/T prévoir; **das war vorauszusehen** c'était prévisible

voraussetzen V/T **1** (*erfordern*) présupposer; **vorausgesetzt, dass ...** à condition que, pourvu que (+ *subj*) **2** (*annehmen*) supposer; présupposer

Voraussetzung F **1** (*Vorbedingung*) condition *f*; **unter der ~, dass ...** à condition que (+ *subj*); **die ~en erfüllen** satisfaire, répondre aux exigences **2** (*Annahme*) supposition *f*; présupposition *f*

Voraussicht F **aller ~ nach** selon toute probabilité; *hum* **in weiser ~** par mesure de pru-

vor: avant, devant oder il y a?

devant la maison	vor dem Haus	vor (räumlich): **devant**
Il arrive **avant** neuf heures / **avant** l'arrivée de son amie.	Er kommt vor neun Uhr / vor der Ankunft seiner Freundin an.	vor (zeitlich): **avant**
Il y a cinq ans nous avons déménagé à Paris. Le train est arrivé **il y a** trois minutes.	Vor fünf Jahren sind wir nach Paris umgezogen. Der Zug ist vor drei Minuten angekommen.	vor (ein Ereignis wird vom Sprechzeitpunkt aus betrachtet): **il y a**

FEHLERQUELLEN

dence, de précaution
vorausssichtlich ADJ probable
Vorauszahlung F paiement d'avance, anticipé
Vorbau M partie saillante; avant-corps *m*
vorbauen V/I **e-r Sache** *(dat)* **~** parer à qc; prévenir qc
Vorbedingung F condition *f* préliminaire, préalable; préalable *m*
Vorbehalt M réserve *f*; restriction *f*; **nur unter ~** sous toutes réserves; **unter dem ~, dass …** sous réserve que *(+ subj)*; sauf à *(+ inf)*
vorbehalten[1] V/R **sich** *(dat)* **(das Recht) ~ zu** *(+ inf)* se réserver (le droit) de *(+ inf)*
vorbehalten[2] ADJT **Änderungen ~** sous réserve de modifications
vorbehaltlich PRÄP ADMIN sous réserve de **vorbehaltlos** ADJ inconditionnel; sans réserve *(a. adv)*
vorbei ADV **1** *zeitlich* passé; fini; **alles war ~** tout était fini; **es ist 8 Uhr ~** il est °huit heures passées **2** *räumlich* **~!** *(daneben)* raté!; **an etw** *(dat)* **~** le long de, à côté de, devant qc
vorbeifahren V/I passer (**an** *[+ dat]* devant, à côté de, près de)
vorbeigehen V/I **1** *(vorbeilaufen)* passer (**an** *[+ dat]* devant, à côté de); **im Vorbeigehen** *a. fig* en passant **2** *Schuss* manquer, rater le but **3** *umg (besuchen)* **kurz bei j-m ~** passer chez qn **4** *(vergehen)* passer
vorbeikommen V/I **1** passer (**an etw, j-m** devant qc, qn; **bei j-m** chez qn) **2** *umg (besuchen)* **bei j-m ~** passer chez qn **3** *(vorbeigehen können)* (pouvoir) passer
vorbeilassen *umg* V/T **j-n, etw ~** laisser passer qn, qc
vorbeimarschieren V/I défiler (**an** *[+ dat]* devant)
vorbeireden V/I **sie reden aneinander vorbei** c'est un dialogue de sourds
vorbeischießen V/I manquer, rater le but
vorbeiziehen V/I passer (**an** *[+ dat]* devant, à côté de)
vorbelastet ADJ **erblich ~ sein** avoir une lourde hérédité
Vorbemerkung F remarque *f* préalable
vorbereiten V/T *(u.* V/R*)* (**sich ~** se) préparer (**auf** *[+ akk]* à); **auf alles vorbereitet sein** être prêt à tout
Vorbereitung F préparation *f* (**auf etw** *[akk]* à qc); **~en treffen** faire des préparatifs (**zu, für etw** pour qc); **in ~ sein** être en préparation; se préparer
Vorbereitungs… IN ZSSGN préparatoire; de préparation **Vorbereitungsklasse** F classe *f*, cours *m* de préparation **Vorbereitungskurs** M cours *m* de préparation **Vorbereitungszeit** F temps *m* de préparation
Vorbesitzer(in) M(F) ancien, -ienne propriétaire **Vorbesprechung** F réunion *f* préliminaire, préparatoire
vorbestellen V/T commander d'avance; *Plätze* louer d'avance; réserver *(a. Zimmer)*
Vorbestellung F commande *f* préalable; location *f*; réservation *f*
vorbestraft ADJ JUR qui a déjà subi une condamnation; **nicht ~** sans antécédents judiciaires
Vorbestrafte(r) M/F(M) récidiviste *m/f*; **mehrfach ~r** multirécidiviste *m/f*; repris *m* de justice
vorbeten V/I diriger la prière
Vorbeter M chef *m* de prière
vorbeugen **A** V/I **e-r Sache** *(dat)* **~** parer à qc; prévenir qc *(a.* MED*)* **B** V/R **sich ~** se pencher (en avant)
vorbeugend ADJT préventif; MED prophylactique
Vorbeugung F prévention *f*; MED prophylaxie *f*; **zur ~** préventivement; par mesure de prévention
Vorbeugungsmaßnahmen FPL mesures préventives, MED *a.* prophylactiques
Vorbild N modèle *m*; exemple *m*; (**sich** *[dat]*) **j-n, etw zum ~ nehmen** prendre qn, qc pour, comme modèle
vorbildlich ADJ exemplaire; modèle
Vorbildung F formation *f*; connaissances *fpl*
Vorbote M signe *m* avant-coureur, précurseur
vorbringen V/T *Anliegen* présenter; exprimer; *Argumente* avancer; *Gründe* alléguer
vorchristlich ADJ avant l'ère chrétienne
Vordach N auvent *m*; avant-toit *m*
vordatieren V/T postdater
Vordenker M esprit *m* qui devance son temps
Vorderachse F essieu *m*, train *m* avant **Vorderansicht** F vue *f* de face **Vorderbein** N patte *f*, *bes e-s Pferdes* jambe *f* de devant
vordere ADJ de devant; *bes Körperteile* antérieur; **die ~n Reihen** *fpl* les premiers rangs; **~ Seite** devant *m*
Vordergrund M premier plan; *fig* **im ~ stehen** être au premier plan
vordergründig ADJ superficiel
Vorderhaus N maison *f* de devant **Vorderlauf** M ZOOL patte antérieure, de devant **Vorderlicht** N *des Fahrrads* phare *m* avant
Vordermann M **mein ~** la personne devant moi; *umg fig* **j-n auf ~ bringen** mettre qn au pas
Vorderpfote F patte antérieure, de devant **Vorderrad** N roue *f* avant **Vorderradan-**

trieb M traction *f* avant **Vorderradbremse** F frein *m* avant **Vorderschinken** M épaule *f* (de porc) **Vorderseite** F devant *m*; *e-r Münze* face *f*; avers *m* **Vordersitz** M siège *m* avant
vorderste ADJ le plus avancé; le premier; **in der ~n Reihe** au tout premier rang
Vorderteil N *od* M devant *m* **Vordertür** F porte *f* avant
vordränge(l)n V/R **sich ~** 1 se faufiler (pour passer) devant 2 *fig* se mettre en avant, en vedette
vordringen V/I avancer; progresser; **zu j-m ~** se frayer un chemin jusqu'à qn
vordringlich A ADJ très urgent; prioritaire B ADV d'extrême urgence **Vordruck** M formulaire *m*; formule *f* **vorehelich** ADJ avant (le) mariage
voreilig A ADJ précipité; *(verfrüht)* prématuré B ADV précipitamment; trop vite; **~ (über j-n, etw) urteilen** porter un jugement hâtif (sur qn, qc)
voreinander ADV **sich ~ fürchten** avoir peur l'un de l'autre; **Geheimnisse ~ haben** avoir des secrets l'un pour l'autre
voreingenommen ADJ prévenu (**gegen** contre; **gegenüber** à l'égard de); partial **Voreingenommenheit** F parti pris; préjugés *mpl*; partialité *f*
vorenthalten V/T **j-m etw ~** priver qn de qc
Vorentscheidung F décision *f* préalable, préliminaire **vorerst** ADV pour le moment, l'instant **Vorfahr** M ancêtre *m*
vorfahren V/T *u.* V/I 1 **bei j-m ~** arrêter sa voiture devant la porte de qn 2 *(vorausfahren)* partir devant 3 *(nach vorn fahren)* avancer
Vorfahrt F priorité *f*; **~ haben** avoir (la) priorité (**vor** [+ *dat*] sur)
Vorfahrtsregel F règle *f* de priorité **Vorfahrtsschild** N panneau *m* indiquant la priorité **Vorfahrtsstraße** F route *f* *bzw.* rue *f* prioritaire; voie *f* prioritaire
Vorfall M incident *m*; affaire *f*
vorfallen V/I arriver; se passer
Vorfeld N MIL glacis *m*; FLUG aire *f* de stationnement; *fig* **im ~ der Konferenz** pendant la phase préparatoire de la conférence
Vorfilm M court métrage *(qu'on passe avant le film)*
vorfinden V/T trouver (à son arrivée)
vorflunkern *umg* V/T **j-m etw ~** en conter (de belles) à qn; raconter des histoires à qn
Vorfreude F joie anticipée **Vorfrühling** M début *m*, premiers jours du printemps
vorfühlen V/I tâter le terrain; **bei j-m ~** pressentir, sonder qn
Vorführeffekt M *hum* effet *m* Bonaldi
vorführen V/T 1 *(zeigen)* présenter 2 *(demonstrieren)* faire la démonstration de (**j-m** à qn); *Versuch* montrer 3 *Film (aufführen)* présenter; *(projizieren)* projeter 4 **j-n dem Richter ~** amener qn devant le juge
Vorführgerät N 1 *(Projektor)* projecteur *m* 2 *(Demonstrationsmodell)* modèle *m* de démonstration **Vorführraum** M *(Filmvorführraum)* cabine *f* de projection
Vorführung F 1 présentation *f* 2 démonstration *f* 3 présentation *f*; projection *f*
Vorführwagen M véhicule *m* de démonstration
Vorgabe F 1 *(Richtlinie)* directive *f* 2 SPORT °handicap *m*
Vorgang M 1 *(Prozess)* processus *m*; *(Ereignis)* événement *m* 2 ADMIN *(Akten)* dossier *m*
Vorgänger(in) M(F) prédécesseur *m*; devancier, -ière *m,f* **Vorgarten** M jardin(et) *m* devant la maison
vorgaukeln V/T **j-m etw ~** faire miroiter qc à qn
vorgeben V/T 1 *(im Voraus festlegen)* fixer à l'avance 2 SPORT *Punkte* rendre; *Meter* donner un °handicap de 3 *(behaupten)* prétendre
Vorgebirge N contrefort *m*
vorgedruckt ADJT *Formular* imprimé
vorgefasst ADJT **~e Meinung** opinion préconçue; préjugé *m*
vorgefertigt ADJT préfabriqué
Vorgefühl N pressentiment *m*
vorgehen V/I 1 *umg (nach vorn gehen)* avancer 2 *(vorausgehen)* aller devant; prendre les devants; *Uhr* avancer 3 *(Vorrang haben)* avoir la préférence, la priorité; passer le premier 4 *(geschehen)* se passer 5 *(handeln)* agir; procéder; **wie können wir hier ~?** comment allons-nous procéder?; **gegen j-n, etw ~** prendre des mesures contre qn, qc
Vorgehen N manière *f* d'agir; procédé *m*
Vorgehensweise F procédure *f*; *(Methode)* méthode *f*
vorgekocht ADJT précuit
vorgelagert ADJT situé devant; **der Küste** *(dat)* **~** proche du littoral
vorgerückt ADJT *Stunde, Alter* avancé; **zu ~er Stunde** *a.* tard dans la soirée
Vorgeschichte F 1 *(Urgeschichte)* préhistoire *f* 2 *(vorausgehende Ereignisse)* antécédents *mpl* **vorgeschichtlich** ADJ préhistorique **Vorgeschmack** M avant-goût *m* **vorgesehen** A PPERF → vorsehen B ADJT prévu **Vorgesetzte(r)** M/F(M) supérieur(e) *m(f)*; chef *m* **vorgestern** ADV avant-hier **vorgestrig** ADJ d'avant-hier

vorgreifen VI 1 *beim Erzählen* anticiper (**auf** [+ *akk*] sur) 2 **j-m ~** devancer les intentions de qn; **e-r Sache** (*dat*) **~** devancer, prévenir qc
Vorgriff M anticipation *f* (**auf** [+ *akk*] sur)
vorhaben VT projeter; avoir en vue; compter faire; **was haben Sie heute Abend vor?** que comptez-vous faire ce soir?; **heute Abend habe ich schon etwas vor** ce soir je suis déjà pris
Vorhaben N projet *m*; plan *m*; (*Absicht*) dessein *m*; intention *f* **Vorhalle** F vestibule *m*; °hall *m*; *e-s Theaters* foyer *m*
vorhalten A VT 1 **j-m etw ~** *Gegenstand* tenir, mettre qc devant qn; **hinter vorgehaltener Hand** en cachette; en sous-main 2 *fig* **j-m etw ~** reprocher qc à qn B *umg* VI *Essen* tenir au ventre; *Vorsätze* **(nicht) lange ~** (ne pas) tenir longtemps, faire effet longtemps
Vorhaltung F **j-m ~en machen** faire des reproches, des remontrances à qn
Vorhand F TENNIS coup droit
vorhanden ADJ (*existent*) existant; présent; (*verfügbar*) disponible; **~ sein** exister; subsister
Vorhandensein N existence *f*; présence *f*
Vorhandschlag M TENNIS coup droit
Vorhang M rideau *m* (*a.* THEAT) **Vorhängeschloss** N cadenas *m* **Vorhaut** F prépuce *m*
vorher ADV avant; au préalable; antérieurement; auparavant; **am Tag ~** la veille
vorherbestimmen VT prédéterminer; REL prédestiner
vorhergehend ADJT précédent; qui a précédé **vorherig** ADJ antérieur; préalable
Vorherrschaft F POL, *fig* prédominance *f*; hégémonie *f*
vorherrschen VI prédominer; prévaloir; **die ~de Meinung** l'opinion la plus répandue
Vorhersage F prévision *f*; pronostic *m*; (*Wettervorhersage*) prévisions *fpl* (météorologiques)
vorhersagen VT prédire; pronostiquer
vorhersehbar ADJ prévisible
vorhersehen VT prévoir
vorhin ADV tout à l'heure; à l'instant
Vorhof M avant-cour *f*; cour *f* d'entrée **Vorhut** F MIL, *fig* avant-garde *f*
vorig ADJ précédent; antérieur; *Jahr, Monat* passé; dernier
Vorjahr N année précédente, passée **vorjährig** ADJ de l'année précédente, passée
vorjammern *umg* VT **j-m etw ~** importuner qn par, avec ses lamentations
Vorkämpfer(in) M(F) champion, -ionne *m,f* (**für e-e Sache** d'une cause); pionnier, -ière *m,f*
vorkauen VT **j-m etw ~** mâcher qc à qn (*a. umg fig*)
Vorkaufsrecht N droit *m* de préemption
Vorkehrung F mesure (préventive, de sécurité); **~en treffen** prendre des mesures, des dispositions
Vorkenntnisse FPL connaissances *fpl* préliminaires; acquis *mpl* préalables
vorknöpfen *umg* VR **sich** (*dat*) **j-n ~** *umg* passer un savon à qn
vorkochen A VT (*ankochen*) faire subir une première cuisson à B VI (*im Voraus kochen*) faire la cuisine à l'avance
vorkommen A VI 1 (*sich ereignen*) arriver; se produire; **so etwas ist mir noch nicht vorgekommen** je n'ai jamais rien vu de pareil; **dass mir so etwas nicht wieder vorkommt!** que cela ne se reproduise pas! 2 *Pflanzen, Tiere* se rencontrer; se trouver 3 (*scheinen*) sembler, paraître (**j-m** à qn); **es kommt mir vor, als ob** il me semble que (+ *ind*) 4 *umg* (*nach vorn kommen*) avancer 5 (*hervorkommen*) sortir (**hinter etw** [*dat*] de derrière qc) B VR **sich** (*dat*) **~ wie …** se croire …
Vorkommen N 1 existence *f*; présence *f* 2 GEOL gisement *m* **Vorkommnis** N événement *m*; incident *m*
Vorkriegszeit F (époque *f* d')avant-guerre *m od f*
vorladen VT convoquer; *vor Gericht a.* assigner; *als Zeuge a.* citer
Vorladung F convocation *f*; assignation *f*; citation *f*
Vorlage F 1 (*das Vorlegen*) présentation *f*; production *f* 2 (*Entwurf*) projet *m*; (*Gesetzesvorlage*) projet *m* de loi 3 (*Muster*) modèle *m* 4 SPORT passe *f* (en avant)
vorlassen VT **j-n ~** *beim Anstehen* laisser qn passer devant; (*empfangen*) recevoir qn
Vorlauf M 1 *beim Rekorder* avance *f* rapide 2 SPORT course *f* de série **Vorläufer** M précurseur *m* **vorläufig** A ADJ provisoire; temporaire B ADV pour le moment; pour l'instant **Vorlauftaste** F touche *f* avance rapide **vorlaut** ADJ qui parle avant son tour **Vorleben** N passé *m*
Vorlegegabel F grande fourchette **Vorlegelöffel** M grande cuiller *od* cuillère
vorlegen VT 1 *Klotz* mettre, placer, poser devant 2 *Kette* mettre; *Riegel a.* pousser 3 *geh Speisen* servir 4 *Urkunde* présenter; produire; **etw zur Unterschrift ~** présenter qc à la signature 5 *bes* FUSSBALL passer 6 *Geld* prêter 7 *umg* **ein tolles Tempo ~** aller à un train d'enfer
Vorleger M carpette *f* **Vorleistung** F prestation *f* préalable
vorlesen A VT **j-m etw ~** lire qc à qn B VI **j-m**

~ faire la lecture à qn
Vorlesung F cours *m;* **~en hören, besuchen** suivre des cours; **e-e ~ belegen** s'inscrire à un cours
Vorlesungsverzeichnis N programme *m* des cours
vorletzte ADJ avant-dernier
Vorliebe F prédilection *f*, préférence *f* (**für** pour); **mit ~** de préférence
vorliebnehmen V/I **mit j-m, etw ~** se contenter de qn, qc
vorliegen V/I **1** *(vorhanden sein)* être (déjà) là; **j-m ~** avoir été présenté, soumis à qn **2** *(bestehen)* exister; **es liegt nichts gegen ihn vor** on n'a rien à lui reprocher; **hier liegt ein Irrtum vor** il y a erreur; **im ~den Fall(e)** dans le cas présent; en l'occurrence
vorlügen *umg* V/T **j-m etw ~** dire des mensonges à qn
vorm *umg* = **vor dem**
vormachen *umg* V/T **1 j-m ~, wie es gemacht wird** montrer à qn comment s'y prendre **2** *(täuschen)* **j-m etw ~** raconter des histoires à qn; en faire accroire à qn; **wir wollen uns nichts ~!** parlons franchement!
Vormacht(stellung) F prépondérance *f*; hégémonie *f*; prédominance *f*
vormalig ADJ ancien *(vorangestellt)* **vormals** ADV anciennement; autrefois
Vormarsch M MIL, *fig* marche *f* en avant; avance *f*; **auf dem ~ sein** avancer
vormerken V/T noter; prendre note de; *Datum* retenir
Vormittag M matin *m*; *(ganze Vormittagszeit)* matinée *f*; **am ~** dans la matinée; **heute, morgen ~** ce, demain matin
vormittags ADV le matin
Vormittagsunterricht M cours *mpl* du matin
Vormonat M mois précédent
Vormund M tuteur *m*, tutrice *f* **Vormundschaft** F tutelle *f*
Vormundschaftsgericht N tribunal *m* des tutelles **Vormundschaftsrichter(in)** M(F) juge *m/f* des tutelles
vorn ADV **1** *(an der Vorderseite)* devant; *umg* **nach ~ gehen, liegen** *Zimmer* donner sur la rue, la place, *etc*; **von ~** par-devant; de, en face **2** *auf e-r Liste, in e-r Reihe* en tête; devant; **nach ~ kommen** avancer; **von ~** *anfangen* par le début, le commencement; *umg* **von ~ bis hinten** d'un bout à l'autre **3** *(im Vordergrund)* **~ im Bild** au premier plan de la photo
Vorname M prénom *m*
vorne → vorn
vornehm **A** ADJ **1** *(zur besseren Gesellschaft gehörig)* distingué; élégant; *nur Personen* d'un rang élevé; de qualité; **die ~en Leute** la haute volée **2** *(edelmütig)* noble **B** ADV **~ tun** se donner de grands airs
vornehmen **A** V/T *(durchführen)* faire; effectuer **B** V/R **1 sich** *(dat)* **e-e Arbeit ~** se mettre à un travail; *umg* **sich** *(dat)* **j-n ~** faire la leçon à qn **2** *(planen)* **sich** *(dat)* **etw ~** se proposer de faire qc
vornehmlich *geh* ADV surtout; avant tout; particulièrement
vornherein ADV **von ~** dès le début; de prime abord; a priori
vornüber ADV la tête la première
Vorort M banlieue *f* **Vorortzug** M train *m* de banlieue **Vorplatz** M esplanade *f* **Vorposten** M MIL avant-poste *m (a. fig)* **Vorprogramm** N KINO programme présenté en début de séance
vorprogrammieren V/T IT programmer (à l'avance); *fig* **vorprogrammiert sein** être inévitable
Vorprüfung F examen *m* préalable, préliminaire
vorragen V/I émerger (**aus** de)
Vorrang M **1** priorité *f*; préférence *f*; **den ~ vor j-m haben** avoir le pas sur qn; **den ~ vor etw** *(dat)* **haben** avoir priorité sur qc **2** *österr (Vorfahrt)* priorité *f*
vorrangig **A** ADJ prioritaire **B** ADV en premier lieu; en priorité
Vorrangstellung F prééminence *f*; *(Vortritt)* préséance *f*
Vorrat M provisions *fpl* (**an** [+ *dat*] de); réserve *f*, HANDEL stock *m* (de); **auf ~** en réserve; **solange der ~ reicht** jusqu'à épuisement des stocks
vorrätig ADJ disponible; HANDEL en stock; en magasin
Vorratsbehälter M réservoir *m* **Vorratskammer** F garde-manger *m* **Vorratskeller** M cellier *m* **Vorratsraum** M magasin *m*; entrepôt *m* **Vorratsschrank** M garde-manger *m*
Vorraum M *e-r Wohnung* entrée *f*
vorrechnen V/T **j-m etw ~** énumérer, détailler qc à qn
Vorrecht N privilège *m*; *ausschließliches* prérogative *f*
Vorrede F *fig* **sich nicht lange bei der ~ aufhalten** entrer tout de suite dans le vif du sujet
Vorredner M orateur précédent **Vorreiter** M *fig* pionnier *m* **Vorrichtung** F dispositif *m*; mécanisme *m*
vorrücken **A** V/T avancer **B** V/I (s')avancer *(a. Zeit, Zeiger)*; MIL *a.* progresser; **auf den zweiten Platz ~** avancer à la deuxième place
Vorruhestand M préretraite *f* **Vorrunde**

F SPORT qualifications *fpl*; sélections *fpl*
vors *umg* = **vor das**
vorsagen VT **j-m etw ~** *bes* SCHULE souffler qc à qn
Vorsaison F avant-saison *f* **Vorsatz** M (*Entschluss*) résolution *f*; (*Absicht*) intention *f*; JUR préméditation *f* **vorsätzlich** A ADJ intentionnel; voulu; *bes* JUR prémédité B ADV exprès; à dessein; JUR avec préméditation **Vorschau** F → Programmvorschau
Vorschein M **zum ~ kommen** (ap)paraître; se montrer; **zum ~ bringen** faire (ap)paraître
vorschieben VT 1 *Riegel* pousser; mettre 2 (*nach vorn schieben*) pousser (en avant) 3 → vorschützen **vorschießen** *umg* VT *Geld* avancer, prêter (**j-m** à qn)
Vorschlag M proposition *f*; suggestion *f*
vorschlagen VT proposer (**j-m etw** qc à qn)
Vorschlaghammer M frappe-devant *m*
vorschnell ADJ *u.* ADV → voreilig
vorschreiben VT (*anordnen, festlegen*) prescrire; ordonner; **ich lasse mir von dir nichts ~!** je n'ai pas d'ordre à recevoir de toi!
Vorschrift F prescription *f*; (*Anweisung*) instruction *f*; directive *f*; **die ~en** *koll* le règlement; **gegen die ~en** contraire au règlement; **~ sein** être de rigueur
vorschriftsmäßig ADJ conforme aux instructions, au règlement; réglementaire **vorschriftswidrig** ADJ contraire aux instructions, au règlement
Vorschub M **j-m ~ leisten** aider qn; **e-r Sache** (*dat*) **~ leisten** favoriser qc
Vorschulalter N âge *m* préscolaire **Vorschule** F *etwa* école maternelle **Vorschulerziehung** F éducation *f* préscolaire
Vorschuss M avance *f*, acompte *m* (**auf** [+ *akk*] sur) **Vorschusslorbeeren** MPL éloges anticipés
vorschützen VT prétexter; se retrancher derrière
vorschweben VI **mir schwebt etwas ganz anderes vor** j'ai une tout(e) autre idée; **mir schwebt vor zu** (+ *inf*) j'ai vaguement l'intention, j'envisage de (+ *inf*)
vorschwindeln *umg* VT **j-m etw ~** raconter des histoires à qn
vorsehen A VT prévoir; **dieser Fall ist im Gesetz nicht vorgesehen** ce cas n'a pas été prévu par la loi B VR **sich ~** (**vor** [+ *dat*]) prendre garde (à)
Vorsehung F Providence (divine)
vorsetzen VT 1 *Fuß, Stuhl* avancer 2 *Speisen* servir
Vorsicht F prudence *f*; (*Umsicht*) circonspection *f*; précaution *f*; **~!** attention!; **~, Stufe!** attention à la marche!
vorsichtig A ADJ prudent; circonspect; **sei ~!** (fais) attention! B ADV avec circonspection, prudence, précaution
vorsichtshalber ADV par (mesure de) précaution **Vorsichtsmaßnahme** F mesure *f* de précaution
Vorsilbe F préfixe *m*
vorsingen VT **j-m etw ~** chanter qc à qn
vorsintflutlich *umg fig* ADJ antédiluvien
Vorsitz M présidence *f*; **den ~ haben** avoir la présidence; présider
Vorsitzende(r) M/F(M) président(e) *m(f)*
Vorsorge F prévoyance *f*; précaution *f*; **~ treffen** prendre les dispositions nécessaires (**für etw** pour assurer qc)
vorsorgen VI prendre les dispositions nécessaires (**für etw** pour assurer qc)
Vorsorgeuntersuchung F examen *m* de dépistage
vorsorglich A ADJ prévoyant B ADV par précaution
Vorspann M FILM générique *m*; (*Einleitung*) chapeau *m*
Vorspeise F entrée *f*; °hors-d'œuvre *m*
Vorspiegelung F tromperie *f*; *bes* JUR **~ falscher Tatsachen** altération *f* des faits
Vorspiel N 1 MUS prélude *m* (*a. fig*) 2 THEAT prologue *m*; lever *m* de rideau 3 *sexuelles* préliminaires *mpl*
vorspielen VT **j-m etw ~** MUS, THEAT jouer qc à qn; (*vortäuschen*) jouer à qn la comédie de qc
vorsprechen A VT 1 **e-n Satz ~** prononcer une phrase pour la faire répéter 2 *bei Prüfungen* réciter B VI 1 **~ bei** faire une démarche auprès de 2 **(bei e-m Theater) ~** donner une audition (dans un théâtre)
vorspringen VI 1 **hinter e-m Busch ~** surgir d'un buisson 2 (*herausragen*) faire saillie; saillir
Vorsprung M 1 *bei Mauern, Felsen* saillie *f*; avance *f* 2 **~** (**vor** [+ *dat*]) avance *f* (sur)
vorspulen VT *Kassette, Band* mettre sur avance rapide
Vorstadt F faubourg *m* **Vorstand** M comité directeur, de direction; *weitS. a.* direction *f*; *e-r Partei* bureau *m*
Vorstandsmitglied N membre *m* du comité directeur **Vorstandssitzung** F séance *f* du comité directeur, du comité de direction *bzw.* du directoire **Vorstandsvorsitzende(r)** M/F(M) *e-r AG nach deutschem Recht* président(e) *m(f)* du directoire; *e-r AG nach französischem Recht* président-directeur général; P.D.G. *m* **Vorstandswahl** F élection *f* du comité de direction

vorstehen VI **1** *Zähne* avancer; *Kinn, Mauer, Felsen* saillir **2** *geh e-m Unternehmen* avoir la direction de
vorstehend ADJT **1** *in e-m Text* précédent; **im Vorstehenden** dans ce qui précède **2** *(vorspringend)* saillant
Vorsteher(in) M(F) directeur, -trice *m,f*; chef *m*
vorstellbar ADJ imaginable; concevable
vorstellen **A** VT **1** *Fuß, Gegenstand* avancer *(a. Uhr)* **2** *(bekannt machen)* présenter **(j-m** à qn) **3** *umg fig* **er stellt etwas vor** *(sieht gut aus) umg* il présente bien; *(gilt als Persönlichkeit)* c'est un personnage **4** *(bedeuten)* signifier **B** VR **1** **sich** *(dat)* **etw ~** s'imaginer, se figurer qc; se faire une idée de qc; *(sich vergegenwärtigen)* se représenter qc; **stell dir vor, …** figure-toi …; **ich kann mir nicht ~, dass** je ne puis m'imaginer que *(+ ind od subj)* **2** **sich j-m ~** se présenter à qn
vorstellig *geh* ADJ **bei j-m ~ werden** faire une démarche auprès de qn
Vorstellung F **1** *(Vorstellen)* présentation *f* **2** THEAT représentation *f*; KINO séance *f* (de cinéma) **3** *(Begriff)* idée *f*; notion *f* **4** *(Vorstellungsvermögen)* imagination *f*
Vorstellungsgespräch N entretien *m* (d'embauche) **Vorstellungskraft** F, **Vorstellungsvermögen** N imagination *f*
Vorstopper M FUSSBALL arrière, défenseur central
Vorstoß M **1** *(Versuch)* démarche *f*; **e-n ~ bei j-m unternehmen** entreprendre une démarche auprès de qn **2** MIL attaque (brusquée); raid *m*
vorstoßen VI *(vorwärtsrücken)* (s')avancer **(in** *[+ akk]* dans)
Vorstrafe F JUR condamnation antérieure; **~n** *pl* casier *m* judiciaire
vorstrecken VT **1** *Arm* tendre; étendre; *Hand* avancer **2** *Geld* avancer **(j-m** à qn)
Vorstufe F premier degré **(zu** de)
Vortag M veille *f*; **am ~** la veille
vortäuschen VT simuler; feindre **Vortäuschung** F simulation *f* **(von** de)
Vorteil M avantage *m (a.* SPORT); **~ aus etw ziehen** tirer avantage, profit, parti de qc; **im ~ sein** bénéficier d'un avantage; **zum ~ von** à l'avantage de; **er hat sich zu s-m ~ verändert** il a changé en bien
vorteilhaft **A** ADJ avantageux **(für** pour) **B** ADV **sie ist ~ gekleidet** ses vêtements l'avantagent beaucoup
Vortrag M **1** *(Rede)* conférence *f*; *(Referat)* exposé *m* **2** *(Darbietung) e-s Textes* récitation *f*; déclamation *f*; *e-s Musikstücks* exécution *f*
vortragen VT **1** *(darlegen)* exposer **2** *Text* réciter; déclamer; *Musikstück* exécuter; *Lied* chanter
Vortragende(r) M/F(M) conférencier, -ière *m,f*
Vortragsreihe F cycle *m*, série *f* de conférences **Vortragsreise** F tournée *f* de conférences **Vortragssaal** M salle *f* de conférences
vortrefflich **A** ADJ excellent; de premier ordre **B** ADV à la perfection
vortreten VI faire un pas en avant; (s')avancer
Vortritt M **1** préséance *f*; **den ~ vor j-m haben** avoir la préséance sur qn; **j-m den ~ lassen** céder le pas à qn **2** *schweiz (Vorfahrt)* priorité *f*
vorüber ADV **1** *zeitlich* passé **2** *räumlich* **an j-m, etw ~** devant qn, qc; auprès, à côté de qn, qc
vorübergehen VI passer; **an j-m, etw ~** passer devant *od* auprès de *od* à côté de qn, qc; **im Vorübergehen** en passant
vorübergehend ADJT *(von kurzer Dauer)* passager; éphémère; momentané; *(zeitweilig)* temporaire; *(für e-e Übergangszeit)* transitoire
Vorurteil N préjugé *m*
vorurteilsfrei, vorurteilslos ADJ sans préjugés
Vorvergangenheit F plus-que-parfait *m*; passé antérieur
Vorverkauf M location *f*; **im ~** en prévente
Vorverkaufskasse F, **Vorverkaufsstelle** F (guichet *m*, bureau *m* de) location *f*
vorverlegen VT avancer **(auf** *[+ akk]* à, **um** de)
vorvorgestern ADV il y a trois jours
vorwagen VR **sich ~** oser avancer; **sich zu weit ~** s'avancer trop; aller trop loin *(beide a. fig)*
Vorwahl F **1** POL premier tour de scrutin; scrutin *m* éliminatoire **2** TEL indicatif *m* **Vorwahlnummer** F TEL indicatif *m*
Vorwand M prétexte *m*; **etw zum ~ nehmen** prendre prétexte de qc
vorwärmen VT chauffer à l'avance **vorwarnen** VT prévenir
Vorwarnung F alerte préventive; *a. fig* **ohne ~** sans prévenir
vorwärts ADV en avant; **~!** en avant!; allons! (allez!); en route!; → vorwärtsgehen, vorwärtskommen *etc*
Vorwärtsgang M AUTO marche *f* avant
vorwärtsgehen VI avancer; progresser
vorwärtskommen VI avancer; faire des progrès; *im Leben* faire son chemin **vorwärtsschieben** VR **sich ~** *Menschenmenge* avancer (lentement) **vorwärtstasten** VR **sich ~** marcher, avancer à tâtons
Vorwäsche F prélavage *m*
vorweg ADV **1** *(zuvor)* d'avance; à l'avance **2** *(voraus)* en tête **Vorwegnahme** F anticipation *f*

vorwegnehmen V/T anticiper
Vorweihnachtszeit F période *f* qui précède Noël
vorweisen V/T montrer
vorwerfen A V/T 1 **j-m etw ~** reprocher qc à qn 2 **e-m Tier etw ~** jeter qc à un animal B V/R **sich** *(dat)* **etw ~** se reprocher qc
vorwiegend ADV surtout; *(in der Mehrheit)* pour la plupart; en majorité
vorwitzig ADJ trop curieux; indiscret; *(frech)* impertinent
Vorwort N avant-propos *m*; préface *f*
Vorwurf M reproche *m*; **j-m etw zum ~ machen** reprocher qc à qn
vorwurfsvoll A ADJ plein de reproches; réprobateur B ADV d'un air de reproche
Vorzeichen N 1 MATH signe *m* 2 *(Omen)* signe précurseur, avant-coureur 3 MUS altération *f*
vorzeichnen V/T tracer *(a. fig)*
vorzeigbar *umg* ADJ présentable
vorzeigen V/T montrer; *Ausweis a.* présenter
Vorzeit F **in grauer ~** dans la nuit des temps
vorzeitig A ADJ prématuré; anticipé B ADV avant le temps, l'heure, terme
Vorzelt N auvent *m* **Vorzensur** F 1 SCHULE note *f* de travail de classe 2 *der Presse etc* censure *f* préalable
vorziehen V/T 1 *(bevorzugen)* préférer 2 *Vorhang* tirer 3 *zeitlich* avancer; anticiper 4 *Möbel* avancer
Vorzimmer N antichambre *f*; *weitS. a.* secrétariat *m* **Vorzimmerdame** *umg* F secrétaire (particulière)
Vorzug M 1 *(gute Eigenschaft)* qualité *f*; *(Vorteil)* avantage *m* 2 *(Vorrang)* préférence *f*; priorité *f*
vorzüglich ADJ excellent; supérieur; *Speisen a.* exquis
Vorzugsaktie F action privilégiée **Vorzugspreis** M prix *m* de faveur **vorzugsweise** ADV de préférence
Votum N vote *m*; suffrage *m*; voix *f*
Voucher N *od* M TOURISTIK voucher *m*; bon *m* d'échange
Voyeur M voyeur *m*
vulgär ADJ vulgaire; trivial **Vulgärlatein** N latin *m* vulgaire
Vulkan M volcan *m* **Vulkanausbruch** M éruption *f* volcanique **vulkanisch** ADJ volcanique **vulkanisieren** V/T vulcaniser
VWL ABK → Volkswirtschaftslehre

W

W¹, w N W, w *m*
W² ABK 1 ELEK *(Watt)* W (watt) 2 *(West[en])* O. (ouest)
Waadt die ~, der Kanton ~ le canton de Vaud
Waage F 1 TECH balance *f*; *fig* **sich die ~ halten** s'équilibrer 2 ASTROL Balance *f*

Waage — la balance

Waage — la Balance

waagerecht ADJ horizontal; de niveau
Waagschale F plateau *m* de balance; *fig* **etw in die ~ werfen** mettre qc dans la balance; *fig* **s-e Worte auf die ~ legen** peser ses mots
wabb(e)lig *umg* ADJ mou; flasque
Wabe F rayon *m* (de miel); gâteau *m* de cire, de miel **Wabenhonig** M miel *m* en rayons
wach ADJ 1 (r)éveillé; **~ werden** se réveiller *(a. fig)*; **~ liegen** rester éveillé; ne pas pouvoir dormir 2 *fig* vif; éveillé; → wachhalten
Wachablösung F MIL relève *f* de la garde
Wache F 1 *Tätigkeit* garde *f*; SCHIFF quart *m*; **~ stehen, haben** être de garde, de faction; SCHIFF être de quart 2 *Person* garde *m*; sentinelle *f*; SCHIFF vigie *f* 3 *Gebäude* poste *m* (de garde, de police) 4 *bei e-m Kranken* veille *f*
wachen V/I veiller (**über** [+ *akk*] sur); **bei j-m ~** veiller qn
wachhalten V/T *Interesse* maintenir; soutenir
Wachhund M chien *m* de garde
wachliegen V/I → wach 1
Wachmann M 1 *(Aufseher)* vigile *m* 2 *österr* agent *m* de police **Wachmannschaft** F MIL (hommes *mpl* de) garde *f*
Wacholder M *Strauch* genévrier *m*; genièvre *m* *(a. Beere, Schnaps)* **Wacholderbeere** F (baie *f* de) genièvre *m*

W

Wachposten M garde *m*; sentinelle *f*
wachrufen V/T **1** *Vergangenes* évoquer **2** *Interesse, Gefühle* susciter **wachrütteln** V/T *Gewissen* secouer
Wachs N cire *f*; *(Bohnerwachs)* encaustique *f*; *(Skiwachs)* fart *m*
wachsam ADJ vigilant; sur le qui-vive **Wachsamkeit** F vigilance *f*
wachsen[1] V/I **1** *Mensch, Tier* grandir; *Pflanze, Bart, Fingernägel* pousser; *Mensch* **gut gewachsen** bien bâti; bien fait; *fig* **e-r Sache** *(dat)* **gewachsen sein** être à la hauteur de qc **2** *(zunehmen)* augmenter; s'accroître
wachsen[2] V/T *mit Wachs* cirer; *Ski* farter
wachsend ADJT croissant; grandissant *(beide a. fig)*
wächsern ADJ de cire
Wachsfigur F figurine *f*, *lebensgroße* figure *f* en *od* de cire **Wachsfigurenkabinett** N cabinet *m*, musée *m* de figures de cire **Wachsmalkreide** F, **Wachsmalstift** M crayon *m* (de couleur en) cire **Wachstuch** N toile cirée
Wachstum N BIOL, WIRTSCH, *fig* croissance *f*; WIRTSCH *a.* expansion *f*
wachstumsfördernd ADJT favorable à la croissance **Wachstumshormon** N hormone *f* de croissance **Wachstumsrate** F WIRTSCH taux *m* d'expansion *od* de croissance **Wachstumsstörung** F MED trouble *m* de croissance
wachsweich ADJ mollet
Wachtel F caille *f*
Wächter(in) M(F) garde *m*; gardien, -ienne *m,f*
Wachtmeister M agent *m* de police; **Herr ~!** Monsieur l'agent!
Wachtposten M → Wachposten
Wach(t)turm M MIL mirador *m*
Wach- und Schließgesellschaft F société (privée) de surveillance
wachwerden V/I *fig* se réveiller
wackelig ADJ **1** *(nicht stabil)* branlant *(a. Zahn)*; *Möbel* boiteux **2** *umg Person* chancelant **3** *umg fig Arbeitsplätze* menacé; *Kompromiss, Frieden* boiteux
Wackelkontakt M mauvais contact
wackeln V/I **1** *Dinge* branler *(a. Zahn)*; vaciller; *Tisch, Stuhl* être branlant, boiteux **2** **mit dem Kopf ~** branler de la tête **3** *umg (wanken)* chanceler; tituber **4** *umg fig Stellung etc* être menacé
Wackelpudding *umg* M *entremets à base de gélatine*
wacker *geh, oft iron* ADJ *(bieder)* brave; *(mutig) geh* vaillant
wacklig → wackelig
Wade F ANAT mollet *m*
Wadenkrampf M crampe *f* au mollet
Waffe F arme *f (a. fig)*; *geh* **die ~n strecken** déposer, rendre les armes *(a. fig)*; *fig* **j-n mit s-n eigenen ~n schlagen** battre qn avec ses propres armes
Waffel F gaufre *f*; *kleine* gaufrette *f*; *umg pej* **einen an der ~ haben** *umg* être louf; *umg* (ne) pas tourner rond
Waffeleisen N gaufrier *m*
Waffenbesitz M **(unerlaubter) ~** détention (illégale) d'armes
Waffengewalt F **mit ~** par la force des armes
Waffenhändler M armurier *m*; *illegaler* trafiquant *m* d'armes **Waffenlager** N dépôt *m* d'armes **Waffenruhe** F suspension *f* des hostilités; trêve *f* **Waffenschein** M permis *m* de port d'armes **Waffenstillstand** M armistice *m*
wagemutig ADJ audacieux
wagen **A** V/T **1** oser **(etw zu tun** faire qc) **2** *(aufs Spiel setzen)* risquer **B** V/R **sich an etw** *(akk)* **~** oser s'attaquer à qc
Wagen M **1** *(Auto, Pferdewagen)* voiture *f*; *(Handwagen)* chariot *m*; *auf zwei Rädern* charrette *f*; *(Eisenbahnwagen)* wagon *m* **2** ASTRON **der Große ~** la Grande Ourse
Wagenheber M cric *m* **Wagenladung** F voiturée *f* **Wagenpapiere** NPL papiers *mpl* d'un véhicule **Wagenpark** M parc *m* automobile **Wagenstandanzeiger** M BAHN tableau *m* de composition des trains **Wagenwäsche** F lavage *m* de (la) voiture
Wag(g)on M wagon *m*
waghalsig ADJ téméraire; risque-tout (! unveränderlich); *Unternehmen* °hasardeux **Wagnis** N risque *m*; entreprise risquée
Wahl F **1** *(Auswahl)* choix *m*; **die (freie) ~ haben** avoir le (libre) choix; **mir bleibt keine andere ~** je n'ai pas le choix; **s-e ~ treffen** faire son choix; **zur ~ stehen** être au choix; **in die engere ~ kommen** être retenu au cours d'une première sélection; *sprichw* **wer die ~ hat, hat die Qual** il a, nous avons, *etc* l'embarras du choix **2** *in ein Amt* élection *f*; vote *m*; *(Art der Wahl)* scrutin *m*; **geheime ~** scrutin secret; **sich zur ~ stellen** se porter candidat **3** HANDEL **erster, zweiter ~** de premier, deuxième choix
Wahlausgang M résultat *m* des élections
wählbar ADJ éligible
Wahlbenachrichtigung F *convocation envoyée aux électeurs (inscrits)*
wahlberechtigt ADJ **~ sein** avoir le droit de vote
Wahlberechtigte(r) M/F(M) électeur, -trice

W

m,f (inscrit[e]) **Wahlbeteiligung** F participation électorale **Wahlbezirk** M circonscription (électorale)

wählen A VT 1 *(auswählen)* choisir 2 TEL composer 3 *durch Abstimmung* élire; **j-n in den Bundestag ~** élire qn au Bundestag 4 *(stimmen für)* voter pour B VI 1 choisir (**zwischen** [+ *dat*] entre); faire son choix 2 TEL composer le numéro 3 POL voter

wählen: choisir oder voter?

1. Stehen mehrere Personen bzw. Dinge zur Auswahl und man entscheidet sich für eine Person bzw. Sache, so verwendet man **choisir**:

Lassen Sie sich Zeit und wählen Sie den Hut, der Ihnen am besten gefällt!

Prenez votre temps et choisissez le chapeau que vous aimez le plus !

2. Geht man zur Wahl und gibt seine Stimme einem Kandidaten oder einer Partei, so verwendet man **voter**:

rechts wählen (= eine Partei des rechten politischen Spektrums wählen)

voter à droite

links wählen

voter à gauche

den Kandidaten der Partei X wählen

voter pour le candidat du parti X

FEHLERQUELLEN

Wähler(in) M(F) POL électeur, -trice *m,f* **Wählerauftrag** M mandat (confié par les électeurs à l'élu) **Wahlerfolg** M succès électoral **Wahlergebnis** N résultat *m* des élections **wählerisch** ADJ difficile (**in** [+ *dat*] sur) **Wählerliste** F liste électorale **Wählerschaft** F corps électoral; électeurs *mpl* **Wählerstimme** F voix *f*; suffrage *m* **Wahlfach** N SCHULE matière facultative, à option **Wahlfälschung** F fraude électorale **Wahlgang** M tour *m* de scrutin **Wahlgeheimnis** N secret *m* du vote **Wahlheimat** F patrie *f* d'adoption **Wahlhelfer** M *Beisitzer* assesseur *m* (pour les élections); *(Stimmenauszähler)* scrutateur *m*; *im Wahlkampf* assistant *m* **Wahlkabine** F isoloir *m* **Wahlkampagne** F campagne électorale **Wahlkampf** M campagne électorale **Wahlkreis** M circonscription (électorale) **Wahllokal** N bureau *m* de vote **wahllos** ADV sans discernement; au hasard **Wahlmöglichkeit** F option *f* **Wahlniederlage** F défaite électorale **Wahlordnung** F règlement électoral; modalités électorales, d'élection **Wahlperiode** F législature *f* **Wahlpflicht** F vote *m* obligatoire **Wahlpflichtfach** N SCHULE (matière *f* à) option *f* obligatoire **Wahlplakat** N affiche électorale **Wahlprogramm** N programme électoral **Wahlpropaganda** F propagande électorale

Wahlrecht N *aktives* droit *m* de vote; **passives ~** éligibilité *f*; **allgemeines ~** suffrage universel

Wahlrede F discours électoral

Wählscheibe F TEL cadran *m*

Wahlschein M *formulaire de vote* (*par correspondance*) **Wahlsieg** M victoire électorale **Wahlspruch** M devise *f* **Wahlsystem** N système électoral **Wahltag** M jour *m* de l'élection *bzw.* des élections **Wahlurne** F urne électorale **Wahlversammlung** F réunion électorale **Wahlversprechungen** FPL promesses électorales

Wahlverwandtschaft *geh* F affinité *f*

wahlweise ADV facultativement; au choix

Wahlzelle F isoloir *m* **Wahlzettel** M bulletin *m* de vote

Wahn M *geh* illusion *f*; *(Verblendung)* aveuglement *m*

wähnen *geh* VT **sich in Sicherheit ~** se croire en sécurité

Wahnsinn M 1 MED aliénation mentale; folie *f*; démence *f* 2 *umg* **das ist heller ~** c'est de la pure folie

wahnsinnig A ADJ 1 MED fou; dément; aliéné 2 *umg fig Angst, Schmerz, Hunger umg* terrible; atroce; *Tempo umg* dingue B *umg* ADV **~ viel zu tun haben** *umg* avoir un travail fou, monstre

Wahnsinnige(r) M/F(M) fou *m*, folle *f*; *umg* dingue *m/f*

Wahnsinns... *umg* IN ZSSGN *umg* dingue

Wahnvorstellung F hallucination *f* **wahnwitzig** ADJ démentiel; insensé

wahr ADJ 1 vrai; véridique; *umg fig* **das kann doch nicht ~ sein!** *umg* c'est pas vrai!; **~ werden** se réaliser; **nicht ~?** n'est-ce pas?; **etwas Wahres wird schon daran sein** il y a sûrement du vrai là-dedans 2 *(tatsächlich)* véritable; vrai; **ein ~er Freund** un vrai, véritable ami; *umg fig* **das ist auch nicht das Wahre** ce n'est pas (non plus) l'idéal

wahren *geh* VT *Interessen, Rechte* sauvegarder; défendre

währen *geh* VI durer; *sprichw* **was lange währt, wird endlich gut** *sprichw* tout vient à point à qui sait attendre

während A PRÄP pendant; durant B KONJ 1 *zeit-*

lich pendant que … (+ *ind*) **2** (*wohingegen*) tandis que … (+ *ind*) **währenddessen** ADV pendant, durant ce temps

wahrhaben V/T **etw nicht ~ wollen** ne pas vouloir convenir de qc

wahrhaft *geh* **A** ADJ véridique; (*aufrichtig*) sincère **B** ADV → **wahrhaftig** *geh* ADV vraiment

Wahrheit F vérité *f*; **die ~ sagen** dire vrai; dire la vérité; **bei der ~ bleiben** s'en tenir à la vérité

wahrheitsgemäß, wahrheitsgetreu ADJ conforme, fidèle à la vérité **Wahrheitsliebe** F amour *m* de la vérité **wahrheitsliebend** ADJ/T véridique; sincère

wahrlich *geh* ADV en vérité; **~!** vraiment!; ma foi!

wahrnehmbar ADJ perceptible

wahrnehmen V/T **1** *sinnlich* percevoir; (*hören*) entendre; (*sehen*) voir; (*bemerken*) remarquer; s'apercevoir de; *flüchtig* apercevoir **2** *Gelegenheit* profiter de; saisir; *s-e Rechte* faire valoir

Wahrnehmung F **1** *sinnliche* perception *f* **2** *von Interessen* défense *f* **Wahrnehmungsvermögen** N perception *f*

wahrsagen, wahrsagen **A** V/T **j-m etw ~** prédire qc à qn **B** V/I prédire l'avenir; dire la bonne aventure

Wahrsager(in) M(F) diseur, -euse *m,f* de bonne aventure

wahrscheinlich ADJ vraisemblable; probable

Wahrscheinlichkeit F vraisemblance *f*; probabilité *f*; **aller ~ nach** selon toute vraisemblance

Wahrscheinlichkeitsrechnung F calcul *m* des probabilités

Wahrung F **1** *der Interessen* sauvegarde *f*; défense *f* **2** *e-s bestimmten Zustandes* maintien *m*

Währung F monnaie *f*

Währungsabkommen N accord *m* monétaire **Währungsausgleich** M égalisation *f* des changes **Währungseinheit** F unité *f* monétaire **Währungsfonds** M fonds *m* monétaire **Währungskrise** F crise *f* monétaire **Währungsreform** F réforme *f* monétaire **Währungssystem** N système *m* monétaire **Währungsumstellung** F conversion *f* monétaire **Währungsunion** F union *f* monétaire

W

Wahrzeichen N emblème *m*

Waise F orphelin(e) *m(f)*

Waisenhaus N orphelinat *m* **Waisenkind** N → Waise

Waisenknabe M *umg fig* **er ist ein ~ gegen ihn** il ne lui arrive pas à la cheville

Waisenrente F pension *f* d'orphelin

Wakeboard N wakeboard *m*; planche *f*

Wal M baleine *f*

Walachei GEOG **die ~** la Valachie; *umg fig* **in der ~** en pleine brousse

Wald M forêt *f*; *kleinerer* bois *m*; **tief im ~** au fond des bois; *fig* **er sieht den ~ vor lauter Bäumen nicht** les arbres lui cachent la forêt; *sprichw* **wie man in den ~ hineinruft, so schallt es heraus** on récolte toujours ce qu'on a semé

Waldarbeiter M ouvrier *m* des Eaux et Forêts **Waldboden** M sol forestier **Waldbrand** M incendie *m* de forêt

Wäldchen N petit bois; bosquet *m*

Walderdbeere F **1** *Beere* fraise *f* des bois **2** *Pflanze* fraisier *m* des bois **waldig** ADJ boisé **Waldlauf** M jogging *m* (en forêt) **Waldlehrpfad** M sentier *m*, parcours *m* botanique (en forêt) **Waldmeister** M aspérule odorante; reine *f* des bois

Waldorfschule F école *f* Rudolf Steiner

Waldrand M lisière *f* de la forêt **waldreich** ADJ riche en forêts **Waldspaziergang** M promenade *f* en forêt **Waldsterben** N dépérissement *m*, mort *f* des forêts **Waldstück** N parcelle boisée **Waldweg** M chemin forestier

Wales N le pays de Galles

Walfisch *umg* M baleine *f*

Waliser(in) M(F) Gallois(e) *m(f)* **walisisch** ADJ gallois

Walkie-Talkie N talkie-walkie *m*

Walkman® M baladeur *m*; walkman® *m*

Walküre F MYTH Walkyrie *f*

Wall M rempart *m* (*a. fig*)

Wallach M (cheval *m*) °hongre *m*

wallend *geh* ADJ/T *Kleider, Haare* flottant

Wallfahrer(in) M(F) pèlerin *m* **Wallfahrt** F pèlerinage *m*

Wallfahrtskirche F église *f* de pèlerinage **Wallfahrtsort** M (lieu *m* de) pèlerinage *m*

Wallis das ~ le Valais

Wallone M, **Wallonin** F Wallon, -onne *m,f* **Wallonien** N la Wallonie **wallonisch** ADJ wallon

Wallung *geh* F **in ~** (*akk*) **geraten** s'enflammer; s'échauffer

Walnuss F noix *f* **Walnussbaum** M noyer *m*

Walpurgisnacht F nuit *f* de Walpurgis; MYTH sabbat *m* des sorcières

Walross N ZOOL morse *m*

walten *geh* V/I **s-s Amtes ~** s'acquitter de ses fonctions; **Gnade ~ lassen** user de clémence

Walze F cylindre *m*; rouleau *m* (*a. Schreibmaschinenwalze*); (*Straßenwalze*) rouleau compresseur

walzen VT TECH cylindrer; *Metall* laminer; *Straße* passer au rouleau
wälzen A VT 1 rouler; GASTR **in Mehl ~** rouler, passer dans la farine 2 *umg fig Akten* compulser 3 *umg fig Probleme* miner B VR **sich am Boden, im Schmutz ~** se rouler par terre, dans la boue
walzenförmig ADJ cylindrique
Walzer M valse *f*
Wälzer *umg* M *umg* gros bouquin; *umg* pavé *m*
Walzstraße F, **Walzwerk** N laminoir *m*
Wampe *umg pej* F *umg* bide *m*; *umg* bedaine *f*
wand → winden
Wand F 1 *von Gebäuden* mur *m*; *umg* **in meinen vier Wänden** chez moi; entre mes quatre murs; *fig* **j-n an die ~ stellen** (*erschießen*) coller qn au mur 2 (*Trennwand*) cloison *f*; *e-s Gefäßes*, ANAT paroi *f*; **spanische ~** paravent *m* 3 (*Felswand*) paroi (rocheuse)
Wandale M 1 HIST Vandale *m* 2 *fig* vandale *m*
Wandalismus M vandalisme *m*
Wandanstrich M peinture *f* **Wandbehang** M tapisserie *f* **Wandbeleuchtung** F applique *f* **Wandbild** N tableau mural
Wandel M changement *m*; **im ~ der Zeiten** au fil du temps
wandeln VT (u. VR) (**sich ~** se) changer, transformer (**in** [+ *akk*] en)
Wanderausstellung F exposition itinérante **Wanderbühne** F comédiens ambulants **Wanderdüne** F dune mouvante
Wanderer M randonneur *m*
Wanderfalke M faucon *m* pèlerin **Wanderheuschrecke** F criquet migrateur, pèlerin
Wanderin F randonneuse *f*
Wanderkarte F topoguide *m* **Wanderlied** N chanson *f* de route
wandern VI 1 faire une *bzw.* des randonnée(s); faire de la marche 2 *Vögel* émigrer; *Düne, Sonne* se déplacer 3 *umg fig* (*kommen*) *umg* atterrir (**in den Papierkorb** dans la corbeille à papier)
Wanderpokal M SPORT challenge *m* **Wanderprediger** M prédicateur itinérant
Wanderschaft F voyage *m* (à pied); **auf ~ gehen** partir pour une (grande) randonnée
Wanderschuh M chaussure *f* de marche **Wanderstock** M bâton *m* **Wandertag** M SCHULE (journée *f* d')excursion **Wanderung** F 1 (*Ausflug*) randonnée *f* (à pied); marche *f* 2 *von Völkern, Tieren* migration *f* **Wanderweg** M sentier *m* de (grande) randonnée **Wanderzirkus** M cirque ambulant
Wandfliese F carreau (mural) **Wandgemälde** N peinture murale; fresque *f* **Wandkalender** M calendrier (mural) **Wandkarte** F carte murale **Wandlampe** F, **Wandleuchter** M applique *f*
Wandlung F changement *m*; *grundlegende* transformation *f*
Wandmalerei F peinture murale **Wandregal** N étagère murale **Wandschmuck** M décor mural **Wandschrank** M placard *m* **Wandspiegel** M miroir mural **Wandtafel** F tableau noir **Wandtäfelung** F lambris *m*
wandte → wenden
Wandteller M assiette décorative **Wandteppich** M tapisserie *f* **Wanduhr** F pendule, horloge murale **Wandverkleidung** F revêtement *m*; *hölzerne* lambris *m*; boiserie *f* **Wandzeitung** F journal mural
Wange *geh* F joue *f*
Wankelmut *geh* M versatilité *f*; (*Unbeständigkeit*) inconstance *f* **wankelmütig** *geh* ADJ versatile; inconstant
wanken VI chanceler; vaciller (*beide a. fig*); *Knie* flageoler; **ins Wanken geraten** être ébranlé
wann ADV quand; **seit ~?** depuis quand?; **bis ~?** jusqu'à quand?; **von ~ an?** à partir de quand?; **von ~ bis ~?** de quand à quand?
Wanne F 1 (*Badewanne*) baignoire *f* 2 TECH bassine *f*; cuve *f*
Wanst *umg pej* M *umg* bedaine *f*; *umg* panse *f*
Wanze F 1 ZOOL punaise *f* 2 *umg* (*Abhörgerät*) micro clandestin
WAP N ABK (wireless application protocol) Wap *m* **WAP-Handy** N portable *m* WAP
Wappen N armoiries *fpl*; armes *fpl*; blason *m* **Wappenkunde** F (science *f*) héraldique *f* **Wappentier** N animal *m* héraldique
wappnen *geh* VR **sich gegen etw ~** s'armer contre qc
warb → werben
ward → werden
Ware F marchandise *f*; (*Artikel*) article *m*; (*Produkt*) produit *m*
Warenabsatz M débit *m* de marchandises vendues; ventes *fpl* **Warenangebot** N offre *f* de marchandises **Warenannahme** F réception *f* des marchandises **Warenausfuhr** F exportation *f* (de marchandises) **Warenausgabe** F remise *f*, délivrance *f* des marchandises **Warenbestand** M stock *m* (de marchandises) **Wareneinfuhr** F importation *f* (de marchandises)
Warenhaus N grand magasin **Warenhausdetektiv** M détective *m* (dans un grand magasin) **Warenhausdiebstahl** M vol *m* (dans un grand magasin)
Warenkorb M STATISTIK panier *m* de la ménagère **Warenkunde** F étude *f*, connaissance *f* des marchandises **Warenlager** N dépôt

m de marchandises; entrepôt *m* **Warenlieferung** F fourniture *f*, livraison *f* de marchandises **Warenmuster** N, **Warenprobe** F échantillon *m*; spécimen *m* **Warenschein** M HANDEL warrant *m* **Warensendung** F envoi *m* de marchandises **Warenwert** M valeur *f* des marchandises

Warenzeichen N marque *f* de fabrique; *früher* **eingetragenes ~** marque déposée; nom déposé

warf → werfen

warm A ADJ 1 chaud; **etw Warmes trinken** boire qc de chaud; **~ werden** se réchauffer; **es ist ~** il fait chaud; **mir ist ~** j'ai chaud 2 *(herzlich)* chaleureux; **~er Empfang** accueil chaleureux; **mit j-m nicht ~ werden** ne pas s'entendre, sympathiser avec qn B ADV chaudement; **~ machen** *Speisen* faire chauffer; **~ essen** manger chaud; *Speisen* **~ stellen** mettre au chaud; **den Motor ~ laufen lassen** faire tourner le moteur; SPORT **sich ~ laufen** s'échauffer; → warmhalten

Warmblüter M animal *m* à sang chaud **Warmduscher** *umg* M petite nature

Wärme F chaleur *f* (*a.* PHYS, TECH, *fig*) **Wärmedämmung** F isolation *f* thermique **wärmeempfindlich** ADJ sensible à la chaleur **Wärmegewitter** N orage *m* de chaleur **Wärmeisolierung** F isolation *f* thermique **Wärmekraftwerk** N centrale *f* thermique **Wärmelehre** F thermique *f*

wärmen A VT *Essen* faire chauffer; *(aufwärmen)* réchauffer B VI *Sonne, Feuer* chauffer; *Kleidung* tenir chaud C VR **sich ~** se (ré)chauffer

Wärmepumpe F pompe *f* thermique **Wärmetechnik** F technique *f* thermique **Wärmezufuhr** F amenée *f*, adduction *f* de chaleur

Wärmflasche F bouillotte *f*

Warmfront F METEO front chaud

warmhalten VI *umg* **sich** *(dat)* **j-n ~** cultiver ses relations avec qn

Warmhalteplatte F chauffe-plats *m*

warmherzig ADJ chaleureux; cordial **Warmherzigkeit** F chaleur *f*; cordialité *f*

Warmluft F air chaud

warmmachen VT → warm B

Warmmiete *umg* F loyer *m* chauffage compris

W

warmstellen VT → warm B

wärmstens ADV **j-n, etw ~ empfehlen** recommander chaudement qn, qc

Warmwasserbereitung F production *f* d'eau chaude **Warmwasserheizung** F chauffage (central) à eau chaude **Warmwasserversorgung** F ravitaillement *m* en eau chaude

warmwerden VI *fig* → warm A 2

Warnblinkanlage F, **Warnblinkleuchte** F AUTO feux *mpl* de détresse **Warndreieck** N AUTO triangle *m* de présignalisation

warnen VT **j-n (vor e-r Gefahr) ~** avertir, prévenir qn (d'un danger); **vor Taschendieben wird gewarnt!** attention aux pickpockets!

Warnlicht N signal lumineux **Warnschild** N panneau *m* de danger **Warnschuss** M coup tiré en l'air **Warnsignal** N signal *m* de danger **Warnstreik** M grève *f* d'avertissement **Warnsystem** N système *m* d'alerte

Warnung F avertissement *m*

Warnweste F gilet *m* de sécurité

Warschau N Varsovie

Warte *geh fig* F **von s-r ~ aus (gesehen)** de son point de vue

Wartehalle F EISENBAHN salle *f* d'attente; FLUG salle *f* d'embarquement **Wartehäuschen** N abri *m*; *in Frankreich* abribus® *m*

Warteliste F liste *f* d'attente; **auf der ~ stehen** être, figurer sur la liste d'attente

warten A VT *Maschine* entretenir B VI attendre (**auf j-n, etw** qn, qc); *umg* **da können sie lange ~!** vous pouvez toujours attendre!; *Drohung* **warte nur!** attends un peu!

Wärter(in) M(F) gardien, -ienne *m,f*

Warteraum M, **Wartesaal** M salle *f* d'attente **Warteschlange** F file *f* d'attente **Warteschleife** F FLUG circuit *m* d'attente **Wartezeit** F période *f* d'attente **Wartezimmer** N salle *f* d'attente

Wartung F *von Maschinen* entretien *m*; maintenance *f*

Wartungsdienst M service *m* d'entretien **wartungsfrei** ADJ qui ne nécessite, demande pas d'entretien

warum ADV pourquoi; pour quelle raison; **~ nicht?** pourquoi pas?

Warze F verrue *f*

Warzenschwein N ZOOL phacochère *m*

was A INT PR 1 *allein u. betont* quoi; *unbetont: Nominativ* que; qu'est-ce qui; *akk* que; qu'est-ce que; *umg unhöflich* **~?** *umg* quoi?; *umg* °hein?; **~ ist (denn)?** qu'est-ce qu'il y a?; **~ ist das?** qu'est-ce que c'est (que ça)? 2 **~ für ein(e)** quel; **~ für ein Auto fährt er?** qu'est-ce qu'il a comme voiture? 3 **~ kostet ...?** combien coûte ...? B REL PR 1 *Nominativ* ce qui; *akk* ce que; **ich weiß, ~ du willst** je sais ce que tu veux; **~ auch immer es ist** quoi que ce soit 2 *weiterführend* **..., ~ ich bereue** ... que je regrette; **~ noch schlimmer ist** qui pis est C *umg* INDEF PR *(etwas)* quelque chose; **das ist ~ anderes** c'est autre chose D *umg* ADV *(wie sehr)* **~ haben**

wir gelacht! qu'est-ce qu'on a ri!

Waschanlage F lavage *m* (automatique) de voitures **Waschanleitung** F instructions *fpl* de lavage **Waschautomat** M lave-linge *m*; machine *f* à laver **waschbar** ADJ lavable **Waschbär** M raton laveur **Waschbecken** N lavabo *m* **Waschbenzin** N benzine *f* **Waschbrett** N planche *f* à laver; batte *f* (de blanchisseuse) **Waschbrettbauch** M abdominaux *mpl* en tablettes de chocolat

Wäsche F 1 *(Wäschestücke)* linge *m*; **~ waschen** faire la lessive 2 *(Unterwäsche)* linge *m* (de corps); *umg fig* **dumm aus der ~ gucken** *umg* en rester baba 3 *(das Waschen)* lavage *m* (*a.* TECH); **(große) ~** lessive *f*; **in der ~ sein** être à la lessive

Wäschebeutel M sac *m* à linge

waschecht ADJ 1 résistant au lavage; *(farbecht)* grand teint (! unveränderlich) 2 *fig* **ein ~er Berliner** un Berlinois cent pour cent, pur sang

Wäschegarnitur F parure *f* **Wäscheklammer** F épingle *f*, pince *f* à linge **Wäschekorb** M corbeille *f* à linge **Wäscheleine** F corde *f* à linge

waschen A V/T laver (*a.* AUTO, TECH) B V/I *(Wäsche waschen)* faire la lessive C V/R **sich ~** se laver; faire sa toilette

Wäscherei F blanchisserie *f*

Wäscheschleuder F essoreuse *f* **Wäschespinne** F séchoir *m* parapluie **Wäscheständer** M séchoir *m* (à linge) **Wäschetrockner** M 1 *Gestell* séchoir *m* (à linge) 2 *Maschine* sèche-linge *m*

Waschgang M *der Waschmaschine* (phase *f* de) lavage *m* **Waschgelegenheit** F lavabo *m*; coin *m* toilette **Waschhandschuh** M gant *m*, main *f* de toilette **Waschküche** F 1 buanderie *f* 2 *umg fig (Nebel)* purée *f* de pois **Waschlappen** M 1 gant *m*, main *f* de toilette 2 *umg fig (Feigling) umg* lavette *f*; *umg* chiffe (molle) **Waschmaschine** F lave-linge *m*; machine *f* à laver **waschmaschinenfest** ADJ lavable en machine **Waschmittel** N lessive *f*; détergent *m*; produit *m* de lavage **Waschprogramm** N programme *m* de lavage **Waschpulver** N lessive *f* **Waschraum** M cabinet *m* de toilette **Waschsalon** M laverie *f* (automatique) **Waschschüssel** F cuvette *f* **Waschstraße** F lavage *m* (automatique) de voitures

wäscht → waschen

Waschtisch M lavabo *m* **Waschwasser** N eau *f* de la lessive **Waschweib** *umg pej* N *umg* pipelet, -ette *m,f*; *umg* concierge *m/f* **Waschzeug** N ustensiles *mpl*, nécessaire *m* de toilette

Wasser N 1 eau *f*; **~ abweisend** hydrofuge; **ins ~ gehen** aller nager, se baigner; *fig* **j-m das ~ abgraben** saper, miner la position de qn; *fig Pläne* **ins ~ fallen** tomber à l'eau 2 *(Wasseroberfläche)* eau *f*; **unter ~** sous l'eau; **unter ~ setzen** inonder; submerger; *fig* **sich über ~ halten** s'en tirer (tout juste) 3 *(Gewässer)* eau *f*; **stehendes ~** eau dormante, stagnante; *fig* **mit allen ~n gewaschen sein** avoir plus d'un tour dans son sac 4 *Körperflüssigkeit* eau *f*; **da läuft e-m das ~ im Munde zusammen** cela fait venir l'eau à la bouche; *verhüllend* **~ lassen** uriner; MED **~ in den Beinen haben** avoir les jambes gonflées d'œdèmes

wasserabweisend ADJT hydrofuge **Wasserader** F source souterraine **Wasseranschluss** M prise *f* d'eau **wasserarm** ADJ aride **Wasserbad** N GASTR bain-marie *m* **Wasserball** M 1 *(Strandball)* ballon *m* (de plage) 2 *Spiel* water-polo *m* **Wasserbecken** N bassin *m* **Wasserbehälter** M réservoir *m* d'eau **Wasserbett** N matelas *m* à eau **Wasserburg** F château fort entouré d'eau

Wasserball — le ballon de plage

Wasserball — le water-polo

Wässerchen N *fig* **er sieht aus, als könne er kein ~ trüben** on lui donnerait le bon Dieu sans confession

Wasserdampf M vapeur *f* d'eau **wasserdicht** ADJ 1 *Kleidung* imperméable 2 SCHIFF, TECH étanche 3 *umg fig Alibi, Vertrag umg* en béton **Wasserdruck** M pression *f* de l'eau, TECH hydraulique **Wasserfahrzeug** N bateau *m*; embarcation *f* **Wasserfall** M cascade *f*; chute *f* (d'eau); *großer* cataracte *f* **Wasserfarbe** F couleur *f*, peinture *f* à l'eau **Wasserflasche** F bouteille *f* (à eau); *des Radrennfahrers* bidon *m*; *(Feldflasche)* gourde *f* **Wasserfloh** M puce *f* d'eau; daphnie *f* **Wasserflugzeug** N hydravion *m* **wassergekühlt** ADJT refroidi, à refroidissement par eau **Wasserglas** N *Gefäß* verre *m* à eau **Wassergraben** M fossé

(rempli d'eau); BEFESTIGUNGSANLAGEN douve *f*; SPORT rivière *f* **Wasserhahn** M robinet *m* (d'eau)
wässerig → wässrig
Wasserkessel M bouilloire *f* **Wasserkocher** M bouilloire *f* électrique **Wasserkopf** M **1** MED hydrocéphalie *f*; *Mensch* hydrocéphale *m* **2** *fig pej, bes der Verwaltung* hypertrophie *f* **Wasserkraft** F énergie *f*, force *f* hydraulique **Wasserkraftwerk** N centrale *f* hydro-électrique **Wasserlauf** M cours *m* d'eau **Wasserleiche** F noyé(e) *m(f)* **Wasserleitung** F conduite *f* d'eau **wasserlöslich** ADJ soluble dans l'eau **Wassermangel** M manque *m*, pénurie *f* d'eau **Wassermann** M ASTROL Verseau *m* **Wassermassen** FPL masses *fpl* d'eau **Wassermelone** F pastèque *f*
wassern VI amerrir
wässern VT **1** *(in Wasser legen)* faire tremper; *Hering* dessaler **2** *Pflanze* arroser (abondamment)
Wasseroberfläche F surface *f* de l'eau **Wasserpfeife** F narguilé *od* narghilé *m* **Wasserpflanze** F plante *f* aquatique **Wasserpistole** F pistolet *m* à eau **Wasserpumpe** F pompe *f* à eau **Wasserrad** N roue *f* hydraulique **Wasserratte** F **1** ZOOL rat *m* d'eau **2** *umg fig hum* personne *f* qui adore (être dans) l'eau **Wasserrohr** N conduite *f* d'eau **Wasserrohrbruch** M rupture *f* de conduite d'eau **Wasserschaden** M dégâts causés par l'eau; inondation *f*; ADMIN dégâts des eaux **Wasserscheide** F GEOG ligne *f* de partage des eaux
wasserscheu ADJ **~ sein** avoir peur de l'eau; ne pas aimer l'eau
Wasserschloss N château entouré d'eau **Wasserschutzgebiet** N zone *f* de protection des eaux; *auf Schildern* nappe *f* phréatique **Wasserschutzpolizei** F *für Binnengewässer* police fluviale; *für Küstengewässer* police *f* maritime **Wasserski**[1] N *Sportart* ski *m* nautique **Wasserski**[2] M *Sportgerät* ski *m* nautique **Wasserspiegel** M → Wasserstand **Wassersport** M sports *mpl* nautiques **Wasserspülung** F chasse *f* d'eau **Wasserstand** M niveau *m* d'eau, *e-s Flusses* des eaux **Wasserstelle** F point *m* d'eau **Wasserstoff** M hydrogène *m* **Wasserstoffbombe** F bombe *f* H, à hydrogène **Wasserstrahl** M jet *m* d'eau **Wasserstraße** F voie *f* navigable **Wassertank** M réservoir *m* d'eau **Wassertemperatur** F température *f* de l'eau **Wassertiefe** F profondeur *f* de l'eau **Wassertropfen** M goutte *f* d'eau **Wasserturm** M château *m* d'eau **Wasseruhr** F compteur *m* à eau **Wasserverbrauch** M consommation *f* d'eau **Wasserverschmutzung** F pollution *f* des eaux **Wasserversorgung** F alimentation *f* en eau **Wasservogel** M oiseau *m* aquatique **Wasserwaage** F niveau *m* (à bulle)
Wasserweg M voie *f* navigable; **auf dem ~(e)** par eau
Wasserwerfer M **1** *Gerät* lance *f*, canon *m* à eau **2** *Fahrzeug* autopompe *f*
Wasserwerk N usine *f* hydraulique; *pl* **städtische ~e** service *m* des eaux
Wasserzähler M compteur *m* à eau **Wasserzeichen** N filigrane *m*
wässrig ADJ **1** qui contient de l'eau **2** *Geschmack* insipide; sans goût
waten VI patauger
Waterkant F *hum* côte (allemande) de la mer du Nord
watscheln *umg* VI se dandiner
Watt[1] N GEOG estran *m*
Watt[2] N ELEK watt *m*
Watte F ouate *f*; coton *m* hydrophile **Wattebausch** M tampon *m* d'ouate; (morceau *m* de) coton *m*
Wattenmeer N → Watt[1]
Wattestäbchen N coton-tige® *m*
wattiert ADJT ouaté
Wattwanderung F promenade *f* sur les grèves à marée basse
Wauwau *kinderspr* M *kinderspr* toutou *m*
WC N ABK (Wasserklosett) W.-C. *mpl* **WC-Sitz** M siège *m* (de) W.-C.
Web N IT Web *m*; Toile *f* **Webbrowser** M IT navigateur *m* Web **Webcam** F IT webcam *f* **Webdesign** N IT webdesign *m* **Webdesigner(in)** M(F) IT webdesigner *m/f*
weben VT tisser *(a. Spinne)*
Weber(in) M(F) tisserand(e) *m(f)*
Weberei F *Betrieb* tissage *m*
Weberknecht M ZOOL faucheur *od* faucheux *m*
Webfehler M défaut *m* de tissage **Webkante** F lisière *f*
Weblog N *od* M IT weblog *m*; blog *m* **Webmaster** M IT webmaster *m* **Webseite** F IT page *f* Web **Webserver** M IT serveur *m* Web **Webshop** M IT boutique *f* en ligne **Website** F IT site *m* Web
Webstuhl M métier *m* à tisser
Wechsel M **1** *(Veränderung)* changement *m*; *(Schwankung)* variation *f* **2** *(Auswechseln)* changement *m*; SPORT *(Spielerwechsel)* remplacement *m* **3** *(Sichabwechseln)* alternance *f* **4** *(Überwechseln)* passage *m*; SPORT *(Seitenwechsel)* changement *m* de camp **5** *(Geldwechsel)* change *m* **6** HANDEL lettre *f* de change; traite *f*

Wechselbad N bain alterné, alternativement chaud et froid; *fig* **das ist das reinste ~** c'est la douche écossaise
Wechselbeziehung F corrélation *f*; **in ~ (zueinander) stehen** être en corrélation
Wechselgeld N monnaie *f* **wechselhaft** ADJ *Wetter* variable; instable; *Charakter* versatile **Wechseljahre** NPL retour *m* d'âge; ménopause *f* **Wechselkurs** M cours *m* (du change)
wechseln A VT 1 *Wohnung, Schule, Beruf, Partner, Besitzer, Kleidung, Namen, Thema, Stellung, Farbe* changer de 2 *(austauschen) Worte, Blicke* échanger 3 **Geld ~** changer de l'argent; *in Kleingeld* faire de la monnaie; **können Sie mir hundert Euro ~?** pouvez-vous (me) changer cent euros?; pouvez-vous me donner la monnaie de cent euros? B VI changer; **zu e-m anderen Verein ~** changer de club; passer dans un autre club
wechselnd ADJT *Wetter* variable; instable; *Stimmung* changeant; **mit ~em Erfolg** avec plus ou moins de succès
Wechselobjektiv N objectif *m* interchangeable **Wechselrahmen** M passe-partout *m* **Wechselschalter** M ELEK (commutateur *m*) inverseur *m* **wechselseitig** ADJ mutuel; réciproque **Wechselstrom** M courant alternatif **Wechselstube** F bureau *m* de change **wechselvoll** ADJ *Leben* avec des °hauts et des bas; *(bewegt)* agité; mouvementé **Wechselwähler** M POL *électeur qui ne vote pas systématiquement pour le même parti* **wechselweise** ADV *(abwechselnd)* alternativement; tour à tour **Wechselwirkung** F interaction *f*
Weckdienst M réveil *m* par téléphone
wecken VT réveiller; *fig Interesse* éveiller; susciter; *Erinnerungen* réveiller
Wecken M *südd, österr* 1 *(Brötchen)* petit pain 2 *(längliches Brot)* pain blanc ovale
Wecker M réveil *m*; *umg* **j-m auf den ~ gehen, fallen** *umg* taper sur les nerfs à qn
Weckruf M réveil *m*
Wedel M 1 *(Staubwedel)* plumeau *m* 2 *(Farnwedel, Palmwedel)* fronde *f*
wedeln VI 1 **mit dem Schwanz ~** remuer, agiter la queue 2 SKISPORT godiller
weder KONJ **~ … noch …** ni … ni … *(mit* ne *beim Verb)*
weg *umg* ADV 1 *(schon weg)* parti; sorti; *(nicht da)* absent; **~ da!** ôte-toi *bzw.* ôtez-vous de là!; *umg* (allez,) ouste!; **Kopf ~!** gare (à) la tête!; **Hände ~!** bas les mains!; *umg* pas touche!; *umg* bas les pattes!; **~ damit!** enlève-moi *bzw.* enlevez-moi ça! 2 *umg fig geistig* absent; **ich war sofort ~** *(eingeschlafen)* je me suis endormi tout de suite; **sie war auf einmal ~** *(bewusstlos) umg* tout à coup, elle est tombée dans les pommes; **ganz ~ sein** *(begeistert sein)* être enthousiasmé, *umg* emballé 3 *(entfernt)* **weit ~** loin (**von** de)
Weg M 1 *im Gelände* chemin *m*; voie *f (beide a. fig)*; *in Gärten, Parks* allée *f*; **am ~(e)** au, sur le bord du chemin 2 *(einzuschlagende Richtung)* chemin *m*; route *f*; *fig* voie *f*; **der ~ nach …** le chemin de …; **auf dem kürzesten ~** en prenant le chemin le plus court; **auf dem richtigen ~** *a. fig* sur la bonne voie; **etw in die ~e leiten** mettre qc en route 3 *(Unterwegssein, Reise)* **auf dem ~(e)** en route; en chemin; chemin faisant; **sich auf den ~ machen** se mettre en route, en chemin; **auf dem besten ~(e) sein zu** *(+ inf)* être en passe de *(+ inf)*; **auf dem ~ nach …** en allant à …; sur le chemin de …; **auf dem ~ von …** en venant de … 4 *(eingeschlagener Weg)* chemin *m*; **j-m aus dem ~ gehen** laisser passer qn; (se ranger pour) faire place à qn; *fig* éviter, fuir qn; *fig* **e-r Frage aus dem ~(e) gehen** éluder, esquiver une question; **aus dem ~!** ôte-toi *bzw.* ôtez-vous de là!; *fig* **j-m im ~(e) stehen, sein** gêner qn; **j-n aus dem ~ räumen** *(töten)* supprimer qn; *(loswerden)* se débarrasser de qn; **etw aus dem ~ räumen** écarter qc *(a. fig)*; *umg* **j-m über den ~ laufen** tomber sur qn; **j-m nicht über den ~ trauen** n'avoir aucune confiance en qn; *fig* **j-m Hindernisse in den ~ legen** créer des difficultés à qn; **auf halbem ~(e)** *a. fig* à mi-chemin; *fig* **s-n ~ gehen** suivre son chemin 5 *fig (Methode, Lösungsweg)* moyen *m*; **ich sehe keinen anderen ~ zu** *(+ inf)* je ne vois pas d'autre moyen de *(+ inf)* 6 *fig* **auf schnellstem ~e** le plus rapidement possible
wegbekommen VT *Fleck* parvenir à enlever
Wegbereiter(in) M(F) précurseur *m*; pionnier, -ière *m,f*
wegblasen VT *umg* **wie weggeblasen sein** avoir disparu comme par enchantement
wegbleiben *umg* VI 1 → fortbleiben 2 *Strom* être coupé **wegbringen** VT 1 → fortbringen 2 → wegkriegen
wegdenken VT **(sich** *[dat]*) **etw ~** faire abstraction de qc; **er ist aus meinem Leben nicht mehr wegzudenken** je ne peux plus m'imaginer une vie sans lui
wegdiskutieren VT *Problem* résoudre par la discussion, en discutant **wegdürfen** *umg* VI avoir la permission de partir *bzw.* de sortir
Wegelagerer M voleur *m* de grand chemin
wegen PRÄP 1 *Ursache* à cause de; pour; pour cause de; *(infolge)* par suite de; **~ schlechten Wetters** à cause du mauvais temps 2 *Bezug* en ce qui concerne; pour ce qui est de; *umg*

von ~! penses-tu! **3** *Zweck* à cause de; pour
wegfahren **A** VT emmener (en voiture, *etc*) **B** VI partir (en voiture, *etc*); **sie fahren oft weg** ils sont souvent en voyage
Wegfahrsperre F **(elektronische) ~** système *m* antidémarrage
Wegfall M suppression *f*
wegfallen VI être supprimé; *Hindernisse, Vorteile a.* tomber **wegfegen** VT balayer (*a. fig*) **wegfliegen** VI s'envoler (**nach** pour)
wegführen VT emmener; **das würde uns zu weit vom Thema ~** cela nous écarterait trop de notre sujet
Weggabelung F bifurcation *f*
Weggang M départ *m*
weggeben VT se débarrasser de
Weggefährte M compagnon *m* de voyage, *fig* de route
weggehen VI **1** s'en aller; partir; *umg* **geh mir weg damit!** fais-moi grâce de ça! **2** *umg Ware* se vendre **3** *umg* (*verschwinden*) disparaître; *Fleck, Schmutz etc* partir
weggießen VT jeter
weghaben *umg* VT *auf e-m bestimmten Gebiet* **etwas ~** *umg* être calé (en ...); *umg* assurer
weghören ne pas écouter **wegjagen** VT chasser
wegkommen *umg* VI **1** (*sich entfernen können*) partir; s'en aller; *umg* se tirer; **machen Sie, dass Sie ~!** *umg* tirez-vous! **2** (*abhandenkommen*) disparaître **3** **bei etw gut ~** s'en tirer bien
wegkönnen *umg* VI arriver à partir, s'en aller, sortir **wegkriegen** *umg* VT *Fleck* arriver à enlever, ôter
weglassen VT **1** **j-n ~** laisser partir qn **2** (*wegfallen lassen*) *umg* laisser tomber; supprimer
weglaufen VI → fortlaufen **weglegen** VT (*beiseitelegen*) mettre de côté; (*aus der Hand legen*) poser
weglocken VT **j-n von j-m, etw ~** (réussir à) faire partir qn (en employant des moyens détournés, la ruse, *etc*)
wegmachen *umg* VT enlever; faire partir **wegmüssen** *umg* VI **1** (*gehen müssen*), *Post* devoir partir **2** (*verbraucht werden müssen*) devoir être consommé; (*entfernt werden müssen*) devoir être enlevé
wegnehmen VT **1** *störenden Gegenstand* enlever **2** **(j-m) etw ~** prendre qc (à qn) **3** **viel Platz ~** prendre beaucoup de place
wegpacken VT ranger; enfermer **wegputzen** VT **1** (*durch Putzen entfernen*) enlever; essuyer **2** *umg* (*aufessen*) *umg* liquider **wegradieren** VT effacer; gommer
Wegrand M **am ~** sur le bord, au bord du chemin
wegrationalisieren VT **Arbeitsplätze ~** supprimer des emplois en rationalisant la production
wegräumen VT **1** (*aufräumen*) ranger **2** *Schutt* déblayer; *Hindernisse, fig* écarter **wegrennen** *umg* VI se sauver, s'enfuir (**vor** [+ *dat*] devant)
wegschaffen VT → fortschaffen **wegscheren** *umg* VR **sich ~** *umg* filer; *umg* se barrer; *umg* se tirer **wegschicken** VT *Person* renvoyer; *Brief, Paket* envoyer; expédier **wegschieben** VT repousser; écarter (en poussant) **wegschleichen** VI (*u.* VR **sich ~**) s'esquiver **wegschleppen** VT emporter; traîner **wegschließen** VT mettre sous clé **wegschmeißen** *umg* VT jeter; *umg* balancer
wegschnappen *umg* VT *Ball* °happer; attraper; *Freundin, Posten umg* piquer; *umg* souffler; **j-m etw vor der Nase ~** *umg* piquer qc à qn sous le nez
wegschütten VT jeter
wegsehen VI **1** détourner les yeux **2** *umg fig* **über etw** (*akk*) **~** fermer les yeux sur qc
wegsetzen VR **sich ~** changer de place **wegstecken** VT mettre de côté; *umg fig Schlag, Beleidigung umg* digérer **wegstehlen** VR **sich ~** s'esquiver **wegstellen** VT mettre ailleurs **wegstoßen** VT repousser **wegstreichen** VT *Geschriebenes* barrer; rayer **wegtragen** VT emporter
wegtreten **A** VT écarter du pied **B** VI se retirer; MIL rompre les rangs; *umg fig* **(geistig) weggetreten sein** être absent, dans la lune
wegtun *umg* VT **1** *an andere Stelle* enlever **2** (*wegwerfen*) jeter
Wegweiser M poteau, panneau indicateur
Wegwerf... IN ZSSGN jetable
wegwerfen VT jeter
wegwerfend ADJT dédaigneux; méprisant
Wegwerffeuerzeug N briquet *m* jetable **Wegwerfflasche** F bouteille perdue, non consignée **Wegwerfgesellschaft** F *pej* société *f* de gaspillage
wegwischen VT essuyer; effacer **wegwollen** *umg* VI vouloir s'en aller, partir **wegzaubern** VT escamoter **wegziehen** **A** VT *Hand, Gegenstand* retirer; enlever; *Person* entraîner **B** VI (*umziehen*) déménager (**von, aus** de)
weh **A** INT **o ~!** aïe!; aïe aïe aïe! **B** ADV → wehtun
wehe INT *geh* **~ (dir), wenn du ...!** gare à toi, si tu ...!
Wehe FPL **~n** contractions *fpl*; **in den ~n liegen** être en train d'accoucher; avoir des contractions
wehen **A** VT emporter; chasser **B** VI **1** *Wind* souffler **2** *Fahnen, Haare* flotter

W

wehleidig ADJ *pej* pleurnicheur; *umg* geignard; *Stimme, Miene* plaintif; dolent **Wehmut** *geh* F *(Sehnsucht)* nostalgie *f*; *(Schwermut)* (douce) mélancolie **wehmütig** ADJ nostalgique; mélancolique

Wehr[1] F **sich zur ~ setzen** se défendre; opposer de la résistance

Wehr[2] N TECH barrage *m*

Wehrdienst M service *m* militaire **Wehrdienstverweigerer** M objecteur *m* de conscience **Wehrdienstverweigerung** F objection *f* de conscience

wehren V/R 1 **sich ~** *körperlich, fig* se défendre (**gegen** contre, de); *(Widerstand leisten)* résister (à) 2 *(sich weigern)* **sich (dagegen) ~, etw zu tun** se refuser à faire qc

wehrfähig ADJ en âge d'être soldat; capable de porter les armes

wehrlos ADJ désarmé; sans défense *(a. Tiere)*; **j-m, e-r Sache ~ ausgeliefert sein** être livré sans défense à qn, qc

Wehrlosigkeit F incapacité *f* de se défendre **Wehrpass** M livret *m* militaire **Wehrpflicht** F service *m* militaire obligatoire

wehrpflichtig ADJ **in ~em Alter** en âge d'être incorporé

Wehrpflichtige(r) M conscrit *m* **Wehrsold** M prêt *m*; solde *f* **wehrtauglich** ADJ apte au service militaire **Wehrübung** F période *f* (d'instruction)

wehtun V/I **j-m ~** faire mal à qn; *fig* faire du mal à qn; **der Kopf tut mir weh** j'ai mal à la tête; **wo tut es dir weh?** où as-tu mal?

Wehwehchen N bobo *m*

Weib N 1 *poet*, BIBEL femme *f* 2 *umg (Eheweib)* épouse *f*; **ein tolles ~** *umg* une nana super; *umg pej* **ein böses ~** une mégère; *pl* **die ~er** *umg* les bonnes femmes

Weibchen N ZOOL femelle *f*

Weiberheld M *pej* → Frauenheld

weibisch ADJ *pej* efféminé; (de) femme

weiblich ADJ 1 féminin *(a.* GRAM*)* 2 BOT, ZOOL femelle **Weiblichkeit** F nature féminine; féminité *f*

Weibsbild, **Weibsstück** *umg pej* N garce *f*

weich A ADJ 1 mou; *Fleisch, Holz, Gestein* tendre; *Frucht* fondant; *Bett* douillet; *Polster, Kissen* moelleux; **ein ~es, ~ gekochtes Ei** un œuf à la coque 2 *(formbar)* plastique; malléable; **~ machen** (r)amollir 3 *(schmiegsam)* souple; *Stoff, Haut, Fell* doux; *Wolle* moelleux; *Haar* souple 4 *fig, Herz* tendre; sensible; *umg* **~ werden** céder 5 *Droge* doux 6 *Wasser* doux B ADV **~ landen** atterrir en douceur

Weiche[1] F BAHN aiguillage *m*; aiguille *f*; **e-e ~ stellen** manœuvrer un aiguillage

Weiche[2] F *(Flanke) meist* PL **~n** flancs *mpl*

Weichei *umg* N petite nature

weichen[1] V/I *in Flüssigkeit* tremper; **~ lassen** faire tremper

weichen[2] V/I 1 *(Platz machen), fig* céder, reculer (**vor** [+ *dat*] devant); **nicht von der Stelle ~** ne pas bouger; **j-m nicht von der Seite ~** ne pas quitter qn d'une semelle 2 *Angst* se dissiper; disparaître

weichgekocht ADJ/T → weich A 1 **weichherzig** ADJ (au cœur) tendre; sensible **Weichkäse** M fromage *m* à pâte molle **weichlich** ADJ *pej* 1 *(etwas weich)* mou 2 *fig* mou; *(zimperlich)* douillet; *(weibisch)* efféminé **Weichling** M *pej* mou *m*; *(weibischer Mann)* efféminé *m*; *(Schwächling)* femmelette *f*

weichmachen V/T (r)amollir

Weichmacher M TECH, CHEM plastifiant *m* **Weichspüler** M adoucissant *m*; assouplissant *m* **Weichteile** NPL 1 ANAT parties molles 2 *umg (Genitalien) umg* parties *fpl* **Weichtiere** NPL mollusques *mpl*

weichwerden V/I *umg fig* céder

Weichzeichner M FOTO objectif *m bzw.* filtre *m* pour flou artistique

Weide[1] F *Baum* saule *m*; *(Korbweide)* osier *m*

Weide[2] F *(Viehweide)* pâturage *m*; pré *m*; herbage *m* **Weidefläche** F, **Weideland** N pâturage(s) *m(pl)*; herbages *mpl*

Weide — le saule

Weide — le pâturage

weiden A V/I paître; pâturer; brouter (l'herbe) B *geh* V/R **sich an etw** *(dat)* **~** se repaître, se délecter de qc *(a. pej)*

Weidenkätzchen N chaton *m* de saule

Weidmannsheil INT **~!** bonne chasse!

weigern V/R **sich ~** refuser (**etw zu tun** de faire qc)

Weigerung F refus *m*

Weihbischof M KATH évêque *m* auxiliaire

Weihe F REL consécration *f*; *e-s Priesters* ordination *f*

weihen V/T **1** REL consacrer; *bes* KATH *Brot, Wasser* bénir; **j-n zum Priester ~** ordonner qn prêtre **2** *geh* **dem Tode geweiht sein** être voué à la mort
Weiher M *bes südd* étang *m*; (*Fischweiher*) vivier *m*
weihnachten V/UNPERS **es weihnachtet** Noël approche
Weihnachten N Noël *m*; **zu** *od südd* **an ~** à Noël; **frohe** *od* **fröhliche ~!** joyeux Noël!; **weiße ~** Noël sous la neige
weihnachtlich **A** ADJ de Noël **B** ADV **~ geschmückt** décoré pour Noël
Weihnachtsabend M veille *f* de Noël **Weihnachtsbaum** M arbre *m* de Noël **Weihnachtsbescherung** F distribution *f* des cadeaux de Noël **Weihnachtsbrauch** M coutume *f* de Noël **Weihnachtseinkäufe** MPL achats *mpl* de Noël **Weihnachtsfeier** F fête *f* de Noël
Weihnachtsfeiertag M **der erste ~** le jour de Noël; **der zweite ~** le 26 décembre (**!** der zweite Weihnachtstag ist in Frankreich kein Feiertag); *pl* **~e** fêtes *fpl* de Noël
Weihnachtsferien PL vacances *fpl* de Noël **Weihnachtsfest** N fête *f* de Noël; Noël *m* **Weihnachtsgebäck** N petits gâteaux de Noël **Weihnachtsgeld** N prime *f* de fin d'année **Weihnachtsgeschenk** N cadeau *m* de Noël **Weihnachtskrippe** F crèche *f* de Noël **Weihnachtslied** N cantique *m*, chant *m* de Noël; noël *m* **Weihnachtsmann** M père *m* Noël **Weihnachtsmarkt** M marché *m* de Noël **Weihnachtsstern** M **1** *aus Papier, Stroh* étoile *f* de Noël **2** BOT poinsettia *m* **Weihnachtstag** M → Weihnachtsfeiertag **Weihnachtszeit** F époque *f* de Noël
Weihrauch M encens *m* **Weihwasser** N eau bénite **Weihwasserbecken** N bénitier *m*
weil KONJ parce que; *bei gleichem Subjekt a.* pour (+ *inf passé*)
Weilchen N **ein ~** un petit moment
Weile F moment *m*; (un) certain laps de temps; **e-e ganze ~** assez longtemps; un bon moment; *sprichw* **eile mit ~!** *sprichw* hâte-toi lentement!
weilen *geh* V/I séjourner; *fig* **er weilt nicht mehr unter uns** (*dat*) il n'est plus parmi nous; il nous a quittés
Weiler M °hameau *m*
Wein M **1** *Getränk* vin *m*; *fig* **j-m reinen ~ einschenken** dire à qn la vérité toute crue **2** (*Weinreben*) vigne(s) *f(pl)*
Wein(an)bau M viticulture *f* **Weinbauer** M vigneron *m*; *im Großen* viticulteur *m* **Weinbaugebiet** N région *f* vinicole *od* viticole **Weinbeere** F grain *m* de raisin **Weinberg** M vignoble *m*; vigne *f* **Weinbergschnecke** F escargot *m* de Bourgogne **Weinblatt** N feuille *f* de vigne **Weinbrand** M eau-de--vie *f* de raisin; *weitS.* cognac *m*
weinen V/I pleurer (**über** [+ *akk*], **vor** [+ *dat*] sur, de); **um j-n ~** pleurer (la perte de) qn; **j-n zum Weinen bringen** faire pleurer qn; **es ist zum Weinen!** c'est à désespérer!
weinerlich ADJ pleurnicheur; *Stimme a.* larmoyant
Weinessig M vinaigre *m* (de vin) **Weinfass** N tonneau *m* à vin **Weinflasche** F bouteille *f* à vin **Weingegend** F région *f* viticole, de vignobles **Weingeist** M esprit-de-vin *m* **Weinglas** N verre *m* à vin **Weingut** N domaine *m* viticole **Weinhändler** M marchand *m* de vin(s) **Weinhandlung** F débit *m* de vin **Weinkarte** F carte *f* des vins **Weinkeller** M cave *f* à vin **Weinkenner** M connaisseur *m* en vins
Weinkrampf M crise *f* de larmes
Weinlese F vendange(s) *f(pl)* **Weinlokal** N bar *m* à vins **Weinprobe** F dégustation *f* (de vin) **Weinrebe** F vigne *f*; (*Rebstock*) cep *m* de vigne **weinrot** ADJ vineux; (couleur) lie de vin **Weinschorle** F *mélange de vin et d'eau minérale gazeuse* **Weinstein** M tartre *m* **Weinstock** M (pied *m*, cep *m* de) vigne *f* **Weinstube** F débit *m* de vin **Weintraube** F (grappe *f* de) raisin *m*
weise ADJ sage
Weise F **1** (*Art*) manière *f*; façon *f*; **auf diese ~** de cette manière, façon; **auf meine ~** à ma manière, façon; **in gewohnter ~** comme d'habitude **2** MUS air *m*; mélodie *f*
weisen V/I **auf etw** (*akk*) **~** indiquer qc
Weisheit F **1** sagesse *f*; **der ~ letzter Schluss** la réponse à tout; la solution idéale; *umg* **mit s-r ~ am Ende sein** ne plus savoir que faire **2** (*weiser Rat, Spruch*) adage *m*; maxime *f*
Weisheitszahn M dent *f* de sagesse
weismachen *umg* V/T **j-m etw ~** faire, laisser croire qc à qn
weiß[1] → wissen
weiß[2] ADJ blanc; (*bleich*) pâle; **das Weiße Haus** la Maison Blanche; **~e Weihnachten** *npl* Noël *m* sous la neige
Weiß N blanc *m*
weissagen V/T prédire; prophétiser **Weissagung** F prédiction *f*; prophétie *f*
Weißbier N bière blanche **Weißblech** N fer-blanc *m* **weißblond** ADJ d'un blond (tirant sur le) blanc **Weißbrot** N pain blanc **Weißdorn** M BOT aubépine *f*

W

Weiße F **Berliner ~ (mit Schuss)** bière blanche de Berlin (servie avec du sirop de framboise)
Weiße(r) M/F(M) Blanc *m*; Blanche *f*
weißen V/T *Wände* blanchir; *(tünchen)* badigeonner
Weißglut F incandescence *f*; *umg fig* **j-n zur ~ bringen** pousser qn à bout
Weißgold N or blanc **weißhaarig** ADJ aux cheveux blancs **Weißkohl** M, *bes südd, österr* **Weißkraut** N chou blanc **weißlich** ADJ blanchâtre **Weißmacher** M *im Waschmittel* agent blanchissant **Weißrussland** N la Biélorussie **Weißwein** M vin blanc **Weißwurst** F boudin blanc
Weisung *geh ou* ADMIN F directive *f* **Weisungsbefugnis** F pouvoir *m* de direction
weit A ADJ 1 *(ausgedehnt)* vaste; large; étendu; **~e Teile des Landes** une grande partie du pays; **im ~esten Sinne des Wortes** dans toute l'acception du terme 2 *Reise, Weg* long; *Ziel* éloigné; **das Weite suchen** prendre le large 3 *Kleidung* large; MODE *(weit geschnitten)* ample B ADV 1 *(ausgedehnt)* **~ verbreitet** très répandu; **~ gereist sein** avoir beaucoup voyagé; **die Augen ~ aufmachen** faire, ouvrir de grands yeux; **~ und breit** partout; **~ blickend, gehend, reichend** → weitblickend, weitgehend, weitreichend 2 *(entfernt)* loin; **~ entfernt von ...** très loin de ...; **~ weg** au loin; très loin; **von Weitem** de loin; à distance; **wie ~ ist es nach ...?** quelle distance y a-t-il d'ici à ...? 3 *zeitlich* loin; **~ zurückliegend** lointain; **er ist ~ über fünfzig** il a largement dépassé la cinquantaine 4 *in der Entwicklung* loin; **wie ~ bist du (mit deiner Arbeit)?** où en es-tu (de *od* avec ton travail)?; **das geht zu ~** c'en est trop 5 *(weitaus)* de loin; de beaucoup; **~ mehr** beaucoup plus; **j-m ~ überlegen sein** surpasser qn de loin, de beaucoup; **bei Weitem nicht vollständig** loin d'être complet
weitab ADV loin d'ici, de là
weitaus ADV de loin; de beaucoup
Weitblick M clairvoyance *f* **weitblickend** ADJT qui voit loin; prévoyant
Weite F 1 *(Weitsein)* (vaste) étendue *f* 2 *(Größe)* dimensions *fpl*; largeur *f*; ampleur *f* (*a. e-s Kleidungsstücks*) 3 *(weiter Raum)* vaste espace *m*; *(Ferne)* lointain *m* 4 *(Länge) e-s Weges*, SPORT longueur *f*
weiten V/T (*u.* V/R) **(sich ~** s')élargir; *Öffnung* (s')évaser
weiter ADV 1 **(nur) ~!, ~ so!** continue *bzw.* continuez!; **~ auf Seite drei** suite en page trois 2 *(anschließend)* ensuite; après; **was geschah ~?** qu'est-ce qui s'est passé ensuite?; **~ bestehen** continuer d'exister; subsister 3 *(außerdem)* de, en plus; encore; **~ nichts?** c'est tout?; *umg* **wenn es ~ nichts ist!** *umg* si ce n'est que ça! 4 *zur Steigerung* plus; **~ unten, vorn** plus bas, en avant
weiterarbeiten V/I continuer à travailler **weiterbeschäftigen** V/T garder **weiterbestehen** V/I → weiter 2
weiterbilden V/T *u.* V/R → fortbilden **Weiterbildung** F → Fortbildung
weiterbringen V/T avancer **weiterdenken** V/I réfléchir aux conséquences (de qc)
weitere ADJ 1 *(zusätzlich)* de plus; autre; **haben sie noch ~ Fragen?** avez-vous d'autres questions?; → Weitere(s) 2 *(anschließend)* **die ~ Entwicklung** l'évolution ultérieure; **zur ~n Behandlung** pour la suite du traitement; → Weitere(s)
Weitere(s) N **das Weitere** ce qui suit; la suite; le reste; **des Weiteren** en outre; de, en plus; **bis auf Weiteres** jusqu'à nouvel ordre; **ohne Weiteres** sans (plus de) façon(s)
weiterempfehlen V/T recommander (à qn, à d'autres personnes) **weiterentwickeln** A V/T développer; *Erfindung* perfectionner B V/R **sich ~** se développer; *Wissenschaft, Vorstellung etc* évoluer; progresser **weitererzählen** V/T 1 *(ausplaudern)* propager; divulguer 2 *(fortfahren zu erzählen)* continuer à raconter **weiterfahren** V/I poursuivre, continuer sa route, son voyage
weiterführen V/T *u.* V/I continuer; **~de Schulen** *fpl* enseignement *m* secondaire
weitergeben V/T transmettre; *(herumreichen)* faire passer, circuler
weitergehen V/I 1 *(weiterlaufen)* poursuivre, continuer son chemin; **~!** circulez! 2 *(sich fortsetzen)* continuer; *Verhandlungen* se poursuivre; **so kann es nicht ~** ça ne peut pas durer, continuer comme ça
weiterhelfen V/I **j-m (mit etw) ~** aider qn (à faire qc)
weiterhin ADV 1 *(außerdem)* en outre; encore 2 *(in Zukunft)* à l'avenir 3 *(noch immer)* toujours; encore
weiterkommen V/I 1 *auf s-m Weg* avancer; *umg* **mach, dass du weiterkommst!** *umg* fiche, fous le camp! 2 *bei der Arbeit* avancer (**in** [+ *dat*], **mit** dans); *im Beruf* gravir les échelons; monter en grade
weiterleiten V/T transmettre; *Brief* acheminer **weitermachen** *umg* V/T *u.* V/I continuer (**mit etw** à, de faire qc) **weiterreichen** V/T transmettre; *(herumreichen)* faire passer, circuler
weitersagen V/T répéter; **nicht ~!** ne le répète, répétez pas!

weiterschlafen VI continuer de dormir
weitersehen VI **dann sehen wir weiter** après, on verra
weiterspielen VT u. VI continuer à jouer **weiterverarbeiten** VT transformer; traiter; usiner
weiterverfolgen VT **e-e Sache ~** suivre qc; donner suite à qc
weiterverkaufen VT revendre
weiterwissen VI **nicht (mehr) ~** ne plus savoir que faire
weiterziehen VI continuer, poursuivre son chemin, sa route
weitgehend **A** ADJT large; *(beträchtlich)* considérable **B** ADVL en grande partie
weitgereist ADJT → weit B 1
weither *geh* ADV de loin
weithin ADV au, de loin
weitläufig **A** ADJ **1** *Gebäude* étendu; *plus fort* vaste **2** *Verwandter* éloigné **3** *Schilderung* détaillé **B** ADV **1** **sie sind ~ verwandt** ils sont parents éloignés **2** *schildern* en détail
weiträumig ADV **etw ~ umfahren** faire un grand détour autour de qc
weitreichend ADJT *räumlich* à longue portée; *Vollmacht* étendu; *Einfluss* grand **weitschweifig** ADJ *Schilderung* prolixe; interminable **weitsichtig** ADJ **1** MED hypermétrope; *im Alter* presbyte **2** *fig* prévoyant **Weitsichtigkeit** F MED hypermétropie *f*; *im Alter* presbytie *f* **Weitsprung** M saut *m* en longueur **weitverbreitet** ADJT très répandu **Weitwinkelobjektiv** N objectif *m* (à) grand angle
Weizen M blé *m*; froment *m* **Weizenbier** N bière blanche **Weizenmehl** N farine *f* de froment, de blé
welch *geh* INT PR *in Ausrufen* quel; **~ ein Glück!** quelle chance!
welche **A** INT PR **1** *adjt* quel **2** *subst* lequel; **~r von beiden?** lequel des deux? **B** REL PR **1** *Nominativ* **~r, ~, ~s**, *pl* **~** qui; *zur Vermeidung e-s Doppelsinnes a.* lequel **2** *dat* **~m, ~r**, *pl* **~n** auquel; *mit Bezug auf Personen a.* à qui **3** *akk* **~n, ~, ~s**, *pl* **~** que; *nach präp* lequel; *mit Bezug auf Personen a.* qui **C** INDEF PR **1** **~r, ~, ~s**, *pl* **~ ... auch (immer)** *vor subst* quelque ... que *(+ subj)* **2** *unbestimmte Menge* **~n, ~, ~s**, *pl* **~** en; *haben Sie Brot?* **ich habe ~s** j'en ai
welk ADJ fané; flétri *(beide a. fig)* **welken** VI se faner; se flétrir
Wellblech N tôle ondulée **Wellblechdach** N toit *m* de tôle ondulée **Wellblechhütte** F baraque *f* en tôle ondulée
Welle F **1** *(Woge)* vague *f (a. fig)*; *hohe* lame *f*; *fig* **hohe ~n schlagen** provoquer des remous **2** *im Haar* **~n** *pl* ondulations *fpl* **3** TECH arbre *m* **4** *(Lichtwelle, Schallwelle, Radiowelle)* onde *f* **5** *im Verkehr* **grüne ~** feux synchronisés
wellen V/R **sich ~** former des ondulations, des plis
Wellenbad N piscine *f* à vagues (artificielles) **Wellenbereich** M RADIO bande *f* de fréquences **Wellenbewegung** F mouvement *m* ondulatoire; ondulation *f* **Wellenbrecher** M brise-lames *m* **wellenförmig** **A** ADJ onduleux **B** ADV par ondes; comme une onde **Wellengang** M SCHIFF °houle *f* **Wellenkamm** M crête *f* d'une vague **Wellenlänge** F longueur *f* d'onde *(a. umg fig)* **Wellenlinie** F ligne ondulée; ondulation *f* **Wellenreiten** N surf *m* **Wellensittich** M perruche *f*
wellig ADJ *Haare, Oberfläche* ondulé
Wellness F bien-être *m*; bonne forme (physique) et vitalité *f* **Wellnessbereich** M espace *m* bien-être **Wellnesscenter** N centre *m* de bien-être **Wellnesshotel** N (hôtel *m* avec) centre *m* de bien-être **Wellnessprodukt** N produit *m* bien-être **Wellnesswochenende** N week-end *m* bien-être
Wellpappe F carton ondulé
Welpe M *Hund* chiot *m*; *Wolf* louveteau *m*; *Fuchs* renardeau *m*
Wels M ZOOL silure *m*
welsch ADJ *schweiz* de la Suisse romande **Welschland** N *schweiz* Suisse romande
Welt F **1** monde *m*; **alle ~** tout le monde; **die Alte, Neue ~** l'Ancien, le Nouveau monde; **die Dritte, Vierte ~** le tiers, quart monde; **die ganze ~** le monde entier; **die ~ des Theaters** le monde du théâtre; **ein Mann von ~** un homme du monde; **nicht um alles in der ~** pour rien au monde *(mit* ne *beim Verb)*; **was in aller ~ ...?** que ... donc!; **zur ~ bringen** mettre au monde; **etw aus der ~ schaffen** liquider, régler qc; **auf die ~ kommen** venir au monde; **e-e Reise um die ~ machen** faire le tour du monde; *umg pej* **in die ~ setzen** *Gerücht* faire courir, circuler **2** *(Weltall)* univers *m*; **zwischen uns liegen ~en** des mondes nous séparent
Welt... IN ZSSGN mondial; du monde **Weltall** N univers *m* **Weltanschauung** F conception *f*, vision *f* du monde; *(Ideologie)* idéologie *f* **Weltatlas** M atlas *m* du monde **Weltausstellung** F exposition universelle **weltbekannt** ADJ, **weltberühmt** ADJ célèbre dans le monde entier **Weltbevölkerung** F population mondiale **weltbewegend** ADJT révolutionnaire **Weltbild** N image *f*, vision *f* du monde **Weltcup** M coupe mondiale

W

Weltenbummler(in) M(F) globe-trotter *m/f*
Welterfolg M succès mondial
Weltergewicht N poids *m* welter; poids mi--moyen
weltfremd ADJ détaché; peu réaliste
Weltfriede(n) M paix mondiale, universelle **Weltgeschichte** F histoire universelle **Weltgesundheitsorganisation** F Organisation mondiale de la santé **weltgewandt** ADJ qui a l'usage du monde; qui a beaucoup de savoir-vivre **Welthandel** M commerce mondial **Welthandelsorganisation** F Organisation mondiale du commerce **Weltherrschaft** F hégémonie mondiale **Weltkarte** F mappemonde *f* **Weltklasse** F *bes* SPORT élite mondiale
Weltkrieg M guerre mondiale; **der Erste ~** la Première Guerre mondiale; la Grande Guerre; **der Zweite ~** la Seconde Guerre mondiale
Weltkugel globe *m* (terrestre) **Weltkulturerbe** N patrimoine mondial de l'humanité
weltlich ADJ de ce monde; (*nicht kirchlich*) séculier
Weltliteratur F littérature universelle **Weltmacht** F puissance mondiale **weltmännisch** ADJ d'homme du monde **Weltmarkt** M marché mondial **Weltmeer** N océan *m* **Weltmeister(in)** M(F) champion, -ionne *m,f* du monde **Weltmeisterschaft** F championnat *m* du monde **Weltmeistertitel** M titre *m* de champion du monde **weltoffen** ADJ *Mensch, Charakter* qui a une grande ouverture d'esprit; *Stadt* cosmopolite
Weltöffentlichkeit F monde *m*; opinion mondiale; **vor den Augen der ~** à la face du monde
Weltrang M niveau international **Weltraum** M espace *m*
Weltraum... IN ZSSGN → **Raum...**
Weltreich N empire *m* **Weltreise** F tour *m* du monde **Weltrekord** M record mondial **Weltrekordinhaber(in)** M(F), **Weltrekordler(in)** M(F) détenteur, -trice *m,f* du record mondial *od* du monde **Weltreligion** F grande religion du monde **Weltruf** M renommée, réputation universelle, mondiale **Weltschmerz** M mal *m* du siècle; spleen *m* **Weltsicherheitsrat** M Conseil *m* de sécurité (des Nations Unies) **Weltsprache** F langue universelle **Weltstadt** F grande métropole; ville *f* cosmopolite **weltstädtisch** ADJ de grande métropole; cosmopolite **Weltstar** M vedette, star internationale **Weltumseg(e)lung** F tour *m* du monde à la voile **Weltuntergang** M fin *f* du monde **Weltuntergangsstimmung** F ambiance *f* de fin du monde, d'apocalypse **Weltaufführung** F première mondiale **Weltverbesserer** M *iron* personne *f* qui veut refaire le monde; *weitS.* redresseur *m* de torts **weltweit** ADJ mondial; universel **Weltwirtschaft** F économie mondiale **Weltwirtschaftskonferenz** F conférence économique internationale **Weltwirtschaftskrise** F crise économique mondiale **Weltwunder** N merveille *f* du monde
wem (*dat de* wer) **A** INT PR à qui?; **~ gehört das?** c'est à qui? **B** REL PR celui à qui
Wemfall M GRAM datif *m*
wen (*akk de* wer) **A** INT PR qui?; qui est-ce que?; **an ~ denkst du?** à qui est-ce que tu penses? **B** REL PR celui que; **~ man auch immer wählt, ...** qui que l'on choisisse, ...
Wende F **1** (*Wenden, Wendepunkt*) virage *m* (*a.* SPORT) **2** *zeitliche* tournant *m*; **um die ~ des 19. Jahrhunderts** autour de 1900 **3** (*Änderung*) changement *m*; tournant *m*
Wendekreis M **1** ASTRON, GEOG tropique *m* **2** AUTO rayon *m* de braquage
Wendeltreppe F escalier *m* en colimaçon, en hélice, à vis
Wendemanöver N (manœuvre *f* de) demi--tour *m* **Wendemöglichkeit** F possibilité *f* de (faire) demi-tour
wenden **A** V/T (*umdrehen*) tourner; *Braten, Heu* retourner; *Fahrzeug* faire demi-tour avec **B** V/I (*umkehren*) faire demi-tour; (*umblättern*) **bitte ~!** tournez, s'il vous plaît **C** V/R **sich ~** **1** (*sich ändern*) changer; tourner; **sich zum Guten, Bösen ~** bien, mal tourner **2** (*sich hinwenden, zuwenden*) se tourner; **sich zur Tür ~** se diriger vers la porte **3** **sich an j-n ~** s'adresser à qn (**mit, in e-r Sache** au sujet de qc)
Wendepunkt M *fig* tournant *m*
wendig ADJ **1** *Fahrzeug* (très) maniable; facile à manœuvrer **2** (*geistig beweglich*) vif
Wendung F **1** (*Veränderung*) changement *m*; (*Umschwung*) revirement *m*; **e-e unerwartete ~ nehmen** prendre un tour inattendu; **e-e ~ zum Besseren nehmen** prendre une bonne tournure; s'améliorer **2** (*Redewendung*) locution *f*; expression *f*
Wenfall M GRAM accusatif *m*
wenig **A** INDEF PR **1** *adjt* peu de; *mit zählbaren Mengen pl* **~e ...** peu de ...; quelques ...; **~ Wasser** peu d'eau; **~e Dinge** *npl* peu de choses; **in ~en Minuten** dans quelques minutes; **die ~en Menschen, die ...** les quelques, les rares personnes qui ... **2** *subst* peu; *pl* **~e** peu; *Personen a.* peu de gens, personnes; **einige ~e** quelques--un(e)s; **e-e, e-r der ~en (, die ...)** une des rares personnes (qui ...); **das wissen nur ~e** il n'y a

W

que peu de gens qui le sachent **B** ADV **1** *(nicht sehr)* ne … guère; peu; à peine; **sich ~ um etw kümmern** ne pas se soucier beaucoup de qc **2** *(unwesentlich)* peu; à peine; **nur ~ besser** juste un peu mieux **3** **ein ~** *(etwas)* un peu; **ein (ganz) klein ~** un (tout) petit peu; **ein ~ schneller** un peu plus vite

weniger **A** INDEF PR moins; *vor subst* moins de; **~ als …** moins que …; *vor Zahlen* moins de …; **eins ~** un de moins; **viel ~** bien, beaucoup moins; **nicht ~ als …** pas moins que, *vor Zahlen* pas moins de … *(mit* ne *beim Verb)*; **nicht mehr und nicht ~** ni plus ni moins; **~ werden** diminuer; se réduire **B** ADV *(minus)* **10 ~ 4** 10 moins 4

Wenigkeit F *hum* **meine ~** ma modeste personne

wenigste INDEF PR **das ~, am ~n** le moins; **die ~n wissen das** très peu de gens le savent

wenigstens ADV au moins; du moins; pour le moins

wenn KONJ **1** *temporal* quand; lorsque; **sagen Sie es ihm, ~ er kommt** dites-le-lui, quand il viendra; **jedes Mal ~** chaque fois que; toutes les fois que **2** *konditional* si (❗ vor **i** wird **si** zu **s'**: s'il venait = wenn er käme); **~ Sie wollen** si vous voulez; **~ ich ehrlich sein soll** à vous parler franchement; **außer ~** sauf si; **~ ich bloß wüsste …!** si seulement je savais …! (❗ **si** steht immer mit dem Indikativ) **3** *konzessiv* **~ auch, auch ~** quoique, bien que … *(+ subj)*; **auch ~ es noch so weit ist** quelle qu'en soit la distance; **selbst ~** même si … *(+ ind)*

Wenn *umg* N **ohne ~ und Aber** sans réserve

wenngleich KONJ quoique *(+subj)*; bien que *(+subj)*

wennschon *umg* ADV **~, dennschon** tant qu'à faire!; **na, ~!** qu'importe!; et pourquoi pas!

wer **A** INT PR qui?; qui est-ce qui?; **~ von beiden?** lequel, laquelle des deux? **B** REL PR qui; celui qui; **~ es auch sei** qui que ce soit

Werbeabteilung F service *m* (de la) publicité **Werbeagentur** F agence *f* de publicité **Werbeaktion** F opération *f* publicitaire **Werbeartikel** M article *m* de publicité **Werbebanner** N IT bannière *f* (publicitaire) **Werbeetat** M budget *m* publicitaire, de publicité **Werbeexemplar** N exemplaire *m* de publicité **Werbefeldzug** M campagne *f* publicitaire, de publicité **Werbefernsehen** N publicité télévisée **Werbefilm** M film *m* publicitaire **Werbefläche** F panneau *m* publicitaire; panneau-réclame *m* **Werbefunk** M publicité radio-diffusée **Werbegag** M gag *m* publicitaire **Werbegeschenk** N prime *f*; cadeau *m* publicitaire **Werbegrafik** F art *m* de la publicité commerciale **Werbegrafiker(in)** M(F) dessinateur, -trice *m,f* publicitaire **Werbematerial** N matériel *m* de publicité **Werbemittel** N moyen *m* de publicité

werben **A** V/T *Mitglieder* recruter; *Kunden* prospecter **B** V/I **1** **für etw ~** faire de la publicité pour qc **2** *geh* **um j-s Gunst ~** solliciter les faveurs de qn

Werbesendung F émission *f* publicitaire **Werbeslogan** M slogan *m* publicitaire **Werbespot** M spot *m* publicitaire **Werbesprache** F langage *m* publicitaire, *umg* de la pub **Werbespruch** M slogan *m* publicitaire **Werbetext** M texte *m* publicitaire **Werbetexter** M rédacteur *m* publicitaire

Werbetrommel F *umg* **die ~ rühren** faire du battage publicitaire

werbewirksam ADJ d'une grande efficacité publicitaire **Werbewoche** F semaine *f* de promotion

Werbezwecke MPL **für ~** à des fins publicitaires

Werbung F **1** *von Mitgliedern* recrutement *m* **2** *(Reklame)* publicité *f*; réclame *f*; propagande *f (a.* POL*)*

Werbungskosten PL **1** STEUERRECHT frais professionnels **2** frais *mpl* publicitaires, de publicité

Werdegang M **1** *e-s Menschen* évolution *f*; *beruflicher* carrière *f* **2** *e-r Sache* développement *m*

werden **A** V/I devenir; **Arzt ~** devenir médecin; **Abteilungsleiter ~** passer chef de service; **was soll aus ihm ~?** que va-t-il devenir?; **was soll daraus ~?** qu'est-ce que cela va donner?; **was willst du (einmal) ~?** qu'est-ce que tu veux faire plus tard?; *umg* **ist das Bild etwas geworden?** est-ce que la photo est réussie? **B** V/UNPERS **es wird kalt** il commence à faire froid; **mir wird kalt** je commence à avoir froid; **mir wird schlecht** je ne me sens pas bien; **es wird Sommer** l'été approche; *umg* **es wird schon ~** tout s'arrangera **C** V/AUX **1** *zur Bildung des Futurs* **ich werde es ihm sagen** je le lui dirai; *sofort* je vais le lui dire **2** *zur Bildung des Passivs* être; **geliebt ~** être aimé; *unpersönlich* **es wurde gelacht** on a ri; **das wird kalt getrunken** cela se boit froid **3** *zur Umschreibung des Konjunktivs* **er würde kommen, wenn …** il viendrait si …; **würden Sie bitte** *(+ inf)* veuillez *(+ inf)* **4** *Vermutung* **er wird es nicht gehört haben** il ne l'aura pas entendu; **es wird ihm doch nichts passiert sein?** j'espère qu'il ne lui est rien arrivé

Werfall M GRAM nominatif *m*

werfen **A** V/T **1** *Stein, Ball* jeter; lancer; *Speer, Bomben* lancer **2** **ein Tor ~** marquer un but; *beim Würfeln* **e-e Sechs ~** faire (un), jouer un six **3**

etw ins Wasser, aus dem Fenster ~ jeter qc dans l'eau, par la fenêtre; **die Tür ins Schloss ~** claquer la porte; **j-n aus dem Haus ~** mettre qn dehors **B** VI **1** **mit etw ~** lancer, jeter, envoyer qc; **mit etw nach j-m, etw ~** lancer qc sur qn, qc; *fig* **mit Geld um sich ~** dépenser sans compter **2** ZOOL mettre bas **C** V/R **1** **sich auf den Boden ~** se jeter par terre; *fig* **sich auf etw** (*akk*) **~** se lancer dans qc; **sich vor e-n Zug ~** se jeter sous un train **2** *Holz* **sich ~** se déjeter; gauchir

Werft F chantier naval **Werftarbeiter** M ouvrier *m* d'un chantier naval

Werk N **1** (*Arbeit*) œuvre *f*; ouvrage *m*; **am ~ sein** être à l'œuvre; **ans ~ gehen** se mettre à l'œuvre, à l'ouvrage **2** (*Tat*) œuvre *f*; acte *m* **3** (*Resultat*), *e-s Künstlers, Autors* œuvre *f*; **gesammelte ~e** œuvres complètes **4** (*Fabrik*) usine *f*

Werkbank F établi *m*

werkeln VI bricoler

Werken N *Schulfach* travaux manuels

werkgetreu ADJ *Inszenierung* fidèle, conforme à l'œuvre

Werk(s)angehörige(r) M/F(M) membre *m* du personnel (de l'entreprise) **Werk(s)arzt** M médecin *m* d'entreprise

Werkschutz M surveillance *f* et sécurité *f* d'une entreprise

Werk(s)gelände N terrain *m*, enceinte *f* de l'usine **Werk(s)halle** F °hall *m* d'usine; atelier *m* **Werk(s)kantine** F cantine *f* (de l'entreprise) **Werk(s)kindergarten** M crèche *f* d'entreprise **Werk(s)küche** F cuisine *f* d'entreprise **Werk(s)leiter** M directeur *m* de l'usine, de l'entreprise **Werk(s)leitung** F direction *f* de l'usine, de l'entreprise **Werk(s)spionage** F espionnage industriel

Werkstatt F, **Werkstätte** F atelier *m* **Werkstattleiter(in)** M(F) chef *m* d'atelier **Werkstoff** M matériau *m*; matériel *m* **Werkstoffprüfung** F essai *m* des matériaux **Werkstück** N pièce *f* (à usiner) **Werkstudent(in)** M(F) étudiant(e) *m(f)* qui travaille pour financer ses études

Werk(s)wohnung F logement *m* d'entreprise **Werk(s)zeitung** F journal *m* d'entreprise

Werktag M jour *m* ouvrable **werktags** ADV les jours ouvrables; en semaine **werktätig** ADJ actif **Werktätige(r)** M/F(M) travailleur, -euse *m,f* **Werkunterricht** M → Werken **Werkverzeichnis** N *bes* MUS liste *f* des œuvres complètes

Werkzeug N outil *m*; *koll* outils *mpl*; outillage *m* **Werkzeugkasten** M boîte *f*, coffre *m* à outils **Werkzeugmacher** M outilleur *m*

Wermut M **1** *Getränk* vermouth *m* **2** BOT absinthe *f*

wert ADJ **1** **~ sein** valoir; **das ist nicht viel ~** cela ne vaut pas grand-chose; *fig* **das ist schon viel ~** c'est un (grand) point (d')acquis **2** *geh* (*geehrt*) honoré; **~er Herr** cher monsieur

Wert M **1** (*Marktwert*) valeur *f*; **im ~ steigen, sinken** augmenter, diminuer de valeur **2** *pl* **~e** (*Wertsachen*) objets *mpl* de valeur **3** (*Bedeutung*) valeur *f*; importance *f*; **großen ~ auf etw** (*akk*) **legen** attacher une grande importance à qc **4** (*Messwert, Zahlenwert*) valeur *f*; *Ergebnis* résultat *m*

Wertarbeit F fabrication soignée **wertbeständig** ADJ **1** *Ware* de valeur stable **2** *Währung* stable; stabilisé

werten V/T **1** estimer; évaluer; **etw als Erfolg ~** considérer qc comme un succès **2** SPORT noter

wertfrei **A** ADJ neutre; impartial **B** ADV avec impartialité

Wertgegenstand M objet *m* de valeur

Wertigkeit F CHEM valence *f*

wertlos ADJ sans valeur

Wertmarke F ADMIN timbre *m*; HANDEL bon *m* **Wertmaßstab** M critère *m*, mesure *f* (de valeur) **Wertminderung** F dépréciation *f* **Wertpaket** N colis *m* avec valeur déclarée **Wertpapier** N valeur (mobilière); effet *m*; titre *m* **Wertsache** F objet *m* de valeur **Wertschätzung** *geh* F estime *f* **Wertschöpfung** F WIRTSCH création *f* de valeur **Wertschöpfungskette** F WIRTSCH chaîne *f* de création de valeur **Wertsteigerung** F augmentation *f* de la valeur; plus-value *f* **Wertstoff** M matériau *m* recyclable **Wertstoffhof** M déchetterie *f* avec tri sélectif

Wertung F **1** (*Einschätzung*) estimation *f*; évaluation *f* **2** SPORT classement *m*

Werturteil N jugement *m* de valeur **wertvoll** ADJ précieux **Wertvorstellungen** FPL valeurs morales **Wertzuwachs** M plus--value *f*

Werwolf M loup-garou *m*

Wesen N **1** (*Wesensart, Charakter*) nature *f*; caractère *m*; naturel *m*; **ein freundliches ~ haben** être (d'un naturel) aimable **2** (*Lebewesen*) être (vivant)

Wesensart F → Wesen **wesensfremd** ADJ étranger à la nature (+ *dat* de) **Wesenszug** M trait *m* caractéristique

wesentlich **A** ADJ essentiel; substantiel; *Bestandteil* intégrant; constitutif; (*grundlegend*) fondamental; **im Wesentlichen** en substance; **~er Unterschied** différence fondamentale **B** ADV **~ größer** beaucoup, bien plus grand

W

Wesfall M GRAM génitif *m*
weshalb → warum
Wespe F guêpe *f*
Wespennest N guêpier *m*; *umg fig* **in ein ~ stechen** mettre le feu aux poudres
Wespenstich M piqûre *f* de guêpe **Wespentaille** F taille *f* de guêpe
wessen INT PR **1** (*gen de* wer) de qui?; **~ Sohn ist er?** de qui est-il le fils?; **~ Mantel ist das?** à qui est ce manteau? **2** (*gen de* was) de quoi?; **~ klagt man dich an?** de quoi t'accuse-t-on?
Wessi *umg* M *surnom des Allemands de l'Ouest*
West M (*sans article ni* PL) ouest *m* **westdeutsch** ADJ POL de l'Allemagne de l'Ouest; GEOG de l'Allemagne occidentale **Westdeutschland** N POL l'Allemagne *f* de l'Ouest; GEOG l'Allemagne occidentale
Weste F gilet *m*; *umg fig* **e-e weiße ~ haben** n'avoir rien à se reprocher; avoir les mains propres
Westen M ouest *m*; POL **der ~** l'Occident *m*; l'Ouest *m*; **der Wilde ~** le Far West; **im ~ (von)** à l'ouest (de); **von ~** de l'ouest
Westentasche F poche *f* de gilet; *umg fig* **etw wie s-e ~ kennen** connaître qc comme sa poche
Western M western *m*
Westeuropa N l'Europe *f* de l'Ouest **Westeuropäer(in)** M(F) Européen, -éenne *m,f* de l'Ouest **westeuropäisch** ADJ de l'Europe de l'Ouest
Westfalen N la Westphalie **westfälisch** ADJ westphalien
Westküste F côte *m* ouest
westlich **A** ADJ de l'ouest; d'ouest; occidental **B** ADV à l'ouest (**von** de)
Westseite F (côté *m*) ouest **westwärts** ADV vers l'ouest **Westwind** M vent *m* d'ouest
weswegen → warum
Wettbewerb M **1** *Veranstaltung*, SPORT concours *m*; compétition *f* **2** HANDEL concurrence *f* **Wettbewerber(in)** M(F) concurrent(e) *m(f)*
Wettbewerbsbedingung F condition *f* d'un concours, d'une compétition **Wettbewerbsbeschränkung** F restriction *f* à la concurrence **wettbewerbsfähig** ADJ compétitif **Wettbewerbsfähigkeit** F compétitivité *f* **Wettbewerbsfreiheit** F liberté *f* de (la) concurrence **Wettbewerbsklausel** F clause *f* de non-concurrence **Wettbewerbsteilnehmer** M concurrent *m* **Wettbewerbsverbot** N interdiction *f* de concurrence **Wettbewerbsverzerrung** F distorsion *f* de la concurrence
Wettbüro N PMU *m*
Wette F pari *m*; **e-e ~ eingehen, abschließen** faire un pari; **die ~ gilt!** je tiens le pari; *umg* chiche!; **um die ~** à qui mieux mieux
wetteifern V/I **mit j-m um etw ~** rivaliser avec qn pour qc
Wetteinsatz M mise *f*
wetten V/T *u.* V/I parier (**dass** que); **mit j-m um etw ~** parier qc avec qn; (**wollen wir**) **~?** on parie?; *fig* **so haben wir nicht gewettet** ce n'est pas ce qui a été dit, convenu; *plus fort umg* pas question!
Wetter N temps *m*; **es ist schönes ~** il fait beau (temps); **bei schönem ~** par beau temps

▶ Wetter

Die Sonne scheint.	**Il fait du soleil.**
Es ist warm.	**Il fait chaud.**
Es ist heiß.	**Il fait très chaud.**
Es ist schwül.	**Il fait lourd.**
Es ist kalt.	**Il fait froid.**
Es regnet.	**Il pleut.**
Es hagelt.	**Il grêle.**
Es schneit.	**Il neige.**
Es ist windig.	**Il fait du vent.**

WORTFELDER

Wetteramt N → Wetterdienst **Wetteraussichten** FPL prévisions *fpl* météorologiques **Wetterbericht** M bulletin *m* météorologique; météo *f* **Wetterdienst** M service *m* météorologique; météo *f* **Wetterfahne** F girouette *f* **wetterfest** ADJ résistant aux intempéries **Wetterfrosch** M *fig hum* météorologue *m/f* **wetterfühlig** ADJ sensible aux changements de temps **Wetterhahn** M girouette *f* (*en forme de coq*) **Wetterkarte** F carte *f* météorologique **Wetterkunde** F météorologie *f* **Wetterlage** F situation *f* météorologique **Wetterleuchten** N éclairs *mpl* de chaleur
wettern *umg* V/I *umg* pester (**gegen etw, j-n** contre qc, qn)
Wettersatellit M satellite *m* météorologique **Wetterscheide** F limite *f* météorologique **Wetterseite** F côté exposé aux intempéries **Wetterstation** F station *f* météorologique **Wetterumschwung** M brusque changement *m* de temps **Wetterverhältnisse** NPL conditions *fpl* météorologiques **Wettervorhersage** F prévisions *fpl* météorologiques; météo *f*
Wettfahrt F course *f* **Wettkampf** M compétition *f* **Wettkämpfer(in)** M(F) concurrent(e) *m(f)*

Wettlauf M course *f* (*a. fig* **mit der Zeit** contre la montre)
wettmachen *umg* V/T compenser
Wettrennen N course *f* (*a. fig*) **Wettrüsten** N course *f* aux armements **Wettschuld** F dette *f* de pari **Wettschwimmen** N compétition *f* de natation **Wettstreit** M concours *m*; lutte *f*; *fig* rivalité *f*
wetzen A V/T *Messer, Schnabel* aiguiser B *umg* V/I (*rennen*) *umg* filer
WEZ F ABK (westeuropäische Zeit) heure *f* de l'Europe occidentale
WG *umg* F ABK (Wohngemeinschaft) communauté *f*
Whg. ABK (Wohnung) appt (appartement)
Whirlpool M jacuzzi® *m*; bain *m* à remous
Whisky M whisky *m*
WHO F ABK (World Health Organization) (*Weltgesundheitsorganisation der UNO*) OMS *f*
wich → weichen[2]
Wichse *umg* F 1 (*Schuhwichse*) cirage *m* 2 (*Prügel*) *umg* volée *f*; *umg* raclée *f*
wichsen A *umg* V/T *Schuhe* cirer B *sl* V/I (*onanieren*) *sl* se branler
Wichser *sl* M *Schimpfwort sl* salaud *m*; *sl* enfoiré *m*
Wicht M 1 *pej* (*Mensch*) individu *m* 2 *umg* (*Kind*) mioche *m* **Wichtel** M, **Wichtelmännchen** N lutin *m*
wichtig ADJ important; **höchst ~** de la plus °haute importance; **~ nehmen** prendre au sérieux; **Wichtigeres zu tun haben** avoir d'autres chats à fouetter; → wichtigmachen, wichtigtun
Wichtigkeit F importance *f*; **von großer ~** d'une grande importance
wichtigmachen V/R *pej* **sich ~** faire l'important
Wichtigtuer(in) M(F) *pej* personne *f* qui fait l'important **wichtigtuerisch** ADJ *pej* qui fait l'important
wichtigtun V/I *pej* faire l'important
Wicke F (*Gartenwicke*) pois *m* de senteur
Wickel M MED enveloppement *m*; *umg fig* **j-n beim ~ kriegen** saisir qn au collet
Wickelkind N bébé *m*; poupon *m* **Wickelkommode** F table *f* à langer
wickeln V/T 1 (*aufwickeln*) enrouler (**um, auf etw** [*akk*] autour de, sur qc); *Wolle* mettre en pelote 2 (*einwickeln*) envelopper (**in** [+ *akk*] dans); **etw in Papier** (*akk*) **~** emballer qc (dans du papier) 3 *Säugling* langer; **frisch ~** changer 4 *Gliedmaßen* mettre un bandage à
Wickelrock M jupe *f* (en) portefeuille **Wickeltisch** M table *f* à langer
Widder M 1 ZOOL bélier *m* 2 ASTROL Bélier *m*
wider *geh* PRÄP contre
widerborstig ADJ récalcitrant; rebelle (*a. Haare*)
widerfahren *geh* V/I **j-m ~** arriver, advenir à qn; **j-m Gerechtigkeit ~ lassen** rendre justice à qn
Widerhaken M crochet *m* **Widerhall** M écho *m* (*a. fig*)
widerhallen V/I retentir; résonner
widerlegen V/T réfuter
widerlich ADJ dégoûtant; écœurant; répugnant **widernatürlich** ADJ contre nature **widerrechtlich** ADJ contraire au droit, à la loi; (*ungesetzlich*) illégal
Widerrede F réplique *f*; **keine ~!** pas de discussion!; **ohne ~** sans répliquer
Widerruf M *e-r Verfügung* révocation *f*; *e-r Behauptung* rétractation *f*; désaveu *m*; **bis auf ~** jusqu'à nouvel ordre
widerrufen A V/T *Verfügung* révoquer; *Behauptung* rétracter; désavouer; *Befehl* annuler B V/I se rétracter
Widersacher(in) *geh* M(F) adversaire *m/f*; ennemi(e) *m(f)*
Widerschein *geh* M reflet *m*
widersetzen V/R **sich (j-m, e-r Sache) ~** résister (à qn, qc); s'opposer (à qn, qc)
widersinnig ADJ absurde
widerspenstig ADJ récalcitrant; rétif; (*aufsässig*) rebelle (*a. Haar*); réfractaire **Widerspenstigkeit** F humeur récalcitrante; (*Aufsässigkeit*) insoumission *f*
widerspiegeln V/T (*u.* V/R) (**sich ~**) OPT, *fig* (se) refléter
widersprechen V/I 1 **(j-m) ~** contredire qn; **e-r Behauptung ~** contredire, réfuter une affirmation 2 *fig* **~** (+ *dat*) être en contradiction avec; **einander, sich** (*dat*) **~** se contredire; *Aussagen* **einander ~d** contradictoire
Widerspruch M 1 (*Einspruch*) opposition *f* (*a.* JUR) 2 (*innerer Gegensatz*) contradiction *f*; opposition *f*; **zu etw im ~ stehen** → widersprechen
widersprüchlich ADJ contradictoire **Widersprüchlichkeit** F contradiction *f* **widerspruchslos** ADV sans contestation; sans protester
Widerstand M 1 résistance *f* (**gegen** à; *a.* POL); **~ leisten** opposer de la résistance (**gegen** à); **auf ~** (*akk*) **stoßen** rencontrer de la résistance 2 PHYS, TECH résistance *f*
Widerstandsbewegung F mouvement *m* de résistance **widerstandsfähig** ADJ résistant (**gegen** à) **Widerstandsfähigkeit** F résistance *f* (**gegen** à) **Widerstandskämpfer** M résistant *m* **Widerstandskraft** F

W

(force *f* de) résistance *f* **widerstandslos** ADV sans (opposer de) résistance

widerstehen V/I **(e-r Sache, j-m) ~** résister (à qc, qn)

widerstreben V/I **es widerstrebt mir zu** (+ *inf*) il me répugne de (+ *inf*)

widerstrebend ADVL à contrecœur; de mauvaise grâce

Widerstreit M conflit *m*; antagonisme *m*; **im ~ stehen mit** être en conflit, en contradiction avec

widerwärtig ADJ **1** *(unangenehm)* désagréable; *Person a.* contrariant **2** *(abstoßend)* repoussant **Widerwärtigkeit** F désagrément *m*

Widerwille M répugnance *f* (**gegen** pour); *(Abneigung)* aversion *f* (pour, contre) **widerwillig** ADV à contrecœur

widmen **A** V/T **1** *Zeit, Leben* **j-m, e-r Sache etw ~** consacrer, *plus fort* vouer qc à qn **2** *Buch* dédier **B** V/R **sich e-r Sache, j-m ~** se consacrer, se dévouer à qc, qn

Widmung F dédicace *f*; *Buch* **mit e-r ~ versehen** dédicacer

widrig ADJ *Umstand* fâcheux; *Geschick* adverse **Widrigkeit** F *(Unannehmlichkeit)* désagrément *m*; *(Missgeschick)* adversité *f*

wie **A** ADV **1** *(auf welche Art und Weise)* comment; de quelle manière, façon; **~ bitte?** vous disiez?; pardon? **2** *in Fragen nach Eigenschaften od Merkmalen* comment; **~ war das Wetter?** quel temps a-t-il fait? **3** *Ausmaß, Grad e-r Eigenschaft* quel; combien; **~ breit ist …?** de quelle largeur est …?; quelle est la largeur de …?; **~ schön!** que, comme c'est beau!; **für ~ lange?** pour combien de temps?; **~ viel(e)** combien (de); *umg* **und ~!** *umg* et comment! **4** *relativisch* **~ man es auch macht, …** quoi qu'on fasse, … **B** KONJ **1** *Vergleich* comme; **schnell ~ der Blitz** rapide comme l'éclair; **ein Mann ~ er** un homme comme lui **2** *(zum Beispiel)* comme; tel, telle que; **Städte ~ Paris oder Amsterdam** des villes comme *od* telles que Paris ou Amsterdam **3** *erklärend* **~ ich glaube** à ce que je crois; **~ du siehst** comme tu le vois **4** *zeitlich (als)* au moment où; comme; lorsque **5** *mit Verb der Wahrnehmung* **ich sah, ~ er aufstand** je l'ai vu se lever

Wiedehopf M ZOOL °huppe *f*

wieder ADV **1** *(noch einmal)* de nouveau; à nouveau; encore (une fois); **~ einmal** une fois de plus; **~ aufbauen** *Haus, Stadt* reconstruire; *Wirtschaft* relever; **~ aufnehmen** reprendre; JUR *Verfahren* réviser; **~ beleben** *fig Tradition* faire revivre; ranimer; *Wirtschaft* relancer; MED → wiederbeleben; **~ eröffnen** rouvrir; **~ verwenden** réemployer; réutiliser; **~ verwerten** recycler; **~ wählen** réélire; → wiederaufbereiten, wiederauftauchen, wiederentdecken, wiederverwertbar *etc* **2** *Rückkehr in den vorherigen Zustand* **ich bin gleich ~ da** je reviens tout de suite; **er ist ~ gesund** il est rétabli **3** *(andererseits)* **das ist auch ~ wahr** c'est vrai aussi

wieder… IN ZSSGN *oft* re…; ré…

Wiederaufbau M reconstruction *f*

wiederaufbauen V/T *Haus, Stadt* reconstruire; *Wirtschaft* relever **wiederaufbereiten** V/T TECH, NUKL retraiter

Wiederaufbereitung F NUKL retraitement *m* **Wiederaufbereitungsanlage** F NUKL usine *f* de retraitement

Wiederaufnahme F *von Verhandlungen* reprise *f*; JUR *e-s Verfahrens* révision *f*

wiederaufnehmen V/T → wieder 1

Wiederaufrüstung F réarmement *m*

wiederauftauchen V/I *Gerücht, Mensch* reparaître; réapparaître

Wiederbeginn M recommencement *m*

wiederbekommen V/T récupérer **wiederbeleben** V/T MED ranimer; réanimer; *fig* → wieder 1

Wiederbelebung F **1** réanimation *f* **2** *fig von Traditionen* rétablissement *m*; *der Wirtschaft* re-

wie – comment, comme oder combien?

Ich weiß nicht, wie er nach Hause gekommen ist.	Je ne sais pas **comment** il est arrivé à la maison.	**wie** (= *auf welche Art und Weise*)	**comment**
Wie kann man es ihm erklären?	**Comment** est-ce qu'on peut le lui expliquer ?		
Er spricht wie seine Mutter.	Il parle **comme** sa mère.	**(genauso) wie**	**comme**
Du weißt nicht, wie du mich verletzt hast.	Tu ne sais pas **combien** tu m'as blessé.	**wie (sehr)**	**combien**

FEHLERQUELLEN

W

lance *f* **Wiederbelebungsversuch** M tentative *f* de réanimation
wiederbeschaffen VT remplacer **Wiederbeschaffung** F remplacement *m*
Wiederbeschaffungskosten PL frais *mpl* de remplacement **Wiederbeschaffungswert** M valeur *f* de remplacement
wiederbringen VT rapporter
Wiedereinführung F rétablissement *m*; réintroduction *f* **Wiedereingliederung** F réintégration *f* (**in** [+ *akk*] dans)
wiederentdecken VT redécouvrir **Wiederentdeckung** F redécouverte *f*
wiedererkennen VT reconnaître; **nicht wiederzuerkennen** méconnaissable
wiedererlangen VT récupérer; *Freiheit* retrouver; **das Bewusstsein ~** reprendre connaissance
wiedereröffnen VT rouvrir **Wiedereröffnung** F *e-s Geschäftes* réouverture *f*
wiederfinden VT retrouver
Wiedergabe F 1 (*Bericht*) compte rendu; exposé *m* 2 (*Bildwiedergabe, Tonwiedergabe*) reproduction *f* **Wiedergabetaste** F *e-s Tonbandgeräts* touche *f* de lecture
wiedergeben VT 1 (*zurückgeben*) rendre; restituer; redonner 2 (*berichten*) exposer; relater 3 (*reproduzieren*) reproduire
Wiedergeburt F 1 *geh fig* renaissance *f* 2 REL régénération *f*
wiedergewinnen VT *Freiheit, Gleichgewicht* retrouver; *geh* recouvrer
wiedergutmachen VT réparer; *finanziell* indemniser; **nicht wiedergutzumachen(d)** irréparable
Wiedergutmachung F réparation *f*; *finanzielle* indemnisation *f*
wiederhaben VT être de nouveau en possession de; *nur im inf* ravoir
wiederherstellen VT *Kontakt, Ordnung, Gesundheit* rétablir; *Gebäude* restaurer **Wiederherstellung** F rétablissement *m*; réfection *f*; restauration *f*
wiederholen[1] VT (*u.* VR **sich** [+ *dat*]) **etw ~** (*zurückholen*) aller reprendre, rechercher qc
wiederholen[2] A VT 1 (*nochmals sagen*) répéter; *Forderung* réitérer 2 *Lernstoff* revoir; réviser; repasser 3 SPORT *Spiel* rejouer; RADIO, TV rediffuser; **e-e Klasse ~** redoubler (une classe) B VR **sich ~** se répéter
wiederholt A ADJT répété; réitéré B ADV à plusieurs reprises; maintes fois **Wiederholung** F 1 *von Gesagtem, von Vorgängen* répétition *f*; *e-r Forderung* réitération *f* 2 *von Lernstoff* révision *f* 3 THEAT, MUS reprise *f*; TV, RADIO rediffusion *f*
Wiederholungstäter(in) M(F) JUR récidiviste *m/f* **Wiederholungszeichen** N MUS signe *m* de reprise
Wiederhören N **auf ~!** TEL au revoir!
wiederkäuen VT 1 ZOOL ruminer 2 *pej fig* rabâcher; ressasser **Wiederkäuer** M ruminant *m*
Wiederkehr F retour *m*
wiederkehren *geh* VI → wiederkommen
wiederkommen VI 1 (*zurückkommen*) revenir 2 (*sich wiederholen*) se répéter
Wiederschauen N *südd, österr* **auf ~!** au revoir!
wiedersehen VT (*u.* VR) **(sich) ~** (se) revoir
Wiedersehen N revoir *m*; **auf ~!** au revoir!; *hum beim Verleihen* **~ macht Freude** il *bzw.* elle s'appelle « revient »
Wiedersehensfreude F joie *f* des retrouvailles
wiederum ADV 1 (*erneut*) à, de nouveau 2 (*hingegen*) d'autre part; en revanche
Wiedervereinigung F réunion *f*; POL réunification *f*
wiederverschließbar ADJ refermable **wiederverwendbar** ADJ récupérable; réutilisable; (*recycelbar*) recyclable
wiederverwenden VT réemployer; réutiliser
wiederverwertbar ADJ recyclable
wiederverwerten VT recycler **Wiederverwertung** F recyclage *m*
Wiederwahl F réélection *f*; **sich zur ~ stellen** se présenter pour un nouveau mandat
wiederwählen VT réélire
Wiege F berceau *m* (*a. fig*) **Wiegemesser** N GASTR °hachoir *m*
wiegen[1] VT *u.* VI (*abwiegen*) peser; **ich wiege 60 Kilo** je pèse *od* je fais 60 kilos; *fig* **schwer ~** peser lourd
wiegen[2] A VT *Kind* bercer B VR **sich ~** se balancer (**im Wind** au gré du vent); **sich in Sicherheit ~** se croire en sécurité
Wiegenlied N berceuse *f*
wiehern VI °hennir; *umg fig* (*laut lachen*) rire aux éclats
Wien N Vienne *f*
Wiener A ADJ de Vienne; viennois; **~ Schnitzel** escalope viennoise; **~ Walzer** valse viennoise B 1 *m* Viennois *m* 2 *f Wurst etwa* saucisse *f* de Strasbourg
Wienerin F Viennoise *f*
wienern *umg* VT astiquer
wies → weisen
Wiese F pré *m*; prairie *f*
Wiesel N belette *f*
wieso ADV pourquoi

wieviel → wie A 3 **wievielmal** ADV combien de fois
wievielt zu ~ wart ihr? combien étiez-vous?
wievielte ADJ **den Wievielten haben wir heute?** quel jour, *umg* le combien sommes-nous (aujourd'hui)?
Wigwam M wigwam *m*
Wikinger M HIST PL **die ~** les Vikings *mpl*
wild A ADJ 1 *(im Naturzustand), bes* ZOOL, BOT sauvage; *Volk* sauvage; primitif; **~e Tiere** *(Raubtiere)* fauves *mpl*; bêtes *fpl* féroces 2 *(ungeordnet) Haar* °hirsute; *Leben* agité; tumultueux 3 *Parken, Zelten* irrégulier; sauvage; **~e Ehe** union *f* libre 4 *(ungestüm) Kinder* turbulent; bruyant; *umg* **ganz ~ auf etw** *(akk)* **sein** raffoler de qc 5 *(wütend)* furieux; *umg* furax; **~ werden** devenir furieux 6 *Spekulationen* insensé; *Gerüchte* incroyable B ADV 1 **~ leben, wachsen** vivre, pousser à l'état sauvage; **~ lebend, wachsend** sauvage 2 **~ zelten** pratiquer le camping sauvage 3 **~ um sich schlagen** se débattre violemment; *umg* **~ entschlossen sein** être farouchement décidé
Wild N gibier *m*
Wildbach M torrent *m*
Wildbahn F **in freier ~** en liberté
Wildbret N gibier *m* **Wilddieb** M braconnier *m*
Wilde(r) M/F(M) sauvage *m/f*
Wildente F canard *m* sauvage
Wilderei F braconnage *m*
Wilderer M braconnier *m*
wildern V/I braconner
Wildfang M petit diable; petite diablesse **wildfremd** *umg* ADJ parfaitement inconnu, étranger
Wildgans F oie *f* sauvage **Wildgehege** N parc *m*, réserve *f* à gibier **Wildheit** F 1 *der Natur* caractère *m* sauvage 2 *(Heftigkeit)* violence *f*; *(Ungestüm)* fougue *f* **Wildhüter** M garde-chasse *m* **Wildkatze** F chat *m* sauvage **wildlebend** ADJT sauvage **Wildleder** N daim *m* **Wildnis** F région sauvage, déserte **Wildpark** M parc *m*, réserve *f* à gibier **Wildsau** F laie *f* **Wildschwein** N sanglier *m* **wildwachsend** ADJT sauvage **Wildwechsel** M 1 passage *m* du gibier; *Verkehrszeichen* passage de gibier 2 *(Weg)* passée *f* **Wildwestfilm** M western *m* **Wildwuchs** M croissance exubérante, incontrôlée *(a. fig)*
Wilhelm M Guillaume *m*; **~ der Eroberer** Guillaume le Conquérant
will → wollen[1]
Wille M volonté *f*; *(Absicht)* intention *f*; **Letzter ~** dernières volontés; **freier ~** libre arbitre *m*; **aus freiem ~n** de son plein gré; **beim besten ~n** avec la meilleure volonté (du monde); **j-m s-n ~n lassen** laisser faire qn; **gegen j-s ~n** contre le gré de qn; **wider ~n** à contrecœur
willen PRÄP **um j-s, e-r Sache ~** à cause de qn, qc; dans l'intérêt de qn, qc
Willen M → Wille
willenlos ADJ sans volonté **Willenlosigkeit** F manque *m*, absence *f* de volonté
willens *geh* ADJ **~ sein, etw zu tun** avoir l'intention de faire qc; vouloir faire qc
Willensäußerung F (manifestation *f* de la) volonté *f* **Willenserklärung** F JUR déclaration *f* de volonté **Willensfreiheit** F libre arbitre *m* **Willenskraft** F (force *f* de) volonté *f* **willensschwach** ADJ faible; sans volonté **willensstark** ADJ volontaire **Willensstärke** F (force *f* de) volonté *f*
willentlich ADV délibérément
willig ADJ de bonne volonté; BIBEL **der Geist ist ~, aber das Fleisch ist schwach** l'esprit est prompt, mais la chair est faible
willkommen ADJ bienvenu; *Abwechslung* qui vient à point; **seien Sie (mir) ~!** soyez le (la) bienvenu(e); **j-n ~ heißen** souhaiter la bienvenue à qn
Willkommen N bienvenue *f* **Willkommensgruß** M discours *m*, bouquet *m*, *etc* de bienvenue
Willkür F arbitraire *m* **Willkürakt** M acte *m* arbitraire **Willkürherrschaft** F despotisme *m*; tyrannie *f* **willkürlich** ADJ arbitraire
wimmeln A V/I *Sache, Ort* **~ von ...** fourmiller, grouiller de ...; foisonner de, en ... B V/UNPERS **es wimmelt von ...** *umg* ça grouille de ...; **in diesem Text wimmelt es von Fehlern** les fautes fourmillent dans ce texte
wimmern V/I geindre
Wimpel M fanion *m*; banderole *f*
Wimper F cil *m*; **ohne mit der ~ zu zucken** sans sourciller
Wimperntusche F mascara *m*
Wind M vent *m*; **bei ~ und Wetter** par tous les temps; **es geht ein starker ~** il fait, il y a beaucoup de vent; **in alle (vier) ~e zerstreut** dispersé aux quatre coins du monde; *umg* **viel ~ um etw machen** *umg* faire tout un plat de qc; *umg fig* **wissen, woher der ~ weht** savoir prendre le vent; *umg fig* **j-m den ~ aus den Segeln nehmen** couper l'herbe sous le pied de qn; **etw in den ~ schlagen** ne tenir aucun compte de qc; *umg fig* **von etw ~ bekommen** avoir vent de qc; flairer qc
Windbeutel M *Gebäck* chou *m* à la crème **Windbö(e)** F rafale *f* de vent
Winde F 1 BOT liseron *m* 2 TECH *(Seilwinde)* treuil *m*; *(Ankerwinde)* guindeau *m*

W

Windel F couche f **Windelhöschen** N couche-culotte f
windelweich umg ADJ **j-n ~ schlagen** battre qn comme plâtre
winden A V/T geh **Blumen zu Kränzen ~** faire, tresser des couronnes de fleurs B V/R **sich ~** se tordre (**vor Schmerzen** de douleur); **sich um etw ~** s'enrouler, s'entortiller autour de qc
Windenergie F énergie éolienne
Windeseile F **mit, in ~** à toute allure
Windfang M tambour m **windgeschützt** ADJT à l'abri du vent **Windgeschwindigkeit** F vitesse f du vent **Windhose** F METEO tornade f; trombe f **Windhund** M 1 ZOOL lévrier m 2 umg pej umg fumiste m/f
windig ADJ 1 venteux; exposé au vent; **es ist ~** il fait du vent 2 umg pej louche
Windjacke F coupe-vent m; anorak m **Windjammer** M grand voilier **Windkanal** M 1 TECH soufflerie f; tunnel m aérodynamique 2 der Orgel porte-vent m **Windkraftanlage** F éolienne f **Windlicht** N photophore m **Windmühle** F moulin m à vent **Windpocken** FPL varicelle f **Windrad** N éolienne f **Windrichtung** F direction f du vent **Windrose** F rose f des vents **Windsack** M manche f à air **Windschaden** M dégât(s) causé(s) par le vent **Windschatten** M côté m sous le vent, abrité du vent **windschief** ADJ pej tout de travers; penché **windschlüpfig**, **windschnittig** ADJ aérodynamique; caréné **Windschutz** M brise-vent m; abri m contre le vent **Windschutzscheibe** F pare-brise m **Windspiel** N 1 Mobile carillon m 2 ZOOL → Windhund **Windstärke** F force f, intensité f du vent
windstill ADJ calme; **es ist ~** il fait un temps calme; il n'y a pas de vent
Windstille F calme m; absence f de vent **Windstoß** M coup m de vent; rafale f **windsurfen** V/I faire de la planche à voile **Windsurfen** N planche f à voile **Windsurfer(in)** M(F) véliplanchiste m/f
Windung F (Krümmung) courbe f; ANAT circonvolution f; pl **~en** e-r Straße lacets mpl; sinuosités fpl
Wink M signe m; fig umg tuyau m; **j-m e-n ~ geben** umg tuyauter qn
Winkel M 1 MATH angle m; **rechter ~** angle droit; **toter ~** angle mort 2 (Ecke) coin m (a. fig) 3 fig (Ort) coin m 4 Werkzeug équerre f
Winkeladvokat M pej avocat marron **Winkelfunktion** F MATH fonction f trigonométrique **Winkelhalbierende** F MATH bissectrice f **winkelig** ADJ Gasse tortueux **Winkelmesser** M MATH rapporteur m **Winkelzüge** MPL pej détours mpl; manœuvres fpl (louches)
winken A V/T **j-n zu sich ~** faire signe à qn d'approcher B V/I 1 **j-m ~** zum Näherkommen faire signe à qn; **j-m zum Abschied ~** faire des signes d'adieu à qn 2 **den Gewinnern ~ tolle Preise** des prix fabuleux attendent les gagnants
winklig → winkelig
winseln V/I Hund gémir; geindre (beide a. fig)
Winter M hiver m; **im ~** en hiver; **den ~ über** durant l'hiver
Winteranfang M début m de l'hiver **Winterausrüstung** F équipement m d'hiver **Wintercamping** N camping m en hiver **Winterfahrplan** M horaire m d'hiver **Winterfell** N pelage m d'hiver **Winterferien** PL vacances fpl d'hiver **winterfest** ADJ Pflanze résistant à l'hiver; Kleidung pour l'hiver **Wintergarten** M jardin m d'hiver; serre f **Winterhalbjahr** N semestre m d'hiver **winterhart** ADJ résistant à l'hiver, au froid d'hiver **Winterlandschaft** F paysage m d'hiver **winterlich** ADJ d'hiver; de l'hiver; hivernal **Wintermantel** M manteau m d'hiver **Wintermonat** M mois m d'hiver **Winterolympiade** F Jeux mpl olympiques d'hiver **Winterpause** F inactivité hivernale **Winterreifen** M pneu m neige
Winterschlaf M ZOOL hibernation f; **~ halten** hiberner
Winterschlussverkauf M soldes mpl, inkorr fpl d'hiver **Wintersemester** N semestre m d'hiver
Winterspiele NPL **die Olympischen ~** les Jeux mpl olympiques d'hiver
Wintersport M sports mpl d'hiver **Wintersportler(in)** M(F) amateur m de sports d'hiver **Wintersportort** M station f de sports d'hiver **Wintertag** M jour m, journée f d'hiver **Winterurlaub** M vacances fpl d'hiver **Winterzeit** F 1 Jahreszeit hiver m 2 Uhrzeit heure f d'hiver
Winzer(in) M(F) vigneron, -onne m,f; viticulteur, -trice m,f
winzig ADJ tout petit; minuscule
Wipfel M cime f; sommet m
Wippe F bascule f; balançoire f
wippen V/I se balancer; **mit dem Fuß ~** balancer le pied
wir PERS PR nous; **~ sind es** c'est nous; **~ Deutschen** nous les Allemands
Wirbel M 1 PHYS tourbillon m; remous m 2 fig (Trubel) tourbillon m; agitation f; **viel ~ um etw, j-n machen** faire beaucoup de bruit autour de qc, qn 3 ANAT vertèbre f 4 (Haarwirbel) épi m

Wirbel — le tourbillon

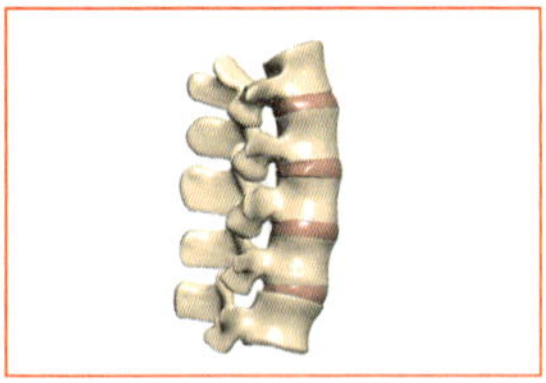

Wirbel — la vertèbre

(de cheveux)
wirbeln A VT faire tourbillonner B VI tourbillonner; tournoyer
Wirbelsäule F colonne vertébrale **Wirbelsturm** M cyclone *m* **Wirbeltiere** NPL vertébrés *mpl* **Wirbelwind** M tourbillon *m*
wirbt → werben
wird → werden
wirft → werfen
wirken A VT TEX tricoter B VI 1 (*e-e bestimmte Wirkung haben*) agir, opérer (**auf** [+ *akk*] sur); (*wirksam sein*) être efficace; (*Wirkung ausüben*) avoir de l'effet (sur); **beruhigend ~** être calmant; **die Arznei hat gewirkt** le remède a agi 2 (*scheinen*) **auf j-n ~ wie ...** faire à qn l'effet de ...; **größer ~** paraître plus grand 3 *geh* (*tätig sein*) exercer son activité (**als** de)
wirklich A ADJ (*tatsächlich*) réel; (*echt*) véritable; vrai B ADV (*tatsächlich*) réellement; effectivement; (*wahrhaftig*) vraiment; **~?** c'est vrai?
Wirklichkeit F réalité *f*; **in ~** (*dat*) en réalité; **~ werden** se réaliser
wirklichkeitsfremd ADJ peu réaliste
wirksam ADJ 1 efficace 2 ADMIN, JUR en vigueur **Wirksamkeit** F efficacité *f*
Wirkstoff M agent *m*; principe actif
Wirkung F 1 effet *m*; action *f*; **s-e ~ verfehlen** ne pas avoir l'effet souhaité 2 JUR, ADMIN **mit sofortiger ~** avec effet immédiat
Wirkungsbereich M domaine *m*; champ *m*, sphère *f* d'activité **Wirkungsgrad** M (degré *m* d')efficacité *f*; TECH rendement *m* **wirkungslos** ADJ sans effet; inefficace; inopérant **wirkungsvoll** ADJ efficace **Wirkungsweise** F *e-s Wirkstoffs* mode *m* d'action; TECH mode *m* de fonctionnement
wirr ADJ 1 (*verwirrt*) confus; embrouillé 2 (*unordentlich*) désordonné; *Haar* ébouriffé
Wirren PL troubles *mpl*; désordre *m*
Wirrwarr M désordre *m* inextricable; *umg* pagaille *f*
Wirsing M, **Wirsingkohl** M chou frisé; chou *m* (de) Milan
Wirt(in) M(F) (*Gastwirt*) patron, -onne *m,f*
Wirtschaft F 1 WIRTSCH économie *f* 2 (*Haushalt*) ménage *m* 3 (*Gastwirtschaft*) café *m*; bar *m*; *umg* bistro(t) *m*; restaurant *m* 4 *umg pej* (*Unordnung*) désordre *m*; *umg* pagaille *f*
wirtschaften VI 1 **gut (mit etw) ~** bien administrer, gérer (qc); **sparsam ~** être économe 2 (*sich betätigen*) travailler
Wirtschafterin F gouvernante *f*
wirtschaftlich ADJ 1 *Wachstum etc* économique 2 (*finanziell*) pécuniaire; financier 3 (*sparsam*) économique **Wirtschaftlichkeit** F rentabilité *f*
Wirtschafts... IN ZSSGN économique **Wirtschaftsabkommen** N accord *m* économique **Wirtschaftsaufschwung** M essor *m*, reprise *f* économique **Wirtschaftsbeziehungen** FPL relations *fpl* économiques **Wirtschaftsexperte** M, **Wirtschaftsexpertin** F économiste *m/f*; spécialiste *m/f* en économie **Wirtschaftsflüchtling** *neg!* M réfugié(e) *m(f)* pour raisons économiques **Wirtschaftsförderung** F aide *f* économique **Wirtschaftsgebäude** NPL dépendances *fpl*; communs *mpl* **Wirtschaftsgeld** N argent *m* (pour les dépenses) du ménage **Wirtschaftsgymnasium** N *lycée assurant une formation à dominantes économiques* **Wirtschaftshilfe** F aide *f*, assistance *f* économique **Wirtschaftsjahr** N exercice *m* **Wirtschaftskommission** F commission *f* économique **Wirtschaftskriminalität** F criminalité *f* économique **Wirtschaftskrise** F crise *f* économique **Wirtschaftsminister** M ministre *m* de l'Économie **Wirtschaftsministerium** N ministère *m* de l'Économie **Wirtschaftspolitik** F politique *f* économique **wirtschaftspolitisch** ADJ en matière de politique économique **Wirtschaftsprüfer** M expert-comptable *m* **Wirtschaftsprüfung** F vérification *f* de la gestion et des comptes **Wirtschaftsraum** M 1 WIRTSCH espace *m* économique 2 *e-s Hotels* cuisine *f bzw.* entrepôt *m bzw.* buanderie *f* **Wirtschaftsrecht** N droit *m*, législation *f* économique **Wirtschaftsreform** F réforme *f* économique **Wirtschaftssystem** N systè-

me *m* économique **Wirtschaftsteil** M *e-r Zeitung* chronique *f*, rubrique *f* économique **Wirtschaftswachstum** N croissance *f* économique **Wirtschaftswissenschaft** F science *f* économique **Wirtschaftswissenschaftler(in)** M(F) économiste *m/f* **Wirtschaftswunder** *umg* N miracle *m* économique **Wirtschaftszweig** M secteur *m* économique

Wirtshaus N café *m*; *umg* bistro(t) *m*; *(Gasthaus)* auberge *f* **Wirtsleute** PL *von* **Wirt(in)**

Wisch *umg pej* M chiffon *m* (de papier); *umg* papelard *m*

wischen V/T 1 *(wegwischen)* essuyer; **Staub ~** enlever la poussière 2 *(säubern)* nettoyer

Wischer M AUTO essuie-glace *m* **Wischerblatt** N AUTO balai *m* d'essuie-glace

wischfest ADJ *Farbe* résistant au frottement

Wischiwaschi *umg pej* N *umg* blabla(bla) *m*

Wischlappen M, **Wischtuch** N 1 *(Aufwischlappen)* serpillière *f* 2 *zum Abwischen* chiffon *m*

Wisent M bison *m* d'Europe

Wismut N bismuth *m*

wispern V/T *u.* V/I chuchoter

Wissbegier(de) F curiosité *f* (d'esprit); soif *f* de savoir **wissbegierig** ADJ curieux; avide de savoir

wissen A V/T 1 savoir; **etw von j-m** *od* **durch j-n ~** savoir qc par qn; **ich weiß (es) nicht** je ne sais pas (! ohne **le**); **j-n ~, der ...** connaître qn qui ...; *umg* **was weiß ich!** qu'est-ce que j'en sais, moi!; **nicht, dass ich wüsste** pas que je sache; **soviel ich weiß** autant que je sache; *umg* **man kann nie ~** on ne sait jamais; **weißt du noch, als ...** te rappelles-tu le temps où ... 2 **sich zu benehmen ~** savoir se conduire 3 *umg intensivierend* **wer weiß wo** Dieu sait où B V/I **von**, *geh* **um etw ~** avoir connaissance de qc

Wissen N savoir *m*; *(Kenntnisse)* connaissances *fpl*; **ohne mein ~** à mon insu; **meines ~s** à ma connaissance; **wider besseres ~** sans conviction; **nach bestem ~ und Gewissen** en mon, ton, *etc* âme et conscience

Wissenschaft F science *f* **Wissenschaftler(in)** M(F) savant *m*; *bes (Naturwissenschaftler)* scientifique *m/f* **wissenschaftlich** ADJ scientifique

Wissensdrang M, **Wissensdurst** M désir *m*, soif *f* de savoir **Wissensgebiet** N domaine *m* (scientifique) **Wissenslücke** F lacune *f* **Wissensstand** M niveau *m* des connaissances **wissenswert** ADJ qui vaut la peine d'être connu; intéressant

wissentlich A ADJ délibéré; intentionnel B ADV en connaissance de cause; sciemment

wittern V/T JAGD, *fig* flairer **Witterung** F 1 *(Wetter)* temps *m* 2 JAGD *(Geruchssinn)* flair *m*; *(Geruch)* vent *m*; fumet *m*

Witterungseinflüsse MPL influences *fpl* atmosphériques, du temps **Witterungsverhältnisse** NPL conditions *fpl* atmosphériques, météorologiques

Witwe F veuve *f* **Witwenrente** F pension *f* de veuve

Witwer M veuf *m*

Witz M 1 *(lustige Geschichte)* histoire *f* (pour rire); *(Scherz)* plaisanterie *f*; *umg* blague *f*; **~e reißen** *umg* en raconter de (bien) bonnes; *fig* **mach keine ~e!** *umg* sans blague!; *umg* (arrête,) tu déconnes? 2 *(Geist)* esprit *m*

Witzblatt N journal *m* humoristique, satirique **Witzbold** *umg* M farceur *m*; *umg* blagueur *m*; plaisantin *m*

witzeln V/I plaisanter (**über j-n, etw** à propos de qn, sur qc)

Witzfigur F caricature *f* (*a. umg pej*)

witzig ADJ *Person* spirituel; *Sache* amusant; drôle **witzlos** ADJ 1 *(geistlos)* peu spirituel 2 *umg fig (zwecklos)* sans intérêt; inutile

WM F ABK (Weltmeisterschaft) championnat *m* du monde

wo A ADV *interrogativ u. relativisch* où (! der Akzent muss unbedingt stehen; **ou** ohne Akzent bedeutet „oder"); **~ auch immer** où que ... (+ *subj*); **jetzt, ~ ...** maintenant que ... B KONJ 1 *(da)* **~ ... (einmal) ...** puisque ... 2 *(obwohl)* **~ ... doch ...** alors que ...

woanders ADV ailleurs; autre part; **mit s-n Gedanken ganz ~ sein** être absent; être dans la lune

woandershin ADV ailleurs; autre part

wob → weben

wobei ADV 1 *interrogativ* **~ hast du dich verletzt?** en faisant quoi, à quelle occasion, comment t'es-tu blessé? 2 *relativisch* **..., ~ mir einfällt ...** ... ce qui me rappelle ...

Woche F semaine *f*; **diese ~** cette semaine; **zweimal die, in der ~** deux fois par semaine

Wochenarbeitsstunden FPL heures *fpl* de travail hebdomadaire **Wochenbett** N MED couches *fpl* **Wochenblatt** N (journal *m*) hebdomadaire *m* **Wochenendausflug** M excursion *f* de week-end

Wochenende N week-end *m*; fin *f* de semaine; **am ~** en fin de semaine; au week-end; **schönes ~!** bon week-end!

Wochenendhaus N résidence *f* secondaire **Wochenkarte** F carte *f* (d'abonnement) hebdomadaire **wochenlang** A ADJ qui dure des semaines (entières) B ADV (pendant) des

W

semaines entières **Wochenlohn** M salaire *m* hebdomadaire **Wochenmarkt** M marché *m* hebdomadaire

Wochenstunde F **vier ~n Englisch**, *etc* **haben** avoir quatre heures d'anglais, *etc*

Wochentag M jour *m* de semaine; (*Werktag*) jour *m* ouvrable **wochentags** ADV en semaine; les jours ouvrables

wöchentlich A ADJ hebdomadaire B ADV chaque semaine; **zweimal ~** deux fois par semaine

wochenweise ADV par semaine **Wochenzeitung** F (revue *f*, journal *m*) hebdomadaire *m*

Wöchnerin F femme *f* en couches; accouchée *f*

Wodka M vodka *f* (❗ feminin)

wodurch ADV 1 *interrogativ* par quoi?; par quel moyen? 2 *relativisch* par quoi; par lequel

wofür ADV 1 *interrogativ* pour quoi?; **~ halten Sie mich?** pour qui me prenez-vous? 2 *relativisch* pour lequel; pour quoi

wog → wiegen[1]

Woge *geh* F vague *f* (*a. fig*)

wogegen A ADV 1 *interrogativ* contre quoi?; **~ ist sie allergisch?** à quoi est-elle allergique? 2 *relativisch* contre quoi; contre lequel B KONJ tandis que; alors que

wogen *geh* V/I *Meer, Kornfeld* ondoyer (*a. fig Menge*); onduler

woher ADV 1 *interrogativ* d'où?; de quel côté? 2 *relativisch* d'où **wohin** ADV *interrogativ u. relativisch* où

wohingegen KONJ tandis que; alors que

wohl ADV 1 (*gesund*) bien; bien portant; **ich fühle mich nicht ~** je ne me sens pas bien 2 (*behaglich*) à l'aise; bien; **mir ist nicht ganz ~ dabei** cette affaire m'inquiète; **~ oder übel** bon gré, mal gré 3 (*durchaus*) (très) bien; **ich weiß ~, dass ...** je sais bien que ... 4 (*ungefähr*) bien; **~ (an die) tausend Zuschauer** bien (dans les) mille spectateurs 5 *geh* **sehr ~(, mein Herr)!** très bien(, Monsieur)! 6 (*vermutlich*) probablement; sans doute; bien; **das ist ~ möglich** c'est bien possible; *umg* ça se pourrait bien; **~ kaum!** penses-tu *bzw.* pensez-vous!; que non! 7 *verstärkend* bien; **das kann man ~ sagen** c'est (bien) le cas de le dire 8 (*gut*) **~ bekannt** bien connu; *geh* **~ erzogen** bien élevé; *geh* **~ genährt** bien nourri; *geh* **~ proportioniert** bien proportionné; **~ überlegt** bien réfléchi; **~ verdient** bien mérité; **~ gemeint, klingend, riechend** *etc* → wohlgemeint, wohlklingend, wohlriechend

Wohl N bien *m*; bien-être *m*; **das leibliche ~** le bien-être; **auf j-s ~** (*akk*) **trinken** boire à la santé de qn; **auf Ihr, dein ~!, zum ~!** à votre, ta santé!; *als Antwort* à la vôtre!; à la tienne!

wohlauf *geh* ADJ **er ist ~** il se porte bien; il va bien; il est bien portant

Wohlbefinden N bien-être *m*; (bonne) santé **Wohlbehagen** N (sentiment *m* de) bien-être *m* **wohlbehalten** ADJ sain et sauf **wohlbekannt** ADJT bien connu **Wohlergehen** N → Wohlbefinden **wohlerzogen** *geh* ADJT bien élevé **Wohlfahrt** F 1 *geh* (*Wohlergehen*) bien-être *m*; prospérité *f* 2 *früher* (*öffentliche Fürsorge*) assistance publique **Wohlfahrtsstaat** M État *m* providence

wohlfühlen V/R **ich fühle mich nicht wohl** je ne me sens pas bien

Wohlgefallen *geh* N plaisir *m*; satisfaction *f*; *hum* **sich in ~ auflösen** (*ein gutes Ende nehmen*) se terminer à la satisfaction générale; (*verschwinden*) se volatiliser; (*zerfallen*) tomber en lambeaux

Wohlgefühl N sentiment *m* de bien-être

wohlgemeint ADJT bien intentionné; *Rat* amical **wohlgemerkt** ADVL bien entendu **wohlhabend** ADJ fortuné; cossu

wohlig ADJ *Gefühl, Wärme* agréable

Wohlklang *geh* M harmonie *f*; son harmonieux

wohlklingend *geh* ADJT harmonieux; mélodieux **wohlmeinend** *geh* ADJT bien intentionné **wohlriechend** *geh* ADJT d'une odeur agréable; odorant; parfumé **wohlschmeckend** *geh* ADJT qui a bon goût; savoureux

Wohlsein *geh* N **(zum) ~!** à votre *bzw.* ta santé!; *Antwort* à la vôtre *bzw.* tienne!

Wohlstand M prospérité *f*; aisance *f*; **im ~ leben** vivre dans l'aisance; *hum* **bei dir ist wohl der ~ ausgebrochen!** tu as gagné au loto, ma parole!

Wohlstandsgesellschaft F société *f* d'abondance, de consommation

Wohltat F **das ist e-e wahre ~** c'est un véritable délice

Wohltäter(in) M(F) bienfaiteur, -trice *m,f* **wohltätig** ADJ charitable **Wohltätigkeit** F bienfaisance *f*; charité *f* **Wohltätigkeits...** IN ZSSGN de charité

wohltuend ADJT agréable; bienfaisant; (*lindernd*) qui soulage **wohlüberlegt** ADJT bien réfléchi **wohlverdient** ADJT bien mérité **wohlweislich** ADV (très) sagement; prudemment

Wohlwollen N bienveillance *f*

wohlwollend A ADJT bienveillant B ADVL avec bienveillance

Wohnanhänger M caravane *f* **Wohnanlage** F ensemble immobilier; résidence *f*

Wohnblock M pâté *m* de maisons; îlot *m*
wohnen V/I habiter; demeurer; *vorübergehend* loger, être logé (**bei j-m** chez qn)
Wohnfläche F surface *f* habitable **Wohngebiet** N zone résidentielle **Wohngeld** N indemnité *f* de logement **Wohngemeinschaft** F communauté *f* **wohnhaft** ADJ ADMIN demeurant, domicilié, résidant (**in** [+ *dat*] à) **Wohnhaus** N bâtiment *m*, immeuble *m* d'habitation **Wohnheim** N foyer *m* **Wohnküche** F grande cuisine **Wohnkultur** F art *m*, confort *m* de l'habitat
Wohnlage F **Haus in günstiger ~** maison bien située
wohnlich ADJ confortable; commode
Wohnmobil N camping-car *m* **Wohnort** M domicile *m*; résidence *f* **Wohnraum** M 1 (*Wohnzimmer*) (salle *f* de) séjour *m*; living *m* 2 (*Wohnungen*) habitations *fpl*; logements *mpl* **Wohnsiedlung** F lotissement *m*; cité *f*
Wohnsitz M domicile *m*; résidence *f*; **fester, ständiger ~** domicile légal; **zweiter ~** résidence secondaire
Wohnung F appartement *m*
Wohnungsamt N *service (d'une mairie) chargé de l'attribution des logements*
Wohnungsbau M construction *f* de logements; **sozialer ~** construction d'HLM, de logements sociaux
Wohnungseinrichtung F ameublement *m*; mobilier *m* **Wohnungsinhaber** M 1 *Besitzer* propriétaire *m* d'appartement 2 *Mieter* locataire *m* **Wohnungsmangel** M manque *m*, pénurie *f* de logements **Wohnungsmarkt** M marché *m* du logement **Wohnungsmiete** F loyer *m* **Wohnungsnot** F crise *f* du logement **Wohnungssuche** F recherche *f* d'un logement, appartement **Wohnungstausch** M échange *m* de logements **Wohnungstür** F porte *f* de l'appartement
Wohnverhältnisse NPL conditions *fpl* d'habitation; habitat *m* **Wohnviertel** N quartier résidentiel **Wohnwagen** M caravane *f*; (*Zirkuswagen*) roulotte *f* **Wohnwagenanhänger** M remorque *f* (de camping) **Wohnzimmer** N (salle *f* de) séjour *m*; living *m*
Wok M GASTR wok *m*
wölben V/R **sich ~** s'arrondir; *Brust, Straße* se bomber; *Rücken* se voûter **Wölbung** F bombement *m*; BAU voussure *f*
Wolf M 1 ZOOL loup *m*; *fig* **ein ~ im Schafspelz** une personne dont il faut se méfier 2 *umg* (*Hautwolf*) écorchure *f* 3 *umg* (*Fleischwolf*) °hachoir *m*
Wölfin F louve *f*
Wolfram N CHEM tungstène *m*
Wolfsmilch F BOT euphorbe *f*
Wolga **die ~** la Volga
Wolke F nuage *m*; *umg fig* **aus allen ~n fallen** tomber des nues
Wolkenbruch M pluie torrentielle
wolkenbruchartig ADJ **~er Regen** pluie torrentielle, diluvienne
Wolkendecke F couche *f* de nuages **Wolkenkratzer** M gratte-ciel *m* **wolkenlos** ADJ sans nuages; dégagé
wolkig ADJ nuageux
Wolldecke F couverture *f* de laine
Wolle F laine *f*; *umg* (*Haare*) toison *f*; *umg fig* **sich in die ~ kriegen** s'empoigner
wollen[1] A V/AUX *de mode* 1 (*wünschen*) vouloir; **etw tun ~** vouloir faire qc 2 (*im Begriff sein*) aller; être sur le point de; **ich wollte gerade abreisen** j'allais partir 3 *in Aufforderungen* vouloir; **~ Sie mir bitte folgen!** voulez-vous *od* veuillez me suivre!; *umg* **wollt ihr (wohl) endlich Ruhe geben!** allez-vous enfin rester tranquilles! 4 (*behaupten*) prétendre; **er will es gesehen haben** il prétend l'avoir vu 5 *umschreibend* **das will nichts sagen** cela ne veut rien dire 6 (*müssen*) devoir; falloir; **das will überlegt sein** cela demande réflexion B V/T 1 (*wünschen*) vouloir; **ich wollte, es wäre schon Sonntag** je voudrais que ce soit déjà dimanche; **das habe ich nicht gewollt** ce n'était pas mon intention 2 (*haben wollen*) vouloir; **willst du Tee oder Kaffee?** veux-tu du thé ou du café?; **etw lieber ~** aimer mieux qc; préférer qc C V/I 1 (*den Willen haben*) vouloir; **man mag ~ oder nicht** qu'on le veuille ou non; **ganz wie Sie ~** (tout) comme vous voudrez 2 *mit weggelassenem inf* vouloir; **wo willst du hin?** où vas-tu?; **zu wem ~ Sie?** qui cherchez-vous?; **meine Beine ~ nicht mehr** mes jambes n'en peuvent plus
wollen[2] ADJ de *od* en laine
wollig ADJ laineux
Wolljacke F veste *f* de *od* en laine; cardigan *m* **Wollknäuel** N pelote *f* de laine **Wollsocken** FPL chaussettes *fpl* de *od* en laine **Wollstoff** M étoffe *f* de laine; lainage *m* **Wollstrumpf** M bas *m* de laine
Wollust *geh* F volupté *f*; *liter* luxure *f*
wollüstig *geh* ADJ voluptueux; *liter* luxurieux
Wolpertinger M *bayrisch* dahu *m*
womit ADV 1 *interrogativ* avec quoi?; **~ beschäftigt ihr euch?** de quoi vous occupez-vous? 2 *relativisch* avec quoi; avec lequel
womöglich ADV peut-être
wonach ADV 1 *interrogativ* après quoi?; **~ fragt er?** qu'est-ce qu'il demande? 2 *relativisch* après quoi; après lequel

Wonne F grande joie; délice *m* **wonnig** *umg* ADJ ravissant
Woofer M ELEK boumeur *m*
woran ADV **1** *interrogativ* à quoi?; **~ ist er gestorben?** de quoi est-il mort? **2** *relativisch* à quoi; auquel
worauf ADV **1** *interrogativ* sur quoi?; **~ wartest du?** qu'est-ce que tu attends? **2** *relativisch* sur quoi (*a. zeitlich*); sur lequel; **das Einzige, ~ es ankommt** la seule chose qui compte
woraus ADV **1** *interrogativ* de quoi?; *Material* en quoi?; *Herkunft* d'où? **2** *relativisch* (ce) dont; de quoi; duquel; *Herkunft* d'où
worden → werden
worin ADV **1** *interrogativ* dans quoi?; **~ besteht der Unterschied?** en quoi consiste la différence? **2** *relativisch* en *od* dans quoi; où; dans lequel
Workaholic M drogué(e) *m(f)* du travail
Workshop M atelier *m* **Workstation** F IT station *f* de travail
World Wide Web N IT World Wide Web *m*; **im ~** sur le World Wide Web
Wort N **1** *einzelnes* mot *m*; (*Ausdruck*) terme *m* **2** (*ausgesprochenes Wort, Rede*) mot *m*; parole *f*; **davon ist kein ~ wahr** il n'y a pas un mot de vrai là-dedans; **das ~ hat …** la parole est à …; *fig* **das letzte ~ haben** avoir le dernier mot; **ein gutes ~ für j-n einlegen** intercéder pour qn, en faveur de qn; **ein ernstes ~ mit j-m reden** avoir deux mots à dire à qn; **glaube ihm kein ~!** ne crois rien de ce qu'il dit!; **kein ~ mehr!** pas un mot de plus!; **ein ~ gab das andere** un mot en amena, entraîna un autre; **ich verstehe kein ~ davon** je n'y comprends rien; **man kann sein eigenes ~ nicht verstehen** on ne s'entend plus (parler); **kein ~ über etw** (*akk*) **verlieren** ne pas évoquer qc; **sich zu ~ melden, ums ~ bitten** demander la parole; **das ~ ergreifen** prendre la parole; **nicht zu ~(e) kommen** ne pas arriver à placer un mot; **ohne ein ~ zu sagen** sans mot dire; **mir fehlen die ~e!** *umg* ça me la coupe!; **j-m aufs ~ glauben** croire qn sur parole; **~ für ~** (*nacheinander, wörtlich*) mot à mot; (*wortgetreu*) mot pour mot; **j-m ins ~ fallen** couper la parole à qn; **mit e-m ~** en un mot; bref; **mit anderen ~en** en d'autres termes **3** (*Versprechen*) parole *f*; **sein ~ brechen** manquer à sa parole; **(sein) ~ halten** tenir (sa) parole; **j-s ~ haben** avoir la parole de qn; **j-n beim ~ nehmen** prendre qn au mot **4** **geflügelte ~e** mots *mpl*, citations *fpl* célèbres
Wortart F catégorie grammaticale **Wortbildung** F formation *f* des mots **Wortbruch** M manquement *m* à la parole donnée
wortbrüchig ADJ **~ werden** manquer à sa parole
Wörtchen N *umg* **ein ~ mitzureden haben** avoir son, mon, *etc* mot à dire; avoir voix au chapitre
Wörterbuch N dictionnaire *m* **Wörterverzeichnis** N vocabulaire *m*
Wortfamilie F LING famille *f* de mots **Wortfeld** N LING champ *m* sémantique **Wortfetzen** MPL bribes *fpl* de conversation **Wortführer(in)** M(F) porte-parole *m* **Wortgefecht** N dispute *f* **wortgetreu** ADJ littéral **wortgewandt** ADJ éloquent **wortkarg** ADJ *Mensch* peu loquace; taciturne; *Antwort* laconique **Wortklauberei** F *pej* ergotage *m*
Wortlaut M teneur *f*; texte (intégral); **im (vollen) ~** intégralement; in extenso
wörtlich **A** ADJ littéral; textuel **B** ADV **~ übersetzen** traduire littéralement, mot à mot; **etw ~ nehmen** prendre qc à la lettre
wortlos **A** ADJ *Einverständnis* tacite **B** ADV sans mot dire
Wortmeldung F **gibt es noch (weitere) ~en?** y a-t-il d'autres personnes qui demandent la parole?
Wortschatz M vocabulaire *m* **Wortschwall** M flot *m*, avalanche *f* de paroles **Wortspiel** N jeu *m* de mots; calembour *m* **Wortstamm** M GRAM radical *m* **Wortstellung** F GRAM ordre *m* des mots **Wortwahl** F choix *m* des mots **Wortwechsel** M altercation *f*; vive discussion; dispute *f* **Wortwitz** M calembour *m* **wortwörtlich** ADV mot à mot; mot pour mot
worüber ADV **1** *interrogativ* sur quoi?; **~ lachst du?** de quoi ris-tu? **2** *relativisch* sur quoi; sur lequel
worum ADV **1** *interrogativ* **~ handelt es sich?** de quoi s'agit-il? **2** *relativisch* **alles, ~ es sich handelt** tout ce dont il s'agit
worunter ADV **1** *interrogativ* sous quoi?; **~ leidet er?** de quoi souffre-t-il? **2** *relativisch* sous quoi; sous lequel
wovon ADV **1** *interrogativ* de quoi?; d'où? **2** *relativisch* de quoi; duquel; dont; d'où
wovor ADV **1** *interrogativ* devant quoi?; **~ fürchtest du dich?** de quoi as-tu peur? **2** *relativisch* devant quoi; devant lequel; **das Einzige, ~ er Angst hat** la seule chose dont il a peur
wozu ADV **1** *interrogativ* à quoi?; (*warum*) pourquoi?; à quoi bon?; dans quel but? **2** *relativisch* à quoi; auquel
Wrack N épave *f* (*a. fig Mensch*)
Wrestling N *etwa* catch *m*
wringen V/T *Wäsche* tordre; essorer
WS ABK (Wintersemester) semestre *m* d'hiver
WSV M ABK (Winterschlussverkauf) soldes *mpl*,

inkorr fpl d'hiver
Wucher M usure *f* **Wucherer** M usurier *m*
wuchern VI *Pflanzen* proliférer; foisonner (*a. fig*); MED proliférer
Wucherpreis M prix *m* usuraire **Wucherung** F MED, BOT **1** *Vorgang* prolifération *f* **2** *Resultat* excroissance *f*; (*Geschwulst*) tumeur *f* **Wucherzinsen** MPL intérêts *mpl* usuraires
wuchs → wachsen[1]
Wuchs M **1** (*Wachstum*) croissance *f* **2** (*Gestalt*) taille *f*; stature *f*
Wucht F **1** force *f*; (*Heftigkeit*) violence *f*; **mit voller ~** de toute sa force **2** *umg* **das ist e-e ~!** *umg* c'est super, épatant, chouette!
wuchten VT soulever, traîner avec effort **wuchtig** ADJ **1** (*massig*) imposant; massif **2** (*kraftvoll*) vigoureux; *Schlag* violent
wühlen **A** VI *Person* fouiller (**in** [+ *dat*] dans); *Tier* fouir **B** V/R **sich in etw** (*akk*) **~** s'enfouir dans qc
Wühlmaus F campagnol *m* **Wühltisch** *umg* M présentoir *m* (où les articles soldés sont en vrac)
Wulst M bourrelet *m*
wulstig ADJ qui forme un bourrelet; *Lippen* épais
wummern *umg* VI (*dröhnen*) vrombir; **mit der Faust gegen die Wand ~** taper du poing contre le mur
wund ADJ écorché; **sich** (*dat*) **die Füße ~ laufen** s'écorcher les pieds en marchant; **(sich) ~ reiben** (s')écorcher; **sich ~ liegen** avoir des escarres; *fig* **~er Punkt** point *m* faible, sensible
Wunde F blessure *f*; (*Wundfläche*) plaie *f* (*beide a. fig*)
Wunder N miracle *m* (*a.* REL); *der Natur, Technik* merveille *f*; **das grenzt an ein ~** cela tient du miracle; **wie durch ein ~** comme par miracle; *umg* **sein blaues ~ erleben** avoir une mauvaise surprise; **~ wirken** faire merveille; **das ist kein ~** ce n'est pas étonnant; *umg* **sich** (*dat*) **~ was einbilden** s'imaginer Dieu sait quoi
wunderbar ADJ **1** (*übernatürlich*) miraculeux **2** (*herrlich*) merveilleux
Wunderglaube M croyance *f* aux miracles **Wunderheiler(in)** M(F) guérisseur, -euse *m,f* **wunderhübsch** ADJ ravissant **Wunderkerze** F cierge *m* magique **Wunderkind** N enfant *m* prodige **Wunderlampe** F lampe merveilleuse **wunderlich** ADJ bizarre; étrange **Wundermittel** N remède *m* miracle
wundern **A** VT *Sache* **j-n ~** étonner qn **B** V/R **sich über etw, j-n ~** s'étonner de qc, qn; *umg* **du wirst dich (noch mal) ~!** tu vas voir ce que tu vas voir! **C** V/UNPERS **es wundert mich** *od* **mich wundert, dass ...** je suis étonné que ... (+ *subj*)
wunderschön ADJ splendide; merveilleusement beau **wundertätig** ADJ miraculeux **Wundertüte** F pochette *f* surprise **wundervoll** ADJ merveilleux; magnifique **Wunderwaffe** F arme absolue **Wunderwerk** N merveille *f*
Wundfieber N fièvre *f* traumatique
wundlaufen V/T, **wundliegen** V/R, **wundreiben** V/T (*u.* V/R) → wund
Wundsalbe F pommade cicatrisante **Wundstarrkrampf** M tétanos *m*
Wunsch M **1** (*Begehren*) désir *m*; (*Hoffnung*) souhait *m*; vœu *m*; **j-m e-n ~ erfüllen** répondre, satisfaire au désir de qn; **haben Sie sonst noch e-n ~?** vous désirez autre chose?; et avec ça?; **auf ~** (*akk*) sur demande; **alles geht nach ~** tout marche selon mes, tes, *etc* désirs **2** (*Glückwunsch*) souhait *m*; vœu *m*; **beste Wünsche** meilleurs vœux
Wunschbild N idéal *m*
Wunschdenken N **das ist ~ (bei ihm)** il prend ses désirs pour la réalité
Wünschelrute F baguette *f* de sourcier **Wünschelrutengänger(in)** M(F) sourcier, -ière *m,f*; radiesthésiste *m*
wünschen V/T **1** (*begehren*) désirer; (*wollen*) vouloir (avoir); **ich wünsche mir ein Fahrrad** je voudrais (avoir) un vélo; **(viel) zu ~ übrig lassen** laisser (beaucoup) à désirer; **Sie ~?** vous désirez? **2** (*herbeiwünschen*) souhaiter; **ich wünsche euch e-e gute Reise** je vous souhaite bon voyage; **j-m frohe Ostern ~** souhaiter de bonnes, joyeuses Pâques à qn
wünschenswert ADJ désirable; souhaitable
Wunschgegner(in) M(F) adversaire *m/f* idéal(e) **wunschgemäß** ADV conformément à, selon votre *bzw.* vos désir(s) **Wunschkind** N enfant désiré **Wunschkonzert** N RADIO concert *m* des auditeurs
wunschlos ADV **~ glücklich** parfaitement heureux; comblé
Wunschtraum M beau rêve; chimère *f* **Wunschzettel** M liste *f* de ce qu'on désirerait avoir (pour son noël, *etc*)
wurde → werden
Würde F **das ist unter meiner ~** je vaux mieux que cela; **zu höchsten ~n gelangen** parvenir aux plus °hautes dignités
würdelos ADJ indigne; dépourvu de dignité
Würdenträger M dignitaire *m*
würdevoll ADJ digne; plein de dignité
würdig **A** ADJ **1** (*wert*) digne; **j-s, e-r Sache ~ sein** être digne de qn, de qc **2** (*würdevoll*) digne; (*ehrwürdig*) respectable; vénérable **B** ADV **1** (*angemessen*) comme il se doit **2** (*würdevoll*) avec

W

dignité; dignement
würdigen VT 1 **j-n keines Blickes ~** ne pas daigner regarder qn 2 *(anerkennen)* reconnaître; *(schätzen)* apprécier
Würdigung F reconnaissance *f*; appréciation *f*
Wurf M 1 *(Werfen)* jet *m*; lancement *m*; lancer *m*; *beim Spiel, Würfeln* coup *m* 2 ZOOL portée *f*
Würfel M 1 MATH cube *m* 2 *(Spielwürfel)* dé *m*; *fig* **die ~ sind gefallen** le sort en est jeté
Würfelbecher M cornet *m* à dés **Würfelinhalt** M MATH cubage *m*
Würfelmuster N **mit ~** à carreaux
würfeln A VT 1 **e-e Sechs ~** faire, jouer un six 2 *(in Würfel schneiden)* couper en dés, cubes B VI jouer aux dés; **um etw ~** jouer qc aux dés
Würfelspiel N jeu *m* de dés **Würfelzucker** M sucre *m* en morceaux
Wurfgeschoss, *österr* **Wurfgeschoß** N projectile *m* **Wurfsendung** F publipostage *m*
Würgegriff M étranglement *m* **Würgemal** N PL **~e** traces *fpl* de strangulation
würgen A VT **j-n ~** étrangler qn B VI 1 **an etw** *(dat)* **~** avoir du mal à avaler qc 2 *vor dem Erbrechen* avoir envie de vomir
Wurm[1] M ZOOL ver *m*; *umg fig* **da ist der ~ drin** *umg* il y a quelque chose qui cloche; *umg fig* **j-m die Würmer aus der Nase ziehen** tirer les vers du nez à qn
Wurm[2] *umg* N *(hilfloses Kind)* **das arme ~** ce(tte) pauvre petit(e)
wurmen *umg* VT **j-n ~** tracasser qn
Wurmfortsatz M ANAT appendice *m* (vermiculaire) **Wurmmittel** N PHARM vermifuge *m* **wurmstichig** ADJ *Holz* piqué des vers; vermoulu; *Obst* véreux
wurscht *umg* **er, das ist mir ~** *umg* je m'en balance *od* fiche
wurschteln → wursteln
Wurst F saucisse *f*; *(Hartwurst)* saucisson *m*; *(Aufschnitt)* charcuterie *f*; *umg fig* **jetzt geht es um die ~** c'est le moment décisif; *umg fig* **das ist mir wurst** *umg* je m'en fiche, fous
Wurstbrot N sandwich *m* au saucisson
Würstchen N 1 GASTR saucisse *f* 2 *umg pej umg* pauvre type *m* **Würstchenbude** F, **Würstchenstand** M stand *m* de saucisses
Würstel N *bes österr* saucisse *f*
wursteln *umg* VR **sich durchs Leben ~** se débrouiller tant bien que mal
Wurstende N bout *m* de la saucisse *bzw.* du saucisson **Wurstfinger** *umg pej* MPL doigts boudinés **Wursthaut** F peau *f* de saucisse *bzw.* de saucisson **Wurstpelle** *umg* F peau *f* (de la saucisse) **Wurstsalat** M *etwa* cervelas *m* en salade **Wurstscheibe** F tranche *f* de saucisson **Wurstwaren** FPL charcuterie *f* **Wurstzipfel** M bout *m* de saucisse
Würze F 1 *Substanz* assaisonnement *m*; condiment *m*; *(Gewürz)* épice *f* 2 *(würziger Geschmack)* saveur *f* *(a. fig)*
Wurzel F racine *f* *(a. fig)*; **~n schlagen** *Pflanze* prendre racine; s'enraciner *(a. fig)*; MATH **die ~ ziehen aus** extraire la racine carrée de
Wurzelballen M (racines *fpl* avec la) motte **Wurzelbehandlung** F ZAHNMEDIZIN traitement *m* de la racine **Wurzelbürste** F brosse dure
wurzeln VI 1 BOT, *fig* être enraciné (**in** [+ *dat*] dans) 2 *fig (s-n Ursprung haben)* **in etw** *(dat)* **~** avoir ses racines dans qc
Wurzelwerk N racines *fpl* **Wurzelzeichen** N MATH radical *m*
würzen VT 1 *Speisen* assaisonner, épicer (**mit** de); relever (avec) 2 *fig* relever, pimenter (de)
würzig ADJ épicé; assaisonné; relevé; *dem Geruch nach* aromatique
wusch → waschen
Wuschelhaar *umg* N cheveux très bouclés, frisés
wuschelig *umg* ADJ *Haar* épais et bouclé *od* frisé
Wuschelkopf *umg* M tignasse (épaisse)
wuseln VI 1 *(agieren)* s'affairer, s'agiter fiévreusement 2 *(sich bewegen)* filer (à toute allure)
wusste → wissen
Wust M *pej* tas *m*; fatras *m*; ramassis *m*
wüst ADJ 1 *(öde)* désert 2 *(unordentlich)* en désordre; **ein ~es Durcheinander** *umg* un fouillis inextricable 3 *(ausschweifend)* déréglé; dissolu 4 *(grob, derb)* grossier; rude
Wüste F désert *m* *(a. fig)*; *umg fig* **j-n in die ~ schicken** limoger qn
Wüstenfuchs M renard *m* des sables; fennec *m* **Wüstenklima** N climat *m* désertique **Wüstenlandschaft** F paysage *m* désertique **Wüstensand** M sable *m* (du désert)
Wüstling M débauché *m*
Wut F rage *f*; fureur *f*; *(Zorn)* colère *f*; **vor ~ schäumen** écumer de rage; **in ~** *(akk)* **geraten** entrer dans une colère noire; se mettre en colère, en fureur; **j-n in ~** *(akk)* **bringen** mettre qn en rage, en colère, en fureur
Wutanfall M, **Wutausbruch** M accès *m* de fureur, de rage
wüten VI *Randalierer, Seuche* sévir; *Sturm, Feuer* faire rage; *Krieg a.* faire des ravages
wütend ADJ furieux; **~ werden** entrer, se mettre en colère, en fureur; **j-n ~ machen** mettre qn en colère, en rage, en fureur; **auf j-n ~ sein** être furieux, en rage contre qn

wutentbrannt ADJT furieux; furibond; *plus fort* fou de rage **wutschnaubend** ADJT *u.* ADVL écumant de rage
Wwe ABK (Witwe) Vve

X

X, x N X, x *m*; *fig* **j-m ein X für ein U vormachen** faire prendre à qn des vessies pour des lanternes
x-Achse F axe *m* des x
Xanthippe F *pej* furie *f*; mégère *f*
X-Beine NPL genoux cagneux
x-beinig ADJ cagneux
x-beliebig *umg* ADJ **e-e ~e Zahl** n'importe quel chiffre; un chiffre quelconque; **jeder x-Beliebige** n'importe qui
X-Chromosom N chromosome *m* X
x-fach ADJ multiple
x-fache(s) N multiple *m*
x-mal *umg* ADV *umg* trente-six fois; **ich habe es ihm ~ gesagt** je le lui ai dit je ne sais combien de fois
x-te *umg* ADJ énième; nième; **zum ~n Mal** pour la nième fois
Xylophon N xylophone *m*

Y

Y, y N Y, y *m*
y-Achse F axe *m* des y
Yacht → Jacht
Yang N PHIL yang *m*
Y-Chromosom N chromosome *m* Y
Yen M *Währung* yen *m*
Yeti M yéti *m*
Yin N PHIL yin *m*
Yoga N *od* M yoga *m*
Yogi M yogi *m*
Ypsilon N i grec
Yucca F BOT yucca *m*
Yuppie M yuppie *m*

Z

Z, z N Z, z *m*
Zabaione F GASTR sabayon *m*
zack *umg* INT **~, ~!** *umg* et que ça saute!
Zack *umg* M **j-n auf ~ bringen** mettre qn au pas; **auf ~ sein** être dégourdi
Zacke F dent *f*; *e-s Sterns* pointe *f*; branche *f*
Zacken M → Zacke; *umg* **deswegen fällt dir kein ~ aus der Krone** ce n'est pas une °honte
zackig ADJ **1** garni de pointes; dentelé **2** *fig* (*schneidig*) d'allure militaire
zaghaft ADJ (*ängstlich*) craintif; peureux; (*zögernd*) hésitant; irrésolu
zäh ADJ **1** tenace (*a. fig*); *Flüssigkeit* épais; visqueux; *Fleisch* dur; coriace **2** (*hartnäckig*) opiniâtre; coriace **3** *Unterhaltung* qui traîne en longueur **4** *Gesundheit* résistant
zähflüssig ADJ visqueux; **~er Verkehr** ralentissements *mpl*
Zähigkeit F ténacité *f*; (*Widerstandsfähigkeit*) résistance *f*
Zahl F nombre *m*; (*Ziffer*) chiffre *m*; **zehn an der ~** au nombre de dix; **in großer ~** en grand nombre; **in den roten, schwarzen ~en sein** être dans le rouge; faire des profits
Zahladjektiv N adjectif numéral
zahlbar ADJ payable
zählbar ADJ dénombrable
zählebig ADJ *Tiere, Pflanzen* résistant; *Vorurteil* qui a la vie dure
Zahlemann *umg hum* **morgen heißt es ~ und Söhne** *umg* demain il faut casquer
zahlen VT *u.* VI payer; (**Herr Ober,**) **bitte ~!** (garçon,) l'addition, s'il vous plaît!
zählen **A** VT compter; *Bevölkerung* recenser; *Stimmen* dénombrer; **j-n zu s-n Freunden ~** compter qn parmi ses amis **B** VI compter; **auf j-n ~** compter sur qn; **~ zu** compter parmi; appartenir à; **das zählt nicht** cela ne compte pas
Zahlenangaben FPL données *fpl* numériques
Zahlenbeispiel N exemple *m* numérique
Zahlenfolge F suite *f*, série *f* de nombres
Zahlengedächtnis N mémoire *f* des chiffres, des nombres **Zahlenkombination** F combinaison *f* de chiffres **Zahlenlotto** N loto *m* **zahlenmäßig** ADJ numérique **Zahlenreihe** F suite *f*, série *f* de nombres **Zahlenschloss** N serrure *f* à combinaison **Zahlensystem** N système *m* arithmétique **Zahlenverhältnis** N rapport *m* numérique

Zahlenwert M valeur *f* numérique
Zahler(in) M(F) payeur, -euse *m,f*
Zähler M 1 *(Stromzähler, Gaszähler)* compteur *m*; **den ~ ablesen** relever le compteur 2 MATH numérateur *m*
Zählerstand M relevé *m* de compteur; **den ~ ablesen** relever le compteur
Zahlgrenze F *e-s Busses etc* (fin *f* de) section *f* **Zahlkarte** F mandat-carte *m* **zahllos** ADJ innombrable **zahlreich** ADJ nombreux **Zahltag** M jour *m* de paie
Zahlung F paiement *od* payement *m*; **in ~ nehmen** prendre en paiement
Zählung F comptage *m*; *der Bevölkerung* recensement *m*; *der Stimmen* dénombrement *m*
Zahlungsanweisung F mandat *m* de paiement **Zahlungsaufforderung** F sommation *f* de payer; mise *f* en demeure **Zahlungsaufschub** M délai *m*, sursis *m* de paiement **Zahlungsbedingungen** FPL conditions *fpl* de paiement, de règlement **Zahlungsbeleg** M récépissé *m* de paiement **Zahlungsempfänger** M bénéficiaire *m* d'un paiement **zahlungsfähig** ADJ solvable **Zahlungsfähigkeit** F solvabilité *f* **Zahlungsfrist** F délai *m* de paiement
zahlungskräftig ADJ *umg* **~ sein** *umg* avoir les moyens
Zahlungsmittel N moyen *m* de paiement **Zahlungsschwierigkeiten** FPL difficultés *fpl* de paiement **zahlungsunfähig** ADJ insolvable **Zahlungsunfähigkeit** F insolvabilité *f* **Zahlungsverkehr** M paiements *mpl*; opérations *fpl* de paiement **Zahlungsverpflichtungen** FPL obligations *fpl*; engagements *mpl* **Zahlungsweise** F mode *m* de paiement
Zählwerk N (mécanisme *m*) compteur *m*
Zahlwort N (adjectif *m*) numéral *m*
zahm ADJ 1 *Tier* apprivoisé 2 *umg fig Person* docile; *Kritik* anodin
zähmen V/T *Tier* apprivoiser; *(bändigen)* dompter; *(zu e-m Haustier machen)* domestiquer
Zähmung F *von Tieren* apprivoisement *m*; *(Bändigung)* domptage *m*; *zum Haustier* domestication *f*
Zahn M 1 dent *f*; **sich** *(dat)* **die Zähne putzen** se laver, se brosser les dents; **Zähne bekommen** faire, percer ses dents; **die Zähne zusammenbeißen** serrer les dents *(a. fig)*; **mit den Zähnen klappern, knirschen** claquer, grincer des dents 2 *fig umg* **der ~ der Zeit** les ravages *mpl* du temps; *umg* **bis an die Zähne bewaffnet** armé jusqu'au dents; **j-m auf den ~ fühlen** sonder (les intentions de) qn; *umg* **sich** *(dat)* **die Zähne an etw, j-m ausbeißen** se casser les dents sur qc, qn 3 *umg* **e-n (ganz schönen) ~ draufhaben** *umg* rouler à fond la caisse
Zahnarzt M, **Zahnärztin** F (chirurgien *m*) dentiste *m/f* **Zahnarzthelferin** F assistante *f* dentaire **zahnärztlich** ADJ de *od* du dentiste; dentaire **Zahnarztpraxis** F cabinet *m* dentaire **Zahnausfall** M chute *f* des dents **Zahnbehandlung** F soins *mpl* dentaires **Zahnbelag** M plaque *f* dentaire **Zahnbürste** F brosse *f* à dents **Zahncreme** F (pâte *f*) dentifrice *m*
zähnefletschend A ADJT qui montre les dents B ADVL en montrant les dents **zähneklappernd** ADVL en claquant des dents **zähneknirschend** ADVL *fig* en grinçant des dents
zahnen V/I faire, percer ses dents
Zahnersatz M prothèse *f* dentaire
Zahnfleisch N gencive(s) *f(pl)* **Zahnfleischbluten** N saignement *m* des gencives **Zahnfleischentzündung** F gingivite *f* **Zahnfleischschwund** M parodontose *f*
Zahnfüllung F plombage *m* **Zahnhals** M collet *m* d'une dent **Zahnhygiene** F hygiène *f* dentaire **Zahnklammer** F appareil *m* dentaire **Zahnklinik** F institut *m* dentaire **zahnlos** ADJ sans dents; édenté **Zahnlücke** F dent ébréchée; creux *m* entre les dents **Zahnmedizin** F dentisterie *f*; chirurgie *f* dentaire **Zahnpasta** F (pâte *f*) dentifrice *m* **Zahnpflege** F soins *mpl* dentaires **Zahnprothese** F prothèse *f* dentaire; dentier *m* **Zahnputzbecher** M, **Zahnputzglas** N verre *m* à dents
Zahnrad N roue dentée **Zahnradbahn** F chemin *m* de fer à crémaillère
Zahnschmelz M émail *m* des dents
Zahnschmerz M mal *m* de dent; **~en haben** avoir mal aux dents
Zahnseide F fil *m* dentaire **Zahnspange** F appareil *m* dentaire **Zahnstein** M tartre *m* **Zahnstocher** M cure-dent *m* **Zahnstummel**, **Zahnstumpf** M chicot *m* **Zahntechniker(in)** M(F) prothésiste *m/f* dentaire
Zahnweh N mal *m* de dent; **~ haben** avoir mal aux dents
Zahnzwischenräume MPL interstices *mpl* dentaires
Zander M sandre *m od f*
Zange F 1 *(Kneifzange)* tenaille(s) *f(pl)*; *(Flachzange)* pince (plate); *(Geburtszange)* forceps *m*; *umg fig* **j-n in die ~ nehmen** forcer la main à qn 2 ZOOL pince *f*
Zangengeburt F accouchement *m* au forceps, aux fers
Zank M querelle *f*; dispute *f* **Zankapfel** M

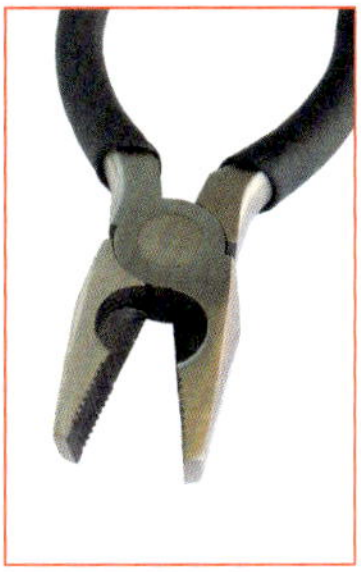

Zange — la pince (plate)

Zange — la pince

pomme *f* de discorde
zanken VR **sich (mit j-m) ~** se disputer, se quereller (avec qn); **sich um etw ~** se disputer qc, pour qc
zänkisch ADJ querelleur
Zäpfchen N **1** ANAT luette *f* (du palais); *t/t* uvule *f* **2** MED suppositoire *m*
Zäpfchen-R N PHON r *m* uvulaire
zapfen VT *Wein, Bier* tirer (au tonneau)
Zapfen M **1** *e-s Fasses* fausset *m* **2** (*Tannenzapfen, Kiefernzapfen*) pomme *f* de pin **3** (*Eiszapfen*) glaçon *m* **Zapfenstreich** M MIL couvre-feu *m*
Zapfhahn M robinet *m* **Zapfsäule** F pompe *f* à essence
zappelig *umg* ADJ *umg* qui a la bougeotte; agité; (*nervös*) nerveux
zappeln VI *umg* gigoter; s'agiter; *umg fig* **j-n ~ lassen** tenir qn sur des charbons ardents; *umg* laisser mijoter qn
Zappelphilipp *umg* M *umg* enfant *m* qui gigote sans cesse; **ein ~ sein** *umg* avoir la bougeotte
zappen VI TV zapper
zappenduster *umg* ADJ *a. fig* sombre
zapplig → zappelig
Zar M tsar *m*
Zarin F tsarine *f* **zaristisch** ADJ tsariste
zart ADJ **1** tendre (*a. Fleisch, Gemüse, Farben*); *Gesundheit, Farben, Kuss* délicat; *Stimme, Klang* doux; *Gewebe* fin **2** (*zärtlich*) tendre **3 ~ besaitet, fühlend** → zartbesaitet, zartfühlend
zartbesaitet ADJT sensible; susceptible **zartbitter** ADJ *Schokolade* noir extra fin (! unveränderlich) **zartfühlend** ADJT délicat; (*taktvoll*) qui a du tact **Zartgefühl** N délicatesse *f* (de sentiment); tact *m*
Zartheit F délicatesse *f*; *der Haut, der Stimme* douceur *f*; *e-s Gewebes* finesse *f*
zärtlich ADJ tendre; affectueux
Zärtlichkeit F tendresse *f*; affection *f*; **~en** *pl* (*Liebkosungen*) caresses *fpl*
zartrosa ADJ rose tendre (! unveränderlich)
Zaster *umg* M *umg* fric *m*
Zäsur F **1** METRIK césure *f* **2** *fig* (*Einschnitt*) événement décisif; tournant *m*
Zauber M **1** (*Zauberhandlung*) magie *f*; (*Zauberkraft*) charme *m*; enchantement *m*; (*böser Zauber*) sortilège *m*; *umg pej* **fauler ~** bluff *m* **2** *fig* (*Reiz*) charme *m*; (*Getue*) *umg* cirque *m*
Zauberei F **1** (*Zaubern*) magie *f* **2** (*Zaubertrick*) tour *m* de magie, de prestidigitation
Zauberer M *im Zirkus* magicien *m*; *fig* sorcier *m*
Zauberflöte F **Die ~** La Flûte enchantée
Zauberformel F formule *f* magique **zauberhaft** ADJ enchanteur; ravissant **Zauberin** F magicienne *f*; *fig* sorcière *f* **Zauberkasten** M mallette *f* de magicien **Zauberkraft** F pouvoir *m*, vertu *f* magique **Zauberkünstler** M prestidigitateur *m*; illusionniste *m* **Zauberlehrling** M apprenti sorcier
zaubern **A** VT **etw aus der Tasche ~** faire sortir qc de sa poche comme par enchantement **B** VI pratiquer la magie
Zauberspruch M formule *f* magique **Zauberstab** M baguette *f* magique **Zaubertrank** M potion *f* magique; philtre *m* **Zaubertrick** M tour *m* de magie, de prestidigitation **Zauberwort** N parole *f* magique
zaudern *geh* VI hésiter (**etw zu tun** à faire qc)
Zaum M bride *f*
zäumen VT brider
Zaumzeug N bride *f*
Zaun M clôture *f*; *aus Pfählen* palissade *f*; **e-n Streit vom ~ brechen** chercher querelle
Zaungast M spectateur (inofficiel) **Zaunkönig** M *t/t* troglodyte *m*; *inkorr* roitelet *m*
Zaunpfahl M pieu *m*; *umg fig* **ein Wink mit dem ~** un appel du pied
Zaziki M *od* N GASTR tzaziki *m*
z. B. ABK (zum Beispiel) par ex. (par exemple)
ZDF N ABK (Zweites Deutsches Fernsehen) Deuxième chaîne *f* de la télévision allemande
Zebra N zèbre *m* **Zebrastreifen** M passage *m* pour piétons
Zeche F **1** (*Rechnung*) addition *f*; *umg* **die ~ prellen** partir sans payer ses consommations; *umg fig* **die ~ bezahlen müssen** *umg* devoir payer les pots cassés **2** BERGBAU mine *f*; (*Steinkohlenzeche*) °houillère *f*
zechen VI boire; *umg* picoler **Zecher** M buveur *m* **Zechpreller** M client *m* qui part sans payer ses consommations **Zechprellerei** F grivèlerie *f*
Zecke F tique *f*
Zeder F cèdre *m* **Zedernholz** N (bois *m* de) cèdre *m*

Zehen — les orteils (mpl)

Zehe — la gousse

Zeh M → Zehe

Zehe F 1 orteil *m*; doigt *m* de pied; **große ~** gros orteil 2 (*Knoblauchzehe*) gousse *f*

Zehennagel M ongle *m* d'orteil

Zehenspitze F pointe *f* du pied; **auf ~n** sur la pointe des pieds

zehn NUM dix

Zehn F dix *m*

Zehner M 1 MATH dizaine *f* 2 *umg Geldschein* billet *m* de dix 3 *umg Münze* pièce *f* de dix cents 4 *regional* (*Zehn*) dix *m*

Zehnerkarte F billet *m* de dix entrées, trajets, *etc* (! für die Pariser Métro gibt es **carnets**, Päckchen von zehn Fahrscheinen) **Zehnerpackung** F paquet *m* de dix **Zehnerstelle** F dizaine *f*

zehnfach A ADJ *Vergrößerung* de dix (fois); *Betrag etc* dix fois plus grand B ADV dix fois plus; au décuple **zehnjährig** ADJ (*zehn Jahre alt*) (âgé) de dix ans; (*zehn Jahre lang*) de dix ans **Zehnjährige(r)** M/F(M) enfant *m/f* de dix ans **Zehnkampf** M SPORT décathlon *m* **Zehnkämpfer** M décathlonien *m* **zehnmal** ADV dix fois

zehnt ADV **zu ~** à dix

zehntausend NUM dix mille

zehnte NUM dixième **Zehntel** N dixième *m* **zehntens** ADV dixièmement

zehren V/I 1 **von etw ~** vivre sur qc, *fig* de qc 2 *Sorge* **an j-m ~** miner, ronger, consumer qn

Zeichen N signe *m*; *verabredetes* signal *m*; (*Kennzeichen*) marque *f*; (*Merkzeichen*) repère *m*; (*Namenszeichen*) sigle *m*; MED, *fig* symptôme *m*; *e-r Würde* insignes *mpl*; (*Beweis*) preuve *f*; témoignage *m*; CHEM, MATH symbole *m*; (*Sternzeichen*) signe *m*; **die ~ der Zeit** les signes des temps; ADMIN **Ihr ~** votre référence; **j-m ein ~ geben** faire signe à qn; **das ist ein gutes ~** c'est bon signe; **zum ~, dass ...** pour montrer, prouver que ...

Zeichenblock M bloc *m* de papier à dessin **Zeichenbrett** N planche *f* à dessin **Zeichenerklärung** F légende *f* **Zeichenheft** N cahier *m* à dessin **Zeichenkohle** F fusain *m* **Zeichenlehrer(in)** M(F) professeur *m/f* de dessin **Zeichenmappe** F carton *m* à dessin **Zeichenpapier** N papier *m* à dessin **Zeichensaal** M salle *f* de dessin **Zeichensatz** M IT jeu *m* de caractères **Zeichensetzung** F ponctuation *f* **Zeichensprache** F langage *m* par signes, par gestes **Zeichenstift** M crayon *m* à dessin **Zeichenstunde** F leçon *f* de dessin **Zeichentrickfilm** M dessin animé; film *m* d'animation **Zeichenunterricht** M leçons *fpl* de dessin

zeichnen A V/T 1 (*malen*) dessiner; *Linie* tracer 2 (*kennzeichnen*), *fig Sorge, Krankheit* marquer 3 *bes* HANDEL (*unterzeichnen*) signer; *e-e Anleihe* souscrire B V/I 1 (*malen*) dessiner 2 *bes* HANDEL signer; **für etw verantwortlich ~** avoir la responsabilité de qc

Zeichner(in) M(F) dessinateur, -trice *m,f*; **technischer ~** dessinateur industriel

zeichnerisch ADJ **~es Talent** talent(s) *m(pl)* de dessinateur

Zeichnung F 1 (*Bild, Muster*) dessin *m* 2 *bes* HANDEL souscription *f*

zeichnungsberechtigt ADJT HANDEL autorisé à signer

Zeigefinger M index *m*

zeigen A V/T montrer; faire voir; (*zur Schau stellen*) étaler; *Weg* indiquer; *Film* passer; *Mut, Geduld* faire preuve de; (dé)montrer; *umg* **es j-m ~** dire à qn sa façon de penser B V/I **auf j-n, etw ~** montrer, désigner qn, qc; **nach Norden ~** indiquer, montrer le nord; *Uhrzeiger* **auf 12 Uhr ~** marquer, indiquer midi C V/R **sich ~** 1 (*sich sehen lassen*) se montrer; (*erscheinen*) (ap)paraître; **sich von s-r besten Seite ~** se présenter sous son meilleur jour 2 **sich mutig** *etc* **~** faire preuve de courage, *etc* 3 (*zutage treten*) se manifester (**in** [+ *dat*] par); **das wird sich bald ~** on ne tardera pas à le voir

Zeiger M aiguille *f*; TECH *a.* index *m* **Zeigestock** M baguette *f*

Zeile F ligne *f* (*a.* TV); *von Häusern* rangée *f*; file *f*; **neue ~!** à la ligne! **j-m ein paar ~n hinterlassen** laisser un petit mot à qn; *fig* **zwischen den ~n** entre les lignes

Zeilenabstand M interligne *m* **Zeilenlän-**

ge F justification f **Zeilenzwischenraum** M interligne m

Zeisig M tarin m

zeit PRÄP **~ s-s Lebens** pendant toute sa vie; sa vie durant

Zeit F **1** temps m (a. GRAM); **~ raubend** → zeitraubend; **die ~ totschlagen** tuer le temps; **das hat noch ~** ce n'est pas urgent; cela ne presse pas; **j-m ~ lassen** donner du temps à qn; **sich** *(dat)* **~ lassen** prendre son temps; **viel ~ kosten** exiger, prendre beaucoup de temps; SPORT **(von etw) die ~ nehmen** chronométrer (qc); SPORT **e-e gute ~ laufen** faire, réaliser un bon temps (en courant); **du liebe ~!** ah, mon Dieu!; **die ganze ~ (über)** tout le temps; **e-e ~ lang** pendant quelque temps; un certain temps; *umg* SPORT **auf ~ spielen** essayer de gagner du temps; **mit der ~** avec le temps; à la longue; **nach einiger ~** au bout d'un certain temps; **seit langer ~** depuis longtemps; **von ~ zu ~** de temps en temps; de temps à autre; **vor einiger ~** il y a quelque temps; **vor langer ~** il y a longtemps **2** *(Zeitabschnitt)* temps m; période f; *(Zeitalter)* a. époque f; **schlechte ~en** mauvais jours; **die vorgeschichtliche ~** l'âge m préhistorique; **mit der ~ gehen** être de son temps; **für alle ~en** pour toujours; à jamais; **in der heutigen ~** de nos jours; **in alten ~en** au temps jadis; autrefois; **zu keiner ~** à aucune époque; jamais *(mit* ne *beim Verb)*; **zu e-r ~, da ...** en *od* dans un temps où ...; **zur ~** *(+ gen)* à l'époque de; au temps de **3** *(Zeitpunkt)* moment m; *(Datum)* date f; *(Uhrzeit)* heure f; **es ist (an der) ~ zu** *(+ inf)* il est temps de *(+ inf)*; **es war höchste ~** il était grand temps; **seit der ~, von der ~ an** dès lors; depuis ce temps-là; **um welche ~?** *(um wie viel Uhr)* à quelle heure?; **nächstes Jahr um diese ~** l'année prochaine à cette date; **zur ~** *(gegenwärtig)* → zurzeit; **zu gegebener ~** en temps utile; **zu jeder ~** toujours; à toute heure; **zur rechten ~** au bon moment; **zur gleichen ~** en même temps; **alles zu s-r ~** chaque chose en son temps **4** *(Jahreszeit)* saison f **5** *(Frist)* délai m; **es sind zwei Tage über die ~** le délai est dépassé de deux jours

Zeitabschnitt M période f; époque f

Zeitabstand M intervalle m; **in regelmäßigen Zeitabständen** à intervalles réguliers; périodiquement

Zeitalter N âge m; siècle m; époque f **Zeitangabe** F indication f de temps **Zeitansage** F *im Radio* heure exacte; *am Telefon* horloge parlante **Zeitarbeit** F travail m temporaire, intérimaire **Zeitarbeiter(in)** M(F) intérimaire m/f **Zeitarbeit(s)firma** F société f d'intérim **Zeitarbeit(s)vertrag** M contrat m de travail temporaire **Zeitaufwand** M temps passé, nécessaire **Zeitbestimmung** F GRAM complément m (circonstanciel) de temps **Zeitbombe** F bombe f à retardement **Zeitdauer** F durée f; période f

Zeitdruck M **unter ~ (stehen)** (être) pressé (par le temps)

Zeiteinteilung F emploi m du temps

Zeitenfolge F GRAM concordance f des temps

Zeiterscheinung F phénomène m d'une époque; *aktuelle* phénomène d'actualité **Zeitersparnis** F gain m, économie f de temps **Zeitfaktor** M facteur m temps **Zeitform** F GRAM temps m **Zeitfrage** F question f, affaire f de temps **Zeitgefühl** N notion f du temps **Zeitgeist** M esprit m du temps, du siècle **zeitgemäß** ADJ moderne; actuel **Zeitgenosse** M, **Zeitgenossin** F contemporain(e) m(f) **zeitgenössisch** ADJ contemporain **Zeitgeschehen** N événements mpl du jour; actualité f **Zeitgeschichte** F histoire contemporaine **Zeitgeschmack** M goût m du jour, de l'époque **Zeitgewinn** M gain m de temps **zeitgleich** ADV SPORT avec le même temps (**mit** que); ex æquo **zeitig** ADV tôt; de bonne heure **Zeitkarte** F (carte f d')abonnement m **zeitkritisch** ADJ critique de son époque **Zeitlang** F → Zeit 1

zeitlebens ADV durant toute ma, sa, *etc* vie

zeitlich **A** ADJ **1** PHIL, GRAM, REL temporel; *geh* **das Zeitliche segnen** rendre l'âme **2** **~e Reihenfolge** ordre m chronologique **B** ADV **~ begrenzt** temporaire

zeitlos ADJ *Kleidung* qui ne se démode pas, est toujours à la mode

Zeitlupe F FILM ralenti m; **in ~** au ralenti

Zeitlupenaufnahme F prise f de vues au ralenti; ralenti m

Zeitlupentempo N **im ~** au ralenti

Zeitmanagement N gestion f du temps

Zeitmangel M manque m de temps; **aus ~** faute de temps

Zeitmessung F chronométrage m (a. SPORT) **zeitnah** ADJ actuel **Zeitnehmer** M chronométreur m

Zeitnot F **in ~** *(dat)* **sein** être pressé par le temps

Zeitplan M emploi m du temps; horaire m; *für Veranstaltungen* minutage m **Zeitpunkt** M moment m; date f **Zeitraffer** M FILM accéléré m **zeitraubend** ADJT qui exige, prend beaucoup de temps **Zeitraum** M période f; laps m de temps

Zeitrechnung F chronologie f; **vor unserer**

~ avant notre ère
Zeitschaltuhr F minuteur *m* **Zeitschrift** F revue *f*; magazine *m* **Zeitsoldat** M engagé *m* **Zeitspanne** F période *f* **Zeittakt** M TEL (durée *f* d'une) unité *f* téléphonique **Zeitumstellung** F changement *m* d'heure
Zeitung F journal *m*; **in der ~ stehen** être dans le journal
Zeitungsabonnement N abonnement *m* à un journal **Zeitungsabonnent(in)** M(F) abonné(e) *m(f)* à un journal **Zeitungsannonce** F, **Zeitungsanzeige** F annonce *f* **Zeitungsartikel** M article *m* de journal **Zeitungsausschnitt** M coupure *f* de journal **Zeitungsausträger(in)** M(F) porteur, -euse *m,f* de journaux **Zeitungsbeilage** F supplément *m* **Zeitungshändler(in)** M(F) marchand(e) *m(f)* de journaux **Zeitungsinserat** N annonce *f* **Zeitungsjunge** M porteur *m* de journaux **Zeitungskiosk** M kiosque *m* à journaux **Zeitungsleser** M lecteur *m* (de journaux) **Zeitungsmeldung** F, **Zeitungsnotiz** F entrefilet *m* **Zeitungspapier** N papier *m* journal **Zeitungsredakteur(in)** M(F) rédacteur, -trice *m,f* de journal **Zeitungsredaktion** F rédaction *f* d'un journal **Zeitungsstand** M kiosque *m* à journaux **Zeitungsständer** M porte-journaux *m* **Zeitungsverkäufer(in)** M(F) vendeur, -euse *m,f* de journaux **Zeitungsverlag** M maison *f* d'édition d'un journal **Zeitungsverleger** M éditeur *m* d'un journal **Zeitungswerbung** F publicité-presse *f*
Zeitunterschied M *in der Uhrzeit* différence *f* d'heure **Zeitvergeudung** F gaspillage *m* de temps **Zeitverlust** M perte *f* de temps **Zeitverschiebung** F décalage *m* horaire **Zeitverschwendung** F gaspillage *m* de temps **zeitversetzt** ADJT décalé; RADIO, TV (en) différé **Zeitvertrag** M contrat *m* à durée déterminée
Zeitvertreib M passe-temps *m*; **zum ~** pour passer le temps
Zeitvorsprung M avance *f* (**gegenüber j-m** sur qn) **zeitweilig** ADJ temporaire **zeitweise** ADV quelquefois; par moments; (*zeitweilig*) temporairement **Zeitwert** M valeur actuelle **Zeitwort** N verbe *m* **Zeitzeichen** N *im Radio* signal *m*, top *m* horaire **Zeitzone** F fuseau *m* horaire **Zeitzünder** M fusée *f* à retardement
zelebrieren VT *Messe* célébrer
Zelle F cellule *f*; (*Telefonzelle*) cabine *f* téléphonique; *umg hum* **die (kleinen) grauen ~n** *umg* la matière grise
Zellfaser F cellulose *f* **Zellforschung** F cytologie *f* **Zellgewebe** N tissu *m* cellulaire **Zellgift** N cytolytique *m* **Zellkern** M noyau *m* de la cellule; nucléus *m* **Zellstoff** M cellulose *f* **Zellstruktur** F structure *f* cellulaire **Zellteilung** F division *f* cellulaire
Zellulitis F cellulite *f* **Zelluloid** N celluloïd *m* **Zellulose** F cellulose *f*
Zellwolle F laine *f* cellulosique; fibranne *f*
Zelt N tente *f*; *fig* **s-e ~e abbrechen** lever le camp; partir; **im ~** sous la tente
Zeltbahn F toile *f* de tente **Zeltdach** N **1** *beim Zelt* toit *m* de la tente **2** BAU toit *m* en pavillon
zelten VI faire du camping; camper
Zelten N camping *m*
Zeltlager N camp *m*; campement *m* **Zeltpflock** M piquet *m* de tente **Zeltplane** F bâche *f* **Zeltplatz** M (terrain *m* de) camping *m* **Zeltstadt** F grand campement; village *m* de toile **Zeltstange** F mât *m* de tente
Zement M ciment *m* **Zementfabrik** F cimenterie *f*
zementieren VT cimenter
Zementwerk N cimenterie *f*
Zen N zen *m* **Zenbuddhismus** M bouddhisme *m* zen
Zenit M zénith *m* (*a. fig*)
zensieren VT **1** *Presse, Film* soumettre à la censure; *durch Streichungen* censurer **2** SCHULE noter; donner une note à
Zensor M censeur *m*
Zensur F **1** (*Kontrolle*) censure *f* **2** (*Note*) note *f*
Zentigramm N centigramme *m* **Zentiliter** M *od* N centilitre *m* **Zentimeter** M *od* N centimètre *m* **Zentimetermaß** N centimètre *m*
Zentner M **1** 50 kilos *mpl* **2** *österr, schweiz* (*100 kg*) quintal *m* **Zentnerlast** F *fig* fardeau accablant **zentnerschwer** ADJ *fig* accablant
zentral ADJ central
Zentralafrika N l'Afrique centrale **Zentralamerika** N l'Amérique centrale **Zentralasien** N l'Asie centrale
Zentralbank F banque centrale; **Europäische ~** Banque centrale européenne
Zentrale F bureau central; direction centrale; TEL standard *m*; central *m* (téléphonique)
Zentraleinheit F IT unité centrale **Zentralheizung** F chauffage central
zentralisieren VT centraliser **Zentralisierung** F centralisation *f*
Zentralismus M centralisme *m* **zentralistisch** ADJ centraliste
Zentralkomitee N POL comité central
Zentralmassiv das ~ le Massif central
Zentralnervensystem N système nerveux

central **Zentralregierung** F gouvernement central **Zentralverband** M association centrale **Zentralverriegelung** F *im Auto* verrouillage central

zentrieren V/T TECH centrer **Zentrierung** F centrage *m*

Zentrifugalkraft F force *f* centrifuge **Zentrifuge** F centrifugeuse *f*

Zentrum N centre *m*

Zeppelin M dirigeable *m*

Zepter N *od* M sceptre *m*

zerbeißen casser avec les dents; croquer **zerbersten** V/I éclater; voler en éclats **zerbomben** V/T détruire par les bombes **zerbrechen** A V/T casser B V/I se casser; se briser (*a. fig Ehe*) **zerbrechlich** ADJ fragile **Zerbrechlichkeit** F fragilité *f* **zerbröckeln** A V/T *Brot* émietter B V/I s'émietter; *Gestein* s'effriter

zerdeppern *umg* V/T mettre en miettes; casser (en mille morceaux) **zerdrücken** V/T écraser

Zerealien FPL céréales *fpl*

Zeremonie F cérémonie *f* **zeremoniell** ADJ cérémonieux **Zeremoniell** N cérémonial *m*

Zerfall M 1 *e-s Gebäudes, Reiches* ruine *f*; délabrement *m* 2 NUKL désintégration *f*

zerfallen V/I 1 *Gebäude, Reich* tomber en ruine; se délabrer 2 NUKL se désintégrer

Zerfallserscheinung F symptôme *m* de décadence **Zerfallsprodukt** N NUKL produit *m* de désintégration

zerfetzen V/T mettre en lambeaux; *Geschoss* déchiqueter **zerfleddert** ADJT *Buch* abîmé; usé **zerfleischen** V/T déchiqueter **zerfließen** V/I 1 (*schmelzen*) fondre 2 *Konturen etc* s'estomper **zerfressen** V/T ronger; CHEM corroder **zerfurcht** ADJT *Stirn* ridé **zergehen** V/I fondre **zerhacken** V/T °hacher **zerhauen** V/T tailler, mettre en pièces **zerkauen** V/T mâcher **zerkleinern** V/T concasser; broyer **zerklüftet** ADJT crevassé; *Küste* déchiqueté **zerknautschen** *umg* V/T froisser; chiffonner **zerknirscht** ADJT contrit **zerknittern** V/T froisser; chiffonner **zerknüllen** V/T froisser; chiffonner **zerkocht** ADJT trop cuit **zerkratzen** V/T égratigner; *mit Krallen* griffer **zerkrümeln** V/T émietter **zerlassen** V/T *Fett* faire fondre

zerlegen V/T *Maschine* démonter; *Fleisch* découper; **in zwei Teile ~** diviser en deux; **etw in s-e Bestandteile ~** réduire qc à ses composants **zerlesen** ADJT *Buch* usé; fatigué **zerlumpt** ADJT en lambeaux; en guenilles **zermahlen** V/T moudre **zermalmen** V/T écraser; broyer **zermartern** V/R **sich** (*dat*) **das Hirn, den Kopf ~** se creuser la tête **zermürben** V/T user; démoraliser **zerpflücken** V/T éplucher **zerplatzen** V/I crever; éclater **zerquetschen** V/T écraser

Zerrbild N caricature *f*

zerreden V/T **etw ~** rabâcher, ressasser qc

zerreiben V/T triturer; broyer; *zu Pulver* pulvériser

zerreißen A V/T déchirer (*a. fig*); *Faden* casser; rompre; (*zerfleischen*) déchiqueter; **das zerreißt mir das Herz** cela me fend le cœur; *umg hum* **ich kann mich doch nicht ~** je ne peux pas être partout à la fois B V/I se déchirer; *Faden* (se) casser; se rompre

Zerreißprobe F *fig* rude épreuve *f*

zerren A V/T *u.* V/I tirer (**an etw** [*dat*] sur qc) B V/R MED **sich** (*dat*) **e-n Muskel ~** se froisser un muscle

zerrinnen V/I (se) fondre (*a. fig*); **das Geld zerrinnt ihm unter den Fingern** l'argent lui file entre les doigts

zerrissen ADJT déchiré (*a. fig*) **Zerrissenheit** F déchirement *m*; conflits intérieurs

Zerrspiegel M miroir déformant

Zerrung F MED claquage *m*; froissement *m*

zerrupfen V/T déchirer (en menus morceaux); *Blume* effeuiller

zerrütten V/T *Finanzen* ruiner; *Ehe* détruire **Zerrüttung** F *der Finanzen* ébranlement *m*; ruine *f*; *e-r Ehe* destruction *f*; *der Gesundheit* ruine *f*; délabrement *m*

zersägen V/T scier **zerschellen** V/I *Schiff* se fracasser; *Flugzeug* s'écraser (**an** [+ *dat*] contre) **zerschlagen**[1] A V/T *Geschirr* casser; *Organisation* démanteler B V/R **sich ~** *Pläne, Hoffnungen* s'effondrer

zerschlagen[2] ADJT **ich fühle mich wie ~** je me sens tout rompu, moulu

zerschmettern V/T fracasser; écraser **zerschneiden** V/T couper (en morceaux, en tranches); découper **zersetzen** A V/T 1 CHEM décomposer; dissoudre 2 *fig* décomposer; désagréger B V/R **sich ~** CHEM se dissoudre; se décomposer **Zersetzung** F CHEM, *fig* décomposition *f*; dissolution *f* **Zersetzungsprozess** M processus *m* de décomposition **zersiedeln** V/T déstructurer; *plus fort* détruire par l'urbanisation **Zersied(e)lung** F mitage *m*; déstructuration *f* **zersplittern** V/I voler en éclats **zersprengen** V/T faire éclater; exploser, sauter **zerspringen** V/I se briser; se casser; (*zerplatzen*) éclater **zerstampfen** V/T concasser; broyer; *Kartoffeln* écraser **zerstäuben** V/T pulvériser; *Parfüm* vaporiser; *Flüssigkeit* atomiser **Zerstäuber** M pulvérisateur *m*; *für Parfüm* atomiseur *m*; vaporisateur *m*

zerstechen VT *Autoreifen* lacérer (à coups de couteau); **von Mücken zerstochen** dévoré par les moustiques
zerstören VT détruire; *fig Glück* ruiner **Zerstörer** M **1** *Mensch* destructeur *m* **2** SCHIFF destroyer *m* **zerstörerisch** ADJ destructeur; destructif **Zerstörung** F destruction *f*; démolition *f* **Zerstörungstrieb** M instinct *m* de destruction **Zerstörungswut** F rage *f* de destruction; vandalisme *m*
zerstoßen VT broyer; concasser; *im Mörser* piler **zerstreuen** VT (u. VR) **(sich ~)** **1** *Menschenmenge* (se) disperser; *Bedenken* dissiper **2** *(ablenken)* (se) distraire; (s')amuser **zerstreut** ADJT *fig* distrait **Zerstreutheit** F distraction *f*; inattention *f* **Zerstreuung** F *(Ablenkung)* distraction *f*; *(Belustigung)* divertissement *m*; amusement *m*
zerstritten ADJT **mit j-m ~ sein** être en désaccord avec qn
zerstückeln VT mettre en morceaux; découper **zerteilen** VT (u. VR) **(sich ~** se) diviser (en plusieurs parties)
Zertifikat N certificat *m*
zertrampeln VT piétiner; fouler aux pieds **zertreten** VT écraser (du pied) **zertrümmern** VT détruire; fracasser
Zervelatwurst F saucisson sec
zerwühlen VT fouiller; *Bett* mettre en désordre; *Haare* ébouriffer
Zerwürfnis *geh* N différend *m*; désaccord *m*
zerzausen VT **j-m die Haare ~** ébouriffer qn
Zeter *umg* **~ und Mordio schreien** pousser les °hauts cris; protester avec véhémence
zetern *umg* VI pousser les °hauts cris; vociférer; *umg* gueuler
Zettel M bout *m* de papier; *beschriebener* billet *m*; *(Notizzettel)* note *f*; *(Anschlagzettel)* affiche *f* **Zettelkasten** M fichier *m* **Zettelwirtschaft** *umg pej* F *umg* fouillis *m* de notes, de bouts de papier
Zeug N **1** *umg (Sachen) umg* fourbi *m*; *pej (Plunder) umg* bazar *m*; *(Gerät) umg* attirail *m*; *fig* **was das ~ hält** tant qu'on peut; **er hat das ~ zum Chef** il a l'étoffe d'un chef **2** *umg* **dummes ~!** quelle bêtise!; *umg* c'est du flan! **3** *(Kleider)* vêtements *mpl*
Zeuge M témoin *m* (**der Anklage** à charge); *fig* **~n der Vergangenheit** témoins du passé; **vor ~n** *(dat)* devant témoins
zeugen[1] VT BIOL procréer; engendrer
zeugen[2] VI *fig* **von etw ~** témoigner de qc; prouver qc
Zeugenaussage F déposition *f* du témoin **Zeugenstand** M barre *f* des témoins **Zeugenvernehmung** F audition *f* des témoins
Zeugin F témoin *m*
Zeugnis N **1** SCHULE bulletin *m* scolaire; **er hat ein gutes ~** il a de bonnes notes, un bon bulletin (scolaire) **2** *Bescheinigung, (Arbeitszeugnis)* certificat *m*; attestation *f*
Zeugnisabschrift F copie *f* de certificat **Zeugnisheft** N livret *m* scolaire **Zeugniskonferenz** F réunion *f* d'évaluation
Zeugs *umg pej* N *umg* bazar *m*; *(Plunder) umg* fourbi *m*
Zeugung F BIOL procréation *f*
Zeugungsakt M acte *m* de procréation; *t/t* coït *m* **zeugungsfähig** ADJ apte à la génération, à procréer **Zeugungsfähigkeit** F capacité *f* de procréer; d'engendrer **zeugungsunfähig** ADJ stérile **Zeugungsunfähigkeit** F stérilité *f*
Zeus M MYTH Zeus *m*
z. H., z. Hd. ABK (zu Händen) à l'attention de
Zicke F **1** → Ziege **2** **mach keine ~n!** (ne fais) pas de manières!
zicken *umg pej* VI **1** *(Ärger machen) umg* faire des emmerdes **2** *(meckern, mosern) umg* rouspéter
zickig *umg pej* ADJ capricieux
Zicklein N chevreau *m*
Zickzack M zigzag *m*; **im ~ laufen** marcher en zigzag; zigzaguer
zickzackförmig ADJ en zigzag **Zickzackkurs** M zigzags *mpl (a. fig)*; POL politique *f* en zigzag **Zickzacklinie** F (ligne *f* en) zigzag *m* **Zickzackmuster** N ornement *m* à zigzags
Ziege F **1** ZOOL chèvre *f*; *umg* bique *f* **2** *umg pej* **alte ~** *umg* vieille bique; **dumme ~** *umg* cruche *f*; gourde *f*
Ziegel M brique *f*; *(Dachziegel)* tuile *f* **Ziegelbrennerei** F → Ziegelei **Ziegeldach** N toit *m* de tuiles
Ziegelei F briqueterie *f*; *für Dachziegel* tuilerie *f*
Ziegelstein M brique *f*
Ziegenbart M barbiche *f* de bouc; *umg (Spitzbart)* bouc *m* **Ziegenbock** M bouc *m* **Ziegenkäse** M fromage *m* de chèvre **Ziegenleder** N chevreau *m* **Ziegenmilch** F lait *m* de chèvre **Ziegenpeter** *umg* M →Mumps
ziehen **A** VT **1** tirer; *Wagen* traîner; **j-n am Ohr ~** tirer l'oreille à qn; **j-n an sich** *(akk)* **~** tirer qn à soi; *fig* **die Blicke auf sich** *(akk)* **~** attirer les regards sur soi; **etw durch etw ~** passer qc par qc; *fig* **nach sich** *(dat)* **~** entraîner; être suivi de **2** **Zigaretten (am Automaten) ~** prendre des cigarettes (au distributeur) **3** *Linie* tirer; tracer; *Scheitel* faire; *Graben* faire; creuser **4** *Pflanzen* cultiver **5** *Pistole* tirer; **etw aus der Tasche ~** sortir qc de sa poche **6** *Zahn* extraire; arracher **7** *bei*

Z

Brettspielen jouer **8** **ein Gesicht ~** faire la grimace, la moue **9** *fig* **e-e Lehre aus etw ~** tirer une leçon de qc **B** VI **1** tirer; **an etw** *(dat)* **~** tirer sur qc **2** *Ofen, Pfeife, Auto* tirer **3** *umg* **das zieht bei mir nicht** cela ne prend pas avec moi **4** GASTR **~ lassen** faire macérer; *Tee* laisser infuser **5** *Personen, Zugvögel* partir (**nach** pour); émigrer (**nach** vers, en); *(umziehen)* déménager; **in die Stadt ~** aller s'installer en ville; **aufs Land ~** aller vivre à la campagne; **zu j-m ~** emménager chez qn **C** VR **sich ~** *(sich erstrecken)* s'étendre **D** V/UNPERS **es zieht hier** il y a un courant d'air ici

Ziehharmonika F accordéon *m*

Ziehung F LOTTERIE tirage *m*

Ziel N **1** *e-r Person, Handlung* but *m*; objectif *m* (*a.* MIL); *fig a.* fin(s) *f(pl)*; *(Bestimmungsort)* destination *f*; **sich** *(dat)* **ein ~ setzen** se fixer un but; **sein ~ erreichen** atteindre son objectif; **am ~ s-r Wünsche sein** voir ses désirs comblés; **über das ~ hinausschießen** (dé)passer les bornes **2** SPORT arrivée *f*; **durchs ~ gehen** franchir la ligne d'arrivée **3** *(Zielscheibe)* cible *f*

Zielband N SPORT fil *m* d'arrivée **zielbewusst** ADJ résolu; fermement décidé

zielen VI viser; **auf j-n, etw ~** viser qn, qc (*a. fig*); **auf den Kopf ~** viser à la tête

Zielfernrohr N lunette *f* de tir **Zielfoto** N photo-finish *f* **Zielgenauigkeit** F précision *f* du tir **Zielgerade** F SPORT dernière ligne droite **Zielgruppe** F WERBUNG cible *f* **Ziellinie** F SPORT ligne *f* d'arrivée **ziellos** ADJ *u.* ADV sans but **Zielpunkt** M point *m* de mire; but *m* **Zielrichter(in)** M(F) SPORT juge *m/f* à l'arrivée **Zielscheibe** F cible *f* (*a. fig*) **Zielsetzung** F but visé **zielsicher** ADJ **1** *Schütze* précis **2** *fig* déterminé **Zielsicherheit** F **1** précision *f* (du tir) **2** *fig* détermination *f* **Zielsprache** F langue *f* cible **zielstrebig** ADJ → zielbewusst **Zielstrebigkeit** F détermination *f*

ziemlich **A** *umg* ADJ assez considérable, grand **B** ADV **1** assez; passablement; **~ gut** assez bon; assez bien; **~ viele Leute** pas mal de gens, de monde **2** *umg (ungefähr)* à peu près

ziepen *regional* **A** VT **j-n an den Haaren ~** tirer les cheveux à *od* de qn **B** VI *Vogel* pépier

Zier *geh, poet* F, **Zierde** F ornement *m*; décoration *f*; **zur Zier, Zierde dienen** être décoratif

zieren **A** *geh* VT orner, décorer (**mit** de) **B** VR **sich ~** faire des façons, des simagrées

Zierfisch M poisson *m* d'aquarium **Ziergarten** M jardin *m* d'agrément **Ziergewächs** N → Zierpflanze **Ziergräser** NPL herbes d'ornement, ornementales **Zierleiste** F AUTO baguette *f* **zierlich** ADJ gracile; *(anmutig)* gracieux **Ziernaht** F MODE surpiqûre *f* **Zierpflanze** F plante ornementale, d'ornement **Zierstich** M MODE point *m* de fantaisie **Zierstrauch** M arbuste ornemental

Ziffer F chiffre *m*; **in ~n** en chiffres

Zifferblatt N cadran *m*

zig *umg* ADJ pas mal de; **es waren ~ Leute da** il y avait du monde

Zigarette F cigarette *f*

Zigarettenasche F cendre(s) *f(pl)* de cigarettes **Zigarettenautomat** M distributeur *m* de cigarettes **Zigarettenetui** N étui *m* à cigarettes; porte-cigarettes *m* (! unveränderlich) **Zigarettenkippe** F *umg* mégot *m*; *umg* clope *m* **Zigarettenmarke** F marque *f* de cigarettes **Zigarettenpackung** F paquet *m* de cigarettes **Zigarettenpapier** N papier *m* à cigarettes **Zigarettenpause** *umg* F courte pause (pour fumer une cigarette) **Zigarettenraucher(in)** M(F) fumeur, -euse *m,f* de cigarettes **Zigarettenschachtel** F paquet *m* de cigarettes **Zigarettenspitze** F fume-cigarette *m* **Zigarettenstummel** M *umg* mégot *m* **Zigarettentabak** M tabac *m* à cigarettes

Zigarillo M *od* N cigarillo *m*

Zigarre F cigare *m* (! maskulin)

Zigarrenabschneider M coupe-cigare *m* **Zigarrenanzünder** M allume-cigare *m* **Zigarrenkiste** F boîte *f* de cigares

Zigeuner(in) *neg!* M(F) Tzigane *m/f*; gitan(e) *m(f)*; bohémien, -ienne *m,f*; *pej* romanichel, -elle *m,f* **Zigeunerleben** N *a. fig* vie *f* de bohémiens **Zigeunermusik** F musique *f* tzigane **Zigeunerschnitzel** N *escalope de veau ou de porc dans une sauce relevée de poivrons, d'oignons, de tomates, etc* **Zigeunerstamm** M tribu *f* de gitans

zigfach *umg* **A** ADJ **die ~e Menge** *umg* cent, mille fois la quantité; **sich um ein Zigfaches erhöhen** se multiplier; décupler **B** ADV *umg* cent, mille fois plus

zigmal *umg* ADV *umg* cent, mille fois **zigtausend** *umg* NUM des, plusieurs milliers

Zikade F cigale *f*

Zimmer N pièce *f*; *(Schlafzimmer, Hotelzimmer)* chambre *f*; *großes* salle *f*; **~ frei** chambre à louer; **haben Sie ein ~ frei?** avez-vous une chambre libre?

Zimmerantenne F antenne intérieure **Zimmerdecke** F plafond *m* **Zimmereinrichtung** F ameublement *m* **Zimmerflucht** F enfilade *f* de pièces **Zimmerkellner** M garçon *m* d'étage

Zimmerlautstärke F *Radio* **auf ~ stellen**

Zimmer: chambre, pièce oder salle?

Das allgemeine Wort für „Zimmer" ist **la pièce**:

eine Dreizimmerwohnung	**un trois-pièces**

Ein Zimmer, in dem man auch schläft, ist **la chambre**:

Schlafzimmer	**la chambre à coucher**
Gästezimmer	**la chambre d'ami(s)**
Kinderzimmer	**la chambre d'enfant(s)**

Andere Räume werden oft mit **la salle** übersetzt:

Wohnzimmer	**la salle de séjour**
Esszimmer	**la salle à manger**
Badezimmer	**la salle de bains**

FEHLERQUELLEN

baisser le son (pour ne pas déranger)
Zimmermädchen N femme *f* de chambre **Zimmermann** M charpentier *m*
zimmern V/T faire; construire
Zimmernachbar(in) M(F) voisin(e) *m(f)* de chambre **Zimmernachweis** M → Zimmervermittlung **Zimmernummer** F numéro *m* de chambre **Zimmerpflanze** F plante *f* d'appartement **Zimmerservice** M service *m* des chambres **Zimmersuche** F recherche *f* d'une chambre **Zimmertemperatur** F température *f* de la pièce; *(mittlere Zimmertemperatur), für Wein* température ambiante **Zimmervermittlung** F (service *m* de) réservation *f* de chambres
zimperlich ADJ douillet
Zimperliese *umg pej* F mijaurée *f*; pimbêche *f*
Zimt M cannelle *f* **Zimtstange** F bâton *m* de cannelle **Zimtstern** M *biscuit à la cannelle en forme d'étoile* **Zimtzicke** *umg pej* F *umg* chameau *m*; *umg* cruche *f*
Zink N zinc *m*
Zinke F dent *f*
zinken V/T *Spielkarten* biseauter
Zinken M *umg hum (große Nase) umg* pif *m*; *umg* blair *m*
Zinksalbe F pommade *f* (à l'oxyde) de zinc
Zinn N étain *m*
Zinne F créneau *m*
Zinnober M MINER cinabre *m*; MAL vermillon *m* **zinnoberrot** ADJ rouge vermillon (! unveränderlich)
Zinnsoldat M soldat *m* de plomb
Zins M 1 *auf Kapital meist pl* **~en** intérêts *mpl*; **~en bringen** rapporter des intérêts 2 *südd, österr, schweiz (Mietzins)* loyer *m*
Zinsabschlagsteuer F prélèvement *m* à la source sur les revenus financiers
zinsbringend A ADJT rapportant des intérêts; productif d'intérêts; **~e Kapitalanlage** placement *m* à intérêts B ADVL **~ anlegen** placer à intérêts
Zinserhöhung F relèvement *m* du taux d'intérêt; augmentation *f* des intérêts **Zinsertrag** M produit *m* d'intérêts **Zinseszins** M intérêts composés, capitalisés **Zinseszinsrechnung** F calcul *m* des intérêts composés
zinsfrei ADJ sans intérêts; ne portant pas intérêts; *vom Standpunkt des Zinspflichtigen aus gesehen* exempt d'intérêts; **~es Kapital** capital non productif d'intérêts
Zinsfuß M taux *m* d'intérêt **zinslos** A ADJ sans intérêts B ADV sans produire d'intérêts **Zinspolitik** F politique *f* des taux d'intérêt **Zinsrechnung** F calcul *m* des intérêts **Zinssatz** M taux *m* d'intérêt **Zinssenkung** F baisse *f* du taux d'intérêt
Zionismus M sionisme *m* **Zionist(in)** M(F) sioniste *m/f* **zionistisch** ADJ sioniste
Zipfel M *e-s Tuches* coin *m*; pointe *f* (*a. fig e-s Landes*); *e-s Rocks* pan *m*; *der Wurst* bout *m* **Zipfelmütze** F bonnet *m* à pointe
Zipp® M *österr* fermeture *f* éclair®; zip® *m*
zippen V/T IT zipper
Zipperlein *umg* N douleurs rhumatismales, articulaires
Zippverschluss M *österr* fermeture *f* éclair®; zip® *m*
zirka ADV environ
Zirkel M 1 *Instrument* compas *m* 2 *von Personen* cercle *m* **Zirkelkasten** M boîte *f* de compas
zirkeln V/T mesurer avec précision
Zirkelschluss M cercle vicieux
Zirkulation F circulation *f* **zirkulieren** V/I circuler
Zirkumflex M LING (accent *m*) circonflexe *m*
Zirkus M cirque *m* (*a. umg fig*) **Zirkusdirektor** M directeur *m* de *od* du cirque **Zirkuspferd** N cheval *m* de cirque **Zirkusvorstellung** F spectacle *m* de cirque **Zirkuswagen** M roulotte *f* (d'un cirque) **Zirkuszelt** N chapiteau *m*
zirpen V/I *Zikaden* chanter; *Grillen* grésiller
zischen A V/I *Dampf, Tier, Person* siffler; *Fett* grésiller B V/T *umg fig* **einen ~** prendre, *umg* siffler un verre
Zischlaut M PHON sifflante *f*; chuintante *f*
ziselieren V/T ciseler
Zisterne F citerne *f*
Zitadelle F citadelle *f*

Zitat N citation *f* (**aus** de)
Zitatensammlung F recueil *m* de citations
Zither F cithare *f*
zitieren V/T **1** *Autor, Worte* citer **2** **j-n zu sich ~** convoquer qn
Zitronat N écorce *f* de citron confite
Zitrone F citron *m* (! maskulin); **mit ~** citronné; au citron
Zitroneneis N glace *f* au citron **Zitronenfalter** M ZOOL citron *m* **zitronengelb** ADJ jaune citron (! unveränderlich) **Zitronengras** N citronnelle *f* **Zitronenlikör** M citronnelle *f* **Zitronenlimonade** F citronnade *f* **Zitronenmelisse** F citronnelle *f*; mélisse officinale **Zitronenpresse** F presse-citron *m* **Zitronensaft** M jus *m* de citron **Zitronenschale** F pelure *f*, écorce *f* de citron; GASTR zeste *m* de citron **Zitronenscheibe** F rondelle *f*, tranche *f* de citron
Zitrusfrucht F agrume *m* **Zitruspresse** F presse-agrume *m*
zitterig ADJ tremblotant; *Schrift* tremblé
zittern V/I trembler; *leicht* trembloter; *vor Kälte, Angst* frémir, frissonner (**vor** [+ *dat*] de); **vor j-m ~** trembler devant qn
Zitterpappel F tremble *m* **Zitterpartie** F partie serrée; *fig* suspense *m* **Zitterrochen** M torpille *f*
zittrig → zitterig
Zitze F mamelle *f*
Zivi *umg* M jeune homme *m* qui fait son service civil
zivil ADJ civil; *Preise* modéré
Zivil N (*Kleidung*) tenue civile; **in ~** en civil
Zivilbevölkerung F population civile; civils *mpl* **Zivilcourage** F courage *m* de ses opinions **Zivildienst** M service civil **Zivildienstleistende(r)** M jeune homme *m* qui fait son service civil **Zivilgericht** N tribunal civil
Zivilisation F civilisation *f*
Zivilisationskrankheit F maladie engendrée par la vie moderne **zivilisationsmüde** ADJ dégoûté par le mode de vie moderne
zivilisiert ADJ civilisé; **benimm dich ~** conduis-toi en être civilisé
Zivilist(in) M(F) civil(e) *m(f)*
Zivilkammer F JUR chambre civile **Zivilklage** F JUR action civile **Zivilkleidung** F tenue civile **Zivilperson** F civil *m* **Zivilprozess** M procès civil **Zivilprozessordnung** F code *m* de procédure civile **Zivilrecht** N droit civil
zivilrechtlich **A** ADJ de droit civil **B** ADV **j-n ~ verfolgen** poursuivre qn au civil
Zivilrichter M juge (au) civil **Zivilschutz** M POL protection civile
z. K. ABK (zur Kenntnisnahme) pour (votre) information
Znüni M *od* N *schweiz*: *collation du milieu de la matinée*
Zobel M ZOOL, *Pelz* zibeline *f*
zocken *umg* V/I jouer (**um** pour)
Zocker *umg* M joueur *m*
Zofe F *früher* femme *f* de chambre
Zoff *umg* M bagarre *f*; *umg* engueulade *f*; **~ machen** chercher la bagarre; **mit j-m ~ haben** être brouillé avec qn; (*e-e Auseinandersetzung haben*) *umg* s'engueuler avec qn
zog → ziehen
zögerlich ADJ hésitant
zögern V/I hésiter, tarder (**etw zu tun** à faire qc)
Zögern N hésitation *f*; **ohne ~** sans hésiter; sans (la moindre) hésitation; **nach anfänglichem ~** après avoir hésité au début
Zögling M pensionnaire *m/f*; élève *m/f*
Zölibat N *od* M célibat *m*
Zoll[1] M **1** *Behörde* douane *f* **2** *Abgabe* (droit[s] *m* [*pl*] de) douane *f*
Zoll[2] M *Maß* pouce *m*
Zollabfertigung F dédouanement *m* **Zollabkommen** N accord douanier **Zollamt** N (bureau *m* de) douane *f* **Zollbeamte(r)** M douanier *m* **Zollbehörde** F (administration *f* des) douanes *fpl*; douane *f* **Zollbezirk** M circonscription douanière **Zollerklärung** F déclaration *f* en douane **Zollfahnder** M contrôleur *m* des fraudes douanières **Zollfahndung** F (service *m* de) contrôle *m* et répression *f* des fraudes douanières **Zollformalitäten** FPL formalités douanières, de douane **zollfrei** ADJ *u.* ADV °hors taxes; en franchise **Zollfreiheit** F franchise douanière **Zollgebiet** N zone douanière **Zollgrenzbezirk** M zone frontalière sous contrôle douanier **Zollgrenze** F limite *f* de zone douanière; ligne *f* de douane **Zollkontrolle** F visite douanière; contrôle douanier
Zöllner M **1** douanier *m* **2** BIBEL publicain *m*
zollpflichtig ADJ soumis aux droits de douane **Zollschranken** FPL barrières douanières
Zollstock M mètre pliant
Zollunion F union douanière **Zollvorschrift** F règlement *m* de douane
Zombie M zombie *od* zombi *m*
Zone F zone *f*
Zoo M zoo *m* **Zoodirektor** M directeur *m* du *bzw.* d'un jardin zoologique **Zoohandlung** F animalerie *f*
Zoologe M, **Zoologin** F zoologiste *m/f*

Zoologie F zoologie *f*
zoologisch ADJ zoologique; **~er Garten** jardin *m* zoologique
Zoom N zoom *m*
zoomen V/T u. V/I zoomer
Zoomobjektiv N zoom *m*
Zoowärter(in) M(F) gardien, -ienne *m,f* de zoo
Zopf M natte *f*; tresse *f*; *fig* **die alten Zöpfe abschneiden** se débarrasser d'habitudes démodées
Zopfmuster N point *m* de torsade; *Pullover* **mit ~** à torsades
Zopfspange F barrette *f*
Zorn M colère *f* **Zornausbruch** M accès *m* de colère
zornig ADJ en colère; fâché; **~ werden** se mettre en colère; se fâcher; **~ sein** être en colère; **~ machen** fâcher; irriter
Zote F gauloiserie *f*; grossièreté *f*
zottelig ADJ *Haar* en broussaille; ébouriffé; *Bart* °hirsute; *Fell* à longs poils rudes
Zotteln *umg* FPL cheveux ébouriffés **zottig** ADJ → zottelig
z. T. ABK (zum Teil) en partie
zu A PRÄP 1 *örtlich* à; (*in j-s Wohnung*) chez; (*in j-s Nähe*) (au)près de; (*in Richtung nach*) vers; **der Weg zum Bahnhof** le chemin de la gare; **die Tür zum Garten** la porte donnant sur le jardin; *geh* **der Dom ~ Köln** la cathédrale de Cologne 2 *zeitlich* à; de; en; **~ Mittag** à midi; **~ gleicher Zeit** en même temps; **von Tag ~ Tag** de jour en jour 3 *Art u. Weise* à; par; en; pour; **mir ist nicht zum Lachen** je n'ai pas le cœur à rire; **~ dritt** à trois; **~ Hunderten** par centaines 4 *Preis* à 5 *Verhältnis* à; SPORT **fünf ~ drei gewinnen** gagner par cinq à trois 6 *Ziel, Zweck* à; pour; **heißes Wasser zum Waschen** de l'eau chaude pour (se) laver 7 *Ergebnis* en; **~ Eis werden** se transformer en glace; **~ Pulver zerstoßen** pulvériser 8 *Verbindung* avec; **Weißwein zum Fisch trinken** boire du vin blanc avec le poisson B ADV 1 (*allzu*) trop; **~ sehr, ~ viel** trop; **das ist ~ viel** en voilà trop; c'en est trop; **einer ~ viel** un de trop; *umg fig* **~ viel kriegen** voir rouge; **~ wenig** trop peu; **einer ~ wenig** un en moins 2 *Richtung* vers; **auf mich ~** vers moi 3 *umg* (*geschlossen*) fermé; **der Laden ist ~** le magasin est fermé; **Augen ~!** ferme(z) les yeux! C KONJ 1 *mit inf* de; à; **Haus ~ verkaufen** maison à vendre; **ich habe ~ arbeiten** il faut que je travaille; j'ai du travail 2 *mit ppr* **ein kaum ~ erfüllender Wunsch** un souhait difficilement réalisable
zuallererst ADV en tout premier lieu; avant tout **zuallerletzt** ADV en tout dernier lieu
zuarbeiten V/I **j-m ~** aider, assister qn (en faisant les menus travaux)
zubauen V/T construire des maisons, *etc* sur; *Aussicht* boucher
Zubehör N accessoires *mpl* **Zubehörteil** N accessoire *m*
zubeißen V/I mordre; °happer **zubekommen** *umg* V/T *Koffer, Tür* arriver à fermer **zubereiten** V/T préparer; faire
Zubereitung F préparation *f*
zubetonieren V/T bétonner
Zubettgehen N coucher *m*; **beim ~** en se couchant
zubilligen V/T **j-m etw ~** octroyer, concéder, accorder qc à qn
zubinden V/T attacher (pour fermer); ficeler
zubleiben V/I rester fermé
zublinzeln V/I **j-m ~** faire un clin d'œil à qn
zubringen V/T *Zeit* passer
Zubringer M 1 (*Autobahnzubringer*) bretelle *f* 2 *Verkehrsmittel* navette *f* **Zubringerbus** M navette *f* **Zubringerdienst** M service *m* de correspondance **Zubringerstraße** F *zur Autobahn* bretelle *f*
Zubrot N salaire *m* d'appoint; **sich** (*dat*) **ein ~ verdienen** améliorer ses fins de mois
Zucchini PL courgettes *fpl*
Zucht F 1 *von Tieren* élevage *m*; *von Pflanzen* culture *f* 2 *Tiere* race *f*; *Pflanzen* sorte *f* 3 *geh* **~ und Ordnung** ordre *m* et discipline *f*
Zuchtbulle M taureau *m* reproducteur
züchten V/T *Tiere* faire l'élevage de; *Pflanzen* cultiver
Züchter(in) M(F) *von Tieren* éleveur, -euse *m,f*; *von Pflanzen* horticulteur, -trice *m,f*
Zuchthaus N *früher* 1 pénitencier *m* 2 (*Zuchthausstrafe*) réclusion *f*
Zuchthengst M étalon *m*
züchtig *geh* ADJ vertueux; décent **züchtigen** *geh* V/T corriger; *liter* châtier
Zuchtperle F perle *f* de culture **Zuchtstute** F (jument *f*) poulinière *f* **Zuchttier** N animal *m* destiné à la reproduction
Züchtung F → Zucht
Zuchtwahl F BIOL sélection *f*
zuckeln *umg* V/I avancer lentement
zucken V/I faire un mouvement brusque; (*zusammenzucken*) tressaillir; (*aufschrecken*) sursauter; *Flammen* vaciller; *Person: krampfhaft* avoir des mouvements convulsifs; *Blitz* jaillir
zücken V/T *geh Schwert, Messer* tirer; *hum Brieftasche* sortir
Zucker M 1 sucre *m*; **ein Stück ~** un (morceau de) sucre 2 *umg* MED **~ haben** être diabétique
Zuckerbrot N **mit ~ und Peitsche** en employant la carotte ou le bâton
Zuckerdose F sucrier *m* **Zuckererbsen**

FPL (pois *mpl*) mange-tout *mpl* **Zuckerguss** M glaçage *m* (de sucre) **Zuckerhut** M pain *m* de sucre **zuckerkrank** ADJ diabétique **Zuckerkranke(r)** M/F(M) diabétique *m/f* **Zuckerkrankheit** F diabète *m*

Zuckerl N *österr, südd* bonbon *m*

Zuckerlecken N *umg* **das ist kein ~** *umg* c'est pas de la tarte

zuckern V/T sucrer

Zuckerpuppe *umg* F petite mignonne **Zuckerrohr** N canne *f* à sucre **Zuckerrübe** F betterave sucrière, à sucre **Zuckerschoten** FPL mange-tout *mpl* **Zuckerstange** F (bâton *m* de) sucre *m* d'orge **Zuckerstreuer** M saupoudreuse *f* **zuckersüß** ADJ 1 sucré 2 *fig pej* doucereux; mielleux **Zuckerwasser** N eau sucrée **Zuckerwatte** F barbe *f* à papa **Zuckerzange** F pince *f* à sucre

Zuckung F tressaillement *m*; mouvement convulsif

zudecken V/T (*u.* V/R **sich ~** se) couvrir (**mit** de)

zudem ADV en outre; au surplus

zudrehen V/T 1 *Ventil, Hahn* fermer 2 → zuwenden

zudringlich ADJ gênant; *Frauen gegenüber* entreprenant **Zudringlichkeit** F comportement gênant, entreprenant

zudrücken V/T fermer (en appuyant)

zueinander ADV; **seid nett ~!** soyez gentils les uns avec les autres!; → zueinanderfinden, zueinanderhalten, zueinanderpassen

zueinanderfinden V/I se trouver **zueinanderhalten** V/I se serrer les coudes **zueinanderpassen** V/I aller bien ensemble

zuerkennen V/T attribuer; *Preis* décerner

zuerst ADV 1 (*als Erste[r]*) le premier, la première 2 (*an erster Stelle*) d'abord; premièrement; en premier lieu; **~ etw tun** commencer par faire qc 3 (*anfangs*) au début

zufahren V/I **auf j-n, etw ~** se diriger vers qn, qc; *umg* **fahr zu!** allons, vite!; vas-y!

Zufahrt F accès *m*

Zufahrtsstraße F voie *f*, route *f* d'accès **Zufahrtsweg** M chemin *m* d'accès

Zufall M °hasard *m*; (*Zusammentreffen*) coïncidence *f*; **glücklicher ~** heureux °hasard; chance *f*; **reiner ~** pur hasard; **durch ~** par hasard

zufallen V/I 1 *Tür, Deckel* se fermer brusquement 2 **j-m ~** *Erbe* revenir à qn; *Aufgabe* incomber à qn

zufällig A ADJ accidentel; fortuit B ADV par hasard; accidentellement; **rein ~** tout à fait par hasard; **~ j-n treffen** tomber sur qn

Zufallsbekanntschaft F personne rencontrée par hasard **Zufallsgenerator** M générateur *m* de nombres aléatoires **Zufallstreffer** M coup *m* de chance

zufassen V/I → zugreifen

zufliegen V/I 1 *umg Tür* se fermer brusquement 2 **auf j-n, etw ~** voler en direction de qn, qc 3 **j-m ~** *Vogel* se réfugier chez qn; *fig* **alle Herzen flogen ihm zu** il a gagné tous les cœurs

zufließen V/I **e-r Sache ~** *Fluss* couler vers qc; *fig Gelder* affluer à qc

Zuflucht F refuge *m*; asile *m*; **bei j-m ~ suchen, finden** chercher, trouver refuge, asile auprès de *od* chez qn; **zu etw s-e ~ nehmen** se réfugier dans qc

Zufluchtsort M (lieu *m* de) refuge *m*

Zufluss M (*Nebenfluss*) affluent *m*

zuflüstern V/T **j-m etw ~** souffler, chuchoter qc à qn

zufolge PRÄP suivant; d'après

zufrieden ADJ content (**mit** de); (*zufriedengestellt*) satisfait (de); **~ stellen** contenter; satisfaire; **~ stellend** satisfaisant; → zufriedengeben, zufriedenlassen

zufriedengeben V/R **sich mit etw ~** se contenter de qc

Zufriedenheit F contentement *m*; (*Befriedigung*) satisfaction *f*; **zu meiner vollen ~** à mon entière satisfaction

zufriedenlassen V/T **j-n ~** laisser qn tranquille, en paix

zufriedenstellen V/T contenter; satisfaire

zufriedenstellend ADJT satisfaisant

zufrieren V/I geler complètement; prendre

zufügen V/T 1 **j-m etw ~** *Schaden, Verluste* causer qc à qn; *Niederlage* infliger qc à qn 2 (*hinzufügen*) ajouter

Zufuhr F TECH arrivée *f*; *von Wasser a.* adduction *f*; *von Waren* arrivage *m*

zuführen A V/T *Luft etc* amener; conduire; (*beschicken*) alimenter (**etw e-r Sache** [*dat*] qc en qc); **s-r Bestimmung** (*dat*) **~** rendre à sa destination B V/I **auf etw** (*akk*) **~** conduire à qc

Zug[1] M 1 *Bahn* train *m*; *der U-Bahn* rame *f* (de métro) 2 *von Personen* colonne *f*; file *f*; (*Umzug*) procession *f*; *feierlicher* cortège *m*; MIL section *f* 3 (*das Ziehen*) marche *f*; (*Feldzug*) campagne *f*; expédition *f* (*a. Streifzug, Beutezug*); (*Durchzug, Vorbeizug*) passage *m*; *von Vögeln in den Süden* migration *f* 4 (*Zugluft*) courant *m* d'air 5 *bei Öfen* tirage *m* 6 (*Gesichtszug, Wesenszug*) trait *m*; caractéristique *f*; **das war kein schöner ~ von ihm** ce n'était pas gentil de sa part 7 *fig* **in groben** *od* **großen Zügen** à grands traits 8 *advl* **im ~e** (+ *gen*) au cours de 9 *beim Brettspiel* coup *m*; *fig* **nicht zum ~e kommen** ne pas avoir l'occasion d'intervenir, d'agir; *fig* **~ um ~** petit à petit 10 *beim Trinken* coup *m*; trait *m*; *beim Rauchen* bouffée *f*; **in**

einem ~ **leeren** vider d'un trait, d'un seul coup; **etw in vollen Zügen genießen** savourer à fond qc; *umg* **in den letzten Zügen liegen** *umg* n'en avoir plus pour longtemps (à vivre)
Zug² N GEOG Zoug
Zugabe F **1** HANDEL supplément *m*; prime *f* **2** *e-s Künstlers* (morceau *m* en) bis *m*; **~!** bis!; encore! **3** *(das Hinzufügen)* addition *f*
Zugabteil N compartiment *m*
Zugang M **1** *(Eingang[sweg])* accès *m*; entrée *f* **2** *(Zutritt)* accès *m*; **~ zu j-m haben** avoir accès auprès de qn **3** → Neuzugang
zugange *umg* **mit j-m, etw ~ sein** avoir à faire à qn; s'occuper de qn, qc
zugänglich ADJ accessible, abordable (**für** à) *(a. fig)*; **leicht ~ sein** être d'un accès facile
Zugangsstraße F, **Zugangsweg** M voie *f* d'accès
Zuganschluss M correspondance *f* (des trains) **Zugbegleiter(in)** M(F) contrôleur, -euse *m,f* **Zugbrücke** F pont-levis *m*
zugeben V/T **1** *(hinzufügen)* ajouter **2** HANDEL donner en plus, en supplément **3** *fig (einräumen)* admettre; convenir de; concéder
zugegebenermaßen ADV **~ ...** j'admets, je reconnais que ...; **er hatte ~ Recht** j'admets qu'il a eu raison
zugegen *geh* ADV **bei etw ~ sein** être présent, assister à qc
zugehen **A** V/I **1** *umg Tür, Koffer* (se) fermer; *Knopf* se boutonner **2** **auf j-n, etw ~** aller, se diriger, s'avancer vers qn, qc; *a. v/unpers* **es geht auf den Winter zu** l'hiver est proche **3** ADMIN **j-m ~ (lassen)** (faire) parvenir à qn **B** V/UNPERS *u.* V/I *(geschehen)* arriver; se passer; se faire; **es ging sehr lustig zu** c'était gai; on s'amusait beaucoup
Zugeherin F, **Zugehfrau** F *bes österr, südd* femme *f* de ménage
zugehörig ADJ correspondant; **~ zu** *od* (+ *dat*) qui fait partie de
Zugehörigkeit F appartenance *f* (**zu** à) **Zugehörigkeitsgefühl** N sentiment *m* d'appartenance (**zu** à)
zugeknöpft *umg fig* ADJT très réservé
Zügel M rêne *f*; bride *f*; *fig* **die ~ fest in der Hand haben** tenir les rênes
zügellos ADJ *Leidenschaft* effréné; *Leben* dévergondé **Zügellosigkeit** F *Zustand* débridement *m*; *Verhalten* dévergondage *m*
zügeln V/T **1** *Pferd* tenir en bride **2** *fig* refréner; maîtriser
Zugende N queue *f* du train
zugeneigt ADJT *geh* **j-m, etw sehr ~ sein** éprouver beaucoup d'affection pour qn, d'attirance pour qc
Zugereiste(r) M/F(M) étranger, -ère *m,f*; nouveau venu, nouvelle venue
zugesellen V/R **sich j-m ~** se joindre, s'associer à qn
Zugeständnis N concession *f* (**an** [+ *akk*] à); **gewisse Zugeständnisse machen** faire certaines concessions
zugestehen V/T **j-m etw ~** concéder qc à qn
zugetan *geh* ADJ **j-m ~ sein** avoir de l'affection pour qn
Zugewinn M gain *m* (**an** [+ *dat*] de); JUR acquêt *m* **Zugewinngemeinschaft** F JUR communauté réduite aux acquêts
Zugführer M **1** EISENBAHN chef *m* de train **2** MIL chef *m* de section
zugießen V/T ajouter
zugig ADJ exposé aux courants d'air
zügig ADJ rapide
Zugkraft F **1** PHYS force *f* de traction **2** *fig* (force *f* d')attraction *f* **zugkräftig** ADJ *fig* qui attire le public
zugleich ADV en même temps; **schön und reich ~** à la fois beau, belle et riche
Zugluft F courant *m* d'air **Zugmaschine** F tracteur *m* **Zugpferd** N **1** cheval *m* de trait **2** *fig* locomotive *f*
zugreifen V/I **1** prendre, saisir (+ *akk*) **2** *bei Tisch* se servir **3** *fig* saisir l'occasion **4** *(helfen)* mettre la main à la pâte
Zugriff M **1** *(Ergreifen)* prise *f*; mainmise *f*; **sich j-s ~ entziehen** se soustraire à qn **2** *(Zugang)*, IT accès *m* (**auf** [+ *akk*] à)
Zugriffsberechtigung F, **Zugriffsrecht** N IT droit *m* d'accès **Zugriffszeit** F IT temps *m* d'accès
zugrunde ADV **1** **~ gehen** *Mensch* mourir (**an** [+ *dat*] de); *Kultur* se perdre; **~ richten** ruiner **2** **etw (e-r Sache** [*dat*]**) ~ legen** prendre qc pour base (de qc)
Zugschaffner M contrôleur *m* **Zugtelefon** N téléphone *m* dans un *bzw.* le train **Zugtier** N bête *f* de trait
zugucken *umg* V/I → zusehen
Zugunglück N accident *m* de chemin de fer
zugunsten PRÄP *u.* ADV **~ von** en faveur de; au profit de
zugutehalten V/T *geh* **j-m etw ~** tenir compte à qn de qc
zugutekommen V/I *geh* **j-m ~** profiter, servir à qn
Zugverbindung F liaison *f* ferroviaire **Zugverkehr** M trafic *m* ferroviaire
Zugvogel M oiseau migrateur
Zugzwang M **in ~ sein, unter ~ stehen** être forcé d'agir
zuhaben *umg* V/I être fermé

zuhalten VT *Tür* tenir fermé; fermer; **j-m den Mund ~** fermer la bouche à qn; **sich** *(dat)* **die Ohren, die Nase ~** se boucher les oreilles, le nez
Zuhälter M souteneur *m;* JUR proxénète *m; umg* maquereau *m* **Zuhälterei** F JUR proxénétisme *m*
zuhängen VT (re)couvrir d'un rideau, d'une toile, *etc*
zuhause ADV → Haus 1
Zuhause N chez-soi (chez-moi, *etc*) *m*
zuheilen VI *Wunde* se fermer; **wieder ~** se refermer
Zuhilfenahme F **unter ~ von …** avec le secours de …
zuhören VI écouter (**j-m** qn)
Zuhörer(in) M(F) auditeur, -trice *m,f* **Zuhörerschaft** F auditoire *m*
zujubeln VI **j-m ~** acclamer qn; ovationner qn
zukehren VT **j-m den Rücken ~** tourner le dos à qn
zuklappen A VT *Deckel* fermer; *Wagentür* claquer B VI *Deckel* se fermer; *Wagentür* claquer **zukleben** VT coller; *Briefumschlag* cacheter **zuknallen** *umg* A VT (faire) claquer B VI claquer; se fermer brusquement **zuknöpfen** VT boutonner **zuknoten** VT nouer; fermer par un nœud
zukommen VI 1 **auf j-n ~** s'avancer, aller, venir vers qn; *(j-m bevorstehen)* attendre qn; *fig* **die Dinge auf sich** *(akk)* **~ lassen** laisser venir les choses 2 *geh* **j-m etw ~ lassen** faire parvenir, passer qc à qn 3 **j-m ~** *(gebühren)* revenir à qn; être dû à qn
zukriegen *umg* VT → zubekommen
Zukunft F avenir *m;* GRAM futur *m;* **in ~** à l'avenir; *(von jetzt ab)* désormais; **in naher ~** dans un proche avenir; *Beruf* **mit ~** qui a de l'avenir
zukünftig A ADJ futur; à venir B ADV à l'avenir
Zukünftige(r) *umg* M/F(M) *(künftiger Ehepartner)* futur(e) *m(f)*
Zukunftsangst F peur *f* du futur **Zukunftsaussichten** FPL perspectives *fpl* d'avenir **Zukunftsforscher** M futurologue *m* **Zukunftsforschung** F futurologie *f* **Zukunftsmusik** *umg* F vision *f* utopique; rêves *mpl;* *(Pläne)* projets *mpl* en l'air **zukunftsorientiert** ADJT orienté vers l'avenir **Zukunftsperspektive** F perspective *f* d'avenir **Zukunftspläne** MPL projets *mpl* (d'avenir) **Zukunftsroman** M roman *m* de science-fiction
zulächeln VI **j-m ~** sourire à qn
Zulage F *(Erhöhung)* augmentation *f,* majoration *f,* supplément *m* (de salaire, de traitement, *etc*); *(Gefahrenzulage, Schmutzzulage)* prime *f,* indemnité *f* (**für** de)
zulangen *umg* VI *(nehmen)* prendre *(+ akk); bei Tisch* se servir
zulassen[1] *umg* VT *Tür etc* laisser fermé
zulassen[2] VT 1 *(den Zutritt erlauben)* admettre (**zu** à) 2 *(erlauben)* permettre; **e-e Ausnahme ~** tolérer une exception 3 **zu e-r Prüfung ~** autoriser à passer un examen 4 **als Anwalt ~** inscrire au barreau; **als Arzt ~** inscrire à l'ordre des médecins 5 ADMIN *Fahrzeug* autoriser à circuler; **auf j-s Namen** *(akk)* **zugelassen sein** être immatriculé au nom de qn
zulässig ADJ admis; admissible; *(erlaubt)* permis; JUR recevable
Zulassung F 1 autorisation *f* (**zum Studium** pour étudier); *zur mündlichen Prüfung* admission *f* (**zu** à) 2 **~ als Anwalt** inscription *f* au barreau; **~ als Arzt** inscription *f* à l'ordre des médecins 3 ADMIN *e-s Fahrzeugs* autorisation *f* (de circuler); *umg (Kfz-Schein) etwa* carte grise
Zulassungspapiere NPL papiers *mpl* du véhicule **Zulassungsstelle** F bureau *m* d'immatriculation, de délivrance des cartes grises
zulasten PRÄP *u.* ADV **~ von** à la charge de; FIN au débit de; **~ j-s gehen** être à la charge de qn
Zulauf M **großen ~ haben** *Veranstaltung* être très fréquenté; *Geschäft, Arzt* avoir une grande clientèle
zulaufen VI 1 *Wasser in ein Becken* arriver; couler 2 **spitz ~** se terminer en pointe 3 **auf j-n ~** courir à *od* vers qn 4 **uns ist ein Hund zugelaufen** on a recueilli un chien (perdu)
zulegen A VT *umg (hinzufügen)* rajouter; mettre en plus B VR **sich** *(dat)* **etw ~** s'acheter qc C *umg* VI *an Tempo umg* se grouiller; *an Gewicht* grossir
zuleide ADV **j-m etwas ~ tun** faire du mal à qn
zuleiten VT 1 *Wasser, Strom* amener 2 *(weitergeben)* **j-m ~** transmettre à qn; faire parvenir à qn
Zuleitung F TECH alimentation *f; von Wasser* adduction *f;* *(Rohr)* tuyau *m* d'amenée
zuletzt ADV 1 *umg (zum letzten Mal)* pour la dernière fois 2 *(zum Schluss)* à la fin; **bis ~** jusqu'à la fin; **immer an sich** *(akk)* **selbst ~ denken** penser toujours à soi en dernier 3 → letztlich 4 *(als der Letzte)* **~ kommen** arriver le dernier
zuliebe ADV **j-m, e-r Sache ~** pour l'amour de qn, qc
Zulieferbetrieb M entreprise *f* de sous-traitance **Zulieferer** M sous-traitant *m*
zum = **zu dem**
zumachen A VT *Tür, Fenster* fermer; *Brief* cacheter; **kein Auge ~** ne pas fermer l'œil B VI *umg*

Geschäfte fermer
zumal A ADV *(besonders)* surtout; particulièrement B KONJ *(vor allem weil)* d'autant plus que
zumauern V/T murer; maçonner
zumeist ADV la plupart du temps
zumindest ADV au moins
zumüllen *umg* V/T inonder (**mit** de)
zumutbar ADJ acceptable; raisonnable
zumute ADV **ihr könnt euch denken, wie mir ~ war** vous pouvez vous imaginer ce que j'ai ressenti, je ressentais; **mir ist nicht nach Lachen ~** je n'ai pas envie de rire
zumuten A V/T **j-m etw ~** demander, exiger qc à qn B V/R **sich** *(dat)* **zu viel ~** présumer de ses forces
Zumutung F exigence *f*, demande *f* inacceptable; **dieses Essen ist e-e ~** ce repas est immangeable
zunächst ADV *(vorerst)* pour le moment; *(zuerst)* d'abord; en premier lieu
zunageln V/T clouer **zunähen** V/T (re)coudre
Zunahme F augmentation *f (a. des Gewichts)*; accroissement *m*
Zuname M nom *m* de famille
zündeln V/I jouer avec le feu
zünden A V/T allumer; *Rakete, Bombe* mettre le feu à B V/I s'allumer; s'enflammer; prendre feu
zündend ADJT *Rede, Worte* enflammé; *Idee* passionnant; *Rhythmus* excitant
Zunder M amadou *m*; **brennen wie ~** brûler comme un rien; *umg fig* **j-m ~ geben** *umg* passer un savon à qn
Zünder M 1 *in Sprengkörpern* détonateur *m*; amorce *f* 2 *pl österr (Zündhölzer)* allumettes *fpl*
Zündholz N *bes südd, österr, schweiz* allumette *f*
Zündkabel N câble *m* d'allumage **Zündkerze** F bougie *f* (d'allumage) **Zündschloss** N serrure *f* de contact **Zündschlüssel** M clé *f* de contact **Zündschnur** F mèche (lente) **Zündspule** F bobine *f* d'allumage **Zündstoff** M dynamite *f*; *fig* thème explosif
Zündung F 1 *(Zünden)* inflammation *f*; mise *f* à feu 2 AUTO allumage *m*
Zündverteiler M AUTO allumeur *m*
zunehmen A V/T *an Gewicht* prendre; **drei Kilo ~** prendre trois kilos B V/I 1 augmenter (**an** [+ *dat*] de); *(anwachsen)* s'accroître; grandir; *Übel* s'aggraver; *Verkehr* s'intensifier; *Mond* croître 2 *Person (dicker werden)* grossir
zunehmend A ADJT **~er Mond** lune croissante; **in ~em Maße** de plus en plus B ADVL **es wird ~ kälter** il fait de plus en plus froid
Zuneigung F affection *f*, attachement *m*, sympathie *f* (**zu** pour)
Zunft F HIST corporation *f*
zünftig ADJ *Lokal* bien, très typique; *Kleidung* adéquat; tout à fait approprié
Zunge F langue *f*; **e-e scharfe, spitze ~ haben** avoir la langue bien affilée; **sich** *(dat)* **auf die ~ beißen** se mordre la langue *(a. fig)*; **auf der ~ zergehen** fondre dans la bouche; **das Wort liegt mir auf der ~** j'ai le mot sur le bout de la langue
züngeln V/I *Schlange* darder la langue; *Flammen* s'élever
Zungenbelag M enduit *m* de la langue **Zungenbrecher** *umg* M mot *m*, phrase *f* difficile à prononcer **Zungenkuss** M baiser profond
Zungen-R N PHON r alvéolaire, roulé
Zungenspatel M MED abaisse-langue *m* (! unveränderlich) **Zungenspitze** F pointe *f*, bout *m* de langue **Zungenwurst** F pâté *m* de langue
zunichtemachen V/T *Pläne, Hoffnungen* détruire; réduire à néant
zunicken V/I **j-m ~** faire un signe de tête à qn
zunutze ADV **sich** *(dat)* **etw ~ machen** profiter, tirer profit de qc
zuoberst ADV tout en °haut; **das Unterste ~ kehren** mettre tout sens dessus dessous
zuordnen V/T classer (+ *dat* dans)
Zuordnung F *e-s Begriffs* classement *m*
zupacken V/I → zugreifen
zuparken V/T *Auto, Person: Ausfahrt* bloquer
zupfen A V/T tirer; *Saite* pincer; *Unkraut* sarcler; **j-n am Ärmel ~** tirer qn par la manche B V/I **an etw** *(dat)* **~** tirer sur qc
Zupfinstrument N instrument *m* à cordes pincées
zuprosten V/I **j-m ~** boire, lever son verre à la santé de qn
zur = **zu der**
zurande ADV **mit etw ~ kommen** venir à bout de qc
zurate ADV **j-n, etw ~ ziehen** consulter qn, qc
zurechnen V/T compter; *Künstler* **den Modernen ~** compter parmi les modernes
zurechnungsfähig ADJ responsable de ses actes **Zurechnungsfähigkeit** F responsabilité *f* de ses actes
zurechtbiegen *umg* V/T *fig Angelegenheit* arranger **zurechtfinden** V/R **sich ~** (pouvoir) s'orienter *(a. auf e-r Karte etc)*; se reconnaître
zurechtkommen V/I se débrouiller (**mit etw** avec qc); **mit j-m ~** (parvenir à) s'arranger, s'entendre avec qn
zurechtlegen A V/T préparer B V/R *fig* **sich** *(dat)* **etw ~** *Antwort* avoir tout prêt, en réserve qc
zurechtmachen A V/T préparer B V/R **sich ~**

s'arranger **zurechtrücken** VT ranger; arranger **zurechtschneiden** VT couper, tailler (en une forme précise) **zurechtweisen** VT blâmer; réprimander

Zurechtweisung F blâme *m*; réprimande *f*

zureden VI **j-m ~(, etw zu tun)** exhorter qn (à faire qc); **j-m gut ~** encourager qn

zureiten A VT *Pferd* dresser (à être monté) B VI **auf j-n, etw ~** s'avancer vers qn, qc à cheval

Zürich N Zurich

zurichten VT 1 TECH (*einrichten*) ajuster; *Stoff, Leder* apprêter 2 (*beschädigen*) abîmer; *umg* bousiller; *umg* **j-n schlimm, übel ~** amocher qn; mettre qn dans un bel état

zürnen *geh* VI **j-m ~** être fâché, irrité contre qn

Zurschaustellung F exhibition *f*; *pej* étalage *m*

zurück ADV 1 (*hinten*) en arrière; **~!** (en) arrière! 2 (*zurückgeblieben*) arriéré; attardé 3 *umg* **mit etw ~ sein** *im Rückstand* être en retard dans qc 4 (*zurückgekehrt*) de retour; **ich bin gleich wieder ~** je reviens tout de suite; **es gibt kein Zurück (mehr)** on ne peut pas revenir en arrière

zurückbehalten VT 1 retenir; *unrechtmäßigerweise* détenir 2 *Schaden* garder

zurückbekommen VT récupérer; **ich habe das Buch ~** on m'a rendu le livre; **ich bekomme noch Geld zurück** vous me devez encore de l'argent

zurückbeugen VT pencher en arrière; *Kopf* renverser (en arrière) **zurückbiegen** VT courber (en arrière); recourber **zurückbilden** VR **sich ~** se résorber; *Organ* s'atrophier

zurückbleiben VI 1 (*nicht Schritt halten*) rester en arrière; *Schüler in s-n Leistungen* ne pas suivre; **hinter j-s Erwartungen** (*dat*) **~** ne pas répondre à l'attente de qn 2 (*übrig bleiben*) rester

zurückblenden VI FILM faire un flash-back

zurückblicken VI jeter un regard en arrière; *fig* **auf etw** (*akk*) **~** jeter un coup d'œil rétrospectif sur qc

zurückbringen VT rapporter; *Person, Fahrzeug, fig* ramener **zurückdatieren** VT antidater

zurückdenken VI **an etw, j-n ~** se rappeler qc, qn; **soweit ich ~ kann** autant que je m'en souvienne

zurückdrängen VT repousser; refouler (*a. fig*); *fig* réprimer **zurückdrehen** VT tourner en arrière **zurückdürfen** *umg* VI avoir la permission de retourner **zurückeilen** VI se dépêcher de retourner **zurückerhalten** VT → zurückbekommen

zurückerinnern VR **sich an etw, j-n ~** se rappeler qc, qn

zurückerobern VT reconquérir (*a. fig*) **zurückerstatten** VT rendre; restituer; *Auslagen* rembourser **zurückfahren** A VT ramener (en voiture) B VI 1 retourner (en voiture, train, etc) 2 *fig vor Schreck* reculer brusquement

zurückfallen VI 1 (*zurückbleiben*) rester en arrière; SPORT **auf den dritten Platz ~** rétrograder à la troisième place 2 *fig Vorwurf* **auf j-n ~** retomber, rejaillir sur qn 3 *fig* **in etw** (*akk*) **~** retomber dans qc 4 (*nach hinten fallen*) tomber en arrière

zurückfinden VI retrouver son chemin **zurückfliegen** VI revenir, retourner (en avion) **zurückfließen** VI refluer **zurückfordern** VT réclamer; demander la restitution de; *Rechte* revendiquer

zurückführen A VT 1 (*zurückbegleiten*) ramener; reconduire 2 *fig* **auf etw** (*akk*) **~** ramener, *Grund* attribuer, imputer à qc B VI *Weg* **~ zu, auf** (+ *akk*) ramener qn à

zurückgeben VT rendre; redonner

zurückgeblieben ADJT *fig geistig* arriéré; attardé

zurückgehen VI 1 (s'en) retourner; **~ lassen** *Waren* renvoyer; retourner 2 *Handel, Geschäfte* péricliter; fléchir; *Hochwasser* baisser; se retirer; *Fieber* tomber 3 **auf etw** (*akk*) **~** remonter à qc; **auf j-n ~** être attribué à qn

zurückgewinnen VT regagner

zurückgezogen ADJT **ein ~es Leben führen** mener une vie retirée

Zurückgezogenheit F vie retirée, de solitaire; *weitS.* solitude *f*

zurückgreifen VI **auf etw, j-n ~** recourir à qc, qn

zurückhaben *umg* VT avoir récupéré; ravoir (*nur inf*)

zurückhalten A VT retenir; *Gefühle* contenir; réprimer B VI **mit etw ~** cacher, dissimuler qc; **mit s-r Meinung nicht ~** ne pas mâcher ses mots C VR **sich ~** se retenir; (*sich zügeln*) se contenir

zurückhaltend ADJT *Person, Lob, Kritik, Empfang* réservé; **~ sein**, *advl* **sich ~ äußern** se montrer réticent

Zurückhaltung F réserve *f*; *geh* **~ üben** mettre, témoigner de la réserve, réticence

zurückholen VT aller rechercher, reprendre **zurückkämmen** VT *Haar* peigner en arrière **zurückkaufen** VT racheter **zurückkehren** VI retourner; revenir; *nach Hause* rentrer **zurückklappen** VT replier

zurückkommen VI revenir; *fig* **auf etw** (*akk*) **~** revenir sur (*od* à) qc

zurückkönnen *umg* VI (*zurückkehren können*) pouvoir retourner; (*zurückweichen können*) pou-

voir reculer; *fig* **nicht mehr ~** ne plus pouvoir faire autrement
zurückkriegen *umg* VT → zurückbekommen **zurücklassen** VT laisser **zurücklaufen** VI retourner (à pied)
zurücklegen A VT 1 *Kopf* mettre, placer en arrière 2 *(beiseitelegen)* mettre de côté, en réserve; *(reservieren)* réserver; **Geld ~** mettre de l'argent de côté 3 *Weg* faire; parcourir 4 **(auf s-n Platz) ~** remettre (à sa place) B VR **sich ~** se renverser
zurücklehnen VR **sich ~** se pencher en arrière
zurückliegen VI 1 **einige Jahre ~** remonter à plusieurs années 2 SPORT être *bzw.* rester en arrière
zurückmelden VR **sich ~** annoncer son retour **zurückmüssen** *umg* VI être obligé de revenir, *nach Hause* rentrer **zurücknehmen** VT 1 *Gegenstand, Ware* reprendre 2 *Beleidigung* retirer; *Versprechen* revenir sur; *Geständnis* rétracter **zurückprallen** VI rebondir (**von** sur)
zurückreichen VI **weit ~** remonter loin
zurückrufen A VT 1 *(auffordern zurückzukommen)* rappeler; faire revenir 2 *als Antwort* répondre (en criant) 3 TEL rappeler B VI TEL rappeler **zurückschalten** VI *im Auto* rétrograder **zurückschauen** VI *bes südd, österr, schweiz* → zurückblicken **zurückschicken** VT renvoyer; *nur Sachen* retourner; réexpédier **zurückschieben** VT repousser **zurückschlagen** A VT 1 *Feind* repousser; refouler 2 *Bettdecke* rejeter; *Kragen* rabattre 3 *Ball* renvoyer B VI contre-attaquer *(a. fig)* **zurückschneiden** VT *Bäume, Sträucher* tailler **zurückschnellen** VI rebondir; *Feder* se détendre **zurückschrauben** VT *Ansprüche* réduire **zurückschrecken** VI reculer (**vor etw** *[dat]* devant qc); s'effrayer (de qc) **zurückschreiben** VT *u.* VI répondre (par écrit)
zurücksehnen VR **sich zu j-m, nach Paris ~** avoir la nostalgie de qn, de Paris
zurücksenden *geh* VT → zurückschicken
zurücksetzen A VT 1 *Gegenstand, Auto* reculer 2 *fig* **j-n ~** désavantager qn; défavoriser qn B VI AUTO faire marche arrière
Zurücksetzung F *(Ungerechtigkeiten)* injustice *f*; *durch Bevorzugung e-s anderen* passe-droit *m*
zurückspielen VT *Ball* renvoyer **zurückspringen** VI 1 faire un bond, saut en arrière 2 *Ball* rebondir **zurückspulen** VT rembobiner **zurückstecken** A VT remettre B VI *umg* en rabattre
zurückstehen VI *Haus* être en retrait; *fig* **hinter j-m ~** le céder à qn
zurückstellen VT 1 *(nach hinten stellen)* reculer; repousser 2 *an s-n Platz* remettre à sa place 3 *Uhr* retarder (**um** de); *Heizung* baisser 4 → zurücklegen; *Wehrpflichtigen* mettre en sursis 5 *(verschieben)* renvoyer, remettre à plus tard; ajourner 6 *(hintanstellen)* reléguer au second plan **zurückstoßen** VT repousser **zurückstreichen** VT *Haar* ramener en arrière (avec la main) **zurückstreifen** VT *Ärmel* retrousser **zurückströmen** VI refluer **zurückstufen** VT rétrograder (**in** *[+ akk]* à)
zurücktreten VI 1 faire un pas en arrière; **~!** reculez!; faites place! 2 *(verzichten)* renoncer (**von** à); JUR se désister (**von** de); **von e-m Vertrag ~** résilier un contrat 3 *fig (in den Hintergrund treten)* s'effacer 4 *Regierung* démissionner; **von s-m Amt ~** se démettre de ses fonctions
zurückverfolgen VT remonter jusqu'à l'origine de **zurückverlangen** VT réclamer; redemander
zurückversetzen A VT *in die Vergangenheit* ramener (en arrière) B VR **sich ~ in** *(+ akk)* se reporter à
zurückweichen VI reculer (**vor etw, j-m** devant qc, qn); *(nachgeben)* céder (à qc, qn) **zurückweisen** VT refuser; *Bitte, Vorwurf* repousser; rejeter
Zurückweisung F refus *m*; *e-r Bitte* rejet *m*
zurückwerfen VT 1 rejeter; *Ball* renvoyer 2 *(reflektieren)* réfléchir; refléter; *Schall* répercuter 3 *Feind* repousser 4 *in e-r Entwicklung* °handicaper; désavantager; *e-e Arbeit* retarder la réalisation de **zurückwollen** VI vouloir retourner
zurückwünschen VT **etw ~** souhaiter le retour de qc
zurückzahlen VT 1 rembourser; rendre 2 *umg fig* **es j-m ~** rendre la monnaie de sa pièce à qn
zurückziehen A VT retirer *(a. fig Bewerbung, Beschwerde)*; *Kündigung* révoquer; *Auftrag* annuler B VR **sich ~** se retirer *(a.* MIL*)*; *fig* **sich aus der Politik ~** abandonner la politique
zurückzucken VI reculer en sursautant
Zuruf M appel *m*; acclamation *f*; **durch ~** par acclamation
zurufen VT **j-m etw ~** crier qc à qn
zurzeit ADV en ce moment; actuellement
Zusage F *auf e-e Einladung* acceptation *f*; *(Einwilligung)* consentement *m*; assentiment *m*; *(Versprechen)* promesse *f*
zusagen A VT **j-m etw ~** promettre qc à qn B VI 1 *auf e-e Einladung, ein Angebot* accepter 2 *(gefallen)* **j-m ~** plaire, convenir à qn
zusammen ADV ensemble; *(gemeinsam)* en commun; de concert; *(im Ganzen)* en tout; au total; **alle ~** tous ensemble; **~ sein** être ensemble; **er besitzt mehr als alle anderen ~** il est

plus riche que tous les autres réunis; *umg* **guten Morgen ~!** *umg* salut tout le monde!
Zusammenarbeit F collaboration *f*; coopération *f*; **in ~ mit** en collaboration avec
zusammenarbeiten VI travailler ensemble; collaborer (**mit j-m** avec qn) **zusammenballen** A VT mettre en boule B VR **sich ~** s'amasser; s'amonceler; s'accumuler (*alle a. fig*) **zusammenbauen** VT assembler; monter **zusammenbeißen** VT *Zähne* serrer **zusammenbekommen** VT 1 (*ansammeln*) parvenir à réunir; *Geld, Summe* recueillir; réunir 2 *umg fig im Gedächtnis* se rappeler **zusammenbinden** VT lier; *Haar* attacher; *zu e-m Bündel* faire un paquet de **zusammenbleiben** VI rester ensemble
zusammenbrauen A VT *umg Getränk* concocter B VR **sich ~** *Gewitter, Unangenehmes* se préparer; *fig* **da braut sich was zusammen** il se trame qc
zusammenbrechen VI s'effondrer; s'écrouler (*a. fig*); *seelisch* craquer; *Versorgung(snetz)* être *od* tomber en panne; *Verkehr* être paralysé; *fig* **für sie brach e-e Welt zusammen** tout son univers s'est écroulé
zusammenbringen VT *Personen* mettre en contact, en relation; (*näher bringen*) rapprocher
Zusammenbruch M effondrement *m* (*a. fig*); *vor Erschöpfung* écroulement *m*; FIN ruine *f*
zusammendrängen VT (*u.* VR **sich ~** se) serrer; (s')entasser **zusammendrücken** VT presser; serrer; comprimer **zusammenfahren** VI 1 *Autos, Züge* entrer en collision 2 *fig vor Schreck* sursauter; tressaillir
zusammenfallen VI 1 (*einstürzen*) s'effondrer; s'écrouler (*beide a. fig*); crouler 2 *zeitlich* coïncider 3 *Behauptung* **in sich** (*akk*) **~** s'effondrer; s'écrouler
zusammenfalten VT plier **zusammenfassen** VT 1 (*vereinigen*) réunir; rassembler; grouper (**zu** en) 2 *Gesagtes* résumer; récapituler
zusammenfassend ADVL en résumé **Zusammenfassung** F (*Bericht*) résumé *m*
zusammenfegen VT balayer **zusammenflicken** VT rapiécer **zusammenfließen** VI *Flüsse* confluer; se joindre; se réunir **zusammenfügen** VT joindre; réunir; unir; *einzelne Teile* assembler **zusammenführen** VT réunir **zusammengehören** VI aller ensemble; *Schuhe* faire la paire
zusammengehörig ADJ allant ensemble; (bien) assorti **Zusammengehörigkeit** F affinité *f*; cohésion *f* **Zusammengehörigkeitsgefühl** N solidarité *f*
zusammengewürfelt ADJT *Gruppe* (très) bigarré, hétéroclite
zusammenhaben *umg* VT avoir recueilli, rassemblé
Zusammenhalt M cohésion *f*; solidarité *f*
zusammenhalten A VT tenir ensemble; **sein Geld ~** être économe B VI *fig* être solidaires; s'entraider
Zusammenhang M lien *m*; (*Beziehung*) rapport *m*; relation *f*; *e-s Textes* contexte *m*; *zwischen zwei abstrakten Dingen* corrélation *f*; **innerer ~** *von Ideen* cohérence *f*; **etw mit etw in ~ bringen** mettre qc en rapport, en relation avec qc; **in welchem ~?** à quel propos?; **in diesem ~** dans cet ordre d'idées; sous ce rapport; **im ~ mit** à propos de; **aus dem ~ gerissen** isolé du contexte
zusammenhängen VI 1 (**mit etw**) **~** être attaché (à qc) 2 *fig* **mit etw ~** être en rapport avec qc; tenir à qc
zusammenhängend ADJT *fig* cohérent **zusammenhang(s)los** ADJ décousu; incohérent
zusammenhauen *umg* VT *Arbeit, Artikel* bâcler; torcher **zusammenheften** VT agrafer **zusammenkauern** VR **sich ~** s'accroupir; se blottir **zusammenkehren** VT balayer **zusammenketten** VT enchaîner ensemble
zusammenklappbar ADJ pliant
zusammenklappen A VT *Stuhl* (re)plier; *Messer* refermer B VI *umg Person* craquer **zusammenklauben** VT *südd, österr* ramasser **zusammenkleben** VT (*u.* VI) coller; (s')agglutiner **zusammenkneifen** VT serrer; *Augen* plisser; *Lippen, Mund* pincer **zusammenknüllen** VT *Papier* froisser; friper
zusammenkommen VI 1 *Personen* s'assembler; se réunir; (*sich treffen*) se rencontrer; se voir; **mit j-m ~** rencontrer qn 2 *Dinge* s'amasser; s'entasser; s'accumuler
zusammenkratzen VT *umg* **sein letztes Geld ~** *umg* racler les fonds de tiroirs
Zusammenkunft F *vieler Personen* réunion *f*; assemblée *f*; *bes von zwei Personen* rencontre *f*; entrevue *f*
zusammenläppern *umg* VR **sich ~** s'amasser petit à petit
zusammenlaufen VI 1 *Personen* accourir; s'assembler 2 *Farben* se fondre **zusammenleben** VI vivre ensemble
Zusammenleben N vie commune; vie *f* en commun; cohabitation *f*
zusammenlegen A VT 1 mettre ensemble 2 (*falten*) plier 3 (*verbinden*) réunir 4 *Kranke* installer dans une chambre B VI (*Geld zusammenlegen*) (se) cotiser
zusammenleimen VT coller **zusammennageln** VT clouer **zusammennähen** VT

coudre
zusammennehmen A VT *Mut, Kräfte* rassembler; **alles zusammengenommen** à tout prendre B VR **sich ~** faire un effort sur soi-même; (*sich beherrschen*) se contenir; (*sich fassen*) se ressaisir; se reprendre
zusammenpacken A VT mettre en paquet; empaqueter B VI ranger ses affaires
zusammenpassen VI aller bien ensemble; s'accorder; *zwei Teile* s'adapter (l'un à l'autre); *Farben* **nicht ~** jurer
zusammenpferchen VT *Vieh, Menschen* entasser; parquer
Zusammenprall M choc *m*; °heurt *m* (*beide a. fig*)
zusammenprallen VI 1 se heurter (**mit** à); *Fahrzeuge* entrer en collision (avec) 2 *fig* s'affronter, se heurter (à) **zusammenpressen** VT presser **zusammenraffen** VT *Papiere etc* prendre, rassembler en vitesse; *pej Vermögen* amasser
zusammenraufen *umg* VR **sich ~** s'entendre après des accrochages
zusammenrechnen VT additionner; totaliser
zusammenreimen *umg* VR **sich** (*dat*) **etw ~** s'expliquer qc; **wie reimt sich das zusammen?** à quoi ça rime?
zusammenreißen *umg* VR **sich ~** se ressaisir; prendre sur soi **zusammenrollen** VT (*u.* VR **sich ~**) s')enrouler **zusammenrotten** VR **sich ~** s'attrouper; s'ameuter
zusammenrücken A VT rapprocher B VI se serrer **zusammenrufen** VT convoquer **zusammensacken** VI (**in sich** [*akk*]) **~** *Gegenstand* s'affaisser; *Mensch* s'effondrer **zusammenscheißen** *sl* VT *umg* engueuler comme du poisson pourri **zusammenschieben** VT rapprocher
zusammenschlagen A VT 1 (*falten*) plier 2 *Hacken* claquer; **die Hände ~** battre des mains 3 *umg* **j-n ~** *umg* démolir qn B VI **über j-m ~** *Wellen* engloutir qn; *fig Verhängnis* s'abattre sur qn
zusammenschließen VR **sich ~** s'associer; *Unternehmen* fusionner
Zusammenschluss M association *f*; *Unternehmen* fusion *f*
zusammenschrauben VT visser **zusammenschreiben** VT 1 *in e-m Wort* écrire en un mot 2 *pej Text umg* pondre **zusammenschrumpfen** VI 1 se ratatiner; se rétrécir 2 *fig* fondre; diminuer **zusammenschustern** *umg pej* VT bricoler **zusammenschütten** VT verser ensemble; mélanger **zusammenschweißen** VT souder (*a. fig*)

Zusammensein N (*Treffen*) rencontre *f*
zusammensetzen A VT 1 mettre ensemble; *aus mehreren Bestandteilen* composer (**aus** de); TECH assembler; monter 2 *Personen* asseoir *od* placer côte à côte B VR 1 **sich ~** s'asseoir l'un auprès de l'autre, côte à côte; (*zusammenkommen*) se rencontrer 2 **sich aus etw ~** se composer de qc
Zusammensetzung F composition *f*; LING (mot *m*) composé *m*
zusammensinken VI → zusammensacken **zusammensitzen** VI être (assis) ensemble **zusammensparen** VT économiser petit à petit
Zusammenspiel N SPORT jeu *m* d'équipe; (*Kombinieren*) combinaison *f*; *fig* interaction *f*
zusammenstauchen VT *umg* **j-n ~** *umg* engueuler qn
zusammenstecken A VT *mit Nadeln* assembler avec des épingles B *umg fig* VI *Personen* **sie stecken immer zusammen** ils sont toujours ensemble
zusammenstehen VI 1 être ensemble 2 *fig* faire bloc **zusammenstellen** VT 1 *räumlich: Sachen* mettre ensemble 2 *Programm, Menü, Team* composer; *Unterlagen* rassembler; réunir; *Liste* établir
Zusammenstellung F *e-s Programms, Menüs, Teams* composition *f*; *e-r Liste* établissement *m*; *von Farben* combinaison *f*; (*Liste*) liste *f*; (*Tabelle*) table *f*; tableau *m*
zusammenstoppeln *umg pej* VT bricoler
Zusammenstoß M choc *m*, °heurt *m* (**mit** avec); *von Verkehrsmitteln* collision *f* (avec)
zusammenstoßen VI se heurter (**mit** à) (*a. fig*); *Fahrzeuge* entrer en collision (avec) **zusammenströmen** VI *Menschen* affluer **zusammensuchen** VT ramasser; recueillir **zusammentragen** VT 1 ramasser 2 *fig Material* réunir; rassembler
zusammentreffen VI 1 *Personen* se rencontrer; **mit j-m ~** rencontrer qn 2 *zeitlich* coïncider
Zusammentreffen N rencontre *f*; *zeitliches* coïncidence *f*
zusammentreten VI *Ausschuss* se réunir; se rassembler **zusammentrommeln** *umg* VT réunir **zusammentun** *umg* VR **sich ~** se rassembler; se réunir **zusammenwachsen** VI BIOL se souder; *fig* (*ineinander aufgehen*) fusionner **zusammenwirken** VI coopérer **zusammenzählen** VT additionner; totaliser **zusammenziehen** A VT *Muskel* contracter; *Truppen* rassembler; concentrer B VI *in e-e Wohnung* emménager ensemble C VR **sich ~** se contracter **zusammenzucken** VI tres-

Z

saillir
Zusatz M *Vorgang, Ergebnis* addition *f*; *zu e-m Schriftstück* ajout *m*; (*Lebensmittelzusatz*) additif *m* **Zusatzbestimmung** F prescription, disposition, *zu e-m Vertrag a.* clause additionnelle **Zusatzgerät** N appareil *m*, dispositif *m* complémentaire
zusätzlich A ADJ supplémentaire; additionnel B ADV de plus; en plus; en outre
Zusatzrente F retraite *f* complémentaire **Zusatzstoff** M additif *m* **Zusatzvereinbarung** F accord additionnel, complémentaire; convention additionnelle, annexe **Zusatzversicherung** F assurance *f* complémentaire **Zusatzzahl** F *im Lotto* numéro *m* complémentaire
zuschanzen V/T *umg* **j-m etw ~** *umg* procurer qc à qn par combine
zuschauen V/I *südd, österr, schweiz* →zusehen
Zuschauer(in) M(F) spectateur, -trice *m,f* **Zuschauerbeteiligung** F participation *f* du public **Zuschauerplätze** MPL places *fpl* des spectateurs **Zuschauerraum** M salle *f* de spectacle **Zuschauertribüne** F tribune *f* du public, des spectateurs
zuschaufeln V/T remplir, boucher (à la pelle); *Grab* refermer
zuschicken V/T **j-m etw ~** envoyer, expédier qc à qn
zuschieben V/T 1 *Schublade* fermer 2 **j-m etw ~** pousser qc vers qn; *fig Unangenehmes* se décharger de qc sur qn; **j-m die Schuld ~** rejeter la faute sur qn
zuschießen A V/T *umg Geld* rajouter B V/I **auf j-n ~** se précipiter vers qn
Zuschlag M 1 (*Preiszuschlag*) supplément *m* 2 *bei Lohn, Gehalt* prime *f* 3 *auf Auktionen* adjudication *f*; **j-m den ~ für etw erteilen** adjuger qc à qn
zuschlagen A V/T 1 *Tür* fermer brusquement; (faire) claquer; *Buch* fermer 2 *bei Auktionen* **j-m etw ~** adjuger qc à qn B V/I 1 (*drauflosschlagen*) porter un coup, des coups 2 *Tür* se fermer brusquement; claquer
zuschlagpflichtig ADJ BAHN à supplément
zuschließen V/T u. V/I fermer à clé **zuschnappen** V/I 1 *Tür* se refermer rapidement 2 (*zubeißen*) mordre
zuschneiden V/T 1 MODE couper; *Holz* débiter 2 *fig* **zugeschnitten auf** (+ *akk*) conçu pour
zuschneien V/I se couvrir de neige
Zuschnitt M 1 MODE coupe *f*; façon *f* 2 *fig* genre *m*; envergure *f*
zuschnüren V/T *Paket* ficeler; *Schuhe* lacer **zuschrauben** V/T visser
zuschreiben V/T **j-m etw ~** attribuer qc à qn; **er hat es sich** (*dat*) **selbst zuzuschreiben** il n'a qu'à s'en prendre à lui-même
Zuschrift F lettre *f*; *auf e-e Annonce* réponse *f*
zuschulden ADV **sich** (*dat*) **etw ~ kommen lassen** se rendre coupable de qc
Zuschuss M **~ (zu)** (*finanzielle Hilfe*) aide *f* (à); *staatlicher* subvention *f* (à) **Zuschussbetrieb** M entreprise subventionnée
zuschustern V/T *umg* **j-m etw ~** *umg* procurer qc à qn par combine
zuschütten V/T *Graben* combler
zusehen V/I 1 regarder (**bei etw** qc); **j-m bei der Arbeit ~** regarder qn travailler 2 **~, dass …** veiller à ce que … (+ *subj*); **sieh zu, wo du bleibst!** débrouille-toi tout seul!
zusehends ADV à vue d'œil
zusein → zu
zusenden V/T → zuschicken
zusetzen A V/T **e-r Sache** (*dat*) **etw ~** ajouter une chose à une autre B V/I **j-m ~** *mit Fragen* °harceler qn (**mit** de); *Hitze, Rauch* déranger qn
zusichern V/T **j-m etw ~** assurer qc à qn
Zusicherung F assurance *f*
zusperren V/T u. V/I *bes südd, österr* fermer à clé
Zuspiel N SPORT passe *f*
zuspielen V/T **j-m etw ~** *Ball* passer qc à qn; *fig Informationen* faire passer qc à qn
zuspitzen V/R **sich ~** *Lage* s'aggraver; *Konflikt* s'intensifier **Zuspitzung** F aggravation *f*
zusprechen V/T **j-m etw ~** (*zuerkennen*) attribuer, adjuger qc à qn
Zuspruch *geh* M 1 (*Trost*) consolation *f*; (*Ermunterung*) encouragement *m* 2 →Zulauf
Zustand M 1 (*Beschaffenheit, Verfassung*) état *m*; **in flüssigem ~** à l'état liquide; **in gutem ~** en bon état; **in betrunkenem ~** en état d'ivresse; *umg* **Zustände kriegen** *umg* piquer une crise 2 (*Lage*) état *m* de choses; situation *f*; **das sind unhaltbare Zustände** c'est un état de choses intenable
zustande ADV **etw ~ bringen** faire aboutir qc; réussir à faire qc; **~ kommen** avoir lieu; *Vertrag* se réaliser
zuständig ADJ compétent; **~ für** responsable de; **dafür ist er ~** cela relève de sa compétence
Zuständigkeit F compétence *f*; **in j-s ~** (*akk*) **fallen** être du ressort, de la compétence de qn
Zuständigkeitsbereich M ressort *m*
zustechen V/I donner un coup de couteau, de poignard, *etc*
zustecken V/T **j-m etw ~** donner qc à qn en cachette
zustehen V/I **j-m ~** revenir à qn; **das steht ihm nicht zu** il n'y a pas droit
zusteigen V/I monter; **ist noch jemand zuge-**

stiegen? *etwa* vos billets, s'il vous plaît!
zustellen VT *Post* distribuer
Zustellgebühr F *für Post* factage *m*
Zustellung F *der Post* distribution *f*
Zustellungsurkunde F ADMIN acte *m* de notification
zusteuern VI **auf etw, j-n ~** se diriger vers qc, qn
zustimmen VI être d'accord (**j-m, e-r Sache** avec qn, qc)
Zustimmung F consentement *m*, approbation *f* (**zu** à); **allgemeine ~ finden** faire l'unanimité
zustopfen VT boucher **zustöpseln** VT boucher
zustoßen A VT *Tür* fermer (en poussant) B VI 1 **j-m ~** arriver à qn 2 → zustechen
zustreben VI **dem Ausgang ~** se diriger (rapidement) vers la sortie
Zustrom M *von Menschen* affluence *f*; afflux *m* (*a. von Kapital*)
zustürzen VI **auf j-n ~** se précipiter vers qn
zutage ADV **~ bringen, fördern** mettre au jour; révéler; **~ treten** apparaître; se révéler
Zutat F GASTR ingrédient *m*
zuteil → zuteilwerden
zuteilen VT **j-m etw ~** donner, attribuer qc à qn
Zuteilung F 1 attribution *f* 2 (*Kontingent*) contingent *m*; (*Ration*) ration *f*
zuteilungsreif ADJ *Bausparvertrag* arrivé à échéance
zuteilwerden *geh* VI **j-m ~** être réservé à qn
zutexten *umg* VT **j-n ~** *umg* soûler qn (de paroles)
zutiefst ADV très profondément; *Vorwurf* **j-n ~ treffen** toucher, piquer qn au vif
zutragen A VT *fig pej* rapporter B *geh* VR **sich ~** se produire
zuträglich ADJ profitable; utile; bon (+ *dat* pour); **der Gesundheit** (+*dat*) **~** *a.* qui fait du bien à la santé
zutrauen VT **j-m etw ~** croire qn capable de (faire) qc; **sich** (*dat*) **nicht viel ~** douter de ses capacités; **das traue ich mir nicht zu** je ne m'en sens pas capable; **ihr ist alles zuzutrauen** elle est capable de tout
Zutrauen N confiance *f* (**zu** en) **zutraulich** ADJ plein de confiance; confiant
zutreffen VI (*stimmen*) être exact, juste; (*gelten*) être valable (**auf** [+ *akk*], **für** pour)
zutreffend ADJT exact; juste; **Zutreffendes bitte ankreuzen** prière de cocher la case correspondante
zutreiben VI **auf die Klippen ~** être entraîné (par le courant) vers les écueils
zutrinken VI **j-m ~** boire à la santé de qn
Zutritt M accès *m*; entrée *f*; **~ verboten!** entrée interdite!; **sich** (*dat*) **zu etw ~ verschaffen** réussir à s'introduire dans qc
zutun *umg* VT **kein Auge ~** ne pas fermer l'œil
Zutun N **ohne j-s ~** sans que qn y soit pour rien
zuungunsten PRÄP *u.* ADV **~ von** au préjudice de
zuunterst ADV tout en bas
zuverlässig ADJ *Person, Maschine* fiable; *Freund* sûr; *Nachricht* authentique **Zuverlässigkeit** F fiabilité *f*; *e-r Nachricht* authenticité *f*
Zuversicht F confiance *f* **zuversichtlich** A ADJ confiant; plein de confiance B ADV avec confiance
zuviel → zu
zuvor ADV au préalable; préalablement; **kurz ~** peu de temps avant; **wie ~** comme avant
zuvorderst ADV tout à l'avant
zuvorkommen VI **j-m, e-r Sache ~** devancer qn, qc
zuvorkommend ADJT prévenant
Zuwachs M accroissement *m*, augmentation *f* (**an** [+ *dat*] de); *hum* **die Familie Molter hat ~ bekommen** il y a une naissance chez les Molter
zuwachsen VI 1 *Wunde* se fermer 2 *Beet* être recouvert
Zuwachsrate F taux *m* de croissance
Zuwanderer M immigrant *m*
zuwandern VI immigrer **Zuwanderung** F immigration *f*
zuwege ADV **etw ~ bringen** réussir à faire qc
zuweilen *geh* ADV parfois
zuweisen VT **j-m etw ~** attribuer, assigner qc à qn
zuwenden A VT **j-m, e-r Sache etw ~** (*zudrehen*) tourner qc vers qn, qc; *fig Geld etc* faire don de qc à qn; **j-m den Rücken ~** tourner le dos à qn B VR **sich j-m ~** se tourner vers qn; *fig* **sich e-r Sache** (*dat*) **~** se consacrer à qc
Zuwendung F 1 (*Beihilfe*) aide *f*; *staatliche* subvention *f*; (*Schenkung*) don *m* 2 *fig* (*Zuneigung*) affection *f*
zuwenig → zu
zuwerfen VT 1 **j-m etw ~** jeter, lancer qc à qn 2 *Tür* fermer violemment; (faire) claquer
zuwider ADJ **es ist ihr ~, das zu tun** il lui répugne de faire cela; **diese Speise ist ihm ~** ce plat le dégoûte
zuwinken VI **j-m ~** faire signe de la main à qn
zuzahlen VT payer en plus, en supplément
zuzählen VT ajouter
zuzeln VT *u.* VI *umg bayrisch, österr* (*saugen*) sucer

(**an etw** [*dat*] qc)
zuziehen A VT 1 *Vorhang* tirer; fermer; *Knoten* serrer 2 → hinzuziehen B VR **sich** (*dat*) **etw ~** *Zorn* s'attirer qc; *Krankheit* contracter, attraper qc C VI s'établir
Zuzug M arrivée *f*; (*Einwanderung*) immigration *f*
zuzüglich PRÄP en plus; *50 €* **~ Porto** port non compris
zuzwinkern VI **j-m ~** faire un clin d'œil à qn
ZVS F ABK (Zentralstelle für die Vergabe von Studienplätzen) *centre national d'attribution des places dans les universités allemandes*
zwang → zwingen
Zwang M contrainte *f*; (*Druck*) pression *f*; **unter ~ handeln** agir sous la contrainte; **~ auf j-n ausüben** user de contrainte envers qn; **j-m ~ antun** contraindre, forcer qn; *iron* **tun Sie sich** (*dat*) **keinen ~ an!** ne vous gênez pas!
zwängen A VT **etw in etw** (*akk*) **~** faire entrer qc de force dans qc B VR **sich durch e-e Öffnung ~** passer de force à travers une ouverture
zwanghaft ADJ compulsif
zwanglos ADJ sans façon; décontracté (*a. Party, Ton, Kleidung*) **Zwanglosigkeit** F absence *f* de façons; décontraction *f*
Zwangsarbeit F *früher* JUR travaux forcés **Zwangsarbeiter** M forçat *m* **Zwangseinweisung** F internement *m* **Zwangsernährung** F alimentation forcée **Zwangshandlung** F acte obsessionnel **Zwangsjacke** F camisole *f* de force **Zwangslage** F (*Notlage*) nécessité *f* **zwangsläufig** ADJ forcé; (*unvermeidlich*) inévitable **Zwangsmaßnahme** F mesure coercitive **Zwangsneurose** F névrose obsessionnelle **Zwangsräumung** F *e-r Wohnung* expulsion *f* **Zwangsversteigerung** F JUR vente *f* judiciaire; adjudication forcée **Zwangsvollstreckung** F JUR exécution forcée **Zwangsvorstellung** F idée *f* fixe; obsession *f* **zwangsweise** ADV par force
zwanzig NUM vingt; →achtzig
Zwanzig F vingt *m*
zwanziger ADJ **die ~ Jahre** NPL les années *fpl* vingt
Zwanziger *umg* M billet *m* de vingt **zwanzigjährig** ADJ (*zwanzig Jahre alt*) (âgé) de vingt ans; (*zwanzig Jahre lang*) qui dure vingt ans **Zwanzigjährige(r)** M/F(M) homme *m*, femme *f* de vingt ans
zwar ADV 1 *einräumend* certes; en effet; il est vrai 2 **und ~** et pour préciser; **und ~ so** et voici comment
Zweck M (*Ziel*) but *m*; objectif *m*; (*Endzweck*) fin *f*; (*Verwendungszweck*) usage *m*; fonction *f*; (*Sinn*) sens *m*; *Geld* **für e-n guten ~** pour une bonne cause; **s-n ~ erfüllen** remplir sa fonction; **das hat keinen ~** cela ne sert à rien; **zu welchem ~?** dans quel but?; pour quoi faire?; **zu diesem ~** à cette fin
Zweckbau M construction *f* (purement) utilitaire **zweckdienlich** ADJ ADMIN utile **zweckentfremdet** ADJT désaffecté **zweckentsprechend** ADJT (*passend*) adéquat; approprié; (*nützlich*) utile **zweckfrei** ADJ non affecté **zweckgebunden** ADJT affecté à un usage (bien) défini **zweckgemäß** → zweckentsprechend **zwecklos** ADJ inutile **Zwecklosigkeit** F inutilité *f* **zweckmäßig** ADJ (*zweckentsprechend*) fonctionnel; (*praktisch*) pratique; (*nützlich*) utile; (*angebracht*) opportun **Zweckmäßigkeit** F utilité *f*; opportunité *f* **Zweckoptimismus** M optimisme *m* de circonstance
zwecks ADMIN PRÄP en vue de; pour
zweckvoll → zweckmäßig
zwei NUM deux; **für ~ essen** manger comme quatre; → acht
Zwei F 1 *Zahl* deux *m*; →Acht[1] 2 *Schulnote* bien; *in Frankreich etwa* quatorze *m* (sur vingt)
zwei…, Zwei… → **acht…, Acht…**
Zweibeiner M bipède *m* **zweibeinig** ADJ bipède **Zweibettzimmer** N chambre *f* à deux lits **zweideutig** ADJ à double sens; ambigu; équivoque (*a. pej*) **Zweideutigkeit** F ambiguïté *f*; caractère *m* équivoque **zweidimensional** ADJ à deux dimensions **Zweidrittelmehrheit** F majorité *f* des deux tiers
zweieiig ADJ bivitellin; **~e Zwillinge** *mpl* faux jumeaux *mpl*
Zweier M 1 RUDERN canot *m* à deux rameurs 2 → Zwei **Zweierbeziehung** F vie *f* à deux, de couple **Zweierbob** M bobsleigh *m* à deux
zweierlei ADJ de deux sortes, espèces différentes; **das ist ~** ce sont deux choses différentes
zweifach A ADJ double; → achtfach B ADV deux fois (plus); en double
Zweifache(s) N double *m* **Zweifamilienhaus** N maison *f* pour deux familles
Zweifel M doute *m* (**an** [+ *dat*] au sujet de); **ohne (jeden) ~** sans aucun doute (! ohne **aucun** bedeutet es eher das Gegenteil: **sans doute** = wahrscheinlich); **außer ~ stehen** ne faire aucun doute; **über etw** (*akk*) **im ~ sein** être dans le doute au sujet de qc; **mir kommen ~** je finis par avoir des doutes
zweifelhaft ADJ (*ungewiss*) douteux; incertain; (*fraglich*) problématique; (*verdächtig*) suspect

zweifellos ADV sans aucun doute
zweifeln V/I **an etw, j-m ~** douter de qc, qn; **daran ist nicht zu ~** c'est °hors de doute
Zweifelsfall M **im ~(e)** en cas de doute
zweifelsohne ADV sans aucun doute; incontestablement
Zweifler(in) M(F) sceptique *m/f*
Zweig M rameau *m*; *dicker*, *fig* branche *f*; *umg* **auf keinen grünen ~ kommen** ne pas réussir
zweigeteilt ADJT divisé en deux
zweigleisig A ADJ *Eisenbahn* à deux voies; *fig* à double orientation B ADV *fig* **~ fahren** avoir deux cordes à son arc
Zweigniederlassung F, **Zweigstelle** F succursale *f*
zweihändig ADJ *u.* ADV à deux mains **zweihundert** NUM deux cent(s) **zweijährig** ADJ (*zwei Jahre alt*) (âgé) de deux ans; (*zwei Jahre lang*) de deux ans; qui dure deux ans **Zweijährige(r)** M/F(M) enfant *m/f* de deux ans
Zweikampf M duel *m* (*a. fig*) **Zweikanalton** M TV *son stéréo avec possibilité de capter la version originale d'un film*
zweimal ADV deux fois **zweimalig** ADJ répété deux fois; double
Zweimaster M SCHIFF deux-mâts *m* **Zweirad** N deux-roues *m* **Zweireiher** M complet croisé **zweireihig** ADJ *Anzug* croisé
Zweisamkeit F tête-à-tête *m*; **in trauter ~** en tête à tête
zweischneidig ADJ à double tranchant **zweiseitig** ADJ 1 POL bilatéral 2 *Schriftstück* de deux pages **Zweisitzer** M voiture *f* à deux places; biplace *f* **zweisprachig** ADJ bilingue; *Text a.* en deux langues **Zweisprachigkeit** F bilinguisme *m* **zweispurig** ADJ *Straße* à deux voies; à double voie **zweistellig** ADJ de *od* à deux chiffres **zweistimmig** ADJ à deux voix **zweistöckig** ADJ à deux étages **zweistündig** ADJ de deux heures
zweit ADV **zu ~** à deux; **zu ~ sein** être deux
Zweitakter M, **Zweitaktmotor** M moteur *m* à deux temps
zweitälteste ADJ second; cadet
zweitausend NUM deux mille
zweitbeste ADJ deuxième
zweite NUM second; *bei weiterer Folge* deuxième; *fig* **ein ~r Napoleon** un autre, second Napoléon; **zum Zweiten!** *bei Versteigerungen* deux fois!; *umg* **im Zweiten** *Programm umg* sur la deux; → achte
zweiteilig ADJ en deux parties; **~er Badeanzug** deux-pièces *m*
zweitens ADV deuxièmement; secundo
zweitgrößte ADJ deuxième (en taille, grandeur) **zweithöchste** ADJ deuxième (en altitude, en °hauteur) **zweitklassig** ADJ *pej* de deuxième catégorie **zweitletzte** ADJ avant-dernier **zweitrangig** ADJ secondaire; de second ordre
Zweitschlüssel M double *m* (d'une clé) **Zweitstimme** F POL deuxième voix *f*
zweitürig ADJ à deux portes, *Auto* portières
Zweitwagen M deuxième voiture *f* **Zweitwohnung** F résidence *f* secondaire
Zweizimmerwohnung F deux-pièces *m*
Zwerchfell N diaphragme *m* **zwerchfellerschütternd** ADJT *fig* désopilant
Zwerg M nain *m* (*a. fig*)
zwergenhaft ADJ nain
Zwergin F naine *f* (*a. fig*) **Zwergpudel** M caniche nain **Zwergwuchs** M nanisme *m* **zwergwüchsig** ADJ nain
Zwetsch(g)e F quetsche *f*
Zwetsch(g)enbaum M prunier *m* **Zwetsch(g)enkuchen** M tarte *f* aux quetsches **Zwetsch(g)enwasser** N (eau-de-vie *f* de) quetsche *f*
Zwetschke F *österr* quetsche *f* **Zwetschkenknödel** M *österr* GASTR: *quenelle de pommes de terre fourrée aux quetsches*
Zwickel M MODE soufflet *m*
zwicken A V/T pincer (**ins Bein** à la jambe) B V/I serrer
Zwicker M pince-nez *m*
Zwickmühle *umg* F *fig* **in der ~ sein** *umg* être coincé
Zwieback M biscotte *f*
Zwiebel F oignon *m*; (*Blumenzwiebel*) bulbe *m* **Zwiebelkuchen** M tarte *f* aux oignons **Zwiebelmuster** N motif *m* oignon bleu **Zwiebelring** M rondelle *f* d'oignon **Zwiebelschale** F pelure *f* d'oignon **Zwiebelsuppe** F soupe *f* à l'oignon **Zwiebelturm** M clocher *m* à bulbe
Zwiegespräch *geh* N dialogue *m*; *vertrauliches* tête-à-tête *m*
Zwielicht N demi-jour *m*; *fig* **ins ~ geraten** devenir suspect
zwielichtig ADJ louche **Zwiespalt** M *innerer* conflit *m* **zwiespältig** ADJ *Gefühl, Eindruck* partagé
Zwiesprache *geh* F dialogue *m*; **mit j-m ~ halten** communiquer avec qn
Zwietracht *geh* F discorde *f*; zizanie *f*
Zwilling M jumeau, -elle *m,f*; **siamesische ~e** frères, sœurs siamois(es); **eineiige ~e** vrais jumeaux; **zweieiige ~e** faux jumeaux; ASTROL **~e** Gémeaux *mpl*
Zwillingsbruder M frère jumeau **Zwillingsgeburt** F accouchement *m* gémellaire **Zwillingspaar** N jumeaux *mpl*; *weibliches* ju-

melles *fpl* **Zwillingsschwangerschaft** F grossesse *f* gémellaire, double **Zwillingsschwester** F sœur jumelle

Zwinge F serre-joint *m*

zwingen VT (u. VR) (**sich ~** se) forcer (**zu etw** à qc; **etw zu tun** à *od* de faire qc); *durch moralischen Zwang* (s')obliger (à qc; à *od* de faire qc); **sich gezwungen sehen, etw zu tun** se voir obligé de faire qc

zwingend ADJT *Notwendigkeit* absolu; *Beweis* irréfutable; *Grund* impératif

Zwinger M *für Hunde* chenil *m*

zwinkern VI (**mit den Augen**) **~** cligner des yeux

zwirbeln VT tortiller

Zwirn M fil retors

zwischen PRÄP *Lage, Richtung* entre; (*mitten unter*) parmi; au milieu de

Zwischenablage F IT presse-papiers *m* **Zwischenaufenthalt** M °halte *f* **Zwischenbemerkung** F remarque (intempestive) **Zwischenbericht** M rapport *m* provisoire **Zwischenbescheid** M réponse *f* provisoire **Zwischenbilanz** F bilan *m* provisoire **Zwischenblutung** F saignements *mpl* en dehors des règles **Zwischendeck** N SCHIFF entrepont *m* **Zwischending** N → Mittelding

zwischendrin *umg* ADV au milieu **zwischendurch** ADV **1** *räumlich* (*zwischen etw hindurch*) à, au travers; (*hier und da*) par-ci, par-là **2** (*inzwischen*) entre-temps; (*ab und zu*) de temps en temps

Zwischenergebnis N résultat *m* provisoire **Zwischenfall** M incident *m* **Zwischenfinanzierung** F prêt-relais *m* **Zwischenfrage** F question incidente **Zwischengericht** N GASTR plat servi entre deux plats (principaux) **Zwischengeschoss**, *österr* **Zwischengeschoß** N entresol *m* **Zwischengröße** F taille *f* intermédiaire; demi-taille *f* **Zwischenhandel** M demi-gros *m* **Zwischenhändler(in)** M(F) intermédiaire *m/f* **Zwischenhoch** N METEO ligne *f* de hautes pressions **Zwischenlager** N NUKL site *m*, lieu *m* de stockage provisoire **zwischenlagern** VT stocker provisoirement **Zwischenlagerung** F stockage *m* provisoire **zwischenlanden** VI faire escale **Zwischenlandung** F escale *f* **Zwischenlösung** F solution *f* provisoire **Zwischenmahlzeit** F casse-croûte *m*; *am Nachmittag* goûter *m*

zwischenmenschlich ADJ relationnel; **~e Beziehungen** relations humaines

Zwischenprüfung F examen *m* intermédiaire **Zwischenraum** M *räumlich, zeitlich* intervalle *m*; *räumlich a.* espace *m* **Zwischenrechnung** F facture *f* provisoire **Zwischenruf** M interruption *f* **Zwischenrunde** F SPORT éliminatoires *fpl* **Zwischensaison** F mi-saison *f* **Zwischenspiel** N intermède *m* **Zwischenspurt** M sprint *m* **zwischenstaatlich** ADJ entre États; international **Zwischenstadium** N phase *f* intermédiaire, transitoire **Zwischenstation** F °halte *f* **Zwischenstellung** F position *f* intermédiaire **Zwischenstopp** M FLUG escale *f* **Zwischenstück** N pièce *f* intermédiaire; raccord *m* **Zwischenstufe** F phase *f* intermédiaire **Zwischensumme** F total *m* intermédiaire **Zwischenton** M nuance *f* **Zwischentür** F porte communicante **Zwischenwand** F cloison *f* **Zwischenzeit** F intervalle *m* (de temps); **in der ~** durant, pendant ce temps(-là); entre-temps

zwischenzeitlich ADV entre-temps **Zwischenzeugnis** N *in der Schule* bulletin *m* du premier semestre

Zwist *geh* M *liter* dissension *f*; différend *m*

zwitschern **A** VT **1** *Vögel* chanter **2** *umg fig* **einen ~** *umg* siffler un verre **B** VI *Vögel* gazouiller; chanter

Zwitter M hermaphrodite *m*; *fig* hybride *m*

zwo → zwei

zwölf NUM douze; **um ~ Uhr** *mittags* à midi; *nachts* à minuit; *umg fig* **es ist fünf Minuten vor ~!** c'est le dernier moment!; → acht

Zwölf F douze *m*; → Acht[1]

Zwölffingerdarm M duodénum *m* **Zwölftonmusik** F musique sérielle, dodécaphonique

Zyankali N cyanure *m* de potassium

zyklisch **A** ADJ cyclique **B** ADV suivant un cycle

Zyklon M METEO cyclone *m*

Zyklop M MYTH cyclope *m*

Zyklus M cycle *m*

Zylinder M **1** cylindre *m* **2** *e-r Petroleumlampe* verre *m* de lampe **3** (*Zylinderhut*) °haut-de-forme *m* **zylinderförmig** ADJ cylindrique **Zylinderkopf** M culasse *f*

zylindrisch ADJ cylindrique

Zyniker(in) M(F) cynique *m/f* **zynisch** ADJ cynique **Zynismus** M cynisme *m*

Zypern N (l'île *f* de) Chypre *f* **Zyprer(in)** M(F) Cypriote *m/f*

Zypresse F cyprès *m*

zyprisch ADJ cypriote

Zyste F kyste *m*

zz(t). ABK (zurzeit) en ce moment; actuellement

Französische Kurzgrammatik

Artikel und Begleiter

Übersichtstabelle:

	Singular		Plural
	m	f	
Bestimmter Artikel	le / l'	la / l'	les
Verschmelzung	au du	- -	aux des
Unbestimmter Artikel	un	une	des
Teilungsartikel	du / de l'	de la / de l'	-
Possessivbegleiter	mon ton son notre votre leur	ma ta sa notre votre leur	mes tes ses nos vos leurs
Demonstrativbegleiter	ce / cet	cette	ces

Der Artikel

Der Artikel kann, wie das Substantiv, das er begleitet, männlich (maskulin) oder weiblich (feminin) sein. Er stimmt in grammatischem Geschlecht (Genus) und Zahl (Numerus) mit dem Substantiv überein.

Der bestimmte Artikel

Gebrauch

Den bestimmten Artikel verwendet man vor Substantiven, deren Identität eindeutig ist, da sie schon erwähnt worden sind bzw. im Folgenden näher bestimmt werden:

Il y a un chat dans le jardin. Le chat s'appelle Minou.	Im Garten ist eine Katze. Die Katze heißt Minou.

Er bezeichnet ferner

– die Gesamtheit einer Menge, die unzählbar ist:

Le pain est composé de farine et d'eau.	Brot besteht aus Mehl und Wasser.
La bière est une boisson alcoolisée.	Bier ist ein alkoholisches Getränk.

- Abstrakta, die einen Zustand ausdrücken:

L'amour rend heureux.	Liebe macht glücklich.
Fumer est mauvais pour la santé.	Rauchen schadet der Gesundheit.

- die Gesamtheit einer Menge, die auf ein einziges Element reduziert ist:

Le soleil brille.	Die Sonne scheint.
Quand il fait beau, le ciel est bleu.	Bei schönem Wetter ist der Himmel blau.

- die Gesamtheit einer zählbaren Menge, wenn das Substantiv stellvertretend für die gesamte Menge oder Gattung steht:

Le chien est le meilleur ami de l'homme.	Der Hund ist der beste Freund des Menschen.
L'homme a besoin d'amour.	Der Mensch braucht Liebe.

Der bestimmte Artikel steht darüber hinaus

- bei Kontinenten, Ländern, Regionen und Inseln:

L'Afrique est un continent immense.	Afrika ist ein sehr großer Kontinent.
Vive la France !	Es lebe Frankreich!
La Bavière est connue pour sa bière.	Bayern ist für sein Bier berühmt.
La Corse est une île française.	Korsika ist eine französische Insel.

- bei Familiennamen:

Les Dupont sont en vacances.	Die Duponts sind im Urlaub.

Der Familienname selbst bleibt im Singular stehen.

- bei Angaben von Materialien:

La soie est très chère.	Seide ist sehr teuer.
Le plastique est bon marché.	Plastik ist günstig.

- bei Zeitangaben, wenn eine Gewohnheit besteht:

Le matin, je lis le journal.	Morgens lese ich Zeitung.
Le samedi, il va au théâtre.	Samstags geht er ins Theater.

Die Artikel le und les verschmelzen mit den Präpositionen de und à:

de + le → **du**

de + les → **des**

à + le → **au**

à + les → **aux**

le chien du voisin	der Hund des Nachbarn
le chien des voisins	der Hund der Nachbarn
Il va au cinéma.	Er geht ins Kino.
une tarte aux pommes	ein Apfelkuchen
Aber: le chien **de la** voisine	der Hund der Nachbarin

Der unbestimmte Artikel

Gebrauch

Den unbestimmten Artikel verwendet man vor Substantiven, die nicht näher bestimmt sind. Er bezeichnet ein noch nicht erwähntes Element aus einer zählbaren Menge:

Un enfant traverse la rue.	Ein Kind geht über die Straße.

Wie der bestimmte Artikel kann er auch vor einem Substantiv stehen, das als Vertreter für die gesamte Menge dient:

Un chien, c'est beaucoup de travail.	Ein Hund macht viel Arbeit.

Der Teilungsartikel

Der Teilungsartikel bezeichnet einen unbestimmten Teil einer unzählbaren Menge — daher der Name „Teilungsartikel".
Er besteht aus der Präposition de + bestimmtem Artikel le, la bzw. l'.
Demnach kann er nicht gesetzt werden, wenn das Substantiv selbst von der Präposition de eingeleitet wird:

manquer **de** quelque chose	etwas nicht haben, Mangel an etwas haben
Il manque **de beurre** dans votre purée.	Ihr Püree hat nicht genügend Butter.

Hier wird kein Artikel verwendet.

Gebrauch

Der Teilungsartikel steht
- bei einem unbestimmten Teil einer unzählbaren Menge:

Il mange du chocolat.	Er isst Schokolade.
Nous achetons de l'estragon.	Wir kaufen Estragon.
Il boit de la limonade.	Er trinkt Limonade.
Elle achète de l'eau.	Sie kauft Wasser.

- nach avec mit Angabe nicht zählbarer Dinge oder unbestimmter Mengen:

Le soir, il mange du fromage avec du pain.	Abends isst er Käse mit Brot.

Aber nie nach der Präposition **sans**:

Elle mange ses pâtes sans fromage.	Sie isst ihre Nudeln ohne Käse.

– bei Abstrakta:

Paul a de la chance.	Paul hat Glück.

– nach Wendungen die u. a. mit **faire** oder **jouer** gebildet werden:

Je fais du sport.	Ich treibe Sport.
Il joue de la guitare.	Er spielt Gitarre.

Besonderheiten bei Mengenangaben

Es steht kein Teilungsartikel nach Substantiven und Adverbien, die eine Mengenangabe ausdrücken. Hier gilt die Regel: Mengenangabe + **de** + Substantiv:

un kilo de sucre	ein Kilo Zucker
un mètre de ruban	ein Meter Band
beaucoup de travail	viel Arbeit

Dies gilt auch für Behälter und Gefäße:

une bouteille d'eau	eine Flasche Wasser
une boîte de sardines	eine Dose Sardinen

Ausnahmen:

la plupart des	der Großteil
bien de la/du/des	eine große Anzahl an
la plus grande partie des	der größte Teil
la majorité des	die Mehrheit
la moitié des	die Hälfte

Verneinung des Teilungsartikels

Bei Verneinungen entfällt der Teilungsartikel. Er wird durch **ne...pas de** ersetzt:

Elle a **de l**'argent.	Sie hat Geld.
Elle **n**'a **pas d**'argent.	Sie hat kein Geld.
Il a **de la** chance.	Er hat Glück.
Il **n**'a **pas de** chance.	Er hat kein Glück.

Aber nach dem Verb **être** bleibt der Teilungsartikel unverändert:

C'est **de la** confiture de fraise.	Das ist Erdbeermarmelade.
Ce n'est pas **de la** confiture de fraise.	Das ist keine Erdbeermarmelade.

Der Begleiter

Der Possessivbegleiter

Der Possessivbegleiter drückt eine Zugehörigkeit oder ein Besitzverhältnis aus.

Gebrauch

Der Possessivbegleiter richtet sich, wie alle anderen Artikel, in Numerus und Genus nach dem Substantiv, vor dem er steht.

Il/Elle a mangé **sa** pomme.	Er/Sie hat seinen/ihren Apfel gegessen.

Der Demonstrativbegleiter

Der Demonstrativbegleiter hat eine hinweisende Bedeutung.

Vor einem Vokal oder einem stummen **h** wird **ce** zu **cet**:

Je dois lire **cet** article.	Ich muss diesen Artikel lesen.
Le policier observe **cet** homme.	Der Polizist beobachtet diesen Mann.

Gebrauch

Man verwendet den Demonstrativbegleiter

– um auf bestimmte Personen oder Sachen hinzuweisen, die sich in der Nähe befinden:

Vous pouvez me montrer ce collier ?	Können Sie mir diese Kette zeigen?

– um sich auf bereits erwähnte Sachen zu beziehen:

Vous avez lu « Madame Bovary » ? Ce livre est fantastique.	Haben Sie „Madame Bovary" gelesen? Dieses Buch ist fantastisch.

– bei Zeitangaben, die die nahe Zukunft betreffen:

Cet après-midi, je fais la sieste.	Heute Nachmittag mache ich einen Mittagsschlaf.

Der Indefinitbegleiter

Der Indefinitbegleiter hat eine inhaltlich unbestimmte Bedeutung.

Singular		Plural		
maskulin	feminin	maskulin	feminin	
chaque	**chaque**	-	-	jeder
quelque	**quelque**	**quelques**	**quelques**	ein paar
-	-	**différents**	**différentes**	verschiedene
-	-	**divers**	**diverses**	verschiedene
tel	**telle**	**tels**	**telles**	solcher
n'importe quel	**n'importe quelle**	**n'importe quels**	**n'importe quelles**	jeder beliebige

Einige Indefinitbegleiter haben aufgrund ihrer Bedeutung keine Singular- bzw. Pluralform:

Chaque année, ils partent à la montagne.	Jedes Jahr fahren sie in die Berge.
J'ai déjà lu **quelques livres** en français.	Ich habe schon ein paar Bücher auf Französisch gelesen.
Tu peux venir à **n'importe quelle heure** !	Du kannst jederzeit kommen!

Folgende Indefinitbegleiter können auch als Pronomen verwendet werden:

Singular		Plural		
maskulin	feminin	maskulin	feminin	
–	–	**plusieurs**	**plusieurs**	mehrere
–	–	**certains**	**certaines**	einige
aucun	**aucune**	–	–	keine(r, s)
tout le	**toute la**	**tous les**	**toutes les**	ganz / alle(s)

Tu n'en as vraiment **aucune idée** ? — Non, **aucune**.	Hast du davon wirklich keine Ahnung? — Nein, keine.
Certaines filles ne portent jamais de robe, mais **certaines** ne portent jamais de pantalon.	Einige Mädchen tragen nie Kleider, einige tragen nie Hosen.
Tu as lu **toute l'œuvre** de Goethe ? — Oui, **toute**.	Du hast das ganze Werk Goethes gelesen? — Ja, das ganze.

Als Adjektiv wird **tout** mit dem bestimmten Artikel **le, la, les** gebildet, als Pronomen ohne. **Certain** und **différent** können auch als ganz normales Adjektiv nach dem Substantiv stehen. In diesem Fall haben sie auch Singularformen, wechseln aber ihre Bedeutung:

certain, certaine sicher	Il est certain d'avoir fermé la porte d'entrée.	Er ist sich sicher, dass er die Eingangstür abgeschlossen hat.
différent, différente unterschiedlich	Elle est très différente de sa sœur.	Sie ist ganz anders als ihre Schwester.

Das Substantiv

Wie beim Artikel, gibt es zwei grammatische Geschlechter, das weibliche (Femininum) und das männliche (Maskulinum).

Das Genus (grammatisches Geschlecht)

Bei Substantiven, die Lebewesen bezeichnen, ist das grammatische Geschlecht dem natürlichen gleich. In diesen Fällen gibt es keine entsprechende weibliche bzw. männliche Form, sondern für jedes Geschlecht ein eigenes Substantiv:

la fille / le garçon	das Mädchen / der Junge
une femme / un homme	eine Frau / ein Mann

Bei Personenbezeichnungen und Berufen kann die weibliche Form in der Regel leicht von der männlichen abgeleitet werden: Die weibliche Form erhält ein -e:

maskulin	feminin
le Français	la Françai**se**
le marchand	la marchand**e**

Bei männlichen Substantiven, die bereits auf -e enden, bleibt die weibliche Form gleich. Nur der Artikel wird feminin:

maskulin		feminin	
un élève	ein Schüler	un**e** élève	eine Schülerin
un camarade	ein Kamerad	un**e** camarade	eine Kameradin
un dentiste	ein Zahnarzt	un**e** dentiste	eine Zahnärztin

Bei einigen Substantiven, vor allem wenn sie auf -f, -n, -r enden, gelten andere Ableitungsprinzipien:

maskulin → feminin

-f → **-ve**	le veuf → la veuve	der Witwer / die Witwe
-an → **-anne**	le paysan → la paysanne	der Landwirt / die Landwirtin
-en → **-enne**	le comédien → la comédienne	der Schauspieler / die Schauspielerin
-on → **-onne**	le patron → la patronne	der Chef / die Chefin
-er → **-ère**	le boulanger → la boulangère	der Bäcker / die Bäckerin
-e → **-esse**	le maître → la maîtresse	der Lehrer / die Lehrerin
-eur → **-euse**	le vendeur → la vendeuse	der Verkäufer / die Verkäuferin
-teur → **-trice**	le facteur → la factrice	der Postbote / die Postbotin

Folgende Sachgruppen sind meistens maskulin bzw. feminin:

maskulin		
Jahreszeiten, Himmelrichtungen	le printemps le nord	der Frühling der Norden
Monate, Wochentage	le dimanche	der Sonntag
Bäume	le chêne	die Eiche
einige Verkehrsmittel	le train, le bus	der Zug, der Bus
Länder, die nicht auf -e enden	le Canada	Kanada
feminin		
Kontinente	l'Afrique, l'Asie	Afrika, Asien
kirchliche Feiertage	la Pentecôte	Pfingsten
Früchte	la poire	die Birne
Autonamen	la Renault	der Renault
Länder auf -e	la France	Frankreich

Auch einige Endungen weisen in der Regel auf das Geschlecht hin:

maskulin			**feminin**		
-age*[1]	le bricolage	Heimwerken	-ance	la chance	Glück
-ège	le cortège	Prozession	-ence	la décence	Anstand
-oir	le trottoir	Gehsteig	-eur*[3]	la peur	Angst
-(e)au*[2]	le bureau	Büro	-esse	la déesse	Göttin
-et	le guichet	Schalter	-ette	la poussette	Kinderwagen
-ier	le collier	Halskette	-ion*[4]	la révolution	Revolution
-ent	le virement	Überweisung	-té	la beauté	Schönheit
-isme	le journalisme	Journalismus	-ude	la certitude	Gewissheit
-al	le cheval	Pferd	-ie	la pluie	Regen
-ail	le travail	Arbeit	-aille	la pagaille	Durcheinander

*[1] Einige wichtige Ausnahmen:

la page	Seite
la plage	Strand
une image	Bild

*[2] Wichtige Ausnahme:

l'eau (*f*)	Wasser

*[3] Einige wichtige Ausnahmen:

le bonheur	Glück
le malheur	Pech
l'honneur (*m*)	Ehre

*[4] Wichtige Ausnahme:

le lion	Löwe

Es empfiehlt sich jedoch in jedem Fall, das Substantiv mit dem unbestimmten Artikel auswendig zu lernen, denn das grammatikalische Geschlecht ist nicht immer zu erkennen.

Die Pluralbildung

In der Regel wird der Plural eines Substantivs durch Anhängen von **-s** gebildet.

la fleur → les fleur**s**	die Blumen
le jardin → les jardin**s**	die Gärten
une porte → des porte**s**	die Türen
un fauteuil → des fauteuil**s**	die Sessel

Einige Substantive bilden den Plural mit der Endung **-x**.

-au → **-aux**	le noyau → les noyaux	die Kerne
-eau → **-eaux**	le chapeau → les chapeaux	die Hüte
-eu → **-eux***1	un cheveu → des cheveux	die Haare
-al → **-aux***2	un journal → des journaux	die Zeitungen

*1 Einige Ausnahmen:

le pneu → les pneus	die Reifen
le bleu → les bleus	die Blautöne

*2 Einige Ausnahmen:

le bal → les bals	die Bälle
le festival → les festivals	die Festivals

Außerdem: einige Substantive auf **-ail**:

le travail → les travaux	die Arbeiten
le vitrail → les vitraux	die Kirchenfenster
le corail → les coraux	die Korallen
le bail → les baux	die Mietverträge

Alle anderen Substantive auf **-ail** bilden den Plural mit **-s**.

Außerdem: folgende Substantive auf **-ou**:

le bijou → les bijoux	die Schmuckstücke
le chou → les choux	die Kohle/Kohlsorten
le hibou → les hiboux	die Uhus
le caillou → les cailloux	die Kieselsteine
le genou → les genoux	die Knie
le pou → les poux	die Läuse

Alle anderen Substantive auf **-ou** bilden den Plural mit **-s**.

Substantive, die im Singular auf -s, -x oder -z enden, bleiben im Plural unverändert.

le pays = les pays	die Länder
le prix = les prix	die Preise
le nez = les nez	die Nasen

Vorsicht bei folgenden Pluralbildungen:

madame → **mesdames**	Damen
mademoiselle → **mesdemoiselles**	Fräuleins
monsieur → **messieurs**	Herren
un œil → des **yeux**	Augen

Es gibt außerdem einige wenige Pluralbildungen, bei denen Abweichungen in der Aussprache auftreten:

un œuf [œf]	des œufs [ø]
un bœuf [bœf]	des bœufs [bø]
un os [ɔs]	des os [o]

Einige Substantive haben keine Singularform:

les alentours	die Umgebung
les dégâts	der Schutt
les dépenses	die Ausgaben
les environs	die Umgebung
les fiançailles	die Verlobung
les funérailles	die Beerdigung
les gens	die Leute
les mathématiques	die Mathematik
les munitions	die Munition
les toilettes	die Toiletten

Das Adjektiv

Das Adjektiv beschreibt Substantive näher:

une **jolie** maison	ein schönes Haus
un **petit** garçon	ein kleiner Junge

Es kann aber auch in Verbindung mit den Verben être, rester, sembler und devenir verwendet werden:

Ils sont **gentils**.	Sie sind nett.
Elle semble **fatiguée**.	Sie scheint müde zu sein.

In beiden Fällen stimmt das Adjektiv in Geschlecht und Zahl immer mit dem Substantiv bzw. mit dem Subjekt überein.

Unveränderlich sind substantivische Wendungen, zusammengesetzte Farbadjektive sowie einige Adjektive nicht französischen Ursprungs:

une voiture bon marché	ein preiswertes Auto
une couverture bleu-ciel	eine himmelblaue Decke
des gens sympa	nette Leute
une chaîne super	ein super (Radio-/Fernseh)Sender

Ausnahme: **chic** wird nur im Plural angeglichen.

Formen

Bildung der Femininform

In den meisten Fällen wird die weibliche Form von der männlichen abgeleitet: Die weibliche Form erhält ein -e.

maskulin	feminin	
grand	grand**e**	groß
joli	joli**e**	hübsch

Viele französische Adjektive enden im Maskulinum auf -e. Sie bleiben im Femininum unverändert.

maskulin	feminin	
simple	simple	einfach
difficile	difficile	kompliziert

Wie bei den Substantiven gelten auch bei einigen Adjektivendungen spezielle Regeln für die Ableitung der weiblichen Form:

maskulin → feminin

-el → **-elle**	cru**el** → cru**elle**	grausam
-en → **-enne**	anci**en** → anci**enne**	alt
-er → **-e**	ch**er** → ch**ère**	teuer
-et → **-ette** / **-ète**	mu**et** → mu**ette**	stumm
	compl**et** → compl**ète**	komplett
-eux → **-euse**	heur**eux** → heur**euse**	glücklich

-eur → **-euse**	ment**eur** → ment**euse**	lügnerisch
-f → **-ve**	neu**f** → neu**ve**	neu
-g → **-gue**	lon**g** → lon**gue**	lang
-ier → **-ière**	f**ier** → f**ière**	stolz
-il → **-ille**	gent**il** → gent**ille**	nett
-on → **-onne**	bret**on** → bret**onne**	bretonisch
-s → **-sse**	gro**s** → gro**sse**	dick
-x → **-ce**	dou**x** → dou**ce**	sanft
-x → **-sse**	fau**x** → fau**sse**	falsch

Adjektive auf **-c** und einige andere Formen sind unregelmäßig und müssen auswendig gelernt werden. Einige wichtige Beispiele:

maskulin	feminin	
blanc	blanche	weiß
franc	franche	ehrlich
sec	sèche	trocken
grec	grècque	griechisch
turc	turque	türkisch
doux	douce	sanft, süß
frais	fraîche	frisch
favori	favorite	Lieblings-
hébreu	hébraïque	hebräisch

Aufgrund der Aussprache haben ein paar Adjektive zwei Formen im Maskulinum.

maskulin vor Konsonanten	maskulin vor Vokal oder stummem **h**	feminin	
beau	**bel**	belle	schön
vieux	**vieil**	vieille	alt
nouveau	**nouvel**	nouvelle	neu

un beau livre	ein schönes Buch	un bel homme	ein schöner Mann
un vieux cheval	ein altes Pferd	un vieil ami	ein alter Freund
le nouveau crayon	der neue Stift	le nouvel ordinateur	der neue Computer

Selten auch:

fou	**fol**	folle	verrückt
un chien fou	ein verrückter Hund	un fol amour	eine verrückte Liebe

Plural

Der Plural der Adjektive wird gebildet, indem man ein -s an das Wortende anhängt. Es gibt eine männliche und eine weibliche Pluralform.

un jeu passionnant → des jeux passionnant**s**	spannende Spiele
une fille passionnante → des filles passionnant**es**	hinreißende Mädchen

Maskuline Adjektive, die auf -eau und -al enden, bilden aber ihre Pluralform mit einem -x.

Il est beau. → Ils sont beau**x**.	Sie sind schön.
Il est génial. → Ils sont géniau**x**.	Sie sind genial.

Im Femininum wird die Pluralform ganz normal durch Anhängen von -s gebildet.

une répétition générale → des répétitions générales	Generalproben

Stellung

In der Regel stehen Adjektive **hinter** dem Substantiv, das sie näher bestimmen, oder nach dem Verb être:

le pull rouge	der rote Pullover
Cet enfant est calme.	Dieses Kind ist ruhig.

Dies ist der Fall bei:

– mehrsilbigen Adjektiven:

un film formidable	ein wunderbarer Film
une histoire incroyable	eine unglaubliche Geschichte

– Farb- und Formadjektiven:

une robe bleue	ein blaues Kleid
une table carrée	ein quadratischer Tisch

– Adjektiven, die eine nationale Zugehörigkeit ausdrücken:

ma voisine anglaise	meine englische Nachbarin
un restaurant italien	ein italienisches Restaurant

– Partizipien:

un collègue fatigué	ein müder Kollege
une chanson déprimante	ein deprimierendes Lied

– Adjektiven mit Ergänzungen:

une échelle haute de trois mètres	eine drei Meter hohe Leiter

– körperlichen und geistigen Eigenschaften:

un visage allongé	ein langes Gesicht
une personne généreuse	eine großzügige Person

Folgende kurze Adjektive sowie Zahlwörter stehen jedoch **vor** dem Substantiv, das sie ergänzen:

une **belle** femme	eine schöne Frau
un **bon** repas	eine gute Mahlzeit
un **grand** immeuble	ein großes Gebäude
le **gros** coussin	das dicke Kissen
un **jeune** homme	ein junger Mann
la **jolie** jupe	der hübsche Rock
un **mauvais** roman	ein schlechter Roman
un **nouveau** ministre	ein neuer Minister
le **petit** sac	die kleine Tasche
le **vieux** bateau	ein altes Boot
un **vilain** mot	ein böses Wort
trois bananes	drei Bananen
vingt-quatre heures	vierundzwanzig Stunden

Einige Adjektive haben unterschiedliche Bedeutungen je nachdem, ob sie vor oder hinter dem Substantiv stehen.
Steht das Adjektiv vor dem Substantiv, ist die übertragene Bedeutung des Wortes gemeint.
Steht es nach dem Substantiv, die konkrete.
Zum Beispiel:

un homme **grand**	ein großer Mann	un **grand** homme	ein bedeutender Mann
une maison **ancienne**	ein altes Haus	mon **ancien** lycée	mein ehemaliges Gymnasium
une chemise **sale**	ein schmutziges Hemd	un **sale** type	ein widerlicher Kerl

Steigerung

Komparativ

Der Komparativ wird gebildet mit **Vergleichsadverb +** Adjektiv **+** que.

Komparativ der Gleichheit

Das Vergleichsadverb aussi dient zum Ausdruck der Gleichheit:

L'autobus est **aussi** rapide **que** le tramway.	Der Bus ist genauso schnell wie die Straßenbahn.

Das Adjektiv kann auch ohne Vergleichsadverb stehen. **Que** wird dann durch **comme** ersetzt:

L'autobus est rapide **comme** le tramway.	Der Bus ist genauso schnell wie die Straßenbahn.

Komparativ der Überlegenheit

Das Vergleichsadverb plus dient zum Ausdruck der Überlegenheit:

Le tramway est **plus** rapide **que** l'autobus.	Die Straßenbahn ist schneller als der Bus.

Komparativ der Unterlegenheit

Das Vergleichsadverb moins dient zum Ausdruck der Unterlegenheit:

L'autobus est **moins** rapide **que** le tramway.	Der Bus ist langsamer (*wörtlich:* weniger schnell) als die Straßenbahn.

Superlativ

Der Superlativ wird gebildet mit le, la, les + **Vergleichsadverb** + Adjektiv + (de).

Superlativ der Überlegenheit

Auch der Superlativ der Überlegenheit wird mit dem Vergleichsadverb plus gebildet:

Le métro est **le plus** rapide (**des** transports en commun).	Die Metro ist am schnellsten (*wörtlich*: das schnellste der öffentlichen Verkehrsmittel).

Superlativ der Unterlegenheit

Zum Ausdruck der Unterlegenheit wird wie beim Komparativ das Vergleichsadverb moins verwendet:

L'autobus est **le moins** rapide (**des** transports en commun).	Der Bus ist am langsamsten (*wörtlich:* das am wenigsten schnelle der öffentlichen Verkehrsmittel).

Vorsicht! Beim Komparativ wie beim Superlativ wird das Adjektiv weiterhin dekliniert:

Komparativ	Elle est plus joli**e** que sa cousine.	Sie ist hübscher als ihre Cousine.
Superlativ	Elle est la plus joli**e** de la classe.	Sie ist die Hübscheste der Klasse.

Unregelmäßige Formen

Adjektiv		Komparativ		Superlativ	
bon	gut	**meilleur**(**e**)	besser	**le, la, les meilleur**(**e,s**)	der, die, das beste
mauvais	schlimm	**pire**	schlimmer	**le, la, les pire**(**s**)	der, die, das schlimmste
petit	gering	**moindre**	geringer	**le, la, les moindre**(**s**)	der, die, das geringste

Mauvais kann auch „schlecht" bedeuten. In dieser Bedeutung sind die Komparativ- und Superlativformen regelmäßig.

Komparativ	Il est **plus mauvais que** son frère.	Er ist schlechter als sein Bruder.
Superlativ	Il a **les plus mauvaises** notes **de** l'école.	Er hat die schlechtesten Noten der Schule.

In der Bedeutung „klein" wird das Adjektiv **petit** regelmäßig gesteigert.

Komparativ	Il est **plus petit que** son frère.	Er ist kleiner als sein Bruder.
Superlativ	Il est **le plus petit** de sa classe.	Er ist der Kleinste in seiner Klasse.

Das Adverb

Adverbien sind unveränderlich:

Elle a très **bien** chanté.	Sie hat sehr gut gesungen.
Il sait **bien** parler français.	Er spricht sehr gut französisch.

Das Adverb **tout** bildet eine Ausnahme: Steht es vor weiblichen Adjektiven, die mit Konsonanten oder *h aspiré* beginnen, wird es dekliniert:

C'est une **toute** autre affaire.	Das ist eine ganz andere Sache.
Elle veut manger **toute** seule.	Sie will ganz allein essen.

Formen

Im Französischen gibt es viele einfache Adverbien, die eine ursprüngliche Grundform haben. Meist sind dies einfache Adverbien der Zeit, der Menge oder des Ortes, z. B.:

Elle travaille **bien**.	Sie arbeitet gut.
Il parle **beaucoup**.	Er redet viel.
Aujourd'hui, il pleut.	Heute regnet es.
Ils arrivent **tout de suite**.	Sie kommen sofort.
Viens **ici** !	Komm her/hierhin!

Die meisten Adverbien werden von der Femininform der Adjektive abgeleitet.
Adverbbildung aus femininer Form des Adjektivs + -ment:

normal → normal**e** → normale**ment**	normalerweise
doux → dou**ce** → douce**ment**	sanft

Dabei kann bei einer Reihe von Adjektiven das e vor der Endung -ment zu é werden:

profond → profond**e** → profond**ément**	tief
intense → intens**ément**	intensiv

Bei Adjektiven, deren männliche Form auf einen Vokal endet:
Adverbbildung aus maskuliner Form des Adjektivs + -ment:

pol**i** → poli**ment**	höflich
absol**u** → absolu**ment**	absolut

Bei Adjektiven, die auf -ant und -ent enden, werden die Endungen durch -amment und -emment ersetzt:

Adjektiv	Adverb	
méch**ant**	méch**amment**	böse
réc**ent**	réc**emment**	neulich

Einige Adverbien weisen eine unregelmäßige Bildung auf:

Adjektiv	Adverb	
bon	bien	gut
meilleur	mieux	besser
mauvais	mal	schlecht
gentil	gentiment	freundlich
bref	brièvement	kurz
gai	gaiement / gaîment	fröhlich
rapide	vite	schnell

Bei rapide ist die regelmäßige Form rapidement auch möglich.

Gebrauch

Ein Adverb gibt Information über

– die Art und Weise, wie eine Handlung durchgeführt wird:

bien	gut
mal	schlecht
intelligemment	intelligent

Tu as bien écouté.	Du hast gut zugehört.
Elle nage très mal.	Sie schwimmt sehr schlecht.
Il a intelligemment répondu à la question.	Er hat die Frage intelligent beantwortet.

– den Ort, an dem die Handlung stattfindet:

ici	hier
ailleurs	anderswo
dehors	draußen

Le concert a lieu ici.	Das Konzert findet hier statt.
Il est ailleurs.	Er ist (mit seinen Gedanken) ganz woanders.
Je vais dehors.	Ich gehe nach draußen.

– die Zeit, in der sich die Handlung abspielt:

demain	morgen
maintenant	jetzt
hier	gestern
souvent	oft
parfois	manchmal

On se voit demain ?	Sehen wir uns morgen?
Ça suffit maintenant !	Es reicht jetzt!
Hier, nous sommes allés au cinéma.	Gestern sind wir ins Kino gegangen.
On va souvent au cinéma.	Wir gehen oft ins Kino.
Parfois, nous allons au théâtre.	Wir gehen manchmal ins Theater.

– die Menge:

assez	genug
peu	wenig
trop	zu viel

Tu as assez mangé ?	Hast du genug gegessen?
Il gagne peu.	Er verdient wenig.
Elle parle trop.	Sie redet zu viel.

Adverbien beziehen sich auf Verben, Adjektive oder andere Adverbien und bestimmen diese näher:

Il roule **prudemment**.	Er fährt vorsichtig.
Cette robe est **vite** froissée.	Dieses Kleid knittert schnell.
Il mange **très** peu.	Er isst sehr wenig.

Stellung

Ergänzt das Adverb ein Adjektiv oder ein anderes Adverb, steht es **vor** diesem:

C'est **vraiment** beau.	Das ist wirklich schön.
Il roule **très** vite.	Er fährt sehr schnell.

Bezieht sich das Adverb auf den ganzen Satz, steht es am Satzanfang oder -ende:

Aujourd'hui, je veux nettoyer la cuisine.	Heute will ich die Küche sauber machen.
Je veux nettoyer la cuisine **aujourd'hui**.	Heute will ich die Küche sauber machen.

Steht es am Satzanfang, muss danach ein Komma gesetzt werden.

Bezieht sich das Adverb auf das Verb, steht es hinter dem konjugierten Verb — das heißt, bei zusammengesetzten Zeitformen, hinter dem Hilfsverb:

Einfache Zeitform	Zusammengesetzte Zeitform	
Je mange **beaucoup**.	J'ai **beaucoup** mangé.	Ich esse viel. / Ich habe viel gegessen.

Ausnahmen sind Adverbien des Ortes sowie die Adverbien **ensemble**, **tôt** und **tard**. Bei zusammengesetzten Zeitformen sowie Zusammensetzungen mit Infinitiv stehen sie am Satzende:

Einfache Zeitform	Zusammengesetzte Zeitform	
On mange **ensemble**.	On a mangé **ensemble**.	Wir essen zusammen. / Wir haben zusammen gegessen.
Il part **tôt**.	Il est parti **tôt**.	Er geht früh. / Er ist früh gegangen.
Elle rentre **tard**.	Elle est rentrée **tard**.	Sie kommt spät nach Hause. / Sie ist spät nach Hause gekommen.

Zusammensetzung mit Infinitiv	
Ils doivent rentrer **ensemble**.	Sie sollen zusammen nach Hause kommen.
Nous voulons partir **tôt**.	Wir wollen früh losgehen.
Vous allez rentrer **tard** ?	Werdet ihr spät nach Hause kommen?

Steigerung

Komparativ

Der Komparativ wird gebildet mit **Vergleichsadverb** **+** Adverb **+** que.

Komparativ der Gleichheit

Das Vergleichsadverb aussi dient zum Ausdruck der Gleichheit:

Il parle **aussi** vite **que** son frère.	Er spricht genauso schnell wie sein Bruder.

Komparativ der Überlegenheit

Das Vergleichsadverb plus dient zum Ausdruck der Überlegenheit:

Il parle **plus** vite **que** son frère.	Er spricht schneller als sein Bruder.

Komparativ der Unterlegenheit

Das Vergleichsadverb moins dient zum Ausdruck der Unterlegenheit:

Il parle **moins** vite **que** son frère.	Er spricht langsamer (wörtlich: weniger schnell) als sein Bruder.

Superlativ

Der Superlativ wird gebildet mit le, la, les + **Vergleichsadverb** + Adverb.

Superlativ der Überlegenheit

Auch bei den Adverbien drückt das Vergleichsadverb plus Überlegenheit aus:

C'est lui qui a mangé **le plus** rapidement.	Er hat am schnellsten gegessen.

Superlativ der Unterlegenheit

Hier wiederum bezeichnet das Vergleichsadverb **moins** Unterlegenheit:

C'est lui qui a mangé **le moins** rapidement.	Er hat am langsamsten gegessen.

Unregelmäßige Formen

Adjektiv		Komparativ		Superlativ	
bien	gut	**mieux**	besser	**le mieux**	am besten
peu	wenig	**moins**	weniger	**le moins**	am wenigsten
beaucoup	viel	**plus**	mehr	**le plus**	am meisten

Komparativ	Il parle **mieux** allemand que son frère.	Er spricht besser deutsch als sein Bruder.
Superlativ	C'est lui qui parle **le mieux** allemand.	Er ist derjenige, der am besten deutsch spricht.

Das Adverb **mal** besitzt neben der regelmäßigen Steigerung auch eine unregelmäßige Steigerungsform:

mal	schlecht	**pis**	schlechter	**le pis**	am schlechtesten

Die unverbundenen Personalpronomen

Es wird unterschieden zwischen den verbundenen Personalpronomen, die nur in Verbindung mit einem Verb verwendet werden, und den unverbundenen Personalpronomen, die ohne Verb stehen können.

Formen

	maskulin	feminin	reflexiv
1. Person Singular	**moi**	**moi**	
2. Person Singular	**toi**	**toi**	
3. Person Singular	**lui**	**elle**	**soi**
1. Person Plural	**nous**	**nous**	
2. Person Plural	**vous**	**vous**	
3. Person Plural	**eux**	**elles**	**soi**

Gebrauch

Das unverbundene Pronomen wird verwendet

– bei nominalen Sätzen:

Qui va au marché aujourd'hui? — Julien et **moi**.	Wer geht heute auf dem Markt? — Julien und ich.

– zur Betonung des Subjektpronomens:

Il aime les framboises. **Moi, je** préfère les fraises.	Er mag Himbeeren. Ich (wiederum) mag lieber Erdbeeren.

– nach **c'est**:

Qui est là? — **C'est moi** !	Wer ist da? — Ich bin's!

– in Vergleichssätzen:

Il est plus fort que **toi**.	Er ist stärker als du.

– nach Präpositionen:

Il danse **avec elle**.	Er tanzt mit ihr.
Nous restons **chez eux**.	Wir bleiben bei ihnen.

– in Verbindung mit den Verben **penser à quelqu'un**, **s'intéresser à quelqu'un**, **s'adresser à quelqu'un**:

Nous pensons à **vous**.	Wir denken an euch.
Il s'intéresse à **elle**.	Er interessiert sich für sie.
Il s'adresse à **nous**.	Er wendet sich an uns.

Bei **penser à quelque chose** und **s'intéresser à quelque chose**, wenn also das Objekt nicht eine Person sondern eine Sache ist, verwendet man das Pronominaladverb **y**:

Elle pense à l'**examen**. → Elle **y** pense.	Sie denkt daran (an die Prüfung).
Il s'intéresse à l'**astronomie**. → Il s'**y** intéresse.	Er interessiert sich dafür (für Astronomie).

Das Pronominaladverb steht dann **vor** dem konjugierten Verb.

Das unverbundene Reflexivpronomen „soi"

Es wird verwendet wie die restlichen unverbundenen Pronomen und bezieht sich meist auf vorhergegangene Substantive oder Pronomen, die unbestimmt sind (**cela**, **chacun**, **tout le monde**, **personne** usw.). Es steht auch in Zusammenhang mit unpersönlichen Ausdrücken (**il faut**):

Chacun pour **soi**.	Jeder für sich.
Il faut penser à **soi**.	Man muss an sich selbst denken.

Das Subjektpronomen

Das Subjektpronomen bezieht sich auf ein vorher erwähntes Substantiv. Im Satz übernimmt es die Funktion eines Subjekts:

Paul est généreux. → **Il** est généreux.	Er ist großzügig.

Formen

	maskulin	feminin	
1. Person Singular	**je / j'**	**je / j'**	ich
2. Person Singular	**tu**	**tu**	du
3. Person Singular	**il**	**elle**	er / sie
1. Person Plural	**nous** / **on**	**nous** / **on**	wir
2. Person Plural	**vous**	**vous**	ihr / Sie
3. Person Plural	**ils**	**elles**	sie

Die Höflichkeitsform wird mit der 2. Person Plural ausgedrückt:

Vous êtes nouveau ici ?	Sind Sie neu hier?

Steht das Subjektpronomen **je** vor einem Verb, das mit einem Vokal oder einem stummen **h** beginnt, wird es apostrophiert.

J'aime les fleurs.	Ich liebe Blumen.
J'habite à Tours.	Ich wohne in Tours.

In der gesprochenen Sprache wird **nous** oft durch **on** ersetzt.

Nous allons au cinéma. → On va au cinéma.	Wir gehen ins Kino.

Gebrauch und Stellung

Das Subjektpronomen steht

– im Aussagesatz vor dem Verb:

Je suis libraire.	Ich bin Buchhändler.

– in der Inversionsfrage nach dem Verb.

Comment vas-**tu** ?	Wie geht es dir?

Bei der Inversionsfrage wird zwischen Verb und Subjektpronomen ein Bindestrich gesetzt.

– **Il** steht auch bei unpersönlichen Verben bzw. Angaben zum Wetter:

Il neige.	Es schneit.
Il fait froid.	Es ist kalt.
Il fait beau.	Es ist schön (= Das Wetter ist schön).

Das Objektpronomen

Das direkte Objektpronomen

Formen

	maskulin	feminin	
1. Person Singular	**me / m'**	**me / m'**	mich
2. Person Singular	**te / t'**	**te / t'**	dich
3. Person Singular	**le / l'**	**la / l'**	ihn / sie
1. Person Plural	**nous**	**nous**	uns
2. Person Plural	**vous**	**vous**	euch / Sie
3. Person Plural	**les**	**les**	sie

Gebrauch

Das direkte Objektpronomen ersetzt Substantive oder Personennamen, die im Satz **direkte Objekte** sind. Als direkte Objekte bezeichnet man Objekte, die „direkt" auf das Verb, also **ohne Präposition**, folgen:

J'aime **les fleurs**. → Je **les** aime.	Ich liebe sie (Blumen).
Elle regarde **Charlotte**. → Elle **la** regarde.	Sie schaut sie (Charlotte) an.

Die direkten Objektpronomen stehen nur **für Personen**. Nur die Formen der 3. Person Singular und Plural le, la und les können auch **auf Sachen** verweisen:

Pierre **me** regarde.	Pierre schaut mich an.
Pierre regarde **le garçon**. → Il **le** regarde.	Er schaut ihn (den Jungen) an.
Pierre regarde **le film**. → Il **le** regarde.	Er schaut ihn (den Film) an.

Das indirekte Objektpronomen

Formen

	maskulin	feminin	
1. Person Singular	**me / m'**	**me / m'**	mir
2. Person Singular	**te / t'**	**te / t'**	dir
3. Person Singular	**lui**	**lui**	ihr / ihm
1. Person Plural	**nous**	**nous**	uns
2. Person Plural	**vous**	**vous**	euch / Ihnen
3. Person Plural	**leur**	**leur**	ihnen

Die Formen unterscheiden sich von den direkten Objektpronomen nur in der 3. Person Singular und Plural.

Gebrauch

Das indirekte Objektpronomen ersetzt Substantive oder Personennamen, die im Satz indirekte Objekte sind. Als indirektes Objekt bezeichnet man Objekte, die eine indirekte Verbindung zum Verb haben, also nach der Präposition à auf das Verb folgen:

J'écris **à ta sœur**. → Je **lui** écris.	Ich schreibe ihr (deiner Schwester).
Il parle **à Martine**. → Il **lui** parle.	Er spricht mit ihr (Martine).

Das Pronomen ersetzt Substantiv und Präposition.
Ausnahmen: **penser à quelqu'un**, **s'adresser à quelqu'un**, **s'intéresser à quelqu'un**. Diese Verben werden mit dem unverbundenen Personalpronomen verbunden (siehe dort).

Stellung

Im Aussagesatz

Die Pronomen stehen vor dem konjugierten Verb bzw. bei Infinitivsätzen vor dem Infinitiv:

Nous **le** regardons ce soir.	Wir schauen ihn heute Abend an.
Il faut **le** regarder ce soir.	Wir müssen ihn heute Abend anschauen.

Stehen in einem Satz mehrere Pronomen, so gilt folgende Reihenfolge:

je	**me**			
tu	**te**			
il, elle, on	**se**	**le, la, l'**	**lui**	konjugiertesVerb bzw. Infinitiv
nous	**nous**	**les**	**leur**	
vous	**vous**			
ils, elles	**se**			

Je	**me**	**l'**	achète.	Ich kaufe es mir.
Tu	**la**	**lui**	as achetée ?	Du hast sie ihr/ihm gekauft?

Beim Imperativ

Beim bejahenden Imperativ

Die Pronomen stehen nach dem Verb und werden mit einem Bindestrich angeschlossen:

Appelle-**la** demain !	Ruf sie morgen an!
Donnez-**les lui** !	Geben Sie sie ihr/ihm!

Das zweite Pronomen wird nicht mit dem Bindestrich verbunden.

Die Pronomen **me** und **te** werden beim Imperativ zu **moi** bzw. **toi**:

Appelle-**moi** demain !	Ruf mich morgen an!
Sers-**toi** !	Nimm dir! (*wörtlich:* Bedien dich!)

Stehen nach dem Verb mehrere Objekte, gilt folgende Reihenfolge:
Erst direktes Objektpronomen, dann indirektes Objektpronomen bzw. Pronominaladverb **en**:

Donnez-	**m'**	**en**	deux kilos !	Geben Sie mir zwei Kilo (davon).
Donne-	**la**	**lui**	tout de suite !	Gib sie ihr/ihm sofort.

Beim verneinenden Imperativ

Hier entspricht die Stellung der im Aussagesatz:

Tu	**me**	**les**	achètes au marché.	Du kaufst sie mir auf dem Markt.
Ne	**me**	**les**	achète pas au marché.	Kauf Sie mir nicht auf dem Markt.

Das reflexive Pronomen

Formen

1. Person Singular	**me** /**m'**	mich / mir
2. Person Singular	**te** / **t'**	dich / dir
3. Person Singular	**se** / **s'**	sich
1. Person Plural	**nous**	uns
2. Person Plural	**vous**	euch
3. Person Plural	**se** / **s'**	sich

Gebrauch

Reflexive Pronomen stehen meist bei reflexiven Verben und beziehen sich auf das zum Verb gehörende Subjekt. Genus und Numerus richten sich also nach dem Subjekt. Sie können die Funktion eines direkten oder indirekten Objekts übernehmen:

Je me lave.	Ich wasche mich.
Nous nous douchons.	Wir duschen.
Ils se coiffent.	Sie kämmen sich die Haare.
Tu t'achètes des frites.	Du kaufst dir Pommes.

Das neutrale Personalpronomen

Im Gegensatz zu allen anderen bereits erwähnten Pronomen ersetzt das neutrale Personalpronomen le kein Substantiv, sondern

– ein Adjektiv:

Mon frère est **intelligent**. Je **le** suis moins.	Mein Bruder ist intelligent. Ich bin es weniger.

– oder einen ganzen Satz:

Nous n'avons plus de pain. Je te **le** rappellerai dans le magasin.	Wir haben kein Brot mehr. Ich werde dich im Geschäft daran erinnern.

Le ist unveränderlich.

Die Pronominaladverbien „y" und „en"

Beide Pronominaladverbien sind unveränderlich.

Das Pronominaladverb „y"

Das Pronominaladverb y ersetzt Ortsangaben, die mit der Präposition à, dans, en, sur oder sous eingeleitet werden:

Il va **à l'école**. → Il **y** va.	Er geht dorthin (in die Schule).
Il vit **dans cette ville** depuis dix ans. → Il **y** vit depuis dix ans.	Er wohnt dort (in dieser Stadt) seit zehn Jahren.
Il rêve d'aller **en Russie**. → Il rêve d'**y** aller.	Er träumt davon, dorthin (nach Russland) zu fahren.
Ils vivent **sur l'île d'Oléron**. → Ils **y** vivent.	Sie leben dort (auf der Insel Oléron).
Il est **sous l'eau** depuis une minute. → Il **y** est depuis une minute.	Er ist dort (unter Wasser) seit einer Minute.

Es vertritt auch ein indirektes Objekt, das mit der Präposition à eingeleitet wird, wenn das indirekte Objekt eine Sache und keine Person bezeichnet:

Il s'intéresse à l'**astronomie**. → Il s'**y** intéresse.	Er interessiert sich dafür (für Astronomie).

Bei Personen verwendet man das unverbundene Pronomen:

Il s'intéresse à **cet auteur**. → Il s'intéresse **à lui**.	Er interessiert sich für ihn (diesen Autor).

Aufgrund der Aussprache kann das Pronominaladverb y **nicht** mit dem Verb aller im *futur* oder *conditionnel* verwendet werden. Die Ergänzung wird in diesem Fall ersatzlos gestrichen:

On ira au cinéma demain ? — Oui, **on ira**.	Gehen wir morgen ins Kino? — Ja, wir gehen (dorthin).
Tu irais à ce rendez-vous pour moi ? — Oui, **j'irais** pour toi.	Würdest du für mich zu dieser Verabredung gehen? — Ja, ich würde für dich (dort) hingehen.

Das Pronominaladverb „en"

Das Pronominaladverb en ersetzt:

– Angaben, die mit der Präposition de eingeleitet werden:

Il rêve **d'aller en Russie**. → Il **en** rêve.	Er träumt davon(, nach Russland zu fahren).
Il revient **de l'école**. → Il **en** revient.	Er kommt von dort (von der Schule) zurück.

Das Pronominaladverb en kann nicht für eine Person stehen. Hier benutzt man das unverbundene Personalpronomen:

Elle parle **de Pierre**. → Elle parle **de lui**.	Sie redet über ihn (Pierre).
Nous parlons **de votre mère**. → Nous parlons **d'elle**.	Wir reden über sie (ihre Mutter).

– Substantive, die mit dem Teilungsartikel du, de la oder dem unbestimmten Artikel un, une, des eingeleitet werden:

Je mange **du pain**. → J'**en** mange.	Ich esse davon (Brot).
Je veux **des bonbons**. → J'**en** veux.	Ich will welche (Süßigkeiten).
Je connais **une chanson**. → J'**en** connais **une**.	Ich kenne eins (ein Lied).

Un und une fallen bei der Verneinung weg. Hier ersetzt en die Ergänzung zu pas (de):

J'ai **une** voiture. → Je **n'**ai **pas de** voiture. → Je **n'en** ai **pas**.	Ich habe keins (Auto).

– Substantive, die mit Mengenangaben und Zahlwörtern stehen:

Elle veut beaucoup de riz. → Elle **en** veut beaucoup.	Sie will viel davon (Reis).
Il achète trois bananes. → Il **en** achète trois.	Er kauft drei davon (Bananen).

Stellung

Im Aussagesatz

Das Pronominaladverb steht vor dem konjugierten Verb bzw. bei Infinitivsätzen vor dem Infinitiv:

Nous **en** mangeons ce soir.	Wir essen heute Abend davon.
Il faut **y** aller ce soir.	Wir müssen heute Abend dahin gehen.

In einem Satz mit mehreren Pronomen steht das Pronominalverb an letzter Stelle vor dem Verb. Es gilt folgende Reihenfolge:

je	**me**				
tu	**te**				
il, elle, on	**se**	**le, la, l'**	**lui**	**y** **en**	konjugiertesVerb bzw. Infinitiv
nous	**nous**	**les**	**leur**		
vous	**vous**				
ils, elles	**se**				

Beispiele:

Tu	**leur**	**en**	donnes ?	Gibst du ihnen welche?
Tu	**l'**	**y**	accompagnes ?	Bringst du sie / ihn (dort)hin?

Beim Imperativ

Beim bejahenden Imperativ

Das Pronominaladverb steht nach dem Verb und wird mit einem Bindestrich angeschlossen:

Mangez-**en** autant que vous voulez !	Esst davon, so viel ihr wollt!

Kombinationen mit dem Pronominaladverb **y** sind beim Imperativ ungebräuchlich. Stattdessen wird **là** bzw. **là-bas** verwendet:

Posez-	**le**	**là-bas !**	Legen Sie es dorthin!

Hat ein Verb mehrere Objekte, gilt folgende Reihenfolge:

Direktes Objektpronomen		Indirektes Objektpronomen / **en**		
Donnez-	**m'**	**en**	deux kilos !	Geben Sie mir zwei Kilo (davon).
Donne-	**la**	**lui**	tout de suite !	Gib sie ihr/ihm sofort.

Beim verneinenden Imperativ

Hier entspricht die Stellung der im Aussagesatz:

Vous	**m'**	**y**	obligez.	Sie zwingen mich dazu.
Ne	**m'**	**y**	obligez pas.	Zwingen Sie mich nicht dazu.
Tu	**m'**	**en**	parles.	Du erzählst mir davon.
Ne	**m'**	**en**	parle pas.	Erzähl mir nicht davon.

Das Possessivpronomen

Das Possessivpronomen ersetzt ein Substantiv und drückt dabei eine Zugehörigkeit aus. Es wird immer mit dem bestimmten Artikel verwendet:

	Singular		Plural	
	maskulin	feminin	maskulin	feminin
1. Person Singular	**le mien**	**la mienne**	**les miens**	**les miennes**
	meiner /meins	meine	meine	
2. Person Singular	**le tien**	**la tienne**	**les tiens**	**les tiennes**
	deiner / deins	deine	deine	
3. Person Singular	**le sien**	**la sienne**	**les siens**	**les siennes**
	seiner / seins	ihre	seine	ihre
1. Person Plural	**le nôtre**	**la nôtre**	**les nôtres**	
	unser / unseres	unsere	unsere	
2. Person Plural	**le vôtre**	**la vôtre**	**les vôtres**	
	eurer / Ihrer eures / Ihres	eure / Ihre	eure / Ihre	
3. Person Plural	**le leur**	**la leur**	**les leurs**	
	ihrer / ihres	ihre	ihre	

Dadurch, dass das Possessivpronomen mit dem bestimmten Artikel gebraucht wird, verhält es sich wie ein Adjektiv und richtet sich in Genus und Numerus nach dem Substantiv, das es vertritt:

C'est votre **maison** (*f*)? — Oui, c'est **la nôtre**.	Ist das euer Haus? — Ja, es ist unseres.
C'est ton **chien** (*m*)? — Non, c'est **le sien**.	Ist das dein Hund? — Nein, es ist seiner / ihrer.
Ce sont vos **enfants** (*mpl*)? — Non, ce sont **les leurs**.	Sind das eure Kinder? — Nein, es sind ihre.
Ce sont vos **chaussures** (*fpl*)? — Oui, ce sont **les miennes**.	Sind das Ihre Schuhe? — Ja, das sind meine.

Das Demonstrativpronomen

Die sogenannten hinweisenden Fürwörter beziehen sich auf Personen oder Gegenstände, die sich in der Nähe des Sprechers befinden und auf die gezeigt wird. Dieser Funktion dienen die zusammengesetzten Demonstrativpronomen. Sie können auch auf vorher erwähnte Personen oder Gegenstände verweisen, wenn diese näher bestimmt werden sollen. Hier werden die Demonstrativpronomen in ihrer einfachen Form benutzt, der eine nähere Bestimmung folgt.

Zusammengesetzte Form:

Ce sont vos lunettes ? — **Celles-ci**? — Non.	Ist das Ihre Brille? — Diese hier? — Nein.

Einfache Form mit Ergänzung:

Ce sont vos lunettes ? — Non, ce sont **celles de ma grand-mère**.	Ist das Ihre Brille? — Nein, das ist die meiner Großmutter.

Formen

		maskulin		feminin	
Singular	einfach	**celui**	der(jenige)	**celle**	die(jenige)
	zusammen-gesetzt	**celui-ci** **celui-là**	dieser hier dieser da	**celle-ci** **celle-là**	diese hier diese da
Plural	einfach	**ceux**	die(jenigen)	**celles**	die(jenigen)
	zusammen-gesetzt	**ceux-ci** **ceux-là**	diese hier diese da	**celles-ci** **celles-là**	diese hier diese da

Die zusammengesetzte Form mit **-ci** bezeichnet Personen oder Gegenstände, die relativ nah beim Sprecher sind. Die Form mit **-là** drückt eine größere Entfernung vom Sprecher aus.

Neutrale Form

Cela / ça und **ceci**

Cela, **ça** (Abkürzung von **cela** in der gesprochenen Sprache) oder **ceci** (im gehobenen Sprachgebrauch) ersetzen einen ganzen Satz:

Elle voudrait que tu l'accompagnes. **Cela / ça** l'arrangerait beaucoup.	Sie möchte, dass du sie begleitest. Das käme ihr sehr gelegen.
Il a dit qu'il te détestait ! — Il a vraiment dit **cela / ça** ?	Er hat gesagt, dass er dich furchtbar findet! — Hat er das wirklich gesagt?

Ce / C'

Mit dem Verb **être** verwendet man das neutrale Pronomen **ce**. Es kann nur Subjekt sein:

C'est incroyable !	Das ist unglaublich!

Steht **ce** vor einem Vokal, wird es apostrophiert.

Nur wenn nach **être** ein Substantiv in der 3. Person Plural folgt, wird auch die Form von **être** in den Plural gesetzt:

C'**est ton frère** ?	Ist das dein Bruder?
C'est toi ? — Oui, c'est moi.	Bist du das? — Ja, ich bin das.
Ce **sont tes beaux-parents** ?	Sind das deine Schwiegereltern?
C'est vous ? — Oui, c'est nous.	Seid ihr das? — Ja, wir sind das.

Das Indefinitpronomen

Das Indefinitpronomen vertritt ein Substantiv und und hat eine inhaltlich unbestimmte Bedeutung. Indefinitpronomen können als Subjekt, Objekt oder nach einer Präposition verwendet werden:

quelqu'un	Est-ce que quelqu'un peut m'accompagner ?	Kann mich jemand begleiten?
quelque chose	Voulez-vous boire quelque chose ?	Möchten Sie etwas trinken?
rien	Il n'a rien vu.	Er hat nichts gesehen.
personne	Quand il pleut, il n'y a personne dehors.	Wenn es regnet, ist niemand draußen.
chacun	Il y aura à boire pour chacun.	Es wird für jeden etwas zu trinken geben.

Rien und **personne** werden nie in positiven Aussagesätzen angewendet. Sie stehen in verneinten Sätzen immer in Verbindung mit **ne** und ersetzen **pas**.
Die Indefinitpronomen **chacun** und **quelque chose** dürfen nicht mit den Indefinitbegleitern **chaque** und **quelque** verwechselt werden.
Andere Indefinitpronomen sind aber gleichzeitig Indefinitbegleiter:

Singular		Plural		
maskulin	feminin	maskulin	feminin	
–	–	**plusieurs**	**plusieurs**	mehrere
certain	**certaine**	**certains**	**certaines**	einige
aucun	**aucune**	–	–	keiner
tout le	**toute la**	**tous les**	**toutes les**	ganz / alle(s)

Aucun wird ebenfalls nie in positiven Aussagesätzen verwendet und steht in der Verneinung zusammen mit **ne** anstelle von **pas**.

Tu **n**'en as vraiment **aucune idée** ? — Non, **aucune**.	Hast du davon wirklich keine Ahnung? — Nein, keine.
Certaines filles ne portent pas de robe, mais **certaines** ne portent jamais de pantalon.	Einige Mädchen tragen keine Kleider, aber einige tragen nie Hosen.
Tu as lu **toute l'œuvre** de Goethe ? — Oui, **toute**.	Du hast das ganze Werk Goethes gelesen? — Ja, das ganze.

Als Begleiter wird tout mit dem bestimmten Artikel le, la, les gebildet, als Pronomen ohne.

Die Relativpronomen

Relativpronomen verbinden den Relativsatz mit dem Hauptsatz, wobei der Relativsatz ein Bezugswort des Hauptsatzes näher bestimmt.
Relativpronomen sind unveränderlich. Aber je nachdem welche Funktion das Pronomen im Relativsatz übernimmt, müssen unterschiedliche Relativpronomen gesetzt werden.

Das Relativpronomen „qui"
Das Relativpronomen qui übernimmt im Relativsatz die Funktion des Subjekts:

Les filles me fatiguent. Elles parlent beaucoup.	Les filles **qui** parlent beaucoup me fatiguent.	Mädchen, die viel reden, machen mich müde.

Das Relativpronomen „que"
Das Relativpronomen que übernimmt im Relativsatz die Funktion eines direkten Objekts:

Nous regardons **un film** en classe. Il est très intéressant.	Le film **que** nous regardons en classe est très intéressant.	Der Film, den wir im Unterricht sehen, ist sehr spannend.
Elle lit **un livre**. Il est passionnant.	Le livre **qu**'elle lit est passionnant.	Das Buch, das sie liest, ist spannend.

Vor einem Vokal wird que apostrophiert zu qu'.

Das Relativpronomen „dont"
Das Relativpronomen dont ersetzt eine Ergänzung mit de:

Il parle **d'un homme**. L'homme s'appelle Louis.	L'homme **dont** il parle s'appelle Louis.	Der Mann, von dem er spricht, heißt Louis.

Das Relativpronomen „où"

Das Relativpronomen où ersetzt Orts- und Zeitangaben:

Je suis né **dans une ville**. Cette ville est très jolie.	La ville **où** je suis né est très jolie.	Die Stadt, in der ich geboren wurde, ist sehr schön.

Das Relativpronomen „lequel"

Soll ein Relativsatz gebildet werden, der sich auf ein indirektes oder ein präpositionales Objekt bezieht, so wird das Relativpronomen lequel verwendet. Es bezieht sich auf das Objekt, das es ersetzt, und wird ihm in Zahl und Geschlecht angepasst. In Kombination mit den Präpositionen à und de verschmilzt es zu auquel und duquel.

Formen

	Singular		Plural	
	maskulin	feminin	maskulin	feminin
	lequel	**laquelle**	**lesquels**	**lesquelles**
Verschmelzung mit **à**	**auquel**	**à laquelle**	**auxquels**	**auxquelles**
Verschmelzung mit **de**	**duquel**	**de laquelle**	**desquels**	**desquelles**

Il a demandé **à des élèves**. Ils ne connaissaient pas la réponse.	**Les élèves auxquels** il a demandé ne connaissaient pas la réponse.	Die Schüler, die er gefragt hat, wussten die Antwort nicht.
Il parle **avec des parents**. Ils sont contents.	**Les parents avec lesquelles** il parle sont contents.	Die Eltern, mit denen er redet, sind zufrieden.

Durch den Relativsatz wird das Bezugswort näher bestimmt. Der unbestimmte Artikel wird also durch den bestimmten ersetzt.

Das Verb

Die Konjugation

Französische Verben können in unterschiedliche Gruppen eingeteilt werden: Nach der Konstruktionsart in Hilfsverben, Modalverben und Vollverben, nach der Formenbildung in Verben, die auf -er, -ir, -re oder -oir enden, und in regelmäßige und unregelmäßige Verben (siehe hierzu auch die Übersicht über die Konjugation der französischen Verben im Anhang dieses Wörterbuchs).

Aus Platzgründen geben wir bei den Konjugationstabellen in der dritten Person Singular und Plural immer nur **il** bzw. ils an. Selbstverständlich gelten die Verbformen jedoch immer für il, elle, on bzw. ils, elles.

Die Hilfsverben

Die Hilfsverben avoir („haben") und être („sein") werden verwendet, um zusammengesetzte Zeitformen zu bilden. Sie werden unregelmäßig konjugiert.

Mit avoir bildet man die zusammengesetzten Zeitformen

– aller transitiven Verben (Verben mit direktem Objekt):

Il a mangé une pêche.	Er hat einen Pfirsich gegessen.

– intransitiver Verben (Verben mit indirektem Objekt):

Nous avons parlé à Jeanne.	Wir haben mit Jeanne geredet.

– unpersönlicher Verben:

Il a plu toute la nuit.	Es hat die ganze Nacht geregnet.

– einiger Verben der Bewegungsart, z. B.:

Il a nagé une heure.	Er ist eine Stunde geschwommen.
Elle a couru.	Sie ist gerannt.
Nous avons marché toute la journée.	Wir sind den ganzen Tag über gelaufen.

– von **avoir** und **être**:

Nous avons eu peur.	Wir haben Angst gehabt.
Ton enfant a été très sage.	Dein Kind ist sehr brav gewesen.

Mit être bildet man die zusammengesetzten Zeitformen

– aller reflexiven Verben:

Il s'est levé à huit heures.	Er ist um acht aufgestanden.

– einiger intransitiver Verben der Bewegungsrichtung:

Il est allé au théâtre.	Er ist ins Theater gegangen.

– Verben, die eine Zustandsänderung ausdrücken wie **devenir** und **rester**:

Il est devenu vieux.	Er ist alt geworden.
Son frère est resté jeune.	Sein Bruder ist jung geblieben.

Ebenso: **mourir**, **décéder**, **naître**.

Das Hilfsverb **être** dient außerdem zur Bildung des Passivs.

Mit **aller** als Hilfsverb wird die zusammengesetzte Zeit des *Futur composé* gebildet:

Demain, je vais faire des courses.	Ich werde morgen einkaufen gehen.

Die Modalverben

Modalverben stehen immer zusammen mit der Infinitivform eines anderen Verbs. Sie geben Informationen darüber, ob eine Handlung gekonnt, möglich, gewollt oder notwendig ist, und werden unregelmäßig konjugiert.

Devoir

Mit **devoir** („müssen", „sollen") wird eine Notwendigkeit oder große Wahrscheinlichkeit ausgedrückt:

Je dois sortir les poubelles.	Ich muss den Müll runterbringen.
Il doit travailler plus.	Er muss mehr lernen.
Elle doit arriver d'une minute à l'autre.	Sie müsste jederzeit/jede Minute ankommen.

Oft wird das Hilfsverb **devoir** mit der unpersönlichen Wendung **il faut** + Infinitiv umschrieben:

Il faut souffrir pour être belle.	Wer schön sein will, muss leiden. (*wörtlich*: Man muss leiden, um schön zu sein.)

Pouvoir

Mit **pouvoir** („können") wird ausgedrückt, ob eine Handlung möglich ist oder nicht:

La dame âgée ne peut pas lire sans lunettes.	Die alte Dame kann ohne Brille nicht lesen.

Savoir

Savoir („wissen") drückt eine erlernte Fähigkeit oder ein „Wissen" aus:

Elle sait nager.	Sie kann schwimmen.
Ils savent lire.	Sie können lesen.

Vouloir

Vouloir („wollen") drückt einen Willen aus:

Nous voulons aller au cinéma.	Wir wollen ins Kino gehen.

Die unpersönlichen Verben

Unpersönliche Verben kommen nur in der 3. Person Singular und in Verbindung mit dem Subjektpronomen **il** vor.

Verben der Witterung und des Wetters werden z. B. grundsätzlich nur in der 3. Person Singular und mit dem Subjekt **il** konjugiert:

pleuvoir	regnen	Il pleut.	Es regnet.
neiger	schneien	Il a neigé.	Es hat geschneit.
geler	(ge)frieren	Il va geler.	Es wird Frost geben.

Einige unpersönliche Wendungen werden ebenfalls nur in der 3. Person Singular verwendet:

Il y a	Il y a beaucoup de voitures.	Es gibt viele Autos.
Il est + Zeitangabe	Il est quelle heure ?	Wie viel Uhr ist es?
Il faut + Infinitiv	Il faut arriver tôt.	Man muss früh kommen.
Il faut que + Subjonctif	Il faut que tu arrives tôt.	Du musst früh kommen.

Das Partizip Perfekt

Formen

Das Partizip Perfekt wird unterschiedlich gebildet, je nachdem, zu welcher Konjugation das Verb gehört.

1. Gruppe: Die regelmäßigen Verben auf **-er** bilden ihr Partizip Perfekt auf **-é**

manger → mangé	gegessen
donner → donné	gegeben
voler → volé	gestohlen

2. Gruppe: Die regelmäßigen Verben auf **-ir** bilden ihr Partizip Perfekt in der Regel auf **-i**

finir → fini	beendet
grandir → grandi	aufgewachsen

3. Gruppe: Die regelmäßigen Verben auf -re sowie die Verben auf -oir bilden das Partizip auf -u.

lire → lu	gelesen
descendre → descendu	hinabgestiegen

Unter den Verben der 2. und 3. Gruppe gibt es jedoch viele unregelmäßige Verben, deren Partizip mitgelernt werden muss. Im Wörterbuch werden diese Formen jeweils nach dem Stichwort angegeben, z. B.:

prendre → pris	genommen
mettre → mis	gestellt
connaître → connu	gekannt
dire → dit	gesagt
venir → venu	gekommen
ouvrir → ouvert	geöffnet
recevoir → reçu	bekommen
s'asseoir → assis	gesetzt

Gebrauch

Verwendet wird das Partizip Perfekt

– zur Bildung der zusammengesetzten Zeiten mit den Hilfsverben **avoir** oder **être**:

Il a **écouté** patiemment.	Er hat geduldig zugehört.
Il avait **regardé** par la fenêtre.	Er hatte durchs Fenster geschaut.
Il est **allé** au cinéma.	Er ist ins Kino gegangen.
Il était **arrivé** trop tard.	Er war zu spät (an)gekommen.

– zur Bildung des Passivs mit dem Hilfsverb **être**:

Le poisson est **mangé** par le requin.	Der Fisch wird vom Hai gefressen.

– als Adjektiv:

Il est très **fatigué**.	Er ist sehr müde.
Elles sont très **fatiguées**.	Sie sind sehr müde.

Als Adjektiv passt sich das Partizip in Genus und Numerus dem Substantiv an, das es näher beschreibt.

Angleichung

Wird das Partizip Perfekt mit dem Hilfsverb **avoir** benutzt, folgt keine Angleichung an Genus und Numerus des Subjekts. Das heißt: Das Partizip bleibt unverändert:

Nous avons regard**é** la télévision.	Wir haben ferngesehen.
Elles ont mang**é** des pâtes.	Sie haben Nudeln gegessen.

Ausnahme: Das direkte Objekt geht dem Hilfsverb voran:

La **chanson** que nous avons entendu**e** est très vieille.	Das Lied, das wir gehört haben, ist sehr alt.
Les pâtes qu'ils ont mangé**es** étaient délicieuses.	Die Nudeln, die sie gegessen haben, waren köstlich.

Dabei wird das Partizip **dem direkten Objekt** in Geschlecht und Zahl angeglichen.

Wird das Partizip Perfekt mit **être** benutzt, stimmt es in Zahl und Geschlecht mit dem Subjekt überein:

Elles sont all**ées** à la piscine.	Sie sind ins Schwimmbad gegangen.
Nous sommes parti**s** en France.	Wir sind nach Frankreich gefahren.

Bei reflexiven Verben stimmt das Partizip mit dem Reflexivpronomen überein, wenn dieses als direktes Objekt dient:

Elle **s**'est lav**ée**.	Sie hat (**wen?**) sich gewaschen.

Ist das Reflexivpronomen indirektes Objekt, bleibt das Partizip Perfekt unverändert:

Elle **s**'est lav**é** les cheveux.	Sie hat (**wem?**) sich die Haare gewaschen.

Das Partizip Präsens

Bildung

Die Bildung des Partizip Präsens leitet sich aus der 1. Person Plural eines konjugierten Verbs ab, zum Beispiel: **parler → parlons**

Die Endung **-ons** wird weggelassen und an den Stamm **parl-** die Endung **-ant** angehängt: **parlant**

Infinitiv	manger | essen	finir | beenden	lire | lesen
1. Person Plural	mangeons	finissons	lisons
-ons → -ant	mange-	finiss-	lis-
Partizip Präsens	mangeant	finissant	lisant

Gebrauch

Das Partizip Präsens kann entweder als infinite (d. h. nicht konjugierte) Form oder als Adjektiv verwendet werden.

Als infinite Form hat es eine Ergänzung und ersetzt einen Relativ- oder Adverbialsatz:

Connaissant bien son cours, elle a eu la meilleure note.	Da sie den Stoff gut kannte, hat sie die beste Note bekommen.

Das Partizip Präsens ist dann unveränderlich.

Als Adjektiv wird das Partizip aber dekliniert:

Cette histoire est déprimant**e** !	Diese Geschichte ist sehr traurig!

Präsens

Gebrauch

Das Präsens wird verwendet für

– Handlungen, die in der Gegenwart stattfinden:

Aujourd'hui, nous partons en vacances.	Heute fahren wir in den Urlaub.

– Handlungen, die regelmäßig stattfinden:

Le mercredi, il joue au football.	Mittwochs spielt er (immer) Fußball.

– allgemeine Wahrheiten:

La Terre tourne autour du soleil.	Die Erde dreht sich um die Sonne.

Die Vergangenheit

Das Passé récent

Bei Handlungen, die gerade eben stattgefunden haben, kann man, vor allem in der gesprochenen Sprache, das *Passé récent* verwenden. Es wird gebildet mit **venir** im Präsens + **de** + Infinitiv:

Elle vient de monter dans le train.	Sie ist gerade in den Zug gestiegen.
Nous venons de rencontrer Michel.	Wir haben gerade Michel getroffen.

Das Imparfait

Gebrauch

Verwendet wird das *Imparfait*

– zur Beschreibung von Gegenständen oder Zuständen:

Son manteau était bleu.	Ihr Mantel war blau.
Elle portait des gants de peau.	Sie trug Handschuhe aus Leder.

- zur Schilderung von Hintergrundsituationen, in denen eine plötzlich einsetzende, neue Handlung beginnt:

Il lisait un livre, lorsque le téléphone a sonné.	Er las ein Buch (= er war gerade dabei, ein Buch zu lesen), als das Telefon (plötzlich) klingelte.

Die plötzlich einsetzende Handlung steht im *Passé composé* oder *Passé simple*.

- für immer wiederkehrende Handlungen:

Il se levait tous les matins à l'aube, buvait une tasse de café et partait au travail.	Er stand immer in der Morgendämmerung auf, trank eine Tasse Kaffee und ging zur Arbeit.

Das Passé composé

Bildung

Das *Passé composé* wird mit den Hilfsverben **avoir** oder **être** und dem Partizip Perfekt des Vollverbs gebildet. Dabei wird das Hilfsverb im Präsens konjugiert.

Tu as acheté une nouvelle robe?	Hast du ein neues Kleid gekauft?
Ils sont revenus tard.	Sie sind spät zurückgekommen.

Gebrauch

Verwendet wird das *Passé composé*

- bei abgeschlossenen, vollendeten Handlungen:

Hier, il a regardé un film.	Gestern hat er einen Film gesehen.

- bei Handlungen, die bis in die Gegenwart anhalten:

Pourquoi est-il si heureux? — Il a acheté une nouvelle voiture hier.	Wieso ist er so glücklich? — Er hat gestern ein neues Auto gekauft.

- bei einer Reihe aufeinanderfolgender, abgeschlossener Handlungen, einer Handlungskette:

Il a quitté la maison, a rejoint son ami, puis ils sont allés au restaurant.	Er hat das Haus verlassen, seinen Freund getroffen und dann sind sie ins Restaurant gegangen.

- in der gesprochenen Sprache anstelle des *Passé simple*:

Napoléon a grandi sans amis.	Napoleon ist ohne Freunde aufgewachsen.

Das Plus-que-parfait

Das *Plus-que-parfait* ist die Zeit der Vorvergangenheit.

Bildung

Das Plus-que-parfait wird mithilfe der Hilfsverben **avoir** oder **être** und dem Partizip Perfekt des Vollverbs gebildet. Dabei wird das Hilfsverb im *Imparfait* konjugiert.

Elle avait eu des fleurs pour son anniversaire.	Sie hatte Blumen zu ihrem Geburtstag bekommen.
Ils étaient arrivés en Italie.	Sie waren in Italien angekommen.

Gebrauch

Verwendet wird das Plus-que-parfait für eine Handlung, die in der Vergangenheit liegt und noch vor einer anderen schon vergangenen Handlung stattgefunden hat:

Il avait décidé de rester chez lui et c'est ce qu'il a fait.	Er hatte sich entschlossen zu Hause zu bleiben, und das tat er auch.

Das Passé simple

Gebrauch

Das *Passé simple* wird vor allem in der geschriebenen Sprache verwendet. Es drückt aus, dass eine Handlung abgeschlossen ist und keine Auswirkung mehr auf die Gegenwart hat. Diese Eigenschaft unterscheidet das *Passé simple* vom *Passé composé*, welches in der gesprochenen Sprache ansonsten dem *Passé simple* entspricht.

Il acheta sa première voiture à 24 ans.	Er kaufte sich sein erstes Auto mit 24.

Futur

Das Futur composé

Bei Handlungen, die in naher Zukunft stattfinden, wird, vor allem in der gesprochenen Sprache, das *Futur composé* benutzt.

Es wird wie folgt gebildet: **aller** im Präsens + Infinitiv

Tout à l'heure, je vais me promener en forêt.	Ich gehe gleich in den Wald spazieren.

Das Futur simple

Gebrauch

Das *Futur simple* bezeichnet eine Handlung, die in der Zukunft stattfinden wird:

Cet été, nous partirons en Turquie.	Diesen Sommer werden wir in die Türkei fahren.

Das Futur antérieur

Gebrauch

Das Futur antérieur bezeichnet eine Handlung, die in der Zukunft abgeschlossen sein wird:

Dès qu'il aura rendu son mémoire, il se sentira mieux.	Sobald er seine Diplomarbeit abgegeben haben wird, wird er sich besser fühlen. (*Idiomatisch*: Sobald er seine Diplomarbeit abgegeben hat, wird er sich besser fühlen.)

Das Conditionnel

Gebrauch

Verwendet werden *Conditionnel présent* und *Conditionnel passé*

- anstelle des *Futur simple* bzw. *Futur antérieur* bei Handlungen, die in einer der Zeiten der Vergangenheit beschrieben werden:

Elle espérait qu'elle se sentirait mieux d'ici deux jours.	Sie hoffte, dass sie sich in zwei Tagen besser fühlen würde.
Il espérait qu'il aurait oublié ses douleurs d'ici une semaine.	Er hoffte, dass er innerhalb einer Woche die Schmerzen vergessen haben würde.

- zum Ausdruck der Wahrscheinlichkeit:

Cela serait tout à fait possible.	Das wäre durchaus möglich.

- zum Ausdruck eines Wunsches:

Nous aimerions tant le rencontrer.	Wir würden ihn so gerne kennenlernen.

- zum Ausdruck einer unbestätigten Information:

Il aurait immédiatement informé la police.	Er soll die Polizei sofort informiert haben.

- zum Ausdruck der Höflichkeit:

Je voudrais une tasse de café, s'il vous plaît.	Ich möchte eine Tasse Kaffee, bitte.

- im Bedingungssatz:

Si tu avais une voiture, nous irions à la mer.	Wenn du ein Auto hättest, würden wir ans Meer fahren.
Si tu avais roulé plus vite, nous serions arrivés plus tôt.	Wenn du schneller gefahren wärst, wären wir früher angekommen.

Der mit si eingeleitete Nebensatz zieht das *Imparfait* bzw. *Plus-que-parfait* nach sich.

Der Imperativ

Gebrauch

Der Imperativ drückt Befehle, Ratschläge oder Wünsche aus:

Range ta chambre !	Räum dein Zimmer auf!

Werden Personalpronomen mit dem Imperativ gebraucht, so stehen diese hinter dem Imperativ und werden mit einem Bindestrich angehängt:

Calme-toi !	Beruhige dich!
Amusez-vous bien !	Amüsiert euch gut!

Bei Verneinungen gilt wieder die gleiche Satzstellung wie im Aussagesatz:

Ne t'inquiète pas !	Mach dir keine Sorgen!

Der Subjonctif

Der *Subjonctif* ist der Modus der subjektiven Auffassung. Er wird in Nebensätzen verwendet, die mit **que** eingeleitet werden.

Gebrauch

Verwendet wird der Subjonctif in Nebensätzen, Relativsätzen oder Adverbialsätzen zum Ausdruck

– der Willens- und Wunschäußerung:

Je veux que tu ailles au supermarché.	Ich will, dass du zum Supermarkt gehst.
Il voudrait un livre qui soit vraiment intéressant.	Er möchte ein Buch haben, das wirklich interessant ist.

– der Pflicht mit **il faut que**:

Il faut qu'il prenne ce bus.	Er muss mit diesem Bus fahren.

– der Möglichkeit:

Il se peut que nous arrivions en retard.	Es kann sein, dass wir zu spät kommen.

– der Gefühle:

Je suis heureuse que tu sois venue.	Ich bin froh, dass du gekommen bist.

– bei Verben des Sagens und Denkens in der Verneinung oder Inversionsfrage:

Il ne croit pas qu'elle **soit** qualifiée pour ce poste.	Er glaubt nicht, dass sie für diese Stelle geeignet ist.
Croit-il qu'elle **soit** qualifiée pour ce poste ?	Glaubt er, dass sie für diese Stelle geeignet ist?

Im positiven Aussagesatz steht kein Subjonctif!

Il croit qu'elle **est** qualifiée pour ce poste.	Er glaubt, dass sie für die Stelle geeignet ist.

Der Gebrauch des *Subjonctif* drückt oftmals eine persönliche Stellungnahme bzw. eine Abschwächung der Wahrscheinlichkeit einer Handlung in naher Zukunft aus. Er wird daher nach Verben oder einleitenden Konjunktionen gebraucht, die zwingend mit dem *Subjonctif* verbunden werden müssen. Vorsicht: Wie unten stehende Tabelle zeigt, gibt es auch Verben und Ausdrücke mit verwandter Bedeutung, die jedoch nicht mit dem *Subjonctif* gebraucht werden!

			Subjonctif ?
souhaiter	Je **souhaite que** tout soit réglé à votre retour.	Ich wünsche, dass bei Ihrer Rückkehr alles geregelt sein wird.	ja
espérer	J'**espère que** tout sera réglé à votre retour.	Ich hoffe, dass bei Ihrer Rückkehr alles geregelt sein wird.	nein
avant que	**Avant qu**'il parte, donne-lui notre numéro.	Bevor er wegfährt, gib ihm unsere Nummer.	ja
après que	**Après qu**'il fut parti, tout le monde se rendit dans la cuisine.	Nachdem er gegangen war, gingen alle in die Küche.	nein

Das Passiv

Das Passiv wird mit dem Hilfsverb **être** und dem Partizip Perfekt des Vollverbs gebildet. Dabei sind außer dem Imperativ alle Zeitformen und Modi möglich.
Der Urheber der Handlung wird durch die Präposition **par** eingeleitet:

La soupe **est cuisinée** par sa grand-mère.	Die Suppe wird von seiner / ihrer Großmutter gekocht.	Passiv Präsens
La soupe **était cuisinée** par sa grand-mère.	Die Suppe wurde von seiner / ihrer Großmutter gekocht.	Passiv Imparfait
La soupe **fut cuisinée** par sa grand-mère.	Die Suppe wurde von seiner / ihrer Großmutter gekocht.	Passiv Passé simple
La soupe **sera cuisinée** par sa grand-mère.	Die Suppe wird von seiner / ihrer Großmutter gekocht werden.	Passiv Futur simple
La soupe **serait cuisinée** par sa grand-mère.	Die Suppe würde von seiner / ihrer Großmutter gekocht werden.	Passiv Conditionnel présent

Il ne pense pas que la soupe **soit cuisinée** par sa grand-mère.	Er denkt nicht, dass die Suppe von seiner / ihrer Großmutter gekocht wird.	Passiv Subjonctif présent.
La soupe **a été cuisinée** par sa grand-mère.	Die Suppe ist von seiner / ihrer Großmutter gekocht worden.	Passiv Passé composé
La soupe **avait été cuisinée** par sa grand-mère.	Die Suppe war von seiner / ihrer Großmutter gekocht worden.	Passiv Plus-que-Parfait
La soupe **aura été cuisinée** par sa grand-mère.	Die Suppe wird von seiner / ihrer Großmutter gekocht worden sein.	Passiv Futur antérieur
La soupe **aurait été cuisinée** par sa grand-mère.	Die Suppe wäre von seiner / ihrer Großmutter gekocht worden.	Passiv Conditionnel passé
Il ne pense pas que la soupe **ait été cuisinée** par sa grand-mère.	Er denkt nicht, dass die Suppe von seiner / ihrer Großmutter gekocht wurde.	Passiv Subjonctif passé

Wie bei allen zusammengesetzten Zeitformen wird das Partizip angeglichen.

Der Fragesatz

Es gibt drei Möglichkeiten, einen Fragesatz zu bilden.
Abgesehen davon muss man zwischen Gesamtfragen, die keine Fragewörter enthalten und nur mit ja oder nein beantwortet werden können, und Teilfragen unterscheiden.

Sprachebene	*Fragesatzart*			
gehoben: geschriebene Sprache	Inversionsfrage	Gesamtfrage	**Vient-il ce soir ?**	Kommt er heute Abend?
		Teilfrage	**Qu'a-t-il dit ?**	Was hat er gesagt?
neutral: sowohl geschriebene als auch gesprochene Sprache	**Est-ce que-**Frage	Gesamtfrage	**Est-ce qu'il vient ce soir ?**	Kommt er heute Abend?
		Teilfrage	**Qu'est-ce qu'il a dit ?**	Was hat er gesagt?
Umgangssprache:	Intonationsfrage (Fragewort am Satzende)	Gesamtfrage	**Il vient ce soir ?**	Er kommt heute Abend?
		Teilfrage	**Il a dit quoi ?**	Er hat was gesagt?

Das Fragewort

Qui

Mit **qui** wird nach einer Person gefragt:

Qui habite dans cette maison ?	Wer wohnt in diesem Haus?

Que

Mit **que** wird nach einer Sache gefragt:

Que veux-tu manger ?	Was willst du essen?

Nach Präpositionen, bei der Intonationsfrage oder bei Fragen ohne Verb wird **que** durch **quoi** ersetzt:

À quoi penses-tu ?	Woran denkst du?
De quoi parle-t-il ?	Wovon redet er ?
Il a dit quoi ?	Was hat er gesagt?
Quoi d'autre ?	Was noch?

Lequel

Mit diesem Interrogativpronomen wird nach den Personen oder den Sachen gefragt, die es ersetzt. **Lequel** ist veränderlich:

	maskulin	feminin
Singular	**lequel**	**laquelle**
Plural	**lesquels**	**lesquelles**

Tu as acheté deux nouvelles robes. Laquelle vas-tu porter ce soir ?	Du hast zwei neue Kleider gekauft. Welches wirst du heute Abend tragen?
Lequel de tes cousins préfères-tu ?	Welchen deiner Cousins magst du lieber?

Quel

Mit **quel** wird nach dem Bezugswort gefragt. Das Interrogativpronomen wird in Zahl und Geschlecht dem Bezugswort angeglichen:

	maskulin	feminin
Singular	**quel**	**quelle**
Plural	**quels**	**quelles**

Quelles chaussures prends-tu ?	Welche Schuhe nimmst du?
Quel film préfère-t-il ?	Welchen Film mag er lieber?

Combien

Mit **combien** wird nach einer Menge gefragt:

Combien de frères et sœurs avez-vous ?	Wie viele Geschwister haben Sie?

Pourquoi

Mit **pourquoi** wird nach einer Erklärung gefragt:

Pourquoi sont-ils partis ?	Warum sind sie gegangen?

Où

Mit **où** wird nach einem Ort gefragt:

Où est l'église ?	Wo ist die Kirche?

Quand

Mit **quand** wird nach der Zeit gefragt:

Quand prenez-vous vos vacances cette année ?	Wann nehmen Sie dieses Jahr Ihren Urlaub?

Comment

Mit **comment** wird nach der Art und Weise gefragt:

Comment fonctionne cet appareil ?	Wie funktioniert dieses Gerät?

Die Inversionsfrage

Sie wird gebildet mit (Fragewort +) Verb + Bindestrich + Subjekt:

Où vas-tu ?	Wohin gehst du?
Regarde-t-il la télévision ?	Sieht er fern?
Que mange-t-elle ?	Was isst sie?

Endet das Verb mit einem Vokal, wird zwischen Verb und Subjekt ein **t** eingefügt.

Die „Est-ce que"-Frage

Sie wird gebildet mit (Fragewort +) **est-ce que** + Subjekt + Verb:

Est-ce qu'il regarde la télévision ?	Sieht er fern?
Où est-ce que tu vas ?	Wohin gehst du?
Qu'est-ce qu'elle mange ?	Was isst sie?

Mit dem Fragewort **qui** wird **est-ce que** zu **est-ce qui**.

Qui est-ce **qui** vient ?	Wer kommt?

Die Intonationsfrage

Nur durch die steigende Satzmelodie erkennt man bei der Gesamtfrage die Intonationsfrage. Der Satzbau ist einem Aussagesatz gleich. Bei einer Teilfrage ersetzt das Fragewort das Objekt:

Aussagesatz	Intonationsfrage	
Il regarde la télévision.	Il regarde la télévision ?	Sieht er fern?
Tu vas au cinéma.	Tu vas où ?	Wohin gehst du?
Elle mange un gâteau.	Elle mange quoi ?	Was isst sie?

Die Verneinung

Sie besteht immer aus zwei Elementen, die das konjugierte Verb umschließen.
Die neutrale Verneinung wird wie folgt gebildet: ne + konjugiertes Verb + pas:

Il **ne** regarde **pas** le film.	Er sieht sich den Film nicht an.

Die Pronomen werden nicht vom Verb getrennt. Ne steht dann davor:

Il **ne** le regarde **pas**.	Er schaut ihn nicht an.

Verneinen kann man auch mit folgenden Konstruktionen:

ne... plus	nicht mehr	Il **ne** regarde **plus** la télévision.	Er sieht nicht mehr fern.
ne... jamais	nie	Il **ne** regarde **jamais** la télévision.	Er sieht nie fern.
ne... personne	niemand	Il **ne** regarde **personne**.	Er schaut niemanden an.
ne... rien	nichts	Il **ne** regarde **rien**.	Er schaut nichts an.
ne... aucun	kein	Il **n'**a **aucun** film chez lui.	Er hat keinen Film zu Hause.
ne... ni... ni	weder ... noch	Il **ne** regarde **ni** film **ni** reportage.	Er schaut weder Filme noch Reportagen an.

In der gesprochenen Sprache kommt es vor, dass das ne wegfällt:

Il aime pas les fleurs.	Er mag keine Blumen.

Die Konjunktionen

Sie verbinden Sätze bzw. Teilsätze miteinander. Die nebenordnenden Konjunktionen verbinden zwei gleichrangige Hauptsätze, während die unterordnenden Konjunktionen einen Nebensatz mit einem Hauptsatz verknüpfen.

Die nebenordnenden Konjunktionen

Folgende Konjunktionen zählen dazu: **mais** („aber"), **or** („aber"), **et** („und"), **donc** („also"), **car** („denn"), **ou** („oder"):

Il voulait venir avec nous, **mais** il a raté son train.	Er wollte mit uns kommen, aber er hat seinen Zug verpasst.
Ils pensaient qu'ils ne se perdraient pas, **or** ils ne connaissaient pas la ville.	Sie dachten, sie würden sich nicht verlaufen. Dabei kannten sie sich in der Stadt nicht aus.
Il a fermé la porte de la voiture **et** il a démarré.	Er hat die Autotür zugemacht und ist losgefahren.
Tu es malade, **donc** tu restes couché toute la journée.	Du bist krank, also bleibst du den ganzen Tag im Bett liegen.
Elle n'est pas concentrée **car** elle est fatiguée.	Sie ist unkonzentriert, weil sie müde ist.
Il va au cinéma **ou** il lit un livre.	Er geht ins Kino oder er liest ein Buch.

Beide Hauptsätze sind auch ohne die nebenordnende Konjunktion jeder für sich genommen vollständig.

Die unterordnenden Konjunktionen

Steht der Nebensatz zuerst, wird er durch ein Komma vom Hauptsatz getrennt. Steht erst der Hauptsatz, wird kein Komma gesetzt.

Avant qu'il se lave les dents, il se regarde dans le miroir.	Bevor er sich die Zähne putzt, schaut er sich im Spiegel an.
Il se regarde dans le miroir avant qu'il se lave les dents.	Er schaut sich im Spiegel an, bevor er sich die Zähne putzt.

Que-Sätze

Die wichtigste unterordnende Konjunktion ist **que**. Nebensätze, die mit **que** eingeleitet werden, können mit dem Indikativ oder dem *Subjonctif* gebildet werden. Dies gilt auch für Konjunktionen, die mithilfe von **que** gebildet werden.

Verben der Erklärung, der Behauptung und der Sicherheit ziehen einen **que**-Satz mit Indikativ nach sich:

Il explique **qu**'ils viendront demain.	Er erklärt, dass sie morgen kommen werden.
Il dit **qu**'elle est institutrice.	Er sagt, dass sie Lehrerin ist.
Il est certain **que** nous réussirons.	Es ist sicher, dass wir es schaffen werden.

Andere Verben oder Wendungen mit **que** ziehen automatisch den *Subjonctif* nach sich. Diese müssen auswendig gelernt werden. Beispiel:

Il est possible **qu**'il parte après nous.	Es ist möglich, dass er nach uns wegfährt.

Temporale Konjunktionen

Sie leiten Nebensätze mit Zeitangaben ein.

Konjunktion + Indikativ

après que	nachdem	**Après qu'il eut plu,** ils sont sortis.	Nachdem es geregnet hatte, sind sie herausgegangen.
depuis que	seit	**Depuis qu'il te connaît,** il a changé.	Seitdem er dich kennt, hat er sich geändert.
dès que	sobald	**Dès que tu auras reçu la lettre,** appelle-moi !	Sobald du den Brief bekommen hast, ruf mich an!
pendant que	während	**Pendant qu'il parlait,** ils regardaient ailleurs.	Während er sprach, schauten sie weg.
quand **lorsque**	als	**Quand / Lorsqu'il apprit la nouvelle,** il sauta de joie.	Als er die Nachricht erfuhr, sprang er vor Freude in die Luft.
tant que	solange	**Tant que tu ne travailleras pas,** tu ne réussiras pas à tes examens.	Solange du nicht lernst, wirst du die Prüfungen nicht bestehen.

Konjunktion + *Subjonctif*

avant que	bevor	Règle la situation **avant que tu partes**.	Kläre die Situation, bevor du gehst.
en attendant que	bis	**En attendant qu'ils arrivent**, je vais nettoyer le salon.	Bis sie kommen, werde ich das Wohnzimmer putzen.
jusqu'à ce que	solange bis	Vous pouvez vous allonger **jusqu'à ce que le dîner soit servi.**	Sie können sich hinlegen, bis das Abendessen serviert wird.

Kausale Konjunktionen

Sie leiten erklärende Nebensätze ein.

Konjunktion + Indikativ

comme	da	**Comme il est en retard,** nous allons commencer sans lui.	Da er zu spät kommt, fangen wir ohne ihn an.
étant donné que	da	**Étant donné que vous êtes malade,** reportons la séance à la semaine prochaine.	Da Sie krank sind, verschieben wir die Sitzung auf nächste Woche.
parce que	weil	Elle est fâchée **parce qu'il ne l'a pas appelée.**	Sie ist verärgert, weil er sie nicht angerufen hat.
puisque	weil, da ja	J'annule la fête **puisque tu ne veux pas venir**.	Ich sage die Feier ab, da du ja nicht kommen willst.

Finale Konjunktionen

Sie leiten einen Nebensatz ein, der einen Zweck erläutert.

Konjunktion + *Subjonctif*

pour que **afin que**	damit	Il a acheté de la farine **afin que les enfants puissent faire un gâteau.**	Er hat Mehl gekauft, damit die Kinder einen Kuchen backen können.
de peur que	damit nicht	Elle a baissé les prix **de peur que les touristes ne descendent plus dans son hôtel.**	Sie hat die Preise gesenkt, damit die Touristen weiterhin ihr Hotel besuchen (*wörtlich*: damit die Touristen nicht aufhören in ihrem Hotel abzusteigen.).

Konsekutive Konjunktionen

Sie leiten einen Nebensatz ein, der eine logische Folge darlegt.

Konjunktion + Indikativ

si bien que	sodass	Il a roulé plus vite **si bien qu'ils sont arrivés à l'heure.**	Er ist schneller gefahren, sodass sie rechtzeitig angekommen sind.
de sorte que	sodass	Il a parlé lentement **de sorte que tout le monde le comprit**.	Er hat langsam geredet, sodass alle ihn verstanden haben.

Konzessive Konjunktionen

Sie leiten einen Nebensatz ein, der die Aussage des Hauptsatzes einschränkt bzw. dessen Inhalt der Aussage des Hauptsatzes entgegensteht.

Konjunktion + *Subjonctif*

bien que	obwohl	**Bien qu'il soit malade,** il a fait la fête toute la nuit.	Obwohl er krank ist, hat er die ganze Nacht gefeiert.

Konjunktion + Indikativ

même si	selbst wenn	**Même s'il n'a aucune chance d'être pris,** il veut postuler.	Selbst wenn er keine Chance hat, genommen zu werden, will er sich bewerben.

Konditionale Konjunktionen

Sie leiten einen Nebensatz ein, der eine Bedingung nennt.

Konjunktion + Indikativ

si	wenn	**Si elle venait,** nous **serions** très contents.	Wenn sie käme, wären wir sehr froh.

Die Konjunktion **si** zieht im Nebensatz den Indikativ, im Hauptsatz aber den *Conditionnel* nach sich.

Konjunktion + *Subjonctif*

à condition que	unter der Bedingung, dass	J'accepte votre invitation à dîner **à condition que cela ne dérange vraiment pas.**	Ich nehme Ihre Einladung zum Abendessen an, aber nur, wenn es Ihnen wirklich keine Umstände macht (*wörtlich*: unter der Bedingung, dass es Ihnen keine Umstände macht).

Modale Konjunktionen

Sie leiten einen Nebensatz ein, der eine Aussage über die Art und Weise eines Umstandes macht.

Konjunktion + *Subjonctif*

sans que	ohne dass	Il a disparu **sans que je le remarque.**	Er ist verschwunden, ohne dass ich es bemerkt habe.

Konjunktionen + Indikativ

comme	wie	Il est parti **comme il est venu**.	Er ist gegangen, wie er gekommen ist.
comme si	als ob	Il se comportait **comme s'il était le chef**.	Er benahm sich, als ob er der Chef wäre.

Die indirekte Rede

Die indirekte Rede wird verwendet, um Äußerungen oder Gedanken sinngemäß wiederzugeben. Sie kann die Form von Fragen oder Aussagesätzen haben. Gebildet wird sie bei Aussagesätzen mit einem **que**-Satz, der von Verben des Sagens und Denkens eingeleitet wird wie **dire** („sagen"), **répondre** („antworten"), **déclarer** („erklären"), **expliquer** („erläutern"). Indirekte Fragesätze werden durch das Interrogativpronomen, indirekte Gesamtfragen mit der Konjunktion **si** eingeleitet. Ihnen gehen Verben und Ausdrücke des Fragens voraus wie z. B. **demander** („fragen").
Wenn der Inhalt von Äußerungen einer dritten Person wiedergegeben wird, müssen innerhalb dieses **que**-Satzes einige Anpassungen vorgenommen werden.

Änderung der Personenangaben

Pronomen, die in der direkten Rede in der 1. Person oder 2. Person stehen, werden in die 3. Person gesetzt. Die Pronomen zu anderen Personen bleiben in der 3. Person.
On wird zu **ils** bzw. **elles**.

direkte Rede	Pierre me dit : « **Ma** sœur est malade. Pourrais-**tu me** rendre un service et passer **la** voir ? »	Pierre sagt zu mir: „Meine Schwester ist krank. Könntest du mir ein Gefallen tun und sie besuchen?"
indirekte Rede	Pierre me dit que **sa** sœur est malade et **me** demande si je pourrais **lui** rendre un service et aller **la** voir.	Pierre sagt mir, dass seine Schwester krank ist und fragt mich, ob ich ihm ein Gefallen tun und sie besuchen kann.
direkte Rede	Pierre lui demande : « On va au cinéma ? »	Pierre fragt sie: „Gehen wir ins Kino?"
indirekte Rede	Pierre lui demande s'ils vont au cinéma.	Pierre fragt sie, ob sie ins Kino gehen.
direkte Rede	Magali demande : « Pourquoi est-ce qu'on ne va pas au musée ? »	Magali fragt: „Warum gehen wir nicht ins Museum?"
indirekte Rede	Magali veut savoir pourquoi ils ne vont pas au musée.	Magali möchte wissen, warum sie nicht ins Museum gehen.

Auch die Zeichensetzung ändert sich: Doppelpunkt und Anführungszeichen entfallen.

Änderung der Zeitangaben

Wenn die Zeitangaben in der indirekten Rede keinen Bezug mehr zum Sprechzeitpunkt haben, müssen sie geändert werden:

direkte Rede	→	indirekte Rede	
aujourd'hui	heute	ce jour-là	an jenem Tag
demain	morgen	le lendemain	am darauf-folgenden Tag
hier	gestern	la veille	am Vortag
la semaine prochaine	nächste Woche	la semaine suivante	in der darauf-folgenden Woche
l'année dernière	letztes Jahr	l'année précédente	im Jahr zuvor

direkte Rede	Il me dit : « **Demain** je pars en vacances ! »	Er sagt mir: „Morgen fahre ich in Urlaub!"
indirekte Rede mit Bezug zum Sprechzeitpunkt	**Hier** il m'a dit qu'il partait en vacances **aujourd'hui**.	Gestern hat er mir gesagt, dass er heute in Urlaub fährt.
indirekte Rede ohne Bezug zum Sprechzeitpunkt	Il m'a dit qu'il partait en vacances **le lendemain**.	Er hat mir gesagt, dass er am folgenden Tag in den Urlaub fahren würde.

Die Zeitenfolge

Steht das einleitende Verb in einer Zeit der Vergangenheit, müssen die Verben, die wiedergegeben werden, wie folgt angepasst werden:

direkte Rede	indirekte Rede	
Präsens	wird zu	Imparfait
Imparfait	bleibt	Imparfait
Passé composé	wird zu	Plus-que-parfait
Plus-que-parfait	bleibt	Plus-que-parfait
Passé simple	wird zu	Plus-que-parfait
Futur simple	wird zu	Conditionnel présent
Futur antérieur	wird zu	Conditionnel passé
Conditionnel présent	bleibt	Conditionnel présent
Conditionnel passé	bleibt	Conditionnel passé

Il dit que je **suis** belle.	Er sagt, dass ich schön bin.
Il **a dit** que j'**étais** belle.	Er hat gesagt, dass ich schön bin.

Dieses Phänomen nennt man die *concordance des temps*.

Anhang

Plural der französischen Substantive und Adjektive

Der Plural der Substantive und Adjektive wird im Allgemeinen durch Anhängung von **s** an die Singularform gebildet:

le fleuve – les fleuve**s**
grand, grande – grand**s**, grande**s**

Substantive, die im Singular auf **s**, **x** oder **z** enden, bleiben im Plural unverändert. Dies gilt auch für die Adjektive auf **s** und **x**:

le pas – les pas
la voix – les voix
le nez – les nez
anglais, heureux (*Maskulinum Singular und Plural*)

Alle Abweichungen von diesen beiden Regeln werden im Wörterbuch in jedem Einzelfall angegeben:

manteau ⟨~x⟩: *Plural* les manteau**x**
journal ⟨-aux⟩: *Plural* les journ**aux**
garde-boue (! unveränderlich): *Plural unverändert* les garde-boue
coffre-fort ⟨coffres-forts⟩: *Plural* les coffre**s**-forts
national ⟨~e; -aux⟩: *Maskulinum Plural* nation**aux**

Femininum der französischen Adjektive

Das Femininum (die weibliche Form) wird durch Anhängung von **e** an das Maskulinum (die männliche Form) gebildet (ausgenommen Adjektive, die schon auf e enden: *utile, sage*).

Darüber hinaus weist das Femininum der französischen Adjektive viele Besonderheiten in Form und Aussprache auf. Deshalb wird im Wörterbuch zu jedem Adjektiv das Femininum (einschließlich Aussprache) angegeben:

chaud ⟨chaude [ʃod]⟩: *Femininum* chau**de**
gras ⟨grasse [gʀas]⟩: *Femininum* gra**sse**
ancien ⟨-ienne [-jɛn]⟩: *Femininum* ancie**nne**, *Aussprache* [ɑ̃sjɛn]
actif ⟨-ive [-iv]⟩: *Femininum* act**ive**, *Aussprache* [aktiv]
heureux ⟨-euse [-øz]⟩: *Femininum* heur**euse**, *Aussprache* [øʀøz]
cruel ⟨~le⟩: *Femininum* crue**lle**, *Aussprache wie Maskulinum*
snob (! Maskulin- und Femininform sind gleich):
Femininum Singular unverändert,
Maskulinum und Femininum Plural snobs
marron (! unveränderlich): *Femininum und Plural unverändert*

Konjugation der französischen Verben

1 Regelmäßige Verben auf -er: donner

Temps simples

	Indicatif *Présent*	*Imparfait*	*Passé simple*	*Futur*
je	donne	donn**ais**	donn**ai**	donn**erai**
tu	donne**s**	donn**ais**	donn**as**	donn**eras**
il	donne	donn**ait**	donn**a**	donn**era**
nous	donn**ons**	donn**ions**	donn**âmes**	donn**erons**
vous	donn**ez**	donn**iez**	donn**âtes**	donn**erez**
ils	donn**ent**	donn**aient**	donn**èrent**	donn**eront**

	Subjonctif		Impératif	Conditionnel
je	donne	(donn**asse**)*)		donn**erais**
tu	donne**s**	(donn**asses**)	donne!	donn**erais**
il	donne	donn**ât**		donn**erait**
nous	donn**ions**	(donn**assions**)	donn**ons**!	donn**erions**
vous	donn**iez**	(donn**assiez**)	donn**ez**!	donn**eriez**
ils	donn**ent**	(donn**assent**)		donn**eraient**

Participe Présent: donn**ant** Participe Passé: donn**é**

Temps composés

	Indicatif *Passé composé*	*Plus-que-parfait*	*Passé antérieur*	*Futur antérieur*
j'	ai donné	avais donné	eus donné	aurai donné
tu	as donné	avais donné	eus donné	auras donné
il	a donné	avait donné	eut donné	aura donné
nous	avons donné	avions donné	eûmes donné	aurons donné
vous	avez donné	aviez donné	eûtes donné	aurez donné
ils	ont donné	avaient donné	eurent donné	auront donné

	Subjonctif			Conditionnel Passé
j'	aie donné	(eusse donné)*)		aurais donné
tu	aies donné	(eusses donné)		aurais donné
il	ait donné	eût donné		aurait donné
nous	ayons donné	(eussions donné)		aurions donné
vous	ayez donné	(eussiez donné)		auriez donné
ils	aient donné	(eussent donné)		auraient donné

Infinitif Passé: avoir donné

*) Die eingeklammerten Formen sind heute ungebräuchlich und werden meist durch den Subjonctif Présent ersetzt.

2 Unregelmäßige Formen der Verben auf -er

avancer ⟨-ç-⟩

Présent	*Imparfait*		*Passé simple*		*Participe présent*
nous avançons	j'avançais		j'avançai		
	tu	avançais	tu	avanças	(en) avançant
	il	avançait	il	avança	
	ils	avançaient	nous	avançâmes	
			vous	avançâtes	

diriger ⟨-ge-⟩

Présent	*Imparfait*		*Passé simple*		*Participe présent*
nous dirigeons	je	dirigeais	je	dirigeai	
	tu	dirigeais	tu	dirigeas	(en) dirigeant
	il	dirigeait	il	dirigea	
	ils	dirigeaient	nous	dirigeâmes	
			vous	dirigeâtes	

peser ⟨-è-⟩

Présent		*Futur*		*Conditionnel*		*Impératif*
je	pèse	je	pèserai	je	pèserais	pèse!
tu	pèses	tu	pèseras	tu	pèserais	
il	pèse	*etc.*		*etc.*		
ils	pèsent					

céder ⟨-è-⟩

Présent			*Impératif*
je	cède	(*aber* je céderai	cède!
tu	cèdes	*etc.*)	
il	cède		
ils	cèdent		

projeter ⟨-tt-⟩

Présent		*Futur*		*Conditionnel*		*Impératif*
je	projette	je	projetterai	je	projetterais	projette!
tu	projettes	tu	projetteras	tu	projetterais	
il	projette	*etc.*		*etc.*		
ils	projettent					

épeler ⟨-ll-⟩

Présent	*Futur*	*Conditionnel*	*Impératif*
j'épelle	j'épellerai	j'épellerais	épelle!
tu épelles	tu épelleras	tu épellerais	
il épelle	*etc.*	*etc.*	
ils épellent			

employer ⟨-oi-⟩

Présent	*Futur*	*Conditionnel*	*Impératif*
j'emploie	j'emploierai	j'emploierais	emploie!
tu emploies	tu emploieras	tu emploierais	
il emploie	*etc.*	*etc.*	
ils emploient			

appuyer ⟨-ui-⟩

Présent	*Futur*	*Conditionnel*	*Impératif*
j'appuie	j'appuierai	j'appuierais	appuie!
tu appuies	tu appuieras	tu appuierais	
il appuie	*etc.*	*etc.*	
ils appuient			

essayer ⟨-ay- *od* -ai-⟩

Présent			*Futur*		
j'essaye [ʒesɛj]	*oder*	j'essaie [ʒesɛ]	j'essayerai [ʒesɛjʀe]	*oder*	j'essaierai [ʒesɛʀe]
tu essayes	*oder*	tu essaies	tu essayeras	*oder*	tu essaieras
il essaye	*oder*	il essaie	*etc.*		
ils essayent	*oder*	ils essaient			

Impératif			*Conditionnel*		
			j'essayerais	*oder*	j'essaierais
essaye	*oder*	essaie!	tu essayerais	*oder*	tu essaierais
			etc.		

3 Regelmäßige Verben auf -ir

Temps simples

	Indicatif *Présent*	*Imparfait*	*Passé simple*	*Futur*
je	fin**is**	fin**issais**	fin**is**	fin**irai**
tu	fin**is**	fin**issais**	fin**is**	fin**iras**
il	fin**it**	fin**issait**	fin**it**	fin**ira**
nous	fin**issons**	fin**issions**	fin**îmes**	fin**irons**
vous	fin**issez**	fin**issiez**	fin**îtes**	fin**irez**
ils	fin**issent**	fin**issaient**	fin**irent**	fin**iront**

	Subjonctif		Impératif	Conditionnel
je	fin**isse**	(fin**isse**)		fin**irais**
tu	fin**isses**	(fin**isses**)	fin**is**!	fin**irais**
il	fin**isse**	fin**ît**		fin**irait**
nous	fin**issions**	(fin**issions**)	fin**issons**!	fin**irions**
vous	fin**issiez**	(fin**issiez**)	fin**issez**!	fin**iriez**
ils	fin**issent**	(fin**issent**)		fin**iraient**

Participe Présent: fin**issant** Participe Passé: fin**i**

Temps composés

	Indicatif *Passé composé*	*Plus-que-parfait*	*Passé antérieur*	*Futur antérieur*
j'	ai fini	avais fini	eus fini	aurai fini
tu	as fini	avais fini	eus fini	auras fini
il	a fini	avait fini	eut fini	aura fini
nous	avons fini	avions fini	eûmes fini	aurons fini
vous	avez fini	aviez fini	eûtes fini	aurez fini
ils	ont fini	avaient fini	eurent fini	auront fini

	Subjonctif			Conditionnel Passé
j'	aie fini	(eusse fini)		aurais fini
tu	aies fini	(eusses fini)		aurais fini
il	ait fini	eût fini		aurait fini
nous	ayons fini	(eussions fini)		aurions fini
vous	ayez fini	(eussiez fini)		auriez fini
ils	aient fini	(eussent fini)		auraient fini

Infinitif Passé: avoir fini

4 Unregelmäßige Verben

Im Wörterbuch werden zu jedem unregelmäßigen Verb diejenigen Grundformen angegeben, aus denen sich die restlichen Formen ableiten lassen.

Hilfsverb **avoir** ⟨j'ai, tu as, il a, nous avons, vous avez, ils ont; j'avais; j'eus; j'aurai; que j'aie, qu'il ait, que nous ayons; aie!, ayons!, ayez!; ayant; avoir eu⟩

Temps simples

	Indicatif *Présent*	*Imparfait*	*Passé simple*	*Futur*
j'	**ai**	**avais**	**eus**	**aurai**
tu	**as**	avais	eus	auras
il	**a**	avait	eut	aura
nous	**avons**	avions	eûmes	aurons
vous	**avez**	aviez	eûtes	aurez
ils	**ont**	avaient	eurent	auront

	Subjonctif		Impératif	Conditionnel
j'	**aie**	(eusse)		aurais
tu	aies	(eusses)	**aie**!	aurais
il	**ait**	eût		aurait
nous	**ayons**	(eussions)	**ayons**!	aurions
vous	ayez	(eussiez)	**ayez**!	auriez
ils	aient	(eussent)		auraient

Participe Présent: **ayant** Participe Passé: **eu**

Temps composés

	Indicatif *Passé composé*	*Plus-que-parfait*	*Passé antérieur*	*Futur antérieur*
j'	ai **eu**	avais **eu**	eus **eu**	aurai **eu**
tu	as **eu**	avais **eu**	eus **eu**	auras **eu**
etc.		*etc.*	*etc.*	*etc.*

	Subjonctif			Conditionnel Passé
j'	aie **eu**	(eusse **eu**)		aurais **eu**
tu	aies **eu**	(eusses **eu**)		aurais **eu**
	etc.	*etc.*		*etc.*

Infinitif Passé: **avoir eu**

Hilfsverb **être** ⟨je suis, tu es, il est, nous sommes, vous êtes, ils sont; j'étais; je fus; je serai; que je sois, qu'il soit, que nous soyons; sois!, soyons!, soyez!; étant; avoir été⟩

Temps simples

	Indicatif *Présent*	*Imparfait*	*Passé simple*	*Futur*
j(e)	**suis**	**étais**	**fus**	**serai**
tu	**es**	étais	fus	seras
il	**est**	était	fut	sera
nous	**sommes**	étions	fûmes	serons
vous	**êtes**	étiez	fûtes	serez
ils	**sont**	étaient	furent	seront

	Subjonctif		Impératif	Conditionnel
je	**sois**	(fusse)		serais
tu	sois	(fusses)	**sois!**	serais
il	**soit**	fût		serait
nous	**soyons**	(fussions)	**soyons**!	serions
vous	soyez	(fussiez)	**soyez**!	seriez
ils	soient	(fussent)		seraient

Participe Présent: **étant** Participe Passé: **été**

Temps composés

	Indicatif *Passé composé*	*Plus-que-parfait*	*Passé antérieur*	*Futur antérieur*
j'	ai **été**	avais **été**	eus **été**	aurai **été**
tu	as **été**	avais **été**	eus **été**	auras **été**
il	a **été**	avait **été**	eut **été**	aura **été**
nous	avons **été**	avions **été**	eûmes **été**	aurons **été**
vous	avez **été**	aviez **été**	eûtes **été**	aurez **été**
ils	ont **été**	avaient **été**	eurent **été**	auront **été**

	Subjonctif			Conditionnel Passé
j'	aie **été**	(eusse **été**)		aurais **été**
tu	aies **été**	(eusses **été**)		aurais **été**
il	ait **été**	eût **été**		aurait **été**
nous	ayons **été**	(eussions **été**)		aurions **été**
vous	ayez **été**	(eussiez **été**)		auriez **été**
ils	aient **été**	(eussent **été**)		auraient **été**

Infinitif Passé: **avoir été**

aller ⟨je vais, tu vas, il va, nous allons, ils vont; j'allais; j'allai; j'irai; que j'aille, que nous allions; va!, *aber:* vas-y! [vazi]; allant; être allé(e)⟩

	Indicatif *Présent*	*Imparfait*	*Passé simple*	*Futur*
j(e)	**vais**	**allais**	**allai**	**irai**
tu	**vas**	allais	allas	iras
il	**va**	allait	alla	ira
nous	**allons**	allions	allâmes	irons
vous	allez	alliez	allâtes	irez
ils	**vont**	allaient	allèrent	iront

	Subjonctif		Impératif	Conditionnel
j'	**aille**	(allasse)		irais
tu	ailles	(allasses)	**va**! (**vas-y**!, va-t'en!)	irais
il	aille	allât		irait
nous	**allions**	(allassions)	allons!	irions
vous	alliez	(allassiez)	allez!	iriez
ils	aillent	(allassent)		iraient

Part. Prés.: **allant** Part. Passé: **allé** Inf. Passé: **être allé(e)**

conduire ⟨je conduis, il conduit, nous conduisons; je conduisais; je conduisis; je conduirai; que je conduise; conduisant; conduit⟩

	Indicatif *Présent*	*Imparfait*	*Passé simple*	*Futur*
je	**conduis**	**conduisais**	**conduisis**	**conduirai**
tu	conduis	conduisais	conduisis	conduiras
il	**conduit**	conduisait	conduisit	conduira
nous	**conduisons**	conduisions	conduisîmes	conduirons
vous	conduisez	conduisiez	conduisites	conduirez
ils	conduisent	conduisaient	conduisirent	conduiront

	Subjonctif		Impératif	Conditionnel
je	**conduise**	(conduisisse)		conduirais
tu	conduises	(conduisisses)	conduis!	conduirais
il	conduise	conduisît		conduirait
nous	conduisions	(conduisissions)	conduisons!	conduirions
vous	conduisiez	(conduisissiez)	conduisez!	conduiriez
ils	conduisent	(conduisissent)		conduiraient

Part. Prés.: **conduisant** P. Passé: **conduit** Inf. Passé: avoir **conduit**

devoir ⟨je dois, il doit, nous devons, ils doivent; je devais; je dus; je devrai; que je doive; devant; dû, due⟩

	Indicatif *Présent*	*Imparfait*	*Passé simple*	*Futur*
je	**dois**	**devais**	**dus**	**devrai**
tu	dois	devais	dus	devras
il	**doit**	devait	dut	devra
nous	**devons**	devions	dûmes	devrons
vous	devez	deviez	dûtes	devrez
ils	**doivent**	devaient	durent	devront

	Subjonctif		Impératif	Conditionnel
je	**doive**	(dusse)		devrais
tu	doives	(dusses)	dois!	devrais
il	doive	dût		devrait
nous	devions	(dussions)	devons!	devrions
vous	deviez	(dussiez)	devez!	devriez
ils	doivent	(dussent)		devraient

Part. Prés.: devant Part. Passé: **dû, due** Inf. Passé: avoir **dû**

faire ⟨je fais, il fait, nous faisons [f(ə)zõ)], vous faites, ils font; je faisais [f(ə)zɛ]; je fis; je ferai; que je fasse, que nous fassions; faisant [f(ə)zɑ̃]; fait⟩

	Indicatif *Présent*	*Imparfait*	*Passé simple*	*Futur*
je	**fais**	**faisais**	**fis**	**ferai**
tu	fais	faisais	fis	feras
il	**fait**	faisait	fit	fera
nous	**faisons**	faisions	fîmes	ferons
vous	**faites** (!)	faisiez	fîtes	ferez
ils	**font**	faisaient	firent	feront

	Subjonctif		Impératif	Conditionnel
je	**fasse**	(fisse)		ferais
tu	fasses	(fisses)	fais!	ferais
il	fasse	fît		ferait
nous	**fassions**	(fissions)	faisons!	ferions
vous	fassiez	(fissiez)	faites!	feriez
ils	fassent	(fissent)		feraient

Part. Prés.: **faisant** Part. Passé: **fait** Inf. Passé: avoir **fait**

falloir ⟨il faut; il fallait; il fallut; il a fallu; il faudra; qu'il faille; qu'il fallût⟩

Nur in der 3. Person Singular gebräuchlich

	Indicatif *Présent*	*Imparfait*	*Passé simple*	*Futur*
il	**faut**	**fallait**	**fallut**	**faudra**

	Subjonctif		Impératif	Conditionnel
il	**faille**	**fallût**	–	faudrait

Part. Prés.: – Part. Passé: **fallu** Inf. Passé: avoir **fallu**

mettre ⟨je mets, il met, nous mettons; je mettais; je mis; je mettrai; que je mette; mettant; mis⟩

	Indicatif *Présent*	*Imparfait*	*Passé simple*	*Futur*
je	**mets**	**mettais**	**mis**	**mettrai**
tu	mets	mettais	mis	mettras
il	**met**	mettait	mit	mettra
nous	**mettons**	mettions	mîmes	mettrons
vous	mettez	mettiez	mîtes	mettrez
ils	mettent	mettaient	mirent	mettront

	Subjonctif		Impératif	Conditionnel
je	**mette**	(misse)		mettrais
tu	mettes	(misses)	mets!	mettrais
il	mette	mît		mettrait
nous	mettions	(missions)	mettons!	mettrions
vous	mettiez	(missiez)	mettez!	mettriez
ils	mettent	(missent)		mettraient

Part. Prés.: **mettant** Part. Passé: **mis** Inf. Passé: avoir **mis**

mourir ⟨je meurs, il meurt, nous mourons, ils meurent; je mourais; je mourus; je mourrai; que je meure, que nous mourions; mourant; être mort(e)⟩

	Indicatif *Présent*	*Imparfait*	*Passé simple*	*Futur*
je	**meurs**	**mourais**	**mourus**	**mourrai**
tu	meurs	mourais	mourus	mourras
il	**meurt**	mourait	mourut	mourra
nous	**mourons**	mourions	mourûmes	mourrons
vous	mourez	mouriez	mourûtes	mourrez
ils	**meurent**	mouraient	moururent	mourront

	Subjonctif		Impératif	Conditionnel
je	**meure**	(mourusse)		mourrais
tu	meures	(mourusses)	meurs!	mourrais
il	meure	mourût		mourrait
nous	**mourions**	(mourussions)	mourons!	mourrions
vous	mouriez	(mourussiez)	mourez!	mourriez
ils	meurent	(mourussent)		mourraient

Part. Prés.: **mourant** Part. Passé: **mort** Inf. Passé: **être mort(e)**

mouvoir ⟨je meus, il meut, nous mouvons, ils meuvent; je mouvais; je mus; je mouvrai; que je meuve, que nous mouvions; mouvant; mû, mue⟩

Selten bis auf Infinitiv, indicatif présent und participe passé

	Indicatif *Présent*	*Imparfait*	*Passé simple*	*Futur*
je	**meus**	**mouvais**	**mus**	**mouvrai**
tu	meus	mouvais	mus	mouvras
il	**meut**	mouvait	mut	mouvra
nous	**mouvons**	mouvions	mûmes	mouvrons
vous	mouvez	mouviez	mûtes	mouvrez
ils	**meuvent**	mouvaient	murent	mouvront

	Subjonctif		Impératif	Conditionnel
je	**meuve**	musse		mouvrais
tu	meuves	musses	meus!	mouvrais
il	meuve	mût		mouvrait
nous	**mouvions**	mussions	mouvons!	mouvrions
vous	mouviez	mussiez	mouvez!	mouvriez
ils	meuvent	mussent		mouvraient

Part. Prés.: **mouvant** Part. Passé: **mû, mue** Inf. Passé: avoir **mû**

peindre 〈je peins, il peint, nous peignons; je peignais; je peignis; je peindrai; que je peigne; peignant; peint〉

	Indicatif *Présent*	*Imparfait*	*Passé simple*	*Futur*
je	**peins**	**peignais**	**peignis**	**peindrai**
tu	peins	peignais	peignis	peindras
il	**peint**	peignait	peignit	peindra
nous	**peignons**	peignions	peignîmes	peindrons
vous	peignez	peigniez	peignîtes	peindrez
ils	peignent	peignaient	peignirent	peindront

	Subjonctif		Impératif	Conditionnel
je	**peigne**	(peignisse)		peindrais
tu	peignes	(peignisses)	peins!	peindrais
il	peigne	peignît		peindrait
nous	peignions	(peignissions)	peignons!	peindrions
vous	peigniez	(peignissiez)	peignez!	peindriez
ils	peignent	(peignissent)		peindraient

Part. Prés.: **peignant** Part. Passé: **peint** Inf. Passé: avoir **peint**

plaire 〈je plais, il plaît, nous plaisons; je plaisais; je plus; je plairai; que je plaise; plaisant; plu (*inv*)〉

	Indicatif *Présent*	*Imparfait*	*Passé simple*	*Futur*
je	**plais**	**plaisais**	**plus**	**plairai**
tu	plais	plaisais	plus	plairas
il	**plaît**	plaisait	plut	plaira
nous	**plaisons**	plaisions	plûmes	plairons
vous	plaisez	plaisiez	plûtes	plairez
ils	plaisent	plaisaient	plurent	plairont

	Subjonctif		Impératif	Conditionnel
je	**plaise**	(plusse)		plairais
tu	plaises	(plusses)	plais!	plairais
il	plaise	plût		plairait
nous	plaisions	(plussions)	plaisons!	plairions
vous	plaisiez	(plussiez)	plaisez!	plairiez
ils	plaisent	(plussent)		plairaient

Part. Prés.: **plaisant** Part. Passé: **plu** Inf. Passé: avoir **plu**

pleuvoir ⟨il pleut, *fig* ils pleuvent; il pleuvait; il plut, *fig* ils plurent; il pleuvra; qu'il pleuve; pleuvant; plu⟩

Nur in der 3. Person Singular, bildlich auch in der 3. Person Plural gebräuchlich

	Indicatif *Présent*	*Imparfait*	*Passé simple*	*Futur*
il	**pleut**	**pleuvait**	**plut**	**pleuvra**
ils	**pleuvent**	pleuvaient	**plurent**	pleuvront

	Subjonctif	Impératif	Conditionnel
il	**pleuve**	–	pleuvrait
ils	pleuvent	–	pleuvraient

Part Prés.: **pleuvant** Part. Passé: **plu** Inf. Passé: avoir **plu**

pouvoir ⟨je peux *oder in gehobener Ausdrucksweise* je puis (*aber immer* puis-je?), tu peux, il peut, nous pouvons, ils peuvent; je pouvais; je pus; je pourrai; que je puisse; pouvant; pu (*inv*)⟩

	Indicatif *Présent*	*Imparfait*	*Passé simple*	*Futur*
je	**peux** (puis)	**pouvais**	**pus**	**pourrai**
tu	**peux**	pouvais	pus	pourras
il	**peut**	pouvait	put	pourra
nous	**pouvons**	pouvions	pûmes	pourrons
vous	pouvez	pouviez	pûtes	pourrez
ils	**peuvent**	pouvaient	purent	pourront

	Subjonctif		Impératif	Conditionnel
je	**puisse**	(pusse)		pourrais
tu	puisses	(pusses)	–	pourrais
il	puisse	pût		pourrait
nous	puissions	(pussions)	–	pourrions
vous	puissiez	(pussiez)	–	pourriez
ils	puissent	(pussent)		pourraient

Part. Prés.: **pouvant** Part. Passé: **pu** Inf. Passé: avoir **pu**

prendre ⟨je prends, il prend, nous prenons, ils prennent; je prenais; je pris; je prendrai; que je prenne, que nous prenions; prenant; pris⟩

	Indicatif *Présent*	*Imparfait*	*Passé simple*	*Futur*
je	**prends**	**prenais**	**pris**	**prendrai**
tu	prends	prenais	pris	prendras
il	**prend**	prenait	prit	prendra
nous	**prenons**	prenions	prîmes	prendrons
vous	prenez	preniez	prîtes	prendrez
ils	**prennent**	prenaient	prirent	prendront

	Subjonctif		Impératif	Conditionnel
je	**prenne**	(prisse)		prendrais
tu	prennes	(prisses)	prends!	prendrais
il	prenne	prît		prendrait
nous	**prenions**	(prissions)	prenons!	prendrions
vous	preniez	(prissiez)	prenez!	prendriez
ils	prennent	(prissent)		prendraient

Part. Prés.: **prenant** Part. Passé: **pris** Inf. Passé: avoir **pris**

recevoir ⟨je reçois, il reçoit, nous recevons, ils reçoivent; je recevais; je reçus; je recevrai; que je reçoive, que nous recevions; recevant; reçu⟩

	Indicatif *Présent*	*Imparfait*	*Passé simple*	*Futur*
je	**reçois**	**recevais**	**reçus**	**recevrai**
tu	reçois	recevais	reçus	recevras
il	**reçoit**	recevait	reçut	recevra
nous	**recevons**	recevions	reçûmes	recevrons
vous	recevez	receviez	reçûtes	recevrez
ils	**reçoivent**	recevaient	reçurent	recevront

	Subjonctif		Impératif	Conditionnel
je	**reçoive**	(reçusse)		recevrais
tu	reçoives	(reçusses)	reçois!	recevrais
il	reçoive	reçût		recevrait
nous	**recevions**	(reçussions)	recevons!	recevrions
vous	receviez	(reçussiez)	recevez!	recevriez
ils	reçoivent	(reçussent)		recevraient

Part. Prés.: **recevant** Part. Passé: **reçu** Inf. Passé: avoir **reçu**

rendre ⟨je rends, il rend, nous rendons; je rendais; je rendis; je rendrai; que je rende; rendant; rendu⟩

	Indicatif *Présent*	*Imparfait*	*Passé simple*	*Futur*
je	**rends**	**rendais**	**rendis**	**rendrai**
tu	rends	rendais	rendis	rendras
il	**rend**	rendait	rendit	rendra
nous	**rendons**	rendions	rendîmes	rendrons
vous	rendez	rendiez	rendîtes	rendrez
ils	rendent	rendaient	rendirent	rendront

	Subjonctif		Impératif	Conditionnel
je	**rende**	(rendisse)		rendrais
tu	rendes	(rendisses)	rends!	rendrais
il	rende	rendît		rendrait
nous	rendions	(rendissions)	rendons!	rendrions
vous	rendiez	(rendissiez)	rendez!	rendriez
ils	rendent	(rendissent)		rendraient

Part. Prés.: **rendant** Part. Passé: **rendu** Inf. Passé: avoir **rendu**

savoir ⟨je sais, il sait, nous savons; je savais; je sus; je saurai; que je sache, que nous sachions; sachant; su⟩

	Indicatif *Présent*	*Imparfait*	*Passé simple*	*Futur*
je	**sais**	**savais**	**sus**	**saurai**
tu	sais	savais	sus	sauras
il	**sait**	savait	sut	saura
nous	**savons**	savions	sûmes	saurons
vous	savez	saviez	sûtes	saurez
ils	savent	savaient	surent	sauront

	Subjonctif		Impératif	Conditionnel
je	**sache**	(susse)		saurais
tu	saches	(susses)	sache!	saurais
il	sache	sût		saurait
nous	**sachions**	(sussions)	sachons!	saurions
vous	sachiez	(sussiez)	sachez!	sauriez
ils	sachent	(sussent)		sauraient

Part. Prés.: **sachant** Part. Passé: **su** Inf. Passé: avoir **su**

sentir ⟨je sens, il sent, nous sentons; je sentais; je sentis; je sentirai; que je sente; sentant; senti⟩

	Indicatif *Présent*	*Imparfait*	*Passé simple*	*Futur*
je	**sens**	**sentais**	**sentis**	**sentirai**
tu	sens	sentais	sentis	sentiras
il	**sent**	sentait	sentit	sentira
nous	**sentons**	sentions	sentîmes	sentirons
vous	sentez	sentiez	sentîtes	sentirez
ils	sentent	sentaient	sentirent	sentiront

	Subjonctif		Impératif	Conditionnel
je	**sente**	(sentisse)		sentirais
tu	sentes	(sentisses)	sens!	sentirais
il	sente	sentît		sentirait
nous	sentions	(sentissions)	sentons!	sentirions
vous	sentiez	(sentissiez)	sentez!	sentiriez
ils	sentent	(sentissent)		sentiraient

Part. Prés.: **sentant** Part. Passé: **senti** Inf. Passé: avoir **senti**

valoir ⟨je vaux, il vaut, nous valons; je valais; je valus; je vaudrai; que je vaille, que nous valions; valant; valu⟩

	Indicatif *Présent*	*Imparfait*	*Passé simple*	*Futur*
je	**vaux**	**valais**	**valus**	**vaudrai**
tu	vaux	valais	valus	vaudras
il	**vaut**	valait	valut	vaudra
nous	**valons**	valions	valûmes	vaudrons
vous	valez	valiez	valûtes	vaudrez
ils	valent	valaient	valurent	vaudront

	Subjonctif		Impératif	Conditionnel
je	**vaille**	(valusse)		vaudrais
tu	vailles	(valusses)	vaux!	vaudrais
il	vaille	valût		vaudrait
nous	**valions**	(valussions)	valons!	vaudrions
vous	valiez	(valussiez)	valez!	vaudriez
ils	vaillent	(valussent)		vaudraient

Part. Prés.: **valant** Part. Passé: **valu** Inf. Passé: avoir **valu**

venir ⟨je viens, il vient, nous venons, ils viennent; je venais; je vins, nous vînmes; je viendrai; que je vienne, que nous venions; venant; être venu(e)⟩

	Indicatif *Présent*	*Imparfait*	*Passé simple*	*Futur*
je	**viens**	**venais**	**vins**	**viendrai**
tu	viens	venais	vins	viendras
il	**vient**	venait	vint	viendra
nous	**venons**	venions	**vînmes**	viendrons
vous	venez	veniez	vîntes	viendrez
ils	**viennent**	venaient	vinrent	viendront

	Subjonctif		Impératif	Conditionnel
je	**vienne**	(vinsse)		viendrais
tu	viennes	(vinsses)	viens!	viendrais
il	vienne	vînt		viendrait
nous	**venions**	(vinssions)	venons!	viendrions
vous	veniez	(vinssiez)	venez!	viendriez
ils	viennent	(vinssent)		viendraient

Part. Prés.: **venant** Part. Passé: **venu** Inf. Passé: **être venu(e)**

vouloir ⟨je veux, il veut, nous voulons, ils veulent; je voulais; je voulus; je voudrai; que je veuille, que nous voulions; voulant; voulu; *Imperativ der höflichen Aufforderung* veuillez⟩

	Indicatif *Présent*	*Imparfait*	*Passé simple*	*Futur*
je	**veux**	**voulais**	**voulus**	**voudrai**
tu	veux	voulais	voulus	voudras
il	**veut**	voulait	voulut	voudra
nous	**voulons**	voulions	voulûmes	voudrons
vous	voulez	vouliez	voulûtes	voudrez
ils	**veulent**	voulaient	voulurent	voudront

	Subjonctif		Impératif	Conditionnel
je	**veuille**	(voulusse)		voudrais
tu	veuilles	(voulusses)	veuille!	voudrais
il	veuille	voulût		voudrait
nous	**voulions**	(voulussions)	veuillons!	voudrions
vous	vouliez	(voulussiez)	**veuillez**!	voudriez
ils	veuillent	(voulussent)		voudraient

Part. Prés.: **voulant** Part. Passé: **voulu** Inf. Passé: avoir **voulu**

Großschreibung im Französischen

1 Allgemeines

Im Gegensatz zum Deutschen werden im Französischen auch Substantive in der Regel kleingeschrieben. Nur Eigennamen werden immer großgeschrieben, z. B.:

la Bretagne, la Seine, Paris, la tour Eiffel

Eine wichtige Ausnahme sind auch die Nationalitäts- und Einwohnerbezeichnungen:

un Français, une Allemande, un Autrichien, les Parisiens.

Das dazu gehörige Adjektiv wird aber kleingeschrieben, z. B.:

Elle est suisse. Mon copain est belge.
Nos amis parisiens sont arrivés.

2 Zweigliedrige Ausdrücke

Bei zweigliedrigen Bezeichnungen aus Substantiv und Adjektiv wird meistens nur der erste Bestandteil großgeschrieben, z. B.:

la République française	die Französische Republik
l'Assemblée nationale	die Nationalversammlung
le Parlement européen	das Europaparlament

3 Großschreibung mit unterschiedlicher Bedeutung

Bei einigen Wörtern hat das großgeschriebene Wort eine andere oder eingeschränkte Bedeutung, z. B.:

état „Zustand“	**État** „Staat“
église „Kirche“ (Gebäude)	**Église** die Institution „Kirche“
terre „Erde, Boden, Land“	**Terre** der Planet „Erde“

Ähnlich wie **la Terre** bezeichnen auch **le Soleil** „Sonne“ und **la Lune** „Mond“ nur die Himmelskörper:

Le soleil brille.	Die Sonne scheint.
Ils ont atterri sur la Lune.	Sie sind auf dem Mond gelandet.

Satzzeichen auf Französisch

@	l'arobas
!	le point d'exclamation
?	le point d'interrogation
,	la virgule
;	le point-virgule
*	l'astérisque
'	l'apostrophe
\	la barre oblique inverse
-	le trait d'union
–	le tiret
:	les deux points
.	le point
/	la barre oblique
_	le tiret bas
« ... »	les guillemets
...	les points de suspension
(...)	les parenthèses
[...]	les crochets

Zeichensetzung im Französischen

1. Punkt, Strichpunkt, Doppelpunkt, Fragezeichen, Ausrufezeichen, Gedankenstrich, Klammern und Anführungszeichen (im Französischen « ») werden im Wesentlichen wie im Deutschen gebraucht. An geringen Abweichungen sind zu erwähnen:

   a) Vor Ausrufezeichen, Fragezeichen, Doppelpunkt und Strichpunkt sowie bei Anführungszeichen steht in der Regel ein Zwischenraum, z. B.:
   Tu viens ?
   Mais certainement !
   Faites le calcul : 20 pour cent de 5000, cela fait 1000.

   b) Vor drei Pünktchen „…" steht kein Zwischenraum: **et ainsi de suite…**

   c) Kein Punkt steht nach Ordnungszahlen: $\mathbf{1}^{er}$ bzw. $\mathbf{1}^{re}$, $\mathbf{2}^{e}$, $\mathbf{3}^{e}$ usw.

   d) Das Datum wird meist so geschrieben: **12/03/09**

2. Einige bedeutende Abweichungen vom Deutschen gibt es dagegen beim Gebrauch des Kommas:

   a) Adverbiale Bestimmungen zu Beginn eines Satzes werden durch Komma abgetrennt:
   À trois heures, il n'était toujours pas arrivé.
   Avec lui, il faut se méfier.

   b) Nicht durch Komma abgetrennt werden dagegen:

   — Objektsätze: **Je sais qu'il a tort.**

   — indirekte Fragesätze: **Je me demande s'il n'est pas malade.**

   — nachgestellte Adverbialsätze: **J'irai le voir avant qu'il parte.**

   — zum Verständnis des Hauptsatzes notwendige Relativsätze:
   Le livre que tu m'as prêté ne me plaît pas.

   — Infinitivgruppen: **Il m'a prié de l'aider.**

   c) Vor „etc." steht im Französischen ein Komma:
   Paris, Londres, Berlin, etc.

Silbentrennung im Französischen

Die Trennung am Zeilenende erfolgt nach Sprechsilben und folgenden Regeln:

1. Ein einzelner Konsonant zwischen zwei Vokalen tritt zur folgenden Silbe:
   di-ri-ger, pay-san, pro-me-ner, thé-ra-pie

   Ausnahme: Bei **x** zwischen zwei Vokalen wird im Allgemeinen nicht getrennt:
   Saxon, fixer

2. Von zwei oder mehr Konsonanten zwischen zwei Vokalen tritt nur der letzte Konsonant zur folgenden Silbe:
   par-tir, ex-cur-sion, res-ter, doc-ker, chas-seur, nom-mer, ail-leurs
   (Doppel-l, das wie [j] gesprochen wird, ist trennbar),
   comp-ter, ryth-mer, cons-cience, subs-tan-tif
   (bei gut erkennbaren Vorsilben sind auch Trennungen wie **con-science, sub-stantif** möglich, aber eher selten)

   Dabei gelten folgende Ausnahmen:

   a) Konsonant + l oder + r werden nicht getrennt:
   ci-ble, es-clan-dre, an-glais, af-freux, ins-truit

   b) Die Konsonantenpaare ch, gn, ph, th, die nur für einen Laut stehen, werden nicht getrennt:
   ro-cher, ga-gner, bio-gra-phie, or-tho-don-tie

3. Mehrere aufeinanderfolgende Vokale werden nicht getrennt:
   théâ-tral, prier, sec-tion, voya-geur, muet, croyons, louaient

   Ausnahme: Eine gut erkennbare Vorsilbe kann vom Stamm getrennt werden:
   pré-avis, an-ti-al-coo-lisme

4. Ein einzelner Vokal am Anfang eines Worts kann nicht abgetrennt werden:
   état, oser, avec, iro-nie

   Ausnahme: Möglich sind Trennungen wie:
   qu'a-vec, l'é-tui, s'a-me-ner

5. Nach dem Apostroph darf nicht getrennt werden:
   au-jour-d'hui, puis-qu'il

Empfohlene neue Schreibweisen im Französischen

Der *Conseil supérieur de la langue française* empfiehlt einige Änderungen zur französischen Rechtschreibung, die allerdings nicht verbindlich sind. Sowohl die alte als auch die neue Schreibweise sind also korrekt. Es bleibt abzuwarten, ob sich die neuen Schreibweisen durchsetzen. Hier die wichtigsten Empfehlungen mit einigen Beispielen; s. a. www.orthographe-recommandee.info:

1. Zusammengesetzte Zahlen sollen immer mit Bindestrich geschrieben werden.

alte Schreibweise	*neue Schreibweise*
vingt et un	**vingt-et-un**
deux cents	**deux-cents**

2. Bei mit Bindestrich zusammengesetzten Wörtern des Typs *pèse-lettre* (Verb + Substantiv) oder *sans-abri* (Präposition + Substantiv) soll gelten:

Steht das Wort im Singular, so wird das zweite Element in der Singularform angegeben.

alte Schreibweise	*neue Schreibweise*
un brise-lames	**un brise-lame**

Steht das Wort im Plural, so wird das zweite Element in der Pluralform angegeben.

alte Schreibweise	*neue Schreibweise*
des après-midi	**des après-midis**

3. In den Futur- und Conditionnel-Formen der Verben, die wie *céder* konjugiert werden, soll der Accent aigu durch den Accent grave ersetzt werden.

alte Schreibweise	*neue Schreibweise*
je céderai	**je cèderai**
ils régleraient	**ils règleraient**

Auch bei den Schreibvarianten *événement* und *évènement* soll künftig die Form mit Accent grave (*évènement*) bevorzugt werden.

4. Auf i und u soll kein Accent circonflexe mehr gesetzt werden.

alte Schreibweise	*neue Schreibweise*
coût	**cout**
entraîner	**entrainer**

Ausnahmen: Der Accent circonflexe bleibt erhalten in

a) den Verbendungen des Subjonctif und des Passé simple;

b) einigen Wörtern, die durch den Verlust des Accent circonflexe nicht mehr eindeutig wären (z. B. *sur* ↔ sûr).

5. Verben auf -eler bzw. -eter sollen wie *peler* bzw. *acheter* konjugiert werden.

alte Schreibweise	*neue Schreibweise*
tu époussetteras	**tu époussèteras**

Ausnahmen: *appeler*, *jeter* und deren Zusammensetzungen.

6. Der Plural von Fremdwörtern im Französischen soll genauso gebildet werden wie bei französischen Wörtern.

alte Schreibweise	*neue Schreibweise*
des matches	**des matchs**

Auch Akzente sollen in Fremdwörtern wie in französischen Wörtern gesetzt werden.

alte Schreibweise	*neue Schreibweise*
revolver	**révolver**

7. Eine Reihe von Wörtern, die mit Bindestrich geschrieben werden, sollen künftig in einem Wort geschrieben werden. Dies gilt vor allem für

a) mit *contre-* und *entre-* zusammengesetzte Wörter:

alte Schreibweise	*neue Schreibweise*
entre-temps	**entretemps**

b) Fremdwörter im Französischen:

alte Schreibweise	*neue Schreibweise*
week-end	**weekend**

8. Verben, die auf *-otter* enden, sollen künftig nur noch mit einem Konsonanten geschrieben werden.

alte Schreibweise	*neue Schreibweise*
grelotter	**greloter**

9. In den Buchstabenfolgen *-güe-* und *-güi-* soll das Trema künftig auf dem u stehen.

alte Schreibweise	*neue Schreibweise*
aiguë	**aigüe**
ambiguïté	**ambigüité**

10. Genauso wie das Participe passé von *faire* soll künftig auch das Participe passé von *laisser* unveränderlich sein, wenn es vor einem Infinitiv steht.

alte Schreibweise	*neue Schreibweise*
je les ai laissés partir	**je les ai laissé partir**

11. Darüber hinaus gibt es Empfehlungen zur Schreibweise einzelner Wörter:

alte Schreibweise	*neue Schreibweise*
allô	**allo**
s'asseoir	**s'assoir**
boursouflé(e)	**boursoufflé(e)**
chariot	**charriot**
combatif, combative	**combattif, combattive**
combativité	**combattivité**
interpeller	**interpeler**
joaillier, joaillière	**joailler, joaillère**
leader	**leadeur**
nénuphar	**nénufar**
oignon	**ognon**
pagaïe, pagaille	**pagaille**
papeterie	**papèterie**
se rasseoir	**se rassoir**
relais	**relai**
serpillière	**serpillère**

Kommunikation auf Französisch

Kommunikation auf Französisch

Anrede im Brief

Art des Briefes	**Anrede**
– An Bekannte:	*Chère Nicole,* *Cher Pierre,* *Chère Chantal, cher Jean,* *Chère Madame,* *Cher Monsieur,* *Chère Madame, cher Monsieur,* *Chère Mademoiselle,*
– An Fernerstehende:	*Madame,* *Monsieur,* *Madame, Monsieur,* *Mesdames, Messieurs,* *Mademoiselle,*
Mit Titel:	*Monsieur le Directeur,* *Madame la Présidente,* *Madame le Maire,*

Briefschlüsse

Art des Briefes	**Briefschlüsse**
– An Bekannte:	(*En attendant le plaisir de recevoir de vos/tes nouvelles ...* *En attendant le plaisir de vous/te lire ...*) *Amitiés* *Amicalement* *Bien à vous/toi*
unter Männern:	*Cordialement* *Cordialement vôtre*
unter engen Freunden:	*Affectueusement*
unter Frauen, unter Liebenden:	*Je t'embrasse.* *Je t'embrasse très fort.*

– An Fernerstehende:	(*Dans l'attente de vous lire ...* *En vous remerciant d'avance ...*) *Je vous prie d'agréer, Monsieur, mes salutations les meilleures.* *Je vous prie de croire, Madame, à mes sentiments les meilleurs.*
Zu Respektspersonen:	*Je vous prie d'agréer, Mesdames, Messieurs, l'expression de mes sentiments respectueux.*
Distanziert, z. B. an Behörden:	*Veuillez agréer, Monsieur, l'expression de mes sentiments distingués.*
Weniger förmlich:	*Je vous prie d'agréer, Madame, mes sincères salutations.*

Demande de renseignements sur les échanges scolaires

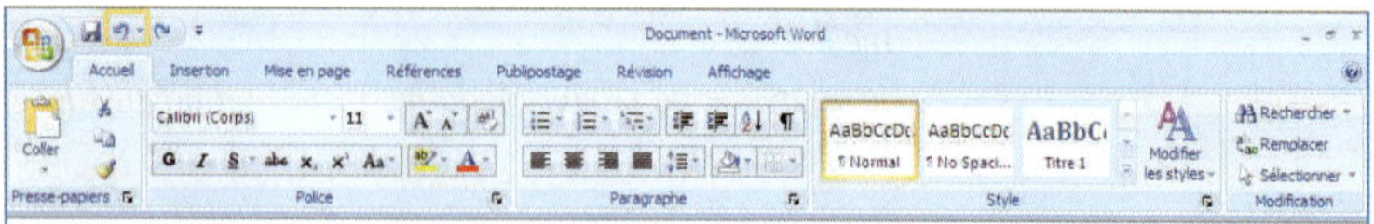

Ursula Müller
Dresdner Str. 22
D-04103 Leipzig

Bureau d'échanges scolaires
30, rue Lhomond
F-75018 Paris

Leipzig, le 14 février 2009

Mesdames, Messieurs,

Je vous serais extrêmement reconnaissante de bien vouloir me faire parvenir des informations sur les possibilités d'échanges entre des élèves allemands et français.

Mon fils, âgé de 16 ans, étudie le français à l'école depuis maintenant deux ans et serait très intéressé par un séjour de quelques semaines dans une famille française. De notre côté, nous sommes prêts à accueillir volontiers un élève français désirant se perfectionner en allemand.

Veuillez avoir l'amabilité de nous faire parvenir l'adresse d'une famille intéressée par un tel échange pour que nous puissions ensemble convenir des modalités.

Dans l'attente de votre réponse, je vous prie d'agréer, Mesdames, Messieurs, l'expression de mes sentiments distingués.

Ursula Müller

Anfrage wegen Schüleraustausch

Bureau d'échanges
scolaires
30, rue Lhomond
F-75018 Paris

Ursula Müller
Dresdner Str. 22
D-04103 Leipzig

Leipzig, den 14. Februar 2009

Sehr geehrte Damen und Herren,

hiermit möchte ich Sie bitten, mir Informationen über die Möglichkeit eines Austausches zwischen deutschen und französischen Schülern zu schicken.

Mein Sohn, 16 Jahre alt, lernt seit zwei Jahren Französisch in der Schule und hätte größtes Interesse daran, einige Wochen in einer französischen Familie zu verbringen. Unsererseits wären wir gern bereit, einen französischen Schüler bei uns aufzunehmen, der sein Deutsch verbessern möchte.

Wir wären Ihnen sehr dankbar, wenn Sie uns die Adresse einer geeigneten Familie vermitteln würden, damit wir uns über die Einzelheiten des geplanten Austauschs verständigen können.

Wir freuen uns auf Ihre Antwort.

Mit freundlichen Grüßen
Ursula Müller

Recherche de famille d'accueil

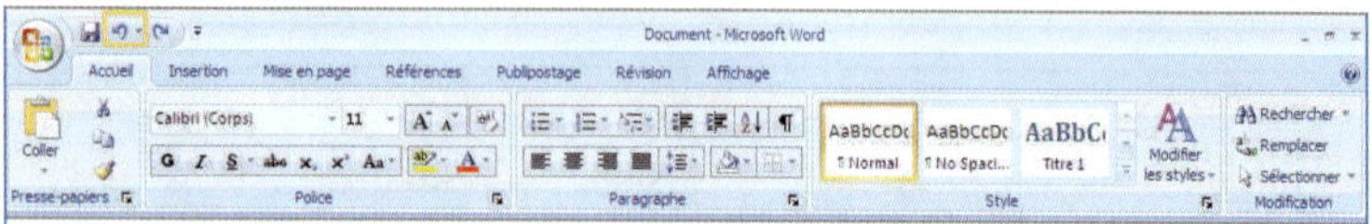

Munich, le 5 juin 2009

Chère Madame,

L'Institut Français de Munich m'a donné votre adresse me signalant que vous seriez prête à accueillir ma fille pendant les prochaines vacances.

Alexandra a 16 ans, elle apprend le français depuis un an et demi à l'école et a suivi également avec une amie des cours à l'Institut Français. Elle comprend assez bien le français et arrive à se faire comprendre. Ce qu'elle voudrait avant tout, c'est parler et se familiariser avec la vie en France.

Auriez-vous la gentillesse d'accueillir ma fille dans votre famille ? Si oui, je vous serais reconnaissante de bien vouloir me le faire savoir assez rapidement pour que nous puissions nous mettre d'accord sur les modalités.

Dans l'attente de votre réponse, je vous prie de croire, Madame, à l'assurance de mes sentiments distingués.

Gisela Wegner

Anfrage wegen Aufnahme in eine Familie

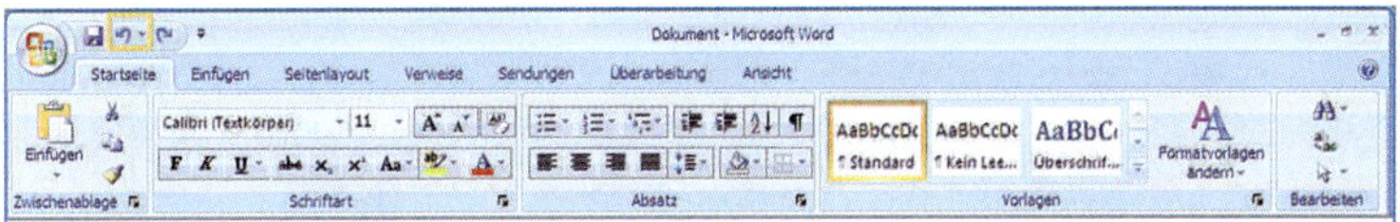

München, den 5. Juni 2009

Sehr geehrte Frau ...,

das französische Kulturinstitut in München hat mir Ihre Adresse vermittelt und mir mitgeteilt, dass Sie bereit wären, meine Tochter während der nächsten Ferien aufzunehmen.

Alexandra ist 16 Jahre alt und lernt seit eineinhalb Jahren Französisch in der Schule, aber sie hat vorher schon mit einer Freundin Kurse am französischen Kulturinstitut besucht und kann deshalb relativ gut Französisch verstehen und sich verständlich machen. Sie ist vor allem daran interessiert, Französisch zu sprechen und das Leben in Frankreich kennenzulernen.

Wären Sie so liebenswürdig, meine Tochter in Ihrer Familie aufzunehmen? Wenn dies möglich ist, wäre ich Ihnen außerordentlich dankbar, wenn Sie mir dies bald mitteilen würden, damit wir uns über die Einzelheiten verständigen können.

Wir freuen uns auf Ihre Antwort.

Mit freundlichen Grüßen
Gisela Wegner

Remerciement à une famille d'accueil

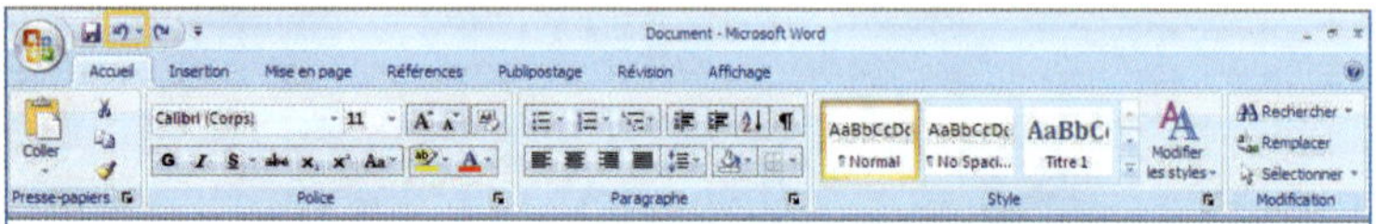

Munich, le 20 septembre 2009

Chère Madame, cher Monsieur,

Alexandra est rentrée absolument enchantée de son séjour en France. Nous ne saurions vous dire à quel point nous sommes reconnaissants de votre bon accueil.

Alexandra a trouvé chez vous beaucoup d'affection. Ses progrès en français nous ont agréablement surpris. Elle parle déjà de son prochain voyage en France et du plaisir qu'elle aura à vous revoir.

En vous assurant de toute notre gratitude, nous vous prions de croire à l'expression de notre sincère amitié.

Gisela Wegner

Dankesschreiben an eine französische Familie

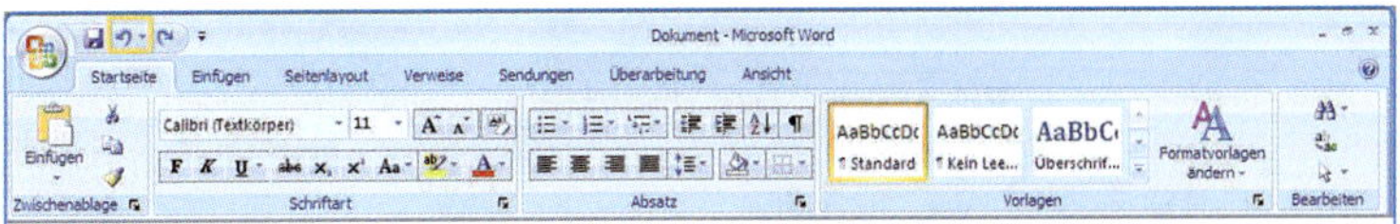

München, den 20. September 2009

Sehr geehrte Frau ..., sehr geehrter Herr ...,

Alexandra ist hellauf begeistert von Ihrem Aufenthalt in Frankreich zurückgekehrt. Wir können Ihnen gar nicht sagen, wie dankbar wir Ihnen sind, dass Sie sie so freundlich aufgenommen haben.

Alexandra hat bei Ihnen aufrichtige Zuneigung gefunden. Ihre Fortschritte in Französisch haben uns angenehm überrascht. Sie spricht schon von Ihrer nächsten Reise nach Frankreich und von der Freude, Sie wiederzusehen.

Wir danken Ihnen nochmals sehr.

Mit freundlichen Grüßen
Gisela Wegner

Demander une documentation

Datei Bearbeiten Ansicht Einfügen Format Extras Nachricht ?

Senden Ausschneiden Kopieren Einfügen Rückgängig Einfügen

An: info@ligeris.fr

Cc:

Betreff: La Loire

Mesdames, Messieurs,

Ayant l'intention de passer au moins un mois dans la vallée de la Loire pour visiter les châteaux et les principales curiosités, je vous serais très obligé de bien vouloir m'adresser une liste d'hôtels avec les prix par jour et les prix de pension pour un ou deux mois, ainsi qu'une liste des campings du Val de Loire indiquant les prix et conditions de location.

J'aimerais séjourner, en juillet et août, à Tours, qui me semble l'endroit idéal pour sillonner la région tourangelle. Voudriez-vous m'envoyer également un plan de la ville, une carte et des dépliants des environs?

En vous remerciant d'avance, je vous prie d'agréer, Mesdames, Messieurs, mes salutations les meilleures.

Rüdiger Fischer

Informationsmaterial anfordern

Sehr geehrte Damen und Herren,

da ich die Absicht habe, mindestens einen Monat im Loire-Tal zu verbringen, um die Schlösser und wichtigsten Sehenswürdigkeiten zu besuchen, wäre ich Ihnen sehr dankbar, wenn Sie mir ein Hotelverzeichnis mit Preisangaben pro Tag und Pensionspreisen für ein bis zwei Monate sowie eine Liste der Campingplätze im „Val de Loire" mit Preisen und Mietbedingungen schicken könnten.

Juli und August möchte ich in Tours verbringen, denn diese Stadt scheint mir ideal als Ausgangspunkt für meine Ausflüge zu sein. Daher bitte ich Sie, mir einen Stadtplan sowie eine Karte und Prospekte der Umgebung zu übersenden.

Ich danke Ihnen im Voraus!

Mit freundlichen Grüßen

Rüdiger Fischer

E-Mails

Se donner rendez-vous

Datei Bearbeiten Ansicht Einfügen Format Extras Nachricht ?

Senden Ausschneiden Kopieren Einfügen Rückgängig Einfügen

An: silke_85@net.com

Cc:

Betreff:

Coucou Silke,

Comment ça va? Ça fait un bail qu'on ne s'est pas vu, mais j'ai trop de trucs à faire en ce moment. Au lycée, on enchaîne les interros, c'est trop relou. Et à côté de ça, il faut que je commence à bosser pour le bac.

Et toi? Quoi de neuf? Tu fais quoi samedi? Il faut absolument qu'on se voit avant que tu repartes en Allemagne. Six mois passent vraiment super vite! On pourrait se retrouver en ville pour boire un café vite fait et après faire un peu les magasins. Mais à 6 heures, j'ai rdv avec Pierre.

Tu sais quoi? La dernière fois il m'a fait poireauter pendant une demi-heure et il a débarqué avec un de ses potes qui a tenu la chandelle pendant deux heures! J'étais folle!

Mais bon, je te raconterai tout ça en détail samedi! Ça serait bien vers 14/15 heures. On pourrait se retrouver comme d'hab', devant le ciné. Ça te le fait? Sinon, on remet ça à la semaine suivante.

Faut absolument qu'on arrive à se capter!

a+

Caro

PS: Je me suis fait voler mon portable, alors appelle-moi sur le fixe.

Sich verabreden

Hi Silke,

wie geht's? Wir haben uns schon ewig nicht mehr gesehen, aber ich hab zurzeit einfach zu viel zu tun. Am Gymnasium schreiben wir eine Arbeit nach der andern, das ist so was von ätzend. Daneben muss ich auch noch anfangen, fürs Abi zu büffeln.

Und Du? Was gibt's Neues? Was machst Du am Samstag? Wir müssen uns unbedingt sehen, bevor Du nach Deutschland zurückfährst. Sechs Monate gehen wirklich schnell rum! Wir könnten uns in der Stadt aufn schnellen Kaffee treffen und uns dann ein bisschen in den Geschäften umsehen. Um 6 hab ich allerdings 'ne Verabredung mit Pierre.

Hab ich Dir das schon gesagt? Das letzte Mal hat er mich 'ne halbe Stunde hängen lassen, und dann ist er mit einem seiner Kumpels aufgekreuzt, mit dem wir's zwei Stunden aushalten mussten! Ich war total genervt!

Nun ja, das werd ich Dir am Samstag in allen Einzelheiten erzählen. Am besten so gegen 14/15 Uhr. Wir könnten uns wie immer vor dem Kino treffen. Ist das für Dich so o. k.? Wenn nicht, dann verschieben wir's auf die folgende Woche.

Wir sollten auf jeden Fall in Kontakt bleiben!

Bis dann,

Caro

PS: Man hat mir mein Handy gestohlen, ruf mich also im Festnetz an!

Souhaiter un bon anniversaire

Datei Bearbeiten Ansicht Einfügen Format Extras Nachricht ?

Senden Ausschneiden Kopieren Einfügen Rückgängig Einfügen

An: benoit@hotmail.fr

Cc:

Betreff: BON ANNIVERSAIRE

Salut Benoît,

Tu vois, cette année non plus, je n'ai pas oublié: BON ANNIVERSAIRE!! ;)

J'espère que tu vas bien profiter de cette journée. J'imagine que tu as prévu de faire la fête avec tes potes. Ou bien est-ce que ta mère a organisé une énorme réunion de famille? Je me rappelle du dernier anniv' où j'étais là. Ta maman avait cuisiné pour deux équipes de foot! Embrasse-la d'ailleurs de ma part.

Alors, comment est-ce que tu te sens, maintenant que tu es majeur? Tu pars à l'aventure? Sûrement que tu dois d'abord passer ton bac. Moi aussi :(

Peut-être qu'on pourrait se retrouver quelque part cet été pour fêter ça. Tu es toujours le bienvenu à Cologne...

Je t'ai envoyé un petit colis par la poste, mais je ne sais pas s'il va arriver à temps...

Bon allez, je te laisse faire la fête!

A bientôt, et encore bon anniversaire!
Torsten

Zum Geburtstag gratulieren

Hallo Benoît,

wie Du siehst, habe ich auch dieses Jahr nicht vergessen, Dir ALLES GUTE ZUM GEBURTSTAG zu wünschen!! ;)

Ich hoffe, dass Du wirklich etwas von diesem Tag hast. Du hast vielleicht vor, mit Deinen Kumpels zu feiern. Oder hat Deine Mutter etwa eine große Familienfeier vorbereitet? Ich erinnere mich an die letzte Geburtstagsfeier, bei der ich dabei war. Deine Mutti hatte für zwei Fußballmannschaften gekocht! Grüße sie übrigens ganz herzlich von mir.

Wie fühlst Du Dich jetzt eigentlich als Erwachsener? Lockt Dich das Abenteuer? Sicherlich musst Du erst mal Dein Abi machen. Ich auch :(

Vielleicht könnten wir uns diesen Sommer irgendwo treffen, um das zu feiern. Du bist jederzeit herzlich willkommen in Köln …

Ich habe Dir ein kleines Paket mit der Post geschickt, weiß aber nicht ob's rechtzeitig ankommt …

So, dann feier mal schön!

Bis bald und noch mal alles Gute zum Geburtstag!

Torsten

Inviter une connaissance à un concert

An: lucie.laval@hotmail.com

Cc:

Betreff: Berlin

Bonjour Lucie,

Tu te rappelle de moi? Marc! On s'est croisés le mois dernier à ce festival de ska perdu dans la nature. Tu m'avais donné ton adresse e-mail avant que je reprenne le train.

Comment vas-tu? Tu as passé de bonnes vacances?

Moi, j'ai travaillé tout l'été en Suisse dans un restaurant. Ça n'était pas passionnant, mais j'ai gagné assez d'argent pour financer ma passion toute l'année: les concerts! J'adore la musique live et je vais au moins une fois par mois voir un concert. A Berlin, il y a le choix! Et puis j'aime presque tout: le rock, le reggae, le ska et aussi le hip-hop bien sûr. Et toi? Quel est ton style de musique préféré?

Si je demande, c'est parce que mon oncle (celui qui vit à Strasbourg) m'a offert deux places pour un festival de rock dans le coin et je me disais que tu aurais peut-être envie d'y aller avec moi!? Moi, je serais très content de te revoir...

Ça serait dans trois semaines, du vendredi soir au dimanche midi. Tu as déjà quelque chose de prévu? Ça pourrait être sympa avant de reprendre les cours.

J'espère que tu as le temps.

Réponds-moi vite!!

A très bientôt peut-être.

Marc

Eine Bekannte zu einem Konzert einladen

Hallo Lucie,

erinnerst Du Dich noch an mich? Marc! Wir haben uns letzten Monat auf diesem Ska-Festival im Grünen getroffen. Du hattest mir deine Mail-Adresse gegeben, bevor ich wieder in den Zug stieg.

Wie geht's Dir? Hattest Du schöne Ferien?

Ich habe den ganzen Sommer über in einem Restaurant in der Schweiz gearbeitet. Das war nicht so prickelnd, aber ich habe genug Geld verdient, um mir das ganze Jahr meine Lieblingsbeschäftigung leisten zu können: Konzerte! Ich höre sehr gern Livemusik und gehe wenigstens einmal im Monat auf ein Konzert. In Berlin gibt's 'ne Riesenauswahl! Dazu kommt, dass ich fast alles mag: Rock, Reggae, Ska und natürlich auch Hip-Hop. Und Du? Auf was für Musik stehst Du?

Ich frage, weil mir mein Onkel (der in Straßburg lebt) zwei Karten für ein Rockfestival dort in der Gegend angeboten hat, und ich dachte, Du hättest vielleicht Lust mit mir dahin zu fahren!? Ich würde mich jedenfalls sehr freuen Dich wiederzusehen …

Das wäre also in drei Wochen, von Freitagabend bis Sonntagmittag. Hast Du da schon was vor? Das könnte super werden, so kurz bevor die Schule beginnt.

Ich hoffe, Du hast Zeit.

Melde Dich bald bei mir!!

Vielleicht bis bald!
Marc

Remercier qn

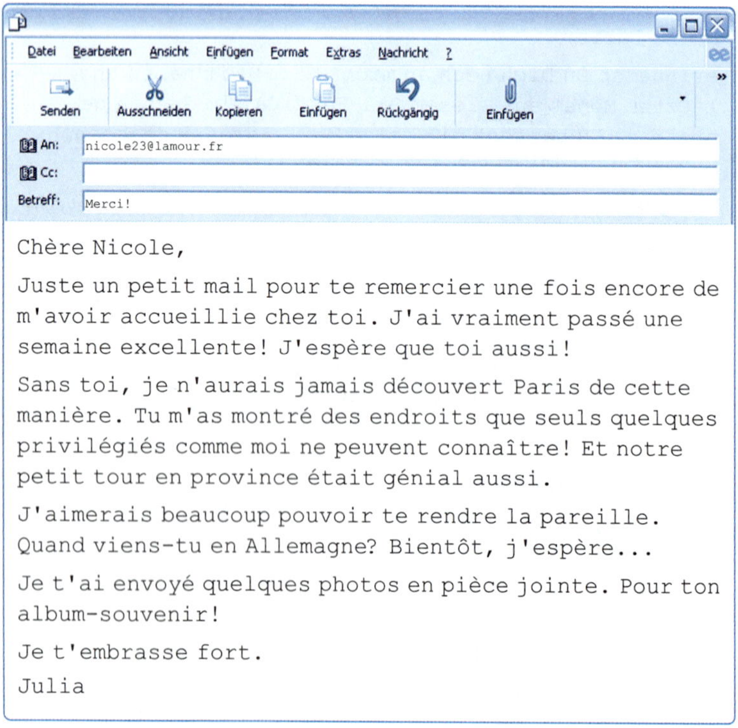

An: nicole23@lamour.fr

Cc:

Betreff: Merci!

Chère Nicole,

Juste un petit mail pour te remercier une fois encore de m'avoir accueillie chez toi. J'ai vraiment passé une semaine excellente! J'espère que toi aussi!

Sans toi, je n'aurais jamais découvert Paris de cette manière. Tu m'as montré des endroits que seuls quelques privilégiés comme moi ne peuvent connaître! Et notre petit tour en province était génial aussi.

J'aimerais beaucoup pouvoir te rendre la pareille. Quand viens-tu en Allemagne? Bientôt, j'espère...

Je t'ai envoyé quelques photos en pièce jointe. Pour ton album-souvenir!

Je t'embrasse fort.

Julia

Sich bei jemandem bedanken

Liebe Nicole,

nur eine kurze Mail, um Dir noch einmal dafür zu danken, dass Du mich bei Dir aufgenommen hast. Ich habe wirklich eine wunderschöne Woche hinter mir! Ich hoffe, Du auch!

Ohne Dich hätte ich Paris nie auf diese Weise entdeckt. Du hast mir Orte gezeigt, die nur einige Glückliche wie ich kennenlernen durften. Und unser kleiner Ausflug ins Umland war auch super.

Ich würde mich gerne bei Dir revanchieren. Wann kommst Du nach Deutschland? Ich hoffe bald ...

Ich habe Dir einige Fotos mitgeschickt. Für Dein Erinnerungsalbum!

Herzliche Grüße und Küsse!
Julia

Bewerbung

Lettre de motivation accompagnant le CV

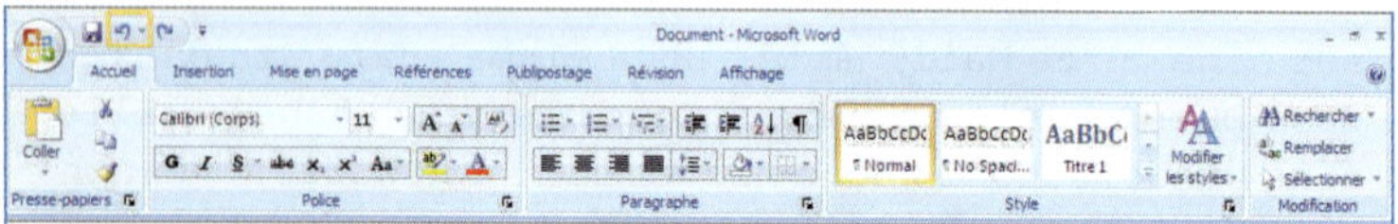

Irène Dubois
19, rue de la Réunion
75013 Paris

C.I.V.P.
Direction du personnel
2, rue Saint-Jacques
75006 Paris

Paris, le 17 novembre 2008

Objet : candidature à un poste d'assistante de direction

Madame, Monsieur,

Actuellement en formation d'assistante de direction au Lycée Rodin, je suis à la recherche d'un poste évolutif à partir du mois de juin, après l'obtention de mon diplôme. Dynamique et impliquée dans mon travail, je souhaiterais mettre mon expérience personnelle et professionnelle au service d'une entreprise comme la vôtre.

De par ma formation dans le domaine du secrétariat, je maîtrise l'outil informatique aussi bien en ce qui concerne les tâches de traitement de texte, de classement (Word, Excel), que des tâches de mise en page et de publication (Publisher, FrontPage, Photofiltre...). Je maîtrise également l'environnement internet, les messageries internes et externes, mais aussi ce qui a trait à la création ou gestion de sites (langage html). J'ai en outre de nombreuses connaissances en bureautique, comme la gestion administrative du courrier et l'accueil téléphonique et physique.

Au travers de mes stages dans des entreprises très diverses, j'ai pu montrer ma capacité d'adaptation et ma polyvalence. Après un stage en secrétariat sur l'île de Wight, je sais par exemple prendre en charge en anglais l'accueil de clients étrangers.

Motivée et soucieuse de me perfectionner, j'aimerais avoir la possibilité d'évoluer dans votre entreprise et espère pouvoir vous rencontrer pour échanger de plus amples informations.

Dans l'attente d'une reponse de votre part, je vous prie d'agréer, Madame, Monsieur, l'expression de mes salutations distinguées.

Irène Dubois

Pièce jointe : Curriculum vitae

Bewerbung mit Lebenslauf

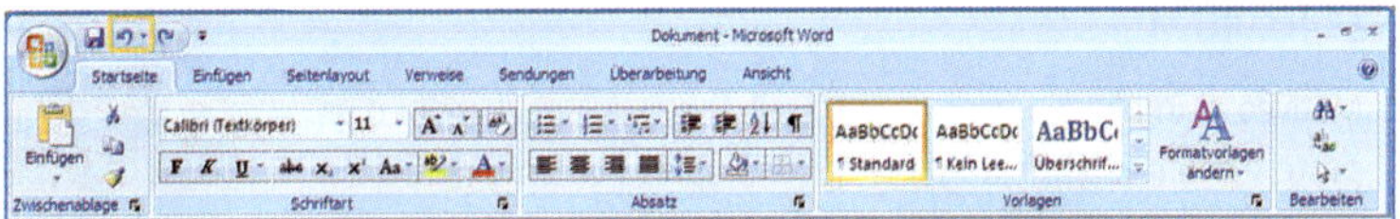

C.I.V.P.
Direction du personnel
2, rue Saint-Jacques
75006 Paris

Irène Dubois
19, rue de la Réunion
75013 Paris

Paris, den 17. November 2008

Bewerbung um eine Stelle als Direktionsassistentin

Sehr geehrte Damen und Herren,

ich werde zurzeit am Lycée Rodin zur Direktionsassistentin ausgebildet und suche nach meiner Abschlussprüfung eine Anstellung mit Entwicklungsmöglichkeiten für die Zeit ab Juni. Ich bin dynamisch und engagiert und würde meine persönlichen und beruflichen Erfahrungen gerne in Ihr Unternehmen einbringen.

Durch meine Ausbildung zur Sekretärin beherrsche ich den Umgang mit Daten, d. h. sowohl hinsichtlich Datenverarbeitung und Datenarchivierung (Word, Excel), als auch Tätigkeiten wie das Layouten und Erstellen von Dokumenten (Publisher, FrontPage, Photofiltre ...). Versiert bin ich auch in internetbasierten Anwendungen, internen und externen Telekommunikationsdiensten, aber auch in der Entwicklung und Organisation von Websites (HTML). Darüber hinaus verfüge ich über fundierte Kenntnisse in der Bürokommunikation wie in der Verwaltung der Korrespondenz, in der telefonischen Betreuung und im Empfang.
In meinen Praktika in ganz unterschiedlichen Unternehmen habe ich meine Flexibilität und meine vielfältigen Einsatzmöglichkeiten unter Beweis stellen können. So habe ich in einem Praktikum auf der Insel Wight beispielsweise gelernt, ausländische Kunden in englischer Sprache zu betreuen.

Ich bin motiviert und bestrebt mich weiterzuentwickeln und würde mich freuen, in Ihrem Unternehmen eine Chance zu erhalten und Sie kennenlernen zu dürfen, um weitere Informationen auszutauschen.

In der Hoffnung auf eine Antwort Ihrerseits verbleibe ich
mit freundlichen Grüßen
Irène Dubois

Anlagen: Lebenslauf

Curriculum Vitae

Objectifs

Motivée et impliquée dans mon travail, je suis à la recherche d'un poste évolutif à partir du mois de juin, après l'obtention de mon diplôme.

Prénom	Irène
Nom	Dubois
Date de naissance	04/12/1983
Lieu de naissance	Meudon
Adresse	19, rue de la Réunion , 75013 Paris
Numéro de téléphone	01 43 70 99 58
E-mail	ired@wanadoo.fr

Formation

Depuis Septembre 2007	**Lycée Rodin, Paris** Formation d'assistant de direction Spécialisation : Assistant de direction
09/2005 – 11/2007	**Lycée Rodin, Paris** Préparation au baccalauréat professionnel secrétariat. Diplôme obtenu. Spécialisation : Secrétaire
06/2003 – 09/2005	**Lycée Rodin, Paris** Préparation du BEP des métiers du secrétariat. Diplôme obtenu. Spécialisation : Secrétariat

Expériences

07/2008 – 10/2008	**Assistante de direction stagiaire** Missions réalisées pendant ce stage : mise à jour du plan de classement, réservation et relance auprès du client, création de documents (invitations, plaquettes…), tâches courantes Moyens : utilisation du logiciel Publisher et de la messagerie intranet LOTUS
05/2007 – 06/2008	**Assistante** Mission : création d'un site Internet et de plaquettes Moyens : logiciels FrontPage et Publisher

12/2006 – 05/2007	**Étude notariale** **Secrétaire-Standardiste** Mission : accueil téléphonique et physique, gestion du courrier, etc.
08/2007 – 10/2007	**L'Ime Le Cardo** **Assistante** Mission : organisation d'une sortie scolaire
03/2007 – 08/2007	**Manuli Sonatra** **Assistante de direction stagiaire** Mission : mise à jour de fichiers, classement, etc.
09/2006 – 02/2007	**Stage sur l'île de Wight** **Secrétaire** Mission : tâches administratives courantes (saisie, classement) Bilan : approfondissement de la langue anglaise
03/2006 – 09/2006	**NANTES AERO SA** **Secrétaire assistante** Mission : saisie de factures, accueil téléphonique et physique, etc.

Langues étrangères

Français	Langue maternelle
Anglais	Oral : Moyen Écrit : Scolaire
Allemand	Oral : Scolaire Écrit : Scolaire

Informatique

Logiciels	Word, Excel, Lotus, Picture It, Publisher, FrontPage, Nvu, Photofiltre, PowerPoint
Langages	Html
Informations complémentaires	Création d'un site Internet

Divers

Équitation
Garde d'enfant ponctuelle

Lebenslauf

Zielvorstellungen

Ich bringe Motivation und Engagement mit und suche nach meiner Abschlussprüfung eine Anstellung mit Entwicklungsmöglichkeiten für die Zeit ab Juni.

Vorname	Irène
Familienname	Dubois
Geburtsdatum	04.12.1983
Geburtsort	Meudon
Adresse	19, rue de la Réunion , 75013 Paris
Telefonnr.	01 43 70 99 58
E-Mail	ired@wanadoo.fr

Ausbildung

Seit September 2007	**Lycée Rodin, Paris** Ausbildung zum Direktionsassistenten Spezialisierung: Direktionsassistent
September 2005 – November 2007	**Lycée Rodin, Paris** Vorbereitung auf das Berufsabitur Sekretariat. Prüfung abgelegt. Spezialisierung: Sekretärin
Juni 2003 – September 2005	**Lycée Rodin, Paris** Vorbereitung des Berufsfachschulabschlusses für Sekretariatsberufe. Prüfung abgelegt. Spezialisierung: Sekretariat

Berufserfahrung

Juli – Oktober 2008	**Praktikum Direktionsassistentin** Im Praktikum ausgeführte Tätigkeiten: Aktualisierung des Archivierungsprogramms, Vorbestellung und Nachfassaktionen bei Kunden, Erstellung von Dokumenten (Einladungen, Werbemittel ...), laufende Arbeiten Arbeitsmittel: Software Publisher und Intranetdienst LOTUS

Mai 2007 – Juni 2008	**Assistentin** Tätigkeiten: Aufbau einer Website und Erstellung von Werbemitteln Arbeitsmittel: Software FrontPage und Publisher
Dezember 2006 – Mai 2007	**Notariat** **Sekretärin/Telefonistin** Tätigkeiten: telefonische Betreuung, Verwaltung der Korrespondenz usw.
August – Oktober 2007	**L'Ime Le Cardo** **Assistentin** Tätigkeit: Organisation eines Schulausflugs
März – August 2007	**Manuli Sonatra** **Praktikum Direktionsassistentin** Tätigkeit: Aktualisierung von Dateien, Archivierung usw.
September 2006 – Februar 2007	**Praktikum auf der Insel Wight** **Sekretärin** Tätigkeiten: laufende administrative Aufgaben (Erfassung, Archivierung) Ergebnis: Vertiefung meiner Englischkenntnisse
März – September 2006	**NANTES AERO SA** **Assistenzsekretärin** Tätigkeiten: Erfassung von Rechnungen, telefonische Betreuung und Empfang usw.

Fremdsprachen

Französisch	Muttersprache
Englisch	mündlich: durchschnittlich, schriftlich: Schulkenntnisse
Deutsch	mündlich: Schulkenntnisse, schriftlich: Schulkenntnisse

IT-Kenntnisse

Software	Word, Excel, Lotus, Picture It, Publisher, FrontPage, Nvu, Photofiltre, PowerPoint
Programmiersprachen	HTML
Zusätzliche Informationen	Aufbau einer Website

Verschiedenes	Reiten zeitweise Kinderbetreuung

SMS

Ohne Kürzel | En français courant

Salut Paul! Quoi de neuf? Qu'est-ce que tu fais demain? On se fait un ciné? Pour m'excuser de m'être énervée hier, je t'invite! D'accord? Rappelle s'il te plaît, qu'on en discute. À plus, Claire

Übersetzung ins Deutsche | Traduction en allemand

Hallo Paul, was gibt's Neues? Was machst Du morgen? Gehen wir ins Kino? Um mich für meine Aufregung gestern zu entschuldigen, lade ich Dich ein! Ruf bitte zurück, damit wir drüber reden. Bis dann, Claire

Ein paar SMS-Kürzel | Quelques abréviations du langage SMS

a+	à plus	**k**	que
ajd	aujourd'hui	**L**	elle
alp	à la prochaine	**L8**	lui
aprM	après-midi	**msg**	message
a12C4	à un de ces quatre	**xlt**	excellent
a2m1	à demain	**1**	un, une
biz	bise, bisou	**100**	sans
2ri1	de rien	**5pa**	sympa
G	j'ai	**6né**	ciné

Die französischen Departements | Les départements français

Die Kennziffer des Departements erscheint in den beiden letzten Ziffern der französischen Autonummern bzw. in den beiden ersten Ziffern der französischen Postleitzahlen.

01 l'Ain *m* [lɛ̃]
02 l'Aisne *f* [lɛn]
03 l'Allier *m* [lalje]
04 les Alpes-de-Haute-Provence *f Pl.* [lezalpdəotpʀɔvɑ̃s]
05 les Hautes-Alpes *f Pl.* [leotzalp]
06 les Alpes-Maritimes *f Pl.* [lezalpmaʀitim]
07 l'Ardèche *f* [laʀdɛʃ]
08 les Ardennes *f Pl.* [lezaʀdɛn]
09 l'Ariège *f* [laʀjɛʒ]
10 l'Aube *f* [lob]
11 l'Aude *f* [lod]
12 l'Aveyron *m* [lavɛʀõ]
13 les Bouches-du-Rhône *f Pl.* [buʃdyʀon]
14 le Calvados [kalvados]
15 le Cantal [kɑ̃tal]
16 la Charente [ʃaʀɑ̃t]
17 la Charente-Maritime [ʃaʀɑ̃tmaʀitim]
18 le Cher [ʃɛʀ]
19 la Corrèze [kɔʀɛz]
2A la Corse-du-Sud [kɔʀsdysyd]
2B la Haute-Corse [laotkɔʀs]
21 la Côte-d'Or [kotdɔʀ]
22 les Côtes-d'Armor *f Pl.* [kotdaʀmɔʀ]
23 la Creuse [kʀøz]
24 la Dordogne [dɔʀdɔɲ]
25 le Doubs [du]
26 la Drôme [dʀom]
27 l'Eure *f* [lœʀ]
28 l'Eure-et-Loir *m* [lœʀelwaʀ]
29 le Finistère [finistɛʀ]
30 le Gard [gaʀ]
31 la Haute-Garonne [laotgaʀɔn]
32 le Gers [ʒɛʀ(s)]
33 la Gironde [ʒiʀõd]
34 l'Hérault *m* [leʀo]
35 l'Ille-et-Vilaine *f* [lilevilɛn]
36 l'Indre *f* [lɛ̃dʀ]
37 l'Indre-et-Loire *f* [lɛ̃dʀelwaʀ]
38 l'Isère *f* [lizɛʀ]
39 le Jura [ʒyʀa]
40 les Landes *f Pl.* [lɑ̃d]
41 le Loir-et-Cher [lwaʀeʃɛʀ]
42 la Loire [lwaʀ]
43 la Haute-Loire [laotlwaʀ]
44 la Loire-Atlantique [lwaʀatlɑ̃tik]
45 le Loiret [lwaʀɛ]
46 le Lot [lɔt]
47 le Lot-et-Garonne [lɔtegaʀɔn]
48 la Lozère [lɔzɛʀ]
49 le Maine-et-Loire [mɛnelwaʀ]
50 la Manche [mɑ̃ʃ]
51 la Marne [maʀn]
52 la Haute-Marne [laotmaʀn]
53 la Mayenne [majɛn]
54 la Meurthe-et-Moselle [mœʀtemɔzɛl]
55 la Meuse [møz]
56 le Morbihan [mɔʀbiɑ̃]
57 la Moselle [mɔzɛl]
58 la Nièvre [njɛvʀ]
59 le Nord [nɔʀ]
60 l'Oise *f* [lwaz]
61 l'Orne *f* [lɔʀn]
62 le Pas-de-Calais [padkalɛ]

63 le Puy-de-Dôme [pɥidədom]
64 les Pyrénées-Atlantiques *f Pl.* [piʀeneatlɑ̃tik]
65 les Hautes-Pyrénées *f Pl.* [leotpiʀene]
66 les Pyrénées-Orientales *f Pl.* [piʀeneɔʀjɑ̃tal]
67 le Bas-Rhin [baʀɛ̃]
68 le Haut-Rhin [ləoʀɛ̃]
69 le Rhône [ʀon]
70 la Haute-Saône [laotson]
71 la Saône-et-Loire [sonelwaʀ]
72 la Sarthe [saʀt]
73 la Savoie [savwa]
74 la Haute-Savoie [laotsavwa]
75 la Ville de Paris [vildəpaʀi]
76 la Seine-Maritime [sɛnmaʀitim]
77 la Seine-et-Marne [sɛnemaʀn]
78 les Yvelines *f Pl.* [lezivlin]
79 les Deux-Sèvres *f Pl.* [døsɛvʀ]
80 la Somme [sɔm]
81 le Tarn [taʀn]
82 le Tarn-et-Garonne [taʀnegaʀɔn]
83 le Var [vaʀ]
84 le Vaucluse [voklyz]
85 la Vendée [vɑ̃de]
86 la Vienne [vjɛn]
87 la Haute-Vienne [laotvjɛn]
88 les Vosges *f Pl.* [voʒ]
89 l'Yonne *f* [ljɔn]
90 le Territoire-de-Belfort [ləteʀitwaʀdəbɛlfɔʀ]
91 l'Essonne *f* [lesɔn]
92 les Hauts-de-Seine *m Pl.* [leodsɛn]
93 la Seine-Saint-Denis [sɛnsɛ̃dəni]
94 le Val-de-Marne [valdəmaʀn]
95 le Val-d'Oise [valdwaz]

Die überseeischen Departements

971 la Guadeloupe [gwadlup]
972 la Martinique [maʀtinik]
973 la Guyane [gɥijan]
974 la Réunion [ʀeynjõ]

Zahlwörter | Adjectifs numéraux

Grundzahlen | Nombres cardinaux

0 *null* zéro
1 *eins* un, une
2 *zwei* deux
3 *drei* trois
4 *vier* quatre
5 *fünf* cinq
6 *sechs* six
7 *sieben* sept
8 *acht* huit
9 *neun* neuf
10 *zehn* dix
11 *elf* onze
12 *zwölf* douze
13 *dreizehn* treize
14 *vierzehn* quatorze
15 *fünfzehn* quinze
16 *sechzehn* seize
17 *siebzehn* dix-sept
18 *achtzehn* dix-huit
19 *neunzehn* dix-neuf
20 *zwanzig* vingt
21 *einundzwanzig* vingt et un(e)
22 *zweiundzwanzig* vingt-deux
23 *dreiundzwanzig* vingt-trois
24 *vierundzwanzig* vingt-quatre
25 *fünfundzwanzig* vingt-cinq
26 *sechsundzwanzig* vingt-six
27 *siebenundzwanzig* vingt-sept
28 *achtundzwanzig* vingt-huit
29 *neunundzwanzig* vingt-neuf
30 *dreißig* trente
31 *einunddreißig* trente et un(e)
32 *zweiunddreißig* trente-deux
40 *vierzig* quarante
50 *fünfzig* cinquante
60 *sechzig* soixante
70 *siebzig* soixante-dix
71 *einundsiebzig* soixante et onze
72 *zweiundsiebzig* soixante-douze
73 *dreiundsiebzig* soixante-treize
77 *siebenundsiebzig* soixante-dix-sept
80 *achtzig* quatre-vingt(s)
81 *einundachtzig* quatre-vingt-un(e)
82 *zweiundachtzig* quatre-vingt-deux
90 *neunzig* quatre-vingt-dix
91 *einundneunzig* quatre-vingt-onze
92 *zweiundneunzig* quatre-vingt-douze
100 *(ein)hundert* cent
101 *(ein)hunderteins* cent un(e)
102 *(ein)hundertzwei* cent deux
200 *zweihundert* deux cent(s)
300 *dreihundert* trois cent(s)
400 *vierhundert* quatre cent(s)
500 *fünfhundert* cinq cent(s)
600 *sechshundert* six cent(s)
700 *siebenhundert* sept cent(s)
800 *achthundert* huit cent(s)
900 *neunhundert* neuf cent(s)
1 000 *(ein)tausend* mille
1 001 *(ein)tausendeins* mille un(e)
1 002 *(ein)tausendzwei* mille deux
1 100 *(ein)tausendeinhundert* oder *elfhundert* onze cent(s)
1 200 *(ein)tausendzweihundert* oder *zwölfhundert* douze cent(s) *ou* mille deux cent(s)
2 000 *zweitausend* deux mille
10 000 *zehntausend* dix mille
100 000 *hunderttausend* cent mille
1 000 000 *eine Million* un million
1 000 000 000 *eine Milliarde* un milliard

Ordnungszahlen | Nombres ordinaux

1. *(der, die, das) erste*	1er (le) premier
	1re (la) première
2. *zweite*	2e deuxième; second(e)
3. *dritte*	3e troisième
4. *vierte*	4e quatrième
5. *fünfte*	5e cinquième
6. *sechste*	6e sixième
7. *sieb(en)te*	7e septième
8. *achte*	8e huitième
9. *neunte*	9e neuvième
10. *zehnte*	10e dixième
11. *elfte*	11e onzième
12. *zwölfte*	12e douzième
13. *dreizehnte*	13e treizième
14. *vierzehnte*	14e quatorzième
15. *fünfzehnte*	15e quinzième
16. *sechzehnte*	16e seizième
17. *siebzehnte*	17e dix-septième
18. *achtzehnte*	18e dix-huitième
19. *neunzehnte*	19e dix-neuvième
20. *zwanzigste*	20e vingtième
21. *einundzwanzigste*	21e vingt et unième
22. *zweiundzwanzigste*	22e vingt-deuxième
23. *dreiundzwanzigste*	23e vingt-troisième
30. *dreißigste*	30e trentième
31. *einunddreißigste*	31e trente et unième
32. *zweiunddreißigste*	32e trente-deuxième
40. *vierzigste*	40e quarantième
50. *fünfzigste*	50e cinquantième
60. *sechzigste*	60e soixantième
70. *siebzigste*	70e soixante-dixième
71. *einundsiebzigste*	71e soixante et onzième
72. *zweiundsiebzigste*	72e soixante-douzième
80. *achtzigste*	80e quatre-vingtième
81. *einundachtzigste*	81e quatre-vingt-unième
82. *zweiundachtzigste*	82e quatre-vingt-deuxième
90. *neunzigste*	90e quatre-vingt-dixième
91. *einundneunzigste*	91e quatre-vingt-onzième

92.	*zweiundneunzigste*	92e	quatre-vingt-douzième
100.	*hundertste*	100e	centième
101.	*hunderterste*	101e	cent unième
102.	*hundertzweite*	102e	cent deuxième
200.	*zweihundertste*	200e	deux centième
300.	*dreihundertste*	300e	trois centième
1 000.	*tausendste*	1 000e	millième
2 000.	*zweitausendste*	2 000e	deux millième
100 000.	*hunderttausendste*	100 000e	cent millième
1 000 000.	*millionste*	1 000 000e	millionième

Zahladverbien | Adverbes numéraux

1° premièrement; primo; en premier lieu
1. erstens

2° deuxièmement; secundo; en second lieu
2. zweitens

3° troisièmement; tertio; en troisième lieu
3. drittens

4° quatrièmement; en quatrième lieu
4. viertens

etc.

Bruchzahlen | Nombres fractionnaires

1/2 (un) demi	ein halb
1 1/2 un et demi	eineinhalb *oder* anderthalb
1/3 un tiers	ein Drittel
2/3 (les) deux tiers	zwei Drittel
1/4 un quart	ein Viertel
3/4 (les) trois quarts	drei Viertel
2 1/4 deux un quart	zweieinviertel
1/5 un cinquième	ein Fünftel
4/5 (les) quatre cinquièmes	vier Fünftel
1/6 un sixième	ein Sechstel
etc.	*etc.*
0,5 zéro virgule cinq	null Komma fünf
2,8 deux virgule huit	zwei Komma acht

Sammelzahlen | Nombres collectifs

une huitaine	(etwa) acht
une dizaine	(etwa) zehn
une douzaine	ein Dutzend
une quinzaine	etwa fünfzehn
une vingtaine	etwa zwanzig
une trentaine	etwa dreißig
une quarantaine	etwa vierzig
une cinquantaine	etwa fünfzig
une soixantaine	etwa sechzig
une centaine	etwa hundert
un millier	etwa tausend

Vervielfältigungszahlen | Mots multiplicatifs

simple	einfach
double	doppelt
triple	dreifach
quadruple	vierfach
quintuple	fünffach
centuple	hundertfach
selten:	
sextuple	sechsfach
septuple	siebenfach
octuple	achtfach
nonuple	neunfach
décuple	zehnfach

Rechenarten | Calcul

$2 + 3 = 5$	deux et (*oder* plus) trois font (*oder* égalent) cinq – zwei und (*ou* plus) drei ist fünf
$9 - 6 = 3$	neuf moins six (*oder* six ôté de neuf) égalent trois – neun weniger (*ou* minus) sechs ist drei
$2 \times 4 = 8$	quatre fois deux (*oder* deux multiplié par quatre) égalent huit – zwei mal vier ist acht
$12 : 3 = 4$	douze divisé par trois égalent quatre – zwölf geteilt durch drei ist vier
$2^4 = 16$	deux à la puissance quatre égale seize – zwei hoch vier ist sechzehn
$\sqrt{9} = 3$	la racine carrée de neuf est trois – Wurzel aus neun ist drei

Maße und Gewichte | Poids et mesures

Längenmaße | Mesures de longueur

1 mm	**Millimeter**	millimètre
1 cm	**Zentimeter**	centimètre
1 dm	**Dezimeter**	décimètre
1 m	**Meter**	mètre
1 dkm	**Dekameter**	décamètre
1 km	**Kilometer**	kilomètre
1 sm	**Seemeile** (= 1852 m)	mille marin

Flächenmaße | Mesures de superficie

1 mm^2	**Quadratmillimeter**	millimètre carré
1 cm^2	**Quadratzentimeter**	centimètre carré
1 dm^2	**Quadratdezimeter**	décimètre carré
1 m^2	**Quadratmeter**	mètre carré
1 km^2	**Quadratkilometer**	kilomètre carré
1 a	**Ar** (= 100 m^2)	are
1 ha	**Hektar**	hectare

Raummaße | Mesures de volume

1 mm^3	**Kubikmillimeter**	millimètre cube
1 cm^3	**Kubikzentimeter**	centimètre cube
1 dm^3	**Kubikdezimeter**	décimètre cube
1 m^3	**Kubikmeter**	mètre cube
1 fm	**Festmeter**	mètre cube
1 rm	**Raummeter**	stère
1 RT	**Registertonne** (= 2,83 m^3)	tonneau (de jauge)

Hohlmaße | Mesures de capacité

1 ml	**Milliliter**	millilitre
1 cl	**Zentiliter**	centilitre
1 dl	**Deziliter**	décilitre
1 l	**Liter**	litre
1 hl	**Hektoliter**	hectolitre

Gewichte | Poids

1 mg	**Milligramm**	milligramme
1 cg	**Zentigramm**	centigramme
1 dg	**Dezigramm**	décigramme
1 g	**Gramm**	gramme
1 dkg	**Dekagramm**	décagramme
1 hg	**Hektogramm**	hectogramme
1 Pfd.	**Pfund**	livre
1 kg	**Kilogramm**	kilogramme
1 Ztr.	**Zentner**	50 kg, *österr, schweiz* quintal
1 dz	**Doppelzentner**	quintal
1 t	**Tonne**	tonne

Die Uhrzeit | L'heure

Quelle heure est-il?		Wie spät ist es?
À quelle heure?		Um wie viel Uhr?
1.00	**Il est une heure.**	Es ist ein Uhr *od* Es ist eins.
2.00	**À deux heures.**	Um zwei (Uhr).
3.10	**trois heures dix**	zehn (Minuten) nach drei
4.15	**quatre heures et quart**	Viertel nach vier *od* viertel fünf
5.20	**cinq heures vingt**	zwanzig (Minuten) nach fünf *od* zehn (Minuten) vor halb sechs
6.30	**six heures et demie**	halb sieben
7.40	**huit heures moins vingt**	zwanzig (Minuten) vor acht *od* zehn (Minuten) nach halb acht
8.45	**neuf heures moins le quart**	Viertel vor neun *od* drei viertel neun
9.55	**dix heures moins cinq**	fünf (Minuten) vor zehn
15.35	**quinze heures trente-cinq**	fünfzehn Uhr fünfunddreißig
vers onze heures		ungefähr um elf (Uhr)
à neuf heures précises		pünktlich um neun (Uhr)

Verzeichnis der Info-Fenster

Französisch – Deutsch

Deutsch – Französisch

Bildnachweis

Das Bildmaterial im Teil Französich-Deutsch und Deutsch-Französisch stammt von der Online-Bildagentur www.fotolia.com. Im Sinne des Urheberrechtsschutzes werden die Copyrights © der einzelnen Bilder wie folgt angegeben: *u.* = unten; *Mi.* = Mitte; *re.* = rechts; *li.* = links.

© Französisch-Deutsch

aiguille: vaso *li.*; Twilight_Art_Pictures; Otmar Smit *re.* **anneau:** Daniel Burch; bruno alquier *re.* **appareil:** meailleluc.com *li.*; momanuma; Julien Jandric *re.* **aviron:** Jaak; Steven Pepple *u.* **baguette:** Carole Mineo; lorenzo breig *u.* **baie:** valeriefillon; nikomer *u.* **balcon:** Thierry Lebrun; ueli riegg *re.* **balle:** travis manley; Michael Ireland *u.* **ballerine:** chinatiger; Jesse Barrow *re.* **ballon:** Sylvie Thenard; Marek Kosmal *re.* **bar:** Gerhard Führing; superdumb *u.* **barquette:** macromagnon; antoinemonat *u.* **barrage:** RAMON CAMI; Michael Flippo *u.* **basket:** Nicholas Moore; Elnur *re.* **batteur:** JackF; SADIA *u.* **bec:** Felipe Tepedino; Irina Fischer *u.* **bélier:** Klaus Eppele; mm *u.* **béquille:** bacalao; TPS *u.* **berger:** cs-photo **bibliothèque:** Geneviève MARX; Eric Isselée *u.* **bière:** Okea; Falco *u.* **billet:** Oddphoto; Pascal THAUVIN *u.* **blaireau:** Luc PATUREAU; kernel *u.* **bleu:** emeraldphoto; Igor Dutina *re.* **bois:** pascal cribier; SBL *u.* **boîte:** photlook; Kai Göbel *u.* **botte:** arnowssr; 26kot *u.* **bouchon:** jf grane; nazira_g *re.* **buffet:** L. Shat; wilderness *u.* **café:** Stefan Müller; Ilan Amith *u.* **caisse:** desaxo; photlook *u.* **calice:** jérôme caffin; Anne Katrin Figge *re.* **camomille:** Maksym Gorpenyuk; Teamarbeit *u.* **canapé:** auris; Sale *u.* **carreau:** Heinrich *li.*; Frank-Peter Funke; NL shop *re.* **casque:** Wayne Abraham; Marc Chapelat *u.* **cerf-volant:** MOKreations; Klaus Eppele *u.* **chaîne:** Sascha Burkard; Carole Auplain *re.* **chasseur:** Marco1961; stéphane pichard *re.* **chocolat:** steve-photo; danielschoenen *u.* **clé:** Sylvie Thenard; Stary Foni *u.* **coccinelle:** Nikolai Tsvetkov; Thomas HEU *u.* **cœur:** Thomas Mounsey; Mauro Di Meo *u.* **corde:** Marco Antonio Fdez.; richard villalon *re.* **côte:** macumazahn *li.*; NICOLAS LARENT; robynmac *re.* **coton:** Maria Brzostowska; Lisa Vanovitch *re.* **coucou:** Maria Bedacht; John Steel *u.* **coup:** Vadim Blagodarnyy; Claus Mikosch *u.* **crème:** Gianfranco Paolantonio; Olga Lyubkina *u.* **crochet:** milosluz; AndrCGS *u.* **croissant:** Olga Shelego; isabelle COUTURIER *u.* **dent:** Graça Victoria; Nikola Bilic *u.* **descente:** Nano; wanty *u.* **dessin:** Georg Preissl; Graça Victoria *re.* **disque:** Ronald Hudson; emmanuel Féré *u.* **éclair:** Blancher Benoît; JerushA *re.* **embouchure:** Géraldine PUEL; Michel Bazin *u.* **étagère:** fux; Sascha F. *u.* **étoile:** a4web.at; T.Tulic *re.* **feu:** Eric Isselée; Klaus Eppele *u.* **feuille:** Michel Bataillard; Kati Molin *re.* **filet:** chantal cecchetti; Jacek Chabraszewski *re.* **flûte:** LVDESIGN; lorenzo breig *u.* **fouet:** Pali A; b0t *u.* **gant:** Ivan Vasilev; Anja Liefting *u.* **garage:** ARNAUD JORON; free_photo *u.* **glace:** Mikko Pitkänen *li.*; Jana Farley; escapade *re.* **grain:** pat fauve; Benjamin LAMBINET *re.* **groupe:** Philip Date; dancerP *u.* **herbe:** Kárpáti Gábor; Daniel Schmid *u.* **index:** hugh percival; Ayren James *re.* **iris:**

raymond brown; Julien Jandric *u.* **jardinière:** Terence Mendoza; Helmut Brands *re.* **jet:** Steve Boyas; charles taylor *u.* **journal:** Warren Millar; Roman A. Kozlov *u.* **jumelles:** Gramper; iofoto *re.* **kiwi:** Jason Stitt; Janusz Z. Kobylanski *u.* **lessive:** Torsten Schon; victoire carous *re.* **lettre:** Christophe Villedieu; Lim Jerry *u.* **ligne:** jerome vanpoperinghe *li.*; Saniphoto; mark smith *re.* **livre:** bilderbox; Rob Bouwman *u.* **loup:** Marco Lo Rito; pgm *u.* **manche:** endostock *li.*; free_photo; Sergey Ivanov *re.* **mannequin:** T.Tulic; cris13 *re.* **marche:** Stéphanie Guillaume *li.*; photlook; Wollwerth Imagery *re.* **mèche:** Raphaelle Wavrant; Olivier Baudoin *re.* **menu:** Mélissa Bradette; monregard *u.* **mine:** Anna Khomulo; Benjamin Herzog *u.* **montagne:** Galyna Andrushko; Jean-Michel POUGET *u.* **moule:** Goos_Lar; Alison Bowden *u.* **mousse:** lool; Esleru *u.* **mule:** Elena Sudbock; Stas Perov *re.* **nœud:** jufo; Martina Chmielewski *u.* **œil:** juanjo tugores; jody snelgrove *re.* **paille:** Antony Barroux; Johnny Lye *u.* **palme:** charles taylor; Wendy Kaveney *re.* **palmier:** Mirabelle; Birgit Reitz-Hofmann *re.* **papillon:** Mônica Vieira *li.*; Scott Slattery; robdigphot *re.* **pâté:** E. & D. Hildebrandt; Adroach *u.* **peau:** Robin Williams *li.*; Vasily Smirnov; Ginger *re.* **peintre:** Claude Beaubien; Michael Flippo *re.* **peinture:** Jenson; Anita Huszti *re.* **pendule:** Lytse; Mats Tooming *re.* **pied:** Manu Chebi; Jaimie Duplass *u.* **pique:** Robert Creigh; Johnny Lye *u.* **piqûre:** EW CHEE GUAN; Christine Lamour *u.* **poêle:** arkna; Tatyana Nyshko *re.* **poil:** Alexey Klementiev; sylvaine thomas *u.* **puce:** Warren Rosenberg; Sabine *u.* **punaise:** julien Scaperrotta; Nicolas D *u.* **quai:** hapa7; WALDI *u.* **queue:** Amit Blay *li.*; sp550uz; Michael Leben *re.* **raie:** henryart; airmaria *u.* **robe:** Ramona Heim *li.*; Edyta Pawlowska; Sarah Fraichi *re.* **sabot:** KingPhoto; Caval'images *u.* **sac:** ploum1 *li.*; Konstantin Yuganov; Darko Jovanovic *re.* **serviette:** Priscilla Sill; Offscreen *u.* **soie:** Clivia; Ulrich Müller *u.* **tableau:** Jan Thomas Otte *li.*; carlos Restrepo; fotek *re.* **talon:** unpict; ISABELLE.ESSELIN *re.* **tapis:** pascal reig; weiss-fotodesign *u.* **terre:** Cristiano Ribeiro; Stefan Rajewski *re.* **toast:** pressmaster; Helen Shorey *u.* **toile:** henryart; Falco *u.* **tondeuse:** zimmytws; ThTh *re.* **torse:** Mark Stout; eblue *re.* **tour:** Luc Lombarda; Julie Gosse *re.* **trèfle:** Regine; Pefkos *u.* **trompe:** calamity_john; David Monjou *re.* **tuba:** negrobike; Oliver Fuhlendorf *u.* **tube:** Windsor; Sergey Danilov *u.* **urne:** Zeno; ChristianSchwier.de *re.* **vedette:** T.Tulic; Tomislav *u.* **vigne:** Annett Goebel; swq *u.* **violon:** James Steidl; avidephoto *u.* **voile:** Erika Walsh; Denis de Vence *re.*

© Deutsch-Französisch

Anhänger: Bine; Maksym Yemelyanov *re.* **Ball:** Francois E. du Plessis *li.*; Albo; Feng Yu *re.* **Band:** Eva Blanda; Olaf Schmitz *re.* **Bank:** Moremi; Roman Levin *u.* **Barren:** Alexey Shkitenkov; Galina Barskaya *re.* **Becken:** JASON WINTER *li.*; Thor Jorgen Udvang; maxwell *re.* **Bein:** Izaokas Sapiro; Franz Pfluegl *u.* **Birne:** SL-66; Henri Schmit *u.* **Blatt:** DLeonis Caldicola; **Blitz:** Blancher Benoît; dinostock *re.* **Block:** Daniel Tribote; FrankU *unten*Box: Dmitry Koksharov; Spectral-Design *u.* **Bremse:** Bartlomiej Nowak; Thomas Wagner *u.*

Brille: IKO; Ljupco Smokovski *u.* **Chip:** Feng Yu *li.*; Sabine; askaja *re.* **Delfin:** FCS Photography; Norbert Michutta *u.* **Drachen:** sumos; Christophe Guillot *u.* **Ente:** Alexander Glockner; Andreas Safreider *u.* **Feder:** delphine mayeur *li.*; Matthias Krüttgen; DX *re.* **Fliege:** macroman; fotografiche.eu *u.* **Flügel:** Stefan Baum *li.*; photlook; Kica Henk *re.* **frieren:** Stefan Redel; Bifi *re.* **Gondel:** Stephen Finn; Tomasz Cwiklinski *u.* **Hahn:** Kramer; Iosif Szasz-Fabian *u.* **Haube:** Franz Metelec; Jason Murillo *u.* **Hof:** charly_lippert; Andrea Spedo *re.* **Horn:** marilyn barbone; calamity_john *u.* **Käfer:** Tetastock; Boris Bauer *u.* **Kapelle:** Prostist; Andreas Winterer *re.* **Kappe:** Christian Musat; amridesign *re.* **Karo:** Kevkel; Thorsten *u.* **Karte:** Klaus Eppele *li.*; michanolimit; Hans Auer *Mi. re.*; C5aba *re.* **Karton:** Ximinez; Mareen Friedrich *u.* **Kästchen:** macumazahn; Eisenhans *u.* **Kegel:** Davide Pastore *li.*; Christophe Cornil; tiero *re.* **Kerze:** L. Shat; Gina Smith *re.* **Kiefer:** Michael Bauer; Zoltán Pataki *u.* **Klammer:** Otto Durst; Maria.P. *u.* **knacken:** claudia Otte; Trombax *u.* **kochen:** jeremias münch; Lucky Dragon *u.* **Kolben:** Anne Katrin Figge *li.*; Irochka; Stephen Sweet *re.* **Korn:** Brand; Robby Schenk *u.* **Kostüm:** Marco Lo Rito; Tracy Martinez *re.* **kraulen:** Patrizier-Design; Pixeljäger *u.* **Krebs:** Kaiya_Rose; mm *u.* **Kreisel:** Kerry; Presseservice *u.* **Kreuz:** bofotolux *li.*; Franz Pfluegl; Holly Ormsbee *re.* **Krippe:** Hedgehog; Anyka *u.* **Kuppe:** Anette Linnea Rasmussen; Richard Hannington *u.* **Laden:** York; detlef menzel *u.* **Lager:** rcaucino; Sven Hoppe *u.* **Läufer:** Klaus Eppele; Victoria Short *u.* **Lift:** Vladislav Gajic; niceshot *re.* **Linse:** broker *li.*; Douglas Freer; vladislav susoy *re.* **Maus:** Emilia Stasiak; B@rmaley *u.* **Mohn:** infomatique; SteadyLens *re.* **Muschel:** Simone Meijer; sil *u.* **Nagel:** pucci raf; bbroianigo *u.* **Nelke:** Alx; [saurebeere] *u.* **Note:** Mo; Fotoplaner *u.* **Obstschale:** GoodMood Photo; Petra Hechfellner *u.* **Paprika:** Leszek Ogrodnik; Yana *u.* **Pass:** Sharon Day; Dorlies Fabri *u.* **Pferd:** Kseniya Abramova; frank trautvetter *u.* **Pflaster:** Goos_Lar; Peter Walenzyk *u.* **Platte:** itestro *li.*; Marek Kosmal; oliver-marc steffen *re.* **Platz:** Pascal Reis *li.*; CatPaty13; Baloncici *re.* **Puppe:** Fotoskat *li.*; elgris; scarlet61 *re.* **Rad:** Wally Stemberger; Sergey Lavrentev *re.* **Rock:** sparkmom; iofoto *re.* **Rost:** Martina Berg **Salat:** Torsten Schon; Fatman73 *u.* **Schale:** Artyom Yefimov; Radu Razvan *u.* **Scheibe:** Peter Jobst *li.*; Heinrich; cspcreative *re.* **Schere:** Sandra Brunsch; hans12 *u.* **Schiene:** Richard Schramm; Julián Rovagnati *re.* **Schiff:** Nabil BIYAHMADINE; Martina Berg *u.* **Schild:** Maksym Yemelyanov; Joerg Krumm *re.* **Schlange:** Fotoskat; Florian S. *u.* **Schleife:** Martina Chmielewski; manolito *u.* **Schloss:** Marc Dietrich; jean luc bohin *re.* **Schraube:** Michael Kempf; Ekaterina Sidorenko *re.* **Schütze:** ArtmannWitte; mm *u.* **See:** Bianka Hagge; Michele Campini *u.* **Sichel:** milosluz; laurent dambies *u.* **skaten:** Nicolas Kelen; Franz Pfluegl *u.* **Skorpion:** Matthias Nordmeyer; mm *u.* **Sohle:** Philip Lange; Nikolai Sorokin *re.* **Speiche:** Markus Götze; www.jenshagen.info *re.* **Spiel**; willem169 *li.*; Alexander Zbruyev; Lorelyn Medina *Mi. re.*; Lucy Clark *re* .**Star:** Robert Taylor; Andrejs Pidjass *u.* **Steinbock:** Maximilian Jirik; mm *u.* **Stempel:** HAKOpromotion; jbach *u.* **Stier:** Marco Koroll; mm *u.* **Strauß:** Chris Fourie; Jose Gil *u.* **Tafel:** mipan; giuseppe porzani *u.* **Tasche:** Alex; Sven Hoppe *u.* **Tor:** downer; Ilan Amith *u.* **Turm:** Philophoto *li.*; Klaus Eppele; RRF *re.* **Umzug:**

ExQuisine; reises *re.* **Waage:** bstojanovic; mm *re.* **Wasserball:** Helmut Brands; PhotoCreate *re.* **Weide:** cherie; delmo07 *re.* **Wirbel:** saschi79; Eric Martinez *u.* **Zange:** blende40; makuba *re.* **Zehe:** Axelle Maréchal; foto.fred *u.*

Anhang

© **Bewerbungsfoto** S. 1564, 1566: travis manley

Der Nachdruck der Screenshots von Microsoft® Office Word 2007 (S. 1546 – 1551 und 1562, 1563) erfolgte mit freundlicher Erlaubnis der Microsoft® Corporation. Microsoft® ist Inhaber der Marke.